The EXHAUSTIVE CONCORDANCE to the GREEK NEW TESTAMENT

The EXHAUSTIVE CONCORDANCE to the GREEK NEW TESTAMENT

JOHN R. KOHLENBERGER III

EDWARD W. GOODRICK

JAMES A. SWANSON

ZondervanPublishingHouse
Grand Rapids, Michigan

A Division of HarperCollins*Publishers*

The Exhaustive Concordance to the Greek New Testament

Requests for information should be addressed to:

ZondervanPublishingHouse
Grand Rapids, Michigan 49530

Library of Congress Cataloging-in-Publication Data

Kohlenberger, John R.
The exhaustive concordance to the Greek New Testament / John R. Kohlenberger III, Edward Goodrick, James Swanson.
p. cm.
ISBN: 0-310-41030-4
1. Bible. N.T.—Concordances, Greek. 2. Greek language, Biblical—Glossaries, vocabularies, etc. I. Goodrick, Edward W., 1913– . II. Swanson, James A. III. Title.
BS2302.K655 1995
225.4'8—dc 20 95–42793
CIP

This edition printed on acid-free paper and meets the American National Standards Institute Z39.48 standard.

Printed in the United States of America

95 96 97 98 99 00 01 02 /❖ DC/ 10 9 8 7 6 5 4 3 2 1

Contents

Acknowledgments

Thanks to Stan Gundry, vice president and editor-in-chief, and Bruce Ryskamp, president of Zondervan Publishing House, for their support and encouragement in permitting us to do this book. Thanks to editors Ed van der Maas and Verlyn Verbrugge for their expert guidance and interaction.

Thanks to Dr. Walter W. Wessel of Bethel Seminary West for interacting with text-critical questions relating to the NIV.

Thanks to Roger Green and Tim Hare of Telios Systems for their work in developing the programing to analyze, sort, and set the contexts for this concordance.

Thanks to Mike and Joan Petersen of Multnomah Graphics for allowing round-the-clock access to their equipment and for their valuable assistance in producing the page proofs.

Editors John R. Kohlenberger III and James A. Swanson acknowledge the significant role of our mentor and friend Edward W. Goodrick, no longer with us but with the Lord. Although Ed was not actively involved in the production of this concordance, he had a crucial role in its design and especially in the development of the database from which it was drawn. Thus he is rightly listed as a co-editor.

Special thanks to our wives and children—Carolyn, Sarah, and Joshua Kohlenberger, and Sandra, Jon, David, and Natanya Lee Swanson—for their loving encouragement and boundless patience.

Dedication

To Dr. Bruce M. Metzger
with respect and gratitude
for his many significant contributions
to the study of the Greek New Testament

Introduction

A concordance is an index to a book. It is usually arranged in alphabetical order and shows the location of each word in the book. In addition, it often supplies several words of the context in which each word is found.

The Exhaustive Concordance to the Greek New Testament (*ECGNT*) provides an exhaustive index to the vocabulary of the Greek New Testament according to *The Greek New Testament*, Fourth Revised Edition (UBS4) edited by Barbara Aland, Kurt Aland, Johannes Karavidopoulos, Carlo M. Martini, and Bruce M. Metzger (Deutsche Bibelgesellschaft / United Bible Societies, 1994), which is identical in text (though not always in format and punctuation) to the 26th edition of the Nestle-Aland *Novum Testamentum Graece* (NA26). In addition, the *ECGNT* notes all variant readings between UBS4 and the Greek text that underlies the New International Version (NIV)[1]. More than half of the vocabulary is indexed with full contexts; twenty-six highly frequent words are indexed by reference only.

The *ECGNT* takes its place alongside four previously published exhaustive or nearly exhaustive Greek concordances. *A Concordance to the Greek Testament*, edited by W. F. Moulton and A. S. Geden (Edinburgh: T & T Clark, 1897; 4th ed. 1963), has been a standard work for nearly a century. But because it is based on the standard texts of the late nineteenth century (Westcott and Hort, Tischendorf, and the Revised Version), and because it does not index the entire vocabulary of the Greek NT, it is no longer the first choice of contemporary students and scholars.

The Institut für Neutestamentliche Textforschung produced two monumental Greek concordances. The first, *Vollständige Konkordance zum griechischen Neuen Testament* (Münster, 1978, 1983), is a two-volume set that indexes and analyses the entire vocabulary of the Greek NT according to all modern texts from Tischendorf to UBS3. Its prohibitive size and cost, however, relegate it to the institutional, rather than the personal library. Thus the second concordance, *Computer-Konkordanz zum Novum Testamentum Graece* (Berlin: Walter de Gruyter, 1980), provides a more reasonably sized exhaustive concordance to UBS3. All but twenty-nine highly frequent words are indexed with generous contexts; however, the contexts are printed without accents. At 9 by 12 inches, this 1,028 page concordance is about three times the cost of the *ECGNT*.

The two-volume *Analytical Concordance of the Greek New Testament*, edited by Philip S. Clapp, Barbara Friberg, and Timothy Friberg (Grand Rapids: Baker, 1991), provides an exhaustive index with contexts to the

1 Because there is no available documentation from the International Bible Society or the Committee on Bible Translation, the Greek text that underlies the NIV has been reconstructed by the editors with the assistance of Dr. Walter W. Wessel of Bethel Seminary West. The variant readings noted in this concordance do not officially represent the International Bible Society or the Committee on Bible Translation, but are the full responsibility of the editors.

entire vocabulary of UBS3. Volume 1, "Lexical Focus," indexes words in alphabetical order, subdivided by inflected forms. Volume 2, "Grammatical Focus," indexes words according to parts of speech. In both volumes, the context is page wide, but because each word in the context is followed by a grammatical tag, the net result is a context eight to twelve words long that is difficult to scan. Again, each 8.5 by 11 inch volume is about three times the cost of the *ECGNT*.

Features of the *Exhaustive Concordance to the Greek New Testament*

The *ECGNT* draws on the features of these previously published concordances, presenting exhaustive indexes, generous contexts, valuable statistics, and unique features in a more affordable and manageable volume. It is divided into two major sections: (1) the Main Concordance, and (2) the Index of Articles, Conjunctions, Particles, Prepositions, and Pronouns.

THE MAIN CONCORDANCE

The following presents elements from a typical entry in the Main Concordance:

34 **ἄγγελος** [175 / 176]

→ *32, 33, 334, 550, 791, 1334, 1972, 2039, 2040, 2041, 2294, 2295, 2296, 2694, 2858, 2859, 4132, 4133, 4600, 4603, 4615; cf. 72*

ἄγγελος κυρίου [12] Mt 1:20,24; 2:13,19; 28:2; Lk 1:11; 2:9; Ac 5:19; 8:26; 12:7,11,23

Mt 1:20 Τελευτήσαντος δὲ τοῦ Ἡρῴδου ἰδοὺ **ἄγγελος** κυρίου φαίνεται κατ' ὄναρ τῷ Ἰωσὴφ ἐν Αἰγύπτῳ

Lk 1:28 καὶ εἰσελθὼν ὁ **ἄγγελος**[UBS-] πρὸς αὐτὴν εἶπεν, Χαῖρε,

The heading consists of:

(1) the Goodrick/Kohlenberger (G/K) number: ***34***;

(2) the indexed word **ἄγγελος**;

(3) the frequency count in parentheses, UBS4 first, NIV second: [175 / 176];

(4) the list of related words, listed by G/K number, following the arrow: → ;

(5) the special phrase index, including its own frequency count: **ἄγγελος κυρίου** [12].

The context lines consist of:

(1) the book-chapter-verse reference;

(2) the context for the indexed word;

(3) the textual variant flag: [UBS-].

Headings

There are five kinds of headings: (1) Greek word headings, (2) Greek words not in the UBS4 and NIV texts, (3) related words lists, (4) phrase-index subheadings, and (5) "See" references.

Greek Word Headings

The Greek NT contains 138,013 words according to UBS4 (137,931 according to the NIV), with a vocabulary of 5,433 words. The *ECGNT* is an exhaustive alphabetical index to every word of the Greek NT.

The simplest heading is a word with its G/K number and its frequency count:

2 **'Ααρων** [5]

The heading presents the word in its lexical form. Thus the frequency count lists the total number of times the word occurs in the NT, regardless of spelling. If the frequency counts differ between the UBS4 and NIV texts, the UBS4 total is given first:

41 **ἅγιος** [233 / 234]

In this example, ἅγιος occurs 233 times in UBS4 and 234 times in the NIV. The variant reading itself is noted within the context at Revelation 22:21.

Greek Words Not in UBS4 and NIV

As mentioned above, the NT has a vocabulary of 5,433 words. The G/K numbering system, however, accounts for 6,068 words. This vocabulary list was developed by collating the major Greek lexicons—such as those by Bauer, Arndt, Gingrich and Danker, Louw and Nida, and Thayer—alphabetizing the lists, and then assigning each word a sequential number corresponding to its alphabetical order. The list and its numbering system were developed to replace the useful but dated system developed by James Strong for his *Exhaustive Concordance* of 1890. The G/K numbering system was introduced in *The NIV Exhaustive Concordance* (Zondervan, 1990), which also includes two complete indices showing the correspondence of the G/K system to Strong's. The G/K numbering system has also been used in the *Zondervan NIV Nave's Topical Bible* (Zondervan, 1992), the *NIV Compact Nave's Topical Bible* (Zondervan, 1993), the *Zondervan NIV Bible Commentary* (Zondervan, 1994), and in Zondervan's *BibleSource for Windows* software.

Of the 6,068 total words in the G/K numbering system, 635 words are variant reading or alternate spellings that are not indexed in the *ECGNT*:

15 **ἀγαθοεργός** Not used in UBS/NIV

These words are listed without contexts to show that they were not accidentally omitted from the concordance.

Related Words Lists

Following most Greek word headings is a list of words that are related by root or share common elements. For convenience of space, the words are listed by G/K number rather than in Greek:

33 ἀγγέλλω [1]

√ *34*

34 ἄγγελος [175 / 176]

→ *32, 33, 334, 550, 791, 1334, 1972, 2039, 2040, 2041, 2294, 2295, 2296, 2694, 2858, 2859, 4132, 4133, 4600, 4603, 4615; cf. 72*

Rather than listing all related words after each Greek word heading, one word was selected to act as the organizing head. Related words point to the organizing head with a root symbol (√), while the organizing word points to the related word list with an arrow (→). On occasion, the list includes more distantly related words for comparison (cf.). Tentative connections are followed by question marks (?).

Please note that although the root symbol is used as the pointer to the organizing head, this does not mean that the editors understand this word to be the etymological "root" of all related forms. This is true, for example, of the fourteen verbs that are composed of one or two prepositions prefixed to the verb βαίνω. Because βαίνω does not occur in the NT, it could not be used as an organizing head; thus all -βαίνω verbs are related to the first such verb in alphabetical order, ἀναβαίνω. The related words lists are included as pointers to cognate studies; however, the editors do not encourage speculative etymology.

Phrase-Index Subheadings

In addition to indexing all occurrences of every word in the Greek NT, the *ECGNT* indexes 2,977 significant and frequent phrases, as well as significant forms of words:

19 ἀγαθός [102]

ἀγαθός ἔργον [14] Ac 9:36; Ro 2:7; 13:3; 2Co 9:8; Eph 2:10; Php 1:6; Col 1:10; 2Th 2:17; 1Ti 2:10; 5:10; 2Ti 2:21; 3:17; Tit 1:16; 3:1

κακός ... ἀγαθός [10] Lk 16:25; Ro 3:8; 7:19; 12:21; 13:3,4; 16:19; 1Th 5:15; 1Pe 3:11; 3Jn 1:11

pure subst. **τό, τά** [26] Mt 19:17; Lk 1:53; 6:45; 12:18; 16:25; Jn 5:29; Ro 2:10; 3:8; 7:13,13; 12:9,21; 13:3,4; 14:16; 15:2; 16:19; Gal 6:6,10; Eph 4:28; 1Th 5:15; Phm 1:14; Heb 9:11; 10:1; 1Pe 3:13; 3Jn 1:11

The above example shows fourteen verses where the adjective ἀγαθός modifies the noun ἔργον. Note that such examples are not suborganized by the specific inflection or by word order. Ellipses (...) are used in the second index to indicate verses in which the antonyms κακός and ἀγαθός occur, again not suborganized by inflection or word order. The third index notes twenty-six occurrences of ἀγαθός with the article, used substantivally.

The phrase-index lists are especially useful in identifying highly frequent phrases composed of frequent words. There are, for example, 101 phrase-index lists for the word θεός and twenty-nine for κύριος. Every preposition that governs more than one case has a phrase-index list for each occurrence, subdivided by the case of its object.

"See" References

Twenty-six words in the Greek NT occur a total of 61,504 times in UBS4 and 61,452 times in the NIV. These words are indexed exhaustively in their own section: the Index of Articles, Conjunctions, Particles, Prepositions, and Pronouns (see p. xv). These words are also represented by headings in the Main Concordance, including phrase-index headings, with a message referring to the Index of Articles:

899 **αὐτός** [5601 / 5593] See Index of Articles, Etc.

→ *881, 882, 883, 894, 895, 896, 897, 898, 900, 901, 1571, 1831, 1929, 1994, 2070, 4194, 4932, 5437, 5796, 6058*

adverb of place **αὐτοῦ** [5] Mt 26:36; Lk 9:27; Ac 18:19; 21:4

Context Lines

Most English Bible concordances limit their contexts to one line because they are dealing with the vocabulary of the whole Bible. The standard Greek concordances work with about one-fourth of those data and thus offer longer contexts, as does the *ECGNT*. Contexts were first selected by a computer program, limited primarily by punctuation and major conjunctions. The editors then scanned each entry to edit extremely long contexts to two or three lines.

The purpose of context lines in a concordance is simply to help the reader locate a specific verse in the Bible. For word study—or any kind of Bible study—the context offered by a concordance is rarely enough, even when an entire verse fits on one or two lines, as do John 1:1 or 11:35.

Taken by themselves, context lines can and do misrepresent the teaching of Scripture by taking statements out the larger biblical context. The words ματαία ἡ πίστις ὑμῶν, ἔτι ἐστὲ ἐν ταῖς ἁμαρτίαις ὑμῶν, are taken directly from 1 Corinthians 15:17, but are not statements of fact; these conditions would exist εἰ δὲ Χριστὸς οὐκ ἐγήγερται. Great care has been taken by the editors and programmer of the ECGNT to create contexts that are informative and accurate. But the reader should always check these limited contexts against the larger text of the Greek NT.

Context Lines: General Format

The simplest context line presents three items of information. First, the location of the indexed word by book (abbreviated in English), chapter, and verse. Second, the context line. Third, within the context line, the indexed word in its contextual form in bold type. If a word occurs more than once in a context, it is bolded each time:

Rev 3: 7 Τάδε λέγει ὁ **ἅγιος,** ὁ ἀληθινός, ὁ ἔχων τὴν κλεῖν Δαυίδ,
4: 8 **Ἅγιος ἅγιος ἅγιος** κύριος ὁ θεὸς ὁ παντοκράτωρ,

If brackets or double brackets occur in UBS4, those brackets appear in the context, even if the bracketed material is longer than the context, as in the case of the "shorter ending" of Mark (abbreviated "S"):

Mk 16: S ⟦ἀπὸ ἀνατολῆς καὶ **ἄχρι**[NIV-] δύσεως ἐξαπέστειλεν δι' αὐτῶν τὸ ἱερὸν καὶ ἄφθαρτον κήρυγμα τῆς αἰωνίου σωτηρίας.⟧

Ac 7:18 **ἄχρι** οὗ ἀνέστη βασιλεὺς ἕτερος [ἐπ' Αἴγυπτον] ὃς οὐκ ᾔδει τὸν Ἰωσήφ.

Context Lines: Textual Variants

The example above from the "shorter ending" of Mark shows one of the five different flags used to indicate the textual differences between UBS4 and the NIV. Contexts represent the text of UBS4 except for those contexts where the NIV differs from UBS4. In those cases, the reconstructed NIV Greek text is presented with an appropriate flag indicating the variant reading. In contexts where UBS4 differs from the NIV, the UBS4 text is presented with an appropriate flag indicating the variant reading.

Words Not in UBS4 or the NIV. When a word occurs in UBS4 but not in the NIV, this is marked with the superscripted [NIV-]. Similary, when a word occurs in the NIV but not in UBS4, the flag is [UBS-].

Php 4:23 ἡ χάρις τοῦ κυρίου Ἰησοῦ Χριστοῦ μετὰ τοῦ πνεύματος ὑμῶν. **ἀμήν.**[UBS-]

1Th 3:13 ἔμπροσθεν τοῦ θεοῦ καὶ πατρὸς ἡμῶν ἐν τῇ παρουσίᾳ τοῦ κυρίου ἡμῶν
Ἰησοῦ μετὰ πάντων τῶν ἁγίων [αὐτοῦ, **ἀμήν.**[NIV-]]

Words That Differ in Identical Contexts. Contexts in which the indexed word differs between UBS4 and the NIV are flagged with a cross-reference to the variant reading, as in the case of Ἀδμίν and Ἀράμ in Luke 3:33:

Lk 3:33 τοῦ Ἀμιναδὰβ τοῦ **Ἀδμὶν**[UBS; NIV *730*] τοῦ Ἀρνὶ τοῦ Ἑσρὼμ

Lk 3:33 τοῦ Ἀμιναδὰβ τοῦ **Ἀρὰμ**[NIV; UBS *98*] τοῦ Ἀρνὶ τοῦ Ἑσρὼμ

The first context for the proper name Ἀδμίν represents UBS4 but points to the NIV reading, G/K *730*, the proper name Ἀράμ. Conversely, the second context for Ἀράμ represents the NIV but points to the UBS4 reading, G/K *98*, Ἀδμίν.

Words Inflected or Ordered Differently in Identical Contexts. Contexts in which the indexed word is identical in both UBS4 and NIV, but is inflected differently or is in a different order, the context represents UBS4 and a bracketed note presents the NIV reading:

Jn 8:39 Ἀπεκρίθησαν καὶ εἶπαν αὐτῷ, Ὁ πατὴρ ἡμῶν Ἀβραάμ **ἐστιν.** λέγει
αὐτοῖς ὁ Ἰησοῦς, Εἰ τέκνα τοῦ Ἀβραάμ **ἐστε,** [UBS; NIV **ἦτε,**]

Ro 2:16 ὅτε κρίνει ὁ θεὸς τὰ κρυπτὰ τῶν ἀνθρώπων κατὰ τὸ εὐαγγέλιόν μου διὰ
Χριστοῦ **Ἰησοῦ.** [UBS; NIV **Ἰησοῦ** Χριστοῦ.]

In most cases these variant readings are well documented in the critical apparatus of UBS4. On occasion, an NIV variant is not represented in the apparatus of UBS4, but is in the apparatus of NA26. Note, for example, the appearance of ὁ Ἰησοῦς in Matthew 9:1 of the NIV. All differences between the Greek text underlying the NIV and UBS4 are listed in the apparatus of *The Greek New Testament: UBS4 with NRSV & NIV*, edited by John R. Kohlenberger III (Grand Rapids: Zondervan, 1993). Variants documented in NA26 but not UBS4 are marked with a dagger (†) in the apparatus of that Greek testament.

THE INDEX OF ARTICLES, CONJUNCTIONS, PARTICLES, PREPOSITIONS, AND PRONOUNS

The Main Concordance indexes 76,509 UBS4 references and 76,479 NIV references to 5,407 Greek words. The Index of Articles, Conjunctions, Particles, Prepositions, and Pronouns indexes 61,504 UBS4 references and 61,452 NIV references to 26 highly frequent Greek words.

The format of the Index of Articles, Etc. is very simple. Each of the twenty-six words has its own heading, followed by a frequency count, again UBS4 first, NIV second:

2779 **καί** [9018 / 8997]

3836 **ὁ** [19862 / 19863]

αἱ [149 / 148]

Words that do not inflect, like καί, are followed by an exhaustive index of occurrences. Words that do inflect, like ὁ, are further subdivided by their forms, each of which has its own frequency counts. Prepositions are subdivided according to the case of their objects. Each book abbreviation and chapter number are in bold print for easier location. Variants between the UBS4 and NIV texts are indicated by [UBS] and [NIV] flags:

> **Mt 3:**7; **4:**16, 19; **6:**1, 8; **7:**12, 23; **8:**4, 26, 32; **9:**15, 18, 28, 30; **10:**1, 5, 18; **11:**4; **12:**3, 11, 16, 25, 39; **13:**3, 10, 11[UBS], 13, 14, 24, 28, 29, 31, 33, 34, 51[NIV], 52, 57;

ABBREVIATIONS

Books of the New Testament

1Co .... 1 Corinthians
1Jn .... 1 John
1Pe .... 1 Peter
1Th .... 1 Thessalonians
1Ti 1Timothy
2Co .... 2 Corinthians
2Jn .... 2 John
2Pe .... 2 Peter
2Th .... 2 Thessalonians
2Ti .... 2 Timothy
3Jn .... 3 John
Ac .... Acts
Col .... Colossians
Eph .... Ephesians
Gal .... Galatians
Heb .... Hebrews
Jas .... James
Jn .... John
Jude .... Jude
Lk .... Luke
Mk .... Mark
Mt .... Matthew
Phm .... Philemon
Php .... Philippians
Rev .... Revelation
Ro .... Romans
Tit .... Titus

Other

acc. .... accusative
fem. .... feminine
dat. .... dative
gen. .... genitive
indecl. .... indeclinable
infin. .... infinitive
masc. .... masculine
mid. .... middle
neut. .... neuter
NIV .... New International Version
nom. .... nominative
part. .... participle
pl. .... plural
pres. .... present
s. .... singular
S .... Shorter ending of Mark
seq. .... following
subst. .... substantive
UBS4 . United Bible Societies' *Greek New Testament:* Fourth Edition
voc. .... vocative

An Exhaustive Concordance to the Greek New Testament

Α, α

1 α Not used in UBS/NIV

→ *270;* 1.1 *(negation): 4, 23, 37, 38, 47, 51, 52, 53, 57, 58, 63, 78, 83, 84, 85, 88, 89, 90, 91, 92, 93, 94, 95, 96, 97, 99, 100, 104, 105, 109, 112, 114, 115, 117, 118, 119, 120, 126, 127, 174, 175, 176, 177, 178, 179, 182, 183, 184, 185, 186, 187, 188, 189, 190, 191, 193, 195, 202, 203, 204, 218, 219, 220, 227, 228, 237, 238, 239, 240, 242, 263, 267, 269, 276, 277, 278, 282, 285, 288, 289, 290, 291, 292, 293, 294, 295, 296, 298, 299, 305, 318, 320, 357, 360, 383, 387, 394, 395, 396, 397, 406, 410, 440, 441, 442, 443, 444, 446, 447, 450, 451, 453, 454, 455, 460, 466, 480, 481, 485, 486, 490, 491, 492, 493, 495, 536, 537, 538, 543, 548, 553, 563, 564, 574, 577, 578, 579, 585, 586, 596, 597, 598, 601, 602, 603, 679, 680, 717, 718, 719, 720, 731, 733, 734, 777, 778, 779, 810, 812, 813, 814, 815, 816, 817, 819, 820, 821, 822, 826, 827, 831, 834, 836, 841, 844, 845, 846, 850, 851, 852, 853, 854, 855, 856, 857, 858, 859, 860, 861, 862, 863, 864, 865, 866, 869, 870, 871, 872, 873, 875, 876, 905, 906, 907, 908, 910, 911, 914, 915, 916, 917, 920, 921, 925, 932, 933, 936, 940, 942, 945, 946, 947, 950, 953, 1389, 1989, 2934;* 1.2 *(intensity): 12, 867;* 1.3 *(commonness): 80, 287?, 1979, 2051, 2887, 4158, 5258, 5788, 5789, 5790, 6012*

2 Ἀαρών [5]

Lk 1: 5 ἐκ τῶν θυγατέρων **Ἀαρὼν** καὶ τὸ ὄνομα αὐτῆς Ἐλισάβετ.
Ac 7:40 εἰπόντες τῷ **Ἀαρών,** Ποίησον ἡμῖν θεοὺς οἳ προπορεύσονται
Heb 5: 4 καὶ οὐχ ἑαυτῷ τις λαμβάνει τὴν τιμὴν ἀλλὰ καλούμενος ὑπὸ τοῦ θεοῦ καθώσπερ καὶ **Ἀαρών.**
7:11 τίς ἔτι χρεία κατὰ τὴν τάξιν Μελχισέδεκ ἕτερον ἀνίστασθαι ἱερέα καὶ οὐ κατὰ τὴν τάξιν **Ἀαρὼν** λέγεσθαι;
9: 4 ἐν ᾗ στάμνος χρυσῆ ἔχουσα τὸ μάννα καὶ ἡ ῥάβδος **Ἀαρὼν** ἡ βλαστήσασα καὶ αἱ πλάκες τῆς διαθήκης,

3 Ἀβαδδών [1]

Rev 9:11 ὄνομα αὐτῷ Ἑβραϊστὶ **Ἀβαδδών,** καὶ ἐν τῇ Ἑλληνικῇ ὄνομα ἔχει Ἀπολλύων.

4 ἀβαρής [1]

√ *1.1 + 983*

2Co 11: 9 καὶ ἐν παντὶ **ἀβαρῆ** ἐμαυτὸν ὑμῖν ἐτήρησα καὶ τηρήσω.

5 ἀββά [3]

Mk 14:36 καὶ ἔλεγεν, **Αββα** ὁ πατήρ, πάντα δυνατά σοι·
Ro 8:15 οὐ γὰρ ἐλάβετε πνεῦμα δουλείας πάλιν εἰς φόβον ἀλλὰ ἐλάβετε πνεῦμα υἱοθεσίας ἐν ᾧ κράζομεν, **Αββα** ὁ πατήρ.
Gal 4: 6 ἐξαπέστειλεν ὁ θεὸς τὸ πνεῦμα τοῦ υἱοῦ αὐτοῦ εἰς τὰς καρδίας ἡμῶν κρᾶζον, **Αββα** ὁ πατήρ.

6 Ἅβελ [4]

Mt 23:35 ἐπὶ τῆς γῆς ἀπὸ τοῦ αἵματος **Ἅβελ** τοῦ δικαίου ἕως τοῦ αἵματος Ζαχαρίου υἱοῦ Βαραχίου,
Lk 11:51 ἀπὸ αἵματος **Ἅβελ** ἕως αἵματος Ζαχαρίου τοῦ ἀπολομένου μεταξὺ τοῦ θυσιαστηρίου καὶ τοῦ οἴκου·
Heb 11: 4 Πίστει πλείονα θυσίαν **Ἅβελ** παρὰ Κάϊν προσήνεγκεν τῷ θεῷ,
12:24 καὶ διαθήκης νέας μεσίτῃ Ἰησοῦ καὶ αἵματι ῥαντισμοῦ κρεῖττον λαλοῦντι παρὰ τὸν **Ἅβελ.**

7 Ἀβιά [3]

Mt 1: 7 Ῥοβοὰμ δὲ ἐγέννησεν τὸν **Ἀβιά, Ἀβιὰ** δὲ ἐγέννησεν τὸν Ἀσάφ,
Lk 1: 5 Ἐγένετο ἐν ταῖς ἡμέραις Ἡρῴδου βασιλέως τῆς Ἰουδαίας ἱερεύς τις ὀνόματι Ζαχαρίας ἐξ ἐφημερίας **Ἀβιά,**

8 Ἀβιαθάρ [1]

Mk 2:26 πῶς εἰσῆλθεν εἰς τὸν οἶκον τοῦ θεοῦ ἐπὶ **Ἀβιαθὰρ** ἀρχιερέως καὶ τοὺς ἄρτους τῆς προθέσεως ἔφαγεν,

9 Ἀβιληνή [1]

Lk 3: 1 καὶ Λυσανίου τῆς **Ἀβιληνῆς** τετρααρχοῦντος,

10 Ἀβιούδ [2]

Mt 1:13 Ζοροβαβὲλ δὲ ἐγέννησεν τὸν **Ἀβιούδ, Ἀβιοὺδ** δὲ ἐγέννησεν τὸν Ἐλιακίμ, Ἐλιακὶμ δὲ ἐγέννησεν τὸν Ἀζώρ,

11 Ἀβραάμ [73]

θεός Ἀβραάμ [5] Mt 22:32; Mk 12:26; Lk 20:37; Ac 3:13; 7:32

σπέρμα Ἀβραάμ [11] Lk 1:55; Jn 8:33,37; Ac 3:25; Ro 4:13,16; 9:7; 11:1; 2Co 11:22; Gal 3:16; Heb 2:16

υἱός Ἀβραάμ [5] Mt 1:1; Lk 19:9; Ac 13:26; Gal 3:7; 4:22

Mt 1: 1 Βίβλος γενέσεως Ἰησοῦ Χριστοῦ υἱοῦ Δαυὶδ υἱοῦ **Ἀβραάμ.**
1: 2 **Ἀβραὰμ** ἐγέννησεν τὸν Ἰσαάκ, Ἰσαὰκ δὲ ἐγέννησεν τὸν Ἰακώβ
1:17 Πᾶσαι οὖν αἱ γενεαὶ ἀπὸ **Ἀβραὰμ** ἕως Δαυὶδ γενεαὶ δεκατέσσαρες,
3: 9 καὶ μὴ δόξητε λέγειν ἐν ἑαυτοῖς, Πατέρα ἔχομεν τὸν **Ἀβραάμ.** λέγω γὰρ ὑμῖν ὅτι δύναται ὁ θεὸς ἐκ τῶν λίθων τούτων ἐγεῖραι τέκνα τῷ **Ἀβραάμ.**
8:11 λέγω δὲ ὑμῖν ὅτι πολλοὶ ἀπὸ ἀνατολῶν καὶ δυσμῶν ἥξουσιν καὶ ἀνακλιθήσονται μετὰ **Ἀβραὰμ** καὶ Ἰσαὰκ καὶ Ἰακὼβ ἐν τῇ βασιλείᾳ τῶν οὐρανῶν,

22:32 Ἐγώ εἰμι ὁ θεὸς **Ἀβραὰμ** καὶ ὁ θεὸς Ἰσαὰκ καὶ ὁ θεὸς Ἰακώβ;
Mk 12:26 Ἐγὼ ὁ θεὸς **Ἀβραὰμ** καὶ [ὁ] θεὸς Ἰσαὰκ καὶ [ὁ] θεὸς Ἰακώβ;
Lk 1:55 τῷ **Ἀβραὰμ** καὶ τῷ σπέρματι αὐτοῦ εἰς τὸν αἰῶνα.
1:73 ὅρκον ὃν ὤμοσεν πρὸς **Ἀβραὰμ** τὸν πατέρα ἡμῶν,
3: 8 καὶ μὴ ἄρξησθε λέγειν ἐν ἑαυτοῖς, Πατέρα ἔχομεν τὸν **Ἀβραάμ.** λέγω γὰρ ὑμῖν ὅτι δύναται ὁ θεὸς ἐκ τῶν λίθων τούτων ἐγεῖραι τέκνα τῷ **Ἀβραάμ.**
3:34 τοῦ Ἰακὼβ τοῦ Ἰσαὰκ τοῦ **Ἀβραὰμ** τοῦ Θάρα τοῦ Ναχὼρ
13:16 ταύτην δὲ θυγατέρα **Ἀβραὰμ** οὖσαν, ἣν ἔδησεν ὁ Σατανᾶς
13:28 ὅταν ὄψεσθε **Ἀβραὰμ** καὶ Ἰσαὰκ καὶ Ἰακὼβ καὶ πάντας τοὺς προφήτας ἐν τῇ βασιλείᾳ τοῦ θεοῦ,
16:22 ἐγένετο δὲ ἀποθανεῖν τὸν πτωχὸν καὶ ἀπενεχθῆναι αὐτὸν ὑπὸ τῶν ἀγγέλων εἰς τὸν κόλπον **Ἀβραάμ·**
16:23 ὁρᾷ **Ἀβραὰμ** ἀπὸ μακρόθεν καὶ Λάζαρον ἐν τοῖς κόλποις αὐτοῦ.
16:24 Πάτερ **Ἀβραάμ,** ἐλέησόν με καὶ πέμψον Λάζαρον ἵνα βάψῃ τὸ ἄκρον τοῦ δακτύλου αὐτοῦ ὕδατος
16:25 εἶπεν δὲ **Ἀβραάμ,** Τέκνον, μνήσθητι ὅτι ἀπέλαβες τὰ ἀγαθά σου ἐν τῇ ζωῇ σου,
16:29 λέγει δὲ **Ἀβραάμ,** Ἔχουσι Μωϋσέα καὶ τοὺς προφήτας·
16:30 ὁ δὲ εἶπεν, Οὐχί, πάτερ **Ἀβραάμ,** ἀλλ' ἐάν τις ἀπὸ νεκρῶν πορευθῇ πρὸς αὐτοὺς μετανοήσουσιν.
19: 9 εἶπεν δὲ πρὸς αὐτὸν ὁ Ἰησοῦς ὅτι Σήμερον σωτηρία τῷ οἴκῳ τούτῳ ἐγένετο, καθότι καὶ αὐτὸς υἱὸς **Ἀβραάμ** ἐστιν·
20:37 ὡς λέγει κύριον τὸν θεὸν **Ἀβραὰμ** καὶ θεὸν Ἰσαὰκ καὶ θεὸν Ἰακώβ.
Jn 8:33 Σπέρμα **Ἀβραάμ** ἐσμεν καὶ οὐδενὶ δεδουλεύκαμεν πώποτε·
8:37 οἶδα ὅτι σπέρμα **Ἀβραάμ** ἐστε· ἀλλὰ ζητεῖτέ με ἀποκτεῖναι,
8:39 Ἀπεκρίθησαν καὶ εἶπαν αὐτῷ, Ὁ πατὴρ ἡμῶν **Ἀβραάμ** ἐστιν.
8:39 λέγει αὐτοῖς ὁ Ἰησοῦς, Εἰ τέκνα τοῦ **Ἀβραάμ** ἐστε, τὰ ἔργα τοῦ **Ἀβραὰμ** ἐποιεῖτε·
8:40 με ἀποκτεῖναι ἄνθρωπον ὃς τὴν ἀλήθειαν ὑμῖν λελάληκα ἣν ἤκουσα παρὰ τοῦ θεοῦ· τοῦτο **Ἀβραὰμ** οὐκ ἐποίησεν.
8:52 **Ἀβραὰμ** ἀπέθανεν καὶ οἱ προφῆται, καὶ σὺ λέγεις,
8:53 μὴ σὺ μείζων εἶ τοῦ πατρὸς ἡμῶν **Ἀβραάμ,**
8:56 **Ἀβραὰμ** ὁ πατὴρ ὑμῶν ἠγαλλιάσατο ἵνα ἴδῃ τὴν ἡμέραν τὴν ἐμήν,
8:57 Πεντήκοντα ἔτη οὔπω ἔχεις καὶ **Ἀβραὰμ** ἑώρακας;
8:58 Ἀμὴν ἀμὴν λέγω ὑμῖν, πρὶν **Ἀβραὰμ** γενέσθαι ἐγὼ εἰμί.
Ac 3:13 ὁ θεὸς **Ἀβραὰμ** καὶ [ὁ θεὸς] Ἰσαὰκ καὶ [ὁ θεὸς] Ἰακώβ,
3:25 ὑμεῖς ἐστε οἱ υἱοὶ τῶν προφητῶν καὶ τῆς διαθήκης ἧς διέθετο ὁ θεὸς πρὸς τοὺς πατέρας ὑμῶν λέγων πρὸς **Ἀβραάμ,**
7: 2 Ὁ θεὸς τῆς δόξης ὤφθη τῷ πατρὶ ἡμῶν **Ἀβραὰμ** ὄντι ἐν τῇ Μεσοποταμίᾳ πρὶν ἢ κατοικῆσαι αὐτὸν ἐν Χαρρὰν
7:16 καὶ μετετέθησαν εἰς Συχὲμ καὶ ἐτέθησαν ἐν τῷ μνήματι ᾧ ὠνήσατο **Ἀβραὰμ** τιμῆς ἀργυρίου παρὰ τῶν υἱῶν Ἑμμὼρ ἐν Συχέμ.
7:17 Καθὼς δὲ ἤγγιζεν ὁ χρόνος τῆς ἐπαγγελίας ἧς ὡμολόγησεν ὁ θεὸς τῷ **Ἀβραάμ,**
7:32 Ἐγὼ ὁ θεὸς τῶν πατέρων σου, ὁ θεὸς **Ἀβραὰμ** καὶ Ἰσαὰκ καὶ Ἰακώβ.
13:26 υἱοὶ γένους **Ἀβραὰμ** καὶ οἱ ἐν ὑμῖν φοβούμενοι τὸν θεόν,
Ro 4: 1 Τί οὖν ἐροῦμεν εὑρηκέναι **Ἀβραὰμ** τὸν προπάτορα ἡμῶν κατὰ σάρκα;
4: 2 εἰ γὰρ **Ἀβραὰμ** ἐξ ἔργων ἐδικαιώθη, ἔχει καύχημα,
4: 3 Ἐπίστευσεν δὲ **Ἀβραὰμ** τῷ θεῷ καὶ ἐλογίσθη αὐτῷ εἰς δικαιοσύνην.
4: 9 Ἐλογίσθη τῷ **Ἀβραὰμ** ἡ πίστις εἰς δικαιοσύνην.
4:12 καὶ πατέρα περιτομῆς τοῖς οὐκ ἐκ περιτομῆς μόνον ἀλλὰ καὶ τοῖς στοιχοῦσιν τοῖς ἴχνεσιν τῆς ἐν ἀκροβυστίᾳ πίστεως τοῦ πατρὸς ἡμῶν **Ἀβραάμ.**
4:13 Οὐ γὰρ διὰ νόμου ἡ ἐπαγγελία τῷ **Ἀβραὰμ** ἢ τῷ σπέρματι αὐτοῦ,
4:16 οὐ τῷ ἐκ τοῦ νόμου μόνον ἀλλὰ καὶ τῷ ἐκ πίστεως **Ἀβραάμ,**
9: 7 οὐδ' ὅτι εἰσὶν σπέρμα **Ἀβραὰμ** πάντες τέκνα, ἀλλ',
11: 1 καὶ γὰρ ἐγὼ Ἰσραηλίτης εἰμί, ἐκ σπέρματος **Ἀβραάμ,**
2Co 11:22 κἀγώ. Ἰσραηλῖταί εἰσιν; κἀγώ. σπέρμα **Ἀβραάμ** εἰσιν; κἀγώ.
Gal 3: 6 καθὼς **Ἀβραὰμ** ἐπίστευσεν τῷ θεῷ, καὶ ἐλογίσθη αὐτῷ εἰς δικαιοσύνην.
3: 7 Γινώσκετε ἄρα ὅτι οἱ ἐκ πίστεως, οὗτοι υἱοί εἰσιν **Ἀβραάμ.**
3: 8 προευηγγελίσατο τῷ **Ἀβραὰμ** ὅτι Ἐνευλογηθήσονται ἐν σοὶ πάντα τὰ ἔθνη·
3: 9 ὥστε οἱ ἐκ πίστεως εὐλογοῦνται σὺν τῷ πιστῷ **Ἀβραάμ.**
3:14 ἵνα εἰς τὰ ἔθνη ἡ εὐλογία τοῦ **Ἀβραὰμ** γένηται ἐν Χριστῷ Ἰησοῦ,
3:16 τῷ δὲ **Ἀβραὰμ** ἐρρέθησαν αἱ ἐπαγγελίαι καὶ τῷ σπέρματι αὐτοῦ.
3:18 τῷ δὲ **Ἀβραὰμ** δι' ἐπαγγελίας κεχάρισται ὁ θεός.
3:29 ἄρα τοῦ **Ἀβραὰμ** σπέρμα ἐστέ, κατ' ἐπαγγελίαν κληρονόμοι.
4:22 γέγραπται γὰρ ὅτι **Ἀβραὰμ** δύο υἱοὺς ἔσχεν, ἕνα ἐκ τῆς παιδίσκης καὶ ἕνα ἐκ τῆς ἐλευθέρας.
Heb 2:16 οὐ γὰρ δήπου ἀγγέλων ἐπιλαμβάνεται ἀλλὰ σπέρματος **Ἀβραὰμ** ἐπιλαμβάνεται.
6:13 Τῷ γὰρ **Ἀβραὰμ** ἐπαγγειλάμενος ὁ θεός,
7: 1 ὁ συναντήσας **Ἀβραὰμ** ὑποστρέφοντι ἀπὸ τῆς κοπῆς τῶν βασιλέων καὶ εὐλογήσας αὐτόν,
7: 2 ᾧ καὶ δεκάτην ἀπὸ πάντων ἐμέρισεν **Ἀβραάμ,**
7: 4 ᾧ [καὶ] δεκάτην **Ἀβραὰμ** ἔδωκεν ἐκ τῶν ἀκροθινίων ὁ πατριάρχης.
7: 5 τοῦτ' ἔστιν τοὺς ἀδελφοὺς αὐτῶν, καίπερ ἐξεληλυθότας ἐκ τῆς ὀσφύος **Ἀβραάμ·**
7: 6 ὁ δὲ μὴ γενεαλογούμενος ἐξ αὐτῶν δεδεκάτωκεν **Ἀβραὰμ** καὶ τὸν ἔχοντα τὰς ἐπαγγελίας εὐλόγηκεν.
7: 9 δι' **Ἀβραὰμ** καὶ Λευὶ ὁ δεκάτας λαμβάνων δεδεκάτωται·
11: 8 Πίστει καλούμενος **Ἀβραὰμ** ὑπήκουσεν ἐξελθεῖν εἰς τόπον ὃν ἤμελλεν λαμβάνειν εἰς κληρονομίαν,
11:17 Πίστει προσενήνοχεν **Ἀβραὰμ** τὸν Ἰσαὰκ πειραζόμενος καὶ τὸν μονογενῆ προσέφερεν,
Jas 2:21 **Ἀβραὰμ** ὁ πατὴρ ἡμῶν οὐκ ἐξ ἔργων ἐδικαιώθη ἀνενέγκας Ἰσαὰκ τὸν υἱὸν αὐτοῦ ἐπὶ τὸ θυσιαστήριον;
2:23 καὶ ἐπληρώθη ἡ γραφὴ ἡ λέγουσα, Ἐπίστευσεν δὲ **Ἀβραὰμ** τῷ θεῷ,
1Pe 3: 6 ὡς Σάρρα ὑπήκουσεν τῷ **Ἀβραὰμ** κύριον αὐτὸν καλοῦσα,

12 ἄβυσσος [9]

√ *1.2 + 1113*

Lk 8:31 καὶ παρεκάλουν αὐτὸν ἵνα μὴ ἐπιτάξῃ αὐτοῖς εἰς τὴν **ἄβυσσον** ἀπελθεῖν.
Ro 10: 7 ἤ, Τίς καταβήσεται εἰς τὴν **ἄβυσσον;** τοῦτ' ἔστιν Χριστὸν ἐκ νεκρῶν ἀναγαγεῖν.
Rev 9: 1 καὶ ἐδόθη αὐτῷ ἡ κλεὶς τοῦ φρέατος τῆς **ἀβύσσου**
9: 2 καὶ ἤνοιξεν τὸ φρέαρ τῆς **ἀβύσσου,** καὶ ἀνέβη καπνὸς ἐκ τοῦ φρέατος ὡς καπνὸς καμίνου μεγάλης,
9:11 ἔχουσιν ἐπ' αὐτῶν βασιλέα τὸν ἄγγελον τῆς **ἀβύσσου,**
11: 7 τὸ θηρίον τὸ ἀναβαῖνον ἐκ τῆς **ἀβύσσου** ποιήσει μετ' αὐτῶν πόλεμον καὶ νικήσει αὐτοὺς καὶ ἀποκτενεῖ αὐτούς.
17: 8 τὸ θηρίον ὃ εἶδες ἦν καὶ οὐκ ἔστιν καὶ μέλλει ἀναβαίνειν ἐκ τῆς **ἀβύσσου** καὶ εἰς ἀπώλειαν ὑπάγει,
20: 1 Καὶ εἶδον ἄγγελον καταβαίνοντα ἐκ τοῦ οὐρανοῦ ἔχοντα τὴν κλεῖν τῆς **ἀβύσσου** καὶ ἅλυσιν μεγάλην ἐπὶ τὴν χεῖρα αὐτοῦ.
20: 3 καὶ ἔβαλεν αὐτὸν εἰς τὴν **ἄβυσσον** καὶ ἔκλεισεν καὶ ἐσφράγισεν ἐπάνω αὐτοῦ,

13 Ἄγαβος [2]

Ac 11:28 ἀναστὰς δὲ εἷς ἐξ αὐτῶν ὀνόματι **Ἄγαβος** ἐσήμανεν διὰ τοῦ πνεύματος λιμὸν μεγάλην μέλλειν ἔσεσθαι ἐφ' ὅλην τὴν οἰκουμένην,
21:10 ἐπιμενόντων δὲ ἡμέρας πλείους κατῆλθέν τις ἀπὸ τῆς Ἰουδαίας προφήτης ὀνόματι **Ἄγαβος,**

14 ἀγαθοεργέω [2]

√ *19 + 2240*

Ac 14:17 καίτοι οὐκ ἀμάρτυρον αὐτὸν ἀφῆκεν **ἀγαθουργῶν,** οὐρανόθεν ὑμῖν ὑετοὺς διδοὺς καὶ καιροὺς καρποφόρους,
1Ti 6:18 **ἀγαθοεργεῖν,** πλουτεῖν ἐν ἔργοις καλοῖς, εὐμεταδότους εἶναι, κοινωνικούς,

15 ἀγαθοεργός Not used in UBS/NIV

√ *19 + 2240*

16 ἀγαθοποιέω [9]

√ *19 + 4472*

Lk 6: 9 Ἐπερωτῶ ὑμᾶς εἰ ἔξεστιν τῷ σαββάτῳ **ἀγαθοποιῆσαι** ἢ κακοποιῆσαι,
6:33 καὶ [γὰρ] ἐὰν **ἀγαθοποιῆτε** τοὺς **ἀγαθοποιοῦντας** ὑμᾶς, ποία ὑμῖν χάρις ἐστίν;
6:35 πλὴν ἀγαπᾶτε τοὺς ἐχθροὺς ὑμῶν καὶ **ἀγαθοποιεῖτε** καὶ δανίζετε μηδὲν ἀπελπίζοντες·

1Pe 2:15 ὅτι οὕτως ἐστὶν τὸ θέλημα τοῦ θεοῦ **ἀγαθοποιοῦντας** φιμοῦν τὴν τῶν ἀφρόνων ἀνθρώπων ἀγνωσίαν,
2:20 ἀλλ' εἰ **ἀγαθοποιοῦντες** καὶ πάσχοντες ὑπομενεῖτε, τοῦτο χάρις παρὰ θεῷ.
3: 6 ἧς ἐγενήθητε τέκνα **ἀγαθοποιοῦσαι** καὶ μὴ φοβούμεναι μηδεμίαν πτόησιν.
3:17 κρεῖττον γὰρ **ἀγαθοποιοῦντας,** εἰ θέλοι τὸ θέλημα τοῦ θεοῦ,
3Jn 1:11 ὁ **ἀγαθοποιῶν** ἐκ τοῦ θεοῦ ἐστιν· ὁ κακοποιῶν οὐχ ἑώρακεν τὸν θεόν.

17 ἀγαθοποιΐα [1]

√ *19 + 4472*

1Pe 4:19 ὥστε καὶ οἱ πάσχοντες κατὰ τὸ θέλημα τοῦ θεοῦ πιστῷ κτίστη παρατιθέσθωσαν τὰς ψυχὰς αὐτῶν ἐν **ἀγαθοποιΐᾳ.**

18 ἀγαθοποιός [1]

√ *19 + 4472*

1Pe 2:14 εἴτε ἡγεμόσιν ὡς δι' αὐτοῦ πεμπομένοις εἰς ἐκδίκησιν κακοποιῶν ἔπαινον δὲ **ἀγαθοποιῶν·**

19 ἀγαθός [102]

→ *14, 15, 16, 17, 18, 20, 920, 2817, 5787*

ἀγαθός ἔργον [14] Ac 9:36; Ro 2:7; 13:3; 2Co 9:8; Eph 2:10; Php 1:6; Col 1:10; 2Th 2:17; 1Ti 2:10; 5:10; 2Ti 2:21; 3:17; Tit 1:16; 3:1

ἀγαθός καρπός [1] Jas 3:17

ἀγαθός συνείδησις [5] Ac 23:1; 1Ti 1:5,19; 1Pe 3:16,21

δένδρον ἀγαθόν [2] Mt 7:17,18

κακός ... ἀγαθός [10] Lk 16:25; Ro 3:8; 7:19; 12:21; 13:3,4; 16:19; 1Th 5:15; 1Pe 3:11; 3Jn 1:11

pure subst. **τό, τά** [26] Mt 19:17; Lk 1:53; 6:45; 12:18; 16:25; Jn 5:29; Ro 2:10; 3:8; 7:13,13; 12:9,21; 13:3,4; 14:16; 15:2; 16:19; Gal 6:6,10; Eph 4:28; 1Th 5:15; Phm 1:14; Heb 9:11; 10:1; 1Pe 3:13; 3Jn 1:11

Mt 5:45 ὅτι τὸν ἥλιον αὐτοῦ ἀνατέλλει ἐπὶ πονηροὺς καὶ **ἀγαθοὺς** καὶ βρέχει ἐπὶ δικαίους καὶ ἀδίκους.
7:11 εἰ οὖν ὑμεῖς πονηροὶ ὄντες οἴδατε δόματα **ἀγαθὰ** διδόναι τοῖς τέκνοις ὑμῶν, πόσῳ μᾶλλον ὁ πατὴρ ὑμῶν ὁ ἐν τοῖς οὐρανοῖς δώσει **ἀγαθὰ** τοῖς αἰτοῦσιν αὐτόν.
7:17 οὕτως πᾶν δένδρον **ἀγαθὸν** καρποὺς καλοὺς ποιεῖ, τὸ δὲ σαπρὸν δένδρον καρποὺς πονηροὺς ποιεῖ.
7:18 οὐ δύναται δένδρον **ἀγαθὸν** καρποὺς πονηροὺς ποιεῖν οὐδὲ δένδρον σαπρὸν καρποὺς καλοὺς ποιεῖν.
12:34 γεννήματα ἐχιδνῶν, πῶς δύνασθε **ἀγαθὰ** λαλεῖν πονηροὶ ὄντες;
12:35 ὁ **ἀγαθὸς** ἄνθρωπος ἐκ τοῦ **ἀγαθοῦ** θησαυροῦ ἐκβάλλει **ἀγαθά,**
19:16 Διδάσκαλε, τί **ἀγαθὸν** ποιήσω ἵνα σχῶ ζωὴν αἰώνιον;
19:17 ὁ δὲ εἶπεν αὐτῷ, Τί με ἐρωτᾷς περὶ τοῦ **ἀγαθοῦ;** εἷς ἐστιν ὁ **ἀγαθός·**
20:15 ἢ ὁ ὀφθαλμός σου πονηρός ἐστιν ὅτι ἐγὼ **ἀγαθός** εἰμι;
22:10 καὶ ἐξελθόντες οἱ δοῦλοι ἐκεῖνοι εἰς τὰς ὁδοὺς συνήγαγον πάντας οὓς εὗρον, πονηρούς τε καὶ **ἀγαθούς·**
25:21 Εὖ, δοῦλε **ἀγαθὲ** καὶ πιστέ, ἐπὶ ὀλίγα ἦς πιστός,
25:23 Εὖ, δοῦλε **ἀγαθὲ** καὶ πιστέ, ἐπὶ ὀλίγα ἦς πιστός,
Mk 3: 4 Ἔξεστιν τοῖς σάββασιν **ἀγαθὸν** ποιῆσαι ἢ κακοποιῆσαι,
10:17 Διδάσκαλε **ἀγαθέ,** τί ποιήσω ἵνα ζωὴν αἰώνιον κληρονομήσω;
10:18 ὁ δὲ Ἰησοῦς εἶπεν αὐτῷ, Τί με λέγεις **ἀγαθόν;** οὐδεὶς **ἀγαθὸς** εἰ μὴ εἷς ὁ θεός.
Lk 1:53 πεινῶντας ἐνέπλησεν **ἀγαθῶν** καὶ πλουτοῦντας ἐξαπέστειλεν κενούς.
6:45 ὁ **ἀγαθὸς** ἄνθρωπος ἐκ τοῦ **ἀγαθοῦ** θησαυροῦ τῆς καρδίας προφέρει τὸ **ἀγαθόν,**
8: 8 καὶ ἕτερον ἔπεσεν εἰς τὴν γῆν τὴν **ἀγαθὴν** καὶ φυὲν ἐποίησεν καρπὸν ἑκατονταπλασίονα.
8:15 οὗτοί εἰσιν οἵτινες ἐν καρδίᾳ καλῇ καὶ **ἀγαθῇ** ἀκούσαντες τὸν λόγον κατέχουσιν καὶ καρποφοροῦσιν ἐν ὑπομονῇ.
10:42 Μαριὰμ γὰρ τὴν **ἀγαθὴν** μερίδα ἐξελέξατο ἥτις οὐκ ἀφαιρεθήσεται αὐτῆς.
11:13 εἰ οὖν ὑμεῖς πονηροὶ ὑπάρχοντες οἴδατε δόματα **ἀγαθὰ** διδόναι τοῖς τέκνοις ὑμῶν,
12:18 καθελῶ μου τὰς ἀποθήκας καὶ μείζονας οἰκοδομήσω καὶ συνάξω ἐκεῖ πάντα τὸν σῖτον καὶ τὰ **ἀγαθά** μου
12:19 Ψυχή, ἔχεις πολλὰ **ἀγαθὰ** κείμενα εἰς ἔτη πολλά·
16:25 μνήσθητι ὅτι ἀπέλαβες τὰ **ἀγαθά** σου ἐν τῇ ζωῇ σου,
18:18 Καὶ ἐπηρώτησέν τις αὐτὸν ἄρχων λέγων, Διδάσκαλε **ἀγαθέ,** τί ποιήσας ζωὴν αἰώνιον κληρονομήσω;
18:19 εἶπεν δὲ αὐτῷ ὁ Ἰησοῦς, Τί με λέγεις **ἀγαθόν;** οὐδεὶς **ἀγαθὸς** εἰ μὴ εἷς ὁ θεός.
19:17 Εὖγε, **ἀγαθὲ** δοῦλε, ὅτι ἐν ἐλαχίστῳ πιστὸς ἐγένου,
23:50 Καὶ ἰδοὺ ἀνὴρ ὀνόματι Ἰωσὴφ βουλευτὴς ὑπάρχων [καὶ] ἀνὴρ **ἀγαθὸς** καὶ δίκαιος
Jn 1:46 εἶπεν αὐτῷ Ναθαναήλ, Ἐκ Ναζαρὲτ δύναταί τι **ἀγαθὸν** εἶναι;
5:29 ἐκπορεύσονται οἱ τὰ **ἀγαθὰ** ποιήσαντες εἰς ἀνάστασιν ζωῆς,
7:12 οἱ μὲν ἔλεγον ὅτι **Ἀγαθός** ἐστιν, ἄλλοι [δὲ] ἔλεγον,
Ac 9:36 αὕτη ἦν πλήρης ἔργων **ἀγαθῶν** καὶ ἐλεημοσυνῶν ὧν ἐποίει.
11:24 ὅτι ἦν ἀνὴρ **ἀγαθὸς** καὶ πλήρης πνεύματος ἁγίου καὶ πίστεως.
23: 1 ἐγὼ πάσῃ συνειδήσει **ἀγαθῇ** πεπολίτευμαι τῷ θεῷ ἄχρι ταύτης τῆς ἡμέρας.
Ro 2: 7 τοῖς μὲν καθ' ὑπομονὴν ἔργου **ἀγαθοῦ** δόξαν καὶ τιμὴν καὶ ἀφθαρσίαν ζητοῦσιν ζωὴν αἰώνιον,
2:10 δόξα δὲ καὶ τιμὴ καὶ εἰρήνη παντὶ τῷ ἐργαζομένῳ τὸ **ἀγαθόν,**
3: 8 καὶ μὴ καθὼς βλασφημούμεθα καὶ καθώς φασίν τινες ἡμᾶς λέγειν ὅτι Ποιήσωμεν τὰ κακά, ἵνα ἔλθῃ τὰ **ἀγαθά;**
5: 7 ὑπὲρ γὰρ τοῦ **ἀγαθοῦ** τάχα τις καὶ τολμᾷ ἀποθανεῖν·
7:12 ὥστε ὁ μὲν νόμος ἅγιος καὶ ἡ ἐντολὴ ἁγία καὶ δικαία καὶ **ἀγαθή.**
7:13 Τὸ οὖν **ἀγαθὸν** ἐμοὶ ἐγένετο θάνατος; μὴ γένοιτο· ἀλλὰ ἡ ἁμαρτία, ἵνα φανῇ ἁμαρτία, διὰ τοῦ ἀγαθοῦ μοι κατεργαζομένη θάνατον, ἵνα φανῇ ἁμαρτία, διὰ τοῦ **ἀγαθοῦ** μοι κατεργαζομένη θάνατον,
7:18 οἶδα γὰρ ὅτι οὐκ οἰκεῖ ἐν ἐμοί, τοῦτ' ἔστιν ἐν τῇ σαρκί μου, **ἀγαθόν·**
7:19 οὐ γὰρ ὃ θέλω ποιῶ **ἀγαθόν,** ἀλλὰ ὃ οὐ θέλω κακὸν τοῦτο πράσσω.
8:28 οἴδαμεν δὲ ὅτι τοῖς ἀγαπῶσιν τὸν θεὸν πάντα συνεργεῖ εἰς **ἀγαθόν,**
9:11 μήπω γὰρ γεννηθέντων μηδὲ πραξάντων τι **ἀγαθὸν** ἢ φαῦλον,
10:15 Ὡς ὡραῖοι οἱ πόδες τῶν εὐαγγελιζομένων [τὰ] **ἀγαθά.**
12: 2 ἀλλὰ μεταμορφοῦσθε τῇ ἀνακαινώσει τοῦ νοὸς εἰς τὸ δοκιμάζειν ὑμᾶς τί τὸ θέλημα τοῦ θεοῦ, τὸ **ἀγαθὸν** καὶ εὐάρεστον καὶ τέλειον.
12: 9 Ἡ ἀγάπη ἀνυπόκριτος. ἀποστυγοῦντες τὸ πονηρόν, κολλώμενοι τῷ **ἀγαθῷ,**
12:21 μὴ νικῶ ὑπὸ τοῦ κακοῦ ἀλλὰ νίκα ἐν τῷ **ἀγαθῷ** τὸ κακόν.
13: 3 οἱ γὰρ ἄρχοντες οὐκ εἰσὶν φόβος τῷ **ἀγαθῷ** ἔργῳ ἀλλὰ τῷ κακῷ.
13: 3 τὸ **ἀγαθὸν** ποίει, καὶ ἕξεις ἔπαινον ἐξ αὐτῆς·
13: 4 θεοῦ γὰρ διάκονός ἐστιν σοὶ εἰς τὸ **ἀγαθόν.**
14:16 μὴ βλασφημείσθω οὖν ὑμῶν τὸ **ἀγαθόν.**
15: 2 ἕκαστος ἡμῶν τῷ πλησίον ἀρεσκέτω εἰς τὸ **ἀγαθὸν** πρὸς οἰκοδομήν·
16:19 θέλω δὲ ὑμᾶς σοφοὺς εἶναι εἰς τὸ **ἀγαθόν,**
2Co 5:10 ἵνα κομίσηται ἕκαστος τὰ διὰ τοῦ σώματος πρὸς ἃ ἔπραξεν, εἴτε **ἀγαθὸν** εἴτε φαῦλον.
9: 8 ἵνα ἐν παντὶ πάντοτε πᾶσαν αὐτάρκειαν ἔχοντες περισσεύητε εἰς πᾶν ἔργον **ἀγαθόν,**
Gal 6: 6 Κοινωνείτω δὲ ὁ κατηχούμενος τὸν λόγον τῷ κατηχοῦντι ἐν πᾶσιν **ἀγαθοῖς.**
6:10 ὡς καιρὸν ἔχομεν, ἐργαζώμεθα τὸ **ἀγαθὸν** πρὸς πάντας,
Eph 2:10 κτισθέντες ἐν Χριστῷ Ἰησοῦ ἐπὶ ἔργοις **ἀγαθοῖς** οἷς προητοίμασεν ὁ θεός,
4:28 κοπιάτω ἐργαζόμενος ταῖς [ἰδίαις] χερσὶν τὸ **ἀγαθόν,**
4:29 ἀλλὰ εἴ τις **ἀγαθὸς** πρὸς οἰκοδομὴν τῆς χρείας,
6: 8 εἰδότες ὅτι ἕκαστος ἐάν τι ποιήσῃ **ἀγαθόν,** τοῦτο κομίσεται παρὰ κυρίου εἴτε δοῦλος εἴτε ἐλεύθερος.
Php 1: 6 ὅτι ὁ ἐναρξάμενος ἐν ὑμῖν ἔργον **ἀγαθὸν** ἐπιτελέσει ἄχρι ἡμέρας Χριστοῦ Ἰησοῦ·
Col 1:10 ἐν παντὶ ἔργῳ **ἀγαθῷ** καρποφοροῦντες καὶ αὐξανόμενοι τῇ ἐπιγνώσει τοῦ θεοῦ,
1Th 3: 6 καὶ ὅτι ἔχετε μνείαν ἡμῶν **ἀγαθὴν** πάντοτε,
5:15 ἀλλὰ πάντοτε τὸ **ἀγαθὸν** διώκετε [καὶ] εἰς ἀλλήλους καὶ εἰς πάντας.
2Th 2:16 καὶ [ὁ] θεὸς ὁ πατὴρ ἡμῶν ὁ ἀγαπήσας ἡμᾶς καὶ δοὺς παράκλησιν αἰωνίαν καὶ ἐλπίδα **ἀγαθὴν** ἐν χάριτι,
2:17 παρακαλέσαι ὑμῶν τὰς καρδίας καὶ στηρίξαι ἐν παντὶ ἔργῳ καὶ λόγῳ **ἀγαθῷ.**

1Ti 1: 5 τὸ δὲ τέλος τῆς παραγγελίας ἐστὶν ἀγάπη ἐκ καθαρᾶς καρδίας καὶ συνειδήσεως **ἀγαθῆς** καὶ πίστεως ἀνυποκρίτου,
1:19 ἔχων πίστιν καὶ **ἀγαθὴν** συνείδησιν, ἥν τινες ἀπωσάμενοι περὶ τὴν πίστιν ἐναυάγησαν,
2:10 ἀλλ' ὃ πρέπει γυναιξὶν ἐπαγγελλομέναις θεοσέβειαν, δι' ἔργων **ἀγαθῶν.**
5:10 εἰ θλιβομένοις ἐπήρκεσεν, εἰ παντὶ ἔργῳ **ἀγαθῷ** ἐπηκολούθησεν.
2Ti 2:21 εὔχρηστον τῷ δεσπότῃ, εἰς πᾶν ἔργον **ἀγαθὸν** ἡτοιμασμένον.
3:17 ἵνα ἄρτιος ᾖ ὁ τοῦ θεοῦ ἄνθρωπος, πρὸς πᾶν ἔργον **ἀγαθὸν** ἐξηρτισμένος.
Tit 1:16 καὶ ἀπειθεῖς καὶ πρὸς πᾶν ἔργον **ἀγαθὸν** ἀδόκιμοι.
2: 5 σώφρονας ἁγνὰς οἰκουργοὺς **ἀγαθάς,** ὑποτασσομένας τοῖς ἰδίοις ἀνδράσιν,
2:10 ἀλλὰ πᾶσαν πίστιν ἐνδεικνυμένους **ἀγαθήν,** ἵνα τὴν διδασκαλίαν τὴν τοῦ σωτῆρος ἡμῶν θεοῦ κοσμῶσιν ἐν πᾶσιν.
3: 1 Ὑπομίμνῃσκε αὐτοὺς ἀρχαῖς ἐξουσίαις ὑποτάσσεσθαι, πειθαρχεῖν, πρὸς πᾶν ἔργον **ἀγαθὸν** ἑτοίμους εἶναι,
Phm 1: 6 ὅπως ἡ κοινωνία τῆς πίστεώς σου ἐνεργὴς γένηται ἐν ἐπιγνώσει παντὸς **ἀγαθοῦ** τοῦ ἐν ἡμῖν εἰς Χριστόν.
1:14 ἵνα μὴ ὡς κατὰ ἀνάγκην τὸ **ἀγαθόν** σου ᾖ ἀλλὰ κατὰ ἑκούσιον.
Heb 9:11 Χριστὸς δὲ παραγενόμενος ἀρχιερεὺς τῶν γενομένων **ἀγαθῶν** διὰ τῆς μείζονος καὶ τελειοτέρας σκηνῆς οὐ χειροποιήτου,
10: 1 Σκιὰν γὰρ ἔχων ὁ νόμος τῶν μελλόντων **ἀγαθῶν,**
13:21 καταρτίσαι ὑμᾶς ἐν παντὶ **ἀγαθῷ** εἰς τὸ ποιῆσαι τὸ θέλημα αὐτοῦ,
Jas 1:17 πᾶσα δόσις **ἀγαθὴ** καὶ πᾶν δώρημα τέλειον ἄνωθέν ἐστιν καταβαῖνον ἀπὸ τοῦ πατρὸς τῶν φώτων,
3:17 εὐπειθής, μεστὴ ἐλέους καὶ καρπῶν **ἀγαθῶν,** ἀδιάκριτος, ἀνυπόκριτος.
1Pe 2:18 οὐ μόνον τοῖς **ἀγαθοῖς** καὶ ἐπιεικέσιν ἀλλὰ καὶ τοῖς σκολιοῖς.
3:10 ὁ γὰρ θέλων ζωὴν ἀγαπᾶν καὶ ἰδεῖν ἡμέρας **ἀγαθὰς** παυσάτω τὴν γλῶσσαν ἀπὸ κακοῦ καὶ χείλη τοῦ μὴ λαλῆσαι δόλον,
3:11 ἐκκλινάτω δὲ ἀπὸ κακοῦ καὶ ποιησάτω **ἀγαθόν,** ζητησάτω εἰρήνην καὶ διωξάτω αὐτήν·
3:13 Καὶ τίς ὁ κακώσων ὑμᾶς ἐὰν τοῦ **ἀγαθοῦ** ζηλωταὶ γένησθε;
3:16 ἀλλὰ μετὰ πραΰτητος καὶ φόβου, συνείδησιν ἔχοντες **ἀγαθήν,** ἵνα ἐν ᾧ καταλαλεῖσθε καταισχυνθῶσιν οἱ ἐπηρεάζοντες ὑμῶν τὴν **ἀγαθὴν** ἐν Χριστῷ ἀναστροφήν.
3:21 οὐ σαρκὸς ἀπόθεσις ῥύπου ἀλλὰ συνειδήσεως **ἀγαθῆς** ἐπερώτημα εἰς θεόν,
3Jn 1:11 Ἀγαπητέ, μὴ μιμοῦ τὸ κακὸν ἀλλὰ τὸ **ἀγαθόν.**

20 ἀγαθωσύνη [4]

√ *19*

Ro 15:14 καὶ αὐτὸς ἐγὼ περὶ ὑμῶν ὅτι καὶ αὐτοὶ μεστοί ἐστε **ἀγαθωσύνης,**
Gal 5:22 Ὁ δὲ καρπὸς τοῦ πνεύματός ἐστιν ἀγάπη χαρὰ εἰρήνη, μακροθυμία χρηστότης **ἀγαθωσύνη,** πίστις
Eph 5: 9 –ὁ γὰρ καρπὸς τοῦ φωτὸς ἐν πάσῃ **ἀγαθωσύνῃ** καὶ δικαιοσύνῃ καὶ ἀληθείᾳ–
2Th 1:11 ἵνα ὑμᾶς ἀξιώσῃ τῆς κλήσεως ὁ θεὸς ἡμῶν καὶ πληρώσῃ πᾶσαν εὐδοκίαν **ἀγαθωσύνης** καὶ ἔργον πίστεως ἐν δυνάμει,

21 ἀγαλλίασις [5]

√ *22*

Lk 1:14 καὶ ἔσται χαρά σοι καὶ **ἀγαλλίασις** καὶ πολλοὶ ἐπὶ τῇ γενέσει αὐτοῦ χαρήσονται.
1:44 ἐσκίρτησεν ἐν **ἀγαλλιάσει** τὸ βρέφος ἐν τῇ κοιλίᾳ μου.
Ac 2:46 κλῶντές τε κατ' οἶκον ἄρτον, μετελάμβανον τροφῆς ἐν **ἀγαλλιάσει** καὶ ἀφελότητι καρδίας
Heb 1: 9 διὰ τοῦτο ἔχρισέν σε ὁ θεὸς ὁ θεός σου ἔλαιον **ἀγαλλιάσεως** παρὰ τοὺς μετόχους σου.
Jude 1:24 Τῷ δὲ δυναμένῳ φυλάξαι ὑμᾶς ἀπταίστους καὶ στῆσαι κατενώπιον τῆς δόξης αὐτοῦ ἀμώμους ἐν **ἀγαλλιάσει,**

22 ἀγαλλιάω [11]

→ *21*

Mt 5:12 χαίρετε καὶ **ἀγαλλιᾶσθε,** ὅτι ὁ μισθὸς ὑμῶν πολὺς ἐν τοῖς οὐρανοῖς·
Lk 1:47 καὶ **ἠγαλλίασεν** τὸ πνεῦμά μου ἐπὶ τῷ θεῷ τῷ σωτῆρί μου,
10:21 Ἐν αὐτῇ τῇ ὥρᾳ **ἠγαλλιάσατο** [ἐν] τῷ πνεύματι τῷ ἁγίῳ
Jn 5:35 δὲ ἠθελήσατε **ἀγαλλιαθῆναι** πρὸς ὥραν ἐν τῷ φωτὶ αὐτοῦ.
8:56 Ἀβραὰμ ὁ πατὴρ ὑμῶν **ἠγαλλιάσατο** ἵνα ἴδῃ τὴν ἡμέραν τὴν ἐμήν,
Ac 2:26 διὰ τοῦτο ηὐφράνθη ἡ καρδία μου καὶ **ἠγαλλιάσατο** ἡ γλῶσσά μου,
16:34 ἀναγαγών τε αὐτοὺς εἰς τὸν οἶκον παρέθηκεν τράπεζαν καὶ **ἠγαλλιάσατο** πανοικεὶ πεπιστευκὼς τῷ θεῷ.
1Pe 1: 6 ἐν ᾧ **ἀγαλλιᾶσθε,** ὀλίγον ἄρτι εἰ δέον [ἐστὶν] λυπηθέντες ἐν ποικίλοις πειρασμοῖς,
1: 8 εἰς ὃν ἄρτι μὴ ὁρῶντες πιστεύοντες δὲ **ἀγαλλιᾶσθε** χαρᾷ ἀνεκλαλήτῳ καὶ δεδοξασμένῃ
4:13 ἵνα καὶ ἐν τῇ ἀποκαλύψει τῆς δόξης αὐτοῦ χαρῆτε **ἀγαλλιώμενοι.**
Rev 19: 7 χαίρωμεν καὶ **ἀγαλλιῶμεν** καὶ δώσωμεν τὴν δόξαν αὐτῷ,

23 ἄγαμος [4]

√ *1.1 + 1141*

masc. **ὁ** [2] 1Co 7:8,32

fem. **ἡ** [2] 1Co 7:11,34

1Co 7: 8 Λέγω δὲ τοῖς **ἀγάμοις** καὶ ταῖς χήραις, καλὸν αὐτοῖς ἐὰν μείνωσιν ὡς κἀγώ·
7:11 –ἐὰν δὲ καὶ χωρισθῇ, μενέτω **ἄγαμος** ἢ τῷ ἀνδρὶ καταλλαγήτω,–
7:32 ὁ **ἄγαμος** μεριμνᾷ τὰ τοῦ κυρίου, πῶς ἀρέσῃ τῷ κυρίῳ·
7:34 καὶ ἡ γυνὴ ἡ **ἄγαμος** καὶ ἡ παρθένος μεριμνᾷ τὰ τοῦ κυρίου,

24 ἀγανακτέω [7]

→ *25*

Mt 20:24 Καὶ ἀκούσαντες οἱ δέκα **ἠγανάκτησαν** περὶ τῶν δύο ἀδελφῶν.
21:15 ἰδόντες δὲ οἱ ἀρχιερεῖς καὶ οἱ γραμματεῖς τὰ θαυμάσια ἃ ἐποίησεν καὶ τοὺς παῖδας τοὺς κράζοντας ἐν τῷ ἱερῷ καὶ λέγοντας, Ὡσαννὰ τῷ υἱῷ Δαυίδ, **ἠγανάκτησαν**
26: 8 ἰδόντες δὲ οἱ μαθηταὶ **ἠγανάκτησαν** λέγοντες, Εἰς τί ἡ ἀπώλεια αὕτη;
Mk 10:14 ἰδὼν δὲ ὁ Ἰησοῦς **ἠγανάκτησεν** καὶ εἶπεν αὐτοῖς,
10:41 Καὶ ἀκούσαντες οἱ δέκα ἤρξαντο **ἀγανακτεῖν** περὶ Ἰακώβου καὶ Ἰωάννου.
14: 4 ἦσαν δέ τινες **ἀγανακτοῦντες** πρὸς ἑαυτούς, Εἰς τί ἡ ἀπώλεια αὕτη τοῦ μύρου γέγονεν;
Lk 13:14 ἀποκριθεὶς δὲ ὁ ἀρχισυνάγωγος, **ἀγανακτῶν** ὅτι τῷ σαββάτῳ ἐθεράπευσεν ὁ Ἰησοῦς,

25 ἀγανάκτησις [1]

√ *24*

2Co 7:11 ἀλλὰ **ἀγανάκτησιν,** ἀλλὰ φόβον, ἀλλὰ ἐπιπόθησιν, ἀλλὰ ζῆλον,

26 ἀγαπάω [143]

→ *27, 28*

ἀγαπάω ... ἀγάπη [2] Jn 17:26; Eph 2:4

with **ἀγάπη** and **ἐντολή** [17] Mk 12:31; Jn 13:34; 14:15,21; 15:10,10,12; Ro 13:9; 1Jn 3:23,23; 4:21; 5:2,3,3; 2Jn 1:5,6,6

ἀγαπᾶν, ἀγαπάτε ἀλλήλους [12] Jn 13:34; 15:12,17; Ro 13:8; 1Th 4:9; 1Pe 1:22; 1Jn 3:11,23; 4:7,11,12; 2Jn 1:5

ἀγαπάω κύριον [4] Mt 22:37; Mk 12:30; Lk 10:27; Eph 6:24

ἀγαπήσεις πλησίον [9] Mt 5:43; 19:19; 22:39; Mk 12:31,33; Lk 10:27; Ro 13:9; Gal 5:14; Jas 2:8

Mt 5:43 **Ἀγαπήσεις** τὸν πλησίον σου καὶ μισήσεις τὸν ἐχθρόν σου.
5:44 **ἀγαπᾶτε** τοὺς ἐχθροὺς ὑμῶν καὶ προσεύχεσθε ὑπὲρ τῶν διωκόντων ὑμᾶς,
5:46 ἐὰν γὰρ **ἀγαπήσητε** τοὺς **ἀγαπῶντας** ὑμᾶς, τίνα μισθὸν ἔχετε;
6:24 ἢ γὰρ τὸν ἕνα μισήσει καὶ τὸν ἕτερον **ἀγαπήσει,**
19:19 καί, **Ἀγαπήσεις** τὸν πλησίον σου ὡς σεαυτόν.
22:37 **Ἀγαπήσεις** κύριον τὸν θεόν σου ἐν ὅλῃ τῇ καρδίᾳ σου καὶ ἐν ὅλῃ τῇ ψυχῇ σου καὶ ἐν ὅλῃ τῇ διανοίᾳ σου·
22:39 δευτέρα δὲ ὁμοία αὐτῇ, **Ἀγαπήσεις** τὸν πλησίον σου ὡς σεαυτόν.
Mk 10:21 ὁ δὲ Ἰησοῦς ἐμβλέψας αὐτῷ **ἠγάπησεν** αὐτὸν καὶ εἶπεν αὐτῷ,

12:30 καὶ **ἀγαπήσεις** κύριον τὸν θεόν σου ἐξ ὅλης τῆς καρδίας σου
καὶ ἐξ ὅλης τῆς ψυχῆς σου καὶ ἐξ ὅλης τῆς διανοίας σου καὶ
ἐξ ὅλης τῆς ἰσχύος σου.
12:31 δευτέρα αὕτη, **Ἀγαπήσεις** τὸν πλησίον σου ὡς σεαυτόν.
12:33 καὶ τὸ **ἀγαπᾶν** αὐτὸν ἐξ ὅλης τῆς καρδίας καὶ ἐξ ὅλης τῆς
συνέσεως καὶ ἐξ ὅλης τῆς ἰσχύος καὶ τὸ **ἀγαπᾶν** τὸν πλησίον
ὡς ἑαυτὸν περισσότερόν ἐστιν πάντων τῶν ὁλοκαυτωμάτων
Lk 6:27 **ἀγαπᾶτε** τοὺς ἐχθροὺς ὑμῶν, καλῶς ποιεῖτε τοῖς μισοῦσιν
ὑμᾶς,
6:32 καὶ εἰ **ἀγαπᾶτε** τοὺς **ἀγαπῶντας** ὑμᾶς, ποία ὑμῖν χάρις
ἐστίν; καὶ γὰρ οἱ ἁμαρτωλοὶ τοὺς **ἀγαπῶντας** αὐτοὺς
ἀγαπῶσιν.
6:35 πλὴν **ἀγαπᾶτε** τοὺς ἐχθροὺς ὑμῶν καὶ ἀγαθοποιεῖτε καὶ
δανίζετε μηδὲν ἀπελπίζοντες·
7: 5 **ἀγαπᾷ** γὰρ τὸ ἔθνος ἡμῶν καὶ τὴν συναγωγὴν αὐτὸς
ᾠκοδόμησεν ἡμῖν.
7:42 μὴ ἐχόντων αὐτῶν ἀποδοῦναι ἀμφοτέροις ἐχαρίσατο. τίς οὖν
αὐτῶν πλεῖον **ἀγαπήσει** αὐτόν;
7:47 ἀφέωνται αἱ ἁμαρτίαι αὐτῆς αἱ πολλαί, ὅτι **ἠγάπησεν** πολύ· ᾧ
δὲ ὀλίγον ἀφίεται, ὀλίγον **ἀγαπᾷ.**
10:27 **Ἀγαπήσεις** κύριον τὸν θεόν σου ἐξ ὅλης [τῆς] καρδίας σου
καὶ ἐν ὅλῃ τῇ ψυχῇ σου καὶ ἐν ὅλῃ τῇ ἰσχύϊ σου καὶ ἐν ὅλῃ τῇ
διανοίᾳ σου,
11:43 ὅτι **ἀγαπᾶτε** τὴν πρωτοκαθεδρίαν ἐν ταῖς συναγωγαῖς καὶ
τοὺς ἀσπασμοὺς ἐν ταῖς ἀγοραῖς.
16:13 ἢ γὰρ τὸν ἕνα μισήσει καὶ τὸν ἕτερον **ἀγαπήσει,**
Jn 3:16 Οὕτως γὰρ **ἠγάπησεν** ὁ θεὸς τὸν κόσμον, ὥστε τὸν υἱὸν τὸν
μονογενῆ ἔδωκεν,
3:19 αὕτη δέ ἐστιν ἡ κρίσις ὅτι τὸ φῶς ἐλήλυθεν εἰς τὸν κόσμον καὶ
ἠγάπησαν οἱ ἄνθρωποι μᾶλλον τὸ σκότος ἢ τὸ φῶς·
3:35 ὁ πατὴρ **ἀγαπᾷ** τὸν υἱὸν καὶ πάντα δέδωκεν ἐν τῇ χειρὶ αὐτοῦ.
8:42 Εἰ ὁ θεὸς πατὴρ ὑμῶν ἦν **ἠγαπᾶτε** ἂν ἐμέ,
10:17 διὰ τοῦτό με ὁ πατὴρ **ἀγαπᾷ** ὅτι ἐγὼ τίθημι τὴν ψυχήν μου,
11: 5 **ἠγάπα** δὲ ὁ Ἰησοῦς τὴν Μάρθαν καὶ τὴν ἀδελφὴν αὐτῆς καὶ
τὸν Λάζαρον.
12:43 **ἠγάπησαν** γὰρ τὴν δόξαν τῶν ἀνθρώπων μᾶλλον ἤπερ τὴν
δόξαν τοῦ θεοῦ.
13: 1 **ἀγαπήσας** τοὺς ἰδίους τοὺς ἐν τῷ κόσμῳ εἰς τέλος **ἠγάπησεν**
αὐτούς.
13:23 ἦν ἀνακείμενος εἷς ἐκ τῶν μαθητῶν αὐτοῦ ἐν τῷ κόλπῳ τοῦ
Ἰησοῦ, ὃν **ἠγάπα** ὁ Ἰησοῦς.
13:34 ἐντολὴν καινὴν δίδωμι ὑμῖν, ἵνα **ἀγαπᾶτε** ἀλλήλους, καθὼς
ἠγάπησα ὑμᾶς ἵνα καὶ ὑμεῖς **ἀγαπᾶτε** ἀλλήλους.
14:15 Ἐὰν **ἀγαπᾶτέ** με, τὰς ἐντολὰς τὰς ἐμὰς τηρήσετε·
14:21 ὁ ἔχων τὰς ἐντολάς μου καὶ τηρῶν αὐτὰς ἐκεῖνός ἐστιν ὁ
ἀγαπῶν με· ὁ δὲ **ἀγαπῶν** με **ἀγαπηθήσεται** ὑπὸ τοῦ πατρός
μου, κἀγὼ **ἀγαπήσω** αὐτὸν καὶ ἐμφανίσω αὐτῷ ἐμαυτόν.
14:23 Ἐάν τις **ἀγαπᾷ** με τὸν λόγον μου τηρήσει, καὶ ὁ πατήρ μου
ἀγαπήσει αὐτὸν καὶ πρὸς αὐτὸν ἐλευσόμεθα καὶ μονὴν παρ'
αὐτῷ ποιησόμεθα.
14:24 ὁ μὴ **ἀγαπῶν** με τοὺς λόγους μου οὐ τηρεῖ·
14:28 εἰ **ἠγαπᾶτέ** με ἐχάρητε ἂν ὅτι πορεύομαι πρὸς τὸν πατέρα,
14:31 ἀλλ' ἵνα γνῷ ὁ κόσμος ὅτι **ἀγαπῶ** τὸν πατέρα,
15: 9 καθὼς **ἠγάπησέν** με ὁ πατήρ, κἀγὼ ὑμᾶς **ἠγάπησα·**
15:12 αὕτη ἐστὶν ἡ ἐντολὴ ἡ ἐμή, ἵνα **ἀγαπᾶτε** ἀλλήλους καθὼς
ἠγάπησα ὑμᾶς.
15:17 ταῦτα ἐντέλλομαι ὑμῖν, ἵνα **ἀγαπᾶτε** ἀλλήλους.
17:23 ἵνα γινώσκῃ ὁ κόσμος ὅτι σύ με ἀπέστειλας καὶ **ἠγάπησας**
αὐτοὺς καθὼς ἐμὲ **ἠγάπησας.**
17:24 ἣν δέδωκάς μοι ὅτι **ἠγάπησάς** με πρὸ καταβολῆς κόσμου.
17:26 ἵνα ἡ ἀγάπη ἣν **ἠγάπησάς** με ἐν αὐτοῖς ᾖ κἀγὼ ἐν αὐτοῖς.
19:26 Ἰησοῦς οὖν ἰδὼν τὴν μητέρα καὶ τὸν μαθητὴν παρεστῶτα ὃν
ἠγάπα,
21: 7 λέγει οὖν ὁ μαθητὴς ἐκεῖνος ὃν **ἠγάπα** ὁ Ἰησοῦς τῷ Πέτρῳ,
21:15 Ὅτε οὖν ἠρίστησαν λέγει τῷ Σίμωνι Πέτρῳ ὁ Ἰησοῦς, Σίμων
Ἰωάννου, **ἀγαπᾷς** με πλέον τούτων;
21:16 λέγει αὐτῷ πάλιν δεύτερον, Σίμων Ἰωάννου, **ἀγαπᾷς** με;
21:20 Ἐπιστραφεὶς ὁ Πέτρος βλέπει τὸν μαθητὴν ὃν **ἠγάπα** ὁ
Ἰησοῦς ἀκολουθοῦντα,
Ro 8:28 οἴδαμεν δὲ ὅτι τοῖς **ἀγαπῶσιν** τὸν θεὸν πάντα συνεργεῖ εἰς
ἀγαθόν,
8:37 ἀλλ' ἐν τούτοις πᾶσιν ὑπερνικῶμεν διὰ τοῦ **ἀγαπήσαντος**
ἡμᾶς.
9:13 καθὼς γέγραπται, Τὸν Ἰακὼβ **ἠγάπησα,** τὸν δὲ Ἠσαῦ ἐμίσησα.
9:25 Καλέσω τὸν οὐ λαόν μου λαόν μου καὶ τὴν οὐκ **ἠγαπημένην**
ἠγαπημένην·

13: 8 Μηδενὶ μηδὲν ὀφείλετε εἰ μὴ τὸ ἀλλήλους **ἀγαπᾶν·** ὁ γὰρ
ἀγαπῶν τὸν ἕτερον νόμον πεπλήρωκεν.
13: 9 ἐν τῷ λόγῳ τούτῳ ἀνακεφαλαιοῦται [ἐν τῷ] **Ἀγαπήσεις** τὸν
πλησίον σου ὡς σεαυτόν.
1Co 2: 9 Ἃ ὀφθαλμὸς οὐκ εἶδεν καὶ οὖς οὐκ ἤκουσεν καὶ ἐπὶ καρδίαν
ἀνθρώπου οὐκ ἀνέβη, ἃ ἡτοίμασεν ὁ θεὸς τοῖς **ἀγαπῶσιν** αὐτόν.
8: 3 εἰ δέ τις **ἀγαπᾷ** τὸν θεόν, οὗτος ἔγνωσται ὑπ' αὐτοῦ.
2Co 9: 7 μὴ ἐκ λύπης ἢ ἐξ ἀνάγκης· ἱλαρὸν γὰρ δότην **ἀγαπᾷ** ὁ θεός.
11:11 διὰ τί; ὅτι οὐκ **ἀγαπῶ** ὑμᾶς; ὁ θεὸς οἶδεν.
12:15 εἰ περισσοτέρως ὑμᾶς **ἀγαπῶ[ν],** ἧσσον **ἀγαπῶμαι;**
Gal 2:20 ἐν πίστει ζῶ τῇ τοῦ υἱοῦ τοῦ θεοῦ τοῦ **ἀγαπήσαντός** με καὶ
παραδόντος ἑαυτὸν ὑπὲρ ἐμοῦ.
5:14 ὁ γὰρ πᾶς νόμος ἐν ἑνὶ λόγῳ πεπλήρωται, ἐν τῷ **Ἀγαπήσεις**
τὸν πλησίον σου ὡς σεαυτόν.
Eph 1: 6 εἰς ἔπαινον δόξης τῆς χάριτος αὐτοῦ ἧς ἐχαρίτωσεν ἡμᾶς ἐν
τῷ **ἠγαπημένῳ.**
2: 4 διὰ τὴν πολλὴν ἀγάπην αὐτοῦ ἣν **ἠγάπησεν** ἡμᾶς,
5: 2 καθὼς καὶ ὁ Χριστὸς **ἠγάπησεν** ἡμᾶς καὶ παρέδωκεν ἑαυτὸν
ὑπὲρ ἡμῶν προσφορὰν καὶ θυσίαν τῷ θεῷ εἰς ὀσμὴν εὐωδίας.
5:25 Οἱ ἄνδρες, **ἀγαπᾶτε** τὰς γυναῖκας, καθὼς καὶ ὁ Χριστὸς
ἠγάπησεν τὴν ἐκκλησίαν καὶ ἑαυτὸν παρέδωκεν ὑπὲρ αὐτῆς,
5:28 οὕτως ὀφείλουσιν [καὶ] οἱ ἄνδρες **ἀγαπᾶν** τὰς ἑαυτῶν
γυναῖκας ὡς τὰ ἑαυτῶν σώματα. ὁ **ἀγαπῶν** τὴν ἑαυτοῦ
γυναῖκα ἑαυτὸν **ἀγαπᾷ.**
5:33 ἕκαστος τὴν ἑαυτοῦ γυναῖκα οὕτως **ἀγαπάτω** ὡς ἑαυτόν,
6:24 ἡ χάρις μετὰ πάντων τῶν **ἀγαπώντων** τὸν κύριον ἡμῶν Ἰησοῦν
Χριστὸν ἐν ἀφθαρσίᾳ.
Col 3:12 Ἐνδύσασθε οὖν, ὡς ἐκλεκτοὶ τοῦ θεοῦ ἅγιοι καὶ **ἠγαπημένοι,**
3:19 **ἀγαπᾶτε** τὰς γυναῖκας καὶ μὴ πικραίνεσθε πρὸς αὐτάς.
1Th 1: 4 εἰδότες, ἀδελφοὶ **ἠγαπημένοι** ὑπὸ [τοῦ] θεοῦ, τὴν ἐκλογὴν
ὑμῶν,
4: 9 αὐτοὶ γὰρ ὑμεῖς θεοδίδακτοί ἐστε εἰς τὸ **ἀγαπᾶν** ἀλλήλους,
2Th 2:13 Ἡμεῖς δὲ ὀφείλομεν εὐχαριστεῖν τῷ θεῷ πάντοτε περὶ ὑμῶν,
ἀδελφοὶ **ἠγαπημένοι** ὑπὸ κυρίου,
2:16 Αὐτὸς δὲ ὁ κύριος ἡμῶν Ἰησοῦς Χριστὸς καὶ [ὁ] θεὸς ὁ πατὴρ
ἡμῶν ὁ **ἀγαπήσας** ἡμᾶς καὶ δοὺς παράκλησιν αἰωνίαν καὶ
ἐλπίδα ἀγαθὴν ἐν χάριτι,
2Ti 4: 8 οὐ μόνον δὲ ἐμοὶ ἀλλὰ καὶ πᾶσι τοῖς **ἠγαπηκόσι** τὴν
ἐπιφάνειαν αὐτοῦ.
4:10 Δημᾶς γάρ με ἐγκατέλιπεν **ἀγαπήσας** τὸν νῦν αἰῶνα καὶ
ἐπορεύθη εἰς Θεσσαλονίκην,
Heb 1: 9 **ἠγάπησας** δικαιοσύνην καὶ ἐμίσησας ἀνομίαν· διὰ τοῦτο
ἔχρισέν σε ὁ θεὸς ὁ θεός σου ἔλαιον ἀγαλλιάσεως
12: 6 ὃν γὰρ **ἀγαπᾷ** κύριος παιδεύει, μαστιγοῖ δὲ πάντα υἱὸν ὃν
παραδέχεται.
Jas 1:12 ὅτι δόκιμος γενόμενος λήμψεται τὸν στέφανον τῆς ζωῆς ὃν
ἐπηγγείλατο τοῖς **ἀγαπῶσιν** αὐτόν.
2: 5 καὶ κληρονόμους τῆς βασιλείας ἧς ἐπηγγείλατο τοῖς
ἀγαπῶσιν αὐτόν;
2: 8 **Ἀγαπήσεις** τὸν πλησίον σου ὡς σεαυτόν, καλῶς ποιεῖτε·
1Pe 1: 8 ὃν οὐκ ἰδόντες **ἀγαπᾶτε,** εἰς ὃν ἄρτι μὴ ὁρῶντες πιστεύοντες
δὲ ἀγαλλιᾶσθε χαρᾷ ἀνεκλαλήτῳ καὶ δεδοξασμένῃ
1:22 ἐκ [καθαρᾶς] καρδίας ἀλλήλους **ἀγαπήσατε** ἐκτενῶς
2:17 τὴν ἀδελφότητα **ἀγαπᾶτε,** τὸν θεὸν φοβεῖσθε,
3:10 ὁ γὰρ θέλων ζωὴν **ἀγαπᾶν** καὶ ἰδεῖν ἡμέρας ἀγαθὰς παυσάτω
τὴν γλῶσσαν ἀπὸ κακοῦ καὶ χείλη τοῦ μὴ λαλῆσαι δόλον,
2Pe 2:15 ἐξακολουθήσαντες τῇ ὁδῷ τοῦ Βαλαὰμ τοῦ Βοσόρ, ὃς μισθὸν
ἀδικίας **ἠγάπησεν**
1Jn 2:10 ὁ **ἀγαπῶν** τὸν ἀδελφὸν αὐτοῦ ἐν τῷ φωτὶ μένει καὶ σκάνδαλον
ἐν αὐτῷ οὐκ ἔστιν·
2:15 Μὴ **ἀγαπᾶτε** τὸν κόσμον μηδὲ τὰ ἐν τῷ κόσμῳ. ἐάν τις
ἀγαπᾷ τὸν κόσμον, οὐκ ἔστιν ἡ ἀγάπη τοῦ πατρὸς ἐν αὐτῷ·
3:10 πᾶς ὁ μὴ ποιῶν δικαιοσύνην οὐκ ἔστιν ἐκ τοῦ θεοῦ, καὶ ὁ μὴ
ἀγαπῶν τὸν ἀδελφὸν αὐτοῦ.
3:11 Ὅτι αὕτη ἐστὶν ἡ ἀγγελία ἣν ἠκούσατε ἀπ' ἀρχῆς, ἵνα
ἀγαπῶμεν ἀλλήλους,
3:14 ὅτι μεταβεβήκαμεν ἐκ τοῦ θανάτου εἰς τὴν ζωήν, ὅτι
ἀγαπῶμεν τοὺς ἀδελφούς· ὁ μὴ **ἀγαπῶν** μένει ἐν τῷ θανάτῳ.
3:18 μὴ **ἀγαπῶμεν** λόγῳ μηδὲ τῇ γλώσσῃ ἀλλὰ ἐν ἔργῳ καὶ ἀληθείᾳ.
3:23 ἵνα πιστεύσωμεν τῷ ὀνόματι τοῦ υἱοῦ αὐτοῦ Ἰησοῦ Χριστοῦ
καὶ **ἀγαπῶμεν** ἀλλήλους,
4: 7 Ἀγαπητοί, **ἀγαπῶμεν** ἀλλήλους, ὅτι ἡ ἀγάπη ἐκ τοῦ θεοῦ
ἐστιν, καὶ πᾶς ὁ **ἀγαπῶν** ἐκ τοῦ θεοῦ γεγέννηται
4: 8 ὁ μὴ **ἀγαπῶν** οὐκ ἔγνω τὸν θεόν, ὅτι ὁ θεὸς ἀγάπη ἐστίν.
4:10 οὐχ ὅτι ἡμεῖς **ἠγαπήκαμεν** τὸν θεὸν ἀλλ' ὅτι αὐτὸς **ἠγάπησεν**
ἡμᾶς καὶ ἀπέστειλεν τὸν υἱὸν αὐτοῦ ἱλασμὸν

4:11 Ἀγαπητοί, εἰ οὕτως ὁ θεὸς **ἠγάπησεν** ἡμᾶς, καὶ ἡμεῖς ὀφείλομεν ἀλλήλους **ἀγαπᾶν.**
4:12 ἐὰν **ἀγαπῶμεν** ἀλλήλους, ὁ θεὸς ἐν ἡμῖν μένει καὶ ἡ ἀγάπη αὐτοῦ ἐν ἡμῖν τετελειωμένη ἐστιν.
4:19 ἡμεῖς **ἀγαπῶμεν,** ὅτι αὐτὸς πρῶτος **ἠγάπησεν** ἡμᾶς.
4:20 ἐάν τις εἴπῃ ὅτι **Ἀγαπῶ** τὸν θεὸν καὶ τὸν ἀδελφὸν αὐτοῦ μισῇ, ψεύστης ἐστίν· ὁ γὰρ μὴ **ἀγαπῶν** τὸν ἀδελφὸν αὐτοῦ ὃν ἑώρακεν, τὸν θεὸν ὃν οὐχ ἑώρακεν οὐ δύναται **ἀγαπᾶν.**
4:21 ἵνα ὁ **ἀγαπῶν** τὸν θεὸν **ἀγαπᾷ** καὶ τὸν ἀδελφὸν αὐτοῦ.
5: 1 καὶ πᾶς ὁ **ἀγαπῶν** τὸν γεννήσαντα **ἀγαπᾷ** [καὶ] τὸν γεγεννημένον ἐξ αὐτοῦ.
5: 2 ἐν τούτῳ γινώσκομεν ὅτι **ἀγαπῶμεν** τὰ τέκνα τοῦ θεοῦ, ὅταν τὸν θεὸν **ἀγαπῶμεν** καὶ τὰς ἐντολὰς αὐτοῦ ποιῶμεν.
2Jn 1: 1 Ὁ πρεσβύτερος ἐκλεκτῇ κυρίᾳ καὶ τοῖς τέκνοις αὐτῆς, οὓς ἐγὼ **ἀγαπῶ** ἐν ἀληθείᾳ,
1: 5 οὐχ ὡς ἐντολὴν καινὴν γράφων σοι ἀλλὰ ἣν εἴχομεν ἀπ' ἀρχῆς, ἵνα **ἀγαπῶμεν** ἀλλήλους.
3Jn 1: 1 Ὁ πρεσβύτερος Γαΐῳ τῷ ἀγαπητῷ, ὃν ἐγὼ **ἀγαπῶ** ἐν ἀληθείᾳ.
Jude 1: 1 τοῖς ἐν θεῷ πατρὶ **ἠγαπημένοις** καὶ Ἰησοῦ Χριστῷ τετηρημένοις κλητοῖς·
Rev 1: 5 Τῷ **ἀγαπῶντι** ἡμᾶς καὶ λύσαντι ἡμᾶς ἐκ τῶν ἁμαρτιῶν ἡμῶν ἐν τῷ αἵματι αὐτοῦ,
3: 9 ἰδοὺ ποιήσω αὐτοὺς ἵνα ἥξουσιν καὶ προσκυνήσουσιν ἐνώπιον τῶν ποδῶν σου καὶ γνῶσιν ὅτι ἐγὼ **ἠγάπησά** σε.
12:11 καὶ αὐτοὶ ἐνίκησαν αὐτὸν διὰ τὸ αἷμα τοῦ ἀρνίου καὶ διὰ τὸν λόγον τῆς μαρτυρίας αὐτῶν καὶ οὐκ **ἠγάπησαν** τὴν ψυχὴν αὐτῶν ἄχρι θανάτου.
20: 9 καὶ ἀνέβησαν ἐπὶ τὸ πλάτος τῆς γῆς καὶ ἐκύκλευσαν τὴν παρεμβολὴν τῶν ἁγίων καὶ τὴν πόλιν τὴν **ἠγαπημένην,**

27 ἀγάπη [116]

√ *26*

ἀγαπάω ... ἀγάπη [2] Jn 17:26; Eph 2:4

with **ἀγαπάω** and **ἐντολή** [17] Mk 12:31; Jn 13:34; 14:15,21; 15:10,10,12; Ro 13:9; 1Jn 3:23,23; 4:21; 5:2,3,3; 2Jn 1:5,6,6

plural **ἀγάπαι** [1] Jude 1:12

ἀγάπη τοῦ θεοῦ [11] Lk 11:42; Jn 5:42; Ro 5:5; 8:39; 2Co 13:13; 2Th 3:5; 1Jn 2:5; 3:17; 4:9; 5:3; Jude 1:21

ἀγάπη τοῦ Χριστοῦ [3] Ro 8:35; 2Co 5:14; Eph 3:19

Mt 24:12 καὶ διὰ τὸ πληθυνθῆναι τὴν ἀνομίαν ψυγήσεται ἡ **ἀγάπη** τῶν πολλῶν.
Lk 11:42 ὅτι ἀποδεκατοῦτε τὸ ἡδύοσμον καὶ τὸ πήγανον καὶ πᾶν λάχανον καὶ παρέρχεσθε τὴν κρίσιν καὶ τὴν **ἀγάπην** τοῦ θεοῦ·
Jn 5:42 ἀλλὰ ἔγνωκα ὑμᾶς ὅτι τὴν **ἀγάπην** τοῦ θεοῦ οὐκ ἔχετε ἐν ἑαυτοῖς.
13:35 ἐν τούτῳ γνώσονται πάντες ὅτι ἐμοὶ μαθηταί ἐστε, ἐὰν **ἀγάπην** ἔχητε ἐν ἀλλήλοις.
15: 9 κἀγὼ ὑμᾶς ἠγάπησα· μείνατε ἐν τῇ **ἀγάπῃ** τῇ ἐμῇ.
15:10 ἐὰν τὰς ἐντολάς μου τηρήσητε, μενεῖτε ἐν τῇ **ἀγάπῃ** μου, καθὼς ἐγὼ τὰς ἐντολὰς τοῦ πατρός μου τετήρηκα καὶ μένω αὐτοῦ ἐν τῇ **ἀγάπῃ.**
15:13 μείζονα ταύτης **ἀγάπην** οὐδεὶς ἔχει, ἵνα τις τὴν ψυχὴν αὐτοῦ θῇ ὑπὲρ τῶν φίλων αὐτοῦ.
17:26 ἵνα ἡ **ἀγάπη** ἣν ἠγάπησάς με ἐν αὐτοῖς ᾖ κἀγὼ ἐν αὐτοῖς.
Ro 5: 5 ὅτι ἡ **ἀγάπη** τοῦ θεοῦ ἐκκέχυται ἐν ταῖς καρδίαις ἡμῶν διὰ πνεύματος ἁγίου τοῦ δοθέντος ἡμῖν.
5: 8 συνίστησιν δὲ τὴν ἑαυτοῦ **ἀγάπην** εἰς ἡμᾶς ὁ θεός,
8:35 τίς ἡμᾶς χωρίσει ἀπὸ τῆς **ἀγάπης** τοῦ Χριστοῦ;
8:39 οὔτε ὕψωμα οὔτε βάθος οὔτε τις κτίσις ἑτέρα δυνήσεται ἡμᾶς χωρίσαι ἀπὸ τῆς **ἀγάπης** τοῦ θεοῦ τῆς ἐν Χριστῷ Ἰησοῦ
12: 9 Ἡ **ἀγάπη** ἀνυπόκριτος. ἀποστυγοῦντες τὸ πονηρόν, κολλώμενοι τῷ ἀγαθῷ,
13:10 ἡ **ἀγάπη** τῷ πλησίον κακὸν οὐκ ἐργάζεται· πλήρωμα οὖν νόμου ἡ **ἀγάπη.**
14:15 εἰ γὰρ διὰ βρῶμα ὁ ἀδελφός σου λυπεῖται, οὐκέτι κατὰ **ἀγάπην** περιπατεῖς·
15:30 διὰ τοῦ κυρίου ἡμῶν Ἰησοῦ Χριστοῦ καὶ διὰ τῆς **ἀγάπης** τοῦ πνεύματος συναγωνίσασθαί μοι ἐν ταῖς προσευχαῖς ὑπὲρ ἐμοῦ
1Co 4:21 ἐν ῥάβδῳ ἔλθω πρὸς ὑμᾶς ἢ ἐν **ἀγάπῃ** πνεύματί τε πραΰτητος;
8: 1 ἡ γνῶσις φυσιοῖ, ἡ δὲ **ἀγάπη** οἰκοδομεῖ·
13: 1 **ἀγάπην** δὲ μὴ ἔχω, γέγονα χαλκὸς ἠχῶν ἢ κύμβαλον ἀλαλάζον.
13: 2 καὶ ἐὰν ἔχω προφητείαν καὶ εἰδῶ τὰ μυστήρια πάντα καὶ πᾶσαν τὴν γνῶσιν καὶ ἐὰν ἔχω πᾶσαν τὴν πίστιν ὥστε ὄρη μεθιστάναι, **ἀγάπην** δὲ μὴ ἔχω, οὐθέν εἰμι.
13: 3 κἂν ψωμίσω πάντα τὰ ὑπάρχοντά μου καὶ ἐὰν παραδῶ τὸ σῶμά μου ἵνα καυχήσωμαι, **ἀγάπην** δὲ μὴ ἔχω, οὐδὲν ὠφελοῦμαι.
13: 4 Ἡ **ἀγάπη** μακροθυμεῖ, χρηστεύεται ἡ **ἀγάπη,** οὐ ζηλοῖ, [ἡ **ἀγάπη**] οὐ περπερεύεται, οὐ φυσιοῦται,
13: 8 Ἡ **ἀγάπη** οὐδέποτε πίπτει· εἴτε δὲ προφητεῖαι, καταργηθήσονται·
13:13 νυνὶ δὲ μένει πίστις, ἐλπίς, **ἀγάπη,** τὰ τρία ταῦτα· μείζων δὲ τούτων ἡ **ἀγάπη.**
14: 1 Διώκετε τὴν **ἀγάπην,** ζηλοῦτε δὲ τὰ πνευματικά, μᾶλλον δὲ ἵνα προφητεύητε.
16:14 πάντα ὑμῶν ἐν **ἀγάπῃ** γινέσθω.
16:24 ἡ **ἀγάπη** μου μετὰ πάντων ὑμῶν ἐν Χριστῷ Ἰησοῦ.
2Co 2: 4 οὐχ ἵνα λυπηθῆτε ἀλλὰ τὴν **ἀγάπην** ἵνα γνῶτε ἣν ἔχω περισσοτέρως εἰς ὑμᾶς.
2: 8 διὸ παρακαλῶ ὑμᾶς κυρῶσαι εἰς αὐτὸν **ἀγάπην·**
5:14 ἡ γὰρ **ἀγάπη** τοῦ Χριστοῦ συνέχει ἡμᾶς, κρίναντας τοῦτο,
6: 6 ἐν χρηστότητι, ἐν πνεύματι ἁγίῳ, ἐν **ἀγάπῃ** ἀνυποκρίτῳ,
8: 7 πίστει καὶ λόγῳ καὶ γνώσει καὶ πάσῃ σπουδῇ καὶ τῇ ἐξ ἡμῶν ἐν ὑμῖν **ἀγάπῃ,**
8: 8 Οὐ κατ' ἐπιταγὴν λέγω ἀλλὰ διὰ τῆς ἑτέρων σπουδῆς καὶ τὸ τῆς ὑμετέρας **ἀγάπης** γνήσιον δοκιμάζων·
8:24 τὴν οὖν ἔνδειξιν τῆς **ἀγάπης** ὑμῶν καὶ ἡμῶν καυχήσεως ὑπὲρ ὑμῶν εἰς αὐτοὺς ἐνδεικνύμενοι εἰς πρόσωπον τῶν ἐκκλησιῶν.
13:11 καὶ ὁ θεὸς τῆς **ἀγάπης** καὶ εἰρήνης ἔσται μεθ' ὑμῶν.
13:13 Ἡ χάρις τοῦ κυρίου Ἰησοῦ Χριστοῦ καὶ ἡ **ἀγάπη** τοῦ θεοῦ καὶ ἡ κοινωνία τοῦ ἁγίου πνεύματος μετὰ πάντων ὑμῶν.
Gal 5: 6 ἐν γὰρ Χριστῷ Ἰησοῦ οὔτε περιτομή τι ἰσχύει οὔτε ἀκροβυστία ἀλλὰ πίστις δι' **ἀγάπης** ἐνεργουμένη.
5:13 μόνον μὴ τὴν ἐλευθερίαν εἰς ἀφορμὴν τῇ σαρκί, ἀλλὰ διὰ τῆς **ἀγάπης** δουλεύετε ἀλλήλοις.
5:22 Ὁ δὲ καρπὸς τοῦ πνεύματός ἐστιν **ἀγάπη** χαρὰ εἰρήνη,
Eph 1: 4 καθὼς ἐξελέξατο ἡμᾶς ἐν αὐτῷ πρὸ καταβολῆς κόσμου εἶναι ἡμᾶς ἁγίους καὶ ἀμώμους κατενώπιον αὐτοῦ ἐν **ἀγάπῃ,**
1:15 Διὰ τοῦτο κἀγὼ ἀκούσας τὴν καθ' ὑμᾶς πίστιν ἐν τῷ κυρίῳ Ἰησοῦ καὶ τὴν **ἀγάπην** τὴν εἰς πάντας τοὺς ἁγίους
2: 4 διὰ τὴν πολλὴν **ἀγάπην** αὐτοῦ ἣν ἠγάπησεν ἡμᾶς,
3:17 κατοικῆσαι τὸν Χριστὸν διὰ τῆς πίστεως ἐν ταῖς καρδίαις ὑμῶν, ἐν **ἀγάπῃ** ἐρριζωμένοι καὶ τεθεμελιωμένοι,
3:19 γνῶναί τε τὴν ὑπερβάλλουσαν τῆς γνώσεως **ἀγάπην** τοῦ Χριστοῦ,
4: 2 μετὰ πάσης ταπεινοφροσύνης καὶ πραΰτητος, μετὰ μακροθυμίας, ἀνεχόμενοι ἀλλήλων ἐν **ἀγάπῃ,**
4:15 ἀληθεύοντες δὲ ἐν **ἀγάπῃ** αὐξήσωμεν εἰς αὐτὸν τὰ πάντα,
4:16 κατ' ἐνέργειαν ἐν μέτρῳ ἑνὸς ἑκάστου μέρους τὴν αὔξησιν τοῦ σώματος ποιεῖται εἰς οἰκοδομὴν ἑαυτοῦ ἐν **ἀγάπῃ.**
5: 2 καὶ περιπατεῖτε ἐν **ἀγάπῃ,** καθὼς καὶ ὁ Χριστὸς ἠγάπησεν ἡμᾶς καὶ παρέδωκεν ἑαυτὸν ὑπὲρ ἡμῶν προσφορὰν
6:23 Εἰρήνη τοῖς ἀδελφοῖς καὶ **ἀγάπη** μετὰ πίστεως ἀπὸ θεοῦ πατρὸς καὶ κυρίου Ἰησοῦ Χριστοῦ.
Php 1: 9 ἵνα ἡ **ἀγάπη** ὑμῶν ἔτι μᾶλλον καὶ μᾶλλον περισσεύῃ ἐν ἐπιγνώσει καὶ πάσῃ αἰσθήσει
1:16 οἱ μὲν ἐξ **ἀγάπης,** εἰδότες ὅτι εἰς ἀπολογίαν τοῦ εὐαγγελίου κεῖμαι,
2: 1 εἴ τι παραμύθιον **ἀγάπης,** εἴ τις κοινωνία πνεύματος,
2: 2 τὴν αὐτὴν **ἀγάπην** ἔχοντες, σύμψυχοι, τὸ ἓν φρονοῦντες,
Col 1: 4 ἀκούσαντες τὴν πίστιν ὑμῶν ἐν Χριστῷ Ἰησοῦ καὶ τὴν **ἀγάπην** ἣν ἔχετε εἰς πάντας τοὺς ἁγίους
1: 8 ὁ καὶ δηλώσας ἡμῖν τὴν ὑμῶν **ἀγάπην** ἐν πνεύματι.
1:13 ὃς ἐρρύσατο ἡμᾶς ἐκ τῆς ἐξουσίας τοῦ σκότους καὶ μετέστησεν εἰς τὴν βασιλείαν τοῦ υἱοῦ τῆς **ἀγάπης** αὐτοῦ,
2: 2 ἵνα παρακληθῶσιν αἱ καρδίαι αὐτῶν συμβιβασθέντες ἐν **ἀγάπῃ** καὶ εἰς πᾶν πλοῦτος τῆς πληροφορίας τῆς συνέσεως,
3:14 ἐπὶ πᾶσιν δὲ τούτοις τὴν **ἀγάπην,** ὅ ἐστιν σύνδεσμος τῆς τελειότητος.
1Th 1: 3 μνημονεύοντες ὑμῶν τοῦ ἔργου τῆς πίστεως καὶ τοῦ κόπου τῆς **ἀγάπης** καὶ τῆς ὑπομονῆς τῆς ἐλπίδος τοῦ κυρίου ἡμῶν Ἰησοῦ Χριστοῦ ἔμπροσθεν τοῦ θεοῦ καὶ πατρὸς ἡμῶν,
3: 6 πρὸς ἡμᾶς ἀφ' ὑμῶν καὶ εὐαγγελισαμένου ἡμῖν τὴν πίστιν καὶ τὴν **ἀγάπην** ὑμῶν καὶ ὅτι ἔχετε μνείαν ἡμῶν ἀγαθὴν πάντοτε,
3:12 ὑμᾶς δὲ ὁ κύριος πλεονάσαι καὶ περισσεύσαι τῇ **ἀγάπῃ** εἰς ἀλλήλους καὶ εἰς πάντας καθάπερ καὶ ἡμεῖς εἰς ὑμᾶς,
5: 8 ἡμεῖς δὲ ἡμέρας ὄντες νήφωμεν ἐνδυσάμενοι θώρακα πίστεως καὶ **ἀγάπης** καὶ περικεφαλαίαν ἐλπίδα σωτηρίας·

5:13 καὶ ἡγεῖσθαι αὐτοὺς ὑπερεκπερισσοῦ ἐν **ἀγάπῃ** διὰ τὸ ἔργον αὐτῶν.
2Th 1:3 ὅτι ὑπεραυξάνει ἡ πίστις ὑμῶν καὶ πλεονάζει ἡ **ἀγάπη** ἑνὸς ἑκάστου πάντων ὑμῶν εἰς ἀλλήλους,
2:10 ἀνθ᾽ ὧν τὴν **ἀγάπην** τῆς ἀληθείας οὐκ ἐδέξαντο εἰς τὸ σωθῆναι αὐτούς.
3:5 Ὁ δὲ κύριος κατευθύναι ὑμῶν τὰς καρδίας εἰς τὴν **ἀγάπην** τοῦ θεοῦ καὶ εἰς τὴν ὑπομονὴν τοῦ Χριστοῦ.
1Ti 1:5 τὸ δὲ τέλος τῆς παραγγελίας ἐστὶν **ἀγάπη** ἐκ καθαρᾶς καρδίας καὶ συνειδήσεως ἀγαθῆς καὶ πίστεως ἀνυποκρίτου,
1:14 ὑπερεπλεόνασεν δὲ ἡ χάρις τοῦ κυρίου ἡμῶν μετὰ πίστεως καὶ **ἀγάπης** τῆς ἐν Χριστῷ Ἰησοῦ.
2:15 ἐὰν μείνωσιν ἐν πίστει καὶ **ἀγάπῃ** καὶ ἁγιασμῷ μετὰ σωφροσύνης·
4:12 ἐν ἀναστροφῇ, ἐν **ἀγάπῃ,** ἐν πίστει, ἐν ἁγνείᾳ.
6:11 δίωκε δὲ δικαιοσύνην εὐσέβειαν πίστιν, **ἀγάπην** ὑπομονὴν πραϋπαθίαν.
2Ti 1:7 οὐ γὰρ ἔδωκεν ἡμῖν ὁ θεὸς πνεῦμα δειλίας ἀλλὰ δυνάμεως καὶ **ἀγάπης** καὶ σωφρονισμοῦ.
1:13 ὑποτύπωσιν ἔχε ὑγιαινόντων λόγων ὧν παρ᾽ ἐμοῦ ἤκουσας ἐν πίστει καὶ **ἀγάπῃ** τῇ ἐν Χριστῷ Ἰησοῦ·
2:22 δίωκε δὲ δικαιοσύνην πίστιν **ἀγάπην** εἰρήνην μετὰ τῶν ἐπικαλουμένων τὸν κύριον ἐκ καθαρᾶς καρδίας.
3:10 τῇ πίστει, τῇ μακροθυμίᾳ, τῇ **ἀγάπῃ,** τῇ ὑπομονῇ,
Tit 2:2 σώφρονας, ὑγιαίνοντας τῇ πίστει, τῇ **ἀγάπῃ,** τῇ ὑπομονῇ·
Phm 1:5 ἀκούων σου τὴν **ἀγάπην** καὶ τὴν πίστιν, ἣν ἔχεις πρὸς τὸν κύριον Ἰησοῦν καὶ εἰς πάντας τοὺς ἁγίους,
1:7 χαρὰν γὰρ πολλὴν ἔσχον καὶ παράκλησιν ἐπὶ τῇ **ἀγάπῃ** σου,
1:9 διὰ τὴν **ἀγάπην** μᾶλλον παρακαλῶ, τοιοῦτος ὢν ὡς Παῦλος πρεσβύτης νυνὶ δὲ καὶ δέσμιος Χριστοῦ Ἰησοῦ·
Heb 6:10 οὐ γὰρ ἄδικος ὁ θεὸς ἐπιλαθέσθαι τοῦ ἔργου ὑμῶν καὶ τῆς **ἀγάπης** ἧς ἐνεδείξασθε εἰς τὸ ὄνομα αὐτοῦ,
10:24 καὶ κατανοῶμεν ἀλλήλους εἰς παροξυσμὸν **ἀγάπης** καὶ καλῶν ἔργων,
1Pe 4:8 πρὸ πάντων τὴν εἰς ἑαυτοὺς **ἀγάπην** ἐκτενῆ ἔχοντες, ὅτι **ἀγάπη** καλύπτει πλῆθος ἁμαρτιῶν.
5:14 ἀσπάσασθε ἀλλήλους ἐν φιλήματι **ἀγάπης.** εἰρήνη ὑμῖν πᾶσιν τοῖς ἐν Χριστῷ.
2Pe 1:7 ἐν δὲ τῇ φιλαδελφίᾳ τὴν **ἀγάπην.**
1Jn 2:5 ἀληθῶς ἐν τούτῳ ἡ **ἀγάπη** τοῦ θεοῦ τετελείωται,
2:15 οὐκ ἔστιν ἡ **ἀγάπη** τοῦ πατρὸς ἐν αὐτῷ·
3:1 ἴδετε ποταπὴν **ἀγάπην** δέδωκεν ἡμῖν ὁ πατήρ, ἵνα τέκνα θεοῦ κληθῶμεν,
3:16 ἐν τούτῳ ἐγνώκαμεν τὴν **ἀγάπην,** ὅτι ἐκεῖνος ὑπὲρ ἡμῶν τὴν ψυχὴν αὐτοῦ ἔθηκεν·
3:17 πῶς ἡ **ἀγάπη** τοῦ θεοῦ μένει ἐν αὐτῷ;
4:7 ἀγαπῶμεν ἀλλήλους, ὅτι ἡ **ἀγάπη** ἐκ τοῦ θεοῦ ἐστιν,
4:8 ὁ μὴ ἀγαπῶν οὐκ ἔγνω τὸν θεόν, ὅτι ὁ θεὸς **ἀγάπη** ἐστίν.
4:9 ἐν τούτῳ ἐφανερώθη ἡ **ἀγάπη** τοῦ θεοῦ ἐν ἡμῖν,
4:10 ἐν τούτῳ ἐστὶν ἡ **ἀγάπη,** οὐχ ὅτι ἡμεῖς ἠγαπήκαμεν τὸν θεὸν ἀλλ᾽ ὅτι αὐτὸς ἠγάπησεν ἡμᾶς καὶ ἀπέστειλεν τὸν υἱὸν
4:12 ὁ θεὸς ἐν ἡμῖν μένει καὶ ἡ **ἀγάπη** αὐτοῦ ἐν ἡμῖν τετελειωμένη ἐστιν.
4:16 καὶ ἡμεῖς ἐγνώκαμεν καὶ πεπιστεύκαμεν τὴν **ἀγάπην** ἣν ἔχει ὁ θεὸς ἐν ἡμῖν. Ὁ θεὸς **ἀγάπη** ἐστίν, καὶ ὁ μένων ἐν τῇ **ἀγάπῃ** ἐν τῷ θεῷ μένει καὶ ὁ θεὸς ἐν αὐτῷ μένει.
4:17 ἐν τούτῳ τετελείωται ἡ **ἀγάπη** μεθ᾽ ἡμῶν, ἵνα παρρησίαν ἔχωμεν ἐν τῇ ἡμέρᾳ τῆς κρίσεως,
4:18 φόβος οὐκ ἔστιν ἐν τῇ **ἀγάπῃ** ἀλλ᾽ ἡ τελεία **ἀγάπη** ἔξω βάλλει τὸν φόβον,
4:18 ὁ δὲ φοβούμενος οὐ τετελείωται ἐν τῇ **ἀγάπῃ.**
5:3 αὕτη γάρ ἐστιν ἡ **ἀγάπη** τοῦ θεοῦ, ἵνα τὰς ἐντολὰς αὐτοῦ τηρῶμεν,
2Jn 1:3 χάρις ἔλεος εἰρήνη παρὰ θεοῦ πατρὸς καὶ παρὰ Ἰησοῦ Χριστοῦ τοῦ υἱοῦ τοῦ πατρὸς ἐν ἀληθείᾳ καὶ **ἀγάπῃ.**
1:6 καὶ αὕτη ἐστὶν ἡ **ἀγάπη,** ἵνα περιπατῶμεν κατὰ τὰς ἐντολὰς αὐτοῦ·
3Jn 1:6 οἳ ἐμαρτύρησάν σου τῇ **ἀγάπῃ** ἐνώπιον ἐκκλησίας, οὓς καλῶς ποιήσεις προπέμψας ἀξίως τοῦ θεοῦ·
Jude 1:2 ἔλεος ὑμῖν καὶ εἰρήνη καὶ **ἀγάπη** πληθυνθείη.
1:12 οὗτοί εἰσιν οἱ ἐν ταῖς **ἀγάπαις** ὑμῶν σπιλάδες συνευωχούμενοι ἀφόβως,
1:21 ἑαυτοὺς ἐν **ἀγάπῃ** θεοῦ τηρήσατε προσδεχόμενοι τὸ ἔλεος τοῦ κυρίου ἡμῶν Ἰησοῦ Χριστοῦ εἰς ζωὴν αἰώνιον.
Rev 2:4 ἀλλὰ ἔχω κατὰ σοῦ ὅτι τὴν **ἀγάπην** σου τὴν πρώτην ἀφῆκες.
2:19 Οἶδά σου τὰ ἔργα καὶ τὴν **ἀγάπην** καὶ τὴν πίστιν καὶ τὴν διακονίαν καὶ τὴν ὑπομονήν σου,

28 ἀγαπητός [61]

√ *26*

ἀδελφός ἀγαπητός [10] 1Co 15:58; Eph 6:21; Php 4:1; Col 4:7,9; Phm 1:16; Jas 1:16,19; 2:5; 2Pe 3:15

ἀγαπητός τέκνον [4] 1Co 4:14,17; Eph 5:1; 2Ti 1:2

υἱός ἀγαπητός [8] Mt 3:17; 17:5; Mk 1:11; 9:7; 12:6; Lk 3:22; 20:13; 2Pe 1:17

Mt 3:17 Οὗτός ἐστιν ὁ υἱός μου ὁ **ἀγαπητός,** ἐν ᾧ εὐδόκησα.
12:18 ὁ **ἀγαπητός** μου εἰς ὃν εὐδόκησεν ἡ ψυχή μου·
17:5 Οὗτός ἐστιν ὁ υἱός μου ὁ **ἀγαπητός,** ἐν ᾧ εὐδόκησα·
Mk 1:11 Σὺ εἶ ὁ υἱός μου ὁ **ἀγαπητός,** ἐν σοὶ εὐδόκησα.
9:7 Οὗτός ἐστιν ὁ υἱός μου ὁ **ἀγαπητός,** ἀκούετε αὐτοῦ.
12:6 ἔτι ἕνα εἶχεν υἱὸν **ἀγαπητόν·** ἀπέστειλεν αὐτὸν ἔσχατον πρὸς αὐτοὺς λέγων ὅτι Ἐντραπήσονται τὸν υἱόν μου.
Lk 3:22 Σὺ εἶ ὁ υἱός μου ὁ **ἀγαπητός,** ἐν σοὶ εὐδόκησα.
20:13 πέμψω τὸν υἱόν μου τὸν **ἀγαπητόν·** ἴσως τοῦτον ἐντραπήσονται.
Ac 15:25 ἐκλεξαμένοις ἄνδρας πέμψαι πρὸς ὑμᾶς σὺν τοῖς **ἀγαπητοῖς** ἡμῶν Βαρναβᾷ καὶ Παύλῳ,
Ro 1:7 πᾶσιν τοῖς οὖσιν ἐν Ῥώμῃ **ἀγαπητοῖς** θεοῦ, κλητοῖς ἁγίοις,
11:28 κατὰ δὲ τὴν ἐκλογὴν **ἀγαπητοὶ** διὰ τοὺς πατέρας·
12:19 μὴ ἑαυτοὺς ἐκδικοῦντες, **ἀγαπητοί,** ἀλλὰ δότε τόπον τῇ ὀργῇ,
16:5 ἀσπάσασθε Ἐπαίνετον τὸν **ἀγαπητόν** μου, ὅς ἐστιν ἀπαρχὴ τῆς Ἀσίας εἰς Χριστόν.
16:8 ἀσπάσασθε Ἀμπλιᾶτον τὸν **ἀγαπητόν** μου ἐν κυρίῳ.
16:9 καὶ Στάχυν τὸν **ἀγαπητόν** μου.
16:12 ἀσπάσασθε Περσίδα τὴν **ἀγαπητήν,** ἥτις πολλὰ ἐκοπίασεν ἐν κυρίῳ.
1Co 4:14 Οὐκ ἐντρέπων ὑμᾶς γράφω ταῦτα ἀλλ᾽ ὡς τέκνα μου **ἀγαπητὰ** νουθετῶ[ν].
4:17 ὅς ἐστίν μου τέκνον **ἀγαπητὸν** καὶ πιστὸν ἐν κυρίῳ,
10:14 Διόπερ, **ἀγαπητοί** μου, φεύγετε ἀπὸ τῆς εἰδωλολατρίας.
15:58 Ὥστε, ἀδελφοί μου **ἀγαπητοί,** ἑδραῖοι γίνεσθε, ἀμετακίνητοι, περισσεύοντες ἐν τῷ ἔργῳ τοῦ κυρίου πάντοτε,
2Co 7:1 ταύτας οὖν ἔχοντες τὰς ἐπαγγελίας, **ἀγαπητοί,** καθαρίσωμεν ἑαυτοὺς ἀπὸ παντὸς μολυσμοῦ σαρκὸς καὶ πνεύματος,
12:19 τὰ δὲ πάντα, **ἀγαπητοί,** ὑπὲρ τῆς ὑμῶν οἰκοδομῆς.
Eph 5:1 γίνεσθε οὖν μιμηταὶ τοῦ θεοῦ ὡς τέκνα **ἀγαπητὰ**
6:21 πάντα γνωρίσει ὑμῖν Τυχικὸς ὁ **ἀγαπητὸς** ἀδελφὸς καὶ πιστὸς διάκονος ἐν κυρίῳ,
Php 2:12 Ὥστε, **ἀγαπητοί** μου, καθὼς πάντοτε ὑπηκούσατε,
4:1 Ὥστε, ἀδελφοί μου **ἀγαπητοὶ** καὶ ἐπιπόθητοι, χαρὰ καὶ στέφανός μου, οὕτως στήκετε ἐν κυρίῳ, **ἀγαπητοί.**
Col 1:7 καθὼς ἐμάθετε ἀπὸ Ἐπαφρᾶ τοῦ **ἀγαπητοῦ** συνδούλου ἡμῶν,
4:7 Τὰ κατ᾽ ἐμὲ πάντα γνωρίσει ὑμῖν Τυχικὸς ὁ **ἀγαπητὸς** ἀδελφὸς καὶ πιστὸς διάκονος καὶ σύνδουλος ἐν κυρίῳ,
4:9 σὺν Ὀνησίμῳ τῷ πιστῷ καὶ **ἀγαπητῷ** ἀδελφῷ, ὅς ἐστιν ἐξ ὑμῶν·
4:14 ἀσπάζεται ὑμᾶς Λουκᾶς ὁ ἰατρὸς ὁ **ἀγαπητὸς** καὶ Δημᾶς.
1Th 2:8 μεταδοῦναι ὑμῖν οὐ μόνον τὸ εὐαγγέλιον τοῦ θεοῦ ἀλλὰ καὶ τὰς ἑαυτῶν ψυχάς, διότι **ἀγαπητοὶ** ἡμῖν ἐγενήθητε.
1Ti 6:2 ὅτι πιστοί εἰσιν καὶ **ἀγαπητοὶ** οἱ τῆς εὐεργεσίας ἀντιλαμβανόμενοι.
2Ti 1:2 Τιμοθέῳ **ἀγαπητῷ** τέκνῳ, χάρις ἔλεος εἰρήνη ἀπὸ θεοῦ πατρὸς καὶ Χριστοῦ Ἰησοῦ τοῦ κυρίου ἡμῶν.
Phm 1:1 Φιλήμονι τῷ **ἀγαπητῷ** καὶ συνεργῷ ἡμῶν
1:16 ἀλλὰ ὑπὲρ δοῦλον, ἀδελφὸν **ἀγαπητόν,** μάλιστα ἐμοί,
Heb 6:9 Πεπείσμεθα δὲ περὶ ὑμῶν, **ἀγαπητοί,** τὰ κρείσσονα καὶ ἐχόμενα σωτηρίας,
Jas 1:16 Μὴ πλανᾶσθε, ἀδελφοί μου **ἀγαπητοί.**
1:19 Ἴστε, ἀδελφοί μου **ἀγαπητοί·** ἔστω δὲ πᾶς ἄνθρωπος ταχὺς εἰς τὸ ἀκοῦσαι,
2:5 Ἀκούσατε, ἀδελφοί μου **ἀγαπητοί·** οὐχ ὁ θεὸς ἐξελέξατο τοὺς πτωχοὺς τῷ κόσμῳ πλουσίους ἐν πίστει
1Pe 2:11 **Ἀγαπητοί,** παρακαλῶ ὡς παροίκους καὶ παρεπιδήμους ἀπέχεσθαι τῶν σαρκικῶν ἐπιθυμιῶν
4:12 **Ἀγαπητοί,** μὴ ξενίζεσθε τῇ ἐν ὑμῖν πυρώσει πρὸς πειρασμὸν ὑμῖν γινομένῃ ὡς ξένου ὑμῖν συμβαίνοντος,
2Pe 1:17 Ὁ υἱός μου ὁ **ἀγαπητός** μου οὗτός ἐστιν εἰς ὃν ἐγὼ εὐδόκησα,

3: 1 Ταύτην ἤδη, **ἀγαπητοί,** δευτέραν ὑμῖν γράφω ἐπιστολὴν ἐν αἷς διεγείρω ὑμῶν ἐν ὑπομνήσει τὴν εἰλικρινῆ διάνοιαν
3: 8 Ἓν δὲ τοῦτο μὴ λανθανέτω ὑμᾶς, **ἀγαπητοί,** ὅτι μία ἡμέρα παρὰ κυρίῳ ὡς χίλια ἔτη καὶ χίλια ἔτη ὡς ἡμέρα μία.
3:14 Διό, **ἀγαπητοί,** ταῦτα προσδοκῶντες σπουδάσατε ἄσπιλοι καὶ ἀμώμητοι αὐτῷ εὑρεθῆναι ἐν εἰρήνῃ
3:15 καθὼς καὶ ὁ **ἀγαπητὸς** ἡμῶν ἀδελφὸς Παῦλος κατὰ τὴν δοθεῖσαν αὐτῷ σοφίαν ἔγραψεν ὑμῖν,
3:17 Ὑμεῖς οὖν, **ἀγαπητοί,** προγινώσκοντες φυλάσσεσθε,
1Jn 2: 7 **Ἀγαπητοί,** οὐκ ἐντολὴν καινὴν γράφω ὑμῖν ἀλλ᾽ ἐντολὴν παλαιὰν ἣν εἴχετε ἀπ᾽ ἀρχῆς·
3: 2 **Ἀγαπητοί,** νῦν τέκνα θεοῦ ἐσμεν, καὶ οὔπω ἐφανερώθη τί ἐσόμεθα.
3:21 **Ἀγαπητοί,** ἐὰν ἡ καρδία [ἡμῶν] μὴ καταγινώσκῃ, παρρησίαν ἔχομεν πρὸς τὸν θεὸν
4: 1 **Ἀγαπητοί,** μὴ παντὶ πνεύματι πιστεύετε ἀλλὰ δοκιμάζετε τὰ πνεύματα εἰ ἐκ τοῦ θεοῦ ἐστιν,
4: 7 **Ἀγαπητοί,** ἀγαπῶμεν ἀλλήλους, ὅτι ἡ ἀγάπη ἐκ τοῦ θεοῦ
4:11 **Ἀγαπητοί,** εἰ οὕτως ὁ θεὸς ἠγάπησεν ἡμᾶς, καὶ ἡμεῖς ὀφείλομεν ἀλλήλους ἀγαπᾶν.
3Jn 1: 1 Ὁ πρεσβύτερος Γαΐῳ τῷ **ἀγαπητῷ,** ὃν ἐγὼ ἀγαπῶ ἐν ἀληθείᾳ.
1: 2 **Ἀγαπητέ,** περὶ πάντων εὔχομαί σε εὐοδοῦσθαι καὶ ὑγιαίνειν,
1: 5 **Ἀγαπητέ,** πιστὸν ποιεῖς ὃ ἐὰν ἐργάσῃ εἰς τοὺς ἀδελφοὺς
1:11 **Ἀγαπητέ,** μὴ μιμοῦ τὸ κακὸν ἀλλὰ τὸ ἀγαθόν.
Jude 1: 3 **Ἀγαπητοί,** πᾶσαν σπουδὴν ποιούμενος γράφειν ὑμῖν περὶ τῆς κοινῆς ἡμῶν σωτηρίας ἀνάγκην ἔσχον γράψαι ὑμῖν
1:17 Ὑμεῖς δέ, **ἀγαπητοί,** μνήσθητε τῶν ῥημάτων τῶν προειρημένων ὑπὸ τῶν ἀποστόλων τοῦ κυρίου ἡμῶν Ἰησοῦ
1:20 ὑμεῖς δέ, **ἀγαπητοί,** ἐποικοδομοῦντες ἑαυτοὺς τῇ ἁγιωτάτῃ ὑμῶν πίστει,

29 Ἀγάρ [2]

Gal 4:24 ἀπὸ ὄρους Σινᾶ εἰς δουλείαν γεννῶσα, ἥτις ἐστὶν **Ἀγάρ.**
4:25 τὸ δὲ **Ἀγὰρ** Σινᾶ ὄρος ἐστὶν ἐν τῇ Ἀραβίᾳ·

30 ἀγγαρεύω [3]

Mt 5:41 καὶ ὅστις σε **ἀγγαρεύσει** μίλιον ἕν, ὕπαγε μετ᾽ αὐτοῦ δύο.
27:32 Ἐξερχόμενοι δὲ εὗρον ἄνθρωπον Κυρηναῖον ὀνόματι Σίμωνα, τοῦτον **ἠγγάρευσαν** ἵνα ἄρῃ τὸν σταυρὸν αὐτοῦ.
Mk 15:21 Καὶ **ἀγγαρεύουσιν** παράγοντά τινα Σίμωνα Κυρηναῖον ἐρχόμενον ἀπ᾽ ἀγροῦ,

31 ἀγγεῖον [1]

√ 35

Mt 25: 4 αἱ δὲ φρόνιμοι ἔλαβον ἔλαιον ἐν τοῖς **ἀγγείοις** μετὰ τῶν λαμπάδων ἑαυτῶν.

32 ἀγγελία [2]

√ 34

1Jn 1: 5 Καὶ ἔστιν αὕτη ἡ **ἀγγελία** ἣν ἀκηκόαμεν ἀπ᾽ αὐτοῦ
3:11 Ὅτι αὕτη ἐστὶν ἡ **ἀγγελία** ἣν ἠκούσατε ἀπ᾽ ἀρχῆς,

33 ἀγγέλλω [1]

√ 34

Jn 20:18 ἔρχεται Μαριὰμ ἡ Μαγδαληνὴ **ἀγγέλλουσα** τοῖς μαθηταῖς ὅτι Ἑώρακα τὸν κύριον,

34 ἄγγελος [175 / 176]

→ 32, 33, 334, 550, 791, 1334, 1972, 2039, 2040, 2041, 2294, 2295, 2296, 2694, 2858, 2859, 4132, 4133, 4600, 4603, 4615; cf. 72

ἄγγελος θεοῦ [7] Lk 12:8,9; 15:10; Jn 1:51; Ac 10:3; 27:23; Gal 4:14; Heb 1:6; Rev 8:2

ἄγγελος κυρίου [12] Mt 1:20,24; 2:13,19; 28:2; Lk 1:11; 2:9; Ac 5:19; 8:26; 12:7,11,23

ἐνώπιον [τῶν] ἀγγέλων [5] Lk 12:9; 15:10; 1Ti 5:21; Rev 3:5; 14:10

Mt 1:20 ταῦτα δὲ αὐτοῦ ἐνθυμηθέντος ἰδοὺ **ἄγγελος** κυρίου κατ᾽ ὄναρ ἐφάνη αὐτῷ λέγων,
1:24 ἐγερθεὶς δὲ ὁ Ἰωσὴφ ἀπὸ τοῦ ὕπνου ἐποίησεν ὡς προσέταξεν αὐτῷ ὁ **ἄγγελος** κυρίου καὶ παρέλαβεν τὴν γυναῖκα αὐτοῦ,
2:13 Ἀναχωρησάντων δὲ αὐτῶν ἰδοὺ **ἄγγελος** κυρίου φαίνεται κατ᾽ ὄναρ τῷ Ἰωσὴφ λέγων,
2:19 Τελευτήσαντος δὲ τοῦ Ἡρῴδου ἰδοὺ **ἄγγελος** κυρίου φαίνεται κατ᾽ ὄναρ τῷ Ἰωσὴφ ἐν Αἰγύπτῳ
4: 6 γέγραπται γὰρ ὅτι Τοῖς **ἀγγέλοις** αὐτοῦ ἐντελεῖται περὶ σοῦ καὶ ἐπὶ χειρῶν ἀροῦσίν σε,
4:11 Τότε ἀφίησιν αὐτὸν ὁ διάβολος, καὶ ἰδοὺ **ἄγγελοι** προσῆλθον καὶ διηκόνουν αὐτῷ.
11:10 Ἰδοὺ ἐγὼ ἀποστέλλω τὸν **ἄγγελόν** μου πρὸ προσώπου σου,
13:39 ὁ δὲ θερισμὸς συντέλεια αἰῶνός ἐστιν, οἱ δὲ θερισταὶ **ἄγγελοί** εἰσιν.
13:41 ἀποστελεῖ ὁ υἱὸς τοῦ ἀνθρώπου τοὺς **ἀγγέλους** αὐτοῦ,
13:49 ἐξελεύσονται οἱ **ἄγγελοι** καὶ ἀφοριοῦσιν τοὺς πονηροὺς ἐκ μέσου τῶν δικαίων
16:27 μέλλει γὰρ ὁ υἱὸς τοῦ ἀνθρώπου ἔρχεσθαι ἐν τῇ δόξῃ τοῦ πατρὸς αὐτοῦ μετὰ τῶν **ἀγγέλων** αὐτοῦ,
18:10 λέγω γὰρ ὑμῖν ὅτι οἱ **ἄγγελοι** αὐτῶν ἐν οὐρανοῖς διὰ παντὸς βλέπουσι τὸ πρόσωπον τοῦ πατρός μου τοῦ ἐν οὐρανοῖς.
22:30 ἐν γὰρ τῇ ἀναστάσει οὔτε γαμοῦσιν οὔτε γαμίζονται, ἀλλ᾽ ὡς **ἄγγελοι** ἐν τῷ οὐρανῷ εἰσιν.
24:31 ἀποστελεῖ τοὺς **ἀγγέλους** αὐτοῦ μετὰ σάλπιγγος μεγάλης,
24:36 οὐδὲ οἱ **ἄγγελοι** τῶν οὐρανῶν οὐδὲ ὁ υἱός,
25:31 Ὅταν δὲ ἔλθῃ ὁ υἱὸς τοῦ ἀνθρώπου ἐν τῇ δόξῃ αὐτοῦ καὶ πάντες οἱ **ἄγγελοι** μετ᾽ αὐτοῦ,
25:41 Πορεύεσθε ἀπ᾽ ἐμοῦ [οἱ] κατηραμένοι εἰς τὸ πῦρ τὸ αἰώνιον τὸ ἡτοιμασμένον τῷ διαβόλῳ καὶ τοῖς **ἀγγέλοις** αὐτοῦ.
26:53 καὶ παραστήσει μοι ἄρτι πλείω δώδεκα λεγιῶνας **ἀγγέλων;**
28: 2 **ἄγγελος** γὰρ κυρίου καταβὰς ἐξ οὐρανοῦ καὶ προσελθὼν ἀπεκύλισεν τὸν λίθον καὶ ἐκάθητο ἐπάνω αὐτοῦ.
28: 5 ὁ **ἄγγελος** εἶπεν ταῖς γυναιξίν, Μὴ φοβεῖσθε ὑμεῖς,
Mk 1: 2 Ἰδοὺ ἀποστέλλω τὸν **ἄγγελόν** μου πρὸ προσώπου σου,
1:13 καὶ ἦν μετὰ τῶν θηρίων, καὶ οἱ **ἄγγελοι** διηκόνουν αὐτῷ.
8:38 ὅταν ἔλθῃ ἐν τῇ δόξῃ τοῦ πατρὸς αὐτοῦ μετὰ τῶν **ἀγγέλων** τῶν ἁγίων.
12:25 ὅταν γὰρ ἐκ νεκρῶν ἀναστῶσιν οὔτε γαμοῦσιν οὔτε γαμίζονται, ἀλλ᾽ εἰσὶν ὡς **ἄγγελοι** ἐν τοῖς οὐρανοῖς.
13:27 καὶ τότε ἀποστελεῖ τοὺς **ἀγγέλους** καὶ ἐπισυνάξει τοὺς ἐκλεκτοὺς [αὐτοῦ] ἐκ τῶν τεσσάρων ἀνέμων ἀπ᾽ ἄκρου γῆς ἕως ἄκρου οὐρανοῦ.
13:32 οὐδὲ οἱ **ἄγγελοι** ἐν οὐρανῷ οὐδὲ ὁ υἱός,
Lk 1:11 ὤφθη δὲ αὐτῷ **ἄγγελος** κυρίου ἑστὼς ἐκ δεξιῶν τοῦ θυσιαστηρίου τοῦ θυμιάματος.
1:13 εἶπεν δὲ πρὸς αὐτὸν ὁ **ἄγγελος,** Μὴ φοβοῦ,
1:18 εἶπεν Ζαχαρίας πρὸς τὸν **ἄγγελον,** Κατὰ τί γνώσομαι τοῦτο;
1:19 καὶ ἀποκριθεὶς ὁ **ἄγγελος** εἶπεν αὐτῷ, Ἐγώ εἰμι Γαβριὴλ ὁ παρεστηκὼς ἐνώπιον τοῦ θεοῦ
1:26 Ἐν δὲ τῷ μηνὶ τῷ ἕκτῳ ἀπεστάλη ὁ **ἄγγελος** Γαβριὴλ ἀπὸ τοῦ θεοῦ εἰς πόλιν τῆς Γαλιλαίας ᾗ ὄνομα Ναζαρὲθ
1:28 καὶ εἰσελθὼν ὁ **ἄγγελος**[UBS-] πρὸς αὐτὴν εἶπεν, Χαῖρε,
1:30 καὶ εἶπεν ὁ **ἄγγελος** αὐτῇ, Μὴ φοβοῦ, Μαριάμ,
1:34 εἶπεν δὲ Μαριὰμ πρὸς τὸν **ἄγγελον,** Πῶς ἔσται τοῦτο,
1:35 καὶ ἀποκριθεὶς ὁ **ἄγγελος** εἶπεν αὐτῇ, Πνεῦμα ἅγιον ἐπελεύσεται ἐπὶ σὲ καὶ δύναμις ὑψίστου ἐπισκιάσει σοι·
1:38 γένοιτό μοι κατὰ τὸ ῥῆμά σου. καὶ ἀπῆλθεν ἀπ᾽ αὐτῆς ὁ **ἄγγελος.**
2: 9 καὶ **ἄγγελος** κυρίου ἐπέστη αὐτοῖς καὶ δόξα κυρίου περιέλαμψεν αὐτούς,
2:10 καὶ εἶπεν αὐτοῖς ὁ **ἄγγελος,** Μὴ φοβεῖσθε, ἰδοὺ γὰρ εὐαγγελίζομαι ὑμῖν χαρὰν μεγάλην ἥτις ἔσται παντὶ τῷ λαῷ,
2:13 καὶ ἐξαίφνης ἐγένετο σὺν τῷ **ἀγγέλῳ** πλῆθος στρατιᾶς οὐρανίου αἰνούντων τὸν θεὸν καὶ λεγόντων,
2:15 Καὶ ἐγένετο ὡς ἀπῆλθον ἀπ᾽ αὐτῶν εἰς τὸν οὐρανὸν οἱ **ἄγγελοι,**
2:21 τὸ κληθὲν ὑπὸ τοῦ **ἀγγέλου** πρὸ τοῦ συλλημφθῆναι αὐτὸν ἐν τῇ κοιλίᾳ.
4:10 γέγραπται γὰρ ὅτι Τοῖς **ἀγγέλοις** αὐτοῦ ἐντελεῖται περὶ σοῦ τοῦ διαφυλάξαι σε,
7:24 Ἀπελθόντων δὲ τῶν **ἀγγέλων** Ἰωάννου ἤρξατο λέγειν πρὸς τοὺς ὄχλους περὶ Ἰωάννου,
7:27 Ἰδοὺ ἀποστέλλω τὸν **ἄγγελόν** μου πρὸ προσώπου σου,
9:26 ὅταν ἔλθῃ ἐν τῇ δόξῃ αὐτοῦ καὶ τοῦ πατρὸς καὶ τῶν ἁγίων **ἀγγέλων.**

9:52 ἀπέστειλεν **ἀγγέλους** πρὸ προσώπου αὐτοῦ. καὶ πορευθέντες εἰσῆλθον εἰς κώμην Σαμαριτῶν ὡς ἑτοιμάσαι αὐτῷ·
12: 8 καὶ ὁ υἱὸς τοῦ ἀνθρώπου ὁμολογήσει ἐν αὐτῷ ἔμπροσθεν τῶν **ἀγγέλων** τοῦ θεοῦ·
12: 9 ὁ δὲ ἀρνησάμενός με ἐνώπιον τῶν ἀνθρώπων ἀπαρνηθήσεται ἐνώπιον τῶν **ἀγγέλων** τοῦ θεοῦ.
15:10 γίνεται χαρὰ ἐνώπιον τῶν **ἀγγέλων** τοῦ θεοῦ ἐπὶ ἑνὶ ἁμαρτωλῷ μετανοοῦντι.
16:22 ἐγένετο δὲ ἀποθανεῖν τὸν πτωχὸν καὶ ἀπενεχθῆναι αὐτὸν ὑπὸ τῶν **ἀγγέλων** εἰς τὸν κόλπον Ἀβραάμ·
22:43 ⟦ὤφθη δὲ αὐτῷ **ἄγγελος** ἀπ᾽ οὐρανοῦ ἐνισχύων αὐτόν.⟧
24:23 καὶ μὴ εὑροῦσαι τὸ σῶμα αὐτοῦ ἦλθον λέγουσαι καὶ ὀπτασίαν **ἀγγέλων** ἑωρακέναι,
Jn 1:51 ὄψεσθε τὸν οὐρανὸν ἀνεῳγότα καὶ τοὺς **ἀγγέλους** τοῦ θεοῦ ἀναβαίνοντας καὶ καταβαίνοντας ἐπὶ τὸν υἱὸν τοῦ ἀνθρώπου.
12:29 ὁ οὖν ὄχλος ὁ ἑστὼς καὶ ἀκούσας ἔλεγεν βροντὴν γεγονέναι, ἄλλοι ἔλεγον, **Ἄγγελος** αὐτῷ λελάληκεν.
20:12 καὶ θεωρεῖ δύο **ἀγγέλους** ἐν λευκοῖς καθεζομένους, ἕνα πρὸς τῇ κεφαλῇ καὶ ἕνα πρὸς τοῖς ποσίν,
Ac 5:19 **ἄγγελος** δὲ κυρίου διὰ νυκτὸς ἀνοίξας τὰς θύρας τῆς φυλακῆς ἐξαγαγών τε αὐτοὺς εἶπεν,
6:15 καὶ ἀτενίσαντες εἰς αὐτὸν πάντες οἱ καθεζόμενοι ἐν τῷ συνεδρίῳ εἶδον τὸ πρόσωπον αὐτοῦ ὡσεὶ πρόσωπον **ἀγγέλου.**
7:30 Καὶ πληρωθέντων ἐτῶν τεσσεράκοντα ὤφθη αὐτῷ ἐν τῇ ἐρήμῳ τοῦ ὄρους Σινᾶ **ἄγγελος** ἐν φλογὶ πυρὸς βάτου.
7:35 τοῦτον ὁ θεὸς [καὶ] ἄρχοντα καὶ λυτρωτὴν ἀπέσταλκεν σὺν χειρὶ **ἀγγέλου** τοῦ ὀφθέντος αὐτῷ ἐν τῇ βάτῳ.
7:38 οὗτός ἐστιν ὁ γενόμενος ἐν τῇ ἐκκλησίᾳ ἐν τῇ ἐρήμῳ μετὰ τοῦ **ἀγγέλου** τοῦ λαλοῦντος αὐτῷ ἐν τῷ ὄρει Σινᾶ
7:53 οἵτινες ἐλάβετε τὸν νόμον εἰς διαταγὰς **ἀγγέλων** καὶ οὐκ ἐφυλάξατε.
8:26 **Ἄγγελος** δὲ κυρίου ἐλάλησεν πρὸς **Φίλιππον** λέγων, Ἀνάστηθι καὶ πορεύου κατὰ μεσημβρίαν ἐπὶ τὴν ὁδὸν
10: 3 εἶδεν ἐν ὁράματι φανερῶς ὡσεὶ περὶ ὥραν ἐνάτην τῆς ἡμέρας **ἄγγελον** τοῦ θεοῦ εἰσελθόντα πρὸς αὐτὸν
10: 7 ὡς δὲ ἀπῆλθεν ὁ **ἄγγελος** ὁ λαλῶν αὐτῷ,
10:22 ἐχρηματίσθη ὑπὸ **ἀγγέλου** ἁγίου μεταπέμψασθαί σε εἰς τὸν οἶκον αὐτοῦ καὶ ἀκοῦσαι ῥήματα παρὰ σοῦ.
11:13 ἀπήγγειλεν δὲ ἡμῖν πῶς εἶδεν [τὸν] **ἄγγελον** ἐν τῷ οἴκῳ αὐτοῦ σταθέντα καὶ εἰπόντα,
12: 7 καὶ ἰδοὺ **ἄγγελος** κυρίου ἐπέστη καὶ φῶς ἔλαμψεν ἐν τῷ οἰκήματι·
12: 8 εἶπεν δὲ ὁ **ἄγγελος** πρὸς αὐτόν, Ζῶσαι καὶ ὑπόδησαι τὰ σανδάλιά σου.
12: 9 καὶ ἐξελθὼν ἠκολούθει καὶ οὐκ ᾔδει ὅτι ἀληθές ἐστιν τὸ γινόμενον διὰ τοῦ **ἀγγέλου·**
12:10 ἥτις αὐτομάτη ἠνοίγη αὐτοῖς καὶ ἐξελθόντες προῆλθον ῥύμην μίαν, καὶ εὐθέως ἀπέστη ὁ **ἄγγελος** ἀπ᾽ αὐτοῦ.
12:11 Νῦν οἶδα ἀληθῶς ὅτι ἐξαπέστειλεν [ὁ] κύριος τὸν **ἄγγελον** αὐτοῦ καὶ ἐξείλατό με ἐκ χειρὸς Ἡρῴδου καὶ πάσης
12:15 ἡ δὲ διϊσχυρίζετο οὕτως ἔχειν. οἱ δὲ ἔλεγον, Ὁ **ἄγγελός** ἐστιν αὐτοῦ.
12:23 παραχρῆμα δὲ ἐπάταξεν αὐτὸν **ἄγγελος** κυρίου ἀνθ᾽ ὧν οὐκ ἔδωκεν τὴν δόξαν τῷ θεῷ,
23: 8 Σαδδουκαῖοι μὲν γὰρ λέγουσιν μὴ εἶναι ἀνάστασιν μήτε **ἄγγελον** μήτε πνεῦμα,
23: 9 Οὐδὲν κακὸν εὑρίσκομεν ἐν τῷ ἀνθρώπῳ τούτῳ· εἰ δὲ πνεῦμα ἐλάλησεν αὐτῷ ἢ **ἄγγελος;**
27:23 παρέστη γάρ μοι ταύτῃ τῇ νυκτὶ τοῦ θεοῦ, οὗ εἰμι [ἐγὼ] ᾧ καὶ λατρεύω, **ἄγγελος**
Ro 8:38 πέπεισμαι γὰρ ὅτι οὔτε θάνατος οὔτε ζωὴ οὔτε **ἄγγελοι** οὔτε ἀρχαὶ οὔτε ἐνεστῶτα οὔτε μέλλοντα οὔτε δυνάμεις
1Co 4: 9 θέατρον ἐγενήθημεν τῷ κόσμῳ καὶ **ἀγγέλοις** καὶ ἀνθρώποις.
6: 3 οὐκ οἴδατε ὅτι **ἀγγέλους** κρινοῦμεν, μήτιγε βιωτικά;
11:10 διὰ τοῦτο ὀφείλει ἡ γυνὴ ἐξουσίαν ἔχειν ἐπὶ τῆς κεφαλῆς διὰ τοὺς **ἀγγέλους.**
13: 1 Ἐὰν ταῖς γλώσσαις τῶν ἀνθρώπων λαλῶ καὶ τῶν **ἀγγέλων,**
2Co 11:14 αὐτὸς γὰρ ὁ Σατανᾶς μετασχηματίζεται εἰς **ἄγγελον** φωτός.
12: 7 **ἄγγελος** Σατανᾶ, ἵνα με κολαφίζῃ, ἵνα μὴ ὑπεραίρωμαι.
Gal 1: 8 ἀλλὰ καὶ ἐὰν ἡμεῖς ἢ **ἄγγελος** ἐξ οὐρανοῦ εὐαγγελίζηται [ὑμῖν] παρ᾽ ὃ εὐηγγελισάμεθα ὑμῖν,
3:19 ἄχρις οὗ ἔλθῃ τὸ σπέρμα ᾧ ἐπήγγελται, διαταγεὶς δι᾽ **ἀγγέλων** ἐν χειρὶ μεσίτου.
4:14 ἀλλὰ ὡς **ἄγγελον** θεοῦ ἐδέξασθέ με, ὡς Χριστὸν Ἰησοῦν.
Col 2:18 μηδεὶς ὑμᾶς καταβραβευέτω θέλων ἐν ταπεινοφροσύνῃ καὶ θρησκείᾳ τῶν **ἀγγέλων,**
2Th 1: 7 ἐν τῇ ἀποκαλύψει τοῦ κυρίου Ἰησοῦ ἀπ᾽ οὐρανοῦ μετ᾽ **ἀγγέλων** δυνάμεως αὐτοῦ
1Ti 3:16 ὤφθη **ἀγγέλοις,** ἐκηρύχθη ἐν ἔθνεσιν, ἐπιστεύθη ἐν κόσμῳ,
5:21 Διαμαρτύρομαι ἐνώπιον τοῦ θεοῦ καὶ Χριστοῦ Ἰησοῦ καὶ τῶν ἐκλεκτῶν **ἀγγέλων,**
Heb 1: 4 τοσούτῳ κρείττων γενόμενος τῶν **ἀγγέλων** ὅσῳ διαφορώτερον παρ᾽ αὐτοὺς κεκληρονόμηκεν ὄνομα.
1: 5 Τίνι γὰρ εἶπέν ποτε τῶν **ἀγγέλων,** Υἱός μου εἶ σύ,
1: 6 ὅταν δὲ πάλιν εἰσαγάγῃ τὸν πρωτότοκον εἰς τὴν οἰκουμένην, λέγει, Καὶ προσκυνησάτωσαν αὐτῷ πάντες **ἄγγελοι** θεοῦ.
1: 7 καὶ πρὸς μὲν τοὺς **ἀγγέλους** λέγει, Ὁ ποιῶν τοὺς **ἀγγέλους** αὐτοῦ πνεύματα καὶ τοὺς λειτουργοὺς αὐτοῦ πυρὸς φλόγα,
1:13 πρὸς τίνα δὲ τῶν **ἀγγέλων** εἴρηκέν ποτε, Κάθου ἐκ δεξιῶν μου,
2: 2 εἰ γὰρ ὁ δι᾽ **ἀγγέλων** λαληθεὶς λόγος ἐγένετο βέβαιος καὶ πᾶσα παράβασις καὶ παρακοὴ ἔλαβεν ἔνδικον μισθαποδοσίαν,
2: 5 Οὐ γὰρ **ἀγγέλοις** ὑπέταξεν τὴν οἰκουμένην τὴν μέλλουσαν,
2: 7 ἠλάττωσας αὐτὸν βραχύ τι παρ᾽ **ἀγγέλους,** δόξῃ καὶ τιμῇ ἐστεφάνωσας αὐτόν,
2: 9 τὸν δὲ βραχύ τι παρ᾽ **ἀγγέλους** ἠλαττωμένον βλέπομεν Ἰησοῦν διὰ τὸ πάθημα τοῦ θανάτου δόξῃ καὶ τιμῇ ἐστεφανωμένον,
2:16 οὐ γὰρ δήπου **ἀγγέλων** ἐπιλαμβάνεται ἀλλὰ σπέρματος Ἀβραὰμ ἐπιλαμβάνεται.
12:22 ἀλλὰ προσεληλύθατε Σιὼν ὄρει καὶ πόλει θεοῦ ζῶντος, Ἰερουσαλὴμ ἐπουρανίῳ, καὶ μυριάσιν **ἀγγέλων,** πανηγύρει
13: 2 τῆς φιλοξενίας μὴ ἐπιλανθάνεσθε, διὰ ταύτης γὰρ ἔλαθόν τινες ξενίσαντες **ἀγγέλους.**
Jas 2:25 ὁμοίως δὲ καὶ Ῥαὰβ ἡ πόρνη οὐκ ἐξ ἔργων ἐδικαιώθη ὑποδεξαμένη τοὺς **ἀγγέλους** καὶ ἑτέρᾳ ὁδῷ ἐκβαλοῦσα;
1Pe 1:12 ἃ νῦν ἀνηγγέλη ὑμῖν διὰ τῶν εὐαγγελισαμένων ὑμᾶς [ἐν] πνεύματι ἁγίῳ ἀποσταλέντι ἀπ᾽ οὐρανοῦ, εἰς ἃ ἐπιθυμοῦσιν **ἄγγελοι** παρακύψαι.
3:22 ὅς ἐστιν ἐν δεξιᾷ [τοῦ] θεοῦ πορευθεὶς εἰς οὐρανὸν ὑποταγέντων αὐτῷ **ἀγγέλων** καὶ ἐξουσιῶν καὶ δυνάμεων.
2Pe 2: 4 Εἰ γὰρ ὁ θεὸς **ἀγγέλων** ἁμαρτησάντων οὐκ ἐφείσατο ἀλλὰ σειραῖς ζόφου ταρταρώσας παρέδωκεν εἰς κρίσιν τηρουμένους,
2:11 ὅπου **ἄγγελοι** ἰσχύϊ καὶ δυνάμει μείζονες ὄντες οὐ φέρουσιν κατ᾽ αὐτῶν παρὰ κυρίου βλάσφημον κρίσιν.
Jude 1: 6 **ἀγγέλους** τε τοὺς μὴ τηρήσαντας τὴν ἑαυτῶν ἀρχὴν ἀλλὰ ἀπολιπόντας τὸ ἴδιον οἰκητήριον εἰς κρίσιν μεγάλης ἡμέρας δεσμοῖς ἀϊδίοις ὑπὸ ζόφον τετήρηκεν,
Rev 1: 1 ἀποστείλας διὰ τοῦ **ἀγγέλου** αὐτοῦ τῷ δούλῳ αὐτοῦ Ἰωάννῃ,
1:20 οἱ ἑπτὰ ἀστέρες **ἄγγελοι** τῶν ἑπτὰ ἐκκλησιῶν εἰσιν καὶ αἱ λυχνίαι αἱ ἑπτὰ ἑπτὰ ἐκκλησίαι εἰσίν.
2: 1 Τῷ **ἀγγέλῳ** τῆς ἐν Ἐφέσῳ ἐκκλησίας γράψον·
2: 8 Καὶ τῷ **ἀγγέλῳ** τῆς ἐν Σμύρνῃ ἐκκλησίας γράψον·
2:12 Καὶ τῷ **ἀγγέλῳ** τῆς ἐν Περγάμῳ ἐκκλησίας γράψον·
2:18 Καὶ τῷ **ἀγγέλῳ** τῆς ἐν Θυατείροις ἐκκλησίας γράψον·
3: 1 Καὶ τῷ **ἀγγέλῳ** τῆς ἐν Σάρδεσιν ἐκκλησίας γράψον·
3: 5 καὶ ὁμολογήσω τὸ ὄνομα αὐτοῦ ἐνώπιον τοῦ πατρός μου καὶ ἐνώπιον τῶν **ἀγγέλων** αὐτοῦ.
3: 7 Καὶ τῷ **ἀγγέλῳ** τῆς ἐν Φιλαδελφείᾳ ἐκκλησίας γράψον·
3:14 Καὶ τῷ **ἀγγέλῳ** τῆς ἐν Λαοδικείᾳ ἐκκλησίας γράψον·
5: 2 καὶ εἶδον **ἄγγελον** ἰσχυρὸν κηρύσσοντα ἐν φωνῇ μεγάλῃ,
5:11 καὶ ἤκουσα φωνὴν **ἀγγέλων** πολλῶν κύκλῳ τοῦ θρόνου καὶ τῶν ζῴων καὶ τῶν πρεσβυτέρων,
7: 1 Μετὰ τοῦτο εἶδον τέσσαρας **ἀγγέλους** ἑστῶτας ἐπὶ τὰς τέσσαρας γωνίας τῆς γῆς,
7: 2 καὶ εἶδον ἄλλον **ἄγγελον** ἀναβαίνοντα ἀπὸ ἀνατολῆς ἡλίου ἔχοντα σφραγῖδα θεοῦ ζῶντος, καὶ ἔκραξεν φωνῇ μεγάλῃ τοῖς τέσσαρσιν **ἀγγέλοις** οἷς ἐδόθη αὐτοῖς ἀδικῆσαι τὴν γῆν
7:11 καὶ πάντες οἱ **ἄγγελοι** εἱστήκεισαν κύκλῳ τοῦ θρόνου καὶ τῶν πρεσβυτέρων καὶ τῶν τεσσάρων ζῴων καὶ ἔπεσαν
8: 2 εἶδον τοὺς ἑπτὰ **ἀγγέλους** οἳ ἐνώπιον τοῦ θεοῦ ἑστήκασιν,
8: 3 Καὶ ἄλλος **ἄγγελος** ἦλθεν καὶ ἐστάθη ἐπὶ τοῦ θυσιαστηρίου ἔχων λιβανωτὸν χρυσοῦν,
8: 4 καὶ ἀνέβη ὁ καπνὸς τῶν θυμιαμάτων ταῖς προσευχαῖς τῶν ἁγίων ἐκ χειρὸς τοῦ **ἀγγέλου** ἐνώπιον τοῦ θεοῦ.
8: 5 καὶ εἴληφεν ὁ **ἄγγελος** τὸν λιβανωτὸν καὶ ἐγέμισεν αὐτὸν ἐκ τοῦ πυρὸς τοῦ θυσιαστηρίου καὶ ἔβαλεν εἰς τὴν γῆν,
8: 6 Καὶ οἱ ἑπτὰ **ἄγγελοι** οἱ ἔχοντες τὰς ἑπτὰ σάλπιγγας
8: 8 Καὶ ὁ δεύτερος **ἄγγελος** ἐσάλπισεν· καὶ ὡς ὄρος μέγα πυρὶ καιόμενον ἐβλήθη εἰς τὴν θάλασσαν,
8:10 Καὶ ὁ τρίτος **ἄγγελος** ἐσάλπισεν· καὶ ἔπεσεν ἐκ τοῦ οὐρανοῦ ἀστὴρ μέγας καιόμενος ὡς λαμπὰς
8:12 Καὶ ὁ τέταρτος **ἄγγελος** ἐσάλπισεν· καὶ ἐπλήγη τὸ τρίτον τοῦ ἡλίου καὶ τὸ τρίτον τῆς σελήνης καὶ τὸ τρίτον

8:13 Οὐαὶ οὐαὶ οὐαὶ τοὺς κατοικοῦντας ἐπὶ τῆς γῆς ἐκ τῶν λοιπῶν φωνῶν τῆς σάλπιγγος τῶν τριῶν **ἀγγέλων**
9: 1 Καὶ ὁ πέμπτος **ἄγγελος** ἐσάλπισεν· καὶ εἶδον ἀστέρα ἐκ τοῦ οὐρανοῦ πεπτωκότα εἰς τὴν γῆν,
9:11 ἔχουσιν ἐπ' αὐτῶν βασιλέα τὸν **ἄγγελον** τῆς ἀβύσσου,
9:13 Καὶ ὁ ἕκτος **ἄγγελος** ἐσάλπισεν· καὶ ἤκουσα φωνὴν μίαν ἐκ τῶν [τεσσάρων] κεράτων τοῦ θυσιαστηρίου τοῦ χρυσοῦ
9:14 λέγοντα τῷ ἕκτῳ **ἀγγέλῳ,** ὁ ἔχων τὴν σάλπιγγα, Λῦσον τοὺς τέσσαρας **ἀγγέλους** τοὺς δεδεμένους ἐπὶ τῷ ποταμῷ
9:15 καὶ ἐλύθησαν οἱ τέσσαρες **ἄγγελοι** οἱ ἡτοιμασμένοι εἰς τὴν ὥραν καὶ ἡμέραν καὶ μῆνα καὶ ἐνιαυτόν,
10: 1 Καὶ εἶδον ἄλλον **ἄγγελον** ἰσχυρὸν καταβαίνοντα ἐκ τοῦ οὐρανοῦ περιβεβλημένον νεφέλην,
10: 5 Καὶ ὁ **ἄγγελος,** ὃν εἶδον ἑστῶτα ἐπὶ τῆς θαλάσσης καὶ ἐπὶ τῆς γῆς,
10: 7 ἀλλ' ἐν ταῖς ἡμέραις τῆς φωνῆς τοῦ ἑβδόμου **ἀγγέλου,**
10: 8 Ὕπαγε λάβε τὸ βιβλίον τὸ ἠνεῳγμένον ἐν τῇ χειρὶ τοῦ **ἀγγέλου** τοῦ ἑστῶτος ἐπὶ τῆς θαλάσσης καὶ ἐπὶ τῆς γῆς.
10: 9 καὶ ἀπῆλθα πρὸς τὸν **ἄγγελον** λέγων αὐτῷ δοῦναί μοι τὸ βιβλαρίδιον.
10:10 καὶ ἔλαβον τὸ βιβλαρίδιον ἐκ τῆς χειρὸς τοῦ **ἀγγέλου** καὶ κατέφαγον αὐτό,
11:15 Καὶ ὁ ἕβδομος **ἄγγελος** ἐσάλπισεν· καὶ ἐγένοντο φωναὶ μεγάλαι ἐν τῷ οὐρανῷ λέγοντες,
12: 7 ὁ Μιχαὴλ καὶ οἱ **ἄγγελοι** αὐτοῦ τοῦ πολεμῆσαι μετὰ τοῦ δράκοντος.
12: 7 καὶ ὁ δράκων ἐπολέμησεν καὶ οἱ **ἄγγελοι** αὐτοῦ,
12: 9 ἐβλήθη εἰς τὴν γῆν, καὶ οἱ **ἄγγελοι** αὐτοῦ μετ' αὐτοῦ ἐβλήθησαν.
14: 6 Καὶ εἶδον ἄλλον **ἄγγελον** πετόμενον ἐν μεσουρανήματι,
14: 8 Καὶ ἄλλος **ἄγγελος** δεύτερος ἠκολούθησεν λέγων, Ἔπεσεν ἔπεσεν Βαβυλὼν ἡ μεγάλη ἣ ἐκ τοῦ οἴνου τοῦ θυμοῦ
14: 9 Καὶ ἄλλος **ἄγγελος** τρίτος ἠκολούθησεν αὐτοῖς λέγων ἐν φωνῇ μεγάλῃ,
14:10 καὶ βασανισθήσεται ἐν πυρὶ καὶ θείῳ ἐνώπιον **ἀγγέλων** ἁγίων καὶ ἐνώπιον τοῦ ἀρνίου.
14:15 καὶ ἄλλος **ἄγγελος** ἐξῆλθεν ἐκ τοῦ ναοῦ κράζων ἐν φωνῇ μεγάλῃ τῷ καθημένῳ ἐπὶ τῆς νεφέλης,
14:17 Καὶ ἄλλος **ἄγγελος** ἐξῆλθεν ἐκ τοῦ ναοῦ τοῦ ἐν τῷ οὐρανῷ ἔχων καὶ αὐτὸς δρέπανον ὀξύ.
14:18 Καὶ ἄλλος **ἄγγελος** [ἐξῆλθεν] ἐκ τοῦ θυσιαστηρίου [ὁ] ἔχων ἐξουσίαν ἐπὶ τοῦ πυρός,
14:19 καὶ ἔβαλεν ὁ **ἄγγελος** τὸ δρέπανον αὐτοῦ εἰς τὴν γῆν
15: 1 **ἀγγέλους** ἑπτὰ ἔχοντας πληγὰς ἑπτὰ τὰς ἐσχάτας, ὅτι ἐν αὐταῖς ἐτελέσθη ὁ θυμὸς τοῦ θεοῦ.
15: 6 καὶ ἐξῆλθον οἱ ἑπτὰ **ἄγγελοι** [οἱ] ἔχοντες τὰς ἑπτὰ πληγὰς
15: 7 καὶ ἓν ἐκ τῶν τεσσάρων ζῴων ἔδωκεν τοῖς ἑπτὰ **ἀγγέλοις** ἑπτὰ φιάλας χρυσᾶς γεμούσας τοῦ θυμοῦ τοῦ θεοῦ
15: 8 καὶ οὐδεὶς ἐδύνατο εἰσελθεῖν εἰς τὸν ναὸν ἄχρι τελεσθῶσιν αἱ ἑπτὰ πληγαὶ τῶν ἑπτὰ **ἀγγέλων.**
16: 1 Καὶ ἤκουσα μεγάλης φωνῆς ἐκ τοῦ ναοῦ λεγούσης τοῖς ἑπτὰ **ἀγγέλοις,**
16: 5 καὶ ἤκουσα τοῦ **ἀγγέλου** τῶν ὑδάτων λέγοντος, Δίκαιος εἶ,
17: 1 Καὶ ἦλθεν εἷς ἐκ τῶν ἑπτὰ **ἀγγέλων** τῶν ἐχόντων τὰς ἑπτὰ φιάλας καὶ ἐλάλησεν μετ' ἐμοῦ λέγων,
17: 7 καὶ εἶπέν μοι ὁ **ἄγγελος,** Διὰ τί ἐθαύμασας;
18: 1 Μετὰ ταῦτα εἶδον ἄλλον **ἄγγελον** καταβαίνοντα ἐκ τοῦ οὐρανοῦ ἔχοντα ἐξουσίαν μεγάλην,
18:21 Καὶ ἦρεν εἷς **ἄγγελος** ἰσχυρὸς λίθον ὡς μύλινον μέγαν καὶ ἔβαλεν εἰς τὴν θάλασσαν λέγων,
19:17 Καὶ εἶδον ἕνα **ἄγγελον** ἑστῶτα ἐν τῷ ἡλίῳ καὶ ἔκραξεν [ἐν] φωνῇ μεγάλῃ λέγων πᾶσιν τοῖς ὀρνέοις τοῖς πετομένοις
20: 1 Καὶ εἶδον **ἄγγελον** καταβαίνοντα ἐκ τοῦ οὐρανοῦ ἔχοντα τὴν κλεῖν τῆς ἀβύσσου καὶ ἅλυσιν μεγάλην ἐπὶ τὴν χεῖρα αὐτοῦ.
21: 9 Καὶ ἦλθεν εἷς ἐκ τῶν ἑπτὰ **ἀγγέλων** τῶν ἐχόντων τὰς ἑπτὰ φιάλας τῶν γεμόντων τῶν ἑπτὰ πληγῶν τῶν ἐσχάτων
21:12 ἔχουσα πυλῶνας δώδεκα καὶ ἐπὶ τοῖς πυλῶσιν **ἀγγέλους** δώδεκα καὶ ὀνόματα ἐπιγεγραμμένα,
21:17 καὶ ἐμέτρησεν τὸ τεῖχος αὐτῆς ἑκατὸν τεσσεράκοντα τεσσάρων πηχῶν μέτρον ἀνθρώπου, ὅ ἐστιν **ἀγγέλου.**
22: 6 ἀπέστειλεν τὸν **ἄγγελον** αὐτοῦ δεῖξαι τοῖς δούλοις αὐτοῦ ἃ δεῖ γενέσθαι ἐν τάχει.
22: 8 ἔπεσα προσκυνῆσαι ἔμπροσθεν τῶν ποδῶν τοῦ **ἀγγέλου** τοῦ δεικνύοντός μοι ταῦτα.
22:16 Ἐγὼ Ἰησοῦς ἔπεμψα τὸν **ἄγγελόν** μου μαρτυρῆσαι ὑμῖν ταῦτα ἐπὶ ταῖς ἐκκλησίαις.

35 ἄγγος [1]

→ *31*

Mt 13:48 καὶ καθίσαντες συνέλεξαν τὰ καλὰ εἰς **ἄγγη,**

36 ἀγέλη [7]

√ *72*

Mt 8:30 ἦν δὲ μακρὰν ἀπ' αὐτῶν **ἀγέλη** χοίρων πολλῶν βοσκομένη.
8:31 Εἰ ἐκβάλλεις ἡμᾶς, ἀπόστειλον ἡμᾶς εἰς τὴν **ἀγέλην** τῶν χοίρων.
8:32 καὶ ἰδοὺ ὥρμησεν πᾶσα ἡ **ἀγέλη** κατὰ τοῦ κρημνοῦ εἰς τὴν θάλασσαν καὶ ἀπέθανον ἐν τοῖς ὕδασιν.
Mk 5:11 Ἦν δὲ ἐκεῖ πρὸς τῷ ὄρει **ἀγέλη** χοίρων μεγάλη βοσκομένη·
5:13 καὶ ὥρμησεν ἡ **ἀγέλη** κατὰ τοῦ κρημνοῦ εἰς τὴν θάλασσαν,
Lk 8:32 Ἦν δὲ ἐκεῖ **ἀγέλη** χοίρων ἱκανῶν βοσκομένη ἐν τῷ ὄρει·
8:33 καὶ ὥρμησεν ἡ **ἀγέλη** κατὰ τοῦ κρημνοῦ εἰς τὴν λίμνην καὶ ἀπεπνίγη.

37 ἀγενεαλόγητος [1]

√ *1.1 + 1181 + 3306*

Heb 7: 3 ἀπάτωρ ἀμήτωρ **ἀγενεαλόγητος,** μήτε ἀρχὴν ἡμερῶν μήτε ζωῆς τέλος ἔχων,

38 ἀγενής [1]

√ *1.1 + 1181*

1Co 1:28 καὶ τὰ **ἀγενῆ** τοῦ κόσμου καὶ τὰ ἐξουθενημένα ἐξελέξατο ὁ θεός,

39 ἁγιάζω [28]

√ *41*

imperative mood [5] Mt 6:9; Lk 11:2; Jn 17:17; 1Pe 3:15; Rev 22:11

Mt 6: 9 Πάτερ ἡμῶν ὁ ἐν τοῖς οὐρανοῖς· **ἁγιασθήτω** τὸ ὄνομά σου·
23:17 ὁ χρυσὸς ἢ ὁ ναὸς ὁ **ἁγιάσας** τὸν χρυσόν;
23:19 τὸ δῶρον ἢ τὸ θυσιαστήριον τὸ **ἁγιάζον** τὸ δῶρον;
Lk 11: 2 Ὅταν προσεύχησθε λέγετε, Πάτερ, **ἁγιασθήτω** τὸ ὄνομά σου·
Jn 10:36 ὃν ὁ πατὴρ **ἡγίασεν** καὶ ἀπέστειλεν εἰς τὸν κόσμον ὑμεῖς λέγετε ὅτι Βλασφημεῖς,
17:17 **ἁγίασον** αὐτοὺς ἐν τῇ ἀληθείᾳ· ὁ λόγος ὁ σὸς ἀλήθειά ἐστιν.
17:19 καὶ ὑπὲρ αὐτῶν ἐγὼ **ἁγιάζω** ἐμαυτόν, ἵνα ὦσιν καὶ αὐτοὶ **ἡγιασμένοι** ἐν ἀληθείᾳ.
Ac 20:32 τῷ δυναμένῳ οἰκοδομῆσαι καὶ δοῦναι τὴν κληρονομίαν ἐν τοῖς **ἡγιασμένοις** πᾶσιν.
26:18 τοῦ λαβεῖν αὐτοὺς ἄφεσιν ἁμαρτιῶν καὶ κλῆρον ἐν τοῖς **ἡγιασμένοις** πίστει τῇ εἰς ἐμέ.
Ro 15:16 ἵνα γένηται ἡ προσφορὰ τῶν ἐθνῶν εὐπρόσδεκτος, **ἡγιασμένη** ἐν πνεύματι ἁγίῳ.
1Co 1: 2 τῇ ἐκκλησίᾳ τοῦ θεοῦ τῇ οὔσῃ ἐν Κορίνθῳ, **ἡγιασμένοις** ἐν Χριστῷ Ἰησοῦ, κλητοῖς ἁγίοις,
6:11 ἀλλὰ **ἡγιάσθητε,** ἀλλὰ ἐδικαιώθητε ἐν τῷ ὀνόματι τοῦ κυρίου Ἰησοῦ Χριστοῦ καὶ ἐν τῷ πνεύματι τοῦ θεοῦ ἡμῶν.
7:14 **ἡγίασται** γὰρ ὁ ἀνὴρ ὁ ἄπιστος ἐν τῇ γυναικὶ καὶ **ἡγίασται** ἡ γυνὴ ἡ ἄπιστος ἐν τῷ ἀδελφῷ·
Eph 5:26 ἵνα αὐτὴν **ἁγιάσῃ** καθαρίσας τῷ λουτρῷ τοῦ ὕδατος ἐν ῥήματι,
1Th 5:23 Αὐτὸς δὲ ὁ θεὸς τῆς εἰρήνης **ἁγιάσαι** ὑμᾶς ὁλοτελεῖς,
1Ti 4: 5 **ἁγιάζεται** γὰρ διὰ λόγου θεοῦ καὶ ἐντεύξεως.
2Ti 2:21 ἔσται σκεῦος εἰς τιμήν, **ἡγιασμένον,** εὔχρηστον τῷ δεσπότῃ,
Heb 2:11 ὅ τε γὰρ **ἁγιάζων** καὶ οἱ **ἁγιαζόμενοι** ἐξ ἑνὸς πάντες·
9:13 εἰ γὰρ τὸ αἷμα τράγων καὶ ταύρων καὶ σποδὸς δαμάλεως ῥαντίζουσα τοὺς κεκοινωμένους **ἁγιάζει** πρὸς τὴν τῆς σαρκὸς καθαρότητα,
10:10 ἐν ᾧ θελήματι **ἡγιασμένοι** ἐσμὲν διὰ τῆς προσφορᾶς τοῦ σώματος Ἰησοῦ Χριστοῦ ἐφάπαξ.
10:14 μιᾷ γὰρ προσφορᾷ τετελείωκεν εἰς τὸ διηνεκὲς τοὺς **ἁγιαζομένους.**
10:29 ἐν ᾧ **ἡγιάσθη,** καὶ τὸ πνεῦμα τῆς χάριτος ἐνυβρίσας;
13:12 ἵνα **ἁγιάσῃ** διὰ τοῦ ἰδίου αἵματος τὸν λαόν,
1Pe 3:15 κύριον δὲ τὸν Χριστὸν **ἁγιάσατε** ἐν ταῖς καρδίαις ὑμῶν,
Rev 22:11 καὶ ὁ δίκαιος δικαιοσύνην ποιησάτω ἔτι καὶ ὁ ἅγιος **ἁγιασθήτω** ἔτι.

40 ἁγιασμός [10]

√ *41*

Ro 6:19 οὕτως νῦν παραστήσατε τὰ μέλη ὑμῶν δοῦλα τῇ δικαιοσύνῃ εἰς **ἁγιασμόν.**
6:22 νυνὶ δὲ ἐλευθερωθέντες ἀπὸ τῆς ἁμαρτίας δουλωθέντες δὲ τῷ θεῷ ἔχετε τὸν καρπὸν ὑμῶν εἰς **ἁγιασμόν,**
1Co 1:30 ὃς ἐγενήθη σοφία ἡμῖν ἀπὸ θεοῦ, δικαιοσύνη τε καὶ **ἁγιασμὸς** καὶ ἀπολύτρωσις,
1Th 4: 3 ὁ **ἁγιασμὸς** ὑμῶν, ἀπέχεσθαι ὑμᾶς ἀπὸ τῆς πορνείας,
4: 4 εἰδέναι ἕκαστον ὑμῶν τὸ ἑαυτοῦ σκεῦος κτᾶσθαι ἐν **ἁγιασμῷ** καὶ τιμῇ,
4: 7 οὐ γὰρ ἐκάλεσεν ἡμᾶς ὁ θεὸς ἐπὶ ἀκαθαρσίᾳ ἀλλ' ἐν **ἁγιασμῷ.**
2Th 2:13 ὅτι εἵλατο ὑμᾶς ὁ θεὸς ἀπαρχὴν εἰς σωτηρίαν ἐν **ἁγιασμῷ** πνεύματος καὶ πίστει ἀληθείας,
1Ti 2:15 ἐὰν μείνωσιν ἐν πίστει καὶ ἀγάπῃ καὶ **ἁγιασμῷ** μετὰ σωφροσύνης·
Heb 12:14 Εἰρήνην διώκετε μετὰ πάντων καὶ τὸν **ἁγιασμόν,** οὗ χωρὶς οὐδεὶς ὄψεται τὸν κύριον,
1Pe 1: 2 κατὰ πρόγνωσιν θεοῦ πατρὸς ἐν **ἁγιασμῷ** πνεύματος εἰς ὑπακοὴν καὶ ῥαντισμὸν αἵματος Ἰησοῦ Χριστοῦ,

41 ἅγιος [233 / 234]

→ *39, 40, 42, 43; cf. 54*

ἅγιοι [64] Mt 27:52; Ac 9:13,32,41; 26:10; Ro 1:7; 8:27; 12:13; 15:25,26,31; 16:2,15; 1Co 1:2; 6:1,2; 14:33; 16:1,15; 2Co 1:1; 8:4; 9:1,12; 13:12; Eph 1:1,15,18; 2:19; 3:8,18; 4:12; 5:3; 6:18; Php 1:1; 4:21,22; Col 1:2,4,12,26; 1Th 3:13; 2Th 1:10; 1Ti 5:10; Phm 1:5,7; Heb 3:1; 6:10; 13:24; Jude 1:3.14; Rev 5:8; 8:3,4; 11:18; 13:7,10; 14:12; 16:6; 17:6; 18:20,24; 19:8; 20:9; 22:21

[τὸ] ἅγιον, [τὰ] ἅγια [12] Mt 7:6; Lk 1:35; Heb 8:2; 9:1,2,3,8,12,24,25; 10:19; 13:11

ἁγίαις γραφαῖς [1] Ro 1:2

ὁ ἅγιος τοῦ θεοῦ [3] Mk 1:24; Lk 4:34; Jn 6:69

ἅγιος ὄρος [1] 2Pe 1:18

ἅγιος πόλις [6] Mt 4:5; 27:53; Rev 11:2; 21:2,10; 22:19

πνεῦμα ἅγιος [90] Mt 1:18,20; 3:11; 12:32; 28:19; Mk 1:8; 3:29; 12:36; 13:11; Lk 1:15,35,41,67; 2:25,26; 3:16,22; 4:1; 10:21; 11:13; 12:10,12; Jn 1:33; 14:26; 20:22; Ac 1:2,5,8,16; 2:4,33,38; 4:8,25,31; 5:3,32; 6:5; 7:51,55; 8:15,17,19; 9:17,31; 10:38,44,45,47; 11:15,16,24; 13:2,4,9,52; 15:8,28; 16:6; 19:2,2,6; 20:23,28; 21:11; 28:25; Ro 5:5; 9:1; 14:17; 15:13,16; 1Co 6:19; 12:3; 2Co 6:6; 13:13; Eph 1:13; 4:30; 1Th 1:5,6; 4:8; 2Ti 1:14; Tit 3:5; Heb 2:4; 3:7; 6:4; 9:8; 10:15; 1Pe 1:12; 2Pe 1:21; Jude 1:20

προσευχὴ τῶν ἁγίων [3] Rev 5:8; 8:3,4

τόπος ἅγιος [3] Mt 24:15; Ac 6:13; 21:28

Mt 1:18 πρὶν ἢ συνελθεῖν αὐτοὺς εὑρέθη ἐν γαστρὶ ἔχουσα ἐκ πνεύματος **ἁγίου.**
1:20 τὸ γὰρ ἐν αὐτῇ γεννηθὲν ἐκ πνεύματός ἐστιν **ἁγίου.**
3:11 αὐτὸς ὑμᾶς βαπτίσει ἐν πνεύματι **ἁγίῳ** καὶ πυρί·
4: 5 Τότε παραλαμβάνει αὐτὸν ὁ διάβολος εἰς τὴν **ἁγίαν** πόλιν καὶ ἔστησεν αὐτὸν ἐπὶ τὸ πτερύγιον τοῦ ἱεροῦ
7: 6 Μὴ δῶτε τὸ **ἅγιον** τοῖς κυσὶν μηδὲ βάλητε τοὺς μαργαρίτας ὑμῶν ἔμπροσθεν τῶν χοίρων,
12:32 ὃς δ' ἂν εἴπῃ κατὰ τοῦ πνεύματος τοῦ **ἁγίου,**
24:15 Ὅταν οὖν ἴδητε τὸ βδέλυγμα τῆς ἐρημώσεως τὸ ῥηθὲν διὰ Δανιὴλ τοῦ προφήτου ἑστὸς ἐν τόπῳ **ἁγίῳ,**
27:52 καὶ τὰ μνημεῖα ἀνεῴχθησαν καὶ πολλὰ σώματα τῶν κεκοιμημένων **ἁγίων** ἠγέρθησαν,
27:53 καὶ ἐξελθόντες ἐκ τῶν μνημείων μετὰ τὴν ἔγερσιν αὐτοῦ εἰσῆλθον εἰς τὴν **ἁγίαν** πόλιν καὶ ἐνεφανίσθησαν πολλοῖς.
28:19 βαπτίζοντες αὐτοὺς εἰς τὸ ὄνομα τοῦ πατρὸς καὶ τοῦ υἱοῦ καὶ τοῦ **ἁγίου** πνεύματος,
Mk 1: 8 ἐγὼ ἐβάπτισα ὑμᾶς ὕδατι, αὐτὸς δὲ βαπτίσει ὑμᾶς ἐν πνεύματι **ἁγίῳ.**
1:24 οἶδά σε τίς εἶ, ὁ **ἅγιος** τοῦ θεοῦ.
3:29 ὃς δ' ἂν βλασφημήσῃ εἰς τὸ πνεῦμα τὸ **ἅγιον,**
6:20 εἰδὼς αὐτὸν ἄνδρα δίκαιον καὶ **ἅγιον,** καὶ συνετήρει αὐτόν,
8:38 ὅταν ἔλθῃ ἐν τῇ δόξῃ τοῦ πατρὸς αὐτοῦ μετὰ τῶν ἀγγέλων τῶν **ἁγίων.**
12:36 αὐτὸς Δαυὶδ εἶπεν ἐν τῷ πνεύματι τῷ **ἁγίῳ,**
13:11 οὐ γάρ ἐστε ὑμεῖς οἱ λαλοῦντες ἀλλὰ τὸ πνεῦμα τὸ **ἅγιον.**
Lk 1:15 πνεύματος **ἁγίου** πλησθήσεται ἔτι ἐκ κοιλίας μητρὸς αὐτοῦ,
1:35 Πνεῦμα **ἅγιον** ἐπελεύσεται ἐπὶ σὲ καὶ δύναμις ὑψίστου ἐπισκιάσει σοι· διὸ καὶ τὸ γεννώμενον **ἅγιον** κληθήσεται υἱὸς θεοῦ.
1:41 ἐσκίρτησεν τὸ βρέφος ἐν τῇ κοιλίᾳ αὐτῆς, καὶ ἐπλήσθη πνεύματος **ἁγίου** ἡ Ἐλισάβετ,
1:49 ὅτι ἐποίησέν μοι μεγάλα ὁ δυνατός. καὶ **ἅγιον** τὸ ὄνομα αὐτοῦ,
1:67 Καὶ Ζαχαρίας ὁ πατὴρ αὐτοῦ ἐπλήσθη πνεύματος **ἁγίου** καὶ ἐπροφήτευσεν λέγων,
1:70 καθὼς ἐλάλησεν διὰ στόματος τῶν **ἁγίων** ἀπ' αἰῶνος προφητῶν αὐτοῦ,
1:72 ποιῆσαι ἔλεος μετὰ τῶν πατέρων ἡμῶν καὶ μνησθῆναι διαθήκης **ἁγίας** αὐτοῦ,
2:23 καθὼς γέγραπται ἐν νόμῳ κυρίου ὅτι Πᾶν ἄρσεν διανοῖγον μήτραν **ἅγιον** τῷ κυρίῳ κληθήσεται,
2:25 προσδεχόμενος παράκλησιν τοῦ Ἰσραήλ, καὶ πνεῦμα ἦν **ἅγιον** ἐπ' αὐτόν·
2:26 καὶ ἦν αὐτῷ κεχρηματισμένον ὑπὸ τοῦ πνεύματος τοῦ **ἁγίου** μὴ ἰδεῖν θάνατον πρὶν [ἢ] ἂν ἴδῃ τὸν Χριστὸν κυρίου.
3:16 αὐτὸς ὑμᾶς βαπτίσει ἐν πνεύματι **ἁγίῳ** καὶ πυρί·
3:22 καὶ καταβῆναι τὸ πνεῦμα τὸ **ἅγιον** σωματικῷ εἴδει ὡς περιστερὰν ἐπ' αὐτόν,
4: 1 Ἰησοῦς δὲ πλήρης πνεύματος **ἁγίου** ὑπέστρεψεν ἀπὸ τοῦ Ἰορδάνου καὶ ἤγετο ἐν τῷ πνεύματι ἐν τῇ ἐρήμῳ
4:34 οἶδά σε τίς εἶ, ὁ **ἅγιος** τοῦ θεοῦ.
9:26 ὅταν ἔλθῃ ἐν τῇ δόξῃ αὐτοῦ καὶ τοῦ πατρὸς καὶ τῶν **ἁγίων** ἀγγέλων.
10:21 ἠγαλλιάσατο [ἐν] τῷ πνεύματι τῷ **ἁγίῳ** καὶ εἶπεν,
11:13 πόσῳ μᾶλλον ὁ πατὴρ [ὁ] ἐξ οὐρανοῦ δώσει πνεῦμα **ἅγιον** τοῖς αἰτοῦσιν αὐτόν.
12:10 τῷ δὲ εἰς τὸ **ἅγιον** πνεῦμα βλασφημήσαντι οὐκ ἀφεθήσεται.
12:12 τὸ γὰρ **ἅγιον** πνεῦμα διδάξει ὑμᾶς ἐν αὐτῇ τῇ ὥρᾳ ἃ δεῖ εἰπεῖν.
Jn 1:33 Ἐφ' ὃν ἂν ἴδῃς τὸ πνεῦμα καταβαῖνον καὶ μένον ἐπ' αὐτόν, οὗτός ἐστιν ὁ βαπτίζων ἐν πνεύματι **ἁγίῳ.**
6:69 πεπιστεύκαμεν καὶ ἐγνώκαμεν ὅτι σὺ εἶ ὁ **ἅγιος** τοῦ θεοῦ.
14:26 ὁ δὲ παράκλητος, τὸ πνεῦμα τὸ **ἅγιον,** ὃ πέμψει ὁ πατὴρ ἐν τῷ ὀνόματί μου,
17:11 Πάτερ **ἅγιε,** τήρησον αὐτοὺς ἐν τῷ ὀνόματί σου ᾧ δέδωκάς μοι,
20:22 ἐνεφύσησεν καὶ λέγει αὐτοῖς, Λάβετε πνεῦμα **ἅγιον·**
Ac 1: 2 ἄχρι ἧς ἡμέρας ἐντειλάμενος τοῖς ἀποστόλοις διὰ πνεύματος **ἁγίου** οὓς ἐξελέξατο ἀνελήμφθη·
1: 5 ὑμεῖς δὲ ἐν πνεύματι βαπτισθήσεσθε **ἁγίῳ** οὐ μετὰ πολλὰς ταύτας ἡμέρας.
1: 8 ἀλλὰ λήμψεσθε δύναμιν ἐπελθόντος τοῦ **ἁγίου** πνεύματος ἐφ' ὑμᾶς καὶ ἔσεσθέ μου μάρτυρες ἔν τε Ἰερουσαλὴμ
1:16 ἔδει πληρωθῆναι τὴν γραφὴν ἣν προεῖπεν τὸ πνεῦμα τὸ **ἅγιον** διὰ στόματος Δαυὶδ περὶ Ἰούδα
2: 4 καὶ ἐπλήσθησαν πάντες πνεύματος **ἁγίου** καὶ ἤρξαντο λαλεῖν ἑτέραις γλώσσαις καθὼς τὸ πνεῦμα ἐδίδου ἀποφθέγγεσθαι αὐτοῖς.
2:33 τήν τε ἐπαγγελίαν τοῦ πνεύματος τοῦ **ἁγίου** λαβὼν παρὰ τοῦ πατρός,
2:38 καὶ λήμψεσθε τὴν δωρεὰν τοῦ **ἁγίου** πνεύματος.
3:14 ὑμεῖς δὲ τὸν **ἅγιον** καὶ δίκαιον ἠρνήσασθε καὶ ᾐτήσασθε ἄνδρα φονέα χαρισθῆναι ὑμῖν,
3:21 ἄχρι χρόνων ἀποκαταστάσεως πάντων ὧν ἐλάλησεν ὁ θεὸς διὰ στόματος τῶν **ἁγίων** ἀπ' αἰῶνος αὐτοῦ προφητῶν.
4: 8 τότε Πέτρος πλησθεὶς πνεύματος **ἁγίου** εἶπεν πρὸς αὐτούς,
4:25 ὁ τοῦ πατρὸς ἡμῶν διὰ πνεύματος **ἁγίου** στόματος Δαυὶδ παιδός σου εἰπών,
4:27 συνήχθησαν γὰρ ἐπ' ἀληθείας ἐν τῇ πόλει ταύτῃ ἐπὶ τὸν **ἅγιον** παῖδά σου Ἰησοῦν ὃν ἔχρισας,
4:30 ἐκτείνειν σε εἰς ἴασιν καὶ σημεῖα καὶ τέρατα γίνεσθαι διὰ τοῦ ὀνόματος τοῦ **ἁγίου** παιδός σου Ἰησοῦ.
4:31 καὶ ἐπλήσθησαν ἅπαντες τοῦ **ἁγίου** πνεύματος καὶ ἐλάλουν τὸν λόγον τοῦ θεοῦ μετὰ παρρησίας.
5: 3 ψεύσασθαί σε τὸ πνεῦμα τὸ **ἅγιον** καὶ νοσφίσασθαι ἀπὸ τῆς τιμῆς τοῦ χωρίου;
5:32 καὶ ἡμεῖς ἐσμεν μάρτυρες τῶν ῥημάτων τούτων καὶ τὸ πνεῦμα τὸ **ἅγιον** ὃ ἔδωκεν ὁ θεὸς τοῖς πειθαρχοῦσιν αὐτῷ.

6: 5 καὶ ἐξελέξαντο Στέφανον, ἄνδρα πλήρης πίστεως καὶ πνεύματος **ἁγίου,**
6: 13 Ὁ ἄνθρωπος οὗτος οὐ παύεται λαλῶν ῥήματα κατὰ τοῦ τόπου τοῦ **ἁγίου** [τούτου] καὶ τοῦ νόμου·
7: 33 ὁ γὰρ τόπος ἐφ' ᾧ ἕστηκας γῆ **ἁγία** ἐστίν.
7: 51 ὑμεῖς ἀεὶ τῷ πνεύματι τῷ **ἁγίῳ** ἀντιπίπτετε ὡς οἱ πατέρες ὑμῶν καὶ ὑμεῖς.
7: 55 ὑπάρχων δὲ πλήρης πνεύματος **ἁγίου** ἀτενίσας εἰς τὸν οὐρανὸν εἶδεν δόξαν θεοῦ καὶ Ἰησοῦν ἑστῶτα ἐκ δεξιῶν
8: 15 οἵτινες καταβάντες προσηύξαντο περὶ αὐτῶν ὅπως λάβωσιν πνεῦμα **ἅγιον·**
8: 17 τότε ἐπετίθεσαν τὰς χεῖρας ἐπ' αὐτοὺς καὶ ἐλάμβανον πνεῦμα **ἅγιον.**
8: 19 Δότε κἀμοὶ τὴν ἐξουσίαν ταύτην ἵνα ᾧ ἐὰν ἐπιθῶ τὰς χεῖρας λαμβάνῃ πνεῦμα **ἅγιον.**
9: 13 ἤκουσα ἀπὸ πολλῶν περὶ τοῦ ἀνδρὸς τούτου ὅσα κακὰ τοῖς **ἁγίοις** σου ἐποίησεν ἐν Ἰερουσαλήμ·
9: 17 Ἰησοῦς ὁ ὀφθείς σοι ἐν τῇ ὁδῷ ᾗ ἤρχου, ὅπως ἀναβλέψῃς καὶ πλησθῇς πνεύματος **ἁγίου.**
9: 31 καὶ πορευομένη τῷ φόβῳ τοῦ κυρίου καὶ τῇ παρακλήσει τοῦ **ἁγίου** πνεύματος ἐπληθύνετο.
9: 32 Ἐγένετο δὲ Πέτρον διερχόμενον διὰ πάντων κατελθεῖν καὶ πρὸς τοὺς **ἁγίους** τοὺς κατοικοῦντας Λύδδα.
9: 41 φωνήσας δὲ τοὺς **ἁγίους** καὶ τὰς χήρας παρέστησεν αὐτὴν ζῶσαν.
10: 22 ἐχρηματίσθη ὑπὸ ἀγγέλου **ἁγίου** μεταπέμψασθαί σε εἰς τὸν οἶκον αὐτοῦ καὶ ἀκοῦσαι ῥήματα παρὰ σοῦ.
10: 38 ὡς ἔχρισεν αὐτὸν ὁ θεὸς πνεύματι **ἁγίῳ** καὶ δυνάμει,
10: 44 Ἔτι λαλοῦντος τοῦ Πέτρου τὰ ῥήματα ταῦτα ἐπέπεσεν τὸ πνεῦμα τὸ **ἅγιον** ἐπὶ πάντας τοὺς ἀκούοντας τὸν λόγον.
10: 45 ὅτι καὶ ἐπὶ τὰ ἔθνη ἡ δωρεὰ τοῦ **ἁγίου** πνεύματος ἐκκέχυται·
10: 47 οἵτινες τὸ πνεῦμα τὸ **ἅγιον** ἔλαβον ὡς καὶ ἡμεῖς;
11: 15 ἐν δὲ τῷ ἄρξασθαί με λαλεῖν ἐπέπεσεν τὸ πνεῦμα τὸ **ἅγιον** ἐπ' αὐτοὺς ὥσπερ καὶ ἐφ' ἡμᾶς ἐν ἀρχῇ.
11: 16 Ἰωάννης μὲν ἐβάπτισεν ὕδατι, ὑμεῖς δὲ βαπτισθήσεσθε ἐν πνεύματι **ἁγίῳ.**
11: 24 ὅτι ἦν ἀνὴρ ἀγαθὸς καὶ πλήρης πνεύματος **ἁγίου** καὶ πίστεως.
13: 2 λειτουργούντων δὲ αὐτῶν τῷ κυρίῳ καὶ νηστευόντων εἶπεν τὸ πνεῦμα τὸ **ἅγιον,**
13: 4 Αὐτοὶ μὲν οὖν ἐκπεμφθέντες ὑπὸ τοῦ **ἁγίου** πνεύματος κατῆλθον εἰς Σελεύκειαν,
13: 9 ὁ καὶ Παῦλος, πλησθεὶς πνεύματος **ἁγίου** ἀτενίσας εἰς αὐτὸν
13: 52 οἵ τε μαθηταὶ ἐπληροῦντο χαρᾶς καὶ πνεύματος **ἁγίου.**
15: 8 καὶ ὁ καρδιογνώστης θεὸς ἐμαρτύρησεν αὐτοῖς δοὺς τὸ πνεῦμα τὸ **ἅγιον** καθὼς καὶ ἡμῖν
15: 28 ἔδοξεν γὰρ τῷ πνεύματι τῷ **ἁγίῳ** καὶ ἡμῖν μηδὲν πλέον ἐπιτίθεσθαι ὑμῖν βάρος πλὴν τούτων τῶν ἐπάναγκες,
16: 6 Διῆλθον δὲ τὴν Φρυγίαν καὶ Γαλατικὴν χώραν κωλυθέντες ὑπὸ τοῦ **ἁγίου** πνεύματος λαλῆσαι τὸν λόγον ἐν τῇ Ἀσίᾳ·
19: 2 εἶπέν τε πρὸς αὐτούς, Εἰ πνεῦμα **ἅγιον** ἐλάβετε πιστεύσαντες; οἱ δὲ πρὸς αὐτόν, Ἀλλ' οὐδ' εἰ πνεῦμα **ἅγιον** ἔστιν ἠκούσαμεν.
19: 6 καὶ ἐπιθέντος αὐτοῖς τοῦ Παύλου [τὰς] χεῖρας ἦλθε τὸ πνεῦμα τὸ **ἅγιον** ἐπ' αὐτούς,
20: 23 πλὴν ὅτι τὸ πνεῦμα τὸ **ἅγιον** κατὰ πόλιν διαμαρτύρεταί μοι λέγον ὅτι δεσμὰ καὶ θλίψεις με μένουσιν.
20: 28 ἐν ᾧ ὑμᾶς τὸ πνεῦμα τὸ **ἅγιον** ἔθετο ἐπισκόπους ποιμαίνειν τὴν ἐκκλησίαν τοῦ θεοῦ,
21: 11 Τάδε λέγει τὸ πνεῦμα τὸ **ἅγιον,** Τὸν ἄνδρα οὗ ἐστιν ἡ ζώνη αὕτη,
21: 28 ἔτι τε καὶ Ἕλληνας εἰσήγαγεν εἰς τὸ ἱερὸν καὶ κεκοίνωκεν τὸν **ἅγιον** τόπον τοῦτον.
26: 10 καὶ πολλούς τε τῶν **ἁγίων** ἐγὼ ἐν φυλακαῖς κατέκλεισα τὴν παρὰ τῶν ἀρχιερέων ἐξουσίαν λαβὼν ἀναιρουμένων τε αὐτῶν κατήνεγκα ψῆφον.
28: 25 ὅτι Καλῶς τὸ πνεῦμα τὸ **ἅγιον** ἐλάλησεν διὰ Ἠσαΐου τοῦ προφήτου πρὸς τοὺς πατέρας ὑμῶν
Ro 1: 2 ὃ προεπηγγείλατο διὰ τῶν προφητῶν αὐτοῦ ἐν γραφαῖς **ἁγίαις**
1: 7 πᾶσιν τοῖς οὖσιν ἐν Ῥώμῃ ἀγαπητοῖς θεοῦ, κλητοῖς **ἁγίοις,**
5: 5 ὅτι ἡ ἀγάπη τοῦ θεοῦ ἐκκέχυται ἐν ταῖς καρδίαις ἡμῶν διὰ πνεύματος **ἁγίου** τοῦ δοθέντος ἡμῖν.
7: 12 ὥστε ὁ μὲν νόμος **ἅγιος** καὶ ἡ ἐντολὴ **ἁγία** καὶ δικαία καὶ ἀγαθή.
8: 27 ὁ δὲ ἐραυνῶν τὰς καρδίας οἶδεν τί τὸ φρόνημα τοῦ πνεύματος, ὅτι κατὰ θεὸν ἐντυγχάνει ὑπὲρ **ἁγίων.**
9: 1 συμμαρτυρούσης μοι τῆς συνειδήσεώς μου ἐν πνεύματι **ἁγίῳ,**
11: 16 εἰ δὲ ἡ ἀπαρχὴ **ἁγία,** καὶ τὸ φύραμα· καὶ εἰ ἡ ῥίζα **ἁγία,** καὶ οἱ κλάδοι.
12: 1 διὰ τῶν οἰκτιρμῶν τοῦ θεοῦ παραστῆσαι τὰ σώματα ὑμῶν θυσίαν ζῶσαν **ἁγίαν** εὐάρεστον τῷ θεῷ,
12: 13 ταῖς χρείαις τῶν **ἁγίων** κοινωνοῦντες, τὴν φιλοξενίαν διώκοντες.
14: 17 οὐ γάρ ἐστιν ἡ βασιλεία τοῦ θεοῦ βρῶσις καὶ πόσις ἀλλὰ δικαιοσύνη καὶ εἰρήνη καὶ χαρὰ ἐν πνεύματι **ἁγίῳ·**
15: 13 εἰς τὸ περισσεύειν ὑμᾶς ἐν τῇ ἐλπίδι ἐν δυνάμει πνεύματος **ἁγίου.**
15: 16 ἵνα γένηται ἡ προσφορὰ τῶν ἐθνῶν εὐπρόσδεκτος, ἡγιασμένη ἐν πνεύματι **ἁγίῳ.**
15: 25 νυνὶ δὲ πορεύομαι εἰς Ἰερουσαλὴμ διακονῶν τοῖς **ἁγίοις.**
15: 26 εὐδόκησαν γὰρ Μακεδονία καὶ Ἀχαΐα κοινωνίαν τινὰ ποιήσασθαι εἰς τοὺς πτωχοὺς τῶν **ἁγίων** τῶν ἐν Ἰερουσαλήμ.
15: 31 καὶ ἡ διακονία μου ἡ εἰς Ἰερουσαλὴμ εὐπρόσδεκτος τοῖς **ἁγίοις** γένηται,
16: 2 ἵνα αὐτὴν προσδέξησθε ἐν κυρίῳ ἀξίως τῶν **ἁγίων** καὶ παραστῆτε αὐτῇ ἐν ᾧ ἂν ὑμῶν χρῄζῃ πράγματι·
16: 15 καὶ Ὀλυμπᾶν καὶ τοὺς σὺν αὐτοῖς πάντας **ἁγίους.**
16: 16 Ἀσπάσασθε ἀλλήλους ἐν φιλήματι **ἁγίῳ.**
1Co 1: 2 τῇ ἐκκλησίᾳ τοῦ θεοῦ τῇ οὔσῃ ἐν Κορίνθῳ, ἡγιασμένοις ἐν Χριστῷ Ἰησοῦ, κλητοῖς **ἁγίοις,**
3: 17 ὁ γὰρ ναὸς τοῦ θεοῦ **ἅγιός** ἐστιν, οἵτινές ἐστε ὑμεῖς.
6: 1 Τολμᾷ τις ὑμῶν πρᾶγμα ἔχων πρὸς τὸν ἕτερον κρίνεσθαι ἐπὶ τῶν ἀδίκων καὶ οὐχὶ ἐπὶ τῶν **ἁγίων;**
6: 2 ἢ οὐκ οἴδατε ὅτι οἱ **ἅγιοι** τὸν κόσμον κρινοῦσιν;
6: 19 ἢ οὐκ οἴδατε ὅτι τὸ σῶμα ὑμῶν ναὸς τοῦ ἐν ὑμῖν **ἁγίου** πνεύματός ἐστιν οὗ ἔχετε ἀπὸ θεοῦ,
7: 14 ἐπεὶ ἄρα τὰ τέκνα ὑμῶν ἀκάθαρτά ἐστιν, νῦν δὲ **ἅγιά** ἐστιν.
7: 34 ἵνα ᾖ **ἁγία** καὶ τῷ σώματι καὶ τῷ πνεύματι·
12: 3 καὶ οὐδεὶς δύναται εἰπεῖν, Κύριος Ἰησοῦς, εἰ μὴ ἐν πνεύματι **ἁγίῳ.**
14: 33 οὐ γάρ ἐστιν ἀκαταστασίας ὁ θεὸς ἀλλὰ εἰρήνης. Ὡς ἐν πάσαις ταῖς ἐκκλησίαις τῶν **ἁγίων**
16: 1 Περὶ δὲ τῆς λογείας τῆς εἰς τοὺς **ἁγίους** ὥσπερ διέταξα ταῖς ἐκκλησίαις τῆς Γαλατίας,
16: 15 ὅτι ἐστὶν ἀπαρχὴ τῆς Ἀχαΐας καὶ εἰς διακονίαν τοῖς **ἁγίοις** ἔταξαν ἑαυτούς·
16: 20 Ἀσπάσασθε ἀλλήλους ἐν φιλήματι **ἁγίῳ.**
2Co 1: 1 τῇ ἐκκλησίᾳ τοῦ θεοῦ τῇ οὔσῃ ἐν Κορίνθῳ σὺν τοῖς **ἁγίοις** πᾶσιν τοῖς οὖσιν ἐν ὅλῃ τῇ Ἀχαΐᾳ,
6: 6 ἐν γνώσει, ἐν μακροθυμίᾳ, ἐν χρηστότητι, ἐν πνεύματι **ἁγίῳ,**
8: 4 μετὰ πολλῆς παρακλήσεως δεόμενοι ἡμῶν τὴν χάριν καὶ τὴν κοινωνίαν τῆς διακονίας τῆς εἰς τοὺς **ἁγίους,**
9: 1 Περὶ μὲν γὰρ τῆς διακονίας τῆς εἰς τοὺς **ἁγίους** περισσόν μοί ἐστιν τὸ γράφειν ὑμῖν·
9: 12 ὅτι ἡ διακονία τῆς λειτουργίας ταύτης οὐ μόνον ἐστὶν προσαναπληροῦσα τὰ ὑστερήματα τῶν **ἁγίων,**
13: 12 ἀσπάσασθε ἀλλήλους ἐν **ἁγίῳ** φιλήματι. ἀσπάζονται ὑμᾶς οἱ **ἅγιοι** πάντες.
13: 13 Ἡ χάρις τοῦ κυρίου Ἰησοῦ Χριστοῦ καὶ ἡ ἀγάπη τοῦ θεοῦ καὶ ἡ κοινωνία τοῦ **ἁγίου** πνεύματος μετὰ πάντων ὑμῶν.
Eph 1: 1 Παῦλος ἀπόστολος Χριστοῦ Ἰησοῦ διὰ θελήματος θεοῦ τοῖς **ἁγίοις** τοῖς οὖσιν [ἐν Ἐφέσῳ] καὶ πιστοῖς ἐν Χριστῷ Ἰησοῦ,
1: 4 καθὼς ἐξελέξατο ἡμᾶς ἐν αὐτῷ πρὸ καταβολῆς κόσμου εἶναι ἡμᾶς **ἁγίους** καὶ ἀμώμους κατενώπιον αὐτοῦ ἐν ἀγάπῃ,
1: 13 ἐν ᾧ καὶ πιστεύσαντες ἐσφραγίσθητε τῷ πνεύματι τῆς ἐπαγγελίας τῷ **ἁγίῳ,**
1: 15 Διὰ τοῦτο κἀγὼ ἀκούσας τὴν καθ' ὑμᾶς πίστιν ἐν τῷ κυρίῳ Ἰησοῦ καὶ τὴν ἀγάπην τὴν εἰς πάντας τοὺς **ἁγίους**
1: 18 τίς ὁ πλοῦτος τῆς δόξης τῆς κληρονομίας αὐτοῦ ἐν τοῖς **ἁγίοις,**
2: 19 ἄρα οὖν οὐκέτι ἐστὲ ξένοι καὶ πάροικοι ἀλλὰ ἐστὲ συμπολῖται τῶν **ἁγίων** καὶ οἰκεῖοι τοῦ θεοῦ,
2: 21 ἐν ᾧ πᾶσα οἰκοδομὴ συναρμολογουμένη αὔξει εἰς ναὸν **ἅγιον** ἐν κυρίῳ,
3: 5 ὃ ἑτέραις γενεαῖς οὐκ ἐγνωρίσθη τοῖς υἱοῖς τῶν ἀνθρώπων ὡς νῦν ἀπεκαλύφθη τοῖς **ἁγίοις** ἀποστόλοις αὐτοῦ
3: 8 ἐμοὶ τῷ ἐλαχιστοτέρῳ πάντων **ἁγίων** ἐδόθη ἡ χάρις αὕτη,
3: 18 ἵνα ἐξισχύσητε καταλαβέσθαι σὺν πᾶσιν τοῖς **ἁγίοις** τί τὸ πλάτος καὶ μῆκος καὶ ὕψος καὶ βάθος,
4: 12 πρὸς τὸν καταρτισμὸν τῶν **ἁγίων** εἰς ἔργον διακονίας,
4: 30 καὶ μὴ λυπεῖτε τὸ πνεῦμα τὸ **ἅγιον** τοῦ θεοῦ,
5: 3 πορνεία δὲ καὶ ἀκαθαρσία πᾶσα ἢ πλεονεξία μηδὲ ὀνομαζέσθω ἐν ὑμῖν, καθὼς πρέπει **ἁγίοις,**

5:27 μὴ ἔχουσαν σπίλον ἢ ῥυτίδα ἤ τι τῶν τοιούτων, ἀλλ᾽ ἵνα ᾖ **ἁγία** καὶ ἄμωμος.
6:18 καὶ εἰς αὐτὸ ἀγρυπνοῦντες ἐν πάσῃ προσκαρτερήσει καὶ δεήσει περὶ πάντων τῶν **ἁγίων**
Php 1: 1 πᾶσιν τοῖς **ἁγίοις** ἐν Χριστῷ Ἰησοῦ τοῖς οὖσιν ἐν Φιλίπποις σὺν ἐπισκόποις καὶ διακόνοις,
4:21 Ἀσπάσασθε πάντα **ἅγιον** ἐν Χριστῷ Ἰησοῦ.
4:22 ἀσπάζονται ὑμᾶς πάντες οἱ **ἅγιοι,** μάλιστα δὲ οἱ ἐκ τῆς Καίσαρος οἰκίας.
Col 1: 2 τοῖς ἐν Κολοσσαῖς **ἁγίοις** καὶ πιστοῖς ἀδελφοῖς ἐν Χριστῷ,
1: 4 ἀκούσαντες τὴν πίστιν ὑμῶν ἐν Χριστῷ Ἰησοῦ καὶ τὴν ἀγάπην ἣν ἔχετε εἰς πάντας τοὺς **ἁγίους**
1:12 εὐχαριστοῦντες τῷ πατρὶ τῷ ἱκανώσαντι ὑμᾶς εἰς τὴν μερίδα τοῦ κλήρου τῶν **ἁγίων** ἐν τῷ φωτί·
1:22 παραστῆσαι ὑμᾶς **ἁγίους** καὶ ἀμώμους καὶ ἀνεγκλήτους κατενώπιον αὐτοῦ,
1:26 τὸ μυστήριον τὸ ἀποκεκρυμμένον ἀπὸ τῶν αἰώνων καὶ ἀπὸ τῶν γενεῶν– νῦν δὲ ἐφανερώθη τοῖς **ἁγίοις** αὐτοῦ,
3:12 Ἐνδύσασθε οὖν, ὡς ἐκλεκτοὶ τοῦ θεοῦ **ἅγιοι** καὶ ἠγαπημένοι,
1Th 1: 5 ἀλλὰ καὶ ἐν δυνάμει καὶ ἐν πνεύματι **ἁγίῳ** καὶ [ἐν] πληροφορίᾳ πολλῇ,
1: 6 δεξάμενοι τὸν λόγον ἐν θλίψει πολλῇ μετὰ χαρᾶς πνεύματος **ἁγίου,**
3:13 ἔμπροσθεν τοῦ θεοῦ καὶ πατρὸς ἡμῶν ἐν τῇ παρουσίᾳ τοῦ κυρίου ἡμῶν Ἰησοῦ μετὰ πάντων τῶν **ἁγίων** αὐτοῦ[,].
4: 8 τοιγαροῦν ὁ ἀθετῶν οὐκ ἄνθρωπον ἀθετεῖ ἀλλὰ τὸν θεὸν τὸν [καὶ] διδόντα τὸ πνεῦμα αὐτοῦ τὸ **ἅγιον** εἰς ὑμᾶς.
5:26 Ἀσπάσασθε τοὺς ἀδελφοὺς πάντας ἐν φιλήματι **ἁγίῳ.**
2Th 1:10 ὅταν ἔλθῃ ἐνδοξασθῆναι ἐν τοῖς **ἁγίοις** αὐτοῦ καὶ θαυμασθῆναι ἐν πᾶσιν τοῖς πιστεύσασιν,
1Ti 5:10 εἰ ἐτεκνοτρόφησεν, εἰ ἐξενοδόχησεν, εἰ **ἁγίων** πόδας ἔνιψεν,
2Ti 1: 9 τοῦ σώσαντος ἡμᾶς καὶ καλέσαντος κλήσει **ἁγίᾳ,** οὐ κατὰ τὰ ἔργα ἡμῶν ἀλλὰ κατὰ ἰδίαν πρόθεσιν καὶ χάριν,
1:14 τὴν καλὴν παραθήκην φύλαξον διὰ πνεύματος **ἁγίου** τοῦ ἐνοικοῦντος ἐν ἡμῖν.
Tit 3: 5 ἀλλὰ κατὰ τὸ αὐτοῦ ἔλεος ἔσωσεν ἡμᾶς διὰ λουτροῦ παλιγγενεσίας καὶ ἀνακαινώσεως πνεύματος **ἁγίου,**
Phm 1: 5 ἣν ἔχεις πρὸς τὸν κύριον Ἰησοῦν καὶ εἰς πάντας τοὺς **ἁγίους,**
1: 7 ὅτι τὰ σπλάγχνα τῶν **ἁγίων** ἀναπέπαυται διὰ σοῦ,
Heb 2: 4 καὶ πνεύματος **ἁγίου** μερισμοῖς κατὰ τὴν αὐτοῦ θέλησιν;
3: 1 Ὅθεν, ἀδελφοὶ **ἅγιοι,** κλήσεως ἐπουρανίου μέτοχοι,
3: 7 Διό, καθὼς λέγει τὸ πνεῦμα τὸ **ἅγιον,** Σήμερον ἐὰν τῆς φωνῆς αὐτοῦ ἀκούσητε,
6: 4 γευσαμένους τε τῆς δωρεᾶς τῆς ἐπουρανίου καὶ μετόχους γενηθέντας πνεύματος **ἁγίου**
6:10 καὶ τῆς ἀγάπης ἧς ἐνεδείξασθε εἰς τὸ ὄνομα αὐτοῦ, διακονήσαντες τοῖς **ἁγίοις** καὶ διακονοῦντες.
8: 2 τῶν **ἁγίων** λειτουργὸς καὶ τῆς σκηνῆς τῆς ἀληθινῆς,
9: 1 Εἶχε μὲν οὖν [καὶ] ἡ πρώτη δικαιώματα λατρείας τό τε **ἅγιον** κοσμικόν.
9: 2 σκηνὴ γὰρ κατεσκευάσθη ἡ πρώτη ἐν ᾗ ἥ τε λυχνία καὶ ἡ τράπεζα καὶ ἡ πρόθεσις τῶν ἄρτων, ἥτις λέγεται **Ἅγια·**
9: 3 μετὰ δὲ τὸ δεύτερον καταπέτασμα σκηνὴ ἡ λεγομένη **Ἅγια Ἁγίων,**
9: 8 τοῦτο δηλοῦντος τοῦ πνεύματος τοῦ **ἁγίου,** μήπω πεφανερῶσθαι τὴν τῶν **ἁγίων** ὁδὸν ἔτι τῆς πρώτης σκηνῆς
9:12 διὰ δὲ τοῦ ἰδίου αἵματος εἰσῆλθεν ἐφάπαξ εἰς τὰ **ἅγια** αἰωνίαν λύτρωσιν εὑράμενος.
9:24 οὐ γὰρ εἰς χειροποίητα εἰσῆλθεν **ἅγια** Χριστός, ἀντίτυπα τῶν ἀληθινῶν,
9:25 ὥσπερ ὁ ἀρχιερεὺς εἰσέρχεται εἰς τὰ **ἅγια** κατ᾽ ἐνιαυτὸν ἐν αἵματι ἀλλοτρίῳ,
10:15 Μαρτυρεῖ δὲ ἡμῖν καὶ τὸ πνεῦμα τὸ **ἅγιον·**
10:19 παρρησίαν εἰς τὴν εἴσοδον τῶν **ἁγίων** ἐν τῷ αἵματι Ἰησοῦ,
13:11 ὧν γὰρ εἰσφέρεται ζῴων τὸ αἷμα περὶ ἁμαρτίας εἰς τὰ **ἅγια** διὰ τοῦ ἀρχιερέως,
13:24 Ἀσπάσασθε πάντας τοὺς ἡγουμένους ὑμῶν καὶ πάντας τοὺς **ἁγίους.**
1Pe 1:12 ἃ νῦν ἀνηγγέλη ὑμῖν διὰ τῶν εὐαγγελισαμένων ὑμᾶς [ἐν] πνεύματι **ἁγίῳ** ἀποσταλέντι ἀπ᾽ οὐρανοῦ,
1:15 ἀλλὰ κατὰ τὸν καλέσαντα ὑμᾶς **ἅγιον** καὶ αὐτοὶ **ἅγιοι** ἐν πάσῃ ἀναστροφῇ γενήθητε,
1:16 διότι γέγραπται [ὅτι] **Ἅγιοι** ἔσεσθε, ὅτι ἐγὼ **ἅγιός** [εἰμι.]
2: 5 καὶ αὐτοὶ ὡς λίθοι ζῶντες οἰκοδομεῖσθε οἶκος πνευματικὸς εἰς ἱεράτευμα **ἅγιον** ἀνενέγκαι πνευματικὰς θυσίας
2: 9 Ὑμεῖς δὲ γένος ἐκλεκτόν, βασίλειον ἱεράτευμα, ἔθνος **ἅγιον,** λαὸς εἰς περιποίησιν,
3: 5 οὕτως γάρ ποτε καὶ αἱ **ἅγιαι** γυναῖκες αἱ ἐλπίζουσαι εἰς θεὸν ἐκόσμουν ἑαυτὰς ὑποτασσόμεναι τοῖς ἰδίοις ἀνδράσιν,
2Pe 1:18 καὶ ταύτην τὴν φωνὴν ἡμεῖς ἠκούσαμεν ἐξ οὐρανοῦ ἐνεχθεῖσαν σὺν αὐτῷ ὄντες ἐν τῷ **ἁγίῳ** ὄρει.
1:21 ἀλλὰ ὑπὸ πνεύματος **ἁγίου** φερόμενοι ἐλάλησαν ἀπὸ θεοῦ ἄνθρωποι.
2:21 μὴ ἐπεγνωκέναι τὴν ὁδὸν τῆς δικαιοσύνης ἢ ἐπιγνοῦσιν ὑποστρέψαι ἐκ τῆς παραδοθείσης αὐτοῖς **ἁγίας** ἐντολῆς.
3: 2 μνησθῆναι τῶν προειρημένων ῥημάτων ὑπὸ τῶν **ἁγίων** προφητῶν καὶ τῆς τῶν ἀποστόλων ὑμῶν ἐντολῆς τοῦ κυρίου
3:11 τούτων οὕτως πάντων λυομένων ποταποὺς δεῖ ὑπάρχειν [ὑμᾶς] ἐν **ἁγίαις** ἀναστροφαῖς καὶ εὐσεβείαις,
1Jn 2:20 καὶ ὑμεῖς χρῖσμα ἔχετε ἀπὸ τοῦ **ἁγίου** καὶ οἴδατε πάντες.
Jude 1: 3 ἀνάγκην ἔσχον γράψαι ὑμῖν παρακαλῶν ἐπαγωνίζεσθαι τῇ ἅπαξ παραδοθείσῃ τοῖς **ἁγίοις** πίστει.
1:14 Προεφήτευσεν δὲ καὶ τούτοις ἕβδομος ἀπὸ Ἀδὰμ Ἑνὼχ λέγων, Ἰδοὺ ἦλθεν κύριος ἐν **ἁγίαις** μυριάσιν αὐτοῦ
1:20 ὑμεῖς δέ, ἀγαπητοί, ἐποικοδομοῦντες ἑαυτοὺς τῇ **ἁγιωτάτῃ** ὑμῶν πίστει, ἐν πνεύματι **ἁγίῳ** προσευχόμενοι,
Rev 3: 7 Τάδε λέγει ὁ **ἅγιος,** ὁ ἀληθινός, ὁ ἔχων τὴν κλεῖν Δαυίδ,
4: 8 **Ἅγιος ἅγιος ἅγιος** κύριος ὁ θεὸς ὁ παντοκράτωρ,
5: 8 καὶ φιάλας χρυσᾶς γεμούσας θυμιαμάτων, αἵ εἰσιν αἱ προσευχαὶ τῶν **ἁγίων,**
6:10 Ἕως πότε, ὁ δεσπότης ὁ **ἅγιος** καὶ ἀληθινός,
8: 3 ἵνα δώσει ταῖς προσευχαῖς τῶν **ἁγίων** πάντων ἐπὶ τὸ θυσιαστήριον τὸ χρυσοῦν τὸ ἐνώπιον τοῦ θρόνου.
8: 4 καὶ ἀνέβη ὁ καπνὸς τῶν θυμιαμάτων ταῖς προσευχαῖς τῶν **ἁγίων** ἐκ χειρὸς τοῦ ἀγγέλου ἐνώπιον τοῦ θεοῦ.
11: 2 καὶ τὴν πόλιν τὴν **ἁγίαν** πατήσουσιν μῆνας τεσσεράκοντα [καὶ] δύο.
11:18 καὶ δοῦναι τὸν μισθὸν τοῖς δούλοις σου τοῖς προφήταις καὶ τοῖς **ἁγίοις** καὶ τοῖς φοβουμένοις τὸ ὄνομά σου,
13: 7 καὶ ἐδόθη αὐτῷ ποιῆσαι πόλεμον μετὰ τῶν **ἁγίων** καὶ νικῆσαι αὐτούς,
13:10 Ὧδέ ἐστιν ἡ ὑπομονὴ καὶ ἡ πίστις τῶν **ἁγίων.**
14:10 καὶ βασανισθήσεται ἐν πυρὶ καὶ θείῳ ἐνώπιον ἀγγέλων **ἁγίων** καὶ ἐνώπιον τοῦ ἀρνίου.
14:12 Ὧδε ἡ ὑπομονὴ τῶν **ἁγίων** ἐστίν, οἱ τηροῦντες τὰς ἐντολὰς τοῦ θεοῦ καὶ τὴν πίστιν Ἰησοῦ.
16: 6 ὅτι αἷμα **ἁγίων** καὶ προφητῶν ἐξέχεαν καὶ αἷμα αὐτοῖς [δ]έδωκας πιεῖν,
17: 6 καὶ εἶδον τὴν γυναῖκα μεθύουσαν ἐκ τοῦ αἵματος τῶν **ἁγίων** καὶ ἐκ τοῦ αἵματος τῶν μαρτύρων Ἰησοῦ.
18:20 οὐρανὲ καὶ οἱ **ἅγιοι** καὶ οἱ ἀπόστολοι καὶ οἱ προφῆται,
18:24 καὶ ἐν αὐτῇ αἷμα προφητῶν καὶ **ἁγίων** εὑρέθη καὶ πάντων τῶν ἐσφαγμένων ἐπὶ τῆς γῆς.
19: 8 τὸ γὰρ βύσσινον τὰ δικαιώματα τῶν **ἁγίων** ἐστίν.
20: 6 μακάριος καὶ **ἅγιος** ὁ ἔχων μέρος ἐν τῇ ἀναστάσει τῇ πρώτῃ·
20: 9 καὶ ἀνέβησαν ἐπὶ τὸ πλάτος τῆς γῆς καὶ ἐκύκλευσαν τὴν παρεμβολὴν τῶν **ἁγίων** καὶ τὴν πόλιν τὴν ἠγαπημένην,
21: 2 καὶ τὴν πόλιν τὴν **ἁγίαν** Ἰερουσαλὴμ καινὴν εἶδον καταβαίνουσαν ἐκ τοῦ οὐρανοῦ ἀπὸ τοῦ θεοῦ
21:10 καὶ ἔδειξέν μοι τὴν πόλιν τὴν **ἁγίαν** Ἰερουσαλὴμ καταβαίνουσαν ἐκ τοῦ οὐρανοῦ ἀπὸ τοῦ θεοῦ
22:11 καὶ ὁ δίκαιος δικαιοσύνην ποιησάτω ἔτι καὶ ὁ **ἅγιος** ἁγιασθήτω ἔτι.
22:19 ἀφελεῖ ὁ θεὸς τὸ μέρος αὐτοῦ ἀπὸ τοῦ ξύλου τῆς ζωῆς καὶ ἐκ τῆς πόλεως τῆς **ἁγίας**
22:21 Ἡ χάρις τοῦ κυρίου Ἰησοῦ μετὰ τῶν **ἁγίων.**[NIV; UBS *4246*]

42 ἁγιότης [1 / 2]

√ *41*

2Co 1:12 τὸ μαρτύριον τῆς συνειδήσεως ἡμῶν, ὅτι ἐν **ἁγιότητι**[NIV; UBS *605*] καὶ εἰλικρινείᾳ τοῦ θεοῦ,
Heb 12:10 ὁ δὲ ἐπὶ τὸ συμφέρον εἰς τὸ μεταλαβεῖν τῆς **ἁγιότητος** αὐτοῦ.

43 ἁγιωσύνη [3]

√ *41*

Ro 1: 4 τοῦ ὁρισθέντος υἱοῦ θεοῦ ἐν δυνάμει κατὰ πνεῦμα **ἁγιωσύνης** ἐξ ἀναστάσεως νεκρῶν,

2Co 7: 1 καθαρίσωμεν ἑαυτοὺς ἀπὸ παντὸς μολυσμοῦ σαρκὸς καὶ πνεύματος, ἐπιτελοῦντες **ἁγιωσύνην** ἐν φόβῳ θεοῦ.
1Th 3: 13 εἰς τὸ στηρίξαι ὑμῶν τὰς καρδίας ἀμέμπτους ἐν **ἁγιωσύνῃ** ἔμπροσθεν τοῦ θεοῦ καὶ πατρὸς ἡμῶν ἐν τῇ παρουσίᾳ

44 ἀγκάλη [1]

→ *1878*

Lk 2: 28 αὐτὸς ἐδέξατο αὐτὸ εἰς τὰς **ἀγκάλας** καὶ εὐλόγησεν τὸν θεὸν

45 ἄγκιστρον [1]

√ *46*

Mt 17: 27 πορευθεὶς εἰς θάλασσαν βάλε **ἄγκιστρον** καὶ τὸν ἀναβάντα πρῶτον ἰχθὺν ἆρον,

46 ἄγκυρα [4]

→ *45*

Ac 27: 29 ἐκ πρύμνης ῥίψαντες **ἀγκύρας** τέσσαρας ηὔχοντο ἡμέραν γενέσθαι.
27: 30 καὶ χαλασάντων τὴν σκάφην εἰς τὴν θάλασσαν προφάσει ὡς ἐκ πρῴρης **ἀγκύρας** μελλόντων ἐκτείνειν,
27: 40 καὶ τὰς **ἀγκύρας** περιελόντες εἴων εἰς τὴν θάλασσαν,
Heb 6: 19 ἣν ὡς **ἄγκυραν** ἔχομεν τῆς ψυχῆς ἀσφαλῆ τε καὶ βεβαίαν καὶ εἰσερχομένην εἰς τὸ ἐσώτερον τοῦ καταπετάσματος,

47 ἄγναφος [2]

√ *1.1 + 1187*

Mt 9: 16 οὐδεὶς δὲ ἐπιβάλλει ἐπίβλημα ῥάκους **ἀγνάφου** ἐπὶ ἱματίῳ παλαιῷ·
Mk 2: 21 οὐδεὶς ἐπίβλημα ῥάκους **ἀγνάφου** ἐπιράπτει ἐπὶ ἱμάτιον παλαιόν·

48 ἁγνεία [2]

√ *54*

1Ti 4: 12 ἐν ἀναστροφῇ, ἐν ἀγάπῃ, ἐν πίστει, ἐν **ἁγνείᾳ.**
5: 2 πρεσβυτέρας ὡς μητέρας, νεωτέρας ὡς ἀδελφὰς ἐν πάσῃ **ἁγνείᾳ.**

49 ἁγνίζω [7]

√ *54*

Jn 11: 55 καὶ ἀνέβησαν πολλοὶ εἰς Ἱεροσόλυμα ἐκ τῆς χώρας πρὸ τοῦ πάσχα ἵνα **ἁγνίσωσιν** ἑαυτούς.
Ac 21: 24 τούτους παραλαβὼν **ἁγνίσθητι** σὺν αὐτοῖς καὶ δαπάνησον ἐπ' αὐτοῖς ἵνα ξυρήσονται τὴν κεφαλήν,
21: 26 τότε ὁ Παῦλος παραλαβὼν τοὺς ἄνδρας τῇ ἐχομένῃ ἡμέρᾳ σὺν αὐτοῖς **ἁγνισθείς,**
24: 18 ἐν αἷς εὗρόν με **ἡγνισμένον** ἐν τῷ ἱερῷ οὐ μετὰ ὄχλου οὐδὲ μετὰ θορύβου,
Jas 4: 8 ἐγγίσατε τῷ θεῷ καὶ ἐγγιεῖ ὑμῖν. καθαρίσατε χεῖρας, ἁμαρτωλοί, καὶ **ἁγνίσατε** καρδίας, δίψυχοι.
1Pe 1: 22 Τὰς ψυχὰς ὑμῶν **ἡγνικότες** ἐν τῇ ὑπακοῇ τῆς ἀληθείας εἰς φιλαδελφίαν ἀνυπόκριτον,
1Jn 3: 3 καὶ πᾶς ὁ ἔχων τὴν ἐλπίδα ταύτην ἐπ' αὐτῷ **ἁγνίζει** ἑαυτόν,

50 ἁγνισμός [1]

√ *54*

Ac 21: 26 διαγγέλλων τὴν ἐκπλήρωσιν τῶν ἡμερῶν τοῦ **ἁγνισμοῦ** ἕως οὗ προσηνέχθη ὑπὲρ ἑνὸς ἑκάστου αὐτῶν ἡ προσφορά.

51 ἀγνοέω [22]

√ *1.1 + 1182*

οὐ θέλω ἀγνοεῖν [6] Ro 1:13; 11:25; 1Co 10:1; 12:1; 2Co 1:8; 1Th 4:13

Mk 9: 32 οἱ δὲ **ἠγνόουν** τὸ ῥῆμα, καὶ ἐφοβοῦντο αὐτὸν ἐπερωτῆσαι.
Lk 9: 45 οἱ δὲ **ἠγνόουν** τὸ ῥῆμα τοῦτο καὶ ἦν παρακεκαλυμμένον ἀπ' αὐτῶν ἵνα μὴ αἴσθωνται αὐτό,
Ac 13: 27 οἱ γὰρ κατοικοῦντες ἐν Ἰερουσαλὴμ καὶ οἱ ἄρχοντες αὐτῶν τοῦτον **ἀγνοήσαντες** καὶ τὰς φωνὰς τῶν προφητῶν
17: 23 ὃ οὖν **ἀγνοοῦντες** εὐσεβεῖτε, τοῦτο ἐγὼ καταγγέλλω ὑμῖν.
Ro 1: 13 οὐ θέλω δὲ ὑμᾶς **ἀγνοεῖν,** ἀδελφοί, ὅτι πολλάκις προεθέμην ἐλθεῖν πρὸς ὑμᾶς,
2: 4 **ἀγνοῶν** ὅτι τὸ χρηστὸν τοῦ θεοῦ εἰς μετάνοιάν σε ἄγει;
6: 3 ἢ **ἀγνοεῖτε** ὅτι, ὅσοι ἐβαπτίσθημεν εἰς Χριστὸν Ἰησοῦν,
7: 1 Ἢ **ἀγνοεῖτε,** ἀδελφοί, γινώσκουσιν γὰρ νόμον λαλῶ, ὅτι ὁ νόμος κυριεύει τοῦ ἀνθρώπου ἐφ' ὅσον χρόνον ζῇ;
10: 3 **ἀγνοοῦντες** γὰρ τὴν τοῦ θεοῦ δικαιοσύνην καὶ τὴν ἰδίαν [δικαιοσύνην] ζητοῦντες στῆσαι,
11: 25 Οὐ γὰρ θέλω ὑμᾶς **ἀγνοεῖν,** ἀδελφοί, τὸ μυστήριον τοῦτο,
1Co 10: 1 Οὐ θέλω γὰρ ὑμᾶς **ἀγνοεῖν,** ἀδελφοί, ὅτι οἱ πατέρες ἡμῶν πάντες ὑπὸ τὴν νεφέλην ἦσαν καὶ πάντες διὰ τῆς θαλάσσης διῆλθον
12: 1 Περὶ δὲ τῶν πνευματικῶν, ἀδελφοί, οὐ θέλω ὑμᾶς **ἀγνοεῖν.**
14: 38 εἰ δέ τις **ἀγνοεῖ, ἀγνοεῖται.**
2Co 1: 8 Οὐ γὰρ θέλομεν ὑμᾶς **ἀγνοεῖν,** ἀδελφοί, ὑπὲρ τῆς θλίψεως ἡμῶν τῆς γενομένης ἐν τῇ Ἀσίᾳ,
2: 11 ἵνα μὴ πλεονεκτηθῶμεν ὑπὸ τοῦ Σατανᾶ· οὐ γὰρ αὐτοῦ τὰ νοήματα **ἀγνοοῦμεν.**
6: 9 ὡς **ἀγνοούμενοι** καὶ ἐπιγινωσκόμενοι, ὡς ἀποθνῄσκοντες καὶ ἰδοὺ ζῶμεν,
Gal 1: 22 ἤμην δὲ **ἀγνοούμενος** τῷ προσώπῳ ταῖς ἐκκλησίαις τῆς Ἰουδαίας ταῖς ἐν Χριστῷ.
1Th 4: 13 Οὐ θέλομεν δὲ ὑμᾶς **ἀγνοεῖν,** ἀδελφοί, περὶ τῶν κοιμωμένων,
1Ti 1: 13 τὸ πρότερον ὄντα βλάσφημον καὶ διώκτην καὶ ὑβριστήν, ἀλλὰ ἠλεήθην, ὅτι **ἀγνοῶν** ἐποίησα ἐν ἀπιστίᾳ·
Heb 5: 2 μετριοπαθεῖν δυνάμενος τοῖς **ἀγνοοῦσιν** καὶ πλανωμένοις, ἐπεὶ καὶ αὐτὸς περίκειται ἀσθένειαν
2Pe 2: 12 οὗτοι δὲ ὡς ἄλογα ζῷα γεγεννημένα φυσικὰ εἰς ἅλωσιν καὶ φθορὰν ἐν οἷς **ἀγνοοῦσιν** βλασφημοῦντες,

52 ἀγνόημα [1]

√ *1.1 + 1182*

Heb 9: 7 οὐ χωρὶς αἵματος ὃ προσφέρει ὑπὲρ ἑαυτοῦ καὶ τῶν τοῦ λαοῦ **ἀγνοημάτων,**

53 ἄγνοια [4]

√ *1.1 + 1182*

Ac 3: 17 οἶδα ὅτι κατὰ **ἄγνοιαν** ἐπράξατε ὥσπερ καὶ οἱ ἄρχοντες ὑμῶν·
17: 30 τοὺς μὲν οὖν χρόνους τῆς **ἀγνοίας** ὑπεριδὼν ὁ θεός,
Eph 4: 18 ἀπηλλοτριωμένοι τῆς ζωῆς τοῦ θεοῦ διὰ τὴν **ἄγνοιαν** τὴν οὖσαν ἐν αὐτοῖς,
1Pe 1: 14 ὡς τέκνα ὑπακοῆς μὴ συσχηματιζόμενοι ταῖς πρότερον ἐν τῇ **ἀγνοίᾳ** ὑμῶν ἐπιθυμίαις

54 ἁγνός [8]

→ *48, 49, 50, 55, 56; cf. 41*

2Co 7: 11 ἐν παντὶ συνεστήσατε ἑαυτοὺς **ἁγνοὺς** εἶναι τῷ πράγματι.
11: 2 ἡρμοσάμην γὰρ ὑμᾶς ἑνὶ ἀνδρὶ παρθένον **ἁγνὴν** παραστῆσαι τῷ Χριστῷ·
Php 4: 8 ὅσα δίκαια, ὅσα **ἁγνά,** ὅσα προσφιλῆ, ὅσα εὔφημα,
1Ti 5: 22 Χεῖρας ταχέως μηδενὶ ἐπιτίθει μηδὲ κοινώνει ἁμαρτίαις ἀλλοτρίαις· σεαυτὸν **ἁγνὸν** τήρει.
Tit 2: 5 σώφρονας **ἁγνὰς** οἰκουργοὺς ἀγαθάς, ὑποτασσομένας τοῖς ἰδίοις ἀνδράσιν,
Jas 3: 17 ἡ δὲ ἄνωθεν σοφία πρῶτον μὲν **ἁγνή** ἐστιν,
1Pe 3: 2 ἐποπτεύσαντες τὴν ἐν φόβῳ **ἁγνὴν** ἀναστροφὴν ὑμῶν.
1Jn 3: 3 καὶ πᾶς ὁ ἔχων τὴν ἐλπίδα ταύτην ἐπ' αὐτῷ ἁγνίζει ἑαυτόν, καθὼς ἐκεῖνος **ἁγνός** ἐστιν.

55 ἁγνότης [2]

√ *54*

2Co 6: 6 ἐν **ἁγνότητι,** ἐν γνώσει, ἐν μακροθυμίᾳ, ἐν χρηστότητι,
11: 3 φθαρῇ τὰ νοήματα ὑμῶν ἀπὸ τῆς ἁπλότητος [καὶ τῆς **ἁγνότητος**] τῆς εἰς τὸν Χριστόν.

56 ἁγνῶς [1]

√ 54

Php 1:17 οὐχ **ἁγνῶς,** οἰόμενοι θλῖψιν ἐγείρειν τοῖς δεσμοῖς μου.

57 ἀγνωσία [2]

√ 1.1 + 1182

1Co 15:34 **ἀγνωσίαν** γὰρ θεοῦ τινες ἔχουσιν, πρὸς ἐντροπὴν ὑμῖν λαλῶ.
1Pe 2:15 ὅτι οὕτως ἐστὶν τὸ θέλημα τοῦ θεοῦ ἀγαθοποιοῦντας φιμοῦν τὴν τῶν ἀφρόνων ἀνθρώπων **ἀγνωσίαν,**

58 ἄγνωστος [1]

√ 1.1 + 1182

Ac 17:23 διερχόμενος γὰρ καὶ ἀναθεωρῶν τὰ σεβάσματα ὑμῶν εὗρον καὶ βωμὸν ἐν ᾧ ἐπεγέγραπτο, **Ἀγνώστῳ** θεῷ.

59 ἀγορά [11]

√ 60

Mt 11:16 ὁμοία ἐστὶν παιδίοις καθημένοις ἐν ταῖς **ἀγοραῖς** ἃ προσφωνοῦντα τοῖς ἑτέροις
20: 3 καὶ ἐξελθὼν περὶ τρίτην ὥραν εἶδεν ἄλλους ἑστῶτας ἐν τῇ **ἀγορᾷ** ἀργοὺς
23: 7 καὶ τοὺς ἀσπασμοὺς ἐν ταῖς **ἀγοραῖς** καὶ καλεῖσθαι
Mk 6:56 ἐν ταῖς **ἀγοραῖς** ἐτίθεσαν τοὺς ἀσθενοῦντας καὶ παρεκάλουν αὐτὸν ἵνα κἂν τοῦ κρασπέδου τοῦ ἱματίου αὐτοῦ ἅψωνται·
7: 4 καὶ ἀπ' **ἀγορᾶς** ἐὰν μὴ βαπτίσωνται οὐκ ἐσθίουσιν,
12:38 Βλέπετε ἀπὸ τῶν γραμματέων τῶν θελόντων ἐν στολαῖς περιπατεῖν καὶ ἀσπασμοὺς ἐν ταῖς **ἀγοραῖς**
Lk 7:32 ὅμοιοί εἰσιν παιδίοις τοῖς ἐν **ἀγορᾷ** καθημένοις καὶ προσφωνοῦσιν ἀλλήλοις ἃ λέγει,
11:43 ὅτι ἀγαπᾶτε τὴν πρωτοκαθεδρίαν ἐν ταῖς συναγωγαῖς καὶ τοὺς ἀσπασμοὺς ἐν ταῖς **ἀγοραῖς.**
20:46 Προσέχετε ἀπὸ τῶν γραμματέων τῶν θελόντων περιπατεῖν ἐν στολαῖς καὶ φιλούντων ἀσπασμοὺς ἐν ταῖς **ἀγοραῖς**
Ac 16:19 ἐπιλαβόμενοι τὸν Παῦλον καὶ τὸν Σιλᾶν εἵλκυσαν εἰς τὴν **ἀγορὰν** ἐπὶ τοὺς ἄρχοντας
17:17 διελέγετο μὲν οὖν ἐν τῇ συναγωγῇ τοῖς Ἰουδαίοις καὶ τοῖς σεβομένοις καὶ ἐν τῇ **ἀγορᾷ** κατὰ πᾶσαν ἡμέραν

60 ἀγοράζω [30]

→ 59, 61, 251, 1319, 1973; cf. 72

redemption (in Christ) [6] 1Co 6:20; 7:23; 2Pe 2:1; Rev 5:9; 14:3,4

ἀγοράζω τιμῆς [2] 1Co 6:20; 7:23

Mt 13:44 καὶ ἀπὸ τῆς χαρᾶς αὐτοῦ ὑπάγει καὶ πωλεῖ πάντα ὅσα ἔχει καὶ **ἀγοράζει** τὸν ἀγρὸν ἐκεῖνον.
13:46 εὑρὼν δὲ ἕνα πολύτιμον μαργαρίτην ἀπελθὼν πέπρακεν πάντα ὅσα εἶχεν καὶ **ἠγόρασεν** αὐτόν.
14:15 ἵνα ἀπελθόντες εἰς τὰς κώμας **ἀγοράσωσιν** ἑαυτοῖς βρώματα.
21:12 Καὶ εἰσῆλθεν Ἰησοῦς εἰς τὸ ἱερὸν καὶ ἐξέβαλεν πάντας τοὺς πωλοῦντας καὶ **ἀγοράζοντας** ἐν τῷ ἱερῷ,
25: 9 πορεύεσθε μᾶλλον πρὸς τοὺς πωλοῦντας καὶ **ἀγοράσατε** ἑαυταῖς.
25:10 ἀπερχομένων δὲ αὐτῶν **ἀγοράσαι** ἦλθεν ὁ νυμφίος, καὶ αἱ ἕτοιμοι εἰσῆλθον μετ' αὐτοῦ εἰς τοὺς γάμους
27: 7 συμβούλιον δὲ λαβόντες **ἠγόρασαν** ἐξ αὐτῶν τὸν Ἀγρὸν τοῦ Κεραμέως εἰς ταφὴν τοῖς ξένοις.
Mk 6:36 ἵνα ἀπελθόντες εἰς τοὺς κύκλῳ ἀγροὺς καὶ κώμας **ἀγοράσωσιν** ἑαυτοῖς τί φάγωσιν.
6:37 Ἀπελθόντες **ἀγοράσωμεν** δηναρίων διακοσίων ἄρτους καὶ δώσομεν αὐτοῖς φαγεῖν;
11:15 καὶ εἰσελθὼν εἰς τὸ ἱερὸν ἤρξατο ἐκβάλλειν τοὺς πωλοῦντας καὶ τοὺς **ἀγοράζοντας** ἐν τῷ ἱερῷ,
15:46 καὶ **ἀγοράσας** σινδόνα καθελὼν αὐτὸν ἐνείλησεν τῇ σινδόνι
16: 1 Μαρία ἡ Μαγδαληνὴ καὶ Μαρία ἡ [τοῦ] Ἰακώβου καὶ Σαλώμη **ἠγόρασαν** ἀρώματα ἵνα ἐλθοῦσαι ἀλείψωσιν αὐτόν.
Lk 9:13 εἰ μήτι πορευθέντες ἡμεῖς **ἀγοράσωμεν** εἰς πάντα τὸν λαὸν τοῦτον βρώματα.
14:18 Ἀγρὸν **ἠγόρασα** καὶ ἔχω ἀνάγκην ἐξελθὼν ἰδεῖν αὐτόν·
14:19 Ζεύγη βοῶν **ἠγόρασα** πέντε καὶ πορεύομαι δοκιμάσαι αὐτά·
17:28 ὁμοίως καθὼς ἐγένετο ἐν ταῖς ἡμέραις Λώτ· ἤσθιον, ἔπινον, **ἠγόραζον,** ἐπώλουν, ἐφύτευον, ᾠκοδόμουν·
22:36 καὶ ὁ μὴ ἔχων πωλησάτω τὸ ἱμάτιον αὐτοῦ καὶ **ἀγορασάτω** μάχαιραν.
Jn 4: 8 οἱ γὰρ μαθηταὶ αὐτοῦ ἀπεληλύθεισαν εἰς τὴν πόλιν ἵνα τροφὰς **ἀγοράσωσιν.**
6: 5 ὅτι πολὺς ὄχλος ἔρχεται πρὸς αὐτὸν λέγει πρὸς **Φίλιππον,** Πόθεν **ἀγοράσωμεν** ἄρτους ἵνα φάγωσιν οὗτοι;
13:29 ὅτι λέγει αὐτῷ [ὁ] Ἰησοῦς, **Ἀγόρασον** ὧν χρείαν ἔχομεν εἰς τὴν ἑορτήν,
1Co 6:20 **ἠγοράσθητε** γὰρ τιμῆς· δοξάσατε δὴ τὸν θεὸν ἐν τῷ σώματι ὑμῶν.
7:23 τιμῆς **ἠγοράσθητε·** μὴ γίνεσθε δοῦλοι ἀνθρώπων.
7:30 καὶ οἱ κλαίοντες ὡς μὴ κλαίοντες καὶ οἱ χαίροντες ὡς μὴ χαίροντες καὶ οἱ **ἀγοράζοντες** ὡς μὴ κατέχοντες,
2Pe 2: 1 οἵτινες παρεισάξουσιν αἱρέσεις ἀπωλείας καὶ τὸν **ἀγοράσαντα** αὐτοὺς δεσπότην ἀρνούμενοι.
Rev 3:18 συμβουλεύω σοι **ἀγοράσαι** παρ' ἐμοῦ χρυσίον πεπυρωμένον ἐκ πυρὸς ἵνα πλουτήσῃς,
5: 9 ὅτι ἐσφάγης καὶ **ἠγόρασας** τῷ θεῷ ἐν τῷ αἵματί σου ἐκ πάσης φυλῆς καὶ γλώσσης καὶ λαοῦ καὶ ἔθνους
13:17 καὶ ἵνα μή τις δύνηται **ἀγοράσαι** ἢ πωλῆσαι εἰ μὴ ὁ ἔχων τὸ χάραγμα τὸ ὄνομα τοῦ θηρίου ἢ τὸν ἀριθμὸν τοῦ ὀνόματος αὐτοῦ.
14: 3 ἐδύνατο μαθεῖν τὴν ᾠδὴν εἰ μὴ αἱ ἑκατὸν τεσσεράκοντα τέσσαρες χιλιάδες, οἱ **ἠγορασμένοι** ἀπὸ τῆς γῆς.
14: 4 οὗτοι **ἠγοράσθησαν** ἀπὸ τῶν ἀνθρώπων ἀπαρχὴ τῷ θεῷ καὶ τῷ ἀρνίῳ,
18:11 Καὶ οἱ ἔμποροι τῆς γῆς κλαίουσιν καὶ πενθοῦσιν ἐπ' αὐτήν, ὅτι τὸν γόμον αὐτῶν οὐδεὶς **ἀγοράζει** οὐκέτι

61 ἀγοραῖος [2]

√ 60

Ac 17: 5 Ζηλώσαντες δὲ οἱ Ἰουδαῖοι καὶ προσλαβόμενοι τῶν **ἀγοραίων** ἄνδρας τινὰς πονηροὺς
19:38 εἰ μὲν οὖν Δημήτριος καὶ οἱ σὺν αὐτῷ τεχνῖται ἔχουσι πρός τινα λόγον, **ἀγοραῖοι** ἄγονται καὶ ἀνθύπατοί εἰσιν,

62 ἄγρα [2]

→ 65, 70, 71, 2436

Lk 5: 4 Ἐπανάγαγε εἰς τὸ βάθος καὶ χαλάσατε τὰ δίκτυα ὑμῶν εἰς **ἄγραν.**
5: 9 θάμβος γὰρ περιέσχεν αὐτὸν καὶ πάντας τοὺς σὺν αὐτῷ ἐπὶ τῇ **ἄγρᾳ** τῶν ἰχθύων ὧν συνέλαβον,

63 ἀγράμματος [1]

√ 1.1 + 1211

Ac 4:13 Θεωροῦντες δὲ τὴν τοῦ Πέτρου παρρησίαν καὶ Ἰωάννου καὶ καταλαβόμενοι ὅτι ἄνθρωποι **ἀγράμματοί** εἰσιν καὶ ἰδιῶται,

64 ἀγραυλέω [1]

√ 69 + 885

Lk 2: 8 Καὶ ποιμένες ἦσαν ἐν τῇ χώρᾳ τῇ αὐτῇ **ἀγραυλοῦντες** καὶ φυλάσσοντες φυλακὰς τῆς νυκτὸς ἐπὶ τὴν ποίμνην αὐτῶν.

65 ἀγρεύω [1]

√ 62

Mk 12:13 Καὶ ἀποστέλλουσιν πρὸς αὐτόν τινας τῶν Φαρισαίων καὶ τῶν Ἡρῳδιανῶν ἵνα αὐτὸν **ἀγρεύσωσιν** λόγῳ.

66 ἀγριέλαιος [2]

√ 69 + 1777

Ro 11:17 σὺ δὲ **ἀγριέλαιος** ὢν ἐνεκεντρίσθης ἐν αὐτοῖς καὶ συγκοινωνὸς τῆς ῥίζης τῆς πιότητος τῆς ἐλαίας ἐγένου,
11:24 εἰ γὰρ σὺ ἐκ τῆς κατὰ φύσιν ἐξεκόπης **ἀγριελαίου** καὶ παρὰ φύσιν ἐνεκεντρίσθης εἰς καλλιέλαιον,

67 ἄγριος [3]

√ *69*

Mt 3: 4 ἡ δὲ τροφὴ ἦν αὐτοῦ ἀκρίδες καὶ μέλι **ἄγριον.**
Mk 1: 6 καὶ ἐσθίων ἀκρίδας καὶ μέλι **ἄγριον.**
Jude 1:13 κύματα **ἄγρια** θαλάσσης ἐπαφρίζοντα τὰς ἑαυτῶν αἰσχύνας,

68 Ἀγρίππας [11]

√ *69 + 2691*

Ac 25:13 **Ἀγρίππας** ὁ βασιλεὺς καὶ Βερνίκη κατήντησαν εἰς Καισάρειαν ἀσπασάμενοι τὸν **Φῆστον.**
25:22 **Ἀγρίππας** δὲ πρὸς τὸν **Φῆστον,** Ἐβουλόμην καὶ αὐτὸς τοῦ ἀνθρώπου ἀκοῦσαι.
25:23 Τῇ οὖν ἐπαύριον ἐλθόντος τοῦ **Ἀγρίππα** καὶ τῆς Βερνίκης
25:24 **Ἀγρίππα** βασιλεῦ καὶ πάντες οἱ συμπαρόντες ἡμῖν ἄνδρες,
25:26 βασιλεῦ **Ἀγρίππα,** ὅπως τῆς ἀνακρίσεως γενομένης σχῶ τί γράψω·
26: 1 **Ἀγρίππας** δὲ πρὸς τὸν Παῦλον ἔφη, Ἐπιτρέπεταί σοι περὶ σεαυτοῦ λέγειν.
26: 2 Περὶ πάντων ὧν ἐγκαλοῦμαι ὑπὸ Ἰουδαίων, βασιλεῦ **Ἀγρίππα,**
26:19 Ὅθεν, βασιλεῦ **Ἀγρίππα,** οὐκ ἐγενόμην ἀπειθὴς τῇ οὐρανίῳ ὀπτασίᾳ
26:27 πιστεύεις, βασιλεῦ **Ἀγρίππα,** τοῖς προφήταις;
26:28 ὁ δὲ **Ἀγρίππας** πρὸς τὸν Παῦλον, Ἐν ὀλίγῳ με πείθεις Χριστιανὸν ποιῆσαι.
26:32 **Ἀγρίππας** δὲ τῷ **Φήστῳ** ἔφη, Ἀπολελύσθαι ἐδύνατο ὁ ἄνθρωπος οὗτος εἰ μὴ ἐπεκέκλητο Καίσαρα.

69 ἀγρός [36]

→ *64, 66, 67, 68*

plural **ἀγροί** [10] Mt 19:29; Mk 5:14; 6:36,56; 10:29,30; 11:8; Lk 8:34; 9:12; 15:15

Mt 6:28 καταμάθετε τὰ κρίνα τοῦ **ἀγροῦ** πῶς αὐξάνουσιν· οὐ κοπιῶσιν οὐδὲ νήθουσιν·
6:30 εἰ δὲ τὸν χόρτον τοῦ **ἀγροῦ** σήμερον ὄντα καὶ αὔριον εἰς κλίβανον βαλλόμενον ὁ θεὸς οὕτως ἀμφιέννυσιν,
13:24 Ὡμοιώθη ἡ βασιλεία τῶν οὐρανῶν ἀνθρώπῳ σπείραντι καλὸν σπέρμα ἐν τῷ **ἀγρῷ** αὐτοῦ.
13:27 οὐχὶ καλὸν σπέρμα ἔσπειρας ἐν τῷ σῷ **ἀγρῷ;**
13:31 ὃν λαβὼν ἄνθρωπος ἔσπειρεν ἐν τῷ **ἀγρῷ** αὐτοῦ·
13:36 Διασάφησον ἡμῖν τὴν παραβολὴν τῶν ζιζανίων τοῦ **ἀγροῦ.**
13:38 ὁ δὲ **ἀγρός** ἐστιν ὁ κόσμος, τὸ δὲ καλὸν σπέρμα οὗτοί εἰσιν οἱ υἱοὶ τῆς βασιλείας·
13:44 Ὁμοία ἐστὶν ἡ βασιλεία τῶν οὐρανῶν θησαυρῷ κεκρυμμένῳ ἐν τῷ **ἀγρῷ,**
13:44 καὶ πωλεῖ πάντα ὅσα ἔχει καὶ ἀγοράζει τὸν **ἀγρὸν** ἐκεῖνον.
19:29 καὶ πᾶς ὅστις ἀφῆκεν οἰκίας ἢ ἀδελφοὺς ἢ ἀδελφὰς ἢ πατέρα ἢ μητέρα ἢ τέκνα ἢ **ἀγροὺς** ἕνεκεν τοῦ ὀνόματός μου,
22: 5 οἱ δὲ ἀμελήσαντες ἀπῆλθον, ὃς μὲν εἰς τὸν ἴδιον **ἀγρόν,**
24:18 ὁ ἐν τῷ **ἀγρῷ** μὴ ἐπιστρεψάτω ὀπίσω ἆραι τὸ ἱμάτιον αὐτοῦ.
24:40 τότε δύο ἔσονται ἐν τῷ **ἀγρῷ,** εἷς παραλαμβάνεται καὶ εἷς ἀφίεται·
27: 7 συμβούλιον δὲ λαβόντες ἠγόρασαν ἐξ αὐτῶν τὸν **Ἀγρὸν** τοῦ Κεραμέως εἰς ταφὴν τοῖς ξένοις.
27: 8 διὸ ἐκλήθη ὁ **ἀγρὸς** ἐκεῖνος **Ἀγρὸς** Αἵματος ἕως τῆς σήμερον.
27:10 καὶ ἔδωκαν αὐτὰ εἰς τὸν **ἀγρὸν** τοῦ κεραμέως,
Mk 5:14 καὶ οἱ βόσκοντες αὐτοὺς ἔφυγον καὶ ἀπήγγειλαν εἰς τὴν πόλιν καὶ εἰς τοὺς **ἀγρούς·**
6:36 ἵνα ἀπελθόντες εἰς τοὺς κύκλῳ **ἀγροὺς** καὶ κώμας ἀγοράσωσιν ἑαυτοῖς τί φάγωσιν.
6:56 καὶ ὅπου ἂν εἰσεπορεύετο εἰς κώμας ἢ εἰς πόλεις ἢ εἰς **ἀγρούς,**
10:29 οὐδείς ἐστιν ὃς ἀφῆκεν οἰκίαν ἢ ἀδελφοὺς ἢ ἀδελφὰς ἢ μητέρα ἢ πατέρα ἢ τέκνα ἢ **ἀγροὺς** ἕνεκεν ἐμοῦ
10:30 νῦν ἐν τῷ καιρῷ τούτῳ οἰκίας καὶ ἀδελφοὺς καὶ ἀδελφὰς καὶ μητέρας καὶ τέκνα καὶ **ἀγροὺς** μετὰ διωγμῶν,
11: 8 καὶ πολλοὶ τὰ ἱμάτια αὐτῶν ἔστρωσαν εἰς τὴν ὁδόν, ἄλλοι δὲ στιβάδας κόψαντες ἐκ τῶν **ἀγρῶν.**
13:16 καὶ ὁ εἰς τὸν **ἀγρὸν** μὴ ἐπιστρεψάτω εἰς τὰ ὀπίσω ἆραι τὸ ἱμάτιον αὐτοῦ.
15:21 Καὶ ἀγγαρεύουσιν παράγοντά τινα Σίμωνα Κυρηναῖον ἐρχόμενον ἀπ' **ἀγροῦ,**
16:12 ⟦Μετὰ δὲ ταῦτα δυσὶν ἐξ αὐτῶν περιπατοῦσιν ἐφανερώθη ἐν ἑτέρᾳ μορφῇ πορευομένοις εἰς **ἀγρόν·**⟧
Lk 8:34 ἰδόντες δὲ οἱ βόσκοντες τὸ γεγονὸς ἔφυγον καὶ ἀπήγγειλαν εἰς τὴν πόλιν καὶ εἰς τοὺς **ἀγρούς.**
9:12 ἵνα πορευθέντες εἰς τὰς κύκλῳ κώμας καὶ **ἀγροὺς** καταλύσωσιν καὶ εὕρωσιν ἐπισιτισμόν,
12:28 εἰ δὲ ἐν **ἀγρῷ** τὸν χόρτον ὄντα σήμερον καὶ αὔριον εἰς κλίβανον βαλλόμενον ὁ θεὸς οὕτως ἀμφιέζει,
14:18 **Ἀγρὸν** ἠγόρασα καὶ ἔχω ἀνάγκην ἐξελθὼν ἰδεῖν αὐτόν·
15:15 καὶ ἔπεμψεν αὐτὸν εἰς τοὺς **ἀγροὺς** αὐτοῦ βόσκειν χοίρους,
15:25 Ἦν δὲ ὁ υἱὸς αὐτοῦ ὁ πρεσβύτερος ἐν **ἀγρῷ·**
17: 7 ὃς εἰσελθόντι ἐκ τοῦ **ἀγροῦ** ἐρεῖ αὐτῷ, Εὐθέως παρελθὼν ἀνάπεσε,
17:31 καὶ ὁ ἐν **ἀγρῷ** ὁμοίως μὴ ἐπιστρεψάτω εἰς τὰ ὀπίσω.
23:26 ἐπιλαβόμενοι Σίμωνά τινα Κυρηναῖον ἐρχόμενον ἀπ' **ἀγροῦ** ἐπέθηκαν αὐτῷ τὸν σταυρὸν φέρειν ὄπισθεν τοῦ Ἰησοῦ.
Ac 4:37 ὑπάρχοντος αὐτῷ **ἀγροῦ** πωλήσας ἤνεγκεν τὸ χρῆμα καὶ ἔθηκεν πρὸς τοὺς πόδας τῶν ἀποστόλων.

70 ἀγρυπνέω [4]

√ *62 + 5678*

Mk 13:33 βλέπετε, **ἀγρυπνεῖτε·** οὐκ οἴδατε γὰρ πότε ὁ καιρός ἐστιν.
Lk 21:36 **ἀγρυπνεῖτε** δὲ ἐν παντὶ καιρῷ δεόμενοι ἵνα κατισχύσητε ἐκφυγεῖν ταῦτα πάντα τὰ μέλλοντα γίνεσθαι
Eph 6:18 καὶ εἰς αὐτὸ **ἀγρυπνοῦντες** ἐν πάσῃ προσκαρτερήσει καὶ δεήσει περὶ πάντων τῶν ἁγίων
Heb 13:17 αὐτοὶ γὰρ **ἀγρυπνοῦσιν** ὑπὲρ τῶν ψυχῶν ὑμῶν ὡς λόγον ἀποδώσοντες,

71 ἀγρυπνία [2]

√ *62 + 5678*

2Co 6: 5 ἐν ἀκαταστασίαις, ἐν κόποις, ἐν **ἀγρυπνίαις,** ἐν νηστείαις,
11:27 κόπῳ καὶ μόχθῳ, ἐν **ἀγρυπνίαις** πολλάκις, ἐν λιμῷ καὶ δίψει,

72 ἄγω [69]

→ *36, 73, 343, 442, 552, 795, 1341, 1455, 1456, 1524, 1652, 1687, 1974, 2007, 2042, 2056, 2081, 2190, 2220, 2221, 2448, 2449, 2450, 2451, 2762, 2864, 2989, 3555, 3842, 3843, 4080, 4108, 4135, 4206, 4207, 4219, 4310, 4575, 4605, 4641, 4642, 4643, 5130, 5194, 5251, 5252, 5270, 5632, 5902, 5932, 5933, 5961; cf. 34, 60, 545, 2989*

ἄγε [2] Jas 4:13; 5:1

ἄγωμεν [7] Mt 26:46; Mk 1:38; 14:42; Jn 11:7,15,16; 14:31

ἄγεσθαι τῷ πνεύματι [3] Lk 4:1; Ro 8:14; Gal 5:18

Mt 10:18 καὶ ἐπὶ ἡγεμόνας δὲ καὶ βασιλεῖς **ἀχθήσεσθε** ἕνεκεν ἐμοῦ εἰς μαρτύριον αὐτοῖς καὶ τοῖς ἔθνεσιν.
21: 2 καὶ εὐθέως εὑρήσετε ὄνον δεδεμένην καὶ πῶλον μετ' αὐτῆς· λύσαντες **ἀγάγετέ** μοι.
21: 7 **ἤγαγον** τὴν ὄνον καὶ τὸν πῶλον καὶ ἐπέθηκαν ἐπ' αὐτῶν τὰ ἱμάτια,
26:46 ἐγείρεσθε **ἄγωμεν·** ἰδοὺ ἤγγικεν ὁ παραδιδούς με.
Mk 1:38 καὶ λέγει αὐτοῖς, **Ἄγωμεν** ἀλλαχοῦ εἰς τὰς ἐχομένας κωμοπόλεις,
13:11 καὶ ὅταν **ἄγωσιν** ὑμᾶς παραδιδόντες, μὴ προμεριμνᾶτε τί λαλήσητε,
14:42 ἐγείρεσθε **ἄγωμεν·** ἰδοὺ ὁ παραδιδούς με ἤγγικεν.
Lk 4: 1 Ἰησοῦς δὲ πλήρης πνεύματος ἁγίου ὑπέστρεψεν ἀπὸ τοῦ Ἰορδάνου καὶ **ἤγετο** ἐν τῷ πνεύματι ἐν τῇ ἐρήμῳ
4: 9 **Ἤγαγεν** δὲ αὐτὸν εἰς Ἰερουσαλὴμ καὶ ἔστησεν ἐπὶ τὸ πτερύγιον τοῦ ἱεροῦ καὶ εἶπεν αὐτῷ,
4:29 καὶ ἀναστάντες ἐξέβαλον αὐτὸν ἔξω τῆς πόλεως καὶ **ἤγαγον** αὐτὸν ἕως ὀφρύος τοῦ ὄρους ἐφ' οὗ ἡ πόλις ᾠκοδόμητο
4:40 Δύνοντος δὲ τοῦ ἡλίου ἅπαντες ὅσοι εἶχον ἀσθενοῦντας νόσοις ποικίλαις **ἤγαγον** αὐτοὺς πρὸς αὐτόν·
10:34 ἐπιβιβάσας δὲ αὐτὸν ἐπὶ τὸ ἴδιον κτῆνος **ἤγαγεν** αὐτὸν εἰς πανδοχεῖον καὶ ἐπεμελήθη αὐτοῦ.
18:40 σταθεὶς δὲ ὁ Ἰησοῦς ἐκέλευσεν αὐτὸν **ἀχθῆναι** πρὸς αὐτόν.
19:27 πλὴν τοὺς ἐχθρούς μου τούτους τοὺς μὴ θελήσαντάς με βασιλεῦσαι ἐπ' αὐτοὺς **ἀγάγετε** ὧδε καὶ κατασφάξατε αὐτοὺς

19:30 ἐφ' ὃν οὐδεὶς πώποτε ἀνθρώπων ἐκάθισεν, καὶ λύσαντες αὐτὸν **ἀγάγετε.**
19:35 καὶ **ἤγαγον** αὐτὸν πρὸς τὸν Ἰησοῦν καὶ ἐπιρίψαντες αὐτῶν τὰ ἱμάτια ἐπὶ τὸν πῶλον ἐπεβίβασαν τὸν Ἰησοῦν.
22:54 Συλλαβόντες δὲ αὐτὸν **ἤγαγον** καὶ εἰσήγαγον εἰς τὴν οἰκίαν τοῦ ἀρχιερέως·
23: 1 Καὶ ἀναστὰν ἅπαν τὸ πλῆθος αὐτῶν **ἤγαγον** αὐτὸν ἐπὶ τὸν Πιλᾶτον.
23:32 **Ἤγοντο** δὲ καὶ ἕτεροι κακοῦργοι δύο σὺν αὐτῷ ἀναιρεθῆναι.
24:21 ἀλλά γε καὶ σὺν πᾶσιν τούτοις τρίτην ταύτην ἡμέραν **ἄγει** ἀφ' οὗ ταῦτα ἐγένετο.
Jn 1:42 **ἤγαγεν** αὐτὸν πρὸς τὸν Ἰησοῦν.
7:45 καὶ εἶπον αὐτοῖς ἐκεῖνοι, Διὰ τί οὐκ **ἠγάγετε** αὐτόν;
8: 3 ⟦**ἄγουσιν** δὲ οἱ γραμματεῖς καὶ οἱ Φαρισαῖοι γυναῖκα ἐπὶ μοιχείᾳ κατειλημμένην καὶ στήσαντες αὐτὴν ἐν μέσῳ⟧
9:13 **Ἄγουσιν** αὐτὸν πρὸς τοὺς Φαρισαίους τόν ποτε τυφλόν.
10:16 κἀκεῖνα δεῖ με **ἀγαγεῖν** καὶ τῆς φωνῆς μου ἀκούσουσιν,
11: 7 ἔπειτα μετὰ τοῦτο λέγει τοῖς μαθηταῖς, **Ἄγωμεν** εἰς τὴν Ἰουδαίαν πάλιν.
11:15 ὅτι οὐκ ἤμην ἐκεῖ· ἀλλὰ **ἄγωμεν** πρὸς αὐτόν.
11:16 εἶπεν οὖν Θωμᾶς ὁ λεγόμενος Δίδυμος τοῖς συμμαθηταῖς, **Ἄγωμεν** καὶ ἡμεῖς ἵνα ἀποθάνωμεν μετ' αὐτοῦ.
14:31 καὶ καθὼς ἐνετείλατο μοι ὁ πατήρ, οὕτως ποιῶ. Ἐγείρεσθε, **ἄγωμεν** ἐντεῦθεν.
18:13 καὶ **ἤγαγον** πρὸς Ἅνναν πρῶτον· ἦν γὰρ πενθερὸς τοῦ Καϊάφα,
18:28 **Ἄγουσιν** οὖν τὸν Ἰησοῦν ἀπὸ τοῦ Καϊάφα εἰς τὸ πραιτώριον·
19: 4 Ἴδε **ἄγω** ὑμῖν αὐτὸν ἔξω, ἵνα γνῶτε ὅτι οὐδεμίαν αἰτίαν εὑρίσκω ἐν αὐτῷ.
19:13 Ὁ οὖν Πιλᾶτος ἀκούσας τῶν λόγων τούτων **ἤγαγεν** ἔξω τὸν Ἰησοῦν καὶ ἐκάθισεν ἐπὶ βήματος
Ac 5:21 καὶ ἀπέστειλαν εἰς τὸ δεσμωτήριον **ἀχθῆναι** αὐτούς.
5:26 τότε ἀπελθὼν ὁ στρατηγὸς σὺν τοῖς ὑπηρέταις **ἦγεν** αὐτοὺς οὐ μετὰ βίας,
5:27 **Ἀγαγόντες** δὲ αὐτοὺς ἔστησαν ἐν τῷ συνεδρίῳ. καὶ ἐπηρώτησεν αὐτοὺς ὁ ἀρχιερεὺς
6:12 συνεκίνησάν τε τὸν λαὸν καὶ τοὺς πρεσβυτέρους καὶ τοὺς γραμματεῖς καὶ ἐπιστάντες συνήρπασαν αὐτὸν καὶ **ἤγαγον** εἰς τὸ συνέδριον,
8:32 Ὡς πρόβατον ἐπὶ σφαγὴν **ἤχθη** καὶ ὡς ἀμνὸς ἐναντίον τοῦ κείραντος αὐτὸν ἄφωνος,
9: 2 ἄνδρας τε καὶ γυναῖκας, δεδεμένους **ἀγάγῃ** εἰς Ἰερουσαλήμ.
9:21 καὶ ὧδε εἰς τοῦτο ἐληλύθει ἵνα δεδεμένους αὐτοὺς **ἀγάγῃ** ἐπὶ τοὺς ἀρχιερεῖς;
9:27 Βαρναβᾶς δὲ ἐπιλαβόμενος αὐτὸν **ἤγαγεν** πρὸς τοὺς ἀποστόλους καὶ διηγήσατο αὐτοῖς
11:26 καὶ εὑρὼν **ἤγαγεν** εἰς Ἀντιόχειαν.
13:23 τούτου ὁ θεὸς ἀπὸ τοῦ σπέρματος κατ' ἐπαγγελίαν **ἤγαγεν** τῷ Ἰσραὴλ σωτῆρα Ἰησοῦν,
17:15 οἱ δὲ καθιστάνοντες τὸν Παῦλον **ἤγαγον** ἕως Ἀθηνῶν,
17:19 ἐπιλαβόμενοί τε αὐτοῦ ἐπὶ τὸν Ἄρειον **ἤγαγον** λέγοντες,
18:12 κατεπέστησαν ὁμοθυμαδὸν οἱ Ἰουδαῖοι τῷ Παύλῳ καὶ **ἤγαγον** αὐτὸν ἐπὶ τὸ βῆμα
19:37 **ἠγάγετε** γὰρ τοὺς ἄνδρας τούτους οὔτε ἱεροσύλους οὔτε βλασφημοῦντας τὴν θεὸν ἡμῶν.
19:38 εἰ μὲν οὖν Δημήτριος καὶ οἱ σὺν αὐτῷ τεχνῖται ἔχουσι πρός τινα λόγον, ἀγοραῖοι **ἄγονται** καὶ ἀνθύπατοί εἰσιν,
20:12 **ἤγαγον** δὲ τὸν παῖδα ζῶντα καὶ παρεκλήθησαν οὐ μετρίως.
21:16 **ἄγοντες** παρ' ᾧ ξενισθῶμεν Μνάσωνί τινι Κυπρίῳ, ἀρχαίῳ μαθητῇ.
21:34 μὴ δυναμένου δὲ αὐτοῦ γνῶναι τὸ ἀσφαλὲς διὰ τὸν θόρυβον ἐκέλευσεν **ἄγεσθαι** αὐτὸν εἰς τὴν παρεμβολήν.
22: 5 **ἄξων** καὶ τοὺς ἐκεῖσε ὄντας δεδεμένους εἰς Ἰερουσαλὴμ ἵνα τιμωρηθῶσιν.
23:10 ἐκέλευσεν τὸ στράτευμα καταβὰν ἁρπάσαι αὐτὸν ἐκ μέσου αὐτῶν **ἄγειν** τε εἰς τὴν παρεμβολήν.
23:18 ὁ μὲν οὖν παραλαβὼν αὐτὸν **ἤγαγεν** πρὸς τὸν χιλίαρχον
23:18 Ὁ δέσμιος Παῦλος προσκαλεσάμενός με ἠρώτησεν τοῦτον τὸν νεανίσκον **ἀγαγεῖν** πρὸς σὲ ἔχοντά τι λαλῆσαί σοι.
23:31 ἀναλαβόντες τὸν Παῦλον **ἤγαγον** διὰ νυκτὸς εἰς τὴν Ἀντιπατρίδα,
25: 6 τῇ ἐπαύριον καθίσας ἐπὶ τοῦ βήματος ἐκέλευσεν τὸν Παῦλον **ἀχθῆναι.**
25:17 ποιησάμενος τῇ ἑξῆς καθίσας ἐπὶ τοῦ βήματος ἐκέλευσα **ἀχθῆναι** τὸν ἄνδρα·
25:23 καὶ κελεύσαντος τοῦ Φήστου **ἤχθη** ὁ Παῦλος.
Ro 2: 4 ἀγνοῶν ὅτι τὸ χρηστὸν τοῦ θεοῦ εἰς μετάνοιάν σε **ἄγει;**
8:14 ὅσοι γὰρ πνεύματι θεοῦ **ἄγονται,** οὗτοι υἱοὶ θεοῦ εἰσιν.
1Co 12: 2 Οἴδατε ὅτι ὅτε ἔθνη ἦτε πρὸς τὰ εἴδωλα τὰ ἄφωνα ὡς ἂν **ἤγεσθε** ἀπαγόμενοι.
Gal 5:18 εἰ δὲ πνεύματι **ἄγεσθε,** οὐκ ἐστὲ ὑπὸ νόμον.
1Th 4:14 οὕτως καὶ ὁ θεὸς τοὺς κοιμηθέντας διὰ τοῦ Ἰησοῦ **ἄξει** σὺν αὐτῷ.
2Ti 3: 6 καὶ αἰχμαλωτίζοντες γυναικάρια σεσωρευμένα ἁμαρτίαις, **ἀγόμενα** ἐπιθυμίαις ποικίλαις,
4:11 Μᾶρκον ἀναλαβὼν **ἄγε** μετὰ σεαυτοῦ, ἔστιν γάρ μοι εὔχρηστος εἰς διακονίαν.
Heb 2:10 πολλοὺς υἱοὺς εἰς δόξαν **ἀγαγόντα** τὸν ἀρχηγὸν τῆς σωτηρίας αὐτῶν διὰ παθημάτων τελειῶσαι.
Jas 4:13 **Ἄγε** νῦν οἱ λέγοντες, Σήμερον ἢ αὔριον πορευσόμεθα εἰς τήνδε τὴν πόλιν καὶ ποιήσομεν ἐκεῖ ἐνιαυτὸν
5: 1 **Ἄγε** νῦν οἱ πλούσιοι, κλαύσατε ὀλολύζοντες ἐπὶ ταῖς ταλαιπωρίαις ὑμῶν ταῖς ἐπερχομέναις.

73 ἀγωγή [1]

√ *72*

2Ti 3:10 τῇ **ἀγωγῇ,** τῇ προθέσει, τῇ πίστει, τῇ μακροθυμίᾳ,

74 ἀγών [6]

→ *75, 76, 497, 2043, 2865, 5253*

Php 1:30 τὸν αὐτὸν **ἀγῶνα** ἔχοντες, οἷον εἴδετε ἐν ἐμοὶ καὶ νῦν ἀκούετε ἐν ἐμοί.
Col 2: 1 Θέλω γὰρ ὑμᾶς εἰδέναι ἡλίκον **ἀγῶνα** ἔχω ὑπὲρ ὑμῶν καὶ τῶν ἐν Λαοδικείᾳ
1Th 2: 2 ἐν Φιλίπποις ἐπαρρησιασάμεθα ἐν τῷ θεῷ ἡμῶν λαλῆσαι πρὸς ὑμᾶς τὸ εὐαγγέλιον τοῦ θεοῦ ἐν πολλῷ **ἀγῶνι.**
1Ti 6:12 ἀγωνίζου τὸν καλὸν **ἀγῶνα** τῆς πίστεως, ἐπιλαβοῦ τῆς αἰωνίου ζωῆς,
2Ti 4: 7 τὸν καλὸν **ἀγῶνα** ἠγώνισμαι, τὸν δρόμον τετέλεκα, τὴν πίστιν τετήρηκα·
Heb 12: 1 ὄγκον ἀποθέμενοι πάντα καὶ τὴν εὐπερίστατον ἁμαρτίαν, δι' ὑπομονῆς τρέχωμεν τὸν προκείμενον ἡμῖν **ἀγῶνα**

75 ἀγωνία [1]

√ *74*

Lk 22:44 ⟦καὶ γενόμενος ἐν **ἀγωνίᾳ** ἐκτενέστερον προσηύχετο·⟧

76 ἀγωνίζομαι [8]

√ *74*

Lk 13:24 **Ἀγωνίζεσθε** εἰσελθεῖν διὰ τῆς στενῆς θύρας, ὅτι πολλοί,
Jn 18:36 οἱ ὑπηρέται οἱ ἐμοὶ **ἠγωνίζοντο** [ἂν] ἵνα μὴ παραδοθῶ τοῖς Ἰουδαίοις·
1Co 9:25 πᾶς δὲ ὁ **ἀγωνιζόμενος** πάντα ἐγκρατεύεται, ἐκεῖνοι μὲν οὖν ἵνα φθαρτὸν στέφανον λάβωσιν,
Col 1:29 εἰς ὃ καὶ κοπιῶ **ἀγωνιζόμενος** κατὰ τὴν ἐνέργειαν αὐτοῦ τὴν ἐνεργουμένην ἐν ἐμοὶ ἐν δυνάμει.
4:12 δοῦλος Χριστοῦ [Ἰησοῦ,] πάντοτε **ἀγωνιζόμενος** ὑπὲρ ὑμῶν ἐν ταῖς προσευχαῖς,
1Ti 4:10 εἰς τοῦτο γὰρ κοπιῶμεν καὶ **ἀγωνιζόμεθα,** ὅτι ἠλπίκαμεν ἐπὶ θεῷ ζῶντι,
6:12 **ἀγωνίζου** τὸν καλὸν ἀγῶνα τῆς πίστεως, ἐπιλαβοῦ τῆς αἰωνίου ζωῆς,
2Ti 4: 7 τὸν καλὸν ἀγῶνα **ἠγώνισμαι,** τὸν δρόμον τετέλεκα, τὴν πίστιν τετήρηκα·

77 Ἀδάμ [9]

Lk 3:38 τοῦ Ἐνὼς τοῦ Σὴθ τοῦ **Ἀδὰμ** τοῦ θεοῦ.
Ro 5:14 ἀλλὰ ἐβασίλευσεν ὁ θάνατος ἀπὸ **Ἀδὰμ** μέχρι Μωϋσέως καὶ ἐπὶ τοὺς μὴ ἁμαρτήσαντας ἐπὶ τῷ ὁμοιώματι τῆς παραβάσεως **Ἀδὰμ** ὅς ἐστιν τύπος τοῦ μέλλοντος.
1Co 15:22 ὥσπερ γὰρ ἐν τῷ **Ἀδὰμ** πάντες ἀποθνῄσκουσιν, οὕτως καὶ ἐν τῷ Χριστῷ πάντες ζῳοποιηθήσονται.
15:45 Ἐγένετο ὁ πρῶτος ἄνθρωπος **Ἀδὰμ** εἰς ψυχὴν ζῶσαν, ὁ ἔσχατος **Ἀδὰμ** εἰς πνεῦμα ζῳοποιοῦν.
1Ti 2:13 **Ἀδὰμ** γὰρ πρῶτος ἐπλάσθη, εἶτα Εὕα.
2:14 καὶ **Ἀδὰμ** οὐκ ἠπατήθη, ἡ δὲ γυνὴ ἐξαπατηθεῖσα ἐν παραβάσει γέγονεν·

Jude 1:14 Προεφήτευσεν δὲ καὶ τούτοις ἕβδομος ἀπὸ **Ἀδὰμ** Ἑνὼχ

78 ἀδάπανος [1]

√ *1.1 + 1252*

1Co 9:18 ἵνα εὐαγγελιζόμενος **ἀδάπανον** θήσω τὸ εὐαγγέλιον εἰς τὸ μὴ καταχρήσασθαι τῇ ἐξουσίᾳ μου ἐν τῷ εὐαγγελίῳ.

79 Ἀδδί [1]

Lk 3:28 τοῦ Μελχὶ τοῦ **Ἀδδὶ** τοῦ Κωσὰμ τοῦ Ἐλμαδὰμ τοῦ Ἤρ

80 ἀδελφή [26 / 25]

√ *81 [1.3]*

Mt 12:50 ὅστις γὰρ ἂν ποιήσῃ τὸ θέλημα τοῦ πατρός μου τοῦ ἐν οὐρανοῖς αὐτός μου ἀδελφὸς καὶ **ἀδελφὴ** καὶ μήτηρ ἐστίν.
13:56 καὶ αἱ **ἀδελφαὶ** αὐτοῦ οὐχὶ πᾶσαι πρὸς ἡμᾶς εἰσιν;
19:29 καὶ πᾶς ὅστις ἀφῆκεν οἰκίας ἢ ἀδελφοὺς ἢ **ἀδελφὰς** ἢ πατέρα ἢ μητέρα ἢ τέκνα ἢ ἀγροὺς ἕνεκεν τοῦ ὀνόματός μου,
Mk 3:32 Ἰδοὺ ἡ μήτηρ σου καὶ οἱ ἀδελφοί σου [καὶ αἱ **ἀδελφαί**[NIV-] σου] ἔξω ζητοῦσίν σε.
3:35 οὗτος ἀδελφός μου καὶ **ἀδελφὴ** καὶ μήτηρ ἐστίν.
6:3 καὶ οὐκ εἰσὶν αἱ **ἀδελφαὶ** αὐτοῦ ὧδε πρὸς ἡμᾶς;
10:29 οὐδείς ἐστιν ὃς ἀφῆκεν οἰκίαν ἢ ἀδελφοὺς ἢ **ἀδελφὰς** ἢ μητέρα ἢ πατέρα ἢ τέκνα ἢ ἀγροὺς ἕνεκεν ἐμοῦ
10:30 νῦν ἐν τῷ καιρῷ τούτῳ οἰκίας καὶ ἀδελφοὺς καὶ **ἀδελφὰς** καὶ μητέρας καὶ τέκνα καὶ ἀγροὺς μετὰ διωγμῶν,
Lk 10:39 καὶ τῇδε ἦν **ἀδελφὴ** καλουμένη Μαριάμ, [ἣ] καὶ παρακαθεσθεῖσα πρὸς τοὺς πόδας τοῦ κυρίου ἤκουεν
10:40 οὐ μέλει σοι ὅτι ἡ **ἀδελφή** μου μόνην με κατέλιπεν διακονεῖν;
14:26 Εἴ τις ἔρχεται πρός με καὶ οὐ μισεῖ τὸν πατέρα ἑαυτοῦ καὶ τὴν μητέρα καὶ τὴν γυναῖκα καὶ τὰ τέκνα καὶ τοὺς ἀδελφοὺς καὶ τὰς **ἀδελφὰς** ἔτι τε καὶ τὴν ψυχὴν ἑαυτοῦ,
Jn 11:1 ἐκ τῆς κώμης Μαρίας καὶ Μάρθας τῆς **ἀδελφῆς** αὐτῆς.
11:3 ἀπέστειλαν οὖν αἱ **ἀδελφαὶ** πρὸς αὐτὸν λέγουσαι, Κύριε,
11:5 ἠγάπα δὲ ὁ Ἰησοῦς τὴν Μάρθαν καὶ τὴν **ἀδελφὴν** αὐτῆς καὶ τὸν Λάζαρον.
11:28 Καὶ τοῦτο εἰποῦσα ἀπῆλθεν καὶ ἐφώνησεν Μαριὰμ τὴν **ἀδελφὴν** αὐτῆς λάθρᾳ εἰποῦσα,
11:39 λέγει αὐτῷ ἡ **ἀδελφὴ** τοῦ τετελευτηκότος Μάρθα, Κύριε,
19:25 εἱστήκεισαν δὲ παρὰ τῷ σταυρῷ τοῦ Ἰησοῦ ἡ μήτηρ αὐτοῦ καὶ ἡ **ἀδελφὴ** τῆς μητρὸς αὐτοῦ,
Ac 23:16 Ἀκούσας δὲ ὁ υἱὸς τῆς **ἀδελφῆς** Παύλου τὴν ἐνέδραν,
Ro 16:1 Συνίστημι δὲ ὑμῖν Φοίβην τὴν **ἀδελφὴν** ἡμῶν, οὖσαν [καὶ] διάκονον τῆς ἐκκλησίας τῆς ἐν Κεγχρεαῖς,
16:15 ἀσπάσασθε Φιλόλογον καὶ Ἰουλίαν, Νηρέα καὶ τὴν **ἀδελφὴν** αὐτοῦ,
1Co 7:15 οὐ δεδούλωται ὁ ἀδελφὸς ἢ ἡ **ἀδελφὴ** ἐν τοῖς τοιούτοις·
9:5 μὴ οὐκ ἔχομεν ἐξουσίαν **ἀδελφὴν** γυναῖκα περιάγειν ὡς καὶ οἱ λοιποὶ ἀπόστολοι καὶ οἱ ἀδελφοὶ τοῦ κυρίου καὶ Κηφᾶς;
1Ti 5:2 πρεσβυτέρας ὡς μητέρας, νεωτέρας ὡς **ἀδελφὰς** ἐν πάσῃ ἁγνείᾳ.
Phm 1:2 καὶ Ἀπφίᾳ τῇ **ἀδελφῇ** καὶ Ἀρχίππῳ τῷ συστρατιώτῃ ἡμῶν καὶ τῇ κατ᾽ οἶκόν σου ἐκκλησίᾳ,
Jas 2:15 ἐὰν ἀδελφὸς ἢ **ἀδελφὴ** γυμνοὶ ὑπάρχωσιν καὶ λειπόμενοι τῆς ἐφημέρου τροφῆς
2Jn 1:13 Ἀσπάζεταί σε τὰ τέκνα τῆς **ἀδελφῆς** σου τῆς ἐκλεκτῆς.

81 ἀδελφός [344]

→ *1.3, 80, 82, 5788, 5789, 5790, 6012*

ἀδελφός ἀγαπητός [10] 1Co 15:58; Eph 6:21; Php 4:1; Col 4:7,9; Phm 1:16; Jas 1:16,19; 2:5; 2Pe 3:15

ἀδελφοὶ of Jesus [21] Mt 12:46,47,48,49; 13:55; 28:10; Mk 3:31,32,33,34,35; Lk 8:19,20,21; Jn 2:12; 7:3,5,10; 20:17; Ac 1:14; 1Co 9:5

form of address **ἄνδρες ἀδελφοί** [13] Ac 1:16; 2:29,37; 7:2; 13:15,26,38; 15:7,13; 22:1; 23:1,6; 28:17

Mt 1:2 Ἰακὼβ δὲ ἐγέννησεν τὸν Ἰούδαν καὶ τοὺς **ἀδελφοὺς** αὐτοῦ,
1:11 Ἰωσίας δὲ ἐγέννησεν τὸν Ἰεχονίαν καὶ τοὺς **ἀδελφοὺς** αὐτοῦ ἐπὶ τῆς μετοικεσίας Βαβυλῶνος.
4:18 εἶδεν δύο **ἀδελφούς,** Σίμωνα τὸν λεγόμενον Πέτρον καὶ Ἀνδρέαν τὸν **ἀδελφὸν** αὐτοῦ,
4:21 Καὶ προβὰς ἐκεῖθεν εἶδεν ἄλλους δύο **ἀδελφούς,** Ἰάκωβον τὸν τοῦ Ζεβεδαίου καὶ Ἰωάννην τὸν **ἀδελφὸν** αὐτοῦ,
5:22 πᾶς ὁ ὀργιζόμενος τῷ **ἀδελφῷ** αὐτοῦ ἔνοχος ἔσται τῇ κρίσει· ὃς δ᾽ ἂν εἴπῃ τῷ **ἀδελφῷ** αὐτοῦ, Ῥακά, ἔνοχος ἔσται
5:23 ἐὰν οὖν προσφέρῃς τὸ δῶρόν σου ἐπὶ τὸ θυσιαστήριον κἀκεῖ μνησθῇς ὅτι ὁ **ἀδελφός** σου ἔχει τι κατὰ σοῦ,
5:24 ἄφες ἐκεῖ τὸ δῶρόν σου ἔμπροσθεν τοῦ θυσιαστηρίου καὶ ὕπαγε πρῶτον διαλλάγηθι τῷ **ἀδελφῷ** σου,
5:47 καὶ ἐὰν ἀσπάσησθε τοὺς **ἀδελφοὺς** ὑμῶν μόνον, τί περισσὸν ποιεῖτε;
7:3 τί δὲ βλέπεις τὸ κάρφος τὸ ἐν τῷ ὀφθαλμῷ τοῦ **ἀδελφοῦ** σου,
7:4 ἢ πῶς ἐρεῖς τῷ **ἀδελφῷ** σου, Ἄφες ἐκβάλω τὸ κάρφος ἐκ τοῦ ὀφθαλμοῦ σου,
7:5 καὶ τότε διαβλέψεις ἐκβαλεῖν τὸ κάρφος ἐκ τοῦ ὀφθαλμοῦ τοῦ **ἀδελφοῦ** σου.
10:2 Σίμων ὁ λεγόμενος Πέτρος καὶ Ἀνδρέας ὁ **ἀδελφὸς** αὐτοῦ, καὶ Ἰάκωβος ὁ τοῦ Ζεβεδαίου καὶ Ἰωάννης ὁ **ἀδελφὸς** αὐτοῦ,
10:21 παραδώσει δὲ **ἀδελφὸς ἀδελφὸν** εἰς θάνατον καὶ πατὴρ τέκνον,
12:46 Ἔτι αὐτοῦ λαλοῦντος τοῖς ὄχλοις ἰδοὺ ἡ μήτηρ καὶ οἱ **ἀδελφοὶ** αὐτοῦ εἱστήκεισαν ἔξω ζητοῦντες αὐτῷ λαλῆσαι.
12:47 [Ἰδοὺ ἡ μήτηρ σου καὶ οἱ **ἀδελφοί** σου ἔξω ἑστήκασιν ζητοῦντές σοι λαλῆσαι.]
12:48 Τίς ἐστιν ἡ μήτηρ μου καὶ τίνες εἰσὶν οἱ **ἀδελφοί** μου;
12:49 Ἰδοὺ ἡ μήτηρ μου καὶ οἱ **ἀδελφοί** μου.
12:50 ὅστις γὰρ ἂν ποιήσῃ τὸ θέλημα τοῦ πατρός μου τοῦ ἐν οὐρανοῖς αὐτός μου **ἀδελφὸς** καὶ ἀδελφὴ καὶ μήτηρ ἐστίν.
13:55 οὐχ ἡ μήτηρ αὐτοῦ λέγεται Μαριὰμ καὶ οἱ **ἀδελφοὶ** αὐτοῦ Ἰάκωβος καὶ Ἰωσὴφ καὶ Σίμων καὶ Ἰούδας;
14:3 διὰ Ἡρῳδιάδα τὴν γυναῖκα Φιλίππου τοῦ **ἀδελφοῦ** αὐτοῦ·
17:1 παραλαμβάνει ὁ Ἰησοῦς τὸν Πέτρον καὶ Ἰάκωβον καὶ Ἰωάννην τὸν **ἀδελφὸν** αὐτοῦ καὶ ἀναφέρει αὐτοὺς εἰς ὄρος
18:15 Ἐὰν δὲ ἁμαρτήσῃ [εἰς σὲ] ὁ **ἀδελφός** σου, ὕπαγε ἔλεγξον αὐτὸν μεταξὺ σοῦ καὶ αὐτοῦ μόνου. ἐάν σου ἀκούσῃ, ἐκέρδησας τὸν **ἀδελφόν** σου·
18:21 ποσάκις ἁμαρτήσει εἰς ἐμὲ ὁ **ἀδελφός** μου καὶ ἀφήσω αὐτῷ;
18:35 ἐὰν μὴ ἀφῆτε ἕκαστος τῷ **ἀδελφῷ** αὐτοῦ ἀπὸ τῶν καρδιῶν ὑμῶν.
19:29 καὶ πᾶς ὅστις ἀφῆκεν οἰκίας ἢ **ἀδελφοὺς** ἢ ἀδελφὰς ἢ πατέρα ἢ μητέρα ἢ τέκνα ἢ ἀγροὺς ἕνεκεν τοῦ ὀνόματός μου,
20:24 Καὶ ἀκούσαντες οἱ δέκα ἠγανάκτησαν περὶ τῶν δύο **ἀδελφῶν.**
22:24 ἐπιγαμβρεύσει ὁ **ἀδελφὸς** αὐτοῦ τὴν γυναῖκα αὐτοῦ καὶ ἀναστήσει σπέρμα τῷ **ἀδελφῷ** αὐτοῦ.
22:25 ἦσαν δὲ παρ᾽ ἡμῖν ἑπτὰ **ἀδελφοί·** καὶ ὁ πρῶτος γήμας ἐτελεύτησεν, καὶ μὴ ἔχων σπέρμα ἀφῆκεν τὴν γυναῖκα αὐτοῦ τῷ **ἀδελφῷ** αὐτοῦ·
23:8 εἷς γάρ ἐστιν ὑμῶν ὁ διδάσκαλος, πάντες δὲ ὑμεῖς **ἀδελφοί** ἐστε.
25:40 ἐφ᾽ ὅσον ἐποιήσατε ἑνὶ τούτων τῶν **ἀδελφῶν** μου τῶν ἐλαχίστων,
28:10 ὑπάγετε ἀπαγγείλατε τοῖς **ἀδελφοῖς** μου ἵνα ἀπέλθωσιν εἰς τὴν Γαλιλαίαν,
Mk 1:16 εἶδεν Σίμωνα καὶ Ἀνδρέαν τὸν **ἀδελφὸν** Σίμωνος ἀμφιβάλλοντας ἐν τῇ θαλάσσῃ·
1:19 εἶδεν Ἰάκωβον τὸν τοῦ Ζεβεδαίου καὶ Ἰωάννην τὸν **ἀδελφὸν** αὐτοῦ καὶ αὐτοὺς ἐν τῷ πλοίῳ καταρτίζοντας τὰ δίκτυα,
3:17 καὶ Ἰάκωβον τὸν τοῦ Ζεβεδαίου καὶ Ἰωάννην τὸν **ἀδελφὸν** τοῦ Ἰακώβου καὶ ἐπέθηκεν αὐτοῖς ὀνόμα[τα] Βοανηργές,
3:31 Καὶ ἔρχεται ἡ μήτηρ αὐτοῦ καὶ οἱ **ἀδελφοὶ** αὐτοῦ καὶ ἔξω στήκοντες ἀπέστειλαν πρὸς αὐτὸν καλοῦντες αὐτόν.
3:32 Ἰδοὺ ἡ μήτηρ σου καὶ οἱ **ἀδελφοί** σου [καὶ αἱ ἀδελφαί σου] ἔξω ζητοῦσίν σε.
3:33 Τίς ἐστιν ἡ μήτηρ μου καὶ οἱ **ἀδελφοί** [μου;]
3:34 Ἴδε ἡ μήτηρ μου καὶ οἱ **ἀδελφοί** μου.
3:35 οὗτος **ἀδελφός** μου καὶ ἀδελφὴ καὶ μήτηρ ἐστίν.
5:37 καὶ οὐκ ἀφῆκεν οὐδένα μετ᾽ αὐτοῦ συνακολουθῆσαι εἰ μὴ τὸν Πέτρον καὶ Ἰάκωβον καὶ Ἰωάννην τὸν **ἀδελφὸν** Ἰακώβου.
6:3 ὁ υἱὸς τῆς Μαρίας καὶ **ἀδελφὸς** Ἰακώβου καὶ Ἰωσῆτος καὶ Ἰούδα καὶ Σίμωνος;
6:17 διὰ Ἡρῳδιάδα τὴν γυναῖκα Φιλίππου τοῦ **ἀδελφοῦ** αὐτοῦ,
6:18 ἔλεγεν γὰρ ὁ Ἰωάννης τῷ Ἡρῴδῃ ὅτι Οὐκ ἔξεστίν σοι ἔχειν τὴν γυναῖκα τοῦ **ἀδελφοῦ** σου.
10:29 οὐδείς ἐστιν ὃς ἀφῆκεν οἰκίαν ἢ **ἀδελφοὺς** ἢ ἀδελφὰς ἢ μητέρα ἢ πατέρα ἢ τέκνα ἢ ἀγροὺς ἕνεκεν ἐμοῦ
10:30 νῦν ἐν τῷ καιρῷ τούτῳ οἰκίας καὶ **ἀδελφοὺς** καὶ ἀδελφὰς καὶ μητέρας καὶ τέκνα καὶ ἀγροὺς μετὰ διωγμῶν,

12:19 Μωϋσῆς ἔγραψεν ἡμῖν ὅτι ἐάν τινος **ἀδελφὸς** ἀποθάνῃ καὶ καταλίπῃ γυναῖκα καὶ μὴ ἀφῇ τέκνον, ἵνα λάβῃ ὁ **ἀδελφὸς** αὐτοῦ τὴν γυναῖκα καὶ ἐξαναστήσῃ σπέρμα τῷ **ἀδελφῷ** αὐτοῦ.
12:20 ἑπτὰ **ἀδελφοὶ** ἦσαν· καὶ ὁ πρῶτος ἔλαβεν γυναῖκα καὶ ἀποθνῄσκων οὐκ ἀφῆκεν σπέρμα·
13:12 παραδώσει **ἀδελφὸς ἀδελφὸν** εἰς θάνατον καὶ πατὴρ τέκνον,
Lk 3: 1 Φιλίππου δὲ τοῦ **ἀδελφοῦ** αὐτοῦ τετρααρχοῦντος τῆς Ἰτουραίας καὶ Τραχωνίτιδος χώρας,
3:19 ἐλεγχόμενος ὑπ' αὐτοῦ περὶ Ἡρῳδιάδος τῆς γυναικὸς τοῦ **ἀδελφοῦ** αὐτοῦ καὶ περὶ πάντων ὧν ἐποίησεν πονηρῶν
6:14 Σίμωνα ὃν καὶ ὠνόμασεν Πέτρον, καὶ Ἀνδρέαν τὸν **ἀδελφὸν** αὐτοῦ,
6:41 Τί δὲ βλέπεις τὸ κάρφος τὸ ἐν τῷ ὀφθαλμῷ τοῦ **ἀδελφοῦ** σου,
6:42 πῶς δύνασαι λέγειν τῷ **ἀδελφῷ** σου, **Ἀδελφέ,** ἄφες ἐκβάλω τὸ κάρφος τὸ ἐν τῷ ὀφθαλμῷ σου,
6:42 καὶ τότε διαβλέψεις τὸ κάρφος τὸ ἐν τῷ ὀφθαλμῷ τοῦ **ἀδελφοῦ** σου ἐκβαλεῖν.
8:19 Παρεγένετο δὲ πρὸς αὐτὸν ἡ μήτηρ καὶ οἱ **ἀδελφοὶ** αὐτοῦ καὶ οὐκ ἠδύναντο συντυχεῖν αὐτῷ διὰ τὸν ὄχλον.
8:20 Ἡ μήτηρ σου καὶ οἱ **ἀδελφοί** σου ἑστήκασιν ἔξω ἰδεῖν θέλοντές σε.
8:21 Μήτηρ μου καὶ **ἀδελφοί** μου οὗτοί εἰσιν οἱ τὸν λόγον τοῦ θεοῦ ἀκούοντες καὶ ποιοῦντες.
12:13 εἰπὲ τῷ **ἀδελφῷ** μου μερίσασθαι μετ' ἐμοῦ τὴν κληρονομίαν.
14:12 μὴ φώνει τοὺς φίλους σου μηδὲ τοὺς **ἀδελφούς** σου μηδὲ τοὺς συγγενεῖς σου μηδὲ γείτονας πλουσίους,
14:26 Εἴ τις ἔρχεται πρός με καὶ οὐ μισεῖ τὸν πατέρα ἑαυτοῦ καὶ τὴν μητέρα καὶ τὴν γυναῖκα καὶ τὰ τέκνα καὶ τοὺς **ἀδελφοὺς**
15:27 ὁ δὲ εἶπεν αὐτῷ ὅτι Ὁ **ἀδελφός** σου ἥκει,
15:32 ὅτι ὁ **ἀδελφός** σου οὗτος νεκρὸς ἦν καὶ ἔζησεν,
16:28 ἔχω γὰρ πέντε **ἀδελφούς,** ὅπως διαμαρτύρηται αὐτοῖς, ἵνα μὴ καὶ αὐτοὶ ἔλθωσιν εἰς τὸν τόπον τοῦτον τῆς βασάνου.
17: 3 ἐὰν ἁμάρτῃ ὁ **ἀδελφός** σου ἐπιτίμησον αὐτῷ, καὶ ἐὰν μετανοήσῃ ἄφες αὐτῷ.
18:29 ὅτι οὐδείς ἐστιν ὃς ἀφῆκεν οἰκίαν ἢ γυναῖκα ἢ **ἀδελφοὺς** ἢ γονεῖς ἢ τέκνα ἕνεκεν τῆς βασιλείας τοῦ θεοῦ,
20:28 Μωϋσῆς ἔγραψεν ἡμῖν, ἐάν τινος **ἀδελφὸς** ἀποθάνῃ ἔχων γυναῖκα, καὶ οὗτος ἄτεκνος ᾖ, ἵνα λάβῃ ὁ **ἀδελφὸς** αὐτοῦ τὴν γυναῖκα καὶ ἐξαναστήσῃ σπέρμα τῷ **ἀδελφῷ** αὐτοῦ.
20:29 ἑπτὰ οὖν **ἀδελφοὶ** ἦσαν· καὶ ὁ πρῶτος λαβὼν γυναῖκα ἀπέθανεν ἄτεκνος·
21:16 παραδοθήσεσθε δὲ καὶ ὑπὸ γονέων καὶ **ἀδελφῶν** καὶ συγγενῶν καὶ φίλων,
22:32 καὶ σύ ποτε ἐπιστρέψας στήρισον τοὺς **ἀδελφούς** σου.
Jn 1:40 Ἦν Ἀνδρέας ὁ **ἀδελφὸς** Σίμωνος Πέτρου εἷς ἐκ τῶν δύο τῶν ἀκουσάντων παρὰ Ἰωάννου καὶ ἀκολουθησάντων αὐτῷ·
1:41 εὑρίσκει οὗτος πρῶτον τὸν **ἀδελφὸν** τὸν ἴδιον Σίμωνα καὶ λέγει αὐτῷ,
2:12 Μετὰ τοῦτο κατέβη εἰς Καφαρναοὺμ αὐτὸς καὶ ἡ μήτηρ αὐτοῦ καὶ οἱ **ἀδελφοὶ** [αὐτοῦ] καὶ οἱ μαθηταὶ αὐτοῦ
6: 8 λέγει αὐτῷ εἷς ἐκ τῶν μαθητῶν αὐτοῦ, Ἀνδρέας ὁ **ἀδελφὸς** Σίμωνος Πέτρου,
7: 3 εἶπον οὖν πρὸς αὐτὸν οἱ **ἀδελφοὶ** αὐτοῦ, Μετάβηθι ἐντεῦθεν καὶ ὕπαγε εἰς τὴν Ἰουδαίαν,
7: 5 οὐδὲ γὰρ οἱ **ἀδελφοὶ** αὐτοῦ ἐπίστευον εἰς αὐτόν.
7:10 Ὡς δὲ ἀνέβησαν οἱ **ἀδελφοὶ** αὐτοῦ εἰς τὴν ἑορτήν,
11: 2 ἧς ὁ **ἀδελφὸς** Λάζαρος ἠσθένει.
11:19 πολλοὶ δὲ ἐκ τῶν Ἰουδαίων ἐληλύθεισαν πρὸς τὴν Μάρθαν καὶ Μαριὰμ ἵνα παραμυθήσωνται αὐτὰς περὶ τοῦ **ἀδελφοῦ.**
11:21 εἰ ἦς ὧδε οὐκ ἂν ἀπέθανεν ὁ **ἀδελφός** μου·
11:23 λέγει αὐτῇ ὁ Ἰησοῦς, Ἀναστήσεται ὁ **ἀδελφός** σου.
11:32 εἰ ἦς ὧδε οὐκ ἄν μου ἀπέθανεν ὁ **ἀδελφός.**
20:17 πορεύου δὲ πρὸς τοὺς **ἀδελφούς** μου καὶ εἰπὲ αὐτοῖς,
21:23 ἐξῆλθεν οὖν οὗτος ὁ λόγος εἰς τοὺς **ἀδελφοὺς** ὅτι ὁ μαθητὴς ἐκεῖνος οὐκ ἀποθνῄσκει·
Ac 1:14 ὁμοθυμαδὸν τῇ προσευχῇ σὺν γυναιξὶν καὶ Μαριὰμ τῇ μητρὶ τοῦ Ἰησοῦ καὶ τοῖς **ἀδελφοῖς** αὐτοῦ.
1:15 Καὶ ἐν ταῖς ἡμέραις ταύταις ἀναστὰς Πέτρος ἐν μέσῳ τῶν **ἀδελφῶν** εἶπεν·
1:16 Ἄνδρες **ἀδελφοί,** ἔδει πληρωθῆναι τὴν γραφὴν ἣν προεῖπεν τὸ πνεῦμα τὸ ἅγιον διὰ στόματος Δαυὶδ
2:29 Ἄνδρες **ἀδελφοί,** ἐξὸν εἰπεῖν μετὰ παρρησίας πρὸς ὑμᾶς
2:37 εἶπόν τε πρὸς τὸν Πέτρον καὶ τοὺς λοιποὺς ἀποστόλους, Τί ποιήσωμεν, ἄνδρες **ἀδελφοί;**
3:17 καὶ νῦν, **ἀδελφοί,** οἶδα ὅτι κατὰ ἄγνοιαν ἐπράξατε ὥσπερ καὶ οἱ ἄρχοντες ὑμῶν·
3:22 Μωϋσῆς μὲν εἶπεν ὅτι Προφήτην ὑμῖν ἀναστήσει κύριος ὁ θεὸς ὑμῶν ἐκ τῶν **ἀδελφῶν** ὑμῶν ὡς ἐμέ·
6: 3 ἐπισκέψασθε δέ, **ἀδελφοί,** ἄνδρας ἐξ ὑμῶν μαρτυρουμένους ἑπτά,
7: 2 ὁ δὲ ἔφη, Ἄνδρες **ἀδελφοὶ** καὶ πατέρες, ἀκούσατε.
7:13 καὶ ἐν τῷ δευτέρῳ ἀνεγνωρίσθη Ἰωσὴφ τοῖς **ἀδελφοῖς** αὐτοῦ καὶ φανερὸν ἐγένετο τῷ Φαραὼ τὸ γένος [τοῦ] Ἰωσήφ.
7:23 ἀνέβη ἐπὶ τὴν καρδίαν αὐτοῦ ἐπισκέψασθαι τοὺς **ἀδελφοὺς** αὐτοῦ τοὺς υἱοὺς Ἰσραήλ.
7:25 ἐνόμιζεν δὲ συνιέναι τοὺς **ἀδελφοὺς** [αὐτοῦ] ὅτι ὁ θεὸς διὰ χειρὸς αὐτοῦ δίδωσιν σωτηρίαν αὐτοῖς·
7:26 ὤφθη αὐτοῖς μαχομένοις καὶ συνήλλασσεν αὐτοὺς εἰς εἰρήνην εἰπών, Ἄνδρες, **ἀδελφοί** ἐστε·
7:37 Προφήτην ὑμῖν ἀναστήσει ὁ θεὸς ἐκ τῶν **ἀδελφῶν** ὑμῶν ὡς ἐμέ.
9:17 Σαοὺλ **ἀδελφέ,** ὁ κύριος ἀπέσταλκέν με, Ἰησοῦς ὁ ὀφθείς σοι ἐν τῇ ὁδῷ ᾗ ἤρχου,
9:30 ἐπιγνόντες δὲ οἱ **ἀδελφοὶ** κατήγαγον αὐτὸν εἰς Καισάρειαν καὶ ἐξαπέστειλαν αὐτὸν εἰς Ταρσόν.
10:23 Τῇ δὲ ἐπαύριον ἀναστὰς ἐξῆλθεν σὺν αὐτοῖς καί τινες τῶν **ἀδελφῶν** τῶν ἀπὸ Ἰόππης συνῆλθον αὐτῷ.
11: 1 Ἤκουσαν δὲ οἱ ἀπόστολοι καὶ οἱ **ἀδελφοὶ** οἱ ὄντες κατὰ τὴν Ἰουδαίαν ὅτι καὶ τὰ ἔθνη ἐδέξαντο τὸν λόγον τοῦ θεοῦ.
11:12 ἦλθον δὲ σὺν ἐμοὶ καὶ οἱ ἓξ **ἀδελφοὶ** οὗτοι καὶ εἰσήλθομεν εἰς τὸν οἶκον τοῦ ἀνδρός.
11:29 καθὼς εὐπορεῖτό τις ὥρισαν ἕκαστος αὐτῶν εἰς διακονίαν πέμψαι τοῖς κατοικοῦσιν ἐν τῇ Ἰουδαίᾳ **ἀδελφοῖς·**
12: 2 ἀνεῖλεν δὲ Ἰάκωβον τὸν **ἀδελφὸν** Ἰωάννου μαχαίρῃ.
12:17 Ἀπαγγείλατε Ἰακώβῳ καὶ τοῖς **ἀδελφοῖς** ταῦτα.
13:15 Ἄνδρες **ἀδελφοί,** εἴ τίς ἐστιν ἐν ὑμῖν λόγος παρακλήσεως πρὸς τὸν λαόν,
13:26 Ἄνδρες **ἀδελφοί,** υἱοὶ γένους Ἀβραὰμ καὶ οἱ ἐν ὑμῖν φοβούμενοι τὸν θεόν,
13:38 γνωστὸν οὖν ἔστω ὑμῖν, ἄνδρες **ἀδελφοί,** ὅτι διὰ τούτου ὑμῖν ἄφεσις ἁμαρτιῶν καταγγέλλεται[,]
14: 2 οἱ δὲ ἀπειθήσαντες Ἰουδαῖοι ἐπήγειραν καὶ ἐκάκωσαν τὰς ψυχὰς τῶν ἐθνῶν κατὰ τῶν **ἀδελφῶν.**
15: 1 Καί τινες κατελθόντες ἀπὸ τῆς Ἰουδαίας ἐδίδασκον τοὺς **ἀδελφοὺς** ὅτι Ἐὰν μὴ περιτμηθῆτε τῷ ἔθει τῷ Μωϋσέως,
15: 3 ἐκδιηγούμενοι τὴν ἐπιστροφὴν τῶν ἐθνῶν καὶ ἐποίουν χαρὰν μεγάλην πᾶσιν τοῖς **ἀδελφοῖς.**
15: 7 πολλῆς δὲ ζητήσεως γενομένης ἀναστὰς Πέτρος εἶπεν πρὸς αὐτούς, Ἄνδρες **ἀδελφοί,**
15:13 Μετὰ δὲ τὸ σιγῆσαι αὐτοὺς ἀπεκρίθη Ἰάκωβος λέγων, Ἄνδρες **ἀδελφοί,** ἀκούσατέ μου.
15:22 Ἰούδαν τὸν καλούμενον Βαρσαββᾶν καὶ Σιλᾶν, ἄνδρας ἡγουμένους ἐν τοῖς **ἀδελφοῖς,**
15:23 Οἱ ἀπόστολοι καὶ οἱ πρεσβύτεροι **ἀδελφοὶ** τοῖς κατὰ τὴν Ἀντιόχειαν καὶ Συρίαν καὶ Κιλικίαν **ἀδελφοῖς** τοῖς ἐξ ἐθνῶν χαίρειν.
15:32 Ἰούδας τε καὶ Σιλᾶς καὶ αὐτοὶ προφῆται ὄντες διὰ λόγου πολλοῦ παρεκάλεσαν τοὺς **ἀδελφοὺς** καὶ ἐπεστήριξαν,
15:33 ποιήσαντες δὲ χρόνον ἀπελύθησαν μετ' εἰρήνης ἀπὸ τῶν **ἀδελφῶν** πρὸς τοὺς ἀποστείλαντας αὐτούς.
15:36 Ἐπιστρέψαντες δὴ ἐπισκεψώμεθα τοὺς **ἀδελφοὺς** κατὰ πόλιν πᾶσαν ἐν αἷς κατηγγείλαμεν τὸν λόγον τοῦ κυρίου
15:40 Παῦλος δὲ ἐπιλεξάμενος Σιλᾶν ἐξῆλθεν παραδοθεὶς τῇ χάριτι τοῦ κυρίου ὑπὸ τῶν **ἀδελφῶν.**
16: 2 ὃς ἐμαρτυρεῖτο ὑπὸ τῶν ἐν Λύστροις καὶ Ἰκονίῳ **ἀδελφῶν.**
16:40 καὶ ἰδόντες παρεκάλεσαν τοὺς **ἀδελφοὺς** καὶ ἐξῆλθαν.
17: 6 μὴ εὑρόντες δὲ αὐτοὺς ἔσυρον Ἰάσονα καί τινας **ἀδελφοὺς**
17:10 Οἱ δὲ **ἀδελφοὶ** εὐθέως διὰ νυκτὸς ἐξέπεμψαν τόν τε Παῦλον καὶ τὸν Σιλᾶν εἰς Βέροιαν,
17:14 εὐθέως δὲ τότε τὸν Παῦλον ἐξαπέστειλαν οἱ **ἀδελφοὶ** πορεύεσθαι ἕως ἐπὶ τὴν θάλασσαν,
18:18 Ὁ δὲ Παῦλος ἔτι προσμείνας ἡμέρας ἱκανὰς τοῖς **ἀδελφοῖς** ἀποταξάμενος ἐξέπλει εἰς τὴν Συρίαν,
18:27 προτρεψάμενοι οἱ **ἀδελφοὶ** ἔγραψαν τοῖς μαθηταῖς ἀποδέξασθαι αὐτόν,
21: 7 κατηντήσαμεν εἰς Πτολεμαΐδα καὶ ἀσπασάμενοι τοὺς **ἀδελφοὺς** ἐμείναμεν ἡμέραν μίαν παρ' αὐτοῖς.
21:17 Γενομένων δὲ ἡμῶν εἰς Ἱεροσόλυμα ἀσμένως ἀπεδέξαντο ἡμᾶς οἱ **ἀδελφοί.**
21:20 οἱ δὲ ἀκούσαντες ἐδόξαζον τὸν θεὸν εἶπόν τε αὐτῷ, Θεωρεῖς, **ἀδελφέ,**
22: 1 Ἄνδρες **ἀδελφοὶ** καὶ πατέρες, ἀκούσατέ μου τῆς πρὸς ὑμᾶς νυνὶ ἀπολογίας.

22: 5 παρ᾽ ὧν καὶ ἐπιστολὰς δεξάμενος πρὸς τοὺς **ἀδελφοὺς** εἰς Δαμασκὸν ἐπορευόμην,
22:13 ἐλθὼν πρός με καὶ ἐπιστὰς εἶπέν μοι, Σαοὺλ **ἀδελφέ,** ἀνάβλεψον.
23: 1 ἀτενίσας δὲ ὁ Παῦλος τῷ συνεδρίῳ εἶπεν, Ἄνδρες **ἀδελφοί,**
23: 5 ἔφη τε ὁ Παῦλος, Οὐκ ᾔδειν, **ἀδελφοί,** ὅτι ἐστὶν ἀρχιερεύς·
23: 6 Ἄνδρες **ἀδελφοί,** ἐγὼ Φαρισαῖός εἰμι, υἱὸς Φαρισαίων, περὶ ἐλπίδος καὶ ἀναστάσεως νεκρῶν [ἐγὼ] κρίνομαι.
28:14 οὗ εὑρόντες **ἀδελφοὺς** παρεκλήθημεν παρ᾽ αὐτοῖς ἐπιμεῖναι ἡμέρας ἑπτά·
28:15 κἀκεῖθεν οἱ **ἀδελφοὶ** ἀκούσαντες τὰ περὶ ἡμῶν ἦλθαν εἰς ἀπάντησιν ἡμῖν ἄχρι Ἀππίου Φόρου καὶ Τριῶν
28:17 ἔλεγεν πρὸς αὐτούς, Ἐγώ, ἄνδρες **ἀδελφοί,**
28:21 Ἡμεῖς οὔτε γράμματα περὶ σοῦ ἐδεξάμεθα ἀπὸ τῆς Ἰουδαίας οὔτε παραγενόμενός τις τῶν **ἀδελφῶν** ἀπήγγειλεν
Ro 1:13 οὐ θέλω δὲ ὑμᾶς ἀγνοεῖν, **ἀδελφοί,** ὅτι πολλάκις προεθέμην ἐλθεῖν πρὸς ὑμᾶς,
7: 1 Ἢ ἀγνοεῖτε, **ἀδελφοί,** γινώσκουσιν γὰρ νόμον λαλῶ, ὅτι ὁ νόμος κυριεύει τοῦ ἀνθρώπου ἐφ᾽ ὅσον χρόνον ζῇ;
7: 4 ὥστε, **ἀδελφοί** μου, καὶ ὑμεῖς ἐθανατώθητε τῷ νόμῳ διὰ τοῦ σώματος τοῦ Χριστοῦ,
8:12 Ἄρα οὖν, **ἀδελφοί,** ὀφειλέται ἐσμὲν οὐ τῇ σαρκὶ τοῦ κατὰ σάρκα ζῆν,
8:29 εἰς τὸ εἶναι αὐτὸν πρωτότοκον ἐν πολλοῖς **ἀδελφοῖς·**
9: 3 ηὐχόμην γὰρ ἀνάθεμα εἶναι αὐτὸς ἐγὼ ἀπὸ τοῦ Χριστοῦ ὑπὲρ τῶν **ἀδελφῶν** μου τῶν συγγενῶν μου κατὰ σάρκα,
10: 1 **Ἀδελφοί,** ἡ μὲν εὐδοκία τῆς ἐμῆς καρδίας καὶ ἡ δέησις πρὸς τὸν θεὸν ὑπὲρ αὐτῶν εἰς σωτηρίαν.
11:25 Οὐ γὰρ θέλω ὑμᾶς ἀγνοεῖν, **ἀδελφοί,** τὸ μυστήριον τοῦτο,
12: 1 Παρακαλῶ οὖν ὑμᾶς, **ἀδελφοί,** διὰ τῶν οἰκτιρμῶν τοῦ θεοῦ παραστῆσαι τὰ σώματα ὑμῶν θυσίαν ζῶσαν ἁγίαν εὐάρεστον
14:10 σὺ δὲ τί κρίνεις τὸν **ἀδελφόν** σου; ἢ καὶ σὺ τί ἐξουθενεῖς τὸν **ἀδελφόν** σου;
14:13 τὸ μὴ τιθέναι πρόσκομμα τῷ **ἀδελφῷ** ἢ σκάνδαλον.
14:15 εἰ γὰρ διὰ βρῶμα ὁ **ἀδελφός** σου λυπεῖται,
14:21 καλὸν τὸ μὴ φαγεῖν κρέα μηδὲ πιεῖν οἶνον μηδὲ ἐν ᾧ ὁ **ἀδελφός** σου προσκόπτει.
15:14 Πέπεισμαι δέ, **ἀδελφοί** μου, καὶ αὐτὸς ἐγὼ περὶ ὑμῶν ὅτι καὶ αὐτοὶ μεστοί ἐστε ἀγαθωσύνης,
15:30 Παρακαλῶ δὲ ὑμᾶς[, **ἀδελφοί,**] διὰ τοῦ κυρίου ἡμῶν Ἰησοῦ Χριστοῦ καὶ διὰ τῆς ἀγάπης τοῦ πνεύματος συναγωνίσασθαί
16:14 Ἀσύγκριτον, Φλέγοντα, Ἑρμῆν, Πατροβᾶν, Ἑρμᾶν καὶ τοὺς σὺν αὐτοῖς **ἀδελφούς.**
16:17 Παρακαλῶ δὲ ὑμᾶς, **ἀδελφοί,** σκοπεῖν τοὺς τὰς διχοστασίας καὶ τὰ σκάνδαλα παρὰ τὴν διδαχὴν
16:23 ἀσπάζεται ὑμᾶς Ἔραστος ὁ οἰκονόμος τῆς πόλεως καὶ Κούαρτος ὁ **ἀδελφός.**
1Co 1: 1 Παῦλος κλητὸς ἀπόστολος Χριστοῦ Ἰησοῦ διὰ θελήματος θεοῦ καὶ Σωσθένης ὁ **ἀδελφὸς**
1:10 Παρακαλῶ δὲ ὑμᾶς, **ἀδελφοί,** διὰ τοῦ ὀνόματος τοῦ κυρίου ἡμῶν Ἰησοῦ Χριστοῦ,
1:11 ἐδηλώθη γάρ μοι περὶ ὑμῶν, **ἀδελφοί** μου, ὑπὸ τῶν Χλόης ὅτι ἔριδες ἐν ὑμῖν εἰσιν.
1:26 Βλέπετε γὰρ τὴν κλῆσιν ὑμῶν, **ἀδελφοί,** ὅτι οὐ πολλοὶ σοφοὶ κατὰ σάρκα,
2: 1 Κἀγὼ ἐλθὼν πρὸς ὑμᾶς, **ἀδελφοί,** ἦλθον οὐ καθ᾽ ὑπεροχὴν λόγου ἢ σοφίας καταγγέλλων ὑμῖν τὸ μυστήριον τοῦ θεοῦ.
3: 1 Κἀγώ, **ἀδελφοί,** οὐκ ἠδυνήθην λαλῆσαι ὑμῖν ὡς πνευματικοῖς ἀλλ᾽ ὡς σαρκίνοις,
4: 6 Ταῦτα δέ, **ἀδελφοί,** μετεσχημάτισα εἰς ἐμαυτὸν καὶ Ἀπολλῶν δι᾽ ὑμᾶς,
5:11 νῦν δὲ ἔγραψα ὑμῖν μὴ συναναμίγνυσθαι ἐάν τις **ἀδελφὸς** ὀνομαζόμενος ᾖ πόρνος ἢ πλεονέκτης ἢ εἰδωλολάτρης
6: 5 ὃς δυνήσεται διακρῖναι ἀνὰ μέσον τοῦ **ἀδελφοῦ** αὐτοῦ;
6: 6 ἀλλὰ **ἀδελφὸς** μετὰ **ἀδελφοῦ** κρίνεται καὶ τοῦτο ἐπὶ ἀπίστων;
6: 8 ἀλλὰ ὑμεῖς ἀδικεῖτε καὶ ἀποστερεῖτε, καὶ τοῦτο **ἀδελφούς.**
7:12 εἴ τις **ἀδελφὸς** γυναῖκα ἔχει ἄπιστον καὶ αὕτη συνευδοκεῖ οἰκεῖν μετ᾽ αὐτοῦ,
7:14 ἡγίασται γὰρ ὁ ἀνὴρ ὁ ἄπιστος ἐν τῇ γυναικὶ καὶ ἡγίασται ἡ γυνὴ ἡ ἄπιστος ἐν τῷ **ἀδελφῷ·**
7:15 οὐ δεδούλωται ὁ **ἀδελφὸς** ἢ ἡ ἀδελφὴ ἐν τοῖς τοιούτοις·
7:24 ἕκαστος ἐν ᾧ ἐκλήθη, **ἀδελφοί,** ἐν τούτῳ μενέτω παρὰ θεῷ.
7:29 τοῦτο δέ φημι, **ἀδελφοί,** ὁ καιρὸς συνεσταλμένος ἐστίν·
8:11 ἀπόλλυται γὰρ ὁ ἀσθενῶν ἐν τῇ σῇ γνώσει, ὁ **ἀδελφὸς** δι᾽ ὃν Χριστὸς ἀπέθανεν.
8:12 οὕτως δὲ ἁμαρτάνοντες εἰς τοὺς **ἀδελφοὺς** καὶ τύπτοντες αὐτῶν τὴν συνείδησιν ἀσθενοῦσαν εἰς Χριστὸν ἁμαρτάνετε.
8:13 διόπερ εἰ βρῶμα σκανδαλίζει τὸν **ἀδελφόν** μου, οὐ μὴ φάγω κρέα εἰς τὸν αἰῶνα, ἵνα μὴ τὸν **ἀδελφόν** μου σκανδαλίσω.
9: 5 μὴ οὐκ ἔχομεν ἐξουσίαν ἀδελφὴν γυναῖκα περιάγειν ὡς καὶ οἱ λοιποὶ ἀπόστολοι καὶ οἱ **ἀδελφοὶ** τοῦ κυρίου καὶ Κηφᾶς;
10: 1 Οὐ θέλω γὰρ ὑμᾶς ἀγνοεῖν, **ἀδελφοί,** ὅτι οἱ πατέρες ἡμῶν πάντες ὑπὸ τὴν νεφέλην ἦσαν
11:33 ὥστε, **ἀδελφοί** μου, συνερχόμενοι εἰς τὸ φαγεῖν ἀλλήλους ἐκδέχεσθε.
12: 1 Περὶ δὲ τῶν πνευματικῶν, **ἀδελφοί,** οὐ θέλω ὑμᾶς ἀγνοεῖν.
14: 6 Νῦν δέ, **ἀδελφοί,** ἐὰν ἔλθω πρὸς ὑμᾶς γλώσσαις λαλῶν,
14:20 **Ἀδελφοί,** μὴ παιδία γίνεσθε ταῖς φρεσὶν ἀλλὰ τῇ κακίᾳ νηπιάζετε,
14:26 Τί οὖν ἐστιν, **ἀδελφοί;** ὅταν συνέρχησθε, ἕκαστος ψαλμὸν ἔχει,
14:39 ὥστε, **ἀδελφοί** [μου,] ζηλοῦτε τὸ προφητεύειν καὶ τὸ λαλεῖν μὴ κωλύετε γλώσσαις·
15: 1 Γνωρίζω δὲ ὑμῖν, **ἀδελφοί,** τὸ εὐαγγέλιον ὃ εὐηγγελισάμην
15: 6 ἔπειτα ὤφθη ἐπάνω πεντακοσίοις **ἀδελφοῖς** ἐφάπαξ, ἐξ ὧν οἱ πλείονες μένουσιν ἕως ἄρτι,
15:31 καθ᾽ ἡμέραν ἀποθνῄσκω, νὴ τὴν ὑμετέραν καύχησιν, [**ἀδελφοί,**]
15:50 Τοῦτο δέ φημι, **ἀδελφοί,** ὅτι σὰρξ καὶ αἷμα βασιλείαν θεοῦ κληρονομῆσαι οὐ δύναται οὐδὲ ἡ φθορὰ τὴν ἀφθαρσίαν
15:58 Ὥστε, **ἀδελφοί** μου ἀγαπητοί, ἑδραῖοι γίνεσθε, ἀμετακίνητοι, περισσεύοντες ἐν τῷ ἔργῳ τοῦ κυρίου πάντοτε,
16:11 ἵνα ἔλθῃ πρός με· ἐκδέχομαι γὰρ αὐτὸν μετὰ τῶν **ἀδελφῶν.**
16:12 Περὶ δὲ Ἀπολλῶ τοῦ **ἀδελφοῦ,** πολλὰ παρεκάλεσα αὐτόν, ἵνα ἔλθῃ πρὸς ὑμᾶς μετὰ τῶν **ἀδελφῶν·**
16:15 Παρακαλῶ δὲ ὑμᾶς, **ἀδελφοί·** οἴδατε τὴν οἰκίαν Στεφανᾶ,
16:20 ἀσπάζονται ὑμᾶς οἱ **ἀδελφοὶ** πάντες.
2Co 1: 1 Παῦλος ἀπόστολος Χριστοῦ Ἰησοῦ διὰ θελήματος θεοῦ καὶ Τιμόθεος ὁ **ἀδελφὸς** τῇ ἐκκλησίᾳ τοῦ θεοῦ
1: 8 Οὐ γὰρ θέλομεν ὑμᾶς ἀγνοεῖν, **ἀδελφοί,** ὑπὲρ τῆς θλίψεως ἡμῶν τῆς γενομένης ἐν τῇ Ἀσίᾳ,
2:13 οὐκ ἔσχηκα ἄνεσιν τῷ πνεύματί μου τῷ μὴ εὑρεῖν με Τίτον τὸν **ἀδελφόν** μου,
8: 1 Γνωρίζομεν δὲ ὑμῖν, **ἀδελφοί,** τὴν χάριν τοῦ θεοῦ τὴν δεδομένην ἐν ταῖς ἐκκλησίαις τῆς Μακεδονίας,
8:18 συνεπέμψαμεν δὲ μετ᾽ αὐτοῦ τὸν **ἀδελφὸν** οὗ ὁ ἔπαινος ἐν τῷ εὐαγγελίῳ διὰ πασῶν τῶν ἐκκλησιῶν,
8:22 συνεπέμψαμεν δὲ αὐτοῖς τὸν **ἀδελφὸν** ἡμῶν ὃν ἐδοκιμάσαμεν ἐν πολλοῖς πολλάκις σπουδαῖον ὄντα,
8:23 κοινωνὸς ἐμὸς καὶ εἰς ὑμᾶς συνεργός· εἴτε **ἀδελφοὶ** ἡμῶν, ἀπόστολοι ἐκκλησιῶν, δόξα Χριστοῦ.
9: 3 ἔπεμψα δὲ τοὺς **ἀδελφούς,** ἵνα μὴ τὸ καύχημα ἡμῶν τὸ ὑπὲρ ὑμῶν κενωθῇ ἐν τῷ μέρει τούτῳ,
9: 5 ἀναγκαῖον οὖν ἡγησάμην παρακαλέσαι τοὺς **ἀδελφούς,**
11: 9 τὸ γὰρ ὑστέρημά μου προσανεπλήρωσαν οἱ **ἀδελφοὶ** ἐλθόντες ἀπὸ Μακεδονίας,
12:18 παρεκάλεσα Τίτον καὶ συναπέστειλα τὸν **ἀδελφόν·** μήτι ἐπλεονέκτησεν ὑμᾶς Τίτος;
13:11 Λοιπόν, **ἀδελφοί,** χαίρετε, καταρτίζεσθε, παρακαλεῖσθε,
Gal 1: 2 οἱ σὺν ἐμοὶ πάντες **ἀδελφοὶ** ταῖς ἐκκλησίαις τῆς Γαλατίας,
1:11 Γνωρίζω γὰρ ὑμῖν, **ἀδελφοί,** τὸ εὐαγγέλιον τὸ εὐαγγελισθὲν ὑπ᾽ ἐμοῦ ὅτι οὐκ ἔστιν κατὰ ἄνθρωπον·
1:19 ἕτερον δὲ τῶν ἀποστόλων οὐκ εἶδον εἰ μὴ Ἰάκωβον τὸν **ἀδελφὸν** τοῦ κυρίου.
3:15 **Ἀδελφοί,** κατὰ ἄνθρωπον λέγω· ὅμως ἀνθρώπου κεκυρωμένην διαθήκην οὐδεὶς ἀθετεῖ ἢ ἐπιδιατάσσεται.
4:12 Γίνεσθε ὡς ἐγώ, ὅτι κἀγὼ ὡς ὑμεῖς, **ἀδελφοί,** δέομαι ὑμῶν.
4:28 ὑμεῖς δέ, **ἀδελφοί,** κατὰ Ἰσαὰκ ἐπαγγελίας τέκνα ἐστέ.
4:31 διό, **ἀδελφοί,** οὐκ ἐσμὲν παιδίσκης τέκνα ἀλλὰ τῆς ἐλευθέρας.
5:11 ἐγὼ δέ, **ἀδελφοί,** εἰ περιτομὴν ἔτι κηρύσσω, τί ἔτι διώκομαι;
5:13 Ὑμεῖς γὰρ ἐπ᾽ ἐλευθερίᾳ ἐκλήθητε, **ἀδελφοί·** μόνον μὴ τὴν ἐλευθερίαν εἰς ἀφορμὴν τῇ σαρκί,
6: 1 **Ἀδελφοί,** ἐὰν καὶ προλημφθῇ ἄνθρωπος ἔν τινι παραπτώματι,
6:18 Ἡ χάρις τοῦ κυρίου ἡμῶν Ἰησοῦ Χριστοῦ μετὰ τοῦ πνεύματος ὑμῶν, **ἀδελφοί·**
Eph 6:21 πάντα γνωρίσει ὑμῖν Τυχικὸς ὁ ἀγαπητὸς **ἀδελφὸς** καὶ πιστὸς διάκονος ἐν κυρίῳ,
6:23 Εἰρήνη τοῖς **ἀδελφοῖς** καὶ ἀγάπη μετὰ πίστεως ἀπὸ θεοῦ πατρὸς καὶ κυρίου Ἰησοῦ Χριστοῦ.
Php 1:12 Γινώσκειν δὲ ὑμᾶς βούλομαι, **ἀδελφοί,** ὅτι τὰ κατ᾽ ἐμὲ μᾶλλον εἰς προκοπὴν τοῦ εὐαγγελίου ἐλήλυθεν,
1:14 καὶ τοὺς πλείονας τῶν **ἀδελφῶν** ἐν κυρίῳ πεποιθότας τοῖς δεσμοῖς μου περισσοτέρως τολμᾶν ἀφόβως τὸν λόγον λαλεῖν.
2:25 Ἀναγκαῖον δὲ ἡγησάμην Ἐπαφρόδιτον τὸν **ἀδελφὸν** καὶ συνεργὸν καὶ συστρατιώτην μου,

3: 1 Τὸ λοιπόν, **ἀδελφοί** μου, χαίρετε ἐν κυρίῳ. τὰ αὐτὰ γράφειν ὑμῖν ἐμοὶ μὲν οὐκ ὀκνηρόν,
3:13 **ἀδελφοί,** ἐγὼ ἐμαυτὸν οὐ λογίζομαι κατειληφέναι· ἓν δέ,
3:17 Συμμιμηταί μου γίνεσθε, **ἀδελφοί,** καὶ σκοπεῖτε τοὺς οὕτω περιπατοῦντας καθὼς ἔχετε τύπον ἡμᾶς.
4: 1 Ὥστε, **ἀδελφοί** μου ἀγαπητοὶ καὶ ἐπιπόθητοι, χαρὰ καὶ στέφανός μου,
4: 8 Τὸ λοιπόν, **ἀδελφοί,** ὅσα ἐστὶν ἀληθῆ, ὅσα σεμνά,
4:21 ἀσπάζονται ὑμᾶς οἱ σὺν ἐμοὶ **ἀδελφοί.**

Col 1: 1 Παῦλος ἀπόστολος Χριστοῦ Ἰησοῦ διὰ θελήματος θεοῦ καὶ Τιμόθεος ὁ **ἀδελφὸς**
1: 2 τοῖς ἐν Κολοσσαῖς ἁγίοις καὶ πιστοῖς **ἀδελφοῖς** ἐν Χριστῷ,
4: 7 Τὰ κατ᾽ ἐμὲ πάντα γνωρίσει ὑμῖν Τυχικὸς ὁ ἀγαπητὸς **ἀδελφὸς** καὶ πιστὸς διάκονος καὶ σύνδουλος ἐν κυρίῳ,
4: 9 σὺν Ὀνησίμῳ τῷ πιστῷ καὶ ἀγαπητῷ **ἀδελφῷ,** ὅς ἐστιν ἐξ ὑμῶν·
4:15 Ἀσπάσασθε τοὺς ἐν Λαοδικείᾳ **ἀδελφοὺς** καὶ Νύμφαν

1Th 1: 4 εἰδότες, **ἀδελφοὶ** ἠγαπημένοι ὑπὸ [τοῦ] θεοῦ, τὴν ἐκλογὴν ὑμῶν,
2: 1 Αὐτοὶ γὰρ οἴδατε, **ἀδελφοί,** τὴν εἴσοδον ἡμῶν τὴν πρὸς ὑμᾶς ὅτι οὐ κενὴ γέγονεν,
2: 9 μνημονεύετε γάρ, **ἀδελφοί,** τὸν κόπον ἡμῶν καὶ τὸν μόχθον·
2:14 ὑμεῖς γὰρ μιμηταὶ ἐγενήθητε, **ἀδελφοί,** τῶν ἐκκλησιῶν τοῦ θεοῦ τῶν οὐσῶν ἐν τῇ Ἰουδαίᾳ ἐν Χριστῷ Ἰησοῦ,
2:17 Ἡμεῖς δέ, **ἀδελφοί,** ἀπορφανισθέντες ἀφ᾽ ὑμῶν πρὸς καιρὸν ὥρας,
3: 2 τὸν **ἀδελφὸν** ἡμῶν καὶ συνεργὸν τοῦ θεοῦ ἐν τῷ εὐαγγελίῳ τοῦ Χριστοῦ,
3: 7 διὰ τοῦτο παρεκλήθημεν, **ἀδελφοί,** ἐφ᾽ ὑμῖν ἐπὶ πάσῃ τῇ ἀνάγκῃ καὶ θλίψει ἡμῶν διὰ τῆς ὑμῶν πίστεως,
4: 1 Λοιπὸν οὖν, **ἀδελφοί,** ἐρωτῶμεν ὑμᾶς καὶ παρακαλοῦμεν ἐν κυρίῳ Ἰησοῦ,
4: 6 τὸ μὴ ὑπερβαίνειν καὶ πλεονεκτεῖν ἐν τῷ πράγματι τὸν **ἀδελφὸν** αὐτοῦ,
4:10 καὶ γὰρ ποιεῖτε αὐτὸ εἰς πάντας τοὺς **ἀδελφοὺς** [τοὺς] ἐν ὅλῃ τῇ Μακεδονίᾳ. παρακαλοῦμεν δὲ ὑμᾶς, **ἀδελφοί,** περισσεύειν μᾶλλον
4:13 Οὐ θέλομεν δὲ ὑμᾶς ἀγνοεῖν, **ἀδελφοί,** περὶ τῶν κοιμωμένων,
5: 1 Περὶ δὲ τῶν χρόνων καὶ τῶν καιρῶν, **ἀδελφοί,** οὐ χρείαν ἔχετε ὑμῖν γράφεσθαι,
5: 4 ὑμεῖς δέ, **ἀδελφοί,** οὐκ ἐστὲ ἐν σκότει, ἵνα ἡ ἡμέρα ὑμᾶς ὡς κλέπτης καταλάβῃ·
5:12 Ἐρωτῶμεν δὲ ὑμᾶς, **ἀδελφοί,** εἰδέναι τοὺς κοπιῶντας ἐν ὑμῖν
5:14 **ἀδελφοί,** νουθετεῖτε τοὺς ἀτάκτους, παραμυθεῖσθε τοὺς ὀλιγοψύχους, ἀντέχεσθε τῶν ἀσθενῶν,
5:25 **Ἀδελφοί,** προσεύχεσθε [καὶ] περὶ ἡμῶν.
5:26 Ἀσπάσασθε τοὺς **ἀδελφοὺς** πάντας ἐν φιλήματι ἁγίῳ.
5:27 Ἐνορκίζω ὑμᾶς τὸν κύριον ἀναγνωσθῆναι τὴν ἐπιστολὴν πᾶσιν τοῖς **ἀδελφοῖς.**

2Th 1: 3 Εὐχαριστεῖν ὀφείλομεν τῷ θεῷ πάντοτε περὶ ὑμῶν, **ἀδελφοί,** καθὼς ἄξιόν ἐστιν,
2: 1 Ἐρωτῶμεν δὲ ὑμᾶς, **ἀδελφοί,** ὑπὲρ τῆς παρουσίας τοῦ κυρίου ἡμῶν Ἰησοῦ Χριστοῦ καὶ ἡμῶν ἐπισυναγωγῆς ἐπ᾽ αὐτὸν
2:13 Ἡμεῖς δὲ ὀφείλομεν εὐχαριστεῖν τῷ θεῷ πάντοτε περὶ ὑμῶν, **ἀδελφοὶ** ἠγαπημένοι ὑπὸ κυρίου,
2:15 ἄρα οὖν, **ἀδελφοί,** στήκετε, καὶ κρατεῖτε τὰς παραδόσεις
3: 1 Τὸ λοιπὸν προσεύχεσθε, **ἀδελφοί,** περὶ ἡμῶν, ἵνα ὁ λόγος τοῦ κυρίου τρέχῃ καὶ δοξάζηται καθὼς καὶ πρὸς ὑμᾶς,
3: 6 Παραγγέλλομεν δὲ ὑμῖν, **ἀδελφοί,** ἐν ὀνόματι τοῦ κυρίου [ἡμῶν] Ἰησοῦ Χριστοῦ στέλλεσθαι ὑμᾶς ἀπὸ παντὸς **ἀδελφοῦ** ἀτάκτως περιπατοῦντος καὶ μὴ κατὰ τὴν παράδοσιν
3:13 Ὑμεῖς δέ, **ἀδελφοί,** μὴ ἐγκακήσητε καλοποιοῦντες.
3:15 καὶ μὴ ὡς ἐχθρὸν ἡγεῖσθε, ἀλλὰ νουθετεῖτε ὡς **ἀδελφόν.**

1Ti 4: 6 Ταῦτα ὑποτιθέμενος τοῖς **ἀδελφοῖς** καλὸς ἔσῃ διάκονος Χριστοῦ Ἰησοῦ,
5: 1 Πρεσβυτέρῳ μὴ ἐπιπλήξῃς ἀλλὰ παρακάλει ὡς πατέρα, νεωτέρους ὡς **ἀδελφούς,**
6: 2 οἱ δὲ πιστοὺς ἔχοντες δεσπότας μὴ καταφρονείτωσαν, ὅτι **ἀδελφοί** εἰσιν, ἀλλὰ μᾶλλον δουλευέτωσαν,

2Ti 4:21 Ἀσπάζεταί σε Εὔβουλος καὶ Πούδης καὶ Λίνος καὶ Κλαυδία καὶ οἱ **ἀδελφοὶ** πάντες.

Phm 1: 1 Παῦλος δέσμιος Χριστοῦ Ἰησοῦ καὶ Τιμόθεος ὁ **ἀδελφὸς** Φιλήμονι τῷ ἀγαπητῷ καὶ συνεργῷ ἡμῶν
1: 7 ὅτι τὰ σπλάγχνα τῶν ἁγίων ἀναπέπαυται διὰ σοῦ, **ἀδελφέ.**
1:16 οὐκέτι ὡς δοῦλον ἀλλὰ ὑπὲρ δοῦλον, **ἀδελφὸν** ἀγαπητόν, μάλιστα ἐμοί,
1:20 ναὶ **ἀδελφέ,** ἐγώ σου ὀναίμην ἐν κυρίῳ· ἀνάπαυσόν μου τὰ σπλάγχνα ἐν Χριστῷ.

Heb 2:11 δι᾽ ἣν αἰτίαν οὐκ ἐπαισχύνεται **ἀδελφοὺς** αὐτοὺς καλεῖν
2:12 λέγων, Ἀπαγγελῶ τὸ ὄνομά σου τοῖς **ἀδελφοῖς** μου,
2:17 ὅθεν ὤφειλεν κατὰ πάντα τοῖς **ἀδελφοῖς** ὁμοιωθῆναι, ἵνα ἐλεήμων γένηται καὶ πιστὸς ἀρχιερεὺς τὰ πρὸς τὸν θεὸν
3: 1 Ὅθεν, **ἀδελφοὶ** ἅγιοι, κλήσεως ἐπουρανίου μέτοχοι,
3:12 Βλέπετε, **ἀδελφοί,** μήποτε ἔσται ἔν τινι ὑμῶν καρδία πονηρὰ ἀπιστίας ἐν τῷ ἀποστῆναι ἀπὸ θεοῦ ζῶντος,
7: 5 τοῦτ᾽ ἔστιν τοὺς **ἀδελφοὺς** αὐτῶν, καίπερ ἐξεληλυθότας ἐκ τῆς ὀσφύος Ἀβραάμ·
8:11 καὶ οὐ μὴ διδάξωσιν ἕκαστος τὸν πολίτην αὐτοῦ καὶ ἕκαστος τὸν **ἀδελφὸν** αὐτοῦ λέγων,
10:19 Ἔχοντες οὖν, **ἀδελφοί,** παρρησίαν εἰς τὴν εἴσοδον τῶν ἁγίων ἐν τῷ αἵματι Ἰησοῦ,
13:22 Παρακαλῶ δὲ ὑμᾶς, **ἀδελφοί,** ἀνέχεσθε τοῦ λόγου τῆς παρακλήσεως,
13:23 Γινώσκετε τὸν **ἀδελφὸν** ἡμῶν Τιμόθεον ἀπολελυμένον,

Jas 1: 2 Πᾶσαν χαρὰν ἡγήσασθε, **ἀδελφοί** μου, ὅταν πειρασμοῖς περιπέσητε ποικίλοις,
1: 9 Καυχάσθω δὲ ὁ **ἀδελφὸς** ὁ ταπεινὸς ἐν τῷ ὕψει αὐτοῦ,
1:16 Μὴ πλανᾶσθε, **ἀδελφοί** μου ἀγαπητοί.
1:19 Ἴστε, **ἀδελφοί** μου ἀγαπητοί· ἔστω δὲ πᾶς ἄνθρωπος ταχὺς εἰς τὸ ἀκοῦσαι,
2: 1 **Ἀδελφοί** μου, μὴ ἐν προσωπολημψίαις ἔχετε τὴν πίστιν τοῦ κυρίου ἡμῶν Ἰησοῦ Χριστοῦ τῆς δόξης.
2: 5 Ἀκούσατε, **ἀδελφοί** μου ἀγαπητοί· οὐχ ὁ θεὸς ἐξελέξατο τοὺς πτωχοὺς τῷ κόσμῳ πλουσίους ἐν πίστει
2:14 Τί τὸ ὄφελος, **ἀδελφοί** μου, ἐὰν πίστιν λέγῃ τις ἔχειν ἔργα δὲ μὴ ἔχῃ;
2:15 ἐὰν **ἀδελφὸς** ἢ ἀδελφὴ γυμνοὶ ὑπάρχωσιν καὶ λειπόμενοι τῆς ἐφημέρου τροφῆς
3: 1 Μὴ πολλοὶ διδάσκαλοι γίνεσθε, **ἀδελφοί** μου, εἰδότες ὅτι μεῖζον κρίμα λημψόμεθα.
3:10 ἐκ τοῦ αὐτοῦ στόματος ἐξέρχεται εὐλογία καὶ κατάρα. οὐ χρή, **ἀδελφοί** μου, ταῦτα οὕτως γίνεσθαι.
3:12 μὴ δύναται, **ἀδελφοί** μου, συκῆ ἐλαίας ποιῆσαι ἢ ἄμπελος σῦκα;
4:11 Μὴ καταλαλεῖτε ἀλλήλων, **ἀδελφοί.** ὁ καταλαλῶν **ἀδελφοῦ** ἢ κρίνων τὸν **ἀδελφὸν** αὐτοῦ καταλαλεῖ νόμου καὶ κρίνει νόμον·
5: 7 Μακροθυμήσατε οὖν, **ἀδελφοί,** ἕως τῆς παρουσίας τοῦ κυρίου.
5: 9 μὴ στενάζετε, **ἀδελφοί,** κατ᾽ ἀλλήλων ἵνα μὴ κριθῆτε·
5:10 ὑπόδειγμα λάβετε, **ἀδελφοί,** τῆς κακοπαθείας καὶ τῆς μακροθυμίας τοὺς προφήτας οἳ ἐλάλησαν
5:12 Πρὸ πάντων δέ, **ἀδελφοί** μου, μὴ ὀμνύετε μήτε τὸν οὐρανὸν μήτε τὴν γῆν μήτε ἄλλον τινὰ ὅρκον·
5:19 **Ἀδελφοί** μου, ἐάν τις ἐν ὑμῖν πλανηθῇ ἀπὸ τῆς ἀληθείας καὶ ἐπιστρέψῃ τις αὐτόν,

1Pe 5:12 Διὰ Σιλουανοῦ ὑμῖν τοῦ πιστοῦ **ἀδελφοῦ,** ὡς λογίζομαι,

2Pe 1:10 διὸ μᾶλλον, **ἀδελφοί,** σπουδάσατε βεβαίαν ὑμῶν τὴν κλῆσιν καὶ ἐκλογὴν ποιεῖσθαι·
3:15 καθὼς καὶ ὁ ἀγαπητὸς ἡμῶν **ἀδελφὸς** Παῦλος κατὰ τὴν δοθεῖσαν αὐτῷ σοφίαν ἔγραψεν ὑμῖν,

1Jn 2: 9 ὁ λέγων ἐν τῷ φωτὶ εἶναι καὶ τὸν **ἀδελφὸν** αὐτοῦ μισῶν ἐν τῇ σκοτίᾳ ἐστὶν ἕως ἄρτι.
2:10 ὁ ἀγαπῶν τὸν **ἀδελφὸν** αὐτοῦ ἐν τῷ φωτὶ μένει καὶ σκάνδαλον ἐν αὐτῷ οὐκ ἔστιν·
2:11 ὁ δὲ μισῶν τὸν **ἀδελφὸν** αὐτοῦ ἐν τῇ σκοτίᾳ ἐστὶν καὶ ἐν τῇ σκοτίᾳ περιπατεῖ καὶ οὐκ οἶδεν ποῦ ὑπάγει,
3:10 πᾶς ὁ μὴ ποιῶν δικαιοσύνην οὐκ ἔστιν ἐκ τοῦ θεοῦ, καὶ ὁ μὴ ἀγαπῶν τὸν **ἀδελφὸν** αὐτοῦ.
3:12 οὐ καθὼς Κάϊν ἐκ τοῦ πονηροῦ ἦν καὶ ἔσφαξεν τὸν **ἀδελφὸν** αὐτοῦ· καὶ χάριν τίνος ἔσφαξεν αὐτόν; ὅτι τὰ ἔργα αὐτοῦ πονηρὰ ἦν τὰ δὲ τοῦ **ἀδελφοῦ** αὐτοῦ δίκαια.
3:13 [καὶ] μὴ θαυμάζετε, **ἀδελφοί,** εἰ μισεῖ ὑμᾶς ὁ κόσμος.
3:14 ἡμεῖς οἴδαμεν ὅτι μεταβεβήκαμεν ἐκ τοῦ θανάτου εἰς τὴν ζωήν, ὅτι ἀγαπῶμεν τοὺς **ἀδελφούς·**
3:15 πᾶς ὁ μισῶν τὸν **ἀδελφὸν** αὐτοῦ ἀνθρωποκτόνος ἐστίν,
3:16 καὶ ἡμεῖς ὀφείλομεν ὑπὲρ τῶν **ἀδελφῶν** τὰς ψυχὰς θεῖναι.
3:17 ὃς δ᾽ ἂν ἔχῃ τὸν βίον τοῦ κόσμου καὶ θεωρῇ τὸν **ἀδελφὸν** αὐτοῦ χρείαν ἔχοντα καὶ κλείσῃ τὰ σπλάγχνα αὐτοῦ
4:20 ἐάν τις εἴπῃ ὅτι Ἀγαπῶ τὸν θεόν καὶ τὸν **ἀδελφὸν** αὐτοῦ μισῇ, ψεύστης ἐστίν· ὁ γὰρ μὴ ἀγαπῶν τὸν **ἀδελφὸν** αὐτοῦ ὃν ἑώρακεν, τὸν θεὸν ὃν οὐχ ἑώρακεν οὐ δύναται ἀγαπᾶν.
4:21 ἵνα ὁ ἀγαπῶν τὸν θεὸν ἀγαπᾷ καὶ τὸν **ἀδελφὸν** αὐτοῦ.

5:16 Ἐάν τις ἴδῃ τὸν **ἀδελφὸν** αὐτοῦ ἁμαρτάνοντα ἁμαρτίαν μὴ πρὸς θάνατον,
3Jn 1: 3 ἐχάρην γὰρ λίαν ἐρχομένων **ἀδελφῶν** καὶ μαρτυρούντων σου τῇ ἀληθείᾳ,
1: 5 πιστὸν ποιεῖς ὃ ἐὰν ἐργάσῃ εἰς τοὺς **ἀδελφοὺς** καὶ τοῦτο ξένους,
1:10 καὶ μὴ ἀρκούμενος ἐπὶ τούτοις οὔτε αὐτὸς ἐπιδέχεται τοὺς **ἀδελφοὺς** καὶ τοὺς βουλομένους κωλύει
Jude 1: 1 Ἰούδας Ἰησοῦ Χριστοῦ δοῦλος, **ἀδελφὸς** δὲ Ἰακώβου,
Rev 1: 9 ὁ **ἀδελφὸς** ὑμῶν καὶ συγκοινωνὸς ἐν τῇ θλίψει καὶ βασιλείᾳ καὶ ὑπομονῇ ἐν Ἰησοῦ,
6:11 ἕως πληρωθῶσιν καὶ οἱ σύνδουλοι αὐτῶν καὶ οἱ **ἀδελφοὶ** αὐτῶν οἱ μέλλοντες ἀποκτέννεσθαι ὡς καὶ αὐτοί.
12:10 ὅτι ἐβλήθη ὁ κατήγωρ τῶν **ἀδελφῶν** ἡμῶν, ὁ κατηγορῶν αὐτοὺς ἐνώπιον τοῦ θεοῦ ἡμῶν ἡμέρας καὶ νυκτός.
19:10 σύνδουλός σού εἰμι καὶ τῶν **ἀδελφῶν** σου τῶν ἐχόντων τὴν μαρτυρίαν Ἰησοῦ·
22: 9 σύνδουλός σού εἰμι καὶ τῶν **ἀδελφῶν** σου τῶν προφητῶν καὶ τῶν τηρούντων τοὺς λόγους τοῦ βιβλίου τούτου·

82 ἀδελφότης [2]

√ *81*

1Pe 2:17 τὴν **ἀδελφότητα** ἀγαπᾶτε, τὸν θεὸν φοβεῖσθε,
5: 9 ᾧ ἀντίστητε στερεοὶ τῇ πίστει εἰδότες τὰ αὐτὰ τῶν παθημάτων τῇ ἐν [τῷ] κόσμῳ ὑμῶν **ἀδελφότητι** ἐπιτελεῖσθαι.

83 ἄδηλος [2]

√ *1.1 + 1316*

Lk 11:44 οὐαὶ ὑμῖν, ὅτι ἐστὲ ὡς τὰ μνημεῖα τὰ **ἄδηλα,**
1Co 14: 8 καὶ γὰρ ἐὰν **ἄδηλον** σάλπιγξ φωνὴν δῷ, τίς παρασκευάσεται εἰς πόλεμον;

84 ἀδηλότης [1]

√ *1.1 + 1316*

1Ti 6:17 μηδὲ ἠλπικέναι ἐπὶ πλούτου **ἀδηλότητι** ἀλλ' ἐπὶ θεῷ τῷ παρέχοντι ἡμῖν πάντα πλουσίως εἰς ἀπόλαυσιν,

85 ἀδήλως [1]

√ *1.1 + 1316*

1Co 9:26 ἐγὼ τοίνυν οὕτως τρέχω ὡς οὐκ **ἀδήλως,** οὕτως πυκτεύω ὡς οὐκ ἀέρα δέρων·

86 ἀδημονέω [3]

Mt 26:37 καὶ παραλαβὼν τὸν Πέτρον καὶ τοὺς δύο υἱοὺς Ζεβεδαίου ἤρξατο λυπεῖσθαι καὶ **ἀδημονεῖν.**
Mk 14:33 καὶ παραλαμβάνει τὸν Πέτρον καὶ [τὸν] Ἰάκωβον καὶ [τὸν] Ἰωάννην μετ' αὐτοῦ καὶ ἤρξατο ἐκθαμβεῖσθαι καὶ **ἀδημονεῖν**
Php 2:26 ἐπειδὴ ἐπιποθῶν ἦν πάντας ὑμᾶς καὶ **ἀδημονῶν,** διότι ἠκούσατε ὅτι ἠσθένησεν.

87 ᾅδης [10]

Mt 11:23 Καφαρναούμ, μὴ ἕως οὐρανοῦ ὑψωθήσῃ; ἕως **ᾅδου** καταβήσῃ·
16:18 καὶ ἐπὶ ταύτῃ τῇ πέτρᾳ οἰκοδομήσω μου τὴν ἐκκλησίαν καὶ πύλαι **ᾅδου** οὐ κατισχύσουσιν αὐτῆς.
Lk 10:15 μὴ ἕως οὐρανοῦ ὑψωθήσῃ; ἕως τοῦ **ᾅδου** καταβήσῃ.
16:23 καὶ ἐν τῷ **ᾅδῃ** ἐπάρας τοὺς ὀφθαλμοὺς αὐτοῦ,
Ac 2:27 ὅτι οὐκ ἐγκαταλείψεις τὴν ψυχήν μου εἰς **ᾅδην** οὐδὲ δώσεις τὸν ὅσιόν σου ἰδεῖν διαφθοράν.
2:31 ἐλάλησεν περὶ τῆς ἀναστάσεως τοῦ Χριστοῦ ὅτι οὔτε ἐγκατελείφθη εἰς **ᾅδην** οὔτε ἡ σὰρξ αὐτοῦ εἶδεν διαφθοράν.
Rev 1:18 καὶ ἐγενόμην νεκρὸς καὶ ἰδοὺ ζῶν εἰμι εἰς τοὺς αἰῶνας τῶν αἰώνων καὶ ἔχω τὰς κλεῖς τοῦ θανάτου καὶ τοῦ **ᾅδου.**
6: 8 καὶ ἰδοὺ ἵππος χλωρός, καὶ ὁ καθήμενος ἐπάνω αὐτοῦ ὄνομα αὐτῷ [ὁ] θάνατος, καὶ ὁ **ᾅδης** ἠκολούθει μετ' αὐτοῦ
20:13 καὶ ἔδωκεν ἡ θάλασσα τοὺς νεκροὺς τοὺς ἐν αὐτῇ καὶ ὁ θάνατος καὶ ὁ **ᾅδης** ἔδωκαν τοὺς νεκροὺς τοὺς ἐν αὐτοῖς,
20:14 ὁ θάνατος καὶ ὁ **ᾅδης** ἐβλήθησαν εἰς τὴν λίμνην τοῦ πυρός.

88 ἀδιάκριτος [1]

√ *1.1 + 1328 + 3212*

Jas 3:17 μεστὴ ἐλέους καὶ καρπῶν ἀγαθῶν, **ἀδιάκριτος,** ἀνυπόκριτος.

89 ἀδιάλειπτος [2]

√ *1.1 + 1328 + 3309*

Ro 9: 2 λύπη μοί ἐστιν μεγάλη καὶ **ἀδιάλειπτος** ὀδύνη τῇ καρδίᾳ μου.
2Ti 1: 3 ὡς **ἀδιάλειπτον** ἔχω τὴν περὶ σοῦ μνείαν ἐν ταῖς δεήσεσίν μου νυκτὸς καὶ ἡμέρας,

90 ἀδιαλείπτως [4]

√ *1.1 + 1328 + 3309*

Ro 1: 9 ᾧ λατρεύω ἐν τῷ πνεύματί μου ἐν τῷ εὐαγγελίῳ τοῦ υἱοῦ αὐτοῦ, ὡς **ἀδιαλείπτως** μνείαν ὑμῶν ποιοῦμαι
1Th 1: 2 Εὐχαριστοῦμεν τῷ θεῷ πάντοτε περὶ πάντων ὑμῶν μνείαν ποιούμενοι ἐπὶ τῶν προσευχῶν ἡμῶν, **ἀδιαλείπτως**
2:13 Καὶ διὰ τοῦτο καὶ ἡμεῖς εὐχαριστοῦμεν τῷ θεῷ **ἀδιαλείπτως,**
5:17 **ἀδιαλείπτως** προσεύχεσθε,

91 ἀδιαφθορία Not used in UBS/NIV

√ *1.1 + 1328 + 5780*

92 ἀδικέω [28]

√ *1.1 + 1472*

passive **ἀδικέομαι** [5] Ac 7:24; 1Co 6:7; 2Co 7:12; 2Pe 2:13; Rev 2:11

Mt 20:13 ὁ δὲ ἀποκριθεὶς ἑνὶ αὐτῶν εἶπεν, Ἑταῖρε, οὐκ **ἀδικῶ** σε·
Lk 10:19 καὶ ἐπὶ πᾶσαν τὴν δύναμιν τοῦ ἐχθροῦ, καὶ οὐδὲν ὑμᾶς οὐ μὴ **ἀδικήσῃ.**
Ac 7:24 καὶ ἰδών τινα **ἀδικούμενον** ἠμύνατο καὶ ἐποίησεν ἐκδίκησιν τῷ καταπονουμένῳ πατάξας τὸν Αἰγύπτιον.
7:26 καὶ συνήλλασσεν αὐτοὺς εἰς εἰρήνην εἰπών, Ἄνδρες, ἀδελφοί ἐστε· ἱνατί **ἀδικεῖτε** ἀλλήλους;
7:27 ὁ δὲ **ἀδικῶν** τὸν πλησίον ἀπώσατο αὐτὸν εἰπών,
25:10 Ἰουδαίους οὐδὲν **ἠδίκησα** ὡς καὶ σὺ κάλλιον ἐπιγινώσκεις.
25:11 εἰ μὲν οὖν **ἀδικῶ** καὶ ἄξιον θανάτου πέπραχά τι,
1Co 6: 7 διὰ τί οὐχὶ μᾶλλον **ἀδικεῖσθε;** διὰ τί οὐχὶ μᾶλλον ἀποστερεῖσθε;
6: 8 ἀλλὰ ὑμεῖς **ἀδικεῖτε** καὶ ἀποστερεῖτε, καὶ τοῦτο ἀδελφούς.
2Co 7: 2 Χωρήσατε ἡμᾶς· οὐδένα **ἠδικήσαμεν,** οὐδένα ἐφθείραμεν, οὐδένα ἐπλεονεκτήσαμεν.
7:12 οὐχ ἕνεκεν τοῦ **ἀδικήσαντος** οὐδὲ ἕνεκεν τοῦ **ἀδικηθέντος** ἀλλ' ἕνεκεν τοῦ φανερωθῆναι τὴν σπουδὴν ὑμῶν
Gal 4:12 ἀδελφοί, δέομαι ὑμῶν. οὐδέν με **ἠδικήσατε·**
Col 3:25 ὁ γὰρ **ἀδικῶν** κομίσεται ὃ **ἠδίκησεν,** καὶ οὐκ ἔστιν προσωπολημψία.
Phm 1:18 εἰ δέ τι **ἠδίκησέν** σε ἢ ὀφείλει, τοῦτο ἐμοὶ ἐλλόγα.
2Pe 2:13 **ἀδικούμενοι** μισθὸν ἀδικίας, ἡδονὴν ἡγούμενοι τὴν ἐν ἡμέρᾳ τρυφήν,
Rev 2:11 ὁ νικῶν οὐ μὴ **ἀδικηθῇ** ἐκ τοῦ θανάτου τοῦ δευτέρου.
6: 6 καὶ τὸ ἔλαιον καὶ τὸν οἶνον μὴ **ἀδικήσῃς.**
7: 2 καὶ ἔκραξεν φωνῇ μεγάλῃ τοῖς τέσσαρσιν ἀγγέλοις οἷς ἐδόθη αὐτοῖς **ἀδικῆσαι** τὴν γῆν καὶ τὴν θάλασσαν
7: 3 Μὴ **ἀδικήσητε** τὴν γῆν μήτε τὴν θάλασσαν μήτε τὰ δένδρα,
9: 4 καὶ ἐρρέθη αὐταῖς ἵνα μὴ **ἀδικήσουσιν** τὸν χόρτον τῆς γῆς οὐδὲ πᾶν χλωρὸν οὐδὲ πᾶν δένδρον,
9:10 καὶ ἐν ταῖς οὐραῖς αὐτῶν ἡ ἐξουσία αὐτῶν **ἀδικῆσαι** τοὺς ἀνθρώπους μῆνας πέντε,
9:19 αἱ γὰρ οὐραὶ αὐτῶν ὅμοιαι ὄφεσιν, ἔχουσαι κεφαλὰς καὶ ἐν αὐταῖς **ἀδικοῦσιν.**
11: 5 καὶ εἴ τις αὐτοὺς θέλει **ἀδικῆσαι** πῦρ ἐκπορεύεται ἐκ τοῦ στόματος αὐτῶν καὶ κατεσθίει τοὺς ἐχθροὺς αὐτῶν· καὶ εἴ τις θελήσῃ αὐτοὺς **ἀδικῆσαι,** οὕτως δεῖ αὐτὸν ἀποκτανθῆναι.
22:11 ὁ **ἀδικῶν ἀδικησάτω** ἔτι καὶ ὁ ῥυπαρὸς ῥυπανθήτω ἔτι,

93 ἀδίκημα [3]

√ *1.1 + 1472*

Ac 18:14 Εἰ μὲν ἦν **ἀδίκημά** τι ἢ ῥᾳδιούργημα πονηρόν,

24:20 ἢ αὐτοὶ οὗτοι εἰπάτωσαν τί εὗρον **ἀδίκημα** στάντος μου ἐπὶ τοῦ συνεδρίου,
Rev 18: 5 ὅτι ἐκολλήθησαν αὐτῆς αἱ ἁμαρτίαι ἄχρι τοῦ οὐρανοῦ καὶ ἐμνημόνευσεν ὁ θεὸς τὰ **ἀδικήματα** αὐτῆς.

94 ἀδικία [25]

√ *1.1 + 1472*

μισθός ἀδικίας [3] Ac 1:18; 2Pe 2:13,15

Lk 13:27 Οὐκ οἶδα [ὑμᾶς] πόθεν ἐστέ· ἀπόστητε ἀπ' ἐμοῦ πάντες ἐργάται **ἀδικίας.**
16: 8 καὶ ἐπῄνεσεν ὁ κύριος τὸν οἰκονόμον τῆς **ἀδικίας** ὅτι φρονίμως ἐποίησεν·
16: 9 ἑαυτοῖς ποιήσατε φίλους ἐκ τοῦ μαμωνᾶ τῆς **ἀδικίας,**
18: 6 Εἶπεν δὲ ὁ κύριος, Ἀκούσατε τί ὁ κριτὴς τῆς **ἀδικίας** λέγει·
Jn 7:18 ὁ δὲ ζητῶν τὴν δόξαν τοῦ πέμψαντος αὐτὸν οὗτος ἀληθής ἐστιν καὶ **ἀδικία** ἐν αὐτῷ οὐκ ἔστιν.
Ac 1:18 Οὗτος μὲν οὖν ἐκτήσατο χωρίον ἐκ μισθοῦ τῆς **ἀδικίας** καὶ πρηνὴς γενόμενος ἐλάκησεν μέσος
8:23 εἰς γὰρ χολὴν πικρίας καὶ σύνδεσμον **ἀδικίας** ὁρῶ σε ὄντα.
Ro 1:18 Ἀποκαλύπτεται γὰρ ὀργὴ θεοῦ ἀπ' οὐρανοῦ ἐπὶ πᾶσαν ἀσέβειαν καὶ **ἀδικίαν** ἀνθρώπων τῶν τὴν ἀλήθειαν ἐν **ἀδικίᾳ** κατεχόντων,
1:29 πεπληρωμένους πάσῃ **ἀδικίᾳ** πονηρίᾳ πλεονεξίᾳ κακίᾳ, μεστοὺς φθόνου φόνου ἔριδος δόλου κακοηθείας,
2: 8 τοῖς δὲ ἐξ ἐριθείας καὶ ἀπειθοῦσι τῇ ἀληθείᾳ πειθομένοις δὲ τῇ **ἀδικίᾳ** ὀργὴ καὶ θυμός.
3: 5 εἰ δὲ ἡ **ἀδικία** ἡμῶν θεοῦ δικαιοσύνην συνίστησιν,
6:13 μηδὲ παριστάνετε τὰ μέλη ὑμῶν ὅπλα **ἀδικίας** τῇ ἁμαρτίᾳ,
9:14 Τί οὖν ἐροῦμεν; μὴ **ἀδικία** παρὰ τῷ θεῷ; μὴ γένοιτο.
1Co 13: 6 οὐ χαίρει ἐπὶ τῇ **ἀδικίᾳ,** συγχαίρει δὲ τῇ ἀληθείᾳ·
2Co 12:13 εἰ μὴ ὅτι αὐτὸς ἐγὼ οὐ κατενάρκησα ὑμῶν; χαρίσασθέ μοι τὴν **ἀδικίαν** ταύτην.
2Th 2:10 καὶ ἐν πάσῃ ἀπάτῃ **ἀδικίας** τοῖς ἀπολλυμένοις, ἀνθ' ὧν τὴν ἀγάπην τῆς ἀληθείας οὐκ ἐδέξαντο εἰς τὸ σωθῆναι αὐτούς.
2:12 ἵνα κριθῶσιν πάντες οἱ μὴ πιστεύσαντες τῇ ἀληθείᾳ ἀλλὰ εὐδοκήσαντες τῇ **ἀδικίᾳ.**
2Ti 2:19 Ἀποστήτω ἀπὸ **ἀδικίας** πᾶς ὁ ὀνομάζων τὸ ὄνομα κυρίου.
Heb 8:12 ὅτι ἵλεως ἔσομαι ταῖς **ἀδικίαις** αὐτῶν καὶ τῶν ἁμαρτιῶν αὐτῶν οὐ μὴ μνησθῶ ἔτι.
Jas 3: 6 ὁ κόσμος τῆς **ἀδικίας** ἡ γλῶσσα καθίσταται ἐν τοῖς μέλεσιν ἡμῶν,
2Pe 2:13 ἀδικούμενοι μισθὸν **ἀδικίας,** ἡδονὴν ἡγούμενοι τὴν ἐν ἡμέρᾳ τρυφήν,
2:15 ἐξακολουθήσαντες τῇ ὁδῷ τοῦ Βαλαὰμ τοῦ Βοσόρ, ὃς μισθὸν **ἀδικίας** ἠγάπησεν
1Jn 1: 9 ἵνα ἀφῇ ἡμῖν τὰς ἁμαρτίας καὶ καθαρίσῃ ἡμᾶς ἀπὸ πάσης **ἀδικίας.**
5:17 πᾶσα **ἀδικία** ἁμαρτία ἐστίν, καὶ ἔστιν ἁμαρτία οὐ πρὸς θάνατον.

95 ἀδικοκρίτης Not used in UBS/NIV

√ *1.1 + 1472 + 3212*

96 ἄδικος [12]

√ *1.1 + 1472*

Mt 5:45 ὅτι τὸν ἥλιον αὐτοῦ ἀνατέλλει ἐπὶ πονηροὺς καὶ ἀγαθοὺς καὶ βρέχει ἐπὶ δικαίους καὶ **ἀδίκους.**
Lk 16:10 καὶ ὁ ἐν ἐλαχίστῳ **ἄδικος** καὶ ἐν πολλῷ **ἄδικός** ἐστιν.
16:11 εἰ οὖν ἐν τῷ **ἀδίκῳ** μαμωνᾷ πιστοὶ οὐκ ἐγένεσθε,
18:11 ἅρπαγες, **ἄδικοι,** μοιχοί, ἢ καὶ ὡς οὗτος ὁ τελώνης·
Ac 24:15 ἐλπίδα ἔχων εἰς τὸν θεὸν ἣν καὶ αὐτοὶ οὗτοι προσδέχονται, ἀνάστασιν μέλλειν ἔσεσθαι δικαίων τε καὶ **ἀδίκων.**
Ro 3: 5 μὴ **ἄδικος** ὁ θεὸς ὁ ἐπιφέρων τὴν ὀργήν;
1Co 6: 1 Τολμᾷ τις ὑμῶν πρᾶγμα ἔχων πρὸς τὸν ἕτερον κρίνεσθαι ἐπὶ τῶν **ἀδίκων** καὶ οὐχὶ ἐπὶ τῶν ἁγίων;
6: 9 ἢ οὐκ οἴδατε ὅτι **ἄδικοι** θεοῦ βασιλείαν οὐ κληρονομήσουσιν;
Heb 6:10 οὐ γὰρ **ἄδικος** ὁ θεὸς ἐπιλαθέσθαι τοῦ ἔργου ὑμῶν καὶ τῆς ἀγάπης ἧς ἐνεδείξασθε εἰς τὸ ὄνομα αὐτοῦ,
1Pe 3:18 ὅτι καὶ Χριστὸς ἅπαξ περὶ ἁμαρτιῶν ἔπαθεν, δίκαιος ὑπὲρ **ἀδίκων,**
2Pe 2: 9 οἶδεν κύριος εὐσεβεῖς ἐκ πειρασμοῦ ῥύεσθαι, **ἀδίκους** δὲ εἰς ἡμέραν κρίσεως κολαζομένους τηρεῖν,

97 ἀδίκως [1]

√ *1.1 + 1472*

1Pe 2:19 τοῦτο γὰρ χάρις εἰ διὰ συνείδησιν θεοῦ ὑποφέρει τις λύπας πάσχων **ἀδίκως.**

98 Ἀδμίν [1 / 0]

√ *cf. 730*

Lk 3:33 τοῦ Ἀμιναδὰβ τοῦ **Ἀδμὶν**[UBS; NIV *730*] τοῦ Ἀρνὶ τοῦ Ἑσρὼμ τοῦ Φάρες τοῦ Ἰούδα

99 ἀδόκιμος [8]

√ *1.1 + 1312*

Ro 1:28 παρέδωκεν αὐτοὺς ὁ θεὸς εἰς **ἀδόκιμον** νοῦν, ποιεῖν τὰ μὴ καθήκοντα,
1Co 9:27 ἀλλὰ ὑπωπιάζω μου τὸ σῶμα καὶ δουλαγωγῶ, μή πως ἄλλοις κηρύξας αὐτὸς **ἀδόκιμος** γένωμαι.
2Co 13: 5 ἢ οὐκ ἐπιγινώσκετε ἑαυτοὺς ὅτι Ἰησοῦς Χριστὸς ἐν ὑμῖν; εἰ μήτι **ἀδόκιμοί** ἐστε.
13: 6 ἐλπίζω δὲ ὅτι γνώσεσθε ὅτι ἡμεῖς οὐκ ἐσμὲν **ἀδόκιμοι.**
13: 7 ἀλλ' ἵνα ὑμεῖς τὸ καλὸν ποιῆτε, ἡμεῖς δὲ ὡς **ἀδόκιμοι** ὦμεν.
2Ti 3: 8 ἄνθρωποι κατεφθαρμένοι τὸν νοῦν, **ἀδόκιμοι** περὶ τὴν πίστιν.
Tit 1:16 βδελυκτοὶ ὄντες καὶ ἀπειθεῖς καὶ πρὸς πᾶν ἔργον ἀγαθὸν **ἀδόκιμοι.**
Heb 6: 8 **ἀδόκιμος** καὶ κατάρας ἐγγύς, ἧς τὸ τέλος εἰς καῦσιν.

100 ἄδολος [1]

√ *1.1 + 1515*

1Pe 2: 2 ὡς ἀρτιγέννητα βρέφη τὸ λογικὸν **ἄδολον** γάλα ἐπιποθήσατε,

101 Ἀδραμυττηνός [1]

Ac 27: 2 ἐπιβάντες δὲ πλοίῳ **Ἀδραμυττηνῷ** μέλλοντι πλεῖν

102 Ἀδρίας [1]

Ac 27:27 ἐγένετο διαφερομένων ἡμῶν ἐν τῷ **Ἀδρίᾳ,**

103 ἁδρότης [1]

2Co 8:20 μή τις ἡμᾶς μωμήσηται ἐν τῇ **ἁδρότητι** ταύτῃ τῇ διακονουμένῃ ὑφ' ἡμῶν·

104 ἀδυνατέω [2]

√ *1.1 + 1538*

Mt 17:20 Μετάβα ἔνθεν ἐκεῖ, καὶ μεταβήσεται· καὶ οὐδὲν **ἀδυνατήσει** ὑμῖν.
Lk 1:37 ὅτι οὐκ **ἀδυνατήσει** παρὰ τοῦ θεοῦ πᾶν ῥῆμα.

105 ἀδύνατος [10]

√ *1.1 + 1538*

Mt 19:26 Παρὰ ἀνθρώποις τοῦτο **ἀδύνατόν** ἐστιν, παρὰ δὲ θεῷ πάντα δυνατά.
Mk 10:27 ἐμβλέψας αὐτοῖς ὁ Ἰησοῦς λέγει, Παρὰ ἀνθρώποις **ἀδύνατον,** ἀλλ' οὐ παρὰ θεῷ·
Lk 18:27 Τὰ **ἀδύνατα** παρὰ ἀνθρώποις δυνατὰ παρὰ τῷ θεῷ ἐστιν.
Ac 14: 8 Καί τις ἀνὴρ **ἀδύνατος** ἐν Λύστροις τοῖς ποσὶν ἐκάθητο,
Ro 8: 3 τὸ γὰρ **ἀδύνατον** τοῦ νόμου ἐν ᾧ ἠσθένει διὰ τῆς σαρκός,
15: 1 Ὀφείλομεν δὲ ἡμεῖς οἱ δυνατοὶ τὰ ἀσθενήματα τῶν **ἀδυνάτων** βαστάζειν καὶ μὴ ἑαυτοῖς ἀρέσκειν.
Heb 6: 4 **Ἀδύνατον** γὰρ τοὺς ἅπαξ φωτισθέντας, γευσαμένους τε τῆς δωρεᾶς τῆς ἐπουρανίου
6:18 ἵνα διὰ δύο πραγμάτων ἀμεταθέτων, ἐν οἷς **ἀδύνατον** ψεύσασθαι [τὸν] θεόν,
10: 4 **ἀδύνατον** γὰρ αἷμα ταύρων καὶ τράγων ἀφαιρεῖν ἁμαρτίας.
11: 6 χωρὶς δὲ πίστεως **ἀδύνατον** εὐαρεστῆσαι· πιστεῦσαι γὰρ δεῖ τὸν προσερχόμενον τῷ θεῷ ὅτι ἔστιν

106 ᾄδω [5]

√ 6046

Eph 5:19 **ᾄδοντες** καὶ ψάλλοντες τῇ καρδίᾳ ὑμῶν τῷ κυρίῳ,
Col 3:16 ψαλμοῖς ὕμνοις ᾠδαῖς πνευματικαῖς ἐν [τῇ] χάριτι **ᾄδοντες** ἐν ταῖς καρδίαις ὑμῶν τῷ θεῷ·
Rev 5: 9 καὶ **ᾄδουσιν** ᾠδὴν καινὴν λέγοντες, Ἄξιος εἶ λαβεῖν τὸ βιβλίον καὶ ἀνοῖξαι τὰς σφραγῖδας αὐτοῦ,
14: 3 καὶ **ᾄδουσιν** [ὡς] ᾠδὴν καινὴν ἐνώπιον τοῦ θρόνου καὶ ἐνώπιον τῶν τεσσάρων ζῴων καὶ τῶν πρεσβυτέρων,
15: 3 καὶ **ᾄδουσιν** τὴν ᾠδὴν Μωϋσέως τοῦ δούλου τοῦ θεοῦ καὶ τὴν ᾠδὴν τοῦ ἀρνίου λέγοντες,

107 ἀεί [7]

→ 132

Ac 7:51 ὑμεῖς **ἀεὶ** τῷ πνεύματι τῷ ἁγίῳ ἀντιπίπτετε ὡς οἱ πατέρες ὑμῶν καὶ ὑμεῖς.
2Co 4:11 **ἀεὶ** γὰρ ἡμεῖς οἱ ζῶντες εἰς θάνατον παραδιδόμεθα διὰ Ἰησοῦν,
6:10 ὡς λυπούμενοι **ἀεὶ** δὲ χαίροντες, ὡς πτωχοὶ πολλοὺς δὲ πλουτίζοντες,
Tit 1:12 εἶπέν τις ἐξ αὐτῶν ἴδιος αὐτῶν προφήτης, Κρῆτες **ἀεὶ** ψεῦσται, κακὰ θηρία, γαστέρες ἀργαί.
Heb 3:10 **Ἀεὶ** πλανῶνται τῇ καρδίᾳ, αὐτοὶ δὲ οὐκ ἔγνωσαν τὰς ὁδούς μου
1Pe 3:15 ἕτοιμοι **ἀεὶ** πρὸς ἀπολογίαν παντὶ τῷ αἰτοῦντι ὑμᾶς λόγον περὶ τῆς ἐν ὑμῖν ἐλπίδος,
2Pe 1:12 Διὸ μελλήσω **ἀεὶ** ὑμᾶς ὑπομιμνῄσκειν περὶ τούτων καίπερ εἰδότας καὶ ἐστηριγμένους ἐν τῇ παρούσῃ ἀληθείᾳ.

108 ἀετός [5]

Mt 24:28 ὅπου ἐὰν ᾖ τὸ πτῶμα, ἐκεῖ συναχθήσονται οἱ **ἀετοί.**
Lk 17:37 Ὅπου τὸ σῶμα, ἐκεῖ καὶ οἱ **ἀετοὶ** ἐπισυναχθήσονται.
Rev 4: 7 καὶ τὸ τέταρτον ζῷον ὅμοιον **ἀετῷ** πετομένῳ.
8:13 καὶ ἤκουσα ἑνὸς **ἀετοῦ** πετομένου ἐν μεσουρανήματι λέγοντος φωνῇ μεγάλῃ,
12:14 καὶ ἐδόθησαν τῇ γυναικὶ αἱ δύο πτέρυγες τοῦ **ἀετοῦ** τοῦ μεγάλου,

109 ἄζυμος [9]

√ 1.1 + 2434

ἑορτή with **ἄζυμος** [1] Lk 22:1

Mt 26:17 Τῇ δὲ πρώτῃ τῶν **ἀζύμων** προσῆλθον οἱ μαθηταὶ τῷ Ἰησοῦ
Mk 14: 1 Ἦν δὲ τὸ πάσχα καὶ τὰ **ἄζυμα** μετὰ δύο ἡμέρας.
14:12 Καὶ τῇ πρώτῃ ἡμέρᾳ τῶν **ἀζύμων,** ὅτε τὸ πάσχα ἔθυον,
Lk 22: 1 Ἤγγιζεν δὲ ἡ ἑορτὴ τῶν **ἀζύμων** ἡ λεγομένη πάσχα.
22: 7 Ἦλθεν δὲ ἡ ἡμέρα τῶν **ἀζύμων,** [ἐν] ᾗ ἔδει θύεσθαι τὸ πάσχα·
Ac 12: 3 ἰδὼν δὲ ὅτι ἀρεστόν ἐστιν τοῖς Ἰουδαίοις προσέθετο συλλαβεῖν καὶ Πέτρον,– ἦσαν δὲ [αἱ] ἡμέραι τῶν **ἀζύμων–**
20: 6 ἡμεῖς δὲ ἐξεπλεύσαμεν μετὰ τὰς ἡμέρας τῶν **ἀζύμων** ἀπὸ Φιλίππων καὶ ἤλθομεν πρὸς αὐτοὺς εἰς τὴν Τρῳάδα
1Co 5: 7 ἐκκαθάρατε τὴν παλαιὰν ζύμην, ἵνα ἦτε νέον φύραμα, καθώς ἐστε **ἄζυμοι·**
5: 8 ὥστε ἑορτάζωμεν μὴ ἐν ζύμῃ παλαιᾷ μηδὲ ἐν ζύμῃ κακίας καὶ πονηρίας ἀλλ' ἐν **ἀζύμοις** εἰλικρινείας καὶ ἀληθείας.

110 Ἀζώρ [2]

Mt 1:13 Ἐλιακὶμ δὲ ἐγέννησεν τὸν **Ἀζώρ,**
1:14 **Ἀζὼρ** δὲ ἐγέννησεν τὸν Σαδώκ,

111 Ἄζωτος [1]

Ac 8:40 Φίλιππος δὲ εὑρέθη εἰς **Ἄζωτον·**

112 ἀηδία Not used in UBS/NIV

√ 1.1 + 2454

113 ἀήρ [7]

→ 874; cf. 150, 885

ἀέρα δέρω [1] 1Co 9:26

Ac 22:23 κραυγαζόντων τε αὐτῶν καὶ ῥιπτούντων τὰ ἱμάτια καὶ κονιορτὸν βαλλόντων εἰς τὸν **ἀέρα,**
1Co 9:26 ἐγὼ τοίνυν οὕτως τρέχω ὡς οὐκ ἀδήλως, οὕτως πυκτεύω ὡς οὐκ **ἀέρα** δέρων·
14: 9 πῶς γνωσθήσεται τὸ λαλούμενον; ἔσεσθε γὰρ εἰς **ἀέρα** λαλοῦντες.
Eph 2: 2 κατὰ τὸν ἄρχοντα τῆς ἐξουσίας τοῦ **ἀέρος,** τοῦ πνεύματος τοῦ νῦν ἐνεργοῦντος ἐν τοῖς υἱοῖς τῆς ἀπειθείας·
1Th 4:17 οἱ ζῶντες οἱ περιλειπόμενοι ἅμα σὺν αὐτοῖς ἁρπαγησόμεθα ἐν νεφέλαις εἰς ἀπάντησιν τοῦ κυρίου εἰς **ἀέρα·**
Rev 9: 2 καὶ ἐσκοτώθη ὁ ἥλιος καὶ ὁ **ἀὴρ** ἐκ τοῦ καπνοῦ τοῦ φρέατος.
16:17 Καὶ ὁ ἕβδομος ἐξέχεεν τὴν φιάλην αὐτοῦ ἐπὶ τὸν **ἀέρα,**

114 ἀθανασία [3]

√ 1.1 + 2569

1Co 15:53 δεῖ γὰρ τὸ φθαρτὸν τοῦτο ἐνδύσασθαι ἀφθαρσίαν καὶ τὸ θνητὸν τοῦτο ἐνδύσασθαι **ἀθανασίαν.**
15:54 ὅταν δὲ τὸ φθαρτὸν τοῦτο ἐνδύσηται ἀφθαρσίαν καὶ τὸ θνητὸν τοῦτο ἐνδύσηται **ἀθανασίαν,**
1Ti 6:16 ὁ μόνος ἔχων **ἀθανασίαν,** φῶς οἰκῶν ἀπρόσιτον,

115 ἀθάνατος Not used in UBS/NIV

√ 1.1 + 2569

116 ἀθέμιτος [2]

Ac 10:28 Ὑμεῖς ἐπίστασθε ὡς **ἀθέμιτόν** ἐστιν ἀνδρὶ Ἰουδαίῳ κολλᾶσθαι ἢ προσέρχεσθαι ἀλλοφύλῳ·
1Pe 4: 3 οἰνοφλυγίαις, κώμοις, πότοις καὶ **ἀθεμίτοις** εἰδωλολατρίαις.

117 ἄθεος [1]

√ 1.1 + 2536

Eph 2:12 ἐλπίδα μὴ ἔχοντες καὶ **ἄθεοι** ἐν τῷ κόσμῳ.

118 ἄθεσμος [2]

√ 1.1 + 5502

2Pe 2: 7 καὶ δίκαιον Λὼτ καταπονούμενον ὑπὸ τῆς τῶν **ἀθέσμων** ἐν ἀσελγείᾳ ἀναστροφῆς ἐρρύσατο·
3:17 ἵνα μὴ τῇ τῶν **ἀθέσμων** πλάνῃ συναπαχθέντες ἐκπέσητε τοῦ ἰδίου στηριγμοῦ,

119 ἀθετέω [16]

√ 1.1 + 5502

Mk 6:26 καὶ περίλυπος γενόμενος ὁ βασιλεὺς διὰ τοὺς ὅρκους καὶ τοὺς ἀνακειμένους οὐκ ἠθέλησεν **ἀθετῆσαι** αὐτήν·
7: 9 Καὶ ἔλεγεν αὐτοῖς, Καλῶς **ἀθετεῖτε** τὴν ἐντολὴν τοῦ θεοῦ,
Lk 7:30 οἱ δὲ Φαρισαῖοι καὶ οἱ νομικοὶ τὴν βουλὴν τοῦ θεοῦ **ἠθέτησαν** εἰς ἑαυτοὺς μὴ βαπτισθέντες ὑπ' αὐτοῦ.
10:16 Ὁ ἀκούων ὑμῶν ἐμοῦ ἀκούει, καὶ ὁ **ἀθετῶν** ὑμᾶς ἐμὲ **ἀθετεῖ·** ὁ δὲ ἐμὲ **ἀθετῶν ἀθετεῖ** τὸν ἀποστείλαντά με.
Jn 12:48 ὁ **ἀθετῶν** ἐμὲ καὶ μὴ λαμβάνων τὰ ῥήματά μου ἔχει τὸν κρίνοντα αὐτόν·
1Co 1:19 Ἀπολῶ τὴν σοφίαν τῶν σοφῶν καὶ τὴν σύνεσιν τῶν συνετῶν **ἀθετήσω.**
Gal 2:21 οὐκ **ἀθετῶ** τὴν χάριν τοῦ θεοῦ· εἰ γὰρ διὰ νόμου δικαιοσύνη,
3:15 ὅμως ἀνθρώπου κεκυρωμένην διαθήκην οὐδεὶς **ἀθετεῖ** ἢ ἐπιδιατάσσεται.
1Th 4: 8 τοιγαροῦν ὁ **ἀθετῶν** οὐκ ἄνθρωπον **ἀθετεῖ** ἀλλὰ τὸν θεὸν τὸν [καὶ] διδόντα τὸ πνεῦμα αὐτοῦ τὸ ἅγιον εἰς ὑμᾶς.
1Ti 5:12 ἔχουσαι κρίμα ὅτι τὴν πρώτην πίστιν **ἠθέτησαν·**
Heb 10:28 **ἀθετήσας** τις νόμον Μωϋσέως χωρὶς οἰκτιρμῶν ἐπὶ δυσὶν ἢ τρισὶν μάρτυσιν ἀποθνῄσκει·
Jude 1: 8 Ὁμοίως μέντοι καὶ οὗτοι ἐνυπνιαζόμενοι σάρκα μὲν μιαίνουσιν κυριότητα δὲ **ἀθετοῦσιν** δόξας δὲ βλασφημοῦσιν.

120 ἀθέτησις [2]

√ 1.1 + 5502

Heb 7:18 **ἀθέτησις** μὲν γὰρ γίνεται προαγούσης ἐντολῆς διὰ τὸ αὐτῆς ἀσθενὲς καὶ ἀνωφελές–
9:26 νυνὶ δὲ ἅπαξ ἐπὶ συντελείᾳ τῶν αἰώνων εἰς **ἀθέτησιν** [τῆς] ἁμαρτίας διὰ τῆς θυσίας αὐτοῦ πεφανέρωται.

121 Ἀθῆναι [4]

→ *122*

Ac 17:15 οἱ δὲ καθιστάνοντες τὸν Παῦλον ἤγαγον ἕως **Ἀθηνῶν,**
17:16 Ἐν δὲ ταῖς **Ἀθήναις** ἐκδεχομένου αὐτοὺς τοῦ Παύλου
18: 1 Μετὰ ταῦτα χωρισθεὶς ἐκ τῶν **Ἀθηνῶν** ἦλθεν εἰς Κόρινθον.
1Th 3: 1 Διὸ μηκέτι στέγοντες εὐδοκήσαμεν καταλειφθῆναι ἐν **Ἀθήναις** μόνοι

122 Ἀθηναῖος [2]

√ *121*

Ac 17:21 **Ἀθηναῖοι** δὲ πάντες καὶ οἱ ἐπιδημοῦντες ξένοι εἰς οὐδὲν ἕτερον ηὐκαίρουν ἢ λέγειν τι ἢ ἀκούειν τι καινότερον.
17:22 Ἄνδρες **Ἀθηναῖοι,** κατὰ πάντα ὡς δεισιδαιμονεστέρους ὑμᾶς θεωρῶ.

123 ἀθλέω [2]

→ *124, 5254*

2Ti 2: 5 ἐὰν δὲ καὶ **ἀθλῇ** τις, οὐ στεφανοῦται ἐὰν μὴ νομίμως **ἀθλήσῃ.**

124 ἄθλησις [1]

√ *123*

Heb 10:32 Ἀναμιμνῄσκεσθε δὲ τὰς πρότερον ἡμέρας, ἐν αἷς φωτισθέντες πολλὴν **ἄθλησιν** ὑπεμείνατε παθημάτων,

125 ἀθροίζω [1]

→ *2044, 5255; cf. 275, 2577*

Lk 24:33 καὶ ἀναστάντες αὐτῇ τῇ ὥρᾳ ὑπέστρεψαν εἰς Ἰερουσαλὴμ καὶ εὗρον **ἠθροισμένους** τοὺς ἕνδεκα καὶ τοὺς σὺν αὐτοῖς,

126 ἀθυμέω [1]

√ *1.1 + 2596*

Col 3:21 μὴ ἐρεθίζετε τὰ τέκνα ὑμῶν, ἵνα μὴ **ἀθυμῶσιν.**

127 ἀθῷος [2]

√ *1.1 + 5502*

Mt 27: 4 λέγων, Ἥμαρτον παραδοὺς αἷμα **ἀθῷον.**
27:24 λαβὼν ὕδωρ ἀπενίψατο τὰς χεῖρας ἀπέναντι τοῦ ὄχλου λέγων, **Ἀθῷός** εἰμι ἀπὸ τοῦ αἵματος τούτου·

128 αἴγειος [1]

√ *144*

Heb 11:37 περιῆλθον ἐν μηλωταῖς, ἐν **αἰγείοις** δέρμασιν, ὑστερούμενοι,

129 αἰγιαλός [6]

√ *229*

Mt 13: 2 καὶ πᾶς ὁ ὄχλος ἐπὶ τὸν **αἰγιαλὸν** εἱστήκει.
13:48 ἣν ὅτε ἐπληρώθη ἀναβιβάσαντες ἐπὶ τὸν **αἰγιαλὸν** καὶ καθίσαντες συνέλεξαν τὰ καλὰ εἰς ἄγγη,
Jn 21: 4 πρωΐας δὲ ἤδη γενομένης ἔστη Ἰησοῦς εἰς τὸν **αἰγιαλόν,**
Ac 21: 5 καὶ θέντες τὰ γόνατα ἐπὶ τὸν **αἰγιαλὸν** προσευξάμενοι
27:39 κόλπον δέ τινα κατενόουν ἔχοντα **αἰγιαλὸν** εἰς ὃν ἐβουλεύοντο εἰ δύναιντο ἐξῶσαι τὸ πλοῖον.
27:40 ἅμα ἀνέντες τὰς ζευκτηρίας τῶν πηδαλίων καὶ ἐπάραντες τὸν ἀρτέμωνα τῇ πνεούσῃ κατεῖχον εἰς τὸν **αἰγιαλόν.**

130 Αἰγύπτιος [5]

√ *131*

Ac 7:22 καὶ ἐπαιδεύθη Μωϋσῆς [ἐν] πάσῃ σοφίᾳ **Αἰγυπτίων,**
7:24 καὶ ἰδών τινα ἀδικούμενον ἠμύνατο καὶ ἐποίησεν ἐκδίκησιν τῷ καταπονουμένῳ πατάξας τὸν **Αἰγύπτιον.**
7:28 μὴ ἀνελεῖν με σὺ θέλεις ὃν τρόπον ἀνεῖλες ἐχθὲς τὸν **Αἰγύπτιον;**
21:38 οὐκ ἄρα σὺ εἶ ὁ **Αἰγύπτιος** ὁ πρὸ τούτων τῶν ἡμερῶν ἀναστατώσας καὶ ἐξαγαγὼν εἰς τὴν ἔρημον
Heb 11:29 Πίστει διέβησαν τὴν Ἐρυθρὰν Θάλασσαν ὡς διὰ ξηρᾶς γῆς, ἧς πεῖραν λαβόντες οἱ **Αἰγύπτιοι** κατεπόθησαν.

131 Αἴγυπτος [25]

→ *130*

Mt 2:13 Ἐγερθεὶς παράλαβε τὸ παιδίον καὶ τὴν μητέρα αὐτοῦ καὶ φεῦγε εἰς **Αἴγυπτον** καὶ ἴσθι ἐκεῖ ἕως ἂν εἴπω σοι·
2:14 ὁ δὲ ἐγερθεὶς παρέλαβεν τὸ παιδίον καὶ τὴν μητέρα αὐτοῦ νυκτὸς καὶ ἀνεχώρησεν εἰς **Αἴγυπτον,**
2:15 ἵνα πληρωθῇ τὸ ῥηθὲν ὑπὸ κυρίου διὰ τοῦ προφήτου λέγοντος, Ἐξ **Αἰγύπτου** ἐκάλεσα τὸν υἱόν μου.
2:19 Τελευτήσαντος δὲ τοῦ Ἡρῴδου ἰδοὺ ἄγγελος κυρίου φαίνεται κατ' ὄναρ τῷ Ἰωσὴφ ἐν **Αἰγύπτῳ**
Ac 2:10 **Αἴγυπτον** καὶ τὰ μέρη τῆς Λιβύης τῆς κατὰ Κυρήνην,
7: 9 οἱ πατριάρχαι ζηλώσαντες τὸν Ἰωσὴφ ἀπέδοντο εἰς **Αἴγυπτον.**
7:10 καὶ ἔδωκεν αὐτῷ χάριν καὶ σοφίαν ἐναντίον Φαραὼ βασιλέως **Αἰγύπτου** καὶ κατέστησεν αὐτὸν ἡγούμενον ἐπ' **Αἴγυπτον** καὶ [ἐφ'] ὅλον τὸν οἶκον αὐτοῦ.
7:11 ἦλθεν δὲ λιμὸς ἐφ' ὅλην τὴν **Αἴγυπτον** καὶ Χανάαν καὶ θλῖψις μεγάλη,
7:12 ἀκούσας δὲ Ἰακὼβ ὄντα σιτία εἰς **Αἴγυπτον** ἐξαπέστειλεν τοὺς πατέρας ἡμῶν πρῶτον.
7:15 καὶ κατέβη Ἰακὼβ εἰς **Αἴγυπτον** καὶ ἐτελεύτησεν αὐτὸς καὶ οἱ πατέρες ἡμῶν,
7:17 ηὔξησεν ὁ λαὸς καὶ ἐπληθύνθη ἐν **Αἰγύπτῳ**
7:18 ἄχρι οὗ ἀνέστη βασιλεὺς ἕτερος [ἐπ' **Αἴγυπτον**] ὃς οὐκ ᾔδει τὸν Ἰωσήφ.
7:34 ἰδὼν εἶδον τὴν κάκωσιν τοῦ λαοῦ μου τοῦ ἐν **Αἰγύπτῳ** καὶ τοῦ στεναγμοῦ αὐτῶν ἤκουσα, καὶ κατέβην ἐξελέσθαι αὐτούς· καὶ νῦν δεῦρο ἀποστείλω σε εἰς **Αἴγυπτον.**
7:36 οὗτος ἐξήγαγεν αὐτοὺς ποιήσας τέρατα καὶ σημεῖα ἐν γῇ **Αἰγύπτῳ** καὶ ἐν Ἐρυθρᾷ Θαλάσσῃ καὶ ἐν τῇ ἐρήμῳ
7:39 ἀλλὰ ἀπώσαντο καὶ ἐστράφησαν ἐν ταῖς καρδίαις αὐτῶν εἰς **Αἴγυπτον**
7:40 ὁ γὰρ Μωϋσῆς οὗτος, ὃς ἐξήγαγεν ἡμᾶς ἐκ γῆς **Αἰγύπτου,**
13:17 ὁ θεὸς τοῦ λαοῦ τούτου Ἰσραὴλ ἐξελέξατο τοὺς πατέρας ἡμῶν καὶ τὸν λαὸν ὕψωσεν ἐν τῇ παροικίᾳ ἐν γῇ **Αἰγύπτου**
Heb 3:16 ἀλλ' οὐ πάντες οἱ ἐξελθόντες ἐξ **Αἰγύπτου** διὰ Μωϋσέως;
8: 9 ἣν ἐποίησα τοῖς πατράσιν αὐτῶν ἐν ἡμέρᾳ ἐπιλαβομένου μου τῆς χειρὸς αὐτῶν ἐξαγαγεῖν αὐτοὺς ἐκ γῆς **Αἰγύπτου,**
11:26 μείζονα πλοῦτον ἡγησάμενος τῶν **Αἰγύπτου** θησαυρῶν τὸν ὀνειδισμὸν τοῦ Χριστοῦ·
11:27 Πίστει κατέλιπεν **Αἴγυπτον** μὴ φοβηθεὶς τὸν θυμὸν τοῦ βασιλέως·
Jude 1: 5 ὅτι [ὁ] κύριος ἅπαξ λαὸν ἐκ γῆς **Αἰγύπτου** σώσας τὸ δεύτερον τοὺς μὴ πιστεύσαντας ἀπώλεσεν,
Rev 11: 8 ἥτις καλεῖται πνευματικῶς Σόδομα καὶ **Αἴγυπτος,** ὅπου καὶ ὁ κύριος αὐτῶν ἐσταυρώθη.

132 ἀΐδιος [2]

√ *107*

Ro 1:20 τὰ γὰρ ἀόρατα αὐτοῦ ἀπὸ κτίσεως κόσμου τοῖς ποιήμασιν νοούμενα καθορᾶται, ἥ τε **ἀΐδιος** αὐτοῦ δύναμις καὶ θειότης,
Jude 1: 6 εἰς κρίσιν μεγάλης ἡμέρας δεσμοῖς **ἀϊδίοις** ὑπὸ ζόφον τετήρηκεν,

133 αἰδώς [1]

→ *357*

1Ti 2: 9 ὡσαύτως [καὶ] γυναῖκας ἐν καταστολῇ κοσμίῳ μετὰ **αἰδοῦς** καὶ σωφροσύνης κοσμεῖν ἑαυτάς,

134 Αἰθίοψ [2]

Ac 8:27 καὶ ἰδοὺ ἀνὴρ **Αἰθίοψ** εὐνοῦχος δυνάστης Κανδάκης βασιλίσσης **Αἰθιόπων,**

135 αἷμα [97]

→ *136, 137*

αἷμα ἐπὶ κεφαλή [1] Ac 18:6

αἷμα [τοῦ] Χριστοῦ [5] 1Co 10:16; Eph 2:13; Heb 9:14; 1Pe 1:2,19; cf. Rev 1:5

διαθήκη ... αἷμα [8] Mt 26:28; Mk 14:24; Lk 22:20; 1Co 11:25; Heb 9:20; 10:29; 12:24; 13:20

σάρξ καὶ αἷμα [5] Mt 16:17; 1Co 15:50; Gal 1:16; Eph 6:12; Heb 2:14

Mt 16:17 ὅτι σὰρξ καὶ **αἷμα** οὐκ ἀπεκάλυψέν σοι ἀλλ' ὁ πατήρ μου ὁ ἐν τοῖς οὐρανοῖς.
23:30 οὐκ ἂν ἤμεθα αὐτῶν κοινωνοὶ ἐν τῷ **αἵματι** τῶν προφητῶν.
23:35 ὅπως ἔλθῃ ἐφ' ὑμᾶς πᾶν **αἷμα** δίκαιον ἐκχυννόμενον ἐπὶ τῆς γῆς ἀπὸ τοῦ **αἵματος** Ἅβελ τοῦ δικαίου ἕως τοῦ **αἵματος** Ζαχαρίου υἱοῦ Βαραχίου,
26:28 τοῦτο γάρ ἐστιν τὸ **αἷμά** μου τῆς διαθήκης τὸ περὶ πολλῶν ἐκχυννόμενον εἰς ἄφεσιν ἁμαρτιῶν.
27: 4 λέγων, Ἥμαρτον παραδοὺς **αἷμα** ἀθῷον. οἱ δὲ εἶπαν,
27: 6 Οὐκ ἔξεστιν βαλεῖν αὐτὰ εἰς τὸν κορβανᾶν, ἐπεὶ τιμὴ **αἵματός** ἐστιν.
27: 8 διὸ ἐκλήθη ὁ ἀγρὸς ἐκεῖνος Ἀγρὸς **Αἵματος** ἕως τῆς σήμερον.
27:24 λαβὼν ὕδωρ ἀπενίψατο τὰς χεῖρας ἀπέναντι τοῦ ὄχλου λέγων, Ἀθῷός εἰμι ἀπὸ τοῦ **αἵματος** τούτου·
27:25 Τὸ **αἷμα** αὐτοῦ ἐφ' ἡμᾶς καὶ ἐπὶ τὰ τέκνα ἡμῶν.
Mk 5:25 καὶ γυνὴ οὖσα ἐν ῥύσει **αἵματος** δώδεκα ἔτη
5:29 καὶ εὐθὺς ἐξηράνθη ἡ πηγὴ τοῦ **αἵματος** αὐτῆς καὶ ἔγνω τῷ σώματι ὅτι ἴαται ἀπὸ τῆς μάστιγος.
14:24 Τοῦτό ἐστιν τὸ **αἷμά** μου τῆς διαθήκης τὸ ἐκχυννόμενον ὑπὲρ πολλῶν.
Lk 8:43 καὶ γυνὴ οὖσα ἐν ῥύσει **αἵματος** ἀπὸ ἐτῶν δώδεκα,
8:44 προσελθοῦσα ὄπισθεν ἥψατο τοῦ κρασπέδου τοῦ ἱματίου αὐτοῦ καὶ παραχρῆμα ἔστη ἡ ῥύσις τοῦ **αἵματος** αὐτῆς.
11:50 ἵνα ἐκζητηθῇ τὸ **αἷμα** πάντων τῶν προφητῶν τὸ ἐκκεχυμένον ἀπὸ καταβολῆς κόσμου ἀπὸ τῆς γενεᾶς ταύτης,
11:51 ἀπὸ **αἵματος** Ἅβελ ἕως **αἵματος** Ζαχαρίου τοῦ ἀπολομένου μεταξὺ τοῦ θυσιαστηρίου καὶ τοῦ οἴκου·
13: 1 ἀπαγγέλλοντες αὐτῷ περὶ τῶν Γαλιλαίων ὧν τὸ **αἷμα** Πιλᾶτος ἔμιξεν μετὰ τῶν θυσιῶν αὐτῶν.
22:20 Τοῦτο τὸ ποτήριον ἡ καινὴ διαθήκη ἐν τῷ **αἵματί** μου τὸ ὑπὲρ ὑμῶν ἐκχυννόμενον.
22:44 ⟦καὶ ἐγένετο ὁ ἱδρὼς αὐτοῦ ὡσεὶ θρόμβοι **αἵματος** καταβαίνοντες ἐπὶ τὴν γῆν.⟧
Jn 1:13 οἳ οὐκ ἐξ **αἱμάτων** οὐδὲ ἐκ θελήματος σαρκὸς οὐδὲ ἐκ θελήματος ἀνδρὸς ἀλλ' ἐκ θεοῦ ἐγεννήθησαν.
6:53 ἐὰν μὴ φάγητε τὴν σάρκα τοῦ υἱοῦ τοῦ ἀνθρώπου καὶ πίητε αὐτοῦ τὸ **αἷμα,**
6:54 ὁ τρώγων μου τὴν σάρκα καὶ πίνων μου τὸ **αἷμα** ἔχει ζωὴν αἰώνιον,
6:55 ἡ γὰρ σάρξ μου ἀληθής ἐστιν βρῶσις, καὶ τὸ **αἷμά** μου ἀληθής ἐστιν πόσις.
6:56 ὁ τρώγων μου τὴν σάρκα καὶ πίνων μου τὸ **αἷμα** ἐν ἐμοὶ μένει κἀγὼ ἐν αὐτῷ.
19:34 ἀλλ' εἷς τῶν στρατιωτῶν λόγχῃ αὐτοῦ τὴν πλευρὰν ἔνυξεν, καὶ ἐξῆλθεν εὐθὺς **αἷμα** καὶ ὕδωρ.
Ac 1:19 ὥστε κληθῆναι τὸ χωρίον ἐκεῖνο τῇ ἰδίᾳ διαλέκτῳ αὐτῶν Ἀκελδαμάχ, τοῦτ' ἔστιν Χωρίον **Αἵματος.**
2:19 καὶ δώσω τέρατα ἐν τῷ οὐρανῷ ἄνω καὶ σημεῖα ἐπὶ τῆς γῆς κάτω, **αἷμα** καὶ πῦρ καὶ ἀτμίδα καπνοῦ·
2:20 ὁ ἥλιος μεταστραφήσεται εἰς σκότος καὶ ἡ σελήνη εἰς **αἷμα,**
5:28 πεπληρώκατε τὴν Ἰερουσαλὴμ τῆς διδαχῆς ὑμῶν καὶ βούλεσθε ἐπαγαγεῖν ἐφ' ἡμᾶς τὸ **αἷμα** τοῦ ἀνθρώπου τούτου.
15:20 ἀλλὰ ἐπιστεῖλαι αὐτοῖς τοῦ ἀπέχεσθαι τῶν ἀλισγημάτων τῶν εἰδώλων καὶ τῆς πορνείας καὶ τοῦ πνικτοῦ καὶ τοῦ **αἵματος.**
15:29 ἀπέχεσθαι εἰδωλοθύτων καὶ **αἵματος** καὶ πνικτῶν καὶ πορνείας,
18: 6 καὶ βλασφημούντων ἐκτιναξάμενος τὰ ἱμάτια εἶπεν πρὸς αὐτούς, Τὸ **αἷμα** ὑμῶν ἐπὶ τὴν κεφαλὴν ὑμῶν·
20:26 διότι μαρτύρομαι ὑμῖν ἐν τῇ σήμερον ἡμέρᾳ ὅτι καθαρός εἰμι ἀπὸ τοῦ **αἵματος** πάντων·
20:28 ἔθετο ἐπισκόπους ποιμαίνειν τὴν ἐκκλησίαν τοῦ θεοῦ, ἣν περιεποιήσατο διὰ τοῦ **αἵματος** τοῦ ἰδίου.
21:25 ἡμεῖς ἐπεστείλαμεν κρίναντες φυλάσσεσθαι αὐτοὺς τό τε εἰδωλόθυτον καὶ **αἷμα** καὶ πνικτὸν καὶ πορνείαν.
22:20 καὶ ὅτε ἐξεχύννετο τὸ **αἷμα** Στεφάνου τοῦ μάρτυρός σου,
Ro 3:15 ὀξεῖς οἱ πόδες αὐτῶν ἐκχέαι **αἷμα,**
3:25 ὃν προέθετο ὁ θεὸς ἱλαστήριον διὰ [τῆς] πίστεως ἐν τῷ αὐτοῦ **αἵματι** εἰς ἔνδειξιν τῆς δικαιοσύνης αὐτοῦ
5: 9 πολλῷ οὖν μᾶλλον δικαιωθέντες νῦν ἐν τῷ **αἵματι** αὐτοῦ σωθησόμεθα δι' αὐτοῦ ἀπὸ τῆς ὀργῆς.
1Co 10:16 τὸ ποτήριον τῆς εὐλογίας ὃ εὐλογοῦμεν, οὐχὶ κοινωνία ἐστὶν τοῦ **αἵματος** τοῦ Χριστοῦ;
11:25 Τοῦτο τὸ ποτήριον ἡ καινὴ διαθήκη ἐστὶν ἐν τῷ ἐμῷ **αἵματι·**
11:27 ἔνοχος ἔσται τοῦ σώματος καὶ τοῦ **αἵματος** τοῦ κυρίου.
15:50 ὅτι σὰρξ καὶ **αἷμα** βασιλείαν θεοῦ κληρονομῆσαι οὐ δύναται οὐδὲ ἡ φθορὰ τὴν ἀφθαρσίαν κληρονομεῖ.
Gal 1:16 εὐθέως οὐ προσανεθέμην σαρκὶ καὶ **αἵματι**
Eph 1: 7 ἐν ᾧ ἔχομεν τὴν ἀπολύτρωσιν διὰ τοῦ **αἵματος** αὐτοῦ,
2:13 νυνὶ δὲ ἐν Χριστῷ Ἰησοῦ ὑμεῖς οἵ ποτε ὄντες μακρὰν ἐγενήθητε ἐγγὺς ἐν τῷ **αἵματι** τοῦ Χριστοῦ.
6:12 ὅτι οὐκ ἔστιν ἡμῖν ἡ πάλη πρὸς **αἷμα** καὶ σάρκα,
Col 1:20 καὶ δι' αὐτοῦ ἀποκαταλλάξαι τὰ πάντα εἰς αὐτόν, εἰρηνοποιήσας διὰ τοῦ **αἵματος** τοῦ σταυροῦ αὐτοῦ,
Heb 2:14 ἐπεὶ οὖν τὰ παιδία κεκοινώνηκεν **αἵματος** καὶ σαρκός,
9: 7 οὐ χωρὶς **αἵματος** ὃ προσφέρει ὑπὲρ ἑαυτοῦ καὶ τῶν τοῦ λαοῦ ἀγνοημάτων,
9:12 οὐδὲ δι' **αἵματος** τράγων καὶ μόσχων διὰ δὲ τοῦ ἰδίου **αἵματος** εἰσῆλθεν ἐφάπαξ εἰς τὰ ἅγια αἰωνίαν λύτρωσιν εὑράμενος.
9:13 εἰ γὰρ τὸ **αἷμα** τράγων καὶ ταύρων καὶ σποδὸς δαμάλεως ῥαντίζουσα τοὺς κεκοινωμένους ἁγιάζει
9:14 πόσῳ μᾶλλον τὸ **αἷμα** τοῦ Χριστοῦ, ὃς διὰ πνεύματος αἰωνίου ἑαυτὸν προσήνεγκεν ἄμωμον τῷ θεῷ,
9:18 ὅθεν οὐδὲ ἡ πρώτη χωρὶς **αἵματος** ἐγκεκαίνισται·
9:19 λαβὼν τὸ **αἷμα** τῶν μόσχων [καὶ τῶν τράγων] μετὰ ὕδατος καὶ ἐρίου κοκκίνου καὶ ὑσσώπου αὐτό τε τὸ βιβλίον
9:20 Τοῦτο τὸ **αἷμα** τῆς διαθήκης ἧς ἐνετείλατο πρὸς ὑμᾶς ὁ θεός.
9:21 καὶ τὴν σκηνὴν δὲ καὶ πάντα τὰ σκεύη τῆς λειτουργίας τῷ **αἵματι** ὁμοίως ἐράντισεν.
9:22 καὶ σχεδὸν ἐν **αἵματι** πάντα καθαρίζεται κατὰ τὸν νόμον καὶ χωρὶς αἱματεκχυσίας οὐ γίνεται ἄφεσις.
9:25 ὥσπερ ὁ ἀρχιερεὺς εἰσέρχεται εἰς τὰ ἅγια κατ' ἐνιαυτὸν ἐν **αἵματι** ἀλλοτρίῳ,
10: 4 ἀδύνατον γὰρ **αἷμα** ταύρων καὶ τράγων ἀφαιρεῖν ἁμαρτίας.
10:19 παρρησίαν εἰς τὴν εἴσοδον τῶν ἁγίων ἐν τῷ **αἵματι** Ἰησοῦ,
10:29 ἀξιωθήσεται τιμωρίας ὁ τὸν υἱὸν τοῦ θεοῦ καταπατήσας καὶ τὸ **αἷμα** τῆς διαθήκης κοινὸν ἡγησάμενος,
11:28 Πίστει πεποίηκεν τὸ πάσχα καὶ τὴν πρόσχυσιν τοῦ **αἵματος,**
12: 4 Οὔπω μέχρις **αἵματος** ἀντικατέστητε πρὸς τὴν ἁμαρτίαν ἀνταγωνιζόμενοι.
12:24 καὶ διαθήκης νέας μεσίτῃ Ἰησοῦ καὶ **αἵματι** ῥαντισμοῦ κρεῖττον λαλοῦντι παρὰ τὸν Ἅβελ.
13:11 ὧν γὰρ εἰσφέρεται ζῴων τὸ **αἷμα** περὶ ἁμαρτίας εἰς τὰ ἅγια διὰ τοῦ ἀρχιερέως,
13:12 ἵνα ἁγιάσῃ διὰ τοῦ ἰδίου **αἵματος** τὸν λαόν,
13:20 ὁ ἀναγαγὼν ἐκ νεκρῶν τὸν ποιμένα τῶν προβάτων τὸν μέγαν ἐν **αἵματι** διαθήκης αἰωνίου,
1Pe 1: 2 κατὰ πρόγνωσιν θεοῦ πατρὸς ἐν ἁγιασμῷ πνεύματος εἰς ὑπακοὴν καὶ ῥαντισμὸν **αἵματος** Ἰησοῦ Χριστοῦ,
1:19 ἀλλὰ τιμίῳ **αἵματι** ὡς ἀμνοῦ ἀμώμου καὶ ἀσπίλου Χριστοῦ,
1Jn 1: 7 κοινωνίαν ἔχομεν μετ' ἀλλήλων καὶ τὸ **αἷμα** Ἰησοῦ τοῦ υἱοῦ αὐτοῦ καθαρίζει ἡμᾶς ἀπὸ πάσης ἁμαρτίας.
5: 6 ὁ ἐλθὼν δι' ὕδατος καὶ **αἵματος,** Ἰησοῦς Χριστός, οὐκ ἐν τῷ ὕδατι μόνον ἀλλ' ἐν τῷ ὕδατι καὶ ἐν τῷ **αἵματι·**
5: 8 τὸ πνεῦμα καὶ τὸ ὕδωρ καὶ τὸ **αἷμα,**
Rev 1: 5 Τῷ ἀγαπῶντι ἡμᾶς καὶ λύσαντι ἡμᾶς ἐκ τῶν ἁμαρτιῶν ἡμῶν ἐν τῷ **αἵματι** αὐτοῦ,
5: 9 ὅτι ἐσφάγης καὶ ἠγόρασας τῷ θεῷ ἐν τῷ **αἵματί** σου ἐκ πάσης φυλῆς καὶ γλώσσης καὶ λαοῦ καὶ ἔθνους
6:10 οὐ κρίνεις καὶ ἐκδικεῖς τὸ **αἷμα** ἡμῶν ἐκ τῶν κατοικούντων ἐπὶ τῆς γῆς;
6:12 καὶ σεισμὸς μέγας ἐγένετο καὶ ὁ ἥλιος ἐγένετο μέλας ὡς σάκκος τρίχινος καὶ ἡ σελήνη ὅλη ἐγένετο ὡς **αἷμα**
7:14 καὶ ἔπλυναν τὰς στολὰς αὐτῶν καὶ ἐλεύκαναν αὐτὰς ἐν τῷ **αἵματι** τοῦ ἀρνίου.
8: 7 χάλαζα καὶ πῦρ μεμιγμένα ἐν **αἵματι** καὶ ἐβλήθη εἰς τὴν γῆν,
8: 8 καὶ ὡς ὄρος μέγα πυρὶ καιόμενον ἐβλήθη εἰς τὴν θάλασσαν, καὶ ἐγένετο τὸ τρίτον τῆς θαλάσσης **αἷμα**
11: 6 καὶ ἐξουσίαν ἔχουσιν ἐπὶ τῶν ὑδάτων στρέφειν αὐτὰ εἰς **αἷμα** καὶ πατάξαι τὴν γῆν ἐν πάσῃ πληγῇ
12:11 καὶ αὐτοὶ ἐνίκησαν αὐτὸν διὰ τὸ **αἷμα** τοῦ ἀρνίου καὶ διὰ τὸν λόγον τῆς μαρτυρίας αὐτῶν
14:20 καὶ ἐπατήθη ἡ ληνὸς ἔξωθεν τῆς πόλεως καὶ ἐξῆλθεν **αἷμα** ἐκ τῆς ληνοῦ ἄχρι τῶν χαλινῶν τῶν ἵππων ἀπὸ σταδίων χιλίων ἑξακοσίων.
16: 3 καὶ ἐγένετο **αἷμα** ὡς νεκροῦ, καὶ πᾶσα ψυχὴ ζωῆς ἀπέθανεν τὰ ἐν τῇ θαλάσσῃ.

16: 4 Καὶ ὁ τρίτος ἐξέχεεν τὴν φιάλην αὐτοῦ εἰς τοὺς ποταμοὺς καὶ τὰς πηγὰς τῶν ὑδάτων, καὶ ἐγένετο **αἷμα.**
16: 6 ὅτι **αἷμα** ἁγίων καὶ προφητῶν ἐξέχεαν καὶ **αἷμα** αὐτοῖς [δ]έδωκας πιεῖν,
17: 6 καὶ εἶδον τὴν γυναῖκα μεθύουσαν ἐκ τοῦ **αἵματος** τῶν ἁγίων καὶ ἐκ τοῦ **αἵματος** τῶν μαρτύρων Ἰησοῦ.
18: 24 καὶ ἐν αὐτῇ **αἷμα** προφητῶν καὶ ἁγίων εὑρέθη καὶ πάντων τῶν ἐσφαγμένων ἐπὶ τῆς γῆς.
19: 2 καὶ ἐξεδίκησεν τὸ **αἷμα** τῶν δούλων αὐτοῦ ἐκ χειρὸς αὐτῆς.
19: 13 καὶ περιβεβλημένος ἱμάτιον βεβαμμένον **αἵματι,** καὶ κέκληται τὸ ὄνομα αὐτοῦ ὁ λόγος τοῦ θεοῦ.

136 αἱματεκχυσία [1]

√ *135 + 1772*

Heb 9: 22 καὶ σχεδὸν ἐν αἵματι πάντα καθαρίζεται κατὰ τὸν νόμον καὶ χωρὶς **αἱματεκχυσίας** οὐ γίνεται ἄφεσις.

137 αἱμορροέω [1]

√ *135 + 4835*

Mt 9: 20 Καὶ ἰδοὺ γυνὴ **αἱμορροοῦσα** δώδεκα ἔτη προσελθοῦσα ὄπισθεν ἥψατο τοῦ κρασπέδου τοῦ ἱματίου αὐτοῦ·

138 Αἰνέας [2]

√ *142*

Ac 9: 33 εὗρεν δὲ ἐκεῖ ἄνθρωπόν τινα ὀνόματι **Αἰνέαν** ἐξ ἐτῶν ὀκτὼ κατακείμενον ἐπὶ κραβάττου,
9: 34 καὶ εἶπεν αὐτῷ ὁ Πέτρος, **Αἰνέα,** ἰᾶταί σε Ἰησοῦς Χριστός·

139 αἴνεσις [1]

√ *142*

Heb 13: 15 δι' αὐτοῦ [οὖν] ἀναφέρωμεν θυσίαν **αἰνέσεως** διὰ παντὸς τῷ θεῷ,

140 αἰνέω [8]

√ *142*

Lk 2: 13 καὶ ἐξαίφνης ἐγένετο σὺν τῷ ἀγγέλῳ πλῆθος στρατιᾶς οὐρανίου **αἰνούντων** τὸν θεὸν καὶ λεγόντων,
2: 20 καὶ ὑπέστρεψαν οἱ ποιμένες δοξάζοντες καὶ **αἰνοῦντες** τὸν θεὸν ἐπὶ πᾶσιν οἷς ἤκουσαν καὶ εἶδον καθὼς ἐλαλήθη
19: 37 ἤρξαντο ἅπαν τὸ πλῆθος τῶν μαθητῶν χαίροντες **αἰνεῖν** τὸν θεὸν φωνῇ μεγάλῃ περὶ πασῶν ὧν εἶδον δυνάμεων,
Ac 2: 47 **αἰνοῦντες** τὸν θεὸν καὶ ἔχοντες χάριν πρὸς ὅλον τὸν λαόν.
3: 8 ἔστη καὶ περιεπάτει καὶ εἰσῆλθεν σὺν αὐτοῖς εἰς τὸ ἱερὸν περιπατῶν καὶ ἁλλόμενος καὶ **αἰνῶν** τὸν θεόν.
3: 9 καὶ εἶδεν πᾶς ὁ λαὸς αὐτὸν περιπατοῦντα καὶ **αἰνοῦντα** τὸν θεόν·
Ro 15: 11 καὶ πάλιν, **Αἰνεῖτε,** πάντα τὰ ἔθνη, τὸν κύριον καὶ ἐπαινεσάτωσαν αὐτὸν πάντες οἱ λαοί.
Rev 19: 5 **Αἰνεῖτε** τῷ θεῷ ἡμῶν πάντες οἱ δοῦλοι αὐτοῦ [καὶ] οἱ φοβούμενοι αὐτόν,

141 αἴνιγμα [1]

1Co 13: 12 βλέπομεν γὰρ ἄρτι δι' ἐσόπτρου ἐν **αἰνίγματι,** τότε δὲ πρόσωπον πρὸς πρόσωπον·

142 αἶνος [2]

→ *138, 139, 140, 2045, 2046, 2047, 4147*

Mt 21: 16 οὐδέποτε ἀνέγνωτε ὅτι Ἐκ στόματος νηπίων καὶ θηλαζόντων κατηρτίσω **αἶνον;**
Lk 18: 43 καὶ πᾶς ὁ λαὸς ἰδὼν ἔδωκεν **αἶνον** τῷ θεῷ.

143 Αἰνών [1]

Jn 3: 23 ἦν δὲ καὶ ὁ Ἰωάννης βαπτίζων ἐν **Αἰνὼν** ἐγγὺς τοῦ Σαλείμ,

144 αἴξ Not used in UBS/NIV

→ *128*

145 αἱρέομαι [3]

→ *146, 147, 148, 358, 359, 882, 904, 1348, 1349, 1975, 2746, 2747, 4311, 4576*

Php 1: 22 τοῦτό μοι καρπὸς ἔργου, καὶ τί **αἱρήσομαι** οὐ γνωρίζω.
2Th 2: 13 ὅτι **εἵλατο** ὑμᾶς ὁ θεὸς ἀπαρχὴν εἰς σωτηρίαν ἐν ἁγιασμῷ πνεύματος καὶ πίστει ἀληθείας,
Heb 11: 25 μᾶλλον **ἑλόμενος** συγκακουχεῖσθαι τῷ λαῷ τοῦ θεοῦ ἢ πρόσκαιρον ἔχειν ἁμαρτίας ἀπόλαυσιν,

146 αἵρεσις [9]

√ *145*

Ac 5: 17 Ἀναστὰς δὲ ὁ ἀρχιερεὺς καὶ πάντες οἱ σὺν αὐτῷ, ἡ οὖσα **αἵρεσις** τῶν Σαδδουκαίων, ἐπλήσθησαν ζήλου
15: 5 ἐξανέστησαν δέ τινες τῶν ἀπὸ τῆς **αἱρέσεως** τῶν Φαρισαίων πεπιστευκότες λέγοντες ὅτι δεῖ περιτέμνειν αὐτοὺς
24: 5 πρωτοστάτην τε τῆς τῶν Ναζωραίων **αἱρέσεως,**
24: 14 ὁμολογῶ δὲ τοῦτό σοι ὅτι κατὰ τὴν ὁδὸν ἣν λέγουσιν **αἵρεσιν,**
26: 5 ὅτι κατὰ τὴν ἀκριβεστάτην **αἵρεσιν** τῆς ἡμετέρας θρησκείας ἔζησα Φαρισαῖος.
28: 22 περὶ μὲν γὰρ τῆς **αἱρέσεως** ταύτης γνωστὸν ἡμῖν ἐστιν ὅτι πανταχοῦ ἀντιλέγεται.
1Co 11: 19 δεῖ γὰρ καὶ **αἱρέσεις** ἐν ὑμῖν εἶναι, ἵνα [καὶ] οἱ δόκιμοι φανεροὶ γένωνται ἐν ὑμῖν.
Gal 5: 20 φαρμακεία, ἔχθραι, ἔρις, ζῆλος, θυμοί, ἐριθεῖαι, διχοστασίαι, **αἱρέσεις,**
2Pe 2: 1 οἵτινες παρεισάξουσιν **αἱρέσεις** ἀπωλείας καὶ τὸν ἀγοράσαντα αὐτοὺς δεσπότην ἀρνούμενοι.

147 αἱρετίζω [1]

√ *145*

Mt 12: 18 Ἰδοὺ ὁ παῖς μου ὃν **ᾑρέτισα,** ὁ ἀγαπητός μου εἰς ὃν εὐδόκησεν ἡ ψυχή μου·

148 αἱρετικός [1]

√ *145*

Tit 3: 10 **αἱρετικὸν** ἄνθρωπον μετὰ μίαν καὶ δευτέραν νουθεσίαν παραιτοῦ,

149 αἴρω [101]

→ *554, 1976, 2048, 3558, 5256, 5512, 5513, 5643*

αἴρω ἁμαρτίαν [2] Jn 1:29; 1Jn 3:5

αἴρω ἀπό [17] Mt 9:16; 13:12; 21:43; 25:28,29; Mk 2:21; 4:25; Lk 6:29,30; 8:12,18; 19:24; Jn 10:18; 16:22; Ac 8:33; 22:22; Eph 4:31

αἴρω ἐκ [7] Mt 24:17; Mk 13:15; Jn 17:15; 20:1,2; 1Co 5:2; Col 2:14

with **ὀφθαλμός** [1] Jn 11:41

αἴρω φωνήν [2] Lk 17:13; Ac 4:24

Mt 4: 6 γέγραπται γὰρ ὅτι Τοῖς ἀγγέλοις αὐτοῦ ἐντελεῖται περὶ σοῦ καὶ ἐπὶ χειρῶν **ἀροῦσίν** σε,
9: 6 Ἐγερθεὶς **ἆρόν** σου τὴν κλίνην καὶ ὕπαγε εἰς τὸν οἶκόν σου.
9: 16 **αἴρει** γὰρ τὸ πλήρωμα αὐτοῦ ἀπὸ τοῦ ἱματίου καὶ χεῖρον σχίσμα γίνεται.
11: 29 **ἄρατε** τὸν ζυγόν μου ἐφ' ὑμᾶς καὶ μάθετε ἀπ' ἐμοῦ,
13: 12 ὅστις δὲ οὐκ ἔχει, καὶ ὃ ἔχει **ἀρθήσεται** ἀπ' αὐτοῦ.
14: 12 καὶ προσελθόντες οἱ μαθηταὶ αὐτοῦ **ἦραν** τὸ πτῶμα καὶ ἔθαψαν αὐτό[ν]
14: 20 καὶ **ἦραν** τὸ περισσεῦον τῶν κλασμάτων δώδεκα κοφίνους πλήρεις.
15: 37 τὸ περισσεῦον τῶν κλασμάτων **ἦραν** ἑπτὰ σπυρίδας πλήρεις.
16: 24 ἀπαρνησάσθω ἑαυτὸν καὶ **ἀράτω** τὸν σταυρὸν αὐτοῦ καὶ ἀκολουθείτω μοι.
17: 27 πορευθεὶς εἰς θάλασσαν βάλε ἄγκιστρον καὶ τὸν ἀναβάντα πρῶτον ἰχθὺν **ἆρον,**
20: 14 **ἆρον** τὸ σὸν καὶ ὕπαγε. θέλω δὲ τούτῳ τῷ ἐσχάτῳ δοῦναι
21: 21 ἀλλὰ κἂν τῷ ὄρει τούτῳ εἴπητε, **Ἄρθητι** καὶ βλήθητι εἰς τὴν θάλασσαν, γενήσεται·

21:43 διὰ τοῦτο λέγω ὑμῖν ὅτι **ἀρθήσεται** ἀφ' ὑμῶν ἡ βασιλεία τοῦ θεοῦ καὶ δοθήσεται ἔθνει ποιοῦντι τοὺς καρποὺς αὐτῆς.
24:17 ὁ ἐπὶ τοῦ δώματος μὴ καταβάτω **ἆραι** τὰ ἐκ τῆς οἰκίας αὐτοῦ,
24:18 ὁ ἐν τῷ ἀγρῷ μὴ ἐπιστρεψάτω ὀπίσω **ἆραι** τὸ ἱμάτιον αὐτοῦ.
24:39 καὶ οὐκ ἔγνωσαν ἕως ἦλθεν ὁ κατακλυσμὸς καὶ **ἦρεν** ἅπαντας,
25:28 **ἄρατε** οὖν ἀπ' αὐτοῦ τὸ τάλαντον καὶ δότε τῷ ἔχοντι τὰ δέκα τάλαντα·
25:29 τοῦ δὲ μὴ ἔχοντος καὶ ὃ ἔχει **ἀρθήσεται** ἀπ' αὐτοῦ.
27:32 Σίμωνα, τοῦτον ἠγγάρευσαν ἵνα **ἄρῃ** τὸν σταυρὸν αὐτοῦ.

Mk 2: 3 καὶ ἔρχονται φέροντες πρὸς αὐτὸν παραλυτικὸν **αἰρόμενον** ὑπὸ τεσσάρων.
2: 9 Ἔγειρε καὶ **ἆρον** τὸν κράβαττόν σου καὶ περιπάτει;
2:11 ἔγειρε **ἆρον** τὸν κράβαττόν σου καὶ ὕπαγε εἰς τὸν οἶκόν σου.
2:12 καὶ ἠγέρθη καὶ εὐθὺς **ἄρας** τὸν κράβαττον ἐξῆλθεν ἔμπροσθεν πάντων,
2:21 **αἴρει** τὸ πλήρωμα ἀπ' αὐτοῦ τὸ καινὸν τοῦ παλαιοῦ καὶ χεῖρον σχίσμα γίνεται.
4:15 εὐθὺς ἔρχεται ὁ Σατανᾶς καὶ **αἴρει** τὸν λόγον τὸν ἐσπαρμένον εἰς αὐτούς.
4:25 καὶ ὃς οὐκ ἔχει, καὶ ὃ ἔχει **ἀρθήσεται** ἀπ' αὐτοῦ.
6: 8 ἵνα μηδὲν **αἴρωσιν** εἰς ὁδὸν εἰ μὴ ῥάβδον μόνον,
6:29 καὶ ἀκούσαντες οἱ μαθηταὶ αὐτοῦ ἦλθον καὶ **ἦραν** τὸ πτῶμα αὐτοῦ καὶ ἔθηκαν αὐτὸ ἐν μνημείῳ.
6:43 καὶ **ἦραν** κλάσματα δώδεκα κοφίνων πληρώματα καὶ ἀπὸ τῶν ἰχθύων.
8: 8 καὶ ἔφαγον καὶ ἐχορτάσθησαν, καὶ **ἦραν** περισσεύματα κλασμάτων ἑπτὰ σπυρίδας.
8:19 ὅτε τοὺς πέντε ἄρτους ἔκλασα εἰς τοὺς πεντακισχιλίους, πόσους κοφίνους κλασμάτων πλήρεις **ἤρατε;**
8:20 Ὅτε τοὺς ἑπτὰ εἰς τοὺς τετρακισχιλίους, πόσων σπυρίδων πληρώματα κλασμάτων **ἤρατε;**
8:34 ἀπαρνησάσθω ἑαυτὸν καὶ **ἀράτω** τὸν σταυρὸν αὐτοῦ καὶ ἀκολουθείτω μοι.
11:23 ἀμὴν λέγω ὑμῖν ὅτι ὃς ἂν εἴπῃ τῷ ὄρει τούτῳ, **Ἄρθητι** καὶ βλήθητι εἰς τὴν θάλασσαν,
13:15 ὁ [δὲ] ἐπὶ τοῦ δώματος μὴ καταβάτω μηδὲ εἰσελθάτω **ἆραί** τι ἐκ τῆς οἰκίας αὐτοῦ,
13:16 καὶ ὁ εἰς τὸν ἀγρὸν μὴ ἐπιστρεψάτω εἰς τὰ ὀπίσω **ἆραι** τὸ ἱμάτιον αὐτοῦ.
15:21 πατέρα Ἀλεξάνδρου καὶ Ῥούφου, ἵνα **ἄρῃ** τὸν σταυρὸν αὐτοῦ.
15:24 καὶ σταυροῦσιν αὐτὸν καὶ διαμερίζονται τὰ ἱμάτια αὐτοῦ, βάλλοντες κλῆρον ἐπ' αὐτὰ τίς τί **ἄρῃ.**
16:18 ⟦[καὶ ἐν ταῖς χερσὶν] ὄφεις **ἀροῦσιν** κἂν θανάσιμόν τι πίωσιν οὐ μὴ αὐτοὺς βλάψῃ,⟧

Lk 4:11 καὶ ὅτι Ἐπὶ χειρῶν **ἀροῦσίν** σε, μήποτε προσκόψῃς πρὸς λίθον τὸν πόδα σου.
5:24 ἔγειρε καὶ **ἄρας** τὸ κλινίδιόν σου πορεύου εἰς τὸν οἶκόν σου.
5:25 καὶ παραχρῆμα ἀναστὰς ἐνώπιον αὐτῶν, **ἄρας** ἐφ' ὃ κατέκειτο,
6:29 ἀπὸ τοῦ **αἴροντός** σου τὸ ἱμάτιον καὶ τὸν χιτῶνα μὴ κωλύσῃς.
6:30 καὶ ἀπὸ τοῦ **αἴροντος** τὰ σὰ μὴ ἀπαίτει.
8:12 εἶτα ἔρχεται ὁ διάβολος καὶ **αἴρει** τὸν λόγον ἀπὸ τῆς καρδίας αὐτῶν,
8:18 καὶ ὃς ἂν μὴ ἔχῃ, καὶ ὃ δοκεῖ ἔχειν **ἀρθήσεται** ἀπ' αὐτοῦ.
9: 3 καὶ εἶπεν πρὸς αὐτούς, Μηδὲν **αἴρετε** εἰς τὴν ὁδόν,
9:17 καὶ **ἤρθη** τὸ περισσεῦσαν αὐτοῖς κλασμάτων κόφινοι δώδεκα.
9:23 ἀρνησάσθω ἑαυτὸν καὶ **ἀράτω** τὸν σταυρὸν αὐτοῦ καθ' ἡμέραν καὶ ἀκολουθείτω μοι.
11:22 τὴν πανοπλίαν αὐτοῦ **αἴρει** ἐφ' ᾗ ἐπεποίθει καὶ τὰ σκῦλα αὐτοῦ διαδίδωσιν.
11:52 οὐαὶ ὑμῖν τοῖς νομικοῖς, ὅτι **ἤρατε** τὴν κλεῖδα τῆς γνώσεως·
17:13 αὐτοὶ **ἦραν** φωνὴν λέγοντες, Ἰησοῦ ἐπιστάτα, ἐλέησον ἡμᾶς.
17:31 μὴ καταβάτω **ἆραι** αὐτά, καὶ ὁ ἐν ἀγρῷ ὁμοίως μὴ ἐπιστρεψάτω εἰς τὰ ὀπίσω.
19:21 **αἴρεις** ὃ οὐκ ἔθηκας καὶ θερίζεις ὃ οὐκ ἔσπειρας.
19:22 **αἴρων** ὃ οὐκ ἔθηκα καὶ θερίζων ὃ οὐκ ἔσπειρα;
19:24 **Ἄρατε** ἀπ' αὐτοῦ τὴν μνᾶν καὶ δότε τῷ τὰς δέκα μνᾶς ἔχοντι
19:26 ἀπὸ δὲ τοῦ μὴ ἔχοντος καὶ ὃ ἔχει **ἀρθήσεται.**
22:36 Ἀλλὰ νῦν ὁ ἔχων βαλλάντιον **ἀράτω,** ὁμοίως καὶ πήραν,
23:18 ἀνέκραγον δὲ παμπληθεὶ λέγοντες, **Αἶρε** τοῦτον, ἀπόλυσον δὲ ἡμῖν τὸν Βαραββᾶν·

Jn 1:29 Ἴδε ὁ ἀμνὸς τοῦ θεοῦ ὁ **αἴρων** τὴν ἁμαρτίαν τοῦ κόσμου.
2:16 τοῖς τὰς περιστερὰς πωλοῦσιν εἶπεν, **Ἄρατε** ταῦτα ἐντεῦθεν,
5: 8 λέγει αὐτῷ ὁ Ἰησοῦς, Ἔγειρε **ἆρον** τὸν κράβαττόν σου καὶ περιπάτει.
5: 9 καὶ εὐθέως ἐγένετο ὑγιὴς ὁ ἄνθρωπος καὶ **ἦρεν** τὸν κράβαττον αὐτοῦ καὶ περιεπάτει.
5:10 καὶ οὐκ ἔξεστίν σοι **ἆραι** τὸν κράβαττόν σου.
5:11 Ὁ ποιήσας με ὑγιῆ ἐκεῖνός μοι εἶπεν, **Ἆρον** τὸν κράβαττόν σου καὶ περιπάτει.
5:12 Τίς ἐστιν ὁ ἄνθρωπος ὁ εἰπών σοι, **Ἆρον** καὶ περιπάτει;
8:59 **ἦραν** οὖν λίθους ἵνα βάλωσιν ἐπ' αὐτόν. Ἰησοῦς δὲ ἐκρύβη καὶ ἐξῆλθεν ἐκ τοῦ ἱεροῦ.
10:18 οὐδεὶς **αἴρει** αὐτὴν ἀπ' ἐμοῦ, ἀλλ' ἐγὼ τίθημι αὐτὴν ἀπ' ἐμαυτοῦ.
10:24 ἐκύκλωσαν οὖν αὐτὸν οἱ Ἰουδαῖοι καὶ ἔλεγον αὐτῷ, Ἕως πότε τὴν ψυχὴν ἡμῶν **αἴρεις;**
11:39 λέγει ὁ Ἰησοῦς, **Ἄρατε** τὸν λίθον. λέγει αὐτῷ ἡ ἀδελφὴ τοῦ τετελευτηκότος Μάρθα,
11:41 **ἦραν** οὖν τὸν λίθον. ὁ δὲ Ἰησοῦς **ἦρεν** τοὺς ὀφθαλμοὺς ἄνω καὶ εἶπεν,
11:48 καὶ ἐλεύσονται οἱ Ῥωμαῖοι καὶ **ἀροῦσιν** ἡμῶν καὶ τὸν τόπον καὶ τὸ ἔθνος.
15: 2 πᾶν κλῆμα ἐν ἐμοὶ μὴ φέρον καρπὸν **αἴρει** αὐτό,
16:22 καὶ τὴν χαρὰν ὑμῶν οὐδεὶς **αἴρει** ἀφ' ὑμῶν.
17:15 οὐκ ἐρωτῶ ἵνα **ἄρῃς** αὐτοὺς ἐκ τοῦ κόσμου,
19:15 ἐκραύγασαν οὖν ἐκεῖνοι, **Ἆρον ἆρον,** σταύρωσον αὐτόν.
19:31 ἠρώτησαν τὸν Πιλᾶτον ἵνα κατεαγῶσιν αὐτῶν τὰ σκέλη καὶ **ἀρθῶσιν.**
19:38 ἵνα **ἄρῃ** τὸ σῶμα τοῦ Ἰησοῦ· καὶ ἐπέτρεψεν ὁ Πιλᾶτος. ἦλθεν οὖν καὶ **ἦρεν** τὸ σῶμα αὐτοῦ.
20: 1 Μαρία ἡ Μαγδαληνὴ ἔρχεται πρωῒ σκοτίας ἔτι οὔσης εἰς τὸ μνημεῖον, καὶ βλέπει τὸν λίθον **ἠρμένον** ἐκ τοῦ μνημείου.
20: 2 **Ἦραν** τὸν κύριον ἐκ τοῦ μνημείου καὶ οὐκ οἴδαμεν ποῦ ἔθηκαν αὐτόν.
20:13 **Ἦραν** τὸν κύριόν μου, καὶ οὐκ οἶδα ποῦ ἔθηκαν αὐτόν.
20:15 εἰπέ μοι ποῦ ἔθηκας αὐτόν, κἀγὼ αὐτὸν **ἀρῶ.**

Ac 4:24 οἱ δὲ ἀκούσαντες ὁμοθυμαδὸν **ἦραν** φωνὴν πρὸς τὸν θεὸν καὶ εἶπαν,
8:33 Ἐν τῇ ταπεινώσει [αὐτοῦ] ἡ κρίσις αὐτοῦ **ἤρθη·**
8:33 ὅτι **αἴρεται** ἀπὸ τῆς γῆς ἡ ζωὴ αὐτοῦ.
20: 9 κατενεχθεὶς ἀπὸ τοῦ ὕπνου ἔπεσεν ἀπὸ τοῦ τριστέγου κάτω καὶ **ἤρθη** νεκρός.
21:11 καὶ ἐλθὼν πρὸς ἡμᾶς καὶ **ἄρας** τὴν ζώνην τοῦ Παύλου,
21:36 ἠκολούθει γὰρ τὸ πλῆθος τοῦ λαοῦ κράζοντες, **Αἶρε** αὐτόν.
22:22 **Αἶρε** ἀπὸ τῆς γῆς τὸν τοιοῦτον, οὐ γὰρ καθῆκεν αὐτὸν ζῆν.
27:13 **ἄραντες** ἆσσον παρελέγοντο τὴν Κρήτην.
27:17 ἣν **ἄραντες** βοηθείαις ἐχρῶντο ὑποζωννύντες τὸ πλοῖον,

1Co 5: 2 ἵνα **ἀρθῇ** ἐκ μέσου ὑμῶν ὁ τὸ ἔργον τοῦτο πράξας;
6:15 **ἄρας** οὖν τὰ μέλη τοῦ Χριστοῦ ποιήσω πόρνης μέλη;

Eph 4:31 πᾶσα πικρία καὶ θυμὸς καὶ ὀργὴ καὶ κραυγὴ καὶ βλασφημία **ἀρθήτω** ἀφ' ὑμῶν σὺν πάσῃ κακίᾳ.

Col 2:14 καὶ αὐτὸ **ἦρκεν** ἐκ τοῦ μέσου προσηλώσας αὐτὸ τῷ σταυρῷ·

1Jn 3: 5 καὶ οἴδατε ὅτι ἐκεῖνος ἐφανερώθη, ἵνα τὰς ἁμαρτίας **ἄρῃ,**

Rev 10: 5 **ἦρεν** τὴν χεῖρα αὐτοῦ τὴν δεξιὰν εἰς τὸν οὐρανὸν
18:21 Καὶ **ἦρεν** εἷς ἄγγελος ἰσχυρὸς λίθον ὡς μύλινον μέγαν καὶ ἔβαλεν εἰς τὴν θάλασσαν λέγων,

150 αἰσθάνομαι [1]

→ 151, 152; cf. 113

Lk 9:45 οἱ δὲ ἠγνόουν τὸ ῥῆμα τοῦτο καὶ ἦν παρακεκαλυμμένον ἀπ' αὐτῶν ἵνα μὴ **αἴσθωνται** αὐτό,

151 αἴσθησις [1]

√ 150

Php 1: 9 ἵνα ἡ ἀγάπη ὑμῶν ἔτι μᾶλλον καὶ μᾶλλον περισσεύῃ ἐν ἐπιγνώσει καὶ πάσῃ **αἰσθήσει**

152 αἰσθητήριον [1]

√ 150

Heb 5:14 τῶν διὰ τὴν ἕξιν τὰ **αἰσθητήρια** γεγυμνασμένα ἐχόντων πρὸς διάκρισιν καλοῦ τε καὶ κακοῦ.

153 αἰσχροκερδής [2]

√ 156 + 3046

1Ti 3: 8 μὴ διλόγους, μὴ οἴνῳ πολλῷ προσέχοντας, μὴ **αἰσχροκερδεῖς,**
Tit 1: 7 μὴ ὀργίλον, μὴ πάροινον, μὴ πλήκτην, μὴ **αἰσχροκερδῆ,**

154 αἰσχροκερδῶς [1]

√ *156 + 3046*

1Pe 5: 2 μὴ ἀναγκαστῶς ἀλλὰ ἑκουσίως κατὰ θεόν, μηδὲ **αἰσχροκερδῶς** ἀλλὰ προθύμως,

155 αἰσχρολογία [1]

√ *156 + 3306*

Col 3: 8 θυμόν, κακίαν, βλασφημίαν, **αἰσχρολογίαν** ἐκ τοῦ στόματος ὑμῶν·

156 αἰσχρός [4]

→ *153, 154, 155, 157, 158, 159, 454, 2049, 2875*

1Co 11: 6 εἰ δὲ **αἰσχρὸν** γυναικὶ τὸ κείρασθαι ἢ ξυρᾶσθαι,
14:35 ἐν οἴκῳ τοὺς ἰδίους ἄνδρας ἐπερωτάτωσαν· **αἰσχρὸν** γάρ ἐστιν γυναικὶ λαλεῖν ἐν ἐκκλησίᾳ.
Eph 5:12 τὰ γὰρ κρυφῇ γινόμενα ὑπ' αὐτῶν **αἰσχρόν** ἐστιν καὶ λέγειν,
Tit 1:11 οἵτινες ὅλους οἴκους ἀνατρέπουσιν διδάσκοντες ἃ μὴ δεῖ **αἰσχροῦ** κέρδους χάριν.

157 αἰσχρότης [1]

√ *156*

Eph 5: 4 καὶ **αἰσχρότης** καὶ μωρολογία ἢ εὐτραπελία, ἃ οὐκ ἀνῆκεν,

158 αἰσχύνη [6]

√ *156*

Lk 14: 9 καὶ τότε ἄρξῃ μετὰ **αἰσχύνης** τὸν ἔσχατον τόπον κατέχειν.
2Co 4: 2 ἀλλὰ ἀπειπάμεθα τὰ κρυπτὰ τῆς **αἰσχύνης,** μὴ περιπατοῦντες ἐν πανουργίᾳ μηδὲ δολοῦντες τὸν λόγον τοῦ θεοῦ
Php 3:19 ὧν ὁ θεὸς ἡ κοιλία καὶ ἡ δόξα ἐν τῇ **αἰσχύνῃ** αὐτῶν,
Heb 12: 2 ὃς ἀντὶ τῆς προκειμένης αὐτῷ χαρᾶς ὑπέμεινεν σταυρὸν **αἰσχύνης** καταφρονήσας ἐν δεξιᾷ τε τοῦ θρόνου τοῦ θεοῦ
Jude 1:13 κύματα ἄγρια θαλάσσης ἐπαφρίζοντα τὰς ἑαυτῶν **αἰσχύνας,**
Rev 3:18 καὶ ἱμάτια λευκὰ ἵνα περιβάλῃ καὶ μὴ φανερωθῇ ἡ **αἰσχύνη** τῆς γυμνότητός σου,

159 αἰσχύνομαι [5]

√ *156*

Lk 16: 3 ὅτι ὁ κύριός μου ἀφαιρεῖται τὴν οἰκονομίαν ἀπ' ἐμοῦ; σκάπτειν οὐκ ἰσχύω, ἐπαιτεῖν **αἰσχύνομαι.**
2Co 10: 8 περὶ τῆς ἐξουσίας ἡμῶν ἧς ἔδωκεν ὁ κύριος εἰς οἰκοδομὴν καὶ οὐκ εἰς καθαίρεσιν ὑμῶν, οὐκ **αἰσχυνθήσομαι.**
Php 1:20 ὅτι ἐν οὐδενὶ **αἰσχυνθήσομαι** ἀλλ' ἐν πάσῃ παρρησίᾳ ὡς πάντοτε καὶ νῦν μεγαλυνθήσεται Χριστὸς ἐν τῷ σώματί μου,
1Pe 4:16 εἰ δὲ ὡς Χριστιανός, μὴ **αἰσχυνέσθω,** δοξαζέτω δὲ τὸν θεὸν ἐν τῷ ὀνόματι τούτῳ.
1Jn 2:28 ἵνα ἐὰν φανερωθῇ σχῶμεν παρρησίαν καὶ μὴ **αἰσχυνθῶμεν** ἀπ' αὐτοῦ ἐν τῇ παρουσίᾳ αὐτοῦ.

160 αἰτέω [70]

→ *161, 555, 1977, 2050, 4148, 4644, 4645*

Mt 5:42 τῷ **αἰτοῦντί** σε δός, καὶ τὸν θέλοντα ἀπὸ σοῦ δανίσασθαι μὴ ἀποστραφῇς.
6: 8 οἶδεν γὰρ ὁ πατὴρ ὑμῶν ὧν χρείαν ἔχετε πρὸ τοῦ ὑμᾶς **αἰτῆσαι** αὐτόν.
7: 7 **Αἰτεῖτε** καὶ δοθήσεται ὑμῖν, ζητεῖτε καὶ εὑρήσετε, κρούετε καὶ ἀνοιγήσεται ὑμῖν·
7: 8 πᾶς γὰρ ὁ **αἰτῶν** λαμβάνει καὶ ὁ ζητῶν εὑρίσκει καὶ τῷ κρούοντι ἀνοιγήσεται.
7: 9 ὃν **αἰτήσει** [UBS; NIV ἐὰν **αἰτήσῃ**] ὁ υἱὸς αὐτοῦ ἄρτον, μὴ λίθον ἐπιδώσει αὐτῷ;
7:10 ἢ καὶ ἰχθὺν **αἰτήσει,** μὴ ὄφιν ἐπιδώσει αὐτῷ;
7:11 πόσῳ μᾶλλον ὁ πατὴρ ὑμῶν ὁ ἐν τοῖς οὐρανοῖς δώσει ἀγαθὰ τοῖς **αἰτοῦσιν** αὐτόν.
14: 7 ὅθεν μεθ' ὅρκου ὡμολόγησεν αὐτῇ δοῦναι ὃ ἐὰν **αἰτήσηται.**
18:19 Πάλιν [ἀμὴν] λέγω ὑμῖν ὅτι ἐὰν δύο συμφωνήσωσιν ἐξ ὑμῶν ἐπὶ τῆς γῆς περὶ παντὸς πράγματος οὗ ἐὰν **αἰτήσωνται,**
20:20 Τότε προσῆλθεν αὐτῷ ἡ μήτηρ τῶν υἱῶν Ζεβεδαίου μετὰ τῶν υἱῶν αὐτῆς προσκυνοῦσα καὶ **αἰτοῦσά** τι ἀπ' αὐτοῦ.
20:22 ἀποκριθεὶς δὲ ὁ Ἰησοῦς εἶπεν, Οὐκ οἴδατε τί **αἰτεῖσθε.**
21:22 ὅσα ἂν **αἰτήσητε** ἐν τῇ προσευχῇ πιστεύοντες λήμψεσθε.
27:20 Οἱ δὲ ἀρχιερεῖς καὶ οἱ πρεσβύτεροι ἔπεισαν τοὺς ὄχλους ἵνα **αἰτήσωνται** τὸν Βαραββᾶν,
27:58 οὗτος προσελθὼν τῷ Πιλάτῳ **ᾐτήσατο** τὸ σῶμα τοῦ Ἰησοῦ.
Mk 6:22 **Αἴτησόν** με ὃ ἐὰν θέλῃς, καὶ δώσω σοι·
6:23 Ὅ τι ἐάν με **αἰτήσῃς** δώσω σοι ἕως ἡμίσους τῆς βασιλείας μου.
6:24 καὶ ἐξελθοῦσα εἶπεν τῇ μητρὶ αὐτῆς, Τί **αἰτήσωμαι;**
6:25 καὶ εἰσελθοῦσα εὐθὺς μετὰ σπουδῆς πρὸς τὸν βασιλέα **ᾐτήσατο** λέγουσα,
10:35 θέλομεν ἵνα ὃ ἐὰν **αἰτήσωμέν** σε ποιήσῃς ἡμῖν.
10:38 ὁ δὲ Ἰησοῦς εἶπεν αὐτοῖς, Οὐκ οἴδατε τί **αἰτεῖσθε.**
11:24 πάντα ὅσα προσεύχεσθε καὶ **αἰτεῖσθε,** πιστεύετε ὅτι ἐλάβετε,
15: 8 καὶ ἀναβὰς ὁ ὄχλος ἤρξατο **αἰτεῖσθαι** καθὼς ἐποίει αὐτοῖς.
15:43 τολμήσας εἰσῆλθεν πρὸς τὸν Πιλᾶτον καὶ **ᾐτήσατο** τὸ σῶμα τοῦ Ἰησοῦ.
Lk 1:63 καὶ **αἰτήσας** πινακίδιον ἔγραψεν λέγων, Ἰωάννης ἐστὶν ὄνομα αὐτοῦ.
6:30 παντὶ **αἰτοῦντί** σε δίδου, καὶ ἀπὸ τοῦ αἴροντος τὰ σὰ μὴ ἀπαίτει.
11: 9 κἀγὼ ὑμῖν λέγω, **αἰτεῖτε** καὶ δοθήσεται ὑμῖν, ζητεῖτε καὶ εὑρήσετε,
11:10 πᾶς γὰρ ὁ **αἰτῶν** λαμβάνει καὶ ὁ ζητῶν εὑρίσκει καὶ τῷ κρούοντι ἀνοιγ[ήσ]εται.
11:11 τίνα δὲ ἐξ ὑμῶν τὸν πατέρα **αἰτήσει** ὁ υἱὸς ἰχθύν,
11:12 ἢ καὶ **αἰτήσει** ᾠόν, ἐπιδώσει αὐτῷ σκορπίον;
11:13 πόσῳ μᾶλλον ὁ πατὴρ [ὁ] ἐξ οὐρανοῦ δώσει πνεῦμα ἅγιον τοῖς **αἰτοῦσιν** αὐτόν.
12:48 πολὺ ζητηθήσεται παρ' αὐτοῦ, καὶ ᾧ παρέθεντο πολύ, περισσότερον **αἰτήσουσιν** αὐτόν.
23:23 οἱ δὲ ἐπέκειντο φωναῖς μεγάλαις **αἰτούμενοι** αὐτὸν σταυρωθῆναι,
23:25 ἀπέλυσεν δὲ τὸν διὰ στάσιν καὶ φόνον βεβλημένον εἰς φυλακὴν ὃν **ᾐτοῦντο,**
23:52 οὗτος προσελθὼν τῷ Πιλάτῳ **ᾐτήσατο** τὸ σῶμα τοῦ Ἰησοῦ
Jn 4: 9 Πῶς σὺ Ἰουδαῖος ὢν παρ' ἐμοῦ πεῖν **αἰτεῖς** γυναικὸς Σαμαρίτιδος οὔσης;
4:10 σὺ ἂν **ᾔτησας** αὐτὸν καὶ ἔδωκεν ἄν σοι ὕδωρ ζῶν.
11:22 καὶ νῦν οἶδα ὅτι ὅσα ἂν **αἰτήσῃ** τὸν θεὸν δώσει σοι ὁ θεός.
14:13 καὶ ὅ τι ἂν **αἰτήσητε** ἐν τῷ ὀνόματί μου τοῦτο ποιήσω,
14:14 ἐάν τι **αἰτήσητέ** με ἐν τῷ ὀνόματί μου ἐγὼ ποιήσω.
15: 7 ἐὰν μείνητε ἐν ἐμοὶ καὶ τὰ ῥήματά μου ἐν ὑμῖν μείνῃ, ὃ ἐὰν θέλητε **αἰτήσασθε,** καὶ γενήσεται ὑμῖν.
15:16 ἵνα ὅ τι ἂν **αἰτήσητε** τὸν πατέρα ἐν τῷ ὀνόματί μου δῷ ὑμῖν.
16:23 ἄν τι **αἰτήσητε** τὸν πατέρα ἐν τῷ ὀνόματί μου δώσει ὑμῖν.
16:24 ἕως ἄρτι οὐκ **ᾐτήσατε** οὐδὲν ἐν τῷ ὀνόματί μου· **αἰτεῖτε** καὶ λήμψεσθε, ἵνα ἡ χαρὰ ὑμῶν ᾖ πεπληρωμένη.
16:26 ἐν ἐκείνῃ τῇ ἡμέρᾳ ἐν τῷ ὀνόματί μου **αἰτήσεσθε,**
Ac 3: 2 ὃν ἐτίθουν καθ' ἡμέραν πρὸς τὴν θύραν τοῦ ἱεροῦ τὴν λεγομένην Ὡραίαν τοῦ **αἰτεῖν** ἐλεημοσύνην
3:14 ὑμεῖς δὲ τὸν ἅγιον καὶ δίκαιον ἠρνήσασθε καὶ **ᾐτήσασθε** ἄνδρα φονέα χαρισθῆναι ὑμῖν,
7:46 ὃς εὗρεν χάριν ἐνώπιον τοῦ θεοῦ καὶ **ᾐτήσατο** εὑρεῖν σκήνωμα τῷ οἴκῳ Ἰακώβ.
9: 2 **ᾐτήσατο** παρ' αὐτοῦ ἐπιστολὰς εἰς Δαμασκὸν πρὸς τὰς συναγωγάς,
12:20 **ᾐτοῦντο** εἰρήνην διὰ τὸ τρέφεσθαι αὐτῶν τὴν χώραν ἀπὸ τῆς βασιλικῆς.
13:21 κἀκεῖθεν **ᾐτήσαντο** βασιλέα καὶ ἔδωκεν αὐτοῖς ὁ θεὸς τὸν Σαοὺλ υἱὸν Κίς,
13:28 καὶ μηδεμίαν αἰτίαν θανάτου εὑρόντες **ᾐτήσαντο** Πιλᾶτον ἀναιρεθῆναι αὐτόν.
16:29 **αἰτήσας** δὲ φῶτα εἰσεπήδησεν καὶ ἔντρομος γενόμενος προσέπεσεν τῷ Παύλῳ καὶ [τῷ] Σιλᾷ
25: 3 **αἰτούμενοι** χάριν κατ' αὐτοῦ ὅπως μεταπέμψηται αὐτὸν εἰς Ἰερουσαλήμ,
25:15 ἐνεφάνισαν οἱ ἀρχιερεῖς καὶ οἱ πρεσβύτεροι τῶν Ἰουδαίων **αἰτούμενοι** κατ' αὐτοῦ καταδίκην.
1Co 1:22 Ἰουδαῖοι σημεῖα **αἰτοῦσιν** καὶ Ἕλληνες σοφίαν ζητοῦσιν,
Eph 3:13 διὸ **αἰτοῦμαι** μὴ ἐγκακεῖν ἐν ταῖς θλίψεσίν μου ὑπὲρ ὑμῶν,
3:20 Τῷ δὲ δυναμένῳ ὑπὲρ πάντα ποιῆσαι ὑπερεκπερισσοῦ ὧν **αἰτούμεθα** ἢ νοοῦμεν κατὰ τὴν δύναμιν τὴν ἐνεργουμένην

Col 1: 9 ἀφ᾽ ἧς ἡμέρας ἠκούσαμεν, οὐ παυόμεθα ὑπὲρ ὑμῶν προσευχόμενοι καὶ **αἰτούμενοι,**
Jas 1: 5 **αἰτείτω** παρὰ τοῦ διδόντος θεοῦ πᾶσιν ἁπλῶς καὶ μὴ ὀνειδίζοντος καὶ δοθήσεται αὐτῷ.
1: 6 **αἰτείτω** δὲ ἐν πίστει μηδὲν διακρινόμενος· ὁ γὰρ διακρινόμενος ἔοικεν κλύδωνι θαλάσσης ἀνεμιζομένῳ
4: 2 μάχεσθε καὶ πολεμεῖτε, οὐκ ἔχετε διὰ τὸ μὴ **αἰτεῖσθαι** ὑμᾶς,
4: 3 **αἰτεῖτε** καὶ οὐ λαμβάνετε διότι κακῶς **αἰτεῖσθε,** ἵνα ἐν ταῖς ἡδοναῖς ὑμῶν δαπανήσητε.
1Pe 3:15 ἕτοιμοι ἀεὶ πρὸς ἀπολογίαν παντὶ τῷ **αἰτοῦντι** ὑμᾶς λόγον περὶ τῆς ἐν ὑμῖν ἐλπίδος,
1Jn 3:22 καὶ ὃ ἐὰν **αἰτῶμεν** λαμβάνομεν ἀπ᾽ αὐτοῦ, ὅτι τὰς ἐντολὰς αὐτοῦ τηροῦμεν καὶ τὰ ἀρεστὰ ἐνώπιον αὐτοῦ ποιοῦμεν.
5:14 καὶ αὕτη ἐστὶν ἡ παρρησία ἣν ἔχομεν πρὸς αὐτὸν ὅτι ἐάν τι **αἰτώμεθα** κατὰ τὸ θέλημα αὐτοῦ ἀκούει ἡμῶν.
5:15 καὶ ἐὰν οἴδαμεν ὅτι ἀκούει ἡμῶν ὃ ἐὰν **αἰτώμεθα,** οἴδαμεν ὅτι ἔχομεν τὰ αἰτήματα ἃ **ἠτήκαμεν** ἀπ᾽ αὐτοῦ.
5:16 **αἰτήσει** καὶ δώσει αὐτῷ ζωήν, τοῖς ἁμαρτάνουσιν μὴ πρὸς θάνατον.

161 αἴτημα [3]

√ *160*

Lk 23:24 καὶ Πιλᾶτος ἐπέκρινεν γενέσθαι τὸ **αἴτημα** αὐτῶν·
Php 4: 6 ἀλλ᾽ ἐν παντὶ τῇ προσευχῇ καὶ τῇ δεήσει μετὰ εὐχαριστίας τὰ **αἰτήματα** ὑμῶν γνωριζέσθω πρὸς τὸν θεόν.
1Jn 5:15 οἴδαμεν ὅτι ἔχομεν τὰ **αἰτήματα** ἃ ἠτήκαμεν ἀπ᾽ αὐτοῦ.

162 αἰτία [20]

→ *163, 164, 165, 166, 360, 4577*

αἰτίαν θανάτου [2] Ac 13:28; 28:18

δι᾽ ἣν αἰτίαν [8] Lk 8:47; Ac 10:21; 22:24; 23:28; 2Ti 1:6,12; Tit 1:13; Heb 2:11

Mt 19: 3 Εἰ ἔξεστιν ἀνθρώπῳ ἀπολῦσαι τὴν γυναῖκα αὐτοῦ κατὰ πᾶσαν **αἰτίαν;**
19:10 Εἰ οὕτως ἐστὶν ἡ **αἰτία** τοῦ ἀνθρώπου μετὰ τῆς γυναικός,
27:37 καὶ ἐπέθηκαν ἐπάνω τῆς κεφαλῆς αὐτοῦ τὴν **αἰτίαν** αὐτοῦ γεγραμμένην·
Mk 15:26 καὶ ἦν ἡ ἐπιγραφὴ τῆς **αἰτίας** αὐτοῦ ἐπιγεγραμμένη,
Lk 8:47 τρέμουσα ἦλθεν καὶ προσπεσοῦσα αὐτῷ δι᾽ ἣν **αἰτίαν** ἥψατο αὐτοῦ ἀπήγγειλεν ἐνώπιον παντὸς τοῦ λαοῦ
Jn 18:38 Καὶ τοῦτο εἰπὼν πάλιν ἐξῆλθεν πρὸς τοὺς Ἰουδαίους καὶ λέγει αὐτοῖς, Ἐγὼ οὐδεμίαν εὑρίσκω ἐν αὐτῷ **αἰτίαν.**
19: 4 ἵνα γνῶτε ὅτι οὐδεμίαν **αἰτίαν** εὑρίσκω ἐν αὐτῷ.
19: 6 Λάβετε αὐτὸν ὑμεῖς καὶ σταυρώσατε· ἐγὼ γὰρ οὐχ εὑρίσκω ἐν αὐτῷ **αἰτίαν.**
Ac 10:21 Ἰδοὺ ἐγώ εἰμι ὃν ζητεῖτε· τίς ἡ **αἰτία** δι᾽ ἣν πάρεστε;
13:28 καὶ μηδεμίαν **αἰτίαν** θανάτου εὑρόντες ᾐτήσαντο Πιλᾶτον ἀναιρεθῆναι αὐτόν.
22:24 εἴπας μάστιξιν ἀνετάζεσθαι αὐτὸν ἵνα ἐπιγνῷ δι᾽ ἣν **αἰτίαν** οὕτως ἐπεφώνουν αὐτῷ.
23:28 βουλόμενός τε ἐπιγνῶναι τὴν **αἰτίαν** δι᾽ ἣν ἐνεκάλουν αὐτῷ,
25:18 περὶ οὗ σταθέντες οἱ κατήγοροι οὐδεμίαν **αἰτίαν** ἔφερον ὧν ἐγὼ ὑπενόουν πονηρῶν,
25:27 ἄλογον γάρ μοι δοκεῖ πέμποντα δέσμιον μὴ καὶ τὰς κατ᾽ αὐτοῦ **αἰτίας** σημᾶναι.
28:18 οἵτινες ἀνακρίναντές με ἐβούλοντο ἀπολῦσαι διὰ τὸ μηδεμίαν **αἰτίαν** θανάτου ὑπάρχειν ἐν ἐμοί.
28:20 διὰ ταύτην οὖν τὴν **αἰτίαν** παρεκάλεσα ὑμᾶς ἰδεῖν καὶ προσλαλῆσαι,
2Ti 1: 6 δι᾽ ἣν **αἰτίαν** ἀναμιμνῄσκω σε ἀναζωπυρεῖν τὸ χάρισμα τοῦ θεοῦ,
1:12 δι᾽ ἣν **αἰτίαν** καὶ ταῦτα πάσχω· ἀλλ᾽ οὐκ ἐπαισχύνομαι,
Tit 1:13 δι᾽ ἣν **αἰτίαν** ἔλεγχε αὐτοὺς ἀποτόμως, ἵνα ὑγιαίνωσιν ἐν τῇ πίστει,
Heb 2:11 δι᾽ ἣν **αἰτίαν** οὐκ ἐπαισχύνεται ἀδελφοὺς αὐτοὺς καλεῖν

163 αἰτίαμα Not used in UBS/NIV

√ *162*

164 αἰτιάομαι Not used in UBS/NIV

√ *162*

165 αἴτιος [5]

√ *162*

subst. **αἰτίον, τό** [4] Lk 23:4,14,22; Ac 19:40

Lk 23: 4 ὁ δὲ Πιλᾶτος εἶπεν πρὸς τοὺς ἀρχιερεῖς καὶ τοὺς ὄχλους, Οὐδὲν εὑρίσκω **αἴτιον** ἐν τῷ ἀνθρώπῳ τούτῳ.
23:14 καὶ ἰδοὺ ἐγὼ ἐνώπιον ὑμῶν ἀνακρίνας οὐθὲν εὗρον ἐν τῷ ἀνθρώπῳ τούτῳ **αἴτιον** ὧν κατηγορεῖτε κατ᾽ αὐτοῦ.
23:22 οὐδὲν **αἴτιον** θανάτου εὗρον ἐν αὐτῷ· παιδεύσας οὖν αὐτὸν ἀπολύσω.
Ac 19:40 μηδενὸς **αἰτίου** ὑπάρχοντος περὶ οὗ [οὐ] δυνησόμεθα ἀποδοῦναι λόγον περὶ τῆς συστροφῆς ταύτης.
Heb 5: 9 καὶ τελειωθεὶς ἐγένετο πᾶσιν τοῖς ὑπακούουσιν αὐτῷ **αἴτιος** σωτηρίας αἰωνίου,

166 αἰτίωμα [1]

√ *162*

Ac 25: 7 οἱ ἀπὸ Ἱεροσολύμων καταβεβηκότες Ἰουδαῖοι πολλὰ καὶ βαρέα **αἰτιώματα** καταφέροντες ἃ οὐκ ἴσχυον ἀποδεῖξαι,

167 αἰφνίδιος [2]

→ *924?, 1978, 1988, 2005*

Lk 21:34 αἱ καρδίαι ἐν κραιπάλῃ καὶ μέθῃ καὶ μερίμναις βιωτικαῖς καὶ ἐπιστῇ ἐφ᾽ ὑμᾶς **αἰφνίδιος** ἡ ἡμέρα ἐκείνη
1Th 5: 3 τότε **αἰφνίδιος** αὐτοῖς ἐφίσταται ὄλεθρος ὥσπερ ἡ ὠδὶν τῇ ἐν γαστρὶ ἐχούσῃ,

168 αἰχμαλωσία [3]

√ *171*

Eph 4: 8 διὸ λέγει, Ἀναβὰς εἰς ὕψος ᾐχμαλώτευσεν **αἰχμαλωσίαν,** ἔδωκεν δόματα τοῖς ἀνθρώποις.
Rev 13:10 εἴ τις εἰς **αἰχμαλωσίαν,** εἰς αἰχμαλωσίαν ὑπάγει· εἴ τις ἐν μαχαίρῃ ἀποκτανθῆναι αὐτὸν ἐν μαχαίρῃ ἀποκτανθῆναι.

169 αἰχμαλωτεύω [1]

√ *171*

Eph 4: 8 διὸ λέγει, Ἀναβὰς εἰς ὕψος **ᾐχμαλώτευσεν** αἰχμαλωσίαν, ἔδωκεν δόματα τοῖς ἀνθρώποις.

170 αἰχμαλωτίζω [4]

√ *171*

Lk 21:24 καὶ πεσοῦνται στόματι μαχαίρης καὶ **αἰχμαλωτισθήσονται** εἰς τὰ ἔθνη πάντα,
Ro 7:23 **αἰχμαλωτίζοντά** με ἐν τῷ νόμῳ τῆς ἁμαρτίας τῷ ὄντι ἐν τοῖς μέλεσίν μου.
2Co 10: 5 **αἰχμαλωτίζοντες** πᾶν νόημα εἰς τὴν ὑπακοὴν τοῦ Χριστοῦ,
2Ti 3: 6 ἐκ τούτων γάρ εἰσιν οἱ ἐνδύνοντες εἰς τὰς οἰκίας καὶ **αἰχμαλωτίζοντες** γυναικάρια σεσωρευμένα ἁμαρτίαις,

171 αἰχμάλωτος [1]

→ *168, 169, 170, 5257; cf. 274*

Lk 4:18 ἀπέσταλκέν με, κηρύξαι **αἰχμαλώτοις** ἄφεσιν καὶ τυφλοῖς ἀνάβλεψιν,

172 αἰών [122 / 123]

→ *173*

ὁ αἰών τῶν αἰώνων [1] Eph 3:21

ὁ αἰών ὁ ἐπερχόμενος [1] Eph 2:7

ὁ αἰών ὁ ἐρχόμενος [2] Lk 18:30; Mk 10:30

ὁ αἰών τῶν μέλλων [3] Mt 12:32; Eph 1:21; Heb 6:5

ἀπὸ τῶν αἰώνων, ἀπ᾽ αἰῶνος [5] Lk 1:70; Ac 3:21; 15:18; Eph 3:9; Col 1:26

ἄρχων τούτου αἰῶνος [2] 1Co 2:6,8

βασιλεὺς τῶν αἰώνων [2] 1Ti 1:17; Rev 15:3

τὰς γενεὰς τοῦ αἰῶνος τῶν αἰώνων [1] Eph 3:21

εἰς ἡμέραν αἰῶνος [1] 2Pe 3:18

εἰς πάντας τοὺς αἰῶν [1] Jude 1:25

εἰς τὸν αἰῶνα [27] Mt 21:19; Mk 3:29; 11:14; Lk 1:55; Jn 4:14; 6:51,58; 8:35,51,52; 10:28; 11:26; 12:34; 13:8; 14:16; 1Co 8:13; 2Co 9:9; Heb 1:8; 5:6; 6:20; 7:17,21,24,28; 1Pe 1:25; 1Jn 2:17; 2Jn 1:2

εἰς τοὺς αἰῶνας [7] Lk 1:33; Ro 1:25; 9:5; 11:36; 16:27; 2Co 11:31; Heb 13:8

εἰς τοὺς αἰῶνας τῶν αἰώνων [20] Gal 1:5; Php 4:20; 1Ti 1:17; 2Ti 4:18; Heb 1:8; 13:21; 1Pe 4:11; 5:11; Rev 1:6,18; 4:9,10; 5:13; 7:12; 10:6; 11:15; 15:7; 19:3; 20:10; 22:5

ὁ νῦν αἰών [3] 1Ti 6:17; 2Ti 4:10; Tit 2:12

ὁ οὗτος αἰών [11] Mt 12:32; Lk 16:8; 20:34; Ro 12:2; 1Co 1:20; 2:6,6,8; 3:18; 2Co 4:4; Eph 1:21

σοφία αἰῶνος [1] 1Co 2:6

τέλη τῶν αἰώνων [1] 1Co 10:11

οἱ υἱοὶ τοῦ αἰῶνος τούτου [2] Lk 16:8; 20:34

Mt 12:32 οὐκ ἀφεθήσεται αὐτῷ οὔτε ἐν τούτῳ τῷ **αἰῶνι** οὔτε ἐν τῷ μέλλοντι.
13:22 καὶ ἡ μέριμνα τοῦ **αἰῶνος** καὶ ἡ ἀπάτη τοῦ πλούτου συμπνίγει τὸν λόγον καὶ ἄκαρπος γίνεται.
13:39 ὁ δὲ θερισμὸς συντέλεια **αἰῶνός** ἐστιν, οἱ δὲ θερισταὶ ἄγγελοί εἰσιν.
13:40 ὥσπερ οὖν συλλέγεται τὰ ζιζάνια καὶ πυρὶ [κατα]καίεται, οὕτως ἔσται ἐν τῇ συντελείᾳ τοῦ **αἰῶνος·**
13:49 οὕτως ἔσται ἐν τῇ συντελείᾳ τοῦ **αἰῶνος·** ἐξελεύσονται οἱ ἄγγελοι καὶ ἀφοριοῦσιν τοὺς πονηροὺς ἐκ μέσου τῶν δικαίων
21:19 Μηκέτι ἐκ σοῦ καρπὸς γένηται εἰς τὸν **αἰῶνα.**
24: 3 Εἰπὲ ἡμῖν πότε ταῦτα ἔσται καὶ τί τὸ σημεῖον τῆς σῆς παρουσίας καὶ συντελείας τοῦ **αἰῶνος;**
28:20 καὶ ἰδοὺ ἐγὼ μεθ' ὑμῶν εἰμι πάσας τὰς ἡμέρας ἕως τῆς συντελείας τοῦ **αἰῶνος.**
Mk 3:29 οὐκ ἔχει ἄφεσιν εἰς τὸν **αἰῶνα,** ἀλλὰ ἔνοχός ἐστιν αἰωνίου ἁμαρτήματος.
4:19 καὶ αἱ μέριμναι τοῦ **αἰῶνος**[UBS; NIV *1050*] καὶ ἡ ἀπάτη τοῦ πλούτου καὶ αἱ περὶ τὰ λοιπὰ ἐπιθυμίαι εἰσπορευόμεναι
10:30 καὶ ἐν τῷ **αἰῶνι** τῷ ἐρχομένῳ ζωὴν αἰώνιον.
11:14 Μηκέτι εἰς τὸν **αἰῶνα** ἐκ σοῦ μηδεὶς καρπὸν φάγοι.
Lk 1:33 καὶ βασιλεύσει ἐπὶ τὸν οἶκον Ἰακὼβ εἰς τοὺς **αἰῶνας** καὶ τῆς βασιλείας αὐτοῦ οὐκ ἔσται τέλος.
1:55 τῷ Ἀβραὰμ καὶ τῷ σπέρματι αὐτοῦ εἰς τὸν **αἰῶνα.**
1:70 καθὼς ἐλάλησεν διὰ στόματος τῶν ἁγίων ἀπ' **αἰῶνος** προφητῶν αὐτοῦ,
16: 8 ὅτι οἱ υἱοὶ τοῦ **αἰῶνος** τούτου φρονιμώτεροι ὑπὲρ τοὺς υἱοὺς τοῦ φωτὸς εἰς τὴν γενεὰν τὴν ἑαυτῶν εἰσιν.
18:30 ὃς οὐχὶ μὴ [ἀπο]λάβῃ πολλαπλασίονα ἐν τῷ καιρῷ τούτῳ καὶ ἐν τῷ **αἰῶνι** τῷ ἐρχομένῳ ζωὴν αἰώνιον.
20:34 Οἱ υἱοὶ τοῦ **αἰῶνος** τούτου γαμοῦσιν καὶ γαμίσκονται,
20:35 οἱ δὲ καταξιωθέντες τοῦ **αἰῶνος** ἐκείνου τυχεῖν καὶ τῆς ἀναστάσεως τῆς ἐκ νεκρῶν οὔτε γαμοῦσιν οὔτε γαμίζονται·
Jn 4:14 ὃς δ' ἂν πίῃ ἐκ τοῦ ὕδατος οὗ ἐγὼ δώσω αὐτῷ, οὐ μὴ διψήσει εἰς τὸν **αἰῶνα,**
6:51 ἐάν τις φάγῃ ἐκ τούτου τοῦ ἄρτου ζήσει εἰς τὸν **αἰῶνα,**
6:58 ὁ τρώγων τοῦτον τὸν ἄρτον ζήσει εἰς τὸν **αἰῶνα.**
8:35 ὁ δὲ δοῦλος οὐ μένει ἐν τῇ οἰκίᾳ εἰς τὸν **αἰῶνα,** ὁ υἱὸς μένει εἰς τὸν **αἰῶνα.**
8:51 ἐάν τις τὸν ἐμὸν λόγον τηρήσῃ, θάνατον οὐ μὴ θεωρήσῃ εἰς τὸν **αἰῶνα.**
8:52 Ἐάν τις τὸν λόγον μου τηρήσῃ, οὐ μὴ γεύσηται θανάτου εἰς τὸν **αἰῶνα.**
9:32 ἐκ τοῦ **αἰῶνος** οὐκ ἠκούσθη ὅτι ἠνέῳξέν τις ὀφθαλμοὺς τυφλοῦ γεγεννημένου·
10:28 κἀγὼ δίδωμι αὐτοῖς ζωὴν αἰώνιον καὶ οὐ μὴ ἀπόλωνται εἰς τὸν **αἰῶνα** καὶ οὐχ ἁρπάσει τις αὐτὰ ἐκ τῆς χειρός μου.
11:26 καὶ πᾶς ὁ ζῶν καὶ πιστεύων εἰς ἐμὲ οὐ μὴ ἀποθάνῃ εἰς τὸν **αἰῶνα.**
12:34 Ἡμεῖς ἠκούσαμεν ἐκ τοῦ νόμου ὅτι ὁ Χριστὸς μένει εἰς τὸν **αἰῶνα,**
13: 8 Οὐ μὴ νίψῃς μου τοὺς πόδας εἰς τὸν **αἰῶνα.**
14:16 κἀγὼ ἐρωτήσω τὸν πατέρα καὶ ἄλλον παράκλητον δώσει ὑμῖν, ἵνα μεθ' ὑμῶν εἰς τὸν **αἰῶνα** ᾖ,
Ac 3:21 πάντων ὧν ἐλάλησεν ὁ θεὸς διὰ στόματος τῶν ἁγίων ἀπ' **αἰῶνος** αὐτοῦ προφητῶν.
15:18 γνωστὰ ἀπ' **αἰῶνος.**
Ro 1:25 οἵτινες μετήλλαξαν τὴν ἀλήθειαν τοῦ θεοῦ ἐν τῷ ψεύδει καὶ ἐσεβάσθησαν καὶ ἐλάτρευσαν τῇ κτίσει παρὰ τὸν κτίσαντα, ὅς ἐστιν εὐλογητὸς εἰς τοὺς **αἰῶνας,** ἀμήν.
9: 5 ὁ ὢν ἐπὶ πάντων θεὸς εὐλογητὸς εἰς τοὺς **αἰῶνας,**
11:36 ὅτι ἐξ αὐτοῦ καὶ δι' αὐτοῦ καὶ εἰς αὐτὸν τὰ πάντα· αὐτῷ ἡ δόξα εἰς τοὺς **αἰῶνας,** ἀμήν.
12: 2 καὶ μὴ συσχηματίζεσθε τῷ **αἰῶνι** τούτῳ, ἀλλὰ μεταμορφοῦσθε τῇ ἀνακαινώσει τοῦ νοὸς
16:27 [διὰ Ἰησοῦ Χριστοῦ, ᾧ ἡ δόξα εἰς τοὺς **αἰῶνας,** ἀμήν.]
1Co 1:20 ποῦ σοφός; ποῦ γραμματεύς; ποῦ συζητητὴς τοῦ **αἰῶνος** τούτου;
2: 6 σοφίαν δὲ οὐ τοῦ **αἰῶνος** τούτου οὐδὲ τῶν ἀρχόντων τοῦ **αἰῶνος** τούτου τῶν καταργουμένων·
2: 7 ἣν προώρισεν ὁ θεὸς πρὸ τῶν **αἰώνων** εἰς δόξαν ἡμῶν,
2: 8 ἣν οὐδεὶς τῶν ἀρχόντων τοῦ **αἰῶνος** τούτου ἔγνωκεν·
3:18 εἴ τις δοκεῖ σοφὸς εἶναι ἐν ὑμῖν ἐν τῷ **αἰῶνι** τούτῳ,
8:13 οὐ μὴ φάγω κρέα εἰς τὸν **αἰῶνα,** ἵνα μὴ τὸν ἀδελφόν μου σκανδαλίσω.
10:11 ἐγράφη δὲ πρὸς νουθεσίαν ἡμῶν, εἰς οὓς τὰ τέλη τῶν **αἰώνων** κατήντηκεν.
2Co 4: 4 ἐν οἷς ὁ θεὸς τοῦ **αἰῶνος** τούτου ἐτύφλωσεν τὰ νοήματα τῶν ἀπίστων εἰς τὸ μὴ αὐγάσαι τὸν φωτισμὸν τοῦ εὐαγγελίου
9: 9 ἔδωκεν τοῖς πένησιν, ἡ δικαιοσύνη αὐτοῦ μένει εἰς τὸν **αἰῶνα.**
11:31 ὁ ὢν εὐλογητὸς εἰς τοὺς **αἰῶνας,** ὅτι οὐ ψεύδομαι.
Gal 1: 4 ὅπως ἐξέληται ἡμᾶς ἐκ τοῦ **αἰῶνος** τοῦ ἐνεστῶτος πονηροῦ κατὰ τὸ θέλημα τοῦ θεοῦ καὶ πατρὸς ἡμῶν,
1: 5 ᾧ ἡ δόξα εἰς τοὺς **αἰῶνας τῶν αἰώνων,**
Eph 1:21 οὐ μόνον ἐν τῷ **αἰῶνι** τούτῳ ἀλλὰ καὶ ἐν τῷ μέλλοντι·
2: 2 ἐν αἷς ποτε περιεπατήσατε κατὰ τὸν **αἰῶνα** τοῦ κόσμου τούτου,
2: 7 ἵνα ἐνδείξηται ἐν τοῖς **αἰῶσιν** τοῖς ἐπερχομένοις τὸ ὑπερβάλλον πλοῦτος τῆς χάριτος αὐτοῦ ἐν χρηστότητι
3: 9 τίς ἡ οἰκονομία τοῦ μυστηρίου τοῦ ἀποκεκρυμμένου ἀπὸ τῶν **αἰώνων** ἐν τῷ θεῷ τῷ τὰ πάντα κτίσαντι,
3:11 κατὰ πρόθεσιν τῶν **αἰώνων** ἣν ἐποίησεν ἐν τῷ Χριστῷ Ἰησοῦ τῷ κυρίῳ ἡμῶν,
3:21 αὐτῷ ἡ δόξα ἐν τῇ ἐκκλησίᾳ καὶ ἐν Χριστῷ Ἰησοῦ εἰς πάσας τὰς γενεὰς τοῦ **αἰῶνος τῶν αἰώνων,**
Php 4:20 τῷ δὲ θεῷ καὶ πατρὶ ἡμῶν ἡ δόξα εἰς τοὺς **αἰῶνας τῶν αἰώνων,**
Col 1:26 τὸ μυστήριον τὸ ἀποκεκρυμμένον ἀπὸ τῶν **αἰώνων** καὶ ἀπὸ τῶν γενεῶν–
1Ti 1:17 τῷ δὲ βασιλεῖ τῶν **αἰώνων,** ἀφθάρτῳ ἀοράτῳ μόνῳ θεῷ, τιμὴ καὶ δόξα εἰς τοὺς **αἰῶνας τῶν αἰώνων,**
6:17 Τοῖς πλουσίοις ἐν τῷ νῦν **αἰῶνι** παράγγελλε μὴ ὑψηλοφρονεῖν μηδὲ ἠλπικέναι ἐπὶ πλούτου ἀδηλότητι
2Ti 4:10 Δημᾶς γάρ με ἐγκατέλιπεν ἀγαπήσας τὸν νῦν **αἰῶνα** καὶ ἐπορεύθη εἰς Θεσσαλονίκην,
4:18 ᾧ ἡ δόξα εἰς τοὺς **αἰῶνας τῶν αἰώνων,**
Tit 2:12 ἵνα ἀρνησάμενοι τὴν ἀσέβειαν καὶ τὰς κοσμικὰς ἐπιθυμίας σωφρόνως καὶ δικαίως καὶ εὐσεβῶς ζήσωμεν ἐν τῷ νῦν **αἰῶνι,**
Heb 1: 2 ὃν ἔθηκεν κληρονόμον πάντων, δι' οὗ καὶ ἐποίησεν τοὺς **αἰῶνας·**
1: 8 Ὁ θρόνος σου ὁ θεὸς εἰς τὸν **αἰῶνα** τοῦ **αἰῶνος,**
5: 6 Σὺ ἱερεὺς εἰς τὸν **αἰῶνα** κατὰ τὴν τάξιν Μελχισέδεκ,
6: 5 καλὸν γευσαμένους θεοῦ ῥῆμα δυνάμεις τε μέλλοντος **αἰῶνος**
6:20 κατὰ τὴν τάξιν Μελχισέδεκ ἀρχιερεὺς γενόμενος εἰς τὸν **αἰῶνα.**
7:17 μαρτυρεῖται γὰρ ὅτι Σὺ ἱερεὺς εἰς τὸν **αἰῶνα** κατὰ τὴν τάξιν Μελχισέδεκ.
7:21 Ὤμοσεν κύριος καὶ οὐ μεταμεληθήσεται, Σὺ ἱερεὺς εἰς τὸν **αἰῶνα.**
7:24 ὁ δὲ διὰ τὸ μένειν αὐτὸν εἰς τὸν **αἰῶνα** ἀπαράβατον ἔχει τὴν ἱερωσύνην·
7:28 ὁ λόγος δὲ τῆς ὁρκωμοσίας τῆς μετὰ τὸν νόμον υἱὸν εἰς τὸν **αἰῶνα** τετελειωμένον.
9:26 νυνὶ δὲ ἅπαξ ἐπὶ συντελείᾳ τῶν **αἰώνων** εἰς ἀθέτησιν [τῆς] ἁμαρτίας διὰ τῆς θυσίας αὐτοῦ πεφανέρωται.

11: 3 Πίστει νοοῦμεν κατηρτίσθαι τοὺς **αἰῶνας** ῥήματι θεοῦ, εἰς τὸ μὴ ἐκ φαινομένων τὸ βλεπόμενον γεγονέναι.
13: 8 Ἰησοῦς Χριστὸς ἐχθὲς καὶ σήμερον ὁ αὐτὸς καὶ εἰς τοὺς **αἰῶνας.**
13:21 ᾧ ἡ δόξα εἰς τοὺς **αἰῶνας** [τῶν **αἰώνων,**]
1Pe 1:25 τὸ δὲ ῥῆμα κυρίου μένει εἰς τὸν **αἰῶνα.**
4:11 ᾧ ἐστιν ἡ δόξα καὶ τὸ κράτος εἰς τοὺς **αἰῶνας** τῶν **αἰώνων,**
5:11 αὐτῷ τὸ κράτος εἰς τοὺς **αἰῶνας,** [UBS; NIV **αἰῶνας** τῶν **αἰώνων,**] ἀμήν.
2Pe 3:18 αὐτῷ ἡ δόξα καὶ νῦν καὶ εἰς ἡμέραν **αἰῶνος.**
1Jn 2:17 ὁ δὲ ποιῶν τὸ θέλημα τοῦ θεοῦ μένει εἰς τὸν **αἰῶνα.**
2Jn 1: 2 διὰ τὴν ἀλήθειαν τὴν μένουσαν ἐν ἡμῖν καὶ μεθ᾽ ἡμῶν ἔσται εἰς τὸν **αἰῶνα.**
Jude 1:13 ἀστέρες πλανῆται οἷς ὁ ζόφος τοῦ σκότους εἰς **αἰῶνα** τετήρηται.
1:25 δόξα μεγαλωσύνη κράτος καὶ ἐξουσία πρὸ παντὸς τοῦ **αἰῶνος** καὶ νῦν καὶ εἰς πάντας τοὺς **αἰῶνας,**
Rev 1: 6 αὐτῷ ἡ δόξα καὶ τὸ κράτος εἰς τοὺς **αἰῶνας** [τῶν **αἰώνων·**]
1:18 καὶ ἐγενόμην νεκρὸς καὶ ἰδοὺ ζῶν εἰμι εἰς τοὺς **αἰῶνας** τῶν **αἰώνων** καὶ ἔχω τὰς κλεῖς τοῦ θανάτου καὶ τοῦ ᾅδου.
4: 9 ὅταν δώσουσιν τὰ ζῷα δόξαν καὶ τιμὴν καὶ εὐχαριστίαν τῷ καθημένῳ ἐπὶ τῷ θρόνῳ τῷ ζῶντι εἰς τοὺς **αἰῶνας** τῶν **αἰώνων,**
4:10 πεσοῦνται οἱ εἴκοσι τέσσαρες πρεσβύτεροι ἐνώπιον τοῦ καθημένου ἐπὶ τοῦ θρόνου καὶ προσκυνήσουσιν τῷ ζῶντι εἰς τοὺς **αἰῶνας** τῶν **αἰώνων** καὶ βαλοῦσιν τοὺς στεφάνους
5:13 Τῷ καθημένῳ ἐπὶ τῷ θρόνῳ καὶ τῷ ἀρνίῳ ἡ εὐλογία καὶ ἡ τιμὴ καὶ ἡ δόξα καὶ τὸ κράτος εἰς τοὺς **αἰῶνας** τῶν **αἰώνων.**
7:12 ἡ εὐλογία καὶ ἡ δόξα καὶ ἡ σοφία καὶ ἡ εὐχαριστία καὶ ἡ τιμὴ καὶ ἡ δύναμις καὶ ἡ ἰσχὺς τῷ θεῷ ἡμῶν εἰς τοὺς **αἰῶνας** τῶν **αἰώνων·**
10: 6 καὶ ὤμοσεν ἐν τῷ ζῶντι εἰς τοὺς **αἰῶνας** τῶν **αἰώνων,**
11:15 Ἐγένετο ἡ βασιλεία τοῦ κόσμου τοῦ κυρίου ἡμῶν καὶ τοῦ Χριστοῦ αὐτοῦ, καὶ βασιλεύσει εἰς τοὺς **αἰῶνας** τῶν **αἰώνων.**
14:11 καὶ ὁ καπνὸς τοῦ βασανισμοῦ αὐτῶν εἰς **αἰῶνας αἰώνων** ἀναβαίνει,
15: 3 δίκαιαι καὶ ἀληθιναὶ αἱ ὁδοί σου, ὁ βασιλεὺς τῶν **αἰώνων·**[NIV; UBS *1620*]
15: 7 καὶ ἓν ἐκ τῶν τεσσάρων ζῴων ἔδωκεν τοῖς ἑπτὰ ἀγγέλοις ἑπτὰ φιάλας χρυσᾶς γεμούσας τοῦ θυμοῦ τοῦ θεοῦ τοῦ ζῶντος εἰς τοὺς **αἰῶνας** τῶν **αἰώνων.**
19: 3 καὶ ὁ καπνὸς αὐτῆς ἀναβαίνει εἰς τοὺς **αἰῶνας** τῶν **αἰώνων.**
20:10 καὶ βασανισθήσονται ἡμέρας καὶ νυκτὸς εἰς τοὺς **αἰῶνας** τῶν **αἰώνων.**
22: 5 ὅτι κύριος ὁ θεὸς φωτίσει ἐπ᾽ αὐτούς, καὶ βασιλεύσουσιν εἰς τοὺς **αἰῶνας** τῶν **αἰώνων.**

173 αἰώνιος [71 / 70]

√ *172*

αἰωνία[ν] [2] 2Th 2:16; Heb 9:12

αἰώνιος διαθήκη [1] Heb 13:20

αἰώνιος θεός [1] Ro 16:26

αἰώνιος κληρονομία [1] Heb 9:15

αἰώνιος οἰκία [1] 2Co 5:1

αἰώνιος παράκλησις [1] 2Th 2:16

αἰώνιος πνεῦμα [1] Heb 9:14

αἰώνιος πῦρ [3] Mt 18:8; 25:41; Jude 1:7

αἰώνιος σωτηρία [1] Heb 5:9

κρίμα αἰώνιος [1] Heb 6:2

ζωὴ αἰώνιος [43] Mt 19:16,29; 25:46; Mk 10:17,30; Lk 10:25; 18:18,30; Jn 3:15,16,36; 4:14,36; 5:24,39; 6:27,40,47,54,68; 10:28; 12:25,50; 17:2,3; Ac 13:46,48; Ro 2:7; 5:21; 6:22,23; Gal 6:8; 1Ti 1:16; 6:12; Tit 1:2; 3:7; 1Jn 1:2; 2:25; 3:15; 5:11,13,20; Jude 1:21

χρόνοι αἰώνιος [3] Ro 16:25; 2Ti 1:9; Tit 1:2

Mt 18: 8 εἰσελθεῖν εἰς τὴν ζωὴν κυλλὸν ἢ χωλὸν ἢ δύο χεῖρας ἢ δύο πόδας ἔχοντα βληθῆναι εἰς τὸ πῦρ τὸ **αἰώνιον.**
19:16 Διδάσκαλε, τί ἀγαθὸν ποιήσω ἵνα σχῶ ζωὴν **αἰώνιον;**
19:29 ἢ μητέρα ἢ τέκνα ἢ ἀγροὺς ἕνεκεν τοῦ ὀνόματός μου, ἑκατονταπλασίονα λήμψεται καὶ ζωὴν **αἰώνιον** κληρονομήσει.
25:41 Πορεύεσθε ἀπ᾽ ἐμοῦ [οἱ] κατηραμένοι εἰς τὸ πῦρ τὸ **αἰώνιον** τὸ ἡτοιμασμένον τῷ διαβόλῳ καὶ τοῖς ἀγγέλοις αὐτοῦ.
25:46 καὶ ἀπελεύσονται οὗτοι εἰς κόλασιν **αἰώνιον,** οἱ δὲ δίκαιοι εἰς ζωὴν **αἰώνιον.**
Mk 3:29 οὐκ ἔχει ἄφεσιν εἰς τὸν αἰῶνα, ἀλλὰ ἔνοχός ἐστιν **αἰωνίου** ἁμαρτήματος.
10:17 Διδάσκαλε ἀγαθέ, τί ποιήσω ἵνα ζωὴν **αἰώνιον** κληρονομήσω;
10:30 καὶ ἐν τῷ αἰῶνι τῷ ἐρχομένῳ ζωὴν **αἰώνιον.**
16: S ⟦ἀπὸ ἀνατολῆς καὶ ἄχρι δύσεως ἐξαπέστειλεν δι᾽ αὐτῶν τὸ ἱερὸν καὶ ἄφθαρτον κήρυγμα τῆς **αἰωνίου**[NIV-] σωτηρίας.⟧
Lk 10:25 Καὶ ἰδοὺ νομικός τις ἀνέστη ἐκπειράζων αὐτὸν λέγων, Διδάσκαλε, τί ποιήσας ζωὴν **αἰώνιον** κληρονομήσω;
16: 9 ἵνα ὅταν ἐκλίπῃ δέξωνται ὑμᾶς εἰς τὰς **αἰωνίους** σκηνάς.
18:18 Καὶ ἐπηρώτησέν τις αὐτὸν ἄρχων λέγων, Διδάσκαλε ἀγαθέ, τί ποιήσας ζωὴν **αἰώνιον** κληρονομήσω;
18:30 ὃς οὐχὶ μὴ [ἀπο]λάβῃ πολλαπλασίονα ἐν τῷ καιρῷ τούτῳ καὶ ἐν τῷ αἰῶνι τῷ ἐρχομένῳ ζωὴν **αἰώνιον.**
Jn 3:15 ἵνα πᾶς ὁ πιστεύων ἐν αὐτῷ ἔχῃ ζωὴν **αἰώνιον.**
3:16 ἵνα πᾶς ὁ πιστεύων εἰς αὐτὸν μὴ ἀπόληται ἀλλ᾽ ἔχῃ ζωὴν **αἰώνιον.**
3:36 ὁ πιστεύων εἰς τὸν υἱὸν ἔχει ζωὴν **αἰώνιον·**
4:14 ἀλλὰ τὸ ὕδωρ ὃ δώσω αὐτῷ γενήσεται ἐν αὐτῷ πηγὴ ὕδατος ἁλλομένου εἰς ζωὴν **αἰώνιον.**
4:36 ὁ θερίζων μισθὸν λαμβάνει καὶ συνάγει καρπὸν εἰς ζωὴν **αἰώνιον,**
5:24 ὅτι ὁ τὸν λόγον μου ἀκούων καὶ πιστεύων τῷ πέμψαντί με ἔχει ζωὴν **αἰώνιον** καὶ εἰς κρίσιν οὐκ ἔρχεται,
5:39 ὅτι ὑμεῖς δοκεῖτε ἐν αὐταῖς ζωὴν **αἰώνιον** ἔχειν·
6:27 ἐργάζεσθε μὴ τὴν βρῶσιν τὴν ἀπολλυμένην ἀλλὰ τὴν βρῶσιν τὴν μένουσαν εἰς ζωὴν **αἰώνιον,**
6:40 ἵνα πᾶς ὁ θεωρῶν τὸν υἱὸν καὶ πιστεύων εἰς αὐτὸν ἔχῃ ζωὴν **αἰώνιον,**
6:47 ἀμὴν ἀμὴν λέγω ὑμῖν, ὁ πιστεύων ἔχει ζωὴν **αἰώνιον.**
6:54 ὁ τρώγων μου τὴν σάρκα καὶ πίνων μου τὸ αἷμα ἔχει ζωὴν **αἰώνιον,**
6:68 Κύριε, πρὸς τίνα ἀπελευσόμεθα; ῥήματα ζωῆς **αἰωνίου** ἔχεις,
10:28 κἀγὼ δίδωμι αὐτοῖς ζωὴν **αἰώνιον** καὶ οὐ μὴ ἀπόλωνται εἰς τὸν αἰῶνα καὶ οὐχ ἁρπάσει τις αὐτὰ ἐκ τῆς χειρός μου.
12:25 καὶ ὁ μισῶν τὴν ψυχὴν αὐτοῦ ἐν τῷ κόσμῳ τούτῳ εἰς ζωὴν **αἰώνιον** φυλάξει αὐτήν.
12:50 καὶ οἶδα ὅτι ἡ ἐντολὴ αὐτοῦ ζωὴ **αἰώνιός** ἐστιν.
17: 2 ἵνα πᾶν ὃ δέδωκας αὐτῷ δώσῃ αὐτοῖς ζωὴν **αἰώνιον.**
17: 3 αὕτη δέ ἐστιν ἡ **αἰώνιος** ζωὴ ἵνα γινώσκωσιν σὲ τὸν μόνον ἀληθινὸν θεὸν καὶ ὃν ἀπέστειλας Ἰησοῦν Χριστόν.
Ac 13:46 ἐπειδὴ ἀπωθεῖσθε αὐτὸν καὶ οὐκ ἀξίους κρίνετε ἑαυτοὺς τῆς **αἰωνίου** ζωῆς,
13:48 τὰ ἔθνη ἔχαιρον καὶ ἐδόξαζον τὸν λόγον τοῦ κυρίου καὶ ἐπίστευσαν ὅσοι ἦσαν τεταγμένοι εἰς ζωὴν **αἰώνιον·**
Ro 2: 7 τοῖς μὲν καθ᾽ ὑπομονὴν ἔργου ἀγαθοῦ δόξαν καὶ τιμὴν καὶ ἀφθαρσίαν ζητοῦσιν ζωὴν **αἰώνιον,**
5:21 οὕτως καὶ ἡ χάρις βασιλεύσῃ διὰ δικαιοσύνης εἰς ζωὴν **αἰώνιον** διὰ Ἰησοῦ Χριστοῦ τοῦ κυρίου ἡμῶν.
6:22 ἀπὸ τῆς ἁμαρτίας δουλωθέντες δὲ τῷ θεῷ ἔχετε τὸν καρπὸν ὑμῶν εἰς ἁγιασμόν, τὸ δὲ τέλος ζωὴν **αἰώνιον.**
6:23 τὸ δὲ χάρισμα τοῦ θεοῦ ζωὴ **αἰώνιος** ἐν Χριστῷ Ἰησοῦ τῷ κυρίῳ ἡμῶν.
16:25 [κατὰ ἀποκάλυψιν μυστηρίου χρόνοις **αἰωνίοις** σεσιγημένου,]
16:26 [φανερωθέντος δὲ νῦν διά τε γραφῶν προφητικῶν κατ᾽ ἐπιταγὴν τοῦ **αἰωνίου** θεοῦ εἰς ὑπακοὴν πίστεως εἰς πάντα]
2Co 4:17 παραυτίκα ἐλαφρὸν τῆς θλίψεως ἡμῶν καθ᾽ ὑπερβολὴν εἰς ὑπερβολὴν **αἰώνιον** βάρος δόξης κατεργάζεται ἡμῖν,
4:18 τὰ γὰρ βλεπόμενα πρόσκαιρα, τὰ δὲ μὴ βλεπόμενα **αἰώνια.**
5: 1 οἰκοδομὴν ἐκ θεοῦ ἔχομεν, οἰκίαν ἀχειροποίητον **αἰώνιον** ἐν τοῖς οὐρανοῖς.
Gal 6: 8 ὁ δὲ σπείρων εἰς τὸ πνεῦμα ἐκ τοῦ πνεύματος θερίσει ζωὴν **αἰώνιον.**
2Th 1: 9 οἵτινες δίκην τίσουσιν ὄλεθρον **αἰώνιον** ἀπὸ προσώπου τοῦ κυρίου καὶ ἀπὸ τῆς δόξης τῆς ἰσχύος αὐτοῦ,
2:16 καὶ [ὁ] θεὸς ὁ πατὴρ ἡμῶν ὁ ἀγαπήσας ἡμᾶς καὶ δοὺς παράκλησιν **αἰωνίαν** καὶ ἐλπίδα ἀγαθὴν ἐν χάριτι,
1Ti 1:16 τὴν ἅπασαν μακροθυμίαν πρὸς ὑποτύπωσιν τῶν μελλόντων πιστεύειν ἐπ᾽ αὐτῷ εἰς ζωὴν **αἰώνιον.**
6:12 ἀγωνίζου τὸν καλὸν ἀγῶνα τῆς πίστεως, ἐπιλαβοῦ τῆς **αἰωνίου** ζωῆς,

6:16 ὃν εἶδεν οὐδεὶς ἀνθρώπων οὐδὲ ἰδεῖν δύναται· ᾧ τιμὴ καὶ κράτος **αἰώνιον,** ἀμήν.
2Ti 1: 9 τὴν δοθεῖσαν ἡμῖν ἐν Χριστῷ Ἰησοῦ πρὸ χρόνων **αἰωνίων,**
2:10 ἵνα καὶ αὐτοὶ σωτηρίας τύχωσιν τῆς ἐν Χριστῷ Ἰησοῦ μετὰ δόξης **αἰωνίου.**
Tit 1: 2 ἐπ᾽ ἐλπίδι ζωῆς **αἰωνίου,** ἣν ἐπηγγείλατο ὁ ἀψευδὴς θεὸς πρὸ χρόνων **αἰωνίων,**
3: 7 ἵνα δικαιωθέντες τῇ ἐκείνου χάριτι κληρονόμοι γενηθῶμεν κατ᾽ ἐλπίδα ζωῆς **αἰωνίου.**
Phm 1:15 διὰ τοῦτο ἐχωρίσθη πρὸς ὥραν, ἵνα **αἰώνιον** αὐτὸν ἀπέχῃς,
Heb 5: 9 καὶ τελειωθεὶς ἐγένετο πᾶσιν τοῖς ὑπακούουσιν αὐτῷ αἴτιος σωτηρίας **αἰωνίου,**
6: 2 βαπτισμῶν διδαχῆς ἐπιθέσεώς τε χειρῶν, ἀναστάσεώς τε νεκρῶν καὶ κρίματος **αἰωνίου.**
9:12 διὰ δὲ τοῦ ἰδίου αἵματος εἰσῆλθεν ἐφάπαξ εἰς τὰ ἅγια **αἰωνίαν** λύτρωσιν εὑράμενος.
9:14 διὰ πνεύματος **αἰωνίου** ἑαυτὸν προσήνεγκεν ἄμωμον τῷ θεῷ,
9:15 εἰς ἀπολύτρωσιν τῶν ἐπὶ τῇ πρώτῃ διαθήκῃ παραβάσεων τὴν ἐπαγγελίαν λάβωσιν οἱ κεκλημένοι τῆς **αἰωνίου** κληρονομίας.
13:20 ὁ ἀναγαγὼν ἐκ νεκρῶν τὸν ποιμένα τῶν προβάτων τὸν μέγαν ἐν αἵματι διαθήκης **αἰωνίου,**
1Pe 5:10 ὁ καλέσας ὑμᾶς εἰς τὴν **αἰώνιον** αὐτοῦ δόξαν ἐν Χριστῷ [Ἰησοῦ,]
2Pe 1:11 οὕτως γὰρ πλουσίως ἐπιχορηγηθήσεται ὑμῖν ἡ εἴσοδος εἰς τὴν **αἰώνιον** βασιλείαν τοῦ κυρίου ἡμῶν καὶ σωτῆρος Ἰησοῦ
1Jn 1: 2 καὶ μαρτυροῦμεν καὶ ἀπαγγέλλομεν ὑμῖν τὴν ζωὴν τὴν **αἰώνιον** ἥτις ἦν πρὸς τὸν πατέρα καὶ ἐφανερώθη ἡμῖν–
2:25 καὶ αὕτη ἐστὶν ἡ ἐπαγγελία ἣν αὐτὸς ἐπηγγείλατο ἡμῖν, τὴν ζωὴν τὴν **αἰώνιον.**
3:15 καὶ οἴδατε ὅτι πᾶς ἀνθρωποκτόνος οὐκ ἔχει ζωὴν **αἰώνιον** ἐν αὐτῷ μένουσαν.
5:11 αὕτη ἐστὶν ἡ μαρτυρία, ὅτι ζωὴν **αἰώνιον** ἔδωκεν ἡμῖν ὁ θεός,
5:13 Ταῦτα ἔγραψα ὑμῖν ἵνα εἰδῆτε ὅτι ζωὴν ἔχετε **αἰώνιον,**
5:20 οὗτός ἐστιν ὁ ἀληθινὸς θεὸς καὶ ζωὴ **αἰώνιος.**
Jude 1: 7 ἐκπορνεύσασαι καὶ ἀπελθοῦσαι ὀπίσω σαρκὸς ἑτέρας, πρόκεινται δεῖγμα πυρὸς **αἰωνίου** δίκην ὑπέχουσαι.
1:21 ἑαυτοὺς ἐν ἀγάπῃ θεοῦ τηρήσατε προσδεχόμενοι τὸ ἔλεος τοῦ κυρίου ἡμῶν Ἰησοῦ Χριστοῦ εἰς ζωὴν **αἰώνιον.**
Rev 14: 6 ἔχοντα εὐαγγέλιον **αἰώνιον** εὐαγγελίσαι ἐπὶ τοὺς καθημένους ἐπὶ τῆς γῆς καὶ ἐπὶ πᾶν ἔθνος καὶ φυλὴν

174 ἀκαθαρσία [10]

√ *1.1 + 2754*

Mt 23:27 ἔσωθεν δὲ γέμουσιν ὀστέων νεκρῶν καὶ πάσης **ἀκαθαρσίας.**
Ro 1:24 Διὸ παρέδωκεν αὐτοὺς ὁ θεὸς ἐν ταῖς ἐπιθυμίαις τῶν καρδιῶν αὐτῶν εἰς **ἀκαθαρσίαν** τοῦ ἀτιμάζεσθαι τὰ σώματα
6:19 ὥσπερ γὰρ παρεστήσατε τὰ μέλη ὑμῶν δοῦλα τῇ **ἀκαθαρσίᾳ** καὶ τῇ ἀνομίᾳ εἰς τὴν ἀνομίαν,
2Co 12:21 καὶ μὴ μετανοησάντων ἐπὶ τῇ **ἀκαθαρσίᾳ** καὶ πορνείᾳ καὶ ἀσελγείᾳ ᾗ ἔπραξαν.
Gal 5:19 φανερὰ δέ ἐστιν τὰ ἔργα τῆς σαρκός, ἅτινά ἐστιν πορνεία, **ἀκαθαρσία,** ἀσέλγεια,
Eph 4:19 οἵτινες ἀπηλγηκότες ἑαυτοὺς παρέδωκαν τῇ ἀσελγείᾳ εἰς ἐργασίαν **ἀκαθαρσίας** πάσης ἐν πλεονεξίᾳ.
5: 3 πορνεία δὲ καὶ **ἀκαθαρσία** πᾶσα ἢ πλεονεξία μηδὲ ὀνομαζέσθω ἐν ὑμῖν,
Col 3: 5 πορνείαν **ἀκαθαρσίαν** πάθος ἐπιθυμίαν κακήν, καὶ τὴν πλεονεξίαν,
1Th 2: 3 ἡ γὰρ παράκλησις ἡμῶν οὐκ ἐκ πλάνης οὐδὲ ἐξ **ἀκαθαρσίας** οὐδὲ ἐν δόλῳ,
4: 7 οὐ γὰρ ἐκάλεσεν ἡμᾶς ὁ θεὸς ἐπὶ **ἀκαθαρσίᾳ** ἀλλ᾽ ἐν ἁγιασμῷ.

175 ἀκαθάρτης Not used in UBS/NIV

√ *1.1 + 2754*

176 ἀκάθαρτος [32 / 31]

√ *1.1 + 2754*

πνεῦμα ἀκάθαρτος [23] Mt 10:1; 12:43; Mk 1:23,26,27; 3:11,30; 5:2,8,13; 6:7; 7:25; 9:25; Lk 4:33,36; 6:18; 8:29; 9:42; 11:24; Ac 5:16; 8:7; Rev 16:13; 18:2

unclean person [3] Ac 10:28; 1Co 7:14; Eph 5:5

unclean food, thing [5] Ac 10:14; 11:8; 2Co 6:17; Rev 17:4; 18:2

Mt 10: 1 Καὶ προσκαλεσάμενος τοὺς δώδεκα μαθητὰς αὐτοῦ ἔδωκεν αὐτοῖς ἐξουσίαν πνευμάτων **ἀκαθάρτων** ὥστε ἐκβάλλειν αὐτὰ
12:43 Ὅταν δὲ τὸ **ἀκάθαρτον** πνεῦμα ἐξέλθῃ ἀπὸ τοῦ ἀνθρώπου,
Mk 1:23 καὶ εὐθὺς ἦν ἐν τῇ συναγωγῇ αὐτῶν ἄνθρωπος ἐν πνεύματι **ἀκαθάρτῳ** καὶ ἀνέκραξεν
1:26 καὶ σπαράξαν αὐτὸν τὸ πνεῦμα τὸ **ἀκάθαρτον** καὶ φωνῆσαν φωνῇ μεγάλῃ ἐξῆλθεν ἐξ αὐτοῦ.
1:27 καὶ τοῖς πνεύμασι τοῖς **ἀκαθάρτοις** ἐπιτάσσει, καὶ ὑπακούουσιν αὐτῷ.
3:11 καὶ τὰ πνεύματα τὰ **ἀκάθαρτα,** ὅταν αὐτὸν ἐθεώρουν,
3:30 ὅτι ἔλεγον, Πνεῦμα **ἀκάθαρτον** ἔχει.
5: 2 καὶ ἐξελθόντος αὐτοῦ ἐκ τοῦ πλοίου εὐθὺς ὑπήντησεν αὐτῷ ἐκ τῶν μνημείων ἄνθρωπος ἐν πνεύματι **ἀκαθάρτῳ,**
5: 8 Ἔξελθε τὸ πνεῦμα τὸ **ἀκάθαρτον** ἐκ τοῦ ἀνθρώπου.
5:13 καὶ ἐξελθόντα τὰ πνεύματα τὰ **ἀκάθαρτα** εἰσῆλθον εἰς τοὺς χοίρους,
6: 7 καὶ ἤρξατο αὐτοὺς ἀποστέλλειν δύο δύο καὶ ἐδίδου αὐτοῖς ἐξουσίαν τῶν πνευμάτων τῶν **ἀκαθάρτων,**
7:25 ἧς εἶχεν τὸ θυγάτριον αὐτῆς πνεῦμα **ἀκάθαρτον,** ἐλθοῦσα προσέπεσεν πρὸς τοὺς πόδας αὐτοῦ·
9:25 ἐπετίμησεν τῷ πνεύματι τῷ **ἀκαθάρτῳ** λέγων αὐτῷ, Τὸ ἄλαλον καὶ κωφὸν πνεῦμα,
Lk 4:33 καὶ ἐν τῇ συναγωγῇ ἦν ἄνθρωπος ἔχων πνεῦμα δαιμονίου **ἀκαθάρτου** καὶ ἀνέκραξεν φωνῇ μεγάλῃ,
4:36 Τίς ὁ λόγος οὗτος ὅτι ἐν ἐξουσίᾳ καὶ δυνάμει ἐπιτάσσει τοῖς **ἀκαθάρτοις** πνεύμασιν καὶ ἐξέρχονται;
6:18 καὶ ἰαθῆναι ἀπὸ τῶν νόσων αὐτῶν· καὶ οἱ ἐνοχλούμενοι ἀπὸ πνευμάτων **ἀκαθάρτων** ἐθεραπεύοντο,
8:29 παρήγγειλεν γὰρ τῷ πνεύματι τῷ **ἀκαθάρτῳ** ἐξελθεῖν ἀπὸ τοῦ ἀνθρώπου.
9:42 ἐπετίμησεν δὲ ὁ Ἰησοῦς τῷ πνεύματι τῷ **ἀκαθάρτῳ** καὶ ἰάσατο τὸν παῖδα καὶ ἀπέδωκεν αὐτὸν τῷ πατρὶ αὐτοῦ.
11:24 Ὅταν τὸ **ἀκάθαρτον** πνεῦμα ἐξέλθῃ ἀπὸ τοῦ ἀνθρώπου,
Ac 5:16 τὸ πλῆθος τῶν πέριξ πόλεων Ἰερουσαλὴμ φέροντες ἀσθενεῖς καὶ ὀχλουμένους ὑπὸ πνευμάτων **ἀκαθάρτων,**
8: 7 πολλοὶ γὰρ τῶν ἐχόντων πνεύματα **ἀκάθαρτα** βοῶντα φωνῇ μεγάλῃ ἐξήρχοντο,
10:14 κύριε, ὅτι οὐδέποτε ἔφαγον πᾶν κοινὸν καὶ **ἀκάθαρτον.**
10:28 κἀμοὶ ὁ θεὸς ἔδειξεν μηδένα κοινὸν ἢ **ἀκάθαρτον** λέγειν ἄνθρωπον·
11: 8 ὅτι κοινὸν ἢ **ἀκάθαρτον** οὐδέποτε εἰσῆλθεν εἰς τὸ στόμα μου.
1Co 7:14 ἐπεὶ ἄρα τὰ τέκνα ὑμῶν **ἀκάθαρτά** ἐστιν, νῦν δὲ ἅγιά ἐστιν.
2Co 6:17 διὸ ἐξέλθατε ἐκ μέσου αὐτῶν καὶ ἀφορίσθητε, λέγει κύριος, καὶ **ἀκαθάρτου** μὴ ἅπτεσθε·
Eph 5: 5 ὅτι πᾶς πόρνος ἢ **ἀκάθαρτος** ἢ πλεονέκτης, ὅ ἐστιν εἰδωλολάτρης,
Rev 16:13 καὶ ἐκ τοῦ στόματος τοῦ θηρίου καὶ ἐκ τοῦ στόματος τοῦ ψευδοπροφήτου πνεύματα τρία **ἀκάθαρτα** ὡς βάτραχοι·
17: 4 ἔχουσα ποτήριον χρυσοῦν ἐν τῇ χειρὶ αὐτῆς γέμον βδελυγμάτων καὶ τὰ **ἀκάθαρτα** τῆς πορνείας αὐτῆς
18: 2 καὶ ἐγένετο κατοικητήριον δαιμονίων καὶ φυλακὴ παντὸς πνεύματος **ἀκαθάρτου** καὶ φυλακὴ παντὸς ὀρνέου **ἀκαθάρτου** [καὶ φυλακὴ παντὸς θηρίου **ἀκαθάρτου**[NIV-]] καὶ μεμισημένου,

177 ἀκαιρέομαι [1]

√ *1.1 + 2789*

Php 4:10 Ἐχάρην δὲ ἐν κυρίῳ μεγάλως ὅτι ἤδη ποτὲ ἀνεθάλετε τὸ ὑπὲρ ἐμοῦ φρονεῖν, ἐφ᾽ ᾧ καὶ ἐφρονεῖτε, **ἠκαιρεῖσθε** δέ.

178 ἀκαίρως [1]

√ *1.1 + 2789*

2Ti 4: 2 κήρυξον τὸν λόγον, ἐπίστηθι εὐκαίρως **ἀκαίρως,** ἔλεγξον, ἐπιτίμησον, παρακάλεσον,

179 ἄκακος [2]

√ *1.1 + 2805*

Ro 16:18 καὶ διὰ τῆς χρηστολογίας καὶ εὐλογίας ἐξαπατῶσιν τὰς καρδίας τῶν **ἀκάκων.**
Heb 7:26 Τοιοῦτος γὰρ ἡμῖν καὶ ἔπρεπεν ἀρχιερεύς, ὅσιος **ἄκακος** ἀμίαντος,

180 ἄκανθα [14]

√ 216

Mt 7:16 μήτι συλλέγουσιν ἀπὸ **ἀκανθῶν** σταφυλὰς ἢ ἀπὸ τριβόλων σῦκα;
13: 7 ἄλλα δὲ ἔπεσεν ἐπὶ τὰς **ἀκάνθας**, καὶ ἀνέβησαν αἱ **ἄκανθαι** καὶ ἔπνιξαν αὐτά.
13:22 ὁ δὲ εἰς τὰς **ἀκάνθας** σπαρείς, οὗτός ἐστιν ὁ τὸν λόγον ἀκούων,
27:29 καὶ πλέξαντες στέφανον ἐξ **ἀκανθῶν** ἐπέθηκαν ἐπὶ τῆς κεφαλῆς αὐτοῦ καὶ κάλαμον ἐν τῇ δεξιᾷ αὐτοῦ,
Mk 4: 7 καὶ ἄλλο ἔπεσεν εἰς τὰς **ἀκάνθας**, καὶ ἀνέβησαν αἱ **ἄκανθαι** καὶ συνέπνιξαν αὐτό, καὶ καρπὸν οὐκ ἔδωκεν.
4:18 καὶ ἄλλοι εἰσὶν οἱ εἰς τὰς **ἀκάνθας** σπειρόμενοι·
Lk 6:44 οὐ γὰρ ἐξ **ἀκανθῶν** συλλέγουσιν σῦκα οὐδὲ ἐκ βάτου σταφυλὴν τρυγῶσιν.
8: 7 καὶ ἕτερον ἔπεσεν ἐν μέσῳ τῶν **ἀκανθῶν**, καὶ συμφυεῖσαι αἱ **ἄκανθαι** ἀπέπνιξαν αὐτό.
8:14 τὸ δὲ εἰς τὰς **ἀκάνθας** πεσόν, οὗτοί εἰσιν οἱ ἀκούσαντες,
Jn 19: 2 καὶ οἱ στρατιῶται πλέξαντες στέφανον ἐξ **ἀκανθῶν** ἐπέθηκαν αὐτοῦ τῇ κεφαλῇ καὶ ἱμάτιον πορφυροῦν περιέβαλον αὐτὸν
Heb 6: 8 ἐκφέρουσα δὲ **ἀκάνθας** καὶ τριβόλους, ἀδόκιμος καὶ κατάρας ἐγγύς,

181 ἀκάνθινος [2]

√ 216

Mk 15:17 καὶ ἐνδιδύσκουσιν αὐτὸν πορφύραν καὶ περιτιθέασιν αὐτῷ πλέξαντες **ἀκάνθινον** στέφανον·
Jn 19: 5 φορῶν τὸν **ἀκάνθινον** στέφανον καὶ τὸ πορφυροῦν ἱμάτιον.

182 ἄκαρπος [7]

√ 1.1 + 2843

Mt 13:22 καὶ ἡ μέριμνα τοῦ αἰῶνος καὶ ἡ ἀπάτη τοῦ πλούτου συμπνίγει τὸν λόγον καὶ **ἄκαρπος** γίνεται.
Mk 4:19 καὶ αἱ περὶ τὰ λοιπὰ ἐπιθυμίαι εἰσπορευόμεναι συμπνίγουσιν τὸν λόγον καὶ **ἄκαρπος** γίνεται.
1Co 14:14 τὸ πνεῦμά μου προσεύχεται, ὁ δὲ νοῦς μου **ἄκαρπός** ἐστιν.
Eph 5:11 μὴ συγκοινωνεῖτε τοῖς ἔργοις τοῖς **ἀκάρποις** τοῦ σκότους,
Tit 3:14 μανθανέτωσαν δὲ καὶ οἱ ἡμέτεροι καλῶν ἔργων προΐστασθαι εἰς τὰς ἀναγκαίας χρείας, ἵνα μὴ ὦσιν **ἄκαρποι**.
2Pe 1: 8 καὶ πλεονάζοντα οὐκ ἀργοὺς οὐδὲ **ἀκάρπους** καθίστησιν εἰς τὴν τοῦ κυρίου ἡμῶν Ἰησοῦ Χριστοῦ ἐπίγνωσιν·
Jude 1:12 νεφέλαι ἄνυδροι ὑπὸ ἀνέμων παραφερόμεναι, δένδρα φθινοπωρινὰ **ἄκαρπα** δὶς ἀποθανόντα ἐκριζωθέντα,

183 ἀκατάγνωστος [1]

√ 1.1 + 2848 + 1182

Tit 2: 8 λόγον ὑγιῆ **ἀκατάγνωστον**, ἵνα ὁ ἐξ ἐναντίας ἐντραπῇ μηδὲν ἔχων λέγειν περὶ ἡμῶν φαῦλον.

184 ἀκατακάλυπτος [2]

√ 1.1 + 2848 + 2821

1Co 11: 5 πᾶσα δὲ γυνὴ προσευχομένη ἢ προφητεύουσα **ἀκατακαλύπτῳ** τῇ κεφαλῇ καταισχύνει τὴν κεφαλὴν αὐτῆς·
11:13 ἐν ὑμῖν αὐτοῖς κρίνατε· πρέπον ἐστὶν γυναῖκα **ἀκατακάλυπτον** τῷ θεῷ προσεύχεσθαι;

185 ἀκατάκριτος [2]

√ 1.1 + 2848 + 3212

Ac 16:37 Δείραντες ἡμᾶς δημοσίᾳ **ἀκατακρίτους**, ἀνθρώπους Ῥωμαίους ὑπάρχοντας, ἔβαλαν εἰς φυλακήν,
22:25 Εἰ ἄνθρωπον Ῥωμαῖον καὶ **ἀκατάκριτον** ἔξεστιν ὑμῖν μαστίζειν;

186 ἀκατάλυτος [1]

√ 1.1 + 2848 + 3395

Heb 7:16 ὃς οὐ κατὰ νόμον ἐντολῆς σαρκίνης γέγονεν ἀλλὰ κατὰ δύναμιν ζωῆς **ἀκαταλύτου**.

187 ἀκατάπαστος Not used in UBS/NIV

√ 1.1 + 2848 + 4264

188 ἀκατάπαυστος [1]

√ 1.1 + 2848 + 4264

2Pe 2:14 ὀφθαλμοὺς ἔχοντες μεστοὺς μοιχαλίδος καὶ **ἀκαταπαύστους** ἁμαρτίας, δελεάζοντες ψυχὰς ἀστηρίκτους,

189 ἀκαταστασία [5]

√ 1.1 + 2848 + 2705

Lk 21: 9 ὅταν δὲ ἀκούσητε πολέμους καὶ **ἀκαταστασίας**, μὴ πτοηθῆτε·
1Co 14:33 οὐ γάρ ἐστιν **ἀκαταστασίας** ὁ θεὸς ἀλλὰ εἰρήνης.
2Co 6: 5 ἐν **ἀκαταστασίαις**, ἐν κόποις, ἐν ἀγρυπνίαις, ἐν νηστείαις,
12:20 μή πως ἔρις, ζῆλος, θυμοί, ἐριθεῖαι, καταλαλιαί, ψιθυρισμοί, φυσιώσεις, **ἀκαταστασίαι**·
Jas 3:16 ὅπου γὰρ ζῆλος καὶ ἐριθεία, ἐκεῖ **ἀκαταστασία** καὶ πᾶν φαῦλον πρᾶγμα.

190 ἀκατάστατος [2]

√ 1.1 + 2848 + 2705

Jas 1: 8 ἀνὴρ δίψυχος, **ἀκατάστατος** ἐν πάσαις ταῖς ὁδοῖς αὐτοῦ.
3: 8 τὴν δὲ γλῶσσαν οὐδεὶς δαμάσαι δύναται ἀνθρώπων, **ἀκατάστατον** κακόν, μεστὴ ἰοῦ θανατηφόρου.

191 ἀκατάσχετος Not used in UBS/NIV

√ 1.1 + 2848 + 2400

192 Ἀκελδαμάχ [1]

Ac 1:19 ὥστε κληθῆναι τὸ χωρίον ἐκεῖνο τῇ ἰδίᾳ διαλέκτῳ αὐτῶν **Ἀκελδαμάχ**,

193 ἀκέραιος [3]

√ 1.1 + 3042

Mt 10:16 γίνεσθε οὖν φρόνιμοι ὡς οἱ ὄφεις καὶ **ἀκέραιοι** ὡς αἱ περιστεραί.
Ro 16:19 θέλω δὲ ὑμᾶς σοφοὺς εἶναι εἰς τὸ ἀγαθόν, **ἀκεραίους** δὲ εἰς τὸ κακόν.
Php 2:15 ἵνα γένησθε ἄμεμπτοι καὶ **ἀκέραιοι**, τέκνα θεοῦ ἄμωμα μέσον γενεᾶς σκολιᾶς καὶ διεστραμμένης,

194 ἀκηδεμονέω Not used in UBS/NIV

195 ἀκλινής [1]

√ 1.1 + 3111

Heb 10:23 κατέχωμεν τὴν ὁμολογίαν τῆς ἐλπίδος **ἀκλινῆ**, πιστὸς γὰρ ὁ ἐπαγγειλάμενος,

196 ἀκμάζω [1]

√ 216

Rev 14:18 Πέμψον σου τὸ δρέπανον τὸ ὀξὺ καὶ τρύγησον τοὺς βότρυας τῆς ἀμπέλου τῆς γῆς, ὅτι **ἤκμασαν** αἱ σταφυλαὶ αὐτῆς.

197 ἀκμήν [1]

√ 216

Mt 15:16 ὁ δὲ εἶπεν, **Ἀκμὴν** καὶ ὑμεῖς ἀσύνετοί ἐστε;

198 ἀκοή [24]

√ 201

plural **ἀκοαί** [6] Mt 24:6; Mk 7:35; 13:7; Lk 7:1; Ac 17:20; Heb 5:11

ἀκοῇ ἀκούειν [2] Mt 13:14; Ac 28:26

Mt 4:24 καὶ ἀπῆλθεν ἡ **ἀκοὴ** αὐτοῦ εἰς ὅλην τὴν Συρίαν·
13:14 **Ἀκοῇ** ἀκούσετε καὶ οὐ μὴ συνῆτε, καὶ βλέποντες βλέψετε καὶ οὐ μὴ ἴδητε.

14: 1 Ἐν ἐκείνῳ τῷ καιρῷ ἤκουσεν Ἡρῴδης ὁ τετραάρχης τὴν **ἀκοὴν** Ἰησοῦ,
24: 6 μελλήσετε δὲ ἀκούειν πολέμους καὶ **ἀκοὰς** πολέμων· ὁρᾶτε μὴ θροεῖσθε·
Mk 1:28 καὶ ἐξῆλθεν ἡ **ἀκοὴ** αὐτοῦ εὐθὺς πανταχοῦ εἰς ὅλην τὴν περίχωρον τῆς Γαλιλαίας.
7:35 καὶ [εὐθέως] ἠνοίγησαν αὐτοῦ αἱ **ἀκοαί,** καὶ ἐλύθη ὁ δεσμὸς τῆς γλώσσης αὐτοῦ καὶ ἐλάλει ὀρθῶς.
13: 7 ὅταν δὲ ἀκούσητε πολέμους καὶ **ἀκοὰς** πολέμων, μὴ θροεῖσθε·
Lk 7: 1 Ἐπειδὴ ἐπλήρωσεν πάντα τὰ ῥήματα αὐτοῦ εἰς τὰς **ἀκοὰς** τοῦ λαοῦ,
Jn 12:38 ἵνα ὁ λόγος Ἠσαΐου τοῦ προφήτου πληρωθῇ ὃν εἶπεν, Κύριε, τίς ἐπίστευσεν τῇ **ἀκοῇ** ἡμῶν;
Ac 17:20 ξενίζοντα γάρ τινα εἰσφέρεις εἰς τὰς **ἀκοὰς** ἡμῶν·
28:26 **Ἀκοῇ** ἀκούσετε καὶ οὐ μὴ συνῆτε καὶ βλέποντες βλέψετε καὶ οὐ μὴ ἴδητε·
Ro 10:16 Ἠσαΐας γὰρ λέγει, Κύριε, τίς ἐπίστευσεν τῇ **ἀκοῇ** ἡμῶν;
10:17 ἄρα ἡ πίστις ἐξ **ἀκοῆς,** ἡ δὲ **ἀκοὴ** διὰ ῥήματος Χριστοῦ.
1Co 12:17 εἰ ὅλον τὸ σῶμα ὀφθαλμός, ποῦ ἡ **ἀκοή;** εἰ ὅλον **ἀκοή,** ποῦ ἡ ὄσφρησις;
Gal 3: 2 ἐξ ἔργων νόμου τὸ πνεῦμα ἐλάβετε ἢ ἐξ **ἀκοῆς** πίστεως;
3: 5 ὁ οὖν ἐπιχορηγῶν ὑμῖν τὸ πνεῦμα καὶ ἐνεργῶν δυνάμεις ἐν ὑμῖν, ἐξ ἔργων νόμου ἢ ἐξ **ἀκοῆς** πίστεως;
1Th 2:13 ὅτι παραλαβόντες λόγον **ἀκοῆς** παρ' ἡμῶν τοῦ θεοῦ ἐδέξασθε οὐ λόγον ἀνθρώπων ἀλλὰ καθώς ἐστιν ἀληθῶς λόγον θεοῦ,
2Ti 4: 3 ἀλλὰ κατὰ τὰς ἰδίας ἐπιθυμίας ἑαυτοῖς ἐπισωρεύσουσιν διδασκάλους κνηθόμενοι τὴν **ἀκοὴν**
4: 4 καὶ ἀπὸ μὲν τῆς ἀληθείας τὴν **ἀκοὴν** ἀποστρέψουσιν,
Heb 4: 2 ἀλλ' οὐκ ὠφέλησεν ὁ λόγος τῆς **ἀκοῆς** ἐκείνους μὴ συγκεκερασμένους τῇ πίστει τοῖς ἀκούσασιν.
5:11 Περὶ οὗ πολὺς ἡμῖν ὁ λόγος καὶ δυσερμήνευτος λέγειν, ἐπεὶ νωθροὶ γεγόνατε ταῖς **ἀκοαῖς.**
2Pe 2: 8 βλέμματι γὰρ καὶ **ἀκοῇ** ὁ δίκαιος ἐγκατοικῶν ἐν αὐτοῖς ἡμέραν ἐξ ἡμέρας ψυχὴν δικαίαν ἀνόμοις ἔργοις ἐβασάνιζεν·

199 ἀκολουθέω [90]

→ *1.3, 1979, 2051, 2887, 4158, 5258*

absolute (no object following) [13] Mt 8:10; 21:9; Mk 3:7; 10:32; 11:9; Lk 22:54; Jn 1:38; 13:36; 21:20; Ac 12:9; 21:36; 1Co 10:4; Rev 14:8

ἀκολουθέω μετά [3] Lk 9:49; Rev 6:8; 14:13

ἀκολουθέω ὀπίσω [2] Mt 10:38; Mk 8:34

Mt 4:20 οἱ δὲ εὐθέως ἀφέντες τὰ δίκτυα **ἠκολούθησαν** αὐτῷ.
4:22 οἱ δὲ εὐθέως ἀφέντες τὸ πλοῖον καὶ τὸν πατέρα αὐτῶν **ἠκολούθησαν** αὐτῷ.
4:25 καὶ **ἠκολούθησαν** αὐτῷ ὄχλοι πολλοὶ ἀπὸ τῆς Γαλιλαίας καὶ Δεκαπόλεως καὶ Ἱεροσολύμων καὶ Ἰουδαίας καὶ πέραν
8: 1 Καταβάντος δὲ αὐτοῦ ἀπὸ τοῦ ὄρους **ἠκολούθησαν** αὐτῷ ὄχλοι πολλοί.
8:10 ἀκούσας δὲ ὁ Ἰησοῦς ἐθαύμασεν καὶ εἶπεν τοῖς **ἀκολουθοῦσιν,**
8:19 καὶ προσελθὼν εἷς γραμματεὺς εἶπεν αὐτῷ, Διδάσκαλε, **ἀκολουθήσω** σοι ὅπου ἐὰν ἀπέρχῃ.
8:22 **Ἀκολούθει** μοι καὶ ἄφες τοὺς νεκροὺς θάψαι τοὺς ἑαυτῶν νεκρούς.
8:23 Καὶ ἐμβάντι αὐτῷ εἰς τὸ πλοῖον **ἠκολούθησαν** αὐτῷ οἱ μαθηταὶ αὐτοῦ.
9: 9 καθήμενον ἐπὶ τὸ τελώνιον, Μαθθαῖον λεγόμενον, καὶ λέγει αὐτῷ, **Ἀκολούθει** μοι. καὶ ἀναστὰς **ἠκολούθησεν** αὐτῷ.
9:19 ἐγερθεὶς ὁ Ἰησοῦς **ἠκολούθησεν** αὐτῷ καὶ οἱ μαθηταὶ αὐτοῦ.
9:27 Καὶ παράγοντι ἐκεῖθεν τῷ Ἰησοῦ **ἠκολούθησαν** [αὐτῷ] δύο τυφλοὶ κράζοντες καὶ λέγοντες,
10:38 ὃς οὐ λαμβάνει τὸν σταυρὸν αὐτοῦ καὶ **ἀκολουθεῖ** ὀπίσω μου,
12:15 καὶ **ἠκολούθησαν** αὐτῷ [ὄχλοι] πολλοί, καὶ ἐθεράπευσεν αὐτοὺς πάντας
14:13 καὶ ἀκούσαντες οἱ ὄχλοι **ἠκολούθησαν** αὐτῷ πεζῇ ἀπὸ τῶν πόλεων.
16:24 ἀπαρνησάσθω ἑαυτὸν καὶ ἀράτω τὸν σταυρὸν αὐτοῦ καὶ **ἀκολουθείτω** μοι.
19: 2 καὶ **ἠκολούθησαν** αὐτῷ ὄχλοι πολλοί, καὶ ἐθεράπευσεν αὐτοὺς ἐκεῖ.
19:21 καὶ ἕξεις θησαυρὸν ἐν οὐρανοῖς, καὶ δεῦρο **ἀκολούθει** μοι.
19:27 Τότε ἀποκριθεὶς ὁ Πέτρος εἶπεν αὐτῷ, Ἰδοὺ ἡμεῖς ἀφήκαμεν πάντα καὶ **ἠκολουθήσαμέν** σοι·
19:28 Ἀμὴν λέγω ὑμῖν ὅτι ὑμεῖς οἱ **ἀκολουθήσαντές** μοι ἐν τῇ παλιγγενεσίᾳ,
20:29 Καὶ ἐκπορευομένων αὐτῶν ἀπὸ Ἰεριχὼ **ἠκολούθησεν** αὐτῷ ὄχλος πολύς.
20:34 σπλαγχνισθεὶς δὲ ὁ Ἰησοῦς ἥψατο τῶν ὀμμάτων αὐτῶν, καὶ εὐθέως ἀνέβλεψαν καὶ **ἠκολούθησαν** αὐτῷ.
21: 9 οἱ δὲ ὄχλοι οἱ προάγοντες αὐτὸν καὶ οἱ **ἀκολουθοῦντες** ἔκραζον λέγοντες,
26:58 ὁ δὲ Πέτρος **ἠκολούθει** αὐτῷ ἀπὸ μακρόθεν ἕως τῆς αὐλῆς τοῦ ἀρχιερέως καὶ εἰσελθὼν ἔσω ἐκάθητο μετὰ τῶν ὑπηρετῶν
27:55 αἵτινες **ἠκολούθησαν** τῷ Ἰησοῦ ἀπὸ τῆς Γαλιλαίας διακονοῦσαι αὐτῷ·
Mk 1:18 καὶ εὐθὺς ἀφέντες τὰ δίκτυα **ἠκολούθησαν** αὐτῷ.
2:14 Λευὶν τὸν τοῦ Ἁλφαίου καθήμενον ἐπὶ τὸ τελώνιον, καὶ λέγει αὐτῷ, **Ἀκολούθει** μοι. καὶ ἀναστὰς **ἠκολούθησεν** αὐτῷ.
2:15 πολλοὶ τελῶναι καὶ ἁμαρτωλοὶ συνανέκειντο τῷ Ἰησοῦ καὶ τοῖς μαθηταῖς αὐτοῦ· ἦσαν γὰρ πολλοὶ καὶ **ἠκολούθουν** αὐτῷ.
3: 7 καὶ πολὺ πλῆθος ἀπὸ τῆς Γαλιλαίας **[ἠκολούθησεν,]** καὶ ἀπὸ τῆς Ἰουδαίας
5:24 Καὶ **ἠκολούθει** αὐτῷ ὄχλος πολὺς καὶ συνέθλιβον αὐτόν.
6: 1 Καὶ ἐξῆλθεν ἐκεῖθεν καὶ ἔρχεται εἰς τὴν πατρίδα αὐτοῦ, καὶ **ἀκολουθοῦσιν** αὐτῷ οἱ μαθηταὶ αὐτοῦ.
8:34 Εἴ τις θέλει ὀπίσω μου **ἀκολουθεῖν,** ἀπαρνησάσθω ἑαυτὸν καὶ ἀράτω τὸν σταυρὸν αὐτοῦ καὶ **ἀκολουθείτω** μοι.
9:38 εἴδομέν τινα ἐν τῷ ὀνόματί σου ἐκβάλλοντα δαιμόνια καὶ ἐκωλύομεν αὐτόν, ὅτι οὐκ **ἠκολούθει** ἡμῖν.
10:21 καὶ ἕξεις θησαυρὸν ἐν οὐρανῷ, καὶ δεῦρο **ἀκολούθει** μοι.
10:28 Ἤρξατο λέγειν ὁ Πέτρος αὐτῷ, Ἰδοὺ ἡμεῖς ἀφήκαμεν πάντα καὶ **ἠκολουθήκαμέν** σοι.
10:32 καὶ ἦν προάγων αὐτοὺς ὁ Ἰησοῦς, καὶ ἐθαμβοῦντο, οἱ δὲ **ἀκολουθοῦντες** ἐφοβοῦντο.
10:52 καὶ εὐθὺς ἀνέβλεψεν καὶ **ἠκολούθει** αὐτῷ ἐν τῇ ὁδῷ.
11: 9 καὶ οἱ προάγοντες καὶ οἱ **ἀκολουθοῦντες** ἔκραζον, Ὡσαννά·
14:13 καὶ ἀπαντήσει ὑμῖν ἄνθρωπος κεράμιον ὕδατος βαστάζων· **ἀκολουθήσατε** αὐτῷ
14:54 καὶ ὁ Πέτρος ἀπὸ μακρόθεν **ἠκολούθησεν** αὐτῷ ἕως ἔσω εἰς τὴν αὐλὴν τοῦ ἀρχιερέως καὶ ἦν συγκαθήμενος
15:41 αἳ ὅτε ἦν ἐν τῇ Γαλιλαίᾳ **ἠκολούθουν** αὐτῷ καὶ διηκόνουν αὐτῷ,
Lk 5:11 καὶ καταγαγόντες τὰ πλοῖα ἐπὶ τὴν γῆν ἀφέντες πάντα **ἠκολούθησαν** αὐτῷ.
5:27 καὶ ἐθεάσατο τελώνην ὀνόματι Λευὶν καθήμενον ἐπὶ τὸ τελώνιον, καὶ εἶπεν αὐτῷ, **Ἀκολούθει** μοι.
5:28 καὶ καταλιπὼν πάντα ἀναστὰς **ἠκολούθει** αὐτῷ.
7: 9 ἀκούσας δὲ ταῦτα ὁ Ἰησοῦς ἐθαύμασεν αὐτὸν καὶ στραφεὶς τῷ **ἀκολουθοῦντι** αὐτῷ ὄχλῳ εἶπεν,
9:11 οἱ δὲ ὄχλοι γνόντες **ἠκολούθησαν** αὐτῷ· καὶ ἀποδεξάμενος αὐτοὺς ἐλάλει αὐτοῖς περὶ τῆς βασιλείας τοῦ θεοῦ,
9:23 ἀρνησάσθω ἑαυτὸν καὶ ἀράτω τὸν σταυρὸν αὐτοῦ καθ' ἡμέραν καὶ **ἀκολουθείτω** μοι.
9:49 εἴδομέν τινα ἐν τῷ ὀνόματί σου ἐκβάλλοντα δαιμόνια καὶ ἐκωλύομεν αὐτόν, ὅτι οὐκ **ἀκολουθεῖ** μεθ' ἡμῶν.
9:57 Καὶ πορευομένων αὐτῶν ἐν τῇ ὁδῷ εἶπέν τις πρὸς αὐτόν, **Ἀκολουθήσω** σοι ὅπου ἐὰν ἀπέρχῃ.
9:59 Εἶπεν δὲ πρὸς ἕτερον, **Ἀκολούθει** μοι. ὁ δὲ εἶπεν,
9:61 Εἶπεν δὲ καὶ ἕτερος, **Ἀκολουθήσω** σοι, κύριε· πρῶτον δὲ ἐπίτρεψόν μοι ἀποτάξασθαι τοῖς εἰς τὸν οἶκόν μου.
18:22 ἕξεις θησαυρὸν ἐν [τοῖς] οὐρανοῖς, καὶ δεῦρο **ἀκολούθει** μοι.
18:28 Εἶπεν δὲ ὁ Πέτρος, Ἰδοὺ ἡμεῖς ἀφέντες τὰ ἴδια **ἠκολουθήσαμέν** σοι.
18:43 παραχρῆμα ἀνέβλεψεν καὶ **ἠκολούθει** αὐτῷ δοξάζων τὸν θεόν.
22:10 **ἀκολουθήσατε** αὐτῷ εἰς τὴν οἰκίαν εἰς ἣν εἰσπορεύεται
22:39 Καὶ ἐξελθὼν ἐπορεύθη κατὰ τὸ ἔθος εἰς τὸ Ὄρος τῶν Ἐλαιῶν, **ἠκολούθησαν** δὲ αὐτῷ καὶ οἱ μαθηταί.
22:54 Συλλαβόντες δὲ αὐτὸν ἤγαγον καὶ εἰσήγαγον εἰς τὴν οἰκίαν τοῦ ἀρχιερέως· ὁ δὲ Πέτρος **ἠκολούθει** μακρόθεν.
23:27 **Ἠκολούθει** δὲ αὐτῷ πολὺ πλῆθος τοῦ λαοῦ καὶ γυναικῶν αἳ ἐκόπτοντο καὶ ἐθρήνουν αὐτόν.
Jn 1:37 καὶ ἤκουσαν οἱ δύο μαθηταὶ αὐτοῦ λαλοῦντος καὶ **ἠκολούθησαν** τῷ Ἰησοῦ.
1:38 στραφεὶς δὲ ὁ Ἰησοῦς καὶ θεασάμενος αὐτοὺς **ἀκολουθοῦντας** λέγει αὐτοῖς,
1:40 Ἦν Ἀνδρέας ὁ ἀδελφὸς Σίμωνος Πέτρου εἷς ἐκ τῶν δύο τῶν ἀκουσάντων παρὰ Ἰωάννου καὶ **ἀκολουθησάντων** αὐτῷ·
1:43 Τῇ ἐπαύριον ἠθέλησεν ἐξελθεῖν εἰς τὴν Γαλιλαίαν καὶ εὑρίσκει Φίλιππον. καὶ λέγει αὐτῷ ὁ Ἰησοῦς, **Ἀκολούθει** μοι.

6: 2 **ἠκολούθει** δὲ αὐτῷ ὄχλος πολύς, ὅτι ἐθεώρουν τὰ σημεῖα ἃ ἐποίει ἐπὶ τῶν ἀσθενούντων.
8:12 ὁ **ἀκολουθῶν** ἐμοὶ οὐ μὴ περιπατήσῃ ἐν τῇ σκοτίᾳ,
10: 4 ἔμπροσθεν αὐτῶν πορεύεται, καὶ τὰ πρόβατα αὐτῷ **ἀκολουθεῖ,**
10: 5 ἀλλοτρίῳ δὲ οὐ μὴ **ἀκολουθήσουσιν,** ἀλλὰ φεύξονται ἀπ' αὐτοῦ,
10:27 τὰ πρόβατα τὰ ἐμὰ τῆς φωνῆς μου ἀκούουσιν, κἀγὼ γινώσκω αὐτὰ καὶ **ἀκολουθοῦσίν** μοι,
11:31 **ἠκολούθησαν** αὐτῇ δόξαντες ὅτι ὑπάγει εἰς τὸ μνημεῖον ἵνα κλαύσῃ ἐκεῖ.
12:26 ἐὰν ἐμοί τις διακονῇ, ἐμοὶ **ἀκολουθείτω,** καὶ ὅπου εἰμὶ ἐγὼ ἐκεῖ καὶ ὁ διάκονος ὁ ἐμὸς ἔσται·
13:36 Ὅπου ὑπάγω οὐ δύνασαί μοι νῦν **ἀκολουθῆσαι, ἀκολουθήσεις** δὲ ὕστερον.
13:37 Κύριε, διὰ τί οὐ δύναμαί σοι **ἀκολουθῆσαι** ἄρτι;
18:15 **Ἠκολούθει** δὲ τῷ Ἰησοῦ Σίμων Πέτρος καὶ ἄλλος μαθητής.
20: 6 ἔρχεται οὖν καὶ Σίμων Πέτρος **ἀκολουθῶν** αὐτῷ καὶ εἰσῆλθεν εἰς τὸ μνημεῖον,
21:19 τοῦτο δὲ εἶπεν σημαίνων ποίῳ θανάτῳ δοξάσει τὸν θεόν. καὶ τοῦτο εἰπὼν λέγει αὐτῷ, **Ἀκολούθει** μοι.
21:20 Ἐπιστραφεὶς ὁ Πέτρος βλέπει τὸν μαθητὴν ὃν ἠγάπα ὁ Ἰησοῦς **ἀκολουθοῦντα,**
21:22 Ἐὰν αὐτὸν θέλω μένειν ἕως ἔρχομαι, τί πρὸς σέ; σύ μοι **ἀκολούθει.**
Ac 12: 8 καὶ λέγει αὐτῷ, Περιβαλοῦ τὸ ἱμάτιόν σου καὶ **ἀκολούθει** μοι.
12: 9 καὶ ἐξελθὼν **ἠκολούθει** καὶ οὐκ ᾔδει ὅτι ἀληθές ἐστιν τὸ γινόμενον διὰ τοῦ ἀγγέλου·
13:43 λυθείσης δὲ τῆς συναγωγῆς **ἠκολούθησαν** πολλοὶ τῶν Ἰουδαίων καὶ τῶν σεβομένων προσηλύτων τῷ Παύλῳ
21:36 **ἠκολούθει** γὰρ τὸ πλῆθος τοῦ λαοῦ κράζοντες, Αἶρε αὐτόν.
1Co 10: 4 ἔπινον γὰρ ἐκ πνευματικῆς **ἀκολουθούσης** πέτρας, ἡ πέτρα δὲ ἦν ὁ Χριστός.
Rev 6: 8 καὶ ὁ καθήμενος ἐπάνω αὐτοῦ ὄνομα αὐτῷ [ὁ] θάνατος, καὶ ὁ ᾅδης **ἠκολούθει** μετ' αὐτοῦ καὶ ἐδόθη αὐτοῖς ἐξουσία
14: 4 οὗτοι οἱ **ἀκολουθοῦντες** τῷ ἀρνίῳ ὅπου ἂν ὑπάγῃ.
14: 8 Καὶ ἄλλος ἄγγελος δεύτερος **ἠκολούθησεν** λέγων, Ἔπεσεν ἔπεσεν Βαβυλὼν ἡ μεγάλη
14: 9 Καὶ ἄλλος ἄγγελος τρίτος **ἠκολούθησεν** αὐτοῖς λέγων ἐν φωνῇ μεγάλῃ,
14:13 ἵνα ἀναπαήσονται ἐκ τῶν κόπων αὐτῶν, τὰ γὰρ ἔργα αὐτῶν **ἀκολουθεῖ** μετ' αὐτῶν.
19:14 καὶ τὰ στρατεύματα [τὰ] ἐν τῷ οὐρανῷ **ἠκολούθει** αὐτῷ ἐφ' ἵπποις λευκοῖς,

200 ἀκουστός Not used in UBS/NIV

√ 201

201 ἀκούω [428]

→ 198, 200, 1358, 1653, 2052, 4157, 4159, 4578, 5633, 5634, 5675

ἀκοῇ ἀκούειν [2] Mt 13:14; Ac 28:26

ἀκούετε εἰς τὸ οὖς [1] Mt 10:27

seq. **ἀκούω παρά** [10] Jn 1:40; 7:51; 8:26,38,40; 15:15; Ac 10:22; 28:22; 2Ti 1:13; 2:2

Mt 2: 3 **ἀκούσας** δὲ ὁ βασιλεὺς Ἡρῴδης ἐταράχθη καὶ πᾶσα Ἱεροσόλυμα μετ' αὐτοῦ,
2: 9 οἱ δὲ **ἀκούσαντες** τοῦ βασιλέως ἐπορεύθησαν καὶ ἰδοὺ ὁ ἀστήρ,
2:18 Φωνὴ ἐν Ῥαμὰ **ἠκούσθη,** κλαυθμὸς καὶ ὀδυρμὸς πολύς·
2:22 **ἀκούσας** δὲ ὅτι Ἀρχέλαος βασιλεύει τῆς Ἰουδαίας ἀντὶ τοῦ πατρὸς αὐτοῦ Ἡρῴδου ἐφοβήθη ἐκεῖ ἀπελθεῖν·
4:12 **Ἀκούσας** δὲ ὅτι Ἰωάννης παρεδόθη ἀνεχώρησεν εἰς τὴν Γαλιλαίαν.
5:21 **Ἠκούσατε** ὅτι ἐρρέθη τοῖς ἀρχαίοις, Οὐ φονεύσεις· ὃς δ' ἂν φονεύσῃ,
5:27 **Ἠκούσατε** ὅτι ἐρρέθη, Οὐ μοιχεύσεις.
5:33 Πάλιν **ἠκούσατε** ὅτι ἐρρέθη τοῖς ἀρχαίοις, Οὐκ ἐπιορκήσεις,
5:38 **Ἠκούσατε** ὅτι ἐρρέθη, Ὀφθαλμὸν ἀντὶ ὀφθαλμοῦ καὶ ὀδόντα ἀντὶ ὀδόντος.
5:43 **Ἠκούσατε** ὅτι ἐρρέθη, Ἀγαπήσεις τὸν πλησίον σου καὶ μισήσεις τὸν ἐχθρόν σου.
7:24 Πᾶς οὖν ὅστις **ἀκούει** μου τοὺς λόγους τούτους καὶ ποιεῖ αὐτούς,
7:26 καὶ πᾶς ὁ **ἀκούων** μου τοὺς λόγους τούτους καὶ μὴ ποιῶν αὐτοὺς ὁμοιωθήσεται ἀνδρὶ μωρῷ,
8:10 **ἀκούσας** δὲ ὁ Ἰησοῦς ἐθαύμασεν καὶ εἶπεν τοῖς ἀκολουθοῦσιν,
9:12 ὁ δὲ **ἀκούσας** εἶπεν, Οὐ χρείαν ἔχουσιν οἱ ἰσχύοντες ἰατροῦ ἀλλ' οἱ κακῶς ἔχοντες.
10:14 καὶ ὃς ἂν μὴ δέξηται ὑμᾶς μηδὲ **ἀκούσῃ** τοὺς λόγους ὑμῶν,
10:27 καὶ ὃ εἰς τὸ οὖς **ἀκούετε** κηρύξατε ἐπὶ τῶν δωμάτων.
11: 2 Ὁ δὲ Ἰωάννης **ἀκούσας** ἐν τῷ δεσμωτηρίῳ τὰ ἔργα τοῦ Χριστοῦ πέμψας διὰ τῶν μαθητῶν αὐτοῦ
11: 4 καὶ ἀποκριθεὶς ὁ Ἰησοῦς εἶπεν αὐτοῖς, Πορευθέντες ἀπαγγείλατε Ἰωάννῃ ἃ **ἀκούετε** καὶ βλέπετε·
11: 5 τυφλοὶ ἀναβλέπουσιν καὶ χωλοὶ περιπατοῦσιν, λεπροὶ καθαρίζονται καὶ κωφοὶ **ἀκούουσιν,**
11:15 ὁ ἔχων ὦτα **ἀκουέτω.**
12:19 οὐδὲ **ἀκούσει** τις ἐν ταῖς πλατείαις τὴν φωνὴν αὐτοῦ.
12:24 οἱ δὲ Φαρισαῖοι **ἀκούσαντες** εἶπον, Οὗτος οὐκ ἐκβάλλει τὰ δαιμόνια εἰ μὴ ἐν τῷ Βεελζεβοὺλ ἄρχοντι τῶν δαιμονίων.
12:42 ὅτι ἦλθεν ἐκ τῶν περάτων τῆς γῆς **ἀκοῦσαι** τὴν σοφίαν Σολομῶνος,
13: 9 ὁ ἔχων ὦτα **ἀκουέτω.**
13:13 ὅτι βλέποντες οὐ βλέπουσιν καὶ **ἀκούοντες** οὐκ **ἀκούουσιν** οὐδὲ συνίουσιν,
13:14 Ἀκοῇ **ἀκούσετε** καὶ οὐ μὴ συνῆτε, καὶ βλέποντες βλέψετε καὶ οὐ μὴ ἴδητε.
13:15 καὶ τοῖς ὠσὶν βαρέως **ἤκουσαν** καὶ τοὺς ὀφθαλμοὺς αὐτῶν ἐκάμμυσαν, μήποτε ἴδωσιν τοῖς ὀφθαλμοῖς καὶ τοῖς ὠσὶν **ἀκούσωσιν** καὶ τῇ καρδίᾳ συνῶσιν καὶ ἐπιστρέψωσιν
13:16 ὑμῶν δὲ μακάριοι οἱ ὀφθαλμοὶ ὅτι βλέπουσιν καὶ τὰ ὦτα ὑμῶν ὅτι **ἀκούουσιν.**
13:17 ἀμὴν γὰρ λέγω ὑμῖν ὅτι πολλοὶ προφῆται καὶ δίκαιοι ἐπεθύμησαν ἰδεῖν ἃ βλέπετε καὶ οὐκ εἶδαν, καὶ **ἀκοῦσαι** ἃ **ἀκούετε** καὶ οὐκ **ἤκουσαν.**
13:18 Ὑμεῖς οὖν **ἀκούσατε** τὴν παραβολὴν τοῦ σπείραντος.
13:19 παντὸς **ἀκούοντος** τὸν λόγον τῆς βασιλείας καὶ μὴ συνιέντος ἔρχεται ὁ πονηρὸς καὶ ἁρπάζει τὸ ἐσπαρμένον
13:20 οὗτός ἐστιν ὁ τὸν λόγον **ἀκούων** καὶ εὐθὺς μετὰ χαρᾶς λαμβάνων αὐτόν,
13:22 ὁ δὲ εἰς τὰς ἀκάνθας σπαρείς, οὗτός ἐστιν ὁ τὸν λόγον **ἀκούων,**
13:23 οὗτός ἐστιν ὁ τὸν λόγον **ἀκούων** καὶ συνιείς,
13:43 Τότε οἱ δίκαιοι ἐκλάμψουσιν ὡς ὁ ἥλιος ἐν τῇ βασιλείᾳ τοῦ πατρὸς αὐτῶν. ὁ ἔχων ὦτα **ἀκουέτω.**
14: 1 Ἐν ἐκείνῳ τῷ καιρῷ **ἤκουσεν** Ἡρῴδης ὁ τετραάρχης τὴν ἀκοὴν Ἰησοῦ,
14:13 **Ἀκούσας** δὲ ὁ Ἰησοῦς ἀνεχώρησεν ἐκεῖθεν ἐν πλοίῳ εἰς ἔρημον τόπον κατ' ἰδίαν· καὶ **ἀκούσαντες** οἱ ὄχλοι ἠκολούθησαν αὐτῷ πεζῇ ἀπὸ τῶν πόλεων.
15:10 Καὶ προσκαλεσάμενος τὸν ὄχλον εἶπεν αὐτοῖς, **Ἀκούετε** καὶ συνίετε·
15:12 Οἶδας ὅτι οἱ Φαρισαῖοι **ἀκούσαντες** τὸν λόγον ἐσκανδαλίσθησαν;
17: 5 Οὗτός ἐστιν ὁ υἱός μου ὁ ἀγαπητός, ἐν ᾧ εὐδόκησα· **ἀκούετε** αὐτοῦ.
17: 6 καὶ **ἀκούσαντες** οἱ μαθηταὶ ἔπεσαν ἐπὶ πρόσωπον αὐτῶν καὶ ἐφοβήθησαν σφόδρα.
18:15 ὕπαγε ἔλεγξον αὐτὸν μεταξὺ σοῦ καὶ αὐτοῦ μόνου. ἐάν σου **ἀκούσῃ,** ἐκέρδησας τὸν ἀδελφόν σου·
18:16 ἐὰν δὲ μὴ **ἀκούσῃ,** παράλαβε μετὰ σοῦ ἔτι ἕνα ἢ δύο,
19:22 **ἀκούσας** δὲ ὁ νεανίσκος τὸν λόγον ἀπῆλθεν λυπούμενος·
19:25 **ἀκούσαντες** δὲ οἱ μαθηταὶ ἐξεπλήσσοντο σφόδρα λέγοντες, Τίς ἄρα δύναται σωθῆναι;
20:24 Καὶ **ἀκούσαντες** οἱ δέκα ἠγανάκτησαν περὶ τῶν δύο ἀδελφῶν.
20:30 καὶ ἰδοὺ δύο τυφλοὶ καθήμενοι παρὰ τὴν ὁδὸν **ἀκούσαντες** ὅτι Ἰησοῦς παράγει,
21:16 καὶ εἶπαν αὐτῷ, **Ἀκούεις** τί οὗτοι λέγουσιν; ὁ δὲ Ἰησοῦς λέγει αὐτοῖς,
21:33 Ἄλλην παραβολὴν **ἀκούσατε.** Ἄνθρωπος ἦν οἰκοδεσπότης ὅστις ἐφύτευσεν ἀμπελῶνα καὶ φραγμὸν αὐτῷ περιέθηκεν
21:45 Καὶ **ἀκούσαντες** οἱ ἀρχιερεῖς καὶ οἱ Φαρισαῖοι τὰς παραβολὰς αὐτοῦ ἔγνωσαν ὅτι περὶ αὐτῶν λέγει·
22:22 καὶ **ἀκούσαντες** ἐθαύμασαν, καὶ ἀφέντες αὐτὸν ἀπῆλθαν.
22:33 καὶ **ἀκούσαντες** οἱ ὄχλοι ἐξεπλήσσοντο ἐπὶ τῇ διδαχῇ αὐτοῦ.
22:34 Οἱ δὲ Φαρισαῖοι **ἀκούσαντες** ὅτι ἐφίμωσεν τοὺς Σαδδουκαίους συνήχθησαν ἐπὶ τὸ αὐτό,
24: 6 μελλήσετε δὲ **ἀκούειν** πολέμους καὶ ἀκοὰς πολέμων·

26:65 τί ἔτι χρείαν ἔχομεν μαρτύρων; ἴδε νῦν **ἠκούσατε** τὴν βλασφημίαν·
27:13 τότε λέγει αὐτῷ ὁ Πιλᾶτος, Οὐκ **ἀκούεις** πόσα σου καταμαρτυροῦσιν;
27:47 τινὲς δὲ τῶν ἐκεῖ ἑστηκότων **ἀκούσαντες** ἔλεγον ὅτι Ἠλίαν φωνεῖ οὗτος.
28:14 καὶ ἐὰν **ἀκουσθῇ** τοῦτο ἐπὶ τοῦ ἡγεμόνος, ἡμεῖς πείσομεν [αὐτὸν] καὶ ὑμᾶς ἀμερίμνους ποιήσομεν.
Mk 2: 1 Καὶ εἰσελθὼν πάλιν εἰς Καφαρναοὺμ δι᾽ ἡμερῶν **ἠκούσθη** ὅτι ἐν οἴκῳ ἐστίν.
2:17 καὶ **ἀκούσας** ὁ Ἰησοῦς λέγει αὐτοῖς [ὅτι] Οὐ χρείαν ἔχουσιν οἱ ἰσχύοντες ἰατροῦ ἀλλ᾽ οἱ κακῶς ἔχοντες·
3: 8 πλῆθος πολὺ **ἀκούοντες** ὅσα ἐποίει ἦλθον πρὸς αὐτόν.
3:21 καὶ **ἀκούσαντες** οἱ παρ᾽ αὐτοῦ ἐξῆλθον κρατῆσαι αὐτόν·
4: 3 **Ἀκούετε.** ἰδοὺ ἐξῆλθεν ὁ σπείρων σπεῖραι.
4: 9 καὶ ἔλεγεν, Ὃς ἔχει ὦτα **ἀκούειν ἀκουέτω.**
4:12 καὶ **ἀκούοντες ἀκούωσιν** καὶ μὴ συνιῶσιν, μήποτε ἐπιστρέψωσιν καὶ ἀφεθῇ αὐτοῖς.
4:15 ὅπου σπείρεται ὁ λόγος καὶ ὅταν **ἀκούσωσιν,** εὐθὺς ἔρχεται ὁ Σατανᾶς καὶ αἴρει τὸν λόγον τὸν ἐσπαρμένον εἰς αὐτούς.
4:16 οἳ ὅταν **ἀκούσωσιν** τὸν λόγον εὐθὺς μετὰ χαρᾶς λαμβάνουσιν αὐτόν,
4:18 καὶ ἄλλοι εἰσὶν οἱ εἰς τὰς ἀκάνθας σπειρόμενοι· οὗτοί εἰσιν οἱ τὸν λόγον **ἀκούσαντες,**
4:20 οἵτινες **ἀκούουσιν** τὸν λόγον καὶ παραδέχονται καὶ καρποφοροῦσιν ἓν τριάκοντα καὶ ἓν ἑξήκοντα καὶ ἓν ἑκατόν.
4:23 εἴ τις ἔχει ὦτα **ἀκούειν ἀκουέτω.**
4:24 Καὶ ἔλεγεν αὐτοῖς, Βλέπετε τί **ἀκούετε.** ἐν ᾧ μέτρῳ μετρεῖτε μετρηθήσεται ὑμῖν καὶ προστεθήσεται ὑμῖν.
4:33 Καὶ τοιαύταις παραβολαῖς πολλαῖς ἐλάλει αὐτοῖς τὸν λόγον καθὼς ἠδύναντο **ἀκούειν·**
5:27 **ἀκούσασα** περὶ τοῦ Ἰησοῦ, ἐλθοῦσα ἐν τῷ ὄχλῳ ὄπισθεν ἥψατο τοῦ ἱματίου αὐτοῦ·
6: 2 καὶ πολλοὶ **ἀκούοντες** ἐξεπλήσσοντο λέγοντες, Πόθεν τούτῳ ταῦτα,
6:11 καὶ ὃς ἂν τόπος μὴ δέξηται ὑμᾶς μηδὲ **ἀκούσωσιν** ὑμῶν,
6:14 Καὶ **ἤκουσεν** ὁ βασιλεὺς Ἡρῴδης, φανερὸν γὰρ ἐγένετο τὸ ὄνομα αὐτοῦ,
6:16 **ἀκούσας** δὲ ὁ Ἡρῴδης ἔλεγεν, Ὃν ἐγὼ ἀπεκεφάλισα Ἰωάννην,
6:20 καὶ **ἀκούσας** αὐτοῦ πολλὰ ἠπόρει, καὶ ἡδέως αὐτοῦ **ἤκουεν.**
6:29 καὶ **ἀκούσαντες** οἱ μαθηταὶ αὐτοῦ ἦλθον καὶ ἦραν τὸ πτῶμα αὐτοῦ καὶ ἔθηκαν αὐτὸ ἐν μνημείῳ.
6:55 καὶ ἤρξαντο ἐπὶ τοῖς κραβάττοις τοὺς κακῶς ἔχοντας περιφέρειν ὅπου **ἤκουον** ὅτι ἐστίν.
7:14 Καὶ προσκαλεσάμενος πάλιν τὸν ὄχλον ἔλεγεν αὐτοῖς, **Ἀκούσατέ** μου πάντες καὶ σύνετε.
7:25 ἀλλ᾽ εὐθὺς **ἀκούσασα** γυνὴ περὶ αὐτοῦ, ἧς εἶχεν τὸ θυγάτριον αὐτῆς πνεῦμα ἀκάθαρτον,
7:37 καὶ τοὺς κωφοὺς ποιεῖ **ἀκούειν** καὶ [τοὺς] ἀλάλους λαλεῖν.
8:18 ὀφθαλμοὺς ἔχοντες οὐ βλέπετε καὶ ὦτα ἔχοντες οὐκ **ἀκούετε;**
9: 7 Οὗτός ἐστιν ὁ υἱός μου ὁ ἀγαπητός, **ἀκούετε** αὐτοῦ.
10:41 Καὶ **ἀκούσαντες** οἱ δέκα ἤρξαντο ἀγανακτεῖν περὶ Ἰακώβου καὶ Ἰωάννου.
10:47 καὶ **ἀκούσας** ὅτι Ἰησοῦς ὁ Ναζαρηνός ἐστιν ἤρξατο κράζειν καὶ λέγειν,
11:14 Μηκέτι εἰς τὸν αἰῶνα ἐκ σοῦ μηδεὶς καρπὸν φάγοι. καὶ **ἤκουον** οἱ μαθηταὶ αὐτοῦ.
11:18 καὶ **ἤκουσαν** οἱ ἀρχιερεῖς καὶ οἱ γραμματεῖς καὶ ἐζήτουν πῶς αὐτὸν ἀπολέσωσιν·
12:28 Καὶ προσελθὼν εἷς τῶν γραμματέων **ἀκούσας** αὐτῶν συζητούντων,
12:29 ἀπεκρίθη ὁ Ἰησοῦς ὅτι Πρώτη ἐστίν, **Ἄκουε,** Ἰσραήλ,
12:37 καὶ πόθεν αὐτοῦ ἐστιν υἱός; καὶ [ὁ] πολὺς ὄχλος **ἤκουεν** αὐτοῦ ἡδέως.
13: 7 ὅταν δὲ **ἀκούσητε** πολέμους καὶ ἀκοὰς πολέμων, μὴ θροεῖσθε·
14:11 οἱ δὲ **ἀκούσαντες** ἐχάρησαν καὶ ἐπηγγείλαντο αὐτῷ ἀργύριον δοῦναι.
14:58 ὅτι Ἡμεῖς **ἠκούσαμεν** αὐτοῦ λέγοντος ὅτι Ἐγὼ καταλύσω τὸν ναὸν τοῦτον τὸν χειροποίητον καὶ διὰ τριῶν ἡμερῶν ἄλλον ἀχειροποίητον οἰκοδομήσω
14:64 **ἠκούσατε** τῆς βλασφημίας· τί ὑμῖν φαίνεται; οἱ δὲ πάντες κατέκριναν αὐτὸν ἔνοχον εἶναι θανάτου.
15:35 καί τινες τῶν παρεστηκότων **ἀκούσαντες** ἔλεγον, Ἴδε Ἠλίαν φωνεῖ.
16:11 ⟦κἀκεῖνοι **ἀκούσαντες** ὅτι ζῇ καὶ ἐθεάθη ὑπ᾽ αὐτῆς ἠπίστησαν.⟧

Lk 1:41 ὡς **ἤκουσεν** τὸν ἀσπασμὸν τῆς Μαρίας ἡ Ἐλισάβετ,
1:58 καὶ **ἤκουσαν** οἱ περίοικοι καὶ οἱ συγγενεῖς αὐτῆς ὅτι ἐμεγάλυνεν κύριος τὸ ἔλεος αὐτοῦ μετ᾽ αὐτῆς
1:66 ἔθεντο πάντες οἱ **ἀκούσαντες** ἐν τῇ καρδίᾳ αὐτῶν λέγοντες,
2:18 καὶ πάντες οἱ **ἀκούσαντες** ἐθαύμασαν περὶ τῶν λαληθέντων ὑπὸ τῶν ποιμένων πρὸς αὐτούς·
2:20 ὑπέστρεψαν οἱ ποιμένες δοξάζοντες καὶ αἰνοῦντες τὸν θεὸν ἐπὶ πᾶσιν οἷς **ἤκουσαν** καὶ εἶδον καθὼς ἐλαλήθη πρὸς αὐτούς.
2:46 εὗρον αὐτὸν ἐν τῷ ἱερῷ καθεζόμενον ἐν μέσῳ τῶν διδασκάλων καὶ **ἀκούοντα** αὐτῶν καὶ ἐπερωτῶντα αὐτούς·
2:47 ἐξίσταντο δὲ πάντες οἱ **ἀκούοντες** αὐτοῦ ἐπὶ τῇ συνέσει καὶ ταῖς ἀποκρίσεσιν αὐτοῦ.
4:23 ὅσα **ἠκούσαμεν** γενόμενα εἰς τὴν Καφαρναοὺμ ποίησον καὶ ὧδε ἐν τῇ πατρίδι σου.
4:28 ἐπλήσθησαν πάντες θυμοῦ ἐν τῇ συναγωγῇ **ἀκούοντες** ταῦτα
5: 1 Ἐγένετο δὲ ἐν τῷ τὸν ὄχλον ἐπικεῖσθαι αὐτῷ καὶ **ἀκούειν** τὸν λόγον τοῦ θεοῦ καὶ αὐτὸς ἦν ἑστὼς παρὰ τὴν λίμνην
5:15 καὶ συνήρχοντο ὄχλοι πολλοὶ **ἀκούειν** καὶ θεραπεύεσθαι ἀπὸ τῶν ἀσθενειῶν αὐτῶν·
6:18 οἳ ἦλθον **ἀκοῦσαι** αὐτοῦ καὶ ἰαθῆναι ἀπὸ τῶν νόσων αὐτῶν·
6:27 Ἀλλὰ ὑμῖν λέγω τοῖς **ἀκούουσιν,** ἀγαπᾶτε τοὺς ἐχθροὺς ὑμῶν,
6:47 πᾶς ὁ ἐρχόμενος πρός με καὶ **ἀκούων** μου τῶν λόγων καὶ ποιῶν αὐτούς,
6:49 ὁ δὲ **ἀκούσας** καὶ μὴ ποιήσας ὅμοιός ἐστιν ἀνθρώπῳ οἰκοδομήσαντι οἰκίαν ἐπὶ τὴν γῆν χωρὶς θεμελίου,
7: 3 **ἀκούσας** δὲ περὶ τοῦ Ἰησοῦ ἀπέστειλεν πρὸς αὐτὸν πρεσβυτέρους τῶν Ἰουδαίων ἐρωτῶν αὐτὸν
7: 9 **ἀκούσας** δὲ ταῦτα ὁ Ἰησοῦς ἐθαύμασεν αὐτὸν καὶ στραφεὶς τῷ ἀκολουθοῦντι αὐτῷ ὄχλῳ εἶπεν,
7:22 Πορευθέντες ἀπαγγείλατε Ἰωάννῃ ἃ εἴδετε καὶ **ἠκούσατε·**
7:22 κωφοὶ **ἀκούουσιν,** νεκροὶ ἐγείρονται, πτωχοὶ εὐαγγελίζονται·
7:29 Καὶ πᾶς ὁ λαὸς **ἀκούσας** καὶ οἱ τελῶναι ἐδικαίωσαν τὸν θεὸν βαπτισθέντες τὸ βάπτισμα Ἰωάννου·
8: 8 ταῦτα λέγων ἐφώνει, Ὁ ἔχων ὦτα **ἀκούειν ἀκουέτω.**
8:10 ἵνα βλέποντες μὴ βλέπωσιν καὶ **ἀκούοντες** μὴ συνιῶσιν.
8:12 οἱ δὲ παρὰ τὴν ὁδόν εἰσιν οἱ **ἀκούσαντες,**
8:13 οἱ δὲ ἐπὶ τῆς πέτρας οἳ ὅταν **ἀκούσωσιν** μετὰ χαρᾶς δέχονται τὸν λόγον,
8:14 τὸ δὲ εἰς τὰς ἀκάνθας πεσόν, οὗτοί εἰσιν οἱ **ἀκούσαντες,**
8:15 οὗτοί εἰσιν οἵτινες ἐν καρδίᾳ καλῇ καὶ ἀγαθῇ **ἀκούσαντες** τὸν λόγον κατέχουσιν καὶ καρποφοροῦσιν ἐν ὑπομονῇ.
8:18 βλέπετε οὖν πῶς **ἀκούετε·** ὃς ἂν γὰρ ἔχῃ,
8:21 Μήτηρ μου καὶ ἀδελφοί μου οὗτοί εἰσιν οἱ τὸν λόγον τοῦ θεοῦ **ἀκούοντες** καὶ ποιοῦντες.
8:50 ὁ δὲ Ἰησοῦς **ἀκούσας** ἀπεκρίθη αὐτῷ, Μὴ φοβοῦ,
9: 7 **Ἤκουσεν** δὲ Ἡρῴδης ὁ τετραάρχης τὰ γινόμενα πάντα καὶ διηπόρει διὰ τὸ λέγεσθαι ὑπό τινων ὅτι Ἰωάννης ἠγέρθη
9: 9 τίς δέ ἐστιν οὗτος περὶ οὗ **ἀκούω** τοιαῦτα;
9:35 Οὗτός ἐστιν ὁ υἱός μου ὁ ἐκλελεγμένος, αὐτοῦ **ἀκούετε.**
10:16 Ὁ **ἀκούων** ὑμῶν ἐμοῦ **ἀκούει,** καὶ ὁ ἀθετῶν ὑμᾶς ἐμὲ ἀθετεῖ·
10:24 λέγω γὰρ ὑμῖν ὅτι πολλοὶ προφῆται καὶ βασιλεῖς ἠθέλησαν ἰδεῖν ἃ ὑμεῖς βλέπετε καὶ οὐκ εἶδαν, καὶ **ἀκοῦσαι** ἃ **ἀκούετε** καὶ οὐκ **ἤκουσαν.**
10:39 [ἣ] καὶ παρακαθεσθεῖσα πρὸς τοὺς πόδας τοῦ κυρίου **ἤκουεν** τὸν λόγον αὐτοῦ.
11:28 Μενοῦν μακάριοι οἱ **ἀκούοντες** τὸν λόγον τοῦ θεοῦ καὶ φυλάσσοντες.
11:31 ὅτι ἦλθεν ἐκ τῶν περάτων τῆς γῆς **ἀκοῦσαι** τὴν σοφίαν Σολομῶνος,
12: 3 ἀνθ᾽ ὧν ὅσα ἐν τῇ σκοτίᾳ εἴπατε ἐν τῷ φωτὶ **ἀκουσθήσεται,**
14:15 **Ἀκούσας** δέ τις τῶν συνανακειμένων ταῦτα εἶπεν αὐτῷ,
14:35 ἔξω βάλλουσιν αὐτό. ὁ ἔχων ὦτα **ἀκούειν ἀκουέτω.**
15: 1 Ἦσαν δὲ αὐτῷ ἐγγίζοντες πάντες οἱ τελῶναι καὶ οἱ ἁμαρτωλοὶ **ἀκούειν** αὐτοῦ.
15:25 καὶ ὡς ἐρχόμενος ἤγγισεν τῇ οἰκίᾳ, **ἤκουσεν** συμφωνίας καὶ χορῶν,
16: 2 καὶ φωνήσας αὐτὸν εἶπεν αὐτῷ, Τί τοῦτο **ἀκούω** περὶ σοῦ;
16:14 **Ἤκουον** δὲ ταῦτα πάντα οἱ Φαρισαῖοι φιλάργυροι ὑπάρχοντες καὶ ἐξεμυκτήριζον αὐτόν.
16:29 λέγει δὲ Ἀβραάμ, Ἔχουσι Μωϋσέα καὶ τοὺς προφήτας· **ἀκουσάτωσαν** αὐτῶν.
16:31 εἶπεν δὲ αὐτῷ, Εἰ Μωϋσέως καὶ τῶν προφητῶν οὐκ **ἀκούουσιν,**
18: 6 Εἶπεν δὲ ὁ κύριος, **Ἀκούσατε** τί ὁ κριτὴς τῆς ἀδικίας λέγει·
18:22 **ἀκούσας** δὲ ὁ Ἰησοῦς εἶπεν αὐτῷ, Ἔτι ἕν σοι λείπει·
18:23 ὁ δὲ **ἀκούσας** ταῦτα περίλυπος ἐγενήθη· ἦν γὰρ πλούσιος σφόδρα.

18:26 εἶπαν δὲ οἱ **ἀκούσαντες**, Καὶ τίς δύναται σωθῆναι;
18:36 **ἀκούσας** δὲ ὄχλου διαπορευομένου ἐπυνθάνετο τί εἴη τοῦτο.
19:11 **Ἀκουόντων** δὲ αὐτῶν ταῦτα προσθεὶς εἶπεν παραβολὴν διὰ τὸ ἐγγὺς εἶναι Ἰερουσαλὴμ αὐτὸν
19:48 καὶ οὐχ εὕρισκον τὸ τί ποιήσωσιν, ὁ λαὸς γὰρ ἅπας ἐξεκρέματο αὐτοῦ **ἀκούων.**
20:16 ἐλεύσεται καὶ ἀπολέσει τοὺς γεωργοὺς τούτους καὶ δώσει τὸν ἀμπελῶνα ἄλλοις. **ἀκούσαντες** δὲ εἶπαν, Μὴ γένοιτο.
20:45 **Ἀκούοντος** δὲ παντὸς τοῦ λαοῦ εἶπεν τοῖς μαθηταῖς [αὐτοῦ,]
21: 9 ὅταν δὲ **ἀκούσητε** πολέμους καὶ ἀκαταστασίας, μὴ πτοηθῆτε·
21:38 πᾶς ὁ λαὸς ὤρθριζεν πρὸς αὐτὸν ἐν τῷ ἱερῷ **ἀκούειν** αὐτοῦ.
22:71 Τί ἔτι ἔχομεν μαρτυρίας χρείαν; αὐτοὶ γὰρ **ἠκούσαμεν** ἀπὸ τοῦ στόματος αὐτοῦ.
23: 6 Πιλᾶτος δὲ **ἀκούσας** ἐπηρώτησεν εἰ ὁ ἄνθρωπος Γαλιλαῖός ἐστιν,
23: 8 ἦν γὰρ ἐξ ἱκανῶν χρόνων θέλων ἰδεῖν αὐτὸν διὰ τὸ **ἀκούειν** περὶ αὐτοῦ καὶ ἤλπιζέν τι σημεῖον ἰδεῖν ὑπ' αὐτοῦ

Jn 1:37 καὶ **ἤκουσαν** οἱ δύο μαθηταὶ αὐτοῦ λαλοῦντος καὶ ἠκολούθησαν τῷ Ἰησοῦ.
1:40 Ἦν Ἀνδρέας ὁ ἀδελφὸς Σίμωνος Πέτρου εἷς ἐκ τῶν δύο τῶν **ἀκουσάντων** παρὰ Ἰωάννου καὶ ἀκολουθησάντων αὐτῷ·
3: 8 τὸ πνεῦμα ὅπου θέλει πνεῖ καὶ τὴν φωνὴν αὐτοῦ **ἀκούεις,**
3:29 ὁ δὲ φίλος τοῦ νυμφίου ὁ ἑστηκὼς καὶ **ἀκούων** αὐτοῦ χαρᾷ χαίρει διὰ τὴν φωνὴν τοῦ νυμφίου.
3:32 ὃ ἑώρακεν καὶ **ἤκουσεν** τοῦτο μαρτυρεῖ, καὶ τὴν μαρτυρίαν αὐτοῦ οὐδεὶς λαμβάνει.
4: 1 Ὡς οὖν ἔγνω ὁ Ἰησοῦς ὅτι **ἤκουσαν** οἱ Φαρισαῖοι ὅτι Ἰησοῦς πλείονας μαθητὰς ποιεῖ καὶ βαπτίζει ἢ Ἰωάννης
4:42 αὐτοὶ γὰρ **ἀκηκόαμεν** καὶ οἴδαμεν ὅτι οὗτός ἐστιν ἀληθῶς ὁ σωτὴρ τοῦ κόσμου.
4:47 οὗτος **ἀκούσας** ὅτι Ἰησοῦς ἥκει ἐκ τῆς Ἰουδαίας εἰς τὴν Γαλιλαίαν ἀπῆλθεν πρὸς αὐτὸν καὶ ἠρώτα ἵνα καταβῇ
5:24 Ἀμὴν ἀμὴν λέγω ὑμῖν ὅτι ὁ τὸν λόγον μου **ἀκούων** καὶ πιστεύων τῷ πέμψαντί με ἔχει ζωὴν αἰώνιον καὶ εἰς κρίσιν οὐκ ἔρχεται,
5:25 ὅτι ἔρχεται ὥρα καὶ νῦν ἐστιν ὅτε οἱ νεκροὶ **ἀκούσουσιν** τῆς φωνῆς τοῦ υἱοῦ τοῦ θεοῦ καὶ οἱ **ἀκούσαντες** ζήσουσιν.
5:28 ὅτι ἔρχεται ὥρα ἐν ᾗ πάντες οἱ ἐν τοῖς μνημείοις **ἀκούσουσιν** τῆς φωνῆς αὐτοῦ
5:30 καθὼς **ἀκούω** κρίνω, καὶ ἡ κρίσις ἡ ἐμὴ δικαία ἐστίν,
5:37 οὔτε φωνὴν αὐτοῦ πώποτε **ἀκηκόατε** οὔτε εἶδος αὐτοῦ ἑωράκατε,
6:45 πᾶς ὁ **ἀκούσας** παρὰ τοῦ πατρὸς καὶ μαθὼν ἔρχεται πρὸς ἐμέ.
6:60 Πολλοὶ οὖν **ἀκούσαντες** ἐκ τῶν μαθητῶν αὐτοῦ εἶπαν, Σκληρός ἐστιν ὁ λόγος οὗτος· τίς δύναται αὐτοῦ **ἀκούειν;**
7:32 **Ἤκουσαν** οἱ Φαρισαῖοι τοῦ ὄχλου γογγύζοντος περὶ αὐτοῦ ταῦτα,
7:40 Ἐκ τοῦ ὄχλου οὖν **ἀκούσαντες** τῶν λόγων τούτων ἔλεγον,
7:51 Μὴ ὁ νόμος ἡμῶν κρίνει τὸν ἄνθρωπον ἐὰν μὴ **ἀκούσῃ** πρῶτον παρ' αὐτοῦ καὶ γνῷ τί ποιεῖ;
8: 9 [[οἱ δὲ **ἀκούσαντες** ἐξήρχοντο εἷς καθ' εἷς ἀρξάμενοι ἀπὸ τῶν πρεσβυτέρων καὶ κατελείφθη μόνος καὶ ἡ γυνὴ ἐν μέσῳ]]
8:26 κἀγὼ ἃ **ἤκουσα** παρ' αὐτοῦ ταῦτα λαλῶ εἰς τὸν κόσμον.
8:38 καὶ ὑμεῖς οὖν ἃ **ἠκούσατε** παρὰ τοῦ πατρὸς ποιεῖτε.
8:40 νῦν δὲ ζητεῖτέ με ἀποκτεῖναι ἄνθρωπον ὃς τὴν ἀλήθειαν ὑμῖν λελάληκα ἣν **ἤκουσα** παρὰ τοῦ θεοῦ·
8:43 ὅτι οὐ δύνασθε **ἀκούειν** τὸν λόγον τὸν ἐμόν.
8:47 ὁ ὢν ἐκ τοῦ θεοῦ τὰ ῥήματα τοῦ θεοῦ **ἀκούει·** διὰ τοῦτο ὑμεῖς οὐκ **ἀκούετε,** ὅτι ἐκ τοῦ θεοῦ οὐκ ἐστέ.
9:27 ἀπεκρίθη αὐτοῖς, Εἶπον ὑμῖν ἤδη καὶ οὐκ **ἠκούσατε·** τί πάλιν θέλετε **ἀκούειν;**
9:31 οἴδαμεν ὅτι ἁμαρτωλῶν ὁ θεὸς οὐκ **ἀκούει,** ἀλλ' ἐάν τις θεοσεβὴς ᾖ καὶ τὸ θέλημα αὐτοῦ ποιῇ τούτου **ἀκούει.**
9:32 ἐκ τοῦ αἰῶνος οὐκ **ἠκούσθη** ὅτι ἠνέῳξέν τις ὀφθαλμοὺς τυφλοῦ γεγεννημένου·
9:35 **Ἤκουσεν** Ἰησοῦς ὅτι ἐξέβαλον αὐτὸν ἔξω καὶ εὑρὼν αὐτὸν εἶπεν,
9:40 **Ἤκουσαν** ἐκ τῶν Φαρισαίων ταῦτα οἱ μετ' αὐτοῦ ὄντες καὶ εἶπον αὐτῷ,
10: 3 καὶ τὰ πρόβατα τῆς φωνῆς αὐτοῦ **ἀκούει** καὶ τὰ ἴδια πρόβατα φωνεῖ κατ' ὄνομα καὶ ἐξάγει αὐτά.
10: 8 πάντες ὅσοι ἦλθον [πρὸ ἐμοῦ] κλέπται εἰσὶν καὶ λῃσταί, ἀλλ' οὐκ **ἤκουσαν** αὐτῶν τὰ πρόβατα.
10:16 κἀκεῖνα δεῖ με ἀγαγεῖν καὶ τῆς φωνῆς μου **ἀκούσουσιν,**
10:20 ἔλεγον δὲ πολλοὶ ἐξ αὐτῶν, Δαιμόνιον ἔχει καὶ μαίνεται· τί αὐτοῦ **ἀκούετε;**
10:27 τὰ πρόβατα τὰ ἐμὰ τῆς φωνῆς μου **ἀκούουσιν,**
11: 4 **ἀκούσας** δὲ ὁ Ἰησοῦς εἶπεν, Αὕτη ἡ ἀσθένεια οὐκ ἔστιν πρὸς θάνατον ἀλλ' ὑπὲρ τῆς δόξης τοῦ θεοῦ,
11: 6 ὡς οὖν **ἤκουσεν** ὅτι ἀσθενεῖ, τότε μὲν ἔμεινεν ἐν ᾧ ἦν τόπῳ δύο ἡμέρας,
11:20 Μάρθα ὡς **ἤκουσεν** ὅτι Ἰησοῦς ἔρχεται ὑπήντησεν αὐτῷ·
11:29 ἐκείνη δὲ ὡς **ἤκουσεν** ἠγέρθη ταχὺ καὶ ἤρχετο πρὸς αὐτόν.
11:41 ὁ δὲ Ἰησοῦς ἦρεν τοὺς ὀφθαλμοὺς ἄνω καὶ εἶπεν, Πάτερ, εὐχαριστῶ σοι ὅτι **ἤκουσάς** μου.
11:42 ἐγὼ δὲ ᾔδειν ὅτι πάντοτέ μου **ἀκούεις,** ἀλλὰ διὰ τὸν ὄχλον τὸν περιεστῶτα εἶπον,
12:12 Τῇ ἐπαύριον ὁ ὄχλος πολὺς ὁ ἐλθὼν εἰς τὴν ἑορτήν, **ἀκούσαντες** ὅτι ἔρχεται ὁ Ἰησοῦς εἰς Ἱεροσόλυμα
12:18 διὰ τοῦτο [καὶ] ὑπήντησεν αὐτῷ ὁ ὄχλος, ὅτι **ἤκουσαν** τοῦτο αὐτὸν πεποιηκέναι τὸ σημεῖον.
12:29 ὁ οὖν ὄχλος ὁ ἑστὼς καὶ **ἀκούσας** ἔλεγεν βροντὴν γεγονέναι,
12:34 Ἡμεῖς **ἠκούσαμεν** ἐκ τοῦ νόμου ὅτι ὁ Χριστὸς μένει εἰς τὸν αἰῶνα,
12:47 καὶ ἐάν τίς μου **ἀκούσῃ** τῶν ῥημάτων καὶ μὴ φυλάξῃ,
14:24 καὶ ὁ λόγος ὃν **ἀκούετε** οὐκ ἔστιν ἐμὸς ἀλλὰ τοῦ πέμψαντός με πατρός.
14:28 **ἠκούσατε** ὅτι ἐγὼ εἶπον ὑμῖν, Ὑπάγω καὶ ἔρχομαι πρὸς ὑμᾶς.
15:15 ὅτι πάντα ἃ **ἤκουσα** παρὰ τοῦ πατρός μου ἐγνώρισα ὑμῖν.
16:13 ἀλλ' ὅσα **ἀκούσει** λαλήσει καὶ τὰ ἐρχόμενα ἀναγγελεῖ ὑμῖν.
18:21 ἐρώτησον τοὺς **ἀκηκοότας** τί ἐλάλησα αὐτοῖς· ἴδε οὗτοι οἴδασιν ἃ εἶπον ἐγώ.
18:37 πᾶς ὁ ὢν ἐκ τῆς ἀληθείας **ἀκούει** μου τῆς φωνῆς.
19: 8 Ὅτε οὖν **ἤκουσεν** ὁ Πιλᾶτος τοῦτον τὸν λόγον,
19:13 Ὁ οὖν Πιλᾶτος **ἀκούσας** τῶν λόγων τούτων ἤγαγεν ἔξω τὸν Ἰησοῦν καὶ ἐκάθισεν ἐπὶ βήματος
21: 7 Σίμων οὖν Πέτρος **ἀκούσας** ὅτι ὁ κύριός ἐστιν τὸν ἐπενδύτην διεζώσατο,

Ac 1: 4 παρήγγειλεν αὐτοῖς ἀπὸ Ἱεροσολύμων μὴ χωρίζεσθαι ἀλλὰ περιμένειν τὴν ἐπαγγελίαν τοῦ πατρὸς ἣν **ἠκούσατέ** μου,
2: 6 ὅτι **ἤκουον** εἷς ἕκαστος τῇ ἰδίᾳ διαλέκτῳ λαλούντων αὐτῶν.
2: 8 καὶ πῶς ἡμεῖς **ἀκούομεν** ἕκαστος τῇ ἰδίᾳ διαλέκτῳ ἡμῶν ἐν ᾗ ἐγεννήθημεν;
2:11 **ἀκούομεν** λαλούντων αὐτῶν ταῖς ἡμετέραις γλώσσαις τὰ μεγαλεῖα τοῦ θεοῦ.
2:22 Ἄνδρες Ἰσραηλῖται, **ἀκούσατε** τοὺς λόγους τούτους· Ἰησοῦν τὸν Ναζωραῖον,
2:33 ἐξέχεεν τοῦτο ὃ ὑμεῖς [καὶ] βλέπετε καὶ **ἀκούετε.**
2:37 **Ἀκούσαντες** δὲ κατενύγησαν τὴν καρδίαν εἶπόν τε πρὸς τὸν Πέτρον καὶ τοὺς λοιποὺς ἀποστόλους,
3:22 αὐτοῦ **ἀκούσεσθε** κατὰ πάντα ὅσα ἂν λαλήσῃ πρὸς ὑμᾶς.
3:23 ἔσται δὲ πᾶσα ψυχὴ ἥτις ἐὰν μὴ **ἀκούσῃ** τοῦ προφήτου ἐκείνου ἐξολεθρευθήσεται ἐκ τοῦ λαοῦ.
4: 4 πολλοὶ δὲ τῶν **ἀκουσάντων** τὸν λόγον ἐπίστευσαν, καὶ ἐγενήθη [ὁ] ἀριθμὸς τῶν ἀνδρῶν [ὡς] χιλιάδες πέντε.
4:19 Εἰ δίκαιόν ἐστιν ἐνώπιον τοῦ θεοῦ ὑμῶν **ἀκούειν** μᾶλλον ἢ τοῦ θεοῦ,
4:20 οὐ δυνάμεθα γὰρ ἡμεῖς ἃ εἴδαμεν καὶ **ἠκούσαμεν** μὴ λαλεῖν.
4:24 οἱ δὲ **ἀκούσαντες** ὁμοθυμαδὸν ἦραν φωνὴν πρὸς τὸν θεὸν καὶ εἶπαν,
5: 5 **ἀκούων** δὲ ὁ Ἀνανίας τοὺς λόγους τούτους πεσὼν ἐξέψυξεν, καὶ ἐγένετο φόβος μέγας ἐπὶ πάντας τοὺς **ἀκούοντας.**
5:11 καὶ ἐγένετο φόβος μέγας ἐφ' ὅλην τὴν ἐκκλησίαν καὶ ἐπὶ πάντας τοὺς **ἀκούοντας** ταῦτα.
5:21 **ἀκούσαντες** δὲ εἰσῆλθον ὑπὸ τὸν ὄρθρον εἰς τὸ ἱερὸν καὶ ἐδίδασκον.
5:24 ὡς δὲ **ἤκουσαν** τοὺς λόγους τούτους ὅ τε στρατηγὸς τοῦ ἱεροῦ καὶ οἱ ἀρχιερεῖς,
5:33 Οἱ δὲ **ἀκούσαντες** διεπρίοντο καὶ ἐβούλοντο ἀνελεῖν αὐτούς.
6:11 τότε ὑπέβαλον ἄνδρας λέγοντας ὅτι **Ἀκηκόαμεν** αὐτοῦ λαλοῦντος ῥήματα βλάσφημα εἰς Μωϋσῆν καὶ τὸν θεόν·
6:14 **ἀκηκόαμεν** γὰρ αὐτοῦ λέγοντος ὅτι Ἰησοῦς ὁ Ναζωραῖος οὗτος καταλύσει τὸν τόπον τοῦτον καὶ ἀλλάξει τὰ ἔθη
7: 2 ὁ δὲ ἔφη, Ἄνδρες ἀδελφοὶ καὶ πατέρες, **ἀκούσατε.**
7:12 **ἀκούσας** δὲ Ἰακὼβ ὄντα σιτία εἰς Αἴγυπτον ἐξαπέστειλεν τοὺς πατέρας ἡμῶν πρῶτον.
7:34 ἰδὼν εἶδον τὴν κάκωσιν τοῦ λαοῦ μου τοῦ ἐν Αἰγύπτῳ καὶ τοῦ στεναγμοῦ αὐτῶν **ἤκουσα,**
7:54 **Ἀκούοντες** δὲ ταῦτα διεπρίοντο ταῖς καρδίαις αὐτῶν καὶ ἔβρυχον τοὺς ὀδόντας ἐπ' αὐτόν.
8: 6 προσεῖχον δὲ οἱ ὄχλοι τοῖς λεγομένοις ὑπὸ τοῦ Φιλίππου ὁμοθυμαδὸν ἐν τῷ **ἀκούειν** αὐτοὺς καὶ βλέπειν τὰ σημεῖα

8:14 **᾽Ακούσαντες** δὲ οἱ ἐν Ἱεροσολύμοις ἀπόστολοι ὅτι δέδεκται ἡ Σαμάρεια τὸν λόγον τοῦ θεοῦ,
8:30 προσδραμὼν δὲ ὁ Φίλιππος **ἤκουσεν** αὐτοῦ ἀναγινώσκοντος Ἠσαΐαν τὸν προφήτην καὶ εἶπεν,
9: 4 καὶ πεσὼν ἐπὶ τὴν γῆν **ἤκουσεν** φωνὴν λέγουσαν αὐτῷ,
9: 7 οἱ δὲ ἄνδρες οἱ συνοδεύοντες αὐτῷ εἱστήκεισαν ἐνεοί, **ἀκούοντες** μὲν τῆς φωνῆς μηδένα δὲ θεωροῦντες.
9:13 **ἤκουσα** ἀπὸ πολλῶν περὶ τοῦ ἀνδρὸς τούτου ὅσα κακὰ τοῖς ἁγίοις σου ἐποίησεν ἐν Ἰερουσαλήμ·
9:21 ἐξίσταντο δὲ πάντες οἱ **ἀκούοντες** καὶ ἔλεγον, Οὐχ οὗτός ἐστιν ὁ πορθήσας εἰς Ἰερουσαλὴμ τοὺς ἐπικαλουμένους
9:38 ἐγγὺς δὲ οὔσης Λύδδας τῇ Ἰόππῃ οἱ μαθηταὶ **ἀκούσαντες** ὅτι Πέτρος ἐστὶν ἐν αὐτῇ ἀπέστειλαν δύο ἄνδρας
10:22 ἐχρηματίσθη ὑπὸ ἀγγέλου ἁγίου μεταπέμψασθαί σε εἰς τὸν οἶκον αὐτοῦ καὶ **ἀκοῦσαι** ῥήματα παρὰ σοῦ.
10:33 νῦν οὖν πάντες ἡμεῖς ἐνώπιον τοῦ θεοῦ πάρεσμεν **ἀκοῦσαι** πάντα τὰ προστεταγμένα σοι ὑπὸ τοῦ κυρίου.
10:44 Ἔτι λαλοῦντος τοῦ Πέτρου τὰ ῥήματα ταῦτα ἐπέπεσεν τὸ πνεῦμα τὸ ἅγιον ἐπὶ πάντας τοὺς **ἀκούοντας** τὸν λόγον.
10:46 **ἤκουον** γὰρ αὐτῶν λαλούντων γλώσσαις καὶ μεγαλυνόντων τὸν θεόν.
11: 1 **Ἤκουσαν** δὲ οἱ ἀπόστολοι καὶ οἱ ἀδελφοὶ οἱ ὄντες κατὰ τὴν Ἰουδαίαν ὅτι καὶ τὰ ἔθνη ἐδέξαντο τὸν λόγον τοῦ θεοῦ.
11: 7 **ἤκουσα** δὲ καὶ φωνῆς λεγούσης μοι, ᾽Αναστάς, Πέτρε,
11:18 **ἀκούσαντες** δὲ ταῦτα ἡσύχασαν καὶ ἐδόξασαν τὸν θεὸν
11:22 **ἠκούσθη** δὲ ὁ λόγος εἰς τὰ ὦτα τῆς ἐκκλησίας τῆς οὔσης ἐν Ἰερουσαλὴμ περὶ αὐτῶν καὶ ἐξαπέστειλαν Βαρναβᾶν
13: 7 οὗτος προσκαλεσάμενος Βαρναβᾶν καὶ Σαῦλον ἐπεζήτησεν **ἀκοῦσαι** τὸν λόγον τοῦ θεοῦ.
13:16 Ἄνδρες Ἰσραηλῖται καὶ οἱ φοβούμενοι τὸν θεόν, **ἀκούσατε.**
13:44 Τῷ δὲ ἐρχομένῳ σαββάτῳ σχεδὸν πᾶσα ἡ πόλις συνήχθη **ἀκοῦσαι** τὸν λόγον τοῦ κυρίου.
13:48 **ἀκούοντα** δὲ τὰ ἔθνη ἔχαιρον καὶ ἐδόξαζον τὸν λόγον τοῦ κυρίου καὶ ἐπίστευσαν ὅσοι ἦσαν τεταγμένοι εἰς ζωὴν
14: 9 οὗτος **ἤκουσεν** τοῦ Παύλου λαλοῦντος· ὃς ἀτενίσας αὐτῷ καὶ ἰδὼν ὅτι ἔχει πίστιν τοῦ σωθῆναι,
14:14 **ἀκούσαντες** δὲ οἱ ἀπόστολοι Βαρναβᾶς καὶ Παῦλος διαρρήξαντες τὰ ἱμάτια αὐτῶν ἐξεπήδησαν εἰς τὸν ὄχλον
15: 7 ἐξελέξατο ὁ θεὸς διὰ τοῦ στόματός μου **ἀκοῦσαι** τὰ ἔθνη τὸν λόγον τοῦ εὐαγγελίου καὶ πιστεῦσαι.
15:12 Ἐσίγησεν δὲ πᾶν τὸ πλῆθος καὶ **ἤκουον** Βαρναβᾶ καὶ Παύλου ἐξηγουμένων ὅσα ἐποίησεν ὁ θεὸς σημεῖα καὶ τέρατα
15:13 Μετὰ δὲ τὸ σιγῆσαι αὐτοὺς ἀπεκρίθη Ἰάκωβος λέγων, Ἄνδρες ἀδελφοί, **ἀκούσατέ** μου.
15:24 Ἐπειδὴ **ἠκούσαμεν** ὅτι τινὲς ἐξ ἡμῶν [ἐξελθόντες] ἐτάραξαν ὑμᾶς λόγοις ἀνασκευάζοντες τὰς ψυχὰς ὑμῶν
16:14 καί τις γυνὴ ὀνόματι Λυδία, πορφυρόπωλις πόλεως Θυατείρων σεβομένη τὸν θεόν, **ἤκουεν,**
16:38 ἀπήγγειλαν δὲ τοῖς στρατηγοῖς οἱ ῥαβδοῦχοι τὰ ῥήματα ταῦτα. ἐφοβήθησαν δὲ **ἀκούσαντες** ὅτι Ῥωμαῖοί εἰσιν,
17: 8 ἐτάραξαν δὲ τὸν ὄχλον καὶ τοὺς πολιτάρχας **ἀκούοντας** ταῦτα,
17:21 Ἀθηναῖοι δὲ πάντες καὶ οἱ ἐπιδημοῦντες ξένοι εἰς οὐδὲν ἕτερον ηὐκαίρουν ἢ λέγειν τι ἢ **ἀκούειν** τι καινότερον.
17:32 **᾽Ακούσαντες** δὲ ἀνάστασιν νεκρῶν οἱ μὲν ἐχλεύαζον, οἱ δὲ εἶπαν, **᾽Ακουσόμεθά** σου περὶ τούτου καὶ πάλιν.
18: 8 πολλοὶ τῶν Κορινθίων **ἀκούοντες** ἐπίστευον καὶ ἐβαπτίζοντο.
18:26 **ἀκούσαντες** δὲ αὐτοῦ Πρίσκιλλα καὶ Ἀκύλας προσελάβοντο αὐτὸν καὶ ἀκριβέστερον αὐτῷ ἐξέθεντο τὴν ὁδὸν [τοῦ θεοῦ.]
19: 2 δὲ πρὸς αὐτόν, Ἀλλ᾽ οὐδ᾽ εἰ πνεῦμα ἅγιον ἔστιν **ἠκούσαμεν.**
19: 5 **ἀκούσαντες** δὲ ἐβαπτίσθησαν εἰς τὸ ὄνομα τοῦ κυρίου Ἰησοῦ,
19:10 ὥστε πάντας τοὺς κατοικοῦντας τὴν Ἀσίαν **ἀκοῦσαι** τὸν λόγον τοῦ κυρίου,
19:26 καὶ θεωρεῖτε καὶ **ἀκούετε** ὅτι οὐ μόνον Ἐφέσου ἀλλὰ σχεδὸν πάσης τῆς Ἀσίας ὁ Παῦλος οὗτος πείσας μετέστησεν
19:28 **᾽Ακούσαντες** δὲ καὶ γενόμενοι πλήρεις θυμοῦ ἔκραζον λέγοντες,
21:12 ὡς δὲ **ἠκούσαμεν** ταῦτα, παρεκαλοῦμεν ἡμεῖς τε καὶ οἱ ἐντόπιοι τοῦ μὴ ἀναβαίνειν αὐτὸν εἰς Ἰερουσαλήμ.
21:20 οἱ δὲ **ἀκούσαντες** ἐδόξαζον τὸν θεὸν εἶπόν τε αὐτῷ,
21:22 τί οὖν ἐστιν; πάντως **ἀκούσονται** ὅτι ἐλήλυθας.
22: 1 Ἄνδρες ἀδελφοὶ καὶ πατέρες, **ἀκούσατέ** μου τῆς πρὸς ὑμᾶς νυνὶ ἀπολογίας.
22: 2 **ἀκούσαντες** δὲ ὅτι τῇ Ἑβραΐδι διαλέκτῳ προσεφώνει αὐτοῖς,
22: 7 ἔπεσά τε εἰς τὸ ἔδαφος καὶ **ἤκουσα** φωνῆς λεγούσης μοι,
22: 9 οἱ δὲ σὺν ἐμοὶ ὄντες τὸ μὲν φῶς ἐθεάσαντο τὴν δὲ φωνὴν οὐκ **ἤκουσαν** τοῦ λαλοῦντός μοι.
22:14 προεχειρίσατό σε γνῶναι τὸ θέλημα αὐτοῦ καὶ ἰδεῖν τὸν δίκαιον καὶ **ἀκοῦσαι** φωνὴν ἐκ τοῦ στόματος αὐτοῦ,
22:15 ὅτι ἔσῃ μάρτυς αὐτῷ πρὸς πάντας ἀνθρώπους ὧν ἑώρακας καὶ **ἤκουσας.**
22:22 **Ἤκουον** δὲ αὐτοῦ ἄχρι τούτου τοῦ λόγου καὶ ἐπῆραν τὴν φωνὴν αὐτῶν λέγοντες,
22:26 **ἀκούσας** δὲ ὁ ἑκατοντάρχης προσελθὼν τῷ χιλιάρχῳ ἀπήγγειλεν λέγων,
23:16 **᾽Ακούσας** δὲ ὁ υἱὸς τῆς ἀδελφῆς Παύλου τὴν ἐνέδραν,
24: 4 παρακαλῶ **ἀκοῦσαί** σε ἡμῶν συντόμως τῇ σῇ ἐπιεικείᾳ.
24:24 μετεπέμψατο τὸν Παῦλον καὶ **ἤκουσεν** αὐτοῦ περὶ τῆς εἰς Χριστὸν Ἰησοῦν πίστεως.
25:22 Ἀγρίππας δὲ πρὸς τὸν Φῆστον, Ἐβουλόμην καὶ αὐτὸς τοῦ ἀνθρώπου **ἀκοῦσαι.** Αὔριον, φησίν, **ἀκούσῃ** αὐτοῦ.
26: 3 μάλιστα γνώστην ὄντα σε πάντων τῶν κατὰ Ἰουδαίους ἐθῶν τε καὶ ζητημάτων, διὸ δέομαι μακροθύμως **ἀκοῦσαί** μου.
26:14 πάντων τε καταπεσόντων ἡμῶν εἰς τὴν γῆν **ἤκουσα** φωνὴν λέγουσαν πρός με τῇ Ἑβραΐδι διαλέκτῳ,
26:29 ἀλλὰ καὶ πάντας τοὺς **ἀκούοντάς** μου σήμερον γενέσθαι τοιούτους ὁποῖος καὶ ἐγώ εἰμι παρεκτὸς τῶν δεσμῶν τούτων.
28:15 κἀκεῖθεν οἱ ἀδελφοὶ **ἀκούσαντες** τὰ περὶ ἡμῶν ἦλθαν εἰς ἀπάντησιν ἡμῖν ἄχρι Ἀππίου Φόρου καὶ Τριῶν
28:22 ἀξιοῦμεν δὲ παρὰ σοῦ **ἀκοῦσαι** ἃ φρονεῖς, περὶ μὲν γὰρ τῆς αἱρέσεως ταύτης γνωστὸν ἡμῖν ἐστιν
28:26 Ἀκοῇ **ἀκούσετε** καὶ οὐ μὴ συνῆτε καὶ βλέποντες βλέψετε καὶ οὐ μὴ ἴδητε·
28:27 καὶ τοῖς ὠσὶν βαρέως **ἤκουσαν** καὶ τοὺς ὀφθαλμοὺς αὐτῶν ἐκάμμυσαν· μήποτε ἴδωσιν τοῖς ὀφθαλμοῖς καὶ τοῖς ὠσὶν **ἀκούσωσιν** καὶ τῇ καρδίᾳ συνῶσιν καὶ ἐπιστρέψωσιν,
28:28 γνωστὸν οὖν ἔστω ὑμῖν ὅτι τοῖς ἔθνεσιν ἀπεστάλη τοῦτο τὸ σωτήριον τοῦ θεοῦ· αὐτοὶ καὶ **ἀκούσονται.**
Ro 10:14 πῶς δὲ πιστεύσωσιν οὗ οὐκ **ἤκουσαν;** πῶς δὲ **ἀκούσωσιν** χωρὶς κηρύσσοντος;
10:18 ἀλλὰ λέγω, μὴ οὐκ **ἤκουσαν;** μενοῦνγε, Εἰς πᾶσαν τὴν γῆν ἐξῆλθεν ὁ φθόγγος αὐτῶν καὶ εἰς τὰ πέρατα τῆς οἰκουμένης
11: 8 ὀφθαλμοὺς τοῦ μὴ βλέπειν καὶ ὦτα τοῦ μὴ **ἀκούειν,**
15:21 Οἷς οὐκ ἀνηγγέλη περὶ αὐτοῦ ὄψονται, καὶ οἳ οὐκ **ἀκηκόασιν** συνήσουσιν.
1Co 2: 9 Ἃ ὀφθαλμὸς οὐκ εἶδεν καὶ οὖς οὐκ **ἤκουσεν** καὶ ἐπὶ καρδίαν ἀνθρώπου οὐκ ἀνέβη,
5: 1 Ὅλως **ἀκούεται** ἐν ὑμῖν πορνεία, καὶ τοιαύτη πορνεία ἥτις οὐδὲ ἐν τοῖς ἔθνεσιν,
11:18 πρῶτον μὲν γὰρ συνερχομένων ὑμῶν ἐν ἐκκλησίᾳ **ἀκούω** σχίσματα ἐν ὑμῖν ὑπάρχειν καὶ μέρος τι πιστεύω.
14: 2 ὁ γὰρ λαλῶν γλώσσῃ οὐκ ἀνθρώποις λαλεῖ ἀλλὰ θεῷ· οὐδεὶς γὰρ **ἀκούει,** πνεύματι δὲ λαλεῖ μυστήρια·
2Co 12: 4 ὅτι ἡρπάγη εἰς τὸν παράδεισον καὶ **ἤκουσεν** ἄρρητα ῥήματα ἃ οὐκ ἐξὸν ἀνθρώπῳ λαλῆσαι.
12: 6 μή τις εἰς ἐμὲ λογίσηται ὑπὲρ ὃ βλέπει με ἢ **ἀκούει** [τι] ἐξ ἐμοῦ
Gal 1:13 **Ἠκούσατε** γὰρ τὴν ἐμὴν ἀναστροφήν ποτε ἐν τῷ Ἰουδαϊσμῷ,
1:23 μόνον δὲ **ἀκούοντες** ἦσαν ὅτι Ὁ διώκων ἡμᾶς ποτε νῦν εὐαγγελίζεται τὴν πίστιν ἥν ποτε ἐπόρθει,
4:21 οἱ ὑπὸ νόμον θέλοντες εἶναι, τὸν νόμον οὐκ **ἀκούετε;**
Eph 1:13 ἐν ᾧ καὶ ὑμεῖς **ἀκούσαντες** τὸν λόγον τῆς ἀληθείας,
1:15 Διὰ τοῦτο κἀγὼ **ἀκούσας** τὴν καθ᾽ ὑμᾶς πίστιν ἐν τῷ κυρίῳ Ἰησοῦ καὶ τὴν ἀγάπην τὴν εἰς πάντας τοὺς ἁγίους
3: 2 εἴ γε **ἠκούσατε** τὴν οἰκονομίαν τῆς χάριτος τοῦ θεοῦ τῆς δοθείσης μοι εἰς ὑμᾶς,
4:21 εἴ γε αὐτὸν **ἠκούσατε** καὶ ἐν αὐτῷ ἐδιδάχθητε,
4:29 ἀλλὰ εἴ τις ἀγαθὸς πρὸς οἰκοδομὴν τῆς χρείας, ἵνα δῷ χάριν τοῖς **ἀκούουσιν.**
Php 1:27 ἵνα εἴτε ἐλθὼν καὶ ἰδὼν ὑμᾶς εἴτε ἀπὼν **ἀκούω** τὰ περὶ ὑμῶν,
1:30 οἷον εἴδετε ἐν ἐμοὶ καὶ νῦν **ἀκούετε** ἐν ἐμοί.
2:26 ἐπειδὴ ἐπιποθῶν ἦν πάντας ὑμᾶς καὶ ἀδημονῶν, διότι **ἠκούσατε** ὅτι ἠσθένησεν.
4: 9 καὶ ἐμάθετε καὶ παρελάβετε καὶ **ἠκούσατε** καὶ εἴδετε ἐν ἐμοί,
Col 1: 4 **ἀκούσαντες** τὴν πίστιν ὑμῶν ἐν Χριστῷ Ἰησοῦ καὶ τὴν ἀγάπην ἣν ἔχετε εἰς πάντας τοὺς ἁγίους
1: 6 ἀφ᾽ ἧς ἡμέρας **ἠκούσατε** καὶ ἐπέγνωτε τὴν χάριν τοῦ θεοῦ ἐν ἀληθείᾳ·
1: 9 Διὰ τοῦτο καὶ ἡμεῖς, ἀφ᾽ ἧς ἡμέρας **ἠκούσαμεν,**
1:23 καὶ μὴ μετακινούμενοι ἀπὸ τῆς ἐλπίδος τοῦ εὐαγγελίου οὗ **ἠκούσατε,**
2Th 3:11 **ἀκούομεν** γάρ τινας περιπατοῦντας ἐν ὑμῖν ἀτάκτως μηδὲν ἐργαζομένους ἀλλὰ περιεργαζομένους·

1Ti 4:16 τοῦτο γὰρ ποιῶν καὶ σεαυτὸν σώσεις καὶ τοὺς **ἀκούοντάς** σου
2Ti 1:13 ὑποτύπωσιν ἔχε ὑγιαινόντων λόγων ὧν παρ' ἐμοῦ **ἤκουσας** ἐν πίστει καὶ ἀγάπῃ τῇ ἐν Χριστῷ Ἰησοῦ·
2: 2 καὶ ἃ **ἤκουσας** παρ' ἐμοῦ διὰ πολλῶν μαρτύρων,
2:14 μὴ λογομαχεῖν, ἐπ' οὐδὲν χρήσιμον, ἐπὶ καταστροφῇ τῶν **ἀκουόντων.**
4:17 ἵνα δι' ἐμοῦ τὸ κήρυγμα πληροφορηθῇ καὶ **ἀκούσωσιν** πάντα τὰ ἔθνη,
Phm 1: 5 **ἀκούων** σου τὴν ἀγάπην καὶ τὴν πίστιν, ἣν ἔχεις πρὸς τὸν κύριον Ἰησοῦν καὶ εἰς πάντας τοὺς ἁγίους,
Heb 2: 1 Διὰ τοῦτο δεῖ περισσοτέρως προσέχειν ἡμᾶς τοῖς **ἀκουσθεῖσιν,**
2: 3 ἥτις ἀρχὴν λαβοῦσα λαλεῖσθαι διὰ τοῦ κυρίου ὑπὸ τῶν **ἀκουσάντων** εἰς ἡμᾶς ἐβεβαιώθη,
3: 7 καθὼς λέγει τὸ πνεῦμα τὸ ἅγιον, Σήμερον ἐὰν τῆς φωνῆς αὐτοῦ **ἀκούσητε,**
3:15 ἐν τῷ λέγεσθαι, Σήμερον ἐὰν τῆς φωνῆς αὐτοῦ **ἀκούσητε,**
3:16 τίνες γὰρ **ἀκούσαντες** παρεπίκραναν; ἀλλ' οὐ πάντες οἱ ἐξελθόντες ἐξ Αἰγύπτου διὰ Μωϋσέως;
4: 2 ἀλλ' οὐκ ὠφέλησεν ὁ λόγος τῆς ἀκοῆς ἐκείνους μὴ συγκεκερασμένους τῇ πίστει τοῖς **ἀκούσασιν.**
4: 7 καθὼς προείρηται, Σήμερον ἐὰν τῆς φωνῆς αὐτοῦ **ἀκούσητε,**
12:19 οἱ **ἀκούσαντες** παρῃτήσαντο μὴ προστεθῆναι αὐτοῖς λόγον,
Jas 1:19 ἔστω δὲ πᾶς ἄνθρωπος ταχὺς εἰς τὸ **ἀκοῦσαι,**
2: 5 **'Ακούσατε,** ἀδελφοί μου ἀγαπητοί· οὐχ ὁ θεὸς ἐξελέξατο τοὺς πτωχοὺς τῷ κόσμῳ πλουσίους ἐν πίστει
5:11 τὴν ὑπομονὴν Ἰὼβ **ἠκούσατε** καὶ τὸ τέλος κυρίου εἴδετε,
2Pe 1:18 καὶ ταύτην τὴν φωνὴν ἡμεῖς **ἠκούσαμεν** ἐξ οὐρανοῦ ἐνεχθεῖσαν σὺν αὐτῷ ὄντες ἐν τῷ ἁγίῳ ὄρει.
1Jn 1: 1 Ὃ ἦν ἀπ' ἀρχῆς, ὃ **ἀκηκόαμεν,** ὃ ἑωράκαμεν τοῖς ὀφθαλμοῖς
1: 3 ὃ ἑωράκαμεν καὶ **ἀκηκόαμεν,** ἀπαγγέλλομεν καὶ ὑμῖν, ἵνα καὶ ὑμεῖς κοινωνίαν ἔχητε μεθ' ἡμῶν.
1: 5 Καὶ ἔστιν αὕτη ἡ ἀγγελία ἣν **ἀκηκόαμεν** ἀπ' αὐτοῦ καὶ ἀναγγέλλομεν ὑμῖν,
2: 7 ἡ ἐντολὴ ἡ παλαιά ἐστιν ὁ λόγος ὃν **ἠκούσατε.**
2:18 ἐσχάτη ὥρα ἐστίν, καὶ καθὼς **ἠκούσατε** ὅτι ἀντίχριστος ἔρχεται,
2:24 ὑμεῖς ὃ **ἠκούσατε** ἀπ' ἀρχῆς, ἐν ὑμῖν μενέτω. ἐὰν ἐν ὑμῖν μείνῃ ὃ ἀπ' ἀρχῆς **ἠκούσατε,**
3:11 Ὅτι αὕτη ἐστὶν ἡ ἀγγελία ἣν **ἠκούσατε** ἀπ' ἀρχῆς,
4: 3 καὶ τοῦτό ἐστιν τὸ τοῦ ἀντιχρίστου, ὃ **ἀκηκόατε** ὅτι ἔρχεται,
4: 5 ἐκ τοῦ κόσμου λαλοῦσιν καὶ ὁ κόσμος αὐτῶν **ἀκούει.**
4: 6 ἡμεῖς ἐκ τοῦ θεοῦ ἐσμεν, ὁ γινώσκων τὸν θεὸν **ἀκούει** ἡμῶν, ὃς οὐκ ἔστιν ἐκ τοῦ θεοῦ οὐκ **ἀκούει** ἡμῶν.
5:14 καὶ αὕτη ἐστὶν ἡ παρρησία ἣν ἔχομεν πρὸς αὐτὸν ὅτι ἐάν τι αἰτώμεθα κατὰ τὸ θέλημα αὐτοῦ **ἀκούει** ἡμῶν.
5:15 καὶ ἐὰν οἴδαμεν ὅτι **ἀκούει** ἡμῶν ὃ ἐὰν αἰτώμεθα,
2Jn 1: 6 καθὼς **ἠκούσατε** ἀπ' ἀρχῆς, ἵνα ἐν αὐτῇ περιπατῆτε.
3Jn 1: 4 ἵνα **ἀκούω** τὰ ἐμὰ τέκνα ἐν τῇ ἀληθείᾳ περιπατοῦντα.
Rev 1: 3 μακάριος ὁ ἀναγινώσκων καὶ οἱ **ἀκούοντες** τοὺς λόγους τῆς προφητείας καὶ τηροῦντες τὰ ἐν αὐτῇ γεγραμμένα,
1:10 ἐγενόμην ἐν πνεύματι ἐν τῇ κυριακῇ ἡμέρᾳ καὶ **ἤκουσα** ὀπίσω μου φωνὴν μεγάλην ὡς σάλπιγγος
2: 7 ὁ ἔχων οὖς **ἀκουσάτω** τί τὸ πνεῦμα λέγει ταῖς ἐκκλησίαις.
2:11 ὁ ἔχων οὖς **ἀκουσάτω** τί τὸ πνεῦμα λέγει ταῖς ἐκκλησίαις.
2:17 ὁ ἔχων οὖς **ἀκουσάτω** τί τὸ πνεῦμα λέγει ταῖς ἐκκλησίαις.
2:29 ὁ ἔχων οὖς **ἀκουσάτω** τί τὸ πνεῦμα λέγει ταῖς ἐκκλησίαις.
3: 3 μνημόνευε οὖν πῶς εἴληφας καὶ **ἤκουσας** καὶ τήρει καὶ μετανόησον.
3: 6 ὁ ἔχων οὖς **ἀκουσάτω** τί τὸ πνεῦμα λέγει ταῖς ἐκκλησίαις.
3:13 ὁ ἔχων οὖς **ἀκουσάτω** τί τὸ πνεῦμα λέγει ταῖς ἐκκλησίαις.
3:20 ἐάν τις **ἀκούσῃ** τῆς φωνῆς μου καὶ ἀνοίξῃ τὴν θύραν,
3:22 ὁ ἔχων οὖς **ἀκουσάτω** τί τὸ πνεῦμα λέγει ταῖς ἐκκλησίαις.
4: 1 καὶ ἡ φωνὴ ἡ πρώτη ἣν **ἤκουσα** ὡς σάλπιγγος λαλούσης μετ' ἐμοῦ λέγων,
5:11 καὶ **ἤκουσα** φωνὴν ἀγγέλων πολλῶν κύκλῳ τοῦ θρόνου καὶ τῶν ζῴων καὶ τῶν πρεσβυτέρων,
5:13 ὃ ἐν τῷ οὐρανῷ καὶ ἐπὶ τῆς γῆς καὶ ὑποκάτω τῆς γῆς καὶ ἐπὶ τῆς θαλάσσης καὶ τὰ ἐν αὐτοῖς πάντα **ἤκουσα** λέγοντας,
6: 1 καὶ **ἤκουσα** ἑνὸς ἐκ τῶν τεσσάρων ζῴων λέγοντος ὡς φωνὴ βροντῆς,
6: 3 Καὶ ὅτε ἤνοιξεν τὴν σφραγῖδα τὴν δευτέραν, **ἤκουσα** τοῦ δευτέρου ζῴου λέγοντος, Ἔρχου.
6: 5 Καὶ ὅτε ἤνοιξεν τὴν σφραγῖδα τὴν τρίτην, **ἤκουσα** τοῦ τρίτου ζῴου λέγοντος, Ἔρχου.
6: 6 καὶ **ἤκουσα** ὡς φωνὴν ἐν μέσῳ τῶν τεσσάρων ζῴων λέγουσαν,
6: 7 Καὶ ὅτε ἤνοιξεν τὴν σφραγῖδα τὴν τετάρτην, **ἤκουσα** φωνὴν τοῦ τετάρτου ζῴου λέγοντος, Ἔρχου.
7: 4 καὶ **ἤκουσα** τὸν ἀριθμὸν τῶν ἐσφραγισμένων, ἑκατὸν τεσσεράκοντα τέσσαρες χιλιάδες,
8:13 καὶ **ἤκουσα** ἑνὸς ἀετοῦ πετομένου ἐν μεσουρανήματι λέγοντος φωνῇ μεγάλῃ,
9:13 καὶ **ἤκουσα** φωνὴν μίαν ἐκ τῶν [τεσσάρων] κεράτων τοῦ θυσιαστηρίου τοῦ χρυσοῦ τοῦ ἐνώπιον τοῦ θεοῦ,
9:16 καὶ ὁ ἀριθμὸς τῶν στρατευμάτων τοῦ ἱππικοῦ δισμυριάδες μυριάδων, **ἤκουσα** τὸν ἀριθμὸν αὐτῶν.
9:20 ἃ οὔτε βλέπειν δύνανται οὔτε **ἀκούειν** οὔτε περιπατεῖν,
10: 4 ἤμελλον γράφειν, καὶ **ἤκουσα** φωνὴν ἐκ τοῦ οὐρανοῦ λέγουσαν,
10: 8 Καὶ ἡ φωνὴ ἣν **ἤκουσα** ἐκ τοῦ οὐρανοῦ πάλιν λαλοῦσαν μετ' ἐμοῦ καὶ λέγουσαν,
11:12 καὶ **ἤκουσαν** φωνῆς μεγάλης ἐκ τοῦ οὐρανοῦ λεγούσης αὐτοῖς,
12:10 καὶ **ἤκουσα** φωνὴν μεγάλην ἐν τῷ οὐρανῷ λέγουσαν,
13: 9 Εἴ τις ἔχει οὖς **ἀκουσάτω.**
14: 2 καὶ **ἤκουσα** φωνὴν ἐκ τοῦ οὐρανοῦ ὡς φωνὴν ὑδάτων πολλῶν καὶ ὡς φωνὴν βροντῆς μεγάλης, καὶ ἡ φωνὴ ἣν **ἤκουσα** ὡς κιθαρῳδῶν κιθαριζόντων ἐν ταῖς κιθάραις αὐτῶν.
14:13 Καὶ **ἤκουσα** φωνῆς ἐκ τοῦ οὐρανοῦ λεγούσης, Γράψον·
16: 1 Καὶ **ἤκουσα** μεγάλης φωνῆς ἐκ τοῦ ναοῦ λεγούσης τοῖς ἑπτὰ ἀγγέλοις,
16: 5 καὶ **ἤκουσα** τοῦ ἀγγέλου τῶν ὑδάτων λέγοντος, Δίκαιος εἶ,
16: 7 καὶ **ἤκουσα** τοῦ θυσιαστηρίου λέγοντος, Ναὶ κύριε ὁ θεὸς ὁ παντοκράτωρ,
18: 4 Καὶ **ἤκουσα** ἄλλην φωνὴν ἐκ τοῦ οὐρανοῦ λέγουσαν,
18:22 καὶ φωνὴ κιθαρῳδῶν καὶ μουσικῶν καὶ αὐλητῶν καὶ σαλπιστῶν οὐ μὴ **ἀκουσθῇ** ἐν σοὶ ἔτι,
18:22 καὶ φωνὴ μύλου οὐ μὴ **ἀκουσθῇ** ἐν σοὶ ἔτι,
18:23 καὶ φωνὴ νυμφίου καὶ νύμφης οὐ μὴ **ἀκουσθῇ** ἐν σοὶ ἔτι·
19: 1 Μετὰ ταῦτα **ἤκουσα** ὡς φωνὴν μεγάλην ὄχλου πολλοῦ ἐν τῷ οὐρανῷ λεγόντων,
19: 6 καὶ **ἤκουσα** ὡς φωνὴν ὄχλου πολλοῦ καὶ ὡς φωνὴν ὑδάτων πολλῶν καὶ ὡς φωνὴν βροντῶν ἰσχυρῶν λεγόντων,
21: 3 καὶ **ἤκουσα** φωνῆς μεγάλης ἐκ τοῦ θρόνου λεγούσης,
22: 8 Κἀγὼ Ἰωάννης ὁ **ἀκούων** καὶ βλέπων ταῦτα. καὶ ὅτε **ἤκουσα** καὶ ἔβλεψα, ἔπεσα προσκυνῆσαι ἔμπροσθεν τῶν ποδῶν
22:17 Καὶ τὸ πνεῦμα καὶ ἡ νύμφη λέγουσιν, Ἔρχου. καὶ ὁ **ἀκούων** εἰπάτω, Ἔρχου.
22:18 Μαρτυρῶ ἐγὼ παντὶ τῷ **ἀκούοντι** τοὺς λόγους τῆς προφητείας τοῦ βιβλίου τούτου·

202 ἀκρασία [2]

√ *1.1 + 3197*

Mt 23:25 ὅτι καθαρίζετε τὸ ἔξωθεν τοῦ ποτηρίου καὶ τῆς παροψίδος, ἔσωθεν δὲ γέμουσιν ἐξ ἁρπαγῆς καὶ **ἀκρασίας.**
1Co 7: 5 ἵνα μὴ πειράζῃ ὑμᾶς ὁ Σατανᾶς διὰ τὴν **ἀκρασίαν** ὑμῶν.

203 ἀκρατής [1]

√ *1.1 + 3197*

2Ti 3: 3 ἄστοργοι ἄσπονδοι διάβολοι **ἀκρατεῖς** ἀνήμεροι ἀφιλάγαθοι

204 ἄκρατος [1]

√ *1.1 + 3042*

Rev 14:10 καὶ αὐτὸς πίεται ἐκ τοῦ οἴνου τοῦ θυμοῦ τοῦ θεοῦ τοῦ κεκερασμένου **ἀκράτου** ἐν τῷ ποτηρίῳ τῆς ὀργῆς αὐτοῦ

205 ἀκρίβεια [1]

√ *207*

Ac 22: 3 παρὰ τοὺς πόδας Γαμαλιὴλ πεπαιδευμένος κατὰ **ἀκρίβειαν** τοῦ πατρῴου νόμου,

206 ἀκριβέστατος Not used in UBS/NIV

√ *207*

207 ἀκριβής [1]

→ 205, 206, 208, 209

Ac 26: 5 ὅτι κατὰ τὴν **ἀκριβεστάτην** αἵρεσιν τῆς ἡμετέρας θρησκείας ἔζησα Φαρισαῖος.

208 ἀκριβόω [2]

√ 207

Mt 2: 7 Τότε Ἡρῴδης λάθρᾳ καλέσας τοὺς μάγους **ἠκρίβωσεν** παρ' αὐτῶν τὸν χρόνον τοῦ φαινομένου ἀστέρος,
2:16 κατὰ τὸν χρόνον ὃν **ἠκρίβωσεν** παρὰ τῶν μάγων.

209 ἀκριβῶς [9]

√ 207

comparative **ἀκριβέστερον** [4] Ac 18:26; 23:15,20; 24:22

βλέπετε ἀκριβῶς [1] Eph 5:15

Mt 2: 8 καὶ πέμψας αὐτοὺς εἰς Βηθλέεμ εἶπεν, Πορευθέντες ἐξετάσατε **ἀκριβῶς** περὶ τοῦ παιδίου·
Lk 1: 3 ἔδοξε κἀμοὶ παρηκολουθηκότι ἄνωθεν πᾶσιν **ἀκριβῶς** καθεξῆς σοι γράψαι,
Ac 18:25 οὗτος ἦν κατηχημένος τὴν ὁδὸν τοῦ κυρίου καὶ ζέων τῷ πνεύματι ἐλάλει καὶ ἐδίδασκεν **ἀκριβῶς** τὰ περὶ τοῦ Ἰησοῦ,
18:26 ἀκούσαντες δὲ αὐτοῦ Πρίσκιλλα καὶ Ἀκύλας προσελάβοντο αὐτὸν καὶ **ἀκριβέστερον** αὐτῷ ἐξέθεντο τὴν ὁδὸν [τοῦ θεοῦ.]
23:15 ὅπως καταγάγῃ αὐτὸν εἰς ὑμᾶς ὡς μέλλοντας διαγινώσκειν **ἀκριβέστερον** τὰ περὶ αὐτοῦ·
23:20 ὅπως αὔριον τὸν Παῦλον καταγάγῃς εἰς τὸ συνέδριον ὡς μέλλον τι **ἀκριβέστερον** πυνθάνεσθαι περὶ αὐτοῦ.
24:22 **ἀκριβέστερον** εἰδὼς τὰ περὶ τῆς ὁδοῦ εἴπας, Ὅταν Λυσίας ὁ χιλίαρχος καταβῇ,
Eph 5:15 Βλέπετε οὖν **ἀκριβῶς** πῶς περιπατεῖτε μὴ ὡς ἄσοφοι ἀλλ' ὡς σοφοί,
1Th 5: 2 αὐτοὶ γὰρ **ἀκριβῶς** οἴδατε ὅτι ἡμέρα κυρίου ὡς κλέπτης ἐν νυκτὶ οὕτως ἔρχεται.

210 ἀκρίς [4]

Mt 3: 4 ἡ δὲ τροφὴ ἦν αὐτοῦ **ἀκρίδες** καὶ μέλι ἄγριον.
Mk 1: 6 Ἰωάννης ἐνδεδυμένος τρίχας καμήλου καὶ ζώνην δερματίνην περὶ τὴν ὀσφὺν αὐτοῦ καὶ ἐσθίων **ἀκρίδας** καὶ μέλι ἄγριον.
Rev 9: 3 καὶ ἐκ τοῦ καπνοῦ ἐξῆλθον **ἀκρίδες** εἰς τὴν γῆν,
9: 7 Καὶ τὰ ὁμοιώματα τῶν **ἀκρίδων** ὅμοια ἵπποις ἡτοιμασμένοις εἰς πόλεμον,

211 ἀκροατήριον [1]

√ 212

Ac 25:23 Τῇ οὖν ἐπαύριον ἐλθόντος τοῦ Ἀγρίππα καὶ τῆς Βερνίκης μετὰ πολλῆς φαντασίας καὶ εἰσελθόντων εἰς τὸ **ἀκροατήριον**

212 ἀκροατής [4]

→ 211, 2053

Ro 2:13 οὐ γὰρ οἱ **ἀκροαταὶ** νόμου δίκαιοι παρὰ [τῷ] θεῷ,
Jas 1:22 Γίνεσθε δὲ ποιηταὶ λόγου καὶ μὴ μόνον **ἀκροαταὶ** παραλογιζόμενοι ἑαυτούς.
1:23 ὅτι εἴ τις **ἀκροατὴς** λόγου ἐστὶν καὶ οὐ ποιητής,
1:25 οὐκ **ἀκροατὴς** ἐπιλησμονῆς γενόμενος ἀλλὰ ποιητὴς ἔργου, οὗτος μακάριος ἐν τῇ ποιήσει αὐτοῦ ἔσται.

213 ἀκροβυστία [20]

√ 216

Ac 11: 3 λέγοντες ὅτι Εἰσῆλθες πρὸς ἄνδρας **ἀκροβυστίαν** ἔχοντας καὶ συνέφαγες αὐτοῖς.
Ro 2:25 ἐὰν δὲ παραβάτης νόμου ἦς, ἡ περιτομή σου **ἀκροβυστία** γέγονεν.
2:26 ἐὰν οὖν ἡ **ἀκροβυστία** τὰ δικαιώματα τοῦ νόμου φυλάσσῃ, οὐχ ἡ **ἀκροβυστία** αὐτοῦ εἰς περιτομὴν λογισθήσεται;
2:27 καὶ κρινεῖ ἡ ἐκ φύσεως **ἀκροβυστία** τὸν νόμον τελοῦσα σὲ τὸν διὰ γράμματος καὶ περιτομῆς παραβάτην νόμου.
3:30 εἴπερ εἷς ὁ θεὸς ὃς δικαιώσει περιτομὴν ἐκ πίστεως καὶ **ἀκροβυστίαν** διὰ τῆς πίστεως.
4: 9 ὁ μακαρισμὸς οὖν οὗτος ἐπὶ τὴν περιτομὴν ἢ καὶ ἐπὶ τὴν **ἀκροβυστίαν;**
4:10 πῶς οὖν ἐλογίσθη; ἐν περιτομῇ ὄντι ἢ ἐν **ἀκροβυστίᾳ;** οὐκ ἐν περιτομῇ ἀλλ' ἐν **ἀκροβυστίᾳ·**
4:11 καὶ σημεῖον ἔλαβεν περιτομῆς σφραγῖδα τῆς δικαιοσύνης τῆς πίστεως τῆς ἐν τῇ **ἀκροβυστίᾳ,** εἰς τὸ εἶναι αὐτὸν πατέρα πάντων τῶν πιστευόντων δι' **ἀκροβυστίας,**
4:12 ἀλλὰ καὶ τοῖς στοιχοῦσιν τοῖς ἴχνεσιν τῆς ἐν **ἀκροβυστίᾳ** πίστεως τοῦ πατρὸς ἡμῶν Ἀβραάμ.
1Co 7:18 μὴ ἐπισπάσθω· ἐν **ἀκροβυστίᾳ** κέκληταί τις, μὴ περιτεμνέσθω.
7:19 ἡ περιτομὴ οὐδέν ἐστιν καὶ ἡ **ἀκροβυστία** οὐδέν ἐστιν,
Gal 2: 7 ἀλλὰ τοὐναντίον ἰδόντες ὅτι πεπίστευμαι τὸ εὐαγγέλιον τῆς **ἀκροβυστίας** καθὼς Πέτρος τῆς περιτομῆς,
5: 6 ἐν γὰρ Χριστῷ Ἰησοῦ οὔτε περιτομή τι ἰσχύει οὔτε **ἀκροβυστία** ἀλλὰ πίστις δι' ἀγάπης ἐνεργουμένη.
6:15 οὔτε γὰρ περιτομή τί ἐστιν οὔτε **ἀκροβυστία** ἀλλὰ καινὴ κτίσις.
Eph 2:11 οἱ λεγόμενοι **ἀκροβυστία** ὑπὸ τῆς λεγομένης περιτομῆς ἐν σαρκὶ χειροποιήτου,
Col 2:13 καὶ ὑμᾶς νεκροὺς ὄντας [ἐν] τοῖς παραπτώμασιν καὶ τῇ **ἀκροβυστίᾳ** τῆς σαρκὸς ὑμῶν,
3:11 ὅπου οὐκ ἔνι Ἕλλην καὶ Ἰουδαῖος, περιτομὴ καὶ **ἀκροβυστία,** βάρβαρος, Σκύθης, δοῦλος, ἐλεύθερος,

214 ἀκρογωνιαῖος [2]

√ 216 + 1224

Eph 2:20 ἐποικοδομηθέντες ἐπὶ τῷ θεμελίῳ τῶν ἀποστόλων καὶ προφητῶν, ὄντος **ἀκρογωνιαίου** αὐτοῦ Χριστοῦ Ἰησοῦ,
1Pe 2: 6 Ἰδοὺ τίθημι ἐν Σιὼν λίθον **ἀκρογωνιαῖον** ἐκλεκτὸν ἔντιμον καὶ ὁ πιστεύων ἐπ' αὐτῷ οὐ μὴ καταισχυνθῇ.

215 ἀκροθίνιον [1]

√ 216

Heb 7: 4 ᾧ [καὶ] δεκάτην Ἀβραὰμ ἔδωκεν ἐκ τῶν **ἀκροθινίων** ὁ πατριάρχης.

216 ἄκρον [6]

→ 180, 181, 196, 197, 213, 214, 215, 948, 5644

ἄκρου γῆς [1] Mk 13:27

ἄκρον οὐρανός [2] Mt 24:31; Mk 13:27

Mt 24:31 καὶ ἐπισυνάξουσιν τοὺς ἐκλεκτοὺς αὐτοῦ ἐκ τῶν τεσσάρων ἀνέμων ἀπ' **ἄκρων** οὐρανῶν ἕως [τῶν] **ἄκρων** αὐτῶν.
Mk 13:27 καὶ τότε ἀποστελεῖ τοὺς ἀγγέλους καὶ ἐπισυνάξει τοὺς ἐκλεκτοὺς [αὐτοῦ] ἐκ τῶν τεσσάρων ἀνέμων ἀπ' **ἄκρου** γῆς ἕως **ἄκρου** οὐρανοῦ.
Lk 16:24 ἐλέησόν με καὶ πέμψον Λάζαρον ἵνα βάψῃ τὸ **ἄκρον** τοῦ δακτύλου αὐτοῦ ὕδατος καὶ καταψύξῃ τὴν γλῶσσάν μου,
Heb 11:21 Πίστει Ἰακὼβ ἀποθνῄσκων ἕκαστον τῶν υἱῶν Ἰωσὴφ εὐλόγησεν καὶ προσεκύνησεν ἐπὶ τὸ **ἄκρον** τῆς ῥάβδου αὐτοῦ.

217 Ἀκύλας [6]

Ac 18: 2 καὶ εὑρών τινα Ἰουδαῖον ὀνόματι **Ἀκύλαν,** Ποντικὸν τῷ γένει προσφάτως ἐληλυθότα ἀπὸ τῆς Ἰταλίας
18:18 καὶ σὺν αὐτῷ Πρίσκιλλα καὶ **Ἀκύλας,**
18:26 ἀκούσαντες δὲ αὐτοῦ Πρίσκιλλα καὶ **Ἀκύλας** προσελάβοντο αὐτὸν καὶ ἀκριβέστερον αὐτῷ ἐξέθεντο τὴν ὁδὸν [τοῦ θεοῦ.]
Ro 16: 3 Ἀσπάσασθε Πρίσκαν καὶ **Ἀκύλαν** τοὺς συνεργούς μου ἐν Χριστῷ Ἰησοῦ,
1Co 16:19 ἀσπάζεται ὑμᾶς ἐν κυρίῳ πολλὰ **Ἀκύλας** καὶ Πρίσκα σὺν τῇ κατ' οἶκον αὐτῶν ἐκκλησίᾳ.
2Ti 4:19 Ἄσπασαι Πρίσκαν καὶ **Ἀκύλαν** καὶ τὸν Ὀνησιφόρου οἶκον.

218 ἀκυρόω [3]

√ 1.1 + 3263

Mt 15: 6 καὶ **ἠκυρώσατε** τὸν λόγον τοῦ θεοῦ διὰ τὴν παράδοσιν ὑμῶν.
Mk 7:13 **ἀκυροῦντες** τὸν λόγον τοῦ θεοῦ τῇ παραδόσει ὑμῶν ᾗ παρεδώκατε·

Gal 3:17 ὁ μετὰ τετρακόσια καὶ τριάκοντα ἔτη γεγονὼς νόμος οὐκ **ἀκυροῖ** εἰς τὸ καταργῆσαι τὴν ἐπαγγελίαν.

219 ἀκωλύτως [1]

√ *1.1 + 3266*

Ac 28:31 κηρύσσων τὴν βασιλείαν τοῦ θεοῦ καὶ διδάσκων τὰ περὶ τοῦ κυρίου Ἰησοῦ Χριστοῦ μετὰ πάσης παρρησίας **ἀκωλύτως.**

220 ἄκων [1]

√ *1.1 + 1776*

1Co 9:17 εἰ γὰρ ἑκὼν τοῦτο πράσσω, μισθὸν ἔχω· εἰ δὲ **ἄκων,** οἰκονομίαν πεπίστευμαι·

221 ἄλα Not used in UBS/NIV

√ *229*

222 ἀλάβαστρον Not used in UBS/NIV

→ *223*

223 ἀλάβαστρος [4]

√ *222*

with fem. article **ἡ** [1] Mk 14:3

Mt 26: 7 προσῆλθεν αὐτῷ γυνὴ ἔχουσα **ἀλάβαστρον** μύρου βαρυτίμου καὶ κατέχεεν ἐπὶ τῆς κεφαλῆς αὐτοῦ ἀνακειμένου.

Mk 14: 3 κατακειμένου αὐτοῦ ἦλθεν γυνὴ ἔχουσα **ἀλάβαστρον** μύρου νάρδου πιστικῆς πολυτελοῦς, συντρίψασα τὴν **ἀλάβαστρον** κατέχεεν αὐτοῦ τῆς κεφαλῆς.

Lk 7:37 καὶ ἐπιγνοῦσα ὅτι κατάκειται ἐν τῇ οἰκίᾳ τοῦ Φαρισαίου, κομίσασα **ἀλάβαστρον** μύρου

224 ἀλαζονεία [2]

→ *225, 226*

Jas 4:16 νῦν δὲ καυχᾶσθε ἐν ταῖς **ἀλαζονείαις** ὑμῶν· πᾶσα καύχησις τοιαύτη πονηρά ἐστιν.

1Jn 2:16 ἡ ἐπιθυμία τῆς σαρκὸς καὶ ἡ ἐπιθυμία τῶν ὀφθαλμῶν καὶ ἡ **ἀλαζονεία** τοῦ βίου,

225 ἀλαζών [2]

√ *224*

Ro 1:30 καταλάλους θεοστυγεῖς ὑβριστὰς ὑπερηφάνους **ἀλαζόνας,** ἐφευρετὰς κακῶν, γονεῦσιν ἀπειθεῖς,

2Ti 3: 2 ἔσονται γὰρ οἱ ἄνθρωποι φίλαυτοι φιλάργυροι **ἀλαζόνες** ὑπερήφανοι βλάσφημοι,

226 ἀλαλάζω [2]

√ *224*

Mk 5:38 καὶ θεωρεῖ θόρυβον καὶ κλαίοντας καὶ **ἀλαλάζοντας** πολλά,

1Co 13: 1 ἀγάπην δὲ μὴ ἔχω, γέγονα χαλκὸς ἠχῶν ἢ κύμβαλον **ἀλαλάζον.**

227 ἀλάλητος [1]

√ *1.1 + 3281*

Ro 8:26 τὸ γὰρ τί προσευξώμεθα καθὸ δεῖ οὐκ οἴδαμεν, ἀλλὰ αὐτὸ τὸ πνεῦμα ὑπερεντυγχάνει στεναγμοῖς **ἀλαλήτοις·**

228 ἄλαλος [3]

√ *1.1 + 3281*

ἄλαλος πνεῦμα [2] Mk 9:17,25

Mk 7:37 καὶ τοὺς κωφοὺς ποιεῖ ἀκούειν καὶ [τοὺς] **ἀλάλους** λαλεῖν.
9:17 ἤνεγκα τὸν υἱόν μου πρὸς σέ, ἔχοντα πνεῦμα **ἄλαλον·**
9:25 Τὸ **ἄλαλον** καὶ κωφὸν πνεῦμα, ἐγὼ ἐπιτάσσω σοι,

229 ἅλας [8]

→ *129, 221, 243, 244, 245, 265, 266, 383, 1879, 4163; cf. 2498*

Mt 5:13 Ὑμεῖς ἐστε τὸ **ἅλας** τῆς γῆς· ἐὰν δὲ τὸ **ἅλας** μωρανθῇ, ἐν τίνι ἁλισθήσεται;

Mk 9:50 Καλὸν τὸ **ἅλας·** ἐὰν δὲ τὸ **ἅλας** ἄναλον γένηται, ἐν τίνι αὐτὸ ἀρτύσετε; ἔχετε ἐν ἑαυτοῖς **ἅλα** καὶ εἰρηνεύετε ἐν ἀλλήλοις.

Lk 14:34 Καλὸν οὖν τὸ **ἅλας·** ἐὰν δὲ καὶ τὸ **ἅλας** μωρανθῇ, ἐν τίνι ἀρτυθήσεται;

Col 4: 6 ὁ λόγος ὑμῶν πάντοτε ἐν χάριτι, **ἅλατι** ἠρτυμένος,

230 ἀλείφω [9]

→ *1981*

Mt 6:17 σὺ δὲ νηστεύων **ἄλειψαί** σου τὴν κεφαλὴν καὶ τὸ πρόσωπόν σου νίψαι,

Mk 6:13 καὶ δαιμόνια πολλὰ ἐξέβαλλον, καὶ **ἤλειφον** ἐλαίῳ πολλοὺς ἀρρώστους καὶ ἐθεράπευον.
16: 1 Μαρία ἡ Μαγδαληνὴ καὶ Μαρία ἡ [τοῦ] Ἰακώβου καὶ Σαλώμη ἠγόρασαν ἀρώματα ἵνα ἐλθοῦσαι **ἀλείψωσιν** αὐτόν.

Lk 7:38 καὶ ταῖς θριξὶν τῆς κεφαλῆς αὐτῆς ἐξέμασσεν καὶ κατεφίλει τοὺς πόδας αὐτοῦ καὶ **ἤλειφεν** τῷ μύρῳ.
7:46 ἐλαίῳ τὴν κεφαλήν μου οὐκ **ἤλειψας·** αὕτη δὲ μύρῳ **ἤλειψεν** τοὺς πόδας μου.

Jn 11: 2 ἦν δὲ Μαριὰμ ἡ **ἀλείψασα** τὸν κύριον μύρῳ καὶ ἐκμάξασα τοὺς πόδας αὐτοῦ ταῖς θριξὶν αὐτῆς,
12: 3 ἡ οὖν Μαριὰμ λαβοῦσα λίτραν μύρου νάρδου πιστικῆς πολυτίμου **ἤλειψεν** τοὺς πόδας τοῦ Ἰησοῦ καὶ ἐξέμαξεν

Jas 5:14 τοὺς πρεσβυτέρους τῆς ἐκκλησίας καὶ προσευξάσθωσαν ἐπ' αὐτὸν **ἀλείψαντες** [αὐτὸν] ἐλαίῳ ἐν τῷ ὀνόματι τοῦ κυρίου.

231 ἀλεκτοροφωνία [1]

√ *232 + 5889*

Mk 13:35 ἢ ὀψὲ ἢ μεσονύκτιον ἢ **ἀλεκτοροφωνίας** ἢ πρωΐ,

232 ἀλέκτωρ [12 / 11]

→ *231*

ἀλέκτωρ φωνῆσαι [12] Mt 26:34,74,75; Mk 14:30,68[UBS], 72,72; Lk 22:34,60,61; Jn 13:38; 18:27

Mt 26:34 Ἀμὴν λέγω σοι ὅτι ἐν ταύτῃ τῇ νυκτὶ πρὶν **ἀλέκτορα** φωνῆσαι τρὶς ἀπαρνήσῃ με.
26:74 τότε ἤρξατο καταθεματίζειν καὶ ὀμνύειν ὅτι Οὐκ οἶδα τὸν ἄνθρωπον. καὶ εὐθέως **ἀλέκτωρ** ἐφώνησεν.
26:75 καὶ ἐμνήσθη ὁ Πέτρος τοῦ ῥήματος Ἰησοῦ εἰρηκότος ὅτι Πρὶν **ἀλέκτορα** φωνῆσαι τρὶς ἀπαρνήσῃ με·

Mk 14:30 Ἀμὴν λέγω σοι ὅτι σὺ σήμερον ταύτῃ τῇ νυκτὶ πρὶν ἢ δὶς **ἀλέκτορα** φωνῆσαι τρίς με ἀπαρνήσῃ.
14:68 καὶ ἐξῆλθεν ἔξω εἰς τὸ προαύλιον [καὶ **ἀλέκτωρ**[NIV-] ἐφώνησεν.]
14:72 καὶ εὐθὺς ἐκ δευτέρου **ἀλέκτωρ** ἐφώνησεν. καὶ ἀνεμνήσθη ὁ Πέτρος τὸ ῥῆμα ὡς εἶπεν αὐτῷ ὁ Ἰησοῦς ὅτι Πρὶν **ἀλέκτορα** φωνῆσαι δὶς τρίς με ἀπαρνήσῃ·

Lk 22:34 οὐ φωνήσει σήμερον **ἀλέκτωρ** ἕως τρίς με ἀπαρνήσῃ εἰδέναι.
22:60 οὐκ οἶδα ὃ λέγεις. καὶ παραχρῆμα ἔτι λαλοῦντος αὐτοῦ ἐφώνησεν **ἀλέκτωρ.**
22:61 καὶ ὑπεμνήσθη ὁ Πέτρος τοῦ ῥήματος τοῦ κυρίου ὡς εἶπεν αὐτῷ ὅτι Πρὶν **ἀλέκτορα** φωνῆσαι σήμερον ἀπαρνήσῃ με τρίς.

Jn 13:38 οὐ μὴ **ἀλέκτωρ** φωνήσῃ ἕως οὗ ἀρνήσῃ με τρίς.
18:27 πάλιν οὖν ἠρνήσατο Πέτρος, καὶ εὐθέως **ἀλέκτωρ** ἐφώνησεν.

233 Ἀλεξανδρεύς [2]

√ *235*

Ac 6: 9 καὶ Κυρηναίων καὶ **Ἀλεξανδρέων** καὶ τῶν ἀπὸ Κιλικίας καὶ Ἀσίας συζητοῦντες τῷ Στεφάνῳ,
18:24 **Ἀλεξανδρεὺς** τῷ γένει, ἀνὴρ λόγιος, κατήντησεν εἰς Ἔφεσον,

234 Ἀλεξανδρῖνος [2]

√ *235*

Ac 27: 6 κἀκεῖ εὑρὼν ὁ ἑκατοντάρχης πλοῖον **Ἀλεξανδρῖνον** πλέον εἰς τὴν Ἰταλίαν ἐνεβίβασεν ἡμᾶς εἰς αὐτό.

28:11 Μετὰ δὲ τρεῖς μῆνας ἀνήχθημεν ἐν πλοίῳ παρακεχειμακότι ἐν τῇ νήσῳ, **Ἀλεξανδρίνῳ,** παρασήμῳ Διοσκούροις.

235 Ἀλέξανδρος [6]

→ *233, 234*

Mk 15:21 τὸν πατέρα **Ἀλεξάνδρου** καὶ Ῥούφου, ἵνα ἄρῃ τὸν σταυρὸν αὐτοῦ.
Ac 4:6 καὶ Ἅννας ὁ ἀρχιερεὺς καὶ Καϊάφας καὶ Ἰωάννης καὶ **Ἀλέξανδρος** καὶ ὅσοι ἦσαν ἐκ γένους ἀρχιερατικοῦ,
19:33 ἐκ δὲ τοῦ ὄχλου συνεβίβασαν **Ἀλέξανδρον,** προβαλόντων αὐτὸν τῶν Ἰουδαίων· ὁ δὲ **Ἀλέξανδρος** κατασείσας τὴν χεῖρα ἤθελεν ἀπολογεῖσθαι τῷ δήμῳ.
1Ti 1:20 Ὑμέναιος καὶ **Ἀλέξανδρος,** οὓς παρέδωκα τῷ Σατανᾷ,
2Ti 4:14 **Ἀλέξανδρος** ὁ χαλκεὺς πολλά μοι κακὰ ἐνεδείξατο· ἀποδώσει αὐτῷ ὁ κύριος κατὰ τὰ ἔργα αὐτοῦ·

236 ἄλευρον [2]

√ *241*

Mt 13:33 ἣν λαβοῦσα γυνὴ ἐνέκρυψεν εἰς **ἀλεύρου** σάτα τρία ἕως οὗ ἐζυμώθη ὅλον.
Lk 13:21 ἣν λαβοῦσα γυνὴ [ἐν]έκρυψεν εἰς **ἀλεύρου** σάτα τρία ἕως οὗ ἐζυμώθη ὅλον.

237 ἀλήθεια [109]

√ *1.1 + 3291*

ἀλήθεια θεοῦ [3] Ro 1:25; 3:7; 15:8

ἀλήθεια Χριστοῦ [1] 2Co 11:10

ἡ ἀλήθεια τοῦ εὐαγγελίου [3] Gal 2:5,14; Col 1:5

ἐν ἀληθείᾳ [16] Mt 22:16; Jn 8:44; 17:17,19; 2Co 7:14; Eph 6:14; Col 1:6; 1Ti 2:7; 2Pe 1:12; 1Jn 3:18; 2Jn 1:1,3,4; 3Jn 1:1,3,4

ἐπιγινώσκω ἀλήθειαν [1] 1Ti 4:3

ἔργον καὶ ἀλήθεια [1] 1Jn 3:18

ἐπ' ἀληθείας [7] Mk 12:14,32; Lk 4:25; 20:21; 22:59; Ac 4:27; 10:34

κατὰ ἀλήθεια [3] Ro 2:2; 2Co 13:8; Jas 3:14

λέγω ἀλήθειαν [7] Mk 5:33; Jn 8:45,46; 16:7; Ro 9:1; 2Co 12:6; 1Ti 2:7

λαλέω ἀλήθειαν [3] Jn 8:40; 2Co 7:14; Eph 4:25

λόγος ἀληθείας [5] 2Co 6:7; Eph 1:13; Col 1:5; 2Ti 2:15; Jas 1:18

μαρτυρέω ἀλήθειαν [2] Jn 5:33; 18:37

περιπατέω ἀλήθειαν [3] 2Jn 1:4; 3Jn 1:3,4

ποιέω ἀλήθειαν [2] Jn 3:21; 1Jn 1:6

πρὸς ἀλήθεια [1] Gal 2:14

ὑπὲρ ἀλήθεια [2] Rom 15:8; 2Co 13:8

ὑπὸ ἀλήθεια [1] 3Jn 1:12

χάρις καὶ ἀλήθεια [2] Jn 1:14,17

Mt 22:16 οἴδαμεν ὅτι ἀληθὴς εἶ καὶ τὴν ὁδὸν τοῦ θεοῦ ἐν **ἀληθείᾳ** διδάσκεις καὶ οὐ μέλει σοι περὶ οὐδενός·
Mk 5:33 ἦλθεν καὶ προσέπεσεν αὐτῷ καὶ εἶπεν αὐτῷ πᾶσαν τὴν **ἀλήθειαν.**
12:14 ἀλλ' ἐπ' **ἀληθείας** τὴν ὁδὸν τοῦ θεοῦ διδάσκεις·
12:32 ἐπ' **ἀληθείας** εἶπες ὅτι εἷς ἐστιν καὶ οὐκ ἔστιν ἄλλος πλὴν αὐτοῦ·
Lk 4:25 ἐπ' **ἀληθείας** δὲ λέγω ὑμῖν, πολλαὶ χῆραι ἦσαν ἐν ταῖς ἡμέραις Ἠλίου ἐν τῷ Ἰσραήλ,
20:21 ἀλλ' ἐπ' **ἀληθείας** τὴν ὁδὸν τοῦ θεοῦ διδάσκεις·
22:59 Ἐπ' **ἀληθείας** καὶ οὗτος μετ' αὐτοῦ ἦν, καὶ γὰρ Γαλιλαῖός ἐστιν.
Jn 1:14 δόξαν ὡς μονογενοῦς παρὰ πατρός, πλήρης χάριτος καὶ **ἀληθείας.**
1:17 ἡ χάρις καὶ ἡ **ἀλήθεια** διὰ Ἰησοῦ Χριστοῦ ἐγένετο.
3:21 ὁ δὲ ποιῶν τὴν **ἀλήθειαν** ἔρχεται πρὸς τὸ φῶς,
4:23 ὅτε οἱ ἀληθινοὶ προσκυνηταὶ προσκυνήσουσιν τῷ πατρὶ ἐν πνεύματι καὶ **ἀληθείᾳ·**
4:24 καὶ τοὺς προσκυνοῦντας αὐτὸν ἐν πνεύματι καὶ **ἀληθείᾳ** δεῖ προσκυνεῖν.
5:33 ὑμεῖς ἀπεστάλκατε πρὸς Ἰωάννην, καὶ μεμαρτύρηκεν τῇ **ἀληθείᾳ·**
8:32 καὶ γνώσεσθε τὴν **ἀλήθειαν,** καὶ ἡ **ἀλήθεια** ἐλευθερώσει ὑμᾶς.
8:40 νῦν δὲ ζητεῖτέ με ἀποκτεῖναι ἄνθρωπον ὃς τὴν **ἀλήθειαν** ὑμῖν λελάληκα ἣν ἤκουσα παρὰ τοῦ θεοῦ·
8:44 ἐκεῖνος ἀνθρωποκτόνος ἦν ἀπ' ἀρχῆς καὶ ἐν τῇ **ἀληθείᾳ** οὐκ ἔστηκεν, ὅτι οὐκ ἔστιν **ἀλήθεια** ἐν αὐτῷ.
8:45 ἐγὼ δὲ ὅτι τὴν **ἀλήθειαν** λέγω, οὐ πιστεύετέ μοι.
8:46 εἰ **ἀλήθειαν** λέγω, διὰ τί ὑμεῖς οὐ πιστεύετέ μοι;
14:6 Ἐγώ εἰμι ἡ ὁδὸς καὶ ἡ **ἀλήθεια** καὶ ἡ ζωή·
14:17 τὸ πνεῦμα τῆς **ἀληθείας,** ὃ ὁ κόσμος οὐ δύναται λαβεῖν,
15:26 τὸ πνεῦμα τῆς **ἀληθείας** ὃ παρὰ τοῦ πατρὸς ἐκπορεύεται,
16:7 ἀλλ' ἐγὼ τὴν **ἀλήθειαν** λέγω ὑμῖν, συμφέρει ὑμῖν ἵνα ἐγὼ ἀπέλθω.
16:13 ὅταν δὲ ἔλθῃ ἐκεῖνος, τὸ πνεῦμα τῆς **ἀληθείας,** ὁδηγήσει ὑμᾶς ἐν τῇ **ἀληθείᾳ** πάσῃ·
17:17 ἁγίασον αὐτοὺς ἐν τῇ **ἀληθείᾳ·** ὁ λόγος ὁ σὸς **ἀλήθειά** ἐστιν.
17:19 καὶ ὑπὲρ αὐτῶν ἐγὼ ἁγιάζω ἐμαυτόν, ἵνα ὦσιν καὶ αὐτοὶ ἡγιασμένοι ἐν **ἀληθείᾳ.**
18:37 ἐγὼ εἰς τοῦτο γεγέννημαι καὶ εἰς τοῦτο ἐλήλυθα εἰς τὸν κόσμον, ἵνα μαρτυρήσω τῇ **ἀληθείᾳ·** πᾶς ὁ ὢν ἐκ τῆς **ἀληθείας** ἀκούει μου τῆς φωνῆς.
18:38 λέγει αὐτῷ ὁ Πιλᾶτος, Τί ἐστιν **ἀλήθεια;** Καὶ τοῦτο εἰπὼν πάλιν ἐξῆλθεν πρὸς τοὺς Ἰουδαίους καὶ λέγει αὐτοῖς,
Ac 4:27 συνήχθησαν γὰρ ἐπ' **ἀληθείας** ἐν τῇ πόλει ταύτῃ ἐπὶ τὸν ἅγιον παῖδά σου Ἰησοῦν ὃν ἔχρισας,
10:34 Ἐπ' **ἀληθείας** καταλαμβάνομαι ὅτι οὐκ ἔστιν προσωπολήμπτης ὁ θεός,
26:25 κράτιστε Φῆστε, ἀλλὰ **ἀληθείας** καὶ σωφροσύνης ῥήματα ἀποφθέγγομαι.
Ro 1:18 Ἀποκαλύπτεται γὰρ ὀργὴ θεοῦ ἀπ' οὐρανοῦ ἐπὶ πᾶσαν ἀσέβειαν καὶ ἀδικίαν ἀνθρώπων τῶν τὴν **ἀλήθειαν** ἐν ἀδικίᾳ
1:25 οἵτινες μετήλλαξαν τὴν **ἀλήθειαν** τοῦ θεοῦ ἐν τῷ ψεύδει καὶ ἐσεβάσθησαν καὶ ἐλάτρευσαν τῇ κτίσει παρὰ τὸν κτίσαντα,
2:2 οἴδαμεν δὲ ὅτι τὸ κρίμα τοῦ θεοῦ ἐστιν κατὰ **ἀλήθειαν** ἐπὶ τοὺς τὰ τοιαῦτα πράσσοντας.
2:8 τοῖς δὲ ἐξ ἐριθείας καὶ ἀπειθοῦσι τῇ **ἀληθείᾳ** πειθομένοις δὲ τῇ ἀδικίᾳ ὀργὴ καὶ θυμός.
2:20 ἔχοντα τὴν μόρφωσιν τῆς γνώσεως καὶ τῆς **ἀληθείας** ἐν τῷ νόμῳ·
3:7 εἰ δὲ ἡ **ἀλήθεια** τοῦ θεοῦ ἐν τῷ ἐμῷ ψεύσματι ἐπερίσσευσεν εἰς τὴν δόξαν αὐτοῦ,
9:1 **Ἀλήθειαν** λέγω ἐν Χριστῷ, οὐ ψεύδομαι, συμμαρτυρούσης μοι τῆς συνειδήσεώς μου ἐν πνεύματι ἁγίῳ,
15:8 λέγω γὰρ Χριστὸν διάκονον γεγενῆσθαι περιτομῆς ὑπὲρ **ἀληθείας** θεοῦ,
1Co 5:8 ὥστε ἑορτάζωμεν μὴ ἐν ζύμῃ παλαιᾷ μηδὲ ἐν ζύμῃ κακίας καὶ πονηρίας ἀλλ' ἐν ἀζύμοις εἰλικρινείας καὶ **ἀληθείας.**
13:6 οὐ χαίρει ἐπὶ τῇ ἀδικίᾳ, συγχαίρει δὲ τῇ **ἀληθείᾳ·**
2Co 4:2 ἀλλὰ τῇ φανερώσει τῆς **ἀληθείας** συνιστάνοντες ἑαυτοὺς πρὸς πᾶσαν συνείδησιν ἀνθρώπων ἐνώπιον τοῦ θεοῦ.
6:7 ἐν λόγῳ **ἀληθείας,** ἐν δυνάμει θεοῦ· διὰ τῶν ὅπλων τῆς δικαιοσύνης τῶν δεξιῶν καὶ ἀριστερῶν,
7:14 ἀλλ' ὡς πάντα ἐν **ἀληθείᾳ** ἐλαλήσαμεν ὑμῖν, οὕτως καὶ ἡ καύχησις ἡμῶν ἡ ἐπὶ Τίτου **ἀλήθεια** ἐγενήθη.
11:10 ἔστιν **ἀλήθεια** Χριστοῦ ἐν ἐμοὶ ὅτι ἡ καύχησις αὕτη οὐ φραγήσεται εἰς ἐμὲ ἐν τοῖς κλίμασιν τῆς Ἀχαΐας.
12:6 ἐὰν γὰρ θελήσω καυχήσασθαι, οὐκ ἔσομαι ἄφρων, **ἀλήθειαν** γὰρ ἐρῶ·
13:8 οὐ γὰρ δυνάμεθά τι κατὰ τῆς **ἀληθείας** ἀλλὰ ὑπὲρ τῆς **ἀληθείας.**
Gal 2:5 ἵνα ἡ **ἀλήθεια** τοῦ εὐαγγελίου διαμείνῃ πρὸς ὑμᾶς.
2:14 ἀλλ' ὅτε εἶδον ὅτι οὐκ ὀρθοποδοῦσιν πρὸς τὴν **ἀλήθειαν** τοῦ εὐαγγελίου,
5:7 Ἐτρέχετε καλῶς· τίς ὑμᾶς ἐνέκοψεν [τῇ] **ἀληθείᾳ** μὴ πείθεσθαι;
Eph 1:13 ἐν ᾧ καὶ ὑμεῖς ἀκούσαντες τὸν λόγον τῆς **ἀληθείας,**
4:21 εἴ γε αὐτὸν ἠκούσατε καὶ ἐν αὐτῷ ἐδιδάχθητε, καθώς ἐστιν **ἀλήθεια** ἐν τῷ Ἰησοῦ,
4:24 καὶ ἐνδύσασθαι τὸν καινὸν ἄνθρωπον τὸν κατὰ θεὸν κτισθέντα ἐν δικαιοσύνῃ καὶ ὁσιότητι τῆς **ἀληθείας.**

4:25 Διὸ ἀποθέμενοι τὸ ψεῦδος λαλεῖτε **ἀλήθειαν** ἕκαστος μετὰ τοῦ πλησίον αὐτοῦ,
5: 9 –ὁ γὰρ καρπὸς τοῦ φωτὸς ἐν πάσῃ ἀγαθωσύνῃ καὶ δικαιοσύνῃ καὶ **ἀληθείᾳ**–
6:14 στῆτε οὖν περιζωσάμενοι τὴν ὀσφὺν ὑμῶν ἐν **ἀληθείᾳ** καὶ ἐνδυσάμενοι τὸν θώρακα τῆς δικαιοσύνης
Php 1:18 εἴτε προφάσει εἴτε **ἀληθείᾳ,** Χριστὸς καταγγέλλεται, καὶ ἐν τούτῳ χαίρω.
Col 1: 5 ἣν προηκούσατε ἐν τῷ λόγῳ τῆς **ἀληθείας** τοῦ εὐαγγελίου
1: 6 ἀφ' ἧς ἡμέρας ἠκούσατε καὶ ἐπέγνωτε τὴν χάριν τοῦ θεοῦ ἐν **ἀληθείᾳ·**
2Th 2:10 ἀνθ' ὧν τὴν ἀγάπην τῆς **ἀληθείας** οὐκ ἐδέξαντο εἰς τὸ σωθῆναι αὐτούς.
2:12 ἵνα κριθῶσιν πάντες οἱ μὴ πιστεύσαντες τῇ **ἀληθείᾳ** ἀλλὰ εὐδοκήσαντες τῇ ἀδικίᾳ.
2:13 ὅτι εἵλατο ὑμᾶς ὁ θεὸς ἀπαρχὴν εἰς σωτηρίαν ἐν ἁγιασμῷ πνεύματος καὶ πίστει **ἀληθείας,**
1Ti 2: 4 ὃς πάντας ἀνθρώπους θέλει σωθῆναι καὶ εἰς ἐπίγνωσιν **ἀληθείας** ἐλθεῖν.
2: 7 **ἀλήθειαν** λέγω οὐ ψεύδομαι, διδάσκαλος ἐθνῶν ἐν πίστει καὶ **ἀληθείᾳ.**
3:15 ἥτις ἐστὶν ἐκκλησία θεοῦ ζῶντος, στῦλος καὶ ἑδραίωμα τῆς **ἀληθείας.**
4: 3 ἃ ὁ θεὸς ἔκτισεν εἰς μετάλημψιν μετὰ εὐχαριστίας τοῖς πιστοῖς καὶ ἐπεγνωκόσι τὴν **ἀλήθειαν.**
6: 5 διαπαρατριβαὶ διεφθαρμένων ἀνθρώπων τὸν νοῦν καὶ ἀπεστερημένων τῆς **ἀληθείας,**
2Ti 2:15 σπούδασον σεαυτὸν δόκιμον παραστῆσαι τῷ θεῷ, ἐργάτην ἀνεπαίσχυντον, ὀρθοτομοῦντα τὸν λόγον τῆς **ἀληθείας.**
2:18 οἵτινες περὶ τὴν **ἀλήθειαν** ἠστόχησαν, λέγοντες [τὴν] ἀνάστασιν ἤδη γεγονέναι,
2:25 μήποτε δώῃ αὐτοῖς ὁ θεὸς μετάνοιαν εἰς ἐπίγνωσιν **ἀληθείας**
3: 7 πάντοτε μανθάνοντα καὶ μηδέποτε εἰς ἐπίγνωσιν **ἀληθείας** ἐλθεῖν δυνάμενα.
3: 8 οὕτως καὶ οὗτοι ἀνθίστανται τῇ **ἀληθείᾳ,** ἄνθρωποι κατεφθαρμένοι τὸν νοῦν,
4: 4 καὶ ἀπὸ μὲν τῆς **ἀληθείας** τὴν ἀκοὴν ἀποστρέψουσιν,
Tit 1: 1 ἀπόστολος δὲ Ἰησοῦ Χριστοῦ κατὰ πίστιν ἐκλεκτῶν θεοῦ καὶ ἐπίγνωσιν **ἀληθείας** τῆς κατ' εὐσέβειαν
1:14 μὴ προσέχοντες Ἰουδαϊκοῖς μύθοις καὶ ἐντολαῖς ἀνθρώπων ἀποστρεφομένων τὴν **ἀλήθειαν.**
Heb 10:26 Ἑκουσίως γὰρ ἁμαρτανόντων ἡμῶν μετὰ τὸ λαβεῖν τὴν ἐπίγνωσιν τῆς **ἀληθείας,**
Jas 1:18 βουληθεὶς ἀπεκύησεν ἡμᾶς λόγῳ **ἀληθείας** εἰς τὸ εἶναι ἡμᾶς ἀπαρχήν τινα τῶν αὐτοῦ κτισμάτων.
3:14 εἰ δὲ ζῆλον πικρὸν ἔχετε καὶ ἐριθείαν ἐν τῇ καρδίᾳ ὑμῶν, μὴ κατακαυχᾶσθε καὶ ψεύδεσθε κατὰ τῆς **ἀληθείας.**
5:19 ἐάν τις ἐν ὑμῖν πλανηθῇ ἀπὸ τῆς **ἀληθείας** καὶ ἐπιστρέψῃ τις αὐτόν,
1Pe 1:22 Τὰς ψυχὰς ὑμῶν ἡγνικότες ἐν τῇ ὑπακοῇ τῆς **ἀληθείας** εἰς φιλαδελφίαν ἀνυπόκριτον,
2Pe 1:12 Διὸ μελλήσω ἀεὶ ὑμᾶς ὑπομιμνῄσκειν περὶ τούτων καίπερ εἰδότας καὶ ἐστηριγμένους ἐν τῇ παρούσῃ **ἀληθείᾳ.**
2: 2 καὶ πολλοὶ ἐξακολουθήσουσιν αὐτῶν ταῖς ἀσελγείαις δι' οὓς ἡ ὁδὸς τῆς **ἀληθείας** βλασφημηθήσεται,
1Jn 1: 6 ὅτι κοινωνίαν ἔχομεν μετ' αὐτοῦ καὶ ἐν τῷ σκότει περιπατῶμεν, ψευδόμεθα καὶ οὐ ποιοῦμεν τὴν **ἀλήθειαν·**
1: 8 ἑαυτοὺς πλανῶμεν καὶ ἡ **ἀλήθεια** οὐκ ἔστιν ἐν ἡμῖν.
2: 4 ψεύστης ἐστὶν καὶ ἐν τούτῳ ἡ **ἀλήθεια** οὐκ ἔστιν·
2:21 οὐκ ἔγραψα ὑμῖν ὅτι οὐκ οἴδατε τὴν **ἀλήθειαν** ἀλλ' ὅτι οἴδατε αὐτὴν καὶ ὅτι πᾶν ψεῦδος ἐκ τῆς **ἀληθείας** οὐκ ἔστιν.
3:18 μὴ ἀγαπῶμεν λόγῳ μηδὲ τῇ γλώσσῃ ἀλλὰ ἐν ἔργῳ καὶ **ἀληθείᾳ.**
3:19 [Καὶ] ἐν τούτῳ γνωσόμεθα ὅτι ἐκ τῆς **ἀληθείας** ἐσμέν,
4: 6 ἐκ τούτου γινώσκομεν τὸ πνεῦμα τῆς **ἀληθείας** καὶ τὸ πνεῦμα τῆς πλάνης.
5: 6 καὶ τὸ πνεῦμά ἐστιν τὸ μαρτυροῦν, ὅτι τὸ πνεῦμά ἐστιν ἡ **ἀλήθεια.**
2Jn 1: 1 Ὁ πρεσβύτερος ἐκλεκτῇ κυρίᾳ καὶ τοῖς τέκνοις αὐτῆς, οὓς ἐγὼ ἀγαπῶ ἐν **ἀληθείᾳ,** καὶ οὐκ ἐγὼ μόνος ἀλλὰ καὶ πάντες οἱ ἐγνωκότες τὴν **ἀλήθειαν,**
1: 2 διὰ τὴν **ἀλήθειαν** τὴν μένουσαν ἐν ἡμῖν καὶ μεθ' ἡμῶν ἔσται εἰς τὸν αἰῶνα.
1: 3 ἔσται μεθ' ἡμῶν χάρις ἔλεος εἰρήνη παρὰ θεοῦ πατρὸς καὶ παρὰ Ἰησοῦ Χριστοῦ τοῦ υἱοῦ τοῦ πατρὸς ἐν **ἀληθείᾳ** καὶ ἀγάπῃ.
1: 4 Ἐχάρην λίαν ὅτι εὕρηκα ἐκ τῶν τέκνων σου περιπατοῦντας ἐν **ἀληθείᾳ,**
3Jn 1: 1 Ὁ πρεσβύτερος Γαΐῳ τῷ ἀγαπητῷ, ὃν ἐγὼ ἀγαπῶ ἐν **ἀληθείᾳ.**
1: 3 ἐχάρην γὰρ λίαν ἐρχομένων ἀδελφῶν καὶ μαρτυρούντων σου τῇ **ἀληθείᾳ,** καθὼς σὺ ἐν **ἀληθείᾳ** περιπατεῖς.
1: 4 ἵνα ἀκούω τὰ ἐμὰ τέκνα ἐν τῇ **ἀληθείᾳ** περιπατοῦντα.
1: 8 ἡμεῖς οὖν ὀφείλομεν ὑπολαμβάνειν τοὺς τοιούτους, ἵνα συνεργοὶ γινώμεθα τῇ **ἀληθείᾳ.**
1:12 Δημητρίῳ μεμαρτύρηται ὑπὸ πάντων καὶ ὑπὸ αὐτῆς τῆς **ἀληθείας·**

238 ἀληθεύω [2]

√ *1.1 + 3291*

Gal 4:16 ὥστε ἐχθρὸς ὑμῶν γέγονα **ἀληθεύων** ὑμῖν;
Eph 4:15 **ἀληθεύοντες** δὲ ἐν ἀγάπῃ αὐξήσωμεν εἰς αὐτὸν τὰ πάντα,

239 ἀληθής [26]

√ *1.1 + 3291*

Mt 22:16 οἴδαμεν ὅτι **ἀληθὴς** εἶ καὶ τὴν ὁδὸν τοῦ θεοῦ ἐν ἀληθείᾳ διδάσκεις καὶ οὐ μέλει σοι περὶ οὐδενός·
Mk 12:14 οἴδαμεν ὅτι **ἀληθὴς** εἶ καὶ οὐ μέλει σοι περὶ οὐδενός·
Jn 3:33 ὁ λαβὼν αὐτοῦ τὴν μαρτυρίαν ἐσφράγισεν ὅτι ὁ θεὸς **ἀληθής** ἐστιν.
4:18 πέντε γὰρ ἄνδρας ἔσχες καὶ νῦν ὃν ἔχεις οὐκ ἔστιν σου ἀνήρ· τοῦτο **ἀληθὲς** εἴρηκας.
5:31 ἐὰν ἐγὼ μαρτυρῶ περὶ ἐμαυτοῦ, ἡ μαρτυρία μου οὐκ ἔστιν **ἀληθής·**
5:32 καὶ οἶδα ὅτι **ἀληθής** ἐστιν ἡ μαρτυρία ἣν μαρτυρεῖ περὶ ἐμοῦ.
6:55 ἡ γὰρ σάρξ μου **ἀληθής** ἐστιν βρῶσις, καὶ τὸ αἷμά μου **ἀληθής** ἐστιν πόσις.
7:18 ὁ δὲ ζητῶν τὴν δόξαν τοῦ πέμψαντος αὐτὸν οὗτος **ἀληθής** ἐστιν καὶ ἀδικία ἐν αὐτῷ οὐκ ἔστιν.
8:13 Σὺ περὶ σεαυτοῦ μαρτυρεῖς· ἡ μαρτυρία σου οὐκ ἔστιν **ἀληθής.**
8:14 Κἂν ἐγὼ μαρτυρῶ περὶ ἐμαυτοῦ, **ἀληθής** ἐστιν ἡ μαρτυρία μου,
8:17 καὶ ἐν τῷ νόμῳ δὲ τῷ ὑμετέρῳ γέγραπται ὅτι δύο ἀνθρώπων ἡ μαρτυρία **ἀληθής** ἐστιν.
8:26 πολλὰ ἔχω περὶ ὑμῶν λαλεῖν καὶ κρίνειν, ἀλλ' ὁ πέμψας με **ἀληθής** ἐστιν,
10:41 πάντα δὲ ὅσα εἶπεν Ἰωάννης περὶ τούτου **ἀληθῆ** ἦν.
19:35 καὶ ἐκεῖνος οἶδεν ὅτι **ἀληθῆ** λέγει, ἵνα καὶ ὑμεῖς πιστεύ[σ]ητε.
21:24 καὶ οἴδαμεν ὅτι **ἀληθὴς** αὐτοῦ ἡ μαρτυρία ἐστίν.
Ac 12: 9 καὶ ἐξελθὼν ἠκολούθει καὶ οὐκ ᾔδει ὅτι **ἀληθές** ἐστιν τὸ γινόμενον διὰ τοῦ ἀγγέλου·
Ro 3: 4 γινέσθω δὲ ὁ θεὸς **ἀληθής,** πᾶς δὲ ἄνθρωπος ψεύστης,
2Co 6: 8 διὰ δυσφημίας καὶ εὐφημίας· ὡς πλάνοι καὶ **ἀληθεῖς,**
Php 4: 8 ἀδελφοί, ὅσα ἐστὶν **ἀληθῆ,** ὅσα σεμνά, ὅσα δίκαια,
Tit 1:13 ἡ μαρτυρία αὕτη ἐστὶν **ἀληθής.** δι' ἣν αἰτίαν ἔλεγχε αὐτοὺς ἀποτόμως,
1Pe 5:12 δι' ὀλίγων ἔγραψα παρακαλῶν καὶ ἐπιμαρτυρῶν ταύτην εἶναι **ἀληθῆ** χάριν τοῦ θεοῦ εἰς ἣν στῆτε.
2Pe 2:22 συμβέβηκεν αὐτοῖς τὸ τῆς **ἀληθοῦς** παροιμίας, Κύων ἐπιστρέψας ἐπὶ τὸ ἴδιον ἐξέραμα,
1Jn 2: 8 ὅ ἐστιν **ἀληθὲς** ἐν αὐτῷ καὶ ἐν ὑμῖν,
2:27 ἀλλ' ὡς τὸ αὐτοῦ χρῖσμα διδάσκει ὑμᾶς περὶ πάντων καὶ **ἀληθές** ἐστιν καὶ οὐκ ἔστιν ψεῦδος,
3Jn 1:12 καὶ οἶδας ὅτι ἡ μαρτυρία ἡμῶν **ἀληθής** ἐστιν.

240 ἀληθινός [28]

√ *1.1 + 3291*

ἀληθινὸς μάρτυς [1] Rev 3:14

Lk 16:11 εἰ οὖν ἐν τῷ ἀδίκῳ μαμωνᾷ πιστοὶ οὐκ ἐγένεσθε, τὸ **ἀληθινὸν** τίς ὑμῖν πιστεύσει;
Jn 1: 9 Ἦν τὸ φῶς τὸ **ἀληθινόν,** ὃ φωτίζει πάντα ἄνθρωπον,
4:23 ὅτε οἱ **ἀληθινοὶ** προσκυνηταὶ προσκυνήσουσιν τῷ πατρὶ ἐν πνεύματι καὶ ἀληθείᾳ·
4:37 ἐν γὰρ τούτῳ ὁ λόγος ἐστὶν **ἀληθινὸς** ὅτι Ἄλλος ἐστὶν ὁ σπείρων καὶ ἄλλος ὁ θερίζων.
6:32 ἀλλ' ὁ πατήρ μου δίδωσιν ὑμῖν τὸν ἄρτον ἐκ τοῦ οὐρανοῦ τὸν **ἀληθινόν·**
7:28 ἀλλ' ἔστιν **ἀληθινὸς** ὁ πέμψας με, ὃν ὑμεῖς οὐκ οἴδατε·
8:16 ἡ κρίσις ἡ ἐμὴ **ἀληθινή** ἐστιν, ὅτι μόνος οὐκ εἰμί,

15: 1 Ἐγώ εἰμι ἡ ἄμπελος ἡ **ἀληθινὴ** καὶ ὁ πατήρ μου ὁ γεωργός ἐστιν.
17: 3 αὕτη δέ ἐστιν ἡ αἰώνιος ζωὴ ἵνα γινώσκωσιν σὲ τὸν μόνον **ἀληθινὸν** θεὸν καὶ ὃν ἀπέστειλας Ἰησοῦν Χριστόν.
19: 35 καὶ ὁ ἑωρακὼς μεμαρτύρηκεν, καὶ **ἀληθινὴ** αὐτοῦ ἐστιν ἡ μαρτυρία,
1Th 1: 9 καὶ πῶς ἐπεστρέψατε πρὸς τὸν θεὸν ἀπὸ τῶν εἰδώλων δουλεύειν θεῷ ζῶντι καὶ **ἀληθινῷ**
Heb 8: 2 τῶν ἁγίων λειτουργὸς καὶ τῆς σκηνῆς τῆς **ἀληθινῆς,**
9: 24 ἀντίτυπα τῶν **ἀληθινῶν,** ἀλλ᾽ εἰς αὐτὸν τὸν οὐρανόν,
10: 22 προσερχώμεθα μετὰ **ἀληθινῆς** καρδίας ἐν πληροφορίᾳ πίστεως ῥεραντισμένοι τὰς καρδίας ἀπὸ συνειδήσεως
1Jn 2: 8 ὅτι ἡ σκοτία παράγεται καὶ τὸ φῶς τὸ **ἀληθινὸν** ἤδη φαίνει.
5: 20 οἴδαμεν δὲ ὅτι ὁ υἱὸς τοῦ θεοῦ ἥκει καὶ δέδωκεν ἡμῖν διάνοιαν ἵνα γινώσκωμεν τὸν **ἀληθινόν,** καὶ ἐσμὲν ἐν τῷ **ἀληθινῷ,** ἐν τῷ υἱῷ αὐτοῦ Ἰησοῦ Χριστῷ. οὗτός ἐστιν ὁ **ἀληθινὸς** θεὸς καὶ ζωὴ αἰώνιος.
Rev 3: 7 Τάδε λέγει ὁ ἅγιος, ὁ **ἀληθινός,** ὁ ἔχων τὴν κλεῖν Δαυίδ,
3: 14 Τάδε λέγει ὁ Ἀμήν, ὁ μάρτυς ὁ πιστὸς καὶ **ἀληθινός,**
6: 10 Ἕως πότε, ὁ δεσπότης ὁ ἅγιος καὶ **ἀληθινός,**
15: 3 δίκαιαι καὶ **ἀληθιναὶ** αἱ ὁδοί σου, ὁ βασιλεὺς τῶν ἐθνῶν·
16: 7 Ναὶ κύριε ὁ θεὸς ὁ παντοκράτωρ, **ἀληθιναὶ** καὶ δίκαιαι αἱ κρίσεις σου.
19: 2 ὅτι **ἀληθιναὶ** καὶ δίκαιαι αἱ κρίσεις αὐτοῦ· ὅτι ἔκρινεν τὴν πόρνην τὴν μεγάλην ἥτις ἔφθειρεν τὴν γῆν ἐν τῇ πορνείᾳ
19: 9 καὶ λέγει μοι, Οὗτοι οἱ λόγοι **ἀληθινοὶ** τοῦ θεοῦ εἰσιν.
19: 11 καὶ ἰδοὺ ἵππος λευκὸς καὶ ὁ καθήμενος ἐπ᾽ αὐτὸν [καλούμενος] πιστὸς καὶ **ἀληθινός,**
21: 5 ὅτι οὗτοι οἱ λόγοι πιστοὶ καὶ **ἀληθινοί** εἰσιν.
22: 6 Καὶ εἶπέν μοι, Οὗτοι οἱ λόγοι πιστοὶ καὶ **ἀληθινοί,**

241 ἀλήθω [2]

→ *236*

Mt 24: 41 δύο **ἀλήθουσαι** ἐν τῷ μύλῳ, μία παραλαμβάνεται καὶ μία ἀφίεται.
Lk 17: 35 ἔσονται δύο **ἀλήθουσαι** ἐπὶ τὸ αὐτό, ἡ μία παραλημφθήσεται,

242 ἀληθῶς [18]

√ *1.1 + 3291*

Mt 14: 33 οἱ δὲ ἐν τῷ πλοίῳ προσεκύνησαν αὐτῷ λέγοντες, **Ἀληθῶς** θεοῦ υἱὸς εἶ.
26: 73 **Ἀληθῶς** καὶ σὺ ἐξ αὐτῶν εἶ, καὶ γὰρ ἡ λαλιά σου δῆλόν σε ποιεῖ.
27: 54 τηροῦντες τὸν Ἰησοῦν ἰδόντες τὸν σεισμὸν καὶ τὰ γενόμενα ἐφοβήθησαν σφόδρα, λέγοντες, **Ἀληθῶς** θεοῦ υἱὸς ἦν οὗτος.
Mk 14: 70 **Ἀληθῶς** ἐξ αὐτῶν εἶ, καὶ γὰρ Γαλιλαῖος εἶ.
15: 39 ὁ παρεστηκὼς ἐξ ἐναντίας αὐτοῦ ὅτι οὕτως ἐξέπνευσεν εἶπεν, **Ἀληθῶς** οὗτος ὁ ἄνθρωπος υἱὸς θεοῦ ἦν.
Lk 9: 27 λέγω δὲ ὑμῖν **ἀληθῶς,** εἰσίν τινες τῶν αὐτοῦ ἑστηκότων οἳ οὐ μὴ γεύσωνται θανάτου ἕως ἂν ἴδωσιν τὴν βασιλείαν τοῦ θεοῦ.
12: 44 **ἀληθῶς** λέγω ὑμῖν ὅτι ἐπὶ πᾶσιν τοῖς ὑπάρχουσιν αὐτοῦ καταστήσει αὐτόν.
21: 3 **Ἀληθῶς** λέγω ὑμῖν ὅτι ἡ χήρα αὕτη ἡ πτωχὴ πλεῖον πάντων ἔβαλεν·
Jn 1: 47 Ἴδε **ἀληθῶς** Ἰσραηλίτης ἐν ᾧ δόλος οὐκ ἔστιν.
4: 42 αὐτοὶ γὰρ ἀκηκόαμεν καὶ οἴδαμεν ὅτι οὗτός ἐστιν **ἀληθῶς** ὁ σωτὴρ τοῦ κόσμου.
6: 14 Οἱ οὖν ἄνθρωποι ἰδόντες ὃ ἐποίησεν σημεῖον ἔλεγον ὅτι Οὗτός ἐστιν **ἀληθῶς** ὁ προφήτης ὁ ἐρχόμενος εἰς τὸν κόσμον.
7: 26 μήποτε **ἀληθῶς** ἔγνωσαν οἱ ἄρχοντες ὅτι οὗτός ἐστιν ὁ Χριστός;
7: 40 Ἐκ τοῦ ὄχλου οὖν ἀκούσαντες τῶν λόγων τούτων ἔλεγον, Οὗτός ἐστιν **ἀληθῶς** ὁ προφήτης·
8: 31 Ἐὰν ὑμεῖς μείνητε ἐν τῷ λόγῳ τῷ ἐμῷ, **ἀληθῶς** μαθηταί μού ἐστε
17: 8 καὶ αὐτοὶ ἔλαβον καὶ ἔγνωσαν **ἀληθῶς** ὅτι παρὰ σοῦ ἐξῆλθον,
Ac 12: 11 Νῦν οἶδα **ἀληθῶς** ὅτι ἐξαπέστειλεν [ὁ] κύριος τὸν ἄγγελον αὐτοῦ καὶ ἐξείλατό με ἐκ χειρὸς Ἡρῴδου
1Th 2: 13 ὅτι παραλαβόντες λόγον ἀκοῆς παρ᾽ ἡμῶν τοῦ θεοῦ ἐδέξασθε οὐ λόγον ἀνθρώπων ἀλλὰ καθώς ἐστιν **ἀληθῶς** λόγον θεοῦ,
1Jn 2: 5 **ἀληθῶς** ἐν τούτῳ ἡ ἀγάπη τοῦ θεοῦ τετελείωται,

243 ἁλιεύς [5]

√ *229*

Mt 4: 18 βάλλοντας ἀμφίβληστρον εἰς τὴν θάλασσαν· ἦσαν γὰρ **ἁλιεῖς.**
4: 19 Δεῦτε ὀπίσω μου, καὶ ποιήσω ὑμᾶς **ἁλιεῖς** ἀνθρώπων.
Mk 1: 16 εἶδεν Σίμωνα καὶ Ἀνδρέαν τὸν ἀδελφὸν Σίμωνος ἀμφιβάλλοντας ἐν τῇ θαλάσσῃ· ἦσαν γὰρ **ἁλιεῖς.**
1: 17 Δεῦτε ὀπίσω μου, καὶ ποιήσω ὑμᾶς γενέσθαι **ἁλιεῖς** ἀνθρώπων.
Lk 5: 2 οἱ δὲ **ἁλιεῖς** ἀπ᾽ αὐτῶν ἀποβάντες ἔπλυνον τὰ δίκτυα.

244 ἁλιεύω [1]

√ *229*

Jn 21: 3 λέγει αὐτοῖς Σίμων Πέτρος, Ὑπάγω **ἁλιεύειν.** λέγουσιν αὐτῷ,

245 ἁλίζω [2]

√ *229*

Mt 5: 13 ἐὰν δὲ τὸ ἅλας μωρανθῇ, ἐν τίνι **ἁλισθήσεται;**
Mk 9: 49 πᾶς γὰρ πυρὶ **ἁλισθήσεται.**

246 ἀλίσγημα [1]

Ac 15: 20 ἀλλὰ ἐπιστεῖλαι αὐτοῖς τοῦ ἀπέχεσθαι τῶν **ἀλισγημάτων** τῶν εἰδώλων καὶ τῆς πορνείας καὶ τοῦ πνικτοῦ καὶ τοῦ αἵματος.

247 ἀλλά [638] See Index of Articles, Etc.

√ *257*

ἀλλά γε [2] Lk 24:21; 1Co 9:2

ἀλλ᾽ ἤ [2] Lk 12:51; 2Co 1:13

ἀλλ᾽ ἰδού [1] Ac 13:25

ἀλλ᾽ ἵνα [19] Mk 4:22; 14:49; Jn 1:8,31; 3:17; 9:3; 11:52; 12:9,47; 13:18; 14:31; 15:25; 17:15; Ac 4:17; 2Co 13:7; Eph 5:27; 2Th 3:9; 1Jn 2:19; Rev 9:5

ἀλλὰ καί [43] Lk 12:7; 16:21; 24:22; Jn 5:18; 11:22; 13:9; 17:20; Ac 19:27; 21:13; 26:29; 27:10; Ro 1:32; 4:16,24; 5:3,11; 6:5; 8:23; 9:10,24; 13:5; 16:4; 2Co 7:7; 8:10,19,21; 9:12; 11:1; Gal 1:8; Eph 1:21; Php 1:18,29; 2:4,27; 1Th 1:5; 2:8; 1Ti 5:13; 2Ti 2:20; 4:8; Heb 12:26; 1Pe 2:18; 1Jn 2:2; 2Jn 1:1

ἀλλὰ μᾶλλον [8] Mt 27:24; Mk 5:26; Ro 14:13; 1Co 12:22; Eph 5:4; Php 2:12; 1Ti 6:2; Heb 10:25

ἀλλὰ μενοῦνγε [1] Php 3:8

ἀλλ᾽ οὐδὲ [4] Lk 23:15; 1Co 3:2; 4:3; Gal 2:3

οὐχί ... ἀλλά [10] Lk 1:60; 12:51; 13:3,5; 16:30; 17:8; Jn 9:9; 13:10; Ro 3:27; 1Co 6:7

248 ἀλλάσσω [6]

→ *498, 557, 639, 1367, 2903, 2904, 3563, 4164, 5261; cf. 257*

Ac 6: 14 λέγοντος ὅτι Ἰησοῦς ὁ Ναζωραῖος οὗτος καταλύσει τὸν τόπον τοῦτον καὶ **ἀλλάξει** τὰ ἔθη ἃ παρέδωκεν ἡμῖν Μωϋσῆς.
Ro 1: 23 καὶ **ἤλλαξαν** τὴν δόξαν τοῦ ἀφθάρτου θεοῦ ἐν ὁμοιώματι εἰκόνος φθαρτοῦ ἀνθρώπου καὶ πετεινῶν καὶ τετραπόδων
1Co 15: 51 ἰδοὺ μυστήριον ὑμῖν λέγω· πάντες οὐ κοιμηθησόμεθα, πάντες δὲ **ἀλλαγησόμεθα,**
15: 52 σαλπίσει γὰρ καὶ οἱ νεκροὶ ἐγερθήσονται ἄφθαρτοι καὶ ἡμεῖς **ἀλλαγησόμεθα.**
Gal 4: 20 ἤθελον δὲ παρεῖναι πρὸς ὑμᾶς ἄρτι καὶ **ἀλλάξαι** τὴν φωνήν μου,
Heb 1: 12 καὶ ὡσεὶ περιβόλαιον ἑλίξεις αὐτούς, ὡς ἱμάτιον καὶ **ἀλλαγήσονται·**

249 ἀλλαχόθεν [1]

√ *257*

Jn 10: 1 ἀναβαίνων **ἀλλαχόθεν** ἐκεῖνος κλέπτης ἐστὶν καὶ λῃστής·

250 ἀλλαχοῦ [1]

√ 257

Mk 1:38 καὶ λέγει αὐτοῖς, Ἄγωμεν **ἀλλαχοῦ** εἰς τὰς ἐχομένας κωμοπόλεις,

251 ἀλληγορέω [1]

√ 257 + 60

Gal 4:24 ἅτινά ἐστιν **ἀλληγορούμενα·** αὗται γάρ εἰσιν δύο διαθῆκαι,

252 ἀλληλουϊά [4]

Rev 19: 1 Μετὰ ταῦτα ἤκουσα ὡς φωνὴν μεγάλην ὄχλου πολλοῦ ἐν τῷ οὐρανῷ λεγόντων, **Ἁλληλουϊά·**
19: 3 καὶ δεύτερον εἴρηκαν, **Ἁλληλουϊά·** καὶ ὁ καπνὸς αὐτῆς ἀναβαίνει εἰς τοὺς αἰῶνας τῶν αἰώνων.
19: 4 καὶ τὰ τέσσαρα ζῷα καὶ προσεκύνησαν τῷ θεῷ τῷ καθημένῳ ἐπὶ τῷ θρόνῳ λέγοντες, Ἀμὴν **Ἁλληλουϊά,**
19: 6 **Ἁλληλουϊά,** ὅτι ἐβασίλευσεν κύριος ὁ θεὸς [ἡμῶν] ὁ παντοκράτωρ.

253 ἀλλήλων [100]

√ 257

ἀγαπάτε, ἀγαπᾶν ἀλλήλους [12] Jn 13:34; 15:12,17; Ro 13:8; 1Th 4:9; 1Pe 1:22; 1Jn 3:11,23; 4:7,11,12; 2Jn 1:5

εἰς ἀλλήλους [11] Jn 13:22; Ro 1:27; 12:10,16; 14:19; Eph 4:32; Col 3:9; 1Th 3:12; 5:15; 2Th 1:3; 1Pe 4:9

πρός ἀλλήλους [20] Mk 4:41; 8:16; 9:34; 15:31; Lk 2:15; 4:36; 6:11; 8:25; 20:14; 24:14,17,32; Jn 4:33; 6:52; 16:17; 19:24; Ac 4:15; 26:31; 28:4,25

Mt 24:10 καὶ τότε σκανδαλισθήσονται πολλοὶ καὶ **ἀλλήλους** παραδώσουσιν καὶ μισήσουσιν **ἀλλήλους·**
25:32 καὶ συναχθήσονται ἔμπροσθεν αὐτοῦ πάντα τὰ ἔθνη, καὶ ἀφορίσει αὐτοὺς ἀπ' **ἀλλήλων,**
Mk 4:41 καὶ ἐφοβήθησαν φόβον μέγαν καὶ ἔλεγον πρὸς **ἀλλήλους,**
8:16 καὶ διελογίζοντο πρὸς **ἀλλήλους** ὅτι ἄρτους οὐκ ἔχουσιν.
9:34 πρὸς **ἀλλήλους** γὰρ διελέχθησαν ἐν τῇ ὁδῷ τίς μείζων.
9:50 ἔχετε ἐν ἑαυτοῖς ἅλα καὶ εἰρηνεύετε ἐν **ἀλλήλοις.**
15:31 ὁμοίως καὶ οἱ ἀρχιερεῖς ἐμπαίζοντες πρὸς **ἀλλήλους** μετὰ τῶν γραμματέων ἔλεγον,
Lk 2:15 Καὶ ἐγένετο ὡς ἀπῆλθον ἀπ' αὐτῶν εἰς τὸν οὐρανὸν οἱ ἄγγελοι, οἱ ποιμένες ἐλάλουν πρὸς **ἀλλήλους,**
4:36 καὶ ἐγένετο θάμβος ἐπὶ πάντας καὶ συνελάλουν πρὸς **ἀλλήλους** λέγοντες,
6:11 αὐτοὶ δὲ ἐπλήσθησαν ἀνοίας καὶ διελάλουν πρὸς **ἀλλήλους** τί ἂν ποιήσαιεν τῷ Ἰησοῦ.
7:32 ὅμοιοί εἰσιν παιδίοις τοῖς ἐν ἀγορᾷ καθημένοις καὶ προσφωνοῦσιν **ἀλλήλοις** ἃ λέγει,
8:25 φοβηθέντες δὲ ἐθαύμασαν λέγοντες πρὸς **ἀλλήλους,** Τίς ἄρα οὗτός ἐστιν ὅτι καὶ τοῖς ἀνέμοις ἐπιτάσσει καὶ τῷ ὕδατι,
12: 1 ὥστε καταπατεῖν **ἀλλήλους,** ἤρξατο λέγειν πρὸς τοὺς μαθητὰς αὐτοῦ πρῶτον,
20:14 ἰδόντες δὲ αὐτὸν οἱ γεωργοὶ διελογίζοντο πρὸς **ἀλλήλους** λέγοντες,
23:12 ἐγένοντο δὲ φίλοι ὅ τε Ἡρῴδης καὶ ὁ Πιλᾶτος ἐν αὐτῇ τῇ ἡμέρᾳ μετ' **ἀλλήλων·**
24:14 καὶ αὐτοὶ ὡμίλουν πρὸς **ἀλλήλους** περὶ πάντων τῶν συμβεβηκότων τούτων.
24:17 Τίνες οἱ λόγοι οὗτοι οὓς ἀντιβάλλετε πρὸς **ἀλλήλους** περιπατοῦντες;
24:32 καὶ εἶπαν πρὸς **ἀλλήλους,** Οὐχὶ ἡ καρδία ἡμῶν καιομένη ἦν [ἐν ἡμῖν] ὡς ἐλάλει ἡμῖν ἐν τῇ ὁδῷ,
Jn 4:33 ἔλεγον οὖν οἱ μαθηταὶ πρὸς **ἀλλήλους,** Μή τις ἤνεγκεν αὐτῷ φαγεῖν;
5:44 πῶς δύνασθε ὑμεῖς πιστεῦσαι δόξαν παρὰ **ἀλλήλων** λαμβάνοντες,
6:43 ἀπεκρίθη Ἰησοῦς καὶ εἶπεν αὐτοῖς, Μὴ γογγύζετε μετ' **ἀλλήλων.**
6:52 Ἐμάχοντο οὖν πρὸς **ἀλλήλους** οἱ Ἰουδαῖοι λέγοντες, Πῶς δύναται οὗτος ἡμῖν δοῦναι τὴν σάρκα [αὐτοῦ] φαγεῖν;
11:56 ἐζήτουν οὖν τὸν Ἰησοῦν καὶ ἔλεγον μετ' **ἀλλήλων** ἐν τῷ ἱερῷ ἑστηκότες,
13:14 εἰ οὖν ἐγὼ ἔνιψα ὑμῶν τοὺς πόδας ὁ κύριος καὶ ὁ διδάσκαλος, καὶ ὑμεῖς ὀφείλετε **ἀλλήλων** νίπτειν τοὺς πόδας·
13:22 ἔβλεπον εἰς **ἀλλήλους** οἱ μαθηταὶ ἀπορούμενοι περὶ τίνος λέγει.
13:34 ἐντολὴν καινὴν δίδωμι ὑμῖν, ἵνα ἀγαπᾶτε **ἀλλήλους,** καθὼς ἠγάπησα ὑμᾶς ἵνα καὶ ὑμεῖς ἀγαπᾶτε **ἀλλήλους.**
13:35 ἐν τούτῳ γνώσονται πάντες ὅτι ἐμοὶ μαθηταί ἐστε, ἐὰν ἀγάπην ἔχητε ἐν **ἀλλήλοις.**
15:12 αὕτη ἐστὶν ἡ ἐντολὴ ἡ ἐμή, ἵνα ἀγαπᾶτε **ἀλλήλους** καθὼς ἠγάπησα ὑμᾶς.
15:17 ταῦτα ἐντέλλομαι ὑμῖν, ἵνα ἀγαπᾶτε **ἀλλήλους.**
16:17 εἶπαν οὖν ἐκ τῶν μαθητῶν αὐτοῦ πρὸς **ἀλλήλους,**
16:19 καὶ εἶπεν αὐτοῖς, Περὶ τούτου ζητεῖτε μετ' **ἀλλήλων** ὅτι εἶπον,
19:24 εἶπαν οὖν πρὸς **ἀλλήλους,** Μὴ σχίσωμεν αὐτόν, ἀλλὰ λάχωμεν περὶ αὐτοῦ τίνος ἔσται·
Ac 4:15 κελεύσαντες δὲ αὐτοὺς ἔξω τοῦ συνεδρίου ἀπελθεῖν συνέβαλλον πρὸς **ἀλλήλους**
7:26 καὶ συνήλλασσεν αὐτοὺς εἰς εἰρήνην εἰπών, Ἄνδρες, ἀδελφοί ἐστε· ἱνατί ἀδικεῖτε **ἀλλήλους;**
15:39 ἐγένετο δὲ παροξυσμὸς ὥστε ἀποχωρισθῆναι αὐτοὺς ἀπ' **ἀλλήλων,**
19:38 εἰ μὲν οὖν Δημήτριος καὶ οἱ σὺν αὐτῷ τεχνῖται ἔχουσι πρός τινα λόγον, ἀγοραῖοι ἄγονται καὶ ἀνθύπατοί εἰσιν, ἐγκαλείτωσαν **ἀλλήλοις.**
21: 6 ἀπησπασάμεθα **ἀλλήλους** καὶ ἀνέβημεν εἰς τὸ πλοῖον, ἐκεῖνοι δὲ ὑπέστρεψαν εἰς τὰ ἴδια.
26:31 ἀναχωρήσαντες ἐλάλουν πρὸς **ἀλλήλους** λέγοντες ὅτι Οὐδὲν θανάτου ἢ δεσμῶν ἄξιον [τι] πράσσει ὁ ἄνθρωπος οὗτος.
28: 4 ὡς δὲ εἶδον οἱ βάρβαροι κρεμάμενον τὸ θηρίον ἐκ τῆς χειρὸς αὐτοῦ, πρὸς **ἀλλήλους** ἔλεγον,
28:25 ἀσύμφωνοι δὲ ὄντες πρὸς **ἀλλήλους** ἀπελύοντο εἰπόντος τοῦ Παύλου ῥῆμα ἕν,
Ro 1:12 τοῦτο δέ ἐστιν συμπαρακληθῆναι ἐν ὑμῖν διὰ τῆς ἐν **ἀλλήλοις** πίστεως ὑμῶν τε καὶ ἐμοῦ.
1:27 ὁμοίως τε καὶ οἱ ἄρσενες ἀφέντες τὴν φυσικὴν χρῆσιν τῆς θηλείας ἐξεκαύθησαν ἐν τῇ ὀρέξει αὐτῶν εἰς **ἀλλήλους,**
2:15 συμμαρτυρούσης αὐτῶν τῆς συνειδήσεως καὶ μεταξὺ **ἀλλήλων** τῶν λογισμῶν κατηγορούντων ἢ καὶ ἀπολογουμένων,
12: 5 οὕτως οἱ πολλοὶ ἓν σῶμά ἐσμεν ἐν Χριστῷ, τὸ δὲ καθ' εἷς **ἀλλήλων** μέλη.
12:10 τῇ φιλαδελφίᾳ εἰς **ἀλλήλους** φιλόστοργοι, τῇ τιμῇ **ἀλλήλους** προηγούμενοι,
12:16 τὸ αὐτὸ εἰς **ἀλλήλους** φρονοῦντες, μὴ τὰ ὑψηλὰ φρονοῦντες ἀλλὰ τοῖς ταπεινοῖς συναπαγόμενοι.
13: 8 Μηδενὶ μηδὲν ὀφείλετε εἰ μὴ τὸ **ἀλλήλους** ἀγαπᾶν·
14:13 Μηκέτι οὖν **ἀλλήλους** κρίνωμεν· ἀλλὰ τοῦτο κρίνατε μᾶλλον,
14:19 ἄρα οὖν τὰ τῆς εἰρήνης διώκωμεν καὶ τὰ τῆς οἰκοδομῆς τῆς εἰς **ἀλλήλους.**
15: 5 ὁ δὲ θεὸς τῆς ὑπομονῆς καὶ τῆς παρακλήσεως δῴη ὑμῖν τὸ αὐτὸ φρονεῖν ἐν **ἀλλήλοις** κατὰ Χριστὸν Ἰησοῦν,
15: 7 Διὸ προσλαμβάνεσθε **ἀλλήλους,** καθὼς καὶ ὁ Χριστὸς προσελάβετο ὑμᾶς εἰς δόξαν τοῦ θεοῦ.
15:14 πεπληρωμένοι πάσης [τῆς] γνώσεως, δυνάμενοι καὶ **ἀλλήλους** νουθετεῖν.
16:16 Ἀσπάσασθε **ἀλλήλους** ἐν φιλήματι ἁγίῳ. Ἀσπάζονται ὑμᾶς αἱ ἐκκλησίαι πᾶσαι τοῦ Χριστοῦ.
1Co 7: 5 μὴ ἀποστερεῖτε **ἀλλήλους,** εἰ μήτι ἂν ἐκ συμφώνου πρὸς καιρόν,
11:33 ἀδελφοί μου, συνερχόμενοι εἰς τὸ φαγεῖν **ἀλλήλους** ἐκδέχεσθε.
12:25 ἵνα μὴ ᾖ σχίσμα ἐν τῷ σώματι ἀλλὰ τὸ αὐτὸ ὑπὲρ **ἀλλήλων** μεριμνῶσιν τὰ μέλη.
16:20 ἀσπάζονται ὑμᾶς οἱ ἀδελφοὶ πάντες. Ἀσπάσασθε **ἀλλήλους** ἐν φιλήματι ἁγίῳ.
2Co 13:12 ἀσπάσασθε **ἀλλήλους** ἐν ἁγίῳ φιλήματι. ἀσπάζονται ὑμᾶς οἱ ἅγιοι πάντες.
Gal 5:13 μόνον μὴ τὴν ἐλευθερίαν εἰς ἀφορμὴν τῇ σαρκί, ἀλλὰ διὰ τῆς ἀγάπης δουλεύετε **ἀλλήλοις.**
5:15 εἰ δὲ **ἀλλήλους** δάκνετε καὶ κατεσθίετε, βλέπετε μὴ ὑπ' **ἀλλήλων** ἀναλωθῆτε.
5:17 τὸ δὲ πνεῦμα κατὰ τῆς σαρκός, ταῦτα γὰρ **ἀλλήλοις** ἀντίκειται,
5:26 μὴ γινώμεθα κενόδοξοι, **ἀλλήλους** προκαλούμενοι, **ἀλλήλοις** φθονοῦντες.
6: 2 **Ἀλλήλων** τὰ βάρη βαστάζετε καὶ οὕτως ἀναπληρώσετε τὸν νόμον τοῦ Χριστοῦ.

Eph 4: 2 μετὰ πάσης ταπεινοφροσύνης καὶ πραΰτητος, μετὰ μακροθυμίας, ἀνεχόμενοι **ἀλλήλων** ἐν ἀγάπῃ,
4:25 Διὸ ἀποθέμενοι τὸ ψεῦδος λαλεῖτε ἀλήθειαν ἕκαστος μετὰ τοῦ πλησίον αὐτοῦ, ὅτι ἐσμὲν **ἀλλήλων** μέλη.
4:32 γίνεσθε [δὲ] εἰς **ἀλλήλους** χρηστοί, εὔσπλαγχνοι, χαριζόμενοι ἑαυτοῖς,
5:21 ὑποτασσόμενοι **ἀλλήλοις** ἐν φόβῳ Χριστοῦ,
Php 2: 3 μηδὲν κατ᾽ ἐριθείαν μηδὲ κατὰ κενοδοξίαν ἀλλὰ τῇ ταπεινοφροσύνῃ **ἀλλήλους** ἡγούμενοι ὑπερέχοντας ἑαυτῶν,
Col 3: 9 μὴ ψεύδεσθε εἰς **ἀλλήλους,** ἀπεκδυσάμενοι τὸν παλαιὸν ἄνθρωπον σὺν ταῖς πράξεσιν αὐτοῦ
3:13 ἀνεχόμενοι **ἀλλήλων** καὶ χαριζόμενοι ἑαυτοῖς ἐάν τις πρός τινα ἔχῃ μομφήν·
1Th 3:12 ὑμᾶς δὲ ὁ κύριος πλεονάσαι καὶ περισσεύσαι τῇ ἀγάπῃ εἰς **ἀλλήλους** καὶ εἰς πάντας καθάπερ καὶ ἡμεῖς εἰς ὑμᾶς,
4: 9 αὐτοὶ γὰρ ὑμεῖς θεοδίδακτοί ἐστε εἰς τὸ ἀγαπᾶν **ἀλλήλους,**
4:18 Ὥστε παρακαλεῖτε **ἀλλήλους** ἐν τοῖς λόγοις τούτοις.
5:11 Διὸ παρακαλεῖτε **ἀλλήλους** καὶ οἰκοδομεῖτε εἷς τὸν ἕνα,
5:15 ἀλλὰ πάντοτε τὸ ἀγαθὸν διώκετε [καὶ] εἰς **ἀλλήλους** καὶ εἰς πάντας.
2Th 1: 3 ὅτι ὑπεραυξάνει ἡ πίστις ὑμῶν καὶ πλεονάζει ἡ ἀγάπη ἑνὸς ἑκάστου πάντων ὑμῶν εἰς **ἀλλήλους,**
Tit 3: 3 ἐν κακίᾳ καὶ φθόνῳ διάγοντες, στυγητοί, μισοῦντες **ἀλλήλους.**
Heb 10:24 καὶ κατανοῶμεν **ἀλλήλους** εἰς παροξυσμὸν ἀγάπης καὶ καλῶν ἔργων,
Jas 4:11 Μὴ καταλαλεῖτε **ἀλλήλων,** ἀδελφοί. ὁ καταλαλῶν ἀδελφοῦ ἢ κρίνων τὸν ἀδελφὸν αὐτοῦ καταλαλεῖ νόμου καὶ κρίνει νόμον·
5: 9 μὴ στενάζετε, ἀδελφοί, κατ᾽ **ἀλλήλων** ἵνα μὴ κριθῆτε·
5:16 ἐξομολογεῖσθε οὖν **ἀλλήλοις** τὰς ἁμαρτίας καὶ εὔχεσθε ὑπὲρ **ἀλλήλων** ὅπως ἰαθῆτε.
1Pe 1:22 ἐν τῇ ὑπακοῇ τῆς ἀληθείας εἰς φιλαδελφίαν ἀνυπόκριτον, ἐκ [καθαρᾶς] καρδίας **ἀλλήλους** ἀγαπήσατε ἐκτενῶς
4: 9 φιλόξενοι εἰς **ἀλλήλους** ἄνευ γογγυσμοῦ·
5: 5 πάντες δὲ **ἀλλήλοις** τὴν ταπεινοφροσύνην ἐγκομβώσασθε, ὅτι [Ὁ] θεὸς ὑπερηφάνοις ἀντιτάσσεται,
5:14 ἀσπάσασθε **ἀλλήλους** ἐν φιλήματι ἀγάπης. εἰρήνη ὑμῖν πᾶσιν τοῖς ἐν Χριστῷ.
1Jn 1: 7 κοινωνίαν ἔχομεν μετ᾽ **ἀλλήλων** καὶ τὸ αἷμα Ἰησοῦ τοῦ υἱοῦ αὐτοῦ καθαρίζει ἡμᾶς ἀπὸ πάσης ἁμαρτίας.
3:11 Ὅτι αὕτη ἐστὶν ἡ ἀγγελία ἣν ἠκούσατε ἀπ᾽ ἀρχῆς, ἵνα ἀγαπῶμεν **ἀλλήλους,**
3:23 ἵνα πιστεύσωμεν τῷ ὀνόματι τοῦ υἱοῦ αὐτοῦ Ἰησοῦ Χριστοῦ καὶ ἀγαπῶμεν **ἀλλήλους,**
4: 7 Ἀγαπητοί, ἀγαπῶμεν **ἀλλήλους,** ὅτι ἡ ἀγάπη ἐκ τοῦ θεοῦ ἐστιν,
4:11 εἰ οὕτως ὁ θεὸς ἠγάπησεν ἡμᾶς, καὶ ἡμεῖς ὀφείλομεν **ἀλλήλους** ἀγαπᾶν.
4:12 ἐὰν ἀγαπῶμεν **ἀλλήλους,** ὁ θεὸς ἐν ἡμῖν μένει καὶ ἡ ἀγάπη αὐτοῦ ἐν ἡμῖν τετελειωμένη ἐστιν.
2Jn 1: 5 οὐχ ὡς ἐντολὴν καινὴν γράφων σοι ἀλλὰ ἣν εἴχομεν ἀπ᾽ ἀρχῆς, ἵνα ἀγαπῶμεν **ἀλλήλους.**
Rev 6: 4 ἐδόθη αὐτῷ λαβεῖν τὴν εἰρήνην ἐκ τῆς γῆς καὶ ἵνα **ἀλλήλους** σφάξουσιν καὶ ἐδόθη αὐτῷ μάχαιρα μεγάλη.
11:10 καὶ οἱ κατοικοῦντες ἐπὶ τῆς γῆς χαίρουσιν ἐπ᾽ αὐτοῖς καὶ εὐφραίνονται καὶ δῶρα πέμψουσιν **ἀλλήλοις,**

254 ἀλλογενής [1]

√ *257 + 1181*

Lk 17:18 οὐχ εὑρέθησαν ὑποστρέψαντες δοῦναι δόξαν τῷ θεῷ εἰ μὴ ὁ **ἀλλογενὴς** οὗτος;

255 ἀλλοιόω Not used in UBS/NIV

√ *257*

256 ἅλλομαι [3]

→ *380, 1880, 1982, 2383; cf. 4888*

Jn 4:14 ἀλλὰ τὸ ὕδωρ ὃ δώσω αὐτῷ γενήσεται ἐν αὐτῷ πηγὴ ὕδατος **ἁλλομένου** εἰς ζωὴν αἰώνιον.
Ac 3: 8 ἔστη καὶ περιεπάτει καὶ εἰσῆλθεν σὺν αὐτοῖς εἰς τὸ ἱερὸν περιπατῶν καὶ **ἁλλόμενος** καὶ αἰνῶν τὸν θεόν.
14:10 Ἀνάστηθι ἐπὶ τοὺς πόδας σου ὀρθός. καὶ **ἥλατο** καὶ περιεπάτει.

257 ἄλλος [155]

→ *247, 249, 250, 251, 253, 254, 255, 258, 259, 260, 261, 558; cf. 248*

ὁ ἄλλος [15] Mt 5:39; 12:13; 27:61; 28:1; Lk 6:29; Jn 18:16; 19:32; 20:2,3,4,8,25; 21:8; 1Co 14:29; Rev 17:10

ἄλλος δέ [24] Mt 13:5,7,8; 16:14; 21:8; Mk 6:15,15; 8:28; 11:8; Lk 9:8,19,19; Jn 7:12; 9:16; 10:21; Ac 21:34; 1Co 3:10; 12:8,9,10; 15:39,39,39; Heb 11:35

ἄλλος ... ἕτερος [9] Mt 16:14; Ac 4:12; 1Co 10:29; 12:9,10,10,10,10; 2Co 11:4

Mt 2:12 δι᾽ **ἄλλης** ὁδοῦ ἀνεχώρησαν εἰς τὴν χώραν αὐτῶν.
4:21 Καὶ προβὰς ἐκεῖθεν εἶδεν **ἄλλους** δύο ἀδελφούς, Ἰάκωβον τὸν τοῦ Ζεβεδαίου καὶ Ἰωάννην τὸν ἀδελφὸν αὐτοῦ,
5:39 ἀλλ᾽ ὅστις σε ῥαπίζει εἰς τὴν δεξιὰν σιαγόνα [σου,] στρέψον αὐτῷ καὶ τὴν **ἄλλην·**
8: 9 Πορεύθητι, καὶ πορεύεται, καὶ **ἄλλῳ,** Ἔρχου, καὶ ἔρχεται,
12:13 καὶ ἐξέτεινεν καὶ ἀπεκατεστάθη ὑγιὴς ὡς ἡ **ἄλλη.**
13: 5 **ἄλλα** δὲ ἔπεσεν ἐπὶ τὰ πετρώδη ὅπου οὐκ εἶχεν γῆν πολλήν,
13: 7 **ἄλλα** δὲ ἔπεσεν ἐπὶ τὰς ἀκάνθας, καὶ ἀνέβησαν αἱ ἄκανθαι καὶ ἔπνιξαν αὐτά.
13: 8 **ἄλλα** δὲ ἔπεσεν ἐπὶ τὴν γῆν τὴν καλὴν καὶ ἐδίδου καρπόν,
13:24 **Ἄλλην** παραβολὴν παρέθηκεν αὐτοῖς λέγων, Ὡμοιώθη ἡ βασιλεία τῶν οὐρανῶν ἀνθρώπῳ σπείραντι καλὸν σπέρμα
13:31 **Ἄλλην** παραβολὴν παρέθηκεν αὐτοῖς λέγων, Ὁμοία ἐστὶν ἡ βασιλεία τῶν οὐρανῶν κόκκῳ σινάπεως,
13:33 **Ἄλλην** παραβολὴν ἐλάλησεν αὐτοῖς· Ὁμοία ἐστὶν ἡ βασιλεία τῶν οὐρανῶν ζύμῃ,
16:14 Οἱ μὲν Ἰωάννην τὸν βαπτιστήν, **ἄλλοι** δὲ Ἠλίαν,
19: 9 λέγω δὲ ὑμῖν ὅτι ὃς ἂν ἀπολύσῃ τὴν γυναῖκα αὐτοῦ μὴ ἐπὶ πορνείᾳ καὶ γαμήσῃ **ἄλλην** μοιχᾶται.
20: 3 καὶ ἐξελθὼν περὶ τρίτην ὥραν εἶδεν **ἄλλους** ἑστῶτας ἐν τῇ ἀγορᾷ ἀργοὺς
20: 6 περὶ δὲ τὴν ἑνδεκάτην ἐξελθὼν εὗρεν **ἄλλους** ἑστῶτας καὶ λέγει αὐτοῖς,
21: 8 **ἄλλοι** δὲ ἔκοπτον κλάδους ἀπὸ τῶν δένδρων καὶ ἐστρώννυον ἐν τῇ ὁδῷ.
21:33 **Ἄλλην** παραβολὴν ἀκούσατε. Ἄνθρωπος ἦν οἰκοδεσπότης ὅστις ἐφύτευσεν ἀμπελῶνα καὶ φραγμὸν αὐτῷ περιέθηκεν
21:36 πάλιν ἀπέστειλεν **ἄλλους** δούλους πλείονας τῶν πρώτων, καὶ ἐποίησαν αὐτοῖς ὡσαύτως.
21:41 Κακοὺς κακῶς ἀπολέσει αὐτοὺς καὶ τὸν ἀμπελῶνα ἐκδώσεται **ἄλλοις** γεωργοῖς,
22: 4 πάλιν ἀπέστειλεν **ἄλλους** δούλους λέγων, Εἴπατε τοῖς κεκλημένοις,
25:16 πορευθεὶς ὁ τὰ πέντε τάλαντα λαβὼν ἠργάσατο ἐν αὐτοῖς καὶ ἐκέρδησεν **ἄλλα** πέντε·
25:17 ὡσαύτως ὁ τὰ δύο ἐκέρδησεν **ἄλλα** δύο.
25:20 καὶ προσελθὼν ὁ τὰ πέντε τάλαντα λαβὼν προσήνεγκεν **ἄλλα** πέντε τάλαντα λέγων, Κύριε, πέντε τάλαντά μοι παρέδωκας· ἴδε **ἄλλα** πέντε τάλαντα ἐκέρδησα.
25:22 δύο τάλαντά μοι παρέδωκας· ἴδε **ἄλλα** δύο τάλαντα ἐκέρδησα.
26:71 ἐξελθόντα δὲ εἰς τὸν πυλῶνα εἶδεν αὐτὸν **ἄλλη** καὶ λέγει τοῖς ἐκεῖ,
27:42 **Ἄλλους** ἔσωσεν, ἑαυτὸν οὐ δύναται σῶσαι· βασιλεὺς Ἰσραήλ ἐστιν,
27:61 ἦν δὲ ἐκεῖ Μαριὰμ ἡ Μαγδαληνὴ καὶ ἡ **ἄλλη** Μαρία καθήμεναι ἀπέναντι τοῦ τάφου.
28: 1 τῇ ἐπιφωσκούσῃ εἰς μίαν σαββάτων ἦλθεν Μαριὰμ ἡ Μαγδαληνὴ καὶ ἡ **ἄλλη** Μαρία θεωρῆσαι τὸν τάφον.
Mk 4: 5 καὶ **ἄλλο** ἔπεσεν ἐπὶ τὸ πετρῶδες ὅπου οὐκ εἶχεν γῆν πολλήν,
4: 7 καὶ **ἄλλο** ἔπεσεν εἰς τὰς ἀκάνθας, καὶ ἀνέβησαν αἱ ἄκανθαι καὶ συνέπνιξαν αὐτό,
4: 8 καὶ **ἄλλα** ἔπεσεν εἰς τὴν γῆν τὴν καλὴν καὶ ἐδίδου καρπὸν ἀναβαίνοντα καὶ αὐξανόμενα καὶ ἔφερεν ἓν τριάκοντα καὶ ἓν ἑξήκοντα καὶ ἓν ἑκατόν.
4:18 καὶ **ἄλλοι** εἰσὶν οἱ εἰς τὰς ἀκάνθας σπειρόμενοι·
4:36 καὶ ἀφέντες τὸν ὄχλον παραλαμβάνουσιν αὐτὸν ὡς ἦν ἐν τῷ πλοίῳ, καὶ **ἄλλα** πλοῖα ἦν μετ᾽ αὐτοῦ.
6:15 **ἄλλοι** δὲ ἔλεγον ὅτι Ἠλίας ἐστίν· **ἄλλοι** δὲ ἔλεγον ὅτι προφήτης ὡς εἷς τῶν προφητῶν.
7: 4 καὶ **ἄλλα** πολλά ἐστιν ἃ παρέλαβον κρατεῖν, βαπτισμοὺς ποτηρίων καὶ ξεστῶν καὶ χαλκίων [καὶ κλινῶν–]

8:28 καὶ **ἄλλοι,** Ἠλίαν, **ἄλλοι** δὲ ὅτι εἷς τῶν προφητῶν.
10:11 Ὃς ἂν ἀπολύσῃ τὴν γυναῖκα αὐτοῦ καὶ γαμήσῃ **ἄλλην** μοιχᾶται ἐπ' αὐτήν·
10:12 καὶ ἐὰν αὐτὴ ἀπολύσασα τὸν ἄνδρα αὐτῆς γαμήσῃ **ἄλλον** μοιχᾶται.
11: 8 καὶ πολλοὶ τὰ ἱμάτια αὐτῶν ἔστρωσαν εἰς τὴν ὁδόν, **ἄλλοι** δὲ στιβάδας κόψαντες ἐκ τῶν ἀγρῶν.
12: 4 καὶ πάλιν ἀπέστειλεν πρὸς αὐτοὺς **ἄλλον** δοῦλον· κἀκεῖνον ἐκεφαλίωσαν καὶ ἠτίμασαν.
12: 5 καὶ **ἄλλον** ἀπέστειλεν· κἀκεῖνον ἀπέκτειναν, καὶ πολλοὺς **ἄλλους,** οὓς μὲν δέροντες,
12: 9 ἐλεύσεται καὶ ἀπολέσει τοὺς γεωργοὺς καὶ δώσει τὸν ἀμπελῶνα **ἄλλοις.**
12:31 Ἀγαπήσεις τὸν πλησίον σου ὡς σεαυτόν. μείζων τούτων **ἄλλη** ἐντολὴ οὐκ ἔστιν.
12:32 ἐπ' ἀληθείας εἶπες ὅτι εἷς ἐστιν καὶ οὐκ ἔστιν **ἄλλος** πλὴν αὐτοῦ·
14:58 Ἐγὼ καταλύσω τὸν ναὸν τοῦτον τὸν χειροποίητον καὶ διὰ τριῶν ἡμερῶν **ἄλλον** ἀχειροποίητον οἰκοδομήσω
15:31 ἀρχιερεῖς ἐμπαίζοντες πρὸς ἀλλήλους μετὰ τῶν γραμματέων ἔλεγον, **Ἄλλους** ἔσωσεν, ἑαυτὸν οὐ δύναται σῶσαι·
15:41 καὶ **ἄλλαι** πολλαὶ αἱ συναναβᾶσαι αὐτῷ εἰς Ἱεροσόλυμα.
Lk 5:29 καὶ ἦν ὄχλος πολὺς τελωνῶν καὶ **ἄλλων** οἳ ἦσαν μετ' αὐτῶν κατακείμενοι.
6:29 τῷ τύπτοντί σε ἐπὶ τὴν σιαγόνα πάρεχε καὶ τὴν **ἄλλην,**
7: 8 Πορεύθητι, καὶ πορεύεται, καὶ **ἄλλῳ,** Ἔρχου, καὶ ἔρχεται,
7:19 ἔπεμψεν πρὸς τὸν κύριον λέγων, Σὺ εἶ ὁ ἐρχόμενος ἢ **ἄλλον** προσδοκῶμεν;
7:20 Ἰωάννης ὁ βαπτιστὴς ἀπέστειλεν ἡμᾶς πρὸς σὲ λέγων, Σὺ εἶ ὁ ἐρχόμενος ἢ **ἄλλον** προσδοκῶμεν;
9: 8 **ἄλλων** δὲ ὅτι προφήτης τις τῶν ἀρχαίων ἀνέστη.
9:19 οἱ δὲ ἀποκριθέντες εἶπαν, Ἰωάννην τὸν βαπτιστήν, **ἄλλοι** δὲ Ἠλίαν, **ἄλλοι** δὲ ὅτι προφήτης τις τῶν ἀρχαίων ἀνέστη.
20:16 ἐλεύσεται καὶ ἀπολέσει τοὺς γεωργοὺς τούτους καὶ δώσει τὸν ἀμπελῶνα **ἄλλοις.**
22:59 καὶ διαστάσης ὡσεὶ ὥρας μιᾶς **ἄλλος** τις διϊσχυρίζετο λέγων,
23:35 ἐξεμυκτήριζον δὲ καὶ οἱ ἄρχοντες λέγοντες, **Ἄλλους** ἔσωσεν, σωσάτω ἑαυτόν,
Jn 4:37 ἐν γὰρ τούτῳ ὁ λόγος ἐστὶν ἀληθινὸς ὅτι **Ἄλλος** ἐστὶν ὁ σπείρων καὶ **ἄλλος** ὁ θερίζων.
4:38 **ἄλλοι** κεκοπιάκασιν καὶ ὑμεῖς εἰς τὸν κόπον αὐτῶν εἰσεληλύθατε.
5: 7 ἐν ᾧ δὲ ἔρχομαι ἐγώ, **ἄλλος** πρὸ ἐμοῦ καταβαίνει.
5:32 **ἄλλος** ἐστὶν ὁ μαρτυρῶν περὶ ἐμοῦ, καὶ οἶδα ὅτι ἀληθής ἐστιν ἡ μαρτυρία ἣν μαρτυρεῖ περὶ ἐμοῦ.
5:43 ἐὰν **ἄλλος** ἔλθῃ ἐν τῷ ὀνόματι τῷ ἰδίῳ,
6:22 Τῇ ἐπαύριον ὁ ὄχλος ὁ ἑστηκὼς πέραν τῆς θαλάσσης εἶδον ὅτι πλοιάριον **ἄλλο** οὐκ ἦν ἐκεῖ εἰ μὴ ἕν
6:23 **ἄλλα** ἦλθεν πλοιά[ρια] ἐκ Τιβεριάδος ἐγγὺς τοῦ τόπου ὅπου ἔφαγον τὸν ἄρτον εὐχαριστήσαντος τοῦ κυρίου.
7:12 **ἄλλοι** [δὲ] ἔλεγον, Οὔ, ἀλλὰ πλανᾷ τὸν ὄχλον.
7:41 **ἄλλοι** ἔλεγον, Οὗτός ἐστιν ὁ Χριστός, οἱ δὲ ἔλεγον,
9: 9 **ἄλλοι** ἔλεγον ὅτι Οὗτός ἐστιν, **ἄλλοι** ἔλεγον, Οὐχί, ἀλλὰ ὅμοιος αὐτῷ ἐστιν.
9:16 **ἄλλοι** [δὲ] ἔλεγον, Πῶς δύναται ἄνθρωπος ἁμαρτωλὸς τοιαῦτα σημεῖα ποιεῖν;
10:16 καὶ **ἄλλα** πρόβατα ἔχω ἃ οὐκ ἔστιν ἐκ τῆς αὐλῆς ταύτης·
10:21 **ἄλλοι** ἔλεγον, Ταῦτα τὰ ῥήματα οὐκ ἔστιν δαιμονιζομένου·
12:29 ὁ οὖν ὄχλος ὁ ἑστὼς καὶ ἀκούσας ἔλεγεν βροντὴν γεγονέναι, **ἄλλοι** ἔλεγον, Ἄγγελος αὐτῷ λελάληκεν.
14:16 κἀγὼ ἐρωτήσω τὸν πατέρα καὶ **ἄλλον** παράκλητον δώσει ὑμῖν,
15:24 εἰ τὰ ἔργα μὴ ἐποίησα ἐν αὐτοῖς ἃ οὐδεὶς **ἄλλος** ἐποίησεν,
18:15 Ἠκολούθει δὲ τῷ Ἰησοῦ Σίμων Πέτρος καὶ **ἄλλος** μαθητής.
18:16 ἐξῆλθεν οὖν ὁ μαθητὴς ὁ **ἄλλος** ὁ γνωστὸς τοῦ ἀρχιερέως καὶ εἶπεν τῇ θυρωρῷ καὶ εἰσήγαγεν τὸν Πέτρον.
18:34 Ἀπὸ σεαυτοῦ σὺ τοῦτο λέγεις ἢ **ἄλλοι** εἶπόν σοι περὶ ἐμοῦ;
19:18 καὶ μετ' αὐτοῦ **ἄλλους** δύο ἐντεῦθεν καὶ ἐντεῦθεν,
19:32 ἦλθον οὖν οἱ στρατιῶται καὶ τοῦ μὲν πρώτου κατέαξαν τὰ σκέλη καὶ τοῦ **ἄλλου** τοῦ συσταυρωθέντος αὐτῷ·
20: 2 τρέχει οὖν καὶ ἔρχεται πρὸς Σίμωνα Πέτρον καὶ πρὸς τὸν **ἄλλον** μαθητὴν ὃν ἐφίλει ὁ Ἰησοῦς καὶ λέγει αὐτοῖς,
20: 3 Ἐξῆλθεν οὖν ὁ Πέτρος καὶ ὁ **ἄλλος** μαθητὴς καὶ ἤρχοντο εἰς τὸ μνημεῖον.
20: 4 καὶ ὁ **ἄλλος** μαθητὴς προέδραμεν τάχιον τοῦ Πέτρου καὶ ἦλθεν πρῶτος εἰς τὸ μνημεῖον,
20: 8 τότε οὖν εἰσῆλθεν καὶ ὁ **ἄλλος** μαθητὴς ὁ ἐλθὼν πρῶτος εἰς τὸ μνημεῖον καὶ εἶδεν καὶ ἐπίστευσεν·
20:25 ἔλεγον οὖν αὐτῷ οἱ **ἄλλοι** μαθηταί, Ἑωράκαμεν τὸν κύριον.
20:30 Πολλὰ μὲν οὖν καὶ **ἄλλα** σημεῖα ἐποίησεν ὁ Ἰησοῦς ἐνώπιον τῶν μαθητῶν [αὐτοῦ,]
21: 2 καὶ Ναθαναὴλ ὁ ἀπὸ Κανὰ τῆς Γαλιλαίας καὶ οἱ τοῦ Ζεβεδαίου καὶ **ἄλλοι** ἐκ τῶν μαθητῶν αὐτοῦ δύο.
21: 8 οἱ δὲ **ἄλλοι** μαθηταὶ τῷ πλοιαρίῳ ἦλθον, οὐ γὰρ ἦσαν μακρὰν ἀπὸ τῆς γῆς ἀλλὰ ὡς ἀπὸ πηχῶν διακοσίων,
21:18 καὶ **ἄλλος** σε ζώσει καὶ οἴσει ὅπου οὐ θέλεις.
21:25 Ἔστιν δὲ καὶ **ἄλλα** πολλὰ ἃ ἐποίησεν ὁ Ἰησοῦς,
Ac 2:12 **ἄλλος** πρὸς **ἄλλον** λέγοντες, Τί θέλει τοῦτο εἶναι;
4:12 καὶ οὐκ ἔστιν ἐν **ἄλλῳ** οὐδενὶ ἡ σωτηρία,
15: 2 ἔταξαν ἀναβαίνειν Παῦλον καὶ Βαρναβᾶν καί τινας **ἄλλους** ἐξ αὐτῶν πρὸς τοὺς ἀποστόλους καὶ πρεσβυτέρους
19:32 **ἄλλοι** μὲν οὖν **ἄλλο** τι ἔκραζον· ἦν γὰρ ἡ ἐκκλησία συγκεχυμένη
21:34 **ἄλλοι** δὲ **ἄλλο** τι ἐπεφώνουν ἐν τῷ ὄχλῳ.
1Co 1:16 ἐβάπτισα δὲ καὶ τὸν Στεφανᾶ οἶκον, λοιπὸν οὐκ οἶδα εἴ τινα **ἄλλον** ἐβάπτισα.
3:10 Κατὰ τὴν χάριν τοῦ θεοῦ τὴν δοθεῖσάν μοι ὡς σοφὸς ἀρχιτέκτων θεμέλιον ἔθηκα, **ἄλλος** δὲ ἐποικοδομεῖ.
3:11 θεμέλιον γὰρ **ἄλλον** οὐδεὶς δύναται θεῖναι παρὰ τὸν κείμενον,
9: 2 εἰ **ἄλλοις** οὐκ εἰμὶ ἀπόστολος, ἀλλά γε ὑμῖν εἰμι·
9:12 εἰ **ἄλλοι** τῆς ὑμῶν ἐξουσίας μετέχουσιν, οὐ μᾶλλον ἡμεῖς;
9:27 ἀλλὰ ὑπωπιάζω μου τὸ σῶμα καὶ δουλαγωγῶ, μή πως **ἄλλοις** κηρύξας αὐτὸς ἀδόκιμος γένωμαι.
10:29 ἱνατί γὰρ ἡ ἐλευθερία μου κρίνεται ὑπὸ **ἄλλης** συνειδήσεως;
12: 8 **ἄλλῳ** δὲ λόγος γνώσεως κατὰ τὸ αὐτὸ πνεῦμα,
12: 9 **ἄλλῳ** δὲ χαρίσματα ἰαμάτων ἐν τῷ ἑνὶ πνεύματι,
12:10 **ἄλλῳ** δὲ ἐνεργήματα δυνάμεων, **ἄλλῳ** [δὲ] προφητεία, **ἄλλῳ** [δὲ] διακρίσεις πνευμάτων, ἑτέρῳ γένη γλωσσῶν, **ἄλλῳ** δὲ ἑρμηνεία γλωσσῶν·
14:19 ἵνα καὶ **ἄλλους** κατηχήσω, ἢ μυρίους λόγους ἐν γλώσσῃ.
14:29 προφῆται δὲ δύο ἢ τρεῖς λαλείτωσαν καὶ οἱ **ἄλλοι** διακρινέτωσαν·
14:30 ἐὰν δὲ **ἄλλῳ** ἀποκαλυφθῇ καθημένῳ, ὁ πρῶτος σιγάτω.
15:39 οὐ πᾶσα σὰρξ ἡ αὐτὴ σὰρξ ἀλλὰ **ἄλλη** μὲν ἀνθρώπων, **ἄλλη** δὲ σὰρξ κτηνῶν, **ἄλλη** δὲ σὰρξ πτηνῶν, **ἄλλη** δὲ ἰχθύων.
15:41 **ἄλλη** δόξα ἡλίου, καὶ **ἄλλη** δόξα σελήνης, καὶ **ἄλλη** δόξα ἀστέρων·
2Co 1:13 οὐ γὰρ **ἄλλα** γράφομεν ὑμῖν ἀλλ' ἢ ἃ ἀναγινώσκετε ἢ καὶ ἐπιγινώσκετε·
8:13 οὐ γὰρ ἵνα **ἄλλοις** ἄνεσις, ὑμῖν θλῖψις, ἀλλ' ἐξ ἰσότητος·
11: 4 εἰ μὲν γὰρ ὁ ἐρχόμενος **ἄλλον** Ἰησοῦν κηρύσσει ὃν οὐκ ἐκηρύξαμεν,
11: 8 **ἄλλας** ἐκκλησίας ἐσύλησα λαβὼν ὀψώνιον πρὸς τὴν ὑμῶν διακονίαν,
Gal 1: 7 ὃ οὐκ ἔστιν **ἄλλο,** εἰ μή τινές εἰσιν οἱ ταράσσοντες ὑμᾶς καὶ θέλοντες μεταστρέψαι τὸ εὐαγγέλιον τοῦ Χριστοῦ.
5:10 ἐγὼ πέποιθα εἰς ὑμᾶς ἐν κυρίῳ ὅτι οὐδὲν **ἄλλο** φρονήσετε·
Php 3: 4 εἴ τις δοκεῖ **ἄλλος** πεποιθέναι ἐν σαρκί, ἐγὼ μᾶλλον·
1Th 2: 6 οὔτε ζητοῦντες ἐξ ἀνθρώπων δόξαν οὔτε ἀφ' ὑμῶν οὔτε ἀπ' **ἄλλων,**
Heb 4: 8 οὐκ ἂν περὶ **ἄλλης** ἐλάλει μετὰ ταῦτα ἡμέρας.
11:35 **ἄλλοι** δὲ ἐτυμπανίσθησαν οὐ προσδεξάμενοι τὴν ἀπολύτρωσιν, ἵνα κρείττονος ἀναστάσεως τύχωσιν·
Jas 5:12 μὴ ὀμνύετε μήτε τὸν οὐρανὸν μήτε τὴν γῆν μήτε **ἄλλον** τινὰ ὅρκον·
Rev 2:24 οἵτινες οὐκ ἔγνωσαν τὰ βαθέα τοῦ Σατανᾶ ὡς λέγουσιν· οὐ βάλλω ἐφ' ὑμᾶς **ἄλλο** βάρος,
6: 4 καὶ ἐξῆλθεν **ἄλλος** ἵππος πυρρός, καὶ τῷ καθημένῳ ἐπ' αὐτὸν ἐδόθη αὐτῷ λαβεῖν τὴν εἰρήνην ἐκ τῆς γῆς
7: 2 καὶ εἶδον **ἄλλον** ἄγγελον ἀναβαίνοντα ἀπὸ ἀνατολῆς ἡλίου ἔχοντα σφραγῖδα θεοῦ ζῶντος,
8: 3 Καὶ **ἄλλος** ἄγγελος ἦλθεν καὶ ἐστάθη ἐπὶ τοῦ θυσιαστηρίου ἔχων λιβανωτὸν χρυσοῦν,
10: 1 Καὶ εἶδον **ἄλλον** ἄγγελον ἰσχυρὸν καταβαίνοντα ἐκ τοῦ οὐρανοῦ περιβεβλημένον νεφέλην,
12: 3 καὶ ὤφθη **ἄλλο** σημεῖον ἐν τῷ οὐρανῷ, καὶ ἰδοὺ δράκων μέγας πυρρὸς ἔχων κεφαλὰς ἑπτὰ καὶ κέρατα δέκα
13:11 Καὶ εἶδον **ἄλλο** θηρίον ἀναβαῖνον ἐκ τῆς γῆς,
14: 6 Καὶ εἶδον **ἄλλον** ἄγγελον πετόμενον ἐν μεσουρανήματι, ἔχοντα εὐαγγέλιον αἰώνιον εὐαγγελίσαι
14: 8 Καὶ **ἄλλος** ἄγγελος δεύτερος ἠκολούθησεν λέγων, Ἔπεσεν ἔπεσεν Βαβυλὼν ἡ μεγάλη ἣ ἐκ τοῦ οἴνου τοῦ θυμοῦ

14: 9 Καὶ **ἄλλος** ἄγγελος τρίτος ἠκολούθησεν αὐτοῖς λέγων ἐν φωνῇ μεγάλῃ,
14:15 καὶ **ἄλλος** ἄγγελος ἐξῆλθεν ἐκ τοῦ ναοῦ κράζων ἐν φωνῇ μεγάλῃ τῷ καθημένῳ ἐπὶ τῆς νεφέλης,
14:17 Καὶ **ἄλλος** ἄγγελος ἐξῆλθεν ἐκ τοῦ ναοῦ τοῦ ἐν τῷ οὐρανῷ ἔχων καὶ αὐτὸς δρέπανον ὀξύ.
14:18 Καὶ **ἄλλος** ἄγγελος [ἐξῆλθεν] ἐκ τοῦ θυσιαστηρίου [ὁ] ἔχων ἐξουσίαν ἐπὶ τοῦ πυρός,
15: 1 Καὶ εἶδον **ἄλλο** σημεῖον ἐν τῷ οὐρανῷ μέγα καὶ θαυμαστόν,
17:10 οἱ πέντε ἔπεσαν, ὁ εἷς ἔστιν, ὁ **ἄλλος** οὔπω ἦλθεν,
18: 1 Μετὰ ταῦτα εἶδον **ἄλλον** ἄγγελον καταβαίνοντα ἐκ τοῦ οὐρανοῦ ἔχοντα ἐξουσίαν μεγάλην,
18: 4 Καὶ ἤκουσα **ἄλλην** φωνὴν ἐκ τοῦ οὐρανοῦ λέγουσαν,
20:12 καὶ βιβλία ἠνοίχθησαν, καὶ **ἄλλο** βιβλίον ἠνοίχθη, ὅ ἐστιν τῆς ζωῆς,

258 ἀλλοτριεπίσκοπος [1]

√ *257 + 2093 + 5023*

1Pe 4:15 μὴ γάρ τις ὑμῶν πασχέτω ὡς φονεὺς ἢ κλέπτης ἢ κακοποιὸς ἢ ὡς **ἀλλοτριεπίσκοπος**·

259 ἀλλότριος [14]

√ *257*

plural **[οἱ] ἀλλότριος** [6] Mt 17:25,26; Jn 10:5; 2Co 10:15; 1Ti 5:22; Heb 11:34

Mt 17:25 ἀπὸ τῶν υἱῶν αὐτῶν ἢ ἀπὸ τῶν **ἀλλοτρίων;**
17:26 εἰπόντος δέ, Ἀπὸ τῶν **ἀλλοτρίων,** ἔφη αὐτῷ ὁ Ἰησοῦς,
Lk 16:12 καὶ εἰ ἐν τῷ **ἀλλοτρίῳ** πιστοὶ οὐκ ἐγένεσθε,
Jn 10: 5 **ἀλλοτρίῳ** δὲ οὐ μὴ ἀκολουθήσουσιν, ἀλλὰ φεύξονται ἀπ' αὐτοῦ, ὅτι οὐκ οἴδασιν τῶν **ἀλλοτρίων** τὴν φωνήν.
Ac 7: 6 ἐλάλησεν δὲ οὕτως ὁ θεὸς ὅτι ἔσται τὸ σπέρμα αὐτοῦ πάροικον ἐν γῇ **ἀλλοτρίᾳ** καὶ δουλώσουσιν αὐτὸ
Ro 14: 4 σὺ τίς εἶ ὁ κρίνων **ἀλλότριον** οἰκέτην; τῷ ἰδίῳ κυρίῳ στήκει ἢ πίπτει·
15:20 οὕτως δὲ φιλοτιμούμενον εὐαγγελίζεσθαι οὐχ ὅπου ὠνομάσθη Χριστός, ἵνα μὴ ἐπ' **ἀλλότριον** θεμέλιον οἰκοδομῶ,
2Co 10:15 οὐκ εἰς τὰ ἄμετρα καυχώμενοι ἐν **ἀλλοτρίοις** κόποις,
10:16 οὐκ ἐν **ἀλλοτρίῳ** κανόνι εἰς τὰ ἕτοιμα καυχήσασθαι.
1Ti 5:22 Χεῖρας ταχέως μηδενὶ ἐπιτίθει μηδὲ κοινώνει ἁμαρτίαις **ἀλλοτρίαις**·
Heb 9:25 ὥσπερ ὁ ἀρχιερεὺς εἰσέρχεται εἰς τὰ ἅγια κατ' ἐνιαυτὸν ἐν αἵματι **ἀλλοτρίῳ,**
11: 9 Πίστει παρῴκησεν εἰς γῆν τῆς ἐπαγγελίας ὡς **ἀλλοτρίαν** ἐν σκηναῖς κατοικήσας μετὰ Ἰσαὰκ καὶ Ἰακὼβ
11:34 ἐδυναμώθησαν ἀπὸ ἀσθενείας, ἐγενήθησαν ἰσχυροὶ ἐν πολέμῳ, παρεμβολὰς ἔκλιναν **ἀλλοτρίων.**

260 ἀλλόφυλος [1]

√ *257 + 5876*

Ac 10:28 Ὑμεῖς ἐπίστασθε ὡς ἀθέμιτόν ἐστιν ἀνδρὶ Ἰουδαίῳ κολλᾶσθαι ἢ προσέρχεσθαι **ἀλλοφύλῳ**·

261 ἄλλως [1]

√ *257*

1Ti 5:25 ὡσαύτως καὶ τὰ ἔργα τὰ καλὰ πρόδηλα, καὶ τὰ **ἄλλως** ἔχοντα κρυβῆναι οὐ δύνανται.

262 ἀλοάω [3]

→ *272, 3617, 3618, 4254, 4260*

1Co 9: 9 ἐν γὰρ τῷ Μωϋσέως νόμῳ γέγραπται, Οὐ κημώσεις βοῦν **ἀλοῶντα.**
9:10 δι' ἡμᾶς γὰρ ἐγράφη ὅτι ὀφείλει ἐπ' ἐλπίδι ὁ ἀροτριῶν ἀροτριᾶν καὶ ὁ **ἀλοῶν** ἐπ' ἐλπίδι τοῦ μετέχειν.
1Ti 5:18 λέγει γὰρ ἡ γραφή, Βοῦν **ἀλοῶντα** οὐ φιμώσεις, καί,

263 ἄλογος [3]

√ *1.1 + 3306*

Ac 25:27 **ἄλογον** γάρ μοι δοκεῖ πέμποντα δέσμιον μὴ καὶ τὰς κατ' αὐτοῦ αἰτίας σημᾶναι.
2Pe 2:12 οὗτοι δὲ ὡς **ἄλογα** ζῷα γεγεννημένα φυσικὰ εἰς ἅλωσιν καὶ φθορὰν ἐν οἷς ἀγνοοῦσιν βλασφημοῦντες,
Jude 1:10 ὅσα δὲ φυσικῶς ὡς τὰ **ἄλογα** ζῷα ἐπίστανται,

264 ἀλόη [1]

Jn 19:39 φέρων μίγμα σμύρνης καὶ **ἀλόης** ὡς λίτρας ἑκατόν.

265 ἅλς Not used in UBS/NIV

√ *229*

266 ἁλυκός [1]

√ *229*

Jas 3:12 συκῆ ἐλαίας ποιῆσαι ἢ ἄμπελος σῦκα; οὔτε **ἁλυκὸν** γλυκὺ ποιῆσαι ὕδωρ.

267 ἄλυπος [1]

√ *1.1 + 3383*

Php 2:28 ἵνα ἰδόντες αὐτὸν πάλιν χαρῆτε κἀγὼ **ἀλυπότερος** ὦ.

268 ἅλυσις [11]

Mk 5: 3 καὶ οὐδὲ **ἁλύσει** οὐκέτι οὐδεὶς ἐδύνατο αὐτὸν δῆσαι
5: 4 διὰ τὸ αὐτὸν πολλάκις πέδαις καὶ **ἁλύσεσιν** δεδέσθαι καὶ διεσπάσθαι ὑπ' αὐτοῦ τὰς **ἁλύσεις** καὶ τὰς πέδας
Lk 8:29 πολλοῖς γὰρ χρόνοις συνηρπάκει αὐτὸν καὶ ἐδεσμεύετο **ἁλύσεσιν** καὶ πέδαις φυλασσόμενος καὶ διαρρήσσων
Ac 12: 6 τῇ νυκτὶ ἐκείνῃ ἦν ὁ Πέτρος κοιμώμενος μεταξὺ δύο στρατιωτῶν δεδεμένος **ἁλύσεσιν** δυσὶν φύλακές
12: 7 καὶ ἐξέπεσαν αὐτοῦ αἱ **ἁλύσεις** ἐκ τῶν χειρῶν.
21:33 τότε ἐγγίσας ὁ χιλίαρχος ἐπελάβετο αὐτοῦ καὶ ἐκέλευσεν δεθῆναι **ἁλύσεσι** δυσί,
28:20 ἕνεκεν γὰρ τῆς ἐλπίδος τοῦ Ἰσραὴλ τὴν **ἅλυσιν** ταύτην περίκειμαι.
Eph 6:20 ὑπὲρ οὗ πρεσβεύω ἐν **ἁλύσει,** ἵνα ἐν αὐτῷ παρρησιάσωμαι ὡς δεῖ με λαλῆσαι.
2Ti 1:16 ὅτι πολλάκις με ἀνέψυξεν καὶ τὴν **ἅλυσίν** μου οὐκ ἐπαισχύνθη,
Rev 20: 1 Καὶ εἶδον ἄγγελον καταβαίνοντα ἐκ τοῦ οὐρανοῦ ἔχοντα τὴν κλεῖν τῆς ἀβύσσου καὶ **ἅλυσιν** μεγάλην ἐπὶ τὴν χεῖρα αὐτοῦ.

269 ἀλυσιτελής [1]

√ *1.1 + 3395 + 5465*

Heb 13:17 ἵνα μετὰ χαρᾶς τοῦτο ποιῶσιν καὶ μὴ στενάζοντες· **ἀλυσιτελὲς** γὰρ ὑμῖν τοῦτο.

270 ἄλφα [3]

√ *1*

Rev 1: 8 Ἐγώ εἰμι τὸ **Ἄλφα** καὶ τὸ Ὦ, λέγει κύριος ὁ θεός,
21: 6 ἐγώ [εἰμι] τὸ **Ἄλφα** καὶ τὸ Ὦ, ἡ ἀρχὴ καὶ τὸ τέλος.
22:13 ἐγὼ τὸ **Ἄλφα** καὶ τὸ Ὦ, ὁ πρῶτος καὶ ὁ ἔσχατος,

271 Ἁλφαῖος [5]

Mt 10: 3 Μαθθαῖος ὁ τελώνης, Ἰάκωβος ὁ τοῦ **Ἁλφαίου** καὶ Θαδδαῖος,
Mk 2:14 καὶ παράγων εἶδεν Λευὶν τὸν τοῦ **Ἁλφαίου** καθήμενον ἐπὶ τὸ τελώνιον,
3:18 καὶ Μαθθαῖον καὶ Θωμᾶν καὶ Ἰάκωβον τὸν τοῦ **Ἁλφαίου** καὶ Θαδδαῖον καὶ Σίμωνα τὸν Καναναῖον
Lk 6:15 καὶ Μαθθαῖον καὶ Θωμᾶν καὶ Ἰάκωβον **Ἁλφαίου** καὶ Σίμωνα τὸν καλούμενον Ζηλωτὴν
Ac 1:13 Ἰάκωβος **Ἁλφαίου** καὶ Σίμων ὁ ζηλωτὴς καὶ Ἰούδας Ἰακώβου.

272 ἅλων [2]

√ *262*

Mt 3:12 οὗ τὸ πτύον ἐν τῇ χειρὶ αὐτοῦ καὶ διακαθαριεῖ τὴν **ἅλωνα** αὐτοῦ καὶ συνάξει τὸν σῖτον αὐτοῦ εἰς τὴν ἀποθήκην,

Lk 3:17 οὗ τὸ πτύον ἐν τῇ χειρὶ αὐτοῦ διακαθᾶραι τὴν **ἅλωνα** αὐτοῦ καὶ συναγαγεῖν τὸν σῖτον εἰς τὴν ἀποθήκην αὐτοῦ,

273 ἀλώπηξ [3]

Mt 8:20 Αἱ **ἀλώπεκες** φωλεοὺς ἔχουσιν καὶ τὰ πετεινὰ τοῦ οὐρανοῦ κατασκηνώσεις,
Lk 9:58 Αἱ **ἀλώπεκες** φωλεοὺς ἔχουσιν καὶ τὰ πετεινὰ τοῦ οὐρανοῦ κατασκηνώσεις,
13:32 καὶ εἶπεν αὐτοῖς, Πορευθέντες εἴπατε τῇ **ἀλώπεκι** ταύτῃ,

274 ἅλωσις [1]

→ 379, 384, 2914, 4648, 4649, 5260; cf. 171

2Pe 2:12 οὗτοι δὲ ὡς ἄλογα ζῷα γεγεννημένα φυσικὰ εἰς **ἅλωσιν** καὶ φθορὰν ἐν οἷς ἀγνοοῦσιν βλασφημοῦντες,

275 ἅμα [10]

→ 570, 761; cf. 125, 604

ἅμα καί [4] Ac 24:26; Col 4:3; 1Ti 5:13; Phm 1:22

ἅμα σύν [2] 1Th 4:17; 5:10

Mt 13:29 μήποτε συλλέγοντες τὰ ζιζάνια ἐκριζώσητε **ἅμα** αὐτοῖς τὸν σῖτον.
20: 1 ὅστις ἐξῆλθεν **ἅμα** πρωῒ μισθώσασθαι ἐργάτας εἰς τὸν ἀμπελῶνα αὐτοῦ.
Ac 24:26 **ἅμα** καὶ ἐλπίζων ὅτι χρήματα δοθήσεται αὐτῷ ὑπὸ τοῦ Παύλου·
27:40 **ἅμα** ἀνέντες τὰς ζευκτηρίας τῶν πηδαλίων καὶ ἐπάραντες τὸν ἀρτέμωνα τῇ πνεούσῃ κατεῖχον εἰς τὸν αἰγιαλόν.
Ro 3:12 πάντες ἐξέκλιναν **ἅμα** ἠχρεώθησαν· οὐκ ἔστιν ὁ ποιῶν χρηστότητα,
Col 4: 3 προσευχόμενοι **ἅμα** καὶ περὶ ἡμῶν, ἵνα ὁ θεὸς ἀνοίξῃ ἡμῖν θύραν τοῦ λόγου λαλῆσαι τὸ μυστήριον τοῦ Χριστοῦ,
1Th 4:17 ἔπειτα ἡμεῖς οἱ ζῶντες οἱ περιλειπόμενοι **ἅμα** σὺν αὐτοῖς ἁρπαγησόμεθα ἐν νεφέλαις εἰς ἀπάντησιν τοῦ κυρίου εἰς ἀέρα·
5:10 ἵνα εἴτε γρηγορῶμεν εἴτε καθεύδωμεν **ἅμα** σὺν αὐτῷ ζήσωμεν.
1Ti 5:13 **ἅμα** δὲ καὶ ἀργαὶ μανθάνουσιν περιερχόμεναι τὰς οἰκίας,
Phm 1:22 **ἅμα** δὲ καὶ ἑτοίμαζέ μοι ξενίαν· ἐλπίζω γὰρ ὅτι διὰ τῶν προσευχῶν ὑμῶν χαρισθήσομαι ὑμῖν.

276 ἀμαθής [1]

√ 1.1 + 3443

2Pe 3:16 ἃ οἱ **ἀμαθεῖς** καὶ ἀστήρικτοι στρεβλοῦσιν ὡς καὶ τὰς λοιπὰς γραφὰς πρὸς τὴν ἰδίαν αὐτῶν ἀπώλειαν.

277 ἀμαράντινος [1]

√ 1.1 + 3447

1Pe 5: 4 καὶ φανερωθέντος τοῦ ἀρχιποίμενος κομιεῖσθε τὸν **ἀμαράντινον** τῆς δόξης στέφανον.

278 ἀμάραντος [1]

√ 1.1 + 3447

1Pe 1: 4 εἰς κληρονομίαν ἄφθαρτον καὶ ἀμίαντον καὶ **ἀμάραντον,** τετηρημένην ἐν οὐρανοῖς εἰς ὑμᾶς

279 ἁμαρτάνω [43]

→ 280, 281, 283, 387, 4579

ἁμαρτάνω ... ἁμαρτίαν [1] 1Jn 5:16

ἁμαρτάνω εἰς [9] Mt 18:15,21; Lk 15:18,21; 17:4; Ac 25:8; 1Co 6:18; 8:12,12

ἀφιέναι ἁμάρτημα [1] Mk 3:28

Mt 18:15 Ἐὰν δὲ **ἁμαρτήσῃ** [εἰς σὲ] ὁ ἀδελφός σου,
18:21 ποσάκις **ἁμαρτήσει** εἰς ἐμὲ ὁ ἀδελφός μου καὶ ἀφήσω αὐτῷ;
27: 4 λέγων, **Ἥμαρτον** παραδοὺς αἷμα ἀθῷον. οἱ δὲ εἶπαν,
Lk 15:18 Πάτερ, **ἥμαρτον** εἰς τὸν οὐρανὸν καὶ ἐνώπιόν σου,
15:21 Πάτερ, **ἥμαρτον** εἰς τὸν οὐρανὸν καὶ ἐνώπιόν σου,
17: 3 ἐὰν **ἁμάρτῃ** ὁ ἀδελφός σου ἐπιτίμησον αὐτῷ, καὶ ἐὰν μετανοήσῃ ἄφες αὐτῷ.
17: 4 καὶ ἐὰν ἑπτάκις τῆς ἡμέρας **ἁμαρτήσῃ** εἰς σὲ καὶ ἑπτάκις ἐπιστρέψῃ πρὸς σὲ λέγων,
Jn 5:14 Ἴδε ὑγιὴς γέγονας, μηκέτι **ἁμάρτανε,** ἵνα μὴ χεῖρόν σοί τι γένηται.
8:11 ⟦Οὐδὲ ἐγώ σε κατακρίνω· πορεύου, [καὶ] ἀπὸ τοῦ νῦν μηκέτι **ἁμάρτανε.**⟧
9: 2 Ῥαββί, τίς **ἥμαρτεν,** οὗτος ἢ οἱ γονεῖς αὐτοῦ,
9: 3 ἀπεκρίθη Ἰησοῦς, Οὔτε οὗτος **ἥμαρτεν** οὔτε οἱ γονεῖς αὐτοῦ,
Ac 25: 8 τοῦ Παύλου ἀπολογουμένου ὅτι Οὔτε εἰς τὸν νόμον τῶν Ἰουδαίων οὔτε εἰς τὸ ἱερὸν οὔτε εἰς Καίσαρά τι **ἥμαρτον.**
Ro 2:12 ὅσοι γὰρ ἀνόμως **ἥμαρτον,** ἀνόμως καὶ ἀπολοῦνται, καὶ ὅσοι ἐν νόμῳ **ἥμαρτον,** διὰ νόμου κριθήσονται·
3:23 πάντες γὰρ **ἥμαρτον** καὶ ὑστεροῦνται τῆς δόξης τοῦ θεοῦ
5:12 καὶ οὕτως εἰς πάντας ἀνθρώπους ὁ θάνατος διῆλθεν, ἐφ᾽ ᾧ πάντες **ἥμαρτον·**
5:14 ἀλλὰ ἐβασίλευσεν ὁ θάνατος ἀπὸ Ἀδὰμ μέχρι Μωϋσέως καὶ ἐπὶ τοὺς μὴ **ἁμαρτήσαντας** ἐπὶ τῷ ὁμοιώματι
5:16 καὶ οὐχ ὡς δι᾽ ἑνὸς **ἁμαρτήσαντος** τὸ δώρημα·
6:15 **ἁμαρτήσωμεν,** ὅτι οὐκ ἐσμὲν ὑπὸ νόμον ἀλλὰ ὑπὸ χάριν;
1Co 6:18 ὁ δὲ πορνεύων εἰς τὸ ἴδιον σῶμα **ἁμαρτάνει.**
7:28 ἐὰν δὲ καὶ γαμήσῃς, οὐχ **ἥμαρτες,** καὶ ἐὰν γήμῃ ἡ παρθένος, οὐχ **ἥμαρτεν·**
7:36 ἐὰν ᾖ ὑπέρακμος καὶ οὕτως ὀφείλει γίνεσθαι, ὃ θέλει ποιείτω, οὐχ **ἁμαρτάνει,** γαμείτωσαν.
8:12 οὕτως δὲ **ἁμαρτάνοντες** εἰς τοὺς ἀδελφοὺς καὶ τύπτοντες αὐτῶν τὴν συνείδησιν ἀσθενοῦσαν εἰς Χριστὸν **ἁμαρτάνετε.**
15:34 ἐκνήψατε δικαίως καὶ μὴ **ἁμαρτάνετε,** ἀγνωσίαν γὰρ θεοῦ τινες ἔχουσιν,
Eph 4:26 ὀργίζεσθε καὶ μὴ **ἁμαρτάνετε·** ὁ ἥλιος μὴ ἐπιδυέτω ἐπὶ [τῷ] παροργισμῷ ὑμῶν,
1Ti 5:20 τοὺς **ἁμαρτάνοντας** ἐνώπιον πάντων ἔλεγχε, ἵνα καὶ οἱ λοιποὶ φόβον ἔχωσιν.
Tit 3:11 εἰδὼς ὅτι ἐξέστραπται ὁ τοιοῦτος καὶ **ἁμαρτάνει** ὢν αὐτοκατάκριτος.
Heb 3:17 οὐχὶ τοῖς **ἁμαρτήσασιν,** ὧν τὰ κῶλα ἔπεσεν ἐν τῇ ἐρήμῳ;
10:26 Ἑκουσίως γὰρ **ἁμαρτανόντων** ἡμῶν μετὰ τὸ λαβεῖν τὴν ἐπίγνωσιν τῆς ἀληθείας,
1Pe 2:20 ποῖον γὰρ κλέος εἰ **ἁμαρτάνοντες** καὶ κολαφιζόμενοι ὑπομενεῖτε;
2Pe 2: 4 Εἰ γὰρ ὁ θεὸς ἀγγέλων **ἁμαρτησάντων** οὐκ ἐφείσατο ἀλλὰ σειραῖς ζόφου ταρταρώσας παρέδωκεν εἰς κρίσιν τηρουμένους,
1Jn 1:10 ἐὰν εἴπωμεν ὅτι οὐχ **ἡμαρτήκαμεν,** ψεύστην ποιοῦμεν αὐτὸν καὶ ὁ λόγος αὐτοῦ οὐκ ἔστιν ἐν ἡμῖν.
2: 1 Τεκνία μου, ταῦτα γράφω ὑμῖν ἵνα μὴ **ἁμάρτητε.** καὶ ἐάν τις **ἁμάρτῃ,** παράκλητον ἔχομεν πρὸς τὸν πατέρα Ἰησοῦν Χριστὸν δίκαιον·
3: 6 πᾶς ὁ ἐν αὐτῷ μένων οὐχ **ἁμαρτάνει·** πᾶς ὁ **ἁμαρτάνων** οὐχ ἑώρακεν αὐτὸν οὐδὲ ἔγνωκεν αὐτόν.
3: 8 ὁ ποιῶν τὴν ἁμαρτίαν ἐκ τοῦ διαβόλου ἐστίν, ὅτι ἀπ᾽ ἀρχῆς ὁ διάβολος **ἁμαρτάνει.**
3: 9 καὶ οὐ δύναται **ἁμαρτάνειν,** ὅτι ἐκ τοῦ θεοῦ γεγέννηται.
5:16 Ἐάν τις ἴδῃ τὸν ἀδελφὸν αὐτοῦ **ἁμαρτάνοντα** ἁμαρτίαν μὴ πρὸς θάνατον, αἰτήσει καὶ δώσει αὐτῷ ζωήν, τοῖς **ἁμαρτάνουσιν** μὴ πρὸς θάνατον.
5:18 Οἴδαμεν ὅτι πᾶς ὁ γεγεννημένος ἐκ τοῦ θεοῦ οὐχ **ἁμαρτάνει,**

280 ἁμάρτημα [4]

√ 279

Mk 3:28 ὅτι πάντα ἀφεθήσεται τοῖς υἱοῖς τῶν ἀνθρώπων τὰ **ἁμαρτήματα** καὶ αἱ βλασφημίαι ὅσα ἐὰν βλασφημήσωσιν·
3:29 οὐκ ἔχει ἄφεσιν εἰς τὸν αἰῶνα, ἀλλὰ ἔνοχός ἐστιν αἰωνίου **ἁμαρτήματος.**
Ro 3:25 ὃν προέθετο ὁ θεὸς ἱλαστήριον διὰ [τῆς] πίστεως ἐν τῷ αὐτοῦ αἵματι εἰς ἔνδειξιν τῆς δικαιοσύνης αὐτοῦ διὰ τὴν πάρεσιν τῶν προγεγονότων **ἁμαρτημάτων**
1Co 6:18 πᾶν **ἁμάρτημα** ὃ ἐὰν ποιήσῃ ἄνθρωπος ἐκτὸς τοῦ σώματός ἐστιν·

281 ἁμαρτία [173]√ 279

αἴρω ἁμαρτίαν [2] Jn 1:29; 1Jn 3:5

ἁμαρτάνω ... ἁμαρτίαν [1] 1Jn 5:16

ἁμαρτία ἀφιέναι [20] Mt 9:2,5,6; 12:31; Mk 2:5,7,9,10; Lk 5:20,21,23,24; 7:47,48,49; 11:4; Jn 20:23; Jas 5:15; 1Jn 1:9; 2:12

ἄφεσις ἁμαρτιῶν [11] Mt 26:28; Mk 1:4; Lk 1:77; 3:3; 24:47; Ac 2:38; 5:31; 10:43; 13:38; 26:18; Col 1:14

δοῦλος τῆς ἁμαρτίας [3] Jn 8:34; Ro 6:17,20

ἔχω ἁμαρτίαν [6] Jn 9:41; 15:22,22,24; 19:11; 1Jn 1:8

λύω ... ἁμαρτία [1] Rev 1:5

νόμος ... ἁμαρτία [14] Ro 3:20,20; 5:13; 7:5,7,7,8,9,23,25; 8:2,3; 1Co 15:56; Jas 2:9

ὁμολογέω τὰς ἁμαρτίας [1] 1Jn 1:9

περὶ ἁμαρτίας [14] Jn 8:46; 15:22; 16:8,9; Ro 8:3; Heb 5:3; 10:6,8,18,26; 13:11; 1Pe 3:18; 1Jn 2:2; 4:10

ποιέω ἁμαρτίαν [8] Jn 8:34; 2Co 5:21; 11:7; Jas 5:15; 1Pe 2:22; 1Jn 3:4,8,9

σῶμα ἁμαρτίας [1] Ro 6:6

ὑπὲρ ἁμαρτίας [6] 1Co 15:3; 2Co 5:21; Gal 1:4; Heb 5:1; 7:27; 10:12

Mt 1:21 αὐτὸς γὰρ σώσει τὸν λαὸν αὐτοῦ ἀπὸ τῶν **ἁμαρτιῶν** αὐτῶν.
3: 6 καὶ ἐβαπτίζοντο ἐν τῷ Ἰορδάνῃ ποταμῷ ὑπ' αὐτοῦ ἐξομολογούμενοι τὰς **ἁμαρτίας** αὐτῶν.
9: 2 καὶ ἰδὼν ὁ Ἰησοῦς τὴν πίστιν αὐτῶν εἶπεν τῷ παραλυτικῷ, Θάρσει, τέκνον, ἀφίενταί σου αἱ **ἁμαρτίαι.**
9: 5 εἰπεῖν, Ἀφίενταί σου αἱ **ἁμαρτίαι,** ἢ εἰπεῖν, Ἔγειρε καὶ περιπάτει;
9: 6 ἵνα δὲ εἰδῆτε ὅτι ἐξουσίαν ἔχει ὁ υἱὸς τοῦ ἀνθρώπου ἐπὶ τῆς γῆς ἀφιέναι **ἁμαρτίας**–
12:31 Διὰ τοῦτο λέγω ὑμῖν, πᾶσα **ἁμαρτία** καὶ βλασφημία ἀφεθήσεται τοῖς ἀνθρώποις,
26:28 τοῦτο γάρ ἐστιν τὸ αἷμά μου τῆς διαθήκης τὸ περὶ πολλῶν ἐκχυννόμενον εἰς ἄφεσιν **ἁμαρτιῶν.**

Mk 1: 4 ἐγένετο Ἰωάννης [ὁ] βαπτίζων ἐν τῇ ἐρήμῳ καὶ κηρύσσων βάπτισμα μετανοίας εἰς ἄφεσιν **ἁμαρτιῶν.**
1: 5 καὶ ἐβαπτίζοντο ὑπ' αὐτοῦ ἐν τῷ Ἰορδάνῃ ποταμῷ ἐξομολογούμενοι τὰς **ἁμαρτίας** αὐτῶν.
2: 5 καὶ ἰδὼν ὁ Ἰησοῦς τὴν πίστιν αὐτῶν λέγει τῷ παραλυτικῷ, Τέκνον, ἀφίενταί σου αἱ **ἁμαρτίαι.**
2: 7 τίς δύναται ἀφιέναι **ἁμαρτίας** εἰ μὴ εἷς ὁ θεός;
2: 9 εἰπεῖν τῷ παραλυτικῷ, Ἀφίενταί σου αἱ **ἁμαρτίαι,** ἢ εἰπεῖν,
2:10 ἵνα δὲ εἰδῆτε ὅτι ἐξουσίαν ἔχει ὁ υἱὸς τοῦ ἀνθρώπου ἀφιέναι **ἁμαρτίας** ἐπὶ τῆς γῆς–

Lk 1:77 τοῦ δοῦναι γνῶσιν σωτηρίας τῷ λαῷ αὐτοῦ ἐν ἀφέσει **ἁμαρτιῶν** αὐτῶν,
3: 3 καὶ ἦλθεν εἰς πᾶσαν [τὴν] περίχωρον τοῦ Ἰορδάνου κηρύσσων βάπτισμα μετανοίας εἰς ἄφεσιν **ἁμαρτιῶν,**
5:20 καὶ ἰδὼν τὴν πίστιν αὐτῶν εἶπεν, Ἄνθρωπε, ἀφέωνταί σοι αἱ **ἁμαρτίαι** σου.
5:21 τίς δύναται **ἁμαρτίας** ἀφεῖναι εἰ μὴ μόνος ὁ θεός;
5:23 εἰπεῖν, Ἀφέωνταί σοι αἱ **ἁμαρτίαι** σου, ἢ εἰπεῖν,
5:24 ἵνα δὲ εἰδῆτε ὅτι ὁ υἱὸς τοῦ ἀνθρώπου ἐξουσίαν ἔχει ἐπὶ τῆς γῆς ἀφιέναι **ἁμαρτίας**–
7:47 ἀφέωνται αἱ **ἁμαρτίαι** αὐτῆς αἱ πολλαί, ὅτι ἠγάπησεν πολύ·
7:48 εἶπεν δὲ αὐτῇ, Ἀφέωνταί σου αἱ **ἁμαρτίαι.**
7:49 καὶ ἤρξαντο οἱ συνανακείμενοι λέγειν ἐν ἑαυτοῖς, Τίς οὗτός ἐστιν ὃς καὶ **ἁμαρτίας** ἀφίησιν;
11: 4 καὶ ἄφες ἡμῖν τὰς **ἁμαρτίας** ἡμῶν, καὶ γὰρ αὐτοὶ ἀφίομεν παντὶ ὀφείλοντι ἡμῖν·
24:47 καὶ κηρυχθῆναι ἐπὶ τῷ ὀνόματι αὐτοῦ μετάνοιαν εἰς ἄφεσιν **ἁμαρτιῶν** εἰς πάντα τὰ ἔθνη.

Jn 1:29 Ἴδε ὁ ἀμνὸς τοῦ θεοῦ ὁ αἴρων τὴν **ἁμαρτίαν** τοῦ κόσμου.
8:21 Ἐγὼ ὑπάγω καὶ ζητήσετέ με, καὶ ἐν τῇ **ἁμαρτίᾳ** ὑμῶν ἀποθανεῖσθε·
8:24 ἀποθανεῖσθε ἐν ταῖς **ἁμαρτίαις** ὑμῶν· ἐὰν γὰρ μὴ πιστεύσητε ὅτι ἐγώ εἰμι, ἀποθανεῖσθε ἐν ταῖς **ἁμαρτίαις** ὑμῶν.
8:34 Ἀμὴν ἀμὴν λέγω ὑμῖν ὅτι πᾶς ὁ ποιῶν τὴν **ἁμαρτίαν** δοῦλός ἐστιν τῆς **ἁμαρτίας.**
8:46 τίς ἐξ ὑμῶν ἐλέγχει με περὶ **ἁμαρτίας;** εἰ ἀλήθειαν λέγω,
9:34 Ἐν **ἁμαρτίαις** σὺ ἐγεννήθης ὅλος καὶ σὺ διδάσκεις ἡμᾶς;
9:41 εἶπεν αὐτοῖς ὁ Ἰησοῦς, Εἰ τυφλοὶ ἦτε, οὐκ ἂν εἴχετε **ἁμαρτίαν·** νῦν δὲ λέγετε ὅτι Βλέπομεν, ἡ **ἁμαρτία** ὑμῶν μένει.
15:22 εἰ μὴ ἦλθον καὶ ἐλάλησα αὐτοῖς, **ἁμαρτίαν** οὐκ εἴχοσαν· νῦν δὲ πρόφασιν οὐκ ἔχουσιν περὶ τῆς **ἁμαρτίας** αὐτῶν.
15:24 εἰ τὰ ἔργα μὴ ἐποίησα ἐν αὐτοῖς ἃ οὐδεὶς ἄλλος ἐποίησεν, **ἁμαρτίαν** οὐκ εἴχοσαν·
16: 8 καὶ ἐλθὼν ἐκεῖνος ἐλέγξει τὸν κόσμον περὶ **ἁμαρτίας** καὶ περὶ δικαιοσύνης καὶ περὶ κρίσεως·
16: 9 περὶ **ἁμαρτίας** μέν, ὅτι οὐ πιστεύουσιν εἰς ἐμέ·
19:11 διὰ τοῦτο ὁ παραδούς μέ σοι μείζονα **ἁμαρτίαν** ἔχει.
20:23 ἄν τινων ἀφῆτε τὰς **ἁμαρτίας** ἀφέωνται αὐτοῖς, ἄν τινων κρατῆτε κεκράτηνται.

Ac 2:38 καὶ βαπτισθήτω ἕκαστος ὑμῶν ἐπὶ τῷ ὀνόματι Ἰησοῦ Χριστοῦ εἰς ἄφεσιν τῶν **ἁμαρτιῶν** ὑμῶν καὶ λήμψεσθε τὴν δωρεὰν τοῦ ἁγίου πνεύματος.
3:19 μετανοήσατε οὖν καὶ ἐπιστρέψατε εἰς τὸ ἐξαλειφθῆναι ὑμῶν τὰς **ἁμαρτίας,**
5:31 τοῦτον ὁ θεὸς ἀρχηγὸν καὶ σωτῆρα ὕψωσεν τῇ δεξιᾷ αὐτοῦ [τοῦ] δοῦναι μετάνοιαν τῷ Ἰσραὴλ καὶ ἄφεσιν **ἁμαρτιῶν.**
7:60 θεὶς δὲ τὰ γόνατα ἔκραξεν φωνῇ μεγάλῃ, Κύριε, μὴ στήσῃς αὐτοῖς ταύτην τὴν **ἁμαρτίαν.**
10:43 πάντες οἱ προφῆται μαρτυροῦσιν ἄφεσιν **ἁμαρτιῶν** λαβεῖν διὰ τοῦ ὀνόματος αὐτοῦ πάντα τὸν πιστεύοντα εἰς αὐτόν.
13:38 ἄνδρες ἀδελφοί, ὅτι διὰ τούτου ὑμῖν ἄφεσις **ἁμαρτιῶν** καταγγέλλεται[,]
22:16 ἀναστὰς βάπτισαι καὶ ἀπόλουσαι τὰς **ἁμαρτίας** σου ἐπικαλεσάμενος τὸ ὄνομα αὐτοῦ.
26:18 τοῦ λαβεῖν αὐτοὺς ἄφεσιν **ἁμαρτιῶν** καὶ κλῆρον ἐν τοῖς ἡγιασμένοις πίστει τῇ εἰς ἐμέ.

Ro 3: 9 προῃτιασάμεθα γὰρ Ἰουδαίους τε καὶ Ἕλληνας πάντας ὑφ' **ἁμαρτίαν** εἶναι,
3:20 διότι ἐξ ἔργων νόμου οὐ δικαιωθήσεται πᾶσα σὰρξ ἐνώπιον αὐτοῦ, διὰ γὰρ νόμου ἐπίγνωσις **ἁμαρτίας.**
4: 7 Μακάριοι ὧν ἀφέθησαν αἱ ἀνομίαι καὶ ὧν ἐπεκαλύφθησαν αἱ **ἁμαρτίαι·**
4: 8 μακάριος ἀνὴρ οὗ οὐ μὴ λογίσηται κύριος **ἁμαρτίαν.**
5:12 Διὰ τοῦτο ὥσπερ δι' ἑνὸς ἀνθρώπου ἡ **ἁμαρτία** εἰς τὸν κόσμον εἰσῆλθεν καὶ διὰ τῆς **ἁμαρτίας** ὁ θάνατος,
5:13 ἄχρι γὰρ νόμου **ἁμαρτία** ἦν ἐν κόσμῳ, **ἁμαρτία** δὲ οὐκ ἐλλογεῖται μὴ ὄντος νόμου,
5:20 οὗ δὲ ἐπλεόνασεν ἡ **ἁμαρτία,** ὑπερεπερίσσευσεν ἡ χάρις,
5:21 ἵνα ὥσπερ ἐβασίλευσεν ἡ **ἁμαρτία** ἐν τῷ θανάτῳ,
6: 1 Τί οὖν ἐροῦμεν; ἐπιμένωμεν τῇ **ἁμαρτίᾳ,** ἵνα ἡ χάρις πλεονάσῃ;
6: 2 οἵτινες ἀπεθάνομεν τῇ **ἁμαρτίᾳ,** πῶς ἔτι ζήσομεν ἐν αὐτῇ;
6: 6 ἵνα καταργηθῇ τὸ σῶμα τῆς **ἁμαρτίας,** τοῦ μηκέτι δουλεύειν ἡμᾶς τῇ **ἁμαρτίᾳ·**
6: 7 ὁ γὰρ ἀποθανὼν δεδικαίωται ἀπὸ τῆς **ἁμαρτίας.**
6:10 ὃ γὰρ ἀπέθανεν, τῇ **ἁμαρτίᾳ** ἀπέθανεν ἐφάπαξ· ὃ δὲ ζῇ,
6:11 οὕτως καὶ ὑμεῖς λογίζεσθε ἑαυτοὺς [εἶναι] νεκροὺς μὲν τῇ **ἁμαρτίᾳ** ζῶντας δὲ τῷ θεῷ ἐν Χριστῷ Ἰησοῦ.
6:12 Μὴ οὖν βασιλευέτω ἡ **ἁμαρτία** ἐν τῷ θνητῷ ὑμῶν σώματι εἰς τὸ ὑπακούειν ταῖς ἐπιθυμίαις αὐτοῦ,
6:13 μηδὲ παριστάνετε τὰ μέλη ὑμῶν ὅπλα ἀδικίας τῇ **ἁμαρτίᾳ,**
6:14 **ἁμαρτία** γὰρ ὑμῶν οὐ κυριεύσει· οὐ γάρ ἐστε ὑπὸ νόμον ἀλλὰ ὑπὸ χάριν.
6:16 ἤτοι **ἁμαρτίας** εἰς θάνατον ἢ ὑπακοῆς εἰς δικαιοσύνην;
6:17 χάρις δὲ τῷ θεῷ ὅτι ἦτε δοῦλοι τῆς **ἁμαρτίας** ὑπηκούσατε δὲ ἐκ καρδίας εἰς ὃν παρεδόθητε τύπον διδαχῆς,
6:18 ἐλευθερωθέντες δὲ ἀπὸ τῆς **ἁμαρτίας** ἐδουλώθητε τῇ δικαιοσύνῃ.
6:20 ὅτε γὰρ δοῦλοι ἦτε τῆς **ἁμαρτίας,** ἐλεύθεροι ἦτε τῇ δικαιοσύνῃ.
6:22 νυνὶ δὲ ἐλευθερωθέντες ἀπὸ τῆς **ἁμαρτίας** δουλωθέντες δὲ τῷ θεῷ ἔχετε τὸν καρπὸν ὑμῶν εἰς ἁγιασμόν,
6:23 τὰ γὰρ ὀψώνια τῆς **ἁμαρτίας** θάνατος, τὸ δὲ χάρισμα τοῦ θεοῦ ζωὴ αἰώνιος ἐν Χριστῷ Ἰησοῦ τῷ κυρίῳ ἡμῶν.
7: 5 τὰ παθήματα τῶν **ἁμαρτιῶν** τὰ διὰ τοῦ νόμου ἐνηργεῖτο ἐν τοῖς μέλεσιν ἡμῶν,
7: 7 ὁ νόμος **ἁμαρτία;** μὴ γένοιτο· ἀλλὰ τὴν **ἁμαρτίαν** οὐκ ἔγνων εἰ μὴ διὰ νόμου·
7: 8 ἀφορμὴν δὲ λαβοῦσα ἡ **ἁμαρτία** διὰ τῆς ἐντολῆς κατειργάσατο ἐν ἐμοὶ πᾶσαν ἐπιθυμίαν· χωρὶς γὰρ νόμου **ἁμαρτία** νεκρά.
7: 9 ἐγὼ δὲ ἔζων χωρὶς νόμου ποτέ, ἐλθούσης δὲ τῆς ἐντολῆς ἡ **ἁμαρτία** ἀνέζησεν,
7:11 ἡ γὰρ **ἁμαρτία** ἀφορμὴν λαβοῦσα διὰ τῆς ἐντολῆς ἐξηπάτησέν με καὶ δι' αὐτῆς ἀπέκτεινεν.

7: 13 ἀλλὰ ἡ **ἁμαρτία,** ἵνα φανῇ **ἁμαρτία,** διὰ τοῦ ἀγαθοῦ μοι κατεργαζομένη θάνατον, ἵνα γένηται καθ᾽ ὑπερβολὴν ἁμαρτωλὸς ἡ **ἁμαρτία** διὰ τῆς ἐντολῆς.
7: 14 ἐγὼ δὲ σάρκινός εἰμι πεπραμένος ὑπὸ τὴν **ἁμαρτίαν.**
7: 17 νυνὶ δὲ οὐκέτι ἐγὼ κατεργάζομαι αὐτὸ ἀλλὰ ἡ οἰκοῦσα ἐν ἐμοὶ **ἁμαρτία.**
7: 20 οὐκέτι ἐγὼ κατεργάζομαι αὐτὸ ἀλλὰ ἡ οἰκοῦσα ἐν ἐμοὶ **ἁμαρτία.**
7: 23 ἕτερον νόμον ἐν τοῖς μέλεσίν μου ἀντιστρατευόμενον τῷ νόμῳ τοῦ νοός μου καὶ αἰχμαλωτίζοντά με ἐν τῷ νόμῳ τῆς **ἁμαρτίας** τῷ ὄντι ἐν τοῖς μέλεσίν μου.
7: 25 ἄρα οὖν αὐτὸς ἐγὼ τῷ μὲν νοῒ δουλεύω νόμῳ θεοῦ τῇ δὲ σαρκὶ νόμῳ **ἁμαρτίας.**
8: 2 ὁ γὰρ νόμος τοῦ πνεύματος τῆς ζωῆς ἐν Χριστῷ Ἰησοῦ ἠλευθέρωσέν σε ἀπὸ τοῦ νόμου τῆς **ἁμαρτίας** καὶ τοῦ θανάτου.
8: 3 ὁ θεὸς τὸν ἑαυτοῦ υἱὸν πέμψας ἐν ὁμοιώματι σαρκὸς **ἁμαρτίας** καὶ περὶ **ἁμαρτίας** κατέκρινεν τὴν **ἁμαρτίαν** ἐν τῇ σαρκί,
8: 10 τὸ μὲν σῶμα νεκρὸν διὰ **ἁμαρτίαν** τὸ δὲ πνεῦμα ζωὴ διὰ δικαιοσύνην.
11: 27 καὶ αὕτη αὐτοῖς ἡ παρ᾽ ἐμοῦ διαθήκη, ὅταν ἀφέλωμαι τὰς **ἁμαρτίας** αὐτῶν.
14: 23 πᾶν δὲ ὃ οὐκ ἐκ πίστεως **ἁμαρτία** ἐστίν.
1Co 15: 3 ὅτι Χριστὸς ἀπέθανεν ὑπὲρ τῶν **ἁμαρτιῶν** ἡμῶν κατὰ τὰς γραφὰς
15: 17 ματαία ἡ πίστις ὑμῶν, ἔτι ἐστὲ ἐν ταῖς **ἁμαρτίαις** ὑμῶν,
15: 56 τὸ δὲ κέντρον τοῦ θανάτου ἡ **ἁμαρτία,** ἡ δὲ δύναμις τῆς **ἁμαρτίας** ὁ νόμος·
2Co 5: 21 τὸν μὴ γνόντα **ἁμαρτίαν** ὑπὲρ ἡμῶν **ἁμαρτίαν** ἐποίησεν,
11: 7 Ἢ **ἁμαρτίαν** ἐποίησα ἐμαυτὸν ταπεινῶν ἵνα ὑμεῖς ὑψωθῆτε,
Gal 1: 4 τοῦ δόντος ἑαυτὸν ὑπὲρ τῶν **ἁμαρτιῶν** ἡμῶν, ὅπως ἐξέληται ἡμᾶς ἐκ τοῦ αἰῶνος τοῦ ἐνεστῶτος πονηροῦ
2: 17 εἰ δὲ ζητοῦντες δικαιωθῆναι ἐν Χριστῷ εὑρέθημεν καὶ αὐτοὶ ἁμαρτωλοί, ἆρα Χριστὸς **ἁμαρτίας** διάκονος;
3: 22 ἀλλὰ συνέκλεισεν ἡ γραφὴ τὰ πάντα ὑπὸ **ἁμαρτίαν,**
Eph 2: 1 Καὶ ὑμᾶς ὄντας νεκροὺς τοῖς παραπτώμασιν καὶ ταῖς **ἁμαρτίαις** ὑμῶν,
Col 1: 14 ἐν ᾧ ἔχομεν τὴν ἀπολύτρωσιν, τὴν ἄφεσιν τῶν **ἁμαρτιῶν·**
1Th 2: 16 κωλυόντων ἡμᾶς τοῖς ἔθνεσιν λαλῆσαι ἵνα σωθῶσιν, εἰς τὸ ἀναπληρῶσαι αὐτῶν τὰς **ἁμαρτίας** πάντοτε.
1Ti 5: 22 Χεῖρας ταχέως μηδενὶ ἐπιτίθει μηδὲ κοινώνει **ἁμαρτίαις** ἀλλοτρίαις·
5: 24 Τινῶν ἀνθρώπων αἱ **ἁμαρτίαι** πρόδηλοί εἰσιν προάγουσαι εἰς κρίσιν,
2Ti 3: 6 ἐκ τούτων γάρ εἰσιν οἱ ἐνδύνοντες εἰς τὰς οἰκίας καὶ αἰχμαλωτίζοντες γυναικάρια σεσωρευμένα **ἁμαρτίαις,**
Heb 1: 3 καθαρισμὸν τῶν **ἁμαρτιῶν** ποιησάμενος ἐκάθισεν ἐν δεξιᾷ τῆς μεγαλωσύνης ἐν ὑψηλοῖς,
2: 17 ἵνα ἐλεήμων γένηται καὶ πιστὸς ἀρχιερεὺς τὰ πρὸς τὸν θεὸν εἰς τὸ ἱλάσκεσθαι τὰς **ἁμαρτίας** τοῦ λαοῦ.
3: 13 ἵνα μὴ σκληρυνθῇ τις ἐξ ὑμῶν ἀπάτῃ τῆς **ἁμαρτίας–**
4: 15 πεπειρασμένον δὲ κατὰ πάντα καθ᾽ ὁμοιότητα χωρὶς **ἁμαρτίας.**
5: 1 ἵνα προσφέρῃ δῶρά τε καὶ θυσίας ὑπὲρ **ἁμαρτιῶν,**
5: 3 καθὼς περὶ τοῦ λαοῦ, οὕτως καὶ περὶ αὐτοῦ προσφέρειν περὶ **ἁμαρτιῶν.**
7: 27 πρότερον ὑπὲρ τῶν ἰδίων **ἁμαρτιῶν** θυσίας ἀναφέρειν ἔπειτα τῶν τοῦ λαοῦ·
8: 12 ὅτι ἵλεως ἔσομαι ταῖς ἀδικίαις αὐτῶν καὶ τῶν **ἁμαρτιῶν** αὐτῶν οὐ μὴ μνησθῶ ἔτι.
9: 26 νυνὶ δὲ ἅπαξ ἐπὶ συντελείᾳ τῶν αἰώνων εἰς ἀθέτησιν [τῆς] **ἁμαρτίας** διὰ τῆς θυσίας αὐτοῦ πεφανέρωται.
9: 28 οὕτως καὶ ὁ Χριστὸς ἅπαξ προσενεχθεὶς εἰς τὸ πολλῶν ἀνενεγκεῖν **ἁμαρτίας,** ἐκ δευτέρου χωρὶς **ἁμαρτίας** ὀφθήσεται τοῖς αὐτὸν ἀπεκδεχομένοις εἰς σωτηρίαν.
10: 2 ἐπεὶ οὐκ ἂν ἐπαύσαντο προσφερόμεναι διὰ τὸ μηδεμίαν ἔχειν ἔτι συνείδησιν **ἁμαρτιῶν** τοὺς λατρεύοντας ἅπαξ κεκαθαρισμένους;
10: 3 ἀλλ᾽ ἐν αὐταῖς ἀνάμνησις **ἁμαρτιῶν** κατ᾽ ἐνιαυτόν·
10: 4 ἀδύνατον γὰρ αἷμα ταύρων καὶ τράγων ἀφαιρεῖν **ἁμαρτίας.**
10: 6 ὁλοκαυτώματα καὶ περὶ **ἁμαρτίας** οὐκ εὐδόκησας.
10: 8 λέγων ὅτι Θυσίας καὶ προσφορὰς καὶ ὁλοκαυτώματα καὶ περὶ **ἁμαρτίας** οὐκ ἠθέλησας οὐδὲ εὐδόκησας,
10: 11 καὶ τὰς αὐτὰς πολλάκις προσφέρων θυσίας, αἵτινες οὐδέποτε δύνανται περιελεῖν **ἁμαρτίας,**
10: 12 οὗτος δὲ μίαν ὑπὲρ **ἁμαρτιῶν** προσενέγκας θυσίαν εἰς τὸ διηνεκὲς ἐκάθισεν ἐν δεξιᾷ τοῦ θεοῦ,
10: 17 καὶ τῶν **ἁμαρτιῶν** αὐτῶν καὶ τῶν ἀνομιῶν αὐτῶν οὐ μὴ μνησθήσομαι ἔτι.
10: 18 ὅπου δὲ ἄφεσις τούτων, οὐκέτι προσφορὰ περὶ **ἁμαρτίας.**
10: 26 Ἑκουσίως γὰρ ἁμαρτανόντων ἡμῶν μετὰ τὸ λαβεῖν τὴν ἐπίγνωσιν τῆς ἀληθείας, οὐκέτι περὶ **ἁμαρτιῶν** ἀπολείπεται θυσία,
11: 25 μᾶλλον ἑλόμενος συγκακουχεῖσθαι τῷ λαῷ τοῦ θεοῦ ἢ πρόσκαιρον ἔχειν **ἁμαρτίας** ἀπόλαυσιν,
12: 1 ὄγκον ἀποθέμενοι πάντα καὶ τὴν εὐπερίστατον **ἁμαρτίαν,** δι᾽ ὑπομονῆς τρέχωμεν τὸν προκείμενον ἡμῖν ἀγῶνα
12: 4 Οὔπω μέχρις αἵματος ἀντικατέστητε πρὸς τὴν **ἁμαρτίαν** ἀνταγωνιζόμενοι.
13: 11 ὧν γὰρ εἰσφέρεται ζῴων τὸ αἷμα περὶ **ἁμαρτίας** εἰς τὰ ἅγια διὰ τοῦ ἀρχιερέως,
Jas 1: 15 εἶτα ἡ ἐπιθυμία συλλαβοῦσα τίκτει **ἁμαρτίαν,** ἡ δὲ **ἁμαρτία** ἀποτελεσθεῖσα ἀποκύει θάνατον.
2: 9 **ἁμαρτίαν** ἐργάζεσθε ἐλεγχόμενοι ὑπὸ τοῦ νόμου ὡς παραβάται.
4: 17 εἰδότι οὖν καλὸν ποιεῖν καὶ μὴ ποιοῦντι, **ἁμαρτία** αὐτῷ ἐστιν.
5: 15 καὶ ἡ εὐχὴ τῆς πίστεως σώσει τὸν κάμνοντα καὶ ἐγερεῖ αὐτὸν ὁ κύριος· κἂν **ἁμαρτίας** ᾖ πεποιηκώς, ἀφεθήσεται αὐτῷ.
5: 16 ἐξομολογεῖσθε οὖν ἀλλήλοις τὰς **ἁμαρτίας** καὶ εὔχεσθε ὑπὲρ ἀλλήλων ὅπως ἰαθῆτε.
5: 20 ὁ ἐπιστρέψας ἁμαρτωλὸν ἐκ πλάνης ὁδοῦ αὐτοῦ σώσει ψυχὴν αὐτοῦ ἐκ θανάτου καὶ καλύψει πλῆθος **ἁμαρτιῶν.**
1Pe 2: 22 ὃς **ἁμαρτίαν** οὐκ ἐποίησεν οὐδὲ εὑρέθη δόλος ἐν τῷ στόματι αὐτοῦ,
2: 24 ὃς τὰς **ἁμαρτίας** ἡμῶν αὐτὸς ἀνήνεγκεν ἐν τῷ σώματι αὐτοῦ ἐπὶ τὸ ξύλον, ἵνα ταῖς **ἁμαρτίαις** ἀπογενόμενοι τῇ δικαιοσύνῃ ζήσωμεν, οὗ τῷ μώλωπι ἰάθητε.
3: 18 ὅτι καὶ Χριστὸς ἅπαξ περὶ **ἁμαρτιῶν** ἔπαθεν, δίκαιος ὑπὲρ ἀδίκων,
4: 1 Χριστοῦ οὖν παθόντος σαρκὶ καὶ ὑμεῖς τὴν αὐτὴν ἔννοιαν ὁπλίσασθε, ὅτι ὁ παθὼν σαρκὶ πέπαυται **ἁμαρτίας**
4: 8 πρὸ πάντων τὴν εἰς ἑαυτοὺς ἀγάπην ἐκτενῆ ἔχοντες, ὅτι ἀγάπη καλύπτει πλῆθος **ἁμαρτιῶν.**
2Pe 1: 9 λήθην λαβὼν τοῦ καθαρισμοῦ τῶν πάλαι αὐτοῦ **ἁμαρτιῶν.**
2: 14 ὀφθαλμοὺς ἔχοντες μεστοὺς μοιχαλίδος καὶ ἀκαταπαύστους **ἁμαρτίας,** δελεάζοντες ψυχὰς ἀστηρίκτους,
1Jn 1: 7 κοινωνίαν ἔχομεν μετ᾽ ἀλλήλων καὶ τὸ αἷμα Ἰησοῦ τοῦ υἱοῦ αὐτοῦ καθαρίζει ἡμᾶς ἀπὸ πάσης **ἁμαρτίας.**
1: 8 ἐὰν εἴπωμεν ὅτι **ἁμαρτίαν** οὐκ ἔχομεν, ἑαυτοὺς πλανῶμεν καὶ ἡ ἀλήθεια οὐκ ἔστιν ἐν ἡμῖν.
1: 9 ἐὰν ὁμολογῶμεν τὰς **ἁμαρτίας** ἡμῶν, πιστός ἐστιν καὶ δίκαιος, ἵνα ἀφῇ ἡμῖν τὰς **ἁμαρτίας** καὶ καθαρίσῃ ἡμᾶς ἀπὸ πάσης ἀδικίας.
2: 2 καὶ αὐτὸς ἱλασμός ἐστιν περὶ τῶν **ἁμαρτιῶν** ἡμῶν,
2: 12 ὅτι ἀφέωνται ὑμῖν αἱ **ἁμαρτίαι** διὰ τὸ ὄνομα αὐτοῦ.
3: 4 Πᾶς ὁ ποιῶν τὴν **ἁμαρτίαν** καὶ τὴν ἀνομίαν ποιεῖ, καὶ ἡ **ἁμαρτία** ἐστὶν ἡ ἀνομία.
3: 5 καὶ οἴδατε ὅτι ἐκεῖνος ἐφανερώθη, ἵνα τὰς **ἁμαρτίας** ἄρῃ, καὶ **ἁμαρτία** ἐν αὐτῷ οὐκ ἔστιν.
3: 8 ὁ ποιῶν τὴν **ἁμαρτίαν** ἐκ τοῦ διαβόλου ἐστίν,
3: 9 Πᾶς ὁ γεγεννημένος ἐκ τοῦ θεοῦ **ἁμαρτίαν** οὐ ποιεῖ,
4: 10 ἀλλ᾽ ὅτι αὐτὸς ἠγάπησεν ἡμᾶς καὶ ἀπέστειλεν τὸν υἱὸν αὐτοῦ ἱλασμὸν περὶ τῶν **ἁμαρτιῶν** ἡμῶν.
5: 16 Ἐάν τις ἴδῃ τὸν ἀδελφὸν αὐτοῦ ἁμαρτάνοντα **ἁμαρτίαν** μὴ πρὸς θάνατον, αἰτήσει, καὶ δώσει αὐτῷ ζωήν,
5: 16 ἔστιν **ἁμαρτία** πρὸς θάνατον· οὐ περὶ ἐκείνης λέγω ἵνα ἐρωτήσῃ.
5: 17 πᾶσα ἀδικία **ἁμαρτία** ἐστίν, καὶ ἔστιν **ἁμαρτία** οὐ πρὸς θάνατον.
Rev 1: 5 Τῷ ἀγαπῶντι ἡμᾶς καὶ λύσαντι ἡμᾶς ἐκ τῶν **ἁμαρτιῶν** ἡμῶν ἐν τῷ αἵματι αὐτοῦ,
18: 4 Ἐξέλθατε ὁ λαός μου ἐξ αὐτῆς ἵνα μὴ συγκοινωνήσητε ταῖς **ἁμαρτίαις** αὐτῆς,
18: 5 ὅτι ἐκολλήθησαν αὐτῆς αἱ **ἁμαρτίαι** ἄχρι τοῦ οὐρανοῦ καὶ ἐμνημόνευσεν ὁ θεὸς τὰ ἀδικήματα αὐτῆς.

282 ἀμάρτυρος [1]

√ *1.1 + 3459*

Ac 14: 17 καίτοι οὐκ **ἀμάρτυρον** αὐτὸν ἀφῆκεν ἀγαθουργῶν, οὐρανόθεν ὑμῖν ὑετοὺς διδοὺς καὶ καιροὺς καρποφόρους,

283 ἁμαρτωλός [47]

√ 279

plural **ἁμαρτωλοί** [32] Mt 9:10,11,13; 11:19; 26:45; Mk 2:15,16,16,17; 14:41; Lk 5:30,32; 6:32,33,34,34; 7:34; 13:2; 15:1,2; 24:7; Jn 9:31; Ro 5:8,19; Gal 2:15,17; 1Ti 1:9,15; Heb 7:26; 12:3; Jas 4:8; Jude 1:15

Mt 9:10 καὶ ἰδοὺ πολλοὶ τελῶναι καὶ **ἁμαρτωλοὶ** ἐλθόντες συνανέκειντο τῷ Ἰησοῦ καὶ τοῖς μαθηταῖς αὐτοῦ.
9:11 Διὰ τί μετὰ τῶν τελωνῶν καὶ **ἁμαρτωλῶν** ἐσθίει ὁ διδάσκαλος ὑμῶν;
9:13 Ἔλεος θέλω καὶ οὐ θυσίαν· οὐ γὰρ ἦλθον καλέσαι δικαίους ἀλλὰ **ἁμαρτωλούς.**
11:19 Ἰδοὺ ἄνθρωπος φάγος καὶ οἰνοπότης, τελωνῶν φίλος καὶ **ἁμαρτωλῶν.**
26:45 ἰδοὺ ἤγγικεν ἡ ὥρα καὶ ὁ υἱὸς τοῦ ἀνθρώπου παραδίδοται εἰς χεῖρας **ἁμαρτωλῶν.**
Mk 2:15 καὶ πολλοὶ τελῶναι καὶ **ἁμαρτωλοὶ** συνανέκειντο τῷ Ἰησοῦ καὶ τοῖς μαθηταῖς αὐτοῦ·
2:16 καὶ οἱ γραμματεῖς τῶν **Φ**αρισαίων ἰδόντες ὅτι ἐσθίει μετὰ τῶν **ἁμαρτωλῶν** καὶ τελωνῶν ἔλεγον τοῖς μαθηταῖς αὐτοῦ, Ὅτι μετὰ τῶν τελωνῶν καὶ **ἁμαρτωλῶν** ἐσθίει;
2:17 Οὐ χρείαν ἔχουσιν οἱ ἰσχύοντες ἰατροῦ ἀλλ' οἱ κακῶς ἔχοντες· οὐκ ἦλθον καλέσαι δικαίους ἀλλὰ **ἁμαρτωλούς.**
8:38 ὃς γὰρ ἐὰν ἐπαισχυνθῇ με καὶ τοὺς ἐμοὺς λόγους ἐν τῇ γενεᾷ ταύτῃ τῇ μοιχαλίδι καὶ **ἁμαρτωλῷ,**
14:41 ἰδοὺ παραδίδοται ὁ υἱὸς τοῦ ἀνθρώπου εἰς τὰς χεῖρας τῶν **ἁμαρτωλῶν.**
Lk 5: 8 Ἔξελθε ἀπ' ἐμοῦ, ὅτι ἀνὴρ **ἁμαρτωλός** εἰμι, κύριε.
5:30 Διὰ τί μετὰ τῶν τελωνῶν καὶ **ἁμαρτωλῶν** ἐσθίετε καὶ πίνετε;
5:32 οὐκ ἐλήλυθα καλέσαι δικαίους ἀλλὰ **ἁμαρτωλοὺς** εἰς μετάνοιαν.
6:32 καὶ γὰρ οἱ **ἁμαρτωλοὶ** τοὺς ἀγαπῶντας αὐτοὺς ἀγαπῶσιν.
6:33 ποία ὑμῖν χάρις ἐστίν; καὶ οἱ **ἁμαρτωλοὶ** τὸ αὐτὸ ποιοῦσιν.
6:34 καὶ **ἁμαρτωλοὶ ἁμαρτωλοῖς** δανίζουσιν ἵνα ἀπολάβωσιν τὰ ἴσα.
7:34 Ἰδοὺ ἄνθρωπος φάγος καὶ οἰνοπότης, φίλος τελωνῶν καὶ **ἁμαρτωλῶν.**
7:37 καὶ ἰδοὺ γυνὴ ἥτις ἦν ἐν τῇ πόλει **ἁμαρτωλός,**
7:39 ἐγίνωσκεν ἂν τίς καὶ ποταπὴ ἡ γυνὴ ἥτις ἅπτεται αὐτοῦ, ὅτι **ἁμαρτωλός** ἐστιν.
13: 2 Δοκεῖτε ὅτι οἱ Γαλιλαῖοι οὗτοι **ἁμαρτωλοὶ** παρὰ πάντας τοὺς Γαλιλαίους ἐγένοντο,
15: 1 Ἦσαν δὲ αὐτῷ ἐγγίζοντες πάντες οἱ τελῶναι καὶ οἱ **ἁμαρτωλοὶ** ἀκούειν αὐτοῦ.
15: 2 καὶ διεγόγγυζον οἵ τε **Φ**αρισαῖοι καὶ οἱ γραμματεῖς λέγοντες ὅτι Οὗτος **ἁμαρτωλοὺς** προσδέχεται καὶ συνεσθίει αὐτοῖς.
15: 7 λέγω ὑμῖν ὅτι οὕτως χαρὰ ἐν τῷ οὐρανῷ ἔσται ἐπὶ ἑνὶ **ἁμαρτωλῷ** μετανοοῦντι ἢ ἐπὶ ἐνενήκοντα ἐννέα δικαίοις
15:10 γίνεται χαρὰ ἐνώπιον τῶν ἀγγέλων τοῦ θεοῦ ἐπὶ ἑνὶ **ἁμαρτωλῷ** μετανοοῦντι.
18:13 ἀλλ' ἔτυπτεν τὸ στῆθος αὐτοῦ λέγων, Ὁ θεός, ἱλάσθητί μοι τῷ **ἁμαρτωλῷ.**
19: 7 καὶ ἰδόντες πάντες διεγόγγυζον λέγοντες ὅτι Παρὰ **ἁμαρτωλῷ** ἀνδρὶ εἰσῆλθεν καταλῦσαι.
24: 7 ὅτι δεῖ παραδοθῆναι εἰς χεῖρας ἀνθρώπων **ἁμαρτωλῶν** καὶ σταυρωθῆναι καὶ τῇ τρίτῃ ἡμέρᾳ ἀναστῆναι.
Jn 9:16 ἄλλοι [δὲ] ἔλεγον, Πῶς δύναται ἄνθρωπος **ἁμαρτωλὸς** τοιαῦτα σημεῖα ποιεῖν;
9:24 ἡμεῖς οἴδαμεν ὅτι οὗτος ὁ ἄνθρωπος **ἁμαρτωλός** ἐστιν.
9:25 ἀπεκρίθη οὖν ἐκεῖνος, Εἰ **ἁμαρτωλός** ἐστιν οὐκ οἶδα·
9:31 οἴδαμεν ὅτι **ἁμαρτωλῶν** ὁ θεὸς οὐκ ἀκούει, ἀλλ' ἐάν τις θεοσεβὴς ᾖ καὶ τὸ θέλημα αὐτοῦ ποιῇ τούτου ἀκούει.
Ro 3: 7 εἰ δὲ ἡ ἀλήθεια τοῦ θεοῦ ἐν τῷ ἐμῷ ψεύσματι ἐπερίσσευσεν εἰς τὴν δόξαν αὐτοῦ, τί ἔτι κἀγὼ ὡς **ἁμαρτωλὸς** κρίνομαι;
5: 8 ὅτι ἔτι **ἁμαρτωλῶν** ὄντων ἡμῶν Χριστὸς ὑπὲρ ἡμῶν ἀπέθανεν.
5:19 ὥσπερ γὰρ διὰ τῆς παρακοῆς τοῦ ἑνὸς ἀνθρώπου **ἁμαρτωλοὶ** κατεστάθησαν οἱ πολλοί,
7:13 ἵνα γένηται καθ' ὑπερβολὴν **ἁμαρτωλὸς** ἡ ἁμαρτία διὰ τῆς ἐντολῆς.
Gal 2:15 Ἡμεῖς φύσει Ἰουδαῖοι καὶ οὐκ ἐξ ἐθνῶν **ἁμαρτωλοί·**
2:17 εἰ δὲ ζητοῦντες δικαιωθῆναι ἐν Χριστῷ εὑρέθημεν καὶ αὐτοὶ **ἁμαρτωλοί,**
1Ti 1: 9 ἀσεβέσι καὶ **ἁμαρτωλοῖς,** ἀνοσίοις καὶ βεβήλοις, πατρολῴαις καὶ μητρολῴαις,
1:15 ὅτι Χριστὸς Ἰησοῦς ἦλθεν εἰς τὸν κόσμον **ἁμαρτωλοὺς** σῶσαι,
Heb 7:26 κεχωρισμένος ἀπὸ τῶν **ἁμαρτωλῶν** καὶ ὑψηλότερος τῶν οὐρανῶν γενόμενος,
12: 3 ἀναλογίσασθε γὰρ τὸν τοιαύτην ὑπομεμενηκότα ὑπὸ τῶν **ἁμαρτωλῶν** εἰς ἑαυτὸν ἀντιλογίαν,
Jas 4: 8 ἐγγίσατε τῷ θεῷ καὶ ἐγγιεῖ ὑμῖν. καθαρίσατε χεῖρας, **ἁμαρτωλοί,** καὶ ἁγνίσατε καρδίας, δίψυχοι.
5:20 ὁ ἐπιστρέψας **ἁμαρτωλὸν** ἐκ πλάνης ὁδοῦ αὐτοῦ σώσει ψυχὴν αὐτοῦ ἐκ θανάτου καὶ καλύψει πλῆθος ἁμαρτιῶν.
1Pe 4:18 καὶ εἰ ὁ δίκαιος μόλις σῴζεται, ὁ ἀσεβὴς καὶ **ἁμαρτωλὸς** ποῦ φανεῖται;
Jude 1:15 καὶ περὶ πάντων τῶν σκληρῶν ὧν ἐλάλησαν κατ' αὐτοῦ **ἁμαρτωλοὶ** ἀσεβεῖς.

284 Ἀμασίας Not used in UBS/NIV

285 ἄμαχος [2]

√ 1.1 + 3480

1Ti 3: 3 μὴ πάροινον μὴ πλήκτην, ἀλλὰ ἐπιεικῆ **ἄμαχον** ἀφιλάργυρον,
Tit 3: 2 μηδένα βλασφημεῖν, **ἀμάχους** εἶναι, ἐπιεικεῖς, πᾶσαν ἐνδεικνυμένους πραΰτητα πρὸς πάντας ἀνθρώπους.

286 ἀμάω [1]

Jas 5: 4 ἰδοὺ ὁ μισθὸς τῶν ἐργατῶν τῶν **ἀμησάντων** τὰς χώρας ὑμῶν ὁ ἀπεστερημένος ἀφ' ὑμῶν κράζει,

287 ἀμέθυστος [1]

√ 1.3 [?] + 3501

Rev 21:20 ὁ δέκατος χρυσόπρασος, ὁ ἑνδέκατος ὑάκινθος, ὁ δωδέκατος **ἀμέθυστος,**

288 ἀμελέω [4]

√ 1.1 + 3508

gen. following [3] 1Ti 4:14; Heb 2:3; 8:9

Mt 22: 5 οἱ δὲ **ἀμελήσαντες** ἀπῆλθον, ὃς μὲν εἰς τὸν ἴδιον ἀγρόν,
1Ti 4:14 μὴ **ἀμέλει** τοῦ ἐν σοὶ χαρίσματος, ὃ ἐδόθη σοι διὰ προφητείας μετὰ ἐπιθέσεως τῶν χειρῶν τοῦ πρεσβυτερίου.
Heb 2: 3 πῶς ἡμεῖς ἐκφευξόμεθα τηλικαύτης **ἀμελήσαντες** σωτηρίας, ἥτις ἀρχὴν λαβοῦσα λαλεῖσθαι διὰ τοῦ κυρίου
8: 9 ὅτι αὐτοὶ οὐκ ἐνέμειναν ἐν τῇ διαθήκῃ μου, κἀγὼ **ἠμέλησα** αὐτῶν, λέγει κύριος·

289 ἄμεμπτος [5]

√ 1.1 + 3522

Lk 1: 6 πορευόμενοι ἐν πάσαις ταῖς ἐντολαῖς καὶ δικαιώμασιν τοῦ κυρίου **ἄμεμπτοι.**
Php 2:15 ἵνα γένησθε **ἄμεμπτοι** καὶ ἀκέραιοι, τέκνα θεοῦ ἄμωμα μέσον γενεᾶς σκολιᾶς καὶ διεστραμμένης,
3: 6 κατὰ ζῆλος διώκων τὴν ἐκκλησίαν, κατὰ δικαιοσύνην τὴν ἐν νόμῳ γενόμενος **ἄμεμπτος.**
1Th 3:13 εἰς τὸ στηρίξαι ὑμῶν τὰς καρδίας **ἀμέμπτους** ἐν ἁγιωσύνῃ ἔμπροσθεν τοῦ θεοῦ καὶ πατρὸς ἡμῶν ἐν τῇ παρουσίᾳ
Heb 8: 7 Εἰ γὰρ ἡ πρώτη ἐκείνη ἦν **ἄμεμπτος,** οὐκ ἂν δευτέρας ἐζητεῖτο τόπος.

290 ἀμέμπτως [2]

√ 1.1 + 3522

1Th 2:10 ὡς ὁσίως καὶ δικαίως καὶ **ἀμέμπτως** ὑμῖν τοῖς πιστεύουσιν ἐγενήθημεν,
5:23 καὶ ὁλόκληρον ὑμῶν τὸ πνεῦμα καὶ ἡ ψυχὴ καὶ τὸ σῶμα **ἀμέμπτως** ἐν τῇ παρουσίᾳ τοῦ κυρίου ἡμῶν Ἰησοῦ Χριστοῦ

291 ἀμέριμνος [2]

√ 1.1 + 3533

Mt 28:14 καὶ ἐὰν ἀκουσθῇ τοῦτο ἐπὶ τοῦ ἡγεμόνος, ἡμεῖς πείσομεν [αὐτὸν] καὶ ὑμᾶς **ἀμερίμνους** ποιήσομεν.
1Co 7:32 θέλω δὲ ὑμᾶς **ἀμερίμνους** εἶναι. ὁ ἄγαμος μεριμνᾷ τὰ τοῦ κυρίου,

292 ἀμετάθετος [2]

√ 1.1 + 3552 + 5502

Heb 6:17 ὁ θεὸς ἐπιδεῖξαι τοῖς κληρονόμοις τῆς ἐπαγγελίας τὸ **ἀμετάθετον** τῆς βουλῆς αὐτοῦ ἐμεσίτευσεν ὅρκῳ,
6:18 ἵνα διὰ δύο πραγμάτων **ἀμεταθέτων,** ἐν οἷς ἀδύνατον ψεύσασθαι [τὸν] θεόν,

293 ἀμετακίνητος [1]

√ 1.1 + 3552 + 3075

1Co 15:58 Ὥστε, ἀδελφοί μου ἀγαπητοί, ἑδραῖοι γίνεσθε, **ἀμετακίνητοι,** περισσεύοντες ἐν τῷ ἔργῳ τοῦ κυρίου πάντοτε,

294 ἀμεταμέλητος [2]

√ 1.1 + 3552 + 3508

Ro 11:29 **ἀμεταμέλητα** γὰρ τὰ χαρίσματα καὶ ἡ κλῆσις τοῦ θεοῦ.
2Co 7:10 ἡ γὰρ κατὰ θεὸν λύπη μετάνοιαν εἰς σωτηρίαν **ἀμεταμέλητον** ἐργάζεται·

295 ἀμετανόητος [1]

√ 1.1 + 3552 + 3808

Ro 2: 5 κατὰ δὲ τὴν σκληρότητά σου καὶ **ἀμετανόητον** καρδίαν θησαυρίζεις σεαυτῷ ὀργὴν ἐν ἡμέρᾳ ὀργῆς καὶ ἀποκαλύψεως

296 ἄμετρος [2]

√ 1.1 + 3586

2Co 10:13 ἡμεῖς δὲ οὐκ εἰς τὰ **ἄμετρα** καυχησόμεθα ἀλλὰ κατὰ τὸ μέτρον τοῦ κανόνος οὗ ἐμέρισεν ἡμῖν ὁ θεὸς μέτρου,
10:15 οὐκ εἰς τὰ **ἄμετρα** καυχώμενοι ἐν ἀλλοτρίοις κόποις,

297 ἀμήν [129]

ἀμὴν ὁ, τό [3] 1Co 14:16; 2Co 1:20; Rev 3:14

ἀμήν ἀμήν [25] Jn 1:51; 3:3,5,11; 5:19,24,25; 6:26,32,47,53; 8:34,51,58; 10:1,7; 12:24; 13:16,20,21,38; 14:12; 16:20,23; 21:18

end of sentence [25] Ro 1:25; 9:5; 11:36; 15:33; 16:27; 1Co 16:24; Gal 1:5; 6:18; Eph 3:21; Php 4:20,23; 1Th 3:13; 1Ti 1:17; 6:16; 2Ti 4:18; Heb 13:21; 1Pe 4:11; 5:11; 2Pe 3:18; Jude 1:25; Rev 1:6,7; 7:12; 22:20,21

Mt 5:18 **ἀμὴν** γὰρ λέγω ὑμῖν· ἕως ἂν παρέλθῃ ὁ οὐρανὸς καὶ ἡ γῆ,
5:26 **ἀμὴν** λέγω σοι, οὐ μὴ ἐξέλθῃς ἐκεῖθεν, ἕως ἂν ἀποδῷς τὸν ἔσχατον κοδράντην.
6: 2 **ἀμὴν** λέγω ὑμῖν, ἀπέχουσιν τὸν μισθὸν αὐτῶν.
6: 5 **ἀμὴν** λέγω ὑμῖν, ἀπέχουσιν τὸν μισθὸν αὐτῶν.
6:16 **ἀμὴν** λέγω ὑμῖν, ἀπέχουσιν τὸν μισθὸν αὐτῶν.
8:10 **Ἀμὴν** λέγω ὑμῖν, παρ' οὐδενὶ τοσαύτην πίστιν ἐν τῷ Ἰσραὴλ εὗρον.
10:15 **ἀμὴν** λέγω ὑμῖν, ἀνεκτότερον ἔσται γῇ Σοδόμων καὶ Γομόρρων ἐν ἡμέρᾳ κρίσεως ἢ τῇ πόλει ἐκείνῃ.
10:23 **ἀμὴν** γὰρ λέγω ὑμῖν, οὐ μὴ τελέσητε τὰς πόλεις τοῦ Ἰσραὴλ ἕως ἂν ἔλθῃ ὁ υἱὸς τοῦ ἀνθρώπου.
10:42 **ἀμὴν** λέγω ὑμῖν, οὐ μὴ ἀπολέσῃ τὸν μισθὸν αὐτοῦ.
11:11 **ἀμὴν** λέγω ὑμῖν· οὐκ ἐγήγερται ἐν γεννητοῖς γυναικῶν μείζων Ἰωάννου τοῦ βαπτιστοῦ·
13:17 **ἀμὴν** γὰρ λέγω ὑμῖν ὅτι πολλοὶ προφῆται καὶ δίκαιοι ἐπεθύμησαν ἰδεῖν ἃ βλέπετε καὶ οὐκ εἶδαν,
16:28 **ἀμὴν** λέγω ὑμῖν ὅτι εἰσίν τινες τῶν ὧδε ἑστώτων οἵτινες οὐ μὴ γεύσωνται θανάτου ἕως ἂν ἴδωσιν τὸν υἱὸν τοῦ ἀνθρώπου
17:20 **ἀμὴν** γὰρ λέγω ὑμῖν, ἐὰν ἔχητε πίστιν ὡς κόκκον σινάπεως,
18: 3 καὶ εἶπεν, **Ἀμὴν** λέγω ὑμῖν, ἐὰν μὴ στραφῆτε καὶ γένησθε ὡς τὰ παιδία,
18:13 **ἀμὴν** λέγω ὑμῖν ὅτι χαίρει ἐπ' αὐτῷ μᾶλλον ἢ ἐπὶ τοῖς ἐνενήκοντα ἐννέα τοῖς μὴ πεπλανημένοις.
18:18 **Ἀμὴν** λέγω ὑμῖν· ὅσα ἐὰν δήσητε ἐπὶ τῆς γῆς ἔσται δεδεμένα ἐν οὐρανῷ,
18:19 Πάλιν [**ἀμὴν**][NIV-] λέγω ὑμῖν ὅτι ἐὰν δύο συμφωνήσωσιν ἐξ ὑμῶν ἐπὶ τῆς γῆς περὶ παντὸς πράγματος οὗ ἐὰν αἰτήσωνται,
19:23 **Ἀμὴν** λέγω ὑμῖν ὅτι πλούσιος δυσκόλως εἰσελεύσεται εἰς τὴν βασιλείαν τῶν οὐρανῶν.
19:28 **Ἀμὴν** λέγω ὑμῖν ὅτι ὑμεῖς οἱ ἀκολουθήσαντές μοι ἐν τῇ παλιγγενεσίᾳ,
21:21 **Ἀμὴν** λέγω ὑμῖν, ἐὰν ἔχητε πίστιν καὶ μὴ διακριθῆτε,
21:31 **Ἀμὴν** λέγω ὑμῖν ὅτι οἱ τελῶναι καὶ αἱ πόρναι προάγουσιν ὑμᾶς εἰς τὴν βασιλείαν τοῦ θεοῦ.
23:36 **ἀμὴν** λέγω ὑμῖν, ἥξει ταῦτα πάντα ἐπὶ τὴν γενεὰν ταύτην.
24: 2 **ἀμὴν** λέγω ὑμῖν, οὐ μὴ ἀφεθῇ ὧδε λίθος ἐπὶ λίθον ὃς οὐ καταλυθήσεται.
24:34 **ἀμὴν** λέγω ὑμῖν ὅτι οὐ μὴ παρέλθῃ ἡ γενεὰ αὕτη ἕως ἂν πάντα ταῦτα γένηται.
24:47 **ἀμὴν** λέγω ὑμῖν ὅτι ἐπὶ πᾶσιν τοῖς ὑπάρχουσιν αὐτοῦ καταστήσει αὐτόν.
25:12 ὁ δὲ ἀποκριθεὶς εἶπεν, **Ἀμὴν** λέγω ὑμῖν, οὐκ οἶδα ὑμᾶς.
25:40 βασιλεὺς ἐρεῖ αὐτοῖς, **Ἀμὴν** λέγω ὑμῖν, ἐφ' ὅσον ἐποιήσατε ἑνὶ τούτων τῶν ἀδελφῶν μου τῶν ἐλαχίστων, ἐμοὶ ἐποιήσατε.
25:45 τότε ἀποκριθήσεται αὐτοῖς λέγων, **Ἀμὴν** λέγω ὑμῖν, ἐφ' ὅσον οὐκ ἐποιήσατε ἑνὶ τούτων τῶν ἐλαχίστων,
26:13 **ἀμὴν** λέγω ὑμῖν, ὅπου ἐὰν κηρυχθῇ τὸ εὐαγγέλιον τοῦτο ἐν ὅλῳ τῷ κόσμῳ,
26:21 **Ἀμὴν** λέγω ὑμῖν ὅτι εἷς ἐξ ὑμῶν παραδώσει με.
26:34 **Ἀμὴν** λέγω σοι ὅτι ἐν ταύτῃ τῇ νυκτὶ πρὶν ἀλέκτορα φωνῆσαι τρὶς ἀπαρνήσῃ με.
Mk 3:28 **Ἀμὴν** λέγω ὑμῖν ὅτι πάντα ἀφεθήσεται τοῖς υἱοῖς τῶν ἀνθρώπων τὰ ἁμαρτήματα καὶ αἱ βλασφημίαι
8:12 **ἀμὴν** λέγω ὑμῖν, εἰ δοθήσεται τῇ γενεᾷ ταύτῃ σημεῖον.
9: 1 **Ἀμὴν** λέγω ὑμῖν ὅτι εἰσίν τινες ὧδε τῶν ἑστηκότων οἵτινες οὐ μὴ γεύσωνται θανάτου ἕως ἂν ἴδωσιν τὴν βασιλείαν
9:41 **ἀμὴν** λέγω ὑμῖν ὅτι οὐ μὴ ἀπολέσῃ τὸν μισθὸν αὐτοῦ.
10:15 **ἀμὴν** λέγω ὑμῖν, ὃς ἂν μὴ δέξηται τὴν βασιλείαν τοῦ θεοῦ ὡς παιδίον,
10:29 ἔφη ὁ Ἰησοῦς, **Ἀμὴν** λέγω ὑμῖν, οὐδείς ἐστιν ὃς ἀφῆκεν οἰκίαν ἢ ἀδελφοὺς ἢ ἀδελφὰς ἢ μητέρα ἢ πατέρα ἢ τέκνα
11:23 **ἀμὴν** λέγω ὑμῖν ὅτι ὃς ἂν εἴπῃ τῷ ὄρει τούτῳ,
12:43 **Ἀμὴν** λέγω ὑμῖν ὅτι ἡ χήρα αὕτη ἡ πτωχὴ πλεῖον πάντων ἔβαλεν τῶν βαλλόντων εἰς τὸ γαζοφυλάκιον·
13:30 **ἀμὴν** λέγω ὑμῖν ὅτι οὐ μὴ παρέλθῃ ἡ γενεὰ αὕτη μέχρις οὗ ταῦτα πάντα γένηται.
14: 9 **ἀμὴν** δὲ λέγω ὑμῖν, ὅπου ἐὰν κηρυχθῇ τὸ εὐαγγέλιον εἰς ὅλον τὸν κόσμον,
14:18 **Ἀμὴν** λέγω ὑμῖν ὅτι εἷς ἐξ ὑμῶν παραδώσει με ὁ ἐσθίων μετ' ἐμοῦ.
14:25 **ἀμὴν** λέγω ὑμῖν ὅτι οὐκέτι οὐ μὴ πίω ἐκ τοῦ γενήματος τῆς ἀμπέλου ἕως τῆς ἡμέρας ἐκείνης ὅταν αὐτὸ πίνω καινὸν ἐν τῇ βασιλείᾳ τοῦ θεοῦ.
14:30 **Ἀμὴν** λέγω σοι ὅτι σὺ σήμερον ταύτῃ τῇ νυκτὶ πρὶν ἢ δὶς ἀλέκτορα φωνῆσαι τρίς με ἀπαρνήσῃ.
16: S ⟦ἐξαπέστειλεν δι' αὐτῶν τὸ ἱερὸν καὶ ἄφθαρτον κήρυγμα τῆς αἰωνίου σωτηρίας. **ἀμήν.**[NIV-]⟧
Lk 4:24 **Ἀμὴν** λέγω ὑμῖν ὅτι οὐδεὶς προφήτης δεκτός ἐστιν ἐν τῇ πατρίδι αὐτοῦ.
12:37 **ἀμὴν** λέγω ὑμῖν ὅτι περιζώσεται καὶ ἀνακλινεῖ αὐτοὺς καὶ παρελθὼν διακονήσει αὐτοῖς.
18:17 **ἀμὴν** λέγω ὑμῖν, ὃς ἂν μὴ δέξηται τὴν βασιλείαν τοῦ θεοῦ ὡς παιδίον,
18:29 **Ἀμὴν** λέγω ὑμῖν ὅτι οὐδείς ἐστιν ὃς ἀφῆκεν οἰκίαν ἢ γυναῖκα ἢ ἀδελφοὺς ἢ γονεῖς ἢ τέκνα ἕνεκεν τῆς βασιλείας τοῦ θεοῦ,
21:32 **ἀμὴν** λέγω ὑμῖν ὅτι οὐ μὴ παρέλθῃ ἡ γενεὰ αὕτη ἕως ἂν πάντα γένηται.
23:43 καὶ εἶπεν αὐτῷ, **Ἀμήν** σοι λέγω, σήμερον μετ' ἐμοῦ ἔσῃ ἐν τῷ παραδείσῳ.
Jn 1:51 καὶ λέγει αὐτῷ, **Ἀμὴν ἀμὴν** λέγω ὑμῖν, ὄψεσθε τὸν οὐρανὸν ἀνεῳγότα καὶ τοὺς ἀγγέλους τοῦ θεοῦ ἀναβαίνοντας
3: 3 **Ἀμὴν ἀμὴν** λέγω σοι, ἐὰν μή τις γεννηθῇ ἄνωθεν,
3: 5 ἀπεκρίθη Ἰησοῦς, **Ἀμὴν ἀμὴν** λέγω σοι, ἐὰν μή τις γεννηθῇ ἐξ ὕδατος καὶ πνεύματος,
3:11 **ἀμὴν ἀμὴν** λέγω σοι ὅτι ὃ οἴδαμεν λαλοῦμεν καὶ ὃ ἑωράκαμεν μαρτυροῦμεν,
5:19 Ἀπεκρίνατο οὖν ὁ Ἰησοῦς καὶ ἔλεγεν αὐτοῖς, **Ἀμὴν ἀμὴν** λέγω ὑμῖν, οὐ δύναται ὁ υἱὸς ποιεῖν ἀφ' ἑαυτοῦ οὐδὲν
5:24 **Ἀμὴν ἀμὴν** λέγω ὑμῖν ὅτι ὁ τὸν λόγον μου ἀκούων καὶ πιστεύων τῷ πέμψαντί με ἔχει ζωὴν αἰώνιον
5:25 **ἀμὴν ἀμὴν** λέγω ὑμῖν ὅτι ἔρχεται ὥρα καὶ νῦν ἐστιν ὅτε οἱ νεκροὶ ἀκούσουσιν τῆς φωνῆς τοῦ υἱοῦ τοῦ θεοῦ
6:26 **Ἀμὴν ἀμὴν** λέγω ὑμῖν, ζητεῖτέ με οὐχ ὅτι εἴδετε σημεῖα,

6:32 εἶπεν οὖν αὐτοῖς ὁ Ἰησοῦς, **Ἀμὴν ἀμὴν** λέγω ὑμῖν, οὐ Μωϋσῆς δέδωκεν ὑμῖν τὸν ἄρτον ἐκ τοῦ οὐρανοῦ,
6:47 **ἀμὴν ἀμὴν** λέγω ὑμῖν, ὁ πιστεύων ἔχει ζωὴν αἰώνιον.
6:53 εἶπεν οὖν αὐτοῖς ὁ Ἰησοῦς, **Ἀμὴν ἀμὴν** λέγω ὑμῖν, ἐὰν μὴ φάγητε τὴν σάρκα τοῦ υἱοῦ τοῦ ἀνθρώπου
8:34 **Ἀμὴν ἀμὴν** λέγω ὑμῖν ὅτι πᾶς ὁ ποιῶν τὴν ἁμαρτίαν δοῦλός ἐστιν τῆς ἁμαρτίας.
8:51 **ἀμὴν ἀμὴν** λέγω ὑμῖν, ἐάν τις τὸν ἐμὸν λόγον τηρήσῃ,
8:58 εἶπεν αὐτοῖς Ἰησοῦς, **Ἀμὴν ἀμὴν** λέγω ὑμῖν, πρὶν Ἀβραὰμ γενέσθαι ἐγὼ εἰμί.
10: 1 **Ἀμὴν ἀμὴν** λέγω ὑμῖν, ὁ μὴ εἰσερχόμενος διὰ τῆς θύρας εἰς τὴν αὐλὴν τῶν προβάτων ἀλλὰ ἀναβαίνων ἀλλαχόθεν
10: 7 **Ἀμὴν ἀμὴν** λέγω ὑμῖν ὅτι ἐγώ εἰμι ἡ θύρα τῶν προβάτων.
12:24 **ἀμὴν ἀμὴν** λέγω ὑμῖν, ἐὰν μὴ ὁ κόκκος τοῦ σίτου πεσὼν εἰς τὴν γῆν ἀποθάνῃ,
13:16 **ἀμὴν ἀμὴν** λέγω ὑμῖν, οὐκ ἔστιν δοῦλος μείζων τοῦ κυρίου αὐτοῦ οὐδὲ ἀπόστολος μείζων τοῦ πέμψαντος αὐτόν.
13:20 **ἀμὴν ἀμὴν** λέγω ὑμῖν, ὁ λαμβάνων ἄν τινα πέμψω ἐμὲ λαμβάνει,
13:21 **Ἀμὴν ἀμὴν** λέγω ὑμῖν ὅτι εἷς ἐξ ὑμῶν παραδώσει με.
13:38 **ἀμὴν ἀμὴν** λέγω σοι, οὐ μὴ ἀλέκτωρ φωνήσῃ ἕως οὗ ἀρνήσῃ με τρίς.
14:12 **ἀμὴν ἀμὴν** λέγω ὑμῖν, ὁ πιστεύων εἰς ἐμὲ τὰ ἔργα ἃ ἐγὼ ποιῶ κἀκεῖνος ποιήσει καὶ μείζονα τούτων ποιήσει,
16:20 **ἀμὴν ἀμὴν** λέγω ὑμῖν ὅτι κλαύσετε καὶ θρηνήσετε ὑμεῖς,
16:23 **ἀμὴν ἀμὴν** λέγω ὑμῖν, ἄν τι αἰτήσητε τὸν πατέρα ἐν τῷ ὀνόματί μου δώσει ὑμῖν.
21:18 **ἀμὴν ἀμὴν** λέγω σοι, ὅτε ἦς νεώτερος, ἐζώννυες σεαυτὸν καὶ περιεπάτεις ὅπου ἤθελες·

Ro 1:25 καὶ ἐσεβάσθησαν καὶ ἐλάτρευσαν τῇ κτίσει παρὰ τὸν κτίσαντα, ὅς ἐστιν εὐλογητὸς εἰς τοὺς αἰῶνας, **ἀμήν.**
9: 5 ὁ ὢν ἐπὶ πάντων θεὸς εὐλογητὸς εἰς τοὺς αἰῶνας, **ἀμήν.**
11:36 ὅτι ἐξ αὐτοῦ καὶ δι᾽ αὐτοῦ καὶ εἰς αὐτὸν τὰ πάντα· αὐτῷ ἡ δόξα εἰς τοὺς αἰῶνας, **ἀμήν.**
15:33 ὁ δὲ θεὸς τῆς εἰρήνης μετὰ πάντων ὑμῶν, **ἀμήν.**
16:27 [διὰ Ἰησοῦ Χριστοῦ, ᾧ ἡ δόξα εἰς τοὺς αἰῶνας, **ἀμήν.**]
1Co 14:16 ὁ ἀναπληρῶν τὸν τόπον τοῦ ἰδιώτου πῶς ἐρεῖ τὸ **Ἀμὴν** ἐπὶ τῇ σῇ εὐχαριστίᾳ;
16:24 ἡ ἀγάπη μου μετὰ πάντων ὑμῶν ἐν Χριστῷ Ἰησοῦ. **ἀμήν.**[UBS-]
2Co 1:20 διὸ καὶ δι᾽ αὐτοῦ τὸ **Ἀμὴν** τῷ θεῷ πρὸς δόξαν δι᾽ ἡμῶν.
Gal 1: 5 ᾧ ἡ δόξα εἰς τοὺς αἰῶνας τῶν αἰώνων, **ἀμήν.**
6:18 Ἡ χάρις τοῦ κυρίου ἡμῶν Ἰησοῦ Χριστοῦ μετὰ τοῦ πνεύματος ὑμῶν, ἀδελφοί· **ἀμήν.**
Eph 3:21 αὐτῷ ἡ δόξα ἐν τῇ ἐκκλησίᾳ καὶ ἐν Χριστῷ Ἰησοῦ εἰς πάσας τὰς γενεὰς τοῦ αἰῶνος τῶν αἰώνων, **ἀμήν.**
Php 4:20 τῷ δὲ θεῷ καὶ πατρὶ ἡμῶν ἡ δόξα εἰς τοὺς αἰῶνας τῶν αἰώνων, **ἀμήν.**
4:23 ἡ χάρις τοῦ κυρίου Ἰησοῦ Χριστοῦ μετὰ τοῦ πνεύματος ὑμῶν. **ἀμήν.**[UBS-]
1Th 3:13 ἔμπροσθεν τοῦ θεοῦ καὶ πατρὸς ἡμῶν ἐν τῇ παρουσίᾳ τοῦ κυρίου ἡμῶν Ἰησοῦ μετὰ πάντων τῶν ἁγίων [αὐτοῦ, **ἀμήν.**[NIV-]]
1Ti 1:17 τιμὴ καὶ δόξα εἰς τοὺς αἰῶνας τῶν αἰώνων, **ἀμήν.**
6:16 ὃν εἶδεν οὐδεὶς ἀνθρώπων οὐδὲ ἰδεῖν δύναται· ᾧ τιμὴ καὶ κράτος αἰώνιον, **ἀμήν.**
2Ti 4:18 ᾧ ἡ δόξα εἰς τοὺς αἰῶνας τῶν αἰώνων, **ἀμήν.**
Heb 13:21 ᾧ ἡ δόξα εἰς τοὺς αἰῶνας [τῶν αἰώνων,] **ἀμήν.**
1Pe 4:11 ᾧ ἐστιν ἡ δόξα καὶ τὸ κράτος εἰς τοὺς αἰῶνας τῶν αἰώνων, **ἀμήν.**
5:11 αὐτῷ τὸ κράτος εἰς τοὺς αἰῶνας, **ἀμήν.**
2Pe 3:18 αὐτῷ ἡ δόξα καὶ νῦν καὶ εἰς ἡμέραν αἰῶνος. **[ἀμήν.]**
Jude 1:25 δόξα μεγαλωσύνη κράτος καὶ ἐξουσία πρὸ παντὸς τοῦ αἰῶνος καὶ νῦν καὶ εἰς πάντας τοὺς αἰῶνας, **ἀμήν.**
Rev 1: 6 αὐτῷ ἡ δόξα καὶ τὸ κράτος εἰς τοὺς αἰῶνας [τῶν αἰώνων·] **ἀμήν.**
1: 7 καὶ κόψονται ἐπ᾽ αὐτὸν πᾶσαι αἱ φυλαὶ τῆς γῆς. ναί, **ἀμήν.**
3:14 Τάδε λέγει ὁ **Ἀμήν,** ὁ μάρτυς ὁ πιστὸς καὶ ἀληθινός,
5:14 καὶ τὰ τέσσαρα ζῷα ἔλεγον, **Ἀμήν.** καὶ οἱ πρεσβύτεροι ἔπεσαν καὶ προσεκύνησαν.
7:12 λέγοντες, **Ἀμήν,** ἡ εὐλογία καὶ ἡ δόξα καὶ ἡ σοφία καὶ ἡ εὐχαριστία καὶ ἡ τιμὴ καὶ ἡ δύναμις καὶ ἡ ἰσχὺς τῷ θεῷ ἡμῶν εἰς τοὺς αἰῶνας τῶν αἰώνων· **ἀμήν.**
19: 4 καὶ προσεκύνησαν τῷ θεῷ τῷ καθημένῳ ἐπὶ τῷ θρόνῳ λέγοντες, **Ἀμὴν** Ἁλληλουϊά,
22:20 Λέγει ὁ μαρτυρῶν ταῦτα, Ναί, ἔρχομαι ταχύ. **Ἀμήν,** ἔρχου κύριε Ἰησοῦ.
22:21 Ἡ χάρις τοῦ κυρίου Ἰησοῦ μετὰ τῶν ἁγίων. **ἀμήν.**[UBS-]

298 ἀμήτωρ [1]

√ *1.1 + 3613*

Heb 7: 3 ἀπάτωρ **ἀμήτωρ** ἀγενεαλόγητος, μήτε ἀρχὴν ἡμερῶν μήτε ζωῆς τέλος ἔχων,

299 ἀμίαντος [4]

√ *1.1 + 3620*

Heb 7:26 Τοιοῦτος γὰρ ἡμῖν καὶ ἔπρεπεν ἀρχιερεύς, ὅσιος ἄκακος **ἀμίαντος,**
13: 4 Τίμιος ὁ γάμος ἐν πᾶσιν καὶ ἡ κοίτη **ἀμίαντος,**
Jas 1:27 θρησκεία καθαρὰ καὶ **ἀμίαντος** παρὰ τῷ θεῷ καὶ πατρὶ αὕτη ἐστίν,
1Pe 1: 4 εἰς κληρονομίαν ἄφθαρτον καὶ **ἀμίαντον** καὶ ἀμάραντον, τετηρημένην ἐν οὐρανοῖς εἰς ὑμᾶς

300 Ἀμιναδάβ [3]

Mt 1: 4 Ἀρὰμ δὲ ἐγέννησεν τὸν **Ἀμιναδάβ, Ἀμιναδὰβ** δὲ ἐγέννησεν τὸν Ναασσών, Ναασσὼν δὲ ἐγέννησεν τὸν Σαλμών,
Lk 3:33 τοῦ **Ἀμιναδὰβ** τοῦ Ἀδμὶν τοῦ Ἀρνὶ τοῦ Ἑσρὼμ τοῦ Φάρες τοῦ Ἰούδα

301 ἄμμον Not used in UBS/NIV

√ *302*

302 ἄμμος [5]

→ *301*

Mt 7:26 ὅστις ᾠκοδόμησεν αὐτοῦ τὴν οἰκίαν ἐπὶ τὴν **ἄμμον·**
Ro 9:27 Ἐὰν ᾖ ὁ ἀριθμὸς τῶν υἱῶν Ἰσραὴλ ὡς ἡ **ἄμμος** τῆς θαλάσσης,
Heb 11:12 καθὼς τὰ ἄστρα τοῦ οὐρανοῦ τῷ πλήθει καὶ ὡς ἡ **ἄμμος** ἡ παρὰ τὸ χεῖλος τῆς θαλάσσης ἡ ἀναρίθμητος.
Rev 12:18 καὶ ἐστάθη ἐπὶ τὴν **ἄμμον** τῆς θαλάσσης.
20: 8 ὧν ὁ ἀριθμὸς αὐτῶν ὡς ἡ **ἄμμος** τῆς θαλάσσης.

303 ἀμνός [4]

Jn 1:29 Ἴδε ὁ **ἀμνὸς** τοῦ θεοῦ ὁ αἴρων τὴν ἁμαρτίαν τοῦ κόσμου.
1:36 καὶ ἐμβλέψας τῷ Ἰησοῦ περιπατοῦντι λέγει, Ἴδε ὁ **ἀμνὸς** τοῦ θεοῦ.
Ac 8:32 Ὡς πρόβατον ἐπὶ σφαγὴν ἤχθη καὶ ὡς **ἀμνὸς** ἐναντίον τοῦ κείραντος αὐτὸν ἄφωνος,
1Pe 1:19 ἀλλὰ τιμίῳ αἵματι ὡς **ἀμνοῦ** ἀμώμου καὶ ἀσπίλου Χριστοῦ,

304 ἀμοιβή [1]

1Ti 5: 4 μανθανέτωσαν πρῶτον τὸν ἴδιον οἶκον εὐσεβεῖν καὶ **ἀμοιβὰς** ἀποδιδόναι τοῖς προγόνοις·

305 ἄμορφος Not used in UBS/NIV

√ *1.1 + 3671*

306 ἄμπελος [9]

→ *307, 308*

Mt 26:29 οὐ μὴ πίω ἀπ᾽ ἄρτι ἐκ τούτου τοῦ γενήματος τῆς **ἀμπέλου** ἕως τῆς ἡμέρας ἐκείνης ὅταν αὐτὸ πίνω μεθ᾽ ὑμῶν καινὸν
Mk 14:25 ἀμὴν λέγω ὑμῖν ὅτι οὐκέτι οὐ μὴ πίω ἐκ τοῦ γενήματος τῆς **ἀμπέλου** ἕως τῆς ἡμέρας ἐκείνης ὅταν αὐτὸ πίνω καινὸν
Lk 22:18 [ὅτι] οὐ μὴ πίω ἀπὸ τοῦ νῦν ἀπὸ τοῦ γενήματος τῆς **ἀμπέλου** ἕως οὗ ἡ βασιλεία τοῦ θεοῦ ἔλθῃ.
Jn 15: 1 Ἐγώ εἰμι ἡ **ἄμπελος** ἡ ἀληθινὴ καὶ ὁ πατήρ μου ὁ γεωργός ἐστιν.
15: 4 καθὼς τὸ κλῆμα οὐ δύναται καρπὸν φέρειν ἀφ᾽ ἑαυτοῦ ἐὰν μὴ μένῃ ἐν τῇ **ἀμπέλῳ,**
15: 5 ἐγώ εἰμι ἡ **ἄμπελος,** ὑμεῖς τὰ κλήματα. ὁ μένων ἐν ἐμοὶ κἀγὼ ἐν αὐτῷ οὗτος φέρει καρπὸν πολύν,
Jas 3:12 ἀδελφοί μου, συκῆ ἐλαίας ποιῆσαι ἢ **ἄμπελος** σῦκα;
Rev 14:18 Πέμψον σου τὸ δρέπανον τὸ ὀξὺ καὶ τρύγησον τοὺς βότρυας τῆς **ἀμπέλου** τῆς γῆς,
14:19 καὶ ἔβαλεν ὁ ἄγγελος τὸ δρέπανον αὐτοῦ εἰς τὴν γῆν καὶ ἐτρύγησεν τὴν **ἄμπελον** τῆς γῆς καὶ ἔβαλεν εἰς τὴν ληνὸν

307 ἀμπελουργός [1]

√ 306 + 2240

Lk 13: 7 εἶπεν δὲ πρὸς τὸν **ἀμπελουργόν,** Ἰδοὺ τρία ἔτη ἀφ᾽ οὗ ἔρχομαι ζητῶν καρπὸν ἐν τῇ συκῇ ταύτῃ καὶ οὐχ εὑρίσκω·

308 ἀμπελών [23]

√ 306

Mt 20: 1 ὅστις ἐξῆλθεν ἅμα πρωῒ μισθώσασθαι ἐργάτας εἰς τὸν **ἀμπελῶνα** αὐτοῦ.
20: 2 συμφωνήσας δὲ μετὰ τῶν ἐργατῶν ἐκ δηναρίου τὴν ἡμέραν ἀπέστειλεν αὐτοὺς εἰς τὸν **ἀμπελῶνα** αὐτοῦ.
20: 4 καὶ ἐκείνοις εἶπεν, Ὑπάγετε καὶ ὑμεῖς εἰς τὸν **ἀμπελῶνα,**
20: 7 λέγει αὐτοῖς, Ὑπάγετε καὶ ὑμεῖς εἰς τὸν **ἀμπελῶνα.**
20: 8 ὀψίας δὲ γενομένης λέγει ὁ κύριος τοῦ **ἀμπελῶνος** τῷ ἐπιτρόπῳ αὐτοῦ,
21:28 καὶ προσελθὼν τῷ πρώτῳ εἶπεν, Τέκνον, ὕπαγε σήμερον ἐργάζου ἐν τῷ **ἀμπελῶνι.**
21:33 Ἄνθρωπος ἦν οἰκοδεσπότης ὅστις ἐφύτευσεν **ἀμπελῶνα** καὶ φραγμὸν αὐτῷ περιέθηκεν καὶ ὤρυξεν ἐν αὐτῷ ληνὸν
21:39 καὶ λαβόντες αὐτὸν ἐξέβαλον ἔξω τοῦ **ἀμπελῶνος** καὶ ἀπέκτειναν.
21:40 ὅταν οὖν ἔλθῃ ὁ κύριος τοῦ **ἀμπελῶνος,** τί ποιήσει τοῖς γεωργοῖς ἐκείνοις;
21:41 Κακοὺς κακῶς ἀπολέσει αὐτοὺς καὶ τὸν **ἀμπελῶνα** ἐκδώσεται ἄλλοις γεωργοῖς,
Mk 12: 1 **Ἀμπελῶνα** ἄνθρωπος ἐφύτευσεν καὶ περιέθηκεν φραγμὸν καὶ ὤρυξεν ὑπολήνιον καὶ ᾠκοδόμησεν πύργον
12: 2 καὶ ἀπέστειλεν πρὸς τοὺς γεωργοὺς τῷ καιρῷ δοῦλον ἵνα παρὰ τῶν γεωργῶν λάβῃ ἀπὸ τῶν καρπῶν τοῦ **ἀμπελῶνος·**
12: 8 καὶ λαβόντες ἀπέκτειναν αὐτὸν καὶ ἐξέβαλον αὐτὸν ἔξω τοῦ **ἀμπελῶνος.**
12: 9 τί [οὖν] ποιήσει ὁ κύριος τοῦ **ἀμπελῶνος;** ἐλεύσεται καὶ ἀπολέσει τοὺς γεωργοὺς καὶ δώσει τὸν **ἀμπελῶνα** ἄλλοις.
Lk 13: 6 Συκῆν εἶχέν τις πεφυτευμένην ἐν τῷ **ἀμπελῶνι** αὐτοῦ,
20: 9 Ἄνθρωπός [τις] ἐφύτευσεν **ἀμπελῶνα** καὶ ἐξέδετο αὐτὸν γεωργοῖς καὶ ἀπεδήμησεν χρόνους ἱκανούς.
20:10 καὶ καιρῷ ἀπέστειλεν πρὸς τοὺς γεωργοὺς δοῦλον ἵνα ἀπὸ τοῦ καρποῦ τοῦ **ἀμπελῶνος** δώσουσιν αὐτῷ·
20:13 εἶπεν δὲ ὁ κύριος τοῦ **ἀμπελῶνος,** Τί ποιήσω;
20:15 καὶ ἐκβαλόντες αὐτὸν ἔξω τοῦ **ἀμπελῶνος** ἀπέκτειναν. τί οὖν ποιήσει αὐτοῖς ὁ κύριος τοῦ **ἀμπελῶνος;**
20:16 ἐλεύσεται καὶ ἀπολέσει τοὺς γεωργοὺς τούτους καὶ δώσει τὸν **ἀμπελῶνα** ἄλλοις.
1Co 9: 7 τίς φυτεύει **ἀμπελῶνα** καὶ τὸν καρπὸν αὐτοῦ οὐκ ἐσθίει;

309 Ἀμπλιᾶτος [1]

Ro 16: 8 ἀσπάσασθε **Ἀμπλιᾶτον** τὸν ἀγαπητόν μου ἐν κυρίῳ.

310 ἀμύνομαι [1]

Ac 7:24 καὶ ἰδών τινα ἀδικούμενον **ἠμύνατο** καὶ ἐποίησεν ἐκδίκησιν τῷ καταπονουμένῳ πατάξας τὸν Αἰγύπτιον.

311 ἀμφιβάλλω [1]

→ 312; cf. 965

Mk 1:16 εἶδεν Σίμωνα καὶ Ἀνδρέαν τὸν ἀδελφὸν Σίμωνος **ἀμφιβάλλοντας** ἐν τῇ θαλάσσῃ·

312 ἀμφίβληστρον [1]

√ 311

Mt 4:18 Σίμωνα τὸν λεγόμενον Πέτρον καὶ Ἀνδρέαν τὸν ἀδελφὸν αὐτοῦ, βάλλοντας **ἀμφίβληστρον** εἰς τὴν θάλασσαν·

313 ἀμφιέζω [1]

→ 314; cf. 2667

Lk 12:28 εἰ δὲ ἐν ἀγρῷ τὸν χόρτον ὄντα σήμερον καὶ αὔριον εἰς κλίβανον βαλλόμενον ὁ θεὸς οὕτως **ἀμφιέζει,**

314 ἀμφιέννυμι [3]

√ 313

Mt 6:30 εἰ δὲ τὸν χόρτον τοῦ ἀγροῦ σήμερον ὄντα καὶ αὔριον εἰς κλίβανον βαλλόμενον ὁ θεὸς οὕτως **ἀμφιέννυσιν,**
11: 8 ἀλλὰ τί ἐξήλθατε ἰδεῖν; ἄνθρωπον ἐν μαλακοῖς **ἠμφιεσμένον;**
Lk 7:25 ἀλλὰ τί ἐξήλθατε ἰδεῖν; ἄνθρωπον ἐν μαλακοῖς ἱματίοις **ἠμφιεσμένον;**

315 Ἀμφίπολις [1]

√ 4484

Ac 17: 1 Διοδεύσαντες δὲ τὴν **Ἀμφίπολιν** καὶ τὴν Ἀπολλωνίαν ἦλθον εἰς Θεσσαλονίκην ὅπου ἦν συναγωγὴ τῶν Ἰουδαίων.

316 ἄμφοδον [1]

√ 3847

Mk 11: 4 καὶ ἀπῆλθον καὶ εὗρον πῶλον δεδεμένον πρὸς θύραν ἔξω ἐπὶ τοῦ **ἀμφόδου** καὶ λύουσιν αὐτόν.

317 ἀμφότεροι [14]

Mt 9:17 ἀλλὰ βάλλουσιν οἶνον νέον εἰς ἀσκοὺς καινούς, καὶ **ἀμφότεροι** συντηροῦνται.
13:30 ἄφετε συναυξάνεσθαι **ἀμφότερα** ἕως τοῦ θερισμοῦ, καὶ ἐν καιρῷ τοῦ θερισμοῦ ἐρῶ τοῖς θερισταῖς,
15:14 τυφλὸς δὲ τυφλὸν ἐὰν ὁδηγῇ, **ἀμφότεροι** εἰς βόθυνον πεσοῦνται.
Lk 1: 6 ἦσαν δὲ δίκαιοι **ἀμφότεροι** ἐναντίον τοῦ θεοῦ, πορευόμενοι ἐν πάσαις ταῖς ἐντολαῖς καὶ δικαιώμασιν τοῦ κυρίου
1: 7 καὶ **ἀμφότεροι** προβεβηκότες ἐν ταῖς ἡμέραις αὐτῶν ἦσαν.
5: 7 καὶ ἦλθον καὶ ἔπλησαν **ἀμφότερα** τὰ πλοῖα ὥστε βυθίζεσθαι αὐτά.
6:39 Μήτι δύναται τυφλὸς τυφλὸν ὁδηγεῖν; οὐχὶ **ἀμφότεροι** εἰς βόθυνον ἐμπεσοῦνται;
7:42 μὴ ἐχόντων αὐτῶν ἀποδοῦναι **ἀμφοτέροις** ἐχαρίσατο. τίς οὖν αὐτῶν πλεῖον ἀγαπήσει αὐτόν;
Ac 8:38 καὶ ἐκέλευσεν στῆναι τὸ ἅρμα καὶ κατέβησαν **ἀμφότεροι** εἰς τὸ ὕδωρ,
19:16 κατακυριεύσας **ἀμφοτέρων** ἴσχυσεν κατ᾽ αὐτῶν ὥστε γυμνοὺς καὶ τετραυματισμένους ἐκφυγεῖν ἐκ τοῦ οἴκου ἐκείνου.
23: 8 Σαδδουκαῖοι μὲν γὰρ λέγουσιν μὴ εἶναι ἀνάστασιν μήτε ἄγγελον μήτε πνεῦμα, Φαρισαῖοι δὲ ὁμολογοῦσιν τὰ **ἀμφότερα.**
Eph 2:14 ὁ ποιήσας τὰ **ἀμφότερα** ἓν καὶ τὸ μεσότοιχον τοῦ φραγμοῦ λύσας,
2:16 καὶ ἀποκαταλλάξῃ τοὺς **ἀμφοτέρους** ἐν ἑνὶ σώματι τῷ θεῷ διὰ τοῦ σταυροῦ,
2:18 ὅτι δι᾽ αὐτοῦ ἔχομεν τὴν προσαγωγὴν οἱ **ἀμφότεροι** ἐν ἑνὶ πνεύματι πρὸς τὸν πατέρα.

318 ἀμώμητος [1]

√ 1.1 + 3522

2Pe 3:14 ταῦτα προσδοκῶντες σπουδάσατε ἄσπιλοι καὶ **ἀμώμητοι** αὐτῷ εὑρεθῆναι ἐν εἰρήνῃ

319 ἄμωμον [1]

Rev 18:13 καὶ κιννάμωμον καὶ **ἄμωμον** καὶ θυμιάματα καὶ μύρον καὶ λίβανον καὶ οἶνον καὶ ἔλαιον καὶ σεμίδαλιν καὶ σῖτον

320 ἄμωμος [8]

√ 1.1 + 3522

Eph 1: 4 καθὼς ἐξελέξατο ἡμᾶς ἐν αὐτῷ πρὸ καταβολῆς κόσμου εἶναι ἡμᾶς ἁγίους καὶ **ἀμώμους** κατενώπιον αὐτοῦ ἐν ἀγάπῃ,
5:27 μὴ ἔχουσαν σπίλον ἢ ῥυτίδα ἤ τι τῶν τοιούτων, ἀλλ᾽ ἵνα ᾖ ἁγία καὶ **ἄμωμος.**
Php 2:15 τέκνα θεοῦ **ἄμωμα** μέσον γενεᾶς σκολιᾶς καὶ διεστραμμένης,
Col 1:22 νυνὶ δὲ ἀποκατήλλαξεν ἐν τῷ σώματι τῆς σαρκὸς αὐτοῦ διὰ τοῦ θανάτου παραστῆσαι ὑμᾶς ἁγίους καὶ **ἀμώμους**
Heb 9:14 ὃς διὰ πνεύματος αἰωνίου ἑαυτὸν προσήνεγκεν **ἄμωμον** τῷ θεῷ,
1Pe 1:19 ἀλλὰ τιμίῳ αἵματι ὡς ἀμνοῦ **ἀμώμου** καὶ ἀσπίλου Χριστοῦ,
Jude 1:24 Τῷ δὲ δυναμένῳ φυλάξαι ὑμᾶς ἀπταίστους καὶ στῆσαι κατενώπιον τῆς δόξης αὐτοῦ **ἀμώμους** ἐν ἀγαλλιάσει,

Rev 14: 5 καὶ ἐν τῷ στόματι αὐτῶν οὐχ εὑρέθη ψεῦδος, **ἄμωμοί** εἰσιν.

321 Ἀμών [0 / 2]

Mt 1:10 Μανασσῆς δὲ ἐγέννησεν τὸν **Ἀμών,**[NIV; UBS *322*] **Ἀμὼν**[NIV; UBS *322*] δὲ ἐγέννησεν τὸν Ἰωσίαν,

322 Ἀμώς [3 / 1]

Mt 1:10 Μανασσῆς δὲ ἐγέννησεν τὸν **Ἀμώς,**[UBS; NIV *321*] **Ἀμὼς**[UBS; NIV *321*] δὲ ἐγέννησεν τὸν Ἰωσίαν,

Lk 3:25 τοῦ Ματταθίου τοῦ **Ἀμὼς** τοῦ Ναοὺμ τοῦ Ἑσλὶ τοῦ Ναγγαὶ

323 ἄν [166 / 167]

→ *1569, 1570, 2054, 2829, 4020, 6056*

ἕως ἄν [20] Mt 2:13; 5:18,18,26; 10:11,23; 12:20; 16:28; 22:44; 23:39; 24:34; Mk 6:10; 9:1; 12:36; Lk 9:27; 20:43; 21:32; Ac 2:35; 1Co 4:5; Heb 1:13

ὃς ἄν [60] Mt 5:19,21,22,22,31; 10:11,14,42; 12:32; 15:5; 16:25; 18:6; 19:9; 20:27; 21:44; 23:16,16,18,18; 26:48; Mk 3:29,35; 6:11; 8:35; 9:37,37,41,42; 10:11,15,43,44; 11:23; 14:44; Lk 8:18,18; 9:4,24,24,26,48; 10:8,10; 12:8; 13:25; 17:33; 18:17; 20:18; Jn 1:33; 4:14; Ac 2:21; 7:3; Ro 9:15,15; 10:13; 16:2; 1Co 11:27; 1Jn 2:5; 3:17; Rev 2:25

ὅπου ἄν [2] Mk 6:56; Rev 14:4

ὅπως ἄν [4] Lk 2:35; Ac 3:20; 15:17; Ro 3:4

ὅσος ἄν [6] Mt 21:22; Mk 6:56; Lk 9:5; Jn 11:22; Ac 2:39; 3:22

ὅστις ἄν [2] Mt 10:33; 12:50

τὶς, τίς ἄν [10] Lk 9:46; 10:35; 15:26; Jn 2:5; 13:24; 14:13; 15:16; Ac 5:24; 10:17; 17:18

ὡς ἄν [5] Ro 15:24; 1Co 11:34; 12:2; 2Co 10:9; Php 2:23

Mt 2:13 Ἐγερθεὶς παράλαβε τὸ παιδίον καὶ τὴν μητέρα αὐτοῦ καὶ φεῦγε εἰς Αἴγυπτον καὶ ἴσθι ἐκεῖ ἕως **ἂν** εἴπω σοι·
5:18 ἕως **ἂν** παρέλθῃ ὁ οὐρανὸς καὶ ἡ γῆ, ἰῶτα ἓν ἢ μία κεραία οὐ μὴ παρέλθῃ ἀπὸ τοῦ νόμου, ἕως **ἂν** πάντα γένηται.
5:19 ὃς δ' **ἂν** ποιήσῃ καὶ διδάξῃ, οὗτος μέγας κληθήσεται ἐν τῇ βασιλείᾳ τῶν οὐρανῶν.
5:21 ὃς δ' **ἂν** φονεύσῃ, ἔνοχος ἔσται τῇ κρίσει.
5:22 ὃς δ' **ἂν** εἴπῃ τῷ ἀδελφῷ αὐτοῦ, Ῥακά, ἔνοχος ἔσται τῷ συνεδρίῳ· ὃς δ' **ἂν** εἴπῃ, Μωρέ, ἔνοχος ἔσται εἰς τὴν γέενναν τοῦ πυρός.
5:26 οὐ μὴ ἐξέλθῃς ἐκεῖθεν, ἕως **ἂν** ἀποδῷς τὸν ἔσχατον κοδράντην.
5:31 Ἐρρέθη δέ, Ὃς **ἂν** ἀπολύσῃ τὴν γυναῖκα αὐτοῦ,
10:11 εἰς ἣν δ' **ἂν** πόλιν ἢ κώμην εἰσέλθητε, ἐξετάσατε τίς ἐν αὐτῇ ἄξιός ἐστιν· κἀκεῖ μείνατε ἕως **ἂν** ἐξέλθητε.
10:14 καὶ ὃς **ἂν** μὴ δέξηται ὑμᾶς μηδὲ ἀκούσῃ τοὺς λόγους ὑμῶν,
10:23 οὐ μὴ τελέσητε τὰς πόλεις τοῦ Ἰσραὴλ ἕως **ἂν** ἔλθῃ ὁ υἱὸς τοῦ ἀνθρώπου.
10:33 ὅστις δ' **ἂν** ἀρνήσηταί με ἔμπροσθεν τῶν ἀνθρώπων,
10:42 καὶ ὃς **ἂν** ποτίσῃ ἕνα τῶν μικρῶν τούτων ποτήριον ψυχροῦ μόνον εἰς ὄνομα μαθητοῦ,
11:21 ὅτι εἰ ἐν Τύρῳ καὶ Σιδῶνι ἐγένοντο αἱ δυνάμεις αἱ γενόμεναι ἐν ὑμῖν, πάλαι **ἂν** ἐν σάκκῳ καὶ σποδῷ μετενόησαν.
11:23 ὅτι εἰ ἐν Σοδόμοις ἐγενήθησαν αἱ δυνάμεις αἱ γενόμεναι ἐν σοί, ἔμεινεν **ἂν** μέχρι τῆς σήμερον.
12: 7 Ἔλεος θέλω καὶ οὐ θυσίαν, οὐκ **ἂν** κατεδικάσατε τοὺς ἀναιτίους.
12:20 κάλαμον συντετριμμένον οὐ κατεάξει καὶ λίνον τυφόμενον οὐ σβέσει, ἕως **ἂν** ἐκβάλῃ εἰς νῖκος τὴν κρίσιν.
12:32 ὃς δ' **ἂν** εἴπῃ κατὰ τοῦ πνεύματος τοῦ ἁγίου,
12:50 ὅστις γὰρ **ἂν** ποιήσῃ τὸ θέλημα τοῦ πατρός μου τοῦ ἐν οὐρανοῖς αὐτός μου ἀδελφὸς καὶ ἀδελφὴ καὶ μήτηρ ἐστίν.
15: 5 Ὃς **ἂν** εἴπῃ τῷ πατρὶ ἢ τῇ μητρί,
16:25 ὃς δ' **ἂν** ἀπολέσῃ τὴν ψυχὴν αὐτοῦ ἕνεκεν ἐμοῦ εὑρήσει αὐτήν.
16:28 ἀμὴν λέγω ὑμῖν ὅτι εἰσίν τινες τῶν ὧδε ἑστώτων οἵτινες οὐ μὴ γεύσωνται θανάτου ἕως **ἂν** ἴδωσιν τὸν υἱὸν τοῦ ἀνθρώπου
18: 6 Ὃς δ' **ἂν** σκανδαλίσῃ ἕνα τῶν μικρῶν τούτων τῶν πιστευόντων εἰς ἐμέ,
19: 9 λέγω δὲ ὑμῖν ὅτι ὃς **ἂν** ἀπολύσῃ τὴν γυναῖκα αὐτοῦ μὴ ἐπὶ πορνείᾳ καὶ γαμήσῃ ἄλλην μοιχᾶται.
20:27 καὶ ὃς **ἂν** θέλῃ ἐν ὑμῖν εἶναι πρῶτος ἔσται ὑμῶν δοῦλος·
21:22 καὶ πάντα ὅσα **ἂν** αἰτήσητε ἐν τῇ προσευχῇ πιστεύοντες λήμψεσθε.
21:44 [Καὶ ὁ πεσὼν ἐπὶ τὸν λίθον τοῦτον συνθλασθήσεται· ἐφ' ὃν δ' **ἂν** πέσῃ λικμήσει αὐτόν.]
22:44 ἕως **ἂν** θῶ τοὺς ἐχθρούς σου ὑποκάτω τῶν ποδῶν σου;
23:16 Ὃς **ἂν** ὀμόσῃ ἐν τῷ ναῷ, οὐδέν ἐστιν· ὃς δ' **ἂν** ὀμόσῃ ἐν τῷ χρυσῷ τοῦ ναοῦ,
23:18 καί, Ὃς **ἂν** ὀμόσῃ ἐν τῷ θυσιαστηρίῳ, οὐδέν ἐστιν· ὃς δ' **ἂν** ὀμόσῃ ἐν τῷ δώρῳ τῷ ἐπάνω αὐτοῦ,
23:30 οὐκ **ἂν** ἤμεθα αὐτῶν κοινωνοὶ ἐν τῷ αἵματι τῶν προφητῶν.
23:39 οὐ μή με ἴδητε ἀπ' ἄρτι ἕως **ἂν** εἴπητε,
24:22 καὶ εἰ μὴ ἐκολοβώθησαν αἱ ἡμέραι ἐκεῖναι, οὐκ **ἂν** ἐσώθη πᾶσα σάρξ·
24:34 ἀμὴν λέγω ὑμῖν ὅτι οὐ μὴ παρέλθῃ ἡ γενεὰ αὕτη ἕως **ἂν** πάντα ταῦτα γένηται.
24:43 ἐγρηγόρησεν **ἂν** καὶ οὐκ **ἂν** εἴασεν διορυχθῆναι τὴν οἰκίαν αὐτοῦ.
25:27 καὶ ἐλθὼν ἐγὼ ἐκομισάμην **ἂν** τὸ ἐμὸν σὺν τόκῳ.
26:48 ὁ δὲ παραδιδοὺς αὐτὸν ἔδωκεν αὐτοῖς σημεῖον λέγων, Ὃν **ἂν** φιλήσω αὐτός ἐστιν, κρατήσατε αὐτόν.

Mk 3:29 ὃς δ' **ἂν** βλασφημήσῃ εἰς τὸ πνεῦμα τὸ ἅγιον,
3:35 ὃς [γὰρ] **ἂν** ποιήσῃ τὸ θέλημα τοῦ θεοῦ,
6:10 Ὅπου ἐὰν εἰσέλθητε εἰς οἰκίαν, ἐκεῖ μένετε ἕως **ἂν** ἐξέλθητε ἐκεῖθεν.
6:11 καὶ ὃς **ἂν** τόπος μὴ δέξηται ὑμᾶς μηδὲ ἀκούσωσιν ὑμῶν,
6:56 καὶ ὅπου **ἂν** εἰσεπορεύετο εἰς κώμας ἢ εἰς πόλεις ἢ εἰς ἀγρούς,
6:56 ἵνα κἂν τοῦ κρασπέδου τοῦ ἱματίου αὐτοῦ ἅψωνται· καὶ ὅσοι **ἂν** ἥψαντο αὐτοῦ ἐσῴζοντο.
8:35 ὃς δ' **ἂν** ἀπολέσει τὴν ψυχὴν αὐτοῦ ἕνεκεν ἐμοῦ καὶ τοῦ εὐαγγελίου σώσει αὐτήν.
9: 1 Ἀμὴν λέγω ὑμῖν ὅτι εἰσίν τινες ὧδε τῶν ἑστηκότων οἵτινες οὐ μὴ γεύσωνται θανάτου ἕως **ἂν** ἴδωσιν τὴν βασιλείαν τοῦ θεοῦ ἐληλυθυῖαν ἐν δυνάμει.
9:37 Ὃς **ἂν** ἓν τῶν τοιούτων παιδίων δέξηται ἐπὶ τῷ ὀνόματί μου, ἐμὲ δέχεται· καὶ ὃς **ἂν** ἐμὲ δέχηται, οὐκ ἐμὲ δέχεται ἀλλὰ τὸν ἀποστείλαντά με.
9:41 Ὃς γὰρ **ἂν** ποτίσῃ ὑμᾶς ποτήριον ὕδατος ἐν ὀνόματι ὅτι Χριστοῦ ἐστε,
9:42 Καὶ ὃς **ἂν** σκανδαλίσῃ ἕνα τῶν μικρῶν τούτων τῶν πιστευόντων [εἰς ἐμέ,]
10:11 Ὃς **ἂν** ἀπολύσῃ τὴν γυναῖκα αὐτοῦ καὶ γαμήσῃ ἄλλην μοιχᾶται ἐπ' αὐτήν·
10:15 ὃς **ἂν** μὴ δέξηται τὴν βασιλείαν τοῦ θεοῦ ὡς παιδίον,
10:43 ἀλλ' ὃς **ἂν** θέλῃ μέγας γενέσθαι ἐν ὑμῖν ἔσται ὑμῶν διάκονος,
10:44 καὶ ὃς **ἂν** θέλῃ ἐν ὑμῖν εἶναι πρῶτος ἔσται πάντων δοῦλος·
11:23 ἀμὴν λέγω ὑμῖν ὅτι ὃς **ἂν** εἴπῃ τῷ ὄρει τούτῳ,
12:36 ἕως **ἂν** θῶ τοὺς ἐχθρούς σου ὑποκάτω τῶν ποδῶν σου.
13:20 καὶ εἰ μὴ ἐκολόβωσεν κύριος τὰς ἡμέρας, οὐκ **ἂν** ἐσώθη πᾶσα σάρξ·
14:44 Ὃν **ἂν** φιλήσω αὐτός ἐστιν, κρατήσατε αὐτὸν καὶ ἀπάγετε ἀσφαλῶς.

Lk 1:62 ἐνένευον δὲ τῷ πατρὶ αὐτοῦ τὸ τί **ἂν** θέλοι καλεῖσθαι αὐτό.
2:26 καὶ ἦν αὐτῷ κεχρηματισμένον ὑπὸ τοῦ πνεύματος τοῦ ἁγίου μὴ ἰδεῖν θάνατον πρὶν [ἢ] **ἂν** ἴδῃ τὸν Χριστὸν κυρίου.
2:35 –καὶ σοῦ [δὲ] αὐτῆς τὴν ψυχὴν διελεύσεται ῥομφαία–, ὅπως **ἂν** ἀποκαλυφθῶσιν ἐκ πολλῶν καρδιῶν διαλογισμοί.
6:11 αὐτοὶ δὲ ἐπλήσθησαν ἀνοίας καὶ διελάλουν πρὸς ἀλλήλους τί **ἂν** ποιήσαιεν τῷ Ἰησοῦ.
7:39 ἐγίνωσκεν **ἂν** τίς καὶ ποταπὴ ἡ γυνὴ ἥτις ἅπτεται αὐτοῦ,
8:18 βλέπετε οὖν πῶς ἀκούετε· ὃς **ἂν** γὰρ ἔχῃ, δοθήσεται αὐτῷ· καὶ ὃς **ἂν** μὴ ἔχῃ, καὶ ὃ δοκεῖ ἔχειν ἀρθήσεται ἀπ' αὐτοῦ.
9: 4 καὶ εἰς ἣν **ἂν** οἰκίαν εἰσέλθητε, ἐκεῖ μένετε καὶ ἐκεῖθεν ἐξέρχεσθε.
9: 5 καὶ ὅσοι **ἂν** μὴ δέχωνται ὑμᾶς, ἐξερχόμενοι ἀπὸ τῆς πόλεως ἐκείνης τὸν κονιορτὸν ἀπὸ τῶν ποδῶν ὑμῶν ἀποτινάσσετε
9:24 ὃς γὰρ **ἂν** θέλῃ τὴν ψυχὴν αὐτοῦ σῶσαι ἀπολέσει αὐτήν· ὃς δ' **ἂν** ἀπολέσῃ τὴν ψυχὴν αὐτοῦ ἕνεκεν ἐμοῦ οὗτος σώσει αὐτήν.
9:26 ὃς γὰρ **ἂν** ἐπαισχυνθῇ με καὶ τοὺς ἐμοὺς λόγους,
9:27 εἰσίν τινες τῶν αὐτοῦ ἑστηκότων οἳ οὐ μὴ γεύσωνται θανάτου ἕως **ἂν** ἴδωσιν τὴν βασιλείαν τοῦ θεοῦ.
9:46 Εἰσῆλθεν δὲ διαλογισμὸς ἐν αὐτοῖς, τὸ τίς **ἂν** εἴη μείζων αὐτῶν.
9:48 καὶ ὃς **ἂν** ἐμὲ δέξηται, δέχεται τὸν ἀποστείλαντά με·
10: 5 εἰς ἣν δ' **ἂν** εἰσέλθητε οἰκίαν, πρῶτον λέγετε,
10: 8 καὶ εἰς ἣν **ἂν** πόλιν εἰσέρχησθε καὶ δέχωνται ὑμᾶς,
10:10 εἰς ἣν δ' **ἂν** πόλιν εἰσέλθητε καὶ μὴ δέχωνται ὑμᾶς,

10:13 πάλαι **ἂν** ἐν σάκκῳ καὶ σποδῷ καθήμενοι μετενόησαν.
10:35 καὶ ὅ τι **ἂν** προσδαπανήσῃς ἐγὼ ἐν τῷ ἐπανέρχεσθαί με ἀποδώσω σοι.
12: 8 πᾶς ὃς **ἂν** ὁμολογήσῃ ἐν ἐμοὶ ἔμπροσθεν τῶν ἀνθρώπων,
12:39 ὅτι εἰ ᾔδει ὁ οἰκοδεσπότης ποίᾳ ὥρᾳ ὁ κλέπτης ἔρχεται, οὐκ **ἂν** ἀφῆκεν διορυχθῆναι τὸν οἶκον αὐτοῦ.
13:25 ἀφ' οὗ **ἂν** ἐγερθῇ ὁ οἰκοδεσπότης καὶ ἀποκλείσῃ τὴν θύραν καὶ ἄρξησθε ἔξω ἑστάναι καὶ κρούειν τὴν θύραν λέγοντες,
15:26 καὶ προσκαλεσάμενος ἕνα τῶν παίδων ἐπυνθάνετο τί **ἂν** εἴη ταῦτα.
17: 6 ἐλέγετε **ἂν** τῇ συκαμίνῳ [ταύτῃ,] Ἐκριζώθητι καὶ φυτεύθητι ἐν τῇ θαλάσσῃ· καὶ ὑπήκουσεν **ἂν** ὑμῖν.
17:33 ὃς ἐὰν ζητήσῃ τὴν ψυχὴν αὐτοῦ περιποιήσασθαι ἀπολέσει αὐτήν, ὃς δ' **ἂν** ἀπολέσῃ ζῳογονήσει αὐτήν.
18:17 ὃς **ἂν** μὴ δέξηται τὴν βασιλείαν τοῦ θεοῦ ὡς παιδίον,
19:23 καὶ διὰ τί οὐκ ἔδωκάς μου τὸ ἀργύριον ἐπὶ τράπεζαν; κἀγὼ ἐλθὼν σὺν τόκῳ **ἂν** αὐτὸ ἔπραξα.
20:18 πᾶς ὁ πεσὼν ἐπ' ἐκεῖνον τὸν λίθον συνθλασθήσεται· ἐφ' ὃν δ' **ἂν** πέσῃ, λικμήσει αὐτόν.
20:43 ἕως **ἂν** θῶ τοὺς ἐχθρούς σου ὑποπόδιον τῶν ποδῶν σου.
21:32 ἀμὴν λέγω ὑμῖν ὅτι οὐ μὴ παρέλθῃ ἡ γενεὰ αὕτη ἕως **ἂν** πάντα γένηται.

Jn 1:33 Ἐφ' ὃν **ἂν** ἴδῃς τὸ πνεῦμα καταβαῖνον καὶ μένον ἐπ' αὐτόν,
2: 5 λέγει ἡ μήτηρ αὐτοῦ τοῖς διακόνοις, Ὅ τι **ἂν** λέγῃ ὑμῖν ποιήσατε.
4:10 σὺ **ἂν** ᾔτησας αὐτὸν καὶ ἔδωκεν **ἂν** σοι ὕδωρ ζῶν.
4:14 ὃς δ' **ἂν** πίῃ ἐκ τοῦ ὕδατος οὗ ἐγὼ δώσω αὐτῷ,
5:19 ἃ γὰρ **ἂν** ἐκεῖνος ποιῇ, ταῦτα καὶ ὁ υἱὸς ὁμοίως ποιεῖ.
5:46 εἰ γὰρ ἐπιστεύετε Μωϋσεῖ, ἐπιστεύετε **ἂν** ἐμοί· περὶ γὰρ ἐμοῦ ἐκεῖνος ἔγραψεν.
8:19 εἰ ἐμὲ ᾔδειτε, καὶ τὸν πατέρα μου **ἂν** ᾔδειτε.
8:42 Εἰ ὁ θεὸς πατὴρ ὑμῶν ἦν ἠγαπᾶτε **ἂν** ἐμέ,
9:41 εἶπεν αὐτοῖς ὁ Ἰησοῦς, Εἰ τυφλοὶ ἦτε, οὐκ **ἂν** εἴχετε ἁμαρτίαν·
11:21 εἰ ἦς ὧδε οὐκ **ἂν** ἀπέθανεν ὁ ἀδελφός μου·
11:22 καὶ νῦν οἶδα ὅτι ὅσα **ἂν** αἰτήσῃ τὸν θεὸν δώσει σοι ὁ θεός.
11:32 εἰ ἦς ὧδε οὐκ **ἄν** μου ἀπέθανεν ὁ ἀδελφός.
13:20 ἀμὴν ἀμὴν λέγω ὑμῖν, ὁ λαμβάνων **ἄν** τινα πέμψω ἐμὲ λαμβάνει,
13:24 νεύει οὖν τούτῳ Σίμων Πέτρος πυθέσθαι τίς **ἂν** εἴη περὶ οὗ λέγει.
14: 2 εἶπον **ἂν** ὑμῖν ὅτι πορεύομαι ἑτοιμάσαι τόπον ὑμῖν;
14: 7 εἰ ἐγνώκειτέ με, καὶ τὸν πατέρα μου **ἂν**[UBS-] ᾔδειτε.
14:13 καὶ ὅ τι **ἂν** αἰτήσητε ἐν τῷ ὀνόματί μου τοῦτο ποιήσω,
14:28 εἰ ἠγαπᾶτέ με ἐχάρητε **ἂν** ὅτι πορεύομαι πρὸς τὸν πατέρα,
15:16 ἵνα ὅ τι **ἂν** αἰτήσητε τὸν πατέρα ἐν τῷ ὀνόματί μου δῷ ὑμῖν.
15:19 εἰ ἐκ τοῦ κόσμου ἦτε, ὁ κόσμος **ἂν** τὸ ἴδιον ἐφίλει·
16:23 **ἄν** τι αἰτήσητε τὸν πατέρα ἐν τῷ ὀνόματί μου δώσει ὑμῖν.
18:30 Εἰ μὴ ἦν οὗτος κακὸν ποιῶν, οὐκ **ἄν** σοι παρεδώκαμεν αὐτόν.
18:36 οἱ ὑπηρέται οἱ ἐμοὶ ἠγωνίζοντο **[ἂν]** ἵνα μὴ παραδοθῶ τοῖς Ἰουδαίοις·
20:23 **ἄν** τινων ἀφῆτε τὰς ἁμαρτίας ἀφέωνται αὐτοῖς, **ἄν** τινων κρατῆτε κεκράτηνται.

Ac 2:21 καὶ ἔσται πᾶς ὃς **ἂν** ἐπικαλέσηται τὸ ὄνομα κυρίου σωθήσεται.
2:35 ἕως **ἂν** θῶ τοὺς ἐχθρούς σου ὑποπόδιον τῶν ποδῶν σου.
2:39 ἡ ἐπαγγελία καὶ τοῖς τέκνοις ὑμῶν καὶ πᾶσιν τοῖς εἰς μακράν, ὅσους **ἂν** προσκαλέσηται κύριος ὁ θεὸς ἡμῶν.
2:45 καὶ τὰ κτήματα καὶ τὰς ὑπάρξεις ἐπίπρασκον καὶ διεμέριζον αὐτὰ πᾶσιν καθότι **ἄν** τις χρείαν εἶχεν·
3:20 ὅπως **ἂν** ἔλθωσιν καιροὶ ἀναψύξεως ἀπὸ προσώπου τοῦ κυρίου καὶ ἀποστείλῃ τὸν προκεχειρισμένον ὑμῖν Χριστὸν
3:22 αὐτοῦ ἀκούσεσθε κατὰ πάντα ὅσα **ἂν** λαλήσῃ πρὸς ὑμᾶς.
4:35 διεδίδετο δὲ ἑκάστῳ καθότι **ἄν** τις χρείαν εἶχεν.
5:24 ἤκουσαν τοὺς λόγους τούτους ὅ τε στρατηγὸς τοῦ ἱεροῦ καὶ οἱ ἀρχιερεῖς, διηπόρουν περὶ αὐτῶν τί **ἂν** γένοιτο τοῦτο.
7: 3 καὶ δεῦρο εἰς τὴν γῆν ἣν **ἄν** σοι δείξω.
8:31 Πῶς γὰρ **ἂν** δυναίμην ἐὰν μή τις ὁδηγήσει με;
10:17 Ὡς δὲ ἐν ἑαυτῷ διηπόρει ὁ Πέτρος τί **ἂν** εἴη τὸ ὅραμα ὃ εἶδεν,
15:17 ὅπως **ἂν** ἐκζητήσωσιν οἱ κατάλοιποι τῶν ἀνθρώπων τὸν κύριον καὶ πάντα τὰ ἔθνη ἐφ' οὓς ἐπικέκληται τὸ ὄνομά μου
17:18 καί τινες ἔλεγον, Τί **ἂν** θέλοι ὁ σπερμολόγος οὗτος λέγειν;
18:14 Εἰ μὲν ἦν ἀδίκημά τι ἢ ῥᾳδιούργημα πονηρόν, ὦ Ἰουδαῖοι, κατὰ λόγον **ἂν** ἀνεσχόμην ὑμῶν,
26:29 Εὐξαίμην **ἂν** τῷ θεῷ καὶ ἐν ὀλίγῳ καὶ ἐν μεγάλῳ οὐ μόνον σὲ ἀλλὰ καὶ πάντας τοὺς ἀκούοντάς μου σήμερον

Ro 3: 4 Ὅπως **ἂν** δικαιωθῇς ἐν τοῖς λόγοις σου καὶ νικήσεις ἐν τῷ κρίνεσθαί σε.
9:15 Ἐλεήσω ὃν **ἂν** ἐλεῶ καὶ οἰκτιρήσω ὃν **ἂν** οἰκτίρω.
9:29 ὡς Σόδομα **ἂν** ἐγενήθημεν καὶ ὡς Γόμορρα **ἂν** ὡμοιώθημεν.
10:13 Πᾶς γὰρ ὃς **ἂν** ἐπικαλέσηται τὸ ὄνομα κυρίου σωθήσεται.
15:24 ὡς **ἂν** πορεύωμαι εἰς τὴν Σπανίαν·
16: 2 ἵνα αὐτὴν προσδέξησθε ἐν κυρίῳ ἀξίως τῶν ἁγίων καὶ παραστῆτε αὐτῇ ἐν ᾧ **ἂν** ὑμῶν χρῄζῃ πράγματι·

1Co 2: 8 εἰ γὰρ ἔγνωσαν, οὐκ **ἂν** τὸν κύριον τῆς δόξης ἐσταύρωσαν.
4: 5 ὥστε μὴ πρὸ καιροῦ τι κρίνετε ἕως **ἂν** ἔλθῃ ὁ κύριος,
7: 5 μὴ ἀποστερεῖτε ἀλλήλους, εἰ μήτι **ἂν** ἐκ συμφώνου πρὸς καιρόν,
11:27 Ὥστε ὃς **ἂν** ἐσθίῃ τὸν ἄρτον ἢ πίνῃ τὸ ποτήριον τοῦ κυρίου ἀναξίως,
11:31 εἰ δὲ ἑαυτοὺς διεκρίνομεν, οὐκ **ἂν** ἐκρινόμεθα·
11:34 ἵνα μὴ εἰς κρίμα συνέρχησθε. Τὰ δὲ λοιπὰ ὡς **ἂν** ἔλθω διατάξομαι.
12: 2 Οἴδατε ὅτι ὅτε ἔθνη ἦτε πρὸς τὰ εἴδωλα τὰ ἄφωνα ὡς **ἂν** ἤγεσθε ἀπαγόμενοι.

2Co 3:15 ἀλλ' ἕως σήμερον ἡνίκα **ἂν** ἀναγινώσκηται Μωϋσῆς, κάλυμμα ἐπὶ τὴν καρδίαν αὐτῶν κεῖται·
10: 9 ἵνα μὴ δόξω ὡς **ἂν** ἐκφοβεῖν ὑμᾶς διὰ τῶν ἐπιστολῶν·
11:21 ἐν ᾧ δ' **ἄν** τις τολμᾷ, ἐν ἀφροσύνῃ λέγω,

Gal 1:10 εἰ ἔτι ἀνθρώποις ἤρεσκον, Χριστοῦ δοῦλος οὐκ **ἂν** ἤμην.
3:21 εἰ γὰρ ἐδόθη νόμος ὁ δυνάμενος ζῳοποιῆσαι, ὄντως ἐκ νόμου **ἂν** ἦν ἡ δικαιοσύνη·

Php 2:23 τοῦτον μὲν οὖν ἐλπίζω πέμψαι ὡς **ἂν** ἀφίδω τὰ περὶ ἐμὲ ἐξαυτῆς·

Heb 1:13 ἕως **ἂν** θῶ τοὺς ἐχθρούς σου ὑποπόδιον τῶν ποδῶν σου;
4: 8 οὐκ **ἂν** περὶ ἄλλης ἐλάλει μετὰ ταῦτα ἡμέρας.
8: 4 εἰ μὲν οὖν ἦν ἐπὶ γῆς, οὐδ' **ἂν** ἦν ἱερεύς,
8: 7 Εἰ γὰρ ἡ πρώτη ἐκείνη ἦν ἄμεμπτος, οὐκ **ἂν** δευτέρας ἐζητεῖτο τόπος.
10: 2 ἐπεὶ οὐκ **ἂν** ἐπαύσαντο προσφερόμεναι διὰ τὸ μηδεμίαν ἔχειν ἔτι συνείδησιν ἁμαρτιῶν τοὺς λατρεύοντας ἅπαξ
11:15 καὶ εἰ μὲν ἐκείνης ἐμνημόνευον ἀφ' ἧς ἐξέβησαν, εἶχον **ἂν** καιρὸν ἀνακάμψαι·

1Jn 2: 5 ὃς δ' **ἂν** τηρῇ αὐτοῦ τὸν λόγον, ἀληθῶς ἐν τούτῳ ἡ ἀγάπη τοῦ θεοῦ τετελείωται,
2:19 εἰ γὰρ ἐξ ἡμῶν ἦσαν, μεμενήκεισαν **ἂν** μεθ' ἡμῶν·
3:17 ὃς δ' **ἂν** ἔχῃ τὸν βίον τοῦ κόσμου καὶ θεωρῇ τὸν ἀδελφὸν αὐτοῦ χρείαν ἔχοντα καὶ κλείσῃ τὰ σπλάγχνα αὐτοῦ

Rev 2:25 πλὴν ὃ ἔχετε κρατήσατε ἄχρι[ς] οὗ **ἂν** ἥξω.
14: 4 οὗτοι οἱ ἀκολουθοῦντες τῷ ἀρνίῳ ὅπου **ἂν** ὑπάγῃ.

324 ἀνά [13]

→ *327, 329, 330, 331, 332, 333, 334, 335, 336, 341, 342, 343, 344, 345, 346, 347, 348, 349, 350, 351, 352, 353, 355, 358, 359, 361, 362, 363, 364, 365, 366, 367, 368, 369, 370, 371, 372, 373, 374, 375, 376, 377, 378, 379, 380, 381, 382, 384, 385, 386, 388, 389, 390, 391, 392, 398, 399, 400, 401, 402, 404, 405, 407, 408, 409, 411, 412, 413, 414, 415, 416, 417, 418, 419, 420, 421, 423, 426, 427, 428, 429, 430, 431, 432, 433, 434, 445, 452, 456, 457, 461, 462, 465, 479, 482, 488, 494, 496, 499, 1983, 1985, 2056, 2057, 2058, 2059, 2060, 2061, 2914, 4646, 4647, 4648, 4649, 4650, 4651, 4652, 5262, 5263, 5264, 5265, 5266; cf. 403, 424, 458, 487, 539*

ἀνὰ εἷς ἕκαστος [1] Rev 21:21

ἀνὰ μέσον [4] Mt 13:25; Mk 7:31; 1Co 6:5; Rev 7:17

Mt 13:25 ἐν δὲ τῷ καθεύδειν τοὺς ἀνθρώπους ἦλθεν αὐτοῦ ὁ ἐχθρὸς καὶ ἐπέσπειρεν ζιζάνια **ἀνὰ** μέσον τοῦ σίτου καὶ ἀπῆλθεν.
20: 9 καὶ ἐλθόντες οἱ περὶ τὴν ἑνδεκάτην ὥραν ἔλαβον **ἀνὰ** δηνάριον.
20:10 καὶ ἐλθόντες οἱ πρῶτοι ἐνόμισαν ὅτι πλεῖον λήμψονται· καὶ ἔλαβον [τὸ] **ἀνὰ** δηνάριον καὶ αὐτοί.

Mk 7:31 ἦλθεν διὰ Σιδῶνος εἰς τὴν θάλασσαν τῆς Γαλιλαίας **ἀνὰ** μέσον τῶν ὁρίων Δεκαπόλεως.

Lk 9: 3 μήτε ῥάβδον μήτε πήραν μήτε ἄρτον μήτε ἀργύριον μήτε **[ἀνὰ]** δύο χιτῶνας ἔχειν.
9:14 εἶπεν δὲ πρὸς τοὺς μαθητὰς αὐτοῦ, Κατακλίνατε αὐτοὺς κλισίας [ὡσεὶ] **ἀνὰ** πεντήκοντα.
10: 1 καὶ ἀπέστειλεν αὐτοὺς **ἀνὰ** δύο [δύο] πρὸ προσώπου αὐτοῦ εἰς πᾶσαν πόλιν καὶ τόπον οὗ ἤμελλεν αὐτὸς ἔρχεσθαι.

Jn 2: 6 ἦσαν δὲ ἐκεῖ λίθιναι ὑδρίαι ἓξ κατὰ τὸν καθαρισμὸν τῶν Ἰουδαίων κείμεναι, χωροῦσαι **ἀνὰ** μετρητὰς δύο ἢ τρεῖς.

1Co 6: 5 ὃς δυνήσεται διακρῖναι **ἀνὰ** μέσον τοῦ ἀδελφοῦ αὐτοῦ;
14:27 κατὰ δύο ἢ τὸ πλεῖστον τρεῖς καὶ **ἀνὰ** μέρος,

Rev 4: 8 ἓν καθ' ἓν αὐτῶν ἔχων **ἀνὰ** πτέρυγας ἕξ,

7:17 ὅτι τὸ ἀρνίον τὸ **ἀνὰ** μέσον τοῦ θρόνου ποιμανεῖ αὐτοὺς καὶ ὁδηγήσει αὐτοὺς ἐπὶ ζωῆς πηγὰς ὑδάτων,
21:21 **ἀνὰ** εἷς ἕκαστος τῶν πυλώνων ἦν ἐξ ἑνὸς μαργαρίτου.

325 ἀναβαθμός [2]

√ *326*

Ac 21:35 ὅτε δὲ ἐγένετο ἐπὶ τοὺς **ἀναβαθμούς,** συνέβη βαστάζεσθαι αὐτὸν ὑπὸ τῶν στρατιωτῶν διὰ τὴν βίαν τοῦ ὄχλου,
21:40 ἐπιτρέψαντος δὲ αὐτοῦ ὁ Παῦλος ἑστὼς ἐπὶ τῶν **ἀναβαθμῶν** κατέσεισεν τῇ χειρὶ τῷ λαῷ.

326 ἀναβαίνω [82]

→ *325, 328, 563, 609, 957, 1000, 1010, 1011, 1012, 1013, 1014, 1037, 1117, 1329, 1331, 1674, 1676, 1832, 1836, 1837, 2094, 2097, 2849, 2853, 2854, 3028, 3553, 4124, 4126, 4127, 4581, 4583, 4584, 4585, 4586, 4646, 5160, 5201, 5204, 5262, 5648*

ἀναβαίνω ἐκ [9] Mk 1:10; Lk 2:4; Jn 11:55; Ac 8:39; Rev 9:2; 11:7; 13:1,11; 17:8

ἀναβαίνω ἐν [1] Lk 24:38

ἀναβαίνω ἐπί [6] Lk 5:19; 19:4; Jn 1:51; Ac 7:23; 10:9; Rev 20:9

ἀναβαίνω εἰς [35] Mt 5:1; 14:23,32; 15:29; 20:17,18; Mk 3:13; 6:51; 10:32,33; Lk 9:28; 18:10,31; 19:28; Jn 2:13; 3:13; 5:1; 7:8,8,10,14; Ac 2:34; 3:1; 10:4; 11:2; 15:2; 21:6,12,15; 24:11; 25:9; Ro 10:6; Gal 2:1; Eph 4:8; Rev 11:12

ἀναβαίνω κατά [1] Gal 2:2

ἀναβαίνω πρός [4] Mk 6:51; Jn 20:17,17; Ac 15:2

Mt 3:16 βαπτισθεὶς δὲ ὁ Ἰησοῦς εὐθὺς **ἀνέβη** ἀπὸ τοῦ ὕδατος·
5: 1 Ἰδὼν δὲ τοὺς ὄχλους **ἀνέβη** εἰς τὸ ὄρος,
13: 7 ἄλλα δὲ ἔπεσεν ἐπὶ τὰς ἀκάνθας, καὶ **ἀνέβησαν** αἱ ἄκανθαι καὶ ἔπνιξαν αὐτά.
14:23 καὶ ἀπολύσας τοὺς ὄχλους **ἀνέβη** εἰς τὸ ὄρος κατ' ἰδίαν προσεύξασθαι.
14:32 καὶ **ἀναβάντων** αὐτῶν εἰς τὸ πλοῖον ἐκόπασεν ὁ ἄνεμος.
15:29 Καὶ μεταβὰς ἐκεῖθεν ὁ Ἰησοῦς ἦλθεν παρὰ τὴν θάλασσαν τῆς Γαλιλαίας, καὶ **ἀναβὰς** εἰς τὸ ὄρος ἐκάθητο ἐκεῖ.
17:27 πορευθεὶς εἰς θάλασσαν βάλε ἄγκιστρον καὶ τὸν **ἀναβάντα** πρῶτον ἰχθὺν ἆρον,
20:17 Καὶ **ἀναβαίνων** ὁ Ἰησοῦς εἰς Ἱεροσόλυμα παρέλαβεν τοὺς δώδεκα [μαθητὰς] κατ' ἰδίαν καὶ ἐν τῇ ὁδῷ εἶπεν αὐτοῖς,
20:18 Ἰδοὺ **ἀναβαίνομεν** εἰς Ἱεροσόλυμα, καὶ ὁ υἱὸς τοῦ ἀνθρώπου παραδοθήσεται τοῖς ἀρχιερεῦσιν καὶ γραμματεῦσιν,
Mk 1:10 καὶ εὐθὺς **ἀναβαίνων** ἐκ τοῦ ὕδατος εἶδεν σχιζομένους τοὺς οὐρανοὺς καὶ τὸ πνεῦμα ὡς περιστερὰν καταβαῖνον εἰς αὐτόν·
3:13 Καὶ **ἀναβαίνει** εἰς τὸ ὄρος καὶ προσκαλεῖται οὓς ἤθελεν αὐτός,
4: 7 καὶ **ἀνέβησαν** αἱ ἄκανθαι καὶ συνέπνιξαν αὐτό, καὶ καρπὸν οὐκ ἔδωκεν.
4: 8 καὶ ἄλλα ἔπεσεν εἰς τὴν γῆν τὴν καλὴν καὶ ἐδίδου καρπὸν **ἀναβαίνοντα** καὶ αὐξανόμενα καὶ ἔφερεν ἓν τριάκοντα
4:32 **ἀναβαίνει** καὶ γίνεται μεῖζον πάντων τῶν λαχάνων καὶ ποιεῖ κλάδους μεγάλους,
6:51 καὶ **ἀνέβη** πρὸς αὐτοὺς εἰς τὸ πλοῖον καὶ ἐκόπασεν ὁ ἄνεμος,
10:32 Ἦσαν δὲ ἐν τῇ ὁδῷ **ἀναβαίνοντες** εἰς Ἱεροσόλυμα,
10:33 ὅτι Ἰδοὺ **ἀναβαίνομεν** εἰς Ἱεροσόλυμα, καὶ ὁ υἱὸς τοῦ ἀνθρώπου παραδοθήσεται τοῖς ἀρχιερεῦσιν
15: 8 καὶ **ἀναβὰς** ὁ ὄχλος ἤρξατο αἰτεῖσθαι καθὼς ἐποίει αὐτοῖς.
Lk 2: 4 **Ἀνέβη** δὲ καὶ Ἰωσὴφ ἀπὸ τῆς Γαλιλαίας ἐκ πόλεως Ναζαρὲθ εἰς τὴν Ἰουδαίαν εἰς πόλιν Δαυὶδ ἥτις καλεῖται Βηθλέεμ,
2:42 καὶ ὅτε ἐγένετο ἐτῶν δώδεκα, **ἀναβαινόντων** αὐτῶν κατὰ τὸ ἔθος τῆς ἑορτῆς
5:19 **ἀναβάντες** ἐπὶ τὸ δῶμα διὰ τῶν κεράμων καθῆκαν αὐτὸν σὺν τῷ κλινιδίῳ εἰς τὸ μέσον ἔμπροσθεν τοῦ Ἰησοῦ.
9:28 ὡσεὶ ἡμέραι ὀκτὼ [καὶ] παραλαβὼν Πέτρον καὶ Ἰωάννην καὶ Ἰάκωβον **ἀνέβη** εἰς τὸ ὄρος προσεύξασθαι.
18:10 Ἄνθρωποι δύο **ἀνέβησαν** εἰς τὸ ἱερὸν προσεύξασθαι, ὁ εἷς Φαρισαῖος καὶ ὁ ἕτερος τελώνης.
18:31 Παραλαβὼν δὲ τοὺς δώδεκα εἶπεν πρὸς αὐτούς, Ἰδοὺ **ἀναβαίνομεν** εἰς Ἰερουσαλήμ,
19: 4 καὶ προδραμὼν εἰς τὸ ἔμπροσθεν **ἀνέβη** ἐπὶ συκομορέαν ἵνα ἴδῃ αὐτὸν ὅτι ἐκείνης ἤμελλεν διέρχεσθαι.
19:28 Καὶ εἰπὼν ταῦτα ἐπορεύετο ἔμπροσθεν **ἀναβαίνων** εἰς Ἱεροσόλυμα.
24:38 Τί τεταραγμένοι ἐστὲ καὶ διὰ τί διαλογισμοὶ **ἀναβαίνουσιν** ἐν τῇ καρδίᾳ ὑμῶν;
Jn 1:51 ὄψεσθε τὸν οὐρανὸν ἀνεῳγότα καὶ τοὺς ἀγγέλους τοῦ θεοῦ **ἀναβαίνοντας** καὶ καταβαίνοντας ἐπὶ τὸν υἱὸν τοῦ ἀνθρώπου.
2:13 Καὶ ἐγγὺς ἦν τὸ πάσχα τῶν Ἰουδαίων, καὶ **ἀνέβη** εἰς Ἱεροσόλυμα ὁ Ἰησοῦς.
3:13 καὶ οὐδεὶς **ἀναβέβηκεν** εἰς τὸν οὐρανὸν εἰ μὴ ὁ ἐκ τοῦ οὐρανοῦ καταβάς,
5: 1 Μετὰ ταῦτα ἦν ἑορτὴ τῶν Ἰουδαίων καὶ **ἀνέβη** Ἰησοῦς εἰς Ἱεροσόλυμα.
6:62 ἐὰν οὖν θεωρῆτε τὸν υἱὸν τοῦ ἀνθρώπου **ἀναβαίνοντα** ὅπου ἦν τὸ πρότερον;
7: 8 ὑμεῖς **ἀνάβητε** εἰς τὴν ἑορτήν· ἐγὼ οὐκ **ἀναβαίνω** εἰς τὴν ἑορτὴν ταύτην, ὅτι ὁ ἐμὸς καιρὸς οὔπω πεπλήρωται.
7:10 Ὡς δὲ **ἀνέβησαν** οἱ ἀδελφοὶ αὐτοῦ εἰς τὴν ἑορτήν, τότε καὶ αὐτὸς **ἀνέβη** οὐ φανερῶς ἀλλὰ [ὡς] ἐν κρυπτῷ.
7:14 Ἤδη δὲ τῆς ἑορτῆς μεσούσης **ἀνέβη** Ἰησοῦς εἰς τὸ ἱερὸν καὶ ἐδίδασκεν.
10: 1 ὁ μὴ εἰσερχόμενος διὰ τῆς θύρας εἰς τὴν αὐλὴν τῶν προβάτων ἀλλὰ **ἀναβαίνων** ἀλλαχόθεν ἐκεῖνος κλέπτης ἐστὶν
11:55 καὶ **ἀνέβησαν** πολλοὶ εἰς Ἱεροσόλυμα ἐκ τῆς χώρας πρὸ τοῦ πάσχα ἵνα ἁγνίσωσιν ἑαυτούς.
12:20 Ἦσαν δὲ Ἕλληνές τινες ἐκ τῶν **ἀναβαινόντων** ἵνα προσκυνήσωσιν ἐν τῇ ἑορτῇ·
20:17 Μή μου ἅπτου, οὔπω γὰρ **ἀναβέβηκα** πρὸς τὸν πατέρα·
20:17 **Ἀναβαίνω** πρὸς τὸν πατέρα μου καὶ πατέρα ὑμῶν καὶ θεόν μου καὶ θεὸν ὑμῶν.
21:11 **ἀνέβη** οὖν Σίμων Πέτρος καὶ εἵλκυσεν τὸ δίκτυον εἰς τὴν γῆν μεστὸν ἰχθύων μεγάλων ἑκατὸν πεντήκοντα τριῶν·
Ac 1:13 καὶ ὅτε εἰσῆλθον, εἰς τὸ ὑπερῷον **ἀνέβησαν** οὗ ἦσαν καταμένοντες,
2:34 οὐ γὰρ Δαυὶδ **ἀνέβη** εἰς τοὺς οὐρανούς, λέγει δὲ αὐτός,
3: 1 Πέτρος δὲ καὶ Ἰωάννης **ἀνέβαινον** εἰς τὸ ἱερὸν ἐπὶ τὴν ὥραν τῆς προσευχῆς τὴν ἐνάτην.
7:23 **ἀνέβη** ἐπὶ τὴν καρδίαν αὐτοῦ ἐπισκέψασθαι τοὺς ἀδελφοὺς αὐτοῦ τοὺς υἱοὺς Ἰσραήλ.
8:31 παρεκάλεσέν τε τὸν Φίλιππον **ἀναβάντα** καθίσαι σὺν αὐτῷ.
8:39 ὅτε δὲ **ἀνέβησαν** ἐκ τοῦ ὕδατος, πνεῦμα κυρίου ἥρπασεν τὸν Φίλιππον καὶ οὐκ εἶδεν αὐτὸν οὐκέτι ὁ εὐνοῦχος,
10: 4 Αἱ προσευχαί σου καὶ αἱ ἐλεημοσύναι σου **ἀνέβησαν** εἰς μνημόσυνον ἔμπροσθεν τοῦ θεοῦ.
10: 9 **ἀνέβη** Πέτρος ἐπὶ τὸ δῶμα προσεύξασθαι περὶ ὥραν ἕκτην.
11: 2 ὅτε δὲ **ἀνέβη** Πέτρος εἰς Ἰερουσαλήμ, διεκρίνοντο πρὸς αὐτὸν οἱ ἐκ περιτομῆς
15: 2 ἔταξαν **ἀναβαίνειν** Παῦλον καὶ Βαρναβᾶν καί τινας ἄλλους ἐξ αὐτῶν πρὸς τοὺς ἀποστόλους καὶ πρεσβυτέρους
18:22 **ἀναβὰς** καὶ ἀσπασάμενος τὴν ἐκκλησίαν κατέβη εἰς Ἀντιόχειαν.
20:11 **ἀναβὰς** δὲ καὶ κλάσας τὸν ἄρτον καὶ γευσάμενος ἐφ' ἱκανόν τε ὁμιλήσας ἄχρι αὐγῆς,
21: 6 ἀπησπασάμεθα ἀλλήλους καὶ **ἀνέβημεν** εἰς τὸ πλοῖον, ἐκεῖνοι δὲ ὑπέστρεψαν εἰς τὰ ἴδια.
21:12 παρεκαλοῦμεν ἡμεῖς τε καὶ οἱ ἐντόπιοι τοῦ μὴ **ἀναβαίνειν** αὐτὸν εἰς Ἰερουσαλήμ.
21:15 Μετὰ δὲ τὰς ἡμέρας ταύτας ἐπισκευασάμενοι **ἀνεβαίνομεν** εἰς Ἱεροσόλυμα·
21:31 ζητούντων τε αὐτὸν ἀποκτεῖναι **ἀνέβη** φάσις τῷ χιλιάρχῳ τῆς σπείρης ὅτι ὅλη συγχύννεται Ἰερουσαλήμ.
24:11 δυναμένου σου ἐπιγνῶναι ὅτι οὐ πλείους εἰσίν μοι ἡμέραι δώδεκα ἀφ' ἧς **ἀνέβην** προσκυνήσων εἰς Ἰερουσαλήμ.
25: 1 Φῆστος οὖν ἐπιβὰς τῇ ἐπαρχείᾳ μετὰ τρεῖς ἡμέρας **ἀνέβη** εἰς Ἱεροσόλυμα ἀπὸ Καισαρείας,
25: 9 Θέλεις εἰς Ἱεροσόλυμα **ἀναβὰς** ἐκεῖ περὶ τούτων κριθῆναι ἐπ' ἐμοῦ;
Ro 10: 6 Μὴ εἴπῃς ἐν τῇ καρδίᾳ σου, Τίς **ἀναβήσεται** εἰς τὸν οὐρανόν;
1Co 2: 9 Ἃ ὀφθαλμὸς οὐκ εἶδεν καὶ οὖς οὐκ ἤκουσεν καὶ ἐπὶ καρδίαν ἀνθρώπου οὐκ **ἀνέβη,**
Gal 2: 1 Ἔπειτα διὰ δεκατεσσάρων ἐτῶν πάλιν **ἀνέβην** εἰς Ἱεροσόλυμα μετὰ Βαρναβᾶ συμπαραλαβὼν καὶ Τίτον·
2: 2 **ἀνέβην** δὲ κατὰ ἀποκάλυψιν· καὶ ἀνεθέμην αὐτοῖς τὸ εὐαγγέλιον ὃ κηρύσσω ἐν τοῖς ἔθνεσιν,

Eph 4: 8 διὸ λέγει, **Ἀναβὰς** εἰς ὕψος ᾐχμαλώτευσεν αἰχμαλωσίαν, ἔδωκεν δόματα τοῖς ἀνθρώποις.
4: 9 τὸ δὲ **Ἀνέβη** τί ἐστιν, εἰ μὴ ὅτι καὶ κατέβη εἰς τὰ κατώτερα [μέρη] τῆς γῆς;
4:10 ὁ καταβὰς αὐτός ἐστιν καὶ ὁ **ἀναβὰς** ὑπεράνω πάντων τῶν οὐρανῶν,
Rev 4: 1 **Ἀνάβα** ὧδε, καὶ δείξω σοι ἃ δεῖ γενέσθαι μετὰ ταῦτα.
7: 2 καὶ εἶδον ἄλλον ἄγγελον **ἀναβαίνοντα** ἀπὸ ἀνατολῆς ἡλίου ἔχοντα σφραγῖδα θεοῦ ζῶντος,
8: 4 καὶ **ἀνέβη** ὁ καπνὸς τῶν θυμιαμάτων ταῖς προσευχαῖς τῶν ἁγίων ἐκ χειρὸς τοῦ ἀγγέλου ἐνώπιον τοῦ θεοῦ.
9: 2 καὶ **ἀνέβη** καπνὸς ἐκ τοῦ φρέατος ὡς καπνὸς καμίνου μεγάλης,
11: 7 τὸ θηρίον τὸ **ἀναβαῖνον** ἐκ τῆς ἀβύσσου ποιήσει μετ' αὐτῶν πόλεμον καὶ νικήσει αὐτοὺς καὶ ἀποκτενεῖ αὐτούς.
11:12 ἤκουσαν φωνῆς μεγάλης ἐκ τοῦ οὐρανοῦ λεγούσης αὐτοῖς, **Ἀνάβατε** ὧδε. καὶ **ἀνέβησαν** εἰς τὸν οὐρανὸν ἐν τῇ νεφέλῃ,
13: 1 Καὶ εἶδον ἐκ τῆς θαλάσσης θηρίον **ἀναβαῖνον,** ἔχον κέρατα δέκα καὶ κεφαλὰς ἑπτὰ καὶ ἐπὶ τῶν κεράτων αὐτοῦ
13:11 Καὶ εἶδον ἄλλο θηρίον **ἀναβαῖνον** ἐκ τῆς γῆς,
14:11 καὶ ὁ καπνὸς τοῦ βασανισμοῦ αὐτῶν εἰς αἰῶνας αἰώνων **ἀναβαίνει,**
17: 8 τὸ θηρίον ὃ εἶδες ἦν καὶ οὐκ ἔστιν καὶ μέλλει **ἀναβαίνειν** ἐκ τῆς ἀβύσσου καὶ εἰς ἀπώλειαν ὑπάγει,
19: 3 καὶ ὁ καπνὸς αὐτῆς **ἀναβαίνει** εἰς τοὺς αἰῶνας τῶν αἰώνων.
20: 9 καὶ **ἀνέβησαν** ἐπὶ τὸ πλάτος τῆς γῆς καὶ ἐκύκλευσαν τὴν παρεμβολὴν τῶν ἁγίων καὶ τὴν πόλιν τὴν ἠγαπημένην,

327 ἀναβάλλω [1]

√ *324 + 965*

Ac 24:22 **Ἀνεβάλετο** δὲ αὐτοὺς ὁ Φῆλιξ, ἀκριβέστερον εἰδὼς τὰ περὶ τῆς ὁδοῦ εἴπας,

328 ἀναβιβάζω [1]

√ *326*

Mt 13:48 ἣν ὅτε ἐπληρώθη **ἀναβιβάσαντες** ἐπὶ τὸν αἰγιαλὸν καὶ καθίσαντες συνέλεξαν τὰ καλὰ εἰς ἄγγη,

329 ἀναβλέπω [25 / 24]

√ *324 + 1063*

Mt 11: 5 τυφλοὶ **ἀναβλέπουσιν** καὶ χωλοὶ περιπατοῦσιν, λεπροὶ καθαρίζονται καὶ κωφοὶ ἀκούουσιν,
14:19 **ἀναβλέψας** εἰς τὸν οὐρανὸν εὐλόγησεν καὶ κλάσας ἔδωκεν τοῖς μαθηταῖς τοὺς ἄρτους,
20:34 σπλαγχνισθεὶς δὲ ὁ Ἰησοῦς ἥψατο τῶν ὀμμάτων αὐτῶν, καὶ εὐθέως **ἀνέβλεψαν** καὶ ἠκολούθησαν αὐτῷ.
Mk 6:41 καὶ λαβὼν τοὺς πέντε ἄρτους καὶ τοὺς δύο ἰχθύας **ἀναβλέψας** εἰς τὸν οὐρανὸν εὐλόγησεν καὶ κατέκλασεν
7:34 καὶ **ἀναβλέψας** εἰς τὸν οὐρανὸν ἐστέναξεν καὶ λέγει αὐτῷ,
8:24 καὶ **ἀναβλέψας** ἔλεγεν, Βλέπω τοὺς ἀνθρώπους ὅτι ὡς δένδρα ὁρῶ περιπατοῦντας.
10:51 ὁ δὲ τυφλὸς εἶπεν αὐτῷ, Ραββουνι, ἵνα **ἀναβλέψω.**
10:52 καὶ εὐθὺς **ἀνέβλεψεν** καὶ ἠκολούθει αὐτῷ ἐν τῇ ὁδῷ.
16: 4 καὶ **ἀναβλέψασαι** θεωροῦσιν ὅτι ἀποκεκύλισται ὁ λίθος· ἦν γὰρ μέγας σφόδρα.
Lk 7:22 τυφλοὶ **ἀναβλέπουσιν,** χωλοὶ περιπατοῦσιν, λεπροὶ καθαρίζονται καὶ κωφοὶ ἀκούουσιν,
9:16 λαβὼν δὲ τοὺς πέντε ἄρτους καὶ τοὺς δύο ἰχθύας **ἀναβλέψας** εἰς τὸν οὐρανὸν εὐλόγησεν αὐτοὺς καὶ κατέκλασεν
18:41 Τί σοι θέλεις ποιήσω; ὁ δὲ εἶπεν, Κύριε, ἵνα **ἀναβλέψω.**
18:42 ὁ Ἰησοῦς εἶπεν αὐτῷ, **Ἀνάβλεψον·** ἡ πίστις σου σέσωκέν σε.
18:43 παραχρῆμα **ἀνέβλεψεν** καὶ ἠκολούθει αὐτῷ δοξάζων τὸν θεόν.
19: 5 **ἀναβλέψας** ὁ Ἰησοῦς εἶπεν πρὸς αὐτόν, Ζακχαῖε, σπεύσας κατάβηθι,
21: 1 **Ἀναβλέψας** δὲ εἶδεν τοὺς βάλλοντας εἰς τὸ γαζοφυλάκιον τὰ δῶρα αὐτῶν πλουσίους.
Jn 9:11 ἐπέχρισέν μου τοὺς ὀφθαλμοὺς καὶ εἶπέν μοι ὅτι Ὕπαγε εἰς τὸν Σιλωὰμ καὶ νίψαι· ἀπελθὼν οὖν καὶ νιψάμενος **ἀνέβλεψα.**
9:15 πάλιν οὖν ἠρώτων αὐτὸν καὶ οἱ Φαρισαῖοι πῶς **ἀνέβλεψεν.**
9:18 Οὐκ ἐπίστευσαν οὖν οἱ Ἰουδαῖοι περὶ αὐτοῦ ὅτι ἦν τυφλὸς καὶ **ἀνέβλεψεν** ἕως ὅτου ἐφώνησαν τοὺς γονεῖς αὐτοῦ τοῦ **ἀναβλέψαντος**[NIV-]
Ac 9:12 καὶ εἶδεν ἄνδρα [ἐν ὁράματι] Ἁνανίαν ὀνόματι εἰσελθόντα καὶ ἐπιθέντα αὐτῷ [τὰς] χεῖρας ὅπως **ἀναβλέψῃ.**
9:17 Ἰησοῦς ὁ ὀφθείς σοι ἐν τῇ ὁδῷ ᾗ ἤρχου, ὅπως **ἀναβλέψῃς** καὶ πλησθῇς πνεύματος ἁγίου.
9:18 καὶ εὐθέως ἀπέπεσαν αὐτοῦ ἀπὸ τῶν ὀφθαλμῶν ὡς λεπίδες, **ἀνέβλεψέν** τε καὶ ἀναστὰς ἐβαπτίσθη
22:13 ἐλθὼν πρός με καὶ ἐπιστὰς εἶπέν μοι, Σαοὺλ ἀδελφέ, **ἀνάβλεψον.** κἀγὼ αὐτῇ τῇ ὥρᾳ **ἀνέβλεψα** εἰς αὐτόν.

330 ἀνάβλεψις [1]

√ *324 + 1063*

Lk 4:18 ἀπέσταλκέν με, κηρύξαι αἰχμαλώτοις ἄφεσιν καὶ τυφλοῖς **ἀνάβλεψιν,**

331 ἀναβοάω [1]

√ *324 + 1068*

Mt 27:46 περὶ δὲ τὴν ἐνάτην ὥραν **ἀνεβόησεν** ὁ Ἰησοῦς φωνῇ μεγάλῃ λέγων,

332 ἀναβολή [1]

√ *324 + 965*

Ac 25:17 συνελθόντων οὖν [αὐτῶν] ἐνθάδε **ἀναβολὴν** μηδεμίαν ποιησάμενος τῇ ἑξῆς καθίσας ἐπὶ τοῦ βήματος

333 ἀνάγαιον [2]

√ *324 + 1178*

Mk 14:15 καὶ αὐτὸς ὑμῖν δείξει **ἀνάγαιον** μέγα ἐστρωμένον ἕτοιμον·
Lk 22:12 κἀκεῖνος ὑμῖν δείξει **ἀνάγαιον** μέγα ἐστρωμένον·

334 ἀναγγέλλω [14]

√ *324 + 34*

Jn 4:25 Οἶδα ὅτι Μεσσίας ἔρχεται ὁ λεγόμενος Χριστός· ὅταν ἔλθῃ ἐκεῖνος, **ἀναγγελεῖ** ἡμῖν ἅπαντα.
5:15 ἀπῆλθεν ὁ ἄνθρωπος καὶ **ἀνήγγειλεν** τοῖς Ἰουδαίοις ὅτι Ἰησοῦς ἐστιν ὁ ποιήσας αὐτὸν ὑγιῆ.
16:13 ἀλλ' ὅσα ἀκούσει λαλήσει καὶ τὰ ἐρχόμενα **ἀναγγελεῖ** ὑμῖν.
16:14 ὅτι ἐκ τοῦ ἐμοῦ λήμψεται καὶ **ἀναγγελεῖ** ὑμῖν.
16:15 διὰ τοῦτο εἶπον ὅτι ἐκ τοῦ ἐμοῦ λαμβάνει καὶ **ἀναγγελεῖ** ὑμῖν.
Ac 14:27 παραγενόμενοι δὲ καὶ συναγαγόντες τὴν ἐκκλησίαν **ἀνήγγελλον** ὅσα ἐποίησεν ὁ θεὸς μετ' αὐτῶν
15: 4 **ἀνήγγειλάν** τε ὅσα ὁ θεὸς ἐποίησεν μετ' αὐτῶν.
19:18 πολλοί τε τῶν πεπιστευκότων ἤρχοντο ἐξομολογούμενοι καὶ **ἀναγγέλλοντες** τὰς πράξεις αὐτῶν.
20:20 ὡς οὐδὲν ὑπεστειλάμην τῶν συμφερόντων τοῦ μὴ **ἀναγγεῖλαι** ὑμῖν καὶ διδάξαι ὑμᾶς δημοσίᾳ καὶ κατ' οἴκους,
20:27 οὐ γὰρ ὑπεστειλάμην τοῦ μὴ **ἀναγγεῖλαι** πᾶσαν τὴν βουλὴν τοῦ θεοῦ ὑμῖν.
Ro 15:21 ἀλλὰ καθὼς γέγραπται, Οἷς οὐκ **ἀνηγγέλη** περὶ αὐτοῦ ὄψονται,
2Co 7: 7 **ἀναγγέλλων** ἡμῖν τὴν ὑμῶν ἐπιπόθησιν, τὸν ὑμῶν ὀδυρμόν,
1Pe 1:12 ἃ νῦν **ἀνηγγέλη** ὑμῖν διὰ τῶν εὐαγγελισαμένων ὑμᾶς [ἐν] πνεύματι ἁγίῳ ἀποσταλέντι ἀπ' οὐρανοῦ,
1Jn 1: 5 Καὶ ἔστιν αὕτη ἡ ἀγγελία ἣν ἀκηκόαμεν ἀπ' αὐτοῦ καὶ **ἀναγγέλλομεν** ὑμῖν,

335 ἀναγεννάω [2]

√ *324 + 1181*

1Pe 1: 3 ὁ κατὰ τὸ πολὺ αὐτοῦ ἔλεος **ἀναγεννήσας** ἡμᾶς εἰς ἐλπίδα ζῶσαν δι' ἀναστάσεως Ἰησοῦ Χριστοῦ ἐκ νεκρῶν,
1:23 **ἀναγεγεννημένοι** οὐκ ἐκ σπορᾶς φθαρτῆς ἀλλὰ ἀφθάρτου διὰ λόγου ζῶντος θεοῦ καὶ μένοντος.

336 ἀναγινώσκω [32]

√ *324 + 1182*

Mt 12: 3 Οὐκ **ἀνέγνωτε** τί ἐποίησεν Δαυὶδ ὅτε ἐπείνασεν καὶ οἱ μετ' αὐτοῦ,
12: 5 ἢ οὐκ **ἀνέγνωτε** ἐν τῷ νόμῳ ὅτι τοῖς σάββασιν οἱ ἱερεῖς ἐν τῷ ἱερῷ τὸ σάββατον βεβηλοῦσιν καὶ ἀναίτιοί εἰσιν;

19: 4 Οὐκ **ἀνέγνωτε** ὅτι ὁ κτίσας ἀπ' ἀρχῆς ἄρσεν καὶ θῆλυ ἐποίησεν αὐτούς;
21: 16 οὐδέποτε **ἀνέγνωτε** ὅτι Ἐκ στόματος νηπίων καὶ θηλαζόντων κατηρτίσω αἶνον;
21: 42 λέγει αὐτοῖς ὁ Ἰησοῦς, Οὐδέποτε **ἀνέγνωτε** ἐν ταῖς γραφαῖς,
22: 31 περὶ δὲ τῆς ἀναστάσεως τῶν νεκρῶν οὐκ **ἀνέγνωτε** τὸ ῥηθὲν ὑμῖν ὑπὸ τοῦ θεοῦ λέγοντος,
24: 15 ἴδητε τὸ βδέλυγμα τῆς ἐρημώσεως τὸ ῥηθὲν διὰ Δανιὴλ τοῦ προφήτου ἑστὸς ἐν τόπῳ ἁγίῳ, ὁ **ἀναγινώσκων** νοείτω,
Mk 2: 25 Οὐδέποτε **ἀνέγνωτε** τί ἐποίησεν Δαυὶδ ὅτε χρείαν ἔσχεν καὶ ἐπείνασεν αὐτὸς καὶ οἱ μετ' αὐτοῦ,
12: 10 οὐδὲ τὴν γραφὴν ταύτην **ἀνέγνωτε,** Λίθον ὃν ἀπεδοκίμασαν οἱ οἰκοδομοῦντες,
12: 26 περὶ δὲ τῶν νεκρῶν ὅτι ἐγείρονται οὐκ **ἀνέγνωτε** ἐν τῇ βίβλῳ Μωϋσέως ἐπὶ τοῦ βάτου πῶς εἶπεν αὐτῷ ὁ θεὸς λέγων,
13: 14 ὁ **ἀναγινώσκων** νοείτω, τότε οἱ ἐν τῇ Ἰουδαίᾳ φευγέτωσαν εἰς τὰ ὄρη,
Lk 4: 16 καὶ εἰσῆλθεν κατὰ τὸ εἰωθὸς αὐτῷ ἐν τῇ ἡμέρᾳ τῶν σαββάτων εἰς τὴν συναγωγὴν καὶ ἀνέστη **ἀναγνῶναι.**
6: 3 Οὐδὲ τοῦτο **ἀνέγνωτε** ὃ ἐποίησεν Δαυὶδ ὅτε ἐπείνασεν αὐτὸς καὶ οἱ μετ' αὐτοῦ [ὄντες,]
10: 26 ὁ δὲ εἶπεν πρὸς αὐτόν, Ἐν τῷ νόμῳ τί γέγραπται; πῶς **ἀναγινώσκεις;**
Jn 19: 20 τοῦτον οὖν τὸν τίτλον πολλοὶ **ἀνέγνωσαν** τῶν Ἰουδαίων,
Ac 8: 28 ἦν τε ὑποστρέφων καὶ καθήμενος ἐπὶ τοῦ ἅρματος αὐτοῦ καὶ **ἀνεγίνωσκεν** τὸν προφήτην Ἠσαΐαν.
8: 30 προσδραμὼν δὲ ὁ Φίλιππος ἤκουσεν αὐτοῦ **ἀναγινώσκοντος** Ἠσαΐαν τὸν προφήτην καὶ εἶπεν, Ἆρά γε γινώσκεις ἃ **ἀναγινώσκεις;**
8: 32 ἡ δὲ περιοχὴ τῆς γραφῆς ἣν **ἀνεγίνωσκεν** ἦν αὕτη·
13: 27 τοῦτον ἀγνοήσαντες καὶ τὰς φωνὰς τῶν προφητῶν τὰς κατὰ πᾶν σάββατον **ἀναγινωσκομένας** κρίναντες ἐπλήρωσαν,
15: 21 Μωϋσῆς γὰρ ἐκ γενεῶν ἀρχαίων κατὰ πόλιν τοὺς κηρύσσοντας αὐτὸν ἔχει ἐν ταῖς συναγωγαῖς κατὰ πᾶν σάββατον **ἀναγινωσκόμενος.**
15: 31 **ἀναγνόντες** δὲ ἐχάρησαν ἐπὶ τῇ παρακλήσει.
23: 34 **ἀναγνοὺς** δὲ καὶ ἐπερωτήσας ἐκ ποίας ἐπαρχείας ἐστίν,
2Co 1: 13 οὐ γὰρ ἄλλα γράφομεν ὑμῖν ἀλλ' ἢ ἃ **ἀναγινώσκετε** ἢ καὶ ἐπιγινώσκετε·
3: 2 ἐγγεγραμμένη ἐν ταῖς καρδίαις ἡμῶν, γινωσκομένη καὶ **ἀναγινωσκομένη** ὑπὸ πάντων ἀνθρώπων,
3: 15 ἀλλ' ἕως σήμερον ἡνίκα ἂν **ἀναγινώσκηται** Μωϋσῆς, κάλυμμα ἐπὶ τὴν καρδίαν αὐτῶν κεῖται·
Eph 3: 4 πρὸς ὃ δύνασθε **ἀναγινώσκοντες** νοῆσαι τὴν σύνεσίν μου ἐν τῷ μυστηρίῳ τοῦ Χριστοῦ,
Col 4: 16 καὶ ὅταν **ἀναγνωσθῇ** παρ' ὑμῖν ἡ ἐπιστολή, ποιήσατε ἵνα καὶ ἐν τῇ Λαοδικέων ἐκκλησίᾳ **ἀναγνωσθῇ,** καὶ τὴν ἐκ Λαοδικείας ἵνα καὶ ὑμεῖς **ἀναγνῶτε.**
1Th 5: 27 Ἐνορκίζω ὑμᾶς τὸν κύριον **ἀναγνωσθῆναι** τὴν ἐπιστολὴν πᾶσιν τοῖς ἀδελφοῖς.
Rev 1: 3 μακάριος ὁ **ἀναγινώσκων** καὶ οἱ ἀκούοντες τοὺς λόγους τῆς προφητείας καὶ τηροῦντες τὰ ἐν αὐτῇ γεγραμμένα,

337 ἀναγκάζω [9]

√ *340*

Mt 14: 22 Καὶ εὐθέως **ἠνάγκασεν** τοὺς μαθητὰς ἐμβῆναι εἰς τὸ πλοῖον καὶ προάγειν αὐτὸν εἰς τὸ πέραν,
Mk 6: 45 Καὶ εὐθὺς **ἠνάγκασεν** τοὺς μαθητὰς αὐτοῦ ἐμβῆναι εἰς τὸ πλοῖον καὶ προάγειν εἰς τὸ πέραν πρὸς Βηθσαϊδάν,
Lk 14: 23 Ἔξελθε εἰς τὰς ὁδοὺς καὶ φραγμοὺς καὶ **ἀνάγκασον** εἰσελθεῖν,
Ac 26: 11 καὶ κατὰ πάσας τὰς συναγωγὰς πολλάκις τιμωρῶν αὐτοὺς **ἠνάγκαζον** βλασφημεῖν περισσῶς
28: 19 ἀντιλεγόντων δὲ τῶν Ἰουδαίων **ἠναγκάσθην** ἐπικαλέσασθαι Καίσαρα οὐχ ὡς τοῦ ἔθνους μου ἔχων τι κατηγορεῖν.
2Co 12: 11 Γέγονα ἄφρων, ὑμεῖς με **ἠναγκάσατε.** ἐγὼ γὰρ ὤφειλον ὑφ' ὑμῶν συνίστασθαι·
Gal 2: 3 ἀλλ' οὐδὲ Τίτος ὁ σὺν ἐμοί, Ἕλλην ὤν, **ἠναγκάσθη** περιτμηθῆναι·
2: 14 Εἰ σὺ Ἰουδαῖος ὑπάρχων ἐθνικῶς καὶ οὐχὶ Ἰουδαϊκῶς ζῇς, πῶς τὰ ἔθνη **ἀναγκάζεις** Ἰουδαΐζειν;
6: 12 ὅσοι θέλουσιν εὐπροσωπῆσαι ἐν σαρκί, οὗτοι **ἀναγκάζουσιν** ὑμᾶς περιτέμνεσθαι,

338 ἀναγκαῖος [8]

√ *340*

Ac 10: 24 ὁ δὲ Κορνήλιος ἦν προσδοκῶν αὐτοὺς συγκαλεσάμενος τοὺς συγγενεῖς αὐτοῦ καὶ τοὺς **ἀναγκαίους** φίλους.
13: 46 Ὑμῖν ἦν **ἀναγκαῖον** πρῶτον λαληθῆναι τὸν λόγον τοῦ θεοῦ·
1Co 12: 22 ἀλλὰ πολλῷ μᾶλλον τὰ δοκοῦντα μέλη τοῦ σώματος ἀσθενέστερα ὑπάρχειν **ἀναγκαῖά** ἐστιν,
2Co 9: 5 **ἀναγκαῖον** οὖν ἡγησάμην παρακαλέσαι τοὺς ἀδελφούς,
Php 1: 24 τὸ δὲ ἐπιμένειν [ἐν] τῇ σαρκὶ **ἀναγκαιότερον** δι' ὑμᾶς.
2: 25 **Ἀναγκαῖον** δὲ ἡγησάμην Ἐπαφρόδιτον τὸν ἀδελφὸν καὶ συνεργὸν καὶ συστρατιώτην μου,
Tit 3: 14 μανθανέτωσαν δὲ καὶ οἱ ἡμέτεροι καλῶν ἔργων προΐστασθαι εἰς τὰς **ἀναγκαίας** χρείας,
Heb 8: 3 ὅθεν **ἀναγκαῖον** ἔχειν τι καὶ τοῦτον ὃ προσενέγκῃ.

339 ἀναγκαστῶς [1]

√ *340*

1Pe 5: 2 ποιμάνατε τὸ ἐν ὑμῖν ποίμνιον τοῦ θεοῦ [ἐπισκοποῦντες] μὴ **ἀναγκαστῶς** ἀλλὰ ἑκουσίως κατὰ θεόν,

340 ἀνάγκη [17]

→ *337, 338, 339, 2055*

ἐξ ἀνάγκης [2] 2Co 9:7; Heb 7:12

ἔχω ἀνάγκην [4] Lk 14:18; 1Co 7:37; Heb 7:27; Jude 1:3

Mt 18: 7 **ἀνάγκη** γὰρ ἐλθεῖν τὰ σκάνδαλα, πλὴν οὐαὶ τῷ ἀνθρώπῳ δι' οὗ τὸ σκάνδαλον ἔρχεται.
Lk 14: 18 Ἀγρὸν ἠγόρασα καὶ ἔχω **ἀνάγκην** ἐξελθὼν ἰδεῖν αὐτόν·
21: 23 ἔσται γὰρ **ἀνάγκη** μεγάλη ἐπὶ τῆς γῆς καὶ ὀργὴ τῷ λαῷ τούτῳ,
Ro 13: 5 διὸ **ἀνάγκη** ὑποτάσσεσθαι, οὐ μόνον διὰ τὴν ὀργὴν ἀλλὰ καὶ διὰ τὴν συνείδησιν.
1Co 7: 26 Νομίζω οὖν τοῦτο καλὸν ὑπάρχειν διὰ τὴν ἐνεστῶσαν **ἀνάγκην,**
7: 37 ὃς δὲ ἕστηκεν ἐν τῇ καρδίᾳ αὐτοῦ ἑδραῖος μὴ ἔχων **ἀνάγκην,**
9: 16 οὐκ ἔστιν μοι καύχημα· **ἀνάγκη** γάρ μοι ἐπίκειται·
2Co 6: 4 ἐν ὑπομονῇ πολλῇ, ἐν θλίψεσιν, ἐν **ἀνάγκαις,** ἐν στενοχωρίαις,
9: 7 ἕκαστος καθὼς προῄρηται τῇ καρδίᾳ, μὴ ἐκ λύπης ἢ ἐξ **ἀνάγκης·**
12: 10 ἐν ὕβρεσιν, ἐν **ἀνάγκαις,** ἐν διωγμοῖς καὶ στενοχωρίαις,
1Th 3: 7 ἐφ' ὑμῖν ἐπὶ πάσῃ τῇ **ἀνάγκῃ** καὶ θλίψει ἡμῶν διὰ τῆς ὑμῶν πίστεως,
Phm 1: 14 ἵνα μὴ ὡς κατὰ **ἀνάγκην** τὸ ἀγαθόν σου ᾖ ἀλλὰ κατὰ ἑκούσιον.
Heb 7: 12 μετατιθεμένης γὰρ τῆς ἱερωσύνης ἐξ **ἀνάγκης** καὶ νόμου μετάθεσις γίνεται.
7: 27 ὃς οὐκ ἔχει καθ' ἡμέραν **ἀνάγκην,** ὥσπερ οἱ ἀρχιερεῖς,
9: 16 ὅπου γὰρ διαθήκη, θάνατον **ἀνάγκη** φέρεσθαι τοῦ διαθεμένου·
9: 23 **Ἀνάγκη** οὖν τὰ μὲν ὑποδείγματα τῶν ἐν τοῖς οὐρανοῖς τούτοις καθαρίζεσθαι,
Jude 1: 3 πᾶσαν σπουδὴν ποιούμενος γράφειν ὑμῖν περὶ τῆς κοινῆς ἡμῶν σωτηρίας **ἀνάγκην** ἔσχον γράψαι ὑμῖν παρακαλῶν

341 ἀναγνωρίζω [1]

√ *324 + 1182*

Ac 7: 13 καὶ ἐν τῷ δευτέρῳ **ἀνεγνωρίσθη** Ἰωσὴφ τοῖς ἀδελφοῖς αὐτοῦ καὶ φανερὸν ἐγένετο τῷ Φαραὼ τὸ γένος [τοῦ] Ἰωσήφ.

342 ἀνάγνωσις [3]

√ *324 + 1182*

Ac 13: 15 μετὰ δὲ τὴν **ἀνάγνωσιν** τοῦ νόμου καὶ τῶν προφητῶν ἀπέστειλαν οἱ ἀρχισυνάγωγοι πρὸς αὐτοὺς λέγοντες,
2Co 3: 14 ἄχρι γὰρ τῆς σήμερον ἡμέρας τὸ αὐτὸ κάλυμμα ἐπὶ τῇ **ἀναγνώσει** τῆς παλαιᾶς διαθήκης μένει,
1Ti 4: 13 ἕως ἔρχομαι πρόσεχε τῇ **ἀναγνώσει,** τῇ παρακλήσει, τῇ διδασκαλίᾳ.

343 ἀνάγω [23]

√ *324 + 72*

nautical technical term [14] Lk 8:22; Ac 13:13; 16:11; 18:21; 20:3,13; 21:1,2; 27:2,4,12,21; 28:10,11

Mt 4: 1 Τότε ὁ Ἰησοῦς **ἀνήχθη** εἰς τὴν ἔρημον ὑπὸ τοῦ πνεύματος πειρασθῆναι ὑπὸ τοῦ διαβόλου.
Lk 2:22 **ἀνήγαγον** αὐτὸν εἰς Ἱεροσόλυμα παραστῆσαι τῷ κυρίῳ,
4: 5 Καὶ **ἀναγαγὼν** αὐτὸν ἔδειξεν αὐτῷ πάσας τὰς βασιλείας τῆς οἰκουμένης ἐν στιγμῇ χρόνου
8:22 Διέλθωμεν εἰς τὸ πέραν τῆς λίμνης, καὶ **ἀνήχθησαν.**
Ac 7:41 καὶ ἐμοσχοποίησαν ἐν ταῖς ἡμέραις ἐκείναις καὶ **ἀνήγαγον** θυσίαν τῷ εἰδώλῳ καὶ εὐφραίνοντο ἐν τοῖς ἔργοις
9:39 ὃν παραγενόμενον **ἀνήγαγον** εἰς τὸ ὑπερῷον
12: 4 βουλόμενος μετὰ τὸ πάσχα **ἀναγαγεῖν** αὐτὸν τῷ λαῷ.
13:13 **Ἀναχθέντες** δὲ ἀπὸ τῆς Πάφου οἱ περὶ Παῦλον ἦλθον εἰς Πέργην τῆς Παμφυλίας,
16:11 **Ἀναχθέντες** δὲ ἀπὸ Τρῳάδος εὐθυδρομήσαμεν εἰς Σαμοθρᾴκην, τῇ δὲ ἐπιούσῃ εἰς Νέαν
16:34 **ἀναγαγών** τε αὐτοὺς εἰς τὸν οἶκον παρέθηκεν τράπεζαν καὶ ἠγαλλιάσατο πανοικεὶ πεπιστευκὼς τῷ θεῷ.
18:21 Πάλιν ἀνακάμψω πρὸς ὑμᾶς τοῦ θεοῦ θέλοντος, **ἀνήχθη** ἀπὸ τῆς Ἐφέσου,
20: 3 γενομένης ἐπιβουλῆς αὐτῷ ὑπὸ τῶν Ἰουδαίων μέλλοντι **ἀνάγεσθαι** εἰς τὴν Συρίαν,
20:13 Ἡμεῖς δὲ προελθόντες ἐπὶ τὸ πλοῖον **ἀνήχθημεν** ἐπὶ τὴν Ἆσσον ἐκεῖθεν μέλλοντες ἀναλαμβάνειν τὸν Παῦλον·
21: 1 Ὡς δὲ ἐγένετο **ἀναχθῆναι** ἡμᾶς ἀποσπασθέντας ἀπ' αὐτῶν,
21: 2 καὶ εὑρόντες πλοῖον διαπερῶν εἰς Φοινίκην ἐπιβάντες **ἀνήχθημεν.**
27: 2 ἐπιβάντες δὲ πλοίῳ Ἀδραμυττηνῷ μέλλοντι πλεῖν εἰς τοὺς κατὰ τὴν Ἀσίαν τόπους **ἀνήχθημεν**
27: 4 κἀκεῖθεν **ἀναχθέντες** ὑπεπλεύσαμεν τὴν Κύπρον διὰ τὸ τοὺς ἀνέμους εἶναι ἐναντίους,
27:12 ἀνευθέτου δὲ τοῦ λιμένος ὑπάρχοντος πρὸς παραχειμασίαν οἱ πλείονες ἔθεντο βουλὴν **ἀναχθῆναι** ἐκεῖθεν,
27:21 πειθαρχήσαντάς μοι μὴ **ἀνάγεσθαι** ἀπὸ τῆς Κρήτης κερδῆσαί τε τὴν ὕβριν ταύτην καὶ τὴν ζημίαν.
28:10 οἳ καὶ πολλαῖς τιμαῖς ἐτίμησαν ἡμᾶς καὶ **ἀναγομένοις** ἐπέθεντο τὰ πρὸς τὰς χρείας.
28:11 Μετὰ δὲ τρεῖς μῆνας **ἀνήχθημεν** ἐν πλοίῳ παρακεχειμακότι ἐν τῇ νήσῳ,
Ro 10: 7 Τίς καταβήσεται εἰς τὴν ἄβυσσον; τοῦτ' ἔστιν Χριστὸν ἐκ νεκρῶν **ἀναγαγεῖν.**
Heb 13:20 ὁ **ἀναγαγὼν** ἐκ νεκρῶν τὸν ποιμένα τῶν προβάτων τὸν μέγαν ἐν αἵματι διαθήκης αἰωνίου,

344 ἀναδείκνυμι [2]

√ *324 + 1259*

Lk 10: 1 Μετὰ δὲ ταῦτα **ἀνέδειξεν** ὁ κύριος ἑτέρους ἑβδομήκοντα [δύο,]
Ac 1:24 **ἀνάδειξον** ὃν ἐξελέξω ἐκ τούτων τῶν δύο ἕνα

345 ἀνάδειξις [1]

√ *324 + 1259*

Lk 1:80 καὶ ἦν ἐν ταῖς ἐρήμοις ἕως ἡμέρας **ἀναδείξεως** αὐτοῦ πρὸς τὸν Ἰσραήλ.

346 ἀναδέχομαι [2]

√ *324 + 1312*

Ac 28: 7 ὑπῆρχεν χωρία τῷ πρώτῳ τῆς νήσου ὀνόματι Ποπλίῳ, ὃς **ἀναδεξάμενος** ἡμᾶς τρεῖς ἡμέρας φιλοφρόνως ἐξένισεν.
Heb 11:17 Πίστει προσενήνοχεν Ἀβραὰμ τὸν Ἰσαὰκ πειραζόμενος καὶ τὸν μονογενῆ προσέφερεν, ὁ τὰς ἐπαγγελίας **ἀναδεξάμενος,**

347 ἀναδίδωμι [1]

√ *324 + 1443*

Ac 23:33 οἵτινες εἰσελθόντες εἰς τὴν Καισάρειαν καὶ **ἀναδόντες** τὴν ἐπιστολὴν τῷ ἡγεμόνι παρέστησαν καὶ τὸν Παῦλον αὐτῷ.

348 ἀναζάω [2 / 3]

√ *324 + 2409*

νεκρός ... ἀναζάω [2] Lk 15:24,32

Lk 15:24 ὅτι οὗτος ὁ υἱός μου νεκρὸς ἦν καὶ **ἀνέζησεν,**
15:32 ὅτι ὁ ἀδελφός σου οὗτος νεκρὸς ἦν καὶ **ἀνέζησεν,**[NIV; UBS *2409*]
Ro 7: 9 ἐγὼ δὲ ἔζων χωρὶς νόμου ποτέ, ἐλθούσης δὲ τῆς ἐντολῆς ἡ ἁμαρτία **ἀνέζησεν,**

349 ἀναζητέω [3]

√ *324 + 2426*

Lk 2:44 νομίσαντες δὲ αὐτὸν εἶναι ἐν τῇ συνοδίᾳ ἦλθον ἡμέρας ὁδὸν καὶ **ἀνεζήτουν** αὐτὸν ἐν τοῖς συγγενεῦσιν καὶ τοῖς γνωστοῖς,
2:45 καὶ μὴ εὑρόντες ὑπέστρεψαν εἰς Ἰερουσαλὴμ **ἀναζητοῦντες** αὐτόν.
Ac 11:25 ἐξῆλθεν δὲ εἰς Ταρσὸν **ἀναζητῆσαι** Σαῦλον,

350 ἀναζώννυμι [1]

√ *324 + 2439*

1Pe 1:13 Διὸ **ἀναζωσάμενοι** τὰς ὀσφύας τῆς διανοίας ὑμῶν νήφοντες τελείως ἐλπίσατε ἐπὶ τὴν φερομένην ὑμῖν χάριν

351 ἀναζωπυρέω [1]

√ *324 + 2409 + 4786*

2Ti 1: 6 δι' ἣν αἰτίαν ἀναμιμνῄσκω σε **ἀναζωπυρεῖν** τὸ χάρισμα τοῦ θεοῦ,

352 ἀναθάλλω [1]

√ *324 + 2558*

Php 4:10 Ἐχάρην δὲ ἐν κυρίῳ μεγάλως ὅτι ἤδη ποτὲ **ἀνεθάλετε** τὸ ὑπὲρ ἐμοῦ φρονεῖν,

353 ἀνάθεμα [6]

→ *354, 356, 2912, 2913; cf. 324 + 5502*

ἀνάθεμα ... ἀναθεματίζω [1] Ac 23:14

Ac 23:14 **Ἀναθέματι** ἀνεθεματίσαμεν ἑαυτοὺς μηδενὸς γεύσασθαι ἕως οὗ ἀποκτείνωμεν τὸν Παῦλον.
Ro 9: 3 ηὐχόμην γὰρ **ἀνάθεμα** εἶναι αὐτὸς ἐγὼ ἀπὸ τοῦ Χριστοῦ ὑπὲρ τῶν ἀδελφῶν μου τῶν συγγενῶν μου κατὰ σάρκα,
1Co 12: 3 **Ἀνάθεμα** Ἰησοῦς, καὶ οὐδεὶς δύναται εἰπεῖν, Κύριος Ἰησοῦς,
16:22 εἴ τις οὐ φιλεῖ τὸν κύριον, ἤτω **ἀνάθεμα.**
Gal 1: 8 ἀλλὰ καὶ ἐὰν ἡμεῖς ἢ ἄγγελος ἐξ οὐρανοῦ εὐαγγελίζηται [ὑμῖν] παρ' ὃ εὐηγγελισάμεθα ὑμῖν, **ἀνάθεμα** ἔστω.
1: 9 εἴ τις ὑμᾶς εὐαγγελίζεται παρ' ὃ παρελάβετε, **ἀνάθεμα** ἔστω.

354 ἀναθεματίζω [4]

√ *353*

ἀνάθεμα ... ἀναθεματίζω [1] Ac 23:14

Mk 14:71 ὁ δὲ ἤρξατο **ἀναθεματίζειν** καὶ ὀμνύναι ὅτι Οὐκ οἶδα τὸν ἄνθρωπον τοῦτον ὃν λέγετε.
Ac 23:12 οἱ Ἰουδαῖοι **ἀνεθεμάτισαν** ἑαυτοὺς λέγοντες μήτε φαγεῖν μήτε πιεῖν ἕως οὗ ἀποκτείνωσιν τὸν Παῦλον.
23:14 Ἀναθέματι **ἀνεθεματίσαμεν** ἑαυτοὺς μηδενὸς γεύσασθαι ἕως οὗ ἀποκτείνωμεν τὸν Παῦλον.
23:21 οἵτινες **ἀνεθεμάτισαν** ἑαυτοὺς μήτε φαγεῖν μήτε πιεῖν ἕως οὗ ἀνέλωσιν αὐτόν,

355 ἀναθεωρέω [2]

√ *324 + 2555*

Ac 17:23 διερχόμενος γὰρ καὶ **ἀναθεωρῶν** τὰ σεβάσματα ὑμῶν εὗρον καὶ βωμὸν ἐν ᾧ ἐπεγέγραπτο,
Heb 13: 7 ὧν **ἀναθεωροῦντες** τὴν ἔκβασιν τῆς ἀναστροφῆς μιμεῖσθε τὴν πίστιν.

356 ἀνάθημα [1]

√ *353*

Lk 21: 5 Καί τινων λεγόντων περὶ τοῦ ἱεροῦ ὅτι λίθοις καλοῖς καὶ **ἀναθήμασιν** κεκόσμηται εἶπεν,

357 ἀναίδεια [1]

√ 1.1 + 133

Lk 11: 8 διά γε τὴν **ἀναίδειαν** αὐτοῦ ἐγερθεὶς δώσει αὐτῷ ὅσων χρῄζει.

358 ἀναίρεσις [1]

√ 324 + 145

Ac 8: 1 Σαῦλος δὲ ἦν συνευδοκῶν τῇ **ἀναιρέσει** αὐτοῦ. Ἐγένετο δὲ ἐν ἐκείνῃ τῇ ἡμέρᾳ διωγμὸς μέγας ἐπὶ τὴν ἐκκλησίαν

359 ἀναιρέω [24]

√ 324 + 145

Mt 2: 16 καὶ ἀποστείλας **ἀνεῖλεν** πάντας τοὺς παῖδας τοὺς ἐν Βηθλέεμ καὶ ἐν πᾶσι τοῖς ὁρίοις αὐτῆς ἀπὸ διετοῦς

Lk 22: 2 καὶ ἐζήτουν οἱ ἀρχιερεῖς καὶ οἱ γραμματεῖς τὸ πῶς **ἀνέλωσιν** αὐτόν,

23: 32 Ἤγοντο δὲ καὶ ἕτεροι κακοῦργοι δύο σὺν αὐτῷ **ἀναιρεθῆναι.**

Ac 2: 23 τοῦτον τῇ ὡρισμένῃ βουλῇ καὶ προγνώσει τοῦ θεοῦ ἔκδοτον διὰ χειρὸς ἀνόμων προσπήξαντες **ἀνείλατε,**

5: 33 Οἱ δὲ ἀκούσαντες διεπρίοντο καὶ ἐβούλοντο **ἀνελεῖν** αὐτούς.

5: 36 ὃς **ἀνῃρέθη,** καὶ πάντες ὅσοι ἐπείθοντο αὐτῷ διελύθησαν καὶ ἐγένοντο εἰς οὐδέν.

7: 21 ἐκτεθέντος δὲ αὐτοῦ **ἀνείλατο** αὐτὸν ἡ θυγάτηρ Φαραὼ καὶ ἀνεθρέψατο αὐτὸν ἑαυτῇ εἰς υἱόν.

7: 28 μὴ **ἀνελεῖν** με σὺ θέλεις ὃν τρόπον **ἀνεῖλες** ἐχθὲς τὸν Αἰγύπτιον;

9: 23 Ὡς δὲ ἐπληροῦντο ἡμέραι ἱκαναί, συνεβουλεύσαντο οἱ Ἰουδαῖοι **ἀνελεῖν** αὐτόν·

9: 24 παρετηροῦντο δὲ καὶ τὰς πύλας ἡμέρας τε καὶ νυκτὸς ὅπως αὐτὸν **ἀνέλωσιν·**

9: 29 ἐλάλει τε καὶ συνεζήτει πρὸς τοὺς Ἑλληνιστάς, οἱ δὲ ἐπεχείρουν **ἀνελεῖν** αὐτόν.

10: 39 ὃν καὶ **ἀνεῖλαν** κρεμάσαντες ἐπὶ ξύλου,

12: 2 **ἀνεῖλεν** δὲ Ἰάκωβον τὸν ἀδελφὸν Ἰωάννου μαχαίρῃ.

13: 28 καὶ μηδεμίαν αἰτίαν θανάτου εὑρόντες ᾐτήσαντο Πιλᾶτον **ἀναιρεθῆναι** αὐτόν.

16: 27 σπασάμενος [τὴν] μάχαιραν ἤμελλεν ἑαυτὸν **ἀναιρεῖν** νομίζων ἐκπεφευγέναι τοὺς δεσμίους.

22: 20 καὶ αὐτὸς ἤμην ἐφεστὼς καὶ συνευδοκῶν καὶ φυλάσσων τὰ ἱμάτια τῶν **ἀναιρούντων** αὐτόν.

23: 15 ἡμεῖς δὲ πρὸ τοῦ ἐγγίσαι αὐτὸν ἕτοιμοί ἐσμεν τοῦ **ἀνελεῖν** αὐτόν.

23: 21 οἵτινες ἀνεθεμάτισαν ἑαυτοὺς μήτε φαγεῖν μήτε πιεῖν ἕως οὗ **ἀνέλωσιν** αὐτόν,

23: 27 Τὸν ἄνδρα τοῦτον συλλημφθέντα ὑπὸ τῶν Ἰουδαίων καὶ μέλλοντα **ἀναιρεῖσθαι** ὑπ᾽ αὐτῶν ἐπιστὰς

25: 3 ὅπως μεταπέμψηται αὐτὸν εἰς Ἰερουσαλήμ, ἐνέδραν ποιοῦντες **ἀνελεῖν** αὐτὸν κατὰ τὴν ὁδόν.

26: 10 ἁγίων ἐγὼ ἐν φυλακαῖς κατέκλεισα τὴν παρὰ τῶν ἀρχιερέων ἐξουσίαν λαβὼν **ἀναιρουμένων** τε αὐτῶν κατήνεγκα ψῆφον.

2Th 2: 8 ὃν ὁ κύριος [Ἰησοῦς] **ἀνελεῖ** τῷ πνεύματι τοῦ στόματος αὐτοῦ καὶ καταργήσει τῇ ἐπιφανείᾳ τῆς παρουσίας αὐτοῦ,

Heb 10: 9 Ἰδοὺ ἥκω τοῦ ποιῆσαι τὸ θέλημά σου. **ἀναιρεῖ** τὸ πρῶτον ἵνα τὸ δεύτερον στήσῃ,

360 ἀναίτιος [2]

√ 1.1 + 162

Mt 12: 5 ἢ οὐκ ἀνέγνωτε ἐν τῷ νόμῳ ὅτι τοῖς σάββασιν οἱ ἱερεῖς ἐν τῷ ἱερῷ τὸ σάββατον βεβηλοῦσιν καὶ **ἀναίτιοί** εἰσιν;

12: 7 Ἔλεος θέλω καὶ οὐ θυσίαν, οὐκ ἂν κατεδικάσατε τοὺς **ἀναιτίους.**

361 ἀνακαθίζω [2]

√ 324 + 2767

Lk 7: 15 καὶ **ἀνεκάθισεν** ὁ νεκρὸς καὶ ἤρξατο λαλεῖν, καὶ ἔδωκεν αὐτὸν τῇ μητρὶ αὐτοῦ.

Ac 9: 40 ἡ δὲ ἤνοιξεν τοὺς ὀφθαλμοὺς αὐτῆς, καὶ ἰδοῦσα τὸν Πέτρον **ἀνεκάθισεν.**

362 ἀνακαινίζω [1]

√ 324 + 2785

Heb 6: 6 καὶ παραπεσόντας, πάλιν **ἀνακαινίζειν** εἰς μετάνοιαν, ἀνασταυροῦντας ἑαυτοῖς τὸν υἱὸν τοῦ θεοῦ καὶ παραδειγματίζοντας.

363 ἀνακαινόω [2]

√ 324 + 2785

2Co 4: 16 ἀλλ᾽ ὁ ἔσω ἡμῶν **ἀνακαινοῦται** ἡμέρᾳ καὶ ἡμέρᾳ.

Col 3: 10 καὶ ἐνδυσάμενοι τὸν νέον τὸν **ἀνακαινούμενον** εἰς ἐπίγνωσιν κατ᾽ εἰκόνα τοῦ κτίσαντος αὐτόν,

364 ἀνακαίνωσις [2]

√ 324 + 2785

Ro 12: 2 ἀλλὰ μεταμορφοῦσθε τῇ **ἀνακαινώσει** τοῦ νοὸς εἰς τὸ δοκιμάζειν ὑμᾶς τί τὸ θέλημα τοῦ θεοῦ,

Tit 3: 5 ἀλλὰ κατὰ τὸ αὐτοῦ ἔλεος ἔσωσεν ἡμᾶς διὰ λουτροῦ παλιγγενεσίας καὶ **ἀνακαινώσεως** πνεύματος ἁγίου,

365 ἀνακαλύπτω [2]

√ 324 + 2821

2Co 3: 14 τὸ αὐτὸ κάλυμμα ἐπὶ τῇ ἀναγνώσει τῆς παλαιᾶς διαθήκης μένει, μὴ **ἀνακαλυπτόμενον** ὅτι ἐν Χριστῷ καταργεῖται·

3: 18 ἡμεῖς δὲ πάντες **ἀνακεκαλυμμένῳ** προσώπῳ τὴν δόξαν κυρίου κατοπτριζόμενοι τὴν αὐτὴν εἰκόνα μεταμορφούμεθα

366 ἀνακάμπτω [4]

√ 324 + 2828

Mt 2: 12 καὶ χρηματισθέντες κατ᾽ ὄναρ μὴ **ἀνακάμψαι** πρὸς Ἡρῴδην,

Lk 10: 6 ἐπαναπαήσεται ἐπ᾽ αὐτὸν ἡ εἰρήνη ὑμῶν· εἰ δὲ μή γε, ἐφ᾽ ὑμᾶς **ἀνακάμψει.**

Ac 18: 21 Πάλιν **ἀνακάμψω** πρὸς ὑμᾶς τοῦ θεοῦ θέλοντος, ἀνήχθη ἀπὸ τῆς Ἐφέσου,

Heb 11: 15 καὶ εἰ μὲν ἐκείνης ἐμνημόνευον ἀφ᾽ ἧς ἐξέβησαν, εἶχον ἂν καιρὸν **ἀνακάμψαι·**

367 ἀνάκειμαι [14]

√ 324 + 3023

ἀνακείμενος [13] Mt 9:10; 22:10,11; 26:7; Mk 6:26; 14:18; 16:14; Lk 22:27,27; Jn 6:11; 12:2; 13:23,28

Mt 9: 10 Καὶ ἐγένετο αὐτοῦ **ἀνακειμένου** ἐν τῇ οἰκίᾳ, καὶ ἰδοὺ πολλοὶ τελῶναι καὶ ἁμαρτωλοὶ ἐλθόντες συνανέκειντο τῷ Ἰησοῦ

22: 10 πονηρούς τε καὶ ἀγαθούς· καὶ ἐπλήσθη ὁ γάμος **ἀνακειμένων.**

22: 11 εἰσελθὼν δὲ ὁ βασιλεὺς θεάσασθαι τοὺς **ἀνακειμένους** εἶδεν ἐκεῖ ἄνθρωπον οὐκ ἐνδεδυμένον ἔνδυμα γάμου,

26: 7 προσῆλθεν αὐτῷ γυνὴ ἔχουσα ἀλάβαστρον μύρου βαρυτίμου καὶ κατέχεεν ἐπὶ τῆς κεφαλῆς αὐτοῦ **ἀνακειμένου.**

26: 20 Ὀψίας δὲ γενομένης **ἀνέκειτο** μετὰ τῶν δώδεκα.

Mk 6: 26 καὶ περίλυπος γενόμενος ὁ βασιλεὺς διὰ τοὺς ὅρκους καὶ τοὺς **ἀνακειμένους** οὐκ ἠθέλησεν ἀθετῆσαι αὐτήν·

14: 18 καὶ **ἀνακειμένων** αὐτῶν καὶ ἐσθιόντων ὁ Ἰησοῦς εἶπεν,

16: 14 ⟦Ὕστερον [δὲ] **ἀνακειμένοις** αὐτοῖς τοῖς ἕνδεκα ἐφανερώθη καὶ ὠνείδισεν τὴν ἀπιστίαν αὐτῶν καὶ σκληροκαρδίαν⟧

Lk 22: 27 τίς γὰρ μείζων, ὁ **ἀνακείμενος** ἢ ὁ διακονῶν; οὐχὶ ὁ **ἀνακείμενος;**

Jn 6: 11 ἔλαβεν οὖν τοὺς ἄρτους ὁ Ἰησοῦς καὶ εὐχαριστήσας διέδωκεν τοῖς **ἀνακειμένοις** ὁμοίως καὶ ἐκ τῶν ὀψαρίων

12: 2 ὁ δὲ Λάζαρος εἷς ἦν ἐκ τῶν **ἀνακειμένων** σὺν αὐτῷ.

13: 23 ἦν **ἀνακείμενος** εἷς ἐκ τῶν μαθητῶν αὐτοῦ ἐν τῷ κόλπῳ τοῦ Ἰησοῦ,

13: 28 τοῦτο [δὲ] οὐδεὶς ἔγνω τῶν **ἀνακειμένων** πρὸς τί εἶπεν αὐτῷ·

368 ἀνακεφαλαιόω [2]

√ 324 + 3051

Ro 13: 9 ἐν τῷ λόγῳ τούτῳ **ἀνακεφαλαιοῦται** [ἐν τῷ] Ἀγαπήσεις τὸν πλησίον σου ὡς σεαυτόν.

Eph 1:10 εἰς οἰκονομίαν τοῦ πληρώματος τῶν καιρῶν, **ἀνακεφαλαιώσασθαι** τὰ πάντα ἐν τῷ Χριστῷ,

369 ἀνακλίνω [6]

√ 324 + 3111

Mt 8:11 ἀπὸ ἀνατολῶν καὶ δυσμῶν ἥξουσιν καὶ **ἀνακλιθήσονται** μετὰ Ἀβραὰμ καὶ Ἰσαὰκ καὶ Ἰακὼβ ἐν τῇ βασιλείᾳ τῶν οὐρανῶν,
14:19 καὶ κελεύσας τοὺς ὄχλους **ἀνακλιθῆναι** ἐπὶ τοῦ χόρτου,
Mk 6:39 καὶ ἐπέταξεν αὐτοῖς **ἀνακλῖναι** πάντας συμπόσια συμπόσια ἐπὶ τῷ χλωρῷ χόρτῳ.
Lk 2: 7 καὶ ἐσπαργάνωσεν αὐτὸν καὶ **ἀνέκλινεν** αὐτὸν ἐν φάτνῃ,
12:37 ἀμὴν λέγω ὑμῖν ὅτι περιζώσεται καὶ **ἀνακλινεῖ** αὐτοὺς καὶ παρελθὼν διακονήσει αὐτοῖς.
13:29 καὶ ἥξουσιν ἀπὸ ἀνατολῶν καὶ δυσμῶν καὶ ἀπὸ βορρᾶ καὶ νότου καὶ **ἀνακλιθήσονται** ἐν τῇ βασιλείᾳ τοῦ θεοῦ.

370 ἀνακόπτω Not used in UBS/NIV

√ 324 + 3164

371 ἀνακράζω [5]

√ 324 + 3189

Mk 1:23 καὶ εὐθὺς ἦν ἐν τῇ συναγωγῇ αὐτῶν ἄνθρωπος ἐν πνεύματι ἀκαθάρτῳ καὶ **ἀνέκραξεν**
6:49 οἱ δὲ ἰδόντες αὐτὸν ἐπὶ τῆς θαλάσσης περιπατοῦντα ἔδοξαν ὅτι φάντασμά ἐστιν, καὶ **ἀνέκραξαν·**
Lk 4:33 καὶ ἐν τῇ συναγωγῇ ἦν ἄνθρωπος ἔχων πνεῦμα δαιμονίου ἀκαθάρτου καὶ **ἀνέκραξεν** φωνῇ μεγάλῃ,
8:28 ἰδὼν δὲ τὸν Ἰησοῦν **ἀνακράξας** προσέπεσεν αὐτῷ καὶ φωνῇ μεγάλῃ εἶπεν,
23:18 **ἀνέκραγον** δὲ παμπληθεὶ λέγοντες, Αἶρε τοῦτον, ἀπόλυσον δὲ ἡμῖν τὸν Βαραββᾶν·

372 ἀνακραυγάζω Not used in UBS/NIV

√ 324 + 3189

373 ἀνακρίνω [16]

√ 324 + 3212

Lk 23:14 καὶ ἰδοὺ ἐγὼ ἐνώπιον ὑμῶν **ἀνακρίνας** οὐθὲν εὗρον ἐν τῷ ἀνθρώπῳ τούτῳ αἴτιον ὧν κατηγορεῖτε κατ' αὐτοῦ.
Ac 4: 9 εἰ ἡμεῖς σήμερον **ἀνακρινόμεθα** ἐπὶ εὐεργεσίᾳ ἀνθρώπου ἀσθενοῦς ἐν τίνι οὗτος σέσωται,
12:19 Ἡρῴδης δὲ ἐπιζητήσας αὐτὸν καὶ μὴ εὑρών, **ἀνακρίνας** τοὺς φύλακας ἐκέλευσεν ἀπαχθῆναι,
17:11 οἵτινες ἐδέξαντο τὸν λόγον μετὰ πάσης προθυμίας καθ' ἡμέραν **ἀνακρίνοντες** τὰς γραφὰς εἰ ἔχοι ταῦτα οὕτως.
24: 8 παρ' οὗ δυνήσῃ αὐτὸς **ἀνακρίνας** περὶ πάντων τούτων ἐπιγνῶναι ὧν ἡμεῖς κατηγοροῦμεν αὐτοῦ.
28:18 οἵτινες **ἀνακρίναντές** με ἐβούλοντο ἀπολῦσαι διὰ τὸ μηδεμίαν αἰτίαν θανάτου ὑπάρχειν ἐν ἐμοί.
1Co 2:14 μωρία γὰρ αὐτῷ ἐστιν καὶ οὐ δύναται γνῶναι, ὅτι πνευματικῶς **ἀνακρίνεται.**
2:15 ὁ δὲ πνευματικὸς **ἀνακρίνει** [τὰ] πάντα, αὐτὸς δὲ ὑπ' οὐδενὸς **ἀνακρίνεται.**
4: 3 ἵνα ὑφ' ὑμῶν **ἀνακριθῶ** ἢ ὑπὸ ἀνθρωπίνης ἡμέρας· ἀλλ' οὐδὲ ἐμαυτὸν **ἀνακρίνω.**
4: 4 ἀλλ' οὐκ ἐν τούτῳ δεδικαίωμαι, ὁ δὲ **ἀνακρίνων** με κύριός ἐστιν.
9: 3 Ἡ ἐμὴ ἀπολογία τοῖς ἐμὲ **ἀνακρίνουσίν** ἐστιν αὕτη.
10:25 Πᾶν τὸ ἐν μακέλλῳ πωλούμενον ἐσθίετε μηδὲν **ἀνακρίνοντες** διὰ τὴν συνείδησιν·
10:27 πᾶν τὸ παρατιθέμενον ὑμῖν ἐσθίετε μηδὲν **ἀνακρίνοντες** διὰ τὴν συνείδησιν.
14:24 εἰσέλθῃ δέ τις ἄπιστος ἢ ἰδιώτης, ἐλέγχεται ὑπὸ πάντων, **ἀνακρίνεται** ὑπὸ πάντων,

374 ἀνάκρισις [1]

√ 324 + 3212

Ac 25:26 βασιλεῦ Ἀγρίππα, ὅπως τῆς **ἀνακρίσεως** γενομένης σχῶ τί γράψω·

375 ἀνακυλίω Not used in UBS/NIV

√ 324 + 3244

376 ἀνακύπτω [4]

√ 324 + 3252

Lk 13:11 καὶ ἰδοὺ γυνὴ πνεῦμα ἔχουσα ἀσθενείας ἔτη δεκαοκτὼ καὶ ἦν συγκύπτουσα καὶ μὴ δυναμένη **ἀνακύψαι** εἰς τὸ παντελές.
21:28 ἀρχομένων δὲ τούτων γίνεσθαι **ἀνακύψατε** καὶ ἐπάρατε τὰς κεφαλὰς ὑμῶν,
Jn 8: 7 ⟦ὡς δὲ ἐπέμενον ἐρωτῶντες αὐτόν, **ἀνέκυψεν** καὶ εἶπεν αὐτοῖς,⟧
8:10 ⟦**ἀνακύψας** δὲ ὁ Ἰησοῦς εἶπεν αὐτῇ, Γύναι, ποῦ εἰσιν;⟧

377 ἀναλαμβάνω [13]

√ 324 + 3284

Mk 16:19 ⟦Ὁ μὲν οὖν κύριος Ἰησοῦς μετὰ τὸ λαλῆσαι αὐτοῖς **ἀνελήμφθη** εἰς τὸν οὐρανὸν καὶ ἐκάθισεν ἐκ δεξιῶν⟧
Ac 1: 2 ἄχρι ἧς ἡμέρας ἐντειλάμενος τοῖς ἀποστόλοις διὰ πνεύματος ἁγίου οὓς ἐξελέξατο **ἀνελήμφθη·**
1:11 οὗτος ὁ Ἰησοῦς ὁ **ἀναλημφθεὶς** ἀφ' ὑμῶν εἰς τὸν οὐρανὸν οὕτως ἐλεύσεται ὃν τρόπον ἐθεάσασθε αὐτὸν
1:22 ἀρξάμενος ἀπὸ τοῦ βαπτίσματος Ἰωάννου ἕως τῆς ἡμέρας ἧς **ἀνελήμφθη** ἀφ' ἡμῶν,
7:43 καὶ **ἀνελάβετε** τὴν σκηνὴν τοῦ Μολὸχ καὶ τὸ ἄστρον τοῦ θεοῦ [ὑμῶν] Ῥαιφάν,
10:16 τοῦτο δὲ ἐγένετο ἐπὶ τρὶς καὶ εὐθὺς **ἀνελήμφθη** τὸ σκεῦος εἰς τὸν οὐρανόν.
20:13 Ἡμεῖς δὲ προελθόντες ἐπὶ τὸ πλοῖον ἀνήχθημεν ἐπὶ τὴν Ἆσσον ἐκεῖθεν μέλλοντες **ἀναλαμβάνειν** τὸν Παῦλον·
20:14 ὡς δὲ συνέβαλλεν ἡμῖν εἰς τὴν Ἆσσον, **ἀναλαβόντες** αὐτὸν ἤλθομεν εἰς Μιτυλήνην,
23:31 στρατιῶται κατὰ τὸ διατεταγμένον αὐτοῖς **ἀναλαβόντες** τὸν Παῦλον ἤγαγον διὰ νυκτὸς εἰς τὴν Ἀντιπατρίδα,
Eph 6:13 διὰ τοῦτο **ἀναλάβετε** τὴν πανοπλίαν τοῦ θεοῦ, ἵνα δυνηθῆτε ἀντιστῆναι ἐν τῇ ἡμέρᾳ τῇ πονηρᾷ
6:16 ἐν πᾶσιν **ἀναλαβόντες** τὸν θυρεὸν τῆς πίστεως, ἐν ᾧ δυνήσεσθε πάντα τὰ βέλη τοῦ πονηροῦ
1Ti 3:16 ἐκηρύχθη ἐν ἔθνεσιν, ἐπιστεύθη ἐν κόσμῳ, **ἀνελήμφθη** ἐν δόξῃ.
2Ti 4:11 Μᾶρκον **ἀναλαβὼν** ἄγε μετὰ σεαυτοῦ, ἔστιν γάρ μοι εὔχρηστος εἰς διακονίαν.

378 ἀνάλημψις [1]

√ 324 + 3284

Lk 9:51 Ἐγένετο δὲ ἐν τῷ συμπληροῦσθαι τὰς ἡμέρας τῆς **ἀναλήμψεως** αὐτοῦ καὶ αὐτὸς τὸ πρόσωπον ἐστήρισεν

379 ἀναλίσκω Not used in UBS/NIV

√ 324 + 274

380 ἀνάλλομαι Not used in UBS/NIV

√ 324 + 256

381 ἀναλογία [1]

√ 324 + 3306

Ro 12: 6 ἔχοντες δὲ χαρίσματα κατὰ τὴν χάριν τὴν δοθεῖσαν ἡμῖν διάφορα, εἴτε προφητείαν κατὰ τὴν **ἀναλογίαν** τῆς πίστεως,

382 ἀναλογίζομαι [1]

√ 324 + 3306

Heb 12: 3 **ἀναλογίσασθε** γὰρ τὸν τοιαύτην ὑπομεμενηκότα ὑπὸ τῶν ἁμαρτωλῶν εἰς ἑαυτὸν ἀντιλογίαν,

383 ἄναλος [1]

√ 1.1 + 229

Mk 9:50 ἐὰν δὲ τὸ ἅλας **ἄναλον** γένηται, ἐν τίνι αὐτὸ ἀρτύσετε;

384 ἀναλόω [2]

√ 324 + 274

Lk 9:54 θέλεις εἴπωμεν πῦρ καταβῆναι ἀπὸ τοῦ οὐρανοῦ καὶ **ἀναλῶσαι** αὐτούς;
Gal 5:15 εἰ δὲ ἀλλήλους δάκνετε καὶ κατεσθίετε, βλέπετε μὴ ὑπ' ἀλλήλων **ἀναλωθῆτε.**

385 ἀνάλυσις [1]

√ 324 + 3395

2Ti 4: 6 Ἐγὼ γὰρ ἤδη σπένδομαι, καὶ ὁ καιρὸς τῆς **ἀναλύσεώς** μου ἐφέστηκεν.

386 ἀναλύω [2]

√ 324 + 3395

Lk 12:36 καὶ ὑμεῖς ὅμοιοι ἀνθρώποις προσδεχομένοις τὸν κύριον ἑαυτῶν πότε **ἀναλύσῃ** ἐκ τῶν γάμων,
Php 1:23 τὴν ἐπιθυμίαν ἔχων εἰς τὸ **ἀναλῦσαι** καὶ σὺν Χριστῷ εἶναι,

387 ἀναμάρτητος [1]

√ 1.1 + 279

Jn 8: 7 ⟦Ὁ **ἀναμάρτητος** ὑμῶν πρῶτος ἐπ' αὐτὴν βαλέτω λίθον.⟧

388 ἀναμένω [1]

√ 324 + 3531

1Th 1:10 καὶ **ἀναμένειν** τὸν υἱὸν αὐτοῦ ἐκ τῶν οὐρανῶν,

389 ἀναμιμνῄσκω [6]

√ 324 + 3648

Mk 11:21 καὶ **ἀναμνησθεὶς** ὁ Πέτρος λέγει αὐτῷ, Ῥαββί, ἴδε ἡ συκῆ ἣν κατηράσω ἐξήρανται.
14:72 καὶ **ἀνεμνήσθη** ὁ Πέτρος τὸ ῥῆμα ὡς εἶπεν αὐτῷ ὁ Ἰησοῦς ὅτι Πρὶν ἀλέκτορα φωνῆσαι δὶς τρίς με ἀπαρνήσῃ·
1Co 4:17 ὃς ὑμᾶς **ἀναμνήσει** τὰς ὁδούς μου τὰς ἐν Χριστῷ [Ἰησοῦ,]
2Co 7:15 καὶ τὰ σπλάγχνα αὐτοῦ περισσοτέρως εἰς ὑμᾶς ἐστιν **ἀναμιμνῃσκομένου** τὴν πάντων ὑμῶν ὑπακοήν,
2Ti 1: 6 δι' ἣν αἰτίαν **ἀναμιμνῄσκω** σε ἀναζωπυρεῖν τὸ χάρισμα τοῦ θεοῦ,
Heb 10:32 **Ἀναμιμνῄσκεσθε** δὲ τὰς πρότερον ἡμέρας, ἐν αἷς φωτισθέντες πολλὴν ἄθλησιν ὑπεμείνατε παθημάτων,

390 ἀνάμνησις [4]

√ 324 + 3648

Lk 22:19 Τοῦτό ἐστιν τὸ σῶμά μου τὸ ὑπὲρ ὑμῶν διδόμενον· τοῦτο ποιεῖτε εἰς τὴν ἐμὴν **ἀνάμνησιν.**
1Co 11:24 Τοῦτό μού ἐστιν τὸ σῶμα τὸ ὑπὲρ ὑμῶν· τοῦτο ποιεῖτε εἰς τὴν ἐμὴν **ἀνάμνησιν.**
11:25 τοῦτο ποιεῖτε, ὁσάκις ἐὰν πίνητε, εἰς τὴν ἐμὴν **ἀνάμνησιν.**
Heb 10: 3 ἀλλ' ἐν αὐταῖς **ἀνάμνησις** ἁμαρτιῶν κατ' ἐνιαυτόν·

391 ἀνανεόομαι [1]

√ 324 + 3742

Eph 4:23 **ἀνανεοῦσθαι** δὲ τῷ πνεύματι τοῦ νοὸς ὑμῶν

392 ἀνανήφω [1]

√ 324 + 3768

2Ti 2:26 καὶ **ἀνανήψωσιν** ἐκ τῆς τοῦ διαβόλου παγίδος, ἐζωγρημένοι ὑπ' αὐτοῦ εἰς τὸ ἐκείνου θέλημα.

393 Ἀνανίας [11]

of Jerusalem [3] Ac 5:1,3,5
of Damascus [6] Ac 9:10,10,12,13,17; 22:12
high priest [2] Ac 23:2; 24:1

Ac 5: 1 Ἀνὴρ δέ τις **Ἀνανίας** ὀνόματι σὺν Σαπφίρῃ τῇ γυναικὶ αὐτοῦ ἐπώλησεν κτῆμα
5: 3 εἶπεν δὲ ὁ Πέτρος, **Ἀνανία,** διὰ τί ἐπλήρωσεν ὁ Σατανᾶς τὴν καρδίαν σου,
5: 5 ἀκούων δὲ ὁ **Ἀνανίας** τοὺς λόγους τούτους πεσὼν ἐξέψυξεν,
9:10 Ἦν δέ τις μαθητὴς ἐν Δαμασκῷ ὀνόματι **Ἀνανίας,** καὶ εἶπεν πρὸς αὐτὸν ἐν ὁράματι ὁ κύριος, **Ἀνανία.**
9:12 καὶ εἶδεν ἄνδρα [ἐν ὁράματι] **Ἀνανίαν** ὀνόματι εἰσελθόντα καὶ ἐπιθέντα αὐτῷ [τὰς] χεῖρας ὅπως ἀναβλέψῃ.
9:13 ἀπεκρίθη δὲ **Ἀνανίας,** Κύριε, ἤκουσα ἀπὸ πολλῶν περὶ τοῦ ἀνδρὸς τούτου ὅσα κακὰ τοῖς ἁγίοις σου ἐποίησεν
9:17 Ἀπῆλθεν δὲ **Ἀνανίας** καὶ εἰσῆλθεν εἰς τὴν οἰκίαν καὶ ἐπιθεὶς ἐπ' αὐτὸν τὰς χεῖρας εἶπεν,
22:12 **Ἀνανίας** δέ τις, ἀνὴρ εὐλαβὴς κατὰ τὸν νόμον,
23: 2 ὁ δὲ ἀρχιερεὺς **Ἀνανίας** ἐπέταξεν τοῖς παρεστῶσιν αὐτῷ τύπτειν αὐτοῦ τὸ στόμα.
24: 1 Μετὰ δὲ πέντε ἡμέρας κατέβη ὁ ἀρχιερεὺς **Ἀνανίας** μετὰ πρεσβυτέρων τινῶν καὶ ῥήτορος Τερτύλλου τινός,

394 ἀναντίρρητος [1]

√ 1.1 + 505 + 4839

Ac 19:36 **ἀναντιρρήτων** οὖν ὄντων τούτων δέον ἐστὶν ὑμᾶς κατεσταλμένους ὑπάρχειν καὶ μηδὲν προπετὲς πράσσειν.

395 ἀναντιρρήτως [1]

√ 1.1 + 505 + 4839

Ac 10:29 διὸ καὶ **ἀναντιρρήτως** ἦλθον μεταπεμφθείς. πυνθάνομαι οὖν τίνι λόγῳ μετεπέμψασθέ με;

396 ἀνάξιος [1]

√ 1.1 + 545

1Co 6: 2 καὶ εἰ ἐν ὑμῖν κρίνεται ὁ κόσμος, **ἀνάξιοί** ἐστε κριτηρίων ἐλαχίστων;

397 ἀναξίως [1]

√ 1.1 + 545

1Co 11:27 Ὥστε ὃς ἂν ἐσθίῃ τὸν ἄρτον ἢ πίνῃ τὸ ποτήριον τοῦ κυρίου **ἀναξίως,**

398 ἀνάπαυσις [5]

√ 324 + 4264

Mt 11:29 ὅτι πραΰς εἰμι καὶ ταπεινὸς τῇ καρδίᾳ, καὶ εὑρήσετε **ἀνάπαυσιν** ταῖς ψυχαῖς ὑμῶν·
12:43 διέρχεται δι' ἀνύδρων τόπων ζητοῦν **ἀνάπαυσιν** καὶ οὐχ εὑρίσκει.
Lk 11:24 διέρχεται δι' ἀνύδρων τόπων ζητοῦν **ἀνάπαυσιν** καὶ μὴ εὑρίσκον·
Rev 4: 8 καὶ **ἀνάπαυσιν** οὐκ ἔχουσιν ἡμέρας καὶ νυκτὸς λέγοντες,
14:11 καὶ οὐκ ἔχουσιν **ἀνάπαυσιν** ἡμέρας καὶ νυκτὸς οἱ προσκυνοῦντες τὸ θηρίον καὶ τὴν εἰκόνα αὐτοῦ

399 ἀναπαύω [12]

√ 324 + 4264

ἀναπαύομαι [9] Mt 26:45; Mk 6:31; 14:41; Lk 12:19; 2Co 7:13; Phm 1:7; 1Pe 4:14; Rev 6:11; 14:13

Mt 11:28 Δεῦτε πρός με πάντες οἱ κοπιῶντες καὶ πεφορτισμένοι, κἀγὼ **ἀναπαύσω** ὑμᾶς.
26:45 τότε ἔρχεται πρὸς τοὺς μαθητὰς καὶ λέγει αὐτοῖς, Καθεύδετε [τὸ] λοιπὸν καὶ **ἀναπαύεσθε·**
Mk 6:31 Δεῦτε ὑμεῖς αὐτοὶ κατ' ἰδίαν εἰς ἔρημον τόπον καὶ **ἀναπαύσασθε** ὀλίγον.
14:41 καὶ ἔρχεται τὸ τρίτον καὶ λέγει αὐτοῖς, Καθεύδετε τὸ λοιπὸν καὶ **ἀναπαύεσθε·** [UBS; NIV **ἀναπαύεσθε;**]
Lk 12:19 ἔχεις πολλὰ ἀγαθὰ κείμενα εἰς ἔτη πολλά· **ἀναπαύου,** φάγε, πίε, εὐφραίνου.
1Co 16:18 **ἀνέπαυσαν** γὰρ τὸ ἐμὸν πνεῦμα καὶ τὸ ὑμῶν.
2Co 7:13 ὅτι **ἀναπέπαυται** τὸ πνεῦμα αὐτοῦ ἀπὸ πάντων ὑμῶν·
Phm 1: 7 ὅτι τὰ σπλάγχνα τῶν ἁγίων **ἀναπέπαυται** διὰ σοῦ,

1:20 ἐγώ σου ὀναίμην ἐν κυρίῳ· **ἀνάπαυσόν** μου τὰ σπλάγχνα ἐν Χριστῷ.
1Pe 4:14 ὅτι τὸ τῆς δόξης καὶ τὸ τοῦ θεοῦ πνεῦμα ἐφ' ὑμᾶς **ἀναπαύεται.**
Rev 6:11 καὶ ἐδόθη αὐτοῖς ἑκάστῳ στολὴ λευκὴ καὶ ἐρρέθη αὐτοῖς ἵνα **ἀναπαύσονται** ἔτι χρόνον μικρόν,
14:13 λέγει τὸ πνεῦμα, ἵνα **ἀναπαήσονται** ἐκ τῶν κόπων αὐτῶν,

400 ἀναπείθω [1]

√ *324 + 4275*

Ac 18:13 λέγοντες ὅτι Παρὰ τὸν νόμον **ἀναπείθει** οὗτος τοὺς ἀνθρώπους σέβεσθαι τὸν θεόν.

401 ἀνάπειρος [2]

√ *324 + 4386*

Lk 14:13 ἀλλ' ὅταν δοχὴν ποιῇς, κάλει πτωχούς, **ἀναπείρους,** χωλούς, τυφλούς·
14:21 εἰς τὰς πλατείας καὶ ῥύμας τῆς πόλεως καὶ τοὺς πτωχοὺς καὶ **ἀναπείρους** καὶ τυφλοὺς καὶ χωλοὺς εἰσάγαγε ὧδε.

402 ἀναπέμπω [5]

√ *324 + 4287*

Lk 23: 7 καὶ ἐπιγνοὺς ὅτι ἐκ τῆς ἐξουσίας Ἡρῴδου ἐστὶν **ἀνέπεμψεν** αὐτὸν πρὸς Ἡρῴδην,
23:11 καὶ ἐμπαίξας περιβαλὼν ἐσθῆτα λαμπρὰν **ἀνέπεμψεν** αὐτὸν τῷ Πιλάτῳ.
23:15 ἀλλ' οὐδὲ Ἡρῴδης, **ἀνέπεμψεν** γὰρ αὐτὸν πρὸς ἡμᾶς,
Ac 25:21 ἐκέλευσα τηρεῖσθαι αὐτὸν ἕως οὗ **ἀναπέμψω** αὐτὸν πρὸς Καίσαρα.
Phm 1:12 ὃν **ἀνέπεμψά** σοι, αὐτόν, τοῦτ' ἔστιν τὰ ἐμὰ σπλάγχνα·

403 ἀναπηδάω [1]

→ *1659, 1737, 324*

Mk 10:50 ὁ δὲ ἀποβαλὼν τὸ ἱμάτιον αὐτοῦ **ἀναπηδήσας** ἦλθεν πρὸς τὸν Ἰησοῦν.

404 ἀναπίπτω [12]

√ *324 + 4406*

Mt 15:35 καὶ παραγγείλας τῷ ὄχλῳ **ἀναπεσεῖν** ἐπὶ τὴν γῆν
Mk 6:40 **ἀνέπεσαν** πρασιαὶ πρασιαὶ κατὰ ἑκατὸν καὶ κατὰ πεντήκοντα.
8: 6 καὶ παραγγέλλει τῷ ὄχλῳ **ἀναπεσεῖν** ἐπὶ τῆς γῆς·
Lk 11:37 Ἐν δὲ τῷ λαλῆσαι ἐρωτᾷ αὐτὸν Φαρισαῖος ὅπως ἀριστήσῃ παρ' αὐτῷ· εἰσελθὼν δὲ **ἀνέπεσεν.**
14:10 ἀλλ' ὅταν κληθῇς, πορευθεὶς **ἀνάπεσε** εἰς τὸν ἔσχατον τόπον,
17: 7 ὃς εἰσελθόντι ἐκ τοῦ ἀγροῦ ἐρεῖ αὐτῷ, Εὐθέως παρελθὼν **ἀνάπεσε,**
22:14 Καὶ ὅτε ἐγένετο ἡ ὥρα, **ἀνέπεσεν** καὶ οἱ ἀπόστολοι σὺν αὐτῷ.
Jn 6:10 εἶπεν ὁ Ἰησοῦς, Ποιήσατε τοὺς ἀνθρώπους **ἀναπεσεῖν.** ἦν δὲ χόρτος πολὺς ἐν τῷ τόπῳ. **ἀνέπεσαν** οὖν οἱ ἄνδρες
13:12 Ὅτε οὖν ἔνιψεν τοὺς πόδας αὐτῶν [καὶ] ἔλαβεν τὰ ἱμάτια αὐτοῦ καὶ **ἀνέπεσεν** πάλιν,
13:25 **ἀναπεσὼν** οὖν ἐκεῖνος οὕτως ἐπὶ τὸ στῆθος τοῦ Ἰησοῦ
21:20 ὃς καὶ **ἀνέπεσεν** ἐν τῷ δείπνῳ ἐπὶ τὸ στῆθος αὐτοῦ καὶ εἶπεν,

405 ἀναπληρόω [6]

√ *324 + 4444*

Mt 13:14 καὶ **ἀναπληροῦται** αὐτοῖς ἡ προφητεία Ἠσαΐου ἡ λέγουσα,
1Co 14:16 ὁ **ἀναπληρῶν** τὸν τόπον τοῦ ἰδιώτου πῶς ἐρεῖ τὸ Ἀμήν ἐπὶ τῇ σῇ εὐχαριστίᾳ;
16:17 χαίρω δὲ ἐπὶ τῇ παρουσίᾳ Στεφανᾶ καὶ Φορτουνάτου καὶ Ἀχαϊκοῦ, ὅτι τὸ ὑμέτερον ὑστέρημα οὗτοι **ἀνεπλήρωσαν·**
Gal 6: 2 Ἀλλήλων τὰ βάρη βαστάζετε καὶ οὕτως **ἀναπληρώσετε** τὸν νόμον τοῦ Χριστοῦ.
Php 2:30 ἵνα **ἀναπληρώσῃ** τὸ ὑμῶν ὑστέρημα τῆς πρός με λειτουργίας.
1Th 2:16 κωλυόντων ἡμᾶς τοῖς ἔθνεσιν λαλῆσαι ἵνα σωθῶσιν, εἰς τὸ **ἀναπληρῶσαι** αὐτῶν τὰς ἁμαρτίας πάντοτε.

406 ἀναπολόγητος [2]

√ *1.1 + 608 + 3306*

Ro 1:20 ἥ τε ἀΐδιος αὐτοῦ δύναμις καὶ θειότης, εἰς τὸ εἶναι αὐτοὺς **ἀναπολογήτους,**
2: 1 Διὸ **ἀναπολόγητος** εἶ, ὦ ἄνθρωπε πᾶς ὁ κρίνων·

407 ἀναπράσσω Not used in UBS/NIV

√ *324 + 4556*

408 ἀναπτύσσω [1]

√ *324 + 4771*

Lk 4:17 καὶ ἐπεδόθη αὐτῷ βιβλίον τοῦ προφήτου Ἠσαΐου καὶ **ἀναπτύξας** τὸ βιβλίον εὗρεν τὸν τόπον οὗ ἦν γεγραμμένον,

409 ἀνάπτω [2]

√ *324 + 721*

Lk 12:49 Πῦρ ἦλθον βαλεῖν ἐπὶ τὴν γῆν, καὶ τί θέλω εἰ ἤδη **ἀνήφθη.**
Jas 3: 5 οὕτως καὶ ἡ γλῶσσα μικρὸν μέλος ἐστὶν καὶ μεγάλα αὐχεῖ. Ἰδοὺ ἡλίκον πῦρ ἡλίκην ὕλην **ἀνάπτει·**

410 ἀναρίθμητος [1]

√ *1.1 + 750*

Heb 11:12 καθὼς τὰ ἄστρα τοῦ οὐρανοῦ τῷ πλήθει καὶ ὡς ἡ ἄμμος ἡ παρὰ τὸ χεῖλος τῆς θαλάσσης ἡ **ἀναρίθμητος.**

411 ἀνασείω [2]

√ *324 + 4940*

Mk 15:11 οἱ δὲ ἀρχιερεῖς **ἀνέσεισαν** τὸν ὄχλον ἵνα μᾶλλον τὸν Βαραββᾶν ἀπολύσῃ αὐτοῖς.
Lk 23: 5 οἱ δὲ ἐπίσχυον λέγοντες ὅτι **Ἀνασείει** τὸν λαὸν διδάσκων καθ' ὅλης τῆς Ἰουδαίας,

412 ἀνασκευάζω [1]

√ *324 + 5007*

Ac 15:24 Ἐπειδὴ ἠκούσαμεν ὅτι τινὲς ἐξ ἡμῶν [ἐξελθόντες] ἐτάραξαν ὑμᾶς λόγοις **ἀνασκευάζοντες** τὰς ψυχὰς ὑμῶν

413 ἀνασπάω [2]

√ *324 + 5060*

Lk 14: 5 καὶ οὐκ εὐθέως **ἀνασπάσει** αὐτὸν ἐν ἡμέρᾳ τοῦ σαββάτου;
Ac 11:10 τοῦτο δὲ ἐγένετο ἐπὶ τρίς, καὶ **ἀνεσπάσθη** πάλιν ἅπαντα εἰς τὸν οὐρανόν.

414 ἀνάστασις [42]

√ *324 + 2705*

ἀνάστασις [ἐκ] νεκροῦ [15] Mt 22:31; Lk 20:35; Ac 4:2; 17:32; 23:6; 24:21; 26:23; Ro 1:4; 1Co 15:12,13,21,42; Heb 6:2; 11:35; 1Pe 1:3

ἀνάστασις Χριστοῦ [3] Ac 2:31; 1Pe 1:3; 3:21

ἐν τῇ ἀναστάσει [7] Mt 22:28,30; Mk 12:23; Lk 14:14; 20:33; Jn 11:24; Rev 20:6

υἱοὶ ἀναστάσεως [1] Lk 20:36

Mt 22:23 Ἐν ἐκείνῃ τῇ ἡμέρᾳ προσῆλθον αὐτῷ Σαδδουκαῖοι, λέγοντες μὴ εἶναι **ἀνάστασιν,** καὶ ἐπηρώτησαν αὐτὸν
22:28 ἐν τῇ **ἀναστάσει** οὖν τίνος τῶν ἑπτὰ ἔσται γυνή;
22:30 ἐν γὰρ τῇ **ἀναστάσει** οὔτε γαμοῦσιν οὔτε γαμίζονται,
22:31 περὶ δὲ τῆς **ἀναστάσεως** τῶν νεκρῶν οὐκ ἀνέγνωτε τὸ ῥηθὲν ὑμῖν ὑπὸ τοῦ θεοῦ λέγοντος,
Mk 12:18 Καὶ ἔρχονται Σαδδουκαῖοι πρὸς αὐτόν, οἵτινες λέγουσιν **ἀνάστασιν** μὴ εἶναι, καὶ ἐπηρώτων αὐτὸν λέγοντες,
12:23 ἐν τῇ **ἀναστάσει** [ὅταν ἀναστῶσιν] τίνος αὐτῶν ἔσται γυνή;
Lk 2:34 Ἰδοὺ οὗτος κεῖται εἰς πτῶσιν καὶ **ἀνάστασιν** πολλῶν ἐν τῷ Ἰσραὴλ καὶ εἰς σημεῖον ἀντιλεγόμενον
14:14 ἀνταποδοθήσεται γάρ σοι ἐν τῇ **ἀναστάσει** τῶν δικαίων.

20:27 Προσελθόντες δέ τινες τῶν Σαδδουκαίων, οἱ [ἀντι]λέγοντες **ἀνάστασιν** μὴ εἶναι, ἐπηρώτησαν αὐτὸν
20:33 ἡ γυνὴ οὖν ἐν τῇ **ἀναστάσει** τίνος αὐτῶν γίνεται γυνή;
20:35 οἱ δὲ καταξιωθέντες τοῦ αἰῶνος ἐκείνου τυχεῖν καὶ τῆς **ἀναστάσεως** τῆς ἐκ νεκρῶν οὔτε γαμοῦσιν οὔτε γαμίζονται·
20:36 ἰσάγγελοι γάρ εἰσιν καὶ υἱοί εἰσιν θεοῦ τῆς **ἀναστάσεως** υἱοὶ ὄντες.
Jn 5:29 καὶ ἐκπορεύσονται οἱ τὰ ἀγαθὰ ποιήσαντες εἰς **ἀνάστασιν** ζωῆς, οἱ δὲ τὰ φαῦλα πράξαντες εἰς **ἀνάστασιν** κρίσεως.
11:24 Οἶδα ὅτι ἀναστήσεται ἐν τῇ **ἀναστάσει** ἐν τῇ ἐσχάτῃ ἡμέρᾳ.
11:25 εἶπεν αὐτῇ ὁ Ἰησοῦς, Ἐγώ εἰμι ἡ **ἀνάστασις** καὶ ἡ ζωή·
Ac 1:22 μάρτυρα τῆς **ἀναστάσεως** αὐτοῦ σὺν ἡμῖν γενέσθαι ἕνα τούτων.
2:31 προϊδὼν ἐλάλησεν περὶ τῆς **ἀναστάσεως** τοῦ Χριστοῦ ὅτι οὔτε ἐγκατελείφθη εἰς ᾅδην οὔτε ἡ σὰρξ αὐτοῦ
4: 2 διαπονούμενοι διὰ τὸ διδάσκειν αὐτοὺς τὸν λαὸν καὶ καταγγέλλειν ἐν τῷ Ἰησοῦ τὴν **ἀνάστασιν** τὴν ἐκ νεκρῶν,
4:33 καὶ δυνάμει μεγάλῃ ἀπεδίδουν τὸ μαρτύριον οἱ ἀπόστολοι τῆς **ἀναστάσεως** τοῦ κυρίου Ἰησοῦ,
17:18 Ξένων δαιμονίων δοκεῖ καταγγελεὺς εἶναι, ὅτι τὸν Ἰησοῦν καὶ τὴν **ἀνάστασιν** εὐηγγελίζετο.
17:32 Ἀκούσαντες δὲ **ἀνάστασιν** νεκρῶν οἱ μὲν ἐχλεύαζον,
23: 6 υἱὸς Φαρισαίων, περὶ ἐλπίδος καὶ **ἀναστάσεως** νεκρῶν [ἐγὼ] κρίνομαι.
23: 8 Σαδδουκαῖοι μὲν γὰρ λέγουσιν μὴ εἶναι **ἀνάστασιν** μήτε ἄγγελον μήτε πνεῦμα,
24:15 ἐλπίδα ἔχων εἰς τὸν θεὸν ἣν καὶ αὐτοὶ οὗτοι προσδέχονται, **ἀνάστασιν** μέλλειν ἔσεσθαι δικαίων τε καὶ ἀδίκων.
24:21 ἢ περὶ μιᾶς ταύτης φωνῆς ἧς ἐκέκραξα ἐν αὐτοῖς ἑστὼς ὅτι Περὶ **ἀναστάσεως** νεκρῶν ἐγὼ κρίνομαι σήμερον ἐφ' ὑμῶν.
26:23 εἰ πρῶτος ἐξ **ἀναστάσεως** νεκρῶν φῶς μέλλει καταγγέλλειν τῷ τε λαῷ καὶ τοῖς ἔθνεσιν.
Ro 1: 4 τοῦ ὁρισθέντος υἱοῦ θεοῦ ἐν δυνάμει κατὰ πνεῦμα ἁγιωσύνης ἐξ **ἀναστάσεως** νεκρῶν,
6: 5 εἰ γὰρ σύμφυτοι γεγόναμεν τῷ ὁμοιώματι τοῦ θανάτου αὐτοῦ, ἀλλὰ καὶ τῆς **ἀναστάσεως** ἐσόμεθα·
1Co 15:12 πῶς λέγουσιν ἐν ὑμῖν τινες ὅτι **ἀνάστασις** νεκρῶν οὐκ ἔστιν;
15:13 εἰ δὲ **ἀνάστασις** νεκρῶν οὐκ ἔστιν, οὐδὲ Χριστὸς ἐγήγερται·
15:21 ἐπειδὴ γὰρ δι' ἀνθρώπου θάνατος, καὶ δι' ἀνθρώπου **ἀνάστασις** νεκρῶν.
15:42 Οὕτως καὶ ἡ **ἀνάστασις** τῶν νεκρῶν. σπείρεται ἐν φθορᾷ,
Php 3:10 τοῦ γνῶναι αὐτὸν καὶ τὴν δύναμιν τῆς **ἀναστάσεως** αὐτοῦ καὶ [τὴν] κοινωνίαν [τῶν] παθημάτων αὐτοῦ,
2Ti 2:18 λέγοντες [τὴν] **ἀνάστασιν** ἤδη γεγονέναι, καὶ ἀνατρέπουσιν τήν τινων πίστιν.
Heb 6: 2 βαπτισμῶν διδαχῆς ἐπιθέσεώς τε χειρῶν, **ἀναστάσεώς** τε νεκρῶν καὶ κρίματος αἰωνίου.
11:35 ἔλαβον γυναῖκες ἐξ **ἀναστάσεως** τοὺς νεκροὺς αὐτῶν· ἄλλοι δὲ ἐτυμπανίσθησαν οὐ προσδεξάμενοι τὴν ἀπολύτρωσιν, ἵνα κρείττονος **ἀναστάσεως** τύχωσιν·
1Pe 1: 3 ὁ κατὰ τὸ πολὺ αὐτοῦ ἔλεος ἀναγεννήσας ἡμᾶς εἰς ἐλπίδα ζῶσαν δι' **ἀναστάσεως** Ἰησοῦ Χριστοῦ ἐκ νεκρῶν,
3:21 οὐ σαρκὸς ἀπόθεσις ῥύπου ἀλλὰ συνειδήσεως ἀγαθῆς ἐπερώτημα εἰς θεόν, δι' **ἀναστάσεως** Ἰησοῦ Χριστοῦ,
Rev 20: 5 οἱ λοιποὶ τῶν νεκρῶν οὐκ ἔζησαν ἄχρι τελεσθῇ τὰ χίλια ἔτη. αὕτη ἡ **ἀνάστασις** ἡ πρώτη.
20: 6 μακάριος καὶ ἅγιος ὁ ἔχων μέρος ἐν τῇ **ἀναστάσει** τῇ πρώτῃ·

415 ἀναστατόω [3]

√ 324 + 2705

Ac 17: 6 βοῶντες ὅτι Οἱ τὴν οἰκουμένην **ἀναστατώσαντες** οὗτοι καὶ ἐνθάδε πάρεισιν,
21:38 οὐκ ἄρα σὺ εἶ ὁ Αἰγύπτιος ὁ πρὸ τούτων τῶν ἡμερῶν **ἀναστατώσας** καὶ ἐξαγαγὼν εἰς τὴν ἔρημον
Gal 5:12 ὄφελον καὶ ἀποκόψονται οἱ **ἀναστατοῦντες** ὑμᾶς.

416 ἀνασταυρόω [1]

√ 324 + 5089

Heb 6: 6 **ἀνασταυροῦντας** ἑαυτοῖς τὸν υἱὸν τοῦ θεοῦ καὶ παραδειγματίζοντας.

417 ἀναστενάζω [1]

√ 324 + 5101

Mk 8:12 καὶ **ἀναστενάξας** τῷ πνεύματι αὐτοῦ λέγει, Τί ἡ γενεὰ αὕτη ζητεῖ σημεῖον;

418 ἀναστρέφω [9]

√ 324 + 5138

Ac 5:22 οἱ δὲ παραγενόμενοι ὑπηρέται οὐχ εὗρον αὐτοὺς ἐν τῇ φυλακῇ· **ἀναστρέψαντες** δὲ ἀπήγγειλαν
15:16 Μετὰ ταῦτα **ἀναστρέψω** καὶ ἀνοικοδομήσω τὴν σκηνὴν Δαυὶδ τὴν πεπτωκυῖαν καὶ τὰ κατεσκαμμένα αὐτῆς ἀνοικοδομήσω
2Co 1:12 **ἀνεστράφημεν** ἐν τῷ κόσμῳ, περισσοτέρως δὲ πρὸς ὑμᾶς.
Eph 2: 3 ἐν οἷς καὶ ἡμεῖς πάντες **ἀνεστράφημέν** ποτε ἐν ταῖς ἐπιθυμίαις τῆς σαρκὸς ἡμῶν ποιοῦντες τὰ θελήματα
1Ti 3:15 ἵνα εἰδῇς πῶς δεῖ ἐν οἴκῳ θεοῦ **ἀναστρέφεσθαι,**
Heb 10:33 τοῦτο μὲν ὀνειδισμοῖς τε καὶ θλίψεσιν θεατριζόμενοι, τοῦτο δὲ κοινωνοὶ τῶν οὕτως **ἀναστρεφομένων** γενηθέντες.
13:18 πειθόμεθα γὰρ ὅτι καλὴν συνείδησιν ἔχομεν, ἐν πᾶσιν καλῶς θέλοντες **ἀναστρέφεσθαι.**
1Pe 1:17 ἐν φόβῳ τὸν τῆς παροικίας ὑμῶν χρόνον **ἀναστράφητε,**
2Pe 2:18 δελεάζουσιν ἐν ἐπιθυμίαις σαρκὸς ἀσελγείαις τοὺς ὀλίγως ἀποφεύγοντας τοὺς ἐν πλάνῃ **ἀναστρεφομένους,**

419 ἀναστροφή [13]

√ 324 + 5138

Gal 1:13 Ἠκούσατε γὰρ τὴν ἐμὴν **ἀναστροφήν** ποτε ἐν τῷ Ἰουδαϊσμῷ,
Eph 4:22 ἀποθέσθαι ὑμᾶς κατὰ τὴν προτέραν **ἀναστροφὴν** τὸν παλαιὸν ἄνθρωπον τὸν φθειρόμενον κατὰ τὰς ἐπιθυμίας τῆς ἀπάτης,
1Ti 4:12 ἐν **ἀναστροφῇ,** ἐν ἀγάπῃ, ἐν πίστει, ἐν ἁγνείᾳ.
Heb 13: 7 ὧν ἀναθεωροῦντες τὴν ἔκβασιν τῆς **ἀναστροφῆς** μιμεῖσθε τὴν πίστιν.
Jas 3:13 δειξάτω ἐκ τῆς καλῆς **ἀναστροφῆς** τὰ ἔργα αὐτοῦ ἐν πραΰτητι σοφίας.
1Pe 1:15 ἀλλὰ κατὰ τὸν καλέσαντα ὑμᾶς ἅγιον καὶ αὐτοὶ ἅγιοι ἐν πάσῃ **ἀναστροφῇ** γενήθητε,
1:18 ἀργυρίῳ ἢ χρυσίῳ, ἐλυτρώθητε ἐκ τῆς ματαίας ὑμῶν **ἀναστροφῆς** πατροπαραδότου
2:12 τὴν **ἀναστροφὴν** ὑμῶν ἐν τοῖς ἔθνεσιν ἔχοντες καλήν,
3: 1 διὰ τῆς τῶν γυναικῶν **ἀναστροφῆς** ἄνευ λόγου κερδηθήσονται,
3: 2 ἐποπτεύσαντες τὴν ἐν φόβῳ ἁγνὴν **ἀναστροφὴν** ὑμῶν.
3:16 ἵνα ἐν ᾧ καταλαλεῖσθε καταισχυνθῶσιν οἱ ἐπηρεάζοντες ὑμῶν τὴν ἀγαθὴν ἐν Χριστῷ **ἀναστροφήν.**
2Pe 2: 7 καὶ δίκαιον Λὼτ καταπονούμενον ὑπὸ τῆς τῶν ἀθέσμων ἐν ἀσελγείᾳ **ἀναστροφῆς** ἐρρύσατο·
3:11 τούτων οὕτως πάντων λυομένων ποταποὺς δεῖ ὑπάρχειν [ὑμᾶς] ἐν ἁγίαις **ἀναστροφαῖς** καὶ εὐσεβείαις,

420 ἀνασῴζω Not used in UBS/NIV

√ 324 + 5392

421 ἀνατάσσομαι [1]

√ 324 + 5435

Lk 1: 1 Ἐπειδήπερ πολλοὶ ἐπεχείρησαν **ἀνατάξασθαι** διήγησιν περὶ τῶν πεπληροφορημένων ἐν ἡμῖν πραγμάτων,

422 ἀνατέλλω [9]

√ 424

transitive [1] Mt 5:45

Mt 4:16 καὶ τοῖς καθημένοις ἐν χώρᾳ καὶ σκιᾷ θανάτου φῶς **ἀνέτειλεν** αὐτοῖς.
5:45 ὅτι τὸν ἥλιον αὐτοῦ **ἀνατέλλει** ἐπὶ πονηροὺς καὶ ἀγαθοὺς καὶ βρέχει ἐπὶ δικαίους καὶ ἀδίκους.
13: 6 ἡλίου δὲ **ἀνατείλαντος** ἐκαυματίσθη καὶ διὰ τὸ μὴ ἔχειν ῥίζαν ἐξηράνθη.
Mk 4: 6 καὶ ὅτε **ἀνέτειλεν** ὁ ἥλιος ἐκαυματίσθη καὶ διὰ τὸ μὴ ἔχειν ῥίζαν ἐξηράνθη.
16: 2 καὶ λίαν πρωῒ τῇ μιᾷ τῶν σαββάτων ἔρχονται ἐπὶ τὸ μνημεῖον **ἀνατείλαντος** τοῦ ἡλίου.

Lk 12:54 Ὅταν ἴδητε [τὴν] νεφέλην **ἀνατέλλουσαν** ἐπὶ δυσμῶν, εὐθέως λέγετε ὅτι Ὄμβρος ἔρχεται,
Heb 7:14 πρόδηλον γὰρ ὅτι ἐξ Ἰούδα **ἀνατέταλκεν** ὁ κύριος ἡμῶν,
Jas 1:11 **ἀνέτειλεν** γὰρ ὁ ἥλιος σὺν τῷ καύσωνι καὶ ἐξήρανεν τὸν χόρτον καὶ τὸ ἄνθος αὐτοῦ ἐξέπεσεν
2Pe 1:19 ἕως οὗ ἡμέρα διαυγάσῃ καὶ φωσφόρος **ἀνατείλῃ** ἐν ταῖς καρδίαις ὑμῶν,

423 ἀνατίθημι [2]

√ *324 + 5502*

Ac 25:14 ὁ Φῆστος τῷ βασιλεῖ **ἀνέθετο** τὰ κατὰ τὸν Παῦλον λέγων,
Gal 2: 2 καὶ **ἀνεθέμην** αὐτοῖς τὸ εὐαγγέλιον ὃ κηρύσσω ἐν τοῖς ἔθνεσιν,

424 ἀνατολή [11 / 10]

→ *422, 425, 1984, 324*

ἀπὸ ἀνατολή [7] Mt 2:1; 8:11; 24:27; Lk 13:29; Rev 7:2; 16:12; 21:13

Mt 2: 1 ἐν ἡμέραις Ἡρῴδου τοῦ βασιλέως, ἰδοὺ μάγοι ἀπὸ **ἀνατολῶν** παρεγένοντο εἰς Ἱεροσόλυμα
2: 2 εἴδομεν γὰρ αὐτοῦ τὸν ἀστέρα ἐν τῇ **ἀνατολῇ** καὶ ἤλθομεν προσκυνῆσαι αὐτῷ.
2: 9 ὃν εἶδον ἐν τῇ **ἀνατολῇ,** προῆγεν αὐτούς, ἕως ἐλθὼν ἐστάθη ἐπάνω οὗ ἦν τὸ παιδίον.
8:11 λέγω δὲ ὑμῖν ὅτι πολλοὶ ἀπὸ **ἀνατολῶν** καὶ δυσμῶν ἥξουσιν καὶ ἀνακλιθήσονται μετὰ Ἀβραὰμ καὶ Ἰσαὰκ καὶ Ἰακὼβ
24:27 ὥσπερ γὰρ ἡ ἀστραπὴ ἐξέρχεται ἀπὸ **ἀνατολῶν** καὶ φαίνεται ἕως δυσμῶν,
Mk 16: S ⟦Ἰησοῦς ἀπὸ **ἀνατολῆς**[NIV-] καὶ ἄχρι δύσεως ἐξαπέστειλεν δι' αὐτῶν τὸ ἱερὸν καὶ ἄφθαρτον κήρυγμα τῆς αἰωνίου σωτηρίας.⟧
Lk 1:78 διὰ σπλάγχνα ἐλέους θεοῦ ἡμῶν, ἐν οἷς ἐπισκέψεται ἡμᾶς **ἀνατολὴ** ἐξ ὕψους,
13:29 καὶ ἥξουσιν ἀπὸ **ἀνατολῶν** καὶ δυσμῶν καὶ ἀπὸ βορρᾶ καὶ νότου καὶ ἀνακλιθήσονται ἐν τῇ βασιλείᾳ τοῦ θεοῦ.
Rev 7: 2 καὶ εἶδον ἄλλον ἄγγελον ἀναβαίνοντα ἀπὸ **ἀνατολῆς** ἡλίου ἔχοντα σφραγῖδα θεοῦ ζῶντος,
16:12 ἵνα ἑτοιμασθῇ ἡ ὁδὸς τῶν βασιλέων τῶν ἀπὸ **ἀνατολῆς** ἡλίου.
21:13 ἀπὸ **ἀνατολῆς** πυλῶνες τρεῖς καὶ ἀπὸ βορρᾶ πυλῶνες τρεῖς καὶ ἀπὸ νότου πυλῶνες τρεῖς καὶ ἀπὸ δυσμῶν πυλῶνες τρεῖς.

425 ἀνατολικός Not used in UBS/NIV

√ *424*

426 ἀνατρέπω [3]

√ *324 + 5572*

Jn 2:15 καὶ τῶν κολλυβιστῶν ἐξέχεεν τὸ κέρμα καὶ τὰς τραπέζας **ἀνέτρεψεν,**
2Ti 2:18 λέγοντες [τὴν] ἀνάστασιν ἤδη γεγονέναι, καὶ **ἀνατρέπουσιν** τήν τινων πίστιν.
Tit 1:11 οἵτινες ὅλους οἴκους **ἀνατρέπουσιν** διδάσκοντες ἃ μὴ δεῖ αἰσχροῦ κέρδους χάριν.

427 ἀνατρέφω [3]

√ *324 + 5555*

Ac 7:20 ὃς **ἀνετράφη** μῆνας τρεῖς ἐν τῷ οἴκῳ τοῦ πατρός,
7:21 ἐκτεθέντος δὲ αὐτοῦ ἀνείλατο αὐτὸν ἡ θυγάτηρ Φαραὼ καὶ **ἀνεθρέψατο** αὐτὸν ἑαυτῇ εἰς υἱόν.
22: 3 γεγεννημένος ἐν Ταρσῷ τῆς Κιλικίας, **ἀνατεθραμμένος** δὲ ἐν τῇ πόλει ταύτῃ,

428 ἀναφαίνω [2]

√ *324 + 5743*

Lk 19:11 διὰ τὸ ἐγγὺς εἶναι Ἰερουσαλὴμ αὐτὸν καὶ δοκεῖν αὐτοὺς ὅτι παραχρῆμα μέλλει ἡ βασιλεία τοῦ θεοῦ **ἀναφαίνεσθαι.**
Ac 21: 3 **ἀναφάναντες** δὲ τὴν Κύπρον καὶ καταλιπόντες αὐτὴν εὐώνυμον ἐπλέομεν εἰς Συρίαν καὶ κατήλθομεν εἰς Τύρον·

429 ἀναφέρω [10]

√ *324 + 5770*

Mt 17: 1 ὁ Ἰησοῦς τὸν Πέτρον καὶ Ἰάκωβον καὶ Ἰωάννην τὸν ἀδελφὸν αὐτοῦ καὶ **ἀναφέρει** αὐτοὺς εἰς ὄρος ὑψηλὸν κατ' ἰδίαν.
Mk 9: 2 ὁ Ἰησοῦς τὸν Πέτρον καὶ τὸν Ἰάκωβον καὶ τὸν Ἰωάννην καὶ **ἀναφέρει** αὐτοὺς εἰς ὄρος ὑψηλὸν κατ' ἰδίαν μόνους.
Lk 24:51 καὶ ἐγένετο ἐν τῷ εὐλογεῖν αὐτὸν αὐτοὺς διέστη ἀπ' αὐτῶν καὶ **ἀνεφέρετο** εἰς τὸν οὐρανόν.
Heb 7:27 πρότερον ὑπὲρ τῶν ἰδίων ἁμαρτιῶν θυσίας **ἀναφέρειν** ἔπειτα τῶν τοῦ λαοῦ· τοῦτο γὰρ ἐποίησεν ἐφάπαξ ἑαυτὸν **ἀνενέγκας.**
9:28 οὕτως καὶ ὁ Χριστὸς ἅπαξ προσενεχθεὶς εἰς τὸ πολλῶν **ἀνενεγκεῖν** ἁμαρτίας,
13:15 δι' αὐτοῦ [οὖν] **ἀναφέρωμεν** θυσίαν αἰνέσεως διὰ παντὸς τῷ θεῷ,
Jas 2:21 Ἀβραὰμ ὁ πατὴρ ἡμῶν οὐκ ἐξ ἔργων ἐδικαιώθη **ἀνενέγκας** Ἰσαὰκ τὸν υἱὸν αὐτοῦ ἐπὶ τὸ θυσιαστήριον;
1Pe 2: 5 καὶ αὐτοὶ ὡς λίθοι ζῶντες οἰκοδομεῖσθε οἶκος πνευματικὸς εἰς ἱεράτευμα ἅγιον **ἀνενέγκαι** πνευματικὰς θυσίας
2:24 ὃς τὰς ἁμαρτίας ἡμῶν αὐτὸς **ἀνήνεγκεν** ἐν τῷ σώματι αὐτοῦ ἐπὶ τὸ ξύλον,

430 ἀναφωνέω [1]

√ *324 + 5889*

Lk 1:42 καὶ **ἀνεφώνησεν** κραυγῇ μεγάλῃ καὶ εἶπεν, Εὐλογημένη σὺ ἐν γυναιξὶν καὶ εὐλογημένος ὁ καρπὸς τῆς κοιλίας σου.

431 ἀνάχυσις [1]

√ *1772; cf. 324*

1Pe 4: 4 ἐν ᾧ ξενίζονται μὴ συντρεχόντων ὑμῶν εἰς τὴν αὐτὴν τῆς ἀσωτίας **ἀνάχυσιν** βλασφημοῦντες,

432 ἀναχωρέω [14]

√ *324 + 6003*

Mt 2:12 δι' ἄλλης ὁδοῦ **ἀνεχώρησαν** εἰς τὴν χώραν αὐτῶν.
2:13 **Ἀναχωρησάντων** δὲ αὐτῶν ἰδοὺ ἄγγελος κυρίου φαίνεται κατ' ὄναρ τῷ Ἰωσὴφ λέγων,
2:14 ὁ δὲ ἐγερθεὶς παρέλαβεν τὸ παιδίον καὶ τὴν μητέρα αὐτοῦ νυκτὸς καὶ **ἀνεχώρησεν** εἰς Αἴγυπτον,
2:22 χρηματισθεὶς δὲ κατ' ὄναρ **ἀνεχώρησεν** εἰς τὰ μέρη τῆς Γαλιλαίας,
4:12 Ἀκούσας δὲ ὅτι Ἰωάννης παρεδόθη **ἀνεχώρησεν** εἰς τὴν Γαλιλαίαν.
9:24 **Ἀναχωρεῖτε,** οὐ γὰρ ἀπέθανεν τὸ κοράσιον ἀλλὰ καθεύδει.
12:15 Ὁ δὲ Ἰησοῦς γνοὺς **ἀνεχώρησεν** ἐκεῖθεν. καὶ ἠκολούθησαν αὐτῷ [ὄχλοι] πολλοί,
14:13 Ἀκούσας δὲ ὁ Ἰησοῦς **ἀνεχώρησεν** ἐκεῖθεν ἐν πλοίῳ εἰς ἔρημον τόπον κατ' ἰδίαν·
15:21 Καὶ ἐξελθὼν ἐκεῖθεν ὁ Ἰησοῦς **ἀνεχώρησεν** εἰς τὰ μέρη Τύρου καὶ Σιδῶνος.
27: 5 καὶ ῥίψας τὰ ἀργύρια εἰς τὸν ναὸν **ἀνεχώρησεν,**
Mk 3: 7 Καὶ ὁ Ἰησοῦς μετὰ τῶν μαθητῶν αὐτοῦ **ἀνεχώρησεν** πρὸς τὴν θάλασσαν,
Jn 6:15 μέλλουσιν ἔρχεσθαι καὶ ἁρπάζειν αὐτὸν ἵνα ποιήσωσιν βασιλέα, **ἀνεχώρησεν** πάλιν εἰς τὸ ὄρος αὐτὸς μόνος.
Ac 23:19 ἐπιλαβόμενος δὲ τῆς χειρὸς αὐτοῦ ὁ χιλίαρχος καὶ **ἀναχωρήσας** κατ' ἰδίαν ἐπυνθάνετο,
26:31 καὶ **ἀναχωρήσαντες** ἐλάλουν πρὸς ἀλλήλους λέγοντες ὅτι Οὐδὲν θανάτου ἢ δεσμῶν ἄξιον [τι] πράσσει ὁ ἄνθρωπος

433 ἀνάψυξις [1]

√ *324 + 6038*

Ac 3:20 ὅπως ἂν ἔλθωσιν καιροὶ **ἀναψύξεως** ἀπὸ προσώπου τοῦ κυρίου καὶ ἀποστείλῃ τὸν προκεχειρισμένον ὑμῖν Χριστὸν

434 ἀναψύχω [1]

√ *324 + 6038*

2Ti 1:16 ὅτι πολλάκις με **ἀνέψυξεν** καὶ τὴν ἅλυσίν μου οὐκ ἐπαισχύνθη,

435 ἀνδραποδιστής [1]

√ 467 + 4546

1Ti 1:10 πόρνοις ἀρσενοκοίταις **ἀνδραποδισταῖς** ψεύσταις ἐπιόρκοις, καὶ εἴ τι ἕτερον τῇ ὑγιαινούσῃ διδασκαλίᾳ ἀντίκειται

436 Ἀνδρέας [13]

√ 467

Mt 4:18 Σίμωνα τὸν λεγόμενον Πέτρον καὶ **Ἀνδρέαν** τὸν ἀδελφὸν αὐτοῦ,
10: 2 πρῶτος Σίμων ὁ λεγόμενος Πέτρος καὶ **Ἀνδρέας** ὁ ἀδελφὸς αὐτοῦ,
Mk 1:16 εἶδεν Σίμωνα καὶ **Ἀνδρέαν** τὸν ἀδελφὸν Σίμωνος ἀμφιβάλλοντας ἐν τῇ θαλάσσῃ·
1:29 Καὶ εὐθὺς ἐκ τῆς συναγωγῆς ἐξελθόντες ἦλθον εἰς τὴν οἰκίαν Σίμωνος καὶ **Ἀνδρέου** μετὰ Ἰακώβου καὶ Ἰωάννου.
3:18 καὶ **Ἀνδρέαν** καὶ **Φίλιππον** καὶ Βαρθολομαῖον καὶ Μαθθαῖον
13: 3 εἰς τὸ Ὄρος τῶν Ἐλαιῶν κατέναντι τοῦ ἱεροῦ ἐπηρώτα αὐτὸν κατ' ἰδίαν Πέτρος καὶ Ἰάκωβος καὶ Ἰωάννης καὶ **Ἀνδρέας,**
Lk 6:14 Σίμωνα ὃν καὶ ὠνόμασεν Πέτρον, καὶ **Ἀνδρέαν** τὸν ἀδελφὸν αὐτοῦ,
Jn 1:40 Ἦν **Ἀνδρέας** ὁ ἀδελφὸς Σίμωνος Πέτρου εἷς ἐκ τῶν δύο τῶν ἀκουσάντων παρὰ Ἰωάννου καὶ ἀκολουθησάντων αὐτῷ·
1:44 **Φίλιππος** ἀπὸ Βηθσαϊδά, ἐκ τῆς πόλεως **Ἀνδρέου** καὶ Πέτρου.
6: 8 λέγει αὐτῷ εἷς ἐκ τῶν μαθητῶν αὐτοῦ, **Ἀνδρέας** ὁ ἀδελφὸς Σίμωνος Πέτρου,
12:22 ἔρχεται ὁ **Φίλιππος** καὶ λέγει τῷ **Ἀνδρέᾳ,** ἔρχεται **Ἀνδρέας** καὶ **Φίλιππος** καὶ λέγουσιν τῷ Ἰησοῦ.
Ac 1:13 ὅ τε Πέτρος καὶ Ἰωάννης καὶ Ἰάκωβος καὶ **Ἀνδρέας,**

437 ἀνδρίζομαι [1]

√ 467

1Co 16:13 Γρηγορεῖτε, στήκετε ἐν τῇ πίστει, **ἀνδρίζεσθε,** κραταιοῦσθε.

438 Ἀνδρόνικος [1]

√ 467 + 3772

Ro 16: 7 ἀσπάσασθε **Ἀνδρόνικον** καὶ Ἰουνιᾶν τοὺς συγγενεῖς μου καὶ συναιχμαλώτους μου,

439 ἀνδροφόνος [1]

√ 467 + 5840

1Ti 1: 9 ἀσεβέσι καὶ ἁμαρτωλοῖς, ἀνοσίοις καὶ βεβήλοις, πατρολῴαις καὶ μητρολῴαις, **ἀνδροφόνοις**

440 ἀνεγκλησία Not used in UBS/NIV

√ 1.1 + 1877 + 2813

441 ἀνέγκλητος [5]

√ 1.1 + 1877 + 2813

1Co 1: 8 ὃς καὶ βεβαιώσει ὑμᾶς ἕως τέλους **ἀνεγκλήτους** ἐν τῇ ἡμέρᾳ τοῦ κυρίου ἡμῶν Ἰησοῦ [Χριστοῦ.]
Col 1:22 διὰ τοῦ θανάτου παραστῆσαι ὑμᾶς ἁγίους καὶ ἀμώμους καὶ **ἀνεγκλήτους** κατενώπιον αὐτοῦ,
1Ti 3:10 καὶ οὗτοι δὲ δοκιμαζέσθωσαν πρῶτον, εἶτα διακονείτωσαν **ἀνέγκλητοι** ὄντες.
Tit 1: 6 εἴ τίς ἐστιν **ἀνέγκλητος,** μιᾶς γυναικὸς ἀνήρ, τέκνα ἔχων πιστά,
1: 7 δεῖ γὰρ τὸν ἐπίσκοπον **ἀνέγκλητον** εἶναι ὡς θεοῦ οἰκονόμον,

442 ἀνεκδιήγητος [1]

√ 1.1 + 1666 + 1328 + 72

2Co 9:15 χάρις τῷ θεῷ ἐπὶ τῇ **ἀνεκδιηγήτῳ** αὐτοῦ δωρεᾷ.

443 ἀνεκλάλητος [1]

√ 1.1 + 1666 + 3281

1Pe 1: 8 εἰς ὃν ἄρτι μὴ ὁρῶντες πιστεύοντες δὲ ἀγαλλιᾶσθε χαρᾷ **ἀνεκλαλήτῳ** καὶ δεδοξασμένῃ

444 ἀνέκλειπτος [1]

√ 1.1 + 1666 + 3309

Lk 12:33 ποιήσατε ἑαυτοῖς βαλλάντια μὴ παλαιούμενα, θησαυρὸν **ἀνέκλειπτον** ἐν τοῖς οὐρανοῖς,

445 ἀνεκτός [5]

√ 324 + 2400

Mt 10:15 **ἀνεκτότερον** ἔσται γῇ Σοδόμων καὶ Γομόρρων ἐν ἡμέρᾳ κρίσεως ἢ τῇ πόλει ἐκείνῃ.
11:22 Τύρῳ καὶ Σιδῶνι **ἀνεκτότερον** ἔσται ἐν ἡμέρᾳ κρίσεως ἢ ὑμῖν.
11:24 πλὴν λέγω ὑμῖν ὅτι γῇ Σοδόμων **ἀνεκτότερον** ἔσται ἐν ἡμέρᾳ κρίσεως ἢ σοί.
Lk 10:12 λέγω ὑμῖν ὅτι Σοδόμοις ἐν τῇ ἡμέρᾳ ἐκείνῃ **ἀνεκτότερον** ἔσται ἢ τῇ πόλει ἐκείνῃ.
10:14 πλὴν Τύρῳ καὶ Σιδῶνι **ἀνεκτότερον** ἔσται ἐν τῇ κρίσει ἢ ὑμῖν.

446 ἀνελεήμων [1]

√ 1.1 + 1799

Ro 1:31 ἀσυνέτους ἀσυνθέτους ἀστόργους **ἀνελεήμονας·**

447 ἀνέλεος [1]

√ 1.1 + 1799

Jas 2:13 ἡ γὰρ κρίσις **ἀνέλεος** τῷ μὴ ποιήσαντι ἔλεος·

448 ἀνεμίζω [1]

√ 449

Jas 1: 6 ὁ γὰρ διακρινόμενος ἔοικεν κλύδωνι θαλάσσης **ἀνεμιζομένῳ** καὶ ῥιπιζομένῳ.

449 ἄνεμος [31]

→ 448

plural **ἄνεμοι** [11] Mt 7:25,27; 8:26,27; 24:31; Mk 13:27; Lk 8:25; Ac 27:4; Jas 3:4; Jude 1:12; Rev 7:1

ἄνεμος ἐναντίος [3] Mt 14:24; Mk 6:48; Ac 27:4

τέσσαρες ἄνεμοι [3] Mt 24:31; Mk 13:27; Rev 7:1

Mt 7:25 καὶ κατέβη ἡ βροχὴ καὶ ἦλθον οἱ ποταμοὶ καὶ ἔπνευσαν οἱ **ἄνεμοι** καὶ προσέπεσαν τῇ οἰκίᾳ ἐκείνῃ,
7:27 καὶ κατέβη ἡ βροχὴ καὶ ἦλθον οἱ ποταμοὶ καὶ ἔπνευσαν οἱ **ἄνεμοι** καὶ προσέκοψαν τῇ οἰκίᾳ ἐκείνῃ,
8:26 τότε ἐγερθεὶς ἐπετίμησεν τοῖς **ἀνέμοις** καὶ τῇ θαλάσσῃ,
8:27 Ποταπός ἐστιν οὗτος ὅτι καὶ οἱ **ἄνεμοι** καὶ ἡ θάλασσα αὐτῷ ὑπακούουσιν;
11: 7 Τί ἐξήλθατε εἰς τὴν ἔρημον θεάσασθαι; κάλαμον ὑπὸ **ἀνέμου** σαλευόμενον;
14:24 τὸ δὲ πλοῖον ἤδη σταδίους πολλοὺς ἀπὸ τῆς γῆς ἀπεῖχεν βασανιζόμενον ὑπὸ τῶν κυμάτων, ἦν γὰρ ἐναντίος ὁ **ἄνεμος.**
14:30 βλέπων δὲ τὸν **ἄνεμον** [ἰσχυρὸν] ἐφοβήθη, καὶ ἀρξάμενος καταποντίζεσθαι ἔκραξεν λέγων,
14:32 καὶ ἀναβάντων αὐτῶν εἰς τὸ πλοῖον ἐκόπασεν ὁ **ἄνεμος.**
24:31 καὶ ἐπισυνάξουσιν τοὺς ἐκλεκτοὺς αὐτοῦ ἐκ τῶν τεσσάρων **ἀνέμων** ἀπ' ἄκρων οὐρανῶν ἕως [τῶν] ἄκρων αὐτῶν.
Mk 4:37 καὶ γίνεται λαῖλαψ μεγάλη **ἀνέμου** καὶ τὰ κύματα ἐπέβαλλεν εἰς τὸ πλοῖον,
4:39 διεγερθεὶς ἐπετίμησεν τῷ **ἀνέμῳ** καὶ εἶπεν τῇ θαλάσσῃ, Σιώπα, πεφίμωσο. καὶ ἐκόπασεν ὁ **ἄνεμος** καὶ ἐγένετο γαλήνη
4:41 Τίς ἄρα οὗτός ἐστιν ὅτι καὶ ὁ **ἄνεμος** καὶ ἡ θάλασσα ὑπακούει αὐτῷ;
6:48 καὶ ἰδὼν αὐτοὺς βασανιζομένους ἐν τῷ ἐλαύνειν, ἦν γὰρ ὁ **ἄνεμος** ἐναντίος αὐτοῖς,
6:51 καὶ ἀνέβη πρὸς αὐτοὺς εἰς τὸ πλοῖον καὶ ἐκόπασεν ὁ **ἄνεμος,**
13:27 τοὺς ἀγγέλους καὶ ἐπισυνάξει τοὺς ἐκλεκτοὺς [αὐτοῦ] ἐκ τῶν τεσσάρων **ἀνέμων** ἀπ' ἄκρου γῆς ἕως ἄκρου οὐρανοῦ.
Lk 7:24 Τί ἐξήλθατε εἰς τὴν ἔρημον θεάσασθαι; κάλαμον ὑπὸ **ἀνέμου** σαλευόμενον;
8:23 καὶ κατέβη λαῖλαψ **ἀνέμου** εἰς τὴν λίμνην καὶ συνεπληροῦντο καὶ ἐκινδύνευον.
8:24 διεγερθεὶς ἐπετίμησεν τῷ **ἀνέμῳ** καὶ τῷ κλύδωνι τοῦ ὕδατος·

8:25 Τίς ἄρα οὗτός ἐστιν ὅτι καὶ τοῖς **ἀνέμοις** ἐπιτάσσει καὶ τῷ ὕδατι,
Jn 6:18 ἥ τε θάλασσα **ἀνέμου** μεγάλου πνέοντος διεγείρετο.
Ac 27: 4 κἀκεῖθεν ἀναχθέντες ὑπεπλεύσαμεν τὴν Κύπρον διὰ τὸ τοὺς **ἀνέμους** εἶναι ἐναντίους,
27: 7 μὴ προσεῶντος ἡμᾶς τοῦ **ἀνέμου** ὑπεπλεύσαμεν τὴν Κρήτην κατὰ Σαλμώνην,
27:14 μετ' οὐ πολὺ δὲ ἔβαλεν κατ' αὐτῆς **ἄνεμος** τυφωνικὸς ὁ καλούμενος Εὐρακύλων·
27:15 συναρπασθέντος δὲ τοῦ πλοίου καὶ μὴ δυναμένου ἀντοφθαλμεῖν τῷ **ἀνέμῳ** ἐπιδόντες ἐφερόμεθα.
Eph 4:14 κλυδωνιζόμενοι καὶ περιφερόμενοι παντὶ **ἀνέμῳ** τῆς διδασκαλίας ἐν τῇ κυβείᾳ τῶν ἀνθρώπων,
Jas 3: 4 ἰδοὺ καὶ τὰ πλοῖα τηλικαῦτα ὄντα καὶ ὑπὸ **ἀνέμων** σκληρῶν ἐλαυνόμενα,
Jude 1:12 ἑαυτοὺς ποιμαίνοντες, νεφέλαι ἄνυδροι ὑπὸ **ἀνέμων** παραφερόμεναι, δένδρα φθινοπωρινὰ ἄκαρπα
Rev 6:13 ὡς συκῆ βάλλει τοὺς ὀλύνθους αὐτῆς ὑπὸ **ἀνέμου** μεγάλου σειομένη,
7: 1 κρατοῦντας τοὺς τέσσαρας **ἀνέμους** τῆς γῆς ἵνα μὴ πνέῃ **ἄνεμος** ἐπὶ τῆς γῆς μήτε ἐπὶ τῆς θαλάσσης

450 ἀνένδεκτος [1]

√ *1.1 + 1877 + 1312*

Lk 17: 1 **᾿Ανένδεκτόν** ἐστιν τοῦ τὰ σκάνδαλα μὴ ἐλθεῖν, πλὴν οὐαὶ δι' οὗ ἔρχεται·

451 ἀνεξεραύνητος [1]

√ *1.1 + 1666 + 2236*

Ro 11:33 ὡς **ἀνεξεραύνητα** τὰ κρίματα αὐτοῦ καὶ ἀνεξιχνίαστοι αἱ ὁδοὶ αὐτοῦ.

452 ἀνεξίκακος [1]

√ *324 + 2400 + 2805*

2Ti 2:24 δοῦλον δὲ κυρίου οὐ δεῖ μάχεσθαι ἀλλὰ ἤπιον εἶναι πρὸς πάντας, διδακτικόν, **ἀνεξίκακον,**

453 ἀνεξιχνίαστος [2]

√ *1.1 + 1666 + 2717*

Ro 11:33 ὡς ἀνεξεραύνητα τὰ κρίματα αὐτοῦ καὶ **ἀνεξιχνίαστοι** αἱ ὁδοὶ αὐτοῦ.
Eph 3: 8 τοῖς ἔθνεσιν εὐαγγελίσασθαι τὸ **ἀνεξιχνίαστον** πλοῦτος τοῦ Χριστοῦ

454 ἀνεπαίσχυντος [1]

√ *1.1 + 2093 + 156*

2Ti 2:15 σπούδασον σεαυτὸν δόκιμον παραστῆσαι τῷ θεῷ, ἐργάτην **ἀνεπαίσχυντον,** ὀρθοτομοῦντα τὸν λόγον τῆς ἀληθείας.

455 ἀνεπίλημπτος [3]

√ *1.1 + 2093 + 3284*

1Ti 3: 2 δεῖ οὖν τὸν ἐπίσκοπον **ἀνεπίλημπτον** εἶναι, μιᾶς γυναικὸς ἄνδρα,
5: 7 καὶ ταῦτα παράγγελλε, ἵνα **ἀνεπίλημπτοι** ὦσιν.
6:14 τηρῆσαί σε τὴν ἐντολὴν ἄσπιλον **ἀνεπίλημπτον** μέχρι τῆς ἐπιφανείας τοῦ κυρίου ἡμῶν ᾿Ιησοῦ Χριστοῦ,

456 ἀνέρχομαι [3]

√ *324 + 2262*

Jn 6: 3 **ἀνῆλθεν** δὲ εἰς τὸ ὄρος ᾿Ιησοῦς καὶ ἐκεῖ ἐκάθητο μετὰ τῶν μαθητῶν αὐτοῦ.
Gal 1:17 οὐδὲ **ἀνῆλθον** εἰς ῾Ιεροσόλυμα πρὸς τοὺς πρὸ ἐμοῦ ἀποστόλους,
1:18 Ἔπειτα μετὰ ἔτη τρία **ἀνῆλθον** εἰς ῾Ιεροσόλυμα ἱστορῆσαι Κηφᾶν καὶ ἐπέμεινα πρὸς αὐτὸν ἡμέρας δεκαπέντε,

457 ἄνεσις [5]

√ *918; cf. 324*

Ac 24:23 διαταξάμενος τῷ ἑκατοντάρχῃ τηρεῖσθαι αὐτὸν ἔχειν τε **ἄνεσιν** καὶ μηδένα κωλύειν τῶν ἰδίων αὐτοῦ ὑπηρετεῖν αὐτῷ.
2Co 2:13 οὐκ ἔσχηκα **ἄνεσιν** τῷ πνεύματί μου τῷ μὴ εὑρεῖν με Τίτον τὸν ἀδελφόν μου,
7: 5 Καὶ γὰρ ἐλθόντων ἡμῶν εἰς Μακεδονίαν οὐδεμίαν ἔσχηκεν **ἄνεσιν** ἡ σὰρξ ἡμῶν ἀλλ' ἐν παντὶ θλιβόμενοι·
8:13 οὐ γὰρ ἵνα ἄλλοις **ἄνεσις,** ὑμῖν θλῖψις, ἀλλ' ἐξ ἰσότητος·
2Th 1: 7 καὶ ὑμῖν τοῖς θλιβομένοις **ἄνεσιν** μεθ' ἡμῶν, ἐν τῇ ἀποκαλύψει τοῦ κυρίου ᾿Ιησοῦ ἀπ' οὐρανοῦ μετ' ἀγγέλων

458 ἀνετάζω [2]

→ *2004; cf. 324*

Ac 22:24 εἴπας μάστιξιν **ἀνετάζεσθαι** αὐτὸν ἵνα ἐπιγνῷ δι' ἣν αἰτίαν οὕτως ἐπεφώνουν αὐτῷ.
22:29 εὐθέως οὖν ἀπέστησαν ἀπ' αὐτοῦ οἱ μέλλοντες αὐτὸν **ἀνετάζειν,**

459 ἄνευ [3]

Mt 10:29 καὶ ἓν ἐξ αὐτῶν οὐ πεσεῖται ἐπὶ τὴν γῆν **ἄνευ** τοῦ πατρὸς ὑμῶν.
1Pe 3: 1 διὰ τῆς τῶν γυναικῶν ἀναστροφῆς **ἄνευ** λόγου κερδηθήσονται,
4: 9 φιλόξενοι εἰς ἀλλήλους **ἄνευ** γογγυσμοῦ·

460 ἀνεύθετος [1]

√ *1.1 + 2292 + 5502*

Ac 27:12 **ἀνευθέτου** δὲ τοῦ λιμένος ὑπάρχοντος πρὸς παραχειμασίαν οἱ πλείονες ἔθεντο βουλὴν ἀναχθῆναι ἐκεῖθεν,

461 ἀνευρίσκω [2]

√ *324 + 2351*

Lk 2:16 καὶ ἦλθαν σπεύσαντες καὶ **ἀνεῦραν** τήν τε Μαριὰμ καὶ τὸν ᾿Ιωσὴφ καὶ τὸ βρέφος κείμενον ἐν τῇ φάτνῃ·
Ac 21: 4 **ἀνευρόντες** δὲ τοὺς μαθητὰς ἐπεμείναμεν αὐτοῦ ἡμέρας ἑπτά,

462 ἀνέχομαι [15]

√ *324 + 2400*

Mt 17:17 ἕως πότε **ἀνέξομαι** ὑμῶν; φέρετέ μοι αὐτὸν ὧδε.
Mk 9:19 ἕως πότε **ἀνέξομαι** ὑμῶν; φέρετε αὐτὸν πρός με.
Lk 9:41 ἕως πότε ἔσομαι πρὸς ὑμᾶς καὶ **ἀνέξομαι** ὑμῶν;
Ac 18:14 Εἰ μὲν ἦν ἀδίκημά τι ἢ ῥᾳδιούργημα πονηρόν, ὦ ᾿Ιουδαῖοι, κατὰ λόγον ἂν **ἀνεσχόμην** ὑμῶν,
1Co 4:12 καὶ κοπιῶμεν ἐργαζόμενοι ταῖς ἰδίαις χερσίν· λοιδορούμενοι εὐλογοῦμεν, διωκόμενοι **ἀνεχόμεθα,**
2Co 11: 1 Ὄφελον **ἀνείχεσθέ** μου μικρόν τι ἀφροσύνης· ἀλλὰ καὶ **ἀνέχεσθέ** μου.
11: 4 ἢ εὐαγγέλιον ἕτερον ὃ οὐκ ἐδέξασθε, καλῶς **ἀνέχεσθε.**
11:19 ἡδέως γὰρ **ἀνέχεσθε** τῶν ἀφρόνων φρόνιμοι ὄντες·
11:20 **ἀνέχεσθε** γὰρ εἴ τις ὑμᾶς καταδουλοῖ, εἴ τις κατεσθίει,
Eph 4: 2 μετὰ πάσης ταπεινοφροσύνης καὶ πραΰτητος, μετὰ μακροθυμίας, **ἀνεχόμενοι** ἀλλήλων ἐν ἀγάπῃ,
Col 3:13 **ἀνεχόμενοι** ἀλλήλων καὶ χαριζόμενοι ἑαυτοῖς ἐάν τις πρός τινα ἔχῃ μομφήν·
2Th 1: 4 ὑπὲρ τῆς ὑπομονῆς ὑμῶν καὶ πίστεως ἐν πᾶσιν τοῖς διωγμοῖς ὑμῶν καὶ ταῖς θλίψεσιν αἷς **ἀνέχεσθε,**
2Ti 4: 3 ἔσται γὰρ καιρὸς ὅτε τῆς ὑγιαινούσης διδασκαλίας οὐκ **ἀνέξονται** ἀλλὰ κατὰ τὰς ἰδίας ἐπιθυμίας
Heb 13:22 Παρακαλῶ δὲ ὑμᾶς, ἀδελφοί, **ἀνέχεσθε** τοῦ λόγου τῆς παρακλήσεως,

463 ἀνεψιός [1]

Col 4:10 ᾿Ασπάζεται ὑμᾶς ᾿Αρίσταρχος ὁ συναιχμάλωτός μου καὶ Μᾶρκος ὁ **ἀνεψιὸς** Βαρναβᾶ (περὶ οὗ ἐλάβετε ἐντολάς,

464 ἄνηθον [1]

Mt 23:23 ὅτι ἀποδεκατοῦτε τὸ ἡδύοσμον καὶ τὸ **ἄνηθον** καὶ τὸ κύμινον καὶ ἀφήκατε τὰ βαρύτερα τοῦ νόμου,

465 ἀνήκω [3]

√ *324 + 2457*

Eph 5: 4 καὶ αἰσχρότης καὶ μωρολογία ἢ εὐτραπελία, ἃ οὐκ **ἀνῆκεν,** ἀλλὰ μᾶλλον εὐχαριστία.
Col 3:18 Αἱ γυναῖκες, ὑποτάσσεσθε τοῖς ἀνδράσιν ὡς **ἀνῆκεν** ἐν κυρίῳ.
Phm 1: 8 Διὸ πολλὴν ἐν Χριστῷ παρρησίαν ἔχων ἐπιτάσσειν σοι τὸ **ἀνῆκον**

466 ἀνήμερος [1]

√ *1.1*

2Ti 3: 3 ἄστοργοι ἄσπονδοι διάβολοι ἀκρατεῖς **ἀνήμεροι** ἀφιλάγαθοι

467 ἀνήρ [216]

→ *435, 436, 437, 438, 439, 3770, 5635, 5791*

form of address **ἄνδρες ἀδελφοί** [13] Ac 1:16; 2:29,37; 7:2; 13:15,26,38; 15:7,13; 22:1; 23:1,6; 28:17

ἀνήρ Ἰουδαῖος, Γαλιλαῖος, Ἰσραηλίτης [11] Ac 1:11; 2:5,14,22; 3:12; 5:35; 10:28; 13:6,16; 21:28; 22:3

husband [58] Mk 10:2; Lk 16:18; Ro 7:2,3,3; 1Co 7:13; Mt 1:16,19; Mk 10:12; Lk 2:36; Jn 1:13; 4:16,17,17,18,18; Ac 5:9,10; Ro 7:2,2,3,3; 1Co 7:2,3,3,4,4,10,11,11,13,14,14, 16,16,34,39,39; 14:35; 2Co 11:2; Gal 4:27; Eph 5:22,23,24, 25,28,33; Col 3:18,19; 1Ti 3:2,12; 5:9; Tit 1:6; 2:5; 1Pe 3:1,5,7; Rev 21:2

δόξα ἀνδρός [1] 1Co 11:7

Mt 1:16 Ἰακὼβ δὲ ἐγέννησεν τὸν Ἰωσὴφ τὸν **ἄνδρα** Μαρίας,
1:19 Ἰωσὴφ δὲ ὁ **ἀνὴρ** αὐτῆς, δίκαιος ὢν καὶ μὴ θέλων αὐτὴν δειγματίσαι,
7:24 ὁμοιωθήσεται **ἀνδρὶ** φρονίμῳ, ὅστις ᾠκοδόμησεν αὐτοῦ τὴν οἰκίαν ἐπὶ τὴν πέτραν·
7:26 καὶ πᾶς ὁ ἀκούων μου τοὺς λόγους τούτους καὶ μὴ ποιῶν αὐτοὺς ὁμοιωθήσεται **ἀνδρὶ** μωρῷ,
12:41 **ἄνδρες** Νινευῖται ἀναστήσονται ἐν τῇ κρίσει μετὰ τῆς γενεᾶς ταύτης καὶ κατακρινοῦσιν αὐτήν,
14:21 οἱ δὲ ἐσθίοντες ἦσαν **ἄνδρες** ὡσεὶ πεντακισχίλιοι χωρὶς γυναικῶν καὶ παιδίων.
14:35 καὶ ἐπιγνόντες αὐτὸν οἱ **ἄνδρες** τοῦ τόπου ἐκείνου ἀπέστειλαν εἰς ὅλην τὴν περίχωρον ἐκείνην
15:38 οἱ δὲ ἐσθίοντες ἦσαν τετρακισχίλιοι **ἄνδρες** χωρὶς γυναικῶν καὶ παιδίων.
Mk 6:20 εἰδὼς αὐτὸν **ἄνδρα** δίκαιον καὶ ἅγιον, καὶ συνετήρει αὐτόν,
6:44 καὶ ἦσαν οἱ φαγόντες [τοὺς ἄρτους] πεντακισχίλιοι **ἄνδρες.**
10: 2 καὶ προσελθόντες Φαρισαῖοι ἐπηρώτων αὐτὸν εἰ ἔξεστιν **ἀνδρὶ** γυναῖκα ἀπολῦσαι,
10:12 καὶ ἐὰν αὐτὴ ἀπολύσασα τὸν **ἄνδρα** αὐτῆς γαμήσῃ ἄλλον μοιχᾶται.
Lk 1:27 πρὸς παρθένον ἐμνηστευμένην **ἀνδρὶ** ᾧ ὄνομα Ἰωσὴφ ἐξ οἴκου Δαυὶδ καὶ τὸ ὄνομα τῆς παρθένου Μαριάμ.
1:34 εἶπεν δὲ Μαριὰμ πρὸς τὸν ἄγγελον, Πῶς ἔσται τοῦτο, ἐπεὶ **ἄνδρα** οὐ γινώσκω;
2:36 ζήσασα μετὰ **ἀνδρὸς** ἔτη ἑπτὰ ἀπὸ τῆς παρθενίας αὐτῆς
5: 8 Ἔξελθε ἀπ' ἐμοῦ, ὅτι **ἀνὴρ** ἁμαρτωλός εἰμι, κύριε.
5:12 Καὶ ἐγένετο ἐν τῷ εἶναι αὐτὸν ἐν μιᾷ τῶν πόλεων καὶ ἰδοὺ **ἀνὴρ** πλήρης λέπρας·
5:18 καὶ ἰδοὺ **ἄνδρες** φέροντες ἐπὶ κλίνης ἄνθρωπον ὃς ἦν παραλελυμένος καὶ ἐζήτουν αὐτὸν εἰσενεγκεῖν
6: 8 εἶπεν δὲ τῷ **ἀνδρὶ** τῷ ξηρὰν ἔχοντι τὴν χεῖρα,
7:20 παραγενόμενοι δὲ πρὸς αὐτὸν οἱ **ἄνδρες** εἶπαν, Ἰωάννης ὁ βαπτιστὴς ἀπέστειλεν ἡμᾶς πρὸς σὲ λέγων,
8:27 ἐξελθόντι δὲ αὐτῷ ἐπὶ τὴν γῆν ὑπήντησεν **ἀνήρ** τις ἐκ τῆς πόλεως ἔχων δαιμόνια
8:38 ἐδεῖτο δὲ αὐτοῦ ὁ **ἀνὴρ** ἀφ' οὗ ἐξεληλύθει τὰ δαιμόνια εἶναι σὺν αὐτῷ·
8:41 καὶ ἰδοὺ ἦλθεν **ἀνὴρ** ᾧ ὄνομα Ἰάϊρος καὶ οὗτος ἄρχων τῆς συναγωγῆς ὑπῆρχεν,
9:14 ἦσαν γὰρ ὡσεὶ **ἄνδρες** πεντακισχίλιοι. εἶπεν δὲ πρὸς τοὺς μαθητὰς αὐτοῦ,
9:30 καὶ ἰδοὺ **ἄνδρες** δύο συνελάλουν αὐτῷ, οἵτινες ἦσαν Μωϋσῆς καὶ Ἠλίας,
9:32 διαγρηγορήσαντες δὲ εἶδον τὴν δόξαν αὐτοῦ καὶ τοὺς δύο **ἄνδρας** τοὺς συνεστῶτας αὐτῷ.
9:38 καὶ ἰδοὺ **ἀνὴρ** ἀπὸ τοῦ ὄχλου ἐβόησεν λέγων,
11:31 βασίλισσα νότου ἐγερθήσεται ἐν τῇ κρίσει μετὰ τῶν **ἀνδρῶν** τῆς γενεᾶς ταύτης καὶ κατακρινεῖ αὐτούς,
11:32 **ἄνδρες** Νινευῖται ἀναστήσονται ἐν τῇ κρίσει μετὰ τῆς γενεᾶς ταύτης καὶ κατακρινοῦσιν αὐτήν·
14:24 λέγω γὰρ ὑμῖν ὅτι οὐδεὶς τῶν **ἀνδρῶν** ἐκείνων τῶν κεκλημένων γεύσεταί μου τοῦ δείπνου.
16:18 Πᾶς ὁ ἀπολύων τὴν γυναῖκα αὐτοῦ καὶ γαμῶν ἑτέραν μοιχεύει, καὶ ὁ ἀπολελυμένην ἀπὸ **ἀνδρὸς** γαμῶν μοιχεύει.
17:12 καὶ εἰσερχομένου αὐτοῦ εἴς τινα κώμην ἀπήντησαν [αὐτῷ] δέκα λεπροὶ **ἄνδρες,**
19: 2 καὶ ἰδοὺ **ἀνὴρ** ὀνόματι καλούμενος Ζακχαῖος, καὶ αὐτὸς ἦν ἀρχιτελώνης καὶ αὐτὸς πλούσιος·
19: 7 καὶ ἰδόντες πάντες διεγόγγυζον λέγοντες ὅτι Παρὰ ἁμαρτωλῷ **ἀνδρὶ** εἰσῆλθεν καταλῦσαι.
22:63 Καὶ οἱ **ἄνδρες** οἱ συνέχοντες αὐτὸν ἐνέπαιζον αὐτῷ δέροντες,
23:50 Καὶ ἰδοὺ **ἀνὴρ** ὀνόματι Ἰωσὴφ βουλευτὴς ὑπάρχων [καὶ] **ἀνὴρ** ἀγαθὸς καὶ δίκαιος
24: 4 καὶ ἐγένετο ἐν τῷ ἀπορεῖσθαι αὐτὰς περὶ τούτου καὶ ἰδοὺ **ἄνδρες** δύο ἐπέστησαν αὐταῖς ἐν ἐσθῆτι ἀστραπτούσῃ.
24:19 ὃς ἐγένετο **ἀνὴρ** προφήτης δυνατὸς ἐν ἔργῳ καὶ λόγῳ ἐναντίον τοῦ θεοῦ καὶ παντὸς τοῦ λαοῦ,
Jn 1:13 οἳ οὐκ ἐξ αἱμάτων οὐδὲ ἐκ θελήματος σαρκὸς οὐδὲ ἐκ θελήματος **ἀνδρὸς** ἀλλ' ἐκ θεοῦ ἐγεννήθησαν.
1:30 Ὀπίσω μου ἔρχεται **ἀνὴρ** ὃς ἔμπροσθέν μου γέγονεν,
4:16 Ὕπαγε φώνησον τὸν **ἄνδρα** σου καὶ ἐλθὲ ἐνθάδε.
4:17 ἀπεκρίθη ἡ γυνὴ καὶ εἶπεν αὐτῷ, Οὐκ ἔχω **ἄνδρα.** λέγει αὐτῇ ὁ Ἰησοῦς, Καλῶς εἶπας ὅτι **Ἄνδρα** οὐκ ἔχω·
4:18 πέντε γὰρ **ἄνδρας** ἔσχες καὶ νῦν ὃν ἔχεις οὐκ ἔστιν σου **ἀνήρ·**
6:10 ἀνέπεσαν οὖν οἱ **ἄνδρες** τὸν ἀριθμὸν ὡς πεντακισχίλιοι.
Ac 1:10 καὶ ἰδοὺ **ἄνδρες** δύο παρειστήκεισαν αὐτοῖς ἐν ἐσθήσεσι λευκαῖς,
1:11 οἳ καὶ εἶπαν, **Ἄνδρες** Γαλιλαῖοι, τί ἑστήκατε [ἐμ]βλέποντες εἰς τὸν οὐρανόν;
1:16 **Ἄνδρες** ἀδελφοί, ἔδει πληρωθῆναι τὴν γραφὴν ἣν προεῖπεν τὸ πνεῦμα τὸ ἅγιον διὰ στόματος Δαυὶδ περὶ Ἰούδα
1:21 δεῖ οὖν τῶν συνελθόντων ἡμῖν **ἀνδρῶν** ἐν παντὶ χρόνῳ ᾧ εἰσῆλθεν καὶ ἐξῆλθεν ἐφ' ἡμᾶς ὁ κύριος Ἰησοῦς,
2: 5 **ἄνδρες** εὐλαβεῖς ἀπὸ παντὸς ἔθνους τῶν ὑπὸ τὸν οὐρανόν.
2:14 **Ἄνδρες** Ἰουδαῖοι καὶ οἱ κατοικοῦντες Ἰερουσαλὴμ πάντες, τοῦτο ὑμῖν γνωστὸν ἔστω καὶ ἐνωτίσασθε τὰ ῥήματά μου.
2:22 **Ἄνδρες** Ἰσραηλῖται, ἀκούσατε τοὺς λόγους τούτους· Ἰησοῦν τὸν Ναζωραῖον, **ἄνδρα** ἀποδεδειγμένον ἀπὸ τοῦ θεοῦ
2:29 **Ἄνδρες** ἀδελφοί, ἐξὸν εἰπεῖν μετὰ παρρησίας πρὸς ὑμᾶς περὶ τοῦ πατριάρχου Δαυὶδ ὅτι καὶ ἐτελεύτησεν καὶ ἐτάφη,
2:37 κατενύγησαν τὴν καρδίαν εἶπόν τε πρὸς τὸν Πέτρον καὶ τοὺς λοιποὺς ἀποστόλους, Τί ποιήσωμεν, **ἄνδρες** ἀδελφοί;
3: 2 καί τις **ἀνὴρ** χωλὸς ἐκ κοιλίας μητρὸς αὐτοῦ ὑπάρχων ἐβαστάζετο,
3:12 ἰδὼν δὲ ὁ Πέτρος ἀπεκρίνατο πρὸς τὸν λαόν, **Ἄνδρες** Ἰσραηλῖται,
3:14 ὑμεῖς δὲ τὸν ἅγιον καὶ δίκαιον ἠρνήσασθε καὶ ᾐτήσασθε **ἄνδρα** φονέα χαρισθῆναι ὑμῖν,
4: 4 καὶ ἐγενήθη [ὁ] ἀριθμὸς τῶν **ἀνδρῶν** [ὡς] χιλιάδες πέντε.
5: 1 **Ἀνὴρ** δέ τις Ἁνανίας ὀνόματι σὺν Σαπφίρῃ τῇ γυναικὶ αὐτοῦ ἐπώλησεν κτῆμα
5: 9 ἰδοὺ οἱ πόδες τῶν θαψάντων τὸν **ἄνδρα** σου ἐπὶ τῇ θύρᾳ καὶ ἐξοίσουσίν σε.
5:10 εἰσελθόντες δὲ οἱ νεανίσκοι εὗρον αὐτὴν νεκρὰν καὶ ἐξενέγκαντες ἔθαψαν πρὸς τὸν **ἄνδρα** αὐτῆς,
5:14 μᾶλλον δὲ προσετίθεντο πιστεύοντες τῷ κυρίῳ, πλήθη **ἀνδρῶν** τε καὶ γυναικῶν,
5:25 ὅτι Ἰδοὺ οἱ **ἄνδρες** οὓς ἔθεσθε ἐν τῇ φυλακῇ εἰσὶν ἐν τῷ ἱερῷ ἑστῶτες καὶ διδάσκοντες τὸν λαόν.
5:35 εἶπέν τε πρὸς αὐτούς, **Ἄνδρες** Ἰσραηλῖται, προσέχετε ἑαυτοῖς ἐπὶ τοῖς ἀνθρώποις τούτοις τί μέλλετε πράσσειν.
5:36 πρὸ γὰρ τούτων τῶν ἡμερῶν ἀνέστη Θευδᾶς λέγων εἶναί τινα ἑαυτόν, ᾧ προσεκλίθη **ἀνδρῶν** ἀριθμὸς ὡς τετρακοσίων·
6: 3 ἐπισκέψασθε δέ, ἀδελφοί, **ἄνδρας** ἐξ ὑμῶν μαρτυρουμένους ἑπτά,
6: 5 ἤρεσεν ὁ λόγος ἐνώπιον παντὸς τοῦ πλήθους καὶ ἐξελέξαντο Στέφανον, **ἄνδρα** πλήρης πίστεως καὶ πνεύματος ἁγίου,
6:11 τότε ὑπέβαλον **ἄνδρας** λέγοντας ὅτι Ἀκηκόαμεν αὐτοῦ λαλοῦντος ῥήματα βλάσφημα εἰς Μωϋσῆν καὶ τὸν θεόν·

7: 2 ὁ δὲ ἔφη, **Ἄνδρες** ἀδελφοὶ καὶ πατέρες, ἀκούσατε.
7:26 ὤφθη αὐτοῖς μαχομένοις καὶ συνήλλασσεν αὐτοὺς εἰς εἰρήνην εἰπών, **Ἄνδρες,** ἀδελφοί ἐστε·
8: 2 συνεκόμισαν δὲ τὸν Στέφανον **ἄνδρες** εὐλαβεῖς καὶ ἐποίησαν κοπετὸν μέγαν ἐπ' αὐτῷ.
8: 3 σύρων τε **ἄνδρας** καὶ γυναῖκας παρεδίδου εἰς φυλακήν.
8: 9 **Ἀνὴρ** δέ τις ὀνόματι Σίμων προϋπῆρχεν ἐν τῇ πόλει μαγεύων καὶ ἐξιστάνων τὸ ἔθνος τῆς Σαμαρείας,
8:12 ἐβαπτίζοντο **ἄνδρες** τε καὶ γυναῖκες.
8:27 καὶ ἰδοὺ **ἀνὴρ** Αἰθίοψ εὐνοῦχος δυνάστης Κανδάκης βασιλίσσης Αἰθιόπων,
9: 2 **ἄνδρας** τε καὶ γυναῖκας, δεδεμένους ἀγάγῃ εἰς Ἰερουσαλήμ.
9: 7 οἱ δὲ **ἄνδρες** οἱ συνοδεύοντες αὐτῷ εἱστήκεισαν ἐνεοί,
9:12 καὶ εἶδεν **ἄνδρα** [ἐν ὁράματι] Ἁνανίαν ὀνόματι εἰσελθόντα καὶ ἐπιθέντα αὐτῷ [τὰς] χεῖρας ὅπως ἀναβλέψῃ.
9:13 ἤκουσα ἀπὸ πολλῶν περὶ τοῦ **ἀνδρὸς** τούτου ὅσα κακὰ τοῖς ἁγίοις σου ἐποίησεν ἐν Ἰερουσαλήμ·
9:38 οἱ μαθηταὶ ἀκούσαντες ὅτι Πέτρος ἐστὶν ἐν αὐτῇ ἀπέστειλαν δύο **ἄνδρας** πρὸς αὐτὸν παρακαλοῦντες,
10: 1 **Ἀνὴρ** δέ τις ἐν Καισαρείᾳ ὀνόματι Κορνήλιος, ἑκατοντάρχης ἐκ σπείρης τῆς καλουμένης Ἰταλικῆς,
10: 5 καὶ νῦν πέμψον **ἄνδρας** εἰς Ἰόππην καὶ μετάπεμψαι Σίμωνά τινα ὃς ἐπικαλεῖται Πέτρος·
10:17 ἰδοὺ οἱ **ἄνδρες** οἱ ἀπεσταλμένοι ὑπὸ τοῦ Κορνηλίου διερωτήσαντες τὴν οἰκίαν τοῦ Σίμωνος ἐπέστησαν
10:19 τοῦ δὲ Πέτρου διενθυμουμένου περὶ τοῦ ὁράματος εἶπεν [αὐτῷ] τὸ πνεῦμα, Ἰδοὺ **ἄνδρες** τρεῖς ζητοῦντές σε,
10:21 καταβὰς δὲ Πέτρος πρὸς τοὺς **ἄνδρας** εἶπεν, Ἰδοὺ ἐγώ εἰμι ὃν ζητεῖτε·
10:22 Κορνήλιος ἑκατοντάρχης, **ἀνὴρ** δίκαιος καὶ φοβούμενος τὸν θεόν,
10:28 Ὑμεῖς ἐπίστασθε ὡς ἀθέμιτόν ἐστιν **ἀνδρὶ** Ἰουδαίῳ κολλᾶσθαι ἢ προσέρχεσθαι ἀλλοφύλῳ·
10:30 καὶ ἰδοὺ **ἀνὴρ** ἔστη ἐνώπιόν μου ἐν ἐσθῆτι λαμπρᾷ
11: 3 λέγοντες ὅτι Εἰσῆλθες πρὸς **ἄνδρας** ἀκροβυστίαν ἔχοντας καὶ συνέφαγες αὐτοῖς.
11:11 καὶ ἰδοὺ ἐξαυτῆς τρεῖς **ἄνδρες** ἐπέστησαν ἐπὶ τὴν οἰκίαν ἐν ᾗ ἤμεν,
11:12 ἦλθον δὲ σὺν ἐμοὶ καὶ οἱ ἓξ ἀδελφοὶ οὗτοι καὶ εἰσήλθομεν εἰς τὸν οἶκον τοῦ **ἀνδρός.**
11:20 ἦσαν δέ τινες ἐξ αὐτῶν **ἄνδρες** Κύπριοι καὶ Κυρηναῖοι,
11:24 ὅτι ἦν **ἀνὴρ** ἀγαθὸς καὶ πλήρης πνεύματος ἁγίου καὶ πίστεως.
13: 6 διελθόντες δὲ ὅλην τὴν νῆσον ἄχρι Πάφου εὗρον **ἄνδρα** τινὰ μάγον ψευδοπροφήτην Ἰουδαῖον ᾧ ὄνομα Βαριησοῦ
13: 7 ὃς ἦν σὺν τῷ ἀνθυπάτῳ Σεργίῳ Παύλῳ, **ἀνδρὶ** συνετῷ.
13:15 **Ἄνδρες** ἀδελφοί, εἴ τίς ἐστιν ἐν ὑμῖν λόγος παρακλήσεως πρὸς τὸν λαόν,
13:16 **Ἄνδρες** Ἰσραηλῖται καὶ οἱ φοβούμενοι τὸν θεόν, ἀκούσατε.
13:21 κἀκεῖθεν ᾐτήσαντο βασιλέα καὶ ἔδωκεν αὐτοῖς ὁ θεὸς τὸν Σαοὺλ υἱὸν Κίς, **ἄνδρα** ἐκ φυλῆς Βενιαμίν, ἔτη τεσσεράκοντα,
13:22 Εὗρον Δαυὶδ τὸν τοῦ Ἰεσσαί, **ἄνδρα** κατὰ τὴν καρδίαν μου,
13:26 **Ἄνδρες** ἀδελφοί, υἱοὶ γένους Ἀβραὰμ καὶ οἱ ἐν ὑμῖν φοβούμενοι τὸν θεόν,
13:38 γνωστὸν οὖν ἔστω ὑμῖν, **ἄνδρες** ἀδελφοί, ὅτι διὰ τούτου ὑμῖν ἄφεσις ἁμαρτιῶν καταγγέλλεται[,]
14: 8 Καί τις **ἀνὴρ** ἀδύνατος ἐν Λύστροις τοῖς ποσὶν ἐκάθητο,
14:15 καὶ λέγοντες, **Ἄνδρες,** τί ταῦτα ποιεῖτε;
15: 7 πολλῆς δὲ ζητήσεως γενομένης ἀναστὰς Πέτρος εἶπεν πρὸς αὐτούς, **Ἄνδρες** ἀδελφοί,
15:13 Μετὰ δὲ τὸ σιγῆσαι αὐτοὺς ἀπεκρίθη Ἰάκωβος λέγων, **Ἄνδρες** ἀδελφοί, ἀκούσατέ μου.
15:22 ἐκλεξαμένους **ἄνδρας** ἐξ αὐτῶν πέμψαι εἰς Ἀντιόχειαν σὺν τῷ Παύλῳ καὶ Βαρναβᾷ, Ἰούδαν τὸν καλούμενον Βαρσαββᾶν καὶ Σιλᾶν, **ἄνδρας** ἡγουμένους ἐν τοῖς ἀδελφοῖς,
15:25 ἐκλεξαμένοις **ἄνδρας** πέμψαι πρὸς ὑμᾶς σὺν τοῖς ἀγαπητοῖς ἡμῶν Βαρναβᾷ καὶ Παύλῳ,
16: 9 **ἀνὴρ** Μακεδών τις ἦν ἑστὼς καὶ παρακαλῶν αὐτὸν καὶ λέγων,
17: 5 Ζηλώσαντες δὲ οἱ Ἰουδαῖοι καὶ προσλαβόμενοι τῶν ἀγοραίων **ἄνδρας** τινὰς πονηροὺς καὶ ὀχλοποιήσαντες
17:12 πολλοὶ μὲν οὖν ἐξ αὐτῶν ἐπίστευσαν καὶ τῶν Ἑλληνίδων γυναικῶν τῶν εὐσχημόνων καὶ **ἀνδρῶν** οὐκ ὀλίγοι.
17:22 **Ἄνδρες** Ἀθηναῖοι, κατὰ πάντα ὡς δεισιδαιμονεστέρους ὑμᾶς θεωρῶ.
17:31 καθότι ἔστησεν ἡμέραν ἐν ᾗ μέλλει κρίνειν τὴν οἰκουμένην ἐν δικαιοσύνῃ ἐν **ἀνδρὶ** ᾧ ὥρισεν,
17:34 τινὲς δὲ **ἄνδρες** κολληθέντες αὐτῷ ἐπίστευσαν, ἐν οἷς καὶ Διονύσιος ὁ Ἀρεοπαγίτης καὶ γυνὴ ὀνόματι Δάμαρις
18:24 Ἀλεξανδρεὺς τῷ γένει, **ἀνὴρ** λόγιος, κατήντησεν εἰς Ἔφεσον,
19: 7 ἦσαν δὲ οἱ πάντες **ἄνδρες** ὡσεὶ δώδεκα.
19:25 καὶ τοὺς περὶ τὰ τοιαῦτα ἐργάτας εἶπεν, **Ἄνδρες,** ἐπίστασθε ὅτι ἐκ ταύτης τῆς ἐργασίας ἡ εὐπορία ἡμῖν ἐστιν,
19:35 ὁ γραμματεὺς τὸν ὄχλον φησίν, **Ἄνδρες** Ἐφέσιοι,
19:37 ἠγάγετε γὰρ τοὺς **ἄνδρας** τούτους οὔτε ἱεροσύλους οὔτε βλασφημοῦντας τὴν θεὸν ἡμῶν.
20:30 καὶ ἐξ ὑμῶν αὐτῶν ἀναστήσονται **ἄνδρες** λαλοῦντες διεστραμμένα τοῦ ἀποσπᾶν τοὺς μαθητὰς ὀπίσω αὐτῶν.
21:11 Τάδε λέγει τὸ πνεῦμα τὸ ἅγιον, Τὸν **ἄνδρα** οὗ ἐστιν ἡ ζώνη αὕτη,
21:23 εἰσὶν ἡμῖν **ἄνδρες** τέσσαρες εὐχὴν ἔχοντες ἐφ' ἑαυτῶν.
21:26 τότε ὁ Παῦλος παραλαβὼν τοὺς **ἄνδρας** τῇ ἐχομένῃ ἡμέρᾳ σὺν αὐτοῖς ἁγνισθείς,
21:28 κράζοντες, **Ἄνδρες** Ἰσραηλῖται, βοηθεῖτε·
21:38 ὁ πρὸ τούτων τῶν ἡμερῶν ἀναστατώσας καὶ ἐξαγαγὼν εἰς τὴν ἔρημον τοὺς τετρακισχιλίους **ἄνδρας** τῶν σικαρίων;
22: 1 **Ἄνδρες** ἀδελφοὶ καὶ πατέρες, ἀκούσατέ μου τῆς πρὸς ὑμᾶς νυνὶ ἀπολογίας.
22: 3 Ἐγώ εἰμι **ἀνὴρ** Ἰουδαῖος, γεγεννημένος ἐν Ταρσῷ τῆς Κιλικίας,
22: 4 ὃς ταύτην τὴν ὁδὸν ἐδίωξα ἄχρι θανάτου δεσμεύων καὶ παραδιδοὺς εἰς φυλακὰς **ἄνδρας** τε καὶ γυναῖκας,
22:12 Ἁνανίας δέ τις, **ἀνὴρ** εὐλαβὴς κατὰ τὸν νόμον,
23: 1 ἀτενίσας δὲ ὁ Παῦλος τῷ συνεδρίῳ εἶπεν, **Ἄνδρες** ἀδελφοί,
23: 6 **Ἄνδρες** ἀδελφοί, ἐγὼ **Φαρισαῖός** εἰμι, υἱὸς **Φαρισαίων**, περὶ ἐλπίδος καὶ ἀναστάσεως νεκρῶν [ἐγὼ] κρίνομαι.
23:21 ἐνεδρεύουσιν γὰρ αὐτὸν ἐξ αὐτῶν **ἄνδρες** πλείους τεσσεράκοντα,
23:27 Τὸν **ἄνδρα** τοῦτον συλλημφθέντα ὑπὸ τῶν Ἰουδαίων
23:30 μηνυθείσης δέ μοι ἐπιβουλῆς εἰς τὸν **ἄνδρα** ἔσεσθαι ἐξαυτῆς ἔπεμψα πρὸς σὲ παραγγείλας
24: 5 εὑρόντες γὰρ τὸν **ἄνδρα** τοῦτον λοιμὸν καὶ κινοῦντα στάσεις πᾶσιν τοῖς Ἰουδαίοις τοῖς κατὰ τὴν οἰκουμένην
25: 5 δυνατοὶ συγκαταβάντες εἴ τί ἐστιν ἐν τῷ **ἀνδρὶ** ἄτοπον κατηγορείτωσαν αὐτοῦ.
25:14 ὁ Φῆστος τῷ βασιλεῖ ἀνέθετο τὰ κατὰ τὸν Παῦλον λέγων, **Ἀνήρ** τίς ἐστιν καταλελειμμένος ὑπὸ Φήλικος δέσμιος,
25:17 ποιησάμενος τῇ ἑξῆς καθίσας ἐπὶ τοῦ βήματος ἐκέλευσα ἀχθῆναι τὸν **ἄνδρα·**
25:23 καὶ εἰσελθόντων εἰς τὸ ἀκροατήριον σύν τε χιλιάρχοις καὶ **ἀνδράσιν** τοῖς κατ' ἐξοχὴν τῆς πόλεως
25:24 Ἀγρίππα βασιλεῦ καὶ πάντες οἱ συμπαρόντες ἡμῖν **ἄνδρες,**
27:10 λέγων αὐτοῖς, **Ἄνδρες,** θεωρῶ ὅτι μετὰ ὕβρεως καὶ πολλῆς ζημίας οὐ μόνον τοῦ φορτίου καὶ τοῦ πλοίου
27:21 Πολλῆς τε ἀσιτίας ὑπαρχούσης τότε σταθεὶς ὁ Παῦλος ἐν μέσῳ αὐτῶν εἶπεν, Ἔδει μέν, ὦ **ἄνδρες,**
27:25 διὸ εὐθυμεῖτε, **ἄνδρες·** πιστεύω γὰρ τῷ θεῷ ὅτι οὕτως ἔσται καθ' ὃν τρόπον λελάληταί μοι.
28:17 συνελθόντων δὲ αὐτῶν ἔλεγεν πρὸς αὐτούς, Ἐγώ, **ἄνδρες** ἀδελφοί, οὐδὲν ἐναντίον ποιήσας τῷ λαῷ
Ro 4: 8 μακάριος **ἀνὴρ** οὗ οὐ μὴ λογίσηται κύριος ἁμαρτίαν.
7: 2 ἡ γὰρ ὕπανδρος γυνὴ τῷ ζῶντι **ἀνδρὶ** δέδεται νόμῳ· ἐὰν δὲ ἀποθάνῃ ὁ **ἀνήρ,** κατήργηται ἀπὸ τοῦ νόμου τοῦ **ἀνδρός.**
7: 3 ἄρα οὖν ζῶντος τοῦ **ἀνδρὸς** μοιχαλὶς χρηματίσει ἐὰν γένηται **ἀνδρὶ** ἑτέρῳ· ἐὰν δὲ ἀποθάνῃ ὁ **ἀνήρ,** ἐλευθέρα ἐστὶν ἀπὸ τοῦ νόμου, τοῦ μὴ εἶναι αὐτὴν μοιχαλίδα γενομένην **ἀνδρὶ** ἑτέρῳ.
11: 4 Κατέλιπον ἐμαυτῷ ἑπτακισχιλίους **ἄνδρας,** οἵτινες οὐκ ἔκαμψαν γόνυ τῇ Βάαλ.
1Co 7: 2 διὰ δὲ τὰς πορνείας ἕκαστος τὴν ἑαυτοῦ γυναῖκα ἐχέτω καὶ ἑκάστη τὸν ἴδιον **ἄνδρα** ἐχέτω.
7: 3 τῇ γυναικὶ ὁ **ἀνὴρ** τὴν ὀφειλὴν ἀποδιδότω, ὁμοίως δὲ καὶ ἡ γυνὴ τῷ **ἀνδρί.**
7: 4 ἡ γυνὴ τοῦ ἰδίου σώματος οὐκ ἐξουσιάζει ἀλλὰ ὁ **ἀνήρ,** ὁμοίως δὲ καὶ ὁ **ἀνὴρ** τοῦ ἰδίου σώματος οὐκ ἐξουσιάζει ἀλλὰ ἡ γυνή.
7:10 οὐκ ἐγὼ ἀλλὰ ὁ κύριος, γυναῖκα ἀπὸ **ἀνδρὸς** μὴ χωρισθῆναι,
7:11 –ἐὰν δὲ καὶ χωρισθῇ, μενέτω ἄγαμος ἢ τῷ **ἀνδρὶ** καταλλαγήτω,– καὶ **ἄνδρα** γυναῖκα μὴ ἀφιέναι.
7:13 καὶ γυνὴ εἴ τις ἔχει **ἄνδρα** ἄπιστον καὶ οὗτος συνευδοκεῖ οἰκεῖν μετ' αὐτῆς, μὴ ἀφιέτω τὸν **ἄνδρα.**
7:14 ἡγίασται γὰρ ὁ **ἀνὴρ** ὁ ἄπιστος ἐν τῇ γυναικὶ καὶ ἡγίασται ἡ γυνὴ ἡ ἄπιστος ἐν τῷ ἀδελφῷ·
7:16 τί γὰρ οἶδας, γύναι, εἰ τὸν **ἄνδρα** σώσεις; ἢ τί οἶδας, **ἄνερ,** εἰ τὴν γυναῖκα σώσεις;

7:34 ἡ δὲ γαμήσασα μεριμνᾷ τὰ τοῦ κόσμου, πῶς ἀρέσῃ τῷ **ἀνδρί.**
7:39 Γυνὴ δέδεται ἐφ' ὅσον χρόνον ζῇ ὁ **ἀνὴρ** αὐτῆς· ἐὰν δὲ κοιμηθῇ ὁ **ἀνήρ,** ἐλευθέρα ἐστὶν ᾧ θέλει γαμηθῆναι,
11: 3 ὅτι παντὸς **ἀνδρὸς** ἡ κεφαλὴ ὁ Χριστός ἐστιν, κεφαλὴ δὲ γυναικὸς ὁ **ἀνήρ,** κεφαλὴ δὲ τοῦ Χριστοῦ ὁ θεός.
11: 4 πᾶς **ἀνὴρ** προσευχόμενος ἢ προφητεύων κατὰ κεφαλῆς ἔχων καταισχύνει τὴν κεφαλὴν αὐτοῦ.
11: 7 **ἀνὴρ** μὲν γὰρ οὐκ ὀφείλει κατακαλύπτεσθαι τὴν κεφαλὴν εἰκὼν καὶ δόξα θεοῦ ὑπάρχων· ἡ γυνὴ δὲ δόξα **ἀνδρός** ἐστιν.
11: 8 οὐ γάρ ἐστιν **ἀνὴρ** ἐκ γυναικὸς ἀλλὰ γυνὴ ἐξ **ἀνδρός·**
11: 9 καὶ γὰρ οὐκ ἐκτίσθη **ἀνὴρ** διὰ τὴν γυναῖκα, ἀλλὰ γυνὴ διὰ τὸν **ἄνδρα.**
11:11 πλὴν οὔτε γυνὴ χωρὶς **ἀνδρὸς** οὔτε **ἀνὴρ** χωρὶς γυναικὸς ἐν κυρίῳ·
11:12 ὥσπερ γὰρ ἡ γυνὴ ἐκ τοῦ **ἀνδρός,** οὕτως καὶ ὁ **ἀνὴρ** διὰ τῆς γυναικός·
11:14 οὐδὲ ἡ φύσις αὐτὴ διδάσκει ὑμᾶς ὅτι **ἀνὴρ** μὲν ἐὰν κομᾷ ἀτιμία αὐτῷ ἐστιν,
13:11 ἐλογιζόμην ὡς νήπιος· ὅτε γέγονα **ἀνήρ,** κατήργηκα τὰ τοῦ νηπίου.
14:35 εἰ δέ τι μαθεῖν θέλουσιν, ἐν οἴκῳ τοὺς ἰδίους **ἄνδρας** ἐπερωτάτωσαν·
2Co 11: 2 ἡρμοσάμην γὰρ ὑμᾶς ἑνὶ **ἀνδρὶ** παρθένον ἁγνὴν παραστῆσαι τῷ Χριστῷ·
Gal 4:27 ὅτι πολλὰ τὰ τέκνα τῆς ἐρήμου μᾶλλον ἢ τῆς ἐχούσης τὸν **ἄνδρα.**
Eph 4:13 εἰς **ἄνδρα** τέλειον, εἰς μέτρον ἡλικίας τοῦ πληρώματος τοῦ Χριστοῦ,
5:22 Αἱ γυναῖκες τοῖς ἰδίοις **ἀνδράσιν** ὡς τῷ κυρίῳ,
5:23 ὅτι **ἀνήρ** ἐστιν κεφαλὴ τῆς γυναικὸς ὡς καὶ ὁ Χριστὸς κεφαλὴ τῆς ἐκκλησίας,
5:24 οὕτως καὶ αἱ γυναῖκες τοῖς **ἀνδράσιν** ἐν παντί.
5:25 Οἱ **ἄνδρες,** ἀγαπᾶτε τὰς γυναῖκας, καθὼς καὶ ὁ Χριστὸς ἠγάπησεν τὴν ἐκκλησίαν καὶ ἑαυτὸν παρέδωκεν ὑπὲρ αὐτῆς,
5:28 οὕτως ὀφείλουσιν [καὶ] οἱ **ἄνδρες** ἀγαπᾶν τὰς ἑαυτῶν γυναῖκας ὡς τὰ ἑαυτῶν σώματα.
5:33 ἕκαστος τὴν ἑαυτοῦ γυναῖκα οὕτως ἀγαπάτω ὡς ἑαυτόν, ἡ δὲ γυνὴ ἵνα φοβῆται τὸν **ἄνδρα.**
Col 3:18 Αἱ γυναῖκες, ὑποτάσσεσθε τοῖς **ἀνδράσιν** ὡς ἀνῆκεν ἐν κυρίῳ.
3:19 Οἱ **ἄνδρες,** ἀγαπᾶτε τὰς γυναῖκας καὶ μὴ πικραίνεσθε πρὸς αὐτάς.
1Ti 2: 8 Βούλομαι οὖν προσεύχεσθαι τοὺς **ἄνδρας** ἐν παντὶ τόπῳ ἐπαίροντας ὁσίους χεῖρας χωρὶς ὀργῆς καὶ διαλογισμοῦ.
2:12 διδάσκειν δὲ γυναικὶ οὐκ ἐπιτρέπω οὐδὲ αὐθεντεῖν **ἀνδρός,**
3: 2 μιᾶς γυναικὸς **ἄνδρα,** νηφάλιον σώφρονα κόσμιον φιλόξενον διδακτικόν,
3:12 διάκονοι ἔστωσαν μιᾶς γυναικὸς **ἄνδρες,** τέκνων καλῶς προϊστάμενοι καὶ τῶν ἰδίων οἴκων.
5: 9 Χήρα καταλεγέσθω μὴ ἔλαττον ἐτῶν ἑξήκοντα γεγονυῖα, ἑνὸς **ἀνδρὸς** γυνή,
Tit 1: 6 εἴ τίς ἐστιν ἀνέγκλητος, μιᾶς γυναικὸς **ἀνήρ,** τέκνα ἔχων πιστά,
2: 5 σώφρονας ἁγνὰς οἰκουργοὺς ἀγαθάς, ὑποτασσομένας τοῖς ἰδίοις **ἀνδράσιν,**
Jas 1: 8 **ἀνὴρ** δίψυχος, ἀκατάστατος ἐν πάσαις ταῖς ὁδοῖς αὐτοῦ.
1:12 Μακάριος **ἀνὴρ** ὃς ὑπομένει πειρασμόν, ὅτι δόκιμος γενόμενος λήμψεται τὸν στέφανον τῆς ζωῆς
1:20 ὀργὴ γὰρ **ἀνδρὸς** δικαιοσύνην θεοῦ οὐκ ἐργάζεται.
1:23 οὗτος ἔοικεν **ἀνδρὶ** κατανοοῦντι τὸ πρόσωπον τῆς γενέσεως αὐτοῦ ἐν ἐσόπτρῳ·
2: 2 ἐὰν γὰρ εἰσέλθῃ εἰς συναγωγὴν ὑμῶν **ἀνὴρ** χρυσοδακτύλιος ἐν ἐσθῆτι λαμπρᾷ,
3: 2 οὗτος τέλειος **ἀνὴρ** δυνατὸς χαλιναγωγῆσαι καὶ ὅλον τὸ σῶμα.
1Pe 3: 1 Ὁμοίως [αἱ] γυναῖκες, ὑποτασσόμεναι τοῖς ἰδίοις **ἀνδράσιν,** ἵνα καὶ εἴ τινες ἀπειθοῦσιν τῷ λόγῳ,
3: 5 οὕτως γάρ ποτε καὶ αἱ ἅγιαι γυναῖκες αἱ ἐλπίζουσαι εἰς θεὸν ἐκόσμουν ἑαυτὰς ὑποτασσόμεναι τοῖς ἰδίοις **ἀνδράσιν,**
3: 7 Οἱ **ἄνδρες** ὁμοίως, συνοικοῦντες κατὰ γνῶσιν ὡς ἀσθενεστέρῳ σκεύει τῷ γυναικείῳ,
Rev 21: 2 καταβαίνουσαν ἐκ τοῦ οὐρανοῦ ἀπὸ τοῦ θεοῦ ἡτοιμασμένην ὡς νύμφην κεκοσμημένην τῷ **ἀνδρὶ** αὐτῆς.

468 ἀνθίστημι [14]

√ 505 + 2705

Mt 5:39 ἐγὼ δὲ λέγω ὑμῖν μὴ **ἀντιστῆναι** τῷ πονηρῷ·
Lk 21:15 ἐγὼ γὰρ δώσω ὑμῖν στόμα καὶ σοφίαν ᾗ οὐ δυνήσονται **ἀντιστῆναι** ἢ ἀντειπεῖν ἅπαντες οἱ ἀντικείμενοι ὑμῖν.
Ac 6:10 καὶ οὐκ ἴσχυον **ἀντιστῆναι** τῇ σοφίᾳ καὶ τῷ πνεύματι ᾧ ἐλάλει.
13: 8 **ἀνθίστατο** δὲ αὐτοῖς Ἐλύμας ὁ μάγος, οὕτως γὰρ μεθερμηνεύεται τὸ ὄνομα αὐτοῦ,
Ro 9:19 Τί [οὖν] ἔτι μέμφεται; τῷ γὰρ βουλήματι αὐτοῦ τίς **ἀνθέστηκεν;**
13: 2 ὥστε ὁ ἀντιτασσόμενος τῇ ἐξουσίᾳ τῇ τοῦ θεοῦ διαταγῇ **ἀνθέστηκεν,** οἱ δὲ **ἀνθεστηκότες** ἑαυτοῖς κρίμα λήμψονται.
Gal 2:11 Ὅτε δὲ ἦλθεν Κηφᾶς εἰς Ἀντιόχειαν, κατὰ πρόσωπον αὐτῷ **ἀντέστην,** ὅτι κατεγνωσμένος ἦν.
Eph 6:13 ἵνα δυνηθῆτε **ἀντιστῆναι** ἐν τῇ ἡμέρᾳ τῇ πονηρᾷ καὶ ἅπαντα κατεργασάμενοι στῆναι.
2Ti 3: 8 ὃν τρόπον δὲ Ἰάννης καὶ Ἰαμβρῆς **ἀντέστησαν** Μωϋσεῖ, οὕτως καὶ οὗτοι **ἀνθίστανται** τῇ ἀληθείᾳ,
4:15 ὃν καὶ σὺ φυλάσσου, λίαν γὰρ **ἀντέστη** τοῖς ἡμετέροις λόγοις.
Jas 4: 7 **ἀντίστητε** δὲ τῷ διαβόλῳ καὶ φεύξεται ἀφ' ὑμῶν,
1Pe 5: 9 ᾧ **ἀντίστητε** στερεοὶ τῇ πίστει εἰδότες τὰ αὐτὰ τῶν παθημάτων τῇ ἐν [τῷ] κόσμῳ ὑμῶν ἀδελφότητι ἐπιτελεῖσθαι.

469 ἀνθομολογέομαι [1]

√ 505 + 3933

Lk 2:38 ἐπιστᾶσα **ἀνθωμολογεῖτο** τῷ θεῷ καὶ ἐλάλει περὶ αὐτοῦ πᾶσιν τοῖς προσδεχομένοις λύτρωσιν Ἰερουσαλήμ.

470 ἄνθος [4]

Jas 1:10 ὁ δὲ πλούσιος ἐν τῇ ταπεινώσει αὐτοῦ, ὅτι ὡς **ἄνθος** χόρτου παρελεύσεται.
1:11 καὶ ἐξήρανεν τὸν χόρτον καὶ τὸ **ἄνθος** αὐτοῦ ἐξέπεσεν καὶ ἡ εὐπρέπεια τοῦ προσώπου αὐτοῦ ἀπώλετο·
1Pe 1:24 διότι πᾶσα σὰρξ ὡς χόρτος καὶ πᾶσα δόξα αὐτῆς ὡς **ἄνθος** χόρτου· ἐξηράνθη ὁ χόρτος καὶ τὸ **ἄνθος** ἐξέπεσεν·

471 ἀνθρακιά [2]

√ 472

Jn 18:18 εἱστήκεισαν δὲ οἱ δοῦλοι καὶ οἱ ὑπηρέται **ἀνθρακιὰν** πεποιηκότες,
21: 9 ὡς οὖν ἀπέβησαν εἰς τὴν γῆν βλέπουσιν **ἀνθρακιὰν** κειμένην καὶ ὀψάριον ἐπικείμενον καὶ ἄρτον.

472 ἄνθραξ [1]

→ 471

Ro 12:20 τοῦτο γὰρ ποιῶν **ἄνθρακας** πυρὸς σωρεύσεις ἐπὶ τὴν κεφαλὴν αὐτοῦ.

473 ἀνθρωπάρεσκος [2]

√ 476 + 743

Eph 6: 6 μὴ κατ' ὀφθαλμοδουλίαν ὡς **ἀνθρωπάρεσκοι** ἀλλ' ὡς δοῦλοι Χριστοῦ ποιοῦντες τὸ θέλημα τοῦ θεοῦ ἐκ ψυχῆς,
Col 3:22 μὴ ἐν ὀφθαλμοδουλίᾳ ὡς **ἀνθρωπάρεσκοι,** ἀλλ' ἐν ἁπλότητι καρδίας φοβούμενοι τὸν κύριον.

474 ἀνθρώπινος [7]

√ 476

ἀνθρώπινος σοφία [1] 1Co 2:13

Ac 17:25 οὐδὲ ὑπὸ χειρῶν **ἀνθρωπίνων** θεραπεύεται προσδεόμενός τινος, αὐτὸς διδοὺς πᾶσι ζωὴν καὶ πνοὴν καὶ τὰ πάντα·
Ro 6:19 **ἀνθρώπινον** λέγω διὰ τὴν ἀσθένειαν τῆς σαρκὸς ὑμῶν.
1Co 2:13 ἃ καὶ λαλοῦμεν οὐκ ἐν διδακτοῖς **ἀνθρωπίνης** σοφίας λόγοις ἀλλ' ἐν διδακτοῖς πνεύματος,
4: 3 ἵνα ὑφ' ὑμῶν ἀνακριθῶ ἢ ὑπὸ **ἀνθρωπίνης** ἡμέρας·
10:13 πειρασμὸς ὑμᾶς οὐκ εἴληφεν εἰ μὴ **ἀνθρώπινος·** πιστὸς δὲ ὁ θεός, ὃς οὐκ ἐάσει ὑμᾶς πειρασθῆναι ὑπὲρ ὃ δύνασθε,

Jas 3: 7 ἑρπετῶν τε καὶ ἐναλίων δαμάζεται καὶ δεδάμασται τῇ φύσει τῇ **ἀνθρωπίνῃ,**
1Pe 2:13 Ὑποτάγητε πάσῃ **ἀνθρωπίνῃ** κτίσει διὰ τὸν κύριον, εἴτε βασιλεῖ ὡς ὑπερέχοντι,

475 ἀνθρωποκτόνος [3]

√ *476 + 650*

Jn 8:44 ἐκεῖνος **ἀνθρωποκτόνος** ἦν ἀπ᾽ ἀρχῆς καὶ ἐν τῇ ἀληθείᾳ οὐκ ἔστηκεν,
1Jn 3:15 πᾶς ὁ μισῶν τὸν ἀδελφὸν αὐτοῦ **ἀνθρωποκτόνος** ἐστίν, καὶ οἴδατε ὅτι πᾶς **ἀνθρωποκτόνος** οὐκ ἔχει ζωὴν αἰώνιον ἐν αὐτῷ μένουσαν.

476 ἄνθρωπος [550]

→ *473, 474, 475, 1881, 5792, 5793*

ἄνθρωπος διαθήκη [1] Gal 3:15

ἄνθρωπος θεοῦ [2] 1Ti 6:11; 2Ti 3:17

ὁ ἄνθρωπος ἐκεῖνος [9] Mt 12:45; 26:24,24; Mk 14:21,21; Lk 11:26; 22:22; Ac 16:35; Jas 1:7

ὁ ἄνθρωπος οὗτος [24] Mk 14:71; 15:39; Lk 2:25; 14:30; 23:4,14,14; Jn 9:16,24; 11:47; 18:17,29; Ac 4:16; 5:28,35,38; 6:13; 16:17,20; 22:26; 23:9; 26:31,32; 28:4

ἀρέσκω ἀνθρώποις [3] Gal 1:10,10; 1Th 2:4

βλέπω εἰς πρόσωπον ἀνθρώπων [2] Mt 22:16; Mk 12:14

ἐνώπιον [τῶν] ἀνθρώπων [5] Lk 12:9; 16:15; Ro 12:17; 2Co 8:21; Rev 13:13

κατὰ ἄνθρωπον [7] Ro 3:5; 1Co 3:3; 9:8; 15:32; Gal 1:11; 3:15; 1Pe 4:6

λαμβάνω πρόσωπον ἀνθρώπου [1] Gal 2:6

τὰ τῶν ἀνθρώπων [2] Mt 16:23; Mk 8:33

ὁ υἱὸς τοῦ ἀνθρωποῦ [82] Mt 8:20; 9:6; 10:23; 11:19; 12:8,32,40; 13:37,41; 16:13,27,28; 17:9,12,22; 19:28; 20:18,28; 24:27,30,30,37,39,44; 25:31; 26:2,24,24,45,64; Mk 2:10,28; 8:31,38; 9:9,12,31; 10:33,45; 13:26; 14:21,21,41,62; Lk 5:24; 6:5,22; 7:34; 9:22,26,44,58; 11:30; 12:8,10,40; 17:22,24,26,30; 18:8,31; 19:10; 21:27,36; 22:22,48,69; 24:7; Jn 1:51; 3:13,14; 6:27,53,62; 8:28; 9:35; 12:23,34,34; 13:31; Ac 7:56

υἱὸς ἀνθρώπου [4] Jn 5:27; Heb 2:6; Rev 1:13; 14:14

οἱ υἱοὶ τῶν ἀνθρώπων [2] Mk 3:28; Eph 3:5

φῶς ἀνθρώπων [1] Jn 1:4

Mt 4: 4 Γέγραπται, Οὐκ ἐπ᾽ ἄρτῳ μόνῳ ζήσεται ὁ **ἄνθρωπος,**
4:19 Δεῦτε ὀπίσω μου, καὶ ποιήσω ὑμᾶς ἁλιεῖς **ἀνθρώπων.**
5:13 εἰς οὐδὲν ἰσχύει ἔτι εἰ μὴ βληθὲν ἔξω καταπατεῖσθαι ὑπὸ τῶν **ἀνθρώπων.**
5:16 οὕτως λαμψάτω τὸ φῶς ὑμῶν ἔμπροσθεν τῶν **ἀνθρώπων,**
5:19 ὃς ἐὰν οὖν λύσῃ μίαν τῶν ἐντολῶν τούτων τῶν ἐλαχίστων καὶ διδάξῃ οὕτως τοὺς **ἀνθρώπους,**
6: 1 Προσέχετε [δὲ] τὴν δικαιοσύνην ὑμῶν μὴ ποιεῖν ἔμπροσθεν τῶν **ἀνθρώπων** πρὸς τὸ θεαθῆναι αὐτοῖς·
6: 2 ὥσπερ οἱ ὑποκριταὶ ποιοῦσιν ἐν ταῖς συναγωγαῖς καὶ ἐν ταῖς ῥύμαις, ὅπως δοξασθῶσιν ὑπὸ τῶν **ἀνθρώπων·**
6: 5 ἐν ταῖς συναγωγαῖς καὶ ἐν ταῖς γωνίαις τῶν πλατειῶν ἑστῶτες προσεύχεσθαι, ὅπως φανῶσιν τοῖς **ἀνθρώποις·**
6:14 Ἐὰν γὰρ ἀφῆτε τοῖς **ἀνθρώποις** τὰ παραπτώματα αὐτῶν,
6:15 ἐὰν δὲ μὴ ἀφῆτε τοῖς **ἀνθρώποις,** οὐδὲ ὁ πατὴρ ὑμῶν ἀφήσει τὰ παραπτώματα ὑμῶν.
6:16 ἀφανίζουσιν γὰρ τὰ πρόσωπα αὐτῶν ὅπως φανῶσιν τοῖς **ἀνθρώποις** νηστεύοντες·
6:18 ὅπως μὴ φανῇς τοῖς **ἀνθρώποις** νηστεύων ἀλλὰ τῷ πατρί σου τῷ ἐν τῷ κρυφαίῳ·
7: 9 ἢ τίς ἐστιν ἐξ ὑμῶν **ἄνθρωπος,** ὃν αἰτήσει ὁ υἱὸς αὐτοῦ ἄρτον,
7:12 Πάντα οὖν ὅσα ἐὰν θέλητε ἵνα ποιῶσιν ὑμῖν οἱ **ἄνθρωποι,**
8: 9 καὶ γὰρ ἐγὼ **ἄνθρωπός** εἰμι ὑπὸ ἐξουσίαν, ἔχων ὑπ᾽ ἐμαυτὸν στρατιώτας,
8:20 ὁ δὲ υἱὸς τοῦ **ἀνθρώπου** οὐκ ἔχει ποῦ τὴν κεφαλὴν κλίνῃ.
8:27 οἱ δὲ **ἄνθρωποι** ἐθαύμασαν λέγοντες, Ποταπός ἐστιν οὗτος ὅτι καὶ οἱ ἄνεμοι καὶ ἡ θάλασσα αὐτῷ ὑπακούουσιν;
9: 6 ἵνα δὲ εἰδῆτε ὅτι ἐξουσίαν ἔχει ὁ υἱὸς τοῦ **ἀνθρώπου** ἐπὶ τῆς γῆς ἀφιέναι ἁμαρτίας–
9: 8 ἰδόντες δὲ οἱ ὄχλοι ἐφοβήθησαν καὶ ἐδόξασαν τὸν θεὸν τὸν δόντα ἐξουσίαν τοιαύτην τοῖς **ἀνθρώποις.**
9: 9 Καὶ παράγων ὁ Ἰησοῦς ἐκεῖθεν εἶδεν **ἄνθρωπον** καθήμενον ἐπὶ τὸ τελώνιον,
9:32 Αὐτῶν δὲ ἐξερχομένων ἰδοὺ προσήνεγκαν αὐτῷ **ἄνθρωπον** κωφὸν δαιμονιζόμενον.
10:17 προσέχετε δὲ ἀπὸ τῶν **ἀνθρώπων·** παραδώσουσιν γὰρ ὑμᾶς εἰς συνέδρια καὶ ἐν ταῖς συναγωγαῖς αὐτῶν μαστιγώσουσιν
10:23 οὐ μὴ τελέσητε τὰς πόλεις τοῦ Ἰσραὴλ ἕως ἂν ἔλθῃ ὁ υἱὸς τοῦ **ἀνθρώπου.**
10:32 Πᾶς οὖν ὅστις ὁμολογήσει ἐν ἐμοὶ ἔμπροσθεν τῶν **ἀνθρώπων,**
10:33 ὅστις δ᾽ ἂν ἀρνήσηταί με ἔμπροσθεν τῶν **ἀνθρώπων,**
10:35 ἦλθον γὰρ διχάσαι **ἄνθρωπον** κατὰ τοῦ πατρὸς αὐτοῦ
10:36 καὶ ἐχθροὶ τοῦ **ἀνθρώπου** οἱ οἰκιακοὶ αὐτοῦ.
11: 8 ἀλλὰ τί ἐξήλθατε ἰδεῖν; **ἄνθρωπον** ἐν μαλακοῖς ἠμφιεσμένον;
11:19 ἦλθεν ὁ υἱὸς τοῦ **ἀνθρώπου** ἐσθίων καὶ πίνων, καὶ λέγουσιν, Ἰδοὺ **ἄνθρωπος** φάγος καὶ οἰνοπότης, τελωνῶν φίλος
12: 8 κύριος γάρ ἐστιν τοῦ σαββάτου ὁ υἱὸς τοῦ **ἀνθρώπου.**
12:10 καὶ ἰδοὺ **ἄνθρωπος** χεῖρα ἔχων ξηράν. καὶ ἐπηρώτησαν αὐτὸν λέγοντες,
12:11 Τίς ἔσται ἐξ ὑμῶν **ἄνθρωπος** ὃς ἕξει πρόβατον ἓν καὶ ἐὰν ἐμπέσῃ τοῦτο τοῖς σάββασιν εἰς βόθυνον,
12:12 πόσῳ οὖν διαφέρει **ἄνθρωπος** προβάτου. ὥστε ἔξεστιν τοῖς σάββασιν καλῶς ποιεῖν.
12:13 τότε λέγει τῷ **ἀνθρώπῳ,** Ἔκτεινόν σου τὴν χεῖρα.
12:31 Διὰ τοῦτο λέγω ὑμῖν, πᾶσα ἁμαρτία καὶ βλασφημία ἀφεθήσεται τοῖς **ἀνθρώποις,**
12:32 καὶ ὃς ἐὰν εἴπῃ λόγον κατὰ τοῦ υἱοῦ τοῦ **ἀνθρώπου,**
12:35 ὁ ἀγαθὸς **ἄνθρωπος** ἐκ τοῦ ἀγαθοῦ θησαυροῦ ἐκβάλλει ἀγαθά, καὶ ὁ πονηρὸς **ἄνθρωπος** ἐκ τοῦ πονηροῦ θησαυροῦ ἐκβάλλει πονηρά.
12:36 λέγω δὲ ὑμῖν ὅτι πᾶν ῥῆμα ἀργὸν ὃ λαλήσουσιν οἱ **ἄνθρωποι** ἀποδώσουσιν περὶ αὐτοῦ λόγον ἐν ἡμέρᾳ κρίσεως·
12:40 οὕτως ἔσται ὁ υἱὸς τοῦ **ἀνθρώπου** ἐν τῇ καρδίᾳ τῆς γῆς τρεῖς ἡμέρας καὶ τρεῖς νύκτας.
12:43 Ὅταν δὲ τὸ ἀκάθαρτον πνεῦμα ἐξέλθῃ ἀπὸ τοῦ **ἀνθρώπου,**
12:45 καὶ γίνεται τὰ ἔσχατα τοῦ **ἀνθρώπου** ἐκείνου χείρονα τῶν πρώτων.
13:24 Ὡμοιώθη ἡ βασιλεία τῶν οὐρανῶν **ἀνθρώπῳ** σπείραντι καλὸν σπέρμα ἐν τῷ ἀγρῷ αὐτοῦ.
13:25 ἐν δὲ τῷ καθεύδειν τοὺς **ἀνθρώπους** ἦλθεν αὐτοῦ ὁ ἐχθρὸς καὶ ἐπέσπειρεν ζιζάνια ἀνὰ μέσον τοῦ σίτου καὶ ἀπῆλθεν.
13:28 ὁ δὲ ἔφη αὐτοῖς, Ἐχθρὸς **ἄνθρωπος** τοῦτο ἐποίησεν.
13:31 ὃν λαβὼν **ἄνθρωπος** ἔσπειρεν ἐν τῷ ἀγρῷ αὐτοῦ·
13:37 Ὁ σπείρων τὸ καλὸν σπέρμα ἐστὶν ὁ υἱὸς τοῦ **ἀνθρώπου,**
13:41 ἀποστελεῖ ὁ υἱὸς τοῦ **ἀνθρώπου** τοὺς ἀγγέλους αὐτοῦ,
13:44 Ὁμοία ἐστὶν ἡ βασιλεία τῶν οὐρανῶν θησαυρῷ κεκρυμμένῳ ἐν τῷ ἀγρῷ, ὃν εὑρὼν **ἄνθρωπος** ἔκρυψεν,
13:45 Πάλιν ὁμοία ἐστὶν ἡ βασιλεία τῶν οὐρανῶν **ἀνθρώπῳ** ἐμπόρῳ ζητοῦντι καλοὺς μαργαρίτας·
13:52 Διὰ τοῦτο πᾶς γραμματεὺς μαθητευθεὶς τῇ βασιλείᾳ τῶν οὐρανῶν ὅμοιός ἐστιν **ἀνθρώπῳ** οἰκοδεσπότῃ,
15: 9 μάτην δὲ σέβονταί με διδάσκοντες διδασκαλίας ἐντάλματα **ἀνθρώπων.**
15:11 οὐ τὸ εἰσερχόμενον εἰς τὸ στόμα κοινοῖ τὸν **ἄνθρωπον,** ἀλλὰ τὸ ἐκπορευόμενον ἐκ τοῦ στόματος τοῦτο κοινοῖ τὸν **ἄνθρωπον.**
15:18 τὰ δὲ ἐκπορευόμενα ἐκ τοῦ στόματος ἐκ τῆς καρδίας ἐξέρχεται, κἀκεῖνα κοινοῖ τὸν **ἄνθρωπον.**
15:20 ταῦτά ἐστιν τὰ κοινοῦντα τὸν **ἄνθρωπον,** τὸ δὲ ἀνίπτοις χερσὶν φαγεῖν οὐ κοινοῖ τὸν **ἄνθρωπον.**
16:13 Τίνα λέγουσιν οἱ **ἄνθρωποι** εἶναι τὸν υἱὸν τοῦ **ἀνθρώπου;**
16:23 ὅτι οὐ φρονεῖς τὰ τοῦ θεοῦ ἀλλὰ τὰ τῶν **ἀνθρώπων.**
16:26 τί γὰρ ὠφεληθήσεται **ἄνθρωπος** ἐὰν τὸν κόσμον ὅλον κερδήσῃ τὴν δὲ ψυχὴν αὐτοῦ ζημιωθῇ; ἢ τί δώσει **ἄνθρωπος** ἀντάλλαγμα τῆς ψυχῆς αὐτοῦ;
16:27 μέλλει γὰρ ὁ υἱὸς τοῦ **ἀνθρώπου** ἔρχεσθαι ἐν τῇ δόξῃ τοῦ πατρὸς αὐτοῦ μετὰ τῶν ἀγγέλων αὐτοῦ,
16:28 οἵτινες οὐ μὴ γεύσωνται θανάτου ἕως ἂν ἴδωσιν τὸν υἱὸν τοῦ **ἀνθρώπου** ἐρχόμενον ἐν τῇ βασιλείᾳ αὐτοῦ.
17: 9 Μηδενὶ εἴπητε τὸ ὅραμα ἕως οὗ ὁ υἱὸς τοῦ **ἀνθρώπου** ἐκ νεκρῶν ἐγερθῇ.
17:12 οὕτως καὶ ὁ υἱὸς τοῦ **ἀνθρώπου** μέλλει πάσχειν ὑπ᾽ αὐτῶν.

17: 14 Καὶ ἐλθόντων πρὸς τὸν ὄχλον προσῆλθεν αὐτῷ **ἄνθρωπος** γονυπετῶν αὐτὸν
17: 22 Μέλλει ὁ υἱὸς τοῦ **ἀνθρώπου** παραδίδοσθαι εἰς χεῖρας **ἀνθρώπων,**
18: 7 πλὴν οὐαὶ τῷ **ἀνθρώπῳ** δι' οὗ τὸ σκάνδαλον ἔρχεται.
18: 12 ἐὰν γένηταί τινι **ἀνθρώπῳ** ἑκατὸν πρόβατα καὶ πλανηθῇ ἓν ἐξ αὐτῶν,
18: 23 Διὰ τοῦτο ὡμοιώθη ἡ βασιλεία τῶν οὐρανῶν **ἀνθρώπῳ** βασιλεῖ,
19: 3 Εἰ ἔξεστιν **ἀνθρώπῳ** ἀπολῦσαι τὴν γυναῖκα αὐτοῦ κατὰ πᾶσαν αἰτίαν;
19: 5 Ἕνεκα τούτου καταλείψει **ἄνθρωπος** τὸν πατέρα καὶ τὴν μητέρα καὶ κολληθήσεται τῇ γυναικὶ αὐτοῦ,
19: 6 ὃ οὖν ὁ θεὸς συνέζευξεν **ἄνθρωπος** μὴ χωριζέτω.
19: 10 Εἰ οὕτως ἐστὶν ἡ αἰτία τοῦ **ἀνθρώπου** μετὰ τῆς γυναικός,
19: 12 καὶ εἰσὶν εὐνοῦχοι οἵτινες εὐνουχίσθησαν ὑπὸ τῶν **ἀνθρώπων,**
19: 26 Παρὰ **ἀνθρώποις** τοῦτο ἀδύνατόν ἐστιν, παρὰ δὲ θεῷ πάντα δυνατά.
19: 28 ὅταν καθίσῃ ὁ υἱὸς τοῦ **ἀνθρώπου** ἐπὶ θρόνου δόξης αὐτοῦ,
20: 1 Ὁμοία γάρ ἐστιν ἡ βασιλεία τῶν οὐρανῶν **ἀνθρώπῳ** οἰκοδεσπότῃ,
20: 18 καὶ ὁ υἱὸς τοῦ **ἀνθρώπου** παραδοθήσεται τοῖς ἀρχιερεῦσιν καὶ γραμματεῦσιν,
20: 28 ὥσπερ ὁ υἱὸς τοῦ **ἀνθρώπου** οὐκ ἦλθεν διακονηθῆναι ἀλλὰ διακονῆσαι καὶ δοῦναι τὴν ψυχὴν αὐτοῦ λύτρον ἀντὶ πολλῶν.
21: 25 ἐξ οὐρανοῦ ἢ ἐξ **ἀνθρώπων;** οἱ δὲ διελογίζοντο ἐν ἑαυτοῖς λέγοντες,
21: 26 ἐὰν δὲ εἴπωμεν, Ἐξ **ἀνθρώπων,** φοβούμεθα τὸν ὄχλον,
21: 28 Τί δὲ ὑμῖν δοκεῖ; **ἄνθρωπος** εἶχεν τέκνα δύο.
21: 33 **Ἄνθρωπος** ἦν οἰκοδεσπότης ὅστις ἐφύτευσεν ἀμπελῶνα
22: 2 Ὡμοιώθη ἡ βασιλεία τῶν οὐρανῶν **ἀνθρώπῳ** βασιλεῖ, ὅστις ἐποίησεν γάμους τῷ υἱῷ αὐτοῦ.
22: 11 εἰσελθὼν δὲ ὁ βασιλεὺς θεάσασθαι τοὺς ἀνακειμένους εἶδεν ἐκεῖ **ἄνθρωπον** οὐκ ἐνδεδυμένον ἔνδυμα γάμου,
22: 16 καὶ τὴν ὁδὸν τοῦ θεοῦ ἐν ἀληθείᾳ διδάσκεις καὶ οὐ μέλει σοι περὶ οὐδενός· οὐ γὰρ βλέπεις εἰς πρόσωπον **ἀνθρώπων.**
23: 4 δεσμεύουσιν δὲ φορτία βαρέα [καὶ δυσβάστακτα] καὶ ἐπιτιθέασιν ἐπὶ τοὺς ὤμους τῶν **ἀνθρώπων,**
23: 5 πάντα δὲ τὰ ἔργα αὐτῶν ποιοῦσιν πρὸς τὸ θεαθῆναι τοῖς **ἀνθρώποις·**
23: 7 καὶ τοὺς ἀσπασμοὺς ἐν ταῖς ἀγοραῖς καὶ καλεῖσθαι ὑπὸ τῶν **ἀνθρώπων,**
23: 13 ὅτι κλείετε τὴν βασιλείαν τῶν οὐρανῶν ἔμπροσθεν τῶν **ἀνθρώπων·**
23: 28 οὕτως καὶ ὑμεῖς ἔξωθεν μὲν φαίνεσθε τοῖς **ἀνθρώποις** δίκαιοι,
24: 27 οὕτως ἔσται ἡ παρουσία τοῦ υἱοῦ τοῦ **ἀνθρώπου·**
24: 30 καὶ τότε φανήσεται τὸ σημεῖον τοῦ υἱοῦ τοῦ **ἀνθρώπου** ἐν οὐρανῷ, καὶ τότε κόψονται πᾶσαι αἱ φυλαὶ τῆς γῆς καὶ ὄψονται τὸν υἱὸν τοῦ **ἀνθρώπου** ἐρχόμενον ἐπὶ τῶν νεφελῶν
24: 37 οὕτως ἔσται ἡ παρουσία τοῦ υἱοῦ τοῦ **ἀνθρώπου.**
24: 39 οὕτως ἔσται [καὶ] ἡ παρουσία τοῦ υἱοῦ τοῦ **ἀνθρώπου.**
24: 44 ὅτι ᾗ οὐ δοκεῖτε ὥρᾳ ὁ υἱὸς τοῦ **ἀνθρώπου** ἔρχεται.
25: 14 Ὥσπερ γὰρ **ἄνθρωπος** ἀποδημῶν ἐκάλεσεν τοὺς ἰδίους δούλους καὶ παρέδωκεν αὐτοῖς τὰ ὑπάρχοντα αὐτοῦ,
25: 24 Κύριε, ἔγνων σε ὅτι σκληρὸς εἶ **ἄνθρωπος,** θερίζων ὅπου οὐκ ἔσπειρας καὶ συνάγων ὅθεν οὐ διεσκόρπισας,
25: 31 Ὅταν δὲ ἔλθῃ ὁ υἱὸς τοῦ **ἀνθρώπου** ἐν τῇ δόξῃ αὐτοῦ καὶ πάντες οἱ ἄγγελοι μετ' αὐτοῦ,
26: 2 καὶ ὁ υἱὸς τοῦ **ἀνθρώπου** παραδίδοται εἰς τὸ σταυρωθῆναι.
26: 24 ὁ μὲν υἱὸς τοῦ **ἀνθρώπου** ὑπάγει καθὼς γέγραπται περὶ αὐτοῦ, οὐαὶ δὲ τῷ **ἀνθρώπῳ** ἐκείνῳ δι' οὗ ὁ υἱὸς τοῦ **ἀνθρώπου** παραδίδοται· καλὸν ἦν αὐτῷ εἰ οὐκ ἐγεννήθη ὁ **ἄνθρωπος** ἐκεῖνος.
26: 45 ἰδοὺ ἤγγικεν ἡ ὥρα καὶ ὁ υἱὸς τοῦ **ἀνθρώπου** παραδίδοται εἰς χεῖρας ἁμαρτωλῶν.
26: 64 ἀπ' ἄρτι ὄψεσθε τὸν υἱὸν τοῦ **ἀνθρώπου** καθήμενον ἐκ δεξιῶν τῆς δυνάμεως καὶ ἐρχόμενον ἐπὶ τῶν νεφελῶν τοῦ οὐρανοῦ.
26: 72 καὶ πάλιν ἠρνήσατο μετὰ ὅρκου ὅτι Οὐκ οἶδα τὸν **ἄνθρωπον.**
26: 74 τότε ἤρξατο καταθεματίζειν καὶ ὀμνύειν ὅτι Οὐκ οἶδα τὸν **ἄνθρωπον.**
27: 32 Ἐξερχόμενοι δὲ εὗρον **ἄνθρωπον** Κυρηναῖον ὀνόματι Σίμωνα, τοῦτον ἠγγάρευσαν ἵνα ἄρῃ τὸν σταυρὸν αὐτοῦ.
27: 57 Ὀψίας δὲ γενομένης ἦλθεν **ἄνθρωπος** πλούσιος ἀπὸ Ἁριμαθαίας,
Mk 1: 17 Δεῦτε ὀπίσω μου, καὶ ποιήσω ὑμᾶς γενέσθαι ἁλιεῖς **ἀνθρώπων.**
1: 23 καὶ εὐθὺς ἦν ἐν τῇ συναγωγῇ αὐτῶν **ἄνθρωπος** ἐν πνεύματι ἀκαθάρτῳ καὶ ἀνέκραξεν
2: 10 ἵνα δὲ εἰδῆτε ὅτι ἐξουσίαν ἔχει ὁ υἱὸς τοῦ **ἀνθρώπου** ἀφιέναι ἁμαρτίας ἐπὶ τῆς γῆς–
2: 27 Τὸ σάββατον διὰ τὸν **ἄνθρωπον** ἐγένετο καὶ οὐχ ὁ **ἄνθρωπος** διὰ τὸ σάββατον·
2: 28 ὥστε κύριός ἐστιν ὁ υἱὸς τοῦ **ἀνθρώπου** καὶ τοῦ σαββάτου.
3: 1 καὶ ἦν ἐκεῖ **ἄνθρωπος** ἐξηραμμένην ἔχων τὴν χεῖρα.
3: 3 καὶ λέγει τῷ **ἀνθρώπῳ** τῷ τὴν ξηρὰν χεῖρα ἔχοντι,
3: 5 συλλυπούμενος ἐπὶ τῇ πωρώσει τῆς καρδίας αὐτῶν λέγει τῷ **ἀνθρώπῳ,**
3: 28 πάντα ἀφεθήσεται τοῖς υἱοῖς τῶν **ἀνθρώπων** τὰ ἁμαρτήματα καὶ αἱ βλασφημίαι ὅσα ἐὰν βλασφημήσωσιν·
4: 26 Οὕτως ἐστὶν ἡ βασιλεία τοῦ θεοῦ ὡς **ἄνθρωπος** βάλῃ τὸν σπόρον ἐπὶ τῆς γῆς
5: 2 καὶ ἐξελθόντος αὐτοῦ ἐκ τοῦ πλοίου εὐθὺς ὑπήντησεν αὐτῷ ἐκ τῶν μνημείων **ἄνθρωπος** ἐν πνεύματι ἀκαθάρτῳ,
5: 8 Ἔξελθε τὸ πνεῦμα τὸ ἀκάθαρτον ἐκ τοῦ **ἀνθρώπου.**
7: 7 μάτην δὲ σέβονταί με διδάσκοντες διδασκαλίας ἐντάλματα **ἀνθρώπων.**
7: 8 ἀφέντες τὴν ἐντολὴν τοῦ θεοῦ κρατεῖτε τὴν παράδοσιν τῶν **ἀνθρώπων.**
7: 11 Ἐὰν εἴπῃ **ἄνθρωπος** τῷ πατρὶ ἢ τῇ μητρί,
7: 15 οὐδέν ἐστιν ἔξωθεν τοῦ **ἀνθρώπου** εἰσπορευόμενον εἰς αὐτὸν ὃ δύναται κοινῶσαι αὐτόν, ἀλλὰ τὰ ἐκ τοῦ **ἀνθρώπου** ἐκπορευόμενά ἐστιν τὰ κοινοῦντα τὸν **ἄνθρωπον.**
7: 18 οὐ νοεῖτε ὅτι πᾶν τὸ ἔξωθεν εἰσπορευόμενον εἰς τὸν **ἄνθρωπον** οὐ δύναται αὐτὸν κοινῶσαι
7: 20 ἔλεγεν δὲ ὅτι Τὸ ἐκ τοῦ **ἀνθρώπου** ἐκπορευόμενον, ἐκεῖνο κοινοῖ τὸν **ἄνθρωπον.**
7: 21 ἔσωθεν γὰρ ἐκ τῆς καρδίας τῶν **ἀνθρώπων** οἱ διαλογισμοὶ οἱ κακοὶ ἐκπορεύονται,
7: 23 πάντα ταῦτα τὰ πονηρὰ ἔσωθεν ἐκπορεύεται καὶ κοινοῖ τὸν **ἄνθρωπον.**
8: 24 Βλέπω τοὺς **ἀνθρώπους** ὅτι ὡς δένδρα ὁρῶ περιπατοῦντας.
8: 27 καὶ ἐν τῇ ὁδῷ ἐπηρώτα τοὺς μαθητὰς αὐτοῦ λέγων αὐτοῖς, Τίνα με λέγουσιν οἱ **ἄνθρωποι** εἶναι;
8: 31 Καὶ ἤρξατο διδάσκειν αὐτοὺς ὅτι δεῖ τὸν υἱὸν τοῦ **ἀνθρώπου** πολλὰ παθεῖν καὶ ἀποδοκιμασθῆναι ὑπὸ τῶν πρεσβυτέρων
8: 33 ὅτι οὐ φρονεῖς τὰ τοῦ θεοῦ ἀλλὰ τὰ τῶν **ἀνθρώπων.**
8: 36 τί γὰρ ὠφελεῖ **ἄνθρωπον** κερδῆσαι τὸν κόσμον ὅλον καὶ ζημιωθῆναι τὴν ψυχὴν αὐτοῦ;
8: 37 τί γὰρ δοῖ **ἄνθρωπος** ἀντάλλαγμα τῆς ψυχῆς αὐτοῦ;
8: 38 καὶ ὁ υἱὸς τοῦ **ἀνθρώπου** ἐπαισχυνθήσεται αὐτόν, ὅταν ἔλθῃ ἐν τῇ δόξῃ τοῦ πατρὸς αὐτοῦ μετὰ τῶν ἀγγέλων τῶν ἁγίων.
9: 9 εἰ μὴ ὅταν ὁ υἱὸς τοῦ **ἀνθρώπου** ἐκ νεκρῶν ἀναστῇ.
9: 12 καὶ πῶς γέγραπται ἐπὶ τὸν υἱὸν τοῦ **ἀνθρώπου** ἵνα πολλὰ πάθῃ καὶ ἐξουδενηθῇ;
9: 31 ἐδίδασκεν γὰρ τοὺς μαθητὰς αὐτοῦ καὶ ἔλεγεν αὐτοῖς ὅτι Ὁ υἱὸς τοῦ **ἀνθρώπου** παραδίδοται εἰς χεῖρας **ἀνθρώπων,**
10: 7 ἕνεκεν τούτου καταλείψει **ἄνθρωπος** τὸν πατέρα αὐτοῦ καὶ τὴν μητέρα [καὶ προσκολληθήσεται πρὸς τὴν γυναῖκα αὐτοῦ,]
10: 9 ὃ οὖν ὁ θεὸς συνέζευξεν **ἄνθρωπος** μὴ χωριζέτω.
10: 27 ἐμβλέψας αὐτοῖς ὁ Ἰησοῦς λέγει, Παρὰ **ἀνθρώποις** ἀδύνατον, ἀλλ' οὐ παρὰ θεῷ·
10: 33 καὶ ὁ υἱὸς τοῦ **ἀνθρώπου** παραδοθήσεται τοῖς ἀρχιερεῦσιν καὶ τοῖς γραμματεῦσιν,
10: 45 καὶ γὰρ ὁ υἱὸς τοῦ **ἀνθρώπου** οὐκ ἦλθεν διακονηθῆναι ἀλλὰ διακονῆσαι καὶ δοῦναι τὴν ψυχὴν αὐτοῦ λύτρον ἀντὶ πολλῶν.
11: 2 καὶ εὐθὺς εἰσπορευόμενοι εἰς αὐτὴν εὑρήσετε πῶλον δεδεμένον ἐφ' ὃν οὐδεὶς οὔπω **ἀνθρώπων** ἐκάθισεν·
11: 30 τὸ βάπτισμα τὸ Ἰωάννου ἐξ οὐρανοῦ ἦν ἢ ἐξ **ἀνθρώπων;**
11: 32 ἀλλὰ εἴπωμεν, Ἐξ **ἀνθρώπων;**– ἐφοβοῦντο τὸν ὄχλον· ἅπαντες γὰρ εἶχον τὸν Ἰωάννην ὄντως ὅτι προφήτης ἦν.
12: 1 Ἀμπελῶνα **ἄνθρωπος** ἐφύτευσεν καὶ περιέθηκεν φραγμὸν
12: 14 οὐ γὰρ βλέπεις εἰς πρόσωπον **ἀνθρώπων,** ἀλλ' ἐπ' ἀληθείας τὴν ὁδὸν τοῦ θεοῦ διδάσκεις·
13: 26 καὶ τότε ὄψονται τὸν υἱὸν τοῦ **ἀνθρώπου** ἐρχόμενον ἐν νεφέλαις μετὰ δυνάμεως πολλῆς καὶ δόξης.
13: 34 ὡς **ἄνθρωπος** ἀπόδημος ἀφεὶς τὴν οἰκίαν αὐτοῦ καὶ δοὺς τοῖς δούλοις αὐτοῦ τὴν ἐξουσίαν ἑκάστῳ τὸ ἔργον αὐτοῦ
14: 13 Ὑπάγετε εἰς τὴν πόλιν, καὶ ἀπαντήσει ὑμῖν **ἄνθρωπος** κεράμιον ὕδατος βαστάζων·
14: 21 ὅτι ὁ μὲν υἱὸς τοῦ **ἀνθρώπου** ὑπάγει καθὼς γέγραπται περὶ αὐτοῦ, οὐαὶ δὲ τῷ **ἀνθρώπῳ** ἐκείνῳ δι' οὗ ὁ υἱὸς τοῦ **ἀνθρώπου** παραδίδοται· καλὸν αὐτῷ εἰ οὐκ ἐγεννήθη ὁ **ἄνθρωπος** ἐκεῖνος.
14: 41 ἰδοὺ παραδίδοται ὁ υἱὸς τοῦ **ἀνθρώπου** εἰς τὰς χεῖρας τῶν ἁμαρτωλῶν.

14:62 καὶ ὄψεσθε τὸν υἱὸν τοῦ **ἀνθρώπου** ἐκ δεξιῶν καθήμενον τῆς δυνάμεως καὶ ἐρχόμενον μετὰ τῶν νεφελῶν τοῦ οὐρανοῦ.
14:71 ὁ δὲ ἤρξατο ἀναθεματίζειν καὶ ὀμνύναι ὅτι Οὐκ οἶδα τὸν **ἄνθρωπον** τοῦτον ὃν λέγετε.
15:39 ὁ κεντυρίων ὁ παρεστηκὼς ἐξ ἐναντίας αὐτοῦ ὅτι οὕτως ἐξέπνευσεν εἶπεν, Ἀληθῶς οὗτος ὁ **ἄνθρωπος** υἱὸς θεοῦ ἦν.

Lk 1:25 ὅτι Οὕτως μοι πεποίηκεν κύριος ἐν ἡμέραις αἷς ἐπεῖδεν ἀφελεῖν ὄνειδός μου ἐν **ἀνθρώποις.**
2:14 Δόξα ἐν ὑψίστοις θεῷ καὶ ἐπὶ γῆς εἰρήνη ἐν **ἀνθρώποις** εὐδοκίας.
2:25 Καὶ ἰδοὺ **ἄνθρωπος** ἦν ἐν Ἰερουσαλὴμ ᾧ ὄνομα Συμεὼν καὶ ὁ **ἄνθρωπος** οὗτος δίκαιος καὶ εὐλαβὴς
2:52 Καὶ Ἰησοῦς προέκοπτεν [ἐν τῇ] σοφίᾳ καὶ ἡλικίᾳ καὶ χάριτι παρὰ θεῷ καὶ **ἀνθρώποις.**
4: 4 Γέγραπται ὅτι Οὐκ ἐπ᾽ ἄρτῳ μόνῳ ζήσεται ὁ **ἄνθρωπος.**
4:33 καὶ ἐν τῇ συναγωγῇ ἦν **ἄνθρωπος** ἔχων πνεῦμα δαιμονίου ἀκαθάρτου καὶ ἀνέκραξεν φωνῇ μεγάλῃ,
5:10 Μὴ φοβοῦ· ἀπὸ τοῦ νῦν **ἀνθρώπους** ἔσῃ ζωγρῶν.
5:18 καὶ ἰδοὺ ἄνδρες φέροντες ἐπὶ κλίνης **ἄνθρωπον** ὃς ἦν παραλελυμένος καὶ ἐζήτουν αὐτὸν εἰσενεγκεῖν καὶ θεῖναι
5:20 καὶ ἰδὼν τὴν πίστιν αὐτῶν εἶπεν, **Ἄνθρωπε,** ἀφέωνταί σοι αἱ ἁμαρτίαι σου.
5:24 ἵνα δὲ εἰδῆτε ὅτι ὁ υἱὸς τοῦ **ἀνθρώπου** ἐξουσίαν ἔχει ἐπὶ τῆς γῆς ἀφιέναι ἁμαρτίας–
6: 5 Κύριός ἐστιν τοῦ σαββάτου ὁ υἱὸς τοῦ **ἀνθρώπου.**
6: 6 καὶ ἦν **ἄνθρωπος** ἐκεῖ καὶ ἡ χεὶρ αὐτοῦ ἡ δεξιὰ ἦν ξηρά.
6:22 μακάριοί ἐστε ὅταν μισήσωσιν ὑμᾶς οἱ **ἄνθρωποι** καὶ ὅταν ἀφορίσωσιν ὑμᾶς καὶ ὀνειδίσωσιν καὶ ἐκβάλωσιν τὸ ὄνομα ὑμῶν ὡς πονηρὸν ἕνεκα τοῦ υἱοῦ τοῦ **ἀνθρώπου·**
6:26 οὐαὶ ὅταν ὑμᾶς καλῶς εἴπωσιν πάντες οἱ **ἄνθρωποι·**
6:31 καὶ καθὼς θέλετε ἵνα ποιῶσιν ὑμῖν οἱ **ἄνθρωποι** ποιεῖτε αὐτοῖς ὁμοίως.
6:45 ὁ ἀγαθὸς **ἄνθρωπος** ἐκ τοῦ ἀγαθοῦ θησαυροῦ τῆς καρδίας προφέρει τὸ ἀγαθόν,
6:48 ὅμοιός ἐστιν **ἀνθρώπῳ** οἰκοδομοῦντι οἰκίαν ὃς ἔσκαψεν καὶ ἐβάθυνεν καὶ ἔθηκεν θεμέλιον ἐπὶ τὴν πέτραν·
6:49 ὁ δὲ ἀκούσας καὶ μὴ ποιήσας ὅμοιός ἐστιν **ἀνθρώπῳ** οἰκοδομήσαντι οἰκίαν ἐπὶ τὴν γῆν χωρὶς θεμελίου,
7: 8 καὶ γὰρ ἐγὼ **ἄνθρωπός** εἰμι ὑπὸ ἐξουσίαν τασσόμενος ἔχων ὑπ᾽ ἐμαυτὸν στρατιώτας,
7:25 ἀλλὰ τί ἐξήλθατε ἰδεῖν; **ἄνθρωπον** ἐν μαλακοῖς ἱματίοις ἠμφιεσμένον;
7:31 Τίνι οὖν ὁμοιώσω τοὺς **ἀνθρώπους** τῆς γενεᾶς ταύτης καὶ τίνι εἰσὶν ὅμοιοι;
7:34 ἐλήλυθεν ὁ υἱὸς τοῦ **ἀνθρώπου** ἐσθίων καὶ πίνων, καὶ λέγετε, Ἰδοὺ **ἄνθρωπος** φάγος καὶ οἰνοπότης, φίλος τελωνῶν
8:29 παρήγγειλεν γὰρ τῷ πνεύματι τῷ ἀκαθάρτῳ ἐξελθεῖν ἀπὸ τοῦ **ἀνθρώπου.**
8:33 ἐξελθόντα δὲ τὰ δαιμόνια ἀπὸ τοῦ **ἀνθρώπου** εἰσῆλθον εἰς τοὺς χοίρους,
8:35 εὗρον καθήμενον τὸν **ἄνθρωπον** ἀφ᾽ οὗ τὰ δαιμόνια ἐξῆλθεν ἱματισμένον καὶ σωφρονοῦντα παρὰ τοὺς πόδας τοῦ Ἰησοῦ,
9:22 εἰπὼν ὅτι Δεῖ τὸν υἱὸν τοῦ **ἀνθρώπου** πολλὰ παθεῖν καὶ ἀποδοκιμασθῆναι ἀπὸ τῶν πρεσβυτέρων καὶ ἀρχιερέων
9:25 τί γὰρ ὠφελεῖται **ἄνθρωπος** κερδήσας τὸν κόσμον ὅλον ἑαυτὸν δὲ ἀπολέσας ἢ ζημιωθείς;
9:26 ὃς γὰρ ἂν ἐπαισχυνθῇ με καὶ τοὺς ἐμοὺς λόγους, τοῦτον ὁ υἱὸς τοῦ **ἀνθρώπου** ἐπαισχυνθήσεται,
9:44 ὁ γὰρ υἱὸς τοῦ **ἀνθρώπου** μέλλει παραδίδοσθαι εἰς χεῖρας **ἀνθρώπων.**
9:58 ὁ δὲ υἱὸς τοῦ **ἀνθρώπου** οὐκ ἔχει ποῦ τὴν κεφαλὴν κλίνῃ.
10:30 **Ἄνθρωπός** τις κατέβαινεν ἀπὸ Ἰερουσαλὴμ εἰς Ἰεριχὼ καὶ λῃσταῖς περιέπεσεν,
11:24 Ὅταν τὸ ἀκάθαρτον πνεῦμα ἐξέλθῃ ἀπὸ τοῦ **ἀνθρώπου,**
11:26 καὶ γίνεται τὰ ἔσχατα τοῦ **ἀνθρώπου** ἐκείνου χείρονα τῶν πρώτων.
11:30 οὕτως ἔσται καὶ ὁ υἱὸς τοῦ **ἀνθρώπου** τῇ γενεᾷ ταύτῃ.
11:44 καὶ οἱ **ἄνθρωποι** [οἱ] περιπατοῦντες ἐπάνω οὐκ οἴδασιν.
11:46 Καὶ ὑμῖν τοῖς νομικοῖς οὐαί, ὅτι φορτίζετε τοὺς **ἀνθρώπους** φορτία δυσβάστακτα,
12: 8 πᾶς ὃς ἂν ὁμολογήσῃ ἐν ἐμοὶ ἔμπροσθεν τῶν **ἀνθρώπων,** καὶ ὁ υἱὸς τοῦ **ἀνθρώπου** ὁμολογήσει ἐν αὐτῷ ἔμπροσθεν τῶν ἀγγέλων τοῦ θεοῦ·
12: 9 ὁ δὲ ἀρνησάμενός με ἐνώπιον τῶν **ἀνθρώπων** ἀπαρνηθήσεται ἐνώπιον τῶν ἀγγέλων τοῦ θεοῦ.
12:10 καὶ πᾶς ὃς ἐρεῖ λόγον εἰς τὸν υἱὸν τοῦ **ἀνθρώπου,**
12:14 ὁ δὲ εἶπεν αὐτῷ, **Ἄνθρωπε,** τίς με κατέστησεν κριτὴν ἢ μεριστὴν ἐφ᾽ ὑμᾶς;
12:16 Εἶπεν δὲ παραβολὴν πρὸς αὐτοὺς λέγων, **Ἀνθρώπου** τινὸς πλουσίου εὐφόρησεν ἡ χώρα.
12:36 καὶ ὑμεῖς ὅμοιοι **ἀνθρώποις** προσδεχομένοις τὸν κύριον ἑαυτῶν πότε ἀναλύσῃ ἐκ τῶν γάμων,
12:40 ὅτι ᾗ ὥρᾳ οὐ δοκεῖτε ὁ υἱὸς τοῦ **ἀνθρώπου** ἔρχεται.
13: 4 δοκεῖτε ὅτι αὐτοὶ ὀφειλέται ἐγένοντο παρὰ πάντας τοὺς **ἀνθρώπους** τοὺς κατοικοῦντας Ἰερουσαλήμ;
13:19 ὁμοία ἐστὶν κόκκῳ σινάπεως, ὃν λαβὼν **ἄνθρωπος** ἔβαλεν εἰς κῆπον ἑαυτοῦ,
14: 2 καὶ ἰδοὺ **ἄνθρωπός** τις ἦν ὑδρωπικὸς ἔμπροσθεν αὐτοῦ.
14:16 **Ἄνθρωπός** τις ἐποίει δεῖπνον μέγα, καὶ ἐκάλεσεν πολλοὺς
14:30 λέγοντες ὅτι Οὗτος ὁ **ἄνθρωπος** ἤρξατο οἰκοδομεῖν καὶ οὐκ ἴσχυσεν ἐκτελέσαι.
15: 4 Τίς **ἄνθρωπος** ἐξ ὑμῶν ἔχων ἑκατὸν πρόβατα καὶ ἀπολέσας ἐξ αὐτῶν ἓν οὐ καταλείπει τὰ ἐνενήκοντα ἐννέα ἐν τῇ ἐρήμῳ
15:11 Εἶπεν δέ, **Ἄνθρωπός** τις εἶχεν δύο υἱούς.
16: 1 Ἔλεγεν δὲ καὶ πρὸς τοὺς μαθητάς, **Ἄνθρωπός** τις ἦν πλούσιος ὃς εἶχεν οἰκονόμον,
16:15 Ὑμεῖς ἐστε οἱ δικαιοῦντες ἑαυτοὺς ἐνώπιον τῶν **ἀνθρώπων,**
16:15 ὅτι τὸ ἐν **ἀνθρώποις** ὑψηλὸν βδέλυγμα ἐνώπιον τοῦ θεοῦ.
16:19 **Ἄνθρωπος** δέ τις ἦν πλούσιος, καὶ ἐνεδιδύσκετο πορφύραν καὶ βύσσον εὐφραινόμενος καθ᾽ ἡμέραν λαμπρῶς.
17:22 Ἐλεύσονται ἡμέραι ὅτε ἐπιθυμήσετε μίαν τῶν ἡμερῶν τοῦ υἱοῦ τοῦ **ἀνθρώπου** ἰδεῖν καὶ οὐκ ὄψεσθε.
17:24 οὕτως ἔσται ὁ υἱὸς τοῦ **ἀνθρώπου** [ἐν τῇ ἡμέρᾳ αὐτοῦ.]
17:26 οὕτως ἔσται καὶ ἐν ταῖς ἡμέραις τοῦ υἱοῦ τοῦ **ἀνθρώπου·**
17:30 κατὰ τὰ αὐτὰ ἔσται ᾗ ἡμέρᾳ ὁ υἱὸς τοῦ **ἀνθρώπου** ἀποκαλύπτεται.
18: 2 Κριτής τις ἦν ἔν τινι πόλει τὸν θεὸν μὴ φοβούμενος καὶ **ἄνθρωπον** μὴ ἐντρεπόμενος.
18: 4 Εἰ καὶ τὸν θεὸν οὐ φοβοῦμαι οὐδὲ **ἄνθρωπον** ἐντρέπομαι,
18: 8 πλὴν ὁ υἱὸς τοῦ **ἀνθρώπου** ἐλθὼν ἆρα εὑρήσει τὴν πίστιν ἐπὶ τῆς γῆς;
18:10 **Ἄνθρωποι** δύο ἀνέβησαν εἰς τὸ ἱερὸν προσεύξασθαι, ὁ εἷς Φαρισαῖος καὶ ὁ ἕτερος τελώνης.
18:11 εὐχαριστῶ σοι ὅτι οὐκ εἰμὶ ὥσπερ οἱ λοιποὶ τῶν **ἀνθρώπων,**
18:27 Τὰ ἀδύνατα παρὰ **ἀνθρώποις** δυνατὰ παρὰ τῷ θεῷ ἐστιν.
18:31 καὶ τελεσθήσεται πάντα τὰ γεγραμμένα διὰ τῶν προφητῶν τῷ υἱῷ τοῦ **ἀνθρώπου·**
19:10 ἦλθεν γὰρ ὁ υἱὸς τοῦ **ἀνθρώπου** ζητῆσαι καὶ σῶσαι τὸ ἀπολωλός.
19:12 **Ἄνθρωπός** τις εὐγενὴς ἐπορεύθη εἰς χώραν μακρὰν λαβεῖν ἑαυτῷ βασιλείαν καὶ ὑποστρέψαι.
19:21 ἐφοβούμην γάρ σε, ὅτι **ἄνθρωπος** αὐστηρὸς εἶ, αἴρεις ὃ οὐκ ἔθηκας καὶ θερίζεις ὃ οὐκ ἔσπειρας.
19:22 ᾔδεις ὅτι ἐγὼ **ἄνθρωπος** αὐστηρός εἰμι, αἴρων ὃ οὐκ ἔθηκα καὶ θερίζων ὃ οὐκ ἔσπειρα;
19:30 ἐφ᾽ ὃν οὐδεὶς πώποτε **ἀνθρώπων** ἐκάθισεν, καὶ λύσαντες αὐτὸν ἀγάγετε.
20: 4 Τὸ βάπτισμα Ἰωάννου ἐξ οὐρανοῦ ἦν ἢ ἐξ **ἀνθρώπων;**
20: 6 ἐὰν δὲ εἴπωμεν, Ἐξ **ἀνθρώπων,** ὁ λαὸς ἅπας καταλιθάσει ἡμᾶς,
20: 9 **Ἄνθρωπός** [τις] ἐφύτευσεν ἀμπελῶνα καὶ ἐξέδετο αὐτὸν γεωργοῖς καὶ ἀπεδήμησεν χρόνους ἱκανούς.
21:26 ἀποψυχόντων **ἀνθρώπων** ἀπὸ φόβου καὶ προσδοκίας τῶν ἐπερχομένων τῇ οἰκουμένῃ,
21:27 καὶ τότε ὄψονται τὸν υἱὸν τοῦ **ἀνθρώπου** ἐρχόμενον ἐν νεφέλῃ μετὰ δυνάμεως καὶ δόξης πολλῆς.
21:36 ἵνα κατισχύσητε ἐκφυγεῖν ταῦτα πάντα τὰ μέλλοντα γίνεσθαι καὶ σταθῆναι ἔμπροσθεν τοῦ υἱοῦ τοῦ **ἀνθρώπου.**
22:10 Ἰδοὺ εἰσελθόντων ὑμῶν εἰς τὴν πόλιν συναντήσει ὑμῖν **ἄνθρωπος** κεράμιον ὕδατος βαστάζων·
22:22 ὅτι ὁ υἱὸς μὲν τοῦ **ἀνθρώπου** κατὰ τὸ ὡρισμένον πορεύεται, πλὴν οὐαὶ τῷ **ἀνθρώπῳ** ἐκείνῳ δι᾽ οὗ παραδίδοται.
22:48 Ἰησοῦς δὲ εἶπεν αὐτῷ, Ἰούδα, φιλήματι τὸν υἱὸν τοῦ **ἀνθρώπου** παραδίδως;
22:58 Καὶ σὺ ἐξ αὐτῶν εἶ. ὁ δὲ Πέτρος ἔφη, **Ἄνθρωπε,** οὐκ εἰμί.
22:60 εἶπεν δὲ ὁ Πέτρος, **Ἄνθρωπε,** οὐκ οἶδα ὃ λέγεις.
22:69 ἀπὸ τοῦ νῦν δὲ ἔσται ὁ υἱὸς τοῦ **ἀνθρώπου** καθήμενος ἐκ δεξιῶν τῆς δυνάμεως τοῦ θεοῦ.
23: 4 ὁ δὲ Πιλᾶτος εἶπεν πρὸς τοὺς ἀρχιερεῖς καὶ τοὺς ὄχλους, Οὐδὲν εὑρίσκω αἴτιον ἐν τῷ **ἀνθρώπῳ** τούτῳ.
23: 6 Πιλᾶτος δὲ ἀκούσας ἐπηρώτησεν εἰ ὁ **ἄνθρωπος** Γαλιλαῖός ἐστιν,

23:14 Προσηνέγκατέ μοι τὸν **ἄνθρωπον** τοῦτον ὡς ἀποστρέφοντα τὸν λαόν, καὶ ἰδοὺ ἐγὼ ἐνώπιον ὑμῶν ἀνακρίνας οὐθὲν εὗρον ἐν τῷ **ἀνθρώπῳ** τούτῳ αἴτιον ὧν κατηγορεῖτε κατ' αὐτοῦ.
23:47 Ἰδὼν δὲ ὁ ἑκατοντάρχης τὸ γενόμενον ἐδόξαζεν τὸν θεὸν λέγων, Ὄντως ὁ **ἄνθρωπος** οὗτος δίκαιος ἦν.
24: 7 λέγων τὸν υἱὸν τοῦ **ἀνθρώπου** ὅτι δεῖ παραδοθῆναι εἰς χεῖρας **ἀνθρώπων** ἁμαρτωλῶν καὶ σταυρωθῆναι καὶ τῇ τρίτῃ ἡμέρᾳ ἀναστῆναι.
Jn 1: 4 ἐν αὐτῷ ζωὴ ἦν, καὶ ἡ ζωὴ ἦν τὸ φῶς τῶν **ἀνθρώπων·**
1: 6 Ἐγένετο **ἄνθρωπος,** ἀπεσταλμένος παρὰ θεοῦ, ὄνομα αὐτῷ Ἰωάννης·
1: 9 ὃ φωτίζει πάντα **ἄνθρωπον,** ἐρχόμενον εἰς τὸν κόσμον.
1:51 ὄψεσθε τὸν οὐρανὸν ἀνεῳγότα καὶ τοὺς ἀγγέλους τοῦ θεοῦ ἀναβαίνοντας καὶ καταβαίνοντας ἐπὶ τὸν υἱὸν τοῦ **ἀνθρώπου.**
2:10 Πᾶς **ἄνθρωπος** πρῶτον τὸν καλὸν οἶνον τίθησιν καὶ ὅταν μεθυσθῶσιν τὸν ἐλάσσω·
2:25 καὶ ὅτι οὐ χρείαν εἶχεν ἵνα τις μαρτυρήσῃ περὶ τοῦ **ἀνθρώπου·** αὐτὸς γὰρ ἐγίνωσκεν τί ἦν ἐν τῷ **ἀνθρώπῳ.**
3: 1 Ἦν δὲ **ἄνθρωπος** ἐκ τῶν Φαρισαίων, Νικόδημος ὄνομα αὐτῷ,
3: 4 λέγει πρὸς αὐτὸν [ὁ] Νικόδημος, Πῶς δύναται **ἄνθρωπος** γεννηθῆναι γέρων ὤν;
3:13 καὶ οὐδεὶς ἀναβέβηκεν εἰς τὸν οὐρανὸν εἰ μὴ ὁ ἐκ τοῦ οὐρανοῦ καταβάς, ὁ υἱὸς τοῦ **ἀνθρώπου.**
3:14 καὶ καθὼς Μωϋσῆς ὕψωσεν τὸν ὄφιν ἐν τῇ ἐρήμῳ, οὕτως ὑψωθῆναι δεῖ τὸν υἱὸν τοῦ **ἀνθρώπου,**
3:19 αὕτη δέ ἐστιν ἡ κρίσις ὅτι τὸ φῶς ἐλήλυθεν εἰς τὸν κόσμον καὶ ἠγάπησαν οἱ **ἄνθρωποι** μᾶλλον τὸ σκότος ἢ τὸ φῶς·
3:27 Οὐ δύναται **ἄνθρωπος** λαμβάνειν οὐδὲ ἓν ἐὰν μὴ ᾖ δεδομένον αὐτῷ ἐκ τοῦ οὐρανοῦ.
4:28 ἀφῆκεν οὖν τὴν ὑδρίαν αὐτῆς ἡ γυνὴ καὶ ἀπῆλθεν εἰς τὴν πόλιν καὶ λέγει τοῖς **ἀνθρώποις,**
4:29 Δεῦτε ἴδετε **ἄνθρωπον** ὃς εἶπέν μοι πάντα ὅσα ἐποίησα,
4:50 ἐπίστευσεν ὁ **ἄνθρωπος** τῷ λόγῳ ὃν εἶπεν αὐτῷ ὁ Ἰησοῦς καὶ ἐπορεύετο.
5: 5 ἦν δέ τις **ἄνθρωπος** ἐκεῖ τριάκοντα [καὶ] ὀκτὼ ἔτη ἔχων ἐν τῇ ἀσθενείᾳ αὐτοῦ·
5: 7 **ἄνθρωπον** οὐκ ἔχω ἵνα ὅταν ταραχθῇ τὸ ὕδωρ βάλῃ με εἰς τὴν κολυμβήθραν·
5: 9 καὶ εὐθέως ἐγένετο ὑγιὴς ὁ **ἄνθρωπος** καὶ ἦρεν τὸν κράβαττον αὐτοῦ καὶ περιεπάτει.
5:12 ἠρώτησαν αὐτόν, Τίς ἐστιν ὁ **ἄνθρωπος** ὁ εἰπών σοι,
5:15 ἀπῆλθεν ὁ **ἄνθρωπος** καὶ ἀνήγγειλεν τοῖς Ἰουδαίοις ὅτι Ἰησοῦς ἐστιν ὁ ποιήσας αὐτὸν ὑγιῆ.
5:27 καὶ ἐξουσίαν ἔδωκεν αὐτῷ κρίσιν ποιεῖν, ὅτι υἱὸς **ἀνθρώπου** ἐστίν.
5:34 ἐγὼ δὲ οὐ παρὰ **ἀνθρώπου** τὴν μαρτυρίαν λαμβάνω,
5:41 Δόξαν παρὰ **ἀνθρώπων** οὐ λαμβάνω,
6:10 εἶπεν ὁ Ἰησοῦς, Ποιήσατε τοὺς **ἀνθρώπους** ἀναπεσεῖν. ἦν δὲ χόρτος πολὺς ἐν τῷ τόπῳ.
6:14 Οἱ οὖν **ἄνθρωποι** ἰδόντες ὃ ἐποίησεν σημεῖον ἔλεγον ὅτι Οὗτός ἐστιν ἀληθῶς ὁ προφήτης ὁ ἐρχόμενος εἰς τὸν κόσμον
6:27 ἀλλὰ τὴν βρῶσιν τὴν μένουσαν εἰς ζωὴν αἰώνιον, ἣν ὁ υἱὸς τοῦ **ἀνθρώπου** ὑμῖν δώσει·
6:53 ἐὰν μὴ φάγητε τὴν σάρκα τοῦ υἱοῦ τοῦ **ἀνθρώπου** καὶ πίητε αὐτοῦ τὸ αἷμα,
6:62 ἐὰν οὖν θεωρῆτε τὸν υἱὸν τοῦ **ἀνθρώπου** ἀναβαίνοντα ὅπου ἦν τὸ πρότερον;
7:22 οὐχ ὅτι ἐκ τοῦ Μωϋσέως ἐστὶν ἀλλ' ἐκ τῶν πατέρων– καὶ ἐν σαββάτῳ περιτέμνετε **ἄνθρωπον.**
7:23 εἰ περιτομὴν λαμβάνει **ἄνθρωπος** ἐν σαββάτῳ ἵνα μὴ λυθῇ ὁ νόμος Μωϋσέως, ἐμοὶ χολᾶτε ὅτι ὅλον **ἄνθρωπον** ὑγιῆ ἐποίησα ἐν σαββάτῳ;
7:46 ἀπεκρίθησαν οἱ ὑπηρέται, Οὐδέποτε ἐλάλησεν οὕτως **ἄνθρωπος.**
7:51 Μὴ ὁ νόμος ἡμῶν κρίνει τὸν **ἄνθρωπον** ἐὰν μὴ ἀκούσῃ πρῶτον παρ' αὐτοῦ καὶ γνῷ τί ποιεῖ;
8:17 καὶ ἐν τῷ νόμῳ δὲ τῷ ὑμετέρῳ γέγραπται ὅτι δύο **ἀνθρώπων** ἡ μαρτυρία ἀληθής ἐστιν.
8:28 Ὅταν ὑψώσητε τὸν υἱὸν τοῦ **ἀνθρώπου,** τότε γνώσεσθε ὅτι ἐγώ εἰμι,
8:40 νῦν δὲ ζητεῖτέ με ἀποκτεῖναι **ἄνθρωπον** ὃς τὴν ἀλήθειαν ὑμῖν λελάληκα ἣν ἤκουσα παρὰ τοῦ θεοῦ·
9: 1 Καὶ παράγων εἶδεν **ἄνθρωπον** τυφλὸν ἐκ γενετῆς.
9:11 Ὁ **ἄνθρωπος** ὁ λεγόμενος Ἰησοῦς πηλὸν ἐποίησεν καὶ ἐπέχρισέν μου τοὺς ὀφθαλμοὺς
9:16 Οὐκ ἔστιν οὗτος παρὰ θεοῦ ὁ **ἄνθρωπος,** ὅτι τὸ σάββατον οὐ τηρεῖ. ἄλλοι [δὲ] ἔλεγον, Πῶς δύναται **ἄνθρωπος** ἁμαρτωλὸς τοιαῦτα σημεῖα ποιεῖν;
9:24 Ἐφώνησαν οὖν τὸν **ἄνθρωπον** ἐκ δευτέρου ὃς ἦν τυφλὸς καὶ εἶπαν αὐτῷ, Δὸς δόξαν τῷ θεῷ· ἡμεῖς οἴδαμεν ὅτι οὗτος ὁ **ἄνθρωπος** ἁμαρτωλός ἐστιν.
9:30 ἀπεκρίθη ὁ **ἄνθρωπος** καὶ εἶπεν αὐτοῖς, Ἐν τούτῳ γὰρ τὸ θαυμαστόν ἐστιν,
9:35 Ἤκουσεν Ἰησοῦς ὅτι ἐξέβαλον αὐτὸν ἔξω καὶ εὑρὼν αὐτὸν εἶπεν, Σὺ πιστεύεις εἰς τὸν υἱὸν τοῦ **ἀνθρώπου;**
10:33 καὶ ὅτι σὺ **ἄνθρωπος** ὢν ποιεῖς σεαυτὸν θεόν.
11:47 Τί ποιοῦμεν ὅτι οὗτος ὁ **ἄνθρωπος** πολλὰ ποιεῖ σημεῖα;
11:50 οὐδὲ λογίζεσθε ὅτι συμφέρει ὑμῖν ἵνα εἷς **ἄνθρωπος** ἀποθάνῃ ὑπὲρ τοῦ λαοῦ καὶ μὴ ὅλον τὸ ἔθνος ἀπόληται.
12:23 Ἐλήλυθεν ἡ ὥρα ἵνα δοξασθῇ ὁ υἱὸς τοῦ **ἀνθρώπου.**
12:34 καὶ πῶς λέγεις σὺ ὅτι δεῖ ὑψωθῆναι τὸν υἱὸν τοῦ **ἀνθρώπου;** τίς ἐστιν οὗτος ὁ υἱὸς τοῦ **ἀνθρώπου;**
12:43 ἠγάπησαν γὰρ τὴν δόξαν τῶν **ἀνθρώπων** μᾶλλον ἤπερ τὴν δόξαν τοῦ θεοῦ.
13:31 λέγει Ἰησοῦς, Νῦν ἐδοξάσθη ὁ υἱὸς τοῦ **ἀνθρώπου,**
16:21 οὐκέτι μνημονεύει τῆς θλίψεως διὰ τὴν χαρὰν ὅτι ἐγεννήθη **ἄνθρωπος** εἰς τὸν κόσμον.
17: 6 Ἐφανέρωσά σου τὸ ὄνομα τοῖς **ἀνθρώποις** οὓς ἔδωκάς μοι ἐκ τοῦ κόσμου.
18:14 ἦν δὲ Καϊάφας ὁ συμβουλεύσας τοῖς Ἰουδαίοις ὅτι συμφέρει ἕνα **ἄνθρωπον** ἀποθανεῖν ὑπὲρ τοῦ λαοῦ.
18:17 Μὴ καὶ σὺ ἐκ τῶν μαθητῶν εἶ τοῦ **ἀνθρώπου** τούτου;
18:29 ἐξῆλθεν οὖν ὁ Πιλᾶτος ἔξω πρὸς αὐτοὺς καὶ φησίν, Τίνα κατηγορίαν φέρετε [κατὰ] τοῦ **ἀνθρώπου** τούτου;
19: 5 φορῶν τὸν ἀκάνθινον στέφανον καὶ τὸ πορφυροῦν ἱμάτιον. καὶ λέγει αὐτοῖς, Ἰδοὺ ὁ **ἄνθρωπος.**
Ac 4: 9 εἰ ἡμεῖς σήμερον ἀνακρινόμεθα ἐπὶ εὐεργεσίᾳ **ἀνθρώπου** ἀσθενοῦς ἐν τίνι οὗτος σέσωται,
4:12 οὐδὲ γὰρ ὄνομά ἐστιν ἕτερον ὑπὸ τὸν οὐρανὸν τὸ δεδομένον ἐν **ἀνθρώποις** ἐν ᾧ δεῖ σωθῆναι ἡμᾶς.
4:13 Θεωροῦντες δὲ τὴν τοῦ Πέτρου παρρησίαν καὶ Ἰωάννου καὶ καταλαβόμενοι ὅτι **ἄνθρωποι** ἀγράμματοί εἰσιν καὶ ἰδιῶται,
4:14 τόν τε **ἄνθρωπον** βλέποντες σὺν αὐτοῖς ἑστῶτα τὸν τεθεραπευμένον οὐδὲν εἶχον ἀντειπεῖν.
4:16 λέγοντες, Τί ποιήσωμεν τοῖς **ἀνθρώποις** τούτοις; ὅτι μὲν γὰρ γνωστὸν σημεῖον γέγονεν δι' αὐτῶν
4:17 ἀπειλησώμεθα αὐτοῖς μηκέτι λαλεῖν ἐπὶ τῷ ὀνόματι τούτῳ μηδενὶ **ἀνθρώπων.**
4:22 ἐτῶν γὰρ ἦν πλειόνων τεσσεράκοντα ὁ **ἄνθρωπος** ἐφ' ὃν γεγόνει τὸ σημεῖον τοῦτο τῆς ἰάσεως.
5: 4 τί ὅτι ἔθου ἐν τῇ καρδίᾳ σου τὸ πρᾶγμα τοῦτο; οὐκ ἐψεύσω **ἀνθρώποις** ἀλλὰ τῷ θεῷ.
5:28 βούλεσθε ἐπαγαγεῖν ἐφ' ἡμᾶς τὸ αἷμα τοῦ **ἀνθρώπου** τούτου.
5:29 ἀποκριθεὶς δὲ Πέτρος καὶ οἱ ἀπόστολοι εἶπαν, Πειθαρχεῖν δεῖ θεῷ μᾶλλον ἢ **ἀνθρώποις.**
5:34 νομοδιδάσκαλος τίμιος παντὶ τῷ λαῷ, ἐκέλευσεν ἔξω βραχὺ τοὺς **ἀνθρώπους** ποιῆσαι
5:35 προσέχετε ἑαυτοῖς ἐπὶ τοῖς **ἀνθρώποις** τούτοις τί μέλλετε πράσσειν.
5:38 ἀπόστητε ἀπὸ τῶν **ἀνθρώπων** τούτων καὶ ἄφετε αὐτούς· ὅτι ἐὰν ᾖ ἐξ **ἀνθρώπων** ἡ βουλὴ αὕτη ἢ τὸ ἔργον τοῦτο, καταλυθήσεται·
6:13 Ὁ **ἄνθρωπος** οὗτος οὐ παύεται λαλῶν ῥήματα κατὰ τοῦ τόπου τοῦ ἁγίου [τούτου] καὶ τοῦ νόμου·
7:56 Ἰδοὺ θεωρῶ τοὺς οὐρανοὺς διηνοιγμένους καὶ τὸν υἱὸν τοῦ **ἀνθρώπου** ἐκ δεξιῶν ἑστῶτα τοῦ θεοῦ.
9:33 εὗρεν δὲ ἐκεῖ **ἄνθρωπόν** τινα ὀνόματι Αἰνέαν ἐξ ἐτῶν ὀκτὼ κατακείμενον ἐπὶ κραβάττου,
10:26 ὁ δὲ Πέτρος ἤγειρεν αὐτὸν λέγων, Ἀνάστηθι· καὶ ἐγὼ αὐτὸς **ἄνθρωπός** εἰμι.
10:28 κἀμοὶ ὁ θεὸς ἔδειξεν μηδένα κοινὸν ἢ ἀκάθαρτον λέγειν **ἄνθρωπον·**
12:22 ὁ δὲ δῆμος ἐπεφώνει, Θεοῦ φωνὴ καὶ οὐκ **ἀνθρώπου.**
14:11 ἐπῆραν τὴν φωνὴν αὐτῶν Λυκαονιστὶ λέγοντες, Οἱ θεοὶ ὁμοιωθέντες **ἀνθρώποις** κατέβησαν πρὸς ἡμᾶς,
14:15 ἡμεῖς ὁμοιοπαθεῖς ἐσμεν ὑμῖν **ἄνθρωποι** εὐαγγελιζόμενοι ὑμᾶς ἀπὸ τούτων τῶν ματαίων ἐπιστρέφειν ἐπὶ θεὸν ζῶντα,
15:17 ὅπως ἂν ἐκζητήσωσιν οἱ κατάλοιποι τῶν **ἀνθρώπων** τὸν κύριον καὶ πάντα τὰ ἔθνη ἐφ' οὓς ἐπικέκληται τὸ ὄνομά μου
15:26 **ἀνθρώποις** παραδεδωκόσι τὰς ψυχὰς αὐτῶν ὑπὲρ τοῦ ὀνόματος τοῦ κυρίου ἡμῶν Ἰησοῦ Χριστοῦ.

16:17 Οὗτοι οἱ **ἄνθρωποι** δοῦλοι τοῦ θεοῦ τοῦ ὑψίστου εἰσίν,
16:20 Οὗτοι οἱ **ἄνθρωποι** ἐκταράσσουσιν ἡμῶν τὴν πόλιν, Ἰουδαῖοι ὑπάρχοντες,
16:35 Ἡμέρας δὲ γενομένης ἀπέστειλαν οἱ στρατηγοὶ τοὺς ῥαβδούχους λέγοντες, Ἀπόλυσον τοὺς **ἀνθρώπους** ἐκείνους.
16:37 Δείραντες ἡμᾶς δημοσίᾳ ἀκατακρίτους, **ἀνθρώπους** Ῥωμαίους ὑπάρχοντας, ἔβαλαν εἰς φυλακήν,
17:26 ἐποίησέν τε ἐξ ἑνὸς πᾶν ἔθνος **ἀνθρώπων** κατοικεῖν ἐπὶ παντὸς προσώπου τῆς γῆς,
17:29 χαράγματι τέχνης καὶ ἐνθυμήσεως **ἀνθρώπου,** τὸ θεῖον εἶναι ὅμοιον.
17:30 τὰ νῦν παραγγέλλει τοῖς **ἀνθρώποις** πάντας πανταχοῦ μετανοεῖν,
18:13 λέγοντες ὅτι Παρὰ τὸν νόμον ἀναπείθει οὗτος τοὺς **ἀνθρώπους** σέβεσθαι τὸν θεόν.
19:16 καὶ ἐφαλόμενος ὁ **ἄνθρωπος** ἐπ' αὐτοὺς ἐν ᾧ ἦν τὸ πνεῦμα τὸ πονηρόν,
19:35 τίς γάρ ἐστιν **ἀνθρώπων** ὃς οὐ γινώσκει τὴν Ἐφεσίων πόλιν νεωκόρον οὖσαν τῆς μεγάλης Ἀρτέμιδος καὶ τοῦ διοπετοῦς;
21:28 οὗτός ἐστιν ὁ **ἄνθρωπος** ὁ κατὰ τοῦ λαοῦ καὶ τοῦ νόμου καὶ τοῦ τόπου τούτου πάντας πανταχῇ διδάσκων,
21:39 Ἐγὼ **ἄνθρωπος** μέν εἰμι Ἰουδαῖος, Ταρσεὺς τῆς Κιλικίας,
22:15 ὅτι ἔσῃ μάρτυς αὐτῷ πρὸς πάντας **ἀνθρώπους** ὧν ἑώρακας καὶ ἤκουσας.
22:25 Εἰ **ἄνθρωπον** Ῥωμαῖον καὶ ἀκατάκριτον ἔξεστιν ὑμῖν μαστίζειν;
22:26 Τί μέλλεις ποιεῖν; ὁ γὰρ **ἄνθρωπος** οὗτος Ῥωμαῖός ἐστιν.
23: 9 τῶν γραμματέων τοῦ μέρους τῶν Φαρισαίων διεμάχοντο λέγοντες, Οὐδὲν κακὸν εὑρίσκομεν ἐν τῷ **ἀνθρώπῳ** τούτῳ·
24:16 ἐν τούτῳ καὶ αὐτὸς ἀσκῶ ἀπρόσκοπον συνείδησιν ἔχειν πρὸς τὸν θεὸν καὶ τοὺς **ἀνθρώπους** διὰ παντός.
25:16 οὐκ ἔστιν ἔθος Ῥωμαίοις χαρίζεσθαί τινα **ἄνθρωπον** πρὶν ἢ ὁ κατηγορούμενος κατὰ πρόσωπον ἔχοι τοὺς κατηγόρους
25:22 Ἀγρίππας δὲ πρὸς τὸν Φῆστον, Ἐβουλόμην καὶ αὐτὸς τοῦ **ἀνθρώπου** ἀκοῦσαι.
26:31 ἀναχωρήσαντες ἐλάλουν πρὸς ἀλλήλους λέγοντες ὅτι Οὐδὲν θανάτου ἢ δεσμῶν ἄξιον [τι] πράσσει ὁ **ἄνθρωπος** οὗτος.
26:32 Ἀπολελύσθαι ἐδύνατο ὁ **ἄνθρωπος** οὗτος εἰ μὴ ἐπεκέκλητο Καίσαρα.
28: 4 Πάντως φονεύς ἐστιν ὁ **ἄνθρωπος** οὗτος ὃν διασωθέντα ἐκ τῆς θαλάσσης ἡ δίκη ζῆν οὐκ εἴασεν.
Ro 1:18 Ἀποκαλύπτεται γὰρ ὀργὴ θεοῦ ἀπ' οὐρανοῦ ἐπὶ πᾶσαν ἀσέβειαν καὶ ἀδικίαν **ἀνθρώπων** τῶν τὴν ἀλήθειαν ἐν ἀδικίᾳ
1:23 ἤλλαξαν τὴν δόξαν τοῦ ἀφθάρτου θεοῦ ἐν ὁμοιώματι εἰκόνος φθαρτοῦ **ἀνθρώπου** καὶ πετεινῶν καὶ τετραπόδων καὶ ἑρπετῶν.
2: 1 Διὸ ἀναπολόγητος εἶ, ὦ **ἄνθρωπε** πᾶς ὁ κρίνων·
2: 3 ὦ **ἄνθρωπε** ὁ κρίνων τοὺς τὰ τοιαῦτα πράσσοντας καὶ ποιῶν αὐτά,
2: 9 θλῖψις καὶ στενοχωρία ἐπὶ πᾶσαν ψυχὴν **ἀνθρώπου** τοῦ κατεργαζομένου τὸ κακόν,
2:16 ἐν ἡμέρᾳ ὅτε κρίνει ὁ θεὸς τὰ κρυπτὰ τῶν **ἀνθρώπων** κατὰ τὸ εὐαγγέλιόν μου διὰ Χριστοῦ Ἰησοῦ.
2:29 οὗ ὁ ἔπαινος οὐκ ἐξ **ἀνθρώπων** ἀλλ' ἐκ τοῦ θεοῦ.
3: 4 γινέσθω δὲ ὁ θεὸς ἀληθής, πᾶς δὲ **ἄνθρωπος** ψεύστης, καθὼς γέγραπται,
3: 5 μὴ ἄδικος ὁ θεὸς ὁ ἐπιφέρων τὴν ὀργήν; κατὰ **ἄνθρωπον** λέγω.
3:28 λογιζόμεθα γὰρ δικαιοῦσθαι πίστει **ἄνθρωπον** χωρὶς ἔργων νόμου.
4: 6 καθάπερ καὶ Δαυὶδ λέγει τὸν μακαρισμὸν τοῦ **ἀνθρώπου** ᾧ ὁ θεὸς λογίζεται δικαιοσύνην χωρὶς ἔργων,
5:12 Διὰ τοῦτο ὥσπερ δι' ἑνὸς **ἀνθρώπου** ἡ ἁμαρτία εἰς τὸν κόσμον εἰσῆλθεν καὶ διὰ τῆς ἁμαρτίας ὁ θάνατος, καὶ οὕτως εἰς πάντας **ἀνθρώπους** ὁ θάνατος διῆλθεν,
5:15 πολλῷ μᾶλλον ἡ χάρις τοῦ θεοῦ καὶ ἡ δωρεὰ ἐν χάριτι τῇ τοῦ ἑνὸς **ἀνθρώπου** Ἰησοῦ Χριστοῦ εἰς τοὺς πολλοὺς
5:18 Ἄρα οὖν ὡς δι' ἑνὸς παραπτώματος εἰς πάντας **ἀνθρώπους** εἰς κατάκριμα, οὕτως καὶ δι' ἑνὸς δικαιώματος εἰς πάντας **ἀνθρώπους** εἰς δικαίωσιν ζωῆς·
5:19 ὥσπερ γὰρ διὰ τῆς παρακοῆς τοῦ ἑνὸς **ἀνθρώπου** ἁμαρτωλοὶ κατεστάθησαν οἱ πολλοί,
6: 6 τοῦτο γινώσκοντες ὅτι ὁ παλαιὸς ἡμῶν **ἄνθρωπος** συνεσταυρώθη,
7: 1 ὅτι ὁ νόμος κυριεύει τοῦ **ἀνθρώπου** ἐφ' ὅσον χρόνον ζῇ;
7:22 συνήδομαι γὰρ τῷ νόμῳ τοῦ θεοῦ κατὰ τὸν ἔσω **ἄνθρωπον,**
7:24 ταλαίπωρος ἐγὼ **ἄνθρωπος·** τίς με ῥύσεται ἐκ τοῦ σώματος τοῦ θανάτου τούτου;
9:20 ὦ **ἄνθρωπε,** μενοῦνγε σὺ τίς εἶ ὁ ἀνταποκρινόμενος τῷ θεῷ;
10: 5 Μωϋσῆς γὰρ γράφει τὴν δικαιοσύνην τὴν ἐκ [τοῦ] νόμου ὅτι ὁ ποιήσας αὐτὰ **ἄνθρωπος** ζήσεται ἐν αὐτοῖς.
12:17 μηδενὶ κακὸν ἀντὶ κακοῦ ἀποδιδόντες, προνοούμενοι καλὰ ἐνώπιον πάντων **ἀνθρώπων·**
12:18 εἰ δυνατὸν τὸ ἐξ ὑμῶν, μετὰ πάντων **ἀνθρώπων** εἰρηνεύοντες·
14:18 ὁ γὰρ ἐν τούτῳ δουλεύων τῷ Χριστῷ εὐάρεστος τῷ θεῷ καὶ δόκιμος τοῖς **ἀνθρώποις.**
14:20 ἀλλὰ κακὸν τῷ **ἀνθρώπῳ** τῷ διὰ προσκόμματος ἐσθίοντι.
1Co 1:25 ὅτι τὸ μωρὸν τοῦ θεοῦ σοφώτερον τῶν **ἀνθρώπων** ἐστὶν καὶ τὸ ἀσθενὲς τοῦ θεοῦ ἰσχυρότερον τῶν **ἀνθρώπων.**
2: 5 ἵνα ἡ πίστις ὑμῶν μὴ ᾖ ἐν σοφίᾳ **ἀνθρώπων** ἀλλ' ἐν δυνάμει θεοῦ.
2: 9 Ἃ ὀφθαλμὸς οὐκ εἶδεν καὶ οὖς οὐκ ἤκουσεν καὶ ἐπὶ καρδίαν **ἀνθρώπου** οὐκ ἀνέβη,
2:11 τίς γὰρ οἶδεν **ἀνθρώπων** τὰ τοῦ **ἀνθρώπου** εἰ μὴ τὸ πνεῦμα τοῦ **ἀνθρώπου** τὸ ἐν αὐτῷ;
2:14 ψυχικὸς δὲ **ἄνθρωπος** οὐ δέχεται τὰ τοῦ πνεύματος τοῦ θεοῦ·
3: 3 ὅπου γὰρ ἐν ὑμῖν ζῆλος καὶ ἔρις, οὐχὶ σαρκικοί ἐστε καὶ κατὰ **ἄνθρωπον** περιπατεῖτε;
3: 4 Ἐγὼ μέν εἰμι Παύλου, ἕτερος δέ, Ἐγὼ Ἀπολλῶ, οὐκ **ἄνθρωποί** ἐστε;
3:21 ὥστε μηδεὶς καυχάσθω ἐν **ἀνθρώποις·** πάντα γὰρ ὑμῶν ἐστιν,
4: 1 Οὕτως ἡμᾶς λογιζέσθω **ἄνθρωπος** ὡς ὑπηρέτας Χριστοῦ καὶ οἰκονόμους μυστηρίων θεοῦ.
4: 9 ὅτι θέατρον ἐγενήθημεν τῷ κόσμῳ καὶ ἀγγέλοις καὶ **ἀνθρώποις.**
6:18 πᾶν ἁμάρτημα ὃ ἐὰν ποιήσῃ **ἄνθρωπος** ἐκτὸς τοῦ σώματός ἐστιν·
7: 1 Περὶ δὲ ὧν ἐγράψατε, καλὸν **ἀνθρώπῳ** γυναικὸς μὴ ἅπτεσθαι·
7: 7 θέλω δὲ πάντας **ἀνθρώπους** εἶναι ὡς καὶ ἐμαυτόν·
7:23 τιμῆς ἠγοράσθητε· μὴ γίνεσθε δοῦλοι **ἀνθρώπων.**
7:26 Νομίζω οὖν τοῦτο καλὸν ὑπάρχειν διὰ τὴν ἐνεστῶσαν ἀνάγκην, ὅτι καλὸν **ἀνθρώπῳ** τὸ οὕτως εἶναι.
9: 8 Μὴ κατὰ **ἄνθρωπον** ταῦτα λαλῶ ἢ καὶ ὁ νόμος ταῦτα οὐ λέγει;
11:28 δοκιμαζέτω δὲ **ἄνθρωπος** ἑαυτὸν καὶ οὕτως ἐκ τοῦ ἄρτου ἐσθιέτω καὶ ἐκ τοῦ ποτηρίου πινέτω·
13: 1 Ἐὰν ταῖς γλώσσαις τῶν **ἀνθρώπων** λαλῶ καὶ τῶν ἀγγέλων,
14: 2 ὁ γὰρ λαλῶν γλώσσῃ οὐκ **ἀνθρώποις** λαλεῖ ἀλλὰ θεῷ·
14: 3 ὁ δὲ προφητεύων **ἀνθρώποις** λαλεῖ οἰκοδομὴν καὶ παράκλησιν καὶ παραμυθίαν.
15:19 εἰ ἐν τῇ ζωῇ ταύτῃ ἐν Χριστῷ ἠλπικότες ἐσμὲν μόνον, ἐλεεινότεροι πάντων **ἀνθρώπων** ἐσμέν.
15:21 ἐπειδὴ γὰρ δι' **ἀνθρώπου** θάνατος, καὶ δι' **ἀνθρώπου** ἀνάστασις νεκρῶν.
15:32 εἰ κατὰ **ἄνθρωπον** ἐθηριομάχησα ἐν Ἐφέσῳ, τί μοι τὸ ὄφελος;
15:39 οὐ πᾶσα σὰρξ ἡ αὐτὴ σὰρξ ἀλλὰ ἄλλη μὲν **ἀνθρώπων,**
15:45 Ἐγένετο ὁ πρῶτος **ἄνθρωπος** Ἀδὰμ εἰς ψυχὴν ζῶσαν,
15:47 ὁ πρῶτος **ἄνθρωπος** ἐκ γῆς χοϊκός, ὁ δεύτερος **ἄνθρωπος** ἐξ οὐρανοῦ.
2Co 3: 2 ἐγγεγραμμένη ἐν ταῖς καρδίαις ἡμῶν, γινωσκομένη καὶ ἀναγινωσκομένη ὑπὸ πάντων **ἀνθρώπων,**
4: 2 ἀλλὰ τῇ φανερώσει τῆς ἀληθείας συνιστάνοντες ἑαυτοὺς πρὸς πᾶσαν συνείδησιν **ἀνθρώπων** ἐνώπιον τοῦ θεοῦ.
4:16 ἀλλ' εἰ καὶ ὁ ἔξω ἡμῶν **ἄνθρωπος** διαφθείρεται,
5:11 Εἰδότες οὖν τὸν φόβον τοῦ κυρίου **ἀνθρώπους** πείθομεν,
8:21 προνοοῦμεν γὰρ καλὰ οὐ μόνον ἐνώπιον κυρίου ἀλλὰ καὶ ἐνώπιον **ἀνθρώπων.**
12: 2 οἶδα **ἄνθρωπον** ἐν Χριστῷ πρὸ ἐτῶν δεκατεσσάρων, εἴτε ἐν σώματι οὐκ οἶδα,
12: 3 καὶ οἶδα τὸν τοιοῦτον **ἄνθρωπον,** εἴτε ἐν σώματι εἴτε χωρὶς τοῦ σώματος οὐκ οἶδα,
12: 4 ὅτι ἡρπάγη εἰς τὸν παράδεισον καὶ ἤκουσεν ἄρρητα ῥήματα ἃ οὐκ ἐξὸν **ἀνθρώπῳ** λαλῆσαι.
Gal 1: 1 Παῦλος ἀπόστολος οὐκ ἀπ' **ἀνθρώπων** οὐδὲ δι' **ἀνθρώπου** ἀλλὰ διὰ Ἰησοῦ Χριστοῦ καὶ θεοῦ πατρὸς
1:10 Ἄρτι γὰρ **ἀνθρώπους** πείθω ἢ τὸν θεόν; ἢ ζητῶ **ἀνθρώποις** ἀρέσκειν; εἰ ἔτι **ἀνθρώποις** ἤρεσκον, Χριστοῦ δοῦλος οὐκ ἂν ἤμην.
1:11 τὸ εὐαγγέλιον τὸ εὐαγγελισθὲν ὑπ' ἐμοῦ ὅτι οὐκ ἔστιν κατὰ **ἄνθρωπον·**
1:12 οὐδὲ γὰρ ἐγὼ παρὰ **ἀνθρώπου** παρέλαβον αὐτὸ οὔτε ἐδιδάχθην ἀλλὰ δι' ἀποκαλύψεως Ἰησοῦ Χριστοῦ.
2: 6 πρόσωπον [ὁ] θεὸς **ἀνθρώπου** οὐ λαμβάνει– ἐμοὶ γὰρ οἱ δοκοῦντες οὐδὲν προσανέθεντο,
2:16 εἰδότες [δὲ] ὅτι οὐ δικαιοῦται **ἄνθρωπος** ἐξ ἔργων νόμου ἐὰν μὴ διὰ πίστεως Ἰησοῦ Χριστοῦ,

3:15 Ἀδελφοί, κατὰ **ἄνθρωπον** λέγω· ὅμως **ἀνθρώπου** κεκυρωμένην διαθήκην οὐδεὶς ἀθετεῖ ἢ ἐπιδιατάσσεται.
5: 3 μαρτύρομαι δὲ πάλιν παντὶ **ἀνθρώπῳ** περιτεμνομένῳ ὅτι ὀφειλέτης ἐστὶν ὅλον τὸν νόμον ποιῆσαι.
6: 1 Ἀδελφοί, ἐὰν καὶ προλημφθῇ **ἄνθρωπος** ἔν τινι παραπτώματι,
6: 7 ὃ γὰρ ἐὰν σπείρῃ **ἄνθρωπος,** τοῦτο καὶ θερίσει·

Eph 2:15 ἵνα τοὺς δύο κτίσῃ ἐν αὐτῷ εἰς ἕνα καινὸν **ἄνθρωπον** ποιῶν εἰρήνην
3: 5 ὃ ἑτέραις γενεαῖς οὐκ ἐγνωρίσθη τοῖς υἱοῖς τῶν **ἀνθρώπων** ὡς νῦν ἀπεκαλύφθη τοῖς ἁγίοις ἀποστόλοις αὐτοῦ
3:16 κατὰ τὸ πλοῦτος τῆς δόξης αὐτοῦ δυνάμει κραταιωθῆναι διὰ τοῦ πνεύματος αὐτοῦ εἰς τὸν ἔσω **ἄνθρωπον,**
4: 8 Ἀναβὰς εἰς ὕψος ᾐχμαλώτευσεν αἰχμαλωσίαν, ἔδωκεν δόματα τοῖς **ἀνθρώποις.**
4:14 κλυδωνιζόμενοι καὶ περιφερόμενοι παντὶ ἀνέμῳ τῆς διδασκαλίας ἐν τῇ κυβείᾳ τῶν **ἀνθρώπων,**
4:22 ἀποθέσθαι ὑμᾶς κατὰ τὴν προτέραν ἀναστροφὴν τὸν παλαιὸν **ἄνθρωπον** τὸν φθειρόμενον κατὰ τὰς ἐπιθυμίας τῆς ἀπάτης,
4:24 καὶ ἐνδύσασθαι τὸν καινὸν **ἄνθρωπον** τὸν κατὰ θεὸν κτισθέντα ἐν δικαιοσύνῃ καὶ ὁσιότητι τῆς ἀληθείας.
5:31 ἀντὶ τούτου καταλείψει **ἄνθρωπος** [τὸν] πατέρα καὶ [τὴν] μητέρα καὶ προσκολληθήσεται πρὸς τὴν γυναῖκα αὐτοῦ,
6: 7 μετ' εὐνοίας δουλεύοντες ὡς τῷ κυρίῳ καὶ οὐκ **ἀνθρώποις,**

Php 2: 7 ἀλλὰ ἑαυτὸν ἐκένωσεν μορφὴν δούλου λαβών, ἐν ὁμοιώματι **ἀνθρώπων** γενόμενος· καὶ σχήματι εὑρεθεὶς ὡς **ἄνθρωπος**
4: 5 τὸ ἐπιεικὲς ὑμῶν γνωσθήτω πᾶσιν **ἀνθρώποις.** ὁ κύριος ἐγγύς.

Col 1:28 ὃν ἡμεῖς καταγγέλλομεν νουθετοῦντες πάντα **ἄνθρωπον** καὶ διδάσκοντες πάντα **ἄνθρωπον** ἐν πάσῃ σοφίᾳ, ἵνα παραστήσωμεν πάντα **ἄνθρωπον** τέλειον ἐν Χριστῷ·
2: 8 βλέπετε μή τις ὑμᾶς ἔσται ὁ συλαγωγῶν διὰ τῆς φιλοσοφίας καὶ κενῆς ἀπάτης κατὰ τὴν παράδοσιν τῶν **ἀνθρώπων,**
2:22 ἅ ἐστιν πάντα εἰς φθορὰν τῇ ἀποχρήσει, κατὰ τὰ ἐντάλματα καὶ διδασκαλίας τῶν **ἀνθρώπων,**
3: 9 ἀπεκδυσάμενοι τὸν παλαιὸν **ἄνθρωπον** σὺν ταῖς πράξεσιν αὐτοῦ
3:23 ἐκ ψυχῆς ἐργάζεσθε ὡς τῷ κυρίῳ καὶ οὐκ **ἀνθρώποις,**

1Th 2: 4 οὐχ ὡς **ἀνθρώποις** ἀρέσκοντες ἀλλὰ θεῷ τῷ δοκιμάζοντι τὰς καρδίας ἡμῶν.
2: 6 οὔτε ζητοῦντες ἐξ **ἀνθρώπων** δόξαν οὔτε ἀφ' ὑμῶν οὔτε ἀπ' ἄλλων,
2:13 ὅτι παραλαβόντες λόγον ἀκοῆς παρ' ἡμῶν τοῦ θεοῦ ἐδέξασθε οὐ λόγον **ἀνθρώπων** ἀλλὰ καθώς ἐστιν ἀληθῶς λόγον θεοῦ,
2:15 καὶ τοὺς προφήτας καὶ ἡμᾶς ἐκδιωξάντων καὶ θεῷ μὴ ἀρεσκόντων καὶ πᾶσιν **ἀνθρώποις** ἐναντίων,
4: 8 τοιγαροῦν ὁ ἀθετῶν οὐκ **ἄνθρωπον** ἀθετεῖ ἀλλὰ τὸν θεὸν τὸν [καὶ] διδόντα τὸ πνεῦμα αὐτοῦ τὸ ἅγιον εἰς ὑμᾶς.

2Th 2: 3 ὅτι ἐὰν μὴ ἔλθῃ ἡ ἀποστασία πρῶτον καὶ ἀποκαλυφθῇ ὁ **ἄνθρωπος** τῆς ἀνομίας,
3: 2 καὶ ἵνα ῥυσθῶμεν ἀπὸ τῶν ἀτόπων καὶ πονηρῶν **ἀνθρώπων·**

1Ti 2: 1 Παρακαλῶ οὖν πρῶτον πάντων ποιεῖσθαι δεήσεις προσευχὰς ἐντεύξεις εὐχαριστίας ὑπὲρ πάντων **ἀνθρώπων,**
2: 4 ὃς πάντας **ἀνθρώπους** θέλει σωθῆναι καὶ εἰς ἐπίγνωσιν ἀληθείας ἐλθεῖν.
2: 5 εἷς καὶ μεσίτης θεοῦ καὶ **ἀνθρώπων, ἄνθρωπος** Χριστὸς Ἰησοῦς,
4:10 ὅτι ἠλπίκαμεν ἐπὶ θεῷ ζῶντι, ὅς ἐστιν σωτὴρ πάντων **ἀνθρώπων** μάλιστα πιστῶν.
5:24 Τινῶν **ἀνθρώπων** αἱ ἁμαρτίαι πρόδηλοί εἰσιν προάγουσαι εἰς κρίσιν,
6: 5 διαπαρατριβαὶ διεφθαρμένων **ἀνθρώπων** τὸν νοῦν καὶ ἀπεστερημένων τῆς ἀληθείας,
6: 9 αἵτινες βυθίζουσιν τοὺς **ἀνθρώπους** εἰς ὄλεθρον καὶ ἀπώλειαν.
6:11 Σὺ δέ, ὦ **ἄνθρωπε** θεοῦ, ταῦτα φεῦγε· δίωκε δὲ δικαιοσύνην εὐσέβειαν πίστιν,
6:16 φῶς οἰκῶν ἀπρόσιτον, ὃν εἶδεν οὐδεὶς **ἀνθρώπων** οὐδὲ ἰδεῖν δύναται·

2Ti 2: 2 ταῦτα παράθου πιστοῖς **ἀνθρώποις,** οἵτινες ἱκανοὶ ἔσονται καὶ ἑτέρους διδάξαι.
3: 2 ἔσονται γὰρ οἱ **ἄνθρωποι** φίλαυτοι φιλάργυροι ἀλαζόνες ὑπερήφανοι βλάσφημοι,
3: 8 **ἄνθρωποι** κατεφθαρμένοι τὸν νοῦν, ἀδόκιμοι περὶ τὴν πίστιν.
3:13 πονηροὶ δὲ **ἄνθρωποι** καὶ γόητες προκόψουσιν ἐπὶ τὸ χεῖρον πλανῶντες καὶ πλανώμενοι.
3:17 ἵνα ἄρτιος ᾖ ὁ τοῦ θεοῦ **ἄνθρωπος,** πρὸς πᾶν ἔργον ἀγαθὸν ἐξηρτισμένος.

Tit 1:14 μὴ προσέχοντες Ἰουδαϊκοῖς μύθοις καὶ ἐντολαῖς **ἀνθρώπων** ἀποστρεφομένων τὴν ἀλήθειαν.
2:11 Ἐπεφάνη γὰρ ἡ χάρις τοῦ θεοῦ σωτήριος πᾶσιν **ἀνθρώποις**
3: 2 ἀμάχους εἶναι, ἐπιεικεῖς, πᾶσαν ἐνδεικνυμένους πραΰτητα πρὸς πάντας **ἀνθρώπους.**
3: 8 ἵνα φροντίζωσιν καλῶν ἔργων προΐστασθαι οἱ πεπιστευκότες θεῷ· ταῦτά ἐστιν καλὰ καὶ ὠφέλιμα τοῖς **ἀνθρώποις.**
3:10 αἱρετικὸν **ἄνθρωπον** μετὰ μίαν καὶ δευτέραν νουθεσίαν παραιτοῦ,

Heb 2: 6 διεμαρτύρατο δέ πού τις λέγων, Τί ἐστιν **ἄνθρωπος** ὅτι μιμνῄσκῃ αὐτοῦ, ἢ υἱὸς **ἀνθρώπου** ὅτι ἐπισκέπτῃ αὐτόν;
5: 1 Πᾶς γὰρ ἀρχιερεὺς ἐξ **ἀνθρώπων** λαμβανόμενος ὑπὲρ **ἀνθρώπων** καθίσταται τὰ πρὸς τὸν θεόν,
6:16 **ἄνθρωποι** γὰρ κατὰ τοῦ μείζονος ὀμνύουσιν, καὶ πάσης αὐτοῖς ἀντιλογίας πέρας εἰς βεβαίωσιν ὁ ὅρκος·
7: 8 καὶ ὧδε μὲν δεκάτας ἀποθνῄσκοντες **ἄνθρωποι** λαμβάνουσιν, ἐκεῖ δὲ μαρτυρούμενος ὅτι ζῇ.
7:28 ὁ νόμος γὰρ **ἀνθρώπους** καθίστησιν ἀρχιερεῖς ἔχοντας ἀσθένειαν,
8: 2 τῶν ἁγίων λειτουργὸς καὶ τῆς σκηνῆς τῆς ἀληθινῆς, ἣν ἔπηξεν ὁ κύριος, οὐκ **ἄνθρωπος.**
9:27 καὶ καθ' ὅσον ἀπόκειται τοῖς **ἀνθρώποις** ἅπαξ ἀποθανεῖν,
13: 6 Κύριος ἐμοὶ βοηθός, [καὶ] οὐ φοβηθήσομαι, τί ποιήσει μοι **ἄνθρωπος;**

Jas 1: 7 μὴ γὰρ οἰέσθω ὁ **ἄνθρωπος** ἐκεῖνος ὅτι λήμψεταί τι παρὰ τοῦ κυρίου,
1:19 ἔστω δὲ πᾶς **ἄνθρωπος** ταχὺς εἰς τὸ ἀκοῦσαι,
2:20 θέλεις δὲ γνῶναι, ὦ **ἄνθρωπε** κενέ, ὅτι ἡ πίστις χωρὶς τῶν ἔργων ἀργή ἐστιν;
2:24 ὁρᾶτε ὅτι ἐξ ἔργων δικαιοῦται **ἄνθρωπος** καὶ οὐκ ἐκ πίστεως μόνον.
3: 8 τὴν δὲ γλῶσσαν οὐδεὶς δαμάσαι δύναται **ἀνθρώπων,** ἀκατάστατον κακόν,
3: 9 καὶ ἐν αὐτῇ καταρώμεθα τοὺς **ἀνθρώπους** τοὺς καθ' ὁμοίωσιν θεοῦ γεγονότας,
5:17 Ἠλίας **ἄνθρωπος** ἦν ὁμοιοπαθὴς ἡμῖν, καὶ προσευχῇ προσηύξατο τοῦ μὴ βρέξαι,

1Pe 2: 4 πρὸς ὃν προσερχόμενοι λίθον ζῶντα ὑπὸ **ἀνθρώπων** μὲν ἀποδεδοκιμασμένον παρὰ δὲ θεῷ ἐκλεκτὸν ἔντιμον,
2:15 ὅτι οὕτως ἐστὶν τὸ θέλημα τοῦ θεοῦ ἀγαθοποιοῦντας φιμοῦν τὴν τῶν ἀφρόνων **ἀνθρώπων** ἀγνωσίαν,
3: 4 ἀλλ' ὁ κρυπτὸς τῆς καρδίας **ἄνθρωπος** ἐν τῷ ἀφθάρτῳ τοῦ πραέως καὶ ἡσυχίου πνεύματος,
4: 2 εἰς τὸ μηκέτι **ἀνθρώπων** ἐπιθυμίαις ἀλλὰ θελήματι θεοῦ τὸν ἐπίλοιπον ἐν σαρκὶ βιῶσαι χρόνον.
4: 6 ἵνα κριθῶσι μὲν κατὰ **ἀνθρώπους** σαρκὶ ζῶσι δὲ κατὰ θεὸν πνεύματι.

2Pe 1:21 οὐ γὰρ θελήματι **ἀνθρώπου** ἠνέχθη προφητεία ποτέ, ἀλλὰ ὑπὸ πνεύματος ἁγίου φερόμενοι ἐλάλησαν ἀπὸ θεοῦ **ἄνθρωποι.**
2:16 ὑποζύγιον ἄφωνον ἐν **ἀνθρώπου** φωνῇ φθεγξάμενον ἐκώλυσεν τὴν τοῦ προφήτου παραφρονίαν.
3: 7 τῷ αὐτῷ λόγῳ τεθησαυρισμένοι εἰσὶν πυρὶ τηρούμενοι εἰς ἡμέραν κρίσεως καὶ ἀπωλείας τῶν ἀσεβῶν **ἀνθρώπων.**

1Jn 5: 9 εἰ τὴν μαρτυρίαν τῶν **ἀνθρώπων** λαμβάνομεν, ἡ μαρτυρία τοῦ θεοῦ μείζων ἐστίν·

Jude 1: 4 παρεισέδυσαν γάρ τινες **ἄνθρωποι,** οἱ πάλαι προγεγραμμένοι εἰς τοῦτο τὸ κρίμα,

Rev 1:13 ἐν μέσῳ τῶν λυχνιῶν ὅμοιον υἱὸν **ἀνθρώπου** ἐνδεδυμένον ποδήρη καὶ περιεζωσμένον πρὸς τοῖς μαστοῖς ζώνην χρυσᾶν.
4: 7 καὶ τὸ ζῷον τὸ πρῶτον ὅμοιον λέοντι καὶ τὸ δεύτερον ζῷον ὅμοιον μόσχῳ καὶ τὸ τρίτον ζῷον ἔχων τὸ πρόσωπον ὡς **ἀνθρώπου** καὶ τὸ τέταρτον ζῷον ὅμοιον ἀετῷ πετομένῳ.
8:11 καὶ ἐγένετο τὸ τρίτον τῶν ὑδάτων εἰς ἄψινθον καὶ πολλοὶ τῶν **ἀνθρώπων** ἀπέθανον ἐκ τῶν ὑδάτων ὅτι ἐπικράνθησαν.
9: 4 εἰ μὴ τοὺς **ἀνθρώπους** οἵτινες οὐκ ἔχουσι τὴν σφραγῖδα τοῦ θεοῦ ἐπὶ τῶν μετώπων.
9: 5 καὶ ὁ βασανισμὸς αὐτῶν ὡς βασανισμὸς σκορπίου ὅταν παίσῃ **ἄνθρωπον.**
9: 6 καὶ ἐν ταῖς ἡμέραις ἐκείναις ζητήσουσιν οἱ **ἄνθρωποι** τὸν θάνατον καὶ οὐ μὴ εὑρήσουσιν αὐτόν,
9: 7 καὶ ἐπὶ τὰς κεφαλὰς αὐτῶν ὡς στέφανοι ὅμοιοι χρυσῷ, καὶ τὰ πρόσωπα αὐτῶν ὡς πρόσωπα **ἀνθρώπων,**
9:10 καὶ ἐν ταῖς οὐραῖς αὐτῶν ἡ ἐξουσία αὐτῶν ἀδικῆσαι τοὺς **ἀνθρώπους** μῆνας πέντε,
9:15 ἄγγελοι οἱ ἡτοιμασμένοι εἰς τὴν ὥραν καὶ ἡμέραν καὶ μῆνα καὶ ἐνιαυτόν, ἵνα ἀποκτείνωσιν τὸ τρίτον τῶν **ἀνθρώπων.**

9:18 ἀπὸ τῶν τριῶν πληγῶν τούτων ἀπεκτάνθησαν τὸ τρίτον τῶν **ἀνθρώπων,**
9:20 Καὶ οἱ λοιποὶ τῶν **ἀνθρώπων,** οἳ οὐκ ἀπεκτάνθησαν ἐν ταῖς πληγαῖς ταύταις,
11:13 καὶ τὸ δέκατον τῆς πόλεως ἔπεσεν καὶ ἀπεκτάνθησαν ἐν τῷ σεισμῷ ὀνόματα **ἀνθρώπων** χιλιάδες ἑπτὰ
13:13 ἵνα καὶ πῦρ ποιῇ ἐκ τοῦ οὐρανοῦ καταβαίνειν εἰς τὴν γῆν ἐνώπιον τῶν **ἀνθρώπων,**
13:18 ἀριθμὸς γὰρ **ἀνθρώπου** ἐστίν, καὶ ὁ ἀριθμὸς αὐτοῦ ἑξακόσιοι ἑξήκοντα ἕξ.
14: 4 οὗτοι ἠγοράσθησαν ἀπὸ τῶν **ἀνθρώπων** ἀπαρχὴ τῷ θεῷ καὶ τῷ ἀρνίῳ,
14:14 καὶ ἐπὶ τὴν νεφέλην καθήμενον ὅμοιον υἱὸν **ἀνθρώπου,**
16: 2 καὶ ἐγένετο ἕλκος κακὸν καὶ πονηρὸν ἐπὶ τοὺς **ἀνθρώπους** τοὺς ἔχοντας τὸ χάραγμα τοῦ θηρίου
16: 8 καὶ ἐδόθη αὐτῷ καυματίσαι τοὺς **ἀνθρώπους** ἐν πυρί.
16: 9 καὶ ἐκαυματίσθησαν οἱ **ἄνθρωποι** καῦμα μέγα καὶ ἐβλασφήμησαν τὸ ὄνομα τοῦ θεοῦ τοῦ ἔχοντος τὴν ἐξουσίαν
16:18 οἷος οὐκ ἐγένετο ἀφ᾽ οὗ **ἄνθρωπος** ἐγένετο ἐπὶ τῆς γῆς τηλικοῦτος σεισμὸς οὕτω μέγας.
16:21 καὶ χάλαζα μεγάλη ὡς ταλαντιαία καταβαίνει ἐκ τοῦ οὐρανοῦ ἐπὶ τοὺς **ἀνθρώπους,** καὶ ἐβλασφήμησαν οἱ **ἄνθρωποι** τὸν θεὸν ἐκ τῆς πληγῆς τῆς χαλάζης,
18:13 καὶ ἵππων καὶ ῥεδῶν καὶ σωμάτων, καὶ ψυχὰς **ἀνθρώπων.**
21: 3 Ἰδοὺ ἡ σκηνὴ τοῦ θεοῦ μετὰ τῶν **ἀνθρώπων,**
21:17 καὶ ἐμέτρησεν τὸ τεῖχος αὐτῆς ἑκατὸν τεσσεράκοντα τεσσάρων πηχῶν μέτρον **ἀνθρώπου,**

477 ἀνθυπατεύω Not used in UBS/NIV

√ 478

478 ἀνθύπατος [5]

→ 477; cf. 505

Ac 13: 7 ὃς ἦν σὺν τῷ **ἀνθυπάτῳ** Σεργίῳ Παύλῳ, ἀνδρὶ συνετῷ.
13: 8 οὕτως γὰρ μεθερμηνεύεται τὸ ὄνομα αὐτοῦ, ζητῶν διαστρέψαι τὸν **ἀνθύπατον** ἀπὸ τῆς πίστεως.
13:12 τότε ἰδὼν ὁ **ἀνθύπατος** τὸ γεγονὸς ἐπίστευσεν ἐκπλησσόμενος ἐπὶ τῇ διδαχῇ τοῦ κυρίου.
18:12 Γαλλίωνος δὲ **ἀνθυπάτου** ὄντος τῆς Ἀχαΐας κατεπέστησαν ὁμοθυμαδὸν οἱ Ἰουδαῖοι τῷ Παύλῳ
19:38 ἀγοραῖοι ἄγονται καὶ **ἀνθύπατοί** εἰσιν, ἐγκαλείτωσαν ἀλλήλοις.

479 ἀνίημι [4]

√ 918; cf. 324

Ac 16:26 ἠνεῴχθησαν δὲ παραχρῆμα αἱ θύραι πᾶσαι καὶ πάντων τὰ δεσμὰ **ἀνέθη.**
27:40 ἅμα **ἀνέντες** τὰς ζευκτηρίας τῶν πηδαλίων καὶ ἐπάραντες τὸν ἀρτέμωνα τῇ πνεούσῃ κατεῖχον εἰς τὸν αἰγιαλόν.
Eph 6: 9 τὰ αὐτὰ ποιεῖτε πρὸς αὐτούς, **ἀνιέντες** τὴν ἀπειλήν,
Heb 13: 5 Οὐ μή σε **ἀνῶ** οὐδ᾽ οὐ μή σε ἐγκαταλίπω,

480 ἀνίλεως Not used in UBS/NIV

√ 1.1 + 2661

481 ἄνιπτος [2]

√ 1.1 + 3782

Mt 15:20 τὸ δὲ **ἀνίπτοις** χερσὶν φαγεῖν οὐ κοινοῖ τὸν ἄνθρωπον.
Mk 7: 2 καὶ ἰδόντες τινὰς τῶν μαθητῶν αὐτοῦ ὅτι κοιναῖς χερσίν, τοῦτ᾽ ἔστιν **ἀνίπτοις,** ἐσθίουσιν τοὺς ἄρτους

482 ἀνίστημι [108 / 107]

√ 324 + 2705

ἀναστῆναι ἐκ νεκρῶν [11] Mk 9:9,10; 12:25; Lk 16:31; 24:46; Jn 20:9; Ac 10:41; 13:34; 17:3,31; Eph 5:14

Mt 9: 9 λέγει αὐτῷ, Ἀκολούθει μοι. καὶ **ἀναστὰς** ἠκολούθησεν αὐτῷ.
12:41 ἄνδρες Νινευῖται **ἀναστήσονται** ἐν τῇ κρίσει μετὰ τῆς γενεᾶς ταύτης καὶ κατακρινοῦσιν αὐτήν,
22:24 ἐπιγαμβρεύσει ὁ ἀδελφὸς αὐτοῦ τὴν γυναῖκα αὐτοῦ καὶ **ἀναστήσει** σπέρμα τῷ ἀδελφῷ αὐτοῦ.
26:62 καὶ **ἀναστὰς** ὁ ἀρχιερεὺς εἶπεν αὐτῷ, Οὐδὲν ἀποκρίνῃ τί οὗτοί σου καταμαρτυροῦσιν;
Mk 1:35 Καὶ πρωῒ ἔννυχα λίαν **ἀναστὰς** ἐξῆλθεν καὶ ἀπῆλθεν εἰς ἔρημον τόπον κἀκεῖ προσηύχετο.
2:14 λέγει αὐτῷ, Ἀκολούθει μοι. καὶ **ἀναστὰς** ἠκολούθησεν αὐτῷ.
3:26 καὶ εἰ ὁ Σατανᾶς **ἀνέστη** ἐφ᾽ ἑαυτὸν καὶ ἐμερίσθη,
5:42 καὶ εὐθὺς **ἀνέστη** τὸ κοράσιον καὶ περιεπάτει·
7:24 Ἐκεῖθεν δὲ **ἀναστὰς** ἀπῆλθεν εἰς τὰ ὅρια Τύρου.
8:31 καὶ ἀποκτανθῆναι καὶ μετὰ τρεῖς ἡμέρας **ἀναστῆναι·**
9: 9 εἰ μὴ ὅταν ὁ υἱὸς τοῦ ἀνθρώπου ἐκ νεκρῶν **ἀναστῇ.**
9:10 καὶ τὸν λόγον ἐκράτησαν πρὸς ἑαυτοὺς συζητοῦντες τί ἐστιν τὸ ἐκ νεκρῶν **ἀναστῆναι.**
9:27 ὁ δὲ Ἰησοῦς κρατήσας τῆς χειρὸς αὐτοῦ ἤγειρεν αὐτόν, καὶ **ἀνέστη.**
9:31 καὶ ἀποκτενοῦσιν αὐτόν, καὶ ἀποκτανθεὶς μετὰ τρεῖς ἡμέρας **ἀναστήσεται.**
10: 1 Καὶ ἐκεῖθεν **ἀναστὰς** ἔρχεται εἰς τὰ ὅρια τῆς Ἰουδαίας [καὶ] πέραν τοῦ Ἰορδάνου,
10:34 καὶ ἐμπτύσουσιν αὐτῷ καὶ μαστιγώσουσιν αὐτὸν καὶ ἀποκτενοῦσιν, καὶ μετὰ τρεῖς ἡμέρας **ἀναστήσεται.**
12:23 ἐν τῇ ἀναστάσει [ὅταν **ἀναστῶσιν**[NIV-]] τίνος αὐτῶν ἔσται γυνή;
12:25 ὅταν γὰρ ἐκ νεκρῶν **ἀναστῶσιν** οὔτε γαμοῦσιν οὔτε γαμίζονται,
14:57 καί τινες **ἀναστάντες** ἐψευδομαρτύρουν κατ᾽ αὐτοῦ λέγοντες
14:60 καὶ **ἀναστὰς** ὁ ἀρχιερεὺς εἰς μέσον ἐπηρώτησεν τὸν Ἰησοῦν λέγων,
16: 9 ⟦**Ἀναστὰς** δὲ πρωῒ πρώτῃ σαββάτου ἐφάνη πρῶτον Μαρίᾳ τῇ Μαγδαληνῇ,⟧
Lk 1:39 **Ἀναστᾶσα** δὲ Μαριὰμ ἐν ταῖς ἡμέραις ταύταις ἐπορεύθη εἰς τὴν ὀρεινὴν μετὰ σπουδῆς εἰς πόλιν Ἰούδα,
4:16 καὶ εἰσῆλθεν κατὰ τὸ εἰωθὸς αὐτῷ ἐν τῇ ἡμέρᾳ τῶν σαββάτων εἰς τὴν συναγωγὴν καὶ **ἀνέστη** ἀναγνῶναι.
4:29 καὶ **ἀναστάντες** ἐξέβαλον αὐτὸν ἔξω τῆς πόλεως καὶ ἤγαγον αὐτὸν ἕως ὀφρύος τοῦ ὄρους ἐφ᾽ οὗ ἡ πόλις ᾠκοδόμητο
4:38 **Ἀναστὰς** δὲ ἀπὸ τῆς συναγωγῆς εἰσῆλθεν εἰς τὴν οἰκίαν Σίμωνος.
4:39 καὶ ἐπιστὰς ἐπάνω αὐτῆς ἐπετίμησεν τῷ πυρετῷ καὶ ἀφῆκεν αὐτήν· παραχρῆμα δὲ **ἀναστᾶσα** διηκόνει αὐτοῖς.
5:25 καὶ παραχρῆμα **ἀναστὰς** ἐνώπιον αὐτῶν, ἄρας ἐφ᾽ ὃ κατέκειτο,
5:28 καὶ καταλιπὼν πάντα **ἀναστὰς** ἠκολούθει αὐτῷ.
6: 8 Ἔγειρε καὶ στῆθι εἰς τὸ μέσον· καὶ **ἀναστὰς** ἔστη.
8:55 καὶ ἐπέστρεψεν τὸ πνεῦμα αὐτῆς καὶ **ἀνέστη** παραχρῆμα καὶ διέταξεν αὐτῇ δοθῆναι φαγεῖν.
9: 8 ἄλλων δὲ ὅτι προφήτης τις τῶν ἀρχαίων **ἀνέστη.**
9:19 ἄλλοι δὲ ὅτι προφήτης τις τῶν ἀρχαίων **ἀνέστη.**
10:25 Καὶ ἰδοὺ νομικός τις **ἀνέστη** ἐκπειράζων αὐτὸν λέγων,
11: 7 ἤδη ἡ θύρα κέκλεισται καὶ τὰ παιδία μου μετ᾽ ἐμοῦ εἰς τὴν κοίτην εἰσίν· οὐ δύναμαι **ἀναστὰς** δοῦναί σοι.
11: 8 εἰ καὶ οὐ δώσει αὐτῷ **ἀναστὰς** διὰ τὸ εἶναι φίλον αὐτοῦ,
11:32 ἄνδρες Νινευῖται **ἀναστήσονται** ἐν τῇ κρίσει μετὰ τῆς γενεᾶς ταύτης καὶ κατακρινοῦσιν αὐτήν·
15:18 **ἀναστὰς** πορεύσομαι πρὸς τὸν πατέρα μου καὶ ἐρῶ αὐτῷ,
15:20 καὶ **ἀναστὰς** ἦλθεν πρὸς τὸν πατέρα ἑαυτοῦ.
16:31 Εἰ Μωϋσέως καὶ τῶν προφητῶν οὐκ ἀκούουσιν, οὐδ᾽ ἐάν τις ἐκ νεκρῶν **ἀναστῇ** πεισθήσονται.
17:19 καὶ εἶπεν αὐτῷ, **Ἀναστὰς** πορεύου· ἡ πίστις σου σέσωκέν σε.
18:33 καὶ μαστιγώσαντες ἀποκτενοῦσιν αὐτόν, καὶ τῇ ἡμέρᾳ τῇ τρίτῃ **ἀναστήσεται.**
22:45 καὶ **ἀναστὰς** ἀπὸ τῆς προσευχῆς ἐλθὼν πρὸς τοὺς μαθητὰς εὗρεν κοιμωμένους αὐτοὺς ἀπὸ τῆς λύπης,
22:46 Τί καθεύδετε; **ἀναστάντες** προσεύχεσθε, ἵνα μὴ εἰσέλθητε εἰς πειρασμόν.
23: 1 Καὶ **ἀναστὰν** ἅπαν τὸ πλῆθος αὐτῶν ἤγαγον αὐτὸν ἐπὶ τὸν Πιλᾶτον.
24: 7 δεῖ παραδοθῆναι εἰς χεῖρας ἀνθρώπων ἁμαρτωλῶν καὶ σταυρωθῆναι καὶ τῇ τρίτῃ ἡμέρᾳ **ἀναστῆναι.**
24:12 Ὁ δὲ Πέτρος **ἀναστὰς** ἔδραμεν ἐπὶ τὸ μνημεῖον καὶ παρακύψας βλέπει τὰ ὀθόνια μόνα,
24:33 καὶ **ἀναστάντες** αὐτῇ τῇ ὥρᾳ ὑπέστρεψαν εἰς Ἰερουσαλὴμ καὶ εὗρον ἠθροισμένους τοὺς ἕνδεκα καὶ τοὺς σὺν αὐτοῖς,
24:46 καὶ εἶπεν αὐτοῖς ὅτι Οὕτως γέγραπται παθεῖν τὸν Χριστὸν καὶ **ἀναστῆναι** ἐκ νεκρῶν τῇ τρίτῃ ἡμέρᾳ,
Jn 6:39 ἵνα πᾶν ὃ δέδωκέν μοι μὴ ἀπολέσω ἐξ αὐτοῦ, ἀλλὰ **ἀναστήσω** αὐτὸ [ἐν] τῇ ἐσχάτῃ ἡμέρᾳ.
6:40 καὶ **ἀναστήσω** αὐτὸν ἐγὼ [ἐν] τῇ ἐσχάτῃ ἡμέρᾳ.

6:44 οὐδεὶς δύναται ἐλθεῖν πρός με ἐὰν μὴ ὁ πατὴρ ὁ πέμψας με ἑλκύσῃ αὐτόν, κἀγὼ **ἀναστήσω** αὐτὸν ἐν τῇ ἐσχάτῃ ἡμέρᾳ.
6:54 ὁ τρώγων μου τὴν σάρκα καὶ πίνων μου τὸ αἷμα ἔχει ζωὴν αἰώνιον, κἀγὼ **ἀναστήσω** αὐτὸν τῇ ἐσχάτῃ ἡμέρᾳ.
11:23 λέγει αὐτῇ ὁ Ἰησοῦς, **Ἀναστήσεται** ὁ ἀδελφός σου.
11:24 Οἶδα ὅτι **ἀναστήσεται** ἐν τῇ ἀναστάσει ἐν τῇ ἐσχάτῃ ἡμέρᾳ.
11:31 ἰδόντες τὴν Μαριὰμ ὅτι ταχέως **ἀνέστη** καὶ ἐξῆλθεν,
20: 9 οὐδέπω γὰρ ᾔδεισαν τὴν γραφὴν ὅτι δεῖ αὐτὸν ἐκ νεκρῶν **ἀναστῆναι.**

Ac 1:15 Καὶ ἐν ταῖς ἡμέραις ταύταις **ἀναστὰς** Πέτρος ἐν μέσῳ τῶν ἀδελφῶν εἶπεν·
2:24 ὃν ὁ θεὸς **ἀνέστησεν** λύσας τὰς ὠδῖνας τοῦ θανάτου,
2:32 τοῦτον τὸν Ἰησοῦν **ἀνέστησεν** ὁ θεός, οὗ πάντες ἡμεῖς ἐσμεν μάρτυρες·
3:22 Μωϋσῆς μὲν εἶπεν ὅτι Προφήτην ὑμῖν **ἀναστήσει** κύριος ὁ θεὸς ὑμῶν ἐκ τῶν ἀδελφῶν ὑμῶν ὡς ἐμέ·
3:26 ὑμῖν πρῶτον **ἀναστήσας** ὁ θεὸς τὸν παῖδα αὐτοῦ ἀπέστειλεν αὐτὸν εὐλογοῦντα ὑμᾶς
5: 6 **ἀναστάντες** δὲ οἱ νεώτεροι συνέστειλαν αὐτὸν καὶ ἐξενέγκαντες ἔθαψαν.
5:17 **Ἀναστὰς** δὲ ὁ ἀρχιερεὺς καὶ πάντες οἱ σὺν αὐτῷ,
5:34 **ἀναστὰς** δέ τις ἐν τῷ συνεδρίῳ Φαρισαῖος ὀνόματι Γαμαλιήλ,
5:36 πρὸ γὰρ τούτων τῶν ἡμερῶν **ἀνέστη** Θευδᾶς λέγων εἶναί τινα ἑαυτόν,
5:37 μετὰ τοῦτον **ἀνέστη** Ἰούδας ὁ Γαλιλαῖος ἐν ταῖς ἡμέραις τῆς ἀπογραφῆς καὶ ἀπέστησεν λαὸν ὀπίσω αὐτοῦ·
6: 9 **ἀνέστησαν** δέ τινες τῶν ἐκ τῆς συναγωγῆς τῆς λεγομένης Λιβερτίνων καὶ Κυρηναίων καὶ Ἀλεξανδρέων
7:18 ἄχρι οὗ **ἀνέστη** βασιλεὺς ἕτερος [ἐπ' Αἴγυπτον] ὃς οὐκ ᾔδει τὸν Ἰωσήφ.
7:37 Προφήτην ὑμῖν **ἀναστήσει** ὁ θεὸς ἐκ τῶν ἀδελφῶν ὑμῶν ὡς ἐμέ.
8:26 **Ἀνάστηθι** καὶ πορεύου κατὰ μεσημβρίαν ἐπὶ τὴν ὁδὸν τὴν καταβαίνουσαν ἀπὸ Ἰερουσαλὴμ εἰς Γάζαν,
8:27 καὶ **ἀναστὰς** ἐπορεύθη. καὶ ἰδοὺ ἀνὴρ Αἰθίοψ εὐνοῦχος δυνάστης Κανδάκης βασιλίσσης Αἰθιόπων,
9: 6 ἀλλὰ **ἀνάστηθι** καὶ εἴσελθε εἰς τὴν πόλιν καὶ λαληθήσεταί σοι ὅ τί σε δεῖ ποιεῖν.
9:11 **Ἀναστὰς** πορεύθητι ἐπὶ τὴν ῥύμην τὴν καλουμένην Εὐθεῖαν καὶ ζήτησον ἐν οἰκίᾳ Ἰούδα Σαῦλον ὀνόματι Ταρσέα·
9:18 καὶ εὐθέως ἀπέπεσαν αὐτοῦ ἀπὸ τῶν ὀφθαλμῶν ὡς λεπίδες, ἀνέβλεψέν τε καὶ **ἀναστὰς** ἐβαπτίσθη
9:34 ἰᾶταί σε Ἰησοῦς Χριστός· **ἀνάστηθι** καὶ στρῶσον σεαυτῷ. καὶ εὐθέως **ἀνέστη.**
9:39 **ἀναστὰς** δὲ Πέτρος συνῆλθεν αὐτοῖς·
9:40 καὶ θεὶς τὰ γόνατα προσηύξατο καὶ ἐπιστρέψας πρὸς τὸ σῶμα εἶπεν, Ταβιθά, **ἀνάστηθι.**
9:41 δοὺς δὲ αὐτῇ χεῖρα **ἀνέστησεν** αὐτήν· φωνήσας δὲ τοὺς ἁγίους καὶ τὰς χήρας παρέστησεν αὐτὴν ζῶσαν.
10:13 καὶ ἐγένετο φωνὴ πρὸς αὐτόν, **Ἀναστάς,** Πέτρε, θῦσον καὶ φάγε.
10:20 ἀλλὰ **ἀναστὰς** κατάβηθι καὶ πορεύου σὺν αὐτοῖς μηδὲν διακρινόμενος ὅτι ἐγὼ ἀπέσταλκα αὐτούς.
10:23 Τῇ δὲ ἐπαύριον **ἀναστὰς** ἐξῆλθεν σὺν αὐτοῖς καί τινες τῶν ἀδελφῶν τῶν ἀπὸ Ἰόππης συνῆλθον αὐτῷ.
10:26 ὁ δὲ Πέτρος ἤγειρεν αὐτὸν λέγων, **Ἀνάστηθι·** καὶ ἐγὼ αὐτὸς ἄνθρωπός εἰμι.
10:41 οἵτινες συνεφάγομεν καὶ συνεπίομεν αὐτῷ μετὰ τὸ **ἀναστῆναι** αὐτὸν ἐκ νεκρῶν·
11: 7 ἤκουσα δὲ καὶ φωνῆς λεγούσης μοι, **Ἀναστάς,** Πέτρε, θῦσον καὶ φάγε.
11:28 **ἀναστὰς** δὲ εἷς ἐξ αὐτῶν ὀνόματι Ἅγαβος ἐσήμανεν διὰ τοῦ πνεύματος λιμὸν μεγάλην μέλλειν ἔσεσθαι
12: 7 πατάξας δὲ τὴν πλευρὰν τοῦ Πέτρου ἤγειρεν αὐτὸν λέγων, **Ἀνάστα** ἐν τάχει.
13:16 **ἀναστὰς** δὲ Παῦλος καὶ κατασείσας τῇ χειρὶ εἶπεν·
13:33 ὅτι ταύτην ὁ θεὸς ἐκπεπλήρωκεν τοῖς τέκνοις [αὐτῶν] ἡμῖν **ἀναστήσας** Ἰησοῦν ὡς καὶ ἐν τῷ ψαλμῷ γέγραπται
13:34 ὅτι δὲ **ἀνέστησεν** αὐτὸν ἐκ νεκρῶν μηκέτι μέλλοντα ὑποστρέφειν εἰς διαφθοράν,
14:10 εἶπεν μεγάλῃ φωνῇ, **Ἀνάστηθι** ἐπὶ τοὺς πόδας σου ὀρθός.
14:20 κυκλωσάντων δὲ τῶν μαθητῶν αὐτὸν **ἀναστὰς** εἰσῆλθεν εἰς τὴν πόλιν.
15: 7 πολλῆς δὲ ζητήσεως γενομένης **ἀναστὰς** Πέτρος εἶπεν πρὸς αὐτούς,
17: 3 τὸν Χριστὸν ἔδει παθεῖν καὶ **ἀναστῆναι** ἐκ νεκρῶν καὶ ὅτι οὗτός ἐστιν ὁ Χριστὸς [ὁ] Ἰησοῦς ὃν ἐγὼ καταγγέλλω ὑμῖν.
17:31 μέλλει κρίνειν τὴν οἰκουμένην ἐν δικαιοσύνῃ ἐν ἀνδρὶ ᾧ ὥρισεν, πίστιν παρασχὼν πᾶσιν **ἀναστήσας** αὐτὸν ἐκ νεκρῶν.
20:30 καὶ ἐξ ὑμῶν αὐτῶν **ἀναστήσονται** ἄνδρες λαλοῦντες διεστραμμένα τοῦ ἀποσπᾶν τοὺς μαθητὰς ὀπίσω αὐτῶν.
22:10 **Ἀναστὰς** πορεύου εἰς Δαμασκὸν κἀκεῖ σοι λαληθήσεται περὶ πάντων ὧν τέτακταί σοι ποιῆσαι.
22:16 **ἀναστὰς** βάπτισαι καὶ ἀπόλουσαι τὰς ἁμαρτίας σου ἐπικαλεσάμενος τὸ ὄνομα αὐτοῦ.
23: 9 καὶ **ἀναστάντες** τινὲς τῶν γραμματέων τοῦ μέρους τῶν Φαρισαίων διεμάχοντο λέγοντες,
26:16 ἀλλὰ **ἀνάστηθι** καὶ στῆθι ἐπὶ τοὺς πόδας σου·
26:30 **Ἀνέστη** τε ὁ βασιλεὺς καὶ ὁ ἡγεμὼν ἥ τε Βερνίκη καὶ οἱ συγκαθήμενοι αὐτοῖς,

Ro 15:12 Ἔσται ἡ ῥίζα τοῦ Ἰεσσαί καὶ ὁ **ἀνιστάμενος** ἄρχειν ἐθνῶν,

1Co 10: 7 Ἐκάθισεν ὁ λαὸς φαγεῖν καὶ πεῖν καὶ **ἀνέστησαν** παίζειν.

Eph 5:14 Ἔγειρε, ὁ καθεύδων, καὶ **ἀνάστα** ἐκ τῶν νεκρῶν,

1Th 4:14 εἰ γὰρ πιστεύομεν ὅτι Ἰησοῦς ἀπέθανεν καὶ **ἀνέστη,**
4:16 καταβήσεται ἀπ' οὐρανοῦ καὶ οἱ νεκροὶ ἐν Χριστῷ **ἀναστήσονται** πρῶτον,

Heb 7:11 τίς ἔτι χρεία κατὰ τὴν τάξιν Μελχισέδεκ ἕτερον **ἀνίστασθαι** ἱερέα καὶ οὐ κατὰ τὴν τάξιν Ἀαρὼν λέγεσθαι;
7:15 εἰ κατὰ τὴν ὁμοιότητα Μελχισέδεκ **ἀνίσταται** ἱερεὺς ἕτερος,

483 Ἄννα [1]

Lk 2:36 Καὶ ἦν **Ἄννα** προφῆτις, θυγάτηρ Φανουήλ, ἐκ φυλῆς Ἀσήρ·

484 Ἄννας [4]

Lk 3: 2 ἐπὶ ἀρχιερέως **Ἅννα** καὶ Καϊάφα, ἐγένετο ῥῆμα θεοῦ ἐπὶ Ἰωάννην τὸν Ζαχαρίου υἱὸν ἐν τῇ ἐρήμῳ.

Jn 18:13 καὶ ἤγαγον πρὸς **Ἅνναν** πρῶτον· ἦν γὰρ πενθερὸς τοῦ Καϊάφα,
18:24 ἀπέστειλεν οὖν αὐτὸν ὁ **Ἅννας** δεδεμένον πρὸς Καϊάφαν τὸν ἀρχιερέα.

Ac 4: 6 καὶ **Ἅννας** ὁ ἀρχιερεὺς καὶ Καϊάφας καὶ Ἰωάννης καὶ Ἀλέξανδρος καὶ ὅσοι ἦσαν ἐκ γένους ἀρχιερατικοῦ,

485 ἀνόητος [6]

√ *1.1 + 3808*

Lk 24:25 Ὦ **ἀνόητοι** καὶ βραδεῖς τῇ καρδίᾳ τοῦ πιστεύειν ἐπὶ πᾶσιν οἷς ἐλάλησαν οἱ προφῆται·

Ro 1:14 Ἕλλησίν τε καὶ βαρβάροις, σοφοῖς τε καὶ **ἀνοήτοις** ὀφειλέτης εἰμί,

Gal 3: 1 Ὦ **ἀνόητοι** Γαλάται, τίς ὑμᾶς ἐβάσκανεν, οἷς κατ' ὀφθαλμοὺς Ἰησοῦς Χριστὸς προεγράφη ἐσταυρωμένος;
3: 3 οὕτως **ἀνόητοί** ἐστε, ἐναρξάμενοι πνεύματι νῦν σαρκὶ ἐπιτελεῖσθε;

1Ti 6: 9 οἱ δὲ βουλόμενοι πλουτεῖν ἐμπίπτουσιν εἰς πειρασμὸν καὶ παγίδα καὶ ἐπιθυμίας πολλὰς **ἀνοήτους** καὶ βλαβεράς,

Tit 3: 3 Ἦμεν γάρ ποτε καὶ ἡμεῖς **ἀνόητοι,** ἀπειθεῖς, πλανώμενοι,

486 ἄνοια [2]

√ *1.1 + 3808*

Lk 6:11 αὐτοὶ δὲ ἐπλήσθησαν **ἀνοίας** καὶ διελάλουν πρὸς ἀλλήλους τί ἂν ποιήσαιεν τῷ Ἰησοῦ.

2Ti 3: 9 ἡ γὰρ **ἄνοια** αὐτῶν ἔκδηλος ἔσται πᾶσιν, ὡς καὶ ἡ ἐκείνων ἐγένετο.

487 ἀνοίγω [77]

→ *489, 1380, 1986; cf. 324*

ἀνοίγω οἱ ὀφθαλμοί [14] Mt 9:30; 20:33; Jn 9:10,14,17,21,26,30,32; 10:21; 11:37; Ac 9:8,40; 26:18

ἀνοίγω τὸ στόμα [11] Mt 5:2; 13:35; 17:27; Lk 1:64; Ac 8:32,35; 10:34; 18:14; 2Co 6:11; Rev 12:16; 13:6

Mt 2:11 καὶ πεσόντες προσεκύνησαν αὐτῷ καὶ **ἀνοίξαντες** τοὺς θησαυροὺς αὐτῶν προσήνεγκαν αὐτῷ δῶρα,
3:16 καὶ ἰδοὺ **ἠνεῴχθησαν** [αὐτῷ] οἱ οὐρανοί, καὶ εἶδεν [τὸ] πνεῦμα [τοῦ] θεοῦ καταβαῖνον ὡσεὶ περιστερὰν
5: 2 καὶ **ἀνοίξας** τὸ στόμα αὐτοῦ ἐδίδασκεν αὐτοὺς λέγων,

7: 7 Αἰτεῖτε καὶ δοθήσεται ὑμῖν, ζητεῖτε καὶ εὑρήσετε, κρούετε καὶ **ἀνοιγήσεται** ὑμῖν·
7: 8 πᾶς γὰρ ὁ αἰτῶν λαμβάνει καὶ ὁ ζητῶν εὑρίσκει καὶ τῷ κρούοντι **ἀνοιγήσεται.**
9:30 καὶ **ἠνεῴχθησαν** αὐτῶν οἱ ὀφθαλμοί. καὶ ἐνεβριμήθη αὐτοῖς ὁ Ἰησοῦς λέγων,
13:35 **Ἀνοίξω** ἐν παραβολαῖς τὸ στόμα μου, ἐρεύξομαι κεκρυμμένα ἀπὸ καταβολῆς [κόσμου.]
17:27 βάλε ἄγκιστρον καὶ τὸν ἀναβάντα πρῶτον ἰχθὺν ἆρον, καὶ **ἀνοίξας** τὸ στόμα αὐτοῦ εὑρήσεις στατῆρα·
20:33 λέγουσιν αὐτῷ, Κύριε, ἵνα **ἀνοιγῶσιν** οἱ ὀφθαλμοὶ ἡμῶν.
25:11 ὕστερον δὲ ἔρχονται καὶ αἱ λοιπαὶ παρθένοι λέγουσαι, Κύριε κύριε, **ἄνοιξον** ἡμῖν.
27:52 καὶ τὰ μνημεῖα **ἀνεῴχθησαν** καὶ πολλὰ σώματα τῶν κεκοιμημένων ἁγίων ἠγέρθησαν,

Mk 7:35 καὶ [εὐθέως] **ἠνοίγησαν** αὐτοῦ αἱ ἀκοαί, καὶ ἐλύθη ὁ δεσμὸς τῆς γλώσσης αὐτοῦ καὶ ἐλάλει ὀρθῶς.

Lk 1:64 **ἀνεῴχθη** δὲ τὸ στόμα αὐτοῦ παραχρῆμα καὶ ἡ γλῶσσα αὐτοῦ,
3:21 Ἐγένετο δὲ ἐν τῷ βαπτισθῆναι ἅπαντα τὸν λαὸν καὶ Ἰησοῦ βαπτισθέντος καὶ προσευχομένου **ἀνεῳχθῆναι** τὸν οὐρανὸν
11: 9 αἰτεῖτε καὶ δοθήσεται ὑμῖν, ζητεῖτε καὶ εὑρήσετε, κρούετε καὶ **ἀνοιγήσεται** ὑμῖν·
11:10 πᾶς γὰρ ὁ αἰτῶν λαμβάνει καὶ ὁ ζητῶν εὑρίσκει καὶ τῷ κρούοντι **ἀνοιγ[ήσ]εται.**
12:36 πότε ἀναλύσῃ ἐκ τῶν γάμων, ἵνα ἐλθόντος καὶ κρούσαντος εὐθέως **ἀνοίξωσιν** αὐτῷ.
13:25 Κύριε, **ἄνοιξον** ἡμῖν, καὶ ἀποκριθεὶς ἐρεῖ ὑμῖν, Οὐκ οἶδα ὑμᾶς πόθεν ἐστέ.

Jn 1:51 ὄψεσθε τὸν οὐρανὸν **ἀνεῳγότα** καὶ τοὺς ἀγγέλους τοῦ θεοῦ ἀναβαίνοντας καὶ καταβαίνοντας ἐπὶ τὸν υἱὸν τοῦ ἀνθρώπου.
9:10 ἔλεγον οὖν αὐτῷ, Πῶς [οὖν] **ἠνεῴχθησάν** σου οἱ ὀφθαλμοί;
9:14 ἦν δὲ σάββατον ἐν ᾗ ἡμέρᾳ τὸν πηλὸν ἐποίησεν ὁ Ἰησοῦς καὶ **ἀνέῳξεν** αὐτοῦ τοὺς ὀφθαλμούς.
9:17 Τί σὺ λέγεις περὶ αὐτοῦ, ὅτι **ἠνέῳξέν** σου τοὺς ὀφθαλμούς;
9:21 ἢ τίς **ἤνοιξεν** αὐτοῦ τοὺς ὀφθαλμοὺς ἡμεῖς οὐκ οἴδαμεν·
9:26 Τί ἐποίησέν σοι; πῶς **ἤνοιξέν** σου τοὺς ὀφθαλμούς;
9:30 ὅτι ὑμεῖς οὐκ οἴδατε πόθεν ἐστίν, καὶ **ἤνοιξέν** μου τοὺς ὀφθαλμούς.
9:32 ἐκ τοῦ αἰῶνος οὐκ ἠκούσθη ὅτι **ἠνέῳξέν** τις ὀφθαλμοὺς τυφλοῦ γεγεννημένου·
10: 3 τούτῳ ὁ θυρωρὸς **ἀνοίγει,** καὶ τὰ πρόβατα τῆς φωνῆς αὐτοῦ ἀκούει καὶ τὰ ἴδια πρόβατα φωνεῖ κατ᾽ ὄνομα
10:21 Ταῦτα τὰ ῥήματα οὐκ ἔστιν δαιμονιζομένου· μὴ δαιμόνιον δύναται τυφλῶν ὀφθαλμοὺς **ἀνοῖξαι;**
11:37 Οὐκ ἐδύνατο οὗτος ὁ **ἀνοίξας** τοὺς ὀφθαλμοὺς τοῦ τυφλοῦ ποιῆσαι ἵνα καὶ οὗτος μὴ ἀποθάνῃ;

Ac 5:19 ἄγγελος δὲ κυρίου διὰ νυκτὸς **ἀνοίξας** τὰς θύρας τῆς φυλακῆς ἐξαγαγών τε αὐτοὺς εἶπεν,
5:23 καὶ τοὺς φύλακας ἑστῶτας ἐπὶ τῶν θυρῶν, **ἀνοίξαντες** δὲ ἔσω οὐδένα εὕρομεν.
8:32 Ὡς πρόβατον ἐπὶ σφαγὴν ἤχθη καὶ ὡς ἀμνὸς ἐναντίον τοῦ κείραντος αὐτὸν ἄφωνος, οὕτως οὐκ **ἀνοίγει** τὸ στόμα αὐτοῦ.
8:35 **ἀνοίξας** δὲ ὁ Φίλιππος τὸ στόμα αὐτοῦ καὶ ἀρξάμενος ἀπὸ τῆς γραφῆς ταύτης εὐηγγελίσατο αὐτῷ τὸν Ἰησοῦν.
9: 8 ἠγέρθη δὲ Σαῦλος ἀπὸ τῆς γῆς, **ἀνεῳγμένων** δὲ τῶν ὀφθαλμῶν αὐτοῦ οὐδὲν ἔβλεπεν·
9:40 ἡ δὲ **ἤνοιξεν** τοὺς ὀφθαλμοὺς αὐτῆς, καὶ ἰδοῦσα τὸν Πέτρον ἀνεκάθισεν.
10:11 καὶ θεωρεῖ τὸν οὐρανὸν **ἀνεῳγμένον** καὶ καταβαῖνον σκεῦός τι ὡς ὀθόνην μεγάλην τέσσαρσιν ἀρχαῖς καθιέμενον
10:34 **Ἀνοίξας** δὲ Πέτρος τὸ στόμα εἶπεν, Ἐπ᾽ ἀληθείας καταλαμβάνομαι ὅτι οὐκ ἔστιν προσωπολήμπτης ὁ θεός,
12:10 ἥτις αὐτομάτη **ἠνοίγη** αὐτοῖς καὶ ἐξελθόντες προῆλθον ῥύμην μίαν,
12:14 καὶ ἐπιγνοῦσα τὴν φωνὴν τοῦ Πέτρου ἀπὸ τῆς χαρᾶς οὐκ **ἤνοιξεν** τὸν πυλῶνα,
12:16 ὁ δὲ Πέτρος ἐπέμενεν κρούων· **ἀνοίξαντες** δὲ εἶδαν αὐτὸν καὶ ἐξέστησαν.
14:27 συναγαγόντες τὴν ἐκκλησίαν ἀνήγγελλον ὅσα ἐποίησεν ὁ θεὸς μετ᾽ αὐτῶν καὶ ὅτι **ἤνοιξεν** τοῖς ἔθνεσιν θύραν πίστεως.
16:26 **ἠνεῴχθησαν** δὲ παραχρῆμα αἱ θύραι πᾶσαι καὶ πάντων τὰ δεσμὰ ἀνέθη.
16:27 ἔξυπνος δὲ γενόμενος ὁ δεσμοφύλαξ καὶ ἰδὼν **ἀνεῳγμένας** τὰς θύρας τῆς φυλακῆς,
18:14 μέλλοντος δὲ τοῦ Παύλου **ἀνοίγειν** τὸ στόμα εἶπεν ὁ Γαλλίων πρὸς τοὺς Ἰουδαίους,
26:18 **ἀνοῖξαι** ὀφθαλμοὺς αὐτῶν, τοῦ ἐπιστρέψαι ἀπὸ σκότους εἰς φῶς καὶ τῆς ἐξουσίας τοῦ Σατανᾶ ἐπὶ τὸν θεόν,

Ro 3:13 τάφος **ἀνεῳγμένος** ὁ λάρυγξ αὐτῶν, ταῖς γλώσσαις αὐτῶν ἐδολιοῦσαν,

1Co 16: 9 θύρα γάρ μοι **ἀνέῳγεν** μεγάλη καὶ ἐνεργής, καὶ ἀντικείμενοι πολλοί.

2Co 2:12 Ἐλθὼν δὲ εἰς τὴν Τρῳάδα εἰς τὸ εὐαγγέλιον τοῦ Χριστοῦ καὶ θύρας μοι **ἀνεῳγμένης** ἐν κυρίῳ,
6:11 Τὸ στόμα ἡμῶν **ἀνέῳγεν** πρὸς ὑμᾶς, Κορίνθιοι, ἡ καρδία ἡμῶν πεπλάτυνται·

Col 4: 3 ἵνα ὁ θεὸς **ἀνοίξῃ** ἡμῖν θύραν τοῦ λόγου λαλῆσαι τὸ μυστήριον τοῦ Χριστοῦ,

Rev 3: 7 ὁ **ἀνοίγων** καὶ οὐδεὶς κλείσει καὶ κλείων καὶ οὐδεὶς **ἀνοίγει·**
3: 8 Οἶδά σου τὰ ἔργα, ἰδοὺ δέδωκα ἐνώπιόν σου θύραν **ἠνεῳγμένην,**
3:20 ἐάν τις ἀκούσῃ τῆς φωνῆς μου καὶ **ἀνοίξῃ** τὴν θύραν,
4: 1 Μετὰ ταῦτα εἶδον, καὶ ἰδοὺ θύρα **ἠνεῳγμένη** ἐν τῷ οὐρανῷ,
5: 2 Τίς ἄξιος **ἀνοῖξαι** τὸ βιβλίον καὶ λῦσαι τὰς σφραγῖδας αὐτοῦ;
5: 3 καὶ οὐδεὶς ἐδύνατο ἐν τῷ οὐρανῷ οὐδὲ ἐπὶ τῆς γῆς οὐδὲ ὑποκάτω τῆς γῆς **ἀνοῖξαι** τὸ βιβλίον οὔτε βλέπειν αὐτό.
5: 4 ὅτι οὐδεὶς ἄξιος εὑρέθη **ἀνοῖξαι** τὸ βιβλίον οὔτε βλέπειν αὐτό.
5: 5 **ἀνοῖξαι** τὸ βιβλίον καὶ τὰς ἑπτὰ σφραγῖδας αὐτοῦ.
5: 9 Ἄξιος εἶ λαβεῖν τὸ βιβλίον καὶ **ἀνοῖξαι** τὰς σφραγῖδας αὐτοῦ,
6: 1 Καὶ εἶδον ὅτε **ἤνοιξεν** τὸ ἀρνίον μίαν ἐκ τῶν ἑπτὰ σφραγίδων,
6: 3 Καὶ ὅτε **ἤνοιξεν** τὴν σφραγῖδα τὴν δευτέραν, ἤκουσα τοῦ δευτέρου ζῴου λέγοντος,
6: 5 Καὶ ὅτε **ἤνοιξεν** τὴν σφραγῖδα τὴν τρίτην, ἤκουσα τοῦ τρίτου ζῴου λέγοντος,
6: 7 Καὶ ὅτε **ἤνοιξεν** τὴν σφραγῖδα τὴν τετάρτην, ἤκουσα φωνὴν τοῦ τετάρτου ζῴου λέγοντος,
6: 9 Καὶ ὅτε **ἤνοιξεν** τὴν πέμπτην σφραγῖδα, εἶδον ὑποκάτω τοῦ θυσιαστηρίου τὰς ψυχὰς τῶν ἐσφαγμένων διὰ τὸν λόγον
6:12 Καὶ εἶδον ὅτε **ἤνοιξεν** τὴν σφραγῖδα τὴν ἕκτην,
8: 1 Καὶ ὅταν **ἤνοιξεν** τὴν σφραγῖδα τὴν ἑβδόμην, ἐγένετο σιγὴ ἐν τῷ οὐρανῷ ὡς ἡμιώριον.
9: 2 καὶ **ἤνοιξεν** τὸ φρέαρ τῆς ἀβύσσου, καὶ ἀνέβη καπνὸς ἐκ τοῦ φρέατος ὡς καπνὸς καμίνου μεγάλης,
10: 2 καὶ ἔχων ἐν τῇ χειρὶ αὐτοῦ βιβλαρίδιον **ἠνεῳγμένον.**
10: 8 Ὕπαγε λάβε τὸ βιβλίον τὸ **ἠνεῳγμένον** ἐν τῇ χειρὶ τοῦ ἀγγέλου τοῦ ἑστῶτος ἐπὶ τῆς θαλάσσης καὶ ἐπὶ τῆς γῆς.
11:19 καὶ **ἠνοίγη** ὁ ναὸς τοῦ θεοῦ ὁ ἐν τῷ οὐρανῷ καὶ ὤφθη ἡ κιβωτὸς τῆς διαθήκης αὐτοῦ ἐν τῷ ναῷ αὐτοῦ,
12:16 καὶ ἐβοήθησεν ἡ γῆ τῇ γυναικὶ καὶ **ἤνοιξεν** ἡ γῆ τὸ στόμα αὐτῆς καὶ κατέπιεν τὸν ποταμὸν ὃν ἔβαλεν ὁ δράκων
13: 6 καὶ **ἤνοιξεν** τὸ στόμα αὐτοῦ εἰς βλασφημίας πρὸς τὸν θεὸν βλασφημῆσαι τὸ ὄνομα αὐτοῦ καὶ τὴν σκηνὴν αὐτοῦ,
15: 5 καὶ **ἠνοίγη** ὁ ναὸς τῆς σκηνῆς τοῦ μαρτυρίου ἐν τῷ οὐρανῷ,
19:11 Καὶ εἶδον τὸν οὐρανὸν **ἠνεῳγμένον,** καὶ ἰδοὺ ἵππος λευκὸς καὶ ὁ καθήμενος ἐπ᾽ αὐτὸν [καλούμενος] πιστὸς καὶ ἀληθινός,
20:12 καὶ βιβλία **ἠνοίχθησαν,** καὶ ἄλλο βιβλίον **ἠνοίχθη,** ὅ ἐστιν τῆς ζωῆς,

488 ἀνοικοδομέω [2]

√ *324 + 3875 + 1560*

Ac 15:16 Μετὰ ταῦτα ἀναστρέψω καὶ **ἀνοικοδομήσω** τὴν σκηνὴν Δαυὶδ τὴν πεπτωκυῖαν καὶ τὰ κατεσκαμμένα αὐτῆς **ἀνοικοδομήσω** καὶ ἀνορθώσω αὐτήν,

489 ἄνοιξις [1]

√ *487*

Eph 6:19 ἵνα μοι δοθῇ λόγος ἐν **ἀνοίξει** τοῦ στόματός μου,

490 ἀνομία [15]

√ *1.1 + 3795*

ἀφιέναι ἀνομίας [1] Ro 4:7

Mt 7:23 καὶ τότε ὁμολογήσω αὐτοῖς ὅτι Οὐδέποτε ἔγνων ὑμᾶς· ἀποχωρεῖτε ἀπ᾽ ἐμοῦ οἱ ἐργαζόμενοι τὴν **ἀνομίαν.**
13:41 καὶ συλλέξουσιν ἐκ τῆς βασιλείας αὐτοῦ πάντα τὰ σκάνδαλα καὶ τοὺς ποιοῦντας τὴν **ἀνομίαν**
23:28 οὕτως καὶ ὑμεῖς ἔξωθεν μὲν φαίνεσθε τοῖς ἀνθρώποις δίκαιοι, ἔσωθεν δέ ἐστε μεστοὶ ὑποκρίσεως καὶ **ἀνομίας.**
24:12 καὶ διὰ τὸ πληθυνθῆναι τὴν **ἀνομίαν** ψυγήσεται ἡ ἀγάπη τῶν πολλῶν.

Ro 4: 7 Μακάριοι ὧν ἀφέθησαν αἱ **ἀνομίαι** καὶ ὧν ἐπεκαλύφθησαν αἱ ἁμαρτίαι·
6:19 ὥσπερ γὰρ παρεστήσατε τὰ μέλη ὑμῶν δοῦλα τῇ ἀκαθαρσίᾳ καὶ τῇ **ἀνομίᾳ** εἰς τὴν **ἀνομίαν,**
2Co 6:14 τίς γὰρ μετοχὴ δικαιοσύνῃ καὶ **ἀνομίᾳ** ἢ τίς κοινωνία φωτὶ πρὸς σκότος;
2Th 2: 3 ὅτι ἐὰν μὴ ἔλθῃ ἡ ἀποστασία πρῶτον καὶ ἀποκαλυφθῇ ὁ ἄνθρωπος τῆς **ἀνομίας,**
2: 7 τὸ γὰρ μυστήριον ἤδη ἐνεργεῖται τῆς **ἀνομίας·** μόνον ὁ κατέχων ἄρτι ἕως ἐκ μέσου γένηται.
Tit 2:14 ἵνα λυτρώσηται ἡμᾶς ἀπὸ πάσης **ἀνομίας** καὶ καθαρίσῃ ἑαυτῷ λαὸν περιούσιον,
Heb 1: 9 ἠγάπησας δικαιοσύνην καὶ ἐμίσησας **ἀνομίαν·** διὰ τοῦτο ἔχρισέν σε ὁ θεὸς ὁ θεός σου ἔλαιον ἀγαλλιάσεως
10:17 καὶ τῶν ἁμαρτιῶν αὐτῶν καὶ τῶν **ἀνομιῶν** αὐτῶν οὐ μὴ μνησθήσομαι ἔτι.
1Jn 3: 4 Πᾶς ὁ ποιῶν τὴν ἁμαρτίαν καὶ τὴν **ἀνομίαν** ποιεῖ, καὶ ἡ ἁμαρτία ἐστὶν ἡ **ἀνομία.**

491 ἄνομος [9]

√ *1.1 + 3795*

subst. **ἄνομος, ὁ** [6] Lk 22:37; Ac 2:23; 1Co 9:21,21; 2Th 2:8; 1Ti 1:9

ἄνομος ἔργον [1] 2Pe 2:8

Lk 22:37 λέγω γὰρ ὑμῖν ὅτι τοῦτο τὸ γεγραμμένον δεῖ τελεσθῆναι ἐν ἐμοί, τὸ Καὶ μετὰ **ἀνόμων** ἐλογίσθη·
Ac 2:23 τοῦτον τῇ ὡρισμένῃ βουλῇ καὶ προγνώσει τοῦ θεοῦ ἔκδοτον διὰ χειρὸς **ἀνόμων** προσπήξαντες ἀνείλατε,
1Co 9:21 τοῖς **ἀνόμοις** ὡς **ἄνομος,** μὴ ὢν **ἄνομος** θεοῦ ἀλλ' ἔννομος Χριστοῦ, ἵνα κερδάνω τοὺς **ἀνόμους·**
2Th 2: 8 καὶ τότε ἀποκαλυφθήσεται ὁ **ἄνομος,** ὃν ὁ κύριος [Ἰησοῦς] ἀνελεῖ τῷ πνεύματι τοῦ στόματος αὐτοῦ καὶ καταργήσει
1Ti 1: 9 **ἀνόμοις** δὲ καὶ ἀνυποτάκτοις, ἀσεβέσι καὶ ἁμαρτωλοῖς, ἀνοσίοις καὶ βεβήλοις,
2Pe 2: 8 βλέμματι γὰρ καὶ ἀκοῇ ὁ δίκαιος ἐγκατοικῶν ἐν αὐτοῖς ἡμέραν ἐξ ἡμέρας ψυχὴν δικαίαν **ἀνόμοις** ἔργοις ἐβασάνιζεν·

492 ἀνόμως [2]

√ *1.1 + 3795*

Ro 2:12 ὅσοι γὰρ **ἀνόμως** ἥμαρτον, **ἀνόμως** καὶ ἀπολοῦνται, καὶ ὅσοι ἐν νόμῳ ἥμαρτον,

493 ἀνόητος Not used in UBS/NIV

√ *1.1 + 3949*

494 ἀνορθόω [3]

√ *324 + 3981*

Lk 13:13 καὶ ἐπέθηκεν αὐτῇ τὰς χεῖρας· καὶ παραχρῆμα **ἀνωρθώθη** καὶ ἐδόξαζεν τὸν θεόν.
Ac 15:16 καὶ ἀνοικοδομήσω τὴν σκηνὴν Δαυὶδ τὴν πεπτωκυῖαν καὶ τὰ κατεσκαμμένα αὐτῆς ἀνοικοδομήσω καὶ **ἀνορθώσω** αὐτήν,
Heb 12:12 Διὸ τὰς παρειμένας χεῖρας καὶ τὰ παραλελυμένα γόνατα **ἀνορθώσατε,**

495 ἀνόσιος [2]

√ *1.1 + 4008*

1Ti 1: 9 ἀσεβέσι καὶ ἁμαρτωλοῖς, **ἀνοσίοις** καὶ βεβήλοις, πατρολῴαις καὶ μητρολῴαις, ἀνδροφόνοις
2Ti 3: 2 οἱ ἄνθρωποι φίλαυτοι φιλάργυροι ἀλαζόνες ὑπερήφανοι βλάσφημοι, γονεῦσιν ἀπειθεῖς, ἀχάριστοι **ἀνόσιοι**

496 ἀνοχή [2]

√ *324 + 2400*

Ro 2: 4 ἢ τοῦ πλούτου τῆς χρηστότητος αὐτοῦ καὶ τῆς **ἀνοχῆς** καὶ τῆς μακροθυμίας καταφρονεῖς,
3:26 ἐν τῇ **ἀνοχῇ** τοῦ θεοῦ, πρὸς τὴν ἔνδειξιν τῆς δικαιοσύνης αὐτοῦ ἐν τῷ νῦν καιρῷ,

497 ἀνταγωνίζομαι [1]

√ *505 + 74*

Heb 12: 4 Οὔπω μέχρις αἵματος ἀντικατέστητε πρὸς τὴν ἁμαρτίαν **ἀνταγωνιζόμενοι.**

498 ἀντάλλαγμα [2]

√ *505 + 248*

Mt 16:26 ἢ τί δώσει ἄνθρωπος **ἀντάλλαγμα** τῆς ψυχῆς αὐτοῦ;
Mk 8:37 τί γὰρ δοῖ ἄνθρωπος **ἀντάλλαγμα** τῆς ψυχῆς αὐτοῦ;

499 ἀνταναπληρόω [1]

√ *505 + 324 + 4444*

Col 1:24 καὶ **ἀνταναπληρῶ** τὰ ὑστερήματα τῶν θλίψεων τοῦ Χριστοῦ ἐν τῇ σαρκί μου ὑπὲρ τοῦ σώματος αὐτοῦ,

500 ἀνταποδίδωμι [7]

√ *505 + 608 + 1443*

Lk 14:14 καὶ μακάριος ἔσῃ, ὅτι οὐκ ἔχουσιν **ἀνταποδοῦναί** σοι, **ἀνταποδοθήσεται** γάρ σοι ἐν τῇ ἀναστάσει τῶν δικαίων.
Ro 11:35 ἢ τίς προέδωκεν αὐτῷ, καὶ **ἀνταποδοθήσεται** αὐτῷ;
12:19 γέγραπται γάρ, Ἐμοὶ ἐκδίκησις, ἐγὼ **ἀνταποδώσω,** λέγει κύριος.
1Th 3: 9 τίνα γὰρ εὐχαριστίαν δυνάμεθα τῷ θεῷ **ἀνταποδοῦναι** περὶ ὑμῶν ἐπὶ πάσῃ τῇ χαρᾷ ᾗ χαίρομεν δι' ὑμᾶς
2Th 1: 6 εἴπερ δίκαιον παρὰ θεῷ **ἀνταποδοῦναι** τοῖς θλίβουσιν ὑμᾶς θλῖψιν
Heb 10:30 οἴδαμεν γὰρ τὸν εἰπόντα, Ἐμοὶ ἐκδίκησις, ἐγὼ **ἀνταποδώσω.**

501 ἀνταπόδομα [2]

√ *505 + 608 + 1443*

Lk 14:12 μήποτε καὶ αὐτοὶ ἀντικαλέσωσίν σε καὶ γένηται **ἀνταπόδομά** σοι.
Ro 11: 9 Γενηθήτω ἡ τράπεζα αὐτῶν εἰς παγίδα καὶ εἰς θήραν καὶ εἰς σκάνδαλον καὶ εἰς **ἀνταπόδομα** αὐτοῖς,

502 ἀνταπόδοσις [1]

√ *505 + 608 + 1443*

Col 3:24 εἰδότες ὅτι ἀπὸ κυρίου ἀπολήμψεσθε τὴν **ἀνταπόδοσιν** τῆς κληρονομίας.

503 ἀνταποκρίνομαι [2]

√ *505 + 608 + 3212*

Lk 14: 6 καὶ οὐκ ἴσχυσαν **ἀνταποκριθῆναι** πρὸς ταῦτα.
Ro 9:20 μενοῦνγε σὺ τίς εἶ ὁ **ἀνταποκρινόμενος** τῷ θεῷ;

504 ἀντέχω [4]

√ *505 + 2400*

Mt 6:24 ἢ γὰρ τὸν ἕνα μισήσει καὶ τὸν ἕτερον ἀγαπήσει, ἢ ἑνὸς **ἀνθέξεται** καὶ τοῦ ἑτέρου καταφρονήσει.
Lk 16:13 ἢ γὰρ τὸν ἕνα μισήσει καὶ τὸν ἕτερον ἀγαπήσει, ἢ ἑνὸς **ἀνθέξεται** καὶ τοῦ ἑτέρου καταφρονήσει.
1Th 5:14 παραμυθεῖσθε τοὺς ὀλιγοψύχους, **ἀντέχεσθε** τῶν ἀσθενῶν, μακροθυμεῖτε πρὸς πάντας.
Tit 1: 9 **ἀντεχόμενον** τοῦ κατὰ τὴν διδαχὴν πιστοῦ λόγου, ἵνα δυνατὸς ᾖ καὶ παρακαλεῖν ἐν τῇ διδασκαλίᾳ τῇ ὑγιαινούσῃ

505 ἀντί [22]

→ *394, 395, 468, 469, 497, 498, 499, 500, 501, 502, 503, 504, 506, 507, 508, 509, 510, 511, 512, 513, 514, 515, 516, 517, 518, 519, 520, 521, 524, 525, 526, 527, 528, 529, 530, 531, 532, 535, 560, 561, 1882, 2918, 5267, 5268, 5269, 5636, 5637; cf. 478, 1882*

ἀνθ' ὧν [5] Lk 1:20; 12:3; 19:44; Ac 12:23; 2Th 2:10

ἀντὶ τούτου [1] Eph 5:31

λύτρον ἀντὶ πολλῶν [2] Mt 20:28; Mk 10:45

χάριν ἀντὶ χάριτος [1] Jn 1:16

Mt 2:22 ἀκούσας δὲ ὅτι Ἀρχέλαος βασιλεύει τῆς Ἰουδαίας **ἀντὶ** τοῦ πατρὸς αὐτοῦ Ἡρῴδου ἐφοβήθη ἐκεῖ ἀπελθεῖν·
5:38 Ἠκούσατε ὅτι ἐρρέθη, Ὀφθαλμὸν **ἀντὶ** ὀφθαλμοῦ καὶ ὀδόντα **ἀντὶ** ὀδόντος.
17:27 ἐκεῖνον λαβὼν δὸς αὐτοῖς **ἀντὶ** ἐμοῦ καὶ σοῦ.
20:28 ὥσπερ ὁ υἱὸς τοῦ ἀνθρώπου οὐκ ἦλθεν διακονηθῆναι ἀλλὰ διακονῆσαι καὶ δοῦναι τὴν ψυχὴν αὐτοῦ λύτρον **ἀντὶ** πολλῶν.
Mk 10:45 καὶ γὰρ ὁ υἱὸς τοῦ ἀνθρώπου οὐκ ἦλθεν διακονηθῆναι ἀλλὰ διακονῆσαι καὶ δοῦναι τὴν ψυχὴν αὐτοῦ λύτρον **ἀντὶ** πολλῶν.
Lk 1:20 **ἀνθ'** ὧν οὐκ ἐπίστευσας τοῖς λόγοις μου, οἵτινες πληρωθήσονται εἰς τὸν καιρὸν αὐτῶν.
11:11 τίνα δὲ ἐξ ὑμῶν τὸν πατέρα αἰτήσει ὁ υἱὸς ἰχθύν, καὶ **ἀντὶ** ἰχθύος ὄφιν αὐτῷ ἐπιδώσει;
12:3 **ἀνθ'** ὧν ὅσα ἐν τῇ σκοτίᾳ εἴπατε ἐν τῷ φωτὶ ἀκουσθήσεται,
19:44 **ἀνθ'** ὧν οὐκ ἔγνως τὸν καιρὸν τῆς ἐπισκοπῆς σου.
Jn 1:16 ὅτι ἐκ τοῦ πληρώματος αὐτοῦ ἡμεῖς πάντες ἐλάβομεν καὶ χάριν **ἀντὶ** χάριτος·
Ac 12:23 παραχρῆμα δὲ ἐπάταξεν αὐτὸν ἄγγελος κυρίου **ἀνθ'** ὧν οὐκ ἔδωκεν τὴν δόξαν τῷ θεῷ,
Ro 12:17 μηδενὶ κακὸν **ἀντὶ** κακοῦ ἀποδιδόντες, προνοούμενοι καλὰ ἐνώπιον πάντων ἀνθρώπων·
1Co 11:15 γυνὴ δὲ ἐὰν κομᾷ δόξα αὐτῇ ἐστιν; ὅτι ἡ κόμη **ἀντὶ** περιβολαίου δέδοται [αὐτῇ.]
Eph 5:31 **ἀντὶ** τούτου καταλείψει ἄνθρωπος [τὸν] πατέρα καὶ [τὴν] μητέρα καὶ προσκολληθήσεται πρὸς τὴν γυναῖκα αὐτοῦ,
1Th 5:15 ὁρᾶτε μή τις κακὸν **ἀντὶ** κακοῦ τινι ἀποδῷ,
2Th 2:10 **ἀνθ'** ὧν τὴν ἀγάπην τῆς ἀληθείας οὐκ ἐδέξαντο εἰς τὸ σωθῆναι αὐτούς.
Heb 12:2 ὃς **ἀντὶ** τῆς προκειμένης αὐτῷ χαρᾶς ὑπέμεινεν σταυρὸν αἰσχύνης καταφρονήσας
12:16 ὃς **ἀντὶ** βρώσεως μιᾶς ἀπέδετο τὰ πρωτοτόκια ἑαυτοῦ.
Jas 4:15 **ἀντὶ** τοῦ λέγειν ὑμᾶς, Ἐὰν ὁ κύριος θελήσῃ καὶ ζήσομεν καὶ ποιήσομεν τοῦτο ἢ ἐκεῖνο.
1Pe 3:9 μὴ ἀποδιδόντες κακὸν **ἀντὶ** κακοῦ ἢ λοιδορίαν **ἀντὶ** λοιδορίας, τοὐναντίον δὲ εὐλογοῦντες,

506 ἀντιβάλλω [1]

√ 505 + 965

Lk 24:17 Τίνες οἱ λόγοι οὗτοι οὓς **ἀντιβάλλετε** πρὸς ἀλλήλους περιπατοῦντες;

507 ἀντιδιατίθημι [1]

√ 505 + 1328 + 5502

2Ti 2:25 ἐν πραΰτητι παιδεύοντα τοὺς **ἀντιδιατιθεμένους,** μήποτε δώῃ αὐτοῖς ὁ θεὸς μετάνοιαν εἰς ἐπίγνωσιν ἀληθείας

508 ἀντίδικος [5]

√ 505 + 1472

Mt 5:25 ἴσθι εὐνοῶν τῷ **ἀντιδίκῳ** σου ταχύ, ἕως ὅτου εἶ μετ' αὐτοῦ ἐν τῇ ὁδῷ, μήποτέ σε παραδῷ ὁ **ἀντίδικος** τῷ κριτῇ
Lk 12:58 ὡς γὰρ ὑπάγεις μετὰ τοῦ **ἀντιδίκου** σου ἐπ' ἄρχοντα,
18:3 χήρα δὲ ἦν ἐν τῇ πόλει ἐκείνῃ καὶ ἤρχετο πρὸς αὐτὸν λέγουσα, Ἐκδίκησόν με ἀπὸ τοῦ **ἀντιδίκου** μου.
1Pe 5:8 ὁ **ἀντίδικος** ὑμῶν διάβολος ὡς λέων ὠρυόμενος περιπατεῖ ζητῶν [τινα] καταπιεῖν·

509 ἀντίθεσις [1]

√ 505 + 5502

1Ti 6:20 τὴν παραθήκην φύλαξον ἐκτρεπόμενος τὰς βεβήλους κενοφωνίας καὶ **ἀντιθέσεις** τῆς ψευδωνύμου γνώσεως,

510 ἀντικαθίστημι [1]

√ 505 + 2848 + 2705

Heb 12:4 Οὔπω μέχρις αἵματος **ἀντικατέστητε** πρὸς τὴν ἁμαρτίαν ἀνταγωνιζόμενοι.

511 ἀντικαλέω [1]

√ 505 + 2813

Lk 14:12 μήποτε καὶ αὐτοὶ **ἀντικαλέσωσίν** σε καὶ γένηται ἀνταπόδομά σοι.

512 ἀντίκειμαι [8]

√ 505 + 3023

Lk 13:17 καὶ ταῦτα λέγοντος αὐτοῦ κατῃσχύνοντο πάντες οἱ **ἀντικείμενοι** αὐτῷ,
21:15 ἐγὼ γὰρ δώσω ὑμῖν στόμα καὶ σοφίαν ᾗ οὐ δυνήσονται ἀντιστῆναι ἢ ἀντειπεῖν ἅπαντες οἱ **ἀντικείμενοι** ὑμῖν.
1Co 16:9 θύρα γάρ μοι ἀνέῳγεν μεγάλη καὶ ἐνεργής, καὶ **ἀντικείμενοι** πολλοί.
Gal 5:17 τὸ δὲ πνεῦμα κατὰ τῆς σαρκός, ταῦτα γὰρ ἀλλήλοις **ἀντίκειται,**
Php 1:28 καὶ μὴ πτυρόμενοι ἐν μηδενὶ ὑπὸ τῶν **ἀντικειμένων,**
2Th 2:4 ὁ **ἀντικείμενος** καὶ ὑπεραιρόμενος ἐπὶ πάντα λεγόμενον θεὸν ἢ σέβασμα,
1Ti 1:10 καὶ εἴ τι ἕτερον τῇ ὑγιαινούσῃ διδασκαλίᾳ **ἀντίκειται**
5:14 οἰκοδεσποτεῖν, μηδεμίαν ἀφορμὴν διδόναι τῷ **ἀντικειμένῳ** λοιδορίας χάριν·

513 ἄντικρυς [1]

√ 505

Ac 20:15 κἀκεῖθεν ἀποπλεύσαντες τῇ ἐπιούσῃ κατηντήσαμεν **ἄντικρυς** Χίου, τῇ δὲ ἑτέρᾳ παρεβάλομεν εἰς Σάμον,

514 ἀντιλαμβάνω [3]

√ 505 + 3284

Lk 1:54 **ἀντελάβετο** Ἰσραὴλ παιδὸς αὐτοῦ, μνησθῆναι ἐλέους,
Ac 20:35 πάντα ὑπέδειξα ὑμῖν ὅτι οὕτως κοπιῶντας δεῖ **ἀντιλαμβάνεσθαι** τῶν ἀσθενούντων,
1Ti 6:2 ὅτι πιστοί εἰσιν καὶ ἀγαπητοὶ οἱ τῆς εὐεργεσίας **ἀντιλαμβανόμενοι.**

515 ἀντιλέγω [11]

√ 505 + 3306

ἀντειπεῖν [2] Lk 21:15; Ac 4:14

Lk 2:34 Ἰδοὺ οὗτος κεῖται εἰς πτῶσιν καὶ ἀνάστασιν πολλῶν ἐν τῷ Ἰσραὴλ καὶ εἰς σημεῖον **ἀντιλεγόμενον**
20:27 Προσελθόντες δέ τινες τῶν Σαδδουκαίων, οἱ **[ἀντι]λέγοντες** ἀνάστασιν μὴ εἶναι, ἐπηρώτησαν αὐτὸν
21:15 ἐγὼ γὰρ δώσω ὑμῖν στόμα καὶ σοφίαν ᾗ οὐ δυνήσονται ἀντιστῆναι ἢ **ἀντειπεῖν** ἅπαντες οἱ ἀντικείμενοι ὑμῖν.
Jn 19:12 πᾶς ὁ βασιλέα ἑαυτὸν ποιῶν **ἀντιλέγει** τῷ Καίσαρι.
Ac 4:14 τόν τε ἄνθρωπον βλέποντες σὺν αὐτοῖς ἑστῶτα τὸν τεθεραπευμένον οὐδὲν εἶχον **ἀντειπεῖν.**
13:45 ἰδόντες δὲ οἱ Ἰουδαῖοι τοὺς ὄχλους ἐπλήσθησαν ζήλου καὶ **ἀντέλεγον** τοῖς ὑπὸ Παύλου λαλουμένοις βλασφημοῦντες.
28:19 **ἀντιλεγόντων** δὲ τῶν Ἰουδαίων ἠναγκάσθην ἐπικαλέσασθαι Καίσαρα οὐχ ὡς τοῦ ἔθνους μου ἔχων τι κατηγορεῖν.
28:22 περὶ μὲν γὰρ τῆς αἱρέσεως ταύτης γνωστὸν ἡμῖν ἐστιν ὅτι πανταχοῦ **ἀντιλέγεται.**
Ro 10:21 Ὅλην τὴν ἡμέραν ἐξεπέτασα τὰς χεῖράς μου πρὸς λαὸν ἀπειθοῦντα καὶ **ἀντιλέγοντα.**
Tit 1:9 ἵνα δυνατὸς ᾖ καὶ παρακαλεῖν ἐν τῇ διδασκαλίᾳ τῇ ὑγιαινούσῃ καὶ τοὺς **ἀντιλέγοντας** ἐλέγχειν.
2:9 δούλους ἰδίοις δεσπόταις ὑποτάσσεσθαι ἐν πᾶσιν, εὐαρέστους εἶναι, μὴ **ἀντιλέγοντας,**

516 ἀντίλημψις [1]

√ 505 + 3284

1Co 12:28 ἔπειτα δυνάμεις, ἔπειτα χαρίσματα ἰαμάτων, **ἀντιλήμψεις,** κυβερνήσεις, γένη γλωσσῶν.

517 ἀντιλογία [4]

√ 505 + 3306

Heb 6:16 καὶ πάσης αὐτοῖς **ἀντιλογίας** πέρας εἰς βεβαίωσιν ὁ ὅρκος·
7: 7 χωρὶς δὲ πάσης **ἀντιλογίας** τὸ ἔλαττον ὑπὸ τοῦ κρείττονος εὐλογεῖται.
12: 3 ἀναλογίσασθε γὰρ τὸν τοιαύτην ὑπομεμενηκότα ὑπὸ τῶν ἁμαρτωλῶν εἰς ἑαυτὸν **ἀντιλογίαν,**
Jude 1:11 ὅτι τῇ ὁδῷ τοῦ Κάϊν ἐπορεύθησαν καὶ τῇ πλάνῃ τοῦ Βαλαὰμ μισθοῦ ἐξεχύθησαν καὶ τῇ **ἀντιλογίᾳ** τοῦ Κόρε ἀπώλοντο.

518 ἀντιλοιδορέω [1]

√ 505 + 3368

1Pe 2:23 ὃς λοιδορούμενος οὐκ **ἀντελοιδόρει** πάσχων οὐκ ἠπείλει, παρεδίδου δὲ τῷ κρίνοντι δικαίως·

519 ἀντίλυτρον [1]

√ 505 + 3395

1Ti 2: 6 ὁ δοὺς ἑαυτὸν **ἀντίλυτρον** ὑπὲρ πάντων, τὸ μαρτύριον καιροῖς ἰδίοις.

520 ἀντιμετρέω [1]

√ 505 + 3586

Lk 6:38 μέτρον καλὸν πεπιεσμένον σεσαλευμένον ὑπερεκχυννόμενον δώσουσιν εἰς τὸν κόλπον ὑμῶν· ᾧ γὰρ μέτρῳ μετρεῖτε **ἀντιμετρηθήσεται** ὑμῖν.

521 ἀντιμισθία [2]

√ 505 + 3635

Ro 1:27 ἄρσενες ἐν ἄρσεσιν τὴν ἀσχημοσύνην κατεργαζόμενοι καὶ τὴν **ἀντιμισθίαν** ἣν ἔδει τῆς πλάνης αὐτῶν ἐν ἑαυτοῖς ἀπολαμβάνοντες.
2Co 6:13 τὴν δὲ αὐτὴν **ἀντιμισθίαν,** ὡς τέκνοις λέγω, πλατύνθητε καὶ ὑμεῖς.

522 Ἀντιόχεια [18]

→ 523

Syrian [14] Ac 11:19,20,22,26,26,27; 13:1; 14:26; 15:22,23,30,35; 18:22; Gal 2:11

Psidian [4] Ac 13:14; 14:19,21; 2Ti 3:11

Ac 11:19 διῆλθον ἕως Φοινίκης καὶ Κύπρου καὶ **Ἀντιοχείας** μηδενὶ λαλοῦντες τὸν λόγον εἰ μὴ μόνον Ἰουδαίοις.
11:20 οἵτινες ἐλθόντες εἰς **Ἀντιόχειαν** ἐλάλουν καὶ πρὸς τοὺς Ἑλληνιστὰς εὐαγγελιζόμενοι τὸν κύριον Ἰησοῦν.
11:22 καὶ ἐξαπέστειλαν Βαρναβᾶν [διελθεῖν] ἕως **Ἀντιοχείας.**
11:26 καὶ εὑρὼν ἤγαγεν εἰς **Ἀντιόχειαν.**
11:26 χρηματίσαι τε πρώτως ἐν **Ἀντιοχείᾳ** τοὺς μαθητὰς Χριστιανούς.
11:27 Ἐν ταύταις δὲ ταῖς ἡμέραις κατῆλθον ἀπὸ Ἱεροσολύμων προφῆται εἰς **Ἀντιόχειαν.**
13: 1 Ἦσαν δὲ ἐν **Ἀντιοχείᾳ** κατὰ τὴν οὖσαν ἐκκλησίαν προφῆται καὶ διδάσκαλοι ὅ τε Βαρναβᾶς καὶ Συμεὼν
13:14 αὐτοὶ δὲ διελθόντες ἀπὸ τῆς Πέργης παρεγένοντο εἰς **Ἀντιόχειαν** τὴν Πισιδίαν,
14:19 Ἐπῆλθαν δὲ ἀπὸ **Ἀντιοχείας** καὶ Ἰκονίου Ἰουδαῖοι καὶ πείσαντες τοὺς ὄχλους καὶ λιθάσαντες τὸν Παῦλον
14:21 ἱκανοὺς ὑπέστρεψαν εἰς τὴν Λύστραν καὶ εἰς Ἰκόνιον καὶ εἰς **Ἀντιόχειαν**
14:26 κἀκεῖθεν ἀπέπλευσαν εἰς **Ἀντιόχειαν,** ὅθεν ἦσαν παραδεδομένοι τῇ χάριτι τοῦ θεοῦ εἰς τὸ ἔργον ὃ ἐπλήρωσαν.
15:22 ἐκλεξαμένους ἄνδρας ἐξ αὐτῶν πέμψαι εἰς **Ἀντιόχειαν** σὺν τῷ Παύλῳ καὶ Βαρναβᾷ,
15:23 Οἱ ἀπόστολοι καὶ οἱ πρεσβύτεροι ἀδελφοὶ τοῖς κατὰ τὴν **Ἀντιόχειαν** καὶ Συρίαν καὶ Κιλικίαν
15:30 Οἱ μὲν οὖν ἀπολυθέντες κατῆλθον εἰς **Ἀντιόχειαν,** καὶ συναγαγόντες τὸ πλῆθος ἐπέδωκαν τὴν ἐπιστολήν.
15:35 Παῦλος δὲ καὶ Βαρναβᾶς διέτριβον ἐν **Ἀντιοχείᾳ** διδάσκοντες καὶ εὐαγγελιζόμενοι μετὰ καὶ ἑτέρων πολλῶν
18:22 ἀναβὰς καὶ ἀσπασάμενος τὴν ἐκκλησίαν κατέβη εἰς **Ἀντιόχειαν.**
Gal 2:11 Ὅτε δὲ ἦλθεν Κηφᾶς εἰς **Ἀντιόχειαν,** κατὰ πρόσωπον αὐτῷ ἀντέστην,
2Ti 3:11 οἷά μοι ἐγένετο ἐν **Ἀντιοχείᾳ,** ἐν Ἰκονίῳ, ἐν Λύστροις,

523 Ἀντιοχεύς [1]

√ 522

Ac 6: 5 καὶ Φίλιππον καὶ Πρόχορον καὶ Νικάνορα καὶ Τίμωνα καὶ Παρμενᾶν καὶ Νικόλαον προσήλυτον **Ἀντιοχέα,**

524 ἀντιπαρέρχομαι [2]

√ 505 + 4123 + 2262

Lk 10:31 κατὰ συγκυρίαν δὲ ἱερεύς τις κατέβαινεν ἐν τῇ ὁδῷ ἐκείνῃ καὶ ἰδὼν αὐτὸν **ἀντιπαρῆλθεν·**
10:32 ὁμοίως δὲ καὶ Λευίτης [γενόμενος] κατὰ τὸν τόπον ἐλθὼν καὶ ἰδὼν **ἀντιπαρῆλθεν.**

525 Ἀντιπᾶς [1]

√ 505 + 4252

Rev 2:13 καὶ κρατεῖς τὸ ὄνομά μου καὶ οὐκ ἠρνήσω τὴν πίστιν μου καὶ ἐν ταῖς ἡμέραις **Ἀντιπᾶς** ὁ μάρτυς μου ὁ πιστός μου,

526 Ἀντιπατρίς [1]

√ 505 + 4252

Ac 23:31 ἀναλαβόντες τὸν Παῦλον ἤγαγον διὰ νυκτὸς εἰς τὴν **Ἀντιπατρίδα,**

527 ἀντιπέρα [1]

√ 505 + 4305

Lk 8:26 Καὶ κατέπλευσαν εἰς τὴν χώραν τῶν Γερασηνῶν, ἥτις ἐστὶν **ἀντιπέρα** τῆς Γαλιλαίας.

528 ἀντιπίπτω [1]

√ 505 + 4406

Ac 7:51 ὑμεῖς ἀεὶ τῷ πνεύματι τῷ ἁγίῳ **ἀντιπίπτετε** ὡς οἱ πατέρες ὑμῶν καὶ ὑμεῖς.

529 ἀντιστρατεύομαι [1]

√ 505 + 5131

Ro 7:23 βλέπω δὲ ἕτερον νόμον ἐν τοῖς μέλεσίν μου **ἀντιστρατευόμενον** τῷ νόμῳ τοῦ νοός μου

530 ἀντιτάσσω [5]

√ 505 + 5435

Ac 18: 6 **ἀντιτασσομένων** δὲ αὐτῶν καὶ βλασφημούντων ἐκτιναξάμενος τὰ ἱμάτια εἶπεν πρὸς αὐτούς,
Ro 13: 2 ὥστε ὁ **ἀντιτασσόμενος** τῇ ἐξουσίᾳ τῇ τοῦ θεοῦ διαταγῇ ἀνθέστηκεν,
Jas 4: 6 διὸ λέγει, Ὁ θεὸς ὑπερηφάνοις **ἀντιτάσσεται,** ταπεινοῖς δὲ δίδωσιν χάριν.
5: 6 κατεδικάσατε, ἐφονεύσατε τὸν δίκαιον, οὐκ **ἀντιτάσσεται** ὑμῖν.
1Pe 5: 5 ὅτι [Ὁ] θεὸς ὑπερηφάνοις **ἀντιτάσσεται,** ταπεινοῖς δὲ δίδωσιν χάριν.

531 ἀντίτυπος [2]

√ 505 + 5597

Heb 9:24 **ἀντίτυπα** τῶν ἀληθινῶν, ἀλλ᾽ εἰς αὐτὸν τὸν οὐρανόν,
1Pe 3:21 ὃ καὶ ὑμᾶς **ἀντίτυπον** νῦν σῴζει βάπτισμα, οὐ σαρκὸς ἀπόθεσις ῥύπου ἀλλὰ συνειδήσεως ἀγαθῆς ἐπερώτημα

532 ἀντίχριστος [5]

√ 505 + 5986

1Jn 2:18 ἐσχάτη ὥρα ἐστίν, καὶ καθὼς ἠκούσατε ὅτι **ἀντίχριστος** ἔρχεται, καὶ νῦν **ἀντίχριστοι** πολλοὶ γεγόνασιν, ὅθεν γινώσκομεν ὅτι ἐσχάτη ὥρα ἐστίν.
2:22 οὗτός ἐστιν ὁ **ἀντίχριστος,** ὁ ἀρνούμενος τὸν πατέρα καὶ τὸν υἱόν.
4:3 καὶ τοῦτό ἐστιν τὸ τοῦ **ἀντιχρίστου,** ὃ ἀκηκόατε ὅτι ἔρχεται,
2Jn 1:7 οἱ μὴ ὁμολογοῦντες Ἰησοῦν Χριστὸν ἐρχόμενον ἐν σαρκί· οὗτός ἐστιν ὁ πλάνος καὶ ὁ **ἀντίχριστος.**

533 ἀντλέω [4]

√ 534

Jn 2:8 καὶ λέγει αὐτοῖς, **Ἀντλήσατε** νῦν καὶ φέρετε τῷ ἀρχιτρικλίνῳ·
2:9 οἱ δὲ διάκονοι ᾔδεισαν οἱ **ἠντληκότες** τὸ ὕδωρ,
4:7 Ἔρχεται γυνὴ ἐκ τῆς Σαμαρείας **ἀντλῆσαι** ὕδωρ. λέγει αὐτῇ ὁ Ἰησοῦς,
4:15 δός μοι τοῦτο τὸ ὕδωρ, ἵνα μὴ διψῶ μηδὲ διέρχωμαι ἐνθάδε **ἀντλεῖν.**

534 ἄντλημα [1]

→ 533

Jn 4:11 οὔτε **ἄντλημα** ἔχεις καὶ τὸ φρέαρ ἐστὶν βαθύ·

535 ἀντοφθαλμέω [1]

√ 505 + 4057

Ac 27:15 συναρπασθέντος δὲ τοῦ πλοίου καὶ μὴ δυναμένου **ἀντοφθαλμεῖν** τῷ ἀνέμῳ ἐπιδόντες ἐφερόμεθα.

536 ἄνυδρος [4]

√ 1.1 + 5623

ἀνύδρων τόπων [2] Mt 12:43; Lk 11:24

Mt 12:43 διέρχεται δι' **ἀνύδρων** τόπων ζητοῦν ἀνάπαυσιν καὶ οὐχ εὑρίσκει.
Lk 11:24 διέρχεται δι' **ἀνύδρων** τόπων ζητοῦν ἀνάπαυσιν καὶ μὴ εὑρίσκον·
2Pe 2:17 Οὗτοί εἰσιν πηγαὶ **ἄνυδροι** καὶ ὁμίχλαι ὑπὸ λαίλαπος ἐλαυνόμεναι,
Jude 1:12 νεφέλαι **ἄνυδροι** ὑπὸ ἀνέμων παραφερόμεναι, δένδρα φθινοπωρινὰ ἄκαρπα δὶς ἀποθανόντα ἐκριζωθέντα,

537 ἀνυπόκριτος [6]

√ 1.1 + 5679 + 3212

Ro 12:9 Ἡ ἀγάπη **ἀνυπόκριτος.** ἀποστυγοῦντες τὸ πονηρόν, κολλώμενοι τῷ ἀγαθῷ,
2Co 6:6 ἐν χρηστότητι, ἐν πνεύματι ἁγίῳ, ἐν ἀγάπῃ **ἀνυποκρίτῳ,**
1Ti 1:5 τὸ δὲ τέλος τῆς παραγγελίας ἐστὶν ἀγάπη ἐκ καθαρᾶς καρδίας καὶ συνειδήσεως ἀγαθῆς καὶ πίστεως **ἀνυποκρίτου,**
2Ti 1:5 ὑπόμνησιν λαβὼν τῆς ἐν σοὶ **ἀνυποκρίτου** πίστεως, ἥτις ἐνῴκησεν πρῶτον ἐν τῇ μάμμῃ σου Λωΐδι καὶ τῇ μητρί σου
Jas 3:17 εὐπειθής, μεστὴ ἐλέους καὶ καρπῶν ἀγαθῶν, ἀδιάκριτος, **ἀνυπόκριτος.**
1Pe 1:22 Τὰς ψυχὰς ὑμῶν ἡγνικότες ἐν τῇ ὑπακοῇ τῆς ἀληθείας εἰς φιλαδελφίαν **ἀνυπόκριτον,**

538 ἀνυπότακτος [4]

√ 1.1 + 5679 + 5435

1Ti 1:9 ἀνόμοις δὲ καὶ **ἀνυποτάκτοις,** ἀσεβέσι καὶ ἁμαρτωλοῖς, ἀνοσίοις καὶ βεβήλοις,
Tit 1:6 τέκνα ἔχων πιστά, μὴ ἐν κατηγορίᾳ ἀσωτίας ἢ **ἀνυπότακτα.**
1:10 Εἰσὶν γὰρ πολλοὶ [καὶ] **ἀνυπότακτοι,** ματαιολόγοι καὶ φρεναπάται,
Heb 2:8 ἐν τῷ γὰρ ὑποτάξαι [αὐτῷ] τὰ πάντα οὐδὲν ἀφῆκεν αὐτῷ **ἀνυπότακτον.**

539 ἄνω [9]

→ 540, 541, 542, 1382, 2062, 5645; cf. 324

τὰ ἄνω [3] Jn 8:23; Col 3:1,2

ἐγὼ ἐκ τῶν ἄνω εἰμί [1] Jn 8:23

Jn 2:7 Γεμίσατε τὰς ὑδρίας ὕδατος. καὶ ἐγέμισαν αὐτὰς ἕως **ἄνω.**
8:23 Ὑμεῖς ἐκ τῶν κάτω ἐστέ, ἐγὼ ἐκ τῶν **ἄνω** εἰμί·
11:41 ὁ δὲ Ἰησοῦς ἦρεν τοὺς ὀφθαλμοὺς **ἄνω** καὶ εἶπεν,
Ac 2:19 δώσω τέρατα ἐν τῷ οὐρανῷ **ἄνω** καὶ σημεῖα ἐπὶ τῆς γῆς κάτω,
Gal 4:26 ἡ δὲ **ἄνω** Ἰερουσαλὴμ ἐλευθέρα ἐστίν, ἥτις ἐστὶν μήτηρ ἡμῶν·
Php 3:14 κατὰ σκοπὸν διώκω εἰς τὸ βραβεῖον τῆς **ἄνω** κλήσεως τοῦ θεοῦ ἐν Χριστῷ Ἰησοῦ.
Col 3:1 Εἰ οὖν συνηγέρθητε τῷ Χριστῷ, τὰ **ἄνω** ζητεῖτε,
3:2 τὰ **ἄνω** φρονεῖτε, μὴ τὰ ἐπὶ τῆς γῆς.
Heb 12:15 μή τις ῥίζα πικρίας **ἄνω** φύουσα ἐνοχλῇ καὶ δι' αὐτῆς μιανθῶσιν πολλοί,

540 ἄνωθεν [13]

√ 539

ἀπ' ἄνωθεν [2] Mt 27:51; Mk 15:38

γεννάω ἄνωθεν [2] Jn 3:3,7

ἐκ ἄνωθεν [1] Jn 19:23

πάλιν ἄνωθεν [1] Gal 4:9

Mt 27:51 Καὶ ἰδοὺ τὸ καταπέτασμα τοῦ ναοῦ ἐσχίσθη ἀπ' **ἄνωθεν** ἕως κάτω εἰς δύο καὶ ἡ γῆ ἐσείσθη καὶ αἱ πέτραι ἐσχίσθησαν,
Mk 15:38 Καὶ τὸ καταπέτασμα τοῦ ναοῦ ἐσχίσθη εἰς δύο ἀπ' **ἄνωθεν** ἕως κάτω.
Lk 1:3 ἔδοξε κἀμοὶ παρηκολουθηκότι **ἄνωθεν** πᾶσιν ἀκριβῶς καθεξῆς σοι γράψαι,
Jn 3:3 Ἀμὴν ἀμὴν λέγω σοι, ἐὰν μή τις γεννηθῇ **ἄνωθεν,**
3:7 μὴ θαυμάσῃς ὅτι εἶπόν σοι, Δεῖ ὑμᾶς γεννηθῆναι **ἄνωθεν.**
3:31 Ὁ **ἄνωθεν** ἐρχόμενος ἐπάνω πάντων ἐστίν· ὁ ὢν ἐκ τῆς γῆς ἐκ τῆς γῆς ἐστιν καὶ ἐκ τῆς γῆς λαλεῖ.
19:11 Οὐκ εἶχες ἐξουσίαν κατ' ἐμοῦ οὐδεμίαν εἰ μὴ ἦν δεδομένον σοι **ἄνωθεν·**
19:23 ἦν δὲ ὁ χιτὼν ἄραφος, ἐκ τῶν **ἄνωθεν** ὑφαντὸς δι' ὅλου.
Ac 26:5 προγινώσκοντές με **ἄνωθεν,** ἐὰν θέλωσι μαρτυρεῖν,
Gal 4:9 πῶς ἐπιστρέφετε πάλιν ἐπὶ τὰ ἀσθενῆ καὶ πτωχὰ στοιχεῖα οἷς πάλιν **ἄνωθεν** δουλεύειν θέλετε;
Jas 1:17 πᾶσα δόσις ἀγαθὴ καὶ πᾶν δώρημα τέλειον **ἄνωθέν** ἐστιν καταβαῖνον ἀπὸ τοῦ πατρὸς τῶν φώτων,
3:15 οὐκ ἔστιν αὕτη ἡ σοφία **ἄνωθεν** κατερχομένη ἀλλὰ ἐπίγειος,
3:17 ἡ δὲ **ἄνωθεν** σοφία πρῶτον μὲν ἁγνή ἐστιν,

541 ἀνωτερικός [1]

√ 539

Ac 19:1 Ἐγένετο δὲ ἐν τῷ τὸν Ἀπολλῶ εἶναι ἐν Κορίνθῳ Παῦλον διελθόντα τὰ **ἀνωτερικὰ** μέρη [κατ]ελθεῖν εἰς Ἔφεσον

542 ἀνώτερος [2]

√ 539

Lk 14:10 ἵνα ὅταν ἔλθῃ ὁ κεκληκώς σε ἐρεῖ σοι, Φίλε, προσανάβηθι **ἀνώτερον·**
Heb 10:8 **ἀνώτερον** λέγων ὅτι Θυσίας καὶ προσφορὰς καὶ ὁλοκαυτώματα καὶ περὶ ἁμαρτίας οὐκ ἠθέλησας οὐδὲ εὐδόκησας,

543 ἀνωφελής [2]

√ 1.1 + 6067

Tit 3:9 μωρὰς δὲ ζητήσεις καὶ γενεαλογίας καὶ ἔρεις καὶ μάχας νομικὰς περιΐστασο· εἰσὶν γὰρ **ἀνωφελεῖς** καὶ μάταιοι.
Heb 7:18 ἀθέτησις μὲν γὰρ γίνεται προαγούσης ἐντολῆς διὰ τὸ αὐτῆς ἀσθενὲς καὶ **ἀνωφελές**–

544 ἀξίνη [2]

√ 2862

Mt 3:10 ἤδη δὲ ἡ **ἀξίνη** πρὸς τὴν ῥίζαν τῶν δένδρων κεῖται·

Lk 3: 9 ἤδη δὲ καὶ ἡ **ἀξίνη** πρὸς τὴν ῥίζαν τῶν δένδρων κεῖται·

545 ἄξιος [41]

→ *396, 397, 546, 547, 2921; cf. 72*

genitive follows [19] Mt 3:8; 10:10; Lk 3:8; 10:7; 12:48; 23:15,41; Ac 13:46; 23:29; 25:11,25; 26:20,31; Ro 1:32; 1Co 16:4; 1Ti 1:15; 4:9; 5:18; 6:1

ἵνα follows [1] Jn 1:27

infinitive follows [8] Lk 15:19,21; Ac 13:25; Rev 4:11; 5:2,4,9,12

ἄξιος μοῦ [3] Mt 10:37,37,38

Mt 3: 8 ποιήσατε οὖν καρπὸν **ἄξιον** τῆς μετανοίας
10: 10 μὴ πήραν εἰς ὁδὸν μηδὲ δύο χιτῶνας μηδὲ ὑποδήματα μηδὲ ῥάβδον· **ἄξιος** γὰρ ὁ ἐργάτης τῆς τροφῆς αὐτοῦ.
10: 11 εἰς ἣν δ' ἂν πόλιν ἢ κώμην εἰσέλθητε, ἐξετάσατε τίς ἐν αὐτῇ **ἄξιός** ἐστιν·
10: 13 καὶ ἐὰν μὲν ᾖ ἡ οἰκία **ἀξία,** ἐλθάτω ἡ εἰρήνη ὑμῶν ἐπ' αὐτήν, ἐὰν δὲ μὴ ᾖ **ἀξία,** ἡ εἰρήνη ὑμῶν πρὸς ὑμᾶς ἐπιστραφήτω.
10: 37 Ὁ φιλῶν πατέρα ἢ μητέρα ὑπὲρ ἐμὲ οὐκ ἔστιν μου **ἄξιος,** καὶ ὁ φιλῶν υἱὸν ἢ θυγατέρα ὑπὲρ ἐμὲ οὐκ ἔστιν μου **ἄξιος·**
10: 38 καὶ ὃς οὐ λαμβάνει τὸν σταυρὸν αὐτοῦ καὶ ἀκολουθεῖ ὀπίσω μου, οὐκ ἔστιν μου **ἄξιος.**
22: 8 Ὁ μὲν γάμος ἕτοιμός ἐστιν, οἱ δὲ κεκλημένοι οὐκ ἦσαν **ἄξιοι·**
Lk 3: 8 ποιήσατε οὖν καρποὺς **ἀξίους** τῆς μετανοίας καὶ μὴ ἄρξησθε λέγειν ἐν ἑαυτοῖς,
7: 4 οἱ δὲ παραγενόμενοι πρὸς τὸν Ἰησοῦν παρεκάλουν αὐτὸν σπουδαίως λέγοντες ὅτι **Ἄξιός** ἐστιν ᾧ παρέξῃ τοῦτο·
10: 7 ἐν αὐτῇ δὲ τῇ οἰκίᾳ μένετε ἐσθίοντες καὶ πίνοντες τὰ παρ' αὐτῶν· **ἄξιος** γὰρ ὁ ἐργάτης τοῦ μισθοῦ αὐτοῦ.
12: 48 ὁ δὲ μὴ γνούς, ποιήσας δὲ **ἄξια** πληγῶν δαρήσεται ὀλίγας.
15: 19 οὐκέτι εἰμὶ **ἄξιος** κληθῆναι υἱός σου· ποίησόν με ὡς ἕνα τῶν μισθίων σου.
15: 21 ἥμαρτον εἰς τὸν οὐρανὸν καὶ ἐνώπιόν σου, οὐκέτι εἰμὶ **ἄξιος** κληθῆναι υἱός σου.
23: 15 καὶ ἰδοὺ οὐδὲν **ἄξιον** θανάτου ἐστὶν πεπραγμένον αὐτῷ·
23: 41 καὶ ἡμεῖς μὲν δικαίως, **ἄξια** γὰρ ὧν ἐπράξαμεν ἀπολαμβάνομεν·
Jn 1: 27 οὗ οὐκ εἰμὶ [ἐγὼ] **ἄξιος** ἵνα λύσω αὐτοῦ τὸν ἱμάντα τοῦ ὑποδήματος.
Ac 13: 25 ἀλλ' ἰδοὺ ἔρχεται μετ' ἐμὲ οὗ οὐκ εἰμὶ **ἄξιος** τὸ ὑπόδημα τῶν ποδῶν λῦσαι.
13: 46 ἐπειδὴ ἀπωθεῖσθε αὐτὸν καὶ οὐκ **ἀξίους** κρίνετε ἑαυτοὺς τῆς αἰωνίου ζωῆς,
23: 29 μηδὲν δὲ **ἄξιον** θανάτου ἢ δεσμῶν ἔχοντα ἔγκλημα.
25: 11 εἰ μὲν οὖν ἀδικῶ καὶ **ἄξιον** θανάτου πέπραχά τι,
25: 25 ἐγὼ δὲ κατελαβόμην μηδὲν **ἄξιον** αὐτὸν θανάτου πεπραχέναι,
26: 20 μετανοεῖν καὶ ἐπιστρέφειν ἐπὶ τὸν θεόν, **ἄξια** τῆς μετανοίας ἔργα πράσσοντας.
26: 31 λέγοντες ὅτι Οὐδὲν θανάτου ἢ δεσμῶν **ἄξιον** [τι] πράσσει ὁ ἄνθρωπος οὗτος.
Ro 1: 32 οἵτινες τὸ δικαίωμα τοῦ θεοῦ ἐπιγνόντες ὅτι οἱ τὰ τοιαῦτα πράσσοντες **ἄξιοι** θανάτου εἰσίν,
8: 18 Λογίζομαι γὰρ ὅτι οὐκ **ἄξια** τὰ παθήματα τοῦ νῦν καιροῦ πρὸς τὴν μέλλουσαν δόξαν ἀποκαλυφθῆναι εἰς ἡμᾶς.
1Co 16: 4 ἐὰν δὲ **ἄξιον** ᾖ τοῦ κἀμὲ πορεύεσθαι, σὺν ἐμοὶ πορεύσονται.
2Th 1: 3 Εὐχαριστεῖν ὀφείλομεν τῷ θεῷ πάντοτε περὶ ὑμῶν, ἀδελφοί, καθὼς **ἄξιόν** ἐστιν,
1Ti 1: 15 πιστὸς ὁ λόγος καὶ πάσης ἀποδοχῆς **ἄξιος,** ὅτι Χριστὸς Ἰησοῦς ἦλθεν εἰς τὸν κόσμον ἁμαρτωλοὺς σῶσαι,
4: 9 πιστὸς ὁ λόγος καὶ πάσης ἀποδοχῆς **ἄξιος·**
5: 18 Βοῦν ἀλοῶντα οὐ φιμώσεις, καί, **Ἄξιος** ὁ ἐργάτης τοῦ μισθοῦ αὐτοῦ.
6: 1 Ὅσοι εἰσὶν ὑπὸ ζυγὸν δοῦλοι, τοὺς ἰδίους δεσπότας πάσης τιμῆς **ἀξίους** ἡγείσθωσαν,
Heb 11: 38 ὧν οὐκ ἦν **ἄξιος** ὁ κόσμος, ἐπὶ ἐρημίαις πλανώμενοι καὶ ὄρεσιν καὶ σπηλαίοις καὶ ταῖς ὀπαῖς τῆς γῆς.
Rev 3: 4 καὶ περιπατήσουσιν μετ' ἐμοῦ ἐν λευκοῖς, ὅτι **ἄξιοί** εἰσιν.
4: 11 **Ἄξιος** εἶ, ὁ κύριος καὶ ὁ θεὸς ἡμῶν,
5: 2 Τίς **ἄξιος** ἀνοῖξαι τὸ βιβλίον καὶ λῦσαι τὰς σφραγῖδας αὐτοῦ;
5: 4 ὅτι οὐδεὶς **ἄξιος** εὑρέθη ἀνοῖξαι τὸ βιβλίον οὔτε βλέπειν αὐτό.
5: 9 **Ἄξιος** εἶ λαβεῖν τὸ βιβλίον καὶ ἀνοῖξαι τὰς σφραγῖδας αὐτοῦ,
5: 12 **Ἄξιόν** ἐστιν τὸ ἀρνίον τὸ ἐσφαγμένον λαβεῖν τὴν δύναμιν καὶ πλοῦτον καὶ σοφίαν καὶ ἰσχὺν καὶ τιμὴν καὶ δόξαν
16: 6 ὅτι αἷμα ἁγίων καὶ προφητῶν ἐξέχεαν καὶ αἷμα αὐτοῖς [δ]έδωκας πιεῖν, **ἄξιοί** εἰσιν.

546 ἀξιόω [7]

√ *545*

ἀξιόω τιμῆς [1] 1Ti 5:17

Lk 7: 7 διὸ οὐδὲ ἐμαυτὸν **ἠξίωσα** πρὸς σὲ ἐλθεῖν· ἀλλὰ εἰπὲ λόγῳ,
Ac 15: 38 Παῦλος δὲ **ἠξίου,** τὸν ἀποστάντα ἀπ' αὐτῶν ἀπὸ Παμφυλίας
28: 22 **ἀξιοῦμεν** δὲ παρὰ σοῦ ἀκοῦσαι ἃ φρονεῖς, περὶ μὲν γὰρ τῆς αἱρέσεως ταύτης γνωστὸν ἡμῖν
2Th 1: 11 ἵνα ὑμᾶς **ἀξιώσῃ** τῆς κλήσεως ὁ θεὸς ἡμῶν καὶ πληρώσῃ πᾶσαν εὐδοκίαν ἀγαθωσύνης καὶ ἔργον πίστεως ἐν δυνάμει,
1Ti 5: 17 Οἱ καλῶς προεστῶτες πρεσβύτεροι διπλῆς τιμῆς **ἀξιούσθωσαν,** μάλιστα οἱ κοπιῶντες ἐν λόγῳ καὶ διδασκαλίᾳ.
Heb 3: 3 πλείονος γὰρ οὗτος δόξης παρὰ Μωϋσῆν **ἠξίωται,** καθ' ὅσον πλείονα τιμὴν ἔχει τοῦ οἴκου ὁ κατασκευάσας αὐτόν·
10: 29 χείρονος **ἀξιωθήσεται** τιμωρίας ὁ τὸν υἱὸν τοῦ θεοῦ καταπατήσας καὶ τὸ αἷμα τῆς διαθήκης κοινὸν ἡγησάμενος,

547 ἀξίως [6]

√ *545*

Ro 16: 2 ἵνα αὐτὴν προσδέξησθε ἐν κυρίῳ **ἀξίως** τῶν ἁγίων καὶ παραστῆτε αὐτῇ ἐν ᾧ ἂν ὑμῶν χρῄζῃ πράγματι·
Eph 4: 1 Παρακαλῶ οὖν ὑμᾶς ἐγὼ ὁ δέσμιος ἐν κυρίῳ **ἀξίως** περιπατῆσαι τῆς κλήσεως ἧς ἐκλήθητε,
Php 1: 27 Μόνον **ἀξίως** τοῦ εὐαγγελίου τοῦ Χριστοῦ πολιτεύεσθε, ἵνα εἴτε ἐλθὼν καὶ ἰδὼν ὑμᾶς εἴτε ἀπὼν ἀκούω τὰ περὶ ὑμῶν,
Col 1: 10 περιπατῆσαι **ἀξίως** τοῦ κυρίου εἰς πᾶσαν ἀρεσκείαν, ἐν παντὶ ἔργῳ ἀγαθῷ καρποφοροῦντες
1Th 2: 12 εἰς τὸ περιπατεῖν ὑμᾶς **ἀξίως** τοῦ θεοῦ τοῦ καλοῦντος ὑμᾶς εἰς τὴν ἑαυτοῦ βασιλείαν καὶ δόξαν.
3Jn 1: 6 οἳ ἐμαρτύρησάν σου τῇ ἀγάπῃ ἐνώπιον ἐκκλησίας, οὓς καλῶς ποιήσεις προπέμψας **ἀξίως** τοῦ θεοῦ·

548 ἀόρατος [5]

√ *1.1 + 3972*

Ro 1: 20 τὰ γὰρ **ἀόρατα** αὐτοῦ ἀπὸ κτίσεως κόσμου τοῖς ποιήμασιν νοούμενα καθορᾶται,
Col 1: 15 ὅς ἐστιν εἰκὼν τοῦ θεοῦ τοῦ **ἀοράτου,** πρωτότοκος πάσης κτίσεως,
1: 16 τὰ ὁρατὰ καὶ τὰ **ἀόρατα,** εἴτε θρόνοι εἴτε κυριότητες εἴτε ἀρχαὶ εἴτε ἐξουσίαι·
1Ti 1: 17 τῷ δὲ βασιλεῖ τῶν αἰώνων, ἀφθάρτῳ **ἀοράτῳ** μόνῳ θεῷ,
Heb 11: 27 Πίστει κατέλιπεν Αἴγυπτον μὴ φοβηθεὶς τὸν θυμὸν τοῦ βασιλέως· τὸν γὰρ **ἀόρατον** ὡς ὁρῶν ἐκαρτέρησεν.

549 Ἀουλία Not used in UBS/NIV

√ *2685*

550 ἀπαγγέλλω [45]

√ *608 + 34*

ἀπαγγέλλω εἰς [2] Mk 5:14; Lk 8:34

Mt 2: 8 ἐπὰν δὲ εὕρητε, **ἀπαγγείλατέ** μοι, ὅπως κἀγὼ ἐλθὼν προσκυνήσω αὐτῷ.
8: 33 καὶ ἀπελθόντες εἰς τὴν πόλιν **ἀπήγγειλαν** πάντα καὶ τὰ τῶν δαιμονιζομένων.
11: 4 καὶ ἀποκριθεὶς ὁ Ἰησοῦς εἶπεν αὐτοῖς, Πορευθέντες **ἀπαγγείλατε** Ἰωάννῃ ἃ ἀκούετε καὶ βλέπετε·
12: 18 θήσω τὸ πνεῦμά μου ἐπ' αὐτόν, καὶ κρίσιν τοῖς ἔθνεσιν **ἀπαγγελεῖ.**
14: 12 καὶ προσελθόντες οἱ μαθηταὶ αὐτοῦ ἦραν τὸ πτῶμα καὶ ἔθαψαν αὐτὸ[ν] καὶ ἐλθόντες **ἀπήγγειλαν** τῷ Ἰησοῦ.
28: 8 καὶ ἀπελθοῦσαι ταχὺ ἀπὸ τοῦ μνημείου μετὰ φόβου καὶ χαρᾶς μεγάλης ἔδραμον **ἀπαγγεῖλαι** τοῖς μαθηταῖς αὐτοῦ.
28: 10 ὑπάγετε **ἀπαγγείλατε** τοῖς ἀδελφοῖς μου ἵνα ἀπέλθωσιν εἰς τὴν Γαλιλαίαν,

28:11 ἰδού τινες τῆς κουστωδίας ἐλθόντες εἰς τὴν πόλιν **ἀπήγγειλαν** τοῖς ἀρχιερεῦσιν ἅπαντα τὰ γενόμενα.
Mk 5:14 καὶ οἱ βόσκοντες αὐτοὺς ἔφυγον καὶ **ἀπήγγειλαν** εἰς τὴν πόλιν καὶ εἰς τοὺς ἀγρούς·
5:19 Ὕπαγε εἰς τὸν οἶκόν σου πρὸς τοὺς σοὺς καὶ **ἀπάγγειλον** αὐτοῖς ὅσα ὁ κύριός σοι πεποίηκεν καὶ ἠλέησέν σε.
6:30 Καὶ συνάγονται οἱ ἀπόστολοι πρὸς τὸν Ἰησοῦν καὶ **ἀπήγγειλαν** αὐτῷ πάντα ὅσα ἐποίησαν καὶ ὅσα ἐδίδαξαν.
16:10 ⟦ἐκείνη πορευθεῖσα **ἀπήγγειλεν** τοῖς μετ᾽ αὐτοῦ γενομένοις πενθοῦσι καὶ κλαίουσιν·⟧
16:13 ⟦κἀκεῖνοι ἀπελθόντες **ἀπήγγειλαν** τοῖς λοιποῖς· οὐδὲ ἐκείνοις ἐπίστευσαν.⟧
Lk 7:18 Καὶ **ἀπήγγειλαν** Ἰωάννῃ οἱ μαθηταὶ αὐτοῦ περὶ πάντων τούτων.
7:22 καὶ ἀποκριθεὶς εἶπεν αὐτοῖς, Πορευθέντες **ἀπαγγείλατε** Ἰωάννῃ ἃ εἴδετε καὶ ἠκούσατε·
8:20 **ἀπηγγέλη** δὲ αὐτῷ, Ἡ μήτηρ σου καὶ οἱ ἀδελφοί σου ἑστήκασιν ἔξω ἰδεῖν θέλοντές σε.
8:34 ἰδόντες δὲ οἱ βόσκοντες τὸ γεγονὸς ἔφυγον καὶ **ἀπήγγειλαν** εἰς τὴν πόλιν καὶ εἰς τοὺς ἀγρούς.
8:36 **ἀπήγγειλαν** δὲ αὐτοῖς οἱ ἰδόντες πῶς ἐσώθη ὁ δαιμονισθείς.
8:47 προσπεσοῦσα αὐτῷ δι᾽ ἣν αἰτίαν ἥψατο αὐτοῦ **ἀπήγγειλεν** ἐνώπιον παντὸς τοῦ λαοῦ καὶ ὡς ἰάθη παραχρῆμα.
9:36 καὶ αὐτοὶ ἐσίγησαν καὶ οὐδενὶ **ἀπήγγειλαν** ἐν ἐκείναις ταῖς ἡμέραις οὐδὲν ὧν ἑώρακαν.
13:1 **ἀπαγγέλλοντες** αὐτῷ περὶ τῶν Γαλιλαίων ὧν τὸ αἷμα Πιλᾶτος ἔμιξεν μετὰ τῶν θυσιῶν αὐτῶν.
14:21 καὶ παραγενόμενος ὁ δοῦλος **ἀπήγγειλεν** τῷ κυρίῳ αὐτοῦ ταῦτα.
18:37 **ἀπήγγειλαν** δὲ αὐτῷ ὅτι Ἰησοῦς ὁ Ναζωραῖος παρέρχεται.
24:9 καὶ ὑποστρέψασαι ἀπὸ τοῦ μνημείου **ἀπήγγειλαν** ταῦτα πάντα τοῖς ἕνδεκα καὶ πᾶσιν τοῖς λοιποῖς.
Jn 16:25 ἔρχεται ὥρα ὅτε οὐκέτι ἐν παροιμίαις λαλήσω ὑμῖν, ἀλλὰ παρρησίᾳ περὶ τοῦ πατρὸς **ἀπαγγελῶ** ὑμῖν.
Ac 4:23 Ἀπολυθέντες δὲ ἦλθον πρὸς τοὺς ἰδίους καὶ **ἀπήγγειλαν** ὅσα πρὸς αὐτοὺς οἱ ἀρχιερεῖς καὶ οἱ πρεσβύτεροι εἶπαν.
5:22 οἱ δὲ παραγενόμενοι ὑπηρέται οὐχ εὗρον αὐτοὺς ἐν τῇ φυλακῇ· ἀναστρέψαντες δὲ **ἀπήγγειλαν**
5:25 παραγενόμενος δέ τις **ἀπήγγειλεν** αὐτοῖς ὅτι Ἰδοὺ οἱ ἄνδρες οὓς ἔθεσθε ἐν τῇ φυλακῇ εἰσὶν ἐν τῷ ἱερῷ ἑστῶτες
11:13 **ἀπήγγειλεν** δὲ ἡμῖν πῶς εἶδεν [τὸν] ἄγγελον ἐν τῷ οἴκῳ αὐτοῦ σταθέντα καὶ εἰπόντα,
12:14 εἰσδραμοῦσα δὲ **ἀπήγγειλεν** ἑστάναι τὸν Πέτρον πρὸ τοῦ πυλῶνος.
12:17 πῶς ὁ κύριος αὐτὸν ἐξήγαγεν ἐκ τῆς φυλακῆς εἶπέν τε, **Ἀπαγγείλατε** Ἰακώβῳ καὶ τοῖς ἀδελφοῖς ταῦτα.
15:27 ἀπεστάλκαμεν οὖν Ἰούδαν καὶ Σιλᾶν καὶ αὐτοὺς διὰ λόγου **ἀπαγγέλλοντας** τὰ αὐτά.
16:36 **ἀπήγγειλεν** δὲ ὁ δεσμοφύλαξ τοὺς λόγους [τούτους] πρὸς τὸν Παῦλον ὅτι Ἀπέσταλκαν οἱ στρατηγοὶ ἵνα ἀπολυθῆτε·
16:38 **ἀπήγγειλαν** δὲ τοῖς στρατηγοῖς οἱ ῥαβδοῦχοι τὰ ῥήματα ταῦτα.
22:26 ἀκούσας δὲ ὁ ἑκατοντάρχης προσελθὼν τῷ χιλιάρχῳ **ἀπήγγειλεν** λέγων,
23:16 παραγενόμενος καὶ εἰσελθὼν εἰς τὴν παρεμβολὴν **ἀπήγγειλεν** τῷ Παύλῳ.
23:17 Τὸν νεανίαν τοῦτον ἀπάγαγε πρὸς τὸν χιλίαρχον, ἔχει γὰρ **ἀπαγγεῖλαί** τι αὐτῷ.
23:19 ὁ χιλίαρχος καὶ ἀναχωρήσας κατ᾽ ἰδίαν ἐπυνθάνετο, Τί ἐστιν ὃ ἔχεις **ἀπαγγεῖλαί** μοι;
26:20 πᾶσάν τε τὴν χώραν τῆς Ἰουδαίας καὶ τοῖς ἔθνεσιν **ἀπήγγελλον** μετανοεῖν καὶ ἐπιστρέφειν ἐπὶ τὸν θεόν,
28:21 οὔτε παραγενόμενός τις τῶν ἀδελφῶν **ἀπήγγειλεν** ἢ ἐλάλησέν τι περὶ σοῦ πονηρόν.
1Co 14:25 καὶ οὕτως πεσὼν ἐπὶ πρόσωπον προσκυνήσει τῷ θεῷ **ἀπαγγέλλων** ὅτι Ὄντως ὁ θεὸς ἐν ὑμῖν ἐστιν.
1Th 1:9 αὐτοὶ γὰρ περὶ ἡμῶν **ἀπαγγέλλουσιν** ὁποίαν εἴσοδον ἔσχομεν πρὸς ὑμᾶς,
Heb 2:12 λέγων, **Ἀπαγγελῶ** τὸ ὄνομά σου τοῖς ἀδελφοῖς μου,
1Jn 1:2 καὶ ἑωράκαμεν καὶ μαρτυροῦμεν καὶ **ἀπαγγέλλομεν** ὑμῖν τὴν ζωὴν τὴν αἰώνιον ἥτις ἦν πρὸς τὸν πατέρα καὶ ἐφανερώθη
1:3 ὃ ἑωράκαμεν καὶ ἀκηκόαμεν, **ἀπαγγέλλομεν** καὶ ὑμῖν, ἵνα καὶ ὑμεῖς κοινωνίαν ἔχητε μεθ᾽ ἡμῶν.

551 ἀπάγχω [1]

Mt 27:5 καὶ ῥίψας τὰ ἀργύρια εἰς τὸν ναὸν ἀνεχώρησεν, καὶ ἀπελθὼν **ἀπήγξατο.**

552 ἀπάγω [15]

√ 608 + 72

Mt 7:13 ὅτι πλατεῖα ἡ πύλη καὶ εὐρύχωρος ἡ ὁδὸς ἡ **ἀπάγουσα** εἰς τὴν ἀπώλειαν καὶ πολλοί εἰσιν οἱ εἰσερχόμενοι δι᾽ αὐτῆς·
7:14 τί στενὴ ἡ πύλη καὶ τεθλιμμένη ἡ ὁδὸς ἡ **ἀπάγουσα** εἰς τὴν ζωὴν καὶ ὀλίγοι εἰσὶν οἱ εὑρίσκοντες αὐτήν.
26:57 Οἱ δὲ κρατήσαντες τὸν Ἰησοῦν **ἀπήγαγον** πρὸς Καϊάφαν τὸν ἀρχιερέα,
27:2 καὶ δήσαντες αὐτὸν **ἀπήγαγον** καὶ παρέδωκαν Πιλάτῳ τῷ ἡγεμόνι.
27:31 ἐξέδυσαν αὐτὸν τὴν χλαμύδα καὶ ἐνέδυσαν αὐτὸν τὰ ἱμάτια αὐτοῦ καὶ **ἀπήγαγον** αὐτὸν εἰς τὸ σταυρῶσαι.
Mk 14:44 Ὃν ἂν φιλήσω αὐτός ἐστιν, κρατήσατε αὐτὸν καὶ **ἀπάγετε** ἀσφαλῶς.
14:53 Καὶ **ἀπήγαγον** τὸν Ἰησοῦν πρὸς τὸν ἀρχιερέα, καὶ συνέρχονται πάντες οἱ ἀρχιερεῖς καὶ οἱ πρεσβύτεροι
15:16 Οἱ δὲ στρατιῶται **ἀπήγαγον** αὐτὸν ἔσω τῆς αὐλῆς,
Lk 13:15 ἕκαστος ὑμῶν τῷ σαββάτῳ οὐ λύει τὸν βοῦν αὐτοῦ ἢ τὸν ὄνον ἀπὸ τῆς φάτνης καὶ **ἀπαγαγὼν** ποτίζει;
21:12 **ἀπαγομένους** ἐπὶ βασιλεῖς καὶ ἡγεμόνας ἕνεκεν τοῦ ὀνόματός μου·
22:66 ἀρχιερεῖς τε καὶ γραμματεῖς, καὶ **ἀπήγαγον** αὐτὸν εἰς τὸ συνέδριον αὐτῶν
23:26 Καὶ ὡς **ἀπήγαγον** αὐτόν, ἐπιλαβόμενοι Σίμωνά τινα Κυρηναῖον ἐρχόμενον ἀπ᾽ ἀγροῦ ἐπέθηκαν αὐτῷ τὸν σταυρὸν
Ac 12:19 Ἡρῴδης δὲ ἐπιζητήσας αὐτὸν καὶ μὴ εὑρών, ἀνακρίνας τοὺς φύλακας ἐκέλευσεν **ἀπαχθῆναι,**
23:17 Τὸν νεανίαν τοῦτον **ἀπάγαγε** πρὸς τὸν χιλίαρχον, ἔχει γὰρ ἀπαγγεῖλαί τι αὐτῷ.
1Co 12:2 Οἴδατε ὅτι ὅτε ἔθνη ἦτε πρὸς τὰ εἴδωλα τὰ ἄφωνα ὡς ἂν ἤγεσθε **ἀπαγόμενοι.**

553 ἀπαίδευτος [1]

√ 1.1 + 4090

2Ti 2:23 τὰς δὲ μωρὰς καὶ **ἀπαιδεύτους** ζητήσεις παραιτοῦ, εἰδὼς ὅτι γεννῶσιν μάχας·

554 ἀπαίρω [3]

√ 608 + 149

Mt 9:15 ἐλεύσονται δὲ ἡμέραι ὅταν **ἀπαρθῇ** ἀπ᾽ αὐτῶν ὁ νυμφίος,
Mk 2:20 ἐλεύσονται δὲ ἡμέραι ὅταν **ἀπαρθῇ** ἀπ᾽ αὐτῶν ὁ νυμφίος,
Lk 5:35 ἐλεύσονται δὲ ἡμέραι, καὶ ὅταν **ἀπαρθῇ** ἀπ᾽ αὐτῶν ὁ νυμφίος,

555 ἀπαιτέω [2]

√ 608 + 160

Lk 6:30 καὶ ἀπὸ τοῦ αἴροντος τὰ σὰ μὴ **ἀπαίτει.**
12:20 ταύτῃ τῇ νυκτὶ τὴν ψυχήν σου **ἀπαιτοῦσιν** ἀπὸ σοῦ·

556 ἀπαλγέω [1]

Eph 4:19 οἵτινες **ἀπηλγηκότες** ἑαυτοὺς παρέδωκαν τῇ ἀσελγείᾳ εἰς ἐργασίαν ἀκαθαρσίας πάσης ἐν πλεονεξίᾳ.

557 ἀπαλλάσσω [3]

√ 608 + 248

Lk 12:58 ἐν τῇ ὁδῷ δὸς ἐργασίαν **ἀπηλλάχθαι** ἀπ᾽ αὐτοῦ,
Ac 19:12 ἀποφέρεσθαι ἀπὸ τοῦ χρωτὸς αὐτοῦ σουδάρια ἢ σιμικίνθια καὶ **ἀπαλλάσσεσθαι** ἀπ᾽ αὐτῶν τὰς νόσους,
Heb 2:15 καὶ **ἀπαλλάξῃ** τούτους, ὅσοι φόβῳ θανάτου διὰ παντὸς τοῦ ζῆν ἔνοχοι ἦσαν δουλείας.

558 ἀπαλλοτριόω [3]

√ *608 + 257*

Eph 2:12 **ἀπηλλοτριωμένοι** τῆς πολιτείας τοῦ Ἰσραὴλ καὶ ξένοι τῶν διαθηκῶν τῆς ἐπαγγελίας,
4:18 **ἀπηλλοτριωμένοι** τῆς ζωῆς τοῦ θεοῦ διὰ τὴν ἄγνοιαν τὴν οὖσαν ἐν αὐτοῖς,
Col 1:21 Καὶ ὑμᾶς ποτε ὄντας **ἀπηλλοτριωμένους** καὶ ἐχθροὺς τῇ διανοίᾳ ἐν τοῖς ἔργοις τοῖς πονηροῖς,

559 ἁπαλός [2]

Mt 24:32 ὅταν ἤδη ὁ κλάδος αὐτῆς γένηται **ἁπαλὸς** καὶ τὰ φύλλα ἐκφύῃ,
Mk 13:28 ὅταν ἤδη ὁ κλάδος αὐτῆς **ἁπαλὸς** γένηται καὶ ἐκφύῃ τὰ φύλλα,

560 ἀπαντάω [2]

√ *608 + 505*

Mk 14:13 Ὑπάγετε εἰς τὴν πόλιν, καὶ **ἀπαντήσει** ὑμῖν ἄνθρωπος κεράμιον ὕδατος βαστάζων·
Lk 17:12 καὶ εἰσερχομένου αὐτοῦ εἴς τινα κώμην **ἀπήντησαν** [αὐτῷ] δέκα λεπροὶ ἄνδρες,

561 ἀπάντησις [3]

√ *608 + 505*

Mt 25:6 μέσης δὲ νυκτὸς κραυγὴ γέγονεν, Ἰδοὺ ὁ νυμφίος, ἐξέρχεσθε εἰς **ἀπάντησιν** [αὐτοῦ.]
Ac 28:15 κἀκεῖθεν οἱ ἀδελφοὶ ἀκούσαντες τὰ περὶ ἡμῶν ἦλθαν εἰς **ἀπάντησιν** ἡμῖν ἄχρι Ἀππίου Φόρου καὶ Τριῶν
1Th 4:17 ἔπειτα ἡμεῖς οἱ ζῶντες οἱ περιλειπόμενοι ἅμα σὺν αὐτοῖς ἁρπαγησόμεθα ἐν νεφέλαις εἰς **ἀπάντησιν** τοῦ κυρίου εἰς ἀέρα·

562 ἅπαξ [14]

→ *2384*

ἔτι ἅπαξ [2] Heb 12:26,27

καὶ ἅπαξ καὶ δίς [2] Php 4:16; 1Th 2:18

2Co 11:25 τρὶς ἐραβδίσθην, **ἅπαξ** ἐλιθάσθην, τρὶς ἐναυάγησα,
Php 4:16 ὅτι καὶ ἐν Θεσσαλονίκῃ καὶ **ἅπαξ** καὶ δὶς εἰς τὴν χρείαν μοι ἐπέμψατε.
1Th 2:18 ἐγὼ μὲν Παῦλος καὶ **ἅπαξ** καὶ δίς, καὶ ἐνέκοψεν ἡμᾶς ὁ Σατανᾶς.
Heb 6:4 Ἀδύνατον γὰρ τοὺς **ἅπαξ** φωτισθέντας, γευσαμένους τε τῆς δωρεᾶς τῆς ἐπουρανίου καὶ μετόχους γενηθέντας πνεύματος ἁγίου
9:7 εἰς δὲ τὴν δευτέραν **ἅπαξ** τοῦ ἐνιαυτοῦ μόνος ὁ ἀρχιερεύς,
9:26 νυνὶ δὲ **ἅπαξ** ἐπὶ συντελείᾳ τῶν αἰώνων εἰς ἀθέτησιν [τῆς] ἁμαρτίας διὰ τῆς θυσίας αὐτοῦ πεφανέρωται.
9:27 καὶ καθ' ὅσον ἀπόκειται τοῖς ἀνθρώποις **ἅπαξ** ἀποθανεῖν,
9:28 οὕτως καὶ ὁ Χριστὸς **ἅπαξ** προσενεχθεὶς εἰς τὸ πολλῶν ἀνενεγκεῖν ἁμαρτίας,
10:2 διὰ τὸ μηδεμίαν ἔχειν ἔτι συνείδησιν ἁμαρτιῶν τοὺς λατρεύοντας **ἅπαξ** κεκαθαρισμένους;
12:26 Ἔτι **ἅπαξ** ἐγὼ σείσω οὐ μόνον τὴν γῆν ἀλλὰ καὶ τὸν οὐρανόν.
12:27 τὸ δὲ Ἔτι **ἅπαξ** δηλοῖ [τὴν] τῶν σαλευομένων μετάθεσιν ὡς πεποιημένων,
1Pe 3:18 ὅτι καὶ Χριστὸς **ἅπαξ** περὶ ἁμαρτιῶν ἔπαθεν, δίκαιος ὑπὲρ ἀδίκων,
Jude 1:3 ἀνάγκην ἔσχον γράψαι ὑμῖν παρακαλῶν ἐπαγωνίζεσθαι τῇ **ἅπαξ** παραδοθείσῃ τοῖς ἁγίοις πίστει.
1:5 εἰδότας [ὑμᾶς] πάντα ὅτι [ὁ] κύριος **ἅπαξ** λαὸν ἐκ γῆς Αἰγύπτου σώσας

563 ἀπαράβατος [1]

√ *1.1 + 4123 + 326*

Heb 7:24 ὁ δὲ διὰ τὸ μένειν αὐτὸν εἰς τὸν αἰῶνα **ἀπαράβατον** ἔχει τὴν ἱερωσύνην·

564 ἀπαρασκεύαστος [1]

√ *1.1 + 4123 + 5007*

2Co 9:4 μή πως ἐὰν ἔλθωσιν σὺν ἐμοὶ Μακεδόνες καὶ εὕρωσιν ὑμᾶς **ἀπαρασκευάστους** καταισχυνθῶμεν ἡμεῖς,

565 ἀπαρνέομαι [11]

√ *608 + 766*

Mt 16:24 **ἀπαρνησάσθω** ἑαυτὸν καὶ ἀράτω τὸν σταυρὸν αὐτοῦ καὶ ἀκολουθείτω μοι.
26:34 Ἀμὴν λέγω σοι ὅτι ἐν ταύτῃ τῇ νυκτὶ πρὶν ἀλέκτορα φωνῆσαι τρὶς **ἀπαρνήσῃ** με.
26:35 Κἂν δέῃ με σὺν σοὶ ἀποθανεῖν, οὐ μή σε **ἀπαρνήσομαι.**
26:75 καὶ ἐμνήσθη ὁ Πέτρος τοῦ ῥήματος Ἰησοῦ εἰρηκότος ὅτι Πρὶν ἀλέκτορα φωνῆσαι τρὶς **ἀπαρνήσῃ** με·
Mk 8:34 **ἀπαρνησάσθω** ἑαυτὸν καὶ ἀράτω τὸν σταυρὸν αὐτοῦ καὶ ἀκολουθείτω μοι.
14:30 Ἀμὴν λέγω σοι ὅτι σὺ σήμερον ταύτῃ τῇ νυκτὶ πρὶν ἢ δὶς ἀλέκτορα φωνῆσαι τρίς με **ἀπαρνήσῃ.**
14:31 Ἐὰν δέῃ με συναποθανεῖν σοι, οὐ μή σε **ἀπαρνήσομαι.**
14:72 καὶ ἀνεμνήσθη ὁ Πέτρος τὸ ῥῆμα ὡς εἶπεν αὐτῷ ὁ Ἰησοῦς ὅτι Πρὶν ἀλέκτορα φωνῆσαι δὶς τρίς με **ἀπαρνήσῃ·**
Lk 12:9 ὁ δὲ ἀρνησάμενός με ἐνώπιον τῶν ἀνθρώπων **ἀπαρνηθήσεται** ἐνώπιον τῶν ἀγγέλων τοῦ θεοῦ.
22:34 οὐ φωνήσει σήμερον ἀλέκτωρ ἕως τρίς με **ἀπαρνήσῃ** εἰδέναι.
22:61 καὶ ὑπεμνήσθη ὁ Πέτρος τοῦ ῥήματος τοῦ κυρίου ὡς εἶπεν αὐτῷ ὅτι Πρὶν ἀλέκτορα φωνῆσαι σήμερον **ἀπαρνήσῃ** με τρίς.

566 ἀπαρτί Not used in UBS/NIV

√ *608 + 785*

567 ἀπάρτι Not used in UBS/NIV

√ *608 + 785*

568 ἀπαρτισμός [1]

√ *608 + 785*

Lk 14:28 τίς γὰρ ἐξ ὑμῶν θέλων πύργον οἰκοδομῆσαι οὐχὶ πρῶτον καθίσας ψηφίζει τὴν δαπάνην, εἰ ἔχει εἰς **ἀπαρτισμόν;**

569 ἀπαρχή [9 / 8]

√ *608 + 806*

Ro 8:23 ἀλλὰ καὶ αὐτοὶ τὴν **ἀπαρχὴν** τοῦ πνεύματος ἔχοντες,
11:16 εἰ δὲ ἡ **ἀπαρχὴ** ἁγία, καὶ τὸ φύραμα·
16:5 ἀσπάσασθε Ἐπαίνετον τὸν ἀγαπητόν μου, ὅς ἐστιν **ἀπαρχὴ** τῆς Ἀσίας εἰς Χριστόν.
1Co 15:20 Νυνὶ δὲ Χριστὸς ἐγήγερται ἐκ νεκρῶν **ἀπαρχὴ** τῶν κεκοιμημένων.
15:23 **ἀπαρχὴ** Χριστός, ἔπειτα οἱ τοῦ Χριστοῦ ἐν τῇ παρουσίᾳ αὐτοῦ,
16:15 ὅτι ἐστὶν **ἀπαρχὴ** τῆς Ἀχαΐας καὶ εἰς διακονίαν τοῖς ἁγίοις ἔταξαν ἑαυτούς·
2Th 2:13 ὅτι εἵλατο ὑμᾶς ὁ θεὸς **ἀπαρχὴν**[UBS; NIV *794*] εἰς σωτηρίαν ἐν ἁγιασμῷ πνεύματος καὶ πίστει ἀληθείας,
Jas 1:18 βουληθεὶς ἀπεκύησεν ἡμᾶς λόγῳ ἀληθείας εἰς τὸ εἶναι ἡμᾶς **ἀπαρχήν** τινα τῶν αὐτοῦ κτισμάτων.
Rev 14:4 οὗτοι ἠγοράσθησαν ἀπὸ τῶν ἀνθρώπων **ἀπαρχὴ** τῷ θεῷ καὶ τῷ ἀρνίῳ,

570 ἅπας [34]

√ *275 + 4246*

articulated noun follows [11] Mt 28:11; Mk 16:15; Lk 3:21; 4:6; 8:37; 19:37,48; 20:6; 23:1; Ac 25:24; 1Ti 1:16

Mt 6:32 οἶδεν γὰρ ὁ πατὴρ ὑμῶν ὁ οὐράνιος ὅτι χρῄζετε τούτων **ἁπάντων.**
24:39 καὶ οὐκ ἔγνωσαν ἕως ἦλθεν ὁ κατακλυσμὸς καὶ ἦρεν **ἅπαντας,**
28:11 ἰδού τινες τῆς κουστωδίας ἐλθόντες εἰς τὴν πόλιν ἀπήγγειλαν τοῖς ἀρχιερεῦσιν **ἅπαντα** τὰ γενόμενα.
Mk 1:27 καὶ ἐθαμβήθησαν **ἅπαντες** ὥστε συζητεῖν πρὸς ἑαυτοὺς λέγοντας,

8:25 καὶ διέβλεψεν καὶ ἀπεκατέστη καὶ ἐνέβλεπεν τηλαυγῶς **ἅπαντα.**
11:32 **ἅπαντες** γὰρ εἶχον τὸν Ἰωάννην ὄντως ὅτι προφήτης ἦν.
16:15 [[Πορευθέντες εἰς τὸν κόσμον **ἅπαντα** κηρύξατε τὸ εὐαγγέλιον πάσῃ τῇ κτίσει.]]
Lk 3:21 Ἐγένετο δὲ ἐν τῷ βαπτισθῆναι **ἅπαντα** τὸν λαὸν καὶ Ἰησοῦ βαπτισθέντος καὶ προσευχομένου ἀνεῳχθῆναι τὸν οὐρανὸν
4: 6 Σοὶ δώσω τὴν ἐξουσίαν ταύτην **ἅπασαν** καὶ τὴν δόξαν αὐτῶν,
4:40 Δύνοντος δὲ τοῦ ἡλίου **ἅπαντες** ὅσοι εἶχον ἀσθενοῦντας νόσοις ποικίλαις ἤγαγον αὐτοὺς πρὸς αὐτόν·
5:26 καὶ ἔκστασις ἔλαβεν **ἅπαντας** καὶ ἐδόξαζον τὸν θεὸν καὶ ἐπλήσθησαν φόβου λέγοντες ὅτι Εἴδομεν παράδοξα σήμερον.
8:37 καὶ ἠρώτησεν αὐτὸν **ἅπαν** τὸ πλῆθος τῆς περιχώρου τῶν Γερασηνῶν ἀπελθεῖν ἀπ' αὐτῶν,
9:15 καὶ ἐποίησαν οὕτως καὶ κατέκλιναν **ἅπαντας.**
19:37 Ἐγγίζοντος δὲ αὐτοῦ ἤδη πρὸς τῇ καταβάσει τοῦ Ὄρους τῶν Ἐλαιῶν ἤρξαντο **ἅπαν** τὸ πλῆθος τῶν μαθητῶν χαίροντες
19:48 καὶ οὐχ εὕρισκον τὸ τί ποιήσωσιν, ὁ λαὸς γὰρ **ἅπας** ἐξεκρέματο αὐτοῦ ἀκούων.
20: 6 ἐὰν δὲ εἴπωμεν, Ἐξ ἀνθρώπων, ὁ λαὸς **ἅπας** καταλιθάσει ἡμᾶς,
21:15 ἐγὼ γὰρ δώσω ὑμῖν στόμα καὶ σοφίαν ᾗ οὐ δυνήσονται ἀντιστῆναι ἢ ἀντειπεῖν **ἅπαντες** οἱ ἀντικείμενοι ὑμῖν.
23: 1 Καὶ ἀναστὰν **ἅπαν** τὸ πλῆθος αὐτῶν ἤγαγον αὐτὸν ἐπὶ τὸν Πιλᾶτον.
Jn 4:25 Οἶδα ὅτι Μεσσίας ἔρχεται ὁ λεγόμενος Χριστός· ὅταν ἔλθῃ ἐκεῖνος, ἀναγγελεῖ ἡμῖν **ἅπαντα.**
Ac 2: 7 Οὐχ ἰδοὺ **ἅπαντες** οὗτοί εἰσιν οἱ λαλοῦντες Γαλιλαῖοι;
2:44 πάντες δὲ οἱ πιστεύοντες ἦσαν ἐπὶ τὸ αὐτὸ καὶ εἶχον **ἅπαντα** κοινὰ
4:31 καὶ ἐπλήσθησαν **ἅπαντες** τοῦ ἁγίου πνεύματος καὶ ἐλάλουν τὸν λόγον τοῦ θεοῦ μετὰ παρρησίας.
4:32 καὶ οὐδὲ εἷς τι τῶν ὑπαρχόντων αὐτῷ ἔλεγεν ἴδιον εἶναι ἀλλ' ἦν αὐτοῖς **ἅπαντα** κοινά.
5:12 καὶ ἦσαν ὁμοθυμαδὸν **ἅπαντες** ἐν τῇ Στοᾷ Σολομῶντος,
5:16 φέροντες ἀσθενεῖς καὶ ὀχλουμένους ὑπὸ πνευμάτων ἀκαθάρτων, οἵτινες ἐθεραπεύοντο **ἅπαντες.**
10: 8 καὶ ἐξηγησάμενος **ἅπαντα** αὐτοῖς ἀπέστειλεν αὐτοὺς εἰς τὴν Ἰόππην.
11:10 τοῦτο δὲ ἐγένετο ἐπὶ τρίς, καὶ ἀνεσπάσθη πάλιν **ἅπαντα** εἰς τὸν οὐρανόν.
16: 3 ᾔδεισαν γὰρ **ἅπαντες** ὅτι Ἕλλην ὁ πατὴρ αὐτοῦ ὑπῆρχεν.
16:28 Μηδὲν πράξῃς σεαυτῷ κακόν, **ἅπαντες** γάρ ἐσμεν ἐνθάδε.
25:24 θεωρεῖτε τοῦτον περὶ οὗ **ἅπαν** τὸ πλῆθος τῶν Ἰουδαίων ἐνέτυχόν μοι ἔν τε Ἱεροσολύμοις καὶ ἐνθάδε
27:33 Ἄχρι δὲ οὗ ἡμέρα ἤμελλεν γίνεσθαι, παρεκάλει ὁ Παῦλος **ἅπαντας** μεταλαβεῖν τροφῆς λέγων,
Eph 6:13 ἵνα δυνηθῆτε ἀντιστῆναι ἐν τῇ ἡμέρᾳ τῇ πονηρᾷ καὶ **ἅπαντα** κατεργασάμενοι στῆναι.
1Ti 1:16 ἵνα ἐν ἐμοὶ πρώτῳ ἐνδείξηται Χριστὸς Ἰησοῦς τὴν **ἅπασαν** μακροθυμίαν πρὸς ὑποτύπωσιν τῶν μελλόντων πιστεύειν
Jas 3: 2 πολλὰ γὰρ πταίομεν **ἅπαντες.** εἴ τις ἐν λόγῳ οὐ πταίει,

571 ἀπασπάζομαι [1]

√ *608 + 832*

Ac 21: 6 **ἀπησπασάμεθα** ἀλλήλους καὶ ἀνέβημεν εἰς τὸ πλοῖον, ἐκεῖνοι δὲ ὑπέστρεψαν εἰς τὰ ἴδια.

572 ἀπατάω [3]

√ *573*

Eph 5: 6 Μηδεὶς ὑμᾶς **ἀπατάτω** κενοῖς λόγοις· διὰ ταῦτα γὰρ ἔρχεται ἡ ὀργὴ τοῦ θεοῦ ἐπὶ τοὺς υἱοὺς τῆς ἀπειθείας.
1Ti 2:14 καὶ Ἀδὰμ οὐκ **ἠπατήθη,** ἡ δὲ γυνὴ ἐξαπατηθεῖσα ἐν παραβάσει γέγονεν·
Jas 1:26 Εἴ τις δοκεῖ θρησκὸς εἶναι μὴ χαλιναγωγῶν γλῶσσαν αὐτοῦ ἀλλὰ **ἀπατῶν** καρδίαν αὐτοῦ,

573 ἀπάτη [7]

→ *572, 1987, 5854, 5855*

Mt 13:22 καὶ ἡ μέριμνα τοῦ αἰῶνος καὶ ἡ **ἀπάτη** τοῦ πλούτου συμπνίγει τὸν λόγον καὶ ἄκαρπος γίνεται.
Mk 4:19 αἱ μέριμναι τοῦ αἰῶνος καὶ ἡ **ἀπάτη** τοῦ πλούτου καὶ αἱ περὶ τὰ λοιπὰ ἐπιθυμίαι εἰσπορευόμεναι συμπνίγουσιν τὸν λόγον
Eph 4:22 ἀποθέσθαι ὑμᾶς κατὰ τὴν προτέραν ἀναστροφὴν τὸν παλαιὸν ἄνθρωπον τὸν φθειρόμενον κατὰ τὰς ἐπιθυμίας τῆς **ἀπάτης,**
Col 2: 8 βλέπετε μή τις ὑμᾶς ἔσται ὁ συλαγωγῶν διὰ τῆς φιλοσοφίας καὶ κενῆς **ἀπάτης** κατὰ τὴν παράδοσιν τῶν ἀνθρώπων,
2Th 2:10 καὶ ἐν πάσῃ **ἀπάτῃ** ἀδικίας τοῖς ἀπολλυμένοις, ἀνθ' ὧν τὴν ἀγάπην τῆς ἀληθείας οὐκ ἐδέξαντο εἰς τὸ σωθῆναι αὐτούς.
Heb 3:13 ἵνα μὴ σκληρυνθῇ τις ἐξ ὑμῶν **ἀπάτῃ** τῆς ἁμαρτίας–
2Pe 2:13 σπίλοι καὶ μῶμοι ἐντρυφῶντες ἐν ταῖς **ἀπάταις** αὐτῶν συνευωχούμενοι ὑμῖν,

574 ἀπάτωρ [1]

√ *1.1 + 4252*

Heb 7: 3 **ἀπάτωρ** ἀμήτωρ ἀγενεαλόγητος, μήτε ἀρχὴν ἡμερῶν μήτε ζωῆς τέλος ἔχων,

575 ἀπαύγασμα [1]

√ *608 + 879*

Heb 1: 3 ὃς ὢν **ἀπαύγασμα** τῆς δόξης καὶ χαρακτὴρ τῆς ὑποστάσεως αὐτοῦ,

576 ἀπαφρίζω Not used in UBS/NIV

√ *608 + 931*

577 ἀπείθεια [7 / 6]

√ *1.1 + 4275*

υἱοί ἀπείθειας [3] Eph 2:2; 5:6; Col 3:6

Ro 11:30 ὥσπερ γὰρ ὑμεῖς ποτε ἠπειθήσατε τῷ θεῷ, νῦν δὲ ἠλεήθητε τῇ τούτων **ἀπειθείᾳ,**
11:32 συνέκλεισεν γὰρ ὁ θεὸς τοὺς πάντας εἰς **ἀπείθειαν,**
Eph 2: 2 τοῦ πνεύματος τοῦ νῦν ἐνεργοῦντος ἐν τοῖς υἱοῖς τῆς **ἀπειθείας·**
5: 6 διὰ ταῦτα γὰρ ἔρχεται ἡ ὀργὴ τοῦ θεοῦ ἐπὶ τοὺς υἱοὺς τῆς **ἀπειθείας.**
Col 3: 6 δι' ἃ ἔρχεται ἡ ὀργὴ τοῦ θεοῦ [ἐπὶ τοὺς υἱοὺς τῆς **ἀπειθείας.**[NIV-]]
Heb 4: 6 καὶ οἱ πρότερον εὐαγγελισθέντες οὐκ εἰσῆλθον δι' **ἀπείθειαν,**
4:11 ἵνα μὴ ἐν τῷ αὐτῷ τις ὑποδείγματι πέσῃ τῆς **ἀπειθείας.**

578 ἀπειθέω [14]

√ *1.1 + 4275*

dative following [7] Jn 3:36; Ro 2:8; 11:30,31; 1Pe 2:8; 3:1; 4:17

Jn 3:36 ὁ δὲ **ἀπειθῶν** τῷ υἱῷ οὐκ ὄψεται ζωήν,
Ac 14: 2 οἱ δὲ **ἀπειθήσαντες** Ἰουδαῖοι ἐπήγειραν καὶ ἐκάκωσαν τὰς ψυχὰς τῶν ἐθνῶν κατὰ τῶν ἀδελφῶν.
19: 9 ὡς δέ τινες ἐσκληρύνοντο καὶ **ἠπείθουν** κακολογοῦντες τὴν ὁδὸν ἐνώπιον τοῦ πλήθους,
Ro 2: 8 τοῖς δὲ ἐξ ἐριθείας καὶ **ἀπειθοῦσι** τῇ ἀληθείᾳ πειθομένοις δὲ τῇ ἀδικίᾳ ὀργὴ καὶ θυμός.
10:21 Ὅλην τὴν ἡμέραν ἐξεπέτασα τὰς χεῖράς μου πρὸς λαὸν **ἀπειθοῦντα** καὶ ἀντιλέγοντα.
11:30 ὥσπερ γὰρ ὑμεῖς ποτε **ἠπειθήσατε** τῷ θεῷ, νῦν δὲ ἠλεήθητε τῇ τούτων ἀπειθείᾳ,
11:31 οὕτως καὶ οὗτοι νῦν **ἠπείθησαν** τῷ ὑμετέρῳ ἐλέει,
15:31 ἵνα ῥυσθῶ ἀπὸ τῶν **ἀπειθούντων** ἐν τῇ Ἰουδαίᾳ
Heb 3:18 μὴ εἰσελεύσεσθαι εἰς τὴν κατάπαυσιν αὐτοῦ εἰ μὴ τοῖς **ἀπειθήσασιν;**
11:31 Πίστει Ῥαὰβ ἡ πόρνη οὐ συναπώλετο τοῖς **ἀπειθήσασιν** δεξαμένη τοὺς κατασκόπους μετ' εἰρήνης.
1Pe 2: 8 οἳ προσκόπτουσιν τῷ λόγῳ **ἀπειθοῦντες** εἰς ὃ καὶ ἐτέθησαν.
3: 1 ὑποτασσόμεναι τοῖς ἰδίοις ἀνδράσιν, ἵνα καὶ εἴ τινες **ἀπειθοῦσιν** τῷ λόγῳ,
3:20 **ἀπειθήσασίν** ποτε ὅτε ἀπεξεδέχετο ἡ τοῦ θεοῦ μακροθυμία ἐν ἡμέραις Νῶε κατασκευαζομένης κιβωτοῦ εἰς ἣν ὀλίγοι,
4:17 τί τὸ τέλος τῶν **ἀπειθούντων** τῷ τοῦ θεοῦ εὐαγγελίῳ;

579 ἀπειθής [6]

√ *1.1 + 4275*

Lk 1:17 ἐπιστρέψαι καρδίας πατέρων ἐπὶ τέκνα καὶ **ἀπειθεῖς** ἐν φρονήσει δικαίων,
Ac 26:19 βασιλεῦ Ἀγρίππα, οὐκ ἐγενόμην **ἀπειθὴς** τῇ οὐρανίῳ ὀπτασίᾳ
Ro 1:30 καταλάλους θεοστυγεῖς ὑβριστὰς ὑπερηφάνους ἀλαζόνας, ἐφευρετὰς κακῶν, γονεῦσιν **ἀπειθεῖς,**
2Ti 3: 2 ἔσονται γὰρ οἱ ἄνθρωποι φίλαυτοι φιλάργυροι ἀλαζόνες ὑπερήφανοι βλάσφημοι, γονεῦσιν **ἀπειθεῖς,** ἀχάριστοι
Tit 1:16 βδελυκτοὶ ὄντες καὶ **ἀπειθεῖς** καὶ πρὸς πᾶν ἔργον ἀγαθὸν ἀδόκιμοι.
3: 3 **ἀπειθεῖς,** πλανώμενοι, δουλεύοντες ἐπιθυμίαις καὶ ἡδοναῖς ποικίλαις, ἐν κακίᾳ καὶ φθόνῳ διάγοντες,

580 ἀπειλέω [2]

√ *581*

Ac 4:17 ἀλλ' ἵνα μὴ ἐπὶ πλεῖον διανεμηθῇ εἰς τὸν λαὸν **ἀπειλησώμεθα** αὐτοῖς μηκέτι λαλεῖν ἐπὶ τῷ ὀνόματι τούτῳ
1Pe 2:23 ὃς λοιδορούμενος οὐκ ἀντελοιδόρει πάσχων οὐκ **ἠπείλει,** παρεδίδου δὲ τῷ κρίνοντι δικαίως·

581 ἀπειλή [3]

→ *580, 4653*

Ac 4:29 ἔπιδε ἐπὶ τὰς **ἀπειλὰς** αὐτῶν καὶ δὸς τοῖς δούλοις σου μετὰ παρρησίας πάσης λαλεῖν τὸν λόγον σου,
9: 1 Ὁ δὲ Σαῦλος ἔτι ἐμπνέων **ἀπειλῆς** καὶ φόνου εἰς τοὺς μαθητὰς τοῦ κυρίου,
Eph 6: 9 τὰ αὐτὰ ποιεῖτε πρὸς αὐτούς, ἀνιέντες τὴν **ἀπειλήν,**

582 ἄπειμι[1] [7]

√ *608 + 1639*

1Co 5: 3 ἐγὼ μὲν γάρ, **ἀπὼν** τῷ σώματι παρὼν δὲ τῷ πνεύματι,
2Co 10: 1 ὃς κατὰ πρόσωπον μὲν ταπεινὸς ἐν ὑμῖν, **ἀπὼν** δὲ θαρρῶ εἰς ὑμᾶς·
10:11 ὅτι οἷοί ἐσμεν τῷ λόγῳ δι' ἐπιστολῶν **ἀπόντες,**
13: 2 προείρηκα καὶ προλέγω, ὡς παρὼν τὸ δεύτερον καὶ **ἀπὼν** νῦν,
13:10 διὰ τοῦτο ταῦτα **ἀπὼν** γράφω, ἵνα παρὼν μὴ ἀποτόμως χρήσωμαι κατὰ τὴν ἐξουσίαν ἣν ὁ κύριος ἔδωκέν μοι
Php 1:27 ἵνα εἴτε ἐλθὼν καὶ ἰδὼν ὑμᾶς εἴτε **ἀπὼν** ἀκούω τὰ περὶ ὑμῶν,
Col 2: 5 εἰ γὰρ καὶ τῇ σαρκὶ **ἄπειμι,** ἀλλὰ τῷ πνεύματι σὺν ὑμῖν εἰμι,

583 ἄπειμι[2] [1]

√ *608 + 1640*

Ac 17:10 οἵτινες παραγενόμενοι εἰς τὴν συναγωγὴν τῶν Ἰουδαίων **ἀπῄεσαν.**

584 ἀπεῖπον [1]

√ *608 + 3306*

2Co 4: 2 ἀλλὰ **ἀπειπάμεθα** τὰ κρυπτὰ τῆς αἰσχύνης, μὴ περιπατοῦντες ἐν πανουργίᾳ μηδὲ δολοῦντες τὸν λόγον τοῦ θεοῦ

585 ἀπείραστος [1]

√ *1.1 + 4278*

Jas 1:13 ὁ γὰρ θεὸς **ἀπείραστός** ἐστιν κακῶν, πειράζει δὲ αὐτὸς οὐδένα.

586 ἄπειρος [1]

√ *1.1 + 4278*

Heb 5:13 πᾶς γὰρ ὁ μετέχων γάλακτος **ἄπειρος** λόγου δικαιοσύνης,

587 ἀπεκδέχομαι [8]

√ *608 + 1666 + 1312*

Ro 8:19 ἡ γὰρ ἀποκαραδοκία τῆς κτίσεως τὴν ἀποκάλυψιν τῶν υἱῶν τοῦ θεοῦ **ἀπεκδέχεται.**
8:23 ἡμεῖς καὶ αὐτοὶ ἐν ἑαυτοῖς στενάζομεν υἱοθεσίαν **ἀπεκδεχόμενοι,**
8:25 εἰ δὲ ὃ οὐ βλέπομεν ἐλπίζομεν, δι' ὑπομονῆς **ἀπεκδεχόμεθα.**
1Co 1: 7 ὥστε ὑμᾶς μὴ ὑστερεῖσθαι ἐν μηδενὶ χαρίσματι **ἀπεκδεχομένους** τὴν ἀποκάλυψιν τοῦ κυρίου ἡμῶν
Gal 5: 5 ἡμεῖς γὰρ πνεύματι ἐκ πίστεως ἐλπίδα δικαιοσύνης **ἀπεκδεχόμεθα.**
Php 3:20 ἐξ οὗ καὶ σωτῆρα **ἀπεκδεχόμεθα** κύριον Ἰησοῦν Χριστόν,
Heb 9:28 ἐκ δευτέρου χωρὶς ἁμαρτίας ὀφθήσεται τοῖς αὐτὸν **ἀπεκδεχομένοις** εἰς σωτηρίαν.
1Pe 3:20 ἀπειθήσασίν ποτε ὅτε **ἀπεξεδέχετο** ἡ τοῦ θεοῦ μακροθυμία ἐν ἡμέραις Νῶε κατασκευαζομένης κιβωτοῦ εἰς ἣν ὀλίγοι,

588 ἀπεκδύομαι [2]

√ *608 + 1666 + 1544*

Col 2:15 **ἀπεκδυσάμενος** τὰς ἀρχὰς καὶ τὰς ἐξουσίας ἐδειγμάτισεν ἐν παρρησίᾳ,
3: 9 **ἀπεκδυσάμενοι** τὸν παλαιὸν ἄνθρωπον σὺν ταῖς πράξεσιν αὐτοῦ

589 ἀπέκδυσις [1]

√ *608 + 1666 + 1544*

Col 2:11 ἐν ᾧ καὶ περιετμήθητε περιτομῇ ἀχειροποιήτῳ ἐν τῇ **ἀπεκδύσει** τοῦ σώματος τῆς σαρκός,

590 ἀπελαύνω [1]

√ *608 + 1785*

Ac 18:16 καὶ **ἀπήλασεν** αὐτοὺς ἀπὸ τοῦ βήματος.

591 ἀπελεγμός [1]

√ *608 + 1794*

Ac 19:27 οὐ μόνον δὲ τοῦτο κινδυνεύει ἡμῖν τὸ μέρος εἰς **ἀπελεγμὸν** ἐλθεῖν ἀλλὰ καὶ τὸ τῆς μεγάλης θεᾶς Ἀρτέμιδος ἱερὸν

592 ἀπελεύθερος [1]

√ *608 + 1801*

1Co 7:22 ὁ γὰρ ἐν κυρίῳ κληθεὶς δοῦλος **ἀπελεύθερος** κυρίου ἐστίν,

593 Ἀπελλῆς [1]

Ro 16:10 ἀσπάσασθε **Ἀπελλῆν** τὸν δόκιμον ἐν Χριστῷ. ἀσπάσασθε τοὺς ἐκ τῶν Ἀριστοβούλου.

594 ἀπελπίζω [1]

√ *608 + 1828*

Lk 6:35 πλὴν ἀγαπᾶτε τοὺς ἐχθροὺς ὑμῶν καὶ ἀγαθοποιεῖτε καὶ δανίζετε μηδὲν **ἀπελπίζοντες·**

595 ἀπέναντι [5]

√ *608 + 1882*

Mt 27:24 λαβὼν ὕδωρ ἀπενίψατο τὰς χεῖρας **ἀπέναντι** τοῦ ὄχλου λέγων,
27:61 ἦν δὲ ἐκεῖ Μαριὰμ ἡ Μαγδαληνὴ καὶ ἡ ἄλλη Μαρία καθήμεναι **ἀπέναντι** τοῦ τάφου.
Ac 3:16 καὶ ἡ πίστις ἡ δι' αὐτοῦ ἔδωκεν αὐτῷ τὴν ὁλοκληρίαν ταύτην **ἀπέναντι** πάντων ὑμῶν.
17: 7 καὶ οὗτοι πάντες **ἀπέναντι** τῶν δογμάτων Καίσαρος πράσσουσι βασιλέα ἕτερον λέγοντες εἶναι Ἰησοῦν.
Ro 3:18 οὐκ ἔστιν φόβος θεοῦ **ἀπέναντι** τῶν ὀφθαλμῶν αὐτῶν.

596 ἀπέραντος [1]

√ *1.1 + 4305*

1Ti 1: 4 μηδὲ προσέχειν μύθοις καὶ γενεαλογίαις **ἀπεράντοις,** αἵτινες ἐκζητήσεις παρέχουσιν μᾶλλον ἢ οἰκονομίαν θεοῦ

597 ἀπερισπάστως [1]

√ 1.1 + 4309 + 5060

1Co 7:35 οὐχ ἵνα βρόχον ὑμῖν ἐπιβάλω ἀλλὰ πρὸς τὸ εὔσχημον καὶ εὐπάρεδρον τῷ κυρίῳ **ἀπερισπάστως.**

598 ἀπερίτμητος [1]

√ 1.1 + 4309 + 5533

Ac 7:51 Σκληροτράχηλοι καὶ **ἀπερίτμητοι** καρδίαις καὶ τοῖς ὠσίν, ὑμεῖς ἀεὶ τῷ πνεύματι τῷ ἁγίῳ ἀντιπίπτετε ὡς οἱ πατέρες

599 ἀπέρχομαι [117 / 118]

√ 608 + 2262

ἀπέρχομαι ἀπό [10] Mt 28:8; Mk 1:42; 5:17; Lk 1:38; 2:15; 5:13; 8:37; Jn 12:36; Ac 16:39; Rev 18:14

ἀπέρχομαι ἐπί [1] Lk 24:24

ἀπέρχομαι εἰς [33] Mt 4:24; 5:30; 8:18,32,33; 9:7; 10:5; 14:15; 16:21; 22:5; 25:46; 28:10; Mk 1:35; 6:32,36,46; 7:24,30; 8:13; 9:43; Lk 1:23; 2:15; 5:25; 8:31; Jn 4:3,8,28; 6:66; 10:40; 11:54; 18:6; Ro 15:28; Gal 1:17

ἀπέρχομαι ὀπίσω [5] Mk 1:20; Jn 6:66; 12:19; 18:6; Jude 1:7

ἀπέρχομαι πρός [9] Mt 14:25; Mk 3:13; 14:10; Lk 24:12; Jn 4:47; 6:68; 11:46; 20:10; Rev 10:9

Mt 2:22 ἀκούσας δὲ ὅτι Ἀρχέλαος βασιλεύει τῆς Ἰουδαίας ἀντὶ τοῦ πατρὸς αὐτοῦ Ἡρῴδου ἐφοβήθη ἐκεῖ **ἀπελθεῖν·**
4:24 καὶ **ἀπῆλθεν** ἡ ἀκοὴ αὐτοῦ εἰς ὅλην τὴν Συρίαν·
5:30 συμφέρει γάρ σοι ἵνα ἀπόληται ἓν τῶν μελῶν σου καὶ μὴ ὅλον τὸ σῶμά σου εἰς γέενναν **ἀπέλθῃ.**
8:18 Ἰδὼν δὲ ὁ Ἰησοῦς ὄχλον περὶ αὐτὸν ἐκέλευσεν **ἀπελθεῖν** εἰς τὸ πέραν.
8:19 καὶ προσελθὼν εἷς γραμματεὺς εἶπεν αὐτῷ, Διδάσκαλε, ἀκολουθήσω σοι ὅπου ἐὰν **ἀπέρχῃ.**
8:21 ἐπίτρεψόν μοι πρῶτον **ἀπελθεῖν** καὶ θάψαι τὸν πατέρα μου.
8:32 οἱ δὲ ἐξελθόντες **ἀπῆλθον** εἰς τοὺς χοίρους·
8:33 καὶ **ἀπελθόντες** εἰς τὴν πόλιν ἀπήγγειλαν πάντα καὶ τὰ τῶν δαιμονιζομένων.
9:7 καὶ ἐγερθεὶς **ἀπῆλθεν** εἰς τὸν οἶκον αὐτοῦ.
10:5 Εἰς ὁδὸν ἐθνῶν μὴ **ἀπέλθητε** καὶ εἰς πόλιν Σαμαριτῶν μὴ εἰσέλθητε·
13:25 ἐν δὲ τῷ καθεύδειν τοὺς ἀνθρώπους ἦλθεν αὐτοῦ ὁ ἐχθρὸς καὶ ἐπέσπειρεν ζιζάνια ἀνὰ μέσον τοῦ σίτου καὶ **ἀπῆλθεν.**
13:28 οἱ δὲ δοῦλοι λέγουσιν αὐτῷ, Θέλεις οὖν **ἀπελθόντες** συλλέξωμεν αὐτά;
13:46 εὑρὼν δὲ ἕνα πολύτιμον μαργαρίτην **ἀπελθὼν** πέπρακεν πάντα ὅσα εἶχεν καὶ ἠγόρασεν αὐτόν.
14:15 ἵνα **ἀπελθόντες** εἰς τὰς κώμας ἀγοράσωσιν ἑαυτοῖς βρώματα.
14:16 Οὐ χρείαν ἔχουσιν **ἀπελθεῖν,** δότε αὐτοῖς ὑμεῖς φαγεῖν.
14:25 τετάρτῃ δὲ φυλακῇ τῆς νυκτὸς **ἀπῆλθεν**[NIV; UBS 2262] πρὸς αὐτοὺς περιπατῶν ἐπὶ τὴν θάλασσαν.
16:4 καὶ σημεῖον οὐ δοθήσεται αὐτῇ εἰ μὴ τὸ σημεῖον Ἰωνᾶ. καὶ καταλιπὼν αὐτοὺς **ἀπῆλθεν.**
16:21 Ἀπὸ τότε ἤρξατο ὁ Ἰησοῦς δεικνύειν τοῖς μαθηταῖς αὐτοῦ ὅτι δεῖ αὐτὸν εἰς Ἱεροσόλυμα **ἀπελθεῖν** καὶ πολλὰ παθεῖν
18:30 ὁ δὲ οὐκ ἤθελεν ἀλλὰ **ἀπελθὼν** ἔβαλεν αὐτὸν εἰς φυλακὴν ἕως ἀποδῷ τὸ ὀφειλόμενον.
19:22 ἀκούσας δὲ ὁ νεανίσκος τὸν λόγον **ἀπῆλθεν** λυπούμενος·
20:5 οἱ δὲ **ἀπῆλθον.** πάλιν [δὲ] ἐξελθὼν περὶ ἕκτην καὶ ἐνάτην ὥραν ἐποίησεν ὡσαύτως.
21:29 ὁ δὲ ἀποκριθεὶς εἶπεν, Οὐ θέλω, ὕστερον δὲ μεταμεληθεὶς **ἀπῆλθεν.**
21:30 ὁ δὲ ἀποκριθεὶς εἶπεν, Ἐγώ, κύριε, καὶ οὐκ **ἀπῆλθεν.**
22:5 οἱ δὲ ἀμελήσαντες **ἀπῆλθον,** ὃς μὲν εἰς τὸν ἴδιον ἀγρόν,
22:22 καὶ ἀκούσαντες ἐθαύμασαν, καὶ ἀφέντες αὐτὸν **ἀπῆλθαν.**
25:10 **ἀπερχομένων** δὲ αὐτῶν ἀγοράσαι ἦλθεν ὁ νυμφίος, καὶ αἱ ἕτοιμοι εἰσῆλθον μετ' αὐτοῦ εἰς τοὺς γάμους
25:18 ὁ δὲ τὸ ἓν λαβὼν **ἀπελθὼν** ὤρυξεν γῆν καὶ ἔκρυψεν τὸ ἀργύριον τοῦ κυρίου αὐτοῦ.
25:25 καὶ φοβηθεὶς **ἀπελθὼν** ἔκρυψα τὸ τάλαντόν σου ἐν τῇ γῇ·
25:46 καὶ **ἀπελεύσονται** οὗτοι εἰς κόλασιν αἰώνιον, οἱ δὲ δίκαιοι εἰς ζωὴν αἰώνιον.
26:36 εἰς χωρίον λεγόμενον Γεθσημανὶ καὶ λέγει τοῖς μαθηταῖς, Καθίσατε αὐτοῦ ἕως [οὗ] **ἀπελθὼν** ἐκεῖ προσεύξωμαι.
26:42 πάλιν ἐκ δευτέρου **ἀπελθὼν** προσηύξατο λέγων, Πάτερ μου,
26:44 καὶ ἀφεὶς αὐτοὺς πάλιν **ἀπελθὼν** προσηύξατο ἐκ τρίτου τὸν αὐτὸν λόγον εἰπὼν πάλιν.
27:5 καὶ ῥίψας τὰ ἀργύρια εἰς τὸν ναὸν ἀνεχώρησεν, καὶ **ἀπελθὼν** ἀπήγξατο.
27:60 ἐν τῷ καινῷ αὐτοῦ μνημείῳ ὃ ἐλατόμησεν ἐν τῇ πέτρᾳ καὶ προσκυλίσας λίθον μέγαν τῇ θύρᾳ τοῦ μνημείου **ἀπῆλθεν.**
28:8 καὶ **ἀπελθοῦσαι** ταχὺ ἀπὸ τοῦ μνημείου μετὰ φόβου καὶ χαρᾶς μεγάλης ἔδραμον ἀπαγγεῖλαι τοῖς μαθηταῖς αὐτοῦ.
28:10 ὑπάγετε ἀπαγγείλατε τοῖς ἀδελφοῖς μου ἵνα **ἀπέλθωσιν** εἰς τὴν Γαλιλαίαν,

Mk 1:20 καὶ ἀφέντες τὸν πατέρα αὐτῶν Ζεβεδαῖον ἐν τῷ πλοίῳ μετὰ τῶν μισθωτῶν **ἀπῆλθον** ὀπίσω αὐτοῦ.
1:35 Καὶ πρωῒ ἔννυχα λίαν ἀναστὰς ἐξῆλθεν καὶ **ἀπῆλθεν** εἰς ἔρημον τόπον κἀκεῖ προσηύχετο.
1:42 καὶ εὐθὺς **ἀπῆλθεν** ἀπ' αὐτοῦ ἡ λέπρα, καὶ ἐκαθαρίσθη.
3:13 Καὶ ἀναβαίνει εἰς τὸ ὄρος καὶ προσκαλεῖται οὓς ἤθελεν αὐτός, καὶ **ἀπῆλθον** πρὸς αὐτόν.
5:17 καὶ ἤρξαντο παρακαλεῖν αὐτὸν **ἀπελθεῖν** ἀπὸ τῶν ὁρίων αὐτῶν.
5:20 καὶ **ἀπῆλθεν** καὶ ἤρξατο κηρύσσειν ἐν τῇ Δεκαπόλει ὅσα ἐποίησεν αὐτῷ ὁ Ἰησοῦς,
5:24 καὶ **ἀπῆλθεν** μετ' αὐτοῦ. Καὶ ἠκολούθει αὐτῷ ὄχλος πολὺς καὶ συνέθλιβον αὐτόν.
6:27 καὶ **ἀπελθὼν** ἀπεκεφάλισεν αὐτὸν ἐν τῇ φυλακῇ
6:32 καὶ **ἀπῆλθον** ἐν τῷ πλοίῳ εἰς ἔρημον τόπον κατ' ἰδίαν.
6:36 ἵνα **ἀπελθόντες** εἰς τοὺς κύκλῳ ἀγροὺς καὶ κώμας ἀγοράσωσιν ἑαυτοῖς τί φάγωσιν.
6:37 **Ἀπελθόντες** ἀγοράσωμεν δηναρίων διακοσίων ἄρτους καὶ δώσομεν αὐτοῖς φαγεῖν;
6:46 καὶ ἀποταξάμενος αὐτοῖς **ἀπῆλθεν** εἰς τὸ ὄρος προσεύξασθαι.
7:24 Ἐκεῖθεν δὲ ἀναστὰς **ἀπῆλθεν** εἰς τὰ ὅρια Τύρου.
7:30 καὶ **ἀπελθοῦσα** εἰς τὸν οἶκον αὐτῆς εὗρεν τὸ παιδίον βεβλημένον ἐπὶ τὴν κλίνην καὶ τὸ δαιμόνιον ἐξεληλυθός.
8:13 καὶ ἀφεὶς αὐτοὺς πάλιν ἐμβὰς **ἀπῆλθεν** εἰς τὸ πέραν.
9:43 καλόν ἐστίν σε κυλλὸν εἰσελθεῖν εἰς τὴν ζωὴν ἢ τὰς δύο χεῖρας ἔχοντα **ἀπελθεῖν** εἰς τὴν γέενναν,
10:22 ὁ δὲ στυγνάσας ἐπὶ τῷ λόγῳ **ἀπῆλθεν** λυπούμενος·
11:4 καὶ **ἀπῆλθον** καὶ εὗρον πῶλον δεδεμένον πρὸς θύραν ἔξω ἐπὶ τοῦ ἀμφόδου καὶ λύουσιν αὐτόν.
12:12 ἔγνωσαν γὰρ ὅτι πρὸς αὐτοὺς τὴν παραβολὴν εἶπεν. καὶ ἀφέντες αὐτὸν **ἀπῆλθον.**
14:10 Καὶ Ἰούδας Ἰσκαριὼθ ὁ εἷς τῶν δώδεκα **ἀπῆλθεν** πρὸς τοὺς ἀρχιερεῖς ἵνα αὐτὸν παραδοῖ αὐτοῖς.
14:12 Ποῦ θέλεις **ἀπελθόντες** ἑτοιμάσωμεν ἵνα φάγῃς τὸ πάσχα;
14:39 καὶ πάλιν **ἀπελθὼν** προσηύξατο τὸν αὐτὸν λόγον εἰπών.
16:13 ⟦κἀκεῖνοι **ἀπελθόντες** ἀπήγγειλαν τοῖς λοιποῖς· οὐδὲ ἐκείνοις ἐπίστευσαν.⟧

Lk 1:23 καὶ ἐγένετο ὡς ἐπλήσθησαν αἱ ἡμέραι τῆς λειτουργίας αὐτοῦ, **ἀπῆλθεν** εἰς τὸν οἶκον αὐτοῦ.
1:38 γένοιτό μοι κατὰ τὸ ῥῆμά σου. καὶ **ἀπῆλθεν** ἀπ' αὐτῆς ὁ ἄγγελος.
2:15 Καὶ ἐγένετο ὡς **ἀπῆλθον** ἀπ' αὐτῶν εἰς τὸν οὐρανὸν οἱ ἄγγελοι,
5:13 καθαρίσθητι· καὶ εὐθέως ἡ λέπρα **ἀπῆλθεν** ἀπ' αὐτοῦ.
5:14 ἀλλὰ **ἀπελθὼν** δεῖξον σεαυτὸν τῷ ἱερεῖ καὶ προσένεγκε περὶ τοῦ καθαρισμοῦ σου καθὼς προσέταξεν Μωϋσῆς,
5:25 **ἀπῆλθεν** εἰς τὸν οἶκον αὐτοῦ δοξάζων τὸν θεόν.
7:24 **Ἀπελθόντων** δὲ τῶν ἀγγέλων Ἰωάννου ἤρξατο λέγειν πρὸς τοὺς ὄχλους περὶ Ἰωάννου,
8:31 καὶ παρεκάλουν αὐτὸν ἵνα μὴ ἐπιτάξῃ αὐτοῖς εἰς τὴν ἄβυσσον **ἀπελθεῖν.**
8:37 καὶ ἠρώτησεν αὐτὸν ἅπαν τὸ πλῆθος τῆς περιχώρου τῶν Γερασηνῶν **ἀπελθεῖν** ἀπ' αὐτῶν,
8:39 καὶ **ἀπῆλθεν** καθ' ὅλην τὴν πόλιν κηρύσσων ὅσα ἐποίησεν αὐτῷ ὁ Ἰησοῦς.
9:57 Καὶ πορευομένων αὐτῶν ἐν τῇ ὁδῷ εἶπέν τις πρὸς αὐτόν, Ἀκολουθήσω σοι ὅπου ἐὰν **ἀπέρχῃ.**
9:59 ἐπίτρεψόν μοι **ἀπελθόντι** πρῶτον θάψαι τὸν πατέρα μου.
9:60 σὺ δὲ **ἀπελθὼν** διάγγελλε τὴν βασιλείαν τοῦ θεοῦ.
10:30 οἳ καὶ ἐκδύσαντες αὐτὸν καὶ πληγὰς ἐπιθέντες **ἀπῆλθον** ἀφέντες ἡμιθανῆ.
17:23 Ἰδοὺ ἐκεῖ, [ἤ,] Ἰδοὺ ὧδε· μὴ **ἀπέλθητε** μηδὲ διώξητε.
19:32 **ἀπελθόντες** δὲ οἱ ἀπεσταλμένοι εὗρον καθὼς εἶπεν αὐτοῖς.
22:4 καὶ **ἀπελθὼν** συνελάλησεν τοῖς ἀρχιερεῦσιν καὶ στρατηγοῖς τὸ πῶς αὐτοῖς παραδῷ αὐτόν.

22:13 **ἀπελθόντες** δὲ εὗρον καθὼς εἰρήκει αὐτοῖς καὶ ἡτοίμασαν τὸ πάσχα.
24:12 καὶ παρακύψας βλέπει τὰ ὀθόνια μόνα, καὶ **ἀπῆλθεν** πρὸς ἑαυτὸν θαυμάζων τὸ γεγονός.
24:24 καὶ **ἀπῆλθόν** τινες τῶν σὺν ἡμῖν ἐπὶ τὸ μνημεῖον καὶ εὗρον οὕτως καθὼς καὶ αἱ γυναῖκες εἶπον,
Jn 4: 3 ἀφῆκεν τὴν Ἰουδαίαν καὶ **ἀπῆλθεν** πάλιν εἰς τὴν Γαλιλαίαν.
4: 8 οἱ γὰρ μαθηταὶ αὐτοῦ **ἀπεληλύθεισαν** εἰς τὴν πόλιν ἵνα τροφὰς ἀγοράσωσιν.
4:28 ἀφῆκεν οὖν τὴν ὑδρίαν αὐτῆς ἡ γυνὴ καὶ **ἀπῆλθεν** εἰς τὴν πόλιν καὶ λέγει τοῖς ἀνθρώποις,
4:47 οὗτος ἀκούσας ὅτι Ἰησοῦς ἥκει ἐκ τῆς Ἰουδαίας εἰς τὴν Γαλιλαίαν **ἀπῆλθεν** πρὸς αὐτὸν καὶ ἠρώτα ἵνα καταβῇ
5:15 **ἀπῆλθεν** ὁ ἄνθρωπος καὶ ἀνήγγειλεν τοῖς Ἰουδαίοις ὅτι Ἰησοῦς ἐστιν ὁ ποιήσας αὐτὸν ὑγιῆ.
6: 1 Μετὰ ταῦτα **ἀπῆλθεν** ὁ Ἰησοῦς πέραν τῆς θαλάσσης τῆς Γαλιλαίας τῆς Τιβεριάδος.
6:22 καὶ ὅτι οὐ συνεισῆλθεν τοῖς μαθηταῖς αὐτοῦ ὁ Ἰησοῦς εἰς τὸ πλοῖον ἀλλὰ μόνοι οἱ μαθηταὶ αὐτοῦ **ἀπῆλθον·**
6:66 Ἐκ τούτου πολλοὶ [ἐκ] τῶν μαθητῶν αὐτοῦ **ἀπῆλθον** εἰς τὰ ὀπίσω καὶ οὐκέτι μετ᾽ αὐτοῦ περιεπάτουν.
6:68 ἀπεκρίθη αὐτῷ Σίμων Πέτρος, Κύριε, πρὸς τίνα **ἀπελευσόμεθα;**
9: 7 Ὕπαγε νίψαι εἰς τὴν κολυμβήθραν τοῦ Σιλωάμ (ὃ ἑρμηνεύεται Ἀπεσταλμένος). **ἀπῆλθεν** οὖν καὶ ἐνίψατο
9:11 ἐπέχρισέν μου τοὺς ὀφθαλμοὺς καὶ εἶπέν μοι ὅτι Ὕπαγε εἰς τὸν Σιλωὰμ καὶ νίψαι· **ἀπελθὼν** οὖν καὶ νιψάμενος ἀνέβλεψα.
10:40 Καὶ **ἀπῆλθεν** πάλιν πέραν τοῦ Ἰορδάνου εἰς τὸν τόπον ὅπου ἦν Ἰωάννης τὸ πρῶτον βαπτίζων καὶ ἔμεινεν ἐκεῖ.
11:28 Καὶ τοῦτο εἰποῦσα **ἀπῆλθεν** καὶ ἐφώνησεν Μαριὰμ τὴν ἀδελφὴν αὐτῆς λάθρᾳ εἰποῦσα,
11:46 τινὲς δὲ ἐξ αὐτῶν **ἀπῆλθον** πρὸς τοὺς Φαρισαίους καὶ εἶπαν αὐτοῖς ἃ ἐποίησεν Ἰησοῦς.
11:54 ἀλλὰ **ἀπῆλθεν** ἐκεῖθεν εἰς τὴν χώραν ἐγγὺς τῆς ἐρήμου,
12:19 Θεωρεῖτε ὅτι οὐκ ὠφελεῖτε οὐδέν· ἴδε ὁ κόσμος ὀπίσω αὐτοῦ **ἀπῆλθεν.**
12:36 Ταῦτα ἐλάλησεν Ἰησοῦς, καὶ **ἀπελθὼν** ἐκρύβη ἀπ᾽ αὐτῶν.
16: 7 συμφέρει ὑμῖν ἵνα ἐγὼ **ἀπέλθω.** ἐὰν γὰρ μὴ **ἀπέλθω,** ὁ παράκλητος οὐκ ἐλεύσεται πρὸς ὑμᾶς·
18: 6 Ἐγώ εἰμι, **ἀπῆλθον** εἰς τὰ ὀπίσω καὶ ἔπεσαν χαμαί.
20:10 **ἀπῆλθον** οὖν πάλιν πρὸς αὐτοὺς οἱ μαθηταί.
Ac 4:15 κελεύσαντες δὲ αὐτοὺς ἔξω τοῦ συνεδρίου **ἀπελθεῖν** συνέβαλλον πρὸς ἀλλήλους
5:26 τότε **ἀπελθὼν** ὁ στρατηγὸς σὺν τοῖς ὑπηρέταις ἦγεν αὐτοὺς οὐ μετὰ βίας,
9:17 **Ἀπῆλθεν** δὲ Ἁνανίας καὶ εἰσῆλθεν εἰς τὴν οἰκίαν καὶ ἐπιθεὶς ἐπ᾽ αὐτὸν τὰς χεῖρας εἶπεν,
10: 7 ὡς δὲ **ἀπῆλθεν** ὁ ἄγγελος ὁ λαλῶν αὐτῷ,
16:39 καὶ ἐλθόντες παρεκάλεσαν αὐτοὺς καὶ ἐξαγαγόντες ἠρώτων **ἀπελθεῖν** ἀπὸ τῆς πόλεως.
23:32 τῇ δὲ ἐπαύριον ἐάσαντες τοὺς ἱππεῖς **ἀπέρχεσθαι** σὺν αὐτῷ ὑπέστρεψαν εἰς τὴν παρεμβολήν·
Ro 15:28 τοῦτο οὖν ἐπιτελέσας καὶ σφραγισάμενος αὐτοῖς τὸν καρπὸν τοῦτον, **ἀπελεύσομαι** δι᾽ ὑμῶν εἰς Σπανίαν·
Gal 1:17 ἀλλὰ **ἀπῆλθον** εἰς Ἀραβίαν καὶ πάλιν ὑπέστρεψα εἰς Δαμασκόν.
Jas 1:24 κατενόησεν γὰρ ἑαυτὸν καὶ **ἀπελήλυθεν** καὶ εὐθέως ἐπελάθετο ὁποῖος ἦν.
Jude 1: 7 καὶ αἱ περὶ αὐτὰς πόλεις τὸν ὅμοιον τρόπον τούτοις ἐκπορνεύσασαι καὶ **ἀπελθοῦσαι** ὀπίσω σαρκὸς ἑτέρας,
Rev 9:12 Ἡ οὐαὶ ἡ μία **ἀπῆλθεν·** ἰδοὺ ἔρχεται ἔτι δύο οὐαὶ μετὰ ταῦτα.
10: 9 καὶ **ἀπῆλθα** πρὸς τὸν ἄγγελον λέγων αὐτῷ δοῦναί μοι τὸ βιβλαρίδιον.
11:14 Ἡ οὐαὶ ἡ δευτέρα **ἀπῆλθεν·** ἰδοὺ ἡ οὐαὶ ἡ τρίτη ἔρχεται ταχύ.
12:17 καὶ ὠργίσθη ὁ δράκων ἐπὶ τῇ γυναικὶ καὶ **ἀπῆλθεν** ποιῆσαι πόλεμον μετὰ τῶν λοιπῶν τοῦ σπέρματος αὐτῆς
16: 2 Καὶ **ἀπῆλθεν** ὁ πρῶτος καὶ ἐξέχεεν τὴν φιάλην αὐτοῦ εἰς τὴν γῆν,
18:14 καὶ ἡ ὀπώρα σου τῆς ἐπιθυμίας τῆς ψυχῆς **ἀπῆλθεν** ἀπὸ σοῦ,
21: 1 ὁ γὰρ πρῶτος οὐρανὸς καὶ ἡ πρώτη γῆ **ἀπῆλθαν** καὶ ἡ θάλασσα οὐκ ἔστιν ἔτι.
21: 4 καὶ ὁ θάνατος οὐκ ἔσται ἔτι οὔτε πένθος οὔτε κραυγὴ οὔτε πόνος οὐκ ἔσται ἔτι, [ὅτι] τὰ πρῶτα **ἀπῆλθαν.**

600 ἀπέχω [19]

√ *608 + 2400*

ἀπέχω ἀπό [7] Mt 14:24; 15:8; Mk 7:6; Lk 7:6; 24:13; 1Th 4:3; 5:22

intransitive [7] Mt 14:24; 15:8; Mk 7:6; 14:41; Lk 7:6; 15:20; 24:13

middle voice [6] Ac 15:20,29; 1Th 4:3; 5:22; 1Ti 4:3; 1Pe 2:11

Mt 6: 2 ὅπως δοξασθῶσιν ὑπὸ τῶν ἀνθρώπων· ἀμὴν λέγω ὑμῖν, **ἀπέχουσιν** τὸν μισθὸν αὐτῶν.
6: 5 ὅπως φανῶσιν τοῖς ἀνθρώποις· ἀμὴν λέγω ὑμῖν, **ἀπέχουσιν** τὸν μισθὸν αὐτῶν.
6:16 ὅπως φανῶσιν τοῖς ἀνθρώποις νηστεύοντες· ἀμὴν λέγω ὑμῖν, **ἀπέχουσιν** τὸν μισθὸν αὐτῶν.
14:24 τὸ δὲ πλοῖον ἤδη σταδίους πολλοὺς ἀπὸ τῆς γῆς **ἀπεῖχεν** βασανιζόμενον ὑπὸ τῶν κυμάτων,
15: 8 ἡ δὲ καρδία αὐτῶν πόρρω **ἀπέχει** ἀπ᾽ ἐμοῦ·
Mk 7: 6 ἡ δὲ καρδία αὐτῶν πόρρω **ἀπέχει** ἀπ᾽ ἐμοῦ·
14:41 **ἀπέχει·** ἦλθεν ἡ ὥρα, ἰδοὺ παραδίδοται ὁ υἱὸς τοῦ ἀνθρώπου εἰς τὰς χεῖρας τῶν ἁμαρτωλῶν.
Lk 6:24 Πλὴν οὐαὶ ὑμῖν τοῖς πλουσίοις, ὅτι **ἀπέχετε** τὴν παράκλησιν ὑμῶν.
7: 6 ἤδη δὲ αὐτοῦ οὐ μακρὰν **ἀπέχοντος** ἀπὸ τῆς οἰκίας ἔπεμψεν φίλους ὁ ἑκατοντάρχης λέγων αὐτῷ,
15:20 ἔτι δὲ αὐτοῦ μακρὰν **ἀπέχοντος** εἶδεν αὐτὸν ὁ πατὴρ αὐτοῦ καὶ ἐσπλαγχνίσθη καὶ δραμὼν ἐπέπεσεν ἐπὶ τὸν τράχηλον
24:13 Καὶ ἰδοὺ δύο ἐξ αὐτῶν ἐν αὐτῇ τῇ ἡμέρᾳ ἦσαν πορευόμενοι εἰς κώμην **ἀπέχουσαν** σταδίους ἑξήκοντα ἀπὸ Ἰερουσαλήμ,
Ac 15:20 ἀλλὰ ἐπιστεῖλαι αὐτοῖς τοῦ **ἀπέχεσθαι** τῶν ἀλισγημάτων τῶν εἰδώλων καὶ τῆς πορνείας καὶ τοῦ πνικτοῦ καὶ τοῦ αἵματος.
15:29 **ἀπέχεσθαι** εἰδωλοθύτων καὶ αἵματος καὶ πνικτῶν καὶ πορνείας,
Php 4:18 **ἀπέχω** δὲ πάντα καὶ περισσεύω· πεπλήρωμαι δεξάμενος παρὰ Ἐπαφροδίτου τὰ παρ᾽ ὑμῶν,
1Th 4: 3 ὁ ἁγιασμὸς ὑμῶν, **ἀπέχεσθαι** ὑμᾶς ἀπὸ τῆς πορνείας,
5:22 ἀπὸ παντὸς εἴδους πονηροῦ **ἀπέχεσθε.**
1Ti 4: 3 κωλυόντων γαμεῖν, **ἀπέχεσθαι** βρωμάτων, ἃ ὁ θεὸς ἔκτισεν εἰς μετάλημψιν μετὰ εὐχαριστίας τοῖς πιστοῖς
Phm 1:15 τάχα γὰρ διὰ τοῦτο ἐχωρίσθη πρὸς ὥραν, ἵνα αἰώνιον αὐτὸν **ἀπέχῃς,**
1Pe 2:11 παρακαλῶ ὡς παροίκους καὶ παρεπιδήμους **ἀπέχεσθαι** τῶν σαρκικῶν ἐπιθυμιῶν αἵτινες στρατεύονται κατὰ τῆς ψυχῆς·

601 ἀπιστέω [8]

√ *1.1 + 4412*

Mk 16:11 ⟦κἀκεῖνοι ἀκούσαντες ὅτι ζῇ καὶ ἐθεάθη ὑπ᾽ αὐτῆς **ἠπίστησαν.**⟧
16:16 ⟦ὁ πιστεύσας καὶ βαπτισθεὶς σωθήσεται, ὁ δὲ **ἀπιστήσας** κατακριθήσεται.⟧
Lk 24:11 καὶ ἐφάνησαν ἐνώπιον αὐτῶν ὡσεὶ λῆρος τὰ ῥήματα ταῦτα, καὶ **ἠπίστουν** αὐταῖς.
24:41 ἔτι δὲ **ἀπιστούντων** αὐτῶν ἀπὸ τῆς χαρᾶς καὶ θαυμαζόντων εἶπεν αὐτοῖς,
Ac 28:24 καὶ οἱ μὲν ἐπείθοντο τοῖς λεγομένοις, οἱ δὲ **ἠπίστουν·**
Ro 3: 3 εἰ **ἠπίστησάν** τινες, μὴ ἡ ἀπιστία αὐτῶν τὴν πίστιν τοῦ θεοῦ καταργήσει;
2Ti 2:13 εἰ **ἀπιστοῦμεν,** ἐκεῖνος πιστὸς μένει, ἀρνήσασθαι γὰρ ἑαυτὸν οὐ δύναται.
1Pe 2: 7 **ἀπιστοῦσιν** δὲ λίθος ὃν ἀπεδοκίμασαν οἱ οἰκοδομοῦντες, οὗτος ἐγενήθη εἰς κεφαλὴν γωνίας

602 ἀπιστία [11]

√ *1.1 + 4412*

Mt 13:58 καὶ οὐκ ἐποίησεν ἐκεῖ δυνάμεις πολλὰς διὰ τὴν **ἀπιστίαν** αὐτῶν.
Mk 6: 6 καὶ ἐθαύμαζεν διὰ τὴν **ἀπιστίαν** αὐτῶν. Καὶ περιῆγεν τὰς κώμας κύκλῳ διδάσκων.
9:24 εὐθὺς κράξας ὁ πατὴρ τοῦ παιδίου ἔλεγεν, Πιστεύω· βοήθει μου τῇ **ἀπιστίᾳ.**
16:14 ⟦καὶ ὠνείδισεν τὴν **ἀπιστίαν** αὐτῶν καὶ σκληροκαρδίαν ὅτι τοῖς θεασαμένοις αὐτὸν ἐγηγερμένον οὐκ ἐπίστευσαν.⟧
Ro 3: 3 μὴ ἡ **ἀπιστία** αὐτῶν τὴν πίστιν τοῦ θεοῦ καταργήσει;

4:20 εἰς δὲ τὴν ἐπαγγελίαν τοῦ θεοῦ οὐ διεκρίθη τῇ **ἀπιστίᾳ** ἀλλ' ἐνεδυναμώθη τῇ πίστει,
11:20 τῇ **ἀπιστίᾳ** ἐξεκλάσθησαν, σὺ δὲ τῇ πίστει ἕστηκας.
11:23 κἀκεῖνοι δέ, ἐὰν μὴ ἐπιμένωσιν τῇ **ἀπιστίᾳ,** ἐγκεντρισθήσονται·
1Ti 1:13 τὸ πρότερον ὄντα βλάσφημον καὶ διώκτην καὶ ὑβριστήν, ἀλλὰ ἠλεήθην, ὅτι ἀγνοῶν ἐποίησα ἐν **ἀπιστίᾳ·**
Heb 3:12 μήποτε ἔσται ἔν τινι ὑμῶν καρδία πονηρὰ **ἀπιστίας** ἐν τῷ ἀποστῆναι ἀπὸ θεοῦ ζῶντος,
3:19 καὶ βλέπομεν ὅτι οὐκ ἠδυνήθησαν εἰσελθεῖν δι' **ἀπιστίαν.**

603 ἄπιστος [23]

√ *1.1 + 4412*

subst. **ἄπιστος, ὁ** [11] Lk 12:46; 1Co 6:6; 7:15; 10:27; 14:22,22,23; 2Co 4:4; 6:14,15; 1Ti 5:8

Mt 17:17 Ὦ γενεὰ **ἄπιστος** καὶ διεστραμμένη, ἕως πότε μεθ' ὑμῶν ἔσομαι;
Mk 9:19 Ὦ γενεὰ **ἄπιστος,** ἕως πότε πρὸς ὑμᾶς ἔσομαι;
Lk 9:41 ὁ Ἰησοῦς εἶπεν, Ὦ γενεὰ **ἄπιστος** καὶ διεστραμμένη,
12:46 καὶ διχοτομήσει αὐτὸν καὶ τὸ μέρος αὐτοῦ μετὰ τῶν **ἀπίστων** θήσει.
Jn 20:27 καὶ ἴδε τὰς χεῖράς μου καὶ φέρε τὴν χεῖρά σου καὶ βάλε εἰς τὴν πλευράν μου, καὶ μὴ γίνου **ἄπιστος** ἀλλὰ πιστός.
Ac 26:8 τί **ἄπιστον** κρίνεται παρ' ὑμῖν εἰ ὁ θεὸς νεκροὺς ἐγείρει;
1Co 6:6 ἀλλὰ ἀδελφὸς μετὰ ἀδελφοῦ κρίνεται καὶ τοῦτο ἐπὶ **ἀπίστων;**
7:12 εἴ τις ἀδελφὸς γυναῖκα ἔχει **ἄπιστον** καὶ αὕτη συνευδοκεῖ οἰκεῖν μετ' αὐτοῦ,
7:13 καὶ γυνὴ εἴ τις ἔχει ἄνδρα **ἄπιστον** καὶ οὗτος συνευδοκεῖ οἰκεῖν μετ' αὐτῆς,
7:14 ἡγίασται γὰρ ὁ ἀνὴρ ὁ **ἄπιστος** ἐν τῇ γυναικὶ καὶ ἡγίασται ἡ γυνὴ ἡ **ἄπιστος** ἐν τῷ ἀδελφῷ·
7:15 εἰ δὲ ὁ **ἄπιστος** χωρίζεται, χωριζέσθω· οὐ δεδούλωται ὁ ἀδελφὸς ἢ ἡ ἀδελφὴ ἐν τοῖς τοιούτοις·
10:27 εἴ τις καλεῖ ὑμᾶς τῶν **ἀπίστων** καὶ θέλετε πορεύεσθαι,
14:22 ὥστε αἱ γλῶσσαι εἰς σημεῖόν εἰσιν οὐ τοῖς πιστεύουσιν ἀλλὰ τοῖς **ἀπίστοις,** ἡ δὲ προφητεία οὐ τοῖς **ἀπίστοις** ἀλλὰ τοῖς πιστεύουσιν.
14:23 εἰσέλθωσιν δὲ ἰδιῶται ἢ **ἄπιστοι,** οὐκ ἐροῦσιν ὅτι μαίνεσθε;
14:24 εἰσέλθῃ δέ τις **ἄπιστος** ἢ ἰδιώτης, ἐλέγχεται ὑπὸ πάντων,
2Co 4:4 ἐν οἷς ὁ θεὸς τοῦ αἰῶνος τούτου ἐτύφλωσεν τὰ νοήματα τῶν **ἀπίστων** εἰς τὸ μὴ αὐγάσαι τὸν φωτισμὸν τοῦ εὐαγγελίου
6:14 Μὴ γίνεσθε ἑτεροζυγοῦντες **ἀπίστοις·** τίς γὰρ μετοχὴ δικαιοσύνῃ καὶ ἀνομίᾳ ἢ τίς κοινωνία φωτὶ πρὸς σκότος;
6:15 τίς δὲ συμφώνησις Χριστοῦ πρὸς Βελιάρ, ἢ τίς μερὶς πιστῷ μετὰ **ἀπίστου;**
1Ti 5:8 εἰ δέ τις τῶν ἰδίων καὶ μάλιστα οἰκείων οὐ προνοεῖ, τὴν πίστιν ἤρνηται καὶ ἔστιν **ἀπίστου** χείρων.
Tit 1:15 τοῖς δὲ μεμιαμμένοις καὶ **ἀπίστοις** οὐδὲν καθαρόν, ἀλλὰ μεμίανται αὐτῶν καὶ ὁ νοῦς καὶ ἡ συνείδησις.
Rev 21:8 τοῖς δὲ δειλοῖς καὶ **ἀπίστοις** καὶ ἐβδελυγμένοις καὶ φονεῦσιν καὶ πόρνοις καὶ φαρμάκοις καὶ εἰδωλολάτραις καὶ πᾶσιν τοῖς ψευδέσιν τὸ μέρος αὐτῶν ἐν τῇ λίμνῃ τῇ καιομένῃ πυρὶ καὶ θείῳ,

604 ἁπλόος Not used in UBS/NIV

→ *605, 606, 607; cf. 275*

605 ἁπλότης [8 / 7]

√ *604*

Ro 12:8 ὁ μεταδιδοὺς ἐν **ἁπλότητι,** ὁ προϊστάμενος ἐν σπουδῇ,
2Co 1:12 τὸ μαρτύριον τῆς συνειδήσεως ἡμῶν, ὅτι ἐν **ἁπλότητι**[UBS; NIV 42] καὶ εἰλικρινείᾳ τοῦ θεοῦ,
8:2 καὶ ἡ κατὰ βάθους πτωχεία αὐτῶν ἐπερίσσευσεν εἰς τὸ πλοῦτος τῆς **ἁπλότητος** αὐτῶν·
9:11 ἐν παντὶ πλουτιζόμενοι εἰς πᾶσαν **ἁπλότητα,** ἥτις κατεργάζεται δι' ἡμῶν εὐχαριστίαν τῷ θεῷ·
9:13 εἰς τὸ εὐαγγέλιον τοῦ Χριστοῦ καὶ **ἁπλότητι** τῆς κοινωνίας εἰς αὐτοὺς καὶ εἰς πάντας,
11:3 φθαρῇ τὰ νοήματα ὑμῶν ἀπὸ τῆς **ἁπλότητος** [καὶ τῆς ἁγνότητος] τῆς εἰς τὸν Χριστόν.
Eph 6:5 ὑπακούετε τοῖς κατὰ σάρκα κυρίοις μετὰ φόβου καὶ τρόμου ἐν **ἁπλότητι** τῆς καρδίας ὑμῶν ὡς τῷ Χριστῷ,
Col 3:22 μὴ ἐν ὀφθαλμοδουλίᾳ ὡς ἀνθρωπάρεσκοι, ἀλλ' ἐν **ἁπλότητι** καρδίας φοβούμενοι τὸν κύριον.

606 ἁπλοῦς [2]

√ *604*

Mt 6:22 ἐὰν οὖν ᾖ ὁ ὀφθαλμός σου **ἁπλοῦς,** ὅλον τὸ σῶμά σου φωτεινὸν ἔσται·
Lk 11:34 ὅταν ὁ ὀφθαλμός σου **ἁπλοῦς** ᾖ, καὶ ὅλον τὸ σῶμά σου φωτεινόν ἐστιν·

607 ἁπλῶς [1]

√ *604*

Jas 1:5 αἰτείτω παρὰ τοῦ διδόντος θεοῦ πᾶσιν **ἁπλῶς** καὶ μὴ ὀνειδίζοντος καὶ δοθήσεται αὐτῷ.

608 ἀπό [646 / 648] See Index of Articles, Etc.

→ *406, 500, 501, 502, 503, 550, 552, 554, 555, 557, 558, 560, 561, 565, 566, 567, 568, 569, 571, 575, 576, 582, 583, 584, 587, 588, 589, 590, 591, 592, 594, 595, 599, 600, 609, 610, 611, 612, 613, 614, 615, 616, 617, 618, 619, 620, 621, 622, 623, 624, 625, 626, 627, 628, 629, 630, 631, 632, 633, 634, 635, 636, 637, 638, 639, 640, 641, 642, 643, 644, 645, 646, 647, 648, 649, 652, 653, 654, 655, 656, 657, 658, 659, 660, 661, 664, 665, 666, 667, 668, 669, 670, 671, 672, 673, 674, 675, 676, 677, 678, 681, 682, 683, 684, 685, 686, 687, 688, 689, 690, 691, 694, 695, 696, 697, 698, 699, 700, 701, 702, 703, 704, 705, 706, 707, 708, 709, 710, 711, 712, 713, 714, 715, 724, 904, 909, 919, 922, 923, 926, 927, 928, 929, 934, 935, 3632, 3633, 4467, 4534, 4535, 5270, 5271, 5272; cf. 723, 918*

ἀπ' ἄρτι [6] Mt 23:39; 26:29,64; Jn 13:19; 14:7; Rev 14:13

ἀπὸ ὁ ὢν [1] Rev 1:4

ἀπὸ προσώπου [7] Ac 3:20; 5:41; 7:45; 2Th 1:9; Rev 6:16; 12:14; 20:11

ἀπὸ τότε [4] Mt 4:17; 16:21; 26:16; Lk 16:16

ἀπὸ τοῦ νῦν [8] Lk 1:48; 5:10; 12:52; 22:18,69; Jn 8:11; Ac 18:6; 2Co 5:16

ἀφ' οὗ [6] Lk 8:35,38; 13:7,25; 24:21; Rev 16:18

609 ἀποβαίνω [4]

√ *608 + 326*

Lk 5:2 οἱ δὲ ἁλιεῖς ἀπ' αὐτῶν **ἀποβάντες** ἔπλυνον τὰ δίκτυα.
21:13 **ἀποβήσεται** ὑμῖν εἰς μαρτύριον.
Jn 21:9 ὡς οὖν **ἀπέβησαν** εἰς τὴν γῆν βλέπουσιν ἀνθρακιὰν κειμένην καὶ ὀψάριον ἐπικείμενον καὶ ἄρτον.
Php 1:19 οἶδα γὰρ ὅτι τοῦτό μοι **ἀποβήσεται** εἰς σωτηρίαν διὰ τῆς ὑμῶν δεήσεως καὶ ἐπιχορηγίας τοῦ πνεύματος

610 ἀποβάλλω [2]

√ *608 + 965*

Mk 10:50 ὁ δὲ **ἀποβαλὼν** τὸ ἱμάτιον αὐτοῦ ἀναπηδήσας ἦλθεν πρὸς τὸν Ἰησοῦν.
Heb 10:35 μὴ **ἀποβάλητε** οὖν τὴν παρρησίαν ὑμῶν, ἥτις ἔχει μεγάλην μισθαποδοσίαν.

611 ἀποβλέπω [1]

√ *608 + 1063*

Heb 11:26 μείζονα πλοῦτον ἡγησάμενος τῶν Αἰγύπτου θησαυρῶν τὸν ὀνειδισμὸν τοῦ Χριστοῦ· **ἀπέβλεπεν** γὰρ εἰς τὴν μισθαποδοσίαν.

612 ἀπόβλητος [1]

√ *608 + 965*

1Ti 4:4 ὅτι πᾶν κτίσμα θεοῦ καλὸν καὶ οὐδὲν **ἀπόβλητον** μετὰ εὐχαριστίας λαμβανόμενον·

613 ἀποβολή [2]

√ 608 + 965

Ac 27:22 **ἀποβολὴ** γὰρ ψυχῆς οὐδεμία ἔσται ἐξ ὑμῶν πλὴν τοῦ πλοίου.
Ro 11:15 εἰ γὰρ ἡ **ἀποβολὴ** αὐτῶν καταλλαγὴ κόσμου, τίς ἡ πρόσλημψις εἰ μὴ ζωὴ ἐκ νεκρῶν;

614 ἀπογίνομαι [1]

√ 608 + 1181

1Pe 2:24 ἵνα ταῖς ἁμαρτίαις **ἀπογενόμενοι** τῇ δικαιοσύνῃ ζήσωμεν, οὗ τῷ μώλωπι ἰάθητε.

615 ἀπογραφή [2]

√ 608 + 1211

Lk 2: 2 αὕτη **ἀπογραφὴ** πρώτη ἐγένετο ἡγεμονεύοντος τῆς Συρίας Κυρηνίου.
Ac 5:37 μετὰ τοῦτον ἀνέστη Ἰούδας ὁ Γαλιλαῖος ἐν ταῖς ἡμέραις τῆς **ἀπογραφῆς** καὶ ἀπέστησεν λαὸν ὀπίσω αὐτοῦ·

616 ἀπογράφω [4]

√ 608 + 1211

Lk 2: 1 Ἐγένετο δὲ ἐν ταῖς ἡμέραις ἐκείναις ἐξῆλθεν δόγμα παρὰ Καίσαρος Αὐγούστου **ἀπογράφεσθαι** πᾶσαν τὴν οἰκουμένην.
2: 3 καὶ ἐπορεύοντο πάντες **ἀπογράφεσθαι,** ἕκαστος εἰς τὴν ἑαυτοῦ πόλιν.
2: 5 **ἀπογράψασθαι** σὺν Μαριὰμ τῇ ἐμνηστευμένῃ αὐτῷ, οὔσῃ ἐγκύῳ.
Heb 12:23 καὶ ἐκκλησίᾳ πρωτοτόκων **ἀπογεγραμμένων** ἐν οὐρανοῖς καὶ κριτῇ θεῷ πάντων καὶ πνεύμασι δικαίων τετελειωμένων

617 ἀποδείκνυμι [4]

√ 608 + 1259

Ac 2:22 ἄνδρα **ἀποδεδειγμένον** ἀπὸ τοῦ θεοῦ εἰς ὑμᾶς δυνάμεσι καὶ τέρασι καὶ σημείοις οἷς ἐποίησεν δι' αὐτοῦ ὁ θεὸς
25: 7 καὶ βαρέα αἰτιώματα καταφέροντες ἃ οὐκ ἴσχυον **ἀποδεῖξαι,**
1Co 4: 9 ὁ θεὸς ἡμᾶς τοὺς ἀποστόλους ἐσχάτους **ἀπέδειξεν** ὡς ἐπιθανατίους,
2Th 2: 4 ὥστε αὐτὸν εἰς τὸν ναὸν τοῦ θεοῦ καθίσαι **ἀποδεικνύντα** ἑαυτὸν ὅτι ἔστιν θεός.

618 ἀπόδειξις [1]

√ 608 + 1259

1Co 2: 4 καὶ ὁ λόγος μου καὶ τὸ κήρυγμά μου οὐκ ἐν πειθοῖ[ς] σοφίας [λόγοις] ἀλλ' ἐν **ἀποδείξει** πνεύματος καὶ δυνάμεως,

619 ἀποδεκατεύω Not used in UBS/NIV

√ 608 + 1274

620 ἀποδεκατόω [4]

√ 608 + 1274

Mt 23:23 ὅτι **ἀποδεκατοῦτε** τὸ ἡδύοσμον καὶ τὸ ἄνηθον καὶ τὸ κύμινον καὶ ἀφήκατε τὰ βαρύτερα τοῦ νόμου,
Lk 11:42 **ἀποδεκατοῦτε** τὸ ἡδύοσμον καὶ τὸ πήγανον καὶ πᾶν λάχανον καὶ παρέρχεσθε τὴν κρίσιν καὶ τὴν ἀγάπην τοῦ θεοῦ·
18:12 νηστεύω δὶς τοῦ σαββάτου, **ἀποδεκατῶ** πάντα ὅσα κτῶμαι.
Heb 7: 5 καὶ οἱ μὲν ἐκ τῶν υἱῶν Λευὶ τὴν ἱερατείαν λαμβάνοντες ἐντολὴν ἔχουσιν **ἀποδεκατοῦν** τὸν λαὸν κατὰ τὸν νόμον,

621 ἀπόδεκτος [2]

√ 608 + 1312

1Ti 2: 3 τοῦτο καλὸν καὶ **ἀπόδεκτον** ἐνώπιον τοῦ σωτῆρος ἡμῶν θεοῦ,
5: 4 τὸν ἴδιον οἶκον εὐσεβεῖν καὶ ἀμοιβὰς ἀποδιδόναι τοῖς προγόνοις· τοῦτο γάρ ἐστιν **ἀπόδεκτον** ἐνώπιον τοῦ θεοῦ.

622 ἀποδέχομαι [7]

√ 608 + 1312

Lk 8:40 Ἐν δὲ τῷ ὑποστρέφειν τὸν Ἰησοῦν **ἀπεδέξατο** αὐτὸν ὁ ὄχλος·
9:11 καὶ **ἀποδεξάμενος** αὐτοὺς ἐλάλει αὐτοῖς περὶ τῆς βασιλείας τοῦ θεοῦ,
Ac 2:41 οἱ μὲν οὖν **ἀποδεξάμενοι** τὸν λόγον αὐτοῦ ἐβαπτίσθησαν καὶ προσετέθησαν ἐν τῇ ἡμέρᾳ ἐκείνῃ ψυχαὶ ὡσεὶ τρισχίλιαι.
18:27 προτρεψάμενοι οἱ ἀδελφοὶ ἔγραψαν τοῖς μαθηταῖς **ἀποδέξασθαι** αὐτόν,
21:17 Γενομένων δὲ ἡμῶν εἰς Ἱεροσόλυμα ἀσμένως **ἀπεδέξαντο** ἡμᾶς οἱ ἀδελφοί.
24: 3 πάντῃ τε καὶ πανταχοῦ **ἀποδεχόμεθα,** κράτιστε Φῆλιξ, μετὰ πάσης εὐχαριστίας.
28:30 Ἐνέμεινεν δὲ διετίαν ὅλην ἐν ἰδίῳ μισθώματι καὶ **ἀπεδέχετο** πάντας τοὺς εἰσπορευομένους πρὸς αὐτόν,

623 ἀποδημέω [6]

√ 608 + 1322

Mt 21:33 καὶ ᾠκοδόμησεν πύργον καὶ ἐξέδετο αὐτὸν γεωργοῖς καὶ **ἀπεδήμησεν.**
25:14 Ὥσπερ γὰρ ἄνθρωπος **ἀποδημῶν** ἐκάλεσεν τοὺς ἰδίους δούλους καὶ παρέδωκεν αὐτοῖς τὰ ὑπάρχοντα αὐτοῦ,
25:15 ᾧ δὲ ἕν, ἑκάστῳ κατὰ τὴν ἰδίαν δύναμιν, καὶ **ἀπεδήμησεν.**
Mk 12: 1 καὶ ᾠκοδόμησεν πύργον καὶ ἐξέδετο αὐτὸν γεωργοῖς καὶ **ἀπεδήμησεν.**
Lk 15:13 καὶ μετ' οὐ πολλὰς ἡμέρας συναγαγὼν πάντα ὁ νεώτερος υἱὸς **ἀπεδήμησεν** εἰς χώραν μακρὰν
20: 9 Ἄνθρωπός [τις] ἐφύτευσεν ἀμπελῶνα καὶ ἐξέδετο αὐτὸν γεωργοῖς καὶ **ἀπεδήμησεν** χρόνους ἱκανούς.

624 ἀπόδημος [1]

√ 608 + 1322

Mk 13:34 ὡς ἄνθρωπος **ἀπόδημος** ἀφεὶς τὴν οἰκίαν αὐτοῦ καὶ δοὺς τοῖς δούλοις αὐτοῦ τὴν ἐξουσίαν ἑκάστῳ τὸ ἔργον αὐτοῦ

625 ἀποδίδωμι [48]

√ 608 + 1443

ἀποδίδωμι λόγον [5] Mt 12:36; Lk 16:2; Ac 19:40; Heb 13:17; 1Pe 4:5

ἀποδίδωμι ὅρκον [1] Mt 5:33

Mt 5:26 οὐ μὴ ἐξέλθῃς ἐκεῖθεν, ἕως ἂν **ἀποδῷς** τὸν ἔσχατον κοδράντην.
5:33 Οὐκ ἐπιορκήσεις, **ἀποδώσεις** δὲ τῷ κυρίῳ τοὺς ὅρκους σου.
6: 4 καὶ ὁ πατήρ σου ὁ βλέπων ἐν τῷ κρυπτῷ **ἀποδώσει** σοι.
6: 6 καὶ ὁ πατήρ σου ὁ βλέπων ἐν τῷ κρυπτῷ **ἀποδώσει** σοι.
6:18 καὶ ὁ πατήρ σου ὁ βλέπων ἐν τῷ κρυφαίῳ **ἀποδώσει** σοι.
12:36 λέγω δὲ ὑμῖν ὅτι πᾶν ῥῆμα ἀργὸν ὃ λαλήσουσιν οἱ ἄνθρωποι **ἀποδώσουσιν** περὶ αὐτοῦ λόγον ἐν ἡμέρᾳ κρίσεως·
16:27 καὶ τότε **ἀποδώσει** ἑκάστῳ κατὰ τὴν πρᾶξιν αὐτοῦ.
18:25 μὴ ἔχοντος δὲ αὐτοῦ **ἀποδοῦναι** ἐκέλευσεν αὐτὸν ὁ κύριος πραθῆναι καὶ τὴν γυναῖκα καὶ τὰ τέκνα καὶ πάντα ὅσα ἔχει, καὶ **ἀποδοθῆναι.**
18:26 πεσὼν οὖν ὁ δοῦλος προσεκύνει αὐτῷ λέγων, Μακροθύμησον ἐπ' ἐμοί, καὶ πάντα **ἀποδώσω** σοι.
18:28 καὶ κρατήσας αὐτὸν ἔπνιγεν λέγων, **Ἀπόδος** εἴ τι ὀφείλεις.
18:29 πεσὼν οὖν ὁ σύνδουλος αὐτοῦ παρεκάλει αὐτὸν λέγων, Μακροθύμησον ἐπ' ἐμοί, καὶ **ἀποδώσω** σοι.
18:30 ὁ δὲ οὐκ ἤθελεν ἀλλὰ ἀπελθὼν ἔβαλεν αὐτὸν εἰς φυλακὴν ἕως **ἀποδῷ** τὸ ὀφειλόμενον.
18:34 καὶ ὀργισθεὶς ὁ κύριος αὐτοῦ παρέδωκεν αὐτὸν τοῖς βασανισταῖς ἕως οὗ **ἀποδῷ** πᾶν τὸ ὀφειλόμενον.
20: 8 Κάλεσον τοὺς ἐργάτας καὶ **ἀπόδος** αὐτοῖς τὸν μισθὸν ἀρξάμενος ἀπὸ τῶν ἐσχάτων ἕως τῶν πρώτων.
21:41 οἵτινες **ἀποδώσουσιν** αὐτῷ τοὺς καρποὺς ἐν τοῖς καιροῖς αὐτῶν.
22:21 **Ἀπόδοτε** οὖν τὰ Καίσαρος Καίσαρι καὶ τὰ τοῦ θεοῦ τῷ θεῷ.
27:58 οὗτος προσελθὼν τῷ Πιλάτῳ ᾐτήσατο τὸ σῶμα τοῦ Ἰησοῦ. τότε ὁ Πιλᾶτος ἐκέλευσεν **ἀποδοθῆναι.**
Mk 12:17 Τὰ Καίσαρος **ἀπόδοτε** Καίσαρι καὶ τὰ τοῦ θεοῦ τῷ θεῷ.
Lk 4:20 καὶ πτύξας τὸ βιβλίον **ἀποδοὺς** τῷ ὑπηρέτῃ ἐκάθισεν·

7:42 μὴ ἐχόντων αὐτῶν **ἀποδοῦναι** ἀμφοτέροις ἐχαρίσατο. τίς οὖν αὐτῶν πλεῖον ἀγαπήσει αὐτόν;
9:42 ἐπετίμησεν δὲ ὁ Ἰησοῦς τῷ πνεύματι τῷ ἀκαθάρτῳ καὶ ἰάσατο τὸν παῖδα καὶ **ἀπέδωκεν** αὐτὸν τῷ πατρὶ αὐτοῦ.
10:35 καὶ ὅ τι ἂν προσδαπανήσῃς ἐγὼ ἐν τῷ ἐπανέρχεσθαί με **ἀποδώσω** σοι.
12:59 οὐ μὴ ἐξέλθῃς ἐκεῖθεν, ἕως καὶ τὸ ἔσχατον λεπτὸν **ἀποδῷς.**
16: 2 **ἀπόδος** τὸν λόγον τῆς οἰκονομίας σου, οὐ γὰρ δύνῃ ἔτι οἰκονομεῖν.
19: 8 τοῖς πτωχοῖς δίδωμι, καὶ εἴ τινός τι ἐσυκοφάντησα **ἀποδίδωμι** τετραπλοῦν.
20:25 Τοίνυν **ἀπόδοτε** τὰ Καίσαρος Καίσαρι καὶ τὰ τοῦ θεοῦ τῷ θεῷ.
Ac 4:33 καὶ δυνάμει μεγάλῃ **ἀπεδίδουν** τὸ μαρτύριον οἱ ἀπόστολοι τῆς ἀναστάσεως τοῦ κυρίου Ἰησοῦ,
5: 8 ἀπεκρίθη δὲ πρὸς αὐτὴν Πέτρος, Εἰπέ μοι, εἰ τοσούτου τὸ χωρίον **ἀπέδοσθε;**
7: 9 Καὶ οἱ πατριάρχαι ζηλώσαντες τὸν Ἰωσὴφ **ἀπέδοντο** εἰς Αἴγυπτον.
19:40 μηδενὸς αἰτίου ὑπάρχοντος περὶ οὗ [οὐ] δυνησόμεθα **ἀποδοῦναι** λόγον περὶ τῆς συστροφῆς ταύτης.
Ro 2: 6 ὃς **ἀποδώσει** ἑκάστῳ κατὰ τὰ ἔργα αὐτοῦ·
12:17 μηδενὶ κακὸν ἀντὶ κακοῦ **ἀποδιδόντες,** προνοούμενοι καλὰ ἐνώπιον πάντων ἀνθρώπων·
13: 7 **ἀπόδοτε** πᾶσιν τὰς ὀφειλάς, τῷ τὸν φόρον τὸν φόρον,
1Co 7: 3 τῇ γυναικὶ ὁ ἀνὴρ τὴν ὀφειλὴν **ἀποδιδότω,** ὁμοίως δὲ καὶ ἡ γυνὴ τῷ ἀνδρί.
1Th 5:15 ὁρᾶτε μή τις κακὸν ἀντὶ κακοῦ τινι **ἀποδῷ,**
1Ti 5: 4 μανθανέτωσαν πρῶτον τὸν ἴδιον οἶκον εὐσεβεῖν καὶ ἀμοιβὰς **ἀποδιδόναι** τοῖς προγόνοις·
2Ti 4: 8 ὃν **ἀποδώσει** μοι ὁ κύριος ἐν ἐκείνῃ τῇ ἡμέρᾳ,
4:14 **ἀποδώσει** αὐτῷ ὁ κύριος κατὰ τὰ ἔργα αὐτοῦ·
Heb 12:11 ὕστερον δὲ καρπὸν εἰρηνικὸν τοῖς δι᾽ αὐτῆς γεγυμνασμένοις **ἀποδίδωσιν** δικαιοσύνης.
12:16 ὃς ἀντὶ βρώσεως μιᾶς **ἀπέδετο** τὰ πρωτοτόκια ἑαυτοῦ.
13:17 αὐτοὶ γὰρ ἀγρυπνοῦσιν ὑπὲρ τῶν ψυχῶν ὑμῶν ὡς λόγον **ἀποδώσοντες,**
1Pe 3: 9 μὴ **ἀποδιδόντες** κακὸν ἀντὶ κακοῦ ἢ λοιδορίαν ἀντὶ λοιδορίας,
4: 5 οἳ **ἀποδώσουσιν** λόγον τῷ ἑτοίμως ἔχοντι κρῖναι ζῶντας καὶ νεκρούς.
Rev 18: 6 **ἀπόδοτε** αὐτῇ ὡς καὶ αὐτὴ **ἀπέδωκεν** καὶ διπλώσατε τὰ διπλᾶ κατὰ τὰ ἔργα αὐτῆς,
22: 2 κατὰ μῆνα ἕκαστον **ἀποδιδοῦν** τὸν καρπὸν αὐτοῦ, καὶ τὰ φύλλα τοῦ ξύλου εἰς θεραπείαν τῶν ἐθνῶν.
22:12 καὶ ὁ μισθός μου μετ᾽ ἐμοῦ **ἀποδοῦναι** ἑκάστῳ ὡς τὸ ἔργον ἐστὶν αὐτοῦ.

626 ἀποδιορίζω [1]

√ *608 + 1328 + 4000*

Jude 1:19 Οὗτοί εἰσιν οἱ **ἀποδιορίζοντες,** ψυχικοί, πνεῦμα μὴ ἔχοντες.

627 ἀποδοκιμάζω [9]

√ *608 + 1312*

λίθος ... ἀποδοκιμάζω [6] Mt 21:42; Mk 12:10; Lk 20:17; 1Pe 2:4,7

Mt 21:42 Λίθον ὃν **ἀπεδοκίμασαν** οἱ οἰκοδομοῦντες, οὗτος ἐγενήθη εἰς κεφαλὴν γωνίας·
Mk 8:31 Καὶ ἤρξατο διδάσκειν αὐτοὺς ὅτι δεῖ τὸν υἱὸν τοῦ ἀνθρώπου πολλὰ παθεῖν καὶ **ἀποδοκιμασθῆναι** ὑπὸ τῶν πρεσβυτέρων
12:10 Λίθον ὃν **ἀπεδοκίμασαν** οἱ οἰκοδομοῦντες, οὗτος ἐγενήθη εἰς κεφαλὴν γωνίας·
Lk 9:22 εἰπὼν ὅτι Δεῖ τὸν υἱὸν τοῦ ἀνθρώπου πολλὰ παθεῖν καὶ **ἀποδοκιμασθῆναι** ἀπὸ τῶν πρεσβυτέρων καὶ ἀρχιερέων
17:25 πρῶτον δὲ δεῖ αὐτὸν πολλὰ παθεῖν καὶ **ἀποδοκιμασθῆναι** ἀπὸ τῆς γενεᾶς ταύτης.
20:17 Λίθον ὃν **ἀπεδοκίμασαν** οἱ οἰκοδομοῦντες, οὗτος ἐγενήθη εἰς κεφαλὴν γωνίας;
Heb 12:17 ἴστε γὰρ ὅτι καὶ μετέπειτα θέλων κληρονομῆσαι τὴν εὐλογίαν **ἀπεδοκιμάσθη,**
1Pe 2: 4 πρὸς ὃν προσερχόμενοι λίθον ζῶντα ὑπὸ ἀνθρώπων μὲν **ἀποδεδοκιμασμένον** παρὰ δὲ θεῷ ἐκλεκτὸν ἔντιμον,
2: 7 ἀπιστοῦσιν δὲ λίθος ὃν **ἀπεδοκίμασαν** οἱ οἰκοδομοῦντες, οὗτος ἐγενήθη εἰς κεφαλὴν γωνίας

628 ἀποδοχή [2]

√ *608 + 1312*

1Ti 1:15 πιστὸς ὁ λόγος καὶ πάσης **ἀποδοχῆς** ἄξιος, ὅτι Χριστὸς Ἰησοῦς ἦλθεν εἰς τὸν κόσμον ἁμαρτωλοὺς σῶσαι,
4: 9 πιστὸς ὁ λόγος καὶ πάσης **ἀποδοχῆς** ἄξιος·

629 ἀπόθεσις [2]

√ *608 + 5502*

1Pe 3:21 οὐ σαρκὸς **ἀπόθεσις** ῥύπου ἀλλὰ συνειδήσεως ἀγαθῆς ἐπερώτημα εἰς θεόν,
2Pe 1:14 εἰδὼς ὅτι ταχινή ἐστιν ἡ **ἀπόθεσις** τοῦ σκηνώματός μου καθὼς καὶ ὁ κύριος ἡμῶν Ἰησοῦς Χριστὸς ἐδήλωσέν μοι,

630 ἀποθήκη [6]

√ *608 + 2565*

Mt 3:12 οὗ τὸ πτύον ἐν τῇ χειρὶ αὐτοῦ καὶ διακαθαριεῖ τὴν ἅλωνα αὐτοῦ καὶ συνάξει τὸν σῖτον αὐτοῦ εἰς τὴν **ἀποθήκην,**
6:26 ἐμβλέψατε εἰς τὰ πετεινὰ τοῦ οὐρανοῦ ὅτι οὐ σπείρουσιν οὐδὲ θερίζουσιν οὐδὲ συνάγουσιν εἰς **ἀποθήκας,**
13:30 τὸν δὲ σῖτον συναγάγετε εἰς τὴν **ἀποθήκην** μου.
Lk 3:17 οὗ τὸ πτύον ἐν τῇ χειρὶ αὐτοῦ διακαθᾶραι τὴν ἅλωνα αὐτοῦ καὶ συναγαγεῖν τὸν σῖτον εἰς τὴν **ἀποθήκην** αὐτοῦ,
12:18 καθελῶ μου τὰς **ἀποθήκας** καὶ μείζονας οἰκοδομήσω καὶ συνάξω ἐκεῖ πάντα τὸν σῖτον καὶ τὰ ἀγαθά μου
12:24 οἷς οὐκ ἔστιν ταμεῖον οὐδὲ **ἀποθήκη,** καὶ ὁ θεὸς τρέφει αὐτούς·

631 ἀποθησαυρίζω [1]

√ *608 + 2565*

1Ti 6:19 **ἀποθησαυρίζοντας** ἑαυτοῖς θεμέλιον καλὸν εἰς τὸ μέλλον, ἵνα ἐπιλάβωνται τῆς ὄντως ζωῆς.

632 ἀποθλίβω [1]

√ *608 + 2567*

Lk 8:45 ἀρνουμένων δὲ πάντων εἶπεν ὁ Πέτρος, Ἐπιστάτα, οἱ ὄχλοι συνέχουσίν σε καὶ **ἀποθλίβουσιν.**

633 ἀποθνῄσκω [111 / 112]

√ *608 + 2569*

ἀποθνῄσκω ἐν [8] Mt 8:32; Jn 8:21,24,24; Ro 7:6; 1Co 15:22; Heb 11:37; Rev 14:13

ἀποθνῄσκω περί [1] 1Pe 3:18

ἀποθνῄσκω σύν [3] Mt 26:35; Ro 6:8; Col 2:20

ἀποθνῄσκω ὑπέρ [13] Jn 11:50,51; 18:14; Ro 5:6,7,7,8; 14:15; 1Co 15:3; 2Co 5:14,15,15; 1Th 5:10

Mt 8:32 καὶ ἰδοὺ ὥρμησεν πᾶσα ἡ ἀγέλη κατὰ τοῦ κρημνοῦ εἰς τὴν θάλασσαν καὶ **ἀπέθανον** ἐν τοῖς ὕδασιν.
9:24 Ἀναχωρεῖτε, οὐ γὰρ **ἀπέθανεν** τὸ κοράσιον ἀλλὰ καθεύδει.
22:24 Μωϋσῆς εἶπεν, Ἐάν τις **ἀποθάνῃ** μὴ ἔχων τέκνα,
22:27 ὕστερον δὲ πάντων **ἀπέθανεν** ἡ γυνή.
26:35 Κἂν δέῃ με σὺν σοὶ **ἀποθανεῖν,** οὐ μή σε ἀπαρνήσομαι.
Mk 5:35 Ἔτι αὐτοῦ λαλοῦντος ἔρχονται ἀπὸ τοῦ ἀρχισυναγώγου λέγοντες ὅτι Ἡ θυγάτηρ σου **ἀπέθανεν·**
5:39 Τί θορυβεῖσθε καὶ κλαίετε; τὸ παιδίον οὐκ **ἀπέθανεν** ἀλλὰ καθεύδει.
9:26 καὶ ἐγένετο ὡσεὶ νεκρός, ὥστε τοὺς πολλοὺς λέγειν ὅτι **ἀπέθανεν.**
12:19 Μωϋσῆς ἔγραψεν ἡμῖν ὅτι ἐάν τινος ἀδελφὸς **ἀποθάνῃ** καὶ καταλίπῃ γυναῖκα καὶ μὴ ἀφῇ τέκνον,
12:20 καὶ ὁ πρῶτος ἔλαβεν γυναῖκα καὶ **ἀποθνῄσκων** οὐκ ἀφῆκεν σπέρμα·
12:21 καὶ ὁ δεύτερος ἔλαβεν αὐτὴν καὶ **ἀπέθανεν** μὴ καταλιπὼν σπέρμα·
12:22 καὶ οἱ ἑπτὰ οὐκ ἀφῆκαν σπέρμα. ἔσχατον πάντων καὶ ἡ γυνὴ **ἀπέθανεν.**
15:44 ἐθαύμασεν εἰ ἤδη τέθνηκεν καὶ προσκαλεσάμενος τὸν κεντυρίωνα ἐπηρώτησεν αὐτὸν εἰ πάλαι **ἀπέθανεν·**

Lk 8:42 ὅτι θυγάτηρ μονογενὴς ἦν αὐτῷ ὡς ἐτῶν δώδεκα καὶ αὐτὴ **ἀπέθνῃσκεν.**
8:52 ὁ δὲ εἶπεν, Μὴ κλαίετε, οὐ γὰρ **ἀπέθανεν** ἀλλὰ καθεύδει.
8:53 καὶ κατεγέλων αὐτοῦ εἰδότες ὅτι **ἀπέθανεν.**
16:22 ἐγένετο δὲ **ἀποθανεῖν** τὸν πτωχὸν καὶ ἀπενεχθῆναι αὐτὸν ὑπὸ τῶν ἀγγέλων εἰς τὸν κόλπον Ἀβραάμ· **ἀπέθανεν** δὲ καὶ ὁ πλούσιος καὶ ἐτάφη.
20:28 Μωϋσῆς ἔγραψεν ἡμῖν, ἐάν τινος ἀδελφὸς **ἀποθάνῃ** ἔχων γυναῖκα,
20:29 ἑπτὰ οὖν ἀδελφοὶ ἦσαν· καὶ ὁ πρῶτος λαβὼν γυναῖκα **ἀπέθανεν** ἄτεκνος·
20:31 ὡσαύτως δὲ καὶ οἱ ἑπτὰ οὐ κατέλιπον τέκνα καὶ **ἀπέθανον.**
20:32 ὕστερον καὶ ἡ γυνὴ **ἀπέθανεν.**
20:36 οὐδὲ γὰρ **ἀποθανεῖν** ἔτι δύνανται, ἰσάγγελοι γάρ εἰσιν καὶ υἱοί εἰσιν θεοῦ τῆς ἀναστάσεως υἱοὶ ὄντες.

Jn 4:47 ἀπῆλθεν πρὸς αὐτὸν καὶ ἠρώτα ἵνα καταβῇ καὶ ἰάσηται αὐτοῦ τὸν υἱόν, ἤμελλεν γὰρ **ἀποθνῄσκειν.**
4:49 λέγει πρὸς αὐτὸν ὁ βασιλικός, Κύριε, κατάβηθι πρὶν **ἀποθανεῖν** τὸ παιδίον μου.
6:49 οἱ πατέρες ὑμῶν ἔφαγον ἐν τῇ ἐρήμῳ τὸ μάννα καὶ **ἀπέθανον·**
6:50 ἵνα τις ἐξ αὐτοῦ φάγῃ καὶ μὴ **ἀποθάνῃ.**
6:58 οὗτός ἐστιν ὁ ἄρτος ὁ ἐξ οὐρανοῦ καταβάς, οὐ καθὼς ἔφαγον οἱ πατέρες καὶ **ἀπέθανον·**
8:21 Ἐγὼ ὑπάγω καὶ ζητήσετέ με, καὶ ἐν τῇ ἁμαρτίᾳ ὑμῶν **ἀποθανεῖσθε·**
8:24 εἶπον οὖν ὑμῖν ὅτι **ἀποθανεῖσθε** ἐν ταῖς ἁμαρτίαις ὑμῶν· ἐὰν γὰρ μὴ πιστεύσητε ὅτι ἐγώ εἰμι, **ἀποθανεῖσθε** ἐν ταῖς ἁμαρτίαις ὑμῶν.
8:52 Ἀβραὰμ **ἀπέθανεν** καὶ οἱ προφῆται, καὶ σὺ λέγεις,
8:53 μὴ σὺ μείζων εἶ τοῦ πατρὸς ἡμῶν Ἀβραάμ, ὅστις **ἀπέθανεν;** καὶ οἱ προφῆται **ἀπέθανον.**
11:14 τότε οὖν εἶπεν αὐτοῖς ὁ Ἰησοῦς παρρησίᾳ, Λάζαρος **ἀπέθανεν,**
11:16 εἶπεν οὖν Θωμᾶς ὁ λεγόμενος Δίδυμος τοῖς συμμαθηταῖς, Ἄγωμεν καὶ ἡμεῖς ἵνα **ἀποθάνωμεν** μετ' αὐτοῦ.
11:21 εἰ ἦς ὧδε οὐκ ἂν **ἀπέθανεν** ὁ ἀδελφός μου·
11:25 Ἐγώ εἰμι ἡ ἀνάστασις καὶ ἡ ζωή· ὁ πιστεύων εἰς ἐμὲ κἂν **ἀποθάνῃ** ζήσεται,
11:26 καὶ πᾶς ὁ ζῶν καὶ πιστεύων εἰς ἐμὲ οὐ μὴ **ἀποθάνῃ** εἰς τὸν αἰῶνα.
11:32 εἰ ἦς ὧδε οὐκ ἄν μου **ἀπέθανεν** ὁ ἀδελφός.
11:37 Οὐκ ἐδύνατο οὗτος ὁ ἀνοίξας τοὺς ὀφθαλμοὺς τοῦ τυφλοῦ ποιῆσαι ἵνα καὶ οὗτος μὴ **ἀποθάνῃ;**
11:50 οὐδὲ λογίζεσθε ὅτι συμφέρει ὑμῖν ἵνα εἷς ἄνθρωπος **ἀποθάνῃ** ὑπὲρ τοῦ λαοῦ καὶ μὴ ὅλον τὸ ἔθνος ἀπόληται.
11:51 ἀλλὰ ἀρχιερεὺς ὢν τοῦ ἐνιαυτοῦ ἐκείνου ἐπροφήτευσεν ὅτι ἔμελλεν Ἰησοῦς **ἀποθνῄσκειν** ὑπὲρ τοῦ ἔθνους,
12:24 ἐὰν μὴ ὁ κόκκος τοῦ σίτου πεσὼν εἰς τὴν γῆν **ἀποθάνῃ,** αὐτὸς μόνος μένει· ἐὰν δὲ **ἀποθάνῃ,** πολὺν καρπὸν φέρει.
12:33 τοῦτο δὲ ἔλεγεν σημαίνων ποίῳ θανάτῳ ἤμελλεν **ἀποθνῄσκειν.**
18:14 ἦν δὲ Καϊάφας ὁ συμβουλεύσας τοῖς Ἰουδαίοις ὅτι συμφέρει ἕνα ἄνθρωπον **ἀποθανεῖν** ὑπὲρ τοῦ λαοῦ.
18:32 ἵνα ὁ λόγος τοῦ Ἰησοῦ πληρωθῇ ὃν εἶπεν σημαίνων ποίῳ θανάτῳ ἤμελλεν **ἀποθνῄσκειν.**
19:7 Ἡμεῖς νόμον ἔχομεν καὶ κατὰ τὸν νόμον ὀφείλει **ἀποθανεῖν,**
21:23 ἐξῆλθεν οὖν οὗτος ὁ λόγος εἰς τοὺς ἀδελφοὺς ὅτι ὁ μαθητὴς ἐκεῖνος οὐκ **ἀποθνῄσκει·** οὐκ εἶπεν δὲ αὐτῷ ὁ Ἰησοῦς ὅτι οὐκ **ἀποθνῄσκει** ἀλλ',

Ac 7:4 κἀκεῖθεν μετὰ τὸ **ἀποθανεῖν** τὸν πατέρα αὐτοῦ μετῴκισεν αὐτὸν εἰς τὴν γῆν ταύτην εἰς ἣν ὑμεῖς νῦν κατοικεῖτε,
9:37 ἐγένετο δὲ ἐν ταῖς ἡμέραις ἐκείναις ἀσθενήσασαν αὐτὴν **ἀποθανεῖν·**
21:13 ἐγὼ γὰρ οὐ μόνον δεθῆναι ἀλλὰ καὶ **ἀποθανεῖν** εἰς Ἰερουσαλὴμ ἑτοίμως ἔχω ὑπὲρ τοῦ ὀνόματος τοῦ κυρίου
25:11 εἰ μὲν οὖν ἀδικῶ καὶ ἄξιον θανάτου πέπραχά τι, οὐ παραιτοῦμαι τὸ **ἀποθανεῖν·**

Ro 5:6 ἔτι γὰρ Χριστὸς ὄντων ἡμῶν ἀσθενῶν ἔτι κατὰ καιρὸν ὑπὲρ ἀσεβῶν **ἀπέθανεν.**
5:7 μόλις γὰρ ὑπὲρ δικαίου τις **ἀποθανεῖται·** ὑπὲρ γὰρ τοῦ ἀγαθοῦ τάχα τις καὶ τολμᾷ **ἀποθανεῖν·**
5:8 ὅτι ἔτι ἁμαρτωλῶν ὄντων ἡμῶν Χριστὸς ὑπὲρ ἡμῶν **ἀπέθανεν.**
5:15 εἰ γὰρ τῷ τοῦ ἑνὸς παραπτώματι οἱ πολλοὶ **ἀπέθανον,**
6:2 οἵτινες **ἀπεθάνομεν** τῇ ἁμαρτίᾳ, πῶς ἔτι ζήσομεν ἐν αὐτῇ;
6:7 ὁ γὰρ **ἀποθανὼν** δεδικαίωται ἀπὸ τῆς ἁμαρτίας.
6:8 εἰ δὲ **ἀπεθάνομεν** σὺν Χριστῷ, πιστεύομεν ὅτι καὶ συζήσομεν αὐτῷ,
6:9 εἰδότες ὅτι Χριστὸς ἐγερθεὶς ἐκ νεκρῶν οὐκέτι **ἀποθνῄσκει,**
6:10 ὃ γὰρ **ἀπέθανεν,** τῇ ἁμαρτίᾳ **ἀπέθανεν** ἐφάπαξ·
7:2 ἐὰν δὲ **ἀποθάνῃ** ὁ ἀνήρ, κατήργηται ἀπὸ τοῦ νόμου τοῦ ἀνδρός.
7:3 ἐὰν δὲ **ἀποθάνῃ** ὁ ἀνήρ, ἐλευθέρα ἐστὶν ἀπὸ τοῦ νόμου,
7:6 νυνὶ δὲ κατηργήθημεν ἀπὸ τοῦ νόμου **ἀποθανόντες** ἐν ᾧ κατειχόμεθα,
7:10 ἐγὼ δὲ **ἀπέθανον** καὶ εὑρέθη μοι ἡ ἐντολὴ ἡ εἰς ζωήν,
8:13 εἰ γὰρ κατὰ σάρκα ζῆτε, μέλλετε **ἀποθνῄσκειν·** εἰ δὲ πνεύματι τὰς πράξεις τοῦ σώματος θανατοῦτε,
8:34 Χριστὸς [Ἰησοῦς] ὁ **ἀποθανών,** μᾶλλον δὲ ἐγερθείς, ὅς καί ἐστιν ἐν δεξιᾷ τοῦ θεοῦ,
14:7 οὐδεὶς γὰρ ἡμῶν ἑαυτῷ ζῇ καὶ οὐδεὶς ἑαυτῷ **ἀποθνῄσκει·**
14:8 ἐάν τε **ἀποθνῄσκωμεν,** τῷ κυρίῳ **ἀποθνῄσκομεν.** ἐάν τε οὖν ζῶμεν ἐάν τε **ἀποθνῄσκωμεν,** τοῦ κυρίου ἐσμέν.
14:9 εἰς τοῦτο γὰρ Χριστὸς **ἀπέθανεν** καὶ ἔζησεν, ἵνα καὶ νεκρῶν καὶ ζώντων κυριεύσῃ.
14:15 μὴ τῷ βρώματί σου ἐκεῖνον ἀπόλλυε ὑπὲρ οὗ Χριστὸς **ἀπέθανεν.**

1Co 8:11 ἀπόλλυται γὰρ ὁ ἀσθενῶν ἐν τῇ σῇ γνώσει, ὁ ἀδελφὸς δι' ὃν Χριστὸς **ἀπέθανεν.**
9:15 καλὸν γάρ μοι μᾶλλον **ἀποθανεῖν** ἤ– τὸ καύχημά μου οὐδεὶς κενώσει.
15:3 ὅτι Χριστὸς **ἀπέθανεν** ὑπὲρ τῶν ἁμαρτιῶν ἡμῶν κατὰ τὰς γραφὰς
15:22 ὥσπερ γὰρ ἐν τῷ Ἀδὰμ πάντες **ἀποθνῄσκουσιν,** οὕτως καὶ ἐν τῷ Χριστῷ πάντες ζῳοποιηθήσονται.
15:31 καθ' ἡμέραν **ἀποθνῄσκω,** νὴ τὴν ὑμετέραν καύχησιν, [ἀδελφοί,]
15:32 εἰ νεκροὶ οὐκ ἐγείρονται, Φάγωμεν καὶ πίωμεν, αὔριον γὰρ **ἀποθνῄσκομεν.**
15:36 σὺ ὃ σπείρεις, οὐ ζῳοποιεῖται ἐὰν μὴ **ἀποθάνῃ·**

2Co 5:14 κρίναντας τοῦτο, ὅτι εἷς ὑπὲρ πάντων **ἀπέθανεν,** ἄρα οἱ πάντες **ἀπέθανον·**
5:15 καὶ ὑπὲρ πάντων **ἀπέθανεν,** ἵνα οἱ ζῶντες μηκέτι ἑαυτοῖς ζῶσιν ἀλλὰ τῷ ὑπὲρ αὐτῶν **ἀποθανόντι** καὶ ἐγερθέντι.
6:9 ὡς ἀγνοούμενοι καὶ ἐπιγινωσκόμενοι, ὡς **ἀποθνῄσκοντες** καὶ ἰδοὺ ζῶμεν,

Gal 2:19 ἐγὼ γὰρ διὰ νόμου νόμῳ **ἀπέθανον,** ἵνα θεῷ ζήσω.
2:21 εἰ γὰρ διὰ νόμου δικαιοσύνη, ἄρα Χριστὸς δωρεὰν **ἀπέθανεν.**

Php 1:21 ἐμοὶ γὰρ τὸ ζῆν Χριστὸς καὶ τὸ **ἀποθανεῖν** κέρδος.

Col 2:20 Εἰ **ἀπεθάνετε** σὺν Χριστῷ ἀπὸ τῶν στοιχείων τοῦ κόσμου,
3:3 **ἀπεθάνετε** γὰρ καὶ ἡ ζωὴ ὑμῶν κέκρυπται σὺν τῷ Χριστῷ ἐν τῷ θεῷ·

1Th 4:14 εἰ γὰρ πιστεύομεν ὅτι Ἰησοῦς **ἀπέθανεν** καὶ ἀνέστη,
5:10 τοῦ **ἀποθανόντος** ὑπὲρ ἡμῶν, ἵνα εἴτε γρηγορῶμεν εἴτε καθεύδωμεν ἅμα σὺν αὐτῷ ζήσωμεν.

Heb 7:8 καὶ ὧδε μὲν δεκάτας **ἀποθνῄσκοντες** ἄνθρωποι λαμβάνουσιν, ἐκεῖ δὲ μαρτυρούμενος ὅτι ζῇ.
9:27 καὶ καθ' ὅσον ἀπόκειται τοῖς ἀνθρώποις ἅπαξ **ἀποθανεῖν,**
10:28 ἀθετήσας τις νόμον Μωϋσέως χωρὶς οἰκτιρμῶν ἐπὶ δυσὶν ἢ τρισὶν μάρτυσιν **ἀποθνῄσκει·**
11:4 μαρτυροῦντος ἐπὶ τοῖς δώροις αὐτοῦ τοῦ θεοῦ, καὶ δι' αὐτῆς **ἀποθανὼν** ἔτι λαλεῖ.
11:13 Κατὰ πίστιν **ἀπέθανον** οὗτοι πάντες, μὴ λαβόντες τὰς ἐπαγγελίας ἀλλὰ πόρρωθεν αὐτὰς ἰδόντες
11:21 Πίστει Ἰακὼβ **ἀποθνῄσκων** ἕκαστον τῶν υἱῶν Ἰωσὴφ εὐλόγησεν καὶ προσεκύνησεν ἐπὶ τὸ ἄκρον τῆς ῥάβδου αὐτοῦ.
11:37 ἐλιθάσθησαν, ἐπρίσθησαν, ἐν φόνῳ μαχαίρης **ἀπέθανον,** περιῆλθον ἐν μηλωταῖς,

1Pe 3:18 ὅτι καὶ Χριστὸς ἅπαξ περὶ ἁμαρτιῶν **ἀπέθανεν,**[NIV; UBS *4248*]

Jude 1:12 νεφέλαι ἄνυδροι ὑπὸ ἀνέμων παραφερόμεναι, δένδρα φθινοπωρινὰ ἄκαρπα δὶς **ἀποθανόντα** ἐκριζωθέντα,

Rev 3:2 γίνου γρηγορῶν καὶ στήρισον τὰ λοιπὰ ἃ ἔμελλον **ἀποθανεῖν,**
8:9 καὶ **ἀπέθανεν** τὸ τρίτον τῶν κτισμάτων τῶν ἐν τῇ θαλάσσῃ τὰ ἔχοντα ψυχὰς καὶ τὸ τρίτον τῶν πλοίων διεφθάρησαν.
8:11 καὶ ἐγένετο τὸ τρίτον τῶν ὑδάτων εἰς ἄψινθον καὶ πολλοὶ τῶν ἀνθρώπων **ἀπέθανον** ἐκ τῶν ὑδάτων ὅτι ἐπικράνθησαν.
9:6 καὶ ἐπιθυμήσουσιν **ἀποθανεῖν** καὶ φεύγει ὁ θάνατος ἀπ' αὐτῶν.
14:13 Μακάριοι οἱ νεκροὶ οἱ ἐν κυρίῳ **ἀποθνῄσκοντες** ἀπ' ἄρτι.
16:3 καὶ πᾶσα ψυχὴ ζωῆς **ἀπέθανεν** τὰ ἐν τῇ θαλάσσῃ.

634 ἀποκαθιστάνω Not used in UBS/NIV

√ 608 + 2848 + 2705

635 ἀποκαθίστημι [8]

√ 608 + 2848 + 2705

Mt 12:13 καὶ ἐξέτεινεν καὶ **ἀπεκατεστάθη** ὑγιὴς ὡς ἡ ἄλλη.
17:11 ὁ δὲ ἀποκριθεὶς εἶπεν, Ἠλίας μὲν ἔρχεται καὶ **ἀποκαταστήσει** πάντα·
Mk 3: 5 Ἔκτεινον τὴν χεῖρα. καὶ ἐξέτεινεν καὶ **ἀπεκατεστάθη** ἡ χεὶρ αὐτοῦ.
8:25 καὶ διέβλεψεν καὶ **ἀπεκατέστη** καὶ ἐνέβλεπεν τηλαυγῶς ἅπαντα.
9:12 ὁ δὲ ἔφη αὐτοῖς, Ἠλίας μὲν ἐλθὼν πρῶτον **ἀποκαθιστάνει** πάντα·
Lk 6:10 ὁ δὲ ἐποίησεν καὶ **ἀπεκατεστάθη** ἡ χεὶρ αὐτοῦ.
Ac 1: 6 εἰ ἐν τῷ χρόνῳ τούτῳ **ἀποκαθιστάνεις** τὴν βασιλείαν τῷ Ἰσραήλ;
Heb 13:19 περισσοτέρως δὲ παρακαλῶ τοῦτο ποιῆσαι, ἵνα τάχιον **ἀποκατασταθῶ** ὑμῖν.

636 ἀποκαλύπτω [26]

√ 608 + 2821

Mt 10:26 οὐδὲν γάρ ἐστιν κεκαλυμμένον ὃ οὐκ **ἀποκαλυφθήσεται** καὶ κρυπτὸν ὃ οὐ γνωσθήσεται.
11:25 ὅτι ἔκρυψας ταῦτα ἀπὸ σοφῶν καὶ συνετῶν καὶ **ἀπεκάλυψας** αὐτὰ νηπίοις·
11:27 οὐδὲ τὸν πατέρα τις ἐπιγινώσκει εἰ μὴ ὁ υἱὸς καὶ ᾧ ἐὰν βούληται ὁ υἱὸς **ἀποκαλύψαι.**
16:17 ὅτι σὰρξ καὶ αἷμα οὐκ **ἀπεκάλυψέν** σοι ἀλλ' ὁ πατήρ μου ὁ ἐν τοῖς οὐρανοῖς.
Lk 2:35 -καὶ σοῦ [δὲ] αὐτῆς τὴν ψυχὴν διελεύσεται ῥομφαία-, ὅπως ἂν **ἀποκαλυφθῶσιν** ἐκ πολλῶν καρδιῶν διαλογισμοί.
10:21 ὅτι ἀπέκρυψας ταῦτα ἀπὸ σοφῶν καὶ συνετῶν καὶ **ἀπεκάλυψας** αὐτὰ νηπίοις·
10:22 καὶ τίς ἐστιν ὁ πατὴρ εἰ μὴ ὁ υἱὸς καὶ ᾧ ἐὰν βούληται ὁ υἱὸς **ἀποκαλύψαι.**
12: 2 οὐδὲν δὲ συγκεκαλυμμένον ἐστὶν ὃ οὐκ **ἀποκαλυφθήσεται** καὶ κρυπτὸν ὃ οὐ γνωσθήσεται.
17:30 κατὰ τὰ αὐτὰ ἔσται ᾗ ἡμέρᾳ ὁ υἱὸς τοῦ ἀνθρώπου **ἀποκαλύπτεται.**
Jn 12:38 τίς ἐπίστευσεν τῇ ἀκοῇ ἡμῶν; καὶ ὁ βραχίων κυρίου τίνι **ἀπεκαλύφθη;**
Ro 1:17 δικαιοσύνη γὰρ θεοῦ ἐν αὐτῷ **ἀποκαλύπτεται** ἐκ πίστεως εἰς πίστιν,
1:18 **Ἀποκαλύπτεται** γὰρ ὀργὴ θεοῦ ἀπ' οὐρανοῦ ἐπὶ πᾶσαν ἀσέβειαν καὶ ἀδικίαν ἀνθρώπων
8:18 Λογίζομαι γὰρ ὅτι οὐκ ἄξια τὰ παθήματα τοῦ νῦν καιροῦ πρὸς τὴν μέλλουσαν δόξαν **ἀποκαλυφθῆναι** εἰς ἡμᾶς.
1Co 2:10 ἡμῖν δὲ **ἀπεκάλυψεν** ὁ θεὸς διὰ τοῦ πνεύματος·
3:13 ἡ γὰρ ἡμέρα δηλώσει, ὅτι ἐν πυρὶ **ἀποκαλύπτεται·**
14:30 ἐὰν δὲ ἄλλῳ **ἀποκαλυφθῇ** καθημένῳ, ὁ πρῶτος σιγάτω.
Gal 1:16 **ἀποκαλύψαι** τὸν υἱὸν αὐτοῦ ἐν ἐμοί, ἵνα εὐαγγελίζωμαι αὐτὸν ἐν τοῖς ἔθνεσιν,
3:23 Πρὸ τοῦ δὲ ἐλθεῖν τὴν πίστιν ὑπὸ νόμον ἐφρουρούμεθα συγκλειόμενοι εἰς τὴν μέλλουσαν πίστιν **ἀποκαλυφθῆναι,**
Eph 3: 5 ὃ ἑτέραις γενεαῖς οὐκ ἐγνωρίσθη τοῖς υἱοῖς τῶν ἀνθρώπων ὡς νῦν **ἀπεκαλύφθη** τοῖς ἁγίοις ἀποστόλοις αὐτοῦ
Php 3:15 καὶ εἴ τι ἑτέρως φρονεῖτε, καὶ τοῦτο ὁ θεὸς ὑμῖν **ἀποκαλύψει·**
2Th 2: 3 ὅτι ἐὰν μὴ ἔλθῃ ἡ ἀποστασία πρῶτον καὶ **ἀποκαλυφθῇ** ὁ ἄνθρωπος τῆς ἀνομίας,
2: 6 καὶ νῦν τὸ κατέχον οἴδατε εἰς τὸ **ἀποκαλυφθῆναι** αὐτὸν ἐν τῷ ἑαυτοῦ καιρῷ.
2: 8 καὶ τότε **ἀποκαλυφθήσεται** ὁ ἄνομος, ὃν ὁ κύριος [Ἰησοῦς] ἀνελεῖ τῷ πνεύματι τοῦ στόματος αὐτοῦ
1Pe 1: 5 τοὺς ἐν δυνάμει θεοῦ φρουρουμένους διὰ πίστεως εἰς σωτηρίαν ἑτοίμην **ἀποκαλυφθῆναι** ἐν καιρῷ ἐσχάτῳ.
1:12 οἷς **ἀπεκαλύφθη** ὅτι οὐχ ἑαυτοῖς ὑμῖν δὲ διηκόνουν αὐτά,
5: 1 ὁ συμπρεσβύτερος καὶ μάρτυς τῶν τοῦ Χριστοῦ παθημάτων, ὁ καὶ τῆς μελλούσης **ἀποκαλύπτεσθαι** δόξης κοινωνός·

637 ἀποκάλυψις [18]

√ 608 + 2821

Lk 2:32 φῶς εἰς **ἀποκάλυψιν** ἐθνῶν καὶ δόξαν λαοῦ σου Ἰσραήλ.
Ro 2: 5 θησαυρίζεις σεαυτῷ ὀργὴν ἐν ἡμέρᾳ ὀργῆς καὶ **ἀποκαλύψεως** δικαιοκρισίας τοῦ θεοῦ
8:19 ἡ γὰρ ἀποκαραδοκία τῆς κτίσεως τὴν **ἀποκάλυψιν** τῶν υἱῶν τοῦ θεοῦ ἀπεκδέχεται.
16:25 [κατὰ **ἀποκάλυψιν** μυστηρίου χρόνοις αἰωνίοις σεσιγημένου,]
1Co 1: 7 ὥστε ὑμᾶς μὴ ὑστερεῖσθαι ἐν μηδενὶ χαρίσματι ἀπεκδεχομένους τὴν **ἀποκάλυψιν** τοῦ κυρίου ἡμῶν Ἰησοῦ
14: 6 τί ὑμᾶς ὠφελήσω ἐὰν μὴ ὑμῖν λαλήσω ἢ ἐν **ἀποκαλύψει** ἢ ἐν γνώσει ἢ ἐν προφητείᾳ ἢ [ἐν] διδαχῇ;
14:26 διδαχὴν ἔχει, **ἀποκάλυψιν** ἔχει, γλῶσσαν ἔχει, ἑρμηνείαν ἔχει·
2Co 12: 1 οὐ συμφέρον μέν, ἐλεύσομαι δὲ εἰς ὀπτασίας καὶ **ἀποκαλύψεις** κυρίου.
12: 7 καὶ τῇ ὑπερβολῇ τῶν **ἀποκαλύψεων.** διὸ ἵνα μὴ ὑπεραίρωμαι,
Gal 1:12 οὐδὲ γὰρ ἐγὼ παρὰ ἀνθρώπου παρέλαβον αὐτὸ οὔτε ἐδιδάχθην ἀλλὰ δι' **ἀποκαλύψεως** Ἰησοῦ Χριστοῦ.
2: 2 ἀνέβην δὲ κατὰ **ἀποκάλυψιν·** καὶ ἀνεθέμην αὐτοῖς τὸ εὐαγγέλιον ὃ κηρύσσω ἐν τοῖς ἔθνεσιν,
Eph 1:17 δώῃ ὑμῖν πνεῦμα σοφίας καὶ **ἀποκαλύψεως** ἐν ἐπιγνώσει αὐτοῦ,
3: 3 [ὅτι] κατὰ **ἀποκάλυψιν** ἐγνωρίσθη μοι τὸ μυστήριον, καθὼς προέγραψα ἐν ὀλίγῳ,
2Th 1: 7 ἐν τῇ **ἀποκαλύψει** τοῦ κυρίου Ἰησοῦ ἀπ' οὐρανοῦ μετ' ἀγγέλων δυνάμεως αὐτοῦ
1Pe 1: 7 εὑρεθῇ εἰς ἔπαινον καὶ δόξαν καὶ τιμὴν ἐν **ἀποκαλύψει** Ἰησοῦ Χριστοῦ·
1:13 νήφοντες τελείως ἐλπίσατε ἐπὶ τὴν φερομένην ὑμῖν χάριν ἐν **ἀποκαλύψει** Ἰησοῦ Χριστοῦ.
4:13 ἵνα καὶ ἐν τῇ **ἀποκαλύψει** τῆς δόξης αὐτοῦ χαρῆτε ἀγαλλιώμενοι.
Rev 1: 1 **Ἀποκάλυψις** Ἰησοῦ Χριστοῦ ἣν ἔδωκεν αὐτῷ ὁ θεὸς δεῖξαι τοῖς δούλοις αὐτοῦ ἃ δεῖ γενέσθαι ἐν τάχει,

638 ἀποκαραδοκία [2]

√ 608 + 3191 + 1506

Ro 8:19 ἡ γὰρ **ἀποκαραδοκία** τῆς κτίσεως τὴν ἀποκάλυψιν τῶν υἱῶν τοῦ θεοῦ ἀπεκδέχεται.
Php 1:20 κατὰ τὴν **ἀποκαραδοκίαν** καὶ ἐλπίδα μου, ὅτι ἐν οὐδενὶ αἰσχυνθήσομαι ἀλλ' ἐν πάσῃ παρρησίᾳ ὡς πάντοτε

639 ἀποκαταλλάσσω [3]

√ 608 + 2848 + 248

Eph 2:16 καὶ **ἀποκαταλλάξῃ** τοὺς ἀμφοτέρους ἐν ἑνὶ σώματι τῷ θεῷ διὰ τοῦ σταυροῦ,
Col 1:20 καὶ δι' αὐτοῦ **ἀποκαταλλάξαι** τὰ πάντα εἰς αὐτόν,
1:22 νυνὶ δὲ **ἀποκατήλλαξεν** ἐν τῷ σώματι τῆς σαρκὸς αὐτοῦ διὰ τοῦ θανάτου παραστῆσαι ὑμᾶς ἁγίους καὶ ἀμώμους

640 ἀποκατάστασις [1]

√ 608 + 2848 + 2705

Ac 3:21 ὃν δεῖ οὐρανὸν μὲν δέξασθαι ἄχρι χρόνων **ἀποκαταστάσεως** πάντων ὧν ἐλάλησεν ὁ θεὸς

641 ἀπόκειμαι [4]

√ 608 + 3023

Lk 19:20 ἰδοὺ ἡ μνᾶ σου ἣν εἶχον **ἀποκειμένην** ἐν σουδαρίῳ·
Col 1: 5 διὰ τὴν ἐλπίδα τὴν **ἀποκειμένην** ὑμῖν ἐν τοῖς οὐρανοῖς,
2Ti 4: 8 λοιπὸν **ἀπόκειταί** μοι ὁ τῆς δικαιοσύνης στέφανος, ὃν ἀποδώσει μοι ὁ κύριος ἐν ἐκείνῃ τῇ ἡμέρᾳ,
Heb 9:27 καὶ καθ' ὅσον **ἀπόκειται** τοῖς ἀνθρώποις ἅπαξ ἀποθανεῖν,

642 ἀποκεφαλίζω [4]

√ 608 + 3051

Mt 14:10 καὶ πέμψας **ἀπεκεφάλισεν** [τὸν] Ἰωάννην ἐν τῇ φυλακῇ.
Mk 6:16 ἀκούσας δὲ ὁ Ἡρῴδης ἔλεγεν, Ὃν ἐγὼ **ἀπεκεφάλισα** Ἰωάννην, οὗτος ἠγέρθη.
6:27 καὶ ἀπελθὼν **ἀπεκεφάλισεν** αὐτὸν ἐν τῇ φυλακῇ

Lk 9: 9 εἶπεν δὲ Ἡρῴδης, Ἰωάννην ἐγὼ **ἀπεκεφάλισα·** τίς δέ ἐστιν οὗτος περὶ οὗ ἀκούω τοιαῦτα;

643 ἀποκλείω [1]

√ *608 + 3091*

Lk 13:25 ἀφ' οὗ ἂν ἐγερθῇ ὁ οἰκοδεσπότης καὶ **ἀποκλείσῃ** τὴν θύραν καὶ ἄρξησθε ἔξω ἑστάναι καὶ κρούειν τὴν θύραν λέγοντες,

644 ἀποκόπτω [6]

√ *608 + 3164*

Mk 9:43 Καὶ ἐὰν σκανδαλίζῃ σε ἡ χείρ σου, **ἀπόκοψον** αὐτήν·
9:45 καὶ ἐὰν ὁ πούς σου σκανδαλίζῃ σε, **ἀπόκοψον** αὐτόν·
Jn 18:10 ἔχων μάχαιραν εἵλκυσεν αὐτὴν καὶ ἔπαισεν τὸν τοῦ ἀρχιερέως δοῦλον καὶ **ἀπέκοψεν** αὐτοῦ τὸ ὠτάριον τὸ δεξιόν·
18:26 λέγει εἷς ἐκ τῶν δούλων τοῦ ἀρχιερέως, συγγενὴς ὢν οὗ **ἀπέκοψεν** Πέτρος τὸ ὠτίον,
Ac 27:32 τότε **ἀπέκοψαν** οἱ στρατιῶται τὰ σχοινία τῆς σκάφης καὶ εἴασαν αὐτὴν ἐκπεσεῖν.
Gal 5:12 ὄφελον καὶ **ἀποκόψονται** οἱ ἀναστατοῦντες ὑμᾶς.

645 ἀπόκριμα [1]

√ *608 + 3212*

2Co 1: 9 ἀλλὰ αὐτοὶ ἐν ἑαυτοῖς τὸ **ἀπόκριμα** τοῦ θανάτου ἐσχήκαμεν,

646 ἀποκρίνομαι [231]

√ *608 + 3212*

ἀποκριθεὶς εἶπεν [69] Mt 3:15; 4:4; 11:4,25; 12:39,48; 13:11,37; 15:3,13,24,26,28; 16:2,16; 17:4,11,17; 19:4,27; 20:13,22; 21:21,24,29,30; 22:1,29; 24:2,4; 25:12,26; 26:23,25,33; 27:21,25; 28:5; Mk 6:37; 10:3,51; 11:14; 14:48; Lk 1:19,35; 4:8,12; 5:5,22,31; 6:3; 7:22,40,43; 8:21; 9:20,41; 10:27,41; 13:2; 14:3; 15:29; 17:17; 19:40; 20:3; 22:51; 24:18; Ac 8:24; 25:9

ἀπεκρίθη [καὶ] εἶπεν [25] Mk 12:34; Lk 13:15; 17:20; Jn 1:48,50; 2:19; 3:3,9,10,27; 4:10,13,17; 6:26,29,43; 7:16,21; 8:14; 9:30,36; 12:30; 13:7; 14:23; 20:28

ἀποκρίνομαι πρός [13] Lk 4:4; 5:22,31; 6:3; 7:40; 8:21; 14:3; 20:3; 24:18; Jn 8:33; Ac 3:12; 5:8; 25:16

Mt 3:15 **ἀποκριθεὶς** δὲ ὁ Ἰησοῦς εἶπεν πρὸς αὐτόν, Ἄφες ἄρτι,
4: 4 ὁ δὲ **ἀποκριθεὶς** εἶπεν, Γέγραπται, Οὐκ ἐπ' ἄρτῳ μόνῳ ζήσεται ὁ ἄνθρωπος,
8: 8 καὶ **ἀποκριθεὶς** ὁ ἑκατόνταρχος ἔφη, Κύριε, οὐκ εἰμὶ ἱκανὸς ἵνα μου ὑπὸ τὴν στέγην εἰσέλθῃς,
11: 4 καὶ **ἀποκριθεὶς** ὁ Ἰησοῦς εἶπεν αὐτοῖς, Πορευθέντες ἀπαγγείλατε Ἰωάννῃ ἃ ἀκούετε καὶ βλέπετε·
11:25 Ἐν ἐκείνῳ τῷ καιρῷ **ἀποκριθεὶς** ὁ Ἰησοῦς εἶπεν,
12:38 Τότε **ἀπεκρίθησαν** αὐτῷ τινες τῶν γραμματέων καὶ Φαρισαίων λέγοντες,
12:39 ὁ δὲ **ἀποκριθεὶς** εἶπεν αὐτοῖς, Γενεὰ πονηρὰ καὶ μοιχαλὶς σημεῖον ἐπιζητεῖ,
12:48 ὁ δὲ **ἀποκριθεὶς** εἶπεν τῷ λέγοντι αὐτῷ, Τίς ἐστιν ἡ μήτηρ μου καὶ τίνες εἰσὶν οἱ ἀδελφοί μου;
13:11 ὁ δὲ **ἀποκριθεὶς** εἶπεν αὐτοῖς, Ὅτι ὑμῖν δέδοται γνῶναι τὰ μυστήρια τῆς βασιλείας τῶν οὐρανῶν,
13:37 ὁ δὲ **ἀποκριθεὶς** εἶπεν, Ὁ σπείρων τὸ καλὸν σπέρμα ἐστὶν ὁ υἱὸς τοῦ ἀνθρώπου,
14:28 **ἀποκριθεὶς** δὲ αὐτῷ ὁ Πέτρος εἶπεν, Κύριε, εἰ σὺ εἶ,
15: 3 ὁ δὲ **ἀποκριθεὶς** εἶπεν αὐτοῖς, Διὰ τί καὶ ὑμεῖς παραβαίνετε τὴν ἐντολὴν τοῦ θεοῦ διὰ τὴν παράδοσιν ὑμῶν;
15:13 ὁ δὲ **ἀποκριθεὶς** εἶπεν, Πᾶσα φυτεία ἣν οὐκ ἐφύτευσεν ὁ πατήρ μου ὁ οὐράνιος ἐκριζωθήσεται.
15:15 **Ἀποκριθεὶς** δὲ ὁ Πέτρος εἶπεν αὐτῷ, Φράσον ἡμῖν τὴν παραβολὴν [ταύτην.]
15:23 ὁ δὲ οὐκ **ἀπεκρίθη** αὐτῇ λόγον. καὶ προσελθόντες οἱ μαθηταὶ αὐτοῦ ἠρώτουν αὐτὸν λέγοντες,
15:24 ὁ δὲ **ἀποκριθεὶς** εἶπεν, Οὐκ ἀπεστάλην εἰ μὴ εἰς τὰ πρόβατα τὰ ἀπολωλότα οἴκου Ἰσραήλ.
15:26 ὁ δὲ **ἀποκριθεὶς** εἶπεν, Οὐκ ἔστιν καλὸν λαβεῖν τὸν ἄρτον τῶν τέκνων καὶ βαλεῖν τοῖς κυναρίοις.
15:28 τότε **ἀποκριθεὶς** ὁ Ἰησοῦς εἶπεν αὐτῇ, Ὦ γύναι,
16: 2 ὁ δὲ **ἀποκριθεὶς** εἶπεν αὐτοῖς, [Ὀψίας γενομένης λέγετε,]
16:16 **ἀποκριθεὶς** δὲ Σίμων Πέτρος εἶπεν, Σὺ εἶ ὁ Χριστὸς ὁ υἱὸς τοῦ θεοῦ τοῦ ζῶντος.
16:17 **ἀποκριθεὶς** δὲ ὁ Ἰησοῦς εἶπεν αὐτῷ, Μακάριος εἶ,
17: 4 **ἀποκριθεὶς** δὲ ὁ Πέτρος εἶπεν τῷ Ἰησοῦ, Κύριε,
17:11 ὁ δὲ **ἀποκριθεὶς** εἶπεν, Ἠλίας μὲν ἔρχεται καὶ ἀποκαταστήσει πάντα·
17:17 **ἀποκριθεὶς** δὲ ὁ Ἰησοῦς εἶπεν, Ὦ γενεὰ ἄπιστος καὶ διεστραμμένη,
19: 4 ὁ δὲ **ἀποκριθεὶς** εἶπεν, Οὐκ ἀνέγνωτε ὅτι ὁ κτίσας ἀπ' ἀρχῆς ἄρσεν καὶ θῆλυ ἐποίησεν αὐτούς;
19:27 Τότε **ἀποκριθεὶς** ὁ Πέτρος εἶπεν αὐτῷ, Ἰδοὺ ἡμεῖς ἀφήκαμεν πάντα καὶ ἠκολουθήσαμέν σοι·
20:13 ὁ δὲ **ἀποκριθεὶς** ἑνὶ αὐτῶν εἶπεν, Ἑταῖρε, οὐκ ἀδικῶ σε·
20:22 **ἀποκριθεὶς** δὲ ὁ Ἰησοῦς εἶπεν, Οὐκ οἴδατε τί αἰτεῖσθε.
21:21 **ἀποκριθεὶς** δὲ ὁ Ἰησοῦς εἶπεν αὐτοῖς, Ἀμὴν λέγω ὑμῖν,
21:24 **ἀποκριθεὶς** δὲ ὁ Ἰησοῦς εἶπεν αὐτοῖς, Ἐρωτήσω ὑμᾶς κἀγὼ λόγον ἕνα,
21:27 καὶ **ἀποκριθέντες** τῷ Ἰησοῦ εἶπαν, Οὐκ οἴδαμεν.
21:29 ὁ δὲ **ἀποκριθεὶς** εἶπεν, Οὐ θέλω, ὕστερον δὲ μεταμεληθεὶς ἀπῆλθεν.
21:30 ὁ δὲ **ἀποκριθεὶς** εἶπεν, Ἐγώ, κύριε, καὶ οὐκ ἀπῆλθεν.
22: 1 Καὶ **ἀποκριθεὶς** ὁ Ἰησοῦς πάλιν εἶπεν ἐν παραβολαῖς αὐτοῖς λέγων,
22:29 **ἀποκριθεὶς** δὲ ὁ Ἰησοῦς εἶπεν αὐτοῖς, Πλανᾶσθε μὴ εἰδότες τὰς γραφὰς μηδὲ τὴν δύναμιν τοῦ θεοῦ·
22:46 οὐδεὶς ἐδύνατο **ἀποκριθῆναι** αὐτῷ λόγον οὐδὲ ἐτόλμησέν τις ἀπ' ἐκείνης τῆς ἡμέρας ἐπερωτῆσαι αὐτὸν οὐκέτι.
24: 2 ὁ δὲ **ἀποκριθεὶς** εἶπεν αὐτοῖς, Οὐ βλέπετε ταῦτα πάντα;
24: 4 καὶ **ἀποκριθεὶς** ὁ Ἰησοῦς εἶπεν αὐτοῖς, Βλέπετε μή τις ὑμᾶς πλανήσῃ·
25: 9 **ἀπεκρίθησαν** δὲ αἱ φρόνιμοι λέγουσαι, Μήποτε οὐ μὴ ἀρκέσῃ ἡμῖν καὶ ὑμῖν·
25:12 ὁ δὲ **ἀποκριθεὶς** εἶπεν, Ἀμὴν λέγω ὑμῖν, οὐκ οἶδα ὑμᾶς.
25:26 **ἀποκριθεὶς** δὲ ὁ κύριος αὐτοῦ εἶπεν αὐτῷ, Πονηρὲ δοῦλε καὶ ὀκνηρέ,
25:37 τότε **ἀποκριθήσονται** αὐτῷ οἱ δίκαιοι λέγοντες, Κύριε, πότε σε εἴδομεν πεινῶντα καὶ ἐθρέψαμεν,
25:40 καὶ **ἀποκριθεὶς** ὁ βασιλεὺς ἐρεῖ αὐτοῖς, Ἀμὴν λέγω ὑμῖν,
25:44 τότε **ἀποκριθήσονται** καὶ αὐτοὶ λέγοντες, Κύριε, πότε σε εἴδομεν πεινῶντα ἢ διψῶντα ἢ ξένον ἢ γυμνὸν ἢ ἀσθενῆ
25:45 τότε **ἀποκριθήσεται** αὐτοῖς λέγων, Ἀμὴν λέγω ὑμῖν, ἐφ' ὅσον οὐκ ἐποιήσατε ἑνὶ τούτων τῶν ἐλαχίστων,
26:23 ὁ δὲ **ἀποκριθεὶς** εἶπεν, Ὁ ἐμβάψας μετ' ἐμοῦ τὴν χεῖρα ἐν τῷ τρυβλίῳ οὗτός με παραδώσει.
26:25 **ἀποκριθεὶς** δὲ Ἰούδας ὁ παραδιδοὺς αὐτὸν εἶπεν, Μήτι ἐγώ εἰμι,
26:33 **ἀποκριθεὶς** δὲ ὁ Πέτρος εἶπεν αὐτῷ, Εἰ πάντες σκανδαλισθήσονται ἐν σοί,
26:62 καὶ ἀναστὰς ὁ ἀρχιερεὺς εἶπεν αὐτῷ, Οὐδὲν **ἀποκρίνῃ** τί οὗτοί σου καταμαρτυροῦσιν;
26:66 οἱ δὲ **ἀποκριθέντες** εἶπαν, Ἔνοχος θανάτου ἐστίν.
27:12 καὶ ἐν τῷ κατηγορεῖσθαι αὐτὸν ὑπὸ τῶν ἀρχιερέων καὶ πρεσβυτέρων οὐδὲν **ἀπεκρίνατο.**
27:14 καὶ οὐκ **ἀπεκρίθη** αὐτῷ πρὸς οὐδὲ ἓν ῥῆμα,
27:21 **ἀποκριθεὶς** δὲ ὁ ἡγεμὼν εἶπεν αὐτοῖς, Τίνα θέλετε ἀπὸ τῶν δύο ἀπολύσω ὑμῖν;
27:25 καὶ **ἀποκριθεὶς** πᾶς ὁ λαὸς εἶπεν, Τὸ αἷμα αὐτοῦ ἐφ' ἡμᾶς
28: 5 **ἀποκριθεὶς** δὲ ὁ ἄγγελος εἶπεν ταῖς γυναιξίν, Μὴ φοβεῖσθε ὑμεῖς,
Mk 3:33 καὶ **ἀποκριθεὶς** αὐτοῖς λέγει, Τίς ἐστιν ἡ μήτηρ μου καὶ οἱ ἀδελφοί [μου;]
6:37 ὁ δὲ **ἀποκριθεὶς** εἶπεν αὐτοῖς, Δότε αὐτοῖς ὑμεῖς φαγεῖν.
7:28 ἡ δὲ **ἀπεκρίθη** καὶ λέγει αὐτῷ, Κύριε· καὶ τὰ κυνάρια ὑποκάτω τῆς τραπέζης ἐσθίουσιν ἀπὸ τῶν ψιχίων
8: 4 καὶ **ἀπεκρίθησαν** αὐτῷ οἱ μαθηταὶ αὐτοῦ ὅτι Πόθεν τούτους δυνήσεταί τις ὧδε χορτάσαι ἄρτων ἐπ' ἐρημίας;
8:29 **ἀποκριθεὶς** ὁ Πέτρος λέγει αὐτῷ, Σὺ εἶ ὁ Χριστός.
9: 5 καὶ **ἀποκριθεὶς** ὁ Πέτρος λέγει τῷ Ἰησοῦ, Ῥαββί,
9: 6 οὐ γὰρ ᾔδει τί **ἀποκριθῇ,** ἔκφοβοι γὰρ ἐγένοντο.
9:17 καὶ **ἀπεκρίθη** αὐτῷ εἷς ἐκ τοῦ ὄχλου, Διδάσκαλε,
9:19 ὁ δὲ **ἀποκριθεὶς** αὐτοῖς λέγει, Ὦ γενεὰ ἄπιστος,
10: 3 ὁ δὲ **ἀποκριθεὶς** εἶπεν αὐτοῖς, Τί ὑμῖν ἐνετείλατο Μωϋσῆς;
10:24 ὁ δὲ Ἰησοῦς πάλιν **ἀποκριθεὶς** λέγει αὐτοῖς, Τέκνα,
10:51 καὶ **ἀποκριθεὶς** αὐτῷ ὁ Ἰησοῦς εἶπεν, Τί σοι θέλεις ποιήσω;

11:14 καὶ **ἀποκριθεὶς** εἶπεν αὐτῇ, Μηκέτι εἰς τὸν αἰῶνα ἐκ σοῦ μηδεὶς καρπὸν φάγοι.
11:22 καὶ **ἀποκριθεὶς** ὁ Ἰησοῦς λέγει αὐτοῖς, Ἔχετε πίστιν θεοῦ.
11:29 καὶ **ἀποκρίθητέ** μοι καὶ ἐρῶ ὑμῖν ἐν ποίᾳ ἐξουσίᾳ ταῦτα ποιῶ·
11:30 τὸ βάπτισμα τὸ Ἰωάννου ἐξ οὐρανοῦ ἦν ἢ ἐξ ἀνθρώπων; **ἀποκρίθητέ** μοι.
11:33 καὶ **ἀποκριθέντες** τῷ Ἰησοῦ λέγουσιν, Οὐκ οἴδαμεν. καὶ ὁ Ἰησοῦς λέγει αὐτοῖς,
12:28 ἰδὼν ὅτι καλῶς **ἀπεκρίθη** αὐτοῖς ἐπηρώτησεν αὐτόν, Ποία ἐστὶν ἐντολὴ πρώτη πάντων;
12:29 **ἀπεκρίθη** ὁ Ἰησοῦς ὅτι Πρώτη ἐστίν, Ἄκουε, Ἰσραήλ,
12:34 ὁ Ἰησοῦς ἰδὼν [αὐτὸν] ὅτι νουνεχῶς **ἀπεκρίθη** εἶπεν αὐτῷ,
12:35 Καὶ **ἀποκριθεὶς** ὁ Ἰησοῦς ἔλεγεν διδάσκων ἐν τῷ ἱερῷ,
14:40 ἦσαν γὰρ αὐτῶν οἱ ὀφθαλμοὶ καταβαρυνόμενοι, καὶ οὐκ ᾔδεισαν τί **ἀποκριθῶσιν** αὐτῷ.
14:48 καὶ **ἀποκριθεὶς** ὁ Ἰησοῦς εἶπεν αὐτοῖς, Ὡς ἐπὶ λῃστὴν ἐξήλθατε μετὰ μαχαιρῶν καὶ ξύλων συλλαβεῖν με;
14:60 καὶ ἀναστὰς ὁ ἀρχιερεὺς εἰς μέσον ἐπηρώτησεν τὸν Ἰησοῦν λέγων, Οὐκ **ἀποκρίνῃ** οὐδὲν τί οὗτοί σου καταμαρτυροῦσιν;
14:61 ὁ δὲ ἐσιώπα καὶ οὐκ **ἀπεκρίνατο** οὐδέν. πάλιν ὁ ἀρχιερεὺς ἐπηρώτα αὐτὸν καὶ λέγει αὐτῷ,
15: 2 Σὺ εἶ ὁ βασιλεὺς τῶν Ἰουδαίων; ὁ δὲ **ἀποκριθεὶς** αὐτῷ λέγει, Σὺ λέγεις.
15: 4 ὁ δὲ Πιλᾶτος πάλιν ἐπηρώτα αὐτὸν λέγων, Οὐκ **ἀποκρίνῃ** οὐδέν;
15: 5 ὁ δὲ Ἰησοῦς οὐκέτι οὐδὲν **ἀπεκρίθη,** ὥστε θαυμάζειν τὸν Πιλᾶτον.
15: 9 ὁ δὲ Πιλᾶτος **ἀπεκρίθη** αὐτοῖς λέγων, Θέλετε ἀπολύσω ὑμῖν τὸν βασιλέα τῶν Ἰουδαίων;
15:12 ὁ δὲ Πιλᾶτος πάλιν **ἀποκριθεὶς** ἔλεγεν αὐτοῖς, Τί οὖν [θέλετε] ποιήσω [ὃν λέγετε] τὸν βασιλέα τῶν Ἰουδαίων;

Lk 1:19 καὶ **ἀποκριθεὶς** ὁ ἄγγελος εἶπεν αὐτῷ, Ἐγώ εἰμι Γαβριὴλ
1:35 καὶ **ἀποκριθεὶς** ὁ ἄγγελος εἶπεν αὐτῇ, Πνεῦμα ἅγιον ἐπελεύσεται ἐπὶ σὲ καὶ δύναμις ὑψίστου ἐπισκιάσει σοι·
1:60 καὶ **ἀποκριθεῖσα** ἡ μήτηρ αὐτοῦ εἶπεν, Οὐχί, ἀλλὰ κληθήσεται Ἰωάννης.
3:11 **ἀποκριθεὶς** δὲ ἔλεγεν αὐτοῖς, Ὁ ἔχων δύο χιτῶνας μεταδότω τῷ μὴ ἔχοντι,
3:16 **ἀπεκρίνατο** λέγων πᾶσιν ὁ Ἰωάννης, Ἐγὼ μὲν ὕδατι βαπτίζω ὑμᾶς·
4: 4 καὶ **ἀπεκρίθη** πρὸς αὐτὸν ὁ Ἰησοῦς, Γέγραπται ὅτι Οὐκ ἐπ' ἄρτῳ μόνῳ ζήσεται ὁ ἄνθρωπος.
4: 8 καὶ **ἀποκριθεὶς** ὁ Ἰησοῦς εἶπεν αὐτῷ, Γέγραπται, Κύριον τὸν θεόν σου προσκυνήσεις καὶ αὐτῷ μόνῳ λατρεύσεις.
4:12 καὶ **ἀποκριθεὶς** εἶπεν αὐτῷ ὁ Ἰησοῦς ὅτι Εἴρηται,
5: 5 καὶ **ἀποκριθεὶς** Σίμων εἶπεν, Ἐπιστάτα, δι' ὅλης νυκτὸς κοπιάσαντες οὐδὲν ἐλάβομεν·
5:22 ἐπιγνοὺς δὲ ὁ Ἰησοῦς τοὺς διαλογισμοὺς αὐτῶν **ἀποκριθεὶς** εἶπεν πρὸς αὐτούς,
5:31 καὶ **ἀποκριθεὶς** ὁ Ἰησοῦς εἶπεν πρὸς αὐτούς, Οὐ χρείαν ἔχουσιν οἱ ὑγιαίνοντες ἰατροῦ ἀλλὰ οἱ κακῶς ἔχοντες·
6: 3 καὶ **ἀποκριθεὶς** πρὸς αὐτοὺς εἶπεν ὁ Ἰησοῦς, Οὐδὲ τοῦτο ἀνέγνωτε ὃ ἐποίησεν Δαυὶδ ὅτε ἐπείνασεν αὐτὸς
7:22 καὶ **ἀποκριθεὶς** εἶπεν αὐτοῖς, Πορευθέντες ἀπαγγείλατε Ἰωάννῃ ἃ εἴδετε καὶ ἠκούσατε·
7:40 καὶ **ἀποκριθεὶς** ὁ Ἰησοῦς εἶπεν πρὸς αὐτόν, Σίμων,
7:43 **ἀποκριθεὶς** Σίμων εἶπεν, Ὑπολαμβάνω ὅτι ᾧ τὸ πλεῖον ἐχαρίσατο.
8:21 ὁ δὲ **ἀποκριθεὶς** εἶπεν πρὸς αὐτούς, Μήτηρ μου καὶ ἀδελφοί μου οὗτοί εἰσιν οἱ τὸν λόγον τοῦ θεοῦ ἀκούοντες καὶ ποιοῦντες.
8:50 ὁ δὲ Ἰησοῦς ἀκούσας **ἀπεκρίθη** αὐτῷ, Μὴ φοβοῦ,
9:19 οἱ δὲ **ἀποκριθέντες** εἶπαν, Ἰωάννην τὸν βαπτιστήν, ἄλλοι δὲ Ἠλίαν,
9:20 Πέτρος δὲ **ἀποκριθεὶς** εἶπεν, Τὸν Χριστὸν τοῦ θεοῦ.
9:41 **ἀποκριθεὶς** δὲ ὁ Ἰησοῦς εἶπεν, Ὦ γενεὰ ἄπιστος καὶ διεστραμμένη,
9:49 **Ἀποκριθεὶς** δὲ Ἰωάννης εἶπεν, Ἐπιστάτα, εἴδομέν τινα ἐν τῷ ὀνόματί σου ἐκβάλλοντα δαιμόνια καὶ ἐκωλύομεν αὐτόν,
10:27 ὁ δὲ **ἀποκριθεὶς** εἶπεν, Ἀγαπήσεις κύριον τὸν θεόν σου ἐξ ὅλης [τῆς] καρδίας σου καὶ ἐν ὅλῃ τῇ ψυχῇ σου
10:28 εἶπεν δὲ αὐτῷ, Ὀρθῶς **ἀπεκρίθης·** τοῦτο ποίει καὶ ζήσῃ.
10:41 **ἀποκριθεὶς** δὲ εἶπεν αὐτῇ ὁ κύριος, Μάρθα Μάρθα,
11: 7 κἀκεῖνος ἔσωθεν **ἀποκριθεὶς** εἴπῃ, Μή μοι κόπους πάρεχε·
11:45 **Ἀποκριθεὶς** δέ τις τῶν νομικῶν λέγει αὐτῷ, Διδάσκαλε,
13: 2 καὶ **ἀποκριθεὶς** εἶπεν αὐτοῖς, Δοκεῖτε ὅτι οἱ Γαλιλαῖοι οὗτοι ἁμαρτωλοὶ παρὰ πάντας τοὺς Γαλιλαίους ἐγένοντο,
13: 8 ὁ δὲ **ἀποκριθεὶς** λέγει αὐτῷ, Κύριε, ἄφες αὐτὴν
13:14 **ἀποκριθεὶς** δὲ ὁ ἀρχισυνάγωγος, ἀγανακτῶν ὅτι τῷ σαββάτῳ ἐθεράπευσεν ὁ Ἰησοῦς,
13:15 **ἀπεκρίθη** δὲ αὐτῷ ὁ κύριος καὶ εἶπεν, Ὑποκριταί,
13:25 Κύριε, ἄνοιξον ἡμῖν, καὶ **ἀποκριθεὶς** ἐρεῖ ὑμῖν, Οὐκ οἶδα ὑμᾶς πόθεν ἐστέ.
14: 3 καὶ **ἀποκριθεὶς** ὁ Ἰησοῦς εἶπεν πρὸς τοὺς νομικοὺς καὶ Φαρισαίους λέγων,
15:29 ὁ δὲ **ἀποκριθεὶς** εἶπεν τῷ πατρὶ αὐτοῦ, Ἰδοὺ τοσαῦτα ἔτη δουλεύω σοι καὶ οὐδέποτε ἐντολήν σου παρῆλθον,
17:17 **ἀποκριθεὶς** δὲ ὁ Ἰησοῦς εἶπεν, Οὐχὶ οἱ δέκα ἐκαθαρίσθησαν;
17:20 Ἐπερωτηθεὶς δὲ ὑπὸ τῶν Φαρισαίων πότε ἔρχεται ἡ βασιλεία τοῦ θεοῦ **ἀπεκρίθη** αὐτοῖς καὶ εἶπεν,
17:37 καὶ **ἀποκριθέντες** λέγουσιν αὐτῷ, Ποῦ, κύριε;
19:40 καὶ **ἀποκριθεὶς** εἶπεν, Λέγω ὑμῖν, ἐὰν οὗτοι σιωπήσουσιν,
20: 3 **ἀποκριθεὶς** δὲ εἶπεν πρὸς αὐτούς, Ἐρωτήσω ὑμᾶς κἀγὼ λόγον,
20: 7 καὶ **ἀπεκρίθησαν** μὴ εἰδέναι πόθεν.
20:39 **ἀποκριθέντες** δέ τινες τῶν γραμματέων εἶπαν, Διδάσκαλε, καλῶς εἶπας.
22:51 **ἀποκριθεὶς** δὲ ὁ Ἰησοῦς εἶπεν, Ἐᾶτε ἕως τούτου·
22:68 ἐὰν δὲ ἐρωτήσω, οὐ μὴ **ἀποκριθῆτε.**
23: 3 Σὺ εἶ ὁ βασιλεὺς τῶν Ἰουδαίων; ὁ δὲ **ἀποκριθεὶς** αὐτῷ ἔφη, Σὺ λέγεις.
23: 9 ἐπηρώτα δὲ αὐτὸν ἐν λόγοις ἱκανοῖς, αὐτὸς δὲ οὐδὲν **ἀπεκρίνατο** αὐτῷ.
23:40 **ἀποκριθεὶς** δὲ ὁ ἕτερος ἐπιτιμῶν αὐτῷ ἔφη, Οὐδὲ φοβῇ σὺ τὸν θεόν,
24:18 **ἀποκριθεὶς** δὲ εἷς ὀνόματι Κλεοπᾶς εἶπεν πρὸς αὐτόν,

Jn 1:21 Ὁ προφήτης εἶ σύ; καὶ **ἀπεκρίθη,** Οὔ.
1:26 **ἀπεκρίθη** αὐτοῖς ὁ Ἰωάννης λέγων, Ἐγὼ βαπτίζω ἐν ὕδατι·
1:48 **ἀπεκρίθη** Ἰησοῦς καὶ εἶπεν αὐτῷ, Πρὸ τοῦ σε Φίλιππον φωνῆσαι ὄντα ὑπὸ τὴν συκῆν εἶδόν σε.
1:49 **ἀπεκρίθη** αὐτῷ Ναθαναήλ, Ῥαββί, σὺ εἶ ὁ υἱὸς τοῦ θεοῦ,
1:50 **ἀπεκρίθη** Ἰησοῦς καὶ εἶπεν αὐτῷ, Ὅτι εἶπόν σοι ὅτι εἶδόν σε ὑποκάτω τῆς συκῆς,
2:18 **ἀπεκρίθησαν** οὖν οἱ Ἰουδαῖοι καὶ εἶπαν αὐτῷ, Τί σημεῖον δεικνύεις ἡμῖν ὅτι ταῦτα ποιεῖς;
2:19 **ἀπεκρίθη** Ἰησοῦς καὶ εἶπεν αὐτοῖς, Λύσατε τὸν ναὸν τοῦτον καὶ ἐν τρισὶν ἡμέραις ἐγερῶ αὐτόν.
3: 3 **ἀπεκρίθη** Ἰησοῦς καὶ εἶπεν αὐτῷ, Ἀμὴν ἀμὴν λέγω σοι,
3: 5 **ἀπεκρίθη** Ἰησοῦς, Ἀμὴν ἀμὴν λέγω σοι, ἐὰν μή τις γεννηθῇ ἐξ ὕδατος καὶ πνεύματος,
3: 9 **ἀπεκρίθη** Νικόδημος καὶ εἶπεν αὐτῷ, Πῶς δύναται ταῦτα γενέσθαι;
3:10 **ἀπεκρίθη** Ἰησοῦς καὶ εἶπεν αὐτῷ, Σὺ εἶ ὁ διδάσκαλος τοῦ Ἰσραὴλ καὶ ταῦτα οὐ γινώσκεις;
3:27 **ἀπεκρίθη** Ἰωάννης καὶ εἶπεν, Οὐ δύναται ἄνθρωπος λαμβάνειν οὐδὲ ἓν ἐὰν μὴ ᾖ δεδομένον αὐτῷ ἐκ τοῦ οὐρανοῦ.
4:10 **ἀπεκρίθη** Ἰησοῦς καὶ εἶπεν αὐτῇ, Εἰ ᾔδεις τὴν δωρεὰν τοῦ θεοῦ καὶ τίς ἐστιν ὁ λέγων σοι,
4:13 **ἀπεκρίθη** Ἰησοῦς καὶ εἶπεν αὐτῇ, Πᾶς ὁ πίνων ἐκ τοῦ ὕδατος τούτου διψήσει πάλιν·
4:17 **ἀπεκρίθη** ἡ γυνὴ καὶ εἶπεν αὐτῷ, Οὐκ ἔχω ἄνδρα.
5: 7 **ἀπεκρίθη** αὐτῷ ὁ ἀσθενῶν, Κύριε, ἄνθρωπον οὐκ ἔχω ἵνα ὅταν ταραχθῇ τὸ ὕδωρ βάλῃ με εἰς τὴν κολυμβήθραν·
5:11 ὁ δὲ **ἀπεκρίθη** αὐτοῖς, Ὁ ποιήσας με ὑγιῆ ἐκεῖνός μοι εἶπεν,
5:17 ὁ δὲ [Ἰησοῦς] **ἀπεκρίνατο** αὐτοῖς, Ὁ πατήρ μου ἕως ἄρτι ἐργάζεται κἀγὼ ἐργάζομαι·
5:19 **Ἀπεκρίνατο** οὖν ὁ Ἰησοῦς καὶ ἔλεγεν αὐτοῖς, Ἀμὴν ἀμὴν λέγω ὑμῖν,
6: 7 **ἀπεκρίθη** αὐτῷ [ὁ] Φίλιππος, Διακοσίων δηναρίων ἄρτοι οὐκ ἀρκοῦσιν αὐτοῖς ἵνα ἕκαστος βραχύ [τι] λάβῃ.
6:26 **ἀπεκρίθη** αὐτοῖς ὁ Ἰησοῦς καὶ εἶπεν, Ἀμὴν ἀμὴν λέγω ὑμῖν,
6:29 **ἀπεκρίθη** [ὁ] Ἰησοῦς καὶ εἶπεν αὐτοῖς, Τοῦτό ἐστιν τὸ ἔργον τοῦ θεοῦ,
6:43 **ἀπεκρίθη** Ἰησοῦς καὶ εἶπεν αὐτοῖς, Μὴ γογγύζετε μετ' ἀλλήλων.
6:68 **ἀπεκρίθη** αὐτῷ Σίμων Πέτρος, Κύριε, πρὸς τίνα ἀπελευσόμεθα;
6:70 **ἀπεκρίθη** αὐτοῖς ὁ Ἰησοῦς, Οὐκ ἐγὼ ὑμᾶς τοὺς δώδεκα ἐξελεξάμην;
7:16 **ἀπεκρίθη** οὖν αὐτοῖς [ὁ] Ἰησοῦς καὶ εἶπεν, Ἡ ἐμὴ διδαχὴ οὐκ ἔστιν ἐμὴ ἀλλὰ τοῦ πέμψαντός με·
7:20 **ἀπεκρίθη** ὁ ὄχλος, Δαιμόνιον ἔχεις· τίς σε ζητεῖ ἀποκτεῖναι;
7:21 **ἀπεκρίθη** Ἰησοῦς καὶ εἶπεν αὐτοῖς, Ἓν ἔργον ἐποίησα καὶ πάντες θαυμάζετε.

7:46 **ἀπεκρίθησαν** οἱ ὑπηρέται, Οὐδέποτε ἐλάλησεν οὕτως ἄνθρωπος.
7:47 **ἀπεκρίθησαν** οὖν αὐτοῖς οἱ Φαρισαῖοι, Μὴ καὶ ὑμεῖς πεπλάνησθε;
7:52 **ἀπεκρίθησαν** καὶ εἶπαν αὐτῷ, Μὴ καὶ σὺ ἐκ τῆς Γαλιλαίας εἶ;
8:14 **ἀπεκρίθη** Ἰησοῦς καὶ εἶπεν αὐτοῖς, Κἂν ἐγὼ μαρτυρῶ περὶ ἐμαυτοῦ,
8:19 **ἀπεκρίθη** Ἰησοῦς, Οὔτε ἐμὲ οἴδατε οὔτε τὸν πατέρα μου·
8:33 **ἀπεκρίθησαν** πρὸς αὐτόν, Σπέρμα Ἀβραάμ ἐσμεν καὶ οὐδενὶ δεδουλεύκαμεν πώποτε·
8:34 **ἀπεκρίθη** αὐτοῖς ὁ Ἰησοῦς, Ἀμὴν ἀμὴν λέγω ὑμῖν ὅτι πᾶς ὁ ποιῶν τὴν ἁμαρτίαν δοῦλός ἐστιν τῆς ἁμαρτίας.
8:39 **Ἀπεκρίθησαν** καὶ εἶπαν αὐτῷ, Ὁ πατὴρ ἡμῶν Ἀβραάμ ἐστιν.
8:48 **Ἀπεκρίθησαν** οἱ Ἰουδαῖοι καὶ εἶπαν αὐτῷ, Οὐ καλῶς λέγομεν ἡμεῖς ὅτι Σαμαρίτης εἶ σὺ καὶ δαιμόνιον ἔχεις;
8:49 **ἀπεκρίθη** Ἰησοῦς, Ἐγὼ δαιμόνιον οὐκ ἔχω,
8:54 **ἀπεκρίθη** Ἰησοῦς, Ἐὰν ἐγὼ δοξάσω ἐμαυτόν, ἡ δόξα μου οὐδέν ἐστιν·
9:3 **ἀπεκρίθη** Ἰησοῦς, Οὔτε οὗτος ἥμαρτεν οὔτε οἱ γονεῖς αὐτοῦ,
9:11 **ἀπεκρίθη** ἐκεῖνος, Ὁ ἄνθρωπος ὁ λεγόμενος Ἰησοῦς πηλὸν ἐποίησεν καὶ ἐπέχρισέν μου τοὺς ὀφθαλμοὺς καὶ εἶπέν μοι
9:20 **ἀπεκρίθησαν** οὖν οἱ γονεῖς αὐτοῦ καὶ εἶπαν, Οἴδαμεν ὅτι οὗτός ἐστιν ὁ υἱὸς ἡμῶν καὶ ὅτι τυφλὸς ἐγεννήθη·
9:25 **ἀπεκρίθη** οὖν ἐκεῖνος, Εἰ ἁμαρτωλός ἐστιν οὐκ οἶδα·
9:27 **ἀπεκρίθη** αὐτοῖς, Εἶπον ὑμῖν ἤδη καὶ οὐκ ἠκούσατε·
9:30 **ἀπεκρίθη** ὁ ἄνθρωπος καὶ εἶπεν αὐτοῖς, Ἐν τούτῳ γὰρ τὸ θαυμαστόν ἐστιν,
9:34 **ἀπεκρίθησαν** καὶ εἶπαν αὐτῷ, Ἐν ἁμαρτίαις σὺ ἐγεννήθης ὅλος καὶ σὺ διδάσκεις ἡμᾶς;
9:36 **ἀπεκρίθη** ἐκεῖνος καὶ εἶπεν, Καὶ τίς ἐστιν, κύριε,
10:25 **ἀπεκρίθη** αὐτοῖς ὁ Ἰησοῦς, Εἶπον ὑμῖν καὶ οὐ πιστεύετε·
10:32 **ἀπεκρίθη** αὐτοῖς ὁ Ἰησοῦς, Πολλὰ ἔργα καλὰ ἔδειξα ὑμῖν ἐκ τοῦ πατρός·
10:33 **ἀπεκρίθησαν** αὐτῷ οἱ Ἰουδαῖοι, Περὶ καλοῦ ἔργου οὐ λιθάζομέν σε ἀλλὰ περὶ βλασφημίας,
10:34 **ἀπεκρίθη** αὐτοῖς [ὁ] Ἰησοῦς, Οὐκ ἔστιν γεγραμμένον ἐν τῷ νόμῳ ὑμῶν ὅτι Ἐγὼ εἶπα,
11:9 **ἀπεκρίθη** Ἰησοῦς, Οὐχὶ δώδεκα ὧραί εἰσιν τῆς ἡμέρας;
12:23 ὁ δὲ Ἰησοῦς **ἀποκρίνεται** αὐτοῖς λέγων, Ἐλήλυθεν ἡ ὥρα ἵνα δοξασθῇ ὁ υἱὸς τοῦ ἀνθρώπου.
12:30 **ἀπεκρίθη** Ἰησοῦς καὶ εἶπεν, Οὐ δι' ἐμὲ ἡ φωνὴ αὕτη γέγονεν ἀλλὰ δι' ὑμᾶς.
12:34 **ἀπεκρίθη** οὖν αὐτῷ ὁ ὄχλος, Ἡμεῖς ἠκούσαμεν ἐκ τοῦ νόμου ὅτι ὁ Χριστὸς μένει εἰς τὸν αἰῶνα,
13:7 **ἀπεκρίθη** Ἰησοῦς καὶ εἶπεν αὐτῷ, Ὃ ἐγὼ ποιῶ σὺ οὐκ οἶδας ἄρτι,
13:8 **ἀπεκρίθη** Ἰησοῦς αὐτῷ, Ἐὰν μὴ νίψω σε, οὐκ ἔχεις μέρος μετ' ἐμοῦ.
13:26 **ἀποκρίνεται** [ὁ] Ἰησοῦς, Ἐκεῖνός ἐστιν ᾧ ἐγὼ βάψω τὸ ψωμίον καὶ δώσω αὐτῷ.
13:36 **ἀπεκρίθη** [αὐτῷ] Ἰησοῦς, Ὅπου ὑπάγω οὐ δύνασαί μοι νῦν ἀκολουθῆσαι,
13:38 **ἀποκρίνεται** Ἰησοῦς, Τὴν ψυχήν σου ὑπὲρ ἐμοῦ θήσεις;
14:23 **ἀπεκρίθη** Ἰησοῦς καὶ εἶπεν αὐτῷ, Ἐάν τις ἀγαπᾷ με τὸν λόγον μου τηρήσει,
16:31 **ἀπεκρίθη** αὐτοῖς Ἰησοῦς, Ἄρτι πιστεύετε;
18:5 **ἀπεκρίθησαν** αὐτῷ, Ἰησοῦν τὸν Ναζωραῖον. λέγει αὐτοῖς, Ἐγώ εἰμι.
18:8 **ἀπεκρίθη** Ἰησοῦς, Εἶπον ὑμῖν ὅτι ἐγώ εἰμι. εἰ οὖν ἐμὲ ζητεῖτε,
18:20 **ἀπεκρίθη** αὐτῷ Ἰησοῦς, Ἐγὼ παρρησίᾳ λελάληκα τῷ κόσμῳ,
18:22 εἷς παρεστηκὼς τῶν ὑπηρετῶν ἔδωκεν ῥάπισμα τῷ Ἰησοῦ εἰπών, Οὕτως **ἀποκρίνῃ** τῷ ἀρχιερεῖ;
18:23 **ἀπεκρίθη** αὐτῷ Ἰησοῦς, Εἰ κακῶς ἐλάλησα, μαρτύρησον περὶ τοῦ κακοῦ·
18:30 **ἀπεκρίθησαν** καὶ εἶπαν αὐτῷ, Εἰ μὴ ἦν οὗτος κακὸν ποιῶν,
18:34 **ἀπεκρίθη** Ἰησοῦς, Ἀπὸ σεαυτοῦ σὺ τοῦτο λέγεις ἢ ἄλλοι εἶπόν
18:35 **ἀπεκρίθη** ὁ Πιλᾶτος, Μήτι ἐγὼ Ἰουδαῖός εἰμι; τὸ ἔθνος τὸ σὸν καὶ οἱ ἀρχιερεῖς παρέδωκάν σε ἐμοί·
18:36 **ἀπεκρίθη** Ἰησοῦς, Ἡ βασιλεία ἡ ἐμὴ οὐκ ἔστιν ἐκ τοῦ κόσμου
18:37 **ἀπεκρίθη** ὁ Ἰησοῦς, Σὺ λέγεις ὅτι βασιλεύς εἰμι.
19:7 **ἀπεκρίθησαν** αὐτῷ οἱ Ἰουδαῖοι, Ἡμεῖς νόμον ἔχομεν καὶ κατὰ τὸν νόμον ὀφείλει ἀποθανεῖν,
19:11 **ἀπεκρίθη** [αὐτῷ] Ἰησοῦς, Οὐκ εἶχες ἐξουσίαν κατ' ἐμοῦ οὐδεμίαν εἰ μὴ ἦν δεδομένον σοι ἄνωθεν·
19:15 **ἀπεκρίθησαν** οἱ ἀρχιερεῖς, Οὐκ ἔχομεν βασιλέα εἰ μὴ Καίσαρα.
19:22 **ἀπεκρίθη** ὁ Πιλᾶτος, Ὃ γέγραφα, γέγραφα.
20:28 **ἀπεκρίθη** Θωμᾶς καὶ εἶπεν αὐτῷ, Ὁ κύριός μου καὶ ὁ θεός μου.
21:5 Παιδία, μή τι προσφάγιον ἔχετε; **ἀπεκρίθησαν** αὐτῷ, Οὔ.
Ac 3:12 ἰδὼν δὲ ὁ Πέτρος **ἀπεκρίνατο** πρὸς τὸν λαόν,
4:19 ὁ δὲ Πέτρος καὶ Ἰωάννης **ἀποκριθέντες** εἶπον πρὸς αὐτούς,
5:8 **ἀπεκρίθη** δὲ πρὸς αὐτὴν Πέτρος, Εἰπέ μοι, εἰ τοσούτου τὸ χωρίον ἀπέδοσθε;
5:29 **ἀποκριθεὶς** δὲ Πέτρος καὶ οἱ ἀπόστολοι εἶπαν, Πειθαρχεῖν δεῖ θεῷ μᾶλλον ἢ ἀνθρώποις.
8:24 **ἀποκριθεὶς** δὲ ὁ Σίμων εἶπεν, Δεήθητε ὑμεῖς ὑπὲρ ἐμοῦ πρὸς τὸν κύριον ὅπως μηδὲν ἐπέλθῃ ἐπ' ἐμὲ ὧν εἰρήκατε.
8:34 **Ἀποκριθεὶς** δὲ ὁ εὐνοῦχος τῷ **Φιλίππῳ** εἶπεν, Δέομαί σου,
9:13 **ἀπεκρίθη** δὲ Ἁνανίας, Κύριε, ἤκουσα ἀπὸ πολλῶν περὶ τοῦ ἀνδρὸς τούτου ὅσα κακὰ τοῖς ἁγίοις σου ἐποίησεν
10:46 ἤκουον γὰρ αὐτῶν λαλούντων γλώσσαις καὶ μεγαλυνόντων τὸν θεόν. τότε **ἀπεκρίθη** Πέτρος,
11:9 **ἀπεκρίθη** δὲ φωνὴ ἐκ δευτέρου ἐκ τοῦ οὐρανοῦ,
15:13 Μετὰ δὲ τὸ σιγῆσαι αὐτοὺς **ἀπεκρίθη** Ἰάκωβος λέγων,
19:15 **ἀποκριθὲν** δὲ τὸ πνεῦμα τὸ πονηρὸν εἶπεν αὐτοῖς,
21:13 τότε **ἀπεκρίθη** ὁ Παῦλος, Τί ποιεῖτε κλαίοντες καὶ συνθρύπτοντές μου τὴν καρδίαν;
22:8 ἐγὼ δὲ **ἀπεκρίθην**, Τίς εἶ, κύριε; εἶπέν τε πρός με,
22:28 **ἀπεκρίθη** δὲ ὁ χιλίαρχος, Ἐγὼ πολλοῦ κεφαλαίου τὴν πολιτείαν ταύτην ἐκτησάμην.
24:10 **Ἀπεκρίθη** τε ὁ Παῦλος νεύσαντος αὐτῷ τοῦ ἡγεμόνος λέγειν,
24:25 ἔμφοβος γενόμενος ὁ **Φῆλιξ** **ἀπεκρίθη,** Τὸ νῦν ἔχον πορεύου,
25:4 ὁ μὲν οὖν **Φῆστος** **ἀπεκρίθη** τηρεῖσθαι τὸν Παῦλον εἰς Καισάρειαν,
25:9 ὁ **Φῆστος** δὲ θέλων τοῖς Ἰουδαίοις χάριν καταθέσθαι **ἀποκριθεὶς** τῷ Παύλῳ εἶπεν,
25:12 τότε ὁ **Φῆστος** συλλαλήσας μετὰ τοῦ συμβουλίου **ἀπεκρίθη,**
25:16 πρὸς οὓς **ἀπεκρίθην** ὅτι οὐκ ἔστιν ἔθος Ῥωμαίοις χαρίζεσθαί τινα ἄνθρωπον πρὶν
Col 4:6 ἅλατι ἠρτυμένος, εἰδέναι πῶς δεῖ ὑμᾶς ἑνὶ ἑκάστῳ **ἀποκρίνεσθαι.**
Rev 7:13 Καὶ **ἀπεκρίθη** εἷς ἐκ τῶν πρεσβυτέρων λέγων μοι,

647 ἀπόκρισις [4]

√ *608 + 3212*

Lk 2:47 ἐξίσταντο δὲ πάντες οἱ ἀκούοντες αὐτοῦ ἐπὶ τῇ συνέσει καὶ ταῖς **ἀποκρίσεσιν** αὐτοῦ.
20:26 καὶ οὐκ ἴσχυσαν ἐπιλαβέσθαι αὐτοῦ ῥήματος ἐναντίον τοῦ λαοῦ καὶ θαυμάσαντες ἐπὶ τῇ **ἀποκρίσει** αὐτοῦ ἐσίγησαν.
Jn 1:22 ἵνα **ἀπόκρισιν** δῶμεν τοῖς πέμψασιν ἡμᾶς· τί λέγεις περὶ σεαυτοῦ;
19:9 Πόθεν εἶ σύ; ὁ δὲ Ἰησοῦς **ἀπόκρισιν** οὐκ ἔδωκεν αὐτῷ.

648 ἀποκρύπτω [4]

√ *608 + 3221*

Lk 10:21 ὅτι **ἀπέκρυψας** ταῦτα ἀπὸ σοφῶν καὶ συνετῶν καὶ ἀπεκάλυψας αὐτὰ νηπίοις·
1Co 2:7 ἀλλὰ λαλοῦμεν θεοῦ σοφίαν ἐν μυστηρίῳ τὴν **ἀποκεκρυμμένην,**
Eph 3:9 τίς ἡ οἰκονομία τοῦ μυστηρίου τοῦ **ἀποκεκρυμμένου** ἀπὸ τῶν αἰώνων ἐν τῷ θεῷ τῷ τὰ πάντα κτίσαντι,
Col 1:26 τὸ μυστήριον τὸ **ἀποκεκρυμμένον** ἀπὸ τῶν αἰώνων καὶ ἀπὸ τῶν γενεῶν–

649 ἀπόκρυφος [3]

√ *608 + 3221*

Mk 4:22 οὐδὲ ἐγένετο **ἀπόκρυφον** ἀλλ' ἵνα ἔλθῃ εἰς φανερόν.
Lk 8:17 οὐ γάρ ἐστιν κρυπτὸν ὃ οὐ φανερὸν γενήσεται οὐδὲ **ἀπόκρυφον** ὃ οὐ μὴ γνωσθῇ καὶ εἰς φανερὸν ἔλθῃ.
Col 2:3 ἐν ᾧ εἰσιν πάντες οἱ θησαυροὶ τῆς σοφίας καὶ γνώσεως **ἀπόκρυφοι.**

650 ἀποκτείνω [74]

→ *475, 651*

ἀποκτείνω ἐν [6] Rev 2:23; 6:8; 9:20; 11:13; 13:10; 19:21

ἀποκτέννω [4] Mt 10:28; Mk 12:5; 2Co 3:6; Rev 6:11

Mt 10:28 καὶ μὴ φοβεῖσθε ἀπὸ τῶν **ἀποκτεννόντων** τὸ σῶμα, τὴν δὲ ψυχὴν μὴ δυναμένων **ἀποκτεῖναι·**

14: 5 καὶ θέλων αὐτὸν **ἀποκτεῖναι** ἐφοβήθη τὸν ὄχλον, ὅτι ὡς προφήτην αὐτὸν εἶχον.
16:21 καὶ πολλὰ παθεῖν ἀπὸ τῶν πρεσβυτέρων καὶ ἀρχιερέων καὶ γραμματέων καὶ **ἀποκτανθῆναι** καὶ τῇ τρίτῃ ἡμέρᾳ ἐγερθῆναι.
17:23 καὶ **ἀποκτενοῦσιν** αὐτόν, καὶ τῇ τρίτῃ ἡμέρᾳ ἐγερθήσεται.
21:35 καὶ λαβόντες οἱ γεωργοὶ τοὺς δούλους αὐτοῦ ὃν μὲν ἔδειραν, ὃν δὲ **ἀπέκτειναν,** ὃν δὲ ἐλιθοβόλησαν.
21:38 δεῦτε **ἀποκτείνωμεν** αὐτὸν καὶ σχῶμεν τὴν κληρονομίαν αὐτοῦ,
21:39 καὶ λαβόντες αὐτὸν ἐξέβαλον ἔξω τοῦ ἀμπελῶνος καὶ **ἀπέκτειναν.**
22: 6 οἱ δὲ λοιποὶ κρατήσαντες τοὺς δούλους αὐτοῦ ὕβρισαν καὶ **ἀπέκτειναν.**
23:34 ἐξ αὐτῶν **ἀποκτενεῖτε** καὶ σταυρώσετε καὶ ἐξ αὐτῶν μαστιγώσετε ἐν ταῖς συναγωγαῖς ὑμῶν
23:37 ἡ **ἀποκτείνουσα** τοὺς προφήτας καὶ λιθοβολοῦσα τοὺς ἀπεσταλμένους πρὸς αὐτήν,
24: 9 τότε παραδώσουσιν ὑμᾶς εἰς θλῖψιν καὶ **ἀποκτενοῦσιν** ὑμᾶς,
26: 4 καὶ συνεβουλεύσαντο ἵνα τὸν Ἰησοῦν δόλῳ κρατήσωσιν καὶ **ἀποκτείνωσιν·**

Mk 3: 4 Ἔξεστιν τοῖς σάββασιν ἀγαθὸν ποιῆσαι ἢ κακοποιῆσαι, ψυχὴν σῶσαι ἢ **ἀποκτεῖναι;**
6:19 ἡ δὲ Ἡρῳδιὰς ἐνεῖχεν αὐτῷ καὶ ἤθελεν αὐτὸν **ἀποκτεῖναι,**
8:31 καὶ **ἀποκτανθῆναι** καὶ μετὰ τρεῖς ἡμέρας ἀναστῆναι·
9:31 καὶ **ἀποκτενοῦσιν** αὐτόν, καὶ **ἀποκτανθεὶς** μετὰ τρεῖς ἡμέρας ἀναστήσεται.
10:34 καὶ ἐμπαίξουσιν αὐτῷ καὶ ἐμπτύσουσιν αὐτῷ καὶ μαστιγώσουσιν αὐτὸν καὶ **ἀποκτενοῦσιν,**
12: 5 κἀκεῖνον **ἀπέκτειναν,** καὶ πολλοὺς ἄλλους, οὓς μὲν δέροντες, οὓς δὲ **ἀποκτέννοντες.**
12: 7 δεῦτε **ἀποκτείνωμεν** αὐτόν, καὶ ἡμῶν ἔσται ἡ κληρονομία.
12: 8 καὶ λαβόντες **ἀπέκτειναν** αὐτὸν καὶ ἐξέβαλον αὐτὸν ἔξω τοῦ ἀμπελῶνος.
14: 1 καὶ ἐζήτουν οἱ ἀρχιερεῖς καὶ οἱ γραμματεῖς πῶς αὐτὸν ἐν δόλῳ κρατήσαντες **ἀποκτείνωσιν·**

Lk 9:22 ἀποδοκιμασθῆναι ἀπὸ τῶν πρεσβυτέρων καὶ ἀρχιερέων καὶ γραμματέων καὶ **ἀποκτανθῆναι** καὶ τῇ τρίτῃ ἡμέρᾳ ἐγερθῆναι.
11:47 ὅτι οἰκοδομεῖτε τὰ μνημεῖα τῶν προφητῶν, οἱ δὲ πατέρες ὑμῶν **ἀπέκτειναν** αὐτούς.
11:48 ὅτι αὐτοὶ μὲν **ἀπέκτειναν** αὐτούς, ὑμεῖς δὲ οἰκοδομεῖτε.
11:49 Ἀποστελῶ εἰς αὐτοὺς προφήτας καὶ ἀποστόλους, καὶ ἐξ αὐτῶν **ἀποκτενοῦσιν** καὶ διώξουσιν,
12: 4 μὴ φοβηθῆτε ἀπὸ τῶν **ἀποκτεινόντων** τὸ σῶμα καὶ μετὰ ταῦτα μὴ ἐχόντων περισσότερόν τι ποιῆσαι.
12: 5 φοβήθητε τὸν μετὰ τὸ **ἀποκτεῖναι** ἔχοντα ἐξουσίαν ἐμβαλεῖν εἰς τὴν γέενναν.
13: 4 ἢ ἐκεῖνοι οἱ δεκαοκτὼ ἐφ᾽ οὓς ἔπεσεν ὁ πύργος ἐν τῷ Σιλωὰμ καὶ **ἀπέκτεινεν** αὐτούς,
13:31 Ἔξελθε καὶ πορεύου ἐντεῦθεν, ὅτι Ἡρῴδης θέλει σε **ἀποκτεῖναι.**
13:34 ἡ **ἀποκτείνουσα** τοὺς προφήτας καὶ λιθοβολοῦσα τοὺς ἀπεσταλμένους πρὸς αὐτήν,
18:33 καὶ μαστιγώσαντες **ἀποκτενοῦσιν** αὐτόν, καὶ τῇ ἡμέρᾳ τῇ τρίτῃ ἀναστήσεται.
20:14 Οὗτός ἐστιν ὁ κληρονόμος· **ἀποκτείνωμεν** αὐτόν, ἵνα ἡμῶν γένηται ἡ κληρονομία.
20:15 καὶ ἐκβαλόντες αὐτὸν ἔξω τοῦ ἀμπελῶνος **ἀπέκτειναν.** τί οὖν ποιήσει αὐτοῖς ὁ κύριος τοῦ ἀμπελῶνος;

Jn 5:18 διὰ τοῦτο οὖν μᾶλλον ἐζήτουν αὐτὸν οἱ Ἰουδαῖοι **ἀποκτεῖναι,**
7: 1 οὐ γὰρ ἤθελεν ἐν τῇ Ἰουδαίᾳ περιπατεῖν, ὅτι ἐζήτουν αὐτὸν οἱ Ἰουδαῖοι **ἀποκτεῖναι.**
7:19 καὶ οὐδεὶς ἐξ ὑμῶν ποιεῖ τὸν νόμον. τί με ζητεῖτε **ἀποκτεῖναι;**
7:20 ἀπεκρίθη ὁ ὄχλος, Δαιμόνιον ἔχεις· τίς σε ζητεῖ **ἀποκτεῖναι;**
7:25 Ἔλεγον οὖν τινες ἐκ τῶν Ἱεροσολυμιτῶν, Οὐχ οὗτός ἐστιν ὃν ζητοῦσιν **ἀποκτεῖναι;**
8:22 ἔλεγον οὖν οἱ Ἰουδαῖοι, Μήτι **ἀποκτενεῖ** ἑαυτόν, ὅτι λέγει,
8:37 ἀλλὰ ζητεῖτέ με **ἀποκτεῖναι,** ὅτι ὁ λόγος ὁ ἐμὸς οὐ χωρεῖ ἐν ὑμῖν.
8:40 νῦν δὲ ζητεῖτέ με **ἀποκτεῖναι** ἄνθρωπον ὃς τὴν ἀλήθειαν ὑμῖν λελάληκα ἣν ἤκουσα παρὰ τοῦ θεοῦ·
11:53 ἀπ᾽ ἐκείνης οὖν τῆς ἡμέρας ἐβουλεύσαντο ἵνα **ἀποκτείνωσιν** αὐτόν.
12:10 ἐβουλεύσαντο δὲ οἱ ἀρχιερεῖς ἵνα καὶ τὸν Λάζαρον **ἀποκτείνωσιν,**
16: 2 ἀλλ᾽ ἔρχεται ὥρα ἵνα πᾶς ὁ **ἀποκτείνας** ὑμᾶς δόξῃ λατρείαν προσφέρειν τῷ θεῷ.
18:31 εἶπον αὐτῷ οἱ Ἰουδαῖοι, Ἡμῖν οὐκ ἔξεστιν **ἀποκτεῖναι** οὐδένα·

Ac 3:15 τὸν δὲ ἀρχηγὸν τῆς ζωῆς **ἀπεκτείνατε** ὃν ὁ θεὸς ἤγειρεν ἐκ νεκρῶν,
7:52 καὶ **ἀπέκτειναν** τοὺς προκαταγγείλαντας περὶ τῆς ἐλεύσεως τοῦ δικαίου,
21:31 ζητούντων τε αὐτὸν **ἀποκτεῖναι** ἀνέβη φάσις τῷ χιλιάρχῳ τῆς σπείρης ὅτι ὅλη συγχύννεται Ἰερουσαλήμ.
23:12 ἀνεθεμάτισαν ἑαυτοὺς λέγοντες μήτε φαγεῖν μήτε πιεῖν ἕως οὗ **ἀποκτείνωσιν** τὸν Παῦλον.
23:14 Ἀναθέματι ἀνεθεματίσαμεν ἑαυτοὺς μηδενὸς γεύσασθαι ἕως οὗ **ἀποκτείνωμεν** τὸν Παῦλον.
27:42 τῶν δὲ στρατιωτῶν βουλὴ ἐγένετο ἵνα τοὺς δεσμώτας **ἀποκτείνωσιν,**

Ro 7:11 ἡ γὰρ ἁμαρτία ἀφορμὴν λαβοῦσα διὰ τῆς ἐντολῆς ἐξηπάτησέν με καὶ δι᾽ αὐτῆς **ἀπέκτεινεν.**
11: 3 Κύριε, τοὺς προφήτας σου **ἀπέκτειναν,** τὰ θυσιαστήριά σου κατέσκαψαν,

2Co 3: 6 τὸ γὰρ γράμμα **ἀποκτέννει,** τὸ δὲ πνεῦμα ζῳοποιεῖ.

Eph 2:16 καὶ ἀποκαταλλάξῃ τοὺς ἀμφοτέρους ἐν ἑνὶ σώματι τῷ θεῷ διὰ τοῦ σταυροῦ, **ἀποκτείνας** τὴν ἔχθραν ἐν αὐτῷ.

1Th 2:15 τῶν καὶ τὸν κύριον **ἀποκτεινάντων** Ἰησοῦν καὶ τοὺς προφήτας καὶ ἡμᾶς ἐκδιωξάντων καὶ θεῷ μὴ ἀρεσκόντων

Rev 2:13 ὃς **ἀπεκτάνθη** παρ᾽ ὑμῖν, ὅπου ὁ Σατανᾶς κατοικεῖ.
2:23 καὶ τὰ τέκνα αὐτῆς **ἀποκτενῶ** ἐν θανάτῳ.
6: 8 καὶ ὁ ᾅδης ἠκολούθει μετ᾽ αὐτοῦ καὶ ἐδόθη αὐτοῖς ἐξουσία ἐπὶ τὸ τέταρτον τῆς γῆς **ἀποκτεῖναι** ἐν ῥομφαίᾳ καὶ ἐν λιμῷ
6:11 ἕως πληρωθῶσιν καὶ οἱ σύνδουλοι αὐτῶν καὶ οἱ ἀδελφοὶ αὐτῶν οἱ μέλλοντες **ἀποκτέννεσθαι** ὡς καὶ αὐτοί.
9: 5 καὶ ἐδόθη αὐτοῖς ἵνα μὴ **ἀποκτείνωσιν** αὐτούς, ἀλλ᾽ ἵνα βασανισθήσονται μῆνας πέντε,
9:15 ἄγγελοι οἱ ἡτοιμασμένοι εἰς τὴν ὥραν καὶ ἡμέραν καὶ μῆνα καὶ ἐνιαυτόν, ἵνα **ἀποκτείνωσιν** τὸ τρίτον τῶν ἀνθρώπων.
9:18 ἀπὸ τῶν τριῶν πληγῶν τούτων **ἀπεκτάνθησαν** τὸ τρίτον τῶν ἀνθρώπων,
9:20 Καὶ οἱ λοιποὶ τῶν ἀνθρώπων, οἳ οὐκ **ἀπεκτάνθησαν** ἐν ταῖς πληγαῖς ταύταις,
11: 5 καὶ εἴ τις θελήσῃ αὐτοὺς ἀδικῆσαι, οὕτως δεῖ αὐτὸν **ἀποκτανθῆναι.**
11: 7 τὸ θηρίον τὸ ἀναβαῖνον ἐκ τῆς ἀβύσσου ποιήσει μετ᾽ αὐτῶν πόλεμον καὶ νικήσει αὐτοὺς καὶ **ἀποκτενεῖ** αὐτούς.
11:13 καὶ τὸ δέκατον τῆς πόλεως ἔπεσεν καὶ **ἀπεκτάνθησαν** ἐν τῷ σεισμῷ ὀνόματα ἀνθρώπων χιλιάδες ἑπτὰ
13:10 εἴ τις ἐν μαχαίρῃ **ἀποκτανθῆναι** αὐτὸν ἐν μαχαίρῃ **ἀποκτανθῆναι.**
13:15 ἵνα καὶ λαλήσῃ ἡ εἰκὼν τοῦ θηρίου καὶ ποιήσῃ [ἵνα] ὅσοι ἐὰν μὴ προσκυνήσωσιν τῇ εἰκόνι τοῦ θηρίου **ἀποκτανθῶσιν.**
19:21 καὶ οἱ λοιποὶ **ἀπεκτάνθησαν** ἐν τῇ ῥομφαίᾳ τοῦ καθημένου ἐπὶ τοῦ ἵππου τῇ ἐξελθούσῃ ἐκ τοῦ στόματος αὐτοῦ,

651 ἀποκτέννω Not used in UBS/NIV

√ *650*

652 ἀποκυέω [2]

√ *608 + 3246*

Jas 1:15 εἶτα ἡ ἐπιθυμία συλλαβοῦσα τίκτει ἁμαρτίαν, ἡ δὲ ἁμαρτία ἀποτελεσθεῖσα **ἀποκύει** θάνατον.
1:18 βουληθεὶς **ἀπεκύησεν** ἡμᾶς λόγῳ ἀληθείας εἰς τὸ εἶναι ἡμᾶς ἀπαρχήν τινα τῶν αὐτοῦ κτισμάτων.

653 ἀποκυλίω [4]

√ *608 + 3244*

Mt 28: 2 ἄγγελος γὰρ κυρίου καταβὰς ἐξ οὐρανοῦ καὶ προσελθὼν **ἀπεκύλισεν** τὸν λίθον καὶ ἐκάθητο ἐπάνω αὐτοῦ.

Mk 16: 3 Τίς **ἀποκυλίσει** ἡμῖν τὸν λίθον ἐκ τῆς θύρας τοῦ μνημείου;
16: 4 καὶ ἀναβλέψασαι θεωροῦσιν ὅτι **ἀποκεκύλισται** ὁ λίθος· ἦν γὰρ μέγας σφόδρα.

Lk 24: 2 εὗρον δὲ τὸν λίθον **ἀποκεκυλισμένον** ἀπὸ τοῦ μνημείου,

654 ἀπολαλέω Not used in UBS/NIV

√ *608 + 3281*

655 ἀπολαμβάνω [10]

√ 608 + 3284

Mk 7:33 καὶ **ἀπολαβόμενος** αὐτὸν ἀπὸ τοῦ ὄχλου κατ' ἰδίαν ἔβαλεν τοὺς δακτύλους αὐτοῦ εἰς τὰ ὦτα αὐτοῦ
Lk 6:34 ἁμαρτωλοὶ ἁμαρτωλοῖς δανίζουσιν ἵνα **ἀπολάβωσιν** τὰ ἴσα.
15:27 καὶ ἔθυσεν ὁ πατήρ σου τὸν μόσχον τὸν σιτευτόν, ὅτι ὑγιαίνοντα αὐτὸν **ἀπέλαβεν.**
16:25 μνήσθητι ὅτι **ἀπέλαβες** τὰ ἀγαθά σου ἐν τῇ ζωῇ σου,
18:30 ὃς οὐχὶ μὴ **[ἀπο]λάβῃ** πολλαπλασίονα ἐν τῷ καιρῷ τούτῳ καὶ ἐν τῷ αἰῶνι τῷ ἐρχομένῳ ζωὴν αἰώνιον.
23:41 καὶ ἡμεῖς μὲν δικαίως, ἄξια γὰρ ὧν ἐπράξαμεν **ἀπολαμβάνομεν·**
Ro 1:27 ἄρσενες ἐν ἄρσεσιν τὴν ἀσχημοσύνην κατεργαζόμενοι καὶ τὴν ἀντιμισθίαν ἣν ἔδει τῆς πλάνης αὐτῶν ἐν ἑαυτοῖς **ἀπολαμβάνοντες.**
Gal 4:5 ἵνα τοὺς ὑπὸ νόμον ἐξαγοράσῃ, ἵνα τὴν υἱοθεσίαν **ἀπολάβωμεν.**
Col 3:24 εἰδότες ὅτι ἀπὸ κυρίου **ἀπολήμψεσθε** τὴν ἀνταπόδοσιν τῆς κληρονομίας.
2Jn 1:8 ἵνα μὴ ἀπολέσητε ἃ εἰργασάμεθα ἀλλὰ μισθὸν πλήρη **ἀπολάβητε.**

656 ἀπόλαυσις [2]

√ 608

1Ti 6:17 ἐπὶ θεῷ τῷ παρέχοντι ἡμῖν πάντα πλουσίως εἰς **ἀπόλαυσιν,**
Heb 11:25 μᾶλλον ἑλόμενος συγκακουχεῖσθαι τῷ λαῷ τοῦ θεοῦ ἢ πρόσκαιρον ἔχειν ἁμαρτίας **ἀπόλαυσιν,**

657 ἀπολείπω [7]

√ 608 + 3309

2Ti 4:13 τὸν φαιλόνην ὃν **ἀπέλιπον** ἐν Τρῳάδι παρὰ Κάρπῳ ἐρχόμενος φέρε,
4:20 Ἔραστος ἔμεινεν ἐν Κορίνθῳ, Τρόφιμον δὲ **ἀπέλιπον** ἐν Μιλήτῳ ἀσθενοῦντα.
Tit 1:5 Τούτου χάριν **ἀπέλιπόν** σε ἐν Κρήτῃ, ἵνα τὰ λείποντα ἐπιδιορθώσῃ καὶ καταστήσῃς κατὰ πόλιν πρεσβυτέρους,
Heb 4:6 ἐπεὶ οὖν **ἀπολείπεται** τινὰς εἰσελθεῖν εἰς αὐτήν, καὶ οἱ πρότερον εὐαγγελισθέντες οὐκ εἰσῆλθον δι' ἀπείθειαν,
4:9 ἄρα **ἀπολείπεται** σαββατισμὸς τῷ λαῷ τοῦ θεοῦ.
10:26 μετὰ τὸ λαβεῖν τὴν ἐπίγνωσιν τῆς ἀληθείας, οὐκέτι περὶ ἁμαρτιῶν **ἀπολείπεται** θυσία,
Jude 1:6 ἀγγέλους τε τοὺς μὴ τηρήσαντας τὴν ἑαυτῶν ἀρχὴν ἀλλὰ **ἀπολιπόντας** τὸ ἴδιον οἰκητήριον εἰς κρίσιν μεγάλης ἡμέρας

658 ἀπολείχω Not used in UBS/NIV

√ 608 + 3314

659 ἀπολιμπάνω Not used in UBS/NIV

√ 608 + 3309

660 ἀπόλλυμι [90]

√ 608 + 3897

ἀπολλύειν ψυχήν [13] Mt 10:28,39,39; 16:25,25; Mk 8:35,35; Lk 6:9; 9:24,24; 17:33,33; Jn 12:25

Mt 2:13 μέλλει γὰρ Ἡρῴδης ζητεῖν τὸ παιδίον τοῦ **ἀπολέσαι** αὐτό.
5:29 συμφέρει γάρ σοι ἵνα **ἀπόληται** ἓν τῶν μελῶν σου καὶ μὴ ὅλον τὸ σῶμά σου βληθῇ εἰς γέενναν.
5:30 συμφέρει γάρ σοι ἵνα **ἀπόληται** ἓν τῶν μελῶν σου καὶ μὴ ὅλον τὸ σῶμά σου εἰς γέενναν ἀπέλθῃ.
8:25 καὶ προσελθόντες ἤγειραν αὐτὸν λέγοντες, Κύριε, σῶσον, **ἀπολλύμεθα.**
9:17 ῥήγνυνται οἱ ἀσκοὶ καὶ ὁ οἶνος ἐκχεῖται καὶ οἱ ἀσκοὶ **ἀπόλλυνται·**
10:6 πορεύεσθε δὲ μᾶλλον πρὸς τὰ πρόβατα τὰ **ἀπολωλότα** οἴκου Ἰσραήλ.
10:28 φοβεῖσθε δὲ μᾶλλον τὸν δυνάμενον καὶ ψυχὴν καὶ σῶμα **ἀπολέσαι** ἐν γεέννῃ.
10:39 ὁ εὑρὼν τὴν ψυχὴν αὐτοῦ **ἀπολέσει** αὐτήν, καὶ ὁ **ἀπολέσας** τὴν ψυχὴν αὐτοῦ ἕνεκεν ἐμοῦ εὑρήσει αὐτήν.
10:42 ἀμὴν λέγω ὑμῖν, οὐ μὴ **ἀπολέσῃ** τὸν μισθὸν αὐτοῦ.
12:14 ἐξελθόντες δὲ οἱ Φαρισαῖοι συμβούλιον ἔλαβον κατ' αὐτοῦ ὅπως αὐτὸν **ἀπολέσωσιν.**
15:24 Οὐκ ἀπεστάλην εἰ μὴ εἰς τὰ πρόβατα τὰ **ἀπολωλότα** οἴκου Ἰσραήλ.
16:25 ὃς γὰρ ἐὰν θέλῃ τὴν ψυχὴν αὐτοῦ σῶσαι **ἀπολέσει** αὐτήν· ὃς δ' ἂν **ἀπολέσῃ** τὴν ψυχὴν αὐτοῦ ἕνεκεν ἐμοῦ εὑρήσει αὐτήν.
18:14 οὕτως οὐκ ἔστιν θέλημα ἔμπροσθεν τοῦ πατρὸς ὑμῶν τοῦ ἐν οὐρανοῖς ἵνα **ἀπόληται** ἓν τῶν μικρῶν τούτων.
21:41 Κακοὺς κακῶς **ἀπολέσει** αὐτοὺς καὶ τὸν ἀμπελῶνα ἐκδώσεται ἄλλοις γεωργοῖς,
22:7 ὁ δὲ βασιλεὺς ὠργίσθη καὶ πέμψας τὰ στρατεύματα αὐτοῦ **ἀπώλεσεν** τοὺς φονεῖς ἐκείνους
26:52 πάντες γὰρ οἱ λαβόντες μάχαιραν ἐν μαχαίρῃ **ἀπολοῦνται.**
27:20 Οἱ δὲ ἀρχιερεῖς καὶ οἱ πρεσβύτεροι ἔπεισαν τοὺς ὄχλους ἵνα αἰτήσωνται τὸν Βαραββᾶν, τὸν δὲ Ἰησοῦν **ἀπολέσωσιν.**
Mk 1:24 Τί ἡμῖν καὶ σοί, Ἰησοῦ Ναζαρηνέ; ἦλθες **ἀπολέσαι** ἡμᾶς;
2:22 ῥήξει ὁ οἶνος τοὺς ἀσκοὺς καὶ ὁ οἶνος **ἀπόλλυται** καὶ οἱ ἀσκοί·
3:6 καὶ ἐξελθόντες οἱ Φαρισαῖοι εὐθὺς μετὰ τῶν Ἡρῳδιανῶν συμβούλιον ἐδίδουν κατ' αὐτοῦ ὅπως αὐτὸν **ἀπολέσωσιν.**
4:38 καὶ ἐγείρουσιν αὐτὸν καὶ λέγουσιν αὐτῷ, Διδάσκαλε, οὐ μέλει σοι ὅτι **ἀπολλύμεθα;**
8:35 ὃς γὰρ ἐὰν θέλῃ τὴν ψυχὴν αὐτοῦ σῶσαι **ἀπολέσει** αὐτήν· ὃς δ' ἂν **ἀπολέσει** τὴν ψυχὴν αὐτοῦ ἕνεκεν ἐμοῦ καὶ τοῦ εὐαγγελίου σώσει αὐτήν.
9:22 καὶ πολλάκις καὶ εἰς πῦρ αὐτὸν ἔβαλεν καὶ εἰς ὕδατα ἵνα **ἀπολέσῃ** αὐτόν·
9:41 ἀμὴν λέγω ὑμῖν ὅτι οὐ μὴ **ἀπολέσῃ** τὸν μισθὸν αὐτοῦ.
11:18 καὶ ἤκουσαν οἱ ἀρχιερεῖς καὶ οἱ γραμματεῖς καὶ ἐζήτουν πῶς αὐτὸν **ἀπολέσωσιν·**
12:9 ἐλεύσεται καὶ **ἀπολέσει** τοὺς γεωργοὺς καὶ δώσει τὸν ἀμπελῶνα ἄλλοις.
Lk 4:34 τί ἡμῖν καὶ σοί, Ἰησοῦ Ναζαρηνέ; ἦλθες **ἀπολέσαι** ἡμᾶς;
5:37 ῥήξει ὁ οἶνος ὁ νέος τοὺς ἀσκοὺς καὶ αὐτὸς ἐκχυθήσεται καὶ οἱ ἀσκοὶ **ἀπολοῦνται·**
6:9 Ἐπερωτῶ ὑμᾶς εἰ ἔξεστιν τῷ σαββάτῳ ἀγαθοποιῆσαι ἢ κακοποιῆσαι, ψυχὴν σῶσαι ἢ **ἀπολέσαι;**
8:24 προσελθόντες δὲ διήγειραν αὐτὸν λέγοντες, Ἐπιστάτα ἐπιστάτα, **ἀπολλύμεθα.**
9:24 ὃς γὰρ ἂν θέλῃ τὴν ψυχὴν αὐτοῦ σῶσαι **ἀπολέσει** αὐτήν· ὃς δ' ἂν **ἀπολέσῃ** τὴν ψυχὴν αὐτοῦ ἕνεκεν ἐμοῦ οὗτος σώσει αὐτήν.
9:25 τί γὰρ ὠφελεῖται ἄνθρωπος κερδήσας τὸν κόσμον ὅλον ἑαυτὸν δὲ **ἀπολέσας** ἢ ζημιωθείς;
11:51 ἀπὸ αἵματος Ἅβελ ἕως αἵματος Ζαχαρίου τοῦ **ἀπολομένου** μεταξὺ τοῦ θυσιαστηρίου καὶ τοῦ οἴκου·
13:3 ἀλλ' ἐὰν μὴ μετανοῆτε πάντες ὁμοίως **ἀπολεῖσθε.**
13:5 ἀλλ' ἐὰν μὴ μετανοῆτε πάντες ὡσαύτως **ἀπολεῖσθε.**
13:33 πλὴν δεῖ με σήμερον καὶ αὔριον καὶ τῇ ἐχομένῃ πορεύεσθαι, ὅτι οὐκ ἐνδέχεται προφήτην **ἀπολέσθαι** ἔξω Ἰερουσαλήμ.
15:4 Τίς ἄνθρωπος ἐξ ὑμῶν ἔχων ἑκατὸν πρόβατα καὶ **ἀπολέσας** ἐξ αὐτῶν ἓν οὐ καταλείπει τὰ ἐνενήκοντα ἐννέα ἐν τῇ ἐρήμῳ καὶ πορεύεται ἐπὶ τὸ **ἀπολωλὸς** ἕως εὕρῃ αὐτό;
15:6 Συγχάρητέ μοι, ὅτι εὗρον τὸ πρόβατόν μου τὸ **ἀπολωλός.**
15:8 Ἢ τίς γυνὴ δραχμὰς ἔχουσα δέκα ἐὰν **ἀπολέσῃ** δραχμὴν μίαν,
15:9 Συγχάρητέ μοι, ὅτι εὗρον τὴν δραχμὴν ἣν **ἀπώλεσα.**
15:17 Πόσοι μίσθιοι τοῦ πατρός μου περισσεύονται ἄρτων, ἐγὼ δὲ λιμῷ ὧδε **ἀπόλλυμαι.**
15:24 ὅτι οὗτος ὁ υἱός μου νεκρὸς ἦν καὶ ἀνέζησεν, ἦν **ἀπολωλὼς** καὶ εὑρέθη.
15:32 ὅτι ὁ ἀδελφός σου οὗτος νεκρὸς ἦν καὶ ἔζησεν, καὶ **ἀπολωλὼς** καὶ εὑρέθη.
17:27 ἄχρι ἧς ἡμέρας εἰσῆλθεν Νῶε εἰς τὴν κιβωτὸν καὶ ἦλθεν ὁ κατακλυσμὸς καὶ **ἀπώλεσεν** πάντας.
17:29 ἔβρεξεν πῦρ καὶ θεῖον ἀπ' οὐρανοῦ καὶ **ἀπώλεσεν** πάντας.
17:33 ὃς ἐὰν ζητήσῃ τὴν ψυχὴν αὐτοῦ περιποιήσασθαι **ἀπολέσει** αὐτήν, ὃς δ' ἂν **ἀπολέσῃ** ζῳογονήσει αὐτήν.
19:10 ἦλθεν γὰρ ὁ υἱὸς τοῦ ἀνθρώπου ζητῆσαι καὶ σῶσαι τὸ **ἀπολωλός.**
19:47 οἱ δὲ ἀρχιερεῖς καὶ οἱ γραμματεῖς ἐζήτουν αὐτὸν **ἀπολέσαι** καὶ οἱ πρῶτοι τοῦ λαοῦ,
20:16 ἐλεύσεται καὶ **ἀπολέσει** τοὺς γεωργοὺς τούτους καὶ δώσει τὸν ἀμπελῶνα ἄλλοις.
21:18 καὶ θρὶξ ἐκ τῆς κεφαλῆς ὑμῶν οὐ μὴ **ἀπόληται.**
Jn 3:16 ἵνα πᾶς ὁ πιστεύων εἰς αὐτὸν μὴ **ἀπόληται** ἀλλ' ἔχῃ ζωὴν αἰώνιον.
6:12 Συναγάγετε τὰ περισσεύσαντα κλάσματα, ἵνα μή τι **ἀπόληται.**

6:27 ἐργάζεσθε μὴ τὴν βρῶσιν τὴν **ἀπολλυμένην** ἀλλὰ τὴν βρῶσιν τὴν μένουσαν εἰς ζωὴν αἰώνιον,
6:39 ἵνα πᾶν ὃ δέδωκέν μοι μὴ **ἀπολέσω** ἐξ αὐτοῦ,
10:10 ὁ κλέπτης οὐκ ἔρχεται εἰ μὴ ἵνα κλέψῃ καὶ θύσῃ καὶ **ἀπολέσῃ·**
10:28 κἀγὼ δίδωμι αὐτοῖς ζωὴν αἰώνιον καὶ οὐ μὴ **ἀπόλωνται** εἰς τὸν αἰῶνα καὶ οὐχ ἁρπάσει τις αὐτὰ ἐκ τῆς χειρός μου.
11:50 οὐδὲ λογίζεσθε ὅτι συμφέρει ὑμῖν ἵνα εἷς ἄνθρωπος ἀποθάνῃ ὑπὲρ τοῦ λαοῦ καὶ μὴ ὅλον τὸ ἔθνος **ἀπόληται.**
12:25 ὁ φιλῶν τὴν ψυχὴν αὐτοῦ **ἀπολλύει** αὐτήν, καὶ ὁ μισῶν τὴν ψυχὴν αὐτοῦ ἐν τῷ κόσμῳ τούτῳ εἰς ζωὴν αἰώνιον φυλάξει
17:12 καὶ οὐδεὶς ἐξ αὐτῶν **ἀπώλετο** εἰ μὴ ὁ υἱὸς τῆς ἀπωλείας,
18: 9 ἵνα πληρωθῇ ὁ λόγος ὃν εἶπεν ὅτι Οὓς δέδωκάς μοι οὐκ **ἀπώλεσα** ἐξ αὐτῶν οὐδένα.
Ac 5:37 κἀκεῖνος **ἀπώλετο** καὶ πάντες ὅσοι ἐπείθοντο αὐτῷ διεσκορπίσθησαν.
27:34 οὐδενὸς γὰρ ὑμῶν θρὶξ ἀπὸ τῆς κεφαλῆς **ἀπολεῖται.**
Ro 2:12 ὅσοι γὰρ ἀνόμως ἥμαρτον, ἀνόμως καὶ **ἀπολοῦνται,** καὶ ὅσοι ἐν νόμῳ ἥμαρτον,
14:15 μὴ τῷ βρώματί σου ἐκεῖνον **ἀπόλλυε** ὑπὲρ οὗ Χριστὸς ἀπέθανεν.
1Co 1:18 Ὁ λόγος γὰρ ὁ τοῦ σταυροῦ τοῖς μὲν **ἀπολλυμένοις** μωρία ἐστίν,
1:19 **Ἀπολῶ** τὴν σοφίαν τῶν σοφῶν καὶ τὴν σύνεσιν τῶν συνετῶν ἀθετήσω.
8:11 **ἀπόλλυται** γὰρ ὁ ἀσθενῶν ἐν τῇ σῇ γνώσει,
10: 9 καθώς τινες αὐτῶν ἐπείρασαν καὶ ὑπὸ τῶν ὄφεων **ἀπώλλυντο.**
10:10 καθάπερ τινὲς αὐτῶν ἐγόγγυσαν καὶ **ἀπώλοντο** ὑπὸ τοῦ ὀλοθρευτοῦ.
15:18 ἄρα καὶ οἱ κοιμηθέντες ἐν Χριστῷ **ἀπώλοντο.**
2Co 2:15 ὅτι Χριστοῦ εὐωδία ἐσμὲν τῷ θεῷ ἐν τοῖς σῳζομένοις καὶ ἐν τοῖς **ἀπολλυμένοις,**
4: 3 εἰ δὲ καὶ ἔστιν κεκαλυμμένον τὸ εὐαγγέλιον ἡμῶν, ἐν τοῖς **ἀπολλυμένοις** ἐστὶν κεκαλυμμένον,
4: 9 διωκόμενοι ἀλλ' οὐκ ἐγκαταλειπόμενοι, καταβαλλόμενοι ἀλλ' οὐκ **ἀπολλύμενοι,**
2Th 2:10 καὶ ἐν πάσῃ ἀπάτῃ ἀδικίας τοῖς **ἀπολλυμένοις,** ἀνθ' ὧν τὴν ἀγάπην τῆς ἀληθείας οὐκ ἐδέξαντο εἰς τὸ σωθῆναι αὐτούς.
Heb 1:11 αὐτοὶ **ἀπολοῦνται,** σὺ δὲ διαμένεις, καὶ πάντες ὡς ἱμάτιον παλαιωθήσονται,
Jas 1:11 καὶ ἐξήρανεν τὸν χόρτον καὶ τὸ ἄνθος αὐτοῦ ἐξέπεσεν καὶ ἡ εὐπρέπεια τοῦ προσώπου αὐτοῦ **ἀπώλετο·**
4:12 εἷς ἐστιν [ὁ] νομοθέτης καὶ κριτὴς ὁ δυνάμενος σῶσαι καὶ **ἀπολέσαι·**
1Pe 1: 7 ἵνα τὸ δοκίμιον ὑμῶν τῆς πίστεως πολυτιμότερον χρυσίου τοῦ **ἀπολλυμένου** διὰ πυρὸς δὲ δοκιμαζομένου,
2Pe 3: 6 δι' ὧν ὁ τότε κόσμος ὕδατι κατακλυσθεὶς **ἀπώλετο·**
3: 9 μὴ βουλόμενός τινας **ἀπολέσθαι** ἀλλὰ πάντας εἰς μετάνοιαν χωρῆσαι.
2Jn 1: 8 ἵνα μὴ **ἀπολέσητε** ἃ εἰργασάμεθα ἀλλὰ μισθὸν πλήρη ἀπολάβητε.
Jude 1: 5 ὅτι [ὁ] κύριος ἅπαξ λαὸν ἐκ γῆς Αἰγύπτου σώσας τὸ δεύτερον τοὺς μὴ πιστεύσαντας **ἀπώλεσεν,**
1:11 ὅτι τῇ ὁδῷ τοῦ Κάϊν ἐπορεύθησαν καὶ τῇ πλάνῃ τοῦ Βαλαὰμ μισθοῦ ἐξεχύθησαν καὶ τῇ ἀντιλογίᾳ τοῦ Κόρε **ἀπώλοντο.**
Rev 18:14 καὶ πάντα τὰ λιπαρὰ καὶ τὰ λαμπρὰ **ἀπώλετο** ἀπὸ σοῦ καὶ οὐκέτι οὐ μὴ αὐτὰ εὑρήσουσιν.

661 Ἀπολλύων [1]

√ *608 + 3897*

Rev 9:11 ὄνομα αὐτῷ Ἑβραϊστὶ Ἀβαδδών, καὶ ἐν τῇ Ἑλληνικῇ ὄνομα ἔχει **Ἀπολλύων.**

662 Ἀπολλωνία [1]

√ *663*

Ac 17: 1 Διοδεύσαντες δὲ τὴν Ἀμφίπολιν καὶ τὴν **Ἀπολλωνίαν** ἦλθον εἰς Θεσσαλονίκην ὅπου ἦν συναγωγὴ τῶν Ἰουδαίων.

663 Ἀπολλῶς [10]

→ *662*

Ac 18:24 Ἰουδαῖος δέ τις **Ἀπολλῶς** ὀνόματι, Ἀλεξανδρεὺς τῷ γένει,
19: 1 Ἐγένετο δὲ ἐν τῷ τὸν **Ἀπολλῶ** εἶναι ἐν Κορίνθῳ Παῦλον διελθόντα τὰ ἀνωτερικὰ μέρη [κατ]ελθεῖν εἰς Ἔφεσον
1Co 1:12 Ἐγὼ δὲ **Ἀπολλῶ,** Ἐγὼ δὲ Κηφᾶ, Ἐγὼ δὲ Χριστοῦ.
3: 4 Ἐγὼ μέν εἰμι Παύλου, ἕτερος δέ, Ἐγὼ **Ἀπολλῶ,** οὐκ ἄνθρωποί ἐστε;
3: 5 τί οὖν ἐστιν **Ἀπολλῶς;** τί δέ ἐστιν Παῦλος;
3: 6 ἐγὼ ἐφύτευσα, **Ἀπολλῶς** ἐπότισεν, ἀλλὰ ὁ θεὸς ηὔξανεν·
3:22 εἴτε Παῦλος εἴτε **Ἀπολλῶς** εἴτε Κηφᾶς, εἴτε κόσμος εἴτε ζωὴ εἴτε θάνατος,
4: 6 ἀδελφοί, μετεσχημάτισα εἰς ἐμαυτὸν καὶ **Ἀπολλῶν** δι' ὑμᾶς,
16:12 Περὶ δὲ **Ἀπολλῶ** τοῦ ἀδελφοῦ, πολλὰ παρεκάλεσα αὐτόν,
Tit 3:13 Ζηνᾶν τὸν νομικὸν καὶ **Ἀπολλῶν** σπουδαίως πρόπεμψον, ἵνα μηδὲν αὐτοῖς λείπῃ.

664 ἀπολογέομαι [10]

√ *608 + 3306*

Lk 12:11 μὴ μεριμνήσητε πῶς ἢ τί **ἀπολογήσησθε** ἢ τί εἴπητε·
21:14 θέτε οὖν ἐν ταῖς καρδίαις ὑμῶν μὴ προμελετᾶν **ἀπολογηθῆναι·**
Ac 19:33 ὁ δὲ Ἀλέξανδρος κατασείσας τὴν χεῖρα ἤθελεν **ἀπολογεῖσθαι** τῷ δήμῳ.
24:10 Ἐκ πολλῶν ἐτῶν ὄντα σε κριτὴν τῷ ἔθνει τούτῳ ἐπιστάμενος εὐθύμως τὰ περὶ ἐμαυτοῦ **ἀπολογοῦμαι,**
25: 8 τοῦ Παύλου **ἀπολογουμένου** ὅτι Οὔτε εἰς τὸν νόμον τῶν Ἰουδαίων οὔτε εἰς τὸ ἱερὸν οὔτε εἰς Καίσαρά τι ἥμαρτον.
26: 1 Ἐπιτρέπεταί σοι περὶ σεαυτοῦ λέγειν. τότε ὁ Παῦλος ἐκτείνας τὴν χεῖρα **ἀπελογεῖτο,**
26: 2 ἥγημαι ἐμαυτὸν μακάριον ἐπὶ σοῦ μέλλων σήμερον **ἀπολογεῖσθαι**
26:24 Ταῦτα δὲ αὐτοῦ **ἀπολογουμένου** ὁ Φῆστος μεγάλῃ τῇ φωνῇ φησιν,
Ro 2:15 συμμαρτυρούσης αὐτῶν τῆς συνειδήσεως καὶ μεταξὺ ἀλλήλων τῶν λογισμῶν κατηγορούντων ἢ καὶ **ἀπολογουμένων,**
2Co 12:19 Πάλαι δοκεῖτε ὅτι ὑμῖν **ἀπολογούμεθα.** κατέναντι θεοῦ ἐν Χριστῷ λαλοῦμεν·

665 ἀπολογία [8]

√ *608 + 3306*

Ac 22: 1 Ἄνδρες ἀδελφοὶ καὶ πατέρες, ἀκούσατέ μου τῆς πρὸς ὑμᾶς νυνὶ **ἀπολογίας.**
25:16 ὁ κατηγορούμενος κατὰ πρόσωπον ἔχοι τοὺς κατηγόρους τόπον τε **ἀπολογίας** λάβοι περὶ τοῦ ἐγκλήματος.
1Co 9: 3 Ἡ ἐμὴ **ἀπολογία** τοῖς ἐμὲ ἀνακρίνουσίν ἐστιν αὕτη.
2Co 7:11 ἀλλὰ **ἀπολογίαν,** ἀλλὰ ἀγανάκτησιν, ἀλλὰ φόβον, ἀλλὰ ἐπιπόθησιν,
Php 1: 7 ἔν τε τοῖς δεσμοῖς μου καὶ ἐν τῇ **ἀπολογίᾳ** καὶ βεβαιώσει τοῦ εὐαγγελίου συγκοινωνούς μου τῆς χάριτος
1:16 οἱ μὲν ἐξ ἀγάπης, εἰδότες ὅτι εἰς **ἀπολογίαν** τοῦ εὐαγγελίου κεῖμαι,
2Ti 4:16 Ἐν τῇ πρώτῃ μου **ἀπολογίᾳ** οὐδείς μοι παρεγένετο,
1Pe 3:15 ἕτοιμοι ἀεὶ πρὸς **ἀπολογίαν** παντὶ τῷ αἰτοῦντι ὑμᾶς λόγον περὶ τῆς ἐν ὑμῖν ἐλπίδος,

666 ἀπολούω [2]

√ *608 + 3374*

Ac 22:16 ἀναστὰς βάπτισαι καὶ **ἀπόλουσαι** τὰς ἁμαρτίας σου ἐπικαλεσάμενος τὸ ὄνομα αὐτοῦ.
1Co 6:11 ἀλλὰ **ἀπελούσασθε,** ἀλλὰ ἡγιάσθητε, ἀλλὰ ἐδικαιώθητε ἐν τῷ ὀνόματι τοῦ κυρίου Ἰησοῦ Χριστοῦ

667 ἀπολύτρωσις [10]

√ *608 + 3395*

ἡμέρα ἀπολυτρώσεως [1] Eph 4:30

Lk 21:28 ἀρχομένων δὲ τούτων γίνεσθαι ἀνακύψατε καὶ ἐπάρατε τὰς κεφαλὰς ὑμῶν, διότι ἐγγίζει ἡ **ἀπολύτρωσις** ὑμῶν.
Ro 3:24 δικαιούμενοι δωρεὰν τῇ αὐτοῦ χάριτι διὰ τῆς **ἀπολυτρώσεως** τῆς ἐν Χριστῷ Ἰησοῦ·
8:23 ἡμεῖς καὶ αὐτοὶ ἐν ἑαυτοῖς στενάζομεν υἱοθεσίαν ἀπεκδεχόμενοι, τὴν **ἀπολύτρωσιν** τοῦ σώματος ἡμῶν.
1Co 1:30 ὃς ἐγενήθη σοφία ἡμῖν ἀπὸ θεοῦ, δικαιοσύνη τε καὶ ἁγιασμὸς καὶ **ἀπολύτρωσις,**
Eph 1: 7 ἐν ᾧ ἔχομεν τὴν **ἀπολύτρωσιν** διὰ τοῦ αἵματος αὐτοῦ,

1:14 εἰς **ἀπολύτρωσιν** τῆς περιποιήσεως, εἰς ἔπαινον τῆς δόξης αὐτοῦ.
4:30 καὶ μὴ λυπεῖτε τὸ πνεῦμα τὸ ἅγιον τοῦ θεοῦ, ἐν ᾧ ἐσφραγίσθητε εἰς ἡμέραν **ἀπολυτρώσεως.**
Col 1:14 ἐν ᾧ ἔχομεν τὴν **ἀπολύτρωσιν,** τὴν ἄφεσιν τῶν ἁμαρτιῶν·
Heb 9:15 ὅπως θανάτου γενομένου εἰς **ἀπολύτρωσιν** τῶν ἐπὶ τῇ πρώτῃ διαθήκῃ παραβάσεων τὴν ἐπαγγελίαν
11:35 ἄλλοι δὲ ἐτυμπανίσθησαν οὐ προσδεξάμενοι τὴν **ἀπολύτρωσιν,** ἵνα κρείττονος ἀναστάσεως τύχωσιν·

668 ἀπολύω [66]

√ *608 + 3395*

ἀπολύω γυναῖκα [8] Mt 5:31,32; 19:3,8,9; Mk 10:2,11; Lk 16:18

Mt 1:19 δίκαιος ὢν καὶ μὴ θέλων αὐτὴν δειγματίσαι, ἐβουλήθη λάθρᾳ **ἀπολῦσαι** αὐτήν.
5:31 Ἐρρέθη δέ, Ὃς ἂν **ἀπολύσῃ** τὴν γυναῖκα αὐτοῦ,
5:32 ἐγὼ δὲ λέγω ὑμῖν ὅτι πᾶς ὁ **ἀπολύων** τὴν γυναῖκα αὐτοῦ παρεκτὸς λόγου πορνείας ποιεῖ αὐτὴν μοιχευθῆναι, καὶ ὃς ἐὰν **ἀπολελυμένην** γαμήσῃ, μοιχᾶται.
14:15 **ἀπόλυσον** τοὺς ὄχλους, ἵνα ἀπελθόντες εἰς τὰς κώμας ἀγοράσωσιν ἑαυτοῖς βρώματα.
14:22 εὐθέως ἠνάγκασεν τοὺς μαθητὰς ἐμβῆναι εἰς τὸ πλοῖον καὶ προάγειν αὐτὸν εἰς τὸ πέραν, ἕως οὗ **ἀπολύσῃ** τοὺς ὄχλους.
14:23 καὶ **ἀπολύσας** τοὺς ὄχλους ἀνέβη εἰς τὸ ὄρος κατ' ἰδίαν προσεύξασθαι.
15:23 καὶ προσελθόντες οἱ μαθηταὶ αὐτοῦ ἠρώτουν αὐτὸν λέγοντες, **Ἀπόλυσον** αὐτήν, ὅτι κράζει ὄπισθεν ἡμῶν.
15:32 καὶ **ἀπολῦσαι** αὐτοὺς νήστεις οὐ θέλω, μήποτε ἐκλυθῶσιν ἐν τῇ ὁδῷ.
15:39 Καὶ **ἀπολύσας** τοὺς ὄχλους ἐνέβη εἰς τὸ πλοῖον καὶ ἦλθεν εἰς τὰ ὅρια Μαγαδάν.
18:27 σπλαγχνισθεὶς δὲ ὁ κύριος τοῦ δούλου ἐκείνου **ἀπέλυσεν** αὐτὸν καὶ τὸ δάνειον ἀφῆκεν αὐτῷ.
19: 3 Εἰ ἔξεστιν ἀνθρώπῳ **ἀπολῦσαι** τὴν γυναῖκα αὐτοῦ κατὰ πᾶσαν αἰτίαν;
19: 7 Τί οὖν Μωϋσῆς ἐνετείλατο δοῦναι βιβλίον ἀποστασίου καὶ **ἀπολῦσαι** [αὐτήν;]
19: 8 λέγει αὐτοῖς ὅτι Μωϋσῆς πρὸς τὴν σκληροκαρδίαν ὑμῶν ἐπέτρεψεν ὑμῖν **ἀπολῦσαι** τὰς γυναῖκας ὑμῶν,
19: 9 λέγω δὲ ὑμῖν ὅτι ὃς ἂν **ἀπολύσῃ** τὴν γυναῖκα αὐτοῦ μὴ ἐπὶ πορνείᾳ καὶ γαμήσῃ ἄλλην μοιχᾶται.
27:15 Κατὰ δὲ ἑορτὴν εἰώθει ὁ ἡγεμὼν **ἀπολύειν** ἕνα τῷ ὄχλῳ δέσμιον ὃν ἤθελον.
27:17 συνηγμένων οὖν αὐτῶν εἶπεν αὐτοῖς ὁ Πιλᾶτος, Τίνα θέλετε **ἀπολύσω** ὑμῖν,
27:21 ἀποκριθεὶς δὲ ὁ ἡγεμὼν εἶπεν αὐτοῖς, Τίνα θέλετε ἀπὸ τῶν δύο **ἀπολύσω** ὑμῖν;
27:26 τότε **ἀπέλυσεν** αὐτοῖς τὸν Βαραββᾶν, τὸν δὲ Ἰησοῦν φραγελλώσας παρέδωκεν ἵνα σταυρωθῇ.
Mk 6:36 **ἀπόλυσον** αὐτούς, ἵνα ἀπελθόντες εἰς τοὺς κύκλῳ ἀγροὺς καὶ κώμας ἀγοράσωσιν ἑαυτοῖς τί φάγωσιν.
6:45 ἐμβῆναι εἰς τὸ πλοῖον καὶ προάγειν εἰς τὸ πέραν πρὸς Βηθσαϊδάν, ἕως αὐτὸς **ἀπολύει** τὸν ὄχλον.
8: 3 καὶ ἐὰν **ἀπολύσω** αὐτοὺς νήστεις εἰς οἶκον αὐτῶν,
8: 9 ἦσαν δὲ ὡς τετρακισχίλιοι. καὶ **ἀπέλυσεν** αὐτούς.
10: 2 καὶ προσελθόντες Φαρισαῖοι ἐπηρώτων αὐτὸν εἰ ἔξεστιν ἀνδρὶ γυναῖκα **ἀπολῦσαι,**
10: 4 οἱ δὲ εἶπαν, Ἐπέτρεψεν Μωϋσῆς βιβλίον ἀποστασίου γράψαι καὶ **ἀπολῦσαι.**
10:11 Ὃς ἂν **ἀπολύσῃ** τὴν γυναῖκα αὐτοῦ καὶ γαμήσῃ ἄλλην μοιχᾶται ἐπ' αὐτήν·
10:12 καὶ ἐὰν αὐτὴ **ἀπολύσασα** τὸν ἄνδρα αὐτῆς γαμήσῃ ἄλλον μοιχᾶται.
15: 6 Κατὰ δὲ ἑορτὴν **ἀπέλυεν** αὐτοῖς ἕνα δέσμιον ὃν παρῃτοῦντο.
15: 9 ὁ δὲ Πιλᾶτος ἀπεκρίθη αὐτοῖς λέγων, Θέλετε **ἀπολύσω** ὑμῖν τὸν βασιλέα τῶν Ἰουδαίων;
15:11 οἱ δὲ ἀρχιερεῖς ἀνέσεισαν τὸν ὄχλον ἵνα μᾶλλον τὸν Βαραββᾶν **ἀπολύσῃ** αὐτοῖς.
15:15 ὁ δὲ Πιλᾶτος βουλόμενος τῷ ὄχλῳ τὸ ἱκανὸν ποιῆσαι **ἀπέλυσεν** αὐτοῖς τὸν Βαραββᾶν,
Lk 2:29 Νῦν **ἀπολύεις** τὸν δοῦλόν σου, δέσποτα, κατὰ τὸ ῥῆμά σου ἐν εἰρήνῃ·
6:37 καὶ μὴ καταδικάζετε, καὶ οὐ μὴ καταδικασθῆτε. **ἀπολύετε,** καὶ **ἀπολυθήσεσθε·**
8:38 ἐδεῖτο δὲ αὐτοῦ ὁ ἀνὴρ ἀφ' οὗ ἐξεληλύθει τὰ δαιμόνια **εἶναι** σὺν αὐτῷ· **ἀπέλυσεν** δὲ αὐτὸν λέγων,
9:12 προσελθόντες δὲ οἱ δώδεκα εἶπαν αὐτῷ, **Ἀπόλυσον** τὸν ὄχλον,
13:12 ἰδὼν δὲ αὐτὴν ὁ Ἰησοῦς προσεφώνησεν καὶ εἶπεν αὐτῇ, Γύναι, **ἀπολέλυσαι** τῆς ἀσθενείας σου,
14: 4 οἱ δὲ ἡσύχασαν. καὶ ἐπιλαβόμενος ἰάσατο αὐτὸν καὶ **ἀπέλυσεν.**
16:18 Πᾶς ὁ **ἀπολύων** τὴν γυναῖκα αὐτοῦ καὶ γαμῶν ἑτέραν μοιχεύει, καὶ ὁ **ἀπολελυμένην** ἀπὸ ἀνδρὸς γαμῶν μοιχεύει.
23:16 παιδεύσας οὖν αὐτὸν **ἀπολύσω.**
23:18 ἀνέκραγον δὲ παμπληθεὶ λέγοντες, Αἶρε τοῦτον, **ἀπόλυσον** δὲ ἡμῖν τὸν Βαραββᾶν·
23:20 πάλιν δὲ ὁ Πιλᾶτος προσεφώνησεν αὐτοῖς θέλων **ἀπολῦσαι** τὸν Ἰησοῦν.
23:22 οὐδὲν αἴτιον θανάτου εὗρον ἐν αὐτῷ· παιδεύσας οὖν αὐτὸν **ἀπολύσω.**
23:25 **ἀπέλυσεν** δὲ τὸν διὰ στάσιν καὶ φόνον βεβλημένον εἰς φυλακὴν ὃν ᾐτοῦντο,
Jn 18:39 ἔστιν δὲ συνήθεια ὑμῖν ἵνα ἕνα **ἀπολύσω** ὑμῖν ἐν τῷ πάσχα· βούλεσθε οὖν **ἀπολύσω** ὑμῖν τὸν βασιλέα τῶν Ἰουδαίων;
19:10 οὐκ οἶδας ὅτι ἐξουσίαν ἔχω **ἀπολῦσαί** σε καὶ ἐξουσίαν ἔχω σταυρῶσαί σε;
19:12 ἐκ τούτου ὁ Πιλᾶτος ἐζήτει **ἀπολῦσαι** αὐτόν· οἱ δὲ Ἰουδαῖοι ἐκραύγασαν λέγοντες, Ἐὰν τοῦτον **ἀπολύσῃς,** οὐκ εἶ φίλος τοῦ Καίσαρος·
Ac 3:13 Ἰησοῦν ὃν ὑμεῖς μὲν παρεδώκατε καὶ ἠρνήσασθε κατὰ πρόσωπον Πιλάτου, κρίναντος ἐκείνου **ἀπολύειν·**
4:21 οἱ δὲ προσαπειλησάμενοι **ἀπέλυσαν** αὐτούς, μηδὲν εὑρίσκοντες τὸ πῶς κολάσωνται αὐτούς,
4:23 **Ἀπολυθέντες** δὲ ἦλθον πρὸς τοὺς ἰδίους καὶ ἀπήγγειλαν ὅσα πρὸς αὐτοὺς οἱ ἀρχιερεῖς καὶ οἱ πρεσβύτεροι εἶπαν.
5:40 δείραντες παρήγγειλαν μὴ λαλεῖν ἐπὶ τῷ ὀνόματι τοῦ Ἰησοῦ καὶ **ἀπέλυσαν.**
13: 3 τότε νηστεύσαντες καὶ προσευξάμενοι καὶ ἐπιθέντες τὰς χεῖρας αὐτοῖς **ἀπέλυσαν.**
15:30 Οἱ μὲν οὖν **ἀπολυθέντες** κατῆλθον εἰς Ἀντιόχειαν, καὶ συναγαγόντες τὸ πλῆθος ἐπέδωκαν τὴν ἐπιστολήν.
15:33 ποιήσαντες δὲ χρόνον **ἀπελύθησαν** μετ' εἰρήνης ἀπὸ τῶν ἀδελφῶν πρὸς τοὺς ἀποστείλαντας αὐτούς.
16:35 Ἡμέρας δὲ γενομένης ἀπέστειλαν οἱ στρατηγοὶ τοὺς ῥαβδούχους λέγοντες, **Ἀπόλυσον** τοὺς ἀνθρώπους ἐκείνους.
16:36 ἀπήγγειλεν δὲ ὁ δεσμοφύλαξ τοὺς λόγους [τούτους] πρὸς τὸν Παῦλον ὅτι Ἀπέσταλκαν οἱ στρατηγοὶ ἵνα **ἀπολυθῆτε·**
17: 9 καὶ λαβόντες τὸ ἱκανὸν παρὰ τοῦ Ἰάσονος καὶ τῶν λοιπῶν **ἀπέλυσαν** αὐτούς.
19:40 καὶ ταῦτα εἰπὼν **ἀπέλυσεν** τὴν ἐκκλησίαν.
23:22 ὁ μὲν οὖν χιλίαρχος **ἀπέλυσε** τὸν νεανίσκον παραγγείλας μηδενὶ ἐκλαλῆσαι ὅτι ταῦτα ἐνεφάνισας πρός με.
26:32 **Ἀπολελύσθαι** ἐδύνατο ὁ ἄνθρωπος οὗτος εἰ μὴ ἐπεκέκλητο Καίσαρα.
28:18 οἵτινες ἀνακρίναντές με ἐβούλοντο **ἀπολῦσαι** διὰ τὸ μηδεμίαν αἰτίαν θανάτου ὑπάρχειν ἐν ἐμοί.
28:25 ἀσύμφωνοι δὲ ὄντες πρὸς ἀλλήλους **ἀπελύοντο** εἰπόντος τοῦ Παύλου ῥῆμα ἕν,
Heb 13:23 Γινώσκετε τὸν ἀδελφὸν ἡμῶν Τιμόθεον **ἀπολελυμένον,** μεθ' οὗ ἐὰν τάχιον ἔρχηται ὄψομαι ὑμᾶς.

669 ἀπομάσσω [1]

√ *608 + 3463*

Lk 10:11 Καὶ τὸν κονιορτὸν τὸν κολληθέντα ἡμῖν ἐκ τῆς πόλεως ὑμῶν εἰς τοὺς πόδας **ἀπομασσόμεθα** ὑμῖν·

670 ἀπομένω Not used in UBS/NIV

√ *608 + 3531*

671 ἀπονέμω [1]

√ *608 + 3795*

1Pe 3: 7 **ἀπονέμοντες** τιμὴν ὡς καὶ συγκληρονόμοις χάριτος ζωῆς εἰς τὸ μὴ ἐγκόπτεσθαι τὰς προσευχὰς ὑμῶν.

672 ἀπονίπτω [1]

√ *608 + 3782*

Mt 27:24 λαβὼν ὕδωρ **ἀπενίψατο** τὰς χεῖρας ἀπέναντι τοῦ ὄχλου λέγων,

673 ἀποπέμπω Not used in UBS/NIV

√ 608 + 4287

674 ἀποπίπτω [1]

√ 608 + 4406

Ac 9:18 καὶ εὐθέως **ἀπέπεσαν** αὐτοῦ ἀπὸ τῶν ὀφθαλμῶν ὡς λεπίδες,

675 ἀποπλανάω [2]

√ 608 + 4415

Mk 13:22 ἐγερθήσονται γὰρ ψευδόχριστοι καὶ ψευδοπροφῆται καὶ δώσουσιν σημεῖα καὶ τέρατα πρὸς τὸ **ἀποπλανᾶν,**
1Ti 6:10 ἧς τινες ὀρεγόμενοι **ἀπεπλανήθησαν** ἀπὸ τῆς πίστεως καὶ ἑαυτοὺς περιέπειραν ὀδύναις πολλαῖς.

676 ἀποπλέω [4]

√ 608 + 4434

Ac 13: 4 Αὐτοὶ μὲν οὖν ἐκπεμφθέντες ὑπὸ τοῦ ἁγίου πνεύματος κατῆλθον εἰς Σελεύκειαν, ἐκεῖθέν τε **ἀπέπλευσαν** εἰς Κύπρον
14:26 κἀκεῖθεν **ἀπέπλευσαν** εἰς Ἀντιόχειαν, ὅθεν ἦσαν παραδεδομένοι τῇ χάριτι τοῦ θεοῦ εἰς τὸ ἔργον ὃ ἐπλήρωσαν.
20:15 κἀκεῖθεν **ἀποπλεύσαντες** τῇ ἐπιούσῃ κατηντήσαμεν ἄντικρυς Χίου, τῇ δὲ ἑτέρᾳ παρεβάλομεν εἰς Σάμον,
27: 1 Ὡς δὲ ἐκρίθη τοῦ **ἀποπλεῖν** ἡμᾶς εἰς τὴν Ἰταλίαν,

677 ἀπολύνω Not used in UBS/NIV

√ 608 + 4459

678 ἀποπνίγω [2]

√ 608 + 4464

Lk 8: 7 καὶ ἕτερον ἔπεσεν ἐν μέσῳ τῶν ἀκανθῶν, καὶ συμφυεῖσαι αἱ ἄκανθαι **ἀπέπνιξαν** αὐτό.
8:33 καὶ ὥρμησεν ἡ ἀγέλη κατὰ τοῦ κρημνοῦ εἰς τὴν λίμνην καὶ **ἀπεπνίγη.**

679 ἀπορέω [6]

√ 1.1 + 4513

Mk 6:20 καὶ συνετήρει αὐτόν, καὶ ἀκούσας αὐτοῦ πολλὰ **ἠπόρει,**
Lk 24: 4 καὶ ἐγένετο ἐν τῷ **ἀπορεῖσθαι** αὐτὰς περὶ τούτου καὶ ἰδοὺ ἄνδρες δύο ἐπέστησαν αὐταῖς ἐν ἐσθῆτι ἀστραπτούσῃ.
Jn 13:22 ἔβλεπον εἰς ἀλλήλους οἱ μαθηταὶ **ἀπορούμενοι** περὶ τίνος λέγει.
Ac 25:20 **ἀπορούμενος** δὲ ἐγὼ τὴν περὶ τούτων ζήτησιν ἔλεγον εἰ βούλοιτο πορεύεσθαι εἰς Ἱεροσόλυμα κἀκεῖ κρίνεσθαι
2Co 4: 8 ἐν παντὶ θλιβόμενοι ἀλλ' οὐ στενοχωρούμενοι, **ἀπορούμενοι** ἀλλ' οὐκ ἐξαπορούμενοι,
Gal 4:20 ἤθελον δὲ παρεῖναι πρὸς ὑμᾶς ἄρτι καὶ ἀλλάξαι τὴν φωνήν μου, ὅτι **ἀποροῦμαι** ἐν ὑμῖν.

680 ἀπορία [1]

√ 1.1 + 4513

Lk 21:25 καὶ ἐπὶ τῆς γῆς συνοχὴ ἐθνῶν ἐν **ἀπορίᾳ** ἤχους θαλάσσης καὶ σάλου,

681 ἀπορίπτω [1]

√ 608 + 4849

Ac 27:43 ἐκέλευσέν τε τοὺς δυναμένους κολυμβᾶν **ἀπορίψαντας** πρώτους ἐπὶ τὴν γῆν ἐξιέναι

682 ἀπορφανίζω [1]

√ 608 + 4003

1Th 2:17 Ἡμεῖς δέ, ἀδελφοί, **ἀπορφανισθέντες** ἀφ' ὑμῶν πρὸς καιρὸν ὥρας,

683 ἀποσκευάζω Not used in UBS/NIV

√ 608 + 5007

684 ἀποσκίασμα [1]

√ 608 + 5014

Jas 1:17 παρ' ᾧ οὐκ ἔνι παραλλαγὴ ἢ τροπῆς **ἀποσκίασμα.**

685 ἀποσπάω [4]

√ 608 + 5060

Mt 26:51 καὶ ἰδοὺ εἷς τῶν μετὰ Ἰησοῦ ἐκτείνας τὴν χεῖρα **ἀπέσπασεν** τὴν μάχαιραν αὐτοῦ καὶ πατάξας τὸν δοῦλον τοῦ ἀρχιερέως
Lk 22:41 καὶ αὐτὸς **ἀπεσπάσθη** ἀπ' αὐτῶν ὡσεὶ λίθου βολὴν καὶ θεὶς τὰ γόνατα προσηύχετο
Ac 20:30 καὶ ἐξ ὑμῶν αὐτῶν ἀναστήσονται ἄνδρες λαλοῦντες διεστραμμένα τοῦ **ἀποσπᾶν** τοὺς μαθητὰς ὀπίσω αὐτῶν.
21: 1 Ὡς δὲ ἐγένετο ἀναχθῆναι ἡμᾶς **ἀποσπασθέντας** ἀπ' αὐτῶν,

686 ἀποστασία [2]

√ 608 + 2705

Ac 21:21 κατηχήθησαν δὲ περὶ σοῦ ὅτι **ἀποστασίαν** διδάσκεις ἀπὸ Μωϋσέως τοὺς κατὰ τὰ ἔθνη πάντας Ἰουδαίους
2Th 2: 3 ὅτι ἐὰν μὴ ἔλθῃ ἡ **ἀποστασία** πρῶτον καὶ ἀποκαλυφθῇ ὁ ἄνθρωπος τῆς ἀνομίας,

687 ἀποστάσιον [3]

√ 608 + 2705

βιβλίον ἀποστασίου [2] Mt 19:7; Mk 10:4

Mt 5:31 Ὃς ἂν ἀπολύσῃ τὴν γυναῖκα αὐτοῦ, δότω αὐτῇ **ἀποστάσιον.**
19: 7 Τί οὖν Μωϋσῆς ἐνετείλατο δοῦναι βιβλίον **ἀποστασίου** καὶ ἀπολῦσαι [αὐτήν;]
Mk 10: 4 οἱ δὲ εἶπαν, Ἐπέτρεψεν Μωϋσῆς βιβλίον **ἀποστασίου** γράψαι καὶ ἀπολῦσαι.

688 ἀποστάτης Not used in UBS/NIV

√ 608 + 2705

689 ἀποστεγάζω [1]

√ 608 + 5095

Mk 2: 4 καὶ μὴ δυνάμενοι προσενέγκαι αὐτῷ διὰ τὸν ὄχλον **ἀπεστέγασαν** τὴν στέγην ὅπου ἦν,

690 ἀποστέλλω [132]

→ 692, 693, 1990, 5273, 6013; cf. 608 + 5097

ἀποστέλλω εἰς [20] Mt 8:31; 14:35; 15:24; 20:2; Mk 8:26; Lk 11:49; Jn 3:17; 10:36; 17:18,18; Ac 5:21; 7:34; 10:8; 11:13; 19:22; 26:17,17; 2Ti 4:12; Heb 1:14; Rev 5:6

ἀποστέλλω πρός [23] Mt 21:34,37; 23:34,37; 27:19; Mk 12:2,4,6,13; Lk 7:3,20; 13:34; 20:10; Jn 1:19; 5:33; 11:3; 18:24; Ac 8:14; 9:38; 11:11,30; 13:15; 2Co 12:17

Mt 2:16 καὶ **ἀποστείλας** ἀνεῖλεν πάντας τοὺς παῖδας τοὺς ἐν Βηθλέεμ καὶ ἐν πᾶσι τοῖς ὁρίοις αὐτῆς ἀπὸ διετοῦς
8:31 Εἰ ἐκβάλλεις ἡμᾶς, **ἀπόστειλον** ἡμᾶς εἰς τὴν ἀγέλην τῶν χοίρων.
10: 5 Τούτους τοὺς δώδεκα **ἀπέστειλεν** ὁ Ἰησοῦς παραγγείλας αὐτοῖς λέγων,
10:16 Ἰδοὺ ἐγὼ **ἀποστέλλω** ὑμᾶς ὡς πρόβατα ἐν μέσῳ λύκων·
10:40 καὶ ὁ ἐμὲ δεχόμενος δέχεται τὸν **ἀποστείλαντά** με.
11:10 Ἰδοὺ ἐγὼ **ἀποστέλλω** τὸν ἄγγελόν μου πρὸ προσώπου σου,
13:41 **ἀποστελεῖ** ὁ υἱὸς τοῦ ἀνθρώπου τοὺς ἀγγέλους αὐτοῦ,
14:35 καὶ ἐπιγνόντες αὐτὸν οἱ ἄνδρες τοῦ τόπου ἐκείνου **ἀπέστειλαν** εἰς ὅλην τὴν περίχωρον ἐκείνην
15:24 Οὐκ **ἀπεστάλην** εἰ μὴ εἰς τὰ πρόβατα τὰ ἀπολωλότα οἴκου Ἰσραήλ.
20: 2 συμφωνήσας δὲ μετὰ τῶν ἐργατῶν ἐκ δηναρίου τὴν ἡμέραν **ἀπέστειλεν** αὐτοὺς εἰς τὸν ἀμπελῶνα αὐτοῦ.
21: 1 Καὶ ὅτε ἤγγισαν εἰς Ἱεροσόλυμα καὶ ἦλθον εἰς Βηθφαγὴ εἰς τὸ Ὄρος τῶν Ἐλαιῶν, τότε Ἰησοῦς **ἀπέστειλεν** δύο μαθητὰς
21: 3 ἐρεῖτε ὅτι Ὁ κύριος αὐτῶν χρείαν ἔχει· εὐθὺς δὲ **ἀποστελεῖ** αὐτούς.

21:34 **ἀπέστειλεν** τοὺς δούλους αὐτοῦ πρὸς τοὺς γεωργοὺς λαβεῖν τοὺς καρποὺς αὐτοῦ.
21:36 πάλιν **ἀπέστειλεν** ἄλλους δούλους πλείονας τῶν πρώτων, καὶ ἐποίησαν αὐτοῖς ὡσαύτως.
21:37 ὕστερον δὲ **ἀπέστειλεν** πρὸς αὐτοὺς τὸν υἱὸν αὐτοῦ λέγων,
22: 3 καὶ **ἀπέστειλεν** τοὺς δούλους αὐτοῦ καλέσαι τοὺς κεκλημένους εἰς τοὺς γάμους,
22: 4 πάλιν **ἀπέστειλεν** ἄλλους δούλους λέγων, Εἴπατε τοῖς κεκλημένοις,
22:16 καὶ **ἀποστέλλουσιν** αὐτῷ τοὺς μαθητὰς αὐτῶν μετὰ τῶν Ἡρῳδιανῶν λέγοντες,
23:34 διὰ τοῦτο ἰδοὺ ἐγὼ **ἀποστέλλω** πρὸς ὑμᾶς προφήτας καὶ σοφοὺς καὶ γραμματεῖς·
23:37 ἡ ἀποκτείνουσα τοὺς προφήτας καὶ λιθοβολοῦσα τοὺς **ἀπεσταλμένους** πρὸς αὐτήν,
24:31 καὶ **ἀποστελεῖ** τοὺς ἀγγέλους αὐτοῦ μετὰ σάλπιγγος μεγάλης,
27:19 Καθημένου δὲ αὐτοῦ ἐπὶ τοῦ βήματος **ἀπέστειλεν** πρὸς αὐτὸν ἡ γυνὴ αὐτοῦ λέγουσα,

Mk 1: 2 Ἰδοὺ **ἀποστέλλω** τὸν ἄγγελόν μου πρὸ προσώπου σου,
3:14 καὶ ἐποίησεν δώδεκα [οὓς καὶ ἀποστόλους ὠνόμασεν] ἵνα ὦσιν μετ' αὐτοῦ καὶ ἵνα **ἀποστέλλῃ** αὐτοὺς κηρύσσειν
3:31 Καὶ ἔρχεται ἡ μήτηρ αὐτοῦ καὶ οἱ ἀδελφοὶ αὐτοῦ καὶ ἔξω στήκοντες **ἀπέστειλαν** πρὸς αὐτὸν καλοῦντες αὐτόν.
4:29 εὐθὺς **ἀποστέλλει** τὸ δρέπανον, ὅτι παρέστηκεν ὁ θερισμός.
5:10 καὶ παρεκάλει αὐτὸν πολλὰ ἵνα μὴ αὐτὰ **ἀποστείλῃ** ἔξω τῆς χώρας.
6: 7 καὶ προσκαλεῖται τοὺς δώδεκα καὶ ἤρξατο αὐτοὺς **ἀποστέλλειν** δύο δύο καὶ ἐδίδου αὐτοῖς ἐξουσίαν
6:17 Αὐτὸς γὰρ ὁ Ἡρῴδης **ἀποστείλας** ἐκράτησεν τὸν Ἰωάννην καὶ ἔδησεν αὐτὸν ἐν φυλακῇ διὰ Ἡρῳδιάδα τὴν γυναῖκα
6:27 καὶ εὐθὺς **ἀποστείλας** ὁ βασιλεὺς σπεκουλάτορα ἐπέταξεν ἐνέγκαι τὴν κεφαλὴν αὐτοῦ.
8:26 καὶ **ἀπέστειλεν** αὐτὸν εἰς οἶκον αὐτοῦ λέγων, Μηδὲ εἰς τὴν κώμην εἰσέλθῃς.
9:37 καὶ ὃς ἂν ἐμὲ δέχηται, οὐκ ἐμὲ δέχεται ἀλλὰ τὸν **ἀποστείλαντά** με.
11: 1 ἐγγίζουσιν εἰς Ἱεροσόλυμα εἰς Βηθφαγὴ καὶ Βηθανίαν πρὸς τὸ Ὄρος τῶν Ἐλαιῶν, **ἀποστέλλει** δύο τῶν μαθητῶν αὐτοῦ
11: 3 Ὁ κύριος αὐτοῦ χρείαν ἔχει, καὶ εὐθὺς αὐτὸν **ἀποστέλλει** πάλιν ὧδε.
12: 2 καὶ **ἀπέστειλεν** πρὸς τοὺς γεωργοὺς τῷ καιρῷ δοῦλον ἵνα παρὰ τῶν γεωργῶν λάβῃ ἀπὸ τῶν καρπῶν τοῦ ἀμπελῶνος·
12: 3 καὶ λαβόντες αὐτὸν ἔδειραν καὶ **ἀπέστειλαν** κενόν.
12: 4 καὶ πάλιν **ἀπέστειλεν** πρὸς αὐτοὺς ἄλλον δοῦλον· κἀκεῖνον ἐκεφαλίωσαν καὶ ἠτίμασαν.
12: 5 καὶ ἄλλον **ἀπέστειλεν·** κἀκεῖνον ἀπέκτειναν, καὶ πολλοὺς ἄλλους,
12: 6 **ἀπέστειλεν** αὐτὸν ἔσχατον πρὸς αὐτοὺς λέγων ὅτι Ἐντραπήσονται τὸν υἱόν μου.
12:13 Καὶ **ἀποστέλλουσιν** πρὸς αὐτόν τινας τῶν Φαρισαίων καὶ τῶν Ἡρῳδιανῶν ἵνα αὐτὸν ἀγρεύσωσιν λόγῳ.
13:27 καὶ τότε **ἀποστελεῖ** τοὺς ἀγγέλους καὶ ἐπισυνάξει τοὺς ἐκλεκτοὺς [αὐτοῦ] ἐκ τῶν τεσσάρων ἀνέμων ἀπ' ἄκρου γῆς
14:13 καὶ **ἀποστέλλει** δύο τῶν μαθητῶν αὐτοῦ καὶ λέγει αὐτοῖς,

Lk 1:19 Ἐγώ εἰμι Γαβριὴλ ὁ παρεστηκὼς ἐνώπιον τοῦ θεοῦ καὶ **ἀπεστάλην** λαλῆσαι πρὸς σὲ καὶ εὐαγγελίσασθαί σοι ταῦτα·
1:26 Ἐν δὲ τῷ μηνὶ τῷ ἕκτῳ **ἀπεστάλη** ὁ ἄγγελος Γαβριὴλ ἀπὸ τοῦ θεοῦ εἰς πόλιν τῆς Γαλιλαίας ᾗ ὄνομα Ναζαρὲθ
4:18 **ἀπέσταλκέν** με, κηρύξαι αἰχμαλώτοις ἄφεσιν καὶ τυφλοῖς ἀνάβλεψιν, **ἀποστεῖλαι** τεθραυσμένους ἐν ἀφέσει,
4:43 Καὶ ταῖς ἑτέραις πόλεσιν εὐαγγελίσασθαί με δεῖ τὴν βασιλείαν τοῦ θεοῦ, ὅτι ἐπὶ τοῦτο **ἀπεστάλην.**
7: 3 ἀκούσας δὲ περὶ τοῦ Ἰησοῦ **ἀπέστειλεν** πρὸς αὐτὸν πρεσβυτέρους τῶν Ἰουδαίων
7:20 Ἰωάννης ὁ βαπτιστὴς **ἀπέστειλεν** ἡμᾶς πρὸς σὲ λέγων,
7:27 Ἰδοὺ **ἀποστέλλω** τὸν ἄγγελόν μου πρὸ προσώπου σου,
9: 2 καὶ **ἀπέστειλεν** αὐτοὺς κηρύσσειν τὴν βασιλείαν τοῦ θεοῦ καὶ ἰᾶσθαι [τοὺς ἀσθενεῖς,]
9:48 καὶ ὃς ἂν ἐμὲ δέξηται, δέχεται τὸν **ἀποστείλαντά** με·
9:52 καὶ **ἀπέστειλεν** ἀγγέλους πρὸ προσώπου αὐτοῦ. καὶ πορευθέντες εἰσῆλθον εἰς κώμην Σαμαριτῶν ὡς ἑτοιμάσαι
10: 1 καὶ **ἀπέστειλεν** αὐτοὺς ἀνὰ δύο [δύο] πρὸ προσώπου αὐτοῦ εἰς πᾶσαν πόλιν καὶ τόπον οὗ ἤμελλεν αὐτὸς ἔρχεσθαι.
10: 3 ἰδοὺ **ἀποστέλλω** ὑμᾶς ὡς ἄρνας ἐν μέσῳ λύκων.
10:16 ὁ δὲ ἐμὲ ἀθετῶν ἀθετεῖ τὸν **ἀποστείλαντά** με.
11:49 **Ἀποστελῶ** εἰς αὐτοὺς προφήτας καὶ ἀποστόλους, καὶ ἐξ αὐτῶν ἀποκτενοῦσιν καὶ διώξουσιν,
13:34 ἡ ἀποκτείνουσα τοὺς προφήτας καὶ λιθοβολοῦσα τοὺς **ἀπεσταλμένους** πρὸς αὐτήν,
14:17 καὶ **ἀπέστειλεν** τὸν δοῦλον αὐτοῦ τῇ ὥρᾳ τοῦ δείπνου εἰπεῖν τοῖς κεκλημένοις,
14:32 ἔτι αὐτοῦ πόρρω ὄντος πρεσβείαν **ἀποστείλας** ἐρωτᾷ τὰ πρὸς εἰρήνην.
19:14 οἱ δὲ πολῖται αὐτοῦ ἐμίσουν αὐτὸν καὶ **ἀπέστειλαν** πρεσβείαν ὀπίσω αὐτοῦ λέγοντες,
19:29 Καὶ ἐγένετο ὡς ἤγγισεν εἰς Βηθφαγὴ καὶ Βηθανία[ν] πρὸς τὸ ὄρος τὸ καλούμενον Ἐλαιῶν, **ἀπέστειλεν** δύο τῶν μαθητῶν
19:32 ἀπελθόντες δὲ οἱ **ἀπεσταλμένοι** εὗρον καθὼς εἶπεν αὐτοῖς.
20:10 καὶ καιρῷ **ἀπέστειλεν** πρὸς τοὺς γεωργοὺς δοῦλον ἵνα ἀπὸ τοῦ καρποῦ τοῦ ἀμπελῶνος δώσουσιν αὐτῷ·
20:20 Καὶ παρατηρήσαντες **ἀπέστειλαν** ἐγκαθέτους ὑποκρινομένους ἑαυτοὺς δικαίους εἶναι,
22: 8 καὶ **ἀπέστειλεν** Πέτρον καὶ Ἰωάννην εἰπών, Πορευθέντες ἑτοιμάσατε ἡμῖν τὸ πάσχα ἵνα φάγωμεν.
22:35 Ὅτε **ἀπέστειλα** ὑμᾶς ἄτερ βαλλαντίου καὶ πήρας καὶ ὑποδημάτων,
24:49 καὶ [ἰδοὺ] ἐγὼ **ἀποστέλλω** τὴν ἐπαγγελίαν τοῦ πατρός μου ἐφ' ὑμᾶς·

Jn 1: 6 Ἐγένετο ἄνθρωπος, **ἀπεσταλμένος** παρὰ θεοῦ, ὄνομα αὐτῷ Ἰωάννης·
1:19 ὅτε **ἀπέστειλαν** [πρὸς αὐτὸν] οἱ Ἰουδαῖοι ἐξ Ἱεροσολύμων ἱερεῖς καὶ Λευίτας ἵνα ἐρωτήσωσιν αὐτόν,
1:24 Καὶ **ἀπεσταλμένοι** ἦσαν ἐκ τῶν Φαρισαίων.
3:17 οὐ γὰρ **ἀπέστειλεν** ὁ θεὸς τὸν υἱὸν εἰς τὸν κόσμον ἵνα κρίνῃ τὸν κόσμον,
3:28 αὐτοὶ ὑμεῖς μοι μαρτυρεῖτε ὅτι εἶπον [ὅτι] Οὐκ εἰμὶ ἐγὼ ὁ Χριστός, ἀλλ' ὅτι **Ἀπεσταλμένος** εἰμὶ ἔμπροσθεν ἐκείνου.
3:34 ὃν γὰρ **ἀπέστειλεν** ὁ θεὸς τὰ ῥήματα τοῦ θεοῦ λαλεῖ,
4:38 ἐγὼ **ἀπέστειλα** ὑμᾶς θερίζειν ὃ οὐχ ὑμεῖς κεκοπιάκατε·
5:33 ὑμεῖς **ἀπεστάλκατε** πρὸς Ἰωάννην, καὶ μεμαρτύρηκεν τῇ ἀληθείᾳ·
5:36 αὐτὰ τὰ ἔργα ἃ ποιῶ μαρτυρεῖ περὶ ἐμοῦ ὅτι ὁ πατήρ με **ἀπέσταλκεν.**
5:38 ὅτι ὃν **ἀπέστειλεν** ἐκεῖνος, τούτῳ ὑμεῖς οὐ πιστεύετε.
6:29 Τοῦτό ἐστιν τὸ ἔργον τοῦ θεοῦ, ἵνα πιστεύητε εἰς ὃν **ἀπέστειλεν** ἐκεῖνος.
6:57 καθὼς **ἀπέστειλέν** με ὁ ζῶν πατὴρ κἀγὼ ζῶ διὰ τὸν πατέρα,
7:29 ἐγὼ οἶδα αὐτόν, ὅτι παρ' αὐτοῦ εἰμι κἀκεῖνός με **ἀπέστειλεν.**
7:32 καὶ **ἀπέστειλαν** οἱ ἀρχιερεῖς καὶ οἱ Φαρισαῖοι ὑπηρέτας ἵνα πιάσωσιν αὐτόν.
8:42 οὐδὲ γὰρ ἀπ' ἐμαυτοῦ ἐλήλυθα, ἀλλ' ἐκεῖνός με **ἀπέστειλεν.**
9: 7 Ὕπαγε νίψαι εἰς τὴν κολυμβήθραν τοῦ Σιλωάμ (ὃ ἑρμηνεύεται **Ἀπεσταλμένος).**
10:36 ὃν ὁ πατὴρ ἡγίασεν καὶ **ἀπέστειλεν** εἰς τὸν κόσμον ὑμεῖς λέγετε ὅτι Βλασφημεῖς,
11: 3 **ἀπέστειλαν** οὖν αἱ ἀδελφαὶ πρὸς αὐτὸν λέγουσαι, Κύριε,
11:42 ἀλλὰ διὰ τὸν ὄχλον τὸν περιεστῶτα εἶπον, ἵνα πιστεύσωσιν ὅτι σύ με **ἀπέστειλας.**
17: 3 αὕτη δέ ἐστιν ἡ αἰώνιος ζωὴ ἵνα γινώσκωσιν σὲ τὸν μόνον ἀληθινὸν θεὸν καὶ ὃν **ἀπέστειλας** Ἰησοῦν Χριστόν.
17: 8 καὶ αὐτοὶ ἔλαβον καὶ ἔγνωσαν ἀληθῶς ὅτι παρὰ σοῦ ἐξῆλθον, καὶ ἐπίστευσαν ὅτι σύ με **ἀπέστειλας.**
17:18 καθὼς ἐμὲ **ἀπέστειλας** εἰς τὸν κόσμον, κἀγὼ **ἀπέστειλα** αὐτοὺς εἰς τὸν κόσμον·
17:21 ἵνα ὁ κόσμος πιστεύῃ ὅτι σύ με **ἀπέστειλας.**
17:23 ἵνα γινώσκῃ ὁ κόσμος ὅτι σύ με **ἀπέστειλας** καὶ ἠγάπησας αὐτοὺς καθὼς ἐμὲ ἠγάπησας.
17:25 ἐγὼ δέ σε ἔγνων, καὶ οὗτοι ἔγνωσαν ὅτι σύ με **ἀπέστειλας·**
18:24 **ἀπέστειλεν** οὖν αὐτὸν ὁ Ἅννας δεδεμένον πρὸς Καϊάφαν τὸν ἀρχιερέα.
20:21 καθὼς **ἀπέσταλκέν** με ὁ πατήρ, κἀγὼ πέμπω ὑμᾶς.

Ac 3:20 ὅπως ἂν ἔλθωσιν καιροὶ ἀναψύξεως ἀπὸ προσώπου τοῦ κυρίου καὶ **ἀποστείλῃ** τὸν προκεχειρισμένον ὑμῖν Χριστόν
3:26 ὑμῖν πρῶτον ἀναστήσας ὁ θεὸς τὸν παῖδα αὐτοῦ **ἀπέστειλεν** αὐτὸν εὐλογοῦντα ὑμᾶς ἐν τῷ ἀποστρέφειν ἕκαστον
5:21 καὶ **ἀπέστειλαν** εἰς τὸ δεσμωτήριον ἀχθῆναι αὐτούς.
7:14 **ἀποστείλας** δὲ Ἰωσὴφ μετεκαλέσατο Ἰακὼβ τὸν πατέρα αὐτοῦ καὶ πᾶσαν τὴν συγγένειαν
7:34 καὶ κατέβην ἐξελέσθαι αὐτούς· καὶ νῦν δεῦρο **ἀποστείλω** σε εἰς Αἴγυπτον.

7:35 τοῦτον ὁ θεὸς [καὶ] ἄρχοντα καὶ λυτρωτὴν **ἀπέσταλκεν** σὺν χειρὶ ἀγγέλου τοῦ ὀφθέντος αὐτῷ ἐν τῇ βάτῳ.
8:14 ὅτι δέδεκται ἡ Σαμάρεια τὸν λόγον τοῦ θεοῦ, **ἀπέστειλαν** πρὸς αὐτοὺς Πέτρον καὶ Ἰωάννην,
9:17 Σαοὺλ ἀδελφέ, ὁ κύριος **ἀπέσταλκέν** με, Ἰησοῦς ὁ ὀφθείς σοι ἐν τῇ ὁδῷ ᾗ ἤρχου,
9:38 οἱ μαθηταὶ ἀκούσαντες ὅτι Πέτρος ἐστὶν ἐν αὐτῇ **ἀπέστειλαν** δύο ἄνδρας πρὸς αὐτὸν παρακαλοῦντες,
10: 8 καὶ ἐξηγησάμενος ἅπαντα αὐτοῖς **ἀπέστειλεν** αὐτοὺς εἰς τὴν Ἰόππην.
10:17 ἰδοὺ οἱ ἄνδρες οἱ **ἀπεσταλμένοι** ὑπὸ τοῦ Κορνηλίου διερωτήσαντες τὴν οἰκίαν τοῦ Σίμωνος ἐπέστησαν
10:20 ἀλλὰ ἀναστὰς κατάβηθι καὶ πορεύου σὺν αὐτοῖς μηδὲν διακρινόμενος ὅτι ἐγὼ **ἀπέσταλκα** αὐτούς.
10:36 τὸν λόγον [ὃν] **ἀπέστειλεν** τοῖς υἱοῖς Ἰσραὴλ εὐαγγελιζόμενος εἰρήνην διὰ Ἰησοῦ Χριστοῦ,
11:11 καὶ ἰδοὺ ἐξαυτῆς τρεῖς ἄνδρες ἐπέστησαν ἐπὶ τὴν οἰκίαν ἐν ᾗ ἦμεν, **ἀπεσταλμένοι** ἀπὸ Καισαρείας πρός με.
11:13 **Ἀπόστειλον** εἰς Ἰόππην καὶ μετάπεμψαι Σίμωνα τὸν ἐπικαλούμενον Πέτρον,
11:30 ὃ καὶ ἐποίησαν **ἀποστείλαντες** πρὸς τοὺς πρεσβυτέρους διὰ χειρὸς Βαρναβᾶ καὶ Σαύλου.
13:15 μετὰ δὲ τὴν ἀνάγνωσιν τοῦ νόμου καὶ τῶν προφητῶν **ἀπέστειλαν** οἱ ἀρχισυνάγωγοι πρὸς αὐτοὺς λέγοντες,
15:27 **ἀπεστάλκαμεν** οὖν Ἰούδαν καὶ Σιλᾶν καὶ αὐτοὺς διὰ λόγου ἀπαγγέλλοντας τὰ αὐτά.
15:33 ποιήσαντες δὲ χρόνον ἀπελύθησαν μετ' εἰρήνης ἀπὸ τῶν ἀδελφῶν πρὸς τοὺς **ἀποστείλαντας** αὐτούς.
16:35 Ἡμέρας δὲ γενομένης **ἀπέστειλαν** οἱ στρατηγοὶ τοὺς ῥαβδούχους λέγοντες,
16:36 ἀπήγγειλεν δὲ ὁ δεσμοφύλαξ τοὺς λόγους [τούτους] πρὸς τὸν Παῦλον ὅτι **Ἀπέσταλκαν** οἱ στρατηγοὶ ἵνα ἀπολυθῆτε·
19:22 **ἀποστείλας** δὲ εἰς τὴν Μακεδονίαν δύο τῶν διακονούντων αὐτῷ,
26:17 ἐξαιρούμενός σε ἐκ τοῦ λαοῦ καὶ ἐκ τῶν ἐθνῶν εἰς οὓς ἐγὼ **ἀποστέλλω** σε
28:28 γνωστὸν οὖν ἔστω ὑμῖν ὅτι τοῖς ἔθνεσιν **ἀπεστάλη** τοῦτο τὸ σωτήριον τοῦ θεοῦ·
Ro 10:15 πῶς δὲ κηρύξωσιν ἐὰν μὴ **ἀποσταλῶσιν**; καθὼς γέγραπται,
1Co 1:17 οὐ γὰρ **ἀπέστειλέν** με Χριστὸς βαπτίζειν ἀλλὰ εὐαγγελίζεσθαι,
2Co 12:17 μή τινα ὧν **ἀπέσταλκα** πρὸς ὑμᾶς, δι' αὐτοῦ ἐπλεονέκτησα ὑμᾶς;
2Ti 4:12 Τυχικὸν δὲ **ἀπέστειλα** εἰς Ἔφεσον.
Heb 1:14 οὐχὶ πάντες εἰσὶν λειτουργικὰ πνεύματα εἰς διακονίαν **ἀποστελλόμενα** διὰ τοὺς μέλλοντας κληρονομεῖν σωτηρίαν;
1Pe 1:12 ἃ νῦν ἀνηγγέλη ὑμῖν διὰ τῶν εὐαγγελισαμένων ὑμᾶς [ἐν] πνεύματι ἁγίῳ **ἀποσταλέντι** ἀπ' οὐρανοῦ,
1Jn 4: 9 ὅτι τὸν υἱὸν αὐτοῦ τὸν μονογενῆ **ἀπέσταλκεν** ὁ θεὸς εἰς τὸν κόσμον ἵνα ζήσωμεν δι' αὐτοῦ.
4:10 ἀλλ' ὅτι αὐτὸς ἠγάπησεν ἡμᾶς καὶ **ἀπέστειλεν** τὸν υἱὸν αὐτοῦ ἱλασμὸν περὶ τῶν ἁμαρτιῶν ἡμῶν.
4:14 καὶ ἡμεῖς τεθεάμεθα καὶ μαρτυροῦμεν ὅτι ὁ πατὴρ **ἀπέσταλκεν** τὸν υἱὸν σωτῆρα τοῦ κόσμου.
Rev 1: 1 καὶ ἐσήμανεν **ἀποστείλας** διὰ τοῦ ἀγγέλου αὐτοῦ τῷ δούλῳ αὐτοῦ Ἰωάννῃ,
5: 6 ἔχων κέρατα ἑπτὰ καὶ ὀφθαλμοὺς ἑπτὰ οἵ εἰσιν τὰ [ἑπτὰ] πνεύματα τοῦ θεοῦ **ἀπεσταλμένοι** εἰς πᾶσαν τὴν γῆν.
22: 6 καὶ ὁ κύριος ὁ θεὸς τῶν πνευμάτων τῶν προφητῶν **ἀπέστειλεν** τὸν ἄγγελον αὐτοῦ δεῖξαι τοῖς δούλοις αὐτοῦ

691 ἀποστερέω [6]

√ *608*

Mk 10:19 Μὴ μοιχεύσῃς, Μὴ κλέψῃς, Μὴ ψευδομαρτυρήσῃς, Μὴ **ἀποστερήσῃς,**
1Co 6: 7 διὰ τί οὐχὶ μᾶλλον ἀδικεῖσθε; διὰ τί οὐχὶ μᾶλλον **ἀποστερεῖσθε**;
6: 8 ἀλλὰ ὑμεῖς ἀδικεῖτε καὶ **ἀποστερεῖτε,** καὶ τοῦτο ἀδελφούς.
7: 5 μὴ **ἀποστερεῖτε** ἀλλήλους, εἰ μήτι ἂν ἐκ συμφώνου πρὸς καιρόν,
1Ti 6: 5 διαπαρατριβαὶ διεφθαρμένων ἀνθρώπων τὸν νοῦν καὶ **ἀπεστερημένων** τῆς ἀληθείας,
Jas 5: 4 ἰδοὺ ὁ μισθὸς τῶν ἐργατῶν τῶν ἀμησάντων τὰς χώρας ὑμῶν ὁ **ἀπεστερημένος** ἀφ' ὑμῶν κράζει,

692 ἀποστολή [4]

√ *690*

Ac 1:25 λαβεῖν τὸν τόπον τῆς διακονίας ταύτης καὶ **ἀποστολῆς** ἀφ' ἧς παρέβη Ἰούδας πορευθῆναι εἰς τὸν τόπον τὸν ἴδιον.
Ro 1: 5 δι' οὗ ἐλάβομεν χάριν καὶ **ἀποστολὴν** εἰς ὑπακοὴν πίστεως ἐν πᾶσιν τοῖς ἔθνεσιν ὑπὲρ τοῦ ὀνόματος αὐτοῦ,
1Co 9: 2 ἡ γὰρ σφραγίς μου τῆς **ἀποστολῆς** ὑμεῖς ἐστε ἐν κυρίῳ.
Gal 2: 8 ὁ γὰρ ἐνεργήσας Πέτρῳ εἰς **ἀποστολὴν** τῆς περιτομῆς ἐνήργησεν καὶ ἐμοὶ εἰς τὰ ἔθνη,

693 ἀπόστολος [80]

√ *690*

ἀπόστολοι καὶ πρεσβύτεροι [6] Ac 15:2,4,6,22,23; 16:4

ἀπόστολος used with **προφήτης** [7] Lk 11:49; 1Co 12:28; Eph 2:20; 3:5; 4:11; 2Pe 3:2; Rev 18:20

ἀπόστολος Χριστοῦ [11] 1Co 1:1; 2Co 1:1; 11:13; Eph 1:1; Col 1:1; 1Th 2:7; 1Ti 1:1; 2Ti 1:1; Tit 1:1; 1Pe 1:1; 2Pe 1:1

δώδεκα ἀπόστολοι [2] Mt 10:2; Rev 21:14; cf. Mk 3:14; Lk 6:13

Mt 10: 2 Τῶν δὲ δώδεκα **ἀποστόλων** τὰ ὀνόματά ἐστιν ταῦτα·
Mk 3:14 καὶ ἐποίησεν δώδεκα [οὓς καὶ **ἀποστόλους** ὠνόμασεν] ἵνα ὦσιν μετ' αὐτοῦ καὶ ἵνα ἀποστέλλῃ αὐτοὺς κηρύσσειν
6:30 Καὶ συνάγονται οἱ **ἀπόστολοι** πρὸς τὸν Ἰησοῦν καὶ ἀπήγγειλαν αὐτῷ πάντα ὅσα ἐποίησαν καὶ ὅσα ἐδίδαξαν.
Lk 6:13 καὶ ἐκλεξάμενος ἀπ' αὐτῶν δώδεκα, οὓς καὶ **ἀποστόλους** ὠνόμασεν,
9:10 Καὶ ὑποστρέψαντες οἱ **ἀπόστολοι** διηγήσαντο αὐτῷ ὅσα ἐποίησαν.
11:49 Ἀποστελῶ εἰς αὐτοὺς προφήτας καὶ **ἀποστόλους,** καὶ ἐξ αὐτῶν ἀποκτενοῦσιν καὶ διώξουσιν,
17: 5 Καὶ εἶπαν οἱ **ἀπόστολοι** τῷ κυρίῳ, Πρόσθες ἡμῖν πίστιν.
22:14 Καὶ ὅτε ἐγένετο ἡ ὥρα, ἀνέπεσεν καὶ οἱ **ἀπόστολοι** σὺν αὐτῷ.
24:10 Μαγδαληνὴ Μαρία καὶ Ἰωάννα καὶ Μαρία ἡ Ἰακώβου καὶ αἱ λοιπαὶ σὺν αὐταῖς. ἔλεγον πρὸς τοὺς **ἀποστόλους** ταῦτα,
Jn 13:16 οὐκ ἔστιν δοῦλος μείζων τοῦ κυρίου αὐτοῦ οὐδὲ **ἀπόστολος** μείζων τοῦ πέμψαντος αὐτόν.
Ac 1: 2 ἄχρι ἧς ἡμέρας ἐντειλάμενος τοῖς **ἀποστόλοις** διὰ πνεύματος ἁγίου οὓς ἐξελέξατο ἀνελήμφθη·
1:26 καὶ ἔδωκαν κλήρους αὐτοῖς καὶ ἔπεσεν ὁ κλῆρος ἐπὶ Μαθθίαν καὶ συγκατεψηφίσθη μετὰ τῶν ἕνδεκα **ἀποστόλων.**
2:37 Ἀκούσαντες δὲ κατενύγησαν τὴν καρδίαν εἶπόν τε πρὸς τὸν Πέτρον καὶ τοὺς λοιποὺς **ἀποστόλους,**
2:42 ἦσαν δὲ προσκαρτεροῦντες τῇ διδαχῇ τῶν **ἀποστόλων** καὶ τῇ κοινωνίᾳ,
2:43 πολλά τε τέρατα καὶ σημεῖα διὰ τῶν **ἀποστόλων** ἐγίνετο.
4:33 καὶ δυνάμει μεγάλῃ ἀπεδίδουν τὸ μαρτύριον οἱ **ἀπόστολοι** τῆς ἀναστάσεως τοῦ κυρίου Ἰησοῦ,
4:35 καὶ ἐτίθουν παρὰ τοὺς πόδας τῶν **ἀποστόλων,** διεδίδετο δὲ ἑκάστῳ καθότι ἄν τις χρείαν εἶχεν.
4:36 Ἰωσὴφ δὲ ὁ ἐπικληθεὶς Βαρναβᾶς ἀπὸ τῶν **ἀποστόλων,**
4:37 ὑπάρχοντος αὐτῷ ἀγροῦ πωλήσας ἤνεγκεν τὸ χρῆμα καὶ ἔθηκεν πρὸς τοὺς πόδας τῶν **ἀποστόλων.**
5: 2 καὶ ἐνέγκας μέρος τι παρὰ τοὺς πόδας τῶν **ἀποστόλων** ἔθηκεν.
5:12 Διὰ δὲ τῶν χειρῶν τῶν **ἀποστόλων** ἐγίνετο σημεῖα καὶ τέρατα πολλὰ ἐν τῷ λαῷ.
5:18 καὶ ἐπέβαλον τὰς χεῖρας ἐπὶ τοὺς **ἀποστόλους** καὶ ἔθεντο αὐτοὺς ἐν τηρήσει δημοσίᾳ.
5:29 ἀποκριθεὶς δὲ Πέτρος καὶ οἱ **ἀπόστολοι** εἶπαν, Πειθαρχεῖν δεῖ θεῷ μᾶλλον ἢ ἀνθρώποις.
5:40 προσκαλεσάμενοι τοὺς **ἀποστόλους** δείραντες παρήγγειλαν μὴ λαλεῖν ἐπὶ τῷ ὀνόματι τοῦ Ἰησοῦ καὶ ἀπέλυσαν.
6: 6 οὓς ἔστησαν ἐνώπιον τῶν **ἀποστόλων,** καὶ προσευξάμενοι ἐπέθηκαν αὐτοῖς τὰς χεῖρας.
8: 1 πάντες δὲ διεσπάρησαν κατὰ τὰς χώρας τῆς Ἰουδαίας καὶ Σαμαρείας πλὴν τῶν **ἀποστόλων.**
8:14 Ἀκούσαντες δὲ οἱ ἐν Ἱεροσολύμοις **ἀπόστολοι** ὅτι δέδεκται ἡ Σαμάρεια τὸν λόγον τοῦ θεοῦ,
8:18 ἰδὼν δὲ ὁ Σίμων ὅτι διὰ τῆς ἐπιθέσεως τῶν χειρῶν τῶν **ἀποστόλων** δίδοται τὸ πνεῦμα,
9:27 ἐπιλαβόμενος αὐτὸν ἤγαγεν πρὸς τοὺς **ἀποστόλους** καὶ διηγήσατο αὐτοῖς πῶς ἐν τῇ ὁδῷ εἶδεν τὸν κύριον

11: 1 Ἤκουσαν δὲ οἱ **ἀπόστολοι** καὶ οἱ ἀδελφοὶ οἱ ὄντες κατὰ τὴν Ἰουδαίαν ὅτι καὶ τὰ ἔθνη ἐδέξαντο τὸν λόγον τοῦ θεοῦ.
14: 4 καὶ οἱ μὲν ἦσαν σὺν τοῖς Ἰουδαίοις, οἱ δὲ σὺν τοῖς **ἀποστόλοις.**
14: 14 ἀκούσαντες δὲ οἱ **ἀπόστολοι** Βαρναβᾶς καὶ Παῦλος διαρρήξαντες τὰ ἱμάτια αὐτῶν ἐξεπήδησαν εἰς τὸν ὄχλον
15: 2 καί τινας ἄλλους ἐξ αὐτῶν πρὸς τοὺς **ἀποστόλους** καὶ πρεσβυτέρους εἰς Ἰερουσαλὴμ περὶ τοῦ ζητήματος τούτου.
15: 4 παραγενόμενοι δὲ εἰς Ἰερουσαλὴμ παρεδέχθησαν ἀπὸ τῆς ἐκκλησίας καὶ τῶν **ἀποστόλων** καὶ τῶν πρεσβυτέρων,
15: 6 Συνήχθησάν τε οἱ **ἀπόστολοι** καὶ οἱ πρεσβύτεροι ἰδεῖν περὶ τοῦ λόγου τούτου.
15: 22 Τότε ἔδοξε τοῖς **ἀποστόλοις** καὶ τοῖς πρεσβυτέροις σὺν ὅλῃ τῇ ἐκκλησίᾳ ἐκλεξαμένους ἄνδρας ἐξ αὐτῶν πέμψαι
15: 23 Οἱ **ἀπόστολοι** καὶ οἱ πρεσβύτεροι ἀδελφοὶ τοῖς κατὰ τὴν Ἀντιόχειαν καὶ Συρίαν καὶ Κιλικίαν ἀδελφοῖς τοῖς ἐξ ἐθνῶν
16: 4 παρεδίδοσαν αὐτοῖς φυλάσσειν τὰ δόγματα τὰ κεκριμένα ὑπὸ τῶν **ἀποστόλων** καὶ πρεσβυτέρων τῶν ἐν Ἱεροσολύμοις.

Ro 1: 1 Παῦλος δοῦλος Χριστοῦ Ἰησοῦ, κλητὸς **ἀπόστολος** ἀφωρισμένος εἰς εὐαγγέλιον θεοῦ,
11: 13 ἐφ᾽ ὅσον μὲν οὖν εἰμι ἐγὼ ἐθνῶν **ἀπόστολος,**
16: 7 οἵτινές εἰσιν ἐπίσημοι ἐν τοῖς **ἀποστόλοις,** οἳ καὶ πρὸ ἐμοῦ γέγοναν ἐν Χριστῷ.

1Co 1: 1 Παῦλος κλητὸς **ἀπόστολος** Χριστοῦ Ἰησοῦ διὰ θελήματος θεοῦ καὶ Σωσθένης ὁ ἀδελφὸς
4: 9 ὁ θεὸς ἡμᾶς τοὺς **ἀποστόλους** ἐσχάτους ἀπέδειξεν ὡς ἐπιθανατίους,
9: 1 Οὐκ εἰμὶ ἐλεύθερος; οὐκ εἰμὶ **ἀπόστολος;** οὐχὶ Ἰησοῦν τὸν κύριον ἡμῶν ἑόρακα;
9: 2 εἰ ἄλλοις οὐκ εἰμὶ **ἀπόστολος,** ἀλλά γε ὑμῖν εἰμι·
9: 5 μὴ οὐκ ἔχομεν ἐξουσίαν ἀδελφὴν γυναῖκα περιάγειν ὡς καὶ οἱ λοιποὶ **ἀπόστολοι** καὶ οἱ ἀδελφοὶ τοῦ κυρίου καὶ Κηφᾶς;
12: 28 καὶ οὓς μὲν ἔθετο ὁ θεὸς ἐν τῇ ἐκκλησίᾳ πρῶτον **ἀποστόλους,**
12: 29 μὴ πάντες **ἀπόστολοι;** μὴ πάντες προφῆται; μὴ πάντες διδάσκαλοι;
15: 7 ἔπειτα ὤφθη Ἰακώβῳ εἶτα τοῖς **ἀποστόλοις** πᾶσιν·
15: 9 Ἐγὼ γάρ εἰμι ὁ ἐλάχιστος τῶν **ἀποστόλων** ὃς οὐκ εἰμὶ ἱκανὸς καλεῖσθαι **ἀπόστολος,**

2Co 1: 1 Παῦλος **ἀπόστολος** Χριστοῦ Ἰησοῦ διὰ θελήματος θεοῦ
8: 23 κοινωνὸς ἐμὸς καὶ εἰς ὑμᾶς συνεργός· εἴτε ἀδελφοὶ ἡμῶν, **ἀπόστολοι** ἐκκλησιῶν, δόξα Χριστοῦ.
11: 5 λογίζομαι γὰρ μηδὲν ὑστερηκέναι τῶν ὑπερλίαν **ἀποστόλων.**
11: 13 οἱ γὰρ τοιοῦτοι ψευδαπόστολοι, ἐργάται δόλιοι, μετασχηματιζόμενοι εἰς **ἀποστόλους** Χριστοῦ.
12: 11 οὐδὲν γὰρ ὑστέρησα τῶν ὑπερλίαν **ἀποστόλων** εἰ καὶ οὐδέν εἰμι.
12: 12 τὰ μὲν σημεῖα τοῦ **ἀποστόλου** κατειργάσθη ἐν ὑμῖν ἐν πάσῃ ὑπομονῇ,

Gal 1: 1 Παῦλος **ἀπόστολος** οὐκ ἀπ᾽ ἀνθρώπων οὐδὲ δι᾽ ἀνθρώπου ἀλλὰ διὰ Ἰησοῦ Χριστοῦ καὶ θεοῦ πατρὸς
1: 17 οὐδὲ ἀνῆλθον εἰς Ἱεροσόλυμα πρὸς τοὺς πρὸ ἐμοῦ **ἀποστόλους,**
1: 19 ἕτερον δὲ τῶν **ἀποστόλων** οὐκ εἶδον εἰ μὴ Ἰάκωβον τὸν ἀδελφὸν τοῦ κυρίου.

Eph 1: 1 Παῦλος **ἀπόστολος** Χριστοῦ Ἰησοῦ διὰ θελήματος θεοῦ
2: 20 ἐποικοδομηθέντες ἐπὶ τῷ θεμελίῳ τῶν **ἀποστόλων** καὶ προφητῶν,
3: 5 οὐκ ἐγνωρίσθη τοῖς υἱοῖς τῶν ἀνθρώπων ὡς νῦν ἀπεκαλύφθη τοῖς ἁγίοις **ἀποστόλοις** αὐτοῦ καὶ προφήταις ἐν πνεύματι,
4: 11 καὶ αὐτὸς ἔδωκεν τοὺς μὲν **ἀποστόλους,** τοὺς δὲ προφήτας,

Php 2: 25 ὑμῶν δὲ **ἀπόστολον** καὶ λειτουργὸν τῆς χρείας μου,

Col 1: 1 Παῦλος **ἀπόστολος** Χριστοῦ Ἰησοῦ διὰ θελήματος θεοῦ

1Th 2: 7 δυνάμενοι ἐν βάρει εἶναι ὡς Χριστοῦ **ἀπόστολοι.** ἀλλὰ ἐγενήθημεν νήπιοι ἐν μέσῳ ὑμῶν,

1Ti 1: 1 Παῦλος **ἀπόστολος** Χριστοῦ Ἰησοῦ κατ᾽ ἐπιταγὴν θεοῦ σωτῆρος ἡμῶν καὶ Χριστοῦ Ἰησοῦ τῆς ἐλπίδος ἡμῶν
2: 7 εἰς ὃ ἐτέθην ἐγὼ κῆρυξ καὶ **ἀπόστολος,** ἀλήθειαν λέγω οὐ ψεύδομαι,

2Ti 1: 1 Παῦλος **ἀπόστολος** Χριστοῦ Ἰησοῦ διὰ θελήματος θεοῦ κατ᾽ ἐπαγγελίαν ζωῆς τῆς ἐν Χριστῷ Ἰησοῦ
1: 11 εἰς ὃ ἐτέθην ἐγὼ κῆρυξ καὶ **ἀπόστολος** καὶ διδάσκαλος,

Tit 1: 1 **ἀπόστολος** δὲ Ἰησοῦ Χριστοῦ κατὰ πίστιν ἐκλεκτῶν θεοῦ καὶ ἐπίγνωσιν ἀληθείας τῆς κατ᾽ εὐσέβειαν

Heb 3: 1 κατανοήσατε τὸν **ἀπόστολον** καὶ ἀρχιερέα τῆς ὁμολογίας ἡμῶν Ἰησοῦν,

1Pe 1: 1 Πέτρος **ἀπόστολος** Ἰησοῦ Χριστοῦ ἐκλεκτοῖς παρεπιδήμοις διασπορᾶς Πόντου,

2Pe 1: 1 Συμεὼν Πέτρος δοῦλος καὶ **ἀπόστολος** Ἰησοῦ Χριστοῦ τοῖς ἰσότιμον ἡμῖν λαχοῦσιν πίστιν ἐν δικαιοσύνῃ τοῦ θεοῦ
3: 2 μνησθῆναι τῶν προειρημένων ῥημάτων ὑπὸ τῶν ἁγίων προφητῶν καὶ τῆς τῶν **ἀποστόλων** ὑμῶν ἐντολῆς τοῦ κυρίου

Jude 1: 17 μνήσθητε τῶν ῥημάτων τῶν προειρημένων ὑπὸ τῶν **ἀποστόλων** τοῦ κυρίου ἡμῶν Ἰησοῦ Χριστοῦ

Rev 2: 2 καὶ ἐπείρασας τοὺς λέγοντας ἑαυτοὺς **ἀποστόλους** καὶ οὐκ εἰσὶν καὶ εὗρες αὐτοὺς ψευδεῖς,
18: 20 οὐρανὲ καὶ οἱ ἅγιοι καὶ οἱ **ἀπόστολοι** καὶ οἱ προφῆται,
21: 14 καὶ τὸ τεῖχος τῆς πόλεως ἔχων θεμελίους δώδεκα καὶ ἐπ᾽ αὐτῶν δώδεκα ὀνόματα τῶν δώδεκα **ἀποστόλων** τοῦ ἀρνίου.

694 ἀποστοματίζω [1]

√ 608 + 5125

Lk 11: 53 ἤρξαντο οἱ γραμματεῖς καὶ οἱ Φαρισαῖοι δεινῶς ἐνέχειν καὶ **ἀποστοματίζειν** αὐτὸν περὶ πλειόνων,

695 ἀποστρέφω [9]

√ 608 + 5138

Mt 5: 42 καὶ τὸν θέλοντα ἀπὸ σοῦ δανίσασθαι μὴ **ἀποστραφῇς.**
26: 52 **Ἀπόστρεψον** τὴν μάχαιράν σου εἰς τὸν τόπον αὐτῆς·

Lk 23: 14 Προσηνέγκατέ μοι τὸν ἄνθρωπον τοῦτον ὡς **ἀποστρέφοντα** τὸν λαόν,

Ac 3: 26 ὑμῖν πρῶτον ἀναστήσας ὁ θεὸς τὸν παῖδα αὐτοῦ ἀπέστειλεν αὐτὸν εὐλογοῦντα ὑμᾶς ἐν τῷ **ἀποστρέφειν** ἕκαστον

Ro 11: 26 Ἥξει ἐκ Σιὼν ὁ ῥυόμενος, **ἀποστρέψει** ἀσεβείας ἀπὸ Ἰακώβ.

2Ti 1: 15 ὅτι **ἀπεστράφησάν** με πάντες οἱ ἐν τῇ Ἀσίᾳ,
4: 4 καὶ ἀπὸ μὲν τῆς ἀληθείας τὴν ἀκοὴν **ἀποστρέψουσιν,**

Tit 1: 14 μὴ προσέχοντες Ἰουδαϊκοῖς μύθοις καὶ ἐντολαῖς ἀνθρώπων **ἀποστρεφομένων** τὴν ἀλήθειαν.

Heb 12: 25 πολὺ μᾶλλον ἡμεῖς οἱ τὸν ἀπ᾽ οὐρανῶν **ἀποστρεφόμενοι,**

696 ἀποστυγέω [1]

√ 608 + 5144

Ro 12: 9 Ἡ ἀγάπη ἀνυπόκριτος. **ἀποστυγοῦντες** τὸ πονηρόν, κολλώμενοι τῷ ἀγαθῷ,

697 ἀποσυνάγωγος [3]

√ 608 + 5252

Jn 9: 22 ἤδη γὰρ συνετέθειντο οἱ Ἰουδαῖοι ἵνα ἐάν τις αὐτὸν ὁμολογήσῃ Χριστόν, **ἀποσυνάγωγος** γένηται.
12: 42 ἀλλὰ διὰ τοὺς Φαρισαίους οὐχ ὡμολόγουν ἵνα μὴ **ἀποσυνάγωγοι** γένωνται·
16: 2 **ἀποσυναγώγους** ποιήσουσιν ὑμᾶς· ἀλλ᾽ ἔρχεται ὥρα ἵνα πᾶς ὁ ἀποκτείνας ὑμᾶς δόξῃ λατρείαν προσφέρειν τῷ θεῷ.

698 ἀποτάσσω [6]

√ 608 + 5435

Mk 6: 46 καὶ **ἀποταξάμενος** αὐτοῖς ἀπῆλθεν εἰς τὸ ὄρος προσεύξασθαι.

Lk 9: 61 πρῶτον δὲ ἐπίτρεψόν μοι **ἀποτάξασθαι** τοῖς εἰς τὸν οἶκόν μου.
14: 33 οὕτως οὖν πᾶς ἐξ ὑμῶν ὃς οὐκ **ἀποτάσσεται** πᾶσιν τοῖς ἑαυτοῦ ὑπάρχουσιν οὐ δύναται εἶναί μου μαθητής.

Ac 18: 18 Ὁ δὲ Παῦλος ἔτι προσμείνας ἡμέρας ἱκανὰς τοῖς ἀδελφοῖς **ἀποταξάμενος** ἐξέπλει εἰς τὴν Συρίαν,
18: 21 ἀλλὰ **ἀποταξάμενος** καὶ εἰπών, Πάλιν ἀνακάμψω πρὸς ὑμᾶς τοῦ θεοῦ θέλοντος,

2Co 2: 13 οὐκ ἔσχηκα ἄνεσιν τῷ πνεύματί μου τῷ μὴ εὑρεῖν με Τίτον τὸν ἀδελφόν μου, ἀλλὰ **ἀποταξάμενος** αὐτοῖς ἐξῆλθον

699 ἀποτελέω [2]

√ 608 + 5465

Lk 13: 32 Ἰδοὺ ἐκβάλλω δαιμόνια καὶ ἰάσεις **ἀποτελῶ** σήμερον καὶ αὔριον καὶ τῇ τρίτῃ τελειοῦμαι.

Jas 1: 15 εἶτα ἡ ἐπιθυμία συλλαβοῦσα τίκτει ἁμαρτίαν, ἡ δὲ ἁμαρτία **ἀποτελεσθεῖσα** ἀποκύει θάνατον.

700 ἀποτίθημι [9]

√ 608 + 5502

Mt 14: 3 Ὁ γὰρ Ἡρῴδης κρατήσας τὸν Ἰωάννην ἔδησεν [αὐτὸν] καὶ ἐν φυλακῇ **ἀπέθετο** διὰ Ἡρῳδιάδα τὴν γυναῖκα Φιλίππου
Ac 7:58 καὶ οἱ μάρτυρες **ἀπέθεντο** τὰ ἱμάτια αὐτῶν παρὰ τοὺς πόδας νεανίου καλουμένου Σαύλου,
Ro 13:12 **ἀποθώμεθα** οὖν τὰ ἔργα τοῦ σκότους, ἐνδυσώμεθα [δὲ] τὰ ὅπλα τοῦ φωτός.
Eph 4:22 **ἀποθέσθαι** ὑμᾶς κατὰ τὴν προτέραν ἀναστροφὴν τὸν παλαιὸν ἄνθρωπον τὸν φθειρόμενον κατὰ τὰς ἐπιθυμίας τῆς ἀπάτης,
4:25 Διὸ **ἀποθέμενοι** τὸ ψεῦδος λαλεῖτε ἀλήθειαν ἕκαστος μετὰ τοῦ πλησίον αὐτοῦ,
Col 3: 8 νυνὶ δὲ **ἀπόθεσθε** καὶ ὑμεῖς τὰ πάντα, ὀργήν,
Heb 12: 1 ὄγκον **ἀποθέμενοι** πάντα καὶ τὴν εὐπερίστατον ἁμαρτίαν, δι᾽ ὑπομονῆς τρέχωμεν τὸν προκείμενον ἡμῖν ἀγῶνα
Jas 1:21 διὸ **ἀποθέμενοι** πᾶσαν ῥυπαρίαν καὶ περισσείαν κακίας ἐν πραΰτητι,
1Pe 2: 1 **Ἀποθέμενοι** οὖν πᾶσαν κακίαν καὶ πάντα δόλον καὶ ὑποκρίσεις καὶ φθόνους καὶ πάσας καταλαλιάς,

701 ἀποτινάσσω [2]

√ 1753; cf. 608

Lk 9: 5 ἐξερχόμενοι ἀπὸ τῆς πόλεως ἐκείνης τὸν κονιορτὸν ἀπὸ τῶν ποδῶν ὑμῶν **ἀποτινάσσετε** εἰς μαρτύριον ἐπ᾽ αὐτούς.
Ac 28: 5 ὁ μὲν οὖν **ἀποτινάξας** τὸ θηρίον εἰς τὸ πῦρ ἔπαθεν οὐδὲν κακόν,

702 ἀποτίνω [1]

√ 608 + 5514

Phm 1:19 ἐγὼ Παῦλος ἔγραψα τῇ ἐμῇ χειρί, ἐγὼ **ἀποτίσω·**

703 ἀποτολμάω [1]

√ 608 + 5528

Ro 10:20 Ἠσαΐας δὲ **ἀποτολμᾷ** καὶ λέγει, Εὑρέθην [ἐν] τοῖς ἐμὲ μὴ ζητοῦσιν,

704 ἀποτομία [2]

√ 608 + 5533

Ro 11:22 ἴδε οὖν χρηστότητα καὶ **ἀποτομίαν** θεοῦ· ἐπὶ μὲν τοὺς πεσόντας **ἀποτομία,** ἐπὶ δὲ σὲ χρηστότης θεοῦ,

705 ἀποτόμως [2]

√ 608 + 5533

2Co 13:10 ἵνα παρὼν μὴ **ἀποτόμως** χρήσωμαι κατὰ τὴν ἐξουσίαν ἣν ὁ κύριος ἔδωκέν μοι εἰς οἰκοδομὴν καὶ οὐκ εἰς καθαίρεσιν.
Tit 1:13 δι᾽ ἣν αἰτίαν ἔλεγχε αὐτοὺς **ἀποτόμως,** ἵνα ὑγιαίνωσιν ἐν τῇ πίστει,

706 ἀποτρέπω [1]

√ 608 + 5572

2Ti 3: 5 ἔχοντες μόρφωσιν εὐσεβείας τὴν δὲ δύναμιν αὐτῆς ἠρνημένοι· καὶ τούτους **ἀποτρέπου.**

707 ἀπουσία [1]

√ 608 + 1639

Php 2:12 μὴ ὡς ἐν τῇ παρουσίᾳ μου μόνον ἀλλὰ νῦν πολλῷ μᾶλλον ἐν τῇ **ἀπουσίᾳ** μου,

708 ἀποφέρω [6]

√ 608 + 5770

Mk 15: 1 δήσαντες τὸν Ἰησοῦν **ἀπήνεγκαν** καὶ παρέδωκαν Πιλάτῳ.
Lk 16:22 ἐγένετο δὲ ἀποθανεῖν τὸν πτωχὸν καὶ **ἀπενεχθῆναι** αὐτὸν ὑπὸ τῶν ἀγγέλων εἰς τὸν κόλπον Ἀβραάμ·
Ac 19:12 ὥστε καὶ ἐπὶ τοὺς ἀσθενοῦντας **ἀποφέρεσθαι** ἀπὸ τοῦ χρωτὸς αὐτοῦ σουδάρια ἢ σιμικίνθια καὶ ἀπαλλάσσεσθαι
1Co 16: 3 δι᾽ ἐπιστολῶν τούτους πέμψω **ἀπενεγκεῖν** τὴν χάριν ὑμῶν εἰς Ἰερουσαλήμ·
Rev 17: 3 καὶ **ἀπήνεγκέν** με εἰς ἔρημον ἐν πνεύματι. καὶ εἶδον γυναῖκα καθημένην ἐπὶ θηρίον κόκκινον,
21:10 καὶ **ἀπήνεγκέν** με ἐν πνεύματι ἐπὶ ὄρος μέγα καὶ ὑψηλόν,

709 ἀποφεύγω [3]

√ 608 + 5771

2Pe 1: 4 ἵνα διὰ τούτων γένησθε θείας κοινωνοὶ φύσεως **ἀποφυγόντες** τῆς ἐν τῷ κόσμῳ ἐν ἐπιθυμίᾳ φθορᾶς.
2:18 δελεάζουσιν ἐν ἐπιθυμίαις σαρκὸς ἀσελγείαις τοὺς ὀλίγως **ἀποφεύγοντας** τοὺς ἐν πλάνῃ ἀναστρεφομένους,
2:20 εἰ γὰρ **ἀποφυγόντες** τὰ μιάσματα τοῦ κόσμου ἐν ἐπιγνώσει τοῦ κυρίου [ἡμῶν] καὶ σωτῆρος Ἰησοῦ Χριστοῦ,

710 ἀποφθέγγομαι [3]

√ 608 + 5779

Ac 2: 4 καὶ ἐπλήσθησαν πάντες πνεύματος ἁγίου καὶ ἤρξαντο λαλεῖν ἑτέραις γλώσσαις καθὼς τὸ πνεῦμα ἐδίδου **ἀποφθέγγεσθαι**
2:14 Σταθεὶς δὲ ὁ Πέτρος σὺν τοῖς ἕνδεκα ἐπῆρεν τὴν φωνὴν αὐτοῦ καὶ **ἀπεφθέγξατο** αὐτοῖς,
26:25 κράτιστε Φῆστε, ἀλλὰ ἀληθείας καὶ σωφροσύνης ῥήματα **ἀποφθέγγομαι.**

711 ἀποφορτίζομαι [1]

√ 608 + 5770

Ac 21: 3 ἐκεῖσε γὰρ τὸ πλοῖον ἦν **ἀποφορτιζόμενον** τὸν γόμον.

712 ἀπόχρησις [1]

√ 608 + 5968

Col 2:22 ἅ ἐστιν πάντα εἰς φθορὰν τῇ **ἀποχρήσει,** κατὰ τὰ ἐντάλματα καὶ διδασκαλίας τῶν ἀνθρώπων,

713 ἀποχωρέω [3]

√ 608 + 6003

Mt 7:23 καὶ τότε ὁμολογήσω αὐτοῖς ὅτι Οὐδέποτε ἔγνων ὑμᾶς· **ἀποχωρεῖτε** ἀπ᾽ ἐμοῦ οἱ ἐργαζόμενοι τὴν ἀνομίαν.
Lk 9:39 καὶ ἐξαίφνης κράζει καὶ σπαράσσει αὐτὸν μετὰ ἀφροῦ καὶ μόγις **ἀποχωρεῖ** ἀπ᾽ αὐτοῦ συντρῖβον αὐτόν·
Ac 13:13 Ἰωάννης δὲ **ἀποχωρήσας** ἀπ᾽ αὐτῶν ὑπέστρεψεν εἰς Ἱεροσόλυμα.

714 ἀποχωρίζω [2]

√ 608 + 6006

Ac 15:39 ἐγένετο δὲ παροξυσμὸς ὥστε **ἀποχωρισθῆναι** αὐτοὺς ἀπ᾽ ἀλλήλων,
Rev 6:14 καὶ ὁ οὐρανὸς **ἀπεχωρίσθη** ὡς βιβλίον ἑλισσόμενον καὶ πᾶν ὄρος καὶ νῆσος ἐκ τῶν τόπων αὐτῶν ἐκινήθησαν.

715 ἀποψύχω [1]

√ 608 + 6038

Lk 21:26 **ἀποψυχόντων** ἀνθρώπων ἀπὸ φόβου καὶ προσδοκίας τῶν ἐπερχομένων τῇ οἰκουμένῃ,

716 Ἄππιος [1]

Ac 28:15 κἀκεῖθεν οἱ ἀδελφοὶ ἀκούσαντες τὰ περὶ ἡμῶν ἦλθαν εἰς ἀπάντησιν ἡμῖν ἄχρι **Ἀππίου** Φόρου καὶ Τριῶν

717 ἀπρόσιτος [1]

√ 1.1 + 4639 + 1640

1Ti 6:16 ὁ μόνος ἔχων ἀθανασίαν, φῶς οἰκῶν **ἀπρόσιτον,** ὃν εἶδεν οὐδεὶς ἀνθρώπων οὐδὲ ἰδεῖν δύναται·

718 ἀπρόσκοπος [3]

√ *1.1 + 4639 + 3164*

ἀπρόσκοπος συνείδησις [1] Ac 24:16

Ac 24:16 ἐν τούτῳ καὶ αὐτὸς ἀσκῶ **ἀπρόσκοπον** συνείδησιν ἔχειν πρὸς τὸν θεὸν καὶ τοὺς ἀνθρώπους διὰ παντός.
1Co 10:32 **ἀπρόσκοποι** καὶ Ἰουδαίοις γίνεσθε καὶ Ἕλλησιν καὶ τῇ ἐκκλησίᾳ τοῦ θεοῦ,
Php 1:10 ἵνα ἦτε εἰλικρινεῖς καὶ **ἀπρόσκοποι** εἰς ἡμέραν Χριστοῦ,

719 ἀπροσωπολήμπτως [1]

√ *1.1 + 4725 + 3284*

1Pe 1:17 Καὶ εἰ πατέρα ἐπικαλεῖσθε τὸν **ἀπροσωπολήμπτως** κρίνοντα κατὰ τὸ ἑκάστου ἔργον,

720 ἄπταιστος [1]

√ *1.1 + 4760*

Jude 1:24 Τῷ δὲ δυναμένῳ φυλάξαι ὑμᾶς **ἀπταίστους** καὶ στῆσαι κατενώπιον τῆς δόξης αὐτοῦ ἀμώμους ἐν ἀγαλλιάσει,

721 ἅπτω [39]

→ *409, 913, 2750, 4312*

ἅπτω λύχνον [3] Lk 8:16; 11:33; 15:8

ἅπτω πυράν [1] Ac 28:2

Mt 8: 3 καὶ ἐκτείνας τὴν χεῖρα **ἥψατο** αὐτοῦ λέγων, Θέλω,
8:15 καὶ **ἥψατο** τῆς χειρὸς αὐτῆς, καὶ ἀφῆκεν αὐτὴν ὁ πυρετός,
9:20 Καὶ ἰδοὺ γυνὴ αἱμορροοῦσα δώδεκα ἔτη προσελθοῦσα ὄπισθεν **ἥψατο** τοῦ κρασπέδου τοῦ ἱματίου αὐτοῦ·
9:21 ἔλεγεν γὰρ ἐν ἑαυτῇ, Ἐὰν μόνον **ἅψωμαι** τοῦ ἱματίου αὐτοῦ σωθήσομαι.
9:29 τότε **ἥψατο** τῶν ὀφθαλμῶν αὐτῶν λέγων, Κατὰ τὴν πίστιν ὑμῶν γενηθήτω ὑμῖν.
14:36 καὶ παρεκάλουν αὐτὸν ἵνα μόνον **ἅψωνται** τοῦ κρασπέδου τοῦ ἱματίου αὐτοῦ· καὶ ὅσοι **ἥψαντο** διεσώθησαν.
17: 7 καὶ προσῆλθεν ὁ Ἰησοῦς καὶ **ἁψάμενος** αὐτῶν εἶπεν,
20:34 σπλαγχνισθεὶς δὲ ὁ Ἰησοῦς **ἥψατο** τῶν ὀμμάτων αὐτῶν,
Mk 1:41 καὶ σπλαγχνισθεὶς ἐκτείνας τὴν χεῖρα αὐτοῦ **ἥψατο** καὶ λέγει αὐτῷ,
3:10 ὥστε ἐπιπίπτειν αὐτῷ ἵνα αὐτοῦ **ἅψωνται** ὅσοι εἶχον μάστιγας.
5:27 ἐλθοῦσα ἐν τῷ ὄχλῳ ὄπισθεν **ἥψατο** τοῦ ἱματίου αὐτοῦ·
5:28 ἔλεγεν γὰρ ὅτι Ἐὰν **ἅψωμαι** κἂν τῶν ἱματίων αὐτοῦ σωθήσομαι.
5:30 ἐπιγνοὺς ἐν ἑαυτῷ τὴν ἐξ αὐτοῦ δύναμιν ἐξελθοῦσαν ἐπιστραφεὶς ἐν τῷ ὄχλῳ ἔλεγεν, Τίς μου **ἥψατο** τῶν ἱματίων;
5:31 Βλέπεις τὸν ὄχλον συνθλίβοντά σε καὶ λέγεις, Τίς μου **ἥψατο;**
6:56 καὶ παρεκάλουν αὐτὸν ἵνα κἂν τοῦ κρασπέδου τοῦ ἱματίου αὐτοῦ **ἅψωνται·** καὶ ὅσοι ἂν **ἥψαντο** αὐτοῦ ἐσῴζοντο.
7:33 ἔβαλεν τοὺς δακτύλους αὐτοῦ εἰς τὰ ὦτα αὐτοῦ καὶ πτύσας **ἥψατο** τῆς γλώσσης αὐτοῦ,
8:22 καὶ φέρουσιν αὐτῷ τυφλὸν καὶ παρακαλοῦσιν αὐτὸν ἵνα αὐτοῦ **ἅψηται.**
10:13 Καὶ προσέφερον αὐτῷ παιδία ἵνα αὐτῶν **ἅψηται·** οἱ δὲ μαθηταὶ ἐπετίμησαν αὐτοῖς.
Lk 5:13 καὶ ἐκτείνας τὴν χεῖρα **ἥψατο** αὐτοῦ λέγων, Θέλω,
6:19 καὶ πᾶς ὁ ὄχλος ἐζήτουν **ἅπτεσθαι** αὐτοῦ, ὅτι δύναμις παρ' αὐτοῦ ἐξήρχετο καὶ ἰᾶτο πάντας.
7:14 καὶ προσελθὼν **ἥψατο** τῆς σοροῦ, οἱ δὲ βαστάζοντες ἔστησαν,
7:39 ἐγίνωσκεν ἂν τίς καὶ ποταπὴ ἡ γυνὴ ἥτις **ἅπτεται** αὐτοῦ,
8:16 Οὐδεὶς δὲ λύχνον **ἅψας** καλύπτει αὐτὸν σκεύει ἢ ὑποκάτω κλίνης τίθησιν,
8:44 προσελθοῦσα ὄπισθεν **ἥψατο** τοῦ κρασπέδου τοῦ ἱματίου αὐτοῦ καὶ παραχρῆμα ἔστη ἡ ῥύσις τοῦ αἵματος αὐτῆς.
8:45 καὶ εἶπεν ὁ Ἰησοῦς, Τίς ὁ **ἁψάμενός** μου;
8:46 ὁ δὲ Ἰησοῦς εἶπεν, **Ἥψατό** μού τις, ἐγὼ γὰρ ἔγνων δύναμιν ἐξεληλυθυῖαν ἀπ' ἐμοῦ.
8:47 προσπεσοῦσα αὐτῷ δι' ἣν αἰτίαν **ἥψατο** αὐτοῦ ἀπήγγειλεν ἐνώπιον παντὸς τοῦ λαοῦ καὶ ὡς ἰάθη παραχρῆμα.
11:33 Οὐδεὶς λύχνον **ἅψας** εἰς κρύπτην τίθησιν [οὐδὲ ὑπὸ τὸν μόδιον] ἀλλ' ἐπὶ τὴν λυχνίαν,
15: 8 οὐχὶ **ἅπτει** λύχνον καὶ σαροῖ τὴν οἰκίαν καὶ ζητεῖ ἐπιμελῶς ἕως οὗ εὕρῃ;
18:15 Προσέφερον δὲ αὐτῷ καὶ τὰ βρέφη ἵνα αὐτῶν **ἅπτηται·**
22:51 Ἐᾶτε ἕως τούτου· καὶ **ἁψάμενος** τοῦ ὠτίου ἰάσατο αὐτόν.
Jn 20:17 λέγει αὐτῇ Ἰησοῦς, Μή μου **ἅπτου,** οὔπω γὰρ ἀναβέβηκα πρὸς τὸν πατέρα·
Ac 28: 2 **ἅψαντες** γὰρ πυρὰν προσελάβοντο πάντας ἡμᾶς διὰ τὸν ὑετὸν τὸν ἐφεστῶτα καὶ διὰ τὸ ψῦχος.
1Co 7: 1 Περὶ δὲ ὧν ἐγράψατε, καλὸν ἀνθρώπῳ γυναικὸς μὴ **ἅπτεσθαι·**
2Co 6:17 διὸ ἐξέλθατε ἐκ μέσου αὐτῶν καὶ ἀφορίσθητε, λέγει κύριος, καὶ ἀκαθάρτου μὴ **ἅπτεσθε·**
Col 2:21 Μὴ **ἅψῃ** μηδὲ γεύσῃ μηδὲ θίγῃς,
1Jn 5:18 ἀλλ' ὁ γεννηθεὶς ἐκ τοῦ θεοῦ τηρεῖ αὐτὸν καὶ ὁ πονηρὸς οὐχ **ἅπτεται** αὐτοῦ.

722 Ἀπφία [1]

Phm 1: 2 καὶ **Ἀπφίᾳ** τῇ ἀδελφῇ καὶ Ἀρχίππῳ τῷ συστρατιώτῃ ἡμῶν καὶ τῇ κατ' οἶκόν σου ἐκκλησίᾳ,

723 ἀπωθέω [6]

→ *2034; cf. 608*

Ac 7:27 ὁ δὲ ἀδικῶν τὸν πλησίον **ἀπώσατο** αὐτὸν εἰπών,
7:39 ἀλλὰ **ἀπώσαντο** καὶ ἐστράφησαν ἐν ταῖς καρδίαις αὐτῶν εἰς Αἴγυπτον
13:46 ἐπειδὴ **ἀπωθεῖσθε** αὐτὸν καὶ οὐκ ἀξίους κρίνετε ἑαυτοὺς τῆς αἰωνίου ζωῆς,
Ro 11: 1 Λέγω οὖν, μὴ **ἀπώσατο** ὁ θεὸς τὸν λαὸν αὐτοῦ;
11: 2 οὐκ **ἀπώσατο** ὁ θεὸς τὸν λαὸν αὐτοῦ ὃν προέγνω.
1Ti 1:19 ἔχων πίστιν καὶ ἀγαθὴν συνείδησιν, ἥν τινες **ἀπωσάμενοι** περὶ τὴν πίστιν ἐναυάγησαν,

724 ἀπώλεια [18]

√ *608 + 3897*

εἰς ἀπώλειαν [7] Mt 7:13; Ac 8:20; Ro 9:22; 1Ti 6:9; Heb 10:39; Rev 17:8,11

υἱὸς τῆς ἀπωλείας [2] Jn 17:12; 2Th 2:3

Mt 7:13 ὅτι πλατεῖα ἡ πύλη καὶ εὐρύχωρος ἡ ὁδὸς ἡ ἀπάγουσα εἰς τὴν **ἀπώλειαν** καὶ πολλοί εἰσιν οἱ εἰσερχόμενοι δι' αὐτῆς·
26: 8 ἰδόντες δὲ οἱ μαθηταὶ ἠγανάκτησαν λέγοντες, Εἰς τί ἡ **ἀπώλεια** αὕτη;
Mk 14: 4 Εἰς τί ἡ **ἀπώλεια** αὕτη τοῦ μύρου γέγονεν;
Jn 17:12 καὶ οὐδεὶς ἐξ αὐτῶν ἀπώλετο εἰ μὴ ὁ υἱὸς τῆς **ἀπωλείας,**
Ac 8:20 Τὸ ἀργύριόν σου σὺν σοὶ εἴη εἰς **ἀπώλειαν** ὅτι τὴν δωρεὰν τοῦ θεοῦ ἐνόμισας διὰ χρημάτων κτᾶσθαι.
Ro 9:22 καὶ γνωρίσαι τὸ δυνατὸν αὐτοῦ ἤνεγκεν ἐν πολλῇ μακροθυμίᾳ σκεύη ὀργῆς κατηρτισμένα εἰς **ἀπώλειαν,**
Php 1:28 ἥτις ἐστὶν αὐτοῖς ἔνδειξις **ἀπωλείας,** ὑμῶν δὲ σωτηρίας,
3:19 ὧν τὸ τέλος **ἀπώλεια,** ὧν ὁ θεὸς ἡ κοιλία καὶ ἡ δόξα ἐν τῇ αἰσχύνῃ αὐτῶν,
2Th 2: 3 ὅτι ἐὰν μὴ ἔλθῃ ἡ ἀποστασία πρῶτον καὶ ἀποκαλυφθῇ ὁ ἄνθρωπος τῆς ἀνομίας, ὁ υἱὸς τῆς **ἀπωλείας,**
1Ti 6: 9 αἵτινες βυθίζουσιν τοὺς ἀνθρώπους εἰς ὄλεθρον καὶ **ἀπώλειαν.**
Heb 10:39 ἡμεῖς δὲ οὐκ ἐσμὲν ὑποστολῆς εἰς **ἀπώλειαν** ἀλλὰ πίστεως εἰς περιποίησιν ψυχῆς.
2Pe 2: 1 οἵτινες παρεισάξουσιν αἱρέσεις **ἀπωλείας** καὶ τὸν ἀγοράσαντα αὐτοὺς δεσπότην ἀρνούμενοι, ἐπάγοντες ἑαυτοῖς ταχινὴν **ἀπώλειαν,**
2: 3 οἷς τὸ κρίμα ἔκπαλαι οὐκ ἀργεῖ καὶ ἡ **ἀπώλεια** αὐτῶν οὐ νυστάζει.
3: 7 τεθησαυρισμένοι εἰσὶν πυρὶ τηρούμενοι εἰς ἡμέραν κρίσεως καὶ **ἀπωλείας** τῶν ἀσεβῶν ἀνθρώπων.
3:16 ἃ οἱ ἀμαθεῖς καὶ ἀστήρικτοι στρεβλοῦσιν ὡς καὶ τὰς λοιπὰς γραφὰς πρὸς τὴν ἰδίαν αὐτῶν **ἀπώλειαν.**
Rev 17: 8 τὸ θηρίον ὃ εἶδες ἦν καὶ οὐκ ἔστιν καὶ μέλλει ἀναβαίνειν ἐκ τῆς ἀβύσσου καὶ εἰς **ἀπώλειαν** ὑπάγει,
17:11 καὶ τὸ θηρίον ὃ ἦν καὶ οὐκ ἔστιν καὶ αὐτὸς ὄγδοός ἐστιν καὶ ἐκ τῶν ἑπτά ἐστιν, καὶ εἰς **ἀπώλειαν** ὑπάγει.

725 ἀρά [1]

→ *2063, 2129, 2932, 2933*

Ro 3:14 ὧν τὸ στόμα **ἀρᾶς** καὶ πικρίας γέμει,

726 ἄρα [49]

ἄρα γε [3] Mt 7:20; 17:26; Ac 17:27

ἄρα οὖν [12] Ro 5:18; 7:3,25; 8:12; 9:16,18; 14:12,19; Gal 6:10; Eph 2:19; 1Th 5:6; 2Th 2:15

εἴπερ ἄρα [1] 1Co 15:15

ἐπεὶ ἄρα [2] 1Co 5:10; 7:14

εἰ ἄρα [3] Mk 11:13; Ac 8:22; 17:27

τίς, τί ἄρα [10] Mt 18:1; 19:25,27; 24:45; Mk 4:41; Lk 1:66; 8:25; 12:42; 22:23; Ac 12:18

Mt 7:20 **ἄρα** γε ἀπὸ τῶν καρπῶν αὐτῶν ἐπιγνώσεσθε αὐτούς.
12:28 **ἄρα** ἔφθασεν ἐφ' ὑμᾶς ἡ βασιλεία τοῦ θεοῦ.
17:26 ἔφη αὐτῷ ὁ Ἰησοῦς, **Ἄρα** γε ἐλεύθεροί εἰσιν οἱ υἱοί.
18: 1 Τίς **ἄρα** μείζων ἐστὶν ἐν τῇ βασιλείᾳ τῶν οὐρανῶν;
19:25 ἀκούσαντες δὲ οἱ μαθηταὶ ἐξεπλήσσοντο σφόδρα λέγοντες, Τίς **ἄρα** δύναται σωθῆναι;
19:27 Ἰδοὺ ἡμεῖς ἀφήκαμεν πάντα καὶ ἠκολουθήσαμέν σοι· τί **ἄρα** ἔσται ἡμῖν;
24:45 Τίς **ἄρα** ἐστὶν ὁ πιστὸς δοῦλος καὶ φρόνιμος ὃν κατέστησεν
Mk 4:41 Τίς **ἄρα** οὗτός ἐστιν ὅτι καὶ ὁ ἄνεμος καὶ ἡ θάλασσα ὑπακούει αὐτῷ;
11:13 καὶ ἰδὼν συκῆν ἀπὸ μακρόθεν ἔχουσαν φύλλα ἦλθεν, εἰ **ἄρα** τι εὑρήσει ἐν αὐτῇ,
Lk 1:66 καὶ ἔθεντο πάντες οἱ ἀκούσαντες ἐν τῇ καρδίᾳ αὐτῶν λέγοντες, Τί **ἄρα** τὸ παιδίον τοῦτο ἔσται;
8:25 Τίς **ἄρα** οὗτός ἐστιν ὅτι καὶ τοῖς ἀνέμοις ἐπιτάσσει καὶ τῷ ὕδατι,
11:20 **ἄρα** ἔφθασεν ἐφ' ὑμᾶς ἡ βασιλεία τοῦ θεοῦ.
11:48 **ἄρα** μάρτυρές ἐστε καὶ συνευδοκεῖτε τοῖς ἔργοις τῶν πατέρων
12:42 Τίς **ἄρα** ἐστὶν ὁ πιστὸς οἰκονόμος ὁ φρόνιμος,
22:23 καὶ αὐτοὶ ἤρξαντο συζητεῖν πρὸς ἑαυτοὺς τὸ τίς **ἄρα** εἴη ἐξ αὐτῶν ὁ τοῦτο μέλλων πράσσειν.
Ac 8:22 εἰ **ἄρα** ἀφεθήσεταί σοι ἡ ἐπίνοια τῆς καρδίας σου,
11:18 **Ἄρα** καὶ τοῖς ἔθνεσιν ὁ θεὸς τὴν μετάνοιαν εἰς ζωὴν ἔδωκεν.
12:18 Γενομένης δὲ ἡμέρας ἦν τάραχος οὐκ ὀλίγος ἐν τοῖς στρατιώταις τί **ἄρα** ὁ Πέτρος ἐγένετο.
17:27 ζητεῖν τὸν θεόν, εἰ **ἄρα** γε ψηλαφήσειαν αὐτὸν καὶ εὕροιεν,
21:38 οὐκ **ἄρα** σὺ εἶ ὁ Αἰγύπτιος ὁ πρὸ τούτων τῶν ἡμερῶν
Ro 5:18 **Ἄρα** οὖν ὡς δι' ἑνὸς παραπτώματος εἰς πάντας ἀνθρώπους εἰς κατάκριμα,
7: 3 **ἄρα** οὖν ζῶντος τοῦ ἀνδρὸς μοιχαλὶς χρηματίσει ἐὰν γένηται ἀνδρὶ ἑτέρῳ·
7:21 Εὑρίσκω **ἄρα** τὸν νόμον, τῷ θέλοντι ἐμοὶ ποιεῖν τὸ καλόν,
7:25 **ἄρα** οὖν αὐτὸς ἐγὼ τῷ μὲν νοῒ δουλεύω νόμῳ θεοῦ τῇ δὲ σαρκὶ νόμῳ ἁμαρτίας.
8: 1 Οὐδὲν **ἄρα** νῦν κατάκριμα τοῖς ἐν Χριστῷ Ἰησοῦ.
8:12 **Ἄρα** οὖν, ἀδελφοί, ὀφειλέται ἐσμὲν οὐ τῇ σαρκὶ τοῦ κατὰ σάρκα ζῆν,
9:16 **ἄρα** οὖν οὐ τοῦ θέλοντος οὐδὲ τοῦ τρέχοντος ἀλλὰ τοῦ ἐλεῶντος θεοῦ.
9:18 **ἄρα** οὖν ὃν θέλει ἐλεεῖ, ὃν δὲ θέλει σκληρύνει.
10:17 **ἄρα** ἡ πίστις ἐξ ἀκοῆς, ἡ δὲ ἀκοὴ διὰ ῥήματος Χριστοῦ.
14:12 **ἄρα** [οὖν] ἕκαστος ἡμῶν περὶ ἑαυτοῦ λόγον δώσει [τῷ θεῷ.]
14:19 **ἄρα** οὖν τὰ τῆς εἰρήνης διώκωμεν καὶ τὰ τῆς οἰκοδομῆς τῆς εἰς ἀλλήλους.
1Co 5:10 ἐπεὶ ὠφείλετε **ἄρα** ἐκ τοῦ κόσμου ἐξελθεῖν.
7:14 ἐπεὶ **ἄρα** τὰ τέκνα ὑμῶν ἀκάθαρτά ἐστιν, νῦν δὲ ἅγιά ἐστιν.
15:14 κενὸν **ἄρα** [καὶ] τὸ κήρυγμα ἡμῶν, κενὴ καὶ ἡ πίστις ὑμῶν·
15:15 ὃν οὐκ ἤγειρεν εἴπερ **ἄρα** νεκροὶ οὐκ ἐγείρονται.
15:18 **ἄρα** καὶ οἱ κοιμηθέντες ἐν Χριστῷ ἀπώλοντο.
2Co 1:17 τοῦτο οὖν βουλόμενος μήτι **ἄρα** τῇ ἐλαφρίᾳ ἐχρησάμην;
5:14 ὅτι εἷς ὑπὲρ πάντων ἀπέθανεν, **ἄρα** οἱ πάντες ἀπέθανον·
7:12 **ἄρα** εἰ καὶ ἔγραψα ὑμῖν, οὐχ ἕνεκεν τοῦ ἀδικήσαντος
Gal 2:21 εἰ γὰρ διὰ νόμου δικαιοσύνη, **ἄρα** Χριστὸς δωρεὰν ἀπέθανεν.
3: 7 Γινώσκετε **ἄρα** ὅτι οἱ ἐκ πίστεως, οὗτοι υἱοί εἰσιν Ἀβραάμ.
3:29 εἰ δὲ ὑμεῖς Χριστοῦ, **ἄρα** τοῦ Ἀβραὰμ σπέρμα ἐστέ,
5:11 τί ἔτι διώκομαι; **ἄρα** κατήργηται τὸ σκάνδαλον τοῦ σταυροῦ.
6:10 **ἄρα** οὖν ὡς καιρὸν ἔχομεν, ἐργαζώμεθα τὸ ἀγαθὸν πρὸς πάντας,
Eph 2:19 **ἄρα** οὖν οὐκέτι ἐστὲ ξένοι καὶ πάροικοι ἀλλὰ ἐστὲ συμπολῖται τῶν ἁγίων καὶ οἰκεῖοι τοῦ θεοῦ,
1Th 5: 6 **ἄρα** οὖν μὴ καθεύδωμεν ὡς οἱ λοιποὶ ἀλλὰ γρηγορῶμεν
2Th 2:15 **ἄρα** οὖν, ἀδελφοί, στήκετε, καὶ κρατεῖτε τὰς παραδόσεις ἃς ἐδιδάχθητε εἴτε διὰ λόγου εἴτε δι' ἐπιστολῆς ἡμῶν.
Heb 4: 9 **ἄρα** ἀπολείπεται σαββατισμὸς τῷ λαῷ τοῦ θεοῦ.
12: 8 εἰ δὲ χωρίς ἐστε παιδείας ἧς μέτοχοι γεγόνασιν πάντες, **ἄρα** νόθοι καὶ οὐχ υἱοί ἐστε.

727 ἆρα [3]

Lk 18: 8 πλὴν ὁ υἱὸς τοῦ ἀνθρώπου ἐλθὼν **ἆρα** εὑρήσει τὴν πίστιν ἐπὶ τῆς γῆς;
Ac 8:30 ὁ **Φ**ίλιππος ἤκουσεν αὐτοῦ ἀναγινώσκοντος Ἠσαΐαν τὸν προφήτην καὶ εἶπεν, **Ἆρά** γε γινώσκεις ἃ ἀναγινώσκεις;
Gal 2:17 εἰ δὲ ζητοῦντες δικαιωθῆναι ἐν Χριστῷ εὑρέθημεν καὶ αὐτοὶ ἁμαρτωλοί, **ἆρα** Χριστὸς ἁμαρτίας διάκονος;

728 Ἀραβία [2]

√ *732*

Gal 1:17 ἀπῆλθον εἰς **Ἀραβίαν** καὶ πάλιν ὑπέστρεψα εἰς Δαμασκόν.
4:25 τὸ δὲ Ἁγὰρ Σινᾶ ὄρος ἐστὶν ἐν τῇ **Ἀραβίᾳ**·

729 Ἄραβοι Not used in UBS/NIV

√ *732*

730 Ἀράμ [2 / 3]

√ *cf. 98, 747, 763, 767*

Mt 1: 3 Ἑσρὼμ δὲ ἐγέννησεν τὸν **Ἀράμ,**
1: 4 **Ἀρὰμ** δὲ ἐγέννησεν τὸν Ἀμιναδάβ,
Lk 3:33 τοῦ Ἀμιναδὰβ τοῦ **Ἀρὰμ**[NIV; UBS *98*] τοῦ Ἀρνὶ τοῦ Ἑσρὼμ

731 ἄραφος [1]

√ *1.1 + 4827*

Jn 19:23 ἦν δὲ ὁ χιτὼν **ἄραφος,** ἐκ τῶν ἄνωθεν ὑφαντὸς δι' ὅλου.

732 Ἄραψ [1]

→ *728, 729*

Ac 2:11 Ἰουδαῖοί τε καὶ προσήλυτοι, Κρῆτες καὶ **Ἄραβες,** ἀκούομεν λαλούντων αὐτῶν ταῖς ἡμετέραις γλώσσαις

733 ἀργέω [1]

√ *1.1 + 2240*

2Pe 2: 3 οἷς τὸ κρίμα ἔκπαλαι οὐκ **ἀργεῖ** καὶ ἡ ἀπώλεια αὐτῶν οὐ νυστάζει.

734 ἀργός [8]

√ *1.1 + 2240*

ῥῆμα ἀργὸν [1] Mt 12:36

Mt 12:36 λέγω δὲ ὑμῖν ὅτι πᾶν ῥῆμα **ἀργὸν** ὃ λαλήσουσιν οἱ ἄνθρωποι ἀποδώσουσιν περὶ αὐτοῦ λόγον ἐν ἡμέρᾳ κρίσεως·
20: 3 καὶ ἐξελθὼν περὶ τρίτην ὥραν εἶδεν ἄλλους ἑστῶτας ἐν τῇ ἀγορᾷ **ἀργοὺς**
20: 6 περὶ δὲ τὴν ἑνδεκάτην ἐξελθὼν εὗρεν ἄλλους ἑστῶτας καὶ λέγει αὐτοῖς, Τί ὧδε ἑστήκατε ὅλην τὴν ἡμέραν **ἀργοί;**
1Ti 5:13 ἅμα δὲ καὶ **ἀργαὶ** μανθάνουσιν περιερχόμεναι τὰς οἰκίας, οὐ μόνον δὲ **ἀργαὶ** ἀλλὰ καὶ φλύαροι καὶ περίεργοι,
Tit 1:12 εἶπέν τις ἐξ αὐτῶν ἴδιος αὐτῶν προφήτης, Κρῆτες ἀεὶ ψεῦσται, κακὰ θηρία, γαστέρες **ἀργαί.**
Jas 2:20 ὅτι ἡ πίστις χωρὶς τῶν ἔργων **ἀργή** ἐστιν;
2Pe 1: 8 ταῦτα γὰρ ὑμῖν ὑπάρχοντα καὶ πλεονάζοντα οὐκ **ἀργοὺς** οὐδὲ ἀκάρπους καθίστησιν εἰς τὴν τοῦ κυρίου ἡμῶν Ἰησοῦ

735 ἀργύρεος Not used in UBS/NIV

√ *738*

736 ἀργύριον [20]

√ *738*

[τὰ] ἀργύρια [8] Mt 25:27; 26:15; 27:3,5,6,9; 28:12,15

Mt 25:18 ὁ δὲ τὸ ἓν λαβὼν ἀπελθὼν ὤρυξεν γῆν καὶ ἔκρυψεν τὸ **ἀργύριον** τοῦ κυρίου αὐτοῦ.

25:27 ἔδει σε οὖν βαλεῖν τὰ **ἀργύριά** μου τοῖς τραπεζίταις,
26:15 κἀγὼ ὑμῖν παραδώσω αὐτόν; οἱ δὲ ἔστησαν αὐτῷ τριάκοντα **ἀργύρια.**
27: 3 μεταμεληθεὶς ἔστρεψεν τὰ τριάκοντα **ἀργύρια** τοῖς ἀρχιερεῦσιν καὶ πρεσβυτέροις
27: 5 καὶ ῥίψας τὰ **ἀργύρια** εἰς τὸν ναὸν ἀνεχώρησεν,
27: 6 οἱ δὲ ἀρχιερεῖς λαβόντες τὰ **ἀργύρια** εἶπαν, Οὐκ ἔξεστιν βαλεῖν αὐτὰ εἰς τὸν κορβανᾶν,
27: 9 Καὶ ἔλαβον τὰ τριάκοντα **ἀργύρια,** τὴν τιμὴν τοῦ τετιμημένου ὃν ἐτιμήσαντο ἀπὸ υἱῶν Ἰσραήλ,
28:12 καὶ συναχθέντες μετὰ τῶν πρεσβυτέρων συμβούλιόν τε λαβόντες **ἀργύρια** ἱκανὰ ἔδωκαν τοῖς στρατιώταις
28:15 οἱ δὲ λαβόντες τὰ **ἀργύρια** ἐποίησαν ὡς ἐδιδάχθησαν.
Mk 14:11 οἱ δὲ ἀκούσαντες ἐχάρησαν καὶ ἐπηγγείλαντο αὐτῷ **ἀργύριον** δοῦναι.
Lk 9: 3 μήτε ῥάβδον μήτε πήραν μήτε ἄρτον μήτε **ἀργύριον** μήτε [ἀνὰ] δύο χιτῶνας ἔχειν.
19:15 λαβόντα τὴν βασιλείαν καὶ εἶπεν φωνηθῆναι αὐτῷ τοὺς δούλους τούτους οἷς δεδώκει τὸ **ἀργύριον,**
19:23 καὶ διὰ τί οὐκ ἔδωκάς μου τὸ **ἀργύριον** ἐπὶ τράπεζαν;
22: 5 καὶ ἐχάρησαν καὶ συνέθεντο αὐτῷ **ἀργύριον** δοῦναι.
Ac 3: 6 εἶπεν δὲ Πέτρος, **Ἀργύριον** καὶ χρυσίον οὐχ ὑπάρχει μοι,
7:16 καὶ ἐτέθησαν ἐν τῷ μνήματι ᾧ ὠνήσατο Ἀβραὰμ τιμῆς **ἀργυρίου** παρὰ τῶν υἱῶν Ἑμμὼρ ἐν Συχέμ.
8:20 Τὸ **ἀργύριόν** σου σὺν σοὶ εἴη εἰς ἀπώλειαν ὅτι τὴν δωρεὰν τοῦ θεοῦ ἐνόμισας διὰ χρημάτων κτᾶσθαι.
19:19 καὶ συνεψήφισαν τὰς τιμὰς αὐτῶν καὶ εὗρον **ἀργυρίου** μυριάδας πέντε.
20:33 **ἀργυρίου** ἢ χρυσίου ἢ ἱματισμοῦ οὐδενὸς ἐπεθύμησα·
1Pe 1:18 εἰδότες ὅτι οὐ φθαρτοῖς, **ἀργυρίῳ** ἢ χρυσίῳ, ἐλυτρώθητε ἐκ τῆς ματαίας ὑμῶν ἀναστροφῆς πατροπαραδότου

737 ἀργυροκόπος [1]

√ *738 + 3164*

Ac 19:24 Δημήτριος γάρ τις ὀνόματι, **ἀργυροκόπος,** ποιῶν ναοὺς ἀργυροῦς Ἀρτέμιδος παρείχετο τοῖς τεχνίταις

738 ἄργυρος [5]

→ *735, 736, 737, 739, 921, 5794, 5795*

Mt 10: 9 Μὴ κτήσησθε χρυσὸν μηδὲ **ἄργυρον** μηδὲ χαλκὸν εἰς τὰς ζώνας ὑμῶν,
Ac 17:29 γένος οὖν ὑπάρχοντες τοῦ θεοῦ οὐκ ὀφείλομεν νομίζειν χρυσῷ ἢ **ἀργύρῳ** ἢ λίθῳ,
1Co 3:12 εἰ δέ τις ἐποικοδομεῖ ἐπὶ τὸν θεμέλιον χρυσόν, **ἄργυρον,** λίθους τιμίους, ξύλα, χόρτον, καλάμην,
Jas 5: 3 ὁ χρυσὸς ὑμῶν καὶ ὁ **ἄργυρος** κατίωται καὶ ὁ ἰὸς αὐτῶν εἰς μαρτύριον ὑμῖν ἔσται καὶ φάγεται τὰς σάρκας ὑμῶν ὡς πῦρ.
Rev 18:12 γόμον χρυσοῦ καὶ **ἀργύρου** καὶ λίθου τιμίου καὶ μαργαριτῶν καὶ βυσσίνου καὶ πορφύρας καὶ σιρικοῦ καὶ κοκκίνου,

739 ἀργυροῦς [3]

√ *738*

Ac 19:24 ποιῶν ναοὺς **ἀργυροῦς** Ἀρτέμιδος παρείχετο τοῖς τεχνίταις οὐκ ὀλίγην ἐργασίαν,
2Ti 2:20 Ἐν μεγάλῃ δὲ οἰκίᾳ οὐκ ἔστιν μόνον σκεύη χρυσᾶ καὶ **ἀργυρᾶ** ἀλλὰ καὶ ξύλινα καὶ ὀστράκινα,
Rev 9:20 ἵνα μὴ προσκυνήσουσιν τὰ δαιμόνια καὶ τὰ εἴδωλα τὰ χρυσᾶ καὶ τὰ **ἀργυρᾶ** καὶ τὰ χαλκᾶ καὶ τὰ λίθινα καὶ τὰ ξύλινα,

740 Ἄρειος πάγος [2]

√ *4076*

Ac 17:19 ἐπιλαβόμενοί τε αὐτοῦ ἐπὶ τὸν **Ἄρειον Πάγον** ἤγαγον λέγοντες, Δυνάμεθα γνῶναι τίς ἡ καινὴ αὕτη
17:22 Σταθεὶς δὲ [ὁ] Παῦλος ἐν μέσῳ τοῦ **Ἀρείου Πάγου** ἔφη,

741 Ἀρεοπαγίτης [1]

√ *4076*

Ac 17:34 ἐν οἷς καὶ Διονύσιος ὁ **Ἀρεοπαγίτης** καὶ γυνὴ ὀνόματι Δάμαρις καὶ ἕτεροι σὺν αὐτοῖς.

742 ἀρεσκεία [1]

√ *743*

Col 1:10 περιπατῆσαι ἀξίως τοῦ κυρίου εἰς πᾶσαν **ἀρεσκείαν,** ἐν παντὶ ἔργῳ ἀγαθῷ καρποφοροῦντες

743 ἀρέσκω [17]

→ *473, 742, 744, 2297, 2298, 2299*

ἀρέσκω ἀνθρώποις [3] Gal 1:10,10; 1Th 2:4

ἀρέσκω θεῷ [4] Ro 8:8; 1Th 2:4,15; 4:1

ἀρέσκω ἐνώπιον [1] Ac 6:5

ἀρέσκω κυρίῳ [1] 1Co 7:32

Mt 14: 6 γενεσίοις δὲ γενομένοις τοῦ Ἡρῴδου ὠρχήσατο ἡ θυγάτηρ τῆς Ἡρῳδιάδος ἐν τῷ μέσῳ καὶ **ἤρεσεν** τῷ Ἡρῴδῃ,
Mk 6:22 καὶ εἰσελθούσης τῆς θυγατρὸς αὐτοῦ Ἡρῳδιάδος καὶ ὀρχησαμένης **ἤρεσεν** τῷ Ἡρῴδῃ καὶ τοῖς συνανακειμένοις.
Ac 6: 5 καὶ **ἤρεσεν** ὁ λόγος ἐνώπιον παντὸς τοῦ πλήθους καὶ ἐξελέξαντο Στέφανον,
Ro 8: 8 οἱ δὲ ἐν σαρκὶ ὄντες θεῷ **ἀρέσαι** οὐ δύνανται.
15: 1 Ὀφείλομεν δὲ ἡμεῖς οἱ δυνατοὶ τὰ ἀσθενήματα τῶν ἀδυνάτων βαστάζειν καὶ μὴ ἑαυτοῖς **ἀρέσκειν.**
15: 2 ἕκαστος ἡμῶν τῷ πλησίον **ἀρεσκέτω** εἰς τὸ ἀγαθὸν πρὸς οἰκοδομήν·
15: 3 καὶ γὰρ ὁ Χριστὸς οὐχ ἑαυτῷ **ἤρεσεν·** ἀλλὰ καθὼς γέγραπται,
1Co 7:32 ὁ ἄγαμος μεριμνᾷ τὰ τοῦ κυρίου, πῶς **ἀρέσῃ** τῷ κυρίῳ·
7:33 ὁ δὲ γαμήσας μεριμνᾷ τὰ τοῦ κόσμου, πῶς **ἀρέσῃ** τῇ γυναικί,
7:34 ἡ δὲ γαμήσασα μεριμνᾷ τὰ τοῦ κόσμου, πῶς **ἀρέσῃ** τῷ ἀνδρί.
10:33 καθὼς κἀγὼ πάντα πᾶσιν **ἀρέσκω** μὴ ζητῶν τὸ ἐμαυτοῦ σύμφορον ἀλλὰ τὸ τῶν πολλῶν,
Gal 1:10 ἢ ζητῶ ἀνθρώποις **ἀρέσκειν;** εἰ ἔτι ἀνθρώποις **ἤρεσκον,** Χριστοῦ δοῦλος οὐκ ἂν ἤμην.
1Th 2: 4 οὐχ ὡς ἀνθρώποις **ἀρέσκοντες** ἀλλὰ θεῷ τῷ δοκιμάζοντι τὰς καρδίας ἡμῶν.
2:15 καὶ τοὺς προφήτας καὶ ἡμᾶς ἐκδιωξάντων καὶ θεῷ μὴ **ἀρεσκόντων** καὶ πᾶσιν ἀνθρώποις ἐναντίων,
4: 1 ἵνα καθὼς παρελάβετε παρ' ἡμῶν τὸ πῶς δεῖ ὑμᾶς περιπατεῖν καὶ **ἀρέσκειν** θεῷ,
2Ti 2: 4 οὐδεὶς στρατευόμενος ἐμπλέκεται ταῖς τοῦ βίου πραγματείαις, ἵνα τῷ στρατολογήσαντι **ἀρέσῃ.**

744 ἀρεστός [4]

√ *743*

Jn 8:29 οὐκ ἀφῆκέν με μόνον, ὅτι ἐγὼ τὰ **ἀρεστὰ** αὐτῷ ποιῶ πάντοτε.
Ac 6: 2 Οὐκ **ἀρεστόν** ἐστιν ἡμᾶς καταλείψαντας τὸν λόγον τοῦ θεοῦ διακονεῖν τραπέζαις.
12: 3 ἰδὼν δὲ ὅτι **ἀρεστόν** ἐστιν τοῖς Ἰουδαίοις προσέθετο συλλαβεῖν καὶ Πέτρον,–
1Jn 3:22 ὅτι τὰς ἐντολὰς αὐτοῦ τηροῦμεν καὶ τὰ **ἀρεστὰ** ἐνώπιον αὐτοῦ ποιοῦμεν.

745 Ἀρέτας [1]

2Co 11:32 ἐν Δαμασκῷ ὁ ἐθνάρχης **Ἀρέτα** τοῦ βασιλέως ἐφρούρει τὴν πόλιν Δαμασκηνῶν πιάσαι με,

746 ἀρετή [5]

Php 4: 8 εἴ τις **ἀρετὴ** καὶ εἴ τις ἔπαινος, ταῦτα λογίζεσθε·
1Pe 2: 9 ὅπως τὰς **ἀρετὰς** ἐξαγγείλητε τοῦ ἐκ σκότους ὑμᾶς καλέσαντος εἰς τὸ θαυμαστὸν αὐτοῦ φῶς·
2Pe 1: 3 τὰ πρὸς ζωὴν καὶ εὐσέβειαν δεδωρημένης διὰ τῆς ἐπιγνώσεως τοῦ καλέσαντος ἡμᾶς ἰδίᾳ δόξῃ καὶ **ἀρετῇ,**
1: 5 καὶ αὐτὸ τοῦτο δὲ σπουδὴν πᾶσαν παρεισενέγκαντες ἐπιχορηγήσατε ἐν τῇ πίστει ὑμῶν τὴν ἀρετήν, ἐν δὲ τῇ **ἀρετῇ** τὴν γνῶσιν,

747 Ἀρηί Not used in UBS/NIV

√ *cf. 730*

748 ἀρήν [1]

→ 768

Lk 10: 3 ἰδοὺ ἀποστέλλω ὑμᾶς ὡς **ἄρνας** ἐν μέσῳ λύκων.

749 ἀριθμέω [3]

√ 750

Mt 10:30 ὑμῶν δὲ καὶ αἱ τρίχες τῆς κεφαλῆς πᾶσαι **ἠριθμημέναι** εἰσίν.
Lk 12: 7 ἀλλὰ καὶ αἱ τρίχες τῆς κεφαλῆς ὑμῶν πᾶσαι **ἠρίθμηνται.**
Rev 7: 9 καὶ ἰδοὺ ὄχλος πολύς, ὃν **ἀριθμῆσαι** αὐτὸν οὐδεὶς ἐδύνατο,

750 ἀριθμός [18]

→ 410, 749, 2935

Lk 22: 3 Εἰσῆλθεν δὲ Σατανᾶς εἰς Ἰούδαν τὸν καλούμενον Ἰσκαριώτην, ὄντα ἐκ τοῦ **ἀριθμοῦ** τῶν δώδεκα·
Jn 6:10 ἀνέπεσαν οὖν οἱ ἄνδρες τὸν **ἀριθμὸν** ὡς πεντακισχίλιοι.
Ac 4: 4 καὶ ἐγενήθη [ὁ] **ἀριθμὸς** τῶν ἀνδρῶν [ὡς] χιλιάδες πέντε.
5:36 πρὸ γὰρ τούτων τῶν ἡμερῶν ἀνέστη Θευδᾶς λέγων εἶναί τινα ἑαυτόν, ᾧ προσεκλίθη ἀνδρῶν **ἀριθμὸς** ὡς τετρακοσίων·
6: 7 Καὶ ὁ λόγος τοῦ θεοῦ ηὔξανεν καὶ ἐπληθύνετο ὁ **ἀριθμὸς** τῶν μαθητῶν ἐν Ἰερουσαλὴμ σφόδρα,
11:21 πολύς τε **ἀριθμὸς** ὁ πιστεύσας ἐπέστρεψεν ἐπὶ τὸν κύριον.
16: 5 αἱ μὲν οὖν ἐκκλησίαι ἐστερεοῦντο τῇ πίστει καὶ ἐπερίσσευον τῷ **ἀριθμῷ** καθ' ἡμέραν.
Ro 9:27 Ἐὰν ᾖ ὁ **ἀριθμὸς** τῶν υἱῶν Ἰσραὴλ ὡς ἡ ἄμμος τῆς θαλάσσης,
Rev 5:11 καὶ ἦν ὁ **ἀριθμὸς** αὐτῶν μυριάδες μυριάδων καὶ χιλιάδες χιλιάδων
7: 4 καὶ ἤκουσα τὸν **ἀριθμὸν** τῶν ἐσφραγισμένων, ἑκατὸν τεσσεράκοντα τέσσαρες χιλιάδες,
9:16 καὶ ὁ **ἀριθμὸς** τῶν στρατευμάτων τοῦ ἱππικοῦ δισμυριάδες μυριάδων, ἤκουσα τὸν **ἀριθμὸν** αὐτῶν.
13:17 δύνηται ἀγοράσαι ἢ πωλῆσαι εἰ μὴ ὁ ἔχων τὸ χάραγμα τὸ ὄνομα τοῦ θηρίου ἢ τὸν **ἀριθμὸν** τοῦ ὀνόματος αὐτοῦ.
13:18 ὁ ἔχων νοῦν ψηφισάτω τὸν **ἀριθμὸν** τοῦ θηρίου, **ἀριθμὸς** γὰρ ἀνθρώπου ἐστίν, καὶ ὁ **ἀριθμὸς** αὐτοῦ ἑξακόσιοι ἑξήκοντα ἕξ.
15: 2 καὶ τοὺς νικῶντας ἐκ τοῦ θηρίου καὶ ἐκ τῆς εἰκόνος αὐτοῦ καὶ ἐκ τοῦ **ἀριθμοῦ** τοῦ ὀνόματος αὐτοῦ ἑστῶτας
20: 8 ὧν ὁ **ἀριθμὸς** αὐτῶν ὡς ἡ ἄμμος τῆς θαλάσσης.

751 Ἁριμαθαία [4]

Mt 27:57 Ὀψίας δὲ γενομένης ἦλθεν ἄνθρωπος πλούσιος ἀπὸ **Ἁριμαθαίας,**
Mk 15:43 ἐλθὼν Ἰωσὴφ [ὁ] ἀπὸ **Ἁριμαθαίας** εὐσχήμων βουλευτής, ὃς καὶ αὐτὸς ἦν προσδεχόμενος τὴν βασιλείαν τοῦ θεοῦ,
Lk 23:51 ἀπὸ **Ἁριμαθαίας** πόλεως τῶν Ἰουδαίων, ὃς προσεδέχετο τὴν βασιλείαν τοῦ θεοῦ,
Jn 19:38 Μετὰ δὲ ταῦτα ἠρώτησεν τὸν Πιλᾶτον Ἰωσὴφ [ὁ] ἀπὸ **Ἁριμαθαίας,**

752 Ἀρίσταρχος [5]

√ 806

Ac 19:29 ὥρμησάν τε ὁμοθυμαδὸν εἰς τὸ θέατρον συναρπάσαντες Γάϊον καὶ **Ἀρίσταρχον** Μακεδόνας,
20: 4 Θεσσαλονικέων δὲ **Ἀρίσταρχος** καὶ Σεκοῦνδος,
27: 2 ὄντος σὺν ἡμῖν **Ἀριστάρχου** Μακεδόνος Θεσσαλονικέως.
Col 4:10 Ἀσπάζεται ὑμᾶς **Ἀρίσταρχος** ὁ συναιχμάλωτός μου καὶ Μᾶρκος ὁ ἀνεψιὸς Βαρναβᾶ
Phm 1:24 Μᾶρκος, **Ἀρίσταρχος,** Δημᾶς, Λουκᾶς, οἱ συνεργοί μου.

753 ἀριστάω [3]

√ 756

Lk 11:37 Ἐν δὲ τῷ λαλῆσαι ἐρωτᾷ αὐτὸν Φαρισαῖος ὅπως **ἀριστήσῃ** παρ' αὐτῷ·
Jn 21:12 λέγει αὐτοῖς ὁ Ἰησοῦς, Δεῦτε **ἀριστήσατε.** οὐδεὶς δὲ ἐτόλμα τῶν μαθητῶν ἐξετάσαι αὐτόν,
21:15 Ὅτε οὖν **ἠρίστησαν** λέγει τῷ Σίμωνι Πέτρῳ ὁ Ἰησοῦς,

754 ἀριστερός [4]

subst. **ἀριστερά, ἡ** [1] Mt 6:3

Mt 6: 3 σοῦ δὲ ποιοῦντος ἐλεημοσύνην μὴ γνώτω ἡ **ἀριστερά** σου τί ποιεῖ ἡ δεξιά σου,
Mk 10:37 Δὸς ἡμῖν ἵνα εἷς σου ἐκ δεξιῶν καὶ εἷς ἐξ **ἀριστερῶν** καθίσωμεν ἐν τῇ δόξῃ σου.
Lk 23:33 ὃν μὲν ἐκ δεξιῶν ὃν δὲ ἐξ **ἀριστερῶν.**
2Co 6: 7 διὰ τῶν ὅπλων τῆς δικαιοσύνης τῶν δεξιῶν καὶ **ἀριστερῶν,**

755 Ἀριστόβουλος [1]

√ 1089

Ro 16:10 ἀσπάσασθε τοὺς ἐκ τῶν **Ἀριστοβούλου.**

756 ἄριστον [3 / 4]

→ 753

Mt 22: 4 Εἴπατε τοῖς κεκλημένοις, Ἰδοὺ τὸ **ἄριστόν** μου ἡτοίμακα,
Lk 11:38 ὁ δὲ Φαρισαῖος ἰδὼν ἐθαύμασεν ὅτι οὐ πρῶτον ἐβαπτίσθη πρὸ τοῦ **ἀρίστου.**
14:12 Ἔλεγεν δὲ καὶ τῷ κεκληκότι αὐτόν, Ὅταν ποιῇς **ἄριστον** ἢ δεῖπνον,
14:15 Μακάριος ὅστις φάγεται **ἄριστον**[NIV; UBS 788] ἐν τῇ βασιλείᾳ τοῦ θεοῦ.

757 ἀρκετός [3]

√ 758

Mt 6:34 ἡ γὰρ αὔριον μεριμνήσει ἑαυτῆς· **ἀρκετὸν** τῇ ἡμέρᾳ ἡ κακία αὐτῆς.
10:25 **ἀρκετὸν** τῷ μαθητῇ ἵνα γένηται ὡς ὁ διδάσκαλος αὐτοῦ καὶ ὁ δοῦλος ὡς ὁ κύριος αὐτοῦ.
1Pe 4: 3 **ἀρκετὸς** γὰρ ὁ παρεληλυθὼς χρόνος τὸ βούλημα τῶν ἐθνῶν κατειργάσθαι πεπορευμένους ἐν ἀσελγείαις,

758 ἀρκέω [8]

→ 757, 894, 895, 2064

Mt 25: 9 ἀπεκρίθησαν δὲ αἱ φρόνιμοι λέγουσαι, Μήποτε οὐ μὴ **ἀρκέσῃ** ἡμῖν καὶ ὑμῖν·
Lk 3:14 Μηδένα διασείσητε μηδὲ συκοφαντήσητε καὶ **ἀρκεῖσθε** τοῖς ὀψωνίοις ὑμῶν.
Jn 6: 7 Διακοσίων δηναρίων ἄρτοι οὐκ **ἀρκοῦσιν** αὐτοῖς ἵνα ἕκαστος βραχύ [τι] λάβῃ.
14: 8 Κύριε, δεῖξον ἡμῖν τὸν πατέρα, καὶ **ἀρκεῖ** ἡμῖν.
2Co 12: 9 καὶ εἴρηκέν μοι, **Ἀρκεῖ** σοι ἡ χάρις μου,
1Ti 6: 8 ἔχοντες δὲ διατροφὰς καὶ σκεπάσματα, τούτοις **ἀρκεσθησόμεθα.**
Heb 13: 5 Ἀφιλάργυρος ὁ τρόπος, **ἀρκούμενοι** τοῖς παροῦσιν. αὐτὸς γὰρ εἴρηκεν,
3Jn 1:10 καὶ μὴ **ἀρκούμενος** ἐπὶ τούτοις οὔτε αὐτὸς ἐπιδέχεται τοὺς ἀδελφοὺς καὶ τοὺς βουλομένους κωλύει

759 ἄρκος [1]

→ 760

Rev 13: 2 καὶ τὸ θηρίον ὃ εἶδον ἦν ὅμοιον παρδάλει καὶ οἱ πόδες αὐτοῦ ὡς **ἄρκου** καὶ τὸ στόμα αὐτοῦ ὡς στόμα λέοντος.

760 ἄρκτος Not used in UBS/NIV

√ 759

761 ἅρμα [4]

√ 275

Ac 8:28 ἦν τε ὑποστρέφων καὶ καθήμενος ἐπὶ τοῦ **ἅρματος** αὐτοῦ καὶ ἀνεγίνωσκεν τὸν προφήτην Ἠσαΐαν.
8:29 εἶπεν δὲ τὸ πνεῦμα τῷ Φιλίππῳ, Πρόσελθε καὶ κολλήθητι τῷ **ἅρματι** τούτῳ.
8:38 καὶ ἐκέλευσεν στῆναι τὸ **ἅρμα** καὶ κατέβησαν ἀμφότεροι εἰς τὸ ὕδωρ,
Rev 9: 9 καὶ ἡ φωνὴ τῶν πτερύγων αὐτῶν ὡς φωνὴ **ἁρμάτων** ἵππων πολλῶν τρεχόντων εἰς πόλεμον,

762 Ἁρμαγεδών [1]

√ cf. 3403

Rev 16:16 καὶ συνήγαγεν αὐτοὺς εἰς τὸν τόπον τὸν καλούμενον Ἑβραϊστὶ **Ἁρμαγεδών.**

763 Ἀρμίν Not used in UBS/NIV

√ cf. 730

764 ἁρμόζω [1]

→ 765, 5274

2Co 11: 2 **ἡρμοσάμην** γὰρ ὑμᾶς ἑνὶ ἀνδρὶ παρθένον ἁγνὴν παραστῆσαι τῷ Χριστῷ·

765 ἁρμός [1]

√ 764

Heb 4:12 **ἁρμῶν** τε καὶ μυελῶν, καὶ κριτικὸς ἐνθυμήσεων καὶ ἐννοιῶν καρδίας·

766 ἀρνέομαι [33]

→ 565

Mt 10:33 ὅστις δ᾽ ἂν **ἀρνήσηταί** με ἔμπροσθεν τῶν ἀνθρώπων, **ἀρνήσομαι** κἀγὼ αὐτὸν ἔμπροσθεν τοῦ πατρός μου
26:70 ὁ δὲ **ἠρνήσατο** ἔμπροσθεν πάντων λέγων, Οὐκ οἶδα τί λέγεις.
26:72 καὶ πάλιν **ἠρνήσατο** μετὰ ὅρκου ὅτι Οὐκ οἶδα τὸν ἄνθρωπον.
Mk 14:68 ὁ δὲ **ἠρνήσατο** λέγων, Οὔτε οἶδα οὔτε ἐπίσταμαι σὺ τί λέγεις.
14:70 ὁ δὲ πάλιν **ἠρνεῖτο.** καὶ μετὰ μικρὸν πάλιν οἱ παρεστῶτες ἔλεγον τῷ Πέτρῳ,
Lk 8:45 **ἀρνουμένων** δὲ πάντων εἶπεν ὁ Πέτρος, Ἐπιστάτα, οἱ ὄχλοι συνέχουσίν σε καὶ ἀποθλίβουσιν.
9:23 **ἀρνησάσθω** ἑαυτὸν καὶ ἀράτω τὸν σταυρὸν αὐτοῦ καθ᾽ ἡμέραν καὶ ἀκολουθείτω μοι.
12: 9 ὁ δὲ **ἀρνησάμενός** με ἐνώπιον τῶν ἀνθρώπων ἀπαρνηθήσεται ἐνώπιον τῶν ἀγγέλων τοῦ θεοῦ.
22:57 ὁ δὲ **ἠρνήσατο** λέγων, Οὐκ οἶδα αὐτόν, γύναι.
Jn 1:20 καὶ ὡμολόγησεν καὶ οὐκ **ἠρνήσατο,** καὶ ὡμολόγησεν ὅτι Ἐγὼ οὐκ εἰμὶ ὁ Χριστός.
13:38 οὐ μὴ ἀλέκτωρ φωνήσῃ ἕως οὗ **ἀρνήσῃ** με τρίς.
18:25 Μὴ καὶ σὺ ἐκ τῶν μαθητῶν αὐτοῦ εἶ; **ἠρνήσατο** ἐκεῖνος καὶ εἶπεν, Οὐκ εἰμί.
18:27 πάλιν οὖν **ἠρνήσατο** Πέτρος, καὶ εὐθέως ἀλέκτωρ ἐφώνησεν.
Ac 3:13 ἐδόξασεν τὸν παῖδα αὐτοῦ Ἰησοῦν ὃν ὑμεῖς μὲν παρεδώκατε καὶ **ἠρνήσασθε** κατὰ πρόσωπον Πιλάτου,
3:14 ὑμεῖς δὲ τὸν ἅγιον καὶ δίκαιον **ἠρνήσασθε** καὶ ᾐτήσασθε ἄνδρα φονέα χαρισθῆναι ὑμῖν,
4:16 γνωστὸν σημεῖον γέγονεν δι᾽ αὐτῶν πᾶσιν τοῖς κατοικοῦσιν Ἰερουσαλὴμ φανερὸν καὶ οὐ δυνάμεθα **ἀρνεῖσθαι·**
7:35 Τοῦτον τὸν Μωϋσῆν, ὃν **ἠρνήσαντο** εἰπόντες, Τίς σε κατέστησεν ἄρχοντα καὶ δικαστήν;
1Ti 5: 8 εἰ δέ τις τῶν ἰδίων καὶ μάλιστα οἰκείων οὐ προνοεῖ, τὴν πίστιν **ἤρνηται** καὶ ἔστιν ἀπίστου χείρων.
2Ti 2:12 εἰ ὑπομένομεν, καὶ συμβασιλεύσομεν· εἰ **ἀρνησόμεθα,** κἀκεῖνος **ἀρνήσεται** ἡμᾶς·
2:13 ἐκεῖνος πιστὸς μένει, **ἀρνήσασθαι** γὰρ ἑαυτὸν οὐ δύναται.
3: 5 ἔχοντες μόρφωσιν εὐσεβείας τὴν δὲ δύναμιν αὐτῆς **ἠρνημένοι·**
Tit 1:16 θεὸν ὁμολογοῦσιν εἰδέναι, τοῖς δὲ ἔργοις **ἀρνοῦνται,**
2:12 ἵνα **ἀρνησάμενοι** τὴν ἀσέβειαν καὶ τὰς κοσμικὰς ἐπιθυμίας σωφρόνως καὶ δικαίως καὶ εὐσεβῶς ζήσωμεν ἐν τῷ νῦν αἰῶνι,
Heb 11:24 Πίστει Μωϋσῆς μέγας γενόμενος **ἠρνήσατο** λέγεσθαι υἱὸς θυγατρὸς Φαραώ,
2Pe 2: 1 οἵτινες παρεισάξουσιν αἱρέσεις ἀπωλείας καὶ τὸν ἀγοράσαντα αὐτοὺς δεσπότην **ἀρνούμενοι.**
1Jn 2:22 Τίς ἐστιν ὁ ψεύστης εἰ μὴ ὁ **ἀρνούμενος** ὅτι Ἰησοῦς οὐκ ἔστιν ὁ Χριστός; οὗτός ἐστιν ὁ ἀντίχριστος, ὁ **ἀρνούμενος** τὸν πατέρα καὶ τὸν υἱόν.
2:23 πᾶς ὁ **ἀρνούμενος** τὸν υἱὸν οὐδὲ τὸν πατέρα ἔχει,
Jude 1: 4 καὶ τὸν μόνον δεσπότην καὶ κύριον ἡμῶν Ἰησοῦν Χριστὸν **ἀρνούμενοι.**
Rev 2:13 καὶ κρατεῖς τὸ ὄνομά μου καὶ οὐκ **ἠρνήσω** τὴν πίστιν μου καὶ ἐν ταῖς ἡμέραις Ἀντιπᾶς ὁ μάρτυς μου ὁ πιστός μου,
3: 8 ὅτι μικρὰν ἔχεις δύναμιν καὶ ἐτήρησάς μου τὸν λόγον καὶ οὐκ **ἠρνήσω** τὸ ὄνομά μου.

767 Ἀρνί [1 / 0]

√ cf. 730

Lk 3:33 τοῦ Ἀμιναδὰβ τοῦ Ἀδμὶν τοῦ **Ἀρνὶ**[NIV-] τοῦ Ἑσρὼμ

768 ἀρνίον [30]

√ 748

ὁράω ἀρνίον [3] Rev 5:6; 6:1; 14:1

ὀργή τοῦ ἀρνίου [1] Rev 6:16

τὰ ἀρνία [1] Jn 21:15

Jn 21:15 σὺ οἶδας ὅτι φιλῶ σε. λέγει αὐτῷ, Βόσκε τὰ **ἀρνία** μου.
Rev 5: 6 **ἀρνίον** ἑστηκὸς ὡς ἐσφαγμένον ἔχων κέρατα ἑπτὰ καὶ ὀφθαλμοὺς ἑπτὰ οἵ εἰσιν τὰ [ἑπτὰ] πνεύματα τοῦ θεοῦ
5: 8 τὰ τέσσαρα ζῷα καὶ οἱ εἴκοσι τέσσαρες πρεσβύτεροι ἔπεσαν ἐνώπιον τοῦ **ἀρνίου** ἔχοντες ἕκαστος κιθάραν καὶ φιάλας
5:12 Ἄξιόν ἐστιν τὸ **ἀρνίον** τὸ ἐσφαγμένον λαβεῖν τὴν δύναμιν καὶ πλοῦτον καὶ σοφίαν καὶ ἰσχὺν καὶ τιμὴν καὶ δόξαν καὶ εὐλογίαν.
5:13 Τῷ καθημένῳ ἐπὶ τῷ θρόνῳ καὶ τῷ **ἀρνίῳ** ἡ εὐλογία καὶ ἡ τιμὴ καὶ ἡ δόξα καὶ τὸ κράτος εἰς τοὺς αἰῶνας τῶν αἰώνων.
6: 1 Καὶ εἶδον ὅτε ἤνοιξεν τὸ **ἀρνίον** μίαν ἐκ τῶν ἑπτὰ σφραγίδων,
6:16 Πέσετε ἐφ᾽ ἡμᾶς καὶ κρύψατε ἡμᾶς ἀπὸ προσώπου τοῦ καθημένου ἐπὶ τοῦ θρόνου καὶ ἀπὸ τῆς ὀργῆς τοῦ **ἀρνίου,**
7: 9 ἑστῶτες ἐνώπιον τοῦ θρόνου καὶ ἐνώπιον τοῦ **ἀρνίου** περιβεβλημένους στολὰς λευκὰς
7:10 Ἡ σωτηρία τῷ θεῷ ἡμῶν τῷ καθημένῳ ἐπὶ τῷ θρόνῳ καὶ τῷ **ἀρνίῳ.**
7:14 οἱ ἐρχόμενοι ἐκ τῆς θλίψεως τῆς μεγάλης καὶ ἔπλυναν τὰς στολὰς αὐτῶν καὶ ἐλεύκαναν αὐτὰς ἐν τῷ αἵματι τοῦ **ἀρνίου.**
7:17 ὅτι τὸ **ἀρνίον** τὸ ἀνὰ μέσον τοῦ θρόνου ποιμανεῖ αὐτοὺς καὶ ὁδηγήσει αὐτοὺς ἐπὶ ζωῆς πηγὰς ὑδάτων,
12:11 καὶ αὐτοὶ ἐνίκησαν αὐτὸν διὰ τὸ αἷμα τοῦ **ἀρνίου** καὶ διὰ τὸν λόγον τῆς μαρτυρίας αὐτῶν καὶ οὐκ ἠγάπησαν τὴν ψυχὴν
13: 8 οὗ οὐ γέγραπται τὸ ὄνομα αὐτοῦ ἐν τῷ βιβλίῳ τῆς ζωῆς τοῦ **ἀρνίου** τοῦ ἐσφαγμένου ἀπὸ καταβολῆς κόσμου.
13:11 καὶ εἶχεν κέρατα δύο ὅμοια **ἀρνίῳ** καὶ ἐλάλει ὡς δράκων.
14: 1 καὶ ἰδοὺ τὸ **ἀρνίον** ἑστὸς ἐπὶ τὸ ὄρος Σιὼν καὶ μετ᾽ αὐτοῦ ἑκατὸν τεσσεράκοντα τέσσαρες χιλιάδες
14: 4 οὗτοι οἱ ἀκολουθοῦντες τῷ **ἀρνίῳ** ὅπου ἂν ὑπάγῃ. οὗτοι ἠγοράσθησαν ἀπὸ τῶν ἀνθρώπων ἀπαρχὴ τῷ θεῷ καὶ τῷ **ἀρνίῳ,**
14:10 καὶ βασανισθήσεται ἐν πυρὶ καὶ θείῳ ἐνώπιον ἀγγέλων ἁγίων καὶ ἐνώπιον τοῦ **ἀρνίου.**
15: 3 καὶ ᾄδουσιν τὴν ᾠδὴν Μωϋσέως τοῦ δούλου τοῦ θεοῦ καὶ τὴν ᾠδὴν τοῦ **ἀρνίου** λέγοντες,
17:14 οὗτοι μετὰ τοῦ **ἀρνίου** πολεμήσουσιν καὶ τὸ **ἀρνίον** νικήσει αὐτούς,
19: 7 ὅτι ἦλθεν ὁ γάμος τοῦ **ἀρνίου** καὶ ἡ γυνὴ αὐτοῦ ἡτοίμασεν ἑαυτὴν
19: 9 Μακάριοι οἱ εἰς τὸ δεῖπνον τοῦ γάμου τοῦ **ἀρνίου** κεκλημένοι.
21: 9 δείξω σοι τὴν νύμφην τὴν γυναῖκα τοῦ **ἀρνίου.**
21:14 καὶ τὸ τεῖχος τῆς πόλεως ἔχων θεμελίους δώδεκα καὶ ἐπ᾽ αὐτῶν δώδεκα ὀνόματα τῶν δώδεκα ἀποστόλων τοῦ **ἀρνίου.**
21:22 ὁ γὰρ κύριος ὁ θεὸς ὁ παντοκράτωρ ναὸς αὐτῆς ἐστιν καὶ τὸ **ἀρνίον.**
21:23 ἡ γὰρ δόξα τοῦ θεοῦ ἐφώτισεν αὐτήν, καὶ ὁ λύχνος αὐτῆς τὸ **ἀρνίον.**
21:27 πᾶν κοινὸν καὶ [ὁ] ποιῶν βδέλυγμα καὶ ψεῦδος εἰ μὴ οἱ γεγραμμένοι ἐν τῷ βιβλίῳ τῆς ζωῆς τοῦ **ἀρνίου.**
22: 1 ἐκπορευόμενον ἐκ τοῦ θρόνου τοῦ θεοῦ καὶ τοῦ **ἀρνίου.**
22: 3 καὶ ὁ θρόνος τοῦ θεοῦ καὶ τοῦ **ἀρνίου** ἐν αὐτῇ ἔσται,

769 ἀροτριάω [3]

→ 770

Lk 17: 7 Τίς δὲ ἐξ ὑμῶν δοῦλον ἔχων **ἀροτριῶντα** ἢ ποιμαίνοντα,
1Co 9:10 δι᾽ ἡμᾶς γὰρ ἐγράφη ὅτι ὀφείλει ἐπ᾽ ἐλπίδι ὁ **ἀροτριῶν** **ἀροτριᾶν** καὶ ὁ ἀλοῶν ἐπ᾽ ἐλπίδι τοῦ μετέχειν.

770 ἄροτρον [1]

√ 769

Lk 9:62 Οὐδεὶς ἐπιβαλὼν τὴν χεῖρα ἐπ' **ἄροτρον** καὶ βλέπων εἰς τὰ ὀπίσω εὔθετός ἐστιν τῇ βασιλείᾳ τοῦ θεοῦ.

771 ἁρπαγή [3]

√ 773

Mt 23:25 ὅτι καθαρίζετε τὸ ἔξωθεν τοῦ ποτηρίου καὶ τῆς παροψίδος, ἔσωθεν δὲ γέμουσιν ἐξ **ἁρπαγῆς** καὶ ἀκρασίας.
Lk 11:39 τὸ δὲ ἔσωθεν ὑμῶν γέμει **ἁρπαγῆς** καὶ πονηρίας.
Heb 10:34 τὴν **ἁρπαγὴν** τῶν ὑπαρχόντων ὑμῶν μετὰ χαρᾶς προσεδέξασθε γινώσκοντες ἔχειν ἑαυτοὺς κρείττονα ὕπαρξιν καὶ μένουσαν.

772 ἁρπαγμός [1]

√ 773

Php 2:6 ὃς ἐν μορφῇ θεοῦ ὑπάρχων οὐχ **ἁρπαγμὸν** ἡγήσατο τὸ εἶναι ἴσα θεῷ,

773 ἁρπάζω [14]

→ 771, 772, 774, 1395, 5275

Mt 11:12 ἀπὸ δὲ τῶν ἡμερῶν Ἰωάννου τοῦ βαπτιστοῦ ἕως ἄρτι ἡ βασιλεία τῶν οὐρανῶν βιάζεται καὶ βιασταὶ **ἁρπάζουσιν** αὐτήν.
12:29 ἢ πῶς δύναταί τις εἰσελθεῖν εἰς τὴν οἰκίαν τοῦ ἰσχυροῦ καὶ τὰ σκεύη αὐτοῦ **ἁρπάσαι,**
13:19 ἀκούοντος τὸν λόγον τῆς βασιλείας καὶ μὴ συνιέντος ἔρχεται ὁ πονηρὸς καὶ **ἁρπάζει** τὸ ἐσπαρμένον ἐν τῇ καρδίᾳ αὐτοῦ,
Jn 6:15 Ἰησοῦς οὖν γνοὺς ὅτι μέλλουσιν ἔρχεσθαι καὶ **ἁρπάζειν** αὐτὸν ἵνα ποιήσωσιν βασιλέα,
10:12 θεωρεῖ τὸν λύκον ἐρχόμενον καὶ ἀφίησιν τὰ πρόβατα καὶ φεύγει– καὶ ὁ λύκος **ἁρπάζει** αὐτὰ καὶ σκορπίζει–
10:28 κἀγὼ δίδωμι αὐτοῖς ζωὴν αἰώνιον καὶ οὐ μὴ ἀπόλωνται εἰς τὸν αἰῶνα καὶ οὐχ **ἁρπάσει** τις αὐτὰ ἐκ τῆς χειρός μου.
10:29 καὶ οὐδεὶς δύναται **ἁρπάζειν** ἐκ τῆς χειρὸς τοῦ πατρός.
Ac 8:39 πνεῦμα κυρίου **ἥρπασεν** τὸν Φίλιππον καὶ οὐκ εἶδεν αὐτὸν οὐκέτι ὁ εὐνοῦχος,
23:10 φοβηθεὶς ὁ χιλίαρχος μὴ διασπασθῇ ὁ Παῦλος ὑπ' αὐτῶν ἐκέλευσεν τὸ στράτευμα καταβὰν **ἁρπάσαι** αὐτὸν ἐκ μέσου
2Co 12:2 ὁ θεὸς οἶδεν, **ἁρπαγέντα** τὸν τοιοῦτον ἕως τρίτου οὐρανοῦ.
12:4 ὅτι **ἡρπάγη** εἰς τὸν παράδεισον καὶ ἤκουσεν ἄρρητα ῥήματα ἃ οὐκ ἐξὸν ἀνθρώπῳ λαλῆσαι.
1Th 4:17 οἱ ζῶντες οἱ περιλειπόμενοι ἅμα σὺν αὐτοῖς **ἁρπαγησόμεθα** ἐν νεφέλαις εἰς ἀπάντησιν τοῦ κυρίου εἰς ἀέρα·
Jude 1:23 οὓς δὲ σῴζετε ἐκ πυρὸς **ἁρπάζοντες,** οὓς δὲ ἐλεᾶτε ἐν φόβῳ μισοῦντες καὶ τὸν ἀπὸ τῆς σαρκὸς ἐσπιλωμένον χιτῶνα.
Rev 12:5 καὶ **ἡρπάσθη** τὸ τέκνον αὐτῆς πρὸς τὸν θεὸν καὶ πρὸς τὸν θρόνον αὐτοῦ.

774 ἅρπαξ [5]

√ 773

Mt 7:15 οἵτινες ἔρχονται πρὸς ὑμᾶς ἐν ἐνδύμασιν προβάτων, ἔσωθεν δέ εἰσιν λύκοι **ἅρπαγες.**
Lk 18:11 **ἅρπαγες,** ἄδικοι, μοιχοί, ἢ καὶ ὡς οὗτος ὁ τελώνης·
1Co 5:10 οὐ πάντως τοῖς πόρνοις τοῦ κόσμου τούτου ἢ τοῖς πλεονέκταις καὶ **ἅρπαξιν** ἢ εἰδωλολάτραις,
5:11 μὴ συναναμίγνυσθαι ἐάν τις ἀδελφὸς ὀνομαζόμενος ᾖ πόρνος ἢ πλεονέκτης ἢ εἰδωλολάτρης ἢ λοίδορος ἢ μέθυσος ἢ **ἅρπαξ,**
6:10 οὐ μέθυσοι, οὐ λοίδοροι, οὐχ **ἅρπαγες** βασιλείαν θεοῦ κληρονομήσουσιν.

775 ἀρραβών [3]

2Co 1:22 ὁ καὶ σφραγισάμενος ἡμᾶς καὶ δοὺς τὸν **ἀρραβῶνα** τοῦ πνεύματος ἐν ταῖς καρδίαις ἡμῶν.
5:5 ὁ δὲ κατεργασάμενος ἡμᾶς εἰς αὐτὸ τοῦτο θεός, ὁ δοὺς ἡμῖν τὸν **ἀρραβῶνα** τοῦ πνεύματος.
Eph 1:14 ὅ ἐστιν **ἀρραβὼν** τῆς κληρονομίας ἡμῶν, εἰς ἀπολύτρωσιν τῆς περιποιήσεως,

776 ἄρρην Not used in UBS/NIV

√ 781

777 ἄρρητος [1]

√ 1.1 + 4839

2Co 12:4 ὅτι ἡρπάγη εἰς τὸν παράδεισον καὶ ἤκουσεν **ἄρρητα** ῥήματα ἃ οὐκ ἐξὸν ἀνθρώπῳ λαλῆσαι.

778 ἀρρωστέω Not used in UBS/NIV

√ 1.1 + 4874

779 ἄρρωστος [5]

√ 1.1 + 4874

Mt 14:14 καὶ ἐξελθὼν εἶδεν πολὺν ὄχλον καὶ ἐσπλαγχνίσθη ἐπ' αὐτοῖς καὶ ἐθεράπευσεν τοὺς **ἀρρώστους** αὐτῶν.
Mk 6:5 εἰ μὴ ὀλίγοις **ἀρρώστοις** ἐπιθεὶς τὰς χεῖρας ἐθεράπευσεν.
6:13 καὶ δαιμόνια πολλὰ ἐξέβαλλον, καὶ ἤλειφον ἐλαίῳ πολλοὺς **ἀρρώστους** καὶ ἐθεράπευον.
16:18 ⟦κἂν θανάσιμόν τι πίωσιν οὐ μὴ αὐτοὺς βλάψῃ, ἐπὶ **ἀρρώστους** χεῖρας ἐπιθήσουσιν καὶ καλῶς ἕξουσιν.⟧
1Co 11:30 διὰ τοῦτο ἐν ὑμῖν πολλοὶ ἀσθενεῖς καὶ **ἄρρωστοι** καὶ κοιμῶνται ἱκανοί.

780 ἀρσενοκοίτης [2]

√ 781 + 3023

1Co 6:9 οὔτε πόρνοι οὔτε εἰδωλολάτραι οὔτε μοιχοὶ οὔτε μαλακοὶ οὔτε **ἀρσενοκοῖται**
1Ti 1:10 πόρνοις **ἀρσενοκοίταις** ἀνδραποδισταῖς ψεύσταις ἐπιόρκοις, καὶ εἴ τι ἕτερον τῇ ὑγιαινούσῃ διδασκαλίᾳ ἀντίκειται

781 ἄρσην [9]

→ 776, 780

Mt 19:4 Οὐκ ἀνέγνωτε ὅτι ὁ κτίσας ἀπ' ἀρχῆς **ἄρσεν** καὶ θῆλυ ἐποίησεν αὐτούς;
Mk 10:6 ἀπὸ δὲ ἀρχῆς κτίσεως **ἄρσεν** καὶ θῆλυ ἐποίησεν αὐτούς·
Lk 2:23 καθὼς γέγραπται ἐν νόμῳ κυρίου ὅτι Πᾶν **ἄρσεν** διανοῖγον μήτραν ἅγιον τῷ κυρίῳ κληθήσεται,
Ro 1:27 ὁμοίως τε καὶ οἱ **ἄρσενες** ἀφέντες τὴν φυσικὴν χρῆσιν τῆς θηλείας ἐξεκαύθησαν ἐν τῇ ὀρέξει αὐτῶν εἰς ἀλλήλους, **ἄρσενες** ἐν **ἄρσεσιν** τὴν ἀσχημοσύνην κατεργαζόμενοι καὶ τὴν ἀντιμισθίαν ἣν ἔδει τῆς πλάνης αὐτῶν ἐν ἑαυτοῖς ἀπολαμβάνοντες.
Gal 3:28 οὐκ ἔνι δοῦλος οὐδὲ ἐλεύθερος, οὐκ ἔνι **ἄρσεν** καὶ θῆλυ·
Rev 12:5 καὶ ἔτεκεν υἱὸν **ἄρσεν,** ὃς μέλλει ποιμαίνειν πάντα τὰ ἔθνη ἐν ῥάβδῳ σιδηρᾷ.
12:13 Καὶ ὅτε εἶδεν ὁ δράκων ὅτι ἐβλήθη εἰς τὴν γῆν, ἐδίωξεν τὴν γυναῖκα ἥτις ἔτεκεν τὸν **ἄρσενα.**

782 Ἀρτεμᾶς [1]

√ 783 + 1443

Tit 3:12 Ὅταν πέμψω **Ἀρτεμᾶν** πρὸς σὲ ἢ Τυχικόν, σπούδασον ἐλθεῖν πρός με εἰς Νικόπολιν,

783 Ἄρτεμις [5]

→ 782

Ac 19:24 ποιῶν ναοὺς ἀργυροῦς **Ἀρτέμιδος** παρείχετο τοῖς τεχνίταις οὐκ ὀλίγην ἐργασίαν,
19:27 τὸ τῆς μεγάλης θεᾶς **Ἀρτέμιδος** ἱερὸν εἰς οὐθὲν λογισθῆναι,
19:28 Ἀκούσαντες δὲ καὶ γενόμενοι πλήρεις θυμοῦ ἔκραζον λέγοντες, Μεγάλη ἡ **Ἄρτεμις** Ἐφεσίων.
19:34 φωνὴ ἐγένετο μία ἐκ πάντων ὡς ἐπὶ ὥρας δύο κραζόντων, Μεγάλη ἡ **Ἄρτεμις** Ἐφεσίων.
19:35 τίς γάρ ἐστιν ἀνθρώπων ὃς οὐ γινώσκει τὴν Ἐφεσίων πόλιν νεωκόρον οὖσαν τῆς μεγάλης **Ἀρτέμιδος** καὶ τοῦ διοπετοῦς;

784 ἀρτέμων [1]

Ac 27:40 ἅμα ἀνέντες τὰς ζευκτηρίας τῶν πηδαλίων καὶ ἐπάραντες τὸν **ἀρτέμωνα** τῇ πνεούσῃ κατεῖχον εἰς τὸν αἰγιαλόν.

785 ἄρτι [36]

→ *566, 567, 568, 786, 787, 1992, 2936, 2937, 2938, 4616*

ἀπ' ἄρτι [6] Mt 23:39; 26:29,64; Jn 13:19; 14:7; Rev 14:13

ἄρτι ... τότε [3] Mt 3:15; 1Co 13:12,12

ἕως ἄρτι [8] Mt 11:12; Jn 2:10; 5:17; 16:24; 1Co 4:13; 8:7; 15:6; 1Jn 2:9

ἡ ἄρτι ὥρα [1] 1Co 4:11

Mt 3:15 ἀποκριθεὶς δὲ ὁ Ἰησοῦς εἶπεν πρὸς αὐτόν, Ἄφες **ἄρτι,**
9:18 ἰδοὺ ἄρχων εἷς ἐλθὼν προσεκύνει αὐτῷ λέγων ὅτι Ἡ θυγάτηρ μου **ἄρτι** ἐτελεύτησεν·
11:12 ἀπὸ δὲ τῶν ἡμερῶν Ἰωάννου τοῦ βαπτιστοῦ ἕως **ἄρτι** ἡ βασιλεία τῶν οὐρανῶν βιάζεται καὶ βιασταὶ ἁρπάζουσιν αὐτήν.
23:39 οὐ μή με ἴδητε ἀπ' **ἄρτι** ἕως ἂν εἴπητε,
26:29 οὐ μὴ πίω ἀπ' **ἄρτι** ἐκ τούτου τοῦ γενήματος τῆς ἀμπέλου ἕως τῆς ἡμέρας ἐκείνης ὅταν αὐτὸ πίνω μεθ' ὑμῶν καινὸν
26:53 καὶ παραστήσει μοι **ἄρτι** πλείω δώδεκα λεγιῶνας ἀγγέλων;
26:64 ἀπ' **ἄρτι** ὄψεσθε τὸν υἱὸν τοῦ ἀνθρώπου καθήμενον ἐκ δεξιῶν τῆς δυνάμεως καὶ ἐρχόμενον ἐπὶ τῶν νεφελῶν τοῦ οὐρανοῦ.
Jn 2:10 πρῶτον τὸν καλὸν οἶνον τίθησιν καὶ ὅταν μεθυσθῶσιν τὸν ἐλάσσω· σὺ τετήρηκας τὸν καλὸν οἶνον ἕως **ἄρτι.**
5:17 Ὁ πατήρ μου ἕως **ἄρτι** ἐργάζεται κἀγὼ ἐργάζομαι·
9:19 ὃν ὑμεῖς λέγετε ὅτι τυφλὸς ἐγεννήθη; πῶς οὖν βλέπει **ἄρτι;**
9:25 Εἰ ἁμαρτωλός ἐστιν οὐκ οἶδα· ἓν οἶδα ὅτι τυφλὸς ὢν **ἄρτι** βλέπω.
13:7 Ὃ ἐγὼ ποιῶ σὺ οὐκ οἶδας **ἄρτι,** γνώσῃ δὲ μετὰ ταῦτα.
13:19 ἀπ' **ἄρτι** λέγω ὑμῖν πρὸ τοῦ γενέσθαι, ἵνα πιστεύσητε ὅταν γένηται ὅτι ἐγώ εἰμι.
13:33 καὶ καθὼς εἶπον τοῖς Ἰουδαίοις ὅτι Ὅπου ἐγὼ ὑπάγω ὑμεῖς οὐ δύνασθε ἐλθεῖν, καὶ ὑμῖν λέγω **ἄρτι.**
13:37 Κύριε, διὰ τί οὐ δύναμαί σοι ἀκολουθῆσαι **ἄρτι;**
14:7 καὶ ἀπ' **ἄρτι** γινώσκετε αὐτὸν καὶ ἑωράκατε αὐτόν.
16:12 Ἔτι πολλὰ ἔχω ὑμῖν λέγειν, ἀλλ' οὐ δύνασθε βαστάζειν **ἄρτι·**
16:24 ἕως **ἄρτι** οὐκ ᾐτήσατε οὐδὲν ἐν τῷ ὀνόματί μου·
16:31 ἀπεκρίθη αὐτοῖς Ἰησοῦς, **Ἄρτι** πιστεύετε;
1Co 4:11 ἄχρι τῆς **ἄρτι** ὥρας καὶ πεινῶμεν καὶ διψῶμεν καὶ γυμνιτεύομεν καὶ κολαφιζόμεθα καὶ ἀστατοῦμεν
4:13 ὡς περικαθάρματα τοῦ κόσμου ἐγενήθημεν, πάντων περίψημα ἕως **ἄρτι.**
8:7 τινὲς δὲ τῇ συνηθείᾳ ἕως **ἄρτι** τοῦ εἰδώλου ὡς εἰδωλόθυτον ἐσθίουσιν,
13:12 βλέπομεν γὰρ **ἄρτι** δι' ἐσόπτρου ἐν αἰνίγματι, τότε δὲ πρόσωπον πρὸς πρόσωπον· **ἄρτι** γινώσκω ἐκ μέρους, τότε δὲ ἐπιγνώσομαι καθὼς καὶ ἐπεγνώσθην.
15:6 ἐξ ὧν οἱ πλείονες μένουσιν ἕως **ἄρτι,** τινὲς δὲ ἐκοιμήθησαν·
16:7 οὐ θέλω γὰρ ὑμᾶς **ἄρτι** ἐν παρόδῳ ἰδεῖν,
Gal 1:9 ὡς προειρήκαμεν καὶ **ἄρτι** πάλιν λέγω, εἴ τις ὑμᾶς εὐαγγελίζεται παρ' ὃ παρελάβετε,
1:10 **Ἄρτι** γὰρ ἀνθρώπους πείθω ἢ τὸν θεόν; ἢ ζητῶ ἀνθρώποις ἀρέσκειν;
4:20 ἤθελον δὲ παρεῖναι πρὸς ὑμᾶς **ἄρτι** καὶ ἀλλάξαι τὴν φωνήν μου,
1Th 3:6 **Ἄρτι** δὲ ἐλθόντος Τιμοθέου πρὸς ἡμᾶς ἀφ' ὑμῶν καὶ εὐαγγελισαμένου ἡμῖν τὴν πίστιν καὶ τὴν ἀγάπην ὑμῶν
2Th 2:7 μόνον ὁ κατέχων **ἄρτι** ἕως ἐκ μέσου γένηται.
1Pe 1:6 ὀλίγον **ἄρτι** εἰ δέον [ἐστὶν] λυπηθέντες ἐν ποικίλοις πειρασμοῖς,
1:8 εἰς ὃν **ἄρτι** μὴ ὁρῶντες πιστεύοντες δὲ ἀγαλλιᾶσθε χαρᾷ ἀνεκλαλήτῳ καὶ δεδοξασμένῃ
1Jn 2:9 ὁ λέγων ἐν τῷ φωτὶ εἶναι καὶ τὸν ἀδελφὸν αὐτοῦ μισῶν ἐν τῇ σκοτίᾳ ἐστὶν ἕως **ἄρτι.**
Rev 12:10 **Ἄρτι** ἐγένετο ἡ σωτηρία καὶ ἡ δύναμις καὶ ἡ βασιλεία τοῦ θεοῦ ἡμῶν καὶ ἡ ἐξουσία τοῦ Χριστοῦ αὐτοῦ,
14:13 Μακάριοι οἱ νεκροὶ οἱ ἐν κυρίῳ ἀποθνῄσκοντες ἀπ' **ἄρτι.**

786 ἀρτιγέννητος [1]

√ *785 + 1181*

1Pe 2:2 ὡς **ἀρτιγέννητα** βρέφη τὸ λογικὸν ἄδολον γάλα ἐπιποθήσατε,

787 ἄρτιος [1]

√ *785*

2Ti 3:17 ἵνα **ἄρτιος** ᾖ ὁ τοῦ θεοῦ ἄνθρωπος, πρὸς πᾶν ἔργον ἀγαθὸν ἐξηρτισμένος.

788 ἄρτος [97 / 95]

ἄρτος θεοῦ [1] Jn 6:33

ὁ ἄρτος τῆς ζωῆς [2] Jn 6:35,48

ὁ ἄρτος ὁ ζῶν [1] Jn 6:51

ὁ ἄρτος ἐκ οὐρανοῦ [7] Jn 6:31,32,32,41,50,51,58

τοὺς ἄρτους τῆς προθέσεως [3] Mt 12:4; Mk 2:26; Lk 6:4

λαμβάνω ἄρτος [20] Mt 14:19; 15:26,36; 16:5,7; 26:26; Mk 6:41; 7:27; 8:6,14,14; 14:22; Lk 6:4; 9:16; 22:19; 24:30; Jn 6:11; 21:13; Ac 27:35; 1Co 11:23

ὁ πρόθεσις τῶν ἄρτων [1] Heb 9:2

τρώγων ἄρτος [2] Jn 6:58; 13:18

Mt 4:3 Εἰ υἱὸς εἶ τοῦ θεοῦ, εἰπὲ ἵνα οἱ λίθοι οὗτοι **ἄρτοι** γένωνται.
4:4 Γέγραπται, Οὐκ ἐπ' **ἄρτῳ** μόνῳ ζήσεται ὁ ἄνθρωπος,
6:11 Τὸν **ἄρτον** ἡμῶν τὸν ἐπιούσιον δὸς ἡμῖν σήμερον·
7:9 ὃν αἰτήσει ὁ υἱὸς αὐτοῦ **ἄρτον,** μὴ λίθον ἐπιδώσει αὐτῷ;
12:4 πῶς εἰσῆλθεν εἰς τὸν οἶκον τοῦ θεοῦ καὶ τοὺς **ἄρτους** τῆς προθέσεως ἔφαγον,
14:17 Οὐκ ἔχομεν ὧδε εἰ μὴ πέντε **ἄρτους** καὶ δύο ἰχθύας.
14:19 λαβὼν τοὺς πέντε **ἄρτους** καὶ τοὺς δύο ἰχθύας, ἀναβλέψας εἰς τὸν οὐρανὸν εὐλόγησεν καὶ κλάσας ἔδωκεν τοῖς μαθηταῖς τοὺς **ἄρτους,**
15:2 οὐ γὰρ νίπτονται τὰς χεῖρας [αὐτῶν] ὅταν **ἄρτον** ἐσθίωσιν.
15:26 Οὐκ ἔστιν καλὸν λαβεῖν τὸν **ἄρτον** τῶν τέκνων καὶ βαλεῖν τοῖς κυναρίοις.
15:33 Πόθεν ἡμῖν ἐν ἐρημίᾳ **ἄρτοι** τοσοῦτοι ὥστε χορτάσαι ὄχλον τοσοῦτον;
15:34 καὶ λέγει αὐτοῖς ὁ Ἰησοῦς, Πόσους **ἄρτους** ἔχετε;
15:36 ἔλαβεν τοὺς ἑπτὰ **ἄρτους** καὶ τοὺς ἰχθύας καὶ εὐχαριστήσας ἔκλασεν καὶ ἐδίδου τοῖς μαθηταῖς,
16:5 Καὶ ἐλθόντες οἱ μαθηταὶ εἰς τὸ πέραν ἐπελάθοντο **ἄρτους** λαβεῖν.
16:7 οἱ δὲ διελογίζοντο ἐν ἑαυτοῖς λέγοντες ὅτι **Ἄρτους** οὐκ ἐλάβομεν.
16:8 Τί διαλογίζεσθε ἐν ἑαυτοῖς, ὀλιγόπιστοι, ὅτι **ἄρτους** οὐκ ἔχετε;
16:9 οὐδὲ μνημονεύετε τοὺς πέντε **ἄρτους** τῶν πεντακισχιλίων καὶ πόσους κοφίνους ἐλάβετε;
16:10 οὐδὲ τοὺς ἑπτὰ **ἄρτους** τῶν τετρακισχιλίων καὶ πόσας σπυρίδας ἐλάβετε;
16:11 πῶς οὐ νοεῖτε ὅτι οὐ περὶ **ἄρτων** εἶπον ὑμῖν;
16:12 τότε συνῆκαν ὅτι οὐκ εἶπεν προσέχειν ἀπὸ τῆς ζύμης τῶν **ἄρτων** ἀλλὰ ἀπὸ τῆς διδαχῆς τῶν Φαρισαίων καὶ Σαδδουκαίων.
26:26 Ἐσθιόντων δὲ αὐτῶν λαβὼν ὁ Ἰησοῦς **ἄρτον** καὶ εὐλογήσας ἔκλασεν καὶ δοὺς τοῖς μαθηταῖς εἶπεν,
Mk 2:26 πῶς εἰσῆλθεν εἰς τὸν οἶκον τοῦ θεοῦ ἐπὶ Ἀβιαθὰρ ἀρχιερέως καὶ τοὺς **ἄρτους** τῆς προθέσεως ἔφαγεν,
3:20 καὶ συνέρχεται πάλιν [ὁ] ὄχλος, ὥστε μὴ δύνασθαι αὐτοὺς μηδὲ **ἄρτον** φαγεῖν.
6:8 μὴ **ἄρτον,** μὴ πήραν, μὴ εἰς τὴν ζώνην χαλκόν,
6:37 Ἀπελθόντες ἀγοράσωμεν δηναρίων διακοσίων **ἄρτους** καὶ δώσομεν αὐτοῖς φαγεῖν;
6:38 ὁ δὲ λέγει αὐτοῖς, Πόσους **ἄρτους** ἔχετε; ὑπάγετε ἴδετε.
6:41 καὶ λαβὼν τοὺς πέντε **ἄρτους** καὶ τοὺς δύο ἰχθύας ἀναβλέψας εἰς τὸν οὐρανὸν εὐλόγησεν καὶ κατέκλασεν τοὺς **ἄρτους** καὶ ἐδίδου τοῖς μαθηταῖς [αὐτοῦ] ἵνα παρατιθῶσιν αὐτοῖς,
6:44 ἦσαν οἱ φαγόντες [τοὺς **ἄρτους**[NIV-]] πεντακισχίλιοι ἄνδρες.
6:52 οὐ γὰρ συνῆκαν ἐπὶ τοῖς **ἄρτοις,** ἀλλ' ἦν αὐτῶν ἡ καρδία πεπωρωμένη.
7:2 καὶ ἰδόντες τινὰς τῶν μαθητῶν αὐτοῦ ὅτι κοιναῖς χερσίν, τοῦτ' ἔστιν ἀνίπτοις, ἐσθίουσιν τοὺς **ἄρτους**
7:5 Διὰ τί οὐ περιπατοῦσιν οἱ μαθηταί σου κατὰ τὴν παράδοσιν τῶν πρεσβυτέρων, ἀλλὰ κοιναῖς χερσὶν ἐσθίουσιν τὸν **ἄρτον;**
7:27 οὐ γάρ ἐστιν καλὸν λαβεῖν τὸν **ἄρτον** τῶν τέκνων καὶ τοῖς κυναρίοις βαλεῖν.

8: 4 καὶ ἀπεκρίθησαν αὐτῷ οἱ μαθηταὶ αὐτοῦ ὅτι Πόθεν τούτους δυνήσεταί τις ὧδε χορτάσαι **ἄρτων** ἐπ' ἐρημίας;
8: 5 καὶ ἠρώτα αὐτούς, Πόσους ἔχετε **ἄρτους**; οἱ δὲ εἶπαν,
8: 6 καὶ λαβὼν τοὺς ἑπτὰ **ἄρτους** εὐχαριστήσας ἔκλασεν καὶ ἐδίδου τοῖς μαθηταῖς αὐτοῦ ἵνα παρατιθῶσιν,
8:14 Καὶ ἐπελάθοντο λαβεῖν **ἄρτους** καὶ εἰ μὴ ἕνα **ἄρτον** οὐκ εἶχον μεθ' ἑαυτῶν ἐν τῷ πλοίῳ.
8:16 καὶ διελογίζοντο πρὸς ἀλλήλους ὅτι **ἄρτους** [UBS; NIV λέγοντες ὅτι "**Αρτους**] οὐκ ἔχουσιν.
8:17 καὶ γνοὺς λέγει αὐτοῖς, Τί διαλογίζεσθε ὅτι **ἄρτους** οὐκ ἔχετε;
8:19 ὅτε τοὺς πέντε **ἄρτους** ἔκλασα εἰς τοὺς πεντακισχιλίους,
14:22 Καὶ ἐσθιόντων αὐτῶν λαβὼν **ἄρτον** εὐλογήσας ἔκλασεν καὶ ἔδωκεν αὐτοῖς καὶ εἶπεν,
Lk 4: 3 Εἰ υἱὸς εἶ τοῦ θεοῦ, εἰπὲ τῷ λίθῳ τούτῳ ἵνα γένηται **ἄρτος.**
4: 4 Γέγραπται ὅτι Οὐκ ἐπ' **ἄρτῳ** μόνῳ ζήσεται ὁ ἄνθρωπος.
6: 4 [ὡς] εἰσῆλθεν εἰς τὸν οἶκον τοῦ θεοῦ καὶ τοὺς **ἄρτους** τῆς προθέσεως λαβὼν ἔφαγεν καὶ ἔδωκεν τοῖς μετ' αὐτοῦ,
7:33 ἐλήλυθεν γὰρ Ἰωάννης ὁ βαπτιστὴς μὴ ἐσθίων **ἄρτον** μήτε πίνων οἶνον,
9: 3 μήτε ῥάβδον μήτε πήραν μήτε **ἄρτον** μήτε ἀργύριον μήτε [ἀνὰ] δύο χιτῶνας ἔχειν.
9:13 Οὐκ εἰσὶν ἡμῖν πλεῖον ἢ **ἄρτοι** πέντε καὶ ἰχθύες δύο,
9:16 λαβὼν δὲ τοὺς πέντε **ἄρτους** καὶ τοὺς δύο ἰχθύας ἀναβλέψας εἰς τὸν οὐρανὸν εὐλόγησεν αὐτοὺς καὶ κατέκλασεν καὶ ἐδίδου
11: 3 τὸν **ἄρτον** ἡμῶν τὸν ἐπιούσιον δίδου ἡμῖν τὸ καθ' ἡμέραν·
11: 5 Τίς ἐξ ὑμῶν ἕξει φίλον καὶ πορεύσεται πρὸς αὐτὸν μεσονυκτίου καὶ εἴπῃ αὐτῷ, **Φίλε**, χρῆσόν μοι τρεῖς **ἄρτους,**
14: 1 Καὶ ἐγένετο ἐν τῷ ἐλθεῖν αὐτὸν εἰς οἶκόν τινος τῶν ἀρχόντων [τῶν] **Φαρισαίων** σαββάτῳ φαγεῖν **ἄρτον**
14:15 Μακάριος ὅστις φάγεται **ἄρτον**[UBS; NIV 756] ἐν τῇ βασιλείᾳ τοῦ θεοῦ.
15:17 Πόσοι μίσθιοι τοῦ πατρός μου περισσεύονται **ἄρτων,** ἐγὼ δὲ λιμῷ ὧδε ἀπόλλυμαι.
22:19 καὶ λαβὼν **ἄρτον** εὐχαριστήσας ἔκλασεν καὶ ἔδωκεν αὐτοῖς λέγων,
24:30 καὶ ἐγένετο ἐν τῷ κατακλιθῆναι αὐτὸν μετ' αὐτῶν λαβὼν τὸν **ἄρτον** εὐλόγησεν καὶ κλάσας ἐπεδίδου αὐτοῖς,
24:35 καὶ αὐτοὶ ἐξηγοῦντο τὰ ἐν τῇ ὁδῷ καὶ ὡς ἐγνώσθη αὐτοῖς ἐν τῇ κλάσει τοῦ **ἄρτου.**
Jn 6: 5 καὶ θεασάμενος ὅτι πολὺς ὄχλος ἔρχεται πρὸς αὐτὸν λέγει πρὸς **Φίλιππον**, Πόθεν ἀγοράσωμεν **ἄρτους** ἵνα φάγωσιν οὗτοι;
6: 7 Διακοσίων δηναρίων **ἄρτοι** οὐκ ἀρκοῦσιν αὐτοῖς ἵνα ἕκαστος βραχύ [τι] λάβῃ.
6: 9 Ἔστιν παιδάριον ὧδε ὃς ἔχει πέντε **ἄρτους** κριθίνους καὶ δύο ὀψάρια·
6:11 ἔλαβεν οὖν τοὺς **ἄρτους** ὁ Ἰησοῦς καὶ εὐχαριστήσας διέδωκεν τοῖς ἀνακειμένοις ὁμοίως καὶ ἐκ τῶν ὀψαρίων ὅσον ἤθελον.
6:13 καὶ ἐγέμισαν δώδεκα κοφίνους κλασμάτων ἐκ τῶν πέντε **ἄρτων** τῶν κριθίνων ἃ ἐπερίσσευσαν τοῖς βεβρωκόσιν.
6:23 ἄλλα ἦλθεν πλοιά[ρια] ἐκ Τιβεριάδος ἐγγὺς τοῦ τόπου ὅπου ἔφαγον τὸν **ἄρτον** εὐχαριστήσαντος τοῦ κυρίου.
6:26 ἀλλ' ὅτι ἐφάγετε ἐκ τῶν **ἄρτων** καὶ ἐχορτάσθητε.
6:31 καθώς ἐστιν γεγραμμένον, "**Αρτον** ἐκ τοῦ οὐρανοῦ ἔδωκεν αὐτοῖς φαγεῖν.
6:32 οὐ Μωϋσῆς δέδωκεν ὑμῖν τὸν **ἄρτον** ἐκ τοῦ οὐρανοῦ, ἀλλ' ὁ πατήρ μου δίδωσιν ὑμῖν τὸν **ἄρτον** ἐκ τοῦ οὐρανοῦ τὸν ἀληθινόν·
6:33 ὁ γὰρ **ἄρτος** τοῦ θεοῦ ἐστιν ὁ καταβαίνων ἐκ τοῦ οὐρανοῦ καὶ ζωὴν διδοὺς τῷ κόσμῳ.
6:34 Εἶπον οὖν πρὸς αὐτόν, Κύριε, πάντοτε δὸς ἡμῖν τὸν **ἄρτον** τοῦτον.
6:35 εἶπεν αὐτοῖς ὁ Ἰησοῦς, Ἐγώ εἰμι ὁ **ἄρτος** τῆς ζωῆς·
6:41 Ἐγώ εἰμι ὁ **ἄρτος** ὁ καταβὰς ἐκ τοῦ οὐρανοῦ,
6:48 ἐγώ εἰμι ὁ **ἄρτος** τῆς ζωῆς.
6:50 οὗτός ἐστιν ὁ **ἄρτος** ὁ ἐκ τοῦ οὐρανοῦ καταβαίνων,
6:51 ἐγώ εἰμι ὁ **ἄρτος** ὁ ζῶν ὁ ἐκ τοῦ οὐρανοῦ καταβάς· ἐάν τις φάγῃ ἐκ τούτου τοῦ **ἄρτου** ζήσει εἰς τὸν αἰῶνα, καὶ ὁ **ἄρτος** δὲ ὃν ἐγὼ δώσω ἡ σάρξ μού ἐστιν ὑπὲρ τῆς τοῦ κόσμου ζωῆς.
6:58 οὗτός ἐστιν ὁ **ἄρτος** ὁ ἐξ οὐρανοῦ καταβάς, οὐ καθὼς ἔφαγον οἱ πατέρες καὶ ἀπέθανον· ὁ τρώγων τοῦτον τὸν **ἄρτον** ζήσει εἰς τὸν αἰῶνα.
13:18 Ὁ τρώγων μου τὸν **ἄρτον** ἐπῆρεν ἐπ' ἐμὲ τὴν πτέρναν αὐτοῦ.
21: 9 ὡς οὖν ἀπέβησαν εἰς τὴν γῆν βλέπουσιν ἀνθρακιὰν κειμένην καὶ ὀψάριον ἐπικείμενον καὶ **ἄρτον.**
21:13 ἔρχεται Ἰησοῦς καὶ λαμβάνει τὸν **ἄρτον** καὶ δίδωσιν αὐτοῖς,
Ac 2:42 ἦσαν δὲ προσκαρτεροῦντες τῇ διδαχῇ τῶν ἀποστόλων καὶ τῇ κοινωνίᾳ, τῇ κλάσει τοῦ **ἄρτου** καὶ ταῖς προσευχαῖς.
2:46 κλῶντές τε κατ' οἶκον **ἄρτον,** μετελάμβανον τροφῆς ἐν ἀγαλλιάσει καὶ ἀφελότητι καρδίας
20: 7 Ἐν δὲ τῇ μιᾷ τῶν σαββάτων συνηγμένων ἡμῶν κλάσαι **ἄρτον,**
20:11 ἀναβὰς δὲ καὶ κλάσας τὸν **ἄρτον** καὶ γευσάμενος ἐφ' ἱκανόν τε ὁμιλήσας ἄχρι αὐγῆς,
27:35 εἴπας δὲ ταῦτα καὶ λαβὼν **ἄρτον** εὐχαρίστησεν τῷ θεῷ ἐνώπιον πάντων καὶ κλάσας ἤρξατο ἐσθίειν.
1Co 10:16 τὸν **ἄρτον** ὃν κλῶμεν, οὐχὶ κοινωνία τοῦ σώματος τοῦ Χριστοῦ ἐστιν;
10:17 ὅτι εἷς **ἄρτος,** ἓν σῶμα οἱ πολλοί ἐσμεν, οἱ γὰρ πάντες ἐκ τοῦ ἑνὸς **ἄρτου** μετέχομεν.
11:23 ὅτι ὁ κύριος Ἰησοῦς ἐν τῇ νυκτὶ ᾗ παρεδίδετο ἔλαβεν **ἄρτον**
11:26 ὁσάκις γὰρ ἐὰν ἐσθίητε τὸν **ἄρτον** τοῦτον καὶ τὸ ποτήριον πίνητε,
11:27 Ὥστε ὃς ἂν ἐσθίῃ τὸν **ἄρτον** ἢ πίνῃ τὸ ποτήριον τοῦ κυρίου ἀναξίως,
11:28 δοκιμαζέτω δὲ ἄνθρωπος ἑαυτὸν καὶ οὕτως ἐκ τοῦ **ἄρτου** ἐσθιέτω καὶ ἐκ τοῦ ποτηρίου πινέτω·
2Co 9:10 ὁ δὲ ἐπιχορηγῶν σπόρον τῷ σπείροντι καὶ **ἄρτον** εἰς βρῶσιν χορηγήσει καὶ πληθυνεῖ τὸν σπόρον ὑμῶν
2Th 3: 8 οὐδὲ δωρεὰν **ἄρτον** ἐφάγομεν παρά τινος, ἀλλ' ἐν κόπῳ καὶ μόχθῳ νυκτὸς καὶ ἡμέρας ἐργαζόμενοι
3:12 ἵνα μετὰ ἡσυχίας ἐργαζόμενοι τὸν ἑαυτῶν **ἄρτον** ἐσθίωσιν.
Heb 9: 2 σκηνὴ γὰρ κατεσκευάσθη ἡ πρώτη ἐν ᾗ ἥ τε λυχνία καὶ ἡ τράπεζα καὶ ἡ πρόθεσις τῶν **ἄρτων,**

789 ἀρτύω [3]

Mk 9:50 ἐὰν δὲ τὸ ἅλας ἄναλον γένηται, ἐν τίνι αὐτὸ **ἀρτύσετε;**
Lk 14:34 ἐὰν δὲ καὶ τὸ ἅλας μωρανθῇ, ἐν τίνι **ἀρτυθήσεται;**
Col 4: 6 ὁ λόγος ὑμῶν πάντοτε ἐν χάριτι, ἅλατι **ἠρτυμένος,**

790 Ἀρφαξάδ [1]

Lk 3:36 τοῦ Καϊνὰμ τοῦ **Ἀρφαξὰδ** τοῦ Σὴμ τοῦ Νῶε τοῦ Λάμεχ

791 ἀρχάγγελος [2]

√ *806 + 34*

1Th 4:16 ὅτι αὐτὸς ὁ κύριος ἐν κελεύσματι, ἐν φωνῇ **ἀρχαγγέλου** καὶ ἐν σάλπιγγι θεοῦ,
Jude 1: 9 ὁ δὲ Μιχαὴλ ὁ **ἀρχάγγελος,** ὅτε τῷ διαβόλῳ διακρινόμενος διελέγετο περὶ τοῦ Μωϋσέως σώματος,

792 ἀρχαῖος [11]

√ *806*

ἀρχαῖος κόσμος [1] 2Pe 2:5

καινός ... ἀρχαῖος [1] 2Co 5:17

Mt 5:21 Ἠκούσατε ὅτι ἐρρέθη τοῖς **ἀρχαίοις,** Οὐ φονεύσεις· ὃς δ' ἂν φονεύσῃ,
5:33 Πάλιν ἠκούσατε ὅτι ἐρρέθη τοῖς **ἀρχαίοις,** Οὐκ ἐπιορκήσεις,
Lk 9: 8 ἄλλων δὲ ὅτι προφήτης τις τῶν **ἀρχαίων** ἀνέστη.
9:19 ἄλλοι δὲ ὅτι προφήτης τις τῶν **ἀρχαίων** ἀνέστη.
Ac 15: 7 ὑμεῖς ἐπίστασθε ὅτι ἀφ' ἡμερῶν **ἀρχαίων** ἐν ὑμῖν ἐξελέξατο ὁ θεὸς διὰ τοῦ στόματός μου ἀκοῦσαι τὰ ἔθνη τὸν λόγον
15:21 Μωϋσῆς γὰρ ἐκ γενεῶν **ἀρχαίων** κατὰ πόλιν τοὺς κηρύσσοντας αὐτὸν ἔχει ἐν ταῖς συναγωγαῖς
21:16 ἄγοντες παρ' ᾧ ξενισθῶμεν Μνάσωνί τινι Κυπρίῳ, **ἀρχαίῳ** μαθητῇ.
2Co 5:17 καινὴ κτίσις· τὰ **ἀρχαῖα** παρῆλθεν, ἰδοὺ γέγονεν καινά·
2Pe 2: 5 **ἀρχαίου** κόσμου οὐκ ἐφείσατο ἀλλὰ ὄγδοον Νῶε δικαιοσύνης κήρυκα ἐφύλαξεν κατακλυσμὸν κόσμῳ ἀσεβῶν ἐπάξας,
Rev 12: 9 ὁ ὄφις ὁ **ἀρχαῖος,** ὁ καλούμενος Διάβολος καὶ ὁ Σατανᾶς,
20: 2 καὶ ἐκράτησεν τὸν δράκοντα, ὁ ὄφις ὁ **ἀρχαῖος,**

793 Ἀρχέλαος [1]

√ *806 + 3295*

Mt 2:22 ἀκούσας δὲ ὅτι **Ἀρχέλαος** βασιλεύει τῆς Ἰουδαίας ἀντὶ τοῦ πατρὸς αὐτοῦ Ἡρῴδου ἐφοβήθη ἐκεῖ ἀπελθεῖν·

794 ἀρχή [55 / 56]

√ *806*

ἀπ' ἀρχῆ [20] Mt 19:4,8; 24:21; Mk 13:19; Lk 1:2; Jn 8:44; 15:27; Ac 26:4; 2Th 2:13; 2Pe 3:4; 1Jn 1:1; 2:7,13,14,24,24; 3:8,11; 2Jn 1:5,6

[αἱ] ἀρχαί [10] Lk 12:11; Ac 10:11; 11:5; Ro 8:38; Eph 3:10; 6:12; Col 1:16; 2:15; Tit 3:1; Heb 1:10

ἀρχὴ ... τέλος [4] Heb 3:14; 7:3; Rev 21:6; 22:13

ἐξ ἀρχῆς [2] Jn 6:64; 16:4

ἐν ἀρχῇ [4] Jn 1:1,2; Ac 11:15; Php 4:15

Mt 19: 4 Οὐκ ἀνέγνωτε ὅτι ὁ κτίσας ἀπ' **ἀρχῆς** ἄρσεν καὶ θῆλυ ἐποίησεν αὐτούς;
19: 8 Μωϋσῆς πρὸς τὴν σκληροκαρδίαν ὑμῶν ἐπέτρεψεν ὑμῖν ἀπολῦσαι τὰς γυναῖκας ὑμῶν, ἀπ' **ἀρχῆς** δὲ οὐ γέγονεν οὕτως.
24: 8 πάντα δὲ ταῦτα **ἀρχὴ** ὠδίνων.
24:21 ἔσται γὰρ τότε θλῖψις μεγάλη οἵα οὐ γέγονεν ἀπ' **ἀρχῆς** κόσμου ἕως τοῦ νῦν οὐδ' οὐ μὴ γένηται.
Mk 1: 1 **Ἀρχὴ** τοῦ εὐαγγελίου Ἰησοῦ Χριστοῦ [υἱοῦ θεοῦ.]
10: 6 ἀπὸ δὲ **ἀρχῆς** κτίσεως ἄρσεν καὶ θῆλυ ἐποίησεν αὐτούς·
13: 8 ἔσονται σεισμοὶ κατὰ τόπους, ἔσονται λιμοί· **ἀρχὴ** ὠδίνων ταῦτα.
13:19 ἔσονται γὰρ αἱ ἡμέραι ἐκεῖναι θλῖψις οἵα οὐ γέγονεν τοιαύτη ἀπ' **ἀρχῆς** κτίσεως ἣν ἔκτισεν ὁ θεὸς ἕως τοῦ νῦν
Lk 1: 2 καθὼς παρέδοσαν ἡμῖν οἱ ἀπ' **ἀρχῆς** αὐτόπται καὶ ὑπηρέται γενόμενοι τοῦ λόγου,
12:11 ὅταν δὲ εἰσφέρωσιν ὑμᾶς ἐπὶ τὰς συναγωγὰς καὶ τὰς **ἀρχὰς** καὶ τὰς ἐξουσίας,
20:20 ὥστε παραδοῦναι αὐτὸν τῇ **ἀρχῇ** καὶ τῇ ἐξουσίᾳ τοῦ ἡγεμόνος.
Jn 1: 1 Ἐν **ἀρχῇ** ἦν ὁ λόγος, καὶ ὁ λόγος ἦν πρὸς τὸν θεόν,
1: 2 οὗτος ἦν ἐν **ἀρχῇ** πρὸς τὸν θεόν.
2:11 Ταύτην ἐποίησεν **ἀρχὴν** τῶν σημείων ὁ Ἰησοῦς ἐν Κανὰ τῆς Γαλιλαίας καὶ ἐφανέρωσεν τὴν δόξαν αὐτοῦ,
6:64 ᾔδει γὰρ ἐξ **ἀρχῆς** ὁ Ἰησοῦς τίνες εἰσὶν οἱ μὴ πιστεύοντες καὶ τίς ἐστιν ὁ παραδώσων αὐτόν.
8:25 εἶπεν αὐτοῖς ὁ Ἰησοῦς, Τὴν **ἀρχὴν** ὅ τι καὶ λαλῶ ὑμῖν;
8:44 ἐκεῖνος ἀνθρωποκτόνος ἦν ἀπ' **ἀρχῆς** καὶ ἐν τῇ ἀληθείᾳ οὐκ ἔστηκεν,
15:27 καὶ ὑμεῖς δὲ μαρτυρεῖτε, ὅτι ἀπ' **ἀρχῆς** μετ' ἐμοῦ ἐστε.
16: 4 Ταῦτα δὲ ὑμῖν ἐξ **ἀρχῆς** οὐκ εἶπον, ὅτι μεθ' ὑμῶν ἤμην.
Ac 10:11 καὶ θεωρεῖ τὸν οὐρανὸν ἀνεῳγμένον καὶ καταβαῖνον σκεῦός τι ὡς ὀθόνην μεγάλην τέσσαρσιν **ἀρχαῖς** καθιέμενον ἐπὶ τῆς γῆς,
11: 5 καταβαῖνον σκεῦός τι ὡς ὀθόνην μεγάλην τέσσαρσιν **ἀρχαῖς** καθιεμένην ἐκ τοῦ οὐρανοῦ,
11:15 ἐν δὲ τῷ ἄρξασθαί με λαλεῖν ἐπέπεσεν τὸ πνεῦμα τὸ ἅγιον ἐπ' αὐτοὺς ὥσπερ καὶ ἐφ' ἡμᾶς ἐν **ἀρχῇ.**
26: 4 Τὴν μὲν οὖν βίωσίν μου [τὴν] ἐκ νεότητος τὴν ἀπ' **ἀρχῆς** γενομένην ἐν τῷ ἔθνει μου
Ro 8:38 πέπεισμαι γὰρ ὅτι οὔτε θάνατος οὔτε ζωὴ οὔτε ἄγγελοι οὔτε **ἀρχαὶ** οὔτε ἐνεστῶτα οὔτε μέλλοντα οὔτε δυνάμεις
1Co 15:24 ὅταν καταργήσῃ πᾶσαν **ἀρχὴν** καὶ πᾶσαν ἐξουσίαν καὶ δύναμιν.
Eph 1:21 ὑπεράνω πάσης **ἀρχῆς** καὶ ἐξουσίας καὶ δυνάμεως καὶ κυριότητος καὶ παντὸς ὀνόματος ὀνομαζομένου,
3:10 ἵνα γνωρισθῇ νῦν ταῖς **ἀρχαῖς** καὶ ταῖς ἐξουσίαις ἐν τοῖς ἐπουρανίοις διὰ τῆς ἐκκλησίας ἡ πολυποίκιλος σοφία τοῦ θεοῦ,
6:12 ἀλλὰ πρὸς τὰς **ἀρχάς,** πρὸς τὰς ἐξουσίας, πρὸς τοὺς κοσμοκράτορας τοῦ σκότους τούτου,
Php 4:15 Φιλιππήσιοι, ὅτι ἐν **ἀρχῇ** τοῦ εὐαγγελίου, ὅτε ἐξῆλθον ἀπὸ Μακεδονίας,
Col 1:16 εἴτε θρόνοι εἴτε κυριότητες εἴτε **ἀρχαὶ** εἴτε ἐξουσίαι·
1:18 ὅς ἐστιν **ἀρχή,** πρωτότοκος ἐκ τῶν νεκρῶν, ἵνα γένηται ἐν πᾶσιν αὐτὸς πρωτεύων,
2:10 ὅς ἐστιν ἡ κεφαλὴ πάσης **ἀρχῆς** καὶ ἐξουσίας.
2:15 ἀπεκδυσάμενος τὰς **ἀρχὰς** καὶ τὰς ἐξουσίας ἐδειγμάτισεν ἐν παρρησίᾳ,
2Th 2:13 ὅτι εἵλατο ὑμᾶς ὁ θεὸς ἀπ' **ἀρχῆς**[NIV; UBS *569*] εἰς σωτηρίαν ἐν ἁγιασμῷ πνεύματος καὶ πίστει ἀληθείας,
Tit 3: 1 Ὑπομίμνῃσκε αὐτοὺς **ἀρχαῖς** ἐξουσίαις ὑποτάσσεσθαι, πειθαρχεῖν, πρὸς πᾶν ἔργον ἀγαθὸν ἑτοίμους εἶναι,
Heb 1:10 καί, Σὺ κατ' **ἀρχάς,** κύριε, τὴν γῆν ἐθεμελίωσας,
2: 3 ἥτις **ἀρχὴν** λαβοῦσα λαλεῖσθαι διὰ τοῦ κυρίου ὑπὸ τῶν ἀκουσάντων εἰς ἡμᾶς ἐβεβαιώθη,
3:14 ἐάνπερ τὴν **ἀρχὴν** τῆς ὑποστάσεως μέχρι τέλους βεβαίαν κατάσχωμεν–
5:12 πάλιν χρείαν ἔχετε τοῦ διδάσκειν ὑμᾶς τινὰ τὰ στοιχεῖα τῆς **ἀρχῆς** τῶν λογίων τοῦ θεοῦ
6: 1 Διὸ ἀφέντες τὸν τῆς **ἀρχῆς** τοῦ Χριστοῦ λόγον ἐπὶ τὴν τελειότητα φερώμεθα,
7: 3 ἀπάτωρ ἀμήτωρ ἀγενεαλόγητος, μήτε **ἀρχὴν** ἡμερῶν μήτε ζωῆς τέλος ἔχων,
2Pe 3: 4 ἀφ' ἧς γὰρ οἱ πατέρες ἐκοιμήθησαν, πάντα οὕτως διαμένει ἀπ' **ἀρχῆς** κτίσεως.
1Jn 1: 1 Ὃ ἦν ἀπ' **ἀρχῆς,** ὃ ἀκηκόαμεν, ὃ ἑωράκαμεν τοῖς ὀφθαλμοῖς ἡμῶν,
2: 7 οὐκ ἐντολὴν καινὴν γράφω ὑμῖν ἀλλ' ἐντολὴν παλαιὰν ἣν εἴχετε ἀπ' **ἀρχῆς·**
2:13 γράφω ὑμῖν, πατέρες, ὅτι ἐγνώκατε τὸν ἀπ' **ἀρχῆς.**
2:14 ἔγραψα ὑμῖν, πατέρες, ὅτι ἐγνώκατε τὸν ἀπ' **ἀρχῆς.**
2:24 ὑμεῖς ὃ ἠκούσατε ἀπ' **ἀρχῆς,** ἐν ὑμῖν μενέτω. ἐὰν ἐν ὑμῖν μείνῃ ὃ ἀπ' **ἀρχῆς** ἠκούσατε, καὶ ὑμεῖς ἐν τῷ υἱῷ καὶ ἐν τῷ πατρὶ μενεῖτε.
3: 8 ὁ ποιῶν τὴν ἁμαρτίαν ἐκ τοῦ διαβόλου ἐστίν, ὅτι ἀπ' **ἀρχῆς** ὁ διάβολος ἁμαρτάνει.
3:11 Ὅτι αὕτη ἐστὶν ἡ ἀγγελία ἣν ἠκούσατε ἀπ' **ἀρχῆς,**
2Jn 1: 5 οὐχ ὡς ἐντολὴν καινὴν γράφων σοι ἀλλὰ ἣν εἴχομεν ἀπ' **ἀρχῆς,**
1: 6 καθὼς ἠκούσατε ἀπ' **ἀρχῆς,** ἵνα ἐν αὐτῇ περιπατῆτε.
Jude 1: 6 ἀγγέλους τε τοὺς μὴ τηρήσαντας τὴν ἑαυτῶν **ἀρχὴν** ἀλλὰ ἀπολιπόντας τὸ ἴδιον οἰκητήριον εἰς κρίσιν μεγάλης ἡμέρας
Rev 3:14 ὁ μάρτυς ὁ πιστὸς καὶ ἀληθινός, ἡ **ἀρχὴ** τῆς κτίσεως τοῦ θεοῦ·
21: 6 ἐγώ [εἰμι] τὸ Ἄλφα καὶ τὸ Ὦ, ἡ **ἀρχὴ** καὶ τὸ τέλος.
22:13 ὁ πρῶτος καὶ ὁ ἔσχατος, ἡ **ἀρχὴ** καὶ τὸ τέλος.

795 ἀρχηγός [4]

√ *806 + 72*

σωτήρ καὶ ἀρχηγός [1] Ac 5:31

Ac 3:15 τὸν δὲ **ἀρχηγὸν** τῆς ζωῆς ἀπεκτείνατε ὃν ὁ θεὸς ἤγειρεν ἐκ νεκρῶν,
5:31 τοῦτον ὁ θεὸς **ἀρχηγὸν** καὶ σωτῆρα ὕψωσεν τῇ δεξιᾷ αὐτοῦ [τοῦ] δοῦναι μετάνοιαν τῷ Ἰσραὴλ καὶ ἄφεσιν ἁμαρτιῶν.
Heb 2:10 πολλοὺς υἱοὺς εἰς δόξαν ἀγαγόντα τὸν **ἀρχηγὸν** τῆς σωτηρίας αὐτῶν διὰ παθημάτων τελειῶσαι.
12: 2 ἀφορῶντες εἰς τὸν τῆς πίστεως **ἀρχηγὸν** καὶ τελειωτὴν Ἰησοῦν,

796 ἀρχιερατικός [1]

√ *806 + 2641*

Ac 4: 6 καὶ Ἅννας ὁ ἀρχιερεὺς καὶ Καϊάφας καὶ Ἰωάννης καὶ Ἀλέξανδρος καὶ ὅσοι ἦσαν ἐκ γένους **ἀρχιερατικοῦ,**

797 ἀρχιερεύς [122]

√ *806 + 2641*

οἱ ἀρχιερεῖς καὶ γραμματεῖς [22] Mt 2:4; 16:21; 20:18; 21:15; 26:57; Mk 8:31; 10:33; 11:18,27; 14:1,43,53,53; 15:1,31; Lk 9:22; 19:47; 20:1,19; 22:2,66; 23:10

οἱ ἀρχιερεῖς καὶ πρεσβύτεροι [17] Mt 16:21; 21:23; 26:3,47; 27:1,3,12,20; Mk 8:31; 11:27; 14:43,53; Lk 9:22; 22:52; Ac 4:23; 23:14; 25:15

οἱ ἀρχιερεῖς καὶ Φαρισαῖοι [7] Mt 21:45; 27:62; Jn 7:32,45; 11:47,57; 18:3

ἀρχιερεῖς μετά [3] Mt 27:41; Mk 15:1,31

Mt 2: 4 καὶ συναγαγὼν πάντας τοὺς **ἀρχιερεῖς** καὶ γραμματεῖς τοῦ λαοῦ ἐπυνθάνετο παρ' αὐτῶν ποῦ ὁ Χριστὸς γεννᾶται.
16:21 καὶ πολλὰ παθεῖν ἀπὸ τῶν πρεσβυτέρων καὶ **ἀρχιερέων** καὶ γραμματέων καὶ ἀποκτανθῆναι καὶ τῇ τρίτῃ ἡμέρᾳ ἐγερθῆναι.
20:18 καὶ ὁ υἱὸς τοῦ ἀνθρώπου παραδοθήσεται τοῖς **ἀρχιερεῦσιν** καὶ γραμματεῦσιν,
21:15 ἰδόντες δὲ οἱ **ἀρχιερεῖς** καὶ οἱ γραμματεῖς τὰ θαυμάσια ἃ ἐποίησεν καὶ τοὺς παῖδας τοὺς κράζοντας ἐν τῷ ἱερῷ
21:23 Καὶ ἐλθόντος αὐτοῦ εἰς τὸ ἱερὸν προσῆλθον αὐτῷ διδάσκοντι οἱ **ἀρχιερεῖς** καὶ οἱ πρεσβύτεροι τοῦ λαοῦ λέγοντες,

21:45 Καὶ ἀκούσαντες οἱ **ἀρχιερεῖς** καὶ οἱ Φαρισαῖοι τὰς παραβολὰς αὐτοῦ ἔγνωσαν ὅτι περὶ αὐτῶν λέγει·
26: 3 Τότε συνήχθησαν οἱ **ἀρχιερεῖς** καὶ οἱ πρεσβύτεροι τοῦ λαοῦ εἰς τὴν αὐλὴν τοῦ **ἀρχιερέως** τοῦ λεγομένου Καϊάφα
26:14 Τότε πορευθεὶς εἷς τῶν δώδεκα, ὁ λεγόμενος Ἰούδας Ἰσκαριώτης, πρὸς τοὺς **ἀρχιερεῖς**
26:47 ἰδοὺ Ἰούδας εἷς τῶν δώδεκα ἦλθεν καὶ μετ᾽ αὐτοῦ ὄχλος πολὺς μετὰ μαχαιρῶν καὶ ξύλων ἀπὸ τῶν **ἀρχιερέων** καὶ πρεσβυτέρων
26:51 ἐκτείνας τὴν χεῖρα ἀπέσπασεν τὴν μάχαιραν αὐτοῦ καὶ πατάξας τὸν δοῦλον τοῦ **ἀρχιερέως** ἀφεῖλεν αὐτοῦ τὸ ὠτίον.
26:57 Οἱ δὲ κρατήσαντες τὸν Ἰησοῦν ἀπήγαγον πρὸς Καϊάφαν τὸν **ἀρχιερέα,**
26:58 ὁ δὲ Πέτρος ἠκολούθει αὐτῷ ἀπὸ μακρόθεν ἕως τῆς αὐλῆς τοῦ **ἀρχιερέως** καὶ εἰσελθὼν ἔσω ἐκάθητο μετὰ τῶν ὑπηρετῶν
26:59 οἱ δὲ **ἀρχιερεῖς** καὶ τὸ συνέδριον ὅλον ἐζήτουν ψευδομαρτυρίαν κατὰ τοῦ Ἰησοῦ ὅπως αὐτὸν θανατώσωσιν,
26:62 καὶ ἀναστὰς ὁ **ἀρχιερεὺς** εἶπεν αὐτῷ, Οὐδὲν ἀποκρίνῃ τί οὗτοί σου καταμαρτυροῦσιν;
26:63 καὶ ὁ **ἀρχιερεὺς** εἶπεν αὐτῷ, Ἐξορκίζω σε κατὰ τοῦ θεοῦ τοῦ ζῶντος ἵνα ἡμῖν εἴπῃς εἰ σὺ εἶ ὁ Χριστὸς ὁ υἱὸς τοῦ θεοῦ.
26:65 τότε ὁ **ἀρχιερεὺς** διέρρηξεν τὰ ἱμάτια αὐτοῦ λέγων,
27: 1 συμβούλιον ἔλαβον πάντες οἱ **ἀρχιερεῖς** καὶ οἱ πρεσβύτεροι τοῦ λαοῦ κατὰ τοῦ Ἰησοῦ ὥστε θανατῶσαι αὐτόν·
27: 3 μεταμεληθεὶς ἔστρεψεν τὰ τριάκοντα ἀργύρια τοῖς **ἀρχιερεῦσιν** καὶ πρεσβυτέροις
27: 6 οἱ δὲ **ἀρχιερεῖς** λαβόντες τὰ ἀργύρια εἶπαν, Οὐκ ἔξεστιν βαλεῖν αὐτὰ εἰς τὸν κορβανᾶν,
27:12 καὶ ἐν τῷ κατηγορεῖσθαι αὐτὸν ὑπὸ τῶν **ἀρχιερέων** καὶ πρεσβυτέρων οὐδὲν ἀπεκρίνατο.
27:20 Οἱ δὲ **ἀρχιερεῖς** καὶ οἱ πρεσβύτεροι ἔπεισαν τοὺς ὄχλους ἵνα αἰτήσωνται τὸν Βαραββᾶν,
27:41 ὁμοίως καὶ οἱ **ἀρχιερεῖς** ἐμπαίζοντες μετὰ τῶν γραμματέων καὶ πρεσβυτέρων ἔλεγον,
27:62 συνήχθησαν οἱ **ἀρχιερεῖς** καὶ οἱ Φαρισαῖοι πρὸς Πιλᾶτον
28:11 ἰδού τινες τῆς κουστωδίας ἐλθόντες εἰς τὴν πόλιν ἀπήγγειλαν τοῖς **ἀρχιερεῦσιν** ἅπαντα τὰ γενόμενα.

Mk 2:26 πῶς εἰσῆλθεν εἰς τὸν οἶκον τοῦ θεοῦ ἐπὶ Ἀβιαθὰρ **ἀρχιερέως** καὶ τοὺς ἄρτους τῆς προθέσεως ἔφαγεν,
8:31 δεῖ τὸν υἱὸν τοῦ ἀνθρώπου πολλὰ παθεῖν καὶ ἀποδοκιμασθῆναι ὑπὸ τῶν πρεσβυτέρων καὶ τῶν **ἀρχιερέων** καὶ τῶν γραμματέων
10:33 καὶ ὁ υἱὸς τοῦ ἀνθρώπου παραδοθήσεται τοῖς **ἀρχιερεῦσιν** καὶ τοῖς γραμματεῦσιν,
11:18 καὶ ἤκουσαν οἱ **ἀρχιερεῖς** καὶ οἱ γραμματεῖς καὶ ἐζήτουν πῶς αὐτὸν ἀπολέσωσιν·
11:27 καὶ ἐν τῷ ἱερῷ περιπατοῦντος αὐτοῦ ἔρχονται πρὸς αὐτὸν οἱ **ἀρχιερεῖς** καὶ οἱ γραμματεῖς καὶ οἱ πρεσβύτεροι
14: 1 καὶ ἐζήτουν οἱ **ἀρχιερεῖς** καὶ οἱ γραμματεῖς πῶς αὐτὸν ἐν δόλῳ κρατήσαντες ἀποκτείνωσιν·
14:10 Καὶ Ἰούδας Ἰσκαριὼθ ὁ εἷς τῶν δώδεκα ἀπῆλθεν πρὸς τοὺς **ἀρχιερεῖς** ἵνα αὐτὸν παραδοῖ αὐτοῖς.
14:43 παραγίνεται Ἰούδας εἷς τῶν δώδεκα καὶ μετ᾽ αὐτοῦ ὄχλος μετὰ μαχαιρῶν καὶ ξύλων παρὰ τῶν **ἀρχιερέων**
14:47 σπασάμενος τὴν μάχαιραν ἔπαισεν τὸν δοῦλον τοῦ **ἀρχιερέως** καὶ ἀφεῖλεν αὐτοῦ τὸ ὠτάριον.
14:53 ἀπήγαγον τὸν Ἰησοῦν πρὸς τὸν **ἀρχιερέα,** καὶ συνέρχονται πάντες οἱ **ἀρχιερεῖς** καὶ οἱ πρεσβύτεροι καὶ οἱ γραμματεῖς.
14:54 καὶ ὁ Πέτρος ἀπὸ μακρόθεν ἠκολούθησεν αὐτῷ ἕως ἔσω εἰς τὴν αὐλὴν τοῦ **ἀρχιερέως**
14:55 οἱ δὲ **ἀρχιερεῖς** καὶ ὅλον τὸ συνέδριον ἐζήτουν κατὰ τοῦ Ἰησοῦ μαρτυρίαν εἰς τὸ θανατῶσαι αὐτόν,
14:60 καὶ ἀναστὰς ὁ **ἀρχιερεὺς** εἰς μέσον ἐπηρώτησεν τὸν Ἰησοῦν
14:61 πάλιν ὁ **ἀρχιερεὺς** ἐπηρώτα αὐτὸν καὶ λέγει αὐτῷ,
14:63 ὁ δὲ **ἀρχιερεὺς** διαρρήξας τοὺς χιτῶνας αὐτοῦ λέγει,
14:66 Καὶ ὄντος τοῦ Πέτρου κάτω ἐν τῇ αὐλῇ ἔρχεται μία τῶν παιδισκῶν τοῦ **ἀρχιερέως**
15: 1 Καὶ εὐθὺς πρωῒ συμβούλιον ποιήσαντες οἱ **ἀρχιερεῖς** μετὰ τῶν πρεσβυτέρων καὶ γραμματέων καὶ ὅλον τὸ συνέδριον,
15: 3 καὶ κατηγόρουν αὐτοῦ οἱ **ἀρχιερεῖς** πολλά.
15:10 ἐγίνωσκεν γὰρ ὅτι διὰ φθόνον παραδεδώκεισαν αὐτὸν οἱ **ἀρχιερεῖς.**
15:11 οἱ δὲ **ἀρχιερεῖς** ἀνέσεισαν τὸν ὄχλον ἵνα μᾶλλον τὸν Βαραββᾶν ἀπολύσῃ αὐτοῖς.
15:31 ὁμοίως καὶ οἱ **ἀρχιερεῖς** ἐμπαίζοντες πρὸς ἀλλήλους μετὰ τῶν γραμματέων ἔλεγον,

Lk 3: 2 ἐπὶ **ἀρχιερέως** Ἅννα καὶ Καϊάφα, ἐγένετο ῥῆμα θεοῦ ἐπὶ Ἰωάννην τὸν Ζαχαρίου υἱὸν ἐν τῇ ἐρήμῳ.
9:22 Δεῖ τὸν υἱὸν τοῦ ἀνθρώπου πολλὰ παθεῖν καὶ ἀποδοκιμασθῆναι ἀπὸ τῶν πρεσβυτέρων καὶ **ἀρχιερέων** καὶ γραμματέων
19:47 οἱ δὲ **ἀρχιερεῖς** καὶ οἱ γραμματεῖς ἐζήτουν αὐτὸν ἀπολέσαι καὶ οἱ πρῶτοι τοῦ λαοῦ,
20: 1 ἐπέστησαν οἱ **ἀρχιερεῖς** καὶ οἱ γραμματεῖς σὺν τοῖς πρεσβυτέροις
20:19 Καὶ ἐζήτησαν οἱ γραμματεῖς καὶ οἱ **ἀρχιερεῖς** ἐπιβαλεῖν ἐπ᾽ αὐτὸν τὰς χεῖρας ἐν αὐτῇ τῇ ὥρᾳ,
22: 2 καὶ ἐζήτουν οἱ **ἀρχιερεῖς** καὶ οἱ γραμματεῖς τὸ πῶς ἀνέλωσιν αὐτόν,
22: 4 καὶ ἀπελθὼν συνελάλησεν τοῖς **ἀρχιερεῦσιν** καὶ στρατηγοῖς τὸ πῶς αὐτοῖς παραδῷ αὐτόν.
22:50 καὶ ἐπάταξεν εἷς τις ἐξ αὐτῶν τοῦ **ἀρχιερέως** τὸν δοῦλον καὶ ἀφεῖλεν τὸ οὖς αὐτοῦ τὸ δεξιόν.
22:52 εἶπεν δὲ Ἰησοῦς πρὸς τοὺς παραγενομένους ἐπ᾽ αὐτὸν **ἀρχιερεῖς** καὶ στρατηγοὺς τοῦ ἱεροῦ καὶ πρεσβυτέρους,
22:54 Συλλαβόντες δὲ αὐτὸν ἤγαγον καὶ εἰσήγαγον εἰς τὴν οἰκίαν τοῦ **ἀρχιερέως·**
22:66 συνήχθη τὸ πρεσβυτέριον τοῦ λαοῦ, **ἀρχιερεῖς** τε καὶ γραμματεῖς,
23: 4 ὁ δὲ Πιλᾶτος εἶπεν πρὸς τοὺς **ἀρχιερεῖς** καὶ τοὺς ὄχλους,
23:10 εἱστήκεισαν δὲ οἱ **ἀρχιερεῖς** καὶ οἱ γραμματεῖς εὐτόνως κατηγοροῦντες αὐτοῦ.
23:13 Πιλᾶτος δὲ συγκαλεσάμενος τοὺς **ἀρχιερεῖς** καὶ τοὺς ἄρχοντας καὶ τὸν λαὸν
24:20 ὅπως τε παρέδωκαν αὐτὸν οἱ **ἀρχιερεῖς** καὶ οἱ ἄρχοντες ἡμῶν εἰς κρίμα θανάτου καὶ ἐσταύρωσαν αὐτόν.

Jn 7:32 καὶ ἀπέστειλαν οἱ **ἀρχιερεῖς** καὶ οἱ Φαρισαῖοι ὑπηρέτας ἵνα πιάσωσιν αὐτόν.
7:45 Ἦλθον οὖν οἱ ὑπηρέται πρὸς τοὺς **ἀρχιερεῖς** καὶ Φαρισαίους,
11:47 συνήγαγον οὖν οἱ **ἀρχιερεῖς** καὶ οἱ Φαρισαῖοι συνέδριον καὶ ἔλεγον,
11:49 **ἀρχιερεὺς** ὢν τοῦ ἐνιαυτοῦ ἐκείνου, εἶπεν αὐτοῖς, Ὑμεῖς οὐκ οἴδατε οὐδέν,
11:51 ἀλλὰ **ἀρχιερεὺς** ὢν τοῦ ἐνιαυτοῦ ἐκείνου ἐπροφήτευσεν ὅτι ἔμελλεν Ἰησοῦς ἀποθνῄσκειν ὑπὲρ τοῦ ἔθνους,
11:57 δεδώκεισαν δὲ οἱ **ἀρχιερεῖς** καὶ οἱ Φαρισαῖοι ἐντολὰς ἵνα ἐάν τις γνῷ ποῦ ἐστιν μηνύσῃ,
12:10 ἐβουλεύσαντο δὲ οἱ **ἀρχιερεῖς** ἵνα καὶ τὸν Λάζαρον ἀποκτείνωσιν,
18: 3 ὁ οὖν Ἰούδας λαβὼν τὴν σπεῖραν καὶ ἐκ τῶν **ἀρχιερέων** καὶ ἐκ τῶν Φαρισαίων ὑπηρέτας ἔρχεται ἐκεῖ μετὰ φανῶν
18:10 Σίμων οὖν Πέτρος ἔχων μάχαιραν εἵλκυσεν αὐτὴν καὶ ἔπαισεν τὸν τοῦ **ἀρχιερέως** δοῦλον καὶ ἀπέκοψεν αὐτοῦ τὸ ὠτάριον
18:13 ἦν γὰρ πενθερὸς τοῦ Καϊάφα, ὃς ἦν **ἀρχιερεὺς** τοῦ ἐνιαυτοῦ ἐκείνου·
18:15 ὁ δὲ μαθητὴς ἐκεῖνος ἦν γνωστὸς τῷ **ἀρχιερεῖ** καὶ συνεισῆλθεν τῷ Ἰησοῦ εἰς τὴν αὐλὴν τοῦ **ἀρχιερέως,**
18:16 ἐξῆλθεν οὖν ὁ μαθητὴς ὁ ἄλλος ὁ γνωστὸς τοῦ **ἀρχιερέως** καὶ εἶπεν τῇ θυρωρῷ καὶ εἰσήγαγεν τὸν Πέτρον.
18:19 Ὁ οὖν **ἀρχιερεὺς** ἠρώτησεν τὸν Ἰησοῦν περὶ τῶν μαθητῶν αὐτοῦ καὶ περὶ τῆς διδαχῆς αὐτοῦ.
18:22 ταῦτα δὲ αὐτοῦ εἰπόντος εἷς παρεστηκὼς τῶν ὑπηρετῶν ἔδωκεν ῥάπισμα τῷ Ἰησοῦ εἰπών, Οὕτως ἀποκρίνῃ τῷ **ἀρχιερεῖ;**
18:24 ἀπέστειλεν οὖν αὐτὸν ὁ Ἅννας δεδεμένον πρὸς Καϊάφαν τὸν **ἀρχιερέα.**
18:26 λέγει εἷς ἐκ τῶν δούλων τοῦ **ἀρχιερέως,** συγγενὴς ὢν οὗ ἀπέκοψεν Πέτρος τὸ ὠτίον,
18:35 τὸ ἔθνος τὸ σὸν καὶ οἱ **ἀρχιερεῖς** παρέδωκάν σε ἐμοί·
19: 6 ὅτε οὖν εἶδον αὐτὸν οἱ **ἀρχιερεῖς** καὶ οἱ ὑπηρέται ἐκραύγασαν λέγοντες,
19:15 ἀπεκρίθησαν οἱ **ἀρχιερεῖς,** Οὐκ ἔχομεν βασιλέα εἰ μὴ Καίσαρα.
19:21 ἔλεγον οὖν τῷ Πιλάτῳ οἱ **ἀρχιερεῖς** τῶν Ἰουδαίων,

Ac 4: 6 καὶ Ἅννας ὁ **ἀρχιερεὺς** καὶ Καϊάφας καὶ Ἰωάννης καὶ Ἀλέξανδρος καὶ ὅσοι ἦσαν ἐκ γένους ἀρχιερατικοῦ,
4:23 Ἀπολυθέντες δὲ ἦλθον πρὸς τοὺς ἰδίους καὶ ἀπήγγειλαν ὅσα πρὸς αὐτοὺς οἱ **ἀρχιερεῖς** καὶ οἱ πρεσβύτεροι εἶπαν.
5:17 Ἀναστὰς δὲ ὁ **ἀρχιερεὺς** καὶ πάντες οἱ σὺν αὐτῷ,
5:21 Παραγενόμενος δὲ ὁ **ἀρχιερεὺς** καὶ οἱ σὺν αὐτῷ συνεκάλεσαν τὸ συνέδριον καὶ πᾶσαν τὴν γερουσίαν τῶν υἱῶν Ἰσραὴλ
5:24 ὡς δὲ ἤκουσαν τοὺς λόγους τούτους ὅ τε στρατηγὸς τοῦ ἱεροῦ καὶ οἱ **ἀρχιερεῖς,**
5:27 Ἀγαγόντες δὲ αὐτοὺς ἔστησαν ἐν τῷ συνεδρίῳ. καὶ ἐπηρώτησεν αὐτοὺς ὁ **ἀρχιερεὺς**
7: 1 Εἶπεν δὲ ὁ **ἀρχιερεύς,** Εἰ ταῦτα οὕτως ἔχει;

9: 1 Ὁ δὲ Σαῦλος ἔτι ἐμπνέων ἀπειλῆς καὶ φόνου εἰς τοὺς μαθητὰς τοῦ κυρίου, προσελθὼν τῷ **ἀρχιερεῖ**
9:14 καὶ ὧδε ἔχει ἐξουσίαν παρὰ τῶν **ἀρχιερέων** δῆσαι πάντας τοὺς ἐπικαλουμένους τὸ ὄνομά σου.
9:21 καὶ ὧδε εἰς τοῦτο ἐληλύθει ἵνα δεδεμένους αὐτοὺς ἀγάγῃ ἐπὶ τοὺς **ἀρχιερεῖς;**
19:14 ἦσαν δέ τινος Σκευᾶ Ἰουδαίου **ἀρχιερέως** ἑπτὰ υἱοὶ τοῦτο ποιοῦντες.
22: 5 ὡς καὶ ὁ **ἀρχιερεὺς** μαρτυρεῖ μοι καὶ πᾶν τὸ πρεσβυτέριον,
22:30 ἔλυσεν αὐτὸν καὶ ἐκέλευσεν συνελθεῖν τοὺς **ἀρχιερεῖς** καὶ πᾶν τὸ συνέδριον,
23: 2 ὁ δὲ **ἀρχιερεὺς** Ἁνανίας ἐπέταξεν τοῖς παρεστῶσιν αὐτῷ τύπτειν αὐτοῦ τὸ στόμα.
23: 4 οἱ δὲ παρεστῶτες εἶπαν, Τὸν **ἀρχιερέα** τοῦ θεοῦ λοιδορεῖς;
23: 5 ἔφη τε ὁ Παῦλος, Οὐκ ᾔδειν, ἀδελφοί, ὅτι ἐστὶν **ἀρχιερεύς·**
23:14 οἵτινες προσελθόντες τοῖς **ἀρχιερεῦσιν** καὶ τοῖς πρεσβυτέροις εἶπαν,
24: 1 Μετὰ δὲ πέντε ἡμέρας κατέβη ὁ **ἀρχιερεὺς** Ἁνανίας μετὰ πρεσβυτέρων τινῶν καὶ ῥήτορος Τερτύλλου τινός,
25: 2 ἐνεφάνισάν τε αὐτῷ οἱ **ἀρχιερεῖς** καὶ οἱ πρῶτοι τῶν Ἰουδαίων κατὰ τοῦ Παύλου καὶ παρεκάλουν αὐτὸν
25:15 ἐνεφάνισαν οἱ **ἀρχιερεῖς** καὶ οἱ πρεσβύτεροι τῶν Ἰουδαίων αἰτούμενοι κατ' αὐτοῦ καταδίκην.
26:10 καὶ πολλούς τε τῶν ἁγίων ἐγὼ ἐν φυλακαῖς κατέκλεισα τὴν παρὰ τῶν **ἀρχιερέων** ἐξουσίαν λαβὼν ἀναιρουμένων
26:12 Ἐν οἷς πορευόμενος εἰς τὴν Δαμασκὸν μετ' ἐξουσίας καὶ ἐπιτροπῆς τῆς τῶν **ἀρχιερέων**

Heb 2:17 ἵνα ἐλεήμων γένηται καὶ πιστὸς **ἀρχιερεὺς** τὰ πρὸς τὸν θεὸν εἰς τὸ ἱλάσκεσθαι τὰς ἁμαρτίας τοῦ λαοῦ.
3: 1 κατανοήσατε τὸν ἀπόστολον καὶ **ἀρχιερέα** τῆς ὁμολογίας ἡμῶν Ἰησοῦν,
4:14 Ἔχοντες οὖν **ἀρχιερέα** μέγαν διεληλυθότα τοὺς οὐρανούς, Ἰησοῦν τὸν υἱὸν τοῦ θεοῦ,
4:15 οὐ γὰρ ἔχομεν **ἀρχιερέα** μὴ δυνάμενον συμπαθῆσαι ταῖς ἀσθενείαις ἡμῶν,
5: 1 Πᾶς γὰρ **ἀρχιερεὺς** ἐξ ἀνθρώπων λαμβανόμενος ὑπὲρ ἀνθρώπων καθίσταται τὰ πρὸς τὸν θεόν,
5: 5 Οὕτως καὶ ὁ Χριστὸς οὐχ ἑαυτὸν ἐδόξασεν γενηθῆναι **ἀρχιερέα** ἀλλ' ὁ λαλήσας πρὸς αὐτόν,
5:10 προσαγορευθεὶς ὑπὸ τοῦ θεοῦ **ἀρχιερεὺς** κατὰ τὴν τάξιν Μελχισέδεκ.
6:20 κατὰ τὴν τάξιν Μελχισέδεκ **ἀρχιερεὺς** γενόμενος εἰς τὸν αἰῶνα.
7:26 Τοιοῦτος γὰρ ἡμῖν καὶ ἔπρεπεν **ἀρχιερεύς,** ὅσιος ἄκακος ἀμίαντος,
7:27 ὃς οὐκ ἔχει καθ' ἡμέραν ἀνάγκην, ὥσπερ οἱ **ἀρχιερεῖς,**
7:28 ὁ νόμος γὰρ ἀνθρώπους καθίστησιν **ἀρχιερεῖς** ἔχοντας ἀσθένειαν,
8: 1 Κεφάλαιον δὲ ἐπὶ τοῖς λεγομένοις, τοιοῦτον ἔχομεν **ἀρχιερέα,**
8: 3 πᾶς γὰρ **ἀρχιερεὺς** εἰς τὸ προσφέρειν δῶρά τε καὶ θυσίας καθίσταται·
9: 7 εἰς δὲ τὴν δευτέραν ἅπαξ τοῦ ἐνιαυτοῦ μόνος ὁ **ἀρχιερεύς,**
9:11 Χριστὸς δὲ παραγενόμενος **ἀρχιερεὺς** τῶν γενομένων ἀγαθῶν διὰ τῆς μείζονος καὶ τελειοτέρας σκηνῆς οὐ χειροποιήτου,
9:25 ὥσπερ ὁ **ἀρχιερεὺς** εἰσέρχεται εἰς τὰ ἅγια κατ' ἐνιαυτὸν ἐν αἵματι ἀλλοτρίῳ,
13:11 ὧν γὰρ εἰσφέρεται ζῴων τὸ αἷμα περὶ ἁμαρτίας εἰς τὰ ἅγια διὰ τοῦ **ἀρχιερέως,**

798 ἀρχιληστής Not used in UBS/NIV

√ 806 + 3334

799 ἀρχιποίμην [1]

√ 806 + 4478

1Pe 5: 4 καὶ φανερωθέντος τοῦ **ἀρχιποίμενος** κομιεῖσθε τὸν ἀμαράντινον τῆς δόξης στέφανον.

800 Ἄρχιππος [2]

√ 806 + 2691

Col 4:17 εἴπατε **Ἀρχίππῳ,** Βλέπε τὴν διακονίαν ἣν παρέλαβες ἐν κυρίῳ,
Phm 1: 2 καὶ Ἀπφίᾳ τῇ ἀδελφῇ καὶ **Ἀρχίππῳ** τῷ συστρατιώτῃ ἡμῶν

801 ἀρχισυνάγωγος [9]

√ 806 + 5252

ἀρχισυνάγωγοι [2] Mk 5:22; Ac 13:15

Mk 5:22 καὶ ἔρχεται εἷς τῶν **ἀρχισυναγώγων,** ὀνόματι Ἰάϊρος, καὶ ἰδὼν αὐτὸν πίπτει πρὸς τοὺς πόδας αὐτοῦ
5:35 Ἔτι αὐτοῦ λαλοῦντος ἔρχονται ἀπὸ τοῦ **ἀρχισυναγώγου** λέγοντες ὅτι Ἡ θυγάτηρ σου ἀπέθανεν·
5:36 ὁ δὲ Ἰησοῦς παρακούσας τὸν λόγον λαλούμενον λέγει τῷ **ἀρχισυναγώγῳ,**
5:38 καὶ ἔρχονται εἰς τὸν οἶκον τοῦ **ἀρχισυναγώγου,** καὶ θεωρεῖ θόρυβον καὶ κλαίοντας καὶ ἀλαλάζοντας πολλά,
Lk 8:49 Ἔτι αὐτοῦ λαλοῦντος ἔρχεταί τις παρὰ τοῦ **ἀρχισυναγώγου** λέγων ὅτι Τέθνηκεν ἡ θυγάτηρ σου·
13:14 ἀποκριθεὶς δὲ ὁ **ἀρχισυνάγωγος,** ἀγανακτῶν ὅτι τῷ σαββάτῳ ἐθεράπευσεν ὁ Ἰησοῦς,
Ac 13:15 μετὰ δὲ τὴν ἀνάγνωσιν τοῦ νόμου καὶ τῶν προφητῶν ἀπέστειλαν οἱ **ἀρχισυνάγωγοι** πρὸς αὐτοὺς λέγοντες,
18: 8 Κρίσπος δὲ ὁ **ἀρχισυνάγωγος** ἐπίστευσεν τῷ κυρίῳ σὺν ὅλῳ τῷ οἴκῳ αὐτοῦ,
18:17 ἐπιλαβόμενοι δὲ πάντες Σωσθένην τὸν **ἀρχισυνάγωγον** ἔτυπτον ἔμπροσθεν τοῦ βήματος·

802 ἀρχιτέκτων [1]

√ 806 + 5492

1Co 3:10 Κατὰ τὴν χάριν τοῦ θεοῦ τὴν δοθεῖσάν μοι ὡς σοφὸς **ἀρχιτέκτων** θεμέλιον ἔθηκα,

803 ἀρχιτελώνης [1]

√ 806 + 5467

Lk 19: 2 καὶ ἰδοὺ ἀνὴρ ὀνόματι καλούμενος Ζακχαῖος, καὶ αὐτὸς ἦν **ἀρχιτελώνης** καὶ αὐτὸς πλούσιος·

804 ἀρχιτρίκλινος [3]

√ 806 + 5552 + 3111

Jn 2: 8 καὶ λέγει αὐτοῖς, Ἀντλήσατε νῦν καὶ φέρετε τῷ **ἀρχιτρικλίνῳ·**
2: 9 ὡς δὲ ἐγεύσατο ὁ **ἀρχιτρίκλινος** τὸ ὕδωρ οἶνον γεγενημένον καὶ οὐκ ᾔδει πόθεν ἐστίν, οἱ δὲ διάκονοι ᾔδεισαν οἱ ἠντληκότες τὸ ὕδωρ, φωνεῖ τὸν νυμφίον ὁ **ἀρχιτρίκλινος**

805 ἀρχοστασία Not used in UBS/NIV

806 ἄρχω [86]

→ 569, 752, 791, 792, 793, 794, 795, 796, 797, 798, 799, 800, 801, 802, 803, 804, 807, 825, 1617, 1672, 1673, 1887, 2065, 2066, 2067, 4256, 4272, 4485, 4599, 4732, 5134, 5135, 5489, 5490, 5638, 5639, 5941

active [2] Mk 10:42; Ro 15:12

ἄρχω ἀπό [12] Mt 4:17; 16:21; 20:8; Lk 14:18; 23:5; 24:27,47; Jn 8:9; Ac 1:22; 8:35; 10:37; 1Pe 4:17

Mt 4:17 Ἀπὸ τότε **ἤρξατο** ὁ Ἰησοῦς κηρύσσειν καὶ λέγειν,
11: 7 Τούτων δὲ πορευομένων **ἤρξατο** ὁ Ἰησοῦς λέγειν τοῖς ὄχλοις περὶ Ἰωάννου,
11:20 Τότε **ἤρξατο** ὀνειδίζειν τὰς πόλεις ἐν αἷς ἐγένοντο αἱ πλεῖσται δυνάμεις αὐτοῦ,
12: 1 οἱ δὲ μαθηταὶ αὐτοῦ ἐπείνασαν καὶ **ἤρξαντο** τίλλειν στάχυας καὶ ἐσθίειν.
14:30 **ἀρξάμενος** καταποντίζεσθαι ἔκραξεν λέγων, Κύριε, σῶσόν με.
16:21 Ἀπὸ τότε **ἤρξατο** ὁ Ἰησοῦς δεικνύειν τοῖς μαθηταῖς αὐτοῦ ὅτι δεῖ αὐτὸν εἰς Ἱεροσόλυμα ἀπελθεῖν καὶ πολλὰ παθεῖν
16:22 προσλαβόμενος αὐτὸν ὁ Πέτρος **ἤρξατο** ἐπιτιμᾶν αὐτῷ λέγων,
18:24 **ἀρξαμένου** δὲ αὐτοῦ συναίρειν προσηνέχθη αὐτῷ εἷς ὀφειλέτης μυρίων ταλάντων.
20: 8 Κάλεσον τοὺς ἐργάτας καὶ ἀπόδος αὐτοῖς τὸν μισθὸν **ἀρξάμενος** ἀπὸ τῶν ἐσχάτων ἕως τῶν πρώτων.
24:49 καὶ **ἄρξηται** τύπτειν τοὺς συνδούλους αὐτοῦ, ἐσθίῃ δὲ καὶ πίνῃ μετὰ τῶν μεθυόντων,
26:22 καὶ λυπούμενοι σφόδρα **ἤρξαντο** λέγειν αὐτῷ εἷς ἕκαστος,

26:37 καὶ παραλαβὼν τὸν Πέτρον καὶ τοὺς δύο υἱοὺς Ζεβεδαίου **ἤρξατο** λυπεῖσθαι καὶ ἀδημονεῖν.
26:74 τότε **ἤρξατο** καταθεματίζειν καὶ ὀμνύειν ὅτι Οὐκ οἶδα τὸν ἄνθρωπον.
Mk 1:45 ὁ δὲ ἐξελθὼν **ἤρξατο** κηρύσσειν πολλὰ καὶ διαφημίζειν τὸν λόγον,
2:23 καὶ οἱ μαθηταὶ αὐτοῦ **ἤρξαντο** ὁδὸν ποιεῖν τίλλοντες τοὺς στάχυας.
4: 1 Καὶ πάλιν **ἤρξατο** διδάσκειν παρὰ τὴν θάλασσαν· καὶ συνάγεται πρὸς αὐτὸν ὄχλος πλεῖστος,
5:17 καὶ **ἤρξαντο** παρακαλεῖν αὐτὸν ἀπελθεῖν ἀπὸ τῶν ὁρίων αὐτῶν.
5:20 καὶ ἀπῆλθεν καὶ **ἤρξατο** κηρύσσειν ἐν τῇ Δεκαπόλει ὅσα ἐποίησεν αὐτῷ ὁ Ἰησοῦς,
6: 2 καὶ γενομένου σαββάτου **ἤρξατο** διδάσκειν ἐν τῇ συναγωγῇ,
6: 7 προσκαλεῖται τοὺς δώδεκα καὶ **ἤρξατο** αὐτοὺς ἀποστέλλειν δύο δύο καὶ ἐδίδου αὐτοῖς ἐξουσίαν τῶν πνευμάτων τῶν ἀκαθάρτων,
6:34 ὅτι ἦσαν ὡς πρόβατα μὴ ἔχοντα ποιμένα, καὶ **ἤρξατο** διδάσκειν αὐτοὺς πολλά.
6:55 περιέδραμον ὅλην τὴν χώραν ἐκείνην καὶ **ἤρξαντο** ἐπὶ τοῖς κραβάττοις τοὺς κακῶς ἔχοντας περιφέρειν
8:11 Καὶ ἐξῆλθον οἱ Φαρισαῖοι καὶ **ἤρξαντο** συζητεῖν αὐτῷ,
8:31 Καὶ **ἤρξατο** διδάσκειν αὐτοὺς ὅτι δεῖ τὸν υἱὸν τοῦ ἀνθρώπου πολλὰ παθεῖν καὶ ἀποδοκιμασθῆναι ὑπὸ τῶν πρεσβυτέρων
8:32 καὶ προσλαβόμενος ὁ Πέτρος αὐτὸν **ἤρξατο** ἐπιτιμᾶν αὐτῷ.
10:28 **Ἤρξατο** λέγειν ὁ Πέτρος αὐτῷ, Ἰδοὺ ἡμεῖς ἀφήκαμεν πάντα καὶ ἠκολουθήκαμέν σοι.
10:32 καὶ παραλαβὼν πάλιν τοὺς δώδεκα **ἤρξατο** αὐτοῖς λέγειν τὰ μέλλοντα αὐτῷ συμβαίνειν
10:41 Καὶ ἀκούσαντες οἱ δέκα **ἤρξαντο** ἀγανακτεῖν περὶ Ἰακώβου καὶ Ἰωάννου.
10:42 Οἴδατε ὅτι οἱ δοκοῦντες **ἄρχειν** τῶν ἐθνῶν κατακυριεύουσιν αὐτῶν καὶ οἱ μεγάλοι αὐτῶν κατεξουσιάζουσιν αὐτῶν.
10:47 καὶ ἀκούσας ὅτι Ἰησοῦς ὁ Ναζαρηνός ἐστιν **ἤρξατο** κράζειν καὶ λέγειν,
11:15 καὶ εἰσελθὼν εἰς τὸ ἱερὸν **ἤρξατο** ἐκβάλλειν τοὺς πωλοῦντας καὶ τοὺς ἀγοράζοντας ἐν τῷ ἱερῷ,
12: 1 Καὶ **ἤρξατο** αὐτοῖς ἐν παραβολαῖς λαλεῖν, Ἀμπελῶνα ἄνθρωπος ἐφύτευσεν καὶ περιέθηκεν φραγμὸν
13: 5 ὁ δὲ Ἰησοῦς **ἤρξατο** λέγειν αὐτοῖς, Βλέπετε μή τις ὑμᾶς πλανήσῃ·
14:19 **ἤρξαντο** λυπεῖσθαι καὶ λέγειν αὐτῷ εἷς κατὰ εἷς,
14:33 καὶ παραλαμβάνει τὸν Πέτρον καὶ [τὸν] Ἰάκωβον καὶ [τὸν] Ἰωάννην μετ' αὐτοῦ καὶ **ἤρξατο** ἐκθαμβεῖσθαι καὶ ἀδημονεῖν
14:65 Καὶ **ἤρξαντό** τινες ἐμπτύειν αὐτῷ καὶ περικαλύπτειν αὐτοῦ τὸ πρόσωπον καὶ κολαφίζειν αὐτὸν καὶ λέγειν αὐτῷ,
14:69 καὶ ἡ παιδίσκη ἰδοῦσα αὐτὸν **ἤρξατο** πάλιν λέγειν τοῖς παρεστῶσιν ὅτι Οὗτος ἐξ αὐτῶν ἐστιν.
14:71 ὁ δὲ **ἤρξατο** ἀναθεματίζειν καὶ ὀμνύναι ὅτι Οὐκ οἶδα τὸν ἄνθρωπον τοῦτον ὃν λέγετε.
15: 8 καὶ ἀναβὰς ὁ ὄχλος **ἤρξατο** αἰτεῖσθαι καθὼς ἐποίει αὐτοῖς.
15:18 καὶ **ἤρξαντο** ἀσπάζεσθαι αὐτόν, Χαῖρε, βασιλεῦ τῶν Ἰουδαίων·
Lk 3: 8 ποιήσατε οὖν καρποὺς ἀξίους τῆς μετανοίας καὶ μὴ **ἄρξησθε** λέγειν ἐν ἑαυτοῖς,
3:23 Καὶ αὐτὸς ἦν Ἰησοῦς **ἀρχόμενος** ὡσεὶ ἐτῶν τριάκοντα,
4:21 **ἤρξατο** δὲ λέγειν πρὸς αὐτοὺς ὅτι Σήμερον πεπλήρωται ἡ γραφὴ αὕτη ἐν τοῖς ὠσὶν ὑμῶν.
5:21 καὶ **ἤρξαντο** διαλογίζεσθαι οἱ γραμματεῖς καὶ οἱ Φαρισαῖοι λέγοντες,
7:15 καὶ ἀνεκάθισεν ὁ νεκρὸς καὶ **ἤρξατο** λαλεῖν, καὶ ἔδωκεν αὐτὸν τῇ μητρὶ αὐτοῦ.
7:24 Ἀπελθόντων δὲ τῶν ἀγγέλων Ἰωάννου **ἤρξατο** λέγειν πρὸς τοὺς ὄχλους περὶ Ἰωάννου,
7:38 καὶ στᾶσα ὀπίσω παρὰ τοὺς πόδας αὐτοῦ κλαίουσα τοῖς δάκρυσιν **ἤρξατο** βρέχειν τοὺς πόδας αὐτοῦ καὶ ταῖς θριξὶν
7:49 καὶ **ἤρξαντο** οἱ συνανακείμενοι λέγειν ἐν ἑαυτοῖς, Τίς οὗτός ἐστιν ὃς καὶ ἁμαρτίας ἀφίησιν;
9:12 Ἡ δὲ ἡμέρα **ἤρξατο** κλίνειν· προσελθόντες δὲ οἱ δώδεκα εἶπαν αὐτῷ,
11:29 Τῶν δὲ ὄχλων ἐπαθροιζομένων **ἤρξατο** λέγειν, Ἡ γενεὰ αὕτη γενεὰ πονηρά ἐστιν·
11:53 Κἀκεῖθεν ἐξελθόντος αὐτοῦ **ἤρξαντο** οἱ γραμματεῖς καὶ οἱ Φαρισαῖοι δεινῶς ἐνέχειν καὶ ἀποστοματίζειν αὐτὸν
12: 1 ὥστε καταπατεῖν ἀλλήλους, **ἤρξατο** λέγειν πρὸς τοὺς μαθητὰς αὐτοῦ πρῶτον,
12:45 καὶ **ἄρξηται** τύπτειν τοὺς παῖδας καὶ τὰς παιδίσκας,
13:25 ἀφ' οὗ ἂν ἐγερθῇ ὁ οἰκοδεσπότης καὶ ἀποκλείσῃ τὴν θύραν καὶ **ἄρξησθε** ἔξω ἑστάναι καὶ κρούειν τὴν θύραν λέγοντες,
13:26 τότε **ἄρξεσθε** λέγειν, Ἐφάγομεν ἐνώπιόν σου καὶ ἐπίομεν καὶ ἐν ταῖς πλατείαις ἡμῶν ἐδίδαξας·
14: 9 καὶ τότε **ἄρξῃ** μετὰ αἰσχύνης τὸν ἔσχατον τόπον κατέχειν.
14:18 καὶ **ἤρξαντο** ἀπὸ μιᾶς πάντες παραιτεῖσθαι. ὁ πρῶτος εἶπεν αὐτῷ,
14:29 ἵνα μήποτε θέντος αὐτοῦ θεμέλιον καὶ μὴ ἰσχύοντος ἐκτελέσαι πάντες οἱ θεωροῦντες **ἄρξωνται** αὐτῷ ἐμπαίζειν
14:30 λέγοντες ὅτι Οὗτος ὁ ἄνθρωπος **ἤρξατο** οἰκοδομεῖν καὶ οὐκ ἴσχυσεν ἐκτελέσαι.
15:14 δαπανήσαντος δὲ αὐτοῦ πάντα ἐγένετο λιμὸς ἰσχυρὰ κατὰ τὴν χώραν ἐκείνην, καὶ αὐτὸς **ἤρξατο** ὑστερεῖσθαι.
15:24 ὅτι οὗτος ὁ υἱός μου νεκρὸς ἦν καὶ ἀνέζησεν, ἦν ἀπολωλὼς καὶ εὑρέθη. καὶ **ἤρξαντο** εὐφραίνεσθαι.
19:37 **ἤρξαντο** ἅπαν τὸ πλῆθος τῶν μαθητῶν χαίροντες αἰνεῖν τὸν θεὸν φωνῇ μεγάλῃ περὶ πασῶν ὧν εἶδον δυνάμεων,
19:45 Καὶ εἰσελθὼν εἰς τὸ ἱερὸν **ἤρξατο** ἐκβάλλειν τοὺς πωλοῦντας
20: 9 **Ἤρξατο** δὲ πρὸς τὸν λαὸν λέγειν τὴν παραβολὴν ταύτην·
21:28 **ἀρχομένων** δὲ τούτων γίνεσθαι ἀνακύψατε καὶ ἐπάρατε τὰς κεφαλὰς ὑμῶν,
22:23 καὶ αὐτοὶ **ἤρξαντο** συζητεῖν πρὸς ἑαυτοὺς τὸ τίς ἄρα εἴη ἐξ αὐτῶν ὁ τοῦτο μέλλων πράσσειν.
23: 2 **ἤρξαντο** δὲ κατηγορεῖν αὐτοῦ λέγοντες, Τοῦτον εὕραμεν διαστρέφοντα τὸ ἔθνος ἡμῶν καὶ κωλύοντα φόρους
23: 5 οἱ δὲ ἐπίσχυον λέγοντες ὅτι Ἀνασείει τὸν λαὸν διδάσκων καθ' ὅλης τῆς Ἰουδαίας, καὶ **ἀρξάμενος** ἀπὸ τῆς Γαλιλαίας ἕως ὧδε.
23:30 τότε **ἄρξονται** λέγειν τοῖς ὄρεσιν, Πέσετε ἐφ' ἡμᾶς,
24:27 καὶ **ἀρξάμενος** ἀπὸ Μωϋσέως καὶ ἀπὸ πάντων τῶν προφητῶν διερμήνευσεν αὐτοῖς ἐν πάσαις ταῖς γραφαῖς τὰ περὶ ἑαυτοῦ.
24:47 καὶ κηρυχθῆναι ἐπὶ τῷ ὀνόματι αὐτοῦ μετάνοιαν εἰς ἄφεσιν ἁμαρτιῶν εἰς πάντα τὰ ἔθνη. **ἀρξάμενοι** ἀπὸ Ἰερουσαλὴμ
Jn 8: 9 [[οἱ δὲ ἀκούσαντες ἐξήρχοντο εἷς καθ' εἷς **ἀρξάμενοι** ἀπὸ τῶν πρεσβυτέρων καὶ κατελείφθη μόνος καὶ ἡ γυνὴ ἐν μέσῳ οὖσα.]]
13: 5 εἶτα βάλλει ὕδωρ εἰς τὸν νιπτῆρα καὶ **ἤρξατο** νίπτειν τοὺς πόδας τῶν μαθητῶν καὶ ἐκμάσσειν τῷ λεντίῳ
Ac 1: 1 ὧν **ἤρξατο** ὁ Ἰησοῦς ποιεῖν τε καὶ διδάσκειν,
1:22 **ἀρξάμενος** ἀπὸ τοῦ βαπτίσματος Ἰωάννου ἕως τῆς ἡμέρας ἧς ἀνελήμφθη ἀφ' ἡμῶν,
2: 4 καὶ ἐπλήσθησαν πάντες πνεύματος ἁγίου καὶ **ἤρξαντο** λαλεῖν ἑτέραις γλώσσαις καθὼς τὸ πνεῦμα ἐδίδου ἀποφθέγγεσθαι
8:35 ἀνοίξας δὲ ὁ Φίλιππος τὸ στόμα αὐτοῦ καὶ **ἀρξάμενος** ἀπὸ τῆς γραφῆς ταύτης εὐηγγελίσατο αὐτῷ τὸν Ἰησοῦν.
10:37 **ἀρξάμενος** ἀπὸ τῆς Γαλιλαίας μετὰ τὸ βάπτισμα ὃ ἐκήρυξεν Ἰωάννης,
11: 4 **ἀρξάμενος** δὲ Πέτρος ἐξετίθετο αὐτοῖς καθεξῆς λέγων,
11:15 ἐν δὲ τῷ **ἄρξασθαί** με λαλεῖν ἐπέπεσεν τὸ πνεῦμα τὸ ἅγιον ἐπ' αὐτοὺς ὥσπερ καὶ ἐφ' ἡμᾶς ἐν ἀρχῇ.
18:26 οὗτός τε **ἤρξατο** παρρησιάζεσθαι ἐν τῇ συναγωγῇ.
24: 2 κληθέντος δὲ αὐτοῦ **ἤρξατο** κατηγορεῖν ὁ Τέρτυλλος λέγων,
27:35 εἴπας δὲ ταῦτα καὶ λαβὼν ἄρτον εὐχαρίστησεν τῷ θεῷ ἐνώπιον πάντων καὶ κλάσας **ἤρξατο** ἐσθίειν.
Ro 15:12 Ἔσται ἡ ῥίζα τοῦ Ἰεσσαί καὶ ὁ ἀνιστάμενος **ἄρχειν** ἐθνῶν,
2Co 3: 1 **Ἀρχόμεθα** πάλιν ἑαυτοὺς συνιστάνειν; ἢ μὴ χρῄζομεν ὥς τινες συστατικῶν ἐπιστολῶν πρὸς ὑμᾶς ἢ ἐξ ὑμῶν;
1Pe 4:17 ὅτι [ὁ] καιρὸς τοῦ **ἄρξασθαι** τὸ κρίμα ἀπὸ τοῦ οἴκου τοῦ θεοῦ·

807 ἄρχων [37]

√ *806*

ἄρχων δαιμονίων [4] Mt 9:34; 12:24; Mk 3:22; Lk 11:15

ἄρχων καὶ πρεσβύτεροι [2] Ac 4:5,8

ἄρχων κόσμου [3] Jn 12:31; 14:30; 16:11

ἄρχων τούτου αἰῶνος [2] 1Co 2:6,8

Mt 9:18 Ταῦτα αὐτοῦ λαλοῦντος αὐτοῖς ἰδοὺ **ἄρχων** εἷς ἐλθὼν προσεκύνει αὐτῷ λέγων ὅτι Ἡ θυγάτηρ μου ἄρτι ἐτελεύτησεν·
9:23 Καὶ ἐλθὼν ὁ Ἰησοῦς εἰς τὴν οἰκίαν τοῦ **ἄρχοντος** καὶ ἰδὼν τοὺς αὐλητὰς καὶ τὸν ὄχλον θορυβούμενον
9:34 Ἐν τῷ **ἄρχοντι** τῶν δαιμονίων ἐκβάλλει τὰ δαιμόνια.
12:24 Οὗτος οὐκ ἐκβάλλει τὰ δαιμόνια εἰ μὴ ἐν τῷ Βεελζεβοὺλ **ἄρχοντι** τῶν δαιμονίων.
20:25 Οἴδατε ὅτι οἱ **ἄρχοντες** τῶν ἐθνῶν κατακυριεύουσιν αὐτῶν καὶ οἱ μεγάλοι κατεξουσιάζουσιν αὐτῶν.

Mk 3:22 ἔλεγον ὅτι Βεελζεβοὺλ ἔχει καὶ ὅτι ἐν τῷ **ἄρχοντι** τῶν δαιμονίων ἐκβάλλει τὰ δαιμόνια.
Lk 8:41 καὶ ἰδοὺ ἦλθεν ἀνὴρ ᾧ ὄνομα Ἰάϊρος καὶ οὗτος **ἄρχων** τῆς συναγωγῆς ὑπῆρχεν,
11:15 Ἐν Βεελζεβοὺλ τῷ **ἄρχοντι** τῶν δαιμονίων ἐκβάλλει τὰ δαιμόνια·
12:58 ὡς γὰρ ὑπάγεις μετὰ τοῦ ἀντιδίκου σου ἐπ' **ἄρχοντα,**
14:1 Καὶ ἐγένετο ἐν τῷ ἐλθεῖν αὐτὸν εἰς οἶκόν τινος τῶν **ἀρχόντων** [τῶν] Φαρισαίων σαββάτῳ φαγεῖν ἄρτον
18:18 Καὶ ἐπηρώτησέν τις αὐτὸν **ἄρχων** λέγων, Διδάσκαλε ἀγαθέ,
23:13 Πιλᾶτος δὲ συγκαλεσάμενος τοὺς ἀρχιερεῖς καὶ τοὺς **ἄρχοντας** καὶ τὸν λαὸν
23:35 ἐξεμυκτήριζον δὲ καὶ οἱ **ἄρχοντες** λέγοντες, Ἄλλους ἔσωσεν,
24:20 ὅπως τε παρέδωκαν αὐτὸν οἱ ἀρχιερεῖς καὶ οἱ **ἄρχοντες** ἡμῶν εἰς κρίμα θανάτου καὶ ἐσταύρωσαν αὐτόν.
Jn 3:1 Ἦν δὲ ἄνθρωπος ἐκ τῶν Φαρισαίων, Νικόδημος ὄνομα αὐτῷ, **ἄρχων** τῶν Ἰουδαίων·
7:26 μήποτε ἀληθῶς ἔγνωσαν οἱ **ἄρχοντες** ὅτι οὗτός ἐστιν ὁ Χριστός;
7:48 μή τις ἐκ τῶν **ἀρχόντων** ἐπίστευσεν εἰς αὐτὸν ἢ ἐκ τῶν Φαρισαίων;
12:31 νῦν ὁ **ἄρχων** τοῦ κόσμου τούτου ἐκβληθήσεται ἔξω·
12:42 ὅμως μέντοι καὶ ἐκ τῶν **ἀρχόντων** πολλοὶ ἐπίστευσαν εἰς αὐτόν,
14:30 οὐκέτι πολλὰ λαλήσω μεθ' ὑμῶν, ἔρχεται γὰρ ὁ τοῦ κόσμου **ἄρχων·**
16:11 περὶ δὲ κρίσεως, ὅτι ὁ **ἄρχων** τοῦ κόσμου τούτου κέκριται.
Ac 3:17 οἶδα ὅτι κατὰ ἄγνοιαν ἐπράξατε ὥσπερ καὶ οἱ **ἄρχοντες** ὑμῶν·
4:5 Ἐγένετο δὲ ἐπὶ τὴν αὔριον συναχθῆναι αὐτῶν τοὺς **ἄρχοντας** καὶ τοὺς πρεσβυτέρους καὶ τοὺς γραμματεῖς ἐν Ἰερουσαλήμ,
4:8 τότε Πέτρος πλησθεὶς πνεύματος ἁγίου εἶπεν πρὸς αὐτούς, **Ἄρχοντες** τοῦ λαοῦ καὶ πρεσβύτεροι,
4:26 παρέστησαν οἱ βασιλεῖς τῆς γῆς καὶ οἱ **ἄρχοντες** συνήχθησαν ἐπὶ τὸ αὐτὸ κατὰ τοῦ κυρίου καὶ κατὰ τοῦ Χριστοῦ αὐτοῦ.
7:27 Τίς σε κατέστησεν **ἄρχοντα** καὶ δικαστὴν ἐφ' ἡμῶν;
7:35 ὃν ἠρνήσαντο εἰπόντες, Τίς σε κατέστησεν **ἄρχοντα** καὶ δικαστήν; τοῦτον ὁ θεὸς [καὶ] **ἄρχοντα** καὶ λυτρωτὴν ἀπέσταλκεν σὺν χειρὶ ἀγγέλου τοῦ ὀφθέντος αὐτῷ ἐν τῇ βάτῳ.
13:27 οἱ γὰρ κατοικοῦντες ἐν Ἰερουσαλὴμ καὶ οἱ **ἄρχοντες** αὐτῶν τοῦτον ἀγνοήσαντες καὶ τὰς φωνὰς τῶν προφητῶν
14:5 ὡς δὲ ἐγένετο ὁρμὴ τῶν ἐθνῶν τε καὶ Ἰουδαίων σὺν τοῖς **ἄρχουσιν** αὐτῶν ὑβρίσαι καὶ λιθοβολῆσαι αὐτούς,
16:19 ἐπιλαβόμενοι τὸν Παῦλον καὶ τὸν Σιλᾶν εἵλκυσαν εἰς τὴν ἀγορὰν ἐπὶ τοὺς **ἄρχοντας**
23:5 γέγραπται γὰρ ὅτι **Ἄρχοντα** τοῦ λαοῦ σου οὐκ ἐρεῖς κακῶς.
Ro 13:3 οἱ γὰρ **ἄρχοντες** οὐκ εἰσὶν φόβος τῷ ἀγαθῷ ἔργῳ ἀλλὰ τῷ κακῷ.
1Co 2:6 σοφίαν δὲ οὐ τοῦ αἰῶνος τούτου οὐδὲ τῶν **ἀρχόντων** τοῦ αἰῶνος τούτου τῶν καταργουμένων·
2:8 ἣν οὐδεὶς τῶν **ἀρχόντων** τοῦ αἰῶνος τούτου ἔγνωκεν·
Eph 2:2 κατὰ τὸν **ἄρχοντα** τῆς ἐξουσίας τοῦ ἀέρος, τοῦ πνεύματος τοῦ νῦν ἐνεργοῦντος ἐν τοῖς υἱοῖς τῆς ἀπειθείας·
Rev 1:5 ὁ πρωτότοκος τῶν νεκρῶν καὶ ὁ **ἄρχων** τῶν βασιλέων τῆς γῆς.

808 ἄρωμα [4]

Mk 16:1 Μαρία ἡ Μαγδαληνὴ καὶ Μαρία ἡ [τοῦ] Ἰακώβου καὶ Σαλώμη ἠγόρασαν **ἀρώματα** ἵνα ἐλθοῦσαι ἀλείψωσιν αὐτόν.
Lk 23:56 ὑποστρέψασαι δὲ ἡτοίμασαν **ἀρώματα** καὶ μύρα. Καὶ τὸ μὲν σάββατον ἡσύχασαν κατὰ τὴν ἐντολήν.
24:1 τῇ δὲ μιᾷ τῶν σαββάτων ὄρθρου βαθέως ἐπὶ τὸ μνῆμα ἦλθον φέρουσαι ἃ ἡτοίμασαν **ἀρώματα.**
Jn 19:40 ἔλαβον οὖν τὸ σῶμα τοῦ Ἰησοῦ καὶ ἔδησαν αὐτὸ ὀθονίοις μετὰ τῶν **ἀρωμάτων,**

809 Ἀσά [0 / 2]

√ *cf. 811*

Mt 1:7 Ἀβιὰ δὲ ἐγέννησεν τὸν **Ἀσά,**[NIV; UBS *811*]
1:8 **Ἀσὰ**[NIV; UBS *811*] δὲ ἐγέννησεν τὸν Ἰωσαφάτ,

810 ἀσάλευτος [2]

√ *1.1 + 4888*

Ac 27:41 περιπεσόντες δὲ εἰς τόπον διθάλασσον ἐπέκειλαν τὴν ναῦν καὶ ἡ μὲν πρῷρα ἐρείσασα ἔμεινεν **ἀσάλευτος,**
Heb 12:28 Διὸ βασιλείαν **ἀσάλευτον** παραλαμβάνοντες ἔχωμεν χάριν, δι' ἧς λατρεύωμεν εὐαρέστως τῷ θεῷ μετὰ εὐλαβείας καὶ δέους·

811 Ἀσάφ [2 / 0]

√ *cf. 809*

Mt 1:7 Ἀβιὰ δὲ ἐγέννησεν τὸν **Ἀσάφ,**[UBS; NIV *809*]
1:8 **Ἀσὰφ**[UBS; NIV *809*] δὲ ἐγέννησεν τὸν Ἰωσαφάτ,

812 ἄσβεστος [3]

√ *1.1 + 4931*

πῦρ ἄσβεστος [3] Mt 3:12; Mk 9:43; Lk 3:17

Mt 3:12 καὶ συνάξει τὸν σῖτον αὐτοῦ εἰς τὴν ἀποθήκην, τὸ δὲ ἄχυρον κατακαύσει πυρὶ **ἀσβέστῳ.**
Mk 9:43 ἢ τὰς δύο χεῖρας ἔχοντα ἀπελθεῖν εἰς τὴν γέενναν, εἰς τὸ πῦρ τὸ **ἄσβεστον.**
Lk 3:17 καὶ συναγαγεῖν τὸν σῖτον εἰς τὴν ἀποθήκην αὐτοῦ, τὸ δὲ ἄχυρον κατακαύσει πυρὶ **ἀσβέστῳ.**

813 ἀσέβεια [6]

√ *1.1 + 4936*

Ro 1:18 Ἀποκαλύπτεται γὰρ ὀργὴ θεοῦ ἀπ' οὐρανοῦ ἐπὶ πᾶσαν **ἀσέβειαν** καὶ ἀδικίαν ἀνθρώπων τῶν τὴν ἀλήθειαν
11:26 Ἥξει ἐκ Σιὼν ὁ ῥυόμενος, ἀποστρέψει **ἀσεβείας** ἀπὸ Ἰακώβ.
2Ti 2:16 τὰς δὲ βεβήλους κενοφωνίας περιΐστασο· ἐπὶ πλεῖον γὰρ προκόψουσιν **ἀσεβείας**
Tit 2:12 ἵνα ἀρνησάμενοι τὴν **ἀσέβειαν** καὶ τὰς κοσμικὰς ἐπιθυμίας σωφρόνως καὶ δικαίως καὶ εὐσεβῶς ζήσωμεν ἐν τῷ νῦν αἰῶνι,
Jude 1:15 ποιῆσαι κρίσιν κατὰ πάντων καὶ ἐλέγξαι πᾶσαν ψυχὴν περὶ πάντων τῶν ἔργων **ἀσεβείας** αὐτῶν ὧν ἠσέβησαν
1:18 Ἐπ' ἐσχάτου [τοῦ] χρόνου ἔσονται ἐμπαῖκται κατὰ τὰς ἑαυτῶν ἐπιθυμίας πορευόμενοι τῶν **ἀσεβειῶν.**

814 ἀσεβέω [1]

√ *1.1 + 4936*

Jude 1:15 ποιῆσαι κρίσιν κατὰ πάντων καὶ ἐλέγξαι πᾶσαν ψυχὴν περὶ πάντων τῶν ἔργων ἀσεβείας αὐτῶν ὧν **ἠσέβησαν**

815 ἀσεβής [9 / 10]

√ *1.1 + 4936*

Ro 4:5 τῷ δὲ μὴ ἐργαζομένῳ πιστεύοντι δὲ ἐπὶ τὸν δικαιοῦντα τὸν **ἀσεβῆ** λογίζεται ἡ πίστις αὐτοῦ εἰς δικαιοσύνην·
5:6 ἔτι γὰρ Χριστὸς ὄντων ἡμῶν ἀσθενῶν ἔτι κατὰ καιρὸν ὑπὲρ **ἀσεβῶν** ἀπέθανεν.
1Ti 1:9 **ἀσεβέσι** καὶ ἁμαρτωλοῖς, ἀνοσίοις καὶ βεβήλοις, πατρολῴαις καὶ μητρολῴαις,
1Pe 4:18 καὶ εἰ ὁ δίκαιος μόλις σῴζεται, ὁ **ἀσεβὴς** καὶ ἁμαρτωλὸς ποῦ φανεῖται;
2Pe 2:5 οὐκ ἐφείσατο ἀλλὰ ὄγδοον Νῶε δικαιοσύνης κήρυκα ἐφύλαξεν κατακλυσμὸν κόσμῳ **ἀσεβῶν** ἐπάξας,
2:6 καὶ πόλεις Σοδόμων καὶ Γομόρρας τεφρώσας [καταστροφῇ] κατέκρινεν ὑπόδειγμα μελλόντων **ἀσεβέ[σ]ιν** τεθεικώς,
3:7 τῷ αὐτῷ λόγῳ τεθησαυρισμένοι εἰσὶν πυρὶ τηρούμενοι εἰς ἡμέραν κρίσεως καὶ ἀπωλείας τῶν **ἀσεβῶν** ἀνθρώπων.
Jude 1:4 οἱ πάλαι προγεγραμμένοι εἰς τοῦτο τὸ κρίμα, **ἀσεβεῖς,**
1:15 ποιῆσαι κρίσιν κατὰ πάντων καὶ ἐλέγξαι πάντας τοὺς **ἀσεβεῖς**[UBS-] ψυχὴν περὶ πάντων τῶν ἔργων ἀσεβείας αὐτῶν ὧν ἠσέβησαν καὶ περὶ πάντων τῶν σκληρῶν ὧν ἐλάλησαν κατ' αὐτοῦ ἁμαρτωλοὶ **ἀσεβεῖς.**

816 ἀσέλγεια [10]

√ *1.1*

Mk 7:22 μοιχεῖαι, πλεονεξίαι, πονηρίαι, δόλος, **ἀσέλγεια,** ὀφθαλμὸς πονηρός, βλασφημία,
Ro 13:13 μὴ κοίταις καὶ **ἀσελγείαις,** μὴ ἔριδι καὶ ζήλῳ,
2Co 12:21 καὶ μὴ μετανοησάντων ἐπὶ τῇ ἀκαθαρσίᾳ καὶ πορνείᾳ καὶ **ἀσελγείᾳ** ᾗ ἔπραξαν.
Gal 5:19 φανερὰ δέ ἐστιν τὰ ἔργα τῆς σαρκός, ἅτινά ἐστιν πορνεία, ἀκαθαρσία, **ἀσέλγεια,**

Eph 4:19 οἵτινες ἀπηλγηκότες ἑαυτοὺς παρέδωκαν τῇ **ἀσελγείᾳ** εἰς ἐργασίαν ἀκαθαρσίας πάσης ἐν πλεονεξίᾳ.
1Pe 4: 3 ἀρκετὸς γὰρ ὁ παρεληλυθὼς χρόνος τὸ βούλημα τῶν ἐθνῶν κατειργάσθαι πεπορευμένους ἐν **ἀσελγείαις,**
2Pe 2: 2 καὶ πολλοὶ ἐξακολουθήσουσιν αὐτῶν ταῖς **ἀσελγείαις** δι᾽ οὓς ἡ ὁδὸς τῆς ἀληθείας βλασφημηθήσεται,
2: 7 καὶ δίκαιον Λὼτ καταπονούμενον ὑπὸ τῆς τῶν ἀθέσμων ἐν **ἀσελγείᾳ** ἀναστροφῆς ἐρρύσατο·
2:18 ὑπέρογκα γὰρ ματαιότητος φθεγγόμενοι δελεάζουσιν ἐν ἐπιθυμίαις σαρκὸς **ἀσελγείαις** τοὺς ὀλίγως ἀποφεύγοντας τοὺς ἐν πλάνῃ ἀναστρεφομένους,
Jude 1: 4 τὴν τοῦ θεοῦ ἡμῶν χάριτα μετατιθέντες εἰς **ἀσέλγειαν** καὶ τὸν μόνον δεσπότην καὶ κύριον ἡμῶν Ἰησοῦν Χριστὸν ἀρνούμενοι.

817 ἄσημος [1]

√ *1.1 + 4956*

Ac 21:39 Ἐγὼ ἄνθρωπος μέν εἰμι Ἰουδαῖος, Ταρσεὺς τῆς Κιλικίας, οὐκ **ἀσήμου** πόλεως πολίτης·

818 Ἀσήρ [2]

Lk 2:36 Καὶ ἦν Ἅννα προφῆτις, θυγάτηρ **Φανουήλ**, ἐκ φυλῆς **Ἀσήρ·**
Rev 7: 6 ἐκ φυλῆς **Ἀσὴρ** δώδεκα χιλιάδες,

819 ἀσθένεια [24]

√ *1.1 + 4964*

ἀσθένειαι [8] Mt 8:17; Lk 5:15; 8:2; 2Co 12:5,9,10; 1Ti 5:23; Heb 4:15

ἀπό ἀσθένειας [3] Lk 5:15; 8:2; Heb 11:34

ἐξ ἀσθενείας [1] 2Co 13:4

ἐν ἀσθενείᾳ [6] Jn 5:5; 1Co 2:3; 15:43; 2Co 12:5,9,10

Mt 8:17 Αὐτὸς τὰς **ἀσθενείας** ἡμῶν ἔλαβεν καὶ τὰς νόσους ἐβάστασεν.
Lk 5:15 καὶ συνήρχοντο ὄχλοι πολλοὶ ἀκούειν καὶ θεραπεύεσθαι ἀπὸ τῶν **ἀσθενειῶν** αὐτῶν·
8: 2 καὶ γυναῖκές τινες αἳ ἦσαν τεθεραπευμέναι ἀπὸ πνευμάτων πονηρῶν καὶ **ἀσθενειῶν,**
13:11 καὶ ἰδοὺ γυνὴ πνεῦμα ἔχουσα **ἀσθενείας** ἔτη δεκαοκτὼ καὶ ἦν συγκύπτουσα καὶ μὴ δυναμένη ἀνακύψαι εἰς τὸ παντελές.
13:12 ἰδὼν δὲ αὐτὴν ὁ Ἰησοῦς προσεφώνησεν καὶ εἶπεν αὐτῇ, Γύναι, ἀπολέλυσαι τῆς **ἀσθενείας** σου,
Jn 5: 5 ἦν δέ τις ἄνθρωπος ἐκεῖ τριάκοντα [καὶ] ὀκτὼ ἔτη ἔχων ἐν τῇ **ἀσθενείᾳ** αὐτοῦ·
11: 4 Αὕτη ἡ **ἀσθένεια** οὐκ ἔστιν πρὸς θάνατον ἀλλ᾽ ὑπὲρ τῆς δόξης τοῦ θεοῦ,
Ac 28: 9 τούτου δὲ γενομένου καὶ οἱ λοιποὶ οἱ ἐν τῇ νήσῳ ἔχοντες **ἀσθενείας** προσήρχοντο καὶ ἐθεραπεύοντο,
Ro 6:19 ἀνθρώπινον λέγω διὰ τὴν **ἀσθένειαν** τῆς σαρκὸς ὑμῶν.
8:26 Ὡσαύτως δὲ καὶ τὸ πνεῦμα συναντιλαμβάνεται τῇ **ἀσθενείᾳ** ἡμῶν·
1Co 2: 3 κἀγὼ ἐν **ἀσθενείᾳ** καὶ ἐν φόβῳ καὶ ἐν τρόμῳ πολλῷ ἐγενόμην πρὸς ὑμᾶς,
15:43 ἐγείρεται ἐν δόξῃ· σπείρεται ἐν **ἀσθενείᾳ,** ἐγείρεται ἐν δυνάμει·
2Co 11:30 Εἰ καυχᾶσθαι δεῖ, τὰ τῆς **ἀσθενείας** μου καυχήσομαι.
12: 5 ὑπὲρ δὲ ἐμαυτοῦ οὐ καυχήσομαι εἰ μὴ ἐν ταῖς **ἀσθενείαις.**
12: 9 Ἀρκεῖ σοι ἡ χάρις μου, ἡ γὰρ δύναμις ἐν **ἀσθενείᾳ** τελεῖται. ἥδιστα οὖν μᾶλλον καυχήσομαι ἐν ταῖς **ἀσθενείαις** μου,
12:10 διὸ εὐδοκῶ ἐν **ἀσθενείαις,** ἐν ὕβρεσιν, ἐν ἀνάγκαις,
13: 4 καὶ γὰρ ἐσταυρώθη ἐξ **ἀσθενείας,** ἀλλὰ ζῇ ἐκ δυνάμεως θεοῦ.
Gal 4:13 οἴδατε δὲ ὅτι δι᾽ **ἀσθένειαν** τῆς σαρκὸς εὐηγγελισάμην ὑμῖν τὸ πρότερον,
1Ti 5:23 ἀλλὰ οἴνῳ ὀλίγῳ χρῶ διὰ τὸν στόμαχον καὶ τὰς πυκνάς σου **ἀσθενείας.**
Heb 4:15 οὐ γὰρ ἔχομεν ἀρχιερέα μὴ δυνάμενον συμπαθῆσαι ταῖς **ἀσθενείαις** ἡμῶν,
5: 2 μετριοπαθεῖν δυνάμενος τοῖς ἀγνοοῦσιν καὶ πλανωμένοις, ἐπεὶ καὶ αὐτὸς περίκειται **ἀσθένειαν**
7:28 ὁ νόμος γὰρ ἀνθρώπους καθίστησιν ἀρχιερεῖς ἔχοντας **ἀσθένειαν,**
11:34 ἔσβεσαν δύναμιν πυρός, ἔφυγον στόματα μαχαίρης, ἐδυναμώθησαν ἀπὸ **ἀσθενείας,**

820 ἀσθενέω [33]

√ *1.1 + 4964*

ἀσθενέω τῇ πίστει [2] Ro 4:19; 14:1

Mt 10: 8 **ἀσθενοῦντας** θεραπεύετε, νεκροὺς ἐγείρετε, λεπροὺς καθαρίζετε, δαιμόνια ἐκβάλλετε·
25:36 γυμνὸς καὶ περιεβάλετέ με, **ἠσθένησα** καὶ ἐπεσκέψασθέ με,
25:39 πότε δέ σε εἴδομεν **ἀσθενοῦντα** ἢ ἐν φυλακῇ καὶ ἤλθομεν πρός σε;
Mk 6:56 ἐν ταῖς ἀγοραῖς ἐτίθεσαν τοὺς **ἀσθενοῦντας** καὶ παρεκάλουν αὐτὸν ἵνα κἂν τοῦ κρασπέδου τοῦ ἱματίου αὐτοῦ ἅψωνται·
Lk 4:40 Δύνοντος δὲ τοῦ ἡλίου ἅπαντες ὅσοι εἶχον **ἀσθενοῦντας** νόσοις ποικίλαις ἤγαγον αὐτοὺς πρὸς αὐτόν·
Jn 4:46 καὶ ἦν τις βασιλικὸς οὗ ὁ υἱὸς **ἠσθένει** ἐν Καφαρναούμ.
5: 3 ἐν ταύταις κατέκειτο πλῆθος τῶν **ἀσθενούντων,** τυφλῶν,
5: 7 ἀπεκρίθη αὐτῷ ὁ **ἀσθενῶν,** Κύριε, ἄνθρωπον οὐκ ἔχω ἵνα ὅταν ταραχθῇ τὸ ὕδωρ βάλῃ με εἰς τὴν κολυμβήθραν·
6: 2 ὅτι ἐθεώρουν τὰ σημεῖα ἃ ἐποίει ἐπὶ τῶν **ἀσθενούντων.**
11: 1 Ἦν δέ τις **ἀσθενῶν,** Λάζαρος ἀπὸ Βηθανίας, ἐκ τῆς κώμης Μαρίας καὶ Μάρθας τῆς ἀδελφῆς αὐτῆς.
11: 2 Μαριὰμ ἡ ἀλείψασα τὸν κύριον μύρῳ καὶ ἐκμάξασα τοὺς πόδας αὐτοῦ ταῖς θριξὶν αὐτῆς, ἧς ὁ ἀδελφὸς Λάζαρος **ἠσθένει.**
11: 3 ἀπέστειλαν οὖν αἱ ἀδελφαὶ πρὸς αὐτὸν λέγουσαι, Κύριε, ἴδε ὃν φιλεῖς **ἀσθενεῖ.**
11: 6 ὡς οὖν ἤκουσεν ὅτι **ἀσθενεῖ,** τότε μὲν ἔμεινεν ἐν ᾧ ἦν τόπῳ δύο ἡμέρας,
Ac 9:37 ἐγένετο δὲ ἐν ταῖς ἡμέραις ἐκείναις **ἀσθενήσασαν** αὐτὴν ἀποθανεῖν·
19:12 ὥστε καὶ ἐπὶ τοὺς **ἀσθενοῦντας** ἀποφέρεσθαι ἀπὸ τοῦ χρωτὸς αὐτοῦ σουδάρια ἢ σιμικίνθια καὶ ἀπαλλάσσεσθαι ἀπ᾽ αὐτῶν
20:35 πάντα ὑπέδειξα ὑμῖν ὅτι οὕτως κοπιῶντας δεῖ ἀντιλαμβάνεσθαι τῶν **ἀσθενούντων,**
Ro 4:19 καὶ μὴ **ἀσθενήσας** τῇ πίστει κατενόησεν τὸ ἑαυτοῦ σῶμα [ἤδη] νενεκρωμένον,
8: 3 τὸ γὰρ ἀδύνατον τοῦ νόμου ἐν ᾧ **ἠσθένει** διὰ τῆς σαρκός,
14: 1 Τὸν δὲ **ἀσθενοῦντα** τῇ πίστει προσλαμβάνεσθε, μὴ εἰς διακρίσεις διαλογισμῶν.
14: 2 ὃς μὲν πιστεύει φαγεῖν πάντα, ὁ δὲ **ἀσθενῶν** λάχανα ἐσθίει.
1Co 8:11 ἀπόλλυται γὰρ ὁ **ἀσθενῶν** ἐν τῇ σῇ γνώσει,
8:12 οὕτως δὲ ἁμαρτάνοντες εἰς τοὺς ἀδελφοὺς καὶ τύπτοντες αὐτῶν τὴν συνείδησιν **ἀσθενοῦσαν** εἰς Χριστὸν ἁμαρτάνετε.
2Co 11:21 κατὰ ἀτιμίαν λέγω, ὡς ὅτι ἡμεῖς **ἠσθενήκαμεν.**
11:29 τίς **ἀσθενεῖ** καὶ οὐκ **ἀσθενῶ;** τίς σκανδαλίζεται καὶ οὐκ ἐγὼ πυροῦμαι;
12:10 ὑπὲρ Χριστοῦ· ὅταν γὰρ **ἀσθενῶ,** τότε δυνατός εἰμι.
13: 3 ὃς εἰς ὑμᾶς οὐκ **ἀσθενεῖ** ἀλλὰ δυνατεῖ ἐν ὑμῖν.
13: 4 καὶ γὰρ ἡμεῖς **ἀσθενοῦμεν** ἐν αὐτῷ, ἀλλὰ ζήσομεν σὺν αὐτῷ ἐκ δυνάμεως θεοῦ εἰς ὑμᾶς.
13: 9 χαίρομεν γὰρ ὅταν ἡμεῖς **ἀσθενῶμεν,** ὑμεῖς δὲ δυνατοὶ ἦτε·
Php 2:26 ἐπειδὴ ἐπιποθῶν ἦν πάντας ὑμᾶς καὶ ἀδημονῶν, διότι ἠκούσατε ὅτι **ἠσθένησεν.**
2:27 καὶ γὰρ **ἠσθένησεν** παραπλήσιον θανάτῳ· ἀλλὰ ὁ θεὸς ἠλέησεν αὐτόν,
2Ti 4:20 Ἔραστος ἔμεινεν ἐν Κορίνθῳ, Τρόφιμον δὲ ἀπέλιπον ἐν Μιλήτῳ **ἀσθενοῦντα.**
Jas 5:14 **ἀσθενεῖ** τις ἐν ὑμῖν, προσκαλεσάσθω τοὺς πρεσβυτέρους τῆς ἐκκλησίας καὶ προσευξάσθωσαν ἐπ᾽ αὐτὸν ἀλείψαντες [αὐτὸν] ἐλαίῳ ἐν τῷ ὀνόματι τοῦ κυρίου.

821 ἀσθένημα [1]

√ *1.1 + 4964*

Ro 15: 1 Ὀφείλομεν δὲ ἡμεῖς οἱ δυνατοὶ τὰ **ἀσθενήματα** τῶν ἀδυνάτων βαστάζειν καὶ μὴ ἑαυτοῖς ἀρέσκειν.

822 ἀσθενής [26]

√ *1.1 + 4964*

τὸ, τὰ ἀσθενής [4] 1Co 1:25,27; Gal 4:9; Heb 7:18

ἀσθενέστερος [2] 1Co 12:22; 1Pe 3:7

Mt 25:43 **ἀσθενὴς** καὶ ἐν φυλακῇ καὶ οὐκ ἐπεσκέψασθέ με.
25:44 πότε σε εἴδομεν πεινῶντα ἢ διψῶντα ἢ ξένον ἢ γυμνὸν ἢ **ἀσθενῆ** ἢ ἐν φυλακῇ καὶ οὐ διηκονήσαμέν σοι;

26:41 τὸ μὲν πνεῦμα πρόθυμον ἡ δὲ σὰρξ **ἀσθενής.**
Mk 14:38 τὸ μὲν πνεῦμα πρόθυμον ἡ δὲ σὰρξ **ἀσθενής.**
Lk 9: 2 καὶ ἀπέστειλεν αὐτοὺς κηρύσσειν τὴν βασιλείαν τοῦ θεοῦ καὶ ἰᾶσθαι [τοὺς **ἀσθενεῖς,**]
10: 9 καὶ θεραπεύετε τοὺς ἐν αὐτῇ **ἀσθενεῖς** καὶ λέγετε αὐτοῖς,
Ac 4: 9 εἰ ἡμεῖς σήμερον ἀνακρινόμεθα ἐπὶ εὐεργεσίᾳ ἀνθρώπου **ἀσθενοῦς** ἐν τίνι οὗτος σέσωται,
5:15 ὥστε καὶ εἰς τὰς πλατείας ἐκφέρειν τοὺς **ἀσθενεῖς** καὶ τιθέναι ἐπὶ κλιναρίων καὶ κραβάττων,
5:16 τὸ πλῆθος τῶν πέριξ πόλεων Ἰερουσαλὴμ φέροντες **ἀσθενεῖς** καὶ ὀχλουμένους ὑπὸ πνευμάτων ἀκαθάρτων,
Ro 5: 6 ἔτι γὰρ Χριστὸς ὄντων ἡμῶν **ἀσθενῶν** ἔτι κατὰ καιρὸν ὑπὲρ ἀσεβῶν ἀπέθανεν.
1Co 1:25 ὅτι τὸ μωρὸν τοῦ θεοῦ σοφώτερον τῶν ἀνθρώπων ἐστὶν καὶ τὸ **ἀσθενὲς** τοῦ θεοῦ ἰσχυρότερον τῶν ἀνθρώπων.
1:27 καὶ τὰ **ἀσθενῆ** τοῦ κόσμου ἐξελέξατο ὁ θεός,
4:10 ἡμεῖς **ἀσθενεῖς,** ὑμεῖς δὲ ἰσχυροί· ὑμεῖς ἔνδοξοι, ἡμεῖς δὲ ἄτιμοι.
8: 7 τινὲς δὲ τῇ συνηθείᾳ ἕως ἄρτι τοῦ εἰδώλου ὡς εἰδωλόθυτον ἐσθίουσιν, καὶ ἡ συνείδησις αὐτῶν **ἀσθενὴς** οὖσα μολύνεται.
8: 9 βλέπετε δὲ μή πως ἡ ἐξουσία ὑμῶν αὕτη πρόσκομμα γένηται τοῖς **ἀσθενέσιν.**
8:10 οὐχὶ ἡ συνείδησις αὐτοῦ **ἀσθενοῦς** ὄντος οἰκοδομηθήσεται εἰς τὸ τὰ εἰδωλόθυτα ἐσθίειν;
9:22 ἐγενόμην τοῖς **ἀσθενέσιν ἀσθενής,** ἵνα τοὺς **ἀσθενεῖς** κερδήσω·
11:30 διὰ τοῦτο ἐν ὑμῖν πολλοὶ **ἀσθενεῖς** καὶ ἄρρωστοι καὶ κοιμῶνται ἱκανοί.
12:22 ἀλλὰ πολλῷ μᾶλλον τὰ δοκοῦντα μέλη τοῦ σώματος **ἀσθενέστερα** ὑπάρχειν ἀναγκαῖά ἐστιν,
2Co 10:10 ἡ δὲ παρουσία τοῦ σώματος **ἀσθενὴς** καὶ ὁ λόγος ἐξουθενημένος.
Gal 4: 9 πῶς ἐπιστρέφετε πάλιν ἐπὶ τὰ **ἀσθενῆ** καὶ πτωχὰ στοιχεῖα οἷς πάλιν ἄνωθεν δουλεύειν θέλετε;
1Th 5:14 παραμυθεῖσθε τοὺς ὀλιγοψύχους, ἀντέχεσθε τῶν **ἀσθενῶν,** μακροθυμεῖτε πρὸς πάντας.
Heb 7:18 ἀθέτησις μὲν γὰρ γίνεται προαγούσης ἐντολῆς διὰ τὸ αὐτῆς **ἀσθενὲς** καὶ ἀνωφελές–
1Pe 3: 7 συνοικοῦντες κατὰ γνῶσιν ὡς **ἀσθενεστέρῳ** σκεύει τῷ γυναικείῳ,

823 Ἀσία [18]

→ 824, 825

Ac 2: 9 Ἰουδαίαν τε καὶ Καππαδοκίαν, Πόντον καὶ τὴν **Ἀσίαν,**
6: 9 καὶ Κυρηναίων καὶ Ἀλεξανδρέων καὶ τῶν ἀπὸ Κιλικίας καὶ **Ἀσίας** συζητοῦντες τῷ Στεφάνῳ,
16: 6 Διῆλθον δὲ τὴν **Φρυγίαν** καὶ Γαλατικὴν χώραν κωλυθέντες ὑπὸ τοῦ ἁγίου πνεύματος λαλῆσαι τὸν λόγον ἐν τῇ **Ἀσίᾳ·**
19:10 ὥστε πάντας τοὺς κατοικοῦντας τὴν **Ἀσίαν** ἀκοῦσαι τὸν λόγον τοῦ κυρίου,
19:22 Τιμόθεον καὶ Ἔραστον, αὐτὸς ἐπέσχεν χρόνον εἰς τὴν **Ἀσίαν.**
19:26 θεωρεῖτε καὶ ἀκούετε ὅτι οὐ μόνον Ἐφέσου ἀλλὰ σχεδὸν πάσης τῆς **Ἀσίας** ὁ Παῦλος οὗτος πείσας μετέστησεν ἱκανὸν ὄχλον
19:27 μέλλειν τε καὶ καθαιρεῖσθαι τῆς μεγαλειότητος αὐτῆς ἣν ὅλη ἡ **Ἀσία** καὶ ἡ οἰκουμένη σέβεται.
20:16 ὅπως μὴ γένηται αὐτῷ χρονοτριβῆσαι ἐν τῇ **Ἀσίᾳ·**
20:18 ἀπὸ πρώτης ἡμέρας ἀφ' ἧς ἐπέβην εἰς τὴν **Ἀσίαν,**
21:27 οἱ ἀπὸ τῆς **Ἀσίας** Ἰουδαῖοι θεασάμενοι αὐτὸν ἐν τῷ ἱερῷ συνέχεον πάντα τὸν ὄχλον καὶ ἐπέβαλον ἐπ' αὐτὸν τὰς χεῖρας
24:19 τινὲς δὲ ἀπὸ τῆς **Ἀσίας** Ἰουδαῖοι, οὓς ἔδει ἐπὶ σοῦ παρεῖναι καὶ κατηγορεῖν εἴ τι ἔχοιεν πρὸς ἐμέ.
27: 2 ἐπιβάντες δὲ πλοίῳ Ἀδραμυττηνῷ μέλλοντι πλεῖν εἰς τοὺς κατὰ τὴν **Ἀσίαν** τόπους ἀνήχθημεν
Ro 16: 5 ἀσπάσασθε Ἐπαίνετον τὸν ἀγαπητόν μου, ὅς ἐστιν ἀπαρχὴ τῆς **Ἀσίας** εἰς Χριστόν.
1Co 16:19 Ἀσπάζονται ὑμᾶς αἱ ἐκκλησίαι τῆς **Ἀσίας.**
2Co 1: 8 ὑπὲρ τῆς θλίψεως ἡμῶν τῆς γενομένης ἐν τῇ **Ἀσίᾳ,**
2Ti 1:15 ὅτι ἀπεστράφησάν με πάντες οἱ ἐν τῇ **Ἀσίᾳ,**
1Pe 1: 1 Πέτρος ἀπόστολος Ἰησοῦ Χριστοῦ ἐκλεκτοῖς παρεπιδήμοις διασπορᾶς Πόντου, Γαλατίας, Καππαδοκίας, **Ἀσίας**
Rev 1: 4 Ἰωάννης ταῖς ἑπτὰ ἐκκλησίαις ταῖς ἐν τῇ **Ἀσίᾳ·**

824 Ἀσιανός [1]

√ 823

Ac 20: 4 καὶ Γάϊος Δερβαῖος καὶ Τιμόθεος, **Ἀσιανοὶ** δὲ Τυχικὸς καὶ Τρόφιμος.

825 Ἀσιάρχης [1]

√ 823 + 806

Ac 19:31 τινὲς δὲ καὶ τῶν **Ἀσιαρχῶν,** ὄντες αὐτῷ φίλοι,

826 ἀσιτία [1]

√ 1.1 + 4992

Ac 27:21 Πολλῆς τε **ἀσιτίας** ὑπαρχούσης τότε σταθεὶς ὁ Παῦλος ἐν μέσῳ αὐτῶν εἶπεν,

827 ἄσιτος [1]

√ 1.1 + 4992

Ac 27:33 Τεσσαρεσκαιδεκάτην σήμερον ἡμέραν προσδοκῶντες **ἄσιτοι** διατελεῖτε μηθὲν προσλαβόμενοι.

828 ἀσκέω [1]

Ac 24:16 ἐν τούτῳ καὶ αὐτὸς **ἀσκῶ** ἀπρόσκοπον συνείδησιν ἔχειν πρὸς τὸν θεὸν καὶ τοὺς ἀνθρώπους διὰ παντός.

829 ἀσκός [12]

Mt 9:17 οὐδὲ βάλλουσιν οἶνον νέον εἰς **ἀσκοὺς** παλαιούς· εἰ δὲ μή γε, ῥήγνυνται οἱ **ἀσκοὶ** καὶ ὁ οἶνος ἐκχεῖται καὶ οἱ **ἀσκοὶ** ἀπόλλυνται· ἀλλὰ βάλλουσιν οἶνον νέον εἰς **ἀσκοὺς** καινούς, καὶ ἀμφότεροι συντηροῦνται.
Mk 2:22 καὶ οὐδεὶς βάλλει οἶνον νέον εἰς **ἀσκοὺς** παλαιούς· ῥήξει ὁ οἶνος τοὺς **ἀσκοὺς** καὶ ὁ οἶνος ἀπόλλυται καὶ οἱ **ἀσκοί·** ἀλλὰ οἶνον νέον εἰς **ἀσκοὺς** καινούς.
Lk 5:37 καὶ οὐδεὶς βάλλει οἶνον νέον εἰς **ἀσκοὺς** παλαιούς· εἰ δὲ μή γε, ῥήξει ὁ οἶνος ὁ νέος τοὺς **ἀσκοὺς** καὶ αὐτὸς ἐκχυθήσεται καὶ οἱ **ἀσκοὶ** ἀπολοῦνται·
5:38 ἀλλὰ οἶνον νέον εἰς **ἀσκοὺς** καινοὺς βλητέον.

830 ἀσμένως [1]

√ 2454

Ac 21:17 Γενομένων δὲ ἡμῶν εἰς Ἱεροσόλυμα **ἀσμένως** ἀπεδέξαντο ἡμᾶς οἱ ἀδελφοί.

831 ἄσοφος [1]

√ 1.1 + 5055

Eph 5:15 Βλέπετε οὖν ἀκριβῶς πῶς περιπατεῖτε μὴ ὡς **ἄσοφοι** ἀλλ' ὡς σοφοί,

832 ἀσπάζομαι [59]

→ 571, 833

ἀσπάζω ἐν φιλήματι [5] Ro 16:16; 1Co 16:20; 2Co 13:12; 1Th 5:26; 1Pe 5:14

Mt 5:47 καὶ ἐὰν **ἀσπάσησθε** τοὺς ἀδελφοὺς ὑμῶν μόνον, τί περισσὸν ποιεῖτε;
10:12 εἰσερχόμενοι δὲ εἰς τὴν οἰκίαν **ἀσπάσασθε** αὐτήν·
Mk 9:15 καὶ εὐθὺς πᾶς ὁ ὄχλος ἰδόντες αὐτὸν ἐξεθαμβήθησαν καὶ προστρέχοντες **ἠσπάζοντο** αὐτόν.
15:18 καὶ ἤρξαντο **ἀσπάζεσθαι** αὐτόν, Χαῖρε, βασιλεῦ τῶν Ἰουδαίων·
Lk 1:40 εἰσῆλθεν εἰς τὸν οἶκον Ζαχαρίου καὶ **ἠσπάσατο** τὴν Ἐλισάβετ.
10: 4 μὴ ὑποδήματα, καὶ μηδένα κατὰ τὴν ὁδὸν **ἀσπάσησθε.**
Ac 18:22 καὶ **ἀσπασάμενος** τὴν ἐκκλησίαν κατέβη εἰς Ἀντιόχειαν.
20: 1 μεταπεμψάμενος ὁ Παῦλος τοὺς μαθητὰς καὶ παρακαλέσας, **ἀσπασάμενος** ἐξῆλθεν πορεύεσθαι εἰς Μακεδονίαν.
21: 7 Ἡμεῖς δὲ τὸν πλοῦν διανύσαντες ἀπὸ Τύρου κατηντήσαμεν εἰς Πτολεμαΐδα καὶ **ἀσπασάμενοι** τοὺς ἀδελφοὺς ἐμείναμεν
21:19 καὶ **ἀσπασάμενος** αὐτοὺς ἐξηγεῖτο καθ' ἓν ἕκαστον, ὧν ἐποίησεν ὁ θεὸς ἐν τοῖς ἔθνεσιν διὰ τῆς διακονίας αὐτοῦ.

25:13 Ἀγρίππας ὁ βασιλεὺς καὶ Βερνίκη κατήντησαν εἰς Καισάρειαν **ἀσπασάμενοι** τὸν Φῆστον.
Ro 16: 3 **Ἀσπάσασθε** Πρίσκαν καὶ Ἀκύλαν τοὺς συνεργούς μου ἐν Χριστῷ Ἰησοῦ,
16: 5 **ἀσπάσασθε** Ἐπαίνετον τὸν ἀγαπητόν μου, ὅς ἐστιν ἀπαρχὴ τῆς Ἀσίας εἰς Χριστόν.
16: 6 **ἀσπάσασθε** Μαρίαν, ἥτις πολλὰ ἐκοπίασεν εἰς ὑμᾶς.
16: 7 **ἀσπάσασθε** Ἀνδρόνικον καὶ Ἰουνιᾶν τοὺς συγγενεῖς μου καὶ συναιχμαλώτους μου,
16: 8 **ἀσπάσασθε** Ἀμπλιᾶτον τὸν ἀγαπητόν μου ἐν κυρίῳ.
16: 9 **ἀσπάσασθε** Οὐρβανὸν τὸν συνεργὸν ἡμῶν ἐν Χριστῷ καὶ Στάχυν τὸν ἀγαπητόν μου.
16:10 **ἀσπάσασθε** Ἀπελλῆν τὸν δόκιμον ἐν Χριστῷ. **ἀσπάσασθε** τοὺς ἐκ τῶν Ἀριστοβούλου.
16:11 **ἀσπάσασθε** Ἡρῳδίωνα τὸν συγγενῆ μου. **ἀσπάσασθε** τοὺς ἐκ τῶν Ναρκίσσου τοὺς ὄντας ἐν κυρίῳ.
16:12 **ἀσπάσασθε** Τρύφαιναν καὶ Τρυφῶσαν τὰς κοπιώσας ἐν κυρίῳ. **ἀσπάσασθε** Περσίδα τὴν ἀγαπητήν, ἥτις πολλὰ ἐκοπίασεν ἐν κυρίῳ.
16:13 **ἀσπάσασθε** Ῥοῦφον τὸν ἐκλεκτὸν ἐν κυρίῳ καὶ τὴν μητέρα αὐτοῦ καὶ ἐμοῦ.
16:14 **ἀσπάσασθε** Ἀσύγκριτον, Φλέγοντα, Ἑρμῆν, Πατροβᾶν, Ἑρμᾶν καὶ τοὺς σὺν αὐτοῖς ἀδελφούς.
16:15 **ἀσπάσασθε** Φιλόλογον καὶ Ἰουλίαν, Νηρέα καὶ τὴν ἀδελφὴν αὐτοῦ,
16:16 **Ἀσπάσασθε** ἀλλήλους ἐν φιλήματι ἁγίῳ. **Ἀσπάζονται** ὑμᾶς αἱ ἐκκλησίαι πᾶσαι τοῦ Χριστοῦ.
16:21 **Ἀσπάζεται** ὑμᾶς Τιμόθεος ὁ συνεργός μου, καὶ Λούκιος καὶ Ἰάσων καὶ Σωσίπατρος οἱ συγγενεῖς μου.
16:22 **ἀσπάζομαι** ὑμᾶς ἐγὼ Τέρτιος ὁ γράψας τὴν ἐπιστολὴν ἐν κυρίῳ.
16:23 **ἀσπάζεται** ὑμᾶς Γάϊος ὁ ξένος μου καὶ ὅλης τῆς ἐκκλησίας. **ἀσπάζεται** ὑμᾶς Ἔραστος ὁ οἰκονόμος τῆς πόλεως καὶ Κούαρτος ὁ ἀδελφός.
1Co 16:19 **Ἀσπάζονται** ὑμᾶς αἱ ἐκκλησίαι τῆς Ἀσίας. **ἀσπάζεται** ὑμᾶς ἐν κυρίῳ πολλὰ Ἀκύλας καὶ Πρίσκα σὺν τῇ κατ' οἶκον αὐτῶν ἐκκλησίᾳ.
16:20 **ἀσπάζονται** ὑμᾶς οἱ ἀδελφοὶ πάντες. **Ἀσπάσασθε** ἀλλήλους ἐν φιλήματι ἁγίῳ.
2Co 13:12 **ἀσπάσασθε** ἀλλήλους ἐν ἁγίῳ φιλήματι. **ἀσπάζονται** ὑμᾶς οἱ ἅγιοι πάντες.
Php 4:21 **Ἀσπάσασθε** πάντα ἅγιον ἐν Χριστῷ Ἰησοῦ. **ἀσπάζονται** ὑμᾶς οἱ σὺν ἐμοὶ ἀδελφοί.
4:22 **ἀσπάζονται** ὑμᾶς πάντες οἱ ἅγιοι, μάλιστα δὲ οἱ ἐκ τῆς Καίσαρος οἰκίας.
Col 4:10 **Ἀσπάζεται** ὑμᾶς Ἀρίσταρχος ὁ συναιχμάλωτός μου καὶ Μᾶρκος ὁ ἀνεψιὸς Βαρναβᾶ (περὶ οὗ ἐλάβετε ἐντολάς,
4:12 **ἀσπάζεται** ὑμᾶς Ἐπαφρᾶς ὁ ἐξ ὑμῶν, δοῦλος Χριστοῦ [Ἰησοῦ,]
4:14 **ἀσπάζεται** ὑμᾶς Λουκᾶς ὁ ἰατρὸς ὁ ἀγαπητὸς καὶ Δημᾶς.
4:15 **Ἀσπάσασθε** τοὺς ἐν Λαοδικείᾳ ἀδελφοὺς καὶ Νύμφαν καὶ τὴν κατ' οἶκον αὐτῆς ἐκκλησίαν.
1Th 5:26 **Ἀσπάσασθε** τοὺς ἀδελφοὺς πάντας ἐν φιλήματι ἁγίῳ.
2Ti 4:19 **Ἄσπασαι** Πρίσκαν καὶ Ἀκύλαν καὶ τὸν Ὀνησιφόρου οἶκον.
4:21 **Ἀσπάζεταί** σε Εὔβουλος καὶ Πούδης καὶ Λίνος καὶ Κλαυδία καὶ οἱ ἀδελφοὶ πάντες.
Tit 3:15 **Ἀσπάζονταί** σε οἱ μετ' ἐμοῦ πάντες. **Ἄσπασαι** τοὺς φιλοῦντας ἡμᾶς ἐν πίστει. ἡ χάρις μετὰ πάντων ὑμῶν.
Phm 1:23 **Ἀσπάζεταί** σε Ἐπαφρᾶς ὁ συναιχμάλωτός μου ἐν Χριστῷ Ἰησοῦ,
Heb 11:13 μὴ λαβόντες τὰς ἐπαγγελίας ἀλλὰ πόρρωθεν αὐτὰς ἰδόντες καὶ **ἀσπασάμενοι** καὶ ὁμολογήσαντες ὅτι ξένοι καὶ παρεπίδημοί
13:24 **Ἀσπάσασθε** πάντας τοὺς ἡγουμένους ὑμῶν καὶ πάντας τοὺς ἁγίους. **ἀσπάζονται** ὑμᾶς οἱ ἀπὸ τῆς Ἰταλίας.
1Pe 5:13 **Ἀσπάζεται** ὑμᾶς ἡ ἐν Βαβυλῶνι συνεκλεκτὴ καὶ Μᾶρκος ὁ υἱός μου.
5:14 **ἀσπάσασθε** ἀλλήλους ἐν φιλήματι ἀγάπης. εἰρήνη ὑμῖν πᾶσιν τοῖς ἐν Χριστῷ.
2Jn 1:13 **Ἀσπάζεταί** σε τὰ τέκνα τῆς ἀδελφῆς σου τῆς ἐκλεκτῆς.
3Jn 1:15 **ἀσπάζονταί** σε οἱ φίλοι. **ἀσπάζου** τοὺς φίλους κατ' ὄνομα.

833 ἀσπασμός [10]

√ *832*

Mt 23: 7 καὶ τοὺς **ἀσπασμοὺς** ἐν ταῖς ἀγοραῖς καὶ καλεῖσθαι ὑπὸ τῶν ἀνθρώπων,
Mk 12:38 Βλέπετε ἀπὸ τῶν γραμματέων τῶν θελόντων ἐν στολαῖς περιπατεῖν καὶ **ἀσπασμοὺς** ἐν ταῖς ἀγοραῖς
Lk 1:29 ἡ δὲ ἐπὶ τῷ λόγῳ διεταράχθη καὶ διελογίζετο ποταπὸς εἴη ὁ **ἀσπασμὸς** οὗτος.
1:41 ὡς ἤκουσεν τὸν **ἀσπασμὸν** τῆς Μαρίας ἡ Ἐλισάβετ,
1:44 ἰδοὺ γὰρ ὡς ἐγένετο ἡ φωνὴ τοῦ **ἀσπασμοῦ** σου εἰς τὰ ὦτά μου,
11:43 ὅτι ἀγαπᾶτε τὴν πρωτοκαθεδρίαν ἐν ταῖς συναγωγαῖς καὶ τοὺς **ἀσπασμοὺς** ἐν ταῖς ἀγοραῖς.
20:46 Προσέχετε ἀπὸ τῶν γραμματέων τῶν θελόντων περιπατεῖν ἐν στολαῖς καὶ φιλούντων **ἀσπασμοὺς** ἐν ταῖς ἀγοραῖς
1Co 16:21 Ὁ **ἀσπασμὸς** τῇ ἐμῇ χειρὶ Παύλου.
Col 4:18 Ὁ **ἀσπασμὸς** τῇ ἐμῇ χειρὶ Παύλου.
2Th 3:17 Ὁ **ἀσπασμὸς** τῇ ἐμῇ χειρὶ Παύλου, ὅ ἐστιν σημεῖον ἐν πάσῃ ἐπιστολῇ· οὕτως γράφω.

834 ἄσπιλος [4]

√ *1.1 + 5070*

1Ti 6:14 τηρῆσαί σε τὴν ἐντολὴν **ἄσπιλον** ἀνεπίλημπτον μέχρι τῆς ἐπιφανείας τοῦ κυρίου ἡμῶν Ἰησοῦ Χριστοῦ,
Jas 1:27 ἐπισκέπτεσθαι ὀρφανοὺς καὶ χήρας ἐν τῇ θλίψει αὐτῶν, **ἄσπιλον** ἑαυτὸν τηρεῖν ἀπὸ τοῦ κόσμου.
1Pe 1:19 ἀλλὰ τιμίῳ αἵματι ὡς ἀμνοῦ ἀμώμου καὶ **ἀσπίλου** Χριστοῦ,
2Pe 3:14 ταῦτα προσδοκῶντες σπουδάσατε **ἄσπιλοι** καὶ ἀμώμητοι αὐτῷ εὑρεθῆναι ἐν εἰρήνῃ

835 ἀσπίς [1]

→ *5646*

Ro 3:13 ταῖς γλώσσαις αὐτῶν ἐδολιοῦσαν, ἰὸς **ἀσπίδων** ὑπὸ τὰ χείλη αὐτῶν·

836 ἄσπονδος [1]

√ *1.1 + 5064*

2Ti 3: 3 ἄστοργοι **ἄσπονδοι** διάβολοι ἀκρατεῖς ἀνήμεροι ἀφιλάγαθοι

837 ἀσσάριον [2]

Mt 10:29 οὐχὶ δύο στρουθία **ἀσσαρίου** πωλεῖται; καὶ ἓν ἐξ αὐτῶν οὐ πεσεῖται ἐπὶ τὴν γῆν ἄνευ τοῦ πατρὸς ὑμῶν.
Lk 12: 6 οὐχὶ πέντε στρουθία πωλοῦνται **ἀσσαρίων** δύο; καὶ ἓν ἐξ αὐτῶν οὐκ ἔστιν ἐπιλελησμένον ἐνώπιον τοῦ θεοῦ.

838 Ἀσσάρων Not used in UBS/NIV

√ *cf. 4926*

839 ἆσσον [1]

Ac 27:13 Ὑποπνεύσαντος δὲ νότου δόξαντες τῆς προθέσεως κεκρατηκέναι, ἄραντες **ἆσσον** παρελέγοντο τὴν Κρήτην.

840 Ἆσσος [2]

Ac 20:13 Ἡμεῖς δὲ προελθόντες ἐπὶ τὸ πλοῖον ἀνήχθημεν ἐπὶ τὴν **Ἆσσον** ἐκεῖθεν μέλλοντες ἀναλαμβάνειν τὸν Παῦλον·
20:14 ὡς δὲ συνέβαλλεν ἡμῖν εἰς τὴν **Ἆσσον,** ἀναλαβόντες αὐτὸν ἤλθομεν εἰς Μιτυλήνην,

841 ἀστατέω [1]

√ *1.1 + 2705*

1Co 4:11 ἄχρι τῆς ἄρτι ὥρας καὶ πεινῶμεν καὶ διψῶμεν καὶ γυμνιτεύομεν καὶ κολαφιζόμεθα καὶ **ἀστατοῦμεν**

842 ἀστεῖος [2]

Ac 7:20 ἐν ᾧ καιρῷ ἐγεννήθη Μωϋσῆς καὶ ἦν **ἀστεῖος** τῷ θεῷ·
Heb 11:23 διότι εἶδον **ἀστεῖον** τὸ παιδίον καὶ οὐκ ἐφοβήθησαν τὸ διάταγμα τοῦ βασιλέως.

843 ἀστήρ [24]

→ *849*

ἀστὴρ πρωϊνός [2] Rev 2:28; 22:16

ἑπτὰ ἀστέρες [5] Rev 1:16,20,20; 2:1; 3:1

Mt 2: 2 εἴδομεν γὰρ αὐτοῦ τὸν **ἀστέρα** ἐν τῇ ἀνατολῇ καὶ ἤλθομεν προσκυνῆσαι αὐτῷ.
2: 7 Τότε Ἡρῴδης λάθρᾳ καλέσας τοὺς μάγους ἠκρίβωσεν παρ᾽ αὐτῶν τὸν χρόνον τοῦ φαινομένου **ἀστέρος,**
2: 9 οἱ δὲ ἀκούσαντες τοῦ βασιλέως ἐπορεύθησαν καὶ ἰδοὺ ὁ **ἀστήρ,**
2: 10 ἰδόντες δὲ τὸν **ἀστέρα** ἐχάρησαν χαρὰν μεγάλην σφόδρα.
24: 29 καὶ οἱ **ἀστέρες** πεσοῦνται ἀπὸ τοῦ οὐρανοῦ, καὶ αἱ δυνάμεις τῶν οὐρανῶν σαλευθήσονται.
Mk 13: 25 καὶ οἱ **ἀστέρες** ἔσονται ἐκ τοῦ οὐρανοῦ πίπτοντες,
1Co 15: 41 καὶ ἄλλη δόξα **ἀστέρων· ἀστὴρ** γὰρ **ἀστέρος** διαφέρει ἐν δόξῃ.
Jude 1: 13 **ἀστέρες** πλανῆται οἷς ὁ ζόφος τοῦ σκότους εἰς αἰῶνα τετήρηται.
Rev 1: 16 καὶ ἔχων ἐν τῇ δεξιᾷ χειρὶ αὐτοῦ **ἀστέρας** ἑπτὰ καὶ ἐκ τοῦ στόματος αὐτοῦ ῥομφαία δίστομος ὀξεῖα ἐκπορευομένη
1: 20 τὸ μυστήριον τῶν ἑπτὰ **ἀστέρων** οὓς εἶδες ἐπὶ τῆς δεξιᾶς μου καὶ τὰς ἑπτὰ λυχνίας τὰς χρυσᾶς· οἱ ἑπτὰ **ἀστέρες** ἄγγελοι τῶν ἑπτὰ ἐκκλησιῶν εἰσιν
2: 1 Τάδε λέγει ὁ κρατῶν τοὺς ἑπτὰ **ἀστέρας** ἐν τῇ δεξιᾷ αὐτοῦ,
2: 28 ὡς κἀγὼ εἴληφα παρὰ τοῦ πατρός μου, καὶ δώσω αὐτῷ τὸν **ἀστέρα** τὸν πρωϊνόν.
3: 1 Τάδε λέγει ὁ ἔχων τὰ ἑπτὰ πνεύματα τοῦ θεοῦ καὶ τοὺς ἑπτὰ **ἀστέρας·**
6: 13 καὶ οἱ **ἀστέρες** τοῦ οὐρανοῦ ἔπεσαν εἰς τὴν γῆν,
8: 10 καὶ ἔπεσεν ἐκ τοῦ οὐρανοῦ **ἀστὴρ** μέγας καιόμενος ὡς λαμπὰς καὶ ἔπεσεν ἐπὶ τὸ τρίτον τῶν ποταμῶν καὶ ἐπὶ τὰς πηγὰς
8: 11 καὶ τὸ ὄνομα τοῦ **ἀστέρος** λέγεται ὁ Ἄψινθος,
8: 12 καὶ ἐπλήγη τὸ τρίτον τοῦ ἡλίου καὶ τὸ τρίτον τῆς σελήνης καὶ τὸ τρίτον τῶν **ἀστέρων,**
9: 1 καὶ εἶδον **ἀστέρα** ἐκ τοῦ οὐρανοῦ πεπτωκότα εἰς τὴν γῆν,
12: 1 καὶ ἡ σελήνη ὑποκάτω τῶν ποδῶν αὐτῆς καὶ ἐπὶ τῆς κεφαλῆς αὐτῆς στέφανος **ἀστέρων** δώδεκα,
12: 4 καὶ ἡ οὐρὰ αὐτοῦ σύρει τὸ τρίτον τῶν **ἀστέρων** τοῦ οὐρανοῦ καὶ ἔβαλεν αὐτοὺς εἰς τὴν γῆν.
22: 16 ἐγώ εἰμι ἡ ῥίζα καὶ τὸ γένος Δαυίδ, ὁ **ἀστὴρ** ὁ λαμπρὸς ὁ πρωϊνός.

844 ἀστήρικτος [2]

√ *1.1 + 5114*

2Pe 2: 14 δελεάζοντες ψυχὰς **ἀστηρίκτους,** καρδίαν γεγυμνασμένην πλεονεξίας ἔχοντες, κατάρας τέκνα·
3: 16 ἃ οἱ ἀμαθεῖς καὶ **ἀστήρικτοι** στρεβλοῦσιν ὡς καὶ τὰς λοιπὰς γραφὰς πρὸς τὴν ἰδίαν αὐτῶν ἀπώλειαν.

845 ἄστοργος [2]

√ *1.1*

Ro 1: 31 ἀσυνέτους ἀσυνθέτους **ἀστόργους** ἀνελεήμονας·
2Ti 3: 3 **ἄστοργοι** ἄσπονδοι διάβολοι ἀκρατεῖς ἀνήμεροι ἀφιλάγαθοι

846 ἀστοχέω [3]

√ *1.1*

1Ti 1: 6 ὧν τινες **ἀστοχήσαντες** ἐξετράπησαν εἰς ματαιολογίαν
6: 21 ἥν τινες ἐπαγγελλόμενοι περὶ τὴν πίστιν **ἠστόχησαν.**
2Ti 2: 18 οἵτινες περὶ τὴν ἀλήθειαν **ἠστόχησαν,** λέγοντες [τὴν] ἀνάστασιν ἤδη γεγονέναι,

847 ἀστραπή [9]

→ *848, 1993, 4313*

Mt 24: 27 ὥσπερ γὰρ ἡ **ἀστραπὴ** ἐξέρχεται ἀπὸ ἀνατολῶν καὶ φαίνεται ἕως δυσμῶν,
28: 3 ἦν δὲ ἡ εἰδέα αὐτοῦ ὡς **ἀστραπὴ** καὶ τὸ ἔνδυμα αὐτοῦ λευκὸν ὡς χιών.
Lk 10: 18 Ἐθεώρουν τὸν Σατανᾶν ὡς **ἀστραπὴν** ἐκ τοῦ οὐρανοῦ πεσόντα.
11: 36 ἔσται φωτεινὸν ὅλον ὡς ὅταν ὁ λύχνος τῇ **ἀστραπῇ** φωτίζῃ σε.
17: 24 ὥσπερ γὰρ ἡ **ἀστραπὴ** ἀστράπτουσα ἐκ τῆς ὑπὸ τὸν οὐρανὸν εἰς τὴν ὑπ᾽ οὐρανὸν λάμπει,
Rev 4: 5 ἐκ τοῦ θρόνου ἐκπορεύονται **ἀστραπαὶ** καὶ φωναὶ καὶ βρονταί,
8: 5 καὶ ἐγένοντο βρονταὶ καὶ φωναὶ καὶ **ἀστραπαὶ** καὶ σεισμός.
11: 19 καὶ ἐγένοντο **ἀστραπαὶ** καὶ φωναὶ καὶ βρονταὶ καὶ σεισμὸς καὶ χάλαζα μεγάλη.
16: 18 καὶ ἐγένοντο **ἀστραπαὶ** καὶ φωναὶ καὶ βρονταὶ καὶ σεισμὸς ἐγένετο μέγας,

848 ἀστράπτω [2]

√ *847*

Lk 17: 24 ὥσπερ γὰρ ἡ ἀστραπὴ **ἀστράπτουσα** ἐκ τῆς ὑπὸ τὸν οὐρανὸν εἰς τὴν ὑπ᾽ οὐρανὸν λάμπει,
24: 4 καὶ ἐγένετο ἐν τῷ ἀπορεῖσθαι αὐτὰς περὶ τούτου καὶ ἰδοὺ ἄνδρες δύο ἐπέστησαν αὐταῖς ἐν ἐσθῆτι **ἀστραπτούσῃ.**

849 ἄστρον [4]

√ *843*

Lk 21: 25 Καὶ ἔσονται σημεῖα ἐν ἡλίῳ καὶ σελήνῃ καὶ **ἄστροις,**
Ac 7: 43 καὶ ἀνελάβετε τὴν σκηνὴν τοῦ Μολὸχ καὶ τὸ **ἄστρον** τοῦ θεοῦ [ὑμῶν] Ῥαιφάν,
27: 20 μήτε δὲ ἡλίου μήτε **ἄστρων** ἐπιφαινόντων ἐπὶ πλείονας ἡμέρας,
Heb 11: 12 καθὼς τὰ **ἄστρα** τοῦ οὐρανοῦ τῷ πλήθει καὶ ὡς ἡ ἄμμος ἡ παρὰ τὸ χεῖλος τῆς θαλάσσης ἡ ἀναρίθμητος.

850 Ἀσύγκριτος [1]

√ *1.1 + 5250 + 3212*

Ro 16: 14 ἀσπάσασθε **Ἀσύγκριτον,** Φλέγοντα, Ἑρμῆν, Πατροβᾶν,

851 ἀσύμφωνος [1]

√ *1.1 + 5250 + 5889*

Ac 28: 25 **ἀσύμφωνοι** δὲ ὄντες πρὸς ἀλλήλους ἀπελύοντο εἰπόντος τοῦ Παύλου ῥῆμα ἕν,

852 ἀσύνετος [5]

√ *918; cf. 1.1 + 5250*

Mt 15: 16 ὁ δὲ εἶπεν, Ἀκμὴν καὶ ὑμεῖς **ἀσύνετοί** ἐστε;
Mk 7: 18 καὶ λέγει αὐτοῖς, Οὕτως καὶ ὑμεῖς **ἀσύνετοί** ἐστε;
Ro 1: 21 ἀλλ᾽ ἐματαιώθησαν ἐν τοῖς διαλογισμοῖς αὐτῶν καὶ ἐσκοτίσθη ἡ **ἀσύνετος** αὐτῶν καρδία.
1: 31 **ἀσυνέτους** ἀσυνθέτους ἀστόργους ἀνελεήμονας·
10: 19 Ἐγὼ παραζηλώσω ὑμᾶς ἐπ᾽ οὐκ ἔθνει, ἐπ᾽ ἔθνει **ἀσυνέτῳ** παροργιῶ ὑμᾶς.

853 ἀσύνθετος [1]

√ *1.1 + 5250 + 5502*

Ro 1: 31 ἀσυνέτους **ἀσυνθέτους** ἀστόργους ἀνελεήμονας·

854 ἀσφάλεια [3]

√ *1.1 + 5378*

Lk 1: 4 ἵνα ἐπιγνῷς περὶ ὧν κατηχήθης λόγων τὴν **ἀσφάλειαν.**
Ac 5: 23 λέγοντες ὅτι Τὸ δεσμωτήριον εὕρομεν κεκλεισμένον ἐν πάσῃ **ἀσφαλείᾳ** καὶ τοὺς φύλακας ἑστῶτας ἐπὶ τῶν θυρῶν,
1Th 5: 3 ὅταν λέγωσιν, Εἰρήνη καὶ **ἀσφάλεια,** τότε αἰφνίδιος αὐτοῖς ἐφίσταται ὄλεθρος ὥσπερ ἡ ὠδὶν τῇ ἐν γαστρὶ ἐχούσῃ,

855 ἀσφαλής [5]

√ *1.1 + 5378*

Ac 21: 34 μὴ δυναμένου δὲ αὐτοῦ γνῶναι τὸ **ἀσφαλὲς** διὰ τὸν θόρυβον ἐκέλευσεν ἄγεσθαι αὐτὸν εἰς τὴν παρεμβολήν.
22: 30 Τῇ δὲ ἐπαύριον βουλόμενος γνῶναι τὸ **ἀσφαλές,** τὸ τί κατηγορεῖται ὑπὸ τῶν Ἰουδαίων,
25: 26 περὶ οὗ **ἀσφαλές** τι γράψαι τῷ κυρίῳ οὐκ ἔχω,
Php 3: 1 τὰ αὐτὰ γράφειν ὑμῖν ἐμοὶ μὲν οὐκ ὀκνηρόν, ὑμῖν δὲ **ἀσφαλές.**
Heb 6: 19 ἣν ὡς ἄγκυραν ἔχομεν τῆς ψυχῆς **ἀσφαλῆ** τε καὶ βεβαίαν καὶ εἰσερχομένην εἰς τὸ ἐσώτερον τοῦ καταπετάσματος,

856 ἀσφαλίζω [4]

√ *1.1 + 5378*

Mt 27: 64 κέλευσον οὖν **ἀσφαλισθῆναι** τὸν τάφον ἕως τῆς τρίτης ἡμέρας,
27: 65 ἔφη αὐτοῖς ὁ Πιλᾶτος, Ἔχετε κουστωδίαν· ὑπάγετε **ἀσφαλίσασθε** ὡς οἴδατε.

27:66 οἱ δὲ πορευθέντες **ἠσφαλίσαντο** τὸν τάφον σφραγίσαντες τὸν λίθον μετὰ τῆς κουστωδίας.
Ac 16:24 ἔβαλεν αὐτοὺς εἰς τὴν ἐσωτέραν φυλακὴν καὶ τοὺς πόδας **ἠσφαλίσατο** αὐτῶν εἰς τὸ ξύλον.

857 ἀσφαλῶς [3]

√ 1.1 + 5378

Mk 14:44 Ὃν ἂν φιλήσω αὐτός ἐστιν, κρατήσατε αὐτὸν καὶ ἀπάγετε **ἀσφαλῶς.**
Ac 2:36 **ἀσφαλῶς** οὖν γινωσκέτω πᾶς οἶκος Ἰσραὴλ ὅτι καὶ κύριον αὐτὸν καὶ Χριστὸν ἐποίησεν ὁ θεός,
16:23 πολλάς τε ἐπιθέντες αὐτοῖς πληγὰς ἔβαλον εἰς φυλακὴν παραγγείλαντες τῷ δεσμοφύλακι **ἀσφαλῶς** τηρεῖν αὐτούς.

858 ἀσχημονέω [2]

√ 1.1 + 5386

1Co 7:36 Εἰ δέ τις **ἀσχημονεῖν** ἐπὶ τὴν παρθένον αὐτοῦ νομίζει,
13: 5 οὐκ **ἀσχημονεῖ,** οὐ ζητεῖ τὰ ἑαυτῆς, οὐ παροξύνεται,

859 ἀσχημοσύνη [2]

√ 1.1 + 5386

Ro 1:27 ἄρσενες ἐν ἄρσεσιν τὴν **ἀσχημοσύνην** κατεργαζόμενοι καὶ τὴν ἀντιμισθίαν ἣν ἔδει τῆς πλάνης αὐτῶν ἐν ἑαυτοῖς ἀπολαμβάνοντες.
Rev 16:15 ἵνα μὴ γυμνὸς περιπατῇ καὶ βλέπωσιν τὴν **ἀσχημοσύνην** αὐτοῦ.

860 ἀσχήμων [1]

√ 1.1 + 5386

1Co 12:23 καὶ τὰ **ἀσχήμονα** ἡμῶν εὐσχημοσύνην περισσοτέραν ἔχει,

861 ἀσωτία [3]

√ 1.1 + 5392

Eph 5:18 ἐν ᾧ ἐστιν **ἀσωτία,** ἀλλὰ πληροῦσθε ἐν πνεύματι,
Tit 1: 6 τέκνα ἔχων πιστά, μὴ ἐν κατηγορίᾳ **ἀσωτίας** ἢ ἀνυπότακτα.
1Pe 4: 4 ἐν ᾧ ξενίζονται μὴ συντρεχόντων ὑμῶν εἰς τὴν αὐτὴν τῆς **ἀσωτίας** ἀνάχυσιν βλασφημοῦντες,

862 ἀσώτως [1]

√ 1.1 + 5392

Lk 15:13 συναγαγὼν πάντα ὁ νεώτερος υἱὸς ἀπεδήμησεν εἰς χώραν μακρὰν καὶ ἐκεῖ διεσκόρπισεν τὴν οὐσίαν αὐτοῦ ζῶν **ἀσώτως.**

863 ἀτακτέω [1]

√ 1.1 + 5435

2Th 3: 7 αὐτοὶ γὰρ οἴδατε πῶς δεῖ μιμεῖσθαι ἡμᾶς, ὅτι οὐκ **ἠτακτήσαμεν** ἐν ὑμῖν

864 ἄτακτος [1]

√ 1.1 + 5435

1Th 5:14 ἀδελφοί, νουθετεῖτε τοὺς **ἀτάκτους,** παραμυθεῖσθε τοὺς ὀλιγοψύχους, ἀντέχεσθε τῶν ἀσθενῶν,

865 ἀτάκτως [2]

√ 1.1 + 5435

2Th 3: 6 ἐν ὀνόματι τοῦ κυρίου [ἡμῶν] Ἰησοῦ Χριστοῦ στέλλεσθαι ὑμᾶς ἀπὸ παντὸς ἀδελφοῦ **ἀτάκτως** περιπατοῦντος
3:11 ἀκούομεν γάρ τινας περιπατοῦντας ἐν ὑμῖν **ἀτάκτως** μηδὲν ἐργαζομένους ἀλλὰ περιεργαζομένους·

866 ἄτεκνος [2]

√ 1.1 + 5503

Lk 20:28 ἐάν τινος ἀδελφὸς ἀποθάνῃ ἔχων γυναῖκα, καὶ οὗτος **ἄτεκνος** ᾖ, ἵνα λάβῃ ὁ ἀδελφὸς αὐτοῦ τὴν γυναῖκα
20:29 ἑπτὰ οὖν ἀδελφοὶ ἦσαν· καὶ ὁ πρῶτος λαβὼν γυναῖκα ἀπέθανεν **ἄτεκνος·**

867 ἀτενίζω [14]

√ 1753 [1.2]

ἀτενίζω εἰς [7] Ac 1:10; 3:4; 6:15; 7:55; 11:6; 13:9; 2Co 3:13

Lk 4:20 πάντων οἱ ὀφθαλμοὶ ἐν τῇ συναγωγῇ ἦσαν **ἀτενίζοντες** αὐτῷ.
22:56 ἰδοῦσα δὲ αὐτὸν παιδίσκη τις καθήμενον πρὸς τὸ φῶς καὶ **ἀτενίσασα** αὐτῷ εἶπεν,
Ac 1:10 καὶ ὡς **ἀτενίζοντες** ἦσαν εἰς τὸν οὐρανὸν πορευομένου αὐτοῦ,
3: 4 **ἀτενίσας** δὲ Πέτρος εἰς αὐτὸν σὺν τῷ Ἰωάννῃ εἶπεν,
3:12 τί θαυμάζετε ἐπὶ τούτῳ ἢ ἡμῖν τί **ἀτενίζετε** ὡς ἰδίᾳ δυνάμει ἢ εὐσεβείᾳ πεποιηκόσιν τοῦ περιπατεῖν αὐτόν;
6:15 καὶ **ἀτενίσαντες** εἰς αὐτὸν πάντες οἱ καθεζόμενοι ἐν τῷ συνεδρίῳ εἶδον τὸ πρόσωπον αὐτοῦ ὡσεὶ πρόσωπον ἀγγέλου.
7:55 ὑπάρχων δὲ πλήρης πνεύματος ἁγίου **ἀτενίσας** εἰς τὸν οὐρανὸν εἶδεν δόξαν θεοῦ καὶ Ἰησοῦν ἑστῶτα ἐκ δεξιῶν
10: 4 ὁ δὲ **ἀτενίσας** αὐτῷ καὶ ἔμφοβος γενόμενος εἶπεν,
11: 6 εἰς ἣν **ἀτενίσας** κατενόουν καὶ εἶδον τὰ τετράποδα τῆς γῆς καὶ τὰ θηρία καὶ τὰ ἑρπετὰ καὶ τὰ πετεινὰ τοῦ οὐρανοῦ.
13: 9 ὁ καὶ Παῦλος, πλησθεὶς πνεύματος ἁγίου **ἀτενίσας** εἰς αὐτὸν
14: 9 ὃς **ἀτενίσας** αὐτῷ καὶ ἰδὼν ὅτι ἔχει πίστιν τοῦ σωθῆναι,
23: 1 **ἀτενίσας** δὲ ὁ Παῦλος τῷ συνεδρίῳ εἶπεν, Ἄνδρες ἀδελφοί,
2Co 3: 7 ὥστε μὴ δύνασθαι **ἀτενίσαι** τοὺς υἱοὺς Ἰσραὴλ εἰς τὸ πρόσωπον Μωϋσέως διὰ τὴν δόξαν τοῦ προσώπου αὐτοῦ
3:13 Μωϋσῆς ἐτίθει κάλυμμα ἐπὶ τὸ πρόσωπον αὐτοῦ πρὸς τὸ μὴ **ἀτενίσαι** τοὺς υἱοὺς Ἰσραὴλ εἰς τὸ τέλος τοῦ καταργουμένου.

868 ἄτερ [2]

Lk 22: 6 καὶ ἐζήτει εὐκαιρίαν τοῦ παραδοῦναι αὐτὸν **ἄτερ** ὄχλου αὐτοῖς.
22:35 Ὅτε ἀπέστειλα ὑμᾶς **ἄτερ** βαλλαντίου καὶ πήρας καὶ ὑποδημάτων,

869 ἀτιμάζω [7]

√ 1.1 + 5507

Mk 12: 4 καὶ πάλιν ἀπέστειλεν πρὸς αὐτοὺς ἄλλον δοῦλον· κἀκεῖνον ἐκεφαλίωσαν καὶ **ἠτίμασαν.**
Lk 20:11 κἀκεῖνον δείραντες καὶ **ἀτιμάσαντες** ἐξαπέστειλαν κενόν.
Jn 8:49 ἀλλὰ τιμῶ τὸν πατέρα μου, καὶ ὑμεῖς **ἀτιμάζετέ** με.
Ac 5:41 Οἱ μὲν οὖν ἐπορεύοντο χαίροντες ἀπὸ προσώπου τοῦ συνεδρίου, ὅτι κατηξιώθησαν ὑπὲρ τοῦ ὀνόματος **ἀτιμασθῆναι,**
Ro 1:24 Διὸ παρέδωκεν αὐτοὺς ὁ θεὸς ἐν ταῖς ἐπιθυμίαις τῶν καρδιῶν αὐτῶν εἰς ἀκαθαρσίαν τοῦ **ἀτιμάζεσθαι** τὰ σώματα αὐτῶν
2:23 διὰ τῆς παραβάσεως τοῦ νόμου τὸν θεὸν **ἀτιμάζεις·**
Jas 2: 6 ὑμεῖς δὲ **ἠτιμάσατε** τὸν πτωχόν. οὐχ οἱ πλούσιοι καταδυναστεύουσιν ὑμῶν καὶ αὐτοὶ ἕλκουσιν ὑμᾶς εἰς κριτήρια;

870 ἀτιμάω Not used in UBS/NIV

√ 1.1 + 5507

871 ἀτιμία [7]

√ 1.1 + 5507

Ro 1:26 διὰ τοῦτο παρέδωκεν αὐτοὺς ὁ θεὸς εἰς πάθη **ἀτιμίας,**
9:21 ἢ οὐκ ἔχει ἐξουσίαν ὁ κεραμεὺς τοῦ πηλοῦ ἐκ τοῦ αὐτοῦ φυράματος ποιῆσαι ὃ μὲν εἰς τιμὴν σκεῦος ὃ δὲ εἰς **ἀτιμίαν;**
1Co 11:14 οὐδὲ ἡ φύσις αὐτὴ διδάσκει ὑμᾶς ὅτι ἀνὴρ μὲν ἐὰν κομᾷ **ἀτιμία** αὐτῷ ἐστιν,
15:43 σπείρεται ἐν **ἀτιμίᾳ,** ἐγείρεται ἐν δόξῃ· σπείρεται ἐν ἀσθενείᾳ,
2Co 6: 8 διὰ δόξης καὶ **ἀτιμίας,** διὰ δυσφημίας καὶ εὐφημίας·
11:21 κατὰ **ἀτιμίαν** λέγω, ὡς ὅτι ἡμεῖς ἠσθενήκαμεν. ἐν ᾧ δ' ἄν τις τολμᾷ,
2Ti 2:20 καὶ ἃ μὲν εἰς τιμὴν ἃ δὲ εἰς **ἀτιμίαν·**

872 ἄτιμος [4]

√ 1.1 + 5507

Mt 13:57 Οὐκ ἔστιν προφήτης **ἄτιμος** εἰ μὴ ἐν τῇ πατρίδι καὶ ἐν τῇ οἰκίᾳ αὐτοῦ.

Mk 6: 4 Οὐκ ἔστιν προφήτης **ἄτιμος** εἰ μὴ ἐν τῇ πατρίδι αὐτοῦ καὶ ἐν τοῖς συγγενεῦσιν αὐτοῦ καὶ ἐν τῇ οἰκίᾳ αὐτοῦ.
1Co 4: 10 ὑμεῖς δὲ ἰσχυροί· ὑμεῖς ἔνδοξοι, ἡμεῖς δὲ **ἄτιμοι.**
12: 23 καὶ ἃ δοκοῦμεν **ἀτιμότερα** εἶναι τοῦ σώματος τούτοις τιμὴν περισσοτέραν περιτίθεμεν,

873 ἀτιμόω Not used in UBS/NIV

√ *1.1 + 5507*

874 ἀτμίς [2]

√ *113*

Ac 2: 19 καὶ δώσω τέρατα ἐν τῷ οὐρανῷ ἄνω καὶ σημεῖα ἐπὶ τῆς γῆς κάτω, αἷμα καὶ πῦρ καὶ **ἀτμίδα** καπνοῦ·
Jas 4: 14 **ἀτμὶς** γάρ ἐστε ἡ πρὸς ὀλίγον φαινομένη, ἔπειτα καὶ ἀφανιζομένη.

875 ἄτομος [1]

√ *1.1 + 5533*

1Co 15: 52 ἐν **ἀτόμῳ,** ἐν ῥιπῇ ὀφθαλμοῦ, ἐν τῇ ἐσχάτῃ σάλπιγγι·

876 ἄτοπος [4]

√ *1.1 + 5536*

Lk 23: 41 ἄξια γὰρ ὧν ἐπράξαμεν ἀπολαμβάνομεν· οὗτος δὲ οὐδὲν **ἄτοπον** ἔπραξεν.
Ac 25: 5 δυνατοὶ συγκαταβάντες εἴ τί ἐστιν ἐν τῷ ἀνδρὶ **ἄτοπον** κατηγορείτωσαν αὐτοῦ.
28: 6 ἐπὶ πολὺ δὲ αὐτῶν προσδοκώντων καὶ θεωρούντων μηδὲν **ἄτοπον** εἰς αὐτὸν γινόμενον
2Th 3: 2 καὶ ἵνα ῥυσθῶμεν ἀπὸ τῶν **ἀτόπων** καὶ πονηρῶν ἀνθρώπων·

877 Ἀττάλεια [1]

Ac 14: 25 λαλήσαντες ἐν Πέργῃ τὸν λόγον κατέβησαν εἰς **Ἀττάλειαν**

878 αὐγάζω [1]

√ *879*

2Co 4: 4 ἐτύφλωσεν τὰ νοήματα τῶν ἀπίστων εἰς τὸ μὴ **αὐγάσαι** τὸν φωτισμὸν τοῦ εὐαγγελίου τῆς δόξης τοῦ Χριστοῦ,

879 αὐγή [1]

→ *575, 878, 1315, 1419, 1420, 2964, 5495*

Ac 20: 11 ἀναβὰς δὲ καὶ κλάσας τὸν ἄρτον καὶ γευσάμενος ἐφ' ἱκανόν τε ὁμιλήσας ἄχρι **αὐγῆς,**

880 Αὔγουστος [1]

Lk 2: 1 Ἐγένετο δὲ ἐν ταῖς ἡμέραις ἐκείναις ἐξῆλθεν δόγμα παρὰ Καίσαρος **Αὐγούστου** ἀπογράφεσθαι πᾶσαν τὴν οἰκουμένην.

881 αὐθάδης [2]

√ *899 + 2454*

Tit 1: 7 μὴ **αὐθάδη,** μὴ ὀργίλον, μὴ πάροινον, μὴ πλήκτην,
2Pe 2: 10 Τολμηταὶ **αὐθάδεις,** δόξας οὐ τρέμουσιν βλασφημοῦντες,

882 αὐθαίρετος [2]

√ *899 + 145*

2Co 8: 3 ὅτι κατὰ δύναμιν, μαρτυρῶ, καὶ παρὰ δύναμιν, **αὐθαίρετοι**
8: 17 ὅτι τὴν μὲν παράκλησιν ἐδέξατο, σπουδαιότερος δὲ ὑπάρχων **αὐθαίρετος** ἐξῆλθεν πρὸς ὑμᾶς.

883 αὐθεντέω [1]

√ *899*

1Ti 2: 12 διδάσκειν δὲ γυναικὶ οὐκ ἐπιτρέπω οὐδὲ **αὐθεντεῖν** ἀνδρός,

884 αὐλέω [3]

√ *888*

Mt 11: 17 λέγουσιν, **Ηὐλήσαμεν** ὑμῖν καὶ οὐκ ὠρχήσασθε, ἐθρηνήσαμεν καὶ οὐκ ἐκόψασθε.
Lk 7: 32 **Ηὐλήσαμεν** ὑμῖν καὶ οὐκ ὠρχήσασθε, ἐθρηνήσαμεν καὶ οὐκ ἐκλαύσατε.
1Co 14: 7 ἐὰν διαστολὴν τοῖς φθόγγοις μὴ δῷ, πῶς γνωσθήσεται τὸ **αὐλούμενον** ἢ τὸ κιθαριζόμενον;

885 αὐλή [12]

→ *64, 2068, 4580; cf. 113, 887*

Mt 26: 3 Τότε συνήχθησαν οἱ ἀρχιερεῖς καὶ οἱ πρεσβύτεροι τοῦ λαοῦ εἰς τὴν **αὐλὴν** τοῦ ἀρχιερέως τοῦ λεγομένου Καϊάφα
26: 58 ὁ δὲ Πέτρος ἠκολούθει αὐτῷ ἀπὸ μακρόθεν ἕως τῆς **αὐλῆς** τοῦ ἀρχιερέως καὶ εἰσελθὼν ἔσω ἐκάθητο μετὰ τῶν ὑπηρετῶν ἰδεῖν
26: 69 Ὁ δὲ Πέτρος ἐκάθητο ἔξω ἐν τῇ **αὐλῇ·**
Mk 14: 54 καὶ ὁ Πέτρος ἀπὸ μακρόθεν ἠκολούθησεν αὐτῷ ἕως ἔσω εἰς τὴν **αὐλὴν** τοῦ ἀρχιερέως καὶ ἦν συγκαθήμενος μετὰ τῶν ὑπηρετῶν
14: 66 Καὶ ὄντος τοῦ Πέτρου κάτω ἐν τῇ **αὐλῇ** ἔρχεται μία τῶν παιδισκῶν τοῦ ἀρχιερέως
15: 16 Οἱ δὲ στρατιῶται ἀπήγαγον αὐτὸν ἔσω τῆς **αὐλῆς,**
Lk 11: 21 ὅταν ὁ ἰσχυρὸς καθωπλισμένος φυλάσσῃ τὴν ἑαυτοῦ **αὐλήν,**
22: 55 περιαψάντων δὲ πῦρ ἐν μέσῳ τῆς **αὐλῆς** καὶ συγκαθισάντων ἐκάθητο ὁ Πέτρος μέσος αὐτῶν.
Jn 10: 1 ὁ μὴ εἰσερχόμενος διὰ τῆς θύρας εἰς τὴν **αὐλὴν** τῶν προβάτων ἀλλὰ ἀναβαίνων ἀλλαχόθεν ἐκεῖνος κλέπτης ἐστὶν καὶ λῃστής·
10: 16 καὶ ἄλλα πρόβατα ἔχω ἃ οὐκ ἔστιν ἐκ τῆς **αὐλῆς** ταύτης·
18: 15 ὁ δὲ μαθητὴς ἐκεῖνος ἦν γνωστὸς τῷ ἀρχιερεῖ καὶ συνεισῆλθεν τῷ Ἰησοῦ εἰς τὴν **αὐλὴν** τοῦ ἀρχιερέως,
Rev 11: 2 καὶ τὴν **αὐλὴν** τὴν ἔξωθεν τοῦ ναοῦ ἔκβαλε ἔξωθεν καὶ μὴ αὐτὴν μετρήσῃς,

886 αὐλητής [2]

√ *888*

Mt 9: 23 Καὶ ἐλθὼν ὁ Ἰησοῦς εἰς τὴν οἰκίαν τοῦ ἄρχοντος καὶ ἰδὼν τοὺς **αὐλητὰς** καὶ τὸν ὄχλον θορυβούμενον
Rev 18: 22 καὶ φωνὴ κιθαρῳδῶν καὶ μουσικῶν καὶ **αὐλητῶν** καὶ σαλπιστῶν οὐ μὴ ἀκουσθῇ ἐν σοὶ ἔτι,

887 αὐλίζομαι [2]

→ *5276; cf. 885*

Mt 21: 17 Καὶ καταλιπὼν αὐτοὺς ἐξῆλθεν ἔξω τῆς πόλεως εἰς Βηθανίαν καὶ **ηὐλίσθη** ἐκεῖ.
Lk 21: 37 τὰς δὲ νύκτας ἐξερχόμενος **ηὐλίζετο** εἰς τὸ ὄρος τὸ καλούμενον Ἐλαιῶν·

888 αὐλός [1]

→ *884, 886*

1Co 14: 7 ὅμως τὰ ἄψυχα φωνὴν διδόντα, εἴτε **αὐλὸς** εἴτε κιθάρα,

889 αὐξάνω [23]

→ *890, 891, 5277, 5647*

transitive [3] 1Co 3:6,7; 2Co 9:10

αὐξάνω αὔξησιν [1] Col 2:19

αὐξάνω εἰς [3] Eph 2:21; 4:15; 1Pe 2:2

Mt 6: 28 καταμάθετε τὰ κρίνα τοῦ ἀγροῦ πῶς **αὐξάνουσιν·** οὐ κοπιῶσιν οὐδὲ νήθουσιν·
13: 32 ὅταν δὲ **αὐξηθῇ** μεῖζον τῶν λαχάνων ἐστὶν καὶ γίνεται δένδρον,
Mk 4: 8 καὶ ἄλλα ἔπεσεν εἰς τὴν γῆν τὴν καλὴν καὶ ἐδίδου καρπὸν ἀναβαίνοντα καὶ **αὐξανόμενα** καὶ ἔφερεν ἓν τριάκοντα
Lk 1: 80 Τὸ δὲ παιδίον **ηὔξανεν** καὶ ἐκραταιοῦτο πνεύματι, καὶ ἦν ἐν ταῖς ἐρήμοις ἕως ἡμέρας ἀναδείξεως αὐτοῦ πρὸς τὸν Ἰσραήλ.
2: 40 Τὸ δὲ παιδίον **ηὔξανεν** καὶ ἐκραταιοῦτο πληρούμενον σοφίᾳ,
12: 27 κατανοήσατε τὰ κρίνα πῶς **αὐξάνει·** οὐ κοπιᾷ οὐδὲ νήθει·
13: 19 ὃν λαβὼν ἄνθρωπος ἔβαλεν εἰς κῆπον ἑαυτοῦ, καὶ **ηὔξησεν** καὶ ἐγένετο εἰς δένδρον,
Jn 3: 30 ἐκεῖνον δεῖ **αὐξάνειν,** ἐμὲ δὲ ἐλαττοῦσθαι.

Ac 6: 7 Καὶ ὁ λόγος τοῦ θεοῦ **ηὔξανεν** καὶ ἐπληθύνετο ὁ ἀριθμὸς τῶν μαθητῶν ἐν Ἰερουσαλὴμ σφόδρα,
7:17 Καθὼς δὲ ἤγγιζεν ὁ χρόνος τῆς ἐπαγγελίας ἧς ὡμολόγησεν ὁ θεὸς τῷ Ἀβραάμ, **ηὔξησεν** ὁ λαὸς καὶ ἐπληθύνθη ἐν Αἰγύπτῳ
12:24 Ὁ δὲ λόγος τοῦ θεοῦ **ηὔξανεν** καὶ ἐπληθύνετο.
19:20 Οὕτως κατὰ κράτος τοῦ κυρίου ὁ λόγος **ηὔξανεν** καὶ ἴσχυεν.
1Co 3: 6 ἐγὼ ἐφύτευσα, Ἀπολλῶς ἐπότισεν, ἀλλὰ ὁ θεὸς **ηὔξανεν·**
3: 7 ὥστε οὔτε ὁ φυτεύων ἐστίν τι οὔτε ὁ ποτίζων ἀλλ᾽ ὁ **αὐξάνων** θεός.
2Co 9:10 ὁ δὲ ἐπιχορηγῶν σπόρον τῷ σπείροντι καὶ ἄρτον εἰς βρῶσιν χορηγήσει καὶ πληθυνεῖ τὸν σπόρον ὑμῶν καὶ **αὐξήσει** τὰ γενήματα τῆς δικαιοσύνης ὑμῶν·
10:15 ἐλπίδα δὲ ἔχοντες **αὐξανομένης** τῆς πίστεως ὑμῶν ἐν ὑμῖν μεγαλυνθῆναι κατὰ τὸν κανόνα ἡμῶν εἰς περισσείαν
Eph 2:21 ἐν ᾧ πᾶσα οἰκοδομὴ συναρμολογουμένη **αὔξει** εἰς ναὸν ἅγιον ἐν κυρίῳ,
4:15 ἀληθεύοντες δὲ ἐν ἀγάπῃ **αὐξήσωμεν** εἰς αὐτὸν τὰ πάντα,
Col 1: 6 καθὼς καὶ ἐν παντὶ τῷ κόσμῳ ἐστὶν καρποφορούμενον καὶ **αὐξανόμενον** καθὼς καὶ ἐν ὑμῖν,
1:10 ἐν παντὶ ἔργῳ ἀγαθῷ καρποφοροῦντες καὶ **αὐξανόμενοι** τῇ ἐπιγνώσει τοῦ θεοῦ,
2:19 πᾶν τὸ σῶμα διὰ τῶν ἁφῶν καὶ συνδέσμων ἐπιχορηγούμενον καὶ συμβιβαζόμενον **αὔξει** τὴν αὔξησιν τοῦ θεοῦ.
1Pe 2: 2 ὡς ἀρτιγέννητα βρέφη τὸ λογικὸν ἄδολον γάλα ἐπιποθήσατε, ἵνα ἐν αὐτῷ **αὐξηθῆτε** εἰς σωτηρίαν,
2Pe 3:18 **αὐξάνετε** δὲ ἐν χάριτι καὶ γνώσει τοῦ κυρίου ἡμῶν καὶ σωτῆρος Ἰησοῦ Χριστοῦ.

890 αὔξησις [2]

√ *889*

αὐξάνω αὔξησιν [1] Col 2:19

Eph 4:16 κατ᾽ ἐνέργειαν ἐν μέτρῳ ἑνὸς ἑκάστου μέρους τὴν **αὔξησιν** τοῦ σώματος ποιεῖται εἰς οἰκοδομὴν ἑαυτοῦ ἐν ἀγάπῃ.
Col 2:19 πᾶν τὸ σῶμα διὰ τῶν ἁφῶν καὶ συνδέσμων ἐπιχορηγούμενον καὶ συμβιβαζόμενον αὔξει τὴν **αὔξησιν** τοῦ θεοῦ.

891 αὔξω Not used in UBS/NIV

√ *889*

892 αὔριον [14]

→ *2069*

Mt 6:30 εἰ δὲ τὸν χόρτον τοῦ ἀγροῦ σήμερον ὄντα καὶ **αὔριον** εἰς κλίβανον βαλλόμενον ὁ θεὸς οὕτως ἀμφιέννυσιν,
6:34 μὴ οὖν μεριμνήσητε εἰς τὴν **αὔριον,** ἡ γὰρ **αὔριον** μεριμνήσει ἑαυτῆς·
Lk 10:35 καὶ ἐπὶ τὴν **αὔριον** ἐκβαλὼν ἔδωκεν δύο δηνάρια τῷ πανδοχεῖ
12:28 εἰ δὲ ἐν ἀγρῷ τὸν χόρτον ὄντα σήμερον καὶ **αὔριον** εἰς κλίβανον βαλλόμενον ὁ θεὸς οὕτως ἀμφιέζει,
13:32 Ἰδοὺ ἐκβάλλω δαιμόνια καὶ ἰάσεις ἀποτελῶ σήμερον καὶ **αὔριον** καὶ τῇ τρίτῃ τελειοῦμαι.
13:33 πλὴν δεῖ με σήμερον καὶ **αὔριον** καὶ τῇ ἐχομένῃ πορεύεσθαι,
Ac 4: 3 καὶ ἐπέβαλον αὐτοῖς τὰς χεῖρας καὶ ἔθεντο εἰς τήρησιν εἰς τὴν **αὔριον·**
4: 5 Ἐγένετο δὲ ἐπὶ τὴν **αὔριον** συναχθῆναι αὐτῶν τοὺς ἄρχοντας καὶ τοὺς πρεσβυτέρους καὶ τοὺς γραμματεῖς ἐν Ἰερουσαλήμ,
23:20 εἶπεν δὲ ὅτι Οἱ Ἰουδαῖοι συνέθεντο τοῦ ἐρωτῆσαί σε ὅπως **αὔριον** τὸν Παῦλον καταγάγῃς εἰς τὸ συνέδριον
25:22 Ἐβουλόμην καὶ αὐτὸς τοῦ ἀνθρώπου ἀκοῦσαι. **Αὔριον,** φησίν, ἀκούσῃ αὐτοῦ.
1Co 15:32 εἰ νεκροὶ οὐκ ἐγείρονται, Φάγωμεν καὶ πίωμεν, **αὔριον** γὰρ ἀποθνῄσκομεν.
Jas 4:13 Σήμερον ἢ **αὔριον** πορευσόμεθα εἰς τήνδε τὴν πόλιν καὶ ποιήσομεν ἐκεῖ ἐνιαυτὸν καὶ ἐμπορευσόμεθα καὶ κερδήσομεν·
4:14 οἵτινες οὐκ ἐπίστασθε τὸ τῆς **αὔριον** ποία ἡ ζωὴ ὑμῶν·

893 αὐστηρός [2]

→ *903*

Lk 19:21 ἐφοβούμην γάρ σε, ὅτι ἄνθρωπος **αὐστηρὸς** εἶ, αἴρεις ὃ οὐκ ἔθηκας καὶ θερίζεις ὃ οὐκ ἔσπειρας.
19:22 ᾔδεις ὅτι ἐγὼ ἄνθρωπος **αὐστηρός** εἰμι, αἴρων ὃ οὐκ ἔθηκα καὶ θερίζων ὃ οὐκ ἔσπειρα;

894 αὐτάρκεια [2]

√ *899 + 758*

2Co 9: 8 ἵνα ἐν παντὶ πάντοτε πᾶσαν **αὐτάρκειαν** ἔχοντες περισσεύητε εἰς πᾶν ἔργον ἀγαθόν,
1Ti 6: 6 ἔστιν δὲ πορισμὸς μέγας ἡ εὐσέβεια μετὰ **αὐταρκείας·**

895 αὐτάρκης [1]

√ *899 + 758*

Php 4:11 ἐγὼ γὰρ ἔμαθον ἐν οἷς εἰμι **αὐτάρκης** εἶναι.

896 αὐτοκατάκριτος [1]

√ *899 + 2848 + 3212*

Tit 3:11 εἰδὼς ὅτι ἐξέστραπται ὁ τοιοῦτος καὶ ἁμαρτάνει ὢν **αὐτοκατάκριτος.**

897 αὐτόματος [2]

√ *899*

Mk 4:28 **αὐτομάτη** ἡ γῆ καρποφορεῖ, πρῶτον χόρτον εἶτα στάχυν εἶτα πλήρη[ς] σῖτον ἐν τῷ στάχυϊ.
Ac 12:10 ἥτις **αὐτομάτη** ἠνοίγη αὐτοῖς καὶ ἐξελθόντες προῆλθον ῥύμην μίαν,

898 αὐτόπτης [1]

√ *899 + 3972*

Lk 1: 2 καθὼς παρέδοσαν ἡμῖν οἱ ἀπ᾽ ἀρχῆς **αὐτόπται** καὶ ὑπηρέται γενόμενοι τοῦ λόγου,

899 αὐτός [5601 / 5593] See Index of Articles, Etc.

→ *881, 882, 883, 894, 895, 896, 897, 898, 900, 901, 1571, 1831, 1929, 1994, 2070, 4194, 4932, 5437, 5796, 6058*

adverb of place **αὐτοῦ** [5] Mt 26:36; Lk 9:27; Ac 18:19; 21:4

αὐτὸς ἐγώ [5] Ro 7:25; 9:3; 15:14; 2Co 10:1; 12:13

αὐτὸ τοῦτο [10] Ro 9:17; 13:6; 2Co 2:3; 5:5; 7:11; Gal 2:10; Eph 6:22; Php 1:6; Col 4:8; 2Pe 1:5

εἷς καὶ τὸ αὐτό [2] 1Co 11:5; 12:11

ἐγὼ αὐτός [1] Ac 10:26

ἐπὶ τὸ αὐτό [10] Mt 22:34; Lk 17:35; Ac 1:15; 2:1,44,47; 4:26; 1Co 7:5; 11:20; 14:23

900 αὐτόφωρος [1]

√ *899*

Jn 8: 4 ⟦αὕτη ἡ γυνὴ κατείληπται ἐπ᾽ **αὐτοφώρῳ** μοιχευομένη·⟧

901 αὐτόχειρ [1]

√ *899 + 5931*

Ac 27:19 καὶ τῇ τρίτῃ **αὐτόχειρες** τὴν σκευὴν τοῦ πλοίου ἔρριψαν.

902 αὐχέω [1]

→ *3482*

Jas 3: 5 οὕτως καὶ ἡ γλῶσσα μικρὸν μέλος ἐστὶν καὶ μεγάλα **αὐχεῖ.**

903 αὐχμηρός [1]

√ *893*

2Pe 1:19 ᾧ καλῶς ποιεῖτε προσέχοντες ὡς λύχνῳ φαίνοντι ἐν **αὐχμηρῷ** τόπῳ,

904 ἀφαιρέω [10]

√ *608 + 145*

Mt 26:51 ἐκτείνας τὴν χεῖρα ἀπέσπασεν τὴν μάχαιραν αὐτοῦ καὶ πατάξας τὸν δοῦλον τοῦ ἀρχιερέως **ἀφεῖλεν** αὐτοῦ τὸ ὠτίον.

Mk 14:47 σπασάμενος τὴν μάχαιραν ἔπαισεν τὸν δοῦλον τοῦ ἀρχιερέως καὶ **ἀφεῖλεν** αὐτοῦ τὸ ὠτάριον.
Lk 1:25 ὅτι Οὕτως μοι πεποίηκεν κύριος ἐν ἡμέραις αἷς ἐπεῖδεν **ἀφελεῖν** ὄνειδός μου ἐν ἀνθρώποις.
10:42 Μαριὰμ γὰρ τὴν ἀγαθὴν μερίδα ἐξελέξατο ἥτις οὐκ **ἀφαιρεθήσεται** αὐτῆς.
16: 3 ὅτι ὁ κύριός μου **ἀφαιρεῖται** τὴν οἰκονομίαν ἀπ᾽ ἐμοῦ;
22:50 καὶ ἐπάταξεν εἷς τις ἐξ αὐτῶν τοῦ ἀρχιερέως τὸν δοῦλον καὶ **ἀφεῖλεν** τὸ οὖς αὐτοῦ τὸ δεξιόν.
Ro 11:27 καὶ αὕτη αὐτοῖς ἡ παρ᾽ ἐμοῦ διαθήκη, ὅταν **ἀφέλωμαι** τὰς ἁμαρτίας αὐτῶν.
Heb 10: 4 ἀδύνατον γὰρ αἷμα ταύρων καὶ τράγων **ἀφαιρεῖν** ἁμαρτίας.
Rev 22:19 καὶ ἐάν τις **ἀφέλῃ** ἀπὸ τῶν λόγων τοῦ βιβλίου τῆς προφητείας ταύτης, **ἀφελεῖ** ὁ θεὸς τὸ μέρος αὐτοῦ ἀπὸ τοῦ ξύλου τῆς ζωῆς καὶ ἐκ τῆς πόλεως τῆς ἁγίας

905 ἀφανής [1]

√ *1.1 + 5743*

Heb 4:13 καὶ οὐκ ἔστιν κτίσις **ἀφανὴς** ἐνώπιον αὐτοῦ, πάντα δὲ γυμνὰ καὶ τετραχηλισμένα τοῖς ὀφθαλμοῖς αὐτοῦ,

906 ἀφανίζω [5]

√ *1.1 + 5743*

Mt 6:16 **ἀφανίζουσιν** γὰρ τὰ πρόσωπα αὐτῶν ὅπως φανῶσιν τοῖς ἀνθρώποις νηστεύοντες·
6:19 ὅπου σὴς καὶ βρῶσις **ἀφανίζει** καὶ ὅπου κλέπται διορύσσουσιν καὶ κλέπτουσιν·
6:20 ὅπου οὔτε σὴς οὔτε βρῶσις **ἀφανίζει** καὶ ὅπου κλέπται οὐ διορύσσουσιν οὐδὲ κλέπτουσιν·
Ac 13:41 Ἴδετε, οἱ καταφρονηταί, καὶ θαυμάσατε καὶ **ἀφανίσθητε,** ὅτι ἔργον ἐργάζομαι ἐγὼ ἐν ταῖς ἡμέραις ὑμῶν,
Jas 4:14 ἀτμὶς γάρ ἐστε ἡ πρὸς ὀλίγον φαινομένη, ἔπειτα καὶ **ἀφανιζομένη.**

907 ἀφανισμός [1]

√ *1.1 + 5743*

Heb 8:13 ἐν τῷ λέγειν Καινὴν πεπαλαίωκεν τὴν πρώτην· τὸ δὲ παλαιούμενον καὶ γηράσκον ἐγγὺς **ἀφανισμοῦ.**

908 ἄφαντος [1]

√ *1.1 + 5743*

Lk 24:31 αὐτῶν δὲ διηνοίχθησαν οἱ ὀφθαλμοὶ καὶ ἐπέγνωσαν αὐτόν· καὶ αὐτὸς **ἄφαντος** ἐγένετο ἀπ᾽ αὐτῶν.

909 ἀφεδρών [2]

√ *608 + 1612*

Mt 15:17 οὐ νοεῖτε ὅτι πᾶν τὸ εἰσπορευόμενον εἰς τὸ στόμα εἰς τὴν κοιλίαν χωρεῖ καὶ εἰς **ἀφεδρῶνα** ἐκβάλλεται;
Mk 7:19 καὶ εἰς τὸν **ἀφεδρῶνα** ἐκπορεύεται, καθαρίζων πάντα τὰ βρώματα;

910 ἀφειδία [1]

√ *1.1 + 5767*

Col 2:23 ἅτινά ἐστιν λόγον μὲν ἔχοντα σοφίας ἐν ἐθελοθρησκίᾳ καὶ ταπεινοφροσύνῃ [καὶ] **ἀφειδίᾳ** σώματος,

911 ἀφελότης [1]

√ *1.1*

Ac 2:46 κλῶντές τε κατ᾽ οἶκον ἄρτον, μετελάμβανον τροφῆς ἐν ἀγαλλιάσει καὶ **ἀφελότητι** καρδίας

912 ἄφεσις [17]

√ *918*

ἄφεσις ἁμαρτιῶν [11] Mt 26:28; Mk 1:4; Lk 1:77; 3:3; 24:47; Ac 2:38; 5:31; 10:43; 13:38; 26:18; Col 1:14

Mt 26:28 τοῦτο γάρ ἐστιν τὸ αἷμά μου τῆς διαθήκης τὸ περὶ πολλῶν ἐκχυννόμενον εἰς **ἄφεσιν** ἁμαρτιῶν.
Mk 1: 4 ἐγένετο Ἰωάννης [ὁ] βαπτίζων ἐν τῇ ἐρήμῳ καὶ κηρύσσων βάπτισμα μετανοίας εἰς **ἄφεσιν** ἁμαρτιῶν.
3:29 οὐκ ἔχει **ἄφεσιν** εἰς τὸν αἰῶνα, ἀλλὰ ἔνοχός ἐστιν αἰωνίου ἁμαρτήματος.
Lk 1:77 τοῦ δοῦναι γνῶσιν σωτηρίας τῷ λαῷ αὐτοῦ ἐν **ἀφέσει** ἁμαρτιῶν αὐτῶν,
3: 3 καὶ ἦλθεν εἰς πᾶσαν [τὴν] περίχωρον τοῦ Ἰορδάνου κηρύσσων βάπτισμα μετανοίας εἰς **ἄφεσιν** ἁμαρτιῶν,
4:18 ἀπέσταλκέν με, κηρύξαι αἰχμαλώτοις **ἄφεσιν** καὶ τυφλοῖς ἀνάβλεψιν, ἀποστεῖλαι τεθραυσμένους ἐν **ἀφέσει,**
24:47 καὶ κηρυχθῆναι ἐπὶ τῷ ὀνόματι αὐτοῦ μετάνοιαν εἰς **ἄφεσιν** ἁμαρτιῶν εἰς πάντα τὰ ἔθνη.
Ac 2:38 καὶ βαπτισθήτω ἕκαστος ὑμῶν ἐπὶ τῷ ὀνόματι Ἰησοῦ Χριστοῦ εἰς **ἄφεσιν** τῶν ἁμαρτιῶν ὑμῶν καὶ λήμψεσθε τὴν δωρεὰν τοῦ ἁγίου πνεύματος.
5:31 τοῦτον ὁ θεὸς ἀρχηγὸν καὶ σωτῆρα ὕψωσεν τῇ δεξιᾷ αὐτοῦ [τοῦ] δοῦναι μετάνοιαν τῷ Ἰσραὴλ καὶ **ἄφεσιν** ἁμαρτιῶν.
10:43 τούτῳ πάντες οἱ προφῆται μαρτυροῦσιν **ἄφεσιν** ἁμαρτιῶν λαβεῖν διὰ τοῦ ὀνόματος αὐτοῦ πάντα τὸν πιστεύοντα
13:38 ὅτι διὰ τούτου ὑμῖν **ἄφεσις** ἁμαρτιῶν καταγγέλλεται[,]
26:18 τοῦ λαβεῖν αὐτοὺς **ἄφεσιν** ἁμαρτιῶν καὶ κλῆρον ἐν τοῖς ἡγιασμένοις πίστει τῇ εἰς ἐμέ.
Eph 1: 7 τὴν **ἄφεσιν** τῶν παραπτωμάτων, κατὰ τὸ πλοῦτος τῆς χάριτος αὐτοῦ
Col 1:14 ἐν ᾧ ἔχομεν τὴν ἀπολύτρωσιν, τὴν **ἄφεσιν** τῶν ἁμαρτιῶν·
Heb 9:22 καὶ σχεδὸν ἐν αἵματι πάντα καθαρίζεται κατὰ τὸν νόμον καὶ χωρὶς αἱματεκχυσίας οὐ γίνεται **ἄφεσις.**
10:18 ὅπου δὲ **ἄφεσις** τούτων, οὐκέτι προσφορὰ περὶ ἁμαρτίας.

913 ἁφή [2]

√ *721*

Eph 4:16 ἐξ οὗ πᾶν τὸ σῶμα συναρμολογούμενον καὶ συμβιβαζόμενον διὰ πάσης **ἁφῆς** τῆς ἐπιχορηγίας κατ᾽ ἐνέργειαν ἐν μέτρῳ
Col 2:19 ἐξ οὗ πᾶν τὸ σῶμα διὰ τῶν **ἁφῶν** καὶ συνδέσμων ἐπιχορηγούμενον καὶ συμβιβαζόμενον αὔξει τὴν αὔξησιν

914 ἀφθαρσία [7]

√ *1.1 + 5780*

Ro 2: 7 τοῖς μὲν καθ᾽ ὑπομονὴν ἔργου ἀγαθοῦ δόξαν καὶ τιμὴν καὶ **ἀφθαρσίαν** ζητοῦσιν ζωὴν αἰώνιον,
1Co 15:42 Οὕτως καὶ ἡ ἀνάστασις τῶν νεκρῶν. σπείρεται ἐν φθορᾷ, ἐγείρεται ἐν **ἀφθαρσίᾳ·**
15:50 ὅτι σὰρξ καὶ αἷμα βασιλείαν θεοῦ κληρονομῆσαι οὐ δύναται οὐδὲ ἡ φθορὰ τὴν **ἀφθαρσίαν** κληρονομεῖ.
15:53 δεῖ γὰρ τὸ φθαρτὸν τοῦτο ἐνδύσασθαι **ἀφθαρσίαν** καὶ τὸ θνητὸν τοῦτο ἐνδύσασθαι ἀθανασίαν.
15:54 ὅταν δὲ τὸ φθαρτὸν τοῦτο ἐνδύσηται **ἀφθαρσίαν** καὶ τὸ θνητὸν τοῦτο ἐνδύσηται ἀθανασίαν,
Eph 6:24 ἡ χάρις μετὰ πάντων τῶν ἀγαπώντων τὸν κύριον ἡμῶν Ἰησοῦν Χριστὸν ἐν **ἀφθαρσίᾳ.**
2Ti 1:10 καταργήσαντος μὲν τὸν θάνατον φωτίσαντος δὲ ζωὴν καὶ **ἀφθαρσίαν** διὰ τοῦ εὐαγγελίου

915 ἄφθαρτος [8 / 7]

√ *1.1 + 5780*

Mk 16: S ⟦ἀπὸ ἀνατολῆς καὶ ἄχρι δύσεως ἐξαπέστειλεν δι᾽ αὐτῶν τὸ ἱερὸν καὶ **ἄφθαρτον**[NIV-] κήρυγμα τῆς αἰωνίου σωτηρίας.⟧
Ro 1:23 ἤλλαξαν τὴν δόξαν τοῦ **ἀφθάρτου** θεοῦ ἐν ὁμοιώματι εἰκόνος φθαρτοῦ ἀνθρώπου καὶ πετεινῶν καὶ τετραπόδων καὶ ἑρπετῶν.
1Co 9:25 ἐκεῖνοι μὲν οὖν ἵνα φθαρτὸν στέφανον λάβωσιν, ἡμεῖς δὲ **ἄφθαρτον.**
15:52 σαλπίσει γὰρ καὶ οἱ νεκροὶ ἐγερθήσονται **ἄφθαρτοι** καὶ ἡμεῖς ἀλλαγησόμεθα.
1Ti 1:17 τῷ δὲ βασιλεῖ τῶν αἰώνων, **ἀφθάρτῳ** ἀοράτῳ μόνῳ θεῷ,
1Pe 1: 4 εἰς κληρονομίαν **ἄφθαρτον** καὶ ἀμίαντον καὶ ἀμάραντον, τετηρημένην ἐν οὐρανοῖς εἰς ὑμᾶς
1:23 ἀναγεγεννημένοι οὐκ ἐκ σπορᾶς φθαρτῆς ἀλλὰ **ἀφθάρτου** διὰ λόγου ζῶντος θεοῦ καὶ μένοντος.
3: 4 ἀλλ᾽ ὁ κρυπτὸς τῆς καρδίας ἄνθρωπος ἐν τῷ **ἀφθάρτῳ** τοῦ πραέως καὶ ἡσυχίου πνεύματος,

916 ἀφθονία Not used in UBS/NIV

√ *1.1 + 5784*

917 ἀφθορία [1]

√ *1.1 + 5780*

Tit 2: 7 σεαυτὸν παρεχόμενος τύπον καλῶν ἔργων, ἐν τῇ διδασκαλίᾳ **ἀφθορίαν,** σεμνότητα,

918 ἀφίημι [143]

→ *457, 479, 852, 912, 1588, 1889, 4217, 4223, 5304, 5305, 5317, 5320; cf. 608*

ἁμαρτία ἀφιέναι [20] Mt 9:2,5,6; 12:31; Mk 2:5,7,9,10; Lk 5:20,21,23,24; 7:47,48,49; 11:4; Jn 20:23; Jas 5:15; 1Jn 1:9; 2:12

ἀφιέναι ἁμάρτημα [1] Mk 3:28

ἀφιέναι ἀνομίας [1] Ro 4:7

ἀφιέναι ὀφείλημα [1] Mt 6:12

ἀφιέναι ὀφειλή [1] Mt 18:32

ἀφιέναι παράπτωμα [3] Mt 6:14,15; Mk 11:25

Mt 3:15 ὁ Ἰησοῦς εἶπεν πρὸς αὐτόν, **Ἄφες** ἄρτι, οὕτως γὰρ πρέπον ἐστὶν ἡμῖν πληρῶσαι πᾶσαν δικαιοσύνην. τότε **ἀφίησιν** αὐτόν.
4:11 Τότε **ἀφίησιν** αὐτὸν ὁ διάβολος, καὶ ἰδοὺ ἄγγελοι προσῆλθον καὶ διηκόνουν αὐτῷ.
4:20 οἱ δὲ εὐθέως **ἀφέντες** τὰ δίκτυα ἠκολούθησαν αὐτῷ.
4:22 οἱ δὲ εὐθέως **ἀφέντες** τὸ πλοῖον καὶ τὸν πατέρα αὐτῶν ἠκολούθησαν αὐτῷ.
5:24 **ἄφες** ἐκεῖ τὸ δῶρόν σου ἔμπροσθεν τοῦ θυσιαστηρίου καὶ ὕπαγε πρῶτον διαλλάγηθι τῷ ἀδελφῷ σου,
5:40 καὶ τῷ θέλοντί σοι κριθῆναι καὶ τὸν χιτῶνά σου λαβεῖν, **ἄφες** αὐτῷ καὶ τὸ ἱμάτιον·
6:12 καὶ **ἄφες** ἡμῖν τὰ ὀφειλήματα ἡμῶν, ὡς καὶ ἡμεῖς **ἀφήκαμεν** τοῖς ὀφειλέταις ἡμῶν·
6:14 Ἐὰν γὰρ **ἀφῆτε** τοῖς ἀνθρώποις τὰ παραπτώματα αὐτῶν, **ἀφήσει** καὶ ὑμῖν ὁ πατὴρ ὑμῶν ὁ οὐράνιος·
6:15 ἐὰν δὲ μὴ **ἀφῆτε** τοῖς ἀνθρώποις, οὐδὲ ὁ πατὴρ ὑμῶν **ἀφήσει** τὰ παραπτώματα ὑμῶν.
7: 4 **Ἄφες** ἐκβάλω τὸ κάρφος ἐκ τοῦ ὀφθαλμοῦ σου,
8:15 καὶ **ἀφῆκεν** αὐτὴν ὁ πυρετός, καὶ ἠγέρθη καὶ διηκόνει αὐτῷ.
8:22 Ἀκολούθει μοι καὶ **ἄφες** τοὺς νεκροὺς θάψαι τοὺς ἑαυτῶν νεκρούς.
9: 2 καὶ ἰδὼν ὁ Ἰησοῦς τὴν πίστιν αὐτῶν εἶπεν τῷ παραλυτικῷ, Θάρσει, τέκνον, **ἀφίενταί** σου αἱ ἁμαρτίαι.
9: 5 τί γάρ ἐστιν εὐκοπώτερον, εἰπεῖν, **Ἀφίενταί** σου αἱ ἁμαρτίαι, ἢ εἰπεῖν, Ἔγειρε καὶ περιπάτει;
9: 6 ἵνα δὲ εἰδῆτε ὅτι ἐξουσίαν ἔχει ὁ υἱὸς τοῦ ἀνθρώπου ἐπὶ τῆς γῆς **ἀφιέναι** ἁμαρτίας–
12:31 πᾶσα ἁμαρτία καὶ βλασφημία **ἀφεθήσεται** τοῖς ἀνθρώποις, ἡ δὲ τοῦ πνεύματος βλασφημία οὐκ **ἀφεθήσεται.**
12:32 ὃς ἐὰν εἴπῃ λόγον κατὰ τοῦ υἱοῦ τοῦ ἀνθρώπου, **ἀφεθήσεται** αὐτῷ· ὃς δ᾽ ἂν εἴπῃ κατὰ τοῦ πνεύματος τοῦ ἁγίου, οὐκ **ἀφεθήσεται** αὐτῷ οὔτε ἐν τούτῳ τῷ αἰῶνι οὔτε ἐν τῷ μέλλοντι.
13:30 **ἄφετε** συναυξάνεσθαι ἀμφότερα ἕως τοῦ θερισμοῦ, καὶ ἐν καιρῷ τοῦ θερισμοῦ ἐρῶ τοῖς θερισταῖς,
13:36 Τότε **ἀφεὶς** τοὺς ὄχλους ἦλθεν εἰς τὴν οἰκίαν.
15:14 **ἄφετε** αὐτούς· τυφλοί εἰσιν ὁδηγοί [τυφλῶν·]
18:12 οὐχὶ **ἀφήσει** τὰ ἐνενήκοντα ἐννέα ἐπὶ τὰ ὄρη καὶ πορευθεὶς ζητεῖ τὸ πλανώμενον;
18:21 ποσάκις ἁμαρτήσει εἰς ἐμὲ ὁ ἀδελφός μου καὶ **ἀφήσω** αὐτῷ;
18:27 σπλαγχνισθεὶς δὲ ὁ κύριος τοῦ δούλου ἐκείνου ἀπέλυσεν αὐτὸν καὶ τὸ δάνειον **ἀφῆκεν** αὐτῷ.
18:32 Δοῦλε πονηρέ, πᾶσαν τὴν ὀφειλὴν ἐκείνην **ἀφῆκά** σοι,
18:35 ἐὰν μὴ **ἀφῆτε** ἕκαστος τῷ ἀδελφῷ αὐτοῦ ἀπὸ τῶν καρδιῶν ὑμῶν.
19:14 **Ἄφετε** τὰ παιδία καὶ μὴ κωλύετε αὐτὰ ἐλθεῖν πρός με,
19:27 Τότε ἀποκριθεὶς ὁ Πέτρος εἶπεν αὐτῷ, Ἰδοὺ ἡμεῖς **ἀφήκαμεν** πάντα καὶ ἠκολουθήσαμέν σοι·
19:29 καὶ πᾶς ὅστις **ἀφῆκεν** οἰκίας ἢ ἀδελφοὺς ἢ ἀδελφὰς ἢ πατέρα ἢ μητέρα ἢ τέκνα ἢ ἀγροὺς ἕνεκεν τοῦ ὀνόματός μου,
22:22 καὶ ἀκούσαντες ἐθαύμασαν, καὶ **ἀφέντες** αὐτὸν ἀπῆλθαν.
22:25 μὴ ἔχων σπέρμα **ἀφῆκεν** τὴν γυναῖκα αὐτοῦ τῷ ἀδελφῷ αὐτοῦ·
23:13 ὑμεῖς γὰρ οὐκ εἰσέρχεσθε οὐδὲ τοὺς εἰσερχομένους **ἀφίετε** εἰσελθεῖν.
23:23 ὅτι ἀποδεκατοῦτε τὸ ἡδύοσμον καὶ τὸ ἄνηθον καὶ τὸ κύμινον καὶ **ἀφήκατε** τὰ βαρύτερα τοῦ νόμου, τὴν κρίσιν καὶ τὸ ἔλεος καὶ τὴν πίστιν· ταῦτα [δὲ] ἔδει ποιῆσαι κἀκεῖνα μὴ **ἀφιέναι.**
23:38 ἰδοὺ **ἀφίεται** ὑμῖν ὁ οἶκος ὑμῶν ἔρημος.
24: 2 οὐ μὴ **ἀφεθῇ** ὧδε λίθος ἐπὶ λίθον ὃς οὐ καταλυθήσεται.
24:40 τότε δύο ἔσονται ἐν τῷ ἀγρῷ, εἷς παραλαμβάνεται καὶ εἷς **ἀφίεται·**
24:41 δύο ἀλήθουσαι ἐν τῷ μύλῳ, μία παραλαμβάνεται καὶ μία **ἀφίεται.**
26:44 καὶ **ἀφεὶς** αὐτοὺς πάλιν ἀπελθὼν προσηύξατο ἐκ τρίτου τὸν αὐτὸν λόγον εἰπὼν πάλιν.
26:56 τοῦτο δὲ ὅλον γέγονεν ἵνα πληρωθῶσιν αἱ γραφαὶ τῶν προφητῶν. Τότε οἱ μαθηταὶ πάντες **ἀφέντες** αὐτὸν ἔφυγον.
27:49 οἱ δὲ λοιποὶ ἔλεγον, **Ἄφες** ἴδωμεν εἰ ἔρχεται Ἠλίας σώσων αὐτόν.
27:50 ὁ δὲ Ἰησοῦς πάλιν κράξας φωνῇ μεγάλῃ **ἀφῆκεν** τὸ πνεῦμα.

Mk 1:18 καὶ εὐθὺς **ἀφέντες** τὰ δίκτυα ἠκολούθησαν αὐτῷ.
1:20 καὶ **ἀφέντες** τὸν πατέρα αὐτῶν Ζεβεδαῖον ἐν τῷ πλοίῳ μετὰ τῶν μισθωτῶν ἀπῆλθον ὀπίσω αὐτοῦ.
1:31 καὶ **ἀφῆκεν** αὐτὴν ὁ πυρετός, καὶ διηκόνει αὐτοῖς.
1:34 καὶ ἐθεράπευσεν πολλοὺς κακῶς ἔχοντας ποικίλαις νόσοις καὶ δαιμόνια πολλὰ ἐξέβαλεν καὶ οὐκ **ἤφιεν** λαλεῖν τὰ δαιμόνια,
2: 5 καὶ ἰδὼν ὁ Ἰησοῦς τὴν πίστιν αὐτῶν λέγει τῷ παραλυτικῷ, Τέκνον, **ἀφίενταί** σου αἱ ἁμαρτίαι.
2: 7 τίς δύναται **ἀφιέναι** ἁμαρτίας εἰ μὴ εἷς ὁ θεός;
2: 9 εἰπεῖν τῷ παραλυτικῷ, **Ἀφίενταί** σου αἱ ἁμαρτίαι, ἢ εἰπεῖν,
2:10 ἵνα δὲ εἰδῆτε ὅτι ἐξουσίαν ἔχει ὁ υἱὸς τοῦ ἀνθρώπου **ἀφιέναι** ἁμαρτίας ἐπὶ τῆς γῆς–
3:28 Ἀμὴν λέγω ὑμῖν ὅτι πάντα **ἀφεθήσεται** τοῖς υἱοῖς τῶν ἀνθρώπων τὰ ἁμαρτήματα καὶ αἱ βλασφημίαι
4:12 καὶ ἀκούοντες ἀκούωσιν καὶ μὴ συνιῶσιν, μήποτε ἐπιστρέψωσιν καὶ **ἀφεθῇ** αὐτοῖς.
4:36 καὶ **ἀφέντες** τὸν ὄχλον παραλαμβάνουσιν αὐτὸν ὡς ἦν ἐν τῷ πλοίῳ,
5:19 καὶ οὐκ **ἀφῆκεν** αὐτόν, ἀλλὰ λέγει αὐτῷ, Ὕπαγε εἰς τὸν οἶκόν
5:37 καὶ οὐκ **ἀφῆκεν** οὐδένα μετ᾽ αὐτοῦ συνακολουθῆσαι εἰ μὴ τὸν Πέτρον καὶ Ἰάκωβον καὶ Ἰωάννην τὸν ἀδελφὸν Ἰακώβου.
7: 8 **ἀφέντες** τὴν ἐντολὴν τοῦ θεοῦ κρατεῖτε τὴν παράδοσιν τῶν ἀνθρώπων.
7:12 οὐκέτι **ἀφίετε** αὐτὸν οὐδὲν ποιῆσαι τῷ πατρὶ ἢ τῇ μητρί,
7:27 καὶ ἔλεγεν αὐτῇ, **Ἄφες** πρῶτον χορτασθῆναι τὰ τέκνα,
8:13 καὶ **ἀφεὶς** αὐτοὺς πάλιν ἐμβὰς ἀπῆλθεν εἰς τὸ πέραν.
10:14 **Ἄφετε** τὰ παιδία ἔρχεσθαι πρός με, μὴ κωλύετε αὐτά,
10:28 Ἤρξατο λέγειν ὁ Πέτρος αὐτῷ, Ἰδοὺ ἡμεῖς **ἀφήκαμεν** πάντα καὶ ἠκολουθήκαμέν σοι.
10:29 οὐδείς ἐστιν ὃς **ἀφῆκεν** οἰκίαν ἢ ἀδελφοὺς ἢ ἀδελφὰς ἢ μητέρα ἢ πατέρα ἢ τέκνα ἢ ἀγροὺς ἕνεκεν ἐμοῦ
11: 6 οἱ δὲ εἶπαν αὐτοῖς καθὼς εἶπεν ὁ Ἰησοῦς, καὶ **ἀφῆκαν** αὐτούς.
11:16 καὶ οὐκ **ἤφιεν** ἵνα τις διενέγκῃ σκεῦος διὰ τοῦ ἱεροῦ.
11:25 καὶ ὅταν στήκετε προσευχόμενοι, **ἀφίετε** εἴ τι ἔχετε κατά τινος, ἵνα καὶ ὁ πατὴρ ὑμῶν ὁ ἐν τοῖς οὐρανοῖς **ἀφῇ** ὑμῖν τὰ παραπτώματα ὑμῶν.
12:12 ἔγνωσαν γὰρ ὅτι πρὸς αὐτοὺς τὴν παραβολὴν εἶπεν. καὶ **ἀφέντες** αὐτὸν ἀπῆλθον.
12:19 Μωϋσῆς ἔγραψεν ἡμῖν ὅτι ἐάν τινος ἀδελφὸς ἀποθάνῃ καὶ καταλίπῃ γυναῖκα καὶ μὴ **ἀφῇ** τέκνον,
12:20 ὁ πρῶτος ἔλαβεν γυναῖκα καὶ ἀποθνῄσκων οὐκ **ἀφῆκεν** σπέρμα·
12:22 καὶ οἱ ἑπτὰ οὐκ **ἀφῆκαν** σπέρμα. ἔσχατον πάντων καὶ ἡ γυνὴ ἀπέθανεν.
13: 2 οὐ μὴ **ἀφεθῇ** ὧδε λίθος ἐπὶ λίθον ὃς οὐ μὴ καταλυθῇ.
13:34 ὡς ἄνθρωπος ἀπόδημος **ἀφεὶς** τὴν οἰκίαν αὐτοῦ καὶ δοὺς τοῖς δούλοις αὐτοῦ τὴν ἐξουσίαν ἑκάστῳ τὸ ἔργον αὐτοῦ
14: 6 ὁ δὲ Ἰησοῦς εἶπεν, **Ἄφετε** αὐτήν· τί αὐτῇ κόπους παρέχετε;
14:50 καὶ **ἀφέντες** αὐτὸν ἔφυγον πάντες.
15:36 γεμίσας σπόγγον ὄξους περιθεὶς καλάμῳ ἐπότιζεν αὐτὸν λέγων, **Ἄφετε** ἴδωμεν εἰ ἔρχεται Ἠλίας καθελεῖν αὐτόν.
15:37 ὁ δὲ Ἰησοῦς **ἀφεὶς** φωνὴν μεγάλην ἐξέπνευσεν.

Lk 4:39 καὶ ἐπιστὰς ἐπάνω αὐτῆς ἐπετίμησεν τῷ πυρετῷ καὶ **ἀφῆκεν** αὐτήν·
5:11 καὶ καταγαγόντες τὰ πλοῖα ἐπὶ τὴν γῆν **ἀφέντες** πάντα ἠκολούθησαν αὐτῷ.
5:20 καὶ ἰδὼν τὴν πίστιν αὐτῶν εἶπεν, Ἄνθρωπε, **ἀφέωνταί** σοι αἱ ἁμαρτίαι σου.

5:21 τίς δύναται ἁμαρτίας **ἀφεῖναι** εἰ μὴ μόνος ὁ θεός;
5:23 εἰπεῖν, **Ἀφέωνταί** σοι αἱ ἁμαρτίαι σου, ἢ εἰπεῖν,
5:24 ἵνα δὲ εἰδῆτε ὅτι ὁ υἱὸς τοῦ ἀνθρώπου ἐξουσίαν ἔχει ἐπὶ τῆς γῆς **ἀφιέναι** ἁμαρτίας–
6:42 **ἄφες** ἐκβάλω τὸ κάρφος τὸ ἐν τῷ ὀφθαλμῷ σου,
7:47 **ἀφέωνται** αἱ ἁμαρτίαι αὐτῆς αἱ πολλαί, ὅτι ἠγάπησεν πολύ· ᾧ δὲ ὀλίγον **ἀφίεται,** ὀλίγον ἀγαπᾷ.
7:48 εἶπεν δὲ αὐτῇ, **Ἀφέωνταί** σου αἱ ἁμαρτίαι.
7:49 καὶ ἤρξαντο οἱ συνανακείμενοι λέγειν ἐν ἑαυτοῖς, Τίς οὗτός ἐστιν ὃς καὶ ἁμαρτίας **ἀφίησιν;**
8:51 ἐλθὼν δὲ εἰς τὴν οἰκίαν οὐκ **ἀφῆκεν** εἰσελθεῖν τινα σὺν αὐτῷ εἰ μὴ Πέτρον καὶ Ἰωάννην καὶ Ἰάκωβον καὶ τὸν πατέρα
9:60 εἶπεν δὲ αὐτῷ, **Ἄφες** τοὺς νεκροὺς θάψαι τοὺς ἑαυτῶν νεκρούς,
10:30 οἳ καὶ ἐκδύσαντες αὐτὸν καὶ πληγὰς ἐπιθέντες ἀπῆλθον **ἀφέντες** ἡμιθανῆ.
11: 4 καὶ **ἄφες** ἡμῖν τὰς ἁμαρτίας ἡμῶν, αὶ γὰρ αὐτοὶ **ἀφίομεν** παντὶ ὀφείλοντι ἡμῖν·
12:10 καὶ πᾶς ὃς ἐρεῖ λόγον εἰς τὸν υἱὸν τοῦ ἀνθρώπου, **ἀφεθήσεται** αὐτῷ· τῷ δὲ εἰς τὸ ἅγιον πνεῦμα βλασφημήσαντι οὐκ **ἀφεθήσεται.**
12:39 τοῦτο δὲ γινώσκετε ὅτι εἰ ᾔδει ὁ οἰκοδεσπότης ποίᾳ ὥρᾳ ὁ κλέπτης ἔρχεται, οὐκ ἂν **ἀφῆκεν** διορυχθῆναι τὸν οἶκον αὐτοῦ.
13: 8 ἀποκριθεὶς λέγει αὐτῷ, Κύριε, **ἄφες** αὐτὴν καὶ τοῦτο τὸ ἔτος,
13:35 ἰδοὺ **ἀφίεται** ὑμῖν ὁ οἶκος ὑμῶν. λέγω [δὲ] ὑμῖν,
17: 3 ἐὰν ἁμάρτῃ ὁ ἀδελφός σου ἐπιτίμησον αὐτῷ, καὶ ἐὰν μετανοήσῃ **ἄφες** αὐτῷ.
17: 4 καὶ ἐὰν ἑπτάκις τῆς ἡμέρας ἁμαρτήσῃ εἰς σὲ καὶ ἑπτάκις ἐπιστρέψῃ πρὸς σὲ λέγων, Μετανοῶ, **ἀφήσεις** αὐτῷ.
17:34 ταύτῃ τῇ νυκτὶ ἔσονται δύο ἐπὶ κλίνης μιᾶς, ὁ εἷς παραλημφθήσεται καὶ ὁ ἕτερος **ἀφεθήσεται·**
17:35 ἔσονται δύο ἀλήθουσαι ἐπὶ τὸ αὐτό, ἡ μία παραλημφθήσεται, ἡ δὲ ἑτέρα **ἀφεθήσεται.**
18:16 **Ἄφετε** τὰ παιδία ἔρχεσθαι πρός με καὶ μὴ κωλύετε αὐτά,
18:28 Εἶπεν δὲ ὁ Πέτρος, Ἰδοὺ ἡμεῖς **ἀφέντες** τὰ ἴδια ἠκολουθήσαμέν σοι.
18:29 Ἀμὴν λέγω ὑμῖν ὅτι οὐδείς ἐστιν ὃς **ἀφῆκεν** οἰκίαν ἢ γυναῖκα ἢ ἀδελφοὺς ἢ γονεῖς ἢ τέκνα ἕνεκεν τῆς βασιλείας τοῦ θεοῦ,
19:44 καὶ οὐκ **ἀφήσουσιν** λίθον ἐπὶ λίθον ἐν σοί,
21: 6 ἐλεύσονται ἡμέραι ἐν αἷς οὐκ **ἀφεθήσεται** λίθος ἐπὶ λίθῳ ὃς οὐ καταλυθήσεται.
23:34 ⟦ὁ δὲ Ἰησοῦς ἔλεγεν, Πάτερ, **ἄφες** αὐτοῖς, οὐ γὰρ οἴδασιν τί ποιοῦσιν.⟧

Jn 4: 3 **ἀφῆκεν** τὴν Ἰουδαίαν καὶ ἀπῆλθεν πάλιν εἰς τὴν Γαλιλαίαν.
4:28 **ἀφῆκεν** οὖν τὴν ὑδρίαν αὐτῆς ἡ γυνὴ καὶ ἀπῆλθεν εἰς τὴν πόλιν καὶ λέγει τοῖς ἀνθρώποις,
4:52 εἶπαν οὖν αὐτῷ ὅτι Ἐχθὲς ὥραν ἑβδόμην **ἀφῆκεν** αὐτὸν ὁ πυρετός.
8:29 οὐκ **ἀφῆκέν** με μόνον, ὅτι ἐγὼ τὰ ἀρεστὰ αὐτῷ ποιῶ πάντοτε.
10:12 θεωρεῖ τὸν λύκον ἐρχόμενον καὶ **ἀφίησιν** τὰ πρόβατα καὶ φεύγει–
11:44 λέγει αὐτοῖς ὁ Ἰησοῦς, Λύσατε αὐτὸν καὶ **ἄφετε** αὐτὸν ὑπάγειν.
11:48 ἐὰν **ἀφῶμεν** αὐτὸν οὕτως, πάντες πιστεύσουσιν εἰς αὐτόν,
12: 7 εἶπεν οὖν ὁ Ἰησοῦς, **Ἄφες** αὐτήν, ἵνα εἰς τὴν ἡμέραν τοῦ ἐνταφιασμοῦ μου τηρήσῃ αὐτό·
14:18 Οὐκ **ἀφήσω** ὑμᾶς ὀρφανούς, ἔρχομαι πρὸς ὑμᾶς.
14:27 Εἰρήνην **ἀφίημι** ὑμῖν, εἰρήνην τὴν ἐμὴν δίδωμι ὑμῖν·
16:28 πάλιν **ἀφίημι** τὸν κόσμον καὶ πορεύομαι πρὸς τὸν πατέρα.
16:32 ἰδοὺ ἔρχεται ὥρα καὶ ἐλήλυθεν ἵνα σκορπισθῆτε ἕκαστος εἰς τὰ ἴδια κἀμὲ μόνον **ἀφῆτε·**
18: 8 Εἶπον ὑμῖν ὅτι ἐγώ εἰμι. εἰ οὖν ἐμὲ ζητεῖτε, **ἄφετε** τούτους ὑπάγειν·
20:23 ἄν τινων **ἀφῆτε** τὰς ἁμαρτίας **ἀφέωνται** αὐτοῖς, ἄν τινων κρατῆτε κεκράτηνται.

Ac 5:38 ἀπόστητε ἀπὸ τῶν ἀνθρώπων τούτων καὶ **ἄφετε** αὐτούς·
8:22 εἰ ἄρα **ἀφεθήσεταί** σοι ἡ ἐπίνοια τῆς καρδίας σου,
14:17 καίτοι οὐκ ἀμάρτυρον αὐτὸν **ἀφῆκεν** ἀγαθουργῶν, οὐρανόθεν ὑμῖν ὑετοὺς διδοὺς καὶ καιροὺς καρποφόρους,

Ro 1:27 ὁμοίως τε καὶ οἱ ἄρσενες **ἀφέντες** τὴν φυσικὴν χρῆσιν τῆς θηλείας ἐξεκαύθησαν ἐν τῇ ὀρέξει αὐτῶν εἰς ἀλλήλους,
4: 7 Μακάριοι ὧν **ἀφέθησαν** αἱ ἀνομίαι καὶ ὧν ἐπεκαλύφθησαν αἱ ἁμαρτίαι·

1Co 7:11 μενέτω ἄγαμος ἢ τῷ ἀνδρὶ καταλλαγήτω,– καὶ ἄνδρα γυναῖκα μὴ **ἀφιέναι.**
7:12 εἴ τις ἀδελφὸς γυναῖκα ἔχει ἄπιστον καὶ αὕτη συνευδοκεῖ οἰκεῖν μετ᾽ αὐτοῦ, μὴ **ἀφιέτω** αὐτήν·
7:13 καὶ γυνὴ εἴ τις ἔχει ἄνδρα ἄπιστον καὶ οὗτος συνευδοκεῖ οἰκεῖν μετ᾽ αὐτῆς, μὴ **ἀφιέτω** τὸν ἄνδρα.

Heb 2: 8 ἐν τῷ γὰρ ὑποτάξαι [αὐτῷ] τὰ πάντα οὐδὲν **ἀφῆκεν** αὐτῷ ἀνυπότακτον.
6: 1 Διὸ **ἀφέντες** τὸν τῆς ἀρχῆς τοῦ Χριστοῦ λόγον ἐπὶ τὴν τελειότητα φερώμεθα,

Jas 5:15 καὶ ἡ εὐχὴ τῆς πίστεως σώσει τὸν κάμνοντα καὶ ἐγερεῖ αὐτὸν ὁ κύριος· κἂν ἁμαρτίας ᾖ πεποιηκώς, **ἀφεθήσεται** αὐτῷ.

1Jn 1: 9 ἵνα **ἀφῇ** ἡμῖν τὰς ἁμαρτίας καὶ καθαρίσῃ ἡμᾶς ἀπὸ πάσης ἀδικίας.
2:12 ὅτι **ἀφέωνται** ὑμῖν αἱ ἁμαρτίαι διὰ τὸ ὄνομα αὐτοῦ.

Rev 2: 4 ἀλλὰ ἔχω κατὰ σοῦ ὅτι τὴν ἀγάπην σου τὴν πρώτην **ἀφῆκες.**
2:20 ἀλλὰ ἔχω κατὰ σοῦ ὅτι **ἀφεῖς** τὴν γυναῖκα Ἰεζάβελ,
11: 9 τὸ πτῶμα αὐτῶν ἡμέρας τρεῖς καὶ ἥμισυ καὶ τὰ πτώματα αὐτῶν οὐκ **ἀφίουσιν** τεθῆναι εἰς μνῆμα.

919 ἀφικνέομαι [1]

√ *608 + 2653*

Ro 16:19 ἡ γὰρ ὑμῶν ὑπακοὴ εἰς πάντας **ἀφίκετο·** ἐφ᾽ ὑμῖν οὖν χαίρω,

920 ἀφιλάγαθος [1]

√ *1.1 + 5813 + 19*

2Ti 3: 3 ἄστοργοι ἄσπονδοι διάβολοι ἀκρατεῖς ἀνήμεροι **ἀφιλάγαθοι**

921 ἀφιλάργυρος [2]

√ *1.1 + 5813 + 738*

1Ti 3: 3 μὴ πάροινον μὴ πλήκτην, ἀλλὰ ἐπιεικῆ ἄμαχον **ἀφιλάργυρον,**
Heb 13: 5 **Ἀφιλάργυρος** ὁ τρόπος, ἀρκούμενοι τοῖς παροῦσιν.

922 ἄφιξις [1]

√ *608 + 2653*

Ac 20:29 ἐγὼ οἶδα ὅτι εἰσελεύσονται μετὰ τὴν **ἄφιξίν** μου λύκοι βαρεῖς εἰς ὑμᾶς μὴ φειδόμενοι τοῦ ποιμνίου,

923 ἀφίστημι [14]

√ *608 + 2705*

ἀφίστημι ἀπό [10] Lk 4:13; 13:27; Ac 5:38; 12:10; 15:38; 19:9; 22:29; 2Co 12:8; 2Ti 2:19; Heb 3:12

Lk 2:37 ἣ οὐκ **ἀφίστατο** τοῦ ἱεροῦ νηστείαις καὶ δεήσεσιν λατρεύουσα νύκτα καὶ ἡμέραν.
4:13 Καὶ συντελέσας πάντα πειρασμὸν ὁ διάβολος **ἀπέστη** ἀπ᾽ αὐτοῦ ἄχρι καιροῦ.
8:13 οἳ πρὸς καιρὸν πιστεύουσιν καὶ ἐν καιρῷ πειρασμοῦ **ἀφίστανται.**
13:27 Οὐκ οἶδα [ὑμᾶς] πόθεν ἐστέ· **ἀπόστητε** ἀπ᾽ ἐμοῦ πάντες ἐργάται ἀδικίας.

Ac 5:37 μετὰ τοῦτον ἀνέστη Ἰούδας ὁ Γαλιλαῖος ἐν ταῖς ἡμέραις τῆς ἀπογραφῆς καὶ **ἀπέστησεν** λαὸν ὀπίσω αὐτοῦ·
5:38 **ἀπόστητε** ἀπὸ τῶν ἀνθρώπων τούτων καὶ ἄφετε αὐτούς·
12:10 ἥτις αὐτομάτη ἠνοίγη αὐτοῖς καὶ ἐξελθόντες προῆλθον ῥύμην μίαν, καὶ εὐθέως **ἀπέστη** ὁ ἄγγελος ἀπ᾽ αὐτοῦ.
15:38 τὸν **ἀποστάντα** ἀπ᾽ αὐτῶν ἀπὸ Παμφυλίας καὶ μὴ συνελθόντα αὐτοῖς εἰς τὸ ἔργον μὴ συμπαραλαμβάνειν τοῦτον.
19: 9 **ἀποστὰς** ἀπ᾽ αὐτῶν ἀφώρισεν τοὺς μαθητὰς καθ᾽ ἡμέραν διαλεγόμενος ἐν τῇ σχολῇ Τυράννου.
22:29 εὐθέως οὖν **ἀπέστησαν** ἀπ᾽ αὐτοῦ οἱ μέλλοντες αὐτὸν ἀνετάζειν,

2Co 12: 8 ὑπὲρ τούτου τρὶς τὸν κύριον παρεκάλεσα ἵνα **ἀποστῇ** ἀπ᾽ ἐμοῦ.

1Ti 4: 1 ἐν ὑστέροις καιροῖς **ἀποστήσονταί** τινες τῆς πίστεως προσέχοντες πνεύμασιν πλάνοις καὶ διδασκαλίαις δαιμονίων,

2Ti 2:19 **Ἀποστήτω** ἀπὸ ἀδικίας πᾶς ὁ ὀνομάζων τὸ ὄνομα κυρίου.

Heb 3:12 μήποτε ἔσται ἔν τινι ὑμῶν καρδία πονηρὰ ἀπιστίας ἐν τῷ **ἀποστῆναι** ἀπὸ θεοῦ ζῶντος,

924 ἄφνω [3]

√ *167?*

Ac 2: 2 καὶ ἐγένετο **ἄφνω** ἐκ τοῦ οὐρανοῦ ἦχος ὥσπερ φερομένης πνοῆς βιαίας καὶ ἐπλήρωσεν ὅλον τὸν οἶκον οὗ ἦσαν καθήμενοι
16:26 **ἄφνω** δὲ σεισμὸς ἐγένετο μέγας ὥστε σαλευθῆναι τὰ θεμέλια τοῦ δεσμωτηρίου·
28: 6 οἱ δὲ προσεδόκων αὐτὸν μέλλειν πίμπρασθαι ἢ καταπίπτειν **ἄφνω** νεκρόν.

925 ἀφόβως [4]

√ *1.1 + 5832*

Lk 1:74 **ἀφόβως** ἐκ χειρὸς ἐχθρῶν ῥυσθέντας λατρεύειν αὐτῷ
1Co 16:10 Ἐὰν δὲ ἔλθῃ Τιμόθεος, βλέπετε, ἵνα **ἀφόβως** γένηται πρὸς ὑμᾶς·
Php 1:14 καὶ τοὺς πλείονας τῶν ἀδελφῶν ἐν κυρίῳ πεποιθότας τοῖς δεσμοῖς μου περισσοτέρως τολμᾶν **ἀφόβως** τὸν λόγον λαλεῖν.
Jude 1:12 οὗτοί εἰσιν οἱ ἐν ταῖς ἀγάπαις ὑμῶν σπιλάδες συνευωχούμενοι **ἀφόβως,**

926 ἀφομοιόω [1]

√ *608 + 3927*

Heb 7: 3 **ἀφωμοιωμένος** δὲ τῷ υἱῷ τοῦ θεοῦ, μένει ἱερεὺς εἰς τὸ διηνεκές.

927 ἀφοράω [2]

√ *608 + 3972*

Php 2:23 τοῦτον μὲν οὖν ἐλπίζω πέμψαι ὡς ἂν **ἀφίδω** τὰ περὶ ἐμὲ ἐξαυτῆς·
Heb 12: 2 **ἀφορῶντες** εἰς τὸν τῆς πίστεως ἀρχηγὸν καὶ τελειωτὴν Ἰησοῦν,

928 ἀφορίζω [10]

√ *608 + 4000*

Mt 13:49 ἐξελεύσονται οἱ ἄγγελοι καὶ **ἀφοριοῦσιν** τοὺς πονηροὺς ἐκ μέσου τῶν δικαίων
25:32 καὶ **ἀφορίσει** αὐτοὺς ἀπ' ἀλλήλων, ὥσπερ ὁ ποιμὴν **ἀφορίζει** τὰ πρόβατα ἀπὸ τῶν ἐρίφων,
Lk 6:22 μακάριοί ἐστε ὅταν μισήσωσιν ὑμᾶς οἱ ἄνθρωποι καὶ ὅταν **ἀφορίσωσιν** ὑμᾶς καὶ ὀνειδίσωσιν
Ac 13: 2 **'Αφορίσατε** δή μοι τὸν Βαρναβᾶν καὶ Σαῦλον εἰς τὸ ἔργον ὃ προσκέκλημαι αὐτούς.
19: 9 ἀποστὰς ἀπ' αὐτῶν **ἀφώρισεν** τοὺς μαθητὰς καθ' ἡμέραν διαλεγόμενος ἐν τῇ σχολῇ Τυράννου.
Ro 1: 1 Παῦλος δοῦλος Χριστοῦ Ἰησοῦ, κλητὸς ἀπόστολος **ἀφωρισμένος** εἰς εὐαγγέλιον θεοῦ,
2Co 6:17 διὸ ἐξέλθατε ἐκ μέσου αὐτῶν καὶ **ἀφορίσθητε,** λέγει κύριος,
Gal 1:15 ὅτε δὲ εὐδόκησεν [ὁ θεὸς] ὁ **ἀφορίσας** με ἐκ κοιλίας μητρός μου καὶ καλέσας διὰ τῆς χάριτος αὐτοῦ
2:12 ὑπέστελλεν καὶ **ἀφώριζεν** ἑαυτὸν φοβούμενος τοὺς ἐκ περιτομῆς.

929 ἀφορμή [7]

√ *608 + 3995*

Ro 7: 8 **ἀφορμὴν** δὲ λαβοῦσα ἡ ἁμαρτία διὰ τῆς ἐντολῆς κατειργάσατο ἐν ἐμοὶ πᾶσαν ἐπιθυμίαν·
7:11 ἡ γὰρ ἁμαρτία **ἀφορμὴν** λαβοῦσα διὰ τῆς ἐντολῆς ἐξηπάτησέν με καὶ δι' αὐτῆς ἀπέκτεινεν.
2Co 5:12 οὐ πάλιν ἑαυτοὺς συνιστάνομεν ὑμῖν ἀλλὰ **ἀφορμὴν** διδόντες ὑμῖν καυχήματος ὑπὲρ ἡμῶν,
11:12 καὶ ποιήσω, ἵνα ἐκκόψω τὴν **ἀφορμὴν** τῶν θελόντων **ἀφορμήν,**
Gal 5:13 μόνον μὴ τὴν ἐλευθερίαν εἰς **ἀφορμὴν** τῇ σαρκί,
1Ti 5:14 οἰκοδεσποτεῖν, μηδεμίαν **ἀφορμὴν** διδόναι τῷ ἀντικειμένῳ λοιδορίας χάριν·

930 ἀφρίζω [2]

√ *931*

Mk 9:18 καὶ **ἀφρίζει** καὶ τρίζει τοὺς ὀδόντας καὶ ξηραίνεται·
9:20 καὶ ἰδὼν αὐτὸν τὸ πνεῦμα εὐθὺς συνεσπάραξεν αὐτόν, καὶ πεσὼν ἐπὶ τῆς γῆς ἐκυλίετο **ἀφρίζων.**

931 ἀφρός [1]

→ *576, 930, 2072*

Lk 9:39 καὶ ἰδοὺ πνεῦμα λαμβάνει αὐτὸν καὶ ἐξαίφνης κράζει καὶ σπαράσσει αὐτὸν μετὰ **ἀφροῦ** καὶ μόγις ἀποχωρεῖ ἀπ' αὐτοῦ

932 ἀφροσύνη [4]

√ *1.1 + 5856*

Mk 7:22 πονηρίαι, δόλος, ἀσέλγεια, ὀφθαλμὸς πονηρός, βλασφημία, ὑπερηφανία, **ἀφροσύνη·**
2Co 11: 1 Ὄφελον ἀνείχεσθέ μου μικρόν τι **ἀφροσύνης·** ἀλλὰ καὶ ἀνέχεσθέ μου.
11:17 οὐ κατὰ κύριον λαλῶ ἀλλ' ὡς ἐν **ἀφροσύνῃ,**
11:21 ἐν ᾧ δ' ἄν τις τολμᾷ, ἐν **ἀφροσύνῃ** λέγω, τολμῶ κἀγώ.

933 ἄφρων [11]

√ *1.1 + 5856*

Lk 11:40 **ἄφρονες,** οὐχ ὁ ποιήσας τὸ ἔξωθεν καὶ τὸ ἔσωθεν ἐποίησεν;
12:20 εἶπεν δὲ αὐτῷ ὁ θεός, **Ἄφρων,** ταύτῃ τῇ νυκτὶ τὴν ψυχήν σου ἀπαιτοῦσιν ἀπὸ σοῦ·
Ro 2:20 παιδευτὴν **ἀφρόνων,** διδάσκαλον νηπίων, ἔχοντα τὴν μόρφωσιν τῆς γνώσεως καὶ τῆς ἀληθείας ἐν τῷ νόμῳ·
1Co 15:36 **ἄφρων,** σὺ ὃ σπείρεις, οὐ ζῳοποιεῖται ἐὰν μὴ ἀποθάνῃ·
2Co 11:16 Πάλιν λέγω, μή τίς με δόξῃ **ἄφρονα** εἶναι· εἰ δὲ μή γε, κἂν ὡς **ἄφρονα** δέξασθέ με, ἵνα κἀγὼ μικρόν τι καυχήσωμαι.
11:19 ἡδέως γὰρ ἀνέχεσθε τῶν **ἀφρόνων** φρόνιμοι ὄντες·
12: 6 ἐὰν γὰρ θελήσω καυχήσασθαι, οὐκ ἔσομαι **ἄφρων,** ἀλήθειαν γὰρ ἐρῶ·
12:11 Γέγονα **ἄφρων,** ὑμεῖς με ἠναγκάσατε. ἐγὼ γὰρ ὤφειλον ὑφ' ὑμῶν συνίστασθαι·
Eph 5:17 διὰ τοῦτο μὴ γίνεσθε **ἄφρονες,** ἀλλὰ συνίετε τί τὸ θέλημα τοῦ κυρίου.
1Pe 2:15 ὅτι οὕτως ἐστὶν τὸ θέλημα τοῦ θεοῦ ἀγαθοποιοῦντας φιμοῦν τὴν τῶν **ἀφρόνων** ἀνθρώπων ἀγνωσίαν,

934 ἀφυπνόω [1]

√ *608 + 5678*

Lk 8:23 πλεόντων δὲ αὐτῶν **ἀφύπνωσεν.** καὶ κατέβη λαῖλαψ ἀνέμου εἰς τὴν λίμνην καὶ συνεπληροῦντο καὶ ἐκινδύνευον.

935 ἀφυστερέω Not used in UBS/NIV

√ *608 + 5731*

936 ἄφωνος [4]

√ *1.1 + 5889*

Ac 8:32 Ὡς πρόβατον ἐπὶ σφαγὴν ἤχθη καὶ ὡς ἀμνὸς ἐναντίον τοῦ κείραντος αὐτὸν **ἄφωνος,**
1Co 12: 2 Οἴδατε ὅτι ὅτε ἔθνη ἦτε πρὸς τὰ εἴδωλα τὰ **ἄφωνα** ὡς ἂν ἤγεσθε ἀπαγόμενοι.
14:10 τοσαῦτα εἰ τύχοι γένη φωνῶν εἰσιν ἐν κόσμῳ καὶ οὐδὲν **ἄφωνον·**
2Pe 2:16 ὑποζύγιον **ἄφωνον** ἐν ἀνθρώπου φωνῇ φθεγξάμενον ἐκώλυσεν τὴν τοῦ προφήτου παραφρονίαν.

937 Ἀχάζ [2]

→ *941*

Mt 1: 9 Ἰωαθὰμ δὲ ἐγέννησεν τὸν **'Αχάζ, 'Αχὰζ** δὲ ἐγέννησεν τὸν Ἑζεκίαν,

938 Ἀχαΐα [10]

→ *939*

Ac 18:12 Γαλλίωνος δὲ ἀνθυπάτου ὄντος τῆς **'Αχαΐας** κατεπέστησαν ὁμοθυμαδὸν οἱ Ἰουδαῖοι τῷ Παύλῳ
18:27 βουλομένου δὲ αὐτοῦ διελθεῖν εἰς τὴν **'Αχαΐαν,** προτρεψάμενοι οἱ ἀδελφοὶ ἔγραψαν τοῖς μαθηταῖς ἀποδέξασθαι αὐτόν,

19:21 ἔθετο ὁ Παῦλος ἐν τῷ πνεύματι διελθὼν τὴν Μακεδονίαν καὶ **Ἀχαΐαν** πορεύεσθαι εἰς Ἱεροσόλυμα
Ro 15:26 εὐδόκησαν γὰρ Μακεδονία καὶ **Ἀχαΐα** κοινωνίαν τινὰ ποιήσασθαι εἰς τοὺς πτωχοὺς τῶν ἁγίων τῶν ἐν Ἰερουσαλήμ.
1Co 16:15 ὅτι ἐστὶν ἀπαρχὴ τῆς **Ἀχαΐας** καὶ εἰς διακονίαν τοῖς ἁγίοις
2Co 1: 1 τῇ ἐκκλησίᾳ τοῦ θεοῦ τῇ οὔσῃ ἐν Κορίνθῳ σὺν τοῖς ἁγίοις πᾶσιν τοῖς οὖσιν ἐν ὅλῃ τῇ **Ἀχαΐᾳ,**
9: 2 ὅτι **Ἀχαΐα** παρεσκεύασται ἀπὸ πέρυσι, καὶ τὸ ὑμῶν ζῆλος ἠρέθισεν τοὺς πλείονας.
11:10 ἔστιν ἀλήθεια Χριστοῦ ἐν ἐμοὶ ὅτι ἡ καύχησις αὕτη οὐ φραγήσεται εἰς ἐμὲ ἐν τοῖς κλίμασιν τῆς **Ἀχαΐας.**
1Th 1: 7 ὥστε γενέσθαι ὑμᾶς τύπον πᾶσιν τοῖς πιστεύουσιν ἐν τῇ Μακεδονίᾳ καὶ ἐν τῇ **Ἀχαΐᾳ.**
1: 8 ἀφ᾽ ὑμῶν γὰρ ἐξήχηται ὁ λόγος τοῦ κυρίου οὐ μόνον ἐν τῇ Μακεδονίᾳ καὶ [ἐν τῇ] **Ἀχαΐᾳ,**

939 Ἀχαϊκός [1]

√ *938*

1Co 16:17 χαίρω δὲ ἐπὶ τῇ παρουσίᾳ Στεφανᾶ καὶ Φορτουνάτου καὶ **Ἀχαϊκοῦ,**

940 ἀχάριστος [2]

√ *1.1 + 5897*

Lk 6:35 ὅτι αὐτὸς χρηστός ἐστιν ἐπὶ τοὺς **ἀχαρίστους** καὶ πονηρούς.
2Ti 3: 2 ἔσονται γὰρ οἱ ἄνθρωποι φίλαυτοι φιλάργυροι ἀλαζόνες ὑπερήφανοι βλάσφημοι, γονεῦσιν ἀπειθεῖς, **ἀχάριστοι** ἀνόσιοι

941 Ἀχάς Not used in UBS/NIV

√ *937*

942 ἀχειροποίητος [3]

√ *1.1 + 5931 + 4472*

Mk 14:58 Ἐγὼ καταλύσω τὸν ναὸν τοῦτον τὸν χειροποίητον καὶ διὰ τριῶν ἡμερῶν ἄλλον **ἀχειροποίητον** οἰκοδομήσω
2Co 5: 1 οἰκοδομὴν ἐκ θεοῦ ἔχομεν, οἰκίαν **ἀχειροποίητον** αἰώνιον ἐν τοῖς οὐρανοῖς.
Col 2:11 ἐν ᾧ καὶ περιετμήθητε περιτομῇ **ἀχειροποιήτῳ** ἐν τῇ ἀπεκδύσει τοῦ σώματος τῆς σαρκός,

943 Ἀχίμ [2]

Mt 1:14 Σαδὼκ δὲ ἐγέννησεν τὸν **Ἀχίμ, Ἀχὶμ** δὲ ἐγέννησεν τὸν Ἐλιούδ,

944 ἀχλύς [1]

Ac 13:11 παραχρῆμά τε ἔπεσεν ἐπ᾽ αὐτὸν **ἀχλὺς** καὶ σκότος καὶ περιάγων ἐζήτει χειραγωγούς.

945 ἀχρεῖος [2]

√ *1.1 + 5968*

Mt 25:30 καὶ τὸν **ἀχρεῖον** δοῦλον ἐκβάλετε εἰς τὸ σκότος τὸ ἐξώτερον·
Lk 17:10 λέγετε ὅτι Δοῦλοι **ἀχρεῖοί** ἐσμεν, ὃ ὠφείλομεν ποιῆσαι πεποιήκαμεν.

946 ἀχρειόω [1]

√ *1.1 + 5968*

Ro 3:12 πάντες ἐξέκλιναν ἅμα **ἠχρεώθησαν·** οὐκ ἔστιν ὁ ποιῶν χρηστότητα,

947 ἄχρηστος [1]

√ *1.1 + 5968*

Phm 1:11 τόν ποτέ σοι **ἄχρηστον** νυνὶ δὲ [καὶ] σοὶ καὶ ἐμοὶ εὔχρηστον,

948 ἄχρι [49 / 48]

√ *216*

ἄχρι καιροῦ, καιροί [3] Lk 4:13; 21:24; Ac 13:11

ἄχρι οὗ [9] Lk 21:24; Ac 7:18; 27:33; Ro 11:25; 1Co 11:26; 15:25; Gal 3:19; Heb 3:13; Rev 2:25

ἄχρι οὐρανοῦ [1] Rev 18:5

ἄχρι τέλους [2] Heb 6:11; Rev 2:26

ἄχρι τοῦ νῦν [2] Ro 8:22; Php 1:5

Mt 24:38 **ἄχρι** ἧς ἡμέρας εἰσῆλθεν Νῶε εἰς τὴν κιβωτόν,
Mk 16: S ⟦ἀπὸ ἀνατολῆς καὶ **ἄχρι**[NIV-] δύσεως ἐξαπέστειλεν δι᾽ αὐτῶν τὸ ἱερὸν καὶ ἄφθαρτον κήρυγμα τῆς αἰωνίου σωτηρίας.⟧
Lk 1:20 καὶ ἰδοὺ ἔσῃ σιωπῶν καὶ μὴ δυνάμενος λαλῆσαι **ἄχρι** ἧς ἡμέρας γένηται ταῦτα,
4:13 Καὶ συντελέσας πάντα πειρασμὸν ὁ διάβολος ἀπέστη ἀπ᾽ αὐτοῦ **ἄχρι** καιροῦ.
17:27 **ἄχρι** ἧς ἡμέρας εἰσῆλθεν Νῶε εἰς τὴν κιβωτὸν καὶ ἦλθεν ὁ κατακλυσμὸς καὶ ἀπώλεσεν πάντας.
21:24 καὶ Ἰερουσαλὴμ ἔσται πατουμένη ὑπὸ ἐθνῶν, **ἄχρι** οὗ πληρωθῶσιν καιροὶ ἐθνῶν.
Ac 1: 2 **ἄχρι** ἧς ἡμέρας ἐντειλάμενος τοῖς ἀποστόλοις διὰ πνεύματος ἁγίου οὓς ἐξελέξατο ἀνελήμφθη·
2:29 καὶ τὸ μνῆμα αὐτοῦ ἔστιν ἐν ἡμῖν **ἄχρι** τῆς ἡμέρας ταύτης.
3:21 ὃν δεῖ οὐρανὸν μὲν δέξασθαι **ἄχρι** χρόνων ἀποκαταστάσεως πάντων ὧν ἐλάλησεν ὁ θεὸς διὰ στόματος τῶν ἁγίων
7:18 **ἄχρι** οὗ ἀνέστη βασιλεὺς ἕτερος [ἐπ᾽ Αἴγυπτον] ὃς οὐκ ᾔδει τὸν Ἰωσήφ.
11: 5 καταβαῖνον σκεῦός τι ὡς ὀθόνην μεγάλην τέσσαρσιν ἀρχαῖς καθιεμένην ἐκ τοῦ οὐρανοῦ, καὶ ἦλθεν **ἄχρι** ἐμοῦ.
13: 6 διελθόντες δὲ ὅλην τὴν νῆσον **ἄχρι** Πάφου εὗρον ἄνδρα τινὰ μάγον ψευδοπροφήτην Ἰουδαῖον ᾧ ὄνομα Βαριησοῦ
13:11 καὶ νῦν ἰδοὺ χεὶρ κυρίου ἐπὶ σὲ καὶ ἔσῃ τυφλὸς μὴ βλέπων τὸν ἥλιον **ἄχρι** καιροῦ.
20: 6 καὶ ἤλθομεν πρὸς αὐτοὺς εἰς τὴν Τρῳάδα **ἄχρι** ἡμερῶν πέντε,
20:11 ἀναβὰς δὲ καὶ κλάσας τὸν ἄρτον καὶ γευσάμενος ἐφ᾽ ἱκανόν τε ὁμιλήσας **ἄχρι** αὐγῆς,
22: 4 ὃς ταύτην τὴν ὁδὸν ἐδίωξα **ἄχρι** θανάτου δεσμεύων καὶ παραδιδοὺς εἰς φυλακὰς ἄνδρας τε καὶ γυναῖκας,
22:22 Ἤκουον δὲ αὐτοῦ **ἄχρι** τούτου τοῦ λόγου καὶ ἐπῆραν τὴν φωνὴν αὐτῶν λέγοντες,
23: 1 ἐγὼ πάσῃ συνειδήσει ἀγαθῇ πεπολίτευμαι τῷ θεῷ **ἄχρι** ταύτης τῆς ἡμέρας.
26:22 ἐπικουρίας οὖν τυχὼν τῆς ἀπὸ τοῦ θεοῦ **ἄχρι** τῆς ἡμέρας ταύτης ἕστηκα μαρτυρόμενος μικρῷ τε καὶ μεγάλῳ
27:33 **Ἄχρι** δὲ οὗ ἡμέρα ἤμελλεν γίνεσθαι, παρεκάλει ὁ Παῦλος ἅπαντας μεταλαβεῖν τροφῆς λέγων,
28:15 ἦλθαν εἰς ἀπάντησιν ἡμῖν **ἄχρι** Ἀππίου Φόρου καὶ Τριῶν οὓς ἰδὼν ὁ Παῦλος εὐχαριστήσας τῷ θεῷ ἔλαβε θάρσος.
Ro 1:13 ὅτι πολλάκις προεθέμην ἐλθεῖν πρὸς ὑμᾶς, καὶ ἐκωλύθην **ἄχρι** τοῦ δεῦρο,
5:13 **ἄχρι** γὰρ νόμου ἁμαρτία ἦν ἐν κόσμῳ, ἁμαρτία δὲ οὐκ ἐλλογεῖται μὴ ὄντος νόμου,
8:22 οἴδαμεν γὰρ ὅτι πᾶσα ἡ κτίσις συστενάζει καὶ συνωδίνει **ἄχρι** τοῦ νῦν·
11:25 ὅτι πώρωσις ἀπὸ μέρους τῷ Ἰσραὴλ γέγονεν **ἄχρις** οὗ τὸ πλήρωμα τῶν ἐθνῶν εἰσέλθῃ
1Co 4:11 **ἄχρι** τῆς ἄρτι ὥρας καὶ πεινῶμεν καὶ διψῶμεν καὶ γυμνιτεύομεν καὶ κολαφιζόμεθα καὶ ἀστατοῦμεν
11:26 τὸν θάνατον τοῦ κυρίου καταγγέλλετε **ἄχρις** οὗ ἔλθῃ.
15:25 δεῖ γὰρ αὐτὸν βασιλεύειν **ἄχρι** οὗ θῇ πάντας τοὺς ἐχθροὺς ὑπὸ τοὺς πόδας αὐτοῦ.
2Co 3:14 **ἄχρι** γὰρ τῆς σήμερον ἡμέρας τὸ αὐτὸ κάλυμμα ἐπὶ τῇ ἀναγνώσει τῆς παλαιᾶς διαθήκης μένει,
10:13 ἀλλὰ κατὰ τὸ μέτρον τοῦ κανόνος οὗ ἐμέρισεν ἡμῖν ὁ θεὸς μέτρου, ἐφικέσθαι **ἄχρι** καὶ ὑμῶν.
10:14 **ἄχρι** γὰρ καὶ ὑμῶν ἐφθάσαμεν ἐν τῷ εὐαγγελίῳ τοῦ Χριστοῦ,
Gal 3:19 τῶν παραβάσεων χάριν προσετέθη, **ἄχρις** οὗ ἔλθῃ τὸ σπέρμα ᾧ ἐπήγγελται,
4: 2 ἀλλὰ ὑπὸ ἐπιτρόπους ἐστὶν καὶ οἰκονόμους **ἄχρι** τῆς προθεσμίας τοῦ πατρός.
Php 1: 5 ἐπὶ τῇ κοινωνίᾳ ὑμῶν εἰς τὸ εὐαγγέλιον ἀπὸ τῆς πρώτης ἡμέρας **ἄχρι** τοῦ νῦν,
1: 6 ὅτι ὁ ἐναρξάμενος ἐν ὑμῖν ἔργον ἀγαθὸν ἐπιτελέσει **ἄχρι** ἡμέρας Χριστοῦ Ἰησοῦ·
Heb 3:13 ἀλλὰ παρακαλεῖτε ἑαυτοὺς καθ᾽ ἑκάστην ἡμέραν, **ἄχρις** οὗ τὸ Σήμερον καλεῖται,

4:12 καὶ τομώτερος ὑπὲρ πᾶσαν μάχαιραν δίστομον καὶ διϊκνούμενος **ἄχρι** μερισμοῦ ψυχῆς καὶ πνεύματος,
6:11 ἐπιθυμοῦμεν δὲ ἕκαστον ὑμῶν τὴν αὐτὴν ἐνδείκνυσθαι σπουδὴν πρὸς τὴν πληροφορίαν τῆς ἐλπίδος **ἄχρι** τέλους,
Rev 2:10 γίνου πιστὸς **ἄχρι** θανάτου, καὶ δώσω σοι τὸν στέφανον τῆς ζωῆς.
2:25 πλὴν ὃ ἔχετε κρατήσατε **ἄχρι[ς]** οὗ ἂν ἥξω.
2:26 καὶ ὁ νικῶν καὶ ὁ τηρῶν **ἄχρι** τέλους τὰ ἔργα μου,
7: 3 **ἄχρι** σφραγίσωμεν τοὺς δούλους τοῦ θεοῦ ἡμῶν ἐπὶ τῶν μετώπων αὐτῶν.
12:11 καὶ οὐκ ἠγάπησαν τὴν ψυχὴν αὐτῶν **ἄχρι** θανάτου.
14:20 καὶ ἐξῆλθεν αἷμα ἐκ τῆς ληνοῦ **ἄχρι** τῶν χαλινῶν τῶν ἵππων ἀπὸ σταδίων χιλίων ἑξακοσίων.
15: 8 καὶ οὐδεὶς ἐδύνατο εἰσελθεῖν εἰς τὸν ναὸν **ἄχρι** τελεσθῶσιν αἱ ἑπτὰ πληγαὶ τῶν ἑπτὰ ἀγγέλων.
17:17 καὶ δοῦναι τὴν βασιλείαν αὐτῶν τῷ θηρίῳ **ἄχρι** τελεσθήσονται οἱ λόγοι τοῦ θεοῦ.
18: 5 ὅτι ἐκολλήθησαν αὐτῆς αἱ ἁμαρτίαι **ἄχρι** τοῦ οὐρανοῦ καὶ ἐμνημόνευσεν ὁ θεὸς τὰ ἀδικήματα αὐτῆς.
20: 3 ἵνα μὴ πλανήσῃ ἔτι τὰ ἔθνη **ἄχρι** τελεσθῇ τὰ χίλια ἔτη.
20: 5 οἱ λοιποὶ τῶν νεκρῶν οὐκ ἔζησαν **ἄχρι** τελεσθῇ τὰ χίλια ἔτη.

949 ἄχυρον [2]

Mt 3:12 καὶ διακαθαριεῖ τὴν ἅλωνα αὐτοῦ καὶ συνάξει τὸν σῖτον αὐτοῦ εἰς τὴν ἀποθήκην, τὸ δὲ **ἄχυρον** κατακαύσει πυρὶ ἀσβέστῳ.
Lk 3:17 διακαθᾶραι τὴν ἅλωνα αὐτοῦ καὶ συναγαγεῖν τὸν σῖτον εἰς τὴν ἀποθήκην αὐτοῦ, τὸ δὲ **ἄχυρον** κατακαύσει πυρὶ ἀσβέστῳ.

950 ἀψευδής [1]

√ 1.1 + 6017

Tit 1: 2 ἣν ἐπηγγείλατο ὁ **ἀψευδὴς** θεὸς πρὸ χρόνων αἰωνίων,

951 ἀψίνθιον Not used in UBS/NIV

√ 952

952 ἄψινθος [2]

→ 951

Rev 8:11 καὶ τὸ ὄνομα τοῦ ἀστέρος λέγεται ὁ **Ἄψινθος,**
* 8:11 καὶ ἐγένετο τὸ τρίτον τῶν ὑδάτων εἰς **ἄψινθον** καὶ πολλοὶ τῶν ἀνθρώπων ἀπέθανον ἐκ τῶν ὑδάτων ὅτι ἐπικράνθησαν.

953 ἄψυχος [1]

√ 1.1 + 6038

1Co 14: 7 ὅμως τὰ **ἄψυχα** φωνὴν διδόντα, εἴτε αὐλὸς εἴτε κιθάρα,

Β, β

954 β Not used in UBS/NIV

955 Βάαλ [1]

Ro 11: 4 Κατέλιπον ἐμαυτῷ ἑπτακισχιλίους ἄνδρας, οἵτινες οὐκ ἔκαμψαν γόνυ τῇ **Βάαλ.**

956 Βαβυλών [12]

Mt 1:11 Ἰωσίας δὲ ἐγέννησεν τὸν Ἰεχονίαν καὶ τοὺς ἀδελφοὺς αὐτοῦ ἐπὶ τῆς μετοικεσίας **Βαβυλῶνος.**
1:12 Μετὰ δὲ τὴν μετοικεσίαν **Βαβυλῶνος** Ἰεχονίας ἐγέννησεν τὸν Σαλαθιήλ,
1:17 καὶ ἀπὸ Δαυὶδ ἕως τῆς μετοικεσίας **Βαβυλῶνος** γενεαὶ δεκατέσσαρες, καὶ ἀπὸ τῆς μετοικεσίας **Βαβυλῶνος** ἕως τοῦ Χριστοῦ γενεαὶ δεκατέσσαρες.
Ac 7:43 τοὺς τύπους οὓς ἐποιήσατε προσκυνεῖν αὐτοῖς, καὶ μετοικιῶ ὑμᾶς ἐπέκεινα **Βαβυλῶνος.**
1Pe 5:13 Ἀσπάζεται ὑμᾶς ἡ ἐν **Βαβυλῶνι** συνεκλεκτὴ καὶ Μᾶρκος ὁ υἱός μου.
Rev 14: 8 Ἔπεσεν ἔπεσεν **Βαβυλὼν** ἡ μεγάλη ἣ ἐκ τοῦ οἴνου τοῦ θυμοῦ τῆς πορνείας αὐτῆς πεπότικεν πάντα τὰ ἔθνη.
16:19 καὶ **Βαβυλὼν** ἡ μεγάλη ἐμνήσθη ἐνώπιον τοῦ θεοῦ δοῦναι αὐτῇ τὸ ποτήριον τοῦ οἴνου τοῦ θυμοῦ τῆς ὀργῆς αὐτοῦ.
17: 5 καὶ ἐπὶ τὸ μέτωπον αὐτῆς ὄνομα γεγραμμένον, μυστήριον, **Βαβυλὼν** ἡ μεγάλη,
18: 2 καὶ ἔκραξεν ἐν ἰσχυρᾷ φωνῇ λέγων, Ἔπεσεν ἔπεσεν **Βαβυλὼν** ἡ μεγάλη,
18:10 ἡ πόλις ἡ μεγάλη, **Βαβυλὼν** ἡ πόλις ἡ ἰσχυρά,
18:21 Οὕτως ὁρμήματι βληθήσεται **Βαβυλὼν** ἡ μεγάλη πόλις καὶ οὐ μὴ εὑρεθῇ ἔτι.

957 βαθμός [1]

√ 326

1Ti 3:13 καλῶς διακονήσαντες **βαθμὸν** ἑαυτοῖς καλὸν περιποιοῦνται καὶ πολλὴν παρρησίαν ἐν πίστει τῇ ἐν Χριστῷ Ἰησοῦ.

958 βάθος [8]

√ 960

κατὰ βάθους [1] 2Co 8:2

τὰ βάθη [1] 1Co 2:10

Mt 13: 5 καὶ εὐθέως ἐξανέτειλεν διὰ τὸ μὴ ἔχειν **βάθος** γῆς·
Mk 4: 5 καὶ εὐθὺς ἐξανέτειλεν διὰ τὸ μὴ ἔχειν **βάθος** γῆς·
Lk 5: 4 Ἐπανάγαγε εἰς τὸ **βάθος** καὶ χαλάσατε τὰ δίκτυα ὑμῶν εἰς ἄγραν.
Ro 8:39 οὔτε ὕψωμα οὔτε **βάθος** οὔτε τις κτίσις ἑτέρα δυνήσεται ἡμᾶς χωρίσαι ἀπὸ τῆς ἀγάπης τοῦ θεοῦ τῆς ἐν Χριστῷ Ἰησοῦ
11:33 Ὦ **βάθος** πλούτου καὶ σοφίας καὶ γνώσεως θεοῦ·
1Co 2:10 τὸ γὰρ πνεῦμα πάντα ἐραυνᾷ, καὶ τὰ **βάθη** τοῦ θεοῦ.
2Co 8: 2 ἡ περισσεία τῆς χαρᾶς αὐτῶν καὶ ἡ κατὰ **βάθους** πτωχεία αὐτῶν ἐπερίσσευσεν εἰς τὸ πλοῦτος τῆς ἁπλότητος αὐτῶν·
Eph 3:18 ἵνα ἐξισχύσητε καταλαβέσθαι σὺν πᾶσιν τοῖς ἁγίοις τί τὸ πλάτος καὶ μῆκος καὶ ὕψος καὶ **βάθος,**

959 βαθύνω [1]

√ 960

Lk 6:48 ὅμοιός ἐστιν ἀνθρώπῳ οἰκοδομοῦντι οἰκίαν ὃς ἔσκαψεν καὶ **ἐβάθυνεν** καὶ ἔθηκεν θεμέλιον ἐπὶ τὴν πέτραν·

960 βαθύς [4]

→ 958, 959

Lk 24: 1 τῇ δὲ μιᾷ τῶν σαββάτων ὄρθρου **βαθέως** ἐπὶ τὸ μνῆμα ἦλθον φέρουσαι ἃ ἡτοίμασαν ἀρώματα.
Jn 4:11 οὔτε ἄντλημα ἔχεις καὶ τὸ φρέαρ ἐστὶν **βαθύ·**
Ac 20: 9 καταφερόμενος ὕπνῳ **βαθεῖ** διαλεγομένου τοῦ Παύλου ἐπὶ πλεῖον,
Rev 2:24 οἵτινες οὐκ ἔγνωσαν τὰ **βαθέα** τοῦ Σατανᾶ ὡς λέγουσιν·

961 βάϊον [1]

Jn 12:13 ἔλαβον τὰ **βαΐα** τῶν φοινίκων καὶ ἐξῆλθον εἰς ὑπάντησιν αὐτῷ καὶ ἐκραύγαζον,

962 Βαλαάμ [3]

2Pe 2:15 ἐξακολουθήσαντες τῇ ὁδῷ τοῦ **Βαλαὰμ** τοῦ Βοσόρ, ὃς μισθὸν ἀδικίας ἠγάπησεν
Jude 1:11 ὅτι τῇ ὁδῷ τοῦ Κάϊν ἐπορεύθησαν καὶ τῇ πλάνῃ τοῦ **Βαλαὰμ** μισθοῦ ἐξεχύθησαν καὶ τῇ ἀντιλογίᾳ τοῦ Κόρε ἀπώλοντο.
Rev 2:14 ἀλλ' ἔχω κατὰ σοῦ ὀλίγα ὅτι ἔχεις ἐκεῖ κρατοῦντας τὴν διδαχὴν **Βαλαάμ,**

963 Βαλάκ [1]

Rev 2:14 ὃς ἐδίδασκεν τῷ **Βαλὰκ** βαλεῖν σκάνδαλον ἐνώπιον τῶν υἱῶν Ἰσραὴλ φαγεῖν εἰδωλόθυτα καὶ πορνεῦσαι.

964 βαλλάντιον [4]

Lk 10: 4 μὴ βαστάζετε **βαλλάντιον,** μὴ πήραν, μὴ ὑποδήματα, καὶ μηδένα κατὰ τὴν ὁδὸν ἀσπάσησθε.
12:33 ποιήσατε ἑαυτοῖς **βαλλάντια** μὴ παλαιούμενα, θησαυρὸν ἀνέκλειπτον ἐν τοῖς οὐρανοῖς,

22:35 Ὅτε ἀπέστειλα ὑμᾶς ἄτερ **βαλλαντίου** καὶ πήρας καὶ ὑποδημάτων,
22:36 Ἀλλὰ νῦν ὁ ἔχων **βαλλάντιον** ἀράτω, ὁμοίως καὶ πήραν,

965 βάλλω [122]

→ *327, 332, 506, 610, 612, 613, 1017, 1018, 1064, 1074, 1075, 1076, 1286, 1330, 1333, 1675, 1678, 1833, 2095, 2099, 2850, 2856, 3344, 3554, 4125, 4129, 4130, 4212, 4213, 4314, 4316, 4582, 5202, 5560, 5649, 5650, 5651, 5680; cf. 311*

βάλλω εἰς; εἰς βάλλω [65] Mt 3:10; 4:18; 5:25,29; 6:30; 7:19; 9:17,17; 13:42,47,50; 18:8,9,30; 21:21; 27:6; Mk 2:22; 7:33; 9:22,42,45,47; 11:23; 12:41,43; Lk 3:9; 5:37; 12:28,58; 13:19; 21:1,4; 23:25; Jn 3:24; 5:7; 13:2,5; 15:6; 18:11; 20:25,25,27; 21:6,7; Ac 16:23,24,37; 22:23; Jas 3:3; Rev 2:10,22; 8:5,7,8; 12:4,9,13; 14:19,19; 18:21; 19:20; 20:3,10,14,15

βάλλω κλῆρος [4] Mt 27:35; Mk 15:24; Lk 23:34; Jn 19:24

ἔβαλαν [1] Ac 16:37

ἐπὶ βάλλω; βάλλω ἐπί [11] Mt 9:2; 10:34; Mk 4:26; 7:30; 15:24; Lk 12:49; Jn 8:7,59; 19:24; Rev 2:24; 18:19

Mt 3:10 πᾶν οὖν δένδρον μὴ ποιοῦν καρπὸν καλὸν ἐκκόπτεται καὶ εἰς πῦρ **βάλλεται.**
4: 6 Εἰ υἱὸς εἶ τοῦ θεοῦ, **βάλε** σεαυτὸν κάτω·
4:18 Σίμωνα τὸν λεγόμενον Πέτρον καὶ Ἀνδρέαν τὸν ἀδελφὸν αὐτοῦ, **βάλλοντας** ἀμφίβληστρον εἰς τὴν θάλασσαν·
5:13 εἰς οὐδὲν ἰσχύει ἔτι εἰ μὴ **βληθὲν** ἔξω καταπατεῖσθαι ὑπὸ τῶν ἀνθρώπων.
5:25 μήποτέ σε παραδῷ ὁ ἀντίδικος τῷ κριτῇ καὶ ὁ κριτὴς τῷ ὑπηρέτῃ καὶ εἰς φυλακὴν **βληθήσῃ·**
5:29 εἰ δὲ ὁ ὀφθαλμός σου ὁ δεξιὸς σκανδαλίζει σε, ἔξελε αὐτὸν καὶ **βάλε** ἀπὸ σοῦ· συμφέρει γάρ σοι ἵνα ἀπόληται ἓν τῶν μελῶν σου καὶ μὴ ὅλον τὸ σῶμά σου **βληθῇ** εἰς γέενναν.
5:30 καὶ εἰ ἡ δεξιά σου χεὶρ σκανδαλίζει σε, ἔκκοψον αὐτὴν καὶ **βάλε** ἀπὸ σοῦ·
6:30 εἰ δὲ τὸν χόρτον τοῦ ἀγροῦ σήμερον ὄντα καὶ αὔριον εἰς κλίβανον **βαλλόμενον** ὁ θεὸς οὕτως ἀμφιέννυσιν,
7: 6 Μὴ δῶτε τὸ ἅγιον τοῖς κυσὶν μηδὲ **βάλητε** τοὺς μαργαρίτας ὑμῶν ἔμπροσθεν τῶν χοίρων,
7:19 πᾶν δένδρον μὴ ποιοῦν καρπὸν καλὸν ἐκκόπτεται καὶ εἰς πῦρ **βάλλεται.**
8: 6 ὁ παῖς μου **βέβληται** ἐν τῇ οἰκίᾳ παραλυτικός,
8:14 Καὶ ἐλθὼν ὁ Ἰησοῦς εἰς τὴν οἰκίαν Πέτρου εἶδεν τὴν πενθερὰν αὐτοῦ **βεβλημένην** καὶ πυρέσσουσαν·
9: 2 καὶ ἰδοὺ προσέφερον αὐτῷ παραλυτικὸν ἐπὶ κλίνης **βεβλημένον.**
9:17 οὐδὲ **βάλλουσιν** οἶνον νέον εἰς ἀσκοὺς παλαιούς· εἰ δὲ μή γε, ῥήγνυνται οἱ ἀσκοί, καὶ ὁ οἶνος ἐκχεῖται καὶ οἱ ἀσκοὶ ἀπόλλυνται· ἀλλὰ **βάλλουσιν** οἶνον νέον εἰς ἀσκοὺς καινούς, καὶ ἀμφότεροι συντηροῦνται.
10:34 Μὴ νομίσητε ὅτι ἦλθον **βαλεῖν** εἰρήνην ἐπὶ τὴν γῆν· οὐκ ἦλθον **βαλεῖν** εἰρήνην ἀλλὰ μάχαιραν.
13:42 καὶ **βαλοῦσιν** αὐτοὺς εἰς τὴν κάμινον τοῦ πυρός·
13:47 Πάλιν ὁμοία ἐστὶν ἡ βασιλεία τῶν οὐρανῶν σαγήνῃ **βληθείσῃ** εἰς τὴν θάλασσαν καὶ ἐκ παντὸς γένους συναγαγούσῃ·
13:48 ὅτε ἐπληρώθη ἀναβιβάσαντες ἐπὶ τὸν αἰγιαλὸν καὶ καθίσαντες συνέλεξαν τὰ καλὰ εἰς ἄγγη, τὰ δὲ σαπρὰ ἔξω **ἔβαλον.**
13:50 καὶ **βαλοῦσιν** αὐτοὺς εἰς τὴν κάμινον τοῦ πυρός·
15:26 Οὐκ ἔστιν καλὸν λαβεῖν τὸν ἄρτον τῶν τέκνων καὶ **βαλεῖν** τοῖς κυναρίοις.
17:27 πορευθεὶς εἰς θάλασσαν **βάλε** ἄγκιστρον καὶ τὸν ἀναβάντα πρῶτον ἰχθὺν ἆρον,
18: 8 Εἰ δὲ ἡ χείρ σου ἢ ὁ πούς σου σκανδαλίζει σε, ἔκκοψον αὐτὸν καὶ **βάλε** ἀπὸ σοῦ· καλόν σοί ἐστιν εἰσελθεῖν εἰς τὴν ζωὴν κυλλὸν ἢ χωλὸν ἢ δύο χεῖρας ἢ δύο πόδας ἔχοντα **βληθῆναι** εἰς τὸ πῦρ τὸ αἰώνιον.
18: 9 καὶ εἰ ὁ ὀφθαλμός σου σκανδαλίζει σε, ἔξελε αὐτὸν καὶ **βάλε** ἀπὸ σοῦ· καλόν σοί ἐστιν μονόφθαλμον εἰς τὴν ζωὴν εἰσελθεῖν ἢ δύο ὀφθαλμοὺς ἔχοντα **βληθῆναι** εἰς τὴν γέενναν τοῦ πυρός.
18:30 ὁ δὲ οὐκ ἤθελεν ἀλλὰ ἀπελθὼν **ἔβαλεν** αὐτὸν εἰς φυλακὴν ἕως ἀποδῷ τὸ ὀφειλόμενον.
21:21 ἀλλὰ κἂν τῷ ὄρει τούτῳ εἴπητε, Ἄρθητι καὶ **βλήθητι** εἰς τὴν θάλασσαν, γενήσεται·
25:27 ἔδει σε οὖν **βαλεῖν** τὰ ἀργύριά μου τοῖς τραπεζίταις,
26:12 **βαλοῦσα** γὰρ αὕτη τὸ μύρον τοῦτο ἐπὶ τοῦ σώματός μου πρὸς τὸ ἐνταφιάσαι με ἐποίησεν.
27: 6 Οὐκ ἔξεστιν **βαλεῖν** αὐτὰ εἰς τὸν κορβανᾶν, ἐπεὶ τιμὴ αἵματός ἐστιν.
27:35 σταυρώσαντες δὲ αὐτὸν διεμερίσαντο τὰ ἱμάτια αὐτοῦ **βάλλοντες** κλῆρον,

Mk 2:22 καὶ οὐδεὶς **βάλλει** οἶνον νέον εἰς ἀσκοὺς παλαιούς·
4:26 Οὕτως ἐστὶν ἡ βασιλεία τοῦ θεοῦ ὡς ἄνθρωπος **βάλῃ** τὸν σπόρον ἐπὶ τῆς γῆς
7:27 οὐ γάρ ἐστιν καλὸν λαβεῖν τὸν ἄρτον τῶν τέκνων καὶ τοῖς κυναρίοις **βαλεῖν.**
7:30 καὶ ἀπελθοῦσα εἰς τὸν οἶκον αὐτῆς εὗρεν τὸ παιδίον **βεβλημένον** ἐπὶ τὴν κλίνην καὶ τὸ δαιμόνιον ἐξεληλυθός.
7:33 καὶ ἀπολαβόμενος αὐτὸν ἀπὸ τοῦ ὄχλου κατ' ἰδίαν **ἔβαλεν** τοὺς δακτύλους αὐτοῦ εἰς τὰ ὦτα αὐτοῦ
9:22 καὶ πολλάκις καὶ εἰς πῦρ αὐτὸν **ἔβαλεν** καὶ εἰς ὕδατα ἵνα ἀπολέσῃ αὐτόν·
9:42 καλόν ἐστιν αὐτῷ μᾶλλον εἰ περίκειται μύλος ὀνικὸς περὶ τὸν τράχηλον αὐτοῦ καὶ **βέβληται** εἰς τὴν θάλασσαν.
9:45 καλόν ἐστίν σε εἰσελθεῖν εἰς τὴν ζωὴν χωλὸν ἢ τοὺς δύο πόδας ἔχοντα **βληθῆναι** εἰς τὴν γέενναν.
9:47 καλόν σέ ἐστιν μονόφθαλμον εἰσελθεῖν εἰς τὴν βασιλείαν τοῦ θεοῦ ἢ δύο ὀφθαλμοὺς ἔχοντα **βληθῆναι** εἰς τὴν γέενναν,
11:23 ἀμὴν λέγω ὑμῖν ὅτι ὃς ἂν εἴπῃ τῷ ὄρει τούτῳ, Ἄρθητι καὶ **βλήθητι** εἰς τὴν θάλασσαν,
12:41 ἐθεώρει πῶς ὁ ὄχλος **βάλλει** χαλκὸν εἰς τὸ γαζοφυλάκιον. καὶ πολλοὶ πλούσιοι **ἔβαλλον** πολλά·
12:42 καὶ ἐλθοῦσα μία χήρα πτωχὴ **ἔβαλεν** λεπτὰ δύο,
12:43 Ἀμὴν λέγω ὑμῖν ὅτι ἡ χήρα αὕτη ἡ πτωχὴ πλεῖον πάντων **ἔβαλεν** τῶν **βαλλόντων** εἰς τὸ γαζοφυλάκιον·
12:44 πάντες γὰρ ἐκ τοῦ περισσεύοντος αὐτοῖς **ἔβαλον,** αὕτη δὲ ἐκ τῆς ὑστερήσεως αὐτῆς πάντα ὅσα εἶχεν **ἔβαλεν** ὅλον τὸν βίον αὐτῆς.
15:24 καὶ σταυροῦσιν αὐτὸν καὶ διαμερίζονται τὰ ἱμάτια αὐτοῦ, **βάλλοντες** κλῆρον ἐπ' αὐτὰ τίς τί ἄρῃ.

Lk 3: 9 πᾶν οὖν δένδρον μὴ ποιοῦν καρπὸν καλὸν ἐκκόπτεται καὶ εἰς πῦρ **βάλλεται.**
4: 9 Εἰ υἱὸς εἶ τοῦ θεοῦ, **βάλε** σεαυτὸν ἐντεῦθεν κάτω·
5:37 καὶ οὐδεὶς **βάλλει** οἶνον νέον εἰς ἀσκοὺς παλαιούς·
12:28 εἰ δὲ ἐν ἀγρῷ τὸν χόρτον ὄντα σήμερον καὶ αὔριον εἰς κλίβανον **βαλλόμενον** ὁ θεὸς οὕτως ἀμφιέζει,
12:49 Πῦρ ἦλθον **βαλεῖν** ἐπὶ τὴν γῆν, καὶ τί θέλω εἰ ἤδη ἀνήφθη.
12:58 καὶ ὁ κριτής σε παραδώσει τῷ πράκτορι, καὶ ὁ πράκτωρ σε **βαλεῖ** εἰς φυλακήν.
13: 8 ἕως ὅτου σκάψω περὶ αὐτὴν καὶ **βάλω** κόπρια,
13:19 ὁμοία ἐστὶν κόκκῳ σινάπεως, ὃν λαβὼν ἄνθρωπος **ἔβαλεν** εἰς κῆπον ἑαυτοῦ,
14:35 οὔτε εἰς γῆν οὔτε εἰς κοπρίαν εὔθετόν ἐστιν, ἔξω **βάλλουσιν** αὐτό.
16:20 πτωχὸς δέ τις ὀνόματι Λάζαρος **ἐβέβλητο** πρὸς τὸν πυλῶνα αὐτοῦ εἱλκωμένος
21: 1 Ἀναβλέψας δὲ εἶδεν τοὺς **βάλλοντας** εἰς τὸ γαζοφυλάκιον τὰ δῶρα αὐτῶν πλουσίους.
21: 2 εἶδεν δέ τινα χήραν πενιχρὰν **βάλλουσαν** ἐκεῖ λεπτὰ δύο,
21: 3 Ἀληθῶς λέγω ὑμῖν ὅτι ἡ χήρα αὕτη ἡ πτωχὴ πλεῖον πάντων **ἔβαλεν·**
21: 4 πάντες γὰρ οὗτοι ἐκ τοῦ περισσεύοντος αὐτοῖς **ἔβαλον** εἰς τὰ δῶρα, αὕτη δὲ ἐκ τοῦ ὑστερήματος αὐτῆς πάντα τὸν βίον ὃν εἶχεν **ἔβαλεν.**
23:19 ὅστις ἦν διὰ στάσιν τινὰ γενομένην ἐν τῇ πόλει καὶ φόνον **βληθεὶς** ἐν τῇ φυλακῇ.
23:25 ἀπέλυσεν δὲ τὸν διὰ στάσιν καὶ φόνον **βεβλημένον** εἰς φυλακὴν ὃν ᾐτοῦντο,
23:34 διαμεριζόμενοι δὲ τὰ ἱμάτια αὐτοῦ **ἔβαλον** κλήρους.

Jn 3:24 οὔπω γὰρ ἦν **βεβλημένος** εἰς τὴν φυλακὴν ὁ Ἰωάννης.
5: 7 ἄνθρωπον οὐκ ἔχω ἵνα ὅταν ταραχθῇ τὸ ὕδωρ **βάλῃ** με εἰς τὴν κολυμβήθραν·
8: 7 ⟦Ὁ ἀναμάρτητος ὑμῶν πρῶτος ἐπ' αὐτὴν **βαλέτω** λίθον.⟧
8:59 ἦραν οὖν λίθους ἵνα **βάλωσιν** ἐπ' αὐτόν. Ἰησοῦς δὲ ἐκρύβη καὶ ἐξῆλθεν ἐκ τοῦ ἱεροῦ.
12: 6 ἀλλ' ὅτι κλέπτης ἦν καὶ τὸ γλωσσόκομον ἔχων τὰ **βαλλόμενα** ἐβάσταζεν.
13: 2 τοῦ διαβόλου ἤδη **βεβληκότος** εἰς τὴν καρδίαν ἵνα παραδοῖ αὐτὸν Ἰούδας Σίμωνος Ἰσκαριώτου,
13: 5 εἶτα **βάλλει** ὕδωρ εἰς τὸν νιπτῆρα καὶ ἤρξατο νίπτειν τοὺς πόδας τῶν μαθητῶν καὶ ἐκμάσσειν τῷ λεντίῳ

15: 6 **ἐβλήθη** ἔξω ὡς τὸ κλῆμα καὶ ἐξηράνθη καὶ συνάγουσιν αὐτὰ καὶ εἰς τὸ πῦρ **βάλλουσιν** καὶ καίεται.
18: 11 εἶπεν οὖν ὁ Ἰησοῦς τῷ Πέτρῳ, **Βάλε** τὴν μάχαιραν εἰς τὴν θήκην·
19: 24 Διεμερίσαντο τὰ ἱμάτιά μου ἑαυτοῖς καὶ ἐπὶ τὸν ἱματισμόν μου **ἔβαλον** κλῆρον.
20: 25 Ἐὰν μὴ ἴδω ἐν ταῖς χερσὶν αὐτοῦ τὸν τύπον τῶν ἥλων καὶ **βάλω** τὸν δάκτυλόν μου εἰς τὸν τύπον τῶν ἥλων καὶ **βάλω** μου τὴν χεῖρα εἰς τὴν πλευρὰν αὐτοῦ,
20: 27 Φέρε τὸν δάκτυλόν σου ὧδε καὶ ἴδε τὰς χεῖράς μου καὶ φέρε τὴν χεῖρά σου καὶ **βάλε** εἰς τὴν πλευράν μου,
21: 6 **Βάλετε** εἰς τὰ δεξιὰ μέρη τοῦ πλοίου τὸ δίκτυον, καὶ εὑρήσετε. **ἔβαλον** οὖν, καὶ οὐκέτι αὐτὸ ἑλκύσαι ἴσχυον ἀπὸ τοῦ πλήθους τῶν ἰχθύων.
21: 7 ἦν γὰρ γυμνός, καὶ **ἔβαλεν** ἑαυτὸν εἰς τὴν θάλασσαν,
Ac 16: 23 πολλάς τε ἐπιθέντες αὐτοῖς πληγὰς **ἔβαλον** εἰς φυλακὴν παραγγείλαντες τῷ δεσμοφύλακι ἀσφαλῶς τηρεῖν αὐτούς.
16: 24 παραγγελίαν τοιαύτην λαβὼν **ἔβαλεν** αὐτοὺς εἰς τὴν ἐσωτέραν φυλακὴν καὶ τοὺς πόδας ἠσφαλίσατο αὐτῶν εἰς τὸ ξύλον.
16: 37 Δείραντες ἡμᾶς δημοσίᾳ ἀκατακρίτους, ἀνθρώπους Ῥωμαίους ὑπάρχοντας, **ἔβαλαν** εἰς φυλακήν,
22: 23 κραυγαζόντων τε αὐτῶν καὶ ῥιπτούντων τὰ ἱμάτια καὶ κονιορτὸν **βαλλόντων** εἰς τὸν ἀέρα,
27: 14 μετ' οὐ πολὺ δὲ **ἔβαλεν** κατ' αὐτῆς ἄνεμος τυφωνικὸς ὁ καλούμενος Εὐρακύλων·
Jas 3: 3 εἰ δὲ τῶν ἵππων τοὺς χαλινοὺς εἰς τὰ στόματα **βάλλομεν** εἰς τὸ πείθεσθαι αὐτοὺς ἡμῖν,
1Jn 4: 18 φόβος οὐκ ἔστιν ἐν τῇ ἀγάπῃ ἀλλ' ἡ τελεία ἀγάπη ἔξω **βάλλει** τὸν φόβον,
Rev 2: 10 ἰδοὺ μέλλει **βάλλειν** ὁ διάβολος ἐξ ὑμῶν εἰς φυλακὴν ἵνα πειρασθῆτε καὶ ἕξετε θλῖψιν ἡμερῶν δέκα.
2: 14 ὃς ἐδίδασκεν τῷ Βαλὰκ **βαλεῖν** σκάνδαλον ἐνώπιον τῶν υἱῶν Ἰσραὴλ φαγεῖν εἰδωλόθυτα καὶ πορνεῦσαι.
2: 22 ἰδοὺ **βάλλω** αὐτὴν εἰς κλίνην καὶ τοὺς μοιχεύοντας μετ' αὐτῆς εἰς θλῖψιν μεγάλην,
2: 24 οἵτινες οὐκ ἔγνωσαν τὰ βαθέα τοῦ Σατανᾶ ὡς λέγουσιν· οὐ **βάλλω** ἐφ' ὑμᾶς ἄλλο βάρος,
4: 10 καὶ προσκυνήσουσιν τῷ ζῶντι εἰς τοὺς αἰῶνας τῶν αἰώνων καὶ **βαλοῦσιν** τοὺς στεφάνους αὐτῶν ἐνώπιον τοῦ θρόνου λέγοντες,
6: 13 ὡς συκῆ **βάλλει** τοὺς ὀλύνθους αὐτῆς ὑπὸ ἀνέμου μεγάλου σειομένη,
8: 5 καὶ εἴληφεν ὁ ἄγγελος τὸν λιβανωτὸν καὶ ἐγέμισεν αὐτὸν ἐκ τοῦ πυρὸς τοῦ θυσιαστηρίου καὶ **ἔβαλεν** εἰς τὴν γῆν,
8: 7 καὶ ἐγένετο χάλαζα καὶ πῦρ μεμιγμένα ἐν αἵματι καὶ **ἐβλήθη** εἰς τὴν γῆν,
8: 8 καὶ ὡς ὄρος μέγα πυρὶ καιόμενον **ἐβλήθη** εἰς τὴν θάλασσαν,
12: 4 καὶ ἡ οὐρὰ αὐτοῦ σύρει τὸ τρίτον τῶν ἀστέρων τοῦ οὐρανοῦ καὶ **ἔβαλεν** αὐτοὺς εἰς τὴν γῆν.
12: 9 καὶ **ἐβλήθη** ὁ δράκων ὁ μέγας, ὁ ὄφις ὁ ἀρχαῖος, ὁ καλούμενος Διάβολος καὶ ὁ Σατανᾶς, ὁ πλανῶν τὴν οἰκουμένην ὅλην, **ἐβλήθη** εἰς τὴν γῆν, καὶ οἱ ἄγγελοι αὐτοῦ μετ' αὐτοῦ **ἐβλήθησαν.**
12: 10 ὅτι **ἐβλήθη** ὁ κατήγωρ τῶν ἀδελφῶν ἡμῶν, ὁ κατηγορῶν αὐτοὺς ἐνώπιον τοῦ θεοῦ ἡμῶν ἡμέρας καὶ νυκτός.
12: 13 Καὶ ὅτε εἶδεν ὁ δράκων ὅτι **ἐβλήθη** εἰς τὴν γῆν,
12: 15 καὶ **ἔβαλεν** ὁ ὄφις ἐκ τοῦ στόματος αὐτοῦ ὀπίσω τῆς γυναικὸς ὕδωρ ὡς ποταμόν,
12: 16 καὶ ἤνοιξεν ἡ γῆ τὸ στόμα αὐτῆς καὶ κατέπιεν τὸν ποταμὸν ὃν **ἔβαλεν** ὁ δράκων ἐκ τοῦ στόματος αὐτοῦ.
14: 16 καὶ **ἔβαλεν** ὁ καθήμενος ἐπὶ τῆς νεφέλης τὸ δρέπανον αὐτοῦ ἐπὶ τὴν γῆν καὶ ἐθερίσθη ἡ γῆ.
14: 19 καὶ **ἔβαλεν** ὁ ἄγγελος τὸ δρέπανον αὐτοῦ εἰς τὴν γῆν καὶ ἐτρύγησεν τὴν ἄμπελον τῆς γῆς καὶ **ἔβαλεν** εἰς τὴν ληνὸν τοῦ θυμοῦ τοῦ θεοῦ τὸν μέγαν.
18: 19 καὶ **ἔβαλον** χοῦν ἐπὶ τὰς κεφαλὰς αὐτῶν καὶ ἔκραζον κλαίοντες καὶ πενθοῦντες λέγοντες,
18: 21 Καὶ ἦρεν εἷς ἄγγελος ἰσχυρὸς λίθον ὡς μύλινον μέγαν καὶ **ἔβαλεν** εἰς τὴν θάλασσαν λέγων, Οὕτως ὁρμήματι **βληθήσεται** Βαβυλὼν ἡ μεγάλη πόλις καὶ οὐ μὴ εὑρεθῇ ἔτι.
19: 20 ζῶντες **ἐβλήθησαν** οἱ δύο εἰς τὴν λίμνην τοῦ πυρὸς τῆς καιομένης ἐν θείῳ.
20: 3 καὶ **ἔβαλεν** αὐτὸν εἰς τὴν ἄβυσσον καὶ ἔκλεισεν καὶ ἐσφράγισεν ἐπάνω αὐτοῦ,
20: 10 καὶ ὁ διάβολος ὁ πλανῶν αὐτοὺς **ἐβλήθη** εἰς τὴν λίμνην τοῦ πυρὸς καὶ θείου ὅπου καὶ τὸ θηρίον καὶ ὁ ψευδοπροφήτης,
20: 14 καὶ ὁ θάνατος καὶ ὁ ᾅδης **ἐβλήθησαν** εἰς τὴν λίμνην τοῦ πυρός.
20: 15 καὶ εἴ τις οὐχ εὑρέθη ἐν τῇ βίβλῳ τῆς ζωῆς γεγραμμένος, **ἐβλήθη** εἰς τὴν λίμνην τοῦ πυρός.

966 βαπτίζω [77]

√ 970

βάπτισμα ... βαπτίζω [6] Mk 1:4; 10:38,39; Lk 7:29; 12:50; Ac 19:4; cf. Ac 19:3

ἐν βαπτίζω; βαπτίζω ἐν [16] Mt 3:6,11,11; Mk 1:4,5,8; Lk 3:16; Jn 1:26,31,33,33; 3:23; Ac 1:5; 10:48; 11:16; 1Co 10:2

βαπτίζω εἰς; εἰς βαπτίζω [13] Mt 3:11; 28:19; Mk 1:9; Ac 8:16; 19:3,5; Ro 6:3,3; 1Co 1:13,15; 10:2; 12:13; Gal 3:27

βαπτίζω εἰς μετάνοιαν [1] Mt 3:11

βαπτίζω ὑπέρ [2] 1Co 15:29,29

βαπτίζω ὑπό [7] Mt 3:6,13,14; Mk 1:5,9; Lk 3:7; 7:30

Mt 3: 6 καὶ **ἐβαπτίζοντο** ἐν τῷ Ἰορδάνῃ ποταμῷ ὑπ' αὐτοῦ ἐξομολογούμενοι τὰς ἁμαρτίας αὐτῶν.
3: 11 ἐγὼ μὲν ὑμᾶς **βαπτίζω** ἐν ὕδατι εἰς μετάνοιαν,
3: 11 αὐτὸς ὑμᾶς **βαπτίσει** ἐν πνεύματι ἁγίῳ καὶ πυρί·
3: 13 Τότε παραγίνεται ὁ Ἰησοῦς ἀπὸ τῆς Γαλιλαίας ἐπὶ τὸν Ἰορδάνην πρὸς τὸν Ἰωάννην τοῦ **βαπτισθῆναι** ὑπ' αὐτοῦ.
3: 14 Ἐγὼ χρείαν ἔχω ὑπὸ σοῦ **βαπτισθῆναι,** καὶ σὺ ἔρχῃ πρός με;
3: 16 **βαπτισθεὶς** δὲ ὁ Ἰησοῦς εὐθὺς ἀνέβη ἀπὸ τοῦ ὕδατος·
28: 19 **βαπτίζοντες** αὐτοὺς εἰς τὸ ὄνομα τοῦ πατρὸς καὶ τοῦ υἱοῦ καὶ τοῦ ἁγίου πνεύματος,
Mk 1: 4 ἐγένετο Ἰωάννης [ὁ] **βαπτίζων** ἐν τῇ ἐρήμῳ καὶ κηρύσσων βάπτισμα μετανοίας εἰς ἄφεσιν ἁμαρτιῶν.
1: 5 καὶ **ἐβαπτίζοντο** ὑπ' αὐτοῦ ἐν τῷ Ἰορδάνῃ ποταμῷ ἐξομολογούμενοι τὰς ἁμαρτίας αὐτῶν.
1: 8 ἐγὼ **ἐβάπτισα** ὑμᾶς ὕδατι, αὐτὸς δὲ **βαπτίσει** ὑμᾶς ἐν πνεύματι ἁγίῳ.
1: 9 ἐν ἐκείναις ταῖς ἡμέραις ἦλθεν Ἰησοῦς ἀπὸ Ναζαρὲτ τῆς Γαλιλαίας καὶ **ἐβαπτίσθη** εἰς τὸν Ἰορδάνην ὑπὸ Ἰωάννου.
6: 14 καὶ ἔλεγον ὅτι Ἰωάννης ὁ **βαπτίζων** ἐγήγερται ἐκ νεκρῶν καὶ διὰ τοῦτο ἐνεργοῦσιν αἱ δυνάμεις ἐν αὐτῷ.
6: 24 ἡ δὲ εἶπεν, Τὴν κεφαλὴν Ἰωάννου τοῦ **βαπτίζοντος.**
7: 4 καὶ ἀπ' ἀγορᾶς ἐὰν μὴ **βαπτίσωνται** οὐκ ἐσθίουσιν,
10: 38 δύνασθε πιεῖν τὸ ποτήριον ὃ ἐγὼ πίνω ἢ τὸ βάπτισμα ὃ ἐγὼ **βαπτίζομαι βαπτισθῆναι;**
10: 39 Τὸ ποτήριον ὃ ἐγὼ πίνω πίεσθε καὶ τὸ βάπτισμα ὃ ἐγὼ **βαπτίζομαι βαπτισθήσεσθε,**
16: 16 ⟦ὁ πιστεύσας καὶ **βαπτισθεὶς** σωθήσεται, ὁ δὲ ἀπιστήσας κατακριθήσεται.⟧
Lk 3: 7 Ἔλεγεν οὖν τοῖς ἐκπορευομένοις ὄχλοις **βαπτισθῆναι** ὑπ' αὐτοῦ,
3: 12 ἦλθον δὲ καὶ τελῶναι **βαπτισθῆναι** καὶ εἶπαν πρὸς αὐτόν,
3: 16 λέγων πᾶσιν ὁ Ἰωάννης, Ἐγὼ μὲν ὕδατι **βαπτίζω** ὑμᾶς·
3: 16 αὐτὸς ὑμᾶς **βαπτίσει** ἐν πνεύματι ἁγίῳ καὶ πυρί·
3: 21 Ἐγένετο δὲ ἐν τῷ **βαπτισθῆναι** ἅπαντα τὸν λαὸν καὶ Ἰησοῦ **βαπτισθέντος** καὶ προσευχομένου ἀνεῳχθῆναι τὸν οὐρανὸν
7: 29 Καὶ πᾶς ὁ λαὸς ἀκούσας καὶ οἱ τελῶναι ἐδικαίωσαν τὸν θεὸν **βαπτισθέντες** τὸ βάπτισμα Ἰωάννου·
7: 30 οἱ δὲ Φαρισαῖοι καὶ οἱ νομικοὶ τὴν βουλὴν τοῦ θεοῦ ἠθέτησαν εἰς ἑαυτοὺς μὴ **βαπτισθέντες** ὑπ' αὐτοῦ.
11: 38 ὁ δὲ Φαρισαῖος ἰδὼν ἐθαύμασεν ὅτι οὐ πρῶτον **ἐβαπτίσθη** πρὸ τοῦ ἀρίστου.
12: 50 βάπτισμα δὲ ἔχω **βαπτισθῆναι,** καὶ πῶς συνέχομαι ἕως ὅτου τελεσθῇ.
Jn 1: 25 Τί οὖν **βαπτίζεις** εἰ σὺ οὐκ εἶ ὁ Χριστὸς οὐδὲ Ἠλίας οὐδὲ ὁ προφήτης;
1: 26 ἀπεκρίθη αὐτοῖς ὁ Ἰωάννης λέγων, Ἐγὼ **βαπτίζω** ἐν ὕδατι·
1: 28 Ταῦτα ἐν Βηθανίᾳ ἐγένετο πέραν τοῦ Ἰορδάνου, ὅπου ἦν ὁ Ἰωάννης **βαπτίζων.**
1: 31 ἀλλ' ἵνα φανερωθῇ τῷ Ἰσραὴλ διὰ τοῦτο ἦλθον ἐγὼ ἐν ὕδατι **βαπτίζων.**
1: 33 ἀλλ' ὁ πέμψας με **βαπτίζειν** ἐν ὕδατι ἐκεῖνός μοι εἶπεν, Ἐφ' ὃν ἂν ἴδῃς τὸ πνεῦμα καταβαῖνον καὶ μένον ἐπ' αὐτόν, οὗτός ἐστιν ὁ **βαπτίζων** ἐν πνεύματι ἁγίῳ.
3: 22 Μετὰ ταῦτα ἦλθεν ὁ Ἰησοῦς καὶ οἱ μαθηταὶ αὐτοῦ εἰς τὴν Ἰουδαίαν γῆν καὶ ἐκεῖ διέτριβεν μετ' αὐτῶν καὶ **ἐβάπτιζεν.**
3: 23 ἦν δὲ καὶ ὁ Ἰωάννης **βαπτίζων** ἐν Αἰνὼν ἐγγὺς τοῦ Σαλείμ, ὅτι ὕδατα πολλὰ ἦν ἐκεῖ, καὶ παρεγίνοντο καὶ **ἐβαπτίζοντο·**

3:26 ἴδε οὗτος **βαπτίζει** καὶ πάντες ἔρχονται πρὸς αὐτόν.
4: 1 Ὡς οὖν ἔγνω ὁ Ἰησοῦς ὅτι ἤκουσαν οἱ Φαρισαῖοι ὅτι Ἰησοῦς πλείονας μαθητὰς ποιεῖ καὶ **βαπτίζει** ἢ Ἰωάννης
4: 2 –καίτοιγε Ἰησοῦς αὐτὸς οὐκ **ἐβάπτιζεν** ἀλλʼ οἱ μαθηταὶ αὐτοῦ–
10:40 Καὶ ἀπῆλθεν πάλιν πέραν τοῦ Ἰορδάνου εἰς τὸν τόπον ὅπου ἦν Ἰωάννης τὸ πρῶτον **βαπτίζων** καὶ ἔμεινεν ἐκεῖ.
Ac 1: 5 ὅτι Ἰωάννης μὲν **ἐβάπτισεν** ὕδατι, ὑμεῖς δὲ ἐν πνεύματι **βαπτισθήσεσθε** ἁγίῳ οὐ μετὰ πολλὰς ταύτας ἡμέρας.
2:38 καὶ **βαπτισθήτω** ἕκαστος ὑμῶν ἐπὶ τῷ ὀνόματι Ἰησοῦ Χριστοῦ εἰς ἄφεσιν τῶν ἁμαρτιῶν ὑμῶν καὶ λήμψεσθε τὴν δωρεὰν τοῦ ἁγίου πνεύματος.
2:41 οἱ μὲν οὖν ἀποδεξάμενοι τὸν λόγον αὐτοῦ **ἐβαπτίσθησαν** καὶ προσετέθησαν ἐν τῇ ἡμέρᾳ ἐκείνῃ ψυχαὶ ὡσεὶ τρισχίλιαι.
8:12 ὅτε δὲ ἐπίστευσαν τῷ Φιλίππῳ εὐαγγελιζομένῳ περὶ τῆς βασιλείας τοῦ θεοῦ καὶ τοῦ ὀνόματος Ἰησοῦ Χριστοῦ, **ἐβαπτίζοντο** ἄνδρες τε καὶ γυναῖκες.
8:13 ὁ δὲ Σίμων καὶ αὐτὸς ἐπίστευσεν καὶ **βαπτισθεὶς** ἦν προσκαρτερῶν τῷ Φιλίππῳ,
8:16 μόνον δὲ **βεβαπτισμένοι** ὑπῆρχον εἰς τὸ ὄνομα τοῦ κυρίου Ἰησοῦ.
8:36 καί φησιν ὁ εὐνοῦχος, Ἰδοὺ ὕδωρ, τί κωλύει με **βαπτισθῆναι;**
8:38 ὅ τε Φίλιππος καὶ ὁ εὐνοῦχος, καὶ **ἐβάπτισεν** αὐτόν.
9:18 καὶ εὐθέως ἀπέπεσαν αὐτοῦ ἀπὸ τῶν ὀφθαλμῶν ὡς λεπίδες, ἀνέβλεψέν τε καὶ ἀναστὰς **ἐβαπτίσθη**
10:47 Μήτι τὸ ὕδωρ δύναται κωλῦσαί τις τοῦ μὴ **βαπτισθῆναι** τούτους,
10:48 προσέταξεν δὲ αὐτοὺς ἐν τῷ ὀνόματι Ἰησοῦ Χριστοῦ **βαπτισθῆναι.**
11:16 Ἰωάννης μὲν **ἐβάπτισεν** ὕδατι, ὑμεῖς δὲ **βαπτισθήσεσθε** ἐν πνεύματι ἁγίῳ.
16:15 ὡς δὲ **ἐβαπτίσθη** καὶ ὁ οἶκος αὐτῆς, παρεκάλεσεν λέγουσα,
16:33 καὶ **ἐβαπτίσθη** αὐτὸς καὶ οἱ αὐτοῦ πάντες παραχρῆμα,
18: 8 καὶ πολλοὶ τῶν Κορινθίων ἀκούοντες ἐπίστευον καὶ **ἐβαπτίζοντο.**
19: 3 εἶπέν τε, Εἰς τί οὖν **ἐβαπτίσθητε;** οἱ δὲ εἶπαν, Εἰς τὸ Ἰωάννου βάπτισμα.
19: 4 Ἰωάννης **ἐβάπτισεν** βάπτισμα μετανοίας τῷ λαῷ λέγων εἰς τὸν ἐρχόμενον μετʼ αὐτὸν ἵνα πιστεύσωσιν,
19: 5 ἀκούσαντες δὲ **ἐβαπτίσθησαν** εἰς τὸ ὄνομα τοῦ κυρίου Ἰησοῦ,
22:16 ἀναστὰς **βάπτισαι** καὶ ἀπόλουσαι τὰς ἁμαρτίας σου ἐπικαλεσάμενος τὸ ὄνομα αὐτοῦ.
Ro 6: 3 ἢ ἀγνοεῖτε ὅτι, ὅσοι **ἐβαπτίσθημεν** εἰς Χριστὸν Ἰησοῦν, εἰς τὸν θάνατον αὐτοῦ **ἐβαπτίσθημεν;**
1Co 1:13 μὴ Παῦλος ἐσταυρώθη ὑπὲρ ὑμῶν, ἢ εἰς τὸ ὄνομα Παύλου **ἐβαπτίσθητε;**
1:14 εὐχαριστῶ [τῷ θεῷ] ὅτι οὐδένα ὑμῶν **ἐβάπτισα** εἰ μὴ Κρίσπον καὶ Γάϊον,
1:15 ἵνα μή τις εἴπῃ ὅτι εἰς τὸ ἐμὸν ὄνομα **ἐβαπτίσθητε.**
1:16 **ἐβάπτισα** δὲ καὶ τὸν Στεφανᾶ οἶκον, λοιπὸν οὐκ οἶδα εἴ τινα ἄλλον **ἐβάπτισα.**
1:17 οὐ γὰρ ἀπέστειλέν με Χριστὸς **βαπτίζειν** ἀλλὰ εὐαγγελίζεσθαι,
10: 2 καὶ πάντες εἰς τὸν Μωϋσῆν **ἐβαπτίσθησαν** ἐν τῇ νεφέλῃ καὶ ἐν τῇ θαλάσσῃ
12:13 καὶ γὰρ ἐν ἑνὶ πνεύματι ἡμεῖς πάντες εἰς ἓν σῶμα **ἐβαπτίσθημεν,**
15:29 Ἐπεὶ τί ποιήσουσιν οἱ **βαπτιζόμενοι** ὑπὲρ τῶν νεκρῶν; εἰ ὅλως νεκροὶ οὐκ ἐγείρονται, τί καὶ **βαπτίζονται** ὑπὲρ αὐτῶν;
Gal 3:27 ὅσοι γὰρ εἰς Χριστὸν **ἐβαπτίσθητε,** Χριστὸν ἐνεδύσασθε.

967 βάπτισμα [19]

√ *970*

βαπτίζω ... βάπτισμα [6] Mk 1:4; 10:38,39; Lk 7:29; 12:50; Ac 19:4; cf. Ac 19:3

βάπτισμα μετανοίας [4] Mk 1:4; Lk 3:3; Ac 13:24; 19:4

Mt 3: 7 Ἰδὼν δὲ πολλοὺς τῶν Φαρισαίων καὶ Σαδδουκαίων ἐρχομένους ἐπὶ τὸ **βάπτισμα** αὐτοῦ εἶπεν αὐτοῖς,
21:25 τὸ **βάπτισμα** τὸ Ἰωάννου πόθεν ἦν; ἐξ οὐρανοῦ ἢ ἐξ ἀνθρώπων;
Mk 1: 4 ἐγένετο Ἰωάννης [ὁ] βαπτίζων ἐν τῇ ἐρήμῳ καὶ κηρύσσων **βάπτισμα** μετανοίας εἰς ἄφεσιν ἁμαρτιῶν.
10:38 δύνασθε πιεῖν τὸ ποτήριον ὃ ἐγὼ πίνω ἢ τὸ **βάπτισμα** ὃ ἐγὼ βαπτίζομαι βαπτισθῆναι;
10:39 Τὸ ποτήριον ὃ ἐγὼ πίνω πίεσθε καὶ τὸ **βάπτισμα** ὃ ἐγὼ βαπτίζομαι βαπτισθήσεσθε,
11:30 τὸ **βάπτισμα** τὸ Ἰωάννου ἐξ οὐρανοῦ ἦν ἢ ἐξ ἀνθρώπων;
Lk 3: 3 καὶ ἦλθεν εἰς πᾶσαν [τὴν] περίχωρον τοῦ Ἰορδάνου κηρύσσων **βάπτισμα** μετανοίας εἰς ἄφεσιν ἁμαρτιῶν,
7:29 Καὶ πᾶς ὁ λαὸς ἀκούσας καὶ οἱ τελῶναι ἐδικαίωσαν τὸν θεὸν βαπτισθέντες τὸ **βάπτισμα** Ἰωάννου·
12:50 **βάπτισμα** δὲ ἔχω βαπτισθῆναι, καὶ πῶς συνέχομαι ἕως ὅτου τελεσθῇ.
20: 4 Τὸ **βάπτισμα** Ἰωάννου ἐξ οὐρανοῦ ἦν ἢ ἐξ ἀνθρώπων;
Ac 1:22 ἀρξάμενος ἀπὸ τοῦ **βαπτίσματος** Ἰωάννου ἕως τῆς ἡμέρας ἧς ἀνελήμφθη ἀφʼ ἡμῶν,
10:37 ἀρξάμενος ἀπὸ τῆς Γαλιλαίας μετὰ τὸ **βάπτισμα** ὃ ἐκήρυξεν Ἰωάννης,
13:24 προκηρύξαντος Ἰωάννου πρὸ προσώπου τῆς εἰσόδου αὐτοῦ **βάπτισμα** μετανοίας παντὶ τῷ λαῷ Ἰσραήλ.
18:25 καὶ ζέων τῷ πνεύματι ἐλάλει καὶ ἐδίδασκεν ἀκριβῶς τὰ περὶ τοῦ Ἰησοῦ, ἐπιστάμενος μόνον τὸ **βάπτισμα** Ἰωάννου·
19: 3 Εἰς τί οὖν ἐβαπτίσθητε; οἱ δὲ εἶπαν, Εἰς τὸ Ἰωάννου **βάπτισμα.**
19: 4 Ἰωάννης ἐβάπτισεν **βάπτισμα** μετανοίας τῷ λαῷ λέγων εἰς τὸν ἐρχόμενον μετʼ αὐτὸν ἵνα πιστεύσωσιν,
Ro 6: 4 συνετάφημεν οὖν αὐτῷ διὰ τοῦ **βαπτίσματος** εἰς τὸν θάνατον,
Eph 4: 5 εἷς κύριος, μία πίστις, ἓν **βάπτισμα,**
1Pe 3:21 ὃ καὶ ὑμᾶς ἀντίτυπον νῦν σῴζει **βάπτισμα,** οὐ σαρκὸς ἀπόθεσις ῥύπου ἀλλὰ συνειδήσεως ἀγαθῆς ἐπερώτημα εἰς θεόν,

968 βαπτισμός [4]

√ *970*

Mk 7: 4 **βαπτισμοὺς** ποτηρίων καὶ ξεστῶν καὶ χαλκίων [καὶ κλινῶν–]
Col 2:12 συνταφέντες αὐτῷ ἐν τῷ **βαπτισμῷ,** ἐν ᾧ καὶ συνηγέρθητε διὰ τῆς πίστεως τῆς ἐνεργείας τοῦ θεοῦ τοῦ ἐγείραντος αὐτὸν
Heb 6: 2 **βαπτισμῶν** διδαχῆς ἐπιθέσεώς τε χειρῶν, ἀναστάσεώς τε νεκρῶν καὶ κρίματος αἰωνίου.
9:10 μόνον ἐπὶ βρώμασιν καὶ πόμασιν καὶ διαφόροις **βαπτισμοῖς,**

969 βαπτιστής [12]

√ *970*

Mt 3: 1 Ἐν δὲ ταῖς ἡμέραις ἐκείναις παραγίνεται Ἰωάννης ὁ **βαπτιστὴς** κηρύσσων ἐν τῇ ἐρήμῳ τῆς Ἰουδαίας
11:11 οὐκ ἐγήγερται ἐν γεννητοῖς γυναικῶν μείζων Ἰωάννου τοῦ **βαπτιστοῦ·**
11:12 ἀπὸ δὲ τῶν ἡμερῶν Ἰωάννου τοῦ **βαπτιστοῦ** ἕως ἄρτι ἡ βασιλεία τῶν οὐρανῶν βιάζεται καὶ βιασταὶ ἁρπάζουσιν αὐτήν.
14: 2 καὶ εἶπεν τοῖς παισὶν αὐτοῦ, Οὗτός ἐστιν Ἰωάννης ὁ **βαπτιστής·**
14: 8 ὧδε ἐπὶ πίνακι τὴν κεφαλὴν Ἰωάννου τοῦ **βαπτιστοῦ.**
16:14 Οἱ μὲν Ἰωάννην τὸν **βαπτιστήν,** ἄλλοι δὲ Ἠλίαν,
17:13 τότε συνῆκαν οἱ μαθηταὶ ὅτι περὶ Ἰωάννου τοῦ **βαπτιστοῦ** εἶπεν αὐτοῖς.
Mk 6:25 Θέλω ἵνα ἐξαυτῆς δῷς μοι ἐπὶ πίνακι τὴν κεφαλὴν Ἰωάννου τοῦ **βαπτιστοῦ.**
8:28 οἱ δὲ εἶπαν αὐτῷ λέγοντες [ὅτι] Ἰωάννην τὸν **βαπτιστήν,**
Lk 7:20 Ἰωάννης ὁ **βαπτιστὴς** ἀπέστειλεν ἡμᾶς πρὸς σὲ λέγων,
7:33 ἐλήλυθεν γὰρ Ἰωάννης ὁ **βαπτιστὴς** μὴ ἐσθίων ἄρτον μήτε πίνων οἶνον,
9:19 ἀποκριθέντες εἶπαν, Ἰωάννην τὸν **βαπτιστήν,** ἄλλοι δὲ Ἠλίαν,

970 βάπτω [4]

→ *966, 967, 968, 969, 1834, 1835*

Lk 16:24 ἐλέησόν με καὶ πέμψον Λάζαρον ἵνα **βάψῃ** τὸ ἄκρον τοῦ δακτύλου αὐτοῦ ὕδατος καὶ καταψύξῃ τὴν γλῶσσάν μου,
Jn 13:26 ἀποκρίνεται [ὁ] Ἰησοῦς, Ἐκεῖνός ἐστιν ᾧ ἐγὼ **βάψω** τὸ ψωμίον καὶ δώσω αὐτῷ. **βάψας** οὖν τὸ ψωμίον [λαμβάνει καὶ] δίδωσιν Ἰούδᾳ Σίμωνος Ἰσκαριώτου.
Rev 19:13 καὶ περιβεβλημένος ἱμάτιον **βεβαμμένον** αἵματι, καὶ κέκληται τὸ ὄνομα αὐτοῦ ὁ λόγος τοῦ θεοῦ.

971 **βαρ** Not used in UBS/NIV

972 **Βαραββᾶς** [11]

Mt 27:16 εἶχον δὲ τότε δέσμιον ἐπίσημον λεγόμενον [Ἰησοῦν] **Βαραββᾶν.**
27:17 [Ἰησοῦν τὸν] **Βαραββᾶν** ἢ Ἰησοῦν τὸν λεγόμενον Χριστόν;
27:20 Οἱ δὲ ἀρχιερεῖς καὶ οἱ πρεσβύτεροι ἔπεισαν τοὺς ὄχλους ἵνα αἰτήσωνται τὸν **Βαραββᾶν,**
27:21 Τίνα θέλετε ἀπὸ τῶν δύο ἀπολύσω ὑμῖν; οἱ δὲ εἶπαν, Τὸν **Βαραββᾶν.**
27:26 τότε ἀπέλυσεν αὐτοῖς τὸν **Βαραββᾶν,** τὸν δὲ Ἰησοῦν φραγελλώσας παρέδωκεν ἵνα σταυρωθῇ.
Mk 15: 7 ἦν δὲ ὁ λεγόμενος **Βαραββᾶς** μετὰ τῶν στασιαστῶν δεδεμένος οἵτινες ἐν τῇ στάσει φόνον πεποιήκεισαν.
15:11 οἱ δὲ ἀρχιερεῖς ἀνέσεισαν τὸν ὄχλον ἵνα μᾶλλον τὸν **Βαραββᾶν** ἀπολύσῃ αὐτοῖς.
15:15 ὁ δὲ Πιλᾶτος βουλόμενος τῷ ὄχλῳ τὸ ἱκανὸν ποιῆσαι ἀπέλυσεν αὐτοῖς τὸν **Βαραββᾶν,**
Lk 23:18 ἀνέκραγον δὲ παμπληθεὶ λέγοντες, Αἶρε τοῦτον, ἀπόλυσον δὲ ἡμῖν τὸν **Βαραββᾶν·**
Jn 18:40 ἐκραύγασαν οὖν πάλιν λέγοντες, Μὴ τοῦτον ἀλλὰ τὸν **Βαραββᾶν.** ἦν δὲ ὁ **Βαραββᾶς** λῃστής.

973 **Βαράκ** [1]

Heb 11:32 ἐπιλείψει με γὰρ διηγούμενον ὁ χρόνος περὶ Γεδεών, **Βαράκ,**

974 **Βαραχίας** [1]

Mt 23:35 πᾶν αἷμα δίκαιον ἐκχυννόμενον ἐπὶ τῆς γῆς ἀπὸ τοῦ αἵματος Ἅβελ τοῦ δικαίου ἕως τοῦ αἵματος Ζαχαρίου υἱοῦ **Βαραχίου,**

975 **βάρβαρος** [6]

Ac 28: 2 οἵ τε **βάρβαροι** παρεῖχον οὐ τὴν τυχοῦσαν φιλανθρωπίαν ἡμῖν,
28: 4 ὡς δὲ εἶδον οἱ **βάρβαροι** κρεμάμενον τὸ θηρίον ἐκ τῆς χειρὸς αὐτοῦ,
Ro 1:14 Ἕλλησίν τε καὶ **βαρβάροις,** σοφοῖς τε καὶ ἀνοήτοις ὀφειλέτης εἰμί,
1Co 14:11 ἔσομαι τῷ λαλοῦντι **βάρβαρος** καὶ ὁ λαλῶν ἐν ἐμοὶ **βάρβαρος.**
Col 3:11 ὅπου οὐκ ἔνι Ἕλλην καὶ Ἰουδαῖος, περιτομὴ καὶ ἀκροβυστία, **βάρβαρος,** Σκύθης, δοῦλος, ἐλεύθερος,

976 **βαρέω** [6]

√ *983*

Mt 26:43 καὶ ἐλθὼν πάλιν εὗρεν αὐτοὺς καθεύδοντας, ἦσαν γὰρ αὐτῶν οἱ ὀφθαλμοὶ **βεβαρημένοι.**
Lk 9:32 ὁ δὲ Πέτρος καὶ οἱ σὺν αὐτῷ ἦσαν **βεβαρημένοι** ὕπνῳ·
21:34 Προσέχετε δὲ ἑαυτοῖς μήποτε **βαρηθῶσιν** ὑμῶν αἱ καρδίαι ἐν κραιπάλῃ καὶ μέθῃ καὶ μερίμναις βιωτικαῖς
2Co 1: 8 ὅτι καθ' ὑπερβολὴν ὑπὲρ δύναμιν **ἐβαρήθημεν** ὥστε ἐξαπορηθῆναι ἡμᾶς καὶ τοῦ ζῆν·
5: 4 καὶ γὰρ οἱ ὄντες ἐν τῷ σκήνει στενάζομεν **βαρούμενοι,**
1Ti 5:16 ἐπαρκείτω αὐταῖς καὶ μὴ **βαρείσθω** ἡ ἐκκλησία, ἵνα ταῖς ὄντως χήραις ἐπαρκέσῃ.

977 **βαρέως** [2]

√ *983*

Mt 13:15 καὶ τοῖς ὠσὶν **βαρέως** ἤκουσαν καὶ τοὺς ὀφθαλμοὺς αὐτῶν ἐκάμμυσαν,
Ac 28:27 ἐπαχύνθη γὰρ ἡ καρδία τοῦ λαοῦ τούτου καὶ τοῖς ὠσὶν **βαρέως** ἤκουσαν καὶ τοὺς ὀφθαλμοὺς αὐτῶν ἐκάμμυσαν·

978 **Βαρθολομαῖος** [4]

Mt 10: 3 Φίλιππος καὶ **Βαρθολομαῖος,** Θωμᾶς καὶ Μαθθαῖος ὁ τελώνης,
Mk 3:18 καὶ Ἀνδρέαν καὶ Φίλιππον καὶ **Βαρθολομαῖον** καὶ Μαθθαῖον
Lk 6:14 καὶ Ἰάκωβον καὶ Ἰωάννην καὶ Φίλιππον καὶ **Βαρθολομαῖον**
Ac 1:13 Φίλιππος καὶ Θωμᾶς, **Βαρθολομαῖος** καὶ Μαθθαῖος,

979 **Βαριησοῦς** [1]

Ac 13: 6 διελθόντες δὲ ὅλην τὴν νῆσον ἄχρι Πάφου εὗρον ἄνδρα τινὰ μάγον ψευδοπροφήτην Ἰουδαῖον ᾧ ὄνομα **Βαριησοῦ**

980 **Βαριωνᾶ** [1]

→ *981*

Mt 16:17 ἀποκριθεὶς δὲ ὁ Ἰησοῦς εἶπεν αὐτῷ, Μακάριος εἶ, Σίμων **Βαριωνᾶ,**

981 **Βαριωνᾶς** Not used in UBS/NIV

√ *980*

982 **Βαρναβᾶς** [28]

Βαρναβᾶς ... Μᾶρκος [4] Ac 12:25; 15:37,39; Col 4:10

Παῦλος ... Βαρναβᾶς [12] Ac 13:43,46,50; 14:12,14; 15:2,2,12,22,25,35,36

Ac 4:36 Ἰωσὴφ δὲ ὁ ἐπικληθεὶς **Βαρναβᾶς** ἀπὸ τῶν ἀποστόλων,
9:27 **Βαρναβᾶς** δὲ ἐπιλαβόμενος αὐτὸν ἤγαγεν πρὸς τοὺς ἀποστόλους καὶ διηγήσατο αὐτοῖς
11:22 εἰς τὰ ὦτα τῆς ἐκκλησίας τῆς οὔσης ἐν Ἰερουσαλὴμ περὶ αὐτῶν καὶ ἐξαπέστειλαν **Βαρναβᾶν** [διελθεῖν] ἕως Ἀντιοχείας.
11:30 ὃ καὶ ἐποίησαν ἀποστείλαντες πρὸς τοὺς πρεσβυτέρους διὰ χειρὸς **Βαρναβᾶ** καὶ Σαύλου.
12:25 **Βαρναβᾶς** δὲ καὶ Σαῦλος ὑπέστρεψαν εἰς Ἰερουσαλὴμ πληρώσαντες τὴν διακονίαν, συμπαραλαβόντες Ἰωάννην τὸν ἐπικληθέντα Μᾶρκον.
13: 1 Ἦσαν δὲ ἐν Ἀντιοχείᾳ κατὰ τὴν οὖσαν ἐκκλησίαν προφῆται καὶ διδάσκαλοι ὅ τε **Βαρναβᾶς** καὶ Συμεὼν ὁ καλούμενος Νίγερ καὶ Λούκιος ὁ Κυρηναῖος,
13: 2 Ἀφορίσατε δή μοι τὸν **Βαρναβᾶν** καὶ Σαῦλον εἰς τὸ ἔργον ὃ προσκέκλημαι αὐτούς.
13: 7 οὗτος προσκαλεσάμενος **Βαρναβᾶν** καὶ Σαῦλον ἐπεζήτησεν ἀκοῦσαι τὸν λόγον τοῦ θεοῦ.
13:43 λυθείσης δὲ τῆς συναγωγῆς ἠκολούθησαν πολλοὶ τῶν Ἰουδαίων καὶ τῶν σεβομένων προσηλύτων τῷ Παύλῳ καὶ τῷ **Βαρναβᾷ,**
13:46 παρρησιασάμενοί τε ὁ Παῦλος καὶ ὁ **Βαρναβᾶς** εἶπαν,
13:50 καὶ ἐπήγειραν διωγμὸν ἐπὶ τὸν Παῦλον καὶ **Βαρναβᾶν** καὶ ἐξέβαλον αὐτοὺς ἀπὸ τῶν ὁρίων αὐτῶν.
14:12 ἐκάλουν τε τὸν **Βαρναβᾶν** Δία, τὸν δὲ Παῦλον Ἑρμῆν,
14:14 ἀκούσαντες δὲ οἱ ἀπόστολοι **Βαρναβᾶς** καὶ Παῦλος διαρρήξαντες τὰ ἱμάτια αὐτῶν ἐξεπήδησαν εἰς τὸν ὄχλον
14:20 καὶ τῇ ἐπαύριον ἐξῆλθεν σὺν τῷ **Βαρναβᾷ** εἰς Δέρβην.
15: 2 γενομένης δὲ στάσεως καὶ ζητήσεως οὐκ ὀλίγης τῷ Παύλῳ καὶ τῷ **Βαρναβᾷ** πρὸς αὐτούς, ἔταξαν ἀναβαίνειν Παῦλον καὶ **Βαρναβᾶν** καί τινας ἄλλους ἐξ αὐτῶν πρὸς τοὺς ἀποστόλους
15:12 καὶ ἤκουον **Βαρναβᾶ** καὶ Παύλου ἐξηγουμένων ὅσα ἐποίησεν ὁ θεὸς σημεῖα καὶ τέρατα ἐν τοῖς ἔθνεσιν δι' αὐτῶν.
15:22 σὺν ὅλῃ τῇ ἐκκλησίᾳ ἐκλεξαμένους ἄνδρας ἐξ αὐτῶν πέμψαι εἰς Ἀντιόχειαν σὺν τῷ Παύλῳ καὶ **Βαρναβᾷ,**
15:25 γενομένοις ὁμοθυμαδὸν ἐκλεξαμένοις ἄνδρας πέμψαι πρὸς ὑμᾶς σὺν τοῖς ἀγαπητοῖς ἡμῶν **Βαρναβᾷ** καὶ Παύλῳ,
15:35 Παῦλος δὲ καὶ **Βαρναβᾶς** διέτριβον ἐν Ἀντιοχείᾳ διδάσκοντες καὶ εὐαγγελιζόμενοι μετὰ καὶ ἑτέρων πολλῶν τὸν λόγον
15:36 Μετὰ δέ τινας ἡμέρας εἶπεν πρὸς **Βαρναβᾶν** Παῦλος,
15:37 **Βαρναβᾶς** δὲ ἐβούλετο συμπαραλαβεῖν καὶ τὸν Ἰωάννην τὸν καλούμενον Μᾶρκον·
15:39 τόν τε **Βαρναβᾶν** παραλαβόντα τὸν Μᾶρκον ἐκπλεῦσαι εἰς Κύπρον,
1Co 9: 6 ἢ μόνος ἐγὼ καὶ **Βαρναβᾶς** οὐκ ἔχομεν ἐξουσίαν μὴ ἐργάζεσθαι;
Gal 2: 1 Ἔπειτα διὰ δεκατεσσάρων ἐτῶν πάλιν ἀνέβην εἰς Ἱεροσόλυμα μετὰ **Βαρναβᾶ** συμπαραλαβὼν καὶ Τίτον·
2: 9 οἱ δοκοῦντες στῦλοι εἶναι, δεξιὰς ἔδωκαν ἐμοὶ καὶ **Βαρναβᾷ** κοινωνίας,
2:13 καὶ συνυπεκρίθησαν αὐτῷ [καὶ] οἱ λοιποὶ Ἰουδαῖοι, ὥστε καὶ **Βαρναβᾶς** συναπήχθη αὐτῶν τῇ ὑποκρίσει.
Col 4:10 Ἀσπάζεται ὑμᾶς Ἀρίσταρχος ὁ συναιχμάλωτός μου καὶ Μᾶρκος ὁ ἀνεψιὸς **Βαρναβᾶ**

983 **βάρος** [6]

→ *4, 976, 977, 986, 987, 988, 2096, 2851, 2852*

τὰ βάρη [1] Gal 6:2

Mt 20:12 καὶ ἴσους ἡμῖν αὐτοὺς ἐποίησας τοῖς βαστάσασι τὸ **βάρος** τῆς ἡμέρας καὶ τὸν καύσωνα.

Ac 15:28 ἔδοξεν γὰρ τῷ πνεύματι τῷ ἁγίῳ καὶ ἡμῖν μηδὲν πλέον ἐπιτίθεσθαι ὑμῖν **βάρος** πλὴν τούτων τῶν ἐπάναγκες,
2Co 4:17 τὸ γὰρ παραυτίκα ἐλαφρὸν τῆς θλίψεως ἡμῶν καθ' ὑπερβολὴν εἰς ὑπερβολὴν αἰώνιον **βάρος** δόξης κατεργάζεται ἡμῖν,
Gal 6: 2 Ἀλλήλων τὰ **βάρη** βαστάζετε καὶ οὕτως ἀναπληρώσετε τὸν νόμον τοῦ Χριστοῦ.
1Th 2: 7 δυνάμενοι ἐν **βάρει** εἶναι ὡς Χριστοῦ ἀπόστολοι. ἀλλὰ ἐγενήθημεν νήπιοι ἐν μέσῳ ὑμῶν,
Rev 2:24 οἵτινες οὐκ ἔγνωσαν τὰ βαθέα τοῦ Σατανᾶ ὡς λέγουσιν· οὐ βάλλω ἐφ' ὑμᾶς ἄλλο **βάρος,**

984 Βαρσαββᾶς [2]

Ac 1:23 Ἰωσὴφ τὸν καλούμενον **Βαρσαββᾶν** ὃς ἐπεκλήθη Ἰοῦστος,
15:22 Ἰούδαν τὸν καλούμενον **Βαρσαββᾶν** καὶ Σιλᾶν, ἄνδρας ἡγουμένους ἐν τοῖς ἀδελφοῖς,

985 Βαρτιμαῖος [1]

Mk 10:46 καὶ ἐκπορευομένου αὐτοῦ ἀπὸ Ἰεριχὼ καὶ τῶν μαθητῶν αὐτοῦ καὶ ὄχλου ἱκανοῦ ὁ υἱὸς Τιμαίου **Βαρτιμαῖος,**

986 βαρύνω Not used in UBS/NIV

√ 983

987 βαρύς [6]

√ 983

τὰ βαρύτερα νόμου [1] Mt 23:23

Mt 23: 4 δεσμεύουσιν δὲ φορτία **βαρέα** [καὶ δυσβάστακτα] καὶ ἐπιτιθέασιν ἐπὶ τοὺς ὤμους τῶν ἀνθρώπων,
23:23 ὅτι ἀποδεκατοῦτε τὸ ἡδύοσμον καὶ τὸ ἄνηθον καὶ τὸ κύμινον καὶ ἀφήκατε τὰ **βαρύτερα** τοῦ νόμου,
Ac 20:29 ἐγὼ οἶδα ὅτι εἰσελεύσονται μετὰ τὴν ἄφιξίν μου λύκοι **βαρεῖς** εἰς ὑμᾶς μὴ φειδόμενοι τοῦ ποιμνίου,
25: 7 καταβεβηκότες Ἰουδαῖοι πολλὰ καὶ **βαρέα** αἰτιώματα καταφέροντες ἃ οὐκ ἴσχυον ἀποδεῖξαι,
2Co 10:10 ὅτι, Αἱ ἐπιστολαὶ μέν, φησίν, **βαρεῖαι** καὶ ἰσχυραί,
1Jn 5: 3 ἵνα τὰς ἐντολὰς αὐτοῦ τηρῶμεν, καὶ αἱ ἐντολαὶ αὐτοῦ **βαρεῖαι** οὐκ εἰσίν.

988 βαρύτιμος [1]

√ 983 + 5507

Mt 26: 7 προσῆλθεν αὐτῷ γυνὴ ἔχουσα ἀλάβαστρον μύρου **βαρυτίμου** καὶ κατέχεεν ἐπὶ τῆς κεφαλῆς αὐτοῦ ἀνακειμένου.

989 βασανίζω [12]

√ 992

Mt 8: 6 ὁ παῖς μου βέβληται ἐν τῇ οἰκίᾳ παραλυτικός, δεινῶς **βασανιζόμενος.**
8:29 υἱὲ τοῦ θεοῦ; ἦλθες ὧδε πρὸ καιροῦ **βασανίσαι** ἡμᾶς;
14:24 τὸ δὲ πλοῖον ἤδη σταδίους πολλοὺς ἀπὸ τῆς γῆς ἀπεῖχεν **βασανιζόμενον** ὑπὸ τῶν κυμάτων,
Mk 5: 7 Ἰησοῦ υἱὲ τοῦ θεοῦ τοῦ ὑψίστου; ὁρκίζω σε τὸν θεόν, μή με **βασανίσῃς.**
6:48 καὶ ἰδὼν αὐτοὺς **βασανιζομένους** ἐν τῷ ἐλαύνειν, ἦν γὰρ ὁ ἄνεμος ἐναντίος αὐτοῖς,
Lk 8:28 Ἰησοῦ υἱὲ τοῦ θεοῦ τοῦ ὑψίστου; δέομαί σου, μή με **βασανίσῃς.**
2Pe 2: 8 βλέμματι γὰρ καὶ ἀκοῇ ὁ δίκαιος ἐγκατοικῶν ἐν αὐτοῖς ἡμέραν ἐξ ἡμέρας ψυχὴν δικαίαν ἀνόμοις ἔργοις **ἐβασάνιζεν·**
Rev 9: 5 καὶ ἐδόθη αὐτοῖς ἵνα μὴ ἀποκτείνωσιν αὐτούς, ἀλλ' ἵνα **βασανισθήσονται** μῆνας πέντε,
11:10 ὅτι οὗτοι οἱ δύο προφῆται **ἐβασάνισαν** τοὺς κατοικοῦντας ἐπὶ τῆς γῆς.
12: 2 καὶ ἐν γαστρὶ ἔχουσα, καὶ κράζει ὠδίνουσα καὶ **βασανιζομένη** τεκεῖν.
14:10 καὶ **βασανισθήσεται** ἐν πυρὶ καὶ θείῳ ἐνώπιον ἀγγέλων ἁγίων καὶ ἐνώπιον τοῦ ἀρνίου.
20:10 καὶ **βασανισθήσονται** ἡμέρας καὶ νυκτὸς εἰς τοὺς αἰῶνας τῶν αἰώνων.

990 βασανισμός [6]

√ 992

Rev 9: 5 καὶ ὁ **βασανισμὸς** αὐτῶν ὡς **βασανισμὸς** σκορπίου ὅταν παίσῃ ἄνθρωπον.
14:11 καὶ ὁ καπνὸς τοῦ **βασανισμοῦ** αὐτῶν εἰς αἰῶνας αἰώνων ἀναβαίνει,
18: 7 ὅσα ἐδόξασεν αὐτὴν καὶ ἐστρηνίασεν, τοσοῦτον δότε αὐτῇ **βασανισμὸν** καὶ πένθος.
18:10 ἀπὸ μακρόθεν ἑστηκότες διὰ τὸν φόβον τοῦ **βασανισμοῦ** αὐτῆς λέγοντες,
18:15 οἱ πλουτήσαντες ἀπ' αὐτῆς ἀπὸ μακρόθεν στήσονται διὰ τὸν φόβον τοῦ **βασανισμοῦ** αὐτῆς κλαίοντες καὶ πενθοῦντες

991 βασανιστής [1]

√ 992

Mt 18:34 καὶ ὀργισθεὶς ὁ κύριος αὐτοῦ παρέδωκεν αὐτὸν τοῖς **βασανισταῖς** ἕως οὗ ἀποδῷ πᾶν τὸ ὀφειλόμενον.

992 βάσανος [3]

→ 989, 990, 991

Mt 4:24 καὶ προσήνεγκαν αὐτῷ πάντας τοὺς κακῶς ἔχοντας ποικίλαις νόσοις καὶ **βασάνοις** συνεχομένους [καὶ] δαιμονιζομένους
Lk 16:23 καὶ ἐν τῷ ᾅδῃ ἐπάρας τοὺς ὀφθαλμοὺς αὐτοῦ, ὑπάρχων ἐν **βασάνοις,**
16:28 ἵνα μὴ καὶ αὐτοὶ ἔλθωσιν εἰς τὸν τόπον τοῦτον τῆς **βασάνου.**

993 βασιλεία [162]

√ 995

βασιλείαν θεοῦ [4] 1Co 6:9,10; 15:50; Gal 5:21

βασιλεία τοῦ θεοῦ [64] Mt 6:33; 12:28; 19:24; 21:31,43; Mk 1:15; 4:11,26,30; 9:1,47; 10:14,15,23,24,25; 12:34; 14:25; 15:43; Lk 4:43; 6:20; 7:28; 8:1,10; 9:2,11,27,60,62; 10:9,11; 11:20; 13:18,20,28,29; 14:15; 16:16; 17:20,20,21; 18:16,17,24,25,29; 19:11; 21:31; 22:16,18; 23:51; Jn 3:3,5; Ac 1:3; 8:12; 14:22; 19:8; 28:23,31; Ro 14:17; 1Co 4:20; Col 4:11; 2Th 1:5; Rev 12:10

βασιλεία οὐρανῶν [32] Mt 3:2; 4:17; 5:3,10,19,19,20; 7:21; 8:11; 10:7; 11:11,12; 13:11,24,31,33,44,45,47,52; 16:19; 18:1,3,4,23; 19:12,14,23; 20:1; 22:2; 23:13; 25:1

ἡ [τάς] βασιλεία[ς] τοῦ κόσμοῦ [2] Mt 4:8; Rev 11:15; cf. Jn 18:36

βασιλεία τοῦ κυριοῦ [2] 2Pe 1:11; Rev 11:15

βασιλεία τοῦ Χριστοῦ [2] Eph 5:5; Rev 11:15

ἐγγίζω ἡ βασιλεία τοῦ [6] Mt 3:2; 4:17; 10:7; Mk 1:15; Lk 10:9,11

εὐαγγέλιον τῆς βασιλείας [3] Mt 4:23; 9:35; 24:14

λόγος τῆς βασιλείας [1] Mt 13:19

μυστήριον τῆς βασιλείας [3] Mt 13:11; Mk 4:11; Lk 8:10

υἱοὶ τῆς βασιλείας [2] Mt 8:12; 13:38

Mt 3: 2 λέγων, Μετανοεῖτε· ἤγγικεν γὰρ ἡ **βασιλεία** τῶν οὐρανῶν.
4: 8 Πάλιν παραλαμβάνει αὐτὸν ὁ διάβολος εἰς ὄρος ὑψηλὸν λίαν καὶ δείκνυσιν αὐτῷ πάσας τὰς **βασιλείας** τοῦ κόσμου
4:17 Ἀπὸ τότε ἤρξατο ὁ Ἰησοῦς κηρύσσειν καὶ λέγειν, Μετανοεῖτε· ἤγγικεν γὰρ ἡ **βασιλεία** τῶν οὐρανῶν.
4:23 καὶ κηρύσσων τὸ εὐαγγέλιον τῆς **βασιλείας** καὶ θεραπεύων πᾶσαν νόσον καὶ πᾶσαν μαλακίαν ἐν τῷ λαῷ.
5: 3 Μακάριοι οἱ πτωχοὶ τῷ πνεύματι, ὅτι αὐτῶν ἐστιν ἡ **βασιλεία** τῶν οὐρανῶν.
5:10 μακάριοι οἱ δεδιωγμένοι ἕνεκεν δικαιοσύνης, ὅτι αὐτῶν ἐστιν ἡ **βασιλεία** τῶν οὐρανῶν.
5:19 ὃς ἐὰν οὖν λύσῃ μίαν τῶν ἐντολῶν τούτων τῶν ἐλαχίστων καὶ διδάξῃ οὕτως τοὺς ἀνθρώπους, ἐλάχιστος κληθήσεται ἐν τῇ **βασιλείᾳ** τῶν οὐρανῶν· ὃς δ' ἂν ποιήσῃ καὶ διδάξῃ, οὗτος μέγας κληθήσεται ἐν τῇ **βασιλείᾳ** τῶν οὐρανῶν.
5:20 οὐ μὴ εἰσέλθητε εἰς τὴν **βασιλείαν** τῶν οὐρανῶν.

6:10 ἐλθέτω ἡ **βασιλεία** σου· γενηθήτω τὸ θέλημά σου,
6:33 ζητεῖτε δὲ πρῶτον τὴν **βασιλείαν** [τοῦ θεοῦ] καὶ τὴν δικαιοσύνην αὐτοῦ,
7:21 Κύριε κύριε, εἰσελεύσεται εἰς τὴν **βασιλείαν** τῶν οὐρανῶν,
8:11 ἥξουσιν καὶ ἀνακλιθήσονται μετὰ Ἀβραὰμ καὶ Ἰσαὰκ καὶ Ἰακὼβ ἐν τῇ **βασιλείᾳ** τῶν οὐρανῶν,
8:12 οἱ δὲ υἱοὶ τῆς **βασιλείας** ἐκβληθήσονται εἰς τὸ σκότος τὸ ἐξώτερον·
9:35 καὶ κηρύσσων τὸ εὐαγγέλιον τῆς **βασιλείας** καὶ θεραπεύων πᾶσαν νόσον καὶ πᾶσαν μαλακίαν.
10: 7 πορευόμενοι δὲ κηρύσσετε λέγοντες ὅτι Ἤγγικεν ἡ **βασιλεία** τῶν οὐρανῶν.
11:11 ὁ δὲ μικρότερος ἐν τῇ **βασιλείᾳ** τῶν οὐρανῶν μείζων αὐτοῦ ἐστιν.
11:12 ἀπὸ δὲ τῶν ἡμερῶν Ἰωάννου τοῦ βαπτιστοῦ ἕως ἄρτι ἡ **βασιλεία** τῶν οὐρανῶν βιάζεται καὶ βιασταὶ ἁρπάζουσιν αὐτήν.
12:25 Πᾶσα **βασιλεία** μερισθεῖσα καθ' ἑαυτῆς ἐρημοῦται καὶ πᾶσα πόλις ἢ οἰκία μερισθεῖσα καθ' ἑαυτῆς οὐ σταθήσεται.
12:26 ἐφ' ἑαυτὸν ἐμερίσθη· πῶς οὖν σταθήσεται ἡ **βασιλεία** αὐτοῦ;
12:28 ἄρα ἔφθασεν ἐφ' ὑμᾶς ἡ **βασιλεία** τοῦ θεοῦ.
13:11 Ὅτι ὑμῖν δέδοται γνῶναι τὰ μυστήρια τῆς **βασιλείας** τῶν οὐρανῶν,
13:19 παντὸς ἀκούοντος τὸν λόγον τῆς **βασιλείας** καὶ μὴ συνιέντος ἔρχεται ὁ πονηρὸς καὶ ἁρπάζει τὸ ἐσπαρμένον ἐν τῇ καρδίᾳ
13:24 Ὡμοιώθη ἡ **βασιλεία** τῶν οὐρανῶν ἀνθρώπῳ σπείραντι καλὸν σπέρμα ἐν τῷ ἀγρῷ αὐτοῦ.
13:31 Ὁμοία ἐστὶν ἡ **βασιλεία** τῶν οὐρανῶν κόκκῳ σινάπεως,
13:33 Ὁμοία ἐστὶν ἡ **βασιλεία** τῶν οὐρανῶν ζύμῃ, ἣν λαβοῦσα γυνὴ ἐνέκρυψεν εἰς ἀλεύρου σάτα τρία ἕως οὗ ἐζυμώθη ὅλον.
13:38 τὸ δὲ καλὸν σπέρμα οὗτοί εἰσιν οἱ υἱοὶ τῆς **βασιλείας·**
13:41 καὶ συλλέξουσιν ἐκ τῆς **βασιλείας** αὐτοῦ πάντα τὰ σκάνδαλα καὶ τοὺς ποιοῦντας τὴν ἀνομίαν
13:43 Τότε οἱ δίκαιοι ἐκλάμψουσιν ὡς ὁ ἥλιος ἐν τῇ **βασιλείᾳ** τοῦ πατρὸς αὐτῶν.
13:44 Ὁμοία ἐστὶν ἡ **βασιλεία** τῶν οὐρανῶν θησαυρῷ κεκρυμμένῳ ἐν τῷ ἀγρῷ,
13:45 Πάλιν ὁμοία ἐστὶν ἡ **βασιλεία** τῶν οὐρανῶν ἀνθρώπῳ ἐμπόρῳ ζητοῦντι καλοὺς μαργαρίτας·
13:47 Πάλιν ὁμοία ἐστὶν ἡ **βασιλεία** τῶν οὐρανῶν σαγήνῃ βληθείσῃ εἰς τὴν θάλασσαν καὶ ἐκ παντὸς γένους συναγαγούσῃ·
13:52 Διὰ τοῦτο πᾶς γραμματεὺς μαθητευθεὶς τῇ **βασιλείᾳ** τῶν οὐρανῶν ὅμοιός ἐστιν ἀνθρώπῳ οἰκοδεσπότῃ,
16:19 δώσω σοι τὰς κλεῖδας τῆς **βασιλείας** τῶν οὐρανῶν,
16:28 οἵτινες οὐ μὴ γεύσωνται θανάτου ἕως ἂν ἴδωσιν τὸν υἱὸν τοῦ ἀνθρώπου ἐρχόμενον ἐν τῇ **βασιλείᾳ** αὐτοῦ.
18: 1 Τίς ἄρα μείζων ἐστὶν ἐν τῇ **βασιλείᾳ** τῶν οὐρανῶν;
18: 3 οὐ μὴ εἰσέλθητε εἰς τὴν **βασιλείαν** τῶν οὐρανῶν.
18: 4 οὗτός ἐστιν ὁ μείζων ἐν τῇ **βασιλείᾳ** τῶν οὐρανῶν.
18:23 Διὰ τοῦτο ὡμοιώθη ἡ **βασιλεία** τῶν οὐρανῶν ἀνθρώπῳ βασιλεῖ,
19:12 καὶ εἰσὶν εὐνοῦχοι οἵτινες εὐνούχισαν ἑαυτοὺς διὰ τὴν **βασιλείαν** τῶν οὐρανῶν.
19:14 τῶν γὰρ τοιούτων ἐστὶν ἡ **βασιλεία** τῶν οὐρανῶν.
19:23 Ἀμὴν λέγω ὑμῖν ὅτι πλούσιος δυσκόλως εἰσελεύσεται εἰς τὴν **βασιλείαν** τῶν οὐρανῶν.
19:24 εὐκοπώτερόν ἐστιν κάμηλον διὰ τρυπήματος ῥαφίδος διελθεῖν ἢ πλούσιον εἰσελθεῖν εἰς τὴν **βασιλείαν** τοῦ θεοῦ.
20: 1 Ὁμοία γάρ ἐστιν ἡ **βασιλεία** τῶν οὐρανῶν ἀνθρώπῳ οἰκοδεσπότῃ,
20:21 Εἰπὲ ἵνα καθίσωσιν οὗτοι οἱ δύο υἱοί μου εἷς ἐκ δεξιῶν σου καὶ εἷς ἐξ εὐωνύμων σου ἐν τῇ **βασιλείᾳ** σου.
21:31 Ἀμὴν λέγω ὑμῖν ὅτι οἱ τελῶναι καὶ αἱ πόρναι προάγουσιν ὑμᾶς εἰς τὴν **βασιλείαν** τοῦ θεοῦ.
21:43 διὰ τοῦτο λέγω ὑμῖν ὅτι ἀρθήσεται ἀφ' ὑμῶν ἡ **βασιλεία** τοῦ θεοῦ καὶ δοθήσεται ἔθνει ποιοῦντι τοὺς καρποὺς αὐτῆς.
22: 2 Ὡμοιώθη ἡ **βασιλεία** τῶν οὐρανῶν ἀνθρώπῳ βασιλεῖ, ὅστις ἐποίησεν γάμους τῷ υἱῷ αὐτοῦ.
23:13 κλείετε τὴν **βασιλείαν** τῶν οὐρανῶν ἔμπροσθεν τῶν ἀνθρώπων·
24: 7 ἐγερθήσεται γὰρ ἔθνος ἐπὶ ἔθνος καὶ **βασιλεία** ἐπὶ **βασιλείαν** καὶ ἔσονται λιμοὶ καὶ σεισμοὶ κατὰ τόπους·
24:14 καὶ κηρυχθήσεται τοῦτο τὸ εὐαγγέλιον τῆς **βασιλείας** ἐν ὅλῃ τῇ οἰκουμένῃ εἰς μαρτύριον πᾶσιν τοῖς ἔθνεσιν,
25: 1 Τότε ὁμοιωθήσεται ἡ **βασιλεία** τῶν οὐρανῶν δέκα παρθένοις,
25:34 κληρονομήσατε τὴν ἡτοιμασμένην ὑμῖν **βασιλείαν** ἀπὸ καταβολῆς κόσμου.
26:29 οὐ μὴ πίω ἀπ' ἄρτι ἐκ τούτου τοῦ γενήματος τῆς ἀμπέλου ἕως τῆς ἡμέρας ἐκείνης ὅταν αὐτὸ πίνω μεθ' ὑμῶν καινὸν ἐν τῇ **βασιλείᾳ** τοῦ πατρός μου.

Mk 1:15 καὶ λέγων ὅτι Πεπλήρωται ὁ καιρὸς καὶ ἤγγικεν ἡ **βασιλεία** τοῦ θεοῦ·
3:24 καὶ ἐὰν **βασιλεία** ἐφ' ἑαυτὴν μερισθῇ, οὐ δύναται σταθῆναι ἡ **βασιλεία** ἐκείνη·
4:11 Ὑμῖν τὸ μυστήριον δέδοται τῆς **βασιλείας** τοῦ θεοῦ·
4:26 Οὕτως ἐστὶν ἡ **βασιλεία** τοῦ θεοῦ ὡς ἄνθρωπος βάλῃ τὸν σπόρον ἐπὶ τῆς γῆς
4:30 Πῶς ὁμοιώσωμεν τὴν **βασιλείαν** τοῦ θεοῦ ἢ ἐν τίνι αὐτὴν παραβολῇ θῶμεν;
6:23 Ὅ τι ἐάν με αἰτήσῃς δώσω σοι ἕως ἡμίσους τῆς **βασιλείας** μου.
9: 1 τινες ὧδε τῶν ἑστηκότων οἵτινες οὐ μὴ γεύσωνται θανάτου ἕως ἂν ἴδωσιν τὴν **βασιλείαν** τοῦ θεοῦ ἐληλυθυῖαν ἐν δυνάμει.
9:47 καλόν σέ ἐστιν μονόφθαλμον εἰσελθεῖν εἰς τὴν **βασιλείαν** τοῦ θεοῦ ἢ δύο ὀφθαλμοὺς ἔχοντα βληθῆναι εἰς τὴν γέενναν,
10:14 τῶν γὰρ τοιούτων ἐστὶν ἡ **βασιλεία** τοῦ θεοῦ.
10:15 ὃς ἂν μὴ δέξηται τὴν **βασιλείαν** τοῦ θεοῦ ὡς παιδίον,
10:23 Πῶς δυσκόλως οἱ τὰ χρήματα ἔχοντες εἰς τὴν **βασιλείαν** τοῦ θεοῦ εἰσελεύσονται.
10:24 πῶς δύσκολόν ἐστιν εἰς τὴν **βασιλείαν** τοῦ θεοῦ εἰσελθεῖν·
10:25 εὐκοπώτερόν ἐστιν κάμηλον διὰ [τῆς] τρυμαλιᾶς [τῆς] ῥαφίδος διελθεῖν ἢ πλούσιον εἰς τὴν **βασιλείαν** τοῦ θεοῦ εἰσελθεῖν.
11:10 Εὐλογημένη ἡ ἐρχομένη **βασιλεία** τοῦ πατρὸς ἡμῶν Δαυίδ·
12:34 Οὐ μακρὰν εἶ ἀπὸ τῆς **βασιλείας** τοῦ θεοῦ.
13: 8 ἐγερθήσεται γὰρ ἔθνος ἐπ' ἔθνος καὶ **βασιλεία** ἐπὶ **βασιλείαν,**
14:25 ἀμὴν λέγω ὑμῖν ὅτι οὐκέτι οὐ μὴ πίω ἐκ τοῦ γενήματος τῆς ἀμπέλου ἕως τῆς ἡμέρας ἐκείνης ὅταν αὐτὸ πίνω καινὸν ἐν τῇ **βασιλείᾳ** τοῦ θεοῦ.
15:43 ὃς καὶ αὐτὸς ἦν προσδεχόμενος τὴν **βασιλείαν** τοῦ θεοῦ,

Lk 1:33 καὶ βασιλεύσει ἐπὶ τὸν οἶκον Ἰακὼβ εἰς τοὺς αἰῶνας καὶ τῆς **βασιλείας** αὐτοῦ οὐκ ἔσται τέλος.
4: 5 Καὶ ἀναγαγὼν αὐτὸν ἔδειξεν αὐτῷ πάσας τὰς **βασιλείας** τῆς οἰκουμένης ἐν στιγμῇ χρόνου
4:43 ὁ δὲ εἶπεν πρὸς αὐτοὺς ὅτι Καὶ ταῖς ἑτέραις πόλεσιν εὐαγγελίσασθαί με δεῖ τὴν **βασιλείαν** τοῦ θεοῦ,
6:20 Μακάριοι οἱ πτωχοί, ὅτι ὑμετέρα ἐστὶν ἡ **βασιλεία** τοῦ θεοῦ.
7:28 ὁ δὲ μικρότερος ἐν τῇ **βασιλείᾳ** τοῦ θεοῦ μείζων αὐτοῦ ἐστιν.
8: 1 διώδευεν κατὰ πόλιν καὶ κώμην κηρύσσων καὶ εὐαγγελιζόμενος τὴν **βασιλείαν** τοῦ θεοῦ καὶ οἱ δώδεκα σὺν αὐτῷ,
8:10 Ὑμῖν δέδοται γνῶναι τὰ μυστήρια τῆς **βασιλείας** τοῦ θεοῦ,
9: 2 καὶ ἀπέστειλεν αὐτοὺς κηρύσσειν τὴν **βασιλείαν** τοῦ θεοῦ καὶ ἰᾶσθαι [τοὺς ἀσθενεῖς,]
9:11 καὶ ἀποδεξάμενος αὐτοὺς ἐλάλει αὐτοῖς περὶ τῆς **βασιλείας** τοῦ θεοῦ,
9:27 εἰσίν τινες τῶν αὐτοῦ ἑστηκότων οἳ οὐ μὴ γεύσωνται θανάτου ἕως ἂν ἴδωσιν τὴν **βασιλείαν** τοῦ θεοῦ.
9:60 σὺ δὲ ἀπελθὼν διάγγελλε τὴν **βασιλείαν** τοῦ θεοῦ.
9:62 Οὐδεὶς ἐπιβαλὼν τὴν χεῖρα ἐπ' ἄροτρον καὶ βλέπων εἰς τὰ ὀπίσω εὔθετός ἐστιν τῇ **βασιλείᾳ** τοῦ θεοῦ.
10: 9 καὶ θεραπεύετε τοὺς ἐν αὐτῇ ἀσθενεῖς καὶ λέγετε αὐτοῖς, Ἤγγικεν ἐφ' ὑμᾶς ἡ **βασιλεία** τοῦ θεοῦ.
10:11 πλὴν τοῦτο γινώσκετε ὅτι ἤγγικεν ἡ **βασιλεία** τοῦ θεοῦ.
11: 2 ἁγιασθήτω τὸ ὄνομά σου· ἐλθέτω ἡ **βασιλεία** σου·
11:17 Πᾶσα **βασιλεία** ἐφ' ἑαυτὴν διαμερισθεῖσα ἐρημοῦται καὶ οἶκος ἐπὶ οἶκον πίπτει.
11:18 εἰ δὲ καὶ ὁ Σατανᾶς ἐφ' ἑαυτὸν διεμερίσθη, πῶς σταθήσεται ἡ **βασιλεία** αὐτοῦ;
11:20 ἄρα ἔφθασεν ἐφ' ὑμᾶς ἡ **βασιλεία** τοῦ θεοῦ.
12:31 πλὴν ζητεῖτε τὴν **βασιλείαν** αὐτοῦ, καὶ ταῦτα προστεθήσεται ὑμῖν.
12:32 ὅτι εὐδόκησεν ὁ πατὴρ ὑμῶν δοῦναι ὑμῖν τὴν **βασιλείαν.**
13:18 Τίνι ὁμοία ἐστὶν ἡ **βασιλεία** τοῦ θεοῦ καὶ τίνι ὁμοιώσω αὐτήν;
13:20 Καὶ πάλιν εἶπεν, Τίνι ὁμοιώσω τὴν **βασιλείαν** τοῦ θεοῦ;
13:28 ὅταν ὄψεσθε Ἀβραὰμ καὶ Ἰσαὰκ καὶ Ἰακὼβ καὶ πάντας τοὺς προφήτας ἐν τῇ **βασιλείᾳ** τοῦ θεοῦ,
13:29 καὶ ἥξουσιν ἀπὸ ἀνατολῶν καὶ δυσμῶν καὶ ἀπὸ βορρᾶ καὶ νότου καὶ ἀνακλιθήσονται ἐν τῇ **βασιλείᾳ** τοῦ θεοῦ.
14:15 Μακάριος ὅστις φάγεται ἄρτον ἐν τῇ **βασιλείᾳ** τοῦ θεοῦ.
16:16 ἀπὸ τότε ἡ **βασιλεία** τοῦ θεοῦ εὐαγγελίζεται καὶ πᾶς εἰς αὐτὴν βιάζεται.
17:20 Ἐπερωτηθεὶς δὲ ὑπὸ τῶν Φαρισαίων πότε ἔρχεται ἡ **βασιλεία** τοῦ θεοῦ ἀπεκρίθη αὐτοῖς καὶ εἶπεν, Οὐκ ἔρχεται ἡ **βασιλεία** τοῦ θεοῦ μετὰ παρατηρήσεως,

17:21 ἰδοὺ γὰρ ἡ **βασιλεία** τοῦ θεοῦ ἐντὸς ὑμῶν ἐστιν.
18:16 τῶν γὰρ τοιούτων ἐστὶν ἡ **βασιλεία** τοῦ θεοῦ.
18:17 ὃς ἂν μὴ δέξηται τὴν **βασιλείαν** τοῦ θεοῦ ὡς παιδίον,
18:24 Πῶς δυσκόλως οἱ τὰ χρήματα ἔχοντες εἰς τὴν **βασιλείαν** τοῦ θεοῦ εἰσπορεύονται·
18:25 εὐκοπώτερον γάρ ἐστιν κάμηλον διὰ τρήματος βελόνης εἰσελθεῖν ἢ πλούσιον εἰς τὴν **βασιλείαν** τοῦ θεοῦ εἰσελθεῖν.
18:29 Ἀμὴν λέγω ὑμῖν ὅτι οὐδείς ἐστιν ὃς ἀφῆκεν οἰκίαν ἢ γυναῖκα ἢ ἀδελφοὺς ἢ γονεῖς ἢ τέκνα ἕνεκεν τῆς **βασιλείας** τοῦ θεοῦ,
19:11 διὰ τὸ ἐγγὺς εἶναι Ἰερουσαλὴμ αὐτὸν καὶ δοκεῖν αὐτοὺς ὅτι παραχρῆμα μέλλει ἡ **βασιλεία** τοῦ θεοῦ ἀναφαίνεσθαι.
19:12 Ἄνθρωπός τις εὐγενὴς ἐπορεύθη εἰς χώραν μακρὰν λαβεῖν ἑαυτῷ **βασιλείαν** καὶ ὑποστρέψαι.
19:15 ἐν τῷ ἐπανελθεῖν αὐτὸν λαβόντα τὴν **βασιλείαν** καὶ εἶπεν φωνηθῆναι αὐτῷ τοὺς δούλους τούτους οἷς δεδώκει τὸ ἀργύριον,
21:10 Ἐγερθήσεται ἔθνος ἐπ᾽ ἔθνος καὶ **βασιλεία** ἐπὶ **βασιλείαν,**
21:31 γινώσκετε ὅτι ἐγγύς ἐστιν ἡ **βασιλεία** τοῦ θεοῦ.
22:16 λέγω γὰρ ὑμῖν ὅτι οὐ μὴ φάγω αὐτὸ ἕως ὅτου πληρωθῇ ἐν τῇ **βασιλείᾳ** τοῦ θεοῦ.
22:18 [ὅτι] οὐ μὴ πίω ἀπὸ τοῦ νῦν ἀπὸ τοῦ γενήματος τῆς ἀμπέλου ἕως οὗ ἡ **βασιλεία** τοῦ θεοῦ ἔλθῃ.
22:29 διατίθεμαι ὑμῖν καθὼς διέθετό μοι ὁ πατήρ μου **βασιλείαν,**
22:30 ἵνα ἔσθητε καὶ πίνητε ἐπὶ τῆς τραπέζης μου ἐν τῇ **βασιλείᾳ** μου,
23:42 μνήσθητί μου ὅταν ἔλθῃς εἰς τὴν **βασιλείαν** σου.
23:51 ἀπὸ Ἁριμαθαίας πόλεως τῶν Ἰουδαίων, ὃς προσεδέχετο τὴν **βασιλείαν** τοῦ θεοῦ,
Jn 3: 3 ἐὰν μή τις γεννηθῇ ἄνωθεν, οὐ δύναται ἰδεῖν τὴν **βασιλείαν** τοῦ θεοῦ.
3: 5 οὐ δύναται εἰσελθεῖν εἰς τὴν **βασιλείαν** τοῦ θεοῦ.
18:36 Ἡ **βασιλεία** ἡ ἐμὴ οὐκ ἔστιν ἐκ τοῦ κόσμου τούτου· εἰ ἐκ τοῦ κόσμου τούτου ἦν ἡ **βασιλεία** ἡ ἐμή, οἱ ὑπηρέται οἱ ἐμοὶ ἠγωνίζοντο [ἄν], ἵνα μὴ παραδοθῶ τοῖς Ἰουδαίοις· νῦν δὲ ἡ **βασιλεία** ἡ ἐμὴ οὐκ ἔστιν ἐντεῦθεν.
Ac 1: 3 δι᾽ ἡμερῶν τεσσεράκοντα ὀπτανόμενος αὐτοῖς καὶ λέγων τὰ περὶ τῆς **βασιλείας** τοῦ θεοῦ·
1: 6 εἰ ἐν τῷ χρόνῳ τούτῳ ἀποκαθιστάνεις τὴν **βασιλείαν** τῷ Ἰσραήλ;
8:12 ὅτε δὲ ἐπίστευσαν τῷ **Φιλίππῳ** εὐαγγελιζομένῳ περὶ τῆς **βασιλείας** τοῦ θεοῦ καὶ τοῦ ὀνόματος Ἰησοῦ Χριστοῦ,
14:22 παρακαλοῦντες ἐμμένειν τῇ πίστει καὶ ὅτι διὰ πολλῶν θλίψεων δεῖ ἡμᾶς εἰσελθεῖν εἰς τὴν **βασιλείαν** τοῦ θεοῦ.
19: 8 εἰς τὴν συναγωγὴν ἐπαρρησιάζετο ἐπὶ μῆνας τρεῖς διαλεγόμενος καὶ πείθων [τὰ] περὶ τῆς **βασιλείας** τοῦ θεοῦ.
20:25 Καὶ νῦν ἰδοὺ ἐγὼ οἶδα ὅτι οὐκέτι ὄψεσθε τὸ πρόσωπόν μου ὑμεῖς πάντες ἐν οἷς διῆλθον κηρύσσων τὴν **βασιλείαν.**
28:23 ἦλθον πρὸς αὐτὸν εἰς τὴν ξενίαν πλείονες οἷς ἐξετίθετο διαμαρτυρόμενος τὴν **βασιλείαν** τοῦ θεοῦ,
28:31 κηρύσσων τὴν **βασιλείαν** τοῦ θεοῦ καὶ διδάσκων τὰ περὶ τοῦ κυρίου Ἰησοῦ Χριστοῦ μετὰ πάσης παρρησίας ἀκωλύτως.
Ro 14:17 οὐ γάρ ἐστιν ἡ **βασιλεία** τοῦ θεοῦ βρῶσις καὶ πόσις ἀλλὰ δικαιοσύνη καὶ εἰρήνη καὶ χαρὰ ἐν πνεύματι ἁγίῳ·
1Co 4:20 οὐ γὰρ ἐν λόγῳ ἡ **βασιλεία** τοῦ θεοῦ ἀλλ᾽ ἐν δυνάμει.
6: 9 ἢ οὐκ οἴδατε ὅτι ἄδικοι θεοῦ **βασιλείαν** οὐ κληρονομήσουσιν;
6:10 οὐ μέθυσοι, οὐ λοίδοροι, οὐχ ἅρπαγες **βασιλείαν** θεοῦ κληρονομήσουσιν.
15:24 ὅταν παραδιδῷ τὴν **βασιλείαν** τῷ θεῷ καὶ πατρί,
15:50 ὅτι σὰρξ καὶ αἷμα **βασιλείαν** θεοῦ κληρονομῆσαι οὐ δύναται οὐδὲ ἡ φθορὰ τὴν ἀφθαρσίαν κληρονομεῖ.
Gal 5:21 ἃ προλέγω ὑμῖν καθὼς προεῖπον ὅτι οἱ τὰ τοιαῦτα πράσσοντες **βασιλείαν** θεοῦ οὐ κληρονομήσουσιν.
Eph 5: 5 οὐκ ἔχει κληρονομίαν ἐν τῇ **βασιλείᾳ** τοῦ Χριστοῦ καὶ θεοῦ.
Col 1:13 ὃς ἐρρύσατο ἡμᾶς ἐκ τῆς ἐξουσίας τοῦ σκότους καὶ μετέστησεν εἰς τὴν **βασιλείαν** τοῦ υἱοῦ τῆς ἀγάπης αὐτοῦ,
4:11 οὗτοι μόνοι συνεργοὶ εἰς τὴν **βασιλείαν** τοῦ θεοῦ,
1Th 2:12 καὶ μαρτυρόμενοι εἰς τὸ περιπατεῖν ὑμᾶς ἀξίως τοῦ θεοῦ τοῦ καλοῦντος ὑμᾶς εἰς τὴν ἑαυτοῦ **βασιλείαν** καὶ δόξαν.
2Th 1: 5 ἔνδειγμα τῆς δικαίας κρίσεως τοῦ θεοῦ εἰς τὸ καταξιωθῆναι ὑμᾶς τῆς **βασιλείας** τοῦ θεοῦ,
2Ti 4: 1 καὶ τὴν ἐπιφάνειαν αὐτοῦ καὶ τὴν **βασιλείαν** αὐτοῦ·
4:18 ῥύσεταί με ὁ κύριος ἀπὸ παντὸς ἔργου πονηροῦ καὶ σώσει εἰς τὴν **βασιλείαν** αὐτοῦ τὴν ἐπουράνιον·
Heb 1: 8 καὶ ἡ ῥάβδος τῆς εὐθύτητος ῥάβδος τῆς **βασιλείας** σου.
11:33 οἳ διὰ πίστεως κατηγωνίσαντο **βασιλείας,** εἰργάσαντο δικαιοσύνην, ἐπέτυχον ἐπαγγελιῶν,
12:28 Διὸ **βασιλείαν** ἀσάλευτον παραλαμβάνοντες ἔχωμεν χάριν, δι᾽ ἧς λατρεύωμεν εὐαρέστως τῷ θεῷ μετὰ εὐλαβείας καὶ δέους·
Jas 2: 5 τοὺς πτωχοὺς τῷ κόσμῳ πλουσίους ἐν πίστει καὶ κληρονόμους τῆς **βασιλείας** ἧς ἐπηγγείλατο τοῖς ἀγαπῶσιν αὐτόν;
2Pe 1:11 πλουσίως ἐπιχορηγηθήσεται ὑμῖν ἡ εἴσοδος εἰς τὴν αἰώνιον **βασιλείαν** τοῦ κυρίου ἡμῶν καὶ σωτῆρος Ἰησοῦ Χριστοῦ.
Rev 1: 6 καὶ ἐποίησεν ἡμᾶς **βασιλείαν,** ἱερεῖς τῷ θεῷ καὶ πατρὶ αὐτοῦ,
1: 9 ὁ ἀδελφὸς ὑμῶν καὶ συγκοινωνὸς ἐν τῇ θλίψει καὶ **βασιλείᾳ** καὶ ὑπομονῇ ἐν Ἰησοῦ,
5:10 καὶ ἐποίησας αὐτοὺς τῷ θεῷ ἡμῶν **βασιλείαν** καὶ ἱερεῖς,
11:15 Ἐγένετο ἡ **βασιλεία** τοῦ κόσμου τοῦ κυρίου ἡμῶν καὶ τοῦ Χριστοῦ αὐτοῦ,
12:10 Ἄρτι ἐγένετο ἡ σωτηρία καὶ ἡ δύναμις καὶ ἡ **βασιλεία** τοῦ θεοῦ ἡμῶν καὶ ἡ ἐξουσία τοῦ Χριστοῦ αὐτοῦ,
16:10 καὶ ἐγένετο ἡ **βασιλεία** αὐτοῦ ἐσκοτωμένη, καὶ ἐμασῶντο τὰς γλώσσας αὐτῶν ἐκ τοῦ πόνου,
17:12 καὶ τὰ δέκα κέρατα ἃ εἶδες δέκα βασιλεῖς εἰσιν, οἵτινες **βασιλείαν** οὔπω ἔλαβον,
17:17 καὶ ποιῆσαι μίαν γνώμην καὶ δοῦναι τὴν **βασιλείαν** αὐτῶν τῷ θηρίῳ ἄχρι τελεσθήσονται οἱ λόγοι τοῦ θεοῦ.
17:18 καὶ ἡ γυνὴ ἣν εἶδες ἔστιν ἡ πόλις ἡ μεγάλη ἡ ἔχουσα **βασιλείαν** ἐπὶ τῶν βασιλέων τῆς γῆς.

994 βασίλειος [2]

√ *995*

Lk 7:25 ἰδοὺ οἱ ἐν ἱματισμῷ ἐνδόξῳ καὶ τρυφῇ ὑπάρχοντες ἐν τοῖς **βασιλείοις** εἰσίν.
1Pe 2: 9 Ὑμεῖς δὲ γένος ἐκλεκτόν, **βασίλειον** ἱεράτευμα, ἔθνος ἅγιον, λαὸς εἰς περιποίησιν,

995 βασιλεύς [115]

→ *993, 994, 996, 997, 998, 999, 5203*

βασιλεῖς τῆς γῆς [10] Mt 17:25; Ac 4:26; Rev 1:5; 6:15; 17:2,18; 18:3,9; 19:19; 21:24

βασιλεύς τῶν αἰώνων [2] 1Ti 1:17; Rev 15:3[NIV]

βασιλεύς βασιλέων [2] Rev 17:14; 19:16

βασιλεύς ... βασιλευόντων [1] 1Ti 6:15

βασιλεύς εἰρήνης [1] Heb 7:2

βασιλεύς τῶν Ἰουδαίων [18] Mt 2:2; 27:11,29,37; Mk 15:2,9,12,18,26; Lk 23:3,37,38; Jn 18:33,39; 19:3,19,21,21

βασιλεύς Ἰσραήλ [4] Mt 27:42; Mk 15:32; Jn 1:49; 12:13

μέγας βασιλεύς [1] Mt 5:35

Mt 1: 6 Ἰεσσαὶ δὲ ἐγέννησεν τὸν Δαυὶδ τὸν **βασιλέα.**
2: 1 Τοῦ δὲ Ἰησοῦ γεννηθέντος ἐν Βηθλέεμ τῆς Ἰουδαίας ἐν ἡμέραις Ἡρῴδου τοῦ **βασιλέως,**
2: 2 λέγοντες, Ποῦ ἐστιν ὁ τεχθεὶς **βασιλεὺς** τῶν Ἰουδαίων;
2: 3 ἀκούσας δὲ ὁ **βασιλεὺς** Ἡρῴδης ἐταράχθη καὶ πᾶσα Ἱεροσόλυμα μετ᾽ αὐτοῦ,
2: 9 οἱ δὲ ἀκούσαντες τοῦ **βασιλέως** ἐπορεύθησαν καὶ ἰδοὺ ὁ ἀστήρ,
5:35 μήτε εἰς Ἱεροσόλυμα, ὅτι πόλις ἐστὶν τοῦ μεγάλου **βασιλέως,**
10:18 καὶ ἐπὶ ἡγεμόνας δὲ καὶ **βασιλεῖς** ἀχθήσεσθε ἕνεκεν ἐμοῦ εἰς μαρτύριον αὐτοῖς καὶ τοῖς ἔθνεσιν.
11: 8 ἰδοὺ οἱ τὰ μαλακὰ φοροῦντες ἐν τοῖς οἴκοις τῶν **βασιλέων** εἰσίν.
14: 9 καὶ λυπηθεὶς ὁ **βασιλεὺς** διὰ τοὺς ὅρκους καὶ τοὺς συνανακειμένους ἐκέλευσεν δοθῆναι,
17:25 οἱ **βασιλεῖς** τῆς γῆς ἀπὸ τίνων λαμβάνουσιν τέλη ἢ κῆνσον;
18:23 Διὰ τοῦτο ὡμοιώθη ἡ βασιλεία τῶν οὐρανῶν ἀνθρώπῳ **βασιλεῖ,**
21: 5 Ἰδοὺ ὁ **βασιλεύς** σου ἔρχεταί σοι πραῢς καὶ ἐπιβεβηκὼς ἐπὶ ὄνον καὶ ἐπὶ πῶλον υἱὸν ὑποζυγίου.
22: 2 Ὡμοιώθη ἡ βασιλεία τῶν οὐρανῶν ἀνθρώπῳ **βασιλεῖ,** ὅστις ἐποίησεν γάμους τῷ υἱῷ αὐτοῦ.
22: 7 ὁ δὲ **βασιλεὺς** ὠργίσθη καὶ πέμψας τὰ στρατεύματα αὐτοῦ ἀπώλεσεν τοὺς φονεῖς ἐκείνους
22:11 εἰσελθὼν δὲ ὁ **βασιλεὺς** θεάσασθαι τοὺς ἀνακειμένους εἶδεν ἐκεῖ ἄνθρωπον οὐκ ἐνδεδυμένον ἔνδυμα γάμου,
22:13 τότε ὁ **βασιλεὺς** εἶπεν τοῖς διακόνοις, Δήσαντες αὐτοῦ πόδας καὶ χεῖρας ἐκβάλετε αὐτὸν εἰς τὸ σκότος τὸ ἐξώτερον·
25:34 τότε ἐρεῖ ὁ **βασιλεὺς** τοῖς ἐκ δεξιῶν αὐτοῦ,

25:40 καὶ ἀποκριθεὶς ὁ **βασιλεὺς** ἐρεῖ αὐτοῖς, Ἀμὴν λέγω ὑμῖν,
27:11 ὁ ἡγεμὼν λέγων, Σὺ εἶ ὁ **βασιλεὺς** τῶν Ἰουδαίων;
27:29 καὶ γονυπετήσαντες ἔμπροσθεν αὐτοῦ ἐνέπαιξαν αὐτῷ λέγοντες, Χαῖρε, **βασιλεῦ** τῶν Ἰουδαίων,
27:37 καὶ ἐπέθηκαν ἐπάνω τῆς κεφαλῆς αὐτοῦ τὴν αἰτίαν αὐτοῦ γεγραμμένην· Οὗτός ἐστιν Ἰησοῦς ὁ **βασιλεὺς** τῶν Ἰουδαίων.
27:42 **βασιλεὺς** Ἰσραήλ ἐστιν, καταβάτω νῦν ἀπὸ τοῦ σταυροῦ καὶ πιστεύσομεν ἐπ᾽ αὐτόν.
Mk 6:14 Καὶ ἤκουσεν ὁ **βασιλεὺς** Ἡρῴδης, φανερὸν γὰρ ἐγένετο τὸ ὄνομα αὐτοῦ,
6:22 εἶπεν ὁ **βασιλεὺς** τῷ κορασίῳ, Αἴτησόν με ὃ ἐὰν θέλῃς,
6:25 καὶ εἰσελθοῦσα εὐθὺς μετὰ σπουδῆς πρὸς τὸν **βασιλέα** ᾐτήσατο λέγουσα,
6:26 καὶ περίλυπος γενόμενος ὁ **βασιλεὺς** διὰ τοὺς ὅρκους καὶ τοὺς ἀνακειμένους οὐκ ἠθέλησεν ἀθετῆσαι αὐτήν·
6:27 καὶ εὐθὺς ἀποστείλας ὁ **βασιλεὺς** σπεκουλάτορα ἐπέταξεν ἐνέγκαι τὴν κεφαλὴν αὐτοῦ.
13: 9 καὶ εἰς συναγωγὰς δαρήσεσθε καὶ ἐπὶ ἡγεμόνων καὶ **βασιλέων** σταθήσεσθε ἕνεκεν ἐμοῦ εἰς μαρτύριον αὐτοῖς.
15: 2 καὶ ἐπηρώτησεν αὐτὸν ὁ Πιλᾶτος, Σὺ εἶ ὁ **βασιλεὺς** τῶν Ἰουδαίων;
15: 9 ὁ δὲ Πιλᾶτος ἀπεκρίθη αὐτοῖς λέγων, Θέλετε ἀπολύσω ὑμῖν τὸν **βασιλέα** τῶν Ἰουδαίων;
15:12 Τί οὖν [θέλετε] ποιήσω [ὃν λέγετε] τὸν **βασιλέα** τῶν Ἰουδαίων;
15:18 καὶ ἤρξαντο ἀσπάζεσθαι αὐτόν, Χαῖρε, **βασιλεῦ** τῶν Ἰουδαίων·
15:26 καὶ ἦν ἡ ἐπιγραφὴ τῆς αἰτίας αὐτοῦ ἐπιγεγραμμένη, Ὁ **βασιλεὺς** τῶν Ἰουδαίων.
15:32 ὁ Χριστὸς ὁ **βασιλεὺς** Ἰσραὴλ καταβάτω νῦν ἀπὸ τοῦ σταυροῦ,
Lk 1: 5 Ἐγένετο ἐν ταῖς ἡμέραις Ἡρῴδου **βασιλέως** τῆς Ἰουδαίας ἱερεύς τις ὀνόματι Ζαχαρίας ἐξ ἐφημερίας Ἀβιά,
10:24 λέγω γὰρ ὑμῖν ὅτι πολλοὶ προφῆται καὶ **βασιλεῖς** ἠθέλησαν ἰδεῖν ἃ ὑμεῖς βλέπετε καὶ οὐκ εἶδαν,
14:31 ἢ τίς **βασιλεὺς** πορευόμενος ἑτέρῳ **βασιλεῖ** συμβαλεῖν εἰς πόλεμον οὐχὶ καθίσας πρῶτον βουλεύσεται
19:38 Εὐλογημένος ὁ ἐρχόμενος, ὁ **βασιλεὺς** ἐν ὀνόματι κυρίου·
21:12 ἀπαγομένους ἐπὶ **βασιλεῖς** καὶ ἡγεμόνας ἕνεκεν τοῦ ὀνόματός μου·
22:25 Οἱ **βασιλεῖς** τῶν ἐθνῶν κυριεύουσιν αὐτῶν καὶ οἱ ἐξουσιάζοντες αὐτῶν εὐεργέται καλοῦνται.
23: 2 εὕραμεν διαστρέφοντα τὸ ἔθνος ἡμῶν καὶ κωλύοντα φόρους Καίσαρι διδόναι καὶ λέγοντα ἑαυτὸν Χριστὸν **βασιλέα** εἶναι.
23: 3 ὁ δὲ Πιλᾶτος ἠρώτησεν αὐτὸν λέγων, Σὺ εἶ ὁ **βασιλεὺς** τῶν Ἰουδαίων;
23:37 Εἰ σὺ εἶ ὁ **βασιλεὺς** τῶν Ἰουδαίων, σῶσον σεαυτόν.
23:38 ἦν δὲ καὶ ἐπιγραφὴ ἐπ᾽ αὐτῷ, Ὁ **βασιλεὺς** τῶν Ἰουδαίων οὗτος.
Jn 1:49 σὺ εἶ ὁ υἱὸς τοῦ θεοῦ, σὺ **βασιλεὺς** εἶ τοῦ Ἰσραήλ.
6:15 Ἰησοῦς οὖν γνοὺς ὅτι μέλλουσιν ἔρχεσθαι καὶ ἁρπάζειν αὐτὸν ἵνα ποιήσωσιν **βασιλέα,**
12:13 εὐλογημένος ὁ ἐρχόμενος ἐν ὀνόματι κυρίου, [καὶ] ὁ **βασιλεὺς** τοῦ Ἰσραήλ.
12:15 ἰδοὺ ὁ **βασιλεύς** σου ἔρχεται, καθήμενος ἐπὶ πῶλον ὄνου.
18:33 Εἰσῆλθεν οὖν πάλιν εἰς τὸ πραιτώριον ὁ Πιλᾶτος καὶ ἐφώνησεν τὸν Ἰησοῦν καὶ εἶπεν αὐτῷ, Σὺ εἶ ὁ **βασιλεὺς** τῶν Ἰουδαίων;
18:37 εἶπεν οὖν αὐτῷ ὁ Πιλᾶτος, Οὐκοῦν **βασιλεὺς** εἶ σύ; ἀπεκρίθη ὁ Ἰησοῦς, Σὺ λέγεις ὅτι **βασιλεύς** εἰμι.
18:39 βούλεσθε οὖν ἀπολύσω ὑμῖν τὸν **βασιλέα** τῶν Ἰουδαίων;
19: 3 καὶ ἤρχοντο πρὸς αὐτὸν καὶ ἔλεγον, Χαῖρε ὁ **βασιλεὺς** τῶν Ἰουδαίων·
19:12 πᾶς ὁ **βασιλέα** ἑαυτὸν ποιῶν ἀντιλέγει τῷ Καίσαρι.
19:14 καὶ λέγει τοῖς Ἰουδαίοις, Ἴδε ὁ **βασιλεὺς** ὑμῶν.
19:15 λέγει αὐτοῖς ὁ Πιλᾶτος, Τὸν **βασιλέα** ὑμῶν σταυρώσω; ἀπεκρίθησαν οἱ ἀρχιερεῖς, Οὐκ ἔχομεν **βασιλέα** εἰ μὴ Καίσαρα.
19:19 ἦν δὲ γεγραμμένον, Ἰησοῦς ὁ Ναζωραῖος ὁ **βασιλεὺς** τῶν Ἰουδαίων.
19:21 Μὴ γράφε, Ὁ **βασιλεὺς** τῶν Ἰουδαίων, ἀλλ᾽ ὅτι ἐκεῖνος εἶπεν, **Βασιλεύς** εἰμι τῶν Ἰουδαίων.
Ac 4:26 παρέστησαν οἱ **βασιλεῖς** τῆς γῆς καὶ οἱ ἄρχοντες συνήχθησαν ἐπὶ τὸ αὐτὸ κατὰ τοῦ κυρίου καὶ κατὰ τοῦ Χριστοῦ αὐτοῦ.
7:10 καὶ ἐξείλατο αὐτὸν ἐκ πασῶν τῶν θλίψεων αὐτοῦ καὶ ἔδωκεν αὐτῷ χάριν καὶ σοφίαν ἐναντίον Φαραὼ **βασιλέως** Αἰγύπτου
7:18 ἄχρι οὗ ἀνέστη **βασιλεὺς** ἕτερος [ἐπ᾽ Αἴγυπτον] ὃς οὐκ ᾔδει τὸν Ἰωσήφ.
9:15 ὅτι σκεῦος ἐκλογῆς ἐστίν μοι οὗτος τοῦ βαστάσαι τὸ ὄνομά μου ἐνώπιον ἐθνῶν τε καὶ **βασιλέων** υἱῶν τε Ἰσραήλ·
12: 1 Κατ᾽ ἐκεῖνον δὲ τὸν καιρὸν ἐπέβαλεν Ἡρῴδης ὁ **βασιλεὺς** τὰς χεῖρας κακῶσαί τινας τῶν ἀπὸ τῆς ἐκκλησίας.
12:20 ὁμοθυμαδὸν δὲ παρῆσαν πρὸς αὐτὸν καὶ πείσαντες Βλάστον, τὸν ἐπὶ τοῦ κοιτῶνος τοῦ **βασιλέως,**
13:21 κἀκεῖθεν ᾐτήσαντο **βασιλέα** καὶ ἔδωκεν αὐτοῖς ὁ θεὸς τὸν Σαοὺλ υἱὸν Κίς,
13:22 καὶ μεταστήσας αὐτὸν ἤγειρεν τὸν Δαυὶδ αὐτοῖς εἰς **βασιλέα** ᾧ καὶ εἶπεν μαρτυρήσας,
17: 7 καὶ οὗτοι πάντες ἀπέναντι τῶν δογμάτων Καίσαρος πράσσουσι **βασιλέα** ἕτερον λέγοντες εἶναι Ἰησοῦν.
25:13 Ἡμερῶν δὲ διαγενομένων τινῶν Ἀγρίππας ὁ **βασιλεὺς** καὶ Βερνίκη κατήντησαν εἰς Καισάρειαν ἀσπασάμενοι τὸν Φῆστον.
25:14 ὁ Φῆστος τῷ **βασιλεῖ** ἀνέθετο τὰ κατὰ τὸν Παῦλον λέγων,
25:24 Ἀγρίππα **βασιλεῦ** καὶ πάντες οἱ συμπαρόντες ἡμῖν ἄνδρες,
25:26 **βασιλεῦ** Ἀγρίππα, ὅπως τῆς ἀνακρίσεως γενομένης σχῶ τί γράψω·
26: 2 Περὶ πάντων ὧν ἐγκαλοῦμαι ὑπὸ Ἰουδαίων, **βασιλεῦ** Ἀγρίππα,
26: 7 ἐν ἐκτενείᾳ νύκτα καὶ ἡμέραν λατρεῦον ἐλπίζει καταντῆσαι, περὶ ἧς ἐλπίδος ἐγκαλοῦμαι ὑπὸ Ἰουδαίων, **βασιλεῦ.**
26:13 ἡμέρας μέσης κατὰ τὴν ὁδὸν εἶδον, **βασιλεῦ,** οὐρανόθεν ὑπὲρ τὴν λαμπρότητα τοῦ ἡλίου περιλάμψαν με φῶς
26:19 Ὅθεν, **βασιλεῦ** Ἀγρίππα, οὐκ ἐγενόμην ἀπειθὴς τῇ οὐρανίῳ ὀπτασίᾳ
26:26 ἐπίσταται γὰρ περὶ τούτων ὁ **βασιλεὺς** πρὸς ὃν καὶ παρρησιαζόμενος λαλῶ,
26:27 πιστεύεις, **βασιλεῦ** Ἀγρίππα, τοῖς προφήταις; οἶδα ὅτι πιστεύεις.
26:30 Ἀνέστη τε ὁ **βασιλεὺς** καὶ ὁ ἡγεμὼν ἥ τε Βερνίκη καὶ οἱ συγκαθήμενοι αὐτοῖς,
2Co 11:32 ἐν Δαμασκῷ ὁ ἐθνάρχης Ἀρέτα τοῦ **βασιλέως** ἐφρούρει τὴν πόλιν Δαμασκηνῶν πιάσαι με,
1Ti 1:17 τῷ δὲ **βασιλεῖ** τῶν αἰώνων, ἀφθάρτῳ ἀοράτῳ μόνῳ θεῷ,
2: 2 ὑπὲρ **βασιλέων** καὶ πάντων τῶν ἐν ὑπεροχῇ ὄντων,
6:15 ὁ **βασιλεὺς** τῶν βασιλευόντων καὶ κύριος τῶν κυριευόντων,
Heb 7: 1 Οὗτος γὰρ ὁ Μελχισέδεκ, **βασιλεὺς** Σαλήμ, ἱερεὺς τοῦ θεοῦ τοῦ ὑψίστου, ὁ συναντήσας Ἀβραὰμ ὑποστρέφοντι ἀπὸ τῆς κοπῆς τῶν **βασιλέων** καὶ εὐλογήσας αὐτόν,
7: 2 πρῶτον μὲν ἑρμηνευόμενος **βασιλεὺς** δικαιοσύνης ἔπειτα δὲ καὶ **βασιλεὺς** Σαλήμ, ὅ ἐστιν **βασιλεὺς** εἰρήνης,
11:23 διότι εἶδον ἀστεῖον τὸ παιδίον καὶ οὐκ ἐφοβήθησαν τὸ διάταγμα τοῦ **βασιλέως.**
11:27 Πίστει κατέλιπεν Αἴγυπτον μὴ φοβηθεὶς τὸν θυμὸν τοῦ **βασιλέως·**
1Pe 2:13 Ὑποτάγητε πάσῃ ἀνθρωπίνῃ κτίσει διὰ τὸν κύριον, εἴτε **βασιλεῖ** ὡς ὑπερέχοντι,
2:17 τὴν ἀδελφότητα ἀγαπᾶτε, τὸν θεὸν φοβεῖσθε, τὸν **βασιλέα** τιμᾶτε.
Rev 1: 5 ὁ πρωτότοκος τῶν νεκρῶν καὶ ὁ ἄρχων τῶν **βασιλέων** τῆς γῆς.
6:15 καὶ οἱ **βασιλεῖς** τῆς γῆς καὶ οἱ μεγιστᾶνες καὶ οἱ χιλίαρχοι
9:11 ἔχουσιν ἐπ᾽ αὐτῶν **βασιλέα** τὸν ἄγγελον τῆς ἀβύσσου,
10:11 Δεῖ σε πάλιν προφητεῦσαι ἐπὶ λαοῖς καὶ ἔθνεσιν καὶ γλώσσαις καὶ **βασιλεῦσιν** πολλοῖς.
15: 3 δίκαιαι καὶ ἀληθιναὶ αἱ ὁδοί σου, ὁ **βασιλεὺς** τῶν ἐθνῶν·
16:12 ἵνα ἑτοιμασθῇ ἡ ὁδὸς τῶν **βασιλέων** τῶν ἀπὸ ἀνατολῆς ἡλίου.
16:14 ἃ ἐκπορεύεται ἐπὶ τοὺς **βασιλεῖς** τῆς οἰκουμένης ὅλης συναγαγεῖν αὐτοὺς εἰς τὸν πόλεμον τῆς ἡμέρας τῆς μεγάλης
17: 2 μεθ᾽ ἧς ἐπόρνευσαν οἱ **βασιλεῖς** τῆς γῆς καὶ ἐμεθύσθησαν οἱ κατοικοῦντες τὴν γῆν ἐκ τοῦ οἴνου τῆς πορνείας αὐτῆς
17: 9 αἱ ἑπτὰ κεφαλαὶ ἑπτὰ ὄρη εἰσίν, ὅπου ἡ γυνὴ κάθηται ἐπ᾽ αὐτῶν. καὶ **βασιλεῖς** ἑπτά εἰσιν·
17:12 καὶ τὰ δέκα κέρατα ἃ εἶδες δέκα **βασιλεῖς** εἰσιν, οἵτινες βασιλείαν οὔπω ἔλαβον, ἀλλὰ ἐξουσίαν ὡς **βασιλεῖς** μίαν ὥραν λαμβάνουσιν μετὰ τοῦ θηρίου.
17:14 ὅτι κύριος κυρίων ἐστὶν καὶ **βασιλεὺς βασιλέων** καὶ οἱ μετ᾽ αὐτοῦ κλητοὶ καὶ ἐκλεκτοὶ καὶ πιστοί.
17:18 καὶ ἡ γυνὴ ἣν εἶδες ἔστιν ἡ πόλις ἡ μεγάλη ἡ ἔχουσα βασιλείαν ἐπὶ τῶν **βασιλέων** τῆς γῆς.
18: 3 ὅτι ἐκ τοῦ οἴνου τοῦ θυμοῦ τῆς πορνείας αὐτῆς πέπωκαν πάντα τὰ ἔθνη καὶ οἱ **βασιλεῖς** τῆς γῆς μετ᾽ αὐτῆς ἐπόρνευσαν
18: 9 Καὶ κλαύσουσιν καὶ κόψονται ἐπ᾽ αὐτὴν οἱ **βασιλεῖς** τῆς γῆς οἱ μετ᾽ αὐτῆς πορνεύσαντες καὶ στρηνιάσαντες,
19:16 καὶ ἔχει ἐπὶ τὸ ἱμάτιον καὶ ἐπὶ τὸν μηρὸν αὐτοῦ ὄνομα γεγραμμένον· **Βασιλεὺς βασιλέων** καὶ κύριος κυρίων.
19:18 ἵνα φάγητε σάρκας **βασιλέων** καὶ σάρκας χιλιάρχων
19:19 Καὶ εἶδον τὸ θηρίον καὶ τοὺς **βασιλεῖς** τῆς γῆς καὶ τὰ στρατεύματα αὐτῶν συνηγμένα ποιῆσαι τὸν πόλεμον
21:24 καὶ οἱ **βασιλεῖς** τῆς γῆς φέρουσιν τὴν δόξαν αὐτῶν εἰς αὐτήν,

996 βασιλεύω [21]

√ 995

βασιλεύς ... βασιλευόντων [1] 1Ti 6:15

Mt 2:22 ἀκούσας δὲ ὅτι Ἀρχέλαος **βασιλεύει** τῆς Ἰουδαίας ἀντὶ τοῦ πατρὸς αὐτοῦ Ἡρῴδου ἐφοβήθη ἐκεῖ ἀπελθεῖν·
Lk 1:33 καὶ **βασιλεύσει** ἐπὶ τὸν οἶκον Ἰακὼβ εἰς τοὺς αἰῶνας καὶ τῆς βασιλείας αὐτοῦ οὐκ ἔσται τέλος.
19:14 πολῖται αὐτοῦ ἐμίσουν αὐτὸν καὶ ἀπέστειλαν πρεσβείαν ὀπίσω αὐτοῦ λέγοντες, Οὐ θέλομεν τοῦτον **βασιλεῦσαι** ἐφ' ἡμᾶς.
19:27 πλὴν τοὺς ἐχθρούς μου τούτους τοὺς μὴ θελήσαντάς με **βασιλεῦσαι** ἐπ' αὐτοὺς ἀγάγετε ὧδε καὶ κατασφάξατε αὐτοὺς
Ro 5:14 ἀλλὰ **ἐβασίλευσεν** ὁ θάνατος ἀπὸ Ἀδὰμ μέχρι Μωϋσέως καὶ ἐπὶ τοὺς μὴ ἁμαρτήσαντας ἐπὶ τῷ ὁμοιώματι τῆς παραβάσεως Ἀδὰμ ὅς ἐστιν τύπος τοῦ μέλλοντος.
5:17 εἰ γὰρ τῷ τοῦ ἑνὸς παραπτώματι ὁ θάνατος **ἐβασίλευσεν** διὰ τοῦ ἑνός, πολλῷ μᾶλλον οἱ τὴν περισσείαν τῆς χάριτος καὶ τῆς δωρεᾶς τῆς δικαιοσύνης λαμβάνοντες ἐν ζωῇ **βασιλεύσουσιν** διὰ τοῦ ἑνὸς Ἰησοῦ Χριστοῦ.
5:21 ἵνα ὥσπερ **ἐβασίλευσεν** ἡ ἁμαρτία ἐν τῷ θανάτῳ, οὕτως καὶ ἡ χάρις **βασιλεύσῃ** διὰ δικαιοσύνης εἰς ζωὴν αἰώνιον διὰ Ἰησοῦ Χριστοῦ τοῦ κυρίου ἡμῶν.
6:12 Μὴ οὖν **βασιλευέτω** ἡ ἁμαρτία ἐν τῷ θνητῷ ὑμῶν σώματι εἰς τὸ ὑπακούειν ταῖς ἐπιθυμίαις αὐτοῦ,
1Co 4: 8 ἤδη κεκορεσμένοι ἐστέ, ἤδη ἐπλουτήσατε, χωρὶς ἡμῶν **ἐβασιλεύσατε·** καὶ ὄφελόν γε **ἐβασιλεύσατε,** ἵνα καὶ ἡμεῖς ὑμῖν συμβασιλεύσωμεν.
15:25 δεῖ γὰρ αὐτὸν **βασιλεύειν** ἄχρι οὗ θῇ πάντας τοὺς ἐχθροὺς ὑπὸ τοὺς πόδας αὐτοῦ.
1Ti 6:15 ὁ βασιλεὺς τῶν **βασιλευόντων** καὶ κύριος τῶν κυριευόντων,
Rev 5:10 καὶ ἐποίησας αὐτοὺς τῷ θεῷ ἡμῶν βασιλείαν καὶ ἱερεῖς, καὶ **βασιλεύσουσιν** ἐπὶ τῆς γῆς.
11:15 Ἐγένετο ἡ βασιλεία τοῦ κόσμου τοῦ κυρίου ἡμῶν καὶ τοῦ Χριστοῦ αὐτοῦ, καὶ **βασιλεύσει** εἰς τοὺς αἰῶνας τῶν αἰώνων.
11:17 ὅτι εἴληφας τὴν δύναμίν σου τὴν μεγάλην καὶ **ἐβασίλευσας.**
19: 6 ὅτι **ἐβασίλευσεν** κύριος ὁ θεὸς [ἡμῶν] ὁ παντοκράτωρ.
20: 4 καὶ ἔζησαν καὶ **ἐβασίλευσαν** μετὰ τοῦ Χριστοῦ χίλια ἔτη.
20: 6 ἀλλ' ἔσονται ἱερεῖς τοῦ θεοῦ καὶ τοῦ Χριστοῦ καὶ **βασιλεύσουσιν** μετ' αὐτοῦ [τὰ] χίλια ἔτη.
22: 5 ὅτι κύριος ὁ θεὸς φωτίσει ἐπ' αὐτούς, καὶ **βασιλεύσουσιν** εἰς τοὺς αἰῶνας τῶν αἰώνων.

997 βασιλικός [5]

√ 995

subst. **βασιλικός, ὁ** [2] Jn 4:46,49

νόμος βασιλικός [1] Jas 2:8

Jn 4:46 καὶ ἦν τις **βασιλικὸς** οὗ ὁ υἱὸς ἠσθένει ἐν Καφαρναούμ.
4:49 λέγει πρὸς αὐτὸν ὁ **βασιλικός,** Κύριε, κατάβηθι πρὶν ἀποθανεῖν τὸ παιδίον μου.
Ac 12:20 ᾐτοῦντο εἰρήνην διὰ τὸ τρέφεσθαι αὐτῶν τὴν χώραν ἀπὸ τῆς **βασιλικῆς.**
12:21 τακτῇ δὲ ἡμέρᾳ ὁ Ἡρῴδης ἐνδυσάμενος ἐσθῆτα **βασιλικὴν** [καὶ] καθίσας ἐπὶ τοῦ βήματος ἐδημηγόρει πρὸς αὐτούς,
Jas 2: 8 εἰ μέντοι νόμον τελεῖτε **βασιλικὸν** κατὰ τὴν γραφήν,

998 βασιλίσκος Not used in UBS/NIV

√ 995

999 βασίλισσα [4]

√ 995

Mt 12:42 **βασίλισσα** νότου ἐγερθήσεται ἐν τῇ κρίσει μετὰ τῆς γενεᾶς ταύτης καὶ κατακρινεῖ αὐτήν,
Lk 11:31 **βασίλισσα** νότου ἐγερθήσεται ἐν τῇ κρίσει μετὰ τῶν ἀνδρῶν τῆς γενεᾶς ταύτης καὶ κατακρινεῖ αὐτούς,
Ac 8:27 καὶ ἰδοὺ ἀνὴρ Αἰθίοψ εὐνοῦχος δυνάστης Κανδάκης **βασιλίσσης** Αἰθιόπων,
Rev 18: 7 ὅτι ἐν τῇ καρδίᾳ αὐτῆς λέγει ὅτι Κάθημαι **βασίλισσα** καὶ χήρα οὐκ εἰμὶ καὶ πένθος οὐ μὴ ἴδω.

1000 βάσις [1]

√ 326

Ac 3: 7 παραχρῆμα δὲ ἐστερεώθησαν αἱ **βάσεις** αὐτοῦ καὶ τὰ σφυδρά,

1001 βασκαίνω [1]

Gal 3: 1 Ὦ ἀνόητοι Γαλάται, τίς ὑμᾶς **ἐβάσκανεν,** οἷς κατ' ὀφθαλμοὺς Ἰησοῦς Χριστὸς προεγράφη ἐσταυρωμένος;

1002 βαστάζω [27]

→ 1546

Mt 3:11 ὁ δὲ ὀπίσω μου ἐρχόμενος ἰσχυρότερός μού ἐστιν, οὗ οὐκ εἰμὶ ἱκανὸς τὰ ὑποδήματα **βαστάσαι·**
8:17 Αὐτὸς τὰς ἀσθενείας ἡμῶν ἔλαβεν καὶ τὰς νόσους **ἐβάστασεν.**
20:12 καὶ ἴσους ἡμῖν αὐτοὺς ἐποίησας τοῖς **βαστάσασι** τὸ βάρος τῆς ἡμέρας καὶ τὸν καύσωνα.
Mk 14:13 Ὑπάγετε εἰς τὴν πόλιν, καὶ ἀπαντήσει ὑμῖν ἄνθρωπος κεράμιον ὕδατος **βαστάζων·**
Lk 7:14 οἱ δὲ **βαστάζοντες** ἔστησαν, καὶ εἶπεν, Νεανίσκε, σοὶ λέγω,
10: 4 μὴ **βαστάζετε** βαλλάντιον, μὴ πήραν, μὴ ὑποδήματα, καὶ μηδένα κατὰ τὴν ὁδὸν ἀσπάσησθε.
11:27 Μακαρία ἡ κοιλία ἡ **βαστάσασά** σε καὶ μαστοὶ οὓς ἐθήλασας.
14:27 ὅστις οὐ **βαστάζει** τὸν σταυρὸν ἑαυτοῦ καὶ ἔρχεται ὀπίσω μου,
22:10 Ἰδοὺ εἰσελθόντων ὑμῶν εἰς τὴν πόλιν συναντήσει ὑμῖν ἄνθρωπος κεράμιον ὕδατος **βαστάζων·**
Jn 10:31 **Ἐβάστασαν** πάλιν λίθους οἱ Ἰουδαῖοι ἵνα λιθάσωσιν αὐτόν.
12: 6 ἀλλ' ὅτι κλέπτης ἦν καὶ τὸ γλωσσόκομον ἔχων τὰ βαλλόμενα **ἐβάσταζεν.**
16:12 Ἔτι πολλὰ ἔχω ὑμῖν λέγειν, ἀλλ' οὐ δύνασθε **βαστάζειν** ἄρτι·
19:17 καὶ **βαστάζων** ἑαυτῷ τὸν σταυρὸν ἐξῆλθεν εἰς τὸν λεγόμενον Κρανίου Τόπον,
20:15 Κύριε, εἰ σὺ **ἐβάστασας** αὐτόν, εἰπέ μοι ποῦ ἔθηκας αὐτόν,
Ac 3: 2 καί τις ἀνὴρ χωλὸς ἐκ κοιλίας μητρὸς αὐτοῦ ὑπάρχων **ἐβαστάζετο,**
9:15 ὅτι σκεῦος ἐκλογῆς ἐστίν μοι οὗτος τοῦ **βαστάσαι** τὸ ὄνομά μου ἐνώπιον ἐθνῶν τε καὶ βασιλέων υἱῶν τε Ἰσραήλ·
15:10 ἐπιθεῖναι ζυγὸν ἐπὶ τὸν τράχηλον τῶν μαθητῶν ὃν οὔτε οἱ πατέρες ἡμῶν οὔτε ἡμεῖς ἰσχύσαμεν **βαστάσαι;**
21:35 συνέβη **βαστάζεσθαι** αὐτὸν ὑπὸ τῶν στρατιωτῶν διὰ τὴν βίαν τοῦ ὄχλου,
Ro 11:18 εἰ δὲ κατακαυχᾶσαι οὐ σὺ τὴν ῥίζαν **βαστάζεις** ἀλλὰ ἡ ῥίζα σέ.
15: 1 Ὀφείλομεν δὲ ἡμεῖς οἱ δυνατοὶ τὰ ἀσθενήματα τῶν ἀδυνάτων **βαστάζειν** καὶ μὴ ἑαυτοῖς ἀρέσκειν.
Gal 5:10 ὁ δὲ ταράσσων ὑμᾶς **βαστάσει** τὸ κρίμα, ὅστις ἐὰν ᾖ.
6: 2 Ἀλλήλων τὰ βάρη **βαστάζετε** καὶ οὕτως ἀναπληρώσετε τὸν νόμον τοῦ Χριστοῦ.
6: 5 ἕκαστος γὰρ τὸ ἴδιον φορτίον **βαστάσει.**
6:17 ἐγὼ γὰρ τὰ στίγματα τοῦ Ἰησοῦ ἐν τῷ σώματί μου **βαστάζω.**
Rev 2: 2 Οἶδα τὰ ἔργα σου καὶ τὸν κόπον καὶ τὴν ὑπομονήν σου καὶ ὅτι οὐ δύνῃ **βαστάσαι** κακούς,
2: 3 καὶ ὑπομονὴν ἔχεις καὶ **ἐβάστασας** διὰ τὸ ὄνομά μου καὶ οὐ κεκοπίακες.
17: 7 ἐγὼ ἐρῶ σοι τὸ μυστήριον τῆς γυναικὸς καὶ τοῦ θηρίου τοῦ **βαστάζοντος** αὐτὴν τοῦ ἔχοντος τὰς ἑπτὰ κεφαλὰς

1003 βάτος¹ [5]

Mk 12:26 περὶ δὲ τῶν νεκρῶν ὅτι ἐγείρονται οὐκ ἀνέγνωτε ἐν τῇ βίβλῳ Μωϋσέως ἐπὶ τοῦ **βάτου** πῶς εἶπεν αὐτῷ ὁ θεὸς λέγων,
Lk 6:44 οὐ γὰρ ἐξ ἀκανθῶν συλλέγουσιν σῦκα οὐδὲ ἐκ **βάτου** σταφυλὴν τρυγῶσιν.
20:37 ὅτι δὲ ἐγείρονται οἱ νεκροί, καὶ Μωϋσῆς ἐμήνυσεν ἐπὶ τῆς **βάτου,**
Ac 7:30 Καὶ πληρωθέντων ἐτῶν τεσσεράκοντα ὤφθη αὐτῷ ἐν τῇ ἐρήμῳ τοῦ ὄρους Σινᾶ ἄγγελος ἐν φλογὶ πυρὸς **βάτου.**
7:35 τοῦτον ὁ θεὸς [καὶ] ἄρχοντα καὶ λυτρωτὴν ἀπέσταλκεν σὺν χειρὶ ἀγγέλου τοῦ ὀφθέντος αὐτῷ ἐν τῇ **βάτῳ.**

1004 βάτος² [1]

Lk 16: 6 ὁ δὲ εἶπεν, Ἑκατὸν **βάτους** ἐλαίου. ὁ δὲ εἶπεν αὐτῷ,

1005 βάτραχος [1]

Rev 16:13 καὶ ἐκ τοῦ στόματος τοῦ θηρίου καὶ ἐκ τοῦ στόματος τοῦ ψευδοπροφήτου πνεύματα τρία ἀκάθαρτα ὡς **βάτραχοι·**

1006 βατταλογέω [1]

√ 3306

Mt 6: 7 Προσευχόμενοι δὲ μὴ **βατταλογήσητε** ὥσπερ οἱ ἐθνικοί, δοκοῦσιν γὰρ ὅτι ἐν τῇ πολυλογίᾳ αὐτῶν εἰσακουσθήσονται.

1007 βδέλυγμα [6]

→ 1008, 1009

Mt 24:15 Ὅταν οὖν ἴδητε τὸ **βδέλυγμα** τῆς ἐρημώσεως τὸ ῥηθὲν διὰ Δανιὴλ τοῦ προφήτου ἑστὸς ἐν τόπῳ ἁγίῳ,
Mk 13:14 Ὅταν δὲ ἴδητε τὸ **βδέλυγμα** τῆς ἐρημώσεως ἑστηκότα ὅπου οὐ δεῖ,
Lk 16:15 ὅτι τὸ ἐν ἀνθρώποις ὑψηλὸν **βδέλυγμα** ἐνώπιον τοῦ θεοῦ.
Rev 17: 4 ἔχουσα ποτήριον χρυσοῦν ἐν τῇ χειρὶ αὐτῆς γέμον **βδελυγμάτων** καὶ τὰ ἀκάθαρτα τῆς πορνείας αὐτῆς
17: 5 ἡ μήτηρ τῶν πορνῶν καὶ τῶν **βδελυγμάτων** τῆς γῆς.
21:27 πᾶν κοινὸν καὶ [ὁ] ποιῶν **βδέλυγμα** καὶ ψεῦδος εἰ μὴ οἱ γεγραμμένοι ἐν τῷ βιβλίῳ τῆς ζωῆς τοῦ ἀρνίου.

1008 βδελυκτός [1]

√ 1007

Tit 1:16 **βδελυκτοὶ** ὄντες καὶ ἀπειθεῖς καὶ πρὸς πᾶν ἔργον ἀγαθὸν ἀδόκιμοι.

1009 βδελύσσομαι [2]

√ 1007

Ro 2:22 ὁ λέγων μὴ μοιχεύειν μοιχεύεις; ὁ **βδελυσσόμενος** τὰ εἴδωλα ἱεροσυλεῖς;
Rev 21: 8 τοῖς δὲ δειλοῖς καὶ ἀπίστοις καὶ **ἐβδελυγμένοις** καὶ φονεῦσιν καὶ πόρνοις καὶ φαρμάκοις καὶ εἰδωλολάτραις

1010 βέβαιος [8]

√ 326

Ro 4:16 εἰς τὸ εἶναι **βεβαίαν** τὴν ἐπαγγελίαν παντὶ τῷ σπέρματι,
2Co 1: 7 καὶ ἡ ἐλπὶς ἡμῶν **βεβαία** ὑπὲρ ὑμῶν εἰδότες ὅτι ὡς κοινωνοί ἐστε τῶν παθημάτων,
Heb 2: 2 εἰ γὰρ ὁ δι' ἀγγέλων λαληθεὶς λόγος ἐγένετο **βέβαιος** καὶ πᾶσα παράβασις καὶ παρακοὴ ἔλαβεν ἔνδικον μισθαποδοσίαν,
3:14 ἐάνπερ τὴν ἀρχὴν τῆς ὑποστάσεως μέχρι τέλους **βεβαίαν** κατάσχωμεν–
6:19 ἣν ὡς ἄγκυραν ἔχομεν τῆς ψυχῆς ἀσφαλῆ τε καὶ **βεβαίαν** καὶ εἰσερχομένην εἰς τὸ ἐσώτερον τοῦ καταπετάσματος,
9:17 διαθήκη γὰρ ἐπὶ νεκροῖς **βεβαία,** ἐπεὶ μήποτε ἰσχύει ὅτε ζῇ ὁ διαθέμενος.
2Pe 1:10 σπουδάσατε **βεβαίαν** ὑμῶν τὴν κλῆσιν καὶ ἐκλογὴν ποιεῖσθαι·
1:19 καὶ ἔχομεν **βεβαιότερον** τὸν προφητικὸν λόγον, ᾧ καλῶς ποιεῖτε προσέχοντες ὡς λύχνῳ φαίνοντι ἐν αὐχμηρῷ τόπῳ,

1011 βεβαιόω [8]

√ 326

Mk 16:20 ⟦τοῦ κυρίου συνεργοῦντος καὶ τὸν λόγον **βεβαιοῦντος** διὰ τῶν ἐπακολουθούντων σημείων.⟧
Ro 15: 8 λέγω γὰρ Χριστὸν διάκονον γεγενῆσθαι περιτομῆς ὑπὲρ ἀληθείας θεοῦ, εἰς τὸ **βεβαιῶσαι** τὰς ἐπαγγελίας τῶν πατέρων,
1Co 1: 6 καθὼς τὸ μαρτύριον τοῦ Χριστοῦ **ἐβεβαιώθη** ἐν ὑμῖν,
1: 8 ὃς καὶ **βεβαιώσει** ὑμᾶς ἕως τέλους ἀνεγκλήτους ἐν τῇ ἡμέρᾳ τοῦ κυρίου ἡμῶν Ἰησοῦ [Χριστοῦ.]
2Co 1:21 ὁ δὲ **βεβαιῶν** ἡμᾶς σὺν ὑμῖν εἰς Χριστὸν καὶ χρίσας ἡμᾶς θεός,
Col 2: 7 ἐρριζωμένοι καὶ ἐποικοδομούμενοι ἐν αὐτῷ καὶ **βεβαιούμενοι** τῇ πίστει καθὼς ἐδιδάχθητε,
Heb 2: 3 ἥτις ἀρχὴν λαβοῦσα λαλεῖσθαι διὰ τοῦ κυρίου ὑπὸ τῶν ἀκουσάντων εἰς ἡμᾶς **ἐβεβαιώθη,**
13: 9 καλὸν γὰρ χάριτι **βεβαιοῦσθαι** τὴν καρδίαν, οὐ βρώμασιν ἐν οἷς οὐκ ὠφελήθησαν οἱ περιπατοῦντες.

1012 βεβαίωσις [2]

√ 326

Php 1: 7 ἔν τε τοῖς δεσμοῖς μου καὶ ἐν τῇ ἀπολογίᾳ καὶ **βεβαιώσει** τοῦ εὐαγγελίου συγκοινωνούς μου τῆς χάριτος πάντας ὑμᾶς ὄντας.
Heb 6:16 καὶ πάσης αὐτοῖς ἀντιλογίας πέρας εἰς **βεβαίωσιν** ὁ ὅρκος·

1013 βέβηλος [5]

√ 326

1Ti 1: 9 ἀσεβέσι καὶ ἁμαρτωλοῖς, ἀνοσίοις καὶ **βεβήλοις,** πατρολῴαις καὶ μητρολῴαις, ἀνδροφόνοις
4: 7 τοὺς δὲ **βεβήλους** καὶ γραώδεις μύθους παραιτοῦ. γύμναζε δὲ σεαυτὸν πρὸς εὐσέβειαν·
6:20 τὴν παραθήκην φύλαξον ἐκτρεπόμενος τὰς **βεβήλους** κενοφωνίας καὶ ἀντιθέσεις τῆς ψευδωνύμου γνώσεως,
2Ti 2:16 τὰς δὲ **βεβήλους** κενοφωνίας περιΐστασο· ἐπὶ πλεῖον γὰρ προκόψουσιν ἀσεβείας
Heb 12:16 μή τις πόρνος ἢ **βέβηλος** ὡς Ἠσαῦ, ὃς ἀντὶ βρώσεως μιᾶς ἀπέδετο τὰ πρωτοτόκια ἑαυτοῦ.

1014 βεβηλόω [2]

√ 326

Mt 12: 5 ἢ οὐκ ἀνέγνωτε ἐν τῷ νόμῳ ὅτι τοῖς σάββασιν οἱ ἱερεῖς ἐν τῷ ἱερῷ τὸ σάββατον **βεβηλοῦσιν** καὶ ἀναίτιοί εἰσιν;
Ac 24: 6 ὃς καὶ τὸ ἱερὸν ἐπείρασεν **βεβηλῶσαι** ὃν καὶ ἐκρατήσαμεν,

1015 Βεελζεβούλ [7]

ἔχω Βεελζεβούλ [1] Mk 3:22

Mt 10:25 εἰ τὸν οἰκοδεσπότην **Βεελζεβοὺλ** ἐπεκάλεσαν, πόσῳ μᾶλλον τοὺς οἰκιακοὺς αὐτοῦ.
12:24 Οὗτος οὐκ ἐκβάλλει τὰ δαιμόνια εἰ μὴ ἐν τῷ **Βεελζεβοὺλ** ἄρχοντι τῶν δαιμονίων.
12:27 καὶ εἰ ἐγὼ ἐν **Βεελζεβοὺλ** ἐκβάλλω τὰ δαιμόνια,
Mk 3:22 οἱ ἀπὸ Ἱεροσολύμων καταβάντες ἔλεγον ὅτι **Βεελζεβοὺλ** ἔχει καὶ ὅτι ἐν τῷ ἄρχοντι τῶν δαιμονίων ἐκβάλλει τὰ δαιμόνια.
Lk 11:15 Ἐν **Βεελζεβοὺλ** τῷ ἄρχοντι τῶν δαιμονίων ἐκβάλλει τὰ δαιμόνια·
11:18 ὅτι λέγετε ἐν **Βεελζεβοὺλ** ἐκβάλλειν με τὰ δαιμόνια.
11:19 εἰ δὲ ἐγὼ ἐν **Βεελζεβοὺλ** ἐκβάλλω τὰ δαιμόνια,

1016 Βελιάρ [1]

2Co 6:15 τίς δὲ συμφώνησις Χριστοῦ πρὸς **Βελιάρ,** ἢ τίς μερὶς πιστῷ μετὰ ἀπίστου;

1017 βελόνη [1]

√ 965

Lk 18:25 εὐκοπώτερον γάρ ἐστιν κάμηλον διὰ τρήματος **βελόνης** εἰσελθεῖν ἢ πλούσιον εἰς τὴν βασιλείαν τοῦ θεοῦ εἰσελθεῖν.

1018 βέλος [1]

√ 965

Eph 6:16 ἐν ᾧ δυνήσεσθε πάντα τὰ **βέλη** τοῦ πονηροῦ [τὰ] πεπυρωμένα σβέσαι·

1019 βελτίων [1]

2Ti 1:18 καὶ ὅσα ἐν Ἐφέσῳ διηκόνησεν, **βέλτιον** σὺ γινώσκεις.

1020 Βενιαμείν Not used in UBS/NIV

√ 1021

1021 Βενιαμίν [4]

→ 1020

Ac 13:21 κἀκεῖθεν ᾐτήσαντο βασιλέα καὶ ἔδωκεν αὐτοῖς ὁ θεὸς τὸν Σαοὺλ υἱὸν Κίς, ἄνδρα ἐκ φυλῆς **Βενιαμίν,** ἔτη τεσσεράκοντα,
Ro 11: 1 καὶ γὰρ ἐγὼ Ἰσραηλίτης εἰμί, ἐκ σπέρματος Ἀβραάμ, φυλῆς **Βενιαμίν.**
Php 3: 5 φυλῆς **Βενιαμίν,** Ἑβραῖος ἐξ Ἑβραίων, κατὰ νόμον Φαρισαῖος,

Rev 7: 8 ἐκ φυλῆς Ἰωσὴφ δώδεκα χιλιάδες, ἐκ φυλῆς **Βενιαμὶν** δώδεκα χιλιάδες ἐσφραγισμένοι.

1022 Βερνίκη [3]

√ *5770 + 3772*

Ac 25:13 Ἀγρίππας ὁ βασιλεὺς καὶ **Βερνίκη** κατήντησαν εἰς Καισάρειαν ἀσπασάμενοι τὸν Φῆστον.
25:23 Τῇ οὖν ἐπαύριον ἐλθόντος τοῦ Ἀγρίππα καὶ τῆς **Βερνίκης** μετὰ πολλῆς φαντασίας καὶ εἰσελθόντων εἰς τὸ ἀκροατήριον
26:30 Ἀνέστη τε ὁ βασιλεὺς καὶ ὁ ἡγεμὼν ἥ τε **Βερνίκη** καὶ οἱ συγκαθήμενοι αὐτοῖς,

1023 Βέροια [2]

→ *1024*

Ac 17:10 Οἱ δὲ ἀδελφοὶ εὐθέως διὰ νυκτὸς ἐξέπεμψαν τόν τε Παῦλον καὶ τὸν Σιλᾶν εἰς **Βέροιαν,**
17:13 Ὡς δὲ ἔγνωσαν οἱ ἀπὸ τῆς Θεσσαλονίκης Ἰουδαῖοι ὅτι καὶ ἐν τῇ **Βεροίᾳ** κατηγγέλη ὑπὸ τοῦ Παύλου ὁ λόγος τοῦ θεοῦ,

1024 Βεροιαῖος [1]

√ *1023*

Ac 20: 4 συνείπετο δὲ αὐτῷ Σώπατρος Πύρρου **Βεροιαῖος,** Θεσσαλονικέων δὲ Ἀρίσταρχος καὶ Σεκοῦνδος,

1025 Βέρος Not used in UBS/NIV

1026 Βεωρσόρ Not used in UBS/NIV

√ *1027*

1027 Βεώρ [0 / 1]

→ *1026, 1082*

2Pe 2:15 ἐξακολουθήσαντες τῇ ὁδῷ τοῦ Βαλαὰμ τοῦ **Βεώρ,**[NIV; UBS *1082*] ὃς μισθὸν ἀδικίας ἠγάπησεν

1028 Βηθαβαρά Not used in UBS/NIV

1029 Βηθανία [12]

Mt 21:17 Καὶ καταλιπὼν αὐτοὺς ἐξῆλθεν ἔξω τῆς πόλεως εἰς **Βηθανίαν** καὶ ηὐλίσθη ἐκεῖ.
26: 6 Τοῦ δὲ Ἰησοῦ γενομένου ἐν **Βηθανίᾳ** ἐν οἰκίᾳ Σίμωνος τοῦ λεπροῦ,
Mk 11: 1 Καὶ ὅτε ἐγγίζουσιν εἰς Ἱεροσόλυμα εἰς Βηθφαγὴ καὶ **Βηθανίαν** πρὸς τὸ Ὄρος τῶν Ἐλαιῶν,
11:11 ὀψίας ἤδη οὔσης τῆς ὥρας, ἐξῆλθεν εἰς **Βηθανίαν** μετὰ τῶν δώδεκα.
11:12 Καὶ τῇ ἐπαύριον ἐξελθόντων αὐτῶν ἀπὸ **Βηθανίας** ἐπείνασεν.
14: 3 Καὶ ὄντος αὐτοῦ ἐν **Βηθανίᾳ** ἐν τῇ οἰκίᾳ Σίμωνος τοῦ λεπροῦ,
Lk 19:29 Καὶ ἐγένετο ὡς ἤγγισεν εἰς Βηθφαγὴ καὶ **Βηθανία[ν]** πρὸς τὸ ὄρος τὸ καλούμενον Ἐλαιῶν,
24:50 Ἐξήγαγεν δὲ αὐτοὺς [ἔξω] ἕως πρὸς **Βηθανίαν,** καὶ ἐπάρας τὰς χεῖρας αὐτοῦ εὐλόγησεν αὐτούς.
Jn 1:28 Ταῦτα ἐν **Βηθανίᾳ** ἐγένετο πέραν τοῦ Ἰορδάνου, ὅπου ἦν ὁ Ἰωάννης βαπτίζων.
11: 1 Ἦν δέ τις ἀσθενῶν, Λάζαρος ἀπὸ **Βηθανίας,** ἐκ τῆς κώμης Μαρίας καὶ Μάρθας τῆς ἀδελφῆς αὐτῆς.
11:18 ἦν δὲ ἡ **Βηθανία** ἐγγὺς τῶν Ἱεροσολύμων ὡς ἀπὸ σταδίων δεκαπέντε.
12: 1 Ὁ οὖν Ἰησοῦς πρὸ ἓξ ἡμερῶν τοῦ πάσχα ἦλθεν εἰς **Βηθανίαν,**

1030 Βηθαραβά Not used in UBS/NIV

1031 Βηθεσδά [0 / 1]

Jn 5: 2 ἔστιν δὲ ἐν τοῖς Ἱεροσολύμοις ἐπὶ τῇ προβατικῇ κολυμβήθρα ἡ ἐπιλεγομένη Ἑβραϊστὶ **Βηθεσδά,**[NIV; UBS *1032*]

1032 Βηθζαθά [1 / 0]

Jn 5: 2 ἐπὶ τῇ προβατικῇ κολυμβήθρα ἡ ἐπιλεγομένη Ἑβραϊστὶ **Βηθζαθὰ**[UBS; NIV *1031*] πέντε στοὰς ἔχουσα.

1033 Βηθλέεμ [8]

Mt 2: 1 Τοῦ δὲ Ἰησοῦ γεννηθέντος ἐν **Βηθλέεμ** τῆς Ἰουδαίας ἐν ἡμέραις Ἡρῴδου τοῦ βασιλέως,
2: 5 οἱ δὲ εἶπαν αὐτῷ, Ἐν **Βηθλέεμ** τῆς Ἰουδαίας·
2: 6 Καὶ σὺ **Βηθλέεμ,** γῆ Ἰούδα, οὐδαμῶς ἐλαχίστη εἶ ἐν τοῖς ἡγεμόσιν Ἰούδα·
2: 8 καὶ πέμψας αὐτοὺς εἰς **Βηθλέεμ** εἶπεν, Πορευθέντες ἐξετάσατε ἀκριβῶς περὶ τοῦ παιδίου·
2:16 καὶ ἀποστείλας ἀνεῖλεν πάντας τοὺς παῖδας τοὺς ἐν **Βηθλέεμ** καὶ ἐν πᾶσι τοῖς ὁρίοις αὐτῆς ἀπὸ διετοῦς καὶ κατωτέρω,
Lk 2: 4 Ἀνέβη δὲ καὶ Ἰωσὴφ ἀπὸ τῆς Γαλιλαίας ἐκ πόλεως Ναζαρὲθ εἰς τὴν Ἰουδαίαν εἰς πόλιν Δαυὶδ ἥτις καλεῖται **Βηθλέεμ,**
2:15 Διέλθωμεν δὴ ἕως **Βηθλέεμ** καὶ ἴδωμεν τὸ ῥῆμα τοῦτο τὸ γεγονὸς ὃ ὁ κύριος ἐγνώρισεν ἡμῖν.
Jn 7:42 οὐχ ἡ γραφὴ εἶπεν ὅτι ἐκ τοῦ σπέρματος Δαυὶδ καὶ ἀπὸ **Βηθλέεμ** τῆς κώμης ὅπου ἦν Δαυὶδ ἔρχεται ὁ Χριστός;

1034 Βηθσαϊδά [7]

Mt 11:21 Οὐαί σοι, Χοραζίν, οὐαί σοι, **Βηθσαϊδά·** ὅτι εἰ ἐν Τύρῳ καὶ Σιδῶνι ἐγένοντο αἱ δυνάμεις αἱ γενόμεναι ἐν ὑμῖν,
Mk 6:45 Καὶ εὐθὺς ἠνάγκασεν τοὺς μαθητὰς αὐτοῦ ἐμβῆναι εἰς τὸ πλοῖον καὶ προάγειν εἰς τὸ πέραν πρὸς **Βηθσαϊδάν,**
8:22 Καὶ ἔρχονται εἰς **Βηθσαϊδάν.** καὶ φέρουσιν αὐτῷ τυφλὸν καὶ παρακαλοῦσιν αὐτὸν ἵνα αὐτοῦ ἅψηται.
Lk 9:10 καὶ παραλαβὼν αὐτοὺς ὑπεχώρησεν κατ' ἰδίαν εἰς πόλιν καλουμένην **Βηθσαϊδά.**
10:13 Οὐαί σοι, Χοραζίν, οὐαί σοι, **Βηθσαϊδά·** ὅτι εἰ ἐν Τύρῳ καὶ Σιδῶνι ἐγενήθησαν αἱ δυνάμεις αἱ γενόμεναι ἐν ὑμῖν,
Jn 1:44 ἦν δὲ ὁ Φίλιππος ἀπὸ **Βηθσαϊδά,** ἐκ τῆς πόλεως Ἀνδρέου καὶ Πέτρου.
12:21 οὗτοι οὖν προσῆλθον Φιλίππῳ τῷ ἀπὸ **Βηθσαϊδὰ** τῆς Γαλιλαίας καὶ ἠρώτων αὐτὸν λέγοντες,

1035 Βηθσαϊδάν Not used in UBS/NIV

1036 Βηθφαγή [3]

Mt 21: 1 Καὶ ὅτε ἤγγισαν εἰς Ἱεροσόλυμα καὶ ἦλθον εἰς **Βηθφαγὴ** εἰς τὸ Ὄρος τῶν Ἐλαιῶν,
Mk 11: 1 Καὶ ὅτε ἐγγίζουσιν εἰς Ἱεροσόλυμα εἰς **Βηθφαγὴ** καὶ Βηθανίαν πρὸς τὸ Ὄρος τῶν Ἐλαιῶν,
Lk 19:29 Καὶ ἐγένετο ὡς ἤγγισεν εἰς **Βηθφαγὴ** καὶ Βηθανία[ν] πρὸς τὸ ὄρος τὸ καλούμενον Ἐλαιῶν,

1037 βῆμα [12]

√ *326*

βῆμα τοῦ θεοῦ [1] Ro 14:10

βῆμα τοῦ Χριστοῦ [1] 2Co 5:10

Mt 27:19 Καθημένου δὲ αὐτοῦ ἐπὶ τοῦ **βήματος** ἀπέστειλεν πρὸς αὐτὸν ἡ γυνὴ αὐτοῦ λέγουσα,
Jn 19:13 Πιλᾶτος ἀκούσας τῶν λόγων τούτων ἤγαγεν ἔξω τὸν Ἰησοῦν καὶ ἐκάθισεν ἐπὶ **βήματος** εἰς τόπον λεγόμενον Λιθόστρωτον,
Ac 7: 5 καὶ οὐκ ἔδωκεν αὐτῷ κληρονομίαν ἐν αὐτῇ οὐδὲ **βῆμα** ποδὸς καὶ ἐπηγγείλατο δοῦναι αὐτῷ εἰς κατάσχεσιν αὐτὴν
12:21 τακτῇ δὲ ἡμέρᾳ ὁ Ἡρῴδης ἐνδυσάμενος ἐσθῆτα βασιλικὴν [καὶ] καθίσας ἐπὶ τοῦ **βήματος** ἐδημηγόρει πρὸς αὐτούς,
18:12 Γαλλίωνος δὲ ἀνθυπάτου ὄντος τῆς Ἀχαΐας κατεπέστησαν ὁμοθυμαδὸν οἱ Ἰουδαῖοι τῷ Παύλῳ καὶ ἤγαγον αὐτὸν ἐπὶ τὸ **βῆμα**
18:16 καὶ ἀπήλασεν αὐτοὺς ἀπὸ τοῦ **βήματος.**
18:17 ἐπιλαβόμενοι δὲ πάντες Σωσθένην τὸν ἀρχισυνάγωγον ἔτυπτον ἔμπροσθεν τοῦ **βήματος·**
25: 6 τῇ ἐπαύριον καθίσας ἐπὶ τοῦ **βήματος** ἐκέλευσεν τὸν Παῦλον ἀχθῆναι.
25:10 Ἐπὶ τοῦ **βήματος** Καίσαρος ἑστώς εἰμι, οὗ με δεῖ κρίνεσθαι.
25:17 μηδεμίαν ποιησάμενος τῇ ἑξῆς καθίσας ἐπὶ τοῦ **βήματος** ἐκέλευσα ἀχθῆναι τὸν ἄνδρα·
Ro 14:10 ἢ καὶ σὺ τί ἐξουθενεῖς τὸν ἀδελφόν σου; πάντες γὰρ παραστησόμεθα τῷ **βήματι** τοῦ θεοῦ,
2Co 5:10 τοὺς γὰρ πάντας ἡμᾶς φανερωθῆναι δεῖ ἔμπροσθεν τοῦ **βήματος** τοῦ Χριστοῦ,

1038 Βηρεύς Not used in UBS/NIV

1039 βήρυλλος [1]

Rev 21:20 ὁ ὄγδοος **βήρυλλος,** ὁ ἔνατος τοπάζιον, ὁ δέκατος χρυσόπρασος,

1040 βία [3]

→ *1041, 1042, 1043, 4128*

Ac 5:26 τότε ἀπελθὼν ὁ στρατηγὸς σὺν τοῖς ὑπηρέταις ἦγεν αὐτοὺς οὐ μετὰ **βίας,**
21:35 συνέβη βαστάζεσθαι αὐτὸν ὑπὸ τῶν στρατιωτῶν διὰ τὴν **βίαν** τοῦ ὄχλου,
27:41 ἡ δὲ πρύμνα ἐλύετο ὑπὸ τῆς **βίας** [τῶν κυμάτων.]

1041 βιάζω [2]

√ *1040*

Mt 11:12 ἀπὸ δὲ τῶν ἡμερῶν Ἰωάννου τοῦ βαπτιστοῦ ἕως ἄρτι ἡ βασιλεία τῶν οὐρανῶν **βιάζεται** καὶ βιασταὶ ἁρπάζουσιν αὐτήν.
Lk 16:16 ἀπὸ τότε ἡ βασιλεία τοῦ θεοῦ εὐαγγελίζεται καὶ πᾶς εἰς αὐτὴν **βιάζεται.**

1042 βίαιος [1]

√ *1040*

Ac 2: 2 καὶ ἐγένετο ἄφνω ἐκ τοῦ οὐρανοῦ ἦχος ὥσπερ φερομένης πνοῆς **βιαίας** καὶ ἐπλήρωσεν ὅλον τὸν οἶκον οὗ ἦσαν καθήμενοι

1043 βιαστής [1]

√ *1040*

Mt 11:12 ἀπὸ δὲ τῶν ἡμερῶν Ἰωάννου τοῦ βαπτιστοῦ ἕως ἄρτι ἡ βασιλεία τῶν οὐρανῶν βιάζεται καὶ **βιασταὶ** ἁρπάζουσιν αὐτήν.

1044 βιβλαρίδιον [3]

√ *1047*

Rev 10: 2 καὶ ἔχων ἐν τῇ χειρὶ αὐτοῦ **βιβλαρίδιον** ἠνεῳγμένον.
10: 9 καὶ ἀπῆλθα πρὸς τὸν ἄγγελον λέγων αὐτῷ δοῦναί μοι τὸ **βιβλαρίδιον.**
10:10 καὶ ἔλαβον τὸ **βιβλαρίδιον** ἐκ τῆς χειρὸς τοῦ ἀγγέλου καὶ κατέφαγον αὐτό,

1045 βιβλιδάριον Not used in UBS/NIV

√ *1047*

1046 βιβλίον [34]

√ *1047*

βιβλίον ἀποστασίου [2] Mt 19:7; Mk 10:4

βιβλίον τῆς ζωῆς [4] Rev 13:8; 17:8; 20:12; 21:27

βιβλίον τοῦ νόμου [1] Gal 3:10

βιβλίον προφήτου [1] Lk 4:17

Mt 19: 7 Τί οὖν Μωϋσῆς ἐνετείλατο δοῦναι **βιβλίον** ἀποστασίου καὶ ἀπολῦσαι [αὐτήν;]
Mk 10: 4 οἱ δὲ εἶπαν, Ἐπέτρεψεν Μωϋσῆς **βιβλίον** ἀποστασίου γράψαι καὶ ἀπολῦσαι.
Lk 4:17 καὶ ἐπεδόθη αὐτῷ **βιβλίον** τοῦ προφήτου Ἠσαΐου καὶ ἀναπτύξας τὸ **βιβλίον** εὗρεν τὸν τόπον οὗ ἦν γεγραμμένον,
4:20 καὶ πτύξας τὸ **βιβλίον** ἀποδοὺς τῷ ὑπηρέτῃ ἐκάθισεν·
Jn 20:30 ἃ οὐκ ἔστιν γεγραμμένα ἐν τῷ **βιβλίῳ** τούτῳ·
21:25 οὐδ᾽ αὐτὸν οἶμαι τὸν κόσμον χωρῆσαι τὰ γραφόμενα **βιβλία.**
Gal 3:10 γέγραπται γὰρ ὅτι Ἐπικατάρατος πᾶς ὃς οὐκ ἐμμένει πᾶσιν τοῖς γεγραμμένοις ἐν τῷ **βιβλίῳ** τοῦ νόμου τοῦ ποιῆσαι αὐτά.
2Ti 4:13 τὸν φαιλόνην ὃν ἀπέλιπον ἐν Τρῳάδι παρὰ Κάρπῳ ἐρχόμενος φέρε, καὶ τὰ **βιβλία** μάλιστα τὰς μεμβράνας.
Heb 9:19 λαβὼν τὸ αἷμα τῶν μόσχων [καὶ τῶν τράγων] μετὰ ὕδατος καὶ ἐρίου κοκκίνου καὶ ὑσσώπου αὐτό τε τὸ **βιβλίον**
10: 7 Ἰδοὺ ἥκω, ἐν κεφαλίδι **βιβλίου** γέγραπται περὶ ἐμοῦ,
Rev 1:11 Ὃ βλέπεις γράψον εἰς **βιβλίον** καὶ πέμψον ταῖς ἑπτὰ ἐκκλησίαις,
5: 1 Καὶ εἶδον ἐπὶ τὴν δεξιὰν τοῦ καθημένου ἐπὶ τοῦ θρόνου **βιβλίον** γεγραμμένον ἔσωθεν καὶ ὄπισθεν κατεσφραγισμένον
5: 2 Τίς ἄξιος ἀνοῖξαι τὸ **βιβλίον** καὶ λῦσαι τὰς σφραγῖδας αὐτοῦ;
5: 3 καὶ οὐδεὶς ἐδύνατο ἐν τῷ οὐρανῷ οὐδὲ ἐπὶ τῆς γῆς οὐδὲ ὑποκάτω τῆς γῆς ἀνοῖξαι τὸ **βιβλίον** οὔτε βλέπειν αὐτό.
5: 4 ὅτι οὐδεὶς ἄξιος εὑρέθη ἀνοῖξαι τὸ **βιβλίον** οὔτε βλέπειν αὐτό.
5: 5 ἀνοῖξαι τὸ **βιβλίον** καὶ τὰς ἑπτὰ σφραγῖδας αὐτοῦ.
5: 8 καὶ ὅτε ἔλαβεν τὸ **βιβλίον,** τὰ τέσσαρα ζῷα καὶ οἱ εἴκοσι τέσσαρες πρεσβύτεροι ἔπεσαν ἐνώπιον τοῦ ἀρνίου
5: 9 Ἄξιος εἶ λαβεῖν τὸ **βιβλίον** καὶ ἀνοῖξαι τὰς σφραγῖδας αὐτοῦ,
6:14 καὶ ὁ οὐρανὸς ἀπεχωρίσθη ὡς **βιβλίον** ἑλισσόμενον καὶ πᾶν ὄρος καὶ νῆσος ἐκ τῶν τόπων αὐτῶν ἐκινήθησαν.
10: 8 Ὕπαγε λάβε τὸ **βιβλίον** τὸ ἠνεῳγμένον ἐν τῇ χειρὶ τοῦ ἀγγέλου τοῦ ἑστῶτος ἐπὶ τῆς θαλάσσης καὶ ἐπὶ τῆς γῆς.
13: 8 οὗ οὐ γέγραπται τὸ ὄνομα αὐτοῦ ἐν τῷ **βιβλίῳ** τῆς ζωῆς τοῦ ἀρνίου τοῦ ἐσφαγμένου ἀπὸ καταβολῆς κόσμου.
17: 8 ὧν οὐ γέγραπται τὸ ὄνομα ἐπὶ τὸ **βιβλίον** τῆς ζωῆς ἀπὸ καταβολῆς κόσμου,
20:12 καὶ **βιβλία** ἠνοίχθησαν, καὶ ἄλλο **βιβλίον** ἠνοίχθη, ὅ ἐστιν τῆς ζωῆς, καὶ ἐκρίθησαν οἱ νεκροὶ ἐκ τῶν γεγραμμένων ἐν τοῖς **βιβλίοις** κατὰ τὰ ἔργα αὐτῶν.
21:27 πᾶν κοινὸν καὶ [ὁ] ποιῶν βδέλυγμα καὶ ψεῦδος εἰ μὴ οἱ γεγραμμένοι ἐν τῷ **βιβλίῳ** τῆς ζωῆς τοῦ ἀρνίου.
22: 7 μακάριος ὁ τηρῶν τοὺς λόγους τῆς προφητείας τοῦ **βιβλίου** τούτου.
22: 9 σύνδουλός σού εἰμι καὶ τῶν ἀδελφῶν σου τῶν προφητῶν καὶ τῶν τηρούντων τοὺς λόγους τοῦ **βιβλίου** τούτου·
22:10 Μὴ σφραγίσῃς τοὺς λόγους τῆς προφητείας τοῦ **βιβλίου** τούτου,
22:18 Μαρτυρῶ ἐγὼ παντὶ τῷ ἀκούοντι τοὺς λόγους τῆς προφητείας τοῦ **βιβλίου** τούτου· ἐάν τις ἐπιθῇ ἐπ᾽ αὐτά, ἐπιθήσει ὁ θεὸς ἐπ᾽ αὐτὸν τὰς πληγὰς τὰς γεγραμμένας ἐν τῷ **βιβλίῳ** τούτῳ,
22:19 καὶ ἐάν τις ἀφέλῃ ἀπὸ τῶν λόγων τοῦ **βιβλίου** τῆς προφητείας ταύτης, ἀφελεῖ ὁ θεὸς τὸ μέρος αὐτοῦ ἀπὸ τοῦ ξύλου τῆς ζωῆς καὶ ἐκ τῆς πόλεως τῆς ἁγίας τῶν γεγραμμένων ἐν τῷ **βιβλίῳ** τούτῳ.

1047 βίβλος [10]

→ *1044, 1045, 1046*

βίβλος [τῆς] ζωῆς [3] Php 4:3; Rev 3:5; 20:15

βίβλος προφητῶν [1] Ac 7:42

Mt 1: 1 **Βίβλος** γενέσεως Ἰησοῦ Χριστοῦ υἱοῦ Δαυὶδ υἱοῦ Ἀβραάμ.
Mk 12:26 περὶ δὲ τῶν νεκρῶν ὅτι ἐγείρονται οὐκ ἀνέγνωτε ἐν τῇ **βίβλῳ** Μωϋσέως ἐπὶ τοῦ βάτου πῶς εἶπεν αὐτῷ ὁ θεὸς λέγων,
Lk 3: 4 ὡς γέγραπται ἐν **βίβλῳ** λόγων Ἠσαΐου τοῦ προφήτου,
20:42 αὐτὸς γὰρ Δαυὶδ λέγει ἐν **βίβλῳ** ψαλμῶν, Εἶπεν κύριος τῷ κυρίῳ μου,
Ac 1:20 Γέγραπται γὰρ ἐν **βίβλῳ** ψαλμῶν, Γενηθήτω ἡ ἔπαυλις αὐτοῦ ἔρημος καὶ μὴ ἔστω ὁ κατοικῶν ἐν αὐτῇ,
7:42 ἔστρεψεν δὲ ὁ θεὸς καὶ παρέδωκεν αὐτοὺς λατρεύειν τῇ στρατιᾷ τοῦ οὐρανοῦ καθὼς γέγραπται ἐν **βίβλῳ** τῶν προφητῶν,
19:19 ἱκανοὶ δὲ τῶν τὰ περίεργα πραξάντων συνενέγκαντες τὰς **βίβλους** κατέκαιον ἐνώπιον πάντων,
Php 4: 3 αἵτινες ἐν τῷ εὐαγγελίῳ συνήθλησάν μοι μετὰ καὶ Κλήμεντος καὶ τῶν λοιπῶν συνεργῶν μου, ὧν τὰ ὀνόματα ἐν **βίβλῳ** ζωῆς.
Rev 3: 5 ὁ νικῶν οὕτως περιβαλεῖται ἐν ἱματίοις λευκοῖς καὶ οὐ μὴ ἐξαλείψω τὸ ὄνομα αὐτοῦ ἐκ τῆς **βίβλου** τῆς ζωῆς
20:15 καὶ εἴ τις οὐχ εὑρέθη ἐν τῇ **βίβλῳ** τῆς ζωῆς γεγραμμένος,

1048 βιβρώσκω [1]

→ *1109, 1110, 1111, 4963, 5037*

Jn 6:13 καὶ ἐγέμισαν δώδεκα κοφίνους κλασμάτων ἐκ τῶν πέντε ἄρτων τῶν κριθίνων ἃ ἐπερίσσευσαν τοῖς **βεβρωκόσιν.**

1049 Βιθυνία [2]

Ac 16: 7 ἐλθόντες δὲ κατὰ τὴν Μυσίαν ἐπείραζον εἰς τὴν **Βιθυνίαν** πορευθῆναι,
1Pe 1: 1 ἐκλεκτοῖς παρεπιδήμοις διασπορᾶς Πόντου, Γαλατίας, Καππαδοκίας, Ἀσίας καὶ **Βιθυνίας,**

1050 βίος [10]

→ *1051, 1052, 1053, 4259*

βίον τοῦ κόσμου [1] 1Jn 3:17

Mk 4:19 καὶ αἱ μέριμναι τοῦ **βίου**[NIV; UBS 172] καὶ ἡ ἀπάτη τοῦ πλούτου καὶ αἱ περὶ τὰ λοιπὰ ἐπιθυμίαι εἰσπορευόμεναι συμπνίγουσιν
12:44 αὕτη δὲ ἐκ τῆς ὑστερήσεως αὐτῆς πάντα ὅσα εἶχεν ἔβαλεν ὅλον τὸν **βίον** αὐτῆς.
Lk 8:14 καὶ ὑπὸ μεριμνῶν καὶ πλούτου καὶ ἡδονῶν τοῦ **βίου** πορευόμενοι συμπνίγονται καὶ οὐ τελεσφοροῦσιν.
8:43 ἥτις [ἰατροῖς προσαναλώσασα ὅλον τὸν **βίον**[NIV-]] οὐκ ἴσχυσεν ἀπ' οὐδενὸς θεραπευθῆναι,
15:12 δός μοι τὸ ἐπιβάλλον μέρος τῆς οὐσίας. ὁ δὲ διεῖλεν αὐτοῖς τὸν **βίον.**
15:30 ὅτε δὲ ὁ υἱός σου οὗτος ὁ καταφαγών σου τὸν **βίον** μετὰ πορνῶν ἦλθεν,
21:4 αὕτη δὲ ἐκ τοῦ ὑστερήματος αὐτῆς πάντα τὸν **βίον** ὃν εἶχεν ἔβαλεν.
1Ti 2:2 ἵνα ἤρεμον καὶ ἡσύχιον **βίον** διάγωμεν ἐν πάσῃ εὐσεβείᾳ καὶ σεμνότητι.
2Ti 2:4 οὐδεὶς στρατευόμενος ἐμπλέκεται ταῖς τοῦ **βίου** πραγματείαις, ἵνα τῷ στρατολογήσαντι ἀρέσῃ.
1Jn 2:16 ἡ ἐπιθυμία τῆς σαρκὸς καὶ ἡ ἐπιθυμία τῶν ὀφθαλμῶν καὶ ἡ ἀλαζονεία τοῦ **βίου,**
3:17 ὃς δ' ἂν ἔχῃ τὸν **βίον** τοῦ κόσμου καὶ θεωρῇ τὸν ἀδελφὸν αὐτοῦ χρείαν ἔχοντα καὶ κλείσῃ τὰ σπλάγχνα αὐτοῦ ἀπ' αὐτοῦ,

1051 βιόω [1]

√ *1050*

1Pe 4:2 εἰς τὸ μηκέτι ἀνθρώπων ἐπιθυμίαις ἀλλὰ θελήματι θεοῦ τὸν ἐπίλοιπον ἐν σαρκὶ **βιῶσαι** χρόνον.

1052 βίωσις [1]

√ *1050*

Ac 26:4 Τὴν μὲν οὖν **βίωσίν** μου [τὴν] ἐκ νεότητος τὴν ἀπ' ἀρχῆς γενομένην ἐν τῷ ἔθνει μου ἔν τε Ἱεροσολύμοις ἴσασι πάντες

1053 βιωτικός [3]

√ *1050*

Lk 21:34 μήποτε βαρηθῶσιν ὑμῶν αἱ καρδίαι ἐν κραιπάλῃ καὶ μέθῃ καὶ μερίμναις **βιωτικαῖς** καὶ ἐπιστῇ ἐφ' ὑμᾶς αἰφνίδιος ἡ ἡμέρα
1Co 6:3 οὐκ οἴδατε ὅτι ἀγγέλους κρινοῦμεν, μήτιγε **βιωτικά;**
6:4 **βιωτικὰ** μὲν οὖν κριτήρια ἐὰν ἔχητε, τοὺς ἐξουθενημένους ἐν τῇ ἐκκλησίᾳ,

1054 βλαβερός [1]

√ *1055*

1Ti 6:9 οἱ δὲ βουλόμενοι πλουτεῖν ἐμπίπτουσιν εἰς πειρασμὸν καὶ παγίδα καὶ ἐπιθυμίας πολλὰς ἀνοήτους καὶ **βλαβεράς,**

1055 βλάπτω [2]

→ *1054*

Mk 16:18 ⟦[καὶ ἐν ταῖς χερσὶν] ὄφεις ἀροῦσιν κἂν θανάσιμόν τι πίωσιν οὐ μὴ αὐτοὺς **βλάψῃ,**⟧
Lk 4:35 καὶ ῥίψαν αὐτὸν τὸ δαιμόνιον εἰς τὸ μέσον ἐξῆλθεν ἀπ' αὐτοῦ μηδὲν **βλάψαν** αὐτόν.

1056 βλαστάνω [4]

→ *1057, 1058, 1677*

Mt 13:26 ὅτε δὲ **ἐβλάστησεν** ὁ χόρτος καὶ καρπὸν ἐποίησεν,
Mk 4:27 καὶ ὁ σπόρος **βλαστᾷ** καὶ μηκύνηται ὡς οὐκ οἶδεν αὐτός.
Heb 9:4 ἐν ᾗ στάμνος χρυσῆ ἔχουσα τὸ μάννα καὶ ἡ ῥάβδος Ἀαρὼν ἡ **βλαστήσασα** καὶ αἱ πλάκες τῆς διαθήκης,
Jas 5:18 καὶ ὁ οὐρανὸς ὑετὸν ἔδωκεν καὶ ἡ γῆ **ἐβλάστησεν** τὸν καρπὸν αὐτῆς.

1057 βλαστάω Not used in UBS/NIV

√ *1056*

1058 Βλάστος [1]

√ *1056*

Ac 12:20 ὁμοθυμαδὸν δὲ παρῆσαν πρὸς αὐτὸν καὶ πείσαντες **Βλάστον,**

1059 βλασφημέω [34]

→ *1060, 1061; cf. 5774*

βλασφημία βλασφημεῖν [1] Mk 3:28

Mt 9:3 τινες τῶν γραμματέων εἶπαν ἐν ἑαυτοῖς, Οὗτος **βλασφημεῖ.**
26:65 τότε ὁ ἀρχιερεὺς διέρρηξεν τὰ ἱμάτια αὐτοῦ λέγων, **Ἐβλασφήμησεν·**
27:39 Οἱ δὲ παραπορευόμενοι **ἐβλασφήμουν** αὐτὸν κινοῦντες τὰς κεφαλὰς αὐτῶν
Mk 2:7 **βλασφημεῖ·** τίς δύναται ἀφιέναι ἁμαρτίας εἰ μὴ εἷς ὁ θεός;
3:28 πάντα ἀφεθήσεται τοῖς υἱοῖς τῶν ἀνθρώπων τὰ ἁμαρτήματα καὶ αἱ βλασφημίαι ὅσα ἐὰν **βλασφημήσωσιν·**
3:29 ὃς δ' ἂν **βλασφημήσῃ** εἰς τὸ πνεῦμα τὸ ἅγιον,
15:29 Καὶ οἱ παραπορευόμενοι **ἐβλασφήμουν** αὐτὸν κινοῦντες τὰς κεφαλὰς αὐτῶν καὶ λέγοντες,
Lk 12:10 τῷ δὲ εἰς τὸ ἅγιον πνεῦμα **βλασφημήσαντι** οὐκ ἀφεθήσεται.
22:65 καὶ ἕτερα πολλὰ **βλασφημοῦντες** ἔλεγον εἰς αὐτόν.
23:39 Εἷς δὲ τῶν κρεμασθέντων κακούργων **ἐβλασφήμει** αὐτὸν λέγων,
Jn 10:36 ὃν ὁ πατὴρ ἡγίασεν καὶ ἀπέστειλεν εἰς τὸν κόσμον ὑμεῖς λέγετε ὅτι **Βλασφημεῖς,**
Ac 13:45 ἰδόντες δὲ οἱ Ἰουδαῖοι τοὺς ὄχλους ἐπλήσθησαν ζήλου καὶ ἀντέλεγον τοῖς ὑπὸ Παύλου λαλουμένοις **βλασφημοῦντες.**
18:6 ἀντιτασσομένων δὲ αὐτῶν καὶ **βλασφημούντων** ἐκτιναξάμενος τὰ ἱμάτια εἶπεν πρὸς αὐτούς,
19:37 ἠγάγετε γὰρ τοὺς ἄνδρας τούτους οὔτε ἱεροσύλους οὔτε **βλασφημοῦντας** τὴν θεὸν ἡμῶν.
26:11 καὶ κατὰ πάσας τὰς συναγωγὰς πολλάκις τιμωρῶν αὐτοὺς ἠνάγκαζον **βλασφημεῖν** περισσῶς τε ἐμμαινόμενος αὐτοῖς
Ro 2:24 τὸ γὰρ ὄνομα τοῦ θεοῦ δι' ὑμᾶς **βλασφημεῖται** ἐν τοῖς ἔθνεσιν,
3:8 καὶ μὴ καθὼς **βλασφημούμεθα** καὶ καθώς φασίν τινες ἡμᾶς λέγειν ὅτι Ποιήσωμεν τὰ κακά,
14:16 μὴ **βλασφημείσθω** οὖν ὑμῶν τὸ ἀγαθόν.
1Co 10:30 εἰ ἐγὼ χάριτι μετέχω, τί **βλασφημοῦμαι** ὑπὲρ οὗ ἐγὼ εὐχαριστῶ;
1Ti 1:20 οὓς παρέδωκα τῷ Σατανᾷ, ἵνα παιδευθῶσιν μὴ **βλασφημεῖν.**
6:1 ἵνα μὴ τὸ ὄνομα τοῦ θεοῦ καὶ ἡ διδασκαλία **βλασφημῆται.**
Tit 2:5 ὑποτασσομένας τοῖς ἰδίοις ἀνδράσιν, ἵνα μὴ ὁ λόγος τοῦ θεοῦ **βλασφημῆται.**
3:2 μηδένα **βλασφημεῖν,** ἀμάχους εἶναι, ἐπιεικεῖς, πᾶσαν ἐνδεικνυμένους πραΰτητα πρὸς πάντας ἀνθρώπους.
Jas 2:7 οὐκ αὐτοὶ **βλασφημοῦσιν** τὸ καλὸν ὄνομα τὸ ἐπικληθὲν ἐφ' ὑμᾶς;
1Pe 4:4 ἐν ᾧ ξενίζονται μὴ συντρεχόντων ὑμῶν εἰς τὴν αὐτὴν τῆς ἀσωτίας ἀνάχυσιν **βλασφημοῦντες,**
2Pe 2:2 καὶ πολλοὶ ἐξακολουθήσουσιν αὐτῶν ταῖς ἀσελγείαις δι' οὓς ἡ ὁδὸς τῆς ἀληθείας **βλασφημηθήσεται,**
2:10 Τολμηταὶ αὐθάδεις, δόξας οὐ τρέμουσιν **βλασφημοῦντες,**
2:12 οὗτοι δὲ ὡς ἄλογα ζῷα γεγεννημένα φυσικὰ εἰς ἅλωσιν καὶ φθορὰν ἐν οἷς ἀγνοοῦσιν **βλασφημοῦντες,**
Jude 1:8 Ὁμοίως μέντοι καὶ οὗτοι ἐνυπνιαζόμενοι σάρκα μὲν μιαίνουσιν κυριότητα δὲ ἀθετοῦσιν δόξας δὲ **βλασφημοῦσιν.**
1:10 οὗτοι δὲ ὅσα μὲν οὐκ οἴδασιν **βλασφημοῦσιν,** ὅσα δὲ φυσικῶς ὡς τὰ ἄλογα ζῷα ἐπίστανται,
Rev 13:6 καὶ ἤνοιξεν τὸ στόμα αὐτοῦ εἰς βλασφημίας πρὸς τὸν θεὸν **βλασφημῆσαι** τὸ ὄνομα αὐτοῦ καὶ τὴν σκηνὴν αὐτοῦ,
16:9 ἐκαυματίσθησαν οἱ ἄνθρωποι καῦμα μέγα καὶ **ἐβλασφήμησαν** τὸ ὄνομα τοῦ θεοῦ τοῦ ἔχοντος τὴν ἐξουσίαν ἐπὶ τὰς πληγὰς
16:11 **ἐβλασφήμησαν** τὸν θεὸν τοῦ οὐρανοῦ ἐκ τῶν πόνων αὐτῶν καὶ ἐκ τῶν ἑλκῶν αὐτῶν καὶ οὐ μετενόησαν ἐκ τῶν ἔργων αὐτῶν.
16:21 καὶ **ἐβλασφήμησαν** οἱ ἄνθρωποι τὸν θεὸν ἐκ τῆς πληγῆς τῆς χαλάζης,

1060 βλασφημία [18]

√ *1059*

βλασφημία βλασφημεῖν [1] Mk 3:28

βλασφημία τοῦ πνεύματος [1] Mt 12:31

Mt 12:31 Διὰ τοῦτο λέγω ὑμῖν, πᾶσα ἁμαρτία καὶ **βλασφημία** ἀφεθήσεται τοῖς ἀνθρώποις, ἡ δὲ τοῦ πνεύματος **βλασφημία** οὐκ ἀφεθήσεται.
15:19 ἐκ γὰρ τῆς καρδίας ἐξέρχονται διαλογισμοὶ πονηροί, φόνοι, μοιχεῖαι, πορνεῖαι, κλοπαί, ψευδομαρτυρίαι, **βλασφημίαι.**
26:65 τί ἔτι χρείαν ἔχομεν μαρτύρων; ἴδε νῦν ἠκούσατε τὴν **βλασφημίαν·**
Mk 3:28 πάντα ἀφεθήσεται τοῖς υἱοῖς τῶν ἀνθρώπων τὰ ἁμαρτήματα καὶ αἱ **βλασφημίαι** ὅσα ἐὰν βλασφημήσωσιν·
7:22 πονηρίαι, δόλος, ἀσέλγεια, ὀφθαλμὸς πονηρός, **βλασφημία,** ὑπερηφανία, ἀφροσύνη·
14:64 ἠκούσατε τῆς **βλασφημίας·** τί ὑμῖν φαίνεται; οἱ δὲ πάντες κατέκριναν αὐτὸν ἔνοχον εἶναι θανάτου.
Lk 5:21 καὶ ἤρξαντο διαλογίζεσθαι οἱ γραμματεῖς καὶ οἱ Φαρισαῖοι λέγοντες, Τίς ἐστιν οὗτος ὃς λαλεῖ **βλασφημίας;**
Jn 10:33 Περὶ καλοῦ ἔργου οὐ λιθάζομέν σε ἀλλὰ περὶ **βλασφημίας,**
Eph 4:31 πᾶσα πικρία καὶ θυμὸς καὶ ὀργὴ καὶ κραυγὴ καὶ **βλασφημία** ἀρθήτω ἀφ᾽ ὑμῶν σὺν πάσῃ κακίᾳ.
Col 3: 8 ὀργήν, θυμόν, κακίαν, **βλασφημίαν,** αἰσχρολογίαν ἐκ τοῦ στόματος ὑμῶν·
1Ti 6: 4 ἐξ ὧν γίνεται φθόνος ἔρις **βλασφημίαι,** ὑπόνοιαι πονηραί,
Jude 1: 9 οὐκ ἐτόλμησεν κρίσιν ἐπενεγκεῖν **βλασφημίας** ἀλλὰ εἶπεν, Ἐπιτιμήσαι σοι κύριος.
Rev 2: 9 καὶ τὴν **βλασφημίαν** ἐκ τῶν λεγόντων Ἰουδαίους εἶναι ἑαυτοὺς καὶ οὐκ εἰσὶν ἀλλὰ συναγωγὴ τοῦ Σατανᾶ.
13: 1 καὶ κεφαλὰς ἑπτὰ καὶ ἐπὶ τῶν κεράτων αὐτοῦ δέκα διαδήματα καὶ ἐπὶ τὰς κεφαλὰς αὐτοῦ ὀνόμα[τα] **βλασφημίας.**
13: 5 Καὶ ἐδόθη αὐτῷ στόμα λαλοῦν μεγάλα καὶ **βλασφημίας** καὶ ἐδόθη αὐτῷ ἐξουσία ποιῆσαι μῆνας τεσσεράκοντα [καὶ] δύο.
13: 6 καὶ ἤνοιξεν τὸ στόμα αὐτοῦ εἰς **βλασφημίας** πρὸς τὸν θεὸν βλασφημῆσαι τὸ ὄνομα αὐτοῦ καὶ τὴν σκηνὴν αὐτοῦ,
17: 3 γέμον[τα] ὀνόματα **βλασφημίας,** ἔχων κεφαλὰς ἑπτὰ καὶ κέρατα δέκα.

1061 βλάσφημος [4]

√ *1059*

subst. **βλάσφημος, ὁ** [1] 1Ti 1:13

Ac 6:11 τότε ὑπέβαλον ἄνδρας λέγοντας ὅτι Ἀκηκόαμεν αὐτοῦ λαλοῦντος ῥήματα **βλάσφημα** εἰς Μωϋσῆν καὶ τὸν θεόν·
1Ti 1:13 τὸ πρότερον ὄντα **βλάσφημον** καὶ διώκτην καὶ ὑβριστήν,
2Ti 3: 2 ἔσονται γὰρ οἱ ἄνθρωποι φίλαυτοι φιλάργυροι ἀλαζόνες ὑπερήφανοι **βλάσφημοι,**
2Pe 2:11 ὅπου ἄγγελοι ἰσχύϊ καὶ δυνάμει μείζονες ὄντες οὐ φέρουσιν κατ᾽ αὐτῶν παρὰ κυρίου **βλάσφημον** κρίσιν.

1062 βλέμμα [1]

√ *1063*

2Pe 2: 8 **βλέμματι** γὰρ καὶ ἀκοῇ ὁ δίκαιος ἐγκατοικῶν ἐν αὐτοῖς ἡμέραν ἐξ ἡμέρας ψυχὴν δικαίαν ἀνόμοις ἔργοις ἐβασάνιζεν·

1063 βλέπω [132]

→ *329, 330, 611, 1062, 1332, 1838, 2098, 4315, 4587*

βλέπετε ἀκριβῶς [1] Eph 5:15

βλέπω ἀπό [3] Mk 8:15; 12:38; Lk 21:30

βλέπετε ... ἑαυτούς [2] Mk 13:9; 2Jn 1:8

βλέπω εἰς [3] Lk 9:62; Jn 13:22; Ac 3:4

βλέπω εἰς πρόσωπον ἀνθρώπων [2] Mt 22:16; Mk 12:14

βλέπετε μή [10] Mt 24:4; Mk 13:5; Lk 21:8; Ac 13:40; 1Co 8:9; 10:12; Gal 5:15; Col 2:8; Heb 3:12; 12:25

βλέπω πρόσωπον [2] Mt 18:10; 2Co 10:7

βλέπετε πῶς [3] Lk 8:18; 1Co 3:10; Eph 5:15

βλέπω φωνήν [1] Rev 1:12

Mt 5:28 ἐγὼ δὲ λέγω ὑμῖν ὅτι πᾶς ὁ **βλέπων** γυναῖκα πρὸς τὸ ἐπιθυμῆσαι αὐτὴν ἤδη ἐμοίχευσεν αὐτὴν ἐν τῇ καρδίᾳ αὐτοῦ.
6: 4 καὶ ὁ πατήρ σου ὁ **βλέπων** ἐν τῷ κρυπτῷ ἀποδώσει σοι.
6: 6 καὶ ὁ πατήρ σου ὁ **βλέπων** ἐν τῷ κρυπτῷ ἀποδώσει σοι.
6:18 καὶ ὁ πατήρ σου ὁ **βλέπων** ἐν τῷ κρυφαίῳ ἀποδώσει σοι.
7: 3 τί δὲ **βλέπεις** τὸ κάρφος τὸ ἐν τῷ ὀφθαλμῷ τοῦ ἀδελφοῦ σου,
11: 4 καὶ ἀποκριθεὶς ὁ Ἰησοῦς εἶπεν αὐτοῖς, Πορευθέντες ἀπαγγείλατε Ἰωάννῃ ἃ ἀκούετε καὶ **βλέπετε·**
12:22 καὶ ἐθεράπευσεν αὐτόν, ὥστε τὸν κωφὸν λαλεῖν καὶ **βλέπειν.**
13:13 ὅτι **βλέποντες** οὐ **βλέπουσιν** καὶ ἀκούοντες οὐκ ἀκούουσιν οὐδὲ συνίουσιν,
13:14 Ἀκοῇ ἀκούσετε καὶ οὐ μὴ συνῆτε, καὶ **βλέποντες βλέψετε** καὶ οὐ μὴ ἴδητε.
13:16 ὑμῶν δὲ μακάριοι οἱ ὀφθαλμοὶ ὅτι **βλέπουσιν** καὶ τὰ ὦτα ὑμῶν ὅτι ἀκούουσιν.
13:17 ἀμὴν γὰρ λέγω ὑμῖν ὅτι πολλοὶ προφῆται καὶ δίκαιοι ἐπεθύμησαν ἰδεῖν ἃ **βλέπετε** καὶ οὐκ εἶδαν,
14:30 **βλέπων** δὲ τὸν ἄνεμον [ἰσχυρὸν] ἐφοβήθη, καὶ ἀρξάμενος καταποντίζεσθαι ἔκραξεν λέγων,
15:31 ὥστε τὸν ὄχλον θαυμάσαι **βλέποντας** κωφοὺς λαλοῦντας, κυλλοὺς ὑγιεῖς καὶ χωλοὺς περιπατοῦντας καὶ τυφλοὺς **βλέποντας·**
18:10 λέγω γὰρ ὑμῖν ὅτι οἱ ἄγγελοι αὐτῶν ἐν οὐρανοῖς διὰ παντὸς **βλέπουσι** τὸ πρόσωπον τοῦ πατρός μου τοῦ ἐν οὐρανοῖς.
22:16 καὶ τὴν ὁδὸν τοῦ θεοῦ ἐν ἀληθείᾳ διδάσκεις καὶ οὐ μέλει σοι περὶ οὐδενός· οὐ γὰρ **βλέπεις** εἰς πρόσωπον ἀνθρώπων.
24: 2 ὁ δὲ ἀποκριθεὶς εἶπεν αὐτοῖς, Οὐ **βλέπετε** ταῦτα πάντα;
24: 4 καὶ ἀποκριθεὶς ὁ Ἰησοῦς εἶπεν αὐτοῖς, **Βλέπετε** μή τις ὑμᾶς πλανήσῃ·
Mk 4:12 ἵνα **βλέποντες βλέπωσιν** καὶ μὴ ἴδωσιν, καὶ ἀκούοντες ἀκούωσιν καὶ μὴ συνιῶσιν,
4:24 Καὶ ἔλεγεν αὐτοῖς, **Βλέπετε** τί ἀκούετε. ἐν ᾧ μέτρῳ μετρεῖτε μετρηθήσεται ὑμῖν καὶ προστεθήσεται ὑμῖν.
5:31 **Βλέπεις** τὸν ὄχλον συνθλίβοντά σε καὶ λέγεις, Τίς μου ἥψατο;
8:15 **βλέπετε** ἀπὸ τῆς ζύμης τῶν Φαρισαίων καὶ τῆς ζύμης Ἡρῴδου.
8:18 ὀφθαλμοὺς ἔχοντες οὐ **βλέπετε** καὶ ὦτα ἔχοντες οὐκ ἀκούετε;
8:23 ἐπιθεὶς τὰς χεῖρας αὐτῷ ἐπηρώτα αὐτόν, Εἴ τι **βλέπεις;**
8:24 **Βλέπω** τοὺς ἀνθρώπους ὅτι ὡς δένδρα ὁρῶ περιπατοῦντας.
12:14 οὐ γὰρ **βλέπεις** εἰς πρόσωπον ἀνθρώπων, ἀλλ᾽ ἐπ᾽ ἀληθείας τὴν ὁδὸν τοῦ θεοῦ διδάσκεις·
12:38 **Βλέπετε** ἀπὸ τῶν γραμματέων τῶν θελόντων ἐν στολαῖς περιπατεῖν καὶ ἀσπασμοὺς ἐν ταῖς ἀγοραῖς
13: 2 καὶ ὁ Ἰησοῦς εἶπεν αὐτῷ, **Βλέπεις** ταύτας τὰς μεγάλας οἰκοδομάς;
13: 5 ὁ δὲ Ἰησοῦς ἤρξατο λέγειν αὐτοῖς, **Βλέπετε** μή τις ὑμᾶς πλανήσῃ·
13: 9 **βλέπετε** δὲ ὑμεῖς ἑαυτούς· παραδώσουσιν ὑμᾶς εἰς συνέδρια καὶ εἰς συναγωγὰς δαρήσεσθε καὶ ἐπὶ ἡγεμόνων καὶ βασιλέων
13:23 ὑμεῖς δὲ **βλέπετε·** προείρηκα ὑμῖν πάντα.
13:33 **βλέπετε,** ἀγρυπνεῖτε· οὐκ οἴδατε γὰρ πότε ὁ καιρός ἐστιν.
Lk 6:41 Τί δὲ **βλέπεις** τὸ κάρφος τὸ ἐν τῷ ὀφθαλμῷ τοῦ ἀδελφοῦ σου,
6:42 αὐτὸς τὴν ἐν τῷ ὀφθαλμῷ σοῦ δοκὸν οὐ **βλέπων;**
7:21 ἐθεράπευσεν πολλοὺς ἀπὸ νόσων καὶ μαστίγων καὶ πνευμάτων πονηρῶν καὶ τυφλοῖς πολλοῖς ἐχαρίσατο **βλέπειν.**
7:44 καὶ στραφεὶς πρὸς τὴν γυναῖκα τῷ Σίμωνι ἔφη, **Βλέπεις** ταύτην τὴν γυναῖκα;
8:10 ἵνα **βλέποντες** μὴ **βλέπωσιν** καὶ ἀκούοντες μὴ συνιῶσιν.
8:16 ἀλλ᾽ ἐπὶ λυχνίας τίθησιν, ἵνα οἱ εἰσπορευόμενοι **βλέπωσιν** τὸ φῶς.
8:18 **βλέπετε** οὖν πῶς ἀκούετε· ὃς ἂν γὰρ ἔχῃ,
9:62 Οὐδεὶς ἐπιβαλὼν τὴν χεῖρα ἐπ᾽ ἄροτρον καὶ **βλέπων** εἰς τὰ ὀπίσω εὔθετός ἐστιν τῇ βασιλείᾳ τοῦ θεοῦ.
10:23 Καὶ στραφεὶς πρὸς τοὺς μαθητὰς κατ᾽ ἰδίαν εἶπεν, Μακάριοι οἱ ὀφθαλμοὶ οἱ **βλέποντες** ἃ **βλέπετε.**
10:24 λέγω γὰρ ὑμῖν ὅτι πολλοὶ προφῆται καὶ βασιλεῖς ἠθέλησαν ἰδεῖν ἃ ὑμεῖς **βλέπετε** καὶ οὐκ εἶδαν,
11:33 Οὐδεὶς λύχνον ἅψας εἰς κρύπτην τίθησιν [οὐδὲ ὑπὸ τὸν μόδιον] ἀλλ᾽ ἐπὶ τὴν λυχνίαν, ἵνα οἱ εἰσπορευόμενοι τὸ φῶς **βλέπωσιν.**
21: 8 ὁ δὲ εἶπεν, **Βλέπετε** μὴ πλανηθῆτε· πολλοὶ γὰρ ἐλεύσονται ἐπὶ τῷ ὀνόματί μου λέγοντες,
21:30 **βλέποντες** ἀφ᾽ ἑαυτῶν γινώσκετε ὅτι ἤδη ἐγγὺς τὸ θέρος ἐστίν·
24:12 Ὁ δὲ Πέτρος ἀναστὰς ἔδραμεν ἐπὶ τὸ μνημεῖον καὶ παρακύψας **βλέπει** τὰ ὀθόνια μόνα,
Jn 1:29 Τῇ ἐπαύριον **βλέπει** τὸν Ἰησοῦν ἐρχόμενον πρὸς αὐτὸν καὶ λέγει,
5:19 οὐ δύναται ὁ υἱὸς ποιεῖν ἀφ᾽ ἑαυτοῦ οὐδὲν ἐὰν μή τι **βλέπῃ** τὸν πατέρα ποιοῦντα·
9: 7 Ὕπαγε νίψαι εἰς τὴν κολυμβήθραν τοῦ Σιλωάμ (ὃ ἑρμηνεύεται Ἀπεσταλμένος). ἀπῆλθεν οὖν καὶ ἐνίψατο καὶ ἦλθεν **βλέπων.**

9:15 Πηλὸν ἐπέθηκέν μου ἐπὶ τοὺς ὀφθαλμούς, καὶ ἐνιψάμην καὶ **βλέπω.**
9:19 ὃν ὑμεῖς λέγετε ὅτι τυφλὸς ἐγεννήθη; πῶς οὖν **βλέπει** ἄρτι;
9:21 πῶς δὲ νῦν **βλέπει** οὐκ οἴδαμεν, ἢ τίς ἤνοιξεν αὐτοῦ τοὺς ὀφθαλμοὺς ἡμεῖς οὐκ οἴδαμεν·
9:25 Εἰ ἁμαρτωλός ἐστιν οὐκ οἶδα· ἓν οἶδα ὅτι τυφλὸς ὢν ἄρτι **βλέπω.**
9:39 ἵνα οἱ μὴ **βλέποντες βλέπωσιν** καὶ οἱ **βλέποντες** τυφλοὶ γένωνται.
9:41 νῦν δὲ λέγετε ὅτι **Βλέπομεν,** ἡ ἁμαρτία ὑμῶν μένει.
11: 9 οὐ προσκόπτει, ὅτι τὸ φῶς τοῦ κόσμου τούτου **βλέπει·**
13:22 **ἔβλεπον** εἰς ἀλλήλους οἱ μαθηταὶ ἀπορούμενοι περὶ τίνος λέγει.
20: 1 Μαρία ἡ Μαγδαληνὴ ἔρχεται πρωῒ σκοτίας ἔτι οὔσης εἰς τὸ μνημεῖον καὶ **βλέπει** τὸν λίθον ἠρμένον ἐκ τοῦ μνημείου.
20: 5 καὶ παρακύψας **βλέπει** κείμενα τὰ ὀθόνια, οὐ μέντοι εἰσῆλθεν.
21: 9 ὡς οὖν ἀπέβησαν εἰς τὴν γῆν **βλέπουσιν** ἀνθρακιὰν κειμένην καὶ ὀψάριον ἐπικείμενον καὶ ἄρτον.
21:20 Ἐπιστραφεὶς ὁ Πέτρος **βλέπει** τὸν μαθητὴν ὃν ἠγάπα ὁ Ἰησοῦς ἀκολουθοῦντα,
Ac 1: 9 καὶ ταῦτα εἰπὼν **βλεπόντων** αὐτῶν ἐπήρθη καὶ νεφέλη ὑπέλαβεν αὐτὸν ἀπὸ τῶν ὀφθαλμῶν αὐτῶν.
2:33 ἐξέχεεν τοῦτο ὃ ὑμεῖς [καὶ] **βλέπετε** καὶ ἀκούετε.
3: 4 ἀτενίσας δὲ Πέτρος εἰς αὐτὸν σὺν τῷ Ἰωάννῃ εἶπεν, **Βλέψον** εἰς ἡμᾶς.
4:14 τόν τε ἄνθρωπον **βλέποντες** σὺν αὐτοῖς ἑστῶτα τὸν τεθεραπευμένον οὐδὲν εἶχον ἀντειπεῖν.
8: 6 προσεῖχον δὲ οἱ ὄχλοι τοῖς λεγομένοις ὑπὸ τοῦ Φιλίππου ὁμοθυμαδὸν ἐν τῷ ἀκούειν αὐτοὺς καὶ **βλέπειν** τὰ σημεῖα
9: 8 ἠγέρθη δὲ Σαῦλος ἀπὸ τῆς γῆς, ἀνεῳγμένων δὲ τῶν ὀφθαλμῶν αὐτοῦ οὐδὲν **ἔβλεπεν·**
9: 9 καὶ ἦν ἡμέρας τρεῖς μὴ **βλέπων** καὶ οὐκ ἔφαγεν οὐδὲ ἔπιεν.
12: 9 καὶ ἐξελθὼν ἠκολούθει καὶ οὐκ ᾔδει ὅτι ἀληθές ἐστιν τὸ γινόμενον διὰ τοῦ ἀγγέλου· ἐδόκει δὲ ὅραμα **βλέπειν.**
13:11 καὶ νῦν ἰδοὺ χεὶρ κυρίου ἐπὶ σὲ καὶ ἔσῃ τυφλὸς μὴ **βλέπων** τὸν ἥλιον ἄχρι καιροῦ.
13:40 **βλέπετε** οὖν μὴ ἐπέλθῃ τὸ εἰρημένον ἐν τοῖς προφήταις,
27:12 εἴ πως δύναιντο καταντήσαντες εἰς Φοίνικα παραχειμάσαι λιμένα τῆς Κρήτης **βλέποντα** κατὰ λίβα καὶ κατὰ χῶρον.
28:26 Ἀκοῇ ἀκούσετε καὶ οὐ μὴ συνῆτε καὶ **βλέποντες βλέψετε** καὶ οὐ μὴ ἴδητε·
Ro 7:23 **βλέπω** δὲ ἕτερον νόμον ἐν τοῖς μέλεσίν μου ἀντιστρατευόμενον τῷ νόμῳ τοῦ νοός μου
8:24 τῇ γὰρ ἐλπίδι ἐσώθημεν· ἐλπὶς δὲ **βλεπομένη** οὐκ ἔστιν ἐλπίς· ὃ γὰρ **βλέπει** τίς ἐλπίζει;
8:25 εἰ δὲ ὃ οὐ **βλέπομεν** ἐλπίζομεν, δι' ὑπομονῆς ἀπεκδεχόμεθα.
11: 8 ὀφθαλμοὺς τοῦ μὴ **βλέπειν** καὶ ὦτα τοῦ μὴ ἀκούειν,
11:10 σκοτισθήτωσαν οἱ ὀφθαλμοὶ αὐτῶν τοῦ μὴ **βλέπειν** καὶ τὸν νῶτον αὐτῶν διὰ παντὸς σύγκαμψον.
1Co 1:26 **Βλέπετε** γὰρ τὴν κλῆσιν ὑμῶν, ἀδελφοί, ὅτι οὐ πολλοὶ σοφοὶ κατὰ σάρκα,
3:10 ἄλλος δὲ ἐποικοδομεῖ. ἕκαστος δὲ **βλεπέτω** πῶς ἐποικοδομεῖ.
8: 9 **βλέπετε** δὲ μή πως ἡ ἐξουσία ὑμῶν αὕτη πρόσκομμα γένηται τοῖς ἀσθενέσιν.
10:12 ὥστε ὁ δοκῶν ἑστάναι **βλεπέτω** μὴ πέσῃ.
10:18 **βλέπετε** τὸν Ἰσραὴλ κατὰ σάρκα· οὐχ οἱ ἐσθίοντες τὰς θυσίας κοινωνοὶ τοῦ θυσιαστηρίου εἰσίν;
13:12 **βλέπομεν** γὰρ ἄρτι δι' ἐσόπτρου ἐν αἰνίγματι, τότε δὲ πρόσωπον πρὸς πρόσωπον·
16:10 Ἐὰν δὲ ἔλθῃ Τιμόθεος, **βλέπετε,** ἵνα ἀφόβως γένηται πρὸς ὑμᾶς·
2Co 4:18 μὴ σκοπούντων ἡμῶν τὰ **βλεπόμενα** ἀλλὰ τὰ μὴ **βλεπόμενα·** τὰ γὰρ **βλεπόμενα** πρόσκαιρα, τὰ δὲ μὴ **βλεπόμενα** αἰώνια.
7: 8 **βλέπω** [γὰρ] ὅτι ἡ ἐπιστολὴ ἐκείνη εἰ καὶ πρὸς ὥραν ἐλύπησεν ὑμᾶς,
10: 7 Τὰ κατὰ πρόσωπον **βλέπετε.** εἴ τις πέποιθεν ἑαυτῷ Χριστοῦ εἶναι,
12: 6 μή τις εἰς ἐμὲ λογίσηται ὑπὲρ ὃ **βλέπει** με ἢ ἀκούει [τι] ἐξ ἐμοῦ
Gal 5:15 εἰ δὲ ἀλλήλους δάκνετε καὶ κατεσθίετε, **βλέπετε** μὴ ὑπ' ἀλλήλων ἀναλωθῆτε.
Eph 5:15 **Βλέπετε** οὖν ἀκριβῶς πῶς περιπατεῖτε μὴ ὡς ἄσοφοι ἀλλ' ὡς σοφοί,
Php 3: 2 **Βλέπετε** τοὺς κύνας, **βλέπετε** τοὺς κακοὺς ἐργάτας, **βλέπετε** τὴν κατατομήν.
Col 2: 5 χαίρων καὶ **βλέπων** ὑμῶν τὴν τάξιν καὶ τὸ στερέωμα τῆς εἰς Χριστὸν πίστεως ὑμῶν.
2: 8 **βλέπετε** μή τις ὑμᾶς ἔσται ὁ συλαγωγῶν διὰ τῆς φιλοσοφίας καὶ κενῆς ἀπάτης κατὰ τὴν παράδοσιν τῶν ἀνθρώπων,
4:17 **Βλέπε** τὴν διακονίαν ἣν παρέλαβες ἐν κυρίῳ, ἵνα αὐτὴν πληροῖς.
Heb 2: 9 τὸν δὲ βραχύ τι παρ' ἀγγέλους ἠλαττωμένον **βλέπομεν** Ἰησοῦν διὰ τὸ πάθημα τοῦ θανάτου δόξῃ καὶ τιμῇ ἐστεφανωμένον,
3:12 **Βλέπετε,** ἀδελφοί, μήποτε ἔσται ἔν τινι ὑμῶν καρδία πονηρὰ ἀπιστίας ἐν τῷ ἀποστῆναι ἀπὸ θεοῦ ζῶντος,
3:19 καὶ **βλέπομεν** ὅτι οὐκ ἠδυνήθησαν εἰσελθεῖν δι' ἀπιστίαν.
10:25 καὶ τοσούτῳ μᾶλλον ὅσῳ **βλέπετε** ἐγγίζουσαν τὴν ἡμέραν.
11: 1 Ἔστιν δὲ πίστις ἐλπιζομένων ὑπόστασις, πραγμάτων ἔλεγχος οὐ **βλεπομένων.**
11: 3 εἰς τὸ μὴ ἐκ φαινομένων τὸ **βλεπόμενον** γεγονέναι.
11: 7 Πίστει χρηματισθεὶς Νῶε περὶ τῶν μηδέπω **βλεπομένων,** εὐλαβηθεὶς κατεσκεύασεν κιβωτὸν εἰς σωτηρίαν τοῦ οἴκου
12:25 **Βλέπετε** μὴ παραιτήσησθε τὸν λαλοῦντα· εἰ γὰρ ἐκεῖνοι οὐκ ἐξέφυγον ἐπὶ γῆς παραιτησάμενοι τὸν χρηματίζοντα,
Jas 2:22 **βλέπεις** ὅτι ἡ πίστις συνήργει τοῖς ἔργοις αὐτοῦ καὶ ἐκ τῶν ἔργων ἡ πίστις ἐτελειώθη,
2Jn 1: 8 **βλέπετε** ἑαυτούς, ἵνα μὴ ἀπολέσητε ἃ εἰργασάμεθα ἀλλὰ μισθὸν πλήρη ἀπολάβητε.
Rev 1:11 Ὃ **βλέπεις** γράψον εἰς βιβλίον καὶ πέμψον ταῖς ἑπτὰ ἐκκλησίαις,
1:12 Καὶ ἐπέστρεψα **βλέπειν** τὴν φωνὴν ἥτις ἐλάλει μετ' ἐμοῦ,
3:18 καὶ κολλ[ο]ύριον ἐγχρῖσαι τοὺς ὀφθαλμούς σου ἵνα **βλέπῃς.**
5: 3 καὶ οὐδεὶς ἐδύνατο ἐν τῷ οὐρανῷ οὐδὲ ἐπὶ τῆς γῆς οὐδὲ ὑποκάτω τῆς γῆς ἀνοῖξαι τὸ βιβλίον οὔτε **βλέπειν** αὐτό.
5: 4 ὅτι οὐδεὶς ἄξιος εὑρέθη ἀνοῖξαι τὸ βιβλίον οὔτε **βλέπειν** αὐτό.
9:20 ἃ οὔτε **βλέπειν** δύνανται οὔτε ἀκούειν οὔτε περιπατεῖν,
11: 9 καὶ **βλέπουσιν** ἐκ τῶν λαῶν καὶ φυλῶν καὶ γλωσσῶν καὶ ἐθνῶν τὸ πτῶμα αὐτῶν ἡμέρας τρεῖς καὶ ἥμισυ
16:15 ἵνα μὴ γυμνὸς περιπατῇ καὶ **βλέπωσιν** τὴν ἀσχημοσύνην αὐτοῦ.
17: 8 **βλεπόντων** τὸ θηρίον ὅτι ἦν καὶ οὐκ ἔστιν καὶ παρέσται
18: 9 οἱ μετ' αὐτῆς πορνεύσαντες καὶ στρηνιάσαντες, ὅταν **βλέπωσιν** τὸν καπνὸν τῆς πυρώσεως αὐτῆς,
18:18 καὶ ἔκραζον **βλέποντες** τὸν καπνὸν τῆς πυρώσεως αὐτῆς λέγοντες,
22: 8 Κἀγὼ Ἰωάννης ὁ ἀκούων καὶ **βλέπων** ταῦτα. καὶ ὅτε ἤκουσα καὶ **ἔβλεψα,** ἔπεσα προσκυνῆσαι ἔμπροσθεν τῶν ποδῶν τοῦ ἀγγέλου τοῦ δεικνύοντός μοι ταῦτα.

1064 βλητέος [1]

√ *965*

Lk 5:38 ἀλλὰ οἶνον νέον εἰς ἀσκοὺς καινοὺς **βλητέον.**

1065 Βοανηργές [1]

Mk 3:17 καὶ Ἰάκωβον τὸν τοῦ Ζεβεδαίου καὶ Ἰωάννην τὸν ἀδελφὸν τοῦ Ἰακώβου καὶ ἐπέθηκεν αὐτοῖς ὀνόμα[τα] **Βοανηργές,**

1066 βοάω [12]

√ *1068*

φωνή ... βοάω [6] Mt 3:3; Mk 1:3; 15:34; Lk 3:4; Jn 1:23; Ac 8:7

Mt 3: 3 οὗτος γάρ ἐστιν ὁ ῥηθεὶς διὰ Ἠσαΐου τοῦ προφήτου λέγοντος, Φωνὴ **βοῶντος** ἐν τῇ ἐρήμῳ·
Mk 1: 3 φωνὴ **βοῶντος** ἐν τῇ ἐρήμῳ, Ἑτοιμάσατε τὴν ὁδὸν κυρίου,
15:34 καὶ τῇ ἐνάτῃ ὥρᾳ **ἐβόησεν** ὁ Ἰησοῦς φωνῇ μεγάλῃ,
Lk 3: 4 Φωνὴ **βοῶντος** ἐν τῇ ἐρήμῳ, Ἑτοιμάσατε τὴν ὁδὸν κυρίου,
9:38 καὶ ἰδοὺ ἀνὴρ ἀπὸ τοῦ ὄχλου **ἐβόησεν** λέγων,
18: 7 ὁ δὲ θεὸς οὐ μὴ ποιήσῃ τὴν ἐκδίκησιν τῶν ἐκλεκτῶν αὐτοῦ τῶν **βοώντων** αὐτῷ ἡμέρας καὶ νυκτός,
18:38 καὶ **ἐβόησεν** λέγων, Ἰησοῦ υἱὲ Δαυίδ, ἐλέησόν με.
Jn 1:23 ἔφη, Ἐγὼ φωνὴ **βοῶντος** ἐν τῇ ἐρήμῳ, Εὐθύνατε τὴν ὁδὸν κυρίου,
Ac 8: 7 πολλοὶ γὰρ τῶν ἐχόντων πνεύματα ἀκάθαρτα **βοῶντα** φωνῇ μεγάλῃ ἐξήρχοντο,
17: 6 ἐπὶ τοὺς πολιτάρχας **βοῶντες** ὅτι Οἱ τὴν οἰκουμένην ἀναστατώσαντες οὗτοι καὶ ἐνθάδε πάρεισιν,
25:24 τὸ πλῆθος τῶν Ἰουδαίων ἐνέτυχόν μοι ἔν τε Ἱεροσολύμοις καὶ ἐνθάδε **βοῶντες** μὴ δεῖν αὐτὸν ζῆν μηκέτι.

Gal 4:27 στεῖρα ἡ οὐ τίκτουσα, ῥῆξον καὶ **βόησον,** ἡ οὐκ ὠδίνουσα·

1067 Βόες [2]

→ *1077, 1078*

Mt 1: 5 Σαλμὼν δὲ ἐγέννησεν τὸν **Βόες** ἐκ τῆς Ῥαχάβ, **Βόες** δὲ ἐγέννησεν τὸν Ἰωβὴδ ἐκ τῆς Ῥούθ,

1068 βοή [1]

→ *331, 1066, 1069, 1070, 1071, 2100, 2855*

Jas 5: 4 καὶ αἱ **βοαὶ** τῶν θερισάντων εἰς τὰ ὦτα κυρίου Σαβαὼθ εἰσεληλύθασιν.

1069 βοήθεια [2]

√ *1068*

Ac 27:17 ἣν ἄραντες **βοηθείαις** ἐχρῶντο ὑποζωννύντες τὸ πλοῖον, φοβούμενοί τε μὴ εἰς τὴν Σύρτιν ἐκπέσωσιν,
Heb 4:16 ἵνα λάβωμεν ἔλεος καὶ χάριν εὕρωμεν εἰς εὔκαιρον **βοήθειαν.**

1070 βοηθέω [8]

√ *1068*

Mt 15:25 ἡ δὲ ἐλθοῦσα προσεκύνει αὐτῷ λέγουσα, Κύριε, **βοήθει** μοι.
Mk 9:22 ἀλλ᾽ εἴ τι δύνῃ, **βοήθησον** ἡμῖν σπλαγχνισθεὶς ἐφ᾽ ἡμᾶς.
9:24 εὐθὺς κράξας ὁ πατὴρ τοῦ παιδίου ἔλεγεν, Πιστεύω· **βοήθει** μου τῇ ἀπιστίᾳ.
Ac 16: 9 ἀνὴρ Μακεδών τις ἦν ἑστὼς καὶ παρακαλῶν αὐτὸν καὶ λέγων, Διαβὰς εἰς Μακεδονίαν **βοήθησον** ἡμῖν.
21:28 κράζοντες, Ἄνδρες Ἰσραηλῖται, **βοηθεῖτε·** οὗτός ἐστιν ὁ ἄνθρωπος ὁ κατὰ τοῦ λαοῦ καὶ τοῦ νόμου καὶ τοῦ τόπου τούτου
2Co 6: 2 Καιρῷ δεκτῷ ἐπήκουσά σου καὶ ἐν ἡμέρᾳ σωτηρίας **ἐβοήθησά** σοι.
Heb 2:18 ἐν ᾧ γὰρ πέπονθεν αὐτὸς πειρασθείς, δύναται τοῖς πειραζομένοις **βοηθῆσαι.**
Rev 12:16 καὶ **ἐβοήθησεν** ἡ γῆ τῇ γυναικὶ καὶ ἤνοιξεν ἡ γῆ τὸ στόμα αὐτῆς καὶ κατέπιεν τὸν ποταμὸν ὃν ἔβαλεν ὁ δράκων

1071 βοηθός [1]

√ *1068*

Heb 13: 6 Κύριος ἐμοὶ **βοηθός,** [καὶ] οὐ φοβηθήσομαι, τί ποιήσει μοι ἄνθρωπος;

1072 βόθρος Not used in UBS/NIV

→ *1073*

1073 βόθυνος [3]

√ *1072*

Mt 12:11 Τίς ἔσται ἐξ ὑμῶν ἄνθρωπος ὃς ἕξει πρόβατον ἓν καὶ ἐὰν ἐμπέσῃ τοῦτο τοῖς σάββασιν εἰς **βόθυνον,**
15:14 τυφλὸς δὲ τυφλὸν ἐὰν ὁδηγῇ, ἀμφότεροι εἰς **βόθυνον** πεσοῦνται.
Lk 6:39 Μήτι δύναται τυφλὸς τυφλὸν ὁδηγεῖν; οὐχὶ ἀμφότεροι εἰς **βόθυνον** ἐμπεσοῦνται;

1074 βολή [1]

√ *965*

Lk 22:41 καὶ αὐτὸς ἀπεσπάσθη ἀπ᾽ αὐτῶν ὡσεὶ λίθου **βολὴν** καὶ θεὶς τὰ γόνατα προσηύχετο

1075 βολίζω [2]

√ *965*

Ac 27:28 καὶ **βολίσαντες** εὗρον ὀργυιὰς εἴκοσι, βραχὺ δὲ διαστήσαντες καὶ πάλιν **βολίσαντες** εὗρον ὀργυιὰς δεκαπέντε·

1076 βολίς Not used in UBS/NIV

√ *965*

1077 Βοόζ Not used in UBS/NIV

√ *1067*

1078 Βόος [1]

√ *1067*

Lk 3:32 τοῦ Ἰεσσαὶ τοῦ Ἰωβὴδ τοῦ **Βόος** τοῦ Σαλὰ τοῦ Ναασσὼν

1079 βόρβορος [1]

2Pe 2:22 Κύων ἐπιστρέψας ἐπὶ τὸ ἴδιον ἐξέραμα, καί, Ὗς λουσαμένη εἰς κυλισμὸν **βορβόρου.**

1080 βορρᾶς [2]

Lk 13:29 καὶ ἥξουσιν ἀπὸ ἀνατολῶν καὶ δυσμῶν καὶ ἀπὸ **βορρᾶ** καὶ νότου καὶ ἀνακλιθήσονται ἐν τῇ βασιλείᾳ τοῦ θεοῦ.
Rev 21:13 ἀπὸ ἀνατολῆς πυλῶνες τρεῖς καὶ ἀπὸ **βορρᾶ** πυλῶνες τρεῖς καὶ ἀπὸ νότου πυλῶνες τρεῖς καὶ ἀπὸ δυσμῶν πυλῶνες τρεῖς.

1081 βόσκω [9]

→ *1083*

Mt 8:30 ἦν δὲ μακρὰν ἀπ᾽ αὐτῶν ἀγέλη χοίρων πολλῶν **βοσκομένη.**
8:33 οἱ δὲ **βόσκοντες** ἔφυγον, καὶ ἀπελθόντες εἰς τὴν πόλιν ἀπήγγειλαν πάντα καὶ τὰ τῶν δαιμονιζομένων.
Mk 5:11 Ἦν δὲ ἐκεῖ πρὸς τῷ ὄρει ἀγέλη χοίρων μεγάλη **βοσκομένη·**
5:14 καὶ οἱ **βόσκοντες** αὐτοὺς ἔφυγον καὶ ἀπήγγειλαν εἰς τὴν πόλιν καὶ εἰς τοὺς ἀγρούς·
Lk 8:32 Ἦν δὲ ἐκεῖ ἀγέλη χοίρων ἱκανῶν **βοσκομένη** ἐν τῷ ὄρει·
8:34 ἰδόντες δὲ οἱ **βόσκοντες** τὸ γεγονὸς ἔφυγον καὶ ἀπήγγειλαν εἰς τὴν πόλιν καὶ εἰς τοὺς ἀγρούς.
15:15 καὶ ἔπεμψεν αὐτὸν εἰς τοὺς ἀγροὺς αὐτοῦ **βόσκειν** χοίρους,
Jn 21:15 σὺ οἶδας ὅτι φιλῶ σε. λέγει αὐτῷ, **Βόσκε** τὰ ἀρνία μου.
21:17 λέγει αὐτῷ [ὁ Ἰησοῦς,] **Βόσκε** τὰ πρόβατά μου.

1082 Βοσόρ [1 / 0]

√ *1027*

2Pe 2:15 ἐξακολουθήσαντες τῇ ὁδῷ τοῦ Βαλαὰμ τοῦ **Βοσόρ,**[UBS; NIV *1027*] ὃς μισθὸν ἀδικίας ἠγάπησεν

1083 βοτάνη [1]

√ *1081*

Heb 6: 7 γῆ γὰρ ἡ πιοῦσα τὸν ἐπ᾽ αὐτῆς ἐρχόμενον πολλάκις ὑετὸν καὶ τίκτουσα **βοτάνην** εὔθετον ἐκείνοις δι᾽ οὓς καὶ γεωργεῖται,

1084 βότρυς [1]

Rev 14:18 Πέμψον σου τὸ δρέπανον τὸ ὀξὺ καὶ τρύγησον τοὺς **βότρυας** τῆς ἀμπέλου τῆς γῆς,

1085 βουλευτής [2]

√ *1089*

Mk 15:43 ἐλθὼν Ἰωσὴφ [ὁ] ἀπὸ Ἁριμαθαίας εὐσχήμων **βουλευτής,** ὃς καὶ αὐτὸς ἦν προσδεχόμενος τὴν βασιλείαν τοῦ θεοῦ,
Lk 23:50 Καὶ ἰδοὺ ἀνὴρ ὀνόματι Ἰωσὴφ **βουλευτὴς** ὑπάρχων [καὶ] ἀνὴρ ἀγαθὸς καὶ δίκαιος

1086 βουλεύω [6]

√ *1089*

Lk 14:31 ἢ τίς βασιλεὺς πορευόμενος ἑτέρῳ βασιλεῖ συμβαλεῖν εἰς πόλεμον οὐχὶ καθίσας πρῶτον **βουλεύσεται** εἰ δυνατός
Jn 11:53 ἀπ᾽ ἐκείνης οὖν τῆς ἡμέρας **ἐβουλεύσαντο** ἵνα ἀποκτείνωσιν αὐτόν.
12:10 **ἐβουλεύσαντο** δὲ οἱ ἀρχιερεῖς ἵνα καὶ τὸν Λάζαρον ἀποκτείνωσιν,
Ac 27:39 κόλπον δέ τινα κατενόουν ἔχοντα αἰγιαλὸν εἰς ὃν **ἐβουλεύοντο** εἰ δύναιντο ἐξῶσαι τὸ πλοῖον.
2Co 1:17 ἢ ἃ **βουλεύομαι** κατὰ σάρκα **βουλεύομαι,** ἵνα ᾖ παρ᾽ ἐμοὶ τὸ Ναὶ ναὶ καὶ τὸ Οὒ οὔ;

1087 βουλή [12]

√ *1089*

βουλὴ τοῦ θεοῦ [4] Lk 7:30; Ac 2:23; 13:36; 20:27

Lk 7:30 οἱ δὲ Φαρισαῖοι καὶ οἱ νομικοὶ τὴν **βουλὴν** τοῦ θεοῦ ἠθέτησαν εἰς ἑαυτοὺς μὴ βαπτισθέντες ὑπ᾽ αὐτοῦ.
23:51 –οὗτος οὐκ ἦν συγκατατεθειμένος τῇ **βουλῇ** καὶ τῇ πράξει αὐτῶν–
Ac 2:23 τοῦτον τῇ ὡρισμένῃ **βουλῇ** καὶ προγνώσει τοῦ θεοῦ ἔκδοτον διὰ χειρὸς ἀνόμων προσπήξαντες ἀνείλατε,
4:28 ποιῆσαι ὅσα ἡ χείρ σου καὶ ἡ **βουλή** [σου] προώρισεν γενέσθαι.
5:38 ὅτι ἐὰν ᾖ ἐξ ἀνθρώπων ἡ **βουλὴ** αὕτη ἢ τὸ ἔργον τοῦτο,
13:36 Δαυὶδ μὲν γὰρ ἰδίᾳ γενεᾷ ὑπηρετήσας τῇ τοῦ θεοῦ **βουλῇ** ἐκοιμήθη καὶ προσετέθη πρὸς τοὺς πατέρας αὐτοῦ
20:27 οὐ γὰρ ὑπεστειλάμην τοῦ μὴ ἀναγγεῖλαι πᾶσαν τὴν **βουλὴν** τοῦ θεοῦ ὑμῖν.
27:12 ἀνευθέτου δὲ τοῦ λιμένος ὑπάρχοντος πρὸς παραχειμασίαν οἱ πλείονες ἔθεντο **βουλὴν** ἀναχθῆναι ἐκεῖθεν,
27:42 τῶν δὲ στρατιωτῶν **βουλὴ** ἐγένετο ἵνα τοὺς δεσμώτας ἀποκτείνωσιν,
1Co 4: 5 ὃς καὶ φωτίσει τὰ κρυπτὰ τοῦ σκότους καὶ φανερώσει τὰς **βουλὰς** τῶν καρδιῶν·
Eph 1:11 ἐν ᾧ καὶ ἐκληρώθημεν προορισθέντες κατὰ πρόθεσιν τοῦ τὰ πάντα ἐνεργοῦντος κατὰ τὴν **βουλὴν** τοῦ θελήματος αὐτοῦ
Heb 6:17 βουλόμενος ὁ θεὸς ἐπιδεῖξαι τοῖς κληρονόμοις τῆς ἐπαγγελίας τὸ ἀμετάθετον τῆς **βουλῆς** αὐτοῦ ἐμεσίτευσεν ὅρκῳ,

1088 βούλημα [3]

√ *1089*

Ac 27:43 ὁ δὲ ἑκατοντάρχης βουλόμενος διασῶσαι τὸν Παῦλον ἐκώλυσεν αὐτοὺς τοῦ **βουλήματος,**
Ro 9:19 Τί [οὖν] ἔτι μέμφεται; τῷ γὰρ **βουλήματι** αὐτοῦ τίς ἀνθέστηκεν;
1Pe 4: 3 ἀρκετὸς γὰρ ὁ παρεληλυθὼς χρόνος τὸ **βούλημα** τῶν ἐθνῶν κατειργάσθαι πεπορευμένους ἐν ἀσελγείαις,

1089 βούλομαι [37]

→ *755, 1085, 1086, 1087, 1088, 2101, 2300, 4131, 5205, 5206, 5207*

Mt 1:19 δίκαιος ὢν καὶ μὴ θέλων αὐτὴν δειγματίσαι, **ἐβουλήθη** λάθρᾳ ἀπολῦσαι αὐτήν.
11:27 οὐδὲ τὸν πατέρα τις ἐπιγινώσκει εἰ μὴ ὁ υἱὸς καὶ ᾧ ἐὰν **βούληται** ὁ υἱὸς ἀποκαλύψαι.
Mk 15:15 ὁ δὲ Πιλᾶτος **βουλόμενος** τῷ ὄχλῳ τὸ ἱκανὸν ποιῆσαι ἀπέλυσεν αὐτοῖς τὸν Βαραββᾶν,
Lk 10:22 καὶ τίς ἐστιν ὁ πατὴρ εἰ μὴ ὁ υἱὸς καὶ ᾧ ἐὰν **βούληται** ὁ υἱὸς ἀποκαλύψαι.
22:42 εἰ **βούλει** παρένεγκε τοῦτο τὸ ποτήριον ἀπ᾽ ἐμοῦ·
Jn 18:39 **βούλεσθε** οὖν ἀπολύσω ὑμῖν τὸν βασιλέα τῶν Ἰουδαίων;
Ac 5:28 καὶ ἰδοὺ πεπληρώκατε τὴν Ἰερουσαλὴμ τῆς διδαχῆς ὑμῶν καὶ **βούλεσθε** ἐπαγαγεῖν ἐφ᾽ ἡμᾶς τὸ αἷμα τοῦ ἀνθρώπου τούτου.
5:33 Οἱ δὲ ἀκούσαντες διεπρίοντο καὶ **ἐβούλοντο** ἀνελεῖν αὐτούς.
12: 4 **βουλόμενος** μετὰ τὸ πάσχα ἀναγαγεῖν αὐτὸν τῷ λαῷ.
15:37 Βαρναβᾶς δὲ **ἐβούλετο** συμπαραλαβεῖν καὶ τὸν Ἰωάννην τὸν καλούμενον Μᾶρκον·
17:20 ξενίζοντα γάρ τινα εἰσφέρεις εἰς τὰς ἀκοὰς ἡμῶν· **βουλόμεθα** οὖν γνῶναι τίνα θέλει ταῦτα εἶναι.
18:15 ὄψεσθε αὐτοί· κριτὴς ἐγὼ τούτων οὐ **βούλομαι** εἶναι.
18:27 **βουλομένου** δὲ αὐτοῦ διελθεῖν εἰς τὴν Ἀχαΐαν, προτρεψάμενοι οἱ ἀδελφοὶ ἔγραψαν τοῖς μαθηταῖς ἀποδέξασθαι αὐτόν,
19:30 Παύλου δὲ **βουλομένου** εἰσελθεῖν εἰς τὸν δῆμον οὐκ εἴων αὐτὸν οἱ μαθηταί·
22:30 Τῇ δὲ ἐπαύριον **βουλόμενος** γνῶναι τὸ ἀσφαλές, τὸ τί κατηγορεῖται ὑπὸ τῶν Ἰουδαίων,
23:28 **βουλόμενός** τε ἐπιγνῶναι τὴν αἰτίαν δι᾽ ἣν ἐνεκάλουν αὐτῷ,
25:20 ἔλεγον εἰ **βούλοιτο** πορεύεσθαι εἰς Ἱεροσόλυμα κἀκεῖ κρίνεσθαι περὶ τούτων.
25:22 Ἀγρίππας δὲ πρὸς τὸν Φῆστον, **Ἐβουλόμην** καὶ αὐτὸς τοῦ ἀνθρώπου ἀκοῦσαι.
27:43 ὁ δὲ ἑκατοντάρχης **βουλόμενος** διασῶσαι τὸν Παῦλον ἐκώλυσεν αὐτοὺς τοῦ βουλήματος,
28:18 οἵτινες ἀνακρίναντές με **ἐβούλοντο** ἀπολῦσαι διὰ τὸ μηδεμίαν αἰτίαν θανάτου ὑπάρχειν ἐν ἐμοί.
1Co 12:11 πάντα δὲ ταῦτα ἐνεργεῖ τὸ ἓν καὶ τὸ αὐτὸ πνεῦμα διαιροῦν ἰδίᾳ ἑκάστῳ καθὼς **βούλεται.**
2Co 1:15 Καὶ ταύτῃ τῇ πεποιθήσει **ἐβουλόμην** πρότερον πρὸς ὑμᾶς ἐλθεῖν,
1:17 τοῦτο οὖν **βουλόμενος** μήτι ἄρα τῇ ἐλαφρίᾳ ἐχρησάμην;
Php 1:12 Γινώσκειν δὲ ὑμᾶς **βούλομαι,** ἀδελφοί, ὅτι τὰ κατ᾽ ἐμὲ μᾶλλον εἰς προκοπὴν τοῦ εὐαγγελίου ἐλήλυθεν,
1Ti 2: 8 **Βούλομαι** οὖν προσεύχεσθαι τοὺς ἄνδρας ἐν παντὶ τόπῳ ἐπαίροντας ὁσίους χεῖρας χωρὶς ὀργῆς καὶ διαλογισμοῦ.
5:14 **βούλομαι** οὖν νεωτέρας γαμεῖν, τεκνογονεῖν, οἰκοδεσποτεῖν, μηδεμίαν ἀφορμὴν διδόναι τῷ ἀντικειμένῳ λοιδορίας χάριν·
6: 9 οἱ δὲ **βουλόμενοι** πλουτεῖν ἐμπίπτουσιν εἰς πειρασμὸν καὶ παγίδα καὶ ἐπιθυμίας πολλὰς ἀνοήτους καὶ βλαβεράς,
Tit 3: 8 καὶ περὶ τούτων **βούλομαί** σε διαβεβαιοῦσθαι, ἵνα φροντίζωσιν καλῶν ἔργων προΐστασθαι οἱ πεπιστευκότες θεῷ·
Phm 1:13 ὃν ἐγὼ **ἐβουλόμην** πρὸς ἐμαυτὸν κατέχειν, ἵνα ὑπὲρ σοῦ μοι διακονῇ ἐν τοῖς δεσμοῖς τοῦ εὐαγγελίου,
Heb 6:17 ἐν ᾧ περισσότερον **βουλόμενος** ὁ θεὸς ἐπιδεῖξαι τοῖς κληρονόμοις τῆς ἐπαγγελίας τὸ ἀμετάθετον τῆς βουλῆς αὐτοῦ
Jas 1:18 **βουληθεὶς** ἀπεκύησεν ἡμᾶς λόγῳ ἀληθείας εἰς τὸ εἶναι ἡμᾶς ἀπαρχήν τινα τῶν αὐτοῦ κτισμάτων.
3: 4 μετάγεται ὑπὸ ἐλαχίστου πηδαλίου ὅπου ἡ ὁρμὴ τοῦ εὐθύνοντος **βούλεται,**
4: 4 ὃς ἐὰν οὖν **βουληθῇ** φίλος εἶναι τοῦ κόσμου,
2Pe 3: 9 μὴ **βουλόμενός** τινας ἀπολέσθαι ἀλλὰ πάντας εἰς μετάνοιαν χωρῆσαι.
2Jn 1:12 Πολλὰ ἔχων ὑμῖν γράφειν οὐκ **ἐβουλήθην** διὰ χάρτου καὶ μέλανος,
3Jn 1:10 καὶ μὴ ἀρκούμενος ἐπὶ τούτοις οὔτε αὐτὸς ἐπιδέχεται τοὺς ἀδελφοὺς καὶ τοὺς **βουλομένους** κωλύει
Jude 1: 5 Ὑπομνῆσαι δὲ ὑμᾶς **βούλομαι,** εἰδότας [ὑμᾶς] πάντα ὅτι [ὁ] κύριος ἅπαξ λαὸν ἐκ γῆς Αἰγύπτου σώσας

1090 βουνός [2]

Lk 3: 5 πᾶσα φάραγξ πληρωθήσεται καὶ πᾶν ὄρος καὶ **βουνὸς** ταπεινωθήσεται,
23:30 Πέσετε ἐφ᾽ ἡμᾶς, καὶ τοῖς **βουνοῖς,** Καλύψατε ἡμᾶς·

1091 βοῦς [8]

Lk 13:15 ἕκαστος ὑμῶν τῷ σαββάτῳ οὐ λύει τὸν **βοῦν** αὐτοῦ ἢ τὸν ὄνον ἀπὸ τῆς φάτνης καὶ ἀπαγαγὼν ποτίζει;
14: 5 Τίνος ὑμῶν υἱὸς ἢ **βοῦς** εἰς φρέαρ πεσεῖται,
14:19 Ζεύγη **βοῶν** ἠγόρασα πέντε καὶ πορεύομαι δοκιμάσαι αὐτά·
Jn 2:14 καὶ εὗρεν ἐν τῷ ἱερῷ τοὺς πωλοῦντας **βόας** καὶ πρόβατα καὶ περιστερὰς καὶ τοὺς κερματιστὰς καθημένους,
2:15 καὶ ποιήσας φραγέλλιον ἐκ σχοινίων πάντας ἐξέβαλεν ἐκ τοῦ ἱεροῦ τά τε πρόβατα καὶ τοὺς **βόας,**
1Co 9: 9 ἐν γὰρ τῷ Μωϋσέως νόμῳ γέγραπται, Οὐ κημώσεις **βοῦν** ἀλοῶντα. μὴ τῶν **βοῶν** μέλει τῷ θεῷ
1Ti 5:18 λέγει γὰρ ἡ γραφή, **Βοῦν** ἀλοῶντα οὐ φιμώσεις,

1092 βραβεῖον [2]

√ *1093*

1Co 9:24 Οὐκ οἴδατε ὅτι οἱ ἐν σταδίῳ τρέχοντες πάντες μὲν τρέχουσιν, εἷς δὲ λαμβάνει τὸ **βραβεῖον;**
Php 3:14 κατὰ σκοπὸν διώκω εἰς τὸ **βραβεῖον** τῆς ἄνω κλήσεως τοῦ θεοῦ ἐν Χριστῷ Ἰησοῦ.

1093 βραβεύω [1]

→ *1092, 2857*

Col 3:15 καὶ ἡ εἰρήνη τοῦ Χριστοῦ **βραβευέτω** ἐν ταῖς καρδίαις ὑμῶν,

1094 βραδύνω [2]

√ *1096*

1Ti 3:15 ἐὰν δὲ **βραδύνω,** ἵνα εἰδῇς πῶς δεῖ ἐν οἴκῳ θεοῦ ἀναστρέφεσθαι,
2Pe 3: 9 οὐ **βραδύνει** κύριος τῆς ἐπαγγελίας, ὥς τινες βραδύτητα ἡγοῦνται,

1095 **βραδυπλοέω** [1]

√ *1096 + 4434*

Ac 27: 7 ἐν ἱκαναῖς δὲ ἡμέραις **βραδυπλοοῦντες** καὶ μόλις γενόμενοι κατὰ τὴν Κνίδον,

1096 **βραδύς** [3]

→ *1094, 1095, 1097*

Lk 24:25 Ὦ ἀνόητοι καὶ **βραδεῖς** τῇ καρδίᾳ τοῦ πιστεύειν ἐπὶ πᾶσιν οἷς ἐλάλησαν οἱ προφῆται·

Jas 1:19 ἔστω δὲ πᾶς ἄνθρωπος ταχὺς εἰς τὸ ἀκοῦσαι, **βραδὺς** εἰς τὸ λαλῆσαι, **βραδὺς** εἰς ὀργήν·

1097 **βραδύτης** [1]

√ *1096*

2Pe 3: 9 ὥς τινες **βραδύτητα** ἡγοῦνται, ἀλλὰ μακροθυμεῖ εἰς ὑμᾶς,

1098 **βραχίων** [3]

√ *1099*

Lk 1:51 Ἐποίησεν κράτος ἐν **βραχίονι** αὐτοῦ, διεσκόρπισεν ὑπερηφάνους διανοίᾳ καρδίας αὐτῶν·

Jn 12:38 τίς ἐπίστευσεν τῇ ἀκοῇ ἡμῶν; καὶ ὁ **βραχίων** κυρίου τίνι ἀπεκαλύφθη;

Ac 13:17 καὶ τὸν λαὸν ὕψωσεν ἐν τῇ παροικίᾳ ἐν γῇ Αἰγύπτου καὶ μετὰ **βραχίονος** ὑψηλοῦ ἐξήγαγεν αὐτοὺς ἐξ αὐτῆς,

1099 **βραχύς** [7]

→ *1098*

διὰ βραχέων [1] Heb 13:22

Lk 22:58 καὶ μετὰ **βραχὺ** ἕτερος ἰδὼν αὐτὸν ἔφη, Καὶ σὺ ἐξ αὐτῶν εἶ.

Jn 6: 7 Διακοσίων δηναρίων ἄρτοι οὐκ ἀρκοῦσιν αὐτοῖς ἵνα ἕκαστος **βραχύ** [τι] λάβῃ.

Ac 5:34 νομοδιδάσκαλος τίμιος παντὶ τῷ λαῷ, ἐκέλευσεν ἔξω **βραχὺ** τοὺς ἀνθρώπους ποιῆσαι

27:28 **βραχὺ** δὲ διαστήσαντες καὶ πάλιν βολίσαντες εὗρον ὀργυιὰς δεκαπέντε·

Heb 2: 7 ἠλάττωσας αὐτὸν **βραχύ** τι παρ' ἀγγέλους, δόξῃ καὶ τιμῇ ἐστεφάνωσας αὐτόν,

2: 9 τὸν δὲ **βραχύ** τι παρ' ἀγγέλους ἠλαττωμένον βλέπομεν Ἰησοῦν διὰ τὸ πάθημα τοῦ θανάτου δόξῃ καὶ τιμῇ ἐστεφανωμένον,

13:22 ἀνέχεσθε τοῦ λόγου τῆς παρακλήσεως, καὶ γὰρ διὰ **βραχέων** ἐπέστειλα ὑμῖν.

1100 **βρέφος** [8]

Lk 1:41 ἐσκίρτησεν τὸ **βρέφος** ἐν τῇ κοιλίᾳ αὐτῆς, καὶ ἐπλήσθη πνεύματος ἁγίου ἡ Ἐλισάβετ,

1:44 ἐσκίρτησεν ἐν ἀγαλλιάσει τὸ **βρέφος** ἐν τῇ κοιλίᾳ μου.

2:12 καὶ τοῦτο ὑμῖν τὸ σημεῖον, εὑρήσετε **βρέφος** ἐσπαργανωμένον καὶ κείμενον ἐν φάτνῃ.

2:16 καὶ ἦλθαν σπεύσαντες καὶ ἀνεῦραν τήν τε Μαριὰμ καὶ τὸν Ἰωσὴφ καὶ τὸ **βρέφος** κείμενον ἐν τῇ φάτνῃ·

18:15 Προσέφερον δὲ αὐτῷ καὶ τὰ **βρέφη** ἵνα αὐτῶν ἅπτηται·

Ac 7:19 ἐκάκωσεν τοὺς πατέρας [ἡμῶν] τοῦ ποιεῖν τὰ **βρέφη** ἔκθετα αὐτῶν εἰς τὸ μὴ ζῳογονεῖσθαι.

2Ti 3:15 καὶ ὅτι ἀπὸ **βρέφους** [τὰ] ἱερὰ γράμματα οἶδας,

1Pe 2: 2 ὡς ἀρτιγέννητα **βρέφη** τὸ λογικὸν ἄδολον γάλα ἐπιποθήσατε,

1101 **βρέχω** [7]

→ *1104*

Mt 5:45 ὅτι τὸν ἥλιον αὐτοῦ ἀνατέλλει ἐπὶ πονηροὺς καὶ ἀγαθοὺς καὶ **βρέχει** ἐπὶ δικαίους καὶ ἀδίκους.

Lk 7:38 καὶ στᾶσα ὀπίσω παρὰ τοὺς πόδας αὐτοῦ κλαίουσα τοῖς δάκρυσιν ἤρξατο **βρέχειν** τοὺς πόδας αὐτοῦ

7:44 αὕτη δὲ τοῖς δάκρυσιν **ἔβρεξέν** μου τοὺς πόδας καὶ ταῖς θριξὶν αὐτῆς ἐξέμαξεν.

17:29 **ἔβρεξεν** πῦρ καὶ θεῖον ἀπ' οὐρανοῦ καὶ ἀπώλεσεν πάντας.

Jas 5:17 καὶ προσευχῇ προσηύξατο τοῦ μὴ **βρέξαι,** καὶ οὐκ **ἔβρεξεν** ἐπὶ τῆς γῆς ἐνιαυτοὺς τρεῖς καὶ μῆνας ἕξ·

Rev 11: 6 ἵνα μὴ ὑετὸς **βρέχῃ** τὰς ἡμέρας τῆς προφητείας αὐτῶν,

1102 **βριμάομαι** Not used in UBS/NIV

→ *1839*

1103 **βροντή** [12]

υἱοὶ Βροντῆς [1] Mk 3:17

Mk 3:17 καὶ Ἰάκωβον τὸν τοῦ Ζεβεδαίου καὶ Ἰωάννην τὸν ἀδελφὸν τοῦ Ἰακώβου καὶ ἐπέθηκεν αὐτοῖς ὀνόμα[τα] Βοανηργές, ὅ ἐστιν Υἱοὶ **Βροντῆς·**

Jn 12:29 ὁ οὖν ὄχλος ὁ ἑστὼς καὶ ἀκούσας ἔλεγεν **βροντὴν** γεγονέναι,

Rev 4: 5 καὶ ἐκ τοῦ θρόνου ἐκπορεύονται ἀστραπαὶ καὶ φωναὶ καὶ **βρονταί,**

6: 1 καὶ ἤκουσα ἑνὸς ἐκ τῶν τεσσάρων ζῴων λέγοντος ὡς φωνὴ **βροντῆς,**

8: 5 καὶ ἐγένοντο **βρονταὶ** καὶ φωναὶ καὶ ἀστραπαὶ καὶ σεισμός.

10: 3 καὶ ὅτε ἔκραξεν, ἐλάλησαν αἱ ἑπτὰ **βρονταὶ** τὰς ἑαυτῶν φωνάς.

10: 4 καὶ ὅτε ἐλάλησαν αἱ ἑπτὰ **βρονταί,** ἤμελλον γράφειν, καὶ ἤκουσα φωνὴν ἐκ τοῦ οὐρανοῦ λέγουσαν, Σφράγισον ἃ ἐλάλησαν αἱ ἑπτὰ **βρονταί,** καὶ μὴ αὐτὰ γράψῃς.

11:19 καὶ ἐγένοντο ἀστραπαὶ καὶ φωναὶ καὶ **βρονταὶ** καὶ σεισμὸς καὶ χάλαζα μεγάλη.

14: 2 καὶ ἤκουσα φωνὴν ἐκ τοῦ οὐρανοῦ ὡς φωνὴν ὑδάτων πολλῶν καὶ ὡς φωνὴν **βροντῆς** μεγάλης,

16:18 καὶ ἐγένοντο ἀστραπαὶ καὶ φωναὶ καὶ **βρονταὶ** καὶ σεισμὸς ἐγένετο μέγας,

19: 6 καὶ ἤκουσα ὡς φωνὴν ὄχλου πολλοῦ καὶ ὡς φωνὴν ὑδάτων πολλῶν καὶ ὡς φωνὴν **βροντῶν** ἰσχυρῶν λεγόντων,

1104 **βροχή** [2]

√ *1101*

Mt 7:25 καὶ κατέβη ἡ **βροχὴ** καὶ ἦλθον οἱ ποταμοὶ καὶ ἔπνευσαν οἱ ἄνεμοι καὶ προσέπεσαν τῇ οἰκίᾳ ἐκείνῃ,

7:27 καὶ κατέβη ἡ **βροχὴ** καὶ ἦλθον οἱ ποταμοὶ καὶ ἔπνευσαν οἱ ἄνεμοι καὶ προσέκοψαν τῇ οἰκίᾳ ἐκείνῃ,

1105 **βρόχος** [1]

1Co 7:35 οὐχ ἵνα **βρόχον** ὑμῖν ἐπιβάλω ἀλλὰ πρὸς τὸ εὔσχημον καὶ εὐπάρεδρον τῷ κυρίῳ ἀπερισπάστως.

1106 **βρυγμός** [7]

√ *1107*

Mt 8:12 ἐκεῖ ἔσται ὁ κλαυθμὸς καὶ ὁ **βρυγμὸς** τῶν ὀδόντων.

13:42 ἐκεῖ ἔσται ὁ κλαυθμὸς καὶ ὁ **βρυγμὸς** τῶν ὀδόντων.

13:50 ἐκεῖ ἔσται ὁ κλαυθμὸς καὶ ὁ **βρυγμὸς** τῶν ὀδόντων.

22:13 ἐκεῖ ἔσται ὁ κλαυθμὸς καὶ ὁ **βρυγμὸς** τῶν ὀδόντων.

24:51 ἐκεῖ ἔσται ὁ κλαυθμὸς καὶ ὁ **βρυγμὸς** τῶν ὀδόντων.

25:30 ἐκεῖ ἔσται ὁ κλαυθμὸς καὶ ὁ **βρυγμὸς** τῶν ὀδόντων.

Lk 13:28 ἐκεῖ ἔσται ὁ κλαυθμὸς καὶ ὁ **βρυγμὸς** τῶν ὀδόντων,

1107 **βρύχω** [1]

→ *1106*

Ac 7:54 Ἀκούοντες δὲ ταῦτα διεπρίοντο ταῖς καρδίαις αὐτῶν καὶ **ἔβρυχον** τοὺς ὀδόντας ἐπ' αὐτόν.

1108 **βρύω** [1]

Jas 3:11 μήτι ἡ πηγὴ ἐκ τῆς αὐτῆς ὀπῆς **βρύει** τὸ γλυκὺ καὶ τὸ πικρόν;

1109 **βρῶμα** [17]

√ *1048*

Mt 14:15 ἵνα ἀπελθόντες εἰς τὰς κώμας ἀγοράσωσιν ἑαυτοῖς **βρώματα.**

Mk 7:19 καὶ εἰς τὸν ἀφεδρῶνα ἐκπορεύεται, καθαρίζων πάντα τὰ **βρώματα;** [UBS; NIV **βρώματα.**]

Lk 3:11 Ὁ ἔχων δύο χιτῶνας μεταδότω τῷ μὴ ἔχοντι, καὶ ὁ ἔχων **βρώματα** ὁμοίως ποιείτω.

9:13 εἰ μήτι πορευθέντες ἡμεῖς ἀγοράσωμεν εἰς πάντα τὸν λαὸν τοῦτον **βρώματα.**

Jn 4:34 Ἐμὸν **βρῶμά** ἐστιν ἵνα ποιήσω τὸ θέλημα τοῦ πέμψαντός με καὶ τελειώσω αὐτοῦ τὸ ἔργον.

Ro 14:15 εἰ γὰρ διὰ **βρῶμα** ὁ ἀδελφός σου λυπεῖται, οὐκέτι κατὰ ἀγάπην περιπατεῖς. μὴ τῷ **βρώματί** σου ἐκεῖνον ἀπόλλυε ὑπὲρ οὗ Χριστὸς ἀπέθανεν.
14:20 μὴ ἕνεκεν **βρώματος** κατάλυε τὸ ἔργον τοῦ θεοῦ.
1Co 3: 2 γάλα ὑμᾶς ἐπότισα, οὐ **βρῶμα**· οὔπω γὰρ ἐδύνασθε.
6:13 τὰ **βρώματα** τῇ κοιλίᾳ καὶ ἡ κοιλία τοῖς **βρώμασιν,**
8: 8 **βρῶμα** δὲ ἡμᾶς οὐ παραστήσει τῷ θεῷ· οὔτε ἐὰν μὴ φάγωμεν ὑστερούμεθα,
8:13 διόπερ εἰ **βρῶμα** σκανδαλίζει τὸν ἀδελφόν μου, οὐ μὴ φάγω κρέα εἰς τὸν αἰῶνα,
10: 3 καὶ πάντες τὸ αὐτὸ πνευματικὸν **βρῶμα** ἔφαγον
1Ti 4: 3 ἀπέχεσθαι **βρωμάτων,** ἃ ὁ θεὸς ἔκτισεν εἰς μετάλημψιν μετὰ εὐχαριστίας τοῖς πιστοῖς καὶ ἐπεγνωκόσι τὴν ἀλήθειαν.
Heb 9:10 μόνον ἐπὶ **βρώμασιν** καὶ πόμασιν καὶ διαφόροις βαπτισμοῖς,
13: 9 οὐ **βρώμασιν** ἐν οἷς οὐκ ὠφελήθησαν οἱ περιπατοῦντες.

1110 βρώσιμος [1]

√ *1048*

Lk 24:41 ἔτι δὲ ἀπιστούντων αὐτῶν ἀπὸ τῆς χαρᾶς καὶ θαυμαζόντων εἶπεν αὐτοῖς, Ἔχετέ τι **βρώσιμον** ἐνθάδε;

1111 βρῶσις [11]

√ *1048*

Mt 6:19 ὅπου σὴς καὶ **βρῶσις** ἀφανίζει καὶ ὅπου κλέπται διορύσσουσιν καὶ κλέπτουσιν·
6:20 ὅπου οὔτε σὴς οὔτε **βρῶσις** ἀφανίζει καὶ ὅπου κλέπται οὐ διορύσσουσιν οὐδὲ κλέπτουσιν·
Jn 4:32 Ἐγὼ **βρῶσιν** ἔχω φαγεῖν ἣν ὑμεῖς οὐκ οἴδατε.
6:27 ἐργάζεσθε μὴ τὴν **βρῶσιν** τὴν ἀπολλυμένην ἀλλὰ τὴν **βρῶσιν** τὴν μένουσαν εἰς ζωὴν αἰώνιον,
6:55 ἡ γὰρ σάρξ μου ἀληθής ἐστιν **βρῶσις,** καὶ τὸ αἷμά μου ἀληθής ἐστιν πόσις.
Ro 14:17 οὐ γάρ ἐστιν ἡ βασιλεία τοῦ θεοῦ **βρῶσις** καὶ πόσις ἀλλὰ δικαιοσύνη καὶ εἰρήνη καὶ χαρὰ ἐν πνεύματι ἁγίῳ·
1Co 8: 4 Περὶ τῆς **βρώσεως** οὖν τῶν εἰδωλοθύτων, οἴδαμεν ὅτι οὐδὲν εἴδωλον ἐν κόσμῳ καὶ ὅτι οὐδεὶς θεὸς εἰ μὴ εἷς.
2Co 9:10 ὁ δὲ ἐπιχορηγῶν σπόρον τῷ σπείροντι καὶ ἄρτον εἰς **βρῶσιν** χορηγήσει καὶ πληθυνεῖ τὸν σπόρον ὑμῶν καὶ αὐξήσει τὰ γενήματα τῆς δικαιοσύνης ὑμῶν·
Col 2:16 Μὴ οὖν τις ὑμᾶς κρινέτω ἐν **βρώσει** καὶ ἐν πόσει ἢ ἐν μέρει ἑορτῆς ἢ νεομηνίας ἢ σαββάτων·
Heb 12:16 ὃς ἀντὶ **βρώσεως** μιᾶς ἀπέδετο τὰ πρωτοτόκια ἑαυτοῦ.

1112 βυθίζω [2]

√ *1113*

Lk 5: 7 καὶ ἦλθον καὶ ἔπλησαν ἀμφότερα τὰ πλοῖα ὥστε **βυθίζεσθαι** αὐτά.
1Ti 6: 9 αἵτινες **βυθίζουσιν** τοὺς ἀνθρώπους εἰς ὄλεθρον καὶ ἀπώλειαν.

1113 βυθός [1]

→ *12, 1112*

2Co 11:25 ἅπαξ ἐλιθάσθην, τρὶς ἐναυάγησα, νυχθήμερον ἐν τῷ **βυθῷ** πεποίηκα·

1114 βυρσεύς [3]

Ac 9:43 Ἐγένετο δὲ ἡμέρας ἱκανὰς μεῖναι ἐν Ἰόππῃ παρά τινι Σίμωνι **βυρσεῖ.**
10: 6 οὗτος ξενίζεται παρά τινι Σίμωνι **βυρσεῖ,** ᾧ ἐστιν οἰκία παρὰ θάλασσαν.
10:32 οὗτος ξενίζεται ἐν οἰκίᾳ Σίμωνος **βυρσέως** παρὰ θάλασσαν.

1115 βύσσινος [5]

√ *1116*

Rev 18:12 γόμον χρυσοῦ καὶ ἀργύρου καὶ λίθου τιμίου καὶ μαργαριτῶν καὶ **βυσσίνου** καὶ πορφύρας καὶ σιρικοῦ καὶ κοκκίνου,
18:16 ἡ περιβεβλημένη **βύσσινον** καὶ πορφυροῦν καὶ κόκκινον καὶ κεχρυσωμένη [ἐν] χρυσίῳ καὶ λίθῳ τιμίῳ καὶ μαργαρίτῃ,
19: 8 καὶ ἐδόθη αὐτῇ ἵνα περιβάληται **βύσσινον** λαμπρὸν καθαρόν· τὸ γὰρ **βύσσινον** τὰ δικαιώματα τῶν ἁγίων ἐστίν.
19:14 καὶ τὰ στρατεύματα [τὰ] ἐν τῷ οὐρανῷ ἠκολούθει αὐτῷ ἐφ' ἵπποις λευκοῖς, ἐνδεδυμένοι **βύσσινον** λευκὸν καθαρόν.

1116 βύσσος [1]

→ *1115, 3327*

Lk 16:19 καὶ ἐνεδιδύσκετο πορφύραν καὶ **βύσσον** εὐφραινόμενος καθ' ἡμέραν λαμπρῶς.

1117 βωμός [1]

√ *326*

Ac 17:23 διερχόμενος γὰρ καὶ ἀναθεωρῶν τὰ σεβάσματα ὑμῶν εὗρον καὶ **βωμὸν** ἐν ᾧ ἐπεγέγραπτο,

---

Γ, γ

1118 γ Not used in UBS/NIV

1119 Γαββαθᾶ [1]

Jn 19:13 ἤγαγεν ἔξω τὸν Ἰησοῦν καὶ ἐκάθισεν ἐπὶ βήματος εἰς τόπον λεγόμενον Λιθόστρωτον, Ἑβραϊστὶ δὲ **Γαββαθα.**

1120 Γαβριήλ [2]

Lk 1:19 Ἐγώ εἰμι **Γαβριὴλ** ὁ παρεστηκὼς ἐνώπιον τοῦ θεοῦ καὶ ἀπεστάλην λαλῆσαι πρὸς σὲ καὶ εὐαγγελίσασθαί σοι ταῦτα·
1:26 Ἐν δὲ τῷ μηνὶ τῷ ἕκτῳ ἀπεστάλη ὁ ἄγγελος **Γαβριὴλ** ἀπὸ τοῦ θεοῦ εἰς πόλιν τῆς Γαλιλαίας ᾗ ὄνομα Ναζαρὲθ

1121 γάγγραινα [1]

2Ti 2:17 καὶ ὁ λόγος αὐτῶν ὡς **γάγγραινα** νομὴν ἕξει.

1122 Γάδ [1]

Rev 7: 5 ἐκ φυλῆς Ῥουβὴν δώδεκα χιλιάδες, ἐκ φυλῆς **Γὰδ** δώδεκα χιλιάδες,

1123 Γαδαρηνός [1]

Mt 8:28 Καὶ ἐλθόντος αὐτοῦ εἰς τὸ πέραν εἰς τὴν χώραν τῶν **Γαδαρηνῶν** ὑπήντησαν αὐτῷ δύο δαιμονιζόμενοι

1124 Γάζα[1] [1]

Ac 8:26 Ἀνάστηθι καὶ πορεύου κατὰ μεσημβρίαν ἐπὶ τὴν ὁδὸν τὴν καταβαίνουσαν ἀπὸ Ἰερουσαλὴμ εἰς **Γάζαν,**

1125 γάζα[2] [1]

→ *1126*

Ac 8:27 ὃς ἦν ἐπὶ πάσης τῆς **γάζης** αὐτῆς, ὃς ἐληλύθει προσκυνήσων εἰς Ἰερουσαλήμ,

1126 γαζοφυλάκιον [5]

√ *1125 + 5875*

Mk 12:41 Καὶ καθίσας κατέναντι τοῦ **γαζοφυλακίου** ἐθεώρει πῶς ὁ ὄχλος βάλλει χαλκὸν εἰς τὸ **γαζοφυλάκιον.**
12:43 Ἀμὴν λέγω ὑμῖν ὅτι ἡ χήρα αὕτη ἡ πτωχὴ πλεῖον πάντων ἔβαλεν τῶν βαλλόντων εἰς τὸ **γαζοφυλάκιον·**
Lk 21: 1 Ἀναβλέψας δὲ εἶδεν τοὺς βάλλοντας εἰς τὸ **γαζοφυλάκιον** τὰ δῶρα αὐτῶν πλουσίους.
Jn 8:20 Ταῦτα τὰ ῥήματα ἐλάλησεν ἐν τῷ **γαζοφυλακίῳ** διδάσκων ἐν τῷ ἱερῷ·

1127 Γάϊος [5]

√ *1178*

Ac 19:29 ὥρμησάν τε ὁμοθυμαδὸν εἰς τὸ θέατρον συναρπάσαντες **Γάϊον** καὶ Ἀρίσταρχον Μακεδόνας,
20: 4 καὶ **Γάϊος** Δερβαῖος καὶ Τιμόθεος, Ἀσιανοὶ δὲ Τυχικὸς καὶ Τρόφιμος.
Ro 16:23 ἀσπάζεταί ὑμᾶς **Γάϊος** ὁ ξένος μου καὶ ὅλης τῆς ἐκκλησίας.

1Co 1:14 εὐχαριστῶ [τῷ θεῷ] ὅτι οὐδένα ὑμῶν ἐβάπτισα εἰ μὴ Κρίσπον καὶ **Γάϊον,**

3Jn 1: 1 Ὁ πρεσβύτερος **Γαΐῳ** τῷ ἀγαπητῷ, ὃν ἐγὼ ἀγαπῶ ἐν ἀληθείᾳ.

1128 γάλα [5]

1Co 3: 2 **γάλα** ὑμᾶς ἐπότισα, οὐ βρῶμα· οὔπω γὰρ ἐδύνασθε.

9: 7 ἢ τίς ποιμαίνει ποίμνην καὶ ἐκ τοῦ **γάλακτος** τῆς ποίμνης οὐκ ἐσθίει;

Heb 5:12 πάλιν χρείαν ἔχετε τοῦ διδάσκειν ὑμᾶς τινὰ τὰ στοιχεῖα τῆς ἀρχῆς τῶν λογίων τοῦ θεοῦ καὶ γεγόνατε χρείαν ἔχοντες **γάλακτος** [καὶ] οὐ στερεᾶς τροφῆς.

5:13 πᾶς γὰρ ὁ μετέχων **γάλακτος** ἄπειρος λόγου δικαιοσύνης,

1Pe 2: 2 ὡς ἀρτιγέννητα βρέφη τὸ λογικὸν ἄδολον **γάλα** ἐπιποθήσατε,

1129 Γαλάτης [1]

√ *1130*

Gal 3: 1 Ὦ ἀνόητοι **Γαλάται,** τίς ὑμᾶς ἐβάσκανεν, οἷς κατ' ὀφθαλμοὺς Ἰησοῦς Χριστὸς προεγράφη ἐσταυρωμένος;

1130 Γαλατία [4]

→ *1129, 1131*

1Co 16: 1 Περὶ δὲ τῆς λογείας τῆς εἰς τοὺς ἁγίους ὥσπερ διέταξα ταῖς ἐκκλησίαις τῆς **Γαλατίας,**

Gal 1: 2 καὶ οἱ σὺν ἐμοὶ πάντες ἀδελφοὶ ταῖς ἐκκλησίαις τῆς **Γαλατίας,**

2Ti 4:10 Δημᾶς γάρ με ἐγκατέλιπεν ἀγαπήσας τὸν νῦν αἰῶνα καὶ ἐπορεύθη εἰς Θεσσαλονίκην, Κρήσκης εἰς **Γαλατίαν,**

1Pe 1: 1 Πέτρος ἀπόστολος Ἰησοῦ Χριστοῦ ἐκλεκτοῖς παρεπιδήμοις διασπορᾶς Πόντου, **Γαλατίας,** Καππαδοκίας, Ἀσίας

1131 Γαλατικός [2]

√ *1130*

Ac 16: 6 Διῆλθον δὲ τὴν Φρυγίαν καὶ **Γαλατικὴν** χώραν κωλυθέντες ὑπὸ τοῦ ἁγίου πνεύματος λαλῆσαι τὸν λόγον ἐν τῇ Ἀσίᾳ·

18:23 καὶ ποιήσας χρόνον τινὰ ἐξῆλθεν διερχόμενος καθεξῆς τὴν **Γαλατικὴν** χώραν καὶ Φρυγίαν,

1132 γαλήνη [3]

Mt 8:26 τότε ἐγερθεὶς ἐπετίμησεν τοῖς ἀνέμοις καὶ τῇ θαλάσσῃ, καὶ ἐγένετο **γαλήνη** μεγάλη.

Mk 4:39 καὶ ἐκόπασεν ὁ ἄνεμος καὶ ἐγένετο **γαλήνη** μεγάλη.

Lk 8:24 ὁ δὲ διεγερθεὶς ἐπετίμησεν τῷ ἀνέμῳ καὶ τῷ κλύδωνι τοῦ ὕδατος· καὶ ἐπαύσαντο καὶ ἐγένετο **γαλήνη.**

1133 Γαλιλαία [61]

→ *1134*

θάλασσα τῆς Γαλιλαίας [5] Mt 4:18; 15:29; Mk 1:16; 7:31; Jn 6:1

Mt 2:22 χρηματισθεὶς δὲ κατ' ὄναρ ἀνεχώρησεν εἰς τὰ μέρη τῆς **Γαλιλαίας,**

3:13 Τότε παραγίνεται ὁ Ἰησοῦς ἀπὸ τῆς **Γαλιλαίας** ἐπὶ τὸν Ἰορδάνην πρὸς τὸν Ἰωάννην τοῦ βαπτισθῆναι ὑπ' αὐτοῦ.

4:12 Ἀκούσας δὲ ὅτι Ἰωάννης παρεδόθη ἀνεχώρησεν εἰς τὴν **Γαλιλαίαν.**

4:15 ὁδὸν θαλάσσης, πέραν τοῦ Ἰορδάνου, **Γαλιλαία** τῶν ἐθνῶν,

4:18 Περιπατῶν δὲ παρὰ τὴν θάλασσαν τῆς **Γαλιλαίας** εἶδεν δύο ἀδελφούς,

4:23 Καὶ περιῆγεν ἐν ὅλῃ τῇ **Γαλιλαίᾳ** διδάσκων ἐν ταῖς συναγωγαῖς αὐτῶν καὶ κηρύσσων τὸ εὐαγγέλιον τῆς βασιλείας

4:25 καὶ ἠκολούθησαν αὐτῷ ὄχλοι πολλοὶ ἀπὸ τῆς **Γαλιλαίας** καὶ Δεκαπόλεως καὶ Ἱεροσολύμων καὶ Ἰουδαίας καὶ πέραν

15:29 Καὶ μεταβὰς ἐκεῖθεν ὁ Ἰησοῦς ἦλθεν παρὰ τὴν θάλασσαν τῆς **Γαλιλαίας,**

17:22 Συστρεφομένων δὲ αὐτῶν ἐν τῇ **Γαλιλαίᾳ** εἶπεν αὐτοῖς ὁ Ἰησοῦς,

19: 1 μετῆρεν ἀπὸ τῆς **Γαλιλαίας** καὶ ἦλθεν εἰς τὰ ὅρια τῆς Ἰουδαίας πέραν τοῦ Ἰορδάνου.

21:11 Οὗτός ἐστιν ὁ προφήτης Ἰησοῦς ὁ ἀπὸ Ναζαρὲθ τῆς **Γαλιλαίας.**

26:32 μετὰ δὲ τὸ ἐγερθῆναί με προάξω ὑμᾶς εἰς τὴν **Γαλιλαίαν.**

27:55 αἵτινες ἠκολούθησαν τῷ Ἰησοῦ ἀπὸ τῆς **Γαλιλαίας** διακονοῦσαι αὐτῷ·

28: 7 καὶ ἰδοὺ προάγει ὑμᾶς εἰς τὴν **Γαλιλαίαν,** ἐκεῖ αὐτὸν ὄψεσθε·

28:10 ὑπάγετε ἀπαγγείλατε τοῖς ἀδελφοῖς μου ἵνα ἀπέλθωσιν εἰς τὴν **Γαλιλαίαν,**

28:16 Οἱ δὲ ἕνδεκα μαθηταὶ ἐπορεύθησαν εἰς τὴν **Γαλιλαίαν** εἰς τὸ ὄρος οὗ ἐτάξατο αὐτοῖς ὁ Ἰησοῦς,

Mk 1: 9 ἐν ἐκείναις ταῖς ἡμέραις ἦλθεν Ἰησοῦς ἀπὸ Ναζαρὲτ τῆς **Γαλιλαίας** καὶ ἐβαπτίσθη εἰς τὸν Ἰορδάνην ὑπὸ Ἰωάννου.

1:14 Μετὰ δὲ τὸ παραδοθῆναι τὸν Ἰωάννην ἦλθεν ὁ Ἰησοῦς εἰς τὴν **Γαλιλαίαν** κηρύσσων τὸ εὐαγγέλιον τοῦ θεοῦ

1:16 παράγων παρὰ τὴν θάλασσαν τῆς **Γαλιλαίας** εἶδεν Σίμωνα καὶ Ἀνδρέαν τὸν ἀδελφὸν Σίμωνος ἀμφιβάλλοντας ἐν τῇ θαλάσσῃ·

1:28 καὶ ἐξῆλθεν ἡ ἀκοὴ αὐτοῦ εὐθὺς πανταχοῦ εἰς ὅλην τὴν περίχωρον τῆς **Γαλιλαίας.**

1:39 καὶ ἦλθεν κηρύσσων εἰς τὰς συναγωγὰς αὐτῶν εἰς ὅλην τὴν **Γαλιλαίαν** καὶ τὰ δαιμόνια ἐκβάλλων.

3: 7 καὶ πολὺ πλῆθος ἀπὸ τῆς **Γαλιλαίας** [ἠκολούθησεν,] καὶ ἀπὸ τῆς Ἰουδαίας

6:21 δεῖπνον ἐποίησεν τοῖς μεγιστᾶσιν αὐτοῦ καὶ τοῖς χιλιάρχοις καὶ τοῖς πρώτοις τῆς **Γαλιλαίας,**

7:31 πάλιν ἐξελθὼν ἐκ τῶν ὁρίων Τύρου ἦλθεν διὰ Σιδῶνος εἰς τὴν θάλασσαν τῆς **Γαλιλαίας** ἀνὰ μέσον τῶν ὁρίων Δεκαπόλεως.

9:30 Κἀκεῖθεν ἐξελθόντες παρεπορεύοντο διὰ τῆς **Γαλιλαίας,** καὶ οὐκ ἤθελεν ἵνα τις γνοῖ·

14:28 ἀλλὰ μετὰ τὸ ἐγερθῆναί με προάξω ὑμᾶς εἰς τὴν **Γαλιλαίαν.**

15:41 αἳ ὅτε ἦν ἐν τῇ **Γαλιλαίᾳ** ἠκολούθουν αὐτῷ καὶ διηκόνουν αὐτῷ,

16: 7 ἀλλὰ ὑπάγετε εἴπατε τοῖς μαθηταῖς αὐτοῦ καὶ τῷ Πέτρῳ ὅτι Προάγει ὑμᾶς εἰς τὴν **Γαλιλαίαν·**

Lk 1:26 Ἐν δὲ τῷ μηνὶ τῷ ἕκτῳ ἀπεστάλη ὁ ἄγγελος Γαβριὴλ ἀπὸ τοῦ θεοῦ εἰς πόλιν τῆς **Γαλιλαίας** ᾗ ὄνομα Ναζαρὲθ

2: 4 Ἀνέβη δὲ καὶ Ἰωσὴφ ἀπὸ τῆς **Γαλιλαίας** ἐκ πόλεως Ναζαρὲθ εἰς τὴν Ἰουδαίαν εἰς πόλιν Δαυὶδ ἥτις καλεῖται Βηθλέεμ,

2:39 ἐπέστρεψαν εἰς τὴν **Γαλιλαίαν** εἰς πόλιν ἑαυτῶν Ναζαρέθ.

3: 1 ἡγεμονεύοντος Ποντίου Πιλάτου τῆς Ἰουδαίας, καὶ τετρααρχοῦντος τῆς **Γαλιλαίας** Ἡρῴδου,

4:14 Καὶ ὑπέστρεψεν ὁ Ἰησοῦς ἐν τῇ δυνάμει τοῦ πνεύματος εἰς τὴν **Γαλιλαίαν.**

4:31 Καὶ κατῆλθεν εἰς Καφαρναοὺμ πόλιν τῆς **Γαλιλαίας.** καὶ ἦν διδάσκων αὐτοὺς ἐν τοῖς σάββασιν·

5:17 Φαρισαῖοι καὶ νομοδιδάσκαλοι οἳ ἦσαν ἐληλυθότες ἐκ πάσης κώμης τῆς **Γαλιλαίας** καὶ Ἰουδαίας καὶ Ἰερουσαλήμ·

8:26 Καὶ κατέπλευσαν εἰς τὴν χώραν τῶν Γερασηνῶν, ἥτις ἐστὶν ἀντιπέρα τῆς **Γαλιλαίας.**

17:11 Καὶ ἐγένετο ἐν τῷ πορεύεσθαι εἰς Ἰερουσαλὴμ καὶ αὐτὸς διήρχετο διὰ μέσον Σαμαρείας καὶ **Γαλιλαίας.**

23: 5 λέγοντες ὅτι Ἀνασείει τὸν λαὸν διδάσκων καθ' ὅλης τῆς Ἰουδαίας, καὶ ἀρξάμενος ἀπὸ τῆς **Γαλιλαίας** ἕως ὧδε.

23:49 καὶ γυναῖκες αἱ συνακολουθοῦσαι αὐτῷ ἀπὸ τῆς **Γαλιλαίας** ὁρῶσαι ταῦτα.

23:55 Κατακολουθήσασαι δὲ αἱ γυναῖκες, αἵτινες ἦσαν συνεληλυθυῖαι ἐκ τῆς **Γαλιλαίας** αὐτῷ,

24: 6 μνήσθητε ὡς ἐλάλησεν ὑμῖν ἔτι ὢν ἐν τῇ **Γαλιλαίᾳ**

Jn 1:43 Τῇ ἐπαύριον ἠθέλησεν ἐξελθεῖν εἰς τὴν **Γαλιλαίαν** καὶ εὑρίσκει Φίλιππον.

2: 1 Καὶ τῇ ἡμέρᾳ τῇ τρίτῃ γάμος ἐγένετο ἐν Κανὰ τῆς **Γαλιλαίας,**

2:11 Ταύτην ἐποίησεν ἀρχὴν τῶν σημείων ὁ Ἰησοῦς ἐν Κανὰ τῆς **Γαλιλαίας** καὶ ἐφανέρωσεν τὴν δόξαν αὐτοῦ,

4: 3 ἀφῆκεν τὴν Ἰουδαίαν καὶ ἀπῆλθεν πάλιν εἰς τὴν **Γαλιλαίαν.**

4:43 Μετὰ δὲ τὰς δύο ἡμέρας ἐξῆλθεν ἐκεῖθεν εἰς τὴν **Γαλιλαίαν·**

4:45 ὅτε οὖν ἦλθεν εἰς τὴν **Γαλιλαίαν,** ἐδέξαντο αὐτὸν οἱ Γαλιλαῖοι πάντα ἑωρακότες ὅσα ἐποίησεν ἐν Ἱεροσολύμοις ἐν τῇ ἑορτῇ,

4:46 Ἦλθεν οὖν πάλιν εἰς τὴν Κανὰ τῆς **Γαλιλαίας,**

4:47 οὗτος ἀκούσας ὅτι Ἰησοῦς ἥκει ἐκ τῆς Ἰουδαίας εἰς τὴν **Γαλιλαίαν** ἀπῆλθεν πρὸς αὐτὸν καὶ ἠρώτα ἵνα καταβῇ

4:54 Τοῦτο [δὲ] πάλιν δεύτερον σημεῖον ἐποίησεν ὁ Ἰησοῦς ἐλθὼν ἐκ τῆς Ἰουδαίας εἰς τὴν **Γαλιλαίαν.**

6: 1 Μετὰ ταῦτα ἀπῆλθεν ὁ Ἰησοῦς πέραν τῆς θαλάσσης τῆς **Γαλιλαίας** τῆς Τιβεριάδος.

7: 1 Καὶ μετὰ ταῦτα περιεπάτει ὁ Ἰησοῦς ἐν τῇ **Γαλιλαίᾳ·**

7: 9 ταῦτα δὲ εἰπὼν αὐτὸς ἔμεινεν ἐν τῇ **Γαλιλαίᾳ.**

7:41 Μὴ γὰρ ἐκ τῆς **Γαλιλαίας** ὁ Χριστὸς ἔρχεται;

7:52 ἀπεκρίθησαν καὶ εἶπαν αὐτῷ, Μὴ καὶ σὺ ἐκ τῆς **Γαλιλαίας** εἶ; ἐραύνησον καὶ ἴδε ὅτι ἐκ τῆς **Γαλιλαίας** προφήτης οὐκ ἐγείρεται.

12:21 οὗτοι οὖν προσῆλθον **Φιλίππῳ** τῷ ἀπὸ Βηθσαϊδὰ τῆς **Γαλιλαίας** καὶ ἠρώτων αὐτὸν λέγοντες,
21: 2 ἦσαν ὁμοῦ Σίμων Πέτρος καὶ Θωμᾶς ὁ λεγόμενος Δίδυμος καὶ Ναθαναὴλ ὁ ἀπὸ Κανὰ τῆς **Γαλιλαίας** καὶ οἱ τοῦ Ζεβεδαίου
Ac 9:31 Ἡ μὲν οὖν ἐκκλησία καθ' ὅλης τῆς Ἰουδαίας καὶ **Γαλιλαίας** καὶ Σαμαρείας εἶχεν εἰρήνην οἰκοδομουμένη
10:37 ἀρξάμενος ἀπὸ τῆς **Γαλιλαίας** μετὰ τὸ βάπτισμα ὃ ἐκήρυξεν Ἰωάννης,
13:31 ὃς ὤφθη ἐπὶ ἡμέρας πλείους τοῖς συναναβᾶσιν αὐτῷ ἀπὸ τῆς **Γαλιλαίας** εἰς Ἰερουσαλήμ,

1134 Γαλιλαῖος [11]

√ *1133*

Mt 26:69 καὶ προσῆλθεν αὐτῷ μία παιδίσκη λέγουσα, Καὶ σὺ ἦσθα μετὰ Ἰησοῦ τοῦ **Γαλιλαίου.**
Mk 14:70 Ἀληθῶς ἐξ αὐτῶν εἶ, καὶ γὰρ **Γαλιλαῖος** εἶ.
Lk 13: 1 Παρῆσαν δέ τινες ἐν αὐτῷ τῷ καιρῷ ἀπαγγέλλοντες αὐτῷ περὶ τῶν **Γαλιλαίων** ὧν τὸ αἷμα Πιλᾶτος ἔμιξεν μετὰ τῶν θυσιῶν
13: 2 Δοκεῖτε ὅτι οἱ **Γαλιλαῖοι** οὗτοι ἁμαρτωλοὶ παρὰ πάντας τοὺς **Γαλιλαίους** ἐγένοντο,
22:59 Ἐπ' ἀληθείας καὶ οὗτος μετ' αὐτοῦ ἦν, καὶ γὰρ **Γαλιλαῖός** ἐστιν.
23: 6 Πιλᾶτος δὲ ἀκούσας ἐπηρώτησεν εἰ ὁ ἄνθρωπος **Γαλιλαῖός** ἐστιν,
Jn 4:45 ἐδέξαντο αὐτὸν οἱ **Γαλιλαῖοι** πάντα ἑωρακότες ὅσα ἐποίησεν ἐν Ἰεροσολύμοις ἐν τῇ ἑορτῇ,
Ac 1:11 οἳ καὶ εἶπαν, Ἄνδρες **Γαλιλαῖοι,** τί ἑστήκατε [ἐμ]βλέποντες εἰς τὸν οὐρανόν;
2: 7 Οὐχ ἰδοὺ ἅπαντες οὗτοί εἰσιν οἱ λαλοῦντες **Γαλιλαῖοι;**
5:37 μετὰ τοῦτον ἀνέστη Ἰούδας ὁ **Γαλιλαῖος** ἐν ταῖς ἡμέραις τῆς ἀπογραφῆς καὶ ἀπέστησεν λαὸν ὀπίσω αὐτοῦ·

1135 Γαλλία Not used in UBS/NIV

1136 Γαλλίων [3]

Ac 18:12 **Γαλλίωνος** δὲ ἀνθυπάτου ὄντος τῆς Ἀχαΐας κατεπέστησαν ὁμοθυμαδὸν οἱ Ἰουδαῖοι τῷ Παύλῳ
18:14 μέλλοντος δὲ τοῦ Παύλου ἀνοίγειν τὸ στόμα εἶπεν ὁ **Γαλλίων** πρὸς τοὺς Ἰουδαίους,
18:17 ἔτυπτον ἔμπροσθεν τοῦ βήματος· καὶ οὐδὲν τούτων τῷ **Γαλλίωνι** ἔμελεν.

1137 Γαμαλιήλ [2]

Ac 5:34 ἀναστὰς δέ τις ἐν τῷ συνεδρίῳ Φαρισαῖος ὀνόματι **Γαμαλιήλ,**
22: 3 παρὰ τοὺς πόδας **Γαμαλιὴλ** πεπαιδευμένος κατὰ ἀκρίβειαν τοῦ πατρῴου νόμου,

1138 γαμέω [28]

√ *1141*

Mt 5:32 ἐγὼ δὲ λέγω ὑμῖν ὅτι πᾶς ὁ ἀπολύων τὴν γυναῖκα αὐτοῦ παρεκτὸς λόγου πορνείας ποιεῖ αὐτὴν μοιχευθῆναι, καὶ ὃς ἐὰν ἀπολελυμένην **γαμήσῃ,** μοιχᾶται.
19: 9 λέγω δὲ ὑμῖν ὅτι ὃς ἂν ἀπολύσῃ τὴν γυναῖκα αὐτοῦ μὴ ἐπὶ πορνείᾳ καὶ **γαμήσῃ** ἄλλην μοιχᾶται.
19:10 Εἰ οὕτως ἐστὶν ἡ αἰτία τοῦ ἀνθρώπου μετὰ τῆς γυναικός, οὐ συμφέρει **γαμῆσαι.**
22:25 καὶ ὁ πρῶτος **γήμας** ἐτελεύτησεν, καὶ μὴ ἔχων σπέρμα ἀφῆκεν τὴν γυναῖκα αὐτοῦ τῷ ἀδελφῷ αὐτοῦ·
22:30 ἐν γὰρ τῇ ἀναστάσει οὔτε **γαμοῦσιν** οὔτε γαμίζονται,
24:38 **γαμοῦντες** καὶ γαμίζοντες, ἄχρι ἧς ἡμέρας εἰσῆλθεν Νῶε εἰς τὴν κιβωτόν,
Mk 6:17 καὶ ἔδησεν αὐτὸν ἐν φυλακῇ διὰ Ἡρῳδιάδα τὴν γυναῖκα Φιλίππου τοῦ ἀδελφοῦ αὐτοῦ, ὅτι αὐτὴν **ἐγάμησεν·**
10:11 Ὃς ἂν ἀπολύσῃ τὴν γυναῖκα αὐτοῦ καὶ **γαμήσῃ** ἄλλην μοιχᾶται ἐπ' αὐτήν·
10:12 καὶ ἐὰν αὐτὴ ἀπολύσασα τὸν ἄνδρα αὐτῆς **γαμήσῃ** ἄλλον μοιχᾶται.
12:25 ὅταν γὰρ ἐκ νεκρῶν ἀναστῶσιν οὔτε **γαμοῦσιν** οὔτε γαμίζονται,
Lk 14:20 Γυναῖκα **ἔγημα** καὶ διὰ τοῦτο οὐ δύναμαι ἐλθεῖν.
16:18 Πᾶς ὁ ἀπολύων τὴν γυναῖκα αὐτοῦ καὶ **γαμῶν** ἑτέραν μοιχεύει, καὶ ὁ ἀπολελυμένην ἀπὸ ἀνδρὸς **γαμῶν** μοιχεύει.
17:27 ἤσθιον, ἔπινον, **ἐγάμουν,** ἐγαμίζοντο, ἄχρι ἧς ἡμέρας εἰσῆλθεν Νῶε εἰς τὴν κιβωτὸν καὶ ἦλθεν ὁ κατακλυσμὸς
20:34 Οἱ υἱοὶ τοῦ αἰῶνος τούτου **γαμοῦσιν** καὶ γαμίσκονται,
20:35 οἱ δὲ καταξιωθέντες τοῦ αἰῶνος ἐκείνου τυχεῖν καὶ τῆς ἀναστάσεως τῆς ἐκ νεκρῶν οὔτε **γαμοῦσιν** οὔτε γαμίζονται·
1Co 7: 9 εἰ δὲ οὐκ ἐγκρατεύονται, **γαμησάτωσαν,** κρεῖττον γάρ ἐστιν **γαμῆσαι** ἢ πυροῦσθαι.
7:10 τοῖς δὲ **γεγαμηκόσιν** παραγγέλλω, οὐκ ἐγὼ ἀλλὰ ὁ κύριος,
7:28 ἐὰν δὲ καὶ **γαμήσῃς,** οὐχ ἥμαρτες, καὶ ἐὰν **γήμῃ** ἡ παρθένος, οὐχ ἥμαρτεν·
7:33 ὁ δὲ **γαμήσας** μεριμνᾷ τὰ τοῦ κόσμου, πῶς ἀρέσῃ τῇ γυναικί,
7:34 ἡ δὲ **γαμήσασα** μεριμνᾷ τὰ τοῦ κόσμου, πῶς ἀρέσῃ τῷ ἀνδρί.
7:36 ἐὰν ᾖ ὑπέρακμος καὶ οὕτως ὀφείλει γίνεσθαι, ὃ θέλει ποιείτω, οὐχ ἁμαρτάνει, **γαμείτωσαν.**
7:39 ἐλευθέρα ἐστὶν ᾧ θέλει **γαμηθῆναι,** μόνον ἐν κυρίῳ.
1Ti 4: 3 κωλυόντων **γαμεῖν,** ἀπέχεσθαι βρωμάτων, ἃ ὁ θεὸς ἔκτισεν εἰς μετάλημψιν μετὰ εὐχαριστίας τοῖς πιστοῖς
5:11 νεωτέρας δὲ χήρας παραιτοῦ· ὅταν γὰρ καταστρηνιάσωσιν τοῦ Χριστοῦ, **γαμεῖν** θέλουσιν
5:14 βούλομαι οὖν νεωτέρας **γαμεῖν,** τεκνογονεῖν, οἰκοδεσποτεῖν, μηδεμίαν ἀφορμὴν διδόναι τῷ ἀντικειμένῳ λοιδορίας χάριν·

1139 γαμίζω [7]

√ *1141*

Mt 22:30 ἐν γὰρ τῇ ἀναστάσει οὔτε γαμοῦσιν οὔτε **γαμίζονται,**
24:38 γαμοῦντες καὶ **γαμίζοντες,** ἄχρι ἧς ἡμέρας εἰσῆλθεν Νῶε εἰς τὴν κιβωτόν,
Mk 12:25 ὅταν γὰρ ἐκ νεκρῶν ἀναστῶσιν οὔτε γαμοῦσιν οὔτε **γαμίζονται,**
Lk 17:27 ἤσθιον, ἔπινον, ἐγάμουν, **ἐγαμίζοντο,** ἄχρι ἧς ἡμέρας εἰσῆλθεν Νῶε εἰς τὴν κιβωτὸν καὶ ἦλθεν ὁ κατακλυσμὸς
20:35 οἱ δὲ καταξιωθέντες τοῦ αἰῶνος ἐκείνου τυχεῖν καὶ τῆς ἀναστάσεως τῆς ἐκ νεκρῶν οὔτε γαμοῦσιν οὔτε **γαμίζονται·**
1Co 7:38 ὥστε καὶ ὁ **γαμίζων** τὴν ἑαυτοῦ παρθένον καλῶς ποιεῖ καὶ ὁ μὴ **γαμίζων** κρεῖσσον ποιήσει.

1140 γαμίσκω [1]

√ *1141*

Lk 20:34 Οἱ υἱοὶ τοῦ αἰῶνος τούτου γαμοῦσιν καὶ **γαμίσκονται,**

1141 γάμος [16]

→ *23, 1138, 1139, 1140, 1432, 1433, 1679, 1680, 2102*

plural **γάμοι** [7] Mt 22:2,3,4,9; 25:10; Lk 12:36; 14:8

Mt 22: 2 Ὡμοιώθη ἡ βασιλεία τῶν οὐρανῶν ἀνθρώπῳ βασιλεῖ, ὅστις ἐποίησεν **γάμους** τῷ υἱῷ αὐτοῦ.
22: 3 καὶ ἀπέστειλεν τοὺς δούλους αὐτοῦ καλέσαι τοὺς κεκλημένους εἰς τοὺς **γάμους,**
22: 4 οἱ ταῦροί μου καὶ τὰ σιτιστὰ τεθυμένα καὶ πάντα ἕτοιμα· δεῦτε εἰς τοὺς **γάμους.**
22: 8 τότε λέγει τοῖς δούλοις αὐτοῦ, Ὁ μὲν **γάμος** ἕτοιμός ἐστιν,
22: 9 πορεύεσθε οὖν ἐπὶ τὰς διεξόδους τῶν ὁδῶν καὶ ὅσους ἐὰν εὕρητε καλέσατε εἰς τοὺς **γάμους.**
22:10 πονηρούς τε καὶ ἀγαθούς· καὶ ἐπλήσθη ὁ **γάμος** ἀνακειμένων.
22:11 εἰσελθὼν δὲ ὁ βασιλεὺς θεάσασθαι τοὺς ἀνακειμένους εἶδεν ἐκεῖ ἄνθρωπον οὐκ ἐνδεδυμένον ἔνδυμα **γάμου,**
22:12 Ἑταῖρε, πῶς εἰσῆλθες ὧδε μὴ ἔχων ἔνδυμα **γάμου;**
25:10 καὶ αἱ ἕτοιμοι εἰσῆλθον μετ' αὐτοῦ εἰς τοὺς **γάμους** καὶ ἐκλείσθη ἡ θύρα.
Lk 12:36 καὶ ὑμεῖς ὅμοιοι ἀνθρώποις προσδεχομένοις τὸν κύριον ἑαυτῶν πότε ἀναλύσῃ ἐκ τῶν **γάμων,**
14: 8 Ὅταν κληθῇς ὑπό τινος εἰς **γάμους,** μὴ κατακλιθῇς εἰς τὴν πρωτοκλισίαν,
Jn 2: 1 Καὶ τῇ ἡμέρᾳ τῇ τρίτῃ **γάμος** ἐγένετο ἐν Κανὰ τῆς Γαλιλαίας,
2: 2 ἐκλήθη δὲ καὶ ὁ Ἰησοῦς καὶ οἱ μαθηταὶ αὐτοῦ εἰς τὸν **γάμον.**
Heb 13: 4 Τίμιος ὁ **γάμος** ἐν πᾶσιν καὶ ἡ κοίτη ἀμίαντος,
Rev 19: 7 ὅτι ἦλθεν ὁ **γάμος** τοῦ ἀρνίου καὶ ἡ γυνὴ αὐτοῦ ἡτοίμασεν ἑαυτὴν
19: 9 Μακάριοι οἱ εἰς τὸ δεῖπνον τοῦ **γάμου** τοῦ ἀρνίου κεκλημένοι.

1142 γάρ [1041 / 1040] See Index of Articles, Etc.

→ *5521*

ἤ γάρ [2] Mt 6:24; Lk 16:13

ἰδοὺ γάρ [7] Lk 1:44,48; 2:10; 6:23; 17:21; Ac 9:11; 2Co 7:11

ὃς γὰρ ἐάν [4] Mt 16:25; Mk 8:35,38; Gal 6:7

1143 γαστήρ [9]

ἔχω ἐν γαστρί [7] Mt 1:18,23; 24:19; Mk 13:17; Lk 21:23; 1Th 5:3; Rev 12:2

συλλαμβάνω ἐν γαστρί [1] Lk 1:31

Mt 1:18 πρὶν ἢ συνελθεῖν αὐτοὺς εὑρέθη ἐν **γαστρὶ** ἔχουσα ἐκ πνεύματος ἁγίου.
1:23 Ἰδοὺ ἡ παρθένος ἐν **γαστρὶ** ἕξει καὶ τέξεται υἱόν,
24:19 οὐαὶ δὲ ταῖς ἐν **γαστρὶ** ἐχούσαις καὶ ταῖς θηλαζούσαις ἐν ἐκείναις ταῖς ἡμέραις.
Mk 13:17 οὐαὶ δὲ ταῖς ἐν **γαστρὶ** ἐχούσαις καὶ ταῖς θηλαζούσαις ἐν ἐκείναις ταῖς ἡμέραις.
Lk 1:31 καὶ ἰδοὺ συλλήμψῃ ἐν **γαστρὶ** καὶ τέξῃ υἱὸν καὶ καλέσεις τὸ ὄνομα αὐτοῦ Ἰησοῦν.
21:23 οὐαὶ ταῖς ἐν **γαστρὶ** ἐχούσαις καὶ ταῖς θηλαζούσαις ἐν ἐκείναις ταῖς ἡμέραις·
1Th 5: 3 τότε αἰφνίδιος αὐτοῖς ἐφίσταται ὄλεθρος ὥσπερ ἡ ὠδὶν τῇ ἐν **γαστρὶ** ἐχούσῃ,
Tit 1:12 εἶπέν τις ἐξ αὐτῶν ἴδιος αὐτῶν προφήτης, Κρῆτες ἀεὶ ψεῦσται, κακὰ θηρία, **γαστέρες** ἀργαί.
Rev 12: 2 καὶ ἐν **γαστρὶ** ἔχουσα, καὶ κράζει ὠδίνουσα καὶ βασανιζομένη τεκεῖν.

1144 Γαύδη Not used in UBS/NIV

√ *cf. 3007*

1145 γέ [25]

→ *2301, 2781, 2793, 3529, 3591, 3615, 4007, 5522*

ἀλλά γε [2] Lk 24:21; 1Co 9:2

ἄρα γε [3] Mt 7:20; 17:26; Ac 17:27

εἴ γε [5] 2Co 5:3; Gal 3:4; Eph 3:2; 4:21; Col 1:23

εἰ δὲ μή γε [8] Mt 6:1; 9:17; Lk 5:36,37; 10:6; 13:9; 14:32; 2Co 11:16

καί γε [2] Ac 2:18; 17:27

Mt 6: 1 εἰ δὲ μή **γε,** μισθὸν οὐκ ἔχετε παρὰ τῷ πατρὶ ὑμῶν τῷ ἐν τοῖς οὐρανοῖς.
7:20 ἄρα **γε** ἀπὸ τῶν καρπῶν αὐτῶν ἐπιγνώσεσθε αὐτούς.
9:17 εἰ δὲ μή **γε,** ῥήγνυνται οἱ ἀσκοὶ καὶ ὁ οἶνος ἐκχεῖται καὶ οἱ ἀσκοὶ ἀπόλλυνται·
17:26 ἔφη αὐτῷ ὁ Ἰησοῦς, Ἄρα **γε** ἐλεύθεροί εἰσιν οἱ υἱοί.
Lk 5:36 εἰ δὲ μή **γε,** καὶ τὸ καινὸν σχίσει καὶ τῷ παλαιῷ οὐ συμφωνήσει τὸ ἐπίβλημα τὸ ἀπὸ τοῦ καινοῦ.
5:37 εἰ δὲ μή **γε,** ῥήξει ὁ οἶνος ὁ νέος τοὺς ἀσκοὺς καὶ αὐτὸς ἐκχυθήσεται καὶ οἱ ἀσκοὶ ἀπολοῦνται·
10: 6 ἐπαναπαήσεται ἐπ᾽ αὐτὸν ἡ εἰρήνη ὑμῶν· εἰ δὲ μή **γε,** ἐφ᾽ ὑμᾶς ἀνακάμψει.
11: 8 διά **γε** τὴν ἀναίδειαν αὐτοῦ ἐγερθεὶς δώσει αὐτῷ ὅσων χρῄζει.
13: 9 κἂν μὲν ποιήσῃ καρπὸν εἰς τὸ μέλλον· εἰ δὲ μή **γε,** ἐκκόψεις αὐτήν.
14:32 εἰ δὲ μή **γε,** ἔτι αὐτοῦ πόρρω ὄντος πρεσβείαν ἀποστείλας ἐρωτᾷ τὰ πρὸς εἰρήνην.
18: 5 διά **γε** τὸ παρέχειν μοι κόπον τὴν χήραν ταύτην ἐκδικήσω αὐτήν,
24:21 ἀλλά **γε** καὶ σὺν πᾶσιν τούτοις τρίτην ταύτην ἡμέραν ἄγει ἀφ᾽ οὗ ταῦτα ἐγένετο.
Ac 2:18 καί **γε** ἐπὶ τοὺς δούλους μου καὶ ἐπὶ τὰς δούλας μου ἐν ταῖς ἡμέραις ἐκείναις ἐκχεῶ ἀπὸ τοῦ πνεύματός μου,
8:30 ὁ **Φίλιππος** ἤκουσεν αὐτοῦ ἀναγινώσκοντος Ἠσαΐαν τὸν προφήτην καὶ εἶπεν, ˀΑρά **γε** γινώσκεις ἃ ἀναγινώσκεις;
17:27 ζητεῖν τὸν θεόν, εἰ ἄρα **γε** ψηλαφήσειαν αὐτὸν καὶ εὕροιεν, καί **γε** οὐ μακρὰν ἀπὸ ἑνὸς ἑκάστου ἡμῶν ὑπάρχοντα.
Ro 8:32 ὅς **γε** τοῦ ἰδίου υἱοῦ οὐκ ἐφείσατο ἀλλὰ ὑπὲρ ἡμῶν πάντων παρέδωκεν αὐτόν,
1Co 4: 8 καὶ ὄφελόν **γε** ἐβασιλεύσατε, ἵνα καὶ ἡμεῖς ὑμῖν συμβασιλεύσωμεν.
9: 2 εἰ ἄλλοις οὐκ εἰμὶ ἀπόστολος, ἀλλά **γε** ὑμῖν εἰμι·
2Co 5: 3 εἴ **γε** καὶ ἐκδυσάμενοι οὐ γυμνοὶ εὑρεθησόμεθα.
11:16 εἰ δὲ μή **γε,** κἂν ὡς ἄφρονα δέξασθέ με,
Gal 3: 4 τοσαῦτα ἐπάθετε εἰκῇ; εἴ **γε** καὶ εἰκῇ.
Eph 3: 2 εἴ **γε** ἠκούσατε τὴν οἰκονομίαν τῆς χάριτος τοῦ θεοῦ τῆς δοθείσης μοι εἰς ὑμᾶς,
4:21 εἴ **γε** αὐτὸν ἠκούσατε καὶ ἐν αὐτῷ ἐδιδάχθητε,
Col 1:23 εἴ **γε** ἐπιμένετε τῇ πίστει τεθεμελιωμένοι καὶ ἑδραῖοι καὶ μὴ μετακινούμενοι ἀπὸ τῆς ἐλπίδος τοῦ εὐαγγελίου οὗ ἠκούσατε,

1146 Γεδεών [1]

Heb 11:32 ἐπιλείψει με γὰρ διηγούμενον ὁ χρόνος περὶ **Γεδεών,**

1147 γέεννα [12]

γέεννα τοῦ πυρός [2] Mt 5:22; 18:9

κρίσις γεέννης [1] Mt 23:33

υἱὸς γεέννης [1] Mt 23:15

Mt 5:22 Μωρέ, ἔνοχος ἔσται εἰς τὴν **γέενναν** τοῦ πυρός.
5:29 συμφέρει γάρ σοι ἵνα ἀπόληται ἓν τῶν μελῶν σου καὶ μὴ ὅλον τὸ σῶμά σου βληθῇ εἰς **γέενναν.**
5:30 συμφέρει γάρ σοι ἵνα ἀπόληται ἓν τῶν μελῶν σου καὶ μὴ ὅλον τὸ σῶμά σου εἰς **γέενναν** ἀπέλθῃ.
10:28 φοβεῖσθε δὲ μᾶλλον τὸν δυνάμενον καὶ ψυχὴν καὶ σῶμα ἀπολέσαι ἐν **γεέννῃ.**
18: 9 καλόν σοί ἐστιν μονόφθαλμον εἰς τὴν ζωὴν εἰσελθεῖν ἢ δύο ὀφθαλμοὺς ἔχοντα βληθῆναι εἰς τὴν **γέενναν** τοῦ πυρός.
23:15 καὶ ὅταν γένηται ποιεῖτε αὐτὸν υἱὸν **γεέννης** διπλότερον ὑμῶν.
23:33 γεννήματα ἐχιδνῶν, πῶς φύγητε ἀπὸ τῆς κρίσεως τῆς **γεέννης;**
Mk 9:43 καλόν ἐστίν σε κυλλὸν εἰσελθεῖν εἰς τὴν ζωὴν ἢ τὰς δύο χεῖρας ἔχοντα ἀπελθεῖν εἰς τὴν **γέενναν,**
9:45 καλόν ἐστίν σε εἰσελθεῖν εἰς τὴν ζωὴν χωλὸν ἢ τοὺς δύο πόδας ἔχοντα βληθῆναι εἰς τὴν **γέενναν.**
9:47 καλόν σέ ἐστιν μονόφθαλμον εἰσελθεῖν εἰς τὴν βασιλείαν τοῦ θεοῦ ἢ δύο ὀφθαλμοὺς ἔχοντα βληθῆναι εἰς τὴν **γέενναν,**
Lk 12: 5 φοβήθητε τὸν μετὰ τὸ ἀποκτεῖναι ἔχοντα ἐξουσίαν ἐμβαλεῖν εἰς τὴν **γέενναν.**
Jas 3: 6 ἡ σπιλοῦσα ὅλον τὸ σῶμα καὶ φλογίζουσα τὸν τροχὸν τῆς γενέσεως καὶ φλογιζομένη ὑπὸ τῆς **γεέννης.**

1148 Γεθσημανῆ Not used in UBS/NIV

√ *cf. 1149*

1149 Γεθσημανί [2]

√ *cf. 1148*

Mt 26:36 Τότε ἔρχεται μετ᾽ αὐτῶν ὁ Ἰησοῦς εἰς χωρίον λεγόμενον **Γεθσημανὶ** καὶ λέγει τοῖς μαθηταῖς,
Mk 14:32 Καὶ ἔρχονται εἰς χωρίον οὗ τὸ ὄνομα **Γεθσημανὶ** καὶ λέγει τοῖς μαθηταῖς αὐτοῦ,

1150 γείτων [4]

fem. **ἡ** [1] Lk 15:9

masc. **ὁ** [3] Lk 14:12; 15:6; Jn 9:8

Lk 14:12 μὴ φώνει τοὺς φίλους σου μηδὲ τοὺς ἀδελφούς σου μηδὲ τοὺς συγγενεῖς σου μηδὲ **γείτονας** πλουσίους,
15: 6 καὶ ἐλθὼν εἰς τὸν οἶκον συγκαλεῖ τοὺς φίλους καὶ τοὺς **γείτονας** λέγων αὐτοῖς,
15: 9 καὶ εὑροῦσα συγκαλεῖ τὰς φίλας καὶ **γείτονας** λέγουσα, ,
Jn 9: 8 Οἱ οὖν **γείτονες** καὶ οἱ θεωροῦντες αὐτὸν τὸ πρότερον ὅτι προσαίτης ἦν ἔλεγον,

1151 γελάω [2]

→ *1152, 2860*

Lk 6:21 ὅτι χορτασθήσεσθε. μακάριοι οἱ κλαίοντες νῦν, ὅτι **γελάσετε.**
6:25 οὐαί, οἱ **γελῶντες** νῦν, ὅτι πενθήσετε καὶ κλαύσετε.

1152 γέλως [1]

√ 1151

Jas 4: 9 ὁ **γέλως** ὑμῶν εἰς πένθος μετατραπήτω καὶ ἡ χαρὰ εἰς κατήφειαν.

1153 γεμίζω [8 / 9]

√ 1154

Mk 4:37 καὶ γίνεται λαῖλαψ μεγάλη ἀνέμου καὶ τὰ κύματα ἐπέβαλλεν εἰς τὸ πλοῖον, ὥστε ἤδη **γεμίζεσθαι** τὸ πλοῖον.
15:36 δραμὼν δέ τις [καὶ] **γεμίσας** σπόγγον ὄξους περιθεὶς καλάμῳ ἐπότιζεν αὐτὸν λέγων,
Lk 14:23 Ἔξελθε εἰς τὰς ὁδοὺς καὶ φραγμοὺς καὶ ἀνάγκασον εἰσελθεῖν, ἵνα **γεμισθῇ** μου ὁ οἶκος·
15:16 καὶ ἐπεθύμει **γεμίσαι**[NIV; UBS 5963] τὴν κοιλίαν αὐτοῦ ἀπὸ τῶν κερατίων ὧν ἤσθιον οἱ χοῖροι,
Jn 2: 7 λέγει αὐτοῖς ὁ Ἰησοῦς, **Γεμίσατε** τὰς ὑδρίας ὕδατος. καὶ **ἐγέμισαν** αὐτὰς ἕως ἄνω.
6:13 συνήγαγον οὖν καὶ **ἐγέμισαν** δώδεκα κοφίνους κλασμάτων ἐκ τῶν πέντε ἄρτων τῶν κριθίνων ἃ ἐπερίσσευσαν
Rev 8: 5 καὶ εἴληφεν ὁ ἄγγελος τὸν λιβανωτὸν καὶ **ἐγέμισεν** αὐτὸν ἐκ τοῦ πυρὸς τοῦ θυσιαστηρίου καὶ ἔβαλεν εἰς τὴν γῆν,
15: 8 καὶ **ἐγεμίσθη** ὁ ναὸς καπνοῦ ἐκ τῆς δόξης τοῦ θεοῦ καὶ ἐκ τῆς δυνάμεως αὐτοῦ,

1154 γέμω [11]

→ 1153, 1203

Mt 23:25 ὅτι καθαρίζετε τὸ ἔξωθεν τοῦ ποτηρίου καὶ τῆς παροψίδος, ἔσωθεν δὲ **γέμουσιν** ἐξ ἁρπαγῆς καὶ ἀκρασίας.
23:27 ἔσωθεν δὲ **γέμουσιν** ὀστέων νεκρῶν καὶ πάσης ἀκαθαρσίας.
Lk 11:39 τὸ δὲ ἔσωθεν ὑμῶν **γέμει** ἁρπαγῆς καὶ πονηρίας.
Ro 3:14 ὧν τὸ στόμα ἀρᾶς καὶ πικρίας **γέμει,**
Rev 4: 6 Καὶ ἐν μέσῳ τοῦ θρόνου καὶ κύκλῳ τοῦ θρόνου τέσσαρα ζῷα **γέμοντα** ὀφθαλμῶν ἔμπροσθεν καὶ ὄπισθεν.
4: 8 κυκλόθεν καὶ ἔσωθεν **γέμουσιν** ὀφθαλμῶν, καὶ ἀνάπαυσιν οὐκ ἔχουσιν ἡμέρας καὶ νυκτὸς λέγοντες,
5: 8 ἔπεσαν ἐνώπιον τοῦ ἀρνίου ἔχοντες ἕκαστος κιθάραν καὶ φιάλας χρυσᾶς **γεμούσας** θυμιαμάτων,
15: 7 καὶ ἓν ἐκ τῶν τεσσάρων ζῴων ἔδωκεν τοῖς ἑπτὰ ἀγγέλοις ἑπτὰ φιάλας χρυσᾶς **γεμούσας** τοῦ θυμοῦ τοῦ θεοῦ τοῦ ζῶντος
17: 3 **γέμον[τα]** ὀνόματα βλασφημίας, ἔχων κεφαλὰς ἑπτὰ καὶ κέρατα δέκα.
17: 4 ἔχουσα ποτήριον χρυσοῦν ἐν τῇ χειρὶ αὐτῆς **γέμον** βδελυγμάτων καὶ τὰ ἀκάθαρτα τῆς πορνείας αὐτῆς
21: 9 Καὶ ἦλθεν εἷς ἐκ τῶν ἑπτὰ ἀγγέλων τῶν ἐχόντων τὰς ἑπτὰ φιάλας τῶν **γεμόντων** τῶν ἑπτὰ πληγῶν τῶν ἐσχάτων

1155 γενεά [43]

√ 1181

plural **γενεαί** [12] Mt 1:17,17,17,17; Lk 1:48,50,50; Ac 14:16; 15:21; Eph 3:5,21; Col 1:26

γενεὰς καὶ γενεάς [1] Lk 1:50

τὰς γενεὰς τοῦ αἰῶνος τῶν αἰώνων [1] Eph 3:21

Mt 1:17 Πᾶσαι οὖν αἱ **γενεαὶ** ἀπὸ Ἀβραὰμ ἕως Δαυὶδ **γενεαὶ** δεκατέσσαρες, καὶ ἀπὸ Δαυὶδ ἕως τῆς μετοικεσίας Βαβυλῶνος **γενεαὶ** δεκατέσσαρες, καὶ ἀπὸ τῆς μετοικεσίας Βαβυλῶνος ἕως τοῦ Χριστοῦ **γενεαὶ** δεκατέσσαρες.
11:16 Τίνι δὲ ὁμοιώσω τὴν **γενεὰν** ταύτην; ὁμοία ἐστὶν παιδίοις καθημένοις ἐν ταῖς ἀγοραῖς ἃ προσφωνοῦντα τοῖς ἑτέροις
12:39 ὁ δὲ ἀποκριθεὶς εἶπεν αὐτοῖς, **Γενεὰ** πονηρὰ καὶ μοιχαλὶς σημεῖον ἐπιζητεῖ,
12:41 ἄνδρες Νινευῖται ἀναστήσονται ἐν τῇ κρίσει μετὰ τῆς **γενεᾶς** ταύτης καὶ κατακρινοῦσιν αὐτήν,
12:42 βασίλισσα νότου ἐγερθήσεται ἐν τῇ κρίσει μετὰ τῆς **γενεᾶς** ταύτης καὶ κατακρινεῖ αὐτήν,
12:45 οὕτως ἔσται καὶ τῇ **γενεᾷ** ταύτῃ τῇ πονηρᾷ.
16: 4 **Γενεὰ** πονηρὰ καὶ μοιχαλὶς σημεῖον ἐπιζητεῖ, καὶ σημεῖον οὐ δοθήσεται αὐτῇ εἰ μὴ τὸ σημεῖον Ἰωνᾶ.
17:17 Ὦ **γενεὰ** ἄπιστος καὶ διεστραμμένη, ἕως πότε μεθ᾽ ὑμῶν ἔσομαι;
23:36 ἀμὴν λέγω ὑμῖν, ἥξει ταῦτα πάντα ἐπὶ τὴν **γενεὰν** ταύτην.
24:34 ἀμὴν λέγω ὑμῖν ὅτι οὐ μὴ παρέλθῃ ἡ **γενεὰ** αὕτη ἕως ἂν πάντα ταῦτα γένηται.
Mk 8:12 καὶ ἀναστενάξας τῷ πνεύματι αὐτοῦ λέγει, Τί ἡ **γενεὰ** αὕτη ζητεῖ σημεῖον; ἀμὴν λέγω ὑμῖν, εἰ δοθήσεται τῇ **γενεᾷ** ταύτῃ σημεῖον.
8:38 ὃς γὰρ ἐὰν ἐπαισχυνθῇ με καὶ τοὺς ἐμοὺς λόγους ἐν τῇ **γενεᾷ** ταύτῃ τῇ μοιχαλίδι καὶ ἁμαρτωλῷ,
9:19 Ὦ **γενεὰ** ἄπιστος, ἕως πότε πρὸς ὑμᾶς ἔσομαι;
13:30 ἀμὴν λέγω ὑμῖν ὅτι οὐ μὴ παρέλθῃ ἡ **γενεὰ** αὕτη μέχρις οὗ ταῦτα πάντα γένηται.
Lk 1:48 ἰδοὺ γὰρ ἀπὸ τοῦ νῦν μακαριοῦσίν με πᾶσαι αἱ **γενεαί,**
1:50 καὶ τὸ ἔλεος αὐτοῦ εἰς **γενεὰς** καὶ **γενεὰς** τοῖς φοβουμένοις αὐτόν.
7:31 Τίνι οὖν ὁμοιώσω τοὺς ἀνθρώπους τῆς **γενεᾶς** ταύτης καὶ τίνι εἰσὶν ὅμοιοι;
9:41 ἀποκριθεὶς δὲ ὁ Ἰησοῦς εἶπεν, Ὦ **γενεὰ** ἄπιστος καὶ διεστραμμένη,
11:29 Τῶν δὲ ὄχλων ἐπαθροιζομένων ἤρξατο λέγειν, Ἡ **γενεὰ** αὕτη **γενεὰ** πονηρά ἐστιν·
11:30 οὕτως ἔσται καὶ ὁ υἱὸς τοῦ ἀνθρώπου τῇ **γενεᾷ** ταύτῃ.
11:31 βασίλισσα νότου ἐγερθήσεται ἐν τῇ κρίσει μετὰ τῶν ἀνδρῶν τῆς **γενεᾶς** ταύτης καὶ κατακρινεῖ αὐτούς,
11:32 ἄνδρες Νινευῖται ἀναστήσονται ἐν τῇ κρίσει μετὰ τῆς **γενεᾶς** ταύτης καὶ κατακρινοῦσιν αὐτήν·
11:50 ἵνα ἐκζητηθῇ τὸ αἷμα πάντων τῶν προφητῶν τὸ ἐκκεχυμένον ἀπὸ καταβολῆς κόσμου ἀπὸ τῆς **γενεᾶς** ταύτης,
11:51 ναὶ λέγω ὑμῖν, ἐκζητηθήσεται ἀπὸ τῆς **γενεᾶς** ταύτης.
16: 8 ὅτι οἱ υἱοὶ τοῦ αἰῶνος τούτου φρονιμώτεροι ὑπὲρ τοὺς υἱοὺς τοῦ φωτὸς εἰς τὴν **γενεὰν** τὴν ἑαυτῶν εἰσιν.
17:25 πρῶτον δὲ δεῖ αὐτὸν πολλὰ παθεῖν καὶ ἀποδοκιμασθῆναι ἀπὸ τῆς **γενεᾶς** ταύτης.
21:32 ἀμὴν λέγω ὑμῖν ὅτι οὐ μὴ παρέλθῃ ἡ **γενεὰ** αὕτη ἕως ἂν πάντα γένηται.
Ac 2:40 ἑτέροις τε λόγοις πλείοσιν διεμαρτύρατο καὶ παρεκάλει αὐτοὺς λέγων, Σώθητε ἀπὸ τῆς **γενεᾶς** τῆς σκολιᾶς ταύτης.
8:33 Ἐν τῇ ταπεινώσει [αὐτοῦ] ἡ κρίσις αὐτοῦ ἤρθη· τὴν **γενεὰν** αὐτοῦ τίς διηγήσεται;
13:36 Δαυὶδ μὲν γὰρ ἰδίᾳ **γενεᾷ** ὑπηρετήσας τῇ τοῦ θεοῦ βουλῇ ἐκοιμήθη καὶ προσετέθη πρὸς τοὺς πατέρας αὐτοῦ
14:16 ὃς ἐν ταῖς παρῳχημέναις **γενεαῖς** εἴασεν πάντα τὰ ἔθνη πορεύεσθαι ταῖς ὁδοῖς αὐτῶν·
15:21 Μωϋσῆς γὰρ ἐκ **γενεῶν** ἀρχαίων κατὰ πόλιν τοὺς κηρύσσοντας αὐτὸν ἔχει ἐν ταῖς συναγωγαῖς κατὰ πᾶν σάββατον ἀναγινωσκόμενος.
Eph 3: 5 ὃ ἑτέραις **γενεαῖς** οὐκ ἐγνωρίσθη τοῖς υἱοῖς τῶν ἀνθρώπων ὡς νῦν ἀπεκαλύφθη τοῖς ἁγίοις ἀποστόλοις αὐτοῦ καὶ προφήταις
3:21 αὐτῷ ἡ δόξα ἐν τῇ ἐκκλησίᾳ καὶ ἐν Χριστῷ Ἰησοῦ εἰς πάσας τὰς **γενεὰς** τοῦ αἰῶνος τῶν αἰώνων,
Php 2:15 τέκνα θεοῦ ἄμωμα μέσον **γενεᾶς** σκολιᾶς καὶ διεστραμμένης,
Col 1:26 τὸ μυστήριον τὸ ἀποκεκρυμμένον ἀπὸ τῶν αἰώνων καὶ ἀπὸ τῶν **γενεῶν**–
Heb 3:10 διὸ προσώχθισα τῇ **γενεᾷ** ταύτῃ καὶ εἶπον, Ἀεὶ πλανῶνται τῇ καρδίᾳ,

1156 γενεαλογέω [1]

√ 1181 + 3306

Heb 7: 6 ὁ δὲ μὴ **γενεαλογούμενος** ἐξ αὐτῶν δεδεκάτωκεν Ἀβραὰμ καὶ τὸν ἔχοντα τὰς ἐπαγγελίας εὐλόγηκεν.

1157 γενεαλογία [2]

√ 1181 + 3306

1Ti 1: 4 μηδὲ προσέχειν μύθοις καὶ **γενεαλογίαις** ἀπεράντοις, αἵτινες ἐκζητήσεις παρέχουσιν μᾶλλον ἢ οἰκονομίαν θεοῦ
Tit 3: 9 μωρὰς δὲ ζητήσεις καὶ **γενεαλογίας** καὶ ἔρεις καὶ μάχας νομικὰς περιΐστασο·

1158 γενέθλια Not used in UBS/NIV

√ 1181

1159 γενέθλιος Not used in UBS/NIV

√ 1181

1160 γενέσια [2]

√ *1181*

Mt 14: 6 **γενεσίοις** δὲ γενομένοις τοῦ Ἡρῴδου ὠρχήσατο ἡ θυγάτηρ τῆς Ἡρῳδιάδος ἐν τῷ μέσῳ καὶ ἤρεσεν τῷ Ἡρῴδῃ,
Mk 6:21 Καὶ γενομένης ἡμέρας εὐκαίρου ὅτε Ἡρῴδης τοῖς **γενεσίοις** αὐτοῦ δεῖπνον ἐποίησεν τοῖς μεγιστᾶσιν αὐτοῦ

1161 γένεσις [5]

√ *1181*

Mt 1: 1 Βίβλος **γενέσεως** Ἰησοῦ Χριστοῦ υἱοῦ Δαυὶδ υἱοῦ Ἀβραάμ.
1:18 Τοῦ δὲ Ἰησοῦ Χριστοῦ ἡ **γένεσις** οὕτως ἦν.
Lk 1:14 καὶ ἔσται χαρά σοι καὶ ἀγαλλίασις καὶ πολλοὶ ἐπὶ τῇ **γενέσει** αὐτοῦ χαρήσονται.
Jas 1:23 οὗτος ἔοικεν ἀνδρὶ κατανοοῦντι τὸ πρόσωπον τῆς **γενέσεως** αὐτοῦ ἐν ἐσόπτρῳ·
3: 6 ἡ σπιλοῦσα ὅλον τὸ σῶμα καὶ φλογίζουσα τὸν τροχὸν τῆς **γενέσεως** καὶ φλογιζομένη ὑπὸ τῆς γεέννης.

1162 γενετή [1]

√ *1181*

Jn 9: 1 Καὶ παράγων εἶδεν ἄνθρωπον τυφλὸν ἐκ **γενετῆς.**

1163 γένημα [4]

√ *1181*

Mt 26:29 οὐ μὴ πίω ἀπ' ἄρτι ἐκ τούτου τοῦ **γενήματος** τῆς ἀμπέλου ἕως τῆς ἡμέρας ἐκείνης ὅταν αὐτὸ πίνω μεθ' ὑμῶν καινὸν
Mk 14:25 οὐκέτι οὐ μὴ πίω ἐκ τοῦ **γενήματος** τῆς ἀμπέλου ἕως τῆς ἡμέρας ἐκείνης ὅταν αὐτὸ πίνω καινὸν ἐν τῇ βασιλείᾳ τοῦ θεοῦ.
Lk 22:18 [ὅτι] οὐ μὴ πίω ἀπὸ τοῦ νῦν ἀπὸ τοῦ **γενήματος** τῆς ἀμπέλου ἕως οὗ ἡ βασιλεία τοῦ θεοῦ ἔλθῃ.
2Co 9:10 χορηγήσει καὶ πληθυνεῖ τὸν σπόρον ὑμῶν καὶ αὐξήσει τὰ **γενήματα** τῆς δικαιοσύνης ὑμῶν·

1164 γεννάω [97]

√ *1181*

ἀπό γεννάω [1] Heb 11:12

γεννάω ἄνωθεν [2] Jn 3:3,7

ἐκ γεννάω, γεννάω ἐκ [18] Mt 1:16; 19:12; Jn 1:13; 3:5,6,6,8; 8:41; Gal 4:23; 1Jn 2:29; 3:9,9; 4:7; 5:1,1,4,18,18

ἐν γεννάω, γεννάω ἐν [8] Mt 1:20; 2:1; Jn 9:34; Ac 2:8; 7:20; 22:3; 1Co 4:15; Phm 1:10

Mt 1: 2 Ἀβραὰμ **ἐγέννησεν** τὸν Ἰσαάκ, Ἰσαὰκ δὲ **ἐγέννησεν** τὸν Ἰακώβ, Ἰακὼβ δὲ **ἐγέννησεν** τὸν Ἰούδαν καὶ τοὺς ἀδελφοὺς
1: 3 Ἰούδας δὲ **ἐγέννησεν** τὸν Φάρες καὶ τὸν Ζάρα ἐκ τῆς Θαμάρ, Φάρες δὲ **ἐγέννησεν** τὸν Ἑσρώμ, Ἑσρὼμ δὲ **ἐγέννησεν** τὸν Ἀράμ,
1: 4 Ἀρὰμ δὲ **ἐγέννησεν** τὸν Ἀμιναδάβ, Ἀμιναδὰβ δὲ **ἐγέννησεν** τὸν Ναασσών, Ναασσὼν δὲ **ἐγέννησεν** τὸν Σαλμών,
1: 5 Σαλμὼν δὲ **ἐγέννησεν** τὸν Βόες ἐκ τῆς Ῥαχάβ, Βόες δὲ **ἐγέννησεν** τὸν Ἰωβὴδ ἐκ τῆς Ῥούθ, Ἰωβὴδ δὲ **ἐγέννησεν** τὸν Ἰεσσαί,
1: 6 Ἰεσσαὶ δὲ **ἐγέννησεν** τὸν Δαυὶδ τὸν βασιλέα. Δαυὶδ δὲ **ἐγέννησεν** τὸν Σολομῶνα ἐκ τῆς τοῦ Οὐρίου,
1: 7 Σολομὼν δὲ **ἐγέννησεν** τὸν Ῥοβοάμ, Ῥοβοὰμ δὲ **ἐγέννησεν** τὸν Ἀβιά, Ἀβιὰ δὲ **ἐγέννησεν** τὸν Ἀσάφ,
1: 8 Ἀσὰφ δὲ **ἐγέννησεν** τὸν Ἰωσαφάτ, Ἰωσαφὰτ δὲ **ἐγέννησεν** τὸν Ἰωράμ, Ἰωρὰμ δὲ **ἐγέννησεν** τὸν Ὀζίαν,
1: 9 Ὀζίας δὲ **ἐγέννησεν** τὸν Ἰωαθάμ, Ἰωαθὰμ δὲ **ἐγέννησεν** τὸν Ἀχάζ, Ἀχὰζ δὲ **ἐγέννησεν** τὸν Ἑζεκίαν,
1:10 Ἑζεκίας δὲ **ἐγέννησεν** τὸν Μανασσῆ, Μανασσῆς δὲ **ἐγέννησεν** τὸν Ἀμώς, Ἀμὼς δὲ **ἐγέννησεν** τὸν Ἰωσίαν,
1:11 Ἰωσίας δὲ **ἐγέννησεν** τὸν Ἰεχονίαν καὶ τοὺς ἀδελφοὺς αὐτοῦ ἐπὶ τῆς μετοικεσίας Βαβυλῶνος.
1:12 Μετὰ δὲ τὴν μετοικεσίαν Βαβυλῶνος Ἰεχονίας **ἐγέννησεν** τὸν Σαλαθιήλ, Σαλαθιὴλ δὲ **ἐγέννησεν** τὸν Ζοροβαβέλ,
1:13 Ζοροβαβὲλ δὲ **ἐγέννησεν** τὸν Ἀβιούδ, Ἀβιοὺδ δὲ **ἐγέννησεν** τὸν Ἐλιακίμ, Ἐλιακὶμ δὲ **ἐγέννησεν** τὸν Ἀζώρ,
1:14 Ἀζὼρ δὲ **ἐγέννησεν** τὸν Σαδώκ, Σαδὼκ δὲ **ἐγέννησεν** τὸν Ἀχίμ, Ἀχὶμ δὲ **ἐγέννησεν** τὸν Ἐλιούδ,
1:15 Ἐλιοὺδ δὲ **ἐγέννησεν** τὸν Ἐλεάζαρ, Ἐλεάζαρ δὲ **ἐγέννησεν** τὸν Ματθάν, Ματθὰν δὲ **ἐγέννησεν** τὸν Ἰακώβ,
1:16 Ἰακὼβ δὲ **ἐγέννησεν** τὸν Ἰωσὴφ τὸν ἄνδρα Μαρίας, ἐξ ἧς **ἐγεννήθη** Ἰησοῦς ὁ λεγόμενος Χριστός.
1:20 τὸ γὰρ ἐν αὐτῇ **γεννηθὲν** ἐκ πνεύματός ἐστιν ἁγίου.
2: 1 Τοῦ δὲ Ἰησοῦ **γεννηθέντος** ἐν Βηθλέεμ τῆς Ἰουδαίας ἐν ἡμέραις Ἡρῴδου τοῦ βασιλέως,
2: 4 καὶ συναγαγὼν πάντας τοὺς ἀρχιερεῖς καὶ γραμματεῖς τοῦ λαοῦ ἐπυνθάνετο παρ' αὐτῶν ποῦ ὁ Χριστὸς **γεννᾶται.**
19:12 εἰσὶν γὰρ εὐνοῦχοι οἵτινες ἐκ κοιλίας μητρὸς **ἐγεννήθησαν** οὕτως,
26:24 καλὸν ἦν αὐτῷ εἰ οὐκ **ἐγεννήθη** ὁ ἄνθρωπος ἐκεῖνος.
Mk 14:21 καλὸν αὐτῷ εἰ οὐκ **ἐγεννήθη** ὁ ἄνθρωπος ἐκεῖνος.
Lk 1:13 καὶ ἡ γυνή σου Ἐλισάβετ **γεννήσει** υἱόν σοι καὶ καλέσεις τὸ ὄνομα αὐτοῦ Ἰωάννην.
1:35 διὸ καὶ τὸ **γεννώμενον** ἅγιον κληθήσεται υἱὸς θεοῦ.
1:57 Τῇ δὲ Ἐλισάβετ ἐπλήσθη ὁ χρόνος τοῦ τεκεῖν αὐτὴν καὶ **ἐγέννησεν** υἱόν.
23:29 Μακάριαι αἱ στεῖραι καὶ αἱ κοιλίαι αἳ οὐκ **ἐγέννησαν** καὶ μαστοὶ οἳ οὐκ ἔθρεψαν.
Jn 1:13 οἳ οὐκ ἐξ αἱμάτων οὐδὲ ἐκ θελήματος σαρκὸς οὐδὲ ἐκ θελήματος ἀνδρὸς ἀλλ' ἐκ θεοῦ **ἐγεννήθησαν.**
3: 3 Ἀμὴν ἀμὴν λέγω σοι, ἐὰν μή τις **γεννηθῇ** ἄνωθεν,
3: 4 λέγει πρὸς αὐτὸν [ὁ] Νικόδημος, Πῶς δύναται ἄνθρωπος **γεννηθῆναι** γέρων ὤν; μὴ δύναται εἰς τὴν κοιλίαν τῆς μητρὸς αὐτοῦ δεύτερον εἰσελθεῖν καὶ **γεννηθῆναι;**
3: 5 ἐὰν μή τις **γεννηθῇ** ἐξ ὕδατος καὶ πνεύματος,
3: 6 τὸ **γεγεννημένον** ἐκ τῆς σαρκὸς σάρξ ἐστιν, καὶ τὸ **γεγεννημένον** ἐκ τοῦ πνεύματος πνεῦμά ἐστιν.
3: 7 μὴ θαυμάσῃς ὅτι εἶπόν σοι, Δεῖ ὑμᾶς **γεννηθῆναι** ἄνωθεν.
3: 8 οὕτως ἐστὶν πᾶς ὁ **γεγεννημένος** ἐκ τοῦ πνεύματος.
8:41 εἶπαν [οὖν] αὐτῷ, Ἡμεῖς ἐκ πορνείας οὐ **γεγεννήμεθα·**
9: 2 οὗτος ἢ οἱ γονεῖς αὐτοῦ, ἵνα τυφλὸς **γεννηθῇ;**
9:19 Οὗτός ἐστιν ὁ υἱὸς ὑμῶν, ὃν ὑμεῖς λέγετε ὅτι τυφλὸς **ἐγεννήθη;**
9:20 Οἴδαμεν ὅτι οὗτός ἐστιν ὁ υἱὸς ἡμῶν καὶ ὅτι τυφλὸς **ἐγεννήθη·**
9:32 ἐκ τοῦ αἰῶνος οὐκ ἠκούσθη ὅτι ἠνέῳξέν τις ὀφθαλμοὺς τυφλοῦ **γεγεννημένου·**
9:34 Ἐν ἁμαρτίαις σὺ **ἐγεννήθης** ὅλος καὶ σὺ διδάσκεις ἡμᾶς;
16:21 ὅταν δὲ **γεννήσῃ** τὸ παιδίον, οὐκέτι μνημονεύει τῆς θλίψεως διὰ τὴν χαρὰν ὅτι **ἐγεννήθη** ἄνθρωπος εἰς τὸν κόσμον.
18:37 ἐγὼ εἰς τοῦτο **γεγέννημαι** καὶ εἰς τοῦτο ἐλήλυθα εἰς τὸν κόσμον,
Ac 2: 8 καὶ πῶς ἡμεῖς ἀκούομεν ἕκαστος τῇ ἰδίᾳ διαλέκτῳ ἡμῶν ἐν ᾗ **ἐγεννήθημεν;**
7: 8 καὶ οὕτως **ἐγέννησεν** τὸν Ἰσαὰκ καὶ περιέτεμεν αὐτὸν τῇ ἡμέρᾳ τῇ ὀγδόῃ,
7:20 ἐν ᾧ καιρῷ **ἐγεννήθη** Μωϋσῆς καὶ ἦν ἀστεῖος τῷ θεῷ·
7:29 ἔφυγεν δὲ Μωϋσῆς ἐν τῷ λόγῳ τούτῳ καὶ ἐγένετο πάροικος ἐν γῇ Μαδιάμ, οὗ **ἐγέννησεν** υἱοὺς δύο.
13:33 Υἱός μου εἶ σύ, ἐγὼ σήμερον **γεγέννηκά** σε.
22: 3 Ἐγώ εἰμι ἀνὴρ Ἰουδαῖος, **γεγεννημένος** ἐν Ταρσῷ τῆς Κιλικίας,
22:28 ὁ δὲ Παῦλος ἔφη, Ἐγὼ δὲ καὶ **γεγέννημαι.**
Ro 9:11 μήπω γὰρ **γεννηθέντων** μηδὲ πραξάντων τι ἀγαθὸν ἢ φαῦλον,
1Co 4:15 ἐν γὰρ Χριστῷ Ἰησοῦ διὰ τοῦ εὐαγγελίου ἐγὼ ὑμᾶς **ἐγέννησα.**
Gal 4:23 ἀλλ' ὁ μὲν ἐκ τῆς παιδίσκης κατὰ σάρκα **γεγέννηται,**
4:24 μία μὲν ἀπὸ ὄρους Σινᾶ εἰς δουλείαν **γεννῶσα,**
4:29 ἀλλ' ὥσπερ τότε ὁ κατὰ σάρκα **γεννηθεὶς** ἐδίωκεν τὸν κατὰ πνεῦμα,
2Ti 2:23 τὰς δὲ μωρὰς καὶ ἀπαιδεύτους ζητήσεις παραιτοῦ, εἰδὼς ὅτι **γεννῶσιν** μάχας·
Phm 1:10 παρακαλῶ σε περὶ τοῦ ἐμοῦ τέκνου, ὃν **ἐγέννησα** ἐν τοῖς δεσμοῖς, Ὀνήσιμον,
Heb 1: 5 Υἱός μου εἶ σύ, ἐγὼ σήμερον **γεγέννηκά** σε;
5: 5 Υἱός μου εἶ σύ, ἐγὼ σήμερον **γεγέννηκά** σε·
11:12 διὸ καὶ ἀφ' ἑνὸς **ἐγεννήθησαν,** καὶ ταῦτα νενεκρωμένου,
11:23 Πίστει Μωϋσῆς **γεννηθεὶς** ἐκρύβη τρίμηνον ὑπὸ τῶν πατέρων αὐτοῦ,
2Pe 2:12 οὗτοι δὲ ὡς ἄλογα ζῷα **γεγεννημένα** φυσικὰ εἰς ἅλωσιν καὶ φθορὰν ἐν οἷς ἀγνοοῦσιν βλασφημοῦντες,
1Jn 2:29 γινώσκετε ὅτι καὶ πᾶς ὁ ποιῶν τὴν δικαιοσύνην ἐξ αὐτοῦ **γεγέννηται.**

3: 9 Πᾶς ὁ **γεγεννημένος** ἐκ τοῦ θεοῦ ἁμαρτίαν οὐ ποιεῖ, ὅτι σπέρμα αὐτοῦ ἐν αὐτῷ μένει· καὶ οὐ δύναται ἁμαρτάνειν, ὅτι ἐκ τοῦ θεοῦ **γεγέννηται.**
4: 7 καὶ πᾶς ὁ ἀγαπῶν ἐκ τοῦ θεοῦ **γεγέννηται** καὶ γινώσκει τὸν θεόν.
5: 1 Πᾶς ὁ πιστεύων ὅτι Ἰησοῦς ἐστιν ὁ Χριστός, ἐκ τοῦ θεοῦ **γεγέννηται,** καὶ πᾶς ὁ ἀγαπῶν τὸν **γεννήσαντα** ἀγαπᾷ [καὶ] τὸν **γεγεννημένον** ἐξ αὐτοῦ.
5: 4 ὅτι πᾶν τὸ **γεγεννημένον** ἐκ τοῦ θεοῦ νικᾷ τὸν κόσμον·
5:18 Οἴδαμεν ὅτι πᾶς ὁ **γεγεννημένος** ἐκ τοῦ θεοῦ οὐχ ἁμαρτάνει, ἀλλ' ὁ **γεννηθεὶς** ἐκ τοῦ θεοῦ τηρεῖ αὐτὸν καὶ ὁ πονηρὸς οὐχ ἅπτεται αὐτοῦ.

1165 γέννημα [4]

√ *1181*

Mt 3: 7 **Γεννήματα** ἐχιδνῶν, τίς ὑπέδειξεν ὑμῖν φυγεῖν ἀπὸ τῆς μελλούσης ὀργῆς;
12:34 **γεννήματα** ἐχιδνῶν, πῶς δύνασθε ἀγαθὰ λαλεῖν πονηροὶ ὄντες;
23:33 ὄφεις, **γεννήματα** ἐχιδνῶν, πῶς φύγητε ἀπὸ τῆς κρίσεως τῆς γεέννης;
Lk 3: 7 **Γεννήματα** ἐχιδνῶν, τίς ὑπέδειξεν ὑμῖν φυγεῖν ἀπὸ τῆς μελλούσης ὀργῆς;

1166 Γεννησαρέτ [3]

Mt 14:34 Καὶ διαπεράσαντες ἦλθον ἐπὶ τὴν γῆν εἰς **Γεννησαρέτ.**
Mk 6:53 Καὶ διαπεράσαντες ἐπὶ τὴν γῆν ἦλθον εἰς **Γεννησαρὲτ** καὶ προσωρμίσθησαν.
Lk 5: 1 ἐν τῷ τὸν ὄχλον ἐπικεῖσθαι αὐτῷ καὶ ἀκούειν τὸν λόγον τοῦ θεοῦ καὶ αὐτὸς ἦν ἑστὼς παρὰ τὴν λίμνην **Γεννησαρὲτ**

1167 γέννησις Not used in UBS/NIV

√ *1181*

1168 γεννητός [2]

√ *1181*

Mt 11:11 οὐκ ἐγήγερται ἐν **γεννητοῖς** γυναικῶν μείζων Ἰωάννου τοῦ βαπτιστοῦ·
Lk 7:28 λέγω ὑμῖν, μείζων ἐν **γεννητοῖς** γυναικῶν Ἰωάννου οὐδείς ἐστιν·

1169 γένος [20]

√ *1181*

γένη γλωσσαι [2] 1Co 12:10,28

Mt 13:47 Πάλιν ὁμοία ἐστὶν ἡ βασιλεία τῶν οὐρανῶν σαγήνῃ βληθείσῃ εἰς τὴν θάλασσαν καὶ ἐκ παντὸς **γένους** συναγαγούσῃ·
Mk 7:26 ἡ δὲ γυνὴ ἦν Ἑλληνίς, Συροφοινίκισσα τῷ **γένει·**
9:29 Τοῦτο τὸ **γένος** ἐν οὐδενὶ δύναται ἐξελθεῖν εἰ μὴ ἐν προσευχῇ.
Ac 4: 6 καὶ Ἅννας ὁ ἀρχιερεὺς καὶ Καϊάφας καὶ Ἰωάννης καὶ Ἀλέξανδρος καὶ ὅσοι ἦσαν ἐκ **γένους** ἀρχιερατικοῦ,
4:36 ὅ ἐστιν μεθερμηνευόμενον υἱὸς παρακλήσεως, Λευίτης, Κύπριος τῷ **γένει,**
7:13 καὶ ἐν τῷ δευτέρῳ ἀνεγνωρίσθη Ἰωσὴφ τοῖς ἀδελφοῖς αὐτοῦ καὶ φανερὸν ἐγένετο τῷ Φαραὼ τὸ **γένος** [τοῦ] Ἰωσήφ.
7:19 οὗτος κατασοφισάμενος τὸ **γένος** ἡμῶν ἐκάκωσεν τοὺς πατέρας [ἡμῶν] τοῦ ποιεῖν τὰ βρέφη ἔκθετα αὐτῶν
13:26 υἱοὶ **γένους** Ἀβραὰμ καὶ οἱ ἐν ὑμῖν φοβούμενοι τὸν θεόν,
17:28 ὡς καί τινες τῶν καθ' ὑμᾶς ποιητῶν εἰρήκασιν, Τοῦ γὰρ καὶ **γένος** ἐσμέν.
17:29 **γένος** οὖν ὑπάρχοντες τοῦ θεοῦ οὐκ ὀφείλομεν νομίζειν χρυσῷ ἢ ἀργύρῳ ἢ λίθῳ,
18: 2 Ποντικὸν τῷ **γένει** προσφάτως ἐληλυθότα ἀπὸ τῆς Ἰταλίας καὶ Πρίσκιλλαν γυναῖκα αὐτοῦ,
18:24 Ἀλεξανδρεὺς τῷ **γένει,** ἀνὴρ λόγιος, κατήντησεν εἰς Ἔφεσον,
1Co 12:10 ἄλλῳ [δὲ] διακρίσεις πνευμάτων, ἑτέρῳ **γένη** γλωσσῶν, ἄλλῳ δὲ ἑρμηνεία γλωσσῶν·
12:28 ἔπειτα δυνάμεις, ἔπειτα χαρίσματα ἰαμάτων, ἀντιλήμψεις, κυβερνήσεις, **γένη** γλωσσῶν.
14:10 τοσαῦτα εἰ τύχοι **γένη** φωνῶν εἰσιν ἐν κόσμῳ καὶ οὐδὲν ἄφωνον·
2Co 11:26 ὁδοιπορίαις πολλάκις, κινδύνοις ποταμῶν, κινδύνοις λῃστῶν, κινδύνοις ἐκ **γένους,**
Gal 1:14 καὶ προέκοπτον ἐν τῷ Ἰουδαϊσμῷ ὑπὲρ πολλοὺς συνηλικιώτας ἐν τῷ **γένει** μου,
Php 3: 5 περιτομῇ ὀκταήμερος, ἐκ **γένους** Ἰσραήλ, φυλῆς Βενιαμίν, Ἑβραῖος ἐξ Ἑβραίων,
1Pe 2: 9 Ὑμεῖς δὲ **γένος** ἐκλεκτόν, βασίλειον ἱεράτευμα, ἔθνος ἅγιον,
Rev 22:16 ἐγώ εἰμι ἡ ῥίζα καὶ τὸ **γένος** Δαυίδ,

1170 Γερασηνός [3]

√ *cf. 1171*

Mk 5: 1 Καὶ ἦλθον εἰς τὸ πέραν τῆς θαλάσσης εἰς τὴν χώραν τῶν **Γερασηνῶν.**
Lk 8:26 Καὶ κατέπλευσαν εἰς τὴν χώραν τῶν **Γερασηνῶν,** ἥτις ἐστὶν ἀντιπέρα τῆς Γαλιλαίας.
8:37 καὶ ἠρώτησεν αὐτὸν ἅπαν τὸ πλῆθος τῆς περιχώρου τῶν **Γερασηνῶν** ἀπελθεῖν ἀπ' αὐτῶν,

1171 Γεργεσηνός Not used in UBS/NIV

√ *cf. 1170*

1172 γερουσία [1]

√ *1173*

Ac 5:21 Παραγενόμενος δὲ ὁ ἀρχιερεὺς καὶ οἱ σὺν αὐτῷ συνεκάλεσαν τὸ συνέδριον καὶ πᾶσαν τὴν **γερουσίαν** τῶν υἱῶν Ἰσραὴλ

1173 γέρων [1]

→ *1172; cf. 1179*

Jn 3: 4 λέγει πρὸς αὐτὸν [ὁ] Νικόδημος, Πῶς δύναται ἄνθρωπος γεννηθῆναι **γέρων** ὤν;

1174 γεύομαι [15]

with accusative following [2] Jn 2:9; Heb 6:5

γεύομαι θανάτου [5] Mt 16:28; Mk 9:1; Lk 9:27; Jn 8:52; Heb 2:9

Mt 16:28 οἵτινες οὐ μὴ **γεύσωνται** θανάτου ἕως ἂν ἴδωσιν τὸν υἱὸν τοῦ ἀνθρώπου ἐρχόμενον ἐν τῇ βασιλείᾳ αὐτοῦ.
27:34 ἔδωκαν αὐτῷ πιεῖν οἶνον μετὰ χολῆς μεμιγμένον· καὶ **γευσάμενος** οὐκ ἠθέλησεν πιεῖν.
Mk 9: 1 τινες ὧδε τῶν ἑστηκότων οἵτινες οὐ μὴ **γεύσωνται** θανάτου ἕως ἂν ἴδωσιν τὴν βασιλείαν τοῦ θεοῦ ἐληλυθυῖαν ἐν δυνάμει.
Lk 9:27 εἰσίν τινες τῶν αὐτοῦ ἑστηκότων οἳ οὐ μὴ **γεύσωνται** θανάτου ἕως ἂν ἴδωσιν τὴν βασιλείαν τοῦ θεοῦ.
14:24 λέγω γὰρ ὑμῖν ὅτι οὐδεὶς τῶν ἀνδρῶν ἐκείνων τῶν κεκλημένων **γεύσεταί** μου τοῦ δείπνου.
Jn 2: 9 ὡς δὲ **ἐγεύσατο** ὁ ἀρχιτρίκλινος τὸ ὕδωρ οἶνον γεγενημένον καὶ οὐκ ᾔδει πόθεν ἐστίν,
8:52 Ἐάν τις τὸν λόγον μου τηρήσῃ, οὐ μὴ **γεύσηται** θανάτου εἰς τὸν αἰῶνα.
Ac 10:10 ἐγένετο δὲ πρόσπεινος καὶ ἤθελεν **γεύσασθαι.** παρασκευαζόντων δὲ αὐτῶν ἐγένετο ἐπ' αὐτὸν ἔκστασις
20:11 ἀναβὰς δὲ καὶ κλάσας τὸν ἄρτον καὶ **γευσάμενος** ἐφ' ἱκανόν τε ὁμιλήσας ἄχρι αὐγῆς,
23:14 Ἀναθέματι ἀνεθεματίσαμεν ἑαυτοὺς μηδενὸς **γεύσασθαι** ἕως οὗ ἀποκτείνωμεν τὸν Παῦλον.
Col 2:21 Μὴ ἅψῃ μηδὲ **γεύσῃ** μηδὲ θίγῃς,
Heb 2: 9 διὰ τὸ πάθημα τοῦ θανάτου δόξῃ καὶ τιμῇ ἐστεφανωμένον, ὅπως χάριτι θεοῦ ὑπὲρ παντὸς **γεύσηται** θανάτου.
6: 4 **γευσαμένους** τε τῆς δωρεᾶς τῆς ἐπουρανίου καὶ μετόχους γενηθέντας πνεύματος ἁγίου
6: 5 καὶ καλὸν **γευσαμένους** θεοῦ ῥῆμα δυνάμεις τε μέλλοντος αἰῶνος
1Pe 2: 3 εἰ **ἐγεύσασθε** ὅτι χρηστὸς ὁ κύριος.

1175 γεωργέω [1]

√ *1178 + 2240*

Heb 6: 7 γῆ γὰρ ἡ πιοῦσα τὸν ἐπ' αὐτῆς ἐρχόμενον πολλάκις ὑετὸν καὶ τίκτουσα βοτάνην εὔθετον ἐκείνοις δι' οὓς καὶ **γεωργεῖται,**

1176 γεώργιον [1]

√ 1178 + 2240

1Co 3: 9 θεοῦ γάρ ἐσμεν συνεργοί, θεοῦ **γεώργιον,** θεοῦ οἰκοδομή ἐστε.

1177 γεωργός [19]

√ 1178 + 2240

Mt 21:33 καὶ ἐξέδετο αὐτὸν **γεωργοῖς** καὶ ἀπεδήμησεν.
21:34 ἀπέστειλεν τοὺς δούλους αὐτοῦ πρὸς τοὺς **γεωργοὺς** λαβεῖν τοὺς καρποὺς αὐτοῦ.
21:35 καὶ λαβόντες οἱ **γεωργοὶ** τοὺς δούλους αὐτοῦ ὃν μὲν ἔδειραν,
21:38 οἱ δὲ **γεωργοὶ** ἰδόντες τὸν υἱὸν εἶπον ἐν ἑαυτοῖς,
21:40 ὅταν οὖν ἔλθῃ ὁ κύριος τοῦ ἀμπελῶνος, τί ποιήσει τοῖς **γεωργοῖς** ἐκείνοις;
21:41 Κακοὺς κακῶς ἀπολέσει αὐτοὺς καὶ τὸν ἀμπελῶνα ἐκδώσεται ἄλλοις **γεωργοῖς,**
Mk 12: 1 καὶ ἐξέδετο αὐτὸν **γεωργοῖς** καὶ ἀπεδήμησεν.
12: 2 καὶ ἀπέστειλεν πρὸς τοὺς **γεωργοὺς** τῷ καιρῷ δοῦλον ἵνα παρὰ τῶν **γεωργῶν** λάβῃ ἀπὸ τῶν καρπῶν τοῦ ἀμπελῶνος·
12: 7 ἐκεῖνοι δὲ οἱ **γεωργοὶ** πρὸς ἑαυτοὺς εἶπαν ὅτι Οὗτός ἐστιν ὁ κληρονόμος·
12: 9 ἐλεύσεται καὶ ἀπολέσει τοὺς **γεωργοὺς** καὶ δώσει τὸν ἀμπελῶνα ἄλλοις.
Lk 20: 9 Ἄνθρωπός [τις] ἐφύτευσεν ἀμπελῶνα καὶ ἐξέδετο αὐτὸν **γεωργοῖς** καὶ ἀπεδήμησεν χρόνους ἱκανούς.
20:10 καὶ καιρῷ ἀπέστειλεν πρὸς τοὺς **γεωργοὺς** δοῦλον ἵνα ἀπὸ τοῦ καρποῦ τοῦ ἀμπελῶνος δώσουσιν αὐτῷ· οἱ δὲ **γεωργοὶ** ἐξαπέστειλαν αὐτὸν δείραντες κενόν.
20:14 ἰδόντες δὲ αὐτὸν οἱ **γεωργοὶ** διελογίζοντο πρὸς ἀλλήλους λέγοντες,
20:16 ἐλεύσεται καὶ ἀπολέσει τοὺς **γεωργοὺς** τούτους καὶ δώσει τὸν ἀμπελῶνα ἄλλοις.
Jn 15: 1 Ἐγώ εἰμι ἡ ἄμπελος ἡ ἀληθινὴ καὶ ὁ πατήρ μου ὁ **γεωργός** ἐστιν.
2Ti 2: 6 τὸν κοπιῶντα **γεωργὸν** δεῖ πρῶτον τῶν καρπῶν μεταλαμβάνειν.
Jas 5: 7 ἰδοὺ ὁ **γεωργὸς** ἐκδέχεται τὸν τίμιον καρπὸν τῆς γῆς μακροθυμῶν ἐπ' αὐτῷ ἕως λάβῃ πρόϊμον καὶ ὄψιμον.

1178 γῆ [250]

→ 333, 1127, 1175, 1176, 1177, 2103

ἄκρου γῆς [1] Mk 13:27

βασιλεῖς τῆς γῆς [10] Mt 17:25; Ac 4:26; Rev 1:5; 6:15; 17:2,18; 18:3,9; 19:19; 21:24

γῆ Ἰούδας [1] Mt 2:6

γῆ Ἰσραήλ [2] Mt 2:20,21

ἐπὶ γῆς [7] Mt 6:10; 28:18; Lk 2:14; 1Co 8:5; Eph 3:15; Heb 8:4; 12:25

ἐπὶ τῆς γῆς [57] Mt 6:19; 9:6; 16:19,19; 18:18,18,19; 23:9,35; Mk 2:10; 4:1,26,31,31; 6:47; 8:6; 9:3,20; 14:35; Lk 5:24; 18:8; 21:23,25; Jn 6:21; 17:4; Ac 2:19; 10:11; 17:26; Ro 9:28; Eph 1:10; 6:3; Col 1:16,20; 3:2,5; Heb 11:13; Jas 5:5,17; Rev 3:10; 5:3,10,13; 6:10; 7:1; 8:13; 10:2,5,8; 11:10,10; 13:8,14,14; 14:6; 16:18; 17:8; 18:24

ἐπὶ τὴν γῆν [21] Mt 10:29,34; 13:8,23; 14:34; 15:35; 27:45; Mk 4:20; 6:53; 15:33; Lk 4:25; 5:11; 6:49; 8:27; 12:49; 22:44; 23:44; Ac 9:4; 27:43,44; Rev 14:16

καινός γῆ [2] 2Pe 3:13; Rev 21:1

καρδία τῆς γῆς [1] Mt 12:40

οὐρανὸς ... γῆ [57] Mt 5:18; 6:10; 11:25; 16:19; 18:18,19; 24:30,35; 28:18; Mk 13:27,31; Lk 4:25; 10:21; 12:56; 16:17; 21:33; Jn 3:31; Ac 2:19; 4:24; 7:49; 10:11,12; 11:6; 14:15; 17:24; 1Co 8:5; 15:47; Eph 1:10; 3:15; Col 1:16,20; Heb 1:10; 12:25,26; Jas 5:12,18; 2Pe 3:5,7,10,13; Rev 5:3,13; 6:13; 9:1; 10:5,6,8; 11:6; 12:4,12; 13:13; 14:7; 18:1; 20:9,11; 21:1,1

πρῶτος γῆ [1] Rev 21:1

Mt 2: 6 Καὶ σὺ Βηθλέεμ, **γῆ** Ἰούδα, οὐδαμῶς ἐλαχίστη εἶ ἐν τοῖς ἡγεμόσιν Ἰούδα·
2:20 Ἐγερθεὶς παράλαβε τὸ παιδίον καὶ τὴν μητέρα αὐτοῦ καὶ πορεύου εἰς **γῆν** Ἰσραήλ·
2:21 ὁ δὲ ἐγερθεὶς παρέλαβεν τὸ παιδίον καὶ τὴν μητέρα αὐτοῦ καὶ εἰσῆλθεν εἰς **γῆν** Ἰσραήλ.
4:15 **Γῆ** Ζαβουλὼν καὶ **γῆ** Νεφθαλίμ, ὁδὸν θαλάσσης, πέραν τοῦ Ἰορδάνου,
5: 5 μακάριοι οἱ πραεῖς, ὅτι αὐτοὶ κληρονομήσουσιν τὴν **γῆν.**
5:13 Ὑμεῖς ἐστε τὸ ἅλας τῆς **γῆς·** ἐὰν δὲ τὸ ἅλας μωρανθῇ,
5:18 ἕως ἂν παρέλθῃ ὁ οὐρανὸς καὶ ἡ **γῆ,**
5:35 μήτε ἐν τῇ **γῇ,** ὅτι ὑποπόδιόν ἐστιν τῶν ποδῶν αὐτοῦ,
6:10 γενηθήτω τὸ θέλημά σου, ὡς ἐν οὐρανῷ καὶ ἐπὶ **γῆς·**
6:19 Μὴ θησαυρίζετε ὑμῖν θησαυροὺς ἐπὶ τῆς **γῆς,** ὅπου σὴς καὶ βρῶσις ἀφανίζει καὶ ὅπου κλέπται διορύσσουσιν
9: 6 ἵνα δὲ εἰδῆτε ὅτι ἐξουσίαν ἔχει ὁ υἱὸς τοῦ ἀνθρώπου ἐπὶ τῆς **γῆς** ἀφιέναι ἁμαρτίας—
9:26 καὶ ἐξῆλθεν ἡ φήμη αὕτη εἰς ὅλην τὴν **γῆν** ἐκείνην.
9:31 οἱ δὲ ἐξελθόντες διεφήμισαν αὐτὸν ἐν ὅλῃ τῇ **γῇ** ἐκείνῃ.
10:15 ἀνεκτότερον ἔσται **γῇ** Σοδόμων καὶ Γομόρρων ἐν ἡμέρᾳ κρίσεως ἢ τῇ πόλει ἐκείνῃ.
10:29 καὶ ἓν ἐξ αὐτῶν οὐ πεσεῖται ἐπὶ τὴν **γῆν** ἄνευ τοῦ πατρὸς ὑμῶν.
10:34 Μὴ νομίσητε ὅτι ἦλθον βαλεῖν εἰρήνην ἐπὶ τὴν **γῆν·**
11:24 πλὴν λέγω ὑμῖν ὅτι **γῇ** Σοδόμων ἀνεκτότερον ἔσται ἐν ἡμέρᾳ κρίσεως ἢ σοί.
11:25 Ἐξομολογοῦμαί σοι, πάτερ, κύριε τοῦ οὐρανοῦ καὶ τῆς **γῆς,**
12:40 οὕτως ἔσται ὁ υἱὸς τοῦ ἀνθρώπου ἐν τῇ καρδίᾳ τῆς **γῆς** τρεῖς ἡμέρας καὶ τρεῖς νύκτας.
12:42 ὅτι ἦλθεν ἐκ τῶν περάτων τῆς **γῆς** ἀκοῦσαι τὴν σοφίαν Σολομῶνος,
13: 5 ἄλλα δὲ ἔπεσεν ἐπὶ τὰ πετρώδη ὅπου οὐκ εἶχεν **γῆν** πολλήν, καὶ εὐθέως ἐξανέτειλεν διὰ τὸ μὴ ἔχειν βάθος **γῆς·**
13: 8 ἄλλα δὲ ἔπεσεν ἐπὶ τὴν **γῆν** τὴν καλὴν καὶ ἐδίδου καρπόν,
13:23 ὁ δὲ ἐπὶ τὴν καλὴν **γῆν** σπαρείς, οὗτός ἐστιν ὁ τὸν λόγον ἀκούων καὶ συνιείς,
14:24 τὸ δὲ πλοῖον ἤδη σταδίους πολλοὺς ἀπὸ τῆς **γῆς** ἀπεῖχεν βασανιζόμενον ὑπὸ τῶν κυμάτων,
14:34 Καὶ διαπεράσαντες ἦλθον ἐπὶ τὴν **γῆν** εἰς Γεννησαρέτ.
15:35 καὶ παραγγείλας τῷ ὄχλῳ ἀναπεσεῖν ἐπὶ τὴν **γῆν**
16:19 καὶ ὃ ἐὰν δήσῃς ἐπὶ τῆς **γῆς** ἔσται δεδεμένον ἐν τοῖς οὐρανοῖς, καὶ ὃ ἐὰν λύσῃς ἐπὶ τῆς **γῆς** ἔσται λελυμένον ἐν τοῖς οὐρανοῖς.
17:25 οἱ βασιλεῖς τῆς **γῆς** ἀπὸ τίνων λαμβάνουσιν τέλη ἢ κῆνσον;
18:18 ὅσα ἐὰν δήσητε ἐπὶ τῆς **γῆς** ἔσται δεδεμένα ἐν οὐρανῷ, καὶ ὅσα ἐὰν λύσητε ἐπὶ τῆς **γῆς** ἔσται λελυμένα ἐν οὐρανῷ.
18:19 Πάλιν [ἀμὴν] λέγω ὑμῖν ὅτι ἐὰν δύο συμφωνήσωσιν ἐξ ὑμῶν ἐπὶ τῆς **γῆς** περὶ παντὸς πράγματος οὗ ἐὰν αἰτήσωνται,
23: 9 καὶ πατέρα μὴ καλέσητε ὑμῶν ἐπὶ τῆς **γῆς,**
23:35 ὅπως ἔλθῃ ἐφ' ὑμᾶς πᾶν αἷμα δίκαιον ἐκχυννόμενον ἐπὶ τῆς **γῆς** ἀπὸ τοῦ αἵματος Ἅβελ τοῦ δικαίου ἕως τοῦ αἵματος
24:30 καὶ τότε κόψονται πᾶσαι αἱ φυλαὶ τῆς **γῆς** καὶ ὄψονται τὸν υἱὸν τοῦ ἀνθρώπου ἐρχόμενον ἐπὶ τῶν νεφελῶν τοῦ οὐρανοῦ
24:35 ὁ οὐρανὸς καὶ ἡ **γῆ** παρελεύσεται, οἱ δὲ λόγοι μου οὐ μὴ παρέλθωσιν.
25:18 ὁ δὲ τὸ ἓν λαβὼν ἀπελθὼν ὤρυξεν **γῆν** καὶ ἔκρυψεν τὸ ἀργύριον τοῦ κυρίου αὐτοῦ.
25:25 καὶ φοβηθεὶς ἀπελθὼν ἔκρυψα τὸ τάλαντόν σου ἐν τῇ **γῇ·**
27:45 Ἀπὸ δὲ ἕκτης ὥρας σκότος ἐγένετο ἐπὶ πᾶσαν τὴν **γῆν** ἕως ὥρας ἐνάτης.
27:51 Καὶ ἰδοὺ τὸ καταπέτασμα τοῦ ναοῦ ἐσχίσθη ἀπ' ἄνωθεν ἕως κάτω εἰς δύο καὶ ἡ **γῆ** ἐσείσθη καὶ αἱ πέτραι ἐσχίσθησαν,
28:18 Ἐδόθη μοι πᾶσα ἐξουσία ἐν οὐρανῷ καὶ ἐπὶ [τῆς] **γῆς.**
Mk 2:10 ἵνα δὲ εἰδῆτε ὅτι ἐξουσίαν ἔχει ὁ υἱὸς τοῦ ἀνθρώπου ἀφιέναι ἁμαρτίας ἐπὶ τῆς **γῆς**—
4: 1 καὶ πᾶς ὁ ὄχλος πρὸς τὴν θάλασσαν ἐπὶ τῆς **γῆς** ἦσαν.
4: 5 καὶ ἄλλο ἔπεσεν ἐπὶ τὸ πετρῶδες ὅπου οὐκ εἶχεν **γῆν** πολλήν, καὶ εὐθὺς ἐξανέτειλεν διὰ τὸ μὴ ἔχειν βάθος **γῆς·**
4: 8 καὶ ἄλλα ἔπεσεν εἰς τὴν **γῆν** τὴν καλὴν καὶ ἐδίδου καρπὸν ἀναβαίνοντα καὶ αὐξανόμενα καὶ ἔφερεν ἓν τριάκοντα καὶ ἓν ἑξήκοντα καὶ ἓν ἑκατόν.
4:20 καὶ ἐκεῖνοί εἰσιν οἱ ἐπὶ τὴν **γῆν** τὴν καλὴν σπαρέντες,
4:26 Οὕτως ἐστὶν ἡ βασιλεία τοῦ θεοῦ ὡς ἄνθρωπος βάλῃ τὸν σπόρον ἐπὶ τῆς **γῆς**
4:28 αὐτομάτη ἡ **γῆ** καρποφορεῖ, πρῶτον χόρτον εἶτα στάχυν εἶτα πλήρη[ς] σῖτον ἐν τῷ στάχυϊ.
4:31 ὡς κόκκῳ σινάπεως, ὃς ὅταν σπαρῇ ἐπὶ τῆς **γῆς,** μικρότερον ὂν πάντων τῶν σπερμάτων τῶν ἐπὶ τῆς **γῆς,**

6:47 καὶ ὀψίας γενομένης ἦν τὸ πλοῖον ἐν μέσῳ τῆς θαλάσσης, καὶ αὐτὸς μόνος ἐπὶ τῆς **γῆς.**
6:53 Καὶ διαπεράσαντες ἐπὶ τὴν **γῆν** ἦλθον εἰς Γεννησαρὲτ καὶ προσωρμίσθησαν.
8: 6 καὶ παραγγέλλει τῷ ὄχλῳ ἀναπεσεῖν ἐπὶ τῆς **γῆς**·
9: 3 οἷα γναφεὺς ἐπὶ τῆς **γῆς** οὐ δύναται οὕτως λευκᾶναι.
9:20 καὶ ἰδὼν αὐτὸν τὸ πνεῦμα εὐθὺς συνεσπάραξεν αὐτόν, καὶ πεσὼν ἐπὶ τῆς **γῆς** ἐκυλίετο ἀφρίζων.
13:27 τοὺς ἀγγέλους καὶ ἐπισυνάξει τοὺς ἐκλεκτοὺς [αὐτοῦ] ἐκ τῶν τεσσάρων ἀνέμων ἀπ' ἄκρου **γῆς** ἕως ἄκρου οὐρανοῦ.
13:31 ὁ οὐρανὸς καὶ ἡ **γῆ** παρελεύσονται, οἱ δὲ λόγοι μου οὐ μὴ παρελεύσονται.
14:35 καὶ προελθὼν μικρὸν ἔπιπτεν ἐπὶ τῆς **γῆς** καὶ προσηύχετο ἵνα εἰ δυνατόν ἐστιν παρέλθῃ ἀπ' αὐτοῦ ἡ ὥρα,
15:33 Καὶ γενομένης ὥρας ἕκτης σκότος ἐγένετο ἐφ' ὅλην τὴν **γῆν** ἕως ὥρας ἐνάτης.

Lk 2:14 Δόξα ἐν ὑψίστοις θεῷ καὶ ἐπὶ **γῆς** εἰρήνη ἐν ἀνθρώποις εὐδοκίας.
4:25 ὡς ἐγένετο λιμὸς μέγας ἐπὶ πᾶσαν τὴν **γῆν,**
5: 3 ὃ ἦν Σίμωνος, ἠρώτησεν αὐτὸν ἀπὸ τῆς **γῆς** ἐπαναγαγεῖν ὀλίγον,
5:11 καὶ καταγαγόντες τὰ πλοῖα ἐπὶ τὴν **γῆν** ἀφέντες πάντα ἠκολούθησαν αὐτῷ.
5:24 ἵνα δὲ εἰδῆτε ὅτι ὁ υἱὸς τοῦ ἀνθρώπου ἐξουσίαν ἔχει ἐπὶ τῆς **γῆς** ἀφιέναι ἁμαρτίας–
6:49 ὁ δὲ ἀκούσας καὶ μὴ ποιήσας ὅμοιός ἐστιν ἀνθρώπῳ οἰκοδομήσαντι οἰκίαν ἐπὶ τὴν **γῆν** χωρὶς θεμελίου,
8: 8 καὶ ἕτερον ἔπεσεν εἰς τὴν **γῆν** τὴν ἀγαθὴν καὶ φυὲν ἐποίησεν καρπὸν ἑκατονταπλασίονα.
8:15 τὸ δὲ ἐν τῇ καλῇ **γῇ,** οὗτοί εἰσιν οἵτινες ἐν καρδίᾳ καλῇ καὶ ἀγαθῇ ἀκούσαντες τὸν λόγον κατέχουσιν καὶ καρποφοροῦσιν
8:27 ἐξελθόντι δὲ αὐτῷ ἐπὶ τὴν **γῆν** ὑπήντησεν ἀνήρ τις ἐκ τῆς πόλεως ἔχων δαιμόνια καὶ χρόνῳ ἱκανῷ οὐκ ἐνεδύσατο ἱμάτιον
10:21 Ἐξομολογοῦμαί σοι, πάτερ, κύριε τοῦ οὐρανοῦ καὶ τῆς **γῆς,**
11:31 ὅτι ἦλθεν ἐκ τῶν περάτων τῆς **γῆς** ἀκοῦσαι τὴν σοφίαν Σολομῶνος,
12:49 Πῦρ ἦλθον βαλεῖν ἐπὶ τὴν **γῆν,** καὶ τί θέλω εἰ ἤδη ἀνήφθη.
12:51 δοκεῖτε ὅτι εἰρήνην παρεγενόμην δοῦναι ἐν τῇ **γῇ;**
12:56 τὸ πρόσωπον τῆς **γῆς** καὶ τοῦ οὐρανοῦ οἴδατε δοκιμάζειν,
13: 7 ἔκκοψον [οὖν] αὐτήν, ἱνατί καὶ τὴν **γῆν** καταργεῖ;
14:35 οὔτε εἰς **γῆν** οὔτε εἰς κοπρίαν εὔθετόν ἐστιν,
16:17 Εὐκοπώτερον δέ ἐστιν τὸν οὐρανὸν καὶ τὴν **γῆν** παρελθεῖν ἢ τοῦ νόμου μίαν κεραίαν πεσεῖν.
18: 8 πλὴν ὁ υἱὸς τοῦ ἀνθρώπου ἐλθὼν ἆρα εὑρήσει τὴν πίστιν ἐπὶ τῆς **γῆς;**
21:23 ἔσται γὰρ ἀνάγκη μεγάλη ἐπὶ τῆς **γῆς** καὶ ὀργὴ τῷ λαῷ τούτῳ,
21:25 καὶ ἐπὶ τῆς **γῆς** συνοχὴ ἐθνῶν ἐν ἀπορίᾳ ἤχους θαλάσσης καὶ σάλου,
21:33 ὁ οὐρανὸς καὶ ἡ **γῆ** παρελεύσονται, οἱ δὲ λόγοι μου οὐ μὴ παρελεύσονται.
21:35 ἐπεισελεύσεται γὰρ ἐπὶ πάντας τοὺς καθημένους ἐπὶ πρόσωπον πάσης τῆς **γῆς.**
22:44 ⟦καὶ ἐγένετο ὁ ἱδρὼς αὐτοῦ ὡσεὶ θρόμβοι αἵματος καταβαίνοντες ἐπὶ τὴν **γῆν.**⟧
23:44 Καὶ ἦν ἤδη ὡσεὶ ὥρα ἕκτη καὶ σκότος ἐγένετο ἐφ' ὅλην τὴν **γῆν** ἕως ὥρας ἐνάτης
24: 5 ἐμφόβων δὲ γενομένων αὐτῶν καὶ κλινουσῶν τὰ πρόσωπα εἰς τὴν **γῆν** εἶπαν πρὸς αὐτάς,

Jn 3:22 Μετὰ ταῦτα ἦλθεν ὁ Ἰησοῦς καὶ οἱ μαθηταὶ αὐτοῦ εἰς τὴν Ἰουδαίαν **γῆν** καὶ ἐκεῖ διέτριβεν μετ' αὐτῶν καὶ ἐβάπτιζεν.
3:31 ὁ ὢν ἐκ τῆς **γῆς** ἐκ τῆς **γῆς** ἐστιν καὶ ἐκ τῆς **γῆς** λαλεῖ.
6:21 καὶ εὐθέως ἐγένετο τὸ πλοῖον ἐπὶ τῆς **γῆς** εἰς ἣν ὑπῆγον.
8: 6 ⟦Ἰησοῦς κάτω κύψας τῷ δακτύλῳ κατέγραφεν εἰς τὴν **γῆν.**⟧
8: 8 ⟦καὶ πάλιν κατακύψας ἔγραφεν εἰς τὴν **γῆν.**⟧
12:24 ἐὰν μὴ ὁ κόκκος τοῦ σίτου πεσὼν εἰς τὴν **γῆν** ἀποθάνῃ,
12:32 κἀγὼ ἐὰν ὑψωθῶ ἐκ τῆς **γῆς,** πάντας ἑλκύσω πρὸς ἐμαυτόν.
17: 4 ἐγώ σε ἐδόξασα ἐπὶ τῆς **γῆς** τὸ ἔργον τελειώσας ὃ δέδωκάς μοι ἵνα ποιήσω·
21: 8 οὐ γὰρ ἦσαν μακρὰν ἀπὸ τῆς **γῆς** ἀλλὰ ὡς ἀπὸ πηχῶν διακοσίων,
21: 9 ὡς οὖν ἀπέβησαν εἰς τὴν **γῆν** βλέπουσιν ἀνθρακιὰν κειμένην καὶ ὀψάριον ἐπικείμενον καὶ ἄρτον.
21:11 ἀνέβη οὖν Σίμων Πέτρος καὶ εἵλκυσεν τὸ δίκτυον εἰς τὴν **γῆν** μεστὸν ἰχθύων μεγάλων ἑκατὸν πεντήκοντα τριῶν·

Ac 1: 8 καὶ ἔσεσθέ μου μάρτυρες ἔν τε Ἰερουσαλὴμ καὶ [ἐν] πάσῃ τῇ Ἰουδαίᾳ καὶ Σαμαρείᾳ καὶ ἕως ἐσχάτου τῆς **γῆς.**
2:19 καὶ δώσω τέρατα ἐν τῷ οὐρανῷ ἄνω καὶ σημεῖα ἐπὶ τῆς **γῆς** κάτω,
3:25 Καὶ ἐν τῷ σπέρματί σου [ἐν]ευλογηθήσονται πᾶσαι αἱ πατριαὶ τῆς **γῆς.**
4:24 σὺ ὁ ποιήσας τὸν οὐρανὸν καὶ τὴν **γῆν** καὶ τὴν θάλασσαν καὶ πάντα τὰ ἐν αὐτοῖς,
4:26 παρέστησαν οἱ βασιλεῖς τῆς **γῆς** καὶ οἱ ἄρχοντες συνήχθησαν ἐπὶ τὸ αὐτὸ κατὰ τοῦ κυρίου καὶ κατὰ τοῦ Χριστοῦ αὐτοῦ.
7: 3 Ἔξελθε ἐκ τῆς **γῆς** σου καὶ [ἐκ] τῆς συγγενείας σου, καὶ δεῦρο εἰς τὴν **γῆν** ἣν ἄν σοι δείξω.
7: 4 τότε ἐξελθὼν ἐκ **γῆς** Χαλδαίων κατῴκησεν ἐν Χαρράν. κἀκεῖθεν μετὰ τὸ ἀποθανεῖν τὸν πατέρα αὐτοῦ μετῴκισεν αὐτὸν εἰς τὴν **γῆν** ταύτην εἰς ἣν ὑμεῖς νῦν κατοικεῖτε,
7: 6 ἔσται τὸ σπέρμα αὐτοῦ πάροικον ἐν **γῇ** ἀλλοτρίᾳ καὶ δουλώσουσιν αὐτὸ καὶ κακώσουσιν ἔτη τετρακόσια·
7:29 ἔφυγεν δὲ Μωϋσῆς ἐν τῷ λόγῳ τούτῳ καὶ ἐγένετο πάροικος ἐν **γῇ** Μαδιάμ,
7:33 ὁ γὰρ τόπος ἐφ' ᾧ ἕστηκας **γῆ** ἁγία ἐστίν.
7:36 οὗτος ἐξήγαγεν αὐτοὺς ποιήσας τέρατα καὶ σημεῖα ἐν **γῇ** Αἰγύπτῳ καὶ ἐν Ἐρυθρᾷ Θαλάσσῃ καὶ ἐν τῇ ἐρήμῳ
7:40 ὁ γὰρ Μωϋσῆς οὗτος, ὃς ἐξήγαγεν ἡμᾶς ἐκ **γῆς** Αἰγύπτου,
7:49 Ὁ οὐρανός μοι θρόνος, ἡ δὲ **γῆ** ὑποπόδιον τῶν ποδῶν μου·
8:33 ὅτι αἴρεται ἀπὸ τῆς **γῆς** ἡ ζωὴ αὐτοῦ.
9: 4 καὶ πεσὼν ἐπὶ τὴν **γῆν** ἤκουσεν φωνὴν λέγουσαν αὐτῷ,
9: 8 ἠγέρθη δὲ Σαῦλος ἀπὸ τῆς **γῆς,** ἀνεῳγμένων δὲ τῶν ὀφθαλμῶν αὐτοῦ οὐδὲν ἔβλεπεν·
10:11 καὶ θεωρεῖ τὸν οὐρανὸν ἀνεῳγμένον καὶ καταβαῖνον σκεῦός τι ὡς ὀθόνην μεγάλην τέσσαρσιν ἀρχαῖς καθιέμενον ἐπὶ τῆς **γῆς,**
10:12 ἐν ᾧ ὑπῆρχεν πάντα τὰ τετράποδα καὶ ἑρπετὰ τῆς **γῆς** καὶ πετεινὰ τοῦ οὐρανοῦ.
11: 6 εἰς ἣν ἀτενίσας κατενόουν καὶ εἶδον τὰ τετράποδα τῆς **γῆς** καὶ τὰ θηρία καὶ τὰ ἑρπετὰ καὶ τὰ πετεινὰ τοῦ οὐρανοῦ.
13:17 ὁ θεὸς τοῦ λαοῦ τούτου Ἰσραὴλ ἐξελέξατο τοὺς πατέρας ἡμῶν καὶ τὸν λαὸν ὕψωσεν ἐν τῇ παροικίᾳ ἐν **γῇ** Αἰγύπτου
13:19 καὶ καθελὼν ἔθνη ἑπτὰ ἐν **γῇ** Χανάαν κατεκληρονόμησεν τὴν **γῆν** αὐτῶν
13:47 Τέθεικά σε εἰς φῶς ἐθνῶν τοῦ εἶναί σε εἰς σωτηρίαν ἕως ἐσχάτου τῆς **γῆς.**
14:15 ὃς ἐποίησεν τὸν οὐρανὸν καὶ τὴν **γῆν** καὶ τὴν θάλασσαν καὶ πάντα τὰ ἐν αὐτοῖς·
17:24 οὗτος οὐρανοῦ καὶ **γῆς** ὑπάρχων κύριος οὐκ ἐν χειροποιήτοις ναοῖς κατοικεῖ
17:26 ἐποίησέν τε ἐξ ἑνὸς πᾶν ἔθνος ἀνθρώπων κατοικεῖν ἐπὶ παντὸς προσώπου τῆς **γῆς,**
22:22 Αἶρε ἀπὸ τῆς **γῆς** τὸν τοιοῦτον, οὐ γὰρ καθῆκεν αὐτὸν ζῆν.
26:14 πάντων τε καταπεσόντων ἡμῶν εἰς τὴν **γῆν** ἤκουσα φωνὴν λέγουσαν πρός με τῇ Ἑβραΐδι διαλέκτῳ,
27:39 Ὅτε δὲ ἡμέρα ἐγένετο, τὴν **γῆν** οὐκ ἐπεγίνωσκον,
27:43 ἐκέλευσέν τε τοὺς δυναμένους κολυμβᾶν ἀπορίψαντας πρώτους ἐπὶ τὴν **γῆν** ἐξιέναι
27:44 καὶ οὕτως ἐγένετο πάντας διασωθῆναι ἐπὶ τὴν **γῆν.**

Ro 9:17 Εἰς αὐτὸ τοῦτο ἐξήγειρά σε ὅπως ἐνδείξωμαι ἐν σοὶ τὴν δύναμίν μου καὶ ὅπως διαγγελῇ τὸ ὄνομά μου ἐν πάσῃ τῇ **γῇ.**
9:28 λόγον γὰρ συντελῶν καὶ συντέμνων ποιήσει κύριος ἐπὶ τῆς **γῆς.**
10:18 Εἰς πᾶσαν τὴν **γῆν** ἐξῆλθεν ὁ φθόγγος αὐτῶν καὶ εἰς τὰ πέρατα τῆς οἰκουμένης τὰ ῥήματα αὐτῶν.

1Co 8: 5 καὶ γὰρ εἴπερ εἰσὶν λεγόμενοι θεοὶ εἴτε ἐν οὐρανῷ εἴτε ἐπὶ **γῆς,**
10:26 τοῦ κυρίου γὰρ ἡ **γῆ** καὶ τὸ πλήρωμα αὐτῆς.
15:47 ὁ πρῶτος ἄνθρωπος ἐκ **γῆς** χοϊκός, ὁ δεύτερος ἄνθρωπος ἐξ οὐρανοῦ.

Eph 1:10 τὰ ἐπὶ τοῖς οὐρανοῖς καὶ τὰ ἐπὶ τῆς **γῆς** ἐν αὐτῷ.
3:15 ἐξ οὗ πᾶσα πατριὰ ἐν οὐρανοῖς καὶ ἐπὶ **γῆς** ὀνομάζεται,
4: 9 εἰ μὴ ὅτι καὶ κατέβη εἰς τὰ κατώτερα [μέρη] τῆς **γῆς;**
6: 3 ἵνα εὖ σοι γένηται καὶ ἔσῃ μακροχρόνιος ἐπὶ τῆς **γῆς.**

Col 1:16 ἐν αὐτῷ ἐκτίσθη τὰ πάντα ἐν τοῖς οὐρανοῖς καὶ ἐπὶ τῆς **γῆς,**
1:20 [δι' αὐτοῦ] εἴτε τὰ ἐπὶ τῆς **γῆς** εἴτε τὰ ἐν τοῖς οὐρανοῖς.
3: 2 τὰ ἄνω φρονεῖτε, μὴ τὰ ἐπὶ τῆς **γῆς.**
3: 5 Νεκρώσατε οὖν τὰ μέλη τὰ ἐπὶ τῆς **γῆς,**

Heb 1:10 καί, Σὺ κατ' ἀρχάς, κύριε, τὴν **γῆν** ἐθεμελίωσας,
6: 7 **γῆ** γὰρ ἡ πιοῦσα τὸν ἐπ' αὐτῆς ἐρχόμενον πολλάκις ὑετὸν καὶ τίκτουσα βοτάνην εὔθετον ἐκείνοις δι' οὓς καὶ γεωργεῖται,
8: 4 εἰ μὲν οὖν ἦν ἐπὶ **γῆς,** οὐδ' ἂν ἦν ἱερεύς,
8: 9 ἣν ἐποίησα τοῖς πατράσιν αὐτῶν ἐν ἡμέρᾳ ἐπιλαβομένου μου τῆς χειρὸς αὐτῶν ἐξαγαγεῖν αὐτοὺς ἐκ **γῆς** Αἰγύπτου,

11: 9 Πίστει παρῴκησεν εἰς **γῆν** τῆς ἐπαγγελίας ὡς ἀλλοτρίαν ἐν σκηναῖς κατοικήσας μετὰ Ἰσαὰκ καὶ Ἰακὼβ
11:13 ἀλλὰ πόρρωθεν αὐτὰς ἰδόντες καὶ ἀσπασάμενοι καὶ ὁμολογήσαντες ὅτι ξένοι καὶ παρεπίδημοί εἰσιν ἐπὶ τῆς **γῆς.**
11:29 Πίστει διέβησαν τὴν Ἐρυθρὰν Θάλασσαν ὡς διὰ ξηρᾶς **γῆς,**
11:38 ἐπὶ ἐρημίαις πλανώμενοι καὶ ὄρεσιν καὶ σπηλαίοις καὶ ταῖς ὀπαῖς τῆς **γῆς.**
12:25 εἰ γὰρ ἐκεῖνοι οὐκ ἐξέφυγον ἐπὶ **γῆς** παραιτησάμενοι τὸν χρηματίζοντα,
12:26 οὗ ἡ φωνὴ τὴν **γῆν** ἐσάλευσεν τότε, νῦν δὲ ἐπήγγελται λέγων, Ἔτι ἅπαξ ἐγὼ σείσω οὐ μόνον τὴν **γῆν** ἀλλὰ καὶ τὸν οὐρανόν.
Jas 5: 5 ἐτρυφήσατε ἐπὶ τῆς **γῆς** καὶ ἐσπαταλήσατε, ἐθρέψατε τὰς καρδίας ὑμῶν ἐν ἡμέρᾳ σφαγῆς,
5: 7 ἰδοὺ ὁ γεωργὸς ἐκδέχεται τὸν τίμιον καρπὸν τῆς **γῆς** μακροθυμῶν ἐπ᾽ αὐτῷ ἕως λάβῃ πρόϊμον καὶ ὄψιμον.
5:12 μὴ ὀμνύετε μήτε τὸν οὐρανὸν μήτε τὴν **γῆν** μήτε ἄλλον τινὰ ὅρκον·
5:17 καὶ οὐκ ἔβρεξεν ἐπὶ τῆς **γῆς** ἐνιαυτοὺς τρεῖς καὶ μῆνας ἕξ·
5:18 καὶ ὁ οὐρανὸς ὑετὸν ἔδωκεν καὶ ἡ **γῆ** ἐβλάστησεν τὸν καρπὸν αὐτῆς.
2Pe 3: 5 λανθάνει γὰρ αὐτοὺς τοῦτο θέλοντας ὅτι οὐρανοὶ ἦσαν ἔκπαλαι καὶ **γῆ** ἐξ ὕδατος καὶ δι᾽ ὕδατος συνεστῶσα τῷ τοῦ θεοῦ λόγῳ,
3: 7 οἱ δὲ νῦν οὐρανοὶ καὶ ἡ **γῆ** τῷ αὐτῷ λόγῳ τεθησαυρισμένοι εἰσὶν πυρὶ τηρούμενοι εἰς ἡμέραν κρίσεως
3:10 οἱ οὐρανοὶ ῥοιζηδὸν παρελεύσονται στοιχεῖα δὲ καυσούμενα λυθήσεται καὶ **γῆ** καὶ τὰ ἐν αὐτῇ ἔργα εὑρεθήσεται.
3:13 καινοὺς δὲ οὐρανοὺς καὶ **γῆν** καινὴν κατὰ τὸ ἐπάγγελμα αὐτοῦ προσδοκῶμεν,
Jude 1: 5 εἰδότας [ὑμᾶς] πάντα ὅτι [ὁ] κύριος ἅπαξ λαὸν ἐκ **γῆς** Αἰγύπτου σώσας τὸ δεύτερον τοὺς μὴ πιστεύσαντας ἀπώλεσεν,
Rev 1: 5 ὁ πρωτότοκος τῶν νεκρῶν καὶ ὁ ἄρχων τῶν βασιλέων τῆς **γῆς.**
1: 7 καὶ κόψονται ἐπ᾽ αὐτὸν πᾶσαι αἱ φυλαὶ τῆς **γῆς.**
3:10 ἐκ τῆς ὥρας τοῦ πειρασμοῦ τῆς μελλούσης ἔρχεσθαι ἐπὶ τῆς οἰκουμένης ὅλης πειράσαι τοὺς κατοικοῦντας ἐπὶ τῆς **γῆς.**
5: 3 καὶ οὐδεὶς ἐδύνατο ἐν τῷ οὐρανῷ οὐδὲ ἐπὶ τῆς **γῆς** οὐδὲ ὑποκάτω τῆς **γῆς** ἀνοῖξαι τὸ βιβλίον οὔτε βλέπειν αὐτό.
5: 6 ἔχων κέρατα ἑπτὰ καὶ ὀφθαλμοὺς ἑπτὰ οἵ εἰσιν τὰ [ἑπτὰ] πνεύματα τοῦ θεοῦ ἀπεσταλμένοι εἰς πᾶσαν τὴν **γῆν.**
5:10 καὶ ἐποίησας αὐτοὺς τῷ θεῷ ἡμῶν βασιλείαν καὶ ἱερεῖς, καὶ βασιλεύσουσιν ἐπὶ τῆς **γῆς.**
5:13 καὶ πᾶν κτίσμα ὃ ἐν τῷ οὐρανῷ καὶ ἐπὶ τῆς **γῆς** καὶ ὑποκάτω τῆς **γῆς** καὶ ἐπὶ τῆς θαλάσσης καὶ τὰ ἐν αὐτοῖς πάντα ἤκουσα
6: 4 καὶ τῷ καθημένῳ ἐπ᾽ αὐτὸν ἐδόθη αὐτῷ λαβεῖν τὴν εἰρήνην ἐκ τῆς **γῆς** καὶ ἵνα ἀλλήλους σφάξουσιν καὶ ἐδόθη αὐτῷ μάχαιρα
6: 8 καὶ ἐδόθη αὐτοῖς ἐξουσία ἐπὶ τὸ τέταρτον τῆς **γῆς** ἀποκτεῖναι ἐν ῥομφαίᾳ καὶ ἐν λιμῷ καὶ ἐν θανάτῳ καὶ ὑπὸ τῶν θηρίων τῆς **γῆς.**
6:10 οὐ κρίνεις καὶ ἐκδικεῖς τὸ αἷμα ἡμῶν ἐκ τῶν κατοικούντων ἐπὶ τῆς **γῆς;**
6:13 καὶ οἱ ἀστέρες τοῦ οὐρανοῦ ἔπεσαν εἰς τὴν **γῆν,**
6:15 καὶ οἱ βασιλεῖς τῆς **γῆς** καὶ οἱ μεγιστᾶνες καὶ οἱ χιλίαρχοι καὶ οἱ πλούσιοι καὶ οἱ ἰσχυροὶ καὶ πᾶς δοῦλος καὶ ἐλεύθερος
7: 1 Μετὰ τοῦτο εἶδον τέσσαρας ἀγγέλους ἑστῶτας ἐπὶ τὰς τέσσαρας γωνίας τῆς **γῆς,** κρατοῦντας τοὺς τέσσαρας ἀνέμους τῆς **γῆς** ἵνα μὴ πνέῃ ἄνεμος ἐπὶ τῆς **γῆς** μήτε ἐπὶ τῆς θαλάσσης μήτε ἐπὶ πᾶν δένδρον.
7: 2 καὶ ἔκραξεν φωνῇ μεγάλῃ τοῖς τέσσαρσιν ἀγγέλοις οἷς ἐδόθη αὐτοῖς ἀδικῆσαι τὴν **γῆν** καὶ τὴν θάλασσαν
7: 3 Μὴ ἀδικήσητε τὴν **γῆν** μήτε τὴν θάλασσαν μήτε τὰ δένδρα,
8: 5 καὶ εἴληφεν ὁ ἄγγελος τὸν λιβανωτὸν καὶ ἐγέμισεν αὐτὸν ἐκ τοῦ πυρὸς τοῦ θυσιαστηρίου καὶ ἔβαλεν εἰς τὴν **γῆν,**
8: 7 καὶ ἐγένετο χάλαζα καὶ πῦρ μεμιγμένα ἐν αἵματι καὶ ἐβλήθη εἰς τὴν **γῆν,** καὶ τὸ τρίτον τῆς **γῆς** κατεκάη καὶ τὸ τρίτον τῶν δένδρων κατεκάη καὶ πᾶς χόρτος χλωρὸς κατεκάη.
8:13 Οὐαὶ οὐαὶ οὐαὶ τοὺς κατοικοῦντας ἐπὶ τῆς **γῆς** ἐκ τῶν λοιπῶν φωνῶν τῆς σάλπιγγος τῶν τριῶν ἀγγέλων
9: 1 καὶ εἶδον ἀστέρα ἐκ τοῦ οὐρανοῦ πεπτωκότα εἰς τὴν **γῆν,**
9: 3 καὶ ἐκ τοῦ καπνοῦ ἐξῆλθον ἀκρίδες εἰς τὴν **γῆν,** καὶ ἐδόθη αὐταῖς ἐξουσία ὡς ἔχουσιν ἐξουσίαν οἱ σκορπίοι τῆς **γῆς.**
9: 4 καὶ ἐρρέθη αὐταῖς ἵνα μὴ ἀδικήσουσιν τὸν χόρτον τῆς **γῆς** οὐδὲ πᾶν χλωρὸν οὐδὲ πᾶν δένδρον,
10: 2 καὶ ἔθηκεν τὸν πόδα αὐτοῦ τὸν δεξιὸν ἐπὶ τῆς θαλάσσης, τὸν δὲ εὐώνυμον ἐπὶ τῆς **γῆς,**
10: 5 ὃν εἶδον ἑστῶτα ἐπὶ τῆς θαλάσσης καὶ ἐπὶ τῆς **γῆς,**
10: 6 ὃς ἔκτισεν τὸν οὐρανὸν καὶ τὰ ἐν αὐτῷ καὶ τὴν **γῆν** καὶ τὰ ἐν αὐτῇ καὶ τὴν θάλασσαν καὶ τὰ ἐν αὐτῇ,
10: 8 Ὕπαγε λάβε τὸ βιβλίον τὸ ἠνεῳγμένον ἐν τῇ χειρὶ τοῦ ἀγγέλου τοῦ ἑστῶτος ἐπὶ τῆς θαλάσσης καὶ ἐπὶ τῆς **γῆς.**
11: 4 οὗτοί εἰσιν αἱ δύο ἐλαῖαι καὶ αἱ δύο λυχνίαι αἱ ἐνώπιον τοῦ κυρίου τῆς **γῆς** ἑστῶτες.
11: 6 καὶ ἐξουσίαν ἔχουσιν ἐπὶ τῶν ὑδάτων στρέφειν αὐτὰ εἰς αἷμα καὶ πατάξαι τὴν **γῆν** ἐν πάσῃ πληγῇ ὁσάκις ἐὰν θελήσωσιν.
11:10 καὶ οἱ κατοικοῦντες ἐπὶ τῆς **γῆς** χαίρουσιν ἐπ᾽ αὐτοῖς καὶ εὐφραίνονται καὶ δῶρα πέμψουσιν ἀλλήλοις, ὅτι οὗτοι οἱ δύο προφῆται ἐβασάνισαν τοὺς κατοικοῦντας ἐπὶ τῆς **γῆς.**
11:18 τοὺς μικροὺς καὶ τοὺς μεγάλους, καὶ διαφθεῖραι τοὺς διαφθείροντας τὴν **γῆν.**
12: 4 καὶ ἡ οὐρὰ αὐτοῦ σύρει τὸ τρίτον τῶν ἀστέρων τοῦ οὐρανοῦ καὶ ἔβαλεν αὐτοὺς εἰς τὴν **γῆν.**
12: 9 ὁ πλανῶν τὴν οἰκουμένην ὅλην, ἐβλήθη εἰς τὴν **γῆν,**
12:12 οὐαὶ τὴν **γῆν** καὶ τὴν θάλασσαν, ὅτι κατέβη ὁ διάβολος πρὸς ὑμᾶς ἔχων θυμὸν μέγαν,
12:13 Καὶ ὅτε εἶδεν ὁ δράκων ὅτι ἐβλήθη εἰς τὴν **γῆν,**
12:16 καὶ ἐβοήθησεν ἡ **γῆ** τῇ γυναικὶ καὶ ἤνοιξεν ἡ **γῆ** τὸ στόμα αὐτῆς καὶ κατέπιεν τὸν ποταμὸν ὃν ἔβαλεν ὁ δράκων
13: 3 καὶ ἐθαυμάσθη ὅλη ἡ **γῆ** ὀπίσω τοῦ θηρίου
13: 8 προσκυνήσουσιν αὐτὸν πάντες οἱ κατοικοῦντες ἐπὶ τῆς **γῆς,**
13:11 Καὶ εἶδον ἄλλο θηρίον ἀναβαῖνον ἐκ τῆς **γῆς,**
13:12 καὶ ποιεῖ τὴν **γῆν** καὶ τοὺς ἐν αὐτῇ κατοικοῦντας ἵνα προσκυνήσουσιν τὸ θηρίον τὸ πρῶτον,
13:13 ἵνα καὶ πῦρ ποιῇ ἐκ τοῦ οὐρανοῦ καταβαίνειν εἰς τὴν **γῆν** ἐνώπιον τῶν ἀνθρώπων,
13:14 καὶ πλανᾷ τοὺς κατοικοῦντας ἐπὶ τῆς **γῆς** διὰ τὰ σημεῖα ἃ ἐδόθη αὐτῷ ποιῆσαι ἐνώπιον τοῦ θηρίου, λέγων τοῖς κατοικοῦσιν ἐπὶ τῆς **γῆς** ποιῆσαι εἰκόνα τῷ θηρίῳ,
14: 3 καὶ οὐδεὶς ἐδύνατο μαθεῖν τὴν ᾠδὴν εἰ μὴ αἱ ἑκατὸν τεσσεράκοντα τέσσαρες χιλιάδες, οἱ ἠγορασμένοι ἀπὸ τῆς **γῆς.**
14: 6 ἔχοντα εὐαγγέλιον αἰώνιον εὐαγγελίσαι ἐπὶ τοὺς καθημένους ἐπὶ τῆς **γῆς** καὶ ἐπὶ πᾶν ἔθνος καὶ φυλὴν καὶ γλῶσσαν
14: 7 καὶ προσκυνήσατε τῷ ποιήσαντι τὸν οὐρανὸν καὶ τὴν **γῆν** καὶ θάλασσαν καὶ πηγὰς ὑδάτων.
14:15 ὅτι ἦλθεν ἡ ὥρα θερίσαι, ὅτι ἐξηράνθη ὁ θερισμὸς τῆς **γῆς.**
14:16 καὶ ἔβαλεν ὁ καθήμενος ἐπὶ τῆς νεφέλης τὸ δρέπανον αὐτοῦ ἐπὶ τὴν **γῆν** καὶ ἐθερίσθη ἡ **γῆ.**
14:18 Πέμψον σου τὸ δρέπανον τὸ ὀξὺ καὶ τρύγησον τοὺς βότρυας τῆς ἀμπέλου τῆς **γῆς,**
14:19 καὶ ἔβαλεν ὁ ἄγγελος τὸ δρέπανον αὐτοῦ εἰς τὴν **γῆν** καὶ ἐτρύγησεν τὴν ἄμπελον τῆς **γῆς** καὶ ἔβαλεν εἰς τὴν ληνὸν τοῦ θυμοῦ τοῦ θεοῦ τὸν μέγαν.
16: 1 Ὑπάγετε καὶ ἐκχέετε τὰς ἑπτὰ φιάλας τοῦ θυμοῦ τοῦ θεοῦ εἰς τὴν **γῆν.**
16: 2 ἀπῆλθεν ὁ πρῶτος καὶ ἐξέχεεν τὴν φιάλην αὐτοῦ εἰς τὴν **γῆν,**
16:18 οἷος οὐκ ἐγένετο ἀφ᾽ οὗ ἄνθρωπος ἐγένετο ἐπὶ τῆς **γῆς** τηλικοῦτος σεισμὸς οὕτω μέγας.
17: 2 μεθ᾽ ἧς ἐπόρνευσαν οἱ βασιλεῖς τῆς **γῆς** καὶ ἐμεθύσθησαν οἱ κατοικοῦντες τὴν **γῆν** ἐκ τοῦ οἴνου τῆς πορνείας αὐτῆς
17: 5 ἡ μήτηρ τῶν πορνῶν καὶ τῶν βδελυγμάτων τῆς **γῆς.**
17: 8 καὶ θαυμασθήσονται οἱ κατοικοῦντες ἐπὶ τῆς **γῆς,** ὧν οὐ γέγραπται τὸ ὄνομα ἐπὶ τὸ βιβλίον τῆς ζωῆς
17:18 καὶ ἡ γυνὴ ἣν εἶδες ἔστιν ἡ πόλις ἡ μεγάλη ἡ ἔχουσα βασιλείαν ἐπὶ τῶν βασιλέων τῆς **γῆς.**
18: 1 καὶ ἡ **γῆ** ἐφωτίσθη ἐκ τῆς δόξης αὐτοῦ.
18: 3 καὶ οἱ βασιλεῖς τῆς **γῆς** μετ᾽ αὐτῆς ἐπόρνευσαν καὶ οἱ ἔμποροι τῆς **γῆς** ἐκ τῆς δυνάμεως τοῦ στρήνους αὐτῆς ἐπλούτησαν.
18: 9 Καὶ κλαύσουσιν καὶ κόψονται ἐπ᾽ αὐτὴν οἱ βασιλεῖς τῆς **γῆς** οἱ μετ᾽ αὐτῆς πορνεύσαντες καὶ στρηνιάσαντες,
18:11 Καὶ οἱ ἔμποροι τῆς **γῆς** κλαίουσιν καὶ πενθοῦσιν ἐπ᾽ αὐτήν,
18:23 ὅτι οἱ ἔμποροί σου ἦσαν οἱ μεγιστᾶνες τῆς **γῆς,**
18:24 καὶ ἐν αὐτῇ αἷμα προφητῶν καὶ ἁγίων εὑρέθη καὶ πάντων τῶν ἐσφαγμένων ἐπὶ τῆς **γῆς.**
19: 2 ὅτι ἔκρινεν τὴν πόρνην τὴν μεγάλην ἥτις ἔφθειρεν τὴν **γῆν** ἐν τῇ πορνείᾳ αὐτῆς,
19:19 Καὶ εἶδον τὸ θηρίον καὶ τοὺς βασιλεῖς τῆς **γῆς** καὶ τὰ στρατεύματα αὐτῶν συνηγμένα ποιῆσαι τὸν πόλεμον
20: 8 καὶ ἐξελεύσεται πλανῆσαι τὰ ἔθνη τὰ ἐν ταῖς τέσσαρσιν γωνίαις τῆς **γῆς,**
20: 9 καὶ ἀνέβησαν ἐπὶ τὸ πλάτος τῆς **γῆς** καὶ ἐκύκλευσαν τὴν παρεμβολὴν τῶν ἁγίων καὶ τὴν πόλιν τὴν ἠγαπημένην,
20:11 οὗ ἀπὸ τοῦ προσώπου ἔφυγεν ἡ **γῆ** καὶ ὁ οὐρανὸς καὶ τόπος οὐχ εὑρέθη αὐτοῖς.
21: 1 Καὶ εἶδον οὐρανὸν καινὸν καὶ **γῆν** καινήν. ὁ γὰρ πρῶτος οὐρανὸς καὶ ἡ πρώτη **γῆ** ἀπῆλθαν καὶ ἡ θάλασσα οὐκ ἔστιν ἔτι.

21:24 καὶ οἱ βασιλεῖς τῆς **γῆς** φέρουσιν τὴν δόξαν αὐτῶν εἰς αὐτήν,

1179 γῆρας [1]

→ *1180; cf. 1173*

Lk 1:36 Ἐλισάβετ ἡ συγγενίς σου καὶ αὐτὴ συνείληφεν υἱὸν ἐν **γήρει** αὐτῆς καὶ οὗτος μὴν ἕκτος ἐστὶν αὐτῇ τῇ καλουμένῃ στείρᾳ·

1180 γηράσκω [2]

√ *1179*

Jn 21:18 ὅταν δὲ **γηράσῃς,** ἐκτενεῖς τὰς χεῖράς σου, καὶ ἄλλος σε ζώσει καὶ οἴσει ὅπου οὐ θέλεις.
Heb 8:13 ἐν τῷ λέγειν Καινὴν πεπαλαίωκεν τὴν πρώτην· τὸ δὲ παλαιούμενον καὶ **γηράσκον** ἐγγὺς ἀφανισμοῦ.

1181 γίνομαι [669 / 668]

→ *37, 38, 254, 335, 614, 786, 1155, 1156, 1157, 1158, 1159, 1160, 1161, 1162, 1163, 1164, 1165, 1167, 1168, 1169, 1188, 1189, 1204, 1335, 1681, 2104, 2302, 2441, 3666, 4098, 4100, 4134, 4588, 4591, 5149, 5150, 5151, 5219, 5449, 5450*

γίνομαι εἰς [13] Mt 21:42; Mk 12:10; Lk 13:19; 20:17; Jn 16:20; Ac 4:11; 5:36; Ro 11:9; 1Co 15:45; 1Th 3:5; 1Pe 2:7; Rev 8:11; 16:19

δεῖ γενέσθαι [7] Mt 24:6; 26:54; Mk 13:7; Lk 21:9; Rev 1:1; 4:1; 22:6

ἐγένετο δέ [37] Lk 1:8; 2:1,6; 3:21; 5:1; 6:1,6,12; 8:22; 9:28,37,51; 11:14,27; 16:22; 18:35; Ac 4:5; 5:7; 8:8; 9:19,32,37,42,43; 10:10; 11:26; 14:1; 15:39; 16:16; 19:1,23; 21:1; 22:6,17; 23:9; 28:8,17

καὶ ἐγένετο [60] Mt 7:28; 8:26; 9:10; 11:1; 13:53; 19:1; 26:1; Mk 1:9; 2:23; 4:4,39; 9:7,7,26; Lk 1:23,41,59,65; 2:15,46; 4:36; 5:12,17; 6:49; 7:11; 8:1,24; 9:18,29,33; 11:1; 13:19; 14:1; 17:11,14; 19:15,29; 20:1; 22:44; 24:4,15,30,51; Ac 2:2; 5:5,11; 7:29; 10:13; 21:30; 1Th 3:4; Rev 8:7,8,11; 12:7; 16:2,3,4,10,19; 18:2

μὴ γένοιτο [15] Lk 20:16; Ro 3:4,6,31; 6:2,15; 7:7,13; 9:14; 11:1,11; 1Co 6:15; Gal 2:17; 3:21; 6:14

τὸ γεγονός [8] Mk 5:14; Lk 2:15; 8:34,35,56; 24:12; Ac 5:7; 13:12

Mt 1:22 Τοῦτο δὲ ὅλον **γέγονεν** ἵνα πληρωθῇ τὸ ῥηθὲν ὑπὸ κυρίου διὰ τοῦ προφήτου λέγοντος,
4: 3 Εἰ υἱὸς εἶ τοῦ θεοῦ, εἰπὲ ἵνα οἱ λίθοι οὗτοι ἄρτοι **γένωνται.**
5:18 ἰῶτα ἓν ἢ μία κεραία οὐ μὴ παρέλθῃ ἀπὸ τοῦ νόμου, ἕως ἂν πάντα **γένηται.**
5:45 ὅπως **γένησθε** υἱοὶ τοῦ πατρὸς ὑμῶν τοῦ ἐν οὐρανοῖς,
6:10 **γενηθήτω** τὸ θέλημά σου, ὡς ἐν οὐρανῷ καὶ ἐπὶ γῆς·
6:16 Ὅταν δὲ νηστεύητε, μὴ **γίνεσθε** ὡς οἱ ὑποκριταὶ σκυθρωποί,
7:28 Καὶ **ἐγένετο** ὅτε ἐτέλεσεν ὁ Ἰησοῦς τοὺς λόγους τούτους,
8:13 καὶ εἶπεν ὁ Ἰησοῦς τῷ ἑκατοντάρχῃ, Ὕπαγε, ὡς ἐπίστευσας **γενηθήτω** σοι.
8:16 Ὀψίας δὲ **γενομένης** προσήνεγκαν αὐτῷ δαιμονιζομένους πολλούς· καὶ ἐξέβαλεν τὰ πνεύματα λόγῳ
8:24 καὶ ἰδοὺ σεισμὸς μέγας **ἐγένετο** ἐν τῇ θαλάσσῃ,
8:26 τότε ἐγερθεὶς ἐπετίμησεν τοῖς ἀνέμοις καὶ τῇ θαλάσσῃ, καὶ **ἐγένετο** γαλήνη μεγάλη.
9:10 Καὶ **ἐγένετο** αὐτοῦ ἀνακειμένου ἐν τῇ οἰκίᾳ, καὶ ἰδοὺ πολλοὶ τελῶναι καὶ ἁμαρτωλοὶ ἐλθόντες συνανέκειντο τῷ Ἰησοῦ
9:16 αἴρει γὰρ τὸ πλήρωμα αὐτοῦ ἀπὸ τοῦ ἱματίου καὶ χεῖρον σχίσμα **γίνεται.**
9:29 τότε ἥψατο τῶν ὀφθαλμῶν αὐτῶν λέγων, Κατὰ τὴν πίστιν ὑμῶν **γενηθήτω** ὑμῖν.
10:16 **γίνεσθε** οὖν φρόνιμοι ὡς οἱ ὄφεις καὶ ἀκέραιοι ὡς αἱ περιστεραί.
10:25 ἀρκετὸν τῷ μαθητῇ ἵνα **γένηται** ὡς ὁ διδάσκαλος αὐτοῦ καὶ ὁ δοῦλος ὡς ὁ κύριος αὐτοῦ.
11: 1 Καὶ **ἐγένετο** ὅτε ἐτέλεσεν ὁ Ἰησοῦς διατάσσων τοῖς δώδεκα μαθηταῖς αὐτοῦ,
11:20 Τότε ἤρξατο ὀνειδίζειν τὰς πόλεις ἐν αἷς **ἐγένοντο** αἱ πλεῖσται δυνάμεις αὐτοῦ,
11:21 ὅτι εἰ ἐν Τύρῳ καὶ Σιδῶνι **ἐγένοντο** αἱ δυνάμεις αἱ **γενόμεναι** ἐν ὑμῖν,
11:23 ὅτι εἰ ἐν Σοδόμοις **ἐγενήθησαν** αἱ δυνάμεις αἱ **γενόμεναι** ἐν σοί,
11:26 ναὶ ὁ πατήρ, ὅτι οὕτως εὐδοκία **ἐγένετο** ἔμπροσθέν σου.
12:45 καὶ **γίνεται** τὰ ἔσχατα τοῦ ἀνθρώπου ἐκείνου χείρονα τῶν πρώτων.
13:21 **γενομένης** δὲ θλίψεως ἢ διωγμοῦ διὰ τὸν λόγον εὐθὺς σκανδαλίζεται.
13:22 καὶ ἡ μέριμνα τοῦ αἰῶνος καὶ ἡ ἀπάτη τοῦ πλούτου συμπνίγει τὸν λόγον καὶ ἄκαρπος **γίνεται.**
13:32 ὅταν δὲ αὐξηθῇ μεῖζον τῶν λαχάνων ἐστὶν καὶ **γίνεται** δένδρον,
13:53 Καὶ **ἐγένετο** ὅτε ἐτέλεσεν ὁ Ἰησοῦς τὰς παραβολὰς ταύτας,
14: 6 γενεσίοις δὲ **γενομένοις** τοῦ Ἡρῴδου ὠρχήσατο ἡ θυγάτηρ τῆς Ἡρῳδιάδος ἐν τῷ μέσῳ καὶ ἤρεσεν τῷ Ἡρῴδῃ,
14:15 ὀψίας δὲ **γενομένης** προσῆλθον αὐτῷ οἱ μαθηταὶ λέγοντες,
14:23 καὶ ἀπολύσας τοὺς ὄχλους ἀνέβη εἰς τὸ ὄρος κατ' ἰδίαν προσεύξασθαι. ὀψίας δὲ **γενομένης** μόνος ἦν ἐκεῖ.
15:28 μεγάλη σου ἡ πίστις· **γενηθήτω** σοι ὡς θέλεις.
16: 2 [Ὀψίας **γενομένης** λέγετε, Εὐδία, πυρράζει γὰρ ὁ οὐρανός·]
17: 2 τὰ δὲ ἱμάτια αὐτοῦ **ἐγένετο** λευκὰ ὡς τὸ φῶς.
18: 3 ἐὰν μὴ στραφῆτε καὶ **γένησθε** ὡς τὰ παιδία,
18:12 ἐὰν **γένηταί** τινι ἀνθρώπῳ ἑκατὸν πρόβατα καὶ πλανηθῇ ἓν ἐξ αὐτῶν,
18:13 καὶ ἐὰν **γένηται** εὑρεῖν αὐτό, ἀμὴν λέγω ὑμῖν ὅτι χαίρει ἐπ' αὐτῷ μᾶλλον ἢ ἐπὶ τοῖς ἐνενήκοντα ἐννέα
18:19 **γενήσεται** αὐτοῖς παρὰ τοῦ πατρός μου τοῦ ἐν οὐρανοῖς.
18:31 ἰδόντες οὖν οἱ σύνδουλοι αὐτοῦ τὰ **γενόμενα** ἐλυπήθησαν σφόδρα καὶ ἐλθόντες διεσάφησαν τῷ κυρίῳ ἑαυτῶν πάντα τὰ **γενόμενα.**
19: 1 Καὶ **ἐγένετο** ὅτε ἐτέλεσεν ὁ Ἰησοῦς τοὺς λόγους τούτους,
19: 8 Μωϋσῆς πρὸς τὴν σκληροκαρδίαν ὑμῶν ἐπέτρεψεν ὑμῖν ἀπολῦσαι τὰς γυναῖκας ὑμῶν, ἀπ' ἀρχῆς δὲ οὐ **γέγονεν** οὕτως.
20: 8 ὀψίας δὲ **γενομένης** λέγει ὁ κύριος τοῦ ἀμπελῶνος τῷ ἐπιτρόπῳ αὐτοῦ,
20:26 ἀλλ' ὃς ἐὰν θέλῃ ἐν ὑμῖν μέγας **γενέσθαι** ἔσται ὑμῶν διάκονος,
21: 4 Τοῦτο δὲ **γέγονεν** ἵνα πληρωθῇ τὸ ῥηθὲν διὰ τοῦ προφήτου λέγοντος,
21:19 Μηκέτι ἐκ σοῦ καρπὸς **γένηται** εἰς τὸν αἰῶνα.
21:21 ἀλλὰ κἂν τῷ ὄρει τούτῳ εἴπητε, Ἄρθητι καὶ βλήθητι εἰς τὴν θάλασσαν, **γενήσεται·**
21:42 Λίθον ὃν ἀπεδοκίμασαν οἱ οἰκοδομοῦντες, οὗτος **ἐγενήθη** εἰς κεφαλὴν γωνίας· παρὰ κυρίου **ἐγένετο** αὕτη καὶ ἔστιν θαυμαστὴ ἐν ὀφθαλμοῖς ἡμῶν;
23:15 καὶ ὅταν **γένηται** ποιεῖτε αὐτὸν υἱὸν γεέννης διπλότερον ὑμῶν.
23:26 καθάρισον πρῶτον τὸ ἐντὸς τοῦ ποτηρίου, ἵνα **γένηται** καὶ τὸ ἐκτὸς αὐτοῦ καθαρόν.
24: 6 δεῖ γὰρ **γενέσθαι,** ἀλλ' οὔπω ἐστὶν τὸ τέλος.
24:20 προσεύχεσθε δὲ ἵνα μὴ **γένηται** ἡ φυγὴ ὑμῶν χειμῶνος μηδὲ σαββάτῳ.
24:21 ἔσται γὰρ τότε θλῖψις μεγάλη οἵα οὐ **γέγονεν** ἀπ' ἀρχῆς κόσμου ἕως τοῦ νῦν οὐδ' οὐ μὴ **γένηται.**
24:32 ὅταν ἤδη ὁ κλάδος αὐτῆς **γένηται** ἁπαλὸς καὶ τὰ φύλλα ἐκφύῃ,
24:34 ἀμὴν λέγω ὑμῖν ὅτι οὐ μὴ παρέλθῃ ἡ γενεὰ αὕτη ἕως ἂν πάντα ταῦτα **γένηται.**
24:44 διὰ τοῦτο καὶ ὑμεῖς **γίνεσθε** ἕτοιμοι, ὅτι ᾗ οὐ δοκεῖτε ὥρᾳ ὁ υἱὸς τοῦ ἀνθρώπου ἔρχεται.
25: 6 μέσης δὲ νυκτὸς κραυγὴ **γέγονεν,** Ἰδοὺ ὁ νυμφίος,
26: 1 Καὶ **ἐγένετο** ὅτε ἐτέλεσεν ὁ Ἰησοῦς πάντας τοὺς λόγους τούτους,
26: 2 Οἴδατε ὅτι μετὰ δύο ἡμέρας τὸ πάσχα **γίνεται,**
26: 5 Μὴ ἐν τῇ ἑορτῇ, ἵνα μὴ θόρυβος **γένηται** ἐν τῷ λαῷ.
26: 6 Τοῦ δὲ Ἰησοῦ **γενομένου** ἐν Βηθανίᾳ ἐν οἰκίᾳ Σίμωνος τοῦ λεπροῦ,
26:20 Ὀψίας δὲ **γενομένης** ἀνέκειτο μετὰ τῶν δώδεκα.
26:42 εἰ οὐ δύναται τοῦτο παρελθεῖν ἐὰν μὴ αὐτὸ πίω, **γενηθήτω** τὸ θέλημά σου.
26:54 πῶς οὖν πληρωθῶσιν αἱ γραφαὶ ὅτι οὕτως δεῖ **γενέσθαι;**
26:56 τοῦτο δὲ ὅλον **γέγονεν** ἵνα πληρωθῶσιν αἱ γραφαὶ τῶν προφητῶν.
27: 1 Πρωΐας δὲ **γενομένης** συμβούλιον ἔλαβον πάντες οἱ ἀρχιερεῖς καὶ οἱ πρεσβύτεροι τοῦ λαοῦ κατὰ τοῦ Ἰησοῦ ὥστε θανατῶσαι
27:24 ἰδὼν δὲ ὁ Πιλᾶτος ὅτι οὐδὲν ὠφελεῖ ἀλλὰ μᾶλλον θόρυβος **γίνεται,**

27:45 Ἀπὸ δὲ ἕκτης ὥρας σκότος **ἐγένετο** ἐπὶ πᾶσαν τὴν γῆν ἕως ὥρας ἐνάτης.
27:54 Ὁ δὲ ἑκατόνταρχος καὶ οἱ μετ᾽ αὐτοῦ τηροῦντες τὸν Ἰησοῦν ἰδόντες τὸν σεισμὸν καὶ τὰ **γενόμενα** ἐφοβήθησαν σφόδρα,
27:57 Ὀψίας δὲ **γενομένης** ἦλθεν ἄνθρωπος πλούσιος ἀπὸ Ἁριμαθαίας,
28: 2 καὶ ἰδοὺ σεισμὸς **ἐγένετο** μέγας· ἄγγελος γὰρ κυρίου καταβὰς ἐξ οὐρανοῦ καὶ προσελθὼν ἀπεκύλισεν τὸν λίθον καὶ ἐκάθητο
28: 4 ἀπὸ δὲ τοῦ φόβου αὐτοῦ ἐσείσθησαν οἱ τηροῦντες καὶ **ἐγενήθησαν** ὡς νεκροί.
28:11 ἰδού τινες τῆς κουστωδίας ἐλθόντες εἰς τὴν πόλιν ἀπήγγειλαν τοῖς ἀρχιερεῦσιν ἅπαντα τὰ **γενόμενα.**

Mk 1: 4 **ἐγένετο** Ἰωάννης [ὁ] βαπτίζων ἐν τῇ ἐρήμῳ καὶ κηρύσσων βάπτισμα μετανοίας εἰς ἄφεσιν ἁμαρτιῶν.
1: 9 Καὶ **ἐγένετο** ἐν ἐκείναις ταῖς ἡμέραις ἦλθεν Ἰησοῦς ἀπὸ Ναζαρὲτ τῆς Γαλιλαίας καὶ ἐβαπτίσθη εἰς τὸν Ἰορδάνην
1:11 καὶ φωνὴ **ἐγένετο** ἐκ τῶν οὐρανῶν, Σὺ εἶ ὁ υἱός μου ὁ ἀγαπητός,
1:17 Δεῦτε ὀπίσω μου, καὶ ποιήσω ὑμᾶς **γενέσθαι** ἁλιεῖς ἀνθρώπων.
1:32 Ὀψίας δὲ **γενομένης,** ὅτε ἔδυ ὁ ἥλιος, ἔφερον πρὸς αὐτὸν πάντας τοὺς κακῶς ἔχοντας καὶ τοὺς δαιμονιζομένους·
2:15 Καὶ **γίνεται** κατακεῖσθαι αὐτὸν ἐν τῇ οἰκίᾳ αὐτοῦ,
2:21 αἴρει τὸ πλήρωμα ἀπ᾽ αὐτοῦ τὸ καινὸν τοῦ παλαιοῦ καὶ χεῖρον σχίσμα **γίνεται.**
2:23 Καὶ **ἐγένετο** αὐτὸν ἐν τοῖς σάββασιν παραπορεύεσθαι διὰ τῶν σπορίμων,
2:27 Τὸ σάββατον διὰ τὸν ἄνθρωπον **ἐγένετο** καὶ οὐχ ὁ ἄνθρωπος διὰ τὸ σάββατον·
4: 4 καὶ **ἐγένετο** ἐν τῷ σπείρειν ὃ μὲν ἔπεσεν παρὰ τὴν ὁδόν,
4:10 Καὶ ὅτε **ἐγένετο** κατὰ μόνας, ἠρώτων αὐτὸν οἱ περὶ αὐτὸν σὺν τοῖς δώδεκα τὰς παραβολάς.
4:11 ἐκείνοις δὲ τοῖς ἔξω ἐν παραβολαῖς τὰ πάντα **γίνεται,**
4:17 εἶτα **γενομένης** θλίψεως ἢ διωγμοῦ διὰ τὸν λόγον εὐθὺς σκανδαλίζονται.
4:19 καὶ ἡ ἀπάτη τοῦ πλούτου καὶ αἱ περὶ τὰ λοιπὰ ἐπιθυμίαι εἰσπορευόμεναι συμπνίγουσιν τὸν λόγον καὶ ἄκαρπος **γίνεται.**
4:22 οὐδὲ **ἐγένετο** ἀπόκρυφον ἀλλ᾽ ἵνα ἔλθῃ εἰς φανερόν.
4:32 ἀναβαίνει καὶ **γίνεται** μεῖζον πάντων τῶν λαχάνων καὶ ποιεῖ κλάδους μεγάλους,
4:35 Καὶ λέγει αὐτοῖς ἐν ἐκείνῃ τῇ ἡμέρᾳ ὀψίας **γενομένης,**
4:37 καὶ **γίνεται** λαῖλαψ μεγάλη ἀνέμου καὶ τὰ κύματα ἐπέβαλλεν εἰς τὸ πλοῖον,
4:39 καὶ ἐκόπασεν ὁ ἄνεμος καὶ **ἐγένετο** γαλήνη μεγάλη.
5:14 καὶ οἱ βόσκοντες αὐτοὺς ἔφυγον καὶ ἀπήγγειλαν εἰς τὴν πόλιν καὶ εἰς τοὺς ἀγρούς· καὶ ἦλθον ἰδεῖν τί ἐστιν τὸ **γεγονὸς**
5:16 καὶ διηγήσαντο αὐτοῖς οἱ ἰδόντες πῶς **ἐγένετο** τῷ δαιμονιζομένῳ καὶ περὶ τῶν χοίρων.
5:33 ἡ δὲ γυνὴ φοβηθεῖσα καὶ τρέμουσα, εἰδυῖα ὃ **γέγονεν** αὐτῇ,
6: 2 καὶ **γενομένου** σαββάτου ἤρξατο διδάσκειν ἐν τῇ συναγωγῇ,
6: 2 καὶ αἱ δυνάμεις τοιαῦται διὰ τῶν χειρῶν αὐτοῦ **γινόμεναι;**
6:14 Καὶ ἤκουσεν ὁ βασιλεὺς Ἡρῴδης, φανερὸν γὰρ **ἐγένετο** τὸ ὄνομα αὐτοῦ,
6:21 Καὶ **γενομένης** ἡμέρας εὐκαίρου ὅτε Ἡρῴδης τοῖς γενεσίοις αὐτοῦ δεῖπνον ἐποίησεν τοῖς μεγιστᾶσιν αὐτοῦ
6:26 καὶ περίλυπος **γενόμενος** ὁ βασιλεὺς διὰ τοὺς ὅρκους καὶ τοὺς ἀνακειμένους οὐκ ἠθέλησεν ἀθετῆσαι αὐτήν·
6:35 Καὶ ἤδη ὥρας πολλῆς **γενομένης** προσελθόντες αὐτῷ οἱ μαθηταὶ αὐτοῦ ἔλεγον ὅτι Ἔρημός ἐστιν ὁ τόπος
6:47 καὶ ὀψίας **γενομένης** ἦν τὸ πλοῖον ἐν μέσῳ τῆς θαλάσσης,
9: 3 καὶ τὰ ἱμάτια αὐτοῦ **ἐγένετο** στίλβοντα λευκὰ λίαν,
9: 6 οὐ γὰρ ᾔδει τί ἀποκριθῇ, ἔκφοβοι γὰρ **ἐγένοντο.**
9: 7 καὶ **ἐγένετο** νεφέλη ἐπισκιάζουσα αὐτοῖς, καὶ **ἐγένετο** φωνὴ ἐκ τῆς νεφέλης,
9:21 καὶ ἐπηρώτησεν τὸν πατέρα αὐτοῦ, Πόσος χρόνος ἐστὶν ὡς τοῦτο **γέγονεν** αὐτῷ;
9:26 καὶ **ἐγένετο** ὡσεὶ νεκρός, ὥστε τοὺς πολλοὺς λέγειν ὅτι ἀπέθανεν.
9:33 καὶ ἐν τῇ οἰκίᾳ **γενόμενος** ἐπηρώτα αὐτούς, Τί ἐν τῇ ὁδῷ διελογίζεσθε;
9:50 ἐὰν δὲ τὸ ἅλας ἄναλον **γένηται,** ἐν τίνι αὐτὸ ἀρτύσετε;
10:43 ἀλλ᾽ ὃς ἂν θέλῃ μέγας **γενέσθαι** ἐν ὑμῖν ἔσται ὑμῶν διάκονος,
11:19 Καὶ ὅταν ὀψὲ **ἐγένετο,** ἐξεπορεύοντο ἔξω τῆς πόλεως.
11:23 καὶ μὴ διακριθῇ ἐν τῇ καρδίᾳ αὐτοῦ ἀλλὰ πιστεύῃ ὅτι ὃ λαλεῖ **γίνεται,**
12:10 Λίθον ὃν ἀπεδοκίμασαν οἱ οἰκοδομοῦντες, οὗτος **ἐγενήθη** εἰς κεφαλὴν γωνίας·
12:11 παρὰ κυρίου **ἐγένετο** αὕτη καὶ ἔστιν θαυμαστὴ ἐν ὀφθαλμοῖς ἡμῶν;
13: 7 μὴ θροεῖσθε· δεῖ **γενέσθαι,** ἀλλ᾽ οὔπω τὸ τέλος.
13:18 προσεύχεσθε δὲ ἵνα μὴ **γένηται** χειμῶνος·
13:19 ἔσονται γὰρ αἱ ἡμέραι ἐκεῖναι θλῖψις οἵα οὐ **γέγονεν** τοιαύτη ἀπ᾽ ἀρχῆς κτίσεως ἣν ἔκτισεν ὁ θεὸς ἕως τοῦ νῦν καὶ οὐ μὴ **γένηται.**
13:28 ὅταν ἤδη ὁ κλάδος αὐτῆς ἁπαλὸς **γένηται** καὶ ἐκφύῃ τὰ φύλλα,
13:29 οὕτως καὶ ὑμεῖς, ὅταν ἴδητε ταῦτα **γινόμενα,** γινώσκετε ὅτι ἐγγύς ἐστιν ἐπὶ θύραις.
13:30 ἀμὴν λέγω ὑμῖν ὅτι οὐ μὴ παρέλθῃ ἡ γενεὰ αὕτη μέχρις οὗ ταῦτα πάντα **γένηται.**
14: 4 Εἰς τί ἡ ἀπώλεια αὕτη τοῦ μύρου **γέγονεν;**
14:17 Καὶ ὀψίας **γενομένης** ἔρχεται μετὰ τῶν δώδεκα.
15:33 Καὶ **γενομένης** ὥρας ἕκτης σκότος **ἐγένετο** ἐφ᾽ ὅλην τὴν γῆν ἕως ὥρας ἐνάτης.
15:42 Καὶ ἤδη ὀψίας **γενομένης,** ἐπεὶ ἦν παρασκευὴ ὅ ἐστιν προσάββατον,
16:10 ⟦ἐκείνη πορευθεῖσα ἀπήγγειλεν τοῖς μετ᾽ αὐτοῦ **γενομένοις** πενθοῦσι καὶ κλαίουσιν·⟧

Lk 1: 2 καθὼς παρέδοσαν ἡμῖν οἱ ἀπ᾽ ἀρχῆς αὐτόπται καὶ ὑπηρέται **γενόμενοι** τοῦ λόγου,
1: 5 **Ἐγένετο** ἐν ταῖς ἡμέραις Ἡρῴδου βασιλέως τῆς Ἰουδαίας ἱερεύς τις ὀνόματι Ζαχαρίας ἐξ ἐφημερίας Ἀβιά,
1: 8 **Ἐγένετο** δὲ ἐν τῷ ἱερατεύειν αὐτὸν ἐν τῇ τάξει τῆς ἐφημερίας αὐτοῦ ἔναντι τοῦ θεοῦ,
1:20 καὶ ἰδοὺ ἔσῃ σιωπῶν καὶ μὴ δυνάμενος λαλῆσαι ἄχρι ἧς ἡμέρας **γένηται** ταῦτα,
1:23 καὶ **ἐγένετο** ὡς ἐπλήσθησαν αἱ ἡμέραι τῆς λειτουργίας αὐτοῦ,
1:38 Ἰδοὺ ἡ δούλη κυρίου· **γένοιτό** μοι κατὰ τὸ ῥῆμά σου.
1:41 καὶ **ἐγένετο** ὡς ἤκουσεν τὸν ἀσπασμὸν τῆς Μαρίας ἡ Ἐλισάβετ,
1:44 ἰδοὺ γὰρ ὡς **ἐγένετο** ἡ φωνὴ τοῦ ἀσπασμοῦ σου εἰς τὰ ὦτά μου,
1:59 Καὶ **ἐγένετο** ἐν τῇ ἡμέρᾳ τῇ ὀγδόῃ ἦλθον περιτεμεῖν τὸ παιδίον καὶ ἐκάλουν αὐτὸ ἐπὶ τῷ ὀνόματι τοῦ πατρὸς αὐτοῦ
1:65 καὶ **ἐγένετο** ἐπὶ πάντας φόβος τοὺς περιοικοῦντας αὐτούς,
2: 1 **Ἐγένετο** δὲ ἐν ταῖς ἡμέραις ἐκείναις ἐξῆλθεν δόγμα παρὰ Καίσαρος Αὐγούστου ἀπογράφεσθαι πᾶσαν τὴν οἰκουμένην.
2: 2 αὕτη ἀπογραφὴ πρώτη **ἐγένετο** ἡγεμονεύοντος τῆς Συρίας Κυρηνίου.
2: 6 **ἐγένετο** δὲ ἐν τῷ εἶναι αὐτοὺς ἐκεῖ ἐπλήσθησαν αἱ ἡμέραι τοῦ τεκεῖν αὐτήν,
2:13 καὶ ἐξαίφνης **ἐγένετο** σὺν τῷ ἀγγέλῳ πλῆθος στρατιᾶς οὐρανίου αἰνούντων τὸν θεὸν καὶ λεγόντων,
2:15 Καὶ **ἐγένετο** ὡς ἀπῆλθον ἀπ᾽ αὐτῶν εἰς τὸν οὐρανὸν οἱ ἄγγελοι,
2:15 Διέλθωμεν δὴ ἕως Βηθλέεμ καὶ ἴδωμεν τὸ ῥῆμα τοῦτο τὸ **γεγονὸς** ὃ ὁ κύριος ἐγνώρισεν ἡμῖν.
2:42 καὶ ὅτε **ἐγένετο** ἐτῶν δώδεκα, ἀναβαινόντων αὐτῶν κατὰ τὸ ἔθος τῆς ἑορτῆς
2:46 καὶ **ἐγένετο** μετὰ ἡμέρας τρεῖς εὗρον αὐτὸν ἐν τῷ ἱερῷ καθεζόμενον ἐν μέσῳ τῶν διδασκάλων καὶ ἀκούοντα αὐτῶν
3: 2 **ἐγένετο** ῥῆμα θεοῦ ἐπὶ Ἰωάννην τὸν Ζαχαρίου υἱὸν ἐν τῇ ἐρήμῳ.
3:21 **Ἐγένετο** δὲ ἐν τῷ βαπτισθῆναι ἅπαντα τὸν λαὸν καὶ Ἰησοῦ βαπτισθέντος καὶ προσευχομένου ἀνεῳχθῆναι τὸν οὐρανὸν
3:22 καὶ φωνὴν ἐξ οὐρανοῦ **γενέσθαι,** Σὺ εἶ ὁ υἱός μου ὁ ἀγαπητός,
4: 3 Εἰ υἱὸς εἶ τοῦ θεοῦ, εἰπὲ τῷ λίθῳ τούτῳ ἵνα **γένηται** ἄρτος.
4:23 ὅσα ἠκούσαμεν **γενόμενα** εἰς τὴν Καφαρναοὺμ ποίησον καὶ ὧδε ἐν τῇ πατρίδι σου.
4:25 ὡς **ἐγένετο** λιμὸς μέγας ἐπὶ πᾶσαν τὴν γῆν,
4:36 καὶ **ἐγένετο** θάμβος ἐπὶ πάντας καὶ συνελάλουν πρὸς ἀλλήλους λέγοντες,
4:42 **Γενομένης** δὲ ἡμέρας ἐξελθὼν ἐπορεύθη εἰς ἔρημον τόπον·
5: 1 **Ἐγένετο** δὲ ἐν τῷ τὸν ὄχλον ἐπικεῖσθαι αὐτῷ καὶ ἀκούειν τὸν λόγον τοῦ θεοῦ καὶ αὐτὸς ἦν ἑστὼς παρὰ τὴν λίμνην
5:12 Καὶ **ἐγένετο** ἐν τῷ εἶναι αὐτὸν ἐν μιᾷ τῶν πόλεων καὶ ἰδοὺ ἀνὴρ πλήρης λέπρας·
5:17 Καὶ **ἐγένετο** ἐν μιᾷ τῶν ἡμερῶν καὶ αὐτὸς ἦν διδάσκων,
6: 1 **Ἐγένετο** δὲ ἐν σαββάτῳ διαπορεύεσθαι αὐτὸν διὰ σπορίμων,
6: 6 **Ἐγένετο** δὲ ἐν ἑτέρῳ σαββάτῳ εἰσελθεῖν αὐτὸν εἰς τὴν συναγωγὴν καὶ διδάσκειν.
6:12 **Ἐγένετο** δὲ ἐν ταῖς ἡμέραις ταύταις ἐξελθεῖν αὐτὸν εἰς τὸ ὄρος προσεύξασθαι,
6:13 καὶ ὅτε **ἐγένετο** ἡμέρα, προσεφώνησεν τοὺς μαθητὰς αὐτοῦ,
6:16 καὶ Ἰούδαν Ἰακώβου καὶ Ἰούδαν Ἰσκαριώθ, ὃς **ἐγένετο** προδότης.

6:36 **Γίνεσθε** οἰκτίρμονες καθὼς [καὶ] ὁ πατὴρ ὑμῶν οἰκτίρμων ἐστίν.
6:48 πλημμύρης δὲ **γενομένης** προσέρηξεν ὁ ποταμὸς τῇ οἰκίᾳ ἐκείνῃ,
6:49 καὶ εὐθὺς συνέπεσεν καὶ **ἐγένετο** τὸ ῥῆγμα τῆς οἰκίας ἐκείνης μέγα.
7:11 Καὶ **ἐγένετο** ἐν τῷ ἑξῆς ἐπορεύθη εἰς πόλιν καλουμένην Ναῒν καὶ συνεπορεύοντο αὐτῷ οἱ μαθηταὶ αὐτοῦ καὶ ὄχλος πολύς.
8: 1 Καὶ **ἐγένετο** ἐν τῷ καθεξῆς καὶ αὐτὸς διώδευεν κατὰ πόλιν καὶ κώμην κηρύσσων καὶ εὐαγγελιζόμενος τὴν βασιλείαν
8:17 οὐ γάρ ἐστιν κρυπτὸν ὃ οὐ φανερὸν **γενήσεται** οὐδὲ ἀπόκρυφον ὃ οὐ μὴ γνωσθῇ καὶ εἰς φανερὸν ἔλθῃ.
8:22 **Ἐγένετο** δὲ ἐν μιᾷ τῶν ἡμερῶν καὶ αὐτὸς ἐνέβη εἰς πλοῖον καὶ οἱ μαθηταὶ αὐτοῦ καὶ εἶπεν πρὸς αὐτούς,
8:24 ὁ δὲ διεγερθεὶς ἐπετίμησεν τῷ ἀνέμῳ καὶ τῷ κλύδωνι τοῦ ὕδατος· καὶ ἐπαύσαντο καὶ **ἐγένετο** γαλήνη.
8:34 ἰδόντες δὲ οἱ βόσκοντες τὸ **γεγονὸς** ἔφυγον καὶ ἀπήγγειλαν εἰς τὴν πόλιν καὶ εἰς τοὺς ἀγρούς.
8:35 ἐξῆλθον δὲ ἰδεῖν τὸ **γεγονὸς** καὶ ἦλθον πρὸς τὸν Ἰησοῦν καὶ εὗρον καθήμενον τὸν ἄνθρωπον ἀφ' οὗ τὰ δαιμόνια ἐξῆλθεν
8:56 ὁ δὲ παρήγγειλεν αὐτοῖς μηδενὶ εἰπεῖν τὸ **γεγονός.**
9: 7 Ἤκουσεν δὲ Ἡρῴδης ὁ τετραάρχης τὰ **γινόμενα** πάντα
9:18 Καὶ **ἐγένετο** ἐν τῷ εἶναι αὐτὸν προσευχόμενον κατὰ μόνας συνῆσαν αὐτῷ οἱ μαθηταί,
9:28 **Ἐγένετο** δὲ μετὰ τοὺς λόγους τούτους ὡσεὶ ἡμέραι ὀκτὼ [καὶ] παραλαβὼν Πέτρον καὶ Ἰωάννην καὶ Ἰάκωβον ἀνέβη
9:29 καὶ **ἐγένετο** ἐν τῷ προσεύχεσθαι αὐτὸν τὸ εἶδος τοῦ προσώπου αὐτοῦ ἕτερον καὶ ὁ ἱματισμὸς αὐτοῦ λευκὸς ἐξαστράπτων.
9:33 καὶ **ἐγένετο** ἐν τῷ διαχωρίζεσθαι αὐτοὺς ἀπ' αὐτοῦ εἶπεν ὁ Πέτρος πρὸς τὸν Ἰησοῦν,
9:34 ταῦτα δὲ αὐτοῦ λέγοντος **ἐγένετο** νεφέλη καὶ ἐπεσκίαζεν αὐτούς·
9:35 καὶ φωνὴ **ἐγένετο** ἐκ τῆς νεφέλης λέγουσα, Οὗτός ἐστιν ὁ υἱός μου ὁ ἐκλελεγμένος,
9:36 καὶ ἐν τῷ **γενέσθαι** τὴν φωνὴν εὑρέθη Ἰησοῦς μόνος.
9:37 **Ἐγένετο** δὲ τῇ ἑξῆς ἡμέρᾳ κατελθόντων αὐτῶν ἀπὸ τοῦ ὄρους συνήντησεν αὐτῷ ὄχλος πολύς.
9:51 **Ἐγένετο** δὲ ἐν τῷ συμπληροῦσθαι τὰς ἡμέρας τῆς ἀναλήμψεως αὐτοῦ
10:13 ὅτι εἰ ἐν Τύρῳ καὶ Σιδῶνι **ἐγενήθησαν** αἱ δυνάμεις αἱ **γενόμεναι** ἐν ὑμῖν,
10:21 ναὶ ὁ πατήρ, ὅτι οὕτως εὐδοκία **ἐγένετο** ἔμπροσθέν σου.
10:32 ὁμοίως δὲ καὶ Λευίτης **[γενόμενος]** κατὰ τὸν τόπον ἐλθὼν καὶ ἰδὼν ἀντιπαρῆλθεν.
10:36 τίς τούτων τῶν τριῶν πλησίον δοκεῖ σοι **γεγονέναι** τοῦ ἐμπεσόντος εἰς τοὺς λῃστάς;
11: 1 Καὶ **ἐγένετο** ἐν τῷ εἶναι αὐτὸν ἐν τόπῳ τινὶ προσευχόμενον,
11:14 **ἐγένετο** δὲ τοῦ δαιμονίου ἐξελθόντος ἐλάλησεν ὁ κωφὸς καὶ ἐθαύμασαν οἱ ὄχλοι.
11:26 καὶ **γίνεται** τὰ ἔσχατα τοῦ ἀνθρώπου ἐκείνου χείρονα τῶν πρώτων.
11:27 **Ἐγένετο** δὲ ἐν τῷ λέγειν αὐτὸν ταῦτα ἐπάρασά τις φωνὴν γυνὴ ἐκ τοῦ ὄχλου εἶπεν αὐτῷ,
11:30 καθὼς γὰρ **ἐγένετο** Ἰωνᾶς τοῖς Νινευίταις σημεῖον, οὕτως ἔσται καὶ ὁ υἱὸς τοῦ ἀνθρώπου τῇ γενεᾷ ταύτῃ.
12:40 καὶ ὑμεῖς **γίνεσθε** ἕτοιμοι, ὅτι ᾗ ὥρᾳ οὐ δοκεῖτε ὁ υἱὸς τοῦ ἀνθρώπου ἔρχεται.
12:54 εὐθέως λέγετε ὅτι Ὄμβρος ἔρχεται, καὶ **γίνεται** οὕτως·
12:55 καὶ ὅταν νότον πνέοντα, λέγετε ὅτι Καύσων ἔσται, καὶ **γίνεται.**
13: 2 Δοκεῖτε ὅτι οἱ Γαλιλαῖοι οὗτοι ἁμαρτωλοὶ παρὰ πάντας τοὺς Γαλιλαίους **ἐγένοντο,**
13: 4 δοκεῖτε ὅτι αὐτοὶ ὀφειλέται **ἐγένοντο** παρὰ πάντας τοὺς ἀνθρώπους τοὺς κατοικοῦντας Ἰερουσαλήμ;
13:17 καὶ πᾶς ὁ ὄχλος ἔχαιρεν ἐπὶ πᾶσιν τοῖς ἐνδόξοις τοῖς **γινομένοις** ὑπ' αὐτοῦ.
13:19 ὃν λαβὼν ἄνθρωπος ἔβαλεν εἰς κῆπον ἑαυτοῦ, καὶ ηὔξησεν καὶ **ἐγένετο** εἰς δένδρον,
14: 1 Καὶ **ἐγένετο** ἐν τῷ ἐλθεῖν αὐτὸν εἰς οἶκόν τινος τῶν ἀρχόντων [τῶν] Φαρισαίων σαββάτῳ φαγεῖν ἄρτον
14:12 μήποτε καὶ αὐτοὶ ἀντικαλέσωσίν σε καὶ **γένηται** ἀνταπόδομά σοι.
14:22 Κύριε, **γέγονεν** ὃ ἐπέταξας, καὶ ἔτι τόπος ἐστίν.
15:10 **γίνεται** χαρὰ ἐνώπιον τῶν ἀγγέλων τοῦ θεοῦ ἐπὶ ἑνὶ ἁμαρτωλῷ μετανοοῦντι.
15:14 δαπανήσαντος δὲ αὐτοῦ πάντα **ἐγένετο** λιμὸς ἰσχυρὰ κατὰ τὴν χώραν ἐκείνην,
16:11 εἰ οὖν ἐν τῷ ἀδίκῳ μαμωνᾷ πιστοὶ οὐκ **ἐγένεσθε,**
16:12 καὶ εἰ ἐν τῷ ἀλλοτρίῳ πιστοὶ οὐκ **ἐγένεσθε,**
16:22 **ἐγένετο** δὲ ἀποθανεῖν τὸν πτωχὸν καὶ ἀπενεχθῆναι αὐτὸν ὑπὸ τῶν ἀγγέλων εἰς τὸν κόλπον Ἀβραάμ·
17:11 Καὶ **ἐγένετο** ἐν τῷ πορεύεσθαι εἰς Ἰερουσαλὴμ καὶ αὐτὸς διήρχετο διὰ μέσον Σαμαρείας καὶ Γαλιλαίας.
17:14 Πορευθέντες ἐπιδείξατε ἑαυτοὺς τοῖς ἱερεῦσιν. καὶ **ἐγένετο** ἐν τῷ ὑπάγειν αὐτοὺς ἐκαθαρίσθησαν.
17:26 καὶ καθὼς **ἐγένετο** ἐν ταῖς ἡμέραις Νῶε, οὕτως ἔσται καὶ ἐν ταῖς ἡμέραις τοῦ υἱοῦ τοῦ ἀνθρώπου·
17:28 ὁμοίως καθὼς **ἐγένετο** ἐν ταῖς ἡμέραις Λώτ· ἤσθιον,
18:23 ὁ δὲ ἀκούσας ταῦτα περίλυπος **ἐγενήθη·** ἦν γὰρ πλούσιος σφόδρα.
18:24 Ἰδὼν δὲ αὐτὸν ὁ Ἰησοῦς [περίλυπον **γενόμενον**[NIV-]] εἶπεν,
18:35 **Ἐγένετο** δὲ ἐν τῷ ἐγγίζειν αὐτὸν εἰς Ἰεριχὼ τυφλός τις ἐκάθητο παρὰ τὴν ὁδὸν ἐπαιτῶν.
19: 9 εἶπεν δὲ πρὸς αὐτὸν ὁ Ἰησοῦς ὅτι Σήμερον σωτηρία τῷ οἴκῳ τούτῳ **ἐγένετο,**
19:15 Καὶ **ἐγένετο** ἐν τῷ ἐπανελθεῖν αὐτὸν λαβόντα τὴν βασιλείαν
19:17 Εὖγε, ἀγαθὲ δοῦλε, ὅτι ἐν ἐλαχίστῳ πιστὸς **ἐγένου,**
19:19 εἶπεν δὲ καὶ τούτῳ, Καὶ σὺ ἐπάνω **γίνου** πέντε πόλεων.
19:29 Καὶ **ἐγένετο** ὡς ἤγγισεν εἰς Βηθφαγὴ καὶ Βηθανία[ν] πρὸς τὸ ὄρος τὸ καλούμενον Ἐλαιῶν,
20: 1 Καὶ **ἐγένετο** ἐν μιᾷ τῶν ἡμερῶν διδάσκοντος αὐτοῦ τὸν λαὸν ἐν τῷ ἱερῷ καὶ εὐαγγελιζομένου ἐπέστησαν οἱ ἀρχιερεῖς
20:14 Οὗτός ἐστιν ὁ κληρονόμος· ἀποκτείνωμεν αὐτόν, ἵνα ἡμῶν **γένηται** ἡ κληρονομία.
20:16 ἐλεύσεται καὶ ἀπολέσει τοὺς γεωργοὺς τούτους καὶ δώσει τὸν ἀμπελῶνα ἄλλοις. ἀκούσαντες δὲ εἶπαν, Μὴ **γένοιτο.**
20:17 Λίθον ὃν ἀπεδοκίμασαν οἱ οἰκοδομοῦντες, οὗτος **ἐγενήθη** εἰς κεφαλὴν γωνίας;
20:33 ἡ γυνὴ οὖν ἐν τῇ ἀναστάσει τίνος αὐτῶν **γίνεται** γυνή;
21: 7 πότε οὖν ταῦτα ἔσται καὶ τί τὸ σημεῖον ὅταν μέλλῃ ταῦτα **γίνεσθαι;**
21: 9 δεῖ γὰρ ταῦτα **γενέσθαι** πρῶτον, ἀλλ' οὐκ εὐθέως τὸ τέλος.
21:28 ἀρχομένων δὲ τούτων **γίνεσθαι** ἀνακύψατε καὶ ἐπάρατε τὰς κεφαλὰς ὑμῶν,
21:31 οὕτως καὶ ὑμεῖς, ὅταν ἴδητε ταῦτα **γινόμενα,** γινώσκετε ὅτι ἐγγύς ἐστιν ἡ βασιλεία τοῦ θεοῦ.
21:32 ἀμὴν λέγω ὑμῖν ὅτι οὐ μὴ παρέλθῃ ἡ γενεὰ αὕτη ἕως ἂν πάντα **γένηται.**
21:36 ἵνα κατισχύσητε ἐκφυγεῖν ταῦτα πάντα τὰ μέλλοντα **γίνεσθαι** καὶ σταθῆναι ἔμπροσθεν τοῦ υἱοῦ τοῦ ἀνθρώπου.
22:14 Καὶ ὅτε **ἐγένετο** ἡ ὥρα, ἀνέπεσεν καὶ οἱ ἀπόστολοι σὺν αὐτῷ.
22:24 **Ἐγένετο** δὲ καὶ φιλονεικία ἐν αὐτοῖς, τὸ τίς αὐτῶν δοκεῖ εἶναι μείζων.
22:26 ἀλλ' ὁ μείζων ἐν ὑμῖν **γινέσθω** ὡς ὁ νεώτερος καὶ ὁ ἡγούμενος ὡς ὁ διακονῶν.
22:40 **γενόμενος** δὲ ἐπὶ τοῦ τόπου εἶπεν αὐτοῖς, Προσεύχεσθε μὴ εἰσελθεῖν εἰς πειρασμόν.
22:42 πλὴν μὴ τὸ θέλημά μου ἀλλὰ τὸ σὸν **γινέσθω.**
22:44 ⟦καὶ **γενόμενος** ἐν ἀγωνίᾳ ἐκτενέστερον προσηύχετο· καὶ **ἐγένετο** ὁ ἱδρὼς αὐτοῦ ὡσεὶ θρόμβοι αἵματος καταβαίνοντες ἐπὶ τὴν γῆν.⟧
22:66 Καὶ ὡς **ἐγένετο** ἡμέρα, συνήχθη τὸ πρεσβυτέριον τοῦ λαοῦ,
23: 8 ἦν γὰρ ἐξ ἱκανῶν χρόνων θέλων ἰδεῖν αὐτὸν διὰ τὸ ἀκούειν περὶ αὐτοῦ καὶ ἤλπιζέν τι σημεῖον ἰδεῖν ὑπ' αὐτοῦ **γινόμενον.**
23:12 **ἐγένοντο** δὲ φίλοι ὅ τε Ἡρῴδης καὶ ὁ Πιλᾶτος ἐν αὐτῇ τῇ ἡμέρᾳ μετ' ἀλλήλων·
23:19 ὅστις ἦν διὰ στάσιν τινὰ **γενομένην** ἐν τῇ πόλει καὶ φόνον βληθεὶς ἐν τῇ φυλακῇ.
23:24 καὶ Πιλᾶτος ἐπέκρινεν **γενέσθαι** τὸ αἴτημα αὐτῶν·
23:31 ὅτι εἰ ἐν τῷ ὑγρῷ ξύλῳ ταῦτα ποιοῦσιν, ἐν τῷ ξηρῷ τί **γένηται;**
23:44 Καὶ ἦν ἤδη ὡσεὶ ὥρα ἕκτη καὶ σκότος **ἐγένετο** ἐφ' ὅλην τὴν γῆν ἕως ὥρας ἐνάτης
23:47 Ἰδὼν δὲ ὁ ἑκατοντάρχης τὸ **γενόμενον** ἐδόξαζεν τὸν θεὸν λέγων,
23:48 καὶ πάντες οἱ συμπαραγενόμενοι ὄχλοι ἐπὶ τὴν θεωρίαν ταύτην, θεωρήσαντες τὰ **γενόμενα,**
24: 4 καὶ **ἐγένετο** ἐν τῷ ἀπορεῖσθαι αὐτὰς περὶ τούτου καὶ ἰδοὺ ἄνδρες δύο ἐπέστησαν αὐταῖς ἐν ἐσθῆτι ἀστραπτούσῃ.
24: 5 ἐμφόβων δὲ **γενομένων** αὐτῶν καὶ κλινουσῶν τὰ πρόσωπα εἰς τὴν γῆν εἶπαν πρὸς αὐτάς,

24:12 ἔδραμεν ἐπὶ τὸ μνημεῖον καὶ παρακύψας βλέπει τὰ ὀθόνια μόνα, καὶ ἀπῆλθεν πρὸς ἑαυτὸν θαυμάζων τὸ **γεγονός.**
24:15 καὶ **ἐγένετο** ἐν τῷ ὁμιλεῖν αὐτοὺς καὶ συζητεῖν καὶ αὐτὸς Ἰησοῦς ἐγγίσας συνεπορεύετο αὐτοῖς,
24:18 Σὺ μόνος παροικεῖς Ἰερουσαλὴμ καὶ οὐκ ἔγνως τὰ **γενόμενα** ἐν αὐτῇ ἐν ταῖς ἡμέραις ταύταις;
24:19 ὃς **ἐγένετο** ἀνὴρ προφήτης δυνατὸς ἐν ἔργῳ καὶ λόγῳ ἐναντίον τοῦ θεοῦ καὶ παντὸς τοῦ λαοῦ,
24:21 ἀλλά γε καὶ σὺν πᾶσιν τούτοις τρίτην ταύτην ἡμέραν ἄγει ἀφ' οὗ ταῦτα **ἐγένετο.**
24:22 ἀλλὰ καὶ γυναῖκές τινες ἐξ ἡμῶν ἐξέστησαν ἡμᾶς, **γενόμεναι** ὀρθριναὶ ἐπὶ τὸ μνημεῖον,
24:30 καὶ **ἐγένετο** ἐν τῷ κατακλιθῆναι αὐτὸν μετ' αὐτῶν λαβὼν τὸν ἄρτον εὐλόγησεν καὶ κλάσας ἐπεδίδου αὐτοῖς,
24:31 αὐτῶν δὲ διηνοίχθησαν οἱ ὀφθαλμοὶ καὶ ἐπέγνωσαν αὐτόν· καὶ αὐτὸς ἄφαντος **ἐγένετο** ἀπ' αὐτῶν.
24:37 πτοηθέντες δὲ καὶ ἔμφοβοι **γενόμενοι** ἐδόκουν πνεῦμα θεωρεῖν.
24:51 καὶ **ἐγένετο** ἐν τῷ εὐλογεῖν αὐτὸν αὐτοὺς διέστη ἀπ' αὐτῶν καὶ ἀνεφέρετο εἰς τὸν οὐρανόν.

Jn 1: 3 πάντα δι' αὐτοῦ **ἐγένετο,** καὶ χωρὶς αὐτοῦ **ἐγένετο** οὐδὲ ἕν. ὃ **γέγονεν**
1: 6 **Ἐγένετο** ἄνθρωπος, ἀπεσταλμένος παρὰ θεοῦ, ὄνομα αὐτῷ Ἰωάννης·
1:10 ἐν τῷ κόσμῳ ἦν, καὶ ὁ κόσμος δι' αὐτοῦ **ἐγένετο,**
1:12 ὅσοι δὲ ἔλαβον αὐτόν, ἔδωκεν αὐτοῖς ἐξουσίαν τέκνα θεοῦ **γενέσθαι,**
1:14 Καὶ ὁ λόγος σὰρξ **ἐγένετο** καὶ ἐσκήνωσεν ἐν ἡμῖν,
1:15 Ὁ ὀπίσω μου ἐρχόμενος ἔμπροσθέν μου **γέγονεν,** ὅτι πρῶτός μου ἦν.
1:17 ἡ χάρις καὶ ἡ ἀλήθεια διὰ Ἰησοῦ Χριστοῦ **ἐγένετο.**
1:28 Ταῦτα ἐν Βηθανίᾳ **ἐγένετο** πέραν τοῦ Ἰορδάνου, ὅπου ἦν ὁ Ἰωάννης βαπτίζων.
1:30 Ὀπίσω μου ἔρχεται ἀνὴρ ὃς ἔμπροσθέν μου **γέγονεν,**
2: 1 Καὶ τῇ ἡμέρᾳ τῇ τρίτῃ γάμος **ἐγένετο** ἐν Κανὰ τῆς Γαλιλαίας,
2: 9 ὡς δὲ ἐγεύσατο ὁ ἀρχιτρίκλινος τὸ ὕδωρ οἶνον **γεγενημένον** καὶ οὐκ ᾔδει πόθεν ἐστίν,
3: 9 ἀπεκρίθη Νικόδημος καὶ εἶπεν αὐτῷ, Πῶς δύναται ταῦτα **γενέσθαι;**
3:25 **Ἐγένετο** οὖν ζήτησις ἐκ τῶν μαθητῶν Ἰωάννου μετὰ Ἰουδαίου περὶ καθαρισμοῦ.
4:14 ἀλλὰ τὸ ὕδωρ ὃ δώσω αὐτῷ **γενήσεται** ἐν αὐτῷ πηγὴ ὕδατος ἁλλομένου εἰς ζωὴν αἰώνιον.
5: 6 τοῦτον ἰδὼν ὁ Ἰησοῦς κατακείμενον καὶ γνοὺς ὅτι πολὺν ἤδη χρόνον ἔχει, λέγει αὐτῷ, Θέλεις ὑγιὴς **γενέσθαι;**
5: 9 καὶ εὐθέως **ἐγένετο** ὑγιὴς ὁ ἄνθρωπος καὶ ἦρεν τὸν κράβαττον αὐτοῦ καὶ περιεπάτει.
5:14 Ἴδε ὑγιὴς **γέγονας,** μηκέτι ἁμάρτανε, ἵνα μὴ χεῖρόν σοί τι **γένηται.**
6:16 Ὡς δὲ ὀψία **ἐγένετο** κατέβησαν οἱ μαθηταὶ αὐτοῦ ἐπὶ τὴν θάλασσαν
6:17 καὶ σκοτία ἤδη **ἐγεγόνει** καὶ οὔπω ἐληλύθει πρὸς αὐτοὺς ὁ Ἰησοῦς,
6:19 θεωροῦσιν τὸν Ἰησοῦν περιπατοῦντα ἐπὶ τῆς θαλάσσης καὶ ἐγγὺς τοῦ πλοίου **γινόμενον,**
6:21 καὶ εὐθέως **ἐγένετο** τὸ πλοῖον ἐπὶ τῆς γῆς εἰς ἣν ὑπῆγον.
6:25 καὶ εὑρόντες αὐτὸν πέραν τῆς θαλάσσης εἶπον αὐτῷ, Ῥαββί, πότε ὧδε **γέγονας;**
7:43 σχίσμα οὖν **ἐγένετο** ἐν τῷ ὄχλῳ δι' αὐτόν·
8:33 Σπέρμα Ἀβραάμ ἐσμεν καὶ οὐδενὶ δεδουλεύκαμεν πώποτε· πῶς σὺ λέγεις ὅτι Ἐλεύθεροι **γενήσεσθε;**
8:58 Ἀμὴν ἀμὴν λέγω ὑμῖν, πρὶν Ἀβραὰμ **γενέσθαι** ἐγὼ εἰμί.
9:22 ἤδη γὰρ συνετέθειντο οἱ Ἰουδαῖοι ἵνα ἐάν τις αὐτὸν ὁμολογήσῃ Χριστόν, ἀποσυνάγωγος **γένηται.**
9:27 τί πάλιν θέλετε ἀκούειν; μὴ καὶ ὑμεῖς θέλετε αὐτοῦ μαθηταὶ **γενέσθαι;**
9:39 ἵνα οἱ μὴ βλέποντες βλέπωσιν καὶ οἱ βλέποντες τυφλοὶ **γένωνται.**
10:16 κἀκεῖνα δεῖ με ἀγαγεῖν καὶ τῆς φωνῆς μου ἀκούσουσιν, καὶ **γενήσονται** μία ποίμνη, εἷς ποιμήν.
10:19 Σχίσμα πάλιν **ἐγένετο** ἐν τοῖς Ἰουδαίοις διὰ τοὺς λόγους τούτους.
10:22 **Ἐγένετο** τότε τὰ ἐγκαίνια ἐν τοῖς Ἱεροσολύμοις, χειμὼν ἦν,
10:35 εἰ ἐκείνους εἶπεν θεοὺς πρὸς οὓς ὁ λόγος τοῦ θεοῦ **ἐγένετο,**
12:29 ὁ οὖν ὄχλος ὁ ἑστὼς καὶ ἀκούσας ἔλεγεν βροντὴν **γεγονέναι,**
12:30 Οὐ δι' ἐμὲ ἡ φωνὴ αὕτη **γέγονεν** ἀλλὰ δι' ὑμᾶς.
12:36 πιστεύετε εἰς τὸ φῶς, ἵνα υἱοὶ φωτὸς **γένησθε.**
12:42 ἀλλὰ διὰ τοὺς Φαρισαίους οὐχ ὡμολόγουν ἵνα μὴ ἀποσυνάγωγοι **γένωνται·**
13: 2 καὶ δείπνου **γινομένου,** τοῦ διαβόλου ἤδη βεβληκότος εἰς τὴν καρδίαν ἵνα παραδοῖ αὐτὸν Ἰούδας Σίμωνος Ἰσκαριώτου,
13:19 ἀπ' ἄρτι λέγω ὑμῖν πρὸ τοῦ **γενέσθαι,** ἵνα πιστεύσητε ὅταν **γένηται** ὅτι ἐγώ εἰμι.
14:22 [καὶ] τί **γέγονεν** ὅτι ἡμῖν μέλλεις ἐμφανίζειν σεαυτὸν καὶ οὐχὶ τῷ κόσμῳ;
14:29 καὶ νῦν εἴρηκα ὑμῖν πρὶν **γενέσθαι,** ἵνα ὅταν **γένηται** πιστεύσητε.
15: 7 ἐὰν μείνητε ἐν ἐμοὶ καὶ τὰ ῥήματά μου ἐν ὑμῖν μείνῃ, ὃ ἐὰν θέλητε αἰτήσασθε, καὶ **γενήσεται** ὑμῖν.
15: 8 ἵνα καρπὸν πολὺν φέρητε καὶ **γένησθε** ἐμοὶ μαθηταί.
16:20 ὑμεῖς λυπηθήσεσθε, ἀλλ' ἡ λύπη ὑμῶν εἰς χαρὰν **γενήσεται.**
19:36 **ἐγένετο** γὰρ ταῦτα ἵνα ἡ γραφὴ πληρωθῇ, Ὀστοῦν οὐ συντριβήσεται αὐτοῦ.
20:27 καὶ ἴδε τὰς χεῖράς μου καὶ φέρε τὴν χεῖρά σου καὶ βάλε εἰς τὴν πλευράν μου, καὶ μὴ **γίνου** ἄπιστος ἀλλὰ πιστός.
21: 4 πρωΐας δὲ ἤδη **γενομένης** ἔστη Ἰησοῦς εἰς τὸν αἰγιαλόν,

Ac 1:16 γραφὴν ἣν προεῖπεν τὸ πνεῦμα τὸ ἅγιον διὰ στόματος Δαυὶδ περὶ Ἰούδα τοῦ **γενομένου** ὁδηγοῦ τοῖς συλλαβοῦσιν Ἰησοῦν,
1:18 ἐκτήσατο χωρίον ἐκ μισθοῦ τῆς ἀδικίας καὶ πρηνὴς **γενόμενος** ἐλάκησεν μέσος καὶ ἐξεχύθη πάντα τὰ σπλάγχνα αὐτοῦ·
1:19 καὶ γνωστὸν **ἐγένετο** πᾶσι τοῖς κατοικοῦσιν Ἰερουσαλήμ,
1:20 **Γενηθήτω** ἡ ἔπαυλις αὐτοῦ ἔρημος καὶ μὴ ἔστω ὁ κατοικῶν ἐν αὐτῇ,
1:22 μάρτυρα τῆς ἀναστάσεως αὐτοῦ σὺν ἡμῖν **γενέσθαι** ἕνα τούτων.
2: 2 καὶ **ἐγένετο** ἄφνω ἐκ τοῦ οὐρανοῦ ἦχος ὥσπερ φερομένης πνοῆς βιαίας καὶ ἐπλήρωσεν ὅλον τὸν οἶκον οὗ ἦσαν καθήμενοι
2: 6 **γενομένης** δὲ τῆς φωνῆς ταύτης συνῆλθεν τὸ πλῆθος καὶ συνεχύθη,
2:43 **Ἐγίνετο** δὲ πάσῃ ψυχῇ φόβος, πολλά τε τέρατα καὶ σημεῖα διὰ τῶν ἀποστόλων **ἐγίνετο.**
4: 4 καὶ **ἐγενήθη** [ὁ] ἀριθμὸς τῶν ἀνδρῶν [ὡς] χιλιάδες πέντε.
4: 5 **Ἐγένετο** δὲ ἐπὶ τὴν αὔριον συναχθῆναι αὐτῶν τοὺς ἄρχοντας καὶ τοὺς πρεσβυτέρους καὶ τοὺς γραμματεῖς ἐν Ἰερουσαλήμ,
4:11 ὁ ἐξουθενηθεὶς ὑφ' ὑμῶν τῶν οἰκοδόμων, ὁ **γενόμενος** εἰς κεφαλὴν γωνίας.
4:16 ὅτι μὲν γὰρ γνωστὸν σημεῖον **γέγονεν** δι' αὐτῶν πᾶσιν τοῖς κατοικοῦσιν Ἰερουσαλὴμ φανερὸν καὶ οὐ δυνάμεθα ἀρνεῖσθαι·
4:21 ὅτι πάντες ἐδόξαζον τὸν θεὸν ἐπὶ τῷ **γεγονότι·**
4:22 ἐτῶν γὰρ ἦν πλειόνων τεσσεράκοντα ὁ ἄνθρωπος ἐφ' ὃν **γεγόνει** τὸ σημεῖον τοῦτο τῆς ἰάσεως.
4:28 ποιῆσαι ὅσα ἡ χείρ σου καὶ ἡ βουλὴ [σου] προώρισεν **γενέσθαι.**
4:30 καὶ σημεῖα καὶ τέρατα **γίνεσθαι** διὰ τοῦ ὀνόματος τοῦ ἁγίου παιδός σου Ἰησοῦ.
5: 5 καὶ **ἐγένετο** φόβος μέγας ἐπὶ πάντας τοὺς ἀκούοντας.
5: 7 **Ἐγένετο** δὲ ὡς ὡρῶν τριῶν διάστημα καὶ ἡ γυνὴ αὐτοῦ μὴ εἰδυῖα τὸ **γεγονὸς** εἰσῆλθεν.
5:11 καὶ **ἐγένετο** φόβος μέγας ἐφ' ὅλην τὴν ἐκκλησίαν καὶ ἐπὶ πάντας τοὺς ἀκούοντας ταῦτα.
5:12 Διὰ δὲ τῶν χειρῶν τῶν ἀποστόλων **ἐγίνετο** σημεῖα καὶ τέρατα πολλὰ ἐν τῷ λαῷ.
5:24 ὡς δὲ ἤκουσαν τοὺς λόγους τούτους ὅ τε στρατηγὸς τοῦ ἱεροῦ καὶ οἱ ἀρχιερεῖς, διηπόρουν περὶ αὐτῶν τί ἂν **γένοιτο** τοῦτο.
5:36 καὶ πάντες ὅσοι ἐπείθοντο αὐτῷ διελύθησαν καὶ **ἐγένοντο** εἰς οὐδέν.
6: 1 Ἐν δὲ ταῖς ἡμέραις ταύταις πληθυνόντων τῶν μαθητῶν **ἐγένετο** γογγυσμὸς τῶν Ἑλληνιστῶν πρὸς τοὺς Ἑβραίους,
7:13 καὶ ἐν τῷ δευτέρῳ ἀνεγνωρίσθη Ἰωσὴφ τοῖς ἀδελφοῖς αὐτοῦ καὶ φανερὸν **ἐγένετο** τῷ Φαραὼ τὸ γένος [τοῦ] Ἰωσήφ.
7:29 ἔφυγεν δὲ Μωϋσῆς ἐν τῷ λόγῳ τούτῳ καὶ **ἐγένετο** πάροικος ἐν γῇ Μαδιάμ,
7:31 ὁ δὲ Μωϋσῆς ἰδὼν ἐθαύμαζεν τὸ ὅραμα, προσερχομένου δὲ αὐτοῦ κατανοῆσαι **ἐγένετο** φωνὴ κυρίου,
7:32 ὁ θεὸς Ἀβραὰμ καὶ Ἰσαὰκ καὶ Ἰακώβ. ἔντρομος δὲ **γενόμενος** Μωϋσῆς οὐκ ἐτόλμα κατανοῆσαι.
7:38 οὗτός ἐστιν ὁ **γενόμενος** ἐν τῇ ἐκκλησίᾳ ἐν τῇ ἐρήμῳ μετὰ τοῦ ἀγγέλου τοῦ λαλοῦντος αὐτῷ ἐν τῷ ὄρει Σινᾶ καὶ τῶν πατέρων ἡμῶν,
7:39 ᾧ οὐκ ἠθέλησαν ὑπήκοοι **γενέσθαι** οἱ πατέρες ἡμῶν,
7:40 ὃς ἐξήγαγεν ἡμᾶς ἐκ γῆς Αἰγύπτου, οὐκ οἴδαμεν τί **ἐγένετο** αὐτῷ.
7:52 καὶ ἀπέκτειναν τοὺς προκαταγγείλαντας περὶ τῆς ἐλεύσεως τοῦ δικαίου, οὗ νῦν ὑμεῖς προδόται καὶ φονεῖς **ἐγένεσθε,**

8: 1 **Ἐγένετο** δὲ ἐν ἐκείνῃ τῇ ἡμέρᾳ διωγμὸς μέγας ἐπὶ τὴν ἐκκλησίαν τὴν ἐν Ἱεροσολύμοις,
8: 8 **ἐγένετο** δὲ πολλὴ χαρὰ ἐν τῇ πόλει ἐκείνῃ.
8:13 θεωρῶν τε σημεῖα καὶ δυνάμεις μεγάλας **γινομένας** ἐξίστατο.
9: 3 ἐν δὲ τῷ πορεύεσθαι **ἐγένετο** αὐτὸν ἐγγίζειν τῇ Δαμασκῷ,
9:19 **Ἐγένετο** δὲ μετὰ τῶν ἐν Δαμασκῷ μαθητῶν ἡμέρας τινὰς
9:32 **Ἐγένετο** δὲ Πέτρον διερχόμενον διὰ πάντων κατελθεῖν καὶ πρὸς τοὺς ἁγίους τοὺς κατοικοῦντας Λύδδα.
9:37 **ἐγένετο** δὲ ἐν ταῖς ἡμέραις ἐκείναις ἀσθενήσασαν αὐτὴν ἀποθανεῖν·
9:42 γνωστὸν δὲ **ἐγένετο** καθ' ὅλης τῆς Ἰόππης καὶ ἐπίστευσαν πολλοὶ ἐπὶ τὸν κύριον.
9:43 **Ἐγένετο** δὲ ἡμέρας ἱκανὰς μεῖναι ἐν Ἰόππῃ παρά τινι Σίμωνι βυρσεῖ.
10: 4 ὁ δὲ ἀτενίσας αὐτῷ καὶ ἔμφοβος **γενόμενος** εἶπεν,
10:10 **ἐγένετο** δὲ πρόσπεινος καὶ ἤθελεν γεύσασθαι. παρασκευαζόντων δὲ αὐτῶν **ἐγένετο** ἐπ' αὐτὸν ἔκστασις
10:13 καὶ **ἐγένετο** φωνὴ πρὸς αὐτόν, Ἀναστάς, Πέτρε, θῦσον καὶ φάγε.
10:16 τοῦτο δὲ **ἐγένετο** ἐπὶ τρὶς καὶ εὐθὺς ἀνελήμφθη τὸ σκεῦος εἰς τὸν οὐρανόν.
10:25 ὡς δὲ **ἐγένετο** τοῦ εἰσελθεῖν τὸν Πέτρον, συναντήσας αὐτῷ ὁ Κορνήλιος πεσὼν ἐπὶ τοὺς πόδας προσεκύνησεν.
10:37 ὑμεῖς οἴδατε τὸ **γενόμενον** ῥῆμα καθ' ὅλης τῆς Ἰουδαίας,
10:40 τοῦτον ὁ θεὸς ἤγειρεν [ἐν] τῇ τρίτῃ ἡμέρᾳ καὶ ἔδωκεν αὐτὸν ἐμφανῆ **γενέσθαι,**
11:10 τοῦτο δὲ **ἐγένετο** ἐπὶ τρίς, καὶ ἀνεσπάσθη πάλιν ἅπαντα εἰς τὸν οὐρανόν.
11:19 Οἱ μὲν οὖν διασπαρέντες ἀπὸ τῆς θλίψεως τῆς **γενομένης** ἐπὶ Στεφάνῳ διῆλθον ἕως Φοινίκης καὶ Κύπρου καὶ Ἀντιοχείας
11:26 **ἐγένετο** δὲ αὐτοῖς καὶ ἐνιαυτὸν ὅλον συναχθῆναι ἐν τῇ ἐκκλησίᾳ καὶ διδάξαι ὄχλον ἱκανόν,
11:28 Ἅγαβος ἐσήμανεν διὰ τοῦ πνεύματος λιμὸν μεγάλην μέλλειν ἔσεσθαι ἐφ' ὅλην τὴν οἰκουμένην, ἥτις **ἐγένετο** ἐπὶ Κλαυδίου.
12: 5 προσευχὴ δὲ ἦν ἐκτενῶς **γινομένη** ὑπὸ τῆς ἐκκλησίας πρὸς τὸν θεὸν περὶ αὐτοῦ.
12: 9 καὶ ἐξελθὼν ἠκολούθει καὶ οὐκ ᾔδει ὅτι ἀληθές ἐστιν τὸ **γινόμενον** διὰ τοῦ ἀγγέλου·
12:11 καὶ ὁ Πέτρος ἐν ἑαυτῷ **γενόμενος** εἶπεν, Νῦν οἶδα ἀληθῶς ὅτι ἐξαπέστειλεν [ὁ] κύριος τὸν ἄγγελον αὐτοῦ καὶ ἐξείλατό με
12:18 **Γενομένης** δὲ ἡμέρας ἦν τάραχος οὐκ ὀλίγος ἐν τοῖς στρατιώταις τί ἄρα ὁ Πέτρος **ἐγένετο.**
12:23 ἀνθ' ὧν οὐκ ἔδωκεν τὴν δόξαν τῷ θεῷ, καὶ **γενόμενος** σκωληκόβρωτος ἐξέψυξεν.
13: 5 καὶ **γενόμενοι** ἐν Σαλαμῖνι κατήγγελλον τὸν λόγον τοῦ θεοῦ ἐν ταῖς συναγωγαῖς τῶν Ἰουδαίων.
13:12 τότε ἰδὼν ὁ ἀνθύπατος τὸ **γεγονὸς** ἐπίστευσεν ἐκπλησσόμενος ἐπὶ τῇ διδαχῇ τοῦ κυρίου.
13:32 καὶ ἡμεῖς ὑμᾶς εὐαγγελιζόμεθα τὴν πρὸς τοὺς πατέρας ἐπαγγελίαν **γενομένην,**
14: 1 **Ἐγένετο** δὲ ἐν Ἰκονίῳ κατὰ τὸ αὐτὸ εἰσελθεῖν αὐτοὺς εἰς τὴν συναγωγὴν τῶν Ἰουδαίων καὶ λαλῆσαι οὕτως ὥστε πιστεῦσαι
14: 3 διδόντι σημεῖα καὶ τέρατα **γίνεσθαι** διὰ τῶν χειρῶν αὐτῶν.
14: 5 ὡς δὲ **ἐγένετο** ὁρμὴ τῶν ἐθνῶν τε καὶ Ἰουδαίων σὺν τοῖς ἄρχουσιν αὐτῶν ὑβρίσαι καὶ λιθοβολῆσαι αὐτούς,
15: 2 **γενομένης** δὲ στάσεως καὶ ζητήσεως οὐκ ὀλίγης τῷ Παύλῳ καὶ τῷ Βαρναβᾷ πρὸς αὐτούς,
15: 7 πολλῆς δὲ ζητήσεως **γενομένης** ἀναστὰς Πέτρος εἶπεν πρὸς αὐτούς,
15:25 ἔδοξεν ἡμῖν **γενομένοις** ὁμοθυμαδὸν ἐκλεξαμένοις ἄνδρας πέμψαι πρὸς ὑμᾶς σὺν τοῖς ἀγαπητοῖς ἡμῶν Βαρναβᾷ
15:39 **ἐγένετο** δὲ παροξυσμὸς ὥστε ἀποχωρισθῆναι αὐτοὺς ἀπ' ἀλλήλων,
16:16 **Ἐγένετο** δὲ πορευομένων ἡμῶν εἰς τὴν προσευχὴν παιδίσκην τινὰ ἔχουσαν πνεῦμα πύθωνα ὑπαντῆσαι ἡμῖν,
16:26 ἄφνω δὲ σεισμὸς **ἐγένετο** μέγας ὥστε σαλευθῆναι τὰ θεμέλια τοῦ δεσμωτηρίου·
16:27 ἔξυπνος δὲ **γενόμενος** ὁ δεσμοφύλαξ καὶ ἰδὼν ἀνεῳγμένας τὰς θύρας τῆς φυλακῆς,
16:29 αἰτήσας δὲ φῶτα εἰσεπήδησεν καὶ ἔντρομος **γενόμενος** προσέπεσεν τῷ Παύλῳ καὶ [τῷ] Σιλᾷ
16:35 Ἡμέρας δὲ **γενομένης** ἀπέστειλαν οἱ στρατηγοὶ τοὺς ῥαβδούχους λέγοντες,
19: 1 **Ἐγένετο** δὲ ἐν τῷ τὸν Ἀπολλῶ εἶναι ἐν Κορίνθῳ Παῦλον διελθόντα τὰ ἀνωτερικὰ μέρη [κατ]ελθεῖν εἰς Ἔφεσον
19:10 τοῦτο δὲ **ἐγένετο** ἐπὶ ἔτη δύο, ὥστε πάντας τοὺς κατοικοῦντας τὴν Ἀσίαν ἀκοῦσαι τὸν λόγον τοῦ κυρίου,
19:17 τοῦτο δὲ **ἐγένετο** γνωστὸν πᾶσιν Ἰουδαίοις τε καὶ Ἕλλησιν τοῖς κατοικοῦσιν τὴν Ἔφεσον καὶ ἐπέπεσεν φόβος ἐπὶ πάντας
19:21 πορεύεσθαι εἰς Ἱεροσόλυμα εἰπὼν ὅτι Μετὰ τὸ **γενέσθαι** με ἐκεῖ δεῖ με καὶ Ῥώμην ἰδεῖν.
19:23 **Ἐγένετο** δὲ κατὰ τὸν καιρὸν ἐκεῖνον τάραχος οὐκ ὀλίγος περὶ τῆς ὁδοῦ.
19:26 ὁ Παῦλος οὗτος πείσας μετέστησεν ἱκανὸν ὄχλον λέγων ὅτι οὐκ εἰσὶν θεοὶ οἱ διὰ χειρῶν **γινόμενοι.**
19:28 Ἀκούσαντες δὲ καὶ **γενόμενοι** πλήρεις θυμοῦ ἔκραζον λέγοντες,
19:34 φωνὴ **ἐγένετο** μία ἐκ πάντων ὡς ἐπὶ ὥρας δύο κραζόντων,
20: 3 **γενομένης** ἐπιβουλῆς αὐτῷ ὑπὸ τῶν Ἰουδαίων μέλλοντι ἀνάγεσθαι εἰς τὴν Συρίαν, **ἐγένετο** γνώμης τοῦ ὑποστρέφειν διὰ Μακεδονίας.
20:16 ὅπως μὴ **γένηται** αὐτῷ χρονοτριβῆσαι ἐν τῇ Ἀσίᾳ· ἔσπευδεν γὰρ εἰ δυνατὸν εἴη αὐτῷ τὴν ἡμέραν τῆς πεντηκοστῆς **γενέσθαι** εἰς Ἱεροσόλυμα.
20:18 ἀπὸ πρώτης ἡμέρας ἀφ' ἧς ἐπέβην εἰς τὴν Ἀσίαν, πῶς μεθ' ὑμῶν τὸν πάντα χρόνον **ἐγενόμην,**
20:37 ἱκανὸς δὲ κλαυθμὸς **ἐγένετο** πάντων καὶ ἐπιπεσόντες ἐπὶ τὸν τράχηλον τοῦ Παύλου κατεφίλουν αὐτόν,
21: 1 Ὡς δὲ **ἐγένετο** ἀναχθῆναι ἡμᾶς ἀποσπασθέντας ἀπ' αὐτῶν,
21: 5 ὅτε δὲ **ἐγένετο** ἡμᾶς ἐξαρτίσαι τὰς ἡμέρας, ἐξελθόντες ἐπορευόμεθα προπεμπόντων ἡμᾶς πάντων σὺν γυναιξὶ καὶ τέκνοις ἕως ἔξω τῆς πόλεως,
21:14 μὴ πειθομένου δὲ αὐτοῦ ἡσυχάσαμεν εἰπόντες, Τοῦ κυρίου τὸ θέλημα **γινέσθω.**
21:17 **Γενομένων** δὲ ἡμῶν εἰς Ἱεροσόλυμα ἀσμένως ἀπεδέξαντο ἡμᾶς οἱ ἀδελφοί.
21:30 ἐκινήθη τε ἡ πόλις ὅλη καὶ **ἐγένετο** συνδρομὴ τοῦ λαοῦ,
21:35 ὅτε δὲ **ἐγένετο** ἐπὶ τοὺς ἀναβαθμούς, συνέβη βαστάζεσθαι αὐτὸν ὑπὸ τῶν στρατιωτῶν διὰ τὴν βίαν τοῦ ὄχλου,
21:40 πολλῆς δὲ σιγῆς **γενομένης** προσεφώνησεν τῇ Ἑβραΐδι διαλέκτῳ λέγων,
22: 6 **Ἐγένετο** δέ μοι πορευομένῳ καὶ ἐγγίζοντι τῇ Δαμασκῷ περὶ μεσημβρίαν ἐξαίφνης ἐκ τοῦ οὐρανοῦ περιαστράψαι φῶς
22:17 **Ἐγένετο** δέ μοι ὑποστρέψαντι εἰς Ἰερουσαλὴμ καὶ προσευχομένου μου ἐν τῷ ἱερῷ **γενέσθαι** με ἐν ἐκστάσει
23: 7 τοῦτο δὲ αὐτοῦ εἰπόντος **ἐγένετο** στάσις τῶν Φαρισαίων καὶ Σαδδουκαίων καὶ ἐσχίσθη τὸ πλῆθος.
23: 9 **ἐγένετο** δὲ κραυγὴ μεγάλη, καὶ ἀναστάντες τινὲς τῶν γραμματέων τοῦ μέρους τῶν Φαρισαίων διεμάχοντο λέγοντες,
23:10 Πολλῆς δὲ **γινομένης** στάσεως φοβηθεὶς ὁ χιλίαρχος μὴ διασπασθῇ ὁ Παῦλος ὑπ' αὐτῶν
23:12 **Γενομένης** δὲ ἡμέρας ποιήσαντες συστροφὴν οἱ Ἰουδαῖοι ἀνεθεμάτισαν ἑαυτοὺς λέγοντες μήτε φαγεῖν μήτε πιεῖν ἕως οὗ ἀποκτείνωσιν τὸν Παῦλον.
24: 2 Πολλῆς εἰρήνης τυγχάνοντες διὰ σοῦ καὶ διορθωμάτων **γινομένων** τῷ ἔθνει τούτῳ διὰ τῆς σῆς προνοίας,
24:25 ἔμφοβος **γενόμενος** ὁ Φῆλιξ ἀπεκρίθη, Τὸ νῦν ἔχον πορεύου,
25:15 περὶ οὗ **γενομένου** μου εἰς Ἱεροσόλυμα ἐνεφάνισαν οἱ ἀρχιερεῖς καὶ οἱ πρεσβύτεροι τῶν Ἰουδαίων
25:26 βασιλεῦ Ἀγρίππα, ὅπως τῆς ἀνακρίσεως **γενομένης** σχῶ τί γράψω·
26: 4 Τὴν μὲν οὖν βίωσίν μου [τὴν] ἐκ νεότητος τὴν ἀπ' ἀρχῆς **γενομένην** ἐν τῷ ἔθνει μου ἔν τε Ἱεροσολύμοις ἴσασι πάντες
26: 6 καὶ νῦν ἐπ' ἐλπίδι τῆς εἰς τοὺς πατέρας ἡμῶν ἐπαγγελίας **γενομένης** ὑπὸ τοῦ θεοῦ ἕστηκα κρινόμενος,
26:19 βασιλεῦ Ἀγρίππα, οὐκ **ἐγενόμην** ἀπειθὴς τῇ οὐρανίῳ ὀπτασίᾳ
26:22 ἕστηκα μαρτυρόμενος μικρῷ τε καὶ μεγάλῳ οὐδὲν ἐκτὸς λέγων ὧν τε οἱ προφῆται ἐλάλησαν μελλόντων **γίνεσθαι** καὶ Μωϋσῆς,
26:29 ἀλλὰ καὶ πάντας τοὺς ἀκούοντάς μου σήμερον **γενέσθαι** τοιούτους ὁποῖος καὶ ἐγώ εἰμι παρεκτὸς τῶν δεσμῶν τούτων.
27: 7 ἐν ἱκαναῖς δὲ ἡμέραις βραδυπλοοῦντες καὶ μόλις **γενόμενοι** κατὰ τὴν Κνίδον,
27:16 νησίον δέ τι ὑποδραμόντες καλούμενον Καῦδα ἰσχύσαμεν μόλις περικρατεῖς **γενέσθαι** τῆς σκάφης,
27:27 Ὡς δὲ τεσσαρεσκαιδεκάτη νὺξ **ἐγένετο** διαφερομένων ἡμῶν ἐν τῷ Ἀδρίᾳ,
27:29 ἐκ πρύμνης ῥίψαντες ἀγκύρας τέσσαρας ηὔχοντο ἡμέραν **γενέσθαι.**
27:33 Ἄχρι δὲ οὗ ἡμέρα ἤμελλεν **γίνεσθαι,** παρεκάλει ὁ Παῦλος ἅπαντας μεταλαβεῖν τροφῆς λέγων,
27:36 εὔθυμοι δὲ **γενόμενοι** πάντες καὶ αὐτοὶ προσελάβοντο τροφῆς.

27:39 Ὅτε δὲ ἡμέρα **ἐγένετο,** τὴν γῆν οὐκ ἐπεγίνωσκον,
27:42 τῶν δὲ στρατιωτῶν βουλὴ **ἐγένετο** ἵνα τοὺς δεσμώτας ἀποκτείνωσιν,
27:44 καὶ οὕτως **ἐγένετο** πάντας διασωθῆναι ἐπὶ τὴν γῆν.
28: 6 καὶ θεωρούντων μηδὲν ἄτοπον εἰς αὐτὸν **γινόμενον** μεταβαλόμενοι ἔλεγον αὐτὸν εἶναι θεόν.
28: 8 **ἐγένετο** δὲ τὸν πατέρα τοῦ Ποπλίου πυρετοῖς καὶ δυσεντερίῳ συνεχόμενον κατακεῖσθαι,
28: 9 τούτου δὲ **γενομένου** καὶ οἱ λοιποὶ οἱ ἐν τῇ νήσῳ ἔχοντες ἀσθενείας προσήρχοντο καὶ ἐθεραπεύοντο,
28:17 **Ἐγένετο** δὲ μετὰ ἡμέρας τρεῖς συγκαλέσασθαι αὐτὸν τοὺς ὄντας τῶν Ἰουδαίων πρώτους·

Ro 1: 3 περὶ τοῦ υἱοῦ αὐτοῦ τοῦ **γενομένου** ἐκ σπέρματος Δαυὶδ κατὰ σάρκα,
2:25 ἐὰν δὲ παραβάτης νόμου ᾖς, ἡ περιτομή σου ἀκροβυστία **γέγονεν.**
3: 4 μὴ **γένοιτο· γινέσθω** δὲ ὁ θεὸς ἀληθής, πᾶς δὲ ἄνθρωπος ψεύστης,
3: 6 μὴ **γένοιτο·** ἐπεὶ πῶς κρινεῖ ὁ θεὸς τὸν κόσμον;
3:19 ἵνα πᾶν στόμα φραγῇ καὶ ὑπόδικος **γένηται** πᾶς ὁ κόσμος τῷ θεῷ·
3:31 νόμον οὖν καταργοῦμεν διὰ τῆς πίστεως; μὴ **γένοιτο·** ἀλλὰ νόμον ἱστάνομεν.
4:18 ὃς παρ' ἐλπίδα ἐπ' ἐλπίδι ἐπίστευσεν εἰς τὸ **γενέσθαι** αὐτὸν πατέρα πολλῶν ἐθνῶν κατὰ τὸ εἰρημένον,
6: 2 μὴ **γένοιτο.** οἵτινες ἀπεθάνομεν τῇ ἁμαρτίᾳ, πῶς ἔτι ζήσομεν ἐν αὐτῇ;
6: 5 εἰ γὰρ σύμφυτοι **γεγόναμεν** τῷ ὁμοιώματι τοῦ θανάτου αὐτοῦ,
6:15 ὅτι οὐκ ἐσμὲν ὑπὸ νόμον ἀλλὰ ὑπὸ χάριν; μὴ **γένοιτο.**
7: 3 ἄρα οὖν ζῶντος τοῦ ἀνδρὸς μοιχαλὶς χρηματίσει ἐὰν **γένηται** ἀνδρὶ ἑτέρῳ· ἐὰν δὲ ἀποθάνῃ ὁ ἀνήρ, ἐλευθέρα ἐστὶν ἀπὸ τοῦ νόμου, τοῦ μὴ εἶναι αὐτὴν μοιχαλίδα **γενομένην** ἀνδρὶ ἑτέρῳ.
7: 4 εἰς τὸ **γενέσθαι** ὑμᾶς ἑτέρῳ, τῷ ἐκ νεκρῶν ἐγερθέντι,
7: 7 μὴ **γένοιτο·** ἀλλὰ τὴν ἁμαρτίαν οὐκ ἔγνων εἰ μὴ διὰ νόμου·
7:13 Τὸ οὖν ἀγαθὸν ἐμοὶ **ἐγένετο** θάνατος; μὴ **γένοιτο·** ἀλλὰ ἡ ἁμαρτία, ἵνα φανῇ ἁμαρτία, διὰ τοῦ ἀγαθοῦ μοι κατεργαζομένη θάνατον· ἵνα **γένηται** καθ' ὑπερβολὴν ἁμαρτωλὸς ἡ ἁμαρτία διὰ τῆς ἐντολῆς.
9:14 Τί οὖν ἐροῦμεν; μὴ ἀδικία παρὰ τῷ θεῷ; μὴ **γένοιτο.**
9:29 ὡς Σόδομα ἂν **ἐγενήθημεν** καὶ ὡς Γόμορρα ἂν ὡμοιώθημεν.
10:20 Εὑρέθην [ἐν] τοῖς ἐμὲ μὴ ζητοῦσιν, ἐμφανὴς **ἐγενόμην** τοῖς ἐμὲ μὴ ἐπερωτῶσιν.
11: 1 μὴ **γένοιτο·** καὶ γὰρ ἐγὼ Ἰσραηλίτης εἰμί, ἐκ σπέρματος Ἀβραάμ,
11: 5 οὕτως οὖν καὶ ἐν τῷ νῦν καιρῷ λεῖμμα κατ' ἐκλογὴν χάριτος **γέγονεν·**
11: 6 οὐκέτι ἐξ ἔργων, ἐπεὶ ἡ χάρις οὐκέτι **γίνεται** χάρις.
11: 9 **Γενηθήτω** ἡ τράπεζα αὐτῶν εἰς παγίδα καὶ εἰς θήραν καὶ εἰς σκάνδαλον καὶ εἰς ἀνταπόδομα αὐτοῖς,
11:11 μὴ **γένοιτο·** ἀλλὰ τῷ αὐτῶν παραπτώματι ἡ σωτηρία τοῖς ἔθνεσιν εἰς τὸ παραζηλῶσαι αὐτούς.
11:17 σὺ δὲ ἀγριέλαιος ὢν ἐνεκεντρίσθης ἐν αὐτοῖς καὶ συγκοινωνὸς τῆς ῥίζης τῆς πιότητος τῆς ἐλαίας **ἐγένου,**
11:25 ὅτι πώρωσις ἀπὸ μέρους τῷ Ἰσραὴλ **γέγονεν** ἄχρις οὗ τὸ πλήρωμα τῶν ἐθνῶν εἰσέλθῃ
11:34 Τίς γὰρ ἔγνω νοῦν κυρίου; ἢ τίς σύμβουλος αὐτοῦ **ἐγένετο;**
12:16 μὴ τὰ ὑψηλὰ φρονοῦντες ἀλλὰ τοῖς ταπεινοῖς συναπαγόμενοι. μὴ **γίνεσθε** φρόνιμοι παρ' ἑαυτοῖς.
15: 8 λέγω γὰρ Χριστὸν διάκονον **γεγενῆσθαι** περιτομῆς ὑπὲρ ἀληθείας θεοῦ,
15:16 ἵνα **γένηται** ἡ προσφορὰ τῶν ἐθνῶν εὐπρόσδεκτος, ἡγιασμένη ἐν πνεύματι ἁγίῳ.
15:31 ἵνα ῥυσθῶ ἀπὸ τῶν ἀπειθούντων ἐν τῇ Ἰουδαίᾳ καὶ ἡ διακονία μου ἡ εἰς Ἰερουσαλὴμ εὐπρόσδεκτος τοῖς ἁγίοις **γένηται,**
16: 2 καὶ γὰρ αὐτὴ προστάτις πολλῶν **ἐγενήθη** καὶ ἐμοῦ αὐτοῦ.
16: 7 οἵτινές εἰσιν ἐπίσημοι ἐν τοῖς ἀποστόλοις, οἳ καὶ πρὸ ἐμοῦ **γέγοναν** ἐν Χριστῷ.

1Co 1:30 ὃς **ἐγενήθη** σοφία ἡμῖν ἀπὸ θεοῦ, δικαιοσύνη τε καὶ ἁγιασμὸς καὶ ἀπολύτρωσις,
2: 3 κἀγὼ ἐν ἀσθενείᾳ καὶ ἐν φόβῳ καὶ ἐν τρόμῳ πολλῷ **ἐγενόμην** πρὸς ὑμᾶς,
3:13 ἑκάστου τὸ ἔργον φανερὸν **γενήσεται,** ἡ γὰρ ἡμέρα δηλώσει,
3:18 εἴ τις δοκεῖ σοφὸς εἶναι ἐν ὑμῖν ἐν τῷ αἰῶνι τούτῳ, μωρὸς **γενέσθω,** ἵνα **γένηται** σοφός.
4: 5 καὶ τότε ὁ ἔπαινος **γενήσεται** ἑκάστῳ ἀπὸ τοῦ θεοῦ.
4: 9 ὅτι θέατρον **ἐγενήθημεν** τῷ κόσμῳ καὶ ἀγγέλοις καὶ ἀνθρώποις.
4:13 ὡς περικαθάρματα τοῦ κόσμου **ἐγενήθημεν,** πάντων περίψημα ἕως ἄρτι.
4:16 παρακαλῶ οὖν ὑμᾶς, μιμηταί μου **γίνεσθε.**
6:15 ἄρας οὖν τὰ μέλη τοῦ Χριστοῦ ποιήσω πόρνης μέλη; μὴ **γένοιτο.**
7:21 ἀλλ' εἰ καὶ δύνασαι ἐλεύθερος **γενέσθαι,** μᾶλλον χρῆσαι.
7:23 τιμῆς ἠγοράσθητε· μὴ **γίνεσθε** δοῦλοι ἀνθρώπων.
7:36 ἐὰν ᾖ ὑπέρακμος καὶ οὕτως ὀφείλει **γίνεσθαι,** ὃ θέλει ποιείτω,
8: 9 βλέπετε δὲ μή πως ἡ ἐξουσία ὑμῶν αὕτη πρόσκομμα **γένηται** τοῖς ἀσθενέσιν.
9:15 οὐκ ἔγραψα δὲ ταῦτα, ἵνα οὕτως **γένηται** ἐν ἐμοί·
9:20 καὶ **ἐγενόμην** τοῖς Ἰουδαίοις ὡς Ἰουδαῖος, ἵνα Ἰουδαίους κερδήσω·
9:22 **ἐγενόμην** τοῖς ἀσθενέσιν ἀσθενής, ἵνα τοὺς ἀσθενεῖς κερδήσω· τοῖς πᾶσιν **γέγονα** πάντα, ἵνα πάντως τινὰς σώσω.
9:23 πάντα δὲ ποιῶ διὰ τὸ εὐαγγέλιον, ἵνα συγκοινωνὸς αὐτοῦ **γένωμαι.**
9:27 ἀλλὰ ὑπωπιάζω μου τὸ σῶμα καὶ δουλαγωγῶ, μή πως ἄλλοις κηρύξας αὐτὸς ἀδόκιμος **γένωμαι.**
10: 6 ταῦτα δὲ τύποι ἡμῶν **ἐγενήθησαν,** εἰς τὸ μὴ εἶναι ἡμᾶς ἐπιθυμητὰς κακῶν,
10: 7 μηδὲ εἰδωλολάτραι **γίνεσθε** καθώς τινες αὐτῶν, ὥσπερ γέγραπται,
10:20 οὐ θέλω δὲ ὑμᾶς κοινωνοὺς τῶν δαιμονίων **γίνεσθαι.**
10:32 ἀπρόσκοποι καὶ Ἰουδαίοις **γίνεσθε** καὶ Ἕλλησιν καὶ τῇ ἐκκλησίᾳ τοῦ θεοῦ,
11: 1 μιμηταί μου **γίνεσθε** καθὼς κἀγὼ Χριστοῦ.
11:19 ἵνα [καὶ] οἱ δόκιμοι φανεροὶ **γένωνται** ἐν ὑμῖν.
13: 1 ἀγάπην δὲ μὴ ἔχω, **γέγονα** χαλκὸς ἠχῶν ἢ κύμβαλον ἀλαλάζον.
13:11 ἐλογιζόμην ὡς νήπιος· ὅτε **γέγονα** ἀνήρ, κατήργηκα τὰ τοῦ νηπίου.
14:20 μὴ παιδία **γίνεσθε** ταῖς φρεσὶν ἀλλὰ τῇ κακίᾳ νηπιάζετε, ταῖς δὲ φρεσὶν τέλειοι **γίνεσθε.**
14:25 τὰ κρυπτὰ τῆς καρδίας αὐτοῦ φανερὰ **γίνεται,**
14:26 γλῶσσαν ἔχει, ἑρμηνείαν ἔχει· πάντα πρὸς οἰκοδομὴν **γινέσθω.**
14:40 πάντα δὲ εὐσχημόνως καὶ κατὰ τάξιν **γινέσθω.**
15:10 καὶ ἡ χάρις αὐτοῦ ἡ εἰς ἐμὲ οὐ κενὴ **ἐγενήθη,**
15:37 οὐ τὸ σῶμα τὸ **γενησόμενον** σπείρεις ἀλλὰ γυμνὸν κόκκον εἰ τύχοι σίτου ἤ τινος τῶν λοιπῶν·
15:45 **Ἐγένετο** ὁ πρῶτος ἄνθρωπος Ἀδὰμ εἰς ψυχὴν ζῶσαν,
15:54 τότε **γενήσεται** ὁ λόγος ὁ γεγραμμένος, Κατεπόθη ὁ θάνατος εἰς νῖκος.
15:58 Ὥστε, ἀδελφοί μου ἀγαπητοί, ἑδραῖοι **γίνεσθε,** ἀμετακίνητοι, περισσεύοντες ἐν τῷ ἔργῳ τοῦ κυρίου πάντοτε,
16: 2 ἕκαστος ὑμῶν παρ' ἑαυτῷ τιθέτω θησαυρίζων ὅ τι ἐὰν εὐοδῶται, ἵνα μὴ ὅταν ἔλθω τότε λογεῖαι **γίνωνται.**
16:10 Ἐὰν δὲ ἔλθῃ Τιμόθεος, βλέπετε, ἵνα ἀφόβως **γένηται** πρὸς ὑμᾶς·
16:14 πάντα ὑμῶν ἐν ἀγάπῃ **γινέσθω.**

2Co 1: 8 ὑπὲρ τῆς θλίψεως ἡμῶν τῆς **γενομένης** ἐν τῇ Ἀσίᾳ,
1:19 οὐκ **ἐγένετο** Ναὶ καὶ Οὒ ἀλλὰ Ναὶ ἐν αὐτῷ **γέγονεν.**
3: 7 Εἰ δὲ ἡ διακονία τοῦ θανάτου ἐν γράμμασιν ἐντετυπωμένη λίθοις **ἐγενήθη** ἐν δόξῃ,
5:17 καινὴ κτίσις· τὰ ἀρχαῖα παρῆλθεν, ἰδοὺ **γέγονεν** καινά·
5:21 τὸν μὴ γνόντα ἁμαρτίαν ὑπὲρ ἡμῶν ἁμαρτίαν ἐποίησεν, ἵνα ἡμεῖς **γενώμεθα** δικαιοσύνη θεοῦ ἐν αὐτῷ.
6:14 Μὴ **γίνεσθε** ἑτεροζυγοῦντες ἀπίστοις· τίς γὰρ μετοχὴ δικαιοσύνῃ καὶ ἀνομίᾳ ἢ τίς κοινωνία φωτὶ πρὸς σκότος;
7:14 οὕτως καὶ ἡ καύχησις ἡμῶν ἡ ἐπὶ Τίτου ἀλήθεια **ἐγενήθη.**
8:14 ἵνα καὶ τὸ ἐκείνων περίσσευμα **γένηται** εἰς τὸ ὑμῶν ὑστέρημα, ὅπως **γένηται** ἰσότης,
12:11 **Γέγονα** ἄφρων, ὑμεῖς με ἠναγκάσατε. ἐγὼ γὰρ ὤφειλον ὑφ' ὑμῶν συνίστασθαι·

Gal 2:17 εἰ δὲ ζητοῦντες δικαιωθῆναι ἐν Χριστῷ εὑρέθημεν καὶ αὐτοὶ ἁμαρτωλοί, ἆρα Χριστὸς ἁμαρτίας διάκονος; μὴ **γένοιτο.**
3:13 Χριστὸς ἡμᾶς ἐξηγόρασεν ἐκ τῆς κατάρας τοῦ νόμου **γενόμενος** ὑπὲρ ἡμῶν κατάρα,
3:14 ἵνα εἰς τὰ ἔθνη ἡ εὐλογία τοῦ Ἀβραὰμ **γένηται** ἐν Χριστῷ Ἰησοῦ,
3:17 διαθήκην προκεκυρωμένην ὑπὸ τοῦ θεοῦ ὁ μετὰ τετρακόσια καὶ τριάκοντα ἔτη **γεγονὼς** νόμος οὐκ ἀκυροῖ εἰς τὸ καταργῆσαι τὴν ἐπαγγελίαν.
3:21 μὴ **γένοιτο.** εἰ γὰρ ἐδόθη νόμος ὁ δυνάμενος ζῳοποιῆσαι,
3:24 ὥστε ὁ νόμος παιδαγωγὸς ἡμῶν **γέγονεν** εἰς Χριστόν,
4: 4 ἐξαπέστειλεν ὁ θεὸς τὸν υἱὸν αὐτοῦ, **γενόμενον** ἐκ γυναικός, **γενόμενον** ὑπὸ νόμον,

4:12 **Γίνεσθε** ὡς ἐγώ, ὅτι κἀγὼ ὡς ὑμεῖς, ἀδελφοί,
4:16 ὥστε ἐχθρὸς ὑμῶν **γέγονα** ἀληθεύων ὑμῖν;
5:26 μὴ **γινώμεθα** κενόδοξοι, ἀλλήλους προκαλούμενοι, ἀλλήλοις φθονοῦντες.
6:14 ἐμοὶ δὲ μὴ **γένοιτο** καυχᾶσθαι εἰ μὴ ἐν τῷ σταυρῷ τοῦ κυρίου ἡμῶν Ἰησοῦ Χριστοῦ,

Eph 2:13 νυνὶ δὲ ἐν Χριστῷ Ἰησοῦ ὑμεῖς οἵ ποτε ὄντες μακρὰν **ἐγενήθητε** ἐγγὺς ἐν τῷ αἵματι τοῦ Χριστοῦ.
3: 7 οὗ **ἐγενήθην** διάκονος κατὰ τὴν δωρεὰν τῆς χάριτος τοῦ θεοῦ τῆς δοθείσης μοι κατὰ τὴν ἐνέργειαν τῆς δυνάμεως αὐτοῦ.
4:32 **γίνεσθε** [δὲ] εἰς ἀλλήλους χρηστοί, εὔσπλαγχνοι, χαριζόμενοι ἑαυτοῖς,
5: 1 **γίνεσθε** οὖν μιμηταὶ τοῦ θεοῦ ὡς τέκνα ἀγαπητὰ
5: 7 μὴ οὖν **γίνεσθε** συμμέτοχοι αὐτῶν·
5:12 τὰ γὰρ κρυφῇ **γινόμενα** ὑπ' αὐτῶν αἰσχρόν ἐστιν καὶ λέγειν,
5:17 διὰ τοῦτο μὴ **γίνεσθε** ἄφρονες, ἀλλὰ συνίετε τί τὸ θέλημα τοῦ κυρίου.
6: 3 ἵνα εὖ σοι **γένηται** καὶ ἔσῃ μακροχρόνιος ἐπὶ τῆς γῆς.

Php 1:13 ὥστε τοὺς δεσμούς μου φανεροὺς ἐν Χριστῷ **γενέσθαι** ἐν ὅλῳ τῷ πραιτωρίῳ καὶ τοῖς λοιποῖς πᾶσιν,
2: 7 ἀλλὰ ἑαυτὸν ἐκένωσεν μορφὴν δούλου λαβών, ἐν ὁμοιώματι ἀνθρώπων **γενόμενος·**
2: 8 ἐταπείνωσεν ἑαυτὸν **γενόμενος** ὑπήκοος μέχρι θανάτου, θανάτου δὲ σταυροῦ.
2:15 ἵνα **γένησθε** ἄμεμπτοι καὶ ἀκέραιοι, τέκνα θεοῦ ἄμωμα μέσον γενεᾶς σκολιᾶς καὶ διεστραμμένης,
3: 6 κατὰ ζῆλος διώκων τὴν ἐκκλησίαν, κατὰ δικαιοσύνην τὴν ἐν νόμῳ **γενόμενος** ἄμεμπτος.
3:17 Συμμιμηταί μου **γίνεσθε,** ἀδελφοί, καὶ σκοπεῖτε τοὺς οὕτω περιπατοῦντας καθὼς ἔχετε τύπον ἡμᾶς.

Col 1:18 πρωτότοκος ἐκ τῶν νεκρῶν, ἵνα **γένηται** ἐν πᾶσιν αὐτὸς πρωτεύων,
1:23 τοῦ κηρυχθέντος ἐν πάσῃ κτίσει τῇ ὑπὸ τὸν οὐρανόν, οὗ **ἐγενόμην** ἐγὼ Παῦλος διάκονος.
1:25 ἧς **ἐγενόμην** ἐγὼ διάκονος κατὰ τὴν οἰκονομίαν τοῦ θεοῦ τὴν δοθεῖσάν μοι εἰς ὑμᾶς πληρῶσαι τὸν λόγον τοῦ θεοῦ,
3:15 εἰς ἣν καὶ ἐκλήθητε ἐν ἑνὶ σώματι· καὶ εὐχάριστοι **γίνεσθε.**
4:11 οὗτοι μόνοι συνεργοὶ εἰς τὴν βασιλείαν τοῦ θεοῦ, οἵτινες **ἐγενήθησάν** μοι παρηγορία.

1Th 1: 5 ὅτι τὸ εὐαγγέλιον ἡμῶν οὐκ **ἐγενήθη** εἰς ὑμᾶς ἐν λόγῳ μόνον ἀλλὰ καὶ ἐν δυνάμει καὶ ἐν πνεύματι ἁγίῳ καὶ [ἐν] πληροφορίᾳ πολλῇ, καθὼς οἴδατε οἷοι **ἐγενήθημεν** [ἐν] ὑμῖν δι' ὑμᾶς.
1: 6 καὶ ὑμεῖς μιμηταὶ ἡμῶν **ἐγενήθητε** καὶ τοῦ κυρίου,
1: 7 ὥστε **γενέσθαι** ὑμᾶς τύπον πᾶσιν τοῖς πιστεύουσιν ἐν τῇ Μακεδονίᾳ καὶ ἐν τῇ Ἀχαΐᾳ.
2: 1 τὴν εἴσοδον ἡμῶν τὴν πρὸς ὑμᾶς ὅτι οὐ κενὴ **γέγονεν,**
2: 5 οὔτε γάρ ποτε ἐν λόγῳ κολακείας **ἐγενήθημεν,** καθὼς οἴδατε,
2: 7 ἀλλὰ **ἐγενήθημεν** νήπιοι ἐν μέσῳ ὑμῶν, ὡς ἐὰν τροφὸς θάλπῃ τὰ ἑαυτῆς τέκνα,
2: 8 οὐ μόνον τὸ εὐαγγέλιον τοῦ θεοῦ ἀλλὰ καὶ τὰς ἑαυτῶν ψυχάς, διότι ἀγαπητοὶ ἡμῖν **ἐγενήθητε.**
2:10 ὡς ὁσίως καὶ δικαίως καὶ ἀμέμπτως ὑμῖν τοῖς πιστεύουσιν **ἐγενήθημεν,**
2:14 ὑμεῖς γὰρ μιμηταὶ **ἐγενήθητε,** ἀδελφοί, τῶν ἐκκλησιῶν τοῦ θεοῦ τῶν οὐσῶν ἐν τῇ Ἰουδαίᾳ ἐν Χριστῷ Ἰησοῦ,
3: 4 προελέγομεν ὑμῖν ὅτι μέλλομεν θλίβεσθαι, καθὼς καὶ **ἐγένετο** καὶ οἴδατε.
3: 5 μή πως ἐπείρασεν ὑμᾶς ὁ πειράζων καὶ εἰς κενὸν **γένηται** ὁ κόπος ἡμῶν.

2Th 2: 7 μόνον ὁ κατέχων ἄρτι ἕως ἐκ μέσου **γένηται.**

1Ti 2:14 καὶ Ἀδὰμ οὐκ ἠπατήθη, ἡ δὲ γυνὴ ἐξαπατηθεῖσα ἐν παραβάσει **γέγονεν·**
4:12 ἀλλὰ τύπος **γίνου** τῶν πιστῶν ἐν λόγῳ, ἐν ἀναστροφῇ,
5: 9 Χήρα καταλεγέσθω μὴ ἔλαττον ἐτῶν ἑξήκοντα **γεγονυῖα,** ἑνὸς ἀνδρὸς γυνή,
6: 4 ἐξ ὧν **γίνεται** φθόνος ἔρις βλασφημίαι, ὑπόνοιαι πονηραί,

2Ti 1:17 ἀλλὰ **γενόμενος** ἐν Ῥώμῃ σπουδαίως ἐζήτησέν με καὶ εὗρεν·
2:18 λέγοντες [τὴν] ἀνάστασιν ἤδη **γεγονέναι,** καὶ ἀνατρέπουσιν τήν τινων πίστιν.
3: 9 ἡ γὰρ ἄνοια αὐτῶν ἔκδηλος ἔσται πᾶσιν, ὡς καὶ ἡ ἐκείνων **ἐγένετο.**
3:11 οἷά μοι **ἐγένετο** ἐν Ἀντιοχείᾳ, ἐν Ἰκονίῳ, ἐν Λύστροις,

Tit 3: 7 ἵνα δικαιωθέντες τῇ ἐκείνου χάριτι κληρονόμοι **γενηθῶμεν** κατ' ἐλπίδα ζωῆς αἰωνίου.

Phm 1: 6 ὅπως ἡ κοινωνία τῆς πίστεώς σου ἐνεργὴς **γένηται** ἐν ἐπιγνώσει παντὸς ἀγαθοῦ τοῦ ἐν ἡμῖν εἰς Χριστόν.

Heb 1: 4 τοσούτῳ κρείττων **γενόμενος** τῶν ἀγγέλων ὅσῳ διαφορώτερον παρ' αὐτοὺς κεκληρονόμηκεν ὄνομα.
2: 2 εἰ γὰρ ὁ δι' ἀγγέλων λαληθεὶς λόγος **ἐγένετο** βέβαιος καὶ πᾶσα παράβασις καὶ παρακοὴ ἔλαβεν ἔνδικον μισθαποδοσίαν,
2:17 ἵνα ἐλεήμων **γένηται** καὶ πιστὸς ἀρχιερεὺς τὰ πρὸς τὸν θεὸν εἰς τὸ ἱλάσκεσθαι τὰς ἁμαρτίας τοῦ λαοῦ.
3:14 μέτοχοι γὰρ τοῦ Χριστοῦ **γεγόναμεν,** ἐάνπερ τὴν ἀρχὴν τῆς ὑποστάσεως μέχρι τέλους βεβαίαν κατάσχωμεν–
4: 3 Εἰ εἰσελεύσονται εἰς τὴν κατάπαυσίν μου, καίτοι τῶν ἔργων ἀπὸ καταβολῆς κόσμου **γενηθέντων.**
5: 5 Οὕτως καὶ ὁ Χριστὸς οὐχ ἑαυτὸν ἐδόξασεν **γενηθῆναι** ἀρχιερέα ἀλλ' ὁ λαλήσας πρὸς αὐτόν,
5: 9 καὶ τελειωθεὶς **ἐγένετο** πᾶσιν τοῖς ὑπακούουσιν αὐτῷ αἴτιος σωτηρίας αἰωνίου,
5:11 Περὶ οὗ πολὺς ἡμῖν ὁ λόγος καὶ δυσερμήνευτος λέγειν, ἐπεὶ νωθροὶ **γεγόνατε** ταῖς ἀκοαῖς.
5:12 καὶ **γεγόνατε** χρείαν ἔχοντες γάλακτος [καὶ] οὐ στερεᾶς τροφῆς.
6: 4 γευσαμένους τε τῆς δωρεᾶς τῆς ἐπουρανίου καὶ μετόχους **γενηθέντας** πνεύματος ἁγίου
6:12 ἵνα μὴ νωθροὶ **γένησθε,** μιμηταὶ δὲ τῶν διὰ πίστεως καὶ μακροθυμίας κληρονομούντων τὰς ἐπαγγελίας.
6:20 κατὰ τὴν τάξιν Μελχισέδεκ ἀρχιερεὺς **γενόμενος** εἰς τὸν αἰῶνα.
7:12 μετατιθεμένης γὰρ τῆς ἱερωσύνης ἐξ ἀνάγκης καὶ νόμου μετάθεσις **γίνεται.**
7:16 ὃς οὐ κατὰ νόμον ἐντολῆς σαρκίνης **γέγονεν** ἀλλὰ κατὰ δύναμιν ζωῆς ἀκαταλύτου.
7:18 ἀθέτησις μὲν γὰρ **γίνεται** προαγούσης ἐντολῆς διὰ τὸ αὐτῆς ἀσθενὲς καὶ ἀνωφελές–
7:20 οἱ μὲν γὰρ χωρὶς ὁρκωμοσίας εἰσὶν ἱερεῖς **γεγονότες,**
7:22 κατὰ τοσοῦτο [καὶ] κρείττονος διαθήκης **γέγονεν** ἔγγυος Ἰησοῦς.
7:23 καὶ οἱ μὲν πλείονές εἰσιν **γεγονότες** ἱερεῖς διὰ τὸ θανάτῳ κωλύεσθαι παραμένειν·
7:26 κεχωρισμένος ἀπὸ τῶν ἁμαρτωλῶν καὶ ὑψηλότερος τῶν οὐρανῶν **γενόμενος,**
9:11 Χριστὸς δὲ παραγενόμενος ἀρχιερεὺς τῶν **γενομένων** ἀγαθῶν διὰ τῆς μείζονος καὶ τελειοτέρας σκηνῆς οὐ χειροποιήτου,
9:15 ὅπως θανάτου **γενομένου** εἰς ἀπολύτρωσιν τῶν ἐπὶ τῇ πρώτῃ διαθήκῃ παραβάσεων τὴν ἐπαγγελίαν
9:22 καὶ σχεδὸν ἐν αἵματι πάντα καθαρίζεται κατὰ τὸν νόμον καὶ χωρὶς αἱματεκχυσίας οὐ **γίνεται** ἄφεσις.
10:33 τοῦτο μὲν ὀνειδισμοῖς τε καὶ θλίψεσιν θεατριζόμενοι, τοῦτο δὲ κοινωνοὶ τῶν οὕτως ἀναστρεφομένων **γενηθέντες.**
11: 3 εἰς τὸ μὴ ἐκ φαινομένων τὸ βλεπόμενον **γεγονέναι.**
11: 6 πιστεῦσαι γὰρ δεῖ τὸν προσερχόμενον τῷ θεῷ ὅτι ἔστιν καὶ τοῖς ἐκζητοῦσιν αὐτὸν μισθαποδότης **γίνεται.**
11: 7 καὶ τῆς κατὰ πίστιν δικαιοσύνης **ἐγένετο** κληρονόμος.
11:24 Πίστει Μωϋσῆς μέγας **γενόμενος** ἠρνήσατο λέγεσθαι υἱὸς θυγατρὸς Φαραώ,
11:34 ἐδυναμώθησαν ἀπὸ ἀσθενείας, **ἐγενήθησαν** ἰσχυροὶ ἐν πολέμῳ, παρεμβολὰς ἔκλιναν ἀλλοτρίων.
12: 8 εἰ δὲ χωρίς ἐστε παιδείας ἧς μέτοχοι **γεγόνασιν** πάντες,

Jas 1:12 ὅτι δόκιμος **γενόμενος** λήμψεται τὸν στέφανον τῆς ζωῆς ὃν ἐπηγγείλατο τοῖς ἀγαπῶσιν αὐτόν.
1:22 **Γίνεσθε** δὲ ποιηταὶ λόγου καὶ μὴ μόνον ἀκροαταὶ παραλογιζόμενοι ἑαυτούς.
1:25 οὐκ ἀκροατὴς ἐπιλησμονῆς **γενόμενος** ἀλλὰ ποιητὴς ἔργου, οὗτος μακάριος ἐν τῇ ποιήσει αὐτοῦ ἔσται.
2: 4 οὐ διεκρίθητε ἐν ἑαυτοῖς καὶ **ἐγένεσθε** κριταὶ διαλογισμῶν πονηρῶν;
2:10 ὅστις γὰρ ὅλον τὸν νόμον τηρήσῃ πταίσῃ δὲ ἐν ἑνί, **γέγονεν** πάντων ἔνοχος.
2:11 εἰ δὲ οὐ μοιχεύεις φονεύεις δέ, **γέγονας** παραβάτης νόμου.
3: 1 Μὴ πολλοὶ διδάσκαλοι **γίνεσθε,** ἀδελφοί μου, εἰδότες ὅτι μεῖζον κρίμα λημψόμεθα.
3: 9 εὐλογοῦμεν τὸν κύριον καὶ πατέρα καὶ ἐν αὐτῇ καταρώμεθα τοὺς ἀνθρώπους τοὺς καθ' ὁμοίωσιν θεοῦ **γεγονότας,**
3:10 ἐκ τοῦ αὐτοῦ στόματος ἐξέρχεται εὐλογία καὶ κατάρα. οὐ χρή, ἀδελφοί μου, ταῦτα οὕτως **γίνεσθαι.**
5: 2 ὁ πλοῦτος ὑμῶν σέσηπεν καὶ τὰ ἱμάτια ὑμῶν σητόβρωτα **γέγονεν,**

1Pe 1:15 ἀλλὰ κατὰ τὸν καλέσαντα ὑμᾶς ἅγιον καὶ αὐτοὶ ἅγιοι ἐν πάσῃ ἀναστροφῇ **γενήθητε,**

2: 7 ἀπιστοῦσιν δὲ λίθος ὃν ἀπεδοκίμασαν οἱ οἰκοδομοῦντες, οὗτος **ἐγενήθη** εἰς κεφαλὴν γωνίας
3: 6 ἧς **ἐγενήθητε** τέκνα ἀγαθοποιοῦσαι καὶ μὴ φοβούμεναι μηδεμίαν πτόησιν.
3:13 Καὶ τίς ὁ κακώσων ὑμᾶς ἐὰν τοῦ ἀγαθοῦ ζηλωταὶ **γένησθε;**
4:12 μὴ ξενίζεσθε τῇ ἐν ὑμῖν πυρώσει πρὸς πειρασμὸν ὑμῖν **γινομένῃ** ὡς ξένου ὑμῖν συμβαίνοντος,
5: 3 μηδ' ὡς κατακυριεύοντες τῶν κλήρων ἀλλὰ τύποι **γινόμενοι** τοῦ ποιμνίου·
2Pe 1: 4 ἵνα διὰ τούτων **γένησθε** θείας κοινωνοὶ φύσεως ἀποφυγόντες τῆς ἐν τῷ κόσμῳ ἐν ἐπιθυμίᾳ φθορᾶς.
1:16 ἀλλ' ἐπόπται **γενηθέντες** τῆς ἐκείνου μεγαλειότητος.
1:20 τοῦτο πρῶτον γινώσκοντες ὅτι πᾶσα προφητεία γραφῆς ἰδίας ἐπιλύσεως οὐ **γίνεται·**
2: 1 **Ἐγένοντο** δὲ καὶ ψευδοπροφῆται ἐν τῷ λαῷ, ὡς καὶ ἐν ὑμῖν ἔσονται ψευδοδιδάσκαλοι,
2:20 τούτοις δὲ πάλιν ἐμπλακέντες ἡττῶνται, **γέγονεν** αὐτοῖς τὰ ἔσχατα χείρονα τῶν πρώτων.
1Jn 2:18 καὶ νῦν ἀντίχριστοι πολλοὶ **γεγόνασιν,** ὅθεν γινώσκομεν ὅτι ἐσχάτη ὥρα ἐστίν.
2Jn 1:12 ἀλλὰ ἐλπίζω **γενέσθαι** πρὸς ὑμᾶς καὶ στόμα πρὸς στόμα λαλῆσαι,
3Jn 1: 8 ἡμεῖς οὖν ὀφείλομεν ὑπολαμβάνειν τοὺς τοιούτους, ἵνα συνεργοὶ **γινώμεθα** τῇ ἀληθείᾳ.
Rev 1: 1 Ἀποκάλυψις Ἰησοῦ Χριστοῦ ἣν ἔδωκεν αὐτῷ ὁ θεὸς δεῖξαι τοῖς δούλοις αὐτοῦ ἃ δεῖ **γενέσθαι** ἐν τάχει,
1: 9 **ἐγενόμην** ἐν τῇ νήσῳ τῇ καλουμένῃ Πάτμῳ διὰ τὸν λόγον τοῦ θεοῦ καὶ τὴν μαρτυρίαν Ἰησοῦ.
1:10 **ἐγενόμην** ἐν πνεύματι ἐν τῇ κυριακῇ ἡμέρᾳ καὶ ἤκουσα ὀπίσω μου φωνὴν μεγάλην ὡς σάλπιγγος
1:18 καὶ **ἐγενόμην** νεκρὸς καὶ ἰδοὺ ζῶν εἰμι εἰς τοὺς αἰῶνας τῶν αἰώνων καὶ ἔχω τὰς κλεῖς τοῦ θανάτου καὶ τοῦ ᾅδου.
1:19 γράψον οὖν ἃ εἶδες καὶ ἃ εἰσὶν καὶ ἃ μέλλει **γενέσθαι** μετὰ ταῦτα.
2: 8 Τάδε λέγει ὁ πρῶτος καὶ ὁ ἔσχατος, ὃς **ἐγένετο** νεκρὸς καὶ ἔζησεν·
2:10 **γίνου** πιστὸς ἄχρι θανάτου, καὶ δώσω σοι τὸν στέφανον τῆς ζωῆς.
3: 2 **γίνου** γρηγορῶν καὶ στήρισον τὰ λοιπὰ ἃ ἔμελλον ἀποθανεῖν,
4: 1 καὶ δείξω σοι ἃ δεῖ **γενέσθαι** μετὰ ταῦτα.
4: 2 εὐθέως **ἐγενόμην** ἐν πνεύματι, καὶ ἰδοὺ θρόνος ἔκειτο ἐν τῷ οὐρανῷ,
6:12 καὶ σεισμὸς μέγας **ἐγένετο** καὶ ὁ ἥλιος **ἐγένετο** μέλας ὡς σάκκος τρίχινος καὶ ἡ σελήνη ὅλη **ἐγένετο** ὡς αἷμα
8: 1 Καὶ ὅταν ἤνοιξεν τὴν σφραγῖδα τὴν ἑβδόμην, **ἐγένετο** σιγὴ ἐν τῷ οὐρανῷ ὡς ἡμιώριον.
8: 5 καὶ **ἐγένοντο** βρονταὶ καὶ φωναὶ καὶ ἀστραπαὶ καὶ σεισμός.
8: 7 καὶ **ἐγένετο** χάλαζα καὶ πῦρ μεμιγμένα ἐν αἵματι καὶ ἐβλήθη εἰς τὴν γῆν,
8: 8 καὶ ὡς ὄρος μέγα πυρὶ καιόμενον ἐβλήθη εἰς τὴν θάλασσαν, καὶ **ἐγένετο** τὸ τρίτον τῆς θαλάσσης αἷμα
8:11 καὶ **ἐγένετο** τὸ τρίτον τῶν ὑδάτων εἰς ἄψινθον καὶ πολλοὶ τῶν ἀνθρώπων ἀπέθανον ἐκ τῶν ὑδάτων ὅτι ἐπικράνθησαν.
11:13 Καὶ ἐν ἐκείνῃ τῇ ὥρᾳ **ἐγένετο** σεισμὸς μέγας καὶ τὸ δέκατον τῆς πόλεως ἔπεσεν καὶ ἀπεκτάνθησαν ἐν τῷ σεισμῷ ὀνόματα ἀνθρώπων χιλιάδες ἑπτὰ καὶ οἱ λοιποὶ ἔμφοβοι **ἐγένοντο** καὶ ἔδωκαν δόξαν τῷ θεῷ τοῦ οὐρανοῦ.
11:15 καὶ **ἐγένοντο** φωναὶ μεγάλαι ἐν τῷ οὐρανῷ λέγοντες, **Ἐγένετο** ἡ βασιλεία τοῦ κόσμου τοῦ κυρίου ἡμῶν
11:19 καὶ **ἐγένοντο** ἀστραπαὶ καὶ φωναὶ καὶ βρονταὶ καὶ σεισμὸς καὶ χάλαζα μεγάλη.
12: 7 Καὶ **ἐγένετο** πόλεμος ἐν τῷ οὐρανῷ, ὁ Μιχαὴλ καὶ οἱ ἄγγελοι αὐτοῦ τοῦ πολεμῆσαι μετὰ τοῦ δράκοντος.
12:10 Ἄρτι **ἐγένετο** ἡ σωτηρία καὶ ἡ δύναμις καὶ ἡ βασιλεία τοῦ θεοῦ ἡμῶν καὶ ἡ ἐξουσία τοῦ Χριστοῦ αὐτοῦ,
16: 2 καὶ **ἐγένετο** ἕλκος κακὸν καὶ πονηρὸν ἐπὶ τοὺς ἀνθρώπους τοὺς ἔχοντας τὸ χάραγμα τοῦ θηρίου καὶ τοὺς προσκυνοῦντας
16: 3 καὶ **ἐγένετο** αἷμα ὡς νεκροῦ, καὶ πᾶσα ψυχὴ ζωῆς ἀπέθανεν τὰ ἐν τῇ θαλάσσῃ.
16: 4 Καὶ ὁ τρίτος ἐξέχεεν τὴν φιάλην αὐτοῦ εἰς τοὺς ποταμοὺς καὶ τὰς πηγὰς τῶν ὑδάτων, καὶ **ἐγένετο** αἷμα.
16:10 καὶ **ἐγένετο** ἡ βασιλεία αὐτοῦ ἐσκοτωμένη, καὶ ἐμασῶντο τὰς γλώσσας αὐτῶν ἐκ τοῦ πόνου,
16:17 καὶ ἐξῆλθεν φωνὴ μεγάλη ἐκ τοῦ ναοῦ ἀπὸ τοῦ θρόνου λέγουσα, **Γέγονεν.**
16:18 καὶ **ἐγένοντο** ἀστραπαὶ καὶ φωναὶ καὶ βρονταὶ καὶ σεισμὸς **ἐγένετο** μέγας, οἷος οὐκ **ἐγένετο** ἀφ' οὗ ἄνθρωπος **ἐγένετο** ἐπὶ τῆς γῆς τηλικοῦτος σεισμὸς οὕτω μέγας.
16:19 καὶ **ἐγένετο** ἡ πόλις ἡ μεγάλη εἰς τρία μέρη καὶ αἱ πόλεις τῶν ἐθνῶν ἔπεσαν.
18: 2 καὶ **ἐγένετο** κατοικητήριον δαιμονίων καὶ φυλακὴ παντὸς πνεύματος ἀκαθάρτου καὶ φυλακὴ παντὸς ὀρνέου ἀκαθάρτου
21: 6 καὶ εἶπέν μοι, **Γέγοναν.** ἐγώ [εἰμι] τὸ Ἄλφα καὶ τὸ Ὦ,
22: 6 ἀπέστειλεν τὸν ἄγγελον αὐτοῦ δεῖξαι τοῖς δούλοις αὐτοῦ ἃ δεῖ **γενέσθαι** ἐν τάχει.

1182 γινώσκω [222 / 221]

→ *51, 52, 53, 57, 58, 183, 336, 341, 342, 1191, 1192, 1193, 1194, 1195, 1196, 1336, 1337, 1338, 2105, 2106, 2841, 2861, 4589, 4590, 5152*

marital union [2] Mt 1:25; Lk 1:34

participle **γνούς, γνόντες** [18] Mt 12:15; 16:8; 22:18; 26:10; Mk 6:38; 8:17; 15:45; Lk 9:11; 12:47,48; Jn 5:6; 6:15; Ac 23:6; Ro 1:21; 2Co 5:21; Gal 2:9; 4:9; Php 2:19

γνοῖ [3] Mk 5:43; 9:30; Lk 19:15

γινώσκω θεόν [7] Jn 17:3; Ro 1:21; 1Co 1:21; Gal 4:9; 1Jn 4:6,7,8

γινώσκω πατέρα [6] Jn 10:15,38; 14:7; 16:3; 17:25; 1Jn 2:14

γινώσκω τὶ [1] 1Co 8:2

γινώσκω τίς, τί, τίνα [12] Mt 6:3; 12:7; Lk 7:39; 10:22; 16:4; 19:15; Jn 2:25; 7:51; 10:6; 13:12; Ac 17:19,20

γινώσκω Χριστόν [3] Jn 17:3; Php 3:10; 2Co 5:16

Mt 1:25 καὶ οὐκ **ἐγίνωσκεν** αὐτὴν ἕως οὗ ἔτεκεν υἱόν·
6: 3 σοῦ δὲ ποιοῦντος ἐλεημοσύνην μὴ **γνώτω** ἡ ἀριστερά σου τί ποιεῖ ἡ δεξιά σου,
7:23 καὶ τότε ὁμολογήσω αὐτοῖς ὅτι Οὐδέποτε **ἔγνων** ὑμᾶς·
9:30 καὶ ἐνεβριμήθη αὐτοῖς ὁ Ἰησοῦς λέγων, Ὁρᾶτε μηδεὶς **γινωσκέτω.**
10:26 οὐδὲν γάρ ἐστιν κεκαλυμμένον ὃ οὐκ ἀποκαλυφθήσεται καὶ κρυπτὸν ὃ οὐ **γνωσθήσεται.**
12: 7 εἰ δὲ **ἐγνώκειτε** τί ἐστιν, Ἔλεος θέλω καὶ οὐ θυσίαν,
12:15 Ὁ δὲ Ἰησοῦς **γνοὺς** ἀνεχώρησεν ἐκεῖθεν. καὶ ἠκολούθησαν αὐτῷ [ὄχλοι] πολλοί,
12:33 ἢ ποιήσατε τὸ δένδρον σαπρὸν καὶ τὸν καρπὸν αὐτοῦ σαπρόν· ἐκ γὰρ τοῦ καρποῦ τὸ δένδρον **γινώσκεται.**
13:11 Ὅτι ὑμῖν δέδοται **γνῶναι** τὰ μυστήρια τῆς βασιλείας τῶν οὐρανῶν,
16: 3 [τὸ μὲν πρόσωπον τοῦ οὐρανοῦ **γινώσκετε** διακρίνειν, τὰ δὲ σημεῖα τῶν καιρῶν οὐ δύνασθε;]
16: 8 **γνοὺς** δὲ ὁ Ἰησοῦς εἶπεν, Τί διαλογίζεσθε ἐν ἑαυτοῖς,
21:45 Καὶ ἀκούσαντες οἱ ἀρχιερεῖς καὶ οἱ Φαρισαῖοι τὰς παραβολὰς αὐτοῦ **ἔγνωσαν** ὅτι περὶ αὐτῶν λέγει·
22:18 **γνοὺς** δὲ ὁ Ἰησοῦς τὴν πονηρίαν αὐτῶν εἶπεν,
24:32 ὅταν ἤδη ὁ κλάδος αὐτῆς γένηται ἁπαλὸς καὶ τὰ φύλλα ἐκφύῃ, **γινώσκετε** ὅτι ἐγγὺς τὸ θέρος·
24:33 ὅταν ἴδητε πάντα ταῦτα **γινώσκετε** ὅτι ἐγγύς ἐστιν ἐπὶ θύραις.
24:39 καὶ οὐκ **ἔγνωσαν** ἕως ἦλθεν ὁ κατακλυσμὸς καὶ ἦρεν ἅπαντας,
24:43 ἐκεῖνο δὲ **γινώσκετε** ὅτι εἰ ᾔδει ὁ οἰκοδεσπότης ποίᾳ φυλακῇ ὁ κλέπτης ἔρχεται,
24:50 ἥξει ὁ κύριος τοῦ δούλου ἐκείνου ἐν ἡμέρᾳ ᾗ οὐ προσδοκᾷ καὶ ἐν ὥρᾳ ᾗ οὐ **γινώσκει,**
25:24 Κύριε, **ἔγνων** σε ὅτι σκληρὸς εἶ ἄνθρωπος, θερίζων ὅπου οὐκ ἔσπειρας καὶ συνάγων ὅθεν οὐ διεσκόρπισας,
26:10 **γνοὺς** δὲ ὁ Ἰησοῦς εἶπεν αὐτοῖς, Τί κόπους παρέχετε τῇ γυναικί;
Mk 4:13 Οὐκ οἴδατε τὴν παραβολὴν ταύτην, καὶ πῶς πάσας τὰς παραβολὰς **γνώσεσθε;**
5:29 καὶ εὐθὺς ἐξηράνθη ἡ πηγὴ τοῦ αἵματος αὐτῆς καὶ **ἔγνω** τῷ σώματι ὅτι ἴαται ἀπὸ τῆς μάστιγος.
5:43 καὶ διεστείλατο αὐτοῖς πολλὰ ἵνα μηδεὶς **γνοῖ** τοῦτο,
6:38 ὑπάγετε ἴδετε. καὶ **γνόντες** λέγουσιν, Πέντε, καὶ δύο ἰχθύας.
7:24 καὶ εἰσελθὼν εἰς οἰκίαν οὐδένα ἤθελεν **γνῶναι,** καὶ οὐκ ἠδυνήθη λαθεῖν·
8:17 καὶ **γνοὺς** λέγει αὐτοῖς, Τί διαλογίζεσθε ὅτι ἄρτους οὐκ ἔχετε;

9:30 Κἀκεῖθεν ἐξελθόντες παρεπορεύοντο διὰ τῆς Γαλιλαίας, καὶ οὐκ ἤθελεν ἵνα τις **γνοῖ·**
12:12 **ἔγνωσαν** γὰρ ὅτι πρὸς αὐτοὺς τὴν παραβολὴν εἶπεν.
13:28 ὅταν ἤδη ὁ κλάδος αὐτῆς ἁπαλὸς γένηται καὶ ἐκφύῃ τὰ φύλλα, **γινώσκετε** ὅτι ἐγγὺς τὸ θέρος ἐστίν·
13:29 ὅταν ἴδητε ταῦτα γινόμενα, **γινώσκετε** ὅτι ἐγγύς ἐστιν ἐπὶ θύραις.
15:10 **ἐγίνωσκεν** γὰρ ὅτι διὰ φθόνον παραδεδώκεισαν αὐτὸν οἱ ἀρχιερεῖς.
15:45 καὶ **γνοὺς** ἀπὸ τοῦ κεντυρίωνος ἐδωρήσατο τὸ πτῶμα τῷ Ἰωσήφ.
Lk 1:18 Καὶ εἶπεν Ζαχαρίας πρὸς τὸν ἄγγελον, Κατὰ τί **γνώσομαι** τοῦτο;
1:34 εἶπεν δὲ Μαριὰμ πρὸς τὸν ἄγγελον, Πῶς ἔσται τοῦτο, ἐπεὶ ἄνδρα οὐ **γινώσκω;**
2:43 ἐν τῷ ὑποστρέφειν αὐτοὺς ὑπέμεινεν Ἰησοῦς ὁ παῖς ἐν Ἰερουσαλήμ, καὶ οὐκ **ἔγνωσαν** οἱ γονεῖς αὐτοῦ.
6:44 ἕκαστον γὰρ δένδρον ἐκ τοῦ ἰδίου καρποῦ **γινώσκεται·**
7:39 **ἐγίνωσκεν** ἂν τίς καὶ ποταπὴ ἡ γυνὴ ἥτις ἅπτεται αὐτοῦ,
8:10 Ὑμῖν δέδοται **γνῶναι** τὰ μυστήρια τῆς βασιλείας τοῦ θεοῦ,
8:17 οὐ γάρ ἐστιν κρυπτὸν ὃ οὐ φανερὸν γενήσεται οὐδὲ ἀπόκρυφον ὃ οὐ μὴ **γνωσθῇ** καὶ εἰς φανερὸν ἔλθῃ.
8:46 Ἥψατό μού τις, ἐγὼ γὰρ **ἔγνων** δύναμιν ἐξεληλυθυῖαν ἀπ' ἐμοῦ.
9:11 οἱ δὲ ὄχλοι **γνόντες** ἠκολούθησαν αὐτῷ· καὶ ἀποδεξάμενος αὐτοὺς ἐλάλει αὐτοῖς περὶ τῆς βασιλείας τοῦ θεοῦ,
10:11 πλὴν τοῦτο **γινώσκετε** ὅτι ἤγγικεν ἡ βασιλεία τοῦ θεοῦ.
10:22 καὶ οὐδεὶς **γινώσκει** τίς ἐστιν ὁ υἱὸς εἰ μὴ ὁ πατήρ,
12:2 οὐδὲν δὲ συγκεκαλυμμένον ἐστὶν ὃ οὐκ ἀποκαλυφθήσεται καὶ κρυπτὸν ὃ οὐ **γνωσθήσεται.**
12:39 τοῦτο δὲ **γινώσκετε** ὅτι εἰ ᾔδει ὁ οἰκοδεσπότης ποίᾳ ὥρᾳ ὁ κλέπτης ἔρχεται,
12:46 ἥξει ὁ κύριος τοῦ δούλου ἐκείνου ἐν ἡμέρᾳ ᾗ οὐ προσδοκᾷ καὶ ἐν ὥρᾳ ᾗ οὐ **γινώσκει,**
12:47 ἐκεῖνος δὲ ὁ δοῦλος ὁ **γνοὺς** τὸ θέλημα τοῦ κυρίου αὐτοῦ καὶ μὴ ἑτοιμάσας ἢ ποιήσας πρὸς τὸ θέλημα αὐτοῦ δαρήσεται
12:48 ὁ δὲ μὴ **γνούς,** ποιήσας δὲ ἄξια πληγῶν δαρήσεται ὀλίγας.
16:4 **ἔγνων** τί ποιήσω, ἵνα ὅταν μετασταθῶ ἐκ τῆς οἰκονομίας δέξωνταί με εἰς τοὺς οἴκους αὐτῶν.
16:15 Ὑμεῖς ἐστε οἱ δικαιοῦντες ἑαυτοὺς ἐνώπιον τῶν ἀνθρώπων, ὁ δὲ θεὸς **γινώσκει** τὰς καρδίας ὑμῶν·
18:34 καὶ αὐτοὶ οὐδὲν τούτων συνῆκαν καὶ ἦν τὸ ῥῆμα τοῦτο κεκρυμμένον ἀπ' αὐτῶν καὶ οὐκ **ἐγίνωσκον** τὰ λεγόμενα.
19:15 καὶ εἶπεν φωνηθῆναι αὐτῷ τοὺς δούλους τούτους οἷς δεδώκει τὸ ἀργύριον, ἵνα **γνοῖ** τί διεπραγματεύσαντο.
19:42 λέγων ὅτι Εἰ **ἔγνως** ἐν τῇ ἡμέρᾳ ταύτῃ καὶ σὺ τὰ πρὸς εἰρήνην·
19:44 ἀνθ' ὧν οὐκ **ἔγνως** τὸν καιρὸν τῆς ἐπισκοπῆς σου.
20:19 **ἔγνωσαν** γὰρ ὅτι πρὸς αὐτοὺς εἶπεν τὴν παραβολὴν ταύτην.
21:20 Ὅταν δὲ ἴδητε κυκλουμένην ὑπὸ στρατοπέδων Ἰερουσαλήμ, τότε **γνῶτε** ὅτι ἤγγικεν ἡ ἐρήμωσις αὐτῆς.
21:30 βλέποντες ἀφ' ἑαυτῶν **γινώσκετε** ὅτι ἤδη ἐγγὺς τὸ θέρος ἐστίν·
21:31 **γινώσκετε** ὅτι ἐγγύς ἐστιν ἡ βασιλεία τοῦ θεοῦ.
24:18 Σὺ μόνος παροικεῖς Ἰερουσαλὴμ καὶ οὐκ **ἔγνως** τὰ γενόμενα ἐν αὐτῇ ἐν ταῖς ἡμέραις ταύταις;
24:35 καὶ αὐτοὶ ἐξηγοῦντο τὰ ἐν τῇ ὁδῷ καὶ ὡς **ἐγνώσθη** αὐτοῖς ἐν τῇ κλάσει τοῦ ἄρτου.
Jn 1:10 καὶ ὁ κόσμος δι' αὐτοῦ ἐγένετο, καὶ ὁ κόσμος αὐτὸν οὐκ **ἔγνω.**
1:48 λέγει αὐτῷ Ναθαναήλ, Πόθεν με **γινώσκεις;** ἀπεκρίθη Ἰησοῦς καὶ εἶπεν αὐτῷ,
2:24 αὐτὸς δὲ Ἰησοῦς οὐκ ἐπίστευεν αὐτὸν αὐτοῖς διὰ τὸ αὐτὸν **γινώσκειν** πάντας
2:25 αὐτὸς γὰρ **ἐγίνωσκεν** τί ἦν ἐν τῷ ἀνθρώπῳ.
3:10 Σὺ εἶ ὁ διδάσκαλος τοῦ Ἰσραὴλ καὶ ταῦτα οὐ **γινώσκεις;**
4:1 Ὡς οὖν **ἔγνω** ὁ Ἰησοῦς ὅτι ἤκουσαν οἱ Φαρισαῖοι ὅτι Ἰησοῦς πλείονας μαθητὰς ποιεῖ καὶ βαπτίζει ἢ Ἰωάννης
4:53 **ἔγνω** οὖν ὁ πατὴρ ὅτι [ἐν] ἐκείνῃ τῇ ὥρᾳ ἐν ᾗ εἶπεν αὐτῷ ὁ Ἰησοῦς,
5:6 τοῦτον ἰδὼν ὁ Ἰησοῦς κατακείμενον καὶ **γνοὺς** ὅτι πολὺν ἤδη χρόνον ἔχει,
5:42 ἀλλὰ **ἔγνωκα** ὑμᾶς ὅτι τὴν ἀγάπην τοῦ θεοῦ οὐκ ἔχετε ἐν ἑαυτοῖς.
6:15 Ἰησοῦς οὖν **γνοὺς** ὅτι μέλλουσιν ἔρχεσθαι καὶ ἁρπάζειν αὐτὸν ἵνα ποιήσωσιν βασιλέα,
6:69 καὶ ἡμεῖς πεπιστεύκαμεν καὶ **ἐγνώκαμεν** ὅτι σὺ εἶ ὁ ἅγιος τοῦ θεοῦ.
7:17 **γνώσεται** περὶ τῆς διδαχῆς πότερον ἐκ τοῦ θεοῦ ἐστιν ἢ ἐγὼ ἀπ' ἐμαυτοῦ λαλῶ.
7:26 μήποτε ἀληθῶς **ἔγνωσαν** οἱ ἄρχοντες ὅτι οὗτός ἐστιν ὁ Χριστός;
7:27 ὁ δὲ Χριστὸς ὅταν ἔρχηται οὐδεὶς **γινώσκει** πόθεν ἐστίν.
7:49 ἀλλὰ ὁ ὄχλος οὗτος ὁ μὴ **γινώσκων** τὸν νόμον ἐπάρατοί εἰσιν.
7:51 Μὴ ὁ νόμος ἡμῶν κρίνει τὸν ἄνθρωπον ἐὰν μὴ ἀκούσῃ πρῶτον παρ' αὐτοῦ καὶ **γνῷ** τί ποιεῖ;
8:27 οὐκ **ἔγνωσαν** ὅτι τὸν πατέρα αὐτοῖς ἔλεγεν.
8:28 τότε **γνώσεσθε** ὅτι ἐγώ εἰμι, καὶ ἀπ' ἐμαυτοῦ ποιῶ οὐδέν,
8:32 καὶ **γνώσεσθε** τὴν ἀλήθειαν, καὶ ἡ ἀλήθεια ἐλευθερώσει ὑμᾶς.
8:43 διὰ τί τὴν λαλιὰν τὴν ἐμὴν οὐ **γινώσκετε;**
8:52 εἶπον [οὖν] αὐτῷ οἱ Ἰουδαῖοι, Νῦν **ἐγνώκαμεν** ὅτι δαιμόνιον ἔχεις.
8:55 καὶ οὐκ **ἐγνώκατε** αὐτόν, ἐγὼ δὲ οἶδα αὐτόν.
10:6 ἐκεῖνοι δὲ οὐκ **ἔγνωσαν** τίνα ἦν ἃ ἐλάλει αὐτοῖς.
10:14 Ἐγώ εἰμι ὁ ποιμὴν ὁ καλὸς καὶ **γινώσκω** τὰ ἐμὰ καὶ **γινώσκουσί** με τὰ ἐμά,
10:15 καθὼς **γινώσκει** με ὁ πατὴρ κἀγὼ **γινώσκω** τὸν πατέρα,
10:27 τὰ πρόβατα τὰ ἐμὰ τῆς φωνῆς μου ἀκούουσιν, κἀγὼ **γινώσκω** αὐτὰ καὶ ἀκολουθοῦσίν μοι,
10:38 ἵνα **γνῶτε** καὶ **γινώσκητε** ὅτι ἐν ἐμοὶ ὁ πατὴρ κἀγὼ ἐν τῷ πατρί.
11:57 δεδώκεισαν δὲ οἱ ἀρχιερεῖς καὶ οἱ Φαρισαῖοι ἐντολὰς ἵνα ἐάν τις **γνῷ** ποῦ ἐστιν μηνύσῃ,
12:9 **Ἔγνω** οὖν [ὁ] ὄχλος πολὺς ἐκ τῶν Ἰουδαίων ὅτι ἐκεῖ ἐστιν καὶ ἦλθον οὐ διὰ τὸν Ἰησοῦν μόνον,
12:16 ταῦτα οὐκ **ἔγνωσαν** αὐτοῦ οἱ μαθηταὶ τὸ πρῶτον,
13:7 Ὃ ἐγὼ ποιῶ σὺ οὐκ οἶδας ἄρτι, **γνώσῃ** δὲ μετὰ ταῦτα.
13:12 Ὅτε οὖν ἔνιψεν τοὺς πόδας αὐτῶν [καὶ] ἔλαβεν τὰ ἱμάτια αὐτοῦ καὶ ἀνέπεσεν πάλιν, εἶπεν αὐτοῖς, **Γινώσκετε** τί πεποίηκα ὑμῖν;
13:28 τοῦτο [δὲ] οὐδεὶς **ἔγνω** τῶν ἀνακειμένων πρὸς τί εἶπεν αὐτῷ·
13:35 ἐν τούτῳ **γνώσονται** πάντες ὅτι ἐμοὶ μαθηταί ἐστε,
14:7 εἰ **ἐγνώκατέ** [UBS; NIV **ἐγνώκειτέ**] με, καὶ τὸν πατέρα μου **γνώσεσθε.**[UBS; NIV *3857*] καὶ ἀπ' ἄρτι **γινώσκετε** αὐτὸν καὶ ἑωράκατε αὐτόν.
14:9 Τοσούτῳ χρόνῳ μεθ' ὑμῶν εἰμι καὶ οὐκ **ἔγνωκάς** με,
14:17 ὃ ὁ κόσμος οὐ δύναται λαβεῖν, ὅτι οὐ θεωρεῖ αὐτὸ οὐδὲ **γινώσκει·** ὑμεῖς **γινώσκετε** αὐτό, ὅτι παρ' ὑμῖν μένει καὶ ἐν ὑμῖν ἔσται.
14:20 ἐν ἐκείνῃ τῇ ἡμέρᾳ **γνώσεσθε** ὑμεῖς ὅτι ἐγὼ ἐν τῷ πατρί μου καὶ ὑμεῖς ἐν ἐμοὶ κἀγὼ ἐν ὑμῖν.
14:31 ἀλλ' ἵνα **γνῷ** ὁ κόσμος ὅτι ἀγαπῶ τὸν πατέρα,
15:18 Εἰ ὁ κόσμος ὑμᾶς μισεῖ, **γινώσκετε** ὅτι ἐμὲ πρῶτον ὑμῶν μεμίσηκεν.
16:3 καὶ ταῦτα ποιήσουσιν ὅτι οὐκ **ἔγνωσαν** τὸν πατέρα οὐδὲ ἐμέ.
16:19 **ἔγνω** [ὁ] Ἰησοῦς ὅτι ἤθελον αὐτὸν ἐρωτᾶν, καὶ εἶπεν αὐτοῖς,
17:3 αὕτη δέ ἐστιν ἡ αἰώνιος ζωὴ ἵνα **γινώσκωσιν** σὲ τὸν μόνον ἀληθινὸν θεὸν καὶ ὃν ἀπέστειλας Ἰησοῦν Χριστόν.
17:7 νῦν **ἔγνωκαν** ὅτι πάντα ὅσα δέδωκάς μοι παρὰ σοῦ εἰσιν·
17:8 καὶ αὐτοὶ ἔλαβον καὶ **ἔγνωσαν** ἀληθῶς ὅτι παρὰ σοῦ ἐξῆλθον,
17:23 ἵνα **γινώσκῃ** ὁ κόσμος ὅτι σύ με ἀπέστειλας καὶ ἠγάπησας αὐτοὺς καθὼς ἐμὲ ἠγάπησας.
17:25 πάτερ δίκαιε, καὶ ὁ κόσμος σε οὐκ **ἔγνω,** ἐγὼ δέ σε **ἔγνων,** καὶ οὗτοι **ἔγνωσαν** ὅτι σύ με ἀπέστειλας·
19:4 ἵνα **γνῶτε** ὅτι οὐδεμίαν αἰτίαν εὑρίσκω ἐν αὐτῷ.
21:17 πάντα σὺ οἶδας, σὺ **γινώσκεις** ὅτι φιλῶ σε.
Ac 1:7 Οὐχ ὑμῶν ἐστιν **γνῶναι** χρόνους ἢ καιροὺς οὓς ὁ πατὴρ ἔθετο ἐν τῇ ἰδίᾳ ἐξουσίᾳ,
2:36 ἀσφαλῶς οὖν **γινωσκέτω** πᾶς οἶκος Ἰσραὴλ ὅτι καὶ κύριον αὐτὸν καὶ Χριστὸν ἐποίησεν ὁ θεός,
8:30 ὁ Φίλιππος ἤκουσεν αὐτοῦ ἀναγινώσκοντος Ἠσαΐαν τὸν προφήτην καὶ εἶπεν, Ἆρά γε **γινώσκεις** ἃ ἀναγινώσκεις;
9:24 **ἐγνώσθη** δὲ τῷ Σαύλῳ ἡ ἐπιβουλὴ αὐτῶν. παρετηροῦντο δὲ καὶ τὰς πύλας ἡμέρας τε καὶ νυκτὸς ὅπως αὐτὸν ἀνέλωσιν·
17:13 Ὡς δὲ **ἔγνωσαν** οἱ ἀπὸ τῆς Θεσσαλονίκης Ἰουδαῖοι ὅτι καὶ ἐν τῇ Βεροίᾳ κατηγγέλη ὑπὸ τοῦ Παύλου ὁ λόγος τοῦ θεοῦ,
17:19 Δυνάμεθα **γνῶναι** τίς ἡ καινὴ αὕτη ἡ ὑπὸ σοῦ λαλουμένη διδαχή;
17:20 ξενίζοντα γάρ τινα εἰσφέρεις εἰς τὰς ἀκοὰς ἡμῶν· βουλόμεθα οὖν **γνῶναι** τίνα θέλει ταῦτα εἶναι.
19:15 Τὸν **[μὲν]** Ἰησοῦν **γινώσκω** καὶ τὸν Παῦλον ἐπίσταμαι,
19:35 τίς **γάρ** ἐστιν ἀνθρώπων ὃς οὐ **γινώσκει** τὴν Ἐφεσίων πόλιν νεωκόρον οὖσαν τῆς μεγάλης Ἀρτέμιδος καὶ τοῦ διοπετοῦς;

20:34 αὐτοὶ **γινώσκετε** ὅτι ταῖς χρείαις μου καὶ τοῖς οὖσιν μετ' ἐμοῦ ὑπηρέτησαν αἱ χεῖρες αὗται.
21:24 καὶ **γνώσονται** πάντες ὅτι ὧν κατήχηνται περὶ σοῦ οὐδέν ἐστιν ἀλλὰ στοιχεῖς καὶ αὐτὸς φυλάσσων τὸν νόμον.
21:34 μὴ δυναμένου δὲ αὐτοῦ **γνῶναι** τὸ ἀσφαλὲς διὰ τὸν θόρυβον ἐκέλευσεν ἄγεσθαι αὐτὸν εἰς τὴν παρεμβολήν.
21:37 Εἰ ἔξεστίν μοι εἰπεῖν τι πρὸς σέ; ὁ δὲ ἔφη, Ἑλληνιστὶ **γινώσκεις;**
22:14 Ὁ θεὸς τῶν πατέρων ἡμῶν προεχειρίσατό σε **γνῶναι** τὸ θέλημα αὐτοῦ καὶ ἰδεῖν τὸν δίκαιον καὶ ἀκοῦσαι φωνὴν
22:30 Τῇ δὲ ἐπαύριον βουλόμενος **γνῶναι** τὸ ἀσφαλές, τὸ τί κατηγορεῖται ὑπὸ τῶν Ἰουδαίων,
23: 6 **Γνοὺς** δὲ ὁ Παῦλος ὅτι τὸ ἓν μέρος ἐστὶν Σαδδουκαίων τὸ δὲ ἕτερον Φαρισαίων ἔκραζεν ἐν τῷ συνεδρίῳ,

Ro 1:21 διότι **γνόντες** τὸν θεὸν οὐχ ὡς θεὸν ἐδόξασαν ἢ ηὐχαρίστησαν,
2:18 καὶ **γινώσκεις** τὸ θέλημα καὶ δοκιμάζεις τὰ διαφέροντα κατηχούμενος ἐκ τοῦ νόμου,
3:17 καὶ ὁδὸν εἰρήνης οὐκ **ἔγνωσαν.**
6: 6 τοῦτο **γινώσκοντες** ὅτι ὁ παλαιὸς ἡμῶν ἄνθρωπος συνεσταυρώθη,
7: 1 Ἢ ἀγνοεῖτε, ἀδελφοί, **γινώσκουσιν** γὰρ νόμον λαλῶ, ὅτι ὁ νόμος κυριεύει τοῦ ἀνθρώπου ἐφ' ὅσον χρόνον ζῇ;
7: 7 ἀλλὰ τὴν ἁμαρτίαν οὐκ **ἔγνων** εἰ μὴ διὰ νόμου·
7:15 ὃ γὰρ κατεργάζομαι οὐ **γινώσκω·** οὐ γὰρ ὃ θέλω τοῦτο πράσσω,
10:19 ἀλλὰ λέγω, μὴ Ἰσραὴλ οὐκ **ἔγνω;** πρῶτος Μωϋσῆς λέγει,
11:34 Τίς γὰρ **ἔγνω** νοῦν κυρίου; ἢ τίς σύμβουλος αὐτοῦ ἐγένετο;

1Co 1:21 ἐπειδὴ γὰρ ἐν τῇ σοφίᾳ τοῦ θεοῦ οὐκ **ἔγνω** ὁ κόσμος διὰ τῆς σοφίας τὸν θεόν,
2: 8 ἣν οὐδεὶς τῶν ἀρχόντων τοῦ αἰῶνος τούτου **ἔγνωκεν·** εἰ γὰρ **ἔγνωσαν,** οὐκ ἂν τὸν κύριον τῆς δόξης ἐσταύρωσαν.
2:11 οὕτως καὶ τὰ τοῦ θεοῦ οὐδεὶς **ἔγνωκεν** εἰ μὴ τὸ πνεῦμα τοῦ θεοῦ.
2:14 μωρία γὰρ αὐτῷ ἐστιν καὶ οὐ δύναται **γνῶναι,**
2:16 τίς γὰρ **ἔγνω** νοῦν κυρίου, ὃς συμβιβάσει αὐτόν;
3:20 Κύριος **γινώσκει** τοὺς διαλογισμοὺς τῶν σοφῶν ὅτι εἰσὶν μάταιοι.
4:19 καὶ **γνώσομαι** οὐ τὸν λόγον τῶν πεφυσιωμένων ἀλλὰ τὴν δύναμιν·
8: 2 εἴ τις δοκεῖ **ἐγνωκέναι** τι, οὔπω **ἔγνω** καθὼς δεῖ **γνῶναι·**
8: 3 εἰ δέ τις ἀγαπᾷ τὸν θεόν, οὗτος **ἔγνωσται** ὑπ' αὐτοῦ.
13: 9 ἐκ μέρους γὰρ **γινώσκομεν** καὶ ἐκ μέρους προφητεύομεν·
13:12 ἄρτι **γινώσκω** ἐκ μέρους, τότε δὲ ἐπιγνώσομαι καθὼς καὶ ἐπεγνώσθην.
14: 7 ἐὰν διαστολὴν τοῖς φθόγγοις μὴ δῷ, πῶς **γνωσθήσεται** τὸ αὐλούμενον ἢ τὸ κιθαριζόμενον;
14: 9 οὕτως καὶ ὑμεῖς διὰ τῆς γλώσσης ἐὰν μὴ εὔσημον λόγον δῶτε, πῶς **γνωσθήσεται** τὸ λαλούμενον;

2Co 2: 4 οὐχ ἵνα λυπηθῆτε ἀλλὰ τὴν ἀγάπην ἵνα **γνῶτε** ἣν ἔχω περισσοτέρως εἰς ὑμᾶς.
2: 9 ἵνα **γνῶ** τὴν δοκιμὴν ὑμῶν, εἰ εἰς πάντα ὑπήκοοί ἐστε.
3: 2 ἐγγεγραμμένη ἐν ταῖς καρδίαις ἡμῶν, **γινωσκομένη** καὶ ἀναγινωσκομένη ὑπὸ πάντων ἀνθρώπων,
5:16 εἰ καὶ **ἐγνώκαμεν** κατὰ σάρκα Χριστόν, ἀλλὰ νῦν οὐκέτι **γινώσκομεν.**
5:21 τὸν μὴ **γνόντα** ἁμαρτίαν ὑπὲρ ἡμῶν ἁμαρτίαν ἐποίησεν,
8: 9 **γινώσκετε** γὰρ τὴν χάριν τοῦ κυρίου ἡμῶν Ἰησοῦ Χριστοῦ,
13: 6 ἐλπίζω δὲ ὅτι **γνώσεσθε** ὅτι ἡμεῖς οὐκ ἐσμὲν ἀδόκιμοι.

Gal 2: 9 καὶ **γνόντες** τὴν χάριν τὴν δοθεῖσάν μοι, Ἰάκωβος καὶ Κηφᾶς καὶ Ἰωάννης,
3: 7 **Γινώσκετε** ἄρα ὅτι οἱ ἐκ πίστεως, οὗτοι υἱοί εἰσιν Ἀβραάμ.
4: 9 νῦν δὲ **γνόντες** θεόν, μᾶλλον δὲ **γνωσθέντες** ὑπὸ θεοῦ,

Eph 3:19 **γνῶναί** τε τὴν ὑπερβάλλουσαν τῆς γνώσεως ἀγάπην τοῦ Χριστοῦ,
5: 5 τοῦτο γὰρ ἴστε **γινώσκοντες,** ὅτι πᾶς πόρνος ἢ ἀκάθαρτος ἢ πλεονέκτης,
6:22 ἵνα **γνῶτε** τὰ περὶ ἡμῶν καὶ παρακαλέσῃ τὰς καρδίας ὑμῶν.

Php 1:12 **Γινώσκειν** δὲ ὑμᾶς βούλομαι, ἀδελφοί, ὅτι τὰ κατ' ἐμὲ μᾶλλον εἰς προκοπὴν τοῦ εὐαγγελίου ἐλήλυθεν,
2:19 Ἐλπίζω δὲ ἐν κυρίῳ Ἰησοῦ Τιμόθεον ταχέως πέμψαι ὑμῖν, ἵνα κἀγὼ εὐψυχῶ **γνοὺς** τὰ περὶ ὑμῶν.
2:22 τὴν δὲ δοκιμὴν αὐτοῦ **γινώσκετε,** ὅτι ὡς πατρὶ τέκνον σὺν ἐμοὶ ἐδούλευσεν εἰς τὸ εὐαγγέλιον.
3:10 τοῦ **γνῶναι** αὐτὸν καὶ τὴν δύναμιν τῆς ἀναστάσεως αὐτοῦ καὶ [τὴν] κοινωνίαν [τῶν] παθημάτων αὐτοῦ,
4: 5 τὸ ἐπιεικὲς ὑμῶν **γνωσθήτω** πᾶσιν ἀνθρώποις. ὁ κύριος ἐγγύς.

Col 4: 8 ἵνα **γνῶτε** τὰ περὶ ἡμῶν καὶ παρακαλέσῃ τὰς καρδίας ὑμῶν,

1Th 3: 5 διὰ τοῦτο κἀγὼ μηκέτι στέγων ἔπεμψα εἰς τὸ **γνῶναι** τὴν πίστιν ὑμῶν,

2Ti 1:18 καὶ ὅσα ἐν Ἐφέσῳ διηκόνησεν, βέλτιον σὺ **γινώσκεις.**
2:19 **Ἔγνω** κύριος τοὺς ὄντας αὐτοῦ, καί, Ἀποστήτω ἀπὸ ἀδικίας πᾶς ὁ ὀνομάζων τὸ ὄνομα κυρίου.
3: 1 Τοῦτο δὲ **γίνωσκε,** ὅτι ἐν ἐσχάταις ἡμέραις ἐνστήσονται καιροὶ χαλεποί·

Heb 3:10 Ἀεὶ πλανῶνται τῇ καρδίᾳ, αὐτοὶ δὲ οὐκ **ἔγνωσαν** τὰς ὁδούς μου,
8:11 **Γνῶθι** τὸν κύριον, ὅτι πάντες εἰδήσουσίν με ἀπὸ μικροῦ ἕως μεγάλου αὐτῶν,
10:34 καὶ γὰρ τοῖς δεσμίοις συνεπαθήσατε καὶ τὴν ἁρπαγὴν τῶν ὑπαρχόντων ὑμῶν μετὰ χαρᾶς προσεδέξασθε **γινώσκοντες** ἔχειν ἑαυτοὺς κρείττονα ὕπαρξιν καὶ μένουσαν.
13:23 **Γινώσκετε** τὸν ἀδελφὸν ἡμῶν Τιμόθεον ἀπολελυμένον, μεθ' οὗ ἐὰν τάχιον ἔρχηται ὄψομαι ὑμᾶς.

Jas 1: 3 **γινώσκοντες** ὅτι τὸ δοκίμιον ὑμῶν τῆς πίστεως κατεργάζεται ὑπομονήν.
2:20 θέλεις δὲ **γνῶναι,** ὦ ἄνθρωπε κενέ, ὅτι ἡ πίστις χωρὶς τῶν ἔργων ἀργή ἐστιν;
5:20 **γινωσκέτω** ὅτι ὁ ἐπιστρέψας ἁμαρτωλὸν ἐκ πλάνης ὁδοῦ αὐτοῦ σώσει ψυχὴν αὐτοῦ ἐκ θανάτου καὶ καλύψει πλῆθος ἁμαρτιῶν.

2Pe 1:20 τοῦτο πρῶτον **γινώσκοντες** ὅτι πᾶσα προφητεία γραφῆς ἰδίας ἐπιλύσεως οὐ γίνεται·
3: 3 τοῦτο πρῶτον **γινώσκοντες** ὅτι ἐλεύσονται ἐπ' ἐσχάτων τῶν ἡμερῶν [ἐν] ἐμπαιγμονῇ ἐμπαῖκται

1Jn 2: 3 Καὶ ἐν τούτῳ **γινώσκομεν** ὅτι **ἐγνώκαμεν** αὐτόν, ἐὰν τὰς ἐντολὰς αὐτοῦ τηρῶμεν.
2: 4 ὁ λέγων ὅτι **Ἔγνωκα** αὐτὸν καὶ τὰς ἐντολὰς αὐτοῦ μὴ τηρῶν,
2: 5 ἀληθῶς ἐν τούτῳ ἡ ἀγάπη τοῦ θεοῦ τετελείωται, ἐν τούτῳ **γινώσκομεν** ὅτι ἐν αὐτῷ ἐσμεν.
2:13 γράφω ὑμῖν, πατέρες, ὅτι **ἐγνώκατε** τὸν ἀπ' ἀρχῆς.
2:14 ἔγραψα ὑμῖν, παιδία, ὅτι **ἐγνώκατε** τὸν πατέρα. ἔγραψα ὑμῖν, πατέρες, ὅτι **ἐγνώκατε** τὸν ἀπ' ἀρχῆς.
2:18 καὶ νῦν ἀντίχριστοι πολλοὶ γεγόνασιν, ὅθεν **γινώσκομεν** ὅτι ἐσχάτη ὥρα ἐστίν.
2:29 **γινώσκετε** ὅτι καὶ πᾶς ὁ ποιῶν τὴν δικαιοσύνην ἐξ αὐτοῦ γεγέννηται.
3: 1 διὰ τοῦτο ὁ κόσμος οὐ **γινώσκει** ἡμᾶς, ὅτι οὐκ **ἔγνω** αὐτόν.
3: 6 πᾶς ὁ ἁμαρτάνων οὐχ ἑώρακεν αὐτὸν οὐδὲ **ἔγνωκεν** αὐτόν.
3:16 ἐν τούτῳ **ἐγνώκαμεν** τὴν ἀγάπην, ὅτι ἐκεῖνος ὑπὲρ ἡμῶν τὴν ψυχὴν αὐτοῦ ἔθηκεν·
3:19 [Καὶ] ἐν τούτῳ **γνωσόμεθα** ὅτι ἐκ τῆς ἀληθείας ἐσμέν,
3:20 ὅτι μείζων ἐστὶν ὁ θεὸς τῆς καρδίας ἡμῶν καὶ **γινώσκει** πάντα.
3:24 καὶ ἐν τούτῳ **γινώσκομεν** ὅτι μένει ἐν ἡμῖν,
4: 2 ἐν τούτῳ **γινώσκετε** τὸ πνεῦμα τοῦ θεοῦ· πᾶν πνεῦμα ὃ ὁμολογεῖ Ἰησοῦν Χριστὸν ἐν σαρκὶ ἐληλυθότα ἐκ τοῦ θεοῦ
4: 6 ἡμεῖς ἐκ τοῦ θεοῦ ἐσμεν, ὁ **γινώσκων** τὸν θεὸν ἀκούει ἡμῶν, ὃς οὐκ ἔστιν ἐκ τοῦ θεοῦ οὐκ ἀκούει ἡμῶν. ἐκ τούτου **γινώσκομεν** τὸ πνεῦμα τῆς ἀληθείας καὶ τὸ πνεῦμα τῆς πλάνης.
4: 7 καὶ πᾶς ὁ ἀγαπῶν ἐκ τοῦ θεοῦ γεγέννηται καὶ **γινώσκει** τὸν θεόν.
4: 8 ὁ μὴ ἀγαπῶν οὐκ **ἔγνω** τὸν θεόν, ὅτι ὁ θεὸς ἀγάπη ἐστίν.
4:13 Ἐν τούτῳ **γινώσκομεν** ὅτι ἐν αὐτῷ μένομεν καὶ αὐτὸς ἐν ἡμῖν,
4:16 καὶ ἡμεῖς **ἐγνώκαμεν** καὶ πεπιστεύκαμεν τὴν ἀγάπην ἣν ἔχει ὁ θεὸς ἐν ἡμῖν.
5: 2 ἐν τούτῳ **γινώσκομεν** ὅτι ἀγαπῶμεν τὰ τέκνα τοῦ θεοῦ,
5:20 οἴδαμεν δὲ ὅτι ὁ υἱὸς τοῦ θεοῦ ἥκει καὶ δέδωκεν ἡμῖν διάνοιαν ἵνα **γινώσκωμεν** τὸν ἀληθινόν,

2Jn 1: 1 καὶ οὐκ ἐγὼ μόνος ἀλλὰ καὶ πάντες οἱ **ἐγνωκότες** τὴν ἀλήθειαν,

Rev 2:23 καὶ **γνώσονται** πᾶσαι αἱ ἐκκλησίαι ὅτι ἐγώ εἰμι ὁ ἐραυνῶν νεφροὺς καὶ καρδίας,
2:24 οἵτινες οὐκ **ἔγνωσαν** τὰ βαθέα τοῦ Σατανᾶ ὡς λέγουσιν·
3: 3 καὶ οὐ μὴ **γνῷς** ποίαν ὥραν ἥξω ἐπὶ σέ.
3: 9 ἰδοὺ ποιήσω αὐτοὺς ἵνα ἥξουσιν καὶ προσκυνήσουσιν ἐνώπιον τῶν ποδῶν σου καὶ **γνῶσιν** ὅτι ἐγὼ ἠγάπησά σε.

1183 γλεῦκος [1]

√ *1184*

Ac 2:13 ἕτεροι δὲ διαχλευάζοντες ἔλεγον ὅτι **Γλεύκους** μεμεστωμένοι εἰσίν.

1184 γλυκύς [4]

→ *1183*

Jas 3:11 μήτι ἡ πηγὴ ἐκ τῆς αὐτῆς ὀπῆς βρύει τὸ **γλυκὺ** καὶ τὸ πικρόν;
3:12 συκῆ ἐλαίας ποιῆσαι ἢ ἄμπελος σῦκα; οὔτε ἁλυκὸν **γλυκὺ** ποιῆσαι ὕδωρ.
Rev 10: 9 ἀλλ᾽ ἐν τῷ στόματί σου ἔσται **γλυκὺ** ὡς μέλι.
10:10 καὶ ἦν ἐν τῷ στόματί μου ὡς μέλι **γλυκὺ** καὶ ὅτε ἔφαγον αὐτό,

1185 γλῶσσα [50]

→ *1186, 2280, 2303*

singular [25] Mk 7:33,35; Lk 1:64; 16:24; Ac 2:26; Ro 14:11; 1Co 14:2,4,9,13,14,19,26,27; Php 2:11; Jas 1:26; 3:5,6,6,8; 1Pe 3:10; 1Jn 3:18; Rev 5:9; 13:7; 14:6

γένη γλῶσσαι [2] 1Co 12:10,28

ἕτερος γλῶσσαι [1] Ac 2:4

καινός γλῶσσαι [1] Mk 16:17

λαλέω γλῶσσαι [17] Mk 16:17; Ac 2:4,11; 10:46; 19:6; 1Co 12:30; 13:1; 14:2,4,5,5,6,13,18,23,27,39

Mk 7:33 καὶ ἀπολαβόμενος αὐτὸν ἀπὸ τοῦ ὄχλου κατ᾽ ἰδίαν ἔβαλεν τοὺς δακτύλους αὐτοῦ εἰς τὰ ὦτα αὐτοῦ καὶ πτύσας ἥψατο τῆς **γλώσσης** αὐτοῦ,
7:35 καὶ ἐλύθη ὁ δεσμὸς τῆς **γλώσσης** αὐτοῦ καὶ ἐλάλει ὀρθῶς.
16:17 ⟦ἐν τῷ ὀνόματί μου δαιμόνια ἐκβαλοῦσιν, **γλώσσαις** λαλήσουσιν καιναῖς,⟧
Lk 1:64 ἀνεῴχθη δὲ τὸ στόμα αὐτοῦ παραχρῆμα καὶ ἡ **γλῶσσα** αὐτοῦ,
16:24 ἐλέησόν με καὶ πέμψον Λάζαρον ἵνα βάψῃ τὸ ἄκρον τοῦ δακτύλου αὐτοῦ ὕδατος καὶ καταψύξῃ τὴν **γλῶσσάν** μου,
Ac 2: 3 καὶ ὤφθησαν αὐτοῖς διαμεριζόμεναι **γλῶσσαι** ὡσεὶ πυρὸς καὶ ἐκάθισεν ἐφ᾽ ἕνα ἕκαστον αὐτῶν,
2: 4 καὶ ἐπλήσθησαν πάντες πνεύματος ἁγίου καὶ ἤρξαντο λαλεῖν ἑτέραις **γλώσσαις** καθὼς τὸ πνεῦμα ἐδίδου ἀποφθέγγεσθαι αὐτοῖς.
2:11 ἀκούομεν λαλούντων αὐτῶν ταῖς ἡμετέραις **γλώσσαις** τὰ μεγαλεῖα τοῦ θεοῦ.
2:26 διὰ τοῦτο ηὐφράνθη ἡ καρδία μου καὶ ἠγαλλιάσατο ἡ **γλῶσσά** μου,
10:46 ἤκουον γὰρ αὐτῶν λαλούντων **γλώσσαις** καὶ μεγαλυνόντων τὸν θεόν.
19: 6 καὶ ἐπιθέντος αὐτοῖς τοῦ Παύλου [τὰς] χεῖρας ἦλθε τὸ πνεῦμα τὸ ἅγιον ἐπ᾽ αὐτούς, ἐλάλουν τε **γλώσσαις** καὶ ἐπροφήτευον.
Ro 3:13 τάφος ἀνεῳγμένος ὁ λάρυγξ αὐτῶν, ταῖς **γλώσσαις** αὐτῶν ἐδολιοῦσαν,
14:11 ὅτι ἐμοὶ κάμψει πᾶν γόνυ καὶ πᾶσα **γλῶσσα** ἐξομολογήσεται τῷ θεῷ.
1Co 12:10 ἄλλῳ [δὲ] διακρίσεις πνευμάτων, ἑτέρῳ γένη **γλωσσῶν**, ἄλλῳ δὲ ἑρμηνεία **γλωσσῶν**·
12:28 ἔπειτα δυνάμεις, ἔπειτα χαρίσματα ἰαμάτων, ἀντιλήμψεις, κυβερνήσεις, γένη **γλωσσῶν**.
12:30 μὴ πάντες χαρίσματα ἔχουσιν ἰαμάτων; μὴ πάντες **γλώσσαις** λαλοῦσιν; μὴ πάντες διερμηνεύουσιν;
13: 1 Ἐὰν ταῖς **γλώσσαις** τῶν ἀνθρώπων λαλῶ καὶ τῶν ἀγγέλων,
13: 8 εἴτε δὲ προφητεῖαι, καταργηθήσονται· εἴτε **γλῶσσαι**, παύσονται· εἴτε γνῶσις,
14: 2 ὁ γὰρ λαλῶν **γλώσσῃ** οὐκ ἀνθρώποις λαλεῖ ἀλλὰ θεῷ·
14: 4 ὁ λαλῶν **γλώσσῃ** ἑαυτὸν οἰκοδομεῖ· ὁ δὲ προφητεύων ἐκκλησίαν οἰκοδομεῖ.
14: 5 θέλω δὲ πάντας ὑμᾶς λαλεῖν **γλώσσαις**, μᾶλλον δὲ ἵνα προφητεύητε· μείζων δὲ ὁ προφητεύων ἢ ὁ λαλῶν **γλώσσαις** ἐκτὸς εἰ μὴ διερμηνεύῃ,
14: 6 Νῦν δέ, ἀδελφοί, ἐὰν ἔλθω πρὸς ὑμᾶς **γλώσσαις** λαλῶν,
14: 9 οὕτως καὶ ὑμεῖς διὰ τῆς **γλώσσης** ἐὰν μὴ εὔσημον λόγον δῶτε,
14:13 διὸ ὁ λαλῶν **γλώσσῃ** προσευχέσθω ἵνα διερμηνεύῃ.
14:14 ἐὰν [γὰρ] προσεύχωμαι **γλώσσῃ**, τὸ πνεῦμά μου προσεύχεται,
14:18 εὐχαριστῶ τῷ θεῷ, πάντων ὑμῶν μᾶλλον **γλώσσαις** λαλῶ·
14:19 ἵνα καὶ ἄλλους κατηχήσω, ἢ μυρίους λόγους ἐν **γλώσσῃ**.
14:22 ὥστε αἱ **γλῶσσαι** εἰς σημεῖόν εἰσιν οὐ τοῖς πιστεύουσιν ἀλλὰ τοῖς ἀπίστοις,
14:23 Ἐὰν οὖν συνέλθῃ ἡ ἐκκλησία ὅλη ἐπὶ τὸ αὐτὸ καὶ πάντες λαλῶσιν **γλώσσαις**,
14:26 διδαχὴν ἔχει, ἀποκάλυψιν ἔχει, **γλῶσσαν** ἔχει, ἑρμηνείαν ἔχει·
14:27 εἴτε **γλώσσῃ** τις λαλεῖ, κατὰ δύο ἢ τὸ πλεῖστον τρεῖς καὶ ἀνὰ μέρος,
14:39 ζηλοῦτε τὸ προφητεύειν καὶ τὸ λαλεῖν μὴ κωλύετε **γλώσσαις**·
Php 2:11 καὶ πᾶσα **γλῶσσα** ἐξομολογήσηται ὅτι κύριος Ἰησοῦς Χριστὸς εἰς δόξαν θεοῦ πατρός.
Jas 1:26 Εἴ τις δοκεῖ θρησκὸς εἶναι μὴ χαλιναγωγῶν **γλῶσσαν** αὐτοῦ ἀλλὰ ἀπατῶν καρδίαν αὐτοῦ,
3: 5 οὕτως καὶ ἡ **γλῶσσα** μικρὸν μέλος ἐστὶν καὶ μεγάλα αὐχεῖ.
3: 6 καὶ ἡ **γλῶσσα** πῦρ· ὁ κόσμος τῆς ἀδικίας ἡ **γλῶσσα** καθίσταται ἐν τοῖς μέλεσιν ἡμῶν,
3: 8 τὴν δὲ **γλῶσσαν** οὐδεὶς δαμάσαι δύναται ἀνθρώπων, ἀκατάστατον κακόν,
1Pe 3:10 ὁ γὰρ θέλων ζωὴν ἀγαπᾶν καὶ ἰδεῖν ἡμέρας ἀγαθὰς παυσάτω τὴν **γλῶσσαν** ἀπὸ κακοῦ καὶ χείλη τοῦ μὴ λαλῆσαι δόλον,
1Jn 3:18 μὴ ἀγαπῶμεν λόγῳ μηδὲ τῇ **γλώσσῃ** ἀλλὰ ἐν ἔργῳ καὶ ἀληθείᾳ.
Rev 5: 9 ὅτι ἐσφάγης καὶ ἠγόρασας τῷ θεῷ ἐν τῷ αἵματί σου ἐκ πάσης φυλῆς καὶ **γλώσσης** καὶ λαοῦ καὶ ἔθνους
7: 9 ἐκ παντὸς ἔθνους καὶ φυλῶν καὶ λαῶν καὶ **γλωσσῶν** ἑστῶτες ἐνώπιον τοῦ θρόνου καὶ ἐνώπιον τοῦ ἀρνίου
10:11 Δεῖ σε πάλιν προφητεῦσαι ἐπὶ λαοῖς καὶ ἔθνεσιν καὶ **γλώσσαις** καὶ βασιλεῦσιν πολλοῖς.
11: 9 καὶ βλέπουσιν ἐκ τῶν λαῶν καὶ φυλῶν καὶ **γλωσσῶν** καὶ ἐθνῶν τὸ πτῶμα αὐτῶν ἡμέρας τρεῖς καὶ ἥμισυ
13: 7 καὶ ἐδόθη αὐτῷ ἐξουσία ἐπὶ πᾶσαν φυλὴν καὶ λαὸν καὶ **γλῶσσαν** καὶ ἔθνος.
14: 6 εὐαγγέλιον αἰώνιον εὐαγγελίσαι ἐπὶ τοὺς καθημένους ἐπὶ τῆς γῆς καὶ ἐπὶ πᾶν ἔθνος καὶ φυλὴν καὶ **γλῶσσαν** καὶ λαόν,
16:10 καὶ ἐμασῶντο τὰς **γλώσσας** αὐτῶν ἐκ τοῦ πόνου,
17:15 λαοὶ καὶ ὄχλοι εἰσὶν καὶ ἔθνη καὶ **γλῶσσαι**.

1186 γλωσσόκομον [2]

√ *1185 + 3180*

Jn 12: 6 ἀλλ᾽ ὅτι κλέπτης ἦν καὶ τὸ **γλωσσόκομον** ἔχων τὰ βαλλόμενα ἐβάσταζεν.
13:29 τινὲς γὰρ ἐδόκουν, ἐπεὶ τὸ **γλωσσόκομον** εἶχεν Ἰούδας,

1187 γναφεύς [1]

→ *47; cf. 3117*

Mk 9: 3 οἷα **γναφεὺς** ἐπὶ τῆς γῆς οὐ δύναται οὕτως λευκᾶναι.

1188 γνήσιος [4]

√ *1181*

γνήσιος τέκνον [2] 1Ti 1:2; Tit 1:4

2Co 8: 8 Οὐ κατ᾽ ἐπιταγὴν λέγω ἀλλὰ διὰ τῆς ἑτέρων σπουδῆς καὶ τὸ τῆς ὑμετέρας ἀγάπης **γνήσιον** δοκιμάζων·
Php 4: 3 ναὶ ἐρωτῶ καὶ σέ, **γνήσιε** σύζυγε, συλλαμβάνου αὐταῖς,
1Ti 1: 2 Τιμοθέῳ **γνησίῳ** τέκνῳ ἐν πίστει, χάρις ἔλεος εἰρήνη ἀπὸ θεοῦ πατρὸς καὶ Χριστοῦ Ἰησοῦ τοῦ κυρίου ἡμῶν.
Tit 1: 4 Τίτῳ **γνησίῳ** τέκνῳ κατὰ κοινὴν πίστιν, χάρις καὶ εἰρήνη ἀπὸ θεοῦ πατρὸς καὶ Χριστοῦ Ἰησοῦ τοῦ σωτῆρος ἡμῶν.

1189 γνησίως [1]

√ *1181*

Php 2:20 οὐδένα γὰρ ἔχω ἰσόψυχον, ὅστις **γνησίως** τὰ περὶ ὑμῶν μεριμνήσει·

1190 γνόφος [1]

Heb 12:18 Οὐ γὰρ προσεληλύθατε ψηλαφωμένῳ καὶ κεκαυμένῳ πυρὶ καὶ **γνόφῳ** καὶ ζόφῳ καὶ θυέλλῃ

1191 γνώμη [9]

√ *1182*

Ac 20: 3 ἐγένετο **γνώμης** τοῦ ὑποστρέφειν διὰ Μακεδονίας.
1Co 1:10 ἦτε δὲ κατηρτισμένοι ἐν τῷ αὐτῷ νοῒ καὶ ἐν τῇ αὐτῇ **γνώμῃ**.
7:25 **γνώμην** δὲ δίδωμι ὡς ἠλεημένος ὑπὸ κυρίου πιστὸς εἶναι.
7:40 μακαριωτέρα δέ ἐστιν ἐὰν οὕτως μείνῃ, κατὰ τὴν ἐμὴν **γνώμην**·
2Co 8:10 καὶ **γνώμην** ἐν τούτῳ δίδωμι· τοῦτο γὰρ ὑμῖν συμφέρει,
Phm 1:14 χωρὶς δὲ τῆς σῆς **γνώμης** οὐδὲν ἠθέλησα ποιῆσαι,

Rev 17:13 οὗτοι μίαν **γνώμην** ἔχουσιν καὶ τὴν δύναμιν καὶ ἐξουσίαν αὐτῶν τῷ θηρίῳ διδόασιν.
17:17 ὁ γὰρ θεὸς ἔδωκεν εἰς τὰς καρδίας αὐτῶν ποιῆσαι τὴν **γνώμην** αὐτοῦ καὶ ποιῆσαι μίαν **γνώμην** καὶ δοῦναι τὴν βασιλείαν αὐτῶν τῷ θηρίῳ ἄχρι τελεσθήσονται οἱ λόγοι τοῦ θεοῦ.

1192 γνωρίζω [25]

√ *1182*

Lk 2:15 Διέλθωμεν δὴ ἕως Βηθλέεμ καὶ ἴδωμεν τὸ ῥῆμα τοῦτο τὸ γεγονὸς ὃ ὁ κύριος **ἐγνώρισεν** ἡμῖν.
2:17 ἰδόντες δὲ **ἐγνώρισαν** περὶ τοῦ ῥήματος τοῦ λαληθέντος αὐτοῖς περὶ τοῦ παιδίου τούτου.
Jn 15:15 ὅτι πάντα ἃ ἤκουσα παρὰ τοῦ πατρός μου **ἐγνώρισα** ὑμῖν.
17:26 καὶ **ἐγνώρισα** αὐτοῖς τὸ ὄνομά σου καὶ **γνωρίσω,**
Ac 2:28 **ἐγνώρισάς** μοι ὁδοὺς ζωῆς, πληρώσεις με εὐφροσύνης μετὰ τοῦ προσώπου σου.
Ro 9:22 εἰ δὲ θέλων ὁ θεὸς ἐνδείξασθαι τὴν ὀργὴν καὶ **γνωρίσαι** τὸ δυνατὸν αὐτοῦ ἤνεγκεν ἐν πολλῇ μακροθυμίᾳ σκεύη ὀργῆς
9:23 καὶ ἵνα **γνωρίσῃ** τὸν πλοῦτον τῆς δόξης αὐτοῦ ἐπὶ σκεύη ἐλέους ἃ προητοίμασεν εἰς δόξαν;
16:26 [φανερωθέντος δὲ νῦν διά τε γραφῶν προφητικῶν κατ' ἐπιταγὴν τοῦ αἰωνίου θεοῦ εἰς ὑπακοὴν πίστεως εἰς πάντα τὰ ἔθνη **γνωρισθέντος,**]
1Co 12: 3 διὸ **γνωρίζω** ὑμῖν ὅτι οὐδεὶς ἐν πνεύματι θεοῦ λαλῶν λέγει,
15: 1 **Γνωρίζω** δὲ ὑμῖν, ἀδελφοί, τὸ εὐαγγέλιον ὃ εὐηγγελισάμην ὑμῖν,
2Co 8: 1 **Γνωρίζομεν** δὲ ὑμῖν, ἀδελφοί, τὴν χάριν τοῦ θεοῦ τὴν δεδομένην ἐν ταῖς ἐκκλησίαις τῆς Μακεδονίας,
Gal 1:11 **Γνωρίζω** γὰρ ὑμῖν, ἀδελφοί, τὸ εὐαγγέλιον τὸ εὐαγγελισθὲν ὑπ' ἐμοῦ ὅτι οὐκ ἔστιν κατὰ ἄνθρωπον·
Eph 1: 9 **γνωρίσας** ἡμῖν τὸ μυστήριον τοῦ θελήματος αὐτοῦ, κατὰ τὴν εὐδοκίαν αὐτοῦ ἣν προέθετο ἐν αὐτῷ
3: 3 [ὅτι] κατὰ ἀποκάλυψιν **ἐγνωρίσθη** μοι τὸ μυστήριον, καθὼς προέγραψα ἐν ὀλίγῳ,
3: 5 ὃ ἑτέραις γενεαῖς οὐκ **ἐγνωρίσθη** τοῖς υἱοῖς τῶν ἀνθρώπων ὡς νῦν ἀπεκαλύφθη τοῖς ἁγίοις ἀποστόλοις αὐτοῦ καὶ προφήταις
3:10 ἵνα **γνωρισθῇ** νῦν ταῖς ἀρχαῖς καὶ ταῖς ἐξουσίαις ἐν τοῖς ἐπουρανίοις διὰ τῆς ἐκκλησίας ἡ πολυποίκιλος σοφία τοῦ θεοῦ,
6:19 ἵνα μοι δοθῇ λόγος ἐν ἀνοίξει τοῦ στόματός μου, ἐν παρρησίᾳ **γνωρίσαι** τὸ μυστήριον τοῦ εὐαγγελίου,
6:21 πάντα **γνωρίσει** ὑμῖν Τυχικὸς ὁ ἀγαπητὸς ἀδελφὸς καὶ πιστὸς διάκονος ἐν κυρίῳ,
Php 1:22 τοῦτό μοι καρπὸς ἔργου, καὶ τί αἱρήσομαι οὐ **γνωρίζω.**
4: 6 ἀλλ' ἐν παντὶ τῇ προσευχῇ καὶ τῇ δεήσει μετὰ εὐχαριστίας τὰ αἰτήματα ὑμῶν **γνωριζέσθω** πρὸς τὸν θεόν.
Col 1:27 οἷς ἠθέλησεν ὁ θεὸς **γνωρίσαι** τί τὸ πλοῦτος τῆς δόξης τοῦ μυστηρίου τούτου ἐν τοῖς ἔθνεσιν,
4: 7 Τὰ κατ' ἐμὲ πάντα **γνωρίσει** ὑμῖν Τυχικὸς ὁ ἀγαπητὸς ἀδελφὸς καὶ πιστὸς διάκονος καὶ σύνδουλος ἐν κυρίῳ,
4: 9 ὅς ἐστιν ἐξ ὑμῶν· πάντα ὑμῖν **γνωρίσουσιν** τὰ ὧδε.
2Pe 1:16 Οὐ γὰρ σεσοφισμένοις μύθοις ἐξακολουθήσαντες **ἐγνωρίσαμεν** ὑμῖν τὴν τοῦ κυρίου ἡμῶν Ἰησοῦ Χριστοῦ δύναμιν

1193 γνώριμος Not used in UBS/NIV

√ *1182*

1194 γνῶσις [29]

√ *1182*

γνῶσις θεοῦ [2] Ro 11:33; 2Co 10:5; cf. 2Co 2:14

γνῶσις Χριστοῦ [2] Php 3:8; 2Pe 3:18

Lk 1:77 τοῦ δοῦναι **γνῶσιν** σωτηρίας τῷ λαῷ αὐτοῦ ἐν ἀφέσει ἁμαρτιῶν αὐτῶν,
11:52 οὐαὶ ὑμῖν τοῖς νομικοῖς, ὅτι ἤρατε τὴν κλεῖδα τῆς **γνώσεως·**
Ro 2:20 ἔχοντα τὴν μόρφωσιν τῆς **γνώσεως** καὶ τῆς ἀληθείας ἐν τῷ νόμῳ·
11:33 Ὦ βάθος πλούτου καὶ σοφίας καὶ **γνώσεως** θεοῦ·
15:14 πεπληρωμένοι πάσης [τῆς] **γνώσεως,** δυνάμενοι καὶ ἀλλήλους νουθετεῖν.
1Co 1: 5 ὅτι ἐν παντὶ ἐπλουτίσθητε ἐν αὐτῷ, ἐν παντὶ λόγῳ καὶ πάσῃ **γνώσει,**
8: 1 Περὶ δὲ τῶν εἰδωλοθύτων, οἴδαμεν ὅτι πάντες **γνῶσιν** ἔχομεν. ἡ **γνῶσις** φυσιοῖ, ἡ δὲ ἀγάπη οἰκοδομεῖ·
8: 7 Ἀλλ' οὐκ ἐν πᾶσιν ἡ **γνῶσις·** τινὲς δὲ τῇ συνηθείᾳ ἕως ἄρτι τοῦ εἰδώλου ὡς εἰδωλόθυτον ἐσθίουσιν,
8:10 ἐὰν γάρ τις ἴδῃ σὲ τὸν ἔχοντα **γνῶσιν** ἐν εἰδωλείῳ κατακείμενον,
8:11 ἀπόλλυται γὰρ ὁ ἀσθενῶν ἐν τῇ σῇ **γνώσει,**
12: 8 ἄλλῳ δὲ λόγος **γνώσεως** κατὰ τὸ αὐτὸ πνεῦμα,
13: 2 καὶ ἐὰν ἔχω προφητείαν καὶ εἰδῶ τὰ μυστήρια πάντα καὶ πᾶσαν τὴν **γνῶσιν** καὶ ἐὰν ἔχω πᾶσαν τὴν πίστιν
13: 8 εἴτε δὲ προφητεῖαι, καταργηθήσονται· εἴτε γλῶσσαι, παύσονται· εἴτε **γνῶσις,** καταργηθήσεται.
14: 6 τί ὑμᾶς ὠφελήσω ἐὰν μὴ ὑμῖν λαλήσω ἢ ἐν ἀποκαλύψει ἢ ἐν **γνώσει** ἢ ἐν προφητείᾳ ἢ [ἐν] διδαχῇ;
2Co 2:14 Τῷ δὲ θεῷ χάρις τῷ πάντοτε θριαμβεύοντι ἡμᾶς ἐν τῷ Χριστῷ καὶ τὴν ὀσμὴν τῆς **γνώσεως** αὐτοῦ φανεροῦντι δι' ἡμῶν
4: 6 ὃς ἔλαμψεν ἐν ταῖς καρδίαις ἡμῶν πρὸς φωτισμὸν τῆς **γνώσεως** τῆς δόξης τοῦ θεοῦ ἐν προσώπῳ [Ἰησοῦ] Χριστοῦ.
6: 6 ἐν ἁγνότητι, ἐν **γνώσει,** ἐν μακροθυμίᾳ, ἐν χρηστότητι,
8: 7 πίστει καὶ λόγῳ καὶ **γνώσει** καὶ πάσῃ σπουδῇ καὶ τῇ ἐξ ἡμῶν ἐν ὑμῖν ἀγάπῃ,
10: 5 καὶ πᾶν ὕψωμα ἐπαιρόμενον κατὰ τῆς **γνώσεως** τοῦ θεοῦ,
11: 6 εἰ δὲ καὶ ἰδιώτης τῷ λόγῳ, ἀλλ' οὐ τῇ **γνώσει,**
Eph 3:19 γνῶναί τε τὴν ὑπερβάλλουσαν τῆς **γνώσεως** ἀγάπην τοῦ Χριστοῦ,
Php 3: 8 ἀλλὰ μενοῦνγε καὶ ἡγοῦμαι πάντα ζημίαν εἶναι διὰ τὸ ὑπερέχον τῆς **γνώσεως** Χριστοῦ Ἰησοῦ τοῦ κυρίου μου,
Col 2: 3 ἐν ᾧ εἰσιν πάντες οἱ θησαυροὶ τῆς σοφίας καὶ **γνώσεως** ἀπόκρυφοι.
1Ti 6:20 τὴν παραθήκην φύλαξον ἐκτρεπόμενος τὰς βεβήλους κενοφωνίας καὶ ἀντιθέσεις τῆς ψευδωνύμου **γνώσεως,**
1Pe 3: 7 συνοικοῦντες κατὰ **γνῶσιν** ὡς ἀσθενεστέρῳ σκεύει τῷ γυναικείῳ,
2Pe 1: 5 ἐπιχορηγήσατε ἐν τῇ πίστει ὑμῶν τὴν ἀρετήν, ἐν δὲ τῇ ἀρετῇ τὴν **γνῶσιν,**
1: 6 ἐν δὲ τῇ **γνώσει** τὴν ἐγκράτειαν, ἐν δὲ τῇ ἐγκρατείᾳ τὴν ὑπομονήν,
3:18 αὐξάνετε δὲ ἐν χάριτι καὶ **γνώσει** τοῦ κυρίου ἡμῶν καὶ σωτῆρος Ἰησοῦ Χριστοῦ.

1195 γνώστης [1]

√ *1182*

Ac 26: 3 μάλιστα **γνώστην** ὄντα σε πάντων τῶν κατὰ Ἰουδαίους ἐθῶν τε καὶ ζητημάτων,

1196 γνωστός [15]

√ *1182*

γνωστὸν σημεῖον [1] Ac 4:16

Lk 2:44 νομίσαντες δὲ αὐτὸν εἶναι ἐν τῇ συνοδίᾳ ἦλθον ἡμέρας ὁδὸν καὶ ἀνεζήτουν αὐτὸν ἐν τοῖς συγγενεῦσιν καὶ τοῖς **γνωστοῖς,**
23:49 εἱστήκεισαν δὲ πάντες οἱ **γνωστοὶ** αὐτῷ ἀπὸ μακρόθεν καὶ γυναῖκες αἱ συνακολουθοῦσαι αὐτῷ ἀπὸ τῆς Γαλιλαίας ὁρῶσαι
Jn 18:15 ὁ δὲ μαθητὴς ἐκεῖνος ἦν **γνωστὸς** τῷ ἀρχιερεῖ καὶ συνεισῆλθεν τῷ Ἰησοῦ εἰς τὴν αὐλὴν τοῦ ἀρχιερέως,
18:16 ἐξῆλθεν οὖν ὁ μαθητὴς ὁ ἄλλος ὁ **γνωστὸς** τοῦ ἀρχιερέως καὶ εἶπεν τῇ θυρωρῷ καὶ εἰσήγαγεν τὸν Πέτρον.
Ac 1:19 καὶ **γνωστὸν** ἐγένετο πᾶσι τοῖς κατοικοῦσιν Ἰερουσαλήμ,
2:14 τοῦτο ὑμῖν **γνωστὸν** ἔστω καὶ ἐνωτίσασθε τὰ ῥήματά μου.
4:10 **γνωστὸν** ἔστω πᾶσιν ὑμῖν καὶ παντὶ τῷ λαῷ Ἰσραὴλ ὅτι ἐν τῷ ὀνόματι Ἰησοῦ Χριστοῦ τοῦ Ναζωραίου ὃν ὑμεῖς ἐσταυρώσατε,
4:16 ὅτι μὲν γὰρ **γνωστὸν** σημεῖον γέγονεν δι' αὐτῶν πᾶσιν τοῖς κατοικοῦσιν Ἰερουσαλὴμ φανερὸν καὶ οὐ δυνάμεθα ἀρνεῖσθαι·
9:42 **γνωστὸν** δὲ ἐγένετο καθ' ὅλης τῆς Ἰόππης καὶ ἐπίστευσαν πολλοὶ ἐπὶ τὸν κύριον.
13:38 **γνωστὸν** οὖν ἔστω ὑμῖν, ἄνδρες ἀδελφοί, ὅτι διὰ τούτου ὑμῖν ἄφεσις ἁμαρτιῶν καταγγέλλεται[,]
15:18 **γνωστὰ** ἀπ' αἰῶνος.
19:17 τοῦτο δὲ ἐγένετο **γνωστὸν** πᾶσιν Ἰουδαίοις τε καὶ Ἕλλησιν τοῖς κατοικοῦσιν τὴν Ἔφεσον καὶ ἐπέπεσεν φόβος ἐπὶ πάντας
28:22 περὶ μὲν γὰρ τῆς αἱρέσεως ταύτης **γνωστὸν** ἡμῖν ἐστιν ὅτι πανταχοῦ ἀντιλέγεται.
28:28 **γνωστὸν** οὖν ἔστω ὑμῖν ὅτι τοῖς ἔθνεσιν ἀπεστάλη τοῦτο τὸ σωτήριον τοῦ θεοῦ·
Ro 1:19 διότι τὸ **γνωστὸν** τοῦ θεοῦ φανερόν ἐστιν ἐν αὐτοῖς·

1197 γογγύζω [8]

→ *1198, 1199, 1339*

Mt 20:11 λαβόντες δὲ **ἐγόγγυζον** κατὰ τοῦ οἰκοδεσπότου
Lk 5:30 καὶ **ἐγόγγυζον** οἱ Φαρισαῖοι καὶ οἱ γραμματεῖς αὐτῶν πρὸς τοὺς μαθητὰς αὐτοῦ λέγοντες,
Jn 6:41 **Ἐγόγγυζον** οὖν οἱ Ἰουδαῖοι περὶ αὐτοῦ ὅτι εἶπεν,
6:43 ἀπεκρίθη Ἰησοῦς καὶ εἶπεν αὐτοῖς, Μὴ **γογγύζετε** μετ' ἀλλήλων.
6:61 εἰδὼς δὲ ὁ Ἰησοῦς ἐν ἑαυτῷ ὅτι **γογγύζουσιν** περὶ τούτου οἱ μαθηταὶ αὐτοῦ εἶπεν αὐτοῖς,
7:32 Ἤκουσαν οἱ Φαρισαῖοι τοῦ ὄχλου **γογγύζοντος** περὶ αὐτοῦ ταῦτα,
1Co 10:10 μηδὲ **γογγύζετε,** καθάπερ τινὲς αὐτῶν **ἐγόγγυσαν** καὶ ἀπώλοντο ὑπὸ τοῦ ὀλοθρευτοῦ.

1198 γογγυσμός [4]

√ *1197*

Jn 7:12 καὶ **γογγυσμὸς** περὶ αὐτοῦ ἦν πολὺς ἐν τοῖς ὄχλοις·
Ac 6: 1 Ἐν δὲ ταῖς ἡμέραις ταύταις πληθυνόντων τῶν μαθητῶν ἐγένετο **γογγυσμὸς** τῶν Ἑλληνιστῶν πρὸς τοὺς Ἑβραίους,
Php 2:14 πάντα ποιεῖτε χωρὶς **γογγυσμῶν** καὶ διαλογισμῶν,
1Pe 4: 9 φιλόξενοι εἰς ἀλλήλους ἄνευ **γογγυσμοῦ·**

1199 γογγυστής [1]

√ *1197*

Jude 1:16 Οὗτοί εἰσιν **γογγυσταὶ** μεμψίμοιροι κατὰ τὰς ἐπιθυμίας ἑαυτῶν πορευόμενοι,

1200 γόης [1]

2Ti 3:13 πονηροὶ δὲ ἄνθρωποι καὶ **γόητες** προκόψουσιν ἐπὶ τὸ χεῖρον πλανῶντες καὶ πλανώμενοι.

1201 Γολγοθᾶ [3]

Mt 27:33 Καὶ ἐλθόντες εἰς τόπον λεγόμενον **Γολγοθᾶ,** ὅ ἐστιν Κρανίου Τόπος λεγόμενος,
Mk 15:22 καὶ φέρουσιν αὐτὸν ἐπὶ τὸν **Γολγοθᾶν** τόπον, ὅ ἐστιν μεθερμηνευόμενον Κρανίου Τόπος.
Jn 19:17 καὶ βαστάζων ἑαυτῷ τὸν σταυρὸν ἐξῆλθεν εἰς τὸν λεγόμενον Κρανίου Τόπον, ὃ λέγεται Ἑβραϊστὶ **Γολγοθα,**

1202 Γόμορρα [4]

fem. **ἡ** [3] Ro 9:29; 2Pe 2:6; Jude 1:7

neut. **τά** [1] Mt 10:15

Mt 10:15 ἀνεκτότερον ἔσται γῇ Σοδόμων καὶ **Γομόρρων** ἐν ἡμέρᾳ κρίσεως ἢ τῇ πόλει ἐκείνῃ.
Ro 9:29 ὡς Σόδομα ἂν ἐγενήθημεν καὶ ὡς **Γόμορρα** ἂν ὡμοιώθημεν.
2Pe 2: 6 καὶ πόλεις Σοδόμων καὶ **Γομόρρας** τεφρώσας [καταστροφῇ] κατέκρινεν ὑπόδειγμα μελλόντων ἀσεβέ[σ]ιν τεθεικώς,
Jude 1: 7 ὡς Σόδομα καὶ **Γόμορρα** καὶ αἱ περὶ αὐτὰς πόλεις τὸν ὅμοιον τρόπον τούτοις ἐκπορνεύσασαι καὶ ἀπελθοῦσαι ὀπίσω σαρκὸς

1203 γόμος [3]

√ *1154*

Ac 21: 3 ἐκεῖσε γὰρ τὸ πλοῖον ἦν ἀποφορτιζόμενον τὸν **γόμον.**
Rev 18:11 Καὶ οἱ ἔμποροι τῆς γῆς κλαίουσιν καὶ πενθοῦσιν ἐπ' αὐτήν, ὅτι τὸν **γόμον** αὐτῶν οὐδεὶς ἀγοράζει οὐκέτι
18:12 **γόμον** χρυσοῦ καὶ ἀργύρου καὶ λίθου τιμίου καὶ μαργαριτῶν καὶ βυσσίνου καὶ πορφύρας καὶ σιρικοῦ καὶ κοκκίνου,

1204 γονεύς [20]

√ *1181*

Mt 10:21 καὶ ἐπαναστήσονται τέκνα ἐπὶ **γονεῖς** καὶ θανατώσουσιν αὐτούς.
Mk 13:12 καὶ ἐπαναστήσονται τέκνα ἐπὶ **γονεῖς** καὶ θανατώσουσιν αὐτούς·
Lk 2:27 καὶ ἐν τῷ εἰσαγαγεῖν τοὺς **γονεῖς** τὸ παιδίον Ἰησοῦν τοῦ ποιῆσαι αὐτοὺς κατὰ τὸ εἰθισμένον τοῦ νόμου περὶ αὐτοῦ
2:41 Καὶ ἐπορεύοντο οἱ **γονεῖς** αὐτοῦ κατ' ἔτος εἰς Ἰερουσαλὴμ τῇ ἑορτῇ τοῦ πάσχα.
2:43 ἐν τῷ ὑποστρέφειν αὐτοὺς ὑπέμεινεν Ἰησοῦς ὁ παῖς ἐν Ἰερουσαλήμ, καὶ οὐκ ἔγνωσαν οἱ **γονεῖς** αὐτοῦ.
8:56 καὶ ἐξέστησαν οἱ **γονεῖς** αὐτῆς· ὁ δὲ παρήγγειλεν αὐτοῖς μηδενὶ εἰπεῖν τὸ γεγονός.
18:29 Ἀμὴν λέγω ὑμῖν ὅτι οὐδείς ἐστιν ὃς ἀφῆκεν οἰκίαν ἢ γυναῖκα ἢ ἀδελφοὺς ἢ **γονεῖς** ἢ τέκνα ἕνεκεν τῆς βασιλείας τοῦ θεοῦ,
21:16 παραδοθήσεσθε δὲ καὶ ὑπὸ **γονέων** καὶ ἀδελφῶν καὶ συγγενῶν καὶ φίλων,
Jn 9: 2 Ῥαββί, τίς ἥμαρτεν, οὗτος ἢ οἱ **γονεῖς** αὐτοῦ,
9: 3 ἀπεκρίθη Ἰησοῦς, Οὔτε οὗτος ἥμαρτεν οὔτε οἱ **γονεῖς** αὐτοῦ,
9:18 ὅτι ἦν τυφλὸς καὶ ἀνέβλεψεν ἕως ὅτου ἐφώνησαν τοὺς **γονεῖς** αὐτοῦ τοῦ ἀναβλέψαντος
9:20 ἀπεκρίθησαν οὖν οἱ **γονεῖς** αὐτοῦ καὶ εἶπαν, Οἴδαμεν ὅτι οὗτός ἐστιν ὁ υἱὸς ἡμῶν καὶ ὅτι τυφλὸς ἐγεννήθη·
9:22 ταῦτα εἶπαν οἱ **γονεῖς** αὐτοῦ ὅτι ἐφοβοῦντο τοὺς Ἰουδαίους·
9:23 διὰ τοῦτο οἱ **γονεῖς** αὐτοῦ εἶπαν ὅτι Ἡλικίαν ἔχει,
Ro 1:30 καταλάλους θεοστυγεῖς ὑβριστὰς ὑπερηφάνους ἀλαζόνας, ἐφευρετὰς κακῶν, **γονεῦσιν** ἀπειθεῖς,
2Co 12:14 οὐ γὰρ ὀφείλει τὰ τέκνα τοῖς **γονεῦσιν** θησαυρίζειν ἀλλὰ οἱ **γονεῖς** τοῖς τέκνοις.
Eph 6: 1 Τὰ τέκνα, ὑπακούετε τοῖς **γονεῦσιν** ὑμῶν [ἐν κυρίῳ·]
Col 3:20 Τὰ τέκνα, ὑπακούετε τοῖς **γονεῦσιν** κατὰ πάντα, τοῦτο γὰρ εὐάρεστόν ἐστιν ἐν κυρίῳ.
2Ti 3: 2 ἔσονται γὰρ οἱ ἄνθρωποι φίλαυτοι φιλάργυροι ἀλαζόνες ὑπερήφανοι βλάσφημοι, **γονεῦσιν** ἀπειθεῖς, ἀχάριστοι ἀνόσιοι

1205 γόνυ [12]

→ *1206*

τίθημι τὰ γόνατα [6] Mk 15:19; Lk 22:41; Ac 7:60; 9:40; 20:36; 21:5

Mk 15:19 καὶ ἔτυπτον αὐτοῦ τὴν κεφαλὴν καλάμῳ καὶ ἐνέπτυον αὐτῷ καὶ τιθέντες τὰ **γόνατα** προσεκύνουν αὐτῷ.
Lk 5: 8 ἰδὼν δὲ Σίμων Πέτρος προσέπεσεν τοῖς **γόνασιν** Ἰησοῦ λέγων,
22:41 καὶ αὐτὸς ἀπεσπάσθη ἀπ' αὐτῶν ὡσεὶ λίθου βολὴν καὶ θεὶς τὰ **γόνατα** προσηύχετο
Ac 7:60 θεὶς δὲ τὰ **γόνατα** ἔκραξεν φωνῇ μεγάλῃ, Κύριε,
9:40 ἐκβαλὼν δὲ ἔξω πάντας ὁ Πέτρος καὶ θεὶς τὰ **γόνατα** προσηύξατο καὶ ἐπιστρέψας πρὸς τὸ σῶμα εἶπεν,
20:36 Καὶ ταῦτα εἰπὼν θεὶς τὰ **γόνατα** αὐτοῦ σὺν πᾶσιν αὐτοῖς προσηύξατο.
21: 5 καὶ θέντες τὰ **γόνατα** ἐπὶ τὸν αἰγιαλὸν προσευξάμενοι
Ro 11: 4 Κατέλιπον ἐμαυτῷ ἑπτακισχιλίους ἄνδρας, οἵτινες οὐκ ἔκαμψαν **γόνυ** τῇ Βάαλ.
14:11 ὅτι ἐμοὶ κάμψει πᾶν **γόνυ** καὶ πᾶσα γλῶσσα ἐξομολογήσεται τῷ θεῷ.
Eph 3:14 Τούτου χάριν κάμπτω τὰ **γόνατά** μου πρὸς τὸν πατέρα,
Php 2:10 ἵνα ἐν τῷ ὀνόματι Ἰησοῦ πᾶν **γόνυ** κάμψῃ ἐπουρανίων καὶ ἐπιγείων καὶ καταχθονίων
Heb 12:12 Διὸ τὰς παρειμένας χεῖρας καὶ τὰ παραλελυμένα **γόνατα** ἀνορθώσατε,

1206 γονυπετέω [4]

√ *1205 + 4406*

Mt 17:14 Καὶ ἐλθόντων πρὸς τὸν ὄχλον προσῆλθεν αὐτῷ ἄνθρωπος **γονυπετῶν** αὐτὸν
27:29 καὶ **γονυπετήσαντες** ἔμπροσθεν αὐτοῦ ἐνέπαιξαν αὐτῷ λέγοντες, Χαῖρε,
Mk 1:40 ἔρχεται πρὸς αὐτὸν λεπρὸς παρακαλῶν αὐτὸν [καὶ **γονυπετῶν**] καὶ λέγων αὐτῷ ὅτι Ἐὰν θέλῃς δύνασαί με καθαρίσαι.
10:17 Καὶ ἐκπορευομένου αὐτοῦ εἰς ὁδὸν προσδραμὼν εἷς καὶ **γονυπετήσας** αὐτὸν ἐπηρώτα αὐτόν,

1207 γράμμα [14]

√ *1211*

ἱερὰ γράμματα [1] 2Ti 3:15

πνεῦμα ... γράμμα [4] Ro 2:29; 7:6; 2Co 3:6,6

Lk 16: 6 Δέξαι σου τὰ **γράμματα** καὶ καθίσας ταχέως γράψον πεντήκοντα.
16: 7 λέγει αὐτῷ, Δέξαι σου τὰ **γράμματα** καὶ γράψον ὀγδοήκοντα.

Jn 5:47 εἰ δὲ τοῖς ἐκείνου **γράμμασιν** οὐ πιστεύετε, πῶς τοῖς ἐμοῖς ῥήμασιν πιστεύσετε;
7:15 ἐθαύμαζον οὖν οἱ Ἰουδαῖοι λέγοντες, Πῶς οὗτος **γράμματα** οἶδεν μὴ μεμαθηκώς;
Ac 26:24 Παῦλε· τὰ πολλά σε **γράμματα** εἰς μανίαν περιτρέπει.
28:21 Ἡμεῖς οὔτε **γράμματα** περὶ σοῦ ἐδεξάμεθα ἀπὸ τῆς Ἰουδαίας οὔτε παραγενόμενός τις τῶν ἀδελφῶν ἀπήγγειλεν
Ro 2:27 καὶ κρινεῖ ἡ ἐκ φύσεως ἀκροβυστία τὸν νόμον τελοῦσα σὲ τὸν διὰ **γράμματος** καὶ περιτομῆς παραβάτην νόμου.
2:29 ἀλλ' ὁ ἐν τῷ κρυπτῷ Ἰουδαῖος, καὶ περιτομὴ καρδίας ἐν πνεύματι οὐ **γράμματι,**
7: 6 ὥστε δουλεύειν ἡμᾶς ἐν καινότητι πνεύματος καὶ οὐ παλαιότητι **γράμματος.**
2Co 3: 6 ὃς καὶ ἱκάνωσεν ἡμᾶς διακόνους καινῆς διαθήκης, οὐ **γράμματος** ἀλλὰ πνεύματος· τὸ γὰρ **γράμμα** ἀποκτέννει, τὸ δὲ πνεῦμα ζῳοποιεῖ.
3: 7 Εἰ δὲ ἡ διακονία τοῦ θανάτου ἐν **γράμμασιν** ἐντετυπωμένη λίθοις ἐγενήθη ἐν δόξῃ,
Gal 6:11 Ἴδετε πηλίκοις ὑμῖν **γράμμασιν** ἔγραψα τῇ ἐμῇ χειρί.
2Ti 3:15 καὶ ὅτι ἀπὸ βρέφους [τὰ] ἱερὰ **γράμματα** οἶδας,

1208 γραμματεύς [63]

√ *1211*

ἀρχιερεῖς καὶ γραμματεῖς [22] Mt 2:4; 16:21; 20:18; 21:15; 26:57; Mk 8:31; 10:33; 11:18,27; 14:1,43,53,53; 15:1,31; Lk 9:22; 19:47; 20:1,19; 22:2,66; 23:10

γραμματεῖς καὶ πρεσβύτεροι [with other groups] [12] Mt 16:21; 26:57; 27:41; Mk 8:31; 11:27; 14:43,53; 15:1; Lk 9:22; 20:1; Ac 4:5; 6:12

γραμματεῖς καὶ Φαρισαῖοι [19] Mt 5:20; 12:38; 15:1; 23:2,13,15,23,25,27,29; Mk 2:16; 7:1; Lk 5:21,30; 6:7; 11:53; 15:2; Jn 8:3; Ac 23:9

Mt 2: 4 καὶ συναγαγὼν πάντας τοὺς ἀρχιερεῖς καὶ **γραμματεῖς** τοῦ λαοῦ ἐπυνθάνετο παρ' αὐτῶν ποῦ ὁ Χριστὸς γεννᾶται.
5:20 λέγω γὰρ ὑμῖν ὅτι ἐὰν μὴ περισσεύσῃ ὑμῶν ἡ δικαιοσύνη πλεῖον τῶν **γραμματέων** καὶ Φαρισαίων,
7:29 ἦν γὰρ διδάσκων αὐτοὺς ὡς ἐξουσίαν ἔχων καὶ οὐχ ὡς οἱ **γραμματεῖς** αὐτῶν.
8:19 καὶ προσελθὼν εἷς **γραμματεὺς** εἶπεν αὐτῷ, Διδάσκαλε, ἀκολουθήσω σοι ὅπου ἐὰν ἀπέρχῃ.
9: 3 καὶ ἰδού τινες τῶν **γραμματέων** εἶπαν ἐν ἑαυτοῖς,
12:38 Τότε ἀπεκρίθησαν αὐτῷ τινες τῶν **γραμματέων** καὶ Φαρισαίων λέγοντες,
13:52 Διὰ τοῦτο πᾶς **γραμματεὺς** μαθητευθεὶς τῇ βασιλείᾳ τῶν οὐρανῶν ὅμοιός ἐστιν ἀνθρώπῳ οἰκοδεσπότῃ,
15: 1 Τότε προσέρχονται τῷ Ἰησοῦ ἀπὸ Ἱεροσολύμων Φαρισαῖοι καὶ **γραμματεῖς** λέγοντες,
16:21 καὶ πολλὰ παθεῖν ἀπὸ τῶν πρεσβυτέρων καὶ ἀρχιερέων καὶ **γραμματέων** καὶ ἀποκτανθῆναι καὶ τῇ τρίτῃ ἡμέρᾳ ἐγερθῆναι.
17:10 Τί οὖν οἱ **γραμματεῖς** λέγουσιν ὅτι Ἠλίαν δεῖ ἐλθεῖν πρῶτον;
20:18 καὶ ὁ υἱὸς τοῦ ἀνθρώπου παραδοθήσεται τοῖς ἀρχιερεῦσιν καὶ **γραμματεῦσιν,**
21:15 ἰδόντες δὲ οἱ ἀρχιερεῖς καὶ οἱ **γραμματεῖς** τὰ θαυμάσια ἃ ἐποίησεν καὶ τοὺς παῖδας τοὺς κράζοντας ἐν τῷ ἱερῷ
23: 2 Ἐπὶ τῆς Μωϋσέως καθέδρας ἐκάθισαν οἱ **γραμματεῖς** καὶ οἱ Φαρισαῖοι.
23:13 Οὐαὶ δὲ ὑμῖν, **γραμματεῖς** καὶ Φαρισαῖοι ὑποκριταί, ὅτι κλείετε τὴν βασιλείαν τῶν οὐρανῶν ἔμπροσθεν τῶν ἀνθρώπων·
23:15 Οὐαὶ ὑμῖν, **γραμματεῖς** καὶ Φαρισαῖοι ὑποκριταί, ὅτι περιάγετε τὴν θάλασσαν καὶ τὴν ξηρὰν ποιῆσαι ἕνα προσήλυτον,
23:23 Οὐαὶ ὑμῖν, **γραμματεῖς** καὶ Φαρισαῖοι ὑποκριταί, ὅτι ἀποδεκατοῦτε τὸ ἡδύοσμον καὶ τὸ ἄνηθον καὶ τὸ κύμινον καὶ ἀφήκατε τὰ βαρύτερα τοῦ νόμου,
23:25 Οὐαὶ ὑμῖν, **γραμματεῖς** καὶ Φαρισαῖοι ὑποκριταί, ὅτι καθαρίζετε τὸ ἔξωθεν τοῦ ποτηρίου καὶ τῆς παροψίδος,
23:27 Οὐαὶ ὑμῖν, **γραμματεῖς** καὶ Φαρισαῖοι ὑποκριταί, ὅτι παρομοιάζετε τάφοις κεκονιαμένοις,
23:29 Οὐαὶ ὑμῖν, **γραμματεῖς** καὶ Φαρισαῖοι ὑποκριταί, ὅτι οἰκοδομεῖτε τοὺς τάφους τῶν προφητῶν καὶ κοσμεῖτε τὰ μνημεῖα τῶν δικαίων,
23:34 διὰ τοῦτο ἰδοὺ ἐγὼ ἀποστέλλω πρὸς ὑμᾶς προφήτας καὶ σοφοὺς καὶ **γραμματεῖς**·
26:57 Οἱ δὲ κρατήσαντες τὸν Ἰησοῦν ἀπήγαγον πρὸς Καϊάφαν τὸν ἀρχιερέα, ὅπου οἱ **γραμματεῖς** καὶ οἱ πρεσβύτεροι συνήχθησαν.
27:41 ὁμοίως καὶ οἱ ἀρχιερεῖς ἐμπαίζοντες μετὰ τῶν **γραμματέων** καὶ πρεσβυτέρων ἔλεγον,
Mk 1:22 ἦν γὰρ διδάσκων αὐτοὺς ὡς ἐξουσίαν ἔχων καὶ οὐχ ὡς οἱ **γραμματεῖς.**
2: 6 ἦσαν δέ τινες τῶν **γραμματέων** ἐκεῖ καθήμενοι καὶ διαλογιζόμενοι ἐν ταῖς καρδίαις αὐτῶν,
2:16 καὶ οἱ **γραμματεῖς** τῶν **Φαρισαίων** ἰδόντες ὅτι ἐσθίει μετὰ τῶν ἁμαρτωλῶν καὶ τελωνῶν ἔλεγον τοῖς μαθηταῖς αὐτοῦ,
3:22 καὶ οἱ **γραμματεῖς** οἱ ἀπὸ Ἱεροσολύμων καταβάντες ἔλεγον ὅτι Βεελζεβοὺλ ἔχει
7: 1 Καὶ συνάγονται πρὸς αὐτὸν οἱ **Φαρισαῖοι** καί τινες τῶν **γραμματέων** ἐλθόντες ἀπὸ Ἱεροσολύμων.
7: 5 καὶ ἐπερωτῶσιν αὐτὸν οἱ **Φαρισαῖοι** καὶ οἱ **γραμματεῖς,**
8:31 πολλὰ παθεῖν καὶ ἀποδοκιμασθῆναι ὑπὸ τῶν πρεσβυτέρων καὶ τῶν ἀρχιερέων καὶ τῶν **γραμματέων** καὶ ἀποκτανθῆναι
9:11 Ὅτι λέγουσιν οἱ **γραμματεῖς** ὅτι Ἠλίαν δεῖ ἐλθεῖν πρῶτον;
9:14 Καὶ ἐλθόντες πρὸς τοὺς μαθητὰς εἶδον ὄχλον πολὺν περὶ αὐτοὺς καὶ **γραμματεῖς** συζητοῦντας πρὸς αὐτούς.
10:33 καὶ ὁ υἱὸς τοῦ ἀνθρώπου παραδοθήσεται τοῖς ἀρχιερεῦσιν καὶ τοῖς **γραμματεῦσιν,**
11:18 καὶ ἤκουσαν οἱ ἀρχιερεῖς καὶ οἱ **γραμματεῖς** καὶ ἐζήτουν πῶς αὐτὸν ἀπολέσωσιν·
11:27 καὶ ἐν τῷ ἱερῷ περιπατοῦντος αὐτοῦ ἔρχονται πρὸς αὐτὸν οἱ ἀρχιερεῖς καὶ οἱ **γραμματεῖς** καὶ οἱ πρεσβύτεροι
12:28 Καὶ προσελθὼν εἷς τῶν **γραμματέων** ἀκούσας αὐτῶν συζητούντων,
12:32 καὶ εἶπεν αὐτῷ ὁ **γραμματεύς,** Καλῶς, διδάσκαλε, ἐπ' ἀληθείας εἶπες ὅτι εἷς ἐστιν καὶ οὐκ ἔστιν ἄλλος πλὴν αὐτοῦ·
12:35 Πῶς λέγουσιν οἱ **γραμματεῖς** ὅτι ὁ Χριστὸς υἱὸς Δαυίδ ἐστιν;
12:38 Βλέπετε ἀπὸ τῶν **γραμματέων** τῶν θελόντων ἐν στολαῖς περιπατεῖν καὶ ἀσπασμοὺς ἐν ταῖς ἀγοραῖς
14: 1 καὶ ἐζήτουν οἱ ἀρχιερεῖς καὶ οἱ **γραμματεῖς** πῶς αὐτὸν ἐν δόλῳ κρατήσαντες ἀποκτείνωσιν·
14:43 καὶ μετ' αὐτοῦ ὄχλος μετὰ μαχαιρῶν καὶ ξύλων παρὰ τῶν ἀρχιερέων καὶ τῶν **γραμματέων** καὶ τῶν πρεσβυτέρων.
14:53 καὶ συνέρχονται πάντες οἱ ἀρχιερεῖς καὶ οἱ πρεσβύτεροι καὶ οἱ **γραμματεῖς.**
15: 1 Καὶ εὐθὺς πρωῒ συμβούλιον ποιήσαντες οἱ ἀρχιερεῖς μετὰ τῶν πρεσβυτέρων καὶ **γραμματέων** καὶ ὅλον τὸ συνέδριον,
15:31 ὁμοίως καὶ οἱ ἀρχιερεῖς ἐμπαίζοντες πρὸς ἀλλήλους μετὰ τῶν **γραμματέων** ἔλεγον,
Lk 5:21 καὶ ἤρξαντο διαλογίζεσθαι οἱ **γραμματεῖς** καὶ οἱ **Φαρισαῖοι** λέγοντες,
5:30 καὶ ἐγόγγυζον οἱ **Φαρισαῖοι** καὶ οἱ **γραμματεῖς** αὐτῶν πρὸς τοὺς μαθητὰς αὐτοῦ λέγοντες,
6: 7 παρετηροῦντο δὲ αὐτὸν οἱ **γραμματεῖς** καὶ οἱ **Φαρισαῖοι** εἰ ἐν τῷ σαββάτῳ θεραπεύει,
9:22 καὶ ἀποδοκιμασθῆναι ἀπὸ τῶν πρεσβυτέρων καὶ ἀρχιερέων καὶ **γραμματέων** καὶ ἀποκτανθῆναι καὶ τῇ τρίτῃ ἡμέρᾳ ἐγερθῆναι.
11:53 ἤρξαντο οἱ **γραμματεῖς** καὶ οἱ **Φαρισαῖοι** δεινῶς ἐνέχειν καὶ ἀποστοματίζειν αὐτὸν περὶ πλειόνων,
15: 2 καὶ διεγόγγυζον οἵ τε **Φαρισαῖοι** καὶ οἱ **γραμματεῖς** λέγοντες ὅτι Οὗτος ἁμαρτωλοὺς προσδέχεται καὶ συνεσθίει αὐτοῖς.
19:47 οἱ δὲ ἀρχιερεῖς καὶ οἱ **γραμματεῖς** ἐζήτουν αὐτὸν ἀπολέσαι καὶ οἱ πρῶτοι τοῦ λαοῦ,
20: 1 καὶ εὐαγγελιζομένου ἐπέστησαν οἱ ἀρχιερεῖς καὶ οἱ **γραμματεῖς** σὺν τοῖς πρεσβυτέροις
20:19 Καὶ ἐζήτησαν οἱ **γραμματεῖς** καὶ οἱ ἀρχιερεῖς ἐπιβαλεῖν ἐπ' αὐτὸν τὰς χεῖρας ἐν αὐτῇ τῇ ὥρᾳ,
20:39 ἀποκριθέντες δέ τινες τῶν **γραμματέων** εἶπαν, Διδάσκαλε, καλῶς εἶπας.
20:46 Προσέχετε ἀπὸ τῶν **γραμματέων** τῶν θελόντων περιπατεῖν ἐν στολαῖς καὶ φιλούντων ἀσπασμοὺς ἐν ταῖς ἀγοραῖς
22: 2 καὶ ἐζήτουν οἱ ἀρχιερεῖς καὶ οἱ **γραμματεῖς** τὸ πῶς ἀνέλωσιν αὐτόν,
22:66 συνήχθη τὸ πρεσβυτέριον τοῦ λαοῦ, ἀρχιερεῖς τε καὶ **γραμματεῖς,**
23:10 εἱστήκεισαν δὲ οἱ ἀρχιερεῖς καὶ οἱ **γραμματεῖς** εὐτόνως κατηγοροῦντες αὐτοῦ.
Jn 8: 3 ⟦ἄγουσιν δὲ οἱ **γραμματεῖς** καὶ οἱ **Φαρισαῖοι** γυναῖκα ἐπὶ μοιχείᾳ κατειλημμένην καὶ στήσαντες αὐτὴν ἐν μέσῳ⟧
Ac 4: 5 Ἐγένετο δὲ ἐπὶ τὴν αὔριον συναχθῆναι αὐτῶν τοὺς ἄρχοντας καὶ τοὺς πρεσβυτέρους καὶ τοὺς **γραμματεῖς** ἐν Ἰερουσαλήμ,

6:12 συνεκίνησάν τε τὸν λαὸν καὶ τοὺς πρεσβυτέρους καὶ τοὺς **γραμματεῖς** καὶ ἐπιστάντες συνήρπασαν αὐτὸν
19:35 καταστείλας δὲ ὁ **γραμματεὺς** τὸν ὄχλον φησίν, Ἄνδρες Ἐφέσιοι,
23:9 καὶ ἀναστάντες τινὲς τῶν **γραμματέων** τοῦ μέρους τῶν Φαρισαίων διεμάχοντο λέγοντες,
1Co 1:20 ποῦ σοφός; ποῦ **γραμματεύς;** ποῦ συζητητὴς τοῦ αἰῶνος τούτου;

1209 γραπτός [1]

√ *1211*

Ro 2:15 οἵτινες ἐνδείκνυνται τὸ ἔργον τοῦ νόμου **γραπτὸν** ἐν ταῖς καρδίαις αὐτῶν,

1210 γραφή [50]

√ *1211*

αἱ γραφαί [20] Mt 21:42; 22:29; 26:54,56; Mk 12:24; 14:49; Lk 24:27,32,45; Jn 5:39; Ac 17:2,11; 18:24,28; Ro 1:2; 15:4; 16:26; 1Co 15:3,4; 2Pe 3:16

ἁγίαις γραφαῖς [1] Ro 1:2

γραφαὶ προφητῶν [1] Mt 26:56

[ου δύναται] λύω ... γραφή [1] Jn 10:35

πᾶσα γραφή [1] 2Ti 3:16

Mt 21:42 λέγει αὐτοῖς ὁ Ἰησοῦς, Οὐδέποτε ἀνέγνωτε ἐν ταῖς **γραφαῖς,**
22:29 Πλανᾶσθε μὴ εἰδότες τὰς **γραφὰς** μηδὲ τὴν δύναμιν τοῦ θεοῦ·
26:54 πῶς οὖν πληρωθῶσιν αἱ **γραφαὶ** ὅτι οὕτως δεῖ γενέσθαι;
26:56 τοῦτο δὲ ὅλον γέγονεν ἵνα πληρωθῶσιν αἱ **γραφαὶ** τῶν προφητῶν.
Mk 12:10 οὐδὲ τὴν **γραφὴν** ταύτην ἀνέγνωτε, Λίθον ὃν ἀπεδοκίμασαν οἱ οἰκοδομοῦντες,
12:24 Οὐ διὰ τοῦτο πλανᾶσθε μὴ εἰδότες τὰς **γραφὰς** μηδὲ τὴν δύναμιν τοῦ θεοῦ;
14:49 καθ᾽ ἡμέραν ἤμην πρὸς ὑμᾶς ἐν τῷ ἱερῷ διδάσκων καὶ οὐκ ἐκρατήσατέ με· ἀλλ᾽ ἵνα πληρωθῶσιν αἱ **γραφαί.**
Lk 4:21 ἤρξατο δὲ λέγειν πρὸς αὐτοὺς ὅτι Σήμερον πεπλήρωται ἡ **γραφὴ** αὕτη ἐν τοῖς ὠσὶν ὑμῶν.
24:27 καὶ ἀρξάμενος ἀπὸ Μωϋσέως καὶ ἀπὸ πάντων τῶν προφητῶν διερμήνευσεν αὐτοῖς ἐν πάσαις ταῖς **γραφαῖς** τὰ περὶ ἑαυτοῦ.
24:32 Οὐχὶ ἡ καρδία ἡμῶν καιομένη ἦν [ἐν ἡμῖν] ὡς ἐλάλει ἡμῖν ἐν τῇ ὁδῷ, ὡς διήνοιγεν ἡμῖν τὰς **γραφάς;**
24:45 τότε διήνοιξεν αὐτῶν τὸν νοῦν τοῦ συνιέναι τὰς **γραφάς·**
Jn 2:22 καὶ ἐπίστευσαν τῇ **γραφῇ** καὶ τῷ λόγῳ ὃν εἶπεν ὁ Ἰησοῦς.
5:39 ἐραυνᾶτε τὰς **γραφάς,** ὅτι ὑμεῖς δοκεῖτε ἐν αὐταῖς ζωὴν αἰώνιον ἔχειν·
7:38 ὁ πιστεύων εἰς ἐμέ, καθὼς εἶπεν ἡ **γραφή,**
7:42 οὐχ ἡ **γραφὴ** εἶπεν ὅτι ἐκ τοῦ σπέρματος Δαυὶδ καὶ ἀπὸ Βηθλέεμ τῆς κώμης ὅπου ἦν Δαυὶδ ἔρχεται ὁ Χριστός;
10:35 εἰ ἐκείνους εἶπεν θεοὺς πρὸς οὓς ὁ λόγος τοῦ θεοῦ ἐγένετο, καὶ οὐ δύναται λυθῆναι ἡ **γραφή,**
13:18 ἀλλ᾽ ἵνα ἡ **γραφὴ** πληρωθῇ, Ὁ τρώγων μου τὸν ἄρτον ἐπῆρεν ἐπ᾽ ἐμὲ τὴν πτέρναν αὐτοῦ.
17:12 καὶ οὐδεὶς ἐξ αὐτῶν ἀπώλετο εἰ μὴ ὁ υἱὸς τῆς ἀπωλείας, ἵνα ἡ **γραφὴ** πληρωθῇ.
19:24 ἵνα ἡ **γραφὴ** πληρωθῇ [ἡ λέγουσα,] Διεμερίσαντο τὰ ἱμάτιά μου ἑαυτοῖς καὶ ἐπὶ τὸν ἱματισμόν μου ἔβαλον κλῆρον.
19:28 Μετὰ τοῦτο εἰδὼς ὁ Ἰησοῦς ὅτι ἤδη πάντα τετέλεσται, ἵνα τελειωθῇ ἡ **γραφή,** λέγει, Διψῶ.
19:36 ἐγένετο γὰρ ταῦτα ἵνα ἡ **γραφὴ** πληρωθῇ, Ὀστοῦν οὐ συντριβήσεται αὐτοῦ.
19:37 καὶ πάλιν ἑτέρα **γραφὴ** λέγει, Ὄψονται εἰς ὃν ἐξεκέντησαν.
20:9 οὐδέπω γὰρ ᾔδεισαν τὴν **γραφὴν** ὅτι δεῖ αὐτὸν ἐκ νεκρῶν ἀναστῆναι.
Ac 1:16 ἔδει πληρωθῆναι τὴν **γραφὴν** ἣν προεῖπεν τὸ πνεῦμα τὸ ἅγιον διὰ στόματος Δαυὶδ
8:32 ἡ δὲ περιοχὴ τῆς **γραφῆς** ἣν ἀνεγίνωσκεν ἦν αὕτη·
8:35 ἀνοίξας δὲ ὁ Φίλιππος τὸ στόμα αὐτοῦ καὶ ἀρξάμενος ἀπὸ τῆς **γραφῆς** ταύτης εὐηγγελίσατο αὐτῷ τὸν Ἰησοῦν.
17:2 κατὰ δὲ τὸ εἰωθὸς τῷ Παύλῳ εἰσῆλθεν πρὸς αὐτοὺς καὶ ἐπὶ σάββατα τρία διελέξατο αὐτοῖς ἀπὸ τῶν **γραφῶν,**
17:11 οἵτινες ἐδέξαντο τὸν λόγον μετὰ πάσης προθυμίας καθ᾽ ἡμέραν ἀνακρίνοντες τὰς **γραφὰς** εἰ ἔχοι ταῦτα οὕτως.
18:24 κατήντησεν εἰς Ἔφεσον, δυνατὸς ὢν ἐν ταῖς **γραφαῖς.**
18:28 εὐτόνως γὰρ τοῖς Ἰουδαίοις διακατηλέγχετο δημοσίᾳ ἐπιδεικνὺς διὰ τῶν **γραφῶν** εἶναι τὸν Χριστὸν Ἰησοῦν.
Ro 1:2 ὃ προεπηγγείλατο διὰ τῶν προφητῶν αὐτοῦ ἐν **γραφαῖς** ἁγίαις
4:3 τί γὰρ ἡ **γραφὴ** λέγει; Ἐπίστευσεν δὲ Ἀβραὰμ τῷ θεῷ καὶ ἐλογίσθη αὐτῷ εἰς δικαιοσύνην.
9:17 λέγει γὰρ ἡ **γραφὴ** τῷ Φαραὼ ὅτι Εἰς αὐτὸ τοῦτο ἐξήγειρά σε ὅπως ἐνδείξωμαι ἐν σοὶ τὴν δύναμίν μου
10:11 λέγει γὰρ ἡ **γραφή,** Πᾶς ὁ πιστεύων ἐπ᾽ αὐτῷ οὐ καταισχυνθήσεται.
11:2 ἢ οὐκ οἴδατε ἐν Ἠλίᾳ τί λέγει ἡ **γραφή,**
15:4 ἵνα διὰ τῆς ὑπομονῆς καὶ διὰ τῆς παρακλήσεως τῶν **γραφῶν** τὴν ἐλπίδα ἔχωμεν.
16:26 [φανερωθέντος δὲ νῦν διά τε **γραφῶν** προφητικῶν κατ᾽ ἐπιταγὴν τοῦ αἰωνίου θεοῦ εἰς ὑπακοὴν πίστεως εἰς πάντα τὰ ἔθνη γνωρισθέντος,]
1Co 15:3 ὅτι Χριστὸς ἀπέθανεν ὑπὲρ τῶν ἁμαρτιῶν ἡμῶν κατὰ τὰς **γραφὰς**
15:4 καὶ ὅτι ἐτάφη καὶ ὅτι ἐγήγερται τῇ ἡμέρᾳ τῇ τρίτῃ κατὰ τὰς **γραφὰς**
Gal 3:8 προϊδοῦσα δὲ ἡ **γραφὴ** ὅτι ἐκ πίστεως δικαιοῖ τὰ ἔθνη ὁ θεός,
3:22 ἀλλὰ συνέκλεισεν ἡ **γραφὴ** τὰ πάντα ὑπὸ ἁμαρτίαν,
4:30 ἀλλὰ τί λέγει ἡ **γραφή;** Ἔκβαλε τὴν παιδίσκην καὶ τὸν υἱὸν αὐτῆς·
1Ti 5:18 λέγει γὰρ ἡ **γραφή,** Βοῦν ἀλοῶντα οὐ φιμώσεις,
2Ti 3:16 πᾶσα **γραφὴ** θεόπνευστος καὶ ὠφέλιμος πρὸς διδασκαλίαν, πρὸς ἐλεγμόν,
Jas 2:8 εἰ μέντοι νόμον τελεῖτε βασιλικὸν κατὰ τὴν **γραφήν,**
2:23 καὶ ἐπληρώθη ἡ **γραφὴ** ἡ λέγουσα, Ἐπίστευσεν δὲ Ἀβραὰμ τῷ θεῷ,
4:5 ἢ δοκεῖτε ὅτι κενῶς ἡ **γραφὴ** λέγει, Πρὸς φθόνον ἐπιποθεῖ τὸ πνεῦμα ὃ κατῴκισεν ἐν ἡμῖν,
1Pe 2:6 διότι περιέχει ἐν **γραφῇ,** Ἰδοὺ τίθημι ἐν Σιὼν λίθον ἀκρογωνιαῖον ἐκλεκτὸν ἔντιμον
2Pe 1:20 τοῦτο πρῶτον γινώσκοντες ὅτι πᾶσα προφητεία **γραφῆς** ἰδίας ἐπιλύσεως οὐ γίνεται·
3:16 ἃ οἱ ἀμαθεῖς καὶ ἀστήρικτοι στρεβλοῦσιν ὡς καὶ τὰς λοιπὰς **γραφὰς** πρὸς τὴν ἰδίαν αὐτῶν ἀπώλειαν.

1211 γράφω [191]

→ *63, 615, 616, 1207, 1208, 1209, 1210, 1582, 2107, 2108, 2863, 4592, 5681, 5934*

γράφω διά; διὰ γράφω [9] Mt 2:5; Lk 18:31; Ac 15:23; Ro 4:23; 1Co 9:10; 2Co 2:4; 1Pe 5:12; 2Jn 1:12; 3Jn 1:13

γράφω εἰς; εἰς γράφω [4] Jn 8:8; Ro 15:4; 2Co 2:9; Rev 1:11

γράφω ἐν; ἐν γράφω [27] Mk 1:2; Lk 2:23; 3:4; 10:26; 24:44; Jn 1:45; 6:45; 8:17; 10:34; 15:25; 20:30; Ac 1:20; 7:42; 13:33; 24:14; 1Co 5:9; 9:9; 14:21; Gal 3:10; Heb 10:7; Rev 1:3; 13:8; 20:12,15; 21:27; 22:18,19

γράφω ἐπί; ἐπὶ γράφω [10] Mk 9:12,13; Jn 12:16; Rev 2:17; 3:12; 14:1; 17:5,8; 19:12,16

καθώς γέγραπται, γεγραμμένος [28] Mt 26:24; Mk 1:2; 9:13; 14:21; Lk 2:23; Jn 6:31; 12:14; Ac 7:42; 15:15; Ro 1:17; 2:24; 3:4,10; 4:17; 8:36; 9:13,33; 10:15; 11:8,26; 15:3,9,21; 1Co 1:31; 2:9; 10:7; 2Co 8:15; 9:9; 2Pe 3:15

Μωϋσῆς ... ἔγραψεν [5] Mk 12:19; Lk 20:28; Jn 1:45; 5:46; Ro 10:5; cf. Mk 10:5

Mt 2:5 Ἐν Βηθλέεμ τῆς Ἰουδαίας· οὕτως γὰρ **γέγραπται** διὰ τοῦ προφήτου·
4:4 ὁ δὲ ἀποκριθεὶς εἶπεν, **Γέγραπται,** Οὐκ ἐπ᾽ ἄρτῳ μόνῳ ζήσεται ὁ ἄνθρωπος,
4:6 **γέγραπται** γὰρ ὅτι Τοῖς ἀγγέλοις αὐτοῦ ἐντελεῖται περὶ σοῦ καὶ ἐπὶ χειρῶν ἀροῦσίν σε,
4:7 ἔφη αὐτῷ ὁ Ἰησοῦς, Πάλιν **γέγραπται,** Οὐκ ἐκπειράσεις κύριον τὸν θεόν σου.
4:10 **γέγραπται** γάρ, Κύριον τὸν θεόν σου προσκυνήσεις καὶ αὐτῷ μόνῳ λατρεύσεις.
11:10 οὗτός ἐστιν περὶ οὗ **γέγραπται,** Ἰδοὺ ἐγὼ ἀποστέλλω τὸν ἄγγελόν μου πρὸ προσώπου σου,
21:13 καὶ λέγει αὐτοῖς, **Γέγραπται,** Ὁ οἶκός μου οἶκος προσευχῆς κληθήσεται,

26:24 ὁ μὲν υἱὸς τοῦ ἀνθρώπου ὑπάγει καθὼς **γέγραπται** περὶ αὐτοῦ,

26:31 **γέγραπται** γάρ, Πατάξω τὸν ποιμένα, καὶ διασκορπισθήσονται τὰ πρόβατα τῆς ποίμνης.

27:37 καὶ ἐπέθηκαν ἐπάνω τῆς κεφαλῆς αὐτοῦ τὴν αἰτίαν αὐτοῦ **γεγραμμένην·**

Mk 1: 2 Καθὼς **γέγραπται** ἐν τῷ Ἠσαΐᾳ τῷ προφήτῃ, Ἰδοὺ ἀποστέλλω τὸν ἄγγελόν μου πρὸ προσώπου σου,

7: 6 ὡς **γέγραπται** [ὅτι] Οὗτος ὁ λαὸς τοῖς χείλεσίν με τιμᾷ,

9:12 καὶ πῶς **γέγραπται** ἐπὶ τὸν υἱὸν τοῦ ἀνθρώπου ἵνα πολλὰ πάθῃ καὶ ἐξουδενηθῇ;

9:13 καὶ ἐποίησαν αὐτῷ ὅσα ἤθελον, καθὼς **γέγραπται** ἐπ' αὐτόν.

10: 4 οἱ δὲ εἶπαν, Ἐπέτρεψεν Μωϋσῆς βιβλίον ἀποστασίου **γράψαι** καὶ ἀπολῦσαι.

10: 5 Πρὸς τὴν σκληροκαρδίαν ὑμῶν **ἔγραψεν** ὑμῖν τὴν ἐντολὴν ταύτην.

11:17 Οὐ **γέγραπται** ὅτι Ὁ οἶκός μου οἶκος προσευχῆς κληθήσεται πᾶσιν τοῖς ἔθνεσιν;

12:19 Μωϋσῆς **ἔγραψεν** ἡμῖν ὅτι ἐάν τινος ἀδελφὸς ἀποθάνῃ καὶ καταλίπῃ γυναῖκα καὶ μὴ ἀφῇ τέκνον,

14:21 ὅτι ὁ μὲν υἱὸς τοῦ ἀνθρώπου ὑπάγει καθὼς **γέγραπται** περὶ αὐτοῦ,

14:27 ὅτι **γέγραπται,** Πατάξω τὸν ποιμένα, καὶ τὰ πρόβατα διασκορπισθήσονται.

Lk 1: 3 ἔδοξε κἀμοὶ παρηκολουθηκότι ἄνωθεν πᾶσιν ἀκριβῶς καθεξῆς σοι **γράψαι,**

1:63 καὶ αἰτήσας πινακίδιον **ἔγραψεν** λέγων, Ἰωάννης ἐστὶν ὄνομα αὐτοῦ.

2:23 καθὼς **γέγραπται** ἐν νόμῳ κυρίου ὅτι Πᾶν ἄρσεν διανοῖγον μήτραν ἅγιον τῷ κυρίῳ κληθήσεται,

3: 4 ὡς **γέγραπται** ἐν βίβλῳ λόγων Ἠσαΐου τοῦ προφήτου,

4: 4 **Γέγραπται** ὅτι Οὐκ ἐπ' ἄρτῳ μόνῳ ζήσεται ὁ ἄνθρωπος.

4: 8 καὶ ἀποκριθεὶς ὁ Ἰησοῦς εἶπεν αὐτῷ, **Γέγραπται,** Κύριον τὸν θεόν σου προσκυνήσεις καὶ αὐτῷ μόνῳ λατρεύσεις.

4:10 **γέγραπται** γὰρ ὅτι Τοῖς ἀγγέλοις αὐτοῦ ἐντελεῖται περὶ σοῦ τοῦ διαφυλάξαι σε,

4:17 καὶ ἐπεδόθη αὐτῷ βιβλίον τοῦ προφήτου Ἠσαΐου καὶ ἀναπτύξας τὸ βιβλίον εὗρεν τὸν τόπον οὗ ἦν **γεγραμμένον,**

7:27 οὗτός ἐστιν περὶ οὗ **γέγραπται,** Ἰδοὺ ἀποστέλλω τὸν ἄγγελόν μου πρὸ προσώπου σου,

10:26 ὁ δὲ εἶπεν πρὸς αὐτόν, Ἐν τῷ νόμῳ τί **γέγραπται;**

16: 6 Δέξαι σου τὰ γράμματα καὶ καθίσας ταχέως **γράψον** πεντήκοντα.

16: 7 λέγει αὐτῷ, Δέξαι σου τὰ γράμματα καὶ **γράψον** ὀγδοήκοντα.

18:31 καὶ τελεσθήσεται πάντα τὰ **γεγραμμένα** διὰ τῶν προφητῶν τῷ υἱῷ τοῦ ἀνθρώπου·

19:46 λέγων αὐτοῖς, **Γέγραπται,** Καὶ ἔσται ὁ οἶκός μου οἶκος προσευχῆς,

20:17 ὁ δὲ ἐμβλέψας αὐτοῖς εἶπεν, Τί οὖν ἐστιν τὸ **γεγραμμένον** τοῦτο·

20:28 λέγοντες, Διδάσκαλε, Μωϋσῆς **ἔγραψεν** ἡμῖν, ἐάν τινος ἀδελφὸς ἀποθάνῃ ἔχων γυναῖκα,

21:22 ὅτι ἡμέραι ἐκδικήσεως αὗταί εἰσιν τοῦ πλησθῆναι πάντα τὰ **γεγραμμένα.**

22:37 λέγω γὰρ ὑμῖν ὅτι τοῦτο τὸ **γεγραμμένον** δεῖ τελεσθῆναι ἐν ἐμοί,

24:44 ὅτι δεῖ πληρωθῆναι πάντα τὰ **γεγραμμένα** ἐν τῷ νόμῳ Μωϋσέως καὶ τοῖς προφήταις καὶ ψαλμοῖς περὶ ἐμοῦ.

24:46 καὶ εἶπεν αὐτοῖς ὅτι Οὕτως **γέγραπται** παθεῖν τὸν Χριστὸν καὶ ἀναστῆναι ἐκ νεκρῶν τῇ τρίτῃ ἡμέρᾳ,

Jn 1:45 Ὃν **ἔγραψεν** Μωϋσῆς ἐν τῷ νόμῳ καὶ οἱ προφῆται εὑρήκαμεν,

2:17 Ἐμνήσθησαν οἱ μαθηταὶ αὐτοῦ ὅτι **γεγραμμένον** ἐστίν, Ὁ ζῆλος τοῦ οἴκου σου καταφάγεταί με.

5:46 ἐπιστεύετε ἂν ἐμοί· περὶ γὰρ ἐμοῦ ἐκεῖνος **ἔγραψεν.**

6:31 καθώς ἐστιν **γεγραμμένον,** Ἄρτον ἐκ τοῦ οὐρανοῦ ἔδωκεν αὐτοῖς φαγεῖν.

6:45 ἔστιν **γεγραμμένον** ἐν τοῖς προφήταις, Καὶ ἔσονται πάντες διδακτοὶ θεοῦ·

8: 8 ⟦καὶ πάλιν κατακύψας **ἔγραφεν** εἰς τὴν γῆν.⟧

8:17 καὶ ἐν τῷ νόμῳ δὲ τῷ ὑμετέρῳ **γέγραπται** ὅτι δύο ἀνθρώπων ἡ μαρτυρία ἀληθής ἐστιν.

10:34 Οὐκ ἔστιν **γεγραμμένον** ἐν τῷ νόμῳ ὑμῶν ὅτι Ἐγὼ εἶπα,

12:14 εὑρὼν δὲ ὁ Ἰησοῦς ὀνάριον ἐκάθισεν ἐπ' αὐτό, καθώς ἐστιν **γεγραμμένον,**

12:16 ἀλλ' ὅτε ἐδοξάσθη Ἰησοῦς τότε ἐμνήσθησαν ὅτι ταῦτα ἦν ἐπ' αὐτῷ **γεγραμμένα** καὶ ταῦτα ἐποίησαν αὐτῷ.

15:25 ἀλλ' ἵνα πληρωθῇ ὁ λόγος ὁ ἐν τῷ νόμῳ αὐτῶν **γεγραμμένος** ὅτι Ἐμίσησάν με δωρεάν.

19:19 **ἔγραψεν** δὲ καὶ τίτλον ὁ Πιλᾶτος καὶ ἔθηκεν ἐπὶ τοῦ σταυροῦ· ἦν δὲ **γεγραμμένον,** Ἰησοῦς ὁ Ναζωραῖος ὁ βασιλεὺς τῶν Ἰουδαίων.

19:20 ὅτι ἐγγὺς ἦν ὁ τόπος τῆς πόλεως ὅπου ἐσταυρώθη ὁ Ἰησοῦς· καὶ ἦν **γεγραμμένον** Ἑβραϊστί, Ῥωμαϊστί, Ἑλληνιστί.

19:21 Μὴ **γράφε,** Ὁ βασιλεὺς τῶν Ἰουδαίων, ἀλλ' ὅτι ἐκεῖνος εἶπεν,

19:22 ἀπεκρίθη ὁ Πιλᾶτος, Ὃ **γέγραφα, γέγραφα.**

20:30 ἃ οὐκ ἔστιν **γεγραμμένα** ἐν τῷ βιβλίῳ τούτῳ·

20:31 ταῦτα δὲ **γέγραπται** ἵνα πιστεύ[σ]ητε ὅτι Ἰησοῦς ἐστιν ὁ Χριστὸς ὁ υἱὸς τοῦ θεοῦ,

21:24 Οὗτός ἐστιν ὁ μαθητὴς ὁ μαρτυρῶν περὶ τούτων καὶ ὁ **γράψας** ταῦτα,

21:25 ἅτινα ἐὰν **γράφηται** καθ' ἕν, οὐδ' αὐτὸν οἶμαι τὸν κόσμον χωρῆσαι τὰ **γραφόμενα** βιβλία.

Ac 1:20 **Γέγραπται** γὰρ ἐν βίβλῳ ψαλμῶν, Γενηθήτω ἡ ἔπαυλις αὐτοῦ ἔρημος καὶ μὴ ἔστω ὁ κατοικῶν ἐν αὐτῇ,

7:42 ἔστρεψεν δὲ ὁ θεὸς καὶ παρέδωκεν αὐτοὺς λατρεύειν τῇ στρατιᾷ τοῦ οὐρανοῦ καθὼς **γέγραπται** ἐν βίβλῳ τῶν προφητῶν,

13:29 ὡς δὲ ἐτέλεσαν πάντα τὰ περὶ αὐτοῦ **γεγραμμένα,**

13:33 ὁ θεὸς ἐκπεπλήρωκεν τοῖς τέκνοις [αὐτῶν] ἡμῖν ἀναστήσας Ἰησοῦν ὡς καὶ ἐν τῷ ψαλμῷ **γέγραπται** τῷ δευτέρῳ,

15:15 καὶ τούτῳ συμφωνοῦσιν οἱ λόγοι τῶν προφητῶν καθὼς **γέγραπται,**

15:23 **γράψαντες** διὰ χειρὸς αὐτῶν, Οἱ ἀπόστολοι καὶ οἱ πρεσβύτεροι ἀδελφοὶ τοῖς κατὰ τὴν Ἀντιόχειαν καὶ Συρίαν

18:27 προτρεψάμενοι οἱ ἀδελφοὶ **ἔγραψαν** τοῖς μαθηταῖς ἀποδέξασθαι αὐτόν,

23: 5 **γέγραπται** γὰρ ὅτι Ἄρχοντα τοῦ λαοῦ σου οὐκ ἐρεῖς κακῶς.

23:25 **γράψας** ἐπιστολὴν ἔχουσαν τὸν τύπον τοῦτον·

24:14 οὕτως λατρεύω τῷ πατρῴῳ θεῷ πιστεύων πᾶσι τοῖς κατὰ τὸν νόμον καὶ τοῖς ἐν τοῖς προφήταις **γεγραμμένοις,**

25:26 περὶ οὗ ἀσφαλές τι **γράψαι** τῷ κυρίῳ οὐκ ἔχω, διὸ προήγαγον αὐτὸν ἐφ' ὑμῶν καὶ μάλιστα ἐπὶ σοῦ, βασιλεῦ Ἀγρίππα, ὅπως τῆς ἀνακρίσεως γενομένης σχῶ τί **γράψω·**

Ro 1:17 καθὼς **γέγραπται,** Ὁ δὲ δίκαιος ἐκ πίστεως ζήσεται.

2:24 τὸ γὰρ ὄνομα τοῦ θεοῦ δι' ὑμᾶς βλασφημεῖται ἐν τοῖς ἔθνεσιν, καθὼς **γέγραπται.**

3: 4 γινέσθω δὲ ὁ θεὸς ἀληθής, πᾶς δὲ ἄνθρωπος ψεύστης, καθὼς **γέγραπται,**

3:10 καθὼς **γέγραπται** ὅτι Οὐκ ἔστιν δίκαιος οὐδὲ εἷς,

4:17 καθὼς **γέγραπται** ὅτι Πατέρα πολλῶν ἐθνῶν τέθεικά σε,

4:23 Οὐκ **ἐγράφη** δὲ δι' αὐτὸν μόνον ὅτι ἐλογίσθη αὐτῷ

8:36 καθὼς **γέγραπται** ὅτι Ἕνεκεν σοῦ θανατούμεθα ὅλην τὴν ἡμέραν,

9:13 καθὼς **γέγραπται,** Τὸν Ἰακὼβ ἠγάπησα, τὸν δὲ Ἠσαῦ ἐμίσησα.

9:33 καθὼς **γέγραπται,** Ἰδοὺ τίθημι ἐν Σιὼν λίθον προσκόμματος καὶ πέτραν σκανδάλου,

10: 5 Μωϋσῆς γὰρ **γράφει** τὴν δικαιοσύνην τὴν ἐκ [τοῦ] νόμου ὅτι ὁ ποιήσας αὐτὰ ἄνθρωπος ζήσεται ἐν αὐτοῖς.

10:15 καθὼς **γέγραπται,** Ὡς ὡραῖοι οἱ πόδες τῶν εὐαγγελιζομένων [τὰ] ἀγαθά.

11: 8 καθὼς **γέγραπται,** Ἔδωκεν αὐτοῖς ὁ θεὸς πνεῦμα κατανύξεως,

11:26 καθὼς **γέγραπται,** Ἥξει ἐκ Σιὼν ὁ ῥυόμενος, ἀποστρέψει ἀσεβείας ἀπὸ Ἰακώβ.

12:19 **γέγραπται** γάρ, Ἐμοὶ ἐκδίκησις, ἐγὼ ἀνταποδώσω, λέγει κύριος.

14:11 **γέγραπται** γάρ, Ζῶ ἐγώ, λέγει κύριος, ὅτι ἐμοὶ κάμψει πᾶν γόνυ καὶ πᾶσα γλῶσσα ἐξομολογήσεται τῷ θεῷ.

15: 3 ἀλλὰ καθὼς **γέγραπται,** Οἱ ὀνειδισμοὶ τῶν ὀνειδιζόντων σε ἐπέπεσαν ἐπ' ἐμέ.

15: 4 ὅσα γὰρ προεγράφη, εἰς τὴν ἡμετέραν διδασκαλίαν **ἐγράφη,**

15: 9 τὰ δὲ ἔθνη ὑπὲρ ἐλέους δοξάσαι τὸν θεόν, καθὼς **γέγραπται,**

15:15 τολμηρότερον δὲ **ἔγραψα** ὑμῖν ἀπὸ μέρους ὡς ἐπαναμιμνῄσκων ὑμᾶς διὰ τὴν χάριν τὴν δοθεῖσάν μοι ὑπὸ τοῦ θεοῦ

15:21 ἀλλὰ καθὼς **γέγραπται,** Οἷς οὐκ ἀνηγγέλη περὶ αὐτοῦ ὄψονται,

16:22 ἀσπάζομαι ὑμᾶς ἐγὼ Τέρτιος ὁ **γράψας** τὴν ἐπιστολὴν ἐν κυρίῳ.

1Co 1:19 **γέγραπται** γάρ, Ἀπολῶ τὴν σοφίαν τῶν σοφῶν καὶ τὴν σύνεσιν τῶν συνετῶν ἀθετήσω.

1:31 ἵνα καθὼς **γέγραπται,** Ὁ καυχώμενος ἐν κυρίῳ καυχάσθω.

2: 9 ἀλλὰ καθὼς **γέγραπται,** Ἃ ὀφθαλμὸς οὐκ εἶδεν καὶ οὖς οὐκ ἤκουσεν καὶ ἐπὶ καρδίαν ἀνθρώπου οὐκ ἀνέβη,

3:19 **γέγραπται** γάρ, Ὁ δρασσόμενος τοὺς σοφοὺς ἐν τῇ πανουργίᾳ αὐτῶν·

4: 6 ἵνα ἐν ἡμῖν μάθητε τὸ Μὴ ὑπὲρ ἃ **γέγραπται,**
4:14 Οὐκ ἐντρέπων ὑμᾶς **γράφω** ταῦτα ἀλλ' ὡς τέκνα μου ἀγαπητὰ νουθετῶ[ν].
5: 9 **Ἔγραψα** ὑμῖν ἐν τῇ ἐπιστολῇ μὴ συναναμίγνυσθαι πόρνοις,
5:11 νῦν δὲ **ἔγραψα** ὑμῖν μὴ συναναμίγνυσθαι ἐάν τις ἀδελφὸς ὀνομαζόμενος ᾖ πόρνος ἢ πλεονέκτης ἢ εἰδωλολάτρης
7: 1 Περὶ δὲ ὧν **ἐγράψατε,** καλὸν ἀνθρώπῳ γυναικὸς μὴ ἅπτεσθαι·
9: 9 ἐν γὰρ τῷ Μωϋσέως νόμῳ **γέγραπται,** Οὐ κημώσεις βοῦν ἀλοῶντα.
9:10 δι' ἡμᾶς γὰρ **ἐγράφη** ὅτι ὀφείλει ἐπ' ἐλπίδι ὁ ἀροτριῶν ἀροτριᾶν καὶ ὁ ἀλοῶν ἐπ' ἐλπίδι τοῦ μετέχειν.
9:15 οὐκ **ἔγραψα** δὲ ταῦτα, ἵνα οὕτως γένηται ἐν ἐμοί·
10: 7 μηδὲ εἰδωλολάτραι γίνεσθε καθώς τινες αὐτῶν, ὥσπερ **γέγραπται,**
10:11 ταῦτα δὲ τυπικῶς συνέβαινεν ἐκείνοις, **ἐγράφη** δὲ πρὸς νουθεσίαν ἡμῶν,
14:21 ἐν τῷ νόμῳ **γέγραπται** ὅτι Ἐν ἑτερογλώσσοις καὶ ἐν χείλεσιν ἑτέρων λαλήσω τῷ λαῷ τούτῳ
14:37 ἐπιγινωσκέτω ἃ **γράφω** ὑμῖν ὅτι κυρίου ἐστὶν ἐντολή·
15:45 οὕτως καὶ **γέγραπται,** Ἐγένετο ὁ πρῶτος ἄνθρωπος Ἀδὰμ εἰς ψυχὴν ζῶσαν,
15:54 τότε γενήσεται ὁ λόγος ὁ **γεγραμμένος,** Κατεπόθη ὁ θάνατος εἰς νῖκος.
2Co 1:13 οὐ γὰρ ἄλλα **γράφομεν** ὑμῖν ἀλλ' ἢ ἃ ἀναγινώσκετε ἢ καὶ ἐπιγινώσκετε·
2: 3 καὶ **ἔγραψα** τοῦτο αὐτό, ἵνα μὴ ἐλθὼν λύπην σχῶ ἀφ' ὧν ἔδει με χαίρειν,
2: 4 ἐκ γὰρ πολλῆς θλίψεως καὶ συνοχῆς καρδίας **ἔγραψα** ὑμῖν διὰ πολλῶν δακρύων,
2: 9 εἰς τοῦτο γὰρ καὶ **ἔγραψα,** ἵνα γνῶ τὴν δοκιμὴν ὑμῶν,
4:13 ἔχοντες δὲ τὸ αὐτὸ πνεῦμα τῆς πίστεως κατὰ τὸ **γεγραμμένον,**
7:12 ἄρα εἰ καὶ **ἔγραψα** ὑμῖν, οὐχ ἕνεκεν τοῦ ἀδικήσαντος οὐδὲ ἕνεκεν τοῦ ἀδικηθέντος
8:15 καθὼς **γέγραπται,** Ὁ τὸ πολὺ οὐκ ἐπλεόνασεν, καὶ ὁ τὸ ὀλίγον οὐκ ἠλαττόνησεν.
9: 1 Περὶ μὲν γὰρ τῆς διακονίας τῆς εἰς τοὺς ἁγίους περισσόν μοί ἐστιν τὸ **γράφειν** ὑμῖν·
9: 9 καθὼς **γέγραπται,** Ἐσκόρπισεν, ἔδωκεν τοῖς πένησιν, ἡ δικαιοσύνη αὐτοῦ μένει εἰς τὸν αἰῶνα.
13:10 διὰ τοῦτο ταῦτα ἀπὼν **γράφω,** ἵνα παρὼν μὴ ἀποτόμως χρήσωμαι κατὰ τὴν ἐξουσίαν ἣν ὁ κύριος ἔδωκέν μοι εἰς οἰκοδομὴν καὶ οὐκ εἰς καθαίρεσιν.
Gal 1:20 ἃ δὲ **γράφω** ὑμῖν, ἰδοὺ ἐνώπιον τοῦ θεοῦ ὅτι οὐ ψεύδομαι.
3:10 **γέγραπται** γὰρ ὅτι Ἐπικατάρατος πᾶς ὃς οὐκ ἐμμένει πᾶσιν τοῖς **γεγραμμένοις** ἐν τῷ βιβλίῳ τοῦ νόμου τοῦ ποιῆσαι αὐτά.
3:13 ὅτι **γέγραπται,** Ἐπικατάρατος πᾶς ὁ κρεμάμενος ἐπὶ ξύλου,
4:22 **γέγραπται** γὰρ ὅτι Ἀβραὰμ δύο υἱοὺς ἔσχεν, ἕνα ἐκ τῆς παιδίσκης καὶ ἕνα ἐκ τῆς ἐλευθέρας.
4:27 **γέγραπται** γάρ, Εὐφράνθητι, στεῖρα ἡ οὐ τίκτουσα, ῥῆξον καὶ βόησον,
6:11 Ἴδετε πηλίκοις ὑμῖν γράμμασιν **ἔγραψα** τῇ ἐμῇ χειρί.
Php 3: 1 τὰ αὐτὰ **γράφειν** ὑμῖν ἐμοὶ μὲν οὐκ ὀκνηρόν,
1Th 4: 9 Περὶ δὲ τῆς φιλαδελφίας οὐ χρείαν ἔχετε **γράφειν** ὑμῖν,
5: 1 Περὶ δὲ τῶν χρόνων καὶ τῶν καιρῶν, ἀδελφοί, οὐ χρείαν ἔχετε ὑμῖν **γράφεσθαι,**
2Th 3:17 ὅ ἐστιν σημεῖον ἐν πάσῃ ἐπιστολῇ· οὕτως **γράφω.**
1Ti 3:14 Ταῦτά σοι **γράφω** ἐλπίζων ἐλθεῖν πρὸς σὲ ἐν τάχει·
Phm 1:19 ἐγὼ Παῦλος **ἔγραψα** τῇ ἐμῇ χειρί, ἐγὼ ἀποτίσω·
1:21 Πεποιθὼς τῇ ὑπακοῇ σου **ἔγραψά** σοι, εἰδὼς ὅτι καὶ ὑπὲρ ἃ λέγω ποιήσεις.
Heb 10: 7 Ἰδοὺ ἥκω, ἐν κεφαλίδι βιβλίου **γέγραπται** περὶ ἐμοῦ,
1Pe 1:16 διότι **γέγραπται** [ὅτι] Ἅγιοι ἔσεσθε, ὅτι ἐγὼ ἅγιός [εἰμι.]
5:12 δι' ὀλίγων **ἔγραψα** παρακαλῶν καὶ ἐπιμαρτυρῶν ταύτην εἶναι ἀληθῆ χάριν τοῦ θεοῦ εἰς ἣν στῆτε.
2Pe 3: 1 δευτέραν ὑμῖν **γράφω** ἐπιστολὴν ἐν αἷς διεγείρω ὑμῶν ἐν ὑπομνήσει τὴν εἰλικρινῆ διάνοιαν
3:15 καθὼς καὶ ὁ ἀγαπητὸς ἡμῶν ἀδελφὸς Παῦλος κατὰ τὴν δοθεῖσαν αὐτῷ σοφίαν **ἔγραψεν** ὑμῖν,
1Jn 1: 4 καὶ ταῦτα **γράφομεν** ἡμεῖς, ἵνα ἡ χαρὰ ἡμῶν ᾖ πεπληρωμένη.
2: 1 Τεκνία μου, ταῦτα **γράφω** ὑμῖν ἵνα μὴ ἁμάρτητε.
2: 7 οὐκ ἐντολὴν καινὴν **γράφω** ὑμῖν ἀλλ' ἐντολὴν παλαιὰν ἣν εἴχετε ἀπ' ἀρχῆς·
2: 8 πάλιν ἐντολὴν καινὴν **γράφω** ὑμῖν, ὅ ἐστιν ἀληθὲς ἐν αὐτῷ καὶ ἐν ὑμῖν,
2:12 **Γράφω** ὑμῖν, τεκνία, ὅτι ἀφέωνται ὑμῖν αἱ ἁμαρτίαι διὰ τὸ ὄνομα αὐτοῦ.
2:13 **γράφω** ὑμῖν, πατέρες, ὅτι ἐγνώκατε τὸν ἀπ' ἀρχῆς. **γράφω** ὑμῖν, νεανίσκοι, ὅτι νενικήκατε τὸν πονηρόν.
2:14 **ἔγραψα** ὑμῖν, παιδία, ὅτι ἐγνώκατε τὸν πατέρα. **ἔγραψα** ὑμῖν, πατέρες, ὅτι ἐγνώκατε τὸν ἀπ' ἀρχῆς. **ἔγραψα** ὑμῖν, νεανίσκοι, ὅτι ἰσχυροί ἐστε καὶ ὁ λόγος τοῦ θεοῦ ἐν ὑμῖν μένει καὶ νενικήκατε τὸν πονηρόν.
2:21 οὐκ **ἔγραψα** ὑμῖν ὅτι οὐκ οἴδατε τὴν ἀλήθειαν ἀλλ' ὅτι οἴδατε αὐτὴν καὶ ὅτι πᾶν ψεῦδος ἐκ τῆς ἀληθείας οὐκ ἔστιν.
2:26 Ταῦτα **ἔγραψα** ὑμῖν περὶ τῶν πλανώντων ὑμᾶς.
5:13 Ταῦτα **ἔγραψα** ὑμῖν ἵνα εἰδῆτε ὅτι ζωὴν ἔχετε αἰώνιον,
2Jn 1: 5 οὐχ ὡς ἐντολὴν καινὴν **γράφων** σοι ἀλλὰ ἣν εἴχομεν ἀπ' ἀρχῆς,
1:12 Πολλὰ ἔχων ὑμῖν **γράφειν** οὐκ ἐβουλήθην διὰ χάρτου καὶ μέλανος,
3Jn 1: 9 **Ἔγραψά** τι τῇ ἐκκλησίᾳ· ἀλλ' ὁ φιλοπρωτεύων αὐτῶν Διοτρέφης οὐκ ἐπιδέχεται ἡμᾶς.
1:13 Πολλὰ εἶχον **γράψαι** σοι ἀλλ' οὐ θέλω διὰ μέλανος καὶ καλάμου σοι **γράφειν·**
Jude 1: 3 πᾶσαν σπουδὴν ποιούμενος **γράφειν** ὑμῖν περὶ τῆς κοινῆς ἡμῶν σωτηρίας ἀνάγκην ἔσχον **γράψαι** ὑμῖν παρακαλῶν ἐπαγωνίζεσθαι τῇ ἅπαξ παραδοθείσῃ τοῖς ἁγίοις πίστει.
Rev 1: 3 μακάριος ὁ ἀναγινώσκων καὶ οἱ ἀκούοντες τοὺς λόγους τῆς προφητείας καὶ τηροῦντες τὰ ἐν αὐτῇ **γεγραμμένα,**
1:11 Ὃ βλέπεις **γράψον** εἰς βιβλίον καὶ πέμψον ταῖς ἑπτὰ ἐκκλησίαις,
1:19 **γράψον** οὖν ἃ εἶδες καὶ ἃ εἰσὶν καὶ ἃ μέλλει γενέσθαι μετὰ ταῦτα.
2: 1 Τῷ ἀγγέλῳ τῆς ἐν Ἐφέσῳ ἐκκλησίας **γράψον·** Τάδε λέγει ὁ κρατῶν τοὺς ἑπτὰ ἀστέρας ἐν τῇ δεξιᾷ αὐτοῦ,
2: 8 Καὶ τῷ ἀγγέλῳ τῆς ἐν Σμύρνῃ ἐκκλησίας **γράψον·**
2:12 Καὶ τῷ ἀγγέλῳ τῆς ἐν Περγάμῳ ἐκκλησίας **γράψον·**
2:17 καὶ ἐπὶ τὴν ψῆφον ὄνομα καινὸν **γεγραμμένον** ὃ οὐδεὶς οἶδεν εἰ μὴ ὁ λαμβάνων.
2:18 Καὶ τῷ ἀγγέλῳ τῆς ἐν Θυατείροις ἐκκλησίας **γράψον·**
3: 1 Καὶ τῷ ἀγγέλῳ τῆς ἐν Σάρδεσιν ἐκκλησίας **γράψον·**
3: 7 Καὶ τῷ ἀγγέλῳ τῆς ἐν Φιλαδελφείᾳ ἐκκλησίας **γράψον·**
3:12 ὁ νικῶν ποιήσω αὐτὸν στῦλον ἐν τῷ ναῷ τοῦ θεοῦ μου καὶ ἔξω οὐ μὴ ἐξέλθῃ ἔτι καὶ **γράψω** ἐπ' αὐτὸν τὸ ὄνομα τοῦ θεοῦ μου καὶ τὸ ὄνομα τῆς πόλεως τοῦ θεοῦ μου,
3:14 Καὶ τῷ ἀγγέλῳ τῆς ἐν Λαοδικείᾳ ἐκκλησίας **γράψον·**
5: 1 Καὶ εἶδον ἐπὶ τὴν δεξιὰν τοῦ καθημένου ἐπὶ τοῦ θρόνου βιβλίον **γεγραμμένον** ἔσωθεν καὶ ὄπισθεν κατεσφραγισμένον σφραγῖσιν ἑπτά.
10: 4 καὶ ὅτε ἐλάλησαν αἱ ἑπτὰ βρονταί, ἤμελλον **γράφειν,** καὶ ἤκουσα φωνὴν ἐκ τοῦ οὐρανοῦ λέγουσαν, Σφράγισον ἃ ἐλάλησαν αἱ ἑπτὰ βρονταί, καὶ μὴ αὐτὰ **γράψῃς.**
13: 8 οὗ οὐ **γέγραπται** τὸ ὄνομα αὐτοῦ ἐν τῷ βιβλίῳ τῆς ζωῆς τοῦ ἀρνίου τοῦ ἐσφαγμένου ἀπὸ καταβολῆς κόσμου.
14: 1 ἔχουσαι τὸ ὄνομα αὐτοῦ καὶ τὸ ὄνομα τοῦ πατρὸς αὐτοῦ **γεγραμμένον** ἐπὶ τῶν μετώπων αὐτῶν.
14:13 Καὶ ἤκουσα φωνῆς ἐκ τοῦ οὐρανοῦ λεγούσης, **Γράψον·**
17: 5 καὶ ἐπὶ τὸ μέτωπον αὐτῆς ὄνομα **γεγραμμένον,** μυστήριον,
17: 8 ὧν οὐ **γέγραπται** τὸ ὄνομα ἐπὶ τὸ βιβλίον τῆς ζωῆς ἀπὸ καταβολῆς κόσμου,
19: 9 Καὶ λέγει μοι, **Γράψον·** Μακάριοι οἱ εἰς τὸ δεῖπνον τοῦ γάμου τοῦ ἀρνίου κεκλημένοι.
19:12 ἔχων ὄνομα **γεγραμμένον** ὃ οὐδεὶς οἶδεν εἰ μὴ αὐτός,
19:16 καὶ ἔχει ἐπὶ τὸ ἱμάτιον καὶ ἐπὶ τὸν μηρὸν αὐτοῦ ὄνομα **γεγραμμένον·**
20:12 καὶ ἐκρίθησαν οἱ νεκροὶ ἐκ τῶν **γεγραμμένων** ἐν τοῖς βιβλίοις κατὰ τὰ ἔργα αὐτῶν.
20:15 καὶ εἴ τις οὐχ εὑρέθη ἐν τῇ βίβλῳ τῆς ζωῆς **γεγραμμένος,**
21: 5 Καὶ εἶπεν ὁ καθήμενος ἐπὶ τῷ θρόνῳ, Ἰδοὺ καινὰ ποιῶ πάντα, καὶ λέγει, **Γράψον,**
21:27 πᾶν κοινὸν καὶ [ὁ] ποιῶν βδέλυγμα καὶ ψεῦδος εἰ μὴ οἱ **γεγραμμένοι** ἐν τῷ βιβλίῳ τῆς ζωῆς τοῦ ἀρνίου.
22:18 ἐπιθήσει ὁ θεὸς ἐπ' αὐτὸν τὰς πληγὰς τὰς **γεγραμμένας** ἐν τῷ βιβλίῳ τούτῳ,
22:19 ἀφελεῖ ὁ θεὸς τὸ μέρος αὐτοῦ ἀπὸ τοῦ ξύλου τῆς ζωῆς καὶ ἐκ τῆς πόλεως τῆς ἁγίας τῶν **γεγραμμένων** ἐν τῷ βιβλίῳ τούτῳ.

1212 γραώδης [1]

√ *1626*

1Ti 4: 7 τοὺς δὲ βεβήλους καὶ **γραώδεις** μύθους παραιτοῦ.

1213 γρηγορέω [22]

√ *1586*

Mt 24:42 **γρηγορεῖτε** οὖν, ὅτι οὐκ οἴδατε ποίᾳ ἡμέρᾳ ὁ κύριος ὑμῶν ἔρχεται.
24:43 **ἐγρηγόρησεν** ἂν καὶ οὐκ ἂν εἴασεν διορυχθῆναι τὴν οἰκίαν αὐτοῦ.
25:13 **Γρηγορεῖτε** οὖν, ὅτι οὐκ οἴδατε τὴν ἡμέραν οὐδὲ τὴν ὥραν.
26:38 Περίλυπός ἐστιν ἡ ψυχή μου ἕως θανάτου· μείνατε ὧδε καὶ **γρηγορεῖτε** μετ' ἐμοῦ.
26:40 Οὕτως οὐκ ἰσχύσατε μίαν ὥραν **γρηγορῆσαι** μετ' ἐμοῦ;
26:41 **γρηγορεῖτε** καὶ προσεύχεσθε, ἵνα μὴ εἰσέλθητε εἰς πειρασμόν·
Mk 13:34 καὶ δοὺς τοῖς δούλοις αὐτοῦ τὴν ἐξουσίαν ἑκάστῳ τὸ ἔργον αὐτοῦ καὶ τῷ θυρωρῷ ἐνετείλατο ἵνα **γρηγορῇ.**
13:35 **γρηγορεῖτε** οὖν· οὐκ οἴδατε γὰρ πότε ὁ κύριος τῆς οἰκίας ἔρχεται,
13:37 ὃ δὲ ὑμῖν λέγω πᾶσιν λέγω, **γρηγορεῖτε.**
14:34 Περίλυπός ἐστιν ἡ ψυχή μου ἕως θανάτου· μείνατε ὧδε καὶ **γρηγορεῖτε.**
14:37 καὶ λέγει τῷ Πέτρῳ, Σίμων, καθεύδεις; οὐκ ἴσχυσας μίαν ὥραν **γρηγορῆσαι;**
14:38 **γρηγορεῖτε** καὶ προσεύχεσθε, ἵνα μὴ ἔλθητε εἰς πειρασμόν·
Lk 12:37 μακάριοι οἱ δοῦλοι ἐκεῖνοι, οὓς ἐλθὼν ὁ κύριος εὑρήσει **γρηγοροῦντας·**
Ac 20:31 διὸ **γρηγορεῖτε** μνημονεύοντες ὅτι τριετίαν νύκτα καὶ ἡμέραν οὐκ ἐπαυσάμην μετὰ δακρύων νουθετῶν ἕνα ἕκαστον.
1Co 16:13 **Γρηγορεῖτε,** στήκετε ἐν τῇ πίστει, ἀνδρίζεσθε, κραταιοῦσθε.
Col 4: 2 Τῇ προσευχῇ προσκαρτερεῖτε, **γρηγοροῦντες** ἐν αὐτῇ ἐν εὐχαριστίᾳ,
1Th 5: 6 ἄρα οὖν μὴ καθεύδωμεν ὡς οἱ λοιποὶ ἀλλὰ **γρηγορῶμεν** καὶ νήφωμεν.
5:10 ἵνα εἴτε **γρηγορῶμεν** εἴτε καθεύδωμεν ἅμα σὺν αὐτῷ ζήσωμεν.
1Pe 5: 8 Νήψατε, **γρηγορήσατε.** ὁ ἀντίδικος ὑμῶν διάβολος ὡς λέων ὠρυόμενος περιπατεῖ ζητῶν [τινα] καταπιεῖν·
Rev 3: 2 γίνου **γρηγορῶν** καὶ στήρισον τὰ λοιπὰ ἃ ἔμελλον ἀποθανεῖν,
3: 3 ἐὰν οὖν μὴ **γρηγορήσῃς,** ἥξω ὡς κλέπτης, καὶ οὐ μὴ γνῷς ποίαν ὥραν ἥξω ἐπὶ σέ.
16:15 μακάριος ὁ **γρηγορῶν** καὶ τηρῶν τὰ ἱμάτια αὐτοῦ,

1214 γυμνάζω [4]

√ *1218*

1Ti 4: 7 τοὺς δὲ βεβήλους καὶ γραώδεις μύθους παραιτοῦ. **γύμναζε** δὲ σεαυτὸν πρὸς εὐσέβειαν·
Heb 5:14 τῶν διὰ τὴν ἕξιν τὰ αἰσθητήρια **γεγυμνασμένα** ἐχόντων πρὸς διάκρισιν καλοῦ τε καὶ κακοῦ.
12:11 ὕστερον δὲ καρπὸν εἰρηνικὸν τοῖς δι' αὐτῆς **γεγυμνασμένοις** ἀποδίδωσιν δικαιοσύνης.
2Pe 2:14 δελεάζοντες ψυχὰς ἀστηρίκτους, καρδίαν **γεγυμνασμένην** πλεονεξίας ἔχοντες, κατάρας τέκνα·

1215 γυμνασία [1]

√ *1218*

1Ti 4: 8 ἡ γὰρ σωματικὴ **γυμνασία** πρὸς ὀλίγον ἐστὶν ὠφέλιμος,

1216 γυμνητεύω Not used in UBS/NIV

√ *1218*

1217 γυμνιτεύω [1]

√ *1218*

1Co 4:11 ἄχρι τῆς ἄρτι ὥρας καὶ πεινῶμεν καὶ διψῶμεν καὶ **γυμνιτεύομεν** καὶ κολαφιζόμεθα καὶ ἀστατοῦμεν

1218 γυμνός [15]

→ *1214, 1215, 1216, 1217, 1219*

Mt 25:36 **γυμνὸς** καὶ περιεβάλετέ με, ἠσθένησα καὶ ἐπεσκέψασθέ με,
25:38 πότε δέ σε εἴδομεν ξένον καὶ συνηγάγομεν, ἢ **γυμνὸν** καὶ περιεβάλομεν;
25:43 ξένος ἤμην καὶ οὐ συνηγάγετέ με, **γυμνὸς** καὶ οὐ περιεβάλετέ με,
25:44 πότε σε εἴδομεν πεινῶντα ἢ διψῶντα ἢ ξένον ἢ **γυμνὸν** ἢ ἀσθενῆ ἢ ἐν φυλακῇ καὶ οὐ διηκονήσαμέν σοι;
Mk 14:51 Καὶ νεανίσκος τις συνηκολούθει αὐτῷ περιβεβλημένος σινδόνα ἐπὶ **γυμνοῦ,**
14:52 ὁ δὲ καταλιπὼν τὴν σινδόνα **γυμνὸς** ἔφυγεν.
Jn 21: 7 ἦν γὰρ **γυμνός,** καὶ ἔβαλεν ἑαυτὸν εἰς τὴν θάλασσαν,
Ac 19:16 κατακυριεύσας ἀμφοτέρων ἴσχυσεν κατ' αὐτῶν ὥστε **γυμνοὺς** καὶ τετραυματισμένους ἐκφυγεῖν ἐκ τοῦ οἴκου ἐκείνου.
1Co 15:37 οὐ τὸ σῶμα τὸ γενησόμενον σπείρεις ἀλλὰ **γυμνὸν** κόκκον εἰ τύχοι σίτου ἤ τινος τῶν λοιπῶν·
2Co 5: 3 εἴ γε καὶ ἐκδυσάμενοι οὐ **γυμνοὶ** εὑρεθησόμεθα.
Heb 4:13 πάντα δὲ **γυμνὰ** καὶ τετραχηλισμένα τοῖς ὀφθαλμοῖς αὐτοῦ,
Jas 2:15 ἐὰν ἀδελφὸς ἢ ἀδελφὴ **γυμνοὶ** ὑπάρχωσιν καὶ λειπόμενοι τῆς ἐφημέρου τροφῆς
Rev 3:17 καὶ οὐκ οἶδας ὅτι σὺ εἶ ὁ ταλαίπωρος καὶ ἐλεεινὸς καὶ πτωχὸς καὶ τυφλὸς καὶ **γυμνός,**
16:15 ἵνα μὴ **γυμνὸς** περιπατῇ καὶ βλέπωσιν τὴν ἀσχημοσύνην αὐτοῦ.
17:16 καὶ τὰ δέκα κέρατα ἃ εἶδες καὶ τὸ θηρίον οὗτοι μισήσουσιν τὴν πόρνην καὶ ἠρημωμένην ποιήσουσιν αὐτὴν καὶ **γυμνὴν**

1219 γυμνότης [3]

√ *1218*

Ro 8:35 θλῖψις ἢ στενοχωρία ἢ διωγμὸς ἢ λιμὸς ἢ **γυμνότης** ἢ κίνδυνος ἢ μάχαιρα;
2Co 11:27 ἐν λιμῷ καὶ δίψει, ἐν νηστείαις πολλάκις, ἐν ψύχει καὶ **γυμνότητι·**
Rev 3:18 καὶ ἱμάτια λευκὰ ἵνα περιβάλῃ καὶ μὴ φανερωθῇ ἡ αἰσχύνη τῆς **γυμνότητός** σου,

1220 γυναικάριον [1]

√ *1222*

2Ti 3: 6 ἐκ τούτων γάρ εἰσιν οἱ ἐνδύνοντες εἰς τὰς οἰκίας καὶ αἰχμαλωτίζοντες **γυναικάρια** σεσωρευμένα ἁμαρτίαις,

1221 γυναικεῖος [1]

√ *1222*

1Pe 3: 7 συνοικοῦντες κατὰ γνῶσιν ὡς ἀσθενεστέρῳ σκεύει τῷ **γυναικείῳ,**

1222 γυνή [215]

→ *1220, 1221*

vocative **γύναι** [10] Mt 15:28; Lk 13:12; 22:57; Jn 2:4; 4:21; 8:10; 19:26; 20:13,15; 1Co 7:16

ἀπολύειν γυναῖκα [8] Mt 5:31,32; 19:3,8,9; Mk 10:2,11; Lk 16:18

ἔχω γυναῖκα [8] Mk 6:18; 12:23; Lk 20:28,33; 1Co 5:1; 7:2,12,29

λαμβάνω γυναῖκα [4] Mk 12:19,20; Lk 20:28,29

παραλαμβάνω τὴν γυναῖκα [2] Mt 1:20,24

Mt 1:20 Ἰωσὴφ υἱὸς Δαυίδ, μὴ φοβηθῇς παραλαβεῖν Μαριὰμ τὴν **γυναῖκά** σου·
1:24 ἐγερθεὶς δὲ ὁ Ἰωσὴφ ἀπὸ τοῦ ὕπνου ἐποίησεν ὡς προσέταξεν αὐτῷ ὁ ἄγγελος κυρίου καὶ παρέλαβεν τὴν **γυναῖκα** αὐτοῦ,
5:28 ἐγὼ δὲ λέγω ὑμῖν ὅτι πᾶς ὁ βλέπων **γυναῖκα** πρὸς τὸ ἐπιθυμῆσαι αὐτὴν ἤδη ἐμοίχευσεν αὐτὴν ἐν τῇ καρδίᾳ αὐτοῦ.
5:31 Ἐρρέθη δέ, Ὃς ἂν ἀπολύσῃ τὴν **γυναῖκα** αὐτοῦ,
5:32 ἐγὼ δὲ λέγω ὑμῖν ὅτι πᾶς ὁ ἀπολύων τὴν **γυναῖκα** αὐτοῦ παρεκτὸς λόγου πορνείας ποιεῖ αὐτὴν μοιχευθῆναι,
9:20 Καὶ ἰδοὺ **γυνὴ** αἱμορροοῦσα δώδεκα ἔτη προσελθοῦσα ὄπισθεν ἥψατο τοῦ κρασπέδου τοῦ ἱματίου αὐτοῦ·
9:22 καὶ ἐσώθη ἡ **γυνὴ** ἀπὸ τῆς ὥρας ἐκείνης.
11:11 οὐκ ἐγήγερται ἐν γεννητοῖς **γυναικῶν** μείζων Ἰωάννου τοῦ βαπτιστοῦ·

13:33 ἣν λαβοῦσα **γυνὴ** ἐνέκρυψεν εἰς ἀλεύρου σάτα τρία ἕως οὗ ἐζυμώθη ὅλον.
14: 3 Ὁ γὰρ Ἡρῴδης κρατήσας τὸν Ἰωάννην ἔδησεν [αὐτὸν] καὶ ἐν φυλακῇ ἀπέθετο διὰ Ἡρῳδιάδα τὴν **γυναῖκα** Φιλίππου
14:21 οἱ δὲ ἐσθίοντες ἦσαν ἄνδρες ὡσεὶ πεντακισχίλιοι χωρὶς **γυναικῶν** καὶ παιδίων.
15:22 καὶ ἰδοὺ **γυνὴ** Χαναναία ἀπὸ τῶν ὁρίων ἐκείνων ἐξελθοῦσα ἔκραζεν λέγουσα,
15:28 τότε ἀποκριθεὶς ὁ Ἰησοῦς εἶπεν αὐτῇ, Ὦ **γύναι**, μεγάλη σου ἡ πίστις·
15:38 οἱ δὲ ἐσθίοντες ἦσαν τετρακισχίλιοι ἄνδρες χωρὶς **γυναικῶν** καὶ παιδίων.
18:25 μὴ ἔχοντος δὲ αὐτοῦ ἀποδοῦναι ἐκέλευσεν αὐτὸν ὁ κύριος πραθῆναι καὶ τὴν **γυναῖκα** καὶ τὰ τέκνα καὶ πάντα ὅσα ἔχει,
19: 3 Εἰ ἔξεστιν ἀνθρώπῳ ἀπολῦσαι τὴν **γυναῖκα** αὐτοῦ κατὰ πᾶσαν αἰτίαν;
19: 5 Ἕνεκα τούτου καταλείψει ἄνθρωπος τὸν πατέρα καὶ τὴν μητέρα καὶ κολληθήσεται τῇ **γυναικὶ** αὐτοῦ,
19: 8 λέγει αὐτοῖς ὅτι Μωϋσῆς πρὸς τὴν σκληροκαρδίαν ὑμῶν ἐπέτρεψεν ὑμῖν ἀπολῦσαι τὰς **γυναῖκας** ὑμῶν,
19: 9 λέγω δὲ ὑμῖν ὅτι ὃς ἂν ἀπολύσῃ τὴν **γυναῖκα** αὐτοῦ μὴ ἐπὶ πορνείᾳ καὶ γαμήσῃ ἄλλην μοιχᾶται.
19:10 Εἰ οὕτως ἐστὶν ἡ αἰτία τοῦ ἀνθρώπου μετὰ τῆς **γυναικός,**
22:24 ἐπιγαμβρεύσει ὁ ἀδελφὸς αὐτοῦ τὴν **γυναῖκα** αὐτοῦ καὶ ἀναστήσει σπέρμα τῷ ἀδελφῷ αὐτοῦ.
22:25 καὶ μὴ ἔχων σπέρμα ἀφῆκεν τὴν **γυναῖκα** αὐτοῦ τῷ ἀδελφῷ αὐτοῦ·
22:27 ὕστερον δὲ πάντων ἀπέθανεν ἡ **γυνή.**
22:28 ἐν τῇ ἀναστάσει οὖν τίνος τῶν ἑπτὰ ἔσται **γυνή;**
26: 7 προσῆλθεν αὐτῷ **γυνὴ** ἔχουσα ἀλάβαστρον μύρου βαρυτίμου καὶ κατέχεεν ἐπὶ τῆς κεφαλῆς αὐτοῦ ἀνακειμένου.
26:10 γνοὺς δὲ ὁ Ἰησοῦς εἶπεν αὐτοῖς, Τί κόπους παρέχετε τῇ **γυναικί;**
27:19 Καθημένου δὲ αὐτοῦ ἐπὶ τοῦ βήματος ἀπέστειλεν πρὸς αὐτὸν ἡ **γυνὴ** αὐτοῦ λέγουσα,
27:55 Ἦσαν δὲ ἐκεῖ **γυναῖκες** πολλαὶ ἀπὸ μακρόθεν θεωροῦσαι,
28: 5 ἀποκριθεὶς δὲ ὁ ἄγγελος εἶπεν ταῖς **γυναιξίν,** Μὴ φοβεῖσθε ὑμεῖς,

Mk 5:25 καὶ **γυνὴ** οὖσα ἐν ῥύσει αἵματος δώδεκα ἔτη
5:33 ἡ δὲ **γυνὴ** φοβηθεῖσα καὶ τρέμουσα, εἰδυῖα ὃ γέγονεν αὐτῇ,
6:17 Αὐτὸς γὰρ ὁ Ἡρῴδης ἀποστείλας ἐκράτησεν τὸν Ἰωάννην καὶ ἔδησεν αὐτὸν ἐν φυλακῇ διὰ Ἡρῳδιάδα τὴν **γυναῖκα** Φιλίππου
6:18 ἔλεγεν γὰρ ὁ Ἰωάννης τῷ Ἡρῴδῃ ὅτι Οὐκ ἔξεστίν σοι ἔχειν τὴν **γυναῖκα** τοῦ ἀδελφοῦ σου.
7:25 ἀλλ' εὐθὺς ἀκούσασα **γυνὴ** περὶ αὐτοῦ, ἧς εἶχεν τὸ θυγάτριον αὐτῆς πνεῦμα ἀκάθαρτον,
7:26 ἡ δὲ **γυνὴ** ἦν Ἑλληνίς, Συροφοινίκισσα τῷ γένει·
10: 2 καὶ προσελθόντες Φαρισαῖοι ἐπηρώτων αὐτὸν εἰ ἔξεστιν ἀνδρὶ **γυναῖκα** ἀπολῦσαι,
10: 7 ἕνεκεν τούτου καταλείψει ἄνθρωπος τὸν πατέρα αὐτοῦ καὶ τὴν μητέρα [καὶ προσκολληθήσεται πρὸς τὴν **γυναῖκα** αὐτοῦ,]
10:11 Ὃς ἂν ἀπολύσῃ τὴν **γυναῖκα** αὐτοῦ καὶ γαμήσῃ ἄλλην μοιχᾶται ἐπ' αὐτήν·
12:19 Μωϋσῆς ἔγραψεν ἡμῖν ὅτι ἐάν τινος ἀδελφὸς ἀποθάνῃ καὶ καταλίπῃ **γυναῖκα** καὶ μὴ ἀφῇ τέκνον, ἵνα λάβῃ ὁ ἀδελφὸς αὐτοῦ τὴν **γυναῖκα** καὶ ἐξαναστήσῃ σπέρμα τῷ ἀδελφῷ αὐτοῦ.
12:20 καὶ ὁ πρῶτος ἔλαβεν **γυναῖκα** καὶ ἀποθνῄσκων οὐκ ἀφῆκεν σπέρμα·
12:22 καὶ οἱ ἑπτὰ οὐκ ἀφῆκαν σπέρμα. ἔσχατον πάντων καὶ ἡ **γυνὴ** ἀπέθανεν.
12:23 ἐν τῇ ἀναστάσει [ὅταν ἀναστῶσιν] τίνος αὐτῶν ἔσται **γυνή;** οἱ γὰρ ἑπτὰ ἔσχον αὐτὴν **γυναῖκα.**
14: 3 κατακειμένου αὐτοῦ ἦλθεν **γυνὴ** ἔχουσα ἀλάβαστρον μύρου νάρδου πιστικῆς πολυτελοῦς,
15:40 Ἦσαν δὲ καὶ **γυναῖκες** ἀπὸ μακρόθεν θεωροῦσαι, ἐν αἷς καὶ Μαρία ἡ Μαγδαληνὴ καὶ Μαρία ἡ Ἰακώβου τοῦ μικροῦ

Lk 1: 5 καὶ **γυνὴ** αὐτῷ ἐκ τῶν θυγατέρων Ἀαρὼν καὶ τὸ ὄνομα αὐτῆς Ἐλισάβετ.
1:13 καὶ ἡ **γυνή** σου Ἐλισάβετ γεννήσει υἱόν σοι καὶ καλέσεις τὸ ὄνομα αὐτοῦ Ἰωάννην.
1:18 ἐγὼ γάρ εἰμι πρεσβύτης καὶ ἡ **γυνή** μου προβεβηκυῖα ἐν ταῖς ἡμέραις αὐτῆς.
1:24 Μετὰ δὲ ταύτας τὰς ἡμέρας συνέλαβεν Ἐλισάβετ ἡ **γυνὴ** αὐτοῦ καὶ περιέκρυβεν ἑαυτὴν μῆνας πέντε λέγουσα
1:42 Εὐλογημένη σὺ ἐν **γυναιξὶν** καὶ εὐλογημένος ὁ καρπὸς τῆς κοιλίας σου.
3:19 περὶ Ἡρῳδιάδος τῆς **γυναικὸς** τοῦ ἀδελφοῦ αὐτοῦ καὶ περὶ πάντων ὧν ἐποίησεν πονηρῶν ὁ Ἡρῴδης,
4:26 καὶ πρὸς οὐδεμίαν αὐτῶν ἐπέμφθη Ἠλίας εἰ μὴ εἰς Σάρεπτα τῆς Σιδωνίας πρὸς **γυναῖκα** χήραν.
7:28 λέγω ὑμῖν, μείζων ἐν γεννητοῖς **γυναικῶν** Ἰωάννου οὐδείς ἐστιν·
7:37 καὶ ἰδοὺ **γυνὴ** ἥτις ἦν ἐν τῇ πόλει ἁμαρτωλός,
7:39 ἐγίνωσκεν ἂν τίς καὶ ποταπὴ ἡ **γυνὴ** ἥτις ἅπτεται αὐτοῦ,
7:44 καὶ στραφεὶς πρὸς τὴν **γυναῖκα** τῷ Σίμωνι ἔφη, Βλέπεις ταύτην τὴν **γυναῖκα;**
7:50 εἶπεν δὲ πρὸς τὴν **γυναῖκα,** Ἡ πίστις σου σέσωκέν σε·
8: 2 καὶ **γυναῖκές** τινες αἳ ἦσαν τεθεραπευμέναι ἀπὸ πνευμάτων πονηρῶν καὶ ἀσθενειῶν,
8: 3 καὶ Ἰωάννα **γυνὴ** Χουζᾶ ἐπιτρόπου Ἡρῴδου καὶ Σουσάννα καὶ ἕτεραι πολλαί,
8:43 καὶ **γυνὴ** οὖσα ἐν ῥύσει αἵματος ἀπὸ ἐτῶν δώδεκα,
8:47 ἰδοῦσα δὲ ἡ **γυνὴ** ὅτι οὐκ ἔλαθεν, τρέμουσα ἦλθεν καὶ προσπεσοῦσα αὐτῷ δι' ἣν αἰτίαν ἥψατο αὐτοῦ
10:38 Ἐν δὲ τῷ πορεύεσθαι αὐτοὺς αὐτὸς εἰσῆλθεν εἰς κώμην τινά· **γυνὴ** δέ τις ὀνόματι Μάρθα ὑπεδέξατο αὐτόν.
11:27 Ἐγένετο δὲ ἐν τῷ λέγειν αὐτὸν ταῦτα ἐπάρασά τις φωνὴν **γυνὴ** ἐκ τοῦ ὄχλου εἶπεν αὐτῷ,
13:11 καὶ ἰδοὺ **γυνὴ** πνεῦμα ἔχουσα ἀσθενείας ἔτη δεκαοκτὼ καὶ ἦν συγκύπτουσα καὶ μὴ δυναμένη ἀνακύψαι εἰς τὸ παντελές.
13:12 ἰδὼν δὲ αὐτὴν ὁ Ἰησοῦς προσεφώνησεν καὶ εἶπεν αὐτῇ, **Γύναι,** ἀπολέλυσαι τῆς ἀσθενείας σου,
13:21 ἣν λαβοῦσα **γυνὴ** [ἐν]έκρυψεν εἰς ἀλεύρου σάτα τρία ἕως οὗ ἐζυμώθη ὅλον.
14:20 **Γυναῖκα** ἔγημα καὶ διὰ τοῦτο οὐ δύναμαι ἐλθεῖν.
14:26 Εἴ τις ἔρχεται πρός με καὶ οὐ μισεῖ τὸν πατέρα ἑαυτοῦ καὶ τὴν μητέρα καὶ τὴν **γυναῖκα** καὶ τὰ τέκνα καὶ τοὺς ἀδελφοὺς
15: 8 Ἢ τίς **γυνὴ** δραχμὰς ἔχουσα δέκα ἐὰν ἀπολέσῃ δραχμὴν μίαν,
16:18 Πᾶς ὁ ἀπολύων τὴν **γυναῖκα** αὐτοῦ καὶ γαμῶν ἑτέραν μοιχεύει,
17:32 μνημονεύετε τῆς **γυναικὸς** Λώτ.
18:29 Ἀμὴν λέγω ὑμῖν ὅτι οὐδείς ἐστιν ὃς ἀφῆκεν οἰκίαν ἢ **γυναῖκα** ἢ ἀδελφοὺς ἢ γονεῖς ἢ τέκνα ἕνεκεν τῆς βασιλείας τοῦ θεοῦ,
20:28 Μωϋσῆς ἔγραψεν ἡμῖν, ἐάν τινος ἀδελφὸς ἀποθάνῃ ἔχων **γυναῖκα,** καὶ οὗτος ἄτεκνος ᾖ, ἵνα λάβῃ ὁ ἀδελφὸς αὐτοῦ τὴν **γυναῖκα** καὶ ἐξαναστήσῃ σπέρμα τῷ ἀδελφῷ αὐτοῦ.
20:29 ἑπτὰ οὖν ἀδελφοὶ ἦσαν· καὶ ὁ πρῶτος λαβὼν **γυναῖκα** ἀπέθανεν ἄτεκνος·
20:32 ὕστερον καὶ ἡ **γυνὴ** ἀπέθανεν.
20:33 ἡ **γυνὴ** οὖν ἐν τῇ ἀναστάσει τίνος αὐτῶν γίνεται **γυνή;** οἱ γὰρ ἑπτὰ ἔσχον αὐτὴν **γυναῖκα.**
22:57 ὁ δὲ ἠρνήσατο λέγων, Οὐκ οἶδα αὐτόν, **γύναι.**
23:27 Ἠκολούθει δὲ αὐτῷ πολὺ πλῆθος τοῦ λαοῦ καὶ **γυναικῶν** αἳ ἐκόπτοντο καὶ ἐθρήνουν αὐτόν.
23:49 εἱστήκεισαν δὲ πάντες οἱ γνωστοὶ αὐτῷ ἀπὸ μακρόθεν καὶ **γυναῖκες** αἱ συνακολουθοῦσαι αὐτῷ ἀπὸ τῆς Γαλιλαίας ὁρῶσαι
23:55 Κατακολουθήσασαι δὲ αἱ **γυναῖκες,** αἵτινες ἦσαν συνεληλυθυῖαι ἐκ τῆς Γαλιλαίας αὐτῷ,
24:22 ἀλλὰ καὶ **γυναῖκές** τινες ἐξ ἡμῶν ἐξέστησαν ἡμᾶς,
24:24 καὶ ἀπῆλθόν τινες τῶν σὺν ἡμῖν ἐπὶ τὸ μνημεῖον καὶ εὗρον οὕτως καθὼς καὶ αἱ **γυναῖκες** εἶπον,

Jn 2: 4 [καὶ] λέγει αὐτῇ ὁ Ἰησοῦς, Τί ἐμοὶ καὶ σοί, **γύναι;**
4: 7 Ἔρχεται **γυνὴ** ἐκ τῆς Σαμαρείας ἀντλῆσαι ὕδωρ.
4: 9 λέγει οὖν αὐτῷ ἡ **γυνὴ** ἡ Σαμαρῖτις, Πῶς σὺ Ἰουδαῖος ὢν παρ' ἐμοῦ πεῖν αἰτεῖς **γυναικὸς** Σαμαρίτιδος οὔσης;
4:11 λέγει αὐτῷ [ἡ **γυνή,**] Κύριε, οὔτε ἄντλημα ἔχεις καὶ τὸ φρέαρ ἐστὶν βαθύ·
4:15 λέγει πρὸς αὐτὸν ἡ **γυνή,** Κύριε, δός μοι τοῦτο τὸ ὕδωρ,
4:17 ἀπεκρίθη ἡ **γυνὴ** καὶ εἶπεν αὐτῷ, Οὐκ ἔχω ἄνδρα.
4:19 λέγει αὐτῷ ἡ **γυνή,** Κύριε, θεωρῶ ὅτι προφήτης εἶ σύ.
4:21 λέγει αὐτῇ ὁ Ἰησοῦς, Πίστευέ μοι, **γύναι,** ὅτι ἔρχεται ὥρα ὅτε οὔτε ἐν τῷ ὄρει τούτῳ οὔτε ἐν Ἱεροσολύμοις προσκυνήσετε
4:25 λέγει αὐτῷ ἡ **γυνή,** Οἶδα ὅτι Μεσσίας ἔρχεται ὁ λεγόμενος Χριστός·
4:27 Καὶ ἐπὶ τούτῳ ἦλθαν οἱ μαθηταὶ αὐτοῦ καὶ ἐθαύμαζον ὅτι μετὰ **γυναικὸς** ἐλάλει·
4:28 ἀφῆκεν οὖν τὴν ὑδρίαν αὐτῆς ἡ **γυνὴ** καὶ ἀπῆλθεν εἰς τὴν πόλιν καὶ λέγει τοῖς ἀνθρώποις,
4:39 Ἐκ δὲ τῆς πόλεως ἐκείνης πολλοὶ ἐπίστευσαν εἰς αὐτὸν τῶν Σαμαριτῶν διὰ τὸν λόγον τῆς **γυναικὸς** μαρτυρούσης
4:42 τῇ τε **γυναικὶ** ἔλεγον ὅτι Οὐκέτι διὰ τὴν σὴν λαλιὰν πιστεύομεν,

8: 3 ⟦ἄγουσιν δὲ οἱ γραμματεῖς καὶ οἱ Φαρισαῖοι **γυναῖκα** ἐπὶ μοιχείᾳ κατειλημμένην καὶ στήσαντες αὐτὴν ἐν μέσῳ⟧
8: 4 ⟦Διδάσκαλε, αὕτη ἡ **γυνὴ** κατείληπται ἐπ᾽ αὐτοφώρῳ μοιχευομένη·⟧
8: 9 ⟦οἱ δὲ ἀκούσαντες ἐξήρχοντο εἷς καθ᾽ εἷς ἀρξάμενοι ἀπὸ τῶν πρεσβυτέρων καὶ κατελείφθη μόνος καὶ ἡ **γυνὴ** ἐν μέσῳ οὖσα.⟧
8:10 ⟦ἀνακύψας δὲ ὁ Ἰησοῦς εἶπεν αὐτῇ, **Γύναι,** ποῦ εἰσιν;⟧
16:21 ἡ **γυνὴ** ὅταν τίκτῃ λύπην ἔχει, ὅτι ἦλθεν ἡ ὥρα αὐτῆς·
19:26 λέγει τῇ μητρί, **Γύναι,** ἴδε ὁ υἱός σου.
20:13 καὶ λέγουσιν αὐτῇ ἐκεῖνοι, **Γύναι,** τί κλαίεις; λέγει αὐτοῖς ὅτι Ἦραν τὸν κύριόν μου,
20:15 λέγει αὐτῇ Ἰησοῦς, **Γύναι,** τί κλαίεις; τίνα ζητεῖς;
Ac 1:14 οὗτοι πάντες ἦσαν προσκαρτεροῦντες ὁμοθυμαδὸν τῇ προσευχῇ σὺν **γυναιξὶν** καὶ Μαριὰμ τῇ μητρὶ τοῦ Ἰησοῦ
5: 1 Ἀνὴρ δέ τις Ἁνανίας ὀνόματι σὺν Σαπφίρῃ τῇ **γυναικὶ** αὐτοῦ ἐπώλησεν κτῆμα
5: 2 καὶ ἐνοσφίσατο ἀπὸ τῆς τιμῆς, συνειδυίης καὶ τῆς **γυναικός,**
5: 7 Ἐγένετο δὲ ὡς ὡρῶν τριῶν διάστημα καὶ ἡ **γυνὴ** αὐτοῦ μὴ εἰδυῖα τὸ γεγονὸς εἰσῆλθεν.
5:14 μᾶλλον δὲ προσετίθεντο πιστεύοντες τῷ κυρίῳ, πλήθη ἀνδρῶν τε καὶ **γυναικῶν,**
8: 3 σύρων τε ἄνδρας καὶ **γυναῖκας** παρεδίδου εἰς φυλακήν.
8:12 περὶ τῆς βασιλείας τοῦ θεοῦ καὶ τοῦ ὀνόματος Ἰησοῦ Χριστοῦ, ἐβαπτίζοντο ἄνδρες τε καὶ **γυναῖκες.**
9: 2 ἄνδρας τε καὶ **γυναῖκας,** δεδεμένους ἀγάγῃ εἰς Ἰερουσαλήμ.
13:50 οἱ δὲ Ἰουδαῖοι παρώτρυναν τὰς σεβομένας **γυναῖκας** τὰς εὐσχήμονας καὶ τοὺς πρώτους τῆς πόλεως
16: 1 καὶ ἰδοὺ μαθητής τις ἦν ἐκεῖ ὀνόματι Τιμόθεος, υἱὸς **γυναικὸς** Ἰουδαίας πιστῆς, πατρὸς δὲ Ἕλληνος,
16:13 ἔξω τῆς πύλης παρὰ ποταμὸν οὗ ἐνομίζομεν προσευχὴν εἶναι, καὶ καθίσαντες ἐλαλοῦμεν ταῖς συνελθούσαις **γυναιξίν.**
16:14 καί τις **γυνὴ** ὀνόματι Λυδία, πορφυρόπωλις πόλεως Θυατείρων σεβομένη τὸν θεόν,
17: 4 τῶν τε σεβομένων Ἑλλήνων πλῆθος πολύ, **γυναικῶν** τε τῶν πρώτων οὐκ ὀλίγαι.
17:12 πολλοὶ μὲν οὖν ἐξ αὐτῶν ἐπίστευσαν καὶ τῶν Ἑλληνίδων **γυναικῶν** τῶν εὐσχημόνων καὶ ἀνδρῶν οὐκ ὀλίγοι.
17:34 ἐν οἷς καὶ Διονύσιος ὁ Ἀρεοπαγίτης καὶ **γυνὴ** ὀνόματι Δάμαρις καὶ ἕτεροι σὺν αὐτοῖς.
18: 2 Ποντικὸν τῷ γένει προσφάτως ἐληλυθότα ἀπὸ τῆς Ἰταλίας καὶ Πρίσκιλλαν **γυναῖκα** αὐτοῦ,
21: 5 ἐξελθόντες ἐπορευόμεθα προπεμπόντων ἡμᾶς πάντων σὺν **γυναιξὶ** καὶ τέκνοις ἕως ἔξω τῆς πόλεως,
22: 4 ὃς ταύτην τὴν ὁδὸν ἐδίωξα ἄχρι θανάτου δεσμεύων καὶ παραδιδοὺς εἰς φυλακὰς ἄνδρας τε καὶ **γυναῖκας,**
24:24 Μετὰ δὲ ἡμέρας τινὰς παραγενόμενος ὁ Φῆλιξ σὺν Δρουσίλλῃ τῇ ἰδίᾳ **γυναικὶ** οὔσῃ Ἰουδαίᾳ μετεπέμψατο τὸν Παῦλον
Ro 7: 2 ἡ γὰρ ὕπανδρος **γυνὴ** τῷ ζῶντι ἀνδρὶ δέδεται νόμῳ·
1Co 5: 1 καὶ τοιαύτη πορνεία ἥτις οὐδὲ ἐν τοῖς ἔθνεσιν, ὥστε **γυναῖκά** τινα τοῦ πατρὸς ἔχειν.
7: 1 Περὶ δὲ ὧν ἐγράψατε, καλὸν ἀνθρώπῳ **γυναικὸς** μὴ ἅπτεσθαι·
7: 2 διὰ δὲ τὰς πορνείας ἕκαστος τὴν ἑαυτοῦ **γυναῖκα** ἐχέτω καὶ ἑκάστη τὸν ἴδιον ἄνδρα ἐχέτω.
7: 3 τῇ **γυναικὶ** ὁ ἀνὴρ τὴν ὀφειλὴν ἀποδιδότω, ὁμοίως δὲ καὶ ἡ **γυνὴ** τῷ ἀνδρί.
7: 4 ἡ **γυνὴ** τοῦ ἰδίου σώματος οὐκ ἐξουσιάζει ἀλλὰ ὁ ἀνήρ, ὁμοίως δὲ καὶ ὁ ἀνὴρ τοῦ ἰδίου σώματος οὐκ ἐξουσιάζει ἀλλὰ ἡ **γυνή.**
7:10 οὐκ ἐγὼ ἀλλὰ ὁ κύριος, **γυναῖκα** ἀπὸ ἀνδρὸς μὴ χωρισθῆναι,
7:11 μενέτω ἄγαμος ἢ τῷ ἀνδρὶ καταλλαγήτω,– καὶ ἄνδρα **γυναῖκα** μὴ ἀφιέναι.
7:12 εἴ τις ἀδελφὸς **γυναῖκα** ἔχει ἄπιστον καὶ αὕτη συνευδοκεῖ οἰκεῖν μετ᾽ αὐτοῦ,
7:13 καὶ **γυνὴ** εἴ τις ἔχει ἄνδρα ἄπιστον καὶ οὗτος συνευδοκεῖ οἰκεῖν μετ᾽ αὐτῆς,
7:14 ἡγίασται γὰρ ὁ ἀνὴρ ὁ ἄπιστος ἐν τῇ **γυναικὶ** καὶ ἡγίασται ἡ **γυνὴ** ἡ ἄπιστος ἐν τῷ ἀδελφῷ·
7:16 τί γὰρ οἶδας, **γύναι,** εἰ τὸν ἄνδρα σώσεις; ἢ τί οἶδας, ἄνερ, εἰ τὴν **γυναῖκα** σώσεις;
7:27 δέδεσαι **γυναικί,** μὴ ζήτει λύσιν· λέλυσαι ἀπὸ **γυναικός,** μὴ ζήτει **γυναῖκα.**
7:29 ἵνα καὶ οἱ ἔχοντες **γυναῖκας** ὡς μὴ ἔχοντες ὦσιν
7:33 ὁ δὲ γαμήσας μεριμνᾷ τὰ τοῦ κόσμου, πῶς ἀρέσῃ τῇ **γυναικί,**
7:34 καὶ ἡ **γυνὴ** ἡ ἄγαμος καὶ ἡ παρθένος μεριμνᾷ τὰ τοῦ κυρίου,
7:39 **Γυνὴ** δέδεται ἐφ᾽ ὅσον χρόνον ζῇ ὁ ἀνὴρ αὐτῆς·
9: 5 μὴ οὐκ ἔχομεν ἐξουσίαν ἀδελφὴν **γυναῖκα** περιάγειν ὡς καὶ οἱ λοιποὶ ἀπόστολοι καὶ οἱ ἀδελφοὶ τοῦ κυρίου καὶ Κηφᾶς;
11: 3 κεφαλὴ δὲ **γυναικὸς** ὁ ἀνήρ, κεφαλὴ δὲ τοῦ Χριστοῦ ὁ θεός.
11: 5 πᾶσα δὲ **γυνὴ** προσευχομένη ἢ προφητεύουσα ἀκατακαλύπτῳ τῇ κεφαλῇ καταισχύνει τὴν κεφαλὴν αὐτῆς·
11: 6 εἰ γὰρ οὐ κατακαλύπτεται **γυνή,** καὶ κειράσθω· εἰ δὲ αἰσχρὸν **γυναικὶ** τὸ κείρασθαι ἢ ξυρᾶσθαι,
11: 7 ἀνὴρ μὲν γὰρ οὐκ ὀφείλει κατακαλύπτεσθαι τὴν κεφαλὴν εἰκὼν καὶ δόξα θεοῦ ὑπάρχων· ἡ **γυνὴ** δὲ δόξα ἀνδρός ἐστιν.
11: 8 οὐ γάρ ἐστιν ἀνὴρ ἐκ **γυναικὸς** ἀλλὰ **γυνὴ** ἐξ ἀνδρός·
11: 9 καὶ γὰρ οὐκ ἐκτίσθη ἀνὴρ διὰ τὴν **γυναῖκα,** ἀλλὰ **γυνὴ** διὰ τὸν ἄνδρα.
11:10 διὰ τοῦτο ὀφείλει ἡ **γυνὴ** ἐξουσίαν ἔχειν ἐπὶ τῆς κεφαλῆς διὰ τοὺς ἀγγέλους.
11:11 πλὴν οὔτε **γυνὴ** χωρὶς ἀνδρὸς οὔτε ἀνὴρ χωρὶς **γυναικὸς** ἐν κυρίῳ·
11:12 ὥσπερ γὰρ ἡ **γυνὴ** ἐκ τοῦ ἀνδρός, οὕτως καὶ ὁ ἀνὴρ διὰ τῆς **γυναικός·**
11:13 ἐν ὑμῖν αὐτοῖς κρίνατε· πρέπον ἐστὶν **γυναῖκα** ἀκατακάλυπτον τῷ θεῷ προσεύχεσθαι;
11:15 **γυνὴ** δὲ ἐὰν κομᾷ δόξα αὐτῇ ἐστιν; ὅτι ἡ κόμη ἀντὶ περιβολαίου δέδοται [αὐτῇ.]
14:34 αἱ **γυναῖκες** ἐν ταῖς ἐκκλησίαις σιγάτωσαν· οὐ γὰρ ἐπιτρέπεται αὐταῖς λαλεῖν,
14:35 ἐν οἴκῳ τοὺς ἰδίους ἄνδρας ἐπερωτάτωσαν· αἰσχρὸν γάρ ἐστιν **γυναικὶ** λαλεῖν ἐν ἐκκλησίᾳ.
Gal 4: 4 ἐξαπέστειλεν ὁ θεὸς τὸν υἱὸν αὐτοῦ, γενόμενον ἐκ **γυναικός,** γενόμενον ὑπὸ νόμον,
Eph 5:22 Αἱ **γυναῖκες** τοῖς ἰδίοις ἀνδράσιν ὡς τῷ κυρίῳ,
5:23 ὅτι ἀνήρ ἐστιν κεφαλὴ τῆς **γυναικὸς** ὡς καὶ ὁ Χριστὸς κεφαλὴ τῆς ἐκκλησίας,
5:24 οὕτως καὶ αἱ **γυναῖκες** τοῖς ἀνδράσιν ἐν παντί.
5:25 Οἱ ἄνδρες, ἀγαπᾶτε τὰς **γυναῖκας,** καθὼς καὶ ὁ Χριστὸς ἠγάπησεν τὴν ἐκκλησίαν καὶ ἑαυτὸν παρέδωκεν ὑπὲρ αὐτῆς,
5:28 οὕτως ὀφείλουσιν [καὶ] οἱ ἄνδρες ἀγαπᾶν τὰς ἑαυτῶν **γυναῖκας** ὡς τὰ ἑαυτῶν σώματα. ὁ ἀγαπῶν τὴν ἑαυτοῦ **γυναῖκα** ἑαυτὸν ἀγαπᾷ.
5:31 ἀντὶ τούτου καταλείψει ἄνθρωπος [τὸν] πατέρα καὶ [τὴν] μητέρα καὶ προσκολληθήσεται πρὸς τὴν **γυναῖκα** αὐτοῦ,
5:33 ἕκαστος τὴν ἑαυτοῦ **γυναῖκα** οὕτως ἀγαπάτω ὡς ἑαυτόν, ἡ δὲ **γυνὴ** ἵνα φοβῆται τὸν ἄνδρα.
Col 3:18 Αἱ **γυναῖκες,** ὑποτάσσεσθε τοῖς ἀνδράσιν ὡς ἀνῆκεν ἐν κυρίῳ.
3:19 ἀγαπᾶτε τὰς **γυναῖκας** καὶ μὴ πικραίνεσθε πρὸς αὐτάς.
1Ti 2: 9 ὡσαύτως [καὶ] **γυναῖκας** ἐν καταστολῇ κοσμίῳ μετὰ αἰδοῦς καὶ σωφροσύνης κοσμεῖν ἑαυτάς,
2:10 ἀλλ᾽ ὃ πρέπει **γυναιξὶν** ἐπαγγελλομέναις θεοσέβειαν, δι᾽ ἔργων ἀγαθῶν.
2:11 **γυνὴ** ἐν ἡσυχίᾳ μανθανέτω ἐν πάσῃ ὑποταγῇ·
2:12 διδάσκειν δὲ **γυναικὶ** οὐκ ἐπιτρέπω οὐδὲ αὐθεντεῖν ἀνδρός,
2:14 καὶ Ἀδὰμ οὐκ ἠπατήθη, ἡ δὲ **γυνὴ** ἐξαπατηθεῖσα ἐν παραβάσει γέγονεν·
3: 2 μιᾶς **γυναικὸς** ἄνδρα, νηφάλιον σώφρονα κόσμιον φιλόξενον διδακτικόν,
3:11 **γυναῖκας** ὡσαύτως σεμνάς, μὴ διαβόλους, νηφαλίους, πιστὰς ἐν πᾶσιν.
3:12 διάκονοι ἔστωσαν μιᾶς **γυναικὸς** ἄνδρες, τέκνων καλῶς προϊστάμενοι καὶ τῶν ἰδίων οἴκων.
5: 9 Χήρα καταλεγέσθω μὴ ἔλαττον ἐτῶν ἑξήκοντα γεγονυῖα, ἑνὸς ἀνδρὸς **γυνή,**
Tit 1: 6 εἴ τίς ἐστιν ἀνέγκλητος, μιᾶς **γυναικὸς** ἀνήρ, τέκνα ἔχων πιστά,
Heb 11:35 ἔλαβον **γυναῖκες** ἐξ ἀναστάσεως τοὺς νεκροὺς αὐτῶν· ἄλλοι δὲ ἐτυμπανίσθησαν οὐ προσδεξάμενοι τὴν ἀπολύτρωσιν,
1Pe 3: 1 Ὁμοίως [αἱ] **γυναῖκες,** ὑποτασσόμεναι τοῖς ἰδίοις ἀνδράσιν, ἵνα καὶ εἴ τινες ἀπειθοῦσιν τῷ λόγῳ, διὰ τῆς τῶν **γυναικῶν** ἀναστροφῆς ἄνευ λόγου κερδηθήσονται,
3: 5 οὕτως γάρ ποτε καὶ αἱ ἅγιαι **γυναῖκες** αἱ ἐλπίζουσαι εἰς θεὸν ἐκόσμουν ἑαυτὰς ὑποτασσόμεναι τοῖς ἰδίοις ἀνδράσιν,
Rev 2:20 ἀλλὰ ἔχω κατὰ σοῦ ὅτι ἀφεῖς τὴν **γυναῖκα** Ἰεζάβελ,
9: 8 καὶ εἶχον τρίχας ὡς τρίχας **γυναικῶν,** καὶ οἱ ὀδόντες αὐτῶν ὡς λεόντων ἦσαν,
12: 1 Καὶ σημεῖον μέγα ὤφθη ἐν τῷ οὐρανῷ, **γυνὴ** περιβεβλημένη τὸν ἥλιον,
12: 4 καὶ ὁ δράκων ἕστηκεν ἐνώπιον τῆς **γυναικὸς** τῆς μελλούσης τεκεῖν,
12: 6 καὶ ἡ **γυνὴ** ἔφυγεν εἰς τὴν ἔρημον, ὅπου ἔχει ἐκεῖ τόπον ἡτοιμασμένον ἀπὸ τοῦ θεοῦ,

12:13 Καὶ ὅτε εἶδεν ὁ δράκων ὅτι ἐβλήθη εἰς τὴν γῆν, ἐδίωξεν τὴν **γυναῖκα** ἥτις ἔτεκεν τὸν ἄρσενα.
12:14 καὶ ἐδόθησαν τῇ **γυναικὶ** αἱ δύο πτέρυγες τοῦ ἀετοῦ τοῦ μεγάλου,
12:15 καὶ ἔβαλεν ὁ ὄφις ἐκ τοῦ στόματος αὐτοῦ ὀπίσω τῆς **γυναικὸς** ὕδωρ ὡς ποταμόν,
12:16 καὶ ἐβοήθησεν ἡ γῆ τῇ **γυναικὶ** καὶ ἤνοιξεν ἡ γῆ τὸ στόμα αὐτῆς καὶ κατέπιεν τὸν ποταμὸν ὃν ἔβαλεν ὁ δράκων
12:17 καὶ ὠργίσθη ὁ δράκων ἐπὶ τῇ **γυναικὶ** καὶ ἀπῆλθεν ποιῆσαι πόλεμον μετὰ τῶν λοιπῶν τοῦ σπέρματος αὐτῆς
14: 4 οὗτοί εἰσιν οἳ μετὰ **γυναικῶν** οὐκ ἐμολύνθησαν, παρθένοι γάρ εἰσιν,
17: 3 καὶ εἶδον **γυναῖκα** καθημένην ἐπὶ θηρίον κόκκινον, γέμον[τα] ὀνόματα βλασφημίας,
17: 4 καὶ ἡ **γυνὴ** ἦν περιβεβλημένη πορφυροῦν καὶ κόκκινον καὶ κεχρυσωμένη χρυσίῳ καὶ λίθῳ τιμίῳ καὶ μαργαρίταις,
17: 6 καὶ εἶδον τὴν **γυναῖκα** μεθύουσαν ἐκ τοῦ αἵματος τῶν ἁγίων καὶ ἐκ τοῦ αἵματος τῶν μαρτύρων Ἰησοῦ.
17: 7 ἐγὼ ἐρῶ σοι τὸ μυστήριον τῆς **γυναικὸς** καὶ τοῦ θηρίου τοῦ βαστάζοντος αὐτὴν τοῦ ἔχοντος τὰς ἑπτὰ κεφαλὰς
17: 9 αἱ ἑπτὰ κεφαλαὶ ἑπτὰ ὄρη εἰσίν, ὅπου ἡ **γυνὴ** κάθηται ἐπ' αὐτῶν.
17:18 καὶ ἡ **γυνὴ** ἣν εἶδες ἔστιν ἡ πόλις ἡ μεγάλη ἡ ἔχουσα βασιλείαν ἐπὶ τῶν βασιλέων τῆς γῆς.
19: 7 ὅτι ἦλθεν ὁ γάμος τοῦ ἀρνίου καὶ ἡ **γυνὴ** αὐτοῦ ἡτοίμασεν ἑαυτὴν
21: 9 δείξω σοι τὴν νύμφην τὴν **γυναῖκα** τοῦ ἀρνίου.

1223 Γώγ [1]

Rev 20: 8 τὸν **Γὼγ** καὶ Μαγώγ, συναγαγεῖν αὐτοὺς εἰς τὸν πόλεμον,

1224 γωνία [9]

→ *214, 5481*

κεφαλὴ γωνίας [5] Mt 21:42; Mk 12:10; Lk 20:17; Ac 4:11; 1Pe 2:7

Mt 6: 5 ὅτι φιλοῦσιν ἐν ταῖς συναγωγαῖς καὶ ἐν ταῖς **γωνίαις** τῶν πλατειῶν ἑστῶτες προσεύχεσθαι,
21:42 Λίθον ὃν ἀπεδοκίμασαν οἱ οἰκοδομοῦντες, οὗτος ἐγενήθη εἰς κεφαλὴν **γωνίας·**
Mk 12:10 Λίθον ὃν ἀπεδοκίμασαν οἱ οἰκοδομοῦντες, οὗτος ἐγενήθη εἰς κεφαλὴν **γωνίας·**
Lk 20:17 Λίθον ὃν ἀπεδοκίμασαν οἱ οἰκοδομοῦντες, οὗτος ἐγενήθη εἰς κεφαλὴν **γωνίας;**
Ac 4:11 ὁ ἐξουθενηθεὶς ὑφ' ὑμῶν τῶν οἰκοδόμων, ὁ γενόμενος εἰς κεφαλὴν **γωνίας.**
26:26 λανθάνειν γὰρ αὐτὸν [τι] τούτων οὐ πείθομαι οὐθέν· οὐ γάρ ἐστιν ἐν **γωνίᾳ** πεπραγμένον τοῦτο.
1Pe 2: 7 ἀπιστοῦσιν δὲ λίθος ὃν ἀπεδοκίμασαν οἱ οἰκοδομοῦντες, οὗτος ἐγενήθη εἰς κεφαλὴν **γωνίας**
Rev 7: 1 Μετὰ τοῦτο εἶδον τέσσαρας ἀγγέλους ἑστῶτας ἐπὶ τὰς τέσσαρας **γωνίας** τῆς γῆς,
20: 8 καὶ ἐξελεύσεται πλανῆσαι τὰ ἔθνη τὰ ἐν ταῖς τέσσαρσιν **γωνίαις** τῆς γῆς,

---

Δ, δ

1225 δ Not used in UBS/NIV

1226 Δαβίδ Not used in UBS/NIV

√ *1253*

1227 δαιμονίζομαι [13]

√ *1228*

Mt 4:24 καὶ προσήνεγκαν αὐτῷ πάντας τοὺς κακῶς ἔχοντας ποικίλαις νόσοις καὶ βασάνοις συνεχομένους [καὶ] **δαιμονιζομένους**
8:16 Ὀψίας δὲ γενομένης προσήνεγκαν αὐτῷ **δαιμονιζομένους** πολλούς· καὶ ἐξέβαλεν τὰ πνεύματα λόγῳ
8:28 εἰς τὸ πέραν εἰς τὴν χώραν τῶν Γαδαρηνῶν ὑπήντησαν αὐτῷ δύο **δαιμονιζόμενοι** ἐκ τῶν μνημείων ἐξερχόμενοι,
8:33 καὶ ἀπελθόντες εἰς τὴν πόλιν ἀπήγγειλαν πάντα καὶ τὰ τῶν **δαιμονιζομένων.**
9:32 Αὐτῶν δὲ ἐξερχομένων ἰδοὺ προσήνεγκαν αὐτῷ ἄνθρωπον κωφὸν **δαιμονιζόμενον.**
12:22 Τότε προσηνέχθη αὐτῷ **δαιμονιζόμενος** [UBS; NIV προσήνεγκαν αὐτῷ **δαιμονιζόμενον**] τυφλὸς καὶ κωφός, καὶ ἐθεράπευσεν αὐτόν,
15:22 κύριε υἱὸς Δαυίδ· ἡ θυγάτηρ μου κακῶς **δαιμονίζεται.**
Mk 1:32 ἔφερον πρὸς αὐτὸν πάντας τοὺς κακῶς ἔχοντας καὶ τοὺς **δαιμονιζομένους·**
5:15 καὶ ἔρχονται πρὸς τὸν Ἰησοῦν καὶ θεωροῦσιν τὸν **δαιμονιζόμενον** καθήμενον ἱματισμένον καὶ σωφρονοῦντα,
5:16 καὶ διηγήσαντο αὐτοῖς οἱ ἰδόντες πῶς ἐγένετο τῷ **δαιμονιζομένῳ** καὶ περὶ τῶν χοίρων.
5:18 καὶ ἐμβαίνοντος αὐτοῦ εἰς τὸ πλοῖον παρεκάλει αὐτὸν ὁ **δαιμονισθεὶς** ἵνα μετ' αὐτοῦ ᾖ.
Lk 8:36 ἀπήγγειλαν δὲ αὐτοῖς οἱ ἰδόντες πῶς ἐσώθη ὁ **δαιμονισθείς.**
Jn 10:21 ἄλλοι ἔλεγον, Ταῦτα τὰ ῥήματα οὐκ ἔστιν **δαιμονιζομένου·**

1228 δαιμόνιον [63]

→ *1227, 1229, 1230, 1272, 1273*

ἄρχων δαιμονίων [4] Mt 9:34; 12:24; Mk 3:22; Lk 11:15

ἐκβάλλω δαιμόνιον [24] Mt 7:22; 9:33,34; 10:8; 12:24,24,27,28; Mk 1:34,39; 3:15,22; 6:13; 7:26; 9:38; 16:9,17; Lk 9:49; 11:14,15,18,19,20; 13:32

ἔχω δαιμόνιον [9] Mt 11:18; Lk 4:33; 7:33; 8:27; Jn 7:20; 8:48,49,52; 10:20

ξένων δαιμονίων [1] Ac 17:18

πνεῦμα δαιμονίου [1] Rev 16:14

Mt 7:22 οὐ τῷ σῷ ὀνόματι ἐπροφητεύσαμεν, καὶ τῷ σῷ ὀνόματι **δαιμόνια** ἐξεβάλομεν,
9:33 καὶ ἐκβληθέντος τοῦ **δαιμονίου** ἐλάλησεν ὁ κωφός. καὶ ἐθαύμασαν οἱ ὄχλοι λέγοντες,
9:34 Ἐν τῷ ἄρχοντι τῶν **δαιμονίων** ἐκβάλλει τὰ **δαιμόνια.**
10: 8 ἀσθενοῦντας θεραπεύετε, νεκροὺς ἐγείρετε, λεπροὺς καθαρίζετε, **δαιμόνια** ἐκβάλλετε·
11:18 ἦλθεν γὰρ Ἰωάννης μήτε ἐσθίων μήτε πίνων, καὶ λέγουσιν, **Δαιμόνιον** ἔχει.
12:24 Οὗτος οὐκ ἐκβάλλει τὰ **δαιμόνια** εἰ μὴ ἐν τῷ Βεελζεβοὺλ ἄρχοντι τῶν **δαιμονίων.**
12:27 καὶ εἰ ἐγὼ ἐν Βεελζεβοὺλ ἐκβάλλω τὰ **δαιμόνια,**
12:28 εἰ δὲ ἐν πνεύματι θεοῦ ἐγὼ ἐκβάλλω τὰ **δαιμόνια,**
17:18 καὶ ἐπετίμησεν αὐτῷ ὁ Ἰησοῦς καὶ ἐξῆλθεν ἀπ' αὐτοῦ τὸ **δαιμόνιον** καὶ ἐθεραπεύθη ὁ παῖς ἀπὸ τῆς ὥρας ἐκείνης.
Mk 1:34 καὶ ἐθεράπευσεν πολλοὺς κακῶς ἔχοντας ποικίλαις νόσοις καὶ **δαιμόνια** πολλὰ ἐξέβαλεν καὶ οὐκ ἤφιεν λαλεῖν τὰ **δαιμόνια,**
1:39 καὶ ἦλθεν κηρύσσων εἰς τὰς συναγωγὰς αὐτῶν εἰς ὅλην τὴν Γαλιλαίαν καὶ τὰ **δαιμόνια** ἐκβάλλων.
3:15 καὶ ἔχειν ἐξουσίαν ἐκβάλλειν τὰ **δαιμόνια·**
3:22 καὶ οἱ γραμματεῖς οἱ ἀπὸ Ἱεροσολύμων καταβάντες ἔλεγον ὅτι Βεελζεβοὺλ ἔχει καὶ ὅτι ἐν τῷ ἄρχοντι τῶν **δαιμονίων** ἐκβάλλει τὰ **δαιμόνια.**
6:13 καὶ **δαιμόνια** πολλὰ ἐξέβαλλον, καὶ ἤλειφον ἐλαίῳ πολλοὺς ἀρρώστους καὶ ἐθεράπευον.
7:26 καὶ ἠρώτα αὐτὸν ἵνα τὸ **δαιμόνιον** ἐκβάλῃ ἐκ τῆς θυγατρὸς αὐτῆς.
7:29 Διὰ τοῦτον τὸν λόγον ὕπαγε, ἐξελήλυθεν ἐκ τῆς θυγατρός σου τὸ **δαιμόνιον.**
7:30 καὶ ἀπελθοῦσα εἰς τὸν οἶκον αὐτῆς εὗρεν τὸ παιδίον βεβλημένον ἐπὶ τὴν κλίνην καὶ τὸ **δαιμόνιον** ἐξεληλυθός.
9:38 εἴδομέν τινα ἐν τῷ ὀνόματί σου ἐκβάλλοντα **δαιμόνια** καὶ ἐκωλύομεν αὐτόν,
16: 9 ⟦Ἀναστὰς δὲ πρωῒ πρώτῃ σαββάτου ἐφάνη πρῶτον Μαρίᾳ τῇ Μαγδαληνῇ, παρ' ἧς ἐκβεβλήκει ἑπτὰ **δαιμόνια.**⟧
16:17 ⟦ἐν τῷ ὀνόματί μου **δαιμόνια** ἐκβαλοῦσιν, γλώσσαις λαλήσουσιν καιναῖς,⟧
Lk 4:33 καὶ ἐν τῇ συναγωγῇ ἦν ἄνθρωπος ἔχων πνεῦμα **δαιμονίου** ἀκαθάρτου καὶ ἀνέκραξεν φωνῇ μεγάλῃ,
4:35 καὶ ῥίψαν αὐτὸν τὸ **δαιμόνιον** εἰς τὸ μέσον ἐξῆλθεν ἀπ' αὐτοῦ μηδὲν βλάψαν αὐτόν.
4:41 ἐξήρχετο δὲ καὶ **δαιμόνια** ἀπὸ πολλῶν κρ[αυγ]άζοντα καὶ λέγοντα ὅτι Σὺ εἶ ὁ υἱὸς τοῦ θεοῦ.

7:33 ἐλήλυθεν γὰρ Ἰωάννης ὁ βαπτιστὴς μὴ ἐσθίων ἄρτον μήτε πίνων οἶνον, καὶ λέγετε, **Δαιμόνιον** ἔχει.
8: 2 Μαρία ἡ καλουμένη Μαγδαληνή, ἀφ᾽ ἧς **δαιμόνια** ἑπτὰ ἐξεληλύθει,
8:27 ἐξελθόντι δὲ αὐτῷ ἐπὶ τὴν γῆν ὑπήντησεν ἀνήρ τις ἐκ τῆς πόλεως ἔχων **δαιμόνια** καὶ χρόνῳ ἱκανῷ οὐκ ἐνεδύσατο ἱμάτιον καὶ ἐν οἰκίᾳ οὐκ ἔμενεν ἀλλ᾽ ἐν τοῖς μνήμασιν.
8:29 πολλοῖς γὰρ χρόνοις συνηρπάκει αὐτὸν καὶ ἐδεσμεύετο ἁλύσεσιν καὶ πέδαις φυλασσόμενος καὶ διαρρήσσων τὰ δεσμὰ ἠλαύνετο ὑπὸ τοῦ **δαιμονίου** εἰς τὰς ἐρήμους.
8:30 ὁ δὲ εἶπεν, Λεγιών, ὅτι εἰσῆλθεν **δαιμόνια** πολλὰ εἰς αὐτόν.
8:33 ἐξελθόντα δὲ τὰ **δαιμόνια** ἀπὸ τοῦ ἀνθρώπου εἰσῆλθον εἰς τοὺς χοίρους,
8:35 ἐξῆλθον δὲ ἰδεῖν τὸ γεγονὸς καὶ ἦλθον πρὸς τὸν Ἰησοῦν καὶ εὗρον καθήμενον τὸν ἄνθρωπον ἀφ᾽ οὗ τὰ **δαιμόνια** ἐξῆλθεν ἱματισμένον καὶ σωφρονοῦντα παρὰ τοὺς πόδας τοῦ Ἰησοῦ,
8:38 ἐδεῖτο δὲ αὐτοῦ ὁ ἀνὴρ ἀφ᾽ οὗ ἐξεληλύθει τὰ **δαιμόνια** εἶναι σὺν αὐτῷ·
9: 1 Συγκαλεσάμενος δὲ τοὺς δώδεκα ἔδωκεν αὐτοῖς δύναμιν καὶ ἐξουσίαν ἐπὶ πάντα τὰ **δαιμόνια** καὶ νόσους θεραπεύειν
9:42 ἔτι δὲ προσερχομένου αὐτοῦ ἔρρηξεν αὐτὸν τὸ **δαιμόνιον** καὶ συνεσπάραξεν·
9:49 εἴδομέν τινα ἐν τῷ ὀνόματί σου ἐκβάλλοντα **δαιμόνια** καὶ ἐκωλύομεν αὐτόν,
10:17 καὶ τὰ **δαιμόνια** ὑποτάσσεται ἡμῖν ἐν τῷ ὀνόματί σου.
11:14 Καὶ ἦν ἐκβάλλων **δαιμόνιον** [καὶ αὐτὸ ἦν] κωφόν· ἐγένετο δὲ τοῦ **δαιμονίου** ἐξελθόντος ἐλάλησεν ὁ κωφὸς καὶ ἐθαύμασαν οἱ ὄχλοι.
11:15 Ἐν Βεελζεβοὺλ τῷ ἄρχοντι τῶν **δαιμονίων** ἐκβάλλει τὰ **δαιμόνια·**
11:18 ὅτι λέγετε ἐν Βεελζεβοὺλ ἐκβάλλειν με τὰ **δαιμόνια.**
11:19 εἰ δὲ ἐγὼ ἐν Βεελζεβοὺλ ἐκβάλλω τὰ **δαιμόνια,**
11:20 εἰ δὲ ἐν δακτύλῳ θεοῦ [ἐγὼ] ἐκβάλλω τὰ **δαιμόνια,**
13:32 Ἰδοὺ ἐκβάλλω **δαιμόνια** καὶ ἰάσεις ἀποτελῶ σήμερον καὶ αὔριον καὶ τῇ τρίτῃ τελειοῦμαι.
Jn 7:20 ἀπεκρίθη ὁ ὄχλος, **Δαιμόνιον** ἔχεις· τίς σε ζητεῖ ἀποκτεῖναι;
8:48 Οὐ καλῶς λέγομεν ἡμεῖς ὅτι Σαμαρίτης εἶ σὺ καὶ **δαιμόνιον** ἔχεις;
8:49 ἀπεκρίθη Ἰησοῦς, Ἐγὼ **δαιμόνιον** οὐκ ἔχω, ἀλλὰ τιμῶ τὸν πατέρα μου,
8:52 εἶπον [οὖν] αὐτῷ οἱ Ἰουδαῖοι, Νῦν ἐγνώκαμεν ὅτι **δαιμόνιον** ἔχεις.
10:20 ἔλεγον δὲ πολλοὶ ἐξ αὐτῶν, **Δαιμόνιον** ἔχει καὶ μαίνεται·
10:21 Ταῦτα τὰ ῥήματα οὐκ ἔστιν δαιμονιζομένου· μὴ **δαιμόνιον** δύναται τυφλῶν ὀφθαλμοὺς ἀνοῖξαι;
Ac 17:18 οἱ δέ, Ξένων **δαιμονίων** δοκεῖ καταγγελεὺς εἶναι, ὅτι τὸν Ἰησοῦν καὶ τὴν ἀνάστασιν εὐηγγελίζετο.
1Co 10:20 ἀλλ᾽ ὅτι ἃ θύουσιν, **δαιμονίοις** καὶ οὐ θεῷ [θύουσιν·] οὐ θέλω δὲ ὑμᾶς κοινωνοὺς τῶν **δαιμονίων** γίνεσθαι.
10:21 οὐ δύνασθε ποτήριον κυρίου πίνειν καὶ ποτήριον **δαιμονίων,** οὐ δύνασθε τραπέζης κυρίου μετέχειν καὶ τραπέζης **δαιμονίων.**
1Ti 4: 1 ἐν ὑστέροις καιροῖς ἀποστήσονταί τινες τῆς πίστεως προσέχοντες πνεύμασιν πλάνοις καὶ διδασκαλίαις **δαιμονίων,**
Jas 2:19 καλῶς ποιεῖς· καὶ τὰ **δαιμόνια** πιστεύουσιν καὶ φρίσσουσιν.
Rev 9:20 ἵνα μὴ προσκυνήσουσιν τὰ **δαιμόνια** καὶ τὰ εἴδωλα τὰ χρυσᾶ καὶ τὰ ἀργυρᾶ καὶ τὰ χαλκᾶ καὶ τὰ λίθινα καὶ τὰ ξύλινα,
16:14 εἰσὶν γὰρ πνεύματα **δαιμονίων** ποιοῦντα σημεῖα, ἃ ἐκπορεύεται ἐπὶ τοὺς βασιλεῖς τῆς οἰκουμένης ὅλης
18: 2 καὶ ἐγένετο κατοικητήριον **δαιμονίων** καὶ φυλακὴ παντὸς πνεύματος ἀκαθάρτου καὶ φυλακὴ παντὸς ὀρνέου ἀκαθάρτου

1229 δαιμονιώδης [1]

√ *1228 + 1626*

Jas 3:15 οὐκ ἔστιν αὕτη ἡ σοφία ἄνωθεν κατερχομένη ἀλλὰ ἐπίγειος, ψυχική, **δαιμονιώδης.**

1230 δαίμων [1]

√ *1228*

Mt 8:31 οἱ δὲ **δαίμονες** παρεκάλουν αὐτὸν λέγοντες, Εἰ ἐκβάλλεις ἡμᾶς,

1231 δάκνω [1]

Gal 5:15 εἰ δὲ ἀλλήλους **δάκνετε** καὶ κατεσθίετε, βλέπετε μὴ ὑπ᾽ ἀλλήλων ἀναλωθῆτε.

1232 δάκρυον [10]

→ *1233*

Lk 7:38 καὶ στᾶσα ὀπίσω παρὰ τοὺς πόδας αὐτοῦ κλαίουσα τοῖς **δάκρυσιν** ἤρξατο βρέχειν τοὺς πόδας αὐτοῦ
7:44 αὕτη δὲ τοῖς **δάκρυσιν** ἔβρεξέν μου τοὺς πόδας καὶ ταῖς θριξὶν αὐτῆς ἐξέμαξεν.
Ac 20:19 δουλεύων τῷ κυρίῳ μετὰ πάσης ταπεινοφροσύνης καὶ **δακρύων** καὶ πειρασμῶν τῶν συμβάντων μοι
20:31 διὸ γρηγορεῖτε μνημονεύοντες ὅτι τριετίαν νύκτα καὶ ἡμέραν οὐκ ἐπαυσάμην μετὰ **δακρύων** νουθετῶν ἕνα ἕκαστον.
2Co 2: 4 ἐκ γὰρ πολλῆς θλίψεως καὶ συνοχῆς καρδίας ἔγραψα ὑμῖν διὰ πολλῶν **δακρύων,**
2Ti 1: 4 ἐπιποθῶν σε ἰδεῖν, μεμνημένος σου τῶν **δακρύων,** ἵνα χαρᾶς πληρωθῶ,
Heb 5: 7 μετὰ κραυγῆς ἰσχυρᾶς καὶ **δακρύων** προσενέγκας καὶ εἰσακουσθεὶς ἀπὸ τῆς εὐλαβείας,
12:17 μετανοίας γὰρ τόπον οὐχ εὗρεν καίπερ μετὰ **δακρύων** ἐκζητήσας αὐτήν.
Rev 7:17 καὶ ἐξαλείψει ὁ θεὸς πᾶν **δάκρυον** ἐκ τῶν ὀφθαλμῶν αὐτῶν.
21: 4 καὶ ἐξαλείψει πᾶν **δάκρυον** ἐκ τῶν ὀφθαλμῶν αὐτῶν,

1233 δακρύω [1]

√ *1232*

Jn 11:35 **ἐδάκρυσεν** ὁ Ἰησοῦς.

1234 δακτύλιος [1]

√ *1235*

Lk 15:22 καὶ δότε **δακτύλιον** εἰς τὴν χεῖρα αὐτοῦ καὶ ὑποδήματα εἰς τοὺς πόδας,

1235 δάκτυλος [8]

→ *1234, 5993; cf. 1259*

Mt 23: 4 αὐτοὶ δὲ τῷ **δακτύλῳ** αὐτῶν οὐ θέλουσιν κινῆσαι αὐτά.
Mk 7:33 καὶ ἀπολαβόμενος αὐτὸν ἀπὸ τοῦ ὄχλου κατ᾽ ἰδίαν ἔβαλεν τοὺς **δακτύλους** αὐτοῦ εἰς τὰ ὦτα αὐτοῦ
Lk 11:20 εἰ δὲ ἐν **δακτύλῳ** θεοῦ [ἐγὼ] ἐκβάλλω τὰ δαιμόνια,
11:46 αὐτοὶ ἑνὶ τῶν **δακτύλων** ὑμῶν οὐ προσψαύετε τοῖς φορτίοις.
16:24 ἐλέησόν με καὶ πέμψον Λάζαρον ἵνα βάψῃ τὸ ἄκρον τοῦ **δακτύλου** αὐτοῦ ὕδατος καὶ καταψύξῃ τὴν γλῶσσάν μου,
Jn 8: 6 ⟦ὁ δὲ Ἰησοῦς κάτω κύψας τῷ **δακτύλῳ** κατέγραφεν εἰς τὴν γῆν.⟧
20:25 Ἐὰν μὴ ἴδω ἐν ταῖς χερσὶν αὐτοῦ τὸν τύπον τῶν ἥλων καὶ βάλω τὸν **δάκτυλόν** μου εἰς τὸν τύπον τῶν ἥλων
20:27 Φέρε τὸν **δάκτυλόν** σου ὧδε καὶ ἴδε τὰς χεῖράς μου καὶ φέρε τὴν χεῖρά σου καὶ βάλε εἰς τὴν πλευράν μου,

1236 Δαλμανουθά [1]

Mk 8:10 Καὶ εὐθὺς ἐμβὰς εἰς τὸ πλοῖον μετὰ τῶν μαθητῶν αὐτοῦ ἦλθεν εἰς τὰ μέρη **Δαλμανουθά.**

1237 Δαλματία [1]

2Ti 4:10 καὶ ἐπορεύθη εἰς Θεσσαλονίκην, Κρήσκης εἰς Γαλατίαν, Τίτος εἰς **Δαλματίαν·**

1238 δαμάζω [4]

→ *1239*

Mk 5: 4 δεδέσθαι καὶ διεσπάσθαι ὑπ᾽ αὐτοῦ τὰς ἁλύσεις καὶ τὰς πέδας συντετρῖφθαι, καὶ οὐδεὶς ἴσχυεν αὐτὸν **δαμάσαι·**
Jas 3: 7 ἑρπετῶν τε καὶ ἐναλίων **δαμάζεται** καὶ **δεδάμασται** τῇ φύσει τῇ ἀνθρωπίνῃ,
3: 8 τὴν δὲ γλῶσσαν οὐδεὶς **δαμάσαι** δύναται ἀνθρώπων, ἀκατάστατον κακόν,

1239 δάμαλις [1]

√ *1238*

Heb 9:13 εἰ γὰρ τὸ αἷμα τράγων καὶ ταύρων καὶ σποδὸς **δαμάλεως** ῥαντίζουσα τοὺς κεκοινωμένους ἁγιάζει πρὸς τὴν τῆς σαρκὸς

1240 Δάμαρις [1]

Ac 17:34 ἐν οἷς καὶ Διονύσιος ὁ Ἀρεοπαγίτης καὶ γυνὴ ὀνόματι **Δάμαρις** καὶ ἕτεροι σὺν αὐτοῖς.

1241 Δαμασκηνός [1]

√ *1242*

2Co 11:32 ἐν Δαμασκῷ ὁ ἐθνάρχης Ἁρέτα τοῦ βασιλέως ἐφρούρει τὴν πόλιν **Δαμασκηνῶν** πιάσαι με,

1242 Δαμασκός [15]

→ *1241*

Ac 9: 2 ᾐτήσατο παρ᾽ αὐτοῦ ἐπιστολὰς εἰς **Δαμασκὸν** πρὸς τὰς συναγωγάς,
9: 3 ἐν δὲ τῷ πορεύεσθαι ἐγένετο αὐτὸν ἐγγίζειν τῇ **Δαμασκῷ,**
9: 8 ἀνεῳγμένων δὲ τῶν ὀφθαλμῶν αὐτοῦ οὐδὲν ἔβλεπεν· χειραγωγοῦντες δὲ αὐτὸν εἰσήγαγον εἰς **Δαμασκόν.**
9:10 Ἦν δέ τις μαθητὴς ἐν **Δαμασκῷ** ὀνόματι Ἁνανίας,
9:19 Ἐγένετο δὲ μετὰ τῶν ἐν **Δαμασκῷ** μαθητῶν ἡμέρας τινὰς
9:22 Σαῦλος δὲ μᾶλλον ἐνεδυναμοῦτο καὶ συνέχυννεν [τοὺς] Ἰουδαίους τοὺς κατοικοῦντας ἐν **Δαμασκῷ**
9:27 πῶς ἐν τῇ ὁδῷ εἶδεν τὸν κύριον καὶ ὅτι ἐλάλησεν αὐτῷ καὶ πῶς ἐν **Δαμασκῷ** ἐπαρρησιάσατο ἐν τῷ ὀνόματι τοῦ Ἰησοῦ.
22: 5 παρ᾽ ὧν καὶ ἐπιστολὰς δεξάμενος πρὸς τοὺς ἀδελφοὺς εἰς **Δαμασκὸν** ἐπορευόμην,
22: 6 Ἐγένετο δέ μοι πορευομένῳ καὶ ἐγγίζοντι τῇ **Δαμασκῷ** περὶ μεσημβρίαν ἐξαίφνης ἐκ τοῦ οὐρανοῦ περιαστράψαι φῶς
22:10 Ἀναστὰς πορεύου εἰς **Δαμασκὸν** κἀκεῖ σοι λαληθήσεται περὶ πάντων ὧν τέτακταί σοι ποιῆσαι.
22:11 χειραγωγούμενος ὑπὸ τῶν συνόντων μοι ἦλθον εἰς **Δαμασκόν.**
26:12 Ἐν οἷς πορευόμενος εἰς τὴν **Δαμασκὸν** μετ᾽ ἐξουσίας καὶ ἐπιτροπῆς τῆς τῶν ἀρχιερέων
26:20 ἀλλὰ τοῖς ἐν **Δαμασκῷ** πρῶτόν τε καὶ Ἱεροσολύμοις,
2Co 11:32 ἐν **Δαμασκῷ** ὁ ἐθνάρχης Ἁρέτα τοῦ βασιλέως ἐφρούρει τὴν πόλιν Δαμασκηνῶν πιάσαι με,
Gal 1:17 ἀλλὰ ἀπῆλθον εἰς Ἀραβίαν καὶ πάλιν ὑπέστρεψα εἰς **Δαμασκόν.**

1243 Δάν Not used in UBS/NIV

1244 δανείζω Not used in UBS/NIV

√ *1249*

1245 δάνειον [1]

√ *1249*

Mt 18:27 σπλαγχνισθεὶς δὲ ὁ κύριος τοῦ δούλου ἐκείνου ἀπέλυσεν αὐτὸν καὶ τὸ **δάνειον** ἀφῆκεν αὐτῷ.

1246 δανειστής Not used in UBS/NIV

√ *1249*

1247 δανίζω [4]

√ *1249*

Mt 5:42 καὶ τὸν θέλοντα ἀπὸ σοῦ **δανίσασθαι** μὴ ἀποστραφῇς.
Lk 6:34 καὶ ἐὰν **δανίσητε** παρ᾽ ὧν ἐλπίζετε λαβεῖν, ποία ὑμῖν χάρις [ἐστίν;] καὶ ἁμαρτωλοὶ ἁμαρτωλοῖς **δανίζουσιν** ἵνα ἀπολάβωσιν τὰ ἴσα.
6:35 πλὴν ἀγαπᾶτε τοὺς ἐχθροὺς ὑμῶν καὶ ἀγαθοποιεῖτε καὶ **δανίζετε** μηδὲν ἀπελπίζοντες·

1248 Δανιήλ [1]

Mt 24:15 Ὅταν οὖν ἴδητε τὸ βδέλυγμα τῆς ἐρημώσεως τὸ ῥηθὲν διὰ **Δανιὴλ** τοῦ προφήτου ἑστὸς ἐν τόπῳ ἁγίῳ,

1249 δάνιον Not used in UBS/NIV

→ *1244, 1245, 1246, 1247, 1250*

1250 δανιστής [1]

√ *1249*

Lk 7:41 δύο χρεοφειλέται ἦσαν **δανιστῇ** τινι· ὁ εἷς ὤφειλεν δηνάρια πεντακόσια,

1251 δαπανάω [5]

√ *1252*

Mk 5:26 καὶ πολλὰ παθοῦσα ὑπὸ πολλῶν ἰατρῶν καὶ **δαπανήσασα** τὰ παρ᾽ αὐτῆς πάντα καὶ μηδὲν ὠφεληθεῖσα
Lk 15:14 **δαπανήσαντος** δὲ αὐτοῦ πάντα ἐγένετο λιμὸς ἰσχυρὰ κατὰ τὴν χώραν ἐκείνην,
Ac 21:24 τούτους παραλαβὼν ἁγνίσθητι σὺν αὐτοῖς καὶ **δαπάνησον** ἐπ᾽ αὐτοῖς ἵνα ξυρήσονται τὴν κεφαλήν,
2Co 12:15 ἐγὼ δὲ ἥδιστα **δαπανήσω** καὶ ἐκδαπανηθήσομαι ὑπὲρ τῶν ψυχῶν ὑμῶν.
Jas 4: 3 αἰτεῖτε καὶ οὐ λαμβάνετε διότι κακῶς αἰτεῖσθε, ἵνα ἐν ταῖς ἡδοναῖς ὑμῶν **δαπανήσητε.**

1252 δαπάνη [1]

→ *78, 1251, 1682, 4655*

Lk 14:28 τίς γὰρ ἐξ ὑμῶν θέλων πύργον οἰκοδομῆσαι οὐχὶ πρῶτον καθίσας ψηφίζει τὴν **δαπάνην,**

1253 Δαυίδ [59]

→ *1226*

οἶκος Δαυίδ [3] Lk 1:27,69; 2:4

παῖς Δαυίδ [2] Lk 1:69; Ac 4:25

σπέρμα Δαυίδ [3] Jn 7:42; Ro 1:3; 2Ti 2:8

υἱὲ Δαυίδ [4] Mk 10:47,48; Lk 18:38,39

υἱὸς Δαυίδ [11] Mt 1:1,20; 9:27; 12:23; 15:22; 20:30,31; 21:9,15; Mk 12:35; Lk 20:41; cf. Mt 22:42

Mt 1: 1 Βίβλος γενέσεως Ἰησοῦ Χριστοῦ υἱοῦ **Δαυὶδ** υἱοῦ Ἀβραάμ.
1: 6 Ἰεσσαὶ δὲ ἐγέννησεν τὸν **Δαυὶδ** τὸν βασιλέα. **Δαυὶδ** δὲ ἐγέννησεν τὸν Σολομῶνα ἐκ τῆς τοῦ Οὐρίου,
1:17 Πᾶσαι οὖν αἱ γενεαὶ ἀπὸ Ἀβραὰμ ἕως **Δαυὶδ** γενεαὶ δεκατέσσαρες, καὶ ἀπὸ **Δαυὶδ** ἕως τῆς μετοικεσίας Βαβυλῶνος γενεαὶ δεκατέσσαρες,
1:20 Ἰωσὴφ υἱὸς **Δαυίδ,** μὴ φοβηθῇς παραλαβεῖν Μαριὰμ τὴν γυναῖκά σου·
9:27 Καὶ παράγοντι ἐκεῖθεν τῷ Ἰησοῦ ἠκολούθησαν [αὐτῷ] δύο τυφλοὶ κράζοντες καὶ λέγοντες, Ἐλέησον ἡμᾶς, υἱὸς **Δαυίδ.**
12: 3 Οὐκ ἀνέγνωτε τί ἐποίησεν **Δαυὶδ** ὅτε ἐπείνασεν καὶ οἱ μετ᾽ αὐτοῦ,
12:23 καὶ ἐξίσταντο πάντες οἱ ὄχλοι καὶ ἔλεγον, Μήτι οὗτός ἐστιν ὁ υἱὸς **Δαυίδ;**
15:22 καὶ ἰδοὺ γυνὴ Χαναναία ἀπὸ τῶν ὁρίων ἐκείνων ἐξελθοῦσα ἔκραζεν λέγουσα, Ἐλέησόν με, κύριε υἱὸς **Δαυίδ·**
20:30 καθήμενοι παρὰ τὴν ὁδὸν ἀκούσαντες ὅτι Ἰησοῦς παράγει, ἔκραξαν λέγοντες, Ἐλέησον ἡμᾶς, [κύριε,] υἱὸς **Δαυίδ.**
20:31 οἱ δὲ μεῖζον ἔκραξαν λέγοντες, Ἐλέησον ἡμᾶς, κύριε, υἱὸς **Δαυίδ.**
21: 9 οἱ δὲ ὄχλοι οἱ προάγοντες αὐτὸν καὶ οἱ ἀκολουθοῦντες ἔκραζον λέγοντες, Ὡσαννὰ τῷ υἱῷ **Δαυίδ·**
21:15 καὶ τοὺς παῖδας τοὺς κράζοντας ἐν τῷ ἱερῷ καὶ λέγοντας, Ὡσαννὰ τῷ υἱῷ **Δαυίδ,**
22:42 Τί ὑμῖν δοκεῖ περὶ τοῦ Χριστοῦ; τίνος υἱός ἐστιν; λέγουσιν αὐτῷ, Τοῦ **Δαυίδ.**
22:43 Πῶς οὖν **Δαυὶδ** ἐν πνεύματι καλεῖ αὐτὸν κύριον λέγων,
22:45 εἰ οὖν **Δαυὶδ** καλεῖ αὐτὸν κύριον, πῶς υἱὸς αὐτοῦ ἐστιν;
Mk 2:25 Οὐδέποτε ἀνέγνωτε τί ἐποίησεν **Δαυὶδ** ὅτε χρείαν ἔσχεν καὶ ἐπείνασεν αὐτὸς καὶ οἱ μετ᾽ αὐτοῦ,
10:47 καὶ ἀκούσας ὅτι Ἰησοῦς ὁ Ναζαρηνός ἐστιν ἤρξατο κράζειν καὶ λέγειν, Υἱὲ **Δαυὶδ** Ἰησοῦ, ἐλέησόν με.
10:48 ὁ δὲ πολλῷ μᾶλλον ἔκραζεν, Υἱὲ **Δαυίδ,** ἐλέησόν με.
11:10 Εὐλογημένη ἡ ἐρχομένη βασιλεία τοῦ πατρὸς ἡμῶν **Δαυίδ·**
12:35 Πῶς λέγουσιν οἱ γραμματεῖς ὅτι ὁ Χριστὸς υἱὸς **Δαυίδ** ἐστιν;
12:36 αὐτὸς **Δαυὶδ** εἶπεν ἐν τῷ πνεύματι τῷ ἁγίῳ,
12:37 αὐτὸς **Δαυὶδ** λέγει αὐτὸν κύριον, καὶ πόθεν αὐτοῦ ἐστιν υἱός;

Lk 1:27 πρὸς παρθένον ἐμνηστευμένην ἀνδρὶ ᾧ ὄνομα Ἰωσὴφ ἐξ οἴκου **Δαυὶδ** καὶ τὸ ὄνομα τῆς παρθένου Μαριάμ.
1:32 οὗτος ἔσται μέγας καὶ υἱὸς ὑψίστου κληθήσεται καὶ δώσει αὐτῷ κύριος ὁ θεὸς τὸν θρόνον **Δαυὶδ** τοῦ πατρὸς αὐτοῦ,
1:69 καὶ ἤγειρεν κέρας σωτηρίας ἡμῖν ἐν οἴκῳ **Δαυὶδ** παιδὸς αὐτοῦ,
2: 4 Ἀνέβη δὲ καὶ Ἰωσὴφ ἀπὸ τῆς Γαλιλαίας ἐκ πόλεως Ναζαρὲθ εἰς τὴν Ἰουδαίαν εἰς πόλιν **Δαυὶδ** ἥτις καλεῖται Βηθλέεμ, διὰ τὸ εἶναι αὐτὸν ἐξ οἴκου καὶ πατριᾶς **Δαυίδ,**
2:11 ὅτι ἐτέχθη ὑμῖν σήμερον σωτὴρ ὅς ἐστιν Χριστὸς κύριος ἐν πόλει **Δαυίδ.**
3:31 τοῦ Μελεὰ τοῦ Μεννὰ τοῦ Ματταθὰ τοῦ Ναθὰμ τοῦ **Δαυὶδ**
6: 3 Οὐδὲ τοῦτο ἀνέγνωτε ὃ ἐποίησεν **Δαυὶδ** ὅτε ἐπείνασεν αὐτὸς καὶ οἱ μετ᾽ αὐτοῦ [ὄντες,]
18:38 καὶ ἐβόησεν λέγων, Ἰησοῦ υἱὲ **Δαυίδ,** ἐλέησόν με.
18:39 αὐτὸς δὲ πολλῷ μᾶλλον ἔκραζεν, Υἱὲ **Δαυίδ,** ἐλέησόν με.
20:41 Εἶπεν δὲ πρὸς αὐτούς, Πῶς λέγουσιν τὸν Χριστὸν εἶναι **Δαυὶδ** υἱόν;
20:42 αὐτὸς γὰρ **Δαυὶδ** λέγει ἐν βίβλῳ ψαλμῶν, Εἶπεν κύριος τῷ κυρίῳ μου,
20:44 **Δαυὶδ** οὖν κύριον αὐτὸν καλεῖ, καὶ πῶς αὐτοῦ υἱός ἐστιν;
Jn 7:42 οὐχ ἡ γραφὴ εἶπεν ὅτι ἐκ τοῦ σπέρματος **Δαυὶδ** καὶ ἀπὸ Βηθλέεμ τῆς κώμης ὅπου ἦν **Δαυὶδ** ἔρχεται ὁ Χριστός;
Ac 1:16 ἔδει πληρωθῆναι τὴν γραφὴν ἣν προεῖπεν τὸ πνεῦμα τὸ ἅγιον διὰ στόματος **Δαυὶδ** περὶ Ἰούδα
2:25 **Δαυὶδ** γὰρ λέγει εἰς αὐτόν, Προορώμην τὸν κύριον ἐνώπιόν μου διὰ παντός,
2:29 ἐξὸν εἰπεῖν μετὰ παρρησίας πρὸς ὑμᾶς περὶ τοῦ πατριάρχου **Δαυὶδ** ὅτι καὶ ἐτελεύτησεν καὶ ἐτάφη,
2:34 οὐ γὰρ **Δαυὶδ** ἀνέβη εἰς τοὺς οὐρανούς, λέγει δὲ αὐτός,
4:25 ὁ τοῦ πατρὸς ἡμῶν διὰ πνεύματος ἁγίου στόματος **Δαυὶδ** παιδός σου εἰπών,
7:45 ὧν ἐξῶσεν ὁ θεὸς ἀπὸ προσώπου τῶν πατέρων ἡμῶν ἕως τῶν ἡμερῶν **Δαυίδ,**
13:22 καὶ μεταστήσας αὐτὸν ἤγειρεν τὸν **Δαυὶδ** αὐτοῖς εἰς βασιλέα ᾧ καὶ εἶπεν μαρτυρήσας, Εὗρον **Δαυὶδ** τὸν τοῦ Ἰεσσαί, ἄνδρα κατὰ τὴν καρδίαν μου,
13:34 οὕτως εἴρηκεν ὅτι Δώσω ὑμῖν τὰ ὅσια **Δαυὶδ** τὰ πιστά.
13:36 **Δαυὶδ** μὲν γὰρ ἰδίᾳ γενεᾷ ὑπηρετήσας τῇ τοῦ θεοῦ βουλῇ ἐκοιμήθη καὶ προσετέθη πρὸς τοὺς πατέρας αὐτοῦ
15:16 Μετὰ ταῦτα ἀναστρέψω καὶ ἀνοικοδομήσω τὴν σκηνὴν **Δαυὶδ** τὴν πεπτωκυῖαν καὶ τὰ κατεσκαμμένα αὐτῆς ἀνοικοδομήσω
Ro 1: 3 περὶ τοῦ υἱοῦ αὐτοῦ τοῦ γενομένου ἐκ σπέρματος **Δαυὶδ** κατὰ σάρκα,
4: 6 καθάπερ καὶ **Δαυὶδ** λέγει τὸν μακαρισμὸν τοῦ ἀνθρώπου ᾧ ὁ θεὸς λογίζεται δικαιοσύνην χωρὶς ἔργων,
11: 9 καὶ **Δαυὶδ** λέγει, Γενηθήτω ἡ τράπεζα αὐτῶν εἰς παγίδα καὶ εἰς θήραν καὶ εἰς σκάνδαλον καὶ εἰς ἀνταπόδομα αὐτοῖς,
2Ti 2: 8 Μνημόνευε Ἰησοῦν Χριστὸν ἐγηγερμένον ἐκ νεκρῶν, ἐκ σπέρματος **Δαυίδ,** κατὰ τὸ εὐαγγέλιόν μου,
Heb 4: 7 Σήμερον, ἐν **Δαυὶδ** λέγων μετὰ τοσοῦτον χρόνον, καθὼς προείρηται,
11:32 Ἰεφθάε, **Δαυίδ** τε καὶ Σαμουὴλ καὶ τῶν προφητῶν,
Rev 3: 7 Τάδε λέγει ὁ ἅγιος, ὁ ἀληθινός, ὁ ἔχων τὴν κλεῖν **Δαυίδ,**
5: 5 ἡ ῥίζα **Δαυίδ,** ἀνοῖξαι τὸ βιβλίον καὶ τὰς ἑπτὰ σφραγῖδας αὐτοῦ.
22:16 ἐγώ εἰμι ἡ ῥίζα καὶ τὸ γένος **Δαυίδ,**

1254 δέ [2792 / 2789] See Index of Articles, Etc.

→ *2022, 2023, 2024, 2025, 3592, 3593, 3594, 3595, 3596, 3598, 3599, 4027, 4028, 4029, 4030, 4031, 4032*

εἰ δὲ μή [6] Mk 2:21,22; Jn 14:2,11; Rev 2:5,16

εἰ δὲ μή γε [7] Mt 6:1; 9:17; Lk 5:36,37; 13:9; 14:32; 2Co 11:16

ἐγένετο δέ [37] Lk 1:8; 2:1,6; 3:21; 5:1; 6:1,6,12; 8:22; 9:28,37,51; 11:14,27; 16:22; 18:35; Ac 4:5; 5:7; 8:8; 9:19,32,37,42,43; 10:10; 11:26; 14:1; 15:39; 16:16; 19:1,23; 21:1; 22:6,17; 23:9; 28:8,17

1255 δέησις [18]

√ *1289*

Lk 1:13 Μὴ φοβοῦ, Ζαχαρία, διότι εἰσηκούσθη ἡ **δέησίς** σου,
2:37 ἣ οὐκ ἀφίστατο τοῦ ἱεροῦ νηστείαις καὶ **δεήσεσιν** λατρεύουσα νύκτα καὶ ἡμέραν.
5:33 Οἱ μαθηταὶ Ἰωάννου νηστεύουσιν πυκνὰ καὶ **δεήσεις** ποιοῦνται ὁμοίως καὶ οἱ τῶν Φαρισαίων,
Ro 10: 1 ἡ μὲν εὐδοκία τῆς ἐμῆς καρδίας καὶ ἡ **δέησις** πρὸς τὸν θεὸν ὑπὲρ αὐτῶν εἰς σωτηρίαν.
2Co 1:11 συνυπουργούντων καὶ ὑμῶν ὑπὲρ ἡμῶν τῇ **δεήσει,** ἵνα ἐκ πολλῶν προσώπων τὸ εἰς ἡμᾶς χάρισμα
9:14 καὶ αὐτῶν **δεήσει** ὑπὲρ ὑμῶν ἐπιποθούντων ὑμᾶς διὰ τὴν ὑπερβάλλουσαν χάριν τοῦ θεοῦ ἐφ᾽ ὑμῖν.
Eph 6:18 διὰ πάσης προσευχῆς καὶ **δεήσεως** προσευχόμενοι ἐν παντὶ καιρῷ ἐν πνεύματι, καὶ εἰς αὐτὸ ἀγρυπνοῦντες ἐν πάσῃ προσκαρτερήσει καὶ **δεήσει** περὶ πάντων τῶν ἁγίων
Php 1: 4 πάντοτε ἐν πάσῃ **δεήσει** μου ὑπὲρ πάντων ὑμῶν, μετὰ χαρᾶς τὴν **δέησιν** ποιούμενος,
1:19 οἶδα γὰρ ὅτι τοῦτό μοι ἀποβήσεται εἰς σωτηρίαν διὰ τῆς ὑμῶν **δεήσεως** καὶ ἐπιχορηγίας τοῦ πνεύματος Ἰησοῦ Χριστοῦ
4: 6 ἀλλ᾽ ἐν παντὶ τῇ προσευχῇ καὶ τῇ **δεήσει** μετὰ εὐχαριστίας τὰ αἰτήματα ὑμῶν γνωριζέσθω πρὸς τὸν θεόν.
1Ti 2: 1 Παρακαλῶ οὖν πρῶτον πάντων ποιεῖσθαι **δεήσεις** προσευχὰς ἐντεύξεις εὐχαριστίας ὑπὲρ πάντων ἀνθρώπων,
5: 5 ἡ δὲ ὄντως χήρα καὶ μεμονωμένη ἤλπικεν ἐπὶ θεὸν καὶ προσμένει ταῖς **δεήσεσιν** καὶ ταῖς προσευχαῖς
2Ti 1: 3 ὡς ἀδιάλειπτον ἔχω τὴν περὶ σοῦ μνείαν ἐν ταῖς **δεήσεσίν** μου νυκτὸς καὶ ἡμέρας,
Heb 5: 7 ὃς ἐν ταῖς ἡμέραις τῆς σαρκὸς αὐτοῦ **δεήσεις** τε καὶ ἱκετηρίας πρὸς τὸν δυνάμενον σῴζειν αὐτὸν ἐκ θανάτου
Jas 5:16 ἐξομολογεῖσθε οὖν ἀλλήλοις τὰς ἁμαρτίας καὶ εὔχεσθε ὑπὲρ ἀλλήλων ὅπως ἰαθῆτε. πολὺ ἰσχύει **δέησις** δικαίου ἐνεργουμένη.
1Pe 3:12 ὅτι ὀφθαλμοὶ κυρίου ἐπὶ δικαίους καὶ ὦτα αὐτοῦ εἰς **δέησιν** αὐτῶν,

1256 δεῖ [101]

√ *1313*

nom. neu. s. pres. part. **δέον** [2] Ac 19:36; 1Pe 1:6

δεῖ γενέσθαι [7] Mt 24:6; 26:54; Mk 13:7; Lk 21:9; Rev 1:1; 4:1; 22:6

δεῖ παθεῖν [8] Mt 16:21; Mk 8:31; Lk 9:22; 17:25; 24:26; Ac 9:16; 17:3; Heb 9:26

καθὸ δεῖ [1] Ro 8:26

καθώς δεῖ [1] 1Co 8:2

Mt 16:21 Ἀπὸ τότε ἤρξατο ὁ Ἰησοῦς δεικνύειν τοῖς μαθηταῖς αὐτοῦ ὅτι **δεῖ** αὐτὸν εἰς Ἱεροσόλυμα ἀπελθεῖν καὶ πολλὰ παθεῖν
17:10 Τί οὖν οἱ γραμματεῖς λέγουσιν ὅτι Ἠλίαν **δεῖ** ἐλθεῖν πρῶτον;
18:33 οὐκ **ἔδει** καὶ σὲ ἐλεῆσαι τὸν σύνδουλόν σου,
23:23 τὴν κρίσιν καὶ τὸ ἔλεος καὶ τὴν πίστιν· ταῦτα [δὲ] **ἔδει** ποιῆσαι κἀκεῖνα μὴ ἀφιέναι.
24: 6 **δεῖ** γὰρ γενέσθαι, ἀλλ᾽ οὔπω ἐστὶν τὸ τέλος.
25:27 **ἔδει** σε οὖν βαλεῖν τὰ ἀργύριά μου τοῖς τραπεζίταις,
26:35 Κἂν **δέῃ** με σὺν σοὶ ἀποθανεῖν, οὐ μή σε ἀπαρνήσομαι.
26:54 πῶς οὖν πληρωθῶσιν αἱ γραφαὶ ὅτι οὕτως **δεῖ** γενέσθαι;
Mk 8:31 Καὶ ἤρξατο διδάσκειν αὐτοὺς ὅτι **δεῖ** τὸν υἱὸν τοῦ ἀνθρώπου πολλὰ παθεῖν καὶ ἀποδοκιμασθῆναι ὑπὸ τῶν πρεσβυτέρων
9:11 Ὅτι λέγουσιν οἱ γραμματεῖς ὅτι Ἠλίαν **δεῖ** ἐλθεῖν πρῶτον;
13: 7 μὴ θροεῖσθε· **δεῖ** γενέσθαι, ἀλλ᾽ οὔπω τὸ τέλος.
13:10 καὶ εἰς πάντα τὰ ἔθνη πρῶτον **δεῖ** κηρυχθῆναι τὸ εὐαγγέλιον.
13:14 Ὅταν δὲ ἴδητε τὸ βδέλυγμα τῆς ἐρημώσεως ἑστηκότα ὅπου οὐ **δεῖ,**
14:31 Ἐὰν **δέῃ** με συναποθανεῖν σοι, οὐ μή σε ἀπαρνήσομαι.
Lk 2:49 οὐκ ᾔδειτε ὅτι ἐν τοῖς τοῦ πατρός μου **δεῖ** εἶναί με;
4:43 ὁ δὲ εἶπεν πρὸς αὐτοὺς ὅτι Καὶ ταῖς ἑτέραις πόλεσιν εὐαγγελίσασθαί με **δεῖ** τὴν βασιλείαν τοῦ θεοῦ,
9:22 εἰπὼν ὅτι **Δεῖ** τὸν υἱὸν τοῦ ἀνθρώπου πολλὰ παθεῖν καὶ ἀποδοκιμασθῆναι ἀπὸ τῶν πρεσβυτέρων καὶ ἀρχιερέων
11:42 καὶ παρέρχεσθε τὴν κρίσιν καὶ τὴν ἀγάπην τοῦ θεοῦ· ταῦτα δὲ **ἔδει** ποιῆσαι κἀκεῖνα μὴ παρεῖναι.
12:12 τὸ γὰρ ἅγιον πνεῦμα διδάξει ὑμᾶς ἐν αὐτῇ τῇ ὥρᾳ ἃ **δεῖ** εἰπεῖν.
13:14 ἔλεγεν τῷ ὄχλῳ ὅτι Ἓξ ἡμέραι εἰσὶν ἐν αἷς **δεῖ** ἐργάζεσθαι·
13:16 οὐκ **ἔδει** λυθῆναι ἀπὸ τοῦ δεσμοῦ τούτου τῇ ἡμέρᾳ τοῦ σαββάτου;
13:33 πλὴν **δεῖ** με σήμερον καὶ αὔριον καὶ τῇ ἐχομένῃ πορεύεσθαι,
15:32 εὐφρανθῆναι δὲ καὶ χαρῆναι **ἔδει,** ὅτι ὁ ἀδελφός σου οὗτος νεκρὸς ἦν καὶ ἔζησεν,

17:25 πρῶτον δὲ **δεῖ** αὐτὸν πολλὰ παθεῖν καὶ ἀποδοκιμασθῆναι ἀπὸ τῆς γενεᾶς ταύτης.
18: 1 Ἔλεγεν δὲ παραβολὴν αὐτοῖς πρὸς τὸ **δεῖν** πάντοτε προσεύχεσθαι αὐτοὺς καὶ μὴ ἐγκακεῖν,
19: 5 σήμερον γὰρ ἐν τῷ οἴκῳ σου **δεῖ** με μεῖναι.
21: 9 **δεῖ** γὰρ ταῦτα γενέσθαι πρῶτον, ἀλλ᾽ οὐκ εὐθέως τὸ τέλος.
22: 7 Ἦλθεν δὲ ἡ ἡμέρα τῶν ἀζύμων, [ἐν] ᾗ **ἔδει** θύεσθαι τὸ πάσχα·
22:37 λέγω γὰρ ὑμῖν ὅτι τοῦτο τὸ γεγραμμένον **δεῖ** τελεσθῆναι ἐν ἐμοί,
24: 7 ὅτι **δεῖ** παραδοθῆναι εἰς χεῖρας ἀνθρώπων ἁμαρτωλῶν καὶ σταυρωθῆναι καὶ τῇ τρίτῃ ἡμέρᾳ ἀναστῆναι.
24:26 οὐχὶ ταῦτα **ἔδει** παθεῖν τὸν Χριστὸν καὶ εἰσελθεῖν εἰς τὴν δόξαν αὐτοῦ;
24:44 ὅτι **δεῖ** πληρωθῆναι πάντα τὰ γεγραμμένα ἐν τῷ νόμῳ Μωϋσέως καὶ τοῖς προφήταις καὶ ψαλμοῖς περὶ ἐμοῦ.
Jn 3: 7 μὴ θαυμάσῃς ὅτι εἶπόν σοι, **Δεῖ** ὑμᾶς γεννηθῆναι ἄνωθεν.
3:14 καὶ καθὼς Μωϋσῆς ὕψωσεν τὸν ὄφιν ἐν τῇ ἐρήμῳ, οὕτως ὑψωθῆναι **δεῖ** τὸν υἱὸν τοῦ ἀνθρώπου,
3:30 ἐκεῖνον **δεῖ** αὐξάνειν, ἐμὲ δὲ ἐλαττοῦσθαι.
4: 4 **ἔδει** δὲ αὐτὸν διέρχεσθαι διὰ τῆς Σαμαρείας.
4:20 καὶ ὑμεῖς λέγετε ὅτι ἐν Ἱεροσολύμοις ἐστὶν ὁ τόπος ὅπου προσκυνεῖν **δεῖ.**
4:24 καὶ τοὺς προσκυνοῦντας αὐτὸν ἐν πνεύματι καὶ ἀληθείᾳ **δεῖ** προσκυνεῖν.
9: 4 ἡμᾶς **δεῖ** ἐργάζεσθαι τὰ ἔργα τοῦ πέμψαντός με ἕως ἡμέρα ἐστίν·
10:16 κἀκεῖνα **δεῖ** με ἀγαγεῖν καὶ τῆς φωνῆς μου ἀκούσουσιν,
12:34 καὶ πῶς λέγεις σὺ ὅτι **δεῖ** ὑψωθῆναι τὸν υἱὸν τοῦ ἀνθρώπου;
20: 9 οὐδέπω γὰρ ᾔδεισαν τὴν γραφὴν ὅτι **δεῖ** αὐτὸν ἐκ νεκρῶν ἀναστῆναι.
Ac 1:16 **ἔδει** πληρωθῆναι τὴν γραφὴν ἣν προεῖπεν τὸ πνεῦμα τὸ ἅγιον διὰ στόματος Δαυὶδ περὶ Ἰούδα
1:21 **δεῖ** οὖν τῶν συνελθόντων ἡμῖν ἀνδρῶν ἐν παντὶ χρόνῳ ᾧ εἰσῆλθεν καὶ ἐξῆλθεν ἐφ᾽ ἡμᾶς ὁ κύριος Ἰησοῦς,
3:21 ὃν **δεῖ** οὐρανὸν μὲν δέξασθαι ἄχρι χρόνων ἀποκαταστάσεως πάντων ὧν ἐλάλησεν ὁ θεὸς διὰ στόματος τῶν ἁγίων
4:12 οὐδὲ γὰρ ὄνομά ἐστιν ἕτερον ὑπὸ τὸν οὐρανὸν τὸ δεδομένον ἐν ἀνθρώποις ἐν ᾧ **δεῖ** σωθῆναι ἡμᾶς.
5:29 ἀποκριθεὶς δὲ Πέτρος καὶ οἱ ἀπόστολοι εἶπαν, Πειθαρχεῖν **δεῖ** θεῷ μᾶλλον ἢ ἀνθρώποις.
9: 6 ἀλλὰ ἀνάστηθι καὶ εἴσελθε εἰς τὴν πόλιν καὶ λαληθήσεταί σοι ὅ τί σε **δεῖ** ποιεῖν.
9:16 ἐγὼ γὰρ ὑποδείξω αὐτῷ ὅσα **δεῖ** αὐτὸν ὑπὲρ τοῦ ὀνόματός μου παθεῖν.
14:22 παρακαλοῦντες ἐμμένειν τῇ πίστει καὶ ὅτι διὰ πολλῶν θλίψεων **δεῖ** ἡμᾶς εἰσελθεῖν εἰς τὴν βασιλείαν τοῦ θεοῦ.
15: 5 τῶν Φαρισαίων πεπιστευκότες λέγοντες ὅτι **δεῖ** περιτέμνειν αὐτοὺς παραγγέλλειν τε τηρεῖν τὸν νόμον Μωϋσέως.
16:30 προαγαγὼν αὐτοὺς ἔξω ἔφη, Κύριοι, τί με **δεῖ** ποιεῖν ἵνα σωθῶ;
17: 3 καὶ παρατιθέμενος ὅτι τὸν Χριστὸν **ἔδει** παθεῖν καὶ ἀναστῆναι ἐκ νεκρῶν καὶ ὅτι οὗτός ἐστιν ὁ Χριστὸς [ὁ] Ἰησοῦς
19:21 πορεύεσθαι εἰς Ἱεροσόλυμα εἰπὼν ὅτι Μετὰ τὸ γενέσθαι με ἐκεῖ **δεῖ** με καὶ Ῥώμην ἰδεῖν.
19:36 ἀναντιρρήτων οὖν ὄντων τούτων **δέον** ἐστὶν ὑμᾶς κατεσταλμένους ὑπάρχειν καὶ μηδὲν προπετὲς πράσσειν.
20:35 πάντα ὑπέδειξα ὑμῖν ὅτι οὕτως κοπιῶντας **δεῖ** ἀντιλαμβάνεσθαι τῶν ἀσθενούντων,
23:11 ὡς γὰρ διεμαρτύρω τὰ περὶ ἐμοῦ εἰς Ἰερουσαλήμ, οὕτω σε **δεῖ** καὶ εἰς Ῥώμην μαρτυρῆσαι.
24:19 οὓς **ἔδει** ἐπὶ σοῦ παρεῖναι καὶ κατηγορεῖν εἴ τι ἔχοιεν πρὸς ἐμέ.
25:10 Ἐπὶ τοῦ βήματος Καίσαρος ἑστώς εἰμι, οὗ με **δεῖ** κρίνεσθαι.
25:24 ἐνέτυχόν μοι ἔν τε Ἱεροσολύμοις καὶ ἐνθάδε βοῶντες μὴ **δεῖν** αὐτὸν ζῆν μηκέτι.
26: 9 ἐγὼ μὲν οὖν ἔδοξα ἐμαυτῷ πρὸς τὸ ὄνομα Ἰησοῦ τοῦ Ναζωραίου **δεῖν** πολλὰ ἐναντία πρᾶξαι,
27:21 Πολλῆς τε ἀσιτίας ὑπαρχούσης τότε σταθεὶς ὁ Παῦλος ἐν μέσῳ αὐτῶν εἶπεν, **Ἔδει** μέν, ὦ ἄνδρες,
27:24 λέγων, Μὴ φοβοῦ, Παῦλε, Καίσαρί σε **δεῖ** παραστῆναι,
27:26 εἰς νῆσον δέ τινα **δεῖ** ἡμᾶς ἐκπεσεῖν.
Ro 1:27 ἄρσενες ἐν ἄρσεσιν τὴν ἀσχημοσύνην κατεργαζόμενοι καὶ τὴν ἀντιμισθίαν ἣν **ἔδει** τῆς πλάνης αὐτῶν ἐν ἑαυτοῖς ἀπολαμβάνοντες.
8:26 τὸ γὰρ τί προσευξώμεθα καθὸ **δεῖ** οὐκ οἴδαμεν,
12: 3 διὰ τῆς χάριτος τῆς δοθείσης μοι παντὶ τῷ ὄντι ἐν ὑμῖν μὴ ὑπερφρονεῖν παρ᾽ ὃ **δεῖ** φρονεῖν ἀλλὰ φρονεῖν εἰς τὸ σωφρονεῖν,
1Co 8: 2 εἴ τις δοκεῖ ἐγνωκέναι τι, οὔπω ἔγνω καθὼς **δεῖ** γνῶναι·
11:19 **δεῖ** γὰρ καὶ αἱρέσεις ἐν ὑμῖν εἶναι, ἵνα [καὶ] οἱ δόκιμοι φανεροὶ γένωνται ἐν ὑμῖν.
15:25 **δεῖ** γὰρ αὐτὸν βασιλεύειν ἄχρι οὗ θῇ πάντας τοὺς ἐχθροὺς ὑπὸ τοὺς πόδας αὐτοῦ.
15:53 **δεῖ** γὰρ τὸ φθαρτὸν τοῦτο ἐνδύσασθαι ἀφθαρσίαν καὶ τὸ θνητὸν τοῦτο ἐνδύσασθαι ἀθανασίαν.
2Co 2: 3 ἵνα μὴ ἐλθὼν λύπην σχῶ ἀφ᾽ ὧν **ἔδει** με χαίρειν,
5:10 τοὺς γὰρ πάντας ἡμᾶς φανερωθῆναι **δεῖ** ἔμπροσθεν τοῦ βήματος τοῦ Χριστοῦ,
11:30 Εἰ καυχᾶσθαι **δεῖ,** τὰ τῆς ἀσθενείας μου καυχήσομαι.
12: 1 Καυχᾶσθαι **δεῖ,** οὐ συμφέρον μέν, ἐλεύσομαι δὲ εἰς ὀπτασίας καὶ ἀποκαλύψεις κυρίου.
Eph 6:20 ἵνα ἐν αὐτῷ παρρησιάσωμαι ὡς **δεῖ** με λαλῆσαι.
Col 4: 4 ἵνα φανερώσω αὐτὸ ὡς **δεῖ** με λαλῆσαι.
4: 6 ἅλατι ἠρτυμένος, εἰδέναι πῶς **δεῖ** ὑμᾶς ἑνὶ ἑκάστῳ ἀποκρίνεσθαι.
1Th 4: 1 ἵνα καθὼς παρελάβετε παρ᾽ ἡμῶν τὸ πῶς **δεῖ** ὑμᾶς περιπατεῖν καὶ ἀρέσκειν θεῷ,
2Th 3: 7 αὐτοὶ γὰρ οἴδατε πῶς **δεῖ** μιμεῖσθαι ἡμᾶς, ὅτι οὐκ ἠτακτήσαμεν ἐν ὑμῖν
1Ti 3: 2 **δεῖ** οὖν τὸν ἐπίσκοπον ἀνεπίλημπτον εἶναι, μιᾶς γυναικὸς ἄνδρα,
3: 7 **δεῖ** δὲ καὶ μαρτυρίαν καλὴν ἔχειν ἀπὸ τῶν ἔξωθεν,
3:15 ἵνα εἰδῇς πῶς **δεῖ** ἐν οἴκῳ θεοῦ ἀναστρέφεσθαι,
5:13 οὐ μόνον δὲ ἀργαὶ ἀλλὰ καὶ φλύαροι καὶ περίεργοι, λαλοῦσαι τὰ μὴ **δέοντα.**
2Ti 2: 6 τὸν κοπιῶντα γεωργὸν **δεῖ** πρῶτον τῶν καρπῶν μεταλαμβάνειν.
2:24 δοῦλον δὲ κυρίου οὐ **δεῖ** μάχεσθαι ἀλλὰ ἤπιον εἶναι πρὸς πάντας,
Tit 1: 7 **δεῖ** γὰρ τὸν ἐπίσκοπον ἀνέγκλητον εἶναι ὡς θεοῦ οἰκονόμον,
1:11 οὓς **δεῖ** ἐπιστομίζειν, οἵτινες ὅλους οἴκους ἀνατρέπουσιν διδάσκοντες ἃ μὴ **δεῖ** αἰσχροῦ κέρδους χάριν.
Heb 2: 1 Διὰ τοῦτο **δεῖ** περισσοτέρως προσέχειν ἡμᾶς τοῖς ἀκουσθεῖσιν,
9:26 ἐπεὶ **ἔδει** αὐτὸν πολλάκις παθεῖν ἀπὸ καταβολῆς κόσμου·
11: 6 πιστεῦσαι γὰρ **δεῖ** τὸν προσερχόμενον τῷ θεῷ ὅτι ἔστιν καὶ τοῖς ἐκζητοῦσιν αὐτὸν μισθαποδότης γίνεται.
1Pe 1: 6 ὀλίγον ἄρτι εἰ **δέον** [ἐστὶν] λυπηθέντες ἐν ποικίλοις πειρασμοῖς,
2Pe 3:11 τούτων οὕτως πάντων λυομένων ποταποὺς **δεῖ** ὑπάρχειν [ὑμᾶς] ἐν ἁγίαις ἀναστροφαῖς καὶ εὐσεβείαις,
Rev 1: 1 Ἀποκάλυψις Ἰησοῦ Χριστοῦ ἣν ἔδωκεν αὐτῷ ὁ θεὸς δεῖξαι τοῖς δούλοις αὐτοῦ ἃ **δεῖ** γενέσθαι ἐν τάχει,
4: 1 καὶ δείξω σοι ἃ **δεῖ** γενέσθαι μετὰ ταῦτα.
10:11 **Δεῖ** σε πάλιν προφητεῦσαι ἐπὶ λαοῖς καὶ ἔθνεσιν καὶ γλώσσαις καὶ βασιλεῦσιν πολλοῖς.
11: 5 καὶ εἴ τις θελήσῃ αὐτοὺς ἀδικῆσαι, οὕτως **δεῖ** αὐτὸν ἀποκτανθῆναι.
17:10 ὁ ἄλλος οὔπω ἦλθεν, καὶ ὅταν ἔλθῃ ὀλίγον αὐτὸν **δεῖ** μεῖναι.
20: 3 ἵνα μὴ πλανήσῃ ἔτι τὰ ἔθνη ἄχρι τελεσθῇ τὰ χίλια ἔτη. μετὰ ταῦτα **δεῖ** λυθῆναι αὐτὸν μικρὸν χρόνον.
22: 6 ὁ θεὸς τῶν πνευμάτων τῶν προφητῶν ἀπέστειλεν τὸν ἄγγελον αὐτοῦ δεῖξαι τοῖς δούλοις αὐτοῦ ἃ **δεῖ** γενέσθαι ἐν τάχει.

1257 δεῖγμα [1]

→ *1258, 1891, 4136, 5682; cf. 1259*

Jude 1: 7 ἐκπορνεύσασαι καὶ ἀπελθοῦσαι ὀπίσω σαρκὸς ἑτέρας, πρόκεινται **δεῖγμα** πυρὸς αἰωνίου δίκην ὑπέχουσαι.

1258 δειγματίζω [2]

√ *1257*

Mt 1:19 δίκαιος ὢν καὶ μὴ θέλων αὐτὴν **δειγματίσαι,** ἐβουλήθη λάθρᾳ ἀπολῦσαι αὐτήν.
Col 2:15 ἀπεκδυσάμενος τὰς ἀρχὰς καὶ τὰς ἐξουσίας **ἐδειγμάτισεν** ἐν παρρησίᾳ,

1259 δείκνυμι [33]

→ *344, 345, 617, 618, 1260, 1892, 1893, 2109, 5683, 5684; cf. 1235, 1257*

Mt 4: 8 Πάλιν παραλαμβάνει αὐτὸν ὁ διάβολος εἰς ὄρος ὑψηλὸν λίαν καὶ **δείκνυσιν** αὐτῷ πάσας τὰς βασιλείας τοῦ κόσμου καὶ τὴν δόξαν αὐτῶν

8: 4 ἀλλὰ ὕπαγε σεαυτὸν **δεῖξον** τῷ ἱερεῖ καὶ προσένεγκον τὸ δῶρον ὃ προσέταξεν Μωϋσῆς,
16:21 Ἀπὸ τότε ἤρξατο ὁ Ἰησοῦς **δεικνύειν** τοῖς μαθηταῖς αὐτοῦ ὅτι δεῖ αὐτὸν εἰς Ἱεροσόλυμα ἀπελθεῖν καὶ πολλὰ παθεῖν
Mk 1:44 ἀλλὰ ὕπαγε σεαυτὸν **δεῖξον** τῷ ἱερεῖ καὶ προσένεγκε περὶ τοῦ καθαρισμοῦ σου ἃ προσέταξεν Μωϋσῆς,
14:15 καὶ αὐτὸς ὑμῖν **δείξει** ἀνάγαιον μέγα ἐστρωμένον ἕτοιμον·
Lk 4: 5 Καὶ ἀναγαγὼν αὐτὸν **ἔδειξεν** αὐτῷ πάσας τὰς βασιλείας τῆς οἰκουμένης ἐν στιγμῇ χρόνου
5:14 ἀλλὰ ἀπελθὼν **δεῖξον** σεαυτὸν τῷ ἱερεῖ καὶ προσένεγκε περὶ τοῦ καθαρισμοῦ σου καθὼς προσέταξεν Μωϋσῆς,
20:24 **Δείξατέ** μοι δηνάριον· τίνος ἔχει εἰκόνα καὶ ἐπιγραφήν;
22:12 κἀκεῖνος ὑμῖν **δείξει** ἀνάγαιον μέγα ἐστρωμένον· ἐκεῖ ἑτοιμάσατε.
24:40 καὶ τοῦτο εἰπὼν **ἔδειξεν** αὐτοῖς τὰς χεῖρας καὶ τοὺς πόδας.
Jn 2:18 ἀπεκρίθησαν οὖν οἱ Ἰουδαῖοι καὶ εἶπαν αὐτῷ, Τί σημεῖον **δεικνύεις** ἡμῖν ὅτι ταῦτα ποιεῖς;
5:20 ὁ γὰρ πατὴρ φιλεῖ τὸν υἱὸν καὶ πάντα **δείκνυσιν** αὐτῷ ἃ αὐτὸς ποιεῖ, καὶ μείζονα τούτων **δείξει** αὐτῷ ἔργα, ἵνα ὑμεῖς θαυμάζητε.
10:32 Πολλὰ ἔργα καλὰ **ἔδειξα** ὑμῖν ἐκ τοῦ πατρός·
14: 8 Κύριε, **δεῖξον** ἡμῖν τὸν πατέρα, καὶ ἀρκεῖ ἡμῖν.
14: 9 ὁ ἑωρακὼς ἐμὲ ἑώρακεν τὸν πατέρα· πῶς σὺ λέγεις, **Δεῖξον** ἡμῖν τὸν πατέρα;
20:20 καὶ τοῦτο εἰπὼν **ἔδειξεν** τὰς χεῖρας καὶ τὴν πλευρὰν αὐτοῖς.
Ac 7: 3 καὶ δεῦρο εἰς τὴν γῆν ἣν ἄν σοι **δείξω.**
10:28 κἀμοὶ ὁ θεὸς **ἔδειξεν** μηδένα κοινὸν ἢ ἀκάθαρτον λέγειν ἄνθρωπον·
1Co 12:31 ζηλοῦτε δὲ τὰ χαρίσματα τὰ μείζονα. Καὶ ἔτι καθ' ὑπερβολὴν ὁδὸν ὑμῖν **δείκνυμι.**
1Ti 6:15 ἣν καιροῖς ἰδίοις **δείξει** ὁ μακάριος καὶ μόνος δυνάστης,
Heb 8: 5 ποιήσεις πάντα κατὰ τὸν τύπον τὸν **δειχθέντα** σοι ἐν τῷ ὄρει·
Jas 2:18 **δεῖξόν** μοι τὴν πίστιν σου χωρὶς τῶν ἔργων, κἀγώ σοι **δείξω** ἐκ τῶν ἔργων μου τὴν πίστιν.
3:13 **δειξάτω** ἐκ τῆς καλῆς ἀναστροφῆς τὰ ἔργα αὐτοῦ ἐν πραΰτητι σοφίας.
Rev 1: 1 Ἀποκάλυψις Ἰησοῦ Χριστοῦ ἣν ἔδωκεν αὐτῷ ὁ θεὸς **δεῖξαι** τοῖς δούλοις αὐτοῦ ἃ δεῖ γενέσθαι ἐν τάχει,
4: 1 καὶ **δείξω** σοι ἃ δεῖ γενέσθαι μετὰ ταῦτα.
17: 1 **δείξω** σοι τὸ κρίμα τῆς πόρνης τῆς μεγάλης τῆς καθημένης ἐπὶ ὑδάτων πολλῶν,
21: 9 **δείξω** σοι τὴν νύμφην τὴν γυναῖκα τοῦ ἀρνίου.
21:10 καὶ **ἔδειξέν** μοι τὴν πόλιν τὴν ἁγίαν Ἰερουσαλὴμ καταβαίνουσαν ἐκ τοῦ οὐρανοῦ ἀπὸ τοῦ θεοῦ
22: 1 Καὶ **ἔδειξέν** μοι ποταμὸν ὕδατος ζωῆς λαμπρὸν ὡς κρύσταλλον,
22: 6 ὁ θεὸς τῶν πνευμάτων τῶν προφητῶν ἀπέστειλεν τὸν ἄγγελον αὐτοῦ **δεῖξαι** τοῖς δούλοις αὐτοῦ ἃ δεῖ γενέσθαι ἐν τάχει.
22: 8 ἔπεσα προσκυνῆσαι ἔμπροσθεν τῶν ποδῶν τοῦ ἀγγέλου τοῦ **δεικνύοντός** μοι ταῦτα.

1260 δεικνύω Not used in UBS/NIV

√ *1259*

1261 δειλία [1]

√ *1290*

2Ti 1: 7 οὐ γὰρ ἔδωκεν ἡμῖν ὁ θεὸς πνεῦμα **δειλίας** ἀλλὰ δυνάμεως καὶ ἀγάπης καὶ σωφρονισμοῦ.

1262 δειλιάω [1]

√ *1290*

Jn 14:27 οὐ καθὼς ὁ κόσμος δίδωσιν ἐγὼ δίδωμι ὑμῖν. μὴ ταρασσέσθω ὑμῶν ἡ καρδία μηδὲ **δειλιάτω.**

1263 δειλινός Not used in UBS/NIV

1264 δειλός [3]

√ *1290*

Mt 8:26 καὶ λέγει αὐτοῖς, Τί **δειλοί** ἐστε, ὀλιγόπιστοι; τότε ἐγερθεὶς ἐπετίμησεν τοῖς ἀνέμοις καὶ τῇ θαλάσσῃ,
Mk 4:40 καὶ εἶπεν αὐτοῖς, Τί **δειλοί** ἐστε; οὔπω ἔχετε πίστιν;
Rev 21: 8 τοῖς δὲ **δειλοῖς** καὶ ἀπίστοις καὶ ἐβδελυγμένοις καὶ φονεῦσιν καὶ πόρνοις καὶ φαρμάκοις καὶ εἰδωλολάτραις

1265 δεῖνα [1]

Mt 26:18 Ὑπάγετε εἰς τὴν πόλιν πρὸς τὸν **δεῖνα** καὶ εἴπατε αὐτῷ,

1266 δεινός Not used in UBS/NIV

√ *1290*

1267 δεινῶς [2]

√ *1290*

Mt 8: 6 ὁ παῖς μου βέβληται ἐν τῇ οἰκίᾳ παραλυτικός, **δεινῶς** βασανιζόμενος.
Lk 11:53 ἤρξαντο οἱ γραμματεῖς καὶ οἱ Φαρισαῖοι **δεινῶς** ἐνέχειν καὶ ἀποστοματίζειν αὐτὸν περὶ πλειόνων,

1268 δειπνέω [4]

√ *1270*

Lk 17: 8 Ἑτοίμασον τί **δειπνήσω** καὶ περιζωσάμενος διακόνει μοι ἕως φάγω καὶ πίω,
22:20 καὶ τὸ ποτήριον ὡσαύτως μετὰ τὸ **δειπνῆσαι,** λέγων,
1Co 11:25 ὡσαύτως καὶ τὸ ποτήριον μετὰ τὸ **δειπνῆσαι** λέγων,
Rev 3:20 [καὶ] εἰσελεύσομαι πρὸς αὐτὸν καὶ **δειπνήσω** μετ' αὐτοῦ καὶ αὐτὸς μετ' ἐμοῦ.

1269 δειπνοκλήτωρ Not used in UBS/NIV

√ *1270 + 2813*

1270 δεῖπνον [16]

→ *1268, 1269, 1271*

δεῖπνον ποιεῖν [4] Mk 6:21; Lk 14:12,16; Jn 12:2

Mt 23: 6 φιλοῦσιν δὲ τὴν πρωτοκλισίαν ἐν τοῖς **δείπνοις** καὶ τὰς πρωτοκαθεδρίας ἐν ταῖς συναγωγαῖς
Mk 6:21 Καὶ γενομένης ἡμέρας εὐκαίρου ὅτε Ἡρῴδης τοῖς γενεσίοις αὐτοῦ **δεῖπνον** ἐποίησεν τοῖς μεγιστᾶσιν αὐτοῦ
12:39 καὶ πρωτοκαθεδρίας ἐν ταῖς συναγωγαῖς καὶ πρωτοκλισίας ἐν τοῖς **δείπνοις,**
Lk 14:12 Ἔλεγεν δὲ καὶ τῷ κεκληκότι αὐτόν, Ὅταν ποιῇς ἄριστον ἢ **δεῖπνον,**
14:16 Ἄνθρωπός τις ἐποίει **δεῖπνον** μέγα, καὶ ἐκάλεσεν πολλοὺς
14:17 καὶ ἀπέστειλεν τὸν δοῦλον αὐτοῦ τῇ ὥρᾳ τοῦ **δείπνου** εἰπεῖν τοῖς κεκλημένοις,
14:24 λέγω γὰρ ὑμῖν ὅτι οὐδεὶς τῶν ἀνδρῶν ἐκείνων τῶν κεκλημένων γεύσεταί μου τοῦ **δείπνου.**
20:46 καὶ φιλούντων ἀσπασμοὺς ἐν ταῖς ἀγοραῖς καὶ πρωτοκαθεδρίας ἐν ταῖς συναγωγαῖς καὶ πρωτοκλισίας ἐν τοῖς **δείπνοις,**
Jn 12: 2 ἐποίησαν οὖν αὐτῷ **δεῖπνον** ἐκεῖ, καὶ ἡ Μάρθα διηκόνει,
13: 2 καὶ **δείπνου** γινομένου, τοῦ διαβόλου ἤδη βεβληκότος εἰς τὴν καρδίαν ἵνα παραδοῖ αὐτὸν Ἰούδας Σίμωνος Ἰσκαριώτου,
13: 4 ἐγείρεται ἐκ τοῦ **δείπνου** καὶ τίθησιν τὰ ἱμάτια καὶ λαβὼν λέντιον διέζωσεν ἑαυτόν·
21:20 ὃς καὶ ἀνέπεσεν ἐν τῷ **δείπνῳ** ἐπὶ τὸ στῆθος αὐτοῦ καὶ εἶπεν,
1Co 11:20 Συνερχομένων οὖν ὑμῶν ἐπὶ τὸ αὐτὸ οὐκ ἔστιν κυριακὸν **δεῖπνον** φαγεῖν·
11:21 ἕκαστος γὰρ τὸ ἴδιον **δεῖπνον** προλαμβάνει ἐν τῷ φαγεῖν,
Rev 19: 9 Μακάριοι οἱ εἰς τὸ **δεῖπνον** τοῦ γάμου τοῦ ἀρνίου κεκλημένοι.
19:17 Δεῦτε συνάχθητε εἰς τὸ **δεῖπνον** τὸ μέγα τοῦ θεοῦ

1271 δεῖπνος Not used in UBS/NIV

√ *1270*

1272 δεισιδαιμονία [1]

√ *1290 + 1228*

Ac 25:19 ζητήματα δέ τινα περὶ τῆς ἰδίας **δεισιδαιμονίας** εἶχον πρὸς αὐτὸν καὶ περί τινος Ἰησοῦ τεθνηκότος

1273 δεισιδαίμων [1]

√ *1290 + 1228*

Ac 17:22 Ἄνδρες Ἀθηναῖοι, κατὰ πάντα ὡς **δεισιδαιμονεστέρους** ὑμᾶς θεωρῶ.

1274 δέκα [25]

→ *619, 620, 1275, 1276, 1277, 1278, 1279, 1280, 1281, 1282, 1557, 1558, 1559, 1894, 1895, 4298, 5476*

Mt 20:24 Καὶ ἀκούσαντες οἱ **δέκα** ἠγανάκτησαν περὶ τῶν δύο ἀδελφῶν.
25: 1 Τότε ὁμοιωθήσεται ἡ βασιλεία τῶν οὐρανῶν **δέκα** παρθένοις,
25:28 ἄρατε οὖν ἀπ' αὐτοῦ τὸ τάλαντον καὶ δότε τῷ ἔχοντι τὰ **δέκα** τάλαντα·
Mk 10:41 Καὶ ἀκούσαντες οἱ **δέκα** ἤρξαντο ἀγανακτεῖν περὶ Ἰακώβου καὶ Ἰωάννου.
Lk 13:16 ἣν ἔδησεν ὁ Σατανᾶς ἰδοὺ **δέκα** καὶ ὀκτὼ ἔτη,
14:31 πρῶτον βουλεύσεται εἰ δυνατός ἐστιν ἐν **δέκα** χιλιάσιν ὑπαντῆσαι τῷ μετὰ εἴκοσι χιλιάδων ἐρχομένῳ ἐπ' αὐτόν;
15: 8 Ἢ τίς γυνὴ δραχμὰς ἔχουσα **δέκα** ἐὰν ἀπολέσῃ δραχμὴν μίαν,
17:12 καὶ εἰσερχομένου αὐτοῦ εἴς τινα κώμην ἀπήντησαν [αὐτῷ] **δέκα** λεπροὶ ἄνδρες,
17:17 ἀποκριθεὶς δὲ ὁ Ἰησοῦς εἶπεν, Οὐχὶ οἱ **δέκα** ἐκαθαρίσθησαν;
19:13 καλέσας δὲ **δέκα** δούλους ἑαυτοῦ ἔδωκεν αὐτοῖς **δέκα** μνᾶς καὶ εἶπεν πρὸς αὐτούς,
19:16 παρεγένετο δὲ ὁ πρῶτος λέγων, Κύριε, ἡ μνᾶ σου **δέκα** προσηργάσατο μνᾶς.
19:17 ὅτι ἐν ἐλαχίστῳ πιστὸς ἐγένου, ἴσθι ἐξουσίαν ἔχων ἐπάνω **δέκα** πόλεων.
19:24 Ἄρατε ἀπ' αὐτοῦ τὴν μνᾶν καὶ δότε τῷ τὰς **δέκα** μνᾶς ἔχοντι
19:25 –καὶ εἶπαν αὐτῷ, Κύριε, ἔχει **δέκα** μνᾶς–
Ac 25: 6 Διατρίψας δὲ ἐν αὐτοῖς ἡμέρας οὐ πλείους ὀκτὼ ἢ **δέκα,**
Rev 2:10 ἰδοὺ μέλλει βάλλειν ὁ διάβολος ἐξ ὑμῶν εἰς φυλακὴν ἵνα πειρασθῆτε καὶ ἕξετε θλῖψιν ἡμερῶν **δέκα.**
12: 3 καὶ ἰδοὺ δράκων μέγας πυρρὸς ἔχων κεφαλὰς ἑπτὰ καὶ κέρατα **δέκα** καὶ ἐπὶ τὰς κεφαλὰς αὐτοῦ ἑπτὰ διαδήματα,
13: 1 ἔχον κέρατα **δέκα** καὶ κεφαλὰς ἑπτὰ καὶ ἐπὶ τῶν κεράτων αὐτοῦ **δέκα** διαδήματα καὶ ἐπὶ τὰς κεφαλὰς αὐτοῦ ὀνόμα[τα] βλασφημίας.
17: 3 γέμον[τα] ὀνόματα βλασφημίας, ἔχων κεφαλὰς ἑπτὰ καὶ κέρατα **δέκα.**
17: 7 τὸ μυστήριον τῆς γυναικὸς καὶ τοῦ θηρίου τοῦ βαστάζοντος αὐτὴν τοῦ ἔχοντος τὰς ἑπτὰ κεφαλὰς καὶ τὰ **δέκα** κέρατα.
17:12 καὶ τὰ **δέκα** κέρατα ἃ εἶδες **δέκα** βασιλεῖς εἰσιν,
17:16 καὶ τὰ **δέκα** κέρατα ἃ εἶδες καὶ τὸ θηρίον οὗτοι μισήσουσιν τὴν πόρνην καὶ ἠρημωμένην ποιήσουσιν αὐτὴν καὶ γυμνὴν

1275 δεκαδύο Not used in UBS/NIV

√ *1274 + 1545*

1276 δεκαέξ Not used in UBS/NIV

√ *1274 + 1971*

1277 δεκαοκτώ [2]

√ *1274 + 3893*

Lk 13: 4 ἢ ἐκεῖνοι οἱ **δεκαοκτὼ** ἐφ' οὓς ἔπεσεν ὁ πύργος ἐν τῷ Σιλωὰμ καὶ ἀπέκτεινεν αὐτούς,
13:11 καὶ ἰδοὺ γυνὴ πνεῦμα ἔχουσα ἀσθενείας ἔτη **δεκαοκτὼ** καὶ ἦν συγκύπτουσα καὶ μὴ δυναμένη ἀνακύψαι εἰς τὸ παντελές.

1278 δεκαπέντε [3]

√ *1274 + 4297*

Jn 11:18 ἦν δὲ ἡ Βηθανία ἐγγὺς τῶν Ἱεροσολύμων ὡς ἀπὸ σταδίων **δεκαπέντε.**
Ac 27:28 βραχὺ δὲ διαστήσαντες καὶ πάλιν βολίσαντες εὗρον ὀργυιὰς **δεκαπέντε·**
Gal 1:18 Ἔπειτα μετὰ ἔτη τρία ἀνῆλθον εἰς Ἱεροσόλυμα ἱστορῆσαι Κηφᾶν καὶ ἐπέμεινα πρὸς αὐτὸν ἡμέρας **δεκαπέντε,**

1279 Δεκάπολις [3]

√ *1274 + 4484*

Mt 4:25 καὶ ἠκολούθησαν αὐτῷ ὄχλοι πολλοὶ ἀπὸ τῆς Γαλιλαίας καὶ **Δεκαπόλεως** καὶ Ἱεροσολύμων καὶ Ἰουδαίας καὶ πέραν
Mk 5:20 καὶ ἀπῆλθεν καὶ ἤρξατο κηρύσσειν ἐν τῇ **Δεκαπόλει** ὅσα ἐποίησεν αὐτῷ ὁ Ἰησοῦς,
7:31 ἐξελθὼν ἐκ τῶν ὁρίων Τύρου ἦλθεν διὰ Σιδῶνος εἰς τὴν θάλασσαν τῆς Γαλιλαίας ἀνὰ μέσον τῶν ὁρίων **Δεκαπόλεως.**

1280 δεκατέσσαρες [5]

√ *1274 + 5475*

Mt 1:17 Πᾶσαι οὖν αἱ γενεαὶ ἀπὸ Ἀβραὰμ ἕως Δαυὶδ γενεαὶ **δεκατέσσαρες,** καὶ ἀπὸ Δαυὶδ ἕως τῆς μετοικεσίας Βαβυλῶνος γενεαὶ **δεκατέσσαρες,** καὶ ἀπὸ τῆς μετοικεσίας Βαβυλῶνος ἕως τοῦ Χριστοῦ γενεαὶ **δεκατέσσαρες.**
2Co 12: 2 οἶδα ἄνθρωπον ἐν Χριστῷ πρὸ ἐτῶν **δεκατεσσάρων,** εἴτε ἐν σώματι οὐκ οἶδα,
Gal 2: 1 Ἔπειτα διὰ **δεκατεσσάρων** ἐτῶν πάλιν ἀνέβην εἰς Ἱεροσόλυμα μετὰ Βαρναβᾶ συμπαραλαβὼν καὶ Τίτον·

1281 δέκατος [7]

√ *1274*

Jn 1:39 ἦλθαν οὖν καὶ εἶδαν ποῦ μένει καὶ παρ' αὐτῷ ἔμειναν τὴν ἡμέραν ἐκείνην· ὥρα ἦν ὡς **δεκάτη.**
Heb 7: 2 ᾧ καὶ **δεκάτην** ἀπὸ πάντων ἐμέρισεν Ἀβραάμ, πρῶτον μὲν ἑρμηνευόμενος βασιλεὺς δικαιοσύνης
7: 4 ᾧ [καὶ] **δεκάτην** Ἀβραὰμ ἔδωκεν ἐκ τῶν ἀκροθινίων ὁ πατριάρχης.
7: 8 καὶ ὧδε μὲν **δεκάτας** ἀποθνῄσκοντες ἄνθρωποι λαμβάνουσιν, ἐκεῖ δὲ μαρτυρούμενος ὅτι ζῇ.
7: 9 δι' Ἀβραὰμ καὶ Λευὶ ὁ **δεκάτας** λαμβάνων δεδεκάτωται·
Rev 11:13 Καὶ ἐν ἐκείνῃ τῇ ὥρᾳ ἐγένετο σεισμὸς μέγας καὶ τὸ **δέκατον** τῆς πόλεως ἔπεσεν καὶ ἀπεκτάνθησαν ἐν τῷ σεισμῷ
21:20 ὁ **δέκατος** χρυσόπρασος, ὁ ἑνδέκατος ὑάκινθος, ὁ δωδέκατος ἀμέθυστος,

1282 δεκατόω [2]

√ *1274*

Heb 7: 6 ὁ δὲ μὴ γενεαλογούμενος ἐξ αὐτῶν **δεδεκάτωκεν** Ἀβραὰμ καὶ τὸν ἔχοντα τὰς ἐπαγγελίας εὐλόγηκεν.
7: 9 δι' Ἀβραὰμ καὶ Λευὶ ὁ δεκάτας λαμβάνων **δεδεκάτωται·**

1283 δεκτός [5]

√ *1312*

Lk 4:19 κηρύξαι ἐνιαυτὸν κυρίου **δεκτόν.**
4:24 Ἀμὴν λέγω ὑμῖν ὅτι οὐδεὶς προφήτης **δεκτός** ἐστιν ἐν τῇ πατρίδι αὐτοῦ.
Ac 10:35 ἀλλ' ἐν παντὶ ἔθνει ὁ φοβούμενος αὐτὸν καὶ ἐργαζόμενος δικαιοσύνην **δεκτὸς** αὐτῷ ἐστιν.
2Co 6: 2 Καιρῷ **δεκτῷ** ἐπήκουσά σου καὶ ἐν ἡμέρᾳ σωτηρίας ἐβοήθησά σοι.
Php 4:18 πεπλήρωμαι δεξάμενος παρὰ Ἐπαφροδίτου τὰ παρ' ὑμῶν, ὀσμὴν εὐωδίας, θυσίαν **δεκτήν,** εὐάρεστον τῷ θεῷ.

1284 δελεάζω [3]

√ *1515*

Jas 1:14 ἕκαστος δὲ πειράζεται ὑπὸ τῆς ἰδίας ἐπιθυμίας ἐξελκόμενος καὶ **δελεαζόμενος·**
2Pe 2:14 **δελεάζοντες** ψυχὰς ἀστηρίκτους, καρδίαν γεγυμνασμένην πλεονεξίας ἔχοντες, κατάρας τέκνα·
2:18 ὑπέρογκα γὰρ ματαιότητος φθεγγόμενοι **δελεάζουσιν** ἐν ἐπιθυμίαις σαρκὸς ἀσελγείαις τοὺς ὀλίγως ἀποφεύγοντας τοὺς ἐν πλάνῃ ἀναστρεφομένους,

1285 δένδρον [25]

δένδρον ἀγαθόν [2] Mt 7:17,18

δένδρον καλόν [2] Mt 12:33; Lk 6:43

δένδρον σαπρόν [4] Mt 7:17,18; 12:33; Lk 6:43

Mt 3:10 ἤδη δὲ ἡ ἀξίνη πρὸς τὴν ῥίζαν τῶν **δένδρων** κεῖται· πᾶν οὖν **δένδρον** μὴ ποιοῦν καρπὸν καλὸν ἐκκόπτεται καὶ εἰς πῦρ βάλλεται.
7:17 οὕτως πᾶν **δένδρον** ἀγαθὸν καρποὺς καλοὺς ποιεῖ, τὸ δὲ σαπρὸν **δένδρον** καρποὺς πονηροὺς ποιεῖ.
7:18 οὐ δύναται **δένδρον** ἀγαθὸν καρποὺς πονηροὺς ποιεῖν οὐδὲ **δένδρον** σαπρὸν καρποὺς καλοὺς ποιεῖν.
7:19 πᾶν **δένδρον** μὴ ποιοῦν καρπὸν καλὸν ἐκκόπτεται καὶ εἰς πῦρ βάλλεται.

12:33 Ἢ ποιήσατε τὸ **δένδρον** καλὸν καὶ τὸν καρπὸν αὐτοῦ καλόν, ἢ ποιήσατε τὸ **δένδρον** σαπρὸν καὶ τὸν καρπὸν αὐτοῦ σαπρόν· ἐκ γὰρ τοῦ καρποῦ τὸ **δένδρον** γινώσκεται.
13:32 ὅταν δὲ αὐξηθῇ μεῖζον τῶν λαχάνων ἐστὶν καὶ γίνεται **δένδρον,**
21: 8 ἄλλοι δὲ ἔκοπτον κλάδους ἀπὸ τῶν **δένδρων** καὶ ἐστρώννυον ἐν τῇ ὁδῷ.
Mk 8:24 Βλέπω τοὺς ἀνθρώπους ὅτι ὡς **δένδρα** ὁρῶ περιπατοῦντας.
Lk 3: 9 ἤδη δὲ καὶ ἡ ἀξίνη πρὸς τὴν ῥίζαν τῶν **δένδρων** κεῖται· πᾶν οὖν **δένδρον** μὴ ποιοῦν καρπὸν καλὸν ἐκκόπτεται καὶ εἰς πῦρ βάλλεται.
6:43 Οὐ γάρ ἐστιν **δένδρον** καλὸν ποιοῦν καρπὸν σαπρόν, οὐδὲ πάλιν **δένδρον** σαπρὸν ποιοῦν καρπὸν καλόν.
6:44 ἕκαστον γὰρ **δένδρον** ἐκ τοῦ ἰδίου καρποῦ γινώσκεται·
13:19 ὃν λαβὼν ἄνθρωπος ἔβαλεν εἰς κῆπον ἑαυτοῦ, καὶ ηὔξησεν καὶ ἐγένετο εἰς **δένδρον,**
21:29 Καὶ εἶπεν παραβολὴν αὐτοῖς· Ἴδετε τὴν συκῆν καὶ πάντα τὰ **δένδρα·**
Jude 1:12 νεφέλαι ἄνυδροι ὑπὸ ἀνέμων παραφερόμεναι, **δένδρα** φθινοπωρινὰ ἄκαρπα δὶς ἀποθανόντα ἐκριζωθέντα,
Rev 7: 1 ἵνα μὴ πνέῃ ἄνεμος ἐπὶ τῆς γῆς μήτε ἐπὶ τῆς θαλάσσης μήτε ἐπὶ πᾶν **δένδρον.**
7: 3 Μὴ ἀδικήσητε τὴν γῆν μήτε τὴν θάλασσαν μήτε τὰ **δένδρα,**
8: 7 καὶ τὸ τρίτον τῆς γῆς κατεκάη καὶ τὸ τρίτον τῶν **δένδρων** κατεκάη καὶ πᾶς χόρτος χλωρὸς κατεκάη.
9: 4 καὶ ἐρρέθη αὐταῖς ἵνα μὴ ἀδικήσουσιν τὸν χόρτον τῆς γῆς οὐδὲ πᾶν χλωρὸν οὐδὲ πᾶν **δένδρον,**

1286 δεξιοβόλος Not used in UBS/NIV

√ *1288 + 965*

1287 δεξιολάβος [1]

√ *1288 + 3284*

Ac 23:23 καὶ ἱππεῖς ἑβδομήκοντα καὶ **δεξιολάβους** διακοσίους ἀπὸ τρίτης ὥρας τῆς νυκτός,

1288 δεξιός [54]

→ *1286, 1287*

δεξιός χείρ [6] Mt 5:30; Lk 6:6; Ac 3:7; Rev 1:16; 10:5; 13:16

ἐκ δεξιᾶς [1] Rev 5:7

ἐκ δεξιῶν [22] Mt 20:21,23; 22:44; 25:33,34; 26:64; 27:38; Mk 10:37,40; 12:36; 14:62; 15:27; 16:19; Lk 1:11; 20:42; 22:69; 23:33; Ac 2:25,34; 7:55,56; Heb 1:13

ἐν δεξιᾷ, δεξιοῖς [12] Mt 27:29; Mk 16:5; Ro 8:34; Eph 1:20; Col 3:1; Heb 1:3; 8:1; 10:12; 12:2; 1Pe 3:22; Rev 1:16; 2:1

Mt 5:29 εἰ δὲ ὁ ὀφθαλμός σου ὁ **δεξιὸς** σκανδαλίζει σε,
5:30 καὶ εἰ ἡ **δεξιά** σου χεὶρ σκανδαλίζει σε,
5:39 ἀλλ᾽ ὅστις σε ῥαπίζει εἰς τὴν **δεξιὰν** σιαγόνα [σου,]
6: 3 σοῦ δὲ ποιοῦντος ἐλεημοσύνην μὴ γνώτω ἡ ἀριστερά σου τί ποιεῖ ἡ **δεξιά** σου,
20:21 Εἰπὲ ἵνα καθίσωσιν οὗτοι οἱ δύο υἱοί μου εἷς ἐκ **δεξιῶν** σου καὶ εἷς ἐξ εὐωνύμων σου ἐν τῇ βασιλείᾳ σου.
20:23 τὸ δὲ καθίσαι ἐκ **δεξιῶν** μου καὶ ἐξ εὐωνύμων οὐκ ἔστιν ἐμὸν [τοῦτο] δοῦναι,
22:44 Εἶπεν κύριος τῷ κυρίῳ μου, Κάθου ἐκ **δεξιῶν** μου,
25:33 καὶ στήσει τὰ μὲν πρόβατα ἐκ **δεξιῶν** αὐτοῦ,
25:34 τότε ἐρεῖ ὁ βασιλεὺς τοῖς ἐκ **δεξιῶν** αὐτοῦ,
26:64 ἀπ᾽ ἄρτι ὄψεσθε τὸν υἱὸν τοῦ ἀνθρώπου καθήμενον ἐκ **δεξιῶν** τῆς δυνάμεως καὶ ἐρχόμενον ἐπὶ τῶν νεφελῶν τοῦ οὐρανοῦ.
27:29 καὶ πλέξαντες στέφανον ἐξ ἀκανθῶν ἐπέθηκαν ἐπὶ τῆς κεφαλῆς αὐτοῦ καὶ κάλαμον ἐν τῇ **δεξιᾷ** αὐτοῦ,
27:38 Τότε σταυροῦνται σὺν αὐτῷ δύο λῃσταί, εἷς ἐκ **δεξιῶν** καὶ εἷς ἐξ εὐωνύμων.
Mk 10:37 Δὸς ἡμῖν ἵνα εἷς σου ἐκ **δεξιῶν** καὶ εἷς ἐξ ἀριστερῶν καθίσωμεν ἐν τῇ δόξῃ σου.
10:40 τὸ δὲ καθίσαι ἐκ **δεξιῶν** μου ἢ ἐξ εὐωνύμων οὐκ ἔστιν ἐμὸν δοῦναι,
12:36 Εἶπεν κύριος τῷ κυρίῳ μου, Κάθου ἐκ **δεξιῶν** μου,
14:62 καὶ ὄψεσθε τὸν υἱὸν τοῦ ἀνθρώπου ἐκ **δεξιῶν** καθήμενον τῆς δυνάμεως καὶ ἐρχόμενον μετὰ τῶν νεφελῶν τοῦ οὐρανοῦ.
15:27 ἕνα ἐκ **δεξιῶν** καὶ ἕνα ἐξ εὐωνύμων αὐτοῦ.
16: 5 καὶ εἰσελθοῦσαι εἰς τὸ μνημεῖον εἶδον νεανίσκον καθήμενον ἐν τοῖς **δεξιοῖς** περιβεβλημένον στολὴν λευκήν,
16:19 [[Ὁ μὲν οὖν κύριος Ἰησοῦς μετὰ τὸ λαλῆσαι αὐτοῖς ἀνελήμφθη εἰς τὸν οὐρανὸν καὶ ἐκάθισεν ἐκ **δεξιῶν** τοῦ θεοῦ.]]
Lk 1:11 ὤφθη δὲ αὐτῷ ἄγγελος κυρίου ἑστὼς ἐκ **δεξιῶν** τοῦ θυσιαστηρίου τοῦ θυμιάματος.
6: 6 καὶ ἦν ἄνθρωπος ἐκεῖ καὶ ἡ χεὶρ αὐτοῦ ἡ **δεξιὰ** ἦν ξηρά.
20:42 Εἶπεν κύριος τῷ κυρίῳ μου, Κάθου ἐκ **δεξιῶν** μου,
22:50 καὶ ἐπάταξεν εἷς τις ἐξ αὐτῶν τοῦ ἀρχιερέως τὸν δοῦλον καὶ ἀφεῖλεν τὸ οὖς αὐτοῦ τὸ **δεξιόν.**
22:69 ἀπὸ τοῦ νῦν δὲ ἔσται ὁ υἱὸς τοῦ ἀνθρώπου καθήμενος ἐκ **δεξιῶν** τῆς δυνάμεως τοῦ θεοῦ.
23:33 ὃν μὲν ἐκ **δεξιῶν** ὃν δὲ ἐξ ἀριστερῶν.
Jn 18:10 Πέτρος ἔχων μάχαιραν εἵλκυσεν αὐτὴν καὶ ἔπαισεν τὸν τοῦ ἀρχιερέως δοῦλον καὶ ἀπέκοψεν αὐτοῦ τὸ ὠτάριον τὸ **δεξιόν·**
21: 6 Βάλετε εἰς τὰ **δεξιὰ** μέρη τοῦ πλοίου τὸ δίκτυον,
Ac 2:25 ὅτι ἐκ **δεξιῶν** μού ἐστιν ἵνα μὴ σαλευθῶ.
2:33 τῇ **δεξιᾷ** οὖν τοῦ θεοῦ ὑψωθείς, τήν τε ἐπαγγελίαν τοῦ πνεύματος τοῦ ἁγίου λαβὼν παρὰ τοῦ πατρός,
2:34 Εἶπεν [ὁ] κύριος τῷ κυρίῳ μου, Κάθου ἐκ **δεξιῶν** μου,
3: 7 καὶ πιάσας αὐτὸν τῆς **δεξιᾶς** χειρὸς ἤγειρεν αὐτόν·
5:31 τοῦτον ὁ θεὸς ἀρχηγὸν καὶ σωτῆρα ὕψωσεν τῇ **δεξιᾷ** αὐτοῦ [τοῦ] δοῦναι μετάνοιαν τῷ Ἰσραὴλ καὶ ἄφεσιν ἁμαρτιῶν.
7:55 ὑπάρχων δὲ πλήρης πνεύματος ἁγίου ἀτενίσας εἰς τὸν οὐρανὸν εἶδεν δόξαν θεοῦ καὶ Ἰησοῦν ἑστῶτα ἐκ **δεξιῶν** τοῦ θεοῦ
7:56 Ἰδοὺ θεωρῶ τοὺς οὐρανοὺς διηνοιγμένους καὶ τὸν υἱὸν τοῦ ἀνθρώπου ἐκ **δεξιῶν** ἑστῶτα τοῦ θεοῦ.
Ro 8:34 μᾶλλον δὲ ἐγερθείς, ὃς καί ἐστιν ἐν **δεξιᾷ** τοῦ θεοῦ,
2Co 6: 7 διὰ τῶν ὅπλων τῆς δικαιοσύνης τῶν **δεξιῶν** καὶ ἀριστερῶν,
Gal 2: 9 οἱ δοκοῦντες στῦλοι εἶναι, **δεξιὰς** ἔδωκαν ἐμοὶ καὶ Βαρναβᾷ κοινωνίας,
Eph 1:20 ἣν ἐνήργησεν ἐν τῷ Χριστῷ ἐγείρας αὐτὸν ἐκ νεκρῶν καὶ καθίσας ἐν **δεξιᾷ** αὐτοῦ ἐν τοῖς ἐπουρανίοις
Col 3: 1 οὗ ὁ Χριστός ἐστιν ἐν **δεξιᾷ** τοῦ θεοῦ καθήμενος·
Heb 1: 3 καθαρισμὸν τῶν ἁμαρτιῶν ποιησάμενος ἐκάθισεν ἐν **δεξιᾷ** τῆς μεγαλωσύνης ἐν ὑψηλοῖς,
1:13 πρὸς τίνα δὲ τῶν ἀγγέλων εἴρηκέν ποτε, Κάθου ἐκ **δεξιῶν** μου,
8: 1 ὃς ἐκάθισεν ἐν **δεξιᾷ** τοῦ θρόνου τῆς μεγαλωσύνης ἐν τοῖς οὐρανοῖς,
10:12 οὗτος δὲ μίαν ὑπὲρ ἁμαρτιῶν προσενέγκας θυσίαν εἰς τὸ διηνεκὲς ἐκάθισεν ἐν **δεξιᾷ** τοῦ θεοῦ,
12: 2 ὃς ἀντὶ τῆς προκειμένης αὐτῷ χαρᾶς ὑπέμεινεν σταυρὸν αἰσχύνης καταφρονήσας ἐν **δεξιᾷ** τε τοῦ θρόνου τοῦ θεοῦ κεκάθικεν.
1Pe 3:22 ὅς ἐστιν ἐν **δεξιᾷ** [τοῦ] θεοῦ πορευθεὶς εἰς οὐρανὸν ὑποταγέντων αὐτῷ ἀγγέλων καὶ ἐξουσιῶν καὶ δυνάμεων.
Rev 1:16 καὶ ἔχων ἐν τῇ **δεξιᾷ** χειρὶ αὐτοῦ ἀστέρας ἑπτὰ καὶ ἐκ τοῦ στόματος αὐτοῦ ῥομφαία δίστομος ὀξεῖα ἐκπορευομένη καὶ ἡ ὄψις αὐτοῦ ὡς ὁ ἥλιος φαίνει ἐν τῇ δυνάμει αὐτοῦ.
1:17 καὶ ἔθηκεν τὴν **δεξιὰν** αὐτοῦ ἐπ᾽ ἐμὲ λέγων,
1:20 τὸ μυστήριον τῶν ἑπτὰ ἀστέρων οὓς εἶδες ἐπὶ τῆς **δεξιᾶς** μου καὶ τὰς ἑπτὰ λυχνίας τὰς χρυσᾶς·
2: 1 Τάδε λέγει ὁ κρατῶν τοὺς ἑπτὰ ἀστέρας ἐν τῇ **δεξιᾷ** αὐτοῦ,
5: 1 Καὶ εἶδον ἐπὶ τὴν **δεξιὰν** τοῦ καθημένου ἐπὶ τοῦ θρόνου βιβλίον γεγραμμένον ἔσωθεν καὶ ὄπισθεν κατεσφραγισμένον
5: 7 καὶ ἦλθεν καὶ εἴληφεν ἐκ τῆς **δεξιᾶς** τοῦ καθημένου ἐπὶ τοῦ θρόνου.
10: 2 καὶ ἔθηκεν τὸν πόδα αὐτοῦ τὸν **δεξιὸν** ἐπὶ τῆς θαλάσσης,
10: 5 ἦρεν τὴν χεῖρα αὐτοῦ τὴν **δεξιὰν** εἰς τὸν οὐρανὸν
13:16 ἵνα δῶσιν αὐτοῖς χάραγμα ἐπὶ τῆς χειρὸς αὐτῶν τῆς **δεξιᾶς** ἢ ἐπὶ τὸ μέτωπον αὐτῶν

1289 δέομαι [22]

→ *1255, 1890, 4656*

δέομαι περί [1] Lk 22:32

δέομαι ὑπέρ [2] Ac 8:24; 2Co 5:20

Mt 9:38 **δεήθητε** οὖν τοῦ κυρίου τοῦ θερισμοῦ ὅπως ἐκβάλῃ ἐργάτας εἰς τὸν θερισμὸν αὐτοῦ.
Lk 5:12 ἰδὼν δὲ τὸν Ἰησοῦν, πεσὼν ἐπὶ πρόσωπον **ἐδεήθη** αὐτοῦ λέγων, Κύριε,
8:28 Ἰησοῦ υἱὲ τοῦ θεοῦ τοῦ ὑψίστου; **δέομαί** σου, μή με βασανίσῃς.
8:38 **ἐδεῖτο** δὲ αὐτοῦ ὁ ἀνὴρ ἀφ᾽ οὗ ἐξεληλύθει τὰ δαιμόνια εἶναι σὺν αὐτῷ·

9:38 Διδάσκαλε, **δέομαί** σου ἐπιβλέψαι ἐπὶ τὸν υἱόν μου,
9:40 καὶ **ἐδεήθην** τῶν μαθητῶν σου ἵνα ἐκβάλωσιν αὐτό,
10: 2 **δεήθητε** οὖν τοῦ κυρίου τοῦ θερισμοῦ ὅπως ἐργάτας ἐκβάλῃ εἰς τὸν θερισμὸν αὐτοῦ.
21:36 ἀγρυπνεῖτε δὲ ἐν παντὶ καιρῷ **δεόμενοι** ἵνα κατισχύσητε ἐκφυγεῖν ταῦτα πάντα τὰ μέλλοντα γίνεσθαι
22:32 ἐγὼ δὲ **ἐδεήθην** περὶ σοῦ ἵνα μὴ ἐκλίπῃ ἡ πίστις σου·
Ac 4:31 καὶ **δεηθέντων** αὐτῶν ἐσαλεύθη ὁ τόπος ἐν ᾧ ἦσαν συνηγμένοι,
8:22 μετανόησον οὖν ἀπὸ τῆς κακίας σου ταύτης καὶ **δεήθητι** τοῦ κυρίου,
8:24 **Δεήθητε** ὑμεῖς ὑπὲρ ἐμοῦ πρὸς τὸν κύριον ὅπως μηδὲν ἐπέλθῃ ἐπ' ἐμὲ ὧν εἰρήκατε.
8:34 **Δέομαί** σου, περὶ τίνος ὁ προφήτης λέγει τοῦτο;
10: 2 ποιῶν ἐλεημοσύνας πολλὰς τῷ λαῷ καὶ **δεόμενος** τοῦ θεοῦ διὰ παντός,
21:39 **δέομαι** δέ σου, ἐπίτρεψόν μοι λαλῆσαι πρὸς τὸν λαόν.
26: 3 μάλιστα γνώστην ὄντα σε πάντων τῶν κατὰ Ἰουδαίους ἐθῶν τε καὶ ζητημάτων, διὸ **δέομαι** μακροθύμως ἀκοῦσαί μου.
Ro 1:10 πάντοτε ἐπὶ τῶν προσευχῶν μου **δεόμενος** εἴ πως ἤδη ποτὲ εὐοδωθήσομαι ἐν τῷ θελήματι τοῦ θεοῦ ἐλθεῖν πρὸς ὑμᾶς.
2Co 5:20 ὑπὲρ Χριστοῦ οὖν πρεσβεύομεν ὡς τοῦ θεοῦ παρακαλοῦντος δι' ἡμῶν· **δεόμεθα** ὑπὲρ Χριστοῦ, καταλλάγητε τῷ θεῷ.
8: 4 μετὰ πολλῆς παρακλήσεως **δεόμενοι** ἡμῶν τὴν χάριν καὶ τὴν κοινωνίαν τῆς διακονίας τῆς εἰς τοὺς ἁγίους,
10: 2 **δέομαι** δὲ τὸ μὴ παρὼν θαρρῆσαι τῇ πεποιθήσει ᾗ λογίζομαι τολμῆσαι ἐπί τινας τοὺς λογιζομένους ἡμᾶς
Gal 4:12 Γίνεσθε ὡς ἐγώ, ὅτι κἀγὼ ὡς ὑμεῖς, ἀδελφοί, **δέομαι** ὑμῶν.
1Th 3:10 νυκτὸς καὶ ἡμέρας ὑπερεκπερισσοῦ **δεόμενοι** εἰς τὸ ἰδεῖν ὑμῶν τὸ πρόσωπον καὶ καταρτίσαι τὰ ὑστερήματα

1290 δέος [1]

→ *1261, 1262, 1264, 1266, 1267, 1272, 1273*

Heb 12:28 δι' ἧς λατρεύωμεν εὐαρέστως τῷ θεῷ μετὰ εὐλαβείας καὶ **δέους·**

1291 Δερβαῖος [1]

√ *1292*

Ac 20: 4 καὶ Γάϊος **Δερβαῖος** καὶ Τιμόθεος, Ἀσιανοὶ δὲ Τυχικὸς καὶ Τρόφιμος.

1292 Δέρβη [3]

→ *1291, 1523*

Ac 14: 6 συνιδόντες κατέφυγον εἰς τὰς πόλεις τῆς Λυκαονίας Λύστραν καὶ **Δέρβην** καὶ τὴν περίχωρον,
14:20 καὶ τῇ ἐπαύριον ἐξῆλθεν σὺν τῷ Βαρναβᾷ εἰς **Δέρβην.**
16: 1 Κατήντησεν δὲ [καὶ] εἰς **Δέρβην** καὶ εἰς Λύστραν.

1293 δέρμα [1]

√ *1296*

Heb 11:37 περιῆλθον ἐν μηλωταῖς, ἐν αἰγείοις **δέρμασιν,** ὑστερούμενοι, θλιβόμενοι, κακουχούμενοι,

1294 δερμάτινος [2]

√ *1296*

Mt 3: 4 Αὐτὸς δὲ ὁ Ἰωάννης εἶχεν τὸ ἔνδυμα αὐτοῦ ἀπὸ τριχῶν καμήλου καὶ ζώνην **δερματίνην** περὶ τὴν ὀσφὺν αὐτοῦ,
Mk 1: 6 καὶ ἦν ὁ Ἰωάννης ἐνδεδυμένος τρίχας καμήλου καὶ ζώνην **δερματίνην** περὶ τὴν ὀσφὺν αὐτοῦ καὶ ἐσθίων ἀκρίδας καὶ μέλι ἄγριον.

1295 δέρρις Not used in UBS/NIV

√ *1296*

1296 δέρω [15]

→ *1293, 1294, 1295*

δέρω ἀέρα [1] 1Co 9:26

Mt 21:35 καὶ λαβόντες οἱ γεωργοὶ τοὺς δούλους αὐτοῦ ὃν μὲν **ἔδειραν,**
Mk 12: 3 καὶ λαβόντες αὐτὸν **ἔδειραν** καὶ ἀπέστειλαν κενόν.
12: 5 καὶ πολλοὺς ἄλλους, οὓς μὲν **δέροντες,** οὓς δὲ ἀποκτέννοντες.
13: 9 καὶ εἰς συναγωγὰς **δαρήσεσθε** καὶ ἐπὶ ἡγεμόνων καὶ βασιλέων σταθήσεσθε ἕνεκεν ἐμοῦ εἰς μαρτύριον αὐτοῖς.
Lk 12:47 δοῦλος ὁ γνοὺς τὸ θέλημα τοῦ κυρίου αὐτοῦ καὶ μὴ ἑτοιμάσας ἢ ποιήσας πρὸς τὸ θέλημα αὐτοῦ **δαρήσεται** πολλάς·
12:48 ὁ δὲ μὴ γνούς, ποιήσας δὲ ἄξια πληγῶν **δαρήσεται** ὀλίγας.
20:10 ἵνα ἀπὸ τοῦ καρποῦ τοῦ ἀμπελῶνος δώσουσιν αὐτῷ· οἱ δὲ γεωργοὶ ἐξαπέστειλαν αὐτὸν **δείραντες** κενόν.
20:11 οἱ δὲ κἀκεῖνον **δείραντες** καὶ ἀτιμάσαντες ἐξαπέστειλαν κενόν.
22:63 Καὶ οἱ ἄνδρες οἱ συνέχοντες αὐτὸν ἐνέπαιζον αὐτῷ **δέροντες,**
Jn 18:23 μαρτύρησον περὶ τοῦ κακοῦ· εἰ δὲ καλῶς, τί με **δέρεις;**
Ac 5:40 προσκαλεσάμενοι τοὺς ἀποστόλους **δείραντες** παρήγγειλαν μὴ λαλεῖν ἐπὶ τῷ ὀνόματι τοῦ Ἰησοῦ καὶ ἀπέλυσαν.
16:37 **Δείραντες** ἡμᾶς δημοσίᾳ ἀκατακρίτους, ἀνθρώπους Ῥωμαίους ὑπάρχοντας, ἔβαλαν εἰς φυλακήν,
22:19 αὐτοὶ ἐπίστανται ὅτι ἐγὼ ἤμην φυλακίζων καὶ **δέρων** κατὰ τὰς συναγωγὰς τοὺς πιστεύοντας ἐπὶ σέ,
1Co 9:26 ἐγὼ τοίνυν οὕτως τρέχω ὡς οὐκ ἀδήλως, οὕτως πυκτεύω ὡς οὐκ ἀέρα **δέρων·**
2Co 11:20 εἴ τις ἐπαίρεται, εἴ τις εἰς πρόσωπον ὑμᾶς **δέρει.**

1297 δεσμεύω [3]

√ *1313*

Mt 23: 4 **δεσμεύουσιν** δὲ φορτία βαρέα [καὶ δυσβάστακτα] καὶ ἐπιτιθέασιν ἐπὶ τοὺς ὤμους τῶν ἀνθρώπων,
Lk 8:29 πολλοῖς γὰρ χρόνοις συνηρπάκει αὐτὸν καὶ **ἐδεσμεύετο** ἁλύσεσιν καὶ πέδαις φυλασσόμενος
Ac 22: 4 ὃς ταύτην τὴν ὁδὸν ἐδίωξα ἄχρι θανάτου **δεσμεύων** καὶ παραδιδοὺς εἰς φυλακὰς ἄνδρας τε καὶ γυναῖκας,

1298 δεσμέω Not used in UBS/NIV

√ *1313*

1299 δέσμη [1]

√ *1313*

Mt 13:30 Συλλέξατε πρῶτον τὰ ζιζάνια καὶ δήσατε αὐτὰ εἰς **δέσμας** πρὸς τὸ κατακαῦσαι αὐτά,

1300 δέσμιος [16]

√ *1313*

δέσμιος ἐν κυρίῳ [1] Eph 4:1

δέσμιος Χριστοῦ [3] Eph 3:1; Phm 1:1,9

Mt 27:15 Κατὰ δὲ ἑορτὴν εἰώθει ὁ ἡγεμὼν ἀπολύειν ἕνα τῷ ὄχλῳ **δέσμιον** ὃν ἤθελον.
27:16 εἶχον δὲ τότε **δέσμιον** ἐπίσημον λεγόμενον [Ἰησοῦν] Βαραββᾶν.
Mk 15: 6 Κατὰ δὲ ἑορτὴν ἀπέλυεν αὐτοῖς ἕνα **δέσμιον** ὃν παρῃτοῦντο.
Ac 16:25 Κατὰ δὲ τὸ μεσονύκτιον Παῦλος καὶ Σιλᾶς προσευχόμενοι ὕμνουν τὸν θεόν, ἐπηκροῶντο δὲ αὐτῶν οἱ **δέσμιοι.**
16:27 σπασάμενος [τὴν] μάχαιραν ἤμελλεν ἑαυτὸν ἀναιρεῖν νομίζων ἐκπεφευγέναι τοὺς **δεσμίους.**
23:18 Ὁ **δέσμιος** Παῦλος προσκαλεσάμενός με ἠρώτησεν τοῦτον τὸν νεανίσκον ἀγαγεῖν πρὸς σὲ ἔχοντά τι λαλῆσαί σοι.
25:14 ὁ Φῆστος τῷ βασιλεῖ ἀνέθετο τὰ κατὰ τὸν Παῦλον λέγων, Ἀνήρ τίς ἐστιν καταλελειμμένος ὑπὸ Φήλικος **δέσμιος,**
25:27 ἄλογον γάρ μοι δοκεῖ πέμποντα **δέσμιον** μὴ καὶ τὰς κατ' αὐτοῦ αἰτίας σημᾶναι.
28:17 ἢ τοῖς ἔθεσι τοῖς πατρῴοις **δέσμιος** ἐξ Ἱεροσολύμων παρεδόθην εἰς τὰς χεῖρας τῶν Ῥωμαίων,
Eph 3: 1 Τούτου χάριν ἐγὼ Παῦλος ὁ **δέσμιος** τοῦ Χριστοῦ [Ἰησοῦ] ὑπὲρ ὑμῶν τῶν ἐθνῶν–
4: 1 Παρακαλῶ οὖν ὑμᾶς ἐγὼ ὁ **δέσμιος** ἐν κυρίῳ ἀξίως περιπατῆσαι τῆς κλήσεως ἧς ἐκλήθητε,
2Ti 1: 8 μὴ οὖν ἐπαισχυνθῇς τὸ μαρτύριον τοῦ κυρίου ἡμῶν μηδὲ ἐμὲ τὸν **δέσμιον** αὐτοῦ,
Phm 1: 1 Παῦλος **δέσμιος** Χριστοῦ Ἰησοῦ καὶ Τιμόθεος ὁ ἀδελφὸς Φιλήμονι τῷ ἀγαπητῷ καὶ συνεργῷ ἡμῶν
1: 9 τοιοῦτος ὢν ὡς Παῦλος πρεσβύτης νυνὶ δὲ καὶ **δέσμιος** Χριστοῦ Ἰησοῦ·

Heb 10:34 καὶ γὰρ τοῖς **δεσμίοις** συνεπαθήσατε καὶ τὴν ἁρπαγὴν τῶν ὑπαρχόντων ὑμῶν μετὰ χαρᾶς προσεδέξασθε
13: 3 μιμνῄσκεσθε τῶν **δεσμίων** ὡς συνδεδεμένοι, τῶν κακουχουμένων ὡς καὶ αὐτοὶ ὄντες ἐν σώματι.

1301 δεσμός [18]

√ *1313*

singular [2] Mk 7:35; Lk 13:16

[τὰ] δεσμὰ [3] Lk 8:29; Ac 16:26; 20:23

Mk 7:35 καὶ ἐλύθη ὁ **δεσμὸς** τῆς γλώσσης αὐτοῦ καὶ ἐλάλει ὀρθῶς.
Lk 8:29 πολλοῖς γὰρ χρόνοις συνηρπάκει αὐτὸν καὶ ἐδεσμεύετο ἁλύσεσιν καὶ πέδαις φυλασσόμενος καὶ διαρρήσσων τὰ **δεσμὰ** ἠλαύνετο ὑπὸ τοῦ δαιμονίου εἰς τὰς ἐρήμους.
13:16 οὐκ ἔδει λυθῆναι ἀπὸ τοῦ **δεσμοῦ** τούτου τῇ ἡμέρᾳ τοῦ σαββάτου;
Ac 16:26 ἠνεῴχθησαν δὲ παραχρῆμα αἱ θύραι πᾶσαι καὶ πάντων τὰ **δεσμὰ** ἀνέθη.
20:23 πλὴν ὅτι τὸ πνεῦμα τὸ ἅγιον κατὰ πόλιν διαμαρτύρεταί μοι λέγον ὅτι **δεσμὰ** καὶ θλίψεις με μένουσιν.
23:29 μηδὲν δὲ ἄξιον θανάτου ἢ **δεσμῶν** ἔχοντα ἔγκλημα.
26:29 ἀλλὰ καὶ πάντας τοὺς ἀκούοντάς μου σήμερον γενέσθαι τοιούτους ὁποῖος καὶ ἐγώ εἰμι παρεκτὸς τῶν **δεσμῶν** τούτων.
26:31 καὶ ἀναχωρήσαντες ἐλάλουν πρὸς ἀλλήλους λέγοντες ὅτι Οὐδὲν θανάτου ἢ **δεσμῶν** ἄξιον [τι] πράσσει ὁ ἄνθρωπος οὗτος.
Php 1: 7 ἔν τε τοῖς **δεσμοῖς** μου καὶ ἐν τῇ ἀπολογίᾳ καὶ βεβαιώσει τοῦ εὐαγγελίου συγκοινωνούς μου τῆς χάριτος πάντας ὑμᾶς ὄντας.
1:13 ὥστε τοὺς **δεσμούς** μου φανεροὺς ἐν Χριστῷ γενέσθαι ἐν ὅλῳ τῷ πραιτωρίῳ καὶ τοῖς λοιποῖς πᾶσιν,
1:14 καὶ τοὺς πλείονας τῶν ἀδελφῶν ἐν κυρίῳ πεποιθότας τοῖς **δεσμοῖς** μου περισσοτέρως τολμᾶν ἀφόβως τὸν λόγον λαλεῖν.
1:17 οὐχ ἁγνῶς, οἰόμενοι θλῖψιν ἐγείρειν τοῖς **δεσμοῖς** μου.
Col 4:18 μνημονεύετέ μου τῶν **δεσμῶν.** ἡ χάρις μεθ' ὑμῶν.
2Ti 2: 9 ἐν ᾧ κακοπαθῶ μέχρι **δεσμῶν** ὡς κακοῦργος, ἀλλὰ ὁ λόγος τοῦ θεοῦ οὐ δέδεται·
Phm 1:10 παρακαλῶ σε περὶ τοῦ ἐμοῦ τέκνου, ὃν ἐγέννησα ἐν τοῖς **δεσμοῖς,** Ὀνήσιμον,
1:13 ἵνα ὑπὲρ σοῦ μοι διακονῇ ἐν τοῖς **δεσμοῖς** τοῦ εὐαγγελίου,
Heb 11:36 ἕτεροι δὲ ἐμπαιγμῶν καὶ μαστίγων πεῖραν ἔλαβον, ἔτι δὲ **δεσμῶν** καὶ φυλακῆς·
Jude 1: 6 ἀγγέλους τε τοὺς μὴ τηρήσαντας τὴν ἑαυτῶν ἀρχὴν ἀλλὰ ἀπολιπόντας τὸ ἴδιον οἰκητήριον εἰς κρίσιν μεγάλης ἡμέρας **δεσμοῖς** ἀϊδίοις ὑπὸ ζόφον τετήρηκεν,

1302 δεσμοφύλαξ [3]

√ *1313 + 5875*

Ac 16:23 πολλάς τε ἐπιθέντες αὐτοῖς πληγὰς ἔβαλον εἰς φυλακὴν παραγγείλαντες τῷ **δεσμοφύλακι** ἀσφαλῶς τηρεῖν αὐτούς.
16:27 ἔξυπνος δὲ γενόμενος ὁ **δεσμοφύλαξ** καὶ ἰδὼν ἀνεῳγμένας τὰς θύρας τῆς φυλακῆς,
16:36 ἀπήγγειλεν δὲ ὁ **δεσμοφύλαξ** τοὺς λόγους [τούτους] πρὸς τὸν Παῦλον ὅτι Ἀπέσταλκαν οἱ στρατηγοὶ ἵνα ἀπολυθῆτε·

1303 δεσμωτήριον [4]

√ *1313*

Mt 11: 2 Ὁ δὲ Ἰωάννης ἀκούσας ἐν τῷ **δεσμωτηρίῳ** τὰ ἔργα τοῦ Χριστοῦ πέμψας διὰ τῶν μαθητῶν αὐτοῦ
Ac 5:21 συνεκάλεσαν τὸ συνέδριον καὶ πᾶσαν τὴν γερουσίαν τῶν υἱῶν Ἰσραὴλ καὶ ἀπέστειλαν εἰς τὸ **δεσμωτήριον** ἀχθῆναι αὐτούς.
5:23 λέγοντες ὅτι Τὸ **δεσμωτήριον** εὕρομεν κεκλεισμένον ἐν πάσῃ ἀσφαλείᾳ καὶ τοὺς φύλακας ἑστῶτας ἐπὶ τῶν θυρῶν,
16:26 ἄφνω δὲ σεισμὸς ἐγένετο μέγας ὥστε σαλευθῆναι τὰ θεμέλια τοῦ **δεσμωτηρίου·**

1304 δεσμώτης [2]

√ *1313*

Ac 27: 1 παρεδίδουν τόν τε Παῦλον καί τινας ἑτέρους **δεσμώτας** ἑκατοντάρχῃ ὀνόματι Ἰουλίῳ σπείρης Σεβαστῆς.
27:42 τῶν δὲ στρατιωτῶν βουλὴ ἐγένετο ἵνα τοὺς **δεσμώτας** ἀποκτείνωσιν,

1305 δεσπότης [10]

→ *3866, 3867; cf. 1313*

Lk 2:29 Νῦν ἀπολύεις τὸν δοῦλόν σου, **δέσποτα,** κατὰ τὸ ῥῆμά σου ἐν εἰρήνῃ·
Ac 4:24 οἱ δὲ ἀκούσαντες ὁμοθυμαδὸν ἦραν φωνὴν πρὸς τὸν θεὸν καὶ εἶπαν, **Δέσποτα,**
1Ti 6: 1 Ὅσοι εἰσὶν ὑπὸ ζυγὸν δοῦλοι, τοὺς ἰδίους **δεσπότας** πάσης τιμῆς ἀξίους ἡγείσθωσαν,
6: 2 οἱ δὲ πιστοὺς ἔχοντες **δεσπότας** μὴ καταφρονείτωσαν, ὅτι ἀδελφοί εἰσιν,
2Ti 2:21 ἔσται σκεῦος εἰς τιμήν, ἡγιασμένον, εὔχρηστον τῷ **δεσπότῃ,**
Tit 2: 9 δούλους ἰδίοις **δεσπόταις** ὑποτάσσεσθαι ἐν πᾶσιν, εὐαρέστους εἶναι,
1Pe 2:18 Οἱ οἰκέται ὑποτασσόμενοι ἐν παντὶ φόβῳ τοῖς **δεσπόταις,**
2Pe 2: 1 οἵτινες παρεισάξουσιν αἱρέσεις ἀπωλείας καὶ τὸν ἀγοράσαντα αὐτοὺς **δεσπότην** ἀρνούμενοι.
Jude 1: 4 τὴν τοῦ θεοῦ ἡμῶν χάριτα μετατιθέντες εἰς ἀσέλγειαν καὶ τὸν μόνον **δεσπότην** καὶ κύριον ἡμῶν Ἰησοῦν Χριστὸν ἀρνούμενοι.
Rev 6:10 Ἕως πότε, ὁ **δεσπότης** ὁ ἅγιος καὶ ἀληθινός,

1306 δεῦρο [9]

→ *1307*

ἄχρι τοῦ δεῦρο [1] Ro 1:13

Mt 19:21 καὶ ἕξεις θησαυρὸν ἐν οὐρανοῖς, καὶ **δεῦρο** ἀκολούθει μοι.
Mk 10:21 καὶ ἕξεις θησαυρὸν ἐν οὐρανῷ, καὶ **δεῦρο** ἀκολούθει μοι.
Lk 18:22 καὶ ἕξεις θησαυρὸν ἐν [τοῖς] οὐρανοῖς, καὶ **δεῦρο** ἀκολούθει μοι.
Jn 11:43 καὶ ταῦτα εἰπὼν φωνῇ μεγάλῃ ἐκραύγασεν, Λάζαρε, **δεῦρο** ἔξω.
Ac 7: 3 καὶ **δεῦρο** εἰς τὴν γῆν ἣν ἄν σοι δείξω.
7:34 καὶ κατέβην ἐξελέσθαι αὐτούς· καὶ νῦν **δεῦρο** ἀποστείλω σε εἰς Αἴγυπτον.
Ro 1:13 ὅτι πολλάκις προεθέμην ἐλθεῖν πρὸς ὑμᾶς, καὶ ἐκωλύθην ἄχρι τοῦ **δεῦρο,**
Rev 17: 1 **Δεῦρο,** δείξω σοι τὸ κρίμα τῆς πόρνης τῆς μεγάλης τῆς καθημένης ἐπὶ ὑδάτων πολλῶν,
21: 9 **Δεῦρο,** δείξω σοι τὴν νύμφην τὴν γυναῖκα τοῦ ἀρνίου.

1307 δεῦτε [12]

√ *1306*

Mt 4:19 καὶ λέγει αὐτοῖς, **Δεῦτε** ὀπίσω μου, καὶ ποιήσω ὑμᾶς ἁλιεῖς ἀνθρώπων.
11:28 **Δεῦτε** πρός με πάντες οἱ κοπιῶντες καὶ πεφορτισμένοι,
21:38 **δεῦτε** ἀποκτείνωμεν αὐτὸν καὶ σχῶμεν τὴν κληρονομίαν αὐτοῦ,
22: 4 οἱ ταῦροί μου καὶ τὰ σιτιστὰ τεθυμένα καὶ πάντα ἕτοιμα· **δεῦτε** εἰς τοὺς γάμους.
25:34 **Δεῦτε** οἱ εὐλογημένοι τοῦ πατρός μου, κληρονομήσατε τὴν ἡτοιμασμένην ὑμῖν βασιλείαν ἀπὸ καταβολῆς κόσμου.
28: 6 ἠγέρθη γὰρ καθὼς εἶπεν· **δεῦτε** ἴδετε τὸν τόπον ὅπου ἔκειτο.
Mk 1:17 καὶ εἶπεν αὐτοῖς ὁ Ἰησοῦς, **Δεῦτε** ὀπίσω μου,
6:31 **Δεῦτε** ὑμεῖς αὐτοὶ κατ' ἰδίαν εἰς ἔρημον τόπον καὶ ἀναπαύσασθε ὀλίγον.
12: 7 **δεῦτε** ἀποκτείνωμεν αὐτόν, καὶ ἡμῶν ἔσται ἡ κληρονομία.
Jn 4:29 **Δεῦτε** ἴδετε ἄνθρωπον ὃς εἶπέν μοι πάντα ὅσα ἐποίησα,
21:12 λέγει αὐτοῖς ὁ Ἰησοῦς, **Δεῦτε** ἀριστήσατε. οὐδεὶς δὲ ἐτόλμα τῶν μαθητῶν ἐξετάσαι αὐτόν,
Rev 19:17 **Δεῦτε** συνάχθητε εἰς τὸ δεῖπνον τὸ μέγα τοῦ θεοῦ

1308 δευτεραῖος [1]

√ *1545*

Ac 28:13 καὶ μετὰ μίαν ἡμέραν ἐπιγενομένου νότου **δευτεραῖοι** ἤλθομεν εἰς Ποτιόλους,

1309 δεύτερον [6]

√ *1545*

πάλιν δεύτερον [1] Jn 21:16

πρῶτον ... δεύτερον [1] 1Co 12:28

Jn 3: 4 μὴ δύναται εἰς τὴν κοιλίαν τῆς μητρὸς αὐτοῦ **δεύτερον** εἰσελθεῖν καὶ γεννηθῆναι;
21:16 λέγει αὐτῷ πάλιν **δεύτερον,** Σίμων Ἰωάννου, ἀγαπᾷς με;

1Co 12:28 **δεύτερον** προφήτας, τρίτον διδασκάλους, ἔπειτα δυνάμεις, ἔπειτα χαρίσματα ἰαμάτων,
2Co 13: 2 προείρηκα καὶ προλέγω, ὡς παρὼν τὸ **δεύτερον** καὶ ἀπὼν νῦν,
Jude 1: 5 εἰδότας [ὑμᾶς] πάντα ὅτι [ὁ] κύριος ἅπαξ λαὸν ἐκ γῆς Αἰγύπτου σώσας τὸ **δεύτερον** τοὺς μὴ πιστεύσαντας ἀπώλεσεν,
Rev 19: 3 καὶ **δεύτερον** εἴρηκαν, Ἁλληλουϊά· καὶ ὁ καπνὸς αὐτῆς ἀναβαίνει εἰς τοὺς αἰῶνας τῶν αἰώνων.

1310 δευτερόπρωτος Not used in UBS/NIV

√ *1545 + 4755*

1311 δεύτερος [37]

√ *1545*

ἐκ δευτέρου [7] Mt 26:42; Mk 14:72; Jn 9:24; Ac 10:15; 11:9; Heb 9:28; Rev 2:11

θάνατος δεύτερος [4] Rev 2:11; 20:6,14; 21:8

πάλιν δευτέρου [3] Mt 26:42; Jn 4:54; Ac 10:15

Mt 22:26 ὁμοίως καὶ ὁ **δεύτερος** καὶ ὁ τρίτος ἕως τῶν ἑπτά.
22:39 **δευτέρα** δὲ ὁμοία αὐτῇ, Ἀγαπήσεις τὸν πλησίον σου ὡς σεαυτόν.
26:42 πάλιν ἐκ **δευτέρου** ἀπελθὼν προσηύξατο λέγων, Πάτερ μου,
Mk 12:21 καὶ ὁ **δεύτερος** ἔλαβεν αὐτὴν καὶ ἀπέθανεν μὴ καταλιπὼν σπέρμα·
12:31 **δευτέρα** αὕτη, Ἀγαπήσεις τὸν πλησίον σου ὡς σεαυτόν.
14:72 καὶ εὐθὺς ἐκ **δευτέρου** ἀλέκτωρ ἐφώνησεν. καὶ ἀνεμνήσθη ὁ Πέτρος τὸ ῥῆμα ὡς εἶπεν αὐτῷ ὁ Ἰησοῦς
Lk 12:38 κἂν ἐν τῇ **δευτέρᾳ** κἂν ἐν τῇ τρίτῃ φυλακῇ ἔλθῃ καὶ εὕρῃ οὕτως,
19:18 καὶ ἦλθεν ὁ **δεύτερος** λέγων, Ἡ μνᾶ σου,
20:30 καὶ ὁ **δεύτερος**
Jn 4:54 Τοῦτο [δὲ] πάλιν **δεύτερον** σημεῖον ἐποίησεν ὁ Ἰησοῦς ἐλθὼν ἐκ τῆς Ἰουδαίας εἰς τὴν Γαλιλαίαν.
9:24 Ἐφώνησαν οὖν τὸν ἄνθρωπον ἐκ **δευτέρου** ὃς ἦν τυφλὸς καὶ εἶπαν αὐτῷ,
Ac 7:13 καὶ ἐν τῷ **δευτέρῳ** ἀνεγνωρίσθη Ἰωσὴφ τοῖς ἀδελφοῖς αὐτοῦ καὶ φανερὸν ἐγένετο τῷ Φαραὼ τὸ γένος [τοῦ] Ἰωσήφ.
10:15 καὶ φωνὴ πάλιν ἐκ **δευτέρου** πρὸς αὐτόν, Ἃ ὁ θεὸς ἐκαθάρισεν,
11: 9 ἀπεκρίθη δὲ φωνὴ ἐκ **δευτέρου** ἐκ τοῦ οὐρανοῦ,
12:10 διελθόντες δὲ πρώτην φυλακὴν καὶ **δευτέραν** ἦλθαν ἐπὶ τὴν πύλην τὴν σιδηρᾶν τὴν φέρουσαν εἰς τὴν πόλιν,
13:33 ὁ θεὸς ἐκπεπλήρωκεν τοῖς τέκνοις [αὐτῶν] ἡμῖν ἀναστήσας Ἰησοῦν ὡς καὶ ἐν τῷ ψαλμῷ γέγραπται τῷ **δευτέρῳ,**
1Co 15:47 ὁ πρῶτος ἄνθρωπος ἐκ γῆς χοϊκός, ὁ **δεύτερος** ἄνθρωπος ἐξ οὐρανοῦ.
2Co 1:15 Καὶ ταύτῃ τῇ πεποιθήσει ἐβουλόμην πρότερον πρὸς ὑμᾶς ἐλθεῖν, ἵνα **δευτέραν** χάριν σχῆτε,
Tit 3:10 αἱρετικὸν ἄνθρωπον μετὰ μίαν καὶ **δευτέραν** νουθεσίαν παραιτοῦ,
Heb 8: 7 Εἰ γὰρ ἡ πρώτη ἐκείνη ἦν ἄμεμπτος, οὐκ ἂν **δευτέρας** ἐζητεῖτο τόπος.
9: 3 μετὰ δὲ τὸ **δεύτερον** καταπέτασμα σκηνὴ ἡ λεγομένη Ἅγια Ἁγίων,
9: 7 εἰς δὲ τὴν **δευτέραν** ἅπαξ τοῦ ἐνιαυτοῦ μόνος ὁ ἀρχιερεύς,
9:28 ἐκ **δευτέρου** χωρὶς ἁμαρτίας ὀφθήσεται τοῖς αὐτὸν ἀπεκδεχομένοις εἰς σωτηρίαν.
10: 9 Ἰδοὺ ἥκω τοῦ ποιῆσαι τὸ θέλημά σου. ἀναιρεῖ τὸ πρῶτον ἵνα τὸ **δεύτερον** στήσῃ,
2Pe 3: 1 **δευτέραν** ὑμῖν γράφω ἐπιστολὴν ἐν αἷς διεγείρω ὑμῶν ἐν ὑπομνήσει τὴν εἰλικρινῆ διάνοιαν
Rev 2:11 ὁ νικῶν οὐ μὴ ἀδικηθῇ ἐκ τοῦ θανάτου τοῦ **δευτέρου.**
4: 7 τὸ ζῷον τὸ πρῶτον ὅμοιον λέοντι καὶ τὸ **δεύτερον** ζῷον ὅμοιον μόσχῳ καὶ τὸ τρίτον ζῷον ἔχων τὸ πρόσωπον ὡς ἀνθρώπου
6: 3 Καὶ ὅτε ἤνοιξεν τὴν σφραγῖδα τὴν **δευτέραν,** ἤκουσα τοῦ **δευτέρου** ζῴου λέγοντος, Ἔρχου.
8: 8 Καὶ ὁ **δεύτερος** ἄγγελος ἐσάλπισεν· καὶ ὡς ὄρος μέγα πυρὶ καιόμενον ἐβλήθη εἰς τὴν θάλασσαν,
11:14 Ἡ οὐαὶ ἡ **δευτέρα** ἀπῆλθεν· ἰδοὺ ἡ οὐαὶ ἡ τρίτη ἔρχεται ταχύ.
14: 8 Καὶ ἄλλος ἄγγελος **δεύτερος** ἠκολούθησεν λέγων, Ἔπεσεν ἔπεσεν Βαβυλὼν ἡ μεγάλη ἣ ἐκ τοῦ οἴνου τοῦ θυμοῦ
16: 3 Καὶ ὁ **δεύτερος** ἐξέχεεν τὴν φιάλην αὐτοῦ εἰς τὴν θάλασσαν,
20: 6 ἐπὶ τούτων ὁ **δεύτερος** θάνατος οὐκ ἔχει ἐξουσίαν,
20:14 οὗτος ὁ θάνατος ὁ **δεύτερός** ἐστιν, ἡ λίμνη τοῦ πυρός.
21: 8 καὶ πᾶσιν τοῖς ψευδέσιν τὸ μέρος αὐτῶν ἐν τῇ λίμνῃ τῇ καιομένῃ πυρὶ καὶ θείῳ, ὅ ἐστιν ὁ θάνατος ὁ **δεύτερος.**
21:19 ὁ **δεύτερος** σάπφιρος, ὁ τρίτος χαλκηδών, ὁ τέταρτος σμάραγδος,

1312 δέχομαι [56]

→ *99, 346, 450, 587, 621, 622, 627, 628, 1283, 1342, 1345, 1507, 1508, 1509, 1510, 1511, 1531, 1654, 1683, 1693, 1896, 2110, 2347, 2839, 3827, 4104, 4105, 4106, 4107, 4138, 4657, 5685*

δέχομαι [τὸν] λόγον [7] Lk 8:13; Ac 8:14; 11:1; 17:11; 1Th 1:6; 2:13; Jas 1:21

Mt 10:14 καὶ ὃς ἂν μὴ **δέξηται** ὑμᾶς μηδὲ ἀκούσῃ τοὺς λόγους ὑμῶν,
10:40 Ὁ **δεχόμενος** ὑμᾶς ἐμὲ **δέχεται,** καὶ ὁ ἐμὲ **δεχόμενος** **δέχεται** τὸν ἀποστείλαντά με.
10:41 ὁ **δεχόμενος** προφήτην εἰς ὄνομα προφήτου μισθὸν προφήτου λήμψεται, καὶ ὁ **δεχόμενος** δίκαιον εἰς ὄνομα δικαίου μισθὸν δικαίου λήμψεται.
11:14 καὶ εἰ θέλετε **δέξασθαι,** αὐτός ἐστιν Ἠλίας ὁ μέλλων ἔρχεσθαι.
18: 5 καὶ ὃς ἐὰν **δέξηται** ἓν παιδίον τοιοῦτο ἐπὶ τῷ ὀνόματί μου, ἐμὲ **δέχεται.**
Mk 6:11 καὶ ὃς ἂν τόπος μὴ **δέξηται** ὑμᾶς μηδὲ ἀκούσωσιν ὑμῶν,
9:37 Ὃς ἂν ἓν τῶν τοιούτων παιδίων **δέξηται** ἐπὶ τῷ ὀνόματί μου, ἐμὲ **δέχεται·** καὶ ὃς ἂν ἐμὲ **δέχηται,** οὐκ ἐμὲ **δέχεται** ἀλλὰ τὸν ἀποστείλαντά με.
10:15 ὃς ἂν μὴ **δέξηται** τὴν βασιλείαν τοῦ θεοῦ ὡς παιδίον,
Lk 2:28 καὶ αὐτὸς **ἐδέξατο** αὐτὸ εἰς τὰς ἀγκάλας καὶ εὐλόγησεν τὸν θεὸν καὶ εἶπεν,
8:13 οἱ δὲ ἐπὶ τῆς πέτρας οἳ ὅταν ἀκούσωσιν μετὰ χαρᾶς **δέχονται** τὸν λόγον,
9: 5 καὶ ὅσοι ἂν μὴ **δέχωνται** ὑμᾶς, ἐξερχόμενοι ἀπὸ τῆς πόλεως ἐκείνης τὸν κονιορτὸν ἀπὸ τῶν ποδῶν ὑμῶν ἀποτινάσσετε εἰς μαρτύριον ἐπ' αὐτούς.
9:48 Ὃς ἐὰν **δέξηται** τοῦτο τὸ παιδίον ἐπὶ τῷ ὀνόματί μου, ἐμὲ **δέχεται·** καὶ ὃς ἂν ἐμὲ **δέξηται, δέχεται** τὸν ἀποστείλαντά με·
9:53 καὶ οὐκ **ἐδέξαντο** αὐτόν, ὅτι τὸ πρόσωπον αὐτοῦ ἦν πορευόμενον εἰς Ἰερουσαλήμ.
10: 8 καὶ εἰς ἣν ἂν πόλιν εἰσέρχησθε καὶ **δέχωνται** ὑμᾶς,
10:10 εἰς ἣν δ' ἂν πόλιν εἰσέλθητε καὶ μὴ **δέχωνται** ὑμᾶς,
16: 4 ἵνα ὅταν μετασταθῶ ἐκ τῆς οἰκονομίας **δέξωνταί** με εἰς τοὺς οἴκους αὐτῶν.
16: 6 **Δέξαι** σου τὰ γράμματα καὶ καθίσας ταχέως γράψον πεντήκοντα.
16: 7 λέγει αὐτῷ, **Δέξαι** σου τὰ γράμματα καὶ γράψον ὀγδοήκοντα.
16: 9 ἵνα ὅταν ἐκλίπῃ **δέξωνται** ὑμᾶς εἰς τὰς αἰωνίους σκηνάς.
18:17 ὃς ἂν μὴ **δέξηται** τὴν βασιλείαν τοῦ θεοῦ ὡς παιδίον,
22:17 καὶ **δεξάμενος** ποτήριον εὐχαριστήσας εἶπεν, Λάβετε τοῦτο καὶ διαμερίσατε εἰς ἑαυτούς·
Jn 4:45 **ἐδέξαντο** αὐτὸν οἱ Γαλιλαῖοι πάντα ἑωρακότες ὅσα ἐποίησεν ἐν Ἱεροσολύμοις ἐν τῇ ἑορτῇ,
Ac 3:21 ὃν δεῖ οὐρανὸν μὲν **δέξασθαι** ἄχρι χρόνων ἀποκαταστάσεως πάντων ὧν ἐλάλησεν ὁ θεὸς διὰ στόματος τῶν ἁγίων
7:38 μετὰ τοῦ ἀγγέλου τοῦ λαλοῦντος αὐτῷ ἐν τῷ ὄρει Σινᾶ καὶ τῶν πατέρων ἡμῶν, ὃς **ἐδέξατο** λόγια ζῶντα δοῦναι ἡμῖν,
7:59 καὶ ἐλιθοβόλουν τὸν Στέφανον ἐπικαλούμενον καὶ λέγοντα, Κύριε Ἰησοῦ, **δέξαι** τὸ πνεῦμά μου.
8:14 Ἀκούσαντες δὲ οἱ ἐν Ἱεροσολύμοις ἀπόστολοι ὅτι **δέδεκται** ἡ Σαμάρεια τὸν λόγον τοῦ θεοῦ,
11: 1 Ἤκουσαν δὲ οἱ ἀπόστολοι καὶ οἱ ἀδελφοὶ οἱ ὄντες κατὰ τὴν Ἰουδαίαν ὅτι καὶ τὰ ἔθνη **ἐδέξαντο** τὸν λόγον τοῦ θεοῦ.
17:11 οἵτινες **ἐδέξαντο** τὸν λόγον μετὰ πάσης προθυμίας καθ' ἡμέραν ἀνακρίνοντες τὰς γραφὰς εἰ ἔχοι ταῦτα οὕτως.
22: 5 παρ' ὧν καὶ ἐπιστολὰς **δεξάμενος** πρὸς τοὺς ἀδελφοὺς εἰς Δαμασκὸν ἐπορευόμην,
28:21 Ἡμεῖς οὔτε γράμματα περὶ σοῦ **ἐδεξάμεθα** ἀπὸ τῆς Ἰουδαίας οὔτε παραγενόμενός τις τῶν ἀδελφῶν ἀπήγγειλεν ἢ ἐλάλησέν
1Co 2:14 ψυχικὸς δὲ ἄνθρωπος οὐ **δέχεται** τὰ τοῦ πνεύματος τοῦ θεοῦ·
2Co 6: 1 Συνεργοῦντες δὲ καὶ παρακαλοῦμεν μὴ εἰς κενὸν τὴν χάριν τοῦ θεοῦ **δέξασθαι** ὑμᾶς·
7:15 ἀναμιμνῃσκομένου τὴν πάντων ὑμῶν ὑπακοήν, ὡς μετὰ φόβου καὶ τρόμου **ἐδέξασθε** αὐτόν.

8:17 ὅτι τὴν μὲν παράκλησιν **ἐδέξατο,** σπουδαιότερος δὲ ὑπάρχων αὐθαίρετος ἐξῆλθεν πρὸς ὑμᾶς.
11: 4 ἢ εὐαγγέλιον ἕτερον ὃ οὐκ **ἐδέξασθε,** καλῶς ἀνέχεσθε.
11:16 εἰ δὲ μή γε, κἂν ὡς ἄφρονα **δέξασθέ** με,
Gal 4:14 ἀλλὰ ὡς ἄγγελον θεοῦ **ἐδέξασθέ** με, ὡς Χριστὸν Ἰησοῦν.
Eph 6:17 καὶ τὴν περικεφαλαίαν τοῦ σωτηρίου **δέξασθε** καὶ τὴν μάχαιραν τοῦ πνεύματος,
Php 4:18 πεπλήρωμαι **δεξάμενος** παρὰ Ἐπαφροδίτου τὰ παρ᾽ ὑμῶν, ὀσμὴν εὐωδίας,
Col 4:10 καὶ Μᾶρκος ὁ ἀνεψιὸς Βαρναβᾶ (περὶ οὗ ἐλάβετε ἐντολάς, ἐὰν ἔλθῃ πρὸς ὑμᾶς, **δέξασθε** αὐτόν)
1Th 1: 6 **δεξάμενοι** τὸν λόγον ἐν θλίψει πολλῇ μετὰ χαρᾶς πνεύματος ἁγίου,
2:13 ὅτι παραλαβόντες λόγον ἀκοῆς παρ᾽ ἡμῶν τοῦ θεοῦ **ἐδέξασθε** οὐ λόγον ἀνθρώπων ἀλλὰ καθώς ἐστιν ἀληθῶς λόγον θεοῦ,
2Th 2:10 ἀνθ᾽ ὧν τὴν ἀγάπην τῆς ἀληθείας οὐκ **ἐδέξαντο** εἰς τὸ σωθῆναι αὐτούς.
Heb 11:31 Πίστει Ῥαὰβ ἡ πόρνη οὐ συναπώλετο τοῖς ἀπειθήσασιν **δεξαμένη** τοὺς κατασκόπους μετ᾽ εἰρήνης.
Jas 1:21 **δέξασθε** τὸν ἔμφυτον λόγον τὸν δυνάμενον σῶσαι τὰς ψυχὰς ὑμῶν.

1313 δέω [43]

→ *1256, 1297, 1298, 1299, 1300, 1301, 1302, 1303, 1304, 1343, 2866, 4317, 5278, 5279, 5686, 5687; cf. 1305*

Mt 12:29 ἢ πῶς δύναταί τις εἰσελθεῖν εἰς τὴν οἰκίαν τοῦ ἰσχυροῦ καὶ τὰ σκεύη αὐτοῦ ἁρπάσαι, ἐὰν μὴ πρῶτον **δήσῃ** τὸν ἰσχυρόν;
13:30 Συλλέξατε πρῶτον τὰ ζιζάνια καὶ **δήσατε** αὐτὰ εἰς δέσμας πρὸς τὸ κατακαῦσαι αὐτά,
14: 3 Ὁ γὰρ Ἡρῴδης κρατήσας τὸν Ἰωάννην **ἔδησεν** [αὐτὸν] καὶ ἐν φυλακῇ ἀπέθετο διὰ Ἡρῳδιάδα τὴν γυναῖκα Φιλίππου
16:19 καὶ ὃ ἐὰν **δήσῃς** ἐπὶ τῆς γῆς ἔσται **δεδεμένον** ἐν τοῖς οὐρανοῖς,
18:18 ὅσα ἐὰν **δήσητε** ἐπὶ τῆς γῆς ἔσται **δεδεμένα** ἐν οὐρανῷ,
21: 2 καὶ εὐθέως εὑρήσετε ὄνον **δεδεμένην** καὶ πῶλον μετ᾽ αὐτῆς·
22:13 **Δήσαντες** αὐτοῦ πόδας καὶ χεῖρας ἐκβάλετε αὐτὸν εἰς τὸ σκότος τὸ ἐξώτερον·
27: 2 καὶ **δήσαντες** αὐτὸν ἀπήγαγον καὶ παρέδωκαν Πιλάτῳ τῷ ἡγεμόνι.
Mk 3:27 ἐὰν μὴ πρῶτον τὸν ἰσχυρὸν **δήσῃ,** καὶ τότε τὴν οἰκίαν αὐτοῦ διαρπάσει.
5: 3 καὶ οὐδὲ ἁλύσει οὐκέτι οὐδεὶς ἐδύνατο αὐτὸν **δῆσαι**
5: 4 διὰ τὸ αὐτὸν πολλάκις πέδαις καὶ ἁλύσεσιν **δεδέσθαι** καὶ διεσπάσθαι ὑπ᾽ αὐτοῦ τὰς ἁλύσεις καὶ τὰς πέδας συντετρῖφθαι,
6:17 Αὐτὸς γὰρ ὁ Ἡρῴδης ἀποστείλας ἐκράτησεν τὸν Ἰωάννην καὶ **ἔδησεν** αὐτὸν ἐν φυλακῇ διὰ Ἡρῳδιάδα τὴν γυναῖκα Φιλίππου
11: 2 καὶ εὐθὺς εἰσπορευόμενοι εἰς αὐτὴν εὑρήσετε πῶλον **δεδεμένον** ἐφ᾽ ὃν οὐδεὶς οὔπω ἀνθρώπων ἐκάθισεν·
11: 4 καὶ ἀπῆλθον καὶ εὗρον πῶλον **δεδεμένον** πρὸς θύραν ἔξω ἐπὶ τοῦ ἀμφόδου καὶ λύουσιν αὐτόν.
15: 1 **δήσαντες** τὸν Ἰησοῦν ἀπήνεγκαν καὶ παρέδωκαν Πιλάτῳ.
15: 7 ἦν δὲ ὁ λεγόμενος Βαραββᾶς μετὰ τῶν στασιαστῶν **δεδεμένος** οἵτινες ἐν τῇ στάσει φόνον πεποιήκεισαν.
Lk 13:16 ἣν **ἔδησεν** ὁ Σατανᾶς ἰδοὺ δέκα καὶ ὀκτὼ ἔτη,
19:30 Ὑπάγετε εἰς τὴν κατέναντι κώμην, ἐν ᾗ εἰσπορευόμενοι εὑρήσετε πῶλον **δεδεμένον,**
Jn 11:44 ἐξῆλθεν ὁ τεθνηκὼς **δεδεμένος** τοὺς πόδας καὶ τὰς χεῖρας κειρίαις καὶ ἡ ὄψις αὐτοῦ σουδαρίῳ περιεδέδετο.
18:12 Ἡ οὖν σπεῖρα καὶ ὁ χιλίαρχος καὶ οἱ ὑπηρέται τῶν Ἰουδαίων συνέλαβον τὸν Ἰησοῦν καὶ **ἔδησαν** αὐτὸν
18:24 ἀπέστειλεν οὖν αὐτὸν ὁ Ἅννας **δεδεμένον** πρὸς Καϊάφαν τὸν ἀρχιερέα.
19:40 ἔλαβον οὖν τὸ σῶμα τοῦ Ἰησοῦ καὶ **ἔδησαν** αὐτὸ ὀθονίοις μετὰ τῶν ἀρωμάτων,
Ac 9: 2 ἄνδρας τε καὶ γυναῖκας, **δεδεμένους** ἀγάγῃ εἰς Ἰερουσαλήμ.
9:14 καὶ ὧδε ἔχει ἐξουσίαν παρὰ τῶν ἀρχιερέων **δῆσαι** πάντας τοὺς ἐπικαλουμένους τὸ ὄνομά σου.
9:21 καὶ ὧδε εἰς τοῦτο ἐληλύθει ἵνα **δεδεμένους** αὐτοὺς ἀγάγῃ ἐπὶ τοὺς ἀρχιερεῖς;
12: 6 τῇ νυκτὶ ἐκείνῃ ἦν ὁ Πέτρος κοιμώμενος μεταξὺ δύο στρατιωτῶν **δεδεμένος** ἁλύσεσιν δυσὶν φύλακές
20:22 καὶ νῦν ἰδοὺ **δεδεμένος** ἐγὼ τῷ πνεύματι πορεύομαι εἰς Ἰερουσαλὴμ τὰ ἐν αὐτῇ συναντήσοντά μοι μὴ εἰδώς,
21:11 **δήσας** ἑαυτοῦ τοὺς πόδας καὶ τὰς χεῖρας εἶπεν,
21:11 οὕτως **δήσουσιν** ἐν Ἰερουσαλὴμ οἱ Ἰουδαῖοι καὶ παραδώσουσιν εἰς χεῖρας ἐθνῶν.
21:13 ἐγὼ γὰρ οὐ μόνον **δεθῆναι** ἀλλὰ καὶ ἀποθανεῖν εἰς Ἰερουσαλὴμ ἑτοίμως ἔχω ὑπὲρ τοῦ ὀνόματος τοῦ κυρίου Ἰησοῦ.
21:33 τότε ἐγγίσας ὁ χιλίαρχος ἐπελάβετο αὐτοῦ καὶ ἐκέλευσεν **δεθῆναι** ἁλύσεσι δυσί,
22: 5 ἄξων καὶ τοὺς ἐκεῖσε ὄντας **δεδεμένους** εἰς Ἰερουσαλὴμ ἵνα τιμωρηθῶσιν.
22:29 καὶ ὁ χιλίαρχος δὲ ἐφοβήθη ἐπιγνοὺς ὅτι Ῥωμαῖός ἐστιν καὶ ὅτι αὐτὸν ἦν **δεδεκώς.**
24:27 θέλων τε χάριτα καταθέσθαι τοῖς Ἰουδαίοις ὁ Φῆλιξ κατέλιπε τὸν Παῦλον **δεδεμένον.**
Ro 7: 2 ἡ γὰρ ὕπανδρος γυνὴ τῷ ζῶντι ἀνδρὶ **δέδεται** νόμῳ·
1Co 7:27 **δέδεσαι** γυναικί, μὴ ζήτει λύσιν· λέλυσαι ἀπὸ γυναικός,
7:39 Γυνὴ **δέδεται** ἐφ᾽ ὅσον χρόνον ζῇ ὁ ἀνὴρ αὐτῆς·
Col 4: 3 ἵνα ὁ θεὸς ἀνοίξῃ ἡμῖν θύραν τοῦ λόγου λαλῆσαι τὸ μυστήριον τοῦ Χριστοῦ, δι᾽ ὃ καὶ **δέδεμαι,**
2Ti 2: 9 ἐν ᾧ κακοπαθῶ μέχρι δεσμῶν ὡς κακοῦργος, ἀλλὰ ὁ λόγος τοῦ θεοῦ οὐ **δέδεται·**
Rev 9:14 Λῦσον τοὺς τέσσαρας ἀγγέλους τοὺς **δεδεμένους** ἐπὶ τῷ ποταμῷ τῷ μεγάλῳ Εὐφράτῃ.
20: 2 ὅς ἐστιν Διάβολος καὶ ὁ Σατανᾶς, καὶ **ἔδησεν** αὐτὸν χίλια ἔτη

1314 δή [5]

→ *1325, 1326, 1327, 2076, 2077, 3889*

Mt 13:23 ὃς **δὴ** καρποφορεῖ καὶ ποιεῖ ὃ μὲν ἑκατόν,
Lk 2:15 Διέλθωμεν **δὴ** ἕως Βηθλέεμ καὶ ἴδωμεν τὸ ῥῆμα τοῦτο τὸ γεγονὸς ὃ ὁ κύριος ἐγνώρισεν ἡμῖν.
Ac 13: 2 Ἀφορίσατε **δή** μοι τὸν Βαρναβᾶν καὶ Σαῦλον εἰς τὸ ἔργον ὃ προσκέκλημαι αὐτούς.
15:36 Ἐπιστρέψαντες **δὴ** ἐπισκεψώμεθα τοὺς ἀδελφοὺς κατὰ πόλιν πᾶσαν ἐν αἷς κατηγγείλαμεν τὸν λόγον τοῦ κυρίου
1Co 6:20 δοξάσατε **δὴ** τὸν θεὸν ἐν τῷ σώματι ὑμῶν.

1315 δηλαυγῶς Not used in UBS/NIV

√ *879*

1316 δῆλος [3]

→ *83, 84, 85, 1317, 1684, 2867, 4593*

Mt 26:73 καὶ γὰρ ἡ λαλιά σου **δῆλόν** σε ποιεῖ.
1Co 15:27 **δῆλον** ὅτι ἐκτὸς τοῦ ὑποτάξαντος αὐτῷ τὰ πάντα.
Gal 3:11 ὅτι δὲ ἐν νόμῳ οὐδεὶς δικαιοῦται παρὰ τῷ θεῷ **δῆλον,**

1317 δηλόω [7]

√ *1316*

1Co 1:11 **ἐδηλώθη** γάρ μοι περὶ ὑμῶν, ἀδελφοί μου, ὑπὸ τῶν Χλόης ὅτι ἔριδες ἐν ὑμῖν εἰσιν.
3:13 ἡ γὰρ ἡμέρα **δηλώσει,** ὅτι ἐν πυρὶ ἀποκαλύπτεται·
Col 1: 8 ὁ καὶ **δηλώσας** ἡμῖν τὴν ὑμῶν ἀγάπην ἐν πνεύματι.
Heb 9: 8 τοῦτο **δηλοῦντος** τοῦ πνεύματος τοῦ ἁγίου, μήπω πεφανερῶσθαι τὴν τῶν ἁγίων ὁδὸν
12:27 τὸ δὲ Ἔτι ἅπαξ **δηλοῖ** [τὴν] τῶν σαλευομένων μετάθεσιν ὡς πεποιημένων,
1Pe 1:11 ἐραυνῶντες εἰς τίνα ἢ ποῖον καιρὸν **ἐδήλου** τὸ ἐν αὐτοῖς πνεῦμα Χριστοῦ προμαρτυρόμενον τὰ εἰς Χριστὸν παθήματα
2Pe 1:14 εἰδὼς ὅτι ταχινή ἐστιν ἡ ἀπόθεσις τοῦ σκηνώματός μου καθὼς καὶ ὁ κύριος ἡμῶν Ἰησοῦς Χριστὸς **ἐδήλωσέν** μοι,

1318 Δημᾶς [3]

√ *1322 (or) 1320*

Col 4:14 ἀσπάζεται ὑμᾶς Λουκᾶς ὁ ἰατρὸς ὁ ἀγαπητὸς καὶ **Δημᾶς.**
2Ti 4:10 **Δημᾶς** γάρ με ἐγκατέλιπεν ἀγαπήσας τὸν νῦν αἰῶνα καὶ ἐπορεύθη εἰς Θεσσαλονίκην,
Phm 1:24 Μᾶρκος, Ἀρίσταρχος, **Δημᾶς,** Λουκᾶς, οἱ συνεργοί μου.

1319 δημηγορέω [1]

√ *1322 + 60*

Ac 12:21 τακτῇ δὲ ἡμέρᾳ ὁ Ἡρῴδης ἐνδυσάμενος ἐσθῆτα βασιλικὴν [καὶ] καθίσας ἐπὶ τοῦ βήματος **ἐδημηγόρει** πρὸς αὐτούς,

1320 Δημήτριος [3]

→ *1318?*

Ac 19:24 **Δημήτριος** γάρ τις ὀνόματι, ἀργυροκόπος, ποιῶν ναοὺς ἀργυροῦς Ἀρτέμιδος παρείχετο τοῖς τεχνίταις
19:38 εἰ μὲν οὖν **Δημήτριος** καὶ οἱ σὺν αὐτῷ τεχνῖται ἔχουσι πρός τινα λόγον,
3Jn 1:12 **Δημητρίῳ** μεμαρτύρηται ὑπὸ πάντων καὶ ὑπὸ αὐτῆς τῆς ἀληθείας·

1321 δημιουργός [1]

√ *1322 + 2240*

Heb 11:10 ἐξεδέχετο γὰρ τὴν τοὺς θεμελίους ἔχουσαν πόλιν ἧς τεχνίτης καὶ **δημιουργὸς** ὁ θεός.

1322 δῆμος [4]

→ *623, 624, 1318?, 1319, 1321, 1323, 1685, 1897, 2111, 3773, 4215, 5292*

Ac 12:22 ὁ δὲ **δῆμος** ἐπεφώνει, Θεοῦ φωνὴ καὶ οὐκ ἀνθρώπου.
17: 5 καὶ ὀχλοποιήσαντες ἐθορύβουν τὴν πόλιν καὶ ἐπιστάντες τῇ οἰκίᾳ Ἰάσονος ἐζήτουν αὐτοὺς προαγαγεῖν εἰς τὸν **δῆμον**·
19:30 Παύλου δὲ βουλομένου εἰσελθεῖν εἰς τὸν **δῆμον** οὐκ εἴων αὐτὸν οἱ μαθηταί·
19:33 ὁ δὲ Ἀλέξανδρος κατασείσας τὴν χεῖρα ἤθελεν ἀπολογεῖσθαι τῷ **δήμῳ.**

1323 δημόσιος [4]

√ *1322*

Ac 5:18 καὶ ἐπέβαλον τὰς χεῖρας ἐπὶ τοὺς ἀποστόλους καὶ ἔθεντο αὐτοὺς ἐν τηρήσει **δημοσίᾳ.**
16:37 Δείραντες ἡμᾶς **δημοσίᾳ** ἀκατακρίτους, ἀνθρώπους Ῥωμαίους ὑπάρχοντας, ἔβαλαν εἰς φυλακήν,
18:28 εὐτόνως γὰρ τοῖς Ἰουδαίοις διακατηλέγχετο **δημοσίᾳ** ἐπιδεικνὺς διὰ τῶν γραφῶν εἶναι τὸν Χριστὸν Ἰησοῦν.
20:20 ὡς οὐδὲν ὑπεστειλάμην τῶν συμφερόντων τοῦ μὴ ἀναγγεῖλαι ὑμῖν καὶ διδάξαι ὑμᾶς **δημοσίᾳ** καὶ κατ' οἴκους,

1324 δηνάριον [16]

Mt 18:28 ὃς ὤφειλεν αὐτῷ ἑκατὸν **δηνάρια,** καὶ κρατήσας αὐτὸν ἔπνιγεν λέγων,
20: 2 συμφωνήσας δὲ μετὰ τῶν ἐργατῶν ἐκ **δηναρίου** τὴν ἡμέραν ἀπέστειλεν αὐτοὺς εἰς τὸν ἀμπελῶνα αὐτοῦ.
20: 9 καὶ ἐλθόντες οἱ περὶ τὴν ἑνδεκάτην ὥραν ἔλαβον ἀνὰ **δηνάριον.**
20:10 καὶ ἐλθόντες οἱ πρῶτοι ἐνόμισαν ὅτι πλεῖον λήμψονται· καὶ ἔλαβον [τὸ] ἀνὰ **δηνάριον** καὶ αὐτοί.
20:13 Ἑταῖρε, οὐκ ἀδικῶ σε· οὐχὶ **δηναρίου** συνεφώνησάς μοι;
22:19 ἐπιδείξατέ μοι τὸ νόμισμα τοῦ κήνσου. οἱ δὲ προσήνεγκαν αὐτῷ **δηνάριον.**
Mk 6:37 Ἀπελθόντες ἀγοράσωμεν **δηναρίων** διακοσίων ἄρτους καὶ δώσομεν αὐτοῖς φαγεῖν;
12:15 Τί με πειράζετε; φέρετέ μοι **δηνάριον** ἵνα ἴδω.
14: 5 ἠδύνατο γὰρ τοῦτο τὸ μύρον πραθῆναι ἐπάνω **δηναρίων** τριακοσίων καὶ δοθῆναι τοῖς πτωχοῖς·
Lk 7:41 ὁ εἷς ὤφειλεν **δηνάρια** πεντακόσια, ὁ δὲ ἕτερος πεντήκοντα.
10:35 καὶ ἐπὶ τὴν αὔριον ἐκβαλὼν ἔδωκεν δύο **δηνάρια** τῷ πανδοχεῖ καὶ εἶπεν,
20:24 Δείξατέ μοι **δηνάριον**· τίνος ἔχει εἰκόνα καὶ ἐπιγραφήν;
Jn 6: 7 Διακοσίων **δηναρίων** ἄρτοι οὐκ ἀρκοῦσιν αὐτοῖς ἵνα ἕκαστος βραχύ [τι] λάβῃ.
12: 5 Διὰ τί τοῦτο τὸ μύρον οὐκ ἐπράθη τριακοσίων **δηναρίων** καὶ ἐδόθη πτωχοῖς;
Rev 6: 6 Χοῖνιξ σίτου **δηναρίου** καὶ τρεῖς χοίνικες κριθῶν **δηναρίου,**

1325 δήποτε Not used in UBS/NIV

√ *1314 + 4544*

1326 δηποτοῦν Not used in UBS/NIV

√ *1314 + 4544 + 4036*

1327 δήπου [1]

√ *1314 + 4544*

Heb 2:16 οὐ γὰρ **δήπου** ἀγγέλων ἐπιλαμβάνεται ἀλλὰ σπέρματος Ἀβραὰμ ἐπιλαμβάνεται.

1328 διά [667 / 665] See Index of Articles, Etc.

→ *88, 89, 90, 91, 442, 507, 626, 1329, 1330, 1331, 1332, 1333, 1334, 1335, 1336, 1337, 1338, 1339, 1340, 1341, 1342, 1343, 1344, 1345, 1346, 1347, 1348, 1349, 1350, 1351, 1352, 1353, 1358, 1359, 1360, 1361, 1362, 1363, 1364, 1365, 1366, 1367, 1368, 1369, 1370, 1371, 1372, 1373, 1374, 1375, 1376, 1377, 1378, 1379, 1380, 1381, 1382, 1383, 1384, 1385, 1386, 1387, 1388, 1389, 1390, 1391, 1392, 1393, 1394, 1395, 1396, 1397, 1398, 1399, 1400, 1401, 1402, 1403, 1404, 1405, 1406, 1407, 1408, 1409, 1410, 1411, 1412, 1413, 1414, 1415, 1416, 1417, 1418, 1419, 1420, 1421, 1422, 1423, 1424, 1425, 1426, 1427, 1428, 1429, 1430, 1431, 1444, 1445, 1446, 1447, 1448, 1449, 1450, 1451, 1452, 1455, 1456, 1457, 1459, 1460, 1461, 1462, 1475, 1476, 1478, 1480, 1481, 1482, 1484, 1494, 1687, 2112, 2114, 4139*

διὰ βραχέων [1] Heb 13:22

διὰ ἡμερῶν [4] Mt 26:61; Mk 2:1; 14:58; Ac 1:3

διὰ θελήματος θεοῦ [7] Ro 15:32; 1Co 1:1; 2Co 1:1; 8:5; Eph 1:1; Col 1:1; 2Ti 1:1; cf. Rev 4:11

διὰ [Ἰησοῦ] Χριστοῦ [18] Jn 1:17; Ac 10:36; Ro 1:8; 2:16; 5:21; 7:25; 16:27; 2Co 1:5; 3:4; 5:18; Gal 1:1; Eph 1:5; Php 1:11; Tit 3:6; Heb 13:21; 1Pe 2:5; 4:11; Jude 1:25

διὰ [τόν] Ἰησοῦν, διὰ [τόν] Χριστόν [5] Jn 12:9; 1Co 4:10; 2Co 4:5,11; Php 3:7

διὰ νυκτός [6] Mk 5:5; Lk 5:5; Ac 5:19; 16:9; 17:10; 23:31

διὰ παντός [16] Mt 18:10; Mk 5:5; Lk 24:53; Ac 2:25; 9:32; 10:2; 24:16; Ro 11:10; 2Co 8:18; Eph 4:6,16; 6:18; 2Th 3:16; Heb 2:15; 9:6; 13:15

διὰ του προφήτου, -τῶν [18] Mt 1:22; 2:5,15,17,23; 3:3; 4:14; 8:17; 12:17; 13:35; 21:4; 24:15; 27:9; Lk 1:70; 18:31; Ac 2:16; 28:25; Ro 1:2

διὰ στόματος [6] Mt 4:4; Lk 1:70; Ac 1:16; 3:18,21; 15:7

διὰ ταῦτα [1] Eph 5:6

διὰ τί [26] Mt 9:11,14; 13:10; 15:2,3; 17:19; 21:25; Mk 2:18; 7:5; 11:31; Lk 5:30; 19:23,31; 20:5; 24:38; Jn 7:45; 8:43,46; 12:5; 13:37; Ac 5:3; Ro 9:32; 1Co 6:7,7; 2Co 11:11; Rev 17:7

διὰ τὸ with infin. [28] Mt 13:5,6; 24:12; Mk 4:5,6; Lk 2:4; 6:48; 8:6; 9:7; 11:8; 18:5; 19:11; 23:8; Jn 2:24; Ac 4:2; 8:11; 18:2,2,3; 27:4,9; 28:18,18; Php 1:7; Heb 7:23,23,24; Jas 4:2

διὰ τοῦτο [65] Mt 6:25; 12:27,31; 13:13,52; 14:2; 18:23; 21:43; 23:34; 24:44; Mk 6:14; 11:24; 12:24; Lk 11:19,49; 12:22; 14:20; Jn 1:31; 5:16,18; 6:65; 7:22; 8:47; 9:23; 10:17; 12:18,27,39; 13:11; 15:19; 16:15; 19:11; Ac 2:26; Ro 1:26; 4:16; 5:12; 13:6; 15:9; 1Co 4:17; 11:10,10,30; 2Co 4:1; 7:13; 13:10; Eph 1:15; 5:17; 6:13; Col 1:9; 1Th 2:13; 3:5,7; 2Th 2:11; 1Ti 1:16; 2Ti 2:10; Phm 1:15; Heb 1:9; 2:1; 9:15; 1Jn 3:1; 4:5; 3Jn 1:10; Rev 7:15; 12:12; 18:8

διὰ χειρῶν [11] Mk 6:2; Ac 2:23; 5:12; 7:25; 8:18; 11:30; 14:3; 15:23; 19:11,26; 2Ti 1:6

1329 διαβαίνω [3]

√ *1328 + 326*

Lk 16:26 ὅπως οἱ θέλοντες **διαβῆναι** ἔνθεν πρὸς ὑμᾶς μὴ δύνωνται,
Ac 16: 9 ἀνὴρ Μακεδών τις ἦν ἑστὼς καὶ παρακαλῶν αὐτὸν καὶ λέγων, **Διαβὰς** εἰς Μακεδονίαν βοήθησον ἡμῖν.
Heb 11:29 Πίστει **διέβησαν** τὴν Ἐρυθρὰν Θάλασσαν ὡς διὰ ξηρᾶς γῆς,

1330 διαβάλλω [1]

√ *1328 + 965*

Lk 16: 1 καὶ οὗτος **διεβλήθη** αὐτῷ ὡς διασκορπίζων τὰ ὑπάρχοντα αὐτοῦ.

1331 διαβεβαιόομαι [2]

√ *1328 + 326*

1Ti 1: 7 μὴ νοοῦντες μήτε ἃ λέγουσιν μήτε περὶ τίνων **διαβεβαιοῦνται.**
Tit 3: 8 καὶ περὶ τούτων βούλομαί σε **διαβεβαιοῦσθαι,** ἵνα φροντίζωσιν καλῶν ἔργων προΐστασθαι οἱ πεπιστευκότες θεῷ·

1332 διαβλέπω [3]

√ *1328 + 1063*

Mt 7: 5 καὶ τότε **διαβλέψεις** ἐκβαλεῖν τὸ κάρφος ἐκ τοῦ ὀφθαλμοῦ τοῦ ἀδελφοῦ σου.
Mk 8:25 καὶ **διέβλεψεν** καὶ ἀπεκατέστη καὶ ἐνέβλεπεν τηλαυγῶς ἅπαντα.
Lk 6:42 καὶ τότε **διαβλέψεις** τὸ κάρφος τὸ ἐν τῷ ὀφθαλμῷ τοῦ ἀδελφοῦ σου ἐκβαλεῖν.

1333 διάβολος [37 / 38]

√ *1328 + 965*

διάβολοι, -ους [3] 1Ti 3:11; 2Ti 3:3; Tit 2:3
ἐκ διαβόλου [2] Jn 8:44; 1Jn 3:8
τὰ ἔργα διαβόλου [1] 1Jn 3:8
τέκνα διαβόλου [1] 1Jn 3:10
υἱός διαβόλου [1] Ac 13:10

Mt 4: 1 Τότε ὁ Ἰησοῦς ἀνήχθη εἰς τὴν ἔρημον ὑπὸ τοῦ πνεύματος πειρασθῆναι ὑπὸ τοῦ **διαβόλου.**
4: 5 Τότε παραλαμβάνει αὐτὸν ὁ **διάβολος** εἰς τὴν ἁγίαν πόλιν καὶ ἔστησεν αὐτὸν ἐπὶ τὸ πτερύγιον τοῦ ἱεροῦ
4: 8 Πάλιν παραλαμβάνει αὐτὸν ὁ **διάβολος** εἰς ὄρος ὑψηλὸν λίαν καὶ δείκνυσιν αὐτῷ πάσας τὰς βασιλείας τοῦ κόσμου
4:11 Τότε ἀφίησιν αὐτὸν ὁ **διάβολος,** καὶ ἰδοὺ ἄγγελοι προσῆλθον καὶ διηκόνουν αὐτῷ.
13:39 ὁ δὲ ἐχθρὸς ὁ σπείρας αὐτά ἐστιν ὁ **διάβολος,**
25:41 Πορεύεσθε ἀπ' ἐμοῦ [οἱ] κατηραμένοι εἰς τὸ πῦρ τὸ αἰώνιον τὸ ἡτοιμασμένον τῷ **διαβόλῳ** καὶ τοῖς ἀγγέλοις αὐτοῦ.
Lk 4: 2 ἡμέρας τεσσεράκοντα πειραζόμενος ὑπὸ τοῦ **διαβόλου.**
4: 3 Εἶπεν δὲ αὐτῷ ὁ **διάβολος,** Εἰ υἱὸς εἶ τοῦ θεοῦ,
4: 5 Καὶ ἀναγαγὼν αὐτὸν ὁ **διάβολος**[UBS-] εἰς ὄρος ὑψηλὸν ἔδειξεν αὐτῷ πάσας τὰς βασιλείας τῆς οἰκουμένης ἐν στιγμῇ χρόνου
4: 6 καὶ εἶπεν αὐτῷ ὁ **διάβολος,** Σοὶ δώσω τὴν ἐξουσίαν ταύτην ἅπασαν καὶ τὴν δόξαν αὐτῶν,
4:13 Καὶ συντελέσας πάντα πειρασμὸν ὁ **διάβολος** ἀπέστη ἀπ' αὐτοῦ ἄχρι καιροῦ.
8:12 εἶτα ἔρχεται ὁ **διάβολος** καὶ αἴρει τὸν λόγον ἀπὸ τῆς καρδίας αὐτῶν,
Jn 6:70 Οὐκ ἐγὼ ὑμᾶς τοὺς δώδεκα ἐξελεξάμην; καὶ ἐξ ὑμῶν εἷς **διάβολός** ἐστιν.
8:44 ὑμεῖς ἐκ τοῦ πατρὸς τοῦ **διαβόλου** ἐστὲ καὶ τὰς ἐπιθυμίας τοῦ πατρὸς ὑμῶν θέλετε ποιεῖν.
13: 2 τοῦ **διαβόλου** ἤδη βεβληκότος εἰς τὴν καρδίαν ἵνα παραδοῖ αὐτὸν Ἰούδας Σίμωνος Ἰσκαριώτου,
Ac 10:38 ὃς διῆλθεν εὐεργετῶν καὶ ἰώμενος πάντας τοὺς καταδυναστευομένους ὑπὸ τοῦ **διαβόλου,**
13:10 Ὦ πλήρης παντὸς δόλου καὶ πάσης ῥᾳδιουργίας, υἱὲ **διαβόλου,** ἐχθρὲ πάσης δικαιοσύνης,
Eph 4:27 μηδὲ δίδοτε τόπον τῷ **διαβόλῳ.**
6:11 ἐνδύσασθε τὴν πανοπλίαν τοῦ θεοῦ πρὸς τὸ δύνασθαι ὑμᾶς στῆναι πρὸς τὰς μεθοδείας τοῦ **διαβόλου·**
1Ti 3: 6 ἵνα μὴ τυφωθεὶς εἰς κρίμα ἐμπέσῃ τοῦ **διαβόλου.**
3: 7 ἵνα μὴ εἰς ὀνειδισμὸν ἐμπέσῃ καὶ παγίδα τοῦ **διαβόλου.**
3:11 γυναῖκας ὡσαύτως σεμνάς, μὴ **διαβόλους,** νηφαλίους, πιστὰς ἐν πᾶσιν.
2Ti 2:26 καὶ ἀνανήψωσιν ἐκ τῆς τοῦ **διαβόλου** παγίδος, ἐζωγρημένοι ὑπ' αὐτοῦ εἰς τὸ ἐκείνου θέλημα.
3: 3 ἄστοργοι ἄσπονδοι **διάβολοι** ἀκρατεῖς ἀνήμεροι ἀφιλάγαθοι
Tit 2: 3 πρεσβύτιδας ὡσαύτως ἐν καταστήματι ἱεροπρεπεῖς, μὴ **διαβόλους** μηδὲ οἴνῳ πολλῷ δεδουλωμένας, καλοδιδασκάλους,
Heb 2:14 ἵνα διὰ τοῦ θανάτου καταργήσῃ τὸν τὸ κράτος ἔχοντα τοῦ θανάτου, τοῦτ' ἔστιν τὸν **διάβολον,**
Jas 4: 7 ἀντίστητε δὲ τῷ **διαβόλῳ** καὶ φεύξεται ἀφ' ὑμῶν,
1Pe 5: 8 ὁ ἀντίδικος ὑμῶν **διάβολος** ὡς λέων ὠρυόμενος περιπατεῖ ζητῶν [τινα] καταπιεῖν·
1Jn 3: 8 ὁ ποιῶν τὴν ἁμαρτίαν ἐκ τοῦ **διαβόλου** ἐστίν, ὅτι ἀπ' ἀρχῆς ὁ **διάβολος** ἁμαρτάνει. εἰς τοῦτο ἐφανερώθη ὁ υἱὸς τοῦ θεοῦ, ἵνα λύσῃ τὰ ἔργα τοῦ **διαβόλου.**
3:10 ἐν τούτῳ φανερά ἐστιν τὰ τέκνα τοῦ θεοῦ καὶ τὰ τέκνα τοῦ **διαβόλου·**
Jude 1: 9 ὅτε τῷ **διαβόλῳ** διακρινόμενος διελέγετο περὶ τοῦ Μωϋσέως σώματος,
Rev 2:10 ἰδοὺ μέλλει βάλλειν ὁ **διάβολος** ἐξ ὑμῶν εἰς φυλακὴν ἵνα πειρασθῆτε καὶ ἕξετε θλῖψιν ἡμερῶν δέκα.
12: 9 ὁ ὄφις ὁ ἀρχαῖος, ὁ καλούμενος **Διάβολος** καὶ ὁ Σατανᾶς,
12:12 ὅτι κατέβη ὁ **διάβολος** πρὸς ὑμᾶς ἔχων θυμὸν μέγαν,
20: 2 ὁ ὄφις ὁ ἀρχαῖος, ὅς ἐστιν **Διάβολος** καὶ ὁ Σατανᾶς,
20:10 καὶ ὁ **διάβολος** ὁ πλανῶν αὐτοὺς ἐβλήθη εἰς τὴν λίμνην τοῦ πυρὸς καὶ θείου ὅπου καὶ τὸ θηρίον καὶ ὁ ψευδοπροφήτης,

1334 διαγγέλλω [3]

√ *1328 + 34*

Lk 9:60 σὺ δὲ ἀπελθὼν **διάγγελλε** τὴν βασιλείαν τοῦ θεοῦ.
Ac 21:26 εἰσῄει εἰς τὸ ἱερὸν **διαγγέλλων** τὴν ἐκπλήρωσιν τῶν ἡμερῶν τοῦ ἁγνισμοῦ
Ro 9:17 Εἰς αὐτὸ τοῦτο ἐξήγειρά σε ὅπως ἐνδείξωμαι ἐν σοὶ τὴν δύναμίν μου καὶ ὅπως **διαγγελῇ** τὸ ὄνομά μου ἐν πάσῃ τῇ γῇ.

1335 διαγίνομαι [3]

√ *1328 + 1181*

Mk 16: 1 Καὶ **διαγενομένου** τοῦ σαββάτου Μαρία ἡ Μαγδαληνὴ καὶ Μαρία ἡ [τοῦ] Ἰακώβου καὶ Σαλώμη ἠγόρασαν ἀρώματα
Ac 25:13 Ἡμερῶν δὲ **διαγενομένων** τινῶν Ἀγρίππας ὁ βασιλεὺς καὶ Βερνίκη κατήντησαν εἰς Καισάρειαν ἀσπασάμενοι τὸν Φῆστον.
27: 9 Ἱκανοῦ δὲ χρόνου **διαγενομένου** καὶ ὄντος ἤδη ἐπισφαλοῦς τοῦ πλοὸς διὰ τὸ καὶ τὴν νηστείαν ἤδη παρεληλυθέναι

1336 διαγινώσκω [2]

√ *1328 + 1182*

Ac 23:15 ὅπως καταγάγῃ αὐτὸν εἰς ὑμᾶς ὡς μέλλοντας **διαγινώσκειν** ἀκριβέστερον τὰ περὶ αὐτοῦ·
24:22 Ὅταν Λυσίας ὁ χιλίαρχος καταβῇ, **διαγνώσομαι** τὰ καθ' ὑμᾶς·

1337 διαγνωρίζω Not used in UBS/NIV

√ *1328 + 1182*

1338 διάγνωσις [1]

√ *1328 + 1182*

Ac 25:21 τοῦ δὲ Παύλου ἐπικαλεσαμένου τηρηθῆναι αὐτὸν εἰς τὴν τοῦ Σεβαστοῦ **διάγνωσιν,**

1339 διαγογγύζω [2]

√ *1328 + 1197*

Lk 15: 2 καὶ **διεγόγγυζον** οἵ τε Φαρισαῖοι καὶ οἱ γραμματεῖς λέγοντες ὅτι Οὗτος ἁμαρτωλοὺς προσδέχεται καὶ συνεσθίει αὐτοῖς.
19: 7 καὶ ἰδόντες πάντες **διεγόγγυζον** λέγοντες ὅτι Παρὰ ἁμαρτωλῷ ἀνδρὶ εἰσῆλθεν καταλῦσαι.

1340 διαγρηγορέω [1]

√ *1328 + 1586*

Lk 9:32 **διαγρηγορήσαντες** δὲ εἶδον τὴν δόξαν αὐτοῦ καὶ τοὺς δύο ἄνδρας τοὺς συνεστῶτας αὐτῷ.

1341 διάγω [2]

√ *1328 + 72*

1Ti 2: 2 ἵνα ἤρεμον καὶ ἡσύχιον βίον **διάγωμεν** ἐν πάσῃ εὐσεβείᾳ καὶ σεμνότητι.
Tit 3: 3 ἐν κακίᾳ καὶ φθόνῳ **διάγοντες,** στυγητοί, μισοῦντες ἀλλήλους.

1342 διαδέχομαι [1]

√ *1328 + 1312*

Ac 7:45 ἣν καὶ εἰσήγαγον **διαδεξάμενοι** οἱ πατέρες ἡμῶν μετὰ Ἰησοῦ ἐν τῇ κατασχέσει τῶν ἐθνῶν,

1343 διάδημα [3]

√ *1328 + 1313*

Rev 12: 3 καὶ ἰδοὺ δράκων μέγας πυρρὸς ἔχων κεφαλὰς ἑπτὰ καὶ κέρατα δέκα καὶ ἐπὶ τὰς κεφαλὰς αὐτοῦ ἑπτὰ **διαδήματα,**
13: 1 ἔχον κέρατα δέκα καὶ κεφαλὰς ἑπτὰ καὶ ἐπὶ τῶν κεράτων αὐτοῦ δέκα **διαδήματα**
19:12 οἱ δὲ ὀφθαλμοὶ αὐτοῦ [ὡς] φλὸξ πυρός, καὶ ἐπὶ τὴν κεφαλὴν αὐτοῦ **διαδήματα** πολλά,

1344 διαδίδωμι [4]

√ *1328 + 1443*

Lk 11:22 τὴν πανοπλίαν αὐτοῦ αἴρει ἐφ' ᾗ ἐπεποίθει καὶ τὰ σκῦλα αὐτοῦ **διαδίδωσιν.**
18:22 πάντα ὅσα ἔχεις πώλησον καὶ **διάδος** πτωχοῖς, καὶ ἕξεις θησαυρὸν ἐν [τοῖς] οὐρανοῖς,
Jn 6:11 ἔλαβεν οὖν τοὺς ἄρτους ὁ Ἰησοῦς καὶ εὐχαριστήσας **διέδωκεν** τοῖς ἀνακειμένοις ὁμοίως καὶ ἐκ τῶν ὀψαρίων ὅσον ἤθελον.
Ac 4:35 **διεδίδετο** δὲ ἑκάστῳ καθότι ἄν τις χρείαν εἶχεν.

1345 διάδοχος [1]

√ *1328 + 1312*

Ac 24:27 Διετίας δὲ πληρωθείσης ἔλαβεν **διάδοχον** ὁ Φῆλιξ Πόρκιον Φῆστον,

1346 διαζώννυμι [3]

√ *1328 + 2439*

Jn 13: 4 ἐγείρεται ἐκ τοῦ δείπνου καὶ τίθησιν τὰ ἱμάτια καὶ λαβὼν λέντιον **διέζωσεν** ἑαυτόν·
13: 5 καὶ ἤρξατο νίπτειν τοὺς πόδας τῶν μαθητῶν καὶ ἐκμάσσειν τῷ λεντίῳ ᾧ ἦν **διεζωσμένος.**
21: 7 Σίμων οὖν Πέτρος ἀκούσας ὅτι ὁ κύριός ἐστιν τὸν ἐπενδύτην **διεζώσατο,**

1347 διαθήκη [33]

√ *1328 + 5502*

αἰώνιος διαθήκη [1] Heb 13:20
ἄνθρωπος διαθήκη [1] Gal 3:15
διαθήκη ... αἷμα [8] Mt 26:28; Mk 14:24; Lk 22:20; 1Co 11:25; Heb 9:20; 10:29; 12:24; 13:20
διαθήκη with **διατίθημι** [5] Ac 3:25; Heb 8:10; 9:16,17; 10:16
διαθῆκαι [3] Ro 9:4; Gal 4:24; Eph 2:12
καινός διαθήκη [5] Lk 22:20; 1Co 11:25; 2Co 3:6; Heb 8:8; 9:15
κρείττων διαθήκη [2] Heb 7:22; 8:6
νέος διαθήκη [1] Heb 12:24
παλαιός διαθήκη [1] 2Co 3:14
πρῶτος διαθήκη [1] Heb 9:15

Mt 26:28 τοῦτο γάρ ἐστιν τὸ αἷμά μου τῆς **διαθήκης** τὸ περὶ πολλῶν ἐκχυννόμενον εἰς ἄφεσιν ἁμαρτιῶν.
Mk 14:24 Τοῦτό ἐστιν τὸ αἷμά μου τῆς **διαθήκης** τὸ ἐκχυννόμενον ὑπὲρ πολλῶν.
Lk 1:72 ποιῆσαι ἔλεος μετὰ τῶν πατέρων ἡμῶν καὶ μνησθῆναι **διαθήκης** ἁγίας αὐτοῦ,
22:20 Τοῦτο τὸ ποτήριον ἡ καινὴ **διαθήκη** ἐν τῷ αἵματί μου τὸ ὑπὲρ ὑμῶν ἐκχυννόμενον.
Ac 3:25 ὑμεῖς ἐστε οἱ υἱοὶ τῶν προφητῶν καὶ τῆς **διαθήκης** ἧς διέθετο ὁ θεὸς πρὸς τοὺς πατέρας ὑμῶν λέγων πρὸς Ἀβραάμ,
7: 8 καὶ ἔδωκεν αὐτῷ **διαθήκην** περιτομῆς· καὶ οὕτως ἐγέννησεν τὸν Ἰσαὰκ καὶ περιέτεμεν αὐτὸν τῇ ἡμέρᾳ τῇ ὀγδόῃ,
Ro 9: 4 ὧν ἡ υἱοθεσία καὶ ἡ δόξα καὶ αἱ **διαθῆκαι** καὶ ἡ νομοθεσία καὶ ἡ λατρεία καὶ αἱ ἐπαγγελίαι,
11:27 καὶ αὕτη αὐτοῖς ἡ παρ' ἐμοῦ **διαθήκη,** ὅταν ἀφέλωμαι τὰς ἁμαρτίας αὐτῶν.
1Co 11:25 Τοῦτο τὸ ποτήριον ἡ καινὴ **διαθήκη** ἐστὶν ἐν τῷ ἐμῷ αἵματι·
2Co 3: 6 ὃς καὶ ἱκάνωσεν ἡμᾶς διακόνους καινῆς **διαθήκης,** οὐ γράμματος ἀλλὰ πνεύματος·
3:14 ἄχρι γὰρ τῆς σήμερον ἡμέρας τὸ αὐτὸ κάλυμμα ἐπὶ τῇ ἀναγνώσει τῆς παλαιᾶς **διαθήκης** μένει,
Gal 3:15 ὅμως ἀνθρώπου κεκυρωμένην **διαθήκην** οὐδεὶς ἀθετεῖ ἢ ἐπιδιατάσσεται.
3:17 **διαθήκην** προκεκυρωμένην ὑπὸ τοῦ θεοῦ ὁ μετὰ τετρακόσια καὶ τριάκοντα ἔτη γεγονὼς νόμος οὐκ ἀκυροῖ εἰς τὸ καταργῆσαι τὴν ἐπαγγελίαν.
4:24 αὗται γάρ εἰσιν δύο **διαθῆκαι,** μία μὲν ἀπὸ ὄρους Σινᾶ εἰς δουλείαν γεννῶσα,
Eph 2:12 ἀπηλλοτριωμένοι τῆς πολιτείας τοῦ Ἰσραὴλ καὶ ξένοι τῶν **διαθηκῶν** τῆς ἐπαγγελίας,
Heb 7:22 κατὰ τοσοῦτο [καὶ] κρείττονος **διαθήκης** γέγονεν ἔγγυος Ἰησοῦς.
8: 6 ὅσῳ καὶ κρείττονός ἐστιν **διαθήκης** μεσίτης, ἥτις ἐπὶ κρείττοσιν ἐπαγγελίαις νενομοθέτηται.
8: 8 καὶ συντελέσω ἐπὶ τὸν οἶκον Ἰσραὴλ καὶ ἐπὶ τὸν οἶκον Ἰούδα **διαθήκην** καινήν,
8: 9 οὐ κατὰ τὴν **διαθήκην,** ἣν ἐποίησα τοῖς πατράσιν αὐτῶν ἐν ἡμέρᾳ ἐπιλαβομένου μου τῆς χειρὸς αὐτῶν ἐξαγαγεῖν αὐτοὺς ἐκ γῆς Αἰγύπτου, ὅτι αὐτοὶ οὐκ ἐνέμειναν ἐν τῇ **διαθήκῃ** μου,
8:10 ὅτι αὕτη ἡ **διαθήκη,** ἣν διαθήσομαι τῷ οἴκῳ Ἰσραὴλ μετὰ τὰς ἡμέρας ἐκείνας,
9: 4 χρυσοῦν ἔχουσα θυμιατήριον καὶ τὴν κιβωτὸν τῆς **διαθήκης** περικεκαλυμμένην πάντοθεν χρυσίῳ, ἐν ᾗ στάμνος χρυσῆ ἔχουσα τὸ μάννα καὶ ἡ ῥάβδος Ἀαρὼν ἡ βλαστήσασα καὶ αἱ πλάκες τῆς **διαθήκης,**
9:15 Καὶ διὰ τοῦτο **διαθήκης** καινῆς μεσίτης ἐστίν, ὅπως θανάτου γενομένου εἰς ἀπολύτρωσιν τῶν ἐπὶ τῇ πρώτῃ **διαθήκῃ** παραβάσεων τὴν ἐπαγγελίαν λάβωσιν οἱ κεκλημένοι τῆς αἰωνίου κληρονομίας.
9:16 ὅπου γὰρ **διαθήκη,** θάνατον ἀνάγκη φέρεσθαι τοῦ διαθεμένου·
9:17 **διαθήκη** γὰρ ἐπὶ νεκροῖς βεβαία, ἐπεὶ μήποτε ἰσχύει ὅτε ζῇ ὁ διαθέμενος.
9:20 Τοῦτο τὸ αἷμα τῆς **διαθήκης** ἧς ἐνετείλατο πρὸς ὑμᾶς ὁ θεός.
10:16 Αὕτη ἡ **διαθήκη** ἣν διαθήσομαι πρὸς αὐτοὺς μετὰ τὰς ἡμέρας ἐκείνας,
10:29 ἀξιωθήσεται τιμωρίας ὁ τὸν υἱὸν τοῦ θεοῦ καταπατήσας καὶ τὸ αἷμα τῆς **διαθήκης** κοινὸν ἡγησάμενος,
12:24 καὶ **διαθήκης** νέας μεσίτῃ Ἰησοῦ καὶ αἵματι ῥαντισμοῦ κρεῖττον λαλοῦντι παρὰ τὸν Ἅβελ.
13:20 ὁ ἀναγαγὼν ἐκ νεκρῶν τὸν ποιμένα τῶν προβάτων τὸν μέγαν ἐν αἵματι **διαθήκης** αἰωνίου,
Rev 11:19 καὶ ἠνοίγη ὁ ναὸς τοῦ θεοῦ ὁ ἐν τῷ οὐρανῷ καὶ ὤφθη ἡ κιβωτὸς τῆς **διαθήκης** αὐτοῦ ἐν τῷ ναῷ αὐτοῦ,

1348 διαίρεσις [3]

√ *1328 + 145*

1Co 12: 4 **Διαιρέσεις** δὲ χαρισμάτων εἰσίν, τὸ δὲ αὐτὸ πνεῦμα·
12: 5 καὶ **διαιρέσεις** διακονιῶν εἰσιν, καὶ ὁ αὐτὸς κύριος·
12: 6 καὶ **διαιρέσεις** ἐνεργημάτων εἰσίν, ὁ δὲ αὐτὸς θεὸς ὁ ἐνεργῶν τὰ πάντα ἐν πᾶσιν.

1349 διαιρέω [2]

√ *1328 + 145*

Lk 15:12 δός μοι τὸ ἐπιβάλλον μέρος τῆς οὐσίας. ὁ δὲ **διεῖλεν** αὐτοῖς τὸν βίον.
1Co 12:11 πάντα δὲ ταῦτα ἐνεργεῖ τὸ ἓν καὶ τὸ αὐτὸ πνεῦμα **διαιροῦν** ἰδίᾳ ἑκάστῳ καθὼς βούλεται.

1350 διακαθαίρω [1]

√ *1328 + 2754*

Lk 3:17 οὗ τὸ πτύον ἐν τῇ χειρὶ αὐτοῦ **διακαθᾶραι** τὴν ἅλωνα αὐτοῦ καὶ συναγαγεῖν τὸν σῖτον εἰς τὴν ἀποθήκην αὐτοῦ,

1351 διακαθαρίζω [1]

√ *1328 + 2754*

Mt 3:12 οὗ τὸ πτύον ἐν τῇ χειρὶ αὐτοῦ καὶ **διακαθαριεῖ** τὴν ἅλωνα αὐτοῦ καὶ συνάξει τὸν σῖτον αὐτοῦ εἰς τὴν ἀποθήκην,

1352 διακατελέγχομαι [1]

√ *1328 + 2848 + 1794*

Ac 18:28 εὐτόνως γὰρ τοῖς Ἰουδαίοις **διακατηλέγχετο** δημοσίᾳ ἐπιδεικνὺς διὰ τῶν γραφῶν εἶναι τὸν Χριστὸν Ἰησοῦν.

1353 διακελεύω Not used in UBS/NIV

√ *1328 + 3027*

1354 διακονέω [37]

√ *1356*

Mt 4:11 Τότε ἀφίησιν αὐτὸν ὁ διάβολος, καὶ ἰδοὺ ἄγγελοι προσῆλθον καὶ **διηκόνουν** αὐτῷ.
8:15 καὶ ἀφῆκεν αὐτὴν ὁ πυρετός, καὶ ἠγέρθη καὶ **διηκόνει** αὐτῷ.
20:28 ὥσπερ ὁ υἱὸς τοῦ ἀνθρώπου οὐκ ἦλθεν **διακονηθῆναι** ἀλλὰ **διακονῆσαι** καὶ δοῦναι τὴν ψυχὴν αὐτοῦ λύτρον ἀντὶ πολλῶν.
25:44 πότε σε εἴδομεν πεινῶντα ἢ διψῶντα ἢ ξένον ἢ γυμνὸν ἢ ἀσθενῆ ἢ ἐν φυλακῇ καὶ οὐ **διηκονήσαμέν** σοι;
27:55 αἵτινες ἠκολούθησαν τῷ Ἰησοῦ ἀπὸ τῆς Γαλιλαίας **διακονοῦσαι** αὐτῷ·
Mk 1:13 καὶ ἦν μετὰ τῶν θηρίων, καὶ οἱ ἄγγελοι **διηκόνουν** αὐτῷ.
1:31 καὶ ἀφῆκεν αὐτὴν ὁ πυρετός, καὶ **διηκόνει** αὐτοῖς.
10:45 καὶ γὰρ ὁ υἱὸς τοῦ ἀνθρώπου οὐκ ἦλθεν **διακονηθῆναι** ἀλλὰ **διακονῆσαι** καὶ δοῦναι τὴν ψυχὴν αὐτοῦ λύτρον ἀντὶ πολλῶν.
15:41 αἳ ὅτε ἦν ἐν τῇ Γαλιλαίᾳ ἠκολούθουν αὐτῷ καὶ **διηκόνουν** αὐτῷ,
Lk 4:39 καὶ ἐπιστὰς ἐπάνω αὐτῆς ἐπετίμησεν τῷ πυρετῷ καὶ ἀφῆκεν αὐτήν· παραχρῆμα δὲ ἀναστᾶσα **διηκόνει** αὐτοῖς.
8:3 καὶ Σουσάννα καὶ ἕτεραι πολλαί, αἵτινες **διηκόνουν** αὐτοῖς ἐκ τῶν ὑπαρχόντων αὐταῖς.
10:40 οὐ μέλει σοι ὅτι ἡ ἀδελφή μου μόνην με κατέλιπεν **διακονεῖν;**
12:37 ἀμὴν λέγω ὑμῖν ὅτι περιζώσεται καὶ ἀνακλινεῖ αὐτοὺς καὶ παρελθὼν **διακονήσει** αὐτοῖς.
17:8 Ἑτοίμασον τί δειπνήσω καὶ περιζωσάμενος **διακόνει** μοι ἕως φάγω καὶ πίω,
22:26 ἀλλ' ὁ μείζων ἐν ὑμῖν γινέσθω ὡς ὁ νεώτερος καὶ ὁ ἡγούμενος ὡς ὁ **διακονῶν.**
22:27 τίς γὰρ μείζων, ὁ ἀνακείμενος ἢ ὁ **διακονῶν;** οὐχὶ ὁ ἀνακείμενος; ἐγὼ δὲ ἐν μέσῳ ὑμῶν εἰμι ὡς ὁ **διακονῶν.**
Jn 12:2 ἐποίησαν οὖν αὐτῷ δεῖπνον ἐκεῖ, καὶ ἡ Μάρθα **διηκόνει,**
12:26 ἐὰν ἐμοί τις **διακονῇ,** ἐμοὶ ἀκολουθείτω, καὶ ὅπου εἰμὶ ἐγὼ ἐκεῖ καὶ ὁ διάκονος ὁ ἐμὸς ἔσται· ἐάν τις ἐμοὶ **διακονῇ** τιμήσει αὐτὸν ὁ πατήρ.
Ac 6:2 Οὐκ ἀρεστόν ἐστιν ἡμᾶς καταλείψαντας τὸν λόγον τοῦ θεοῦ **διακονεῖν** τραπέζαις.
19:22 ἀποστείλας δὲ εἰς τὴν Μακεδονίαν δύο τῶν **διακονούντων** αὐτῷ,
Ro 15:25 νυνὶ δὲ πορεύομαι εἰς Ἰερουσαλὴμ **διακονῶν** τοῖς ἁγίοις.
2Co 3:3 φανερούμενοι ὅτι ἐστὲ ἐπιστολὴ Χριστοῦ **διακονηθεῖσα** ὑφ' ἡμῶν,
8:19 ἀλλὰ καὶ χειροτονηθεὶς ὑπὸ τῶν ἐκκλησιῶν συνέκδημος ἡμῶν σὺν τῇ χάριτι ταύτῃ τῇ **διακονουμένῃ** ὑφ' ἡμῶν
8:20 μή τις ἡμᾶς μωμήσηται ἐν τῇ ἁδρότητι ταύτῃ τῇ **διακονουμένῃ** ὑφ' ἡμῶν·
1Ti 3:10 καὶ οὗτοι δὲ δοκιμαζέσθωσαν πρῶτον, εἶτα **διακονείτωσαν** ἀνέγκλητοι ὄντες.
3:13 οἱ γὰρ καλῶς **διακονήσαντες** βαθμὸν ἑαυτοῖς καλὸν περιποιοῦνται καὶ πολλὴν παρρησίαν ἐν πίστει τῇ ἐν Χριστῷ
2Ti 1:18 καὶ ὅσα ἐν Ἐφέσῳ **διηκόνησεν,** βέλτιον σὺ γινώσκεις.
Phm 1:13 ἵνα ὑπὲρ σοῦ μοι **διακονῇ** ἐν τοῖς δεσμοῖς τοῦ εὐαγγελίου,
Heb 6:10 οὐ γὰρ ἄδικος ὁ θεὸς ἐπιλαθέσθαι τοῦ ἔργου ὑμῶν καὶ τῆς ἀγάπης ἧς ἐνεδείξασθε εἰς τὸ ὄνομα αὐτοῦ, **διακονήσαντες** τοῖς ἁγίοις καὶ **διακονοῦντες.**
1Pe 1:12 οἷς ἀπεκαλύφθη ὅτι οὐχ ἑαυτοῖς ὑμῖν δὲ **διηκόνουν** αὐτά,
4:10 ἕκαστος καθὼς ἔλαβεν χάρισμα εἰς ἑαυτοὺς αὐτὸ **διακονοῦντες** ὡς καλοὶ οἰκονόμοι ποικίλης χάριτος θεοῦ.
4:11 εἴ τις **διακονεῖ,** ὡς ἐξ ἰσχύος ἧς χορηγεῖ ὁ θεός,

1355 διακονία [34]

√ *1356*

διακονίαι [1] 1Co 12:5

εἰς διακονίαν [5] Ac 11:29; 1Co 16:15; 1Ti 1:12; 2Ti 4:11; Heb 1:14

Lk 10:40 ἡ δὲ Μάρθα περιεσπᾶτο περὶ πολλὴν **διακονίαν·** ἐπιστᾶσα δὲ εἶπεν,
Ac 1:17 ὅτι κατηριθμημένος ἦν ἐν ἡμῖν καὶ ἔλαχεν τὸν κλῆρον τῆς **διακονίας** ταύτης.
1:25 λαβεῖν τὸν τόπον τῆς **διακονίας** ταύτης καὶ ἀποστολῆς ἀφ' ἧς παρέβη Ἰούδας πορευθῆναι εἰς τὸν τόπον τὸν ἴδιον.
6:1 ὅτι παρεθεωροῦντο ἐν τῇ **διακονίᾳ** τῇ καθημερινῇ αἱ χῆραι αὐτῶν.
6:4 ἡμεῖς δὲ τῇ προσευχῇ καὶ τῇ **διακονίᾳ** τοῦ λόγου προσκαρτερήσομεν.
11:29 καθὼς εὐπορεῖτό τις ὥρισαν ἕκαστος αὐτῶν εἰς **διακονίαν** πέμψαι τοῖς κατοικοῦσιν ἐν τῇ Ἰουδαίᾳ ἀδελφοῖς·
12:25 Βαρναβᾶς δὲ καὶ Σαῦλος ὑπέστρεψαν εἰς Ἰερουσαλὴμ πληρώσαντες τὴν **διακονίαν,**
20:24 ἀλλ' οὐδενὸς λόγου ποιοῦμαι τὴν ψυχὴν τιμίαν ἐμαυτῷ ὡς τελειῶσαι τὸν δρόμον μου καὶ τὴν **διακονίαν** ἣν ἔλαβον
21:19 ὧν ἐποίησεν ὁ θεὸς ἐν τοῖς ἔθνεσιν διὰ τῆς **διακονίας** αὐτοῦ.
Ro 11:13 ἐφ' ὅσον μὲν οὖν εἰμι ἐγὼ ἐθνῶν ἀπόστολος, τὴν **διακονίαν** μου δοξάζω,
12:7 εἴτε **διακονίαν** ἐν τῇ **διακονίᾳ,** εἴτε ὁ διδάσκων ἐν τῇ διδασκαλίᾳ,
15:31 ἵνα ῥυσθῶ ἀπὸ τῶν ἀπειθούντων ἐν τῇ Ἰουδαίᾳ καὶ ἡ **διακονία** μου ἡ εἰς Ἰερουσαλὴμ εὐπρόσδεκτος τοῖς ἁγίοις γένηται,
1Co 12:5 καὶ διαιρέσεις **διακονιῶν** εἰσιν, καὶ ὁ αὐτὸς κύριος·
16:15 ὅτι ἐστὶν ἀπαρχὴ τῆς Ἀχαΐας καὶ εἰς **διακονίαν** τοῖς ἁγίοις ἔταξαν ἑαυτούς·
2Co 3:7 Εἰ δὲ ἡ **διακονία** τοῦ θανάτου ἐν γράμμασιν ἐντετυπωμένη λίθοις ἐγενήθη ἐν δόξῃ,
3:8 πῶς οὐχὶ μᾶλλον ἡ **διακονία** τοῦ πνεύματος ἔσται ἐν δόξῃ;
3:9 εἰ γὰρ τῇ **διακονίᾳ** τῆς κατακρίσεως δόξα, πολλῷ μᾶλλον περισσεύει ἡ **διακονία** τῆς δικαιοσύνης δόξῃ.
4:1 ἔχοντες τὴν **διακονίαν** ταύτην καθὼς ἠλεήθημεν, οὐκ ἐγκακοῦμεν
5:18 τὰ δὲ πάντα ἐκ τοῦ θεοῦ τοῦ καταλλάξαντος ἡμᾶς ἑαυτῷ διὰ Χριστοῦ καὶ δόντος ἡμῖν τὴν **διακονίαν** τῆς καταλλαγῆς,
6:3 μηδεμίαν ἐν μηδενὶ διδόντες προσκοπήν, ἵνα μὴ μωμηθῇ ἡ **διακονία,**
8:4 μετὰ πολλῆς παρακλήσεως δεόμενοι ἡμῶν τὴν χάριν καὶ τὴν κοινωνίαν τῆς **διακονίας** τῆς εἰς τοὺς ἁγίους,
9:1 Περὶ μὲν γὰρ τῆς **διακονίας** τῆς εἰς τοὺς ἁγίους περισσόν μοί ἐστιν τὸ γράφειν ὑμῖν·
9:12 ὅτι ἡ **διακονία** τῆς λειτουργίας ταύτης οὐ μόνον ἐστὶν προσαναπληροῦσα τὰ ὑστερήματα τῶν ἁγίων,
9:13 διὰ τῆς δοκιμῆς τῆς **διακονίας** ταύτης δοξάζοντες τὸν θεὸν ἐπὶ τῇ ὑποταγῇ τῆς ὁμολογίας ὑμῶν εἰς τὸ εὐαγγέλιον
11:8 ἄλλας ἐκκλησίας ἐσύλησα λαβὼν ὀψώνιον πρὸς τὴν ὑμῶν **διακονίαν,**
Eph 4:12 πρὸς τὸν καταρτισμὸν τῶν ἁγίων εἰς ἔργον **διακονίας,**
Col 4:17 Βλέπε τὴν **διακονίαν** ἣν παρέλαβες ἐν κυρίῳ, ἵνα αὐτὴν πληροῖς.
1Ti 1:12 Χάριν ἔχω τῷ ἐνδυναμώσαντί με Χριστῷ Ἰησοῦ τῷ κυρίῳ ἡμῶν, ὅτι πιστόν με ἡγήσατο θέμενος εἰς **διακονίαν**
2Ti 4:5 κακοπάθησον, ἔργον ποίησον εὐαγγελιστοῦ, τὴν **διακονίαν** σου πληροφόρησον.
4:11 Μᾶρκον ἀναλαβὼν ἄγε μετὰ σεαυτοῦ, ἔστιν γάρ μοι εὔχρηστος εἰς **διακονίαν.**
Heb 1:14 οὐχὶ πάντες εἰσὶν λειτουργικὰ πνεύματα εἰς **διακονίαν** ἀποστελλόμενα διὰ τοὺς μέλλοντας κληρονομεῖν σωτηρίαν;
Rev 2:19 Οἶδά σου τὰ ἔργα καὶ τὴν ἀγάπην καὶ τὴν πίστιν καὶ τὴν **διακονίαν** καὶ τὴν ὑπομονήν σου,

1356 διάκονος [29]

→ 1354, 1355

διακόνοι καὶ ἐπισκόποι [1] Php 1:1

διάκονος θεοῦ [3] Ro 13:4,4; 2Co 6:4

διάκονος Χριστοῦ [3] 2Co 11:23; Col 1:7; 1Ti 4:6

Mt 20:26 ἀλλ' ὃς ἐὰν θέλῃ ἐν ὑμῖν μέγας γενέσθαι ἔσται ὑμῶν **διάκονος,**
22:13 τότε ὁ βασιλεὺς εἶπεν τοῖς **διακόνοις,** Δήσαντες αὐτοῦ πόδας καὶ χεῖρας ἐκβάλετε αὐτὸν εἰς τὸ σκότος τὸ ἐξώτερον·
23:11 ὁ δὲ μείζων ὑμῶν ἔσται ὑμῶν **διάκονος.**
Mk 9:35 Εἴ τις θέλει πρῶτος εἶναι, ἔσται πάντων ἔσχατος καὶ πάντων **διάκονος.**
10:43 ἀλλ' ὃς ἂν θέλῃ μέγας γενέσθαι ἐν ὑμῖν ἔσται ὑμῶν **διάκονος,**
Jn 2: 5 λέγει ἡ μήτηρ αὐτοῦ τοῖς **διακόνοις,** Ὅ τι ἂν λέγῃ ὑμῖν ποιήσατε.
2: 9 οἱ δὲ **διάκονοι** ᾔδεισαν οἱ ἠντληκότες τὸ ὕδωρ,
12:26 καὶ ὅπου εἰμὶ ἐγὼ ἐκεῖ καὶ ὁ **διάκονος** ὁ ἐμὸς ἔσται·
Ro 13: 4 θεοῦ γὰρ **διάκονός** ἐστιν σοὶ εἰς τὸ ἀγαθόν.
13: 4 θεοῦ γὰρ **διάκονός** ἐστιν ἔκδικος εἰς ὀργὴν τῷ τὸ κακὸν πράσσοντι.
15: 8 λέγω γὰρ Χριστὸν **διάκονον** γεγενῆσθαι περιτομῆς ὑπὲρ ἀληθείας θεοῦ,
16: 1 οὖσαν [καὶ] **διάκονον** τῆς ἐκκλησίας τῆς ἐν Κεγχρεαῖς,
1Co 3: 5 **διάκονοι** δι' ὧν ἐπιστεύσατε, καὶ ἑκάστῳ ὡς ὁ κύριος ἔδωκεν.
2Co 3: 6 ὃς καὶ ἱκάνωσεν ἡμᾶς **διακόνους** καινῆς διαθήκης, οὐ γράμματος ἀλλὰ πνεύματος·
6: 4 ἀλλ' ἐν παντὶ συνιστάντες ἑαυτοὺς ὡς θεοῦ **διάκονοι,**
11:15 οὐ μέγα οὖν εἰ καὶ οἱ **διάκονοι** αὐτοῦ μετασχηματίζονται ὡς **διάκονοι** δικαιοσύνης·
11:23 **διάκονοι** Χριστοῦ εἰσιν; παραφρονῶν λαλῶ, ὑπὲρ ἐγώ· ἐν κόποις περισσοτέρως,
Gal 2:17 εἰ δὲ ζητοῦντες δικαιωθῆναι ἐν Χριστῷ εὑρέθημεν καὶ αὐτοὶ ἁμαρτωλοί, ἆρα Χριστὸς ἁμαρτίας **διάκονος;**
Eph 3: 7 οὗ ἐγενήθην **διάκονος** κατὰ τὴν δωρεὰν τῆς χάριτος τοῦ θεοῦ τῆς δοθείσης μοι κατὰ τὴν ἐνέργειαν τῆς δυνάμεως αὐτοῦ.
6:21 πάντα γνωρίσει ὑμῖν Τυχικὸς ὁ ἀγαπητὸς ἀδελφὸς καὶ πιστὸς **διάκονος** ἐν κυρίῳ,
Php 1: 1 πᾶσιν τοῖς ἁγίοις ἐν Χριστῷ Ἰησοῦ τοῖς οὖσιν ἐν Φιλίπποις σὺν ἐπισκόποις καὶ **διακόνοις,**
Col 1: 7 ὅς ἐστιν πιστὸς ὑπὲρ ὑμῶν **διάκονος** τοῦ Χριστοῦ,
1:23 τοῦ κηρυχθέντος ἐν πάσῃ κτίσει τῇ ὑπὸ τὸν οὐρανόν, οὗ ἐγενόμην ἐγὼ Παῦλος **διάκονος.**
1:25 ἧς ἐγενόμην ἐγὼ **διάκονος** κατὰ τὴν οἰκονομίαν τοῦ θεοῦ τὴν δοθεῖσάν μοι εἰς ὑμᾶς πληρῶσαι τὸν λόγον τοῦ θεοῦ,
4: 7 Τὰ κατ' ἐμὲ πάντα γνωρίσει ὑμῖν Τυχικὸς ὁ ἀγαπητὸς ἀδελφὸς καὶ πιστὸς **διάκονος** καὶ σύνδουλος ἐν κυρίῳ,
1Ti 3: 8 **Διακόνους** ὡσαύτως σεμνούς, μὴ διλόγους, μὴ οἴνῳ πολλῷ προσέχοντας,
3:12 **διάκονοι** ἔστωσαν μιᾶς γυναικὸς ἄνδρες, τέκνων καλῶς προϊστάμενοι καὶ τῶν ἰδίων οἴκων.
4: 6 Ταῦτα ὑποτιθέμενος τοῖς ἀδελφοῖς καλὸς ἔσῃ **διάκονος** Χριστοῦ Ἰησοῦ,

1357 διακόσιοι [8]

√ 1545

Mk 6:37 Ἀπελθόντες ἀγοράσωμεν δηναρίων **διακοσίων** ἄρτους καὶ δώσομεν αὐτοῖς φαγεῖν;
Jn 6: 7 **Διακοσίων** δηναρίων ἄρτοι οὐκ ἀρκοῦσιν αὐτοῖς ἵνα ἕκαστος βραχὺ [τι] λάβῃ.
21: 8 οὐ γὰρ ἦσαν μακρὰν ἀπὸ τῆς γῆς ἀλλὰ ὡς ἀπὸ πηχῶν **διακοσίων,**
Ac 23:23 Ἑτοιμάσατε στρατιώτας **διακοσίους,** ὅπως πορευθῶσιν ἕως Καισαρείας, καὶ ἱππεῖς ἑβδομήκοντα καὶ δεξιολάβους **διακοσίους** ἀπὸ τρίτης ὥρας τῆς νυκτός,
27:37 ἤμεθα δὲ αἱ πᾶσαι ψυχαὶ ἐν τῷ πλοίῳ **διακόσιαι** ἑβδομήκοντα ἕξ.
Rev 11: 3 καὶ δώσω τοῖς δυσὶν μάρτυσίν μου καὶ προφητεύσουσιν ἡμέρας χιλίας **διακοσίας** ἑξήκοντα περιβεβλημένοι σάκκους.
12: 6 ἵνα ἐκεῖ τρέφωσιν αὐτὴν ἡμέρας χιλίας **διακοσίας** ἑξήκοντα.

1358 διακούω [1]

√ 1328 + 201

Ac 23:35 **Διακούσομαί** σου, ἔφη, ὅταν καὶ οἱ κατήγοροί σου παραγένωνται·

1359 διακρίνω [19]

√ 1328 + 3212

middle and passive **διακρίνομαι** [11] Mt 21:21; Mk 11:23; Ac 10:20; 11:2; Ro 4:20; 14:23; Jas 1:6,6; 2:4; Jude 1:9,22

Mt 16: 3 [τὸ μὲν πρόσωπον τοῦ οὐρανοῦ γινώσκετε **διακρίνειν,** τὰ δὲ σημεῖα τῶν καιρῶν οὐ δύνασθε;]
21:21 Ἀμὴν λέγω ὑμῖν, ἐὰν ἔχητε πίστιν καὶ μὴ **διακριθῆτε,**
Mk 11:23 καὶ μὴ **διακριθῇ** ἐν τῇ καρδίᾳ αὐτοῦ ἀλλὰ πιστεύῃ ὅτι ὃ λαλεῖ γίνεται,
Ac 10:20 ἀλλὰ ἀναστὰς κατάβηθι καὶ πορεύου σὺν αὐτοῖς μηδὲν **διακρινόμενος** ὅτι ἐγὼ ἀπέσταλκα αὐτούς.
11: 2 ὅτε δὲ ἀνέβη Πέτρος εἰς Ἰερουσαλήμ, **διεκρίνοντο** πρὸς αὐτὸν οἱ ἐκ περιτομῆς
11:12 εἶπεν δὲ τὸ πνεῦμά μοι συνελθεῖν αὐτοῖς μηδὲν **διακρίναντα.**
15: 9 καὶ οὐθὲν **διέκρινεν** μεταξὺ ἡμῶν τε καὶ αὐτῶν τῇ πίστει καθαρίσας τὰς καρδίας αὐτῶν.
Ro 4:20 εἰς δὲ τὴν ἐπαγγελίαν τοῦ θεοῦ οὐ **διεκρίθη** τῇ ἀπιστίᾳ ἀλλ' ἐνεδυναμώθη τῇ πίστει,
14:23 ὁ δὲ **διακρινόμενος** ἐὰν φάγῃ κατακέκριται, ὅτι οὐκ ἐκ πίστεως·
1Co 4: 7 τίς γάρ σε **διακρίνει;** τί δὲ ἔχεις ὃ οὐκ ἔλαβες;
6: 5 ὃς δυνήσεται **διακρῖναι** ἀνὰ μέσον τοῦ ἀδελφοῦ αὐτοῦ;
11:29 ὁ γὰρ ἐσθίων καὶ πίνων κρίμα ἑαυτῷ ἐσθίει καὶ πίνει μὴ **διακρίνων** τὸ σῶμα.
11:31 εἰ δὲ ἑαυτοὺς **διεκρίνομεν,** οὐκ ἂν ἐκρινόμεθα·
14:29 προφῆται δὲ δύο ἢ τρεῖς λαλείτωσαν καὶ οἱ ἄλλοι **διακρινέτωσαν·**
Jas 1: 6 αἰτείτω δὲ ἐν πίστει μηδὲν **διακρινόμενος·** ὁ γὰρ **διακρινόμενος** ἔοικεν κλύδωνι θαλάσσης ἀνεμιζομένῳ καὶ ῥιπιζομένῳ.
2: 4 οὐ **διεκρίθητε** ἐν ἑαυτοῖς καὶ ἐγένεσθε κριταὶ διαλογισμῶν πονηρῶν;
Jude 1: 9 ὅτε τῷ διαβόλῳ **διακρινόμενος** διελέγετο περὶ τοῦ Μωϋσέως σώματος,
1:22 καὶ οὓς μὲν ἐλεᾶτε **διακρινομένους,**

1360 διάκρισις [3]

√ 1328 + 3212

Ro 14: 1 Τὸν δὲ ἀσθενοῦντα τῇ πίστει προσλαμβάνεσθε, μὴ εἰς **διακρίσεις** διαλογισμῶν.
1Co 12:10 ἄλλῳ [δὲ] προφητεία, ἄλλῳ [δὲ] **διακρίσεις** πνευμάτων, ἑτέρῳ γένη γλωσσῶν,
Heb 5:14 τῶν διὰ τὴν ἕξιν τὰ αἰσθητήρια γεγυμνασμένα ἐχόντων πρὸς **διάκρισιν** καλοῦ τε καὶ κακοῦ.

1361 διακωλύω [1]

√ 1328 + 3266

Mt 3:14 ὁ δὲ Ἰωάννης **διεκώλυεν** αὐτὸν λέγων, Ἐγὼ χρείαν ἔχω ὑπὸ σοῦ βαπτισθῆναι,

1362 διαλαλέω [2]

√ 1328 + 3281

Lk 1:65 καὶ ἐν ὅλῃ τῇ ὀρεινῇ τῆς Ἰουδαίας **διελαλεῖτο** πάντα τὰ ῥήματα ταῦτα,
6:11 αὐτοὶ δὲ ἐπλήσθησαν ἀνοίας καὶ **διελάλουν** πρὸς ἀλλήλους τί ἂν ποιήσαιεν τῷ Ἰησοῦ.

1363 διαλέγομαι [13]

√ 1328 + 3306

Mk 9:34 πρὸς ἀλλήλους γὰρ **διελέχθησαν** ἐν τῇ ὁδῷ τίς μείζων.
Ac 17: 2 κατὰ δὲ τὸ εἰωθὸς τῷ Παύλῳ εἰσῆλθεν πρὸς αὐτοὺς καὶ ἐπὶ σάββατα τρία **διελέξατο** αὐτοῖς ἀπὸ τῶν γραφῶν,

17:17 **διελέγετο** μὲν οὖν ἐν τῇ συναγωγῇ τοῖς Ἰουδαίοις καὶ τοῖς σεβομένοις καὶ ἐν τῇ ἀγορᾷ
18: 4 **διελέγετο** δὲ ἐν τῇ συναγωγῇ κατὰ πᾶν σάββατον ἔπειθέν τε Ἰουδαίους καὶ Ἕλληνας.
18:19 αὐτὸς δὲ εἰσελθὼν εἰς τὴν συναγωγὴν **διελέξατο** τοῖς Ἰουδαίοις.
19: 8 εἰς τὴν συναγωγὴν ἐπαρρησιάζετο ἐπὶ μῆνας τρεῖς **διαλεγόμενος** καὶ πείθων [τὰ] περὶ τῆς βασιλείας τοῦ θεοῦ.
19: 9 ἀποστὰς ἀπ' αὐτῶν ἀφώρισεν τοὺς μαθητὰς καθ' ἡμέραν **διαλεγόμενος** ἐν τῇ σχολῇ Τυράννου.
20: 7 ὁ Παῦλος **διελέγετο** αὐτοῖς μέλλων ἐξιέναι τῇ ἐπαύριον,
20: 9 καταφερόμενος ὕπνῳ βαθεῖ **διαλεγομένου** τοῦ Παύλου ἐπὶ πλεῖον,
24:12 καὶ οὔτε ἐν τῷ ἱερῷ εὗρόν με πρός τινα **διαλεγόμενον** ἢ ἐπίστασιν ποιοῦντα ὄχλου οὔτε ἐν ταῖς συναγωγαῖς
24:25 **διαλεγομένου** δὲ αὐτοῦ περὶ δικαιοσύνης καὶ ἐγκρατείας καὶ τοῦ κρίματος τοῦ μέλλοντος,
Heb 12: 5 καὶ ἐκλέλησθε τῆς παρακλήσεως, ἥτις ὑμῖν ὡς υἱοῖς **διαλέγεται,** Υἱέ μου,
Jude 1: 9 ὅτε τῷ διαβόλῳ διακρινόμενος **διελέγετο** περὶ τοῦ Μωϋσέως σώματος,

1364 διαλείπω [1]

√ 1328 + 3309

Lk 7:45 αὕτη δὲ ἀφ' ἧς εἰσῆλθον οὐ **διέλιπεν** καταφιλοῦσά μου τοὺς πόδας.

1365 διάλεκτος [6]

√ 1328 + 3306

Ac 1:19 ὥστε κληθῆναι τὸ χωρίον ἐκεῖνο τῇ ἰδίᾳ **διαλέκτῳ** αὐτῶν Ἀκελδαμάχ,
2: 6 ὅτι ἤκουον εἷς ἕκαστος τῇ ἰδίᾳ **διαλέκτῳ** λαλούντων αὐτῶν.
2: 8 καὶ πῶς ἡμεῖς ἀκούομεν ἕκαστος τῇ ἰδίᾳ **διαλέκτῳ** ἡμῶν ἐν ᾗ ἐγεννήθημεν;
21:40 πολλῆς δὲ σιγῆς γενομένης προσεφώνησεν τῇ Ἑβραΐδι **διαλέκτῳ** λέγων,
22: 2 ἀκούσαντες δὲ ὅτι τῇ Ἑβραΐδι **διαλέκτῳ** προσεφώνει αὐτοῖς,
26:14 πάντων τε καταπεσόντων ἡμῶν εἰς τὴν γῆν ἤκουσα φωνὴν λέγουσαν πρός με τῇ Ἑβραΐδι **διαλέκτῳ,**

1366 διαλιμπάνω Not used in UBS/NIV

√ 1328 + 3309

1367 διαλλάσσομαι [1]

√ 1328 + 248

Mt 5:24 ἄφες ἐκεῖ τὸ δῶρόν σου ἔμπροσθεν τοῦ θυσιαστηρίου καὶ ὕπαγε πρῶτον **διαλλάγηθι** τῷ ἀδελφῷ σου,

1368 διαλογίζομαι [16]

√ 1328 + 3306

διαλογίζομαι [ἐν] ἑαυτοῖς [5] Mt 16:7; 21:25; Mk 2:8; 11:31; Lk 12:17

διαλογίζομαι ἐν ταῖς καρδίαις [4] Mk 2:6,8; Lk 3:15; 5:22

διαλογίζομαι πρός [3] Mk 8:16; 11:31; Lk 20:14

Mt 16: 7 οἱ δὲ **διελογίζοντο** ἐν ἑαυτοῖς λέγοντες ὅτι Ἄρτους οὐκ ἐλάβομεν.
16: 8 Τί **διαλογίζεσθε** ἐν ἑαυτοῖς, ὀλιγόπιστοι, ὅτι ἄρτους οὐκ ἔχετε;
21:25 οἱ δὲ **διελογίζοντο** ἐν ἑαυτοῖς λέγοντες, Ἐὰν εἴπωμεν,
Mk 2: 6 ἦσαν δέ τινες τῶν γραμματέων ἐκεῖ καθήμενοι καὶ **διαλογιζόμενοι** ἐν ταῖς καρδίαις αὐτῶν,
2: 8 καὶ εὐθὺς ἐπιγνοὺς ὁ Ἰησοῦς τῷ πνεύματι αὐτοῦ ὅτι οὕτως **διαλογίζονται** ἐν ἑαυτοῖς λέγει αὐτοῖς, Τί ταῦτα **διαλογίζεσθε** ἐν ταῖς καρδίαις ὑμῶν;
8:16 καὶ **διελογίζοντο** πρὸς ἀλλήλους ὅτι ἄρτους οὐκ ἔχουσιν.
8:17 καὶ γνοὺς λέγει αὐτοῖς, Τί **διαλογίζεσθε** ὅτι ἄρτους οὐκ ἔχετε;
9:33 καὶ ἐν τῇ οἰκίᾳ γενόμενος ἐπηρώτα αὐτούς, Τί ἐν τῇ ὁδῷ **διελογίζεσθε;**
11:31 καὶ **διελογίζοντο** πρὸς ἑαυτοὺς λέγοντες, Ἐὰν εἴπωμεν, Ἐξ οὐρανοῦ,
Lk 1:29 ἡ δὲ ἐπὶ τῷ λόγῳ διεταράχθη καὶ **διελογίζετο** ποταπὸς εἴη ὁ ἀσπασμὸς οὗτος.
3:15 Προσδοκῶντος δὲ τοῦ λαοῦ καὶ **διαλογιζομένων** πάντων ἐν ταῖς καρδίαις αὐτῶν περὶ τοῦ Ἰωάννου,
5:21 καὶ ἤρξαντο **διαλογίζεσθαι** οἱ γραμματεῖς καὶ οἱ Φαρισαῖοι λέγοντες,
5:22 ἐπιγνοὺς δὲ ὁ Ἰησοῦς τοὺς διαλογισμοὺς αὐτῶν ἀποκριθεὶς εἶπεν πρὸς αὐτούς, Τί **διαλογίζεσθε** ἐν ταῖς καρδίαις ὑμῶν;
12:17 καὶ **διελογίζετο** ἐν ἑαυτῷ λέγων, Τί ποιήσω, ὅτι οὐκ ἔχω ποῦ συνάξω τοὺς καρπούς μου;
20:14 ἰδόντες δὲ αὐτὸν οἱ γεωργοὶ **διελογίζοντο** πρὸς ἀλλήλους λέγοντες,

1369 διαλογισμός [14]

√ 1328 + 3306

Mt 15:19 ἐκ γὰρ τῆς καρδίας ἐξέρχονται **διαλογισμοὶ** πονηροί, φόνοι,
Mk 7:21 ἔσωθεν γὰρ ἐκ τῆς καρδίας τῶν ἀνθρώπων οἱ **διαλογισμοὶ** οἱ κακοὶ ἐκπορεύονται,
Lk 2:35 -καὶ σοῦ [δὲ] αὐτῆς τὴν ψυχὴν διελεύσεται ῥομφαία-, ὅπως ἂν ἀποκαλυφθῶσιν ἐκ πολλῶν καρδιῶν **διαλογισμοί.**
5:22 ἐπιγνοὺς δὲ ὁ Ἰησοῦς τοὺς **διαλογισμοὺς** αὐτῶν ἀποκριθεὶς εἶπεν πρὸς αὐτούς,
6: 8 αὐτὸς δὲ ᾔδει τοὺς **διαλογισμοὺς** αὐτῶν, εἶπεν δὲ τῷ ἀνδρὶ τῷ ξηρὰν ἔχοντι τὴν χεῖρα,
9:46 Εἰσῆλθεν δὲ **διαλογισμὸς** ἐν αὐτοῖς, τὸ τίς ἂν εἴη μείζων αὐτῶν.
9:47 ὁ δὲ Ἰησοῦς εἰδὼς τὸν **διαλογισμὸν** τῆς καρδίας αὐτῶν,
24:38 Τί τεταραγμένοι ἐστὲ καὶ διὰ τί **διαλογισμοὶ** ἀναβαίνουσιν ἐν τῇ καρδίᾳ ὑμῶν;
Ro 1:21 ἀλλ' ἐματαιώθησαν ἐν τοῖς **διαλογισμοῖς** αὐτῶν καὶ ἐσκοτίσθη ἡ ἀσύνετος αὐτῶν καρδία.
14: 1 Τὸν δὲ ἀσθενοῦντα τῇ πίστει προσλαμβάνεσθε, μὴ εἰς διακρίσεις **διαλογισμῶν.**
1Co 3:20 Κύριος γινώσκει τοὺς **διαλογισμοὺς** τῶν σοφῶν ὅτι εἰσὶν μάταιοι.
Php 2:14 πάντα ποιεῖτε χωρὶς γογγυσμῶν καὶ **διαλογισμῶν,**
1Ti 2: 8 Βούλομαι οὖν προσεύχεσθαι τοὺς ἄνδρας ἐν παντὶ τόπῳ ἐπαίροντας ὁσίους χεῖρας χωρὶς ὀργῆς καὶ **διαλογισμοῦ.**
Jas 2: 4 οὐ διεκρίθητε ἐν ἑαυτοῖς καὶ ἐγένεσθε κριταὶ **διαλογισμῶν** πονηρῶν;

1370 διαλύω [1]

√ 1328 + 3395

Ac 5:36 καὶ πάντες ὅσοι ἐπείθοντο αὐτῷ **διελύθησαν** καὶ ἐγένοντο εἰς οὐδέν.

1371 διαμαρτύρομαι [15]

√ 1328 + 3459

διαμαρτύρομαι ἐνώπιον τοῦ θεοῦ [3] 1Ti 5:21; 2Ti 2:14; 4:1

Lk 16:28 ἔχω γὰρ πέντε ἀδελφούς, ὅπως **διαμαρτύρηται** αὐτοῖς, ἵνα μὴ καὶ αὐτοὶ ἔλθωσιν εἰς τὸν τόπον τοῦτον τῆς βασάνου.
Ac 2:40 ἑτέροις τε λόγοις πλείοσιν **διεμαρτύρατο** καὶ παρεκάλει αὐτοὺς λέγων,
8:25 Οἱ μὲν οὖν **διαμαρτυράμενοι** καὶ λαλήσαντες τὸν λόγον τοῦ κυρίου ὑπέστρεφον εἰς Ἱεροσόλυμα,
10:42 καὶ παρήγγειλεν ἡμῖν κηρύξαι τῷ λαῷ καὶ **διαμαρτύρασθαι** ὅτι οὗτός ἐστιν ὁ ὡρισμένος ὑπὸ τοῦ θεοῦ κριτὴς
18: 5 συνείχετο τῷ λόγῳ ὁ Παῦλος **διαμαρτυρόμενος** τοῖς Ἰουδαίοις εἶναι τὸν Χριστὸν Ἰησοῦν.
20:21 **διαμαρτυρόμενος** Ἰουδαίοις τε καὶ Ἕλλησιν τὴν εἰς θεὸν μετάνοιαν καὶ πίστιν εἰς τὸν κύριον ἡμῶν Ἰησοῦν.
20:23 πλὴν ὅτι τὸ πνεῦμα τὸ ἅγιον κατὰ πόλιν **διαμαρτύρεταί** μοι λέγον ὅτι δεσμὰ καὶ θλίψεις με μένουσιν.
20:24 καὶ τὴν διακονίαν ἣν ἔλαβον παρὰ τοῦ κυρίου Ἰησοῦ, **διαμαρτύρασθαι** τὸ εὐαγγέλιον τῆς χάριτος τοῦ θεοῦ.
23:11 ὡς γὰρ **διεμαρτύρω** τὰ περὶ ἐμοῦ εἰς Ἰερουσαλήμ,
28:23 ἦλθον πρὸς αὐτὸν εἰς τὴν ξενίαν πλείονες οἷς ἐξετίθετο **διαμαρτυρόμενος** τὴν βασιλείαν τοῦ θεοῦ,
1Th 4: 6 διότι ἔκδικος κύριος περὶ πάντων τούτων, καθὼς καὶ προείπαμεν ὑμῖν καὶ **διεμαρτυράμεθα.**

1Ti 5:21 **Διαμαρτύρομαι** ἐνώπιον τοῦ θεοῦ καὶ Χριστοῦ Ἰησοῦ καὶ τῶν ἐκλεκτῶν ἀγγέλων,
2Ti 2:14 Ταῦτα ὑπομίμνῃσκε **διαμαρτυρόμενος** ἐνώπιον τοῦ θεοῦ μὴ λογομαχεῖν,
4:1 **Διαμαρτύρομαι** ἐνώπιον τοῦ θεοῦ καὶ Χριστοῦ Ἰησοῦ τοῦ μέλλοντος κρίνειν ζῶντας καὶ νεκρούς,
Heb 2:6 **διεμαρτύρατο** δέ πού τις λέγων, Τί ἐστιν ἄνθρωπος ὅτι μιμνῄσκῃ αὐτοῦ,

1372 διαμάχομαι [1]

√ *1328 + 3480*

Ac 23:9 καὶ ἀναστάντες τινὲς τῶν γραμματέων τοῦ μέρους τῶν Φαρισαίων **διεμάχοντο** λέγοντες,

1373 διαμένω [5]

√ *1328 + 3531*

Lk 1:22 καὶ αὐτὸς ἦν διανεύων αὐτοῖς καὶ **διέμενεν** κωφός.
22:28 ὑμεῖς δέ ἐστε οἱ **διαμεμενηκότες** μετ᾽ ἐμοῦ ἐν τοῖς πειρασμοῖς μου·
Gal 2:5 ἵνα ἡ ἀλήθεια τοῦ εὐαγγελίου **διαμείνῃ** πρὸς ὑμᾶς.
Heb 1:11 αὐτοὶ ἀπολοῦνται, σὺ δὲ **διαμένεις,** καὶ πάντες ὡς ἱμάτιον παλαιωθήσονται,
2Pe 3:4 ἀφ᾽ ἧς γὰρ οἱ πατέρες ἐκοιμήθησαν, πάντα οὕτως **διαμένει** ἀπ᾽ ἀρχῆς κτίσεως.

1374 διαμερίζω [11]

√ *1328 + 3538*

Mt 27:35 σταυρώσαντες δὲ αὐτὸν **διεμερίσαντο** τὰ ἱμάτια αὐτοῦ βάλλοντες κλῆρον,
Mk 15:24 καὶ σταυροῦσιν αὐτὸν καὶ **διαμερίζονται** τὰ ἱμάτια αὐτοῦ,
Lk 11:17 Πᾶσα βασιλεία ἐφ᾽ ἑαυτὴν **διαμερισθεῖσα** ἐρημοῦται καὶ οἶκος ἐπὶ οἶκον πίπτει.
11:18 εἰ δὲ καὶ ὁ Σατανᾶς ἐφ᾽ ἑαυτὸν **διεμερίσθη,**
12:52 ἔσονται γὰρ ἀπὸ τοῦ νῦν πέντε ἐν ἑνὶ οἴκῳ **διαμεμερισμένοι,**
12:53 **διαμερισθήσονται** πατὴρ ἐπὶ υἱῷ καὶ υἱὸς ἐπὶ πατρί,
22:17 καὶ δεξάμενος ποτήριον εὐχαριστήσας εἶπεν, Λάβετε τοῦτο καὶ **διαμερίσατε** εἰς ἑαυτούς·
23:34 **διαμεριζόμενοι** δὲ τὰ ἱμάτια αὐτοῦ ἔβαλον κλήρους.
Jn 19:24 **Διεμερίσαντο** τὰ ἱμάτιά μου ἑαυτοῖς καὶ ἐπὶ τὸν ἱματισμόν μου ἔβαλον κλῆρον.
Ac 2:3 καὶ ὤφθησαν αὐτοῖς **διαμεριζόμεναι** γλῶσσαι ὡσεὶ πυρὸς καὶ ἐκάθισεν ἐφ᾽ ἕνα ἕκαστον αὐτῶν,
2:45 καὶ τὰ κτήματα καὶ τὰς ὑπάρξεις ἐπίπρασκον καὶ **διεμέριζον** αὐτὰ πᾶσιν καθότι ἄν τις χρείαν εἶχεν·

1375 διαμερισμός [1]

√ *1328 + 3538*

Lk 12:51 δοκεῖτε ὅτι εἰρήνην παρεγενόμην δοῦναι ἐν τῇ γῇ; οὐχί, λέγω ὑμῖν, ἀλλ᾽ ἢ **διαμερισμόν.**

1376 διανέμω [1]

√ *1328 + 3795*

Ac 4:17 ἀλλ᾽ ἵνα μὴ ἐπὶ πλεῖον **διανεμηθῇ** εἰς τὸν λαὸν ἀπειλησώμεθα αὐτοῖς μηκέτι λαλεῖν ἐπὶ τῷ ὀνόματι τούτῳ μηδενὶ ἀνθρώπων.

1377 διανεύω [1]

√ *1328 + 3748*

Lk 1:22 καὶ αὐτὸς ἦν **διανεύων** αὐτοῖς καὶ διέμενεν κωφός.

1378 διανόημα [1]

√ *1328 + 3808*

Lk 11:17 αὐτὸς δὲ εἰδὼς αὐτῶν τὰ **διανοήματα** εἶπεν αὐτοῖς,

1379 διάνοια [12]

√ *1328 + 3808*

καρδία ... ψυχή ... διάνοια [3] Mt 22:37; Mk 12:30; Lk 10:27

Mt 22:37 Ἀγαπήσεις κύριον τὸν θεόν σου ἐν ὅλῃ τῇ καρδίᾳ σου καὶ ἐν ὅλῃ τῇ ψυχῇ σου καὶ ἐν ὅλῃ τῇ **διανοίᾳ** σου·
Mk 12:30 καὶ ἀγαπήσεις κύριον τὸν θεόν σου ἐξ ὅλης τῆς καρδίας σου καὶ ἐξ ὅλης τῆς ψυχῆς σου καὶ ἐξ ὅλης τῆς **διανοίας** σου καὶ ἐξ ὅλης τῆς ἰσχύος σου.
Lk 1:51 Ἐποίησεν κράτος ἐν βραχίονι αὐτοῦ, διεσκόρπισεν ὑπερηφάνους **διανοίᾳ** καρδίας αὐτῶν·
10:27 Ἀγαπήσεις κύριον τὸν θεόν σου ἐξ ὅλης [τῆς] καρδίας σου καὶ ἐν ὅλῃ τῇ ψυχῇ σου καὶ ἐν ὅλῃ τῇ ἰσχύϊ σου καὶ ἐν ὅλῃ τῇ **διανοίᾳ** σου,
Eph 2:3 ἀνεστράφημέν ποτε ἐν ταῖς ἐπιθυμίαις τῆς σαρκὸς ἡμῶν ποιοῦντες τὰ θελήματα τῆς σαρκὸς καὶ τῶν **διανοιῶν,**
4:18 ἐσκοτωμένοι τῇ **διανοίᾳ** ὄντες, ἀπηλλοτριωμένοι τῆς ζωῆς τοῦ θεοῦ διὰ τὴν ἄγνοιαν τὴν οὖσαν ἐν αὐτοῖς,
Col 1:21 Καὶ ὑμᾶς ποτε ὄντας ἀπηλλοτριωμένους καὶ ἐχθροὺς τῇ **διανοίᾳ** ἐν τοῖς ἔργοις τοῖς πονηροῖς,
Heb 8:10 διδοὺς νόμους μου εἰς τὴν **διάνοιαν** αὐτῶν καὶ ἐπὶ καρδίας αὐτῶν ἐπιγράψω αὐτούς,
10:16 διδοὺς νόμους μου ἐπὶ καρδίας αὐτῶν καὶ ἐπὶ τὴν **διάνοιαν** αὐτῶν ἐπιγράψω αὐτούς,
1Pe 1:13 Διὸ ἀναζωσάμενοι τὰς ὀσφύας τῆς **διανοίας** ὑμῶν νήφοντες τελείως ἐλπίσατε ἐπὶ τὴν φερομένην ὑμῖν χάριν
2Pe 3:1 δευτέραν ὑμῖν γράφω ἐπιστολήν ἐν αἷς διεγείρω ὑμῶν ἐν ὑπομνήσει τὴν εἰλικρινῆ **διάνοιαν**
1Jn 5:20 οἴδαμεν δὲ ὅτι ὁ υἱὸς τοῦ θεοῦ ἥκει καὶ δέδωκεν ἡμῖν **διάνοιαν** ἵνα γινώσκωμεν τὸν ἀληθινόν,

1380 διανοίγω [8]

√ *487; cf. 1328*

Mk 7:34 καὶ ἀναβλέψας εἰς τὸν οὐρανὸν ἐστέναξεν καὶ λέγει αὐτῷ, Εφφαθα, ὅ ἐστιν, **Διανοίχθητι.**
Lk 2:23 καθὼς γέγραπται ἐν νόμῳ κυρίου ὅτι Πᾶν ἄρσεν **διανοῖγον** μήτραν ἅγιον τῷ κυρίῳ κληθήσεται,
24:31 αὐτῶν δὲ **διηνοίχθησαν** οἱ ὀφθαλμοὶ καὶ ἐπέγνωσαν αὐτόν·
24:32 Οὐχὶ ἡ καρδία ἡμῶν καιομένη ἦν [ἐν ἡμῖν] ὡς ἐλάλει ἡμῖν ἐν τῇ ὁδῷ, ὡς **διήνοιγεν** ἡμῖν τὰς γραφάς;
24:45 τότε **διήνοιξεν** αὐτῶν τὸν νοῦν τοῦ συνιέναι τὰς γραφάς·
Ac 7:56 Ἰδοὺ θεωρῶ τοὺς οὐρανοὺς **διηνοιγμένους** καὶ τὸν υἱὸν τοῦ ἀνθρώπου ἐκ δεξιῶν ἑστῶτα τοῦ θεοῦ.
16:14 ἧς ὁ κύριος **διήνοιξεν** τὴν καρδίαν προσέχειν τοῖς λαλουμένοις ὑπὸ τοῦ Παύλου.
17:3 **διανοίγων** καὶ παρατιθέμενος ὅτι τὸν Χριστὸν ἔδει παθεῖν καὶ ἀναστῆναι ἐκ νεκρῶν

1381 διανυκτερεύω [1]

√ *1328 + 3816*

Lk 6:12 καὶ ἦν **διανυκτερεύων** ἐν τῇ προσευχῇ τοῦ θεοῦ.

1382 διανύω [1]

√ *1328 + 539*

Ac 21:7 Ἡμεῖς δὲ τὸν πλοῦν **διανύσαντες** ἀπὸ Τύρου κατηντήσαμεν εἰς Πτολεμαΐδα καὶ ἀσπασάμενοι τοὺς ἀδελφοὺς ἐμείναμεν

1383 διαπαντός Not used in UBS/NIV

√ *1328 + 4246*

1384 διαπαρατριβή [1]

√ *1328 + 4123 + 5561*

1Ti 6:5 **διαπαρατριβαὶ** διεφθαρμένων ἀνθρώπων τὸν νοῦν καὶ ἀπεστερημένων τῆς ἀληθείας,

1385 διαπεράω [6]

√ *1328 + 4305*

Mt 9:1 ἐμβὰς εἰς πλοῖον **διεπέρασεν** καὶ ἦλθεν εἰς τὴν ἰδίαν πόλιν.
14:34 Καὶ **διαπεράσαντες** ἦλθον ἐπὶ τὴν γῆν εἰς Γεννησαρέτ.
Mk 5:21 Καὶ **διαπεράσαντος** τοῦ Ἰησοῦ [ἐν τῷ πλοίῳ] πάλιν εἰς τὸ πέραν συνήχθη ὄχλος πολὺς ἐπ᾽ αὐτόν,
6:53 Καὶ **διαπεράσαντες** ἐπὶ τὴν γῆν ἦλθον εἰς Γεννησαρὲτ καὶ προσωρμίσθησαν.

Lk 16:26 ὅπως οἱ θέλοντες διαβῆναι ἔνθεν πρὸς ὑμᾶς μὴ δύνωνται, μηδὲ ἐκεῖθεν πρὸς ἡμᾶς **διαπερῶσιν.**
Ac 21: 2 καὶ εὑρόντες πλοῖον **διαπερῶν** εἰς Φοινίκην ἐπιβάντες ἀνήχθημεν.

1386 διαπλέω [1]

√ *1328 + 4434*

Ac 27: 5 τό τε πέλαγος τὸ κατὰ τὴν Κιλικίαν καὶ Παμφυλίαν **διαπλεύσαντες** κατήλθομεν εἰς Μύρα τῆς Λυκίας.

1387 διαπονέομαι [2]

√ *1328 + 4506*

Ac 4: 2 **διαπονούμενοι** διὰ τὸ διδάσκειν αὐτοὺς τὸν λαὸν καὶ καταγγέλλειν ἐν τῷ Ἰησοῦ τὴν ἀνάστασιν τὴν ἐκ νεκρῶν,
16:18 **διαπονηθεὶς** δὲ Παῦλος καὶ ἐπιστρέψας τῷ πνεύματι εἶπεν,

1388 διαπορεύομαι [5]

√ *1328 + 4513*

Lk 6: 1 Ἐγένετο δὲ ἐν σαββάτῳ **διαπορεύεσθαι** αὐτὸν διὰ σπορίμων,
13:22 Καὶ **διεπορεύετο** κατὰ πόλεις καὶ κώμας διδάσκων καὶ πορείαν ποιούμενος εἰς Ἱεροσόλυμα.
18:36 ἀκούσας δὲ ὄχλου **διαπορευομένου** ἐπυνθάνετο τί εἴη τοῦτο.
Ac 16: 4 ὡς δὲ **διεπορεύοντο** τὰς πόλεις, παρεδίδοσαν αὐτοῖς φυλάσσειν τὰ δόγματα τὰ κεκριμένα ὑπὸ τῶν ἀποστόλων
Ro 15:24 ἐλπίζω γὰρ **διαπορευόμενος** θεάσασθαι ὑμᾶς καὶ ὑφ' ὑμῶν προπεμφθῆναι ἐκεῖ ἐὰν ὑμῶν πρῶτον ἀπὸ μέρους ἐμπλησθῶ.

1389 διαπορέω [4]

√ *1328 + 1.1 + 4513*

Lk 9: 7 Ἤκουσεν δὲ Ἡρῴδης ὁ τετραάρχης τὰ γινόμενα πάντα καὶ **διηπόρει** διὰ τὸ λέγεσθαι ὑπό τινων ὅτι Ἰωάννης ἠγέρθη
Ac 2:12 ἐξίσταντο δὲ πάντες καὶ **διηπόρουν,** ἄλλος πρὸς ἄλλον λέγοντες,
5:24 ὡς δὲ ἤκουσαν τοὺς λόγους τούτους ὅ τε στρατηγὸς τοῦ ἱεροῦ καὶ οἱ ἀρχιερεῖς, **διηπόρουν** περὶ αὐτῶν τί ἂν γένοιτο τοῦτο.
10:17 Ὡς δὲ ἐν ἑαυτῷ **διηπόρει** ὁ Πέτρος τί ἂν εἴη τὸ ὅραμα ὃ εἶδεν,

1390 διαπραγματεύομαι [1]

√ *1328 + 4556*

Lk 19:15 καὶ εἶπεν φωνηθῆναι αὐτῷ τοὺς δούλους τούτους οἷς δεδώκει τὸ ἀργύριον, ἵνα γνοῖ τί **διεπραγματεύσαντο.**

1391 διαπρίω [2]

√ *1328 + 4573*

Ac 5:33 Οἱ δὲ ἀκούσαντες **διεπρίοντο** καὶ ἐβούλοντο ἀνελεῖν αὐτούς.
7:54 Ἀκούοντες δὲ ταῦτα **διεπρίοντο** ταῖς καρδίαις αὐτῶν καὶ ἔβρυχον τοὺς ὀδόντας ἐπ' αὐτόν.

1392 διαρήγνυμι Not used in UBS/NIV

√ *1328 + 4838*

1393 διαρήσσω Not used in UBS/NIV

√ *1328 + 4838*

1394 διαρθρόω Not used in UBS/NIV

√ *1328*

1395 διαρπάζω [3]

√ *1328 + 773*

Mt 12:29 ἐὰν μὴ πρῶτον δήσῃ τὸν ἰσχυρόν; καὶ τότε τὴν οἰκίαν αὐτοῦ **διαρπάσει.** [UBS; NIV **διαρπάσῃ.**]
Mk 3:27 ἀλλ' οὐ δύναται οὐδεὶς εἰς τὴν οἰκίαν τοῦ ἰσχυροῦ εἰσελθὼν τὰ σκεύη αὐτοῦ **διαρπάσαι,** ἐὰν μὴ πρῶτον τὸν ἰσχυρὸν δήσῃ, καὶ τότε τὴν οἰκίαν αὐτοῦ **διαρπάσει.**

1396 διαρρήγνυμι [5]

√ *1328 + 4838*

Mt 26:65 τότε ὁ ἀρχιερεὺς **διέρρηξεν** τὰ ἱμάτια αὐτοῦ λέγων,
Mk 14:63 ὁ δὲ ἀρχιερεὺς **διαρρήξας** τοὺς χιτῶνας αὐτοῦ λέγει,
Lk 5: 6 καὶ τοῦτο ποιήσαντες συνέκλεισαν πλῆθος ἰχθύων πολύ, **διερρήσσετο** δὲ τὰ δίκτυα αὐτῶν.
8:29 καὶ πέδαις φυλασσόμενος καὶ **διαρρήσσων** τὰ δεσμὰ ἠλαύνετο ὑπὸ τοῦ δαιμονίου εἰς τὰς ἐρήμους.
Ac 14:14 ἀκούσαντες δὲ οἱ ἀπόστολοι Βαρναβᾶς καὶ Παῦλος **διαρρήξαντες** τὰ ἱμάτια αὐτῶν ἐξεπήδησαν εἰς τὸν ὄχλον

1397 διασαφέω [2]

√ *1328*

Mt 13:36 **Διασάφησον** ἡμῖν τὴν παραβολὴν τῶν ζιζανίων τοῦ ἀγροῦ.
18:31 ἐλυπήθησαν σφόδρα καὶ ἐλθόντες **διεσάφησαν** τῷ κυρίῳ ἑαυτῶν πάντα τὰ γενόμενα.

1398 διασείω [1]

√ *1328 + 4940*

Lk 3:14 Μηδένα **διασείσητε** μηδὲ συκοφαντήσητε καὶ ἀρκεῖσθε τοῖς ὀψωνίοις ὑμῶν.

1399 διασκορπίζω [9]

√ *1328 + 5025*

Mt 25:24 θερίζων ὅπου οὐκ ἔσπειρας καὶ συνάγων ὅθεν οὐ **διεσκόρπισας,**
25:26 ᾔδεις ὅτι θερίζω ὅπου οὐκ ἔσπειρα καὶ συνάγω ὅθεν οὐ **διεσκόρπισα;**
26:31 Πατάξω τὸν ποιμένα, καὶ **διασκορπισθήσονται** τὰ πρόβατα τῆς ποίμνης.
Mk 14:27 ὅτι γέγραπται, Πατάξω τὸν ποιμένα, καὶ τὰ πρόβατα **διασκορπισθήσονται.**
Lk 1:51 Ἐποίησεν κράτος ἐν βραχίονι αὐτοῦ, **διεσκόρπισεν** ὑπερηφάνους διανοίᾳ καρδίας αὐτῶν·
15:13 συναγαγὼν πάντα ὁ νεώτερος υἱὸς ἀπεδήμησεν εἰς χώραν μακρὰν καὶ ἐκεῖ **διεσκόρπισεν** τὴν οὐσίαν αὐτοῦ ζῶν ἀσώτως.
16: 1 οὗτος διεβλήθη αὐτῷ ὡς **διασκορπίζων** τὰ ὑπάρχοντα αὐτοῦ.
Jn 11:52 καὶ οὐχ ὑπὲρ τοῦ ἔθνους μόνον ἀλλ' ἵνα καὶ τὰ τέκνα τοῦ θεοῦ τὰ **διεσκορπισμένα** συναγάγῃ εἰς ἕν.
Ac 5:37 κἀκεῖνος ἀπώλετο καὶ πάντες ὅσοι ἐπείθοντο αὐτῷ **διεσκορπίσθησαν.**

1400 διασπάω [2]

√ *1328 + 5060*

Mk 5: 4 διὰ τὸ αὐτὸν πολλάκις πέδαις καὶ ἁλύσεσιν δεδέσθαι καὶ **διεσπάσθαι** ὑπ' αὐτοῦ τὰς ἁλύσεις
Ac 23:10 Πολλῆς δὲ γινομένης στάσεως φοβηθεὶς ὁ χιλίαρχος μὴ **διασπασθῇ** ὁ Παῦλος ὑπ' αὐτῶν

1401 διασπείρω [3]

√ *1328 + 5062*

Ac 8: 1 πάντες δὲ **διεσπάρησαν** κατὰ τὰς χώρας τῆς Ἰουδαίας καὶ Σαμαρείας πλὴν τῶν ἀποστόλων.
8: 4 Οἱ μὲν οὖν **διασπαρέντες** διῆλθον εὐαγγελιζόμενοι τὸν λόγον.
11:19 Οἱ μὲν οὖν **διασπαρέντες** ἀπὸ τῆς θλίψεως τῆς γενομένης ἐπὶ Στεφάνῳ διῆλθον ἕως Φοινίκης καὶ Κύπρου καὶ Ἀντιοχείας

1402 διασπορά [3]

√ *1328 + 5062*

Jn 7:35 μὴ εἰς τὴν **διασπορὰν** τῶν Ἑλλήνων μέλλει πορεύεσθαι καὶ διδάσκειν τοὺς Ἕλληνας;
Jas 1: 1 Ἰάκωβος θεοῦ καὶ κυρίου Ἰησοῦ Χριστοῦ δοῦλος ταῖς δώδεκα φυλαῖς ταῖς ἐν τῇ **διασπορᾷ** χαίρειν.
1Pe 1: 1 Πέτρος ἀπόστολος Ἰησοῦ Χριστοῦ ἐκλεκτοῖς παρεπιδήμοις **διασπορᾶς** Πόντου,

1403 διαστέλλω [8 / 7]

√ 1328 + 5097

Mt 16:20 τότε **διεστείλατο**[UBS; NIV 2203] τοῖς μαθηταῖς ἵνα μηδενὶ εἴπωσιν ὅτι αὐτός ἐστιν ὁ Χριστός.
Mk 5:43 καὶ **διεστείλατο** αὐτοῖς πολλὰ ἵνα μηδεὶς γνοῖ τοῦτο,
7:36 καὶ **διεστείλατο** αὐτοῖς ἵνα μηδενὶ λέγωσιν· ὅσον δὲ αὐτοῖς **διεστέλλετο,** αὐτοὶ μᾶλλον περισσότερον ἐκήρυσσον.
8:15 καὶ **διεστέλλετο** αὐτοῖς λέγων, Ὁρᾶτε, βλέπετε ἀπὸ τῆς ζύμης τῶν Φαρισαίων καὶ τῆς ζύμης Ἡρῴδου.
9: 9 Καὶ καταβαινόντων αὐτῶν ἐκ τοῦ ὄρους **διεστείλατο** αὐτοῖς ἵνα μηδενὶ ἃ εἶδον διηγήσωνται,
Ac 15:24 τινὲς ἐξ ἡμῶν [ἐξελθόντες] ἐτάραξαν ὑμᾶς λόγοις ἀνασκευάζοντες τὰς ψυχὰς ὑμῶν οἷς οὐ **διεστειλάμεθα,**
Heb 12:20 οὐκ ἔφερον γὰρ τὸ **διαστελλόμενον,** Κἂν θηρίον θίγῃ τοῦ ὄρους,

1404 διάστημα [1]

√ 1328 + 2705

Ac 5: 7 Ἐγένετο δὲ ὡς ὡρῶν τριῶν **διάστημα** καὶ ἡ γυνὴ αὐτοῦ μὴ εἰδυῖα τὸ γεγονὸς εἰσῆλθεν.

1405 διαστολή [3]

√ 1328 + 5097

Ro 3:22 δικαιοσύνη δὲ θεοῦ διὰ πίστεως Ἰησοῦ Χριστοῦ εἰς πάντας τοὺς πιστεύοντας. οὐ γάρ ἐστιν **διαστολή,**
10:12 οὐ γάρ ἐστιν **διαστολὴ** Ἰουδαίου τε καὶ Ἕλληνος,
1Co 14: 7 εἴτε αὐλὸς εἴτε κιθάρα, ἐὰν **διαστολὴν** τοῖς φθόγγοις μὴ δῷ,

1406 διαστρέφω [7]

√ 1328 + 5138

Mt 17:17 Ὦ γενεὰ ἄπιστος καὶ **διεστραμμένη,** ἕως πότε μεθ᾽ ὑμῶν ἔσομαι;
Lk 9:41 ἀποκριθεὶς δὲ ὁ Ἰησοῦς εἶπεν, Ὦ γενεὰ ἄπιστος καὶ **διεστραμμένη,**
23: 2 Τοῦτον εὕραμεν **διαστρέφοντα** τὸ ἔθνος ἡμῶν καὶ κωλύοντα φόρους Καίσαρι διδόναι καὶ λέγοντα ἑαυτὸν Χριστὸν βασιλέα
Ac 13: 8 οὕτως γὰρ μεθερμηνεύεται τὸ ὄνομα αὐτοῦ, ζητῶν **διαστρέψαι** τὸν ἀνθύπατον ἀπὸ τῆς πίστεως.
13:10 οὐ παύσῃ **διαστρέφων** τὰς ὁδοὺς [τοῦ] κυρίου τὰς εὐθείας;
20:30 καὶ ἐξ ὑμῶν αὐτῶν ἀναστήσονται ἄνδρες λαλοῦντες **διεστραμμένα** τοῦ ἀποσπᾶν τοὺς μαθητὰς ὀπίσω αὐτῶν.
Php 2:15 τέκνα θεοῦ ἄμωμα μέσον γενεᾶς σκολιᾶς καὶ **διεστραμμένης,**

1407 διασῴζω [8]

√ 1328 + 5392

Mt 14:36 καὶ παρεκάλουν αὐτὸν ἵνα μόνον ἅψωνται τοῦ κρασπέδου τοῦ ἱματίου αὐτοῦ· καὶ ὅσοι ἥψαντο **διεσώθησαν.**
Lk 7: 3 ἀπέστειλεν πρὸς αὐτὸν πρεσβυτέρους τῶν Ἰουδαίων ἐρωτῶν αὐτὸν ὅπως ἐλθὼν **διασώσῃ** τὸν δοῦλον αὐτοῦ.
Ac 23:24 κτήνη τε παραστῆσαι ἵνα ἐπιβιβάσαντες τὸν Παῦλον **διασώσωσι** πρὸς Φήλικα τὸν ἡγεμόνα,
27:43 ὁ δὲ ἑκατοντάρχης βουλόμενος **διασῶσαι** τὸν Παῦλον ἐκώλυσεν αὐτοὺς τοῦ βουλήματος,
27:44 καὶ οὕτως ἐγένετο πάντας **διασωθῆναι** ἐπὶ τὴν γῆν.
28: 1 Καὶ **διασωθέντες** τότε ἐπέγνωμεν ὅτι Μελίτη ἡ νῆσος καλεῖται.
28: 4 Πάντως φονεύς ἐστιν ὁ ἄνθρωπος οὗτος ὃν **διασωθέντα** ἐκ τῆς θαλάσσης ἡ δίκη ζῆν οὐκ εἴασεν.
1Pe 3:20 ἐν ἡμέραις Νῶε κατασκευαζομένης κιβωτοῦ εἰς ἣν ὀλίγοι, τοῦτ᾽ ἔστιν ὀκτὼ ψυχαί, **διεσώθησαν** δι᾽ ὕδατος.

1408 διαταγή [2]

√ 1328 + 5435

Ac 7:53 οἵτινες ἐλάβετε τὸν νόμον εἰς **διαταγὰς** ἀγγέλων καὶ οὐκ ἐφυλάξατε.
Ro 13: 2 ὥστε ὁ ἀντιτασσόμενος τῇ ἐξουσίᾳ τῇ τοῦ θεοῦ **διαταγῇ** ἀνθέστηκεν,

1409 διάταγμα [1]

√ 1328 + 5435

Heb 11:23 διότι εἶδον ἀστεῖον τὸ παιδίον καὶ οὐκ ἐφοβήθησαν τὸ **διάταγμα** τοῦ βασιλέως.

1410 διαταράσσω [1]

√ 1328 + 5429

Lk 1:29 ἡ δὲ ἐπὶ τῷ λόγῳ **διεταράχθη** καὶ διελογίζετο ποταπὸς εἴη ὁ ἀσπασμὸς οὗτος.

1411 διατάσσω [16]

√ 1328 + 5435

διατάσσω διά [1] Gal 3:19

Mt 11: 1 Καὶ ἐγένετο ὅτε ἐτέλεσεν ὁ Ἰησοῦς **διατάσσων** τοῖς δώδεκα μαθηταῖς αὐτοῦ,
Lk 3:13 ὁ δὲ εἶπεν πρὸς αὐτούς, Μηδὲν πλέον παρὰ τὸ **διατεταγμένον** ὑμῖν πράσσετε.
8:55 καὶ ἐπέστρεψεν τὸ πνεῦμα αὐτῆς καὶ ἀνέστη παραχρῆμα καὶ **διέταξεν** αὐτῇ δοθῆναι φαγεῖν.
17: 9 μὴ ἔχει χάριν τῷ δούλῳ ὅτι ἐποίησεν τὰ **διαταχθέντα;**
17:10 οὕτως καὶ ὑμεῖς, ὅταν ποιήσητε πάντα τὰ **διαταχθέντα** ὑμῖν,
Ac 7:44 Ἡ σκηνὴ τοῦ μαρτυρίου ἦν τοῖς πατράσιν ἡμῶν ἐν τῇ ἐρήμῳ καθὼς **διετάξατο** ὁ λαλῶν τῷ Μωϋσῇ
18: 2 διὰ τὸ **διατεταχέναι** Κλαύδιον χωρίζεσθαι πάντας τοὺς Ἰουδαίους ἀπὸ τῆς Ῥώμης,
20:13 ἐκεῖθεν μέλλοντες ἀναλαμβάνειν τὸν Παῦλον· οὕτως γὰρ **διατεταγμένος** ἦν μέλλων αὐτὸς πεζεύειν.
23:31 στρατιῶται κατὰ τὸ **διατεταγμένον** αὐτοῖς ἀναλαβόντες τὸν Παῦλον ἤγαγον διὰ νυκτὸς εἰς τὴν Ἀντιπατρίδα,
24:23 **διαταξάμενος** τῷ ἑκατοντάρχῃ τηρεῖσθαι αὐτὸν ἔχειν τε ἄνεσιν καὶ μηδένα κωλύειν τῶν ἰδίων αὐτοῦ ὑπηρετεῖν αὐτῷ.
1Co 7:17 οὕτως περιπατείτω. καὶ οὕτως ἐν ταῖς ἐκκλησίαις πάσαις **διατάσσομαι.**
9:14 οὕτως καὶ ὁ κύριος **διέταξεν** τοῖς τὸ εὐαγγέλιον καταγγέλλουσιν ἐκ τοῦ εὐαγγελίου ζῆν.
11:34 ἵνα μὴ εἰς κρίμα συνέρχησθε. Τὰ δὲ λοιπὰ ὡς ἂν ἔλθω **διατάξομαι.**
16: 1 Περὶ δὲ τῆς λογείας τῆς εἰς τοὺς ἁγίους ὥσπερ **διέταξα** ταῖς ἐκκλησίαις τῆς Γαλατίας,
Gal 3:19 ἄχρις οὗ ἔλθῃ τὸ σπέρμα ᾧ ἐπήγγελται, **διαταγεὶς** δι᾽ ἀγγέλων ἐν χειρὶ μεσίτου.
Tit 1: 5 ἵνα τὰ λείποντα ἐπιδιορθώσῃ καὶ καταστήσῃς κατὰ πόλιν πρεσβυτέρους, ὡς ἐγώ σοι **διεταξάμην,**

1412 διατελέω [1]

√ 1328 + 5465

Ac 27:33 Τεσσαρεσκαιδεκάτην σήμερον ἡμέραν προσδοκῶντες ἄσιτοι **διατελεῖτε** μηθὲν προσλαβόμενοι.

1413 διατηρέω [2]

√ 1328 + 5498

Lk 2:51 ἡ μήτηρ αὐτοῦ **διετήρει** πάντα τὰ ῥήματα ἐν τῇ καρδίᾳ αὐτῆς.
Ac 15:29 ἀπέχεσθαι εἰδωλοθύτων καὶ αἵματος καὶ πνικτῶν καὶ πορνείας, ἐξ ὧν **διατηροῦντες** ἑαυτοὺς εὖ πράξετε.

1414 διατί Not used in UBS/NIV

√ 1328 + 5515

1415 διατίθεμαι Not used in UBS/NIV

√ 1328 + 5502

1416 διατίθημι [7]

√ 1328 + 5502

διαθήκη ... διατίθημι [5] Ac 3:25; Heb 8:10; 9:16,17; 10:16

Lk 22:29 κἀγὼ **διατίθεμαι** ὑμῖν καθὼς **διέθετό** μοι ὁ πατήρ μου βασιλείαν,

Ac 3:25 ὑμεῖς ἐστε οἱ υἱοὶ τῶν προφητῶν καὶ τῆς διαθήκης ἧς **διέθετο** ὁ θεὸς πρὸς τοὺς πατέρας ὑμῶν λέγων πρὸς Ἀβραάμ,
Heb 8:10 ἣν **διαθήσομαι** τῷ οἴκῳ Ἰσραὴλ μετὰ τὰς ἡμέρας ἐκείνας,
9:16 ὅπου γὰρ διαθήκη, θάνατον ἀνάγκη φέρεσθαι τοῦ **διαθεμένου·**
9:17 διαθήκη γὰρ ἐπὶ νεκροῖς βεβαία, ἐπεὶ μήποτε ἰσχύει ὅτε ζῇ ὁ **διαθέμενος.**
10:16 Αὕτη ἡ διαθήκη ἣν **διαθήσομαι** πρὸς αὐτοὺς μετὰ τὰς ἡμέρας ἐκείνας,

1417 διατρίβω [9]

√ 1328 + 5561

Jn 3:22 Μετὰ ταῦτα ἦλθεν ὁ Ἰησοῦς καὶ οἱ μαθηταὶ αὐτοῦ εἰς τὴν Ἰουδαίαν γῆν καὶ ἐκεῖ **διέτριβεν** μετ᾽ αὐτῶν καὶ ἐβάπτιζεν.
Ac 12:19 καὶ κατελθὼν ἀπὸ τῆς Ἰουδαίας εἰς Καισάρειαν **διέτριβεν.**
14: 3 ἱκανὸν μὲν οὖν χρόνον **διέτριψαν** παρρησιαζόμενοι ἐπὶ τῷ κυρίῳ τῷ μαρτυροῦντι [ἐπὶ] τῷ λόγῳ τῆς χάριτος αὐτοῦ,
14:28 **διέτριβον** δὲ χρόνον οὐκ ὀλίγον σὺν τοῖς μαθηταῖς.
15:35 Παῦλος δὲ καὶ Βαρναβᾶς **διέτριβον** ἐν Ἀντιοχείᾳ διδάσκοντες καὶ εὐαγγελιζόμενοι μετὰ καὶ ἑτέρων πολλῶν τὸν λόγον
16:12 ἦμεν δὲ ἐν ταύτῃ τῇ πόλει **διατρίβοντες** ἡμέρας τινάς.
20: 6 καὶ ἤλθομεν πρὸς αὐτοὺς εἰς τὴν Τρῳάδα ἄχρι ἡμερῶν πέντε, ὅπου **διετρίψαμεν** ἡμέρας ἑπτά.
25: 6 **Διατρίψας** δὲ ἐν αὐτοῖς ἡμέρας οὐ πλείους ὀκτὼ ἢ δέκα,
25:14 ὡς δὲ πλείους ἡμέρας **διέτριβον** ἐκεῖ, ὁ Φῆστος τῷ βασιλεῖ ἀνέθετο τὰ κατὰ τὸν Παῦλον λέγων,

1418 διατροφή [1]

√ 1328 + 5555

1Ti 6: 8 ἔχοντες δὲ **διατροφὰς** καὶ σκεπάσματα, τούτοις ἀρκεσθησόμεθα.

1419 διαυγάζω [1]

√ 1328 + 879

2Pe 1:19 ἕως οὗ ἡμέρα **διαυγάσῃ** καὶ φωσφόρος ἀνατείλῃ ἐν ταῖς καρδίαις ὑμῶν,

1420 διαυγής [1]

√ 1328 + 879

Rev 21:21 καὶ ἡ πλατεῖα τῆς πόλεως χρυσίον καθαρὸν ὡς ὕαλος **διαυγής.**

1421 διαφανής Not used in UBS/NIV

√ 1328 + 5743

1422 διαφέρω [13]

√ 1328 + 5770

with gen. following [7] Mt 6:26; 10:31; 12:12; Lk 12:7,24; 1Co 15:41; Gal 4:1

τὰ διαφέροντα [2] Ro 2:18; Php 1:10

Mt 6:26 καὶ ὁ πατὴρ ὑμῶν ὁ οὐράνιος τρέφει αὐτά· οὐχ ὑμεῖς μᾶλλον **διαφέρετε** αὐτῶν;
10:31 μὴ οὖν φοβεῖσθε· πολλῶν στρουθίων **διαφέρετε** ὑμεῖς.
12:12 πόσῳ οὖν **διαφέρει** ἄνθρωπος προβάτου. ὥστε ἔξεστιν τοῖς σάββασιν καλῶς ποιεῖν.
Mk 11:16 καὶ οὐκ ἤφιεν ἵνα τις **διενέγκῃ** σκεῦος διὰ τοῦ ἱεροῦ.
Lk 12: 7 ἀλλὰ καὶ αἱ τρίχες τῆς κεφαλῆς ὑμῶν πᾶσαι ἠρίθμηνται. μὴ φοβεῖσθε· πολλῶν στρουθίων **διαφέρετε.**
12:24 καὶ ὁ θεὸς τρέφει αὐτούς· πόσῳ μᾶλλον ὑμεῖς **διαφέρετε** τῶν πετεινῶν.
Ac 13:49 **διεφέρετο** δὲ ὁ λόγος τοῦ κυρίου δι᾽ ὅλης τῆς χώρας.
27:27 Ὡς δὲ τεσσαρεσκαιδεκάτη νὺξ ἐγένετο **διαφερομένων** ἡμῶν ἐν τῷ Ἀδρίᾳ,
Ro 2:18 καὶ γινώσκεις τὸ θέλημα καὶ δοκιμάζεις τὰ **διαφέροντα** κατηχούμενος ἐκ τοῦ νόμου,
1Co 15:41 καὶ ἄλλη δόξα ἀστέρων· ἀστὴρ γὰρ ἀστέρος **διαφέρει** ἐν δόξῃ.
Gal 2: 6 ὁποῖοί ποτε ἦσαν οὐδέν μοι **διαφέρει·** πρόσωπον [ὁ] θεὸς ἀνθρώπου οὐ λαμβάνει–
4: 1 ἐφ᾽ ὅσον χρόνον ὁ κληρονόμος νήπιός ἐστιν, οὐδὲν **διαφέρει** δούλου κύριος πάντων ὤν,
Php 1:10 εἰς τὸ δοκιμάζειν ὑμᾶς τὰ **διαφέροντα,** ἵνα ἦτε εἰλικρινεῖς καὶ ἀπρόσκοποι εἰς ἡμέραν Χριστοῦ,

1423 διαφεύγω [1]

√ 1328 + 5771

Ac 27:42 τῶν δὲ στρατιωτῶν βουλὴ ἐγένετο ἵνα τοὺς δεσμώτας ἀποκτείνωσιν, μή τις ἐκκολυμβήσας **διαφύγῃ.**

1424 διαφημίζω [3]

√ 1328 + 5774

Mt 9:31 οἱ δὲ ἐξελθόντες **διεφήμισαν** αὐτὸν ἐν ὅλῃ τῇ γῇ ἐκείνῃ.
28:15 Καὶ **διεφημίσθη** ὁ λόγος οὗτος παρὰ Ἰουδαίοις μέχρι τῆς σήμερον [ἡμέρας.]
Mk 1:45 ὁ δὲ ἐξελθὼν ἤρξατο κηρύσσειν πολλὰ καὶ **διαφημίζειν** τὸν λόγον,

1425 διαφθείρω [6]

√ 1328 + 5780

Lk 12:33 θησαυρὸν ἀνέκλειπτον ἐν τοῖς οὐρανοῖς, ὅπου κλέπτης οὐκ ἐγγίζει οὐδὲ σὴς **διαφθείρει·**
2Co 4:16 ἀλλ᾽ εἰ καὶ ὁ ἔξω ἡμῶν ἄνθρωπος **διαφθείρεται,**
1Ti 6: 5 διαπαρατριβαὶ **διεφθαρμένων** ἀνθρώπων τὸν νοῦν καὶ ἀπεστερημένων τῆς ἀληθείας,
Rev 8: 9 καὶ ἀπέθανεν τὸ τρίτον τῶν κτισμάτων τῶν ἐν τῇ θαλάσσῃ τὰ ἔχοντα ψυχὰς καὶ τὸ τρίτον τῶν πλοίων **διεφθάρησαν.**
11:18 τοὺς μικροὺς καὶ τοὺς μεγάλους, καὶ **διαφθεῖραι** τοὺς **διαφθείροντας** τὴν γῆν.

1426 διαφθορά [6]

√ 1328 + 5780

Ac 2:27 ὅτι οὐκ ἐγκαταλείψεις τὴν ψυχήν μου εἰς ᾅδην οὐδὲ δώσεις τὸν ὅσιόν σου ἰδεῖν **διαφθοράν.**
2:31 προϊδὼν ἐλάλησεν περὶ τῆς ἀναστάσεως τοῦ Χριστοῦ ὅτι οὔτε ἐγκατελείφθη εἰς ᾅδην οὔτε ἡ σὰρξ αὐτοῦ εἶδεν **διαφθοράν.**
13:34 ὅτι δὲ ἀνέστησεν αὐτὸν ἐκ νεκρῶν μηκέτι μέλλοντα ὑποστρέφειν εἰς **διαφθοράν,**
13:35 διότι καὶ ἐν ἑτέρῳ λέγει, Οὐ δώσεις τὸν ὅσιόν σου ἰδεῖν **διαφθοράν.**
13:36 Δαυὶδ μὲν γὰρ ἰδίᾳ γενεᾷ ὑπηρετήσας τῇ τοῦ θεοῦ βουλῇ ἐκοιμήθη καὶ προσετέθη πρὸς τοὺς πατέρας αὐτοῦ καὶ εἶδεν **διαφθοράν·**
13:37 ὃν δὲ ὁ θεὸς ἤγειρεν, οὐκ εἶδεν **διαφθοράν.**

1427 διάφορος [4]

√ 1328 + 5770

Ro 12: 6 ἔχοντες δὲ χαρίσματα κατὰ τὴν χάριν τὴν δοθεῖσαν ἡμῖν **διάφορα,**
Heb 1: 4 τοσούτῳ κρείττων γενόμενος τῶν ἀγγέλων ὅσῳ **διαφορώτερον** παρ᾽ αὐτοὺς κεκληρονόμηκεν ὄνομα.
8: 6 νυν[ὶ] δὲ **διαφορωτέρας** τέτυχεν λειτουργίας, ὅσῳ καὶ κρείττονός ἐστιν διαθήκης μεσίτης,
9:10 μόνον ἐπὶ βρώμασιν καὶ πόμασιν καὶ **διαφόροις** βαπτισμοῖς,

1428 διαφυλάσσω [1]

√ 1328 + 5875

Lk 4:10 γέγραπται γὰρ ὅτι Τοῖς ἀγγέλοις αὐτοῦ ἐντελεῖται περὶ σοῦ τοῦ **διαφυλάξαι** σε,

1429 διαχειρίζω [2]

√ 1328 + 5931

Ac 5:30 ὁ θεὸς τῶν πατέρων ἡμῶν ἤγειρεν Ἰησοῦν ὃν ὑμεῖς **διεχειρίσασθε** κρεμάσαντες ἐπὶ ξύλου·
26:21 ἕνεκα τούτων με Ἰουδαῖοι συλλαβόμενοι [ὄντα] ἐν τῷ ἱερῷ ἐπειρῶντο **διαχειρίσασθαι.**

1430 διαχλευάζω [1]

√ *1328 + 5949*

Ac 2:13 ἕτεροι δὲ **διαχλευάζοντες** ἔλεγον ὅτι Γλεύκους μεμεστωμένοι εἰσίν.

1431 διαχωρίζω [1]

√ *1328 + 6006*

Lk 9:33 καὶ ἐγένετο ἐν τῷ **διαχωρίζεσθαι** αὐτοὺς ἀπ᾽ αὐτοῦ εἶπεν ὁ Πέτρος πρὸς τὸν Ἰησοῦν,

1432 διγαμία Not used in UBS/NIV

√ *1545 + 1141*

1433 δίγαμος Not used in UBS/NIV

√ *1545 + 1141*

1434 διδακτικός [2]

√ *1438*

1Ti 3:2 μιᾶς γυναικὸς ἄνδρα, νηφάλιον σώφρονα κόσμιον φιλόξενον **διδακτικόν,**

2Ti 2:24 δοῦλον δὲ κυρίου οὐ δεῖ μάχεσθαι ἀλλὰ ἤπιον εἶναι πρὸς πάντας, **διδακτικόν,** ἀνεξίκακον,

1435 διδακτός [3]

√ *1438*

Jn 6:45 ἔστιν γεγραμμένον ἐν τοῖς προφήταις, Καὶ ἔσονται πάντες **διδακτοὶ** θεοῦ·

1Co 2:13 ἃ καὶ λαλοῦμεν οὐκ ἐν **διδακτοῖς** ἀνθρωπίνης σοφίας λόγοις ἀλλ᾽ ἐν **διδακτοῖς** πνεύματος,

1436 διδασκαλία [21]

√ *1438*

διδασκαλία ... διδάσκω [2] Mt 15:9; Mk 7:7

ὑγιαινοῦσα διδασκαλία [4] 1Ti 1:10; 2Ti 4:3; Tit 1:9; 2:1

Mt 15:9 μάτην δὲ σέβονταί με διδάσκοντες **διδασκαλίας** ἐντάλματα ἀνθρώπων.

Mk 7:7 μάτην δὲ σέβονταί με διδάσκοντες **διδασκαλίας** ἐντάλματα ἀνθρώπων.

Ro 12:7 εἴτε διακονίαν ἐν τῇ διακονίᾳ, εἴτε ὁ διδάσκων ἐν τῇ **διδασκαλίᾳ,**

15:4 ὅσα γὰρ προεγράφη, εἰς τὴν ἡμετέραν **διδασκαλίαν** ἐγράφη,

Eph 4:14 κλυδωνιζόμενοι καὶ περιφερόμενοι παντὶ ἀνέμῳ τῆς **διδασκαλίας** ἐν τῇ κυβείᾳ τῶν ἀνθρώπων,

Col 2:22 ἅ ἐστιν πάντα εἰς φθορὰν τῇ ἀποχρήσει, κατὰ τὰ ἐντάλματα καὶ **διδασκαλίας** τῶν ἀνθρώπων,

1Ti 1:10 καὶ εἴ τι ἕτερον τῇ ὑγιαινούσῃ **διδασκαλίᾳ** ἀντίκειται

4:1 ἐν ὑστέροις καιροῖς ἀποστήσονταί τινες τῆς πίστεως προσέχοντες πνεύμασιν πλάνοις καὶ **διδασκαλίαις** δαιμονίων,

4:6 ἐντρεφόμενος τοῖς λόγοις τῆς πίστεως καὶ τῆς καλῆς **διδασκαλίας** ᾗ παρηκολούθηκας·

4:13 ἕως ἔρχομαι πρόσεχε τῇ ἀναγνώσει, τῇ παρακλήσει, τῇ **διδασκαλίᾳ.**

4:16 ἔπεχε σεαυτῷ καὶ τῇ **διδασκαλίᾳ,** ἐπίμενε αὐτοῖς· τοῦτο γὰρ ποιῶν καὶ σεαυτὸν σώσεις καὶ τοὺς ἀκούοντάς σου.

5:17 Οἱ καλῶς προεστῶτες πρεσβύτεροι διπλῆς τιμῆς ἀξιούσθωσαν, μάλιστα οἱ κοπιῶντες ἐν λόγῳ καὶ **διδασκαλίᾳ.**

6:1 ἵνα μὴ τὸ ὄνομα τοῦ θεοῦ καὶ ἡ **διδασκαλία** βλασφημῆται.

6:3 εἴ τις ἑτεροδιδασκαλεῖ καὶ μὴ προσέρχεται ὑγιαίνουσιν λόγοις τοῖς τοῦ κυρίου ἡμῶν Ἰησοῦ Χριστοῦ καὶ τῇ κατ᾽ εὐσέβειαν **διδασκαλίᾳ,**

2Ti 3:10 Σὺ δὲ παρηκολούθησάς μου τῇ **διδασκαλίᾳ,** τῇ ἀγωγῇ,

3:16 πᾶσα γραφὴ θεόπνευστος καὶ ὠφέλιμος πρὸς **διδασκαλίαν,** πρὸς ἐλεγμόν,

4:3 ἔσται γὰρ καιρὸς ὅτε τῆς ὑγιαινούσης **διδασκαλίας** οὐκ ἀνέξονται ἀλλὰ κατὰ τὰς ἰδίας ἐπιθυμίας ἑαυτοῖς ἐπισωρεύσουσιν διδασκάλους κνηθόμενοι τὴν ἀκοὴν

Tit 1:9 ἵνα δυνατὸς ᾖ καὶ παρακαλεῖν ἐν τῇ **διδασκαλίᾳ** τῇ ὑγιαινούσῃ καὶ τοὺς ἀντιλέγοντας ἐλέγχειν.

2:1 Σὺ δὲ λάλει ἃ πρέπει τῇ ὑγιαινούσῃ **διδασκαλίᾳ.**

2:7 σεαυτὸν παρεχόμενος τύπον καλῶν ἔργων, ἐν τῇ **διδασκαλίᾳ** ἀφθορίαν, σεμνότητα,

2:10 ἵνα τὴν **διδασκαλίαν** τὴν τοῦ σωτῆρος ἡμῶν θεοῦ κοσμῶσιν ἐν πᾶσιν.

1437 διδάσκαλος [59]

√ *1438*

vocative **διδάσκαλε** [31] Mt 8:19; 12:38; 19:16; 22:16,24,36; Mk 4:38; 9:17,38; 10:17,20,35; 12:14,19,32; 13:1; Lk 3:12; 7:40; 9:38; 10:25; 11:45; 12:13; 18:18; 19:39; 20:21,28,39; 21:7; Jn 1:38; 8:4; 20:16

plural **διδάσκαλοι** [8] Lk 2:46; Ac 13:1; 1Co 12:28,29; Eph 4:11; 2Ti 4:3; Heb 5:12; Jas 3:1

Mt 8:19 καὶ προσελθὼν εἷς γραμματεὺς εἶπεν αὐτῷ, **Διδάσκαλε,** ἀκολουθήσω σοι ὅπου ἐὰν ἀπέρχῃ.

9:11 Διὰ τί μετὰ τῶν τελωνῶν καὶ ἁμαρτωλῶν ἐσθίει ὁ **διδάσκαλος** ὑμῶν;

10:24 Οὐκ ἔστιν μαθητὴς ὑπὲρ τὸν **διδάσκαλον** οὐδὲ δοῦλος ὑπὲρ τὸν κύριον αὐτοῦ.

10:25 ἀρκετὸν τῷ μαθητῇ ἵνα γένηται ὡς ὁ **διδάσκαλος** αὐτοῦ καὶ ὁ δοῦλος ὡς ὁ κύριος αὐτοῦ.

12:38 Τότε ἀπεκρίθησαν αὐτῷ τινες τῶν γραμματέων καὶ Φαρισαίων λέγοντες, **Διδάσκαλε,** θέλομεν ἀπὸ σοῦ σημεῖον ἰδεῖν.

17:24 προσῆλθον οἱ τὰ δίδραχμα λαμβάνοντες τῷ Πέτρῳ καὶ εἶπαν, Ὁ **διδάσκαλος** ὑμῶν οὐ τελεῖ [τὰ] δίδραχμα;

19:16 Καὶ ἰδοὺ εἷς προσελθὼν αὐτῷ εἶπεν, **Διδάσκαλε,** τί ἀγαθὸν ποιήσω ἵνα σχῶ ζωὴν αἰώνιον;

22:16 καὶ ἀποστέλλουσιν αὐτῷ τοὺς μαθητὰς αὐτῶν μετὰ τῶν Ἡρῳδιανῶν λέγοντες, **Διδάσκαλε,**

22:24 λέγοντες, **Διδάσκαλε,** Μωϋσῆς εἶπεν, Ἐάν τις ἀποθάνῃ μὴ ἔχων τέκνα,

22:36 **Διδάσκαλε,** ποία ἐντολὴ μεγάλη ἐν τῷ νόμῳ;

23:8 εἷς γάρ ἐστιν ὑμῶν ὁ **διδάσκαλος,** πάντες δὲ ὑμεῖς ἀδελφοί ἐστε.

26:18 Ὁ **διδάσκαλος** λέγει, Ὁ καιρός μου ἐγγύς ἐστιν,

Mk 4:38 καὶ ἐγείρουσιν αὐτὸν καὶ λέγουσιν αὐτῷ, **Διδάσκαλε,** οὐ μέλει σοι ὅτι ἀπολλύμεθα;

5:35 ἔρχονται ἀπὸ τοῦ ἀρχισυναγώγου λέγοντες ὅτι Ἡ θυγάτηρ σου ἀπέθανεν· τί ἔτι σκύλλεις τὸν **διδάσκαλον;**

9:17 **Διδάσκαλε,** ἤνεγκα τὸν υἱόν μου πρὸς σέ, ἔχοντα πνεῦμα ἄλαλον·

9:38 Ἔφη αὐτῷ ὁ Ἰωάννης, **Διδάσκαλε,** εἴδομέν τινα ἐν τῷ ὀνόματί σου ἐκβάλλοντα δαιμόνια καὶ ἐκωλύομεν αὐτόν,

10:17 **Διδάσκαλε** ἀγαθέ, τί ποιήσω ἵνα ζωὴν αἰώνιον κληρονομήσω;

10:20 ὁ δὲ ἔφη αὐτῷ, **Διδάσκαλε,** ταῦτα πάντα ἐφυλαξάμην ἐκ νεότητός μου.

10:35 **Διδάσκαλε,** θέλομεν ἵνα ὃ ἐὰν αἰτήσωμέν σε ποιήσῃς ἡμῖν.

12:14 καὶ ἐλθόντες λέγουσιν αὐτῷ, **Διδάσκαλε,** οἴδαμεν ὅτι ἀληθὴς εἶ καὶ οὐ μέλει σοι περὶ οὐδενός·

12:19 **Διδάσκαλε,** Μωϋσῆς ἔγραψεν ἡμῖν ὅτι ἐάν τινος ἀδελφὸς ἀποθάνῃ καὶ καταλίπῃ γυναῖκα καὶ μὴ ἀφῇ τέκνον,

12:32 καὶ εἶπεν αὐτῷ ὁ γραμματεύς, Καλῶς, **διδάσκαλε,** ἐπ᾽ ἀληθείας εἶπες ὅτι εἷς ἐστιν καὶ οὐκ ἔστιν ἄλλος πλὴν αὐτοῦ·

13:1 ἐκπορευομένου αὐτοῦ ἐκ τοῦ ἱεροῦ λέγει αὐτῷ εἷς τῶν μαθητῶν αὐτοῦ, **Διδάσκαλε,** ἴδε ποταποὶ λίθοι καὶ ποταπαὶ οἰκοδομαί.

14:14 καὶ ὅπου ἐὰν εἰσέλθῃ εἴπατε τῷ οἰκοδεσπότῃ ὅτι Ὁ **διδάσκαλος** λέγει,

Lk 2:46 εὗρον αὐτὸν ἐν τῷ ἱερῷ καθεζόμενον ἐν μέσῳ τῶν **διδασκάλων** καὶ ἀκούοντα αὐτῶν καὶ ἐπερωτῶντα αὐτούς·

3:12 ἦλθον δὲ καὶ τελῶναι βαπτισθῆναι καὶ εἶπαν πρὸς αὐτόν, **Διδάσκαλε,** τί ποιήσωμεν;

6:40 οὐκ ἔστιν μαθητὴς ὑπὲρ τὸν **διδάσκαλον·** κατηρτισμένος δὲ πᾶς ἔσται ὡς ὁ **διδάσκαλος** αὐτοῦ.

7:40 ἔχω σοί τι εἰπεῖν. ὁ δέ, **Διδάσκαλε,** εἰπέ, φησίν.

8:49 ἔρχεταί τις παρὰ τοῦ ἀρχισυναγώγου λέγων ὅτι Τέθνηκεν ἡ θυγάτηρ σου· μηκέτι σκύλλε τὸν **διδάσκαλον.**

9:38 **Διδάσκαλε,** δέομαί σου ἐπιβλέψαι ἐπὶ τὸν υἱόν μου,

10:25 Καὶ ἰδοὺ νομικός τις ἀνέστη ἐκπειράζων αὐτὸν λέγων, **Διδάσκαλε,** τί ποιήσας ζωὴν αἰώνιον κληρονομήσω;

11:45 Ἀποκριθεὶς δέ τις τῶν νομικῶν λέγει αὐτῷ, **Διδάσκαλε,** ταῦτα λέγων καὶ ἡμᾶς ὑβρίζεις.

12:13 Εἶπεν δέ τις ἐκ τοῦ ὄχλου αὐτῷ, **Διδάσκαλε,**

18:18 Καὶ ἐπηρώτησέν τις αὐτὸν ἄρχων λέγων, **Διδάσκαλε** ἀγαθέ, τί ποιήσας ζωὴν αἰώνιον κληρονομήσω;
19:39 καί τινες τῶν Φαρισαίων ἀπὸ τοῦ ὄχλου εἶπαν πρὸς αὐτόν, **Διδάσκαλε,** ἐπιτίμησον τοῖς μαθηταῖς σου.
20:21 καὶ ἐπηρώτησαν αὐτὸν λέγοντες, **Διδάσκαλε,** οἴδαμεν ὅτι ὀρθῶς λέγεις καὶ διδάσκεις καὶ οὐ λαμβάνεις πρόσωπον,
20:28 λέγοντες, **Διδάσκαλε,** Μωϋσῆς ἔγραψεν ἡμῖν, ἐάν τινος ἀδελφὸς ἀποθάνῃ ἔχων γυναῖκα,
20:39 ἀποκριθέντες δέ τινες τῶν γραμματέων εἶπαν, **Διδάσκαλε,** καλῶς εἶπας.
21: 7 Ἐπηρώτησαν δὲ αὐτὸν λέγοντες, **Διδάσκαλε,** πότε οὖν ταῦτα ἔσται καὶ τί τὸ σημεῖον ὅταν μέλλῃ ταῦτα γίνεσθαι;
22:11 καὶ ἐρεῖτε τῷ οἰκοδεσπότῃ τῆς οἰκίας, Λέγει σοι ὁ **διδάσκαλος,**
Jn 1:38 οἱ δὲ εἶπαν αὐτῷ, Ῥαββί, ὃ λέγεται μεθερμηνευόμενον **Διδάσκαλε,** ποῦ μένεις;
3: 2 οὗτος ἦλθεν πρὸς αὐτὸν νυκτὸς καὶ εἶπεν αὐτῷ, Ῥαββί, οἴδαμεν ὅτι ἀπὸ θεοῦ ἐλήλυθας **διδάσκαλος·**
3:10 Σὺ εἶ ὁ **διδάσκαλος** τοῦ Ἰσραὴλ καὶ ταῦτα οὐ γινώσκεις;
8: 4 ⟦λέγουσιν αὐτῷ, **Διδάσκαλε,** αὕτη ἡ γυνὴ κατείληπται ἐπ' αὐτοφώρῳ μοιχευομένη·⟧
11:28 ἀπῆλθεν καὶ ἐφώνησεν Μαριὰμ τὴν ἀδελφὴν αὐτῆς λάθρᾳ εἰποῦσα, Ὁ **διδάσκαλος** πάρεστιν καὶ φωνεῖ σε.
13:13 ὑμεῖς φωνεῖτέ με Ὁ **διδάσκαλος** καὶ Ὁ κύριος,
13:14 εἰ οὖν ἐγὼ ἔνιψα ὑμῶν τοὺς πόδας ὁ κύριος καὶ ὁ **διδάσκαλος,**
20:16 στραφεῖσα ἐκείνη λέγει αὐτῷ Ἑβραϊστί, Ραββουνι (ὃ λέγεται **Διδάσκαλε).**
Ac 13: 1 Ἦσαν δὲ ἐν Ἀντιοχείᾳ κατὰ τὴν οὖσαν ἐκκλησίαν προφῆται καὶ **διδάσκαλοι** ὅ τε Βαρναβᾶς καὶ Συμεὼν
Ro 2:20 παιδευτὴν ἀφρόνων, **διδάσκαλον** νηπίων, ἔχοντα τὴν μόρφωσιν τῆς γνώσεως καὶ τῆς ἀληθείας ἐν τῷ νόμῳ·
1Co 12:28 δεύτερον προφήτας, τρίτον **διδασκάλους,** ἔπειτα δυνάμεις, ἔπειτα χαρίσματα ἰαμάτων,
12:29 μὴ πάντες προφῆται; μὴ πάντες **διδάσκαλοι;** μὴ πάντες δυνάμεις;
Eph 4:11 τοὺς δὲ εὐαγγελιστάς, τοὺς δὲ ποιμένας καὶ **διδασκάλους,**
1Ti 2: 7 ἀλήθειαν λέγω οὐ ψεύδομαι, **διδάσκαλος** ἐθνῶν ἐν πίστει καὶ ἀληθείᾳ.
2Ti 1:11 εἰς ὃ ἐτέθην ἐγὼ κῆρυξ καὶ ἀπόστολος καὶ **διδάσκαλος,**
4: 3 ἔσται γὰρ καιρὸς ὅτε τῆς ὑγιαινούσης διδασκαλίας οὐκ ἀνέξονται ἀλλὰ κατὰ τὰς ἰδίας ἐπιθυμίας ἑαυτοῖς ἐπισωρεύσουσιν **διδασκάλους** κνηθόμενοι τὴν ἀκοὴν
Heb 5:12 καὶ γὰρ ὀφείλοντες εἶναι **διδάσκαλοι** διὰ τὸν χρόνον,
Jas 3: 1 Μὴ πολλοὶ **διδάσκαλοι** γίνεσθε, ἀδελφοί μου, εἰδότες ὅτι μεῖζον κρίμα λημψόμεθα.

1438 διδάσκω [97]

→ *1434, 1435, 1436, 1437, 1439, 2281, 2531, 2815, 3791, 6015*

διδασκαλία ... διδάσκω [2] Mt 15:9; Mk 7:7

διδάσκω ... κηρύσσω [5] Mt 4:23; 9:35; 11:1; Ac 28:31; Ro 2:21

Mt 4:23 Καὶ περιῆγεν ἐν ὅλῃ τῇ Γαλιλαίᾳ **διδάσκων** ἐν ταῖς συναγωγαῖς αὐτῶν καὶ κηρύσσων τὸ εὐαγγέλιον τῆς βασιλείας
5: 2 καὶ ἀνοίξας τὸ στόμα αὐτοῦ **ἐδίδασκεν** αὐτοὺς λέγων,
5:19 ὃς ἐὰν οὖν λύσῃ μίαν τῶν ἐντολῶν τούτων τῶν ἐλαχίστων καὶ **διδάξῃ** οὕτως τοὺς ἀνθρώπους, ἐλάχιστος κληθήσεται ἐν τῇ βασιλείᾳ τῶν οὐρανῶν· ὃς δ' ἂν ποιήσῃ καὶ **διδάξῃ,** οὗτος μέγας κληθήσεται ἐν τῇ βασιλείᾳ τῶν οὐρανῶν.
7:29 ἦν γὰρ **διδάσκων** αὐτοὺς ὡς ἐξουσίαν ἔχων καὶ οὐχ ὡς οἱ γραμματεῖς αὐτῶν.
9:35 Καὶ περιῆγεν ὁ Ἰησοῦς τὰς πόλεις πάσας καὶ τὰς κώμας **διδάσκων** ἐν ταῖς συναγωγαῖς αὐτῶν καὶ κηρύσσων
11: 1 μετέβη ἐκεῖθεν τοῦ **διδάσκειν** καὶ κηρύσσειν ἐν ταῖς πόλεσιν αὐτῶν.
13:54 καὶ ἐλθὼν εἰς τὴν πατρίδα αὐτοῦ **ἐδίδασκεν** αὐτοὺς ἐν τῇ συναγωγῇ αὐτῶν,
15: 9 μάτην δὲ σέβονταί με **διδάσκοντες** διδασκαλίας ἐντάλματα ἀνθρώπων.
21:23 Καὶ ἐλθόντος αὐτοῦ εἰς τὸ ἱερὸν προσῆλθον αὐτῷ **διδάσκοντι** οἱ ἀρχιερεῖς καὶ οἱ πρεσβύτεροι τοῦ λαοῦ λέγοντες,
22:16 οἴδαμεν ὅτι ἀληθὴς εἶ καὶ τὴν ὁδὸν τοῦ θεοῦ ἐν ἀληθείᾳ **διδάσκεις** καὶ οὐ μέλει σοι περὶ οὐδενός·
26:55 καθ' ἡμέραν ἐν τῷ ἱερῷ ἐκαθεζόμην **διδάσκων** καὶ οὐκ ἐκρατήσατέ με.
28:15 οἱ δὲ λαβόντες τὰ ἀργύρια ἐποίησαν ὡς **ἐδιδάχθησαν.**
28:20 **διδάσκοντες** αὐτοὺς τηρεῖν πάντα ὅσα ἐνετειλάμην ὑμῖν· καὶ ἰδοὺ ἐγὼ μεθ' ὑμῶν εἰμι πάσας τὰς ἡμέρας
Mk 1:21 καὶ εὐθὺς τοῖς σάββασιν εἰσελθὼν εἰς τὴν συναγωγὴν **ἐδίδασκεν.**
1:22 ἦν γὰρ **διδάσκων** αὐτοὺς ὡς ἐξουσίαν ἔχων καὶ οὐχ ὡς οἱ γραμματεῖς.
2:13 καὶ πᾶς ὁ ὄχλος ἤρχετο πρὸς αὐτόν, καὶ **ἐδίδασκεν** αὐτούς.
4: 1 Καὶ πάλιν ἤρξατο **διδάσκειν** παρὰ τὴν θάλασσαν· καὶ συνάγεται πρὸς αὐτὸν ὄχλος πλεῖστος,
4: 2 καὶ **ἐδίδασκεν** αὐτοὺς ἐν παραβολαῖς πολλὰ καὶ ἔλεγεν αὐτοῖς ἐν τῇ διδαχῇ αὐτοῦ,
6: 2 καὶ γενομένου σαββάτου ἤρξατο **διδάσκειν** ἐν τῇ συναγωγῇ,
6: 6 καὶ ἐθαύμαζεν διὰ τὴν ἀπιστίαν αὐτῶν. Καὶ περιῆγεν τὰς κώμας κύκλῳ **διδάσκων.**
6:30 Καὶ συνάγονται οἱ ἀπόστολοι πρὸς τὸν Ἰησοῦν καὶ ἀπήγγειλαν αὐτῷ πάντα ὅσα ἐποίησαν καὶ ὅσα **ἐδίδαξαν.**
6:34 ὅτι ἦσαν ὡς πρόβατα μὴ ἔχοντα ποιμένα, καὶ ἤρξατο **διδάσκειν** αὐτοὺς πολλά.
7: 7 μάτην δὲ σέβονταί με **διδάσκοντες** διδασκαλίας ἐντάλματα ἀνθρώπων.
8:31 Καὶ ἤρξατο **διδάσκειν** αὐτοὺς ὅτι δεῖ τὸν υἱὸν τοῦ ἀνθρώπου πολλὰ παθεῖν καὶ ἀποδοκιμασθῆναι ὑπὸ τῶν πρεσβυτέρων
9:31 **ἐδίδασκεν** γὰρ τοὺς μαθητὰς αὐτοῦ καὶ ἔλεγεν αὐτοῖς ὅτι Ὁ υἱὸς τοῦ ἀνθρώπου παραδίδοται εἰς χεῖρας ἀνθρώπων,
10: 1 καὶ συμπορεύονται πάλιν ὄχλοι πρὸς αὐτόν, καὶ ὡς εἰώθει πάλιν **ἐδίδασκεν** αὐτούς.
11:17 καὶ **ἐδίδασκεν** καὶ ἔλεγεν αὐτοῖς, Οὐ γέγραπται ὅτι Ὁ οἶκός μου οἶκος προσευχῆς κληθήσεται πᾶσιν τοῖς ἔθνεσιν;
12:14 ἀλλ' ἐπ' ἀληθείας τὴν ὁδὸν τοῦ θεοῦ **διδάσκεις·**
12:35 Καὶ ἀποκριθεὶς ὁ Ἰησοῦς ἔλεγεν **διδάσκων** ἐν τῷ ἱερῷ,
14:49 καθ' ἡμέραν ἤμην πρὸς ὑμᾶς ἐν τῷ ἱερῷ **διδάσκων** καὶ οὐκ ἐκρατήσατέ με·
Lk 4:15 καὶ αὐτὸς **ἐδίδασκεν** ἐν ταῖς συναγωγαῖς αὐτῶν δοξαζόμενος ὑπὸ πάντων.
4:31 Καὶ κατῆλθεν εἰς Καφαρναοὺμ πόλιν τῆς Γαλιλαίας. καὶ ἦν **διδάσκων** αὐτοὺς ἐν τοῖς σάββασιν·
5: 3 καθίσας δὲ ἐκ τοῦ πλοίου **ἐδίδασκεν** τοὺς ὄχλους.
5:17 Καὶ ἐγένετο ἐν μιᾷ τῶν ἡμερῶν καὶ αὐτὸς ἦν **διδάσκων,**
6: 6 Ἐγένετο δὲ ἐν ἑτέρῳ σαββάτῳ εἰσελθεῖν αὐτὸν εἰς τὴν συναγωγὴν καὶ **διδάσκειν.**
11: 1 Κύριε, **δίδαξον** ἡμᾶς προσεύχεσθαι, καθὼς καὶ Ἰωάννης **ἐδίδαξεν** τοὺς μαθητὰς αὐτοῦ.
12:12 τὸ γὰρ ἅγιον πνεῦμα **διδάξει** ὑμᾶς ἐν αὐτῇ τῇ ὥρᾳ ἃ δεῖ εἰπεῖν.
13:10 Ἦν δὲ **διδάσκων** ἐν μιᾷ τῶν συναγωγῶν ἐν τοῖς σάββασιν.
13:22 Καὶ διεπορεύετο κατὰ πόλεις καὶ κώμας **διδάσκων** καὶ πορείαν ποιούμενος εἰς Ἱεροσόλυμα.
13:26 Ἐφάγομεν ἐνώπιόν σου καὶ ἐπίομεν καὶ ἐν ταῖς πλατείαις ἡμῶν **ἐδίδαξας·**
19:47 Καὶ ἦν **διδάσκων** τὸ καθ' ἡμέραν ἐν τῷ ἱερῷ.
20: 1 Καὶ ἐγένετο ἐν μιᾷ τῶν ἡμερῶν **διδάσκοντος** αὐτοῦ τὸν λαὸν ἐν τῷ ἱερῷ καὶ εὐαγγελιζομένου ἐπέστησαν οἱ ἀρχιερεῖς καὶ οἱ γραμματεῖς σὺν τοῖς πρεσβυτέροις
20:21 οἴδαμεν ὅτι ὀρθῶς λέγεις καὶ **διδάσκεις** καὶ οὐ λαμβάνεις πρόσωπον, ἀλλ' ἐπ' ἀληθείας τὴν ὁδὸν τοῦ θεοῦ **διδάσκεις·**
21:37 Ἦν δὲ τὰς ἡμέρας ἐν τῷ ἱερῷ **διδάσκων,**
23: 5 οἱ δὲ ἐπίσχυον λέγοντες ὅτι Ἀνασείει τὸν λαὸν **διδάσκων** καθ' ὅλης τῆς Ἰουδαίας,
Jn 6:59 Ταῦτα εἶπεν ἐν συναγωγῇ **διδάσκων** ἐν Καφαρναούμ.
7:14 Ἤδη δὲ τῆς ἑορτῆς μεσούσης ἀνέβη Ἰησοῦς εἰς τὸ ἱερὸν καὶ **ἐδίδασκεν.**
7:28 ἔκραξεν οὖν ἐν τῷ ἱερῷ **διδάσκων** ὁ Ἰησοῦς καὶ λέγων,
7:35 μὴ εἰς τὴν διασπορὰν τῶν Ἑλλήνων μέλλει πορεύεσθαι καὶ **διδάσκειν** τοὺς Ἕλληνας;
8: 2 ⟦Ὄρθρου δὲ πάλιν παρεγένετο εἰς τὸ ἱερὸν καὶ πᾶς ὁ λαὸς ἤρχετο πρὸς αὐτόν, καὶ καθίσας **ἐδίδασκεν** αὐτούς.⟧
8:20 Ταῦτα τὰ ῥήματα ἐλάλησεν ἐν τῷ γαζοφυλακίῳ **διδάσκων** ἐν τῷ ἱερῷ·
8:28 ἀλλὰ καθὼς **ἐδίδαξέν** με ὁ πατὴρ ταῦτα λαλῶ.
9:34 Ἐν ἁμαρτίαις σὺ ἐγεννήθης ὅλος καὶ σὺ **διδάσκεις** ἡμᾶς;
14:26 ἐκεῖνος ὑμᾶς **διδάξει** πάντα καὶ ὑπομνήσει ὑμᾶς πάντα ἃ εἶπον ὑμῖν [ἐγώ.]
18:20 ἐγὼ πάντοτε **ἐδίδαξα** ἐν συναγωγῇ καὶ ἐν τῷ ἱερῷ,

Ac 1: 1 ὧν ἤρξατο ὁ Ἰησοῦς ποιεῖν τε καὶ **διδάσκειν,**
4: 2 διαπονούμενοι διὰ τὸ **διδάσκειν** αὐτοὺς τὸν λαὸν καὶ καταγγέλλειν ἐν τῷ Ἰησοῦ τὴν ἀνάστασιν τὴν ἐκ νεκρῶν,
4: 18 καὶ καλέσαντες αὐτοὺς παρήγγειλαν τὸ καθόλου μὴ φθέγγεσθαι μηδὲ **διδάσκειν** ἐπὶ τῷ ὀνόματι τοῦ Ἰησοῦ.
5: 21 ἀκούσαντες δὲ εἰσῆλθον ὑπὸ τὸν ὄρθρον εἰς τὸ ἱερὸν καὶ **ἐδίδασκον.**
5: 25 ἀπήγγειλεν αὐτοῖς ὅτι Ἰδοὺ οἱ ἄνδρες οὓς ἔθεσθε ἐν τῇ φυλακῇ εἰσὶν ἐν τῷ ἱερῷ ἑστῶτες καὶ **διδάσκοντες** τὸν λαόν.
5: 28 [Οὐ] παραγγελίᾳ παρηγγείλαμεν ὑμῖν μὴ **διδάσκειν** ἐπὶ τῷ ὀνόματι τούτῳ,
5: 42 πᾶσάν τε ἡμέραν ἐν τῷ ἱερῷ καὶ κατ᾿ οἶκον οὐκ ἐπαύοντο **διδάσκοντες** καὶ εὐαγγελιζόμενοι τὸν Χριστὸν Ἰησοῦν.
11: 26 ἐγένετο δὲ αὐτοῖς καὶ ἐνιαυτὸν ὅλον συναχθῆναι ἐν τῇ ἐκκλησίᾳ καὶ **διδάξαι** ὄχλον ἱκανόν,
15: 1 Καί τινες κατελθόντες ἀπὸ τῆς Ἰουδαίας **ἐδίδασκον** τοὺς ἀδελφοὺς ὅτι Ἐὰν μὴ περιτμηθῆτε τῷ ἔθει τῷ Μωϋσέως,
15: 35 Παῦλος δὲ καὶ Βαρναβᾶς διέτριβον ἐν Ἀντιοχείᾳ **διδάσκοντες** καὶ εὐαγγελιζόμενοι μετὰ καὶ ἑτέρων πολλῶν
18: 11 Ἐκάθισεν δὲ ἐνιαυτὸν καὶ μῆνας ἓξ **διδάσκων** ἐν αὐτοῖς τὸν λόγον τοῦ θεοῦ.
18: 25 οὗτος ἦν κατηχημένος τὴν ὁδὸν τοῦ κυρίου καὶ ζέων τῷ πνεύματι ἐλάλει καὶ **ἐδίδασκεν** ἀκριβῶς τὰ περὶ τοῦ Ἰησοῦ,
20: 20 ὡς οὐδὲν ὑπεστειλάμην τῶν συμφερόντων τοῦ μὴ ἀναγγεῖλαι ὑμῖν καὶ **διδάξαι** ὑμᾶς δημοσίᾳ καὶ κατ᾿ οἴκους,
21: 21 κατηχήθησαν δὲ περὶ σοῦ ὅτι ἀποστασίαν **διδάσκεις** ἀπὸ Μωϋσέως τοὺς κατὰ τὰ ἔθνη πάντας Ἰουδαίους λέγων μὴ περιτέμνειν αὐτοὺς τὰ τέκνα μηδὲ τοῖς ἔθεσιν περιπατεῖν.
21: 28 οὗτός ἐστιν ὁ ἄνθρωπος ὁ κατὰ τοῦ λαοῦ καὶ τοῦ νόμου καὶ τοῦ τόπου τούτου πάντας πανταχῇ **διδάσκων,**
28: 31 κηρύσσων τὴν βασιλείαν τοῦ θεοῦ καὶ **διδάσκων** τὰ περὶ τοῦ κυρίου Ἰησοῦ Χριστοῦ μετὰ πάσης παρρησίας ἀκωλύτως.
Ro 2: 21 ὁ οὖν **διδάσκων** ἕτερον σεαυτὸν οὐ **διδάσκεις;** ὁ κηρύσσων μὴ κλέπτειν κλέπτεις;
12: 7 εἴτε διακονίαν ἐν τῇ διακονίᾳ, εἴτε ὁ **διδάσκων** ἐν τῇ διδασκαλίᾳ,
1Co 4: 17 ὃς ὑμᾶς ἀναμνήσει τὰς ὁδούς μου τὰς ἐν Χριστῷ [Ἰησοῦ,] καθὼς πανταχοῦ ἐν πάσῃ ἐκκλησίᾳ **διδάσκω.**
11: 14 οὐδὲ ἡ φύσις αὐτὴ **διδάσκει** ὑμᾶς ὅτι ἀνὴρ μὲν ἐὰν κομᾷ ἀτιμία αὐτῷ ἐστιν,
Gal 1: 12 οὐδὲ γὰρ ἐγὼ παρὰ ἀνθρώπου παρέλαβον αὐτὸ οὔτε **ἐδιδάχθην** ἀλλὰ δι᾿ ἀποκαλύψεως Ἰησοῦ Χριστοῦ.
Eph 4: 21 εἴ γε αὐτὸν ἠκούσατε καὶ ἐν αὐτῷ **ἐδιδάχθητε,**
Col 1: 28 ὃν ἡμεῖς καταγγέλλομεν νουθετοῦντες πάντα ἄνθρωπον καὶ **διδάσκοντες** πάντα ἄνθρωπον ἐν πάσῃ σοφίᾳ,
2: 7 ἐρριζωμένοι καὶ ἐποικοδομούμενοι ἐν αὐτῷ καὶ βεβαιούμενοι τῇ πίστει καθὼς **ἐδιδάχθητε,**
3: 16 ὁ λόγος τοῦ Χριστοῦ ἐνοικείτω ἐν ὑμῖν πλουσίως, ἐν πάσῃ σοφίᾳ **διδάσκοντες** καὶ νουθετοῦντες ἑαυτούς,
2Th 2: 15 καὶ κρατεῖτε τὰς παραδόσεις ἃς **ἐδιδάχθητε** εἴτε διὰ λόγου εἴτε δι᾿ ἐπιστολῆς ἡμῶν.
1Ti 2: 12 **διδάσκειν** δὲ γυναικὶ οὐκ ἐπιτρέπω οὐδὲ αὐθεντεῖν ἀνδρός,
4: 11 Παράγγελλε ταῦτα καὶ **δίδασκε.**
6: 2 ὅτι πιστοί εἰσιν καὶ ἀγαπητοὶ οἱ τῆς εὐεργεσίας ἀντιλαμβανόμενοι. Ταῦτα **δίδασκε** καὶ παρακάλει.
2Ti 2: 2 ταῦτα παράθου πιστοῖς ἀνθρώποις, οἵτινες ἱκανοὶ ἔσονται καὶ ἑτέρους **διδάξαι.**
Tit 1: 11 οἵτινες ὅλους οἴκους ἀνατρέπουσιν **διδάσκοντες** ἃ μὴ δεῖ αἰσχροῦ κέρδους χάριν.
Heb 5: 12 πάλιν χρείαν ἔχετε τοῦ **διδάσκειν** ὑμᾶς τινὰ τὰ στοιχεῖα τῆς ἀρχῆς τῶν λογίων τοῦ θεοῦ
8: 11 καὶ οὐ μὴ **διδάξωσιν** ἕκαστος τὸν πολίτην αὐτοῦ καὶ ἕκαστος τὸν ἀδελφὸν αὐτοῦ λέγων,
1Jn 2: 27 καὶ ὑμεῖς τὸ χρίσμα ὃ ἐλάβετε ἀπ᾿ αὐτοῦ, μένει ἐν ὑμῖν καὶ οὐ χρείαν ἔχετε ἵνα τις **διδάσκῃ** ὑμᾶς, ἀλλ᾿ ὡς τὸ αὐτοῦ χρίσμα **διδάσκει** ὑμᾶς περὶ πάντων καὶ ἀληθές ἐστιν καὶ οὐκ ἔστιν ψεῦδος, καὶ καθὼς **ἐδίδαξεν** ὑμᾶς, μένετε ἐν αὐτῷ.
Rev 2: 14 ὃς **ἐδίδασκεν** τῷ Βαλὰκ βαλεῖν σκάνδαλον ἐνώπιον τῶν υἱῶν Ἰσραὴλ φαγεῖν εἰδωλόθυτα καὶ πορνεῦσαι.
2: 20 ἡ λέγουσα ἑαυτὴν προφῆτιν καὶ **διδάσκει** καὶ πλανᾷ τοὺς ἐμοὺς δούλους πορνεῦσαι καὶ φαγεῖν εἰδωλόθυτα.

1439 διδαχή [30]

√ *1438*

plural **διδαχαί** [1] Heb 13:9

καινὴ διδαχή [2] Mk 1:27; Ac 17:19

κρατέω τὴν διδαχὴν [2] Rev 2:14,15

Mt 7: 28 Καὶ ἐγένετο ὅτε ἐτέλεσεν ὁ Ἰησοῦς τοὺς λόγους τούτους, ἐξεπλήσσοντο οἱ ὄχλοι ἐπὶ τῇ **διδαχῇ** αὐτοῦ·
16: 12 τότε συνῆκαν ὅτι οὐκ εἶπεν προσέχειν ἀπὸ τῆς ζύμης τῶν ἄρτων ἀλλὰ ἀπὸ τῆς **διδαχῆς** τῶν Φαρισαίων καὶ Σαδδουκαίων.
22: 33 καὶ ἀκούσαντες οἱ ὄχλοι ἐξεπλήσσοντο ἐπὶ τῇ **διδαχῇ** αὐτοῦ.
Mk 1: 22 καὶ ἐξεπλήσσοντο ἐπὶ τῇ **διδαχῇ** αὐτοῦ· ἦν γὰρ διδάσκων αὐτοὺς ὡς ἐξουσίαν ἔχων καὶ οὐχ ὡς οἱ γραμματεῖς.
1: 27 **διδαχὴ** καινὴ κατ᾿ ἐξουσίαν· καὶ τοῖς πνεύμασι τοῖς ἀκαθάρτοις ἐπιτάσσει,
4: 2 καὶ ἐδίδασκεν αὐτοὺς ἐν παραβολαῖς πολλά καὶ ἔλεγεν αὐτοῖς ἐν τῇ **διδαχῇ** αὐτοῦ,
11: 18 πᾶς γὰρ ὁ ὄχλος ἐξεπλήσσετο ἐπὶ τῇ **διδαχῇ** αὐτοῦ.
12: 38 Καὶ ἐν τῇ **διδαχῇ** αὐτοῦ ἔλεγεν, Βλέπετε ἀπὸ τῶν γραμματέων τῶν θελόντων ἐν στολαῖς περιπατεῖν καὶ ἀσπασμοὺς
Lk 4: 32 καὶ ἐξεπλήσσοντο ἐπὶ τῇ **διδαχῇ** αὐτοῦ, ὅτι ἐν ἐξουσίᾳ ἦν ὁ λόγος αὐτοῦ.
Jn 7: 16 Ἡ ἐμὴ **διδαχὴ** οὐκ ἔστιν ἐμὴ ἀλλὰ τοῦ πέμψαντός με·
7: 17 γνώσεται περὶ τῆς **διδαχῆς** πότερον ἐκ τοῦ θεοῦ ἐστιν ἢ ἐγὼ ἀπ᾿ ἐμαυτοῦ λαλῶ.
18: 19 Ὁ οὖν ἀρχιερεὺς ἠρώτησεν τὸν Ἰησοῦν περὶ τῶν μαθητῶν αὐτοῦ καὶ περὶ τῆς **διδαχῆς** αὐτοῦ.
Ac 2: 42 ἦσαν δὲ προσκαρτεροῦντες τῇ **διδαχῇ** τῶν ἀποστόλων καὶ τῇ κοινωνίᾳ,
5: 28 καὶ ἰδοὺ πεπληρώκατε τὴν Ἰερουσαλὴμ τῆς **διδαχῆς** ὑμῶν καὶ βούλεσθε ἐπαγαγεῖν ἐφ᾿ ἡμᾶς τὸ αἷμα τοῦ ἀνθρώπου τούτου.
13: 12 τότε ἰδὼν ὁ ἀνθύπατος τὸ γεγονὸς ἐπίστευσεν ἐκπλησσόμενος ἐπὶ τῇ **διδαχῇ** τοῦ κυρίου.
17: 19 Δυνάμεθα γνῶναι τίς ἡ καινὴ αὕτη ἡ ὑπὸ σοῦ λαλουμένη **διδαχή;**
Ro 6: 17 χάρις δὲ τῷ θεῷ ὅτι ἦτε δοῦλοι τῆς ἁμαρτίας ὑπηκούσατε δὲ ἐκ καρδίας εἰς ὃν παρεδόθητε τύπον **διδαχῆς,**
16: 17 σκοπεῖν τοὺς τὰς διχοστασίας καὶ τὰ σκάνδαλα παρὰ τὴν **διδαχὴν** ἣν ὑμεῖς ἐμάθετε ποιοῦντας,
1Co 14: 6 τί ὑμᾶς ὠφελήσω ἐὰν μὴ ὑμῖν λαλήσω ἢ ἐν ἀποκαλύψει ἢ ἐν γνώσει ἢ ἐν προφητείᾳ ἢ [ἐν] **διδαχῇ;**
14: 26 **διδαχὴν** ἔχει, ἀποκάλυψιν ἔχει, γλῶσσαν ἔχει, ἑρμηνείαν ἔχει·
2Ti 4: 2 ἔλεγξον, ἐπιτίμησον, παρακάλεσον, ἐν πάσῃ μακροθυμίᾳ καὶ **διδαχῇ.**
Tit 1: 9 ἀντεχόμενον τοῦ κατὰ τὴν **διδαχὴν** πιστοῦ λόγου, ἵνα δυνατὸς ᾖ καὶ παρακαλεῖν ἐν τῇ διδασκαλίᾳ τῇ ὑγιαινούσῃ
Heb 6: 2 βαπτισμῶν **διδαχῆς** ἐπιθέσεώς τε χειρῶν, ἀναστάσεώς τε νεκρῶν καὶ κρίματος αἰωνίου.
13: 9 **διδαχαῖς** ποικίλαις καὶ ξέναις μὴ παραφέρεσθε· καλὸν γὰρ χάριτι βεβαιοῦσθαι τὴν καρδίαν,
2Jn 1: 9 πᾶς ὁ προάγων καὶ μὴ μένων ἐν τῇ **διδαχῇ** τοῦ Χριστοῦ θεὸν οὐκ ἔχει· ὁ μένων ἐν τῇ **διδαχῇ,** οὗτος καὶ τὸν πατέρα καὶ τὸν υἱὸν ἔχει.
1: 10 εἴ τις ἔρχεται πρὸς ὑμᾶς καὶ ταύτην τὴν **διδαχὴν** οὐ φέρει,
Rev 2: 14 ἀλλ᾿ ἔχω κατὰ σοῦ ὀλίγα ὅτι ἔχεις ἐκεῖ κρατοῦντας τὴν **διδαχὴν** Βαλαάμ,
2: 15 οὕτως ἔχεις καὶ σὺ κρατοῦντας τὴν **διδαχὴν** [τῶν] Νικολαϊτῶν ὁμοίως.
2: 24 ὑμῖν δὲ λέγω τοῖς λοιποῖς τοῖς ἐν Θυατείροις, ὅσοι οὐκ ἔχουσιν τὴν **διδαχὴν** ταύτην,

1440 δίδραχμον [2]

√ *1545 + 1533*

Mt 17: 24 Ἐλθόντων δὲ αὐτῶν εἰς Καφαρναοὺμ προσῆλθον οἱ τὰ **δίδραχμα** λαμβάνοντες τῷ Πέτρῳ καὶ εἶπαν, Ὁ διδάσκαλος ὑμῶν οὐ τελεῖ [τὰ] **δίδραχμα;**

1441 Δίδυμος [3]

√ *1545*

Jn 11: 16 εἶπεν οὖν Θωμᾶς ὁ λεγόμενος **Δίδυμος** τοῖς συμμαθηταῖς,
20: 24 Θωμᾶς δὲ εἷς ἐκ τῶν δώδεκα, ὁ λεγόμενος **Δίδυμος,**

21: 2 ἦσαν ὁμοῦ Σίμων Πέτρος καὶ Θωμᾶς ὁ λεγόμενος **Δίδυμος** καὶ Ναθαναὴλ ὁ ἀπὸ Κανὰ τῆς Γαλιλαίας καὶ οἱ τοῦ Ζεβεδαίου

1442 διδῶ [1]

√ *1443*

Rev 3: 9 ἰδοὺ **διδῶ** ἐκ τῆς συναγωγῆς τοῦ Σατανᾶ τῶν λεγόντων ἑαυτοὺς Ἰουδαίους εἶναι,

1443 δίδωμι [414 / 415]

→ *347, 500, 501, 502, 625, 782, 1344, 1442, 1517, 1521, 1522, 1561, 1562, 1563, 1564, 1566, 1686, 1692, 2113, 2331, 2882, 3556, 3632, 3633, 4140, 4142, 4261, 4594, 4595, 4658; cf. 1565*

δίδωμι δόματα [3] Mt 7:11; Lk 11:13; Eph 4:8

δίδωμι τόπος [3] Lk 14:9; Ro 12:19; Eph 4:27

δίδωμι ψυχήν [2] Mt 20:28; Mk 10:45

δότε ἐλεημοσύνη [2] Lk 11:41; 12:33

Mt 4: 9 καὶ εἶπεν αὐτῷ, Ταῦτά σοι πάντα **δώσω,** ἐὰν πεσὼν προσκυνήσῃς μοι.
5:31 Ὃς ἂν ἀπολύσῃ τὴν γυναῖκα αὐτοῦ, **δότω** αὐτῇ ἀποστάσιον.
5:42 τῷ αἰτοῦντί σε **δός,** καὶ τὸν θέλοντα ἀπὸ σοῦ δανίσασθαι μὴ ἀποστραφῇς.
6:11 Τὸν ἄρτον ἡμῶν τὸν ἐπιούσιον **δὸς** ἡμῖν σήμερον·
7: 6 Μὴ **δῶτε** τὸ ἅγιον τοῖς κυσὶν μηδὲ βάλητε τοὺς μαργαρίτας ὑμῶν ἔμπροσθεν τῶν χοίρων,
7: 7 Αἰτεῖτε καὶ **δοθήσεται** ὑμῖν, ζητεῖτε καὶ εὑρήσετε, κρούετε καὶ ἀνοιγήσεται ὑμῖν·
7:11 εἰ οὖν ὑμεῖς πονηροὶ ὄντες οἴδατε δόματα ἀγαθὰ **διδόναι** τοῖς τέκνοις ὑμῶν, πόσῳ μᾶλλον ὁ πατὴρ ὑμῶν ὁ ἐν τοῖς οὐρανοῖς **δώσει** ἀγαθὰ τοῖς αἰτοῦσιν αὐτόν.
9: 8 ἰδόντες δὲ οἱ ὄχλοι ἐφοβήθησαν καὶ ἐδόξασαν τὸν θεὸν τὸν **δόντα** ἐξουσίαν τοιαύτην τοῖς ἀνθρώποις.
10: 1 Καὶ προσκαλεσάμενος τοὺς δώδεκα μαθητὰς αὐτοῦ **ἔδωκεν** αὐτοῖς ἐξουσίαν πνευμάτων ἀκαθάρτων ὥστε ἐκβάλλειν αὐτὰ
10: 8 λεπροὺς καθαρίζετε, δαιμόνια ἐκβάλλετε· δωρεὰν ἐλάβετε, δωρεὰν **δότε.**
10:19 **δοθήσεται** γὰρ ὑμῖν ἐν ἐκείνῃ τῇ ὥρᾳ τί λαλήσητε·
12:39 καὶ σημεῖον οὐ **δοθήσεται** αὐτῇ εἰ μὴ τὸ σημεῖον Ἰωνᾶ τοῦ προφήτου.
13: 8 ἄλλα δὲ ἔπεσεν ἐπὶ τὴν γῆν τὴν καλὴν καὶ **ἐδίδου** καρπόν,
13:11 Ὅτι ὑμῖν **δέδοται** γνῶναι τὰ μυστήρια τῆς βασιλείας τῶν οὐρανῶν, ἐκείνοις δὲ οὐ **δέδοται.**
13:12 ὅστις γὰρ ἔχει, **δοθήσεται** αὐτῷ καὶ περισσευθήσεται· ὅστις δὲ οὐκ ἔχει,
14: 7 ὅθεν μεθ' ὅρκου ὡμολόγησεν αὐτῇ **δοῦναι** ὃ ἐὰν αἰτήσηται.
14: 8 ἡ δὲ προβιβασθεῖσα ὑπὸ τῆς μητρὸς αὐτῆς, **Δός** μοι, φησίν,
14: 9 καὶ λυπηθεὶς ὁ βασιλεὺς διὰ τοὺς ὅρκους καὶ τοὺς συνανακειμένους ἐκέλευσεν **δοθῆναι,**
14:11 καὶ ἠνέχθη ἡ κεφαλὴ αὐτοῦ ἐπὶ πίνακι καὶ **ἐδόθη** τῷ κορασίῳ,
14:16 Οὐ χρείαν ἔχουσιν ἀπελθεῖν, **δότε** αὐτοῖς ὑμεῖς φαγεῖν.
14:19 ἀναβλέψας εἰς τὸν οὐρανὸν εὐλόγησεν καὶ κλάσας **ἔδωκεν** τοῖς μαθηταῖς τοὺς ἄρτους,
15:36 ἔλαβεν τοὺς ἑπτὰ ἄρτους καὶ τοὺς ἰχθύας καὶ εὐχαριστήσας ἔκλασεν καὶ **ἐδίδου** τοῖς μαθηταῖς,
16: 4 καὶ σημεῖον οὐ **δοθήσεται** αὐτῇ εἰ μὴ τὸ σημεῖον Ἰωνᾶ.
16:19 **δώσω** σοι τὰς κλεῖδας τῆς βασιλείας τῶν οὐρανῶν,
16:26 ἢ τί **δώσει** ἄνθρωπος ἀντάλλαγμα τῆς ψυχῆς αὐτοῦ;
17:27 ἐκεῖνον λαβὼν **δὸς** αὐτοῖς ἀντὶ ἐμοῦ καὶ σοῦ.
19: 7 Τί οὖν Μωϋσῆς ἐνετείλατο **δοῦναι** βιβλίον ἀποστασίου καὶ ἀπολῦσαι [αὐτήν;]
19:11 Οὐ πάντες χωροῦσιν τὸν λόγον [τοῦτον] ἀλλ' οἷς **δέδοται.**
19:21 ὕπαγε πώλησόν σου τὰ ὑπάρχοντα καὶ **δὸς** [τοῖς] πτωχοῖς,
20: 4 Ὑπάγετε καὶ ὑμεῖς εἰς τὸν ἀμπελῶνα, καὶ ὃ ἐὰν ᾖ δίκαιον **δώσω** ὑμῖν.
20:14 θέλω δὲ τούτῳ τῷ ἐσχάτῳ **δοῦναι** ὡς καὶ σοί·
20:23 τὸ δὲ καθίσαι ἐκ δεξιῶν μου καὶ ἐξ εὐωνύμων οὐκ ἔστιν ἐμὸν [τοῦτο] **δοῦναι,**
20:28 ὥσπερ ὁ υἱὸς τοῦ ἀνθρώπου οὐκ ἦλθεν διακονηθῆναι ἀλλὰ διακονῆσαι καὶ **δοῦναι** τὴν ψυχὴν αὐτοῦ λύτρον ἀντὶ πολλῶν.
21:23 Ἐν ποίᾳ ἐξουσίᾳ ταῦτα ποιεῖς; καὶ τίς σοι **ἔδωκεν** τὴν ἐξουσίαν ταύτην;
21:43 διὰ τοῦτο λέγω ὑμῖν ὅτι ἀρθήσεται ἀφ' ὑμῶν ἡ βασιλεία τοῦ θεοῦ καὶ **δοθήσεται** ἔθνει ποιοῦντι τοὺς καρποὺς αὐτῆς.
22:17 εἰπὲ οὖν ἡμῖν τί σοι δοκεῖ· ἔξεστιν **δοῦναι** κῆνσον Καίσαρι ἢ οὔ;
24:24 ἐγερθήσονται γὰρ ψευδόχριστοι καὶ ψευδοπροφῆται καὶ **δώσουσιν** σημεῖα μεγάλα καὶ τέρατα ὥστε πλανῆσαι,
24:29 καὶ ἡ σελήνη οὐ **δώσει** τὸ φέγγος αὐτῆς,
24:45 ὁ πιστὸς δοῦλος καὶ φρόνιμος ὃν κατέστησεν ὁ κύριος ἐπὶ τῆς οἰκετείας αὐτοῦ τοῦ **δοῦναι** αὐτοῖς τὴν τροφὴν ἐν καιρῷ;
25: 8 **Δότε** ἡμῖν ἐκ τοῦ ἐλαίου ὑμῶν, ὅτι αἱ λαμπάδες ἡμῶν σβέννυνται.
25:15 καὶ ᾧ μὲν **ἔδωκεν** πέντε τάλαντα, ᾧ δὲ δύο,
25:28 ἄρατε οὖν ἀπ' αὐτοῦ τὸ τάλαντον καὶ **δότε** τῷ ἔχοντι τὰ δέκα τάλαντα·
25:29 τῷ γὰρ ἔχοντι παντὶ **δοθήσεται** καὶ περισσευθήσεται, τοῦ δὲ μὴ ἔχοντος καὶ ὃ ἔχει ἀρθήσεται ἀπ' αὐτοῦ.
25:35 ἐπείνασα γὰρ καὶ **ἐδώκατέ** μοι φαγεῖν, ἐδίψησα καὶ ἐποτίσατέ με,
25:42 ἐπείνασα γὰρ καὶ οὐκ **ἐδώκατέ** μοι φαγεῖν, ἐδίψησα καὶ οὐκ ἐποτίσατέ με,
26: 9 ἐδύνατο γὰρ τοῦτο πραθῆναι πολλοῦ καὶ **δοθῆναι** πτωχοῖς.
26:15 εἶπεν, Τί θέλετέ μοι **δοῦναι,** κἀγὼ ὑμῖν παραδώσω αὐτόν;
26:26 Ἐσθιόντων δὲ αὐτῶν λαβὼν ὁ Ἰησοῦς ἄρτον καὶ εὐλογήσας ἔκλασεν καὶ **δοὺς** τοῖς μαθηταῖς εἶπεν,
26:27 καὶ λαβὼν ποτήριον καὶ εὐχαριστήσας **ἔδωκεν** αὐτοῖς λέγων,
26:48 ὁ δὲ παραδιδοὺς αὐτὸν **ἔδωκεν** αὐτοῖς σημεῖον λέγων,
27:10 καὶ **ἔδωκαν** αὐτὰ εἰς τὸν ἀγρὸν τοῦ κεραμέως,
27:34 **ἔδωκαν** αὐτῷ πιεῖν οἶνον μετὰ χολῆς μεμιγμένον· καὶ γευσάμενος οὐκ ἠθέλησεν πιεῖν.
28:12 καὶ συναχθέντες μετὰ τῶν πρεσβυτέρων συμβούλιόν τε λαβόντες ἀργύρια ἱκανὰ **ἔδωκαν** τοῖς στρατιώταις
28:18 **Ἐδόθη** μοι πᾶσα ἐξουσία ἐν οὐρανῷ καὶ ἐπὶ [τῆς] γῆς.

Mk 2:26 οὓς οὐκ ἔξεστιν φαγεῖν εἰ μὴ τοὺς ἱερεῖς, καὶ **ἔδωκεν** καὶ τοῖς σὺν αὐτῷ οὖσιν;
3: 6 καὶ ἐξελθόντες οἱ Φαρισαῖοι εὐθὺς μετὰ τῶν Ἡρῳδιανῶν συμβούλιον **ἐδίδουν** κατ' αὐτοῦ ὅπως αὐτὸν ἀπολέσωσιν.
4: 7 καὶ ἀνέβησαν αἱ ἄκανθαι καὶ συνέπνιξαν αὐτό, καὶ καρπὸν οὐκ **ἔδωκεν.**
4: 8 καὶ ἄλλα ἔπεσεν εἰς τὴν γῆν τὴν καλὴν καὶ **ἐδίδου** καρπὸν ἀναβαίνοντα καὶ αὐξανόμενα καὶ ἔφερεν ἓν τριάκοντα
4:11 Ὑμῖν τὸ μυστήριον **δέδοται** τῆς βασιλείας τοῦ θεοῦ·
4:25 ὃς γὰρ ἔχει, **δοθήσεται** αὐτῷ· καὶ ὃς οὐκ ἔχει,
5:43 καὶ διεστείλατο αὐτοῖς πολλὰ ἵνα μηδεὶς γνοῖ τοῦτο, καὶ εἶπεν **δοθῆναι** αὐτῇ φαγεῖν.
6: 2 Πόθεν τούτῳ ταῦτα, καὶ τίς ἡ σοφία ἡ **δοθεῖσα** τούτῳ,
6: 7 προσκαλεῖται τοὺς δώδεκα καὶ ἤρξατο αὐτοὺς ἀποστέλλειν δύο δύο καὶ **ἐδίδου** αὐτοῖς ἐξουσίαν τῶν πνευμάτων τῶν ἀκαθάρτων,
6:22 Αἴτησόν με ὃ ἐὰν θέλῃς, καὶ **δώσω** σοι·
6:23 Ὅ τι ἐάν με αἰτήσῃς **δώσω** σοι ἕως ἡμίσους τῆς βασιλείας μου.
6:25 Θέλω ἵνα ἐξαυτῆς **δῷς** μοι ἐπὶ πίνακι τὴν κεφαλὴν Ἰωάννου τοῦ βαπτιστοῦ.
6:28 καὶ ἤνεγκεν τὴν κεφαλὴν αὐτοῦ ἐπὶ πίνακι καὶ **ἔδωκεν** αὐτὴν τῷ κορασίῳ, καὶ τὸ κοράσιον **ἔδωκεν** αὐτὴν τῇ μητρὶ αὐτῆς.
6:37 ὁ δὲ ἀποκριθεὶς εἶπεν αὐτοῖς, **Δότε** αὐτοῖς ὑμεῖς φαγεῖν. καὶ λέγουσιν αὐτῷ, Ἀπελθόντες ἀγοράσωμεν δηναρίων διακοσίων ἄρτους καὶ **δώσομεν** αὐτοῖς φαγεῖν;
6:41 εὐλόγησεν καὶ κατέκλασεν τοὺς ἄρτους καὶ **ἐδίδου** τοῖς μαθηταῖς [αὐτοῦ] ἵνα παρατιθῶσιν αὐτοῖς,
8: 6 καὶ λαβὼν τοὺς ἑπτὰ ἄρτους εὐχαριστήσας ἔκλασεν καὶ **ἐδίδου** τοῖς μαθηταῖς αὐτοῦ ἵνα παρατιθῶσιν,
8:12 ἀμὴν λέγω ὑμῖν, εἰ **δοθήσεται** τῇ γενεᾷ ταύτῃ σημεῖον.
8:37 τί γὰρ **δοῖ** ἄνθρωπος ἀντάλλαγμα τῆς ψυχῆς αὐτοῦ;
10:21 ὕπαγε, ὅσα ἔχεις πώλησον καὶ **δὸς** [τοῖς] πτωχοῖς,
10:37 **Δὸς** ἡμῖν ἵνα εἷς σου ἐκ δεξιῶν καὶ εἷς ἐξ ἀριστερῶν καθίσωμεν ἐν τῇ δόξῃ σου.
10:40 τὸ δὲ καθίσαι ἐκ δεξιῶν μου ἢ ἐξ εὐωνύμων οὐκ ἔστιν ἐμὸν **δοῦναι,**
10:45 καὶ γὰρ ὁ υἱὸς τοῦ ἀνθρώπου οὐκ ἦλθεν διακονηθῆναι ἀλλὰ διακονῆσαι καὶ **δοῦναι** τὴν ψυχὴν αὐτοῦ λύτρον ἀντὶ πολλῶν.
11:28 ἢ τίς σοι **ἔδωκεν** τὴν ἐξουσίαν ταύτην ἵνα ταῦτα ποιῇς;
12: 9 ἐλεύσεται καὶ ἀπολέσει τοὺς γεωργοὺς καὶ **δώσει** τὸν ἀμπελῶνα ἄλλοις.
12:14 ἀλλ' ἐπ' ἀληθείας τὴν ὁδὸν τοῦ θεοῦ διδάσκεις· ἔξεστιν **δοῦναι** κῆνσον Καίσαρι ἢ οὔ; **δῶμεν** ἢ μὴ **δῶμεν;**
13:11 ἀλλ' ὃ ἐὰν **δοθῇ** ὑμῖν ἐν ἐκείνῃ τῇ ὥρᾳ τοῦτο λαλεῖτε·

13:22 ἐγερθήσονται γὰρ ψευδόχριστοι καὶ ψευδοπροφῆται καὶ **δώσουσιν** σημεῖα καὶ τέρατα πρὸς τὸ ἀποπλανᾶν,
13:24 καὶ ἡ σελήνη οὐ **δώσει** τὸ φέγγος αὐτῆς,
13:34 ὡς ἄνθρωπος ἀπόδημος ἀφεὶς τὴν οἰκίαν αὐτοῦ καὶ **δοὺς** τοῖς δούλοις αὐτοῦ τὴν ἐξουσίαν ἑκάστῳ τὸ ἔργον αὐτοῦ
14:5 ἠδύνατο γὰρ τοῦτο τὸ μύρον πραθῆναι ἐπάνω δηναρίων τριακοσίων καὶ **δοθῆναι** τοῖς πτωχοῖς·
14:11 οἱ δὲ ἀκούσαντες ἐχάρησαν καὶ ἐπηγγείλαντο αὐτῷ ἀργύριον **δοῦναι.**
14:22 Καὶ ἐσθιόντων αὐτῶν λαβὼν ἄρτον εὐλογήσας ἔκλασεν καὶ **ἔδωκεν** αὐτοῖς καὶ εἶπεν,
14:23 καὶ λαβὼν ποτήριον εὐχαριστήσας **ἔδωκεν** αὐτοῖς, καὶ ἔπιον ἐξ αὐτοῦ πάντες.
14:44 **δεδώκει** δὲ ὁ παραδιδοὺς αὐτὸν σύσσημον αὐτοῖς λέγων,
15:23 καὶ **ἐδίδουν** αὐτῷ ἐσμυρνισμένον οἶνον· ὃς δὲ οὐκ ἔλαβεν.

Lk 1:32 οὗτος ἔσται μέγας καὶ υἱὸς ὑψίστου κληθήσεται καὶ **δώσει** αὐτῷ κύριος ὁ θεὸς τὸν θρόνον Δαυὶδ τοῦ πατρὸς αὐτοῦ,
1:73 ὅρκον ὃν ὤμοσεν πρὸς Ἀβραὰμ τὸν πατέρα ἡμῶν, τοῦ **δοῦναι** ἡμῖν
1:77 τοῦ **δοῦναι** γνῶσιν σωτηρίας τῷ λαῷ αὐτοῦ ἐν ἀφέσει ἁμαρτιῶν αὐτῶν,
2:24 καὶ τοῦ **δοῦναι** θυσίαν κατὰ τὸ εἰρημένον ἐν τῷ νόμῳ κυρίου,
4:6 Σοὶ **δώσω** τὴν ἐξουσίαν ταύτην ἅπασαν καὶ τὴν δόξαν αὐτῶν, ὅτι ἐμοὶ παραδέδοται καὶ ᾧ ἐὰν θέλω **δίδωμι** αὐτήν·
6:4 [ὡς] εἰσῆλθεν εἰς τὸν οἶκον τοῦ θεοῦ καὶ τοὺς ἄρτους τῆς προθέσεως λαβὼν ἔφαγεν καὶ **ἔδωκεν** τοῖς μετ' αὐτοῦ,
6:30 παντὶ αἰτοῦντί σε **δίδου,** καὶ ἀπὸ τοῦ αἴροντος τὰ σὰ μὴ ἀπαίτει.
6:38 **δίδοτε,** καὶ **δοθήσεται** ὑμῖν· μέτρον καλὸν πεπιεσμένον σεσαλευμένον ὑπερεκχυννόμενον **δώσουσιν** εἰς τὸν κόλπον ὑμῶν·
7:15 καὶ ἀνεκάθισεν ὁ νεκρὸς καὶ ἤρξατο λαλεῖν, καὶ **ἔδωκεν** αὐτὸν τῇ μητρὶ αὐτοῦ.
7:44 εἰσῆλθόν σου εἰς τὴν οἰκίαν, ὕδωρ μοι ἐπὶ πόδας οὐκ **ἔδωκας·**
7:45 φίλημά μοι οὐκ **ἔδωκας·** αὕτη δὲ ἀφ' ἧς εἰσῆλθον οὐ διέλιπεν καταφιλοῦσά μου τοὺς πόδας.
8:10 Ὑμῖν **δέδοται** γνῶναι τὰ μυστήρια τῆς βασιλείας τοῦ θεοῦ,
8:18 βλέπετε οὖν πῶς ἀκούετε· ὃς ἂν γὰρ ἔχῃ, **δοθήσεται** αὐτῷ·
8:55 καὶ ἐπέστρεψεν τὸ πνεῦμα αὐτῆς καὶ ἀνέστη παραχρῆμα καὶ διέταξεν αὐτῇ **δοθῆναι** φαγεῖν.
9:1 Συγκαλεσάμενος δὲ τοὺς δώδεκα **ἔδωκεν** αὐτοῖς δύναμιν καὶ ἐξουσίαν ἐπὶ πάντα τὰ δαιμόνια καὶ νόσους θεραπεύειν
9:13 εἶπεν δὲ πρὸς αὐτούς, **Δότε** αὐτοῖς ὑμεῖς φαγεῖν.
9:16 ἀναβλέψας εἰς τὸν οὐρανὸν εὐλόγησεν αὐτοὺς καὶ κατέκλασεν καὶ **ἐδίδου** τοῖς μαθηταῖς παραθεῖναι τῷ ὄχλῳ.
10:19 ἰδοὺ **δέδωκα** ὑμῖν τὴν ἐξουσίαν τοῦ πατεῖν ἐπάνω ὄφεων καὶ σκορπίων,
10:35 καὶ ἐπὶ τὴν αὔριον ἐκβαλὼν **ἔδωκεν** δύο δηνάρια τῷ πανδοχεῖ καὶ εἶπεν,
11:3 τὸν ἄρτον ἡμῶν τὸν ἐπιούσιον **δίδου** ἡμῖν τὸ καθ' ἡμέραν·
11:7 ἤδη ἡ θύρα κέκλεισται καὶ τὰ παιδία μου μετ' ἐμοῦ εἰς τὴν κοίτην εἰσίν· οὐ δύναμαι ἀναστὰς **δοῦναί** σοι.
11:8 εἰ καὶ οὐ **δώσει** αὐτῷ ἀναστὰς διὰ τὸ εἶναι φίλον αὐτοῦ, διά γε τὴν ἀναίδειαν αὐτοῦ ἐγερθεὶς **δώσει** αὐτῷ ὅσων χρῄζει.
11:9 κἀγὼ ὑμῖν λέγω, αἰτεῖτε καὶ **δοθήσεται** ὑμῖν, ζητεῖτε καὶ εὑρήσετε,
11:13 εἰ οὖν ὑμεῖς πονηροὶ ὑπάρχοντες οἴδατε δόματα ἀγαθὰ **διδόναι** τοῖς τέκνοις ὑμῶν, πόσῳ μᾶλλον ὁ πατὴρ [ὁ] ἐξ οὐρανοῦ **δώσει** πνεῦμα ἅγιον τοῖς αἰτοῦσιν αὐτόν.
11:29 καὶ σημεῖον οὐ **δοθήσεται** αὐτῇ εἰ μὴ τὸ σημεῖον Ἰωνᾶ.
11:41 πλὴν τὰ ἐνόντα **δότε** ἐλεημοσύνην, καὶ ἰδοὺ πάντα καθαρὰ ὑμῖν ἐστιν.
12:32 ὅτι εὐδόκησεν ὁ πατὴρ ὑμῶν **δοῦναι** ὑμῖν τὴν βασιλείαν.
12:33 Πωλήσατε τὰ ὑπάρχοντα ὑμῶν καὶ **δότε** ἐλεημοσύνην· ποιήσατε ἑαυτοῖς βαλλάντια μὴ παλαιούμενα,
12:42 ὃν καταστήσει ὁ κύριος ἐπὶ τῆς θεραπείας αὐτοῦ τοῦ **διδόναι** ἐν καιρῷ [τὸ] σιτομέτριον;
12:48 παντὶ δὲ ᾧ **ἐδόθη** πολύ, πολὺ ζητηθήσεται παρ' αὐτοῦ,
12:51 δοκεῖτε ὅτι εἰρήνην παρεγενόμην **δοῦναι** ἐν τῇ γῇ;
12:58 ἐν τῇ ὁδῷ **δὸς** ἐργασίαν ἀπηλλάχθαι ἀπ' αὐτοῦ,
14:9 **Δὸς** τούτῳ τόπον, καὶ τότε ἄρξῃ μετὰ αἰσχύνης τὸν ἔσχατον τόπον κατέχειν.
15:12 Πάτερ, **δός** μοι τὸ ἐπιβάλλον μέρος τῆς οὐσίας.
15:16 καὶ ἐπεθύμει χορτασθῆναι ἐκ τῶν κερατίων ὧν ἤσθιον οἱ χοῖροι, καὶ οὐδεὶς **ἐδίδου** αὐτῷ.
15:22 καὶ **δότε** δακτύλιον εἰς τὴν χεῖρα αὐτοῦ καὶ ὑποδήματα εἰς τοὺς πόδας,
15:29 καὶ ἐμοὶ οὐδέποτε **ἔδωκας** ἔριφον ἵνα μετὰ τῶν φίλων μου εὐφρανθῶ·
16:12 καὶ εἰ ἐν τῷ ἀλλοτρίῳ πιστοὶ οὐκ ἐγένεσθε, τὸ ὑμέτερον τίς ὑμῖν **δώσει;**
17:18 οὐχ εὑρέθησαν ὑποστρέψαντες **δοῦναι** δόξαν τῷ θεῷ εἰ μὴ ὁ ἀλλογενὴς οὗτος;
18:43 καὶ πᾶς ὁ λαὸς ἰδὼν **ἔδωκεν** αἶνον τῷ θεῷ.
19:8 Ἰδοὺ τὰ ἡμίσιά μου τῶν ὑπαρχόντων, κύριε, τοῖς πτωχοῖς **δίδωμι,**
19:13 καλέσας δὲ δέκα δούλους ἑαυτοῦ **ἔδωκεν** αὐτοῖς δέκα μνᾶς καὶ εἶπεν πρὸς αὐτούς,
19:15 καὶ εἶπεν φωνηθῆναι αὐτῷ τοὺς δούλους τούτους οἷς **δεδώκει** τὸ ἀργύριον,
19:23 καὶ διὰ τί οὐκ **ἔδωκάς** μου τὸ ἀργύριον ἐπὶ τράπεζαν;
19:24 Ἄρατε ἀπ' αὐτοῦ τὴν μνᾶν καὶ **δότε** τῷ τὰς δέκα μνᾶς ἔχοντι
19:26 λέγω ὑμῖν ὅτι παντὶ τῷ ἔχοντι **δοθήσεται,** ἀπὸ δὲ τοῦ μὴ ἔχοντος καὶ ὃ ἔχει ἀρθήσεται.
20:2 ἢ τίς ἐστιν ὁ **δούς** σοι τὴν ἐξουσίαν ταύτην;
20:10 καὶ καιρῷ ἀπέστειλεν πρὸς τοὺς γεωργοὺς δοῦλον ἵνα ἀπὸ τοῦ καρποῦ τοῦ ἀμπελῶνος **δώσουσιν** αὐτῷ·
20:16 ἐλεύσεται καὶ ἀπολέσει τοὺς γεωργοὺς τούτους καὶ **δώσει** τὸν ἀμπελῶνα ἄλλοις.
20:22 ἔξεστιν ἡμᾶς Καίσαρι φόρον **δοῦναι** ἢ οὔ;
21:15 ἐγὼ γὰρ **δώσω** ὑμῖν στόμα καὶ σοφίαν ᾗ οὐ δυνήσονται ἀντιστῆναι ἢ ἀντειπεῖν ἅπαντες οἱ ἀντικείμενοι ὑμῖν.
22:5 καὶ ἐχάρησαν καὶ συνέθεντο αὐτῷ ἀργύριον **δοῦναι.**
22:19 καὶ λαβὼν ἄρτον εὐχαριστήσας ἔκλασεν καὶ **ἔδωκεν** αὐτοῖς λέγων, Τοῦτό ἐστιν τὸ σῶμά μου τὸ ὑπὲρ ὑμῶν **διδόμενον·**
23:2 Τοῦτον εὕραμεν διαστρέφοντα τὸ ἔθνος ἡμῶν καὶ κωλύοντα φόρους Καίσαρι **διδόναι** καὶ λέγοντα ἑαυτὸν Χριστὸν βασιλέα

Jn 1:12 ὅσοι δὲ ἔλαβον αὐτόν, **ἔδωκεν** αὐτοῖς ἐξουσίαν τέκνα θεοῦ γενέσθαι,
1:17 ὅτι ὁ νόμος διὰ Μωϋσέως **ἐδόθη,** ἡ χάρις καὶ ἡ ἀλήθεια διὰ Ἰησοῦ Χριστοῦ ἐγένετο.
1:22 ἵνα ἀπόκρισιν **δῶμεν** τοῖς πέμψασιν ἡμᾶς· τί λέγεις περὶ σεαυτοῦ;
3:16 Οὕτως γὰρ ἠγάπησεν ὁ θεὸς τὸν κόσμον, ὥστε τὸν υἱὸν τὸν μονογενῆ **ἔδωκεν,**
3:27 Οὐ δύναται ἄνθρωπος λαμβάνειν οὐδὲ ἓν ἐὰν μὴ ᾖ **δεδομένον** αὐτῷ ἐκ τοῦ οὐρανοῦ.
3:34 ὃν γὰρ ἀπέστειλεν ὁ θεὸς τὰ ῥήματα τοῦ θεοῦ λαλεῖ, οὐ γὰρ ἐκ μέτρου **δίδωσιν** τὸ πνεῦμα.
3:35 ὁ πατὴρ ἀγαπᾷ τὸν υἱὸν καὶ πάντα **δέδωκεν** ἐν τῇ χειρὶ αὐτοῦ.
4:5 ἔρχεται οὖν εἰς πόλιν τῆς Σαμαρείας λεγομένην Συχὰρ πλησίον τοῦ χωρίου ὃ **ἔδωκεν** Ἰακὼβ [τῷ] Ἰωσὴφ τῷ υἱῷ αὐτοῦ·
4:7 Ἔρχεται γυνὴ ἐκ τῆς Σαμαρείας ἀντλῆσαι ὕδωρ. λέγει αὐτῇ ὁ Ἰησοῦς, **Δός** μοι πεῖν·
4:10 **Δός** μοι πεῖν, σὺ ἂν ᾔτησας αὐτὸν καὶ **ἔδωκεν** ἄν σοι ὕδωρ ζῶν.
4:12 ὃς **ἔδωκεν** ἡμῖν τὸ φρέαρ καὶ αὐτὸς ἐξ αὐτοῦ ἔπιεν καὶ οἱ υἱοὶ αὐτοῦ καὶ τὰ θρέμματα αὐτοῦ;
4:14 ὃς δ' ἂν πίῃ ἐκ τοῦ ὕδατος οὗ ἐγὼ **δώσω** αὐτῷ, ἀλλὰ τὸ ὕδωρ ὃ **δώσω** αὐτῷ γενήσεται ἐν αὐτῷ πηγὴ ὕδατος ἁλλομένου εἰς ζωὴν αἰώνιον.
4:15 λέγει πρὸς αὐτὸν ἡ γυνή, Κύριε, **δός** μοι τοῦτο τὸ ὕδωρ,
5:22 οὐδὲ γὰρ ὁ πατὴρ κρίνει οὐδένα, ἀλλὰ τὴν κρίσιν πᾶσαν **δέδωκεν** τῷ υἱῷ,
5:26 οὕτως καὶ τῷ υἱῷ **ἔδωκεν** ζωὴν ἔχειν ἐν ἑαυτῷ.
5:27 καὶ ἐξουσίαν **ἔδωκεν** αὐτῷ κρίσιν ποιεῖν, ὅτι υἱὸς ἀνθρώπου ἐστίν.
5:36 τὰ γὰρ ἔργα ἃ **δέδωκέν** μοι ὁ πατὴρ ἵνα τελειώσω αὐτά,
6:27 ἀλλὰ τὴν βρῶσιν τὴν μένουσαν εἰς ζωὴν αἰώνιον, ἣν ὁ υἱὸς τοῦ ἀνθρώπου ὑμῖν **δώσει·**
6:31 καθώς ἐστιν γεγραμμένον, Ἄρτον ἐκ τοῦ οὐρανοῦ **ἔδωκεν** αὐτοῖς φαγεῖν.
6:32 οὐ Μωϋσῆς **δέδωκεν** ὑμῖν τὸν ἄρτον ἐκ τοῦ οὐρανοῦ, ἀλλ' ὁ πατήρ μου **δίδωσιν** ὑμῖν τὸν ἄρτον ἐκ τοῦ οὐρανοῦ τὸν ἀληθινόν·
6:33 ὁ γὰρ ἄρτος τοῦ θεοῦ ἐστιν ὁ καταβαίνων ἐκ τοῦ οὐρανοῦ καὶ ζωὴν **διδοὺς** τῷ κόσμῳ.
6:34 Εἶπον οὖν πρὸς αὐτόν, Κύριε, πάντοτε **δὸς** ἡμῖν τὸν ἄρτον τοῦτον.
6:37 Πᾶν ὃ **δίδωσίν** μοι ὁ πατὴρ πρὸς ἐμὲ ἥξει,
6:39 ἵνα πᾶν ὃ **δέδωκέν** μοι μὴ ἀπολέσω ἐξ αὐτοῦ,

6:51 καὶ ὁ ἄρτος δὲ ὃν ἐγὼ **δώσω** ἡ σάρξ μού ἐστιν ὑπὲρ τῆς τοῦ κόσμου ζωῆς.
6:52 Πῶς δύναται οὗτος ἡμῖν **δοῦναι** τὴν σάρκα [αὐτοῦ] φαγεῖν;
6:65 Διὰ τοῦτο εἴρηκα ὑμῖν ὅτι οὐδεὶς δύναται ἐλθεῖν πρός με ἐὰν μὴ ᾖ **δεδομένον** αὐτῷ ἐκ τοῦ πατρός.
7:19 οὐ Μωϋσῆς **δέδωκεν** ὑμῖν τὸν νόμον; καὶ οὐδεὶς ἐξ ὑμῶν ποιεῖ τὸν νόμον.
7:22 διὰ τοῦτο Μωϋσῆς **δέδωκεν** ὑμῖν τὴν περιτομήν– οὐχ ὅτι ἐκ τοῦ Μωϋσέως ἐστὶν ἀλλ᾽ ἐκ τῶν πατέρων–
7:39 οὔπω γὰρ ἦν πνεῦμα, **δεδομένον**[UBS-] ὅτι Ἰησοῦς οὐδέπω ἐδοξάσθη.
9:24 Ἐφώνησαν οὖν τὸν ἄνθρωπον ἐκ δευτέρου ὃς ἦν τυφλὸς καὶ εἶπαν αὐτῷ, **Δὸς** δόξαν τῷ θεῷ·
10:28 κἀγὼ **δίδωμι** αὐτοῖς ζωὴν αἰώνιον καὶ οὐ μὴ ἀπόλωνται εἰς τὸν αἰῶνα καὶ οὐχ ἁρπάσει τις αὐτὰ ἐκ τῆς χειρός μου.
10:29 ὁ πατήρ μου ὃ **δέδωκέν** [UBS; NIV ὃς **δέδωκέν** μοι αὐτὰ μείζων πάντων ἐστίν,] μοι πάντων μεῖζόν ἐστιν,
11:22 [ἀλλὰ] καὶ νῦν οἶδα ὅτι ὅσα ἂν αἰτήσῃ τὸν θεὸν **δώσει** σοι ὁ θεός.
11:57 **δεδώκεισαν** δὲ οἱ ἀρχιερεῖς καὶ οἱ Φαρισαῖοι ἐντολὰς ἵνα ἐάν τις γνῷ ποῦ ἐστιν μηνύσῃ,
12:5 Διὰ τί τοῦτο τὸ μύρον οὐκ ἐπράθη τριακοσίων δηναρίων καὶ **ἐδόθη** πτωχοῖς;
12:49 ἀλλ᾽ ὁ πέμψας με πατὴρ αὐτός μοι ἐντολὴν **δέδωκεν** τί εἴπω καὶ τί λαλήσω.
13:3 εἰδὼς ὅτι πάντα **ἔδωκεν** αὐτῷ ὁ πατὴρ εἰς τὰς χεῖρας καὶ ὅτι ἀπὸ θεοῦ ἐξῆλθεν καὶ πρὸς τὸν θεὸν ὑπάγει,
13:15 ὑπόδειγμα γὰρ **ἔδωκα** ὑμῖν ἵνα καθὼς ἐγὼ ἐποίησα ὑμῖν καὶ ὑμεῖς ποιῆτε.
13:26 Ἐκεῖνός ἐστιν ᾧ ἐγὼ βάψω τὸ ψωμίον καὶ **δώσω** αὐτῷ. βάψας οὖν τὸ ψωμίον [λαμβάνει καὶ] **δίδωσιν** Ἰούδᾳ Σίμωνος Ἰσκαριώτου.
13:29 Ἀγόρασον ὧν χρείαν ἔχομεν εἰς τὴν ἑορτήν, ἢ τοῖς πτωχοῖς ἵνα τι **δῷ.**
13:34 ἐντολὴν καινὴν **δίδωμι** ὑμῖν, ἵνα ἀγαπᾶτε ἀλλήλους, καθὼς ἠγάπησα ὑμᾶς ἵνα καὶ ὑμεῖς ἀγαπᾶτε ἀλλήλους.
14:16 κἀγὼ ἐρωτήσω τὸν πατέρα καὶ ἄλλον παράκλητον **δώσει** ὑμῖν,
14:27 Εἰρήνην ἀφίημι ὑμῖν, εἰρήνην τὴν ἐμὴν **δίδωμι** ὑμῖν· οὐ καθὼς ὁ κόσμος **δίδωσιν** ἐγὼ **δίδωμι** ὑμῖν.
15:16 ἵνα ὅ τι ἂν αἰτήσητε τὸν πατέρα ἐν τῷ ὀνόματί μου **δῷ** ὑμῖν.
16:23 ἄν τι αἰτήσητε τὸν πατέρα ἐν τῷ ὀνόματί μου **δώσει** ὑμῖν.
17:2 καθὼς **ἔδωκας** αὐτῷ ἐξουσίαν πάσης σαρκός, ἵνα πᾶν ὃ **δέδωκας** αὐτῷ **δώσῃ** αὐτοῖς ζωὴν αἰώνιον.
17:4 ἐγώ σε ἐδόξασα ἐπὶ τῆς γῆς τὸ ἔργον τελειώσας ὃ **δέδωκάς** μοι ἵνα ποιήσω·
17:6 Ἐφανέρωσά σου τὸ ὄνομα τοῖς ἀνθρώποις οὓς **ἔδωκάς** μοι ἐκ τοῦ κόσμου. σοὶ ἦσαν κἀμοὶ αὐτοὺς **ἔδωκας** καὶ τὸν λόγον σου τετήρηκαν.
17:7 νῦν ἔγνωκαν ὅτι πάντα ὅσα **δέδωκάς** μοι παρὰ σοῦ εἰσιν·
17:8 ὅτι τὰ ῥήματα ἃ **ἔδωκάς** μοι **δέδωκα** αὐτοῖς,
17:9 οὐ περὶ τοῦ κόσμου ἐρωτῶ ἀλλὰ περὶ ὧν **δέδωκάς** μοι,
17:11 τήρησον αὐτοὺς ἐν τῷ ὀνόματί σου ᾧ **δέδωκάς** μοι,
17:12 ὅτε ἤμην μετ᾽ αὐτῶν ἐγὼ ἐτήρουν αὐτοὺς ἐν τῷ ὀνόματί σου ᾧ **δέδωκάς** μοι,
17:14 ἐγὼ **δέδωκα** αὐτοῖς τὸν λόγον σου καὶ ὁ κόσμος ἐμίσησεν αὐτούς,
17:22 κἀγὼ τὴν δόξαν ἣν **δέδωκάς** μοι **δέδωκα** αὐτοῖς,
17:24 Πάτερ, ὃ **δέδωκάς** μοι, θέλω ἵνα ὅπου εἰμὶ ἐγὼ κἀκεῖνοι ὦσιν μετ᾽ ἐμοῦ, ἵνα θεωρῶσιν τὴν δόξαν τὴν ἐμήν, ἣν **δέδωκάς** μοι ὅτι ἠγάπησάς με πρὸ καταβολῆς κόσμου.
18:9 ἵνα πληρωθῇ ὁ λόγος ὃν εἶπεν ὅτι Οὓς **δέδωκάς** μοι οὐκ ἀπώλεσα ἐξ αὐτῶν οὐδένα.
18:11 τὸ ποτήριον ὃ **δέδωκέν** μοι ὁ πατὴρ οὐ μὴ πίω αὐτό;
18:22 ταῦτα δὲ αὐτοῦ εἰπόντος εἷς παρεστηκὼς τῶν ὑπηρετῶν **ἔδωκεν** ῥάπισμα τῷ Ἰησοῦ εἰπών,
19:3 Χαῖρε ὁ βασιλεὺς τῶν Ἰουδαίων· καὶ **ἐδίδοσαν** αὐτῷ ῥαπίσματα.
19:9 Πόθεν εἶ σύ; ὁ δὲ Ἰησοῦς ἀπόκρισιν οὐκ **ἔδωκεν** αὐτῷ.
19:11 Οὐκ εἶχες ἐξουσίαν κατ᾽ ἐμοῦ οὐδεμίαν εἰ μὴ ἦν **δεδομένον** σοι ἄνωθεν·
21:13 ἔρχεται Ἰησοῦς καὶ λαμβάνει τὸν ἄρτον καὶ **δίδωσιν** αὐτοῖς,
Ac 1:26 καὶ **ἔδωκαν** κλήρους αὐτοῖς καὶ ἔπεσεν ὁ κλῆρος ἐπὶ Μαθθίαν καὶ συγκατεψηφίσθη μετὰ τῶν ἕνδεκα ἀποστόλων.
2:4 καὶ ἐπλήσθησαν πάντες πνεύματος ἁγίου καὶ ἤρξαντο λαλεῖν ἑτέραις γλώσσαις καθὼς τὸ πνεῦμα **ἐδίδου** ἀποφθέγγεσθαι αὐτοῖς.
2:19 καὶ **δώσω** τέρατα ἐν τῷ οὐρανῷ ἄνω καὶ σημεῖα ἐπὶ τῆς γῆς κάτω,
2:27 ὅτι οὐκ ἐγκαταλείψεις τὴν ψυχήν μου εἰς ᾅδην οὐδὲ **δώσεις** τὸν ὅσιόν σου ἰδεῖν διαφθοράν.
3:6 Ἀργύριον καὶ χρυσίον οὐχ ὑπάρχει μοι, ὃ δὲ ἔχω τοῦτό σοι **δίδωμι·**
3:16 καὶ ἡ πίστις ἡ δι᾽ αὐτοῦ **ἔδωκεν** αὐτῷ τὴν ὁλοκληρίαν ταύτην ἀπέναντι πάντων ὑμῶν.
4:12 οὐδὲ γὰρ ὄνομά ἐστιν ἕτερον ὑπὸ τὸν οὐρανὸν τὸ **δεδομένον** ἐν ἀνθρώποις ἐν ᾧ δεῖ σωθῆναι ἡμᾶς.
4:29 ἔπιδε ἐπὶ τὰς ἀπειλὰς αὐτῶν καὶ **δὸς** τοῖς δούλοις σου μετὰ παρρησίας πάσης λαλεῖν τὸν λόγον σου,
5:31 τοῦτον ὁ θεὸς ἀρχηγὸν καὶ σωτῆρα ὕψωσεν τῇ δεξιᾷ αὐτοῦ [τοῦ] **δοῦναι** μετάνοιαν τῷ Ἰσραὴλ καὶ ἄφεσιν ἁμαρτιῶν.
5:32 καὶ ἡμεῖς ἐσμεν μάρτυρες τῶν ῥημάτων τούτων καὶ τὸ πνεῦμα τὸ ἅγιον ὃ **ἔδωκεν** ὁ θεὸς τοῖς πειθαρχοῦσιν αὐτῷ.
7:5 καὶ οὐκ **ἔδωκεν** αὐτῷ κληρονομίαν ἐν αὐτῇ οὐδὲ βῆμα ποδὸς καὶ ἐπηγγείλατο **δοῦναι** αὐτῷ εἰς κατάσχεσιν αὐτὴν καὶ τῷ σπέρματι αὐτοῦ μετ᾽ αὐτόν,
7:8 καὶ **ἔδωκεν** αὐτῷ διαθήκην περιτομῆς· καὶ οὕτως ἐγέννησεν τὸν Ἰσαὰκ καὶ περιέτεμεν αὐτὸν τῇ ἡμέρᾳ τῇ ὀγδόῃ,
7:10 καὶ ἐξείλατο αὐτὸν ἐκ πασῶν τῶν θλίψεων αὐτοῦ καὶ **ἔδωκεν** αὐτῷ χάριν καὶ σοφίαν ἐναντίον Φαραὼ βασιλέως Αἰγύπτου
7:25 ἐνόμιζεν δὲ συνιέναι τοὺς ἀδελφοὺς [αὐτοῦ] ὅτι ὁ θεὸς διὰ χειρὸς αὐτοῦ **δίδωσιν** σωτηρίαν αὐτοῖς·
7:38 μετὰ τοῦ ἀγγέλου τοῦ λαλοῦντος αὐτῷ ἐν τῷ ὄρει Σινᾶ καὶ τῶν πατέρων ἡμῶν, ὃς ἐδέξατο λόγια ζῶντα **δοῦναι** ἡμῖν,
8:18 ἰδὼν δὲ ὁ Σίμων ὅτι διὰ τῆς ἐπιθέσεως τῶν χειρῶν τῶν ἀποστόλων **δίδοται** τὸ πνεῦμα,
8:19 **Δότε** κἀμοὶ τὴν ἐξουσίαν ταύτην ἵνα ᾧ ἐὰν ἐπιθῶ τὰς χεῖρας λαμβάνῃ πνεῦμα ἅγιον.
9:41 **δοὺς** δὲ αὐτῇ χεῖρα ἀνέστησεν αὐτήν· φωνήσας δὲ τοὺς ἁγίους καὶ τὰς χήρας παρέστησεν αὐτὴν ζῶσαν.
10:40 τοῦτον ὁ θεὸς ἤγειρεν [ἐν] τῇ τρίτῃ ἡμέρᾳ καὶ **ἔδωκεν** αὐτὸν ἐμφανῆ γενέσθαι,
11:17 εἰ οὖν τὴν ἴσην δωρεὰν **ἔδωκεν** αὐτοῖς ὁ θεὸς ὡς καὶ ἡμῖν πιστεύσασιν ἐπὶ τὸν κύριον Ἰησοῦν Χριστόν,
11:18 Ἄρα καὶ τοῖς ἔθνεσιν ὁ θεὸς τὴν μετάνοιαν εἰς ζωὴν **ἔδωκεν.**
12:23 παραχρῆμα δὲ ἐπάταξεν αὐτὸν ἄγγελος κυρίου ἀνθ᾽ ὧν οὐκ **ἔδωκεν** τὴν δόξαν τῷ θεῷ,
13:20 καὶ μετὰ ταῦτα **ἔδωκεν** κριτὰς ἕως Σαμουὴλ [τοῦ] προφήτου.
13:21 κἀκεῖθεν ᾐτήσαντο βασιλέα καὶ **ἔδωκεν** αὐτοῖς ὁ θεὸς τὸν Σαοὺλ υἱὸν Κίς,
13:34 οὕτως εἴρηκεν ὅτι **Δώσω** ὑμῖν τὰ ὅσια Δαυὶδ τὰ πιστά.
13:35 διότι καὶ ἐν ἑτέρῳ λέγει, Οὐ **δώσεις** τὸν ὅσιόν σου ἰδεῖν διαφθοράν.
14:3 **διδόντι** σημεῖα καὶ τέρατα γίνεσθαι διὰ τῶν χειρῶν αὐτῶν.
14:17 καίτοι οὐκ ἀμάρτυρον αὐτὸν ἀφῆκεν ἀγαθουργῶν, οὐρανόθεν ὑμῖν ὑετοὺς **διδοὺς** καὶ καιροὺς καρποφόρους,
15:8 καὶ ὁ καρδιογνώστης θεὸς ἐμαρτύρησεν αὐτοῖς **δοὺς** τὸ πνεῦμα τὸ ἅγιον καθὼς καὶ ἡμῖν
17:25 αὐτὸς **διδοὺς** πᾶσι ζωὴν καὶ πνοὴν καὶ τὰ πάντα·
19:31 πέμψαντες πρὸς αὐτὸν παρεκάλουν μὴ **δοῦναι** ἑαυτὸν εἰς τὸ θέατρον.
20:32 τῷ δυναμένῳ οἰκοδομῆσαι καὶ **δοῦναι** τὴν κληρονομίαν ἐν τοῖς ἡγιασμένοις πᾶσιν.
20:35 μνημονεύειν τε τῶν λόγων τοῦ κυρίου Ἰησοῦ ὅτι αὐτὸς εἶπεν, Μακάριόν ἐστιν μᾶλλον **διδόναι** ἢ λαμβάνειν.
24:26 ἅμα καὶ ἐλπίζων ὅτι χρήματα **δοθήσεται** αὐτῷ ὑπὸ τοῦ Παύλου·
Ro 4:20 εἰς δὲ τὴν ἐπαγγελίαν τοῦ θεοῦ οὐ διεκρίθη τῇ ἀπιστίᾳ ἀλλ᾽ ἐνεδυναμώθη τῇ πίστει, **δοὺς** δόξαν τῷ θεῷ
5:5 ὅτι ἡ ἀγάπη τοῦ θεοῦ ἐκκέχυται ἐν ταῖς καρδίαις ἡμῶν διὰ πνεύματος ἁγίου τοῦ **δοθέντος** ἡμῖν.
11:8 καθὼς γέγραπται, **Ἔδωκεν** αὐτοῖς ὁ θεὸς πνεῦμα κατανύξεως,
12:3 διὰ τῆς χάριτος τῆς **δοθείσης** μοι παντὶ τῷ ὄντι ἐν ὑμῖν μὴ ὑπερφρονεῖν παρ᾽ ὃ δεῖ φρονεῖν ἀλλὰ φρονεῖν εἰς τὸ σωφρονεῖν,
12:6 ἔχοντες δὲ χαρίσματα κατὰ τὴν χάριν τὴν **δοθεῖσαν** ἡμῖν διάφορα,
12:19 ἀγαπητοί, ἀλλὰ **δότε** τόπον τῇ ὀργῇ, γέγραπται γάρ,
14:12 ἄρα [οὖν] ἕκαστος ἡμῶν περὶ ἑαυτοῦ λόγον **δώσει** [τῷ θεῷ.]
15:5 ὁ δὲ θεὸς τῆς ὑπομονῆς καὶ τῆς παρακλήσεως **δῴη** ὑμῖν τὸ αὐτὸ φρονεῖν ἐν ἀλλήλοις κατὰ Χριστὸν Ἰησοῦν,
15:15 τολμηρότερον δὲ ἔγραψα ὑμῖν ἀπὸ μέρους ὡς ἐπαναμιμνῄσκων ὑμᾶς διὰ τὴν χάριν τὴν **δοθεῖσάν** μοι ὑπὸ τοῦ θεοῦ
1Co 1:4 Εὐχαριστῶ τῷ θεῷ μου πάντοτε περὶ ὑμῶν ἐπὶ τῇ χάριτι τοῦ θεοῦ τῇ **δοθείσῃ** ὑμῖν ἐν Χριστῷ Ἰησοῦ,

3: 5 διάκονοι δι᾽ ὧν ἐπιστεύσατε, καὶ ἑκάστῳ ὡς ὁ κύριος **ἔδωκεν.**
3:10 Κατὰ τὴν χάριν τοῦ θεοῦ τὴν **δοθεῖσάν** μοι ὡς σοφὸς ἀρχιτέκτων θεμέλιον ἔθηκα,
7:25 γνώμην δὲ **δίδωμι** ὡς ἠλεημένος ὑπὸ κυρίου πιστὸς εἶναι.
9:12 ἵνα μή τινα ἐγκοπὴν **δῶμεν** τῷ εὐαγγελίῳ τοῦ Χριστοῦ.
11:15 γυνὴ δὲ ἐὰν κομᾷ δόξα αὐτῇ ἐστιν; ὅτι ἡ κόμη ἀντὶ περιβολαίου **δέδοται** [αὐτῇ.]
12: 7 ἑκάστῳ δὲ **δίδοται** ἡ φανέρωσις τοῦ πνεύματος πρὸς τὸ συμφέρον.
12: 8 ᾧ μὲν γὰρ διὰ τοῦ πνεύματος **δίδοται** λόγος σοφίας,
12:24 ἀλλὰ ὁ θεὸς συνεκέρασεν τὸ σῶμα τῷ ὑστερουμένῳ περισσοτέραν **δοὺς** τιμήν,
14: 7 ὅμως τὰ ἄψυχα φωνὴν **διδόντα,** εἴτε αὐλὸς εἴτε κιθάρα, ἐὰν διαστολὴν τοῖς φθόγγοις μὴ **δῷ,**
14: 8 καὶ γὰρ ἐὰν ἄδηλον σάλπιγξ φωνὴν **δῷ,** τίς παρασκευάσεται εἰς πόλεμον;
14: 9 οὕτως καὶ ὑμεῖς διὰ τῆς γλώσσης ἐὰν μὴ εὔσημον λόγον **δῶτε,**
15:38 ὁ δὲ θεὸς **δίδωσιν** αὐτῷ σῶμα καθὼς ἠθέλησεν,
15:57 τῷ δὲ θεῷ χάρις τῷ **διδόντι** ἡμῖν τὸ νῖκος διὰ τοῦ κυρίου ἡμῶν Ἰησοῦ Χριστοῦ.
2Co 1:22 ὁ καὶ σφραγισάμενος ἡμᾶς καὶ **δοὺς** τὸν ἀρραβῶνα τοῦ πνεύματος ἐν ταῖς καρδίαις ἡμῶν.
5: 5 ὁ δὲ κατεργασάμενος ἡμᾶς εἰς αὐτὸ τοῦτο θεός, ὁ **δοὺς** ἡμῖν τὸν ἀρραβῶνα τοῦ πνεύματος.
5:12 οὐ πάλιν ἑαυτοὺς συνιστάνομεν ὑμῖν ἀλλὰ ἀφορμὴν **διδόντες** ὑμῖν καυχήματος ὑπὲρ ἡμῶν,
5:18 τὰ δὲ πάντα ἐκ τοῦ θεοῦ τοῦ καταλλάξαντος ἡμᾶς ἑαυτῷ διὰ Χριστοῦ καὶ **δόντος** ἡμῖν τὴν διακονίαν τῆς καταλλαγῆς,
6: 3 μηδεμίαν ἐν μηδενὶ **διδόντες** προσκοπήν, ἵνα μὴ μωμηθῇ ἡ διακονία,
8: 1 τὴν χάριν τοῦ θεοῦ τὴν **δεδομένην** ἐν ταῖς ἐκκλησίαις τῆς Μακεδονίας,
8: 5 καὶ οὐ καθὼς ἠλπίσαμεν ἀλλ᾽ ἑαυτοὺς **ἔδωκαν** πρῶτον τῷ κυρίῳ καὶ ἡμῖν διὰ θελήματος θεοῦ
8:10 καὶ γνώμην ἐν τούτῳ **δίδωμι·** τοῦτο γὰρ ὑμῖν συμφέρει,
8:16 Χάρις δὲ τῷ θεῷ τῷ **δόντι** τὴν αὐτὴν σπουδὴν ὑπὲρ ὑμῶν ἐν τῇ καρδίᾳ Τίτου,
9: 9 καθὼς γέγραπται, Ἐσκόρπισεν, **ἔδωκεν** τοῖς πένησιν, ἡ δικαιοσύνη αὐτοῦ μένει εἰς τὸν αἰῶνα.
10: 8 ἐάν [τε] γὰρ περισσότερόν τι καυχήσωμαι περὶ τῆς ἐξουσίας ἡμῶν ἧς **ἔδωκεν** ὁ κύριος εἰς οἰκοδομὴν καὶ οὐκ εἰς καθαίρεσιν
12: 7 **ἐδόθη** μοι σκόλοψ τῇ σαρκί, ἄγγελος Σατανᾶ, ἵνα με κολαφίζῃ,
13:10 ἵνα παρὼν μὴ ἀποτόμως χρήσωμαι κατὰ τὴν ἐξουσίαν ἣν ὁ κύριος **ἔδωκέν** μοι εἰς οἰκοδομὴν καὶ οὐκ εἰς καθαίρεσιν.
Gal 1: 4 τοῦ **δόντος** ἑαυτὸν ὑπὲρ τῶν ἁμαρτιῶν ἡμῶν, ὅπως ἐξέληται ἡμᾶς ἐκ τοῦ αἰῶνος τοῦ ἐνεστῶτος πονηροῦ
2: 9 καὶ γνόντες τὴν χάριν τὴν **δοθεῖσάν** μοι, Ἰάκωβος καὶ Κηφᾶς καὶ Ἰωάννης, οἱ δοκοῦντες στῦλοι εἶναι, δεξιὰς **ἔδωκαν** ἐμοὶ καὶ Βαρναβᾷ κοινωνίας,
3:21 εἰ γὰρ **ἐδόθη** νόμος ὁ δυνάμενος ζῳοποιῆσαι, ὄντως ἐκ νόμου ἂν ἦν ἡ δικαιοσύνη·
3:22 ἵνα ἡ ἐπαγγελία ἐκ πίστεως Ἰησοῦ Χριστοῦ **δοθῇ** τοῖς πιστεύουσιν.
4:15 μαρτυρῶ γὰρ ὑμῖν ὅτι εἰ δυνατὸν τοὺς ὀφθαλμοὺς ὑμῶν ἐξορύξαντες **ἐδώκατέ** μοι.
Eph 1:17 **δώῃ** ὑμῖν πνεῦμα σοφίας καὶ ἀποκαλύψεως ἐν ἐπιγνώσει αὐτοῦ,
1:22 καὶ πάντα ὑπέταξεν ὑπὸ τοὺς πόδας αὐτοῦ καὶ αὐτὸν **ἔδωκεν** κεφαλὴν ὑπὲρ πάντα τῇ ἐκκλησίᾳ,
3: 2 εἴ γε ἠκούσατε τὴν οἰκονομίαν τῆς χάριτος τοῦ θεοῦ τῆς **δοθείσης** μοι εἰς ὑμᾶς,
3: 7 οὗ ἐγενήθην διάκονος κατὰ τὴν δωρεὰν τῆς χάριτος τοῦ θεοῦ τῆς **δοθείσης** μοι κατὰ τὴν ἐνέργειαν τῆς δυνάμεως αὐτοῦ.
3: 8 ἐμοὶ τῷ ἐλαχιστοτέρῳ πάντων ἁγίων **ἐδόθη** ἡ χάρις αὕτη,
3:16 ἵνα **δῷ** ὑμῖν κατὰ τὸ πλοῦτος τῆς δόξης αὐτοῦ δυνάμει κραταιωθῆναι διὰ τοῦ πνεύματος αὐτοῦ εἰς τὸν ἔσω ἄνθρωπον,
4: 7 Ἑνὶ δὲ ἑκάστῳ ἡμῶν **ἐδόθη** ἡ χάρις κατὰ τὸ μέτρον τῆς δωρεᾶς τοῦ Χριστοῦ.
4: 8 Ἀναβὰς εἰς ὕψος ᾐχμαλώτευσεν αἰχμαλωσίαν, **ἔδωκεν** δόματα τοῖς ἀνθρώποις.
4:11 καὶ αὐτὸς **ἔδωκεν** τοὺς μὲν ἀποστόλους, τοὺς δὲ προφήτας,
4:27 μηδὲ **δίδοτε** τόπον τῷ διαβόλῳ.
4:29 ἀλλὰ εἴ τις ἀγαθὸς πρὸς οἰκοδομὴν τῆς χρείας, ἵνα **δῷ** χάριν τοῖς ἀκούουσιν.
6:19 ἵνα μοι **δοθῇ** λόγος ἐν ἀνοίξει τοῦ στόματός μου,
Col 1:25 ἧς ἐγενόμην ἐγὼ διάκονος κατὰ τὴν οἰκονομίαν τοῦ θεοῦ τὴν **δοθεῖσάν** μοι εἰς ὑμᾶς πληρῶσαι τὸν λόγον τοῦ θεοῦ,
1Th 4: 2 οἴδατε γὰρ τίνας παραγγελίας **ἐδώκαμεν** ὑμῖν διὰ τοῦ κυρίου Ἰησοῦ.
4: 8 τοιγαροῦν ὁ ἀθετῶν οὐκ ἄνθρωπον ἀθετεῖ ἀλλὰ τὸν θεὸν τὸν [καὶ] **διδόντα** τὸ πνεῦμα αὐτοῦ τὸ ἅγιον εἰς ὑμᾶς.
2Th 1: 8 **διδόντος** ἐκδίκησιν τοῖς μὴ εἰδόσιν θεὸν καὶ τοῖς μὴ ὑπακούουσιν τῷ εὐαγγελίῳ τοῦ κυρίου ἡμῶν Ἰησοῦ,
2:16 καὶ [ὁ] θεὸς ὁ πατὴρ ἡμῶν ὁ ἀγαπήσας ἡμᾶς καὶ **δοὺς** παράκλησιν αἰωνίαν καὶ ἐλπίδα ἀγαθὴν ἐν χάριτι,
3: 9 ἀλλ᾽ ἵνα ἑαυτοὺς τύπον **δῶμεν** ὑμῖν εἰς τὸ μιμεῖσθαι ἡμᾶς.
3:16 Αὐτὸς δὲ ὁ κύριος τῆς εἰρήνης **δῴη** ὑμῖν τὴν εἰρήνην διὰ παντὸς ἐν παντὶ τρόπῳ.
1Ti 2: 6 ὁ **δοὺς** ἑαυτὸν ἀντίλυτρον ὑπὲρ πάντων, τὸ μαρτύριον καιροῖς ἰδίοις.
4:14 ὃ **ἐδόθη** σοι διὰ προφητείας μετὰ ἐπιθέσεως τῶν χειρῶν τοῦ πρεσβυτερίου.
5:14 οἰκοδεσποτεῖν, μηδεμίαν ἀφορμὴν **διδόναι** τῷ ἀντικειμένῳ λοιδορίας χάριν·
2Ti 1: 7 οὐ γὰρ **ἔδωκεν** ἡμῖν ὁ θεὸς πνεῦμα δειλίας ἀλλὰ δυνάμεως καὶ ἀγάπης καὶ σωφρονισμοῦ.
1: 9 τὴν **δοθεῖσαν** ἡμῖν ἐν Χριστῷ Ἰησοῦ πρὸ χρόνων αἰωνίων,
1:16 **δῴη** ἔλεος ὁ κύριος τῷ Ὀνησιφόρου οἴκῳ, ὅτι πολλάκις με ἀνέψυξεν καὶ τὴν ἅλυσίν μου οὐκ ἐπαισχύνθη,
1:18 **δῴη** αὐτῷ ὁ κύριος εὑρεῖν ἔλεος παρὰ κυρίου ἐν ἐκείνῃ τῇ ἡμέρᾳ.
2: 7 **δώσει** γάρ σοι ὁ κύριος σύνεσιν ἐν πᾶσιν.
2:25 μήποτε **δώῃ** αὐτοῖς ὁ θεὸς μετάνοιαν εἰς ἐπίγνωσιν ἀληθείας
Tit 2:14 ὃς **ἔδωκεν** ἑαυτὸν ὑπὲρ ἡμῶν, ἵνα λυτρώσηται ἡμᾶς ἀπὸ πάσης ἀνομίας καὶ καθαρίσῃ ἑαυτῷ λαὸν περιούσιον,
Heb 2:13 Ἰδοὺ ἐγὼ καὶ τὰ παιδία ἅ μοι **ἔδωκεν** ὁ θεός.
7: 4 ᾧ [καὶ] δεκάτην Ἀβραὰμ **ἔδωκεν** ἐκ τῶν ἀκροθινίων ὁ πατριάρχης.
8:10 **διδοὺς** νόμους μου εἰς τὴν διάνοιαν αὐτῶν καὶ ἐπὶ καρδίας αὐτῶν ἐπιγράψω αὐτούς,
10:16 **διδοὺς** νόμους μου ἐπὶ καρδίας αὐτῶν καὶ ἐπὶ τὴν διάνοιαν αὐτῶν ἐπιγράψω αὐτούς,
Jas 1: 5 αἰτείτω παρὰ τοῦ **διδόντος** θεοῦ πᾶσιν ἁπλῶς καὶ μὴ ὀνειδίζοντος καὶ **δοθήσεται** αὐτῷ.
2:16 μὴ **δῶτε** δὲ αὐτοῖς τὰ ἐπιτήδεια τοῦ σώματος,
4: 6 μείζονα δὲ **δίδωσιν** χάριν; διὸ λέγει, Ὁ θεὸς ὑπερηφάνοις ἀντιτάσσεται, ταπεινοῖς δὲ **δίδωσιν** χάριν.
5:18 καὶ ὁ οὐρανὸς ὑετὸν **ἔδωκεν** καὶ ἡ γῆ ἐβλάστησεν τὸν καρπὸν αὐτῆς.
1Pe 1:21 τοὺς δι᾽ αὐτοῦ πιστοὺς εἰς θεὸν τὸν ἐγείραντα αὐτὸν ἐκ νεκρῶν καὶ δόξαν αὐτῷ **δόντα,**
5: 5 ὅτι [Ὁ] θεὸς ὑπερηφάνοις ἀντιτάσσεται, ταπεινοῖς δὲ **δίδωσιν** χάριν.
2Pe 3:15 καθὼς καὶ ὁ ἀγαπητὸς ἡμῶν ἀδελφὸς Παῦλος κατὰ τὴν **δοθεῖσαν** αὐτῷ σοφίαν ἔγραψεν ὑμῖν,
1Jn 3: 1 ἴδετε ποταπὴν ἀγάπην **δέδωκεν** ἡμῖν ὁ πατήρ, ἵνα τέκνα θεοῦ κληθῶμεν,
3:23 ἵνα πιστεύσωμεν τῷ ὀνόματι τοῦ υἱοῦ αὐτοῦ Ἰησοῦ Χριστοῦ καὶ ἀγαπῶμεν ἀλλήλους, καθὼς **ἔδωκεν** ἐντολὴν ἡμῖν.
3:24 καὶ ἐν τούτῳ γινώσκομεν ὅτι μένει ἐν ἡμῖν, ἐκ τοῦ πνεύματος οὗ ἡμῖν **ἔδωκεν.**
4:13 Ἐν τούτῳ γινώσκομεν ὅτι ἐν αὐτῷ μένομεν καὶ αὐτὸς ἐν ἡμῖν, ὅτι ἐκ τοῦ πνεύματος αὐτοῦ **δέδωκεν** ἡμῖν.
5:11 καὶ αὕτη ἐστὶν ἡ μαρτυρία, ὅτι ζωὴν αἰώνιον **ἔδωκεν** ἡμῖν ὁ θεός,
5:16 αἰτήσει καὶ **δώσει** αὐτῷ ζωήν, τοῖς ἁμαρτάνουσιν μὴ πρὸς θάνατον.
5:20 οἴδαμεν δὲ ὅτι ὁ υἱὸς τοῦ θεοῦ ἥκει καὶ **δέδωκεν** ἡμῖν διάνοιαν ἵνα γινώσκωμεν τὸν ἀληθινόν,
Rev 1: 1 Ἀποκάλυψις Ἰησοῦ Χριστοῦ ἣν **ἔδωκεν** αὐτῷ ὁ θεὸς δεῖξαι τοῖς δούλοις αὐτοῦ ἃ δεῖ γενέσθαι ἐν τάχει,
2: 7 τῷ νικῶντι **δώσω** αὐτῷ φαγεῖν ἐκ τοῦ ξύλου τῆς ζωῆς,
2:10 γίνου πιστὸς ἄχρι θανάτου, καὶ **δώσω** σοι τὸν στέφανον τῆς ζωῆς.
2:17 τῷ νικῶντι **δώσω** αὐτῷ τοῦ μάννα τοῦ κεκρυμμένου καὶ **δώσω** αὐτῷ ψῆφον λευκήν,
2:21 καὶ **ἔδωκα** αὐτῇ χρόνον ἵνα μετανοήσῃ, καὶ οὐ θέλει μετανοῆσαι ἐκ τῆς πορνείας αὐτῆς.
2:23 καὶ **δώσω** ὑμῖν ἑκάστῳ κατὰ τὰ ἔργα ὑμῶν.
2:26 καὶ ὁ νικῶν καὶ ὁ τηρῶν ἄχρι τέλους τὰ ἔργα μου, **δώσω** αὐτῷ ἐξουσίαν ἐπὶ τῶν ἐθνῶν
2:28 ὡς κἀγὼ εἴληφα παρὰ τοῦ πατρός μου, καὶ **δώσω** αὐτῷ τὸν ἀστέρα τὸν πρωϊνόν.

3: 8 Οἶδά σου τὰ ἔργα, ἰδοὺ **δέδωκα** ἐνώπιόν σου θύραν ἠνεῳγμένην,
3:21 ὁ νικῶν **δώσω** αὐτῷ καθίσαι μετ᾽ ἐμοῦ ἐν τῷ θρόνῳ μου,
4: 9 ὅταν **δώσουσιν** τὰ ζῷα δόξαν καὶ τιμὴν καὶ εὐχαριστίαν τῷ καθημένῳ ἐπὶ τῷ θρόνῳ τῷ ζῶντι εἰς τοὺς αἰῶνας τῶν αἰώνων,
6: 2 καὶ ὁ καθήμενος ἐπ᾽ αὐτὸν ἔχων τόξον καὶ **ἐδόθη** αὐτῷ στέφανος καὶ ἐξῆλθεν νικῶν καὶ ἵνα νικήσῃ.
6: 4 καὶ τῷ καθημένῳ ἐπ᾽ αὐτὸν **ἐδόθη** αὐτῷ λαβεῖν τὴν εἰρήνην ἐκ τῆς γῆς καὶ ἵνα ἀλλήλους σφάξουσιν καὶ **ἐδόθη** αὐτῷ μάχαιρα μεγάλη.
6: 8 καὶ **ἐδόθη** αὐτοῖς ἐξουσία ἐπὶ τὸ τέταρτον τῆς γῆς ἀποκτεῖναι ἐν ῥομφαίᾳ καὶ ἐν λιμῷ καὶ ἐν θανάτῳ καὶ ὑπὸ τῶν θηρίων
6:11 καὶ **ἐδόθη** αὐτοῖς ἑκάστῳ στολὴ λευκὴ καὶ ἐρρέθη αὐτοῖς ἵνα ἀναπαύσονται ἔτι χρόνον μικρόν,
7: 2 καὶ ἔκραξεν φωνῇ μεγάλῃ τοῖς τέσσαρσιν ἀγγέλοις οἷς **ἐδόθη** αὐτοῖς ἀδικῆσαι τὴν γῆν καὶ τὴν θάλασσαν
8: 2 καὶ εἶδον τοὺς ἑπτὰ ἀγγέλους οἳ ἐνώπιον τοῦ θεοῦ ἑστήκασιν, καὶ **ἐδόθησαν** αὐτοῖς ἑπτὰ σάλπιγγες.
8: 3 Καὶ ἄλλος ἄγγελος ἦλθεν καὶ ἐστάθη ἐπὶ τοῦ θυσιαστηρίου ἔχων λιβανωτὸν χρυσοῦν, καὶ **ἐδόθη** αὐτῷ θυμιάματα πολλά, ἵνα **δώσει** ταῖς προσευχαῖς τῶν ἁγίων πάντων ἐπὶ τὸ θυσιαστήριον τὸ χρυσοῦν τὸ ἐνώπιον τοῦ θρόνου.
9: 1 καὶ **ἐδόθη** αὐτῷ ἡ κλεὶς τοῦ φρέατος τῆς ἀβύσσου
9: 3 καὶ **ἐδόθη** αὐταῖς ἐξουσία ὡς ἔχουσιν ἐξουσίαν οἱ σκορπίοι τῆς γῆς.
9: 5 καὶ **ἐδόθη** αὐτοῖς ἵνα μὴ ἀποκτείνωσιν αὐτούς, ἀλλ᾽ ἵνα βασανισθήσονται μῆνας πέντε,
10: 9 καὶ ἀπῆλθα πρὸς τὸν ἄγγελον λέγων αὐτῷ **δοῦναί** μοι τὸ βιβλαρίδιον.
11: 1 Καὶ **ἐδόθη** μοι κάλαμος ὅμοιος ῥάβδῳ, λέγων, Ἔγειρε καὶ μέτρησον τὸν ναὸν τοῦ θεοῦ καὶ τὸ θυσιαστήριον καὶ τοὺς προσκυνοῦντας ἐν αὐτῷ.
11: 2 ὅτι **ἐδόθη** τοῖς ἔθνεσιν, καὶ τὴν πόλιν τὴν ἁγίαν πατήσουσιν μῆνας τεσσεράκοντα [καὶ] δύο.
11: 3 καὶ **δώσω** τοῖς δυσὶν μάρτυσίν μου καὶ προφητεύσουσιν ἡμέρας χιλίας διακοσίας ἑξήκοντα περιβεβλημένοι σάκκους.
11:13 ἀπεκτάνθησαν ἐν τῷ σεισμῷ ὀνόματα ἀνθρώπων χιλιάδες ἑπτὰ καὶ οἱ λοιποὶ ἔμφοβοι ἐγένοντο καὶ **ἔδωκαν** δόξαν τῷ θεῷ
11:18 καὶ ἦλθεν ἡ ὀργή σου καὶ ὁ καιρὸς τῶν νεκρῶν κριθῆναι καὶ **δοῦναι** τὸν μισθὸν τοῖς δούλοις σου τοῖς προφήταις
12:14 καὶ **ἐδόθησαν** τῇ γυναικὶ αἱ δύο πτέρυγες τοῦ ἀετοῦ τοῦ μεγάλου,
13: 2 καὶ **ἔδωκεν** αὐτῷ ὁ δράκων τὴν δύναμιν αὐτοῦ καὶ τὸν θρόνον αὐτοῦ καὶ ἐξουσίαν μεγάλην.
13: 4 καὶ προσεκύνησαν τῷ δράκοντι, ὅτι **ἔδωκεν** τὴν ἐξουσίαν τῷ θηρίῳ,
13: 5 Καὶ **ἐδόθη** αὐτῷ στόμα λαλοῦν μεγάλα καὶ βλασφημίας καὶ **ἐδόθη** αὐτῷ ἐξουσία ποιῆσαι μῆνας τεσσεράκοντα [καὶ] δύο.
13: 7 καὶ **ἐδόθη** αὐτῷ ποιῆσαι πόλεμον μετὰ τῶν ἁγίων καὶ νικῆσαι αὐτούς, καὶ **ἐδόθη** αὐτῷ ἐξουσία ἐπὶ πᾶσαν φυλὴν καὶ λαὸν καὶ γλῶσσαν καὶ ἔθνος.
13:14 καὶ πλανᾷ τοὺς κατοικοῦντας ἐπὶ τῆς γῆς διὰ τὰ σημεῖα ἃ **ἐδόθη** αὐτῷ ποιῆσαι ἐνώπιον τοῦ θηρίου,
13:15 καὶ **ἐδόθη** αὐτῷ **δοῦναι** πνεῦμα τῇ εἰκόνι τοῦ θηρίου,
13:16 ἵνα **δῶσιν** αὐτοῖς χάραγμα ἐπὶ τῆς χειρὸς αὐτῶν τῆς δεξιᾶς ἢ ἐπὶ τὸ μέτωπον αὐτῶν
14: 7 λέγων ἐν φωνῇ μεγάλῃ, Φοβήθητε τὸν θεὸν καὶ **δότε** αὐτῷ δόξαν,
15: 7 καὶ ἓν ἐκ τῶν τεσσάρων ζῴων **ἔδωκεν** τοῖς ἑπτὰ ἀγγέλοις ἑπτὰ φιάλας χρυσᾶς γεμούσας τοῦ θυμοῦ τοῦ θεοῦ τοῦ ζῶντος
16: 6 ὅτι αἷμα ἁγίων καὶ προφητῶν ἐξέχεαν καὶ αἷμα αὐτοῖς **[δ]έδωκας** πιεῖν,
16: 8 καὶ **ἐδόθη** αὐτῷ καυματίσαι τοὺς ἀνθρώπους ἐν πυρί.
16: 9 ἐβλασφήμησαν τὸ ὄνομα τοῦ θεοῦ τοῦ ἔχοντος τὴν ἐξουσίαν ἐπὶ τὰς πληγὰς ταύτας καὶ οὐ μετενόησαν **δοῦναι** αὐτῷ δόξαν.
16:19 καὶ Βαβυλὼν ἡ μεγάλη ἐμνήσθη ἐνώπιον τοῦ θεοῦ **δοῦναι** αὐτῇ τὸ ποτήριον τοῦ οἴνου τοῦ θυμοῦ τῆς ὀργῆς αὐτοῦ.
17:13 οὗτοι μίαν γνώμην ἔχουσιν καὶ τὴν δύναμιν καὶ ἐξουσίαν αὐτῶν τῷ θηρίῳ **διδόασιν.**
17:17 ὁ γὰρ θεὸς **ἔδωκεν** εἰς τὰς καρδίας αὐτῶν ποιῆσαι τὴν γνώμην αὐτοῦ καὶ ποιῆσαι μίαν γνώμην καὶ **δοῦναι** τὴν βασιλείαν αὐτῶν τῷ θηρίῳ ἄχρι τελεσθήσονται οἱ λόγοι τοῦ θεοῦ.
18: 7 ὅσα ἐδόξασεν αὐτὴν καὶ ἐστρηνίασεν, τοσοῦτον **δότε** αὐτῇ βασανισμὸν καὶ πένθος.
19: 7 χαίρωμεν καὶ ἀγαλλιῶμεν καὶ **δώσωμεν** τὴν δόξαν αὐτῷ,
19: 8 καὶ **ἐδόθη** αὐτῇ ἵνα περιβάληται βύσσινον λαμπρὸν καθαρόν·
20: 4 εἶδον θρόνους καὶ ἐκάθισαν ἐπ᾽ αὐτοὺς καὶ κρίμα **ἐδόθη** αὐτοῖς,
20:13 καὶ **ἔδωκεν** ἡ θάλασσα τοὺς νεκροὺς τοὺς ἐν αὐτῇ καὶ ὁ θάνατος καὶ ὁ ᾅδης **ἔδωκαν** τοὺς νεκροὺς τοὺς ἐν αὐτοῖς,
21: 6 ἐγὼ τῷ διψῶντι **δώσω** ἐκ τῆς πηγῆς τοῦ ὕδατος τῆς ζωῆς δωρεάν.

1444 διεγείρω [6]

√ *1328 + 1586*

Mk 4:39 καὶ **διεγερθεὶς** ἐπετίμησεν τῷ ἀνέμῳ καὶ εἶπεν τῇ θαλάσσῃ,
Lk 8:24 προσελθόντες δὲ **διήγειραν** αὐτὸν λέγοντες, Ἐπιστάτα ἐπιστάτα, ἀπολλύμεθα. ὁ δὲ **διεγερθεὶς** ἐπετίμησεν τῷ ἀνέμῳ καὶ τῷ κλύδωνι τοῦ ὕδατος·
Jn 6:18 ἥ τε θάλασσα ἀνέμου μεγάλου πνέοντος **διεγείρετο.**
2Pe 1:13 ἐφ᾽ ὅσον εἰμὶ ἐν τούτῳ τῷ σκηνώματι, **διεγείρειν** ὑμᾶς ἐν ὑπομνήσει,
3: 1 δευτέραν ὑμῖν γράφω ἐπιστολὴν ἐν αἷς **διεγείρω** ὑμῶν ἐν ὑπομνήσει τὴν εἰλικρινῆ διάνοιαν

1445 διενθυμέομαι [1]

√ *1328 + 1877 + 2596*

Ac 10:19 τοῦ δὲ Πέτρου **διενθυμουμένου** περὶ τοῦ ὁράματος εἶπεν [αὐτῷ] τὸ πνεῦμα,

1446 διεξέρχομαι Not used in UBS/NIV

√ *1328 + 1666 + 2262*

1447 διέξοδος [1]

√ *1328 + 1666 + 3847*

Mt 22: 9 πορεύεσθε οὖν ἐπὶ τὰς **διεξόδους** τῶν ὁδῶν καὶ ὅσους ἐὰν εὕρητε καλέσατε εἰς τοὺς γάμους.

1448 διερμηνεία Not used in UBS/NIV

√ *1328 + 2257*

1449 διερμηνευτής [1]

√ *1328 + 2257*

1Co 14:28 ἐὰν δὲ μὴ ᾖ **διερμηνευτής,** σιγάτω ἐν ἐκκλησίᾳ,

1450 διερμηνεύω [6]

√ *1328 + 2257*

Lk 24:27 καὶ ἀρξάμενος ἀπὸ Μωϋσέως καὶ ἀπὸ πάντων τῶν προφητῶν **διερμήνευσεν** αὐτοῖς ἐν πάσαις ταῖς γραφαῖς τὰ περὶ ἑαυτοῦ.
Ac 9:36 Ἐν Ἰόππῃ δέ τις ἦν μαθήτρια ὀνόματι Ταβιθά, ἣ **διερμηνευομένη** λέγεται Δορκάς·
1Co 12:30 μὴ πάντες χαρίσματα ἔχουσιν ἰαμάτων; μὴ πάντες γλώσσαις λαλοῦσιν; μὴ πάντες **διερμηνεύουσιν;**
14: 5 μείζων δὲ ὁ προφητεύων ἢ ὁ λαλῶν γλώσσαις ἐκτὸς εἰ μὴ **διερμηνεύῃ,**
14:13 διὸ ὁ λαλῶν γλώσσῃ προσευχέσθω ἵνα **διερμηνεύῃ.**
14:27 κατὰ δύο ἢ τὸ πλεῖστον τρεῖς καὶ ἀνὰ μέρος, καὶ εἷς **διερμηνευέτω·**

1451 διέρχομαι [43 / 42]

√ *1328 + 2262*

διέρχομαι διά, διὰ διέρχομαι [10] Mt 12:43; 19:24; Mk 10:25; Lk 4:30; 11:24; 17:11; Jn 4:4; Ac 9:32; 1Co 10:1; 2Co 1:16

Mt 12:43 **διέρχεται** δι᾽ ἀνύδρων τόπων ζητοῦν ἀνάπαυσιν καὶ οὐχ εὑρίσκει.
19:24 εὐκοπώτερόν ἐστιν κάμηλον διὰ τρυπήματος ῥαφίδος **διελθεῖν** ἢ πλούσιον εἰσελθεῖν εἰς τὴν βασιλείαν τοῦ θεοῦ.
Mk 4:35 Καὶ λέγει αὐτοῖς ἐν ἐκείνῃ τῇ ἡμέρᾳ ὀψίας γενομένης, **Διέλθωμεν** εἰς τὸ πέραν.
10:25 εὐκοπώτερόν ἐστιν κάμηλον διὰ [τῆς] τρυμαλιᾶς [τῆς] ῥαφίδος **διελθεῖν** ἢ πλούσιον εἰς τὴν βασιλείαν τοῦ θεοῦ εἰσελθεῖν.
Lk 2:15 **Διέλθωμεν** δὴ ἕως Βηθλέεμ καὶ ἴδωμεν τὸ ῥῆμα τοῦτο τὸ γεγονὸς ὃ ὁ κύριος ἐγνώρισεν ἡμῖν.
2:35 –καὶ σοῦ [δὲ] αὐτῆς τὴν ψυχὴν **διελεύσεται** ῥομφαία–,

4:30 αὐτὸς δὲ **διελθὼν** διὰ μέσου αὐτῶν ἐπορεύετο.
5:15 **διήρχετο** δὲ μᾶλλον ὁ λόγος περὶ αὐτοῦ, καὶ συνήρχοντο ὄχλοι πολλοὶ ἀκούειν καὶ θεραπεύεσθαι ἀπὸ τῶν ἀσθενειῶν αὐτῶν·
8:22 **Διέλθωμεν** εἰς τὸ πέραν τῆς λίμνης, καὶ ἀνήχθησαν.
9: 6 ἐξερχόμενοι δὲ **διήρχοντο** κατὰ τὰς κώμας εὐαγγελιζόμενοι καὶ θεραπεύοντες πανταχοῦ.
11:24 **διέρχεται** δι' ἀνύδρων τόπων ζητοῦν ἀνάπαυσιν καὶ μὴ εὑρίσκον·
17:11 Καὶ ἐγένετο ἐν τῷ πορεύεσθαι εἰς Ἰερουσαλὴμ καὶ αὐτὸς **διήρχετο** διὰ μέσον Σαμαρείας καὶ Γαλιλαίας.
19: 1 Καὶ εἰσελθὼν **διήρχετο** τὴν Ἰεριχώ.
19: 4 καὶ προδραμὼν εἰς τὸ ἔμπροσθεν ἀνέβη ἐπὶ συκομορέαν ἵνα ἴδῃ αὐτὸν ὅτι ἐκείνης ἤμελλεν **διέρχεσθαι.**
Jn 4: 4 ἔδει δὲ αὐτὸν **διέρχεσθαι** διὰ τῆς Σαμαρείας.
4:15 δός μοι τοῦτο τὸ ὕδωρ, ἵνα μὴ διψῶ μηδὲ **διέρχωμαι** ἐνθάδε ἀντλεῖν.
Ac 8: 4 Οἱ μὲν οὖν διασπαρέντες **διῆλθον** εὐαγγελιζόμενοι τὸν λόγον.
8:40 καὶ **διερχόμενος** εὐηγγελίζετο τὰς πόλεις πάσας ἕως τοῦ ἐλθεῖν αὐτὸν εἰς Καισάρειαν.
9:32 Ἐγένετο δὲ Πέτρον **διερχόμενον** διὰ πάντων κατελθεῖν καὶ πρὸς τοὺς ἁγίους τοὺς κατοικοῦντας Λύδδα.
9:38 ἀκούσαντες ὅτι Πέτρος ἐστὶν ἐν αὐτῇ ἀπέστειλαν δύο ἄνδρας πρὸς αὐτὸν παρακαλοῦντες, Μὴ ὀκνήσῃς **διελθεῖν** ἕως ἡμῶν.
10:38 ὃς **διῆλθεν** εὐεργετῶν καὶ ἰώμενος πάντας τοὺς καταδυναστευομένους ὑπὸ τοῦ διαβόλου,
11:19 Οἱ μὲν οὖν διασπαρέντες ἀπὸ τῆς θλίψεως τῆς γενομένης ἐπὶ Στεφάνῳ **διῆλθον** ἕως Φοινίκης καὶ Κύπρου καὶ Ἀντιοχείας
11:22 ἠκούσθη δὲ ὁ λόγος εἰς τὰ ὦτα τῆς ἐκκλησίας τῆς οὔσης ἐν Ἰερουσαλὴμ περὶ αὐτῶν καὶ ἐξαπέστειλαν Βαρναβᾶν **[διελθεῖν]**[NIV-] ἕως Ἀντιοχείας.
12:10 **διελθόντες** δὲ πρώτην φυλακὴν καὶ δευτέραν ἦλθαν ἐπὶ τὴν πύλην τὴν σιδηρᾶν τὴν φέρουσαν εἰς τὴν πόλιν,
13: 6 **διελθόντες** δὲ ὅλην τὴν νῆσον ἄχρι Πάφου εὗρον ἄνδρα τινὰ μάγον ψευδοπροφήτην Ἰουδαῖον ᾧ ὄνομα Βαριησοῦ
13:14 αὐτοὶ δὲ **διελθόντες** ἀπὸ τῆς Πέργης παρεγένοντο εἰς Ἀντιόχειαν τὴν Πισιδίαν,
14:24 καὶ **διελθόντες** τὴν Πισιδίαν ἦλθον εἰς τὴν Παμφυλίαν
15: 3 Οἱ μὲν οὖν προπεμφθέντες ὑπὸ τῆς ἐκκλησίας **διήρχοντο** τήν τε Φοινίκην καὶ Σαμάρειαν
15:41 **διήρχετο** δὲ τὴν Συρίαν καὶ [τὴν] Κιλικίαν ἐπιστηρίζων τὰς ἐκκλησίας.
16: 6 **Διῆλθον** δὲ τὴν Φρυγίαν καὶ Γαλατικὴν χώραν κωλυθέντες ὑπὸ τοῦ ἁγίου πνεύματος λαλῆσαι τὸν λόγον ἐν τῇ Ἀσίᾳ·
17:23 **διερχόμενος** γὰρ καὶ ἀναθεωρῶν τὰ σεβάσματα ὑμῶν εὗρον καὶ βωμὸν ἐν ᾧ ἐπεγέγραπτο,
18:23 καὶ ποιήσας χρόνον τινὰ ἐξῆλθεν **διερχόμενος** καθεξῆς τὴν Γαλατικὴν χώραν καὶ Φρυγίαν,
18:27 βουλομένου δὲ αὐτοῦ **διελθεῖν** εἰς τὴν Ἀχαΐαν, προτρεψάμενοι οἱ ἀδελφοὶ ἔγραψαν τοῖς μαθηταῖς ἀποδέξασθαι αὐτόν,
19: 1 Παῦλον **διελθόντα** τὰ ἀνωτερικὰ μέρη [κατ]ελθεῖν εἰς Ἔφεσον καὶ εὑρεῖν τινας μαθητὰς
19:21 ἔθετο ὁ Παῦλος ἐν τῷ πνεύματι **διελθὼν** τὴν Μακεδονίαν καὶ Ἀχαΐαν πορεύεσθαι εἰς Ἱεροσόλυμα
20: 2 **διελθὼν** δὲ τὰ μέρη ἐκεῖνα καὶ παρακαλέσας αὐτοὺς λόγῳ πολλῷ ἦλθεν εἰς τὴν Ἑλλάδα
20:25 Καὶ νῦν ἰδοὺ ἐγὼ οἶδα ὅτι οὐκέτι ὄψεσθε τὸ πρόσωπόν μου ὑμεῖς πάντες ἐν οἷς **διῆλθον** κηρύσσων τὴν βασιλείαν.
Ro 5:12 καὶ οὕτως εἰς πάντας ἀνθρώπους ὁ θάνατος **διῆλθεν,**
1Co 10: 1 ὅτι οἱ πατέρες ἡμῶν πάντες ὑπὸ τὴν νεφέλην ἦσαν καὶ πάντες διὰ τῆς θαλάσσης **διῆλθον**
16: 5 Ἐλεύσομαι δὲ πρὸς ὑμᾶς ὅταν Μακεδονίαν **διέλθω·** Μακεδονίαν γὰρ **διέρχομαι,**
2Co 1:16 καὶ δι' ὑμῶν **διελθεῖν** εἰς Μακεδονίαν καὶ πάλιν ἀπὸ Μακεδονίας ἐλθεῖν πρὸς ὑμᾶς καὶ ὑφ' ὑμῶν προπεμφθῆναι
Heb 4:14 Ἔχοντες οὖν ἀρχιερέα μέγαν **διεληλυθότα** τοὺς οὐρανούς, Ἰησοῦν τὸν υἱὸν τοῦ θεοῦ,

1452 διερωτάω [1]

√ *1328 + 2263*

Ac 10:17 οἱ ἄνδρες οἱ ἀπεσταλμένοι ὑπὸ τοῦ Κορνηλίου **διερωτήσαντες** τὴν οἰκίαν τοῦ Σίμωνος ἐπέστησαν ἐπὶ τὸν πυλῶνα,

1453 διετής [1]

√ *1545 + 2291*

Mt 2:16 καὶ ἀποστείλας ἀνεῖλεν πάντας τοὺς παῖδας τοὺς ἐν Βηθλέεμ καὶ ἐν πᾶσι τοῖς ὁρίοις αὐτῆς ἀπὸ **διετοῦς** καὶ κατωτέρω,

1454 διετία [2]

√ *1545 + 2291*

Ac 24:27 **Διετίας** δὲ πληρωθείσης ἔλαβεν διάδοχον ὁ Φῆλιξ Πόρκιον Φῆστον,
28:30 Ἐνέμεινεν δὲ **διετίαν** ὅλην ἐν ἰδίῳ μισθώματι καὶ ἀπεδέχετο πάντας τοὺς εἰσπορευομένους πρὸς αὐτόν,

1455 διηγέομαι [8]

√ *1328 + 72*

Mk 5:16 καὶ **διηγήσαντο** αὐτοῖς οἱ ἰδόντες πῶς ἐγένετο τῷ δαιμονιζομένῳ καὶ περὶ τῶν χοίρων.
9: 9 Καὶ καταβαινόντων αὐτῶν ἐκ τοῦ ὄρους διεστείλατο αὐτοῖς ἵνα μηδενὶ ἃ εἶδον **διηγήσωνται,**
Lk 8:39 Ὑπόστρεφε εἰς τὸν οἶκόν σου καὶ **διηγοῦ** ὅσα σοι ἐποίησεν ὁ θεός.
9:10 Καὶ ὑποστρέψαντες οἱ ἀπόστολοι **διηγήσαντο** αὐτῷ ὅσα ἐποίησαν.
Ac 8:33 Ἐν τῇ ταπεινώσει [αὐτοῦ] ἡ κρίσις αὐτοῦ ἤρθη· τὴν γενεὰν αὐτοῦ τίς **διηγήσεται;**
9:27 ἐπιλαβόμενος αὐτὸν ἤγαγεν πρὸς τοὺς ἀποστόλους καὶ **διηγήσατο** αὐτοῖς πῶς ἐν τῇ ὁδῷ εἶδεν τὸν κύριον
12:17 κατασείσας δὲ αὐτοῖς τῇ χειρὶ σιγᾶν **διηγήσατο** [αὐτοῖς] πῶς ὁ κύριος αὐτὸν ἐξήγαγεν ἐκ τῆς φυλακῆς εἶπέν τε,
Heb 11:32 ἐπιλείψει με γὰρ **διηγούμενον** ὁ χρόνος περὶ Γεδεών,

1456 διήγησις [1]

√ *1328 + 72*

Lk 1: 1 Ἐπειδήπερ πολλοὶ ἐπεχείρησαν ἀνατάξασθαι **διήγησιν** περὶ τῶν πεπληροφορημένων ἐν ἡμῖν πραγμάτων,

1457 διηνεκής [4]

√ *1328 + 5770*

Heb 7: 3 ἀφωμοιωμένος δὲ τῷ υἱῷ τοῦ θεοῦ, μένει ἱερεὺς εἰς τὸ **διηνεκές.**
10: 1 κατ' ἐνιαυτὸν ταῖς αὐταῖς θυσίαις ἃς προσφέρουσιν εἰς τὸ **διηνεκὲς** οὐδέποτε δύναται τοὺς προσερχομένους τελειῶσαι·
10:12 οὗτος δὲ μίαν ὑπὲρ ἁμαρτιῶν προσενέγκας θυσίαν εἰς τὸ **διηνεκὲς** ἐκάθισεν ἐν δεξιᾷ τοῦ θεοῦ,
10:14 μιᾷ γὰρ προσφορᾷ τετελείωκεν εἰς τὸ **διηνεκὲς** τοὺς ἁγιαζομένους.

1458 διθάλασσος [1]

√ *1545 + 2498*

Ac 27:41 περιπεσόντες δὲ εἰς τόπον **διθάλασσον** ἐπέκειλαν τὴν ναῦν καὶ ἡ μὲν πρῷρα ἐρείσασα ἔμεινεν ἀσάλευτος,

1459 διϊκνέομαι [1]

√ *1328 + 2653*

Heb 4:12 Ζῶν γὰρ ὁ λόγος τοῦ θεοῦ καὶ ἐνεργὴς καὶ τομώτερος ὑπὲρ πᾶσαν μάχαιραν δίστομον καὶ **διϊκνούμενος** ἄχρι μερισμοῦ ψυχῆς καὶ πνεύματος,

1460 διΐστημι [3]

√ *1328 + 2705*

Lk 22:59 καὶ **διαστάσης** ὡσεὶ ὥρας μιᾶς ἄλλος τις διϊσχυρίζετο λέγων,
24:51 καὶ ἐγένετο ἐν τῷ εὐλογεῖν αὐτὸν αὐτοὺς **διέστη** ἀπ' αὐτῶν καὶ ἀνεφέρετο εἰς τὸν οὐρανόν.
Ac 27:28 βολίσαντες εὗρον ὀργυιὰς εἴκοσι, βραχὺ δὲ **διαστήσαντες** καὶ πάλιν βολίσαντες εὗρον ὀργυιὰς δεκαπέντε·

1461 διϊστορέω Not used in UBS/NIV

√ 1328 + 2707

1462 διϊσχυρίζομαι [2]

√ 1328 + 2709

Lk 22:59 καὶ διαστάσης ὡσεὶ ὥρας μιᾶς ἄλλος τις **διϊσχυρίζετο** λέγων,
Ac 12:15 οἱ δὲ πρὸς αὐτὴν εἶπαν, Μαίνῃ. ἡ δὲ **διϊσχυρίζετο** οὕτως ἔχειν.

1463 δικάζω Not used in UBS/NIV

√ 1472

1464 δικαιοκρισία [1]

√ 1472 + 3212

Ro 2: 5 καὶ ἀμετανόητον καρδίαν θησαυρίζεις σεαυτῷ ὀργὴν ἐν ἡμέρᾳ ὀργῆς καὶ ἀποκαλύψεως **δικαιοκρισίας** τοῦ θεοῦ

1465 δίκαιος [79]

√ 1472

[τὸ] δίκαιον [18] Mt 10:41; 20:4; 23:35; Mk 6:20; Lk 12:57; Ac 3:14; 4:19; 22:14; Ro 3:26; Eph 6:1; Php 1:7; Col 4:1; 2Th 1:6; Tit 1:8; Jas 5:6; 2Pe 1:13; 2:7; 1Jn 2:1

δίκαιος πατήρ [1] Jn 17:25

Mt 1:19 **δίκαιος** ὢν καὶ μὴ θέλων αὐτὴν δειγματίσαι, ἐβουλήθη λάθρᾳ ἀπολῦσαι αὐτήν.
5:45 ὅτι τὸν ἥλιον αὐτοῦ ἀνατέλλει ἐπὶ πονηροὺς καὶ ἀγαθοὺς καὶ βρέχει ἐπὶ **δικαίους** καὶ ἀδίκους.
9:13 Ἔλεος θέλω καὶ οὐ θυσίαν· οὐ γὰρ ἦλθον καλέσαι **δικαίους** ἀλλὰ ἁμαρτωλούς.
10:41 καὶ ὁ δεχόμενος **δίκαιον** εἰς ὄνομα **δικαίου** μισθὸν **δικαίου** λήμψεται.
13:17 ἀμὴν γὰρ λέγω ὑμῖν ὅτι πολλοὶ προφῆται καὶ **δίκαιοι** ἐπεθύμησαν ἰδεῖν ἃ βλέπετε καὶ οὐκ εἶδαν,
13:43 Τότε οἱ **δίκαιοι** ἐκλάμψουσιν ὡς ὁ ἥλιος ἐν τῇ βασιλείᾳ τοῦ πατρὸς αὐτῶν.
13:49 ἐξελεύσονται οἱ ἄγγελοι καὶ ἀφοριοῦσιν τοὺς πονηροὺς ἐκ μέσου τῶν **δικαίων**
20: 4 Ὑπάγετε καὶ ὑμεῖς εἰς τὸν ἀμπελῶνα, καὶ ὃ ἐὰν ᾖ **δίκαιον** δώσω ὑμῖν.
23:28 οὕτως καὶ ὑμεῖς ἔξωθεν μὲν φαίνεσθε τοῖς ἀνθρώποις **δίκαιοι,**
23:29 ὅτι οἰκοδομεῖτε τοὺς τάφους τῶν προφητῶν καὶ κοσμεῖτε τὰ μνημεῖα τῶν **δικαίων,**
23:35 ὅπως ἔλθῃ ἐφ' ὑμᾶς πᾶν αἷμα **δίκαιον** ἐκχυννόμενον ἐπὶ τῆς γῆς ἀπὸ τοῦ αἵματος Ἅβελ τοῦ **δικαίου** ἕως τοῦ αἵματος Ζαχαρίου υἱοῦ Βαραχίου,
25:37 τότε ἀποκριθήσονται αὐτῷ οἱ **δίκαιοι** λέγοντες, Κύριε, πότε σε εἴδομεν πεινῶντα καὶ ἐθρέψαμεν,
25:46 καὶ ἀπελεύσονται οὗτοι εἰς κόλασιν αἰώνιον, οἱ δὲ **δίκαιοι** εἰς ζωὴν αἰώνιον.
27:19 Καθημένου δὲ αὐτοῦ ἐπὶ τοῦ βήματος ἀπέστειλεν πρὸς αὐτὸν ἡ γυνὴ αὐτοῦ λέγουσα, Μηδὲν σοὶ καὶ τῷ **δικαίῳ** ἐκείνῳ·
Mk 2:17 Οὐ χρείαν ἔχουσιν οἱ ἰσχύοντες ἰατροῦ ἀλλ' οἱ κακῶς ἔχοντες· οὐκ ἦλθον καλέσαι **δικαίους** ἀλλὰ ἁμαρτωλούς.
6:20 εἰδὼς αὐτὸν ἄνδρα **δίκαιον** καὶ ἅγιον, καὶ συνετήρει αὐτόν,
Lk 1: 6 ἦσαν δὲ **δίκαιοι** ἀμφότεροι ἐναντίον τοῦ θεοῦ, πορευόμενοι ἐν πάσαις ταῖς ἐντολαῖς καὶ δικαιώμασιν τοῦ κυρίου ἄμεμπτοι.
1:17 ἐπιστρέψαι καρδίας πατέρων ἐπὶ τέκνα καὶ ἀπειθεῖς ἐν φρονήσει **δικαίων,**
2:25 ἦν ἐν Ἰερουσαλὴμ ᾧ ὄνομα Συμεὼν καὶ ὁ ἄνθρωπος οὗτος **δίκαιος** καὶ εὐλαβὴς προσδεχόμενος παράκλησιν τοῦ Ἰσραήλ,
5:32 οὐκ ἐλήλυθα καλέσαι **δικαίους** ἀλλὰ ἁμαρτωλοὺς εἰς μετάνοιαν.
12:57 Τί δὲ καὶ ἀφ' ἑαυτῶν οὐ κρίνετε τὸ **δίκαιον;**
14:14 ἀνταποδοθήσεται γάρ σοι ἐν τῇ ἀναστάσει τῶν **δικαίων.**
15: 7 λέγω ὑμῖν ὅτι οὕτως χαρὰ ἐν τῷ οὐρανῷ ἔσται ἐπὶ ἑνὶ ἁμαρτωλῷ μετανοοῦντι ἢ ἐπὶ ἐνενήκοντα ἐννέα **δικαίοις** οἵτινες οὐ χρείαν ἔχουσιν μετανοίας.
18: 9 Εἶπεν δὲ καὶ πρός τινας τοὺς πεποιθότας ἐφ' ἑαυτοῖς ὅτι εἰσὶν **δίκαιοι** καὶ ἐξουθενοῦντας τοὺς λοιποὺς τὴν παραβολὴν
20:20 Καὶ παρατηρήσαντες ἀπέστειλαν ἐγκαθέτους ὑποκρινομένους ἑαυτοὺς **δικαίους** εἶναι,
23:47 Ἰδὼν δὲ ὁ ἑκατοντάρχης τὸ γενόμενον ἐδόξαζεν τὸν θεὸν λέγων, Ὄντως ὁ ἄνθρωπος οὗτος **δίκαιος** ἦν.
23:50 Καὶ ἰδοὺ ἀνὴρ ὀνόματι Ἰωσὴφ βουλευτὴς ὑπάρχων [καὶ] ἀνὴρ ἀγαθὸς καὶ **δίκαιος**
Jn 5:30 καθὼς ἀκούω κρίνω, καὶ ἡ κρίσις ἡ ἐμὴ **δικαία** ἐστίν,
7:24 μὴ κρίνετε κατ' ὄψιν, ἀλλὰ τὴν **δικαίαν** κρίσιν κρίνετε.
17:25 πάτερ **δίκαιε,** καὶ ὁ κόσμος σε οὐκ ἔγνω,
Ac 3:14 ὑμεῖς δὲ τὸν ἅγιον καὶ **δίκαιον** ἠρνήσασθε καὶ ᾐτήσασθε ἄνδρα φονέα χαρισθῆναι ὑμῖν,
4:19 Εἰ **δίκαιόν** ἐστιν ἐνώπιον τοῦ θεοῦ ὑμῶν ἀκούειν μᾶλλον ἢ τοῦ θεοῦ,
7:52 καὶ ἀπέκτειναν τοὺς προκαταγγείλαντας περὶ τῆς ἐλεύσεως τοῦ **δικαίου,**
10:22 Κορνήλιος ἑκατοντάρχης, ἀνὴρ **δίκαιος** καὶ φοβούμενος τὸν θεόν,
22:14 Ὁ θεὸς τῶν πατέρων ἡμῶν προεχειρίσατό σε γνῶναι τὸ θέλημα αὐτοῦ καὶ ἰδεῖν τὸν **δίκαιον** καὶ ἀκοῦσαι φωνὴν
24:15 ἐλπίδα ἔχων εἰς τὸν θεὸν ἣν καὶ αὐτοὶ οὗτοι προσδέχονται, ἀνάστασιν μέλλειν ἔσεσθαι **δικαίων** τε καὶ ἀδίκων.
Ro 1:17 καθὼς γέγραπται, Ὁ δὲ **δίκαιος** ἐκ πίστεως ζήσεται.
2:13 οὐ γὰρ οἱ ἀκροαταὶ νόμου **δίκαιοι** παρὰ [τῷ] θεῷ,
3:10 καθὼς γέγραπται ὅτι Οὐκ ἔστιν **δίκαιος** οὐδὲ εἷς,
3:26 εἰς τὸ εἶναι αὐτὸν **δίκαιον** καὶ δικαιοῦντα τὸν ἐκ πίστεως Ἰησοῦ.
5: 7 μόλις γὰρ ὑπὲρ **δικαίου** τις ἀποθανεῖται· ὑπὲρ γὰρ τοῦ ἀγαθοῦ τάχα τις καὶ τολμᾷ ἀποθανεῖν·
5:19 οὕτως καὶ διὰ τῆς ὑπακοῆς τοῦ ἑνὸς **δίκαιοι** κατασταθήσονται οἱ πολλοί.
7:12 ὥστε ὁ μὲν νόμος ἅγιος καὶ ἡ ἐντολὴ ἁγία καὶ **δικαία** καὶ ἀγαθή.
Gal 3:11 ὅτι δὲ ἐν νόμῳ οὐδεὶς δικαιοῦται παρὰ τῷ θεῷ δῆλον, ὅτι Ὁ **δίκαιος** ἐκ πίστεως ζήσεται·
Eph 6: 1 ὑπακούετε τοῖς γονεῦσιν ὑμῶν [ἐν κυρίῳ·] τοῦτο γάρ ἐστιν **δίκαιον.**
Php 1: 7 καθώς ἐστιν **δίκαιον** ἐμοὶ τοῦτο φρονεῖν ὑπὲρ πάντων ὑμῶν διὰ τὸ ἔχειν με ἐν τῇ καρδίᾳ ὑμᾶς,
4: 8 ὅσα **δίκαια,** ὅσα ἁγνά, ὅσα προσφιλῆ, ὅσα εὔφημα,
Col 4: 1 τὸ **δίκαιον** καὶ τὴν ἰσότητα τοῖς δούλοις παρέχεσθε,
2Th 1: 5 ἔνδειγμα τῆς **δικαίας** κρίσεως τοῦ θεοῦ εἰς τὸ καταξιωθῆναι ὑμᾶς τῆς βασιλείας τοῦ θεοῦ,
1: 6 εἴπερ **δίκαιον** παρὰ θεῷ ἀνταποδοῦναι τοῖς θλίβουσιν ὑμᾶς θλῖψιν
1Ti 1: 9 εἰδὼς τοῦτο, ὅτι **δικαίῳ** νόμος οὐ κεῖται, ἀνόμοις δὲ καὶ ἀνυποτάκτοις,
2Ti 4: 8 ὃν ἀποδώσει μοι ὁ κύριος ἐν ἐκείνῃ τῇ ἡμέρᾳ, ὁ **δίκαιος** κριτής,
Tit 1: 8 ἀλλὰ φιλόξενον φιλάγαθον σώφρονα **δίκαιον** ὅσιον ἐγκρατῆ,
Heb 10:38 ὁ δὲ **δίκαιός** μου ἐκ πίστεως ζήσεται, καὶ ἐὰν ὑποστείληται,
11: 4 δι' ἧς ἐμαρτυρήθη εἶναι **δίκαιος,** μαρτυροῦντος ἐπὶ τοῖς δώροις αὐτοῦ τοῦ θεοῦ,
12:23 καὶ ἐκκλησίᾳ πρωτοτόκων ἀπογεγραμμένων ἐν οὐρανοῖς καὶ κριτῇ θεῷ πάντων καὶ πνεύμασι **δικαίων** τετελειωμένων
Jas 5: 6 κατεδικάσατε, ἐφονεύσατε τὸν **δίκαιον,** οὐκ ἀντιτάσσεται ὑμῖν.
5:16 ἐξομολογεῖσθε οὖν ἀλλήλοις τὰς ἁμαρτίας καὶ εὔχεσθε ὑπὲρ ἀλλήλων ὅπως ἰαθῆτε. πολὺ ἰσχύει δέησις **δικαίου** ἐνεργουμένη.
1Pe 3:12 ὅτι ὀφθαλμοὶ κυρίου ἐπὶ **δικαίους** καὶ ὦτα αὐτοῦ εἰς δέησιν αὐτῶν,
3:18 ὅτι καὶ Χριστὸς ἅπαξ περὶ ἁμαρτιῶν ἔπαθεν, **δίκαιος** ὑπὲρ ἀδίκων,
4:18 καὶ εἰ ὁ **δίκαιος** μόλις σῴζεται, ὁ ἀσεβὴς καὶ ἁμαρτωλὸς ποῦ φανεῖται;
2Pe 1:13 **δίκαιον** δὲ ἡγοῦμαι, ἐφ' ὅσον εἰμὶ ἐν τούτῳ τῷ σκηνώματι,
2: 7 καὶ **δίκαιον** Λὼτ καταπονούμενον ὑπὸ τῆς τῶν ἀθέσμων ἐν ἀσελγείᾳ ἀναστροφῆς ἐρρύσατο·
2: 8 βλέμματι γὰρ καὶ ἀκοῇ ὁ **δίκαιος** ἐγκατοικῶν ἐν αὐτοῖς ἡμέραν ἐξ ἡμέρας ψυχὴν **δικαίαν** ἀνόμοις ἔργοις ἐβασάνιζεν·
1Jn 1: 9 ἐὰν ὁμολογῶμεν τὰς ἁμαρτίας ἡμῶν, πιστός ἐστιν καὶ **δίκαιος,**
2: 1 παράκλητον ἔχομεν πρὸς τὸν πατέρα Ἰησοῦν Χριστὸν **δίκαιον·**
2:29 ἐὰν εἰδῆτε ὅτι **δίκαιός** ἐστιν, γινώσκετε ὅτι καὶ πᾶς ὁ ποιῶν τὴν δικαιοσύνην ἐξ αὐτοῦ γεγέννηται.
3: 7 ὁ ποιῶν τὴν δικαιοσύνην **δίκαιός** ἐστιν, καθὼς ἐκεῖνος **δίκαιός** ἐστιν·
3:12 ὅτι τὰ ἔργα αὐτοῦ πονηρὰ ἦν τὰ δὲ τοῦ ἀδελφοῦ αὐτοῦ **δίκαια.**
Rev 15: 3 **δίκαιαι** καὶ ἀληθιναὶ αἱ ὁδοί σου, ὁ βασιλεὺς τῶν ἐθνῶν·
16: 5 **Δίκαιος** εἶ, ὁ ὢν καὶ ὁ ἦν, ὁ ὅσιος,

16: 7 Ναὶ κύριε ὁ θεὸς ὁ παντοκράτωρ, ἀληθιναὶ καὶ **δίκαιαι** αἱ κρίσεις σου.
19: 2 ἀληθιναὶ καὶ **δίκαιαι** αἱ κρίσεις αὐτοῦ· ὅτι ἔκρινεν τὴν πόρνην τὴν μεγάλην ἥτις ἔφθειρεν τὴν γῆν ἐν τῇ πορνείᾳ αὐτῆς,
22:11 καὶ ὁ **δίκαιος** δικαιοσύνην ποιησάτω ἔτι καὶ ὁ ἅγιος ἁγιασθήτω ἔτι.

1466 δικαιοσύνη [92]

√ *1472*

δικαιοσύνη ἐργάζεσθαι [3] Ac 10:35; Heb 11:33; Jas 1:20

δικαιοσύνη θεοῦ [10] Ro 1:17; 3:5,21,22; 10:3,3; 2Co 5:21; Php 3:9; Jas 1:20; 2Pe 1:1

δικαιοσύνη κατὰ πίστιν [1] Heb 11:7

δικαιοσύνη πιστεώς [6] Ro 4:11,13; 9:30; 10:6; Gal 5:5; Php 3:9

δικαιοσύνη ποιεῖν [5] Mt 6:1; 1Jn 2:29; 3:7,10; Rev 22:11

ἐχθρός δικαιοσύνης [1] Ac 13:10

καρπὸς δικαιοσύνης [3] Php 1:11; Heb 12:11; Jas 3:18

νόμος ... δικαιοσύνη [8] Ro 3:21; 9:31; 10:4,5; Gal 2:21; 3:21; Php 3:6,9

Mt 3:15 οὕτως γὰρ πρέπον ἐστὶν ἡμῖν πληρῶσαι πᾶσαν **δικαιοσύνην.**
5: 6 μακάριοι οἱ πεινῶντες καὶ διψῶντες τὴν **δικαιοσύνην,** ὅτι αὐτοὶ χορτασθήσονται.
5:10 μακάριοι οἱ δεδιωγμένοι ἕνεκεν **δικαιοσύνης,** ὅτι αὐτῶν ἐστιν ἡ βασιλεία τῶν οὐρανῶν.
5:20 λέγω γὰρ ὑμῖν ὅτι ἐὰν μὴ περισσεύσῃ ὑμῶν ἡ **δικαιοσύνη** πλεῖον τῶν γραμματέων καὶ Φαρισαίων,
6: 1 Προσέχετε [δὲ] τὴν **δικαιοσύνην** ὑμῶν μὴ ποιεῖν ἔμπροσθεν τῶν ἀνθρώπων πρὸς τὸ θεαθῆναι αὐτοῖς·
6:33 ζητεῖτε δὲ πρῶτον τὴν βασιλείαν [τοῦ θεοῦ] καὶ τὴν **δικαιοσύνην** αὐτοῦ,
21:32 ἦλθεν γὰρ Ἰωάννης πρὸς ὑμᾶς ἐν ὁδῷ **δικαιοσύνης,**
Lk 1:75 ἐν ὁσιότητι καὶ **δικαιοσύνῃ** ἐνώπιον αὐτοῦ πάσαις ταῖς ἡμέραις ἡμῶν.
Jn 16: 8 καὶ ἐλθὼν ἐκεῖνος ἐλέγξει τὸν κόσμον περὶ ἁμαρτίας καὶ περὶ **δικαιοσύνης** καὶ περὶ κρίσεως·
16:10 περὶ **δικαιοσύνης** δέ, ὅτι πρὸς τὸν πατέρα ὑπάγω καὶ οὐκέτι θεωρεῖτέ με·
Ac 10:35 ἀλλ' ἐν παντὶ ἔθνει ὁ φοβούμενος αὐτὸν καὶ ἐργαζόμενος **δικαιοσύνην** δεκτὸς αὐτῷ ἐστιν.
13:10 Ὦ πλήρης παντὸς δόλου καὶ πάσης ῥᾳδιουργίας, υἱὲ διαβόλου, ἐχθρὲ πάσης **δικαιοσύνης,**
17:31 καθότι ἔστησεν ἡμέραν ἐν ᾗ μέλλει κρίνειν τὴν οἰκουμένην ἐν **δικαιοσύνῃ** ἐν ἀνδρὶ ᾧ ὥρισεν,
24:25 διαλεγομένου δὲ αὐτοῦ περὶ **δικαιοσύνης** καὶ ἐγκρατείας καὶ τοῦ κρίματος τοῦ μέλλοντος,
Ro 1:17 **δικαιοσύνη** γὰρ θεοῦ ἐν αὐτῷ ἀποκαλύπτεται ἐκ πίστεως εἰς πίστιν,
3: 5 εἰ δὲ ἡ ἀδικία ἡμῶν θεοῦ **δικαιοσύνην** συνίστησιν,
3:21 Νυνὶ δὲ χωρὶς νόμου **δικαιοσύνη** θεοῦ πεφανέρωται μαρτυρουμένη ὑπὸ τοῦ νόμου καὶ τῶν προφητῶν,
3:22 **δικαιοσύνη** δὲ θεοῦ διὰ πίστεως Ἰησοῦ Χριστοῦ εἰς πάντας τοὺς πιστεύοντας.
3:25 ὃν προέθετο ὁ θεὸς ἱλαστήριον διὰ [τῆς] πίστεως ἐν τῷ αὐτοῦ αἵματι εἰς ἔνδειξιν τῆς **δικαιοσύνης** αὐτοῦ
3:26 πρὸς τὴν ἔνδειξιν τῆς **δικαιοσύνης** αὐτοῦ ἐν τῷ νῦν καιρῷ,
4: 3 Ἐπίστευσεν δὲ Ἀβραὰμ τῷ θεῷ καὶ ἐλογίσθη αὐτῷ εἰς **δικαιοσύνην.**
4: 5 τῷ δὲ μὴ ἐργαζομένῳ πιστεύοντι δὲ ἐπὶ τὸν δικαιοῦντα τὸν ἀσεβῆ λογίζεται ἡ πίστις αὐτοῦ εἰς **δικαιοσύνην·**
4: 6 καθάπερ καὶ Δαυὶδ λέγει τὸν μακαρισμὸν τοῦ ἀνθρώπου ᾧ ὁ θεὸς λογίζεται **δικαιοσύνην** χωρὶς ἔργων,
4: 9 λέγομεν γάρ, Ἐλογίσθη τῷ Ἀβραὰμ ἡ πίστις εἰς **δικαιοσύνην.**
4:11 καὶ σημεῖον ἔλαβεν περιτομῆς σφραγῖδα τῆς **δικαιοσύνης** τῆς πίστεως τῆς ἐν τῇ ἀκροβυστίᾳ, εἰς τὸ εἶναι αὐτὸν πατέρα πάντων τῶν πιστευόντων δι' ἀκροβυστίας, εἰς τὸ λογισθῆναι [καὶ] αὐτοῖς [τὴν] **δικαιοσύνην,**
4:13 τὸ κληρονόμον αὐτὸν εἶναι κόσμου, ἀλλὰ διὰ **δικαιοσύνης** πίστεως.
4:22 διὸ [καὶ] ἐλογίσθη αὐτῷ εἰς **δικαιοσύνην.**
5:17 πολλῷ μᾶλλον οἱ τὴν περισσείαν τῆς χάριτος καὶ τῆς δωρεᾶς τῆς **δικαιοσύνης** λαμβάνοντες ἐν ζωῇ βασιλεύσουσιν
5:21 οὕτως καὶ ἡ χάρις βασιλεύσῃ διὰ **δικαιοσύνης** εἰς ζωὴν αἰώνιον διὰ Ἰησοῦ Χριστοῦ τοῦ κυρίου ἡμῶν.
6:13 ἀλλὰ παραστήσατε ἑαυτοὺς τῷ θεῷ ὡσεὶ ἐκ νεκρῶν ζῶντας καὶ τὰ μέλη ὑμῶν ὅπλα **δικαιοσύνης** τῷ θεῷ.
6:16 ἤτοι ἁμαρτίας εἰς θάνατον ἢ ὑπακοῆς εἰς **δικαιοσύνην;**
6:18 ἐλευθερωθέντες δὲ ἀπὸ τῆς ἁμαρτίας ἐδουλώθητε τῇ **δικαιοσύνῃ.**
6:19 οὕτως νῦν παραστήσατε τὰ μέλη ὑμῶν δοῦλα τῇ **δικαιοσύνῃ** εἰς ἁγιασμόν.
6:20 ὅτε γὰρ δοῦλοι ἦτε τῆς ἁμαρτίας, ἐλεύθεροι ἦτε τῇ **δικαιοσύνῃ.**
8:10 τὸ μὲν σῶμα νεκρὸν διὰ ἁμαρτίαν τὸ δὲ πνεῦμα ζωὴ διὰ **δικαιοσύνην.**
9:30 ὅτι ἔθνη τὰ μὴ διώκοντα **δικαιοσύνην** κατέλαβεν **δικαιοσύνην, δικαιοσύνην** δὲ τὴν ἐκ πίστεως,
9:31 Ἰσραὴλ δὲ διώκων νόμον **δικαιοσύνης** εἰς νόμον οὐκ ἔφθασεν.
10: 3 ἀγνοοῦντες γὰρ τὴν τοῦ θεοῦ **δικαιοσύνην** καὶ τὴν ἰδίαν **[δικαιοσύνην]** ζητοῦντες στῆσαι, τῇ **δικαιοσύνῃ** τοῦ θεοῦ οὐχ ὑπετάγησαν·
10: 4 τέλος γὰρ νόμου Χριστὸς εἰς **δικαιοσύνην** παντὶ τῷ πιστεύοντι.
10: 5 Μωϋσῆς γὰρ γράφει τὴν **δικαιοσύνην** τὴν ἐκ [τοῦ] νόμου ὅτι ὁ ποιήσας αὐτὰ ἄνθρωπος ζήσεται ἐν αὐτοῖς.
10: 6 ἡ δὲ ἐκ πίστεως **δικαιοσύνη** οὕτως λέγει, Μὴ εἴπῃς ἐν τῇ καρδίᾳ σου,
10:10 καρδίᾳ γὰρ πιστεύεται εἰς **δικαιοσύνην,** στόματι δὲ ὁμολογεῖται εἰς σωτηρίαν.
14:17 οὐ γάρ ἐστιν ἡ βασιλεία τοῦ θεοῦ βρῶσις καὶ πόσις ἀλλὰ **δικαιοσύνη** καὶ εἰρήνη καὶ χαρὰ ἐν πνεύματι ἁγίῳ·
1Co 1:30 ὃς ἐγενήθη σοφία ἡμῖν ἀπὸ θεοῦ, **δικαιοσύνη** τε καὶ ἁγιασμὸς καὶ ἀπολύτρωσις,
2Co 3: 9 πολλῷ μᾶλλον περισσεύει ἡ διακονία τῆς **δικαιοσύνης** δόξῃ.
5:21 τὸν μὴ γνόντα ἁμαρτίαν ὑπὲρ ἡμῶν ἁμαρτίαν ἐποίησεν, ἵνα ἡμεῖς γενώμεθα **δικαιοσύνη** θεοῦ ἐν αὐτῷ.
6: 7 διὰ τῶν ὅπλων τῆς **δικαιοσύνης** τῶν δεξιῶν καὶ ἀριστερῶν,
6:14 τίς γὰρ μετοχὴ **δικαιοσύνῃ** καὶ ἀνομίᾳ ἢ τίς κοινωνία φωτὶ πρὸς σκότος;
9: 9 ἔδωκεν τοῖς πένησιν, ἡ **δικαιοσύνη** αὐτοῦ μένει εἰς τὸν αἰῶνα.
9:10 καὶ ἄρτον εἰς βρῶσιν χορηγήσει καὶ πληθυνεῖ τὸν σπόρον ὑμῶν καὶ αὐξήσει τὰ γενήματα τῆς **δικαιοσύνης** ὑμῶν·
11:15 οὐ μέγα οὖν εἰ καὶ οἱ διάκονοι αὐτοῦ μετασχηματίζονται ὡς διάκονοι **δικαιοσύνης·**
Gal 2:21 εἰ γὰρ διὰ νόμου **δικαιοσύνη,** ἄρα Χριστὸς δωρεὰν ἀπέθανεν.
3: 6 καθὼς Ἀβραὰμ ἐπίστευσεν τῷ θεῷ, καὶ ἐλογίσθη αὐτῷ εἰς **δικαιοσύνην.**
3:21 εἰ γὰρ ἐδόθη νόμος ὁ δυνάμενος ζῳοποιῆσαι, ὄντως ἐκ νόμου ἂν ἦν ἡ **δικαιοσύνη·**
5: 5 ἡμεῖς γὰρ πνεύματι ἐκ πίστεως ἐλπίδα **δικαιοσύνης** ἀπεκδεχόμεθα.
Eph 4:24 καὶ ἐνδύσασθαι τὸν καινὸν ἄνθρωπον τὸν κατὰ θεὸν κτισθέντα ἐν **δικαιοσύνῃ** καὶ ὁσιότητι τῆς ἀληθείας.
5: 9 -ὁ γὰρ καρπὸς τοῦ φωτὸς ἐν πάσῃ ἀγαθωσύνῃ καὶ **δικαιοσύνῃ** καὶ ἀληθείᾳ-
6:14 στῆτε οὖν περιζωσάμενοι τὴν ὀσφὺν ὑμῶν ἐν ἀληθείᾳ καὶ ἐνδυσάμενοι τὸν θώρακα τῆς **δικαιοσύνης**
Php 1:11 πεπληρωμένοι καρπὸν **δικαιοσύνης** τὸν διὰ Ἰησοῦ Χριστοῦ εἰς δόξαν καὶ ἔπαινον θεοῦ.
3: 6 κατὰ ζῆλος διώκων τὴν ἐκκλησίαν, κατὰ **δικαιοσύνην** τὴν ἐν νόμῳ γενόμενος ἄμεμπτος.
3: 9 μὴ ἔχων ἐμὴν **δικαιοσύνην** τὴν ἐκ νόμου ἀλλὰ τὴν διὰ πίστεως Χριστοῦ, τὴν ἐκ θεοῦ **δικαιοσύνην** ἐπὶ τῇ πίστει,
1Ti 6:11 δίωκε δὲ **δικαιοσύνην** εὐσέβειαν πίστιν, ἀγάπην ὑπομονὴν πραϋπαθίαν.
2Ti 2:22 δίωκε δὲ **δικαιοσύνην** πίστιν ἀγάπην εἰρήνην μετὰ τῶν ἐπικαλουμένων τὸν κύριον ἐκ καθαρᾶς καρδίας.
3:16 πρὸς ἐλεγμόν, πρὸς ἐπανόρθωσιν, πρὸς παιδείαν τὴν ἐν **δικαιοσύνῃ,**
4: 8 λοιπὸν ἀπόκειταί μοι ὁ τῆς **δικαιοσύνης** στέφανος, ὃν ἀποδώσει μοι ὁ κύριος ἐν ἐκείνῃ τῇ ἡμέρᾳ,
Tit 3: 5 οὐκ ἐξ ἔργων τῶν ἐν **δικαιοσύνῃ** ἃ ἐποιήσαμεν ἡμεῖς ἀλλὰ κατὰ τὸ αὐτοῦ ἔλεος ἔσωσεν ἡμᾶς διὰ λουτροῦ παλιγγενεσίας
Heb 1: 9 ἠγάπησας **δικαιοσύνην** καὶ ἐμίσησας ἀνομίαν· διὰ τοῦτο ἔχρισέν σε ὁ θεὸς ὁ θεός σου ἔλαιον ἀγαλλιάσεως
5:13 πᾶς γὰρ ὁ μετέχων γάλακτος ἄπειρος λόγου **δικαιοσύνης,**

7: 2 πρῶτον μὲν ἑρμηνευόμενος βασιλεὺς **δικαιοσύνης** ἔπειτα δὲ καὶ βασιλεὺς Σαλήμ,
11: 7 δι' ἧς κατέκρινεν τὸν κόσμον, καὶ τῆς κατὰ πίστιν **δικαιοσύνης** ἐγένετο κληρονόμος.
11:33 οἳ διὰ πίστεως κατηγωνίσαντο βασιλείας, εἰργάσαντο **δικαιοσύνην,** ἐπέτυχον ἐπαγγελιῶν, ἔφραξαν στόματα λεόντων,
12:11 ὕστερον δὲ καρπὸν εἰρηνικὸν τοῖς δι' αὐτῆς γεγυμνασμένοις ἀποδίδωσιν **δικαιοσύνης.**
Jas 1:20 ὀργὴ γὰρ ἀνδρὸς **δικαιοσύνην** θεοῦ οὐκ ἐργάζεται.
2:23 καὶ ἐλογίσθη αὐτῷ εἰς **δικαιοσύνην** καὶ φίλος θεοῦ ἐκλήθη.
3:18 καρπὸς δὲ **δικαιοσύνης** ἐν εἰρήνῃ σπείρεται τοῖς ποιοῦσιν εἰρήνην.
1Pe 2:24 ἵνα ταῖς ἁμαρτίαις ἀπογενόμενοι τῇ **δικαιοσύνῃ** ζήσωμεν, οὗ τῷ μώλωπι ἰάθητε.
3:14 ἀλλ' εἰ καὶ πάσχοιτε διὰ **δικαιοσύνην,** μακάριοι. τὸν δὲ φόβον αὐτῶν μὴ φοβηθῆτε μηδὲ ταραχθῆτε,
2Pe 1: 1 τοῖς ἰσότιμον ἡμῖν λαχοῦσιν πίστιν ἐν **δικαιοσύνῃ** τοῦ θεοῦ ἡμῶν καὶ σωτῆρος Ἰησοῦ Χριστοῦ,
2: 5 ἀρχαίου κόσμου οὐκ ἐφείσατο ἀλλὰ ὄγδοον Νῶε **δικαιοσύνης** κήρυκα ἐφύλαξεν κατακλυσμὸν κόσμῳ ἀσεβῶν ἐπάξας,
2:21 κρεῖττον γὰρ ἦν αὐτοῖς μὴ ἐπεγνωκέναι τὴν ὁδὸν τῆς **δικαιοσύνης** ἢ ἐπιγνοῦσιν ὑποστρέψαι ἐκ τῆς παραδοθείσης
3:13 καινοὺς δὲ οὐρανοὺς καὶ γῆν καινὴν κατὰ τὸ ἐπάγγελμα αὐτοῦ προσδοκῶμεν, ἐν οἷς **δικαιοσύνη** κατοικεῖ.
1Jn 2:29 γινώσκετε ὅτι καὶ πᾶς ὁ ποιῶν τὴν **δικαιοσύνην** ἐξ αὐτοῦ γεγέννηται.
3: 7 ὁ ποιῶν τὴν **δικαιοσύνην** δίκαιός ἐστιν, καθὼς ἐκεῖνος δίκαιός ἐστιν·
3:10 πᾶς ὁ μὴ ποιῶν **δικαιοσύνην** οὐκ ἔστιν ἐκ τοῦ θεοῦ,
Rev 19:11 καὶ ἰδοὺ ἵππος λευκὸς καὶ ὁ καθήμενος ἐπ' αὐτὸν [καλούμενος] πιστὸς καὶ ἀληθινός, καὶ ἐν **δικαιοσύνῃ** κρίνει καὶ πολεμεῖ.
22:11 καὶ ὁ δίκαιος **δικαιοσύνην** ποιησάτω ἔτι καὶ ὁ ἅγιος ἁγιασθήτω ἔτι.

1467 δικαιόω [39]

√ *1472*

δικαιόω ἀπό [4] Mt 11:19; Lk 7:35; Ac 13:38; Ro 6:7

δικαιόω ἐκ [13] Mt 12:37; Ro 3:20,26,30; 4:2; 5:1; Gal 2:16,16; 3:8,24; Jas 2:21,24,25

δικαιόω ἐν [8] Ac 13:39; Ro 3:4; 5:9; 1Co 4:4; 6:11; Gal 2:17; 5:4; 1Ti 3:16

δικαιόω παρά [1] Gal 3:11

Mt 11:19 καὶ **ἐδικαιώθη** ἡ σοφία ἀπὸ τῶν ἔργων αὐτῆς.
12:37 ἐκ γὰρ τῶν λόγων σου **δικαιωθήσῃ,** καὶ ἐκ τῶν λόγων σου καταδικασθήσῃ.
Lk 7:29 Καὶ πᾶς ὁ λαὸς ἀκούσας καὶ οἱ τελῶναι **ἐδικαίωσαν** τὸν θεὸν βαπτισθέντες τὸ βάπτισμα Ἰωάννου·
7:35 καὶ **ἐδικαιώθη** ἡ σοφία ἀπὸ πάντων τῶν τέκνων αὐτῆς.
10:29 ὁ δὲ θέλων **δικαιῶσαι** ἑαυτὸν εἶπεν πρὸς τὸν Ἰησοῦν,
16:15 Ὑμεῖς ἐστε οἱ **δικαιοῦντες** ἑαυτοὺς ἐνώπιον τῶν ἀνθρώπων,
18:14 κατέβη οὗτος **δεδικαιωμένος** εἰς τὸν οἶκον αὐτοῦ παρ' ἐκεῖνον·
Ac 13:38 [καὶ] ἀπὸ πάντων ὧν οὐκ ἠδυνήθητε ἐν νόμῳ Μωϋσέως **δικαιωθῆναι**
13:39 ἐν τούτῳ πᾶς ὁ πιστεύων **δικαιοῦται.**
Ro 2:13 οὐ γὰρ οἱ ἀκροαταὶ νόμου δίκαιοι παρὰ [τῷ] θεῷ, ἀλλ' οἱ ποιηταὶ νόμου **δικαιωθήσονται.**
3: 4 Ὅπως ἂν **δικαιωθῇς** ἐν τοῖς λόγοις σου καὶ νικήσεις ἐν τῷ κρίνεσθαί σε.
3:20 διότι ἐξ ἔργων νόμου οὐ **δικαιωθήσεται** πᾶσα σὰρξ ἐνώπιον αὐτοῦ,
3:24 **δικαιούμενοι** δωρεὰν τῇ αὐτοῦ χάριτι διὰ τῆς ἀπολυτρώσεως τῆς ἐν Χριστῷ Ἰησοῦ·
3:26 εἰς τὸ εἶναι αὐτὸν δίκαιον καὶ **δικαιοῦντα** τὸν ἐκ πίστεως Ἰησοῦ.
3:28 λογιζόμεθα γὰρ **δικαιοῦσθαι** πίστει ἄνθρωπον χωρὶς ἔργων νόμου.
3:30 εἴπερ εἷς ὁ θεὸς ὃς **δικαιώσει** περιτομὴν ἐκ πίστεως καὶ ἀκροβυστίαν διὰ τῆς πίστεως.
4: 2 εἰ γὰρ Ἀβραὰμ ἐξ ἔργων **ἐδικαιώθη,** ἔχει καύχημα,
4: 5 τῷ δὲ μὴ ἐργαζομένῳ πιστεύοντι δὲ ἐπὶ τὸν **δικαιοῦντα** τὸν ἀσεβῆ λογίζεται ἡ πίστις αὐτοῦ εἰς δικαιοσύνην·
5: 1 **Δικαιωθέντες** οὖν ἐκ πίστεως εἰρήνην ἔχομεν πρὸς τὸν θεὸν διὰ τοῦ κυρίου ἡμῶν Ἰησοῦ Χριστοῦ
5: 9 πολλῷ οὖν μᾶλλον **δικαιωθέντες** νῦν ἐν τῷ αἵματι αὐτοῦ σωθησόμεθα δι' αὐτοῦ ἀπὸ τῆς ὀργῆς.
6: 7 ὁ γὰρ ἀποθανὼν **δεδικαίωται** ἀπὸ τῆς ἁμαρτίας.
8:30 καὶ οὓς ἐκάλεσεν, τούτους καὶ **ἐδικαίωσεν·** οὓς δὲ **ἐδικαίωσεν,** τούτους καὶ ἐδόξασεν.
8:33 τίς ἐγκαλέσει κατὰ ἐκλεκτῶν θεοῦ; θεὸς ὁ **δικαιῶν·**
1Co 4: 4 οὐδὲν γὰρ ἐμαυτῷ σύνοιδα, ἀλλ' οὐκ ἐν τούτῳ **δεδικαίωμαι,**
6:11 ἀλλὰ **ἐδικαιώθητε** ἐν τῷ ὀνόματι τοῦ κυρίου Ἰησοῦ Χριστοῦ καὶ ἐν τῷ πνεύματι τοῦ θεοῦ ἡμῶν.
Gal 2:16 εἰδότες [δὲ] ὅτι οὐ **δικαιοῦται** ἄνθρωπος ἐξ ἔργων νόμου ἐὰν μὴ διὰ πίστεως Ἰησοῦ Χριστοῦ, καὶ ἡμεῖς εἰς Χριστὸν Ἰησοῦν ἐπιστεύσαμεν, ἵνα **δικαιωθῶμεν** ἐκ πίστεως Χριστοῦ καὶ οὐκ ἐξ ἔργων νόμου, ὅτι ἐξ ἔργων νόμου οὐ **δικαιωθήσεται** πᾶσα σάρξ.
2:17 εἰ δὲ ζητοῦντες **δικαιωθῆναι** ἐν Χριστῷ εὑρέθημεν καὶ αὐτοὶ ἁμαρτωλοί,
3: 8 προϊδοῦσα δὲ ἡ γραφὴ ὅτι ἐκ πίστεως **δικαιοῖ** τὰ ἔθνη ὁ θεός,
3:11 ὅτι δὲ ἐν νόμῳ οὐδεὶς **δικαιοῦται** παρὰ τῷ θεῷ δῆλον,
3:24 ὥστε ὁ νόμος παιδαγωγὸς ἡμῶν γέγονεν εἰς Χριστόν, ἵνα ἐκ πίστεως **δικαιωθῶμεν·**
5: 4 κατηργήθητε ἀπὸ Χριστοῦ, οἵτινες ἐν νόμῳ **δικαιοῦσθε,** τῆς χάριτος ἐξεπέσατε.
1Ti 3:16 **ἐδικαιώθη** ἐν πνεύματι, ὤφθη ἀγγέλοις, ἐκηρύχθη ἐν ἔθνεσιν,
Tit 3: 7 ἵνα **δικαιωθέντες** τῇ ἐκείνου χάριτι κληρονόμοι γενηθῶμεν κατ' ἐλπίδα ζωῆς αἰωνίου.
Jas 2:21 Ἀβραὰμ ὁ πατὴρ ἡμῶν οὐκ ἐξ ἔργων **ἐδικαιώθη** ἀνενέγκας Ἰσαὰκ τὸν υἱὸν αὐτοῦ ἐπὶ τὸ θυσιαστήριον;
2:24 ὁρᾶτε ὅτι ἐξ ἔργων **δικαιοῦται** ἄνθρωπος καὶ οὐκ ἐκ πίστεως μόνον.
2:25 ὁμοίως δὲ καὶ Ῥαὰβ ἡ πόρνη οὐκ ἐξ ἔργων **ἐδικαιώθη** ὑποδεξαμένη τοὺς ἀγγέλους καὶ ἑτέρᾳ ὁδῷ ἐκβαλοῦσα;

1468 δικαίωμα [10]

√ *1472*

Lk 1: 6 πορευόμενοι ἐν πάσαις ταῖς ἐντολαῖς καὶ **δικαιώμασιν** τοῦ κυρίου ἄμεμπτοι.
Ro 1:32 οἵτινες τὸ **δικαίωμα** τοῦ θεοῦ ἐπιγνόντες ὅτι οἱ τὰ τοιαῦτα πράσσοντες ἄξιοι θανάτου εἰσίν,
2:26 ἐὰν οὖν ἡ ἀκροβυστία τὰ **δικαιώματα** τοῦ νόμου φυλάσσῃ,
5:16 τὸ δὲ χάρισμα ἐκ πολλῶν παραπτωμάτων εἰς **δικαίωμα.**
5:18 οὕτως καὶ δι' ἑνὸς **δικαιώματος** εἰς πάντας ἀνθρώπους εἰς δικαίωσιν ζωῆς·
8: 4 ἵνα τὸ **δικαίωμα** τοῦ νόμου πληρωθῇ ἐν ἡμῖν τοῖς μὴ κατὰ σάρκα περιπατοῦσιν ἀλλὰ κατὰ πνεῦμα.
Heb 9: 1 Εἶχε μὲν οὖν [καὶ] ἡ πρώτη **δικαιώματα** λατρείας τό τε ἅγιον κοσμικόν.
9:10 μόνον ἐπὶ βρώμασιν καὶ πόμασιν καὶ διαφόροις βαπτισμοῖς, **δικαιώματα** σαρκὸς μέχρι καιροῦ διορθώσεως ἐπικείμενα.
Rev 15: 4 ὅτι πάντα τὰ ἔθνη ἥξουσιν καὶ προσκυνήσουσιν ἐνώπιόν σου, ὅτι τὰ **δικαιώματά** σου ἐφανερώθησαν.
19: 8 τὸ γὰρ βύσσινον τὰ **δικαιώματα** τῶν ἁγίων ἐστίν.

1469 δικαίως [5]

√ *1472*

Lk 23:41 καὶ ἡμεῖς μὲν **δικαίως,** ἄξια γὰρ ὧν ἐπράξαμεν ἀπολαμβάνομεν·
1Co 15:34 ἐκνήψατε **δικαίως** καὶ μὴ ἁμαρτάνετε, ἀγνωσίαν γὰρ θεοῦ τινες ἔχουσιν,
1Th 2:10 ὡς ὁσίως καὶ **δικαίως** καὶ ἀμέμπτως ὑμῖν τοῖς πιστεύουσιν ἐγενήθημεν,
Tit 2:12 ἵνα ἀρνησάμενοι τὴν ἀσέβειαν καὶ τὰς κοσμικὰς ἐπιθυμίας σωφρόνως καὶ **δικαίως** καὶ εὐσεβῶς ζήσωμεν ἐν τῷ νῦν αἰῶνι,
1Pe 2:23 ὃς λοιδορούμενος οὐκ ἀντελοιδόρει πάσχων οὐκ ἠπείλει, παρεδίδου δὲ τῷ κρίνοντι **δικαίως·**

1470 δικαίωσις [2]

√ *1472*

Ro 4:25 ὃς παρεδόθη διὰ τὰ παραπτώματα ἡμῶν καὶ ἠγέρθη διὰ τὴν **δικαίωσιν** ἡμῶν.

5:18 οὕτως καὶ δι᾽ ἑνὸς δικαιώματος εἰς πάντας ἀνθρώπους εἰς **δικαίωσιν** ζωῆς·

1471 δικαστής [2]

√ *1472*

Ac 7:27 Τίς σε κατέστησεν ἄρχοντα καὶ **δικαστὴν** ἐφ᾽ ἡμῶν;
7:35 ὃν ἠρνήσαντο εἰπόντες, Τίς σε κατέστησεν ἄρχοντα καὶ **δικαστήν;**

1472 δίκη [3]

→ *92, 93, 94, 95, 96, 97, 508, 1463, 1464, 1465, 1466, 1467, 1468, 1469, 1470, 1471, 1688, 1689, 1690, 1899, 2868, 2869, 3293, 3294, 5688*

Ac 28:4 Πάντως φονεύς ἐστιν ὁ ἄνθρωπος οὗτος ὃν διασωθέντα ἐκ τῆς θαλάσσης ἡ **δίκη** ζῆν οὐκ εἴασεν.
2Th 1:9 οἵτινες **δίκην** τίσουσιν ὄλεθρον αἰώνιον ἀπὸ προσώπου τοῦ κυρίου καὶ ἀπὸ τῆς δόξης τῆς ἰσχύος αὐτοῦ,
Jude 1:7 ἐκπορνεύσασαι καὶ ἀπελθοῦσαι ὀπίσω σαρκὸς ἑτέρας, πρόκεινται δεῖγμα πυρὸς αἰωνίου **δίκην** ὑπέχουσαι.

1473 δίκτυον [12]

Mt 4:20 οἱ δὲ εὐθέως ἀφέντες τὰ **δίκτυα** ἠκολούθησαν αὐτῷ.
4:21 ἐν τῷ πλοίῳ μετὰ Ζεβεδαίου τοῦ πατρὸς αὐτῶν καταρτίζοντας τὰ **δίκτυα** αὐτῶν,
Mk 1:18 καὶ εὐθὺς ἀφέντες τὰ **δίκτυα** ἠκολούθησαν αὐτῷ.
1:19 Ἰάκωβον τὸν τοῦ Ζεβεδαίου καὶ Ἰωάννην τὸν ἀδελφὸν αὐτοῦ καὶ αὐτοὺς ἐν τῷ πλοίῳ καταρτίζοντας τὰ **δίκτυα,**
Lk 5:2 οἱ δὲ ἁλιεῖς ἀπ᾽ αὐτῶν ἀποβάντες ἔπλυνον τὰ **δίκτυα.**
5:4 Ἐπανάγαγε εἰς τὸ βάθος καὶ χαλάσατε τὰ **δίκτυα** ὑμῶν εἰς ἄγραν.
5:5 ἐπὶ δὲ τῷ ῥήματί σου χαλάσω τὰ **δίκτυα.**
5:6 καὶ τοῦτο ποιήσαντες συνέκλεισαν πλῆθος ἰχθύων πολύ, διερρήσσετο δὲ τὰ **δίκτυα** αὐτῶν.
Jn 21:6 Βάλετε εἰς τὰ δεξιὰ μέρη τοῦ πλοίου τὸ **δίκτυον,**
21:8 οὐ γὰρ ἦσαν μακρὰν ἀπὸ τῆς γῆς ἀλλὰ ὡς ἀπὸ πηχῶν διακοσίων, σύροντες τὸ **δίκτυον** τῶν ἰχθύων.
21:11 ἀνέβη οὖν Σίμων Πέτρος καὶ εἵλκυσεν τὸ **δίκτυον** εἰς τὴν γῆν μεστὸν ἰχθύων μεγάλων ἑκατὸν πεντήκοντα τριῶν· καὶ τοσούτων ὄντων οὐκ ἐσχίσθη τὸ **δίκτυον.**

1474 δίλογος [1]

√ *1545 + 3306*

1Ti 3:8 Διακόνους ὡσαύτως σεμνούς, μὴ **διλόγους,** μὴ οἴνῳ πολλῷ προσέχοντας,

1475 διό [53]

√ *1328 + 4005*

διὸ καί [11] Lk 1:35; Ac 10:29; 24:26; Ro 4:22; 15:22; 2Co 1:20; 4:13; 5:9; Php 2:9; Heb 11:12; 13:12

Mt 27:8 **διὸ** ἐκλήθη ὁ ἀγρὸς ἐκεῖνος Ἀγρὸς Αἵματος ἕως τῆς σήμερον.
Lk 1:35 **διὸ** καὶ τὸ γεννώμενον ἅγιον κληθήσεται υἱὸς θεοῦ.
7:7 **διὸ** οὐδὲ ἐμαυτὸν ἠξίωσα πρὸς σὲ ἐλθεῖν· ἀλλὰ εἰπὲ λόγῳ,
Ac 10:29 **διὸ** καὶ ἀναντιρρήτως ἦλθον μεταπεμφθείς. πυνθάνομαι οὖν τίνι λόγῳ μετεπέμψασθέ με;
15:19 **διὸ** ἐγὼ κρίνω μὴ παρενοχλεῖν τοῖς ἀπὸ τῶν ἐθνῶν ἐπιστρέφουσιν ἐπὶ τὸν θεόν,
20:31 **διὸ** γρηγορεῖτε μνημονεύοντες ὅτι τριετίαν νύκτα καὶ ἡμέραν οὐκ ἐπαυσάμην μετὰ δακρύων νουθετῶν ἕνα ἕκαστον.
24:26 ἐλπίζων ὅτι χρήματα δοθήσεται αὐτῷ ὑπὸ τοῦ Παύλου· **διὸ** καὶ πυκνότερον αὐτὸν μεταπεμπόμενος ὡμίλει αὐτῷ.
25:26 **διὸ** προήγαγον αὐτὸν ἐφ᾽ ὑμῶν καὶ μάλιστα ἐπὶ σοῦ,
26:3 μάλιστα γνώστην ὄντα σε πάντων τῶν κατὰ Ἰουδαίους ἐθῶν τε καὶ ζητημάτων, **διὸ** δέομαι μακροθύμως ἀκοῦσαί μου.
27:25 **διὸ** εὐθυμεῖτε, ἄνδρες· πιστεύω γὰρ τῷ θεῷ ὅτι οὕτως ἔσται καθ᾽ ὃν τρόπον λελάληταί μοι.
27:34 **διὸ** παρακαλῶ ὑμᾶς μεταλαβεῖν τροφῆς· τοῦτο γὰρ πρὸς τῆς ὑμετέρας σωτηρίας ὑπάρχει,
Ro 1:24 **Διὸ** παρέδωκεν αὐτοὺς ὁ θεὸς ἐν ταῖς ἐπιθυμίαις τῶν καρδιῶν αὐτῶν εἰς ἀκαθαρσίαν τοῦ ἀτιμάζεσθαι τὰ σώματα αὐτῶν
2:1 **Διὸ** ἀναπολόγητος εἶ, ὦ ἄνθρωπε πᾶς ὁ κρίνων·
4:22 **διὸ** [καὶ] ἐλογίσθη αὐτῷ εἰς δικαιοσύνην.
13:5 **διὸ** ἀνάγκη ὑποτάσσεσθαι, οὐ μόνον διὰ τὴν ὀργὴν ἀλλὰ καὶ διὰ τὴν συνείδησιν.
15:7 **Διὸ** προσλαμβάνεσθε ἀλλήλους, καθὼς καὶ ὁ Χριστὸς προσελάβετο ὑμᾶς εἰς δόξαν τοῦ θεοῦ.
15:22 **Διὸ** καὶ ἐνεκοπτόμην τὰ πολλὰ τοῦ ἐλθεῖν πρὸς ὑμᾶς·
1Co 12:3 **διὸ** γνωρίζω ὑμῖν ὅτι οὐδεὶς ἐν πνεύματι θεοῦ λαλῶν λέγει,
14:13 **διὸ** ὁ λαλῶν γλώσσῃ προσευχέσθω ἵνα διερμηνεύῃ.
2Co 1:20 **διὸ** καὶ δι᾽ αὐτοῦ τὸ Ἀμὴν τῷ θεῷ πρὸς δόξαν δι᾽ ἡμῶν.
2:8 **διὸ** παρακαλῶ ὑμᾶς κυρῶσαι εἰς αὐτὸν ἀγάπην·
4:13 Ἐπίστευσα, **διὸ** ἐλάλησα, καὶ ἡμεῖς πιστεύομεν, **διὸ** καὶ λαλοῦμεν,
4:16 **Διὸ** οὐκ ἐγκακοῦμεν, ἀλλ᾽ εἰ καὶ ὁ ἔξω ἡμῶν ἄνθρωπος διαφθείρεται,
5:9 **διὸ** καὶ φιλοτιμούμεθα, εἴτε ἐνδημοῦντες εἴτε ἐκδημοῦντες, εὐάρεστοι αὐτῷ εἶναι.
6:17 **διὸ** ἐξέλθατε ἐκ μέσου αὐτῶν καὶ ἀφορίσθητε, λέγει κύριος,
12:7 **διὸ** ἵνα μὴ ὑπεραίρωμαι, ἐδόθη μοι σκόλοψ τῇ σαρκί,
12:10 **διὸ** εὐδοκῶ ἐν ἀσθενείαις, ἐν ὕβρεσιν, ἐν ἀνάγκαις,
Gal 4:31 **διό,** ἀδελφοί, οὐκ ἐσμὲν παιδίσκης τέκνα ἀλλὰ τῆς ἐλευθέρας.
Eph 2:11 **Διὸ** μνημονεύετε ὅτι ποτὲ ὑμεῖς τὰ ἔθνη ἐν σαρκί,
3:13 **διὸ** αἰτοῦμαι μὴ ἐγκακεῖν ἐν ταῖς θλίψεσίν μου ὑπὲρ ὑμῶν,
4:8 **διὸ** λέγει, Ἀναβὰς εἰς ὕψος ᾐχμαλώτευσεν αἰχμαλωσίαν, ἔδωκεν δόματα τοῖς ἀνθρώποις.
4:25 **Διὸ** ἀποθέμενοι τὸ ψεῦδος λαλεῖτε ἀλήθειαν ἕκαστος μετὰ τοῦ πλησίον αὐτοῦ,
5:14 **διὸ** λέγει, Ἔγειρε, ὁ καθεύδων, καὶ ἀνάστα ἐκ τῶν νεκρῶν,
Php 2:9 **διὸ** καὶ ὁ θεὸς αὐτὸν ὑπερύψωσεν καὶ ἐχαρίσατο αὐτῷ τὸ ὄνομα τὸ ὑπὲρ πᾶν ὄνομα,
1Th 3:1 **Διὸ** μηκέτι στέγοντες εὐδοκήσαμεν καταλειφθῆναι ἐν Ἀθήναις μόνοι
5:11 **Διὸ** παρακαλεῖτε ἀλλήλους καὶ οἰκοδομεῖτε εἷς τὸν ἕνα,
Phm 1:8 **Διὸ** πολλὴν ἐν Χριστῷ παρρησίαν ἔχων ἐπιτάσσειν σοι τὸ ἀνῆκον
Heb 3:7 **Διό,** καθὼς λέγει τὸ πνεῦμα τὸ ἅγιον, Σήμερον ἐὰν τῆς φωνῆς αὐτοῦ ἀκούσητε,
3:10 **διὸ** προσώχθισα τῇ γενεᾷ ταύτῃ καὶ εἶπον, Ἀεὶ πλανῶνται τῇ καρδίᾳ,
6:1 **Διὸ** ἀφέντες τὸν τῆς ἀρχῆς τοῦ Χριστοῦ λόγον ἐπὶ τὴν τελειότητα φερώμεθα,
10:5 **Διὸ** εἰσερχόμενος εἰς τὸν κόσμον λέγει, Θυσίαν καὶ προσφορὰν οὐκ ἠθέλησας,
11:12 **διὸ** καὶ ἀφ᾽ ἑνὸς ἐγεννήθησαν, καὶ ταῦτα νενεκρωμένου,
11:16 **διὸ** οὐκ ἐπαισχύνεται αὐτοὺς ὁ θεὸς θεὸς ἐπικαλεῖσθαι αὐτῶν·
12:12 **Διὸ** τὰς παρειμένας χεῖρας καὶ τὰ παραλελυμένα γόνατα ἀνορθώσατε,
12:28 **Διὸ** βασιλείαν ἀσάλευτον παραλαμβάνοντες ἔχωμεν χάριν, δι᾽ ἧς λατρεύωμεν εὐαρέστως τῷ θεῷ μετὰ εὐλαβείας καὶ δέους·
13:12 **διὸ** καὶ Ἰησοῦς, ἵνα ἁγιάσῃ διὰ τοῦ ἰδίου αἵματος τὸν λαόν,
Jas 1:21 **διὸ** ἀποθέμενοι πᾶσαν ῥυπαρίαν καὶ περισσείαν κακίας ἐν πραΰτητι,
4:6 **διὸ** λέγει, Ὁ θεὸς ὑπερηφάνοις ἀντιτάσσεται, ταπεινοῖς δὲ δίδωσιν χάριν.
1Pe 1:13 **Διὸ** ἀναζωσάμενοι τὰς ὀσφύας τῆς διανοίας ὑμῶν νήφοντες τελείως ἐλπίσατε ἐπὶ τὴν φερομένην ὑμῖν χάριν
2Pe 1:10 **διὸ** μᾶλλον, ἀδελφοί, σπουδάσατε βεβαίαν ὑμῶν τὴν κλῆσιν καὶ ἐκλογὴν ποιεῖσθαι·
1:12 **Διὸ** μελλήσω ἀεὶ ὑμᾶς ὑπομιμνῄσκειν περὶ τούτων καίπερ εἰδότας καὶ ἐστηριγμένους ἐν τῇ παρούσῃ ἀληθείᾳ.
3:14 **Διό,** ἀγαπητοί, ταῦτα προσδοκῶντες σπουδάσατε ἄσπιλοι καὶ ἀμώμητοι αὐτῷ εὑρεθῆναι ἐν εἰρήνῃ

1476 διοδεύω [2]

√ *1328 + 3847*

Lk 8:1 Καὶ ἐγένετο ἐν τῷ καθεξῆς καὶ αὐτὸς **διώδευεν** κατὰ πόλιν καὶ κώμην κηρύσσων καὶ εὐαγγελιζόμενος τὴν βασιλείαν
Ac 17:1 **Διοδεύσαντες** δὲ τὴν Ἀμφίπολιν καὶ τὴν Ἀπολλωνίαν ἦλθον εἰς Θεσσαλονίκην ὅπου ἦν συναγωγὴ τῶν Ἰουδαίων.

1477 Διονύσιος [1]

Ac 17:34 ἐν οἷς καὶ **Διονύσιος** ὁ Ἀρεοπαγίτης καὶ γυνὴ ὀνόματι Δάμαρις καὶ ἕτεροι σὺν αὐτοῖς.

1478 διόπερ [2]

√ *1328 + 4005 + 4302*

1Co 8:13 **διόπερ** εἰ βρῶμα σκανδαλίζει τὸν ἀδελφόν μου, οὐ μὴ φάγω κρέα εἰς τὸν αἰῶνα,
10:14 **Διόπερ,** ἀγαπητοί μου, φεύγετε ἀπὸ τῆς εἰδωλολατρίας.

1479 διοπετής [1]

√ *2416 + 4406*

Ac 19:35 τίς γάρ ἐστιν ἀνθρώπων ὃς οὐ γινώσκει τὴν Ἐφεσίων πόλιν νεωκόρον οὖσαν τῆς μεγάλης Ἀρτέμιδος καὶ τοῦ **διοπετοῦς;**

1480 διόρθωμα [1]

√ *1328 + 3981*

Ac 24: 2 Πολλῆς εἰρήνης τυγχάνοντες διὰ σοῦ καὶ **διορθωμάτων** γινομένων τῷ ἔθνει τούτῳ διὰ τῆς σῆς προνοίας,

1481 διόρθωσις [1]

√ *1328 + 3981*

Heb 9:10 μόνον ἐπὶ βρώμασιν καὶ πόμασιν καὶ διαφόροις βαπτισμοῖς, δικαιώματα σαρκὸς μέχρι καιροῦ **διορθώσεως** ἐπικείμενα.

1482 διορύσσω [4]

√ *1328 + 4002*

Mt 6:19 ὅπου σὴς καὶ βρῶσις ἀφανίζει καὶ ὅπου κλέπται **διορύσσουσιν** καὶ κλέπτουσιν·
6:20 ὅπου οὔτε σὴς οὔτε βρῶσις ἀφανίζει καὶ ὅπου κλέπται οὐ **διορύσσουσιν** οὐδὲ κλέπτουσιν·
24:43 ἐγρηγόρησεν ἂν καὶ οὐκ ἂν εἴασεν **διορυχθῆναι** τὴν οἰκίαν αὐτοῦ.
Lk 12:39 τοῦτο δὲ γινώσκετε ὅτι εἰ ᾔδει ὁ οἰκοδεσπότης ποίᾳ ὥρᾳ ὁ κλέπτης ἔρχεται, οὐκ ἂν ἀφῆκεν **διορυχθῆναι** τὸν οἶκον αὐτοῦ.

1483 Διόσκουροι [1]

√ *2416 + 3025*

Ac 28:11 Μετὰ δὲ τρεῖς μῆνας ἀνήχθημεν ἐν πλοίῳ παρακεχειμακότι ἐν τῇ νήσῳ, Ἀλεξανδρίνῳ, παρασήμῳ **Διοσκούροις.**

1484 διότι [23]

√ *1328 + 4005 + 5515*

Lk 1:13 Μὴ φοβοῦ, Ζαχαρία, **διότι** εἰσηκούσθη ἡ δέησίς σου,
2: 7 **διότι** οὐκ ἦν αὐτοῖς τόπος ἐν τῷ καταλύματι.
21:28 ἀρχομένων δὲ τούτων γίνεσθαι ἀνακύψατε καὶ ἐπάρατε τὰς κεφαλὰς ὑμῶν, **διότι** ἐγγίζει ἡ ἀπολύτρωσις ὑμῶν.
Ac 13:35 **διότι** καὶ ἐν ἑτέρῳ λέγει, Οὐ δώσεις τὸν ὅσιόν σου ἰδεῖν διαφθοράν.
18:10 **διότι** ἐγώ εἰμι μετὰ σοῦ καὶ οὐδεὶς ἐπιθήσεταί σοι τοῦ κακῶσαί σε, **διότι** λαός ἐστί μοι πολὺς ἐν τῇ πόλει ταύτῃ.
20:26 **διότι** μαρτύρομαι ὑμῖν ἐν τῇ σήμερον ἡμέρᾳ ὅτι καθαρός εἰμι ἀπὸ τοῦ αἵματος πάντων·
22:18 Σπεῦσον καὶ ἔξελθε ἐν τάχει ἐξ Ἰερουσαλήμ, **διότι** οὐ παραδέξονταί σου μαρτυρίαν περὶ ἐμοῦ.
Ro 1:19 **διότι** τὸ γνωστὸν τοῦ θεοῦ φανερόν ἐστιν ἐν αὐτοῖς·
1:21 **διότι** γνόντες τὸν θεὸν οὐχ ὡς θεὸν ἐδόξασαν ἢ ηὐχαρίστησαν,
3:20 **διότι** ἐξ ἔργων νόμου οὐ δικαιωθήσεται πᾶσα σὰρξ ἐνώπιον αὐτοῦ,
8: 7 **διότι** τὸ φρόνημα τῆς σαρκὸς ἔχθρα εἰς θεόν,
1Co 15: 9 Ἐγὼ γάρ εἰμι ὁ ἐλάχιστος τῶν ἀποστόλων ὃς οὐκ εἰμὶ ἱκανὸς καλεῖσθαι ἀπόστολος, **διότι** ἐδίωξα τὴν ἐκκλησίαν τοῦ θεοῦ·
Php 2:26 ἐπειδὴ ἐπιποθῶν ἦν πάντας ὑμᾶς καὶ ἀδημονῶν, **διότι** ἠκούσατε ὅτι ἠσθένησεν.
1Th 2: 8 μεταδοῦναι ὑμῖν οὐ μόνον τὸ εὐαγγέλιον τοῦ θεοῦ ἀλλὰ καὶ τὰς ἑαυτῶν ψυχάς, **διότι** ἀγαπητοὶ ἡμῖν ἐγενήθητε.
2:18 **διότι** ἠθελήσαμεν ἐλθεῖν πρὸς ὑμᾶς, ἐγὼ μὲν Παῦλος καὶ ἅπαξ καὶ δίς,
4: 6 **διότι** ἔκδικος κύριος περὶ πάντων τούτων, καθὼς καὶ προείπαμεν ὑμῖν καὶ διεμαρτυράμεθα.
Heb 11: 5 καὶ οὐχ ηὑρίσκετο **διότι** μετέθηκεν αὐτὸν ὁ θεός.
11:23 **διότι** εἶδον ἀστεῖον τὸ παιδίον καὶ οὐκ ἐφοβήθησαν τὸ διάταγμα τοῦ βασιλέως.
Jas 4: 3 αἰτεῖτε καὶ οὐ λαμβάνετε **διότι** κακῶς αἰτεῖσθε, ἵνα ἐν ταῖς ἡδοναῖς ὑμῶν δαπανήσητε.
1Pe 1:16 **διότι** γέγραπται [ὅτι] Ἅγιοι ἔσεσθε, ὅτι ἐγὼ ἅγιός [εἰμι.]
1:24 **διότι** πᾶσα σὰρξ ὡς χόρτος καὶ πᾶσα δόξα αὐτῆς ὡς ἄνθος χόρτου·
2: 6 **διότι** περιέχει ἐν γραφῇ, Ἰδοὺ τίθημι ἐν Σιὼν λίθον ἀκρογωνιαῖον ἐκλεκτὸν ἔντιμον

1485 Διοτρέφης [1]

√ *2416 + 5555*

3Jn 1: 9 ἀλλ' ὁ φιλοπρωτεύων αὐτῶν **Διοτρέφης** οὐκ ἐπιδέχεται ἡμᾶς.

1486 διπλόος Not used in UBS/NIV

√ *1545*

1487 διπλοῦς [4]

√ *1545*

Mt 23:15 καὶ ὅταν γένηται ποιεῖτε αὐτὸν υἱὸν γεέννης **διπλότερον** ὑμῶν.
1Ti 5:17 Οἱ καλῶς προεστῶτες πρεσβύτεροι **διπλῆς** τιμῆς ἀξιούσθωσαν, μάλιστα οἱ κοπιῶντες ἐν λόγῳ καὶ διδασκαλίᾳ.
Rev 18: 6 ἀπόδοτε αὐτῇ ὡς καὶ αὐτὴ ἀπέδωκεν καὶ διπλώσατε τὰ **διπλᾶ** κατὰ τὰ ἔργα αὐτῆς, ἐν τῷ ποτηρίῳ ᾧ ἐκέρασεν κεράσατε αὐτῇ **διπλοῦν,**

1488 διπλόω [1]

√ *1545*

Rev 18: 6 ἀπόδοτε αὐτῇ ὡς καὶ αὐτὴ ἀπέδωκεν καὶ **διπλώσατε** τὰ διπλᾶ κατὰ τὰ ἔργα αὐτῆς,

1489 δίς [6]

√ *1545*

καὶ ἅπαξ καὶ δίς [2] Php 4:16; 1Th 2:18

Mk 14:30 Ἀμὴν λέγω σοι ὅτι σὺ σήμερον ταύτῃ τῇ νυκτὶ πρὶν ἢ **δὶς** ἀλέκτορα φωνῆσαι τρίς με ἀπαρνήσῃ.
14:72 καὶ ἀνεμνήσθη ὁ Πέτρος τὸ ῥῆμα ὡς εἶπεν αὐτῷ ὁ Ἰησοῦς ὅτι Πρὶν ἀλέκτορα φωνῆσαι **δὶς** τρίς με ἀπαρνήσῃ·
Lk 18:12 νηστεύω **δὶς** τοῦ σαββάτου, ἀποδεκατῶ πάντα ὅσα κτῶμαι.
Php 4:16 ὅτι καὶ ἐν Θεσσαλονίκῃ καὶ ἅπαξ καὶ **δὶς** εἰς τὴν χρείαν μοι ἐπέμψατε.
1Th 2:18 ἐγὼ μὲν Παῦλος καὶ ἅπαξ καὶ **δίς,** καὶ ἐνέκοψεν ἡμᾶς ὁ Σατανᾶς.
Jude 1:12 νεφέλαι ἄνυδροι ὑπὸ ἀνέμων παραφερόμεναι, δένδρα φθινοπωρινὰ ἄκαρπα **δὶς** ἀποθανόντα ἐκριζωθέντα,

1490 δισμυριάς [1]

√ *1545 + 3692*

Rev 9:16 καὶ ὁ ἀριθμὸς τῶν στρατευμάτων τοῦ ἱππικοῦ **δισμυριάδες** μυριάδων,

1491 διστάζω [2]

√ *1545*

Mt 14:31 εὐθέως δὲ ὁ Ἰησοῦς ἐκτείνας τὴν χεῖρα ἐπελάβετο αὐτοῦ καὶ λέγει αὐτῷ, Ὀλιγόπιστε, εἰς τί **ἐδίστασας;**
28:17 καὶ ἰδόντες αὐτὸν προσεκύνησαν, οἱ δὲ **ἐδίστασαν.**

1492 δίστομος [3]

√ *1545 + 5125*

μάχαιρα δίστομος [1] Heb 4:12

ῥομφαία δίστομος [2] Rev 1:16; 2:12

Heb 4:12 Ζῶν γὰρ ὁ λόγος τοῦ θεοῦ καὶ ἐνεργὴς καὶ τομώτερος ὑπὲρ πᾶσαν μάχαιραν **δίστομον** καὶ διϊκνούμενος ἄχρι μερισμοῦ ψυχῆς καὶ πνεύματος,

Rev 1:16 καὶ ἔχων ἐν τῇ δεξιᾷ χειρὶ αὐτοῦ ἀστέρας ἑπτὰ καὶ ἐκ τοῦ στόματος αὐτοῦ ῥομφαία **δίστομος** ὀξεῖα ἐκπορευομένη
2:12 Τάδε λέγει ὁ ἔχων τὴν ῥομφαίαν τὴν **δίστομον** τὴν ὀξεῖαν·

1493 διχίλιοι [1]

√ *1545 + 5943*

Mk 5:13 καὶ ὥρμησεν ἡ ἀγέλη κατὰ τοῦ κρημνοῦ εἰς τὴν θάλασσαν, ὡς **δισχίλιοι,** καὶ ἐπνίγοντο ἐν τῇ θαλάσσῃ.

1494 διϋλίζω [1]

√ *1328 + 5627*

Mt 23:24 ὁδηγοὶ τυφλοί, οἱ **διϋλίζοντες** τὸν κώνωπα, τὴν δὲ κάμηλον καταπίνοντες.

1495 διχάζω [1]

√ *1545*

Mt 10:35 ἦλθον γὰρ **διχάσαι** ἄνθρωπον κατὰ τοῦ πατρὸς αὐτοῦ καὶ θυγατέρα κατὰ τῆς μητρὸς αὐτῆς

1496 διχοστασία [2]

√ *1545 + 2705*

Ro 16:17 σκοπεῖν τοὺς τὰς **διχοστασίας** καὶ τὰ σκάνδαλα παρὰ τὴν διδαχὴν ἣν ὑμεῖς ἐμάθετε ποιοῦντας,
Gal 5:20 φαρμακεία, ἔχθραι, ἔρις, ζῆλος, θυμοί, ἐριθεῖαι, **διχοστασίαι,** αἱρέσεις,

1497 διχοτομέω [2]

√ *1545 + 5533*

Mt 24:51 καὶ **διχοτομήσει** αὐτὸν καὶ τὸ μέρος αὐτοῦ μετὰ τῶν ὑποκριτῶν θήσει·
Lk 12:46 καὶ **διχοτομήσει** αὐτὸν καὶ τὸ μέρος αὐτοῦ μετὰ τῶν ἀπίστων θήσει.

1498 διψάω [16]

→ *1499*

πεινάω ... διψάω [9] Mt 5:6; 25:35,37,42,44; Jn 6:35; Ro 12:20; 1Co 4:11; Rev 7:16

Mt 5:6 μακάριοι οἱ πεινῶντες καὶ **διψῶντες** τὴν δικαιοσύνην, ὅτι αὐτοὶ χορτασθήσονται.
25:35 ἐπείνασα γὰρ καὶ ἐδώκατέ μοι φαγεῖν, **ἐδίψησα** καὶ ἐποτίσατέ με, ξένος ἤμην καὶ συνηγάγετέ με,
25:37 πότε σε εἴδομεν πεινῶντα καὶ ἐθρέψαμεν, ἢ **διψῶντα** καὶ ἐποτίσαμεν;
25:42 ἐπείνασα γὰρ καὶ οὐκ ἐδώκατέ μοι φαγεῖν, **ἐδίψησα** καὶ οὐκ ἐποτίσατέ με,
25:44 πότε σε εἴδομεν πεινῶντα ἢ **διψῶντα** ἢ ξένον ἢ γυμνὸν ἢ ἀσθενῆ ἢ ἐν φυλακῇ καὶ οὐ διηκονήσαμέν σοι;
Jn 4:13 Πᾶς ὁ πίνων ἐκ τοῦ ὕδατος τούτου **διψήσει** πάλιν·
4:14 ὃς δ' ἂν πίῃ ἐκ τοῦ ὕδατος οὗ ἐγὼ δώσω αὐτῷ, οὐ μὴ **διψήσει** εἰς τὸν αἰῶνα,
4:15 δός μοι τοῦτο τὸ ὕδωρ, ἵνα μὴ **διψῶ** μηδὲ διέρχωμαι ἐνθάδε ἀντλεῖν.
6:35 καὶ ὁ πιστεύων εἰς ἐμὲ οὐ μὴ **διψήσει** πώποτε.
7:37 Ἐάν τις **διψᾷ** ἐρχέσθω πρός με καὶ πινέτω.
19:28 Μετὰ τοῦτο εἰδὼς ὁ Ἰησοῦς ὅτι ἤδη πάντα τετέλεσται, ἵνα τελειωθῇ ἡ γραφή, λέγει, **Διψῶ.**
Ro 12:20 ἀλλὰ ἐὰν πεινᾷ ὁ ἐχθρός σου, ψώμιζε αὐτόν· ἐὰν **διψᾷ,** πότιζε αὐτόν·
1Co 4:11 ἄχρι τῆς ἄρτι ὥρας καὶ πεινῶμεν καὶ **διψῶμεν** καὶ γυμνιτεύομεν καὶ κολαφιζόμεθα καὶ ἀστατοῦμεν
Rev 7:16 οὐ πεινάσουσιν ἔτι οὐδὲ **διψήσουσιν** ἔτι οὐδὲ μὴ πέσῃ ἐπ' αὐτοὺς ὁ ἥλιος οὐδὲ πᾶν καῦμα,
21:6 ἐγὼ τῷ **διψῶντι** δώσω ἐκ τῆς πηγῆς τοῦ ὕδατος τῆς ζωῆς δωρεάν.
22:17 καὶ ὁ **διψῶν** ἐρχέσθω, ὁ θέλων λαβέτω ὕδωρ ζωῆς δωρεάν.

1499 δίψος [1]

√ *1498*

2Co 11:27 ἐν ἀγρυπνίαις πολλάκις, ἐν λιμῷ καὶ **δίψει,** ἐν νηστείαις πολλάκις,

1500 δίψυχος [2]

√ *1545 + 6038*

Jas 1:8 ἀνὴρ **δίψυχος,** ἀκατάστατος ἐν πάσαις ταῖς ὁδοῖς αὐτοῦ.
4:8 ἐγγίσατε τῷ θεῷ καὶ ἐγγιεῖ ὑμῖν. καθαρίσατε χεῖρας, ἁμαρτωλοί, καὶ ἁγνίσατε καρδίας, **δίψυχοι.**

1501 διωγμός [10]

√ *1503*

Mt 13:21 γενομένης δὲ θλίψεως ἢ **διωγμοῦ** διὰ τὸν λόγον εὐθὺς σκανδαλίζεται.
Mk 4:17 εἶτα γενομένης θλίψεως ἢ **διωγμοῦ** διὰ τὸν λόγον εὐθὺς σκανδαλίζονται.
10:30 ἐὰν μὴ λάβῃ ἑκατονταπλασίονα νῦν ἐν τῷ καιρῷ τούτῳ οἰκίας καὶ ἀδελφοὺς καὶ ἀδελφὰς καὶ μητέρας καὶ τέκνα καὶ ἀγροὺς μετὰ **διωγμῶν,**
Ac 8:1 Ἐγένετο δὲ ἐν ἐκείνῃ τῇ ἡμέρᾳ **διωγμὸς** μέγας ἐπὶ τὴν ἐκκλησίαν τὴν ἐν Ἱεροσολύμοις,
13:50 καὶ ἐπήγειραν **διωγμὸν** ἐπὶ τὸν Παῦλον καὶ Βαρναβᾶν καὶ ἐξέβαλον αὐτοὺς ἀπὸ τῶν ὁρίων αὐτῶν.
Ro 8:35 θλῖψις ἢ στενοχωρία ἢ **διωγμὸς** ἢ λιμὸς ἢ γυμνότης ἢ κίνδυνος ἢ μάχαιρα;
2Co 12:10 ἐν ἀνάγκαις, ἐν **διωγμοῖς** καὶ στενοχωρίαις, ὑπὲρ Χριστοῦ·
2Th 1:4 ὥστε αὐτοὺς ἡμᾶς ἐν ὑμῖν ἐγκαυχᾶσθαι ἐν ταῖς ἐκκλησίαις τοῦ θεοῦ ὑπὲρ τῆς ὑπομονῆς ὑμῶν καὶ πίστεως ἐν πᾶσιν τοῖς **διωγμοῖς** ὑμῶν καὶ ταῖς θλίψεσιν αἷς ἀνέχεσθε,
2Ti 3:11 τοῖς **διωγμοῖς,** τοῖς παθήμασιν, οἷά μοι ἐγένετο ἐν Ἀντιοχείᾳ, ἐν Ἰκονίῳ, ἐν Λύστροις, οἵους **διωγμοὺς** ὑπήνεγκα καὶ ἐκ πάντων με ἐρρύσατο ὁ κύριος.

1502 διώκτης [1]

√ *1503*

1Ti 1:13 τὸ πρότερον ὄντα βλάσφημον καὶ **διώκτην** καὶ ὑβριστήν,

1503 διώκω [45]

→ *1501, 1502, 1691, 2870*

Mt 5:10 μακάριοι οἱ **δεδιωγμένοι** ἕνεκεν δικαιοσύνης, ὅτι αὐτῶν ἐστιν ἡ βασιλεία τῶν οὐρανῶν.
5:11 μακάριοί ἐστε ὅταν ὀνειδίσωσιν ὑμᾶς καὶ **διώξωσιν** καὶ εἴπωσιν πᾶν πονηρὸν καθ' ὑμῶν [ψευδόμενοι] ἕνεκεν ἐμοῦ.
5:12 οὕτως γὰρ **ἐδίωξαν** τοὺς προφήτας τοὺς πρὸ ὑμῶν.
5:44 ἀγαπᾶτε τοὺς ἐχθροὺς ὑμῶν καὶ προσεύχεσθε ὑπὲρ τῶν **διωκόντων** ὑμᾶς,
10:23 ὅταν δὲ **διώκωσιν** ὑμᾶς ἐν τῇ πόλει ταύτῃ,
23:34 καὶ σταυρώσετε καὶ ἐξ αὐτῶν μαστιγώσετε ἐν ταῖς συναγωγαῖς ὑμῶν καὶ **διώξετε** ἀπὸ πόλεως εἰς πόλιν·
Lk 11:49 Ἀποστελῶ εἰς αὐτοὺς προφήτας καὶ ἀποστόλους, καὶ ἐξ αὐτῶν ἀποκτενοῦσιν καὶ **διώξουσιν,**
17:23 Ἰδοὺ ἐκεῖ, [ἤ,] Ἰδοὺ ὧδε· μὴ ἀπέλθητε μηδὲ **διώξητε.**
21:12 πρὸ δὲ τούτων πάντων ἐπιβαλοῦσιν ἐφ' ὑμᾶς τὰς χεῖρας αὐτῶν καὶ **διώξουσιν,**
Jn 5:16 καὶ διὰ τοῦτο **ἐδίωκον** οἱ Ἰουδαῖοι τὸν Ἰησοῦν,
15:20 εἰ ἐμὲ **ἐδίωξαν,** καὶ ὑμᾶς **διώξουσιν·** εἰ τὸν λόγον μου ἐτήρησαν,
Ac 7:52 τίνα τῶν προφητῶν οὐκ **ἐδίωξαν** οἱ πατέρες ὑμῶν;
9:4 καὶ πεσὼν ἐπὶ τὴν γῆν ἤκουσεν φωνὴν λέγουσαν αὐτῷ, Σαοὺλ Σαούλ, τί με **διώκεις;**
9:5 ὁ δέ, Ἐγώ εἰμι Ἰησοῦς ὃν σὺ **διώκεις·**
22:4 ὃς ταύτην τὴν ὁδὸν **ἐδίωξα** ἄχρι θανάτου δεσμεύων καὶ παραδιδοὺς εἰς φυλακὰς ἄνδρας τε καὶ γυναῖκας,
22:7 ἔπεσά τε εἰς τὸ ἔδαφος καὶ ἤκουσα φωνῆς λεγούσης μοι, Σαοὺλ Σαούλ, τί με **διώκεις;**
22:8 Ἐγώ εἰμι Ἰησοῦς ὁ Ναζωραῖος, ὃν σὺ **διώκεις.**
26:11 πολλάκις τιμωρῶν αὐτοὺς ἠνάγκαζον βλασφημεῖν περισσῶς τε ἐμμαινόμενος αὐτοῖς **ἐδίωκον** ἕως καὶ εἰς τὰς ἔξω πόλεις.

26: 14 ἤκουσα φωνὴν λέγουσαν πρός με τῇ Ἑβραΐδι διαλέκτῳ, Σαοὺλ Σαούλ, τί με **διώκεις;**
26: 15 ὁ δὲ κύριος εἶπεν, Ἐγώ εἰμι Ἰησοῦς ὃν σὺ **διώκεις.**
Ro 9: 30 ὅτι ἔθνη τὰ μὴ **διώκοντα** δικαιοσύνην κατέλαβεν δικαιοσύνην,
9: 31 Ἰσραὴλ δὲ **διώκων** νόμον δικαιοσύνης εἰς νόμον οὐκ ἔφθασεν.
12: 13 ταῖς χρείαις τῶν ἁγίων κοινωνοῦντες, τὴν φιλοξενίαν **διώκοντες.**
12: 14 εὐλογεῖτε τοὺς **διώκοντας** [ὑμᾶς,] εὐλογεῖτε καὶ μὴ καταρᾶσθε.
14: 19 ἄρα οὖν τὰ τῆς εἰρήνης **διώκωμεν** καὶ τὰ τῆς οἰκοδομῆς τῆς εἰς ἀλλήλους.
1Co 4: 12 καὶ κοπιῶμεν ἐργαζόμενοι ταῖς ἰδίαις χερσίν· λοιδορούμενοι εὐλογοῦμεν, **διωκόμενοι** ἀνεχόμεθα,
14: 1 **Διώκετε** τὴν ἀγάπην, ζηλοῦτε δὲ τὰ πνευματικά, μᾶλλον δὲ ἵνα προφητεύητε.
15: 9 Ἐγὼ γάρ εἰμι ὁ ἐλάχιστος τῶν ἀποστόλων ὃς οὐκ εἰμὶ ἱκανὸς καλεῖσθαι ἀπόστολος, διότι **ἐδίωξα** τὴν ἐκκλησίαν τοῦ θεοῦ·
2Co 4: 9 **διωκόμενοι** ἀλλ' οὐκ ἐγκαταλειπόμενοι, καταβαλλόμενοι ἀλλ' οὐκ ἀπολλύμενοι,
Gal 1: 13 ὅτι καθ' ὑπερβολὴν **ἐδίωκον** τὴν ἐκκλησίαν τοῦ θεοῦ καὶ ἐπόρθουν αὐτήν,
1: 23 μόνον δὲ ἀκούοντες ἦσαν ὅτι Ὁ **διώκων** ἡμᾶς ποτε νῦν εὐαγγελίζεται τὴν πίστιν ἥν ποτε ἐπόρθει,
4: 29 ἀλλ' ὥσπερ τότε ὁ κατὰ σάρκα γεννηθεὶς **ἐδίωκεν** τὸν κατὰ πνεῦμα,
5: 11 ἀδελφοί, εἰ περιτομὴν ἔτι κηρύσσω, τί ἔτι **διώκομαι;**
6: 12 μόνον ἵνα τῷ σταυρῷ τοῦ Χριστοῦ μὴ **διώκωνται.**
Php 3: 6 κατὰ ζῆλος **διώκων** τὴν ἐκκλησίαν, κατὰ δικαιοσύνην τὴν ἐν νόμῳ γενόμενος ἄμεμπτος.
3: 12 **διώκω** δὲ εἰ καὶ καταλάβω, ἐφ' ᾧ καὶ κατελήμφθην ὑπὸ Χριστοῦ [Ἰησοῦ.]
3: 14 κατὰ σκοπὸν **διώκω** εἰς τὸ βραβεῖον τῆς ἄνω κλήσεως τοῦ θεοῦ ἐν Χριστῷ Ἰησοῦ.
1Th 5: 15 ἀλλὰ πάντοτε τὸ ἀγαθὸν **διώκετε** [καὶ] εἰς ἀλλήλους καὶ εἰς πάντας.
1Ti 6: 11 **δίωκε** δὲ δικαιοσύνην εὐσέβειαν πίστιν, ἀγάπην ὑπομονὴν πραϋπαθίαν.
2Ti 2: 22 **δίωκε** δὲ δικαιοσύνην πίστιν ἀγάπην εἰρήνην μετὰ τῶν ἐπικαλουμένων τὸν κύριον ἐκ καθαρᾶς καρδίας.
3: 12 καὶ πάντες δὲ οἱ θέλοντες εὐσεβῶς ζῆν ἐν Χριστῷ Ἰησοῦ **διωχθήσονται.**
Heb 12: 14 Εἰρήνην **διώκετε** μετὰ πάντων καὶ τὸν ἁγιασμόν, οὗ χωρὶς οὐδεὶς ὄψεται τὸν κύριον,
1Pe 3: 11 ἐκκλινάτω δὲ ἀπὸ κακοῦ καὶ ποιησάτω ἀγαθόν, ζητησάτω εἰρήνην καὶ **διωξάτω** αὐτήν·
Rev 12: 13 Καὶ ὅτε εἶδεν ὁ δράκων ὅτι ἐβλήθη εἰς τὴν γῆν, **ἐδίωξεν** τὴν γυναῖκα ἥτις ἔτεκεν τὸν ἄρσενα.

1504 δόγμα [5]

√ *1506*

Lk 2: 1 Ἐγένετο δὲ ἐν ταῖς ἡμέραις ἐκείναις ἐξῆλθεν **δόγμα** παρὰ Καίσαρος Αὐγούστου ἀπογράφεσθαι πᾶσαν τὴν οἰκουμένην.
Ac 16: 4 παρεδίδοσαν αὐτοῖς φυλάσσειν τὰ **δόγματα** τὰ κεκριμένα ὑπὸ τῶν ἀποστόλων καὶ πρεσβυτέρων τῶν ἐν Ἰεροσολύμοις.
17: 7 καὶ οὗτοι πάντες ἀπέναντι τῶν **δογμάτων** Καίσαρος πράσσουσι βασιλέα ἕτερον λέγοντες εἶναι Ἰησοῦν.
Eph 2: 15 τὸν νόμον τῶν ἐντολῶν ἐν **δόγμασιν** καταργήσας, ἵνα τοὺς δύο κτίσῃ ἐν αὐτῷ εἰς ἕνα καινὸν ἄνθρωπον ποιῶν εἰρήνην
Col 2: 14 ἐξαλείψας τὸ καθ' ἡμῶν χειρόγραφον τοῖς **δόγμασιν** ὃ ἦν ὑπεναντίον ἡμῖν,

1505 δογματίζω [1]

√ *1506*

Col 2: 20 Εἰ ἀπεθάνετε σὺν Χριστῷ ἀπὸ τῶν στοιχείων τοῦ κόσμου, τί ὡς ζῶντες ἐν κόσμῳ **δογματίζεσθε;**

1506 δοκέω [62]

→ *638, 1504, 1505, 2305, 2306, 4659, 4660, 5306; cf. 1518*

with infin. [29] Mt 3:9; Mk 10:42; Lk 1:3; 8:18; 10:36; 22:24; 24:37; Jn 5:39; 16:2; Ac 12:9; 17:18; 27:13; 1Co 3:18; 7:40; 8:2; 10:12; 11:16; 12:22,23; 14:37; 2Co 10:9; 11:16; Gal 2:6,9; 6:3; Php 3:4; Heb 4:1; 12:11; Jas 1:26

οἱ δοκοῦντες [3] Mk 10:42; Gal 2:6,9

Mt 3: 9 καὶ μὴ **δόξητε** λέγειν ἐν ἑαυτοῖς, Πατέρα ἔχομεν τὸν Ἀβραάμ.
6: 7 **δοκοῦσιν** γὰρ ὅτι ἐν τῇ πολυλογίᾳ αὐτῶν εἰσακουσθήσονται.
17: 25 καὶ ἐλθόντα εἰς τὴν οἰκίαν προέφθασεν αὐτὸν ὁ Ἰησοῦς λέγων, Τί σοι **δοκεῖ,** Σίμων;
18: 12 Τί ὑμῖν **δοκεῖ;** ἐὰν γένηταί τινι ἀνθρώπῳ ἑκατὸν πρόβατα καὶ πλανηθῇ ἓν ἐξ αὐτῶν,
21: 28 Τί δὲ ὑμῖν **δοκεῖ;** ἄνθρωπος εἶχεν τέκνα δύο.
22: 17 εἰπὲ οὖν ἡμῖν τί σοι **δοκεῖ·** ἔξεστιν δοῦναι κῆνσον Καίσαρι ἢ οὔ;
22: 42 λέγων, Τί ὑμῖν **δοκεῖ** περὶ τοῦ Χριστοῦ; τίνος υἱός ἐστιν;
24: 44 ὅτι ᾗ οὐ **δοκεῖτε** ὥρᾳ ὁ υἱὸς τοῦ ἀνθρώπου ἔρχεται.
26: 53 ἢ **δοκεῖς** ὅτι οὐ δύναμαι παρακαλέσαι τὸν πατέρα μου,
26: 66 τί ὑμῖν **δοκεῖ;** οἱ δὲ ἀποκριθέντες εἶπαν, Ἔνοχος θανάτου ἐστίν.
Mk 6: 49 οἱ δὲ ἰδόντες αὐτὸν ἐπὶ τῆς θαλάσσης περιπατοῦντα **ἔδοξαν** ὅτι φάντασμά ἐστιν,
10: 42 Οἴδατε ὅτι οἱ **δοκοῦντες** ἄρχειν τῶν ἐθνῶν κατακυριεύουσιν αὐτῶν καὶ οἱ μεγάλοι αὐτῶν κατεξουσιάζουσιν αὐτῶν.
Lk 1: 3 **ἔδοξε** κἀμοὶ παρηκολουθηκότι ἄνωθεν πᾶσιν ἀκριβῶς καθεξῆς σοι γράψαι,
8: 18 καὶ ὃς ἂν μὴ ἔχῃ, καὶ ὃ **δοκεῖ** ἔχειν ἀρθήσεται ἀπ' αὐτοῦ.
10: 36 τίς τούτων τῶν τριῶν πλησίον **δοκεῖ** σοι γεγονέναι τοῦ ἐμπεσόντος εἰς τοὺς λῃστάς;
12: 40 ὅτι ᾗ ὥρᾳ οὐ **δοκεῖτε** ὁ υἱὸς τοῦ ἀνθρώπου ἔρχεται.
12: 51 **δοκεῖτε** ὅτι εἰρήνην παρεγενόμην δοῦναι ἐν τῇ γῇ;
13: 2 **Δοκεῖτε** ὅτι οἱ Γαλιλαῖοι οὗτοι ἁμαρτωλοὶ παρὰ πάντας τοὺς Γαλιλαίους ἐγένοντο,
13: 4 **δοκεῖτε** ὅτι αὐτοὶ ὀφειλέται ἐγένοντο παρὰ πάντας τοὺς ἀνθρώπους τοὺς κατοικοῦντας Ἰερουσαλήμ;
19: 11 διὰ τὸ ἐγγὺς εἶναι Ἰερουσαλὴμ αὐτὸν καὶ **δοκεῖν** αὐτοὺς ὅτι παραχρῆμα μέλλει ἡ βασιλεία τοῦ θεοῦ ἀναφαίνεσθαι.
22: 24 Ἐγένετο δὲ καὶ φιλονεικία ἐν αὐτοῖς, τὸ τίς αὐτῶν **δοκεῖ** εἶναι μείζων.
24: 37 πτοηθέντες δὲ καὶ ἔμφοβοι γενόμενοι **ἐδόκουν** πνεῦμα θεωρεῖν.
Jn 5: 39 ὅτι ὑμεῖς **δοκεῖτε** ἐν αὐταῖς ζωὴν αἰώνιον ἔχειν·
5: 45 μὴ **δοκεῖτε** ὅτι ἐγὼ κατηγορήσω ὑμῶν πρὸς τὸν πατέρα·
11: 13 ἐκεῖνοι δὲ **ἔδοξαν** ὅτι περὶ τῆς κοιμήσεως τοῦ ὕπνου λέγει.
11: 31 ἠκολούθησαν αὐτῇ **δόξαντες** ὅτι ὑπάγει εἰς τὸ μνημεῖον ἵνα κλαύσῃ ἐκεῖ.
11: 56 ἐζήτουν οὖν τὸν Ἰησοῦν καὶ ἔλεγον μετ' ἀλλήλων ἐν τῷ ἱερῷ ἑστηκότες, Τί **δοκεῖ** ὑμῖν;
13: 29 τινὲς γὰρ **ἐδόκουν,** ἐπεὶ τὸ γλωσσόκομον εἶχεν Ἰούδας,
16: 2 ἀλλ' ἔρχεται ὥρα ἵνα πᾶς ὁ ἀποκτείνας ὑμᾶς **δόξῃ** λατρείαν προσφέρειν τῷ θεῷ.
20: 15 ἐκείνη **δοκοῦσα** ὅτι ὁ κηπουρός ἐστιν λέγει αὐτῷ,
Ac 12: 9 καὶ ἐξελθὼν ἠκολούθει καὶ οὐκ ᾔδει ὅτι ἀληθές ἐστιν τὸ γινόμενον διὰ τοῦ ἀγγέλου· **ἐδόκει** δὲ ὅραμα βλέπειν.
15: 22 Τότε **ἔδοξε** τοῖς ἀποστόλοις καὶ τοῖς πρεσβυτέροις σὺν ὅλῃ τῇ ἐκκλησίᾳ ἐκλεξαμένους ἄνδρας ἐξ αὐτῶν πέμψαι
15: 25 **ἔδοξεν** ἡμῖν γενομένοις ὁμοθυμαδὸν ἐκλεξαμένοις ἄνδρας πέμψαι πρὸς ὑμᾶς σὺν τοῖς ἀγαπητοῖς ἡμῶν Βαρναβᾷ
15: 28 **ἔδοξεν** γὰρ τῷ πνεύματι τῷ ἁγίῳ καὶ ἡμῖν μηδὲν πλέον ἐπιτίθεσθαι ὑμῖν βάρος πλὴν τούτων τῶν ἐπάναγκες,
17: 18 οἱ δέ, Ξένων δαιμονίων **δοκεῖ** καταγγελεὺς εἶναι, ὅτι τὸν Ἰησοῦν καὶ τὴν ἀνάστασιν εὐηγγελίζετο.
25: 27 ἄλογον γάρ μοι **δοκεῖ** πέμποντα δέσμιον μὴ καὶ τὰς κατ' αὐτοῦ αἰτίας σημᾶναι.
26: 9 ἐγὼ μὲν οὖν **ἔδοξα** ἐμαυτῷ πρὸς τὸ ὄνομα Ἰησοῦ τοῦ Ναζωραίου δεῖν πολλὰ ἐναντία πρᾶξαι,
27: 13 Ὑποπνεύσαντος δὲ νότου **δόξαντες** τῆς προθέσεως κεκρατηκέναι, ἄραντες ἆσσον παρελέγοντο τὴν Κρήτην.
1Co 3: 18 εἴ τις **δοκεῖ** σοφὸς εἶναι ἐν ὑμῖν ἐν τῷ αἰῶνι τούτῳ,
4: 9 **δοκῶ** γάρ, ὁ θεὸς ἡμᾶς τοὺς ἀποστόλους ἐσχάτους ἀπέδειξεν ὡς ἐπιθανατίους,
7: 40 κατὰ τὴν ἐμὴν γνώμην· **δοκῶ** δὲ κἀγὼ πνεῦμα θεοῦ ἔχειν.
8: 2 εἴ τις **δοκεῖ** ἐγνωκέναι τι, οὔπω ἔγνω καθὼς δεῖ γνῶναι·
10: 12 ὥστε ὁ **δοκῶν** ἑστάναι βλεπέτω μὴ πέσῃ.
11: 16 Εἰ δέ τις **δοκεῖ** φιλόνεικος εἶναι, ἡμεῖς τοιαύτην συνήθειαν οὐκ ἔχομεν οὐδὲ αἱ ἐκκλησίαι τοῦ θεοῦ.
12: 22 ἀλλὰ πολλῷ μᾶλλον τὰ **δοκοῦντα** μέλη τοῦ σώματος ἀσθενέστερα ὑπάρχειν ἀναγκαῖά ἐστιν,
12: 23 καὶ ἃ **δοκοῦμεν** ἀτιμότερα εἶναι τοῦ σώματος τούτοις τιμὴν περισσοτέραν περιτίθεμεν,

14:37 Εἴ τις **δοκεῖ** προφήτης εἶναι ἢ πνευματικός, ἐπιγινωσκέτω ἃ γράφω ὑμῖν ὅτι κυρίου ἐστὶν ἐντολή·
2Co 10: 9 ἵνα μὴ **δόξω** ὡς ἂν ἐκφοβεῖν ὑμᾶς διὰ τῶν ἐπιστολῶν·
11:16 Πάλιν λέγω, μή τίς με **δόξῃ** ἄφρονα εἶναι·
12:19 Πάλαι **δοκεῖτε** ὅτι ὑμῖν ἀπολογούμεθα. κατέναντι θεοῦ ἐν Χριστῷ λαλοῦμεν·
Gal 2: 2 κατ' ἰδίαν δὲ τοῖς **δοκοῦσιν,** μή πως εἰς κενὸν τρέχω ἢ ἔδραμον.
2: 6 ἀπὸ δὲ τῶν **δοκούντων** εἶναί τι,– ὁποῖοί ποτε ἦσαν οὐδέν μοι διαφέρει· πρόσωπον [ὁ] θεὸς ἀνθρώπου οὐ λαμβάνει– ἐμοὶ γὰρ οἱ **δοκοῦντες** οὐδὲν προσανέθεντο,
2: 9 Ἰάκωβος καὶ Κηφᾶς καὶ Ἰωάννης, οἱ **δοκοῦντες** στῦλοι εἶναι,
6: 3 εἰ γὰρ **δοκεῖ** τις εἶναί τι μηδὲν ὤν,
Php 3: 4 εἴ τις **δοκεῖ** ἄλλος πεποιθέναι ἐν σαρκί, ἐγὼ μᾶλλον·
Heb 4: 1 μήποτε καταλειπομένης ἐπαγγελίας εἰσελθεῖν εἰς τὴν κατάπαυσιν αὐτοῦ **δοκῇ** τις ἐξ ὑμῶν ὑστερηκέναι.
10:29 πόσῳ **δοκεῖτε** χείρονος ἀξιωθήσεται τιμωρίας ὁ τὸν υἱὸν τοῦ θεοῦ καταπατήσας καὶ τὸ αἷμα τῆς διαθήκης κοινὸν
12:10 οἱ μὲν γὰρ πρὸς ὀλίγας ἡμέρας κατὰ τὸ **δοκοῦν** αὐτοῖς ἐπαίδευον,
12:11 πᾶσα δὲ παιδεία πρὸς μὲν τὸ παρὸν οὐ **δοκεῖ** χαρᾶς εἶναι ἀλλὰ λύπης,
Jas 1:26 Εἴ τις **δοκεῖ** θρησκὸς εἶναι μὴ χαλιναγωγῶν γλῶσσαν αὐτοῦ ἀλλὰ ἀπατῶν καρδίαν αὐτοῦ,
4: 5 ἢ **δοκεῖτε** ὅτι κενῶς ἡ γραφὴ λέγει, Πρὸς φθόνον ἐπιποθεῖ τὸ πνεῦμα ὃ κατῴκισεν ἐν ἡμῖν,

1507 δοκιμάζω [22]

√ *1312*

Lk 12:56 τὸ πρόσωπον τῆς γῆς καὶ τοῦ οὐρανοῦ οἴδατε **δοκιμάζειν,** τὸν καιρὸν δὲ τοῦτον πῶς οὐκ οἴδατε **δοκιμάζειν;**
14:19 Ζεύγη βοῶν ἠγόρασα πέντε καὶ πορεύομαι **δοκιμάσαι** αὐτά·
Ro 1:28 καὶ καθὼς οὐκ **ἐδοκίμασαν** τὸν θεὸν ἔχειν ἐν ἐπιγνώσει,
2:18 καὶ γινώσκεις τὸ θέλημα καὶ **δοκιμάζεις** τὰ διαφέροντα κατηχούμενος ἐκ τοῦ νόμου,
12: 2 ἀλλὰ μεταμορφοῦσθε τῇ ἀνακαινώσει τοῦ νοὸς εἰς τὸ **δοκιμάζειν** ὑμᾶς τί τὸ θέλημα τοῦ θεοῦ,
14:22 μακάριος ὁ μὴ κρίνων ἑαυτὸν ἐν ᾧ **δοκιμάζει·**
1Co 3:13 καὶ ἑκάστου τὸ ἔργον ὁποῖόν ἐστιν τὸ πῦρ [αὐτὸ] **δοκιμάσει.**
11:28 **δοκιμαζέτω** δὲ ἄνθρωπος ἑαυτὸν καὶ οὕτως ἐκ τοῦ ἄρτου ἐσθιέτω καὶ ἐκ τοῦ ποτηρίου πινέτω·
16: 3 ὅταν δὲ παραγένωμαι, οὓς ἐὰν **δοκιμάσητε,** δι' ἐπιστολῶν τούτους πέμψω ἀπενεγκεῖν τὴν χάριν ὑμῶν εἰς Ἰερουσαλήμ·
2Co 8: 8 Οὐ κατ' ἐπιταγὴν λέγω ἀλλὰ διὰ τῆς ἑτέρων σπουδῆς καὶ τὸ τῆς ὑμετέρας ἀγάπης γνήσιον **δοκιμάζων·**
8:22 συνεπέμψαμεν δὲ αὐτοῖς τὸν ἀδελφὸν ἡμῶν ὃν **ἐδοκιμάσαμεν** ἐν πολλοῖς πολλάκις σπουδαῖον ὄντα,
13: 5 Ἑαυτοὺς πειράζετε εἰ ἐστὲ ἐν τῇ πίστει, ἑαυτοὺς **δοκιμάζετε·**
Gal 6: 4 τὸ δὲ ἔργον ἑαυτοῦ **δοκιμαζέτω** ἕκαστος, καὶ τότε εἰς ἑαυτὸν μόνον τὸ καύχημα ἕξει καὶ οὐκ εἰς τὸν ἕτερον·
Eph 5:10 **δοκιμάζοντες** τί ἐστιν εὐάρεστον τῷ κυρίῳ,
Php 1:10 εἰς τὸ **δοκιμάζειν** ὑμᾶς τὰ διαφέροντα, ἵνα ἦτε εἰλικρινεῖς καὶ ἀπρόσκοποι εἰς ἡμέραν Χριστοῦ,
1Th 2: 4 ἀλλὰ καθὼς **δεδοκιμάσμεθα** ὑπὸ τοῦ θεοῦ πιστευθῆναι τὸ εὐαγγέλιον, οὕτως λαλοῦμεν, οὐχ ὡς ἀνθρώποις ἀρέσκοντες ἀλλὰ θεῷ τῷ **δοκιμάζοντι** τὰς καρδίας ἡμῶν.
5:21 πάντα δὲ **δοκιμάζετε,** τὸ καλὸν κατέχετε,
1Ti 3:10 καὶ οὗτοι δὲ **δοκιμαζέσθωσαν** πρῶτον, εἶτα διακονείτωσαν ἀνέγκλητοι ὄντες.
1Pe 1: 7 ἵνα τὸ δοκίμιον ὑμῶν τῆς πίστεως πολυτιμότερον χρυσίου τοῦ ἀπολλυμένου διὰ πυρὸς δὲ **δοκιμαζομένου,**
1Jn 4: 1 μὴ παντὶ πνεύματι πιστεύετε ἀλλὰ **δοκιμάζετε** τὰ πνεύματα εἰ ἐκ τοῦ θεοῦ ἐστιν,

1508 δοκιμασία [1]

√ *1312*

Heb 3: 9 οὗ ἐπείρασαν οἱ πατέρες ὑμῶν ἐν **δοκιμασίᾳ** καὶ εἶδον τὰ ἔργα μου

1509 δοκιμή [7]

√ *1312*

Ro 5: 4 ἡ δὲ ὑπομονὴ **δοκιμήν,** ἡ δὲ **δοκιμὴ** ἐλπίδα.
2Co 2: 9 ἵνα γνῶ τὴν **δοκιμὴν** ὑμῶν, εἰ εἰς πάντα ὑπήκοοί ἐστε.
8: 2 ὅτι ἐν πολλῇ **δοκιμῇ** θλίψεως ἡ περισσεία τῆς χαρᾶς αὐτῶν καὶ ἡ κατὰ βάθους πτωχεία αὐτῶν ἐπερίσσευσεν
9:13 διὰ τῆς **δοκιμῆς** τῆς διακονίας ταύτης δοξάζοντες τὸν θεὸν ἐπὶ τῇ ὑποταγῇ τῆς ὁμολογίας ὑμῶν εἰς τὸ εὐαγγέλιον
13: 3 ἐπεὶ **δοκιμὴν** ζητεῖτε τοῦ ἐν ἐμοὶ λαλοῦντος Χριστοῦ,
Php 2:22 τὴν δὲ **δοκιμὴν** αὐτοῦ γινώσκετε, ὅτι ὡς πατρὶ τέκνον σὺν ἐμοὶ ἐδούλευσεν εἰς τὸ εὐαγγέλιον.

1510 δοκίμιον [2]

√ *1312*

Jas 1: 3 γινώσκοντες ὅτι τὸ **δοκίμιον** ὑμῶν τῆς πίστεως κατεργάζεται ὑπομονήν.
1Pe 1: 7 ἵνα τὸ **δοκίμιον** ὑμῶν τῆς πίστεως πολυτιμότερον χρυσίου τοῦ ἀπολλυμένου διὰ πυρὸς δὲ δοκιμαζομένου,

1511 δόκιμος [7]

√ *1312*

Ro 14:18 ὁ γὰρ ἐν τούτῳ δουλεύων τῷ Χριστῷ εὐάρεστος τῷ θεῷ καὶ **δόκιμος** τοῖς ἀνθρώποις.
16:10 ἀσπάσασθε Ἀπελλῆν τὸν **δόκιμον** ἐν Χριστῷ. ἀσπάσασθε τοὺς ἐκ τῶν Ἀριστοβούλου.
1Co 11:19 ἵνα [καὶ] οἱ **δόκιμοι** φανεροὶ γένωνται ἐν ὑμῖν.
2Co 10:18 ἐκεῖνός ἐστιν **δόκιμος,** ἀλλὰ ὃν ὁ κύριος συνίστησιν.
13: 7 οὐχ ἵνα ἡμεῖς **δόκιμοι** φανῶμεν, ἀλλ' ἵνα ὑμεῖς τὸ καλὸν ποιῆτε,
2Ti 2:15 σπούδασον σεαυτὸν **δόκιμον** παραστῆσαι τῷ θεῷ, ἐργάτην ἀνεπαίσχυντον,
Jas 1:12 ὅτι **δόκιμος** γενόμενος λήμψεται τὸν στέφανον τῆς ζωῆς ὃν ἐπηγγείλατο τοῖς ἀγαπῶσιν αὐτόν.

1512 δοκός [6]

Mt 7: 3 τὴν δὲ ἐν τῷ σῷ ὀφθαλμῷ **δοκὸν** οὐ κατανοεῖς;
7: 4 καὶ ἰδοὺ ἡ **δοκὸς** ἐν τῷ ὀφθαλμῷ σοῦ;
7: 5 ἔκβαλε πρῶτον ἐκ τοῦ ὀφθαλμοῦ σοῦ τὴν **δοκόν,**
Lk 6:41 τὴν δὲ **δοκὸν** τὴν ἐν τῷ ἰδίῳ ὀφθαλμῷ οὐ κατανοεῖς;
6:42 αὐτὸς τὴν ἐν τῷ ὀφθαλμῷ σοῦ **δοκὸν** οὐ βλέπων; ὑποκριτά, ἔκβαλε πρῶτον τὴν **δοκὸν** ἐκ τοῦ ὀφθαλμοῦ σοῦ,

1513 δόλιος [1]

√ *1515*

2Co 11:13 οἱ γὰρ τοιοῦτοι ψευδαπόστολοι, ἐργάται **δόλιοι,** μετασχηματιζόμενοι εἰς ἀποστόλους Χριστοῦ.

1514 δολιόω [1]

√ *1515*

Ro 3:13 τάφος ἀνεῳγμένος ὁ λάρυγξ αὐτῶν, ταῖς γλώσσαις αὐτῶν **ἐδολιοῦσαν,**

1515 δόλος [11]

→ *100, 1284, 1513, 1514, 1516*

Mt 26: 4 καὶ συνεβουλεύσαντο ἵνα τὸν Ἰησοῦν **δόλῳ** κρατήσωσιν καὶ ἀποκτείνωσιν·
Mk 7:22 μοιχεῖαι, πλεονεξίαι, πονηρίαι, **δόλος,** ἀσέλγεια, ὀφθαλμὸς πονηρός, βλασφημία,
14: 1 καὶ ἐζήτουν οἱ ἀρχιερεῖς καὶ οἱ γραμματεῖς πῶς αὐτὸν ἐν **δόλῳ** κρατήσαντες ἀποκτείνωσιν·
Jn 1:47 Ἴδε ἀληθῶς Ἰσραηλίτης ἐν ᾧ **δόλος** οὐκ ἔστιν.
Ac 13:10 εἶπεν, Ὦ πλήρης παντὸς **δόλου** καὶ πάσης ῥᾳδιουργίας,
Ro 1:29 πεπληρωμένους πάσῃ ἀδικίᾳ πονηρίᾳ πλεονεξίᾳ κακίᾳ, μεστοὺς φθόνου φόνου ἔριδος **δόλου** κακοηθείας, ψιθυριστὰς
2Co 12:16 ἐγὼ οὐ κατεβάρησα ὑμᾶς· ἀλλὰ ὑπάρχων πανοῦργος **δόλῳ** ὑμᾶς ἔλαβον.
1Th 2: 3 ἡ γὰρ παράκλησις ἡμῶν οὐκ ἐκ πλάνης οὐδὲ ἐξ ἀκαθαρσίας οὐδὲ ἐν **δόλῳ,**
1Pe 2: 1 Ἀποθέμενοι οὖν πᾶσαν κακίαν καὶ πάντα **δόλον** καὶ ὑποκρίσεις καὶ φθόνους καὶ πάσας καταλαλιάς,
2:22 ὃς ἁμαρτίαν οὐκ ἐποίησεν οὐδὲ εὑρέθη **δόλος** ἐν τῷ στόματι αὐτοῦ,

3:10 ὁ γὰρ θέλων ζωὴν ἀγαπᾶν καὶ ἰδεῖν ἡμέρας ἀγαθὰς παυσάτω τὴν γλῶσσαν ἀπὸ κακοῦ καὶ χείλη τοῦ μὴ λαλῆσαι **δόλον,**

1516 δολόω [1]

√ *1515*

2Co 4: 2 μὴ περιπατοῦντες ἐν πανουργίᾳ μηδὲ **δολοῦντες** τὸν λόγον τοῦ θεοῦ ἀλλὰ τῇ φανερώσει τῆς ἀληθείας

1517 δόμα [4]

√ *1443*

δίδωμι δόματα [3] Mt 7:11; Lk 11:13; Eph 4:8

Mt 7:11 εἰ οὖν ὑμεῖς πονηροὶ ὄντες οἴδατε **δόματα** ἀγαθὰ διδόναι τοῖς τέκνοις ὑμῶν,

Lk 11:13 εἰ οὖν ὑμεῖς πονηροὶ ὑπάρχοντες οἴδατε **δόματα** ἀγαθὰ διδόναι τοῖς τέκνοις ὑμῶν,

Eph 4: 8 Ἀναβὰς εἰς ὕψος ᾐχμαλώτευσεν αἰχμαλωσίαν, ἔδωκεν **δόματα** τοῖς ἀνθρώποις.

Php 4:17 οὐχ ὅτι ἐπιζητῶ τὸ **δόμα,** ἀλλὰ ἐπιζητῶ τὸν καρπὸν τὸν πλεονάζοντα εἰς λόγον ὑμῶν.

1518 δόξα [166]

→ *1519, 1901, 1902, 3029, 3030, 4141, 5280; cf. 1506*

plural **δόξαι** [3] 1Pe 1:11; 2Pe 2:10; Jude 1:8

δόξα ἀνδρός [1] 1Co 11:7

δόξα ἐν ὑψίστοις [2] Lk 2:14; 19:38

δόξα καὶ τιμή; τιμή καὶ δόξα [12] Ro 2:7,10; 1Ti 1:17; Heb 2:7,9; 1Pe 1:7; 2Pe 1:17; Rev 4:9,11; 5:12,13; 21:26

δόξα [τοῦ] θεοῦ [22] Jn 11:4,40; 12:43; Ac 7:55; Ro 1:23; 3:7,23; 5:2; 15:7; 1Co 10:31; 11:7; 2Co 4:6,15; Php 1:11; 2:11; 1Ti 1:11; Tit 2:13; 1Pe 4:14; Rev 15:8; 19:1; 21:11,23

δόξα τῷ θεῷ [6] Lk 2:14; 17:18; Jn 9:24; Ac 12:23; Ro 4:20; Rev 11:13

δόξα [τοῦ] κυρίου [5] Lk 2:9; 2Co 3:18; 8:19; 2Th 2:14; Jas 2:1

δόξα [του] Χριστοῦ [3] 2Co 4:4; 8:23; 2Th 2:14; cf. 1Pe 4:13

πνεῦμα τῆς δόξης [1] 1Pe 4:14

Mt 4: 8 εἰς ὄρος ὑψηλὸν λίαν καὶ δείκνυσιν αὐτῷ πάσας τὰς βασιλείας τοῦ κόσμου καὶ τὴν **δόξαν** αὐτῶν

6:29 λέγω δὲ ὑμῖν ὅτι οὐδὲ Σολομὼν ἐν πάσῃ τῇ **δόξῃ** αὐτοῦ περιεβάλετο ὡς ἓν τούτων.

16:27 μέλλει γὰρ ὁ υἱὸς τοῦ ἀνθρώπου ἔρχεσθαι ἐν τῇ **δόξῃ** τοῦ πατρὸς αὐτοῦ μετὰ τῶν ἀγγέλων αὐτοῦ,

19:28 ὅταν καθίσῃ ὁ υἱὸς τοῦ ἀνθρώπου ἐπὶ θρόνου **δόξης** αὐτοῦ,

24:30 καὶ ὄψονται τὸν υἱὸν τοῦ ἀνθρώπου ἐρχόμενον ἐπὶ τῶν νεφελῶν τοῦ οὐρανοῦ μετὰ δυνάμεως καὶ **δόξης** πολλῆς·

25:31 Ὅταν δὲ ἔλθῃ ὁ υἱὸς τοῦ ἀνθρώπου ἐν τῇ **δόξῃ** αὐτοῦ καὶ πάντες οἱ ἄγγελοι μετ' αὐτοῦ, τότε καθίσει ἐπὶ θρόνου **δόξης** αὐτοῦ·

Mk 8:38 ὅταν ἔλθῃ ἐν τῇ **δόξῃ** τοῦ πατρὸς αὐτοῦ μετὰ τῶν ἀγγέλων τῶν ἁγίων.

10:37 Δὸς ἡμῖν ἵνα εἷς σου ἐκ δεξιῶν καὶ εἷς ἐξ ἀριστερῶν καθίσωμεν ἐν τῇ **δόξῃ** σου.

13:26 καὶ τότε ὄψονται τὸν υἱὸν τοῦ ἀνθρώπου ἐρχόμενον ἐν νεφέλαις μετὰ δυνάμεως πολλῆς καὶ **δόξης.**

Lk 2: 9 καὶ ἄγγελος κυρίου ἐπέστη αὐτοῖς καὶ **δόξα** κυρίου περιέλαμψεν αὐτούς,

2:14 **Δόξα** ἐν ὑψίστοις θεῷ καὶ ἐπὶ γῆς εἰρήνη ἐν ἀνθρώποις εὐδοκίας.

2:32 φῶς εἰς ἀποκάλυψιν ἐθνῶν καὶ **δόξαν** λαοῦ σου Ἰσραήλ.

4: 6 Σοὶ δώσω τὴν ἐξουσίαν ταύτην ἅπασαν καὶ τὴν **δόξαν** αὐτῶν,

9:26 ὅταν ἔλθῃ ἐν τῇ **δόξῃ** αὐτοῦ καὶ τοῦ πατρὸς καὶ τῶν ἁγίων ἀγγέλων.

9:31 οἳ ὀφθέντες ἐν **δόξῃ** ἔλεγον τὴν ἔξοδον αὐτοῦ,

9:32 διαγρηγορήσαντες δὲ εἶδον τὴν **δόξαν** αὐτοῦ καὶ τοὺς δύο ἄνδρας τοὺς συνεστῶτας αὐτῷ.

12:27 οὐδὲ Σολομὼν ἐν πάσῃ τῇ **δόξῃ** αὐτοῦ περιεβάλετο ὡς ἓν τούτων.

14:10 τότε ἔσται σοι **δόξα** ἐνώπιον πάντων τῶν συνανακειμένων σοι.

17:18 οὐχ εὑρέθησαν ὑποστρέψαντες δοῦναι **δόξαν** τῷ θεῷ εἰ μὴ ὁ ἀλλογενὴς οὗτος;

19:38 ὁ βασιλεὺς ἐν ὀνόματι κυρίου· ἐν οὐρανῷ εἰρήνη καὶ **δόξα** ἐν ὑψίστοις.

21:27 καὶ τότε ὄψονται τὸν υἱὸν τοῦ ἀνθρώπου ἐρχόμενον ἐν νεφέλῃ μετὰ δυνάμεως καὶ **δόξης** πολλῆς.

24:26 οὐχὶ ταῦτα ἔδει παθεῖν τὸν Χριστὸν καὶ εἰσελθεῖν εἰς τὴν **δόξαν** αὐτοῦ;

Jn 1:14 καὶ ἐθεασάμεθα τὴν **δόξαν** αὐτοῦ, **δόξαν** ὡς μονογενοῦς παρὰ πατρός, πλήρης χάριτος καὶ ἀληθείας.

2:11 Ταύτην ἐποίησεν ἀρχὴν τῶν σημείων ὁ Ἰησοῦς ἐν Κανὰ τῆς Γαλιλαίας καὶ ἐφανέρωσεν τὴν **δόξαν** αὐτοῦ,

5:41 **Δόξαν** παρὰ ἀνθρώπων οὐ λαμβάνω,

5:44 πῶς δύνασθε ὑμεῖς πιστεῦσαι **δόξαν** παρὰ ἀλλήλων λαμβάνοντες, καὶ τὴν **δόξαν** τὴν παρὰ τοῦ μόνου θεοῦ οὐ ζητεῖτε;

7:18 ὁ ἀφ' ἑαυτοῦ λαλῶν τὴν **δόξαν** τὴν ἰδίαν ζητεῖ· ὁ δὲ ζητῶν τὴν **δόξαν** τοῦ πέμψαντος αὐτὸν οὗτος ἀληθής ἐστιν καὶ ἀδικία ἐν αὐτῷ οὐκ ἔστιν.

8:50 ἐγὼ δὲ οὐ ζητῶ τὴν **δόξαν** μου· ἔστιν ὁ ζητῶν καὶ κρίνων.

8:54 Ἐὰν ἐγὼ δοξάσω ἐμαυτόν, ἡ **δόξα** μου οὐδέν ἐστιν·

9:24 Ἐφώνησαν οὖν τὸν ἄνθρωπον ἐκ δευτέρου ὃς ἦν τυφλὸς καὶ εἶπαν αὐτῷ, Δὸς **δόξαν** τῷ θεῷ·

11: 4 Αὕτη ἡ ἀσθένεια οὐκ ἔστιν πρὸς θάνατον ἀλλ' ὑπὲρ τῆς **δόξης** τοῦ θεοῦ,

11:40 Οὐκ εἶπόν σοι ὅτι ἐὰν πιστεύσῃς ὄψῃ τὴν **δόξαν** τοῦ θεοῦ;

12:41 ταῦτα εἶπεν Ἠσαΐας ὅτι εἶδεν τὴν **δόξαν** αὐτοῦ,

12:43 ἠγάπησαν γὰρ τὴν **δόξαν** τῶν ἀνθρώπων μᾶλλον ἤπερ τὴν **δόξαν** τοῦ θεοῦ.

17: 5 παρὰ σεαυτῷ τῇ **δόξῃ** ᾗ εἶχον πρὸ τοῦ τὸν κόσμον εἶναι παρὰ σοί.

17:22 κἀγὼ τὴν **δόξαν** ἣν δέδωκάς μοι δέδωκα αὐτοῖς,

17:24 ἵνα θεωρῶσιν τὴν **δόξαν** τὴν ἐμήν, ἣν δέδωκάς μοι ὅτι ἠγάπησάς με πρὸ καταβολῆς κόσμου.

Ac 7: 2 Ὁ θεὸς τῆς **δόξης** ὤφθη τῷ πατρὶ ἡμῶν Ἀβραὰμ ὄντι ἐν τῇ Μεσοποταμίᾳ πρὶν ἢ κατοικῆσαι αὐτὸν ἐν Χαρράν

7:55 ὑπάρχων δὲ πλήρης πνεύματος ἁγίου ἀτενίσας εἰς τὸν οὐρανὸν εἶδεν **δόξαν** θεοῦ καὶ Ἰησοῦν ἑστῶτα ἐκ δεξιῶν τοῦ θεοῦ

12:23 παραχρῆμα δὲ ἐπάταξεν αὐτὸν ἄγγελος κυρίου ἀνθ' ὧν οὐκ ἔδωκεν τὴν **δόξαν** τῷ θεῷ,

22:11 ὡς δὲ οὐκ ἐνέβλεπον ἀπὸ τῆς **δόξης** τοῦ φωτὸς ἐκείνου,

Ro 1:23 ἤλλαξαν τὴν **δόξαν** τοῦ ἀφθάρτου θεοῦ ἐν ὁμοιώματι εἰκόνος φθαρτοῦ ἀνθρώπου καὶ πετεινῶν καὶ τετραπόδων καὶ ἑρπετῶν.

2: 7 τοῖς μὲν καθ' ὑπομονὴν ἔργου ἀγαθοῦ **δόξαν** καὶ τιμὴν καὶ ἀφθαρσίαν ζητοῦσιν ζωὴν αἰώνιον,

2:10 **δόξα** δὲ καὶ τιμὴ καὶ εἰρήνη παντὶ τῷ ἐργαζομένῳ τὸ ἀγαθόν,

3: 7 εἰ δὲ ἡ ἀλήθεια τοῦ θεοῦ ἐν τῷ ἐμῷ ψεύσματι ἐπερίσσευσεν εἰς τὴν **δόξαν** αὐτοῦ,

3:23 πάντες γὰρ ἥμαρτον καὶ ὑστεροῦνται τῆς **δόξης** τοῦ θεοῦ

4:20 εἰς δὲ τὴν ἐπαγγελίαν τοῦ θεοῦ οὐ διεκρίθη τῇ ἀπιστίᾳ ἀλλ' ἐνεδυναμώθη τῇ πίστει, δοὺς **δόξαν** τῷ θεῷ

5: 2 τὴν προσαγωγὴν ἐσχήκαμεν [τῇ πίστει] εἰς τὴν χάριν ταύτην ἐν ᾗ ἑστήκαμεν καὶ καυχώμεθα ἐπ' ἐλπίδι τῆς **δόξης** τοῦ θεοῦ.

6: 4 ἵνα ὥσπερ ἠγέρθη Χριστὸς ἐκ νεκρῶν διὰ τῆς **δόξης** τοῦ πατρός,

8:18 Λογίζομαι γὰρ ὅτι οὐκ ἄξια τὰ παθήματα τοῦ νῦν καιροῦ πρὸς τὴν μέλλουσαν **δόξαν** ἀποκαλυφθῆναι εἰς ἡμᾶς.

8:21 ὅτι καὶ αὐτὴ ἡ κτίσις ἐλευθερωθήσεται ἀπὸ τῆς δουλείας τῆς φθορᾶς εἰς τὴν ἐλευθερίαν τῆς **δόξης** τῶν τέκνων τοῦ θεοῦ.

9: 4 ὧν ἡ υἱοθεσία καὶ ἡ **δόξα** καὶ αἱ διαθῆκαι καὶ ἡ νομοθεσία καὶ ἡ λατρεία καὶ αἱ ἐπαγγελίαι,

9:23 καὶ ἵνα γνωρίσῃ τὸν πλοῦτον τῆς **δόξης** αὐτοῦ ἐπὶ σκεύη ἐλέους ἃ προητοίμασεν εἰς **δόξαν;**

11:36 ὅτι ἐξ αὐτοῦ καὶ δι' αὐτοῦ καὶ εἰς αὐτὸν τὰ πάντα· αὐτῷ ἡ **δόξα** εἰς τοὺς αἰῶνας, ἀμήν.

15: 7 καθὼς καὶ ὁ Χριστὸς προσελάβετο ὑμᾶς εἰς **δόξαν** τοῦ θεοῦ.

16:27 [διὰ Ἰησοῦ Χριστοῦ, ᾧ ἡ **δόξα** εἰς τοὺς αἰῶνας, ἀμήν.]

1Co 2: 7 ἣν προώρισεν ὁ θεὸς πρὸ τῶν αἰώνων εἰς **δόξαν** ἡμῶν,

2: 8 εἰ γὰρ ἔγνωσαν, οὐκ ἂν τὸν κύριον τῆς **δόξης** ἐσταύρωσαν.

10:31 εἴτε οὖν ἐσθίετε εἴτε πίνετε εἴτε τι ποιεῖτε, πάντα εἰς **δόξαν** θεοῦ ποιεῖτε.

11: 7 ἀνὴρ μὲν γὰρ οὐκ ὀφείλει κατακαλύπτεσθαι τὴν κεφαλὴν εἰκὼν καὶ **δόξα** θεοῦ ὑπάρχων· ἡ γυνὴ δὲ **δόξα** ἀνδρός ἐστιν.

11:15 γυνὴ δὲ ἐὰν κομᾷ **δόξα** αὐτῇ ἐστιν; ὅτι ἡ κόμη ἀντὶ περιβολαίου δέδοται [αὐτῇ.]

15:40 ἀλλὰ ἑτέρα μὲν ἡ τῶν ἐπουρανίων **δόξα,** ἑτέρα δὲ ἡ τῶν ἐπιγείων.
15:41 ἄλλη **δόξα** ἡλίου, καὶ ἄλλη **δόξα** σελήνης, καὶ ἄλλη **δόξα** ἀστέρων· ἀστὴρ γὰρ ἀστέρος διαφέρει ἐν **δόξῃ.**
15:43 σπείρεται ἐν ἀτιμίᾳ, ἐγείρεται ἐν **δόξῃ·** σπείρεται ἐν ἀσθενείᾳ,
2Co 1:20 διὸ καὶ δι' αὐτοῦ τὸ Ἀμὴν τῷ θεῷ πρὸς **δόξαν** δι' ἡμῶν.
3: 7 Εἰ δὲ ἡ διακονία τοῦ θανάτου ἐν γράμμασιν ἐντετυπωμένη λίθοις ἐγενήθη ἐν **δόξῃ,** ὥστε μὴ δύνασθαι ἀτενίσαι τοὺς υἱοὺς Ἰσραὴλ εἰς τὸ πρόσωπον Μωϋσέως διὰ τὴν **δόξαν** τοῦ προσώπου αὐτοῦ τὴν καταργουμένην,
3: 8 πῶς οὐχὶ μᾶλλον ἡ διακονία τοῦ πνεύματος ἔσται ἐν **δόξῃ;**
3: 9 εἰ γὰρ τῇ διακονίᾳ τῆς κατακρίσεως **δόξα,** πολλῷ μᾶλλον περισσεύει ἡ διακονία τῆς δικαιοσύνης **δόξῃ.**
3:10 καὶ γὰρ οὐ δεδόξασται τὸ δεδοξασμένον ἐν τούτῳ τῷ μέρει εἵνεκεν τῆς ὑπερβαλλούσης **δόξης.**
3:11 εἰ γὰρ τὸ καταργούμενον διὰ **δόξης,** πολλῷ μᾶλλον τὸ μένον ἐν **δόξῃ.**
3:18 ἡμεῖς δὲ πάντες ἀνακεκαλυμμένῳ προσώπῳ τὴν **δόξαν** κυρίου κατοπτριζόμενοι τὴν αὐτὴν εἰκόνα μεταμορφούμεθα ἀπὸ **δόξης** εἰς **δόξαν** καθάπερ ἀπὸ κυρίου πνεύματος.
4: 4 ἐτύφλωσεν τὰ νοήματα τῶν ἀπίστων εἰς τὸ μὴ αὐγάσαι τὸν φωτισμὸν τοῦ εὐαγγελίου τῆς **δόξης** τοῦ Χριστοῦ,
4: 6 ὃς ἔλαμψεν ἐν ταῖς καρδίαις ἡμῶν πρὸς φωτισμὸν τῆς γνώσεως τῆς **δόξης** τοῦ θεοῦ ἐν προσώπῳ [Ἰησοῦ] Χριστοῦ.
4:15 ἵνα ἡ χάρις πλεονάσασα διὰ τῶν πλειόνων τὴν εὐχαριστίαν περισσεύσῃ εἰς τὴν **δόξαν** τοῦ θεοῦ.
4:17 τὸ γὰρ παραυτίκα ἐλαφρὸν τῆς θλίψεως ἡμῶν καθ' ὑπερβολὴν εἰς ὑπερβολὴν αἰώνιον βάρος **δόξης** κατεργάζεται ἡμῖν,
6: 8 διὰ **δόξης** καὶ ἀτιμίας, διὰ δυσφημίας καὶ εὐφημίας·
8:19 σὺν τῇ χάριτι ταύτῃ τῇ διακονουμένῃ ὑφ' ἡμῶν πρὸς τὴν [αὐτοῦ] τοῦ κυρίου **δόξαν** καὶ προθυμίαν ἡμῶν,
8:23 κοινωνὸς ἐμὸς καὶ εἰς ὑμᾶς συνεργός· εἴτε ἀδελφοὶ ἡμῶν, ἀπόστολοι ἐκκλησιῶν, **δόξα** Χριστοῦ.
Gal 1: 5 ᾧ ἡ **δόξα** εἰς τοὺς αἰῶνας τῶν αἰώνων,
Eph 1: 6 εἰς ἔπαινον **δόξης** τῆς χάριτος αὐτοῦ ἧς ἐχαρίτωσεν ἡμᾶς ἐν τῷ ἠγαπημένῳ.
1:12 εἰς τὸ εἶναι ἡμᾶς εἰς ἔπαινον **δόξης** αὐτοῦ τοὺς προηλπικότας ἐν τῷ Χριστῷ.
1:14 εἰς ἀπολύτρωσιν τῆς περιποιήσεως, εἰς ἔπαινον τῆς **δόξης** αὐτοῦ.
1:17 ἵνα ὁ θεὸς τοῦ κυρίου ἡμῶν Ἰησοῦ Χριστοῦ, ὁ πατὴρ τῆς **δόξης,**
1:18 τίς ὁ πλοῦτος τῆς **δόξης** τῆς κληρονομίας αὐτοῦ ἐν τοῖς ἁγίοις,
3:13 διὸ αἰτοῦμαι μὴ ἐγκακεῖν ἐν ταῖς θλίψεσίν μου ὑπὲρ ὑμῶν, ἥτις ἐστὶν **δόξα** ὑμῶν.
3:16 ἵνα δῷ ὑμῖν κατὰ τὸ πλοῦτος τῆς **δόξης** αὐτοῦ δυνάμει κραταιωθῆναι διὰ τοῦ πνεύματος αὐτοῦ εἰς τὸν ἔσω ἄνθρωπον,
3:21 αὐτῷ ἡ **δόξα** ἐν τῇ ἐκκλησίᾳ καὶ ἐν Χριστῷ Ἰησοῦ εἰς πάσας τὰς γενεὰς τοῦ αἰῶνος τῶν αἰώνων,
Php 1:11 πεπληρωμένοι καρπὸν δικαιοσύνης τὸν διὰ Ἰησοῦ Χριστοῦ εἰς **δόξαν** καὶ ἔπαινον θεοῦ.
2:11 καὶ πᾶσα γλῶσσα ἐξομολογήσηται ὅτι κύριος Ἰησοῦς Χριστὸς εἰς **δόξαν** θεοῦ πατρός.
3:19 ὧν ὁ θεὸς ἡ κοιλία καὶ ἡ **δόξα** ἐν τῇ αἰσχύνῃ αὐτῶν,
3:21 ὃς μετασχηματίσει τὸ σῶμα τῆς ταπεινώσεως ἡμῶν σύμμορφον τῷ σώματι τῆς **δόξης** αὐτοῦ κατὰ τὴν ἐνέργειαν τοῦ δύνασθαι αὐτὸν καὶ ὑποτάξαι αὐτῷ τὰ πάντα.
4:19 ὁ δὲ θεός μου πληρώσει πᾶσαν χρείαν ὑμῶν κατὰ τὸ πλοῦτος αὐτοῦ ἐν **δόξῃ** ἐν Χριστῷ Ἰησοῦ.
4:20 τῷ δὲ θεῷ καὶ πατρὶ ἡμῶν ἡ **δόξα** εἰς τοὺς αἰῶνας τῶν αἰώνων,
Col 1:11 ἐν πάσῃ δυνάμει δυναμούμενοι κατὰ τὸ κράτος τῆς **δόξης** αὐτοῦ εἰς πᾶσαν ὑπομονὴν καὶ μακροθυμίαν.
1:27 οἷς ἠθέλησεν ὁ θεὸς γνωρίσαι τί τὸ πλοῦτος τῆς **δόξης** τοῦ μυστηρίου τούτου ἐν τοῖς ἔθνεσιν, ὅ ἐστιν Χριστὸς ἐν ὑμῖν, ἡ ἐλπὶς τῆς **δόξης·**
3: 4 τότε καὶ ὑμεῖς σὺν αὐτῷ φανερωθήσεσθε ἐν **δόξῃ.**
1Th 2: 6 οὔτε ζητοῦντες ἐξ ἀνθρώπων **δόξαν** οὔτε ἀφ' ὑμῶν οὔτε ἀπ' ἄλλων,
2:12 καὶ μαρτυρόμενοι εἰς τὸ περιπατεῖν ὑμᾶς ἀξίως τοῦ θεοῦ τοῦ καλοῦντος ὑμᾶς εἰς τὴν ἑαυτοῦ βασιλείαν καὶ **δόξαν.**
2:20 ὑμεῖς γάρ ἐστε ἡ **δόξα** ἡμῶν καὶ ἡ χαρά.
2Th 1: 9 οἵτινες δίκην τίσουσιν ὄλεθρον αἰώνιον ἀπὸ προσώπου τοῦ κυρίου καὶ ἀπὸ τῆς **δόξης** τῆς ἰσχύος αὐτοῦ,
2:14 εἰς ὃ [καὶ] ἐκάλεσεν ὑμᾶς διὰ τοῦ εὐαγγελίου ἡμῶν εἰς περιποίησιν **δόξης** τοῦ κυρίου ἡμῶν Ἰησοῦ Χριστοῦ.
1Ti 1:11 κατὰ τὸ εὐαγγέλιον τῆς **δόξης** τοῦ μακαρίου θεοῦ,
1:17 τιμὴ καὶ **δόξα** εἰς τοὺς αἰῶνας τῶν αἰώνων,
3:16 ἐκηρύχθη ἐν ἔθνεσιν, ἐπιστεύθη ἐν κόσμῳ, ἀνελήμφθη ἐν **δόξῃ.**
2Ti 2:10 ἵνα καὶ αὐτοὶ σωτηρίας τύχωσιν τῆς ἐν Χριστῷ Ἰησοῦ μετὰ **δόξης** αἰωνίου.
4:18 ᾧ ἡ **δόξα** εἰς τοὺς αἰῶνας τῶν αἰώνων,
Tit 2:13 προσδεχόμενοι τὴν μακαρίαν ἐλπίδα καὶ ἐπιφάνειαν τῆς **δόξης** τοῦ μεγάλου θεοῦ καὶ σωτῆρος ἡμῶν Ἰησοῦ Χριστοῦ,
Heb 1: 3 ὃς ὢν ἀπαύγασμα τῆς **δόξης** καὶ χαρακτὴρ τῆς ὑποστάσεως αὐτοῦ,
2: 7 ἠλάττωσας αὐτὸν βραχύ τι παρ' ἀγγέλους, **δόξῃ** καὶ τιμῇ ἐστεφάνωσας αὐτόν,
2: 9 τὸν δὲ βραχύ τι παρ' ἀγγέλους ἠλαττωμένον βλέπομεν Ἰησοῦν διὰ τὸ πάθημα τοῦ θανάτου **δόξῃ** καὶ τιμῇ ἐστεφανωμένον,
2:10 πολλοὺς υἱοὺς εἰς **δόξαν** ἀγαγόντα τὸν ἀρχηγὸν τῆς σωτηρίας αὐτῶν διὰ παθημάτων τελειῶσαι.
3: 3 πλείονος γὰρ οὗτος **δόξης** παρὰ Μωϋσῆν ἠξίωται, καθ' ὅσον πλείονα τιμὴν ἔχει τοῦ οἴκου ὁ κατασκευάσας αὐτόν·
9: 5 ὑπεράνω δὲ αὐτῆς Χερουβὶν **δόξης** κατασκιάζοντα τὸ ἱλαστήριον·
13:21 ποιῶν ἐν ἡμῖν τὸ εὐάρεστον ἐνώπιον αὐτοῦ διὰ Ἰησοῦ Χριστοῦ, ᾧ ἡ **δόξα** εἰς τοὺς αἰῶνας [τῶν αἰώνων,]
Jas 2: 1 μὴ ἐν προσωπολημψίαις ἔχετε τὴν πίστιν τοῦ κυρίου ἡμῶν Ἰησοῦ Χριστοῦ τῆς **δόξης.**
1Pe 1: 7 εὑρεθῇ εἰς ἔπαινον καὶ **δόξαν** καὶ τιμὴν ἐν ἀποκαλύψει Ἰησοῦ Χριστοῦ·
1:11 καιρὸν ἐδήλου τὸ ἐν αὐτοῖς πνεῦμα Χριστοῦ προμαρτυρόμενον τὰ εἰς Χριστὸν παθήματα καὶ τὰς μετὰ ταῦτα **δόξας.**
1:21 τοὺς δι' αὐτοῦ πιστοὺς εἰς θεὸν τὸν ἐγείραντα αὐτὸν ἐκ νεκρῶν καὶ **δόξαν** αὐτῷ δόντα,
1:24 διότι πᾶσα σὰρξ ὡς χόρτος καὶ πᾶσα **δόξα** αὐτῆς ὡς ἄνθος χόρτου·
4:11 ᾧ ἐστιν ἡ **δόξα** καὶ τὸ κράτος εἰς τοὺς αἰῶνας τῶν αἰώνων,
4:13 ἵνα καὶ ἐν τῇ ἀποκαλύψει τῆς **δόξης** αὐτοῦ χαρῆτε ἀγαλλιώμενοι.
4:14 ὅτι τὸ τῆς **δόξης** καὶ τὸ τοῦ θεοῦ πνεῦμα ἐφ' ὑμᾶς ἀναπαύεται.
5: 1 ὁ συμπρεσβύτερος καὶ μάρτυς τῶν τοῦ Χριστοῦ παθημάτων, ὁ καὶ τῆς μελλούσης ἀποκαλύπτεσθαι **δόξης** κοινωνός·
5: 4 καὶ φανερωθέντος τοῦ ἀρχιποίμενος κομιεῖσθε τὸν ἀμαράντινον τῆς **δόξης** στέφανον.
5:10 ὁ καλέσας ὑμᾶς εἰς τὴν αἰώνιον αὐτοῦ **δόξαν** ἐν Χριστῷ [Ἰησοῦ,]
2Pe 1: 3 τὰ πρὸς ζωὴν καὶ εὐσέβειαν δεδωρημένης διὰ τῆς ἐπιγνώσεως τοῦ καλέσαντος ἡμᾶς ἰδίᾳ **δόξῃ** καὶ ἀρετῇ,
1:17 λαβὼν γὰρ παρὰ θεοῦ πατρὸς τιμὴν καὶ **δόξαν** φωνῆς ἐνεχθείσης αὐτῷ τοιᾶσδε ὑπὸ τῆς μεγαλοπρεποῦς **δόξης,**
2:10 Τολμηταὶ αὐθάδεις, **δόξας** οὐ τρέμουσιν βλασφημοῦντες,
3:18 αὐτῷ ἡ **δόξα** καὶ νῦν καὶ εἰς ἡμέραν αἰῶνος.
Jude 1: 8 Ὁμοίως μέντοι καὶ οὗτοι ἐνυπνιαζόμενοι σάρκα μὲν μιαίνουσιν κυριότητα δὲ ἀθετοῦσιν **δόξας** δὲ βλασφημοῦσιν.
1:24 Τῷ δὲ δυναμένῳ φυλάξαι ὑμᾶς ἀπταίστους καὶ στῆσαι κατενώπιον τῆς **δόξης** αὐτοῦ ἀμώμους ἐν ἀγαλλιάσει,
1:25 μόνῳ θεῷ σωτῆρι ἡμῶν διὰ Ἰησοῦ Χριστοῦ τοῦ κυρίου ἡμῶν **δόξα** μεγαλωσύνη κράτος καὶ ἐξουσία πρὸ παντὸς τοῦ αἰῶνος
Rev 1: 6 αὐτῷ ἡ **δόξα** καὶ τὸ κράτος εἰς τοὺς αἰῶνας [τῶν αἰώνων·]
4: 9 ὅταν δώσουσιν τὰ ζῷα **δόξαν** καὶ τιμὴν καὶ εὐχαριστίαν τῷ καθημένῳ ἐπὶ τῷ θρόνῳ τῷ ζῶντι εἰς τοὺς αἰῶνας τῶν αἰώνων,
4:11 λαβεῖν τὴν **δόξαν** καὶ τὴν τιμὴν καὶ τὴν δύναμιν,
5:12 Ἄξιόν ἐστιν τὸ ἀρνίον τὸ ἐσφαγμένον λαβεῖν τὴν δύναμιν καὶ πλοῦτον καὶ σοφίαν καὶ ἰσχὺν καὶ τιμὴν καὶ **δόξαν** καὶ εὐλογίαν.
5:13 Τῷ καθημένῳ ἐπὶ τῷ θρόνῳ καὶ τῷ ἀρνίῳ ἡ εὐλογία καὶ ἡ τιμὴ καὶ ἡ **δόξα** καὶ τὸ κράτος εἰς τοὺς αἰῶνας τῶν αἰώνων.
7:12 ἡ εὐλογία καὶ ἡ **δόξα** καὶ ἡ σοφία καὶ ἡ εὐχαριστία καὶ ἡ τιμὴ καὶ ἡ δύναμις καὶ ἡ ἰσχὺς τῷ θεῷ ἡμῶν εἰς τοὺς αἰῶνας
11:13 καὶ ἀπεκτάνθησαν ἐν τῷ σεισμῷ ὀνόματα ἀνθρώπων χιλιάδες ἑπτὰ καὶ οἱ λοιποὶ ἔμφοβοι ἐγένοντο καὶ ἔδωκαν **δόξαν** τῷ θεῷ
14: 7 λέγων ἐν φωνῇ μεγάλῃ, Φοβήθητε τὸν θεὸν καὶ δότε αὐτῷ **δόξαν,**
15: 8 καὶ ἐγεμίσθη ὁ ναὸς καπνοῦ ἐκ τῆς **δόξης** τοῦ θεοῦ καὶ ἐκ τῆς δυνάμεως αὐτοῦ,
16: 9 καὶ ἐκαυματίσθησαν οἱ ἄνθρωποι καῦμα μέγα καὶ ἐβλασφήμησαν τὸ ὄνομα τοῦ θεοῦ τοῦ ἔχοντος τὴν ἐξουσίαν ἐπὶ τὰς πληγὰς ταύτας καὶ οὐ μετενόησαν δοῦναι αὐτῷ **δόξαν.**
18: 1 καὶ ἡ γῆ ἐφωτίσθη ἐκ τῆς **δόξης** αὐτοῦ.
19: 1 ἡ σωτηρία καὶ ἡ **δόξα** καὶ ἡ δύναμις τοῦ θεοῦ ἡμῶν,

19: 7 χαίρωμεν καὶ ἀγαλλιῶμεν καὶ δώσωμεν τὴν **δόξαν** αὐτῷ,
21:11 ἔχουσαν τὴν **δόξαν** τοῦ θεοῦ, ὁ φωστὴρ αὐτῆς ὅμοιος λίθῳ τιμιωτάτῳ ὡς λίθῳ ἰάσπιδι κρυσταλλίζοντι.
21:23 ἡ γὰρ **δόξα** τοῦ θεοῦ ἐφώτισεν αὐτήν, καὶ ὁ λύχνος αὐτῆς τὸ ἀρνίον.
21:24 καὶ οἱ βασιλεῖς τῆς γῆς φέρουσιν τὴν **δόξαν** αὐτῶν εἰς αὐτήν,
21:26 καὶ οἴσουσιν τὴν **δόξαν** καὶ τὴν τιμὴν τῶν ἐθνῶν εἰς αὐτήν.

1519 δοξάζω [61]

√ *1518*

δοξάζω τὸν θεόν, ὁ θεός [24] Mt 9:8; 15:31; Mk 2:12; Lk 2:20; 5:25,26; 7:16; 13:13; 17:15; 18:43; 23:47; Jn 21:19; Ac 4:21; 11:18; 21:20; Ro 1:21; 15:6,9; 1Co 6:20; 2Co 9:13; Gal 1:24; 1Pe 2:12; 4:11,16

Mt 5:16 ὅπως ἴδωσιν ὑμῶν τὰ καλὰ ἔργα καὶ **δοξάσωσιν** τὸν πατέρα ὑμῶν τὸν ἐν τοῖς οὐρανοῖς.
6: 2 ὥσπερ οἱ ὑποκριταὶ ποιοῦσιν ἐν ταῖς συναγωγαῖς καὶ ἐν ταῖς ῥύμαις, ὅπως **δοξασθῶσιν** ὑπὸ τῶν ἀνθρώπων·
9: 8 ἰδόντες δὲ οἱ ὄχλοι ἐφοβήθησαν καὶ **ἐδόξασαν** τὸν θεὸν τὸν δόντα ἐξουσίαν τοιαύτην τοῖς ἀνθρώποις.
15:31 κυλλοὺς ὑγιεῖς καὶ χωλοὺς περιπατοῦντας καὶ τυφλοὺς βλέποντας· καὶ **ἐδόξασαν** τὸν θεὸν Ἰσραήλ.
Mk 2:12 ὥστε ἐξίστασθαι πάντας καὶ **δοξάζειν** τὸν θεὸν λέγοντας ὅτι Οὕτως οὐδέποτε εἴδομεν.
Lk 2:20 ὑπέστρεψαν οἱ ποιμένες **δοξάζοντες** καὶ αἰνοῦντες τὸν θεὸν ἐπὶ πᾶσιν οἷς ἤκουσαν καὶ εἶδον καθὼς ἐλαλήθη πρὸς αὐτούς.
4:15 καὶ αὐτὸς ἐδίδασκεν ἐν ταῖς συναγωγαῖς αὐτῶν **δοξαζόμενος** ὑπὸ πάντων.
5:25 ἀπῆλθεν εἰς τὸν οἶκον αὐτοῦ **δοξάζων** τὸν θεόν.
5:26 καὶ ἔκστασις ἔλαβεν ἅπαντας καὶ **ἐδόξαζον** τὸν θεὸν καὶ ἐπλήσθησαν φόβου λέγοντες ὅτι Εἴδομεν παράδοξα σήμερον.
7:16 ἔλαβεν δὲ φόβος πάντας καὶ **ἐδόξαζον** τὸν θεὸν λέγοντες ὅτι Προφήτης μέγας ἠγέρθη ἐν ἡμῖν καὶ ὅτι Ἐπεσκέψατο ὁ θεὸς
13:13 καὶ ἐπέθηκεν αὐτῇ τὰς χεῖρας· καὶ παραχρῆμα ἀνωρθώθη καὶ **ἐδόξαζεν** τὸν θεόν.
17:15 ἰδὼν ὅτι ἰάθη, ὑπέστρεψεν μετὰ φωνῆς μεγάλης **δοξάζων** τὸν θεόν,
18:43 παραχρῆμα ἀνέβλεψεν καὶ ἠκολούθει αὐτῷ **δοξάζων** τὸν θεόν.
23:47 Ἰδὼν δὲ ὁ ἑκατοντάρχης τὸ γενόμενον **ἐδόξαζεν** τὸν θεὸν λέγων,
Jn 7:39 οὔπω γὰρ ἦν πνεῦμα, ὅτι Ἰησοῦς οὐδέπω **ἐδοξάσθη.**
8:54 ἀπεκρίθη Ἰησοῦς, Ἐὰν ἐγὼ **δοξάσω** ἐμαυτόν, ἡ δόξα μου οὐδέν ἐστιν· ἔστιν ὁ πατήρ μου ὁ **δοξάζων** με, ὃν ὑμεῖς λέγετε ὅτι θεὸς ἡμῶν ἐστιν,
11: 4 ἵνα **δοξασθῇ** ὁ υἱὸς τοῦ θεοῦ δι᾽ αὐτῆς.
12:16 ἀλλ᾽ ὅτε **ἐδοξάσθη** Ἰησοῦς τότε ἐμνήσθησαν ὅτι ταῦτα ἦν ἐπ᾽ αὐτῷ γεγραμμένα καὶ ταῦτα ἐποίησαν αὐτῷ.
12:23 Ἐλήλυθεν ἡ ὥρα ἵνα **δοξασθῇ** ὁ υἱὸς τοῦ ἀνθρώπου.
12:28 πάτερ, **δόξασόν** σου τὸ ὄνομα. ἦλθεν οὖν φωνὴ ἐκ τοῦ οὐρανοῦ, Καὶ **ἐδόξασα** καὶ πάλιν **δοξάσω.**
13:31 λέγει Ἰησοῦς, Νῦν **ἐδοξάσθη** ὁ υἱὸς τοῦ ἀνθρώπου, καὶ ὁ θεὸς **ἐδοξάσθη** ἐν αὐτῷ·
13:32 [εἰ ὁ θεὸς **ἐδοξάσθη** ἐν αὐτῷ,] καὶ ὁ θεὸς **δοξάσει** αὐτὸν ἐν αὐτῷ, καὶ εὐθὺς **δοξάσει** αὐτόν.
14:13 καὶ ὅ τι ἂν αἰτήσητε ἐν τῷ ὀνόματί μου τοῦτο ποιήσω, ἵνα **δοξασθῇ** ὁ πατὴρ ἐν τῷ υἱῷ·
15: 8 ἐν τούτῳ **ἐδοξάσθη** ὁ πατήρ μου, ἵνα καρπὸν πολὺν φέρητε καὶ γένησθε ἐμοὶ μαθηταί.
16:14 ἐκεῖνος ἐμὲ **δοξάσει,** ὅτι ἐκ τοῦ ἐμοῦ λήμψεται καὶ ἀναγγελεῖ ὑμῖν.
17: 1 **δόξασόν** σου τὸν υἱόν, ἵνα ὁ υἱὸς **δοξάσῃ** σέ,
17: 4 ἐγώ σε **ἐδόξασα** ἐπὶ τῆς γῆς τὸ ἔργον τελειώσας ὃ δέδωκάς μοι ἵνα ποιήσω·
17: 5 καὶ νῦν **δόξασόν** με σύ, πάτερ, παρὰ σεαυτῷ τῇ δόξῃ ᾗ εἶχον πρὸ τοῦ τὸν κόσμον εἶναι παρὰ σοί.
17:10 καὶ τὰ ἐμὰ πάντα σά ἐστιν καὶ τὰ σὰ ἐμά, καὶ **δεδόξασμαι** ἐν αὐτοῖς.
21:19 τοῦτο δὲ εἶπεν σημαίνων ποίῳ θανάτῳ **δοξάσει** τὸν θεόν.
Ac 3:13 **ἐδόξασεν** τὸν παῖδα αὐτοῦ Ἰησοῦν ὃν ὑμεῖς μὲν παρεδώκατε καὶ ἠρνήσασθε κατὰ πρόσωπον Πιλάτου,
4:21 ὅτι πάντες **ἐδόξαζον** τὸν θεὸν ἐπὶ τῷ γεγονότι·
11:18 ἀκούσαντες δὲ ταῦτα ἡσύχασαν καὶ **ἐδόξασαν** τὸν θεὸν λέγοντες,
13:48 ἀκούοντα δὲ τὰ ἔθνη ἔχαιρον καὶ **ἐδόξαζον** τὸν λόγον τοῦ κυρίου καὶ ἐπίστευσαν ὅσοι ἦσαν τεταγμένοι εἰς ζωὴν αἰώνιον·
21:20 οἱ δὲ ἀκούσαντες **ἐδόξαζον** τὸν θεὸν εἶπόν τε αὐτῷ,
Ro 1:21 διότι γνόντες τὸν θεὸν οὐχ ὡς θεὸν **ἐδόξασαν** ἢ ηὐχαρίστησαν,
8:30 τούτους καὶ ἐδικαίωσεν· οὓς δὲ ἐδικαίωσεν, τούτους καὶ **ἐδόξασεν.**
11:13 ἐφ᾽ ὅσον μὲν οὖν εἰμι ἐγὼ ἐθνῶν ἀπόστολος, τὴν διακονίαν μου **δοξάζω,**
15: 6 ἵνα ὁμοθυμαδὸν ἐν ἑνὶ στόματι **δοξάζητε** τὸν θεὸν καὶ πατέρα τοῦ κυρίου ἡμῶν Ἰησοῦ Χριστοῦ.
15: 9 τὰ δὲ ἔθνη ὑπὲρ ἐλέους **δοξάσαι** τὸν θεόν,
1Co 6:20 **δοξάσατε** δὴ τὸν θεὸν ἐν τῷ σώματι ὑμῶν.
12:26 εἴτε **δοξάζεται** [ἓν] μέλος, συγχαίρει πάντα τὰ μέλη.
2Co 3:10 καὶ γὰρ οὐ **δεδόξασται** τὸ **δεδοξασμένον** ἐν τούτῳ τῷ μέρει εἵνεκεν τῆς ὑπερβαλλούσης δόξης.
9:13 διὰ τῆς δοκιμῆς τῆς διακονίας ταύτης **δοξάζοντες** τὸν θεὸν ἐπὶ τῇ ὑποταγῇ τῆς ὁμολογίας ὑμῶν εἰς τὸ εὐαγγέλιον
Gal 1:24 καὶ **ἐδόξαζον** ἐν ἐμοὶ τὸν θεόν.
2Th 3: 1 ἵνα ὁ λόγος τοῦ κυρίου τρέχῃ καὶ **δοξάζηται** καθὼς καὶ πρὸς ὑμᾶς,
Heb 5: 5 Οὕτως καὶ ὁ Χριστὸς οὐχ ἑαυτὸν **ἐδόξασεν** γενηθῆναι ἀρχιερέα ἀλλ᾽ ὁ λαλήσας πρὸς αὐτόν,
1Pe 1: 8 εἰς ὃν ἄρτι μὴ ὁρῶντες πιστεύοντες δὲ ἀγαλλιᾶσθε χαρᾷ ἀνεκλαλήτῳ καὶ **δεδοξασμένῃ**
2:12 ἐν ᾧ καταλαλοῦσιν ὑμῶν ὡς κακοποιῶν ἐκ τῶν καλῶν ἔργων ἐποπτεύοντες **δοξάσωσιν** τὸν θεὸν ἐν ἡμέρᾳ ἐπισκοπῆς.
4:11 ἵνα ἐν πᾶσιν **δοξάζηται** ὁ θεὸς διὰ Ἰησοῦ Χριστοῦ,
4:16 **δοξαζέτω** δὲ τὸν θεὸν ἐν τῷ ὀνόματι τούτῳ.
Rev 15: 4 τίς οὐ μὴ φοβηθῇ, κύριε, καὶ **δοξάσει** τὸ ὄνομά σου;
18: 7 ὅσα **ἐδόξασεν** αὐτὴν καὶ ἐστρηνίασεν, τοσοῦτον δότε αὐτῇ βασανισμὸν καὶ πένθος.

1520 Δορκάς [2]

Ac 9:36 Ἐν Ἰόππῃ δέ τις ἦν μαθήτρια ὀνόματι Ταβιθά, ἣ διερμηνευομένη λέγεται **Δορκάς·**
9:39 πᾶσαι αἱ χῆραι κλαίουσαι καὶ ἐπιδεικνύμεναι χιτῶνας καὶ ἱμάτια ὅσα ἐποίει μετ᾽ αὐτῶν οὖσα ἡ **Δορκάς.**

1521 δόσις [2]

√ *1443*

Php 4:15 οὐδεμία μοι ἐκκλησία ἐκοινώνησεν εἰς λόγον **δόσεως** καὶ λήμψεως εἰ μὴ ὑμεῖς μόνοι,
Jas 1:17 πᾶσα **δόσις** ἀγαθὴ καὶ πᾶν δώρημα τέλειον ἄνωθέν ἐστιν καταβαῖνον ἀπὸ τοῦ πατρὸς τῶν φώτων,

1522 δότης [1]

√ *1443*

2Co 9: 7 μὴ ἐκ λύπης ἢ ἐξ ἀνάγκης· ἱλαρὸν γὰρ **δότην** ἀγαπᾷ ὁ θεός.

1523 Δουβέριος Not used in UBS/NIV

√ *1292*

1524 δουλαγωγέω [1]

√ *1528 + 72*

1Co 9:27 ἀλλὰ ὑπωπιάζω μου τὸ σῶμα καὶ **δουλαγωγῶ,** μή πως ἄλλοις κηρύξας αὐτὸς ἀδόκιμος γένωμαι.

1525 δουλεία [5]

√ *1528*

Ro 8:15 οὐ γὰρ ἐλάβετε πνεῦμα **δουλείας** πάλιν εἰς φόβον ἀλλὰ ἐλάβετε πνεῦμα υἱοθεσίας ἐν ᾧ κράζομεν,
8:21 ὅτι καὶ αὐτὴ ἡ κτίσις ἐλευθερωθήσεται ἀπὸ τῆς **δουλείας** τῆς φθορᾶς εἰς τὴν ἐλευθερίαν τῆς δόξης τῶν τέκνων τοῦ θεοῦ.
Gal 4:24 μία μὲν ἀπὸ ὄρους Σινᾶ εἰς **δουλείαν** γεννῶσα,
5: 1 στήκετε οὖν καὶ μὴ πάλιν ζυγῷ **δουλείας** ἐνέχεσθε.
Heb 2:15 ὅσοι φόβῳ θανάτου διὰ παντὸς τοῦ ζῆν ἔνοχοι ἦσαν **δουλείας.**

1526 δουλεύω [25]

√ *1528*

δουλεύω ... θεόν [3] Mt 6:24; Lk 16:13; 1Th 1:9

δουλεύω ... κύριον [7] Mt 6:24; Lk 16:13; Ac 20:19; Ro 12:11; 16:18; Eph 6:7; Col 3:24

δουλεύω ... Χρίστον [3] Ro 14:18; 16:18; Col 3:24

Mt 6:24 Οὐδεὶς δύναται δυσὶ κυρίοις **δουλεύειν·** ἢ γὰρ τὸν ἕνα μισήσει καὶ τὸν ἕτερον ἀγαπήσει, ἢ ἑνὸς ἀνθέξεται καὶ τοῦ ἑτέρου καταφρονήσει. οὐ δύνασθε θεῷ **δουλεύειν** καὶ μαμωνᾷ.
Lk 15:29 Ἰδοὺ τοσαῦτα ἔτη **δουλεύω** σοι καὶ οὐδέποτε ἐντολήν σου παρῆλθον,
16:13 Οὐδεὶς οἰκέτης δύναται δυσὶ κυρίοις **δουλεύειν·** ἢ γὰρ τὸν ἕνα μισήσει καὶ τὸν ἕτερον ἀγαπήσει, ἢ ἑνὸς ἀνθέξεται καὶ τοῦ ἑτέρου καταφρονήσει. οὐ δύνασθε θεῷ **δουλεύειν** καὶ μαμωνᾷ.
Jn 8:33 ἀπεκρίθησαν πρὸς αὐτόν, Σπέρμα Ἀβραάμ ἐσμεν καὶ οὐδενὶ **δεδουλεύκαμεν** πώποτε·
Ac 7: 7 καὶ τὸ ἔθνος ᾧ ἐὰν **δουλεύσουσιν** κρινῶ ἐγώ,
20:19 **δουλεύων** τῷ κυρίῳ μετὰ πάσης ταπεινοφροσύνης καὶ δακρύων καὶ πειρασμῶν τῶν συμβάντων μοι ἐν ταῖς ἐπιβουλαῖς
Ro 6: 6 ἵνα καταργηθῇ τὸ σῶμα τῆς ἁμαρτίας, τοῦ μηκέτι **δουλεύειν** ἡμᾶς τῇ ἁμαρτίᾳ·
7: 6 ὥστε **δουλεύειν** ἡμᾶς ἐν καινότητι πνεύματος καὶ οὐ παλαιότητι γράμματος.
7:25 ἄρα οὖν αὐτὸς ἐγὼ τῷ μὲν νοῒ **δουλεύω** νόμῳ θεοῦ τῇ δὲ σαρκὶ νόμῳ ἁμαρτίας.
9:12 ἐρρέθη αὐτῇ ὅτι Ὁ μείζων **δουλεύσει** τῷ ἐλάσσονι,
12:11 τῇ σπουδῇ μὴ ὀκνηροί, τῷ πνεύματι ζέοντες, τῷ κυρίῳ **δουλεύοντες,**
14:18 ὁ γὰρ ἐν τούτῳ **δουλεύων** τῷ Χριστῷ εὐάρεστος τῷ θεῷ καὶ δόκιμος τοῖς ἀνθρώποις.
16:18 οἱ γὰρ τοιοῦτοι τῷ κυρίῳ ἡμῶν Χριστῷ οὐ **δουλεύουσιν** ἀλλὰ τῇ ἑαυτῶν κοιλίᾳ,
Gal 4: 8 Ἀλλὰ τότε μὲν οὐκ εἰδότες θεὸν **ἐδουλεύσατε** τοῖς φύσει μὴ οὖσιν θεοῖς·
4: 9 πῶς ἐπιστρέφετε πάλιν ἐπὶ τὰ ἀσθενῆ καὶ πτωχὰ στοιχεῖα οἷς πάλιν ἄνωθεν **δουλεύειν** θέλετε;
4:25 συστοιχεῖ δὲ τῇ νῦν Ἰερουσαλήμ, **δουλεύει** γὰρ μετὰ τῶν τέκνων αὐτῆς.
5:13 μόνον μὴ τὴν ἐλευθερίαν εἰς ἀφορμὴν τῇ σαρκί, ἀλλὰ διὰ τῆς ἀγάπης **δουλεύετε** ἀλλήλοις.
Eph 6: 7 μετ᾽ εὐνοίας **δουλεύοντες** ὡς τῷ κυρίῳ καὶ οὐκ ἀνθρώποις,
Php 2:22 ὅτι ὡς πατρὶ τέκνον σὺν ἐμοὶ **ἐδούλευσεν** εἰς τὸ εὐαγγέλιον.
Col 3:24 εἰδότες ὅτι ἀπὸ κυρίου ἀπολήμψεσθε τὴν ἀνταπόδοσιν τῆς κληρονομίας. τῷ κυρίῳ Χριστῷ **δουλεύετε·**
1Th 1: 9 καὶ πῶς ἐπεστρέψατε πρὸς τὸν θεὸν ἀπὸ τῶν εἰδώλων **δουλεύειν** θεῷ ζῶντι καὶ ἀληθινῷ
1Ti 6: 2 οἱ δὲ πιστοὺς ἔχοντες δεσπότας μὴ καταφρονείτωσαν, ὅτι ἀδελφοί εἰσιν, ἀλλὰ μᾶλλον **δουλευέτωσαν,**
Tit 3: 3 ἀπειθεῖς, πλανώμενοι, **δουλεύοντες** ἐπιθυμίαις καὶ ἡδοναῖς ποικίλαις, ἐν κακίᾳ καὶ φθόνῳ διάγοντες,

1527 δούλη [3]

√ *1528*

Lk 1:38 εἶπεν δὲ Μαριάμ, Ἰδοὺ ἡ **δούλη** κυρίου· γένοιτό μοι κατὰ τὸ ῥῆμά σου.
1:48 ὅτι ἐπέβλεψεν ἐπὶ τὴν ταπείνωσιν τῆς **δούλης** αὐτοῦ.
Ac 2:18 καί γε ἐπὶ τοὺς δούλους μου καὶ ἐπὶ τὰς **δούλας** μου ἐν ταῖς ἡμέραις ἐκείναις ἐκχεῶ ἀπὸ τοῦ πνεύματός μου,

1528 δοῦλος[1] [124]

→ *1524, 1525, 1526, 1527, 1529, 1530, 2871, 4056, 5281*

δοῦλος ... ἀπελεύθερος [1] 1Co 7:22

ἀχρεῖος δοῦλος [2] Mt 25:30; Lk 17:10

δοῦλος τῆς ἁμαρτίας [3] Jn 8:34; Ro 6:17,20

δοῦλος ... ἐλεύθερος [12] Ro 6:20; 1Co 7:21,22,22; 12:13; Gal 3:28; Eph 6:8; Col 3:11; 1Pe 2:16; Rev 6:15; 13:16; 19:18

δοῦλος θεοῦ [6] Ac 16:17; Tit 1:1; Jas 1:1; 1Pe 2:16; Rev 7:3; 15:3

δοῦλος κυρίου [2] 2Ti 2:24; Jas 1:1

δοῦλος Χριστοῦ [9] Ro 1:1; 1Co 7:22; Gal 1:10; Eph 6:6; Php 1:1; Col 4:12; Jas 1:1; 2Pe 1:1; Jude 1:1

κακός δοῦλος [1] Mt 24:48

πονηρός δοῦλος [3] Mt 18:32; 25:26; Lk 19:22

Mt 8: 9 καὶ τῷ **δούλῳ** μου, Ποίησον τοῦτο, καὶ ποιεῖ.
10:24 Οὐκ ἔστιν μαθητὴς ὑπὲρ τὸν διδάσκαλον οὐδὲ **δοῦλος** ὑπὲρ τὸν κύριον αὐτοῦ.
10:25 ἀρκετὸν τῷ μαθητῇ ἵνα γένηται ὡς ὁ διδάσκαλος αὐτοῦ καὶ ὁ **δοῦλος** ὡς ὁ κύριος αὐτοῦ.
13:27 προσελθόντες δὲ οἱ **δοῦλοι** τοῦ οἰκοδεσπότου εἶπον αὐτῷ,
13:28 οἱ δὲ **δοῦλοι** λέγουσιν αὐτῷ, Θέλεις οὖν ἀπελθόντες συλλέξωμεν αὐτά;
18:23 ὃς ἠθέλησεν συνᾶραι λόγον μετὰ τῶν **δούλων** αὐτοῦ.
18:26 πεσὼν οὖν ὁ **δοῦλος** προσεκύνει αὐτῷ λέγων, Μακροθύμησον ἐπ᾽ ἐμοί,
18:27 σπλαγχνισθεὶς δὲ ὁ κύριος τοῦ **δούλου** ἐκείνου ἀπέλυσεν αὐτὸν καὶ τὸ δάνειον ἀφῆκεν αὐτῷ.
18:28 ἐξελθὼν δὲ ὁ **δοῦλος** ἐκεῖνος εὗρεν ἕνα τῶν συνδούλων αὐτοῦ,
18:32 **Δοῦλε** πονηρέ, πᾶσαν τὴν ὀφειλὴν ἐκείνην ἀφῆκά σοι,
20:27 καὶ ὃς ἂν θέλῃ ἐν ὑμῖν εἶναι πρῶτος ἔσται ὑμῶν **δοῦλος·**
21:34 ἀπέστειλεν τοὺς **δούλους** αὐτοῦ πρὸς τοὺς γεωργοὺς λαβεῖν τοὺς καρποὺς αὐτοῦ.
21:35 καὶ λαβόντες οἱ γεωργοὶ τοὺς **δούλους** αὐτοῦ ὃν μὲν ἔδειραν,
21:36 πάλιν ἀπέστειλεν ἄλλους **δούλους** πλείονας τῶν πρώτων, καὶ ἐποίησαν αὐτοῖς ὡσαύτως.
22: 3 καὶ ἀπέστειλεν τοὺς **δούλους** αὐτοῦ καλέσαι τοὺς κεκλημένους εἰς τοὺς γάμους,
22: 4 πάλιν ἀπέστειλεν ἄλλους **δούλους** λέγων, Εἴπατε τοῖς κεκλημένοις,
22: 6 οἱ δὲ λοιποὶ κρατήσαντες τοὺς **δούλους** αὐτοῦ ὕβρισαν καὶ ἀπέκτειναν.
22: 8 τότε λέγει τοῖς **δούλοις** αὐτοῦ, Ὁ μὲν γάμος ἕτοιμός ἐστιν,
22:10 καὶ ἐξελθόντες οἱ **δοῦλοι** ἐκεῖνοι εἰς τὰς ὁδοὺς συνήγαγον πάντας οὓς εὗρον,
24:45 Τίς ἄρα ἐστὶν ὁ πιστὸς **δοῦλος** καὶ φρόνιμος ὃν κατέστησεν ὁ κύριος ἐπὶ τῆς οἰκετείας αὐτοῦ τοῦ δοῦναι αὐτοῖς τὴν τροφὴν
24:46 μακάριος ὁ **δοῦλος** ἐκεῖνος ὃν ἐλθὼν ὁ κύριος αὐτοῦ εὑρήσει οὕτως ποιοῦντα·
24:48 ἐὰν δὲ εἴπῃ ὁ κακὸς **δοῦλος** ἐκεῖνος ἐν τῇ καρδίᾳ αὐτοῦ,
24:50 ἥξει ὁ κύριος τοῦ **δούλου** ἐκείνου ἐν ἡμέρᾳ ᾗ οὐ προσδοκᾷ καὶ ἐν ὥρᾳ ᾗ οὐ γινώσκει,
25:14 Ὥσπερ γὰρ ἄνθρωπος ἀποδημῶν ἐκάλεσεν τοὺς ἰδίους **δούλους** καὶ παρέδωκεν αὐτοῖς τὰ ὑπάρχοντα αὐτοῦ,
25:19 μετὰ δὲ πολὺν χρόνον ἔρχεται ὁ κύριος τῶν **δούλων** ἐκείνων καὶ συναίρει λόγον μετ᾽ αὐτῶν.
25:21 Εὖ, **δοῦλε** ἀγαθὲ καὶ πιστέ, ἐπὶ ὀλίγα ἦς πιστός,
25:23 Εὖ, **δοῦλε** ἀγαθὲ καὶ πιστέ, ἐπὶ ὀλίγα ἦς πιστός,
25:26 ἀποκριθεὶς δὲ ὁ κύριος αὐτοῦ εἶπεν αὐτῷ, Πονηρὲ **δοῦλε** καὶ ὀκνηρέ,
25:30 καὶ τὸν ἀχρεῖον **δοῦλον** ἐκβάλετε εἰς τὸ σκότος τὸ ἐξώτερον·
26:51 ἐκτείνας τὴν χεῖρα ἀπέσπασεν τὴν μάχαιραν αὐτοῦ καὶ πατάξας τὸν **δοῦλον** τοῦ ἀρχιερέως ἀφεῖλεν αὐτοῦ τὸ ὠτίον.
Mk 10:44 καὶ ὃς ἂν θέλῃ ἐν ὑμῖν εἶναι πρῶτος ἔσται πάντων **δοῦλος·**
12: 2 καὶ ἀπέστειλεν πρὸς τοὺς γεωργοὺς τῷ καιρῷ **δοῦλον** ἵνα παρὰ τῶν γεωργῶν λάβῃ ἀπὸ τῶν καρπῶν τοῦ ἀμπελῶνος·
12: 4 καὶ πάλιν ἀπέστειλεν πρὸς αὐτοὺς ἄλλον **δοῦλον·** κἀκεῖνον ἐκεφαλίωσαν καὶ ἠτίμασαν.
13:34 ὡς ἄνθρωπος ἀπόδημος ἀφεὶς τὴν οἰκίαν αὐτοῦ καὶ δοὺς τοῖς **δούλοις** αὐτοῦ τὴν ἐξουσίαν ἑκάστῳ τὸ ἔργον αὐτοῦ
14:47 σπασάμενος τὴν μάχαιραν ἔπαισεν τὸν **δοῦλον** τοῦ ἀρχιερέως καὶ ἀφεῖλεν αὐτοῦ τὸ ὠτάριον.
Lk 2:29 Νῦν ἀπολύεις τὸν **δοῦλόν** σου, δέσποτα, κατὰ τὸ ῥῆμά σου ἐν εἰρήνῃ·
7: 2 Ἑκατοντάρχου δέ τινος **δοῦλος** κακῶς ἔχων ἤμελλεν τελευτᾶν,
7: 3 ἀκούσας δὲ περὶ τοῦ Ἰησοῦ ἀπέστειλεν πρὸς αὐτὸν πρεσβυτέρους τῶν Ἰουδαίων ἐρωτῶν αὐτὸν ὅπως ἐλθὼν διασώσῃ τὸν **δοῦλον** αὐτοῦ.
7: 8 καὶ τῷ **δούλῳ** μου, Ποίησον τοῦτο, καὶ ποιεῖ.
7:10 καὶ ὑποστρέψαντες εἰς τὸν οἶκον οἱ πεμφθέντες εὗρον τὸν **δοῦλον** ὑγιαίνοντα.
12:37 μακάριοι οἱ **δοῦλοι** ἐκεῖνοι, οὓς ἐλθὼν ὁ κύριος εὑρήσει γρηγοροῦντας·

12:43 μακάριος ὁ **δοῦλος** ἐκεῖνος, ὃν ἐλθὼν ὁ κύριος αὐτοῦ εὑρήσει ποιοῦντα οὕτως.
12:45 ἐὰν δὲ εἴπῃ ὁ **δοῦλος** ἐκεῖνος ἐν τῇ καρδίᾳ αὐτοῦ,
12:46 ἥξει ὁ κύριος τοῦ **δούλου** ἐκείνου ἐν ἡμέρᾳ ᾗ οὐ προσδοκᾷ καὶ ἐν ὥρᾳ ᾗ οὐ γινώσκει,
12:47 ἐκεῖνος δὲ ὁ **δοῦλος** ὁ γνοὺς τὸ θέλημα τοῦ κυρίου αὐτοῦ καὶ μὴ ἑτοιμάσας ἢ ποιήσας πρὸς τὸ θέλημα αὐτοῦ δαρήσεται
14:17 καὶ ἀπέστειλεν τὸν **δοῦλον** αὐτοῦ τῇ ὥρᾳ τοῦ δείπνου εἰπεῖν τοῖς κεκλημένοις,
14:21 καὶ παραγενόμενος ὁ **δοῦλος** ἀπήγγειλεν τῷ κυρίῳ αὐτοῦ ταῦτα. τότε ὀργισθεὶς ὁ οἰκοδεσπότης εἶπεν τῷ **δούλῳ** αὐτοῦ,
14:22 καὶ εἶπεν ὁ **δοῦλος,** Κύριε, γέγονεν ὃ ἐπέταξας,
14:23 καὶ εἶπεν ὁ κύριος πρὸς τὸν **δοῦλον,** Ἔξελθε εἰς τὰς ὁδοὺς καὶ φραγμοὺς καὶ ἀνάγκασον εἰσελθεῖν,
15:22 εἶπεν δὲ ὁ πατὴρ πρὸς τοὺς **δούλους** αὐτοῦ,
17: 7 Τίς δὲ ἐξ ὑμῶν **δοῦλον** ἔχων ἀροτριῶντα ἢ ποιμαίνοντα,
17: 9 μὴ ἔχει χάριν τῷ **δούλῳ** ὅτι ἐποίησεν τὰ διαταχθέντα;
17:10 λέγετε ὅτι **Δοῦλοι** ἀχρεῖοί ἐσμεν, ὃ ὠφείλομεν ποιῆσαι πεποιήκαμεν.
19:13 καλέσας δὲ δέκα **δούλους** ἑαυτοῦ ἔδωκεν αὐτοῖς δέκα μνᾶς καὶ εἶπεν πρὸς αὐτούς,
19:15 λαβόντα τὴν βασιλείαν καὶ εἶπεν φωνηθῆναι αὐτῷ τοὺς **δούλους** τούτους οἷς δεδώκει τὸ ἀργύριον,
19:17 Εὖγε, ἀγαθὲ **δοῦλε,** ὅτι ἐν ἐλαχίστῳ πιστὸς ἐγένου,
19:22 Ἐκ τοῦ στόματός σου κρίνω σε, πονηρὲ **δοῦλε.**
20:10 καὶ καιρῷ ἀπέστειλεν πρὸς τοὺς γεωργοὺς **δοῦλον** ἵνα ἀπὸ τοῦ καρποῦ τοῦ ἀμπελῶνος δώσουσιν αὐτῷ·
20:11 καὶ προσέθετο ἕτερον πέμψαι **δοῦλον·** οἱ δὲ κἀκεῖνον δείραντες καὶ ἀτιμάσαντες ἐξαπέστειλαν κενόν.
22:50 καὶ ἐπάταξεν εἷς τις ἐξ αὐτῶν τοῦ ἀρχιερέως τὸν **δοῦλον** καὶ ἀφεῖλεν τὸ οὖς αὐτοῦ τὸ δεξιόν.
Jn 4:51 ἤδη δὲ αὐτοῦ καταβαίνοντος οἱ **δοῦλοι** αὐτοῦ ὑπήντησαν αὐτῷ λέγοντες ὅτι ὁ παῖς αὐτοῦ ζῇ.
8:34 Ἀμὴν ἀμὴν λέγω ὑμῖν ὅτι πᾶς ὁ ποιῶν τὴν ἁμαρτίαν **δοῦλός** ἐστιν τῆς ἁμαρτίας.
8:35 ὁ δὲ **δοῦλος** οὐ μένει ἐν τῇ οἰκίᾳ εἰς τὸν αἰῶνα,
13:16 οὐκ ἔστιν **δοῦλος** μείζων τοῦ κυρίου αὐτοῦ οὐδὲ ἀπόστολος μείζων τοῦ πέμψαντος αὐτόν.
15:15 οὐκέτι λέγω ὑμᾶς **δούλους,** ὅτι ὁ **δοῦλος** οὐκ οἶδεν τί ποιεῖ αὐτοῦ ὁ κύριος·
15:20 μνημονεύετε τοῦ λόγου οὗ ἐγὼ εἶπον ὑμῖν, Οὐκ ἔστιν **δοῦλος** μείζων τοῦ κυρίου αὐτοῦ.
18:10 καὶ ἔπαισεν τὸν τοῦ ἀρχιερέως **δοῦλον** καὶ ἀπέκοψεν αὐτοῦ τὸ ὠτάριον τὸ δεξιόν· ἦν δὲ ὄνομα τῷ **δούλῳ** Μάλχος.
18:18 εἱστήκεισαν δὲ οἱ **δοῦλοι** καὶ οἱ ὑπηρέται ἀνθρακιὰν πεποιηκότες,
18:26 λέγει εἷς ἐκ τῶν **δούλων** τοῦ ἀρχιερέως, συγγενὴς ὢν οὗ ἀπέκοψεν Πέτρος τὸ ὠτίον,
Ac 2:18 καί γε ἐπὶ τοὺς **δούλους** μου καὶ ἐπὶ τὰς δούλας μου ἐν ταῖς ἡμέραις ἐκείναις ἐκχεῶ ἀπὸ τοῦ πνεύματός μου,
4:29 ἔπιδε ἐπὶ τὰς ἀπειλὰς αὐτῶν καὶ δὸς τοῖς **δούλοις** σου μετὰ παρρησίας πάσης λαλεῖν τὸν λόγον σου,
16:17 Οὗτοι οἱ ἄνθρωποι **δοῦλοι** τοῦ θεοῦ τοῦ ὑψίστου εἰσίν,
Ro 1: 1 Παῦλος **δοῦλος** Χριστοῦ Ἰησοῦ, κλητὸς ἀπόστολος ἀφωρισμένος εἰς εὐαγγέλιον θεοῦ,
6:16 οὐκ οἴδατε ὅτι ᾧ παριστάνετε ἑαυτοὺς **δούλους** εἰς ὑπακοήν, **δοῦλοί** ἐστε ᾧ ὑπακούετε, ἤτοι ἁμαρτίας εἰς θάνατον ἢ ὑπακοῆς εἰς δικαιοσύνην;
6:17 χάρις δὲ τῷ θεῷ ὅτι ἦτε **δοῦλοι** τῆς ἁμαρτίας ὑπηκούσατε δὲ ἐκ καρδίας εἰς ὃν παρεδόθητε τύπον διδαχῆς,
6:20 ὅτε γὰρ **δοῦλοι** ἦτε τῆς ἁμαρτίας, ἐλεύθεροι ἦτε τῇ δικαιοσύνῃ.
1Co 7:21 **δοῦλος** ἐκλήθης, μή σοι μελέτω· ἀλλ' εἰ καὶ δύνασαι ἐλεύθερος γενέσθαι,
7:22 ὁ γὰρ ἐν κυρίῳ κληθεὶς **δοῦλος** ἀπελεύθερος κυρίου ἐστίν, ὁμοίως ὁ ἐλεύθερος κληθεὶς **δοῦλός** ἐστιν Χριστοῦ.
7:23 τιμῆς ἠγοράσθητε· μὴ γίνεσθε **δοῦλοι** ἀνθρώπων.
12:13 εἴτε Ἰουδαῖοι εἴτε Ἕλληνες εἴτε **δοῦλοι** εἴτε ἐλεύθεροι,
2Co 4: 5 οὐ γὰρ ἑαυτοὺς κηρύσσομεν ἀλλὰ Ἰησοῦν Χριστὸν κύριον, ἑαυτοὺς δὲ **δούλους** ὑμῶν διὰ Ἰησοῦν.
Gal 1:10 εἰ ἔτι ἀνθρώποις ἤρεσκον, Χριστοῦ **δοῦλος** οὐκ ἂν ἤμην.
3:28 οὐκ ἔνι **δοῦλος** οὐδὲ ἐλεύθερος, οὐκ ἔνι ἄρσεν καὶ θῆλυ·
4: 1 ἐφ' ὅσον χρόνον ὁ κληρονόμος νήπιός ἐστιν, οὐδὲν διαφέρει **δούλου** κύριος πάντων ὤν,
4: 7 ὥστε οὐκέτι εἶ **δοῦλος** ἀλλὰ υἱός· εἰ δὲ υἱός,
Eph 6: 5 Οἱ **δοῦλοι,** ὑπακούετε τοῖς κατὰ σάρκα κυρίοις μετὰ φόβου καὶ τρόμου ἐν ἁπλότητι τῆς καρδίας ὑμῶν ὡς τῷ Χριστῷ,
6: 6 μὴ κατ' ὀφθαλμοδουλίαν ὡς ἀνθρωπάρεσκοι ἀλλ' ὡς **δοῦλοι** Χριστοῦ ποιοῦντες τὸ θέλημα τοῦ θεοῦ ἐκ ψυχῆς,
6: 8 τοῦτο κομίσεται παρὰ κυρίου εἴτε **δοῦλος** εἴτε ἐλεύθερος.
Php 1: 1 Παῦλος καὶ Τιμόθεος **δοῦλοι** Χριστοῦ Ἰησοῦ πᾶσιν τοῖς ἁγίοις ἐν Χριστῷ Ἰησοῦ τοῖς οὖσιν ἐν Φιλίπποις σὺν ἐπισκόποις
2: 7 ἀλλὰ ἑαυτὸν ἐκένωσεν μορφὴν **δούλου** λαβών, ἐν ὁμοιώματι ἀνθρώπων γενόμενος·
Col 3:11 ὅπου οὐκ ἔνι Ἕλλην καὶ Ἰουδαῖος, περιτομὴ καὶ ἀκροβυστία, βάρβαρος, Σκύθης, **δοῦλος,** ἐλεύθερος,
3:22 Οἱ **δοῦλοι,** ὑπακούετε κατὰ πάντα τοῖς κατὰ σάρκα κυρίοις,
4: 1 τὸ δίκαιον καὶ τὴν ἰσότητα τοῖς **δούλοις** παρέχεσθε,
4:12 ἀσπάζεται ὑμᾶς Ἐπαφρᾶς ὁ ἐξ ὑμῶν, **δοῦλος** Χριστοῦ [Ἰησοῦ,]
1Ti 6: 1 Ὅσοι εἰσὶν ὑπὸ ζυγὸν **δοῦλοι,** τοὺς ἰδίους δεσπότας πάσης τιμῆς ἀξίους ἡγείσθωσαν,
2Ti 2:24 **δοῦλον** δὲ κυρίου οὐ δεῖ μάχεσθαι ἀλλὰ ἤπιον εἶναι πρὸς πάντας,
Tit 1: 1 Παῦλος **δοῦλος** θεοῦ, ἀπόστολος δὲ Ἰησοῦ Χριστοῦ κατὰ πίστιν ἐκλεκτῶν θεοῦ καὶ ἐπίγνωσιν ἀληθείας
2: 9 **δούλους** ἰδίοις δεσπόταις ὑποτάσσεσθαι ἐν πᾶσιν, εὐαρέστους εἶναι,
Phm 1:16 οὐκέτι ὡς **δοῦλον** ἀλλὰ ὑπὲρ **δοῦλον,** ἀδελφὸν ἀγαπητόν,
Jas 1: 1 Ἰάκωβος θεοῦ καὶ κυρίου Ἰησοῦ Χριστοῦ **δοῦλος** ταῖς δώδεκα φυλαῖς ταῖς ἐν τῇ διασπορᾷ χαίρειν.
1Pe 2:16 ὡς ἐλεύθεροι καὶ μὴ ὡς ἐπικάλυμμα ἔχοντες τῆς κακίας τὴν ἐλευθερίαν ἀλλ' ὡς θεοῦ **δοῦλοι.**
2Pe 1: 1 Συμεὼν Πέτρος **δοῦλος** καὶ ἀπόστολος Ἰησοῦ Χριστοῦ τοῖς ἰσότιμον ἡμῖν λαχοῦσιν πίστιν ἐν δικαιοσύνῃ τοῦ θεοῦ ἡμῶν
2:19 ἐλευθερίαν αὐτοῖς ἐπαγγελλόμενοι, αὐτοὶ **δοῦλοι** ὑπάρχοντες τῆς φθορᾶς·
Jude 1: 1 Ἰούδας Ἰησοῦ Χριστοῦ **δοῦλος,** ἀδελφὸς δὲ Ἰακώβου,
Rev 1: 1 Ἀποκάλυψις Ἰησοῦ Χριστοῦ ἣν ἔδωκεν αὐτῷ ὁ θεὸς δεῖξαι τοῖς **δούλοις** αὐτοῦ ἃ δεῖ γενέσθαι ἐν τάχει, καὶ ἐσήμανεν ἀποστείλας διὰ τοῦ ἀγγέλου αὐτοῦ τῷ **δούλῳ** αὐτοῦ Ἰωάννῃ,
2:20 ἡ λέγουσα ἑαυτὴν προφῆτιν καὶ διδάσκει καὶ πλανᾷ τοὺς ἐμοὺς **δούλους** πορνεῦσαι καὶ φαγεῖν εἰδωλόθυτα.
6:15 καὶ οἱ βασιλεῖς τῆς γῆς καὶ οἱ μεγιστᾶνες καὶ οἱ χιλίαρχοι καὶ οἱ πλούσιοι καὶ οἱ ἰσχυροὶ καὶ πᾶς **δοῦλος** καὶ ἐλεύθερος
7: 3 ἄχρι σφραγίσωμεν τοὺς **δούλους** τοῦ θεοῦ ἡμῶν ἐπὶ τῶν μετώπων αὐτῶν.
10: 7 καὶ ἐτελέσθη τὸ μυστήριον τοῦ θεοῦ, ὡς εὐηγγέλισεν τοὺς ἑαυτοῦ **δούλους** τοὺς προφήτας.
11:18 καὶ ἦλθεν ἡ ὀργή σου καὶ ὁ καιρὸς τῶν νεκρῶν κριθῆναι καὶ δοῦναι τὸν μισθὸν τοῖς **δούλοις** σου τοῖς προφήταις καὶ τοῖς ἁγίοις καὶ τοῖς φοβουμένοις τὸ ὄνομά σου,
13:16 καὶ τοὺς πλουσίους καὶ τοὺς πτωχούς, καὶ τοὺς ἐλευθέρους καὶ τοὺς **δούλους,**
15: 3 καὶ ᾄδουσιν τὴν ᾠδὴν Μωϋσέως τοῦ **δούλου** τοῦ θεοῦ καὶ τὴν ᾠδὴν τοῦ ἀρνίου λέγοντες,
19: 2 καὶ ἐξεδίκησεν τὸ αἷμα τῶν **δούλων** αὐτοῦ ἐκ χειρὸς αὐτῆς.
19: 5 Αἰνεῖτε τῷ θεῷ ἡμῶν πάντες οἱ **δοῦλοι** αὐτοῦ [καὶ] οἱ φοβούμενοι αὐτόν,
19:18 καὶ σάρκας ἵππων καὶ τῶν καθημένων ἐπ' αὐτῶν καὶ σάρκας πάντων ἐλευθέρων τε καὶ **δούλων** καὶ μικρῶν καὶ μεγάλων.
22: 3 καὶ ὁ θρόνος τοῦ θεοῦ καὶ τοῦ ἀρνίου ἐν αὐτῇ ἔσται, καὶ οἱ **δοῦλοι** αὐτοῦ λατρεύσουσιν αὐτῷ
22: 6 καὶ ὁ κύριος ὁ θεὸς τῶν πνευμάτων τῶν προφητῶν ἀπέστειλεν τὸν ἄγγελον αὐτοῦ δεῖξαι τοῖς **δούλοις** αὐτοῦ ἃ δεῖ γενέσθαι

1529 δοῦλος^2 [2]

√ *1528*

Ro 6:19 ὥσπερ γὰρ παρεστήσατε τὰ μέλη ὑμῶν **δοῦλα** τῇ ἀκαθαρσίᾳ καὶ τῇ ἀνομίᾳ εἰς τὴν ἀνομίαν, οὕτως νῦν παραστήσατε τὰ μέλη ὑμῶν **δοῦλα** τῇ δικαιοσύνῃ εἰς ἁγιασμόν.

1530 δουλόω [8]

√ *1528*

Ac 7: 6 ὅτι ἔσται τὸ σπέρμα αὐτοῦ πάροικον ἐν γῇ ἀλλοτρίᾳ καὶ **δουλώσουσιν** αὐτὸ καὶ κακώσουσιν ἔτη τετρακόσια·
Ro 6:18 ἐλευθερωθέντες δὲ ἀπὸ τῆς ἁμαρτίας **ἐδουλώθητε** τῇ δικαιοσύνῃ.
6:22 νυνὶ δὲ ἐλευθερωθέντες ἀπὸ τῆς ἁμαρτίας **δουλωθέντες** δὲ τῷ θεῷ ἔχετε τὸν καρπὸν ὑμῶν εἰς ἁγιασμόν,
1Co 7:15 οὐ **δεδούλωται** ὁ ἀδελφὸς ἢ ἡ ἀδελφὴ ἐν τοῖς τοιούτοις·

9:19 Ἐλεύθερος γὰρ ὢν ἐκ πάντων πᾶσιν ἐμαυτὸν **ἐδούλωσα,**
Gal 4: 3 ὅτε ἦμεν νήπιοι, ὑπὸ τὰ στοιχεῖα τοῦ κόσμου ἤμεθα **δεδουλωμένοι·**
Tit 2: 3 πρεσβύτιδας ὡσαύτως ἐν καταστήματι ἱεροπρεπεῖς, μὴ διαβόλους μηδὲ οἴνῳ πολλῷ **δεδουλωμένας,** καλοδιδασκάλους,
2Pe 2:19 αὐτοὶ δοῦλοι ὑπάρχοντες τῆς φθορᾶς· ᾧ γάρ τις ἥττηται, τούτῳ **δεδούλωται.**

1531 δοχή [2]

√ *1312*

Lk 5:29 Καὶ ἐποίησεν **δοχὴν** μεγάλην Λευὶς αὐτῷ ἐν τῇ οἰκίᾳ αὐτοῦ,
14:13 ἀλλ᾽ ὅταν **δοχὴν** ποιῇς, κάλει πτωχούς, ἀναπείρους, χωλούς,

1532 δράκων [13]

Rev 12: 3 καὶ ἰδοὺ **δράκων** μέγας πυρρὸς ἔχων κεφαλὰς ἑπτὰ καὶ κέρατα δέκα καὶ ἐπὶ τὰς κεφαλὰς αὐτοῦ ἑπτὰ διαδήματα,
12: 4 καὶ ὁ **δράκων** ἕστηκεν ἐνώπιον τῆς γυναικὸς τῆς μελλούσης τεκεῖν,
12: 7 ὁ Μιχαὴλ καὶ οἱ ἄγγελοι αὐτοῦ τοῦ πολεμῆσαι μετὰ τοῦ **δράκοντος.** καὶ ὁ **δράκων** ἐπολέμησεν καὶ οἱ ἄγγελοι αὐτοῦ,
12: 9 καὶ ἐβλήθη ὁ **δράκων** ὁ μέγας, ὁ ὄφις ὁ ἀρχαῖος,
12:13 Καὶ ὅτε εἶδεν ὁ **δράκων** ὅτι ἐβλήθη εἰς τὴν γῆν,
12:16 καὶ ἤνοιξεν ἡ γῆ τὸ στόμα αὐτῆς καὶ κατέπιεν τὸν ποταμὸν ὃν ἔβαλεν ὁ **δράκων** ἐκ τοῦ στόματος αὐτοῦ.
12:17 καὶ ὠργίσθη ὁ **δράκων** ἐπὶ τῇ γυναικὶ καὶ ἀπῆλθεν ποιῆσαι πόλεμον μετὰ τῶν λοιπῶν τοῦ σπέρματος αὐτῆς
13: 2 καὶ ἔδωκεν αὐτῷ ὁ **δράκων** τὴν δύναμιν αὐτοῦ καὶ τὸν θρόνον αὐτοῦ καὶ ἐξουσίαν μεγάλην.
13: 4 καὶ προσεκύνησαν τῷ **δράκοντι,** ὅτι ἔδωκεν τὴν ἐξουσίαν τῷ θηρίῳ,
13:11 καὶ εἶχεν κέρατα δύο ὅμοια ἀρνίῳ καὶ ἐλάλει ὡς **δράκων.**
16:13 Καὶ εἶδον ἐκ τοῦ στόματος τοῦ **δράκοντος** καὶ ἐκ τοῦ στόματος τοῦ θηρίου καὶ ἐκ τοῦ στόματος τοῦ ψευδοπροφήτου πνεύματα τρία ἀκάθαρτα ὡς βάτραχοι·
20: 2 καὶ ἐκράτησεν τὸν **δράκοντα,** ὁ ὄφις ὁ ἀρχαῖος,

1533 δράσσομαι [1]

→ *1440, 1534*

1Co 3:19 Ὁ **δρασσόμενος** τοὺς σοφοὺς ἐν τῇ πανουργίᾳ αὐτῶν·

1534 δραχμή [3]

√ *1533*

Lk 15: 8 Ἢ τίς γυνὴ **δραχμὰς** ἔχουσα δέκα ἐὰν ἀπολέσῃ **δραχμὴν** μίαν,
15: 9 Συγχάρητέ μοι, ὅτι εὗρον τὴν **δραχμὴν** ἣν ἀπώλεσα.

1535 δρέπανον [8]

Mk 4:29 εὐθὺς ἀποστέλλει τὸ **δρέπανον,** ὅτι παρέστηκεν ὁ θερισμός.
Rev 14:14 ἔχων ἐπὶ τῆς κεφαλῆς αὐτοῦ στέφανον χρυσοῦν καὶ ἐν τῇ χειρὶ αὐτοῦ **δρέπανον** ὀξύ.
14:15 Πέμψον τὸ **δρέπανόν** σου καὶ θέρισον, ὅτι ἦλθεν ἡ ὥρα θερίσαι,
14:16 καὶ ἔβαλεν ὁ καθήμενος ἐπὶ τῆς νεφέλης τὸ **δρέπανον** αὐτοῦ ἐπὶ τὴν γῆν καὶ ἐθερίσθη ἡ γῆ.
14:17 Καὶ ἄλλος ἄγγελος ἐξῆλθεν ἐκ τοῦ ναοῦ τοῦ ἐν τῷ οὐρανῷ ἔχων καὶ αὐτὸς **δρέπανον** ὀξύ.
14:18 καὶ ἐφώνησεν φωνῇ μεγάλῃ τῷ ἔχοντι τὸ **δρέπανον** τὸ ὀξὺ λέγων, Πέμψον σου τὸ **δρέπανον** τὸ ὀξὺ καὶ τρύγησον τοὺς βότρυας τῆς ἀμπέλου τῆς γῆς,
14:19 καὶ ἔβαλεν ὁ ἄγγελος τὸ **δρέπανον** αὐτοῦ εἰς τὴν γῆν καὶ ἐτρύγησεν τὴν ἄμπελον τῆς γῆς καὶ ἔβαλεν εἰς τὴν ληνὸν

1536 δρόμος [3]

√ *5556*

Ac 13:25 ὡς δὲ ἐπλήρου Ἰωάννης τὸν **δρόμον,** ἔλεγεν, Τί ἐμὲ ὑπονοεῖτε εἶναι;
20:24 ἀλλ᾽ οὐδενὸς λόγου ποιοῦμαι τὴν ψυχὴν τιμίαν ἐμαυτῷ ὡς τελειῶσαι τὸν **δρόμον** μου καὶ τὴν διακονίαν ἣν ἔλαβον
2Ti 4: 7 τὸν καλὸν ἀγῶνα ἠγώνισμαι, τὸν **δρόμον** τετέλεκα, τὴν πίστιν τετήρηκα·

1537 Δρούσιλλα [1]

Ac 24:24 Μετὰ δὲ ἡμέρας τινὰς παραγενόμενος ὁ Φῆλιξ σὺν **Δρουσίλλῃ** τῇ ἰδίᾳ γυναικὶ οὔσῃ Ἰουδαίᾳ μετεπέμψατο τὸν Παῦλον

1538 δύναμαι [210]

→ *104, 105, 1539, 1540, 1541, 1542, 1543, 1904, 2872*

Mt 3: 9 λέγω γὰρ ὑμῖν ὅτι **δύναται** ὁ θεὸς ἐκ τῶν λίθων τούτων ἐγεῖραι τέκνα τῷ Ἀβραάμ.
5:14 Ὑμεῖς ἐστε τὸ φῶς τοῦ κόσμου. οὐ **δύναται** πόλις κρυβῆναι ἐπάνω ὄρους κειμένη·
5:36 ὅτι οὐ **δύνασαι** μίαν τρίχα λευκὴν ποιῆσαι ἢ μέλαιναν.
6:24 Οὐδεὶς **δύναται** δυσὶ κυρίοις δουλεύειν· ἢ γὰρ τὸν ἕνα μισήσει καὶ τὸν ἕτερον ἀγαπήσει, ἢ ἑνὸς ἀνθέξεται καὶ τοῦ ἑτέρου καταφρονήσει. οὐ **δύνασθε** θεῷ δουλεύειν καὶ μαμωνᾷ.
6:27 τίς δὲ ἐξ ὑμῶν μεριμνῶν **δύναται** προσθεῖναι ἐπὶ τὴν ἡλικίαν αὐτοῦ πῆχυν ἕνα;
7:18 οὐ **δύναται** δένδρον ἀγαθὸν καρποὺς πονηροὺς ποιεῖν οὐδὲ δένδρον σαπρὸν καρποὺς καλοὺς ποιεῖν.
8: 2 καὶ ἰδοὺ λεπρὸς προσελθὼν προσεκύνει αὐτῷ λέγων, Κύριε, ἐὰν θέλῃς **δύνασαί** με καθαρίσαι.
9:15 Μὴ **δύνανται** οἱ υἱοὶ τοῦ νυμφῶνος πενθεῖν ἐφ᾽ ὅσον μετ᾽ αὐτῶν ἐστιν ὁ νυμφίος;
9:28 καὶ λέγει αὐτοῖς ὁ Ἰησοῦς, Πιστεύετε ὅτι **δύναμαι** τοῦτο ποιῆσαι;
10:28 καὶ μὴ φοβεῖσθε ἀπὸ τῶν ἀποκτεννόντων τὸ σῶμα, τὴν δὲ ψυχὴν μὴ **δυναμένων** ἀποκτεῖναι· φοβεῖσθε δὲ μᾶλλον τὸν **δυνάμενον** καὶ ψυχὴν καὶ σῶμα ἀπολέσαι ἐν γεέννῃ.
12:29 ἢ πῶς **δύναταί** τις εἰσελθεῖν εἰς τὴν οἰκίαν τοῦ ἰσχυροῦ καὶ τὰ σκεύη αὐτοῦ ἁρπάσαι,
12:34 γεννήματα ἐχιδνῶν, πῶς **δύνασθε** ἀγαθὰ λαλεῖν πονηροὶ ὄντες;
16: 3 [τὸ μὲν πρόσωπον τοῦ οὐρανοῦ γινώσκετε διακρίνειν, τὰ δὲ σημεῖα τῶν καιρῶν οὐ **δύνασθε;]**
17:16 καὶ προσήνεγκα αὐτὸν τοῖς μαθηταῖς σου, καὶ οὐκ **ἠδυνήθησαν** αὐτὸν θεραπεῦσαι.
17:19 Τότε προσελθόντες οἱ μαθηταὶ τῷ Ἰησοῦ κατ᾽ ἰδίαν εἶπον, Διὰ τί ἡμεῖς οὐκ **ἠδυνήθημεν** ἐκβαλεῖν αὐτό;
19:12 καὶ εἰσὶν εὐνοῦχοι οἵτινες εὐνούχισαν ἑαυτοὺς διὰ τὴν βασιλείαν τῶν οὐρανῶν. ὁ **δυνάμενος** χωρεῖν χωρείτω.
19:25 ἀκούσαντες δὲ οἱ μαθηταὶ ἐξεπλήσσοντο σφόδρα λέγοντες, Τίς ἄρα **δύναται** σωθῆναι;
20:22 **δύνασθε** πιεῖν τὸ ποτήριον ὃ ἐγὼ μέλλω πίνειν; λέγουσιν αὐτῷ, **Δυνάμεθα.**
22:46 καὶ οὐδεὶς **ἐδύνατο** ἀποκριθῆναι αὐτῷ λόγον οὐδὲ ἐτόλμησέν τις ἀπ᾽ ἐκείνης τῆς ἡμέρας ἐπερωτῆσαι αὐτὸν οὐκέτι.
26: 9 **ἐδύνατο** γὰρ τοῦτο πραθῆναι πολλοῦ καὶ δοθῆναι πτωχοῖς.
26:42 εἰ οὐ **δύναται** τοῦτο παρελθεῖν ἐὰν μὴ αὐτὸ πίω,
26:53 ἢ δοκεῖς ὅτι οὐ **δύναμαι** παρακαλέσαι τὸν πατέρα μου,
26:61 **Δύναμαι** καταλῦσαι τὸν ναὸν τοῦ θεοῦ καὶ διὰ τριῶν ἡμερῶν οἰκοδομῆσαι.
27:42 Ἄλλους ἔσωσεν, ἑαυτὸν οὐ **δύναται** σῶσαι· βασιλεὺς Ἰσραήλ ἐστιν,
Mk 1:40 λεπρὸς παρακαλῶν αὐτὸν [καὶ γονυπετῶν] καὶ λέγων αὐτῷ ὅτι Ἐὰν θέλῃς **δύνασαί** με καθαρίσαι.
1:45 ὥστε μηκέτι αὐτὸν **δύνασθαι** φανερῶς εἰς πόλιν εἰσελθεῖν,
2: 4 καὶ μὴ **δυνάμενοι** προσενέγκαι αὐτῷ διὰ τὸν ὄχλον ἀπεστέγασαν τὴν στέγην ὅπου ἦν,
2: 7 τίς **δύναται** ἀφιέναι ἁμαρτίας εἰ μὴ εἷς ὁ θεός;
2:19 Μὴ **δύνανται** οἱ υἱοὶ τοῦ νυμφῶνος ἐν ᾧ ὁ νυμφίος μετ᾽ αὐτῶν ἐστιν νηστεύειν; ὅσον χρόνον ἔχουσιν τὸν νυμφίον μετ᾽ αὐτῶν οὐ **δύνανται** νηστεύειν.
3:20 καὶ συνέρχεται πάλιν [ὁ] ὄχλος, ὥστε μὴ **δύνασθαι** αὐτοὺς μηδὲ ἄρτον φαγεῖν.
3:23 καὶ προσκαλεσάμενος αὐτοὺς ἐν παραβολαῖς ἔλεγεν αὐτοῖς, Πῶς **δύναται** Σατανᾶς Σατανᾶν ἐκβάλλειν;
3:24 καὶ ἐὰν βασιλεία ἐφ᾽ ἑαυτὴν μερισθῇ, οὐ **δύναται** σταθῆναι ἡ βασιλεία ἐκείνη·
3:25 καὶ ἐὰν οἰκία ἐφ᾽ ἑαυτὴν μερισθῇ, οὐ **δυνήσεται** ἡ οἰκία ἐκείνη σταθῆναι.
3:26 καὶ εἰ ὁ Σατανᾶς ἀνέστη ἐφ᾽ ἑαυτὸν καὶ ἐμερίσθη, οὐ **δύναται** στῆναι ἀλλὰ τέλος ἔχει.
3:27 ἀλλ᾽ οὐ **δύναται** οὐδεὶς εἰς τὴν οἰκίαν τοῦ ἰσχυροῦ εἰσελθὼν τὰ σκεύη αὐτοῦ διαρπάσαι,
4:32 ὥστε **δύνασθαι** ὑπὸ τὴν σκιὰν αὐτοῦ τὰ πετεινὰ τοῦ οὐρανοῦ κατασκηνοῦν.

4:33 Καὶ τοιαύταις παραβολαῖς πολλαῖς ἐλάλει αὐτοῖς τὸν λόγον καθὼς **ἠδύναντο** ἀκούειν·
5: 3 καὶ οὐδὲ ἁλύσει οὐκέτι οὐδεὶς **ἐδύνατο** αὐτὸν δῆσαι
6: 5 καὶ οὐκ **ἐδύνατο** ἐκεῖ ποιῆσαι οὐδεμίαν δύναμιν, εἰ μὴ ὀλίγοις ἀρρώστοις ἐπιθεὶς τὰς χεῖρας ἐθεράπευσεν.
6:19 ἡ δὲ Ἡρῳδιὰς ἐνεῖχεν αὐτῷ καὶ ἤθελεν αὐτὸν ἀποκτεῖναι, καὶ οὐκ **ἠδύνατο·**
7:15 οὐδέν ἐστιν ἔξωθεν τοῦ ἀνθρώπου εἰσπορευόμενον εἰς αὐτὸν ὃ **δύναται** κοινῶσαι αὐτόν,
7:18 οὐ νοεῖτε ὅτι πᾶν τὸ ἔξωθεν εἰσπορευόμενον εἰς τὸν ἄνθρωπον οὐ **δύναται** αὐτὸν κοινῶσαι
7:24 καὶ εἰσελθὼν εἰς οἰκίαν οὐδένα ἤθελεν γνῶναι, καὶ οὐκ **ἠδυνήθη** λαθεῖν·
8: 4 καὶ ἀπεκρίθησαν αὐτῷ οἱ μαθηταὶ αὐτοῦ ὅτι Πόθεν τούτους **δυνήσεταί** τις ὧδε χορτάσαι ἄρτων ἐπ' ἐρημίας;
9: 3 οἷα γναφεὺς ἐπὶ τῆς γῆς οὐ **δύναται** οὕτως λευκᾶναι.
9:22 ἀλλ' εἴ τι **δύνῃ,** βοήθησον ἡμῖν σπλαγχνισθεὶς ἐφ' ἡμᾶς.
9:23 ὁ δὲ Ἰησοῦς εἶπεν αὐτῷ, Τὸ Εἰ **δύνῃ,** πάντα δυνατὰ τῷ πιστεύοντι.
9:28 καὶ εἰσελθόντος αὐτοῦ εἰς οἶκον οἱ μαθηταὶ αὐτοῦ κατ' ἰδίαν ἐπηρώτων αὐτόν, Ὅτι ἡμεῖς οὐκ **ἠδυνήθημεν** ἐκβαλεῖν αὐτό;
9:29 Τοῦτο τὸ γένος ἐν οὐδενὶ **δύναται** ἐξελθεῖν εἰ μὴ ἐν προσευχῇ.
9:39 οὐδεὶς γάρ ἐστιν ὃς ποιήσει δύναμιν ἐπὶ τῷ ὀνόματί μου καὶ **δυνήσεται** ταχὺ κακολογῆσαί με·
10:26 οἱ δὲ περισσῶς ἐξεπλήσσοντο λέγοντες πρὸς ἑαυτούς, Καὶ τίς **δύναται** σωθῆναι;
10:38 **δύνασθε** πιεῖν τὸ ποτήριον ὃ ἐγὼ πίνω ἢ τὸ βάπτισμα ὃ ἐγὼ βαπτίζομαι βαπτισθῆναι;
10:39 οἱ δὲ εἶπαν αὐτῷ, **Δυνάμεθα.** ὁ δὲ Ἰησοῦς εἶπεν αὐτοῖς,
14: 5 **ἠδύνατο** γὰρ τοῦτο τὸ μύρον πραθῆναι ἐπάνω δηναρίων τριακοσίων καὶ δοθῆναι τοῖς πτωχοῖς·
14: 7 πάντοτε γὰρ τοὺς πτωχοὺς ἔχετε μεθ' ἑαυτῶν καὶ ὅταν θέλητε **δύνασθε** αὐτοῖς εὖ ποιῆσαι,
15:31 ἀρχιερεῖς ἐμπαίζοντες πρὸς ἀλλήλους μετὰ τῶν γραμματέων ἔλεγον, Ἄλλους ἔσωσεν, ἑαυτὸν οὐ **δύναται** σῶσαι·

Lk 1:20 καὶ ἰδοὺ ἔσῃ σιωπῶν καὶ μὴ **δυνάμενος** λαλῆσαι ἄχρι ἧς ἡμέρας γένηται ταῦτα,
1:22 ἐξελθὼν δὲ οὐκ **ἐδύνατο** λαλῆσαι αὐτοῖς, καὶ ἐπέγνωσαν ὅτι ὀπτασίαν ἑώρακεν ἐν τῷ ναῷ·
3: 8 λέγω γὰρ ὑμῖν ὅτι **δύναται** ὁ θεὸς ἐκ τῶν λίθων τούτων ἐγεῖραι τέκνα τῷ Ἀβραάμ.
5:12 πεσὼν ἐπὶ πρόσωπον ἐδεήθη αὐτοῦ λέγων, Κύριε, ἐὰν θέλῃς **δύνασαί** με καθαρίσαι.
5:21 τίς **δύναται** ἁμαρτίας ἀφεῖναι εἰ μὴ μόνος ὁ θεός;
5:34 Μὴ **δύνασθε** τοὺς υἱοὺς τοῦ νυμφῶνος ἐν ᾧ ὁ νυμφίος μετ' αὐτῶν ἐστιν ποιῆσαι νηστεῦσαι;
6:39 Εἶπεν δὲ καὶ παραβολὴν αὐτοῖς· Μήτι **δύναται** τυφλὸς τυφλὸν ὁδηγεῖν;
6:42 πῶς **δύνασαι** λέγειν τῷ ἀδελφῷ σου, Ἀδελφέ, ἄφες ἐκβάλω τὸ κάρφος τὸ ἐν τῷ ὀφθαλμῷ σου,
8:19 Παρεγένετο δὲ πρὸς αὐτὸν ἡ μήτηρ καὶ οἱ ἀδελφοὶ αὐτοῦ καὶ οὐκ **ἠδύναντο** συντυχεῖν αὐτῷ διὰ τὸν ὄχλον.
9:40 καὶ ἐδεήθην τῶν μαθητῶν σου ἵνα ἐκβάλωσιν αὐτό, καὶ οὐκ **ἠδυνήθησαν.**
11: 7 ἤδη ἡ θύρα κέκλεισται καὶ τὰ παιδία μου μετ' ἐμοῦ εἰς τὴν κοίτην εἰσίν· οὐ **δύναμαι** ἀναστὰς δοῦναί σοι.
12:25 τίς δὲ ἐξ ὑμῶν μεριμνῶν **δύναται** ἐπὶ τὴν ἡλικίαν αὐτοῦ προσθεῖναι πῆχυν;
12:26 εἰ οὖν οὐδὲ ἐλάχιστον **δύνασθε,** τί περὶ τῶν λοιπῶν μεριμνᾶτε;
13:11 καὶ ἰδοὺ γυνὴ πνεῦμα ἔχουσα ἀσθενείας ἔτη δεκαοκτὼ καὶ ἦν συγκύπτουσα καὶ μὴ **δυναμένη** ἀνακύψαι εἰς τὸ παντελές.
14:20 Γυναῖκα ἔγημα καὶ διὰ τοῦτο οὐ **δύναμαι** ἐλθεῖν.
14:26 Εἴ τις ἔρχεται πρός με καὶ οὐ μισεῖ τὸν πατέρα ἑαυτοῦ καὶ τὴν μητέρα καὶ τὴν γυναῖκα καὶ τὰ τέκνα καὶ τοὺς ἀδελφοὺς καὶ τὰς ἀδελφὰς ἔτι τε καὶ τὴν ψυχὴν ἑαυτοῦ, οὐ **δύναται** εἶναί μου μαθητής.
14:27 ὅστις οὐ βαστάζει τὸν σταυρὸν ἑαυτοῦ καὶ ἔρχεται ὀπίσω μου, οὐ **δύναται** εἶναί μου μαθητής.
14:33 οὕτως οὖν πᾶς ἐξ ὑμῶν ὃς οὐκ ἀποτάσσεται πᾶσιν τοῖς ἑαυτοῦ ὑπάρχουσιν οὐ **δύναται** εἶναί μου μαθητής.
16: 2 ἀπόδος τὸν λόγον τῆς οἰκονομίας σου, οὐ γὰρ **δύνῃ** ἔτι οἰκονομεῖν.
16:13 Οὐδεὶς οἰκέτης **δύναται** δυσὶ κυρίοις δουλεύειν· ἢ γὰρ τὸν ἕνα μισήσει καὶ τὸν ἕτερον ἀγαπήσει, ἢ ἑνὸς ἀνθέξεται καὶ τοῦ ἑτέρου καταφρονήσει. οὐ **δύνασθε** θεῷ δουλεύειν καὶ μαμωνᾷ.
16:26 ὅπως οἱ θέλοντες διαβῆναι ἔνθεν πρὸς ὑμᾶς μὴ **δύνωνται,**
18:26 εἶπαν δὲ οἱ ἀκούσαντες, Καὶ τίς **δύναται** σωθῆναι;
19: 3 καὶ ἐζήτει ἰδεῖν τὸν Ἰησοῦν τίς ἐστιν καὶ οὐκ **ἠδύνατο** ἀπὸ τοῦ ὄχλου,
20:36 οὐδὲ γὰρ ἀποθανεῖν ἔτι **δύνανται,** ἰσάγγελοι γάρ εἰσιν καὶ υἱοί εἰσιν θεοῦ τῆς ἀναστάσεως υἱοὶ ὄντες.
21:15 ἐγὼ γὰρ δώσω ὑμῖν στόμα καὶ σοφίαν ᾗ οὐ **δυνήσονται** ἀντιστῆναι ἢ ἀντειπεῖν ἅπαντες οἱ ἀντικείμενοι ὑμῖν.

Jn 1:46 καὶ εἶπεν αὐτῷ Ναθαναήλ, Ἐκ Ναζαρὲτ **δύναταί** τι ἀγαθὸν εἶναι;
3: 2 οὐδεὶς γὰρ **δύναται** ταῦτα τὰ σημεῖα ποιεῖν ἃ σὺ ποιεῖς,
3: 3 ἐὰν μή τις γεννηθῇ ἄνωθεν, οὐ **δύναται** ἰδεῖν τὴν βασιλείαν τοῦ θεοῦ.
3: 4 λέγει πρὸς αὐτὸν [ὁ] Νικόδημος, Πῶς **δύναται** ἄνθρωπος γεννηθῆναι γέρων ὤν; μὴ **δύναται** εἰς τὴν κοιλίαν τῆς μητρὸς αὐτοῦ δεύτερον εἰσελθεῖν καὶ γεννηθῆναι;
3: 5 οὐ **δύναται** εἰσελθεῖν εἰς τὴν βασιλείαν τοῦ θεοῦ.
3: 9 ἀπεκρίθη Νικόδημος καὶ εἶπεν αὐτῷ, Πῶς **δύναται** ταῦτα γενέσθαι;
3:27 Οὐ **δύναται** ἄνθρωπος λαμβάνειν οὐδὲ ἓν ἐὰν μὴ ᾖ δεδομένον αὐτῷ ἐκ τοῦ οὐρανοῦ.
5:19 οὐ **δύναται** ὁ υἱὸς ποιεῖν ἀφ' ἑαυτοῦ οὐδὲν ἐὰν μή τι βλέπῃ τὸν πατέρα ποιοῦντα·
5:30 Οὐ **δύναμαι** ἐγὼ ποιεῖν ἀπ' ἐμαυτοῦ οὐδέν· καθὼς ἀκούω κρίνω,
5:44 πῶς **δύνασθε** ὑμεῖς πιστεῦσαι δόξαν παρὰ ἀλλήλων λαμβάνοντες,
6:44 οὐδεὶς **δύναται** ἐλθεῖν πρός με ἐὰν μὴ ὁ πατὴρ ὁ πέμψας με ἑλκύσῃ αὐτόν,
6:52 Πῶς **δύναται** οὗτος ἡμῖν δοῦναι τὴν σάρκα [αὐτοῦ] φαγεῖν;
6:60 Σκληρός ἐστιν ὁ λόγος οὗτος· τίς **δύναται** αὐτοῦ ἀκούειν;
6:65 Διὰ τοῦτο εἴρηκα ὑμῖν ὅτι οὐδεὶς **δύναται** ἐλθεῖν πρός με ἐὰν μὴ ᾖ δεδομένον αὐτῷ ἐκ τοῦ πατρός.
7: 7 οὐ **δύναται** ὁ κόσμος μισεῖν ὑμᾶς, ἐμὲ δὲ μισεῖ,
7:34 καὶ ὅπου εἰμὶ ἐγὼ ὑμεῖς οὐ **δύνασθε** ἐλθεῖν.
7:36 καὶ ὅπου εἰμὶ ἐγὼ ὑμεῖς οὐ **δύνασθε** ἐλθεῖν;
8:21 καὶ ἐν τῇ ἁμαρτίᾳ ὑμῶν ἀποθανεῖσθε· ὅπου ἐγὼ ὑπάγω ὑμεῖς οὐ **δύνασθε** ἐλθεῖν.
8:22 ὅτι λέγει, Ὅπου ἐγὼ ὑπάγω ὑμεῖς οὐ **δύνασθε** ἐλθεῖν;
8:43 ὅτι οὐ **δύνασθε** ἀκούειν τὸν λόγον τὸν ἐμόν.
9: 4 ἡμᾶς δεῖ ἐργάζεσθαι τὰ ἔργα τοῦ πέμψαντός με ἕως ἡμέρα ἐστίν· ἔρχεται νὺξ ὅτε οὐδεὶς **δύναται** ἐργάζεσθαι.
9:16 ἄλλοι [δὲ] ἔλεγον, Πῶς **δύναται** ἄνθρωπος ἁμαρτωλὸς τοιαῦτα σημεῖα ποιεῖν;
9:33 εἰ μὴ ἦν οὗτος παρὰ θεοῦ, οὐκ **ἠδύνατο** ποιεῖν οὐδέν.
10:21 Ταῦτα τὰ ῥήματα οὐκ ἔστιν δαιμονιζομένου· μὴ δαιμόνιον **δύναται** τυφλῶν ὀφθαλμοὺς ἀνοῖξαι;
10:29 καὶ οὐδεὶς **δύναται** ἁρπάζειν ἐκ τῆς χειρὸς τοῦ πατρός.
10:35 εἰ ἐκείνους εἶπεν θεοὺς πρὸς οὓς ὁ λόγος τοῦ θεοῦ ἐγένετο, καὶ οὐ **δύναται** λυθῆναι ἡ γραφή,
11:37 Οὐκ **ἐδύνατο** οὗτος ὁ ἀνοίξας τοὺς ὀφθαλμοὺς τοῦ τυφλοῦ ποιῆσαι ἵνα καὶ οὗτος μὴ ἀποθάνῃ;
12:39 διὰ τοῦτο οὐκ **ἠδύναντο** πιστεύειν, ὅτι πάλιν εἶπεν Ἠσαΐας,
13:33 καὶ καθὼς εἶπον τοῖς Ἰουδαίοις ὅτι Ὅπου ἐγὼ ὑπάγω ὑμεῖς οὐ **δύνασθε** ἐλθεῖν,
13:36 Ὅπου ὑπάγω οὐ **δύνασαί** μοι νῦν ἀκολουθῆσαι, ἀκολουθήσεις δὲ ὕστερον.
13:37 Κύριε, διὰ τί οὐ **δύναμαί** σοι ἀκολουθῆσαι ἄρτι;
14: 5 οὐκ οἴδαμεν ποῦ ὑπάγεις· πῶς **δυνάμεθα** τὴν ὁδὸν εἰδέναι;
14:17 τὸ πνεῦμα τῆς ἀληθείας, ὃ ὁ κόσμος οὐ **δύναται** λαβεῖν,
15: 4 καθὼς τὸ κλῆμα οὐ **δύναται** καρπὸν φέρειν ἀφ' ἑαυτοῦ ἐὰν μὴ μένῃ ἐν τῇ ἀμπέλῳ,
15: 5 ὁ μένων ἐν ἐμοὶ κἀγὼ ἐν αὐτῷ οὗτος φέρει καρπὸν πολύν, ὅτι χωρὶς ἐμοῦ οὐ **δύνασθε** ποιεῖν οὐδέν.
16:12 Ἔτι πολλὰ ἔχω ὑμῖν λέγειν, ἀλλ' οὐ **δύνασθε** βαστάζειν ἄρτι·

Ac 4:16 ὅτι μὲν γὰρ γνωστὸν σημεῖον γέγονεν δι' αὐτῶν πᾶσιν τοῖς κατοικοῦσιν Ἰερουσαλὴμ φανερὸν καὶ οὐ **δυνάμεθα** ἀρνεῖσθαι·
4:20 οὐ **δυνάμεθα** γὰρ ἡμεῖς ἃ εἴδαμεν καὶ ἠκούσαμεν μὴ λαλεῖν.
5:39 οὐ **δυνήσεσθε** καταλῦσαι αὐτούς, μήποτε καὶ θεομάχοι εὑρεθῆτε.
8:31 Πῶς γὰρ ἂν **δυναίμην** ἐὰν μή τις ὁδηγήσει με;
10:47 Μήτι τὸ ὕδωρ **δύναται** κωλῦσαί τις τοῦ μὴ βαπτισθῆναι τούτους,
13:38 [καὶ] ἀπὸ πάντων ὧν οὐκ **ἠδυνήθητε** ἐν νόμῳ Μωϋσέως δικαιωθῆναι
15: 1 ἀπὸ τῆς Ἰουδαίας ἐδίδασκον τοὺς ἀδελφοὺς ὅτι Ἐὰν μὴ περιτμηθῆτε τῷ ἔθει τῷ Μωϋσέως, οὐ **δύνασθε** σωθῆναι.

17:19 **Δυνάμεθα** γνῶναι τίς ἡ καινὴ αὕτη ἡ ὑπὸ σοῦ λαλουμένη διδαχή;
19:40 μηδενὸς αἰτίου ὑπάρχοντος περὶ οὗ [οὐ] **δυνησόμεθα** ἀποδοῦναι λόγον περὶ τῆς συστροφῆς ταύτης.
20:32 τῷ **δυναμένῳ** οἰκοδομῆσαι καὶ δοῦναι τὴν κληρονομίαν ἐν τοῖς ἡγιασμένοις πᾶσιν.
21:34 μὴ **δυναμένου** δὲ αὐτοῦ γνῶναι τὸ ἀσφαλὲς διὰ τὸν θόρυβον ἐκέλευσεν ἄγεσθαι αὐτὸν εἰς τὴν παρεμβολήν.
24: 8 παρ' οὗ **δυνήσῃ** αὐτὸς ἀνακρίνας περὶ πάντων τούτων ἐπιγνῶναι ὧν ἡμεῖς κατηγοροῦμεν αὐτοῦ.
24:11 **δυναμένου** σου ἐπιγνῶναι ὅτι οὐ πλείους εἰσίν μοι ἡμέραι δώδεκα ἀφ' ἧς ἀνέβην προσκυνήσων εἰς Ἰερουσαλήμ.
24:13 οὐδὲ παραστῆσαι **δύνανταί** σοι περὶ ὧν νυνὶ κατηγοροῦσίν μου.
25:11 εἰ δὲ οὐδέν ἐστιν ὧν οὗτοι κατηγοροῦσίν μου, οὐδείς με **δύναται** αὐτοῖς χαρίσασθαι·
26:32 Ἀπολελύσθαι **ἐδύνατο** ὁ ἄνθρωπος οὗτος εἰ μὴ ἐπεκέκλητο Καίσαρα.
27:12 εἴ πως **δύναιντο** καταντήσαντες εἰς Φοίνικα παραχειμάσαι λιμένα τῆς Κρήτης βλέποντα κατὰ λίβα καὶ κατὰ χῶρον.
27:15 συναρπασθέντος δὲ τοῦ πλοίου καὶ μὴ **δυναμένου** ἀντοφθαλμεῖν τῷ ἀνέμῳ ἐπιδόντες ἐφερόμεθα.
27:31 Ἐὰν μὴ οὗτοι μείνωσιν ἐν τῷ πλοίῳ, ὑμεῖς σωθῆναι οὐ **δύνασθε.**
27:39 κόλπον δέ τινα κατενόουν ἔχοντα αἰγιαλὸν εἰς ὃν ἐβουλεύοντο εἰ **δύναιντο** ἐξῶσαι τὸ πλοῖον.
27:43 ἐκέλευσέν τε τοὺς **δυναμένους** κολυμβᾶν ἀπορίψαντας πρώτους ἐπὶ τὴν γῆν ἐξιέναι
Ro 8: 7 τῷ γὰρ νόμῳ τοῦ θεοῦ οὐχ ὑποτάσσεται, οὐδὲ γὰρ **δύναται·**
8: 8 οἱ δὲ ἐν σαρκὶ ὄντες θεῷ ἀρέσαι οὐ **δύνανται.**
8:39 οὔτε ὕψωμα οὔτε βάθος οὔτε τις κτίσις ἑτέρα **δυνήσεται** ἡμᾶς χωρίσαι ἀπὸ τῆς ἀγάπης τοῦ θεοῦ τῆς ἐν Χριστῷ Ἰησοῦ
15:14 πεπληρωμένοι πάσης [τῆς] γνώσεως, **δυνάμενοι** καὶ ἀλλήλους νουθετεῖν.
16:25 [Τῷ δὲ **δυναμένῳ** ὑμᾶς στηρίξαι κατὰ τὸ εὐαγγέλιόν μου καὶ τὸ κήρυγμα Ἰησοῦ Χριστοῦ,]
1Co 2:14 μωρία γὰρ αὐτῷ ἐστιν καὶ οὐ **δύναται** γνῶναι,
3: 1 οὐκ **ἠδυνήθην** λαλῆσαι ὑμῖν ὡς πνευματικοῖς ἀλλ' ὡς σαρκίνοις,
3: 2 γάλα ὑμᾶς ἐπότισα, οὐ βρῶμα· οὔπω γὰρ **ἐδύνασθε.** ἀλλ' οὐδὲ ἔτι νῦν **δύνασθε,**
3:11 θεμέλιον γὰρ ἄλλον οὐδεὶς **δύναται** θεῖναι παρὰ τὸν κείμενον,
6: 5 ὃς **δυνήσεται** διακρῖναι ἀνὰ μέσον τοῦ ἀδελφοῦ αὐτοῦ;
7:21 ἀλλ' εἰ καὶ **δύνασαι** ἐλεύθερος γενέσθαι, μᾶλλον χρῆσαι.
10:13 ὃς οὐκ ἐάσει ὑμᾶς πειρασθῆναι ὑπὲρ ὃ **δύνασθε** ἀλλὰ ποιήσει σὺν τῷ πειρασμῷ καὶ τὴν ἔκβασιν τοῦ **δύνασθαι** ὑπενεγκεῖν.
10:21 οὐ **δύνασθε** ποτήριον κυρίου πίνειν καὶ ποτήριον δαιμονίων, οὐ **δύνασθε** τραπέζης κυρίου μετέχειν καὶ τραπέζης δαιμονίων.
12: 3 Ἀνάθεμα Ἰησοῦς, καὶ οὐδεὶς **δύναται** εἰπεῖν, Κύριος Ἰησοῦς,
12:21 οὐ **δύναται** δὲ ὁ ὀφθαλμὸς εἰπεῖν τῇ χειρί,
14:31 **δύνασθε** γὰρ καθ' ἕνα πάντες προφητεύειν, ἵνα πάντες μανθάνωσιν καὶ πάντες παρακαλῶνται.
15:50 ὅτι σὰρξ καὶ αἷμα βασιλείαν θεοῦ κληρονομῆσαι οὐ **δύναται** οὐδὲ ἡ φθορὰ τὴν ἀφθαρσίαν κληρονομεῖ.
2Co 1: 4 ὁ παρακαλῶν ἡμᾶς ἐπὶ πάσῃ τῇ θλίψει ἡμῶν εἰς τὸ **δύνασθαι** ἡμᾶς παρακαλεῖν τοὺς ἐν πάσῃ θλίψει διὰ τῆς παρακλήσεως
3: 7 ὥστε μὴ **δύνασθαι** ἀτενίσαι τοὺς υἱοὺς Ἰσραὴλ εἰς τὸ πρόσωπον Μωϋσέως διὰ τὴν δόξαν τοῦ προσώπου αὐτοῦ τὴν καταργουμένην,
13: 8 οὐ γὰρ **δυνάμεθά** τι κατὰ τῆς ἀληθείας ἀλλὰ ὑπὲρ τῆς ἀληθείας.
Gal 3:21 εἰ γὰρ ἐδόθη νόμος ὁ **δυνάμενος** ζῳοποιῆσαι, ὄντως ἐκ νόμου ἂν ἦν ἡ δικαιοσύνη·
Eph 3: 4 πρὸς ὃ **δύνασθε** ἀναγινώσκοντες νοῆσαι τὴν σύνεσίν μου ἐν τῷ μυστηρίῳ τοῦ Χριστοῦ,
3:20 Τῷ δὲ **δυναμένῳ** ὑπὲρ πάντα ποιῆσαι ὑπερεκπερισσοῦ ὧν αἰτούμεθα ἢ νοοῦμεν κατὰ τὴν δύναμιν τὴν ἐνεργουμένην
6:11 ἐνδύσασθε τὴν πανοπλίαν τοῦ θεοῦ πρὸς τὸ **δύνασθαι** ὑμᾶς στῆναι πρὸς τὰς μεθοδείας τοῦ διαβόλου·
6:13 ἵνα **δυνηθῆτε** ἀντιστῆναι ἐν τῇ ἡμέρᾳ τῇ πονηρᾷ καὶ ἅπαντα κατεργασάμενοι στῆναι.
6:16 ἐν ᾧ **δυνήσεσθε** πάντα τὰ βέλη τοῦ πονηροῦ [τὰ] πεπυρωμένα σβέσαι·
Php 3:21 σύμμορφον τῷ σώματι τῆς δόξης αὐτοῦ κατὰ τὴν ἐνέργειαν τοῦ **δύνασθαι** αὐτὸν καὶ ὑποτάξαι αὐτῷ τὰ πάντα.
1Th 2: 7 **δυνάμενοι** ἐν βάρει εἶναι ὡς Χριστοῦ ἀπόστολοι. ἀλλὰ ἐγενήθημεν νήπιοι ἐν μέσῳ ὑμῶν,
3: 9 τίνα γὰρ εὐχαριστίαν **δυνάμεθα** τῷ θεῷ ἀνταποδοῦναι περὶ ὑμῶν ἐπὶ πάσῃ τῇ χαρᾷ ᾗ χαίρομεν δι' ὑμᾶς
1Ti 5:25 ὡσαύτως καὶ τὰ ἔργα τὰ καλὰ πρόδηλα, καὶ τὰ ἄλλως ἔχοντα κρυβῆναι οὐ **δύνανται.**
6: 7 οὐδὲν γὰρ εἰσηνέγκαμεν εἰς τὸν κόσμον, ὅτι οὐδὲ ἐξενεγκεῖν τι **δυνάμεθα·**
6:16 φῶς οἰκῶν ἀπρόσιτον, ὃν εἶδεν οὐδεὶς ἀνθρώπων οὐδὲ ἰδεῖν **δύναται·**
2Ti 2:13 ἐκεῖνος πιστὸς μένει, ἀρνήσασθαι γὰρ ἑαυτὸν οὐ **δύναται.**
3: 7 πάντοτε μανθάνοντα καὶ μηδέποτε εἰς ἐπίγνωσιν ἀληθείας ἐλθεῖν **δυνάμενα.**
3:15 τὰ **δυνάμενά** σε σοφίσαι εἰς σωτηρίαν διὰ πίστεως τῆς ἐν Χριστῷ Ἰησοῦ.
Heb 2:18 ἐν ᾧ γὰρ πέπονθεν αὐτὸς πειρασθείς, **δύναται** τοῖς πειραζομένοις βοηθῆσαι.
3:19 καὶ βλέπομεν ὅτι οὐκ **ἠδυνήθησαν** εἰσελθεῖν δι' ἀπιστίαν.
4:15 οὐ γὰρ ἔχομεν ἀρχιερέα μὴ **δυνάμενον** συμπαθῆσαι ταῖς ἀσθενείαις ἡμῶν,
5: 2 μετριοπαθεῖν **δυνάμενος** τοῖς ἀγνοοῦσιν καὶ πλανωμένοις, ἐπεὶ καὶ αὐτὸς περίκειται ἀσθένειαν
5: 7 ὃς ἐν ταῖς ἡμέραις τῆς σαρκὸς αὐτοῦ δεήσεις τε καὶ ἱκετηρίας πρὸς τὸν **δυνάμενον** σῴζειν αὐτὸν ἐκ θανάτου
7:25 ὅθεν καὶ σῴζειν εἰς τὸ παντελὲς **δύναται** τοὺς προσερχομένους δι' αὐτοῦ τῷ θεῷ,
9: 9 καθ' ἣν δῶρά τε καὶ θυσίαι προσφέρονται μὴ **δυνάμεναι** κατὰ συνείδησιν τελειῶσαι τὸν λατρεύοντα,
10: 1 κατ' ἐνιαυτὸν ταῖς αὐταῖς θυσίαις ἃς προσφέρουσιν εἰς τὸ διηνεκὲς οὐδέποτε **δύναται** τοὺς προσερχομένους τελειῶσαι·
10:11 καθ' ἡμέραν λειτουργῶν καὶ τὰς αὐτὰς πολλάκις προσφέρων θυσίας, αἵτινες οὐδέποτε **δύνανται** περιελεῖν ἁμαρτίας,
Jas 1:21 δέξασθε τὸν ἔμφυτον λόγον τὸν **δυνάμενον** σῶσαι τὰς ψυχὰς ὑμῶν.
2:14 ἐὰν πίστιν λέγῃ τις ἔχειν ἔργα δὲ μὴ ἔχῃ; μὴ **δύναται** ἡ πίστις σῶσαι αὐτόν;
3: 8 τὴν δὲ γλῶσσαν οὐδεὶς δαμάσαι **δύναται** ἀνθρώπων, ἀκατάστατον κακόν,
3:12 μὴ **δύναται,** ἀδελφοί μου, συκῆ ἐλαίας ποιῆσαι ἢ ἄμπελος σῦκα;
4: 2 φονεύετε καὶ ζηλοῦτε καὶ οὐ **δύνασθε** ἐπιτυχεῖν, μάχεσθε καὶ πολεμεῖτε,
4:12 εἷς ἐστιν [ὁ] νομοθέτης καὶ κριτὴς ὁ **δυνάμενος** σῶσαι καὶ ἀπολέσαι·
1Jn 3: 9 καὶ οὐ **δύναται** ἁμαρτάνειν, ὅτι ἐκ τοῦ θεοῦ γεγέννηται.
4:20 τὸν θεὸν ὃν οὐχ ἑώρακεν οὐ **δύναται** ἀγαπᾶν.
Jude 1:24 Τῷ δὲ **δυναμένῳ** φυλάξαι ὑμᾶς ἀπταίστους καὶ στῆσαι κατενώπιον τῆς δόξης αὐτοῦ ἀμώμους ἐν ἀγαλλιάσει,
Rev 2: 2 Οἶδα τὰ ἔργα σου καὶ τὸν κόπον καὶ τὴν ὑπομονήν σου καὶ ὅτι οὐ **δύνῃ** βαστάσαι κακούς,
3: 8 ἰδοὺ δέδωκα ἐνώπιόν σου θύραν ἠνεῳγμένην, ἣν οὐδεὶς **δύναται** κλεῖσαι αὐτήν,
5: 3 καὶ οὐδεὶς **ἐδύνατο** ἐν τῷ οὐρανῷ οὐδὲ ἐπὶ τῆς γῆς οὐδὲ ὑποκάτω τῆς γῆς ἀνοῖξαι τὸ βιβλίον οὔτε βλέπειν αὐτό.
6:17 ὅτι ἦλθεν ἡ ἡμέρα ἡ μεγάλη τῆς ὀργῆς αὐτῶν, καὶ τίς **δύναται** σταθῆναι;
7: 9 καὶ ἰδοὺ ὄχλος πολύς, ὃν ἀριθμῆσαι αὐτὸν οὐδεὶς **ἐδύνατο,**
9:20 ἃ οὔτε βλέπειν **δύνανται** οὔτε ἀκούειν οὔτε περιπατεῖν,
13: 4 Τίς ὅμοιος τῷ θηρίῳ καὶ τίς **δύναται** πολεμῆσαι μετ' αὐτοῦ;
13:17 καὶ ἵνα μή τις **δύνηται** ἀγοράσαι ἢ πωλῆσαι εἰ μὴ ὁ ἔχων τὸ χάραγμα τὸ ὄνομα τοῦ θηρίου ἢ τὸν ἀριθμὸν τοῦ ὀνόματος
14: 3 καὶ οὐδεὶς **ἐδύνατο** μαθεῖν τὴν ᾠδὴν εἰ μὴ αἱ ἑκατὸν τεσσεράκοντα τέσσαρες χιλιάδες,
15: 8 καὶ οὐδεὶς **ἐδύνατο** εἰσελθεῖν εἰς τὸν ναὸν ἄχρι τελεσθῶσιν αἱ ἑπτὰ πληγαὶ τῶν ἑπτὰ ἀγγέλων.

1539 δύναμις [119]

√ *1538*

plural **αἱ δυνάμεις** [26] Mt 7:22; 11:20,21,23; 13:54,58; 14:2; 24:29; Mk 6:2,14; 13:25; Lk 10:13; 19:37; 21:26; Ac 2:22; 8:13; 19:11; Ro 8:38; 1Co 12:10,28,29; 2Co 12:12; Gal 3:5; Heb 2:4; 6:5; 1Pe 3:22

δύναμις [τοῦ ἁγίου] πνεύματος [4] Lk 4:14; Ac 1:8; Ro 15:13,19

δύναμις ἐχθροῦ [1] Lk 10:19

δύναμις [τοῦ] θεοῦ [18] Mt 22:29; Mk 12:24; Lk 22:69; Ac 8:10; Ro 1:16; 15:19; 1Co 1:18,24; 2:5; 2Co 4:7; 6:7; 13:4,4; Eph 3:7; 2Ti 1:8; 1Pe 1:5; Rev 12:10; 19:1

δύναμις τῷ θεῷ [1] Rev 7:12

δύναμις [τοῦ] κυρίου [3] Lk 5:17; 1Co 5:4; 2Pe 1:16

δύναμις ὑψίστου [1] Lk 1:35

δύναμις Χριστοῦ [1] 2Co 12:9

πνεῦμα [ἅγιος] καὶ δύναμις [4] Lk 1:17; Ac 10:38; 1Co 2:4; Gal 3:5

Mt 7:22 καὶ τῷ σῷ ὀνόματι δαιμόνια ἐξεβάλομεν, καὶ τῷ σῷ ὀνόματι **δυνάμεις** πολλὰς ἐποιήσαμεν;
11:20 Τότε ἤρξατο ὀνειδίζειν τὰς πόλεις ἐν αἷς ἐγένοντο αἱ πλεῖσται **δυνάμεις** αὐτοῦ,
11:21 ὅτι εἰ ἐν Τύρῳ καὶ Σιδῶνι ἐγένοντο αἱ **δυνάμεις** αἱ γενόμεναι ἐν ὑμῖν,
11:23 εἰ ἐν Σοδόμοις ἐγενήθησαν αἱ **δυνάμεις** αἱ γενόμεναι ἐν σοί,
13:54 Πόθεν τούτῳ ἡ σοφία αὕτη καὶ αἱ **δυνάμεις;**
13:58 οὐκ ἐποίησεν ἐκεῖ **δυνάμεις** πολλὰς διὰ τὴν ἀπιστίαν αὐτῶν.
14: 2 αὐτὸς ἠγέρθη ἀπὸ τῶν νεκρῶν καὶ διὰ τοῦτο αἱ **δυνάμεις** ἐνεργοῦσιν ἐν αὐτῷ.
22:29 Πλανᾶσθε μὴ εἰδότες τὰς γραφὰς μηδὲ τὴν **δύναμιν** τοῦ θεοῦ·
24:29 καὶ οἱ ἀστέρες πεσοῦνται ἀπὸ τοῦ οὐρανοῦ, καὶ αἱ **δυνάμεις** τῶν οὐρανῶν σαλευθήσονται.
24:30 καὶ ὄψονται τὸν υἱὸν τοῦ ἀνθρώπου ἐρχόμενον ἐπὶ τῶν νεφελῶν τοῦ οὐρανοῦ μετὰ **δυνάμεως** καὶ δόξης πολλῆς·
25:15 ᾧ δὲ ἕν, ἑκάστῳ κατὰ τὴν ἰδίαν **δύναμιν,** καὶ ἀπεδήμησεν.
26:64 ἀπ' ἄρτι ὄψεσθε τὸν υἱὸν τοῦ ἀνθρώπου καθήμενον ἐκ δεξιῶν τῆς **δυνάμεως** καὶ ἐρχόμενον ἐπὶ τῶν νεφελῶν τοῦ οὐρανοῦ.
Mk 5:30 καὶ εὐθὺς ὁ Ἰησοῦς ἐπιγνοὺς ἐν ἑαυτῷ τὴν ἐξ αὐτοῦ **δύναμιν** ἐξελθοῦσαν ἐπιστραφεὶς ἐν τῷ ὄχλῳ ἔλεγεν,
6: 2 καὶ αἱ **δυνάμεις** τοιαῦται διὰ τῶν χειρῶν αὐτοῦ γινόμεναι;
6: 5 καὶ οὐκ ἐδύνατο ἐκεῖ ποιῆσαι οὐδεμίαν **δύναμιν,** εἰ μὴ ὀλίγοις ἀρρώστοις ἐπιθεὶς τὰς χεῖρας ἐθεράπευσεν.
6:14 καὶ ἔλεγον ὅτι Ἰωάννης ὁ βαπτίζων ἐγήγερται ἐκ νεκρῶν καὶ διὰ τοῦτο ἐνεργοῦσιν αἱ **δυνάμεις** ἐν αὐτῷ.
9: 1 τινες ὧδε τῶν ἑστηκότων οἵτινες οὐ μὴ γεύσωνται θανάτου ἕως ἂν ἴδωσιν τὴν βασιλείαν τοῦ θεοῦ ἐληλυθυῖαν ἐν **δυνάμει.**
9:39 οὐδεὶς γάρ ἐστιν ὃς ποιήσει **δύναμιν** ἐπὶ τῷ ὀνόματί μου καὶ δυνήσεται ταχὺ κακολογῆσαί με·
12:24 Οὐ διὰ τοῦτο πλανᾶσθε μὴ εἰδότες τὰς γραφὰς μηδὲ τὴν **δύναμιν** τοῦ θεοῦ;
13:25 καὶ αἱ **δυνάμεις** αἱ ἐν τοῖς οὐρανοῖς σαλευθήσονται.
13:26 καὶ τότε ὄψονται τὸν υἱὸν τοῦ ἀνθρώπου ἐρχόμενον ἐν νεφέλαις μετὰ **δυνάμεως** πολλῆς καὶ δόξης.
14:62 καὶ ὄψεσθε τὸν υἱὸν τοῦ ἀνθρώπου ἐκ δεξιῶν καθήμενον τῆς **δυνάμεως** καὶ ἐρχόμενον μετὰ τῶν νεφελῶν τοῦ οὐρανοῦ.
Lk 1:17 καὶ αὐτὸς προελεύσεται ἐνώπιον αὐτοῦ ἐν πνεύματι καὶ **δυνάμει** Ἠλίου,
1:35 Πνεῦμα ἅγιον ἐπελεύσεται ἐπὶ σὲ καὶ **δύναμις** ὑψίστου ἐπισκιάσει σοι·
4:14 Καὶ ὑπέστρεψεν ὁ Ἰησοῦς ἐν τῇ **δυνάμει** τοῦ πνεύματος εἰς τὴν Γαλιλαίαν.
4:36 Τίς ὁ λόγος οὗτος ὅτι ἐν ἐξουσίᾳ καὶ **δυνάμει** ἐπιτάσσει τοῖς ἀκαθάρτοις πνεύμασιν καὶ ἐξέρχονται;
5:17 καὶ **δύναμις** κυρίου ἦν εἰς τὸ ἰᾶσθαι αὐτόν.
6:19 ὅτι **δύναμις** παρ' αὐτοῦ ἐξήρχετο καὶ ἰᾶτο πάντας.
8:46 Ἥψατό μού τις, ἐγὼ γὰρ ἔγνων **δύναμιν** ἐξεληλυθυῖαν ἀπ' ἐμοῦ.
9: 1 Συγκαλεσάμενος δὲ τοὺς δώδεκα ἔδωκεν αὐτοῖς **δύναμιν** καὶ ἐξουσίαν ἐπὶ πάντα τὰ δαιμόνια καὶ νόσους θεραπεύειν
10:13 ὅτι εἰ ἐν Τύρῳ καὶ Σιδῶνι ἐγενήθησαν αἱ **δυνάμεις** αἱ γενόμεναι ἐν ὑμῖν,
10:19 καὶ ἐπὶ πᾶσαν τὴν **δύναμιν** τοῦ ἐχθροῦ, καὶ οὐδὲν ὑμᾶς οὐ μὴ ἀδικήσῃ.
19:37 ἤρξαντο ἅπαν τὸ πλῆθος τῶν μαθητῶν χαίροντες αἰνεῖν τὸν θεὸν φωνῇ μεγάλῃ περὶ πασῶν ὧν εἶδον **δυνάμεων,**
21:26 καὶ προσδοκίας τῶν ἐπερχομένων τῇ οἰκουμένῃ, αἱ γὰρ **δυνάμεις** τῶν οὐρανῶν σαλευθήσονται.
21:27 καὶ τότε ὄψονται τὸν υἱὸν τοῦ ἀνθρώπου ἐρχόμενον ἐν νεφέλῃ μετὰ **δυνάμεως** καὶ δόξης πολλῆς.
22:69 ἀπὸ τοῦ νῦν δὲ ἔσται ὁ υἱὸς τοῦ ἀνθρώπου καθήμενος ἐκ δεξιῶν τῆς **δυνάμεως** τοῦ θεοῦ.
24:49 ὑμεῖς δὲ καθίσατε ἐν τῇ πόλει ἕως οὗ ἐνδύσησθε ἐξ ὕψους **δύναμιν.**
Ac 1: 8 ἀλλὰ λήμψεσθε **δύναμιν** ἐπελθόντος τοῦ ἁγίου πνεύματος ἐφ' ὑμᾶς καὶ ἔσεσθέ μου μάρτυρες ἔν τε Ἰερουσαλὴμ
2:22 ἄνδρα ἀποδεδειγμένον ἀπὸ τοῦ θεοῦ εἰς ὑμᾶς **δυνάμεσι** καὶ τέρασι καὶ σημείοις οἷς ἐποίησεν δι' αὐτοῦ ὁ θεὸς
3:12 τί θαυμάζετε ἐπὶ τούτῳ ἢ ἡμῖν τί ἀτενίζετε ὡς ἰδίᾳ **δυνάμει** ἢ εὐσεβείᾳ πεποιηκόσιν τοῦ περιπατεῖν αὐτόν;
4: 7 Ἐν ποίᾳ **δυνάμει** ἢ ἐν ποίῳ ὀνόματι ἐποιήσατε τοῦτο ὑμεῖς;
4:33 καὶ **δυνάμει** μεγάλῃ ἀπεδίδουν τὸ μαρτύριον οἱ ἀπόστολοι τῆς ἀναστάσεως τοῦ κυρίου Ἰησοῦ,
6: 8 Στέφανος δὲ πλήρης χάριτος καὶ **δυνάμεως** ἐποίει τέρατα καὶ σημεῖα μεγάλα ἐν τῷ λαῷ.
8:10 Οὗτός ἐστιν ἡ **δύναμις** τοῦ θεοῦ ἡ καλουμένη Μεγάλη.
8:13 θεωρῶν τε σημεῖα καὶ **δυνάμεις** μεγάλας γινομένας ἐξίστατο.
10:38 ὡς ἔχρισεν αὐτὸν ὁ θεὸς πνεύματι ἁγίῳ καὶ **δυνάμει,**
19:11 **Δυνάμεις** τε οὐ τὰς τυχούσας ὁ θεὸς ἐποίει διὰ τῶν χειρῶν Παύλου,
Ro 1: 4 τοῦ ὁρισθέντος υἱοῦ θεοῦ ἐν **δυνάμει** κατὰ πνεῦμα ἁγιωσύνης ἐξ ἀναστάσεως νεκρῶν,
1:16 **δύναμις** γὰρ θεοῦ ἐστιν εἰς σωτηρίαν παντὶ τῷ πιστεύοντι,
1:20 ἥ τε ἀΐδιος αὐτοῦ **δύναμις** καὶ θειότης, εἰς τὸ εἶναι αὐτοὺς ἀναπολογήτους,
8:38 πέπεισμαι γὰρ ὅτι οὔτε θάνατος οὔτε ζωὴ οὔτε ἄγγελοι οὔτε ἀρχαὶ οὔτε ἐνεστῶτα οὔτε μέλλοντα οὔτε **δυνάμεις**
9:17 λέγει γὰρ ἡ γραφὴ τῷ Φαραὼ ὅτι Εἰς αὐτὸ τοῦτο ἐξήγειρά σε ὅπως ἐνδείξωμαι ἐν σοὶ τὴν **δύναμίν** μου
15:13 εἰς τὸ περισσεύειν ὑμᾶς ἐν τῇ ἐλπίδι ἐν **δυνάμει** πνεύματος ἁγίου.
15:19 ἐν **δυνάμει** σημείων καὶ τεράτων, ἐν **δυνάμει** πνεύματος [θεοῦ·]
1Co 1:18 Ὁ λόγος γὰρ ὁ τοῦ σταυροῦ τοῖς μὲν ἀπολλυμένοις μωρία ἐστίν, τοῖς δὲ σῳζομένοις ἡμῖν **δύναμις** θεοῦ ἐστιν.
1:24 Ἰουδαίοις τε καὶ Ἕλλησιν, Χριστὸν θεοῦ **δύναμιν** καὶ θεοῦ σοφίαν·
2: 4 καὶ ὁ λόγος μου καὶ τὸ κήρυγμά μου οὐκ ἐν πειθο[ῖ]ς σοφίας [λόγοις] ἀλλ' ἐν ἀποδείξει πνεύματος καὶ **δυνάμεως,**
2: 5 ἵνα ἡ πίστις ὑμῶν μὴ ᾖ ἐν σοφίᾳ ἀνθρώπων ἀλλ' ἐν **δυνάμει** θεοῦ.
4:19 καὶ γνώσομαι οὐ τὸν λόγον τῶν πεφυσιωμένων ἀλλὰ τὴν **δύναμιν·**
4:20 οὐ γὰρ ἐν λόγῳ ἡ βασιλεία τοῦ θεοῦ ἀλλ' ἐν **δυνάμει.**
5: 4 ἐν τῷ ὀνόματι τοῦ κυρίου [ἡμῶν] Ἰησοῦ συναχθέντων ὑμῶν καὶ τοῦ ἐμοῦ πνεύματος σὺν τῇ **δυνάμει** τοῦ κυρίου ἡμῶν Ἰησοῦ,
6:14 ὁ δὲ θεὸς καὶ τὸν κύριον ἤγειρεν καὶ ἡμᾶς ἐξεγερεῖ διὰ τῆς **δυνάμεως** αὐτοῦ.
12:10 ἄλλῳ δὲ ἐνεργήματα **δυνάμεων,** ἄλλῳ [δὲ] προφητεία, ἄλλῳ [δὲ] διακρίσεις πνευμάτων,
12:28 δεύτερον προφήτας, τρίτον διδασκάλους, ἔπειτα **δυνάμεις,** ἔπειτα χαρίσματα ἰαμάτων,
12:29 μὴ πάντες προφῆται; μὴ πάντες διδάσκαλοι; μὴ πάντες **δυνάμεις;**
14:11 ἐὰν οὖν μὴ εἰδῶ τὴν **δύναμιν** τῆς φωνῆς,
15:24 ὅταν καταργήσῃ πᾶσαν ἀρχὴν καὶ πᾶσαν ἐξουσίαν καὶ **δύναμιν.**
15:43 ἐγείρεται ἐν δόξῃ· σπείρεται ἐν ἀσθενείᾳ, ἐγείρεται ἐν **δυνάμει·**
15:56 τὸ δὲ κέντρον τοῦ θανάτου ἡ ἁμαρτία, ἡ δὲ **δύναμις** τῆς ἁμαρτίας ὁ νόμος·
2Co 1: 8 ὅτι καθ' ὑπερβολὴν ὑπὲρ **δύναμιν** ἐβαρήθημεν ὥστε ἐξαπορηθῆναι ἡμᾶς καὶ τοῦ ζῆν·
4: 7 ἵνα ἡ ὑπερβολὴ τῆς **δυνάμεως** ᾖ τοῦ θεοῦ καὶ μὴ ἐξ ἡμῶν·
6: 7 ἐν λόγῳ ἀληθείας, ἐν **δυνάμει** θεοῦ· διὰ τῶν ὅπλων τῆς δικαιοσύνης τῶν δεξιῶν καὶ ἀριστερῶν,
8: 3 ὅτι κατὰ **δύναμιν,** μαρτυρῶ, καὶ παρὰ **δύναμιν,** αὐθαίρετοι
12: 9 Ἀρκεῖ σοι ἡ χάρις μου, ἡ γὰρ **δύναμις** ἐν ἀσθενείᾳ τελεῖται. ἵνα ἐπισκηνώσῃ ἐπ' ἐμὲ ἡ **δύναμις** τοῦ Χριστοῦ.
12:12 τὰ μὲν σημεῖα τοῦ ἀποστόλου κατειργάσθη ἐν ὑμῖν ἐν πάσῃ ὑπομονῇ, σημείοις τε καὶ τέρασιν καὶ **δυνάμεσιν.**
13: 4 καὶ γὰρ ἐσταυρώθη ἐξ ἀσθενείας, ἀλλὰ ζῇ ἐκ **δυνάμεως** θεοῦ. καὶ γὰρ ἡμεῖς ἀσθενοῦμεν ἐν αὐτῷ, ἀλλὰ ζήσομεν σὺν αὐτῷ ἐκ **δυνάμεως** θεοῦ εἰς ὑμᾶς.
Gal 3: 5 ὁ οὖν ἐπιχορηγῶν ὑμῖν τὸ πνεῦμα καὶ ἐνεργῶν **δυνάμεις** ἐν ὑμῖν,
Eph 1:19 καὶ τί τὸ ὑπερβάλλον μέγεθος τῆς **δυνάμεως** αὐτοῦ εἰς ἡμᾶς τοὺς πιστεύοντας κατὰ τὴν ἐνέργειαν τοῦ κράτους τῆς ἰσχύος

1:21 ὑπεράνω πάσης ἀρχῆς καὶ ἐξουσίας καὶ **δυνάμεως** καὶ κυριότητος καὶ παντὸς ὀνόματος ὀνομαζομένου,
3: 7 οὗ ἐγενήθην διάκονος κατὰ τὴν δωρεὰν τῆς χάριτος τοῦ θεοῦ τῆς δοθείσης μοι κατὰ τὴν ἐνέργειαν τῆς **δυνάμεως** αὐτοῦ.
3:16 ἵνα δῷ ὑμῖν κατὰ τὸ πλοῦτος τῆς δόξης αὐτοῦ **δυνάμει** κραταιωθῆναι διὰ τοῦ πνεύματος αὐτοῦ εἰς τὸν ἔσω ἄνθρωπον,
3:20 δυναμένῳ ὑπὲρ πάντα ποιῆσαι ὑπερεκπερισσοῦ ὧν αἰτούμεθα ἢ νοοῦμεν κατὰ τὴν **δύναμιν** τὴν ἐνεργουμένην ἐν ἡμῖν,
Php 3:10 τοῦ γνῶναι αὐτὸν καὶ τὴν **δύναμιν** τῆς ἀναστάσεως αὐτοῦ καὶ [τὴν] κοινωνίαν [τῶν] παθημάτων αὐτοῦ,
Col 1:11 ἐν πάσῃ **δυνάμει** δυναμούμενοι κατὰ τὸ κράτος τῆς δόξης αὐτοῦ εἰς πᾶσαν ὑπομονὴν καὶ μακροθυμίαν.
1:29 εἰς ὃ καὶ κοπιῶ ἀγωνιζόμενος κατὰ τὴν ἐνέργειαν αὐτοῦ τὴν ἐνεργουμένην ἐν ἐμοὶ ἐν **δυνάμει.**
1Th 1: 5 τὸ εὐαγγέλιον ἡμῶν οὐκ ἐγενήθη εἰς ὑμᾶς ἐν λόγῳ μόνον ἀλλὰ καὶ ἐν **δυνάμει** καὶ ἐν πνεύματι ἁγίῳ καὶ [ἐν] πληροφορίᾳ
2Th 1: 7 ἐν τῇ ἀποκαλύψει τοῦ κυρίου Ἰησοῦ ἀπ' οὐρανοῦ μετ' ἀγγέλων **δυνάμεως** αὐτοῦ
1:11 ἵνα ὑμᾶς ἀξιώσῃ τῆς κλήσεως ὁ θεὸς ἡμῶν καὶ πληρώσῃ πᾶσαν εὐδοκίαν ἀγαθωσύνης καὶ ἔργον πίστεως ἐν **δυνάμει,**
2: 9 οὗ ἐστιν ἡ παρουσία κατ' ἐνέργειαν τοῦ Σατανᾶ ἐν πάσῃ **δυνάμει** καὶ σημείοις καὶ τέρασιν ψεύδους
2Ti 1: 7 οὐ γὰρ ἔδωκεν ἡμῖν ὁ θεὸς πνεῦμα δειλίας ἀλλὰ **δυνάμεως** καὶ ἀγάπης καὶ σωφρονισμοῦ.
1: 8 ἀλλὰ συγκακοπάθησον τῷ εὐαγγελίῳ κατὰ **δύναμιν** θεοῦ,
3: 5 ἔχοντες μόρφωσιν εὐσεβείας τὴν δὲ **δύναμιν** αὐτῆς ἠρνημένοι·
Heb 1: 3 φέρων τε τὰ πάντα τῷ ῥήματι τῆς **δυνάμεως** αὐτοῦ,
2: 4 συνεπιμαρτυροῦντος τοῦ θεοῦ σημείοις τε καὶ τέρασιν καὶ ποικίλαις **δυνάμεσιν** καὶ πνεύματος ἁγίου μερισμοῖς
6: 5 καλὸν γευσαμένους θεοῦ ῥῆμα **δυνάμεις** τε μέλλοντος αἰῶνος
7:16 ὃς οὐ κατὰ νόμον ἐντολῆς σαρκίνης γέγονεν ἀλλὰ κατὰ **δύναμιν** ζωῆς ἀκαταλύτου.
11:11 Πίστει καὶ αὐτὴ Σάρρα στεῖρα **δύναμιν** εἰς καταβολὴν σπέρματος ἔλαβεν καὶ παρὰ καιρὸν ἡλικίας,
11:34 ἔσβεσαν **δύναμιν** πυρός, ἔφυγον στόματα μαχαίρης, ἐδυναμώθησαν ἀπὸ ἀσθενείας,
1Pe 1: 5 τοὺς ἐν **δυνάμει** θεοῦ φρουρουμένους διὰ πίστεως εἰς σωτηρίαν ἑτοίμην ἀποκαλυφθῆναι ἐν καιρῷ ἐσχάτῳ.
3:22 ὅς ἐστιν ἐν δεξιᾷ [τοῦ] θεοῦ πορευθεὶς εἰς οὐρανὸν ὑποταγέντων αὐτῷ ἀγγέλων καὶ ἐξουσιῶν καὶ **δυνάμεων.**
2Pe 1: 3 Ὡς πάντα ἡμῖν τῆς θείας **δυνάμεως** αὐτοῦ τὰ πρὸς ζωὴν καὶ εὐσέβειαν δεδωρημένης διὰ τῆς ἐπιγνώσεως τοῦ καλέσαντος
1:16 ἐγνωρίσαμεν ὑμῖν τὴν τοῦ κυρίου ἡμῶν Ἰησοῦ Χριστοῦ **δύναμιν** καὶ παρουσίαν ἀλλ' ἐπόπται γενηθέντες
2:11 ὅπου ἄγγελοι ἰσχύϊ καὶ **δυνάμει** μείζονες ὄντες οὐ φέρουσιν κατ' αὐτῶν παρὰ κυρίου βλάσφημον κρίσιν.
Rev 1:16 ἐκ τοῦ στόματος αὐτοῦ ῥομφαία δίστομος ὀξεῖα ἐκπορευομένη καὶ ἡ ὄψις αὐτοῦ ὡς ὁ ἥλιος φαίνει ἐν τῇ **δυνάμει** αὐτοῦ.
3: 8 ὅτι μικρὰν ἔχεις **δύναμιν** καὶ ἐτήρησάς μου τὸν λόγον καὶ οὐκ ἠρνήσω τὸ ὄνομά μου.
4:11 λαβεῖν τὴν δόξαν καὶ τὴν τιμὴν καὶ τὴν **δύναμιν,**
5:12 Ἄξιόν ἐστιν τὸ ἀρνίον τὸ ἐσφαγμένον λαβεῖν τὴν **δύναμιν** καὶ πλοῦτον καὶ σοφίαν καὶ ἰσχὺν καὶ τιμὴν καὶ δόξαν καὶ εὐλογίαν.
7:12 ἡ εὐλογία καὶ ἡ δόξα καὶ ἡ σοφία καὶ ἡ εὐχαριστία καὶ ἡ τιμὴ καὶ ἡ **δύναμις** καὶ ἡ ἰσχὺς τῷ θεῷ ἡμῶν εἰς τοὺς αἰῶνας
11:17 ὅτι εἴληφας τὴν **δύναμίν** σου τὴν μεγάλην καὶ ἐβασίλευσας.
12:10 Ἄρτι ἐγένετο ἡ σωτηρία καὶ ἡ **δύναμις** καὶ ἡ βασιλεία τοῦ θεοῦ ἡμῶν καὶ ἡ ἐξουσία τοῦ Χριστοῦ αὐτοῦ,
13: 2 καὶ ἔδωκεν αὐτῷ ὁ δράκων τὴν **δύναμιν** αὐτοῦ καὶ τὸν θρόνον αὐτοῦ καὶ ἐξουσίαν μεγάλην.
15: 8 καὶ ἐγεμίσθη ὁ ναὸς καπνοῦ ἐκ τῆς δόξης τοῦ θεοῦ καὶ ἐκ τῆς **δυνάμεως** αὐτοῦ,
17:13 οὗτοι μίαν γνώμην ἔχουσιν καὶ τὴν **δύναμιν** καὶ ἐξουσίαν αὐτῶν τῷ θηρίῳ διδόασιν.
18: 3 καὶ οἱ βασιλεῖς τῆς γῆς μετ' αὐτῆς ἐπόρνευσαν καὶ οἱ ἔμποροι τῆς γῆς ἐκ τῆς **δυνάμεως** τοῦ στρήνους αὐτῆς ἐπλούτησαν.
19: 1 ἡ σωτηρία καὶ ἡ δόξα καὶ ἡ **δύναμις** τοῦ θεοῦ ἡμῶν,

1540 δυναμόω [2]

√ *1538*

Col 1:11 ἐν πάσῃ δυνάμει **δυναμούμενοι** κατὰ τὸ κράτος τῆς δόξης αὐτοῦ εἰς πᾶσαν ὑπομονὴν καὶ μακροθυμίαν.
Heb 11:34 ἔσβεσαν δύναμιν πυρός, ἔφυγον στόματα μαχαίρης, **ἐδυναμώθησαν** ἀπὸ ἀσθενείας,

1541 δυνάστης [3]

√ *1538*

μακάριος ... δυνάστης [1] 1Ti 6:15

Lk 1:52 καθεῖλεν **δυνάστας** ἀπὸ θρόνων καὶ ὕψωσεν ταπεινούς,
Ac 8:27 καὶ ἰδοὺ ἀνὴρ Αἰθίοψ εὐνοῦχος **δυνάστης** Κανδάκης βασιλίσσης Αἰθιόπων,
1Ti 6:15 ἣν καιροῖς ἰδίοις δείξει ὁ μακάριος καὶ μόνος **δυνάστης,**

1542 δυνατέω [3]

√ *1538*

Ro 14: 4 σταθήσεται δέ, **δυνατεῖ** γὰρ ὁ κύριος στῆσαι αὐτόν.
2Co 9: 8 **δυνατεῖ** δὲ ὁ θεὸς πᾶσαν χάριν περισσεῦσαι εἰς ὑμᾶς,
13: 3 ὃς εἰς ὑμᾶς οὐκ ἀσθενεῖ ἀλλὰ **δυνατεῖ** ἐν ὑμῖν.

1543 δυνατός [32]

√ *1538*

τὸ δυνατός [1] Ro 9:22

δυνατός ἐν [4] Lk 14:31; 24:19; Ac 7:22; 18:24

εἰ δυνατός [8] Mt 24:24; 26:39; Mk 13:22; 14:35; Lk 14:31; Ac 20:16; Ro 12:18; Gal 4:15

Mt 19:26 Παρὰ ἀνθρώποις τοῦτο ἀδύνατόν ἐστιν, παρὰ δὲ θεῷ πάντα **δυνατά.**
24:24 ψευδόχριστοι καὶ ψευδοπροφῆται καὶ δώσουσιν σημεῖα μεγάλα καὶ τέρατα ὥστε πλανῆσαι, εἰ **δυνατόν,** καὶ τοὺς ἐκλεκτούς.
26:39 Πάτερ μου, εἰ **δυνατόν** ἐστιν, παρελθάτω ἀπ' ἐμοῦ τὸ ποτήριον τοῦτο·
Mk 9:23 ὁ δὲ Ἰησοῦς εἶπεν αὐτῷ, Τὸ Εἰ δύνῃ, πάντα **δυνατὰ** τῷ πιστεύοντι.
10:27 ἀλλ' οὐ παρὰ θεῷ· πάντα γὰρ **δυνατὰ** παρὰ τῷ θεῷ.
13:22 ψευδόχριστοι καὶ ψευδοπροφῆται καὶ δώσουσιν σημεῖα καὶ τέρατα πρὸς τὸ ἀποπλανᾶν, εἰ **δυνατόν,** τοὺς ἐκλεκτούς.
14:35 καὶ προελθὼν μικρὸν ἔπιπτεν ἐπὶ τῆς γῆς καὶ προσηύχετο ἵνα εἰ **δυνατόν** ἐστιν παρέλθῃ ἀπ' αὐτοῦ ἡ ὥρα,
14:36 καὶ ἔλεγεν, Αββα ὁ πατήρ, πάντα **δυνατά** σοι·
Lk 1:49 ὅτι ἐποίησέν μοι μεγάλα ὁ **δυνατός.** καὶ ἅγιον τὸ ὄνομα αὐτοῦ,
14:31 πρῶτον βουλεύσεται εἰ **δυνατός** ἐστιν ἐν δέκα χιλιάσιν ὑπαντῆσαι τῷ μετὰ εἴκοσι χιλιάδων ἐρχομένῳ ἐπ' αὐτόν;
18:27 Τὰ ἀδύνατα παρὰ ἀνθρώποις **δυνατὰ** παρὰ τῷ θεῷ ἐστιν.
24:19 ὃς ἐγένετο ἀνὴρ προφήτης **δυνατὸς** ἐν ἔργῳ καὶ λόγῳ ἐναντίον τοῦ θεοῦ καὶ παντὸς τοῦ λαοῦ,
Ac 2:24 καθότι οὐκ ἦν **δυνατὸν** κρατεῖσθαι αὐτὸν ὑπ' αὐτοῦ.
7:22 ἦν δὲ **δυνατὸς** ἐν λόγοις καὶ ἔργοις αὐτοῦ.
11:17 ἔδωκεν αὐτοῖς ὁ θεὸς ὡς καὶ ἡμῖν πιστεύσασιν ἐπὶ τὸν κύριον Ἰησοῦν Χριστόν, ἐγὼ τίς ἤμην **δυνατὸς** κωλῦσαι τὸν θεόν;
18:24 κατήντησεν εἰς Ἔφεσον, **δυνατὸς** ὢν ἐν ταῖς γραφαῖς.
20:16 ἔσπευδεν γὰρ εἰ **δυνατὸν** εἴη αὐτῷ τὴν ἡμέραν τῆς πεντηκοστῆς γενέσθαι εἰς Ἱεροσόλυμα.
25: 5 **δυνατοὶ** συγκαταβάντες εἴ τί ἐστιν ἐν τῷ ἀνδρὶ ἄτοπον κατηγορείτωσαν αὐτοῦ.
Ro 4:21 καὶ πληροφορηθεὶς ὅτι ὃ ἐπήγγελται **δυνατός** ἐστιν καὶ ποιῆσαι.
9:22 εἰ δὲ θέλων ὁ θεὸς ἐνδείξασθαι τὴν ὀργὴν καὶ γνωρίσαι τὸ **δυνατὸν** αὐτοῦ ἤνεγκεν ἐν πολλῇ μακροθυμίᾳ σκεύη ὀργῆς
11:23 **δυνατὸς** γάρ ἐστιν ὁ θεὸς πάλιν ἐγκεντρίσαι αὐτούς.
12:18 εἰ **δυνατὸν** τὸ ἐξ ὑμῶν, μετὰ πάντων ἀνθρώπων εἰρηνεύοντες·
15: 1 Ὀφείλομεν δὲ ἡμεῖς οἱ **δυνατοὶ** τὰ ἀσθενήματα τῶν ἀδυνάτων βαστάζειν καὶ μὴ ἑαυτοῖς ἀρέσκειν.
1Co 1:26 ὅτι οὐ πολλοὶ σοφοὶ κατὰ σάρκα, οὐ πολλοὶ **δυνατοί,** οὐ πολλοὶ εὐγενεῖς·
2Co 10: 4 τὰ γὰρ ὅπλα τῆς στρατείας ἡμῶν οὐ σαρκικὰ ἀλλὰ **δυνατὰ** τῷ θεῷ πρὸς καθαίρεσιν ὀχυρωμάτων,
12:10 ὑπὲρ Χριστοῦ· ὅταν γὰρ ἀσθενῶ, τότε **δυνατός** εἰμι.
13: 9 χαίρομεν γὰρ ὅταν ἡμεῖς ἀσθενῶμεν, ὑμεῖς δὲ **δυνατοὶ** ἦτε·
Gal 4:15 μαρτυρῶ γὰρ ὑμῖν ὅτι εἰ **δυνατὸν** τοὺς ὀφθαλμοὺς ὑμῶν ἐξορύξαντες ἐδώκατέ μοι.
2Ti 1:12 οἶδα γὰρ ᾧ πεπίστευκα καὶ πέπεισμαι ὅτι **δυνατός** ἐστιν τὴν παραθήκην μου φυλάξαι εἰς ἐκείνην τὴν ἡμέραν.

Tit 1: 9 ἵνα **δυνατὸς** ᾖ καὶ παρακαλεῖν ἐν τῇ διδασκαλίᾳ τῇ ὑγιαινούσῃ καὶ τοὺς ἀντιλέγοντας ἐλέγχειν.
Heb 11:19 λογισάμενος ὅτι καὶ ἐκ νεκρῶν ἐγείρειν **δυνατὸς** ὁ θεός,
Jas 3: 2 οὗτος τέλειος ἀνὴρ **δυνατὸς** χαλιναγωγῆσαι καὶ ὅλον τὸ σῶμα.

1544 δύνω [2]

→ *588, 589, 1550, 1553, 1694, 1898, 1903, 1905, 1906, 1907, 2086, 2087, 2115, 4208*

Mk 1:32 Ὀψίας δὲ γενομένης, ὅτε **ἔδυ** ὁ ἥλιος, ἔφερον πρὸς αὐτὸν πάντας τοὺς κακῶς ἔχοντας καὶ τοὺς δαιμονιζομένους·
Lk 4:40 **Δύνοντος** δὲ τοῦ ἡλίου ἅπαντες ὅσοι εἶχον ἀσθενοῦντας νόσοις ποικίλαις ἤγαγον αὐτοὺς πρὸς αὐτόν·

1545 δύο [135]

→ *1275, 1308, 1309, 1310, 1311, 1357, 1432, 1433, 1440, 1441, 1453, 1454, 1458, 1474, 1486, 1487, 1488, 1489, 1490, 1491, 1492, 1493, 1495, 1496, 1497, 1500, 1557, 1558, 1559*

ἀνά δύο [4] Lk 9:3; 10:1,1; Jn 2:6

δύο δύο [2] Mk 6:7; Lk 10:1

δύο ἢ τρεῖς [7] Mt 18:16,20; Jn 2:6; 1Co 14:27,29; 1Ti 5:19; Heb 10:28

δύο ἐπὶ τρεῖς [1] Lk 12:52

δύο καὶ τρεῖς [1] 2Co 13:1

δύο μαθηταί [8] Mt 21:1; Mk 11:1; 14:13; Lk 7:18; 19:29; Jn 1:35,37; 21:2

εἰς δύο [2] Mt 27:51; Mk 15:38

κατά δύο [1] 1Co 14:27

Mt 4:18 Περιπατῶν δὲ παρὰ τὴν θάλασσαν τῆς Γαλιλαίας εἶδεν **δύο** ἀδελφούς,
4:21 Καὶ προβὰς ἐκεῖθεν εἶδεν ἄλλους **δύο** ἀδελφούς, Ἰάκωβον τὸν τοῦ Ζεβεδαίου καὶ Ἰωάννην τὸν ἀδελφὸν αὐτοῦ,
5:41 καὶ ὅστις σε ἀγγαρεύσει μίλιον ἕν, ὕπαγε μετ' αὐτοῦ **δύο.**
6:24 Οὐδεὶς δύναται **δυσὶ** κυρίοις δουλεύειν· ἢ γὰρ τὸν ἕνα μισήσει καὶ τὸν ἕτερον ἀγαπήσει,
8:28 ἐλθόντος αὐτοῦ εἰς τὸ πέραν εἰς τὴν χώραν τῶν Γαδαρηνῶν ὑπήντησαν αὐτῷ **δύο** δαιμονιζόμενοι ἐκ τῶν μνημείων
9:27 Καὶ παράγοντι ἐκεῖθεν τῷ Ἰησοῦ ἠκολούθησαν [αὐτῷ] **δύο** τυφλοὶ κράζοντες καὶ λέγοντες,
10:10 μὴ πήραν εἰς ὁδὸν μηδὲ **δύο** χιτῶνας μηδὲ ὑποδήματα μηδὲ ῥάβδον·
10:29 οὐχὶ **δύο** στρουθία ἀσσαρίου πωλεῖται; καὶ ἓν ἐξ αὐτῶν οὐ πεσεῖται ἐπὶ τὴν γῆν ἄνευ τοῦ πατρὸς ὑμῶν.
14:17 Οὐκ ἔχομεν ὧδε εἰ μὴ πέντε ἄρτους καὶ **δύο** ἰχθύας.
14:19 λαβὼν τοὺς πέντε ἄρτους καὶ τοὺς **δύο** ἰχθύας,
18: 8 καλόν σοί ἐστιν εἰσελθεῖν εἰς τὴν ζωὴν κυλλὸν ἢ χωλὸν ἢ **δύο** χεῖρας ἢ **δύο** πόδας ἔχοντα βληθῆναι εἰς τὸ πῦρ τὸ αἰώνιον.
18: 9 καλόν σοί ἐστιν μονόφθαλμον εἰς τὴν ζωὴν εἰσελθεῖν ἢ **δύο** ὀφθαλμοὺς ἔχοντα βληθῆναι εἰς τὴν γέενναν τοῦ πυρός.
18:16 ἐὰν δὲ μὴ ἀκούσῃ, παράλαβε μετὰ σοῦ ἔτι ἕνα ἢ **δύο,** ἵνα ἐπὶ στόματος **δύο** μαρτύρων ἢ τριῶν σταθῇ πᾶν ῥῆμα·
18:19 Πάλιν [ἀμὴν] λέγω ὑμῖν ὅτι ἐὰν **δύο** συμφωνήσωσιν ἐξ ὑμῶν ἐπὶ τῆς γῆς περὶ παντὸς πράγματος οὗ ἐὰν αἰτήσωνται,
18:20 οὗ γάρ εἰσιν **δύο** ἢ τρεῖς συνηγμένοι εἰς τὸ ἐμὸν ὄνομα,
19: 5 Ἕνεκα τούτου καταλείψει ἄνθρωπος τὸν πατέρα καὶ τὴν μητέρα καὶ κολληθήσεται τῇ γυναικὶ αὐτοῦ, καὶ ἔσονται οἱ **δύο** εἰς σάρκα μίαν.
19: 6 ὥστε οὐκέτι εἰσὶν **δύο** ἀλλὰ σὰρξ μία. ὃ οὖν ὁ θεὸς συνέζευξεν ἄνθρωπος μὴ χωριζέτω.
20:21 Εἰπὲ ἵνα καθίσωσιν οὗτοι οἱ **δύο** υἱοί μου εἷς ἐκ δεξιῶν σου καὶ εἷς ἐξ εὐωνύμων σου ἐν τῇ βασιλείᾳ σου.
20:24 Καὶ ἀκούσαντες οἱ δέκα ἠγανάκτησαν περὶ τῶν **δύο** ἀδελφῶν.
20:30 καὶ ἰδοὺ **δύο** τυφλοὶ καθήμενοι παρὰ τὴν ὁδὸν ἀκούσαντες ὅτι Ἰησοῦς παράγει,
21: 1 Καὶ ὅτε ἤγγισαν εἰς Ἱεροσόλυμα καὶ ἦλθον εἰς Βηθφαγὴ εἰς τὸ Ὄρος τῶν Ἐλαιῶν, τότε Ἰησοῦς ἀπέστειλεν **δύο** μαθητὰς
21:28 Τί δὲ ὑμῖν δοκεῖ; ἄνθρωπος εἶχεν τέκνα **δύο.**
21:31 τίς ἐκ τῶν **δύο** ἐποίησεν τὸ θέλημα τοῦ πατρός;
22:40 ἐν ταύταις ταῖς **δυσὶν** ἐντολαῖς ὅλος ὁ νόμος κρέμαται καὶ οἱ προφῆται.
24:40 τότε **δύο** ἔσονται ἐν τῷ ἀγρῷ, εἷς παραλαμβάνεται καὶ εἷς ἀφίεται·
24:41 **δύο** ἀλήθουσαι ἐν τῷ μύλῳ, μία παραλαμβάνεται καὶ μία ἀφίεται.
25:15 ᾧ δὲ **δύο,** ᾧ δὲ ἕν, ἑκάστῳ κατὰ τὴν ἰδίαν δύναμιν,
25:17 ὡσαύτως ὁ τὰ **δύο** ἐκέρδησεν ἄλλα **δύο.**
25:22 προσελθὼν [δὲ] καὶ ὁ τὰ **δύο** τάλαντα εἶπεν, Κύριε, **δύο** τάλαντά μοι παρέδωκας· ἴδε ἄλλα **δύο** τάλαντα ἐκέρδησα.
26: 2 Οἴδατε ὅτι μετὰ **δύο** ἡμέρας τὸ πάσχα γίνεται,
26:37 καὶ παραλαβὼν τὸν Πέτρον καὶ τοὺς **δύο** υἱοὺς Ζεβεδαίου ἤρξατο λυπεῖσθαι καὶ ἀδημονεῖν.
26:60 καὶ οὐχ εὗρον πολλῶν προσελθόντων ψευδομαρτύρων. ὕστερον δὲ προσελθόντες **δύο**
27:21 ἀποκριθεὶς δὲ ὁ ἡγεμὼν εἶπεν αὐτοῖς, Τίνα θέλετε ἀπὸ τῶν **δύο** ἀπολύσω ὑμῖν;
27:38 Τότε σταυροῦνται σὺν αὐτῷ **δύο** λῃσταί, εἷς ἐκ δεξιῶν καὶ εἷς ἐξ εὐωνύμων.
27:51 Καὶ ἰδοὺ τὸ καταπέτασμα τοῦ ναοῦ ἐσχίσθη ἀπ' ἄνωθεν ἕως κάτω εἰς **δύο** καὶ ἡ γῆ ἐσείσθη καὶ αἱ πέτραι ἐσχίσθησαν,
Mk 6: 7 προσκαλεῖται τοὺς δώδεκα καὶ ἤρξατο αὐτοὺς ἀποστέλλειν **δύο** **δύο** καὶ ἐδίδου αὐτοῖς ἐξουσίαν τῶν πνευμάτων τῶν ἀκαθάρτων,
6: 9 ἀλλὰ ὑποδεδεμένους σανδάλια, καὶ μὴ ἐνδύσησθε **δύο** χιτῶνας.
6:38 ὑπάγετε ἴδετε. καὶ γνόντες λέγουσιν, Πέντε, καὶ **δύο** ἰχθύας.
6:41 καὶ λαβὼν τοὺς πέντε ἄρτους καὶ τοὺς **δύο** ἰχθύας ἀναβλέψας εἰς τὸν οὐρανὸν εὐλόγησεν καὶ κατέκλασεν τοὺς ἄρτους καὶ ἐδίδου τοῖς μαθηταῖς [αὐτοῦ] ἵνα παρατιθῶσιν αὐτοῖς, καὶ τοὺς **δύο** ἰχθύας ἐμέρισεν πᾶσιν.
9:43 καλόν ἐστίν σε κυλλὸν εἰσελθεῖν εἰς τὴν ζωὴν ἢ τὰς **δύο** χεῖρας ἔχοντα ἀπελθεῖν εἰς τὴν γέενναν,
9:45 καλόν ἐστίν σε εἰσελθεῖν εἰς τὴν ζωὴν χωλὸν ἢ τοὺς **δύο** πόδας ἔχοντα βληθῆναι εἰς τὴν γέενναν.
9:47 καλόν σέ ἐστιν μονόφθαλμον εἰσελθεῖν εἰς τὴν βασιλείαν τοῦ θεοῦ ἢ **δύο** ὀφθαλμοὺς ἔχοντα βληθῆναι εἰς τὴν γέενναν,
10: 8 καὶ ἔσονται οἱ **δύο** εἰς σάρκα μίαν· ὥστε οὐκέτι εἰσὶν **δύο** ἀλλὰ μία σάρξ.
11: 1 Καὶ ὅτε ἐγγίζουσιν εἰς Ἱεροσόλυμα εἰς Βηθφαγὴ καὶ Βηθανίαν πρὸς τὸ Ὄρος τῶν Ἐλαιῶν, ἀποστέλλει **δύο** τῶν μαθητῶν αὐτοῦ
12:42 καὶ ἐλθοῦσα μία χήρα πτωχὴ ἔβαλεν λεπτὰ **δύο,**
14: 1 Ἦν δὲ τὸ πάσχα καὶ τὰ ἄζυμα μετὰ **δύο** ἡμέρας.
14:13 καὶ ἀποστέλλει **δύο** τῶν μαθητῶν αὐτοῦ καὶ λέγει αὐτοῖς,
15:27 Καὶ σὺν αὐτῷ σταυροῦσιν **δύο** λῃστάς, ἕνα ἐκ δεξιῶν καὶ ἕνα ἐξ εὐωνύμων αὐτοῦ.
15:38 Καὶ τὸ καταπέτασμα τοῦ ναοῦ ἐσχίσθη εἰς **δύο** ἀπ' ἄνωθεν ἕως κάτω.
16:12 ⟦Μετὰ δὲ ταῦτα **δυσὶν** ἐξ αὐτῶν περιπατοῦσιν ἐφανερώθη ἐν ἑτέρᾳ μορφῇ πορευομένοις εἰς ἀγρόν·⟧
Lk 2:24 καὶ τοῦ δοῦναι θυσίαν κατὰ τὸ εἰρημένον ἐν τῷ νόμῳ κυρίου, ζεῦγος τρυγόνων ἢ **δύο** νοσσοὺς περιστερῶν.
3:11 Ὁ ἔχων **δύο** χιτῶνας μεταδότω τῷ μὴ ἔχοντι,
5: 2 καὶ εἶδεν **δύο** πλοῖα ἑστῶτα παρὰ τὴν λίμνην·
7:18 καὶ προσκαλεσάμενος **δύο** τινὰς τῶν μαθητῶν αὐτοῦ ὁ Ἰωάννης
7:41 **δύο** χρεοφειλέται ἦσαν δανιστῇ τινι· ὁ εἷς ὤφειλεν δηνάρια πεντακόσια,
9: 3 μήτε ῥάβδον μήτε πήραν μήτε ἄρτον μήτε ἀργύριον μήτε [ἀνὰ] **δύο** χιτῶνας ἔχειν.
9:13 Οὐκ εἰσὶν ἡμῖν πλεῖον ἢ ἄρτοι πέντε καὶ ἰχθύες **δύο,**
9:16 λαβὼν δὲ τοὺς πέντε ἄρτους καὶ τοὺς **δύο** ἰχθύας ἀναβλέψας εἰς τὸν οὐρανὸν εὐλόγησεν αὐτοὺς καὶ κατέκλασεν καὶ ἐδίδου
9:30 καὶ ἰδοὺ ἄνδρες **δύο** συνελάλουν αὐτῷ, οἵτινες ἦσαν Μωϋσῆς καὶ Ἠλίας,
9:32 διαγρηγορήσαντες δὲ εἶδον τὴν δόξαν αὐτοῦ καὶ τοὺς **δύο** ἄνδρας τοὺς συνεστῶτας αὐτῷ.
10: 1 Μετὰ δὲ ταῦτα ἀνέδειξεν ὁ κύριος ἑτέρους ἑβδομήκοντα **[δύο,]** καὶ ἀπέστειλεν αὐτοὺς ἀνὰ **δύο [δύο]** πρὸ προσώπου αὐτοῦ εἰς πᾶσαν πόλιν καὶ τόπον οὗ ἤμελλεν αὐτὸς ἔρχεσθαι.
10:17 Ὑπέστρεψαν δὲ οἱ ἑβδομήκοντα **[δύο]** μετὰ χαρᾶς λέγοντες,
10:35 καὶ ἐπὶ τὴν αὔριον ἐκβαλὼν ἔδωκεν **δύο** δηνάρια τῷ πανδοχεῖ
12: 6 οὐχὶ πέντε στρουθία πωλοῦνται ἀσσαρίων **δύο;** καὶ ἓν ἐξ αὐτῶν οὐκ ἔστιν ἐπιλελησμένον ἐνώπιον τοῦ θεοῦ.
12:52 ἔσονται γὰρ ἀπὸ τοῦ νῦν πέντε ἐν ἑνὶ οἴκῳ διαμεμερισμένοι, τρεῖς ἐπὶ **δυσὶν** καὶ **δύο** ἐπὶ τρισίν,
15:11 Εἶπεν δέ, Ἄνθρωπός τις εἶχεν **δύο** υἱούς.
16:13 Οὐδεὶς οἰκέτης δύναται **δυσὶ** κυρίοις δουλεύειν· ἢ γὰρ τὸν ἕνα μισήσει καὶ τὸν ἕτερον ἀγαπήσει,
17:34 ταύτῃ τῇ νυκτὶ ἔσονται **δύο** ἐπὶ κλίνης μιᾶς,
17:35 ἔσονται **δύο** ἀλήθουσαι ἐπὶ τὸ αὐτό, ἡ μία παραλημφθήσεται,

18:10 Ἄνθρωποι **δύο** ἀνέβησαν εἰς τὸ ἱερὸν προσεύξασθαι, ὁ εἷς Φαρισαῖος καὶ ὁ ἕτερος τελώνης.
19:29 Καὶ ἐγένετο ὡς ἤγγισεν εἰς Βηθφαγὴ καὶ Βηθανία[ν] πρὸς τὸ ὄρος τὸ καλούμενον Ἐλαιῶν, ἀπέστειλεν **δύο** τῶν μαθητῶν
21: 2 εἶδεν δέ τινα χήραν πενιχρὰν βάλλουσαν ἐκεῖ λεπτὰ **δύο,**
22:38 οἱ δὲ εἶπαν, Κύριε, ἰδοὺ μάχαιραι ὧδε **δύο.**
23:32 Ἤγοντο δὲ καὶ ἕτεροι κακοῦργοι **δύο** σὺν αὐτῷ ἀναιρεθῆναι.
24: 4 καὶ ἐγένετο ἐν τῷ ἀπορεῖσθαι αὐτὰς περὶ τούτου καὶ ἰδοὺ ἄνδρες **δύο** ἐπέστησαν αὐταῖς ἐν ἐσθῆτι ἀστραπτούσῃ.
24:13 Καὶ ἰδοὺ **δύο** ἐξ αὐτῶν ἐν αὐτῇ τῇ ἡμέρᾳ ἦσαν πορευόμενοι εἰς κώμην ἀπέχουσαν σταδίους ἑξήκοντα ἀπὸ Ἰερουσαλήμ,
Jn 1:35 Τῇ ἐπαύριον πάλιν εἱστήκει ὁ Ἰωάννης καὶ ἐκ τῶν μαθητῶν αὐτοῦ **δύο**
1:37 καὶ ἤκουσαν οἱ **δύο** μαθηταὶ αὐτοῦ λαλοῦντος καὶ ἠκολούθησαν τῷ Ἰησοῦ.
1:40 Ἦν Ἀνδρέας ὁ ἀδελφὸς Σίμωνος Πέτρου εἷς ἐκ τῶν **δύο** τῶν ἀκουσάντων παρὰ Ἰωάννου καὶ ἀκολουθησάντων αὐτῷ·
2: 6 ἦσαν δὲ ἐκεῖ λίθιναι ὑδρίαι ἓξ κατὰ τὸν καθαρισμὸν τῶν Ἰουδαίων κείμεναι, χωροῦσαι ἀνὰ μετρητὰς **δύο** ἢ τρεῖς.
4:40 ἠρώτων αὐτὸν μεῖναι παρ' αὐτοῖς· καὶ ἔμεινεν ἐκεῖ **δύο** ἡμέρας.
4:43 Μετὰ δὲ τὰς **δύο** ἡμέρας ἐξῆλθεν ἐκεῖθεν εἰς τὴν Γαλιλαίαν·
6: 9 Ἔστιν παιδάριον ὧδε ὃς ἔχει πέντε ἄρτους κριθίνους καὶ **δύο** ὀψάρια·
8:17 καὶ ἐν τῷ νόμῳ δὲ τῷ ὑμετέρῳ γέγραπται ὅτι **δύο** ἀνθρώπων ἡ μαρτυρία ἀληθής ἐστιν.
11: 6 τότε μὲν ἔμεινεν ἐν ᾧ ἦν τόπῳ **δύο** ἡμέρας,
19:18 καὶ μετ' αὐτοῦ ἄλλους **δύο** ἐντεῦθεν καὶ ἐντεῦθεν,
20: 4 ἔτρεχον δὲ οἱ **δύο** ὁμοῦ· καὶ ὁ ἄλλος μαθητὴς προέδραμεν τάχιον τοῦ Πέτρου καὶ ἦλθεν πρῶτος εἰς τὸ μνημεῖον,
20:12 καὶ θεωρεῖ **δύο** ἀγγέλους ἐν λευκοῖς καθεζομένους, ἕνα πρὸς τῇ κεφαλῇ καὶ ἕνα πρὸς τοῖς ποσίν,
21: 2 καὶ Ναθαναὴλ ὁ ἀπὸ Κανὰ τῆς Γαλιλαίας καὶ οἱ τοῦ Ζεβεδαίου καὶ ἄλλοι ἐκ τῶν μαθητῶν αὐτοῦ **δύο.**
Ac 1:10 καὶ ἰδοὺ ἄνδρες **δύο** παρειστήκεισαν αὐτοῖς ἐν ἐσθήσεσι λευκαῖς,
1:23 καὶ ἔστησαν **δύο,** Ἰωσὴφ τὸν καλούμενον Βαρσαββᾶν ὃς ἐπεκλήθη Ἰοῦστος,
1:24 ἀνάδειξον ὃν ἐξελέξω ἐκ τούτων τῶν **δύο** ἕνα
7:29 ἔφυγεν δὲ Μωϋσῆς ἐν τῷ λόγῳ τούτῳ καὶ ἐγένετο πάροικος ἐν γῇ Μαδιάμ, οὗ ἐγέννησεν υἱοὺς **δύο.**
9:38 οἱ μαθηταὶ ἀκούσαντες ὅτι Πέτρος ἐστὶν ἐν αὐτῇ ἀπέστειλαν **δύο** ἄνδρας πρὸς αὐτὸν παρακαλοῦντες,
10: 7 φωνήσας **δύο** τῶν οἰκετῶν καὶ στρατιώτην εὐσεβῆ τῶν προσκαρτερούντων αὐτῷ
12: 6 τῇ νυκτὶ ἐκείνῃ ἦν ὁ Πέτρος κοιμώμενος μεταξὺ **δύο** στρατιωτῶν δεδεμένος ἁλύσεσιν **δυσὶν** φύλακές τε πρὸ τῆς θύρας ἐτήρουν τὴν φυλακήν.
19:10 τοῦτο δὲ ἐγένετο ἐπὶ ἔτη **δύο,** ὥστε πάντας τοὺς κατοικοῦντας τὴν Ἀσίαν ἀκοῦσαι τὸν λόγον τοῦ κυρίου,
19:22 ἀποστείλας δὲ εἰς τὴν Μακεδονίαν **δύο** τῶν διακονούντων αὐτῷ,
19:34 φωνὴ ἐγένετο μία ἐκ πάντων ὡς ἐπὶ ὥρας **δύο** κραζόντων,
21:33 τότε ἐγγίσας ὁ χιλίαρχος ἐπελάβετο αὐτοῦ καὶ ἐκέλευσεν δεθῆναι ἁλύσεσι **δυσί,**
23:23 Καὶ προσκαλεσάμενος **δύο** [τινὰς] τῶν ἑκατονταρχῶν εἶπεν, Ἑτοιμάσατε στρατιώτας διακοσίους,
1Co 6:16 Ἔσονται γάρ, φησίν, οἱ **δύο** εἰς σάρκα μίαν.
14:27 κατὰ **δύο** ἢ τὸ πλεῖστον τρεῖς καὶ ἀνὰ μέρος,
14:29 προφῆται δὲ **δύο** ἢ τρεῖς λαλείτωσαν καὶ οἱ ἄλλοι διακρινέτωσαν·
2Co 13: 1 ἐπὶ στόματος **δύο** μαρτύρων καὶ τριῶν σταθήσεται πᾶν ῥῆμα.
Gal 4:22 γέγραπται γὰρ ὅτι Ἀβραὰμ **δύο** υἱοὺς ἔσχεν, ἕνα ἐκ τῆς παιδίσκης καὶ ἕνα ἐκ τῆς ἐλευθέρας.
4:24 αὗται γάρ εἰσιν **δύο** διαθῆκαι, μία μὲν ἀπὸ ὄρους Σινᾶ εἰς δουλείαν γεννῶσα,
Eph 2:15 ἵνα τοὺς **δύο** κτίσῃ ἐν αὐτῷ εἰς ἕνα καινὸν ἄνθρωπον ποιῶν εἰρήνην
5:31 ἀντὶ τούτου καταλείψει ἄνθρωπος [τὸν] πατέρα καὶ [τὴν] μητέρα καὶ προσκολληθήσεται πρὸς τὴν γυναῖκα αὐτοῦ, καὶ ἔσονται οἱ **δύο** εἰς σάρκα μίαν.
Php 1:23 συνέχομαι δὲ ἐκ τῶν **δύο,** τὴν ἐπιθυμίαν ἔχων εἰς τὸ ἀναλῦσαι καὶ σὺν Χριστῷ εἶναι,
1Ti 5:19 ἐκτὸς εἰ μὴ ἐπὶ **δύο** ἢ τριῶν μαρτύρων.
Heb 6:18 ἵνα διὰ **δύο** πραγμάτων ἀμεταθέτων, ἐν οἷς ἀδύνατον ψεύσασθαι [τὸν] θεόν,
10:28 ἀθετήσας τις νόμον Μωϋσέως χωρὶς οἰκτιρμῶν ἐπὶ **δυσὶν** ἢ τρισὶν μάρτυσιν ἀποθνῄσκει·
Rev 9:12 Ἡ οὐαὶ ἡ μία ἀπῆλθεν· ἰδοὺ ἔρχεται ἔτι **δύο** οὐαὶ μετὰ ταῦτα.
11: 2 καὶ τὴν πόλιν τὴν ἁγίαν πατήσουσιν μῆνας τεσσεράκοντα [καὶ] **δύο.**
11: 3 καὶ δώσω τοῖς **δυσὶν** μάρτυσίν μου καὶ προφητεύσουσιν ἡμέρας χιλίας διακοσίας ἑξήκοντα περιβεβλημένοι σάκκους.
11: 4 οὗτοί εἰσιν αἱ **δύο** ἐλαῖαι καὶ αἱ **δύο** λυχνίαι αἱ ἐνώπιον τοῦ κυρίου τῆς γῆς ἑστῶτες.
11:10 ὅτι οὗτοι οἱ **δύο** προφῆται ἐβασάνισαν τοὺς κατοικοῦντας ἐπὶ τῆς γῆς.
12:14 ἐδόθησαν τῇ γυναικὶ αἱ **δύο** πτέρυγες τοῦ ἀετοῦ τοῦ μεγάλου,
13: 5 Καὶ ἐδόθη αὐτῷ στόμα λαλοῦν μεγάλα καὶ βλασφημίας καὶ ἐδόθη αὐτῷ ἐξουσία ποιῆσαι μῆνας τεσσεράκοντα [καὶ] **δύο.**
13:11 καὶ εἶχεν κέρατα **δύο** ὅμοια ἀρνίῳ καὶ ἐλάλει ὡς δράκων.
19:20 ζῶντες ἐβλήθησαν οἱ **δύο** εἰς τὴν λίμνην τοῦ πυρὸς τῆς καιομένης ἐν θείῳ.

1546 δυσβάστακτος [2 / 1]

√ *1002*

Mt 23: 4 δεσμεύουσιν δὲ φορτία βαρέα [καὶ **δυσβάστακτα**[NIV-]] καὶ ἐπιτιθέασιν ἐπὶ τοὺς ὤμους τῶν ἀνθρώπων,
Lk 11:46 Καὶ ὑμῖν τοῖς νομικοῖς οὐαί, ὅτι φορτίζετε τοὺς ἀνθρώπους φορτία **δυσβάστακτα,**

1547 δυσεντερία Not used in UBS/NIV

→ *1548; cf. 1877*

1548 δυσεντέριον [1]

√ *1547*

Ac 28: 8 ἐγένετο δὲ τὸν πατέρα τοῦ Ποπλίου πυρετοῖς καὶ **δυσεντερίῳ** συνεχόμενον κατακεῖσθαι,

1549 δυσερμήνευτος [1]

√ *2257*

Heb 5:11 Περὶ οὗ πολὺς ἡμῖν ὁ λόγος καὶ **δυσερμήνευτος** λέγειν,

1550 δύσις [1 / 0]

√ *1544*

Mk 16: S ⟦Ἰησοῦς ἀπὸ ἀνατολῆς καὶ ἄχρι **δύσεως**[NIV-] ἐξαπέστειλεν δι' αὐτῶν τὸ ἱερὸν καὶ ἄφθαρτον κήρυγμα τῆς αἰωνίου σωτηρίας.⟧

1551 δύσκολος [1]

→ *1552; cf. 3266*

Mk 10:24 πῶς **δύσκολόν** ἐστιν εἰς τὴν βασιλείαν τοῦ θεοῦ εἰσελθεῖν·

1552 δυσκόλως [3]

√ *1551*

Mt 19:23 Ἀμὴν λέγω ὑμῖν ὅτι πλούσιος **δυσκόλως** εἰσελεύσεται εἰς τὴν βασιλείαν τῶν οὐρανῶν.
Mk 10:23 Πῶς **δυσκόλως** οἱ τὰ χρήματα ἔχοντες εἰς τὴν βασιλείαν τοῦ θεοῦ εἰσελεύσονται.
Lk 18:24 Πῶς **δυσκόλως** οἱ τὰ χρήματα ἔχοντες εἰς τὴν βασιλείαν τοῦ θεοῦ εἰσπορεύονται·

1553 δυσμή [5]

√ *1544*

Mt 8:11 ὅτι πολλοὶ ἀπὸ ἀνατολῶν καὶ **δυσμῶν** ἥξουσιν καὶ ἀνακλιθήσονται μετὰ Ἀβραὰμ καὶ Ἰσαὰκ καὶ Ἰακὼβ
24:27 ὥσπερ γὰρ ἡ ἀστραπὴ ἐξέρχεται ἀπὸ ἀνατολῶν καὶ φαίνεται ἕως **δυσμῶν,**
Lk 12:54 Ὅταν ἴδητε [τὴν] νεφέλην ἀνατέλλουσαν ἐπὶ **δυσμῶν,** εὐθέως λέγετε ὅτι Ὄμβρος ἔρχεται,
13:29 καὶ ἥξουσιν ἀπὸ ἀνατολῶν καὶ **δυσμῶν** καὶ ἀπὸ βορρᾶ καὶ νότου καὶ ἀνακλιθήσονται ἐν τῇ βασιλείᾳ τοῦ θεοῦ.
Rev 21:13 ἀπὸ ἀνατολῆς πυλῶνες τρεῖς καὶ ἀπὸ βορρᾶ πυλῶνες τρεῖς καὶ ἀπὸ νότου πυλῶνες τρεῖς καὶ ἀπὸ **δυσμῶν** πυλῶνες τρεῖς.

1554 δυσνόητος [1]

√ *3808*

2Pe 3:16 ὡς καὶ ἐν πάσαις ἐπιστολαῖς λαλῶν ἐν αὐταῖς περὶ τούτων, ἐν αἷς ἐστιν **δυσνόητά** τινα,

1555 δυσφημέω [1]

→ *1556; cf. 5774*

1Co 4:13 **δυσφημούμενοι** παρακαλοῦμεν· ὡς περικαθάρματα τοῦ κόσμου ἐγενήθημεν, πάντων περίψημα ἕως ἄρτι.

1556 δυσφημία [1]

√ *1555*

2Co 6: 8 διὰ δόξης καὶ ἀτιμίας, διὰ **δυσφημίας** καὶ εὐφημίας·

1557 δώδεκα [75]

√ *1545 + 1274*

οἱ δώδεκα [27] Mt 10:5; 26:14,20,47; Mk 3:16; 4:10; 6:7; 9:35; 10:32; 11:11; 14:10,17,20,43; Lk 6:13; 8:1; 9:1,12; 18:31; 22:3,47; Jn 6:67,70,71; 20:24; Ac 6:2; 1Co 15:5

δώδεκα ἀπόστολοι [2] Mt 10:2; Rev 21:14; cf. Mk 3:14; Lk 6:13

δώδεκα μαθηταί [3] Mt 10:1; 11:1; 20:17

Mt 9:20 Καὶ ἰδοὺ γυνὴ αἱμορροοῦσα **δώδεκα** ἔτη προσελθοῦσα ὄπισθεν ἥψατο τοῦ κρασπέδου τοῦ ἱματίου αὐτοῦ·

10: 1 Καὶ προσκαλεσάμενος τοὺς **δώδεκα** μαθητὰς αὐτοῦ ἔδωκεν αὐτοῖς ἐξουσίαν πνευμάτων ἀκαθάρτων ὥστε ἐκβάλλειν αὐτὰ

10: 2 Τῶν δὲ **δώδεκα** ἀποστόλων τὰ ὀνόματά ἐστιν ταῦτα·

10: 5 Τούτους τοὺς **δώδεκα** ἀπέστειλεν ὁ Ἰησοῦς παραγγείλας αὐτοῖς λέγων,

11: 1 Καὶ ἐγένετο ὅτε ἐτέλεσεν ὁ Ἰησοῦς διατάσσων τοῖς **δώδεκα** μαθηταῖς αὐτοῦ,

14:20 καὶ ἦραν τὸ περισσεῦον τῶν κλασμάτων **δώδεκα** κοφίνους πλήρεις.

19:28 καθήσεσθε καὶ ὑμεῖς ἐπὶ **δώδεκα** θρόνους κρίνοντες τὰς **δώδεκα** φυλὰς τοῦ Ἰσραήλ.

20:17 Καὶ ἀναβαίνων ὁ Ἰησοῦς εἰς Ἱεροσόλυμα παρέλαβεν τοὺς **δώδεκα** [μαθητὰς] κατ' ἰδίαν καὶ ἐν τῇ ὁδῷ εἶπεν αὐτοῖς,

26:14 Τότε πορευθεὶς εἷς τῶν **δώδεκα,** ὁ λεγόμενος Ἰούδας Ἰσκαριώτης,

26:20 Ὀψίας δὲ γενομένης ἀνέκειτο μετὰ τῶν **δώδεκα.**

26:47 Καὶ ἔτι αὐτοῦ λαλοῦντος ἰδοὺ Ἰούδας εἷς τῶν **δώδεκα** ἦλθεν καὶ μετ' αὐτοῦ ὄχλος πολὺς μετὰ μαχαιρῶν καὶ ξύλων

26:53 καὶ παραστήσει μοι ἄρτι πλείω **δώδεκα** λεγιῶνας ἀγγέλων;

Mk 3:14 καὶ ἐποίησεν **δώδεκα** [οὓς καὶ ἀποστόλους ὠνόμασεν] ἵνα ὦσιν μετ' αὐτοῦ καὶ ἵνα ἀποστέλλῃ αὐτοὺς κηρύσσειν

3:16 [καὶ ἐποίησεν τοὺς **δώδεκα,**] καὶ ἐπέθηκεν ὄνομα τῷ Σίμωνι Πέτρον,

4:10 ἠρώτων αὐτὸν οἱ περὶ αὐτὸν σὺν τοῖς **δώδεκα** τὰς παραβολάς.

5:25 καὶ γυνὴ οὖσα ἐν ῥύσει αἵματος **δώδεκα** ἔτη

5:42 καὶ εὐθὺς ἀνέστη τὸ κοράσιον καὶ περιεπάτει· ἦν γὰρ ἐτῶν **δώδεκα.**

6: 7 προσκαλεῖται τοὺς **δώδεκα** καὶ ἤρξατο αὐτοὺς ἀποστέλλειν δύο δύο καὶ ἐδίδου αὐτοῖς ἐξουσίαν τῶν πνευμάτων τῶν ἀκαθάρτων,

6:43 καὶ ἦραν κλάσματα **δώδεκα** κοφίνων πληρώματα καὶ ἀπὸ τῶν ἰχθύων.

8:19 πόσους κοφίνους κλασμάτων πλήρεις ἤρατε; λέγουσιν αὐτῷ, **Δώδεκα.**

9:35 καὶ καθίσας ἐφώνησεν τοὺς **δώδεκα** καὶ λέγει αὐτοῖς,

10:32 καὶ παραλαβὼν πάλιν τοὺς **δώδεκα** ἤρξατο αὐτοῖς λέγειν τὰ μέλλοντα αὐτῷ συμβαίνειν

11:11 ὀψίας ἤδη οὔσης τῆς ὥρας, ἐξῆλθεν εἰς Βηθανίαν μετὰ τῶν **δώδεκα.**

14:10 Καὶ Ἰούδας Ἰσκαριὼθ ὁ εἷς τῶν **δώδεκα** ἀπῆλθεν πρὸς τοὺς ἀρχιερεῖς ἵνα αὐτὸν παραδοῖ αὐτοῖς.

14:17 Καὶ ὀψίας γενομένης ἔρχεται μετὰ τῶν **δώδεκα.**

14:20 ὁ δὲ εἶπεν αὐτοῖς, Εἷς τῶν **δώδεκα,** ὁ ἐμβαπτόμενος μετ' ἐμοῦ εἰς τὸ τρύβλιον.

14:43 Καὶ εὐθὺς ἔτι αὐτοῦ λαλοῦντος παραγίνεται Ἰούδας εἷς τῶν **δώδεκα** καὶ μετ' αὐτοῦ ὄχλος μετὰ μαχαιρῶν καὶ ξύλων

Lk 2:42 καὶ ὅτε ἐγένετο ἐτῶν **δώδεκα,** ἀναβαινόντων αὐτῶν κατὰ τὸ ἔθος τῆς ἑορτῆς

6:13 καὶ ἐκλεξάμενος ἀπ' αὐτῶν **δώδεκα,** οὓς καὶ ἀποστόλους ὠνόμασεν,

8: 1 διώδευεν κατὰ πόλιν καὶ κώμην κηρύσσων καὶ εὐαγγελιζόμενος τὴν βασιλείαν τοῦ θεοῦ καὶ οἱ **δώδεκα** σὺν αὐτῷ,

8:42 ὅτι θυγάτηρ μονογενὴς ἦν αὐτῷ ὡς ἐτῶν **δώδεκα** καὶ αὐτὴ ἀπέθνῃσκεν.

8:43 καὶ γυνὴ οὖσα ἐν ῥύσει αἵματος ἀπὸ ἐτῶν **δώδεκα,**

9: 1 Συγκαλεσάμενος δὲ τοὺς **δώδεκα** ἔδωκεν αὐτοῖς δύναμιν καὶ ἐξουσίαν ἐπὶ πάντα τὰ δαιμόνια καὶ νόσους θεραπεύειν

9:12 προσελθόντες δὲ οἱ **δώδεκα** εἶπαν αὐτῷ, Ἀπόλυσον τὸν ὄχλον,

9:17 καὶ ἤρθη τὸ περισσεῦσαν αὐτοῖς κλασμάτων κόφινοι **δώδεκα.**

18:31 Παραλαβὼν δὲ τοὺς **δώδεκα** εἶπεν πρὸς αὐτούς, Ἰδοὺ ἀναβαίνομεν εἰς Ἰερουσαλήμ,

22: 3 Εἰσῆλθεν δὲ Σατανᾶς εἰς Ἰούδαν τὸν καλούμενον Ἰσκαριώτην, ὄντα ἐκ τοῦ ἀριθμοῦ τῶν **δώδεκα·**

22:30 καὶ καθήσεσθε ἐπὶ θρόνων τὰς **δώδεκα** φυλὰς κρίνοντες τοῦ Ἰσραήλ.

22:47 καὶ ὁ λεγόμενος Ἰούδας εἷς τῶν **δώδεκα** προήρχετο αὐτοὺς καὶ ἤγγισεν τῷ Ἰησοῦ φιλῆσαι αὐτόν.

Jn 6:13 καὶ ἐγέμισαν **δώδεκα** κοφίνους κλασμάτων ἐκ τῶν πέντε ἄρτων τῶν κριθίνων ἃ ἐπερίσσευσαν τοῖς βεβρωκόσιν.

6:67 εἶπεν οὖν ὁ Ἰησοῦς τοῖς **δώδεκα,** Μὴ καὶ ὑμεῖς θέλετε ὑπάγειν;

6:70 ἀπεκρίθη αὐτοῖς ὁ Ἰησοῦς, Οὐκ ἐγὼ ὑμᾶς τοὺς **δώδεκα** ἐξελεξάμην;

6:71 οὗτος γὰρ ἔμελλεν παραδιδόναι αὐτόν, εἷς ἐκ τῶν **δώδεκα.**

11: 9 ἀπεκρίθη Ἰησοῦς, Οὐχὶ **δώδεκα** ὧραί εἰσιν τῆς ἡμέρας;

20:24 Θωμᾶς δὲ εἷς ἐκ τῶν **δώδεκα,** ὁ λεγόμενος Δίδυμος,

Ac 6: 2 προσκαλεσάμενοι δὲ οἱ **δώδεκα** τὸ πλῆθος τῶν μαθητῶν εἶπαν,

7: 8 καὶ Ἰσαὰκ τὸν Ἰακώβ, καὶ Ἰακὼβ τοὺς **δώδεκα** πατριάρχας.

19: 7 ἦσαν δὲ οἱ πάντες ἄνδρες ὡσεὶ **δώδεκα.**

24:11 δυναμένου σου ἐπιγνῶναι ὅτι οὐ πλείους εἰσίν μοι ἡμέραι **δώδεκα** ἀφ' ἧς ἀνέβην προσκυνήσων εἰς Ἰερουσαλήμ.

1Co 15: 5 καὶ ὅτι ὤφθη Κηφᾷ εἶτα τοῖς **δώδεκα·**

Jas 1: 1 Ἰάκωβος θεοῦ καὶ κυρίου Ἰησοῦ Χριστοῦ δοῦλος ταῖς **δώδεκα** φυλαῖς ταῖς ἐν τῇ διασπορᾷ χαίρειν.

Rev 7: 5 ἐκ φυλῆς Ἰούδα **δώδεκα** χιλιάδες ἐσφραγισμένοι, ἐκ φυλῆς Ῥουβὴν **δώδεκα** χιλιάδες, ἐκ φυλῆς Γὰδ **δώδεκα** χιλιάδες,

7: 6 ἐκ φυλῆς Ἀσὴρ **δώδεκα** χιλιάδες, ἐκ φυλῆς Νεφθαλὶμ **δώδεκα** χιλιάδες, ἐκ φυλῆς Μανασσῆ **δώδεκα** χιλιάδες,

7: 7 ἐκ φυλῆς Συμεὼν **δώδεκα** χιλιάδες, ἐκ φυλῆς Λευὶ **δώδεκα** χιλιάδες, ἐκ φυλῆς Ἰσσαχὰρ **δώδεκα** χιλιάδες,

7: 8 ἐκ φυλῆς Ζαβουλὼν **δώδεκα** χιλιάδες, ἐκ φυλῆς Ἰωσὴφ **δώδεκα** χιλιάδες, ἐκ φυλῆς Βενιαμὶν **δώδεκα** χιλιάδες ἐσφραγισμένοι.

12: 1 καὶ ἡ σελήνη ὑποκάτω τῶν ποδῶν αὐτῆς καὶ ἐπὶ τῆς κεφαλῆς αὐτῆς στέφανος ἀστέρων **δώδεκα,**

21:12 ἔχουσα πυλῶνας **δώδεκα** καὶ ἐπὶ τοῖς πυλῶσιν ἀγγέλους **δώδεκα** καὶ ὀνόματα ἐπιγεγραμμένα, ἅ ἐστιν [τὰ ὀνόματα] τῶν **δώδεκα** φυλῶν υἱῶν Ἰσραήλ·

21:14 καὶ τὸ τεῖχος τῆς πόλεως ἔχων θεμελίους **δώδεκα** καὶ ἐπ' αὐτῶν **δώδεκα** ὀνόματα τῶν **δώδεκα** ἀποστόλων τοῦ ἀρνίου.

21:16 καὶ ἐμέτρησεν τὴν πόλιν τῷ καλάμῳ ἐπὶ σταδίων **δώδεκα** χιλιάδων,

21:21 καὶ οἱ **δώδεκα** πυλῶνες **δώδεκα** μαργαρῖται, ἀνὰ εἷς ἕκαστος τῶν πυλώνων ἦν ἐξ ἑνὸς μαργαρίτου.

22: 2 ἐν μέσῳ τῆς πλατείας αὐτῆς καὶ τοῦ ποταμοῦ ἐντεῦθεν καὶ ἐκεῖθεν ξύλον ζωῆς ποιοῦν καρποὺς **δώδεκα,**

1558 δωδέκατος [1]

√ *1545 + 1274*

Rev 21:20 ὁ δέκατος χρυσόπρασος, ὁ ἑνδέκατος ὑάκινθος, ὁ **δωδέκατος** ἀμέθυστος,

1559 δωδεκάφυλον [1]

√ *1545 + 1274 + 5876*

Ac 26: 7 εἰς ἣν τὸ **δωδεκάφυλον** ἡμῶν ἐν ἐκτενείᾳ νύκτα καὶ ἡμέραν λατρεῦον ἐλπίζει καταντῆσαι,

1560 δῶμα [7]

→ *488, 1900, 1908, 2224, 3868, 3869, 3870, 3871, 5325*

Mt 10:27 καὶ ὃ εἰς τὸ οὖς ἀκούετε κηρύξατε ἐπὶ τῶν **δωμάτων.**

24:17 ὁ ἐπὶ τοῦ **δώματος** μὴ καταβάτω ἆραι τὰ ἐκ τῆς οἰκίας αὐτοῦ,
Mk 13:15 ὁ [δὲ] ἐπὶ τοῦ **δώματος** μὴ καταβάτω μηδὲ εἰσελθάτω ἆραί τι ἐκ τῆς οἰκίας αὐτοῦ,
Lk 5:19 ἀναβάντες ἐπὶ τὸ **δῶμα** διὰ τῶν κεράμων καθῆκαν αὐτὸν σὺν τῷ κλινιδίῳ εἰς τὸ μέσον ἔμπροσθεν τοῦ Ἰησοῦ.
12:3 καὶ ὃ πρὸς τὸ οὖς ἐλαλήσατε ἐν τοῖς ταμείοις κηρυχθήσεται ἐπὶ τῶν **δωμάτων.**
17:31 ἐν ἐκείνῃ τῇ ἡμέρᾳ ὃς ἔσται ἐπὶ τοῦ **δώματος** καὶ τὰ σκεύη αὐτοῦ ἐν τῇ οἰκίᾳ,
Ac 10:9 ἀνέβη Πέτρος ἐπὶ τὸ **δῶμα** προσεύξασθαι περὶ ὥραν ἕκτην.

1561 δωρεά [11]

√ 1443

δωρεά τοῦ θεοῦ [3] Jn 4:10; Ac 8:20; Eph 3:7

Jn 4:10 Εἰ ᾔδεις τὴν **δωρεὰν** τοῦ θεοῦ καὶ τίς ἐστιν ὁ λέγων σοι,
Ac 2:38 καὶ βαπτισθήτω ἕκαστος ὑμῶν ἐπὶ τῷ ὀνόματι Ἰησοῦ Χριστοῦ εἰς ἄφεσιν τῶν ἁμαρτιῶν ὑμῶν καὶ λήμψεσθε τὴν **δωρεὰν** τοῦ ἁγίου πνεύματος.
8:20 Τὸ ἀργύριόν σου σὺν σοὶ εἴη εἰς ἀπώλειαν ὅτι τὴν **δωρεὰν** τοῦ θεοῦ ἐνόμισας διὰ χρημάτων κτᾶσθαι.
10:45 ὅτι καὶ ἐπὶ τὰ ἔθνη ἡ **δωρεὰ** τοῦ ἁγίου πνεύματος ἐκκέχυται·
11:17 εἰ οὖν τὴν ἴσην **δωρεὰν** ἔδωκεν αὐτοῖς ὁ θεὸς ὡς καὶ ἡμῖν πιστεύσασιν ἐπὶ τὸν κύριον Ἰησοῦν Χριστόν,
Ro 5:15 πολλῷ μᾶλλον ἡ χάρις τοῦ θεοῦ καὶ ἡ **δωρεὰ** ἐν χάριτι τῇ τοῦ ἑνὸς ἀνθρώπου Ἰησοῦ Χριστοῦ εἰς τοὺς πολλοὺς ἐπερίσσευσεν.
5:17 πολλῷ μᾶλλον οἱ τὴν περισσείαν τῆς χάριτος καὶ τῆς **δωρεᾶς** τῆς δικαιοσύνης λαμβάνοντες ἐν ζωῇ βασιλεύσουσιν διὰ τοῦ ἑνὸς Ἰησοῦ Χριστοῦ.
2Co 9:15 χάρις τῷ θεῷ ἐπὶ τῇ ἀνεκδιηγήτῳ αὐτοῦ **δωρεᾷ.**
Eph 3:7 οὗ ἐγενήθην διάκονος κατὰ τὴν **δωρεὰν** τῆς χάριτος τοῦ θεοῦ τῆς δοθείσης μοι κατὰ τὴν ἐνέργειαν τῆς δυνάμεως αὐτοῦ.
4:7 Ἑνὶ δὲ ἑκάστῳ ἡμῶν ἐδόθη ἡ χάρις κατὰ τὸ μέτρον τῆς **δωρεᾶς** τοῦ Χριστοῦ.
Heb 6:4 γευσαμένους τε τῆς **δωρεᾶς** τῆς ἐπουρανίου καὶ μετόχους γενηθέντας πνεύματος ἁγίου

1562 δωρεάν [9]

√ 1443

Mt 10:8 λεπροὺς καθαρίζετε, δαιμόνια ἐκβάλλετε· **δωρεὰν** ἐλάβετε, **δωρεὰν** δότε.
Jn 15:25 ἀλλ' ἵνα πληρωθῇ ὁ λόγος ὁ ἐν τῷ νόμῳ αὐτῶν γεγραμμένος ὅτι Ἐμίσησάν με **δωρεάν.**
Ro 3:24 δικαιούμενοι **δωρεὰν** τῇ αὐτοῦ χάριτι διὰ τῆς ἀπολυτρώσεως τῆς ἐν Χριστῷ Ἰησοῦ·
2Co 11:7 ὅτι **δωρεὰν** τὸ τοῦ θεοῦ εὐαγγέλιον εὐηγγελισάμην ὑμῖν;
Gal 2:21 εἰ γὰρ διὰ νόμου δικαιοσύνη, ἄρα Χριστὸς **δωρεὰν** ἀπέθανεν.
2Th 3:8 οὐδὲ **δωρεὰν** ἄρτον ἐφάγομεν παρά τινος, ἀλλ' ἐν κόπῳ καὶ μόχθῳ νυκτὸς καὶ ἡμέρας ἐργαζόμενοι πρὸς τὸ μὴ ἐπιβαρῆσαί
Rev 21:6 ἐγὼ τῷ διψῶντι δώσω ἐκ τῆς πηγῆς τοῦ ὕδατος τῆς ζωῆς **δωρεάν.**
22:17 καὶ ὁ διψῶν ἐρχέσθω, ὁ θέλων λαβέτω ὕδωρ ζωῆς **δωρεάν.**

1563 δωρέομαι [3]

√ 1443

Mk 15:45 καὶ γνοὺς ἀπὸ τοῦ κεντυρίωνος **ἐδωρήσατο** τὸ πτῶμα τῷ Ἰωσήφ.
2Pe 1:3 Ὡς πάντα ἡμῖν τῆς θείας δυνάμεως αὐτοῦ τὰ πρὸς ζωὴν καὶ εὐσέβειαν **δεδωρημένης** διὰ τῆς ἐπιγνώσεως τοῦ καλέσαντος ἡμᾶς ἰδίᾳ δόξῃ καὶ ἀρετῇ,
1:4 δι' ὧν τὰ τίμια καὶ μέγιστα ἡμῖν ἐπαγγέλματα **δεδώρηται,**

1564 δώρημα [2]

√ 1443

Ro 5:16 καὶ οὐχ ὡς δι' ἑνὸς ἁμαρτήσαντος τὸ **δώρημα·**
Jas 1:17 πᾶσα δόσις ἀγαθὴ καὶ πᾶν **δώρημα** τέλειον ἄνωθέν ἐστιν καταβαῖνον ἀπὸ τοῦ πατρὸς τῶν φώτων,

1565 δῶρον [19]

→ 2554; cf. 1443

δῶρον θεοῦ [1] Eph 2:8

προσφέρω δῶρον [8] Mt 2:11; 5:23,24; 8:4; Heb 5:1; 8:3,4; 9:9

Mt 2:11 καὶ πεσόντες προσεκύνησαν αὐτῷ καὶ ἀνοίξαντες τοὺς θησαυροὺς αὐτῶν προσήνεγκαν αὐτῷ **δῶρα,**
5:23 ἐὰν οὖν προσφέρῃς τὸ **δῶρόν** σου ἐπὶ τὸ θυσιαστήριον κἀκεῖ μνησθῇς ὅτι ὁ ἀδελφός σου ἔχει τι κατὰ σοῦ,
5:24 ἄφες ἐκεῖ τὸ **δῶρόν** σου ἔμπροσθεν τοῦ θυσιαστηρίου καὶ ὕπαγε πρῶτον διαλλάγηθι τῷ ἀδελφῷ σου, καὶ τότε ἐλθὼν πρόσφερε τὸ **δῶρόν** σου.
8:4 ἀλλὰ ὕπαγε σεαυτὸν δεῖξον τῷ ἱερεῖ καὶ προσένεγκον τὸ **δῶρον** ὃ προσέταξεν Μωϋσῆς,
15:5 Ὃς ἂν εἴπῃ τῷ πατρὶ ἢ τῇ μητρί, **Δῶρον** ὃ ἐὰν ἐξ ἐμοῦ ὠφεληθῇς,
23:18 ὃς δ' ἂν ὀμόσῃ ἐν τῷ **δώρῳ** τῷ ἐπάνω αὐτοῦ,
23:19 τυφλοί, τί γὰρ μεῖζον, τὸ **δῶρον** ἢ τὸ θυσιαστήριον τὸ ἁγιάζον τὸ **δῶρον;**
Mk 7:11 Κορβᾶν, ὅ ἐστιν, **Δῶρον,** ὃ ἐὰν ἐξ ἐμοῦ ὠφεληθῇς,
Lk 21:1 Ἀναβλέψας δὲ εἶδεν τοὺς βάλλοντας εἰς τὸ γαζοφυλάκιον τὰ **δῶρα** αὐτῶν πλουσίους.
21:4 πάντες γὰρ οὗτοι ἐκ τοῦ περισσεύοντος αὐτοῖς ἔβαλον εἰς τὰ **δῶρα,**
Eph 2:8 καὶ τοῦτο οὐκ ἐξ ὑμῶν, θεοῦ τὸ **δῶρον·**
Heb 5:1 ἵνα προσφέρῃ **δῶρά** τε καὶ θυσίας ὑπὲρ ἁμαρτιῶν,
8:3 πᾶς γὰρ ἀρχιερεὺς εἰς τὸ προσφέρειν **δῶρά** τε καὶ θυσίας καθίσταται·
8:4 οὐδ' ἂν ἦν ἱερεύς, ὄντων τῶν προσφερόντων κατὰ νόμον τὰ **δῶρα·**
9:9 καθ' ἣν **δῶρά** τε καὶ θυσίαι προσφέρονται μὴ δυνάμεναι κατὰ συνείδησιν τελειῶσαι τὸν λατρεύοντα,
11:4 δι' ἧς ἐμαρτυρήθη εἶναι δίκαιος, μαρτυροῦντος ἐπὶ τοῖς **δώροις** αὐτοῦ τοῦ θεοῦ,
Rev 11:10 καὶ οἱ κατοικοῦντες ἐπὶ τῆς γῆς χαίρουσιν ἐπ' αὐτοῖς καὶ εὐφραίνονται καὶ **δῶρα** πέμψουσιν ἀλλήλοις,

1566 δωροφορία Not used in UBS/NIV

√ 1443 + 5770

Ε, ϵ

1567 ϵ Not used in UBS/NIV

1568 ἔα [1]

Lk 4:34 **Ἔα,** τί ἡμῖν καὶ σοί, Ἰησοῦ Ναζαρηνέ; ἦλθες ἀπολέσαι ἡμᾶς;

1569 ἐάν [333 / 334]

√ 1623 + 323

ἐάν μή [56] Mt 5:20; 6:15; 10:13; 11:6; 12:29; 18:3,16,35; 26:42; Mk 3:27; 4:22; 7:3,4; 10:30; Lk 7:23; 13:3,5; Jn 3:2,3,5,27; 4:48; 5:19; 6:44,53,65; 7:51; 8:24; 12:24; 13:8; 15:4,4,6; 16:7; 20:25; Ac 3:23; 8:31; 15:1; 27:31; Ro 10:15; 1Co 8:8; 9:16; 14:6,9,11,28; 15:36; Gal 2:16; 5:17; 2Th 2:3; 2Ti 2:5; Jas 2:17; Rev 2:5,22; 3:3; 13:15

ἐάν [μή, δέ, οὖν] τις [43] Mt 21:3; 22:24; 24:23; Mk 11:3; 13:21; Lk 16:30,31; 19:31; Jn 3:3,5; 6:51; 7:17,37; 8:51,52; 9:22,31; 10:9; 11:9,10,57; 12:26,26; 14:23; 15:6; Ac 8:31; 13:41; 1Co 5:11; 8:10; 10:28; Col 3:13; 1Ti 1:8; 2Ti 2:5,21; Jas 2:14; 5:19; 1Jn 2:1,15; 4:20; 5:16; Rev 3:20; 22:18,19

ὅ τι ἐάν [3] Mk 6:23; 1Co 16:2; Col 3:17

ὅπου ἐάν [8] Mt 8:19; 24:28; 26:13; Mk 6:10; 9:18; 14:9,14; Lk 9:57

ὅς ἐάν [37] Mt 5:19,32; 7:9; 11:6,27; 12:32; 14:7; 15:5; 16:19,19; 18:5,19; 20:4,26; 21:24; Mk 6:22; 7:11; 10:35; 13:11; Lk 4:6; 7:23; 9:48; 10:22; 17:33; Jn 15:7; Ac 7:7; 8:19; 1Co 6:18; **16**:3; 2Co 8:12; Gal 5:17; Col 3:23; Jas 4:4; 1Jn 3:22; 4:15; 5:15; 3Jn 1:5

ὃς γὰρ ἐάν [4] Mt 16:25; Mk 8:35,38; Gal 6:7

ὁσάκις [γὰρ] ἐάν [3] 1Co 11:25,26; Rev 11:6

ὅσος ἐάν [8] Mt 7:12; 18:18,18; 22:9; 23:3; Mk 3:28; Rev 3:19; 13:15

ὅστις ἐάν [3] Jn 21:25; Ac 3:23; Gal 5:10

οὗ ἐάν [1] 1Co 16:6

Mt 4: 9 Ταῦτά σοι πάντα δώσω, **ἐὰν** πεσὼν προσκυνήσῃς μοι.
5:13 **ἐὰν** δὲ τὸ ἅλας μωρανθῇ, ἐν τίνι ἁλισθήσεται;
5:19 ὃς **ἐὰν** οὖν λύσῃ μίαν τῶν ἐντολῶν τούτων τῶν ἐλαχίστων καὶ διδάξῃ οὕτως τοὺς ἀνθρώπους,
5:20 λέγω γὰρ ὑμῖν ὅτι **ἐὰν** μὴ περισσεύσῃ ὑμῶν ἡ δικαιοσύνη πλεῖον τῶν γραμματέων καὶ Φαρισαίων,
5:23 **ἐὰν** οὖν προσφέρῃς τὸ δῶρόν σου ἐπὶ τὸ θυσιαστήριον κἀκεῖ μνησθῇς ὅτι ὁ ἀδελφός σου ἔχει τι κατὰ σοῦ,
5:32 ἐγὼ δὲ λέγω ὑμῖν ὅτι πᾶς ὁ ἀπολύων τὴν γυναῖκα αὐτοῦ παρεκτὸς λόγου πορνείας ποιεῖ αὐτὴν μοιχευθῆναι, καὶ ὃς **ἐὰν** ἀπολελυμένην γαμήσῃ, μοιχᾶται.
5:46 **ἐὰν** γὰρ ἀγαπήσητε τοὺς ἀγαπῶντας ὑμᾶς, τίνα μισθὸν ἔχετε;
5:47 καὶ **ἐὰν** ἀσπάσησθε τοὺς ἀδελφοὺς ὑμῶν μόνον, τί περισσὸν ποιεῖτε;
6:14 **Ἐὰν** γὰρ ἀφῆτε τοῖς ἀνθρώποις τὰ παραπτώματα αὐτῶν,
6:15 **ἐὰν** δὲ μὴ ἀφῆτε τοῖς ἀνθρώποις, οὐδὲ ὁ πατὴρ ὑμῶν ἀφήσει τὰ παραπτώματα ὑμῶν.
6:22 **ἐὰν** οὖν ᾖ ὁ ὀφθαλμός σου ἁπλοῦς, ὅλον τὸ σῶμά σου φωτεινὸν ἔσται·
6:23 **ἐὰν** δὲ ὁ ὀφθαλμός σου πονηρὸς ᾖ, ὅλον τὸ σῶμά σου σκοτεινὸν ἔσται.
7: 9 ὃν **ἐὰν**[UBS-] αἰτήσῃ ὁ υἱὸς αὐτοῦ ἄρτον, μὴ λίθον ἐπιδώσει αὐτῷ;
7:12 Πάντα οὖν ὅσα **ἐὰν** θέλητε ἵνα ποιῶσιν ὑμῖν οἱ ἄνθρωποι,
8: 2 καὶ ἰδοὺ λεπρὸς προσελθὼν προσεκύνει αὐτῷ λέγων, Κύριε, **ἐὰν** θέλῃς δύνασαί με καθαρίσαι.
8:19 καὶ προσελθὼν εἷς γραμματεὺς εἶπεν αὐτῷ, Διδάσκαλε, ἀκολουθήσω σοι ὅπου **ἐὰν** ἀπέρχῃ.
9:21 ἔλεγεν γὰρ ἐν ἑαυτῇ, **Ἐὰν** μόνον ἅψωμαι τοῦ ἱματίου αὐτοῦ σωθήσομαι.
10:13 καὶ **ἐὰν** μὲν ᾖ ἡ οἰκία ἀξία, ἐλθάτω ἡ εἰρήνη ὑμῶν ἐπ᾽ αὐτήν, **ἐὰν** δὲ μὴ ᾖ ἀξία, ἡ εἰρήνη ὑμῶν πρὸς ὑμᾶς ἐπιστραφήτω.
11: 6 καὶ μακάριός ἐστιν ὃς **ἐὰν** μὴ σκανδαλισθῇ ἐν ἐμοί.
11:27 οὐδὲ τὸν πατέρα τις ἐπιγινώσκει εἰ μὴ ὁ υἱὸς καὶ ᾧ **ἐὰν** βούληται ὁ υἱὸς ἀποκαλύψαι.
12:11 Τίς ἔσται ἐξ ὑμῶν ἄνθρωπος ὃς ἕξει πρόβατον ἓν καὶ **ἐὰν** ἐμπέσῃ τοῦτο τοῖς σάββασιν εἰς βόθυνον,
12:29 ἢ πῶς δύναταί τις εἰσελθεῖν εἰς τὴν οἰκίαν τοῦ ἰσχυροῦ καὶ τὰ σκεύη αὐτοῦ ἁρπάσαι, **ἐὰν** μὴ πρῶτον δήσῃ τὸν ἰσχυρόν;
12:32 καὶ ὃς **ἐὰν** εἴπῃ λόγον κατὰ τοῦ υἱοῦ τοῦ ἀνθρώπου,
14: 7 ὅθεν μεθ᾽ ὅρκου ὡμολόγησεν αὐτῇ δοῦναι ὃ **ἐὰν** αἰτήσηται.
15: 5 Ὃς ἂν εἴπῃ τῷ πατρὶ ἢ τῇ μητρί, Δῶρον ὃ **ἐὰν** ἐξ ἐμοῦ ὠφεληθῇς,
15:14 τυφλὸς δὲ τυφλὸν **ἐὰν** ὁδηγῇ, ἀμφότεροι εἰς βόθυνον πεσοῦνται.
16:19 καὶ ὃ **ἐὰν** δήσῃς ἐπὶ τῆς γῆς ἔσται δεδεμένον ἐν τοῖς οὐρανοῖς, καὶ ὃ **ἐὰν** λύσῃς ἐπὶ τῆς γῆς ἔσται λελυμένον ἐν τοῖς οὐρανοῖς.
16:25 ὃς γὰρ **ἐὰν** θέλῃ τὴν ψυχὴν αὐτοῦ σῶσαι ἀπολέσει αὐτήν·
16:26 τί γὰρ ὠφεληθήσεται ἄνθρωπος **ἐὰν** τὸν κόσμον ὅλον κερδήσῃ τὴν δὲ ψυχὴν αὐτοῦ ζημιωθῇ;
17:20 **ἐὰν** ἔχητε πίστιν ὡς κόκκον σινάπεως, ἐρεῖτε τῷ ὄρει τούτῳ,
18: 3 **ἐὰν** μὴ στραφῆτε καὶ γένησθε ὡς τὰ παιδία,
18: 5 καὶ ὃς **ἐὰν** δέξηται ἓν παιδίον τοιοῦτο ἐπὶ τῷ ὀνόματί μου,
18:12 **ἐὰν** γένηταί τινι ἀνθρώπῳ ἑκατὸν πρόβατα καὶ πλανηθῇ ἓν ἐξ αὐτῶν,
18:13 καὶ **ἐὰν** γένηται εὑρεῖν αὐτό, ἀμὴν λέγω ὑμῖν ὅτι χαίρει ἐπ᾽ αὐτῷ μᾶλλον ἢ ἐπὶ τοῖς ἐνενήκοντα ἐννέα
18:15 **Ἐὰν** δὲ ἁμαρτήσῃ [εἰς σὲ] ὁ ἀδελφός σου, ὕπαγε ἔλεγξον αὐτὸν μεταξὺ σοῦ καὶ αὐτοῦ μόνου. **ἐάν** σου ἀκούσῃ, ἐκέρδησας τὸν ἀδελφόν σου·
18:16 **ἐὰν** δὲ μὴ ἀκούσῃ, παράλαβε μετὰ σοῦ ἔτι ἕνα ἢ δύο,
18:17 **ἐὰν** δὲ παρακούσῃ αὐτῶν, εἰπὲ τῇ ἐκκλησίᾳ· **ἐὰν** δὲ καὶ τῆς ἐκκλησίας παρακούσῃ, ἔστω σοι ὥσπερ ὁ ἐθνικὸς καὶ ὁ τελώνης.
18:18 ὅσα **ἐὰν** δήσητε ἐπὶ τῆς γῆς ἔσται δεδεμένα ἐν οὐρανῷ, καὶ ὅσα **ἐὰν** λύσητε ἐπὶ τῆς γῆς ἔσται λελυμένα ἐν οὐρανῷ.
18:19 Πάλιν [ἀμὴν] λέγω ὑμῖν ὅτι **ἐὰν** δύο συμφωνήσωσιν ἐξ ὑμῶν ἐπὶ τῆς γῆς περὶ παντὸς πράγματος οὗ **ἐὰν** αἰτήσωνται,
18:35 **ἐὰν** μὴ ἀφῆτε ἕκαστος τῷ ἀδελφῷ αὐτοῦ ἀπὸ τῶν καρδιῶν ὑμῶν.
20: 4 Ὑπάγετε καὶ ὑμεῖς εἰς τὸν ἀμπελῶνα, καὶ ὃ **ἐὰν** ᾖ δίκαιον δώσω ὑμῖν.
20:26 ἀλλ᾽ ὃς **ἐὰν** θέλῃ ἐν ὑμῖν μέγας γενέσθαι ἔσται ὑμῶν διάκονος,
21: 3 καὶ **ἐάν** τις ὑμῖν εἴπῃ τι, ἐρεῖτε ὅτι Ὁ κύριος αὐτῶν χρείαν ἔχει·
21:21 Ἀμὴν λέγω ὑμῖν, **ἐὰν** ἔχητε πίστιν καὶ μὴ διακριθῆτε,
21:24 ὃν **ἐὰν** εἴπητέ μοι κἀγὼ ὑμῖν ἐρῶ ἐν ποίᾳ ἐξουσίᾳ ταῦτα ποιῶ·
21:25 **Ἐὰν** εἴπωμεν, Ἐξ οὐρανοῦ, ἐρεῖ ἡμῖν, Διὰ τί οὖν οὐκ ἐπιστεύσατε αὐτῷ;
21:26 **ἐὰν** δὲ εἴπωμεν, Ἐξ ἀνθρώπων, φοβούμεθα τὸν ὄχλον,
22: 9 πορεύεσθε οὖν ἐπὶ τὰς διεξόδους τῶν ὁδῶν καὶ ὅσους **ἐὰν** εὕρητε καλέσατε εἰς τοὺς γάμους.
22:24 Μωϋσῆς εἶπεν, **Ἐάν** τις ἀποθάνῃ μὴ ἔχων τέκνα,
23: 3 πάντα οὖν ὅσα **ἐὰν** εἴπωσιν ὑμῖν ποιήσατε καὶ τηρεῖτε,
24:23 τότε **ἐάν** τις ὑμῖν εἴπῃ, Ἰδοὺ ὧδε ὁ Χριστός,
24:26 **ἐὰν** οὖν εἴπωσιν ὑμῖν, Ἰδοὺ ἐν τῇ ἐρήμῳ ἐστίν,
24:28 ὅπου **ἐὰν** ᾖ τὸ πτῶμα, ἐκεῖ συναχθήσονται οἱ ἀετοί.
24:48 **ἐὰν** δὲ εἴπῃ ὁ κακὸς δοῦλος ἐκεῖνος ἐν τῇ καρδίᾳ αὐτοῦ,
26:13 ὅπου **ἐὰν** κηρυχθῇ τὸ εὐαγγέλιον τοῦτο ἐν ὅλῳ τῷ κόσμῳ,
26:42 εἰ οὐ δύναται τοῦτο παρελθεῖν **ἐὰν** μὴ αὐτὸ πίω,
28:14 καὶ **ἐὰν** ἀκουσθῇ τοῦτο ἐπὶ τοῦ ἡγεμόνος, ἡμεῖς πείσομεν [αὐτὸν] καὶ ὑμᾶς ἀμερίμνους ποιήσομεν.

Mk 1:40 ἔρχεται πρὸς αὐτὸν λεπρὸς παρακαλῶν αὐτὸν [καὶ γονυπετῶν] καὶ λέγων αὐτῷ ὅτι **Ἐὰν** θέλῃς δύνασαί με καθαρίσαι.
3:24 καὶ **ἐὰν** βασιλεία ἐφ᾽ ἑαυτὴν μερισθῇ, οὐ δύναται σταθῆναι ἡ βασιλεία ἐκείνη·
3:25 καὶ **ἐὰν** οἰκία ἐφ᾽ ἑαυτὴν μερισθῇ, οὐ δυνήσεται ἡ οἰκία ἐκείνη σταθῆναι.
3:27 **ἐὰν** μὴ πρῶτον τὸν ἰσχυρὸν δήσῃ, καὶ τότε τὴν οἰκίαν αὐτοῦ διαρπάσει.
3:28 πάντα ἀφεθήσεται τοῖς υἱοῖς τῶν ἀνθρώπων τὰ ἁμαρτήματα καὶ αἱ βλασφημίαι ὅσα **ἐὰν** βλασφημήσωσιν·
4:22 οὐ γάρ ἐστιν κρυπτὸν **ἐὰν** μὴ ἵνα φανερωθῇ,
5:28 ἔλεγεν γὰρ ὅτι **Ἐὰν** ἅψωμαι κἂν τῶν ἱματίων αὐτοῦ σωθήσομαι.
6:10 καὶ ἔλεγεν αὐτοῖς, Ὅπου **ἐὰν** εἰσέλθητε εἰς οἰκίαν,
6:22 Αἴτησόν με ὃ **ἐὰν** θέλῃς, καὶ δώσω σοι·
6:23 Ὅ τι **ἐάν** με αἰτήσῃς δώσω σοι ἕως ἡμίσους τῆς βασιλείας μου.
7: 3 –οἱ γὰρ Φαρισαῖοι καὶ πάντες οἱ Ἰουδαῖοι **ἐὰν** μὴ πυγμῇ νίψωνται τὰς χεῖρας οὐκ ἐσθίουσιν,
7: 4 καὶ ἀπ᾽ ἀγορᾶς **ἐὰν** μὴ βαπτίσωνται οὐκ ἐσθίουσιν,
7:11 **Ἐὰν** εἴπῃ ἄνθρωπος τῷ πατρὶ ἢ τῇ μητρί, Κορβᾶν, ὅ ἐστιν, Δῶρον, ὃ **ἐὰν** ἐξ ἐμοῦ ὠφεληθῇς,
8: 3 καὶ **ἐὰν** ἀπολύσω αὐτοὺς νήστεις εἰς οἶκον αὐτῶν,
8:35 ὃς γὰρ **ἐὰν** θέλῃ τὴν ψυχὴν αὐτοῦ σῶσαι ἀπολέσει αὐτήν·
8:38 ὃς γὰρ **ἐὰν** ἐπαισχυνθῇ με καὶ τοὺς ἐμοὺς λόγους ἐν τῇ γενεᾷ ταύτῃ τῇ μοιχαλίδι καὶ ἁμαρτωλῷ,
9:18 καὶ ὅπου **ἐὰν** αὐτὸν καταλάβῃ ῥήσσει αὐτόν, καὶ ἀφρίζει καὶ τρίζει τοὺς ὀδόντας καὶ ξηραίνεται·
9:43 Καὶ **ἐὰν** σκανδαλίζῃ σε ἡ χείρ σου, ἀπόκοψον αὐτήν·
9:45 καὶ **ἐὰν** ὁ πούς σου σκανδαλίζῃ σε, ἀπόκοψον αὐτόν·
9:47 καὶ **ἐὰν** ὁ ὀφθαλμός σου σκανδαλίζῃ σε, ἔκβαλε αὐτόν·
9:50 **ἐὰν** δὲ τὸ ἅλας ἄναλον γένηται, ἐν τίνι αὐτὸ ἀρτύσετε;
10:12 καὶ **ἐὰν** αὐτὴ ἀπολύσασα τὸν ἄνδρα αὐτῆς γαμήσῃ ἄλλον μοιχᾶται.
10:30 **ἐὰν** μὴ λάβῃ ἑκατονταπλασίονα νῦν ἐν τῷ καιρῷ τούτῳ οἰκίας καὶ ἀδελφοὺς καὶ ἀδελφὰς καὶ μητέρας καὶ τέκνα καὶ ἀγροὺς μετὰ διωγμῶν,
10:35 θέλομεν ἵνα ὃ **ἐὰν** αἰτήσωμέν σε ποιήσῃς ἡμῖν.
11: 3 καὶ **ἐάν** τις ὑμῖν εἴπῃ, Τί ποιεῖτε τοῦτο;
11:31 καὶ διελογίζοντο πρὸς ἑαυτοὺς λέγοντες, **Ἐὰν** εἴπωμεν, Ἐξ οὐρανοῦ, ἐρεῖ,
12:19 Μωϋσῆς ἔγραψεν ἡμῖν ὅτι **ἐάν** τινος ἀδελφὸς ἀποθάνῃ καὶ καταλίπῃ γυναῖκα καὶ μὴ ἀφῇ τέκνον,
13:11 ἀλλ᾽ ὃ **ἐὰν** δοθῇ ὑμῖν ἐν ἐκείνῃ τῇ ὥρᾳ τοῦτο λαλεῖτε·
13:21 καὶ τότε **ἐάν** τις ὑμῖν εἴπῃ, Ἴδε ὧδε ὁ Χριστός,
14: 9 ὅπου **ἐὰν** κηρυχθῇ τὸ εὐαγγέλιον εἰς ὅλον τὸν κόσμον,
14:14 καὶ ὅπου **ἐὰν** εἰσέλθῃ εἴπατε τῷ οἰκοδεσπότῃ ὅτι Ὁ διδάσκαλος λέγει,
14:31 **Ἐὰν** δέῃ με συναποθανεῖν σοι, οὐ μή σε ἀπαρνήσομαι.

Lk 4: 6 ὅτι ἐμοὶ παραδέδοται καὶ ᾧ **ἐὰν** θέλω δίδωμι αὐτήν·
4: 7 σὺ οὖν **ἐὰν** προσκυνήσῃς ἐνώπιον ἐμοῦ, ἔσται σοῦ πᾶσα.
5:12 πεσὼν ἐπὶ πρόσωπον ἐδεήθη αὐτοῦ λέγων, Κύριε, **ἐὰν** θέλῃς δύνασαί με καθαρίσαι.

6:33 καὶ [γὰρ] **ἐὰν** ἀγαθοποιῆτε τοὺς ἀγαθοποιοῦντας ὑμᾶς, ποία ὑμῖν χάρις ἐστίν;
6:34 καὶ **ἐὰν** δανίσητε παρ' ὧν ἐλπίζετε λαβεῖν, ποία ὑμῖν χάρις [ἐστίν;]
7:23 καὶ μακάριός ἐστιν ὃς **ἐὰν** μὴ σκανδαλισθῇ ἐν ἐμοί.
9:48 Ὃς **ἐὰν** δέξηται τοῦτο τὸ παιδίον ἐπὶ τῷ ὀνόματί μου,
9:57 Καὶ πορευομένων αὐτῶν ἐν τῇ ὁδῷ εἶπέν τις πρὸς αὐτόν, Ἀκολουθήσω σοι ὅπου **ἐὰν** ἀπέρχῃ.
10: 6 καὶ **ἐὰν** ἐκεῖ ᾖ υἱὸς εἰρήνης, ἐπαναπαήσεται ἐπ' αὐτὸν ἡ εἰρήνη ὑμῶν·
10:22 καὶ τίς ἐστιν ὁ πατὴρ εἰ μὴ ὁ υἱὸς καὶ ᾧ **ἐὰν** βούληται ὁ υἱὸς ἀποκαλύψαι.
12:45 **ἐὰν** δὲ εἴπῃ ὁ δοῦλος ἐκεῖνος ἐν τῇ καρδίᾳ αὐτοῦ,
13: 3 λέγω ὑμῖν, ἀλλ' **ἐὰν** μὴ μετανοῆτε πάντες ὁμοίως ἀπολεῖσθε.
13: 5 λέγω ὑμῖν, ἀλλ' **ἐὰν** μὴ μετανοῆτε πάντες ὡσαύτως ἀπολεῖσθε.
14:34 **ἐὰν** δὲ καὶ τὸ ἅλας μωρανθῇ, ἐν τίνι ἀρτυθήσεται;
15: 8 Ἢ τίς γυνὴ δραχμὰς ἔχουσα δέκα **ἐὰν** ἀπολέσῃ δραχμὴν μίαν,
16:30 ἀλλ' **ἐάν** τις ἀπὸ νεκρῶν πορευθῇ πρὸς αὐτοὺς μετανοήσουσιν.
16:31 Εἰ Μωϋσέως καὶ τῶν προφητῶν οὐκ ἀκούουσιν, οὐδ' **ἐάν** τις ἐκ νεκρῶν ἀναστῇ πεισθήσονται.
17: 3 **ἐὰν** ἁμάρτῃ ὁ ἀδελφός σου ἐπιτίμησον αὐτῷ, καὶ **ἐὰν** μετανοήσῃ ἄφες αὐτῷ.
17: 4 καὶ **ἐὰν** ἑπτάκις τῆς ἡμέρας ἁμαρτήσῃ εἰς σὲ καὶ ἑπτάκις ἐπιστρέψῃ πρὸς σὲ λέγων,
17:33 ὃς **ἐὰν** ζητήσῃ τὴν ψυχὴν αὐτοῦ περιποιήσασθαι ἀπολέσει αὐτήν,
19:31 καὶ **ἐάν** τις ὑμᾶς ἐρωτᾷ, Διὰ τί λύετε;
19:40 Λέγω ὑμῖν, **ἐὰν** οὗτοι σιωπήσουσιν, οἱ λίθοι κράξουσιν.
20: 5 οἱ δὲ συνελογίσαντο πρὸς ἑαυτοὺς λέγοντες ὅτι **Ἐὰν** εἴπωμεν,
20: 6 **ἐὰν** δὲ εἴπωμεν, Ἐξ ἀνθρώπων, ὁ λαὸς ἅπας καταλιθάσει ἡμᾶς,
20:28 Μωϋσῆς ἔγραψεν ἡμῖν, **ἐάν** τινος ἀδελφὸς ἀποθάνῃ ἔχων γυναῖκα,
22:67 εἶπεν δὲ αὐτοῖς, **Ἐὰν** ὑμῖν εἴπω, οὐ μὴ πιστεύσητε·
22:68 **ἐὰν** δὲ ἐρωτήσω, οὐ μὴ ἀποκριθῆτε.
Jn 3: 2 οὐδεὶς γὰρ δύναται ταῦτα τὰ σημεῖα ποιεῖν ἃ σὺ ποιεῖς, **ἐὰν** μὴ ᾖ ὁ θεὸς μετ' αὐτοῦ.
3: 3 Ἀμὴν ἀμὴν λέγω σοι, **ἐὰν** μή τις γεννηθῇ ἄνωθεν,
3: 5 **ἐὰν** μή τις γεννηθῇ ἐξ ὕδατος καὶ πνεύματος,
3:12 εἰ τὰ ἐπίγεια εἶπον ὑμῖν καὶ οὐ πιστεύετε, πῶς **ἐὰν** εἴπω ὑμῖν τὰ ἐπουράνια πιστεύσετε;
3:27 Οὐ δύναται ἄνθρωπος λαμβάνειν οὐδὲ ἓν **ἐὰν** μὴ ᾖ δεδομένον αὐτῷ ἐκ τοῦ οὐρανοῦ.
4:48 **Ἐὰν** μὴ σημεῖα καὶ τέρατα ἴδητε, οὐ μὴ πιστεύσητε.
5:19 οὐ δύναται ὁ υἱὸς ποιεῖν ἀφ' ἑαυτοῦ οὐδὲν **ἐὰν** μή τι βλέπῃ τὸν πατέρα ποιοῦντα·
5:31 **ἐὰν** ἐγὼ μαρτυρῶ περὶ ἐμαυτοῦ, ἡ μαρτυρία μου οὐκ ἔστιν ἀληθής·
5:43 **ἐὰν** ἄλλος ἔλθῃ ἐν τῷ ὀνόματι τῷ ἰδίῳ,
6:44 οὐδεὶς δύναται ἐλθεῖν πρός με **ἐὰν** μὴ ὁ πατὴρ ὁ πέμψας με ἑλκύσῃ αὐτόν,
6:51 **ἐάν** τις φάγῃ ἐκ τούτου τοῦ ἄρτου ζήσει εἰς τὸν αἰῶνα,
6:53 **ἐὰν** μὴ φάγητε τὴν σάρκα τοῦ υἱοῦ τοῦ ἀνθρώπου καὶ πίητε αὐτοῦ τὸ αἷμα,
6:62 **ἐὰν** οὖν θεωρῆτε τὸν υἱὸν τοῦ ἀνθρώπου ἀναβαίνοντα ὅπου ἦν τὸ πρότερον;
6:65 Διὰ τοῦτο εἴρηκα ὑμῖν ὅτι οὐδεὶς δύναται ἐλθεῖν πρός με **ἐὰν** μὴ ᾖ δεδομένον αὐτῷ ἐκ τοῦ πατρός.
7:17 **ἐάν** τις θέλῃ τὸ θέλημα αὐτοῦ ποιεῖν, γνώσεται περὶ τῆς διδαχῆς πότερον ἐκ τοῦ θεοῦ ἐστιν ἢ ἐγὼ ἀπ' ἐμαυτοῦ λαλῶ.
7:37 **Ἐάν** τις διψᾷ ἐρχέσθω πρός με καὶ πινέτω.
7:51 Μὴ ὁ νόμος ἡμῶν κρίνει τὸν ἄνθρωπον **ἐὰν** μὴ ἀκούσῃ πρῶτον παρ' αὐτοῦ καὶ γνῷ τί ποιεῖ;
8:16 καὶ **ἐὰν** κρίνω δὲ ἐγώ, ἡ κρίσις ἡ ἐμὴ ἀληθινή ἐστιν,
8:24 **ἐὰν** γὰρ μὴ πιστεύσητε ὅτι ἐγώ εἰμι, ἀποθανεῖσθε ἐν ταῖς ἁμαρτίαις ὑμῶν.
8:31 **Ἐὰν** ὑμεῖς μείνητε ἐν τῷ λόγῳ τῷ ἐμῷ,
8:36 **ἐὰν** οὖν ὁ υἱὸς ὑμᾶς ἐλευθερώσῃ, ὄντως ἐλεύθεροι ἔσεσθε.
8:51 ἀμὴν ἀμὴν λέγω ὑμῖν, **ἐάν** τις τὸν ἐμὸν λόγον τηρήσῃ,
8:52 καὶ σὺ λέγεις, **Ἐάν** τις τὸν λόγον μου τηρήσῃ,
8:54 ἀπεκρίθη Ἰησοῦς, **Ἐὰν** ἐγὼ δοξάσω ἐμαυτόν, ἡ δόξα μου οὐδέν ἐστιν·
9:22 ἤδη γὰρ συνετέθειντο οἱ Ἰουδαῖοι ἵνα **ἐάν** τις αὐτὸν ὁμολογήσῃ Χριστόν,
9:31 ἀλλ' **ἐάν** τις θεοσεβὴς ᾖ καὶ τὸ θέλημα αὐτοῦ ποιῇ τούτου ἀκούει.
10: 9 δι' ἐμοῦ **ἐάν** τις εἰσέλθῃ σωθήσεται καὶ εἰσελεύσεται καὶ ἐξελεύσεται καὶ νομὴν εὑρήσει.
11: 9 **ἐάν** τις περιπατῇ ἐν τῇ ἡμέρᾳ, οὐ προσκόπτει,
11:10 **ἐὰν** δέ τις περιπατῇ ἐν τῇ νυκτί, προσκόπτει,
11:40 Οὐκ εἶπόν σοι ὅτι **ἐὰν** πιστεύσῃς ὄψῃ τὴν δόξαν τοῦ θεοῦ;
11:48 **ἐὰν** ἀφῶμεν αὐτὸν οὕτως, πάντες πιστεύσουσιν εἰς αὐτόν,
11:57 δεδώκεισαν δὲ οἱ ἀρχιερεῖς καὶ οἱ Φαρισαῖοι ἐντολὰς ἵνα **ἐάν** τις γνῷ ποῦ ἐστιν μηνύσῃ,
12:24 **ἐὰν** μὴ ὁ κόκκος τοῦ σίτου πεσὼν εἰς τὴν γῆν ἀποθάνῃ, αὐτὸς μόνος μένει· **ἐὰν** δὲ ἀποθάνῃ, πολὺν καρπὸν φέρει.
12:26 **ἐὰν** ἐμοί τις διακονῇ, ἐμοὶ ἀκολουθείτω, καὶ ὅπου εἰμὶ ἐγὼ ἐκεῖ καὶ ὁ διάκονος ὁ ἐμὸς ἔσται· **ἐάν** τις ἐμοὶ διακονῇ τιμήσει αὐτὸν ὁ πατήρ.
12:32 κἀγὼ **ἐὰν** ὑψωθῶ ἐκ τῆς γῆς, πάντας ἑλκύσω πρὸς ἐμαυτόν.
12:47 καὶ **ἐάν** τίς μου ἀκούσῃ τῶν ῥημάτων καὶ μὴ φυλάξῃ,
13: 8 ἀπεκρίθη Ἰησοῦς αὐτῷ, **Ἐὰν** μὴ νίψω σε, οὐκ ἔχεις μέρος μετ' ἐμοῦ.
13:17 εἰ ταῦτα οἴδατε, μακάριοί ἐστε **ἐὰν** ποιῆτε αὐτά.
13:35 ἐν τούτῳ γνώσονται πάντες ὅτι ἐμοὶ μαθηταί ἐστε, **ἐὰν** ἀγάπην ἔχητε ἐν ἀλλήλοις.
14: 3 καὶ **ἐὰν** πορευθῶ καὶ ἑτοιμάσω τόπον ὑμῖν, πάλιν ἔρχομαι καὶ παραλήμψομαι ὑμᾶς πρὸς ἐμαυτόν,
14:14 **ἐάν** τι αἰτήσητέ με ἐν τῷ ὀνόματί μου ἐγὼ ποιήσω.
14:15 **Ἐὰν** ἀγαπᾶτέ με, τὰς ἐντολὰς τὰς ἐμὰς τηρήσετε·
14:23 **Ἐάν** τις ἀγαπᾷ με τὸν λόγον μου τηρήσει,
15: 4 καθὼς τὸ κλῆμα οὐ δύναται καρπὸν φέρειν ἀφ' ἑαυτοῦ **ἐὰν** μὴ μένῃ ἐν τῇ ἀμπέλῳ, οὕτως οὐδὲ ὑμεῖς **ἐὰν** μὴ ἐν ἐμοὶ μένητε.
15: 6 **ἐὰν** μή τις μένῃ ἐν ἐμοί, ἐβλήθη ἔξω ὡς τὸ κλῆμα καὶ ἐξηράνθη καὶ συνάγουσιν αὐτὰ καὶ εἰς τὸ πῦρ βάλλουσιν
15: 7 **ἐὰν** μείνητε ἐν ἐμοὶ καὶ τὰ ῥήματά μου ἐν ὑμῖν μείνῃ, ὃ **ἐὰν** θέλητε αἰτήσασθε, καὶ γενήσεται ὑμῖν.
15:10 **ἐὰν** τὰς ἐντολάς μου τηρήσητε, μενεῖτε ἐν τῇ ἀγάπῃ μου,
15:14 ὑμεῖς φίλοι μού ἐστε **ἐὰν** ποιῆτε ἃ ἐγὼ ἐντέλλομαι ὑμῖν.
16: 7 **ἐὰν** γὰρ μὴ ἀπέλθω, ὁ παράκλητος οὐκ ἐλεύσεται πρὸς ὑμᾶς· **ἐὰν** δὲ πορευθῶ, πέμψω αὐτὸν πρὸς ὑμᾶς.
19:12 **Ἐὰν** τοῦτον ἀπολύσῃς, οὐκ εἶ φίλος τοῦ Καίσαρος·
20:25 **Ἐὰν** μὴ ἴδω ἐν ταῖς χερσὶν αὐτοῦ τὸν τύπον τῶν ἥλων καὶ βάλω τὸν δάκτυλόν μου εἰς τὸν τύπον τῶν ἥλων
21:22 **Ἐὰν** αὐτὸν θέλω μένειν ἕως ἔρχομαι, τί πρὸς σέ;
21:23 **Ἐὰν** αὐτὸν θέλω μένειν ἕως ἔρχομαι[, τί πρὸς σέ;]
21:25 ἅτινα **ἐὰν** γράφηται καθ' ἕν, οὐδ' αὐτὸν οἶμαι τὸν κόσμον χωρῆσαι τὰ γραφόμενα βιβλία.
Ac 3:23 ἔσται δὲ πᾶσα ψυχὴ ἥτις **ἐὰν** μὴ ἀκούσῃ τοῦ προφήτου ἐκείνου ἐξολεθρευθήσεται ἐκ τοῦ λαοῦ.
5:38 ὅτι **ἐὰν** ᾖ ἐξ ἀνθρώπων ἡ βουλὴ αὕτη ἢ τὸ ἔργον τοῦτο,
7: 7 καὶ τὸ ἔθνος ᾧ **ἐὰν** δουλεύσουσιν κρινῶ ἐγώ,
8:19 Δότε κἀμοὶ τὴν ἐξουσίαν ταύτην ἵνα ᾧ **ἐὰν** ἐπιθῶ τὰς χεῖρας λαμβάνῃ πνεῦμα ἅγιον.
8:31 Πῶς γὰρ ἂν δυναίμην **ἐὰν** μή τις ὁδηγήσει με;
9: 2 ὅπως **ἐάν** τινας εὕρῃ τῆς ὁδοῦ ὄντας, ἄνδρας τε καὶ γυναῖκας,
13:41 ἔργον ὃ οὐ μὴ πιστεύσητε **ἐάν** τις ἐκδιηγῆται ὑμῖν.
15: 1 Καί τινες κατελθόντες ἀπὸ τῆς Ἰουδαίας ἐδίδασκον τοὺς ἀδελφοὺς ὅτι **Ἐὰν** μὴ περιτμηθῆτε τῷ ἔθει τῷ Μωϋσέως,
26: 5 προγινώσκοντές με ἄνωθεν, **ἐὰν** θέλωσι μαρτυρεῖν, ὅτι κατὰ τὴν ἀκριβεστάτην αἵρεσιν τῆς ἡμετέρας θρησκείας ἔζησα
27:31 **Ἐὰν** μὴ οὗτοι μείνωσιν ἐν τῷ πλοίῳ, ὑμεῖς σωθῆναι οὐ δύνασθε.
Ro 2:25 περιτομὴ μὲν γὰρ ὠφελεῖ **ἐὰν** νόμον πράσσῃς· **ἐὰν** δὲ παραβάτης νόμου ᾖς, ἡ περιτομή σου ἀκροβυστία γέγονεν.
2:26 **ἐὰν** οὖν ἡ ἀκροβυστία τὰ δικαιώματα τοῦ νόμου φυλάσσῃ,
7: 2 **ἐὰν** δὲ ἀποθάνῃ ὁ ἀνήρ, κατήργηται ἀπὸ τοῦ νόμου τοῦ ἀνδρός.
7: 3 ἄρα οὖν ζῶντος τοῦ ἀνδρὸς μοιχαλὶς χρηματίσει **ἐὰν** γένηται ἀνδρὶ ἑτέρῳ· **ἐὰν** δὲ ἀποθάνῃ ὁ ἀνήρ, ἐλευθέρα ἐστὶν ἀπὸ τοῦ νόμου,
9:27 **Ἐὰν** ᾖ ὁ ἀριθμὸς τῶν υἱῶν Ἰσραὴλ ὡς ἡ ἄμμος τῆς θαλάσσης,
10: 9 ὅτι **ἐὰν** ὁμολογήσῃς ἐν τῷ στόματί σου κύριον Ἰησοῦν καὶ πιστεύσῃς ἐν τῇ καρδίᾳ σου ὅτι ὁ θεὸς αὐτὸν ἤγειρεν
10:15 πῶς δὲ κηρύξωσιν **ἐὰν** μὴ ἀποσταλῶσιν; καθὼς γέγραπται,
11:22 **ἐὰν** ἐπιμένῃς τῇ χρηστότητι, ἐπεὶ καὶ σὺ ἐκκοπήσῃ.
11:23 **ἐὰν** μὴ ἐπιμένωσιν τῇ ἀπιστίᾳ, ἐγκεντρισθήσονται·
12:20 ἀλλὰ **ἐὰν** πεινᾷ ὁ ἐχθρός σου, ψώμιζε αὐτόν· **ἐὰν** διψᾷ, πότιζε αὐτόν·
13: 4 **ἐὰν** δὲ τὸ κακὸν ποιῇς, φοβοῦ· οὐ γὰρ εἰκῇ τὴν μάχαιραν φορεῖ·
14: 8 **ἐάν** τε γὰρ ζῶμεν, τῷ κυρίῳ ζῶμεν, **ἐάν** τε ἀποθνήσκωμεν, τῷ κυρίῳ ἀποθνήσκομεν. **ἐάν** τε οὖν ζῶμεν **ἐάν** τε ἀποθνήσκωμεν, τοῦ κυρίου ἐσμέν.

14:23 ὁ δὲ διακρινόμενος **ἐὰν** φάγῃ κατακέκριται, ὅτι οὐκ ἐκ πίστεως·
15:24 ἐλπίζω γὰρ διαπορευόμενος θεάσασθαι ὑμᾶς καὶ ὑφ᾽ ὑμῶν προπεμφθῆναι ἐκεῖ **ἐὰν** ὑμῶν πρῶτον ἀπὸ μέρους ἐμπλησθῶ.
1Co 4:15 **ἐὰν** γὰρ μυρίους παιδαγωγοὺς ἔχητε ἐν Χριστῷ ἀλλ᾽ οὐ πολλοὺς πατέρας·
4:19 ἐλεύσομαι δὲ ταχέως πρὸς ὑμᾶς **ἐὰν** ὁ κύριος θελήσῃ,
5:11 νῦν δὲ ἔγραψα ὑμῖν μὴ συναναμίγνυσθαι **ἐάν** τις ἀδελφὸς ὀνομαζόμενος ᾖ πόρνος ἢ πλεονέκτης ἢ εἰδωλολάτρης
6: 4 βιωτικὰ μὲν οὖν κριτήρια **ἐὰν** ἔχητε, τοὺς ἐξουθενημένους ἐν τῇ ἐκκλησίᾳ,
6:18 πᾶν ἁμάρτημα ὃ **ἐὰν** ποιήσῃ ἄνθρωπος ἐκτὸς τοῦ σώματός ἐστιν·
7: 8 Λέγω δὲ τοῖς ἀγάμοις καὶ ταῖς χήραις, καλὸν αὐτοῖς **ἐὰν** μείνωσιν ὡς κἀγώ·
7:11 –**ἐὰν** δὲ καὶ χωρισθῇ, μενέτω ἄγαμος ἢ τῷ ἀνδρὶ καταλλαγήτω,–
7:28 **ἐὰν** δὲ καὶ γαμήσῃς, οὐχ ἥμαρτες, καὶ **ἐὰν** γήμῃ ἡ παρθένος, οὐχ ἥμαρτεν·
7:36 **ἐὰν** ᾖ ὑπέρακμος καὶ οὕτως ὀφείλει γίνεσθαι, ὃ θέλει ποιείτω,
7:39 **ἐὰν** δὲ κοιμηθῇ ὁ ἀνήρ, ἐλευθέρα ἐστὶν ᾧ θέλει γαμηθῆναι,
7:40 μακαριωτέρα δέ ἐστιν **ἐὰν** οὕτως μείνῃ, κατὰ τὴν ἐμὴν γνώμην·
8: 8 οὔτε **ἐὰν** μὴ φάγωμεν ὑστερούμεθα, οὔτε **ἐὰν** φάγωμεν περισσεύομεν.
8:10 **ἐὰν** γάρ τις ἴδῃ σὲ τὸν ἔχοντα γνῶσιν ἐν εἰδωλείῳ κατακείμενον,
9:16 **ἐὰν** γὰρ εὐαγγελίζωμαι, οὐκ ἔστιν μοι καύχημα· ἀνάγκη γάρ μοι ἐπίκειται· οὐαὶ γάρ μοί ἐστιν **ἐὰν** μὴ εὐαγγελίσωμαι.
10:28 **ἐὰν** δέ τις ὑμῖν εἴπῃ, Τοῦτο ἱερόθυτόν ἐστιν,
11:14 οὐδὲ ἡ φύσις αὐτὴ διδάσκει ὑμᾶς ὅτι ἀνὴρ μὲν **ἐὰν** κομᾷ ἀτιμία αὐτῷ ἐστιν,
11:15 γυνὴ δὲ **ἐὰν** κομᾷ δόξα αὐτῇ ἐστιν; ὅτι ἡ κόμη ἀντὶ περιβολαίου δέδοται [αὐτῇ.]
11:25 τοῦτο ποιεῖτε, ὁσάκις **ἐὰν** πίνητε, εἰς τὴν ἐμὴν ἀνάμνησιν.
11:26 ὁσάκις γὰρ **ἐὰν** ἐσθίητε τὸν ἄρτον τοῦτον καὶ τὸ ποτήριον πίνητε,
12:15 **ἐὰν** εἴπῃ ὁ πούς, Ὅτι οὐκ εἰμὶ χείρ,
12:16 καὶ **ἐὰν** εἴπῃ τὸ οὖς, Ὅτι οὐκ εἰμὶ ὀφθαλμός,
13: 1 **Ἐὰν** ταῖς γλώσσαις τῶν ἀνθρώπων λαλῶ καὶ τῶν ἀγγέλων,
13: 2 καὶ **ἐὰν** ἔχω προφητείαν καὶ εἰδῶ τὰ μυστήρια πάντα καὶ πᾶσαν τὴν γνῶσιν καὶ **ἐὰν** ἔχω πᾶσαν τὴν πίστιν ὥστε ὄρη μεθιστάναι,
13: 3 κἂν ψωμίσω πάντα τὰ ὑπάρχοντά μου καὶ **ἐὰν** παραδῶ τὸ σῶμά μου ἵνα καυχήσωμαι,
14: 6 Νῦν δέ, ἀδελφοί, **ἐὰν** ἔλθω πρὸς ὑμᾶς γλώσσαις λαλῶν, τί ὑμᾶς ὠφελήσω **ἐὰν** μὴ ὑμῖν λαλήσω ἢ ἐν ἀποκαλύψει ἢ ἐν γνώσει ἢ ἐν προφητείᾳ ἢ [ἐν] διδαχῇ;
14: 7 εἴτε αὐλὸς εἴτε κιθάρα, **ἐὰν** διαστολὴν τοῖς φθόγγοις μὴ δῷ,
14: 8 καὶ γὰρ **ἐὰν** ἄδηλον σάλπιγξ φωνὴν δῷ, τίς παρασκευάσεται εἰς πόλεμον;
14: 9 οὕτως καὶ ὑμεῖς διὰ τῆς γλώσσης **ἐὰν** μὴ εὔσημον λόγον δῶτε,
14:11 **ἐὰν** οὖν μὴ εἰδῶ τὴν δύναμιν τῆς φωνῆς,
14:14 **ἐὰν** [γὰρ] προσεύχωμαι γλώσσῃ, τὸ πνεῦμά μου προσεύχεται,
14:16 ἐπεὶ **ἐὰν** εὐλογῇς [ἐν] πνεύματι, ὁ ἀναπληρῶν τὸν τόπον τοῦ ἰδιώτου πῶς ἐρεῖ τὸ Ἀμήν ἐπὶ τῇ σῇ εὐχαριστίᾳ;
14:23 **Ἐὰν** οὖν συνέλθῃ ἡ ἐκκλησία ὅλη ἐπὶ τὸ αὐτὸ καὶ πάντες λαλῶσιν γλώσσαις,
14:24 **ἐὰν** δὲ πάντες προφητεύωσιν, εἰσέλθῃ δέ τις ἄπιστος ἢ ἰδιώτης,
14:28 **ἐὰν** δὲ μὴ ᾖ διερμηνευτής, σιγάτω ἐν ἐκκλησίᾳ,
14:30 **ἐὰν** δὲ ἄλλῳ ἀποκαλυφθῇ καθημένῳ, ὁ πρῶτος σιγάτω.
15:36 σὺ ὃ σπείρεις, οὐ ζῳοποιεῖται **ἐὰν** μὴ ἀποθάνῃ·
16: 2 κατὰ μίαν σαββάτου ἕκαστος ὑμῶν παρ᾽ ἑαυτῷ τιθέτω θησαυρίζων ὅ τι **ἐὰν** εὐοδῶται,
16: 3 ὅταν δὲ παραγένωμαι, οὓς **ἐὰν** δοκιμάσητε, δι᾽ ἐπιστολῶν τούτους πέμψω ἀπενεγκεῖν τὴν χάριν ὑμῶν εἰς Ἰερουσαλήμ·
16: 4 **ἐὰν** δὲ ἄξιον ᾖ τοῦ κἀμὲ πορεύεσθαι, σὺν ἐμοὶ πορεύσονται.
16: 6 πρὸς ὑμᾶς δὲ τυχὸν παραμενῶ ἢ καὶ παραχειμάσω, ἵνα ὑμεῖς με προπέμψητε οὗ **ἐὰν** πορεύωμαι.
16: 7 ἐλπίζω γὰρ χρόνον τινὰ ἐπιμεῖναι πρὸς ὑμᾶς **ἐὰν** ὁ κύριος ἐπιτρέψῃ.
16:10 **Ἐὰν** δὲ ἔλθῃ Τιμόθεος, βλέπετε, ἵνα ἀφόβως γένηται πρὸς ὑμᾶς·
2Co 3:16 ἡνίκα δὲ **ἐὰν** ἐπιστρέψῃ πρὸς κύριον, περιαιρεῖται τὸ κάλυμμα.
5: 1 Οἴδαμεν γὰρ ὅτι **ἐὰν** ἡ ἐπίγειος ἡμῶν οἰκία τοῦ σκήνους καταλυθῇ,
8:12 καθὸ **ἐὰν** ἔχῃ εὐπρόσδεκτος, οὐ καθὸ οὐκ ἔχει.
9: 4 μή πως **ἐὰν** ἔλθωσιν σὺν ἐμοὶ Μακεδόνες καὶ εὕρωσιν ὑμᾶς ἀπαρασκευάστους καταισχυνθῶμεν ἡμεῖς,
10: 8 **ἐάν** [τε] γὰρ περισσότερόν τι καυχήσωμαι περὶ τῆς ἐξουσίας ἡμῶν ἧς ἔδωκεν ὁ κύριος εἰς οἰκοδομὴν καὶ οὐκ εἰς καθαίρεσιν
12: 6 **ἐὰν** γὰρ θελήσω καυχήσασθαι, οὐκ ἔσομαι ἄφρων, ἀλήθειαν γὰρ ἐρῶ·
13: 2 ὅτι **ἐὰν** ἔλθω εἰς τὸ πάλιν οὐ φείσομαι,
Gal 1: 8 ἀλλὰ καὶ **ἐὰν** ἡμεῖς ἢ ἄγγελος ἐξ οὐρανοῦ εὐαγγελίζηται [ὑμῖν] παρ᾽ ὃ εὐηγγελισάμεθα ὑμῖν,
2:16 εἰδότες [δὲ] ὅτι οὐ δικαιοῦται ἄνθρωπος ἐξ ἔργων νόμου **ἐὰν** μὴ διὰ πίστεως Ἰησοῦ Χριστοῦ,
5: 2 Ἴδε ἐγὼ Παῦλος λέγω ὑμῖν ὅτι **ἐὰν** περιτέμνησθε,
5:10 ὁ δὲ ταράσσων ὑμᾶς βαστάσει τὸ κρίμα, ὅστις **ἐὰν** ᾖ.
5:17 ταῦτα γὰρ ἀλλήλοις ἀντίκειται, ἵνα μὴ ἃ **ἐὰν** θέλητε ταῦτα ποιῆτε.
6: 1 Ἀδελφοί, **ἐὰν** καὶ προλημφθῇ ἄνθρωπος ἔν τινι παραπτώματι,
6: 7 ὃ γὰρ **ἐὰν** σπείρῃ ἄνθρωπος, τοῦτο καὶ θερίσει·
Eph 6: 8 εἰδότες ὅτι ἕκαστος **ἐάν** τι ποιήσῃ ἀγαθόν, τοῦτο κομίσεται παρὰ κυρίου εἴτε δοῦλος εἴτε ἐλεύθερος.
Col 3:13 ἀνεχόμενοι ἀλλήλων καὶ χαριζόμενοι ἑαυτοῖς **ἐάν** τις πρός τινα ἔχῃ μομφήν·
3:17 καὶ πᾶν ὅ τι **ἐὰν** ποιῆτε ἐν λόγῳ ἢ ἐν ἔργῳ,
3:23 ὃ **ἐὰν** ποιῆτε, ἐκ ψυχῆς ἐργάζεσθε ὡς τῷ κυρίῳ καὶ οὐκ ἀνθρώποις,
4:10 καὶ Μᾶρκος ὁ ἀνεψιὸς Βαρναβᾶ (περὶ οὗ ἐλάβετε ἐντολάς, **ἐὰν** ἔλθῃ πρὸς ὑμᾶς, δέξασθε αὐτόν)
1Th 2: 7 ἀλλὰ ἐγενήθημεν νήπιοι ἐν μέσῳ ὑμῶν, ὡς **ἐὰν** τροφὸς θάλπῃ τὰ ἑαυτῆς τέκνα,
3: 8 ὅτι νῦν ζῶμεν **ἐὰν** ὑμεῖς στήκετε ἐν κυρίῳ.
2Th 2: 3 ὅτι **ἐὰν** μὴ ἔλθῃ ἡ ἀποστασία πρῶτον καὶ ἀποκαλυφθῇ ὁ ἄνθρωπος τῆς ἀνομίας,
1Ti 1: 8 Οἴδαμεν δὲ ὅτι καλὸς ὁ νόμος, **ἐάν** τις αὐτῷ νομίμως χρῆται,
2:15 **ἐὰν** μείνωσιν ἐν πίστει καὶ ἀγάπῃ καὶ ἁγιασμῷ μετὰ σωφροσύνης·
3:15 **ἐὰν** δὲ βραδύνω, ἵνα εἰδῇς πῶς δεῖ ἐν οἴκῳ θεοῦ ἀναστρέφεσθαι,
2Ti 2: 5 **ἐὰν** δὲ καὶ ἀθλῇ τις, οὐ στεφανοῦται **ἐὰν** μὴ νομίμως ἀθλήσῃ.
2:21 **ἐὰν** οὖν τις ἐκκαθάρῃ ἑαυτὸν ἀπὸ τούτων, ἔσται σκεῦος εἰς τιμήν,
Heb 3: 7 καθὼς λέγει τὸ πνεῦμα τὸ ἅγιον, Σήμερον **ἐὰν** τῆς φωνῆς αὐτοῦ ἀκούσητε,
3:15 ἐν τῷ λέγεσθαι, Σήμερον **ἐὰν** τῆς φωνῆς αὐτοῦ ἀκούσητε,
4: 7 καθὼς προείρηται, Σήμερον **ἐὰν** τῆς φωνῆς αὐτοῦ ἀκούσητε,
10:38 καὶ **ἐὰν** ὑποστείληται, οὐκ εὐδοκεῖ ἡ ψυχή μου ἐν αὐτῷ.
13:23 Γινώσκετε τὸν ἀδελφὸν ἡμῶν Τιμόθεον ἀπολελυμένον, μεθ᾽ οὗ **ἐὰν** τάχιον ἔρχηται ὄψομαι ὑμᾶς.
Jas 2: 2 **ἐὰν** γὰρ εἰσέλθῃ εἰς συναγωγὴν ὑμῶν ἀνὴρ χρυσοδακτύλιος ἐν ἐσθῆτι λαμπρᾷ,
2:14 **ἐὰν** πίστιν λέγῃ τις ἔχειν ἔργα δὲ μὴ ἔχῃ;
2:15 **ἐὰν** ἀδελφὸς ἢ ἀδελφὴ γυμνοὶ ὑπάρχωσιν καὶ λειπόμενοι τῆς ἐφημέρου τροφῆς
2:17 **ἐὰν** μὴ ἔχῃ ἔργα, νεκρά ἐστιν καθ᾽ ἑαυτήν.
4: 4 ὃς **ἐὰν** οὖν βουληθῇ φίλος εἶναι τοῦ κόσμου,
4:15 **Ἐὰν** ὁ κύριος θελήσῃ καὶ ζήσομεν καὶ ποιήσομεν τοῦτο ἢ ἐκεῖνο.
5:19 **ἐάν** τις ἐν ὑμῖν πλανηθῇ ἀπὸ τῆς ἀληθείας καὶ ἐπιστρέψῃ τις αὐτόν,
1Pe 3:13 Καὶ τίς ὁ κακώσων ὑμᾶς **ἐὰν** τοῦ ἀγαθοῦ ζηλωταὶ γένησθε;
1Jn 1: 6 **Ἐὰν** εἴπωμεν ὅτι κοινωνίαν ἔχομεν μετ᾽ αὐτοῦ καὶ ἐν τῷ σκότει περιπατῶμεν,
1: 7 **ἐὰν** δὲ ἐν τῷ φωτὶ περιπατῶμεν ὡς αὐτός ἐστιν ἐν τῷ φωτί,
1: 8 **ἐὰν** εἴπωμεν ὅτι ἁμαρτίαν οὐκ ἔχομεν, ἑαυτοὺς πλανῶμεν καὶ ἡ ἀλήθεια οὐκ ἔστιν ἐν ἡμῖν.
1: 9 **ἐὰν** ὁμολογῶμεν τὰς ἁμαρτίας ἡμῶν, πιστός ἐστιν καὶ δίκαιος,
1:10 **ἐὰν** εἴπωμεν ὅτι οὐχ ἡμαρτήκαμεν, ψεύστην ποιοῦμεν αὐτὸν καὶ ὁ λόγος αὐτοῦ οὐκ ἔστιν ἐν ἡμῖν.
2: 1 καὶ **ἐάν** τις ἁμάρτῃ, παράκλητον ἔχομεν πρὸς τὸν πατέρα Ἰησοῦν Χριστὸν δίκαιον·
2: 3 Καὶ ἐν τούτῳ γινώσκομεν ὅτι ἐγνώκαμεν αὐτόν, **ἐὰν** τὰς ἐντολὰς αὐτοῦ τηρῶμεν.
2:15 **ἐάν** τις ἀγαπᾷ τὸν κόσμον, οὐκ ἔστιν ἡ ἀγάπη τοῦ πατρὸς ἐν αὐτῷ·
2:24 **ἐὰν** ἐν ὑμῖν μείνῃ ὃ ἀπ᾽ ἀρχῆς ἠκούσατε,
2:28 ἵνα **ἐὰν** φανερωθῇ σχῶμεν παρρησίαν καὶ μὴ αἰσχυνθῶμεν ἀπ᾽ αὐτοῦ ἐν τῇ παρουσίᾳ αὐτοῦ.
2:29 **ἐὰν** εἰδῆτε ὅτι δίκαιός ἐστιν, γινώσκετε ὅτι καὶ πᾶς ὁ ποιῶν τὴν δικαιοσύνην ἐξ αὐτοῦ γεγέννηται.

3: 2 οἴδαμεν ὅτι **ἐὰν** φανερωθῇ, ὅμοιοι αὐτῷ ἐσόμεθα, ὅτι ὀψόμεθα αὐτὸν καθώς ἐστιν.
3:20 ὅτι **ἐὰν** καταγινώσκῃ ἡμῶν ἡ καρδία, ὅτι μείζων ἐστὶν ὁ θεὸς τῆς καρδίας ἡμῶν καὶ γινώσκει πάντα.
3:21 Ἀγαπητοί, **ἐὰν** ἡ καρδία [ἡμῶν] μὴ καταγινώσκῃ, παρρησίαν ἔχομεν πρὸς τὸν θεὸν
3:22 καὶ ὃ **ἐὰν** αἰτῶμεν λαμβάνομεν ἀπ' αὐτοῦ, ὅτι τὰς ἐντολὰς αὐτοῦ τηροῦμεν καὶ τὰ ἀρεστὰ ἐνώπιον αὐτοῦ ποιοῦμεν.
4:12 **ἐὰν** ἀγαπῶμεν ἀλλήλους, ὁ θεὸς ἐν ἡμῖν μένει καὶ ἡ ἀγάπη αὐτοῦ ἐν ἡμῖν τετελειωμένη ἐστιν.
4:15 ὃς **ἐὰν** ὁμολογήσῃ ὅτι Ἰησοῦς ἐστιν ὁ υἱὸς τοῦ θεοῦ,
4:20 **ἐάν** τις εἴπῃ ὅτι Ἀγαπῶ τὸν θεὸν καὶ τὸν ἀδελφὸν αὐτοῦ μισῇ,
5:14 καὶ αὕτη ἐστὶν ἡ παρρησία ἣν ἔχομεν πρὸς αὐτὸν ὅτι **ἐάν** τι αἰτώμεθα κατὰ τὸ θέλημα αὐτοῦ ἀκούει ἡμῶν.
5:15 καὶ **ἐὰν** οἴδαμεν ὅτι ἀκούει ἡμῶν ὃ **ἐὰν** αἰτώμεθα,
5:16 **Ἐάν** τις ἴδῃ τὸν ἀδελφὸν αὐτοῦ ἁμαρτάνοντα ἁμαρτίαν μὴ πρὸς θάνατον,

3Jn 1: 5 πιστὸν ποιεῖς ὃ **ἐὰν** ἐργάσῃ εἰς τοὺς ἀδελφοὺς καὶ τοῦτο ξένους,
1:10 διὰ τοῦτο, **ἐὰν** ἔλθω, ὑπομνήσω αὐτοῦ τὰ ἔργα ἃ ποιεῖ λόγοις πονηροῖς φλυαρῶν ἡμᾶς,

Rev 2: 5 ἔρχομαί σοι καὶ κινήσω τὴν λυχνίαν σου ἐκ τοῦ τόπου αὐτῆς, **ἐὰν** μὴ μετανοήσῃς.
2:22 ἰδοὺ βάλλω αὐτὴν εἰς κλίνην καὶ τοὺς μοιχεύοντας μετ' αὐτῆς εἰς θλῖψιν μεγάλην, **ἐὰν** μὴ μετανοήσωσιν ἐκ τῶν ἔργων αὐτῆς,
3: 3 **ἐὰν** οὖν μὴ γρηγορήσῃς, ἥξω ὡς κλέπτης, καὶ οὐ μὴ γνῷς ποίαν ὥραν ἥξω ἐπὶ σέ.
3:19 ἐγὼ ὅσους **ἐὰν** φιλῶ ἐλέγχω καὶ παιδεύω· ζήλευε οὖν καὶ μετανόησον.
3:20 **ἐάν** τις ἀκούσῃ τῆς φωνῆς μου καὶ ἀνοίξῃ τὴν θύραν,
11: 6 καὶ ἐξουσίαν ἔχουσιν ἐπὶ τῶν ὑδάτων στρέφειν αὐτὰ εἰς αἷμα καὶ πατάξαι τὴν γῆν ἐν πάσῃ πληγῇ ὁσάκις **ἐὰν** θελήσωσιν.
13:15 ἵνα καὶ λαλήσῃ ἡ εἰκὼν τοῦ θηρίου καὶ ποιήσῃ [ἵνα] ὅσοι **ἐὰν** μὴ προσκυνήσωσιν τῇ εἰκόνι τοῦ θηρίου ἀποκτανθῶσιν.
22:18 **ἐάν** τις ἐπιθῇ ἐπ' αὐτά, ἐπιθήσει ὁ θεὸς ἐπ' αὐτὸν τὰς πληγὰς τὰς γεγραμμένας ἐν τῷ βιβλίῳ τούτῳ,
22:19 καὶ **ἐάν** τις ἀφέλῃ ἀπὸ τῶν λόγων τοῦ βιβλίου τῆς προφητείας ταύτης,

1570 ἐάνπερ [3]

√ *1623 + 323 + 4302*

Heb 3: 6 **[ἐάνπερ]** τὴν παρρησίαν καὶ τὸ καύχημα τῆς ἐλπίδος κατάσχωμεν.
3:14 **ἐάνπερ** τὴν ἀρχὴν τῆς ὑποστάσεως μέχρι τέλους βεβαίαν κατάσχωμεν–
6: 3 καὶ τοῦτο ποιήσομεν, **ἐάνπερ** ἐπιτρέπῃ ὁ θεός.

1571 ἑαυτοῦ [319 / 320]

√ *899*

first person [22] Ac 23:14; 25:4; Ro 8:23; 15:1; 1Co 11:31; 2Co 1:9,9; 3:1,5,5; 4:2,5,5; 5:12; 6:4; 7:1; 10:12,14; 1Th 2:8; 2Th 3:9; Heb 10:25; 1Jn 1:8

second person [51] Mt 3:9; 16:8; 23:31; 25:9; 26:11; Mk 9:50; 12:33; 13:9; 14:7; Lk 3:8; 12:1,33,57; 16:9,15; 17:3,14; 21:30,34; 22:17; 23:28; Jn 5:42; 6:53; 12:8; Ac 5:35; 13:46; 15:29; 20:28; Ro 6:11,13,16; 11:25; 12:16,19; 1Co 3:18; 6:19; 10:29; 2Co 7:11; 13:5,5,5; Php 2:3,4,12; Heb 10:34; Jas 1:22; 2:4; 1Jn 5:21; 2Jn 1:8; Jude 1:20, 21

reciprocal [20] Mt 21:38; Mk 1:27; 10:26; 11:31; 12:7; 14:4; 16:3; Lk 20:5; 22:23; Jn 7:35; 12:19; 1Co 6:7; Eph 4:32; 5:19; Col 3:13,16; 1Th 5:13; Heb 3:13; 1Pe 4:8,10

ἀφ' ἑαυτοῦ [5] Jn 5:19; 7:18; 11:51; 15:4; 16:13

βλέπετε ἑαυτούς [2] Mk 13:9; 2Jn 1:8

διαλογίζομαι [ἐν] ἑαυτοῖς [5] Mt 16:7; 21:25; Mk 2:8; 11:31; Lk 12:17

ἐλθὼν εἰς ἑαυτόν [1] Lk 15:17

ἐν ἑαυτοῦ [30] Mt 9:3,21; 13:21; 16:7; 21:25,38; Mk 2:8; 4:17; 5:30; 6:51; Lk 7:39,49; 12:17; 16:3; 18:4; Jn 5:26,26,42; 6:61; 11:38; 17:13; Ac 10:17; 12:11; Ro 1:27; 8:23; 2Co 1:9; 10:12; Eph 2:15; 2Th 2:6; 1Jn 5:10

πρός ἑαυτούς [11] Mk 1:27; 9:10; 10:26; 11:31; 12:7; 14:4; Lk 20:5; 22:23; Jn 7:35; 12:19; 2Co 4:2

Mt 3: 9 καὶ μὴ δόξητε λέγειν ἐν **ἑαυτοῖς,** Πατέρα ἔχομεν τὸν Ἀβραάμ.
6:34 μὴ οὖν μεριμνήσητε εἰς τὴν αὔριον, ἡ γὰρ αὔριον μεριμνήσει **ἑαυτῆς·**
8:22 Ἀκολούθει μοι καὶ ἄφες τοὺς νεκροὺς θάψαι τοὺς **ἑαυτῶν** νεκρούς.
9: 3 καὶ ἰδού τινες τῶν γραμματέων εἶπαν ἐν **ἑαυτοῖς,**
9:21 ἔλεγεν γὰρ ἐν **ἑαυτῇ,** Ἐὰν μόνον ἅψωμαι τοῦ ἱματίου αὐτοῦ σωθήσομαι.
12:25 Πᾶσα βασιλεία μερισθεῖσα καθ' **ἑαυτῆς** ἐρημοῦται καὶ πᾶσα πόλις ἢ οἰκία μερισθεῖσα καθ' **ἑαυτῆς** οὐ σταθήσεται.
12:26 καὶ εἰ ὁ Σατανᾶς τὸν Σατανᾶν ἐκβάλλει, ἐφ' **ἑαυτὸν** ἐμερίσθη·
12:45 τότε πορεύεται καὶ παραλαμβάνει μεθ' **ἑαυτοῦ** ἑπτὰ ἕτερα πνεύματα πονηρότερα **ἑαυτοῦ** καὶ εἰσελθόντα κατοικεῖ ἐκεῖ·
13:21 οὐκ ἔχει δὲ ῥίζαν ἐν **ἑαυτῷ** ἀλλὰ πρόσκαιρός ἐστιν,
14:15 ἵνα ἀπελθόντες εἰς τὰς κώμας ἀγοράσωσιν **ἑαυτοῖς** βρώματα.
15:30 καὶ προσῆλθον αὐτῷ ὄχλοι πολλοὶ ἔχοντες μεθ' **ἑαυτῶν** χωλούς,
16: 7 οἱ δὲ διελογίζοντο ἐν **ἑαυτοῖς** λέγοντες ὅτι Ἄρτους οὐκ ἐλάβομεν.
16: 8 Τί διαλογίζεσθε ἐν **ἑαυτοῖς,** ὀλιγόπιστοι, ὅτι ἄρτους οὐκ ἔχετε;
16:24 ἀπαρνησάσθω **ἑαυτὸν** καὶ ἀράτω τὸν σταυρὸν αὐτοῦ καὶ ἀκολουθείτω μοι.
18: 4 ὅστις οὖν ταπεινώσει **ἑαυτὸν** ὡς τὸ παιδίον τοῦτο,
18:31 ἐλυπήθησαν σφόδρα καὶ ἐλθόντες διεσάφησαν τῷ κυρίῳ **ἑαυτῶν** πάντα τὰ γενόμενα.
19:12 καὶ εἰσὶν εὐνοῦχοι οἵτινες εὐνούχισαν **ἑαυτοὺς** διὰ τὴν βασιλείαν τῶν οὐρανῶν.
21: 8 ὁ δὲ πλεῖστος ὄχλος ἔστρωσαν **ἑαυτῶν** τὰ ἱμάτια ἐν τῇ ὁδῷ,
21:25 οἱ δὲ διελογίζοντο ἐν **ἑαυτοῖς** λέγοντες, Ἐὰν εἴπωμεν,
21:38 οἱ δὲ γεωργοὶ ἰδόντες τὸν υἱὸν εἶπον ἐν **ἑαυτοῖς,**
23:12 ὅστις δὲ ὑψώσει **ἑαυτὸν** ταπεινωθήσεται καὶ ὅστις ταπεινώσει **ἑαυτὸν** ὑψωθήσεται.
23:31 ὥστε μαρτυρεῖτε **ἑαυτοῖς** ὅτι υἱοί ἐστε τῶν φονευσάντων τοὺς προφήτας.
25: 1 αἵτινες λαβοῦσαι τὰς λαμπάδας **ἑαυτῶν** ἐξῆλθον εἰς ὑπάντησιν τοῦ νυμφίου.
25: 3 αἱ γὰρ μωραὶ λαβοῦσαι τὰς λαμπάδας αὐτῶν οὐκ ἔλαβον μεθ' **ἑαυτῶν** ἔλαιον.
25: 4 αἱ δὲ φρόνιμοι ἔλαβον ἔλαιον ἐν τοῖς ἀγγείοις μετὰ τῶν λαμπάδων **ἑαυτῶν.**
25: 7 τότε ἠγέρθησαν πᾶσαι αἱ παρθένοι ἐκεῖναι καὶ ἐκόσμησαν τὰς λαμπάδας **ἑαυτῶν.**
25: 9 πορεύεσθε μᾶλλον πρὸς τοὺς πωλοῦντας καὶ ἀγοράσατε **ἑαυταῖς.**
26:11 πάντοτε γὰρ τοὺς πτωχοὺς ἔχετε μεθ' **ἑαυτῶν,** ἐμὲ δὲ οὐ πάντοτε ἔχετε·
27:42 Ἄλλους ἔσωσεν, **ἑαυτὸν** οὐ δύναται σῶσαι· βασιλεὺς Ἰσραήλ ἐστιν,

Mk 1:27 καὶ ἐθαμβήθησαν ἅπαντες ὥστε συζητεῖν πρὸς **ἑαυτοὺς** λέγοντας,
2: 8 καὶ εὐθὺς ἐπιγνοὺς ὁ Ἰησοῦς τῷ πνεύματι αὐτοῦ ὅτι οὕτως διαλογίζονται ἐν **ἑαυτοῖς** λέγει αὐτοῖς,
3:24 καὶ ἐὰν βασιλεία ἐφ' **ἑαυτὴν** μερισθῇ, οὐ δύναται σταθῆναι ἡ βασιλεία ἐκείνη·
3:25 καὶ ἐὰν οἰκία ἐφ' **ἑαυτὴν** μερισθῇ, οὐ δυνήσεται ἡ οἰκία ἐκείνη σταθῆναι.
3:26 καὶ εἰ ὁ Σατανᾶς ἀνέστη ἐφ' **ἑαυτὸν** καὶ ἐμερίσθη,
4:17 καὶ οὐκ ἔχουσιν ῥίζαν ἐν **ἑαυτοῖς** ἀλλὰ πρόσκαιροί εἰσιν,
5: 5 καὶ διὰ παντὸς νυκτὸς καὶ ἡμέρας ἐν τοῖς μνήμασιν καὶ ἐν τοῖς ὄρεσιν ἦν κράζων καὶ κατακόπτων **ἑαυτὸν** λίθοις.
5:30 καὶ εὐθὺς ὁ Ἰησοῦς ἐπιγνοὺς ἐν **ἑαυτῷ** τὴν ἐξ αὐτοῦ δύναμιν ἐξελθοῦσαν ἐπιστραφεὶς ἐν τῷ ὄχλῳ ἔλεγεν,
6:36 ἵνα ἀπελθόντες εἰς τοὺς κύκλῳ ἀγροὺς καὶ κώμας ἀγοράσωσιν **ἑαυτοῖς** τί φάγωσιν.
6:51 καὶ ἀνέβη πρὸς αὐτοὺς εἰς τὸ πλοῖον καὶ ἐκόπασεν ὁ ἄνεμος, καὶ λίαν [ἐκ περισσοῦ] ἐν **ἑαυτοῖς** ἐξίσταντο·
8:14 Καὶ ἐπελάθοντο λαβεῖν ἄρτους καὶ εἰ μὴ ἕνα ἄρτον οὐκ εἶχον μεθ' **ἑαυτῶν** ἐν τῷ πλοίῳ.

8:34 ἀπαρνησάσθω **ἑαυτὸν** καὶ ἀράτω τὸν σταυρὸν αὐτοῦ καὶ ἀκολουθείτω μοι.
9: 8 καὶ ἐξάπινα περιβλεψάμενοι οὐκέτι οὐδένα εἶδον ἀλλὰ τὸν Ἰησοῦν μόνον μεθ' **ἑαυτῶν.**
9:10 καὶ τὸν λόγον ἐκράτησαν πρὸς **ἑαυτοὺς** συζητοῦντες τί ἐστιν τὸ ἐκ νεκρῶν ἀναστῆναι.
9:50 ἔχετε ἐν **ἑαυτοῖς** ἅλα καὶ εἰρηνεύετε ἐν ἀλλήλοις.
10:26 οἱ δὲ περισσῶς ἐξεπλήσσοντο λέγοντες πρὸς **ἑαυτούς,** Καὶ τίς δύναται σωθῆναι;
11:31 καὶ διελογίζοντο πρὸς **ἑαυτοὺς** λέγοντες, Ἐὰν εἴπωμεν, Ἐξ οὐρανοῦ,
12: 7 ἐκεῖνοι δὲ οἱ γεωργοὶ πρὸς **ἑαυτοὺς** εἶπαν ὅτι Οὗτός ἐστιν ὁ κληρονόμος·
12:33 καὶ τὸ ἀγαπᾶν τὸν πλησίον ὡς **ἑαυτὸν** περισσότερόν ἐστιν πάντων τῶν ὁλοκαυτωμάτων καὶ θυσιῶν.
13: 9 βλέπετε δὲ ὑμεῖς **ἑαυτούς·** παραδώσουσιν ὑμᾶς εἰς συνέδρια καὶ εἰς συναγωγὰς δαρήσεσθε καὶ ἐπὶ ἡγεμόνων καὶ βασιλέων
14: 4 ἦσαν δέ τινες ἀγανακτοῦντες πρὸς **ἑαυτούς,** Εἰς τί ἡ ἀπώλεια αὕτη τοῦ μύρου γέγονεν;
14: 7 πάντοτε γὰρ τοὺς πτωχοὺς ἔχετε μεθ' **ἑαυτῶν** καὶ ὅταν θέλητε δύνασθε αὐτοῖς εὖ ποιῆσαι,
15:31 ἀρχιερεῖς ἐμπαίζοντες πρὸς ἀλλήλους μετὰ τῶν γραμματέων ἔλεγον, Ἄλλους ἔσωσεν, **ἑαυτὸν** οὐ δύναται σῶσαι·
16: 3 καὶ ἔλεγον πρὸς **ἑαυτάς,** Τίς ἀποκυλίσει ἡμῖν τὸν λίθον ἐκ τῆς θύρας τοῦ μνημείου;

Lk 1:24 Μετὰ δὲ ταύτας τὰς ἡμέρας συνέλαβεν Ἐλισάβετ ἡ γυνὴ αὐτοῦ καὶ περιέκρυβεν **ἑαυτὴν** μῆνας πέντε λέγουσα
2: 3 καὶ ἐπορεύοντο πάντες ἀπογράφεσθαι, ἕκαστος εἰς τὴν **ἑαυτοῦ** πόλιν.
2:39 ἐπέστρεψαν εἰς τὴν Γαλιλαίαν εἰς πόλιν **ἑαυτῶν** Ναζαρέθ.
3: 8 ποιήσατε οὖν καρποὺς ἀξίους τῆς μετανοίας καὶ μὴ ἄρξησθε λέγειν ἐν **ἑαυτοῖς,**
7:30 οἱ δὲ Φαρισαῖοι καὶ οἱ νομικοὶ τὴν βουλὴν τοῦ θεοῦ ἠθέτησαν εἰς **ἑαυτοὺς** μὴ βαπτισθέντες ὑπ' αὐτοῦ.
7:39 ἰδὼν δὲ ὁ Φαρισαῖος ὁ καλέσας αὐτὸν εἶπεν ἐν **ἑαυτῷ** λέγων,
7:49 καὶ ἤρξαντο οἱ συνανακείμενοι λέγειν ἐν **ἑαυτοῖς,** Τίς οὗτός ἐστιν ὃς καὶ ἁμαρτίας ἀφίησιν;
9:23 ἀρνησάσθω **ἑαυτὸν** καὶ ἀράτω τὸν σταυρὸν αὐτοῦ καθ' ἡμέραν καὶ ἀκολουθείτω μοι.
9:25 τί γὰρ ὠφελεῖται ἄνθρωπος κερδήσας τὸν κόσμον ὅλον **ἑαυτὸν** δὲ ἀπολέσας ἢ ζημιωθείς;
9:47 ὁ δὲ Ἰησοῦς εἰδὼς τὸν διαλογισμὸν τῆς καρδίας αὐτῶν, ἐπιλαβόμενος παιδίον ἔστησεν αὐτὸ παρ' **ἑαυτῷ**
9:60 εἶπεν δὲ αὐτῷ, Ἄφες τοὺς νεκροὺς θάψαι τοὺς **ἑαυτῶν** νεκρούς,
10:29 ὁ δὲ θέλων δικαιῶσαι **ἑαυτὸν** εἶπεν πρὸς τὸν Ἰησοῦν,
11:17 Πᾶσα βασιλεία ἐφ' **ἑαυτὴν** διαμερισθεῖσα ἐρημοῦται καὶ οἶκος ἐπὶ οἶκον πίπτει.
11:18 εἰ δὲ καὶ ὁ Σατανᾶς ἐφ' **ἑαυτὸν** διεμερίσθη,
11:21 ὅταν ὁ ἰσχυρὸς καθωπλισμένος φυλάσσῃ τὴν **ἑαυτοῦ** αὐλήν,
11:26 τότε πορεύεται καὶ παραλαμβάνει ἕτερα πνεύματα πονηρότερα **ἑαυτοῦ** ἑπτὰ καὶ εἰσελθόντα κατοικεῖ ἐκεῖ·
12: 1 Προσέχετε **ἑαυτοῖς** ἀπὸ τῆς ζύμης, ἥτις ἐστὶν ὑπόκρισις,
12:17 καὶ διελογίζετο ἐν **ἑαυτῷ** λέγων, Τί ποιήσω, ὅτι οὐκ ἔχω ποῦ συνάξω τοὺς καρπούς μου;
12:21 οὕτως ὁ θησαυρίζων **ἑαυτῷ** καὶ μὴ εἰς θεὸν πλουτῶν.
12:33 ποιήσατε **ἑαυτοῖς** βαλλάντια μὴ παλαιούμενα, θησαυρὸν ἀνέκλειπτον ἐν τοῖς οὐρανοῖς,
12:36 καὶ ὑμεῖς ὅμοιοι ἀνθρώποις προσδεχομένοις τὸν κύριον **ἑαυτῶν** πότε ἀναλύσῃ ἐκ τῶν γάμων,
12:57 Τί δὲ καὶ ἀφ' **ἑαυτῶν** οὐ κρίνετε τὸ δίκαιον;
13:19 ὁμοία ἐστὶν κόκκῳ σινάπεως, ὃν λαβὼν ἄνθρωπος ἔβαλεν εἰς κῆπον **ἑαυτοῦ,**
13:34 ποσάκις ἠθέλησα ἐπισυνάξαι τὰ τέκνα σου ὃν τρόπον ὄρνις τὴν **ἑαυτῆς** νοσσιὰν ὑπὸ τὰς πτέρυγας,
14:11 ὅτι πᾶς ὁ ὑψῶν **ἑαυτὸν** ταπεινωθήσεται, καὶ ὁ ταπεινῶν **ἑαυτὸν** ὑψωθήσεται.
14:26 Εἴ τις ἔρχεται πρός με καὶ οὐ μισεῖ τὸν πατέρα **ἑαυτοῦ** καὶ τὴν μητέρα καὶ τὴν γυναῖκα καὶ τὰ τέκνα καὶ τοὺς ἀδελφοὺς καὶ τὰς ἀδελφὰς ἔτι τε καὶ τὴν ψυχὴν **ἑαυτοῦ,**
14:27 ὅστις οὐ βαστάζει τὸν σταυρὸν **ἑαυτοῦ** καὶ ἔρχεται ὀπίσω μου,
14:33 οὕτως οὖν πᾶς ἐξ ὑμῶν ὃς οὐκ ἀποτάσσεται πᾶσιν τοῖς **ἑαυτοῦ** ὑπάρχουσιν οὐ δύναται εἶναί μου μαθητής.
15:17 εἰς **ἑαυτὸν** δὲ ἐλθὼν ἔφη, Πόσοι μίσθιοι τοῦ πατρός μου περισσεύονται ἄρτων,
15:20 καὶ ἀναστὰς ἦλθεν πρὸς τὸν πατέρα **ἑαυτοῦ.** ἔτι δὲ αὐτοῦ μακρὰν ἀπέχοντος εἶδεν αὐτὸν ὁ πατὴρ αὐτοῦ
16: 3 εἶπεν δὲ ἐν **ἑαυτῷ** ὁ οἰκονόμος, Τί ποιήσω,
16: 5 καὶ προσκαλεσάμενος ἕνα ἕκαστον τῶν χρεοφειλετῶν τοῦ κυρίου **ἑαυτοῦ** ἔλεγεν τῷ πρώτῳ,
16: 8 ὅτι οἱ υἱοὶ τοῦ αἰῶνος τούτου φρονιμώτεροι ὑπὲρ τοὺς υἱοὺς τοῦ φωτὸς εἰς τὴν γενεὰν τὴν **ἑαυτῶν** εἰσιν.
16: 9 **ἑαυτοῖς** ποιήσατε φίλους ἐκ τοῦ μαμωνᾶ τῆς ἀδικίας,
16:15 Ὑμεῖς ἐστε οἱ δικαιοῦντες **ἑαυτοὺς** ἐνώπιον τῶν ἀνθρώπων,
17: 3 προσέχετε **ἑαυτοῖς.** ἐὰν ἁμάρτῃ ὁ ἀδελφός σου ἐπιτίμησον αὐτῷ,
17:14 καὶ ἰδὼν εἶπεν αὐτοῖς, Πορευθέντες ἐπιδείξατε **ἑαυτοὺς** τοῖς ἱερεῦσιν.
18: 4 μετὰ δὲ ταῦτα εἶπεν ἐν **ἑαυτῷ,** Εἰ καὶ τὸν θεὸν οὐ φοβοῦμαι οὐδὲ ἄνθρωπον ἐντρέπομαι,
18: 9 Εἶπεν δὲ καὶ πρός τινας τοὺς πεποιθότας ἐφ' **ἑαυτοῖς** ὅτι εἰσὶν δίκαιοι καὶ ἐξουθενοῦντας τοὺς λοιποὺς τὴν παραβολὴν
18:11 ὁ Φαρισαῖος σταθεὶς πρὸς **ἑαυτὸν** ταῦτα προσηύχετο, Ὁ θεός,
18:14 ὅτι πᾶς ὁ ὑψῶν **ἑαυτὸν** ταπεινωθήσεται, ὁ δὲ ταπεινῶν **ἑαυτὸν** ὑψωθήσεται.
19:12 Ἄνθρωπός τις εὐγενὴς ἐπορεύθη εἰς χώραν μακρὰν λαβεῖν **ἑαυτῷ** βασιλείαν καὶ ὑποστρέψαι.
19:13 καλέσας δὲ δέκα δούλους **ἑαυτοῦ** ἔδωκεν αὐτοῖς δέκα μνᾶς καὶ εἶπεν πρὸς αὐτούς,
20: 5 οἱ δὲ συνελογίσαντο πρὸς **ἑαυτοὺς** λέγοντες ὅτι Ἐὰν εἴπωμεν,
20:20 Καὶ παρατηρήσαντες ἀπέστειλαν ἐγκαθέτους ὑποκρινομένους **ἑαυτοὺς** δικαίους εἶναι,
21:30 βλέποντες ἀφ' **ἑαυτῶν** γινώσκετε ὅτι ἤδη ἐγγὺς τὸ θέρος ἐστίν·
21:34 Προσέχετε δὲ **ἑαυτοῖς** μήποτε βαρηθῶσιν ὑμῶν αἱ καρδίαι ἐν κραιπάλῃ καὶ μέθῃ καὶ μερίμναις βιωτικαῖς
22:17 καὶ δεξάμενος ποτήριον εὐχαριστήσας εἶπεν, Λάβετε τοῦτο καὶ διαμερίσατε εἰς **ἑαυτούς·**
22:23 καὶ αὐτοὶ ἤρξαντο συζητεῖν πρὸς **ἑαυτοὺς** τὸ τίς ἄρα εἴη ἐξ αὐτῶν ὁ τοῦτο μέλλων πράσσειν.
23: 2 εὕραμεν διαστρέφοντα τὸ ἔθνος ἡμῶν καὶ κωλύοντα φόρους Καίσαρι διδόναι καὶ λέγοντα **ἑαυτὸν** Χριστὸν βασιλέα εἶναι.
23:28 πλὴν ἐφ' **ἑαυτὰς** κλαίετε καὶ ἐπὶ τὰ τέκνα ὑμῶν,
23:35 ἐξεμυκτήριζον δὲ καὶ οἱ ἄρχοντες λέγοντες, Ἄλλους ἔσωσεν, σωσάτω **ἑαυτόν,**
24:12 ἔδραμεν ἐπὶ τὸ μνημεῖον καὶ παρακύψας βλέπει τὰ ὀθόνια μόνα, καὶ ἀπῆλθεν πρὸς **ἑαυτὸν** θαυμάζων τὸ γεγονός.
24:27 καὶ ἀρξάμενος ἀπὸ Μωϋσέως καὶ ἀπὸ πάντων τῶν προφητῶν διερμήνευσεν αὐτοῖς ἐν πάσαις ταῖς γραφαῖς τὰ περὶ **ἑαυτοῦ.**

Jn 5:18 καὶ πατέρα ἴδιον ἔλεγεν τὸν θεὸν ἴσον **ἑαυτὸν** ποιῶν τῷ θεῷ.
5:19 οὐ δύναται ὁ υἱὸς ποιεῖν ἀφ' **ἑαυτοῦ** οὐδὲν ἐὰν μή τι βλέπῃ τὸν πατέρα ποιοῦντα·
5:26 ὥσπερ γὰρ ὁ πατὴρ ἔχει ζωὴν ἐν **ἑαυτῷ,** οὕτως καὶ τῷ υἱῷ ἔδωκεν ζωὴν ἔχειν ἐν **ἑαυτῷ.**
5:42 ἀλλὰ ἔγνωκα ὑμᾶς ὅτι τὴν ἀγάπην τοῦ θεοῦ οὐκ ἔχετε ἐν **ἑαυτοῖς.**
6:53 ἐὰν μὴ φάγητε τὴν σάρκα τοῦ υἱοῦ τοῦ ἀνθρώπου καὶ πίητε αὐτοῦ τὸ αἷμα, οὐκ ἔχετε ζωὴν ἐν **ἑαυτοῖς.**
6:61 εἰδὼς δὲ ὁ Ἰησοῦς ἐν **ἑαυτῷ** ὅτι γογγύζουσιν περὶ τούτου οἱ μαθηταὶ αὐτοῦ εἶπεν αὐτοῖς,
7:18 ὁ ἀφ' **ἑαυτοῦ** λαλῶν τὴν δόξαν τὴν ἰδίαν ζητεῖ·
7:35 εἶπον οὖν οἱ Ἰουδαῖοι πρὸς **ἑαυτούς,** Ποῦ οὗτος μέλλει πορεύεσθαι ὅτι ἡμεῖς οὐχ εὑρήσομεν αὐτόν;
8:22 ἔλεγον οὖν οἱ Ἰουδαῖοι, Μήτι ἀποκτενεῖ **ἑαυτόν,** ὅτι λέγει,
9:21 αὐτὸν ἐρωτήσατε, ἡλικίαν ἔχει, αὐτὸς περὶ **ἑαυτοῦ** λαλήσει.
11:33 εἶδεν αὐτὴν κλαίουσαν καὶ τοὺς συνελθόντας αὐτῇ Ἰουδαίους κλαίοντας, ἐνεβριμήσατο τῷ πνεύματι καὶ ἐτάραξεν **ἑαυτὸν**
11:38 Ἰησοῦς οὖν πάλιν ἐμβριμώμενος ἐν **ἑαυτῷ** ἔρχεται εἰς τὸ μνημεῖον·
11:51 τοῦτο δὲ ἀφ' **ἑαυτοῦ** οὐκ εἶπεν, ἀλλὰ ἀρχιερεὺς ὢν τοῦ ἐνιαυτοῦ ἐκείνου ἐπροφήτευσεν
11:55 καὶ ἀνέβησαν πολλοὶ εἰς Ἱεροσόλυμα ἐκ τῆς χώρας πρὸ τοῦ πάσχα ἵνα ἁγνίσωσιν **ἑαυτούς.**
12: 8 τοὺς πτωχοὺς γὰρ πάντοτε ἔχετε μεθ' **ἑαυτῶν,** ἐμὲ δὲ οὐ πάντοτε ἔχετε.
12:19 οἱ οὖν Φαρισαῖοι εἶπαν πρὸς **ἑαυτούς,** Θεωρεῖτε ὅτι οὐκ ὠφελεῖτε οὐδέν·
13: 4 ἐγείρεται ἐκ τοῦ δείπνου καὶ τίθησιν τὰ ἱμάτια καὶ λαβὼν λέντιον διέζωσεν **ἑαυτόν·**
15: 4 καθὼς τὸ κλῆμα οὐ δύναται καρπὸν φέρειν ἀφ' **ἑαυτοῦ** ἐὰν μὴ μένῃ ἐν τῇ ἀμπέλῳ,
16:13 οὐ γὰρ λαλήσει ἀφ' **ἑαυτοῦ,** ἀλλ' ὅσα ἀκούσει λαλήσει καὶ τὰ ἐρχόμενα ἀναγγελεῖ ὑμῖν.

17:13 νῦν δὲ πρὸς σὲ ἔρχομαι καὶ ταῦτα λαλῶ ἐν τῷ κόσμῳ ἵνα ἔχωσιν τὴν χαρὰν τὴν ἐμὴν πεπληρωμένην ἐν **ἑαυτοῖς.**
19: 7 Ἡμεῖς νόμον ἔχομεν καὶ κατὰ τὸν νόμον ὀφείλει ἀποθανεῖν, ὅτι υἱὸν θεοῦ **ἑαυτὸν** ἐποίησεν.
19:12 πᾶς ὁ βασιλέα **ἑαυτὸν** ποιῶν ἀντιλέγει τῷ Καίσαρι.
19:17 καὶ βαστάζων **ἑαυτῷ** τὸν σταυρὸν ἐξῆλθεν εἰς τὸν λεγόμενον Κρανίου Τόπον,
19:24 Διεμερίσαντο τὰ ἱμάτιά μου **ἑαυτοῖς** καὶ ἐπὶ τὸν ἱματισμόν μου ἔβαλον κλῆρον.
21: 1 Μετὰ ταῦτα ἐφανέρωσεν **ἑαυτὸν** πάλιν ὁ Ἰησοῦς τοῖς μαθηταῖς ἐπὶ τῆς θαλάσσης τῆς Τιβεριάδος·
21: 7 ἦν γὰρ γυμνός, καὶ ἔβαλεν **ἑαυτὸν** εἰς τὴν θάλασσαν,
Ac 1: 3 οἷς καὶ παρέστησεν **ἑαυτὸν** ζῶντα μετὰ τὸ παθεῖν αὐτὸν ἐν πολλοῖς τεκμηρίοις,
5:35 προσέχετε **ἑαυτοῖς** ἐπὶ τοῖς ἀνθρώποις τούτοις τί μέλλετε πράσσειν.
5:36 πρὸ γὰρ τούτων τῶν ἡμερῶν ἀνέστη Θευδᾶς λέγων εἶναί τινα **ἑαυτόν,**
7:21 ἐκτεθέντος δὲ αὐτοῦ ἀνείλατο αὐτὸν ἡ θυγάτηρ Φαραὼ καὶ ἀνεθρέψατο αὐτὸν **ἑαυτῇ** εἰς υἱόν.
8: 9 Σίμων προϋπῆρχεν ἐν τῇ πόλει μαγεύων καὶ ἐξιστάνων τὸ ἔθνος τῆς Σαμαρείας, λέγων εἶναί τινα **ἑαυτὸν** μέγαν,
8:34 περὶ τίνος ὁ προφήτης λέγει τοῦτο; περὶ **ἑαυτοῦ** ἢ περὶ ἑτέρου τινός;
10:17 Ὡς δὲ ἐν **ἑαυτῷ** διηπόρει ὁ Πέτρος τί ἂν εἴη τὸ ὅραμα ὃ εἶδεν,
12:11 καὶ ὁ Πέτρος ἐν **ἑαυτῷ** γενόμενος εἶπεν, Νῦν οἶδα ἀληθῶς ὅτι ἐξαπέστειλεν [ὁ] κύριος τὸν ἄγγελον αὐτοῦ καὶ ἐξείλατό με
13:46 ἐπειδὴ ἀπωθεῖσθε αὐτὸν καὶ οὐκ ἀξίους κρίνετε **ἑαυτοὺς** τῆς αἰωνίου ζωῆς,
15:29 ἀπέχεσθαι εἰδωλοθύτων καὶ αἵματος καὶ πνικτῶν καὶ πορνείας, ἐξ ὧν διατηροῦντες **ἑαυτοὺς** εὖ πράξετε.
16:27 σπασάμενος [τὴν] μάχαιραν ἤμελλεν **ἑαυτὸν** ἀναιρεῖν νομίζων ἐκπεφευγέναι τοὺς δεσμίους.
19:31 πέμψαντες πρὸς αὐτὸν παρεκάλουν μὴ δοῦναι **ἑαυτὸν** εἰς τὸ θέατρον.
20:28 προσέχετε **ἑαυτοῖς** καὶ παντὶ τῷ ποιμνίῳ, ἐν ᾧ ὑμᾶς τὸ πνεῦμα τὸ ἅγιον ἔθετο ἐπισκόπους ποιμαίνειν τὴν ἐκκλησίαν
21:11 δήσας **ἑαυτοῦ** τοὺς πόδας καὶ τὰς χεῖρας εἶπεν,
21:23 εἰσὶν ἡμῖν ἄνδρες τέσσαρες εὐχὴν ἔχοντες ἐφ' **ἑαυτῶν.**
23:12 οἱ Ἰουδαῖοι ἀνεθεμάτισαν **ἑαυτοὺς** λέγοντες μήτε φαγεῖν μήτε πιεῖν ἕως οὗ ἀποκτείνωσιν τὸν Παῦλον.
23:14 Ἀναθέματι ἀνεθεματίσαμεν **ἑαυτοὺς** μηδενὸς γεύσασθαι ἕως οὗ ἀποκτείνωμεν τὸν Παῦλον.
23:21 οἵτινες ἀνεθεμάτισαν **ἑαυτοὺς** μήτε φαγεῖν μήτε πιεῖν ἕως οὗ ἀνέλωσιν αὐτόν,
25: 4 ὁ μὲν οὖν Φῆστος ἀπεκρίθη τηρεῖσθαι τὸν Παῦλον εἰς Καισάρειαν, **ἑαυτὸν** δὲ μέλλειν ἐν τάχει ἐκπορεύεσθαι·
28:16 ἐπετράπη τῷ Παύλῳ μένειν καθ' **ἑαυτὸν** σὺν τῷ φυλάσσοντι αὐτὸν στρατιώτῃ.
Ro 1:27 ἄρσενες ἐν ἄρσεσιν τὴν ἀσχημοσύνην κατεργαζόμενοι καὶ τὴν ἀντιμισθίαν ἣν ἔδει τῆς πλάνης αὐτῶν ἐν **ἑαυτοῖς** ἀπολαμβάνοντες.
2:14 ὅταν γὰρ ἔθνη τὰ μὴ νόμον ἔχοντα φύσει τὰ τοῦ νόμου ποιῶσιν, οὗτοι νόμον μὴ ἔχοντες **ἑαυτοῖς** εἰσιν νόμος·
4:19 καὶ μὴ ἀσθενήσας τῇ πίστει κατενόησεν τὸ **ἑαυτοῦ** σῶμα [ἤδη] νενεκρωμένον,
5: 8 συνίστησιν δὲ τὴν **ἑαυτοῦ** ἀγάπην εἰς ἡμᾶς ὁ θεός,
6:11 οὕτως καὶ ὑμεῖς λογίζεσθε **ἑαυτοὺς** [εἶναι] νεκροὺς μὲν τῇ ἁμαρτίᾳ ζῶντας δὲ τῷ θεῷ ἐν Χριστῷ Ἰησοῦ.
6:13 ἀλλὰ παραστήσατε **ἑαυτοὺς** τῷ θεῷ ὡσεὶ ἐκ νεκρῶν ζῶντας καὶ τὰ μέλη ὑμῶν ὅπλα δικαιοσύνης τῷ θεῷ.
6:16 οὐκ οἴδατε ὅτι ᾧ παριστάνετε **ἑαυτοὺς** δούλους εἰς ὑπακοήν,
8: 3 ὁ θεὸς τὸν **ἑαυτοῦ** υἱὸν πέμψας ἐν ὁμοιώματι σαρκὸς ἁμαρτίας καὶ περὶ ἁμαρτίας κατέκρινεν τὴν ἁμαρτίαν
8:23 ἡμεῖς καὶ αὐτοὶ ἐν **ἑαυτοῖς** στενάζομεν υἱοθεσίαν ἀπεκδεχόμενοι,
11:25 τὸ μυστήριον τοῦτο, ἵνα μὴ ἦτε [παρ'] **ἑαυτοῖς** φρόνιμοι,
12:16 μὴ τὰ ὑψηλὰ φρονοῦντες ἀλλὰ τοῖς ταπεινοῖς συναπαγόμενοι. μὴ γίνεσθε φρόνιμοι παρ' **ἑαυτοῖς.**
12:19 μὴ **ἑαυτοὺς** ἐκδικοῦντες, ἀγαπητοί, ἀλλὰ δότε τόπον τῇ ὀργῇ,
13: 2 ὥστε ὁ ἀντιτασσόμενος τῇ ἐξουσίᾳ τῇ τοῦ θεοῦ διαταγῇ ἀνθέστηκεν, οἱ δὲ ἀνθεστηκότες **ἑαυτοῖς** κρίμα λήμψονται.
14: 7 οὐδεὶς γὰρ ἡμῶν **ἑαυτῷ** ζῇ καὶ οὐδεὶς **ἑαυτῷ** ἀποθνῄσκει·
14:12 ἄρα [οὖν] ἕκαστος ἡμῶν περὶ **ἑαυτοῦ** λόγον δώσει [τῷ θεῷ.]
14:14 οἶδα καὶ πέπεισμαι ἐν κυρίῳ Ἰησοῦ ὅτι οὐδὲν κοινὸν δι' **ἑαυτοῦ,**
14:22 μακάριος ὁ μὴ κρίνων **ἑαυτὸν** ἐν ᾧ δοκιμάζει·
15: 1 Ὀφείλομεν δὲ ἡμεῖς οἱ δυνατοὶ τὰ ἀσθενήματα τῶν ἀδυνάτων βαστάζειν καὶ μὴ **ἑαυτοῖς** ἀρέσκειν.
15: 3 καὶ γὰρ ὁ Χριστὸς οὐχ **ἑαυτῷ** ἤρεσεν· ἀλλὰ καθὼς γέγραπται,
16: 4 οἵτινες ὑπὲρ τῆς ψυχῆς μου τὸν **ἑαυτῶν** τράχηλον ὑπέθηκαν,
16:18 οἱ γὰρ τοιοῦτοι τῷ κυρίῳ ἡμῶν Χριστῷ οὐ δουλεύουσιν ἀλλὰ τῇ **ἑαυτῶν** κοιλίᾳ,
1Co 3:18 Μηδεὶς **ἑαυτὸν** ἐξαπατάτω· εἴ τις δοκεῖ σοφὸς εἶναι ἐν ὑμῖν ἐν τῷ αἰῶνι τούτῳ,
6: 7 ἤδη μὲν [οὖν] ὅλως ἥττημα ὑμῖν ἐστιν ὅτι κρίματα ἔχετε μεθ' **ἑαυτῶν.**
6:19 ἢ οὐκ οἴδατε ὅτι τὸ σῶμα ὑμῶν ναὸς τοῦ ἐν ὑμῖν ἁγίου πνεύματός ἐστιν οὗ ἔχετε ἀπὸ θεοῦ, καὶ οὐκ ἐστὲ **ἑαυτῶν;**
7: 2 διὰ δὲ τὰς πορνείας ἕκαστος τὴν **ἑαυτοῦ** γυναῖκα ἐχέτω καὶ ἑκάστη τὸν ἴδιον ἄνδρα ἐχέτω.
7:37 ἐξουσίαν δὲ ἔχει περὶ τοῦ ἰδίου θελήματος καὶ τοῦτο κέκρικεν ἐν τῇ ἰδίᾳ καρδίᾳ, τηρεῖν τὴν **ἑαυτοῦ** παρθένον, καλῶς ποιήσει.
7:38 ὥστε καὶ ὁ γαμίζων τὴν **ἑαυτοῦ** παρθένον καλῶς ποιεῖ καὶ ὁ μὴ γαμίζων κρεῖσσον ποιήσει.
10:24 μηδεὶς τὸ **ἑαυτοῦ** ζητείτω ἀλλὰ τὸ τοῦ ἑτέρου.
10:29 συνείδησιν δὲ λέγω οὐχὶ τὴν **ἑαυτοῦ** ἀλλὰ τὴν τοῦ ἑτέρου.
11:28 δοκιμαζέτω δὲ ἄνθρωπος **ἑαυτὸν** καὶ οὕτως ἐκ τοῦ ἄρτου ἐσθιέτω καὶ ἐκ τοῦ ποτηρίου πινέτω·
11:29 ὁ γὰρ ἐσθίων καὶ πίνων κρίμα **ἑαυτῷ** ἐσθίει καὶ πίνει μὴ διακρίνων τὸ σῶμα.
11:31 εἰ δὲ **ἑαυτοὺς** διεκρίνομεν, οὐκ ἂν ἐκρινόμεθα·
13: 5 οὐκ ἀσχημονεῖ, οὐ ζητεῖ τὰ **ἑαυτῆς,** οὐ παροξύνεται,
14: 4 ὁ λαλῶν γλώσσῃ **ἑαυτὸν** οἰκοδομεῖ· ὁ δὲ προφητεύων ἐκκλησίαν οἰκοδομεῖ.
14:28 σιγάτω ἐν ἐκκλησίᾳ, **ἑαυτῷ** δὲ λαλείτω καὶ τῷ θεῷ.
16: 2 κατὰ μίαν σαββάτου ἕκαστος ὑμῶν παρ' **ἑαυτῷ** τιθέτω θησαυρίζων ὅ τι ἐὰν εὐοδῶται,
16:15 ὅτι ἐστὶν ἀπαρχὴ τῆς Ἀχαΐας καὶ εἰς διακονίαν τοῖς ἁγίοις ἔταξαν **ἑαυτούς·**
2Co 1: 9 ἀλλὰ αὐτοὶ ἐν **ἑαυτοῖς** τὸ ἀπόκριμα τοῦ θανάτου ἐσχήκαμεν, ἵνα μὴ πεποιθότες ὦμεν ἐφ' **ἑαυτοῖς** ἀλλ' ἐπὶ τῷ θεῷ τῷ ἐγείροντι τοὺς νεκρούς·
3: 1 Ἀρχόμεθα πάλιν **ἑαυτοὺς** συνιστάνειν; ἢ μὴ χρῄζομεν ὥς τινες συστατικῶν ἐπιστολῶν πρὸς ὑμᾶς ἢ ἐξ ὑμῶν;
3: 5 οὐχ ὅτι ἀφ' **ἑαυτῶν** ἱκανοί ἐσμεν λογίσασθαί τι ὡς ἐξ **ἑαυτῶν,**
4: 2 ἀλλὰ τῇ φανερώσει τῆς ἀληθείας συνιστάνοντες **ἑαυτοὺς** πρὸς πᾶσαν συνείδησιν ἀνθρώπων ἐνώπιον τοῦ θεοῦ.
4: 5 οὐ γὰρ **ἑαυτοὺς** κηρύσσομεν ἀλλὰ Ἰησοῦν Χριστὸν κύριον, **ἑαυτοὺς** δὲ δούλους ὑμῶν διὰ Ἰησοῦν.
5:12 οὐ πάλιν **ἑαυτοὺς** συνιστάνομεν ὑμῖν ἀλλὰ ἀφορμὴν διδόντες ὑμῖν καυχήματος ὑπὲρ ἡμῶν,
5:15 ἵνα οἱ ζῶντες μηκέτι **ἑαυτοῖς** ζῶσιν ἀλλὰ τῷ ὑπὲρ αὐτῶν ἀποθανόντι καὶ ἐγερθέντι.
5:18 τὰ δὲ πάντα ἐκ τοῦ θεοῦ τοῦ καταλλάξαντος ἡμᾶς **ἑαυτῷ** διὰ Χριστοῦ καὶ δόντος ἡμῖν τὴν διακονίαν τῆς καταλλαγῆς,
5:19 ὡς ὅτι θεὸς ἦν ἐν Χριστῷ κόσμον καταλλάσσων **ἑαυτῷ,**
6: 4 ἀλλ' ἐν παντὶ συνιστάντες **ἑαυτοὺς** ὡς θεοῦ διάκονοι,
7: 1 καθαρίσωμεν **ἑαυτοὺς** ἀπὸ παντὸς μολυσμοῦ σαρκὸς καὶ πνεύματος,
7:11 ἐν παντὶ συνεστήσατε **ἑαυτοὺς** ἁγνοὺς εἶναι τῷ πράγματι.
8: 5 καὶ οὐ καθὼς ἠλπίσαμεν ἀλλ' **ἑαυτοὺς** ἔδωκαν πρῶτον τῷ κυρίῳ καὶ ἡμῖν διὰ θελήματος θεοῦ
10: 7 εἴ τις πέποιθεν **ἑαυτῷ** Χριστοῦ εἶναι, τοῦτο λογιζέσθω πάλιν ἐφ' **ἑαυτοῦ,** ὅτι καθὼς αὐτὸς Χριστοῦ,
10:12 Οὐ γὰρ τολμῶμεν ἐγκρῖναι ἢ συγκρῖναι **ἑαυτούς** τισιν τῶν **ἑαυτοὺς** συνιστανόντων, ἀλλὰ αὐτοὶ ἐν **ἑαυτοῖς ἑαυτοὺς** μετροῦντες καὶ συγκρίνοντες **ἑαυτοὺς ἑαυτοῖς** οὐ συνιᾶσιν.
10:14 οὐ γὰρ ὡς μὴ ἐφικνούμενοι εἰς ὑμᾶς ὑπερεκτείνομεν **ἑαυτούς,**
10:18 οὐ γὰρ ὁ **ἑαυτὸν** συνιστάνων, ἐκεῖνός ἐστιν δόκιμος,
13: 5 **Ἑαυτοὺς** πειράζετε εἰ ἐστὲ ἐν τῇ πίστει, **ἑαυτοὺς** δοκιμάζετε· ἢ οὐκ ἐπιγινώσκετε **ἑαυτοὺς** ὅτι Ἰησοῦς Χριστὸς ἐν ὑμῖν;
Gal 1: 4 τοῦ δόντος **ἑαυτὸν** ὑπὲρ τῶν ἁμαρτιῶν ἡμῶν, ὅπως ἐξέληται ἡμᾶς ἐκ τοῦ αἰῶνος τοῦ ἐνεστῶτος πονηροῦ
2:12 ὑπέστελλεν καὶ ἀφώριζεν **ἑαυτὸν** φοβούμενος τοὺς ἐκ περιτομῆς.
2:20 ἐν πίστει ζῶ τῇ τοῦ υἱοῦ τοῦ θεοῦ τοῦ ἀγαπήσαντός με καὶ παραδόντος **ἑαυτὸν** ὑπὲρ ἐμοῦ.
6: 3 εἰ γὰρ δοκεῖ τις εἶναί τι μηδὲν ὤν, φρεναπατᾷ **ἑαυτόν.**
6: 4 τὸ δὲ ἔργον **ἑαυτοῦ** δοκιμαζέτω ἕκαστος, καὶ τότε εἰς **ἑαυτὸν** μόνον τὸ καύχημα ἕξει καὶ οὐκ εἰς τὸν ἕτερον·

6: 8 ὅτι ὁ σπείρων εἰς τὴν σάρκα **ἑαυτοῦ** ἐκ τῆς σαρκὸς θερίσει φθοράν,

Eph 2:15 ἵνα τοὺς δύο κτίσῃ ἐν **ἑαυτῷ**[NIV; UBS 899] εἰς ἕνα καινὸν ἄνθρωπον ποιῶν εἰρήνην

4:16 κατ' ἐνέργειαν ἐν μέτρῳ ἑνὸς ἑκάστου μέρους τὴν αὔξησιν τοῦ σώματος ποιεῖται εἰς οἰκοδομὴν **ἑαυτοῦ** ἐν ἀγάπῃ.

4:19 οἵτινες ἀπηλγηκότες **ἑαυτοὺς** παρέδωκαν τῇ ἀσελγείᾳ εἰς ἐργασίαν ἀκαθαρσίας πάσης ἐν πλεονεξίᾳ.

4:32 γίνεσθε [δὲ] εἰς ἀλλήλους χρηστοί, εὔσπλαγχνοι, χαριζόμενοι **ἑαυτοῖς,**

5: 2 καθὼς καὶ ὁ Χριστὸς ἠγάπησεν ἡμᾶς καὶ παρέδωκεν **ἑαυτὸν** ὑπὲρ ἡμῶν προσφορὰν καὶ θυσίαν τῷ θεῷ εἰς ὀσμὴν εὐωδίας.

5:19 λαλοῦντες **ἑαυτοῖς** [ἐν] ψαλμοῖς καὶ ὕμνοις καὶ ᾠδαῖς πνευματικαῖς,

5:25 καθὼς καὶ ὁ Χριστὸς ἠγάπησεν τὴν ἐκκλησίαν καὶ **ἑαυτὸν** παρέδωκεν ὑπὲρ αὐτῆς,

5:27 ἵνα παραστήσῃ αὐτὸς **ἑαυτῷ** ἔνδοξον τὴν ἐκκλησίαν, μὴ ἔχουσαν σπίλον ἢ ῥυτίδα ἤ τι τῶν τοιούτων,

5:28 οὕτως ὀφείλουσιν [καὶ] οἱ ἄνδρες ἀγαπᾶν τὰς **ἑαυτῶν** γυναῖκας ὡς τὰ **ἑαυτῶν** σώματα. ὁ ἀγαπῶν τὴν **ἑαυτοῦ** γυναῖκα **ἑαυτὸν** ἀγαπᾷ.

5:29 οὐδεὶς γάρ ποτε τὴν **ἑαυτοῦ** σάρκα ἐμίσησεν ἀλλὰ ἐκτρέφει καὶ θάλπει αὐτήν,

5:33 ἕκαστος τὴν **ἑαυτοῦ** γυναῖκα οὕτως ἀγαπάτω ὡς **ἑαυτόν,**

Php 2: 3 μηδὲν κατ' ἐριθείαν μηδὲ κατὰ κενοδοξίαν ἀλλὰ τῇ ταπεινοφροσύνῃ ἀλλήλους ἡγούμενοι ὑπερέχοντας **ἑαυτῶν,**

2: 4 μὴ τὰ **ἑαυτῶν** ἕκαστος σκοποῦντες ἀλλὰ [καὶ] τὰ ἑτέρων ἕκαστοι.

2: 7 ἀλλὰ **ἑαυτὸν** ἐκένωσεν μορφὴν δούλου λαβών, ἐν ὁμοιώματι ἀνθρώπων γενόμενος·

2: 8 ἐταπείνωσεν **ἑαυτὸν** γενόμενος ὑπήκοος μέχρι θανάτου, θανάτου δὲ σταυροῦ.

2:12 μετὰ φόβου καὶ τρόμου τὴν **ἑαυτῶν** σωτηρίαν κατεργάζεσθε·

2:21 οἱ πάντες γὰρ τὰ **ἑαυτῶν** ζητοῦσιν, οὐ τὰ Ἰησοῦ Χριστοῦ.

Col 3:13 ἀνεχόμενοι ἀλλήλων καὶ χαριζόμενοι **ἑαυτοῖς** ἐάν τις πρός τινα ἔχῃ μομφήν·

3:16 ὁ λόγος τοῦ Χριστοῦ ἐνοικείτω ἐν ὑμῖν πλουσίως, ἐν πάσῃ σοφίᾳ διδάσκοντες καὶ νουθετοῦντες **ἑαυτούς,**

1Th 2: 7 ἀλλὰ ἐγενήθημεν νήπιοι ἐν μέσῳ ὑμῶν, ὡς ἐὰν τροφὸς θάλπῃ τὰ **ἑαυτῆς** τέκνα,

2: 8 οὕτως ὁμειρόμενοι ὑμῶν εὐδοκοῦμεν μεταδοῦναι ὑμῖν οὐ μόνον τὸ εὐαγγέλιον τοῦ θεοῦ ἀλλὰ καὶ τὰς **ἑαυτῶν** ψυχάς,

2:11 ὡς ἕνα ἕκαστον ὑμῶν ὡς πατὴρ τέκνα **ἑαυτοῦ**

2:12 καὶ μαρτυρόμενοι εἰς τὸ περιπατεῖν ὑμᾶς ἀξίως τοῦ θεοῦ τοῦ καλοῦντος ὑμᾶς εἰς τὴν **ἑαυτοῦ** βασιλείαν καὶ δόξαν.

4: 4 εἰδέναι ἕκαστον ὑμῶν τὸ **ἑαυτοῦ** σκεῦος κτᾶσθαι ἐν ἁγιασμῷ καὶ τιμῇ,

5:13 καὶ ἡγεῖσθαι αὐτοὺς ὑπερεκπερισσοῦ ἐν ἀγάπῃ διὰ τὸ ἔργον αὐτῶν. εἰρηνεύετε ἐν **ἑαυτοῖς.**

2Th 2: 4 ὥστε αὐτὸν εἰς τὸν ναὸν τοῦ θεοῦ καθίσαι ἀποδεικνύντα **ἑαυτὸν** ὅτι ἔστιν θεός.

2: 6 καὶ νῦν τὸ κατέχον οἴδατε εἰς τὸ ἀποκαλυφθῆναι αὐτὸν ἐν τῷ **ἑαυτοῦ** καιρῷ.

3: 9 ἀλλ' ἵνα **ἑαυτοὺς** τύπον δῶμεν ὑμῖν εἰς τὸ μιμεῖσθαι ἡμᾶς.

3:12 ἵνα μετὰ ἡσυχίας ἐργαζόμενοι τὸν **ἑαυτῶν** ἄρτον ἐσθίωσιν.

1Ti 2: 6 ὁ δοὺς **ἑαυτὸν** ἀντίλυτρον ὑπὲρ πάντων, τὸ μαρτύριον καιροῖς ἰδίοις.

2: 9 ὡσαύτως [καὶ] γυναῖκας ἐν καταστολῇ κοσμίῳ μετὰ αἰδοῦς καὶ σωφροσύνης κοσμεῖν **ἑαυτάς,**

3:13 οἱ γὰρ καλῶς διακονήσαντες βαθμὸν **ἑαυτοῖς** καλὸν περιποιοῦνται καὶ πολλὴν παρρησίαν ἐν πίστει τῇ ἐν Χριστῷ

6:10 ἧς τινες ὀρεγόμενοι ἀπεπλανήθησαν ἀπὸ τῆς πίστεως καὶ **ἑαυτοὺς** περιέπειραν ὀδύναις πολλαῖς.

6:19 ἀποθησαυρίζοντας **ἑαυτοῖς** θεμέλιον καλὸν εἰς τὸ μέλλον, ἵνα ἐπιλάβωνται τῆς ὄντως ζωῆς.

2Ti 2:13 ἐκεῖνος πιστὸς μένει, ἀρνήσασθαι γὰρ **ἑαυτὸν** οὐ δύναται.

2:21 ἐὰν οὖν τις ἐκκαθάρῃ **ἑαυτὸν** ἀπὸ τούτων, ἔσται σκεῦος εἰς τιμήν,

4: 3 ἀλλὰ κατὰ τὰς ἰδίας ἐπιθυμίας **ἑαυτοῖς** ἐπισωρεύσουσιν διδασκάλους κνηθόμενοι τὴν ἀκοὴν

Tit 2:14 ὃς ἔδωκεν **ἑαυτὸν** ὑπὲρ ἡμῶν, ἵνα λυτρώσηται ἡμᾶς ἀπὸ πάσης ἀνομίας καὶ καθαρίσῃ **ἑαυτῷ** λαὸν περιούσιον,

Heb 3:13 ἀλλὰ παρακαλεῖτε **ἑαυτοὺς** καθ' ἑκάστην ἡμέραν, ἄχρις οὗ τὸ Σήμερον καλεῖται,

5: 4 καὶ οὐχ **ἑαυτῷ** τις λαμβάνει τὴν τιμὴν ἀλλὰ καλούμενος ὑπὸ τοῦ θεοῦ καθώσπερ καὶ Ἀαρών.

5: 5 Οὕτως καὶ ὁ Χριστὸς οὐχ **ἑαυτὸν** ἐδόξασεν γενηθῆναι ἀρχιερέα ἀλλ' ὁ λαλήσας πρὸς αὐτόν,

6: 6 ἀνασταυροῦντας **ἑαυτοῖς** τὸν υἱὸν τοῦ θεοῦ καὶ παραδειγματίζοντας.

6:13 ἐπεὶ κατ' οὐδενὸς εἶχεν μείζονος ὀμόσαι, ὤμοσεν καθ' **ἑαυτοῦ**

7:27 πρότερον ὑπὲρ τῶν ἰδίων ἁμαρτιῶν θυσίας ἀναφέρειν ἔπειτα τῶν τοῦ λαοῦ· τοῦτο γὰρ ἐποίησεν ἐφάπαξ **ἑαυτὸν** ἀνενέγκας.

9: 7 οὐ χωρὶς αἵματος ὃ προσφέρει ὑπὲρ **ἑαυτοῦ** καὶ τῶν τοῦ λαοῦ ἀγνοημάτων,

9:14 ὃς διὰ πνεύματος αἰωνίου **ἑαυτὸν** προσήνεγκεν ἄμωμον τῷ θεῷ,

9:25 οὐδ' ἵνα πολλάκις προσφέρῃ **ἑαυτόν,** ὥσπερ ὁ ἀρχιερεὺς εἰσέρχεται εἰς τὰ ἅγια κατ' ἐνιαυτὸν ἐν αἵματι ἀλλοτρίῳ,

10:25 μὴ ἐγκαταλείποντες τὴν ἐπισυναγωγὴν **ἑαυτῶν,** καθὼς ἔθος τισίν,

10:34 τὴν ἁρπαγὴν τῶν ὑπαρχόντων ὑμῶν μετὰ χαρᾶς προσεδέξασθε γινώσκοντες ἔχειν **ἑαυτοὺς** κρείττονα ὕπαρξιν καὶ μένουσαν.

12: 3 ἀναλογίσασθε γὰρ τὸν τοιαύτην ὑπομεμενηκότα ὑπὸ τῶν ἁμαρτωλῶν εἰς **ἑαυτὸν** ἀντιλογίαν,

12:16 ὃς ἀντὶ βρώσεως μιᾶς ἀπέδετο τὰ πρωτοτόκια **ἑαυτοῦ.**

Jas 1:22 Γίνεσθε δὲ ποιηταὶ λόγου καὶ μὴ μόνον ἀκροαταὶ παραλογιζόμενοι **ἑαυτούς.**

1:24 κατενόησεν γὰρ **ἑαυτὸν** καὶ ἀπελήλυθεν καὶ εὐθέως ἐπελάθετο ὁποῖος ἦν.

1:27 ἐπισκέπτεσθαι ὀρφανοὺς καὶ χήρας ἐν τῇ θλίψει αὐτῶν, ἄσπιλον **ἑαυτὸν** τηρεῖν ἀπὸ τοῦ κόσμου.

2: 4 οὐ διεκρίθητε ἐν **ἑαυτοῖς** καὶ ἐγένεσθε κριταὶ διαλογισμῶν πονηρῶν;

2:17 ἐὰν μὴ ἔχῃ ἔργα, νεκρά ἐστιν καθ' **ἑαυτήν.**

1Pe 1:12 οἷς ἀπεκαλύφθη ὅτι οὐχ **ἑαυτοῖς** ὑμῖν δὲ διηκόνουν αὐτά,

3: 5 οὕτως γάρ ποτε καὶ αἱ ἅγιαι γυναῖκες αἱ ἐλπίζουσαι εἰς θεὸν ἐκόσμουν **ἑαυτὰς** ὑποτασσόμεναι τοῖς ἰδίοις ἀνδράσιν,

4: 8 πρὸ πάντων τὴν εἰς **ἑαυτοὺς** ἀγάπην ἐκτενῆ ἔχοντες,

4:10 ἕκαστος καθὼς ἔλαβεν χάρισμα εἰς **ἑαυτοὺς** αὐτὸ διακονοῦντες ὡς καλοὶ οἰκονόμοι ποικίλης χάριτος θεοῦ.

2Pe 2: 1 παρεισάξουσιν αἱρέσεις ἀπωλείας καὶ τὸν ἀγοράσαντα αὐτοὺς δεσπότην ἀρνούμενοι. ἐπάγοντες **ἑαυτοῖς** ταχινὴν ἀπώλειαν,

1Jn 1: 8 **ἑαυτοὺς** πλανῶμεν καὶ ἡ ἀλήθεια οὐκ ἔστιν ἐν ἡμῖν.

3: 3 καὶ πᾶς ὁ ἔχων τὴν ἐλπίδα ταύτην ἐπ' αὐτῷ ἁγνίζει **ἑαυτόν,**

5:10 ὁ πιστεύων εἰς τὸν υἱὸν τοῦ θεοῦ ἔχει τὴν μαρτυρίαν ἐν **ἑαυτῷ,**

5:21 Τεκνία, φυλάξατε **ἑαυτὰ** ἀπὸ τῶν εἰδώλων.

2Jn 1: 8 βλέπετε **ἑαυτούς,** ἵνα μὴ ἀπολέσητε ἃ εἰργασάμεθα ἀλλὰ μισθὸν πλήρη ἀπολάβητε.

Jude 1: 6 ἀγγέλους τε τοὺς μὴ τηρήσαντας τὴν **ἑαυτῶν** ἀρχὴν ἀλλὰ ἀπολιπόντας τὸ ἴδιον οἰκητήριον εἰς κρίσιν μεγάλης ἡμέρας

1:12 **ἑαυτοὺς** ποιμαίνοντες, νεφέλαι ἄνυδροι ὑπὸ ἀνέμων παραφερόμεναι, δένδρα φθινοπωρινὰ ἄκαρπα δὶς ἀποθανόντα

1:13 κύματα ἄγρια θαλάσσης ἐπαφρίζοντα τὰς **ἑαυτῶν** αἰσχύνας,

1:16 Οὗτοί εἰσιν γογγυσταὶ μεμψίμοιροι κατὰ τὰς ἐπιθυμίας **ἑαυτῶν** πορευόμενοι,

1:18 Ἐπ' ἐσχάτου [τοῦ] χρόνου ἔσονται ἐμπαῖκται κατὰ τὰς **ἑαυτῶν** ἐπιθυμίας πορευόμενοι τῶν ἀσεβειῶν.

1:20 ἀγαπητοί, ἐποικοδομοῦντες **ἑαυτοὺς** τῇ ἁγιωτάτῃ ὑμῶν πίστει,

1:21 **ἑαυτοὺς** ἐν ἀγάπῃ θεοῦ τηρήσατε προσδεχόμενοι τὸ ἔλεος τοῦ κυρίου ἡμῶν Ἰησοῦ Χριστοῦ εἰς ζωὴν αἰώνιον.

Rev 2: 2 καὶ ἐπείρασας τοὺς λέγοντας **ἑαυτοὺς** ἀποστόλους καὶ οὐκ εἰσὶν καὶ εὗρες αὐτοὺς ψευδεῖς,

2: 9 καὶ τὴν βλασφημίαν ἐκ τῶν λεγόντων Ἰουδαίους εἶναι **ἑαυτοὺς** καὶ οὐκ εἰσὶν ἀλλὰ συναγωγὴ τοῦ Σατανᾶ.

2:20 ἡ λέγουσα **ἑαυτὴν** προφῆτιν καὶ διδάσκει καὶ πλανᾷ τοὺς ἐμοὺς δούλους πορνεῦσαι καὶ φαγεῖν εἰδωλόθυτα.

3: 9 ἰδοὺ διδῶ ἐκ τῆς συναγωγῆς τοῦ Σατανᾶ τῶν λεγόντων **ἑαυτοὺς** Ἰουδαίους εἶναι,

6:15 ἔκρυψαν **ἑαυτοὺς** εἰς τὰ σπήλαια καὶ εἰς τὰς πέτρας τῶν ὀρέων

10: 3 καὶ ὅτε ἔκραξεν, ἐλάλησαν αἱ ἑπτὰ βρονταὶ τὰς **ἑαυτῶν** φωνάς.

10: 7 καὶ ἐτελέσθη τὸ μυστήριον τοῦ θεοῦ, ὡς εὐηγγέλισεν τοὺς **ἑαυτοῦ** δούλους τοὺς προφήτας.

19: 7 ὅτι ἦλθεν ὁ γάμος τοῦ ἀρνίου καὶ ἡ γυνὴ αὐτοῦ ἡτοίμασεν **ἑαυτὴν**

1572 ἐάω [11]

→ *4661*

Mt 24:43 ἐγρηγόρησεν ἂν καὶ οὐκ ἂν **εἴασεν** διορυχθῆναι τὴν οἰκίαν αὐτοῦ.

Lk 4:41 καὶ ἐπιτιμῶν οὐκ **εἴα** αὐτὰ λαλεῖν, ὅτι ᾔδεισαν τὸν Χριστὸν αὐτὸν εἶναι.
22:51 ἀποκριθεὶς δὲ ὁ Ἰησοῦς εἶπεν, **Ἐᾶτε** ἕως τούτου·
Ac 14:16 ὃς ἐν ταῖς παρῳχημέναις γενεαῖς **εἴασεν** πάντα τὰ ἔθνη πορεύεσθαι ταῖς ὁδοῖς αὐτῶν·
16: 7 ἐλθόντες δὲ κατὰ τὴν Μυσίαν ἐπείραζον εἰς τὴν Βιθυνίαν πορευθῆναι, καὶ οὐκ **εἴασεν** αὐτοὺς τὸ πνεῦμα Ἰησοῦ·
19:30 Παύλου δὲ βουλομένου εἰσελθεῖν εἰς τὸν δῆμον οὐκ **εἴων** αὐτὸν οἱ μαθηταί·
23:32 τῇ δὲ ἐπαύριον **ἐάσαντες** τοὺς ἱππεῖς ἀπέρχεσθαι σὺν αὐτῷ ὑπέστρεψαν εἰς τὴν παρεμβολήν·
27:32 τότε ἀπέκοψαν οἱ στρατιῶται τὰ σχοινία τῆς σκάφης καὶ **εἴασαν** αὐτὴν ἐκπεσεῖν.
27:40 καὶ τὰς ἀγκύρας περιελόντες **εἴων** εἰς τὴν θάλασσαν,
28: 4 Πάντως φονεύς ἐστιν ὁ ἄνθρωπος οὗτος ὃν διασωθέντα ἐκ τῆς θαλάσσης ἡ δίκη ζῆν οὐκ **εἴασεν.**
1Co 10:13 ὃς οὐκ **ἐάσει** ὑμᾶς πειρασθῆναι ὑπὲρ ὃ δύνασθε ἀλλὰ ποιήσει σὺν τῷ πειρασμῷ καὶ τὴν ἔκβασιν τοῦ δύνασθαι ὑπενεγκεῖν.

1573 ἑβδομήκοντα [5]

√ *2231*

Lk 10: 1 Μετὰ δὲ ταῦτα ἀνέδειξεν ὁ κύριος ἑτέρους **ἑβδομήκοντα** [δύο,]
10:17 Ὑπέστρεψαν δὲ οἱ **ἑβδομήκοντα** [δύο] μετὰ χαρᾶς λέγοντες,
Ac 7:14 ἀποστείλας δὲ Ἰωσὴφ μετεκαλέσατο Ἰακὼβ τὸν πατέρα αὐτοῦ καὶ πᾶσαν τὴν συγγένειαν ἐν ψυχαῖς **ἑβδομήκοντα** πέντε.
23:23 καὶ ἱππεῖς **ἑβδομήκοντα** καὶ δεξιολάβους διακοσίους ἀπὸ τρίτης ὥρας τῆς νυκτός,
27:37 αἱ πᾶσαι ψυχαὶ ἐν τῷ πλοίῳ διακόσιαι **ἑβδομήκοντα** ἕξ.

1574 ἑβδομηκοντάκις [1]

√ *2231*

Mt 18:22 Οὐ λέγω σοι ἕως ἑπτάκις ἀλλὰ ἕως **ἑβδομηκοντάκις** ἑπτά.

1575 ἕβδομος [9]

√ *2231*

Jn 4:52 εἶπαν οὖν αὐτῷ ὅτι Ἐχθὲς ὥραν **ἑβδόμην** ἀφῆκεν αὐτὸν ὁ πυρετός.
Heb 4: 4 εἴρηκεν γάρ που περὶ τῆς **ἑβδόμης** οὕτως, Καὶ κατέπαυσεν ὁ θεὸς ἐν τῇ ἡμέρᾳ τῇ **ἑβδόμῃ** ἀπὸ πάντων τῶν ἔργων αὐτοῦ,
Jude 1:14 Προεφήτευσεν δὲ καὶ τούτοις **ἕβδομος** ἀπὸ Ἀδὰμ Ἑνὼχ λέγων,
Rev 8: 1 Καὶ ὅταν ἤνοιξεν τὴν σφραγῖδα τὴν **ἑβδόμην,** ἐγένετο σιγὴ ἐν τῷ οὐρανῷ ὡς ἡμιώριον.
10: 7 ἀλλ' ἐν ταῖς ἡμέραις τῆς φωνῆς τοῦ **ἑβδόμου** ἀγγέλου,
11:15 Καὶ ὁ **ἕβδομος** ἄγγελος ἐσάλπισεν· καὶ ἐγένοντο φωναὶ μεγάλαι ἐν τῷ οὐρανῷ λέγοντες,
16:17 Καὶ ὁ **ἕβδομος** ἐξέχεεν τὴν φιάλην αὐτοῦ ἐπὶ τὸν ἀέρα,
21:20 ὁ **ἕβδομος** χρυσόλιθος, ὁ ὄγδοος βήρυλλος, ὁ ἔνατος τοπάζιον,

1576 Ἔβερ [1]

Lk 3:35 τοῦ Σερούχ τοῦ Ῥαγαὺ τοῦ Φάλεκ τοῦ **Ἔβερ** τοῦ Σαλὰ

1577 Ἑβραϊκός Not used in UBS/NIV

√ *1578*

1578 Ἑβραῖος [4]

→ *1577, 1579, 1580*

Ac 6: 1 Ἐν δὲ ταῖς ἡμέραις ταύταις πληθυνόντων τῶν μαθητῶν ἐγένετο γογγυσμὸς τῶν Ἑλληνιστῶν πρὸς τοὺς **Ἑβραίους,**
2Co 11:22 **Ἑβραῖοί** εἰσιν; κἀγώ. Ἰσραηλῖταί εἰσιν; κἀγώ. σπέρμα Ἀβραάμ εἰσιν;
Php 3: 5 φυλῆς Βενιαμίν, **Ἑβραῖος** ἐξ **Ἑβραίων,** κατὰ νόμον Φαρισαῖος,

1579 Ἑβραΐς [3]

√ *1578*

Ac 21:40 πολλῆς δὲ σιγῆς γενομένης προσεφώνησεν τῇ **Ἑβραΐδι** διαλέκτῳ λέγων,
22: 2 ἀκούσαντες δὲ ὅτι τῇ **Ἑβραΐδι** διαλέκτῳ προσεφώνει αὐτοῖς,
26:14 πάντων τε καταπεσόντων ἡμῶν εἰς τὴν γῆν ἤκουσα φωνὴν λέγουσαν πρός με τῇ **Ἑβραΐδι** διαλέκτῳ,

1580 Ἑβραϊστί [7]

√ *1578*

Jn 5: 2 ἔστιν δὲ ἐν τοῖς Ἱεροσολύμοις ἐπὶ τῇ προβατικῇ κολυμβήθρα ἡ ἐπιλεγομένη **Ἑβραϊστὶ** Βηθζαθὰ πέντε στοὰς ἔχουσα.
19:13 ἤγαγεν ἔξω τὸν Ἰησοῦν καὶ ἐκάθισεν ἐπὶ βήματος εἰς τόπον λεγόμενον Λιθόστρωτον, **Ἑβραϊστὶ** δὲ Γαββαθα.
19:17 καὶ βαστάζων ἑαυτῷ τὸν σταυρὸν ἐξῆλθεν εἰς τὸν λεγόμενον Κρανίου Τόπον, ὃ λέγεται **Ἑβραϊστὶ** Γολγοθα,
19:20 ὅτι ἐγγὺς ἦν ὁ τόπος τῆς πόλεως ὅπου ἐσταυρώθη ὁ Ἰησοῦς· καὶ ἦν γεγραμμένον **Ἑβραϊστί,** Ῥωμαϊστί, Ἑλληνιστί.
20:16 στραφεῖσα ἐκείνη λέγει αὐτῷ **Ἑβραϊστί,** Ραββουνι (ὃ λέγεται Διδάσκαλε).
Rev 9:11 ὄνομα αὐτῷ **Ἑβραϊστὶ** Ἀβαδδών, καὶ ἐν τῇ Ἑλληνικῇ ὄνομα ἔχει Ἀπολλύων.
16:16 καὶ συνήγαγεν αὐτοὺς εἰς τὸν τόπον τὸν καλούμενον **Ἑβραϊστὶ** Ἁρμαγεδών.

1581 ἐγγίζω [42]

√ *1584*

temporal [9] Mt 21:34; 26:45; Lk 21:8; 22:1; Ac 7:17; Ro 13:12; Heb 10:25; Jas 5:8; 1Pe 4:7

ἐγγίζω εἰς [5] Mt 21:1; Mk 11:1; Lk 18:35; 19:29; 24:28

ἐγγίζω ἡ βασιλεία τοῦ [6] Mt 3:2; 4:17; 10:7; Mk 1:15; Lk 10:9,11

ἐγγίζω ἐπί [1] Lk 10:9

Mt 3: 2 [καὶ] λέγων, Μετανοεῖτε· **ἤγγικεν** γὰρ ἡ βασιλεία τῶν οὐρανῶν.
4:17 Ἀπὸ τότε ἤρξατο ὁ Ἰησοῦς κηρύσσειν καὶ λέγειν, Μετανοεῖτε· **ἤγγικεν** γὰρ ἡ βασιλεία τῶν οὐρανῶν.
10: 7 πορευόμενοι δὲ κηρύσσετε λέγοντες ὅτι **Ἤγγικεν** ἡ βασιλεία τῶν οὐρανῶν.
21: 1 Καὶ ὅτε **ἤγγισαν** εἰς Ἱεροσόλυμα καὶ ἦλθον εἰς Βηθφαγὴ εἰς τὸ Ὄρος τῶν Ἐλαιῶν,
21:34 ὅτε δὲ **ἤγγισεν** ὁ καιρὸς τῶν καρπῶν, ἀπέστειλεν τοὺς δούλους αὐτοῦ πρὸς τοὺς γεωργοὺς λαβεῖν τοὺς καρποὺς αὐτοῦ.
26:45 ἰδοὺ **ἤγγικεν** ἡ ὥρα καὶ ὁ υἱὸς τοῦ ἀνθρώπου παραδίδοται εἰς χεῖρας ἁμαρτωλῶν.
26:46 ἐγείρεσθε ἄγωμεν· ἰδοὺ **ἤγγικεν** ὁ παραδιδούς με.
Mk 1:15 καὶ λέγων ὅτι Πεπλήρωται ὁ καιρὸς καὶ **ἤγγικεν** ἡ βασιλεία τοῦ θεοῦ·
11: 1 Καὶ ὅτε **ἐγγίζουσιν** εἰς Ἱεροσόλυμα εἰς Βηθφαγὴ καὶ Βηθανίαν πρὸς τὸ Ὄρος τῶν Ἐλαιῶν,
14:42 ἐγείρεσθε ἄγωμεν· ἰδοὺ ὁ παραδιδούς με **ἤγγικεν.**
Lk 7:12 ὡς δὲ **ἤγγισεν** τῇ πύλῃ τῆς πόλεως, καὶ ἰδοὺ ἐξεκομίζετο τεθνηκὼς μονογενὴς υἱὸς τῇ μητρὶ αὐτοῦ καὶ αὐτὴ ἦν χήρα,
10: 9 καὶ θεραπεύετε τοὺς ἐν αὐτῇ ἀσθενεῖς καὶ λέγετε αὐτοῖς, **Ἤγγικεν ἐφ'** ὑμᾶς ἡ βασιλεία τοῦ θεοῦ.
10:11 πλὴν τοῦτο γινώσκετε ὅτι **ἤγγικεν** ἡ βασιλεία τοῦ θεοῦ.
12:33 θησαυρὸν ἀνέκλειπτον ἐν τοῖς οὐρανοῖς, ὅπου κλέπτης οὐκ **ἐγγίζει** οὐδὲ σὴς διαφθείρει·
15: 1 Ἦσαν δὲ αὐτῷ **ἐγγίζοντες** πάντες οἱ τελῶναι καὶ οἱ ἁμαρτωλοὶ ἀκούειν αὐτοῦ.
15:25 καὶ ὡς ἐρχόμενος **ἤγγισεν** τῇ οἰκίᾳ, ἤκουσεν συμφωνίας καὶ χορῶν,
18:35 Ἐγένετο δὲ ἐν τῷ **ἐγγίζειν** αὐτὸν εἰς Ἰεριχὼ τυφλός τις ἐκάθητο παρὰ τὴν ὁδὸν ἐπαιτῶν.
18:40 σταθεὶς δὲ ὁ Ἰησοῦς ἐκέλευσεν αὐτὸν ἀχθῆναι πρὸς αὐτόν. **ἐγγίσαντος** δὲ αὐτοῦ ἐπηρώτησεν αὐτόν,
19:29 Καὶ ἐγένετο ὡς **ἤγγισεν** εἰς Βηθφαγὴ καὶ Βηθανία[ν] πρὸς τὸ ὄρος τὸ καλούμενον Ἐλαιῶν,
19:37 **Ἐγγίζοντος** δὲ αὐτοῦ ἤδη πρὸς τῇ καταβάσει τοῦ Ὄρους τῶν Ἐλαιῶν ἤρξαντο ἅπαν τὸ πλῆθος τῶν μαθητῶν χαίροντες
19:41 Καὶ ὡς **ἤγγισεν** ἰδὼν τὴν πόλιν ἔκλαυσεν ἐπ' αὐτήν
21: 8 πολλοὶ γὰρ ἐλεύσονται ἐπὶ τῷ ὀνόματί μου λέγοντες, Ἐγώ εἰμι, καί, Ὁ καιρὸς **ἤγγικεν.**
21:20 Ὅταν δὲ ἴδητε κυκλουμένην ὑπὸ στρατοπέδων Ἰερουσαλήμ, τότε γνῶτε ὅτι **ἤγγικεν** ἡ ἐρήμωσις αὐτῆς.
21:28 ἀρχομένων δὲ τούτων γίνεσθαι ἀνακύψατε καὶ ἐπάρατε τὰς κεφαλὰς ὑμῶν, διότι **ἐγγίζει** ἡ ἀπολύτρωσις ὑμῶν.
22: 1 **Ἤγγιζεν** δὲ ἡ ἑορτὴ τῶν ἀζύμων ἡ λεγομένη πάσχα.
22:47 καὶ ὁ λεγόμενος Ἰούδας εἷς τῶν δώδεκα προήρχετο αὐτοὺς καὶ **ἤγγισεν** τῷ Ἰησοῦ φιλῆσαι αὐτόν.

24:15 καὶ ἐγένετο ἐν τῷ ὁμιλεῖν αὐτοὺς καὶ συζητεῖν καὶ αὐτὸς Ἰησοῦς **ἐγγίσας** συνεπορεύετο αὐτοῖς,
24:28 Καὶ **ἤγγισαν** εἰς τὴν κώμην οὗ ἐπορεύοντο, καὶ αὐτὸς προσεποιήσατο πορρώτερον πορεύεσθαι.
Ac 7:17 Καθὼς δὲ **ἤγγιζεν** ὁ χρόνος τῆς ἐπαγγελίας ἧς ὡμολόγησεν ὁ θεὸς τῷ Ἀβραάμ,
9: 3 ἐν δὲ τῷ πορεύεσθαι ἐγένετο αὐτὸν **ἐγγίζειν** τῇ Δαμασκῷ,
10: 9 Τῇ δὲ ἐπαύριον, ὁδοιπορούντων ἐκείνων καὶ τῇ πόλει **ἐγγιζόντων,**
21:33 τότε **ἐγγίσας** ὁ χιλίαρχος ἐπελάβετο αὐτοῦ καὶ ἐκέλευσεν δεθῆναι ἁλύσεσι δυσί,
22: 6 Ἐγένετο δέ μοι πορευομένῳ καὶ **ἐγγίζοντι** τῇ Δαμασκῷ περὶ μεσημβρίαν ἐξαίφνης ἐκ τοῦ οὐρανοῦ περιαστράψαι φῶς
23:15 ἡμεῖς δὲ πρὸ τοῦ **ἐγγίσαι** αὐτὸν ἕτοιμοί ἐσμεν τοῦ ἀνελεῖν αὐτόν.
Ro 13:12 ἡ νὺξ προέκοψεν, ἡ δὲ ἡμέρα **ἤγγικεν.** ἀποθώμεθα οὖν τὰ ἔργα τοῦ σκότους,
Php 2:30 ὅτι διὰ τὸ ἔργον Χριστοῦ μέχρι θανάτου **ἤγγισεν** παραβολευσάμενος τῇ ψυχῇ,
Heb 7:19 ἐπεισαγωγὴ δὲ κρείττονος ἐλπίδος δι' ἧς **ἐγγίζομεν** τῷ θεῷ.
10:25 καὶ τοσούτῳ μᾶλλον ὅσῳ βλέπετε **ἐγγίζουσαν** τὴν ἡμέραν.
Jas 4: 8 **ἐγγίσατε** τῷ θεῷ καὶ **ἐγγιεῖ** ὑμῖν. καθαρίσατε χεῖρας,
5: 8 στηρίξατε τὰς καρδίας ὑμῶν, ὅτι ἡ παρουσία τοῦ κυρίου **ἤγγικεν.**
1Pe 4: 7 Πάντων δὲ τὸ τέλος **ἤγγικεν.** σωφρονήσατε οὖν καὶ νήψατε εἰς προσευχάς·

1582 ἐγγράφω [3]

√ *1877 + 1211*

Lk 10:20 χαίρετε δὲ ὅτι τὰ ὀνόματα ὑμῶν **ἐγγέγραπται** ἐν τοῖς οὐρανοῖς.
2Co 3: 2 ἡ ἐπιστολὴ ἡμῶν ὑμεῖς ἐστε, **ἐγγεγραμμένη** ἐν ταῖς καρδίαις ἡμῶν,
3: 3 φανερούμενοι ὅτι ἐστὲ ἐπιστολὴ Χριστοῦ διακονηθεῖσα ὑφ' ἡμῶν, **ἐγγεγραμμένη** οὐ μέλανι ἀλλὰ πνεύματι θεοῦ ζῶντος,

1583 ἔγγυος [1]

Heb 7:22 κατὰ τοσοῦτο [καὶ] κρείττονος διαθήκης γέγονεν **ἔγγυος** Ἰησοῦς.

1584 ἐγγύς [31]

→ *1581, 1585, 4662*

οἱ ἐγγύς [1] Eph 2:17

comparative **ἐγγύτερον** [1] Ro 13:11

Mt 24:32 ὅταν ἤδη ὁ κλάδος αὐτῆς γένηται ἁπαλὸς καὶ τὰ φύλλα ἐκφύῃ, γινώσκετε ὅτι **ἐγγὺς** τὸ θέρος·
24:33 ὅταν ἴδητε πάντα ταῦτα γινώσκετε ὅτι **ἐγγύς** ἐστιν ἐπὶ θύραις.
26:18 Ὁ διδάσκαλος λέγει, Ὁ καιρός μου **ἐγγύς** ἐστιν,
Mk 13:28 ὅταν ἤδη ὁ κλάδος αὐτῆς ἁπαλὸς γένηται καὶ ἐκφύῃ τὰ φύλλα, γινώσκετε ὅτι **ἐγγὺς** τὸ θέρος ἐστίν·
13:29 ὅταν ἴδητε ταῦτα γινόμενα, γινώσκετε ὅτι **ἐγγύς** ἐστιν ἐπὶ θύραις.
Lk 19:11 διὰ τὸ **ἐγγὺς** εἶναι Ἰερουσαλὴμ αὐτὸν καὶ δοκεῖν αὐτοὺς ὅτι παραχρῆμα μέλλει ἡ βασιλεία τοῦ θεοῦ ἀναφαίνεσθαι.
21:30 βλέποντες ἀφ' ἑαυτῶν γινώσκετε ὅτι ἤδη **ἐγγὺς** τὸ θέρος ἐστίν·
21:31 γινώσκετε ὅτι **ἐγγύς** ἐστιν ἡ βασιλεία τοῦ θεοῦ.
Jn 2:13 Καὶ **ἐγγὺς** ἦν τὸ πάσχα τῶν Ἰουδαίων, καὶ ἀνέβη εἰς Ἱεροσόλυμα ὁ Ἰησοῦς.
3:23 ἦν δὲ καὶ ὁ Ἰωάννης βαπτίζων ἐν Αἰνὼν **ἐγγὺς** τοῦ Σαλείμ,
6: 4 ἦν δὲ **ἐγγὺς** τὸ πάσχα, ἡ ἑορτὴ τῶν Ἰουδαίων.
6:19 θεωροῦσιν τὸν Ἰησοῦν περιπατοῦντα ἐπὶ τῆς θαλάσσης καὶ **ἐγγὺς** τοῦ πλοίου γινόμενον,
6:23 ἄλλα ἦλθεν πλοιά[ρια] ἐκ Τιβεριάδος **ἐγγὺς** τοῦ τόπου ὅπου ἔφαγον τὸν ἄρτον εὐχαριστήσαντος τοῦ κυρίου.
7: 2 ἦν δὲ **ἐγγὺς** ἡ ἑορτὴ τῶν Ἰουδαίων ἡ σκηνοπηγία.
11:18 ἦν δὲ ἡ Βηθανία **ἐγγὺς** τῶν Ἱεροσολύμων ὡς ἀπὸ σταδίων δεκαπέντε.
11:54 ἀλλὰ ἀπῆλθεν ἐκεῖθεν εἰς τὴν χώραν **ἐγγὺς** τῆς ἐρήμου,
11:55 Ἦν δὲ **ἐγγὺς** τὸ πάσχα τῶν Ἰουδαίων, καὶ ἀνέβησαν πολλοὶ εἰς Ἱεροσόλυμα ἐκ τῆς χώρας πρὸ τοῦ πάσχα
19:20 ὅτι **ἐγγὺς** ἦν ὁ τόπος τῆς πόλεως ὅπου ἐσταυρώθη ὁ Ἰησοῦς·
19:42 ὅτι **ἐγγὺς** ἦν τὸ μνημεῖον, ἔθηκαν τὸν Ἰησοῦν.
Ac 1:12 Τότε ὑπέστρεψαν εἰς Ἰερουσαλὴμ ἀπὸ ὄρους τοῦ καλουμένου Ἐλαιῶνος, ὅ ἐστιν **ἐγγὺς** Ἰερουσαλὴμ σαββάτου ἔχον ὁδόν.
9:38 **ἐγγὺς** δὲ οὔσης Λύδδας τῇ Ἰόππῃ οἱ μαθηταὶ ἀκούσαντες ὅτι Πέτρος ἐστὶν ἐν αὐτῇ ἀπέστειλαν δύο ἄνδρας πρὸς αὐτὸν
27: 8 μόλις τε παραλεγόμενοι αὐτὴν ἤλθομεν εἰς τόπον τινὰ καλούμενον Καλοὺς ᾧ **ἐγγὺς** πόλις ἦν Λασαία.
Ro 10: 8 **Ἐγγύς** σου τὸ ῥῆμά ἐστιν ἐν τῷ στόματί σου καὶ ἐν τῇ καρδίᾳ σου,
13:11 νῦν γὰρ **ἐγγύτερον** ἡμῶν ἡ σωτηρία ἢ ὅτε ἐπιστεύσαμεν.
Eph 2:13 νυνὶ δὲ ἐν Χριστῷ Ἰησοῦ ὑμεῖς οἵ ποτε ὄντες μακρὰν ἐγενήθητε **ἐγγὺς** ἐν τῷ αἵματι τοῦ Χριστοῦ.
2:17 καὶ ἐλθὼν εὐηγγελίσατο εἰρήνην ὑμῖν τοῖς μακρὰν καὶ εἰρήνην τοῖς **ἐγγύς·**
Php 4: 5 τὸ ἐπιεικὲς ὑμῶν γνωσθήτω πᾶσιν ἀνθρώποις. ὁ κύριος **ἐγγύς.**
Heb 6: 8 ἀδόκιμος καὶ κατάρας **ἐγγύς,** ἧς τὸ τέλος εἰς καῦσιν.
8:13 ἐν τῷ λέγειν Καινὴν πεπαλαίωκεν τὴν πρώτην· τὸ δὲ παλαιούμενον καὶ γηράσκον **ἐγγὺς** ἀφανισμοῦ.
Rev 1: 3 μακάριος ὁ ἀναγινώσκων καὶ οἱ ἀκούοντες τοὺς λόγους τῆς προφητείας καὶ τηροῦντες τὰ ἐν αὐτῇ γεγραμμένα, ὁ γὰρ καιρὸς **ἐγγύς.**
22:10 Μὴ σφραγίσῃς τοὺς λόγους τῆς προφητείας τοῦ βιβλίου τούτου, ὁ καιρὸς γὰρ **ἐγγύς** ἐστιν.

1585 ἐγγύτερον Not used in UBS/NIV

√ *1584*

1586 ἐγείρω [144 / 143]

→ *1213, 1340, 1444, 1587, 1995, 2074, 5283*

imperative **ἔγειρε** [14] Mt 9:5; Mk 2:9,11; 3:3; 5:41; 10:49; Lk 5:23,24; 6:8; 8:54; Jn 5:8; Ac 3:6; Eph 5:14; Rev 11:1

pl. imperative mid. **ἐγείρεσθε** [3] Mt 26:46; Mk 14:42; Jn 14:31

ἐγείρω ἀπὸ τῶν νεκρῶν [3] Mt 14:2; 27:64; 28:7

ἐγείρω ἐκ νεκρῶν [26] Mt 17:9; Mk 6:14,16; Lk 9:7; Jn 2:22; 12:1,9,17; 21:14; Ac 3:15; 4:10; 13:30; Ro 6:4,9; 7:4; 8:11; 10:9; 1Co 15:12,20; Gal 1:1; Eph 1:20; Col 2:12; 1Th 1:10; 2Ti 2:8; Heb 11:19; 1Pe 1:21

ἐγείρω νεκρούς [4] Mt 10:8; Jn 5:21; Ac 26:8; 2Co 1:9

ἐγείρω τέκνα [2] Mt 3:9; Lk 3:8

νεκροὶ ἐγείρονται [9] Mt 11:5; Lk 7:22; 20:37; 1Co 15:15,16,29,32,35,52

Mt 1:24 **ἐγερθεὶς** δὲ ὁ Ἰωσὴφ ἀπὸ τοῦ ὕπνου ἐποίησεν ὡς προσέταξεν αὐτῷ ὁ ἄγγελος κυρίου καὶ παρέλαβεν τὴν γυναῖκα αὐτοῦ,
2:13 **Ἐγερθεὶς** παράλαβε τὸ παιδίον καὶ τὴν μητέρα αὐτοῦ καὶ φεῦγε εἰς Αἴγυπτον καὶ ἴσθι ἐκεῖ ἕως ἂν εἴπω σοι·
2:14 ὁ δὲ **ἐγερθεὶς** παρέλαβεν τὸ παιδίον καὶ τὴν μητέρα αὐτοῦ νυκτὸς καὶ ἀνεχώρησεν εἰς Αἴγυπτον,
2:20 **Ἐγερθεὶς** παράλαβε τὸ παιδίον καὶ τὴν μητέρα αὐτοῦ καὶ πορεύου εἰς γῆν Ἰσραήλ·
2:21 ὁ δὲ **ἐγερθεὶς** παρέλαβεν τὸ παιδίον καὶ τὴν μητέρα αὐτοῦ καὶ εἰσῆλθεν εἰς γῆν Ἰσραήλ.
3: 9 λέγω γὰρ ὑμῖν ὅτι δύναται ὁ θεὸς ἐκ τῶν λίθων τούτων **ἐγεῖραι** τέκνα τῷ Ἀβραάμ.
8:15 καὶ ἀφῆκεν αὐτὴν ὁ πυρετός, καὶ **ἠγέρθη** καὶ διηκόνει αὐτῷ.
8:25 καὶ προσελθόντες **ἤγειραν** αὐτὸν λέγοντες, Κύριε, σῶσον, ἀπολλύμεθα.
8:26 τότε **ἐγερθεὶς** ἐπετίμησεν τοῖς ἀνέμοις καὶ τῇ θαλάσσῃ,
9: 5 Ἀφίενταί σου αἱ ἁμαρτίαι, ἢ εἰπεῖν, **Ἔγειρε** καὶ περιπάτει;
9: 6 **Ἐγερθεὶς** ἆρόν σου τὴν κλίνην καὶ ὕπαγε εἰς τὸν οἶκόν σου.
9: 7 καὶ **ἐγερθεὶς** ἀπῆλθεν εἰς τὸν οἶκον αὐτοῦ.
9:19 καὶ **ἐγερθεὶς** ὁ Ἰησοῦς ἠκολούθησεν αὐτῷ καὶ οἱ μαθηταὶ αὐτοῦ.
9:25 ὅτε δὲ ἐξεβλήθη ὁ ὄχλος εἰσελθὼν ἐκράτησεν τῆς χειρὸς αὐτῆς, καὶ **ἠγέρθη** τὸ κοράσιον.
10: 8 ἀσθενοῦντας θεραπεύετε, νεκροὺς **ἐγείρετε,** λεπροὺς καθαρίζετε, δαιμόνια ἐκβάλλετε·
11: 5 λεπροὶ καθαρίζονται καὶ κωφοὶ ἀκούουσιν, καὶ νεκροὶ **ἐγείρονται** καὶ πτωχοὶ εὐαγγελίζονται·

11:11 οὐκ **ἐγήγερται** ἐν γεννητοῖς γυναικῶν μείζων Ἰωάννου τοῦ βαπτιστοῦ·
12:11 ἐξ ὑμῶν ἄνθρωπος ὃς ἕξει πρόβατον ἓν καὶ ἐὰν ἐμπέσῃ τοῦτο τοῖς σάββασιν εἰς βόθυνον, οὐχὶ κρατήσει αὐτὸ καὶ **ἐγερεῖ;**
12:42 βασίλισσα νότου **ἐγερθήσεται** ἐν τῇ κρίσει μετὰ τῆς γενεᾶς ταύτης καὶ κατακρινεῖ αὐτήν,
14: 2 αὐτὸς **ἠγέρθη** ἀπὸ τῶν νεκρῶν καὶ διὰ τοῦτο αἱ δυνάμεις ἐνεργοῦσιν ἐν αὐτῷ.
16:21 καὶ πολλὰ παθεῖν ἀπὸ τῶν πρεσβυτέρων καὶ ἀρχιερέων καὶ γραμματέων καὶ ἀποκτανθῆναι καὶ τῇ τρίτῃ ἡμέρᾳ **ἐγερθῆναι.**
17: 7 καὶ προσῆλθεν ὁ Ἰησοῦς καὶ ἁψάμενος αὐτῶν εἶπεν, **Ἐγέρθητε** καὶ μὴ φοβεῖσθε.
17: 9 Μηδενὶ εἴπητε τὸ ὅραμα ἕως οὗ ὁ υἱὸς τοῦ ἀνθρώπου ἐκ νεκρῶν **ἐγερθῇ.**
17:23 καὶ ἀποκτενοῦσιν αὐτόν, καὶ τῇ τρίτῃ ἡμέρᾳ **ἐγερθήσεται.**
20:19 καὶ παραδώσουσιν αὐτὸν τοῖς ἔθνεσιν εἰς τὸ ἐμπαῖξαι καὶ μαστιγῶσαι καὶ σταυρῶσαι, καὶ τῇ τρίτῃ ἡμέρᾳ **ἐγερθήσεται.**
24: 7 **ἐγερθήσεται** γὰρ ἔθνος ἐπὶ ἔθνος καὶ βασιλεία ἐπὶ βασιλείαν καὶ ἔσονται λιμοὶ καὶ σεισμοὶ κατὰ τόπους·
24:11 καὶ πολλοὶ ψευδοπροφῆται **ἐγερθήσονται** καὶ πλανήσουσιν πολλούς·
24:24 **ἐγερθήσονται** γὰρ ψευδόχριστοι καὶ ψευδοπροφῆται καὶ δώσουσιν σημεῖα μεγάλα καὶ τέρατα ὥστε πλανῆσαι,
25: 7 τότε **ἠγέρθησαν** πᾶσαι αἱ παρθένοι ἐκεῖναι καὶ ἐκόσμησαν τὰς λαμπάδας ἑαυτῶν.
26:32 μετὰ δὲ τὸ **ἐγερθῆναί** με προάξω ὑμᾶς εἰς τὴν Γαλιλαίαν.
26:46 **ἐγείρεσθε** ἄγωμεν· ἰδοὺ ἤγγικεν ὁ παραδιδούς με.
27:52 καὶ τὰ μνημεῖα ἀνεῴχθησαν καὶ πολλὰ σώματα τῶν κεκοιμημένων ἁγίων **ἠγέρθησαν,**
27:63 ἐμνήσθημεν ὅτι ἐκεῖνος ὁ πλάνος εἶπεν ἔτι ζῶν, Μετὰ τρεῖς ἡμέρας **ἐγείρομαι.**
27:64 **Ἠγέρθη** ἀπὸ τῶν νεκρῶν, καὶ ἔσται ἡ ἐσχάτη πλάνη χείρων τῆς πρώτης.
28: 6 οὐκ ἔστιν ὧδε, **ἠγέρθη** γὰρ καθὼς εἶπεν· δεῦτε ἴδετε τὸν τόπον ὅπου ἔκειτο.
28: 7 καὶ ταχὺ πορευθεῖσαι εἴπατε τοῖς μαθηταῖς αὐτοῦ ὅτι **Ἠγέρθη** ἀπὸ τῶν νεκρῶν,

Mk 1:31 καὶ προσελθὼν **ἤγειρεν** αὐτὴν κρατήσας τῆς χειρός· καὶ ἀφῆκεν αὐτὴν ὁ πυρετός,
2: 9 **Ἔγειρε** καὶ ἆρον τὸν κράβαττόν σου καὶ περιπάτει;
2:11 **ἔγειρε** ἆρον τὸν κράβαττόν σου καὶ ὕπαγε εἰς τὸν οἶκόν σου.
2:12 καὶ **ἠγέρθη** καὶ εὐθὺς ἄρας τὸν κράβαττον ἐξῆλθεν ἔμπροσθεν πάντων,
3: 3 καὶ λέγει τῷ ἀνθρώπῳ τῷ τὴν ξηρὰν χεῖρα ἔχοντι, **Ἔγειρε** εἰς τὸ μέσον.
4:27 καὶ καθεύδῃ καὶ **ἐγείρηται** νύκτα καὶ ἡμέραν, καὶ ὁ σπόρος βλαστᾷ καὶ μηκύνηται ὡς οὐκ οἶδεν αὐτός.
4:38 καὶ **ἐγείρουσιν** αὐτὸν καὶ λέγουσιν αὐτῷ, Διδάσκαλε, οὐ μέλει σοι ὅτι ἀπολλύμεθα;
5:41 ὅ ἐστιν μεθερμηνευόμενον Τὸ κοράσιον, σοὶ λέγω, **ἔγειρε.**
6:14 καὶ ἔλεγον ὅτι Ἰωάννης ὁ βαπτίζων **ἐγήγερται** ἐκ νεκρῶν καὶ διὰ τοῦτο ἐνεργοῦσιν αἱ δυνάμεις ἐν αὐτῷ.
6:16 ἀκούσας δὲ ὁ Ἡρῴδης ἔλεγεν, Ὃν ἐγὼ ἀπεκεφάλισα Ἰωάννην, οὗτος **ἠγέρθη.**
9:27 ὁ δὲ Ἰησοῦς κρατήσας τῆς χειρὸς αὐτοῦ **ἤγειρεν** αὐτόν,
10:49 καὶ φωνοῦσιν τὸν τυφλὸν λέγοντες αὐτῷ, Θάρσει, **ἔγειρε,** φωνεῖ σε.
12:26 περὶ δὲ τῶν νεκρῶν ὅτι **ἐγείρονται** οὐκ ἀνέγνωτε ἐν τῇ βίβλῳ Μωϋσέως ἐπὶ τοῦ βάτου πῶς εἶπεν αὐτῷ ὁ θεὸς λέγων,
13: 8 **ἐγερθήσεται** γὰρ ἔθνος ἐπ' ἔθνος καὶ βασιλεία ἐπὶ βασιλείαν,
13:22 **ἐγερθήσονται** γὰρ ψευδόχριστοι καὶ ψευδοπροφῆται καὶ δώσουσιν σημεῖα καὶ τέρατα πρὸς τὸ ἀποπλανᾶν,
14:28 ἀλλὰ μετὰ τὸ **ἐγερθῆναί** με προάξω ὑμᾶς εἰς τὴν Γαλιλαίαν.
14:42 **ἐγείρεσθε** ἄγωμεν· ἰδοὺ ὁ παραδιδούς με ἤγγικεν.
16: 6 **ἠγέρθη,** οὐκ ἔστιν ὧδε· ἴδε ὁ τόπος ὅπου ἔθηκαν αὐτόν.
16:14 ⟦καὶ ὠνείδισεν τὴν ἀπιστίαν αὐτῶν καὶ σκληροκαρδίαν ὅτι τοῖς θεασαμένοις αὐτὸν **ἐγηγερμένον** οὐκ ἐπίστευσαν.⟧

Lk 1:69 καὶ **ἤγειρεν** κέρας σωτηρίας ἡμῖν ἐν οἴκῳ Δαυὶδ παιδὸς αὐτοῦ,
3: 8 λέγω γὰρ ὑμῖν ὅτι δύναται ὁ θεὸς ἐκ τῶν λίθων τούτων **ἐγεῖραι** τέκνα τῷ Ἀβραάμ.
5:23 Ἀφέωνταί σοι αἱ ἁμαρτίαι σου, ἢ εἰπεῖν, **Ἔγειρε** καὶ περιπάτει;
5:24 **ἔγειρε** καὶ ἄρας τὸ κλινίδιόν σου πορεύου εἰς τὸν οἶκόν σου.
6: 8 εἶπεν δὲ τῷ ἀνδρὶ τῷ ξηρὰν ἔχοντι τὴν χεῖρα, **Ἔγειρε** καὶ στῆθι εἰς τὸ μέσον·
7:14 οἱ δὲ βαστάζοντες ἔστησαν, καὶ εἶπεν, Νεανίσκε, σοὶ λέγω, **ἐγέρθητι.**
7:16 ἔλαβεν δὲ φόβος πάντας καὶ ἐδόξαζον τὸν θεὸν λέγοντες ὅτι Προφήτης μέγας **ἠγέρθη** ἐν ἡμῖν καὶ ὅτι Ἐπεσκέψατο ὁ θεὸς τὸν λαὸν αὐτοῦ.
7:22 λεπροὶ καθαρίζονται καὶ κωφοὶ ἀκούουσιν, νεκροὶ **ἐγείρονται,** πτωχοὶ εὐαγγελίζονται·
8:54 αὐτὸς δὲ κρατήσας τῆς χειρὸς αὐτῆς ἐφώνησεν λέγων, Ἡ παῖς, **ἔγειρε.**
9: 7 Ἡρῴδης ὁ τετραάρχης τὰ γινόμενα πάντα καὶ διηπόρει διὰ τὸ λέγεσθαι ὑπό τινων ὅτι Ἰωάννης **ἠγέρθη** ἐκ νεκρῶν,
9:22 καὶ ἀποδοκιμασθῆναι ἀπὸ τῶν πρεσβυτέρων καὶ ἀρχιερέων καὶ γραμματέων καὶ ἀποκτανθῆναι καὶ τῇ τρίτῃ ἡμέρᾳ **ἐγερθῆναι.**
11: 8 διά γε τὴν ἀναίδειαν αὐτοῦ **ἐγερθεὶς** δώσει αὐτῷ ὅσων χρῄζει.
11:31 βασίλισσα νότου **ἐγερθήσεται** ἐν τῇ κρίσει μετὰ τῶν ἀνδρῶν τῆς γενεᾶς ταύτης καὶ κατακρινεῖ αὐτούς,
13:25 ἀφ' οὗ ἂν **ἐγερθῇ** ὁ οἰκοδεσπότης καὶ ἀποκλείσῃ τὴν θύραν καὶ ἄρξησθε ἔξω ἑστάναι καὶ κρούειν τὴν θύραν λέγοντες,
20:37 ὅτι δὲ **ἐγείρονται** οἱ νεκροί, καὶ Μωϋσῆς ἐμήνυσεν ἐπὶ τῆς βάτου,
21:10 **Ἐγερθήσεται** ἔθνος ἐπ' ἔθνος καὶ βασιλεία ἐπὶ βασιλείαν,
24: 6 οὐκ ἔστιν ὧδε, ἀλλὰ **ἠγέρθη.** μνήσθητε ὡς ἐλάλησεν ὑμῖν ἔτι ὢν ἐν τῇ Γαλιλαίᾳ
24:34 λέγοντας ὅτι ὄντως **ἠγέρθη** ὁ κύριος καὶ ὤφθη Σίμωνι.

Jn 2:19 Λύσατε τὸν ναὸν τοῦτον καὶ ἐν τρισὶν ἡμέραις **ἐγερῶ** αὐτόν.
2:20 Τεσσεράκοντα καὶ ἓξ ἔτεσιν οἰκοδομήθη ὁ ναὸς οὗτος, καὶ σὺ ἐν τρισὶν ἡμέραις **ἐγερεῖς** αὐτόν;
2:22 ὅτε οὖν **ἠγέρθη** ἐκ νεκρῶν, ἐμνήσθησαν οἱ μαθηταὶ αὐτοῦ ὅτι τοῦτο ἔλεγεν,
5: 8 λέγει αὐτῷ ὁ Ἰησοῦς, **Ἔγειρε** ἆρον τὸν κράβαττόν σου καὶ περιπάτει.
5:21 ὥσπερ γὰρ ὁ πατὴρ **ἐγείρει** τοὺς νεκροὺς καὶ ζῳοποιεῖ,
7:52 ἐραύνησον καὶ ἴδε ὅτι ἐκ τῆς Γαλιλαίας προφήτης οὐκ **ἐγείρεται.**
11:29 ἐκείνη δὲ ὡς ἤκουσεν **ἠγέρθη** ταχὺ καὶ ἤρχετο πρὸς αὐτόν.
12: 1 ὅπου ἦν Λάζαρος, ὃν **ἤγειρεν** ἐκ νεκρῶν Ἰησοῦς.
12: 9 ἀλλ' ἵνα καὶ τὸν Λάζαρον ἴδωσιν ὃν **ἤγειρεν** ἐκ νεκρῶν.
12:17 ἐμαρτύρει οὖν ὁ ὄχλος ὁ ὢν μετ' αὐτοῦ ὅτε τὸν Λάζαρον ἐφώνησεν ἐκ τοῦ μνημείου καὶ **ἤγειρεν** αὐτὸν ἐκ νεκρῶν.
13: 4 **ἐγείρεται** ἐκ τοῦ δείπνου καὶ τίθησιν τὰ ἱμάτια καὶ λαβὼν λέντιον διέζωσεν ἑαυτόν·
14:31 καὶ καθὼς ἐνετείλατο μοι ὁ πατήρ, οὕτως ποιῶ. **Ἐγείρεσθε,** ἄγωμεν ἐντεῦθεν.
21:14 τοῦτο ἤδη τρίτον ἐφανερώθη Ἰησοῦς τοῖς μαθηταῖς **ἐγερθεὶς** ἐκ νεκρῶν.

Ac 3: 6 ἐν τῷ ὀνόματι Ἰησοῦ Χριστοῦ τοῦ Ναζωραίου [**ἔγειρε**[NIV-] καὶ] περιπάτει.
3: 7 καὶ πιάσας αὐτὸν τῆς δεξιᾶς χειρὸς **ἤγειρεν** αὐτόν·
3:15 τὸν δὲ ἀρχηγὸν τῆς ζωῆς ἀπεκτείνατε ὃν ὁ θεὸς **ἤγειρεν** ἐκ νεκρῶν,
4:10 ὃν ὁ θεὸς **ἤγειρεν** ἐκ νεκρῶν, ἐν τούτῳ οὗτος παρέστηκεν ἐνώπιον ὑμῶν ὑγιής.
5:30 ὁ θεὸς τῶν πατέρων ἡμῶν **ἤγειρεν** Ἰησοῦν ὃν ὑμεῖς διεχειρίσασθε κρεμάσαντες ἐπὶ ξύλου·
9: 8 **ἠγέρθη** δὲ Σαῦλος ἀπὸ τῆς γῆς, ἀνεῳγμένων δὲ τῶν ὀφθαλμῶν αὐτοῦ οὐδὲν ἔβλεπεν·
10:26 ὁ δὲ Πέτρος **ἤγειρεν** αὐτὸν λέγων, Ἀνάστηθι· καὶ ἐγὼ αὐτὸς ἄνθρωπός εἰμι.
10:40 τοῦτον ὁ θεὸς **ἤγειρεν** [ἐν] τῇ τρίτῃ ἡμέρᾳ καὶ ἔδωκεν αὐτὸν ἐμφανῆ γενέσθαι,
12: 7 πατάξας δὲ τὴν πλευρὰν τοῦ Πέτρου **ἤγειρεν** αὐτὸν λέγων,
13:22 καὶ μεταστήσας αὐτὸν **ἤγειρεν** τὸν Δαυὶδ αὐτοῖς εἰς βασιλέα ᾧ καὶ εἶπεν μαρτυρήσας,
13:30 ὁ δὲ θεὸς **ἤγειρεν** αὐτὸν ἐκ νεκρῶν,
13:37 ὃν δὲ ὁ θεὸς **ἤγειρεν,** οὐκ εἶδεν διαφθοράν.
26: 8 τί ἄπιστον κρίνεται παρ' ὑμῖν εἰ ὁ θεὸς νεκροὺς **ἐγείρει;**

Ro 4:24 τοῖς πιστεύουσιν ἐπὶ τὸν **ἐγείραντα** Ἰησοῦν τὸν κύριον ἡμῶν ἐκ νεκρῶν,
4:25 ὃς παρεδόθη διὰ τὰ παραπτώματα ἡμῶν καὶ **ἠγέρθη** διὰ τὴν δικαίωσιν ἡμῶν.
6: 4 ἵνα ὥσπερ **ἠγέρθη** Χριστὸς ἐκ νεκρῶν διὰ τῆς δόξης τοῦ πατρός,
6: 9 εἰδότες ὅτι Χριστὸς **ἐγερθεὶς** ἐκ νεκρῶν οὐκέτι ἀποθνῄσκει,
7: 4 τῷ ἐκ νεκρῶν **ἐγερθέντι,** ἵνα καρποφορήσωμεν τῷ θεῷ.

8:11 εἰ δὲ τὸ πνεῦμα τοῦ **ἐγείραντος** τὸν Ἰησοῦν ἐκ νεκρῶν οἰκεῖ ἐν ὑμῖν, ὁ **ἐγείρας** Χριστὸν ἐκ νεκρῶν ζῳοποιήσει καὶ τὰ θνητὰ σώματα ὑμῶν διὰ τοῦ ἐνοικοῦντος αὐτοῦ πνεύματος ἐν ὑμῖν.
8:34 Χριστὸς [Ἰησοῦς] ὁ ἀποθανών, μᾶλλον δὲ **ἐγερθείς,** ὅς καί ἐστιν ἐν δεξιᾷ τοῦ θεοῦ,
10: 9 ὁμολογήσῃς ἐν τῷ στόματί σου κύριον Ἰησοῦν καὶ πιστεύσῃς ἐν τῇ καρδίᾳ σου ὅτι ὁ θεὸς αὐτὸν **ἤγειρεν** ἐκ νεκρῶν,
13:11 Καὶ τοῦτο εἰδότες τὸν καιρόν, ὅτι ὥρα ἤδη ὑμᾶς ἐξ ὕπνου **ἐγερθῆναι,**
1Co 6:14 ὁ δὲ θεὸς καὶ τὸν κύριον **ἤγειρεν** καὶ ἡμᾶς ἐξεγερεῖ διὰ τῆς δυνάμεως αὐτοῦ.
15: 4 καὶ ὅτι ἐτάφη καὶ ὅτι **ἐγήγερται** τῇ ἡμέρᾳ τῇ τρίτῃ κατὰ τὰς γραφὰς
15:12 Εἰ δὲ Χριστὸς κηρύσσεται ὅτι ἐκ νεκρῶν **ἐγήγερται,**
15:13 εἰ δὲ ἀνάστασις νεκρῶν οὐκ ἔστιν, οὐδὲ Χριστὸς **ἐγήγερται·**
15:14 εἰ δὲ Χριστὸς οὐκ **ἐγήγερται,** κενὸν ἄρα [καὶ] τὸ κήρυγμα ἡμῶν,
15:15 ὅτι ἐμαρτυρήσαμεν κατὰ τοῦ θεοῦ ὅτι **ἤγειρεν** τὸν Χριστόν, ὃν οὐκ **ἤγειρεν** εἴπερ ἄρα νεκροὶ οὐκ **ἐγείρονται.**
15:16 εἰ γὰρ νεκροὶ οὐκ **ἐγείρονται,** οὐδὲ Χριστὸς **ἐγήγερται·**
15:17 εἰ δὲ Χριστὸς οὐκ **ἐγήγερται,** ματαία ἡ πίστις ὑμῶν,
15:20 Νυνὶ δὲ Χριστὸς **ἐγήγερται** ἐκ νεκρῶν ἀπαρχὴ τῶν κεκοιμημένων.
15:29 εἰ ὅλως νεκροὶ οὐκ **ἐγείρονται,** τί καὶ βαπτίζονται ὑπὲρ αὐτῶν;
15:32 εἰ νεκροὶ οὐκ **ἐγείρονται,** Φάγωμεν καὶ πίωμεν, αὔριον γὰρ ἀποθνῄσκομεν.
15:35 Ἀλλὰ ἐρεῖ τις, Πῶς **ἐγείρονται** οἱ νεκροί; ποίῳ δὲ σώματι ἔρχονται;
15:42 Οὕτως καὶ ἡ ἀνάστασις τῶν νεκρῶν. σπείρεται ἐν φθορᾷ, **ἐγείρεται** ἐν ἀφθαρσίᾳ·
15:43 σπείρεται ἐν ἀτιμίᾳ, **ἐγείρεται** ἐν δόξῃ· σπείρεται ἐν ἀσθενείᾳ, **ἐγείρεται** ἐν δυνάμει·
15:44 σπείρεται σῶμα ψυχικόν, **ἐγείρεται** σῶμα πνευματικόν. εἰ ἔστιν σῶμα ψυχικόν,
15:52 σαλπίσει γὰρ καὶ οἱ νεκροὶ **ἐγερθήσονται** ἄφθαρτοι καὶ ἡμεῖς ἀλλαγησόμεθα.
2Co 1: 9 ἵνα μὴ πεποιθότες ὦμεν ἐφ᾽ ἑαυτοῖς ἀλλ᾽ ἐπὶ τῷ θεῷ τῷ **ἐγείροντι** τοὺς νεκρούς·
4:14 εἰδότες ὅτι ὁ **ἐγείρας** τὸν κύριον Ἰησοῦν καὶ ἡμᾶς σὺν Ἰησοῦ **ἐγερεῖ** καὶ παραστήσει σὺν ὑμῖν.
5:15 ἵνα οἱ ζῶντες μηκέτι ἑαυτοῖς ζῶσιν ἀλλὰ τῷ ὑπὲρ αὐτῶν ἀποθανόντι καὶ **ἐγερθέντι.**
Gal 1: 1 Παῦλος ἀπόστολος οὐκ ἀπ᾽ ἀνθρώπων οὐδὲ δι᾽ ἀνθρώπου ἀλλὰ διὰ Ἰησοῦ Χριστοῦ καὶ θεοῦ πατρὸς τοῦ **ἐγείραντος** αὐτὸν ἐκ νεκρῶν,
Eph 1:20 ἣν ἐνήργησεν ἐν τῷ Χριστῷ **ἐγείρας** αὐτὸν ἐκ νεκρῶν καὶ καθίσας ἐν δεξιᾷ αὐτοῦ ἐν τοῖς ἐπουρανίοις
5:14 διὸ λέγει, **Ἔγειρε,** ὁ καθεύδων, καὶ ἀνάστα ἐκ τῶν νεκρῶν,
Php 1:17 οὐχ ἁγνῶς, οἰόμενοι θλῖψιν **ἐγείρειν** τοῖς δεσμοῖς μου.
Col 2:12 ἐν ᾧ καὶ συνηγέρθητε διὰ τῆς πίστεως τῆς ἐνεργείας τοῦ θεοῦ τοῦ **ἐγείραντος** αὐτὸν ἐκ νεκρῶν·
1Th 1:10 καὶ ἀναμένειν τὸν υἱὸν αὐτοῦ ἐκ τῶν οὐρανῶν, ὃν **ἤγειρεν** ἐκ [τῶν] νεκρῶν,
2Ti 2: 8 Μνημόνευε Ἰησοῦν Χριστὸν **ἐγηγερμένον** ἐκ νεκρῶν, ἐκ σπέρματος Δαυίδ,
Heb 11:19 λογισάμενος ὅτι καὶ ἐκ νεκρῶν **ἐγείρειν** δυνατὸς ὁ θεός,
Jas 5:15 καὶ ἡ εὐχὴ τῆς πίστεως σώσει τὸν κάμνοντα καὶ **ἐγερεῖ** αὐτὸν ὁ κύριος·
1Pe 1:21 τοὺς δι᾽ αὐτοῦ πιστοὺς εἰς θεὸν τὸν **ἐγείραντα** αὐτὸν ἐκ νεκρῶν καὶ δόξαν αὐτῷ δόντα,
Rev 11: 1 **Ἔγειρε** καὶ μέτρησον τὸν ναὸν τοῦ θεοῦ καὶ τὸ θυσιαστήριον καὶ τοὺς προσκυνοῦντας ἐν αὐτῷ.

1587 ἔγερσις [1]

√ *1586*

Mt 27:53 καὶ ἐξελθόντες ἐκ τῶν μνημείων μετὰ τὴν **ἔγερσιν** αὐτοῦ εἰσῆλθον εἰς τὴν ἁγίαν πόλιν καὶ ἐνεφανίσθησαν πολλοῖς.

1588 ἐγκάθετος [1]

√ *918; cf. 1877 + 2848*

Lk 20:20 Καὶ παρατηρήσαντες ἀπέστειλαν **ἐγκαθέτους** ὑποκρινομένους ἑαυτοὺς δικαίους εἶναι,

1589 ἐγκαίνια [1]

√ *1877 + 2785*

Jn 10:22 Ἐγένετο τότε τὰ **ἐγκαίνια** ἐν τοῖς Ἱεροσολύμοις, χειμὼν ἦν,

1590 ἐγκαινίζω [2]

√ *1877 + 2785*

Heb 9:18 ὅθεν οὐδὲ ἡ πρώτη χωρὶς αἵματος **ἐγκεκαίνισται·**
10:20 ἣν **ἐνεκαίνισεν** ἡμῖν ὁδὸν πρόσφατον καὶ ζῶσαν διὰ τοῦ καταπετάσματος,

1591 ἐγκακέω [6]

√ *1877 + 2805*

Lk 18: 1 Ἔλεγεν δὲ παραβολὴν αὐτοῖς πρὸς τὸ δεῖν πάντοτε προσεύχεσθαι αὐτοὺς καὶ μὴ **ἐγκακεῖν,**
2Co 4: 1 ἔχοντες τὴν διακονίαν ταύτην καθὼς ἠλεήθημεν, οὐκ **ἐγκακοῦμεν**
4:16 Διὸ οὐκ **ἐγκακοῦμεν,** ἀλλ᾽ εἰ καὶ ὁ ἔξω ἡμῶν ἄνθρωπος διαφθείρεται,
Gal 6: 9 τὸ δὲ καλὸν ποιοῦντες μὴ **ἐγκακῶμεν,** καιρῷ γὰρ ἰδίῳ θερίσομεν μὴ ἐκλυόμενοι.
Eph 3:13 διὸ αἰτοῦμαι μὴ **ἐγκακεῖν** ἐν ταῖς θλίψεσίν μου ὑπὲρ ὑμῶν,
2Th 3:13 Ὑμεῖς δέ, ἀδελφοί, μὴ **ἐγκακήσητε** καλοποιοῦντες.

1592 ἐγκαλέω [7]

√ *1877 + 2813*

Ac 19:38 καὶ οἱ σὺν αὐτῷ τεχνῖται ἔχουσι πρός τινα λόγον, ἀγοραῖοι ἄγονται καὶ ἀνθύπατοί εἰσιν, **ἐγκαλείτωσαν** ἀλλήλοις.
19:40 καὶ γὰρ κινδυνεύομεν **ἐγκαλεῖσθαι** στάσεως περὶ τῆς σήμερον,
23:28 βουλόμενός τε ἐπιγνῶναι τὴν αἰτίαν δι᾽ ἣν **ἐνεκάλουν** αὐτῷ,
23:29 ὃν εὗρον **ἐγκαλούμενον** περὶ ζητημάτων τοῦ νόμου αὐτῶν,
26: 2 Περὶ πάντων ὧν **ἐγκαλοῦμαι** ὑπὸ Ἰουδαίων, βασιλεῦ Ἀγρίππα,
26: 7 ἐν ἐκτενείᾳ νύκτα καὶ ἡμέραν λατρεῦον ἐλπίζει καταντῆσαι, περὶ ἧς ἐλπίδος **ἐγκαλοῦμαι** ὑπὸ Ἰουδαίων, βασιλεῦ.
Ro 8:33 τίς **ἐγκαλέσει** κατὰ ἐκλεκτῶν θεοῦ; θεὸς ὁ δικαιῶν·

1593 ἐγκαταλείπω [10]

√ *1877 + 2848 + 3309*

Mt 27:46 τοῦτ᾽ ἔστιν, Θεέ μου θεέ μου, ἱνατί με **ἐγκατέλιπες;**
Mk 15:34 ὅ ἐστιν μεθερμηνευόμενον Ὁ θεός μου ὁ θεός μου, εἰς τί **ἐγκατέλιπές** με;
Ac 2:27 ὅτι οὐκ **ἐγκαταλείψεις** τὴν ψυχήν μου εἰς ᾅδην οὐδὲ δώσεις τὸν ὅσιόν σου ἰδεῖν διαφθοράν.
2:31 προϊδὼν ἐλάλησεν περὶ τῆς ἀναστάσεως τοῦ Χριστοῦ ὅτι οὔτε **ἐγκατελείφθη** εἰς ᾅδην οὔτε ἡ σὰρξ αὐτοῦ εἶδεν διαφθοράν.
Ro 9:29 καὶ καθὼς προείρηκεν Ἠσαΐας, Εἰ μὴ κύριος Σαβαὼθ **ἐγκατέλιπεν** ἡμῖν σπέρμα,
2Co 4: 9 διωκόμενοι ἀλλ᾽ οὐκ **ἐγκαταλειπόμενοι,** καταβαλλόμενοι ἀλλ᾽ οὐκ ἀπολλύμενοι,
2Ti 4:10 Δημᾶς γάρ με **ἐγκατέλιπεν** ἀγαπήσας τὸν νῦν αἰῶνα καὶ ἐπορεύθη εἰς Θεσσαλονίκην,
4:16 Ἐν τῇ πρώτῃ μου ἀπολογίᾳ οὐδείς μοι παρεγένετο, ἀλλὰ πάντες με **ἐγκατέλιπον·**
Heb 10:25 μὴ **ἐγκαταλείποντες** τὴν ἐπισυναγωγὴν ἑαυτῶν, καθὼς ἔθος τισίν,
13: 5 Οὐ μή σε ἀνῶ οὐδ᾽ οὐ μή σε **ἐγκαταλίπω,**

1594 ἐγκατοικέω [1]

√ *1877 + 2848 + 3875*

2Pe 2: 8 βλέμματι γὰρ καὶ ἀκοῇ ὁ δίκαιος **ἐγκατοικῶν** ἐν αὐτοῖς ἡμέραν ἐξ ἡμέρας ψυχὴν δικαίαν ἀνόμοις ἔργοις ἐβασάνιζεν·

1595 ἐγκαυχάομαι [1]

√ *1877 + 3016*

2Th 1: 4 ὥστε αὐτοὺς ἡμᾶς ἐν ὑμῖν **ἐγκαυχᾶσθαι** ἐν ταῖς ἐκκλησίαις τοῦ θεοῦ ὑπὲρ τῆς ὑπομονῆς ὑμῶν καὶ πίστεως

1596 ἐγκεντρίζω [6]

√ *1877 + 3034*

Ro 11:17 σὺ δὲ ἀγριέλαιος ὢν **ἐνεκεντρίσθης** ἐν αὐτοῖς καὶ συγκοινωνὸς τῆς ῥίζης τῆς πιότητος τῆς ἐλαίας ἐγένου,
11:19 ἐρεῖς οὖν, Ἐξεκλάσθησαν κλάδοι ἵνα ἐγὼ **ἐγκεντρισθῶ.**
11:23 κἀκεῖνοι δέ, ἐὰν μὴ ἐπιμένωσιν τῇ ἀπιστίᾳ, **ἐγκεντρισθήσονται·** δυνατὸς γάρ ἐστιν ὁ θεὸς πάλιν **ἐγκεντρίσαι** αὐτούς.
11:24 εἰ γὰρ σὺ ἐκ τῆς κατὰ φύσιν ἐξεκόπης ἀγριελαίου καὶ παρὰ φύσιν **ἐνεκεντρίσθης** εἰς καλλιέλαιον, πόσῳ μᾶλλον οὗτοι οἱ κατὰ φύσιν **ἐγκεντρισθήσονται** τῇ ἰδίᾳ ἐλαίᾳ.

1597 ἐγκλείω Not used in UBS/NIV

√ *1877 + 3091*

1598 ἔγκλημα [2]

√ *1877 + 2813*

Ac 23:29 μηδὲν δὲ ἄξιον θανάτου ἢ δεσμῶν ἔχοντα **ἔγκλημα.**
25:16 πρὶν ἢ ὁ κατηγορούμενος κατὰ πρόσωπον ἔχοι τοὺς κατηγόρους τόπον τε ἀπολογίας λάβοι περὶ τοῦ **ἐγκλήματος.**

1599 ἐγκομβόομαι [1]

√ *1877*

1Pe 5: 5 πάντες δὲ ἀλλήλοις τὴν ταπεινοφροσύνην **ἐγκομβώσασθε,** ὅτι [Ὁ] θεὸς ὑπερηφάνοις ἀντιτάσσεται,

1600 ἐγκοπή [1]

√ *1877 + 3164*

1Co 9:12 ἵνα μή τινα **ἐγκοπὴν** δῶμεν τῷ εὐαγγελίῳ τοῦ Χριστοῦ.

1601 ἐγκόπτω [5]

√ *1877 + 3164*

Ac 24: 4 ἵνα δὲ μὴ ἐπὶ πλεῖόν σε **ἐγκόπτω,** παρακαλῶ ἀκοῦσαί σε ἡμῶν συντόμως τῇ σῇ ἐπιεικείᾳ.
Ro 15:22 Διὸ καὶ **ἐνεκοπτόμην** τὰ πολλὰ τοῦ ἐλθεῖν πρὸς ὑμᾶς·
Gal 5: 7 Ἐτρέχετε καλῶς· τίς ὑμᾶς **ἐνέκοψεν** [τῇ] ἀληθείᾳ μὴ πείθεσθαι;
1Th 2:18 ἐγὼ μὲν Παῦλος καὶ ἅπαξ καὶ δίς, καὶ **ἐνέκοψεν** ἡμᾶς ὁ Σατανᾶς.
1Pe 3: 7 ἀπονέμοντες τιμὴν ὡς καὶ συγκληρονόμοις χάριτος ζωῆς εἰς τὸ μὴ **ἐγκόπτεσθαι** τὰς προσευχὰς ὑμῶν.

1602 ἐγκράτεια [4]

√ *1877 + 3197*

Ac 24:25 διαλεγομένου δὲ αὐτοῦ περὶ δικαιοσύνης καὶ **ἐγκρατείας** καὶ τοῦ κρίματος τοῦ μέλλοντος,
Gal 5:23 πραΰτης **ἐγκράτεια·** κατὰ τῶν τοιούτων οὐκ ἔστιν νόμος.
2Pe 1: 6 ἐν δὲ τῇ γνώσει τὴν **ἐγκράτειαν,** ἐν δὲ τῇ **ἐγκρατείᾳ** τὴν ὑπομονήν, ἐν δὲ τῇ ὑπομονῇ τὴν εὐσέβειαν,

1603 ἐγκρατεύομαι [2]

√ *1877 + 3197*

1Co 7: 9 εἰ δὲ οὐκ **ἐγκρατεύονται,** γαμησάτωσαν, κρεῖττον γάρ ἐστιν γαμῆσαι ἢ πυροῦσθαι.
9:25 πᾶς δὲ ὁ ἀγωνιζόμενος πάντα **ἐγκρατεύεται,** ἐκεῖνοι μὲν οὖν ἵνα φθαρτὸν στέφανον λάβωσιν,

1604 ἐγκρατής [1]

√ *1877 + 3197*

Tit 1: 8 ἀλλὰ φιλόξενον φιλάγαθον σώφρονα δίκαιον ὅσιον **ἐγκρατῆ,**

1605 ἐγκρίνω [1]

√ *1877 + 3212*

2Co 10:12 Οὐ γὰρ τολμῶμεν **ἐγκρῖναι** ἢ συγκρῖναι ἑαυτούς τισιν τῶν ἑαυτοὺς συνιστανόντων,

1606 ἐγκρύπτω [2]

√ *1877 + 3221*

Mt 13:33 ἣν λαβοῦσα γυνὴ **ἐνέκρυψεν** εἰς ἀλεύρου σάτα τρία ἕως οὗ ἐζυμώθη ὅλον.
Lk 13:21 ἣν λαβοῦσα γυνὴ **[ἐν]έκρυψεν** εἰς ἀλεύρου σάτα τρία ἕως οὗ ἐζυμώθη ὅλον.

1607 ἔγκυος [1]

√ *1877 + 3246*

Lk 2: 5 ἀπογράψασθαι σὺν Μαριὰμ τῇ ἐμνηστευμένῃ αὐτῷ, οὔσῃ **ἐγκύῳ.**

1608 ἐγχρίω [1]

√ *1877 + 5987*

Rev 3:18 καὶ κολλ[ο]ύριον **ἐγχρῖσαι** τοὺς ὀφθαλμούς σου ἵνα βλέπῃς.

1609 ἐγώ [2583 / 2585] See Index of Articles, Etc.

→ *1831, 1847, 2466, 2743, 3592, 3598, 5652*

ἄξιος μοῦ [3] Mt 10:37,37,38

ἐγώ εἰμί [48] Mt 14:27; 22:32; 24:5; 26:22,25; Mk 6:50; 13:6; 14:62; Lk 1:19; 21:8; 22:70; 24:39; Jn 4:26; 6:20,35,41,48,51; 8:12,18,24,28,58; 9:9; 10:7,9,11,14; 11:25; 13:19; 14:6; 15:1,5; 18:5,6,8; Ac 9:5; 10:21; 18:10; 22:3,8; 26:15,29; Rev 1:8,17; 2:23; 21:6; 22:16

εἰμὶ ἐγώ [11] Jn 1:27; 3:28; 7:34,36; 12:26; 14:3; 17:24; Ac 13:25; 27:23; Ro 11:13; 1Ti 1:15

ἐγὼ ἐκ τῶν ἄνω εἰμί [1] Jn 8:23

ἐγὼ γὰρ εἰμί [2] Lk 1:18; 1Co 15:9

ἐγὼ μὲν [8] Mt 3:11; Lk 3:16; Ac 26:9; Ro 7:25; 1Co 1:12; 3:4; 5:3; 1Th 2:18

ἐγὼ μὲν εἰμί [2] 1Co 1:12; 3:4

ἐγὼ οὐκ εἰμί [4] Jn 1:20; 8:23; 17:14,16

ἐγὼ Ἰουδαῖος εἰμί [2] Jn 18:35; Ac 21:39

ζῶ ἐγώ [1] Ro 14:11

ἴδε ἐγώ [1] Gal 5:2

ἰδοὺ ἐγώ [10] Mt 10:16; 11:10; 23:34; 28:20; Lk 23:14; 24:49; Ac 9:10; 10:21; 20:25; Heb 2:13

τί ἐμοὶ καὶ σοί [6] Mt 8:29; Mk 1:24; 5:7; Lk 4:34; 8:28; Jn 2:4

τί μοι [2] 1Co 5:12; 15:32

1610 ἐδαφίζω [1]

√ *1611*

Lk 19:44 καὶ **ἐδαφιοῦσίν** σε καὶ τὰ τέκνα σου ἐν σοί,

1611 ἔδαφος [1]

→ *1610*

Ac 22: 7 ἔπεσά τε εἰς τὸ **ἔδαφος** καὶ ἤκουσα φωνῆς λεγούσης μοι,

1612 ἑδραῖος [3]

→ *909, 1613, 1909, 1910, 1911, 2339, 2348, 2757, 4204, 4663, 5284, 5285, 5286; cf. 2757*

1Co 7:37 ὃς δὲ ἕστηκεν ἐν τῇ καρδίᾳ αὐτοῦ **ἑδραῖος** μὴ ἔχων ἀνάγκην,
15:58 Ὥστε, ἀδελφοί μου ἀγαπητοί, **ἑδραῖοι** γίνεσθε, ἀμετακίνητοι, περισσεύοντες ἐν τῷ ἔργῳ τοῦ κυρίου πάντοτε,

Col 1:23 εἴ γε ἐπιμένετε τῇ πίστει τεθεμελιωμένοι καὶ **ἑδραῖοι** καὶ μὴ μετακινούμενοι ἀπὸ τῆς ἐλπίδος τοῦ εὐαγγελίου οὗ ἠκούσατε,

1613 ἑδραίωμα [1]

√ *1612*

1Ti 3:15 ἥτις ἐστὶν ἐκκλησία θεοῦ ζῶντος, στῦλος καὶ **ἑδραίωμα** τῆς ἀληθείας.

1614 Ἑζεκίας [2]

Mt 1: 9 Ἀχὰζ δὲ ἐγέννησεν τὸν **Ἑζεκίαν,**
1:10 **Ἑζεκίας** δὲ ἐγέννησεν τὸν Μανασσῆ,

1615 ἐθελοθρησκία [1]

√ *2527 + 2580*

Col 2:23 ἅτινά ἐστιν λόγον μὲν ἔχοντα σοφίας ἐν **ἐθελοθρησκίᾳ** καὶ ταπεινοφροσύνῃ [καὶ] ἀφειδίᾳ σώματος,

1616 ἐθίζω [1]

√ *1621*

Lk 2:27 καὶ ἐν τῷ εἰσαγαγεῖν τοὺς γονεῖς τὸ παιδίον Ἰησοῦν τοῦ ποιῆσαι αὐτοὺς κατὰ τὸ **εἰθισμένον** τοῦ νόμου περὶ αὐτοῦ

1617 ἐθνάρχης [1]

√ *1620 + 806*

2Co 11:32 ἐν Δαμασκῷ ὁ **ἐθνάρχης** Ἀρέτα τοῦ βασιλέως ἐφρούρει τὴν πόλιν Δαμασκηνῶν πιάσαι με,

1618 ἐθνικός [4]

√ *1620*

Mt 5:47 τί περισσὸν ποιεῖτε; οὐχὶ καὶ οἱ **ἐθνικοὶ** τὸ αὐτὸ ποιοῦσιν;
6: 7 Προσευχόμενοι δὲ μὴ βατταλογήσητε ὥσπερ οἱ **ἐθνικοί,** δοκοῦσιν γὰρ ὅτι ἐν τῇ πολυλογίᾳ αὐτῶν εἰσακουσθήσονται.
18:17 ἔστω σοι ὥσπερ ὁ **ἐθνικὸς** καὶ ὁ τελώνης.
3Jn 1: 7 ὑπὲρ γὰρ τοῦ ὀνόματος ἐξῆλθον μηδὲν λαμβάνοντες ἀπὸ τῶν **ἐθνικῶν.**

1619 ἐθνικῶς [1]

√ *1620*

Gal 2:14 Εἰ σὺ Ἰουδαῖος ὑπάρχων **ἐθνικῶς** καὶ οὐχὶ Ἰουδαϊκῶς ζῇς,

1620 ἔθνος [162]

→ *1617, 1618, 1619*

ἔθνος ἐπὶ ἔθνος [3] Mt 24:7; Mk 13:8; Lk 21:10

τὰ ἔθνη [93] Mt 4:15; 6:32; 10:18; 12:18; 20:19,25; 24:9,14; 25:32; 28:19; Mk 10:33,42; 11:17; 13:10; Lk 12:30; 18:32; 21:24; 22:25; 24:47; Ac 7:45; 10:45; 11:1,18; 13:46,48; 14:2,5,16,27; 15:3,7,12,17,19; 18:6; 21:19,21,25; 26:17,20,23; 28:28; Ro 1:5,13; 2:24; 11:11,13,25; 15:9,11,16,16,27; 16:4,26; 1Co 5:1; 10:20; Gal 1:16; 2:2,8,9,12,14; 3:8,8,14; Eph 2:11; 3:1,6,8; 4:17; Col 1:27; 1Th 2:16; 4:5; 2Ti 4:17; 1Pe 2:12; 4:3; Rev 2:26; 11:2,18; 12:5; 14:8; 15:3,4; 16:19; 18:3,23; 19:15; 20:3,8; 21:24,26; 22:2

Mt 4:15 ὁδὸν θαλάσσης, πέραν τοῦ Ἰορδάνου, Γαλιλαία τῶν **ἐθνῶν,**
6:32 πάντα γὰρ ταῦτα τὰ **ἔθνη** ἐπιζητοῦσιν· οἶδεν γὰρ ὁ πατὴρ ὑμῶν ὁ οὐράνιος ὅτι χρῄζετε τούτων ἁπάντων.
10: 5 Εἰς ὁδὸν **ἐθνῶν** μὴ ἀπέλθητε καὶ εἰς πόλιν Σαμαριτῶν μὴ εἰσέλθητε·
10:18 καὶ ἐπὶ ἡγεμόνας δὲ καὶ βασιλεῖς ἀχθήσεσθε ἕνεκεν ἐμοῦ εἰς μαρτύριον αὐτοῖς καὶ τοῖς **ἔθνεσιν.**
12:18 θήσω τὸ πνεῦμά μου ἐπ' αὐτόν, καὶ κρίσιν τοῖς **ἔθνεσιν** ἀπαγγελεῖ.
12:21 καὶ τῷ ὀνόματι αὐτοῦ **ἔθνη** ἐλπιοῦσιν.
20:19 καὶ παραδώσουσιν αὐτὸν τοῖς **ἔθνεσιν** εἰς τὸ ἐμπαῖξαι καὶ μαστιγῶσαι καὶ σταυρῶσαι,
20:25 Οἴδατε ὅτι οἱ ἄρχοντες τῶν **ἐθνῶν** κατακυριεύουσιν αὐτῶν καὶ οἱ μεγάλοι κατεξουσιάζουσιν αὐτῶν.
21:43 διὰ τοῦτο λέγω ὑμῖν ὅτι ἀρθήσεται ἀφ' ὑμῶν ἡ βασιλεία τοῦ θεοῦ καὶ δοθήσεται **ἔθνει** ποιοῦντι τοὺς καρποὺς αὐτῆς.
24: 7 ἐγερθήσεται γὰρ **ἔθνος** ἐπὶ **ἔθνος** καὶ βασιλεία ἐπὶ βασιλείαν καὶ ἔσονται λιμοὶ καὶ σεισμοὶ κατὰ τόπους·
24: 9 ἔσεσθε μισούμενοι ὑπὸ πάντων τῶν **ἐθνῶν** διὰ τὸ ὄνομά μου.
24:14 καὶ κηρυχθήσεται τοῦτο τὸ εὐαγγέλιον τῆς βασιλείας ἐν ὅλῃ τῇ οἰκουμένῃ εἰς μαρτύριον πᾶσιν τοῖς **ἔθνεσιν,**
25:32 καὶ συναχθήσονται ἔμπροσθεν αὐτοῦ πάντα τὰ **ἔθνη,** καὶ ἀφορίσει αὐτοὺς ἀπ' ἀλλήλων,
28:19 μαθητεύσατε πάντα τὰ **ἔθνη,** βαπτίζοντες αὐτοὺς εἰς τὸ ὄνομα τοῦ πατρὸς καὶ τοῦ υἱοῦ καὶ τοῦ ἁγίου πνεύματος,
Mk 10:33 καὶ κατακρινοῦσιν αὐτὸν θανάτῳ καὶ παραδώσουσιν αὐτὸν τοῖς **ἔθνεσιν**
10:42 Οἴδατε ὅτι οἱ δοκοῦντες ἄρχειν τῶν **ἐθνῶν** κατακυριεύουσιν αὐτῶν καὶ οἱ μεγάλοι αὐτῶν κατεξουσιάζουσιν αὐτῶν.
11:17 Οὐ γέγραπται ὅτι Ὁ οἶκός μου οἶκος προσευχῆς κληθήσεται πᾶσιν τοῖς **ἔθνεσιν;**
13: 8 ἐγερθήσεται γὰρ **ἔθνος** ἐπ' **ἔθνος** καὶ βασιλεία ἐπὶ βασιλείαν,
13:10 καὶ εἰς πάντα τὰ **ἔθνη** πρῶτον δεῖ κηρυχθῆναι τὸ εὐαγγέλιον.
Lk 2:32 φῶς εἰς ἀποκάλυψιν **ἐθνῶν** καὶ δόξαν λαοῦ σου Ἰσραήλ.
7: 5 ἀγαπᾷ γὰρ τὸ **ἔθνος** ἡμῶν καὶ τὴν συναγωγὴν αὐτὸς ᾠκοδόμησεν ἡμῖν.
12:30 ταῦτα γὰρ πάντα τὰ **ἔθνη** τοῦ κόσμου ἐπιζητοῦσιν,
18:32 παραδοθήσεται γὰρ τοῖς **ἔθνεσιν** καὶ ἐμπαιχθήσεται καὶ ὑβρισθήσεται καὶ ἐμπτυσθήσεται
21:10 Ἐγερθήσεται **ἔθνος** ἐπ' **ἔθνος** καὶ βασιλεία ἐπὶ βασιλείαν,
21:24 καὶ πεσοῦνται στόματι μαχαίρης καὶ αἰχμαλωτισθήσονται εἰς τὰ **ἔθνη** πάντα, καὶ Ἰερουσαλὴμ ἔσται πατουμένη ὑπὸ **ἐθνῶν,** ἄχρι οὗ πληρωθῶσιν καιροὶ **ἐθνῶν.**
21:25 καὶ ἐπὶ τῆς γῆς συνοχὴ **ἐθνῶν** ἐν ἀπορίᾳ ἤχους θαλάσσης καὶ σάλου,
22:25 Οἱ βασιλεῖς τῶν **ἐθνῶν** κυριεύουσιν αὐτῶν καὶ οἱ ἐξουσιάζοντες αὐτῶν εὐεργέται καλοῦνται.
23: 2 εὕραμεν διαστρέφοντα τὸ **ἔθνος** ἡμῶν καὶ κωλύοντα φόρους Καίσαρι διδόναι καὶ λέγοντα ἑαυτὸν Χριστὸν βασιλέα εἶναι.
24:47 καὶ κηρυχθῆναι ἐπὶ τῷ ὀνόματι αὐτοῦ μετάνοιαν εἰς ἄφεσιν ἁμαρτιῶν εἰς πάντα τὰ **ἔθνη.**
Jn 11:48 καὶ ἐλεύσονται οἱ Ῥωμαῖοι καὶ ἀροῦσιν ἡμῶν καὶ τὸν τόπον καὶ τὸ **ἔθνος.**
11:50 οὐδὲ λογίζεσθε ὅτι συμφέρει ὑμῖν ἵνα εἷς ἄνθρωπος ἀποθάνῃ ὑπὲρ τοῦ λαοῦ καὶ μὴ ὅλον τὸ **ἔθνος** ἀπόληται.
11:51 ἀλλὰ ἀρχιερεὺς ὢν τοῦ ἐνιαυτοῦ ἐκείνου ἐπροφήτευσεν ὅτι ἔμελλεν Ἰησοῦς ἀποθνῄσκειν ὑπὲρ τοῦ **ἔθνους,**
11:52 καὶ οὐχ ὑπὲρ τοῦ **ἔθνους** μόνον ἀλλ' ἵνα καὶ τὰ τέκνα τοῦ θεοῦ τὰ διεσκορπισμένα συναγάγῃ εἰς ἕν.
18:35 τὸ **ἔθνος** τὸ σὸν καὶ οἱ ἀρχιερεῖς παρέδωκάν σε ἐμοί·
Ac 2: 5 ἄνδρες εὐλαβεῖς ἀπὸ παντὸς **ἔθνους** τῶν ὑπὸ τὸν οὐρανόν.
4:25 τοῦ πατρὸς ἡμῶν διὰ πνεύματος ἁγίου στόματος Δαυὶδ παιδός σου εἰπών, Ἱνατί ἐφρύαξαν **ἔθνη** καὶ λαοὶ ἐμελέτησαν κενά;
4:27 Ἡρῴδης τε καὶ Πόντιος Πιλᾶτος σὺν **ἔθνεσιν** καὶ λαοῖς Ἰσραήλ,
7: 7 καὶ τὸ **ἔθνος** ᾧ ἐὰν δουλεύσουσιν κρινῶ ἐγώ,
7:45 ἣν καὶ εἰσήγαγον διαδεξάμενοι οἱ πατέρες ἡμῶν μετὰ Ἰησοῦ ἐν τῇ κατασχέσει τῶν **ἐθνῶν,**
8: 9 Ἀνὴρ δέ τις ὀνόματι Σίμων προϋπῆρχεν ἐν τῇ πόλει μαγεύων καὶ ἐξιστάνων τὸ **ἔθνος** τῆς Σαμαρείας,
9:15 ὅτι σκεῦος ἐκλογῆς ἐστίν μοι οὗτος τοῦ βαστάσαι τὸ ὄνομά μου ἐνώπιον **ἐθνῶν** τε καὶ βασιλέων υἱῶν τε Ἰσραήλ·
10:22 μαρτυρούμενός τε ὑπὸ ὅλου τοῦ **ἔθνους** τῶν Ἰουδαίων,
10:35 ἀλλ' ἐν παντὶ **ἔθνει** ὁ φοβούμενος αὐτὸν καὶ ἐργαζόμενος δικαιοσύνην δεκτὸς αὐτῷ ἐστιν.
10:45 ὅτι καὶ ἐπὶ τὰ **ἔθνη** ἡ δωρεὰ τοῦ ἁγίου πνεύματος ἐκκέχυται·
11: 1 Ἤκουσαν δὲ οἱ ἀπόστολοι καὶ οἱ ἀδελφοὶ οἱ ὄντες κατὰ τὴν Ἰουδαίαν ὅτι καὶ τὰ **ἔθνη** ἐδέξαντο τὸν λόγον τοῦ θεοῦ.
11:18 Ἄρα καὶ τοῖς **ἔθνεσιν** ὁ θεὸς τὴν μετάνοιαν εἰς ζωὴν ἔδωκεν.
13:19 καὶ καθελὼν **ἔθνη** ἑπτὰ ἐν γῇ Χανάαν κατεκληρονόμησεν τὴν γῆν αὐτῶν
13:46 ἐπειδὴ ἀπωθεῖσθε αὐτὸν καὶ οὐκ ἀξίους κρίνετε ἑαυτοὺς τῆς αἰωνίου ζωῆς, ἰδοὺ στρεφόμεθα εἰς τὰ **ἔθνη.**
13:47 Τέθεικά σε εἰς φῶς **ἐθνῶν** τοῦ εἶναί σε εἰς σωτηρίαν ἕως ἐσχάτου τῆς γῆς.
13:48 ἀκούοντα δὲ τὰ **ἔθνη** ἔχαιρον καὶ ἐδόξαζον τὸν λόγον τοῦ κυρίου καὶ ἐπίστευσαν ὅσοι ἦσαν τεταγμένοι εἰς ζωὴν αἰώνιον·
14: 2 οἱ δὲ ἀπειθήσαντες Ἰουδαῖοι ἐπήγειραν καὶ ἐκάκωσαν τὰς ψυχὰς τῶν **ἐθνῶν** κατὰ τῶν ἀδελφῶν.

14: 5 ὡς δὲ ἐγένετο ὁρμὴ τῶν **ἐθνῶν** τε καὶ Ἰουδαίων σὺν τοῖς ἄρχουσιν αὐτῶν ὑβρίσαι καὶ λιθοβολῆσαι αὐτούς,
14: 16 ὃς ἐν ταῖς παρῳχημέναις γενεαῖς εἴασεν πάντα τὰ **ἔθνη** πορεύεσθαι ταῖς ὁδοῖς αὐτῶν·
14: 27 καὶ συναγαγόντες τὴν ἐκκλησίαν ἀνήγγελλον ὅσα ἐποίησεν ὁ θεὸς μετ᾽ αὐτῶν καὶ ὅτι ἤνοιξεν τοῖς **ἔθνεσιν** θύραν πίστεως.
15: 3 ἐκδιηγούμενοι τὴν ἐπιστροφὴν τῶν **ἐθνῶν** καὶ ἐποίουν χαρὰν μεγάλην πᾶσιν τοῖς ἀδελφοῖς.
15: 7 ἐν ὑμῖν ἐξελέξατο ὁ θεὸς διὰ τοῦ στόματός μου ἀκοῦσαι τὰ **ἔθνη** τὸν λόγον τοῦ εὐαγγελίου καὶ πιστεῦσαι.
15: 12 καὶ ἤκουον Βαρναβᾶ καὶ Παύλου ἐξηγουμένων ὅσα ἐποίησεν ὁ θεὸς σημεῖα καὶ τέρατα ἐν τοῖς **ἔθνεσιν** δι᾽ αὐτῶν.
15: 14 Συμεὼν ἐξηγήσατο καθὼς πρῶτον ὁ θεὸς ἐπεσκέψατο λαβεῖν ἐξ **ἐθνῶν** λαὸν τῷ ὀνόματι αὐτοῦ.
15: 17 ἐκζητήσωσιν οἱ κατάλοιποι τῶν ἀνθρώπων τὸν κύριον καὶ πάντα τὰ **ἔθνη** ἐφ᾽ οὓς ἐπικέκληται τὸ ὄνομά μου ἐπ᾽ αὐτούς,
15: 19 διὸ ἐγὼ κρίνω μὴ παρενοχλεῖν τοῖς ἀπὸ τῶν **ἐθνῶν** ἐπιστρέφουσιν ἐπὶ τὸν θεόν,
15: 23 καὶ οἱ πρεσβύτεροι ἀδελφοὶ τοῖς κατὰ τὴν Ἀντιόχειαν καὶ Συρίαν καὶ Κιλικίαν ἀδελφοῖς τοῖς ἐξ **ἐθνῶν** χαίρειν.
17: 26 ἐποίησέν τε ἐξ ἑνὸς πᾶν **ἔθνος** ἀνθρώπων κατοικεῖν ἐπὶ παντὸς προσώπου τῆς γῆς,
18: 6 καθαρὸς ἐγὼ ἀπὸ τοῦ νῦν εἰς τὰ **ἔθνη** πορεύσομαι.
21: 11 οὕτως δήσουσιν ἐν Ἰερουσαλὴμ οἱ Ἰουδαῖοι καὶ παραδώσουσιν εἰς χεῖρας **ἐθνῶν.**
21: 19 ὧν ἐποίησεν ὁ θεὸς ἐν τοῖς **ἔθνεσιν** διὰ τῆς διακονίας αὐτοῦ.
21: 21 κατηχήθησαν δὲ περὶ σοῦ ὅτι ἀποστασίαν διδάσκεις ἀπὸ Μωϋσέως τοὺς κατὰ τὰ **ἔθνη** πάντας Ἰουδαίους
21: 25 περὶ δὲ τῶν πεπιστευκότων **ἐθνῶν** ἡμεῖς ἐπεστείλαμεν κρίναντες φυλάσσεσθαι αὐτοὺς τό τε εἰδωλόθυτον καὶ αἷμα
22: 21 Πορεύου, ὅτι ἐγὼ εἰς **ἔθνη** μακρὰν ἐξαποστελῶ σε.
24: 2 Πολλῆς εἰρήνης τυγχάνοντες διὰ σοῦ καὶ διορθωμάτων γινομένων τῷ **ἔθνει** τούτῳ διὰ τῆς σῆς προνοίας,
24: 10 Ἐκ πολλῶν ἐτῶν ὄντα σε κριτὴν τῷ **ἔθνει** τούτῳ ἐπιστάμενος εὐθύμως τὰ περὶ ἐμαυτοῦ ἀπολογοῦμαι,
24: 17 δι᾽ ἐτῶν δὲ πλειόνων ἐλεημοσύνας ποιήσων εἰς τὸ **ἔθνος** μου παρεγενόμην καὶ προσφοράς,
26: 4 Τὴν μὲν οὖν βίωσίν μου [τὴν] ἐκ νεότητος τὴν ἀπ᾽ ἀρχῆς γενομένην ἐν τῷ **ἔθνει** μου ἔν τε Ἱεροσολύμοις
26: 17 ἐξαιρούμενός σε ἐκ τοῦ λαοῦ καὶ ἐκ τῶν **ἐθνῶν** εἰς οὓς ἐγὼ ἀποστέλλω σε
26: 20 πᾶσάν τε τὴν χώραν τῆς Ἰουδαίας καὶ τοῖς **ἔθνεσιν** ἀπήγγελλον μετανοεῖν καὶ ἐπιστρέφειν ἐπὶ τὸν θεόν,
26: 23 εἰ πρῶτος ἐξ ἀναστάσεως νεκρῶν φῶς μέλλει καταγγέλλειν τῷ τε λαῷ καὶ τοῖς **ἔθνεσιν.**
28: 19 ἀντιλεγόντων δὲ τῶν Ἰουδαίων ἠναγκάσθην ἐπικαλέσασθαι Καίσαρα οὐχ ὡς τοῦ **ἔθνους** μου ἔχων τι κατηγορεῖν.
28: 28 γνωστὸν οὖν ἔστω ὑμῖν ὅτι τοῖς **ἔθνεσιν** ἀπεστάλη τοῦτο τὸ σωτήριον τοῦ θεοῦ·
Ro 1: 5 δι᾽ οὗ ἐλάβομεν χάριν καὶ ἀποστολὴν εἰς ὑπακοὴν πίστεως ἐν πᾶσιν τοῖς **ἔθνεσιν** ὑπὲρ τοῦ ὀνόματος αὐτοῦ,
1: 13 ἵνα τινὰ καρπὸν σχῶ καὶ ἐν ὑμῖν καθὼς καὶ ἐν τοῖς λοιποῖς **ἔθνεσιν.**
2: 14 ὅταν γὰρ **ἔθνη** τὰ μὴ νόμον ἔχοντα φύσει τὰ τοῦ νόμου ποιῶσιν,
2: 24 τὸ γὰρ ὄνομα τοῦ θεοῦ δι᾽ ὑμᾶς βλασφημεῖται ἐν τοῖς **ἔθνεσιν,**
3: 29 ἢ Ἰουδαίων ὁ θεὸς μόνον; οὐχὶ καὶ **ἐθνῶν;** ναὶ καὶ **ἐθνῶν,**
4: 17 καθὼς γέγραπται ὅτι Πατέρα πολλῶν **ἐθνῶν** τέθεικά σε,
4: 18 ὃς παρ᾽ ἐλπίδα ἐπ᾽ ἐλπίδι ἐπίστευσεν εἰς τὸ γενέσθαι αὐτὸν πατέρα πολλῶν **ἐθνῶν** κατὰ τὸ εἰρημένον,
9: 24 οὓς καὶ ἐκάλεσεν ἡμᾶς οὐ μόνον ἐξ Ἰουδαίων ἀλλὰ καὶ ἐξ **ἐθνῶν,**
9: 30 ὅτι **ἔθνη** τὰ μὴ διώκοντα δικαιοσύνην κατέλαβεν δικαιοσύνην,
10: 19 πρῶτος Μωϋσῆς λέγει, Ἐγὼ παραζηλώσω ὑμᾶς ἐπ᾽ οὐκ **ἔθνει,** ἐπ᾽ **ἔθνει** ἀσυνέτῳ παροργιῶ ὑμᾶς.
11: 11 ἀλλὰ τῷ αὐτῶν παραπτώματι ἡ σωτηρία τοῖς **ἔθνεσιν** εἰς τὸ παραζηλῶσαι αὐτούς.
11: 12 εἰ δὲ τὸ παράπτωμα αὐτῶν πλοῦτος κόσμου καὶ τὸ ἥττημα αὐτῶν πλοῦτος **ἐθνῶν,**
11: 13 Ὑμῖν δὲ λέγω τοῖς **ἔθνεσιν·** ἐφ᾽ ὅσον μὲν οὖν εἰμι ἐγὼ **ἐθνῶν** ἀπόστολος,
11: 25 ὅτι πώρωσις ἀπὸ μέρους τῷ Ἰσραὴλ γέγονεν ἄχρις οὗ τὸ πλήρωμα τῶν **ἐθνῶν** εἰσέλθῃ
15: 9 τὰ δὲ **ἔθνη** ὑπὲρ ἐλέους δοξάσαι τὸν θεόν, καθὼς γέγραπται, Διὰ τοῦτο ἐξομολογήσομαί σοι ἐν **ἔθνεσιν** καὶ τῷ ὀνόματί σου ψαλῶ.
15: 10 καὶ πάλιν λέγει, Εὐφράνθητε, **ἔθνη,** μετὰ τοῦ λαοῦ αὐτοῦ.
15: 11 καὶ πάλιν, Αἰνεῖτε, πάντα τὰ **ἔθνη,** τὸν κύριον καὶ ἐπαινεσάτωσαν αὐτὸν πάντες οἱ λαοί.
15: 12 Ἔσται ἡ ῥίζα τοῦ Ἰεσσαὶ καὶ ὁ ἀνιστάμενος ἄρχειν **ἐθνῶν,** ἐπ᾽ αὐτῷ **ἔθνη** ἐλπιοῦσιν.
15: 16 εἰς τὸ εἶναί με λειτουργὸν Χριστοῦ Ἰησοῦ εἰς τὰ **ἔθνη,** ἱερουργοῦντα τὸ εὐαγγέλιον τοῦ θεοῦ, ἵνα γένηται ἡ προσφορὰ τῶν **ἐθνῶν** εὐπρόσδεκτος, ἡγιασμένη ἐν πνεύματι ἁγίῳ.
15: 18 οὐ γὰρ τολμήσω τι λαλεῖν ὧν οὐ κατειργάσατο Χριστὸς δι᾽ ἐμοῦ εἰς ὑπακοὴν **ἐθνῶν,**
15: 27 εἰ γὰρ τοῖς πνευματικοῖς αὐτῶν ἐκοινώνησαν τὰ **ἔθνη,**
16: 4 οἷς οὐκ ἐγὼ μόνος εὐχαριστῶ ἀλλὰ καὶ πᾶσαι αἱ ἐκκλησίαι τῶν **ἐθνῶν,**
16: 26 [κατ᾽ ἐπιταγὴν τοῦ αἰωνίου θεοῦ εἰς ὑπακοὴν πίστεως εἰς πάντα τὰ **ἔθνη** γνωρισθέντος,]
1Co 1: 23 ἡμεῖς δὲ κηρύσσομεν Χριστὸν ἐσταυρωμένον, Ἰουδαίοις μὲν σκάνδαλον, **ἔθνεσιν** δὲ μωρίαν,
5: 1 καὶ τοιαύτη πορνεία ἥτις οὐδὲ ἐν τοῖς **ἔθνεσιν,**
10: 20 ἀλλ᾽ ὅτι ἃ θύουσιν τὰ **ἔθνη,**[UBS-] δαιμονίοις καὶ οὐ θεῷ [θύουσιν·]
12: 2 Οἴδατε ὅτι ὅτε **ἔθνη** ἦτε πρὸς τὰ εἴδωλα τὰ ἄφωνα ὡς ἂν ἤγεσθε ἀπαγόμενοι.
2Co 11: 26 κινδύνοις ἐξ **ἐθνῶν,** κινδύνοις ἐν πόλει, κινδύνοις ἐν ἐρημίᾳ,
Gal 1: 16 ἵνα εὐαγγελίζωμαι αὐτὸν ἐν τοῖς **ἔθνεσιν,** εὐθέως οὐ προσανεθέμην σαρκὶ καὶ αἵματι
2: 2 καὶ ἀνεθέμην αὐτοῖς τὸ εὐαγγέλιον ὃ κηρύσσω ἐν τοῖς **ἔθνεσιν,**
2: 8 ὁ γὰρ ἐνεργήσας Πέτρῳ εἰς ἀποστολὴν τῆς περιτομῆς ἐνήργησεν καὶ ἐμοὶ εἰς τὰ **ἔθνη,**
2: 9 ἵνα ἡμεῖς εἰς τὰ **ἔθνη,** αὐτοὶ δὲ εἰς τὴν περιτομήν·
2: 12 πρὸ τοῦ γὰρ ἐλθεῖν τινας ἀπὸ Ἰακώβου μετὰ τῶν **ἐθνῶν** συνήσθιεν·
2: 14 Εἰ σὺ Ἰουδαῖος ὑπάρχων ἐθνικῶς καὶ οὐχὶ Ἰουδαϊκῶς ζῇς, πῶς τὰ **ἔθνη** ἀναγκάζεις Ἰουδαΐζειν;
2: 15 Ἡμεῖς φύσει Ἰουδαῖοι καὶ οὐκ ἐξ **ἐθνῶν** ἁμαρτωλοί·
3: 8 προϊδοῦσα δὲ ἡ γραφὴ ὅτι ἐκ πίστεως δικαιοῖ τὰ **ἔθνη** ὁ θεός, προευηγγελίσατο τῷ Ἀβραὰμ ὅτι Ἐνευλογηθήσονται ἐν σοὶ πάντα τὰ **ἔθνη·**
3: 14 ἵνα εἰς τὰ **ἔθνη** ἡ εὐλογία τοῦ Ἀβραὰμ γένηται ἐν Χριστῷ Ἰησοῦ,
Eph 2: 11 Διὸ μνημονεύετε ὅτι ποτὲ ὑμεῖς τὰ **ἔθνη** ἐν σαρκί,
3: 1 Τούτου χάριν ἐγὼ Παῦλος ὁ δέσμιος τοῦ Χριστοῦ [Ἰησοῦ] ὑπὲρ ὑμῶν τῶν **ἐθνῶν**–
3: 6 εἶναι τὰ **ἔθνη** συγκληρονόμα καὶ σύσσωμα καὶ συμμέτοχα τῆς ἐπαγγελίας ἐν Χριστῷ Ἰησοῦ διὰ τοῦ εὐαγγελίου,
3: 8 τοῖς **ἔθνεσιν** εὐαγγελίσασθαι τὸ ἀνεξιχνίαστον πλοῦτος τοῦ Χριστοῦ
4: 17 καθὼς καὶ τὰ **ἔθνη** περιπατεῖ ἐν ματαιότητι τοῦ νοὸς αὐτῶν,
Col 1: 27 οἷς ἠθέλησεν ὁ θεὸς γνωρίσαι τί τὸ πλοῦτος τῆς δόξης τοῦ μυστηρίου τούτου ἐν τοῖς **ἔθνεσιν,**
1Th 2: 16 κωλυόντων ἡμᾶς τοῖς **ἔθνεσιν** λαλῆσαι ἵνα σωθῶσιν, εἰς τὸ ἀναπληρῶσαι αὐτῶν τὰς ἁμαρτίας πάντοτε.
4: 5 μὴ ἐν πάθει ἐπιθυμίας καθάπερ καὶ τὰ **ἔθνη** τὰ μὴ εἰδότα τὸν θεόν,
1Ti 2: 7 ἀλήθειαν λέγω οὐ ψεύδομαι, διδάσκαλος **ἐθνῶν** ἐν πίστει καὶ ἀληθείᾳ.
3: 16 ὤφθη ἀγγέλοις, ἐκηρύχθη ἐν **ἔθνεσιν,** ἐπιστεύθη ἐν κόσμῳ,
2Ti 4: 17 ἵνα δι᾽ ἐμοῦ τὸ κήρυγμα πληροφορηθῇ καὶ ἀκούσωσιν πάντα τὰ **ἔθνη,**
1Pe 2: 9 Ὑμεῖς δὲ γένος ἐκλεκτόν, βασίλειον ἱεράτευμα, **ἔθνος** ἅγιον, λαὸς εἰς περιποίησιν,
2: 12 τὴν ἀναστροφὴν ὑμῶν ἐν τοῖς **ἔθνεσιν** ἔχοντες καλήν,
4: 3 ἀρκετὸς γὰρ ὁ παρεληλυθὼς χρόνος τὸ βούλημα τῶν **ἐθνῶν** κατειργάσθαι πεπορευμένους ἐν ἀσελγείαις,
Rev 2: 26 καὶ ὁ νικῶν καὶ ὁ τηρῶν ἄχρι τέλους τὰ ἔργα μου, δώσω αὐτῷ ἐξουσίαν ἐπὶ τῶν **ἐθνῶν**
5: 9 ὅτι ἐσφάγης καὶ ἠγόρασας τῷ θεῷ ἐν τῷ αἵματί σου ἐκ πάσης φυλῆς καὶ γλώσσης καὶ λαοῦ καὶ **ἔθνους**
7: 9 ἐκ παντὸς **ἔθνους** καὶ φυλῶν καὶ λαῶν καὶ γλωσσῶν ἑστῶτες ἐνώπιον τοῦ θρόνου καὶ ἐνώπιον τοῦ ἀρνίου
10: 11 Δεῖ σε πάλιν προφητεῦσαι ἐπὶ λαοῖς καὶ **ἔθνεσιν** καὶ γλώσσαις καὶ βασιλεῦσιν πολλοῖς.
11: 2 ὅτι ἐδόθη τοῖς **ἔθνεσιν,** καὶ τὴν πόλιν τὴν ἁγίαν πατήσουσιν μῆνας τεσσεράκοντα [καὶ] δύο.
11: 9 καὶ βλέπουσιν ἐκ τῶν λαῶν καὶ φυλῶν καὶ γλωσσῶν καὶ **ἐθνῶν** τὸ πτῶμα αὐτῶν ἡμέρας τρεῖς καὶ ἥμισυ

11:18 καὶ τὰ **ἔθνη** ὠργίσθησαν, καὶ ἦλθεν ἡ ὀργή σου καὶ ὁ καιρὸς τῶν νεκρῶν κριθῆναι καὶ δοῦναι τὸν μισθὸν τοῖς δούλοις σου
12: 5 ὃς μέλλει ποιμαίνειν πάντα τὰ **ἔθνη** ἐν ῥάβδῳ σιδηρᾷ.
13: 7 καὶ ἐδόθη αὐτῷ ἐξουσία ἐπὶ πᾶσαν φυλὴν καὶ λαὸν καὶ γλῶσσαν καὶ **ἔθνος.**
14: 6 εὐαγγέλιον αἰώνιον εὐαγγελίσαι ἐπὶ τοὺς καθημένους ἐπὶ τῆς γῆς καὶ ἐπὶ πᾶν **ἔθνος** καὶ φυλὴν καὶ γλῶσσαν καὶ λαόν,
14: 8 Ἔπεσεν ἔπεσεν Βαβυλὼν ἡ μεγάλη ἣ ἐκ τοῦ οἴνου τοῦ θυμοῦ τῆς πορνείας αὐτῆς πεπότικεν πάντα τὰ **ἔθνη.**
15: 3 καὶ ἀληθιναὶ αἱ ὁδοί σου, ὁ βασιλεὺς τῶν **ἐθνῶν**·[UBS; NIV *172*]
15: 4 ὅτι πάντα τὰ **ἔθνη** ἥξουσιν καὶ προσκυνήσουσιν ἐνώπιόν σου,
16:19 καὶ ἐγένετο ἡ πόλις ἡ μεγάλη εἰς τρία μέρη καὶ αἱ πόλεις τῶν **ἐθνῶν** ἔπεσαν.
17:15 λαοὶ καὶ ὄχλοι εἰσὶν καὶ **ἔθνη** καὶ γλῶσσαι.
18: 3 ὅτι ἐκ τοῦ οἴνου τοῦ θυμοῦ τῆς πορνείας αὐτῆς πέπωκαν πάντα τὰ **ἔθνη** καὶ οἱ βασιλεῖς τῆς γῆς μετ᾽ αὐτῆς ἐπόρνευσαν
18:23 ὅτι ἐν τῇ φαρμακείᾳ σου ἐπλανήθησαν πάντα τὰ **ἔθνη,**
19:15 ἵνα ἐν αὐτῇ πατάξῃ τὰ **ἔθνη,** καὶ αὐτὸς ποιμανεῖ αὐτοὺς ἐν ῥάβδῳ σιδηρᾷ,
20: 3 ἵνα μὴ πλανήσῃ ἔτι τὰ **ἔθνη** ἄχρι τελεσθῇ τὰ χίλια ἔτη.
20: 8 καὶ ἐξελεύσεται πλανῆσαι τὰ **ἔθνη** τὰ ἐν ταῖς τέσσαρσιν γωνίαις τῆς γῆς,
21:24 καὶ περιπατήσουσιν τὰ **ἔθνη** διὰ τοῦ φωτὸς αὐτῆς,
21:26 καὶ οἴσουσιν τὴν δόξαν καὶ τὴν τιμὴν τῶν **ἐθνῶν** εἰς αὐτήν.
22: 2 καὶ τὰ φύλλα τοῦ ξύλου εἰς θεραπείαν τῶν **ἐθνῶν.**

1621 ἔθος [12]

→ *1616, 1622, 1665, 2456, 2799, 5311*

Lk 1: 9 κατὰ τὸ **ἔθος** τῆς ἱερατείας ἔλαχε τοῦ θυμιᾶσαι εἰσελθὼν εἰς τὸν ναὸν τοῦ κυρίου,
2:42 καὶ ὅτε ἐγένετο ἐτῶν δώδεκα, ἀναβαινόντων αὐτῶν κατὰ τὸ **ἔθος** τῆς ἑορτῆς
22:39 Καὶ ἐξελθὼν ἐπορεύθη κατὰ τὸ **ἔθος** εἰς τὸ Ὄρος τῶν Ἐλαιῶν,
Jn 19:40 ἔλαβον οὖν τὸ σῶμα τοῦ Ἰησοῦ καὶ ἔδησαν αὐτὸ ὀθονίοις μετὰ τῶν ἀρωμάτων, καθὼς **ἔθος** ἐστὶν τοῖς Ἰουδαίοις ἐνταφιάζειν.
Ac 6:14 λέγοντος ὅτι Ἰησοῦς ὁ Ναζωραῖος οὗτος καταλύσει τὸν τόπον τοῦτον καὶ ἀλλάξει τὰ **ἔθη** ἃ παρέδωκεν ἡμῖν Μωϋσῆς.
15: 1 Καί τινες κατελθόντες ἀπὸ τῆς Ἰουδαίας ἐδίδασκον τοὺς ἀδελφοὺς ὅτι Ἐὰν μὴ περιτμηθῆτε τῷ **ἔθει** τῷ Μωϋσέως,
16:21 καὶ καταγγέλλουσιν **ἔθη** ἃ οὐκ ἔξεστιν ἡμῖν παραδέχεσθαι οὐδὲ ποιεῖν Ῥωμαίοις οὖσιν.
21:21 λέγων μὴ περιτέμνειν αὐτοὺς τὰ τέκνα μηδὲ τοῖς **ἔθεσιν** περιπατεῖν.
25:16 πρὸς οὓς ἀπεκρίθην ὅτι οὐκ ἔστιν **ἔθος** Ῥωμαίοις χαρίζεσθαί τινα ἄνθρωπον πρὶν ἢ ὁ κατηγορούμενος κατὰ πρόσωπον
26: 3 μάλιστα γνώστην ὄντα σε πάντων τῶν κατὰ Ἰουδαίους **ἐθῶν** τε καὶ ζητημάτων,
28:17 οὐδὲν ἐναντίον ποιήσας τῷ λαῷ ἢ τοῖς **ἔθεσι** τοῖς πατρῴοις δέσμιος ἐξ Ἱεροσολύμων παρεδόθην
Heb 10:25 μὴ ἐγκαταλείποντες τὴν ἐπισυναγωγὴν ἑαυτῶν, καθὼς **ἔθος** τισίν, ἀλλὰ παρακαλοῦντες,

1622 ἔθω Not used in UBS/NIV

√ *1621*

1623 εἰ [502]

→ *1569, 1570, 1638, 1642, 1643, 1664, 2829, 6059, 6062*

εἰ ἄρα [3] Mk 11:13; Ac 8:22; 17:27

εἴ γε [5] 2Co 5:3; Gal 3:4; Eph 3:2; 4:21; Col 1:23

εἰ δὲ μή [6] Mk 2:21,22; Jn 14:2,11; Rev 2:5,16

εἰ δὲ μή γε [7] Mt 6:1; 9:17; Lk 5:36,37; 13:9; 14:32; 2Co 11:16

εἰ δυνατός [8] Mt 24:24; 26:39; Mk 13:22; 14:35; Lk 14:31; Ac 20:16; Ro 12:18; Gal 4:15

εἰ μή [86] Mt 5:13; 11:27,27; 12:4,24,39; 13:57; 14:17; 15:24; 16:4; 17:8; 21:19; 24:22,36; Mk 2:7,26; 5:37; 6:4,5,8; 8:14; 9:9,29; 10:18; 11:13; 13:20,32; Lk 4:26,27; 5:21; 6:4; 8:51; 10:22,22; 11:29; 17:18; 18:19; Jn 3:13; 6:22,46; 9:33; 10:10; 13:10; 14:6; 15:22; 17:12; 18:30; 19:11,15; Ac 11:19; 26:32; Ro 7:7,7; 9:29; 11:15; 13:1,8; 14:14; 1Co 1:14; 2:2,11,11; 7:17; 8:4; 10:13; 12:3; 14:5; 15:2; 2Co 2:2; 12:5,13; Gal 1:7,19; 6:14; Eph 4:9; Php 4:15; 1Ti 5:19; Heb 3:18; 1Jn 2:22; 5:5; Rev 2:17; 9:4; 13:17; 14:3; 19:12; 21:27

εἰ μὴ ἵνα [1] Jn 10:10

εἰ μὴ ὅτι [2] 2Co 12:13; Eph 4:9

εἰ μήν2 [1] Heb 6:14

εἰ μήτι [3] Lk 9:13; 1Co 7:5; 2Co 13:5

εἰ πως [4] Ac 27:12; Ro 1:10; 11:14; Php 3:11

εἴ τι [14] Mt 18:28; Mk 8:23; 9:22; 11:25; Ac 19:39; 24:19; 25:5; 1Co 14:35; 2Co 2:10; 7:14; Php 2:1; 3:15; 1Ti 1:10; Phm 1:18

εἴ τις [63] Mt 16:24; Mk 4:23; 8:34; 9:35; Lk 9:23; 14:26; Ac 13:15; Ro 8:9; 13:9; 1Co 3:12,17,18; 7:12,13,36; 8:2,3; 10:27; 11:16,34; 14:37,38; 16:22; 2Co 2:5; 5:17; 10:7; 11:20,20,20,20,20; Gal 1:9; Eph 4:29; Php 2:1,1,1; 3:4; 4:8,8; 2Th 3:10,14; 1Ti 3:1,5; 5:4,8,16; 6:3; Tit 1:6; Jas 1:5,23,26; 3:2; 1Pe 4:11,11; 2Jn 1:10; Rev 11:5,5; 13:9,10,10; 14:9,11; 20:15

ἐκτὸς εἰ μή [3] 1Co 14:5; 15:2; 1Ti 5:19

Mt 4: 3 Καὶ προσελθὼν ὁ πειράζων εἶπεν αὐτῷ, **Εἰ** υἱὸς εἶ τοῦ θεοῦ,
4: 6 **Εἰ** υἱὸς εἶ τοῦ θεοῦ, βάλε σεαυτὸν κάτω·
5:13 εἰς οὐδὲν ἰσχύει ἔτι **εἰ** μὴ βληθὲν ἔξω καταπατεῖσθαι ὑπὸ τῶν ἀνθρώπων.
5:29 **εἰ** δὲ ὁ ὀφθαλμός σου ὁ δεξιὸς σκανδαλίζει σε,
5:30 καὶ **εἰ** ἡ δεξιά σου χεὶρ σκανδαλίζει σε,
6: 1 **εἰ** δὲ μή γε, μισθὸν οὐκ ἔχετε παρὰ τῷ πατρὶ ὑμῶν τῷ ἐν τοῖς οὐρανοῖς.
6:23 **εἰ** οὖν τὸ φῶς τὸ ἐν σοὶ σκότος ἐστίν,
6:30 **εἰ** δὲ τὸν χόρτον τοῦ ἀγροῦ σήμερον ὄντα καὶ αὔριον εἰς κλίβανον βαλλόμενον ὁ θεὸς οὕτως ἀμφιέννυσιν,
7:11 **εἰ** οὖν ὑμεῖς πονηροὶ ὄντες οἴδατε δόματα ἀγαθὰ διδόναι τοῖς τέκνοις ὑμῶν,
8:31 οἱ δὲ δαίμονες παρεκάλουν αὐτὸν λέγοντες, **Εἰ** ἐκβάλλεις ἡμᾶς,
9:17 **εἰ** δὲ μή γε, ῥήγνυνται οἱ ἀσκοὶ καὶ ὁ οἶνος ἐκχεῖται καὶ οἱ ἀσκοὶ ἀπόλλυνται·
10:25 **εἰ** τὸν οἰκοδεσπότην Βεελζεβοὺλ ἐπεκάλεσαν, πόσῳ μᾶλλον τοὺς οἰκιακοὺς αὐτοῦ.
11:14 καὶ **εἰ** θέλετε δέξασθαι, αὐτός ἐστιν Ἠλίας ὁ μέλλων ἔρχεσθαι.
11:21 ὅτι **εἰ** ἐν Τύρῳ καὶ Σιδῶνι ἐγένοντο αἱ δυνάμεις αἱ γενόμεναι ἐν ὑμῖν,
11:23 ὅτι **εἰ** ἐν Σοδόμοις ἐγενήθησαν αἱ δυνάμεις αἱ γενόμεναι ἐν σοί,
11:27 καὶ οὐδεὶς ἐπιγινώσκει τὸν υἱὸν **εἰ** μὴ ὁ πατήρ, οὐδὲ τὸν πατέρα τις ἐπιγινώσκει **εἰ** μὴ ὁ υἱὸς καὶ ᾧ ἐὰν βούληται ὁ υἱὸς ἀποκαλύψαι.
12: 4 ὃ οὐκ ἐξὸν ἦν αὐτῷ φαγεῖν οὐδὲ τοῖς μετ᾽ αὐτοῦ **εἰ** μὴ τοῖς ἱερεῦσιν μόνοις;
12: 7 **εἰ** δὲ ἐγνώκειτε τί ἐστιν, Ἔλεος θέλω καὶ οὐ θυσίαν,
12:10 καὶ ἐπηρώτησαν αὐτὸν λέγοντες, **Εἰ** ἔξεστιν τοῖς σάββασιν θεραπεῦσαι;
12:24 Οὗτος οὐκ ἐκβάλλει τὰ δαιμόνια **εἰ** μὴ ἐν τῷ Βεελζεβοὺλ ἄρχοντι τῶν δαιμονίων.
12:26 καὶ **εἰ** ὁ Σατανᾶς τὸν Σατανᾶν ἐκβάλλει, ἐφ᾽ ἑαυτὸν ἐμερίσθη·
12:27 καὶ **εἰ** ἐγὼ ἐν Βεελζεβοὺλ ἐκβάλλω τὰ δαιμόνια,
12:28 **εἰ** δὲ ἐν πνεύματι θεοῦ ἐγὼ ἐκβάλλω τὰ δαιμόνια,
12:39 καὶ σημεῖον οὐ δοθήσεται αὐτῇ **εἰ** μὴ τὸ σημεῖον Ἰωνᾶ τοῦ προφήτου.
13:57 Οὐκ ἔστιν προφήτης ἄτιμος **εἰ** μὴ ἐν τῇ πατρίδι καὶ ἐν τῇ οἰκίᾳ αὐτοῦ.
14:17 Οὐκ ἔχομεν ὧδε **εἰ** μὴ πέντε ἄρτους καὶ δύο ἰχθύας.
14:28 ἀποκριθεὶς δὲ αὐτῷ ὁ Πέτρος εἶπεν, Κύριε, **εἰ** σὺ εἶ,
15:24 Οὐκ ἀπεστάλην **εἰ** μὴ εἰς τὰ πρόβατα τὰ ἀπολωλότα οἴκου Ἰσραήλ.
16: 4 καὶ σημεῖον οὐ δοθήσεται αὐτῇ **εἰ** μὴ τὸ σημεῖον Ἰωνᾶ.
16:24 Τότε ὁ Ἰησοῦς εἶπεν τοῖς μαθηταῖς αὐτοῦ, **Εἴ** τις θέλει ὀπίσω μου ἐλθεῖν,

17: 4 **εἰ** θέλεις, ποιήσω ὧδε τρεῖς σκηνάς, σοὶ μίαν καὶ Μωϋσεῖ μίαν καὶ Ἠλίᾳ μίαν.
17: 8 ἐπάραντες δὲ τοὺς ὀφθαλμοὺς αὐτῶν οὐδένα εἶδον **εἰ** μὴ αὐτὸν Ἰησοῦν μόνον.
18: 8 **Εἰ** δὲ ἡ χείρ σου ἢ ὁ πούς σου σκανδαλίζει σε,
18: 9 καὶ **εἰ** ὁ ὀφθαλμός σου σκανδαλίζει σε, ἔξελε αὐτὸν καὶ βάλε ἀπὸ σοῦ·
18:28 καὶ κρατήσας αὐτὸν ἔπνιγεν λέγων, Ἀπόδος **εἴ** τι ὀφείλεις.
19: 3 **Εἰ** ἔξεστιν ἀνθρώπῳ ἀπολῦσαι τὴν γυναῖκα αὐτοῦ κατὰ πᾶσαν αἰτίαν;
19:10 **Εἰ** οὕτως ἐστὶν ἡ αἰτία τοῦ ἀνθρώπου μετὰ τῆς γυναικός,
19:17 **εἰ** δὲ θέλεις εἰς τὴν ζωὴν εἰσελθεῖν, τήρησον τὰς ἐντολάς.
19:21 ἔφη αὐτῷ ὁ Ἰησοῦς, **Εἰ** θέλεις τέλειος εἶναι,
21:19 καὶ ἰδὼν συκῆν μίαν ἐπὶ τῆς ὁδοῦ ἦλθεν ἐπ᾽ αὐτὴν καὶ οὐδὲν εὗρεν ἐν αὐτῇ **εἰ** μὴ φύλλα μόνον,
22:45 **εἰ** οὖν Δαυὶδ καλεῖ αὐτὸν κύριον, πῶς υἱὸς αὐτοῦ ἐστιν;
23:30 **Εἰ** ἤμεθα ἐν ταῖς ἡμέραις τῶν πατέρων ἡμῶν,
24:22 καὶ **εἰ** μὴ ἐκολοβώθησαν αἱ ἡμέραι ἐκεῖναι, οὐκ ἂν ἐσώθη πᾶσα σάρξ·
24:24 ψευδόχριστοι καὶ ψευδοπροφῆται καὶ δώσουσιν σημεῖα μεγάλα καὶ τέρατα ὥστε πλανῆσαι, **εἰ** δυνατόν, καὶ τοὺς ἐκλεκτούς.
24:36 οὐδὲ οἱ ἄγγελοι τῶν οὐρανῶν οὐδὲ ὁ υἱός, **εἰ** μὴ ὁ πατὴρ μόνος.
24:43 ἐκεῖνο δὲ γινώσκετε ὅτι **εἰ** ᾔδει ὁ οἰκοδεσπότης ποίᾳ φυλακῇ ὁ κλέπτης ἔρχεται,
26:24 καλὸν ἦν αὐτῷ **εἰ** οὐκ ἐγεννήθη ὁ ἄνθρωπος ἐκεῖνος.
26:33 **Εἰ** πάντες σκανδαλισθήσονται ἐν σοί, ἐγὼ οὐδέποτε σκανδαλισθήσομαι.
26:39 Πάτερ μου, **εἰ** δυνατόν ἐστιν, παρελθάτω ἀπ᾽ ἐμοῦ τὸ ποτήριον τοῦτο·
26:42 **εἰ** οὐ δύναται τοῦτο παρελθεῖν ἐὰν μὴ αὐτὸ πίω,
26:63 Ἐξορκίζω σε κατὰ τοῦ θεοῦ τοῦ ζῶντος ἵνα ἡμῖν εἴπῃς **εἰ** σὺ εἶ ὁ Χριστὸς ὁ υἱὸς τοῦ θεοῦ.
27:40 σῶσον σεαυτόν, **εἰ** υἱὸς εἶ τοῦ θεοῦ, [καὶ] κατάβηθι ἀπὸ τοῦ σταυροῦ.
27:43 πέποιθεν ἐπὶ τὸν θεόν, ῥυσάσθω νῦν **εἰ** θέλει αὐτόν·
27:49 οἱ δὲ λοιποὶ ἔλεγον, Ἄφες ἴδωμεν **εἰ** ἔρχεται Ἠλίας σώσων αὐτόν.

Mk 2: 7 τίς δύναται ἀφιέναι ἁμαρτίας **εἰ** μὴ εἷς ὁ θεός;
2:21 **εἰ** δὲ μή, αἴρει τὸ πλήρωμα ἀπ᾽ αὐτοῦ τὸ καινὸν τοῦ παλαιοῦ καὶ χεῖρον σχίσμα γίνεται.
2:22 **εἰ** δὲ μή, ῥήξει ὁ οἶνος τοὺς ἀσκοὺς καὶ ὁ οἶνος ἀπόλλυται καὶ οἱ ἀσκοί·
2:26 οὓς οὐκ ἔξεστιν φαγεῖν **εἰ** μὴ τοὺς ἱερεῖς,
3: 2 καὶ παρετήρουν αὐτὸν **εἰ** τοῖς σάββασιν θεραπεύσει αὐτόν,
3:26 καὶ **εἰ** ὁ Σατανᾶς ἀνέστη ἐφ᾽ ἑαυτὸν καὶ ἐμερίσθη,
4:23 **εἴ** τις ἔχει ὦτα ἀκούειν ἀκουέτω.
5:37 καὶ οὐκ ἀφῆκεν οὐδένα μετ᾽ αὐτοῦ συνακολουθῆσαι **εἰ** μὴ τὸν Πέτρον καὶ Ἰάκωβον καὶ Ἰωάννην τὸν ἀδελφὸν Ἰακώβου.
6: 4 Οὐκ ἔστιν προφήτης ἄτιμος **εἰ** μὴ ἐν τῇ πατρίδι αὐτοῦ καὶ ἐν τοῖς συγγενεῦσιν αὐτοῦ καὶ ἐν τῇ οἰκίᾳ αὐτοῦ.
6: 5 **εἰ** μὴ ὀλίγοις ἀρρώστοις ἐπιθεὶς τὰς χεῖρας ἐθεράπευσεν.
6: 8 καὶ παρήγγειλεν αὐτοῖς ἵνα μηδὲν αἴρωσιν εἰς ὁδὸν **εἰ** μὴ ῥάβδον μόνον,
8:12 ἀμὴν λέγω ὑμῖν, **εἰ** δοθήσεται τῇ γενεᾷ ταύτῃ σημεῖον.
8:14 Καὶ ἐπελάθοντο λαβεῖν ἄρτους καὶ **εἰ** μὴ ἕνα ἄρτον οὐκ εἶχον μεθ᾽ ἑαυτῶν ἐν τῷ πλοίῳ.
8:23 ἐπιθεὶς τὰς χεῖρας αὐτῷ ἐπηρώτα αὐτόν, **Εἴ** τι βλέπεις;
8:34 **Εἴ** τις θέλει ὀπίσω μου ἀκολουθεῖν, ἀπαρνησάσθω ἑαυτὸν καὶ ἀράτω τὸν σταυρὸν αὐτοῦ καὶ ἀκολουθείτω μοι.
9: 9 **εἰ** μὴ ὅταν ὁ υἱὸς τοῦ ἀνθρώπου ἐκ νεκρῶν ἀναστῇ.
9:22 ἀλλ᾽ **εἴ** τι δύνῃ, βοήθησον ἡμῖν σπλαγχνισθεὶς ἐφ᾽ ἡμᾶς.
9:23 ὁ δὲ Ἰησοῦς εἶπεν αὐτῷ, Τὸ **Εἰ** δύνῃ, πάντα δυνατὰ τῷ πιστεύοντι.
9:29 Τοῦτο τὸ γένος ἐν οὐδενὶ δύναται ἐξελθεῖν **εἰ** μὴ ἐν προσευχῇ.
9:35 **Εἴ** τις θέλει πρῶτος εἶναι, ἔσται πάντων ἔσχατος καὶ πάντων διάκονος.
9:42 καλόν ἐστιν αὐτῷ μᾶλλον **εἰ** περίκειται μύλος ὀνικὸς περὶ τὸν τράχηλον αὐτοῦ καὶ βέβληται εἰς τὴν θάλασσαν.
10: 2 καὶ προσελθόντες Φαρισαῖοι ἐπηρώτων αὐτὸν **εἰ** ἔξεστιν ἀνδρὶ γυναῖκα ἀπολῦσαι,
10:18 Τί με λέγεις ἀγαθόν; οὐδεὶς ἀγαθὸς **εἰ** μὴ εἷς ὁ θεός.
11:13 καὶ ἰδὼν συκῆν ἀπὸ μακρόθεν ἔχουσαν φύλλα ἦλθεν, **εἰ** ἄρα τι εὑρήσει ἐν αὐτῇ, καὶ ἐλθὼν ἐπ᾽ αὐτὴν οὐδὲν εὗρεν **εἰ** μὴ φύλλα·
11:25 καὶ ὅταν στήκετε προσευχόμενοι, ἀφίετε **εἴ** τι ἔχετε κατά τινος,
13:20 καὶ **εἰ** μὴ ἐκολόβωσεν κύριος τὰς ἡμέρας, οὐκ ἂν ἐσώθη πᾶσα σάρξ·
13:22 ἐγερθήσονται γὰρ ψευδόχριστοι καὶ ψευδοπροφῆται καὶ δώσουσιν σημεῖα καὶ τέρατα πρὸς τὸ ἀποπλανᾶν, **εἰ** δυνατόν, τοὺς ἐκλεκτούς.
13:32 οὐδὲ οἱ ἄγγελοι ἐν οὐρανῷ οὐδὲ ὁ υἱός, **εἰ** μὴ ὁ πατήρ.
14:21 καλὸν αὐτῷ **εἰ** οὐκ ἐγεννήθη ὁ ἄνθρωπος ἐκεῖνος.
14:29 ὁ δὲ Πέτρος ἔφη αὐτῷ, **Εἰ** καὶ πάντες σκανδαλισθήσονται, ἀλλ᾽ οὐκ ἐγώ.
14:35 καὶ προελθὼν μικρὸν ἔπιπτεν ἐπὶ τῆς γῆς καὶ προσηύχετο ἵνα **εἰ** δυνατόν ἐστιν παρέλθῃ ἀπ᾽ αὐτοῦ ἡ ὥρα,
15:36 λέγων, Ἄφετε ἴδωμεν **εἰ** ἔρχεται Ἠλίας καθελεῖν αὐτόν.
15:44 Πιλᾶτος ἐθαύμασεν **εἰ** ἤδη τέθνηκεν καὶ προσκαλεσάμενος τὸν κεντυρίωνα ἐπηρώτησεν αὐτὸν **εἰ** πάλαι ἀπέθανεν·

Lk 4: 3 Εἶπεν δὲ αὐτῷ ὁ διάβολος, **Εἰ** υἱὸς εἶ τοῦ θεοῦ,
4: 9 **Εἰ** υἱὸς εἶ τοῦ θεοῦ, βάλε σεαυτὸν ἐντεῦθεν κάτω·
4:26 καὶ πρὸς οὐδεμίαν αὐτῶν ἐπέμφθη Ἠλίας **εἰ** μὴ εἰς Σάρεπτα τῆς Σιδωνίας πρὸς γυναῖκα χήραν.
4:27 καὶ οὐδεὶς αὐτῶν ἐκαθαρίσθη **εἰ** μὴ Ναιμὰν ὁ Σύρος.
5:21 τίς δύναται ἁμαρτίας ἀφεῖναι **εἰ** μὴ μόνος ὁ θεός;
5:36 **εἰ** δὲ μή γε, καὶ τὸ καινὸν σχίσει καὶ τῷ παλαιῷ οὐ συμφωνήσει τὸ ἐπίβλημα τὸ ἀπὸ τοῦ καινοῦ.
5:37 **εἰ** δὲ μή γε, ῥήξει ὁ οἶνος ὁ νέος τοὺς ἀσκοὺς καὶ αὐτὸς ἐκχυθήσεται καὶ οἱ ἀσκοὶ ἀπολοῦνται·
6: 4 οὓς οὐκ ἔξεστιν φαγεῖν **εἰ** μὴ μόνους τοὺς ἱερεῖς;
6: 7 παρετηροῦντο δὲ αὐτὸν οἱ γραμματεῖς καὶ οἱ Φαρισαῖοι **εἰ** ἐν τῷ σαββάτῳ θεραπεύει,
6: 9 Ἐπερωτῶ ὑμᾶς **εἰ** ἔξεστιν τῷ σαββάτῳ ἀγαθοποιῆσαι ἢ κακοποιῆσαι,
6:32 καὶ **εἰ** ἀγαπᾶτε τοὺς ἀγαπῶντας ὑμᾶς, ποία ὑμῖν χάρις ἐστίν;
7:39 Οὗτος **εἰ** ἦν προφήτης, ἐγίνωσκεν ἂν τίς καὶ ποταπὴ ἡ γυνὴ ἥτις ἅπτεται αὐτοῦ,
8:51 εἰσελθεῖν τινα σὺν αὐτῷ **εἰ** μὴ Πέτρον καὶ Ἰωάννην καὶ Ἰάκωβον καὶ τὸν πατέρα τῆς παιδὸς καὶ τὴν μητέρα.
9:13 **εἰ** μήτι πορευθέντες ἡμεῖς ἀγοράσωμεν εἰς πάντα τὸν λαὸν τοῦτον βρώματα.
9:23 Ἔλεγεν δὲ πρὸς πάντας, **Εἴ** τις θέλει ὀπίσω μου ἔρχεσθαι,
10: 6 ἐπαναπαήσεται ἐπ᾽ αὐτὸν ἡ εἰρήνη ὑμῶν· **εἰ** δὲ μή γε, ἐφ᾽ ὑμᾶς ἀνακάμψει.
10:13 ὅτι **εἰ** ἐν Τύρῳ καὶ Σιδῶνι ἐγενήθησαν αἱ δυνάμεις αἱ γενόμεναι ἐν ὑμῖν,
10:22 οὐδεὶς γινώσκει τίς ἐστιν ὁ υἱὸς **εἰ** μὴ ὁ πατήρ, καὶ τίς ἐστιν ὁ πατὴρ **εἰ** μὴ ὁ υἱὸς καὶ ᾧ ἐὰν βούληται ὁ υἱὸς ἀποκαλύψαι.
11: 8 **εἰ** καὶ οὐ δώσει αὐτῷ ἀναστὰς διὰ τὸ εἶναι φίλον αὐτοῦ,
11:13 **εἰ** οὖν ὑμεῖς πονηροὶ ὑπάρχοντες οἴδατε δόματα ἀγαθὰ διδόναι τοῖς τέκνοις ὑμῶν,
11:18 **εἰ** δὲ καὶ ὁ Σατανᾶς ἐφ᾽ ἑαυτὸν διεμερίσθη,
11:19 **εἰ** δὲ ἐγὼ ἐν Βεελζεβοὺλ ἐκβάλλω τὰ δαιμόνια,
11:20 **εἰ** δὲ ἐν δακτύλῳ θεοῦ [ἐγὼ] ἐκβάλλω τὰ δαιμόνια,
11:29 καὶ σημεῖον οὐ δοθήσεται αὐτῇ **εἰ** μὴ τὸ σημεῖον Ἰωνᾶ.
11:36 **εἰ** οὖν τὸ σῶμά σου ὅλον φωτεινόν, μὴ ἔχον μέρος τι σκοτεινόν,
12:26 **εἰ** οὖν οὐδὲ ἐλάχιστον δύνασθε, τί περὶ τῶν λοιπῶν μεριμνᾶτε;
12:28 **εἰ** δὲ ἐν ἀγρῷ τὸν χόρτον ὄντα σήμερον καὶ αὔριον εἰς κλίβανον βαλλόμενον ὁ θεὸς οὕτως ἀμφιέζει,
12:39 τοῦτο δὲ γινώσκετε ὅτι **εἰ** ᾔδει ὁ οἰκοδεσπότης ποίᾳ ὥρᾳ ὁ κλέπτης ἔρχεται,
12:49 Πῦρ ἦλθον βαλεῖν ἐπὶ τὴν γῆν, καὶ τί θέλω **εἰ** ἤδη ἀνήφθη.
13: 9 κἂν μὲν ποιήσῃ καρπὸν εἰς τὸ μέλλον· **εἰ** δὲ μή γε, ἐκκόψεις αὐτήν.
13:23 εἶπεν δέ τις αὐτῷ, Κύριε, **εἰ** ὀλίγοι οἱ σῳζόμενοι;
14:26 **Εἴ** τις ἔρχεται πρός με καὶ οὐ μισεῖ τὸν πατέρα ἑαυτοῦ καὶ τὴν μητέρα καὶ τὴν γυναῖκα καὶ τὰ τέκνα καὶ τοὺς ἀδελφοὺς
14:28 τίς γὰρ ἐξ ὑμῶν θέλων πύργον οἰκοδομῆσαι οὐχὶ πρῶτον καθίσας ψηφίζει τὴν δαπάνην, **εἰ** ἔχει εἰς ἀπαρτισμόν;
14:31 πρῶτον βουλεύσεται **εἰ** δυνατός ἐστιν ἐν δέκα χιλιάσιν ὑπαντῆσαι τῷ μετὰ εἴκοσι χιλιάδων ἐρχομένῳ ἐπ᾽ αὐτόν;
14:32 **εἰ** δὲ μή γε, ἔτι αὐτοῦ πόρρω ὄντος πρεσβείαν ἀποστείλας ἐρωτᾷ τὰ πρὸς εἰρήνην.
16:11 **εἰ** οὖν ἐν τῷ ἀδίκῳ μαμωνᾷ πιστοὶ οὐκ ἐγένεσθε,
16:12 καὶ **εἰ** ἐν τῷ ἀλλοτρίῳ πιστοὶ οὐκ ἐγένεσθε,
16:31 εἶπεν δὲ αὐτῷ, **Εἰ** Μωϋσέως καὶ τῶν προφητῶν οὐκ ἀκούουσιν,
17: 2 λυσιτελεῖ αὐτῷ **εἰ** λίθος μυλικὸς περίκειται περὶ τὸν τράχηλον αὐτοῦ καὶ ἔρριπται εἰς τὴν θάλασσαν ἢ ἵνα σκανδαλίσῃ
17: 6 εἶπεν δὲ ὁ κύριος, **Εἰ** ἔχετε πίστιν ὡς κόκκον σινάπεως,
17:18 οὐχ εὑρέθησαν ὑποστρέψαντες δοῦναι δόξαν τῷ θεῷ **εἰ** μὴ ὁ ἀλλογενὴς οὗτος;

18: 4 **Εἰ** καὶ τὸν θεὸν οὐ φοβοῦμαι οὐδὲ ἄνθρωπον ἐντρέπομαι,
18:19 Τί με λέγεις ἀγαθόν; οὐδεὶς ἀγαθὸς **εἰ** μὴ εἷς ὁ θεός.
19: 8 καὶ **εἴ** τινός τι ἐσυκοφάντησα ἀποδίδωμι τετραπλοῦν.
19:42 λέγων ὅτι **Εἰ** ἔγνως ἐν τῇ ἡμέρᾳ ταύτῃ καὶ σὺ τὰ πρὸς εἰρήνην·
22:42 **εἰ** βούλει παρένεγκε τοῦτο τὸ ποτήριον ἀπ' ἐμοῦ·
22:49 ἰδόντες δὲ οἱ περὶ αὐτὸν τὸ ἐσόμενον εἶπαν, Κύριε, **εἰ** πατάξομεν ἐν μαχαίρῃ;
22:67 λέγοντες, **Εἰ** σὺ εἶ ὁ Χριστός, εἰπὸν ἡμῖν.
23: 6 Πιλᾶτος δὲ ἀκούσας ἐπηρώτησεν **εἰ** ὁ ἄνθρωπος Γαλιλαῖός ἐστιν,
23:31 ὅτι **εἰ** ἐν τῷ ὑγρῷ ξύλῳ ταῦτα ποιοῦσιν,
23:35 **εἰ** οὗτός ἐστιν ὁ Χριστὸς τοῦ θεοῦ ὁ ἐκλεκτός.
23:37 **Εἰ** σὺ εἶ ὁ βασιλεὺς τῶν Ἰουδαίων, σῶσον σεαυτόν.
Jn 1:25 Τί οὖν βαπτίζεις **εἰ** σὺ οὐκ εἶ ὁ Χριστὸς οὐδὲ Ἠλίας οὐδὲ ὁ προφήτης;
3:12 **εἰ** τὰ ἐπίγεια εἶπον ὑμῖν καὶ οὐ πιστεύετε,
3:13 καὶ οὐδεὶς ἀναβέβηκεν εἰς τὸν οὐρανὸν **εἰ** μὴ ὁ ἐκ τοῦ οὐρανοῦ καταβάς,
4:10 **Εἰ** ᾔδεις τὴν δωρεὰν τοῦ θεοῦ καὶ τίς ἐστιν ὁ λέγων σοι,
5:46 **εἰ** γὰρ ἐπιστεύετε Μωϋσεῖ, ἐπιστεύετε ἂν ἐμοί· περὶ γὰρ ἐμοῦ ἐκεῖνος ἔγραψεν.
5:47 **εἰ** δὲ τοῖς ἐκείνου γράμμασιν οὐ πιστεύετε, πῶς τοῖς ἐμοῖς ῥήμασιν πιστεύσετε;
6:22 εἶδον ὅτι πλοιάριον ἄλλο οὐκ ἦν ἐκεῖ **εἰ** μὴ ἓν καὶ ὅτι οὐ συνεισῆλθεν τοῖς μαθηταῖς αὐτοῦ ὁ Ἰησοῦς εἰς τὸ πλοῖον
6:46 οὐχ ὅτι τὸν πατέρα ἑώρακέν τις **εἰ** μὴ ὁ ὢν παρὰ τοῦ θεοῦ,
7: 4 οὐδεὶς γάρ τι ἐν κρυπτῷ ποιεῖ καὶ ζητεῖ αὐτὸς ἐν παρρησίᾳ εἶναι. **εἰ** ταῦτα ποιεῖς, φανέρωσον σεαυτὸν τῷ κόσμῳ.
7:23 **εἰ** περιτομὴν λαμβάνει ἄνθρωπος ἐν σαββάτῳ ἵνα μὴ λυθῇ ὁ νόμος Μωϋσέως,
8:19 **εἰ** ἐμὲ ᾔδειτε, καὶ τὸν πατέρα μου ἂν ᾔδειτε.
8:39 λέγει αὐτοῖς ὁ Ἰησοῦς, **Εἰ** τέκνα τοῦ Ἀβραάμ ἐστε,
8:42 **Εἰ** ὁ θεὸς πατὴρ ὑμῶν ἦν ἠγαπᾶτε ἂν ἐμέ,
8:46 **εἰ** ἀλήθειαν λέγω, διὰ τί ὑμεῖς οὐ πιστεύετέ μοι;
9:25 ἀπεκρίθη οὖν ἐκεῖνος, **Εἰ** ἁμαρτωλός ἐστιν οὐκ οἶδα·
9:33 **εἰ** μὴ ἦν οὗτος παρὰ θεοῦ, οὐκ ἠδύνατο ποιεῖν οὐδέν.
9:41 εἶπεν αὐτοῖς ὁ Ἰησοῦς, **Εἰ** τυφλοὶ ἦτε, οὐκ ἂν εἴχετε ἁμαρτίαν·
10:10 ὁ κλέπτης οὐκ ἔρχεται **εἰ** μὴ ἵνα κλέψῃ καὶ θύσῃ καὶ ἀπολέσῃ·
10:24 **εἰ** σὺ εἶ ὁ Χριστός, εἰπὲ ἡμῖν παρρησίᾳ.
10:35 **εἰ** ἐκείνους εἶπεν θεοὺς πρὸς οὓς ὁ λόγος τοῦ θεοῦ ἐγένετο,
10:37 **εἰ** οὐ ποιῶ τὰ ἔργα τοῦ πατρός μου,
10:38 **εἰ** δὲ ποιῶ, κἂν ἐμοὶ μὴ πιστεύητε, τοῖς ἔργοις πιστεύετε,
11:12 εἶπαν οὖν οἱ μαθηταὶ αὐτῷ, Κύριε, **εἰ** κεκοίμηται σωθήσεται.
11:21 **εἰ** ἦς ὧδε οὐκ ἂν ἀπέθανεν ὁ ἀδελφός μου·
11:32 **εἰ** ἦς ὧδε οὐκ ἄν μου ἀπέθανεν ὁ ἀδελφός.
13:10 Ὁ λελουμένος οὐκ ἔχει χρείαν **εἰ** μὴ τοὺς πόδας νίψασθαι,
13:14 **εἰ** οὖν ἐγὼ ἔνιψα ὑμῶν τοὺς πόδας ὁ κύριος καὶ ὁ διδάσκαλος,
13:17 **εἰ** ταῦτα οἴδατε, μακάριοί ἐστε ἐὰν ποιῆτε αὐτά.
13:32 [**εἰ** ὁ θεὸς ἐδοξάσθη ἐν αὐτῷ,] καὶ ὁ θεὸς δοξάσει αὐτὸν ἐν αὐτῷ,
14: 2 **εἰ** δὲ μή, εἶπον ἂν ὑμῖν ὅτι πορεύομαι ἑτοιμάσαι τόπον ὑμῖν;
14: 6 οὐδεὶς ἔρχεται πρὸς τὸν πατέρα **εἰ** μὴ δι' ἐμοῦ.
14: 7 **εἰ** ἐγνώκατέ με, καὶ τὸν πατέρα μου γνώσεσθε.
14:11 **εἰ** δὲ μή, διὰ τὰ ἔργα αὐτὰ πιστεύετε.
14:28 **εἰ** ἠγαπᾶτέ με ἐχάρητε ἂν ὅτι πορεύομαι πρὸς τὸν πατέρα,
15:18 **Εἰ** ὁ κόσμος ὑμᾶς μισεῖ, γινώσκετε ὅτι ἐμὲ πρῶτον ὑμῶν μεμίσηκεν.
15:19 **εἰ** ἐκ τοῦ κόσμου ἦτε, ὁ κόσμος ἂν τὸ ἴδιον ἐφίλει·
15:20 **εἰ** ἐμὲ ἐδίωξαν, καὶ ὑμᾶς διώξουσιν· **εἰ** τὸν λόγον μου ἐτήρησαν, καὶ τὸν ὑμέτερον τηρήσουσιν.
15:22 **εἰ** μὴ ἦλθον καὶ ἐλάλησα αὐτοῖς, ἁμαρτίαν οὐκ εἴχοσαν·
15:24 **εἰ** τὰ ἔργα μὴ ἐποίησα ἐν αὐτοῖς ἃ οὐδεὶς ἄλλος ἐποίησεν,
17:12 καὶ οὐδεὶς ἐξ αὐτῶν ἀπώλετο **εἰ** μὴ ὁ υἱὸς τῆς ἀπωλείας,
18: 8 Εἶπον ὑμῖν ὅτι ἐγώ εἰμι. **εἰ** οὖν ἐμὲ ζητεῖτε, ἄφετε τούτους ὑπάγειν·
18:23 ἀπεκρίθη αὐτῷ Ἰησοῦς, **Εἰ** κακῶς ἐλάλησα, μαρτύρησον περὶ τοῦ κακοῦ· **εἰ** δὲ καλῶς, τί με δέρεις;
18:30 ἀπεκρίθησαν καὶ εἶπαν αὐτῷ, **Εἰ** μὴ ἦν οὗτος κακὸν ποιῶν,
18:36 **εἰ** ἐκ τοῦ κόσμου τούτου ἦν ἡ βασιλεία ἡ ἐμή,
19:11 Οὐκ εἶχες ἐξουσίαν κατ' ἐμοῦ οὐδεμίαν **εἰ** μὴ ἦν δεδομένον σοι ἄνωθεν·
19:15 ἀπεκρίθησαν οἱ ἀρχιερεῖς, Οὐκ ἔχομεν βασιλέα **εἰ** μὴ Καίσαρα.
20:15 Κύριε, **εἰ** σὺ ἐβάστασας αὐτόν, εἰπέ μοι ποῦ ἔθηκας αὐτόν,
Ac 1: 6 **εἰ** ἐν τῷ χρόνῳ τούτῳ ἀποκαθιστάνεις τὴν βασιλείαν τῷ Ἰσραήλ;
4: 9 **εἰ** ἡμεῖς σήμερον ἀνακρινόμεθα ἐπὶ εὐεργεσίᾳ ἀνθρώπου ἀσθενοῦς ἐν τίνι οὗτος σέσωται,
4:19 **Εἰ** δίκαιόν ἐστιν ἐνώπιον τοῦ θεοῦ ὑμῶν ἀκούειν μᾶλλον ἢ τοῦ θεοῦ,
5: 8 ἀπεκρίθη δὲ πρὸς αὐτὴν Πέτρος, Εἰπέ μοι, **εἰ** τοσούτου τὸ χωρίον ἀπέδοσθε;
5:39 **εἰ** δὲ ἐκ θεοῦ ἐστιν, οὐ δυνήσεσθε καταλῦσαι αὐτούς,
7: 1 Εἶπεν δὲ ὁ ἀρχιερεύς, **Εἰ** ταῦτα οὕτως ἔχει;
8:22 **εἰ** ἄρα ἀφεθήσεταί σοι ἡ ἐπίνοια τῆς καρδίας σου,
10:18 καὶ φωνήσαντες ἐπυνθάνοντο **εἰ** Σίμων ὁ ἐπικαλούμενος Πέτρος ἐνθάδε ξενίζεται.
11:17 **εἰ** οὖν τὴν ἴσην δωρεὰν ἔδωκεν αὐτοῖς ὁ θεὸς ὡς καὶ ἡμῖν πιστεύσασιν ἐπὶ τὸν κύριον Ἰησοῦν Χριστόν,
11:19 διῆλθον ἕως Φοινίκης καὶ Κύπρου καὶ Ἀντιοχείας μηδενὶ λαλοῦντες τὸν λόγον **εἰ** μὴ μόνον Ἰουδαίοις.
13:15 **εἴ** τίς ἐστιν ἐν ὑμῖν λόγος παρακλήσεως πρὸς τὸν λαόν,
16:15 παρεκάλεσεν λέγουσα, **Εἰ** κεκρίκατέ με πιστὴν τῷ κυρίῳ εἶναι,
17:11 οἵτινες ἐδέξαντο τὸν λόγον μετὰ πάσης προθυμίας καθ' ἡμέραν ἀνακρίνοντες τὰς γραφὰς **εἰ** ἔχοι ταῦτα οὕτως.
17:27 ζητεῖν τὸν θεόν, **εἰ** ἄρα γε ψηλαφήσειαν αὐτὸν καὶ εὕροιεν,
18:14 **Εἰ** μὲν ἦν ἀδίκημά τι ἢ ῥᾳδιούργημα πονηρόν,
18:15 **εἰ** δὲ ζητήματά ἐστιν περὶ λόγου καὶ ὀνομάτων καὶ νόμου τοῦ καθ' ὑμᾶς,
19: 2 εἶπέν τε πρὸς αὐτούς, **Εἰ** πνεῦμα ἅγιον ἐλάβετε πιστεύσαντες; οἱ δὲ πρὸς αὐτόν, Ἀλλ' οὐδ' **εἰ** πνεῦμα ἅγιον ἔστιν ἠκούσαμεν.
19:38 **εἰ** μὲν οὖν Δημήτριος καὶ οἱ σὺν αὐτῷ τεχνῖται ἔχουσι πρός τινα λόγον,
19:39 **εἰ** δέ τι περαιτέρω ἐπιζητεῖτε, ἐν τῇ ἐννόμῳ ἐκκλησίᾳ ἐπιλυθήσεται.
20:16 ἔσπευδεν γὰρ **εἰ** δυνατὸν εἴη αὐτῷ τὴν ἡμέραν τῆς πεντηκοστῆς γενέσθαι εἰς Ἱεροσόλυμα.
21:37 Μέλλων τε εἰσάγεσθαι εἰς τὴν παρεμβολὴν ὁ Παῦλος λέγει τῷ χιλιάρχῳ, **Εἰ** ἔξεστίν μοι εἰπεῖν τι πρὸς σέ;
22:25 **Εἰ** ἄνθρωπον Ῥωμαῖον καὶ ἀκατάκριτον ἔξεστιν ὑμῖν μαστίζειν;
23: 9 Οὐδὲν κακὸν εὑρίσκομεν ἐν τῷ ἀνθρώπῳ τούτῳ· **εἰ** δὲ πνεῦμα ἐλάλησεν αὐτῷ ἢ ἄγγελος;
24:19 οὓς ἔδει ἐπὶ σοῦ παρεῖναι καὶ κατηγορεῖν **εἴ** τι ἔχοιεν πρὸς ἐμέ.
25: 5 δυνατοὶ συγκαταβάντες **εἴ** τί ἐστιν ἐν τῷ ἀνδρὶ ἄτοπον κατηγορείτωσαν αὐτοῦ.
25:11 **εἰ** μὲν οὖν ἀδικῶ καὶ ἄξιον θανάτου πέπραχά τι, οὐ παραιτοῦμαι τὸ ἀποθανεῖν· εἰ δὲ οὐδέν ἐστιν ὧν οὗτοι κατηγοροῦσίν μου, οὐδείς με δύναται αὐτοῖς χαρίσασθαι·
25:20 ἀπορούμενος δὲ ἐγὼ τὴν περὶ τούτων ζήτησιν ἔλεγον **εἰ** βούλοιτο πορεύεσθαι εἰς Ἱεροσόλυμα κἀκεῖ κρίνεσθαι
26: 8 τί ἄπιστον κρίνεται παρ' ὑμῖν **εἰ** ὁ θεὸς νεκροὺς ἐγείρει;
26:23 **εἰ** παθητὸς ὁ Χριστός, **εἰ** πρῶτος ἐξ ἀναστάσεως νεκρῶν φῶς μέλλει καταγγέλλειν τῷ τε λαῷ καὶ τοῖς ἔθνεσιν.
26:32 Ἀπολελύσθαι ἐδύνατο ὁ ἄνθρωπος οὗτος **εἰ** μὴ ἐπεκέκλητο Καίσαρα.
27:12 **εἴ** πως δύναιντο καταντήσαντες εἰς Φοίνικα παραχειμάσαι λιμένα τῆς Κρήτης βλέποντα κατὰ λίβα καὶ κατὰ χῶρον.
27:39 κόλπον δέ τινα κατενόουν ἔχοντα αἰγιαλὸν εἰς ὃν ἐβουλεύοντο **εἰ** δύναιντο ἐξῶσαι τὸ πλοῖον.
Ro 1:10 πάντοτε ἐπὶ τῶν προσευχῶν μου δεόμενος **εἴ** πως ἤδη ποτὲ εὐοδωθήσομαι ἐν τῷ θελήματι τοῦ θεοῦ ἐλθεῖν πρὸς ὑμᾶς.
2:17 **Εἰ** δὲ σὺ Ἰουδαῖος ἐπονομάζῃ καὶ ἐπαναπαύῃ νόμῳ καὶ καυχᾶσαι ἐν θεῷ
3: 3 **εἰ** ἠπίστησάν τινες, μὴ ἡ ἀπιστία αὐτῶν τὴν πίστιν τοῦ θεοῦ καταργήσει;
3: 5 **εἰ** δὲ ἡ ἀδικία ἡμῶν θεοῦ δικαιοσύνην συνίστησιν,
3: 7 **εἰ** δὲ ἡ ἀλήθεια τοῦ θεοῦ ἐν τῷ ἐμῷ ψεύσματι ἐπερίσσευσεν εἰς τὴν δόξαν αὐτοῦ,
4: 2 **εἰ** γὰρ Ἀβραὰμ ἐξ ἔργων ἐδικαιώθη, ἔχει καύχημα,
4:14 **εἰ** γὰρ οἱ ἐκ νόμου κληρονόμοι, κεκένωται ἡ πίστις καὶ κατήργηται ἡ ἐπαγγελία·
5:10 **εἰ** γὰρ ἐχθροὶ ὄντες κατηλλάγημεν τῷ θεῷ διὰ τοῦ θανάτου τοῦ υἱοῦ αὐτοῦ,
5:15 **εἰ** γὰρ τῷ τοῦ ἑνὸς παραπτώματι οἱ πολλοὶ ἀπέθανον,
5:17 **εἰ** γὰρ τῷ τοῦ ἑνὸς παραπτώματι ὁ θάνατος ἐβασίλευσεν διὰ τοῦ ἑνός,
6: 5 **εἰ** γὰρ σύμφυτοι γεγόναμεν τῷ ὁμοιώματι τοῦ θανάτου αὐτοῦ,
6: 8 **εἰ** δὲ ἀπεθάνομεν σὺν Χριστῷ, πιστεύομεν ὅτι καὶ συζήσομεν αὐτῷ,
7: 7 ἀλλὰ τὴν ἁμαρτίαν οὐκ ἔγνων **εἰ** μὴ διὰ νόμου· τήν τε γὰρ ἐπιθυμίαν οὐκ ᾔδειν **εἰ** μὴ ὁ νόμος ἔλεγεν,

7:16 **εἰ** δὲ ὃ οὐ θέλω τοῦτο ποιῶ, σύμφημι τῷ νόμῳ ὅτι καλός.
7:20 **εἰ** δὲ ὃ οὐ θέλω [ἐγὼ] τοῦτο ποιῶ,
8: 9 **εἰ** δέ τις πνεῦμα Χριστοῦ οὐκ ἔχει, οὗτος οὐκ ἔστιν αὐτοῦ.
8:10 **εἰ** δὲ Χριστὸς ἐν ὑμῖν, τὸ μὲν σῶμα νεκρὸν διὰ ἁμαρτίαν τὸ δὲ πνεῦμα ζωὴ διὰ δικαιοσύνην.
8:11 **εἰ** δὲ τὸ πνεῦμα τοῦ ἐγείραντος τὸν Ἰησοῦν ἐκ νεκρῶν οἰκεῖ ἐν ὑμῖν,
8:13 **εἰ** γὰρ κατὰ σάρκα ζῆτε, μέλλετε ἀποθνῄσκειν· **εἰ** δὲ πνεύματι τὰς πράξεις τοῦ σώματος θανατοῦτε,
8:17 **εἰ** δὲ τέκνα, καὶ κληρονόμοι· κληρονόμοι μὲν θεοῦ,
8:25 **εἰ** δὲ ὃ οὐ βλέπομεν ἐλπίζομεν, δι᾽ ὑπομονῆς ἀπεκδεχόμεθα.
8:31 **εἰ** ὁ θεὸς ὑπὲρ ἡμῶν, τίς καθ᾽ ἡμῶν;
9:22 **εἰ** δὲ θέλων ὁ θεὸς ἐνδείξασθαι τὴν ὀργὴν καὶ γνωρίσαι τὸ δυνατὸν αὐτοῦ ἤνεγκεν ἐν πολλῇ μακροθυμίᾳ σκεύη ὀργῆς
9:29 καὶ καθὼς προείρηκεν Ἠσαΐας, **Εἰ** μὴ κύριος Σαβαὼθ ἐγκατέλιπεν ἡμῖν σπέρμα,
11: 6 **εἰ** δὲ χάριτι, οὐκέτι ἐξ ἔργων, ἐπεὶ ἡ χάρις οὐκέτι γίνεται χάρις.
11:12 **εἰ** δὲ τὸ παράπτωμα αὐτῶν πλοῦτος κόσμου καὶ τὸ ἥττημα αὐτῶν πλοῦτος ἐθνῶν,
11:14 **εἴ** πως παραζηλώσω μου τὴν σάρκα καὶ σώσω τινὰς ἐξ αὐτῶν.
11:15 **εἰ** γὰρ ἡ ἀποβολὴ αὐτῶν καταλλαγὴ κόσμου, τίς ἡ πρόσλημψις **εἰ** μὴ ζωὴ ἐκ νεκρῶν;
11:16 **εἰ** δὲ ἡ ἀπαρχὴ ἁγία, καὶ τὸ φύραμα· καὶ **εἰ** ἡ ῥίζα ἁγία, καὶ οἱ κλάδοι.
11:17 **Εἰ** δέ τινες τῶν κλάδων ἐξεκλάσθησαν, σὺ δὲ ἀγριέλαιος ὢν ἐνεκεντρίσθης ἐν αὐτοῖς
11:18 **εἰ** δὲ κατακαυχᾶσαι οὐ σὺ τὴν ῥίζαν βαστάζεις ἀλλὰ ἡ ῥίζα σέ.
11:21 **εἰ** γὰρ ὁ θεὸς τῶν κατὰ φύσιν κλάδων οὐκ ἐφείσατο,
11:24 **εἰ** γὰρ σὺ ἐκ τῆς κατὰ φύσιν ἐξεκόπης ἀγριελαίου καὶ παρὰ φύσιν ἐνεκεντρίσθης εἰς καλλιέλαιον,
12:18 **εἰ** δυνατὸν τὸ ἐξ ὑμῶν, μετὰ πάντων ἀνθρώπων εἰρηνεύοντες·
13: 1 οὐ γὰρ ἔστιν ἐξουσία **εἰ** μὴ ὑπὸ θεοῦ,
13: 8 Μηδενὶ μηδὲν ὀφείλετε **εἰ** μὴ τὸ ἀλλήλους ἀγαπᾶν·
13: 9 Οὐ κλέψεις, Οὐκ ἐπιθυμήσεις, καὶ **εἴ** τις ἑτέρα ἐντολή,
14:14 **εἰ** μὴ τῷ λογιζομένῳ τι κοινὸν εἶναι, ἐκείνῳ κοινόν.
14:15 **εἰ** γὰρ διὰ βρῶμα ὁ ἀδελφός σου λυπεῖται,
15:27 **εἰ** γὰρ τοῖς πνευματικοῖς αὐτῶν ἐκοινώνησαν τὰ ἔθνη,
1Co 1:14 εὐχαριστῶ [τῷ θεῷ] ὅτι οὐδένα ὑμῶν ἐβάπτισα **εἰ** μὴ Κρίσπον καὶ Γάϊον,
1:16 ἐβάπτισα δὲ καὶ τὸν Στεφανᾶ οἶκον, λοιπὸν οὐκ οἶδα **εἴ** τινα ἄλλον ἐβάπτισα.
2: 2 οὐ γὰρ ἔκρινά τι εἰδέναι ἐν ὑμῖν **εἰ** μὴ Ἰησοῦν Χριστὸν καὶ τοῦτον ἐσταυρωμένον.
2: 8 **εἰ** γὰρ ἔγνωσαν, οὐκ ἂν τὸν κύριον τῆς δόξης ἐσταύρωσαν.
2:11 τίς γὰρ οἶδεν ἀνθρώπων τὰ τοῦ ἀνθρώπου **εἰ** μὴ τὸ πνεῦμα τοῦ ἀνθρώπου τὸ ἐν αὐτῷ; οὕτως καὶ τὰ τοῦ θεοῦ οὐδεὶς ἔγνωκεν **εἰ** μὴ τὸ πνεῦμα τοῦ θεοῦ.
3:12 **εἰ** δέ τις ἐποικοδομεῖ ἐπὶ τὸν θεμέλιον χρυσόν,
3:14 **εἴ** τινος τὸ ἔργον μενεῖ ὃ ἐποικοδόμησεν, μισθὸν λήμψεται·
3:15 **εἴ** τινος τὸ ἔργον κατακαήσεται, ζημιωθήσεται, αὐτὸς δὲ σωθήσεται,
3:17 **εἴ** τις τὸν ναὸν τοῦ θεοῦ φθείρει, φθερεῖ τοῦτον ὁ θεός·
3:18 **εἴ** τις δοκεῖ σοφὸς εἶναι ἐν ὑμῖν ἐν τῷ αἰῶνι τούτῳ,
4: 7 **εἰ** δὲ καὶ ἔλαβες, τί καυχᾶσαι ὡς μὴ λαβών;
6: 2 καὶ **εἰ** ἐν ὑμῖν κρίνεται ὁ κόσμος, ἀνάξιοί ἐστε κριτηρίων ἐλαχίστων;
7: 5 μὴ ἀποστερεῖτε ἀλλήλους, **εἰ** μήτι ἂν ἐκ συμφώνου πρὸς καιρόν,
7: 9 **εἰ** δὲ οὐκ ἐγκρατεύονται, γαμησάτωσαν, κρεῖττον γάρ ἐστιν γαμῆσαι ἢ πυροῦσθαι.
7:12 **εἴ** τις ἀδελφὸς γυναῖκα ἔχει ἄπιστον καὶ αὕτη συνευδοκεῖ οἰκεῖν μετ᾽ αὐτοῦ,
7:13 καὶ γυνὴ **εἴ** τις ἔχει ἄνδρα ἄπιστον καὶ οὗτος συνευδοκεῖ οἰκεῖν μετ᾽ αὐτῆς,
7:15 **εἰ** δὲ ὁ ἄπιστος χωρίζεται, χωριζέσθω· οὐ δεδούλωται ὁ ἀδελφὸς ἢ ἡ ἀδελφὴ ἐν τοῖς τοιούτοις·
7:16 τί γὰρ οἶδας, γύναι, **εἰ** τὸν ἄνδρα σώσεις; ἢ τί οἶδας, ἄνερ, **εἰ** τὴν γυναῖκα σώσεις;
7:17 **Εἰ** μὴ ἑκάστῳ ὡς ἐμέρισεν ὁ κύριος, ἕκαστον ὡς κέκληκεν ὁ θεός,
7:21 ἀλλ᾽ **εἰ** καὶ δύνασαι ἐλεύθερος γενέσθαι, μᾶλλον χρῆσαι.
7:36 **Εἰ** δέ τις ἀσχημονεῖν ἐπὶ τὴν παρθένον αὐτοῦ νομίζει,
8: 2 **εἴ** τις δοκεῖ ἐγνωκέναι τι, οὔπω ἔγνω καθὼς δεῖ γνῶναι·
8: 3 **εἰ** δέ τις ἀγαπᾷ τὸν θεόν, οὗτος ἔγνωσται ὑπ᾽ αὐτοῦ.
8: 4 οἴδαμεν ὅτι οὐδὲν εἴδωλον ἐν κόσμῳ καὶ ὅτι οὐδεὶς θεὸς **εἰ** μὴ εἷς.
8:13 διόπερ **εἰ** βρῶμα σκανδαλίζει τὸν ἀδελφόν μου, οὐ μὴ φάγω κρέα εἰς τὸν αἰῶνα,
9: 2 **εἰ** ἄλλοις οὐκ εἰμὶ ἀπόστολος, ἀλλά γε ὑμῖν εἰμι·
9:11 **εἰ** ἡμεῖς ὑμῖν τὰ πνευματικὰ ἐσπείραμεν, μέγα **εἰ** ἡμεῖς ὑμῶν τὰ σαρκικὰ θερίσομεν;
9:12 **εἰ** ἄλλοι τῆς ὑμῶν ἐξουσίας μετέχουσιν, οὐ μᾶλλον ἡμεῖς;
9:17 **εἰ** γὰρ ἑκὼν τοῦτο πράσσω, μισθὸν ἔχω· **εἰ** δὲ ἄκων, οἰκονομίαν πεπίστευμαι·
10:13 πειρασμὸς ὑμᾶς οὐκ εἴληφεν **εἰ** μὴ ἀνθρώπινος· πιστὸς δὲ ὁ θεός,
10:27 **εἴ** τις καλεῖ ὑμᾶς τῶν ἀπίστων καὶ θέλετε πορεύεσθαι,
10:30 **εἰ** ἐγὼ χάριτι μετέχω, τί βλασφημοῦμαι ὑπὲρ οὗ ἐγὼ εὐχαριστῶ;
11: 6 **εἰ** γὰρ οὐ κατακαλύπτεται γυνή, καὶ κειράσθω· **εἰ** δὲ αἰσχρὸν γυναικὶ τὸ κείρασθαι ἢ ξυρᾶσθαι,
11:16 **Εἰ** δέ τις δοκεῖ φιλόνεικος εἶναι, ἡμεῖς τοιαύτην συνήθειαν οὐκ ἔχομεν οὐδὲ αἱ ἐκκλησίαι τοῦ θεοῦ.
11:31 **εἰ** δὲ ἑαυτοὺς διεκρίνομεν, οὐκ ἂν ἐκρινόμεθα·
11:34 **εἴ** τις πεινᾷ, ἐν οἴκῳ ἐσθιέτω, ἵνα μὴ εἰς κρίμα συνέρχησθε.
12: 3 καὶ οὐδεὶς δύναται εἰπεῖν, Κύριος Ἰησοῦς, **εἰ** μὴ ἐν πνεύματι ἁγίῳ.
12:17 **εἰ** ὅλον τὸ σῶμα ὀφθαλμός, ποῦ ἡ ἀκοή; **εἰ** ὅλον ἀκοή, ποῦ ἡ ὄσφρησις;
12:19 **εἰ** δὲ ἦν τὰ πάντα ἓν μέλος, ποῦ τὸ σῶμα;
14: 5 μείζων δὲ ὁ προφητεύων ἢ ὁ λαλῶν γλώσσαις ἐκτὸς **εἰ** μὴ διερμηνεύῃ,
14:10 τοσαῦτα **εἰ** τύχοι γένη φωνῶν εἰσιν ἐν κόσμῳ καὶ οὐδὲν ἄφωνον·
14:35 **εἰ** δέ τι μαθεῖν θέλουσιν, ἐν οἴκῳ τοὺς ἰδίους ἄνδρας ἐπερωτάτωσαν·
14:37 **Εἴ** τις δοκεῖ προφήτης εἶναι ἢ πνευματικός, ἐπιγινωσκέτω ἃ γράφω ὑμῖν ὅτι κυρίου ἐστὶν ἐντολή·
14:38 **εἰ** δέ τις ἀγνοεῖ, ἀγνοεῖται.
15: 2 δι᾽ οὗ καὶ σῴζεσθε, τίνι λόγῳ εὐηγγελισάμην ὑμῖν **εἰ** κατέχετε, ἐκτὸς **εἰ** μὴ εἰκῇ ἐπιστεύσατε.
15:12 **Εἰ** δὲ Χριστὸς κηρύσσεται ὅτι ἐκ νεκρῶν ἐγήγερται,
15:13 **εἰ** δὲ ἀνάστασις νεκρῶν οὐκ ἔστιν, οὐδὲ Χριστὸς ἐγήγερται·
15:14 **εἰ** δὲ Χριστὸς οὐκ ἐγήγερται, κενὸν ἄρα [καὶ] τὸ κήρυγμα ἡμῶν,
15:16 **εἰ** γὰρ νεκροὶ οὐκ ἐγείρονται, οὐδὲ Χριστὸς ἐγήγερται·
15:17 **εἰ** δὲ Χριστὸς οὐκ ἐγήγερται, ματαία ἡ πίστις ὑμῶν,
15:19 **εἰ** ἐν τῇ ζωῇ ταύτῃ ἐν Χριστῷ ἠλπικότες ἐσμὲν μόνον,
15:29 **εἰ** ὅλως νεκροὶ οὐκ ἐγείρονται, τί καὶ βαπτίζονται ὑπὲρ αὐτῶν;
15:32 **εἰ** κατὰ ἄνθρωπον ἐθηριομάχησα ἐν Ἐφέσῳ, τί μοι τὸ ὄφελος; **εἰ** νεκροὶ οὐκ ἐγείρονται, Φάγωμεν καὶ πίωμεν, αὔριον γὰρ ἀποθνῄσκομεν.
15:37 οὐ τὸ σῶμα τὸ γενησόμενον σπείρεις ἀλλὰ γυμνὸν κόκκον **εἰ** τύχοι σίτου ἤ τινος τῶν λοιπῶν·
15:44 ἐγείρεται σῶμα πνευματικόν. **εἰ** ἔστιν σῶμα ψυχικόν, ἔστιν καὶ πνευματικόν.
16:22 **εἴ** τις οὐ φιλεῖ τὸν κύριον, ἤτω ἀνάθεμα.
2Co 2: 2 **εἰ** γὰρ ἐγὼ λυπῶ ὑμᾶς, καὶ τίς ὁ εὐφραίνων με **εἰ** μὴ ὁ λυπούμενος ἐξ ἐμοῦ;
2: 5 **Εἰ** δέ τις λελύπηκεν, οὐκ ἐμὲ λελύπηκεν, ἀλλὰ ἀπὸ μέρους,
2: 9 ἵνα γνῶ τὴν δοκιμὴν ὑμῶν, **εἰ** εἰς πάντα ὑπήκοοί ἐστε.
2:10 **εἴ** τι κεχάρισμαι, δι᾽ ὑμᾶς ἐν προσώπῳ Χριστοῦ,
3: 7 **Εἰ** δὲ ἡ διακονία τοῦ θανάτου ἐν γράμμασιν ἐντετυπωμένη λίθοις ἐγενήθη ἐν δόξῃ,
3: 9 **εἰ** γὰρ τῇ διακονίᾳ τῆς κατακρίσεως δόξα, πολλῷ μᾶλλον περισσεύει ἡ διακονία τῆς δικαιοσύνης δόξῃ.
3:11 **εἰ** γὰρ τὸ καταργούμενον διὰ δόξης, πολλῷ μᾶλλον τὸ μένον ἐν δόξῃ.
4: 3 **εἰ** δὲ καὶ ἔστιν κεκαλυμμένον τὸ εὐαγγέλιον ἡμῶν,
4:16 ἀλλ᾽ **εἰ** καὶ ὁ ἔξω ἡμῶν ἄνθρωπος διαφθείρεται,
5: 3 **εἴ** γε καὶ ἐκδυσάμενοι οὐ γυμνοὶ εὑρεθησόμεθα.
5:16 **εἰ** καὶ ἐγνώκαμεν κατὰ σάρκα Χριστόν, ἀλλὰ νῦν οὐκέτι γινώσκομεν.
5:17 ὥστε **εἴ** τις ἐν Χριστῷ, καινὴ κτίσις· τὰ ἀρχαῖα παρῆλθεν,
7: 8 ὅτι **εἰ** καὶ ἐλύπησα ὑμᾶς ἐν τῇ ἐπιστολῇ, οὐ μεταμέλομαι· **εἰ** καὶ μετεμελόμην, βλέπω [γὰρ] ὅτι ἡ ἐπιστολὴ ἐκείνη **εἰ** καὶ πρὸς ὥραν ἐλύπησεν ὑμᾶς,
7:12 ἄρα **εἰ** καὶ ἔγραψα ὑμῖν, οὐχ ἕνεκεν τοῦ ἀδικήσαντος οὐδὲ ἕνεκεν τοῦ ἀδικηθέντος
7:14 ὅτι **εἴ** τι αὐτῷ ὑπὲρ ὑμῶν κεκαύχημαι, οὐ κατῃσχύνθην,
8:12 **εἰ** γὰρ ἡ προθυμία πρόκειται, καθὸ ἐὰν ἔχῃ εὐπρόσδεκτος,

10: 7 **εἴ** τις πέποιθεν ἑαυτῷ Χριστοῦ εἶναι, τοῦτο λογιζέσθω πάλιν ἐφ' ἑαυτοῦ,
11: 4 **εἰ** μὲν γὰρ ὁ ἐρχόμενος ἄλλον Ἰησοῦν κηρύσσει ὃν οὐκ ἐκηρύξαμεν,
11: 6 **εἰ** δὲ καὶ ἰδιώτης τῷ λόγῳ, ἀλλ' οὐ τῇ γνώσει,
11:15 οὐ μέγα οὖν **εἰ** καὶ οἱ διάκονοι αὐτοῦ μετασχηματίζονται ὡς διάκονοι δικαιοσύνης·
11:16 **εἰ** δὲ μή γε, κἂν ὡς ἄφρονα δέξασθέ με,
11:20 ἀνέχεσθε γὰρ **εἴ** τις ὑμᾶς καταδουλοῖ, **εἴ** τις κατεσθίει, **εἴ** τις λαμβάνει, **εἴ** τις ἐπαίρεται, **εἴ** τις εἰς πρόσωπον ὑμᾶς δέρει.
11:30 **Εἰ** καυχᾶσθαι δεῖ, τὰ τῆς ἀσθενείας μου καυχήσομαι.
12: 5 ὑπὲρ δὲ ἐμαυτοῦ οὐ καυχήσομαι **εἰ** μὴ ἐν ταῖς ἀσθενείαις.
12:11 οὐδὲν γὰρ ὑστέρησα τῶν ὑπερλίαν ἀποστόλων **εἰ** καὶ οὐδέν εἰμι.
12:13 **εἰ** μὴ ὅτι αὐτὸς ἐγὼ οὐ κατενάρκησα ὑμῶν;
12:15 ἐγὼ δὲ ἥδιστα δαπανήσω καὶ ἐκδαπανηθήσομαι ὑπὲρ τῶν ψυχῶν ὑμῶν. **εἰ** περισσοτέρως ὑμᾶς ἀγαπῶ[ν], ἧσσον ἀγαπῶμαι;
13: 5 Ἑαυτοὺς πειράζετε **εἰ** ἐστὲ ἐν τῇ πίστει, ἑαυτοὺς δοκιμάζετε· ἢ οὐκ ἐπιγινώσκετε ἑαυτοὺς ὅτι Χριστὸς Ἰησοῦς ἐν ὑμῖν; **εἰ** μήτι ἀδόκιμοί ἐστε.

Gal 1: 7 **εἰ** μή τινές εἰσιν οἱ ταράσσοντες ὑμᾶς καὶ θέλοντες μεταστρέψαι τὸ εὐαγγέλιον τοῦ Χριστοῦ.
1: 9 **εἴ** τις ὑμᾶς εὐαγγελίζεται παρ' ὃ παρελάβετε, ἀνάθεμα ἔστω.
1:10 **εἰ** ἔτι ἀνθρώποις ἤρεσκον, Χριστοῦ δοῦλος οὐκ ἂν ἤμην.
1:19 ἕτερον δὲ τῶν ἀποστόλων οὐκ εἶδον **εἰ** μὴ Ἰάκωβον τὸν ἀδελφὸν τοῦ κυρίου.
2:14 **Εἰ** σὺ Ἰουδαῖος ὑπάρχων ἐθνικῶς καὶ οὐχὶ Ἰουδαϊκῶς ζῇς,
2:17 **εἰ** δὲ ζητοῦντες δικαιωθῆναι ἐν Χριστῷ εὑρέθημεν καὶ αὐτοὶ ἁμαρτωλοί,
2:18 **εἰ** γὰρ ἃ κατέλυσα ταῦτα πάλιν οἰκοδομῶ, παραβάτην ἐμαυτὸν συνιστάνω.
2:21 **εἰ** γὰρ διὰ νόμου δικαιοσύνη, ἄρα Χριστὸς δωρεὰν ἀπέθανεν.
3: 4 τοσαῦτα ἐπάθετε εἰκῇ; **εἴ** γε καὶ εἰκῇ.
3:18 **εἰ** γὰρ ἐκ νόμου ἡ κληρονομία, οὐκέτι ἐξ ἐπαγγελίας·
3:21 **εἰ** γὰρ ἐδόθη νόμος ὁ δυνάμενος ζωοποιῆσαι, ὄντως ἐκ νόμου ἂν ἦν ἡ δικαιοσύνη·
3:29 **εἰ** δὲ ὑμεῖς Χριστοῦ, ἄρα τοῦ Ἀβραὰμ σπέρμα ἐστέ,
4: 7 ὥστε οὐκέτι εἶ δοῦλος ἀλλὰ υἱός· **εἰ** δὲ υἱός, καὶ κληρονόμος διὰ θεοῦ.
4:15 μαρτυρῶ γὰρ ὑμῖν ὅτι **εἰ** δυνατὸν τοὺς ὀφθαλμοὺς ὑμῶν ἐξορύξαντες ἐδώκατέ μοι.
5:11 ἐγὼ δέ, ἀδελφοί, **εἰ** περιτομὴν ἔτι κηρύσσω, τί ἔτι διώκομαι;
5:15 **εἰ** δὲ ἀλλήλους δάκνετε καὶ κατεσθίετε, βλέπετε μὴ ὑπ' ἀλλήλων ἀναλωθῆτε.
5:18 **εἰ** δὲ πνεύματι ἄγεσθε, οὐκ ἐστὲ ὑπὸ νόμον.
5:25 **εἰ** ζῶμεν πνεύματι, πνεύματι καὶ στοιχῶμεν.
6: 3 **εἰ** γὰρ δοκεῖ τις εἶναί τι μηδὲν ὤν,
6:14 ἐμοὶ δὲ μὴ γένοιτο καυχᾶσθαι **εἰ** μὴ ἐν τῷ σταυρῷ τοῦ κυρίου ἡμῶν Ἰησοῦ Χριστοῦ,

Eph 3: 2 **εἴ** γε ἠκούσατε τὴν οἰκονομίαν τῆς χάριτος τοῦ θεοῦ τῆς δοθείσης μοι εἰς ὑμᾶς,
4: 9 **εἰ** μὴ ὅτι καὶ κατέβη εἰς τὰ κατώτερα [μέρη] τῆς γῆς;
4:21 **εἴ** γε αὐτὸν ἠκούσατε καὶ ἐν αὐτῷ ἐδιδάχθητε,
4:29 ἀλλὰ **εἴ** τις ἀγαθὸς πρὸς οἰκοδομὴν τῆς χρείας,

Php 1:22 **εἰ** δὲ τὸ ζῆν ἐν σαρκί, τοῦτό μοι καρπὸς ἔργου,
2: 1 **Εἴ** τις οὖν παράκλησις ἐν Χριστῷ, **εἴ** τι παραμύθιον ἀγάπης, **εἴ** τις κοινωνία πνεύματος, **εἴ** τις σπλάγχνα καὶ οἰκτιρμοί,
2:17 ἀλλὰ **εἰ** καὶ σπένδομαι ἐπὶ τῇ θυσίᾳ καὶ λειτουργίᾳ τῆς πίστεως ὑμῶν,
3: 4 **εἴ** τις δοκεῖ ἄλλος πεποιθέναι ἐν σαρκί, ἐγὼ μᾶλλον·
3:11 **εἴ** πως καταντήσω εἰς τὴν ἐξανάστασιν τὴν ἐκ νεκρῶν.
3:12 διώκω δὲ **εἰ** καὶ καταλάβω, ἐφ' ᾧ καὶ κατελήμφθην ὑπὸ Χριστοῦ [Ἰησοῦ.]
3:15 καὶ **εἴ** τι ἑτέρως φρονεῖτε, καὶ τοῦτο ὁ θεὸς ὑμῖν ἀποκαλύψει·
4: 8 **εἴ** τις ἀρετὴ καὶ **εἴ** τις ἔπαινος, ταῦτα λογίζεσθε·
4:15 οὐδεμία μοι ἐκκλησία ἐκοινώνησεν εἰς λόγον δόσεως καὶ λήμψεως **εἰ** μὴ ὑμεῖς μόνοι,

Col 1:23 **εἴ** γε ἐπιμένετε τῇ πίστει τεθεμελιωμένοι καὶ ἑδραῖοι καὶ μὴ μετακινούμενοι ἀπὸ τῆς ἐλπίδος τοῦ εὐαγγελίου οὗ ἠκούσατε,
2: 5 **εἰ** γὰρ καὶ τῇ σαρκὶ ἄπειμι, ἀλλὰ τῷ πνεύματι σὺν ὑμῖν εἰμι,
2:20 **Εἰ** ἀπεθάνετε σὺν Χριστῷ ἀπὸ τῶν στοιχείων τοῦ κόσμου,
3: 1 **Εἰ** οὖν συνηγέρθητε τῷ Χριστῷ, τὰ ἄνω ζητεῖτε,

1Th 4:14 **εἰ** γὰρ πιστεύομεν ὅτι Ἰησοῦς ἀπέθανεν καὶ ἀνέστη,

2Th 3:10 ὅτι **εἴ** τις οὐ θέλει ἐργάζεσθαι μηδὲ ἐσθιέτω.
3:14 **εἰ** δέ τις οὐχ ὑπακούει τῷ λόγῳ ἡμῶν διὰ τῆς ἐπιστολῆς,

1Ti 1:10 καὶ **εἴ** τι ἕτερον τῇ ὑγιαινούσῃ διδασκαλίᾳ ἀντίκειται
3: 1 πιστὸς ὁ λόγος. **Εἴ** [UBS; NIV Πιστὸς ὁ λόγος· **εἴ**] τις ἐπισκοπῆς ὀρέγεται, καλοῦ ἔργου ἐπιθυμεῖ.
3: 5 (**εἰ** δέ τις τοῦ ἰδίου οἴκου προστῆναι οὐκ οἶδεν,
5: 4 **εἰ** δέ τις χήρα τέκνα ἢ ἔκγονα ἔχει,
5: 8 **εἰ** δέ τις τῶν ἰδίων καὶ μάλιστα οἰκείων οὐ προνοεῖ,
5:10 **εἰ** ἐτεκνοτρόφησεν, **εἰ** ἐξενοδόχησεν, **εἰ** ἁγίων πόδας ἔνιψεν, **εἰ** θλιβομένοις ἐπήρκεσεν, **εἰ** παντὶ ἔργῳ ἀγαθῷ ἐπηκολούθησεν.
5:16 **εἴ** τις πιστὴ ἔχει χήρας, ἐπαρκείτω αὐταῖς καὶ μὴ βαρείσθω ἡ ἐκκλησία,
5:19 ἐκτὸς **εἰ** μὴ ἐπὶ δύο ἢ τριῶν μαρτύρων.
6: 3 **εἴ** τις ἑτεροδιδασκαλεῖ καὶ μὴ προσέρχεται ὑγιαίνουσιν λόγοις τοῖς τοῦ κυρίου ἡμῶν Ἰησοῦ Χριστοῦ καὶ τῇ κατ' εὐσέβειαν διδασκαλίᾳ,

2Ti 2:11 πιστὸς ὁ λόγος· **εἰ** γὰρ συναπεθάνομεν, καὶ συζήσομεν·
2:12 **εἰ** ὑπομένομεν, καὶ συμβασιλεύσομεν· **εἰ** ἀρνησόμεθα, κἀκεῖνος ἀρνήσεται ἡμᾶς·
2:13 **εἰ** ἀπιστοῦμεν, ἐκεῖνος πιστὸς μένει, ἀρνήσασθαι γὰρ ἑαυτὸν οὐ δύναται.

Tit 1: 6 **εἴ** τίς ἐστιν ἀνέγκλητος, μιᾶς γυναικὸς ἀνήρ, τέκνα ἔχων πιστά,

Phm 1:17 **Εἰ** οὖν με ἔχεις κοινωνόν, προσλαβοῦ αὐτὸν ὡς ἐμέ.
1:18 **εἰ** δέ τι ἠδίκησέν σε ἢ ὀφείλει, τοῦτο ἐμοὶ ἐλλόγα.

Heb 2: 2 **εἰ** γὰρ ὁ δι' ἀγγέλων λαληθεὶς λόγος ἐγένετο βέβαιος καὶ πᾶσα παράβασις καὶ παρακοὴ ἔλαβεν ἔνδικον μισθαποδοσίαν,
3:11 ὡς ὤμοσα ἐν τῇ ὀργῇ μου· **Εἰ** εἰσελεύσονται εἰς τὴν κατάπαυσίν μου.
3:18 μὴ εἰσελεύσεσθαι εἰς τὴν κατάπαυσιν αὐτοῦ **εἰ** μὴ τοῖς ἀπειθήσασιν;
4: 3 Ὡς ὤμοσα ἐν τῇ ὀργῇ μου, **Εἰ** εἰσελεύσονται εἰς τὴν κατάπαυσίν μου,
4: 5 καὶ ἐν τούτῳ πάλιν, **Εἰ** εἰσελεύσονται εἰς τὴν κατάπαυσίν μου.
4: 8 **εἰ** γὰρ αὐτοὺς Ἰησοῦς κατέπαυσεν, οὐκ ἂν περὶ ἄλλης ἐλάλει μετὰ ταῦτα ἡμέρας.
6: 9 τὰ κρείσσονα καὶ ἐχόμενα σωτηρίας, **εἰ** καὶ οὕτως λαλοῦμεν.
6:14 **Εἰ** μὴν εὐλογῶν εὐλογήσω σε καὶ πληθύνων πληθυνῶ σε·
7:11 **Εἰ** μὲν οὖν τελείωσις διὰ τῆς Λευιτικῆς ἱερωσύνης ἦν,
7:15 **εἰ** κατὰ τὴν ὁμοιότητα Μελχισέδεκ ἀνίσταται ἱερεὺς ἕτερος,
8: 4 **εἰ** μὲν οὖν ἦν ἐπὶ γῆς, οὐδ' ἂν ἦν ἱερεύς,
8: 7 **Εἰ** γὰρ ἡ πρώτη ἐκείνη ἦν ἄμεμπτος, οὐκ ἂν δευτέρας ἐζητεῖτο τόπος.
9:13 **εἰ** γὰρ τὸ αἷμα τράγων καὶ ταύρων καὶ σποδὸς δαμάλεως ῥαντίζουσα τοὺς κεκοινωμένους ἁγιάζει
11:15 καὶ **εἰ** μὲν ἐκείνης ἐμνημόνευον ἀφ' ἧς ἐξέβησαν,
12: 8 **εἰ** δὲ χωρίς ἐστε παιδείας ἧς μέτοχοι γεγόνασιν πάντες,
12:25 **εἰ** γὰρ ἐκεῖνοι οὐκ ἐξέφυγον ἐπὶ γῆς παραιτησάμενοι τὸν χρηματίζοντα,

Jas 1: 5 **Εἰ** δέ τις ὑμῶν λείπεται σοφίας, αἰτείτω παρὰ τοῦ διδόντος θεοῦ πᾶσιν ἁπλῶς καὶ μὴ ὀνειδίζοντος καὶ δοθήσεται αὐτῷ.
1:23 ὅτι **εἴ** τις ἀκροατὴς λόγου ἐστὶν καὶ οὐ ποιητής,
1:26 **Εἴ** τις δοκεῖ θρησκὸς εἶναι μὴ χαλιναγωγῶν γλῶσσαν αὐτοῦ ἀλλὰ ἀπατῶν καρδίαν αὐτοῦ,
2: 8 **εἰ** μέντοι νόμον τελεῖτε βασιλικὸν κατὰ τὴν γραφήν,
2: 9 **εἰ** δὲ προσωπολημπτεῖτε, ἁμαρτίαν ἐργάζεσθε ἐλεγχόμενοι ὑπὸ τοῦ νόμου ὡς παραβάται.
2:11 **εἰ** δὲ οὐ μοιχεύεις φονεύεις δέ, γέγονας παραβάτης νόμου.
3: 2 **εἴ** τις ἐν λόγῳ οὐ πταίει, οὗτος τέλειος ἀνὴρ δυνατὸς χαλιναγωγῆσαι καὶ ὅλον τὸ σῶμα.
3: 3 **εἰ** δὲ τῶν ἵππων τοὺς χαλινοὺς εἰς τὰ στόματα βάλλομεν εἰς τὸ πείθεσθαι αὐτοὺς ἡμῖν,
3:14 **εἰ** δὲ ζῆλον πικρὸν ἔχετε καὶ ἐριθείαν ἐν τῇ καρδίᾳ ὑμῶν,
4:11 **εἰ** δὲ νόμον κρίνεις, οὐκ εἶ ποιητὴς νόμου ἀλλὰ κριτής.

1Pe 1: 6 ὀλίγον ἄρτι **εἰ** δέον [ἐστὶν] λυπηθέντες ἐν ποικίλοις πειρασμοῖς,
1:17 Καὶ **εἰ** πατέρα ἐπικαλεῖσθε τὸν ἀπροσωπολήμπτως κρίνοντα κατὰ τὸ ἑκάστου ἔργον,
2: 3 **εἰ** ἐγεύσασθε ὅτι χρηστὸς ὁ κύριος.
2:19 τοῦτο γὰρ χάρις **εἰ** διὰ συνείδησιν θεοῦ ὑποφέρει τις λύπας πάσχων ἀδίκως.
2:20 ποῖον γὰρ κλέος **εἰ** ἁμαρτάνοντες καὶ κολαφιζόμενοι ὑπομενεῖτε; ἀλλ' **εἰ** ἀγαθοποιοῦντες καὶ πάσχοντες ὑπομενεῖτε, τοῦτο χάρις παρὰ θεῷ.
3: 1 ὑποτασσόμεναι τοῖς ἰδίοις ἀνδράσιν, ἵνα καὶ **εἴ** τινες ἀπειθοῦσιν τῷ λόγῳ,
3:14 ἀλλ' **εἰ** καὶ πάσχοιτε διὰ δικαιοσύνην, μακάριοι. τὸν δὲ φόβον αὐτῶν μὴ φοβηθῆτε μηδὲ ταραχθῆτε,
3:17 **εἰ** θέλοι τὸ θέλημα τοῦ θεοῦ, πάσχειν ἢ κακοποιοῦντας.

4:11 **εἴ** τις λαλεῖ, ὡς λόγια θεοῦ· **εἴ** τις διακονεῖ, ὡς ἐξ ἰσχύος ἧς χορηγεῖ ὁ θεός,
4:14 **εἰ** ὀνειδίζεσθε ἐν ὀνόματι Χριστοῦ, μακάριοι, ὅτι τὸ τῆς δόξης καὶ τὸ τοῦ θεοῦ πνεῦμα ἐφ' ὑμᾶς ἀναπαύεται.
4:16 **εἰ** δὲ ὡς Χριστιανός, μὴ αἰσχυνέσθω, δοξαζέτω δὲ τὸν θεὸν ἐν τῷ ὀνόματι τούτῳ.
4:17 **εἰ** δὲ πρῶτον ἀφ' ἡμῶν, τί τὸ τέλος τῶν ἀπειθούντων τῷ τοῦ θεοῦ εὐαγγελίῳ;
4:18 καὶ **εἰ** ὁ δίκαιος μόλις σῴζεται, ὁ ἀσεβὴς καὶ ἁμαρτωλὸς ποῦ φανεῖται;
2Pe 2: 4 **Εἰ** γὰρ ὁ θεὸς ἀγγέλων ἁμαρτησάντων οὐκ ἐφείσατο ἀλλὰ σειραῖς ζόφου ταρταρώσας παρέδωκεν εἰς κρίσιν τηρουμένους,
2:20 **εἰ** γὰρ ἀποφυγόντες τὰ μιάσματα τοῦ κόσμου ἐν ἐπιγνώσει τοῦ κυρίου [ἡμῶν] καὶ σωτῆρος Ἰησοῦ Χριστοῦ,
1Jn 2:19 **εἰ** γὰρ ἐξ ἡμῶν ἦσαν, μεμενήκεισαν ἂν μεθ' ἡμῶν·
2:22 Τίς ἐστιν ὁ ψεύστης **εἰ** μὴ ὁ ἀρνούμενος ὅτι Ἰησοῦς οὐκ ἔστιν ὁ Χριστός;
3:13 [καὶ] μὴ θαυμάζετε, ἀδελφοί, **εἰ** μισεῖ ὑμᾶς ὁ κόσμος.
4: 1 μὴ παντὶ πνεύματι πιστεύετε ἀλλὰ δοκιμάζετε τὰ πνεύματα **εἰ** ἐκ τοῦ θεοῦ ἐστιν,
4:11 Ἀγαπητοί, **εἰ** οὕτως ὁ θεὸς ἠγάπησεν ἡμᾶς, καὶ ἡμεῖς ὀφείλομεν ἀλλήλους ἀγαπᾶν.
5: 5 τίς [δέ] ἐστιν ὁ νικῶν τὸν κόσμον **εἰ** μὴ ὁ πιστεύων ὅτι Ἰησοῦς ἐστιν ὁ υἱὸς τοῦ θεοῦ;
5: 9 **εἰ** τὴν μαρτυρίαν τῶν ἀνθρώπων λαμβάνομεν, ἡ μαρτυρία τοῦ θεοῦ μείζων ἐστίν·
2Jn 1:10 **εἴ** τις ἔρχεται πρὸς ὑμᾶς καὶ ταύτην τὴν διδαχὴν οὐ φέρει,
Rev 2: 5 **εἰ** δὲ μή, ἔρχομαί σοι καὶ κινήσω τὴν λυχνίαν σου ἐκ τοῦ τόπου αὐτῆς,
2:16 **εἰ** δὲ μή, ἔρχομαί σοι ταχὺ καὶ πολεμήσω μετ' αὐτῶν ἐν τῇ ῥομφαίᾳ τοῦ στόματός μου.
2:17 καὶ ἐπὶ τὴν ψῆφον ὄνομα καινὸν γεγραμμένον ὃ οὐδεὶς οἶδεν **εἰ** μὴ ὁ λαμβάνων.
9: 4 **εἰ** μὴ τοὺς ἀνθρώπους οἵτινες οὐκ ἔχουσι τὴν σφραγῖδα τοῦ θεοῦ ἐπὶ τῶν μετώπων.
11: 5 καὶ **εἴ** τις αὐτοὺς θέλει ἀδικῆσαι πῦρ ἐκπορεύεται ἐκ τοῦ στόματος αὐτῶν καὶ κατεσθίει τοὺς ἐχθροὺς αὐτῶν· καὶ **εἴ** τις θελήσῃ αὐτοὺς ἀδικῆσαι, οὕτως δεῖ αὐτὸν ἀποκτανθῆναι.
13: 9 **Εἴ** τις ἔχει οὖς ἀκουσάτω.
13:10 **εἴ** τις εἰς αἰχμαλωσίαν, εἰς αἰχμαλωσίαν ὑπάγει· **εἴ** τις ἐν μαχαίρῃ ἀποκτανθῆναι αὐτὸν ἐν μαχαίρῃ ἀποκτανθῆναι.
13:17 καὶ ἵνα μή τις δύνηται ἀγοράσαι ἢ πωλῆσαι **εἰ** μὴ ὁ ἔχων τὸ χάραγμα τὸ ὄνομα τοῦ θηρίου ἢ τὸν ἀριθμὸν τοῦ ὀνόματος
14: 3 καὶ οὐδεὶς ἐδύνατο μαθεῖν τὴν ᾠδὴν **εἰ** μὴ αἱ ἑκατὸν τεσσεράκοντα τέσσαρες χιλιάδες,
14: 9 **Εἴ** τις προσκυνεῖ τὸ θηρίον καὶ τὴν εἰκόνα αὐτοῦ καὶ λαμβάνει χάραγμα ἐπὶ τοῦ μετώπου αὐτοῦ ἢ ἐπὶ τὴν χεῖρα αὐτοῦ,
14:11 καὶ οὐκ ἔχουσιν ἀνάπαυσιν ἡμέρας καὶ νυκτὸς οἱ προσκυνοῦντες τὸ θηρίον καὶ τὴν εἰκόνα αὐτοῦ καὶ **εἴ** τις λαμβάνει τὸ χάραγμα τοῦ ὀνόματος αὐτοῦ.
19:12 ἔχων ὄνομα γεγραμμένον ὃ οὐδεὶς οἶδεν **εἰ** μὴ αὐτός,
20:15 καὶ **εἴ** τις οὐχ εὑρέθη ἐν τῇ βίβλῳ τῆς ζωῆς γεγραμμένος,
21:27 πᾶν κοινὸν καὶ [ὁ] ποιῶν βδέλυγμα καὶ ψεῦδος **εἰ** μὴ οἱ γεγραμμένοι ἐν τῷ βιβλίῳ τῆς ζωῆς τοῦ ἀρνίου.

1624 εἰδέα [1]

√ *1626*

Mt 28: 3 ἦν δὲ ἡ **εἰδέα** αὐτοῦ ὡς ἀστραπὴ καὶ τὸ ἔνδυμα αὐτοῦ λευκὸν ὡς χιών.

1625 εἶδον Not used in UBS/NIV

√ *1626*

1626 εἶδος [5]

→ *1212, 1229, 1624, 1625, 2078, 2623, 2624, 2627, 4378, 5653; cf. 1631*

Lk 3:22 καὶ καταβῆναι τὸ πνεῦμα τὸ ἅγιον σωματικῷ **εἴδει** ὡς περιστερὰν ἐπ' αὐτόν,
9:29 καὶ ἐγένετο ἐν τῷ προσεύχεσθαι αὐτὸν τὸ **εἶδος** τοῦ προσώπου αὐτοῦ ἕτερον καὶ ὁ ἱματισμὸς αὐτοῦ λευκὸς ἐξαστράπτων.
Jn 5:37 οὔτε φωνὴν αὐτοῦ πώποτε ἀκηκόατε οὔτε **εἶδος** αὐτοῦ ἑωράκατε,
2Co 5: 7 διὰ πίστεως γὰρ περιπατοῦμεν, οὐ διὰ **εἴδους·**
1Th 5:22 ἀπὸ παντὸς **εἴδους** πονηροῦ ἀπέχεσθε.

1627 εἰδωλεῖον [1]

√ *1631*

1Co 8:10 ἐὰν γάρ τις ἴδῃ σὲ τὸν ἔχοντα γνῶσιν ἐν **εἰδωλείῳ** κατακείμενον,

1628 εἰδωλόθυτος [9]

√ *1631 + 2604*

Ac 15:29 ἀπέχεσθαι **εἰδωλοθύτων** καὶ αἵματος καὶ πνικτῶν καὶ πορνείας,
21:25 περὶ δὲ τῶν πεπιστευκότων ἐθνῶν ἡμεῖς ἐπεστείλαμεν κρίναντες φυλάσσεσθαι αὐτοὺς τό τε **εἰδωλόθυτον** καὶ αἷμα
1Co 8: 1 Περὶ δὲ τῶν **εἰδωλοθύτων,** οἴδαμεν ὅτι πάντες γνῶσιν ἔχομεν.
8: 4 Περὶ τῆς βρώσεως οὖν τῶν **εἰδωλοθύτων,** οἴδαμεν ὅτι οὐδὲν εἴδωλον ἐν κόσμῳ καὶ ὅτι οὐδεὶς θεὸς εἰ μὴ εἷς.
8: 7 τινὲς δὲ τῇ συνηθείᾳ ἕως ἄρτι τοῦ εἰδώλου ὡς **εἰδωλόθυτον** ἐσθίουσιν,
8:10 οὐχὶ ἡ συνείδησις αὐτοῦ ἀσθενοῦς ὄντος οἰκοδομηθήσεται εἰς τὸ τὰ **εἰδωλόθυτα** ἐσθίειν;
10:19 ὅτι **εἰδωλόθυτόν** τί ἐστιν ἢ ὅτι εἴδωλόν τί ἐστιν;
Rev 2:14 ὃς ἐδίδασκεν τῷ Βαλὰκ βαλεῖν σκάνδαλον ἐνώπιον τῶν υἱῶν Ἰσραὴλ φαγεῖν **εἰδωλόθυτα** καὶ πορνεῦσαι.
2:20 ἡ λέγουσα ἑαυτὴν προφῆτιν καὶ διδάσκει καὶ πλανᾷ τοὺς ἐμοὺς δούλους πορνεῦσαι καὶ φαγεῖν **εἰδωλόθυτα.**

1629 εἰδωλολάτρης [7]

√ *1631 + 3301*

1Co 5:10 οὐ πάντως τοῖς πόρνοις τοῦ κόσμου τούτου ἢ τοῖς πλεονέκταις καὶ ἅρπαξιν ἢ **εἰδωλολάτραις,**
5:11 νῦν δὲ ἔγραψα ὑμῖν μὴ συναναμίγνυσθαι ἐάν τις ἀδελφὸς ὀνομαζόμενος ᾖ πόρνος ἢ πλεονέκτης ἢ **εἰδωλολάτρης**
6: 9 οὔτε πόρνοι οὔτε **εἰδωλολάτραι** οὔτε μοιχοὶ οὔτε μαλακοὶ οὔτε ἀρσενοκοῖται
10: 7 μηδὲ **εἰδωλολάτραι** γίνεσθε καθώς τινες αὐτῶν, ὥσπερ γέγραπται,
Eph 5: 5 ὅτι πᾶς πόρνος ἢ ἀκάθαρτος ἢ πλεονέκτης, ὅ ἐστιν **εἰδωλολάτρης,**
Rev 21: 8 καὶ φαρμάκοις καὶ **εἰδωλολάτραις** καὶ πᾶσιν τοῖς ψευδέσιν τὸ μέρος αὐτῶν ἐν τῇ λίμνῃ τῇ καιομένῃ πυρὶ καὶ θείῳ,
22:15 ἔξω οἱ κύνες καὶ οἱ φάρμακοι καὶ οἱ πόρνοι καὶ οἱ φονεῖς καὶ οἱ **εἰδωλολάτραι** καὶ πᾶς φιλῶν καὶ ποιῶν ψεῦδος.

1630 εἰδωλολατρία [4]

√ *1631 + 3301*

1Co 10:14 Διόπερ, ἀγαπητοί μου, φεύγετε ἀπὸ τῆς **εἰδωλολατρίας.**
Gal 5:20 **εἰδωλολατρία,** φαρμακεία, ἔχθραι, ἔρις, ζῆλος, θυμοί, ἐριθεῖαι, διχοστασίαι,
Col 3: 5 πορνείαν ἀκαθαρσίαν πάθος ἐπιθυμίαν κακήν, καὶ τὴν πλεονεξίαν, ἥτις ἐστὶν **εἰδωλολατρία,**
1Pe 4: 3 πεπορευμένους ἐν ἀσελγείαις, ἐπιθυμίαις, οἰνοφλυγίαις, κώμοις, πότοις καὶ ἀθεμίτοις **εἰδωλολατρίαις.**

1631 εἴδωλον [11]

→ *1627, 1628, 1629, 1630, 2977; cf. 1626*

Ac 7:41 ἐμοσχοποίησαν ἐν ταῖς ἡμέραις ἐκείναις καὶ ἀνήγαγον θυσίαν τῷ **εἰδώλῳ** καὶ εὐφραίνοντο ἐν τοῖς ἔργοις τῶν χειρῶν αὐτῶν.
15:20 ἀλλὰ ἐπιστεῖλαι αὐτοῖς τοῦ ἀπέχεσθαι τῶν ἀλισγημάτων τῶν **εἰδώλων** καὶ τῆς πορνείας καὶ τοῦ πνικτοῦ καὶ τοῦ αἵματος.
Ro 2:22 ὁ λέγων μὴ μοιχεύειν μοιχεύεις; ὁ βδελυσσόμενος τὰ **εἴδωλα** ἱεροσυλεῖς;
1Co 8: 4 οἴδαμεν ὅτι οὐδὲν **εἴδωλον** ἐν κόσμῳ καὶ ὅτι οὐδεὶς θεὸς εἰ μὴ εἷς.
8: 7 τινὲς δὲ τῇ συνηθείᾳ ἕως ἄρτι τοῦ **εἰδώλου** ὡς εἰδωλόθυτον ἐσθίουσιν,
10:19 ὅτι εἰδωλόθυτόν τί ἐστιν ἢ ὅτι **εἴδωλόν** τί ἐστιν;
12: 2 Οἴδατε ὅτι ὅτε ἔθνη ἦτε πρὸς τὰ **εἴδωλα** τὰ ἄφωνα ὡς ἂν ἤγεσθε ἀπαγόμενοι.
2Co 6:16 τίς δὲ συγκατάθεσις ναῷ θεοῦ μετὰ **εἰδώλων;** ἡμεῖς γὰρ ναὸς θεοῦ ἐσμεν ζῶντος,

1Th 1: 9 καὶ πῶς ἐπεστρέψατε πρὸς τὸν θεὸν ἀπὸ τῶν **εἰδώλων** δουλεύειν θεῷ ζῶντι καὶ ἀληθινῷ
1Jn 5:21 Τεκνία, φυλάξατε ἑαυτὰ ἀπὸ τῶν **εἰδώλων.**
Rev 9:20 ἵνα μὴ προσκυνήσουσιν τὰ δαιμόνια καὶ τὰ **εἴδωλα** τὰ χρυσᾶ καὶ τὰ ἀργυρᾶ καὶ τὰ χαλκᾶ καὶ τὰ λίθινα καὶ τὰ ξύλινα,

1632 εἰκῇ [6]

Ro 13: 4 ἐὰν δὲ τὸ κακὸν ποιῇς, φοβοῦ· οὐ γὰρ **εἰκῇ** τὴν μάχαιραν φορεῖ·
1Co 15: 2 τίνι λόγῳ εὐηγγελισάμην ὑμῖν εἰ κατέχετε, ἐκτὸς εἰ μὴ **εἰκῇ** ἐπιστεύσατε.
Gal 3: 4 τοσαῦτα ἐπάθετε **εἰκῇ;** εἴ γε καὶ **εἰκῇ.**
4:11 φοβοῦμαι ὑμᾶς μή πως **εἰκῇ** κεκοπίακα εἰς ὑμᾶς.
Col 2:18 **εἰκῇ** φυσιούμενος ὑπὸ τοῦ νοὸς τῆς σαρκὸς αὐτοῦ,

1633 εἴκοσι [11]

Lk 14:31 πρῶτον βουλεύσεται εἰ δυνατός ἐστιν ἐν δέκα χιλιάσιν ὑπαντῆσαι τῷ μετὰ **εἴκοσι** χιλιάδων ἐρχομένῳ ἐπ' αὐτόν;
Jn 6:19 ἐληλακότες οὖν ὡς σταδίους **εἴκοσι** πέντε ἢ τριάκοντα θεωροῦσιν τὸν Ἰησοῦν περιπατοῦντα ἐπὶ τῆς θαλάσσης καὶ ἐγγὺς τοῦ πλοίου γινόμενον,
Ac 1:15 ἦν τε ὄχλος ὀνομάτων ἐπὶ τὸ αὐτὸ ὡσεὶ ἑκατὸν **εἴκοσι·**
27:28 καὶ βολίσαντες εὗρον ὀργυιὰς **εἴκοσι,** βραχὺ δὲ διαστήσαντες καὶ πάλιν βολίσαντες εὗρον ὀργυιὰς δεκαπέντε·
1Co 10: 8 καθώς τινες αὐτῶν ἐπόρνευσαν καὶ ἔπεσαν μιᾷ ἡμέρᾳ **εἴκοσι** τρεῖς χιλιάδες.
Rev 4: 4 καὶ κυκλόθεν τοῦ θρόνου θρόνους **εἴκοσι** τέσσαρες, καὶ ἐπὶ τοὺς θρόνους **εἴκοσι** τέσσαρας πρεσβυτέρους καθημένους
4:10 πεσοῦνται οἱ **εἴκοσι** τέσσαρες πρεσβύτεροι ἐνώπιον τοῦ καθημένου ἐπὶ τοῦ θρόνου καὶ προσκυνήσουσιν τῷ ζῶντι
5: 8 τὰ τέσσαρα ζῷα καὶ οἱ **εἴκοσι** τέσσαρες πρεσβύτεροι ἔπεσαν ἐνώπιον τοῦ ἀρνίου ἔχοντες ἕκαστος κιθάραν καὶ φιάλας
11:16 καὶ οἱ **εἴκοσι** τέσσαρες πρεσβύτεροι [οἱ] ἐνώπιον τοῦ θεοῦ καθήμενοι ἐπὶ τοὺς θρόνους αὐτῶν ἔπεσαν ἐπὶ τὰ πρόσωπα
19: 4 καὶ ἔπεσαν οἱ πρεσβύτεροι οἱ **εἴκοσι** τέσσαρες καὶ τὰ τέσσαρα ζῷα καὶ προσεκύνησαν τῷ θεῷ τῷ καθημένῳ ἐπὶ τῷ θρόνῳ

1634 εἴκω [1]

→ *5640*

Gal 2: 5 οἷς οὐδὲ πρὸς ὥραν **εἴξαμεν** τῇ ὑποταγῇ, ἵνα ἡ ἀλήθεια τοῦ εὐαγγελίου διαμείνῃ πρὸς ὑμᾶς.

1635 εἰκών [23]

√ *2036*

Mt 22:20 καὶ λέγει αὐτοῖς, Τίνος ἡ **εἰκὼν** αὕτη καὶ ἡ ἐπιγραφή;
Mk 12:16 καὶ λέγει αὐτοῖς, Τίνος ἡ **εἰκὼν** αὕτη καὶ ἡ ἐπιγραφή;
Lk 20:24 Δείξατέ μοι δηνάριον· τίνος ἔχει **εἰκόνα** καὶ ἐπιγραφήν;
Ro 1:23 ἤλλαξαν τὴν δόξαν τοῦ ἀφθάρτου θεοῦ ἐν ὁμοιώματι **εἰκόνος** φθαρτοῦ ἀνθρώπου καὶ πετεινῶν καὶ τετραπόδων καὶ ἑρπετῶν.
8:29 καὶ προώρισεν συμμόρφους τῆς **εἰκόνος** τοῦ υἱοῦ αὐτοῦ,
1Co 11: 7 ἀνὴρ μὲν γὰρ οὐκ ὀφείλει κατακαλύπτεσθαι τὴν κεφαλὴν **εἰκὼν** καὶ δόξα θεοῦ ὑπάρχων·
15:49 καὶ καθὼς ἐφορέσαμεν τὴν **εἰκόνα** τοῦ χοϊκοῦ, φορέσομεν καὶ τὴν **εἰκόνα** τοῦ ἐπουρανίου.
2Co 3:18 ἡμεῖς δὲ πάντες ἀνακεκαλυμμένῳ προσώπῳ τὴν δόξαν κυρίου κατοπτριζόμενοι τὴν αὐτὴν **εἰκόνα** μεταμορφούμεθα ἀπὸ δόξης εἰς δόξαν καθάπερ ἀπὸ κυρίου πνεύματος.
4: 4 εἰς τὸ μὴ αὐγάσαι τὸν φωτισμὸν τοῦ εὐαγγελίου τῆς δόξης τοῦ Χριστοῦ, ὅς ἐστιν **εἰκὼν** τοῦ θεοῦ.
Col 1:15 ὅς ἐστιν **εἰκὼν** τοῦ θεοῦ τοῦ ἀοράτου, πρωτότοκος πάσης κτίσεως,
3:10 καὶ ἐνδυσάμενοι τὸν νέον τὸν ἀνακαινούμενον εἰς ἐπίγνωσιν κατ' **εἰκόνα** τοῦ κτίσαντος αὐτόν,
Heb 10: 1 Σκιὰν γὰρ ἔχων ὁ νόμος τῶν μελλόντων ἀγαθῶν, οὐκ αὐτὴν τὴν **εἰκόνα** τῶν πραγμάτων,
Rev 13:14 λέγων τοῖς κατοικοῦσιν ἐπὶ τῆς γῆς ποιῆσαι **εἰκόνα** τῷ θηρίῳ,
13:15 καὶ ἐδόθη αὐτῷ δοῦναι πνεῦμα τῇ **εἰκόνι** τοῦ θηρίου, ἵνα καὶ λαλήσῃ ἡ **εἰκὼν** τοῦ θηρίου καὶ ποιήσῃ [ἵνα] ὅσοι ἐὰν μὴ προσκυνήσωσιν τῇ **εἰκόνι** τοῦ θηρίου ἀποκτανθῶσιν.
14: 9 Εἴ τις προσκυνεῖ τὸ θηρίον καὶ τὴν **εἰκόνα** αὐτοῦ καὶ λαμβάνει χάραγμα ἐπὶ τοῦ μετώπου αὐτοῦ ἢ ἐπὶ τὴν χεῖρα αὐτοῦ,
14:11 καὶ οὐκ ἔχουσιν ἀνάπαυσιν ἡμέρας καὶ νυκτὸς οἱ προσκυνοῦντες τὸ θηρίον καὶ τὴν **εἰκόνα** αὐτοῦ
15: 2 Καὶ εἶδον ὡς θάλασσαν ὑαλίνην μεμιγμένην πυρὶ καὶ τοὺς νικῶντας ἐκ τοῦ θηρίου καὶ ἐκ τῆς **εἰκόνος** αὐτοῦ
16: 2 ἕλκος κακὸν καὶ πονηρὸν ἐπὶ τοὺς ἀνθρώπους τοὺς ἔχοντας τὸ χάραγμα τοῦ θηρίου καὶ τοὺς προσκυνοῦντας τῇ **εἰκόνι** αὐτοῦ.
19:20 ἐν οἷς ἐπλάνησεν τοὺς λαβόντας τὸ χάραγμα τοῦ θηρίου καὶ τοὺς προσκυνοῦντας τῇ **εἰκόνι** αὐτοῦ·
20: 4 καὶ οἵτινες οὐ προσεκύνησαν τὸ θηρίον οὐδὲ τὴν **εἰκόνα** αὐτοῦ καὶ οὐκ ἔλαβον τὸ χάραγμα ἐπὶ τὸ μέτωπον καὶ ἐπὶ τὴν χεῖρα

1636 εἰλικρίνεια [3]

√ *1637*

1Co 5: 8 ὥστε ἑορτάζωμεν μὴ ἐν ζύμῃ παλαιᾷ μηδὲ ἐν ζύμῃ κακίας καὶ πονηρίας ἀλλ' ἐν ἀζύμοις **εἰλικρινείας** καὶ ἀληθείας.
2Co 1:12 τὸ μαρτύριον τῆς συνειδήσεως ἡμῶν, ὅτι ἐν ἁπλότητι καὶ **εἰλικρινείᾳ** τοῦ θεοῦ,
2:17 ἀλλ' ὡς ἐξ **εἰλικρινείας,** ἀλλ' ὡς ἐκ θεοῦ κατέναντι θεοῦ ἐν Χριστῷ λαλοῦμεν.

1637 εἰλικρινής [2]

→ *1636; cf. 2463 + 3212*

Php 1:10 ἵνα ἦτε **εἰλικρινεῖς** καὶ ἀπρόσκοποι εἰς ἡμέραν Χριστοῦ,
2Pe 3: 1 δευτέραν ὑμῖν γράφω ἐπιστολήν ἐν αἷς διεγείρω ὑμῶν ἐν ὑπομνήσει τὴν **εἰλικρινῆ** διάνοιαν

1638 εἰ μήν Not used in UBS/NIV

√ *1623 + 3605*

1639 εἰμί [2462]

→ *582, 707, 1913, 1928, 1930, 1997, 2003, 2026, 2157, 3953, 4045, 4205, 4242, 4342, 5223, 5289, 5542; cf. 2026*

ἐγὼ εἰμί [48] Mt 14:27; 22:32; 24:5; 26:22,25; Mk 6:50; 13:6; 14:62; Lk 1:19; 21:8; 22:70; 24:39; Jn 4:26; 6:20,35,41,48,51; 8:12,18,24,28,58; 9:9; 10:7,9,11,14; 11:25; 13:19; 14:6; 15:1,5; 18:5,6,8; Ac 9:5; 10:21; 18:10; 22:3,8; 26:15,29; Rev 1:8,17; 2:23; 21:6; 22:16

ἐγὼ γὰρ εἰμί [2] Lk 1:18; 1Co 15:9

ἐγὼ μὲν εἰμί [2] 1Co 1:12; 3:4

ἐγὼ οὐκ εἰμί [4] Jn 1:20; 8:23; 17:14,16

εἰμὶ ἐγώ [11] Jn 1:27; 3:28; 7:34,36; 12:26; 14:3; 17:24; Ac 13:25; 27:23; Ro 11:13; 1Ti 1:15

εἰμί εἰς εἷς [5] Mt 19:5; Mk 10:8; Jn 17:23; 1Co 6:16; Eph 5:31

εἰμι ὅ εἰμι [1] 1Co 15:10

εἰμι οὐδέν, οὐθέν [2] 1Co 13:2; 2Co 12:11

ὁ ὤν [10] Jn 1:18; 3:31; 6:46; 8:47; 18:37; Rev 1:4,8; 4:8; 11:17; 16:5

τοῦτ' ἔστιν [17] Mt 27:46; Mk 7:2; Ac 1:19; 19:4; Ro 7:18; 9:8; 10:6,7,8; Phm 1:12; Heb 2:14; 7:5; 9:11; 10:20; 11:16; 13:15; 1Pe 3:20

Mt 1:18 Τοῦ δὲ Ἰησοῦ Χριστοῦ ἡ γένεσις οὕτως **ἦν.**
1:19 δίκαιος **ὢν** καὶ μὴ θέλων αὐτὴν δειγματίσαι, ἐβουλήθη λάθρᾳ ἀπολῦσαι αὐτήν.
1:20 τὸ γὰρ ἐν αὐτῇ γεννηθὲν ἐκ πνεύματός **ἐστιν** ἁγίου.
1:23 καὶ καλέσουσιν τὸ ὄνομα αὐτοῦ Ἐμμανουήλ, ὅ **ἐστιν** μεθερμηνευόμενον Μεθ' ἡμῶν ὁ θεός.
2: 2 λέγοντες, Ποῦ **ἐστιν** ὁ τεχθεὶς βασιλεὺς τῶν Ἰουδαίων;
2: 6 γῆ Ἰούδα, οὐδαμῶς ἐλαχίστη **εἶ** ἐν τοῖς ἡγεμόσιν Ἰούδα·
2: 9 ἕως ἐλθὼν ἐστάθη ἐπάνω οὗ **ἦν** τὸ παιδίον.
2:13 Ἐγερθεὶς παράλαβε τὸ παιδίον καὶ τὴν μητέρα αὐτοῦ καὶ φεῦγε εἰς Αἴγυπτον καὶ **ἴσθι** ἐκεῖ ἕως ἂν εἴπω σοι·
2:15 καὶ **ἦν** ἐκεῖ ἕως τῆς τελευτῆς Ἡρῴδου· ἵνα πληρωθῇ τὸ ῥηθὲν ὑπὸ κυρίου διὰ τοῦ προφήτου λέγοντος,
2:18 Ῥαχὴλ κλαίουσα τὰ τέκνα αὐτῆς, καὶ οὐκ ἤθελεν παρακληθῆναι, ὅτι οὐκ **εἰσίν.**
3: 3 οὗτος γάρ **ἐστιν** ὁ ῥηθεὶς διὰ Ἠσαΐου τοῦ προφήτου λέγοντος,
3: 4 ἡ δὲ τροφὴ **ἦν** αὐτοῦ ἀκρίδες καὶ μέλι ἄγριον.

3:11 ὁ δὲ ὀπίσω μου ἐρχόμενος ἰσχυρότερός μού **ἐστιν,** οὗ οὐκ **εἰμὶ** ἱκανὸς τὰ ὑποδήματα βαστάσαι·
3:15 οὕτως γὰρ πρέπον **ἐστὶν** ἡμῖν πληρῶσαι πᾶσαν δικαιοσύνην.
3:17 Οὗτός **ἐστιν** ὁ υἱός μου ὁ ἀγαπητός, ἐν ᾧ εὐδόκησα.
4: 3 Καὶ προσελθὼν ὁ πειράζων εἶπεν αὐτῷ, Εἰ υἱὸς **εἶ** τοῦ θεοῦ,
4: 6 Εἰ υἱὸς **εἶ** τοῦ θεοῦ, βάλε σεαυτὸν κάτω·
4:18 βάλλοντας ἀμφίβληστρον εἰς τὴν θάλασσαν· **ἦσαν** γὰρ ἁλιεῖς.
5: 3 Μακάριοι οἱ πτωχοὶ τῷ πνεύματι, ὅτι αὐτῶν **ἐστιν** ἡ βασιλεία τῶν οὐρανῶν.
5:10 μακάριοι οἱ δεδιωγμένοι ἕνεκεν δικαιοσύνης, ὅτι αὐτῶν **ἐστιν** ἡ βασιλεία τῶν οὐρανῶν.
5:11 μακάριοί **ἐστε** ὅταν ὀνειδίσωσιν ὑμᾶς καὶ διώξωσιν καὶ εἴπωσιν πᾶν πονηρὸν καθ' ὑμῶν [ψευδόμενοι] ἕνεκεν ἐμοῦ.
5:13 Ὑμεῖς **ἐστε** τὸ ἅλας τῆς γῆς· ἐὰν δὲ τὸ ἅλας μωρανθῇ,
5:14 Ὑμεῖς **ἐστε** τὸ φῶς τοῦ κόσμου. οὐ δύναται πόλις κρυβῆναι ἐπάνω ὄρους κειμένη·
5:21 ὃς δ' ἂν φονεύσῃ, ἔνοχος **ἔσται** τῇ κρίσει.
5:22 ἐγὼ δὲ λέγω ὑμῖν ὅτι πᾶς ὁ ὀργιζόμενος τῷ ἀδελφῷ αὐτοῦ ἔνοχος **ἔσται** τῇ κρίσει· ὃς δ' ἂν εἴπῃ τῷ ἀδελφῷ αὐτοῦ, Ῥακά, ἔνοχος **ἔσται** τῷ συνεδρίῳ· ὃς δ' ἂν εἴπῃ, Μωρέ, ἔνοχος **ἔσται** εἰς τὴν γέενναν τοῦ πυρός.
5:25 **ἴσθι** εὐνοῶν τῷ ἀντιδίκῳ σου ταχύ, ἕως ὅτου **εἶ** μετ' αὐτοῦ ἐν τῇ ὁδῷ,
5:34 μήτε ἐν τῷ οὐρανῷ, ὅτι θρόνος **ἐστὶν** τοῦ θεοῦ,
5:35 ὅτι ὑποπόδιόν **ἐστιν** τῶν ποδῶν αὐτοῦ, μήτε εἰς Ἱεροσόλυμα, ὅτι πόλις **ἐστὶν** τοῦ μεγάλου βασιλέως,
5:37 **ἔστω** δὲ ὁ λόγος ὑμῶν ναὶ ναί, οὒ οὔ· τὸ δὲ περισσὸν τούτων ἐκ τοῦ πονηροῦ **ἐστιν.**
5:48 **Ἔσεσθε** οὖν ὑμεῖς τέλειοι ὡς ὁ πατὴρ ὑμῶν ὁ οὐράνιος τέλειός **ἐστιν.**
6: 4 ὅπως **ᾖ** σου ἡ ἐλεημοσύνη ἐν τῷ κρυπτῷ·
6: 5 Καὶ ὅταν προσεύχησθε, οὐκ **ἔσεσθε** ὡς οἱ ὑποκριταί,
6:21 ὅπου γάρ **ἐστιν** ὁ θησαυρός σου, ἐκεῖ **ἔσται** καὶ ἡ καρδία σου.
6:22 Ὁ λύχνος τοῦ σώματός **ἐστιν** ὁ ὀφθαλμός. ἐὰν οὖν **ᾖ** ὁ ὀφθαλμός σου ἁπλοῦς, ὅλον τὸ σῶμά σου φωτεινὸν **ἔσται·**
6:23 ἐὰν δὲ ὁ ὀφθαλμός σου πονηρὸς **ᾖ,** ὅλον τὸ σῶμά σου σκοτεινὸν **ἔσται.** εἰ οὖν τὸ φῶς τὸ ἐν σοὶ σκότος **ἐστίν,** τὸ σκότος πόσον.
6:25 οὐχὶ ἡ ψυχὴ πλεῖόν **ἐστιν** τῆς τροφῆς καὶ τὸ σῶμα τοῦ ἐνδύματος;
6:30 εἰ δὲ τὸν χόρτον τοῦ ἀγροῦ σήμερον **ὄντα** καὶ αὔριον εἰς κλίβανον βαλλόμενον ὁ θεὸς οὕτως ἀμφιέννυσιν,
7: 9 ἢ τίς **ἐστιν** ἐξ ὑμῶν ἄνθρωπος, ὃν αἰτήσει ὁ υἱὸς αὐτοῦ ἄρτον,
7:11 εἰ οὖν ὑμεῖς πονηροὶ **ὄντες** οἴδατε δόματα ἀγαθὰ διδόναι τοῖς τέκνοις ὑμῶν,
7:12 οὗτος γάρ **ἐστιν** ὁ νόμος καὶ οἱ προφῆται.
7:13 ὅτι πλατεῖα ἡ πύλη καὶ εὐρύχωρος ἡ ὁδὸς ἡ ἀπάγουσα εἰς τὴν ἀπώλειαν καὶ πολλοί **εἰσιν** οἱ εἰσερχόμενοι δι' αὐτῆς·
7:14 τί στενὴ ἡ πύλη καὶ τεθλιμμένη ἡ ὁδὸς ἡ ἀπάγουσα εἰς τὴν ζωὴν καὶ ὀλίγοι **εἰσὶν** οἱ εὑρίσκοντες αὐτήν.
7:15 οἵτινες ἔρχονται πρὸς ὑμᾶς ἐν ἐνδύμασιν προβάτων, ἔσωθεν δέ **εἰσιν** λύκοι ἅρπαγες.
7:27 καὶ ἔπεσεν καὶ **ἦν** ἡ πτῶσις αὐτῆς μεγάλη.
7:29 **ἦν** γὰρ διδάσκων αὐτοὺς ὡς ἐξουσίαν ἔχων καὶ οὐχ ὡς οἱ γραμματεῖς αὐτῶν.
8: 8 οὐκ **εἰμὶ** ἱκανὸς ἵνα μου ὑπὸ τὴν στέγην εἰσέλθῃς,
8: 9 καὶ γὰρ ἐγὼ ἄνθρωπός **εἰμι** ὑπὸ ἐξουσίαν, ἔχων ὑπ' ἐμαυτὸν στρατιώτας,
8:12 ἐκεῖ **ἔσται** ὁ κλαυθμὸς καὶ ὁ βρυγμὸς τῶν ὀδόντων.
8:26 καὶ λέγει αὐτοῖς, Τί δειλοί **ἐστε,** ὀλιγόπιστοι; τότε ἐγερθεὶς ἐπετίμησεν τοῖς ἀνέμοις καὶ τῇ θαλάσσῃ,
8:27 Ποταπός **ἐστιν** οὗτος ὅτι καὶ οἱ ἄνεμοι καὶ ἡ θάλασσα αὐτῷ ὑπακούουσιν;
8:30 **ἦν** δὲ μακρὰν ἀπ' αὐτῶν ἀγέλη χοίρων πολλῶν βοσκομένη.
9: 5 τί γάρ **ἐστιν** εὐκοπώτερον, εἰπεῖν, Ἀφίενταί σου αἱ ἁμαρτίαι,
9:13 πορευθέντες δὲ μάθετε τί **ἐστιν,** Ἔλεος θέλω καὶ οὐ θυσίαν·
9:15 Μὴ δύνανται οἱ υἱοὶ τοῦ νυμφῶνος πενθεῖν ἐφ' ὅσον μετ' αὐτῶν **ἐστιν** ὁ νυμφίος;
9:36 ὅτι **ἦσαν** ἐσκυλμένοι καὶ ἐρριμμένοι ὡσεὶ πρόβατα μὴ ἔχοντα ποιμένα.
10: 2 Τῶν δὲ δώδεκα ἀποστόλων τὰ ὀνόματά **ἐστιν** ταῦτα·
10:11 εἰς ἣν δ' ἂν πόλιν ἢ κώμην εἰσέλθητε, ἐξετάσατε τίς ἐν αὐτῇ ἄξιός **ἐστιν·**
10:13 καὶ ἐὰν μὲν **ᾖ** ἡ οἰκία ἀξία, ἐλθάτω ἡ εἰρήνη ὑμῶν ἐπ' αὐτήν, ἐὰν δὲ μὴ **ᾖ** ἀξία, ἡ εἰρήνη ὑμῶν πρὸς ὑμᾶς ἐπιστραφήτω.
10:15 ἀνεκτότερον **ἔσται** γῇ Σοδόμων καὶ Γομόρρων ἐν ἡμέρᾳ κρίσεως ἢ τῇ πόλει ἐκείνῃ.
10:20 οὐ γὰρ ὑμεῖς **ἐστε** οἱ λαλοῦντες ἀλλὰ τὸ πνεῦμα τοῦ πατρὸς ὑμῶν τὸ λαλοῦν ἐν ὑμῖν.
10:22 καὶ **ἔσεσθε** μισούμενοι ὑπὸ πάντων διὰ τὸ ὄνομά μου·
10:24 Οὐκ **ἔστιν** μαθητὴς ὑπὲρ τὸν διδάσκαλον οὐδὲ δοῦλος ὑπὲρ τὸν κύριον αὐτοῦ.
10:26 οὐδὲν γάρ **ἐστιν** κεκαλυμμένον ὃ οὐκ ἀποκαλυφθήσεται καὶ κρυπτὸν ὃ οὐ γνωσθήσεται.
10:30 ὑμῶν δὲ καὶ αἱ τρίχες τῆς κεφαλῆς πᾶσαι ἠριθμημέναι **εἰσίν.**
10:37 Ὁ φιλῶν πατέρα ἢ μητέρα ὑπὲρ ἐμὲ οὐκ **ἔστιν** μου ἄξιος, καὶ ὁ φιλῶν υἱὸν ἢ θυγατέρα ὑπὲρ ἐμὲ οὐκ **ἔστιν** μου ἄξιος·
10:38 καὶ ὃς οὐ λαμβάνει τὸν σταυρὸν αὐτοῦ καὶ ἀκολουθεῖ ὀπίσω μου, οὐκ **ἔστιν** μου ἄξιος.
11: 3 εἶπεν αὐτῷ, Σὺ **εἶ** ὁ ἐρχόμενος ἢ ἕτερον προσδοκῶμεν;
11: 6 καὶ μακάριός **ἐστιν** ὃς ἐὰν μὴ σκανδαλισθῇ ἐν ἐμοί.
11: 8 οἱ τὰ μαλακὰ φοροῦντες ἐν τοῖς οἴκοις τῶν βασιλέων **εἰσίν.**
11:10 οὗτός **ἐστιν** περὶ οὗ γέγραπται, Ἰδοὺ ἐγὼ ἀποστέλλω τὸν ἄγγελόν μου πρὸ προσώπου σου,
11:11 ὁ δὲ μικρότερος ἐν τῇ βασιλείᾳ τῶν οὐρανῶν μείζων αὐτοῦ **ἐστιν.**
11:14 καὶ εἰ θέλετε δέξασθαι, αὐτός **ἐστιν** Ἠλίας ὁ μέλλων ἔρχεσθαι.
11:16 ὁμοία **ἐστὶν** παιδίοις καθημένοις ἐν ταῖς ἀγοραῖς ἃ προσφωνοῦντα τοῖς ἑτέροις
11:22 Τύρῳ καὶ Σιδῶνι ἀνεκτότερον **ἔσται** ἐν ἡμέρᾳ κρίσεως ἢ ὑμῖν.
11:24 ὅτι γῇ Σοδόμων ἀνεκτότερον **ἔσται** ἐν ἡμέρᾳ κρίσεως ἢ σοί.
11:29 ὅτι πραΰς **εἰμι** καὶ ταπεινὸς τῇ καρδίᾳ, καὶ εὑρήσετε ἀνάπαυσιν ταῖς ψυχαῖς ὑμῶν·
11:30 ὁ γὰρ ζυγός μου χρηστὸς καὶ τὸ φορτίον μου ἐλαφρόν **ἐστιν.**
12: 4 ὃ οὐκ ἐξὸν **ἦν** αὐτῷ φαγεῖν οὐδὲ τοῖς μετ' αὐτοῦ εἰ μὴ τοῖς ἱερεῦσιν μόνοις;
12: 5 ἢ οὐκ ἀνέγνωτε ἐν τῷ νόμῳ ὅτι τοῖς σάββασιν οἱ ἱερεῖς ἐν τῷ ἱερῷ τὸ σάββατον βεβηλοῦσιν καὶ ἀναίτιοί **εἰσιν;**
12: 6 λέγω δὲ ὑμῖν ὅτι τοῦ ἱεροῦ μεῖζόν **ἐστιν** ὧδε.
12: 7 εἰ δὲ ἐγνώκειτε τί **ἐστιν,** Ἔλεος θέλω καὶ οὐ θυσίαν,
12: 8 κύριος γάρ **ἐστιν** τοῦ σαββάτου ὁ υἱὸς τοῦ ἀνθρώπου.
12:11 Τίς **ἔσται** ἐξ ὑμῶν ἄνθρωπος ὃς ἕξει πρόβατον ἓν καὶ ἐὰν ἐμπέσῃ τοῦτο τοῖς σάββασιν εἰς βόθυνον,
12:23 καὶ ἐξίσταντο πάντες οἱ ὄχλοι καὶ ἔλεγον, Μήτι οὗτός **ἐστιν** ὁ υἱὸς Δαυίδ;
12:27 οἱ υἱοὶ ὑμῶν ἐν τίνι ἐκβάλλουσιν; διὰ τοῦτο αὐτοὶ κριταὶ **ἔσονται** ὑμῶν.
12:30 ὁ μὴ **ὢν** μετ' ἐμοῦ κατ' ἐμοῦ **ἐστιν,**
12:34 γεννήματα ἐχιδνῶν, πῶς δύνασθε ἀγαθὰ λαλεῖν πονηροὶ **ὄντες;**
12:40 ὥσπερ γὰρ **ἦν** Ἰωνᾶς ἐν τῇ κοιλίᾳ τοῦ κήτους τρεῖς ἡμέρας καὶ τρεῖς νύκτας, οὕτως **ἔσται** ὁ υἱὸς τοῦ ἀνθρώπου ἐν τῇ καρδίᾳ τῆς γῆς τρεῖς ἡμέρας καὶ τρεῖς νύκτας.
12:45 οὕτως **ἔσται** καὶ τῇ γενεᾷ ταύτῃ τῇ πονηρᾷ.
12:48 Τίς **ἐστιν** ἡ μήτηρ μου καὶ τίνες **εἰσὶν** οἱ ἀδελφοί μου;
12:50 ὅστις γὰρ ἂν ποιήσῃ τὸ θέλημα τοῦ πατρός μου τοῦ ἐν οὐρανοῖς αὐτός μου ἀδελφὸς καὶ ἀδελφὴ καὶ μήτηρ **ἐστίν.**
13:19 ἔρχεται ὁ πονηρὸς καὶ ἁρπάζει τὸ ἐσπαρμένον ἐν τῇ καρδίᾳ αὐτοῦ, οὗτός **ἐστιν** ὁ παρὰ τὴν ὁδὸν σπαρείς.
13:20 οὗτός **ἐστιν** ὁ τὸν λόγον ἀκούων καὶ εὐθὺς μετὰ χαρᾶς λαμβάνων αὐτόν,
13:21 οὐκ ἔχει δὲ ῥίζαν ἐν ἑαυτῷ ἀλλὰ πρόσκαιρός **ἐστιν,**
13:22 ὁ δὲ εἰς τὰς ἀκάνθας σπαρείς, οὗτός **ἐστιν** ὁ τὸν λόγον ἀκούων,
13:23 οὗτός **ἐστιν** ὁ τὸν λόγον ἀκούων καὶ συνιείς,
13:31 Ὁμοία **ἐστὶν** ἡ βασιλεία τῶν οὐρανῶν κόκκῳ σινάπεως,
13:32 ὃ μικρότερον μέν **ἐστιν** πάντων τῶν σπερμάτων, ὅταν δὲ αὐξηθῇ μεῖζον τῶν λαχάνων **ἐστὶν** καὶ γίνεται δένδρον,
13:33 Ὁμοία **ἐστὶν** ἡ βασιλεία τῶν οὐρανῶν ζύμῃ, ἣν λαβοῦσα γυνὴ ἐνέκρυψεν εἰς ἀλεύρου σάτα τρία ἕως οὗ ἐζυμώθη ὅλον.
13:37 Ὁ σπείρων τὸ καλὸν σπέρμα **ἐστὶν** ὁ υἱὸς τοῦ ἀνθρώπου,
13:38 ὁ δὲ ἀγρός **ἐστιν** ὁ κόσμος, τὸ δὲ καλὸν σπέρμα οὗτοί **εἰσιν** οἱ υἱοὶ τῆς βασιλείας· τὰ δὲ ζιζάνιά **εἰσιν** οἱ υἱοὶ τοῦ πονηροῦ,
13:39 ὁ δὲ ἐχθρὸς ὁ σπείρας αὐτά **ἐστιν** ὁ διάβολος, ὁ δὲ θερισμὸς συντέλεια αἰῶνός **ἐστιν,** οἱ δὲ θερισταὶ ἄγγελοί **εἰσιν.**
13:40 ὥσπερ οὖν συλλέγεται τὰ ζιζάνια καὶ πυρὶ [κατα]καίεται, οὕτως **ἔσται** ἐν τῇ συντελείᾳ τοῦ αἰῶνος·
13:42 ἐκεῖ **ἔσται** ὁ κλαυθμὸς καὶ ὁ βρυγμὸς τῶν ὀδόντων.
13:44 Ὁμοία **ἐστὶν** ἡ βασιλεία τῶν οὐρανῶν θησαυρῷ κεκρυμμένῳ ἐν τῷ ἀγρῷ,
13:45 Πάλιν ὁμοία **ἐστὶν** ἡ βασιλεία τῶν οὐρανῶν ἀνθρώπῳ ἐμπόρῳ ζητοῦντι καλοὺς μαργαρίτας·
13:47 Πάλιν ὁμοία **ἐστὶν** ἡ βασιλεία τῶν οὐρανῶν σαγήνῃ βληθείσῃ εἰς τὴν θάλασσαν καὶ ἐκ παντὸς γένους συναγαγούσῃ·

13:49 οὕτως **ἔσται** ἐν τῇ συντελείᾳ τοῦ αἰῶνος· ἐξελεύσονται οἱ ἄγγελοι καὶ ἀφοριοῦσιν τοὺς πονηροὺς ἐκ μέσου τῶν δικαίων
13:50 ἐκεῖ **ἔσται** ὁ κλαυθμὸς καὶ ὁ βρυγμὸς τῶν ὀδόντων.
13:52 Διὰ τοῦτο πᾶς γραμματεὺς μαθητευθεὶς τῇ βασιλείᾳ τῶν οὐρανῶν ὅμοιός **ἐστιν** ἀνθρώπῳ οἰκοδεσπότῃ,
13:55 οὐχ οὗτός **ἐστιν** ὁ τοῦ τέκτονος υἱός;
13:56 καὶ αἱ ἀδελφαὶ αὐτοῦ οὐχὶ πᾶσαι πρὸς ἡμᾶς **εἰσιν;**
13:57 Οὐκ **ἔστιν** προφήτης ἄτιμος εἰ μὴ ἐν τῇ πατρίδι καὶ ἐν τῇ οἰκίᾳ αὐτοῦ.
14: 2 εἶπεν τοῖς παισὶν αὐτοῦ, Οὗτός **ἐστιν** Ἰωάννης ὁ βαπτιστής·
14:15 Ἔρημός **ἐστιν** ὁ τόπος καὶ ἡ ὥρα ἤδη παρῆλθεν·
14:21 οἱ δὲ ἐσθίοντες **ἦσαν** ἄνδρες ὡσεὶ πεντακισχίλιοι χωρὶς γυναικῶν καὶ παιδίων.
14:23 καὶ ἀπολύσας τοὺς ὄχλους ἀνέβη εἰς τὸ ὄρος κατ' ἰδίαν προσεύξασθαι. ὀψίας δὲ γενομένης μόνος **ἦν** ἐκεῖ.
14:24 τὸ δὲ πλοῖον ἤδη σταδίους πολλοὺς ἀπὸ τῆς γῆς ἀπεῖχεν βασανιζόμενον ὑπὸ τῶν κυμάτων, **ἦν** γὰρ ἐναντίος ὁ ἄνεμος.
14:26 οἱ δὲ μαθηταὶ ἰδόντες αὐτὸν ἐπὶ τῆς θαλάσσης περιπατοῦντα ἐταράχθησαν λέγοντες ὅτι **Φάντασμά ἐστιν,**
14:27 ἐλάλησεν [ὁ Ἰησοῦς] αὐτοῖς λέγων, Θαρσεῖτε, ἐγώ **εἰμι·**
14:28 ἀποκριθεὶς δὲ αὐτῷ ὁ Πέτρος εἶπεν, Κύριε, εἰ σὺ **εἶ,**
14:33 οἱ δὲ ἐν τῷ πλοίῳ προσεκύνησαν αὐτῷ λέγοντες, Ἀληθῶς θεοῦ υἱὸς **εἶ.**
15:14 ἄφετε αὐτούς· τυφλοί **εἰσιν** ὁδηγοί [τυφλῶν·] τυφλὸς δὲ τυφλὸν ἐὰν ὁδηγῇ,
15:16 ὁ δὲ εἶπεν, Ἀκμὴν καὶ ὑμεῖς ἀσύνετοί **ἐστε;**
15:20 ταῦτά **ἐστιν** τὰ κοινοῦντα τὸν ἄνθρωπον, τὸ δὲ ἀνίπτοις χερσὶν φαγεῖν οὐ κοινοῖ τὸν ἄνθρωπον.
15:26 Οὐκ **ἔστιν** καλὸν λαβεῖν τὸν ἄρτον τῶν τέκνων καὶ βαλεῖν τοῖς κυναρίοις.
15:38 οἱ δὲ ἐσθίοντες **ἦσαν** τετρακισχίλιοι ἄνδρες χωρὶς γυναικῶν καὶ παιδίων.
16:13 Τίνα λέγουσιν οἱ ἄνθρωποι **εἶναι** τὸν υἱὸν τοῦ ἀνθρώπου;
16:15 λέγει αὐτοῖς, Ὑμεῖς δὲ τίνα με λέγετε **εἶναι;**
16:16 Σὺ **εἶ** ὁ Χριστὸς ὁ υἱὸς τοῦ θεοῦ τοῦ ζῶντος.
16:17 ἀποκριθεὶς δὲ ὁ Ἰησοῦς εἶπεν αὐτῷ, Μακάριος **εἶ,** Σίμων Βαριωνᾶ,
16:18 κἀγὼ δέ σοι λέγω ὅτι σὺ **εἶ** Πέτρος,
16:19 καὶ ὃ ἐὰν δήσῃς ἐπὶ τῆς γῆς **ἔσται** δεδεμένον ἐν τοῖς οὐρανοῖς, καὶ ὃ ἐὰν λύσῃς ἐπὶ τῆς γῆς **ἔσται** λελυμένον ἐν τοῖς οὐρανοῖς.
16:20 τότε διεστείλατο τοῖς μαθηταῖς ἵνα μηδενὶ εἴπωσιν ὅτι αὐτός **ἐστιν** ὁ Χριστός.
16:22 Ἵλεώς σοι, κύριε· οὐ μὴ **ἔσται** σοι τοῦτο.
16:23 σκάνδαλον **εἶ** ἐμοῦ, ὅτι οὐ φρονεῖς τὰ τοῦ θεοῦ ἀλλὰ τὰ τῶν ἀνθρώπων.
16:28 ἀμὴν λέγω ὑμῖν ὅτι **εἰσίν** τινες τῶν ὧδε ἑστώτων οἵτινες οὐ μὴ γεύσωνται θανάτου ἕως ἂν ἴδωσιν τὸν υἱὸν τοῦ ἀνθρώπου
17: 4 ἀποκριθεὶς δὲ ὁ Πέτρος εἶπεν τῷ Ἰησοῦ, Κύριε, καλόν **ἐστιν** ἡμᾶς ὧδε **εἶναι·**
17: 5 Οὗτός **ἐστιν** ὁ υἱός μου ὁ ἀγαπητός, ἐν ᾧ εὐδόκησα·
17:17 Ὦ γενεὰ ἄπιστος καὶ διεστραμμένη, ἕως πότε μεθ' ὑμῶν **ἔσομαι;**
17:26 ἔφη αὐτῷ ὁ Ἰησοῦς, Ἄρα γε ἐλεύθεροί **εἰσιν** οἱ υἱοί.
18: 1 Τίς ἄρα μείζων **ἐστὶν** ἐν τῇ βασιλείᾳ τῶν οὐρανῶν;
18: 4 οὗτός **ἐστιν** ὁ μείζων ἐν τῇ βασιλείᾳ τῶν οὐρανῶν.
18: 8 καλόν σοί **ἐστιν** εἰσελθεῖν εἰς τὴν ζωὴν κυλλὸν ἢ χωλὸν ἢ δύο χεῖρας ἢ δύο πόδας ἔχοντα βληθῆναι εἰς τὸ πῦρ τὸ αἰώνιον.
18: 9 καλόν σοί **ἐστιν** μονόφθαλμον εἰς τὴν ζωὴν εἰσελθεῖν ἢ δύο ὀφθαλμοὺς ἔχοντα βληθῆναι εἰς τὴν γέενναν τοῦ πυρός.
18:14 οὕτως οὐκ **ἔστιν** θέλημα ἔμπροσθεν τοῦ πατρὸς ὑμῶν τοῦ ἐν οὐρανοῖς ἵνα ἀπόληται ἓν τῶν μικρῶν τούτων.
18:17 **ἔστω** σοι ὥσπερ ὁ ἐθνικὸς καὶ ὁ τελώνης.
18:18 ὅσα ἐὰν δήσητε ἐπὶ τῆς γῆς **ἔσται** δεδεμένα ἐν οὐρανῷ, καὶ ὅσα ἐὰν λύσητε ἐπὶ τῆς γῆς **ἔσται** λελυμένα ἐν οὐρανῷ.
18:20 οὗ γάρ **εἰσιν** δύο ἢ τρεῖς συνηγμένοι εἰς τὸ ἐμὸν ὄνομα, ἐκεῖ **εἰμι** ἐν μέσῳ αὐτῶν.
19: 5 καὶ κολληθήσεται τῇ γυναικὶ αὐτοῦ, καὶ **ἔσονται** οἱ δύο εἰς σάρκα μίαν.
19: 6 ὥστε οὐκέτι **εἰσὶν** δύο ἀλλὰ σὰρξ μία. ὃ οὖν ὁ θεὸς συνέζευξεν ἄνθρωπος μὴ χωριζέτω.
19:10 Εἰ οὕτως **ἐστὶν** ἡ αἰτία τοῦ ἀνθρώπου μετὰ τῆς γυναικός,
19:12 **εἰσὶν** γὰρ εὐνοῦχοι οἵτινες ἐκ κοιλίας μητρὸς ἐγεννήθησαν οὕτως, καὶ **εἰσὶν** εὐνοῦχοι οἵτινες εὐνουχίσθησαν ὑπὸ τῶν ἀνθρώπων, καὶ **εἰσὶν** εὐνοῦχοι οἵτινες εὐνούχισαν ἑαυτοὺς διὰ τὴν βασιλείαν τῶν οὐρανῶν.
19:14 τῶν γὰρ τοιούτων **ἐστὶν** ἡ βασιλεία τῶν οὐρανῶν.
19:17 εἷς **ἐστιν** ὁ ἀγαθός· εἰ δὲ θέλεις εἰς τὴν ζωὴν εἰσελθεῖν,
19:21 ἔφη αὐτῷ ὁ Ἰησοῦς, Εἰ θέλεις τέλειος **εἶναι,**
19:22 ἀκούσας δὲ ὁ νεανίσκος τὸν λόγον ἀπῆλθεν λυπούμενος· **ἦν** γὰρ ἔχων κτήματα πολλά.
19:24 εὐκοπώτερόν **ἐστιν** κάμηλον διὰ τρυπήματος ῥαφίδος διελθεῖν ἢ πλούσιον εἰσελθεῖν εἰς τὴν βασιλείαν τοῦ θεοῦ.
19:26 Παρὰ ἀνθρώποις τοῦτο ἀδύνατόν **ἐστιν,** παρὰ δὲ θεῷ πάντα δυνατά.
19:27 Ἰδοὺ ἡμεῖς ἀφήκαμεν πάντα καὶ ἠκολουθήσαμέν σοι· τί ἄρα **ἔσται** ἡμῖν;
19:30 Πολλοὶ δὲ **ἔσονται** πρῶτοι ἔσχατοι καὶ ἔσχατοι πρῶτοι.
20: 1 Ὁμοία γάρ **ἐστιν** ἡ βασιλεία τῶν οὐρανῶν ἀνθρώπῳ οἰκοδεσπότῃ,
20: 4 Ὑπάγετε καὶ ὑμεῖς εἰς τὸν ἀμπελῶνα, καὶ ὃ ἐὰν **ᾖ** δίκαιον δώσω ὑμῖν.
20:15 ἢ ὁ ὀφθαλμός σου πονηρός **ἐστιν** ὅτι ἐγὼ ἀγαθός **εἰμι;**
20:16 Οὕτως **ἔσονται** οἱ ἔσχατοι πρῶτοι καὶ οἱ πρῶτοι ἔσχατοι.
20:23 τὸ δὲ καθίσαι ἐκ δεξιῶν μου καὶ ἐξ εὐωνύμων οὐκ **ἔστιν** ἐμὸν [τοῦτο] δοῦναι,
20:26 οὐχ οὕτως **ἔσται** ἐν ὑμῖν, ἀλλ' ὃς ἐὰν θέλῃ ἐν ὑμῖν μέγας γενέσθαι **ἔσται** ὑμῶν διάκονος,
20:27 καὶ ὃς ἂν θέλῃ ἐν ὑμῖν **εἶναι** πρῶτος **ἔσται** ὑμῶν δοῦλος·
21:10 καὶ εἰσελθόντος αὐτοῦ εἰς Ἱεροσόλυμα ἐσείσθη πᾶσα ἡ πόλις λέγουσα, Τίς **ἐστιν** οὗτος;
21:11 Οὗτός **ἐστιν** ὁ προφήτης Ἰησοῦς ὁ ἀπὸ Ναζαρὲθ τῆς Γαλιλαίας.
21:25 τὸ βάπτισμα τὸ Ἰωάννου πόθεν **ἦν;** ἐξ οὐρανοῦ ἢ ἐξ ἀνθρώπων;
21:33 Ἄνθρωπος **ἦν** οἰκοδεσπότης ὅστις ἐφύτευσεν ἀμπελῶνα καὶ φραγμὸν αὐτῷ περιέθηκεν καὶ ὤρυξεν ἐν αὐτῷ ληνὸν καὶ ᾠκοδόμησεν πύργον καὶ ἐξέδετο αὐτὸν γεωργοῖς καὶ ἀπεδήμησεν.
21:38 οἱ δὲ γεωργοὶ ἰδόντες τὸν υἱὸν εἶπον ἐν ἑαυτοῖς, Οὗτός **ἐστιν** ὁ κληρονόμος·
21:42 παρὰ κυρίου ἐγένετο αὕτη καὶ **ἔστιν** θαυμαστὴ ἐν ὀφθαλμοῖς ἡμῶν;
22: 8 Ὁ μὲν γάμος ἕτοιμός **ἐστιν,** οἱ δὲ κεκλημένοι οὐκ **ἦσαν** ἄξιοι·
22:13 ἐκεῖ **ἔσται** ὁ κλαυθμὸς καὶ ὁ βρυγμὸς τῶν ὀδόντων.
22:14 πολλοὶ γάρ **εἰσιν** κλητοί, ὀλίγοι δὲ ἐκλεκτοί.
22:16 οἴδαμεν ὅτι ἀληθὴς **εἶ** καὶ τὴν ὁδὸν τοῦ θεοῦ ἐν ἀληθείᾳ διδάσκεις καὶ οὐ μέλει σοι περὶ οὐδενός·
22:23 Ἐν ἐκείνῃ τῇ ἡμέρᾳ προσῆλθον αὐτῷ Σαδδουκαῖοι, λέγοντες μὴ **εἶναι** ἀνάστασιν, καὶ ἐπηρώτησαν αὐτὸν
22:25 **ἦσαν** δὲ παρ' ἡμῖν ἑπτὰ ἀδελφοί· καὶ ὁ πρῶτος γήμας ἐτελεύτησεν,
22:28 ἐν τῇ ἀναστάσει οὖν τίνος τῶν ἑπτὰ **ἔσται** γυνή;
22:30 ἐν γὰρ τῇ ἀναστάσει οὔτε γαμοῦσιν οὔτε γαμίζονται, ἀλλ' ὡς ἄγγελοι ἐν τῷ οὐρανῷ **εἰσιν.**
22:32 Ἐγώ **εἰμι** ὁ θεὸς Ἀβραὰμ καὶ ὁ θεὸς Ἰσαὰκ καὶ ὁ θεὸς Ἰακώβ; οὐκ **ἔστιν** [ὁ] θεὸς νεκρῶν ἀλλὰ ζώντων.
22:38 αὕτη **ἐστὶν** ἡ μεγάλη καὶ πρώτη ἐντολή.
22:42 Τί ὑμῖν δοκεῖ περὶ τοῦ Χριστοῦ; τίνος υἱός **ἐστιν;** λέγουσιν αὐτῷ, Τοῦ Δαυίδ.
22:45 εἰ οὖν Δαυὶδ καλεῖ αὐτὸν κύριον, πῶς υἱὸς αὐτοῦ **ἐστιν;**
23: 8 εἷς γάρ **ἐστιν** ὑμῶν ὁ διδάσκαλος, πάντες δὲ ὑμεῖς ἀδελφοί **ἐστε.**
23: 9 εἷς γάρ **ἐστιν** ὑμῶν ὁ πατὴρ ὁ οὐράνιος.
23:10 μηδὲ κληθῆτε καθηγηταί, ὅτι καθηγητὴς ὑμῶν **ἐστιν** εἷς ὁ Χριστός.
23:11 ὁ δὲ μείζων ὑμῶν **ἔσται** ὑμῶν διάκονος.
23:16 Ὃς ἂν ὀμόσῃ ἐν τῷ ναῷ, οὐδέν **ἐστιν·**
23:17 μωροὶ καὶ τυφλοί, τίς γὰρ μείζων **ἐστίν,** ὁ χρυσὸς ἢ ὁ ναὸς ὁ ἁγιάσας τὸν χρυσόν;
23:18 Ὃς ἂν ὀμόσῃ ἐν τῷ θυσιαστηρίῳ, οὐδέν **ἐστιν·**
23:28 οὕτως καὶ ὑμεῖς ἔξωθεν μὲν φαίνεσθε τοῖς ἀνθρώποις δίκαιοι, ἔσωθεν δέ **ἐστε** μεστοὶ ὑποκρίσεως καὶ ἀνομίας.
23:30 Εἰ **ἤμεθα** ἐν ταῖς ἡμέραις τῶν πατέρων ἡμῶν, οὐκ ἂν **ἤμεθα** αὐτῶν κοινωνοὶ ἐν τῷ αἵματι τῶν προφητῶν.
23:31 ὥστε μαρτυρεῖτε ἑαυτοῖς ὅτι υἱοί **ἐστε** τῶν φονευσάντων τοὺς προφήτας.
24: 3 Εἰπὲ ἡμῖν πότε ταῦτα **ἔσται** καὶ τί τὸ σημεῖον τῆς σῆς παρουσίας καὶ συντελείας τοῦ αἰῶνος;
24: 5 πολλοὶ γὰρ ἐλεύσονται ἐπὶ τῷ ὀνόματί μου λέγοντες, Ἐγώ **εἰμι** ὁ Χριστός, καὶ πολλοὺς πλανήσουσιν.
24: 6 δεῖ γὰρ γενέσθαι, ἀλλ' οὔπω **ἐστὶν** τὸ τέλος.

24: 7 ἐγερθήσεται γὰρ ἔθνος ἐπὶ ἔθνος καὶ βασιλεία ἐπὶ βασιλείαν καὶ **ἔσονται** λιμοὶ καὶ σεισμοὶ κατὰ τόπους·
24: 9 **ἔσεσθε** μισούμενοι ὑπὸ πάντων τῶν ἐθνῶν διὰ τὸ ὄνομά μου.
24:21 **ἔσται** γὰρ τότε θλῖψις μεγάλη οἵα οὐ γέγονεν ἀπ' ἀρχῆς κόσμου ἕως τοῦ νῦν οὐδ' οὐ μὴ γένηται.
24:26 ἐὰν οὖν εἴπωσιν ὑμῖν, Ἰδοὺ ἐν τῇ ἐρήμῳ **ἐστίν,** μὴ ἐξέλθητε·
24:27 οὕτως **ἔσται** ἡ παρουσία τοῦ υἱοῦ τοῦ ἀνθρώπου·
24:28 ὅπου ἐὰν **ᾖ** τὸ πτῶμα, ἐκεῖ συναχθήσονται οἱ ἀετοί.
24:33 ὅταν ἴδητε πάντα ταῦτα γινώσκετε ὅτι ἐγγύς **ἐστιν** ἐπὶ θύραις.
24:37 οὕτως **ἔσται** ἡ παρουσία τοῦ υἱοῦ τοῦ ἀνθρώπου.
24:38 ὡς γὰρ **ἦσαν** ἐν ταῖς ἡμέραις [ἐκείναις] ταῖς πρὸ τοῦ κατακλυσμοῦ τρώγοντες καὶ πίνοντες,
24:39 οὕτως **ἔσται** [καὶ] ἡ παρουσία τοῦ υἱοῦ τοῦ ἀνθρώπου.
24:40 τότε δύο **ἔσονται** ἐν τῷ ἀγρῷ, εἷς παραλαμβάνεται καὶ εἷς ἀφίεται·
24:45 Τίς ἄρα **ἐστὶν** ὁ πιστὸς δοῦλος καὶ φρόνιμος ὃν κατέστησεν ὁ κύριος ἐπὶ τῆς οἰκετείας αὐτοῦ τοῦ δοῦναι αὐτοῖς τὴν τροφὴν
24:51 ἐκεῖ **ἔσται** ὁ κλαυθμὸς καὶ ὁ βρυγμὸς τῶν ὀδόντων.
25: 2 πέντε δὲ ἐξ αὐτῶν **ἦσαν** μωραὶ καὶ πέντε φρόνιμοι.
25:21 ἐπὶ ὀλίγα **ἧς** πιστός, ἐπὶ πολλῶν σε καταστήσω·
25:23 ἐπὶ ὀλίγα **ἧς** πιστός, ἐπὶ πολλῶν σε καταστήσω·
25:24 Κύριε, ἔγνων σε ὅτι σκληρὸς **εἶ** ἄνθρωπος, θερίζων ὅπου οὐκ ἔσπειρας καὶ συνάγων ὅθεν οὐ διεσκόρπισας,
25:30 ἐκεῖ **ἔσται** ὁ κλαυθμὸς καὶ ὁ βρυγμὸς τῶν ὀδόντων.
25:35 ἐδίψησα καὶ ἐποτίσατέ με, ξένος **ἤμην** καὶ συνηγάγετέ με,
25:36 ἠσθένησα καὶ ἐπεσκέψασθέ με, ἐν φυλακῇ **ἤμην** καὶ ἤλθατε πρός με.
25:43 ξένος **ἤμην** καὶ οὐ συνηγάγετέ με, γυμνὸς καὶ οὐ περιεβάλετέ με,
26:18 Ὁ διδάσκαλος λέγει, Ὁ καιρός μου ἐγγύς **ἐστιν,**
26:22 καὶ λυπούμενοι σφόδρα ἤρξαντο λέγειν αὐτῷ εἷς ἕκαστος, Μήτι ἐγώ **εἰμι,** κύριε;
26:24 καλὸν **ἦν** αὐτῷ εἰ οὐκ ἐγεννήθη ὁ ἄνθρωπος ἐκεῖνος.
26:25 ἀποκριθεὶς δὲ Ἰούδας ὁ παραδιδοὺς αὐτὸν εἶπεν, Μήτι ἐγώ **εἰμι,** ῥαββί;
26:26 λαβὼν ὁ Ἰησοῦς ἄρτον καὶ εὐλογήσας ἔκλασεν καὶ δοὺς τοῖς μαθηταῖς εἶπεν, Λάβετε φάγετε, τοῦτό **ἐστιν** τὸ σῶμά μου.
26:28 τοῦτο γάρ **ἐστιν** τὸ αἷμά μου τῆς διαθήκης τὸ περὶ πολλῶν ἐκχυννόμενον εἰς ἄφεσιν ἁμαρτιῶν.
26:38 τότε λέγει αὐτοῖς, Περίλυπός **ἐστιν** ἡ ψυχή μου ἕως θανάτου·
26:39 Πάτερ μου, εἰ δυνατόν **ἐστιν,** παρελθάτω ἀπ' ἐμοῦ τὸ ποτήριον τοῦτο·
26:43 καὶ ἐλθὼν πάλιν εὗρεν αὐτοὺς καθεύδοντας, **ἦσαν** γὰρ αὐτῶν οἱ ὀφθαλμοὶ βεβαρημένοι.
26:48 ὁ δὲ παραδιδοὺς αὐτὸν ἔδωκεν αὐτοῖς σημεῖον λέγων, Ὃν ἂν φιλήσω αὐτός **ἐστιν,** κρατήσατε αὐτόν.
26:63 Ἐξορκίζω σε κατὰ τοῦ θεοῦ τοῦ ζῶντος ἵνα ἡμῖν εἴπῃς εἰ σὺ **εἶ** ὁ Χριστὸς ὁ υἱὸς τοῦ θεοῦ.
26:66 οἱ δὲ ἀποκριθέντες εἶπαν, Ἔνοχος θανάτου **ἐστίν.**
26:68 Προφήτευσον ἡμῖν, Χριστέ, τίς **ἐστιν** ὁ παίσας σε;
26:69 καὶ προσῆλθεν αὐτῷ μία παιδίσκη λέγουσα, Καὶ σὺ **ἦσθα** μετὰ Ἰησοῦ τοῦ Γαλιλαίου.
26:71 ἐξελθόντα δὲ εἰς τὸν πυλῶνα εἶδεν αὐτὸν ἄλλη καὶ λέγει τοῖς ἐκεῖ, Οὗτος **ἦν** μετὰ Ἰησοῦ τοῦ Ναζωραίου.
26:73 Ἀληθῶς καὶ σὺ ἐξ αὐτῶν **εἶ,** καὶ γὰρ ἡ λαλιά σου δῆλόν σε ποιεῖ.
27: 6 Οὐκ ἔξεστιν βαλεῖν αὐτὰ εἰς τὸν κορβανᾶν, ἐπεὶ τιμὴ αἵματός **ἐστιν.**
27:11 καὶ ἐπηρώτησεν αὐτὸν ὁ ἡγεμὼν λέγων, Σὺ **εἶ** ὁ βασιλεὺς τῶν Ἰουδαίων;
27:24 λαβὼν ὕδωρ ἀπενίψατο τὰς χεῖρας ἀπέναντι τοῦ ὄχλου λέγων, Ἀθῷός **εἰμι** ἀπὸ τοῦ αἵματος τούτου·
27:33 Καὶ ἐλθόντες εἰς τόπον λεγόμενον Γολγοθᾶ, ὅ **ἐστιν** Κρανίου Τόπος λεγόμενος,
27:37 καὶ ἐπέθηκαν ἐπάνω τῆς κεφαλῆς αὐτοῦ τὴν αἰτίαν αὐτοῦ γεγραμμένην· Οὗτός **ἐστιν** Ἰησοῦς ὁ βασιλεὺς τῶν Ἰουδαίων.
27:40 σῶσον σεαυτόν, εἰ υἱὸς **εἶ** τοῦ θεοῦ, [καὶ] κατάβηθι ἀπὸ τοῦ σταυροῦ.
27:42 βασιλεὺς Ἰσραήλ **ἐστιν,** καταβάτω νῦν ἀπὸ τοῦ σταυροῦ καὶ πιστεύσομεν ἐπ' αὐτόν.
27:43 ῥυσάσθω νῦν εἰ θέλει αὐτόν· εἶπεν γὰρ ὅτι Θεοῦ **εἰμι** υἱός.
27:46 τοῦτ' **ἔστιν,** Θεέ μου θεέ μου, ἱνατί με ἐγκατέλιπες;
27:54 ἰδόντες τὸν σεισμὸν καὶ τὰ γενόμενα ἐφοβήθησαν σφόδρα, λέγοντες, Ἀληθῶς θεοῦ υἱὸς **ἦν** οὗτος.
27:55 **Ἦσαν** δὲ ἐκεῖ γυναῖκες πολλαὶ ἀπὸ μακρόθεν θεωροῦσαι,
27:56 ἐν αἷς **ἦν** Μαρία ἡ Μαγδαληνὴ καὶ Μαρία ἡ τοῦ Ἰακώβου καὶ Ἰωσὴφ μήτηρ καὶ ἡ μήτηρ τῶν υἱῶν Ζεβεδαίου.
27:61 **ἦν** δὲ ἐκεῖ Μαριὰμ ἡ Μαγδαληνὴ καὶ ἡ ἄλλη Μαρία καθήμεναι ἀπέναντι τοῦ τάφου.
27:62 Τῇ δὲ ἐπαύριον, ἥτις **ἐστὶν** μετὰ τὴν παρασκευήν,
27:64 καὶ **ἔσται** ἡ ἐσχάτη πλάνη χείρων τῆς πρώτης.
28: 3 **ἦν** δὲ ἡ εἰδέα αὐτοῦ ὡς ἀστραπὴ καὶ τὸ ἔνδυμα αὐτοῦ λευκὸν ὡς χιών.
28: 6 οὐκ **ἔστιν** ὧδε, ἠγέρθη γὰρ καθὼς εἶπεν· δεῦτε ἴδετε τὸν τόπον ὅπου ἔκειτο.
28:20 καὶ ἰδοὺ ἐγὼ μεθ' ὑμῶν **εἰμι** πάσας τὰς ἡμέρας ἕως τῆς συντελείας τοῦ αἰῶνος.
Mk 1: 6 καὶ **ἦν** ὁ Ἰωάννης ἐνδεδυμένος τρίχας καμήλου καὶ ζώνην δερματίνην περὶ τὴν ὀσφὺν αὐτοῦ καὶ ἐσθίων ἀκρίδας
1: 7 οὗ οὐκ **εἰμὶ** ἱκανὸς κύψας λῦσαι τὸν ἱμάντα τῶν ὑποδημάτων αὐτοῦ.
1:11 Σὺ **εἶ** ὁ υἱός μου ὁ ἀγαπητός, ἐν σοὶ εὐδόκησα.
1:13 καὶ **ἦν** ἐν τῇ ἐρήμῳ τεσσεράκοντα ἡμέρας πειραζόμενος ὑπὸ τοῦ Σατανᾶ, καὶ **ἦν** μετὰ τῶν θηρίων, καὶ οἱ ἄγγελοι διηκόνουν αὐτῷ.
1:16 εἶδεν Σίμωνα καὶ Ἀνδρέαν τὸν ἀδελφὸν Σίμωνος ἀμφιβάλλοντας ἐν τῇ θαλάσσῃ· **ἦσαν** γὰρ ἁλιεῖς.
1:22 **ἦν** γὰρ διδάσκων αὐτοὺς ὡς ἐξουσίαν ἔχων καὶ οὐχ ὡς οἱ γραμματεῖς.
1:23 καὶ εὐθὺς **ἦν** ἐν τῇ συναγωγῇ αὐτῶν ἄνθρωπος ἐν πνεύματι ἀκαθάρτῳ καὶ ἀνέκραξεν
1:24 οἶδά σε τίς **εἶ,** ὁ ἅγιος τοῦ θεοῦ.
1:27 καὶ ἐθαμβήθησαν ἅπαντες ὥστε συζητεῖν πρὸς ἑαυτοὺς λέγοντας, Τί **ἐστιν** τοῦτο;
1:33 καὶ **ἦν** ὅλη ἡ πόλις ἐπισυνηγμένη πρὸς τὴν θύραν.
1:45 ὥστε μηκέτι αὐτὸν δύνασθαι φανερῶς εἰς πόλιν εἰσελθεῖν, ἀλλ' ἔξω ἐπ' ἐρήμοις τόποις **ἦν·**
2: 1 Καὶ εἰσελθὼν πάλιν εἰς Καφαρναοὺμ δι' ἡμερῶν ἠκούσθη ὅτι ἐν οἴκῳ **ἐστίν.**
2: 4 καὶ μὴ δυνάμενοι προσενέγκαι αὐτῷ διὰ τὸν ὄχλον ἀπεστέγασαν τὴν στέγην ὅπου **ἦν,**
2: 6 **ἦσαν** δέ τινες τῶν γραμματέων ἐκεῖ καθήμενοι καὶ διαλογιζόμενοι ἐν ταῖς καρδίαις αὐτῶν,
2: 9 τί **ἐστιν** εὐκοπώτερον, εἰπεῖν τῷ παραλυτικῷ, Ἀφίενταί σου αἱ ἁμαρτίαι,
2:15 καὶ πολλοὶ τελῶναι καὶ ἁμαρτωλοὶ συνανέκειντο τῷ Ἰησοῦ καὶ τοῖς μαθηταῖς αὐτοῦ· **ἦσαν** γὰρ πολλοὶ καὶ ἠκολούθουν αὐτῷ.
2:18 Καὶ **ἦσαν** οἱ μαθηταὶ Ἰωάννου καὶ οἱ Φαρισαῖοι νηστεύοντες.
2:19 Μὴ δύνανται οἱ υἱοὶ τοῦ νυμφῶνος ἐν ᾧ ὁ νυμφίος μετ' αὐτῶν **ἐστιν** νηστεύειν;
2:26 οὓς οὐκ ἔξεστιν φαγεῖν εἰ μὴ τοὺς ἱερεῖς, καὶ ἔδωκεν καὶ τοῖς σὺν αὐτῷ **οὖσιν;**
2:28 ὥστε κύριός **ἐστιν** ὁ υἱὸς τοῦ ἀνθρώπου καὶ τοῦ σαββάτου.
3: 1 καὶ **ἦν** ἐκεῖ ἄνθρωπος ἐξηραμμένην ἔχων τὴν χεῖρα.
3:11 προσέπιπτον αὐτῷ καὶ ἔκραζον λέγοντες ὅτι Σὺ **εἶ** ὁ υἱὸς τοῦ θεοῦ.
3:14 καὶ ἐποίησεν δώδεκα [οὓς καὶ ἀποστόλους ὠνόμασεν] ἵνα **ὦσιν** μετ' αὐτοῦ καὶ ἵνα ἀποστέλλῃ αὐτοὺς κηρύσσειν
3:17 ἐπέθηκεν αὐτοῖς ὀνόμα[τα] Βοανηργές, ὅ **ἐστιν** Υἱοὶ Βροντῆς·
3:29 οὐκ ἔχει ἄφεσιν εἰς τὸν αἰῶνα, ἀλλὰ ἔνοχός **ἐστιν** αἰωνίου ἁμαρτήματος.
3:33 Τίς **ἐστιν** ἡ μήτηρ μου καὶ οἱ ἀδελφοί [μου;]
3:35 οὗτος ἀδελφός μου καὶ ἀδελφὴ καὶ μήτηρ **ἐστίν.**
4: 1 καὶ πᾶς ὁ ὄχλος πρὸς τὴν θάλασσαν ἐπὶ τῆς γῆς **ἦσαν.**
4:15 οὗτοι δέ **εἰσιν** οἱ παρὰ τὴν ὁδόν· ὅπου σπείρεται ὁ λόγος καὶ ὅταν ἀκούσωσιν,
4:16 καὶ οὗτοί **εἰσιν** οἱ ἐπὶ τὰ πετρώδη σπειρόμενοι,
4:17 καὶ οὐκ ἔχουσιν ῥίζαν ἐν ἑαυτοῖς ἀλλὰ πρόσκαιροί **εἰσιν,**
4:18 καὶ ἄλλοι **εἰσὶν** οἱ εἰς τὰς ἀκάνθας σπειρόμενοι· οὗτοί **εἰσιν** οἱ τὸν λόγον ἀκούσαντες,
4:20 καὶ ἐκεῖνοί **εἰσιν** οἱ ἐπὶ τὴν γῆν τὴν καλὴν σπαρέντες,
4:22 οὐ γάρ **ἐστιν** κρυπτὸν ἐὰν μὴ ἵνα φανερωθῇ,
4:26 Οὕτως **ἐστὶν** ἡ βασιλεία τοῦ θεοῦ ὡς ἄνθρωπος βάλῃ τὸν σπόρον ἐπὶ τῆς γῆς
4:31 μικρότερον **ὂν** πάντων τῶν σπερμάτων τῶν ἐπὶ τῆς γῆς,
4:36 καὶ ἀφέντες τὸν ὄχλον παραλαμβάνουσιν αὐτὸν ὡς **ἦν** ἐν τῷ πλοίῳ, καὶ ἄλλα πλοῖα **ἦν** μετ' αὐτοῦ.
4:38 καὶ αὐτὸς **ἦν** ἐν τῇ πρύμνῃ ἐπὶ τὸ προσκεφάλαιον καθεύδων.
4:40 καὶ εἶπεν αὐτοῖς, Τί δειλοί **ἐστε;** οὔπω ἔχετε πίστιν;
4:41 Τίς ἄρα οὗτός **ἐστιν** ὅτι καὶ ὁ ἄνεμος καὶ ἡ θάλασσα ὑπακούει αὐτῷ;

5: 5 καὶ διὰ παντὸς νυκτὸς καὶ ἡμέρας ἐν τοῖς μνήμασιν καὶ ἐν τοῖς ὄρεσιν **ἦν** κράζων καὶ κατακόπτων ἑαυτὸν λίθοις.
5: 9 καὶ λέγει αὐτῷ, Λεγιὼν ὄνομά μοι, ὅτι πολλοί **ἐσμεν.**
5: 11 **Ἦν** δὲ ἐκεῖ πρὸς τῷ ὄρει ἀγέλη χοίρων μεγάλη βοσκομένη·
5: 14 καὶ οἱ βόσκοντες αὐτοὺς ἔφυγον καὶ ἀπήγγειλαν εἰς τὴν πόλιν καὶ εἰς τοὺς ἀγρούς· καὶ ἦλθον ἰδεῖν τί **ἐστιν** τὸ γεγονὸς
5: 18 καὶ ἐμβαίνοντος αὐτοῦ εἰς τὸ πλοῖον παρεκάλει αὐτὸν ὁ δαιμονισθεὶς ἵνα μετ' αὐτοῦ **ᾖ.**
5: 21 διαπεράσαντος τοῦ Ἰησοῦ [ἐν τῷ πλοίῳ] πάλιν εἰς τὸ πέραν συνήχθη ὄχλος πολὺς ἐπ' αὐτόν, καὶ **ἦν** παρὰ τὴν θάλασσαν.
5: 25 καὶ γυνὴ **οὖσα** ἐν ῥύσει αἵματος δώδεκα ἔτη
5: 34 ὕπαγε εἰς εἰρήνην καὶ **ἴσθι** ὑγιὴς ἀπὸ τῆς μάστιγός σου.
5: 40 παραλαμβάνει τὸν πατέρα τοῦ παιδίου καὶ τὴν μητέρα καὶ τοὺς μετ' αὐτοῦ καὶ εἰσπορεύεται ὅπου **ἦν** τὸ παιδίον.
5: 41 ὅ **ἐστιν** μεθερμηνευόμενον Τὸ κοράσιον, σοὶ λέγω, ἔγειρε.
5: 42 καὶ εὐθὺς ἀνέστη τὸ κοράσιον καὶ περιεπάτει· **ἦν** γὰρ ἐτῶν δώδεκα.
6: 3 οὐχ οὗτός **ἐστιν** ὁ τέκτων, ὁ υἱὸς τῆς Μαρίας καὶ ἀδελφὸς Ἰακώβου καὶ Ἰωσῆτος καὶ Ἰούδα καὶ Σίμωνος; καὶ οὐκ **εἰσὶν** αἱ ἀδελφαὶ αὐτοῦ ὧδε πρὸς ἡμᾶς;
6: 4 Οὐκ **ἔστιν** προφήτης ἄτιμος εἰ μὴ ἐν τῇ πατρίδι αὐτοῦ καὶ ἐν τοῖς συγγενεῦσιν αὐτοῦ καὶ ἐν τῇ οἰκίᾳ αὐτοῦ.
6: 15 ἄλλοι δὲ ἔλεγον ὅτι Ἠλίας **ἐστίν·** ἄλλοι δὲ ἔλεγον ὅτι προφήτης ὡς εἷς τῶν προφητῶν.
6: 31 **ἦσαν** γὰρ οἱ ἐρχόμενοι καὶ οἱ ὑπάγοντες πολλοί,
6: 34 ὅτι **ἦσαν** ὡς πρόβατα μὴ ἔχοντα ποιμένα, καὶ ἤρξατο διδάσκειν αὐτοὺς πολλά.
6: 35 προσελθόντες αὐτῷ οἱ μαθηταὶ αὐτοῦ ἔλεγον ὅτι Ἔρημός **ἐστιν** ὁ τόπος καὶ ἤδη ὥρα πολλή·
6: 44 καὶ **ἦσαν** οἱ φαγόντες [τοὺς ἄρτους] πεντακισχίλιοι ἄνδρες.
6: 47 καὶ ὀψίας γενομένης **ἦν** τὸ πλοῖον ἐν μέσῳ τῆς θαλάσσης,
6: 48 καὶ ἰδὼν αὐτοὺς βασανιζομένους ἐν τῷ ἐλαύνειν, **ἦν** γὰρ ὁ ἄνεμος ἐναντίος αὐτοῖς,
6: 49 οἱ δὲ ἰδόντες αὐτὸν ἐπὶ τῆς θαλάσσης περιπατοῦντα ἔδοξαν ὅτι φάντασμά **ἐστιν,**
6: 50 ὁ δὲ εὐθὺς ἐλάλησεν μετ' αὐτῶν, καὶ λέγει αὐτοῖς, Θαρσεῖτε, ἐγώ **εἰμι·**
6: 52 οὐ γὰρ συνῆκαν ἐπὶ τοῖς ἄρτοις, ἀλλ' **ἦν** αὐτῶν ἡ καρδία πεπωρωμένη.
6: 55 καὶ ἤρξαντο ἐπὶ τοῖς κραβάττοις τοὺς κακῶς ἔχοντας περιφέρειν ὅπου ἤκουον ὅτι **ἐστίν.**
7: 2 καὶ ἰδόντες τινὰς τῶν μαθητῶν αὐτοῦ ὅτι κοιναῖς χερσίν, τοῦτ' **ἔστιν** ἀνίπτοις, ἐσθίουσιν τοὺς ἄρτους
7: 4 καὶ ἄλλα πολλά **ἐστιν** ἃ παρέλαβον κρατεῖν, βαπτισμοὺς ποτηρίων καὶ ξεστῶν καὶ χαλκίων [καὶ κλινῶν–]
7: 11 Κορβᾶν, ὅ **ἐστιν,** Δῶρον, ὃ ἐὰν ἐξ ἐμοῦ ὠφεληθῇς,
7: 15 οὐδέν **ἐστιν** ἔξωθεν τοῦ ἀνθρώπου εἰσπορευόμενον εἰς αὐτὸν ὃ δύναται κοινῶσαι αὐτόν, ἀλλὰ τὰ ἐκ τοῦ ἀνθρώπου ἐκπορευόμενά **ἐστιν** τὰ κοινοῦντα τὸν ἄνθρωπον.
7: 18 καὶ λέγει αὐτοῖς, Οὕτως καὶ ὑμεῖς ἀσύνετοί **ἐστε;**
7: 26 ἡ δὲ γυνὴ **ἦν** Ἑλληνίς, Συροφοινίκισσα τῷ γένει·
7: 27 οὐ γάρ **ἐστιν** καλὸν λαβεῖν τὸν ἄρτον τῶν τέκνων καὶ τοῖς κυναρίοις βαλεῖν.
7: 34 καὶ ἀναβλέψας εἰς τὸν οὐρανὸν ἐστέναξεν καὶ λέγει αὐτῷ, Εφφαθα, ὅ **ἐστιν,** Διανοίχθητι.
8: 1 Ἐν ἐκείναις ταῖς ἡμέραις πάλιν πολλοῦ ὄχλου **ὄντος** καὶ μὴ ἐχόντων τί φάγωσιν,
8: 9 **ἦσαν** δὲ ὡς τετρακισχίλιοι. καὶ ἀπέλυσεν αὐτούς.
8: 27 καὶ ἐν τῇ ὁδῷ ἐπηρώτα τοὺς μαθητὰς αὐτοῦ λέγων αὐτοῖς, Τίνα με λέγουσιν οἱ ἄνθρωποι **εἶναι;**
8: 29 καὶ αὐτὸς ἐπηρώτα αὐτούς, Ὑμεῖς δὲ τίνα με λέγετε **εἶναι;** ἀποκριθεὶς ὁ Πέτρος λέγει αὐτῷ, Σὺ **εἶ** ὁ Χριστός.
9: 1 Ἀμὴν λέγω ὑμῖν ὅτι **εἰσίν** τινες ὧδε τῶν ἑστηκότων οἵτινες οὐ μὴ γεύσωνται θανάτου ἕως ἂν ἴδωσιν τὴν βασιλείαν τοῦ θεοῦ
9: 4 καὶ ὤφθη αὐτοῖς Ἠλίας σὺν Μωϋσεῖ καὶ **ἦσαν** συλλαλοῦντες τῷ Ἰησοῦ.
9: 5 Ῥαββί, καλόν **ἐστιν** ἡμᾶς ὧδε **εἶναι,** καὶ ποιήσωμεν τρεῖς σκηνάς,
9: 7 Οὗτός **ἐστιν** ὁ υἱός μου ὁ ἀγαπητός, ἀκούετε αὐτοῦ.
9: 10 καὶ τὸν λόγον ἐκράτησαν πρὸς ἑαυτοὺς συζητοῦντες τί **ἐστιν** τὸ ἐκ νεκρῶν ἀναστῆναι.
9: 19 Ὦ γενεὰ ἄπιστος, ἕως πότε πρὸς ὑμᾶς **ἔσομαι;**
9: 21 καὶ ἐπηρώτησεν τὸν πατέρα αὐτοῦ, Πόσος χρόνος **ἐστὶν** ὡς τοῦτο γέγονεν αὐτῷ;
9: 35 Εἴ τις θέλει πρῶτος **εἶναι, ἔσται** πάντων ἔσχατος καὶ πάντων διάκονος.
9: 39 οὐδεὶς γάρ **ἐστιν** ὃς ποιήσει δύναμιν ἐπὶ τῷ ὀνόματί μου καὶ δυνήσεται ταχὺ κακολογῆσαί με·
9: 40 ὃς γὰρ οὐκ **ἔστιν** καθ' ἡμῶν, ὑπὲρ ἡμῶν **ἐστιν.**
9: 41 Ὃς γὰρ ἂν ποτίσῃ ὑμᾶς ποτήριον ὕδατος ἐν ὀνόματι ὅτι Χριστοῦ **ἐστε,**
9: 42 καλόν **ἐστιν** αὐτῷ μᾶλλον εἰ περίκειται μύλος ὀνικὸς περὶ τὸν τράχηλον αὐτοῦ καὶ βέβληται εἰς τὴν θάλασσαν.
9: 43 καλόν **ἐστίν** σε κυλλὸν εἰσελθεῖν εἰς τὴν ζωὴν ἢ τὰς δύο χεῖρας ἔχοντα ἀπελθεῖν εἰς τὴν γέενναν,
9: 45 καλόν **ἐστίν** σε εἰσελθεῖν εἰς τὴν ζωὴν χωλὸν ἢ τοὺς δύο πόδας ἔχοντα βληθῆναι εἰς τὴν γέενναν.
9: 47 καλόν σέ **ἐστιν** μονόφθαλμον εἰσελθεῖν εἰς τὴν βασιλείαν τοῦ θεοῦ ἢ δύο ὀφθαλμοὺς ἔχοντα βληθῆναι εἰς τὴν γέενναν,
10: 8 καὶ **ἔσονται** οἱ δύο εἰς σάρκα μίαν· ὥστε οὐκέτι **εἰσὶν** δύο ἀλλὰ μία σάρξ.
10: 14 τῶν γὰρ τοιούτων **ἐστὶν** ἡ βασιλεία τοῦ θεοῦ.
10: 22 ὁ δὲ στυγνάσας ἐπὶ τῷ λόγῳ ἀπῆλθεν λυπούμενος· **ἦν** γὰρ ἔχων κτήματα πολλά.
10: 24 πῶς δύσκολόν **ἐστιν** εἰς τὴν βασιλείαν τοῦ θεοῦ εἰσελθεῖν·
10: 25 εὐκοπώτερόν **ἐστιν** κάμηλον διὰ [τῆς] τρυμαλιᾶς [τῆς] ῥαφίδος διελθεῖν ἢ πλούσιον εἰς τὴν βασιλείαν τοῦ θεοῦ εἰσελθεῖν.
10: 29 οὐδείς **ἐστιν** ὃς ἀφῆκεν οἰκίαν ἢ ἀδελφοὺς ἢ ἀδελφὰς ἢ μητέρα ἢ πατέρα ἢ τέκνα ἢ ἀγροὺς ἕνεκεν ἐμοῦ
10: 31 πολλοὶ δὲ **ἔσονται** πρῶτοι ἔσχατοι καὶ [οἱ] ἔσχατοι πρῶτοι.
10: 32 **Ἦσαν** δὲ ἐν τῇ ὁδῷ ἀναβαίνοντες εἰς Ἱεροσόλυμα, καὶ **ἦν** προάγων αὐτοὺς ὁ Ἰησοῦς, καὶ ἐθαμβοῦντο,
10: 40 τὸ δὲ καθίσαι ἐκ δεξιῶν μου ἢ ἐξ εὐωνύμων οὐκ **ἔστιν** ἐμὸν δοῦναι,
10: 43 οὐχ οὕτως δέ **ἐστιν** ἐν ὑμῖν, ἀλλ' ὃς ἂν θέλῃ μέγας γενέσθαι ἐν ὑμῖν **ἔσται** ὑμῶν διάκονος,
10: 44 καὶ ὃς ἂν θέλῃ ἐν ὑμῖν **εἶναι** πρῶτος **ἔσται** πάντων δοῦλος·
10: 47 καὶ ἀκούσας ὅτι Ἰησοῦς ὁ Ναζαρηνός **ἐστιν** ἤρξατο κράζειν
11: 11 ὀψίας ἤδη **οὔσης** τῆς ὥρας, ἐξῆλθεν εἰς Βηθανίαν μετὰ τῶν δώδεκα.
11: 13 οὐδὲν εὗρεν εἰ μὴ φύλλα· ὁ γὰρ καιρὸς οὐκ **ἦν** σύκων.
11: 23 καὶ μὴ διακριθῇ ἐν τῇ καρδίᾳ αὐτοῦ ἀλλὰ πιστεύῃ ὅτι ὃ λαλεῖ γίνεται, **ἔσται** αὐτῷ.
11: 24 πάντα ὅσα προσεύχεσθε καὶ αἰτεῖσθε, πιστεύετε ὅτι ἐλάβετε, καὶ **ἔσται** ὑμῖν.
11: 30 τὸ βάπτισμα τὸ Ἰωάννου ἐξ οὐρανοῦ **ἦν** ἢ ἐξ ἀνθρώπων;
11: 32 ἅπαντες γὰρ εἶχον τὸν Ἰωάννην ὄντως ὅτι προφήτης **ἦν.**
12: 7 οἱ γεωργοὶ πρὸς ἑαυτοὺς εἶπαν ὅτι Οὗτός **ἐστιν** ὁ κληρονόμος· δεῦτε ἀποκτείνωμεν αὐτόν, καὶ ἡμῶν **ἔσται** ἡ κληρονομία.
12: 11 παρὰ κυρίου ἐγένετο αὕτη καὶ **ἔστιν** θαυμαστὴ ἐν ὀφθαλμοῖς ἡμῶν;
12: 14 οἴδαμεν ὅτι ἀληθὴς **εἶ** καὶ οὐ μέλει σοι περὶ οὐδενός·
12: 18 οἵτινες λέγουσιν ἀνάστασιν μὴ **εἶναι,** καὶ ἐπηρώτων αὐτὸν λέγοντες,
12: 20 ἑπτὰ ἀδελφοὶ **ἦσαν·** καὶ ὁ πρῶτος ἔλαβεν γυναῖκα καὶ ἀποθνῄσκων οὐκ ἀφῆκεν σπέρμα·
12: 23 ἐν τῇ ἀναστάσει [ὅταν ἀναστῶσιν] τίνος αὐτῶν **ἔσται** γυνή;
12: 25 ὅταν γὰρ ἐκ νεκρῶν ἀναστῶσιν οὔτε γαμοῦσιν οὔτε γαμίζονται, ἀλλ' **εἰσὶν** ὡς ἄγγελοι ἐν τοῖς οὐρανοῖς.
12: 27 οὐκ **ἔστιν** θεὸς νεκρῶν ἀλλὰ ζώντων· πολὺ πλανᾶσθε.
12: 28 ἰδὼν ὅτι καλῶς ἀπεκρίθη αὐτοῖς ἐπηρώτησεν αὐτόν, Ποία **ἐστὶν** ἐντολὴ πρώτη πάντων;
12: 29 ἀπεκρίθη ὁ Ἰησοῦς ὅτι Πρώτη **ἐστίν,** Ἄκουε, Ἰσραήλ, κύριος ὁ θεὸς ἡμῶν κύριος εἷς **ἐστιν,**
12: 31 Ἀγαπήσεις τὸν πλησίον σου ὡς σεαυτόν. μείζων τούτων ἄλλη ἐντολὴ οὐκ **ἔστιν.**
12: 32 ἐπ' ἀληθείας εἶπες ὅτι εἷς **ἐστιν** καὶ οὐκ **ἔστιν** ἄλλος πλὴν αὐτοῦ·
12: 33 καὶ τὸ ἀγαπᾶν τὸν πλησίον ὡς ἑαυτὸν περισσότερόν **ἐστιν** πάντων τῶν ὁλοκαυτωμάτων καὶ θυσιῶν.
12: 34 Οὐ μακρὰν **εἶ** ἀπὸ τῆς βασιλείας τοῦ θεοῦ.
12: 35 Πῶς λέγουσιν οἱ γραμματεῖς ὅτι ὁ Χριστὸς υἱὸς Δαυίδ **ἐστιν;**
12: 37 αὐτὸς Δαυὶδ λέγει αὐτὸν κύριον, καὶ πόθεν αὐτοῦ **ἐστιν** υἱός;
12: 42 ἐλθοῦσα μία χήρα πτωχὴ ἔβαλεν λεπτὰ δύο, ὅ **ἐστιν** κοδράντης.
13: 4 πότε ταῦτα **ἔσται** καὶ τί τὸ σημεῖον ὅταν μέλλῃ ταῦτα συντελεῖσθαι πάντα;
13: 6 πολλοὶ ἐλεύσονται ἐπὶ τῷ ὀνόματί μου λέγοντες ὅτι Ἐγώ **εἰμι,**
13: 8 ἐγερθήσεται γὰρ ἔθνος ἐπ' ἔθνος καὶ βασιλεία ἐπὶ βασιλείαν, **ἔσονται** σεισμοὶ κατὰ τόπους, **ἔσονται** λιμοί·
13: 11 οὐ γάρ **ἐστε** ὑμεῖς οἱ λαλοῦντες ἀλλὰ τὸ πνεῦμα τὸ ἅγιον.
13: 13 καὶ **ἔσεσθε** μισούμενοι ὑπὸ πάντων διὰ τὸ ὄνομά μου.

13:19 **ἔσονται** γὰρ αἱ ἡμέραι ἐκεῖναι θλῖψις οἵα οὐ γέγονεν τοιαύτη ἀπ᾽ ἀρχῆς κτίσεως ἣν ἔκτισεν ὁ θεὸς ἕως τοῦ νῦν
13:25 καὶ οἱ ἀστέρες **ἔσονται** ἐκ τοῦ οὐρανοῦ πίπτοντες,
13:28 ὅταν ἤδη ὁ κλάδος αὐτῆς ἁπαλὸς γένηται καὶ ἐκφύῃ τὰ φύλλα, γινώσκετε ὅτι ἐγγὺς τὸ θέρος **ἐστίν·**
13:29 ὅταν ἴδητε ταῦτα γινόμενα, γινώσκετε ὅτι ἐγγύς **ἐστιν** ἐπὶ θύραις.
13:33 ἀγρυπνεῖτε· οὐκ οἴδατε γὰρ πότε ὁ καιρός **ἐστιν.**
14: 1 **Ἦν** δὲ τὸ πάσχα καὶ τὰ ἄζυμα μετὰ δύο ἡμέρας.
14: 2 Μὴ ἐν τῇ ἑορτῇ, μήποτε **ἔσται** θόρυβος τοῦ λαοῦ.
14: 3 Καὶ **ὄντος** αὐτοῦ ἐν Βηθανίᾳ ἐν τῇ οἰκίᾳ Σίμωνος τοῦ λεπροῦ,
14: 4 **ἦσαν** δέ τινες ἀγανακτοῦντες πρὸς ἑαυτούς, Εἰς τί ἡ ἀπώλεια αὕτη τοῦ μύρου γέγονεν;
14:14 Ποῦ **ἐστιν** τὸ κατάλυμά μου ὅπου τὸ πάσχα μετὰ τῶν μαθητῶν μου φάγω;
14:22 Καὶ ἐσθιόντων αὐτῶν λαβὼν ἄρτον εὐλογήσας ἔκλασεν καὶ ἔδωκεν αὐτοῖς καὶ εἶπεν, Λάβετε, τοῦτό **ἐστιν** τὸ σῶμά μου.
14:24 Τοῦτό **ἐστιν** τὸ αἷμά μου τῆς διαθήκης τὸ ἐκχυννόμενον ὑπὲρ πολλῶν.
14:34 καὶ λέγει αὐτοῖς, Περίλυπός **ἐστιν** ἡ ψυχή μου ἕως θανάτου·
14:35 καὶ προελθὼν μικρὸν ἔπιπτεν ἐπὶ τῆς γῆς καὶ προσηύχετο ἵνα εἰ δυνατόν **ἐστιν** παρέλθῃ ἀπ᾽ αὐτοῦ ἡ ὥρα,
14:40 **ἦσαν** γὰρ αὐτῶν οἱ ὀφθαλμοὶ καταβαρυνόμενοι, καὶ οὐκ ᾔδεισαν τί ἀποκριθῶσιν αὐτῷ.
14:44 Ὃν ἂν φιλήσω αὐτός **ἐστιν,** κρατήσατε αὐτὸν καὶ ἀπάγετε ἀσφαλῶς.
14:49 καθ᾽ ἡμέραν **ἤμην** πρὸς ὑμᾶς ἐν τῷ ἱερῷ διδάσκων καὶ οὐκ ἐκρατήσατέ με·
14:54 καὶ ὁ Πέτρος ἀπὸ μακρόθεν ἠκολούθησεν αὐτῷ ἕως ἔσω εἰς τὴν αὐλὴν τοῦ ἀρχιερέως καὶ **ἦν** συγκαθήμενος μετὰ τῶν ὑπηρετῶν
14:56 πολλοὶ γὰρ ἐψευδομαρτύρουν κατ᾽ αὐτοῦ, καὶ ἴσαι αἱ μαρτυρίαι οὐκ **ἦσαν.**
14:59 καὶ οὐδὲ οὕτως ἴση **ἦν** ἡ μαρτυρία αὐτῶν.
14:61 Σὺ **εἶ** ὁ Χριστὸς ὁ υἱὸς τοῦ εὐλογητοῦ;
14:62 ὁ δὲ Ἰησοῦς εἶπεν, Ἐγώ **εἰμι,** καὶ ὄψεσθε τὸν υἱὸν τοῦ ἀνθρώπου ἐκ δεξιῶν καθήμενον τῆς δυνάμεως
14:64 οἱ δὲ πάντες κατέκριναν αὐτὸν ἔνοχον **εἶναι** θανάτου.
14:66 Καὶ **ὄντος** τοῦ Πέτρου κάτω ἐν τῇ αὐλῇ ἔρχεται μία τῶν παιδισκῶν τοῦ ἀρχιερέως
14:67 Καὶ σὺ μετὰ τοῦ Ναζαρηνοῦ **ἦσθα** τοῦ Ἰησοῦ.
14:69 καὶ ἡ παιδίσκη ἰδοῦσα αὐτὸν ἤρξατο πάλιν λέγειν τοῖς παρεστῶσιν ὅτι Οὗτος ἐξ αὐτῶν **ἐστιν.**
14:70 Ἀληθῶς ἐξ αὐτῶν **εἶ,** καὶ γὰρ Γαλιλαῖος **εἶ.**
15: 2 ἐπηρώτησεν αὐτὸν ὁ Πιλᾶτος, Σὺ **εἶ** ὁ βασιλεὺς τῶν Ἰουδαίων;
15: 7 **ἦν** δὲ ὁ λεγόμενος Βαραββᾶς μετὰ τῶν στασιαστῶν δεδεμένος οἵτινες ἐν τῇ στάσει φόνον πεποιήκεισαν.
15:16 ὅ **ἐστιν** πραιτώριον, καὶ συγκαλοῦσιν ὅλην τὴν σπεῖραν.
15:22 καὶ φέρουσιν αὐτὸν ἐπὶ τὸν Γολγοθᾶν τόπον, ὅ **ἐστιν** μεθερμηνευόμενον Κρανίου Τόπος.
15:25 **ἦν** δὲ ὥρα τρίτη καὶ ἐσταύρωσαν αὐτόν.
15:26 καὶ **ἦν** ἡ ἐπιγραφὴ τῆς αἰτίας αὐτοῦ ἐπιγεγραμμένη,
15:34 ὅ **ἐστιν** μεθερμηνευόμενον Ὁ θεός μου ὁ θεός μου,
15:39 ὅτι οὕτως ἐξέπνευσεν εἶπεν, Ἀληθῶς οὗτος ὁ ἄνθρωπος υἱὸς θεοῦ **ἦν.**
15:40 **Ἦσαν** δὲ καὶ γυναῖκες ἀπὸ μακρόθεν θεωροῦσαι, ἐν αἷς καὶ Μαρία ἡ Μαγδαληνὴ καὶ Μαρία ἡ Ἰακώβου τοῦ μικροῦ
15:41 αἳ ὅτε **ἦν** ἐν τῇ Γαλιλαίᾳ ἠκολούθουν αὐτῷ καὶ διηκόνουν αὐτῷ,
15:42 Καὶ ἤδη ὀψίας γενομένης, ἐπεὶ **ἦν** παρασκευὴ ὅ **ἐστιν** προσάββατον,
15:43 ὃς καὶ αὐτὸς **ἦν** προσδεχόμενος τὴν βασιλείαν τοῦ θεοῦ,
15:46 καὶ ἀγοράσας σινδόνα καθελὼν αὐτὸν ἐνείλησεν τῇ σινδόνι καὶ ἔθηκεν αὐτὸν ἐν μνημείῳ ὃ **ἦν** λελατομημένον ἐκ πέτρας
16: 4 καὶ ἀναβλέψασαι θεωροῦσιν ὅτι ἀποκεκύλισται ὁ λίθος· **ἦν** γὰρ μέγας σφόδρα.
16: 6 ἠγέρθη, οὐκ **ἔστιν** ὧδε· ἴδε ὁ τόπος ὅπου ἔθηκαν αὐτόν.
Lk 1: 6 **ἦσαν** δὲ δίκαιοι ἀμφότεροι ἐναντίον τοῦ θεοῦ, πορευόμενοι ἐν πάσαις ταῖς ἐντολαῖς καὶ δικαιώμασιν τοῦ κυρίου ἄμεμπτοι.
1: 7 καὶ οὐκ **ἦν** αὐτοῖς τέκνον, καθότι **ἦν** ἡ Ἐλισάβετ στεῖρα, καὶ ἀμφότεροι προβεβηκότες ἐν ταῖς ἡμέραις αὐτῶν **ἦσαν.**
1:10 καὶ πᾶν τὸ πλῆθος **ἦν** τοῦ λαοῦ προσευχόμενον ἔξω τῇ ὥρᾳ τοῦ θυμιάματος.
1:14 καὶ **ἔσται** χαρά σοι καὶ ἀγαλλίασις καὶ πολλοὶ ἐπὶ τῇ γενέσει αὐτοῦ χαρήσονται.
1:15 **ἔσται** γὰρ μέγας ἐνώπιον [τοῦ] κυρίου, καὶ οἶνον καὶ σίκερα οὐ μὴ πίῃ,
1:18 ἐγὼ γάρ **εἰμι** πρεσβύτης καὶ ἡ γυνή μου προβεβηκυῖα ἐν ταῖς ἡμέραις αὐτῆς.
1:19 Ἐγώ **εἰμι** Γαβριὴλ ὁ παρεστηκὼς ἐνώπιον τοῦ θεοῦ καὶ ἀπεστάλην λαλῆσαι πρὸς σὲ καὶ εὐαγγελίσασθαί σοι ταῦτα·
1:20 καὶ ἰδοὺ **ἔσῃ** σιωπῶν καὶ μὴ δυνάμενος λαλῆσαι ἄχρι ἧς ἡμέρας γένηται ταῦτα,
1:21 Καὶ **ἦν** ὁ λαὸς προσδοκῶν τὸν Ζαχαρίαν καὶ ἐθαύμαζον ἐν τῷ χρονίζειν ἐν τῷ ναῷ αὐτόν.
1:22 καὶ αὐτὸς **ἦν** διανεύων αὐτοῖς καὶ διέμενεν κωφός.
1:29 ἡ δὲ ἐπὶ τῷ λόγῳ διεταράχθη καὶ διελογίζετο ποταπὸς **εἴη** ὁ ἀσπασμὸς οὗτος.
1:32 οὗτος **ἔσται** μέγας καὶ υἱὸς ὑψίστου κληθήσεται καὶ δώσει αὐτῷ κύριος ὁ θεὸς τὸν θρόνον Δαυὶδ τοῦ πατρὸς αὐτοῦ,
1:33 καὶ βασιλεύσει ἐπὶ τὸν οἶκον Ἰακὼβ εἰς τοὺς αἰῶνας καὶ τῆς βασιλείας αὐτοῦ οὐκ **ἔσται** τέλος.
1:34 εἶπεν δὲ Μαριὰμ πρὸς τὸν ἄγγελον, Πῶς **ἔσται** τοῦτο, ἐπεὶ ἄνδρα οὐ γινώσκω;
1:36 Ἐλισάβετ ἡ συγγενίς σου καὶ αὐτὴ συνείληφεν υἱὸν ἐν γήρει αὐτῆς καὶ οὗτος μὴν ἕκτος **ἐστὶν** αὐτῇ τῇ καλουμένῃ στείρᾳ·
1:45 καὶ μακαρία ἡ πιστεύσασα ὅτι **ἔσται** τελείωσις τοῖς λελαλημένοις αὐτῇ παρὰ κυρίου.
1:61 καὶ εἶπαν πρὸς αὐτὴν ὅτι Οὐδείς **ἐστιν** ἐκ τῆς συγγενείας σου ὃς καλεῖται τῷ ὀνόματι τούτῳ.
1:63 καὶ αἰτήσας πινακίδιον ἔγραψεν λέγων, Ἰωάννης **ἐστὶν** ὄνομα αὐτοῦ.
1:66 καὶ ἔθεντο πάντες οἱ ἀκούσαντες ἐν τῇ καρδίᾳ αὐτῶν λέγοντες, Τί ἄρα τὸ παιδίον τοῦτο **ἔσται;** καὶ γὰρ χεὶρ κυρίου **ἦν** μετ᾽ αὐτοῦ.
1:80 καὶ **ἦν** ἐν ταῖς ἐρήμοις ἕως ἡμέρας ἀναδείξεως αὐτοῦ πρὸς τὸν Ἰσραήλ.
2: 4 διὰ τὸ **εἶναι** αὐτὸν ἐξ οἴκου καὶ πατριᾶς Δαυίδ,
2: 5 ἀπογράψασθαι σὺν Μαριὰμ τῇ ἐμνηστευμένῃ αὐτῷ, **οὔσῃ** ἐγκύῳ.
2: 6 ἐγένετο δὲ ἐν τῷ **εἶναι** αὐτοὺς ἐκεῖ ἐπλήσθησαν αἱ ἡμέραι τοῦ τεκεῖν αὐτήν,
2: 7 διότι οὐκ **ἦν** αὐτοῖς τόπος ἐν τῷ καταλύματι.
2: 8 Καὶ ποιμένες **ἦσαν** ἐν τῇ χώρᾳ τῇ αὐτῇ ἀγραυλοῦντες καὶ φυλάσσοντες φυλακὰς τῆς νυκτὸς ἐπὶ τὴν ποίμνην αὐτῶν.
2:10 ἰδοὺ γὰρ εὐαγγελίζομαι ὑμῖν χαρὰν μεγάλην ἥτις **ἔσται** παντὶ τῷ λαῷ,
2:11 ὅτι ἐτέχθη ὑμῖν σήμερον σωτὴρ ὅς **ἐστιν** Χριστὸς κύριος ἐν πόλει Δαυίδ.
2:25 Καὶ ἰδοὺ ἄνθρωπος **ἦν** ἐν Ἰερουσαλὴμ ᾧ ὄνομα Συμεὼν καὶ ὁ ἄνθρωπος οὗτος δίκαιος καὶ εὐλαβὴς προσδεχόμενος παράκλησιν τοῦ Ἰσραήλ, καὶ πνεῦμα **ἦν** ἅγιον ἐπ᾽ αὐτόν·
2:26 καὶ **ἦν** αὐτῷ κεχρηματισμένον ὑπὸ τοῦ πνεύματος τοῦ ἁγίου μὴ ἰδεῖν θάνατον πρὶν [ἢ] ἂν ἴδῃ τὸν Χριστὸν κυρίου.
2:33 καὶ **ἦν** ὁ πατὴρ αὐτοῦ καὶ ἡ μήτηρ θαυμάζοντες ἐπὶ τοῖς λαλουμένοις περὶ αὐτοῦ.
2:36 Καὶ **ἦν** Ἅννα προφῆτις, θυγάτηρ Φανουήλ, ἐκ φυλῆς Ἀσήρ·
2:40 Τὸ δὲ παιδίον ηὔξανεν καὶ ἐκραταιοῦτο πληρούμενον σοφίᾳ, καὶ χάρις θεοῦ **ἦν** ἐπ᾽ αὐτό.
2:44 νομίσαντες δὲ αὐτὸν **εἶναι** ἐν τῇ συνοδίᾳ ἦλθον ἡμέρας ὁδὸν καὶ ἀνεζήτουν αὐτὸν ἐν τοῖς συγγενεῦσιν καὶ τοῖς γνωστοῖς,
2:49 οὐκ ᾔδειτε ὅτι ἐν τοῖς τοῦ πατρός μου δεῖ **εἶναί** με;
2:51 καὶ κατέβη μετ᾽ αὐτῶν καὶ ἦλθεν εἰς Ναζαρὲθ καὶ **ἦν** ὑποτασσόμενος αὐτοῖς.
3: 5 καὶ **ἔσται** τὰ σκολιὰ εἰς εὐθείαν καὶ αἱ τραχεῖαι εἰς ὁδοὺς λείας·
3:15 Προσδοκῶντος δὲ τοῦ λαοῦ καὶ διαλογιζομένων πάντων ἐν ταῖς καρδίαις αὐτῶν περὶ τοῦ Ἰωάννου, μήποτε αὐτὸς **εἴη** ὁ Χριστός,
3:16 οὗ οὐκ **εἰμὶ** ἱκανὸς λῦσαι τὸν ἱμάντα τῶν ὑποδημάτων αὐτοῦ·
3:22 Σὺ **εἶ** ὁ υἱός μου ὁ ἀγαπητός, ἐν σοὶ εὐδόκησα.
3:23 Καὶ αὐτὸς **ἦν** Ἰησοῦς ἀρχόμενος ὡσεὶ ἐτῶν τριάκοντα, **ὢν** υἱός, ὡς ἐνομίζετο, Ἰωσὴφ τοῦ Ἠλὶ
4: 3 Εἶπεν δὲ αὐτῷ ὁ διάβολος, Εἰ υἱὸς **εἶ** τοῦ θεοῦ,
4: 7 σὺ οὖν ἐὰν προσκυνήσῃς ἐνώπιον ἐμοῦ, **ἔσται** σοῦ πᾶσα.
4: 9 Εἰ υἱὸς **εἶ** τοῦ θεοῦ, βάλε σεαυτὸν ἐντεῦθεν κάτω·
4:16 Καὶ ἦλθεν εἰς Ναζαρά, οὗ **ἦν** τεθραμμένος,
4:17 καὶ ἐπεδόθη αὐτῷ βιβλίον τοῦ προφήτου Ἠσαΐου καὶ ἀναπτύξας τὸ βιβλίον εὗρεν τὸν τόπον οὗ **ἦν** γεγραμμένον,
4:20 πάντων οἱ ὀφθαλμοὶ ἐν τῇ συναγωγῇ **ἦσαν** ἀτενίζοντες αὐτῷ.
4:22 καὶ ἔλεγον, Οὐχὶ υἱός **ἐστιν** Ἰωσὴφ οὗτος;
4:24 Ἀμὴν λέγω ὑμῖν ὅτι οὐδεὶς προφήτης δεκτός **ἐστιν** ἐν τῇ πατρίδι αὐτοῦ.

4:25 πολλαὶ χῆραι **ἦσαν** ἐν ταῖς ἡμέραις Ἠλίου ἐν τῷ Ἰσραήλ,
4:27 καὶ πολλοὶ λεπροὶ **ἦσαν** ἐν τῷ Ἰσραὴλ ἐπὶ Ἐλισαίου τοῦ προφήτου,
4:31 Καὶ κατῆλθεν εἰς Καφαρναοὺμ πόλιν τῆς Γαλιλαίας. καὶ **ἦν** διδάσκων αὐτοὺς ἐν τοῖς σάββασιν·
4:32 καὶ ἐξεπλήσσοντο ἐπὶ τῇ διδαχῇ αὐτοῦ, ὅτι ἐν ἐξουσίᾳ **ἦν** ὁ λόγος αὐτοῦ.
4:33 καὶ ἐν τῇ συναγωγῇ **ἦν** ἄνθρωπος ἔχων πνεῦμα δαιμονίου ἀκαθάρτου καὶ ἀνέκραξεν φωνῇ μεγάλῃ,
4:34 οἶδά σε τίς **εἶ,** ὁ ἅγιος τοῦ θεοῦ.
4:38 πενθερὰ δὲ τοῦ Σίμωνος **ἦν** συνεχομένη πυρετῷ μεγάλῳ καὶ ἠρώτησαν αὐτὸν περὶ αὐτῆς.
4:41 ἐξήρχετο δὲ καὶ δαιμόνια ἀπὸ πολλῶν κρ[αυγ]άζοντα καὶ λέγοντα ὅτι Σὺ **εἶ** ὁ υἱὸς τοῦ θεοῦ. καὶ ἐπιτιμῶν οὐκ εἴα αὐτὰ λαλεῖν, ὅτι ᾔδεισαν τὸν Χριστὸν αὐτὸν **εἶναι.**
4:44 καὶ **ἦν** κηρύσσων εἰς τὰς συναγωγὰς τῆς Ἰουδαίας.
5: 1 ἐν τῷ τὸν ὄχλον ἐπικεῖσθαι αὐτῷ καὶ ἀκούειν τὸν λόγον τοῦ θεοῦ καὶ αὐτὸς **ἦν** ἑστὼς παρὰ τὴν λίμνην Γεννησαρέτ
5: 3 ἐμβὰς δὲ εἰς ἓν τῶν πλοίων, ὃ **ἦν** Σίμωνος,
5: 8 Ἔξελθε ἀπ᾽ ἐμοῦ, ὅτι ἀνὴρ ἁμαρτωλός **εἰμι,** κύριε.
5:10 ὁμοίως δὲ καὶ Ἰάκωβον καὶ Ἰωάννην υἱοὺς Ζεβεδαίου, οἳ **ἦσαν** κοινωνοὶ τῷ Σίμωνι. καὶ εἶπεν πρὸς τὸν Σίμωνα ὁ Ἰησοῦς, Μὴ φοβοῦ· ἀπὸ τοῦ νῦν ἀνθρώπους **ἔσῃ** ζωγρῶν.
5:12 Καὶ ἐγένετο ἐν τῷ **εἶναι** αὐτὸν ἐν μιᾷ τῶν πόλεων καὶ ἰδοὺ ἀνὴρ πλήρης λέπρας·
5:16 αὐτὸς δὲ **ἦν** ὑποχωρῶν ἐν ταῖς ἐρήμοις καὶ προσευχόμενος.
5:17 Καὶ ἐγένετο ἐν μιᾷ τῶν ἡμερῶν καὶ αὐτὸς **ἦν** διδάσκων, καὶ **ἦσαν** καθήμενοι Φαρισαῖοι καὶ νομοδιδάσκαλοι οἳ **ἦσαν** ἐληλυθότες ἐκ πάσης κώμης τῆς Γαλιλαίας καὶ Ἰουδαίας καὶ Ἰερουσαλήμ· καὶ δύναμις κυρίου **ἦν** εἰς τὸ ἰᾶσθαι αὐτόν.
5:18 καὶ ἰδοὺ ἄνδρες φέροντες ἐπὶ κλίνης ἄνθρωπον ὃς **ἦν** παραλελυμένος καὶ ἐζήτουν αὐτὸν εἰσενεγκεῖν καὶ θεῖναι
5:21 καὶ ἤρξαντο διαλογίζεσθαι οἱ γραμματεῖς καὶ οἱ Φαρισαῖοι λέγοντες, Τίς **ἐστιν** οὗτος ὃς λαλεῖ βλασφημίας;
5:23 τί **ἐστιν** εὐκοπώτερον, εἰπεῖν, Ἀφέωνταί σοι αἱ ἁμαρτίαι σου,
5:29 καὶ **ἦν** ὄχλος πολὺς τελωνῶν καὶ ἄλλων οἳ **ἦσαν** μετ᾽ αὐτῶν κατακείμενοι.
5:34 Μὴ δύνασθε τοὺς υἱοὺς τοῦ νυμφῶνος ἐν ᾧ ὁ νυμφίος μετ᾽ αὐτῶν **ἐστιν** ποιῆσαι νηστεῦσαι;
5:39 [καὶ] οὐδεὶς πιὼν παλαιὸν θέλει νέον· λέγει γάρ, Ὁ παλαιὸς χρηστός **ἐστιν.**
6: 3 Οὐδὲ τοῦτο ἀνέγνωτε ὃ ἐποίησεν Δαυὶδ ὅτε ἐπείνασεν αὐτὸς καὶ οἱ μετ᾽ αὐτοῦ **[ὄντες,]**
6: 5 Κύριός **ἐστιν** τοῦ σαββάτου ὁ υἱὸς τοῦ ἀνθρώπου.
6: 6 καὶ **ἦν** ἄνθρωπος ἐκεῖ καὶ ἡ χεὶρ αὐτοῦ ἡ δεξιὰ **ἦν** ξηρά.
6:12 καὶ **ἦν** διανυκτερεύων ἐν τῇ προσευχῇ τοῦ θεοῦ.
6:20 Μακάριοι οἱ πτωχοί, ὅτι ὑμετέρα **ἐστὶν** ἡ βασιλεία τοῦ θεοῦ.
6:22 μακάριοί **ἐστε** ὅταν μισήσωσιν ὑμᾶς οἱ ἄνθρωποι καὶ ὅταν ἀφορίσωσιν ὑμᾶς καὶ ὀνειδίσωσιν
6:32 καὶ εἰ ἀγαπᾶτε τοὺς ἀγαπῶντας ὑμᾶς, ποία ὑμῖν χάρις **ἐστίν;**
6:33 καὶ [γὰρ] ἐὰν ἀγαθοποιῆτε τοὺς ἀγαθοποιοῦντας ὑμᾶς, ποία ὑμῖν χάρις **ἐστίν;**
6:34 ἐὰν δανίσητε παρ᾽ ὧν ἐλπίζετε λαβεῖν, ποία ὑμῖν χάρις **[ἐστίν;]**
6:35 καὶ **ἔσται** ὁ μισθὸς ὑμῶν πολύς, καὶ **ἔσεσθε** υἱοὶ ὑψίστου, ὅτι αὐτὸς χρηστός **ἐστιν** ἐπὶ τοὺς ἀχαρίστους καὶ πονηρούς.
6:36 Γίνεσθε οἰκτίρμονες καθὼς [καὶ] ὁ πατὴρ ὑμῶν οἰκτίρμων **ἐστίν.**
6:40 οὐκ **ἔστιν** μαθητὴς ὑπὲρ τὸν διδάσκαλον· κατηρτισμένος δὲ πᾶς **ἔσται** ὡς ὁ διδάσκαλος αὐτοῦ.
6:43 Οὐ γάρ **ἐστιν** δένδρον καλὸν ποιοῦν καρπὸν σαπρόν,
6:47 πᾶς ὁ ἐρχόμενος πρός με καὶ ἀκούων μου τῶν λόγων καὶ ποιῶν αὐτούς, ὑποδείξω ὑμῖν τίνι **ἐστὶν** ὅμοιος·
6:48 ὅμοιός **ἐστιν** ἀνθρώπῳ οἰκοδομοῦντι οἰκίαν ὃς ἔσκαψεν καὶ ἐβάθυνεν καὶ ἔθηκεν θεμέλιον ἐπὶ τὴν πέτραν·
6:49 ὁ δὲ ἀκούσας καὶ μὴ ποιήσας ὅμοιός **ἐστιν** ἀνθρώπῳ οἰκοδομήσαντι οἰκίαν ἐπὶ τὴν γῆν χωρὶς θεμελίου,
7: 2 Ἑκατοντάρχου δέ τινος δοῦλος κακῶς ἔχων ἤμελλεν τελευτᾶν, ὃς **ἦν** αὐτῷ ἔντιμος.
7: 4 οἱ δὲ παραγενόμενοι πρὸς τὸν Ἰησοῦν παρεκάλουν αὐτὸν σπουδαίως λέγοντες ὅτι Ἄξιός **ἐστιν** ᾧ παρέξῃ τοῦτο·
7: 6 οὐ γὰρ ἱκανός **εἰμι** ἵνα ὑπὸ τὴν στέγην μου εἰσέλθῃς·
7: 8 καὶ γὰρ ἐγὼ ἄνθρωπός **εἰμι** ὑπὸ ἐξουσίαν τασσόμενος ἔχων ὑπ᾽ ἐμαυτὸν στρατιώτας,
7:12 καὶ ἰδοὺ ἐξεκομίζετο τεθνηκὼς μονογενὴς υἱὸς τῇ μητρὶ αὐτοῦ καὶ αὐτὴ **ἦν** χήρα, καὶ ὄχλος τῆς πόλεως ἱκανὸς **ἦν** σὺν αὐτῇ.
7:19 ἔπεμψεν πρὸς τὸν κύριον λέγων, Σὺ **εἶ** ὁ ἐρχόμενος ἢ ἄλλον προσδοκῶμεν;
7:20 Ἰωάννης ὁ βαπτιστὴς ἀπέστειλεν ἡμᾶς πρὸς σὲ λέγων, Σὺ **εἶ** ὁ ἐρχόμενος ἢ ἄλλον προσδοκῶμεν;
7:23 καὶ μακάριός **ἐστιν** ὃς ἐὰν μὴ σκανδαλισθῇ ἐν ἐμοί.
7:25 ἰδοὺ οἱ ἐν ἱματισμῷ ἐνδόξῳ καὶ τρυφῇ ὑπάρχοντες ἐν τοῖς βασιλείοις **εἰσίν.**
7:27 οὗτός **ἐστιν** περὶ οὗ γέγραπται, Ἰδοὺ ἀποστέλλω τὸν ἄγγελόν μου πρὸ προσώπου σου,
7:28 μείζων ἐν γεννητοῖς γυναικῶν Ἰωάννου οὐδείς **ἐστιν·** ὁ δὲ μικρότερος ἐν τῇ βασιλείᾳ τοῦ θεοῦ μείζων αὐτοῦ **ἐστιν.**
7:31 Τίνι οὖν ὁμοιώσω τοὺς ἀνθρώπους τῆς γενεᾶς ταύτης καὶ τίνι **εἰσὶν** ὅμοιοι;
7:32 ὅμοιοί **εἰσιν** παιδίοις τοῖς ἐν ἀγορᾷ καθημένοις καὶ προσφωνοῦσιν ἀλλήλοις ἃ λέγει,
7:37 καὶ ἰδοὺ γυνὴ ἥτις **ἦν** ἐν τῇ πόλει ἁμαρτωλός,
7:39 Οὗτος εἰ **ἦν** προφήτης, ἐγίνωσκεν ἂν τίς καὶ ποταπὴ ἡ γυνὴ ἥτις ἅπτεται αὐτοῦ, ὅτι ἁμαρτωλός **ἐστιν.**
7:41 δύο χρεοφειλέται **ἦσαν** δανιστῇ τινι· ὁ εἷς ὤφειλεν δηνάρια πεντακόσια,
7:49 καὶ ἤρξαντο οἱ συνανακείμενοι λέγειν ἐν ἑαυτοῖς, Τίς οὗτός **ἐστιν** ὃς καὶ ἁμαρτίας ἀφίησιν;
8: 2 καὶ γυναῖκές τινες αἳ **ἦσαν** τεθεραπευμέναι ἀπὸ πνευμάτων πονηρῶν καὶ ἀσθενειῶν,
8: 9 Ἐπηρώτων δὲ αὐτὸν οἱ μαθηταὶ αὐτοῦ τίς αὕτη **εἴη** ἡ παραβολή.
8:11 **Ἔστιν** δὲ αὕτη ἡ παραβολή· Ὁ σπόρος **ἐστὶν** ὁ λόγος τοῦ θεοῦ.
8:12 οἱ δὲ παρὰ τὴν ὁδόν **εἰσιν** οἱ ἀκούσαντες,
8:14 τὸ δὲ εἰς τὰς ἀκάνθας πεσόν, οὗτοί **εἰσιν** οἱ ἀκούσαντες,
8:15 οὗτοί **εἰσιν** οἵτινες ἐν καρδίᾳ καλῇ καὶ ἀγαθῇ ἀκούσαντες τὸν λόγον κατέχουσιν καὶ καρποφοροῦσιν ἐν ὑπομονῇ.
8:17 οὐ γάρ **ἐστιν** κρυπτὸν ὃ οὐ φανερὸν γενήσεται οὐδὲ ἀπόκρυφον ὃ οὐ μὴ γνωσθῇ καὶ εἰς φανερὸν ἔλθῃ.
8:21 Μήτηρ μου καὶ ἀδελφοί μου οὗτοί **εἰσιν** οἱ τὸν λόγον τοῦ θεοῦ ἀκούοντες καὶ ποιοῦντες.
8:25 Τίς ἄρα οὗτός **ἐστιν** ὅτι καὶ τοῖς ἀνέμοις ἐπιτάσσει καὶ τῷ ὕδατι,
8:26 Καὶ κατέπλευσαν εἰς τὴν χώραν τῶν Γερασηνῶν, ἥτις **ἐστὶν** ἀντιπέρα τῆς Γαλιλαίας.
8:30 ἐπηρώτησεν δὲ αὐτὸν ὁ Ἰησοῦς, Τί σοι ὄνομά **ἐστιν;**
8:32 **Ἦν** δὲ ἐκεῖ ἀγέλη χοίρων ἱκανῶν βοσκομένη ἐν τῷ ὄρει·
8:38 ἐδεῖτο δὲ αὐτοῦ ὁ ἀνὴρ ἀφ᾽ οὗ ἐξεληλύθει τὰ δαιμόνια **εἶναι** σὺν αὐτῷ·
8:40 Ἐν δὲ τῷ ὑποστρέφειν τὸν Ἰησοῦν ἀπεδέξατο αὐτὸν ὁ ὄχλος· **ἦσαν** γὰρ πάντες προσδοκῶντες αὐτόν.
8:42 ὅτι θυγάτηρ μονογενὴς **ἦν** αὐτῷ ὡς ἐτῶν δώδεκα καὶ αὐτὴ ἀπέθνῃσκεν.
8:43 καὶ γυνὴ **οὖσα** ἐν ῥύσει αἵματος ἀπὸ ἐτῶν δώδεκα,
9: 9 τίς δέ **ἐστιν** οὗτος περὶ οὗ ἀκούω τοιαῦτα;
9:12 ἵνα πορευθέντες εἰς τὰς κύκλῳ κώμας καὶ ἀγροὺς καταλύσωσιν καὶ εὕρωσιν ἐπισιτισμόν, ὅτι ὧδε ἐν ἐρήμῳ τόπῳ **ἐσμέν.**
9:13 Οὐκ **εἰσὶν** ἡμῖν πλεῖον ἢ ἄρτοι πέντε καὶ ἰχθύες δύο,
9:14 **ἦσαν** γὰρ ὡσεὶ ἄνδρες πεντακισχίλιοι. εἶπεν δὲ πρὸς τοὺς μαθητὰς αὐτοῦ,
9:18 Καὶ ἐγένετο ἐν τῷ **εἶναι** αὐτὸν προσευχόμενον κατὰ μόνας συνῆσαν αὐτῷ οἱ μαθηταί, καὶ ἐπηρώτησεν αὐτοὺς λέγων, Τίνα με λέγουσιν οἱ ὄχλοι **εἶναι;**
9:20 εἶπεν δὲ αὐτοῖς, Ὑμεῖς δὲ τίνα με λέγετε **εἶναι;**
9:27 **εἰσίν** τινες τῶν αὐτοῦ ἑστηκότων οἳ οὐ μὴ γεύσωνται θανάτου ἕως ἂν ἴδωσιν τὴν βασιλείαν τοῦ θεοῦ.
9:30 καὶ ἰδοὺ ἄνδρες δύο συνελάλουν αὐτῷ, οἵτινες **ἦσαν** Μωϋσῆς καὶ Ἠλίας,
9:32 ὁ δὲ Πέτρος καὶ οἱ σὺν αὐτῷ **ἦσαν** βεβαρημένοι ὕπνῳ·
9:33 Ἐπιστάτα, καλόν **ἐστιν** ἡμᾶς ὧδε **εἶναι,** καὶ ποιήσωμεν σκηνὰς τρεῖς,
9:35 Οὗτός **ἐστιν** ὁ υἱός μου ὁ ἐκλελεγμένος, αὐτοῦ ἀκούετε.
9:38 δέομαί σου ἐπιβλέψαι ἐπὶ τὸν υἱόν μου, ὅτι μονογενής μοί **ἐστιν,**
9:41 ἕως πότε **ἔσομαι** πρὸς ὑμᾶς καὶ ἀνέξομαι ὑμῶν;
9:45 οἱ δὲ ἠγνόουν τὸ ῥῆμα τοῦτο καὶ **ἦν** παρακεκαλυμμένον ἀπ᾽ αὐτῶν ἵνα μὴ αἴσθωνται αὐτό,
9:46 Εἰσῆλθεν δὲ διαλογισμὸς ἐν αὐτοῖς, τὸ τίς ἂν **εἴη** μείζων αὐτῶν.
9:48 ὁ γὰρ μικρότερος ἐν πᾶσιν ὑμῖν ὑπάρχων οὗτός **ἐστιν** μέγας.
9:50 ὃς γὰρ οὐκ **ἔστιν** καθ᾽ ὑμῶν, ὑπὲρ ὑμῶν **ἐστιν.**
9:53 ὅτι τὸ πρόσωπον αὐτοῦ **ἦν** πορευόμενον εἰς Ἰερουσαλήμ.

9:62 Οὐδεὶς ἐπιβαλὼν τὴν χεῖρα ἐπ᾽ ἄροτρον καὶ βλέπων εἰς τὰ ὀπίσω εὔθετός **ἐστιν** τῇ βασιλείᾳ τοῦ θεοῦ.

10: 6 καὶ ἐὰν ἐκεῖ **ᾖ** υἱὸς εἰρήνης, ἐπαναπαήσεται ἐπ᾽ αὐτὸν ἡ εἰρήνη ὑμῶν·

10:12 λέγω ὑμῖν ὅτι Σοδόμοις ἐν τῇ ἡμέρᾳ ἐκείνῃ ἀνεκτότερον **ἔσται** ἢ τῇ πόλει ἐκείνῃ.

10:14 πλὴν Τύρῳ καὶ Σιδῶνι ἀνεκτότερον **ἔσται** ἐν τῇ κρίσει ἢ ὑμῖν.

10:22 οὐδεὶς γινώσκει τίς **ἐστιν** ὁ υἱὸς εἰ μὴ ὁ πατήρ, καὶ τίς **ἐστιν** ὁ πατὴρ εἰ μὴ ὁ υἱὸς καὶ ᾧ ἐὰν βούληται ὁ υἱὸς ἀποκαλύψαι.

10:29 ὁ δὲ θέλων δικαιῶσαι ἑαυτὸν εἶπεν πρὸς τὸν Ἰησοῦν, Καὶ τίς **ἐστίν** μου πλησίον;

10:39 τῇδε **ἦν** ἀδελφὴ καλουμένη Μαριάμ, [ἣ] καὶ παρακαθεσθεῖσα πρὸς τοὺς πόδας τοῦ κυρίου ἤκουεν τὸν λόγον αὐτοῦ.

10:42 ἑνὸς δέ **ἐστιν** χρεία· Μαριὰμ γὰρ τὴν ἀγαθὴν μερίδα ἐξελέξατο ἥτις οὐκ ἀφαιρεθήσεται αὐτῆς.

11: 1 Καὶ ἐγένετο ἐν τῷ **εἶναι** αὐτὸν ἐν τόπῳ τινὶ προσευχόμενον,

11: 7 ἤδη ἡ θύρα κέκλεισται καὶ τὰ παιδία μου μετ᾽ ἐμοῦ εἰς τὴν κοίτην **εἰσίν·**

11: 8 εἰ καὶ οὐ δώσει αὐτῷ ἀναστὰς διὰ τὸ **εἶναι** φίλον αὐτοῦ,

11:14 Καὶ **ἦν** ἐκβάλλων δαιμόνιον [καὶ αὐτὸ **ἦν**] κωφόν·

11:19 οἱ υἱοὶ ὑμῶν ἐν τίνι ἐκβάλλουσιν; διὰ τοῦτο αὐτοὶ ὑμῶν κριταὶ **ἔσονται.**

11:21 ὅταν ὁ ἰσχυρὸς καθωπλισμένος φυλάσσῃ τὴν ἑαυτοῦ αὐλήν, ἐν εἰρήνῃ **ἐστὶν** τὰ ὑπάρχοντα αὐτοῦ·

11:23 ὁ μὴ **ὢν** μετ᾽ ἐμοῦ κατ᾽ ἐμοῦ **ἐστιν,**

11:29 Τῶν δὲ ὄχλων ἐπαθροιζομένων ἤρξατο λέγειν, Ἡ γενεὰ αὕτη γενεὰ πονηρά **ἐστιν·**

11:30 οὕτως **ἔσται** καὶ ὁ υἱὸς τοῦ ἀνθρώπου τῇ γενεᾷ ταύτῃ.

11:34 ὁ λύχνος τοῦ σώματός **ἐστιν** ὁ ὀφθαλμός σου. ὅταν ὁ ὀφθαλμός σου ἁπλοῦς **ᾖ,** καὶ ὅλον τὸ σῶμά σου φωτεινόν **ἐστιν·** ἐπὰν δὲ πονηρὸς **ᾖ,** καὶ τὸ σῶμά σου σκοτεινόν.

11:35 σκόπει οὖν μὴ τὸ φῶς τὸ ἐν σοὶ σκότος **ἐστίν.**

11:36 **ἔσται** φωτεινὸν ὅλον ὡς ὅταν ὁ λύχνος τῇ ἀστραπῇ φωτίζῃ σε.

11:41 πλὴν τὰ ἐνόντα δότε ἐλεημοσύνην, καὶ ἰδοὺ πάντα καθαρὰ ὑμῖν **ἐστιν.**

11:44 οὐαὶ ὑμῖν, ὅτι **ἐστὲ** ὡς τὰ μνημεῖα τὰ ἄδηλα,

11:48 ἄρα μάρτυρές **ἐστε** καὶ συνευδοκεῖτε τοῖς ἔργοις τῶν πατέρων ὑμῶν,

12: 1 Προσέχετε ἑαυτοῖς ἀπὸ τῆς ζύμης, ἥτις **ἐστὶν** ὑπόκρισις, τῶν Φαρισαίων.

12: 2 οὐδὲν δὲ συγκεκαλυμμένον **ἐστὶν** ὃ οὐκ ἀποκαλυφθήσεται καὶ κρυπτὸν ὃ οὐ γνωσθήσεται.

12: 6 καὶ ἓν ἐξ αὐτῶν οὐκ **ἔστιν** ἐπιλελησμένον ἐνώπιον τοῦ θεοῦ.

12:15 ὅτι οὐκ ἐν τῷ περισσεύειν τινὶ ἡ ζωὴ αὐτοῦ **ἐστιν** ἐκ τῶν ὑπαρχόντων αὐτῷ.

12:20 ταύτῃ τῇ νυκτὶ τὴν ψυχήν σου ἀπαιτοῦσιν ἀπὸ σοῦ· ἃ δὲ ἡτοίμασας, τίνι **ἔσται;**

12:23 ἡ γὰρ ψυχὴ πλεῖόν **ἐστιν** τῆς τροφῆς καὶ τὸ σῶμα τοῦ ἐνδύματος.

12:24 οἷς οὐκ **ἔστιν** ταμεῖον οὐδὲ ἀποθήκη, καὶ ὁ θεὸς τρέφει αὐτούς·

12:28 εἰ δὲ ἐν ἀγρῷ τὸν χόρτον **ὄντα** σήμερον καὶ αὔριον εἰς κλίβανον βαλλόμενον ὁ θεὸς οὕτως ἀμφιέζει,

12:34 ὅπου γάρ **ἐστιν** ὁ θησαυρὸς ὑμῶν, ἐκεῖ καὶ ἡ καρδία ὑμῶν **ἔσται.**

12:35 **Ἔστωσαν** ὑμῶν αἱ ὀσφύες περιεζωσμέναι καὶ οἱ λύχνοι καιόμενοι·

12:38 κἂν ἐν τῇ δευτέρᾳ κἂν ἐν τῇ τρίτῃ φυλακῇ ἔλθῃ καὶ εὕρῃ οὕτως, μακάριοί **εἰσιν** ἐκεῖνοι.

12:42 Τίς ἄρα **ἐστὶν** ὁ πιστὸς οἰκονόμος ὁ φρόνιμος,

12:52 **ἔσονται** γὰρ ἀπὸ τοῦ νῦν πέντε ἐν ἑνὶ οἴκῳ διαμεμερισμένοι,

12:55 καὶ ὅταν νότον πνέοντα, λέγετε ὅτι Καύσων **ἔσται,** καὶ γίνεται.

13:10 **Ἦν** δὲ διδάσκων ἐν μιᾷ τῶν συναγωγῶν ἐν τοῖς σάββασιν.

13:11 καὶ ἰδοὺ γυνὴ πνεῦμα ἔχουσα ἀσθενείας ἔτη δεκαοκτὼ καὶ **ἦν** συγκύπτουσα καὶ μὴ δυναμένη ἀνακύψαι εἰς τὸ παντελές.

13:14 ἔλεγεν τῷ ὄχλῳ ὅτι Ἓξ ἡμέραι **εἰσὶν** ἐν αἷς δεῖ ἐργάζεσθαι·

13:16 ταύτην δὲ θυγατέρα Ἀβραὰμ **οὖσαν,** ἣν ἔδησεν ὁ Σατανᾶς ἰδοὺ δέκα καὶ ὀκτὼ ἔτη,

13:18 Τίνι ὁμοία **ἐστὶν** ἡ βασιλεία τοῦ θεοῦ καὶ τίνι ὁμοιώσω αὐτήν;

13:19 ὁμοία **ἐστὶν** κόκκῳ σινάπεως, ὃν λαβὼν ἄνθρωπος ἔβαλεν εἰς κῆπον ἑαυτοῦ,

13:21 ὁμοία **ἐστὶν** ζύμῃ, ἣν λαβοῦσα γυνὴ [ἐν]έκρυψεν εἰς ἀλεύρου σάτα τρία ἕως οὗ ἐζυμώθη ὅλον.

13:25 καὶ ἀποκριθεὶς ἐρεῖ ὑμῖν, Οὐκ οἶδα ὑμᾶς πόθεν **ἐστέ.**

13:27 καὶ ἐρεῖ λέγων ὑμῖν, Οὐκ οἶδα [ὑμᾶς] πόθεν **ἐστέ·**

13:28 ἐκεῖ **ἔσται** ὁ κλαυθμὸς καὶ ὁ βρυγμὸς τῶν ὀδόντων,

13:30 καὶ ἰδοὺ **εἰσὶν** ἔσχατοι οἳ **ἔσονται** πρῶτοι καὶ **εἰσὶν** πρῶτοι οἳ **ἔσονται** ἔσχατοι.

14: 1 εἰς οἶκόν τινος τῶν ἀρχόντων [τῶν] Φαρισαίων σαββάτῳ φαγεῖν ἄρτον καὶ αὐτοὶ **ἦσαν** παρατηρούμενοι αὐτόν.

14: 2 καὶ ἰδοὺ ἄνθρωπός τις **ἦν** ὑδρωπικὸς ἔμπροσθεν αὐτοῦ.

14: 8 μὴ κατακλιθῇς εἰς τὴν πρωτοκλισίαν, μήποτε ἐντιμότερός σου **ᾖ** κεκλημένος ὑπ᾽ αὐτοῦ,

14:10 τότε **ἔσται** σοι δόξα ἐνώπιον πάντων τῶν συνανακειμένων σοι.

14:14 καὶ μακάριος **ἔσῃ,** ὅτι οὐκ ἔχουσιν ἀνταποδοῦναί σοι,

14:17 καὶ ἀπέστειλεν τὸν δοῦλον αὐτοῦ τῇ ὥρᾳ τοῦ δείπνου εἰπεῖν τοῖς κεκλημένοις, Ἔρχεσθε, ὅτι ἤδη ἕτοιμά **ἐστιν.**

14:22 Κύριε, γέγονεν ὃ ἐπέταξας, καὶ ἔτι τόπος **ἐστίν.**

14:26 τὴν γυναῖκα καὶ τὰ τέκνα καὶ τοὺς ἀδελφοὺς καὶ τὰς ἀδελφὰς ἔτι τε καὶ τὴν ψυχὴν ἑαυτοῦ, οὐ δύναται **εἶναί** μου μαθητής.

14:27 ὅστις οὐ βαστάζει τὸν σταυρὸν ἑαυτοῦ καὶ ἔρχεται ὀπίσω μου, οὐ δύναται **εἶναί** μου μαθητής.

14:31 πρῶτον βουλεύσεται εἰ δυνατός **ἐστιν** ἐν δέκα χιλιάσιν ὑπαντῆσαι τῷ μετὰ εἴκοσι χιλιάδων ἐρχομένῳ ἐπ᾽ αὐτόν;

14:32 ἔτι αὐτοῦ πόρρω **ὄντος** πρεσβείαν ἀποστείλας ἐρωτᾷ τὰ πρὸς εἰρήνην.

14:33 οὕτως οὖν πᾶς ἐξ ὑμῶν ὃς οὐκ ἀποτάσσεται πᾶσιν τοῖς ἑαυτοῦ ὑπάρχουσιν οὐ δύναται **εἶναί** μου μαθητής.

14:35 οὔτε εἰς γῆν οὔτε εἰς κοπρίαν εὔθετόν **ἐστιν,**

15: 1 **Ἦσαν** δὲ αὐτῷ ἐγγίζοντες πάντες οἱ τελῶναι καὶ οἱ ἁμαρτωλοὶ ἀκούειν αὐτοῦ.

15: 7 λέγω ὑμῖν ὅτι οὕτως χαρὰ ἐν τῷ οὐρανῷ **ἔσται** ἐπὶ ἑνὶ ἁμαρτωλῷ μετανοοῦντι ἢ ἐπὶ ἐνενήκοντα ἐννέα δικαίοις

15:19 οὐκέτι **εἰμὶ** ἄξιος κληθῆναι υἱός σου· ποίησόν με ὡς ἕνα τῶν μισθίων σου.

15:21 ἥμαρτον εἰς τὸν οὐρανὸν καὶ ἐνώπιόν σου, οὐκέτι **εἰμὶ** ἄξιος κληθῆναι υἱός σου.

15:24 ὅτι οὗτος ὁ υἱός μου νεκρὸς **ἦν** καὶ ἀνέζησεν, **ἦν** ἀπολωλὼς καὶ εὑρέθη.

15:25 **Ἦν** δὲ ὁ υἱὸς αὐτοῦ ὁ πρεσβύτερος ἐν ἀγρῷ·

15:26 καὶ προσκαλεσάμενος ἕνα τῶν παίδων ἐπυνθάνετο τί ἂν **εἴη** ταῦτα.

15:31 ὁ δὲ εἶπεν αὐτῷ, Τέκνον, σὺ πάντοτε μετ᾽ ἐμοῦ **εἶ,** καὶ πάντα τὰ ἐμὰ σά **ἐστιν·**

15:32 ὅτι ὁ ἀδελφός σου οὗτος νεκρὸς **ἦν** καὶ ἔζησεν,

16: 1 Ἔλεγεν δὲ καὶ πρὸς τοὺς μαθητάς, Ἄνθρωπός τις **ἦν** πλούσιος ὃς εἶχεν οἰκονόμον,

16: 8 ὅτι οἱ υἱοὶ τοῦ αἰῶνος τούτου φρονιμώτεροι ὑπὲρ τοὺς υἱοὺς τοῦ φωτὸς εἰς τὴν γενεὰν τὴν ἑαυτῶν **εἰσιν.**

16:10 ὁ πιστὸς ἐν ἐλαχίστῳ καὶ ἐν πολλῷ πιστός **ἐστιν,** καὶ ὁ ἐν ἐλαχίστῳ ἄδικος καὶ ἐν πολλῷ ἄδικός **ἐστιν.**

16:15 Ὑμεῖς **ἐστε** οἱ δικαιοῦντες ἑαυτοὺς ἐνώπιον τῶν ἀνθρώπων,

16:17 Εὐκοπώτερον δέ **ἐστιν** τὸν οὐρανὸν καὶ τὴν γῆν παρελθεῖν ἢ τοῦ νόμου μίαν κεραίαν πεσεῖν.

16:19 Ἄνθρωπος δέ τις **ἦν** πλούσιος, καὶ ἐνεδιδύσκετο πορφύραν καὶ βύσσον εὐφραινόμενος καθ᾽ ἡμέραν λαμπρῶς.

17: 1 Ἀνένδεκτόν **ἐστιν** τοῦ τὰ σκάνδαλα μὴ ἐλθεῖν, πλὴν οὐαὶ δι᾽ οὗ ἔρχεται·

17:10 λέγετε ὅτι Δοῦλοι ἀχρεῖοί **ἐσμεν,** ὃ ὠφείλομεν ποιῆσαι πεποιήκαμεν.

17:16 καὶ ἔπεσεν ἐπὶ πρόσωπον παρὰ τοὺς πόδας αὐτοῦ εὐχαριστῶν αὐτῷ· καὶ αὐτὸς **ἦν** Σαμαρίτης.

17:21 ἰδοὺ γὰρ ἡ βασιλεία τοῦ θεοῦ ἐντὸς ὑμῶν **ἐστιν.**

17:24 οὕτως **ἔσται** ὁ υἱὸς τοῦ ἀνθρώπου [ἐν τῇ ἡμέρᾳ αὐτοῦ.]

17:26 οὕτως **ἔσται** καὶ ἐν ταῖς ἡμέραις τοῦ υἱοῦ τοῦ ἀνθρώπου·

17:30 κατὰ τὰ αὐτὰ **ἔσται** ᾗ ἡμέρᾳ ὁ υἱὸς τοῦ ἀνθρώπου ἀποκαλύπτεται.

17:31 ἐν ἐκείνῃ τῇ ἡμέρᾳ ὃς **ἔσται** ἐπὶ τοῦ δώματος καὶ τὰ σκεύη αὐτοῦ ἐν τῇ οἰκίᾳ,

17:34 ταύτῃ τῇ νυκτὶ **ἔσονται** δύο ἐπὶ κλίνης μιᾶς,

17:35 **ἔσονται** δύο ἀλήθουσαι ἐπὶ τὸ αὐτό, ἡ μία παραλημφθήσεται,

18: 2 Κριτής τις **ἦν** ἔν τινι πόλει τὸν θεὸν μὴ φοβούμενος καὶ ἄνθρωπον μὴ ἐντρεπόμενος.

18: 3 χήρα δὲ **ἦν** ἐν τῇ πόλει ἐκείνῃ καὶ ἤρχετο πρὸς αὐτὸν λέγουσα,

18: 9 Εἶπεν δὲ καὶ πρός τινας τοὺς πεποιθότας ἐφ᾽ ἑαυτοῖς ὅτι **εἰσὶν** δίκαιοι καὶ ἐξουθενοῦντας τοὺς λοιποὺς τὴν παραβολὴν

18:11 εὐχαριστῶ σοι ὅτι οὐκ **εἰμὶ** ὥσπερ οἱ λοιποὶ τῶν ἀνθρώπων,

18:16 τῶν γὰρ τοιούτων **ἐστὶν** ἡ βασιλεία τοῦ θεοῦ.

18:23 ὁ δὲ ἀκούσας ταῦτα περίλυπος ἐγενήθη· **ἦν** γὰρ πλούσιος σφόδρα.

18:25 εὐκοπώτερον γάρ **ἐστιν** κάμηλον διὰ τρήματος βελόνης εἰσελθεῖν ἢ πλούσιον εἰς τὴν βασιλείαν τοῦ θεοῦ εἰσελθεῖν.

18:27 Τὰ ἀδύνατα παρὰ ἀνθρώποις δυνατὰ παρὰ τῷ θεῷ **ἐστιν.**
18:29 Ἀμὴν λέγω ὑμῖν ὅτι οὐδείς **ἐστιν** ὃς ἀφῆκεν οἰκίαν ἢ γυναῖκα ἢ ἀδελφοὺς ἢ γονεῖς ἢ τέκνα ἕνεκεν τῆς βασιλείας τοῦ θεοῦ,
18:34 καὶ αὐτοὶ οὐδὲν τούτων συνῆκαν καὶ **ἦν** τὸ ῥῆμα τοῦτο κεκρυμμένον ἀπ' αὐτῶν καὶ οὐκ ἐγίνωσκον τὰ λεγόμενα.
18:36 ἀκούσας δὲ ὄχλου διαπορευομένου ἐπυνθάνετο τί **εἴη** τοῦτο.
19: 2 καὶ ἰδοὺ ἀνὴρ ὀνόματι καλούμενος Ζακχαῖος, καὶ αὐτὸς **ἦν** ἀρχιτελώνης καὶ αὐτὸς πλούσιος·
19: 3 καὶ ἐζήτει ἰδεῖν τὸν Ἰησοῦν τίς **ἐστιν** καὶ οὐκ ἠδύνατο ἀπὸ τοῦ ὄχλου, ὅτι τῇ ἡλικίᾳ μικρὸς **ἦν.**
19: 9 εἶπεν δὲ πρὸς αὐτὸν ὁ Ἰησοῦς ὅτι Σήμερον σωτηρία τῷ οἴκῳ τούτῳ ἐγένετο, καθότι καὶ αὐτὸς υἱὸς Ἀβραάμ **ἐστιν·**
19:11 διὰ τὸ ἐγγὺς **εἶναι** Ἰερουσαλὴμ αὐτὸν καὶ δοκεῖν αὐτοὺς ὅτι παραχρῆμα μέλλει ἡ βασιλεία τοῦ θεοῦ ἀναφαίνεσθαι.
19:17 ὅτι ἐν ἐλαχίστῳ πιστὸς ἐγένου, **ἴσθι** ἐξουσίαν ἔχων ἐπάνω δέκα πόλεων.
19:21 ἐφοβούμην γάρ σε, ὅτι ἄνθρωπος αὐστηρὸς **εἶ,** αἴρεις ὃ οὐκ ἔθηκας καὶ θερίζεις ὃ οὐκ ἔσπειρας.
19:22 ᾔδεις ὅτι ἐγὼ ἄνθρωπος αὐστηρός **εἰμι,** αἴρων ὃ οὐκ ἔθηκα καὶ θερίζων ὃ οὐκ ἔσπειρα;
19:46 Γέγραπται, Καὶ **ἔσται** ὁ οἶκός μου οἶκος προσευχῆς,
19:47 Καὶ **ἦν** διδάσκων τὸ καθ' ἡμέραν ἐν τῷ ἱερῷ.
20: 2 ἢ τίς **ἐστιν** ὁ δούς σοι τὴν ἐξουσίαν ταύτην;
20: 4 Τὸ βάπτισμα Ἰωάννου ἐξ οὐρανοῦ **ἦν** ἢ ἐξ ἀνθρώπων;
20: 6 ὁ λαὸς ἅπας καταλιθάσει ἡμᾶς, πεπεισμένος γάρ **ἐστιν** Ἰωάννην προφήτην **εἶναι.**
20:14 ἰδόντες δὲ αὐτὸν οἱ γεωργοὶ διελογίζοντο πρὸς ἀλλήλους λέγοντες, Οὗτός **ἐστιν** ὁ κληρονόμος·
20:17 ὁ δὲ ἐμβλέψας αὐτοῖς εἶπεν, Τί οὖν **ἐστιν** τὸ γεγραμμένον τοῦτο·
20:20 Καὶ παρατηρήσαντες ἀπέστειλαν ἐγκαθέτους ὑποκρινομένους ἑαυτοὺς δικαίους **εἶναι,**
20:27 Προσελθόντες δέ τινες τῶν Σαδδουκαίων, οἱ [ἀντι]λέγοντες ἀνάστασιν μὴ **εἶναι,** ἐπηρώτησαν αὐτὸν
20:28 ἐάν τινος ἀδελφὸς ἀποθάνῃ ἔχων γυναῖκα, καὶ οὗτος ἄτεκνος **ᾖ,**
20:29 ἑπτὰ οὖν ἀδελφοὶ **ἦσαν·** καὶ ὁ πρῶτος λαβὼν γυναῖκα ἀπέθανεν ἄτεκνος·
20:36 ἰσάγγελοι γάρ **εἰσιν** καὶ υἱοί **εἰσιν** θεοῦ τῆς ἀναστάσεως υἱοὶ **ὄντες.**
20:38 θεὸς δὲ οὐκ **ἔστιν** νεκρῶν ἀλλὰ ζώντων, πάντες γὰρ αὐτῷ ζῶσιν.
20:41 Εἶπεν δὲ πρὸς αὐτούς, Πῶς λέγουσιν τὸν Χριστὸν **εἶναι** Δαυὶδ υἱόν;
20:44 Δαυὶδ οὖν κύριον αὐτὸν καλεῖ, καὶ πῶς αὐτοῦ υἱός **ἐστιν;**
21: 7 πότε οὖν ταῦτα **ἔσται** καὶ τί τὸ σημεῖον ὅταν μέλλῃ ταῦτα γίνεσθαι;
21: 8 πολλοὶ γὰρ ἐλεύσονται ἐπὶ τῷ ὀνόματί μου λέγοντες, Ἐγώ **εἰμι,** καί, Ὁ καιρὸς ἤγγικεν.
21:11 σεισμοί τε μεγάλοι καὶ κατὰ τόπους λιμοὶ καὶ λοιμοὶ **ἔσονται,** φόβητρά τε καὶ ἀπ' οὐρανοῦ σημεῖα μεγάλα **ἔσται.**
21:17 καὶ **ἔσεσθε** μισούμενοι ὑπὸ πάντων διὰ τὸ ὄνομά μου.
21:22 ὅτι ἡμέραι ἐκδικήσεως αὗταί **εἰσιν** τοῦ πλησθῆναι πάντα τὰ γεγραμμένα.
21:23 **ἔσται** γὰρ ἀνάγκη μεγάλη ἐπὶ τῆς γῆς καὶ ὀργὴ τῷ λαῷ τούτῳ,
21:24 καὶ Ἰερουσαλὴμ **ἔσται** πατουμένη ὑπὸ ἐθνῶν, ἄχρι οὗ πληρωθῶσιν καιροὶ ἐθνῶν.
21:25 Καὶ **ἔσονται** σημεῖα ἐν ἡλίῳ καὶ σελήνῃ καὶ ἄστροις,
21:30 βλέποντες ἀφ' ἑαυτῶν γινώσκετε ὅτι ἤδη ἐγγὺς τὸ θέρος **ἐστίν·**
21:31 γινώσκετε ὅτι ἐγγύς **ἐστιν** ἡ βασιλεία τοῦ θεοῦ.
21:37 **Ἦν** δὲ τὰς ἡμέρας ἐν τῷ ἱερῷ διδάσκων,
22: 3 Εἰσῆλθεν δὲ Σατανᾶς εἰς Ἰούδαν τὸν καλούμενον Ἰσκαριώτην, **ὄντα** ἐκ τοῦ ἀριθμοῦ τῶν δώδεκα·
22:11 Ποῦ **ἐστιν** τὸ κατάλυμα ὅπου τὸ πάσχα μετὰ τῶν μαθητῶν μου φάγω;
22:19 Τοῦτό **ἐστιν** τὸ σῶμά μου τὸ ὑπὲρ ὑμῶν διδόμενον·
22:23 καὶ αὐτοὶ ἤρξαντο συζητεῖν πρὸς ἑαυτοὺς τὸ τίς ἄρα **εἴη** ἐξ αὐτῶν ὁ τοῦτο μέλλων πράσσειν.
22:24 Ἐγένετο δὲ καὶ φιλονεικία ἐν αὐτοῖς, τὸ τίς αὐτῶν δοκεῖ **εἶναι** μείζων.
22:27 ἐγὼ δὲ ἐν μέσῳ ὑμῶν **εἰμι** ὡς ὁ διακονῶν.
22:28 ὑμεῖς δέ **ἐστε** οἱ διαμεμενηκότες μετ' ἐμοῦ ἐν τοῖς πειρασμοῖς μου·
22:33 μετὰ σοῦ ἕτοιμός **εἰμι** καὶ εἰς φυλακὴν καὶ εἰς θάνατον πορεύεσθαι.
22:38 ἰδοὺ μάχαιραι ὧδε δύο. ὁ δὲ εἶπεν αὐτοῖς, Ἱκανόν **ἐστιν.**
22:49 ἰδόντες δὲ οἱ περὶ αὐτὸν τὸ **ἐσόμενον** εἶπαν,
22:53 καθ' ἡμέραν **ὄντος** μου μεθ' ὑμῶν ἐν τῷ ἱερῷ οὐκ ἐξετείνατε τὰς χεῖρας ἐπ' ἐμέ, ἀλλ' αὕτη **ἐστὶν** ὑμῶν ἡ ὥρα καὶ ἡ ἐξουσία τοῦ σκότους.
22:56 ἰδοῦσα δὲ αὐτὸν παιδίσκη τις καθήμενον πρὸς τὸ φῶς καὶ ἀτενίσασα αὐτῷ εἶπεν, Καὶ οὗτος σὺν αὐτῷ **ἦν.**
22:58 καὶ μετὰ βραχὺ ἕτερος ἰδὼν αὐτὸν ἔφη, Καὶ σὺ ἐξ αὐτῶν **εἶ.** ὁ δὲ Πέτρος ἔφη, Ἄνθρωπε, οὐκ **εἰμί.**
22:59 Ἐπ' ἀληθείας καὶ οὗτος μετ' αὐτοῦ **ἦν,** καὶ γὰρ Γαλιλαῖός **ἐστιν.**
22:64 καὶ περικαλύψαντες αὐτὸν ἐπηρώτων λέγοντες, Προφήτευσον, τίς **ἐστιν** ὁ παίσας σε;
22:67 λέγοντες, Εἰ σὺ **εἶ** ὁ Χριστός, εἰπὸν ἡμῖν.
22:69 ἀπὸ τοῦ νῦν δὲ **ἔσται** ὁ υἱὸς τοῦ ἀνθρώπου καθήμενος ἐκ δεξιῶν τῆς δυνάμεως τοῦ θεοῦ.
22:70 εἶπαν δὲ πάντες, Σὺ οὖν **εἶ** ὁ υἱὸς τοῦ θεοῦ; ὁ δὲ πρὸς αὐτοὺς ἔφη, Ὑμεῖς λέγετε ὅτι ἐγώ **εἰμι.**
23: 2 εὕραμεν διαστρέφοντα τὸ ἔθνος ἡμῶν καὶ κωλύοντα φόρους Καίσαρι διδόναι καὶ λέγοντα ἑαυτὸν Χριστὸν βασιλέα **εἶναι.**
23: 3 ὁ δὲ Πιλᾶτος ἠρώτησεν αὐτὸν λέγων, Σὺ **εἶ** ὁ βασιλεὺς τῶν Ἰουδαίων;
23: 6 Πιλᾶτος δὲ ἀκούσας ἐπηρώτησεν εἰ ὁ ἄνθρωπος Γαλιλαῖός **ἐστιν,**
23: 7 καὶ ἐπιγνοὺς ὅτι ἐκ τῆς ἐξουσίας Ἡρῴδου **ἐστὶν** ἀνέπεμψεν αὐτὸν πρὸς Ἡρῴδην, **ὄντα** καὶ αὐτὸν ἐν Ἱεροσολύμοις ἐν ταύταις ταῖς ἡμέραις.
23: 8 **ἦν** γὰρ ἐξ ἱκανῶν χρόνων θέλων ἰδεῖν αὐτὸν διὰ τὸ ἀκούειν περὶ αὐτοῦ καὶ ἤλπιζέν τι σημεῖον ἰδεῖν ὑπ' αὐτοῦ γινόμενον.
23:12 φίλοι ὅ τε Ἡρῴδης καὶ ὁ Πιλᾶτος ἐν αὐτῇ τῇ ἡμέρᾳ μετ' ἀλλήλων· προϋπῆρχον γὰρ ἐν ἔχθρᾳ **ὄντες** πρὸς αὐτούς.
23:15 καὶ ἰδοὺ οὐδὲν ἄξιον θανάτου **ἐστὶν** πεπραγμένον αὐτῷ·
23:19 ὅστις **ἦν** διὰ στάσιν τινὰ γενομένην ἐν τῇ πόλει καὶ φόνον βληθεὶς ἐν τῇ φυλακῇ.
23:35 εἰ οὗτός **ἐστιν** ὁ Χριστὸς τοῦ θεοῦ ὁ ἐκλεκτός.
23:37 Εἰ σὺ **εἶ** ὁ βασιλεὺς τῶν Ἰουδαίων, σῶσον σεαυτόν.
23:38 **ἦν** δὲ καὶ ἐπιγραφὴ ἐπ' αὐτῷ, Ὁ βασιλεὺς τῶν Ἰουδαίων οὗτος.
23:39 Εἷς δὲ τῶν κρεμασθέντων κακούργων ἐβλασφήμει αὐτὸν λέγων, Οὐχὶ σὺ **εἶ** ὁ Χριστός;
23:40 Οὐδὲ φοβῇ σὺ τὸν θεόν, ὅτι ἐν τῷ αὐτῷ κρίματι **εἶ;**
23:43 Ἀμήν σοι λέγω, σήμερον μετ' ἐμοῦ **ἔσῃ** ἐν τῷ παραδείσῳ.
23:44 Καὶ **ἦν** ἤδη ὡσεὶ ὥρα ἕκτη καὶ σκότος ἐγένετο ἐφ' ὅλην τὴν γῆν ἕως ὥρας ἐνάτης
23:47 Ἰδὼν δὲ ὁ ἑκατοντάρχης τὸ γενόμενον ἐδόξαζεν τὸν θεὸν λέγων, Ὄντως ὁ ἄνθρωπος οὗτος δίκαιος **ἦν.**
23:51 –οὗτος οὐκ **ἦν** συγκατατεθειμένος τῇ βουλῇ καὶ τῇ πράξει αὐτῶν–
23:53 καὶ καθελὼν ἐνετύλιξεν αὐτὸ σινδόνι καὶ ἔθηκεν αὐτὸν ἐν μνήματι λαξευτῷ οὗ οὐκ **ἦν** οὐδεὶς οὔπω κείμενος.
23:54 καὶ ἡμέρα **ἦν** παρασκευῆς καὶ σάββατον ἐπέφωσκεν.
23:55 Κατακολουθήσασαι δὲ αἱ γυναῖκες, αἵτινες **ἦσαν** συνεληλυθυῖαι ἐκ τῆς Γαλιλαίας αὐτῷ,
24: 6 οὐκ **ἔστιν** ὧδε, ἀλλὰ ἠγέρθη. μνήσθητε ὡς ἐλάλησεν ὑμῖν ἔτι **ὢν** ἐν τῇ Γαλιλαίᾳ
24:10 **ἦσαν** δὲ ἡ Μαγδαληνὴ Μαρία καὶ Ἰωάννα καὶ Μαρία ἡ Ἰακώβου καὶ αἱ λοιπαὶ σὺν αὐταῖς.
24:13 Καὶ ἰδοὺ δύο ἐξ αὐτῶν ἐν αὐτῇ τῇ ἡμέρᾳ **ἦσαν** πορευόμενοι εἰς κώμην ἀπέχουσαν σταδίους ἑξήκοντα ἀπὸ Ἰερουσαλήμ,
24:21 ἡμεῖς δὲ ἠλπίζομεν ὅτι αὐτός **ἐστιν** ὁ μέλλων λυτροῦσθαι τὸν Ἰσραήλ·
24:29 ὅτι πρὸς ἑσπέραν **ἐστὶν** καὶ κέκλικεν ἤδη ἡ ἡμέρα.
24:32 Οὐχὶ ἡ καρδία ἡμῶν καιομένη **ἦν** [ἐν ἡμῖν] ὡς ἐλάλει ἡμῖν ἐν τῇ ὁδῷ,
24:38 Τί τεταραγμένοι **ἐστὲ** καὶ διὰ τί διαλογισμοὶ ἀναβαίνουσιν ἐν τῇ καρδίᾳ ὑμῶν;
24:39 ἴδετε τὰς χεῖράς μου καὶ τοὺς πόδας μου ὅτι ἐγώ **εἰμι** αὐτός·
24:44 Οὗτοι οἱ λόγοι μου οὓς ἐλάλησα πρὸς ὑμᾶς ἔτι **ὢν** σὺν ὑμῖν,
24:53 καὶ **ἦσαν** διὰ παντὸς ἐν τῷ ἱερῷ εὐλογοῦντες τὸν θεόν.
Jn 1: 1 Ἐν ἀρχῇ **ἦν** ὁ λόγος, καὶ ὁ λόγος **ἦν** πρὸς τὸν θεόν, καὶ θεὸς **ἦν** ὁ λόγος.
1: 2 οὗτος **ἦν** ἐν ἀρχῇ πρὸς τὸν θεόν.
1: 4 ἐν αὐτῷ ζωὴ **ἦν,** καὶ ἡ ζωὴ **ἦν** τὸ φῶς τῶν ἀνθρώπων·
1: 8 οὐκ **ἦν** ἐκεῖνος τὸ φῶς, ἀλλ' ἵνα μαρτυρήσῃ περὶ τοῦ φωτός.
1: 9 **Ἦν** τὸ φῶς τὸ ἀληθινόν, ὃ φωτίζει πάντα ἄνθρωπον,
1:10 ἐν τῷ κόσμῳ **ἦν,** καὶ ὁ κόσμος δι' αὐτοῦ ἐγένετο,
1:15 Οὗτος **ἦν** ὃν εἶπον, Ὁ ὀπίσω μου ἐρχόμενος ἔμπροσθέν μου γέγονεν, ὅτι πρῶτός μου **ἦν.**

1:18 μονογενὴς θεὸς ὁ **ὢν** εἰς τὸν κόλπον τοῦ πατρὸς ἐκεῖνος ἐξηγήσατο.
1:19 Καὶ αὕτη **ἐστὶν** ἡ μαρτυρία τοῦ Ἰωάννου, ὅτε ἀπέστειλαν [πρὸς αὐτὸν] οἱ Ἰουδαῖοι ἐξ Ἱεροσολύμων ἱερεῖς καὶ Λευίτας ἵνα ἐρωτήσωσιν αὐτόν, Σὺ τίς **εἶ;**
1:20 καὶ ὡμολόγησεν ὅτι Ἐγὼ οὐκ **εἰμὶ** ὁ Χριστός.
1:21 καὶ ἠρώτησαν αὐτόν, Τί οὖν; Σὺ Ἠλίας **εἶ;** καὶ λέγει, Οὐκ **εἰμί.** Ὁ προφήτης **εἶ** σύ; καὶ ἀπεκρίθη, Οὔ.
1:22 εἶπαν οὖν αὐτῷ, Τίς **εἶ;** ἵνα ἀπόκρισιν δῶμεν τοῖς πέμψασιν ἡμᾶς·
1:24 Καὶ ἀπεσταλμένοι **ἦσαν** ἐκ τῶν Φαρισαίων.
1:25 Τί οὖν βαπτίζεις εἰ σὺ οὐκ **εἶ** ὁ Χριστὸς οὐδὲ Ἠλίας οὐδὲ ὁ προφήτης;
1:27 οὗ οὐκ **εἰμὶ** [ἐγὼ] ἄξιος ἵνα λύσω αὐτοῦ τὸν ἱμάντα τοῦ ὑποδήματος.
1:28 Ταῦτα ἐν Βηθανίᾳ ἐγένετο πέραν τοῦ Ἰορδάνου, ὅπου **ἦν** ὁ Ἰωάννης βαπτίζων.
1:30 οὗτός **ἐστιν** ὑπὲρ οὗ ἐγὼ εἶπον, Ὀπίσω μου ἔρχεται ἀνὴρ ὃς ἔμπροσθέν μου γέγονεν, ὅτι πρῶτός μου **ἦν.**
1:33 Ἐφ' ὃν ἂν ἴδῃς τὸ πνεῦμα καταβαῖνον καὶ μένον ἐπ' αὐτόν, οὗτός **ἐστιν** ὁ βαπτίζων ἐν πνεύματι ἁγίῳ.
1:34 κἀγὼ ἑώρακα καὶ μεμαρτύρηκα ὅτι οὗτός **ἐστιν** ὁ υἱὸς τοῦ θεοῦ.
1:39 ἦλθαν οὖν καὶ εἶδαν ποῦ μένει καὶ παρ' αὐτῷ ἔμειναν τὴν ἡμέραν ἐκείνην· ὥρα **ἦν** ὡς δεκάτη.
1:40 **Ἦν** Ἀνδρέας ὁ ἀδελφὸς Σίμωνος Πέτρου εἷς ἐκ τῶν δύο τῶν ἀκουσάντων παρὰ Ἰωάννου καὶ ἀκολουθησάντων αὐτῷ·
1:41 Εὑρήκαμεν τὸν Μεσσίαν, ὅ **ἐστιν** μεθερμηνευόμενον Χριστός·
1:42 Σὺ **εἶ** Σίμων ὁ υἱὸς Ἰωάννου, σὺ κληθήσῃ Κηφᾶς,
1:44 **ἦν** δὲ ὁ Φίλιππος ἀπὸ Βηθσαϊδά, ἐκ τῆς πόλεως Ἀνδρέου καὶ Πέτρου.
1:46 εἶπεν αὐτῷ Ναθαναήλ, Ἐκ Ναζαρὲτ δύναταί τι ἀγαθὸν **εἶναι;**
1:47 Ἴδε ἀληθῶς Ἰσραηλίτης ἐν ᾧ δόλος οὐκ **ἔστιν.**
1:48 Πρὸ τοῦ σε Φίλιππον φωνῆσαι **ὄντα** ὑπὸ τὴν συκῆν εἶδόν σε.
1:49 ἀπεκρίθη αὐτῷ Ναθαναήλ, Ῥαββί, σὺ **εἶ** ὁ υἱὸς τοῦ θεοῦ, σὺ βασιλεὺς **εἶ** τοῦ Ἰσραήλ.
2: 1 Καὶ τῇ ἡμέρᾳ τῇ τρίτῃ γάμος ἐγένετο ἐν Κανὰ τῆς Γαλιλαίας, καὶ **ἦν** ἡ μήτηρ τοῦ Ἰησοῦ ἐκεῖ·
2: 6 **ἦσαν** δὲ ἐκεῖ λίθιναι ὑδρίαι ἓξ κατὰ τὸν καθαρισμὸν τῶν Ἰουδαίων κείμεναι,
2: 9 ὡς δὲ ἐγεύσατο ὁ ἀρχιτρίκλινος τὸ ὕδωρ οἶνον γεγενημένον καὶ οὐκ ᾔδει πόθεν **ἐστίν,**
2:13 Καὶ ἐγγὺς **ἦν** τὸ πάσχα τῶν Ἰουδαίων, καὶ ἀνέβη εἰς Ἱεροσόλυμα ὁ Ἰησοῦς.
2:17 Ἐμνήσθησαν οἱ μαθηταὶ αὐτοῦ ὅτι γεγραμμένον **ἐστίν,** Ὁ ζῆλος τοῦ οἴκου σου καταφάγεταί με.
2:23 Ὡς δὲ **ἦν** ἐν τοῖς Ἱεροσολύμοις ἐν τῷ πάσχα ἐν τῇ ἑορτῇ,
2:25 αὐτὸς γὰρ ἐγίνωσκεν τί **ἦν** ἐν τῷ ἀνθρώπῳ.
3: 1 **Ἦν** δὲ ἄνθρωπος ἐκ τῶν Φαρισαίων, Νικόδημος ὄνομα αὐτῷ,
3: 2 οὐδεὶς γὰρ δύναται ταῦτα τὰ σημεῖα ποιεῖν ἃ σὺ ποιεῖς, ἐὰν μὴ **ᾖ** ὁ θεὸς μετ' αὐτοῦ.
3: 4 λέγει πρὸς αὐτὸν [ὁ] Νικόδημος, Πῶς δύναται ἄνθρωπος γεννηθῆναι γέρων **ὤν;**
3: 6 τὸ γεγεννημένον ἐκ τῆς σαρκὸς σάρξ **ἐστιν,** καὶ τὸ γεγεννημένον ἐκ τοῦ πνεύματος πνεῦμά **ἐστιν.**
3: 8 οὕτως **ἐστὶν** πᾶς ὁ γεγεννημένος ἐκ τοῦ πνεύματος.
3:10 Σὺ **εἶ** ὁ διδάσκαλος τοῦ Ἰσραὴλ καὶ ταῦτα οὐ γινώσκεις;
3:19 αὕτη δέ **ἐστιν** ἡ κρίσις ὅτι τὸ φῶς ἐλήλυθεν εἰς τὸν κόσμον καὶ ἠγάπησαν οἱ ἄνθρωποι μᾶλλον τὸ σκότος ἢ τὸ φῶς· **ἦν** γὰρ αὐτῶν πονηρὰ τὰ ἔργα.
3:21 ἵνα φανερωθῇ αὐτοῦ τὰ ἔργα ὅτι ἐν θεῷ **ἐστιν** εἰργασμένα.
3:23 **ἦν** δὲ καὶ ὁ Ἰωάννης βαπτίζων ἐν Αἰνὼν ἐγγὺς τοῦ Σαλείμ, ὅτι ὕδατα πολλὰ **ἦν** ἐκεῖ, καὶ παρεγίνοντο καὶ ἐβαπτίζοντο·
3:24 οὔπω γὰρ **ἦν** βεβλημένος εἰς τὴν φυλακὴν ὁ Ἰωάννης.
3:26 Ῥαββί, ὃς **ἦν** μετὰ σοῦ πέραν τοῦ Ἰορδάνου,
3:27 Οὐ δύναται ἄνθρωπος λαμβάνειν οὐδὲ ἓν ἐὰν μὴ **ᾖ** δεδομένον αὐτῷ ἐκ τοῦ οὐρανοῦ.
3:28 αὐτοὶ ὑμεῖς μοι μαρτυρεῖτε ὅτι εἶπον [ὅτι] Οὐκ **εἰμὶ** ἐγὼ ὁ Χριστός, ἀλλ' ὅτι Ἀπεσταλμένος **εἰμὶ** ἔμπροσθεν ἐκείνου.
3:29 ὁ ἔχων τὴν νύμφην νυμφίος **ἐστίν·** ὁ δὲ φίλος τοῦ νυμφίου ὁ ἑστηκὼς καὶ ἀκούων αὐτοῦ χαρᾷ χαίρει διὰ τὴν φωνὴν
3:31 Ὁ ἄνωθεν ἐρχόμενος ἐπάνω πάντων **ἐστίν·** ὁ **ὢν** ἐκ τῆς γῆς ἐκ τῆς γῆς **ἐστιν** καὶ ἐκ τῆς γῆς λαλεῖ. ὁ ἐκ τοῦ οὐρανοῦ ἐρχόμενος [ἐπάνω πάντων **ἐστίν·**]
3:33 ὁ λαβὼν αὐτοῦ τὴν μαρτυρίαν ἐσφράγισεν ὅτι ὁ θεὸς ἀληθής **ἐστιν.**
4: 6 **ἦν** δὲ ἐκεῖ πηγὴ τοῦ Ἰακώβ. ὁ οὖν Ἰησοῦς κεκοπιακὼς ἐκ τῆς ὁδοιπορίας ἐκαθέζετο οὕτως ἐπὶ τῇ πηγῇ· ὥρα **ἦν** ὡς ἕκτη.
4: 9 Πῶς σὺ Ἰουδαῖος **ὢν** παρ' ἐμοῦ πεῖν αἰτεῖς γυναικὸς Σαμαρίτιδος **οὔσης;**
4:10 Εἰ ᾔδεις τὴν δωρεὰν τοῦ θεοῦ καὶ τίς **ἐστιν** ὁ λέγων σοι,
4:11 οὔτε ἄντλημα ἔχεις καὶ τὸ φρέαρ **ἐστὶν** βαθύ·
4:12 μὴ σὺ μείζων **εἶ** τοῦ πατρὸς ἡμῶν Ἰακώβ,
4:18 πέντε γὰρ ἄνδρας ἔσχες καὶ νῦν ὃν ἔχεις οὐκ **ἔστιν** σου ἀνήρ·
4:19 λέγει αὐτῷ ἡ γυνή, Κύριε, θεωρῶ ὅτι προφήτης **εἶ** σύ.
4:20 καὶ ὑμεῖς λέγετε ὅτι ἐν Ἱεροσολύμοις **ἐστὶν** ὁ τόπος ὅπου προσκυνεῖν δεῖ.
4:22 ἡμεῖς προσκυνοῦμεν ὃ οἴδαμεν, ὅτι ἡ σωτηρία ἐκ τῶν Ἰουδαίων **ἐστίν.**
4:23 ἀλλὰ ἔρχεται ὥρα καὶ νῦν **ἐστιν,** ὅτε οἱ ἀληθινοὶ προσκυνηταὶ προσκυνήσουσιν τῷ πατρὶ ἐν πνεύματι καὶ ἀληθείᾳ·
4:26 λέγει αὐτῇ ὁ Ἰησοῦς, Ἐγώ **εἰμι,** ὁ λαλῶν σοι.
4:29 Δεῦτε ἴδετε ἄνθρωπον ὃς εἶπέν μοι πάντα ὅσα ἐποίησα, μήτι οὗτός **ἐστιν** ὁ Χριστός;
4:34 Ἐμὸν βρῶμά **ἐστιν** ἵνα ποιήσω τὸ θέλημα τοῦ πέμψαντός με καὶ τελειώσω αὐτοῦ τὸ ἔργον.
4:35 οὐχ ὑμεῖς λέγετε ὅτι Ἔτι τετράμηνός **ἐστιν** καὶ ὁ θερισμὸς ἔρχεται; ἰδοὺ λέγω ὑμῖν, ἐπάρατε τοὺς ὀφθαλμοὺς ὑμῶν καὶ θεάσασθε τὰς χώρας ὅτι λευκαί **εἰσιν** πρὸς θερισμόν.
4:37 ἐν γὰρ τούτῳ ὁ λόγος **ἐστὶν** ἀληθινὸς ὅτι Ἄλλος **ἐστὶν** ὁ σπείρων καὶ ἄλλος ὁ θερίζων.
4:42 αὐτοὶ γὰρ ἀκηκόαμεν καὶ οἴδαμεν ὅτι οὗτός **ἐστιν** ἀληθῶς ὁ σωτὴρ τοῦ κόσμου.
4:46 καὶ **ἦν** τις βασιλικὸς οὗ ὁ υἱὸς ἠσθένει ἐν Καφαρναούμ.
5: 1 Μετὰ ταῦτα **ἦν** ἑορτὴ τῶν Ἰουδαίων καὶ ἀνέβη Ἰησοῦς εἰς Ἱεροσόλυμα.
5: 2 **ἔστιν** δὲ ἐν τοῖς Ἱεροσολύμοις ἐπὶ τῇ προβατικῇ κολυμβήθρα ἡ ἐπιλεγομένη Ἑβραϊστὶ Βηθζαθὰ πέντε στοὰς ἔχουσα.
5: 5 **ἦν** δέ τις ἄνθρωπος ἐκεῖ τριάκοντα [καὶ] ὀκτὼ ἔτη ἔχων ἐν τῇ ἀσθενείᾳ αὐτοῦ·
5: 9 καὶ εὐθέως ἐγένετο ὑγιὴς ὁ ἄνθρωπος καὶ ἦρεν τὸν κράβαττον αὐτοῦ καὶ περιεπάτει. **Ἦν** δὲ σάββατον ἐν ἐκείνῃ τῇ ἡμέρᾳ.
5:10 ἔλεγον οὖν οἱ Ἰουδαῖοι τῷ τεθεραπευμένῳ, Σάββατόν **ἐστιν,**
5:12 ἠρώτησαν αὐτόν, Τίς **ἐστιν** ὁ ἄνθρωπος ὁ εἰπών σοι,
5:13 ὁ δὲ ἰαθεὶς οὐκ ᾔδει τίς **ἐστιν,** ὁ γὰρ Ἰησοῦς ἐξένευσεν ὄχλου **ὄντος** ἐν τῷ τόπῳ.
5:15 ἀπῆλθεν ὁ ἄνθρωπος καὶ ἀνήγγειλεν τοῖς Ἰουδαίοις ὅτι Ἰησοῦς **ἐστιν** ὁ ποιήσας αὐτὸν ὑγιῆ.
5:25 ἔρχεται ὥρα καὶ νῦν **ἐστιν** ὅτε οἱ νεκροὶ ἀκούσουσιν τῆς φωνῆς τοῦ υἱοῦ τοῦ θεοῦ καὶ οἱ ἀκούσαντες ζήσουσιν.
5:27 ἐξουσίαν ἔδωκεν αὐτῷ κρίσιν ποιεῖν, ὅτι υἱὸς ἀνθρώπου **ἐστίν.**
5:30 καθὼς ἀκούω κρίνω, καὶ ἡ κρίσις ἡ ἐμὴ δικαία **ἐστίν,**
5:31 ἐὰν ἐγὼ μαρτυρῶ περὶ ἐμαυτοῦ, ἡ μαρτυρία μου οὐκ **ἔστιν** ἀληθής·
5:32 ἄλλος **ἐστὶν** ὁ μαρτυρῶν περὶ ἐμοῦ, καὶ οἶδα ὅτι ἀληθής **ἐστιν** ἡ μαρτυρία ἣν μαρτυρεῖ περὶ ἐμοῦ.
5:35 ἐκεῖνος **ἦν** ὁ λύχνος ὁ καιόμενος καὶ φαίνων,
5:39 ὅτι ὑμεῖς δοκεῖτε ἐν αὐταῖς ζωὴν αἰώνιον ἔχειν· καὶ ἐκεῖναί **εἰσιν** αἱ μαρτυροῦσαι περὶ ἐμοῦ·
5:45 **ἔστιν** ὁ κατηγορῶν ὑμῶν Μωϋσῆς, εἰς ὃν ὑμεῖς ἠλπίκατε.
6: 4 **ἦν** δὲ ἐγγὺς τὸ πάσχα, ἡ ἑορτὴ τῶν Ἰουδαίων.
6: 9 **Ἔστιν** παιδάριον ὧδε ὃς ἔχει πέντε ἄρτους κριθίνους καὶ δύο ὀψάρια· ἀλλὰ ταῦτα τί **ἐστιν** εἰς τοσούτους;
6:10 Ποιήσατε τοὺς ἀνθρώπους ἀναπεσεῖν. **ἦν** δὲ χόρτος πολὺς ἐν τῷ τόπῳ.
6:14 Οἱ οὖν ἄνθρωποι ἰδόντες ὃ ἐποίησεν σημεῖον ἔλεγον ὅτι Οὗτός **ἐστιν** ἀληθῶς ὁ προφήτης ὁ ἐρχόμενος εἰς τὸν κόσμον.
6:20 ὁ δὲ λέγει αὐτοῖς, Ἐγώ **εἰμι·** μὴ φοβεῖσθε.
6:22 εἶδον ὅτι πλοιάριον ἄλλο οὐκ **ἦν** ἐκεῖ εἰ μὴ ἓν καὶ ὅτι οὐ συνεισῆλθεν τοῖς μαθηταῖς αὐτοῦ ὁ Ἰησοῦς εἰς τὸ πλοῖον
6:24 ὅτε οὖν εἶδεν ὁ ὄχλος ὅτι Ἰησοῦς οὐκ **ἔστιν** ἐκεῖ οὐδὲ οἱ μαθηταὶ αὐτοῦ,
6:29 Τοῦτό **ἐστιν** τὸ ἔργον τοῦ θεοῦ, ἵνα πιστεύητε εἰς ὃν ἀπέστειλεν ἐκεῖνος.
6:31 καθώς **ἐστιν** γεγραμμένον, Ἄρτον ἐκ τοῦ οὐρανοῦ ἔδωκεν αὐτοῖς φαγεῖν.
6:33 ὁ γὰρ ἄρτος τοῦ θεοῦ **ἐστιν** ὁ καταβαίνων ἐκ τοῦ οὐρανοῦ καὶ ζωὴν διδοὺς τῷ κόσμῳ.
6:35 εἶπεν αὐτοῖς ὁ Ἰησοῦς, Ἐγώ **εἰμι** ὁ ἄρτος τῆς ζωῆς·
6:39 τοῦτο δέ **ἐστιν** τὸ θέλημα τοῦ πέμψαντός με,
6:40 τοῦτο γάρ **ἐστιν** τὸ θέλημα τοῦ πατρός μου,
6:41 Ἐγώ **εἰμι** ὁ ἄρτος ὁ καταβὰς ἐκ τοῦ οὐρανοῦ,

6:42 καὶ ἔλεγον, Οὐχ οὗτός **ἐστιν** Ἰησοῦς ὁ υἱὸς Ἰωσήφ,
6:45 **ἔστιν** γεγραμμένον ἐν τοῖς προφήταις, Καὶ **ἔσονται** πάντες διδακτοὶ θεοῦ·
6:46 οὐχ ὅτι τὸν πατέρα ἑώρακέν τις εἰ μὴ ὁ **ὢν** παρὰ τοῦ θεοῦ,
6:48 ἐγώ **εἰμι** ὁ ἄρτος τῆς ζωῆς.
6:50 οὗτός **ἐστιν** ὁ ἄρτος ὁ ἐκ τοῦ οὐρανοῦ καταβαίνων,
6:51 ἐγώ **εἰμι** ὁ ἄρτος ὁ ζῶν ὁ ἐκ τοῦ οὐρανοῦ καταβάς· ἐάν τις φάγῃ ἐκ τούτου τοῦ ἄρτου ζήσει εἰς τὸν αἰῶνα, καὶ ὁ ἄρτος δὲ ὃν ἐγὼ δώσω ἡ σάρξ μού **ἐστιν** ὑπὲρ τῆς τοῦ κόσμου ζωῆς.
6:55 ἡ γὰρ σάρξ μου ἀληθής **ἐστιν** βρῶσις, καὶ τὸ αἷμά μου ἀληθής **ἐστιν** πόσις.
6:58 οὗτός **ἐστιν** ὁ ἄρτος ὁ ἐξ οὐρανοῦ καταβάς,
6:60 Πολλοὶ οὖν ἀκούσαντες ἐκ τῶν μαθητῶν αὐτοῦ εἶπαν, Σκληρός **ἐστιν** ὁ λόγος οὗτος·
6:62 ἐὰν οὖν θεωρῆτε τὸν υἱὸν τοῦ ἀνθρώπου ἀναβαίνοντα ὅπου **ἦν** τὸ πρότερον;
6:63 τὸ πνεῦμά **ἐστιν** τὸ ζῳοποιοῦν, ἡ σὰρξ οὐκ ὠφελεῖ οὐδέν· τὰ ῥήματα ἃ ἐγὼ λελάληκα ὑμῖν πνεῦμά **ἐστιν** καὶ ζωή **ἐστιν.**
6:64 ἀλλ' **εἰσὶν** ἐξ ὑμῶν τινες οἳ οὐ πιστεύουσιν. ᾔδει γὰρ ἐξ ἀρχῆς ὁ Ἰησοῦς τίνες **εἰσὶν** οἱ μὴ πιστεύοντες καὶ τίς **ἐστιν** ὁ παραδώσων αὐτόν.
6:65 Διὰ τοῦτο εἴρηκα ὑμῖν ὅτι οὐδεὶς δύναται ἐλθεῖν πρός με ἐὰν μὴ **ᾖ** δεδομένον αὐτῷ ἐκ τοῦ πατρός.
6:69 καὶ ἡμεῖς πεπιστεύκαμεν καὶ ἐγνώκαμεν ὅτι σὺ **εἶ** ὁ ἅγιος τοῦ θεοῦ.
6:70 Οὐκ ἐγὼ ὑμᾶς τοὺς δώδεκα ἐξελεξάμην; καὶ ἐξ ὑμῶν εἷς διάβολός **ἐστιν.**
6:71 οὗτος γὰρ ἔμελλεν παραδιδόναι αὐτόν, εἷς **ὢν**[UBS-] ἐκ τῶν δώδεκα.
7: 2 **ἦν** δὲ ἐγγὺς ἡ ἑορτὴ τῶν Ἰουδαίων ἡ σκηνοπηγία.
7: 4 οὐδεὶς γάρ τι ἐν κρυπτῷ ποιεῖ καὶ ζητεῖ αὐτὸς ἐν παρρησίᾳ **εἶναι.**
7: 6 ὁ δὲ καιρὸς ὁ ὑμέτερος πάντοτέ **ἐστιν** ἕτοιμος.
7: 7 ὅτι ἐγὼ μαρτυρῶ περὶ αὐτοῦ ὅτι τὰ ἔργα αὐτοῦ πονηρά **ἐστιν.**
7:11 οἱ οὖν Ἰουδαῖοι ἐζήτουν αὐτὸν ἐν τῇ ἑορτῇ καὶ ἔλεγον, Ποῦ **ἐστιν** ἐκεῖνος;
7:12 καὶ γογγυσμὸς περὶ αὐτοῦ **ἦν** πολὺς ἐν τοῖς ὄχλοις· οἱ μὲν ἔλεγον ὅτι Ἀγαθός **ἐστιν,** ἄλλοι [δὲ] ἔλεγον, Οὔ,
7:16 Ἡ ἐμὴ διδαχὴ οὐκ **ἔστιν** ἐμὴ ἀλλὰ τοῦ πέμψαντός με·
7:17 γνώσεται περὶ τῆς διδαχῆς πότερον ἐκ τοῦ θεοῦ **ἐστιν** ἢ ἐγὼ ἀπ' ἐμαυτοῦ λαλῶ.
7:18 ὁ δὲ ζητῶν τὴν δόξαν τοῦ πέμψαντος αὐτὸν οὗτος ἀληθής ἐστιν καὶ ἀδικία ἐν αὐτῷ οὐκ **ἔστιν.**
7:22 οὐχ ὅτι ἐκ τοῦ Μωϋσέως **ἐστὶν** ἀλλ' ἐκ τῶν πατέρων–
7:25 Ἔλεγον οὖν τινες ἐκ τῶν Ἱεροσολυμιτῶν, Οὐχ οὗτός **ἐστιν** ὃν ζητοῦσιν ἀποκτεῖναι;
7:26 μήποτε ἀληθῶς ἔγνωσαν οἱ ἄρχοντες ὅτι οὗτός **ἐστιν** ὁ Χριστός;
7:27 ἀλλὰ τοῦτον οἴδαμεν πόθεν **ἐστίν·** ὁ δὲ Χριστὸς ὅταν ἔρχηται οὐδεὶς γινώσκει πόθεν **ἐστίν.**
7:28 ἔκραξεν οὖν ἐν τῷ ἱερῷ διδάσκων ὁ Ἰησοῦς καὶ λέγων, Κἀμὲ οἴδατε καὶ οἴδατε πόθεν **εἰμί·** καὶ ἀπ' ἐμαυτοῦ οὐκ ἐλήλυθα, ἀλλ' **ἔστιν** ἀληθινὸς ὁ πέμψας με, ὃν ὑμεῖς οὐκ οἴδατε·
7:29 ἐγὼ οἶδα αὐτόν, ὅτι παρ' αὐτοῦ **εἰμι** κἀκεῖνός με ἀπέστειλεν.
7:33 Ἔτι χρόνον μικρὸν μεθ' ὑμῶν **εἰμι** καὶ ὑπάγω πρὸς τὸν πέμψαντά με.
7:34 καὶ ὅπου **εἰμὶ** ἐγὼ ὑμεῖς οὐ δύνασθε ἐλθεῖν.
7:36 τίς **ἐστιν** ὁ λόγος οὗτος ὃν εἶπεν, Ζητήσετέ με καὶ οὐχ εὑρήσετέ [με,] καὶ ὅπου **εἰμὶ** ἐγὼ ὑμεῖς οὐ δύνασθε ἐλθεῖν;
7:39 οὔπω γὰρ **ἦν** πνεῦμα, ὅτι Ἰησοῦς οὐδέπω ἐδοξάσθη.
7:40 Ἐκ τοῦ ὄχλου οὖν ἀκούσαντες τῶν λόγων τούτων ἔλεγον, Οὗτός **ἐστιν** ἀληθῶς ὁ προφήτης·
7:41 ἄλλοι ἔλεγον, Οὗτός **ἐστιν** ὁ Χριστός, οἱ δὲ ἔλεγον,
7:42 οὐχ ἡ γραφὴ εἶπεν ὅτι ἐκ τοῦ σπέρματος Δαυὶδ καὶ ἀπὸ Βηθλέεμ τῆς κώμης ὅπου **ἦν** Δαυὶδ ἔρχεται ὁ Χριστός;
7:49 ἀλλὰ ὁ ὄχλος οὗτος ὁ μὴ γινώσκων τὸν νόμον ἐπάρατοί **εἰσιν.**
7:50 ὁ ἐλθὼν πρὸς αὐτὸν [τὸ] πρότερον, εἷς **ὢν** ἐξ αὐτῶν,
7:52 ἀπεκρίθησαν καὶ εἶπαν αὐτῷ, Μὴ καὶ σὺ ἐκ τῆς Γαλιλαίας **εἶ;**
8: 9 ⟦οἱ δὲ ἀκούσαντες ἐξήρχοντο εἷς καθ' εἷς ἀρξάμενοι ἀπὸ τῶν πρεσβυτέρων καὶ κατελείφθη μόνος καὶ ἡ γυνὴ ἐν μέσῳ **οὖσα.**⟧
8:10 ⟦ἀνακύψας δὲ ὁ Ἰησοῦς εἶπεν αὐτῇ, Γύναι, ποῦ **εἰσιν;**⟧
8:12 Πάλιν οὖν αὐτοῖς ἐλάλησεν ὁ Ἰησοῦς λέγων, Ἐγώ **εἰμι** τὸ φῶς τοῦ κόσμου·
8:13 Σὺ περὶ σεαυτοῦ μαρτυρεῖς· ἡ μαρτυρία σου οὐκ **ἔστιν** ἀληθής.
8:14 Κἂν ἐγὼ μαρτυρῶ περὶ ἐμαυτοῦ, ἀληθής **ἐστιν** ἡ μαρτυρία μου,
8:16 ἡ κρίσις ἡ ἐμὴ ἀληθινή **ἐστιν,** ὅτι μόνος οὐκ **εἰμί,**
8:17 καὶ ἐν τῷ νόμῳ δὲ τῷ ὑμετέρῳ γέγραπται ὅτι δύο ἀνθρώπων ἡ μαρτυρία ἀληθής **ἐστιν.**
8:18 ἐγώ **εἰμι** ὁ μαρτυρῶν περὶ ἐμαυτοῦ καὶ μαρτυρεῖ περὶ ἐμοῦ ὁ πέμψας με πατήρ.
8:19 ἔλεγον οὖν αὐτῷ, Ποῦ **ἐστιν** ὁ πατήρ σου;
8:23 Ὑμεῖς ἐκ τῶν κάτω **ἐστέ,** ἐγὼ ἐκ τῶν ἄνω **εἰμί·** ὑμεῖς ἐκ τούτου τοῦ κόσμου **ἐστέ,** ἐγὼ οὐκ **εἰμὶ** ἐκ τοῦ κόσμου τούτου.
8:24 ἐὰν γὰρ μὴ πιστεύσητε ὅτι ἐγώ **εἰμι,** ἀποθανεῖσθε ἐν ταῖς ἁμαρτίαις ὑμῶν.
8:25 ἔλεγον οὖν αὐτῷ, Σὺ τίς **εἶ;** εἶπεν αὐτοῖς ὁ Ἰησοῦς,
8:26 πολλὰ ἔχω περὶ ὑμῶν λαλεῖν καὶ κρίνειν, ἀλλ' ὁ πέμψας με ἀληθής **ἐστιν,**
8:28 τότε γνώσεσθε ὅτι ἐγώ **εἰμι,** καὶ ἀπ' ἐμαυτοῦ ποιῶ οὐδέν,
8:29 καὶ ὁ πέμψας με μετ' ἐμοῦ **ἐστιν·** οὐκ ἀφῆκέν με μόνον,
8:31 Ἐὰν ὑμεῖς μείνητε ἐν τῷ λόγῳ τῷ ἐμῷ, ἀληθῶς μαθηταί μού **ἐστε**
8:33 ἀπεκρίθησαν πρὸς αὐτόν, Σπέρμα Ἀβραάμ **ἐσμεν** καὶ οὐδενὶ δεδουλεύκαμεν πώποτε·
8:34 Ἀμὴν ἀμὴν λέγω ὑμῖν ὅτι πᾶς ὁ ποιῶν τὴν ἁμαρτίαν δοῦλός **ἐστιν** τῆς ἁμαρτίας.
8:36 ἐὰν οὖν ὁ υἱὸς ὑμᾶς ἐλευθερώσῃ, ὄντως ἐλεύθεροι **ἔσεσθε.**
8:37 οἶδα ὅτι σπέρμα Ἀβραάμ **ἐστε·** ἀλλὰ ζητεῖτέ με ἀποκτεῖναι,
8:39 Ἀπεκρίθησαν καὶ εἶπαν αὐτῷ, Ὁ πατὴρ ἡμῶν Ἀβραάμ **ἐστιν.** λέγει αὐτοῖς ὁ Ἰησοῦς, Εἰ τέκνα τοῦ Ἀβραάμ **ἐστε,** [UBS; NIV **ἦτε,**]
8:42 Εἰ ὁ θεὸς πατὴρ ὑμῶν **ἦν** ἠγαπᾶτε ἂν ἐμέ,
8:44 ὑμεῖς ἐκ τοῦ πατρὸς τοῦ διαβόλου **ἐστὲ** καὶ τὰς ἐπιθυμίας τοῦ πατρὸς ὑμῶν θέλετε ποιεῖν. ἐκεῖνος ἀνθρωποκτόνος **ἦν** ἀπ' ἀρχῆς καὶ ἐν τῇ ἀληθείᾳ οὐκ ἔστηκεν, ὅτι οὐκ **ἔστιν** ἀλήθεια ἐν αὐτῷ. ὅταν λαλῇ τὸ ψεῦδος, ἐκ τῶν ἰδίων λαλεῖ, ὅτι ψεύστης **ἐστὶν** καὶ ὁ πατὴρ αὐτοῦ.
8:47 ὁ **ὢν** ἐκ τοῦ θεοῦ τὰ ῥήματα τοῦ θεοῦ ἀκούει· διὰ τοῦτο ὑμεῖς οὐκ ἀκούετε, ὅτι ἐκ τοῦ θεοῦ οὐκ **ἐστέ.**
8:48 Οὐ καλῶς λέγομεν ἡμεῖς ὅτι Σαμαρίτης **εἶ** σὺ καὶ δαιμόνιον ἔχεις;
8:50 ἐγὼ δὲ οὐ ζητῶ τὴν δόξαν μου· **ἔστιν** ὁ ζητῶν καὶ κρίνων.
8:53 μὴ σὺ μείζων **εἶ** τοῦ πατρὸς ἡμῶν Ἀβραάμ,
8:54 Ἐὰν ἐγὼ δοξάσω ἐμαυτόν, ἡ δόξα μου οὐδέν **ἐστιν·** **ἔστιν** ὁ πατήρ μου ὁ δοξάζων με, ὃν ὑμεῖς λέγετε ὅτι θεὸς ἡμῶν **ἐστιν,**
8:55 κἂν εἴπω ὅτι οὐκ οἶδα αὐτόν, **ἔσομαι** ὅμοιος ὑμῖν ψεύστης·
8:58 Ἀμὴν ἀμὴν λέγω ὑμῖν, πρὶν Ἀβραὰμ γενέσθαι ἐγὼ **εἰμί.**
9: 4 ἡμᾶς δεῖ ἐργάζεσθαι τὰ ἔργα τοῦ πέμψαντός με ἕως ἡμέρα **ἐστίν·**
9: 5 ὅταν ἐν τῷ κόσμῳ **ὦ,** φῶς **εἰμι** τοῦ κόσμου.
9: 8 Οἱ οὖν γείτονες καὶ οἱ θεωροῦντες αὐτὸν τὸ πρότερον ὅτι προσαίτης **ἦν** ἔλεγον, Οὐχ οὗτός **ἐστιν** ὁ καθήμενος καὶ προσαιτῶν;
9: 9 ἄλλοι ἔλεγον ὅτι Οὗτός **ἐστιν,** ἄλλοι ἔλεγον, Οὐχί, ἀλλὰ ὅμοιος αὐτῷ **ἐστιν.** ἐκεῖνος ἔλεγεν ὅτι Ἐγώ **εἰμι.**
9:12 καὶ εἶπαν αὐτῷ, Ποῦ **ἐστιν** ἐκεῖνος; λέγει, Οὐκ οἶδα.
9:14 **ἦν** δὲ σάββατον ἐν ᾗ ἡμέρᾳ τὸν πηλὸν ἐποίησεν ὁ Ἰησοῦς καὶ ἀνέῳξεν αὐτοῦ τοὺς ὀφθαλμούς.
9:16 Οὐκ **ἔστιν** οὗτος παρὰ θεοῦ ὁ ἄνθρωπος, ὅτι τὸ σάββατον οὐ τηρεῖ. ἄλλοι [δὲ] ἔλεγον, Πῶς δύναται ἄνθρωπος ἁμαρτωλὸς τοιαῦτα σημεῖα ποιεῖν; καὶ σχίσμα **ἦν** ἐν αὐτοῖς.
9:17 ὅτι ἠνέῳξέν σου τοὺς ὀφθαλμούς; ὁ δὲ εἶπεν ὅτι Προφήτης **ἐστίν.**
9:18 Οὐκ ἐπίστευσαν οὖν οἱ Ἰουδαῖοι περὶ αὐτοῦ ὅτι **ἦν** τυφλὸς καὶ ἀνέβλεψεν ἕως ὅτου ἐφώνησαν τοὺς γονεῖς αὐτοῦ
9:19 καὶ ἠρώτησαν αὐτοὺς λέγοντες, Οὗτός **ἐστιν** ὁ υἱὸς ὑμῶν,
9:20 Οἴδαμεν ὅτι οὗτός **ἐστιν** ὁ υἱὸς ἡμῶν καὶ ὅτι τυφλὸς ἐγεννήθη·
9:24 Ἐφώνησαν οὖν τὸν ἄνθρωπον ἐκ δευτέρου ὃς **ἦν** τυφλὸς καὶ εἶπαν αὐτῷ, Δὸς δόξαν τῷ θεῷ· ἡμεῖς οἴδαμεν ὅτι οὗτος ὁ ἄνθρωπος ἁμαρτωλός **ἐστιν.**
9:25 ἀπεκρίθη οὖν ἐκεῖνος, Εἰ ἁμαρτωλός **ἐστιν** οὐκ οἶδα· ἓν οἶδα ὅτι τυφλὸς **ὢν** ἄρτι βλέπω.
9:28 καὶ ἐλοιδόρησαν αὐτὸν καὶ εἶπον, Σὺ μαθητὴς **εἶ** ἐκείνου, ἡμεῖς δὲ τοῦ Μωϋσέως **ἐσμὲν** μαθηταί·
9:29 ἡμεῖς οἴδαμεν ὅτι Μωϋσεῖ λελάληκεν ὁ θεός, τοῦτον δὲ οὐκ οἴδαμεν πόθεν **ἐστίν.**
9:30 Ἐν τούτῳ γὰρ τὸ θαυμαστόν **ἐστιν,** ὅτι ὑμεῖς οὐκ οἴδατε πόθεν **ἐστίν,** καὶ ἤνοιξέν μου τοὺς ὀφθαλμούς.
9:31 ἀλλ' ἐάν τις θεοσεβὴς **ᾖ** καὶ τὸ θέλημα αὐτοῦ ποιῇ τούτου ἀκούει.
9:33 εἰ μὴ **ἦν** οὗτος παρὰ θεοῦ, οὐκ ἠδύνατο ποιεῖν οὐδέν.
9:36 Καὶ τίς **ἐστιν,** κύριε, ἵνα πιστεύσω εἰς αὐτόν;

9:37 Καὶ ἑώρακας αὐτὸν καὶ ὁ λαλῶν μετὰ σοῦ ἐκεῖνός **ἐστιν.**
9:40 Ἤκουσαν ἐκ τῶν Φαρισαίων ταῦτα οἱ μετ᾽ αὐτοῦ **ὄντες** καὶ εἶπον αὐτῷ, Μὴ καὶ ἡμεῖς τυφλοί **ἐσμεν;**
9:41 εἶπεν αὐτοῖς ὁ Ἰησοῦς, Εἰ τυφλοὶ **ἦτε,** οὐκ ἂν εἴχετε ἁμαρτίαν·
10: 1 ὁ μὴ εἰσερχόμενος διὰ τῆς θύρας εἰς τὴν αὐλὴν τῶν προβάτων ἀλλὰ ἀναβαίνων ἀλλαχόθεν ἐκεῖνος κλέπτης **ἐστὶν** καὶ λῃστής·
10: 2 ὁ δὲ εἰσερχόμενος διὰ τῆς θύρας ποιμήν **ἐστιν** τῶν προβάτων.
10: 6 ἐκεῖνοι δὲ οὐκ ἔγνωσαν τίνα **ἦν** ἃ ἐλάλει αὐτοῖς.
10: 7 Ἀμὴν ἀμὴν λέγω ὑμῖν ὅτι ἐγώ **εἰμι** ἡ θύρα τῶν προβάτων.
10: 8 πάντες ὅσοι ἦλθον [πρὸ ἐμοῦ] κλέπται **εἰσὶν** καὶ λῃσταί,
10: 9 ἐγώ **εἰμι** ἡ θύρα· δι᾽ ἐμοῦ ἐάν τις εἰσέλθῃ σωθήσεται καὶ εἰσελεύσεται καὶ ἐξελεύσεται καὶ νομὴν εὑρήσει.
10:11 Ἐγώ **εἰμι** ὁ ποιμὴν ὁ καλός. ὁ ποιμὴν ὁ καλὸς τὴν ψυχὴν αὐτοῦ τίθησιν ὑπὲρ τῶν προβάτων·
10:12 ὁ μισθωτὸς καὶ οὐκ **ὢν** ποιμήν, οὗ οὐκ **ἔστιν** τὰ πρόβατα ἴδια,
10:13 ὅτι μισθωτός **ἐστιν** καὶ οὐ μέλει αὐτῷ περὶ τῶν προβάτων.
10:14 Ἐγώ **εἰμι** ὁ ποιμὴν ὁ καλὸς καὶ γινώσκω τὰ ἐμὰ καὶ γινώσκουσί με τὰ ἐμά,
10:16 καὶ ἄλλα πρόβατα ἔχω ἃ οὐκ **ἔστιν** ἐκ τῆς αὐλῆς ταύτης·
10:21 ἄλλοι ἔλεγον, Ταῦτα τὰ ῥήματα οὐκ **ἔστιν** δαιμονιζομένου·
10:22 Ἐγένετο τότε τὰ ἐγκαίνια ἐν τοῖς Ἱεροσολύμοις, χειμὼν **ἦν,**
10:24 εἰ σὺ **εἶ** ὁ Χριστός, εἰπὲ ἡμῖν παρρησίᾳ.
10:26 ὅτι οὐκ **ἐστὲ** ἐκ τῶν προβάτων τῶν ἐμῶν.
10:29 ὁ πατήρ μου ὃ δέδωκέν μοι πάντων μεῖζόν **ἐστιν,** [UBS; NIV ὃς δέδωκέν μοι μείζων πάντων **ἐστίν,**]
10:30 ἐγὼ καὶ ὁ πατὴρ ἕν **ἐσμεν.**
10:33 καὶ ὅτι σὺ ἄνθρωπος **ὢν** ποιεῖς σεαυτὸν θεόν.
10:34 Οὐκ **ἔστιν** γεγραμμένον ἐν τῷ νόμῳ ὑμῶν ὅτι Ἐγὼ εἶπα, Θεοί **ἐστε;**
10:36 ὃν ὁ πατὴρ ἡγίασεν καὶ ἀπέστειλεν εἰς τὸν κόσμον ὑμεῖς λέγετε ὅτι Βλασφημεῖς, ὅτι εἶπον, Υἱὸς τοῦ θεοῦ **εἰμι;**
10:40 Καὶ ἀπῆλθεν πάλιν πέραν τοῦ Ἰορδάνου εἰς τὸν τόπον ὅπου **ἦν** Ἰωάννης τὸ πρῶτον βαπτίζων καὶ ἔμεινεν ἐκεῖ.
10:41 πάντα δὲ ὅσα εἶπεν Ἰωάννης περὶ τούτου ἀληθῆ **ἦν.**
11: 1 **Ἦν** δέ τις ἀσθενῶν, Λάζαρος ἀπὸ Βηθανίας, ἐκ τῆς κώμης Μαρίας καὶ Μάρθας τῆς ἀδελφῆς αὐτῆς.
11: 2 **ἦν** δὲ Μαριὰμ ἡ ἀλείψασα τὸν κύριον μύρῳ καὶ ἐκμάξασα τοὺς πόδας αὐτοῦ ταῖς θριξὶν αὐτῆς,
11: 4 Αὕτη ἡ ἀσθένεια οὐκ **ἔστιν** πρὸς θάνατον ἀλλ᾽ ὑπὲρ τῆς δόξης τοῦ θεοῦ,
11: 6 τότε μὲν ἔμεινεν ἐν ᾧ **ἦν** τόπῳ δύο ἡμέρας,
11: 9 ἀπεκρίθη Ἰησοῦς, Οὐχὶ δώδεκα ὧραί **εἰσιν** τῆς ἡμέρας;
11:10 προσκόπτει, ὅτι τὸ φῶς οὐκ **ἔστιν** ἐν αὐτῷ.
11:15 καὶ χαίρω δι᾽ ὑμᾶς ἵνα πιστεύσητε, ὅτι οὐκ **ἤμην** ἐκεῖ·
11:18 **ἦν** δὲ ἡ Βηθανία ἐγγὺς τῶν Ἱεροσολύμων ὡς ἀπὸ σταδίων δεκαπέντε.
11:21 εἰ **ἦς** ὧδε οὐκ ἂν ἀπέθανεν ὁ ἀδελφός μου·
11:25 εἶπεν αὐτῇ ὁ Ἰησοῦς, Ἐγώ **εἰμι** ἡ ἀνάστασις καὶ ἡ ζωή·
11:27 ἐγὼ πεπίστευκα ὅτι σὺ **εἶ** ὁ Χριστὸς ὁ υἱὸς τοῦ θεοῦ ὁ εἰς τὸν κόσμον ἐρχόμενος.
11:30 ἀλλ᾽ **ἦν** ἔτι ἐν τῷ τόπῳ ὅπου ὑπήντησεν αὐτῷ ἡ Μάρθα.
11:31 οἱ οὖν Ἰουδαῖοι οἱ **ὄντες** μετ᾽ αὐτῆς ἐν τῇ οἰκίᾳ καὶ παραμυθούμενοι αὐτήν,
11:32 ἡ οὖν Μαριὰμ ὡς ἦλθεν ὅπου **ἦν** Ἰησοῦς ἰδοῦσα αὐτὸν ἔπεσεν αὐτοῦ πρὸς τοὺς πόδας λέγουσα αὐτῷ, Κύριε, εἰ **ἦς** ὧδε οὐκ ἄν μου ἀπέθανεν ὁ ἀδελφός.
11:38 **ἦν** δὲ σπήλαιον καὶ λίθος ἐπέκειτο ἐπ᾽ αὐτῷ.
11:39 λέγει αὐτῷ ἡ ἀδελφὴ τοῦ τετελευτηκότος Μάρθα, Κύριε, ἤδη ὄζει, τεταρταῖος γάρ **ἐστιν.**
11:49 ἀρχιερεὺς **ὢν** τοῦ ἐνιαυτοῦ ἐκείνου, εἶπεν αὐτοῖς, Ὑμεῖς οὐκ οἴδατε οὐδέν,
11:51 ἀλλὰ ἀρχιερεὺς **ὢν** τοῦ ἐνιαυτοῦ ἐκείνου ἐπροφήτευσεν ὅτι ἔμελλεν Ἰησοῦς ἀποθνῄσκειν ὑπὲρ τοῦ ἔθνους,
11:55 **Ἦν** δὲ ἐγγὺς τὸ πάσχα τῶν Ἰουδαίων, καὶ ἀνέβησαν πολλοὶ εἰς Ἱεροσόλυμα ἐκ τῆς χώρας πρὸ τοῦ πάσχα
11:57 δεδώκεισαν δὲ οἱ ἀρχιερεῖς καὶ οἱ Φαρισαῖοι ἐντολὰς ἵνα ἐάν τις γνῷ ποῦ **ἐστιν** μηνύσῃ,
12: 1 ὅπου **ἦν** Λάζαρος, ὃν ἤγειρεν ἐκ νεκρῶν Ἰησοῦς.
12: 2 ὁ δὲ Λάζαρος εἷς **ἦν** ἐκ τῶν ἀνακειμένων σὺν αὐτῷ.
12: 6 ἀλλ᾽ ὅτι κλέπτης **ἦν** καὶ τὸ γλωσσόκομον ἔχων τὰ βαλλόμενα ἐβάσταζεν.
12: 9 Ἔγνω οὖν [ὁ] ὄχλος πολὺς ἐκ τῶν Ἰουδαίων ὅτι ἐκεῖ **ἐστιν** καὶ ἦλθον οὐ διὰ τὸν Ἰησοῦν μόνον,
12:14 εὑρὼν δὲ ὁ Ἰησοῦς ὀνάριον ἐκάθισεν ἐπ᾽ αὐτό, καθώς **ἐστιν** γεγραμμένον,
12:16 ἀλλ᾽ ὅτε ἐδοξάσθη Ἰησοῦς τότε ἐμνήσθησαν ὅτι ταῦτα **ἦν** ἐπ᾽ αὐτῷ γεγραμμένα καὶ ταῦτα ἐποίησαν αὐτῷ.
12:17 ἐμαρτύρει οὖν ὁ ὄχλος ὁ **ὢν** μετ᾽ αὐτοῦ ὅτε τὸν Λάζαρον ἐφώνησεν ἐκ τοῦ μνημείου καὶ ἤγειρεν αὐτὸν ἐκ νεκρῶν.
12:20 **Ἦσαν** δὲ Ἕλληνές τινες ἐκ τῶν ἀναβαινόντων ἵνα προσκυνήσωσιν ἐν τῇ ἑορτῇ·
12:26 καὶ ὅπου **εἰμὶ** ἐγὼ ἐκεῖ καὶ ὁ διάκονος ὁ ἐμὸς **ἔσται·**
12:31 νῦν κρίσις **ἐστὶν** τοῦ κόσμου τούτου, νῦν ὁ ἄρχων τοῦ κόσμου τούτου ἐκβληθήσεται ἔξω·
12:34 καὶ πῶς λέγεις σὺ ὅτι δεῖ ὑψωθῆναι τὸν υἱὸν τοῦ ἀνθρώπου; τίς **ἐστιν** οὗτος ὁ υἱὸς τοῦ ἀνθρώπου;
12:35 Ἔτι μικρὸν χρόνον τὸ φῶς ἐν ὑμῖν **ἐστιν.**
12:50 καὶ οἶδα ὅτι ἡ ἐντολὴ αὐτοῦ ζωὴ αἰώνιός **ἐστιν.**
13: 5 εἶτα βάλλει ὕδωρ εἰς τὸν νιπτῆρα καὶ ἤρξατο νίπτειν τοὺς πόδας τῶν μαθητῶν καὶ ἐκμάσσειν τῷ λεντίῳ ᾧ **ἦν** διεζωσμένος.
13:10 Ὁ λελουμένος οὐκ ἔχει χρείαν εἰ μὴ τοὺς πόδας νίψασθαι, ἀλλ᾽ **ἔστιν** καθαρὸς ὅλος· καὶ ὑμεῖς καθαροί **ἐστε,** ἀλλ᾽ οὐχὶ πάντες.
13:11 διὰ τοῦτο εἶπεν ὅτι Οὐχὶ πάντες καθαροί **ἐστε.**
13:13 ὑμεῖς φωνεῖτέ με Ὁ διδάσκαλος καὶ Ὁ κύριος, καὶ καλῶς λέγετε, **εἰμὶ** γάρ.
13:16 οὐκ **ἔστιν** δοῦλος μείζων τοῦ κυρίου αὐτοῦ οὐδὲ ἀπόστολος μείζων τοῦ πέμψαντος αὐτόν.
13:17 εἰ ταῦτα οἴδατε, μακάριοί **ἐστε** ἐὰν ποιῆτε αὐτά.
13:19 ἀπ᾽ ἄρτι λέγω ὑμῖν πρὸ τοῦ γενέσθαι, ἵνα πιστεύσητε ὅταν γένηται ὅτι ἐγώ **εἰμι.**
13:23 **ἦν** ἀνακείμενος εἷς ἐκ τῶν μαθητῶν αὐτοῦ ἐν τῷ κόλπῳ τοῦ Ἰησοῦ,
13:24 νεύει οὖν τούτῳ Σίμων Πέτρος πυθέσθαι τίς ἂν **εἴη** περὶ οὗ λέγει.
13:25 ἀναπεσὼν οὖν ἐκεῖνος οὕτως ἐπὶ τὸ στῆθος τοῦ Ἰησοῦ λέγει αὐτῷ, Κύριε, τίς **ἐστιν;**
13:26 Ἐκεῖνός **ἐστιν** ᾧ ἐγὼ βάψω τὸ ψωμίον καὶ δώσω αὐτῷ.
13:30 λαβὼν οὖν τὸ ψωμίον ἐκεῖνος ἐξῆλθεν εὐθύς. **ἦν** δὲ νύξ.
13:33 τεκνία, ἔτι μικρὸν μεθ᾽ ὑμῶν **εἰμι·** ζητήσετέ με,
13:35 ἐν τούτῳ γνώσονται πάντες ὅτι ἐμοὶ μαθηταί **ἐστε,**
14: 2 ἐν τῇ οἰκίᾳ τοῦ πατρός μου μοναὶ πολλαί **εἰσιν·**
14: 3 πάλιν ἔρχομαι καὶ παραλήμψομαι ὑμᾶς πρὸς ἐμαυτόν, ἵνα ὅπου **εἰμὶ** ἐγὼ καὶ ὑμεῖς **ἦτε.**
14: 6 Ἐγώ **εἰμι** ἡ ὁδὸς καὶ ἡ ἀλήθεια καὶ ἡ ζωή·
14: 9 Τοσούτῳ χρόνῳ μεθ᾽ ὑμῶν **εἰμι** καὶ οὐκ ἔγνωκάς με,
14:10 οὐ πιστεύεις ὅτι ἐγὼ ἐν τῷ πατρὶ καὶ ὁ πατὴρ ἐν ἐμοί **ἐστιν;**
14:16 κἀγὼ ἐρωτήσω τὸν πατέρα καὶ ἄλλον παράκλητον δώσει ὑμῖν, ἵνα μεθ᾽ ὑμῶν εἰς τὸν αἰῶνα **ᾖ,**
14:17 ὅτι παρ᾽ ὑμῖν μένει καὶ ἐν ὑμῖν **ἔσται.**
14:21 ὁ ἔχων τὰς ἐντολάς μου καὶ τηρῶν αὐτὰς ἐκεῖνός **ἐστιν** ὁ ἀγαπῶν με·
14:24 καὶ ὁ λόγος ὃν ἀκούετε οὐκ **ἔστιν** ἐμὸς ἀλλὰ τοῦ πέμψαντός με πατρός.
14:28 εἰ ἠγαπᾶτέ με ἐχάρητε ἂν ὅτι πορεύομαι πρὸς τὸν πατέρα, ὅτι ὁ πατὴρ μείζων μού **ἐστιν.**
15: 1 Ἐγώ **εἰμι** ἡ ἄμπελος ἡ ἀληθινὴ καὶ ὁ πατήρ μου ὁ γεωργός **ἐστιν.**
15: 3 ἤδη ὑμεῖς καθαροί **ἐστε** διὰ τὸν λόγον ὃν λελάληκα ὑμῖν·
15: 5 ἐγώ **εἰμι** ἡ ἄμπελος, ὑμεῖς τὰ κλήματα. ὁ μένων ἐν ἐμοὶ κἀγὼ ἐν αὐτῷ οὗτος φέρει καρπὸν πολύν,
15:11 Ταῦτα λελάληκα ὑμῖν ἵνα ἡ χαρὰ ἡ ἐμὴ ἐν ὑμῖν **ᾖ** καὶ ἡ χαρὰ ὑμῶν πληρωθῇ.
15:12 αὕτη **ἐστὶν** ἡ ἐντολὴ ἡ ἐμή, ἵνα ἀγαπᾶτε ἀλλήλους καθὼς ἠγάπησα ὑμᾶς.
15:14 ὑμεῖς φίλοι μού **ἐστε** ἐὰν ποιῆτε ἃ ἐγὼ ἐντέλλομαι ὑμῖν.
15:19 εἰ ἐκ τοῦ κόσμου **ἦτε,** ὁ κόσμος ἂν τὸ ἴδιον ἐφίλει· ὅτι δὲ ἐκ τοῦ κόσμου οὐκ **ἐστέ,** ἀλλ᾽ ἐγὼ ἐξελεξάμην ὑμᾶς ἐκ τοῦ κόσμου,
15:20 μνημονεύετε τοῦ λόγου οὗ ἐγὼ εἶπον ὑμῖν, Οὐκ **ἔστιν** δοῦλος μείζων τοῦ κυρίου αὐτοῦ.
15:27 καὶ ὑμεῖς δὲ μαρτυρεῖτε, ὅτι ἀπ᾽ ἀρχῆς μετ᾽ ἐμοῦ **ἐστε.**
16: 4 Ταῦτα δὲ ὑμῖν ἐξ ἀρχῆς οὐκ εἶπον, ὅτι μεθ᾽ ὑμῶν **ἤμην.**
16:15 πάντα ὅσα ἔχει ὁ πατὴρ ἐμά **ἐστιν·** διὰ τοῦτο εἶπον ὅτι ἐκ τοῦ ἐμοῦ λαμβάνει καὶ ἀναγγελεῖ ὑμῖν.
16:17 Τί **ἐστιν** τοῦτο ὃ λέγει ἡμῖν, Μικρὸν καὶ οὐ θεωρεῖτέ με,
16:18 ἔλεγον οὖν, Τί **ἐστιν** τοῦτο [ὃ λέγει,] τὸ μικρόν;
16:24 αἰτεῖτε καὶ λήμψεσθε, ἵνα ἡ χαρὰ ὑμῶν **ᾖ** πεπληρωμένη.
16:32 καὶ **οὐκ εἰμὶ** μόνος, ὅτι ὁ πατὴρ μετ᾽ ἐμοῦ **ἐστιν.**
17: 3 αὕτη **δέ ἐστιν** ἡ αἰώνιος ζωὴ ἵνα γινώσκωσι σὲ τὸν μόνον ἀληθινὸν θεὸν καὶ ὃν ἀπέστειλας Ἰησοῦν Χριστόν.

17: 5 παρὰ σεαυτῷ τῇ δόξῃ ᾗ εἶχον πρὸ τοῦ τὸν κόσμον **εἶναι** παρὰ σοί.
17: 6 σοὶ **ἦσαν** κἀμοὶ αὐτοὺς ἔδωκας καὶ τὸν λόγον σου τετήρηκαν.
17: 7 νῦν ἔγνωκαν ὅτι πάντα ὅσα δέδωκάς μοι παρὰ σοῦ **εἰσιν·**
17: 9 οὐ περὶ τοῦ κόσμου ἐρωτῶ ἀλλὰ περὶ ὧν δέδωκάς μοι, ὅτι σοί **εἰσιν,**
17:10 καὶ τὰ ἐμὰ πάντα σά **ἐστιν** καὶ τὰ σὰ ἐμά,
17:11 καὶ οὐκέτι **εἰμὶ** ἐν τῷ κόσμῳ, καὶ αὐτοὶ ἐν τῷ κόσμῳ **εἰσίν,** κἀγὼ πρὸς σὲ ἔρχομαι. Πάτερ ἅγιε, τήρησον αὐτοὺς ἐν τῷ ὀνόματί σου ᾧ δέδωκάς μοι, ἵνα **ὦσιν** ἓν καθὼς ἡμεῖς.
17:12 ὅτε **ἤμην** μετ' αὐτῶν ἐγὼ ἐτήρουν αὐτοὺς ἐν τῷ ὀνόματί σου ᾧ δέδωκάς μοι,
17:14 ὅτι οὐκ **εἰσὶν** ἐκ τοῦ κόσμου καθὼς ἐγὼ οὐκ **εἰμὶ** ἐκ τοῦ κόσμου.
17:16 ἐκ τοῦ κόσμου οὐκ **εἰσὶν** καθὼς ἐγὼ οὐκ **εἰμὶ** ἐκ τοῦ κόσμου.
17:17 ἁγίασον αὐτοὺς ἐν τῇ ἀληθείᾳ· ὁ λόγος ὁ σὸς ἀλήθειά **ἐστιν.**
17:19 καὶ ὑπὲρ αὐτῶν ἐγὼ ἁγιάζω ἐμαυτόν, ἵνα **ὦσιν** καὶ αὐτοὶ ἡγιασμένοι ἐν ἀληθείᾳ.
17:21 ἵνα πάντες ἓν **ὦσιν,** καθὼς σύ, πάτερ, ἐν ἐμοὶ κἀγὼ ἐν σοί, ἵνα καὶ αὐτοὶ ἐν ἡμῖν **ὦσιν,**
17:22 κἀγὼ τὴν δόξαν ἣν δέδωκάς μοι δέδωκα αὐτοῖς, ἵνα **ὦσιν** ἓν καθὼς ἡμεῖς ἕν·
17:23 ἐγὼ ἐν αὐτοῖς καὶ σὺ ἐν ἐμοί, ἵνα **ὦσιν** τετελειωμένοι εἰς ἕν,
17:24 θέλω ἵνα ὅπου **εἰμὶ** ἐγὼ κἀκεῖνοι **ὦσιν** μετ' ἐμοῦ,
17:26 ἵνα ἡ ἀγάπη ἣν ἠγάπησάς με ἐν αὐτοῖς **ᾖ** κἀγὼ ἐν αὐτοῖς.
18: 1 Ταῦτα εἰπὼν Ἰησοῦς ἐξῆλθεν σὺν τοῖς μαθηταῖς αὐτοῦ πέραν τοῦ χειμάρρου τοῦ Κεδρὼν ὅπου **ἦν** κῆπος,
18: 5 ἀπεκρίθησαν αὐτῷ, Ἰησοῦν τὸν Ναζωραῖον. λέγει αὐτοῖς, Ἐγώ **εἰμι.**
18: 6 ὡς οὖν εἶπεν αὐτοῖς, Ἐγώ **εἰμι,** ἀπῆλθον εἰς τὰ ὀπίσω καὶ ἔπεσαν χαμαί.
18: 8 ἀπεκρίθη Ἰησοῦς, Εἶπον ὑμῖν ὅτι ἐγώ **εἰμι.** εἰ οὖν ἐμὲ ζητεῖτε,
18:10 Σίμων οὖν Πέτρος ἔχων μάχαιραν εἵλκυσεν αὐτὴν καὶ ἔπαισεν τὸν τοῦ ἀρχιερέως δοῦλον καὶ ἀπέκοψεν αὐτοῦ τὸ ὠτάριον τὸ δεξιόν· **ἦν** δὲ ὄνομα τῷ δούλῳ Μάλχος.
18:13 **ἦν** γὰρ πενθερὸς τοῦ Καϊάφα, ὃς **ἦν** ἀρχιερεὺς τοῦ ἐνιαυτοῦ ἐκείνου·
18:14 **ἦν** δὲ Καϊάφας ὁ συμβουλεύσας τοῖς Ἰουδαίοις ὅτι συμφέρει ἕνα ἄνθρωπον ἀποθανεῖν ὑπὲρ τοῦ λαοῦ.
18:15 ὁ δὲ μαθητὴς ἐκεῖνος **ἦν** γνωστὸς τῷ ἀρχιερεῖ καὶ συνεισῆλθεν τῷ Ἰησοῦ εἰς τὴν αὐλὴν τοῦ ἀρχιερέως,
18:17 Μὴ καὶ σὺ ἐκ τῶν μαθητῶν **εἶ** τοῦ ἀνθρώπου τούτου; λέγει ἐκεῖνος, Οὐκ **εἰμί.**
18:18 εἱστήκεισαν δὲ οἱ δοῦλοι καὶ οἱ ὑπηρέται ἀνθρακιὰν πεποιηκότες, ὅτι ψῦχος **ἦν,** καὶ ἐθερμαίνοντο· **ἦν** δὲ καὶ ὁ Πέτρος μετ' αὐτῶν ἑστὼς καὶ θερμαινόμενος.
18:25 **Ἦν** δὲ Σίμων Πέτρος ἑστὼς καὶ θερμαινόμενος. εἶπον οὖν αὐτῷ, Μὴ καὶ σὺ ἐκ τῶν μαθητῶν αὐτοῦ **εἶ;** ἠρνήσατο ἐκεῖνος καὶ εἶπεν, Οὐκ **εἰμί.**
18:26 λέγει εἷς ἐκ τῶν δούλων τοῦ ἀρχιερέως, συγγενὴς **ὢν** οὗ ἀπέκοψεν Πέτρος τὸ ὠτίον,
18:28 **ἦν** δὲ πρωΐ· καὶ αὐτοὶ οὐκ εἰσῆλθον εἰς τὸ πραιτώριον,
18:30 ἀπεκρίθησαν καὶ εἶπαν αὐτῷ, Εἰ μὴ **ἦν** οὗτος κακὸν ποιῶν,
18:33 Εἰσῆλθεν οὖν πάλιν εἰς τὸ πραιτώριον ὁ Πιλᾶτος καὶ ἐφώνησεν τὸν Ἰησοῦν καὶ εἶπεν αὐτῷ, Σὺ **εἶ** ὁ βασιλεὺς τῶν Ἰουδαίων;
18:35 ἀπεκρίθη ὁ Πιλᾶτος, Μήτι ἐγὼ Ἰουδαῖός **εἰμι;** τὸ ἔθνος τὸ σὸν καὶ οἱ ἀρχιερεῖς παρέδωκάν σε ἐμοί·
18:36 Ἡ βασιλεία ἡ ἐμὴ οὐκ **ἔστιν** ἐκ τοῦ κόσμου τούτου· εἰ ἐκ τοῦ κόσμου τούτου **ἦν** ἡ βασιλεία ἡ ἐμή, οἱ ὑπηρέται οἱ ἐμοὶ ἠγωνίζοντο [ἄν], ἵνα μὴ παραδοθῶ τοῖς Ἰουδαίοις· νῦν δὲ ἡ βασιλεία ἡ ἐμὴ οὐκ **ἔστιν** ἐντεῦθεν.
18:37 εἶπεν οὖν αὐτῷ ὁ Πιλᾶτος, Οὐκοῦν βασιλεὺς **εἶ** σύ; ἀπεκρίθη ὁ Ἰησοῦς, Σὺ λέγεις ὅτι βασιλεύς **εἰμι.**
18:37 πᾶς ὁ **ὢν** ἐκ τῆς ἀληθείας ἀκούει μου τῆς φωνῆς.
18:38 λέγει αὐτῷ ὁ Πιλᾶτος, Τί **ἐστιν** ἀλήθεια; Καὶ τοῦτο εἰπὼν πάλιν ἐξῆλθεν πρὸς τοὺς Ἰουδαίους καὶ λέγει αὐτοῖς,
18:39 **ἔστιν** δὲ συνήθεια ὑμῖν ἵνα ἕνα ἀπολύσω ὑμῖν ἐν τῷ πάσχα·
18:40 Μὴ τοῦτον ἀλλὰ τὸν Βαραββᾶν. **ἦν** δὲ ὁ Βαραββᾶς λῃστής.
19: 9 καὶ εἰσῆλθεν εἰς τὸ πραιτώριον πάλιν καὶ λέγει τῷ Ἰησοῦ, Πόθεν **εἶ** σύ;
19:11 Οὐκ εἶχες ἐξουσίαν κατ' ἐμοῦ οὐδεμίαν εἰ μὴ **ἦν** δεδομένον σοι ἄνωθεν·
19:12 Ἐὰν τοῦτον ἀπολύσῃς, οὐκ **εἶ** φίλος τοῦ Καίσαρος·
19:14 **ἦν** δὲ παρασκευὴ τοῦ πάσχα, ὥρα **ἦν** ὡς ἕκτη.
19:19 **ἦν** δὲ γεγραμμένον, Ἰησοῦς ὁ Ναζωραῖος ὁ βασιλεὺς τῶν Ἰουδαίων.
19:20 ὅτι ἐγγὺς **ἦν** ὁ τόπος τῆς πόλεως ὅπου ἐσταυρώθη ὁ Ἰησοῦς· καὶ **ἦν** γεγραμμένον Ἑβραϊστί, Ῥωμαϊστί, Ἑλληνιστί.
19:21 ἀλλ' ὅτι ἐκεῖνος εἶπεν, Βασιλεύς **εἰμι** τῶν Ἰουδαίων.
19:23 **ἦν** δὲ ὁ χιτὼν ἄραφος, ἐκ τῶν ἄνωθεν ὑφαντὸς δι' ὅλου.
19:24 Μὴ σχίσωμεν αὐτόν, ἀλλὰ λάχωμεν περὶ αὐτοῦ τίνος **ἔσται·**
19:31 Οἱ οὖν Ἰουδαῖοι, ἐπεὶ παρασκευὴ **ἦν,** ἵνα μὴ μείνῃ ἐπὶ τοῦ σταυροῦ τὰ σώματα ἐν τῷ σαββάτῳ, **ἦν** γὰρ μεγάλη ἡ ἡμέρα ἐκείνου τοῦ σαββάτου,
19:35 καὶ ὁ ἑωρακὼς μεμαρτύρηκεν, καὶ ἀληθινὴ αὐτοῦ **ἐστιν** ἡ μαρτυρία,
19:38 **ὢν** μαθητὴς τοῦ Ἰησοῦ κεκρυμμένος δὲ διὰ τὸν φόβον τῶν Ἰουδαίων,
19:40 ἔλαβον οὖν τὸ σῶμα τοῦ Ἰησοῦ καὶ ἔδησαν αὐτὸ ὀθονίοις μετὰ τῶν ἀρωμάτων, καθὼς ἔθος **ἐστὶν** τοῖς Ἰουδαίοις ἐνταφιάζειν.
19:41 **ἦν** δὲ ἐν τῷ τόπῳ ὅπου ἐσταυρώθη κῆπος, καὶ ἐν τῷ κήπῳ μνημεῖον καινὸν ἐν ᾧ οὐδέπω οὐδεὶς **ἦν** τεθειμένος·
19:42 ὅτι ἐγγὺς **ἦν** τὸ μνημεῖον, ἔθηκαν τὸν Ἰησοῦν.
20: 1 Τῇ δὲ μιᾷ τῶν σαββάτων Μαρία ἡ Μαγδαληνὴ ἔρχεται πρωῒ σκοτίας ἔτι **οὔσης** εἰς τὸ μνημεῖον
20: 7 καὶ τὸ σουδάριον, ὃ **ἦν** ἐπὶ τῆς κεφαλῆς αὐτοῦ,
20:14 ταῦτα εἰποῦσα ἐστράφη εἰς τὰ ὀπίσω καὶ θεωρεῖ τὸν Ἰησοῦν ἑστῶτα καὶ οὐκ ᾔδει ὅτι Ἰησοῦς **ἐστιν.**
20:15 ἐκείνη δοκοῦσα ὅτι ὁ κηπουρός **ἐστιν** λέγει αὐτῷ,
20:19 **Οὔσης** οὖν ὀψίας τῇ ἡμέρᾳ ἐκείνῃ τῇ μιᾷ σαββάτων καὶ τῶν θυρῶν κεκλεισμένων ὅπου **ἦσαν** οἱ μαθηταὶ διὰ τὸν φόβον τῶν Ἰουδαίων,
20:24 ὁ λεγόμενος Δίδυμος, οὐκ **ἦν** μετ' αὐτῶν ὅτε ἦλθεν Ἰησοῦς.
20:26 Καὶ μεθ' ἡμέρας ὀκτὼ πάλιν **ἦσαν** ἔσω οἱ μαθηταὶ αὐτοῦ καὶ Θωμᾶς μετ' αὐτῶν.
20:30 ἃ οὐκ **ἔστιν** γεγραμμένα ἐν τῷ βιβλίῳ τούτῳ·
20:31 ταῦτα δὲ γέγραπται ἵνα πιστεύ[σ]ητε ὅτι Ἰησοῦς **ἐστιν** ὁ Χριστὸς ὁ υἱὸς τοῦ θεοῦ,
21: 2 **ἦσαν** ὁμοῦ Σίμων Πέτρος καὶ Θωμᾶς ὁ λεγόμενος Δίδυμος καὶ Ναθαναὴλ ὁ ἀπὸ Κανὰ τῆς Γαλιλαίας καὶ οἱ τοῦ Ζεβεδαίου
21: 4 οὐ μέντοι ᾔδεισαν οἱ μαθηταὶ ὅτι Ἰησοῦς **ἐστιν.**
21: 7 λέγει οὖν ὁ μαθητὴς ἐκεῖνος ὃν ἠγάπα ὁ Ἰησοῦς τῷ Πέτρῳ, Ὁ κύριός **ἐστιν.** Σίμων οὖν Πέτρος ἀκούσας ὅτι ὁ κύριός **ἐστιν** τὸν ἐπενδύτην διεζώσατο, **ἦν** γὰρ γυμνός,
21: 8 οὐ γὰρ **ἦσαν** μακρὰν ἀπὸ τῆς γῆς ἀλλὰ ὡς ἀπὸ πηχῶν διακοσίων,
21:11 καὶ τοσούτων **ὄντων** οὐκ ἐσχίσθη τὸ δίκτυον.
21:12 οὐδεὶς δὲ ἐτόλμα τῶν μαθητῶν ἐξετάσαι αὐτόν, Σὺ τίς **εἶ;** εἰδότες ὅτι ὁ κύριός **ἐστιν.**
21:18 ἀμὴν ἀμὴν λέγω σοι, ὅτε **ἦς** νεώτερος, ἐζώννυες σεαυτὸν καὶ περιεπάτεις ὅπου ἤθελες·
21:20 ὃς καὶ ἀνέπεσεν ἐν τῷ δείπνῳ ἐπὶ τὸ στῆθος αὐτοῦ καὶ εἶπεν, Κύριε, τίς **ἐστιν** ὁ παραδιδούς σε;
21:24 Οὗτός **ἐστιν** ὁ μαθητὴς ὁ μαρτυρῶν περὶ τούτων καὶ ὁ γράψας ταῦτα, καὶ οἴδαμεν ὅτι ἀληθὴς αὐτοῦ ἡ μαρτυρία **ἐστίν.**
21:25 **Ἔστιν** δὲ καὶ ἄλλα πολλὰ ἃ ἐποίησεν ὁ Ἰησοῦς,
Ac 1: 7 Οὐχ ὑμῶν **ἐστιν** γνῶναι χρόνους ἢ καιροὺς οὓς ὁ πατὴρ ἔθετο ἐν τῇ ἰδίᾳ ἐξουσίᾳ,
1: 8 καὶ **ἔσεσθέ** μου μάρτυρες ἔν τε Ἰερουσαλὴμ καὶ [ἐν] πάσῃ τῇ Ἰουδαίᾳ καὶ Σαμαρείᾳ καὶ ἕως ἐσχάτου τῆς γῆς.
1:10 καὶ ὡς ἀτενίζοντες **ἦσαν** εἰς τὸν οὐρανὸν πορευομένου αὐτοῦ,
1:12 Τότε ὑπέστρεψαν εἰς Ἰερουσαλὴμ ἀπὸ ὄρους τοῦ καλουμένου Ἐλαιῶνος, ὅ **ἐστιν** ἐγγὺς Ἰερουσαλὴμ σαββάτου ἔχον ὁδόν.
1:13 ὅτε εἰσῆλθον, εἰς τὸ ὑπερῷον ἀνέβησαν οὗ **ἦσαν** καταμένοντες,
1:14 οὗτοι πάντες **ἦσαν** προσκαρτεροῦντες ὁμοθυμαδὸν τῇ προσευχῇ σὺν γυναιξὶν καὶ Μαριὰμ τῇ μητρὶ τοῦ Ἰησοῦ
1:15 **ἦν** τε ὄχλος ὀνομάτων ἐπὶ τὸ αὐτὸ ὡσεὶ ἑκατὸν εἴκοσι·
1:17 ὅτι κατηριθμημένος **ἦν** ἐν ἡμῖν καὶ ἔλαχεν τὸν κλῆρον τῆς διακονίας ταύτης.
1:19 ὥστε κληθῆναι τὸ χωρίον ἐκεῖνο τῇ ἰδίᾳ διαλέκτῳ αὐτῶν Ἁκελδαμάχ, τοῦτ' **ἔστιν** Χωρίον Αἵματος.
1:20 Γενηθήτω ἡ ἔπαυλις αὐτοῦ ἔρημος καὶ μὴ **ἔστω** ὁ κατοικῶν ἐν αὐτῇ,
2: 1 Καὶ ἐν τῷ συμπληροῦσθαι τὴν ἡμέραν τῆς πεντηκοστῆς **ἦσαν** πάντες ὁμοῦ ἐπὶ τὸ αὐτό.
2: 2 καὶ ἐγένετο ἄφνω ἐκ τοῦ οὐρανοῦ ἦχος ὥσπερ φερομένης πνοῆς βιαίας καὶ ἐπλήρωσεν ὅλον τὸν οἶκον οὗ **ἦσαν** καθήμενοι
2: 5 **Ἦσαν** δὲ εἰς Ἰερουσαλὴμ κατοικοῦντες Ἰουδαῖοι, ἄνδρες εὐλαβεῖς ἀπὸ παντὸς ἔθνους τῶν ὑπὸ τὸν οὐρανόν.
2: 7 Οὐχ ἰδοὺ ἅπαντες οὗτοί **εἰσιν** οἱ λαλοῦντες Γαλιλαῖοι;
2:12 ἄλλος πρὸς ἄλλον λέγοντες, Τί θέλει τοῦτο **εἶναι;**

2:13 ἕτεροι δὲ διαχλευάζοντες ἔλεγον ὅτι Γλεύκους μεμεστωμένοι **εἰσίν.**
2:14 τοῦτο ὑμῖν γνωστὸν **ἔστω** καὶ ἐνωτίσασθε τὰ ῥήματά μου.
2:15 οὐ γὰρ ὡς ὑμεῖς ὑπολαμβάνετε οὗτοι μεθύουσιν, **ἔστιν** γὰρ ὥρα τρίτη τῆς ἡμέρας,
2:16 ἀλλὰ τοῦτό **ἐστιν** τὸ εἰρημένον διὰ τοῦ προφήτου Ἰωήλ,
2:17 Καὶ **ἔσται** ἐν ταῖς ἐσχάταις ἡμέραις, λέγει ὁ θεός,
2:21 καὶ **ἔσται** πᾶς ὃς ἂν ἐπικαλέσηται τὸ ὄνομα κυρίου σωθήσεται.
2:24 καθότι οὐκ **ἦν** δυνατὸν κρατεῖσθαι αὐτὸν ὑπ' αὐτοῦ.
2:25 ὅτι ἐκ δεξιῶν μού **ἐστιν** ἵνα μὴ σαλευθῶ.
2:29 καὶ τὸ μνῆμα αὐτοῦ **ἔστιν** ἐν ἡμῖν ἄχρι τῆς ἡμέρας ταύτης.
2:32 τοῦτον τὸν Ἰησοῦν ἀνέστησεν ὁ θεός, οὗ πάντες ἡμεῖς **ἐσμεν** μάρτυρες·
2:39 ὑμῖν γάρ **ἐστιν** ἡ ἐπαγγελία καὶ τοῖς τέκνοις ὑμῶν καὶ πᾶσιν τοῖς εἰς μακράν,
2:42 **ἦσαν** δὲ προσκαρτεροῦντες τῇ διδαχῇ τῶν ἀποστόλων καὶ τῇ κοινωνίᾳ,
2:44 πάντες δὲ οἱ πιστεύοντες **ἦσαν** ἐπὶ τὸ αὐτὸ καὶ εἶχον ἅπαντα κοινὰ
3:10 ἐπεγίνωσκον δὲ αὐτὸν ὅτι αὐτὸς **ἦν** ὁ πρὸς τὴν ἐλεημοσύνην καθήμενος ἐπὶ τῇ Ὡραίᾳ Πύλῃ τοῦ ἱεροῦ
3:15 τὸν δὲ ἀρχηγὸν τῆς ζωῆς ἀπεκτείνατε ὃν ὁ θεὸς ἤγειρεν ἐκ νεκρῶν, οὗ ἡμεῖς μάρτυρές **ἐσμεν.**
3:23 **ἔσται** δὲ πᾶσα ψυχὴ ἥτις ἐὰν μὴ ἀκούσῃ τοῦ προφήτου ἐκείνου ἐξολεθρευθήσεται ἐκ τοῦ λαοῦ.
3:25 ὑμεῖς **ἐστε** οἱ υἱοὶ τῶν προφητῶν καὶ τῆς διαθήκης ἧς διέθετο ὁ θεὸς πρὸς τοὺς πατέρας ὑμῶν λέγων πρὸς Ἀβραάμ,
4: 3 καὶ ἐπέβαλον αὐτοῖς τὰς χεῖρας καὶ ἔθεντο εἰς τήρησιν εἰς τὴν αὔριον· **ἦν** γὰρ ἑσπέρα ἤδη
4: 6 καὶ Ἅννας ὁ ἀρχιερεὺς καὶ Καϊάφας καὶ Ἰωάννης καὶ Ἀλέξανδρος καὶ ὅσοι **ἦσαν** ἐκ γένους ἀρχιερατικοῦ,
4:10 γνωστὸν **ἔστω** πᾶσιν ὑμῖν καὶ παντὶ τῷ λαῷ Ἰσραὴλ ὅτι ἐν τῷ ὀνόματι Ἰησοῦ Χριστοῦ τοῦ Ναζωραίου ὃν ὑμεῖς ἐσταυρώσατε,
4:11 οὗτός **ἐστιν** ὁ λίθος, ὁ ἐξουθενηθεὶς ὑφ' ὑμῶν τῶν οἰκοδόμων,
4:12 καὶ οὐκ **ἔστιν** ἐν ἄλλῳ οὐδενὶ ἡ σωτηρία, οὐδὲ γὰρ ὄνομά **ἐστιν** ἕτερον ὑπὸ τὸν οὐρανὸν τὸ δεδομένον ἐν ἀνθρώποις ἐν ᾧ δεῖ σωθῆναι ἡμᾶς.
4:13 Θεωροῦντες δὲ τὴν τοῦ Πέτρου παρρησίαν καὶ Ἰωάννου καὶ καταλαβόμενοι ὅτι ἄνθρωποι ἀγράμματοί **εἰσιν** καὶ ἰδιῶται, ἐθαύμαζον ἐπεγίνωσκόν τε αὐτοὺς ὅτι σὺν τῷ Ἰησοῦ **ἦσαν,**
4:19 Εἰ δίκαιόν **ἐστιν** ἐνώπιον τοῦ θεοῦ ὑμῶν ἀκούειν μᾶλλον ἢ τοῦ θεοῦ,
4:22 ἐτῶν γὰρ **ἦν** πλειόνων τεσσεράκοντα ὁ ἄνθρωπος ἐφ' ὃν γεγόνει τὸ σημεῖον τοῦτο τῆς ἰάσεως.
4:31 καὶ δεηθέντων αὐτῶν ἐσαλεύθη ὁ τόπος ἐν ᾧ **ἦσαν** συνηγμένοι,
4:32 Τοῦ δὲ πλήθους τῶν πιστευσάντων **ἦν** καρδία καὶ ψυχὴ μία, καὶ οὐδὲ εἷς τι τῶν ὑπαρχόντων αὐτῷ ἔλεγεν ἴδιον **εἶναι** ἀλλ' **ἦν** αὐτοῖς ἅπαντα κοινά.
4:33 χάρις τε μεγάλη **ἦν** ἐπὶ πάντας αὐτούς.
4:34 οὐδὲ γὰρ ἐνδεής τις **ἦν** ἐν αὐτοῖς· ὅσοι γὰρ κτήτορες χωρίων ἢ οἰκιῶν ὑπῆρχον,
4:36 ὅ **ἐστιν** μεθερμηνευόμενον υἱὸς παρακλήσεως, Λευίτης, Κύπριος τῷ γένει,
5:12 καὶ **ἦσαν** ὁμοθυμαδὸν ἅπαντες ἐν τῇ Στοᾷ Σολομῶντος,
5:17 Ἀναστὰς δὲ ὁ ἀρχιερεὺς καὶ πάντες οἱ σὺν αὐτῷ, ἡ **οὖσα** αἵρεσις τῶν Σαδδουκαίων, ἐπλήσθησαν ζήλου
5:25 Ἰδοὺ οἱ ἄνδρες οὓς ἔθεσθε ἐν τῇ φυλακῇ **εἰσὶν** ἐν τῷ ἱερῷ ἑστῶτες καὶ διδάσκοντες τὸν λαόν.
5:32 καὶ ἡμεῖς **ἐσμεν** μάρτυρες τῶν ῥημάτων τούτων καὶ τὸ πνεῦμα τὸ ἅγιον ὃ ἔδωκεν ὁ θεὸς τοῖς πειθαρχοῦσιν αὐτῷ.
5:36 πρὸ γὰρ τούτων τῶν ἡμερῶν ἀνέστη Θευδᾶς λέγων **εἶναί** τινα ἑαυτόν,
5:38 ὅτι ἐὰν **ᾖ** ἐξ ἀνθρώπων ἡ βουλὴ αὕτη ἢ τὸ ἔργον τοῦτο,
5:39 εἰ δὲ ἐκ θεοῦ **ἐστιν,** οὐ δυνήσεσθε καταλῦσαι αὐτούς,
6: 2 Οὐκ ἀρεστόν **ἐστιν** ἡμᾶς καταλείψαντας τὸν λόγον τοῦ θεοῦ διακονεῖν τραπέζαις.
7: 2 Ὁ θεὸς τῆς δόξης ὤφθη τῷ πατρὶ ἡμῶν Ἀβραὰμ **ὄντι** ἐν τῇ Μεσοποταμίᾳ πρὶν ἢ κατοικῆσαι αὐτὸν ἐν Χαρρὰν
7: 5 καὶ ἐπηγγείλατο δοῦναι αὐτῷ εἰς κατάσχεσιν αὐτὴν καὶ τῷ σπέρματι αὐτοῦ μετ' αὐτόν, οὐκ **ὄντος** αὐτῷ τέκνου.
7: 6 ἐλάλησεν δὲ οὕτως ὁ θεὸς ὅτι **ἔσται** τὸ σπέρμα αὐτοῦ πάροικον ἐν γῇ ἀλλοτρίᾳ καὶ δουλώσουσιν αὐτὸ
7: 9 Καὶ οἱ πατριάρχαι ζηλώσαντες τὸν Ἰωσὴφ ἀπέδοντο εἰς Αἴγυπτον. καὶ **ἦν** ὁ θεὸς μετ' αὐτοῦ
7:12 ἀκούσας δὲ Ἰακὼβ **ὄντα** σιτία εἰς Αἴγυπτον ἐξαπέστειλεν τοὺς πατέρας ἡμῶν πρῶτον.
7:20 ἐν ᾧ καιρῷ ἐγεννήθη Μωϋσῆς καὶ **ἦν** ἀστεῖος τῷ θεῷ·
7:22 **ἦν** δὲ δυνατὸς ἐν λόγοις καὶ ἔργοις αὐτοῦ.
7:26 τῇ τε ἐπιούσῃ ἡμέρᾳ ὤφθη αὐτοῖς μαχομένοις καὶ συνήλλασσεν αὐτοὺς εἰς εἰρήνην εἰπών, Ἄνδρες, ἀδελφοί **ἐστε·**
7:33 ὁ γὰρ τόπος ἐφ' ᾧ ἕστηκας γῆ ἁγία **ἐστίν.**
7:37 οὗτός **ἐστιν** ὁ Μωϋσῆς ὁ εἴπας τοῖς υἱοῖς Ἰσραήλ,
7:38 οὗτός **ἐστιν** ὁ γενόμενος ἐν τῇ ἐκκλησίᾳ ἐν τῇ ἐρήμῳ μετὰ τοῦ ἀγγέλου τοῦ λαλοῦντος αὐτῷ ἐν τῷ ὄρει Σινᾶ
7:44 Ἡ σκηνὴ τοῦ μαρτυρίου **ἦν** τοῖς πατράσιν ἡμῶν ἐν τῇ ἐρήμῳ καθὼς διετάξατο ὁ λαλῶν τῷ Μωϋσῇ ποιῆσαι αὐτὴν
8: 1 Σαῦλος δὲ **ἦν** συνευδοκῶν τῇ ἀναιρέσει αὐτοῦ.
8: 9 Σίμων προϋπῆρχεν ἐν τῇ πόλει μαγεύων καὶ ἐξιστάνων τὸ ἔθνος τῆς Σαμαρείας, λέγων **εἶναί** τινα ἑαυτὸν μέγαν,
8:10 Οὗτός **ἐστιν** ἡ δύναμις τοῦ θεοῦ ἡ καλουμένη Μεγάλη.
8:13 ὁ δὲ Σίμων καὶ αὐτὸς ἐπίστευσεν καὶ βαπτισθεὶς **ἦν** προσκαρτερῶν τῷ Φιλίππῳ,
8:16 οὐδέπω γὰρ **ἦν** ἐπ' οὐδενὶ αὐτῶν ἐπιπεπτωκός, μόνον δὲ βεβαπτισμένοι ὑπῆρχον εἰς τὸ ὄνομα τοῦ κυρίου Ἰησοῦ.
8:20 Τὸ ἀργύριόν σου σὺν σοὶ **εἴη** εἰς ἀπώλειαν ὅτι τὴν δωρεὰν τοῦ θεοῦ ἐνόμισας διὰ χρημάτων κτᾶσθαι.
8:21 οὐκ **ἔστιν** σοι μερὶς οὐδὲ κλῆρος ἐν τῷ λόγῳ τούτῳ, ἡ γὰρ καρδία σου οὐκ **ἔστιν** εὐθεῖα ἔναντι τοῦ θεοῦ.
8:23 εἰς γὰρ χολὴν πικρίας καὶ σύνδεσμον ἀδικίας ὁρῶ σε **ὄντα.**
8:26 Ἀνάστηθι καὶ πορεύου κατὰ μεσημβρίαν ἐπὶ τὴν ὁδὸν τὴν καταβαίνουσαν ἀπὸ Ἰερουσαλὴμ εἰς Γάζαν, αὕτη **ἐστὶν** ἔρημος.
8:27 ὃς **ἦν** ἐπὶ πάσης τῆς γάζης αὐτῆς, ὃς ἐληλύθει προσκυνήσων εἰς Ἰερουσαλήμ,
8:28 **ἦν** τε ὑποστρέφων καὶ καθήμενος ἐπὶ τοῦ ἅρματος αὐτοῦ καὶ ἀνεγίνωσκεν τὸν προφήτην Ἠσαΐαν.
8:32 ἡ δὲ περιοχὴ τῆς γραφῆς ἣν ἀνεγίνωσκεν **ἦν** αὕτη·
9: 2 ὅπως ἐάν τινας εὕρῃ τῆς ὁδοῦ **ὄντας,** ἄνδρας τε καὶ γυναῖκας,
9: 5 εἶπεν δέ, Τίς **εἶ,** κύριε; ὁ δέ, Ἐγώ **εἰμι** Ἰησοῦς ὃν σὺ διώκεις·
9: 9 καὶ **ἦν** ἡμέρας τρεῖς μὴ βλέπων καὶ οὐκ ἔφαγεν οὐδὲ ἔπιεν.
9:10 **Ἦν** δέ τις μαθητὴς ἐν Δαμασκῷ ὀνόματι Ἁνανίας,
9:15 ὅτι σκεῦος ἐκλογῆς **ἐστίν** μοι οὗτος τοῦ βαστάσαι τὸ ὄνομά μου ἐνώπιον ἐθνῶν τε καὶ βασιλέων υἱῶν τε Ἰσραήλ·
9:20 καὶ εὐθέως ἐν ταῖς συναγωγαῖς ἐκήρυσσεν τὸν Ἰησοῦν ὅτι οὗτός **ἐστιν** ὁ υἱὸς τοῦ θεοῦ.
9:21 Οὐχ οὗτός **ἐστιν** ὁ πορθήσας εἰς Ἰερουσαλὴμ τοὺς ἐπικαλουμένους τὸ ὄνομα τοῦτο,
9:22 καὶ συνέχυννεν [τοὺς] Ἰουδαίους τοὺς κατοικοῦντας ἐν Δαμασκῷ συμβιβάζων ὅτι οὗτός **ἐστιν** ὁ Χριστός.
9:26 πάντες ἐφοβοῦντο αὐτὸν μὴ πιστεύοντες ὅτι **ἐστὶν** μαθητής.
9:28 καὶ **ἦν** μετ' αὐτῶν εἰσπορευόμενος καὶ ἐκπορευόμενος εἰς Ἰερουσαλήμ,
9:33 εὗρεν δὲ ἐκεῖ ἄνθρωπόν τινα ὀνόματι Αἰνέαν ἐξ ἐτῶν ὀκτὼ κατακείμενον ἐπὶ κραβάττου, ὃς **ἦν** παραλελυμένος.
9:36 Ἐν Ἰόππῃ δέ τις **ἦν** μαθήτρια ὀνόματι Ταβιθά, ἣ διερμηνευομένη λέγεται Δορκάς· αὕτη **ἦν** πλήρης ἔργων ἀγαθῶν καὶ ἐλεημοσυνῶν ὧν ἐποίει.
9:38 ἐγγὺς δὲ **οὔσης** Λύδδας τῇ Ἰόππῃ οἱ μαθηταὶ ἀκούσαντες ὅτι Πέτρος **ἐστὶν** ἐν αὐτῇ ἀπέστειλαν δύο ἄνδρας πρὸς αὐτὸν
9:39 πᾶσαι αἱ χῆραι κλαίουσαι καὶ ἐπιδεικνύμεναι χιτῶνας καὶ ἱμάτια ὅσα ἐποίει μετ' αὐτῶν **οὖσα** ἡ Δορκάς.
10: 4 ὁ δὲ ἀτενίσας αὐτῷ καὶ ἔμφοβος γενόμενος εἶπεν, Τί **ἐστιν,** κύριε;
10: 6 οὗτος ξενίζεται παρά τινι Σίμωνι βυρσεῖ, ᾧ **ἐστιν** οἰκία παρὰ θάλασσαν.
10:17 Ὡς δὲ ἐν ἑαυτῷ διηπόρει ὁ Πέτρος τί ἂν **εἴη** τὸ ὅραμα ὃ εἶδεν,
10:21 καταβὰς δὲ Πέτρος πρὸς τοὺς ἄνδρας εἶπεν, Ἰδοὺ ἐγώ **εἰμι** ὃν ζητεῖτε·
10:24 ὁ δὲ Κορνήλιος **ἦν** προσδοκῶν αὐτοὺς συγκαλεσάμενος τοὺς συγγενεῖς αὐτοῦ καὶ τοὺς ἀναγκαίους φίλους.
10:26 ὁ δὲ Πέτρος ἤγειρεν αὐτὸν λέγων, Ἀνάστηθι· καὶ ἐγὼ αὐτὸς ἄνθρωπός **εἰμι.**
10:28 Ὑμεῖς ἐπίστασθε ὡς ἀθέμιτόν **ἐστιν** ἀνδρὶ Ἰουδαίῳ κολλᾶσθαι ἢ προσέρχεσθαι ἀλλοφύλῳ·
10:30 Ἀπὸ τετάρτης ἡμέρας μέχρι ταύτης τῆς ὥρας **ἤμην** τὴν ἐνάτην προσευχόμενος ἐν τῷ οἴκῳ μου,
10:34 Ἐπ' ἀληθείας καταλαμβάνομαι ὅτι οὐκ **ἔστιν** προσωπολήμπτης ὁ θεός,
10:35 ἀλλ' ἐν παντὶ ἔθνει ὁ φοβούμενος αὐτὸν καὶ ἐργαζόμενος δικαιοσύνην δεκτὸς αὐτῷ **ἐστιν.**
10:36 τὸν λόγον [ὃν] ἀπέστειλεν τοῖς υἱοῖς Ἰσραὴλ εὐαγγελιζόμενος εἰρήνην διὰ Ἰησοῦ Χριστοῦ, οὗτός **ἐστιν** πάντων κύριος,

10:38 καὶ ἰώμενος πάντας τοὺς καταδυναστευομένους ὑπὸ τοῦ διαβόλου, ὅτι ὁ θεὸς **ἦν** μετ᾽ αὐτοῦ.
10:42 κηρύξαι τῷ λαῷ καὶ διαμαρτύρασθαι ὅτι οὗτός **ἐστιν** ὁ ὡρισμένος ὑπὸ τοῦ θεοῦ κριτὴς ζώντων καὶ νεκρῶν.
11: 1 Ἤκουσαν δὲ οἱ ἀπόστολοι καὶ οἱ ἀδελφοὶ οἱ **ὄντες** κατὰ τὴν Ἰουδαίαν ὅτι καὶ τὰ ἔθνη ἐδέξαντο τὸν λόγον τοῦ θεοῦ.
11: 5 Ἐγὼ **ἤμην** ἐν πόλει Ἰόππῃ προσευχόμενος καὶ εἶδον ἐν ἐκστάσει ὅραμα,
11:11 καὶ ἰδοὺ ἐξαυτῆς τρεῖς ἄνδρες ἐπέστησαν ἐπὶ τὴν οἰκίαν ἐν ᾗ **ἦμεν,** [UBS; NIV **ἤμην,**]
11:17 εἰ οὖν τὴν ἴσην δωρεὰν ἔδωκεν αὐτοῖς ὁ θεὸς ὡς καὶ ἡμῖν πιστεύσασιν ἐπὶ τὸν κύριον Ἰησοῦν Χριστόν, ἐγὼ τίς **ἤμην** δυνατὸς κωλῦσαι τὸν θεόν;
11:20 **ἦσαν** δέ τινες ἐξ αὐτῶν ἄνδρες Κύπριοι καὶ Κυρηναῖοι,
11:21 καὶ **ἦν** χεὶρ κυρίου μετ᾽ αὐτῶν, πολύς τε ἀριθμὸς ὁ πιστεύσας ἐπέστρεψεν ἐπὶ τὸν κύριον.
11:22 ἠκούσθη δὲ ὁ λόγος εἰς τὰ ὦτα τῆς ἐκκλησίας τῆς **οὔσης** ἐν Ἰερουσαλὴμ περὶ αὐτῶν καὶ ἐξαπέστειλαν Βαρναβᾶν
11:24 ὅτι **ἦν** ἀνὴρ ἀγαθὸς καὶ πλήρης πνεύματος ἁγίου καὶ πίστεως.
11:28 εἷς ἐξ αὐτῶν ὀνόματι Ἅγαβος ἐσήμανεν διὰ τοῦ πνεύματος λιμὸν μεγάλην μέλλειν **ἔσεσθαι** ἐφ᾽ ὅλην τὴν οἰκουμένην,
12: 3 ἰδὼν δὲ ὅτι ἀρεστόν **ἐστιν** τοῖς Ἰουδαίοις προσέθετο συλλαβεῖν καὶ Πέτρον, –**ἦσαν** δὲ [αἱ] ἡμέραι τῶν ἀζύμων–
12: 5 προσευχὴ δὲ **ἦν** ἐκτενῶς γινομένη ὑπὸ τῆς ἐκκλησίας πρὸς τὸν θεὸν περὶ αὐτοῦ.
12: 6 τῇ νυκτὶ ἐκείνῃ **ἦν** ὁ Πέτρος κοιμώμενος μεταξὺ δύο στρατιωτῶν δεδεμένος ἁλύσεσιν δυσὶν φύλακές
12: 9 καὶ ἐξελθὼν ἠκολούθει καὶ οὐκ ᾔδει ὅτι ἀληθές **ἐστιν** τὸ γινόμενον διὰ τοῦ ἀγγέλου·
12:12 οὗ **ἦσαν** ἱκανοὶ συνηθροισμένοι καὶ προσευχόμενοι.
12:15 ἡ δὲ διϊσχυρίζετο οὕτως ἔχειν. οἱ δὲ ἔλεγον, Ὁ ἄγγελός **ἐστιν** αὐτοῦ.
12:18 Γενομένης δὲ ἡμέρας **ἦν** τάραχος οὐκ ὀλίγος ἐν τοῖς στρατιώταις τί ἄρα ὁ Πέτρος ἐγένετο.
12:20 **Ἦν** δὲ θυμομαχῶν Τυρίοις καὶ Σιδωνίοις· ὁμοθυμαδὸν δὲ παρῆσαν πρὸς αὐτὸν καὶ πείσαντες Βλάστον,
13: 1 **Ἦσαν** δὲ ἐν Ἀντιοχείᾳ κατὰ τὴν **οὖσαν** ἐκκλησίαν προφῆται καὶ διδάσκαλοι ὅ τε Βαρναβᾶς καὶ Συμεὼν ὁ καλούμενος Νίγερ
13: 7 ὃς **ἦν** σὺν τῷ ἀνθυπάτῳ Σεργίῳ Παύλῳ, ἀνδρὶ συνετῷ.
13:11 καὶ νῦν ἰδοὺ χεὶρ κυρίου ἐπὶ σὲ καὶ **ἔσῃ** τυφλὸς μὴ βλέπων τὸν ἥλιον ἄχρι καιροῦ.
13:15 εἴ τίς **ἐστιν** ἐν ὑμῖν λόγος παρακλήσεως πρὸς τὸν λαόν,
13:25 ὡς δὲ ἐπλήρου Ἰωάννης τὸν δρόμον, ἔλεγεν, Τί ἐμὲ ὑπονοεῖτε **εἶναι**; οὐκ **εἰμὶ** ἐγώ· ἀλλ᾽ ἰδοὺ ἔρχεται μετ᾽ ἐμὲ οὗ οὐκ **εἰμὶ** ἄξιος τὸ ὑπόδημα τῶν ποδῶν λῦσαι.
13:31 οἵτινες [νῦν] **εἰσιν** μάρτυρες αὐτοῦ πρὸς τὸν λαόν.
13:33 Υἱός μου **εἶ** σύ, ἐγὼ σήμερον γεγέννηκά σε.
13:38 γνωστὸν οὖν **ἔστω** ὑμῖν, ἄνδρες ἀδελφοί, ὅτι διὰ τούτου ὑμῖν ἄφεσις ἁμαρτιῶν καταγγέλλεται[,]
13:46 Ὑμῖν **ἦν** ἀναγκαῖον πρῶτον λαληθῆναι τὸν λόγον τοῦ θεοῦ·
13:47 Τέθεικά σε εἰς φῶς ἐθνῶν τοῦ **εἶναί** σε εἰς σωτηρίαν ἕως ἐσχάτου τῆς γῆς.
13:48 ἀκούοντα δὲ τὰ ἔθνη ἔχαιρον καὶ ἐδόξαζον τὸν λόγον τοῦ κυρίου καὶ ἐπίστευσαν ὅσοι **ἦσαν** τεταγμένοι εἰς ζωὴν αἰώνιον·
14: 4 καὶ οἱ μὲν **ἦσαν** σὺν τοῖς Ἰουδαίοις, οἱ δὲ σὺν τοῖς ἀποστόλοις.
14: 7 κἀκεῖ εὐαγγελιζόμενοι **ἦσαν.**
14:12 τὸν δὲ Παῦλον Ἑρμῆν, ἐπειδὴ αὐτὸς **ἦν** ὁ ἡγούμενος τοῦ λόγου.
14:13 ὅ τε ἱερεὺς τοῦ Διὸς τοῦ **ὄντος** πρὸ τῆς πόλεως ταύρους καὶ στέμματα ἐπὶ τοὺς πυλῶνας ἐνέγκας
14:15 καὶ ἡμεῖς ὁμοιοπαθεῖς **ἐσμεν** ὑμῖν ἄνθρωποι εὐαγγελιζόμενοι ὑμᾶς ἀπὸ τούτων τῶν ματαίων ἐπιστρέφειν ἐπὶ θεὸν ζῶντα,
14:26 ὅθεν **ἦσαν** παραδεδομένοι τῇ χάριτι τοῦ θεοῦ εἰς τὸ ἔργον ὃ ἐπλήρωσαν.
15:32 Ἰούδας τε καὶ Σιλᾶς καὶ αὐτοὶ προφῆται **ὄντες** διὰ λόγου πολλοῦ παρεκάλεσαν τοὺς ἀδελφοὺς καὶ ἐπεστήριξαν,
16: 1 καὶ ἰδοὺ μαθητής τις **ἦν** ἐκεῖ ὀνόματι Τιμόθεος,
16: 3 καὶ λαβὼν περιέτεμεν αὐτὸν διὰ τοὺς Ἰουδαίους τοὺς **ὄντας** ἐν τοῖς τόποις ἐκείνοις·
16: 9 ἀνὴρ Μακεδών τις **ἦν** ἑστὼς καὶ παρακαλῶν αὐτὸν καὶ λέγων,
16:12 ἥτις **ἐστὶν** πρώτη[ς] μερίδος τῆς Μακεδονίας πόλις, κολωνία. **ἦμεν** δὲ ἐν ταύτῃ τῇ πόλει διατρίβοντες ἡμέρας τινάς.
16:13 τῇ τε ἡμέρᾳ τῶν σαββάτων ἐξήλθομεν ἔξω τῆς πύλης παρὰ ποταμὸν οὗ ἐνομίζομεν προσευχὴν **εἶναι,**
16:15 παρεκάλεσεν λέγουσα, Εἰ κεκρίκατέ με πιστὴν τῷ κυρίῳ **εἶναι,**
16:17 Οὗτοι οἱ ἄνθρωποι δοῦλοι τοῦ θεοῦ τοῦ ὑψίστου **εἰσίν,**
16:21 καὶ καταγγέλλουσιν ἔθη ἃ οὐκ ἔξεστιν ἡμῖν παραδέχεσθαι οὐδὲ ποιεῖν Ῥωμαίοις **οὖσιν.**
16:28 Μηδὲν πράξῃς σεαυτῷ κακόν, ἅπαντες γάρ **ἐσμεν** ἐνθάδε.
16:38 ἀπήγγειλαν δὲ τοῖς στρατηγοῖς οἱ ῥαβδοῦχοι τὰ ῥήματα ταῦτα. ἐφοβήθησαν δὲ ἀκούσαντες ὅτι Ῥωμαῖοί **εἰσιν,**
17: 1 Διοδεύσαντες δὲ τὴν Ἀμφίπολιν καὶ τὴν Ἀπολλωνίαν ἦλθον εἰς Θεσσαλονίκην ὅπου **ἦν** συναγωγὴ τῶν Ἰουδαίων.
17: 3 ὅτι τὸν Χριστὸν ἔδει παθεῖν καὶ ἀναστῆναι ἐκ νεκρῶν καὶ ὅτι οὗτός **ἐστιν** ὁ Χριστὸς [ὁ] Ἰησοῦς ὃν ἐγὼ καταγγέλλω ὑμῖν.
17: 7 καὶ οὗτοι πάντες ἀπέναντι τῶν δογμάτων Καίσαρος πράσσουσι βασιλέα ἕτερον λέγοντες **εἶναι** Ἰησοῦν.
17:11 οὗτοι δὲ **ἦσαν** εὐγενέστεροι τῶν ἐν Θεσσαλονίκῃ, οἵτινες ἐδέξαντο τὸν λόγον μετὰ πάσης προθυμίας
17:16 Ἐν δὲ ταῖς Ἀθήναις ἐκδεχομένου αὐτοὺς τοῦ Παύλου παρωξύνετο τὸ πνεῦμα αὐτοῦ ἐν αὐτῷ θεωροῦντος κατείδωλον **οὖσαν** τὴν πόλιν.
17:18 οἱ δέ, Ξένων δαιμονίων δοκεῖ καταγγελεὺς **εἶναι,** ὅτι τὸν Ἰησοῦν καὶ τὴν ἀνάστασιν εὐηγγελίζετο.
17:20 ξενίζοντα γάρ τινα εἰσφέρεις εἰς τὰς ἀκοὰς ἡμῶν· βουλόμεθα οὖν γνῶναι τίνα θέλει ταῦτα **εἶναι.**
17:28 Ἐν αὐτῷ γὰρ ζῶμεν καὶ κινούμεθα καὶ **ἐσμέν,** ὡς καί τινες τῶν καθ᾽ ὑμᾶς ποιητῶν εἰρήκασιν, Τοῦ γὰρ καὶ γένος **ἐσμέν.**
17:29 χαράγματι τέχνης καὶ ἐνθυμήσεως ἀνθρώπου, τὸ θεῖον **εἶναι** ὅμοιον.
18: 3 καὶ διὰ τὸ ὁμότεχνον **εἶναι** ἔμενεν παρ᾽ αὐτοῖς, καὶ ἠργάζετο· **ἦσαν** γὰρ σκηνοποιοὶ τῇ τέχνῃ.
18: 5 συνείχετο τῷ λόγῳ ὁ Παῦλος διαμαρτυρόμενος τοῖς Ἰουδαίοις **εἶναι** τὸν Χριστὸν Ἰησοῦν.
18: 7 εἰσῆλθεν εἰς οἰκίαν τινὸς ὀνόματι Τιτίου Ἰούστου σεβομένου τὸν θεόν, οὗ ἡ οἰκία **ἦν** συνομοροῦσα τῇ συναγωγῇ.
18:10 διότι ἐγώ **εἰμι** μετὰ σοῦ καὶ οὐδεὶς ἐπιθήσεταί σοι τοῦ κακῶσαί σε, διότι λαός **ἐστί** μοι πολὺς ἐν τῇ πόλει ταύτῃ.
18:12 Γαλλίωνος δὲ ἀνθυπάτου **ὄντος** τῆς Ἀχαΐας κατεπέστησαν ὁμοθυμαδὸν οἱ Ἰουδαῖοι τῷ Παύλῳ καὶ ἤγαγον αὐτὸν ἐπὶ τὸ βῆμα
18:14 Εἰ μὲν **ἦν** ἀδίκημά τι ἢ ῥᾳδιούργημα πονηρόν,
18:15 εἰ δὲ ζητήματά **ἐστιν** περὶ λόγου καὶ ὀνομάτων καὶ νόμου τοῦ καθ᾽ ὑμᾶς, ὄψεσθε αὐτοί· κριτὴς ἐγὼ τούτων οὐ βούλομαι **εἶναι.**
18:24 κατήντησεν εἰς Ἔφεσον, δυνατὸς **ὢν** ἐν ταῖς γραφαῖς.
18:25 οὗτος **ἦν** κατηχημένος τὴν ὁδὸν τοῦ κυρίου καὶ ζέων τῷ πνεύματι ἐλάλει καὶ ἐδίδασκεν ἀκριβῶς τὰ περὶ τοῦ Ἰησοῦ,
18:28 εὐτόνως γὰρ τοῖς Ἰουδαίοις διακατηλέγχετο δημοσίᾳ ἐπιδεικνὺς διὰ τῶν γραφῶν **εἶναι** τὸν Χριστὸν Ἰησοῦν.
19: 1 Ἐγένετο δὲ ἐν τῷ τὸν Ἀπολλῶ **εἶναι** ἐν Κορίνθῳ Παῦλον διελθόντα τὰ ἀνωτερικὰ μέρη [κατ]ελθεῖν εἰς Ἔφεσον
19: 2 οἱ δὲ πρὸς αὐτόν, Ἀλλ᾽ οὐδ᾽ εἰ πνεῦμα ἅγιον **ἔστιν** ἠκούσαμεν.
19: 4 λέγων εἰς τὸν ἐρχόμενον μετ᾽ αὐτὸν ἵνα πιστεύσωσιν, τοῦτ᾽ **ἔστιν** εἰς τὸν Ἰησοῦν.
19: 7 **ἦσαν** δὲ οἱ πάντες ἄνδρες ὡσεὶ δώδεκα.
19:14 **ἦσαν** δέ τινος Σκευᾶ Ἰουδαίου ἀρχιερέως ἑπτὰ υἱοὶ τοῦτο ποιοῦντες.
19:15 Τὸν [μὲν] Ἰησοῦν γινώσκω καὶ τὸν Παῦλον ἐπίσταμαι, ὑμεῖς δὲ τίνες **ἐστέ;**
19:16 καὶ ἐφαλόμενος ὁ ἄνθρωπος ἐπ᾽ αὐτοὺς ἐν ᾧ **ἦν** τὸ πνεῦμα τὸ πονηρόν,
19:25 ἐπίστασθε ὅτι ἐκ ταύτης τῆς ἐργασίας ἡ εὐπορία ἡμῖν **ἐστιν**
19:26 σχεδὸν πάσης τῆς Ἀσίας ὁ Παῦλος οὗτος πείσας μετέστησεν ἱκανὸν ὄχλον λέγων ὅτι οὐκ **εἰσὶν** θεοὶ οἱ διὰ χειρῶν γινόμενοι.
19:31 τινὲς δὲ καὶ τῶν Ἀσιαρχῶν, **ὄντες** αὐτῷ φίλοι,
19:32 **ἦν** γὰρ ἡ ἐκκλησία συγκεχυμένη καὶ οἱ πλείους οὐκ ᾔδεισαν τίνος ἕνεκα συνεληλύθεισαν.
19:34 ἐπιγνόντες δὲ ὅτι Ἰουδαῖός **ἐστιν,** φωνὴ ἐγένετο μία ἐκ πάντων ὡς ἐπὶ ὥρας δύο κραζόντων,
19:35 τίς γάρ **ἐστιν** ἀνθρώπων ὃς οὐ γινώσκει τὴν Ἐφεσίων πόλιν νεωκόρον **οὖσαν** τῆς μεγάλης Ἀρτέμιδος καὶ τοῦ διοπετοῦς;
19:36 ἀναντιρρήτων οὖν **ὄντων** τούτων δέον **ἐστὶν** ὑμᾶς κατεσταλμένους ὑπάρχειν καὶ μηδὲν προπετὲς πράσσειν.
19:38 εἰ μὲν οὖν Δημήτριος καὶ οἱ σὺν αὐτῷ τεχνῖται ἔχουσι πρός τινα λόγον, ἀγοραῖοι ἄγονται καὶ ἀνθύπατοί **εἰσιν,**
20: 8 **ἦσαν** δὲ λαμπάδες ἱκαναὶ ἐν τῷ ὑπερῴῳ οὗ **ἦμεν** συνηγμένοι.
20:10 Μὴ θορυβεῖσθε, ἡ γὰρ ψυχὴ αὐτοῦ ἐν αὐτῷ **ἐστιν.**
20:13 οὕτως γὰρ διατεταγμένος **ἦν** μέλλων αὐτὸς πεζεύειν.
20:16 ἔσπευδεν γὰρ εἰ δυνατὸν **εἴη** αὐτῷ τὴν ἡμέραν τῆς πεντηκοστῆς γενέσθαι εἰς Ἱεροσόλυμα.
20:26 διότι μαρτύρομαι ὑμῖν ἐν τῇ σήμερον ἡμέρᾳ ὅτι καθαρός **εἰμι** ἀπὸ τοῦ αἵματος πάντων·

20:34 αὐτοὶ γινώσκετε ὅτι ταῖς χρείαις μου καὶ τοῖς **οὖσιν** μετ' ἐμοῦ ὑπηρέτησαν αἱ χεῖρες αὗται.
20:35 μνημονεύειν τε τῶν λόγων τοῦ κυρίου Ἰησοῦ ὅτι αὐτὸς εἶπεν, Μακάριόν **ἐστιν** μᾶλλον διδόναι ἢ λαμβάνειν.
21: 3 ἐκεῖσε γὰρ τὸ πλοῖον **ἦν** ἀποφορτιζόμενον τὸν γόμον.
21: 8 καὶ εἰσελθόντες εἰς τὸν οἶκον Φιλίππου τοῦ εὐαγγελιστοῦ, **ὄντος** ἐκ τῶν ἑπτά, ἐμείναμεν παρ' αὐτῷ.
21: 9 τούτῳ δὲ **ἦσαν** θυγατέρες τέσσαρες παρθένοι προφητεύουσαι.
21:11 Τάδε λέγει τὸ πνεῦμα τὸ ἅγιον, Τὸν ἄνδρα οὗ **ἐστιν** ἡ ζώνη αὕτη,
21:20 πόσαι μυριάδες **εἰσὶν** ἐν τοῖς Ἰουδαίοις τῶν πεπιστευκότων καὶ πάντες ζηλωταὶ τοῦ νόμου ὑπάρχουσιν·
21:22 τί οὖν **ἐστιν;** πάντως ἀκούσονται ὅτι ἐλήλυθας.
21:23 **εἰσὶν** ἡμῖν ἄνδρες τέσσαρες εὐχὴν ἔχοντες ἐφ' ἑαυτῶν.
21:24 καὶ γνώσονται πάντες ὅτι ὧν κατήχηνται περὶ σοῦ οὐδέν **ἐστιν** ἀλλὰ στοιχεῖς καὶ αὐτὸς φυλάσσων τὸν νόμον.
21:28 οὗτός **ἐστιν** ὁ ἄνθρωπος ὁ κατὰ τοῦ λαοῦ καὶ τοῦ νόμου καὶ τοῦ τόπου τούτου πάντας πανταχῇ διδάσκων,
21:29 **ἦσαν** γὰρ προεωρακότες Τρόφιμον τὸν Ἐφέσιον ἐν τῇ πόλει σὺν αὐτῷ,
21:33 καὶ ἐπυνθάνετο τίς **εἴη** καὶ τί **ἐστιν** πεποιηκώς.
21:38 οὐκ ἄρα σὺ **εἶ** ὁ Αἰγύπτιος ὁ πρὸ τούτων τῶν ἡμερῶν ἀναστατώσας καὶ ἐξαγαγὼν εἰς τὴν ἔρημον
21:39 Ἐγὼ ἄνθρωπος μέν **εἰμι** Ἰουδαῖος, Ταρσεὺς τῆς Κιλικίας,
22: 3 Ἐγώ **εἰμι** ἀνὴρ Ἰουδαῖος, γεγεννημένος ἐν Ταρσῷ τῆς Κιλικίας,
22: 3 ζηλωτὴς ὑπάρχων τοῦ θεοῦ καθὼς πάντες ὑμεῖς **ἐστε** σήμερον·
22: 5 ἄξων καὶ τοὺς ἐκεῖσε **ὄντας** δεδεμένους εἰς Ἰερουσαλὴμ ἵνα τιμωρηθῶσιν.
22: 8 ἐγὼ δὲ ἀπεκρίθην, Τίς **εἶ,** κύριε; εἶπέν τε πρός με, Ἐγώ **εἰμι** Ἰησοῦς ὁ Ναζωραῖος, ὃν σὺ διώκεις.
22: 9 οἱ δὲ σὺν ἐμοὶ **ὄντες** τὸ μὲν φῶς ἐθεάσαντο τὴν δὲ φωνὴν οὐκ ἤκουσαν τοῦ λαλοῦντός μοι.
22:15 ὅτι **ἔσῃ** μάρτυς αὐτῷ πρὸς πάντας ἀνθρώπους ὧν ἑώρακας καὶ ἤκουσας.
22:19 αὐτοὶ ἐπίστανται ὅτι ἐγὼ **ἤμην** φυλακίζων καὶ δέρων κατὰ τὰς συναγωγὰς τοὺς πιστεύοντας ἐπὶ σέ,
22:20 καὶ αὐτὸς **ἤμην** ἐφεστὼς καὶ συνευδοκῶν καὶ φυλάσσων τὰ ἱμάτια τῶν ἀναιρούντων αὐτόν.
22:26 Τί μέλλεις ποιεῖν; ὁ γὰρ ἄνθρωπος οὗτος Ῥωμαῖός **ἐστιν.**
22:27 προσελθὼν δὲ ὁ χιλίαρχος εἶπεν αὐτῷ, Λέγε μοι, σὺ Ῥωμαῖος **εἶ;**
22:29 καὶ ὁ χιλίαρχος δὲ ἐφοβήθη ἐπιγνοὺς ὅτι Ῥωμαῖός **ἐστιν** καὶ ὅτι αὐτὸν **ἦν** δεδεκώς.
23: 5 ἔφη τε ὁ Παῦλος, Οὐκ ᾔδειν, ἀδελφοί, ὅτι **ἐστὶν** ἀρχιερεύς·
23: 6 Γνοὺς δὲ ὁ Παῦλος ὅτι τὸ ἓν μέρος **ἐστὶν** Σαδδουκαίων τὸ δὲ ἕτερον Φαρισαίων ἔκραζεν ἐν τῷ συνεδρίῳ, Ἄνδρες ἀδελφοί, ἐγὼ Φαρισαῖός **εἰμι,** υἱὸς Φαρισαίων,
23: 8 Σαδδουκαῖοι μὲν γὰρ λέγουσιν μὴ **εἶναι** ἀνάστασιν μήτε ἄγγελον μήτε πνεῦμα,
23:13 **ἦσαν** δὲ πλείους τεσσεράκοντα οἱ ταύτην τὴν συνωμοσίαν ποιησάμενοι,
23:15 ἡμεῖς δὲ πρὸ τοῦ ἐγγίσαι αὐτὸν ἕτοιμοί **ἐσμεν** τοῦ ἀνελεῖν αὐτόν.
23:19 καὶ ἀναχωρήσας κατ' ἰδίαν ἐπυνθάνετο, Τί **ἐστιν** ὃ ἔχεις ἀπαγγεῖλαί μοι;
23:21 καὶ νῦν **εἰσιν** ἕτοιμοι προσδεχόμενοι τὴν ἀπὸ σοῦ ἐπαγγελίαν.
23:27 Τὸν ἄνδρα τοῦτον συλλημφθέντα ὑπὸ τῶν Ἰουδαίων καὶ μέλλοντα ἀναιρεῖσθαι ὑπ' αὐτῶν ἐπιστὰς σὺν τῷ στρατεύματι ἐξειλάμην μαθὼν ὅτι Ῥωμαῖός **ἐστιν.**
23:30 μηνυθείσης δέ μοι ἐπιβουλῆς εἰς τὸν ἄνδρα **ἔσεσθαι** ἐξαυτῆς ἔπεμψα πρὸς σὲ παραγγείλας
23:34 ἀναγνοὺς δὲ καὶ ἐπερωτήσας ἐκ ποίας ἐπαρχείας **ἐστίν,**
24:10 Ἐκ πολλῶν ἐτῶν **ὄντα** σε κριτὴν τῷ ἔθνει τούτῳ ἐπιστάμενος εὐθύμως τὰ περὶ ἐμαυτοῦ ἀπολογοῦμαι,
24:11 δυναμένου σου ἐπιγνῶναι ὅτι οὐ πλείους **εἰσίν** μοι ἡμέραι δώδεκα ἀφ' ἧς ἀνέβην προσκυνήσων εἰς Ἰερουσαλήμ.
24:15 ἐλπίδα ἔχων εἰς τὸν θεὸν ἣν καὶ αὐτοὶ οὗτοι προσδέχονται, ἀνάστασιν μέλλειν **ἔσεσθαι** δικαίων τε καὶ ἀδίκων.
24:24 Μετὰ δὲ ἡμέρας τινὰς παραγενόμενος ὁ Φῆλιξ σὺν Δρουσίλλῃ τῇ ἰδίᾳ γυναικὶ **οὔσῃ** Ἰουδαίᾳ μετεπέμψατο τὸν Παῦλον
25: 5 δυνατοὶ συγκαταβάντες εἴ τί **ἐστιν** ἐν τῷ ἀνδρὶ ἄτοπον κατηγορείτωσαν αὐτοῦ.
25:10 Ἐπὶ τοῦ βήματος Καίσαρος ἑστώς **εἰμι,** οὗ με δεῖ κρίνεσθαι.
25:11 εἰ δὲ οὐδέν **ἐστιν** ὧν οὗτοι κατηγοροῦσίν μου,
25:14 ὁ Φῆστος τῷ βασιλεῖ ἀνέθετο τὰ κατὰ τὸν Παῦλον λέγων, Ἀνήρ τίς **ἐστιν** καταλελειμμένος ὑπὸ Φήλικος δέσμιος,
25:16 πρὸς οὓς ἀπεκρίθην ὅτι οὐκ **ἔστιν** ἔθος Ῥωμαίοις χαρίζεσθαί τινα ἄνθρωπον πρὶν ἢ ὁ κατηγορούμενος κατὰ πρόσωπον ἔχοι
26: 3 μάλιστα γνώστην **ὄντα** σε πάντων τῶν κατὰ Ἰουδαίους ἐθῶν τε καὶ ζητημάτων,
26:15 ἐγὼ δὲ εἶπα, Τίς **εἶ,** κύριε; ὁ δὲ κύριος εἶπεν, Ἐγώ **εἰμι** Ἰησοῦς ὃν σὺ διώκεις.
26:21 ἕνεκα τούτων με Ἰουδαῖοι συλλαβόμενοι **[ὄντα]** ἐν τῷ ἱερῷ ἐπειρῶντο διαχειρίσασθαι.
26:26 λανθάνειν γὰρ αὐτὸν [τι] τούτων οὐ πείθομαι οὐθέν· οὐ γάρ **ἐστιν** ἐν γωνίᾳ πεπραγμένον τοῦτο.
26:29 ἀλλὰ καὶ πάντας τοὺς ἀκούοντάς μου σήμερον γενέσθαι τοιούτους ὁποῖος καὶ ἐγώ **εἰμι** παρεκτὸς τῶν δεσμῶν τούτων.
27: 2 μέλλοντι πλεῖν εἰς τοὺς κατὰ τὴν Ἀσίαν τόπους ἀνήχθημεν **ὄντος** σὺν ἡμῖν Ἀριστάρχου Μακεδόνος Θεσσαλονικέως.
27: 4 κἀκεῖθεν ἀναχθέντες ὑπεπλεύσαμεν τὴν Κύπρον διὰ τὸ τοὺς ἀνέμους **εἶναι** ἐναντίους,
27: 8 μόλις τε παραλεγόμενοι αὐτὴν ἤλθομεν εἰς τόπον τινὰ καλούμενον Καλοὺς λιμένας ᾧ ἐγγὺς πόλις **ἦν** Λασαία.
27: 9 Ἱκανοῦ δὲ χρόνου διαγενομένου καὶ **ὄντος** ἤδη ἐπισφαλοῦς τοῦ πλοὸς διὰ τὸ καὶ τὴν νηστείαν ἤδη παρεληλυθέναι παρῄνει ὁ Παῦλος
27:10 μετὰ ὕβρεως καὶ πολλῆς ζημίας οὐ μόνον τοῦ φορτίου καὶ τοῦ πλοίου ἀλλὰ καὶ τῶν ψυχῶν ἡμῶν μέλλειν **ἔσεσθαι** τὸν πλοῦν.
27:22 ἀποβολὴ γὰρ ψυχῆς οὐδεμία **ἔσται** ἐξ ὑμῶν πλὴν τοῦ πλοίου.
27:23 παρέστη γάρ μοι ταύτῃ τῇ νυκτὶ τοῦ θεοῦ, οὗ **εἰμι** [ἐγώ] ᾧ καὶ λατρεύω, ἄγγελος
27:25 πιστεύω γὰρ τῷ θεῷ ὅτι οὕτως **ἔσται** καθ' ὃν τρόπον λελάληταί μοι.
27:37 **ἤμεθα** δὲ αἱ πᾶσαι ψυχαὶ ἐν τῷ πλοίῳ διακόσιαι ἑβδομήκοντα ἕξ.
28: 4 Πάντως φονεύς **ἐστιν** ὁ ἄνθρωπος οὗτος ὃν διασωθέντα ἐκ τῆς θαλάσσης ἡ δίκη ζῆν οὐκ εἴασεν.
28: 6 προσδοκώντων καὶ θεωρούντων μηδὲν ἄτοπον εἰς αὐτὸν γινόμενον μεταβαλόμενοι ἔλεγον αὐτὸν **εἶναι** θεόν.
28:17 Ἐγένετο δὲ μετὰ ἡμέρας τρεῖς συγκαλέσασθαι αὐτὸν τοὺς **ὄντας** τῶν Ἰουδαίων πρώτους·
28:22 περὶ μὲν γὰρ τῆς αἱρέσεως ταύτης γνωστὸν ἡμῖν **ἐστιν** ὅτι πανταχοῦ ἀντιλέγεται.
28:25 ἀσύμφωνοι δὲ **ὄντες** πρὸς ἀλλήλους ἀπελύοντο εἰπόντος τοῦ Παύλου ῥῆμα ἕν,
28:28 γνωστὸν οὖν **ἔστω** ὑμῖν ὅτι τοῖς ἔθνεσιν ἀπεστάλη τοῦτο τὸ σωτήριον τοῦ θεοῦ·

Ro 1: 6 ἐν οἷς **ἐστε** καὶ ὑμεῖς κλητοὶ Ἰησοῦ Χριστοῦ,
1: 7 πᾶσιν τοῖς **οὖσιν** ἐν Ῥώμῃ ἀγαπητοῖς θεοῦ, κλητοῖς ἁγίοις,
1: 9 μάρτυς γάρ μού **ἐστιν** ὁ θεός, ᾧ λατρεύω ἐν τῷ πνεύματί μου ἐν τῷ εὐαγγελίῳ τοῦ υἱοῦ αὐτοῦ,
1:12 τοῦτο δέ **ἐστιν** συμπαρακληθῆναι ἐν ὑμῖν διὰ τῆς ἐν ἀλλήλοις πίστεως ὑμῶν τε καὶ ἐμοῦ.
1:14 Ἕλλησίν τε καὶ βαρβάροις, σοφοῖς τε καὶ ἀνοήτοις ὀφειλέτης **εἰμί,**
1:16 δύναμις γὰρ θεοῦ **ἐστιν** εἰς σωτηρίαν παντὶ τῷ πιστεύοντι,
1:19 διότι τὸ γνωστὸν τοῦ θεοῦ φανερόν **ἐστιν** ἐν αὐτοῖς·
1:20 ἥ τε ἀΐδιος αὐτοῦ δύναμις καὶ θειότης, εἰς τὸ **εἶναι** αὐτοὺς ἀναπολογήτους,
1:22 φάσκοντες **εἶναι** σοφοὶ ἐμωράνθησαν
1:25 καὶ ἐσεβάσθησαν καὶ ἐλάτρευσαν τῇ κτίσει παρὰ τὸν κτίσαντα, ὅς **ἐστιν** εὐλογητὸς εἰς τοὺς αἰῶνας, ἀμήν.
1:32 οἵτινες τὸ δικαίωμα τοῦ θεοῦ ἐπιγνόντες ὅτι οἱ τὰ τοιαῦτα πράσσοντες ἄξιοι θανάτου **εἰσίν,**
2: 1 Διὸ ἀναπολόγητος **εἶ,** ὦ ἄνθρωπε πᾶς ὁ κρίνων·
2: 2 οἴδαμεν δὲ ὅτι τὸ κρίμα τοῦ θεοῦ **ἐστιν** κατὰ ἀλήθειαν ἐπὶ τοὺς τὰ τοιαῦτα πράσσοντας.
2:11 οὐ γάρ **ἐστιν** προσωπολημψία παρὰ τῷ θεῷ.
2:14 ὅταν γὰρ ἔθνη τὰ μὴ νόμον ἔχοντα φύσει τὰ τοῦ νόμου ποιῶσιν, οὗτοι νόμον μὴ ἔχοντες ἑαυτοῖς **εἰσιν** νόμος·
2:19 πέποιθάς τε σεαυτὸν ὁδηγὸν **εἶναι** τυφλῶν, φῶς τῶν ἐν σκότει,
2:25 ἐὰν δὲ παραβάτης νόμου **ᾖς,** ἡ περιτομή σου ἀκροβυστία γέγονεν.
2:28 οὐ γὰρ ὁ ἐν τῷ φανερῷ Ἰουδαῖός **ἐστιν** οὐδὲ ἡ ἐν τῷ φανερῷ ἐν σαρκὶ περιτομή,
3: 8 ἵνα ἔλθῃ τὰ ἀγαθά; ὧν τὸ κρίμα ἔνδικόν **ἐστιν.**
3: 9 προῃτιασάμεθα γὰρ Ἰουδαίους τε καὶ Ἕλληνας πάντας ὑφ' ἁμαρτίαν **εἶναι,**
3:10 καθὼς γέγραπται ὅτι Οὐκ **ἔστιν** δίκαιος οὐδὲ εἷς,

3:11 οὐκ **ἔστιν** ὁ συνίων, οὐκ **ἔστιν** ὁ ἐκζητῶν τὸν θεόν.
3:12 οὐκ **ἔστιν** ὁ ποιῶν χρηστότητα, [οὐκ **ἔστιν**] ἕως ἑνός.
3:18 οὐκ **ἔστιν** φόβος θεοῦ ἀπέναντι τῶν ὀφθαλμῶν αὐτῶν.
3:22 δικαιοσύνη δὲ θεοῦ διὰ πίστεως Ἰησοῦ Χριστοῦ εἰς πάντας τοὺς πιστεύοντας. οὐ γάρ **ἐστιν** διαστολή,
3:26 εἰς τὸ **εἶναι** αὐτὸν δίκαιον καὶ δικαιοῦντα τὸν ἐκ πίστεως Ἰησοῦ.
4:10 πῶς οὖν ἐλογίσθη; ἐν περιτομῇ **ὄντι** ἢ ἐν ἀκροβυστίᾳ;
4:11 εἰς τὸ **εἶναι** αὐτὸν πατέρα πάντων τῶν πιστευόντων δι' ἀκροβυστίας,
4:13 τὸ κληρονόμον αὐτὸν **εἶναι** κόσμου, ἀλλὰ διὰ δικαιοσύνης πίστεως.
4:15 ὁ γὰρ νόμος ὀργὴν κατεργάζεται· οὗ δὲ οὐκ **ἔστιν** νόμος οὐδὲ παράβασις.
4:16 εἰς τὸ **εἶναι** βεβαίαν τὴν ἐπαγγελίαν παντὶ τῷ σπέρματι, οὐ τῷ ἐκ τοῦ νόμου μόνον ἀλλὰ καὶ τῷ ἐκ πίστεως Ἀβραάμ, ὅς **ἐστιν** πατὴρ πάντων ἡμῶν,
4:17 κατέναντι οὗ ἐπίστευσεν θεοῦ τοῦ ζῳοποιοῦντος τοὺς νεκροὺς καὶ καλοῦντος τὰ μὴ **ὄντα** ὡς **ὄντα·**
4:18 ὃς παρ' ἐλπίδα ἐπ' ἐλπίδι ἐπίστευσεν εἰς τὸ γενέσθαι αὐτὸν πατέρα πολλῶν ἐθνῶν κατὰ τὸ εἰρημένον, Οὕτως **ἔσται** τὸ σπέρμα σου,
4:21 πληροφορηθεὶς ὅτι ὃ ἐπήγγελται δυνατός **ἐστιν** καὶ ποιῆσαι.
5: 6 ἔτι γὰρ Χριστὸς **ὄντων** ἡμῶν ἀσθενῶν ἔτι κατὰ καιρὸν ὑπὲρ ἀσεβῶν ἀπέθανεν.
5: 8 ὅτι ἔτι ἁμαρτωλῶν **ὄντων** ἡμῶν Χριστὸς ὑπὲρ ἡμῶν ἀπέθανεν.
5:10 εἰ γὰρ ἐχθροὶ **ὄντες** κατηλλάγημεν τῷ θεῷ διὰ τοῦ θανάτου τοῦ υἱοῦ αὐτοῦ,
5:13 ἄχρι γὰρ νόμου ἁμαρτία **ἦν** ἐν κόσμῳ, ἁμαρτία δὲ οὐκ ἐλλογεῖται μὴ **ὄντος** νόμου,
5:14 καὶ ἐπὶ τοὺς μὴ ἁμαρτήσαντας ἐπὶ τῷ ὁμοιώματι τῆς παραβάσεως Ἀδὰμ ὅς **ἐστιν** τύπος τοῦ μέλλοντος.
6: 5 εἰ γὰρ σύμφυτοι γεγόναμεν τῷ ὁμοιώματι τοῦ θανάτου αὐτοῦ, ἀλλὰ καὶ τῆς ἀναστάσεως **ἐσόμεθα·**
6:11 οὕτως καὶ ὑμεῖς λογίζεσθε ἑαυτοὺς [**εἶναι**][NIV-] νεκροὺς μὲν τῇ ἁμαρτίᾳ ζῶντας δὲ τῷ θεῷ ἐν Χριστῷ Ἰησοῦ.
6:14 οὐ γάρ **ἐστε** ὑπὸ νόμον ἀλλὰ ὑπὸ χάριν.
6:15 ὅτι οὐκ **ἐσμὲν** ὑπὸ νόμον ἀλλὰ ὑπὸ χάριν;
6:16 δοῦλοί **ἐστε** ᾧ ὑπακούετε, ἤτοι ἁμαρτίας εἰς θάνατον ἢ ὑπακοῆς εἰς δικαιοσύνην;
6:17 χάρις δὲ τῷ θεῷ ὅτι **ἦτε** δοῦλοι τῆς ἁμαρτίας ὑπηκούσατε δὲ ἐκ καρδίας εἰς ὃν παρεδόθητε τύπον διδαχῆς,
6:20 ὅτε γὰρ δοῦλοι **ἦτε** τῆς ἁμαρτίας, ἐλεύθεροι **ἦτε** τῇ δικαιοσύνῃ.
7: 3 ἐὰν δὲ ἀποθάνῃ ὁ ἀνήρ, ἐλευθέρα **ἐστὶν** ἀπὸ τοῦ νόμου, τοῦ μὴ **εἶναι** αὐτὴν μοιχαλίδα γενομένην ἀνδρὶ ἑτέρῳ.
7: 5 ὅτε γὰρ **ἦμεν** ἐν τῇ σαρκί, τὰ παθήματα τῶν ἁμαρτιῶν τὰ διὰ τοῦ νόμου ἐνηργεῖτο ἐν τοῖς μέλεσιν ἡμῶν,
7:14 οἴδαμεν γὰρ ὅτι ὁ νόμος πνευματικός **ἐστιν,** ἐγὼ δὲ σάρκινός **εἰμι** πεπραμένος ὑπὸ τὴν ἁμαρτίαν.
7:18 οἶδα γὰρ ὅτι οὐκ οἰκεῖ ἐν ἐμοί, τοῦτ' **ἔστιν** ἐν τῇ σαρκί μου, ἀγαθόν·
7:23 ἀντιστρατευόμενον τῷ νόμῳ τοῦ νοός μου καὶ αἰχμαλωτίζοντά με ἐν τῷ νόμῳ τῆς ἁμαρτίας τῷ **ὄντι** ἐν τοῖς μέλεσίν μου.
8: 5 οἱ γὰρ κατὰ σάρκα **ὄντες** τὰ τῆς σαρκὸς φρονοῦσιν,
8: 8 οἱ δὲ ἐν σαρκὶ **ὄντες** θεῷ ἀρέσαι οὐ δύνανται.
8: 9 ὑμεῖς δὲ οὐκ **ἐστὲ** ἐν σαρκὶ ἀλλὰ ἐν πνεύματι, εἴπερ πνεῦμα θεοῦ οἰκεῖ ἐν ὑμῖν. εἰ δέ τις πνεῦμα Χριστοῦ οὐκ ἔχει, οὗτος οὐκ **ἔστιν** αὐτοῦ.
8:12 ὀφειλέται **ἐσμὲν** οὐ τῇ σαρκὶ τοῦ κατὰ σάρκα ζῆν,
8:14 ὅσοι γὰρ πνεύματι θεοῦ ἄγονται, οὗτοι υἱοὶ θεοῦ **εἰσιν.**
8:16 αὐτὸ τὸ πνεῦμα συμμαρτυρεῖ τῷ πνεύματι ἡμῶν ὅτι **ἐσμὲν** τέκνα θεοῦ.
8:24 τῇ γὰρ ἐλπίδι ἐσώθημεν· ἐλπὶς δὲ βλεπομένη οὐκ **ἔστιν** ἐλπίς·
8:28 οἴδαμεν δὲ ὅτι τοῖς ἀγαπῶσιν τὸν θεὸν πάντα συνεργεῖ εἰς ἀγαθόν, τοῖς κατὰ πρόθεσιν κλητοῖς **οὖσιν.**
8:29 εἰς τὸ **εἶναι** αὐτὸν πρωτότοκον ἐν πολλοῖς ἀδελφοῖς·
8:34 μᾶλλον δὲ ἐγερθείς, ὅς καί **ἐστιν** ἐν δεξιᾷ τοῦ θεοῦ,
9: 2 ὅτι λύπη μοί **ἐστιν** μεγάλη καὶ ἀδιάλειπτος ὀδύνη τῇ καρδίᾳ μου.
9: 3 ηὐχόμην γὰρ ἀνάθεμα **εἶναι** αὐτὸς ἐγὼ ἀπὸ τοῦ Χριστοῦ ὑπὲρ τῶν ἀδελφῶν μου τῶν συγγενῶν μου κατὰ σάρκα,
9: 4 οἵτινές **εἰσιν** Ἰσραηλῖται, ὧν ἡ υἱοθεσία καὶ ἡ δόξα καὶ αἱ διαθῆκαι καὶ ἡ νομοθεσία καὶ ἡ λατρεία καὶ αἱ ἐπαγγελίαι,
9: 5 ὁ **ὢν** ἐπὶ πάντων θεὸς εὐλογητὸς εἰς τοὺς αἰῶνας,
9: 7 οὐδ' ὅτι **εἰσὶν** σπέρμα Ἀβραὰμ πάντες τέκνα, ἀλλ',
9: 8 τοῦτ' **ἔστιν,** οὐ τὰ τέκνα τῆς σαρκὸς ταῦτα τέκνα τοῦ θεοῦ ἀλλὰ τὰ τέκνα τῆς ἐπαγγελίας λογίζεται εἰς σπέρμα.
9: 9 Κατὰ τὸν καιρὸν τοῦτον ἐλεύσομαι καὶ **ἔσται** τῇ Σάρρᾳ υἱός.
9:20 μενοῦνγε σὺ τίς **εἶ** ὁ ἀνταποκρινόμενος τῷ θεῷ;
9:26 καὶ **ἔσται** ἐν τῷ τόπῳ οὗ ἐρρέθη αὐτοῖς,
9:27 Ἐὰν **ᾖ** ὁ ἀριθμὸς τῶν υἱῶν Ἰσραὴλ ὡς ἡ ἄμμος τῆς θαλάσσης,
10: 6 Τίς ἀναβήσεται εἰς τὸν οὐρανόν; τοῦτ' **ἔστιν** Χριστὸν καταγαγεῖν·
10: 7 Τίς καταβήσεται εἰς τὴν ἄβυσσον; τοῦτ' **ἔστιν** Χριστὸν ἐκ νεκρῶν ἀναγαγεῖν.
10: 8 Ἐγγύς σου τὸ ῥῆμά **ἐστιν** ἐν τῷ στόματί σου καὶ ἐν τῇ καρδίᾳ σου, τοῦτ' **ἔστιν** τὸ ῥῆμα τῆς πίστεως ὃ κηρύσσομεν.
10:12 οὐ γάρ **ἐστιν** διαστολὴ Ἰουδαίου τε καὶ Ἕλληνος,
11: 1 καὶ γὰρ ἐγὼ Ἰσραηλίτης **εἰμί,** ἐκ σπέρματος Ἀβραάμ,
11:13 ἐφ' ὅσον μὲν οὖν **εἰμι** ἐγὼ ἐθνῶν ἀπόστολος,
11:17 σὺ δὲ ἀγριέλαιος **ὢν** ἐνεκεντρίσθης ἐν αὐτοῖς καὶ συγκοινωνὸς τῆς ῥίζης τῆς πιότητος τῆς ἐλαίας ἐγένου,
11:23 δυνατὸς γάρ **ἐστιν** ὁ θεὸς πάλιν ἐγκεντρίσαι αὐτούς.
11:25 τὸ μυστήριον τοῦτο, ἵνα μὴ **ἦτε** [παρ'] ἑαυτοῖς φρόνιμοι,
12: 3 Λέγω γὰρ διὰ τῆς χάριτος τῆς δοθείσης μοι παντὶ τῷ **ὄντι** ἐν ὑμῖν μὴ ὑπερφρονεῖν παρ' ὃ δεῖ φρονεῖν
12: 5 οὕτως οἱ πολλοὶ ἓν σῶμά **ἐσμεν** ἐν Χριστῷ,
13: 1 οὐ γὰρ **ἔστιν** ἐξουσία εἰ μὴ ὑπὸ θεοῦ, αἱ δὲ **οὖσαι** ὑπὸ θεοῦ τεταγμέναι **εἰσίν.**
13: 3 οἱ γὰρ ἄρχοντες οὐκ **εἰσὶν** φόβος τῷ ἀγαθῷ ἔργῳ ἀλλὰ τῷ κακῷ.
13: 4 θεοῦ γὰρ διάκονός **ἐστιν** σοὶ εἰς τὸ ἀγαθόν.
13: 4 θεοῦ γὰρ διάκονός **ἐστιν** ἔκδικος εἰς ὀργὴν τῷ τὸ κακὸν πράσσοντι.
13: 6 λειτουργοὶ γὰρ θεοῦ **εἰσιν** εἰς αὐτὸ τοῦτο προσκαρτεροῦντες.
14: 4 σὺ τίς **εἶ** ὁ κρίνων ἀλλότριον οἰκέτην; τῷ ἰδίῳ κυρίῳ στήκει ἢ πίπτει·
14: 8 ἐάν τε οὖν ζῶμεν ἐάν τε ἀποθνῄσκωμεν, τοῦ κυρίου **ἐσμέν.**
14:14 εἰ μὴ τῷ λογιζομένῳ τι κοινὸν **εἶναι,** ἐκείνῳ κοινόν.
14:17 οὐ γάρ **ἐστιν** ἡ βασιλεία τοῦ θεοῦ βρῶσις καὶ πόσις ἀλλὰ δικαιοσύνη καὶ εἰρήνη καὶ χαρὰ ἐν πνεύματι ἁγίῳ·
14:23 πᾶν δὲ ὃ οὐκ ἐκ πίστεως ἁμαρτία **ἐστίν.**
15:12 **Ἔσται** ἡ ῥίζα τοῦ Ἰεσσαί καὶ ὁ ἀνιστάμενος ἄρχειν ἐθνῶν,
15:14 καὶ αὐτὸς ἐγὼ περὶ ὑμῶν ὅτι καὶ αὐτοὶ μεστοί **ἐστε** ἀγαθωσύνης,
15:16 εἰς τὸ **εἶναί** με λειτουργὸν Χριστοῦ Ἰησοῦ εἰς τὰ ἔθνη,
15:27 εὐδόκησαν γὰρ καὶ ὀφειλέται **εἰσὶν** αὐτῶν· εἰ γὰρ τοῖς πνευματικοῖς αὐτῶν ἐκοινώνησαν τὰ ἔθνη,
16: 1 **οὖσαν** [καὶ] διάκονον τῆς ἐκκλησίας τῆς ἐν Κεγχρεαῖς,
16: 5 ἀσπάσασθε Ἐπαίνετον τὸν ἀγαπητόν μου, ὅς **ἐστιν** ἀπαρχὴ τῆς Ἀσίας εἰς Χριστόν.
16: 7 οἵτινές **εἰσιν** ἐπίσημοι ἐν τοῖς ἀποστόλοις, οἳ καὶ πρὸ ἐμοῦ γέγοναν ἐν Χριστῷ.
16:11 ἀσπάσασθε τοὺς ἐκ τῶν Ναρκίσσου τοὺς **ὄντας** ἐν κυρίῳ.
16:19 θέλω δὲ ὑμᾶς σοφοὺς **εἶναι** εἰς τὸ ἀγαθόν,
1Co 1: 2 τῇ ἐκκλησίᾳ τοῦ θεοῦ τῇ **οὔσῃ** ἐν Κορίνθῳ,
1:10 ἵνα τὸ αὐτὸ λέγητε πάντες καὶ μὴ **ᾖ** ἐν ὑμῖν σχίσματα, **ἦτε** δὲ κατηρτισμένοι ἐν τῷ αὐτῷ νοῒ καὶ ἐν τῇ αὐτῇ γνώμῃ.
1:11 ὑπὸ τῶν Χλόης ὅτι ἔριδες ἐν ὑμῖν **εἰσιν.**
1:12 Ἐγὼ μέν **εἰμι** Παύλου, Ἐγὼ δὲ Ἀπολλῶ, Ἐγὼ δὲ Κηφᾶ,
1:18 Ὁ λόγος γὰρ ὁ τοῦ σταυροῦ τοῖς μὲν ἀπολλυμένοις μωρία **ἐστίν,** τοῖς δὲ σῳζομένοις ἡμῖν δύναμις θεοῦ **ἐστιν.**
1:25 ὅτι τὸ μωρὸν τοῦ θεοῦ σοφώτερον τῶν ἀνθρώπων **ἐστὶν** καὶ τὸ ἀσθενὲς τοῦ θεοῦ ἰσχυρότερον τῶν ἀνθρώπων.
1:28 καὶ τὰ ἀγενῆ τοῦ κόσμου καὶ τὰ ἐξουθενημένα ἐξελέξατο ὁ θεός, τὰ μὴ **ὄντα,** ἵνα τὰ **ὄντα** καταργήσῃ,
1:30 ἐξ αὐτοῦ δὲ ὑμεῖς **ἐστε** ἐν Χριστῷ Ἰησοῦ,
2: 5 ἵνα ἡ πίστις ὑμῶν μὴ **ᾖ** ἐν σοφίᾳ ἀνθρώπων ἀλλ' ἐν δυνάμει θεοῦ.
2:14 μωρία γὰρ αὐτῷ **ἐστιν** καὶ οὐ δύναται γνῶναι,
3: 3 ἔτι γὰρ σαρκικοί **ἐστε.** ὅπου γὰρ ἐν ὑμῖν ζῆλος καὶ ἔρις, οὐχὶ σαρκικοί **ἐστε** καὶ κατὰ ἄνθρωπον περιπατεῖτε;
3: 4 Ἐγὼ μέν **εἰμι** Παύλου, ἕτερος δέ, Ἐγὼ Ἀπολλῶ, οὐκ ἄνθρωποί **ἐστε;**
3: 5 τί οὖν **ἐστιν** Ἀπολλῶς; τί δέ **ἐστιν** Παῦλος; διάκονοι δι' ὧν ἐπιστεύσατε,
3: 7 ὥστε οὔτε ὁ φυτεύων **ἐστίν** τι οὔτε ὁ ποτίζων ἀλλ' ὁ αὐξάνων θεός.
3: 8 ὁ φυτεύων δὲ καὶ ὁ ποτίζων ἕν **εἰσιν,**
3: 9 θεοῦ γάρ **ἐσμεν** συνεργοί, θεοῦ γεώργιον, θεοῦ οἰκοδομή **ἐστε.**
3:11 θεμέλιον γὰρ ἄλλον οὐδεὶς δύναται θεῖναι παρὰ τὸν κείμενον, ὅς **ἐστιν** Ἰησοῦς Χριστός.

3:13 καὶ ἑκάστου τὸ ἔργον ὁποῖόν **ἐστιν** τὸ πῦρ [αὐτὸ] δοκιμάσει.
3:16 οὐκ οἴδατε ὅτι ναὸς θεοῦ **ἐστε** καὶ τὸ πνεῦμα τοῦ θεοῦ οἰκεῖ ἐν ὑμῖν;
3:17 ὁ γὰρ ναὸς τοῦ θεοῦ ἅγιός **ἐστιν,** οἵτινές **ἐστε** ὑμεῖς.
3:18 εἴ τις δοκεῖ σοφὸς **εἶναι** ἐν ὑμῖν ἐν τῷ αἰῶνι τούτῳ,
3:19 ἡ γὰρ σοφία τοῦ κόσμου τούτου μωρία παρὰ τῷ θεῷ **ἐστιν.**
3:20 Κύριος γινώσκει τοὺς διαλογισμοὺς τῶν σοφῶν ὅτι **εἰσὶν** μάταιοι.
3:21 ὥστε μηδεὶς καυχάσθω ἐν ἀνθρώποις· πάντα γὰρ ὑμῶν **ἐστιν,**
4: 3 ἐμοὶ δὲ εἰς ἐλάχιστόν **ἐστιν,** ἵνα ὑφ' ὑμῶν ἀνακριθῶ ἢ ὑπὸ ἀνθρωπίνης ἡμέρας·
4: 4 ἀλλ' οὐκ ἐν τούτῳ δεδικαίωμαι, ὁ δὲ ἀνακρίνων με κύριός **ἐστιν.**
4: 8 ἤδη κεκορεσμένοι **ἐστέ,** ἤδη ἐπλουτήσατε, χωρὶς ἡμῶν ἐβασιλεύσατε·
4:17 ὅς **ἐστίν** μου τέκνον ἀγαπητὸν καὶ πιστὸν ἐν κυρίῳ,
5: 2 καὶ ὑμεῖς πεφυσιωμένοι **ἐστὲ** καὶ οὐχὶ μᾶλλον ἐπενθήσατε,
5: 7 ἐκκαθάρατε τὴν παλαιὰν ζύμην, ἵνα **ἦτε** νέον φύραμα, καθώς **ἐστε** ἄζυμοι·
5:11 νῦν δὲ ἔγραψα ὑμῖν μὴ συναναμίγνυσθαι ἐάν τις ἀδελφὸς ὀνομαζόμενος **ᾖ** πόρνος ἢ πλεονέκτης ἢ εἰδωλολάτρης ἢ λοίδορος ἢ μέθυσος ἢ ἅρπαξ,
6: 2 καὶ εἰ ἐν ὑμῖν κρίνεται ὁ κόσμος, ἀνάξιοί **ἐστε** κριτηρίων ἐλαχίστων;
6: 7 ἤδη μὲν [οὖν] ὅλως ἥττημα ὑμῖν **ἐστιν** ὅτι κρίματα ἔχετε μεθ' ἑαυτῶν.
6:11 καὶ ταῦτά τινες **ἦτε·** ἀλλὰ ἀπελούσασθε, ἀλλὰ ἡγιάσθητε,
6:15 οὐκ οἴδατε ὅτι τὰ σώματα ὑμῶν μέλη Χριστοῦ **ἐστιν;**
6:16 [ἢ] οὐκ οἴδατε ὅτι ὁ κολλώμενος τῇ πόρνῃ ἓν σῶμά **ἐστιν;** **Ἔσονται** γάρ, φησίν, οἱ δύο εἰς σάρκα μίαν.
6:17 ὁ δὲ κολλώμενος τῷ κυρίῳ ἓν πνεῦμά **ἐστιν.**
6:18 πᾶν ἁμάρτημα ὃ ἐὰν ποιήσῃ ἄνθρωπος ἐκτὸς τοῦ σώματός **ἐστιν·**
6:19 ἢ οὐκ οἴδατε ὅτι τὸ σῶμα ὑμῶν ναὸς τοῦ ἐν ὑμῖν ἁγίου πνεύματός **ἐστιν** οὗ ἔχετε ἀπὸ θεοῦ, καὶ οὐκ **ἐστὲ** ἑαυτῶν;
7: 5 ἵνα σχολάσητε τῇ προσευχῇ καὶ πάλιν ἐπὶ τὸ αὐτὸ **ἦτε,**
7: 7 θέλω δὲ πάντας ἀνθρώπους **εἶναι** ὡς καὶ ἐμαυτόν·
7: 9 εἰ δὲ οὐκ ἐγκρατεύονται, γαμησάτωσαν, κρεῖττον γάρ **ἐστιν** γαμῆσαι ἢ πυροῦσθαι.
7:14 ἐπεὶ ἄρα τὰ τέκνα ὑμῶν ἀκάθαρτά **ἐστιν,** νῦν δὲ ἅγιά **ἐστιν.**
7:19 ἡ περιτομὴ οὐδέν **ἐστιν** καὶ ἡ ἀκροβυστία οὐδέν **ἐστιν,**
7:22 ὁ γὰρ ἐν κυρίῳ κληθεὶς δοῦλος ἀπελεύθερος κυρίου **ἐστίν,** ὁμοίως ὁ ἐλεύθερος κληθεὶς δοῦλός **ἐστιν** Χριστοῦ.
7:25 γνώμην δὲ δίδωμι ὡς ἠλεημένος ὑπὸ κυρίου πιστὸς **εἶναι.**
7:26 Νομίζω οὖν τοῦτο καλὸν ὑπάρχειν διὰ τὴν ἐνεστῶσαν ἀνάγκην, ὅτι καλὸν ἀνθρώπῳ τὸ οὕτως **εἶναι.**
7:29 τοῦτο δέ φημι, ἀδελφοί, ὁ καιρὸς συνεσταλμένος **ἐστίν·** τὸ λοιπόν, ἵνα καὶ οἱ ἔχοντες γυναῖκας ὡς μὴ ἔχοντες **ὦσιν**
7:32 θέλω δὲ ὑμᾶς ἀμερίμνους **εἶναι.** ὁ ἄγαμος μεριμνᾷ τὰ τοῦ κυρίου,
7:34 ἵνα **ᾖ** ἁγία καὶ τῷ σώματι καὶ τῷ πνεύματι·
7:36 ἐὰν **ᾖ** ὑπέρακμος καὶ οὕτως ὀφείλει γίνεσθαι, ὃ θέλει ποιείτω,
7:39 ἐλευθέρα **ἐστὶν** ᾧ θέλει γαμηθῆναι, μόνον ἐν κυρίῳ.
7:40 μακαριωτέρα δέ **ἐστιν** ἐὰν οὕτως μείνῃ, κατὰ τὴν ἐμὴν γνώμην·
8: 5 καὶ γὰρ εἴπερ **εἰσὶν** λεγόμενοι θεοὶ εἴτε ἐν οὐρανῷ εἴτε ἐπὶ γῆς, ὥσπερ **εἰσὶν** θεοὶ πολλοὶ καὶ κύριοι πολλοί,
8: 7 τινὲς δὲ τῇ συνηθείᾳ ἕως ἄρτι τοῦ εἰδώλου ὡς εἰδωλόθυτον ἐσθίουσιν, καὶ ἡ συνείδησις αὐτῶν ἀσθενὴς **οὖσα** μολύνεται.
8:10 οὐχὶ ἡ συνείδησις αὐτοῦ ἀσθενοῦς **ὄντος** οἰκοδομηθήσεται εἰς τὸ τὰ εἰδωλόθυτα ἐσθίειν;
9: 1 Οὐκ **εἰμὶ** ἐλεύθερος; οὐκ **εἰμὶ** ἀπόστολος; οὐχὶ Ἰησοῦν τὸν κύριον ἡμῶν ἑόρακα; οὐ τὸ ἔργον μου ὑμεῖς **ἐστε** ἐν κυρίῳ;
9: 2 εἰ ἄλλοις οὐκ **εἰμὶ** ἀπόστολος, ἀλλά γε ὑμῖν **εἰμι·** ἡ γὰρ σφραγίς μου τῆς ἀποστολῆς ὑμεῖς **ἐστε** ἐν κυρίῳ.
9: 3 Ἡ ἐμὴ ἀπολογία τοῖς ἐμὲ ἀνακρίνουσίν **ἐστιν** αὕτη.
9:16 ἐὰν γὰρ εὐαγγελίζωμαι, οὐκ **ἔστιν** μοι καύχημα· ἀνάγκη γάρ μοι ἐπίκειται· οὐαὶ γάρ μοί **ἐστιν** ἐὰν μὴ εὐαγγελίσωμαι.
9:18 τίς οὖν μού **ἐστιν** ὁ μισθός; ἵνα εὐαγγελιζόμενος ἀδάπανον θήσω τὸ εὐαγγέλιον εἰς τὸ μὴ καταχρήσασθαι τῇ ἐξουσίᾳ μου
9:19 Ἐλεύθερος γὰρ **ὢν** ἐκ πάντων πᾶσιν ἐμαυτὸν ἐδούλωσα,
9:20 μὴ **ὢν** αὐτὸς ὑπὸ νόμον, ἵνα τοὺς ὑπὸ νόμον κερδήσω·
9:21 μὴ **ὢν** ἄνομος θεοῦ ἀλλ' ἔννομος Χριστοῦ, ἵνα κερδάνω τοὺς ἀνόμους·
10: 1 ὅτι οἱ πατέρες ἡμῶν πάντες ὑπὸ τὴν νεφέλην **ἦσαν** καὶ πάντες διὰ τῆς θαλάσσης διῆλθον
10: 4 ἔπινον γὰρ ἐκ πνευματικῆς ἀκολουθούσης πέτρας, ἡ πέτρα δὲ **ἦν** ὁ Χριστός.
10: 6 εἰς τὸ μὴ **εἶναι** ἡμᾶς ἐπιθυμητὰς κακῶν, καθὼς κἀκεῖνοι ἐπεθύμησαν.
10:16 τὸ ποτήριον τῆς εὐλογίας ὃ εὐλογοῦμεν, οὐχὶ κοινωνία **ἐστὶν** τοῦ αἵματος τοῦ Χριστοῦ; τὸν ἄρτον ὃν κλῶμεν, οὐχὶ κοινωνία τοῦ σώματος τοῦ Χριστοῦ **ἐστιν;**
10:17 ὅτι εἷς ἄρτος, ἓν σῶμα οἱ πολλοί **ἐσμεν,**
10:18 οὐχ οἱ ἐσθίοντες τὰς θυσίας κοινωνοὶ τοῦ θυσιαστηρίου **εἰσίν;**
10:19 ὅτι εἰδωλόθυτόν τί **ἐστιν** ἢ ὅτι εἴδωλόν τί **ἐστιν;**
10:22 ἢ παραζηλοῦμεν τὸν κύριον; μὴ ἰσχυρότεροι αὐτοῦ **ἐσμεν;**
10:28 ἐὰν δέ τις ὑμῖν εἴπῃ, Τοῦτο ἱερόθυτόν **ἐστιν,**
11: 3 θέλω δὲ ὑμᾶς εἰδέναι ὅτι παντὸς ἀνδρὸς ἡ κεφαλὴ ὁ Χριστός **ἐστιν,**
11: 5 ἓν γάρ **ἐστιν** καὶ τὸ αὐτὸ τῇ ἐξυρημένῃ.
11: 7 ἀνὴρ μὲν γὰρ οὐκ ὀφείλει κατακαλύπτεσθαι τὴν κεφαλὴν εἰκὼν καὶ δόξα θεοῦ ὑπάρχων· ἡ γυνὴ δὲ δόξα ἀνδρός **ἐστιν.**
11: 8 οὐ γάρ **ἐστιν** ἀνὴρ ἐκ γυναικὸς ἀλλὰ γυνὴ ἐξ ἀνδρός·
11:13 ἐν ὑμῖν αὐτοῖς κρίνατε· πρέπον **ἐστὶν** γυναῖκα ἀκατακάλυπτον τῷ θεῷ προσεύχεσθαι;
11:14 οὐδὲ ἡ φύσις αὐτὴ διδάσκει ὑμᾶς ὅτι ἀνὴρ μὲν ἐὰν κομᾷ ἀτιμία αὐτῷ **ἐστιν,**
11:15 γυνὴ δὲ ἐὰν κομᾷ δόξα αὐτῇ **ἐστιν;** ὅτι ἡ κόμη ἀντὶ περιβολαίου δέδοται [αὐτῇ.]
11:16 Εἰ δέ τις δοκεῖ φιλόνεικος **εἶναι,** ἡμεῖς τοιαύτην συνήθειαν οὐκ ἔχομεν οὐδὲ αἱ ἐκκλησίαι τοῦ θεοῦ.
11:19 δεῖ γὰρ καὶ αἱρέσεις ἐν ὑμῖν **εἶναι,** ἵνα [καὶ] οἱ δόκιμοι φανεροὶ γένωνται ἐν ὑμῖν.
11:20 Συνερχομένων οὖν ὑμῶν ἐπὶ τὸ αὐτὸ οὐκ **ἔστιν** κυριακὸν δεῖπνον φαγεῖν·
11:24 Τοῦτό μού **ἐστιν** τὸ σῶμα τὸ ὑπὲρ ὑμῶν·
11:25 Τοῦτο τὸ ποτήριον ἡ καινὴ διαθήκη **ἐστὶν** ἐν τῷ ἐμῷ αἵματι·
11:27 ἔνοχος **ἔσται** τοῦ σώματος καὶ τοῦ αἵματος τοῦ κυρίου.
12: 2 Οἴδατε ὅτι ὅτε ἔθνη **ἦτε** πρὸς τὰ εἴδωλα τὰ ἄφωνα ὡς ἂν ἤγεσθε ἀπαγόμενοι.
12: 4 Διαιρέσεις δὲ χαρισμάτων **εἰσίν,** τὸ δὲ αὐτὸ πνεῦμα·
12: 5 καὶ διαιρέσεις διακονιῶν **εἰσιν,** καὶ ὁ αὐτὸς κύριος·
12: 6 καὶ διαιρέσεις ἐνεργημάτων **εἰσίν,** ὁ δὲ αὐτὸς θεὸς ὁ ἐνεργῶν τὰ πάντα ἐν πᾶσιν.
12:12 Καθάπερ γὰρ τὸ σῶμα ἕν **ἐστιν** καὶ μέλη πολλὰ ἔχει, πάντα δὲ τὰ μέλη τοῦ σώματος πολλὰ **ὄντα** ἕν **ἐστιν** σῶμα,
12:14 καὶ γὰρ τὸ σῶμα οὐκ **ἔστιν** ἓν μέλος ἀλλὰ πολλά.
12:15 ἐὰν εἴπῃ ὁ πούς, Ὅτι οὐκ **εἰμὶ** χείρ, οὐκ **εἰμὶ** ἐκ τοῦ σώματος, οὐ παρὰ τοῦτο οὐκ **ἔστιν** ἐκ τοῦ σώματος;
12:16 Ὅτι οὐκ **εἰμὶ** ὀφθαλμός, οὐκ **εἰμὶ** ἐκ τοῦ σώματος, οὐ παρὰ τοῦτο οὐκ **ἔστιν** ἐκ τοῦ σώματος;
12:19 εἰ δὲ **ἦν** τὰ πάντα ἓν μέλος, ποῦ τὸ σῶμα;
12:22 ἀλλὰ πολλῷ μᾶλλον τὰ δοκοῦντα μέλη τοῦ σώματος ἀσθενέστερα ὑπάρχειν ἀναγκαῖά **ἐστιν,**
12:23 καὶ ἃ δοκοῦμεν ἀτιμότερα **εἶναι** τοῦ σώματος τούτοις τιμὴν περισσοτέραν περιτίθεμεν,
12:25 ἵνα μὴ **ᾖ** σχίσμα ἐν τῷ σώματι ἀλλὰ τὸ αὐτὸ ὑπὲρ ἀλλήλων μεριμνῶσιν τὰ μέλη.
12:27 Ὑμεῖς δέ **ἐστε** σῶμα Χριστοῦ καὶ μέλη ἐκ μέρους.
13: 2 καὶ ἐὰν ἔχω πᾶσαν τὴν πίστιν ὥστε ὄρη μεθιστάναι, ἀγάπην δὲ μὴ ἔχω, οὐθέν **εἰμι.**
13:11 ὅτε **ἤμην** νήπιος, ἐλάλουν ὡς νήπιος, ἐφρόνουν ὡς νήπιος,
14: 9 πῶς γνωσθήσεται τὸ λαλούμενον; **ἔσεσθε** γὰρ εἰς ἀέρα λαλοῦντες.
14:10 τοσαῦτα εἰ τύχοι γένη φωνῶν **εἰσιν** ἐν κόσμῳ καὶ οὐδὲν ἄφωνον·
14:11 **ἔσομαι** τῷ λαλοῦντι βάρβαρος καὶ ὁ λαλῶν ἐν ἐμοὶ βάρβαρος.
14:12 οὕτως καὶ ὑμεῖς, ἐπεὶ ζηλωταί **ἐστε** πνευμάτων, πρὸς τὴν οἰκοδομὴν τῆς ἐκκλησίας ζητεῖτε ἵνα περισσεύητε.
14:14 τὸ πνεῦμά μου προσεύχεται, ὁ δὲ νοῦς μου ἄκαρπός **ἐστιν.**
14:15 τί οὖν **ἐστιν;** προσεύξομαι τῷ πνεύματι, προσεύξομαι δὲ καὶ τῷ νοΐ·
14:22 ὥστε αἱ γλῶσσαι εἰς σημεῖόν **εἰσιν** οὐ τοῖς πιστεύουσιν ἀλλὰ τοῖς ἀπίστοις,
14:25 καὶ οὕτως πεσὼν ἐπὶ πρόσωπον προσκυνήσει τῷ θεῷ ἀπαγγέλλων ὅτι Ὄντως ὁ θεὸς ἐν ὑμῖν **ἐστιν.**
14:26 Τί οὖν **ἐστιν,** ἀδελφοί; ὅταν συνέρχησθε, ἕκαστος ψαλμὸν ἔχει,
14:28 ἐὰν δὲ μὴ **ᾖ** διερμηνευτής, σιγάτω ἐν ἐκκλησίᾳ,
14:33 οὐ γάρ **ἐστιν** ἀκαταστασίας ὁ θεὸς ἀλλὰ εἰρήνης.
14:35 ἐν οἴκῳ τοὺς ἰδίους ἄνδρας ἐπερωτάτωσαν· αἰσχρὸν γάρ **ἐστιν** γυναικὶ λαλεῖν ἐν ἐκκλησίᾳ.

14:37 Εἴ τις δοκεῖ προφήτης **εἶναι** ἢ πνευματικός, ἐπιγινωσκέτω ἃ γράφω ὑμῖν ὅτι κυρίου **ἐστὶν** ἐντολή·
15: 9 Ἐγὼ γάρ **εἰμι** ὁ ἐλάχιστος τῶν ἀποστόλων ὃς οὐκ **εἰμὶ** ἱκανὸς καλεῖσθαι ἀπόστολος,
15:10 χάριτι δὲ θεοῦ **εἰμι** ὅ **εἰμι,** καὶ ἡ χάρις αὐτοῦ ἡ εἰς ἐμὲ οὐ κενὴ ἐγενήθη,
15:12 πῶς λέγουσιν ἐν ὑμῖν τινες ὅτι ἀνάστασις νεκρῶν οὐκ **ἔστιν;**
15:13 εἰ δὲ ἀνάστασις νεκρῶν οὐκ **ἔστιν,** οὐδὲ Χριστὸς ἐγήγερται·
15:17 ματαία ἡ πίστις ὑμῶν, ἔτι **ἐστὲ** ἐν ταῖς ἁμαρτίαις ὑμῶν,
15:19 εἰ ἐν τῇ ζωῇ ταύτῃ ἐν Χριστῷ ἠλπικότες **ἐσμὲν** μόνον, ἐλεεινότεροι πάντων ἀνθρώπων **ἐσμέν.**
15:28 ἵνα **ᾖ** ὁ θεὸς [τὰ] πάντα ἐν πᾶσιν.
15:44 ἐγείρεται σῶμα πνευματικόν. εἰ **ἔστιν** σῶμα ψυχικόν, **ἔστιν** καὶ πνευματικόν.
15:58 εἰδότες ὅτι ὁ κόπος ὑμῶν οὐκ **ἔστιν** κενὸς ἐν κυρίῳ.
16: 4 ἐὰν δὲ ἄξιον **ᾖ** τοῦ κἀμὲ πορεύεσθαι, σὺν ἐμοὶ πορεύσονται.
16:12 καὶ πάντως οὐκ **ἦν** θέλημα ἵνα νῦν ἔλθῃ·
16:15 ὅτι **ἐστὶν** ἀπαρχὴ τῆς Ἀχαΐας καὶ εἰς διακονίαν τοῖς ἁγίοις ἔταξαν ἑαυτούς·
16:22 εἴ τις οὐ φιλεῖ τὸν κύριον, **ἤτω** ἀνάθεμα.
2Co 1: 1 τῇ ἐκκλησίᾳ τοῦ θεοῦ τῇ **οὔσῃ** ἐν Κορίνθῳ σὺν τοῖς ἁγίοις πᾶσιν τοῖς **οὖσιν** ἐν ὅλῃ τῇ Ἀχαΐᾳ,
1: 7 καὶ ἡ ἐλπὶς ἡμῶν βεβαία ὑπὲρ ὑμῶν εἰδότες ὅτι ὡς κοινωνοί **ἐστε** τῶν παθημάτων,
1: 9 ἵνα μὴ πεποιθότες **ὦμεν** ἐφ' ἑαυτοῖς ἀλλ' ἐπὶ τῷ θεῷ τῷ ἐγείροντι τοὺς νεκρούς·
1:12 Ἡ γὰρ καύχησις ἡμῶν αὕτη **ἐστίν,** τὸ μαρτύριον τῆς συνειδήσεως ἡμῶν,
1:14 ὅτι καύχημα ὑμῶν **ἐσμεν** καθάπερ καὶ ὑμεῖς ἡμῶν ἐν τῇ ἡμέρᾳ τοῦ κυρίου [ἡμῶν] Ἰησοῦ.
1:17 ἵνα **ᾖ** παρ' ἐμοὶ τὸ Ναὶ ναὶ καὶ τὸ Οὒ οὔ;
1:18 πιστὸς δὲ ὁ θεὸς ὅτι ὁ λόγος ἡμῶν ὁ πρὸς ὑμᾶς οὐκ **ἔστιν** Ναὶ καὶ Οὔ.
1:24 οὐχ ὅτι κυριεύομεν ὑμῶν τῆς πίστεως ἀλλὰ συνεργοί **ἐσμεν** τῆς χαρᾶς ὑμῶν·
2: 3 πεποιθὼς ἐπὶ πάντας ὑμᾶς ὅτι ἡ ἐμὴ χαρὰ πάντων ὑμῶν **ἐστιν.**
2: 9 ἵνα γνῶ τὴν δοκιμὴν ὑμῶν, εἰ εἰς πάντα ὑπήκοοί **ἐστε.**
2:15 ὅτι Χριστοῦ εὐωδία **ἐσμὲν** τῷ θεῷ ἐν τοῖς σῳζομένοις καὶ ἐν τοῖς ἀπολλυμένοις,
2:17 οὐ γάρ **ἐσμεν** ὡς οἱ πολλοὶ καπηλεύοντες τὸν λόγον τοῦ θεοῦ,
3: 2 ἡ ἐπιστολὴ ἡμῶν ὑμεῖς **ἐστε,** ἐγγεγραμμένη ἐν ταῖς καρδίαις ἡμῶν,
3: 3 φανερούμενοι ὅτι **ἐστὲ** ἐπιστολὴ Χριστοῦ διακονηθεῖσα ὑφ' ἡμῶν,
3: 5 οὐχ ὅτι ἀφ' ἑαυτῶν ἱκανοί **ἐσμεν** λογίσασθαί τι ὡς ἐξ ἑαυτῶν,
3: 8 πῶς οὐχὶ μᾶλλον ἡ διακονία τοῦ πνεύματος **ἔσται** ἐν δόξῃ;
3:17 ὁ δὲ κύριος τὸ πνεῦμά **ἐστιν·** οὗ δὲ τὸ πνεῦμα κυρίου,
4: 3 εἰ δὲ καὶ **ἔστιν** κεκαλυμμένον τὸ εὐαγγέλιον ἡμῶν, ἐν τοῖς ἀπολλυμένοις **ἐστὶν** κεκαλυμμένον,
4: 4 εἰς τὸ μὴ αὐγάσαι τὸν φωτισμὸν τοῦ εὐαγγελίου τῆς δόξης τοῦ Χριστοῦ, ὅς **ἐστιν** εἰκὼν τοῦ θεοῦ.
4: 7 ἵνα ἡ ὑπερβολὴ τῆς δυνάμεως **ᾖ** τοῦ θεοῦ καὶ μὴ ἐξ ἡμῶν·
5: 4 καὶ γὰρ οἱ **ὄντες** ἐν τῷ σκήνει στενάζομεν βαρούμενοι,
5: 9 διὸ καὶ φιλοτιμούμεθα, εἴτε ἐνδημοῦντες εἴτε ἐκδημοῦντες, εὐάρεστοι αὐτῷ **εἶναι.**
5:19 ὡς ὅτι θεὸς **ἦν** ἐν Χριστῷ κόσμον καταλλάσσων ἑαυτῷ,
6:16 ἡμεῖς γὰρ ναὸς θεοῦ **ἐσμεν** ζῶντος, καθὼς εἶπεν ὁ θεὸς ὅτι Ἐνοικήσω ἐν αὐτοῖς καὶ ἐμπεριπατήσω καὶ **ἔσομαι** αὐτῶν θεὸς καὶ αὐτοὶ **ἔσονταί** μου λαός.
6:18 καὶ **ἔσομαι** ὑμῖν εἰς πατέρα καὶ ὑμεῖς **ἔσεσθέ** μοι εἰς υἱοὺς καὶ θυγατέρας,
7: 3 προείρηκα γὰρ ὅτι ἐν ταῖς καρδίαις ἡμῶν **ἐστε** εἰς τὸ συναποθανεῖν καὶ συζῆν.
7:11 ἐν παντὶ συνεστήσατε ἑαυτοὺς ἁγνοὺς **εἶναι** τῷ πράγματι.
7:15 καὶ τὰ σπλάγχνα αὐτοῦ περισσοτέρως εἰς ὑμᾶς **ἐστιν** ἀναμιμνῃσκομένου τὴν πάντων ὑμῶν ὑπακοήν,
8: 9 ὅτι δι' ὑμᾶς ἐπτώχευσεν πλούσιος **ὤν,** ἵνα ὑμεῖς τῇ ἐκείνου πτωχείᾳ πλουτήσητε.
8:22 συνεπέμψαμεν δὲ αὐτοῖς τὸν ἀδελφὸν ἡμῶν ὃν ἐδοκιμάσαμεν ἐν πολλοῖς πολλάκις σπουδαῖον **ὄντα,**
9: 1 Περὶ μὲν γὰρ τῆς διακονίας τῆς εἰς τοὺς ἁγίους περισσόν μοί **ἐστιν** τὸ γράφειν ὑμῖν·
9: 3 ἵνα μὴ τὸ καύχημα ἡμῶν τὸ ὑπὲρ ὑμῶν κενωθῇ ἐν τῷ μέρει τούτῳ, ἵνα καθὼς ἔλεγον παρεσκευασμένοι **ἦτε,**
9: 5 ταύτην ἑτοίμην **εἶναι** οὕτως ὡς εὐλογίαν καὶ μὴ ὡς πλεονεξίαν.
9:12 ὅτι ἡ διακονία τῆς λειτουργίας ταύτης οὐ μόνον **ἐστὶν** προσαναπληροῦσα τὰ ὑστερήματα τῶν ἁγίων,
10: 7 εἴ τις πέποιθεν ἑαυτῷ Χριστοῦ **εἶναι,** τοῦτο λογιζέσθω πάλιν ἐφ' ἑαυτοῦ,
10:11 ὅτι οἷοί **ἐσμεν** τῷ λόγῳ δι' ἐπιστολῶν ἀπόντες,
10:18 ἐκεῖνός **ἐστιν** δόκιμος, ἀλλὰ ὃν ὁ κύριος συνίστησιν.
11:10 **ἔστιν** ἀλήθεια Χριστοῦ ἐν ἐμοὶ ὅτι ἡ καύχησις αὕτη οὐ φραγήσεται εἰς ἐμὲ ἐν τοῖς κλίμασιν τῆς Ἀχαΐας.
11:15 ὧν τὸ τέλος **ἔσται** κατὰ τὰ ἔργα αὐτῶν.
11:16 Πάλιν λέγω, μή τίς με δόξῃ ἄφρονα **εἶναι·**
11:19 ἡδέως γὰρ ἀνέχεσθε τῶν ἀφρόνων φρόνιμοι **ὄντες·**
11:22 Ἑβραῖοί **εἰσιν;** κἀγώ. Ἰσραηλῖταί **εἰσιν;** κἀγώ. σπέρμα Ἀβραάμ **εἰσιν;** κἀγώ.
11:23 διάκονοι Χριστοῦ **εἰσιν;** παραφρονῶν λαλῶ, ὑπὲρ ἐγώ· ἐν κόποις περισσοτέρως,
11:31 ὁ **ὢν** εὐλογητὸς εἰς τοὺς αἰῶνας, ὅτι οὐ ψεύδομαι.
12: 6 ἐὰν γὰρ θελήσω καυχήσασθαι, οὐκ **ἔσομαι** ἄφρων, ἀλήθειαν γὰρ ἐρῶ·
12:10 ὑπὲρ Χριστοῦ· ὅταν γὰρ ἀσθενῶ, τότε δυνατός **εἰμι.**
12:11 οὐδὲν γὰρ ὑστέρησα τῶν ὑπερλίαν ἀποστόλων εἰ καὶ οὐδέν **εἰμι.**
12:13 τί γάρ **ἐστιν** ὃ ἡσσώθητε ὑπὲρ τὰς λοιπὰς ἐκκλησίας,
12:16 **Ἔστω** δέ, ἐγὼ οὐ κατεβάρησα ὑμᾶς· ἀλλὰ ὑπάρχων πανοῦργος δόλῳ ὑμᾶς ἔλαβον.
13: 5 Ἑαυτοὺς πειράζετε εἰ **ἐστὲ** ἐν τῇ πίστει, ἑαυτοὺς δοκιμάζετε· ἢ οὐκ ἐπιγινώσκετε ἑαυτοὺς ὅτι Ἰησοῦς Χριστὸς ἐν ὑμῖν; εἰ μήτι ἀδόκιμοί **ἐστε.**
13: 6 ἐλπίζω δὲ ὅτι γνώσεσθε ὅτι ἡμεῖς οὐκ **ἐσμὲν** ἀδόκιμοι.
13: 7 ἀλλ' ἵνα ὑμεῖς τὸ καλὸν ποιῆτε, ἡμεῖς δὲ ὡς ἀδόκιμοι **ὦμεν.**
13: 9 χαίρομεν γὰρ ὅταν ἡμεῖς ἀσθενῶμεν, ὑμεῖς δὲ δυνατοὶ **ἦτε·**
13:11 καὶ ὁ θεὸς τῆς ἀγάπης καὶ εἰρήνης **ἔσται** μεθ' ὑμῶν.
Gal 1: 7 ὃ οὐκ **ἔστιν** ἄλλο, εἰ μή τινές **εἰσιν** οἱ ταράσσοντες ὑμᾶς καὶ θέλοντες μεταστρέψαι τὸ εὐαγγέλιον τοῦ Χριστοῦ.
1: 8 ἀλλὰ καὶ ἐὰν ἡμεῖς ἢ ἄγγελος ἐξ οὐρανοῦ εὐαγγελίζηται [ὑμῖν] παρ' ὃ εὐηγγελισάμεθα ὑμῖν, ἀνάθεμα **ἔστω.**
1: 9 εἴ τις ὑμᾶς εὐαγγελίζεται παρ' ὃ παρελάβετε, ἀνάθεμα **ἔστω.**
1:10 εἰ ἔτι ἀνθρώποις ἤρεσκον, Χριστοῦ δοῦλος οὐκ ἂν **ἤμην.**
1:11 τὸ εὐαγγέλιον τὸ εὐαγγελισθὲν ὑπ' ἐμοῦ ὅτι οὐκ **ἔστιν** κατὰ ἄνθρωπον·
1:22 **ἤμην** δὲ ἀγνοούμενος τῷ προσώπῳ ταῖς ἐκκλησίαις τῆς Ἰουδαίας ταῖς ἐν Χριστῷ.
1:23 μόνον δὲ ἀκούοντες **ἦσαν** ὅτι Ὁ διώκων ἡμᾶς ποτε νῦν εὐαγγελίζεται τὴν πίστιν ἥν ποτε ἐπόρθει,
2: 3 ἀλλ' οὐδὲ Τίτος ὁ σὺν ἐμοί, Ἕλλην **ὤν,** ἠναγκάσθη περιτμηθῆναι·
2: 6 ἀπὸ δὲ τῶν δοκούντων **εἶναί** τι,– ὁποῖοί ποτε **ἦσαν** οὐδέν μοι διαφέρει· πρόσωπον [ὁ] θεὸς ἀνθρώπου οὐ λαμβάνει–
2: 9 Ἰάκωβος καὶ Κηφᾶς καὶ Ἰωάννης, οἱ δοκοῦντες στῦλοι **εἶναι,**
2:11 Ὅτε δὲ ἦλθεν Κηφᾶς εἰς Ἀντιόχειαν, κατὰ πρόσωπον αὐτῷ ἀντέστην, ὅτι κατεγνωσμένος **ἦν.**
3: 3 οὕτως ἀνόητοί **ἐστε,** ἐναρξάμενοι πνεύματι νῦν σαρκὶ ἐπιτελεῖσθε;
3: 7 Γινώσκετε ἄρα ὅτι οἱ ἐκ πίστεως, οὗτοι υἱοί **εἰσιν** Ἀβραάμ.
3:10 ὅσοι γὰρ ἐξ ἔργων νόμου **εἰσίν,** ὑπὸ κατάραν **εἰσίν·**
3:12 ὁ δὲ νόμος οὐκ **ἔστιν** ἐκ πίστεως, ἀλλ' Ὁ ποιήσας αὐτὰ ζήσεται ἐν αὐτοῖς.
3:16 ὡς ἐπὶ πολλῶν ἀλλ' ὡς ἐφ' ἑνός, Καὶ τῷ σπέρματί σου, ὅς **ἐστιν** Χριστός.
3:20 ὁ δὲ μεσίτης ἑνὸς οὐκ **ἔστιν,** ὁ δὲ θεὸς εἷς **ἐστιν.**
3:21 εἰ γὰρ ἐδόθη νόμος ὁ δυνάμενος ζῳοποιῆσαι, ὄντως ἐκ νόμου ἂν **ἦν** ἡ δικαιοσύνη·
3:25 ἐλθούσης δὲ τῆς πίστεως οὐκέτι ὑπὸ παιδαγωγόν **ἐσμεν.**
3:26 Πάντες γὰρ υἱοὶ θεοῦ **ἐστε** διὰ τῆς πίστεως ἐν Χριστῷ Ἰησοῦ·
3:28 πάντες γὰρ ὑμεῖς εἷς **ἐστε** ἐν Χριστῷ Ἰησοῦ.
3:29 ἄρα τοῦ Ἀβραὰμ σπέρμα **ἐστέ,** κατ' ἐπαγγελίαν κληρονόμοι.
4: 1 Λέγω δέ, ἐφ' ὅσον χρόνον ὁ κληρονόμος νήπιός **ἐστιν,** οὐδὲν διαφέρει δούλου κύριος πάντων **ὤν,**
4: 2 ἀλλὰ ὑπὸ ἐπιτρόπους **ἐστὶν** καὶ οἰκονόμους ἄχρι τῆς προθεσμίας τοῦ πατρός.
4: 3 οὕτως καὶ ἡμεῖς, ὅτε **ἦμεν** νήπιοι, ὑπὸ τὰ στοιχεῖα τοῦ κόσμου **ἤμεθα** δεδουλωμένοι·
4: 6 Ὅτι δέ **ἐστε** υἱοί, ἐξαπέστειλεν ὁ θεὸς τὸ πνεῦμα τοῦ υἱοῦ αὐτοῦ εἰς τὰς καρδίας ἡμῶν κρᾶζον,
4: 7 ὥστε οὐκέτι **εἶ** δοῦλος ἀλλὰ υἱός· εἰ δὲ υἱός,
4: 8 Ἀλλὰ τότε μὲν οὐκ εἰδότες θεὸν ἐδουλεύσατε τοῖς φύσει μὴ **οὖσιν** θεοῖς·

4:21 Λέγετέ μοι, οἱ ὑπὸ νόμον θέλοντες **εἶναι,** τὸν νόμον οὐκ ἀκούετε;
4:24 ἅτινά **ἐστιν** ἀλληγορούμενα· αὗται γάρ **εἰσιν** δύο διαθῆκαι, μία μὲν ἀπὸ ὄρους Σινᾶ εἰς δουλείαν γεννῶσα, ἥτις **ἐστὶν** Ἁγάρ.
4:25 τὸ δὲ Ἁγὰρ Σινᾶ ὄρος **ἐστὶν** ἐν τῇ Ἀραβίᾳ·
4:26 ἡ δὲ ἄνω Ἰερουσαλὴμ ἐλευθέρα **ἐστίν,** ἥτις **ἐστὶν** μήτηρ ἡμῶν·
4:28 ὑμεῖς δέ, ἀδελφοί, κατὰ Ἰσαὰκ ἐπαγγελίας τέκνα **ἐστέ.**
4:31 ἀδελφοί, οὐκ **ἐσμὲν** παιδίσκης τέκνα ἀλλὰ τῆς ἐλευθέρας.
5: 3 μαρτύρομαι δὲ πάλιν παντὶ ἀνθρώπῳ περιτεμνομένῳ ὅτι ὀφειλέτης **ἐστὶν** ὅλον τὸν νόμον ποιῆσαι.
5:10 ὁ δὲ ταράσσων ὑμᾶς βαστάσει τὸ κρίμα, ὅστις ἐὰν **ᾖ.**
5:18 εἰ δὲ πνεύματι ἄγεσθε, οὐκ **ἐστὲ** ὑπὸ νόμον.
5:19 φανερὰ δέ **ἐστιν** τὰ ἔργα τῆς σαρκός, ἅτινά **ἐστιν** πορνεία, ἀκαθαρσία, ἀσέλγεια,
5:22 Ὁ δὲ καρπὸς τοῦ πνεύματός **ἐστιν** ἀγάπη χαρὰ εἰρήνη,
5:23 πραΰτης ἐγκράτεια· κατὰ τῶν τοιούτων οὐκ **ἔστιν** νόμος.
6: 3 εἰ γὰρ δοκεῖ τις **εἶναί** τι μηδὲν **ὤν,**
6:15 οὔτε γὰρ περιτομή τί **ἐστιν** οὔτε ἀκροβυστία ἀλλὰ καινὴ κτίσις.

Eph 1: 1 Παῦλος ἀπόστολος Χριστοῦ Ἰησοῦ διὰ θελήματος θεοῦ τοῖς ἁγίοις τοῖς **οὖσιν** [ἐν Ἐφέσῳ] καὶ πιστοῖς ἐν Χριστῷ Ἰησοῦ,
1: 4 καθὼς ἐξελέξατο ἡμᾶς ἐν αὐτῷ πρὸ καταβολῆς κόσμου **εἶναι** ἡμᾶς ἁγίους καὶ ἀμώμους κατενώπιον αὐτοῦ ἐν ἀγάπῃ,
1:12 εἰς τὸ **εἶναι** ἡμᾶς εἰς ἔπαινον δόξης αὐτοῦ τοὺς προηλπικότας ἐν τῷ Χριστῷ.
1:14 ὅ **ἐστιν** ἀρραβὼν τῆς κληρονομίας ἡμῶν, εἰς ἀπολύτρωσιν τῆς περιποιήσεως,
1:18 πεφωτισμένους τοὺς ὀφθαλμοὺς τῆς καρδίας [ὑμῶν] εἰς τὸ εἰδέναι ὑμᾶς τίς **ἐστιν** ἡ ἐλπὶς τῆς κλήσεως αὐτοῦ,
1:23 ἥτις **ἐστὶν** τὸ σῶμα αὐτοῦ, τὸ πλήρωμα τοῦ τὰ πάντα ἐν πᾶσιν πληρουμένου.
2: 1 Καὶ ὑμᾶς **ὄντας** νεκροὺς τοῖς παραπτώμασιν καὶ ταῖς ἁμαρτίαις ὑμῶν,
2: 3 καὶ **ἤμεθα** τέκνα φύσει ὀργῆς ὡς καὶ οἱ λοιποί·
2: 4 ὁ δὲ θεὸς πλούσιος **ὢν** ἐν ἐλέει, διὰ τὴν πολλὴν ἀγάπην αὐτοῦ ἣν ἠγάπησεν ἡμᾶς,
2: 5 καὶ **ὄντας** ἡμᾶς νεκροὺς τοῖς παραπτώμασιν συνεζωοποίησεν τῷ Χριστῷ,– χάριτί **ἐστε** σεσῳσμένοι–
2: 8 τῇ γὰρ χάριτί **ἐστε** σεσῳσμένοι διὰ πίστεως· καὶ τοῦτο οὐκ ἐξ ὑμῶν,
2:10 αὐτοῦ γάρ **ἐσμεν** ποίημα, κτισθέντες ἐν Χριστῷ Ἰησοῦ ἐπὶ ἔργοις ἀγαθοῖς οἷς προητοίμασεν ὁ θεός,
2:12 ὅτι **ἦτε** τῷ καιρῷ ἐκείνῳ χωρὶς Χριστοῦ, ἀπηλλοτριωμένοι τῆς πολιτείας τοῦ Ἰσραὴλ καὶ ξένοι τῶν διαθηκῶν τῆς ἐπαγγελίας,
2:13 νυνὶ δὲ ἐν Χριστῷ Ἰησοῦ ὑμεῖς οἵ ποτε **ὄντες** μακρὰν ἐγενήθητε ἐγγὺς ἐν τῷ αἵματι τοῦ Χριστοῦ.
2:14 Αὐτὸς γάρ **ἐστιν** ἡ εἰρήνη ἡμῶν, ὁ ποιήσας τὰ ἀμφότερα ἓν καὶ τὸ μεσότοιχον τοῦ φραγμοῦ λύσας,
2:19 ἄρα οὖν οὐκέτι **ἐστὲ** ξένοι καὶ πάροικοι ἀλλὰ **ἐστὲ** συμπολῖται τῶν ἁγίων καὶ οἰκεῖοι τοῦ θεοῦ,
2:20 ἐποικοδομηθέντες ἐπὶ τῷ θεμελίῳ τῶν ἀποστόλων καὶ προφητῶν, **ὄντος** ἀκρογωνιαίου αὐτοῦ Χριστοῦ Ἰησοῦ,
3: 6 **εἶναι** τὰ ἔθνη συγκληρονόμα καὶ σύσσωμα καὶ συμμέτοχα τῆς ἐπαγγελίας ἐν Χριστῷ Ἰησοῦ διὰ τοῦ εὐαγγελίου,
3:13 διὸ αἰτοῦμαι μὴ ἐγκακεῖν ἐν ταῖς θλίψεσίν μου ὑπὲρ ὑμῶν, ἥτις **ἐστὶν** δόξα ὑμῶν.
4: 9 τὸ δὲ Ἀνέβη τί **ἐστιν,** εἰ μὴ ὅτι καὶ κατέβη εἰς τὰ κατώτερα [μέρη] τῆς γῆς;
4:10 ὁ καταβὰς αὐτός **ἐστιν** καὶ ὁ ἀναβὰς ὑπεράνω πάντων τῶν οὐρανῶν,
4:14 ἵνα μηκέτι **ὦμεν** νήπιοι, κλυδωνιζόμενοι καὶ περιφερόμενοι παντὶ ἀνέμῳ τῆς διδασκαλίας ἐν τῇ κυβείᾳ τῶν ἀνθρώπων,
4:15 ἀληθεύοντες δὲ ἐν ἀγάπῃ αὐξήσωμεν εἰς αὐτὸν τὰ πάντα, ὅς **ἐστιν** ἡ κεφαλή, Χριστός,
4:18 ἐσκοτωμένοι τῇ διανοίᾳ **ὄντες,** ἀπηλλοτριωμένοι τῆς ζωῆς τοῦ θεοῦ διὰ τὴν ἄγνοιαν τὴν **οὖσαν** ἐν αὐτοῖς,
4:21 εἴ γε αὐτὸν ἠκούσατε καὶ ἐν αὐτῷ ἐδιδάχθητε, καθώς **ἐστιν** ἀλήθεια ἐν τῷ Ἰησοῦ,
4:25 Διὸ ἀποθέμενοι τὸ ψεῦδος λαλεῖτε ἀλήθειαν ἕκαστος μετὰ τοῦ πλησίον αὐτοῦ, ὅτι **ἐσμὲν** ἀλλήλων μέλη.
5: 5 ὅτι πᾶς πόρνος ἢ ἀκάθαρτος ἢ πλεονέκτης, ὅ **ἐστιν** εἰδωλολάτρης,
5: 8 **ἦτε** γάρ ποτε σκότος, νῦν δὲ φῶς ἐν κυρίῳ·
5:10 δοκιμάζοντες τί **ἐστιν** εὐάρεστον τῷ κυρίῳ,
5:12 τὰ γὰρ κρυφῇ γινόμενα ὑπ᾽ αὐτῶν αἰσχρόν **ἐστιν** καὶ λέγειν,
5:14 πᾶν γὰρ τὸ φανερούμενον φῶς **ἐστιν.** διὸ λέγει,
5:16 ἐξαγοραζόμενοι τὸν καιρόν, ὅτι αἱ ἡμέραι πονηραί **εἰσιν.**
5:18 ἐν ᾧ **ἐστιν** ἀσωτία, ἀλλὰ πληροῦσθε ἐν πνεύματι,
5:23 ὅτι ἀνήρ **ἐστιν** κεφαλὴ τῆς γυναικὸς ὡς καὶ ὁ Χριστὸς κεφαλὴ τῆς ἐκκλησίας,
5:27 μὴ ἔχουσαν σπίλον ἢ ῥυτίδα ἤ τι τῶν τοιούτων, ἀλλ᾽ ἵνα **ᾖ** ἁγία καὶ ἄμωμος.
5:30 ὅτι μέλη **ἐσμὲν** τοῦ σώματος αὐτοῦ.
5:31 καὶ προσκολληθήσεται πρὸς τὴν γυναῖκα αὐτοῦ, καὶ **ἔσονται** οἱ δύο εἰς σάρκα μίαν.
5:32 τὸ μυστήριον τοῦτο μέγα **ἐστίν·** ἐγὼ δὲ λέγω εἰς Χριστὸν καὶ εἰς τὴν ἐκκλησίαν.
6: 1 ὑπακούετε τοῖς γονεῦσιν ὑμῶν [ἐν κυρίῳ] τοῦτο γάρ **ἐστιν** δίκαιον.
6: 2 τίμα τὸν πατέρα σου καὶ τὴν μητέρα, ἥτις **ἐστὶν** ἐντολὴ πρώτη ἐν ἐπαγγελίᾳ,
6: 3 ἵνα εὖ σοι γένηται καὶ **ἔσῃ** μακροχρόνιος ἐπὶ τῆς γῆς.
6: 9 εἰδότες ὅτι καὶ αὐτῶν καὶ ὑμῶν ὁ κύριός **ἐστιν** ἐν οὐρανοῖς καὶ προσωπολημψία οὐκ **ἔστιν** παρ᾽ αὐτῷ.
6:12 ὅτι οὐκ **ἔστιν** ἡμῖν ἡ πάλη πρὸς αἷμα καὶ σάρκα,
6:17 καὶ τὴν περικεφαλαίαν τοῦ σωτηρίου δέξασθε καὶ τὴν μάχαιραν τοῦ πνεύματος, ὅ **ἐστιν** ῥῆμα θεοῦ.

Php 1: 1 πᾶσιν τοῖς ἁγίοις ἐν Χριστῷ Ἰησοῦ τοῖς **οὖσιν** ἐν Φιλίπποις σὺν ἐπισκόποις καὶ διακόνοις,
1: 7 καθώς **ἐστιν** δίκαιον ἐμοὶ τοῦτο φρονεῖν ὑπὲρ πάντων ὑμῶν διὰ τὸ ἔχειν με ἐν τῇ καρδίᾳ ὑμᾶς, ἔν τε τοῖς δεσμοῖς μου καὶ ἐν τῇ ἀπολογίᾳ καὶ βεβαιώσει τοῦ εὐαγγελίου συγκοινωνούς μου τῆς χάριτος πάντας ὑμᾶς **ὄντας.**
1:10 ἵνα **ἦτε** εἰλικρινεῖς καὶ ἀπρόσκοποι εἰς ἡμέραν Χριστοῦ,
1:23 τὴν ἐπιθυμίαν ἔχων εἰς τὸ ἀναλῦσαι καὶ σὺν Χριστῷ **εἶναι,**
1:28 ἥτις **ἐστὶν** αὐτοῖς ἔνδειξις ἀπωλείας, ὑμῶν δὲ σωτηρίας,
2: 6 ὃς ἐν μορφῇ θεοῦ ὑπάρχων οὐχ ἁρπαγμὸν ἡγήσατο τὸ **εἶναι** ἴσα θεῷ,
2:13 θεὸς γάρ **ἐστιν** ὁ ἐνεργῶν ἐν ὑμῖν καὶ τὸ θέλειν καὶ τὸ ἐνεργεῖν ὑπὲρ τῆς εὐδοκίας.
2:26 ἐπειδὴ ἐπιποθῶν **ἦν** πάντας ὑμᾶς καὶ ἀδημονῶν, διότι ἠκούσατε ὅτι ἠσθένησεν.
2:28 ἵνα ἰδόντες αὐτὸν πάλιν χαρῆτε κἀγὼ ἀλυπότερος **ὦ.**
3: 3 ἡμεῖς γάρ **ἐσμεν** ἡ περιτομή, οἱ πνεύματι θεοῦ λατρεύοντες καὶ καυχώμενοι ἐν Χριστῷ Ἰησοῦ καὶ οὐκ ἐν σαρκὶ πεποιθότες,
3: 7 ἅτινα **ἦν** μοι κέρδη, ταῦτα ἥγημαι διὰ τὸν Χριστὸν ζημίαν.
3: 8 ἀλλὰ μενοῦνγε καὶ ἡγοῦμαι πάντα ζημίαν **εἶναι** διὰ τὸ ὑπερέχον τῆς γνώσεως Χριστοῦ Ἰησοῦ τοῦ κυρίου μου,
4: 8 ἀδελφοί, ὅσα **ἐστὶν** ἀληθῆ, ὅσα σεμνά, ὅσα δίκαια,
4: 9 καὶ ὁ θεὸς τῆς εἰρήνης **ἔσται** μεθ᾽ ὑμῶν.
4:11 ἐγὼ γὰρ ἔμαθον ἐν οἷς **εἰμι** αὐτάρκης **εἶναι.**

Col 1: 6 καθὼς καὶ ἐν παντὶ τῷ κόσμῳ **ἐστὶν** καρποφορούμενον καὶ αὐξανόμενον καθὼς καὶ ἐν ὑμῖν,
1: 7 ὅς **ἐστιν** πιστὸς ὑπὲρ ὑμῶν διάκονος τοῦ Χριστοῦ,
1:15 ὅς **ἐστιν** εἰκὼν τοῦ θεοῦ τοῦ ἀοράτου, πρωτότοκος πάσης κτίσεως,
1:17 καὶ αὐτός **ἐστιν** πρὸ πάντων καὶ τὰ πάντα ἐν αὐτῷ συνέστηκεν,
1:18 καὶ αὐτός **ἐστιν** ἡ κεφαλὴ τοῦ σώματος τῆς ἐκκλησίας· ὅς **ἐστιν** ἀρχή, πρωτότοκος ἐκ τῶν νεκρῶν, ἵνα γένηται ἐν πᾶσιν αὐτὸς πρωτεύων,
1:21 Καὶ ὑμᾶς ποτε **ὄντας** ἀπηλλοτριωμένους καὶ ἐχθροὺς τῇ διανοίᾳ ἐν τοῖς ἔργοις τοῖς πονηροῖς,
1:24 καὶ ἀνταναπληρῶ τὰ ὑστερήματα τῶν θλίψεων τοῦ Χριστοῦ ἐν τῇ σαρκί μου ὑπὲρ τοῦ σώματος αὐτοῦ, ὅ **ἐστιν** ἡ ἐκκλησία,
1:27 ὅ **ἐστιν** Χριστὸς ἐν ὑμῖν, ἡ ἐλπὶς τῆς δόξης·
2: 3 ἐν ᾧ **εἰσιν** πάντες οἱ θησαυροὶ τῆς σοφίας καὶ γνώσεως ἀπόκρυφοι.
2: 5 εἰ γὰρ καὶ τῇ σαρκὶ ἄπειμι, ἀλλὰ τῷ πνεύματι σὺν ὑμῖν **εἰμι,**
2: 8 βλέπετε μή τις ὑμᾶς **ἔσται** ὁ συλαγωγῶν διὰ τῆς φιλοσοφίας καὶ κενῆς ἀπάτης κατὰ τὴν παράδοσιν τῶν ἀνθρώπων,
2:10 καὶ **ἐστὲ** ἐν αὐτῷ πεπληρωμένοι, ὅς **ἐστιν** ἡ κεφαλὴ πάσης ἀρχῆς καὶ ἐξουσίας.
2:13 καὶ ὑμᾶς νεκροὺς **ὄντας** [ἐν] τοῖς παραπτώμασιν καὶ τῇ ἀκροβυστίᾳ τῆς σαρκὸς ὑμῶν,
2:14 ἐξαλείψας τὸ καθ᾽ ἡμῶν χειρόγραφον τοῖς δόγμασιν ὃ **ἦν** ὑπεναντίον ἡμῖν,
2:17 ἅ **ἐστιν** σκιὰ τῶν μελλόντων, τὸ δὲ σῶμα τοῦ Χριστοῦ.
2:22 ἅ **ἐστιν** πάντα εἰς φθορὰν τῇ ἀποχρήσει, κατὰ τὰ ἐντάλματα καὶ διδασκαλίας τῶν ἀνθρώπων,

2:23 ἅτινά **ἐστιν** λόγον μὲν ἔχοντα σοφίας ἐν ἐθελοθρησκίᾳ καὶ ταπεινοφροσύνῃ [καὶ] ἀφειδίᾳ σώματος,
3: 1 οὗ ὁ Χριστός **ἐστιν** ἐν δεξιᾷ τοῦ θεοῦ καθήμενος·
3: 5 πορνείαν ἀκαθαρσίαν πάθος ἐπιθυμίαν κακήν, καὶ τὴν πλεονεξίαν, ἥτις **ἐστὶν** εἰδωλολατρία,
3:14 ἐπὶ πᾶσιν δὲ τούτοις τὴν ἀγάπην, ὅ **ἐστιν** σύνδεσμος τῆς τελειότητος.
3:20 ὑπακούετε τοῖς γονεῦσιν κατὰ πάντα, τοῦτο γὰρ εὐάρεστόν **ἐστιν** ἐν κυρίῳ.
3:25 ὁ γὰρ ἀδικῶν κομίσεται ὃ ἠδίκησεν, καὶ οὐκ **ἔστιν** προσωπολημψία.
4: 9 σὺν Ὀνησίμῳ τῷ πιστῷ καὶ ἀγαπητῷ ἀδελφῷ, ὅς **ἐστιν** ἐξ ὑμῶν·
4:11 καὶ Ἰησοῦς ὁ λεγόμενος Ἰοῦστος, οἱ **ὄντες** ἐκ περιτομῆς,
1Th 2: 7 δυνάμενοι ἐν βάρει **εἶναι** ὡς Χριστοῦ ἀπόστολοι. ἀλλὰ ἐγενήθημεν νήπιοι ἐν μέσῳ ὑμῶν,
2:13 ὅτι παραλαβόντες λόγον ἀκοῆς παρ᾽ ἡμῶν τοῦ θεοῦ ἐδέξασθε οὐ λόγον ἀνθρώπων ἀλλὰ καθώς **ἐστιν** ἀληθῶς λόγον θεοῦ,
2:14 τῶν ἐκκλησιῶν τοῦ θεοῦ τῶν **οὐσῶν** ἐν τῇ Ἰουδαίᾳ ἐν Χριστῷ Ἰησοῦ,
2:20 ὑμεῖς γάρ **ἐστε** ἡ δόξα ἡμῶν καὶ ἡ χαρά.
3: 4 καὶ γὰρ ὅτε πρὸς ὑμᾶς **ἦμεν,** προελέγομεν ὑμῖν ὅτι μέλλομεν θλίβεσθαι,
4: 3 τοῦτο γάρ **ἐστιν** θέλημα τοῦ θεοῦ, ὁ ἁγιασμὸς ὑμῶν,
4: 9 αὐτοὶ γὰρ ὑμεῖς θεοδίδακτοί **ἐστε** εἰς τὸ ἀγαπᾶν ἀλλήλους,
4:17 ἅμα σὺν αὐτοῖς ἁρπαγησόμεθα ἐν νεφέλαις εἰς ἀπάντησιν τοῦ κυρίου εἰς ἀέρα· καὶ οὕτως πάντοτε σὺν κυρίῳ **ἐσόμεθα.**
5: 4 ὑμεῖς δέ, ἀδελφοί, οὐκ **ἐστὲ** ἐν σκότει, ἵνα ἡ ἡμέρα ὑμᾶς ὡς κλέπτης καταλάβῃ·
5: 5 πάντες γὰρ ὑμεῖς υἱοὶ φωτός **ἐστε** καὶ υἱοὶ ἡμέρας. οὐκ **ἐσμὲν** νυκτὸς οὐδὲ σκότους·
5: 8 ἡμεῖς δὲ ἡμέρας **ὄντες** νήφωμεν ἐνδυσάμενοι θώρακα πίστεως καὶ ἀγάπης καὶ περικεφαλαίαν ἐλπίδα σωτηρίας·
2Th 1: 3 Εὐχαριστεῖν ὀφείλομεν τῷ θεῷ πάντοτε περὶ ὑμῶν, ἀδελφοί, καθὼς ἄξιόν **ἐστιν,**
2: 4 ὥστε αὐτὸν εἰς τὸν ναὸν τοῦ θεοῦ καθίσαι ἀποδεικνύντα ἑαυτὸν ὅτι **ἔστιν** θεός.
2: 5 Οὐ μνημονεύετε ὅτι ἔτι **ὢν** πρὸς ὑμᾶς ταῦτα ἔλεγον ὑμῖν;
2: 9 οὗ **ἐστιν** ἡ παρουσία κατ᾽ ἐνέργειαν τοῦ Σατανᾶ ἐν πάσῃ δυνάμει καὶ σημείοις καὶ τέρασιν ψεύδους
3: 3 πιστὸς δέ **ἐστιν** ὁ κύριος, ὃς στηρίξει ὑμᾶς καὶ φυλάξει ἀπὸ τοῦ πονηροῦ.
3:10 καὶ γὰρ ὅτε **ἦμεν** πρὸς ὑμᾶς, τοῦτο παρηγγέλλομεν ὑμῖν,
3:17 Ὁ ἀσπασμὸς τῇ ἐμῇ χειρὶ Παύλου, ὅ **ἐστιν** σημεῖον ἐν πάσῃ ἐπιστολῇ·
1Ti 1: 5 τὸ δὲ τέλος τῆς παραγγελίας **ἐστὶν** ἀγάπη ἐκ καθαρᾶς καρδίας καὶ συνειδήσεως ἀγαθῆς καὶ πίστεως ἀνυποκρίτου,
1: 7 θέλοντες **εἶναι** νομοδιδάσκαλοι, μὴ νοοῦντες μήτε ἃ λέγουσιν μήτε περὶ τίνων διαβεβαιοῦνται.
1:13 τὸ πρότερον **ὄντα** βλάσφημον καὶ διώκτην καὶ ὑβριστήν,
1:15 ὅτι Χριστὸς Ἰησοῦς ἦλθεν εἰς τὸν κόσμον ἁμαρτωλοὺς σῶσαι, ὧν πρῶτός **εἰμι** ἐγώ.
1:20 ὧν **ἐστιν** Ὑμέναιος καὶ Ἀλέξανδρος, οὓς παρέδωκα τῷ Σατανᾷ,
2: 2 ὑπὲρ βασιλέων καὶ πάντων τῶν ἐν ὑπεροχῇ **ὄντων,**
2:12 διδάσκειν δὲ γυναικὶ οὐκ ἐπιτρέπω οὐδὲ αὐθεντεῖν ἀνδρός, ἀλλ᾽ **εἶναι** ἐν ἡσυχίᾳ.
3: 2 δεῖ οὖν τὸν ἐπίσκοπον ἀνεπίλημπτον **εἶναι,** μιᾶς γυναικὸς ἄνδρα,
3:10 καὶ οὗτοι δὲ δοκιμαζέσθωσαν πρῶτον, εἶτα διακονείτωσαν ἀνέγκλητοι **ὄντες.**
3:12 διάκονοι **ἔστωσαν** μιᾶς γυναικὸς ἄνδρες, τέκνων καλῶς προϊστάμενοι καὶ τῶν ἰδίων οἴκων.
3:15 ἥτις **ἐστὶν** ἐκκλησία θεοῦ ζῶντος, στῦλος καὶ ἑδραίωμα τῆς ἀληθείας.
3:16 καὶ ὁμολογουμένως μέγα **ἐστὶν** τὸ τῆς εὐσεβείας μυστήριον·
4: 6 Ταῦτα ὑποτιθέμενος τοῖς ἀδελφοῖς καλὸς **ἔσῃ** διάκονος Χριστοῦ Ἰησοῦ,
4: 8 ἡ γὰρ σωματικὴ γυμνασία πρὸς ὀλίγον **ἐστὶν** ὠφέλιμος, ἡ δὲ εὐσέβεια πρὸς πάντα ὠφέλιμός **ἐστιν** ἐπαγγελίαν ἔχουσα ζωῆς τῆς νῦν καὶ τῆς μελλούσης.
4:10 ὅτι ἠλπίκαμεν ἐπὶ θεῷ ζῶντι, ὅς **ἐστιν** σωτὴρ πάντων ἀνθρώπων μάλιστα πιστῶν.
4:15 ταῦτα μελέτα, ἐν τούτοις **ἴσθι,** ἵνα σου ἡ προκοπὴ φανερὰ **ᾖ** πᾶσιν.
5: 4 πρῶτον τὸν ἴδιον οἶκον εὐσεβεῖν καὶ ἀμοιβὰς ἀποδιδόναι τοῖς προγόνοις· τοῦτο γάρ **ἐστιν** ἀπόδεκτον ἐνώπιον τοῦ θεοῦ.
5: 7 καὶ ταῦτα παράγγελλε, ἵνα ἀνεπίλημπτοι **ὦσιν.**
5: 8 εἰ δέ τις τῶν ἰδίων καὶ μάλιστα οἰκείων οὐ προνοεῖ, τὴν πίστιν ἤρνηται καὶ **ἔστιν** ἀπίστου χείρων.
5:24 Τινῶν ἀνθρώπων αἱ ἁμαρτίαι πρόδηλοί **εἰσιν** προάγουσαι εἰς κρίσιν,
6: 1 Ὅσοι **εἰσὶν** ὑπὸ ζυγὸν δοῦλοι, τοὺς ἰδίους δεσπότας πάσης τιμῆς ἀξίους ἡγείσθωσαν,
6: 2 οἱ δὲ πιστοὺς ἔχοντες δεσπότας μὴ καταφρονείτωσαν, ὅτι ἀδελφοί **εἰσιν,** ἀλλὰ μᾶλλον δουλευέτωσαν, ὅτι πιστοί **εἰσιν** καὶ ἀγαπητοὶ οἱ τῆς εὐεργεσίας ἀντιλαμβανόμενοι.
6: 5 καὶ ἀπεστερημένων τῆς ἀληθείας, νομιζόντων πορισμὸν **εἶναι** τὴν εὐσέβειαν.
6: 6 **ἔστιν** δὲ πορισμὸς μέγας ἡ εὐσέβεια μετὰ αὐταρκείας·
6:10 ῥίζα γὰρ πάντων τῶν κακῶν **ἐστιν** ἡ φιλαργυρία,
6:18 ἀγαθοεργεῖν, πλουτεῖν ἐν ἔργοις καλοῖς, εὐμεταδότους **εἶναι,** κοινωνικούς,
2Ti 1: 6 ὅ **ἐστιν** ἐν σοὶ διὰ τῆς ἐπιθέσεως τῶν χειρῶν μου.
1:12 οἶδα γὰρ ᾧ πεπίστευκα καὶ πέπεισμαι ὅτι δυνατός **ἐστιν** τὴν παραθήκην μου φυλάξαι εἰς ἐκείνην τὴν ἡμέραν.
1:15 ὅτι ἀπεστράφησάν με πάντες οἱ ἐν τῇ Ἀσίᾳ, ὧν **ἐστιν** Φύγελος καὶ Ἑρμογένης.
2: 2 ταῦτα παράθου πιστοῖς ἀνθρώποις, οἵτινες ἱκανοὶ **ἔσονται** καὶ ἑτέρους διδάξαι.
2:17 καὶ ὁ λόγος αὐτῶν ὡς γάγγραινα νομὴν ἕξει. ὧν **ἐστιν** Ὑμέναιος καὶ Φίλητος,
2:19 Ἔγνω κύριος τοὺς **ὄντας** αὐτοῦ, καί, Ἀποστήτω ἀπὸ ἀδικίας πᾶς ὁ ὀνομάζων τὸ ὄνομα κυρίου.
2:20 Ἐν μεγάλῃ δὲ οἰκίᾳ οὐκ **ἔστιν** μόνον σκεύη χρυσᾶ καὶ ἀργυρᾶ ἀλλὰ καὶ ξύλινα καὶ ὀστράκινα,
2:21 **ἔσται** σκεῦος εἰς τιμήν, ἡγιασμένον, εὔχρηστον τῷ δεσπότῃ,
2:24 δοῦλον δὲ κυρίου οὐ δεῖ μάχεσθαι ἀλλὰ ἤπιον **εἶναι** πρὸς πάντας,
3: 2 **ἔσονται** γὰρ οἱ ἄνθρωποι φίλαυτοι φιλάργυροι ἀλαζόνες ὑπερήφανοι βλάσφημοι,
3: 6 ἐκ τούτων γάρ **εἰσιν** οἱ ἐνδύνοντες εἰς τὰς οἰκίας καὶ αἰχμαλωτίζοντες γυναικάρια σεσωρευμένα ἁμαρτίαις,
3: 9 ἡ γὰρ ἄνοια αὐτῶν ἔκδηλος **ἔσται** πᾶσιν, ὡς καὶ ἡ ἐκείνων ἐγένετο.
3:17 ἵνα ἄρτιος **ᾖ** ὁ τοῦ θεοῦ ἄνθρωπος, πρὸς πᾶν ἔργον ἀγαθὸν ἐξηρτισμένος.
4: 3 **ἔσται** γὰρ καιρὸς ὅτε τῆς ὑγιαινούσης διδασκαλίας οὐκ ἀνέξονται ἀλλὰ κατὰ τὰς ἰδίας ἐπιθυμίας ἑαυτοῖς ἐπισωρεύσουσιν διδασκάλους κνηθόμενοι τὴν ἀκοὴν
4:11 Λουκᾶς **ἐστιν** μόνος μετ᾽ ἐμοῦ. Μᾶρκον ἀναλαβὼν ἄγε μετὰ σεαυτοῦ, **ἔστιν** γάρ μοι εὔχρηστος εἰς διακονίαν.
Tit 1: 6 εἴ τίς **ἐστιν** ἀνέγκλητος, μιᾶς γυναικὸς ἀνήρ, τέκνα ἔχων πιστά,
1: 7 δεῖ γὰρ τὸν ἐπίσκοπον ἀνέγκλητον **εἶναι** ὡς θεοῦ οἰκονόμον,
1: 9 ἵνα δυνατὸς **ᾖ** καὶ παρακαλεῖν ἐν τῇ διδασκαλίᾳ τῇ ὑγιαινούσῃ καὶ τοὺς ἀντιλέγοντας ἐλέγχειν.
1:10 **Εἰσὶν** γὰρ πολλοὶ [καὶ] ἀνυπότακτοι, ματαιολόγοι καὶ φρεναπάται,
1:13 ἡ μαρτυρία αὕτη **ἐστὶν** ἀληθής. δι᾽ ἣν αἰτίαν ἔλεγχε αὐτοὺς ἀποτόμως,
1:16 βδελυκτοὶ **ὄντες** καὶ ἀπειθεῖς καὶ πρὸς πᾶν ἔργον ἀγαθὸν ἀδόκιμοι.
2: 2 πρεσβύτας νηφαλίους **εἶναι,** σεμνούς, σώφρονας, ὑγιαίνοντας τῇ πίστει,
2: 4 ἵνα σωφρονίζωσιν τὰς νέας φιλάνδρους **εἶναι,** φιλοτέκνους
2: 9 δούλους ἰδίοις δεσπόταις ὑποτάσσεσθαι ἐν πᾶσιν, εὐαρέστους **εἶναι,** μὴ ἀντιλέγοντας,
3: 1 Ὑπομίμνῃσκε αὐτοὺς ἀρχαῖς ἐξουσίαις ὑποτάσσεσθαι, πειθαρχεῖν, πρὸς πᾶν ἔργον ἀγαθὸν ἑτοίμους **εἶναι,**
3: 2 μηδένα βλασφημεῖν, ἀμάχους **εἶναι,** ἐπιεικεῖς, πᾶσαν ἐνδεικνυμένους πραΰτητα πρὸς πάντας ἀνθρώπους.
3: 3 **Ἦμεν** γάρ ποτε καὶ ἡμεῖς ἀνόητοι, ἀπειθεῖς, πλανώμενοι,
3: 8 ἵνα φροντίζωσιν καλῶν ἔργων προΐστασθαι οἱ πεπιστευκότες θεῷ· ταῦτά **ἐστιν** καλὰ καὶ ὠφέλιμα τοῖς ἀνθρώποις.
3: 9 μωρὰς δὲ ζητήσεις καὶ γενεαλογίας καὶ ἔρεις καὶ μάχας νομικὰς περιΐστασο· **εἰσὶν** γὰρ ἀνωφελεῖς καὶ μάταιοι.
3:11 εἰδὼς ὅτι ἐξέστραπται ὁ τοιοῦτος καὶ ἁμαρτάνει **ὢν** αὐτοκατάκριτος.
3:14 μανθανέτωσαν δὲ καὶ οἱ ἡμέτεροι καλῶν ἔργων προΐστασθαι εἰς τὰς ἀναγκαίας χρείας, ἵνα μὴ **ὦσιν** ἄκαρποι.
Phm 1: 9 τοιοῦτος **ὢν** ὡς Παῦλος πρεσβύτης νυνὶ δὲ καὶ δέσμιος Χριστοῦ Ἰησοῦ·

1:12 ὃν ἀνέπεμψά σοι, αὐτόν, τοῦτ' **ἔστιν** τὰ ἐμὰ σπλάγχνα·
1:14 ἵνα μὴ ὡς κατὰ ἀνάγκην τὸ ἀγαθόν σου **ᾖ** ἀλλὰ κατὰ ἑκούσιον.
Heb 1: 3 ὃς **ὢν** ἀπαύγασμα τῆς δόξης καὶ χαρακτὴρ τῆς ὑποστάσεως αὐτοῦ,
1: 5 Υἱός μου **εἶ** σύ, ἐγὼ σήμερον γεγέννηκά σε; καὶ πάλιν, Ἐγὼ **ἔσομαι** αὐτῷ εἰς πατέρα, καὶ αὐτὸς **ἔσται** μοι εἰς υἱόν;
1:10 καὶ ἔργα τῶν χειρῶν σού **εἰσιν** οἱ οὐρανοί·
1:12 σὺ δὲ ὁ αὐτὸς **εἶ** καὶ τὰ ἔτη σου οὐκ ἐκλείψουσιν.
1:14 οὐχὶ πάντες **εἰσὶν** λειτουργικὰ πνεύματα εἰς διακονίαν ἀποστελλόμενα διὰ τοὺς μέλλοντας κληρονομεῖν σωτηρίαν;
2: 6 διεμαρτύρατο δέ πού τις λέγων, Τί **ἐστιν** ἄνθρωπος ὅτι μιμνῄσκῃ αὐτοῦ,
2:13 καὶ πάλιν, Ἐγὼ **ἔσομαι** πεποιθὼς ἐπ' αὐτῷ, καὶ πάλιν,
2:14 ἵνα διὰ τοῦ θανάτου καταργήσῃ τὸν τὸ κράτος ἔχοντα τοῦ θανάτου, τοῦτ' **ἔστιν** τὸν διάβολον,
2:15 ὅσοι φόβῳ θανάτου διὰ παντὸς τοῦ ζῆν ἔνοχοι **ἦσαν** δουλείας.
3: 2 πιστὸν **ὄντα** τῷ ποιήσαντι αὐτὸν ὡς καὶ Μωϋσῆς ἐν [ὅλῳ] τῷ οἴκῳ αὐτοῦ.
3: 6 οὗ οἶκός **ἐσμεν** ἡμεῖς, ἐάν[περ] τὴν παρρησίαν καὶ τὸ καύχημα τῆς ἐλπίδος κατάσχωμεν.
3:12 μήποτε **ἔσται** ἔν τινι ὑμῶν καρδία πονηρὰ ἀπιστίας ἐν τῷ ἀποστῆναι ἀπὸ θεοῦ ζῶντος,
4: 2 καὶ γάρ **ἐσμεν** εὐηγγελισμένοι καθάπερ κἀκεῖνοι·
4:13 καὶ οὐκ **ἔστιν** κτίσις ἀφανὴς ἐνώπιον αὐτοῦ, πάντα δὲ γυμνὰ καὶ τετραχηλισμένα τοῖς ὀφθαλμοῖς αὐτοῦ,
5: 5 Υἱός μου **εἶ** σύ, ἐγὼ σήμερον γεγέννηκά σε·
5: 8 καίπερ **ὢν** υἱός, ἔμαθεν ἀφ' ὧν ἔπαθεν τὴν ὑπακοήν,
5:12 καὶ γὰρ ὀφείλοντες **εἶναι** διδάσκαλοι διὰ τὸν χρόνον,
5:13 πᾶς γὰρ ὁ μετέχων γάλακτος ἄπειρος λόγου δικαιοσύνης, νήπιος γάρ **ἐστιν·**
5:14 τελείων δέ **ἐστιν** ἡ στερεὰ τροφή, τῶν διὰ τὴν ἕξιν τὰ αἰσθητήρια γεγυμνασμένα ἐχόντων πρὸς διάκρισιν καλοῦ τε καὶ κακοῦ.
7: 2 πρῶτον μὲν ἑρμηνευόμενος βασιλεὺς δικαιοσύνης ἔπειτα δὲ καὶ βασιλεὺς Σαλήμ, ὅ **ἐστιν** βασιλεὺς εἰρήνης,
7: 5 τοῦτ' **ἔστιν** τοὺς ἀδελφοὺς αὐτῶν, καίπερ ἐξεληλυθότας ἐκ τῆς ὀσφύος Ἀβραάμ·
7:10 ἔτι γὰρ ἐν τῇ ὀσφύϊ τοῦ πατρὸς **ἦν** ὅτε συνήντησεν αὐτῷ Μελχισέδεκ.
7:11 Εἰ μὲν οὖν τελείωσις διὰ τῆς Λευιτικῆς ἱερωσύνης **ἦν,**
7:15 καὶ περισσότερον ἔτι κατάδηλόν **ἐστιν,** εἰ κατὰ τὴν ὁμοιότητα Μελχισέδεκ ἀνίσταται ἱερεὺς ἕτερος,
7:20 οἱ μὲν γὰρ χωρὶς ὁρκωμοσίας **εἰσὶν** ἱερεῖς γεγονότες,
7:23 καὶ οἱ μὲν πλείονές **εἰσιν** γεγονότες ἱερεῖς διὰ τὸ θανάτῳ κωλύεσθαι παραμένειν·
8: 4 εἰ μὲν οὖν **ἦν** ἐπὶ γῆς, οὐδ' ἂν **ἦν** ἱερεύς, **ὄντων** τῶν προσφερόντων κατὰ νόμον τὰ δῶρα·
8: 6 ὅσῳ καὶ κρείττονός **ἐστιν** διαθήκης μεσίτης, ἥτις ἐπὶ κρείττοσιν ἐπαγγελίαις νενομοθέτηται.
8: 7 Εἰ γὰρ ἡ πρώτη ἐκείνη **ἦν** ἄμεμπτος, οὐκ ἂν δευτέρας ἐζητεῖτο τόπος.
8:10 καὶ **ἔσομαι** αὐτοῖς εἰς θεόν, καὶ αὐτοὶ **ἔσονταί** μοι εἰς λαόν·
8:12 ὅτι ἵλεως **ἔσομαι** ταῖς ἀδικίαις αὐτῶν καὶ τῶν ἁμαρτιῶν αὐτῶν οὐ μὴ μνησθῶ ἔτι.
9: 5 περὶ ὧν οὐκ **ἔστιν** νῦν λέγειν κατὰ μέρος.
9:11 διὰ τῆς μείζονος καὶ τελειοτέρας σκηνῆς οὐ χειροποιήτου, τοῦτ' **ἔστιν** οὐ ταύτης τῆς κτίσεως,
9:15 Καὶ διὰ τοῦτο διαθήκης καινῆς μεσίτης **ἐστίν,** ὅπως θανάτου γενομένου εἰς ἀπολύτρωσιν τῶν ἐπὶ τῇ πρώτῃ διαθήκῃ
10:10 ἐν ᾧ θελήματι ἡγιασμένοι **ἐσμὲν** διὰ τῆς προσφορᾶς τοῦ σώματος Ἰησοῦ Χριστοῦ ἐφάπαξ.
10:20 ἣν ἐνεκαίνισεν ἡμῖν ὁδὸν πρόσφατον καὶ ζῶσαν διὰ τοῦ καταπετάσματος, τοῦτ' **ἔστιν** τῆς σαρκὸς αὐτοῦ,
10:39 ἡμεῖς δὲ οὐκ **ἐσμὲν** ὑποστολῆς εἰς ἀπώλειαν ἀλλὰ πίστεως εἰς περιποίησιν ψυχῆς.
11: 1 **Ἔστιν** δὲ πίστις ἐλπιζομένων ὑπόστασις, πραγμάτων ἔλεγχος οὐ βλεπομένων.
11: 4 δι' ἧς ἐμαρτυρήθη **εἶναι** δίκαιος, μαρτυροῦντος ἐπὶ τοῖς δώροις αὐτοῦ τοῦ θεοῦ,
11: 6 πιστεῦσαι γὰρ δεῖ τὸν προσερχόμενον τῷ θεῷ ὅτι **ἔστιν** καὶ τοῖς ἐκζητοῦσιν αὐτὸν μισθαποδότης γίνεται.
11:13 καὶ ἀσπασάμενοι καὶ ὁμολογήσαντες ὅτι ξένοι καὶ παρεπίδημοί **εἰσιν** ἐπὶ τῆς γῆς.
11:16 νῦν δὲ κρείττονος ὀρέγονται, τοῦτ' **ἔστιν** ἐπουρανίου. διὸ οὐκ ἐπαισχύνεται αὐτοὺς ὁ θεὸς θεὸς ἐπικαλεῖσθαι αὐτῶν·
11:38 ὧν οὐκ **ἦν** ἄξιος ὁ κόσμος, ἐπὶ ἐρημίαις πλανώμενοι καὶ ὄρεσιν καὶ σπηλαίοις καὶ ταῖς ὀπαῖς τῆς γῆς.
12: 8 εἰ δὲ χωρίς **ἐστε** παιδείας ἧς μέτοχοι γεγόνασιν πάντες, ἄρα νόθοι καὶ οὐχ υἱοί **ἐστε.**
12:11 πᾶσα δὲ παιδεία πρὸς μὲν τὸ παρὸν οὐ δοκεῖ χαρᾶς **εἶναι** ἀλλὰ λύπης,
12:21 καί, οὕτω φοβερὸν **ἦν** τὸ φανταζόμενον, Μωϋσῆς εἶπεν, Ἔκφοβός **εἰμι** καὶ ἔντρομος.
13: 3 τῶν κακουχουμένων ὡς καὶ αὐτοὶ **ὄντες** ἐν σώματι.
13:15 τοῦτ' **ἔστιν** καρπὸν χειλέων ὁμολογούντων τῷ ὀνόματι αὐτοῦ.
Jas 1: 4 ἵνα **ἦτε** τέλειοι καὶ ὁλόκληροι ἐν μηδενὶ λειπόμενοι.
1:13 ὁ γὰρ θεὸς ἀπείραστός **ἐστιν** κακῶν, πειράζει δὲ αὐτὸς οὐδένα.
1:17 πᾶσα δόσις ἀγαθὴ καὶ πᾶν δώρημα τέλειον ἄνωθέν **ἐστιν** καταβαῖνον ἀπὸ τοῦ πατρὸς τῶν φώτων,
1:18 βουληθεὶς ἀπεκύησεν ἡμᾶς λόγῳ ἀληθείας εἰς τὸ **εἶναι** ἡμᾶς ἀπαρχήν τινα τῶν αὐτοῦ κτισμάτων.
1:19 **ἔστω** δὲ πᾶς ἄνθρωπος ταχὺς εἰς τὸ ἀκοῦσαι,
1:23 ὅτι εἴ τις ἀκροατὴς λόγου **ἐστὶν** καὶ οὐ ποιητής,
1:24 κατενόησεν γὰρ ἑαυτὸν καὶ ἀπελήλυθεν καὶ εὐθέως ἐπελάθετο ὁποῖος **ἦν.**
1:25 οὐκ ἀκροατὴς ἐπιλησμονῆς γενόμενος ἀλλὰ ποιητὴς ἔργου, οὗτος μακάριος ἐν τῇ ποιήσει αὐτοῦ **ἔσται.**
1:26 Εἴ τις δοκεῖ θρησκὸς **εἶναι** μὴ χαλιναγωγῶν γλῶσσαν αὐτοῦ ἀλλὰ ἀπατῶν καρδίαν αὐτοῦ,
1:27 θρησκεία καθαρὰ καὶ ἀμίαντος παρὰ τῷ θεῷ καὶ πατρὶ αὕτη **ἐστίν,**
2:17 ἐὰν μὴ ἔχῃ ἔργα, νεκρά **ἐστιν** καθ' ἑαυτήν.
2:19 σὺ πιστεύεις ὅτι εἷς **ἐστιν** ὁ θεός, καλῶς ποιεῖς·
2:20 ὅτι ἡ πίστις χωρὶς τῶν ἔργων ἀργή **ἐστιν;**
2:26 ὥσπερ γὰρ τὸ σῶμα χωρὶς πνεύματος νεκρόν **ἐστιν,** οὕτως καὶ ἡ πίστις χωρὶς ἔργων νεκρά **ἐστιν.**
3: 4 ἰδοὺ καὶ τὰ πλοῖα τηλικαῦτα **ὄντα** καὶ ὑπὸ ἀνέμων σκληρῶν ἐλαυνόμενα,
3: 5 οὕτως καὶ ἡ γλῶσσα μικρὸν μέλος **ἐστὶν** καὶ μεγάλα αὐχεῖ.
3:15 οὐκ **ἔστιν** αὕτη ἡ σοφία ἄνωθεν κατερχομένη ἀλλὰ ἐπίγειος,
3:17 ἡ δὲ ἄνωθεν σοφία πρῶτον μὲν ἁγνή **ἐστιν,**
4: 4 οὐκ οἴδατε ὅτι ἡ φιλία τοῦ κόσμου ἔχθρα τοῦ θεοῦ **ἐστιν;** ὃς ἐὰν οὖν βουληθῇ φίλος **εἶναι** τοῦ κόσμου, ἐχθρὸς τοῦ θεοῦ
4:11 εἰ δὲ νόμον κρίνεις, οὐκ **εἶ** ποιητὴς νόμου ἀλλὰ κριτής.
4:12 εἷς **ἐστιν** [ὁ] νομοθέτης καὶ κριτὴς ὁ δυνάμενος σῶσαι καὶ ἀπολέσαι· σὺ δὲ τίς **εἶ** ὁ κρίνων τὸν πλησίον;
4:14 ἀτμὶς γάρ **ἐστε** ἡ πρὸς ὀλίγον φαινομένη, ἔπειτα καὶ ἀφανιζομένη.
4:16 νῦν δὲ καυχᾶσθε ἐν ταῖς ἀλαζονείαις ὑμῶν· πᾶσα καύχησις τοιαύτη πονηρά **ἐστιν.**
4:17 εἰδότι οὖν καλὸν ποιεῖν καὶ μὴ ποιοῦντι, ἁμαρτία αὐτῷ **ἐστιν.**
5: 3 ὁ χρυσὸς ὑμῶν καὶ ὁ ἄργυρος κατίωται καὶ ὁ ἰὸς αὐτῶν εἰς μαρτύριον ὑμῖν **ἔσται** καὶ φάγεται τὰς σάρκας ὑμῶν ὡς πῦρ.
5:11 τὴν ὑπομονὴν Ἰὼβ ἠκούσατε καὶ τὸ τέλος κυρίου εἴδετε, ὅτι πολύσπλαγχνός **ἐστιν** ὁ κύριος καὶ οἰκτίρμων.
5:12 **ἤτω** δὲ ὑμῶν τὸ Ναὶ ναὶ καὶ τὸ Οὒ οὔ,
5:15 καὶ ἡ εὐχὴ τῆς πίστεως σώσει τὸν κάμνοντα καὶ ἐγερεῖ αὐτὸν ὁ κύριος· κἂν ἁμαρτίας **ᾖ** πεποιηκώς, ἀφεθήσεται αὐτῷ.
5:17 Ἠλίας ἄνθρωπος **ἦν** ὁμοιοπαθὴς ἡμῖν, καὶ προσευχῇ προσηύξατο τοῦ μὴ βρέξαι,
1Pe 1: 6 ὀλίγον ἄρτι εἰ δέον **[ἐστὶν]** λυπηθέντες ἐν ποικίλοις πειρασμοῖς,
1:16 διότι γέγραπται [ὅτι] Ἅγιοι **ἔσεσθε,** ὅτι ἐγὼ ἅγιός **[εἰμι.]**
1:21 ὥστε τὴν πίστιν ὑμῶν καὶ ἐλπίδα **εἶναι** εἰς θεόν.
1:25 τοῦτο δέ **ἐστιν** τὸ ῥῆμα τὸ εὐαγγελισθὲν εἰς ὑμᾶς.
2:15 ὅτι οὕτως **ἐστὶν** τὸ θέλημα τοῦ θεοῦ ἀγαθοποιοῦντας φιμοῦν τὴν τῶν ἀφρόνων ἀνθρώπων ἀγνωσίαν,
2:25 **ἦτε** γὰρ ὡς πρόβατα πλανώμενοι, ἀλλὰ ἐπεστράφητε νῦν ἐπὶ τὸν ποιμένα καὶ ἐπίσκοπον τῶν ψυχῶν ὑμῶν.
3: 3 ὧν **ἔστω** οὐχ ὁ ἔξωθεν ἐμπλοκῆς τριχῶν καὶ περιθέσεως χρυσίων ἢ ἐνδύσεως ἱματίων κόσμος
3: 4 ὁ κρυπτὸς τῆς καρδίας ἄνθρωπος ἐν τῷ ἀφθάρτῳ τοῦ πραέως καὶ ἡσυχίου πνεύματος, ὅ **ἐστιν** ἐνώπιον τοῦ θεοῦ πολυτελές.
3:20 ἐν ἡμέραις Νῶε κατασκευαζομένης κιβωτοῦ εἰς ἣν ὀλίγοι, τοῦτ' **ἔστιν** ὀκτὼ ψυχαί, διεσώθησαν δι' ὕδατος.
3:22 ὅς **ἐστιν** ἐν δεξιᾷ [τοῦ] θεοῦ πορευθεὶς εἰς οὐρανὸν ὑποταγέντων αὐτῷ ἀγγέλων καὶ ἐξουσιῶν καὶ δυνάμεων.
4:11 ᾧ **ἐστιν** ἡ δόξα καὶ τὸ κράτος εἰς τοὺς αἰῶνας τῶν αἰώνων,
5:12 δι' ὀλίγων ἔγραψα παρακαλῶν καὶ ἐπιμαρτυρῶν ταύτην **εἶναι** ἀληθῆ χάριν τοῦ θεοῦ εἰς ἣν στῆτε.
2Pe 1: 9 ᾧ γὰρ μὴ πάρεστιν ταῦτα, τυφλός **ἐστιν** μυωπάζων,

1:13 δίκαιον δὲ ἡγοῦμαι, ἐφ᾽ ὅσον **εἰμὶ** ἐν τούτῳ τῷ σκηνώματι,
1:14 εἰδὼς ὅτι ταχινή **ἐστιν** ἡ ἀπόθεσις τοῦ σκηνώματός μου καθὼς καὶ ὁ κύριος ἡμῶν Ἰησοῦς Χριστὸς ἐδήλωσέν μοι,
1:17 Ὁ υἱός μου ὁ ἀγαπητός μου οὗτός **ἐστιν** εἰς ὃν ἐγὼ εὐδόκησα,
1:18 καὶ ταύτην τὴν φωνὴν ἡμεῖς ἠκούσαμεν ἐξ οὐρανοῦ ἐνεχθεῖσαν σὺν αὐτῷ **ὄντες** ἐν τῷ ἁγίῳ ὄρει.
2: 1 Ἐγένοντο δὲ καὶ ψευδοπροφῆται ἐν τῷ λαῷ, ὡς καὶ ἐν ὑμῖν **ἔσονται** ψευδοδιδάσκαλοι,
2:11 ὅπου ἄγγελοι ἰσχύϊ καὶ δυνάμει μείζονες **ὄντες** οὐ φέρουσιν κατ᾽ αὐτῶν παρὰ κυρίου βλάσφημον κρίσιν.
2:17 Οὗτοί **εἰσιν** πηγαὶ ἄνυδροι καὶ ὁμίχλαι ὑπὸ λαίλαπος ἐλαυνόμεναι,
2:21 κρεῖττον γὰρ **ἦν** αὐτοῖς μὴ ἐπεγνωκέναι τὴν ὁδὸν τῆς δικαιοσύνης ἢ ἐπιγνοῦσιν ὑποστρέψαι ἐκ τῆς παραδοθείσης
3: 4 καὶ λέγοντες, Ποῦ **ἐστιν** ἡ ἐπαγγελία τῆς παρουσίας αὐτοῦ;
3: 5 λανθάνει γὰρ αὐτοὺς τοῦτο θέλοντας ὅτι οὐρανοὶ **ἦσαν** ἔκπαλαι καὶ γῆ ἐξ ὕδατος καὶ δι᾽ ὕδατος συνεστῶσα
3: 7 οἱ δὲ νῦν οὐρανοὶ καὶ ἡ γῆ τῷ αὐτῷ λόγῳ τεθησαυρισμένοι **εἰσὶν** πυρὶ τηρούμενοι εἰς ἡμέραν κρίσεως καὶ ἀπωλείας
3:16 ὡς καὶ ἐν πάσαις ἐπιστολαῖς λαλῶν ἐν αὐταῖς περὶ τούτων, ἐν αἷς **ἐστιν** δυσνόητά τινα,

1Jn 1: 1 Ὃ **ἦν** ἀπ᾽ ἀρχῆς, ὃ ἀκηκόαμεν, ὃ ἑωράκαμεν τοῖς ὀφθαλμοῖς ἡμῶν,
1: 2 καὶ ἑωράκαμεν καὶ μαρτυροῦμεν καὶ ἀπαγγέλλομεν ὑμῖν τὴν ζωὴν τὴν αἰώνιον ἥτις **ἦν** πρὸς τὸν πατέρα καὶ ἐφανερώθη ἡμῖν–
1: 4 καὶ ταῦτα γράφομεν ἡμεῖς, ἵνα ἡ χαρὰ ἡμῶν **ᾖ** πεπληρωμένη.
1: 5 Καὶ **ἔστιν** αὕτη ἡ ἀγγελία ἣν ἀκηκόαμεν ἀπ᾽ αὐτοῦ καὶ ἀναγγέλλομεν ὑμῖν, ὅτι ὁ θεὸς φῶς **ἐστιν** καὶ σκοτία ἐν αὐτῷ οὐκ **ἔστιν** οὐδεμία.
1: 7 ἐὰν δὲ ἐν τῷ φωτὶ περιπατῶμεν ὡς αὐτός **ἐστιν** ἐν τῷ φωτί,
1: 8 ἑαυτοὺς πλανῶμεν καὶ ἡ ἀλήθεια οὐκ **ἔστιν** ἐν ἡμῖν.
1: 9 ἐὰν ὁμολογῶμεν τὰς ἁμαρτίας ἡμῶν, πιστός **ἐστιν** καὶ δίκαιος,
1:10 ψεύστην ποιοῦμεν αὐτὸν καὶ ὁ λόγος αὐτοῦ οὐκ **ἔστιν** ἐν ἡμῖν.
2: 2 καὶ αὐτὸς ἱλασμός **ἐστιν** περὶ τῶν ἁμαρτιῶν ἡμῶν,
2: 4 ψεύστης **ἐστὶν** καὶ ἐν τούτῳ ἡ ἀλήθεια οὐκ **ἔστιν·**
2: 5 ἀληθῶς ἐν τούτῳ ἡ ἀγάπη τοῦ θεοῦ τετελείωται, ἐν τούτῳ γινώσκομεν ὅτι ἐν αὐτῷ **ἐσμεν.**
2: 7 ἡ ἐντολὴ ἡ παλαιά **ἐστιν** ὁ λόγος ὃν ἠκούσατε.
2: 8 ὅ **ἐστιν** ἀληθὲς ἐν αὐτῷ καὶ ἐν ὑμῖν,
2: 9 ὁ λέγων ἐν τῷ φωτὶ **εἶναι** καὶ τὸν ἀδελφὸν αὐτοῦ μισῶν ἐν τῇ σκοτίᾳ **ἐστὶν** ἕως ἄρτι.
2:10 ὁ ἀγαπῶν τὸν ἀδελφὸν αὐτοῦ ἐν τῷ φωτὶ μένει καὶ σκάνδαλον ἐν αὐτῷ οὐκ **ἔστιν·**
2:11 ὁ δὲ μισῶν τὸν ἀδελφὸν αὐτοῦ ἐν τῇ σκοτίᾳ **ἐστὶν** καὶ ἐν τῇ σκοτίᾳ περιπατεῖ καὶ οὐκ οἶδεν ποῦ ὑπάγει,
2:14 ὅτι ἰσχυροί **ἐστε** καὶ ὁ λόγος τοῦ θεοῦ ἐν ὑμῖν μένει καὶ νενικήκατε τὸν πονηρόν.
2:15 οὐκ **ἔστιν** ἡ ἀγάπη τοῦ πατρὸς ἐν αὐτῷ·
2:16 οὐκ **ἔστιν** ἐκ τοῦ πατρὸς ἀλλ᾽ ἐκ τοῦ κόσμου **ἐστίν.**
2:18 Παιδία, ἐσχάτη ὥρα **ἐστίν,** καὶ καθὼς ἠκούσατε ὅτι ἀντίχριστος ἔρχεται, καὶ νῦν ἀντίχριστοι πολλοὶ γεγόνασιν, ὅθεν γινώσκομεν ὅτι ἐσχάτη ὥρα **ἐστίν.**
2:19 ἐξ ἡμῶν ἐξῆλθαν ἀλλ᾽ οὐκ **ἦσαν** ἐξ ἡμῶν· εἰ γὰρ ἐξ ἡμῶν **ἦσαν,** μεμενήκεισαν ἂν μεθ᾽ ἡμῶν· ἀλλ᾽ ἵνα φανερωθῶσιν ὅτι οὐκ **εἰσὶν** πάντες ἐξ ἡμῶν.
2:21 οὐκ ἔγραψα ὑμῖν ὅτι οὐκ οἴδατε τὴν ἀλήθειαν ἀλλ᾽ ὅτι οἴδατε αὐτὴν καὶ ὅτι πᾶν ψεῦδος ἐκ τῆς ἀληθείας οὐκ **ἔστιν.**
2:22 Τίς **ἐστιν** ὁ ψεύστης εἰ μὴ ὁ ἀρνούμενος ὅτι Ἰησοῦς οὐκ **ἔστιν** ὁ Χριστός; οὗτός **ἐστιν** ὁ ἀντίχριστος, ὁ ἀρνούμενος τὸν πατέρα καὶ τὸν υἱόν.
2:25 καὶ αὕτη **ἐστὶν** ἡ ἐπαγγελία ἣν αὐτὸς ἐπηγγείλατο ἡμῖν,
2:27 ἀλλ᾽ ὡς τὸ αὐτοῦ χρῖσμα διδάσκει ὑμᾶς περὶ πάντων καὶ ἀληθές **ἐστιν** καὶ οὐκ **ἔστιν** ψεῦδος,
2:29 ἐὰν εἰδῆτε ὅτι δίκαιός **ἐστιν,** γινώσκετε ὅτι καὶ πᾶς ὁ ποιῶν τὴν δικαιοσύνην ἐξ αὐτοῦ γεγέννηται.
3: 1 ἴδετε ποταπὴν ἀγάπην δέδωκεν ἡμῖν ὁ πατήρ, ἵνα τέκνα θεοῦ κληθῶμεν, καὶ **ἐσμέν.**
3: 2 Ἀγαπητοί, νῦν τέκνα θεοῦ **ἐσμεν,** καὶ οὔπω ἐφανερώθη τί **ἐσόμεθα.** οἴδαμεν ὅτι ἐὰν φανερωθῇ, ὅμοιοι αὐτῷ **ἐσόμεθα,** ὅτι ὀψόμεθα αὐτὸν καθώς **ἐστιν.**
3: 3 καὶ πᾶς ὁ ἔχων τὴν ἐλπίδα ταύτην ἐπ᾽ αὐτῷ ἁγνίζει ἑαυτόν, καθὼς ἐκεῖνος ἁγνός **ἐστιν.**
3: 4 Πᾶς ὁ ποιῶν τὴν ἁμαρτίαν καὶ τὴν ἀνομίαν ποιεῖ, καὶ ἡ ἁμαρτία **ἐστὶν** ἡ ἀνομία.
3: 5 ἵνα τὰς ἁμαρτίας ἄρῃ, καὶ ἁμαρτία ἐν αὐτῷ οὐκ **ἔστιν.**
3: 7 ὁ ποιῶν τὴν δικαιοσύνην δίκαιός **ἐστιν,** καθὼς ἐκεῖνος δίκαιός **ἐστιν·**
3: 8 ὁ ποιῶν τὴν ἁμαρτίαν ἐκ τοῦ διαβόλου **ἐστίν,**
3:10 ἐν τούτῳ φανερά **ἐστιν** τὰ τέκνα τοῦ θεοῦ καὶ τὰ τέκνα τοῦ διαβόλου· πᾶς ὁ μὴ ποιῶν δικαιοσύνην οὐκ **ἔστιν** ἐκ τοῦ θεοῦ,
3:11 Ὅτι αὕτη **ἐστὶν** ἡ ἀγγελία ἣν ἠκούσατε ἀπ᾽ ἀρχῆς,
3:12 οὐ καθὼς Κάϊν ἐκ τοῦ πονηροῦ **ἦν** καὶ ἔσφαξεν τὸν ἀδελφὸν αὐτοῦ· καὶ χάριν τίνος ἔσφαξεν αὐτόν; ὅτι τὰ ἔργα αὐτοῦ πονηρὰ **ἦν** τὰ δὲ τοῦ ἀδελφοῦ αὐτοῦ δίκαια.
3:15 πᾶς ὁ μισῶν τὸν ἀδελφὸν αὐτοῦ ἀνθρωποκτόνος **ἐστίν,**
3:19 [Καὶ] ἐν τούτῳ γνωσόμεθα ὅτι ἐκ τῆς ἀληθείας **ἐσμέν,**
3:20 ὅτι μείζων **ἐστὶν** ὁ θεὸς τῆς καρδίας ἡμῶν καὶ γινώσκει πάντα.
3:23 καὶ αὕτη **ἐστὶν** ἡ ἐντολὴ αὐτοῦ, ἵνα πιστεύσωμεν τῷ ὀνόματι τοῦ υἱοῦ αὐτοῦ Ἰησοῦ Χριστοῦ καὶ ἀγαπῶμεν ἀλλήλους,
4: 1 μὴ παντὶ πνεύματι πιστεύετε ἀλλὰ δοκιμάζετε τὰ πνεύματα εἰ ἐκ τοῦ θεοῦ **ἐστιν,**
4: 2 πᾶν πνεῦμα ὃ ὁμολογεῖ Ἰησοῦν Χριστὸν ἐν σαρκὶ ἐληλυθότα ἐκ τοῦ θεοῦ **ἐστιν,**
4: 3 καὶ πᾶν πνεῦμα ὃ μὴ ὁμολογεῖ τὸν Ἰησοῦν ἐκ τοῦ θεοῦ οὐκ **ἔστιν·** καὶ τοῦτό **ἐστιν** τὸ τοῦ ἀντιχρίστου, ὃ ἀκηκόατε ὅτι ἔρχεται, καὶ νῦν ἐν τῷ κόσμῳ **ἐστὶν** ἤδη.
4: 4 ὑμεῖς ἐκ τοῦ θεοῦ **ἐστε,** τεκνία, καὶ νενικήκατε αὐτούς, ὅτι μείζων **ἐστὶν** ὁ ἐν ὑμῖν ἢ ὁ ἐν τῷ κόσμῳ.
4: 5 αὐτοὶ ἐκ τοῦ κόσμου **εἰσίν,** διὰ τοῦτο ἐκ τοῦ κόσμου λαλοῦσιν καὶ ὁ κόσμος αὐτῶν ἀκούει.
4: 6 ἡμεῖς ἐκ τοῦ θεοῦ **ἐσμεν,** ὁ γινώσκων τὸν θεὸν ἀκούει ἡμῶν, ὃς οὐκ **ἔστιν** ἐκ τοῦ θεοῦ οὐκ ἀκούει ἡμῶν.
4: 7 ἀγαπῶμεν ἀλλήλους, ὅτι ἡ ἀγάπη ἐκ τοῦ θεοῦ **ἐστιν,**
4: 8 ὁ μὴ ἀγαπῶν οὐκ ἔγνω τὸν θεόν, ὅτι ὁ θεὸς ἀγάπη **ἐστίν.**
4:10 ἐν τούτῳ **ἐστὶν** ἡ ἀγάπη, οὐχ ὅτι ἡμεῖς ἠγαπήκαμεν τὸν θεὸν ἀλλ᾽ ὅτι αὐτὸς ἠγάπησεν ἡμᾶς καὶ ἀπέστειλεν τὸν υἱὸν αὐτοῦ
4:12 ὁ θεὸς ἐν ἡμῖν μένει καὶ ἡ ἀγάπη αὐτοῦ ἐν ἡμῖν τετελειωμένη **ἐστιν.**
4:15 ὃς ἐὰν ὁμολογήσῃ ὅτι Ἰησοῦς **ἐστιν** ὁ υἱὸς τοῦ θεοῦ,
4:16 Ὁ θεὸς ἀγάπη **ἐστίν,** καὶ ὁ μένων ἐν τῇ ἀγάπῃ ἐν τῷ θεῷ μένει καὶ ὁ θεὸς ἐν αὐτῷ μένει.
4:17 ὅτι καθὼς ἐκεῖνός **ἐστιν** καὶ ἡμεῖς **ἐσμεν** ἐν τῷ κόσμῳ τούτῳ.
4:18 φόβος οὐκ **ἔστιν** ἐν τῇ ἀγάπῃ ἀλλ᾽ ἡ τελεία ἀγάπη ἔξω βάλλει τὸν φόβον,
4:20 ἐάν τις εἴπῃ ὅτι Ἀγαπῶ τὸν θεὸν καὶ τὸν ἀδελφὸν αὐτοῦ μισῇ, ψεύστης **ἐστίν·**
5: 1 Πᾶς ὁ πιστεύων ὅτι Ἰησοῦς **ἐστιν** ὁ Χριστός,
5: 3 αὕτη γάρ **ἐστιν** ἡ ἀγάπη τοῦ θεοῦ, ἵνα τὰς ἐντολὰς αὐτοῦ τηρῶμεν, καὶ αἱ ἐντολαὶ αὐτοῦ βαρεῖαι οὐκ **εἰσίν.**
5: 4 καὶ αὕτη **ἐστὶν** ἡ νίκη ἡ νικήσασα τὸν κόσμον,
5: 5 τίς [δέ] **ἐστιν** ὁ νικῶν τὸν κόσμον εἰ μὴ ὁ πιστεύων ὅτι Ἰησοῦς **ἐστιν** ὁ υἱὸς τοῦ θεοῦ;
5: 6 Οὗτός **ἐστιν** ὁ ἐλθὼν δι᾽ ὕδατος καὶ αἵματος, Ἰησοῦς Χριστός, οὐκ ἐν τῷ ὕδατι μόνον ἀλλ᾽ ἐν τῷ ὕδατι καὶ ἐν τῷ αἵματι· καὶ τὸ πνεῦμά **ἐστιν** τὸ μαρτυροῦν, ὅτι τὸ πνεῦμά **ἐστιν** ἡ ἀλήθεια.
5: 7 ὅτι τρεῖς **εἰσιν** οἱ μαρτυροῦντες,
5: 8 τὸ πνεῦμα καὶ τὸ ὕδωρ καὶ τὸ αἷμα, καὶ οἱ τρεῖς εἰς τὸ ἕν **εἰσιν.**
5: 9 εἰ τὴν μαρτυρίαν τῶν ἀνθρώπων λαμβάνομεν, ἡ μαρτυρία τοῦ θεοῦ μείζων **ἐστίν·** ὅτι αὕτη **ἐστὶν** ἡ μαρτυρία τοῦ θεοῦ ὅτι μεμαρτύρηκεν περὶ τοῦ υἱοῦ αὐτοῦ.
5:11 καὶ αὕτη **ἐστὶν** ἡ μαρτυρία, ὅτι ζωὴν αἰώνιον ἔδωκεν ἡμῖν ὁ θεός, καὶ αὕτη ἡ ζωὴ ἐν τῷ υἱῷ αὐτοῦ **ἐστιν.**
5:14 καὶ αὕτη **ἐστὶν** ἡ παρρησία ἣν ἔχομεν πρὸς αὐτὸν ὅτι ἐάν τι αἰτώμεθα κατὰ τὸ θέλημα αὐτοῦ ἀκούει ἡμῶν.
5:16 **ἔστιν** ἁμαρτία πρὸς θάνατον· οὐ περὶ ἐκείνης λέγω ἵνα ἐρωτήσῃ.
5:17 πᾶσα ἀδικία ἁμαρτία **ἐστίν,** καὶ **ἔστιν** ἁμαρτία οὐ πρὸς θάνατον.
5:19 οἴδαμεν ὅτι ἐκ τοῦ θεοῦ **ἐσμεν** καὶ ὁ κόσμος ὅλος ἐν τῷ πονηρῷ κεῖται.
5:20 καὶ **ἐσμὲν** ἐν τῷ ἀληθινῷ, ἐν τῷ υἱῷ αὐτοῦ Ἰησοῦ Χριστῷ. οὗτός **ἐστιν** ὁ ἀληθινὸς θεὸς καὶ ζωὴ αἰώνιος.

2Jn 1: 2 διὰ τὴν ἀλήθειαν τὴν μένουσαν ἐν ἡμῖν καὶ μεθ᾽ ἡμῶν **ἔσται** εἰς τὸν αἰῶνα.
1: 3 **ἔσται** μεθ᾽ ἡμῶν χάρις ἔλεος εἰρήνη παρὰ θεοῦ πατρὸς καὶ παρὰ Ἰησοῦ Χριστοῦ τοῦ υἱοῦ τοῦ πατρὸς ἐν ἀληθείᾳ
1: 6 καὶ αὕτη **ἐστὶν** ἡ ἀγάπη, ἵνα περιπατῶμεν κατὰ τὰς ἐντολὰς αὐτοῦ· αὕτη ἡ ἐντολή **ἐστιν,** καθὼς ἠκούσατε ἀπ᾽ ἀρχῆς,
1: 7 οἱ μὴ ὁμολογοῦντες Ἰησοῦν Χριστὸν ἐρχόμενον ἐν σαρκί· οὗτός **ἐστιν** ὁ πλάνος καὶ ὁ ἀντίχριστος.

1:12 ἀλλὰ ἐλπίζω γενέσθαι πρὸς ὑμᾶς καὶ στόμα πρὸς στόμα λαλῆσαι, ἵνα ἡ χαρὰ ἡμῶν πεπληρωμένη **ᾖ.**

3Jn 1:11 ὁ ἀγαθοποιῶν ἐκ τοῦ θεοῦ **ἐστιν·** ὁ κακοποιῶν οὐχ ἑώρακεν τὸν θεόν.

1:12 καὶ οἶδας ὅτι ἡ μαρτυρία ἡμῶν ἀληθής **ἐστιν.**

Jude 1:12 οὗτοί **εἰσιν** οἱ ἐν ταῖς ἀγάπαις ὑμῶν σπιλάδες συνευωχούμενοι ἀφόβως,

1:16 Οὗτοί **εἰσιν** γογγυσταὶ μεμψίμοιροι κατὰ τὰς ἐπιθυμίας ἑαυτῶν πορευόμενοι,

1:18 Ἐπ' ἐσχάτου [τοῦ] χρόνου **ἔσονται** ἐμπαῖκται κατὰ τὰς ἑαυτῶν ἐπιθυμίας πορευόμενοι τῶν ἀσεβειῶν.

1:19 Οὗτοί **εἰσιν** οἱ ἀποδιορίζοντες, ψυχικοί, πνεῦμα μὴ ἔχοντες.

Rev 1: 4 χάρις ὑμῖν καὶ εἰρήνη ἀπὸ ὁ **ὢν** καὶ ὁ **ἦν** καὶ ὁ ἐρχόμενος καὶ ἀπὸ τῶν ἑπτὰ πνευμάτων ἃ ἐνώπιον τοῦ θρόνου αὐτοῦ

1: 8 Ἐγώ **εἰμι** τὸ Ἄλφα καὶ τὸ Ὦ, λέγει κύριος ὁ θεός, ὁ **ὢν** καὶ ὁ **ἦν** καὶ ὁ ἐρχόμενος,

1:17 Μὴ φοβοῦ· ἐγώ **εἰμι** ὁ πρῶτος καὶ ὁ ἔσχατος

1:18 καὶ ἐγενόμην νεκρὸς καὶ ἰδοὺ ζῶν **εἰμι** εἰς τοὺς αἰῶνας τῶν αἰώνων καὶ ἔχω τὰς κλεῖς τοῦ θανάτου καὶ τοῦ ᾅδου.

1:19 γράψον οὖν ἃ εἶδες καὶ ἃ **εἰσὶν** καὶ ἃ μέλλει γενέσθαι μετὰ ταῦτα.

1:20 οἱ ἑπτὰ ἀστέρες ἄγγελοι τῶν ἑπτὰ ἐκκλησιῶν **εἰσιν** καὶ αἱ λυχνίαι αἱ ἑπτὰ ἑπτὰ ἐκκλησίαι **εἰσίν.**

2: 2 καὶ ἐπείρασας τοὺς λέγοντας ἑαυτοὺς ἀποστόλους καὶ οὐκ **εἰσὶν** καὶ εὗρες αὐτοὺς ψευδεῖς,

2: 7 τῷ νικῶντι δώσω αὐτῷ φαγεῖν ἐκ τοῦ ξύλου τῆς ζωῆς, ὅ **ἐστιν** ἐν τῷ παραδείσῳ τοῦ θεοῦ.

2: 9 Οἶδά σου τὴν θλῖψιν καὶ τὴν πτωχείαν, ἀλλὰ πλούσιος **εἶ,** καὶ τὴν βλασφημίαν ἐκ τῶν λεγόντων Ἰουδαίους **εἶναι** ἑαυτοὺς καὶ οὐκ **εἰσὶν** ἀλλὰ συναγωγὴ τοῦ Σατανᾶ.

2:23 καὶ γνώσονται πᾶσαι αἱ ἐκκλησίαι ὅτι ἐγώ **εἰμι** ὁ ἐραυνῶν νεφροὺς καὶ καρδίας,

3: 1 Οἶδά σου τὰ ἔργα ὅτι ὄνομα ἔχεις ὅτι ζῇς, καὶ νεκρὸς **εἶ.**

3: 4 καὶ περιπατήσουσιν μετ' ἐμοῦ ἐν λευκοῖς, ὅτι ἄξιοί **εἰσιν.**

3: 9 ἰδοὺ διδῶ ἐκ τῆς συναγωγῆς τοῦ Σατανᾶ τῶν λεγόντων ἑαυτοὺς Ἰουδαίους **εἶναι,** καὶ οὐκ **εἰσὶν** ἀλλὰ ψεύδονται.

3:15 Οἶδά σου τὰ ἔργα ὅτι οὔτε ψυχρὸς **εἶ** οὔτε ζεστός. ὄφελον ψυχρὸς **ἦς** ἢ ζεστός.

3:16 οὕτως ὅτι χλιαρὸς **εἶ** καὶ οὔτε ζεστὸς οὔτε ψυχρός,

3:17 ὅτι λέγεις ὅτι Πλούσιός **εἰμι** καὶ πεπλούτηκα καὶ οὐδὲν χρείαν ἔχω, καὶ οὐκ οἶδας ὅτι σὺ **εἶ** ὁ ταλαίπωρος καὶ ἐλεεινὸς καὶ πτωχὸς καὶ τυφλὸς καὶ γυμνός,

4: 5 καὶ ἑπτὰ λαμπάδες πυρὸς καιόμεναι ἐνώπιον τοῦ θρόνου, ἅ **εἰσιν** τὰ ἑπτὰ πνεύματα τοῦ θεοῦ,

4: 8 ὁ **ἦν** καὶ ὁ **ὢν** καὶ ὁ ἐρχόμενος.

4:11 Ἄξιος **εἶ,** ὁ κύριος καὶ ὁ θεὸς ἡμῶν, λαβεῖν τὴν δόξαν καὶ τὴν τιμὴν καὶ τὴν δύναμιν, ὅτι σὺ ἔκτισας τὰ πάντα καὶ διὰ τὸ θέλημά σου **ἦσαν** καὶ ἐκτίσθησαν.

5: 6 ἔχων κέρατα ἑπτὰ καὶ ὀφθαλμοὺς ἑπτὰ οἵ **εἰσιν** τὰ [ἑπτὰ] πνεύματα τοῦ θεοῦ ἀπεσταλμένοι εἰς πᾶσαν τὴν γῆν.

5: 8 ἔχοντες ἕκαστος κιθάραν καὶ φιάλας χρυσᾶς γεμούσας θυμιαμάτων, αἵ **εἰσιν** αἱ προσευχαὶ τῶν ἁγίων,

5: 9 Ἄξιος **εἶ** λαβεῖν τὸ βιβλίον καὶ ἀνοῖξαι τὰς σφραγῖδας αὐτοῦ,

5:11 καὶ **ἦν** ὁ ἀριθμὸς αὐτῶν μυριάδες μυριάδων καὶ χιλιάδες χιλιάδων

5:12 Ἄξιόν **ἐστιν** τὸ ἀρνίον τὸ ἐσφαγμένον λαβεῖν τὴν δύναμιν καὶ πλοῦτον καὶ σοφίαν καὶ ἰσχὺν καὶ τιμὴν καὶ δόξαν καὶ εὐλογίαν.

7:13 Οὗτοι οἱ περιβεβλημένοι τὰς στολὰς τὰς λευκὰς τίνες **εἰσὶν** καὶ πόθεν ἦλθον;

7:14 Οὗτοί **εἰσιν** οἱ ἐρχόμενοι ἐκ τῆς θλίψεως τῆς μεγάλης καὶ ἔπλυναν τὰς στολὰς αὐτῶν καὶ ἐλεύκαναν αὐτὰς ἐν τῷ αἵματι

7:15 διὰ τοῦτό **εἰσιν** ἐνώπιον τοῦ θρόνου τοῦ θεοῦ καὶ λατρεύουσιν αὐτῷ ἡμέρας καὶ νυκτὸς ἐν τῷ ναῷ αὐτοῦ,

9: 8 καὶ εἶχον τρίχας ὡς τρίχας γυναικῶν, καὶ οἱ ὀδόντες αὐτῶν ὡς λεόντων **ἦσαν,**

9:19 ἡ γὰρ ἐξουσία τῶν ἵππων ἐν τῷ στόματι αὐτῶν **ἐστιν** καὶ ἐν ταῖς οὐραῖς αὐτῶν,

10: 6 καὶ τὴν γῆν καὶ τὰ ἐν αὐτῇ καὶ τὴν θάλασσαν καὶ τὰ ἐν αὐτῇ, ὅτι χρόνος οὐκέτι **ἔσται,**

10: 9 ἀλλ' ἐν τῷ στόματί σου **ἔσται** γλυκὺ ὡς μέλι.

10:10 καὶ **ἦν** ἐν τῷ στόματί μου ὡς μέλι γλυκὺ καὶ ὅτε ἔφαγον αὐτό,

11: 4 οὗτοί **εἰσιν** αἱ δύο ἐλαῖαι καὶ αἱ δύο λυχνίαι αἱ ἐνώπιον τοῦ κυρίου τῆς γῆς ἑστῶτες.

11:17 κύριε ὁ θεὸς ὁ παντοκράτωρ, ὁ **ὢν** καὶ ὁ **ἦν,**

13: 2 καὶ τὸ θηρίον ὃ εἶδον **ἦν** ὅμοιον παρδάλει καὶ οἱ πόδες αὐτοῦ ὡς ἄρκου καὶ τὸ στόμα αὐτοῦ ὡς στόμα λέοντος.

13:10 Ὧδέ **ἐστιν** ἡ ὑπομονὴ καὶ ἡ πίστις τῶν ἁγίων.

13:18 Ὧδε ἡ σοφία **ἐστίν.** ὁ ἔχων νοῦν ψηφισάτω τὸν ἀριθμὸν τοῦ θηρίου, ἀριθμὸς γὰρ ἀνθρώπου **ἐστίν,** καὶ ὁ ἀριθμὸς αὐτοῦ ἑξακόσιοι ἑξήκοντα ἕξ.

14: 4 οὗτοί **εἰσιν** οἳ μετὰ γυναικῶν οὐκ ἐμολύνθησαν, παρθένοι γάρ **εἰσιν,**

14: 5 καὶ ἐν τῷ στόματι αὐτῶν οὐχ εὑρέθη ψεῦδος, ἄμωμοί **εἰσιν.**

14:12 Ὧδε ἡ ὑπομονὴ τῶν ἁγίων **ἐστίν,** οἱ τηροῦντες τὰς ἐντολὰς τοῦ θεοῦ καὶ τὴν πίστιν Ἰησοῦ.

16: 5 Δίκαιος **εἶ,** ὁ **ὢν** καὶ ὁ **ἦν,** ὁ ὅσιος,

16: 6 ὅτι αἷμα ἁγίων καὶ προφητῶν ἐξέχεαν καὶ αἷμα αὐτοῖς [δ]έδωκας πιεῖν, ἄξιοί **εἰσιν.**

16:14 **εἰσὶν** γὰρ πνεύματα δαιμονίων ποιοῦντα σημεῖα,

16:21 καὶ ἐβλασφήμησαν οἱ ἄνθρωποι τὸν θεὸν ἐκ τῆς πληγῆς τῆς χαλάζης, ὅτι μεγάλη **ἐστὶν** ἡ πληγὴ αὐτῆς σφόδρα.

17: 4 καὶ ἡ γυνὴ **ἦν** περιβεβλημένη πορφυροῦν καὶ κόκκινον καὶ κεχρυσωμένη χρυσίῳ καὶ λίθῳ τιμίῳ καὶ μαργαρίταις,

17: 8 τὸ θηρίον ὃ εἶδες **ἦν** καὶ οὐκ **ἔστιν** καὶ μέλλει ἀναβαίνειν ἐκ τῆς ἀβύσσου καὶ εἰς ἀπώλειαν ὑπάγει,

17: 8 βλεπόντων τὸ θηρίον ὅτι **ἦν** καὶ οὐκ **ἔστιν** καὶ παρέσται

17: 9 αἱ ἑπτὰ κεφαλαὶ ἑπτὰ ὄρη **εἰσίν,** ὅπου ἡ γυνὴ κάθηται ἐπ' αὐτῶν. καὶ βασιλεῖς ἑπτά **εἰσιν·**

17:10 οἱ πέντε ἔπεσαν, ὁ εἷς **ἔστιν,** ὁ ἄλλος οὔπω ἦλθεν,

17:11 καὶ τὸ θηρίον ὃ **ἦν** καὶ οὐκ **ἔστιν** καὶ αὐτὸς ὄγδοός **ἐστιν** καὶ ἐκ τῶν ἑπτά **ἐστιν,**

17:12 καὶ τὰ δέκα κέρατα ἃ εἶδες δέκα βασιλεῖς **εἰσιν,**

17:14 ὅτι κύριος κυρίων **ἐστὶν** καὶ βασιλεὺς βασιλέων καὶ οἱ μετ' αὐτοῦ κλητοὶ καὶ ἐκλεκτοὶ καὶ πιστοί.

17:15 λαοὶ καὶ ὄχλοι **εἰσὶν** καὶ ἔθνη καὶ γλῶσσαι.

17:18 καὶ ἡ γυνὴ ἣν εἶδες **ἔστιν** ἡ πόλις ἡ μεγάλη ἡ ἔχουσα βασιλείαν ἐπὶ τῶν βασιλέων τῆς γῆς.

18: 7 ὅτι ἐν τῇ καρδίᾳ αὐτῆς λέγει ὅτι Κάθημαι βασίλισσα καὶ χήρα οὐκ **εἰμὶ** καὶ πένθος οὐ μὴ ἴδω.

18:23 ὅτι οἱ ἔμποροί σου **ἦσαν** οἱ μεγιστᾶνες τῆς γῆς,

19: 8 τὸ γὰρ βύσσινον τὰ δικαιώματα τῶν ἁγίων **ἐστίν.**

19: 9 καὶ λέγει μοι, Οὗτοι οἱ λόγοι ἀληθινοὶ τοῦ θεοῦ **εἰσιν.**

19:10 σύνδουλός σού **εἰμι** καὶ τῶν ἀδελφῶν σου τῶν ἐχόντων τὴν μαρτυρίαν Ἰησοῦ· τῷ θεῷ προσκύνησον. ἡ γὰρ μαρτυρία Ἰησοῦ **ἐστιν** τὸ πνεῦμα τῆς προφητείας.

20: 2 ὁ ὄφις ὁ ἀρχαῖος, ὅς **ἐστιν** Διάβολος καὶ ὁ Σατανᾶς,

20: 6 ἀλλ' **ἔσονται** ἱερεῖς τοῦ θεοῦ καὶ τοῦ Χριστοῦ καὶ βασιλεύσουσιν μετ' αὐτοῦ [τὰ] χίλια ἔτη.

20:12 καὶ ἄλλο βιβλίον ἠνοίχθη, ὅ **ἐστιν** τῆς ζωῆς,

20:14 οὗτος ὁ θάνατος ὁ δεύτερός **ἐστιν,** ἡ λίμνη τοῦ πυρός.

21: 1 ὁ γὰρ πρῶτος οὐρανὸς καὶ ἡ πρώτη γῆ ἀπῆλθαν καὶ ἡ θάλασσα οὐκ **ἔστιν** ἔτι.

21: 3 καὶ σκηνώσει μετ' αὐτῶν, καὶ αὐτοὶ λαοὶ αὐτοῦ **ἔσονται,** καὶ αὐτὸς ὁ θεὸς μετ' αὐτῶν **ἔσται** [αὐτῶν θεός,]

21: 4 καὶ ὁ θάνατος οὐκ **ἔσται** ἔτι οὔτε πένθος οὔτε κραυγὴ οὔτε πόνος οὐκ **ἔσται** ἔτι,

21: 5 ὅτι οὗτοι οἱ λόγοι πιστοὶ καὶ ἀληθινοί **εἰσιν.**

21: 6 ἐγώ **[εἰμι]** τὸ Ἄλφα καὶ τὸ Ὦ, ἡ ἀρχὴ καὶ τὸ τέλος.

21: 7 ὁ νικῶν κληρονομήσει ταῦτα καὶ **ἔσομαι** αὐτῷ θεὸς καὶ αὐτὸς **ἔσται** μοι υἱός.

21: 8 τὸ μέρος αὐτῶν ἐν τῇ λίμνῃ τῇ καιομένῃ πυρὶ καὶ θείῳ, ὅ **ἐστιν** ὁ θάνατος ὁ δεύτερος.

21:12 ἅ **ἐστιν** [τὰ ὀνόματα] τῶν δώδεκα φυλῶν υἱῶν Ἰσραήλ·

21:16 τὸ μῆκος καὶ τὸ πλάτος καὶ τὸ ὕψος αὐτῆς ἴσα **ἐστίν.**

21:17 καὶ ἐμέτρησεν τὸ τεῖχος αὐτῆς ἑκατὸν τεσσεράκοντα τεσσάρων πηχῶν μέτρον ἀνθρώπου, ὅ **ἐστιν** ἀγγέλου.

21:21 ἀνὰ εἷς ἕκαστος τῶν πυλώνων **ἦν** ἐξ ἑνὸς μαργαρίτου.

21:22 ὁ γὰρ κύριος ὁ θεὸς ὁ παντοκράτωρ ναὸς αὐτῆς **ἐστιν** καὶ τὸ ἀρνίον.

21:25 καὶ οἱ πυλῶνες αὐτῆς οὐ μὴ κλεισθῶσιν ἡμέρας, νὺξ γὰρ οὐκ **ἔσται** ἐκεῖ,

22: 3 καὶ πᾶν κατάθεμα οὐκ **ἔσται** ἔτι. καὶ ὁ θρόνος τοῦ θεοῦ καὶ τοῦ ἀρνίου ἐν αὐτῇ **ἔσται,**

22: 5 καὶ νὺξ οὐκ **ἔσται** ἔτι καὶ οὐκ ἔχουσιν χρείαν φωτὸς λύχνου καὶ φωτὸς ἡλίου,

22: 9 σύνδουλός σού **εἰμι** καὶ τῶν ἀδελφῶν σου τῶν προφητῶν καὶ τῶν τηρούντων τοὺς λόγους τοῦ βιβλίου τούτου·

22:10 Μὴ σφραγίσῃς τοὺς λόγους τῆς προφητείας τοῦ βιβλίου τούτου, ὁ καιρὸς γὰρ ἐγγύς **ἐστιν.**

22:12 καὶ ὁ μισθός μου μετ' ἐμοῦ ἀποδοῦναι ἑκάστῳ ὡς τὸ ἔργον **ἐστὶν** αὐτοῦ.
22:14 ἵνα **ἔσται** ἡ ἐξουσία αὐτῶν ἐπὶ τὸ ξύλον τῆς ζωῆς καὶ τοῖς πυλῶσιν εἰσέλθωσιν εἰς τὴν πόλιν.
22:16 ἐγώ **εἰμι** ἡ ῥίζα καὶ τὸ γένος Δαυίδ,

1640 εἶμι Not used in UBS/NIV

→ *583, 717, 1655, 1996, 2079, 2768, 5290*

1641 εἵνεκεν [2]

√ *1914*

οὗ εἵνεκεν [1] Lk 4:18

Lk 4:18 Πνεῦμα κυρίου ἐπ' ἐμὲ οὗ **εἵνεκεν** ἔχρισέν με εὐαγγελίσασθαι πτωχοῖς,
2Co 3:10 καὶ γὰρ οὐ δεδόξασται τὸ δεδοξασμένον ἐν τούτῳ τῷ μέρει **εἵνεκεν** τῆς ὑπερβαλλούσης δόξης.

1642 εἴπερ [6]

√ *1623 + 4302*

εἴπερ ἄρα [1] 1Co 15:15

Ro 3:30 **εἴπερ** εἷς ὁ θεὸς ὃς δικαιώσει περιτομὴν ἐκ πίστεως καὶ ἀκροβυστίαν διὰ τῆς πίστεως.
8: 9 ὑμεῖς δὲ οὐκ ἐστὲ ἐν σαρκὶ ἀλλὰ ἐν πνεύματι, **εἴπερ** πνεῦμα θεοῦ οἰκεῖ ἐν ὑμῖν.
8:17 συγκληρονόμοι δὲ Χριστοῦ, **εἴπερ** συμπάσχομεν ἵνα καὶ συνδοξασθῶμεν.
1Co 8: 5 καὶ γὰρ **εἴπερ** εἰσὶν λεγόμενοι θεοὶ εἴτε ἐν οὐρανῷ εἴτε ἐπὶ γῆς,
15:15 ὃν οὐκ ἤγειρεν **εἴπερ** ἄρα νεκροὶ οὐκ ἐγείρονται.
2Th 1: 6 **εἴπερ** δίκαιον παρὰ θεῷ ἀνταποδοῦναι τοῖς θλίβουσιν ὑμᾶς θλῖψιν

1643 εἴπως Not used in UBS/NIV

√ *1623 + 4544*

1644 εἰρηνεύω [4]

√ *1645*

Mk 9:50 ἔχετε ἐν ἑαυτοῖς ἅλα καὶ **εἰρηνεύετε** ἐν ἀλλήλοις.
Ro 12:18 εἰ δυνατὸν τὸ ἐξ ὑμῶν, μετὰ πάντων ἀνθρώπων **εἰρηνεύοντες·**
2Co 13:11 ἀδελφοί, χαίρετε, καταρτίζεσθε, παρακαλεῖσθε, τὸ αὐτὸ φρονεῖτε, **εἰρηνεύετε,**
1Th 5:13 καὶ ἡγεῖσθαι αὐτοὺς ὑπερεκπερισσοῦ ἐν ἀγάπῃ διὰ τὸ ἔργον αὐτῶν. **εἰρηνεύετε** ἐν ἑαυτοῖς.

1645 εἰρήνη [92]

→ *1644, 1646, 1647, 1648*

βασιλεὺς εἰρήνης [1] Heb 7:2

εἰρήνη ἀπὸ θεοῦ [12] Ro 1:7; 1Co 1:3; 2Co 1:2; Gal 1:3; Eph 1:2; Php 1:2; Col 1:2; 2Th 1:2; 1Ti 1:2; 2Ti 1:2; Tit 1:4; Phm 1:3

εἰρήνη παρὰ θεοῦ [1] 2Jn 1:3

εἰρήνη τοῦ θεοῦ [1] Php 4:7

εἰρήνη τοῦ Χριστοῦ [1] Col 3:15

εὐαγγελίζω εἰρήνην [2] Ac 10:36; Eph 2:17

κύριος [τῆς] εἰρήνης [1] 2Th 3:16

ὁ θεὸς [τῆς] εἰρήνης [7] Ro 15:33; 16:20; 1Co 14:33; 2Co 13:11; Php 4:9; 1Th 5:23; Heb 13:20

ὁδός εἰρήνης [2] Lk 1:79; Ro 3:17

πορεύω εἰς [ἐν] εἰρήνη [3] Lk 7:50; 8:48; Ac 16:36

τὰ πρός εἰρήνην [2] Lk 14:32; 19:42

υἱὸς εἰρήνης [1] Lk 10:6

ὑπάγω εἰς [ἐν] εἰρήνη [2] Mk 5:34; Jas 2:16

χάρις καὶ εἰρήνη [17] Ro 1:7; 1Co 1:3; 2Co 1:2; Gal 1:3; Eph 1:2; Php 1:2; Col 1:2; 1Th 1:1; 2Th 1:2; 1Ti 1:2; 2Ti 1:2; Tit 1:4; Phm 1:3; 1Pe 1:2; 2Pe 1:2; 2Jn 1:3; Rev 1:4

Mt 10:13 ἐλθάτω ἡ **εἰρήνη** ὑμῶν ἐπ' αὐτήν, ἐὰν δὲ μὴ ᾖ ἀξία, ἡ **εἰρήνη** ὑμῶν πρὸς ὑμᾶς ἐπιστραφήτω.
10:34 Μὴ νομίσητε ὅτι ἦλθον βαλεῖν **εἰρήνην** ἐπὶ τὴν γῆν· οὐκ ἦλθον βαλεῖν **εἰρήνην** ἀλλὰ μάχαιραν.
Mk 5:34 ὕπαγε εἰς **εἰρήνην** καὶ ἴσθι ὑγιὴς ἀπὸ τῆς μάστιγός σου.
Lk 1:79 τοῦ κατευθῦναι τοὺς πόδας ἡμῶν εἰς ὁδὸν **εἰρήνης.**
2:14 Δόξα ἐν ὑψίστοις θεῷ καὶ ἐπὶ γῆς **εἰρήνη** ἐν ἀνθρώποις εὐδοκίας.
2:29 Νῦν ἀπολύεις τὸν δοῦλόν σου, δέσποτα, κατὰ τὸ ῥῆμά σου ἐν **εἰρήνῃ·**
7:50 Ἡ πίστις σου σέσωκέν σε· πορεύου εἰς **εἰρήνην.**
8:48 ἡ πίστις σου σέσωκέν σε· πορεύου εἰς **εἰρήνην.**
10: 5 εἰς ἣν δ' ἂν εἰσέλθητε οἰκίαν, πρῶτον λέγετε, **Εἰρήνη** τῷ οἴκῳ τούτῳ.
10: 6 καὶ ἐὰν ἐκεῖ ᾖ υἱὸς **εἰρήνης,** ἐπαναπαήσεται ἐπ' αὐτὸν ἡ **εἰρήνη** ὑμῶν·
11:21 ὅταν ὁ ἰσχυρὸς καθωπλισμένος φυλάσσῃ τὴν ἑαυτοῦ αὐλήν, ἐν **εἰρήνῃ** ἐστὶν τὰ ὑπάρχοντα αὐτοῦ·
12:51 δοκεῖτε ὅτι **εἰρήνην** παρεγενόμην δοῦναι ἐν τῇ γῇ;
14:32 ἔτι αὐτοῦ πόρρω ὄντος πρεσβείαν ἀποστείλας ἐρωτᾷ τὰ πρὸς **εἰρήνην.**
19:38 ὁ βασιλεὺς ἐν ὀνόματι κυρίου· ἐν οὐρανῷ **εἰρήνη** καὶ δόξα ἐν ὑψίστοις.
19:42 λέγων ὅτι Εἰ ἔγνως ἐν τῇ ἡμέρᾳ ταύτῃ καὶ σὺ τὰ πρὸς **εἰρήνην·**
24:36 Ταῦτα δὲ αὐτῶν λαλούντων αὐτὸς ἔστη ἐν μέσῳ αὐτῶν καὶ λέγει αὐτοῖς, **Εἰρήνη** ὑμῖν.
Jn 14:27 **Εἰρήνην** ἀφίημι ὑμῖν, **εἰρήνην** τὴν ἐμὴν δίδωμι ὑμῖν·
16:33 ταῦτα λελάληκα ὑμῖν ἵνα ἐν ἐμοὶ **εἰρήνην** ἔχητε·
20:19 ἦλθεν ὁ Ἰησοῦς καὶ ἔστη εἰς τὸ μέσον καὶ λέγει αὐτοῖς, **Εἰρήνη** ὑμῖν.
20:21 εἶπεν οὖν αὐτοῖς [ὁ Ἰησοῦς] πάλιν, **Εἰρήνη** ὑμῖν·
20:26 ἔρχεται ὁ Ἰησοῦς τῶν θυρῶν κεκλεισμένων καὶ ἔστη εἰς τὸ μέσον καὶ εἶπεν, **Εἰρήνη** ὑμῖν.
Ac 7:26 τῇ τε ἐπιούσῃ ἡμέρᾳ ὤφθη αὐτοῖς μαχομένοις καὶ συνήλλασσεν αὐτοὺς εἰς **εἰρήνην** εἰπών,
9:31 Ἡ μὲν οὖν ἐκκλησία καθ' ὅλης τῆς Ἰουδαίας καὶ Γαλιλαίας καὶ Σαμαρείας εἶχεν **εἰρήνην** οἰκοδομουμένη
10:36 τὸν λόγον [ὃν] ἀπέστειλεν τοῖς υἱοῖς Ἰσραὴλ εὐαγγελιζόμενος **εἰρήνην** διὰ Ἰησοῦ Χριστοῦ,
12:20 ᾐτοῦντο **εἰρήνην** διὰ τὸ τρέφεσθαι αὐτῶν τὴν χώραν ἀπὸ τῆς βασιλικῆς.
15:33 ποιήσαντες δὲ χρόνον ἀπελύθησαν μετ' **εἰρήνης** ἀπὸ τῶν ἀδελφῶν πρὸς τοὺς ἀποστείλαντας αὐτούς.
16:36 Ἀπέσταλκαν οἱ στρατηγοὶ ἵνα ἀπολυθῆτε· νῦν οὖν ἐξελθόντες πορεύεσθε ἐν **εἰρήνῃ.**
24: 2 Πολλῆς **εἰρήνης** τυγχάνοντες διὰ σοῦ καὶ διορθωμάτων γινομένων τῷ ἔθνει τούτῳ διὰ τῆς σῆς προνοίας,
Ro 1: 7 χάρις ὑμῖν καὶ **εἰρήνη** ἀπὸ θεοῦ πατρὸς ἡμῶν καὶ κυρίου Ἰησοῦ Χριστοῦ.
2:10 δόξα δὲ καὶ τιμὴ καὶ **εἰρήνη** παντὶ τῷ ἐργαζομένῳ τὸ ἀγαθόν,
3:17 καὶ ὁδὸν **εἰρήνης** οὐκ ἔγνωσαν.
5: 1 Δικαιωθέντες οὖν ἐκ πίστεως **εἰρήνην** ἔχομεν πρὸς τὸν θεὸν διὰ τοῦ κυρίου ἡμῶν Ἰησοῦ Χριστοῦ
8: 6 τὸ δὲ φρόνημα τοῦ πνεύματος ζωὴ καὶ **εἰρήνη·**
14:17 οὐ γάρ ἐστιν ἡ βασιλεία τοῦ θεοῦ βρῶσις καὶ πόσις ἀλλὰ δικαιοσύνη καὶ **εἰρήνη** καὶ χαρὰ ἐν πνεύματι ἁγίῳ·
14:19 ἄρα οὖν τὰ τῆς **εἰρήνης** διώκωμεν καὶ τὰ τῆς οἰκοδομῆς τῆς εἰς ἀλλήλους.
15:13 ὁ δὲ θεὸς τῆς ἐλπίδος πληρώσαι ὑμᾶς πάσης χαρᾶς καὶ **εἰρήνης** ἐν τῷ πιστεύειν,
15:33 ὁ δὲ θεὸς τῆς **εἰρήνης** μετὰ πάντων ὑμῶν,
16:20 ὁ δὲ θεὸς τῆς **εἰρήνης** συντρίψει τὸν Σατανᾶν ὑπὸ τοὺς πόδας ὑμῶν ἐν τάχει.
1Co 1: 3 χάρις ὑμῖν καὶ **εἰρήνη** ἀπὸ θεοῦ πατρὸς ἡμῶν καὶ κυρίου Ἰησοῦ Χριστοῦ.
7:15 οὐ δεδούλωται ὁ ἀδελφὸς ἢ ἡ ἀδελφὴ ἐν τοῖς τοιούτοις· ἐν δὲ **εἰρήνῃ** κέκληκεν ὑμᾶς ὁ θεός.
14:33 οὐ γάρ ἐστιν ἀκαταστασίας ὁ θεὸς ἀλλὰ **εἰρήνης.**
16:11 προπέμψατε δὲ αὐτὸν ἐν **εἰρήνῃ,** ἵνα ἔλθῃ πρός με·
2Co 1: 2 χάρις ὑμῖν καὶ **εἰρήνη** ἀπὸ θεοῦ πατρὸς ἡμῶν καὶ κυρίου Ἰησοῦ Χριστοῦ.
13:11 καὶ ὁ θεὸς τῆς ἀγάπης καὶ **εἰρήνης** ἔσται μεθ' ὑμῶν.

Gal 1: 3 χάρις ὑμῖν καὶ **εἰρήνη** ἀπὸ θεοῦ πατρὸς ἡμῶν καὶ κυρίου Ἰησοῦ Χριστοῦ
5: 22 Ὁ δὲ καρπὸς τοῦ πνεύματός ἐστιν ἀγάπη χαρὰ **εἰρήνη,**
6: 16 **εἰρήνη** ἐπ' αὐτοὺς καὶ ἔλεος καὶ ἐπὶ τὸν Ἰσραὴλ τοῦ θεοῦ.
Eph 1: 2 χάρις ὑμῖν καὶ **εἰρήνη** ἀπὸ θεοῦ πατρὸς ἡμῶν καὶ κυρίου Ἰησοῦ Χριστοῦ.
2: 14 Αὐτὸς γάρ ἐστιν ἡ **εἰρήνη** ἡμῶν, ὁ ποιήσας τὰ ἀμφότερα ἓν καὶ τὸ μεσότοιχον τοῦ φραγμοῦ λύσας,
2: 15 ἵνα τοὺς δύο κτίσῃ ἐν αὐτῷ εἰς ἕνα καινὸν ἄνθρωπον ποιῶν **εἰρήνην**
2: 17 καὶ ἐλθὼν εὐηγγελίσατο **εἰρήνην** ὑμῖν τοῖς μακρὰν καὶ **εἰρήνην** τοῖς ἐγγύς·
4: 3 σπουδάζοντες τηρεῖν τὴν ἑνότητα τοῦ πνεύματος ἐν τῷ συνδέσμῳ τῆς **εἰρήνης·**
6: 15 καὶ ὑποδησάμενοι τοὺς πόδας ἐν ἑτοιμασίᾳ τοῦ εὐαγγελίου τῆς **εἰρήνης,**
6: 23 **Εἰρήνη** τοῖς ἀδελφοῖς καὶ ἀγάπη μετὰ πίστεως ἀπὸ θεοῦ πατρὸς καὶ κυρίου Ἰησοῦ Χριστοῦ.
Php 1: 2 χάρις ὑμῖν καὶ **εἰρήνη** ἀπὸ θεοῦ πατρὸς ἡμῶν καὶ κυρίου Ἰησοῦ Χριστοῦ.
4: 7 καὶ ἡ **εἰρήνη** τοῦ θεοῦ ἡ ὑπερέχουσα πάντα νοῦν φρουρήσει τὰς καρδίας ὑμῶν καὶ τὰ νοήματα ὑμῶν ἐν Χριστῷ Ἰησοῦ.
4: 9 καὶ ὁ θεὸς τῆς **εἰρήνης** ἔσται μεθ' ὑμῶν.
Col 1: 2 χάρις ὑμῖν καὶ **εἰρήνη** ἀπὸ θεοῦ πατρὸς ἡμῶν.
3: 15 καὶ ἡ **εἰρήνη** τοῦ Χριστοῦ βραβευέτω ἐν ταῖς καρδίαις ὑμῶν,
1Th 1: 1 τῇ ἐκκλησίᾳ Θεσσαλονικέων ἐν θεῷ πατρὶ καὶ κυρίῳ Ἰησοῦ Χριστῷ, χάρις ὑμῖν καὶ **εἰρήνη.**
5: 3 ὅταν λέγωσιν, **Εἰρήνη** καὶ ἀσφάλεια, τότε αἰφνίδιος αὐτοῖς ἐφίσταται ὄλεθρος ὥσπερ ἡ ὠδὶν τῇ ἐν γαστρὶ ἐχούσῃ,
5: 23 Αὐτὸς δὲ ὁ θεὸς τῆς **εἰρήνης** ἁγιάσαι ὑμᾶς ὁλοτελεῖς,
2Th 1: 2 χάρις ὑμῖν καὶ **εἰρήνη** ἀπὸ θεοῦ πατρὸς [ἡμῶν] καὶ κυρίου Ἰησοῦ Χριστοῦ.
3: 16 Αὐτὸς δὲ ὁ κύριος τῆς **εἰρήνης** δῴη ὑμῖν τὴν **εἰρήνην** διὰ παντὸς ἐν παντὶ τρόπῳ.
1Ti 1: 2 χάρις ἔλεος **εἰρήνη** ἀπὸ θεοῦ πατρὸς καὶ Χριστοῦ Ἰησοῦ τοῦ κυρίου ἡμῶν.
2Ti 1: 2 χάρις ἔλεος **εἰρήνη** ἀπὸ θεοῦ πατρὸς καὶ Χριστοῦ Ἰησοῦ τοῦ κυρίου ἡμῶν.
2: 22 δίωκε δὲ δικαιοσύνην πίστιν ἀγάπην **εἰρήνην** μετὰ τῶν ἐπικαλουμένων τὸν κύριον ἐκ καθαρᾶς καρδίας.
Tit 1: 4 χάρις καὶ **εἰρήνη** ἀπὸ θεοῦ πατρὸς καὶ Χριστοῦ Ἰησοῦ τοῦ σωτῆρος ἡμῶν.
Phm 1: 3 χάρις ὑμῖν καὶ **εἰρήνη** ἀπὸ θεοῦ πατρὸς ἡμῶν καὶ κυρίου Ἰησοῦ Χριστοῦ.
Heb 7: 2 πρῶτον μὲν ἑρμηνευόμενος βασιλεὺς δικαιοσύνης ἔπειτα δὲ καὶ βασιλεὺς Σαλήμ, ὅ ἐστιν βασιλεὺς **εἰρήνης,**
11: 31 Πίστει Ῥαὰβ ἡ πόρνη οὐ συναπώλετο τοῖς ἀπειθήσασιν δεξαμένη τοὺς κατασκόπους μετ' **εἰρήνης.**
12: 14 **Εἰρήνην** διώκετε μετὰ πάντων καὶ τὸν ἁγιασμόν, οὗ χωρὶς οὐδεὶς ὄψεται τὸν κύριον,
13: 20 Ὁ δὲ θεὸς τῆς **εἰρήνης,** ὁ ἀναγαγὼν ἐκ νεκρῶν τὸν ποιμένα τῶν προβάτων τὸν μέγαν ἐν αἵματι διαθήκης αἰωνίου,
Jas 2: 16 εἴπῃ δέ τις αὐτοῖς ἐξ ὑμῶν, Ὑπάγετε ἐν **εἰρήνῃ,** θερμαίνεσθε καὶ χορτάζεσθε,
3: 18 καρπὸς δὲ δικαιοσύνης ἐν **εἰρήνῃ** σπείρεται τοῖς ποιοῦσιν **εἰρήνην.**
1Pe 1: 2 χάρις ὑμῖν καὶ **εἰρήνη** πληθυνθείη.
3: 11 ἐκκλινάτω δὲ ἀπὸ κακοῦ καὶ ποιησάτω ἀγαθόν, ζητησάτω **εἰρήνην** καὶ διωξάτω αὐτήν·
5: 14 ἀσπάσασθε ἀλλήλους ἐν φιλήματι ἀγάπης. **εἰρήνη** ὑμῖν πᾶσιν τοῖς ἐν Χριστῷ.
2Pe 1: 2 χάρις ὑμῖν καὶ **εἰρήνη** πληθυνθείη ἐν ἐπιγνώσει τοῦ θεοῦ καὶ Ἰησοῦ τοῦ κυρίου ἡμῶν.
3: 14 ταῦτα προσδοκῶντες σπουδάσατε ἄσπιλοι καὶ ἀμώμητοι αὐτῷ εὑρεθῆναι ἐν **εἰρήνῃ**
2Jn 1: 3 ἔσται μεθ' ἡμῶν χάρις ἔλεος **εἰρήνη** παρὰ θεοῦ πατρὸς καὶ παρὰ Ἰησοῦ Χριστοῦ τοῦ υἱοῦ τοῦ πατρὸς ἐν ἀληθείᾳ
3Jn 1: 15 **εἰρήνη** σοι. ἀσπάζονταί σε οἱ φίλοι. ἀσπάζου τοὺς φίλους κατ' ὄνομα.
Jude 1: 2 ἔλεος ὑμῖν καὶ **εἰρήνη** καὶ ἀγάπη πληθυνθείη.
Rev 1: 4 χάρις ὑμῖν καὶ **εἰρήνη** ἀπὸ ὁ ὢν καὶ ὁ ἦν καὶ ὁ ἐρχόμενος καὶ ἀπὸ τῶν ἑπτὰ πνευμάτων ἃ ἐνώπιον τοῦ θρόνου αὐτοῦ
6: 4 ἐδόθη αὐτῷ λαβεῖν τὴν **εἰρήνην** ἐκ τῆς γῆς καὶ ἵνα ἀλλήλους σφάξουσιν καὶ ἐδόθη αὐτῷ μάχαιρα μεγάλη.

1646 εἰρηνικός [2]

√ *1645*

Heb 12: 11 ὕστερον δὲ καρπὸν **εἰρηνικὸν** τοῖς δι' αὐτῆς γεγυμνασμένοις ἀποδίδωσιν δικαιοσύνης.
Jas 3: 17 ἔπειτα **εἰρηνική,** ἐπιεικής, εὐπειθής, μεστὴ ἐλέους καὶ καρπῶν ἀγαθῶν,

1647 εἰρηνοποιέω [1]

√ *1645 + 4472*

Col 1: 20 καὶ δι' αὐτοῦ ἀποκαταλλάξαι τὰ πάντα εἰς αὐτόν, **εἰρηνοποιήσας** διὰ τοῦ αἵματος τοῦ σταυροῦ αὐτοῦ,

1648 εἰρηνοποιός [1]

√ *1645 + 4472*

Mt 5: 9 μακάριοι οἱ **εἰρηνοποιοί,** ὅτι αὐτοὶ υἱοὶ θεοῦ κληθήσονται.

1649 εἴρω Not used in UBS/NIV

→ *4694, 4937*

1650 εἰς [1767 / 1766] See Index of Articles, Etc.

→ *1652, 1653, 1654, 1655, 1656, 1657, 1658, 1659, 1660, 1661, 1662, 2081, 2082, 2269, 2276, 2277, 2278, 4206, 4207, 4208, 4209, 4210, 5291*

γίνομαι εἰς [13] Mt 21:42; Mk 12:10; Lk 13:19; 20:17; Jn 16:20; Ac 4:11; 5:36; Ro 11:9; 1Co 15:45; 1Th 3:5; 1Pe 2:7; Rev 8:11; 16:19

εἰμί εἰς εἷς [5] Mt 19:5; Mk 10:8; Jn 17:23; 1Co 6:16; Eph 5:31

εἰς ἡμέραν αἰῶνος [1] 2Pe 3:18

εἰς πάντας τοὺς αἰῶν [1] Jude 1:25

εἰς τί [5] Mt 14:31; 26:8; Mk 14:4; 15:34; Ac 19:3

εἰς τὸ with infin. [63] Mt 20:19; 26:2; 27:31; Mk 14:55; Lk 5:17; Ac 3:19; 7:19; Ro 1:11,20; 3:26; 4:11,11,16,18; 6:12; 7:4,5; 8:29; 11:11; 12:2,3; 15:8,13; 1Co 8:10; 9:18; 10:6; 11:22,22,33; 2Co 1:4,4; 4:4; 7:3; Gal 3:17; Eph 1:18; Php 1:10,23,23; 1Th 2:12,16; 3:5,10; 4:9; 2Th 1:5; 2:2,6,10,11; 3:9; Heb 2:17; 7:25; 8:3; 9:14; 11:3,3; 12:10; 13:21; Jas 1:18,19,19; 3:3; 1Pe 3:7; 4:2

εἰς τὸ διηνεκές [4] Heb 7:3; 10:1,12,14

εἰς τὸ παντελές [2] Lk 13:11; Heb 7:25

εἰς τὸν αἰῶνα [27] Mt 21:19; Mk 3:29; 11:14; Lk 1:55; Jn 4:14; 6:51,58; 8:35,51,52; 10:28; 11:26; 12:34; 13:8; 14:16; 1Co 8:13; 2Co 9:9; Heb 1:8; 5:6; 6:20; 7:17,21,24,28; 1Pe 1:25; 1Jn 2:17; 2Jn 1:2

εἰς τοὺς αἰῶνας [7] Lk 1:33; Ro 1:25; 9:5; 11:36; 16:27; 2Co 11:31; Heb 13:8

εἰς τοὺς αἰῶνας τῶν αἰώνων [21] Gal 1:5; Php 4:20; Eph 3:21; 1Ti 1:17; 2Ti 4:18; Heb 1:8; 13:21; 1Pe 4:11; 5:11; Rev 1:6,18; 4:9,10; 5:13; 7:12; 10:6; 11:15; 15:7; 19:3; 20:10; 22:5

1651 εἷς [345 / 346]

→ *1894, 1895, 1942, 2022, 2023, 2024, 2025, 2758, 3594, 3599, 4029, 4032*

ἀνὰ εἷς ἕκαστος [1] Rev 21:21

εἰμί εἰς εἷς [5] Mt 19:5; Mk 10:8; Jn 17:23; 1Co 6:16; Eph 5:31

εἷς [δὲ] τις [3] Mk 14:47; Lk 22:50; Jn 11:49

εἷς ἐκ [42] Mt 10:29; 18:12; 20:21,21; 22:35; 26:21; 27:38,38,48; Mk 9:17; 10:37; 14:18; 15:27,27; Lk 12:6; 17:15; 22:50; 24:18; Jn 1:40; 6:8; 7:50; 11:49; 12:2,4; 13:21,23; 18:26; 20:24; Ac 11:28; 17:26; Ro 5:16; 9:10; Gal 4:22,22; Rev 5:5; 6:1,1; 7:13; 13:3; 15:7; 17:1; 21:9

εἷς ἕς [8] Mt 28:1; Lk 5:3; Jn 11:52; 17:23; 20:7; 1Co 12:13; Eph 2:15; 1Jn 5:8

εἷς καθ' εἷς [1] Jn 8:9

εἷς καὶ τὸ αὐτό [2] 1Co 11:5; 12:11

εἷς ... ὁ ἕτερος [10] Mt 6:24,24; Lk 7:41; 16:13,13; 17:34,35; 18:10; Ac 23:6; 1Co 4:6

ἓν καθ' ἕν [1] Rev 4:8

καθ' εἷς [1] Ro 12:5

καθ' ἕν [1] Jn 21:25

καθ' ἓν ἕκαστον [1] Ac 21:19

καθ' ἕνα [1] 1Co 14:31

καθ' ἕνα ἕκαστον [1] Eph 5:33

μία σάββατον [7] Mt 28:1; Mk 16:2; Lk 24:1; Jn 20:1,19; Ac 20:7; 1Co 16:2

οὐδὲ εἷς [5] Mt 27:14; Jn 1:3; 3:27; Ac 4:32; Ro 3:10

Mt 5:18 ἰῶτα **ἓν** ἢ **μία** κεραία οὐ μὴ παρέλθῃ ἀπὸ τοῦ νόμου,
5:19 ὃς ἐὰν οὖν λύσῃ **μίαν** τῶν ἐντολῶν τούτων τῶν ἐλαχίστων καὶ διδάξῃ οὕτως τοὺς ἀνθρώπους,
5:29 συμφέρει γάρ σοι ἵνα ἀπόληται **ἓν** τῶν μελῶν σου καὶ μὴ ὅλον τὸ σῶμά σου βληθῇ εἰς γέενναν.
5:30 συμφέρει γάρ σοι ἵνα ἀπόληται **ἓν** τῶν μελῶν σου καὶ μὴ ὅλον τὸ σῶμά σου εἰς γέενναν ἀπέλθῃ.
5:36 ὅτι οὐ δύνασαι **μίαν** τρίχα λευκὴν ποιῆσαι ἢ μέλαιναν.
5:41 καὶ ὅστις σε ἀγγαρεύσει μίλιον **ἕν,** ὕπαγε μετ' αὐτοῦ δύο.
6:24 ἢ γὰρ τὸν **ἕνα** μισήσει καὶ τὸν ἕτερον ἀγαπήσει, ἢ **ἑνὸς** ἀνθέξεται καὶ τοῦ ἑτέρου καταφρονήσει.
6:27 τίς δὲ ἐξ ὑμῶν μεριμνῶν δύναται προσθεῖναι ἐπὶ τὴν ἡλικίαν αὐτοῦ πῆχυν **ἕνα;**
6:29 λέγω δὲ ὑμῖν ὅτι οὐδὲ Σολομὼν ἐν πάσῃ τῇ δόξῃ αὐτοῦ περιεβάλετο ὡς **ἓν** τούτων.
8:19 καὶ προσελθὼν **εἷς** γραμματεὺς εἶπεν αὐτῷ, Διδάσκαλε, ἀκολουθήσω σοι ὅπου ἐὰν ἀπέρχῃ.
9:18 Ταῦτα αὐτοῦ λαλοῦντος αὐτοῖς ἰδοὺ ἄρχων **εἷς** ἐλθὼν προσεκύνει αὐτῷ λέγων ὅτι Ἡ θυγάτηρ μου ἄρτι ἐτελεύτησεν·
10:29 καὶ **ἓν** ἐξ αὐτῶν οὐ πεσεῖται ἐπὶ τὴν γῆν ἄνευ τοῦ πατρὸς ὑμῶν.
10:42 καὶ ὃς ἂν ποτίσῃ **ἕνα** τῶν μικρῶν τούτων ποτήριον ψυχροῦ μόνον εἰς ὄνομα μαθητοῦ,
12:11 Τίς ἔσται ἐξ ὑμῶν ἄνθρωπος ὃς ἕξει πρόβατον **ἓν** καὶ ἐὰν ἐμπέσῃ τοῦτο τοῖς σάββασιν εἰς βόθυνον,
13:46 εὑρὼν δὲ **ἕνα** πολύτιμον μαργαρίτην ἀπελθὼν πέπρακεν πάντα ὅσα εἶχεν καὶ ἠγόρασεν αὐτόν.
16:14 ἄλλοι δὲ Ἠλίαν, ἕτεροι δὲ Ἰερεμίαν ἢ **ἕνα** τῶν προφητῶν.
17:4 ποιήσω ὧδε τρεῖς σκηνάς, σοὶ **μίαν** καὶ Μωϋσεῖ **μίαν** καὶ Ἠλίᾳ **μίαν.**
18:5 καὶ ὃς ἐὰν δέξηται **ἓν** παιδίον τοιοῦτο ἐπὶ τῷ ὀνόματί μου,
18:6 Ὃς δ' ἂν σκανδαλίσῃ **ἕνα** τῶν μικρῶν τούτων τῶν πιστευόντων εἰς ἐμέ,
18:10 Ὁρᾶτε μὴ καταφρονήσητε **ἑνὸς** τῶν μικρῶν τούτων·
18:12 ἐὰν γένηταί τινι ἀνθρώπῳ ἑκατὸν πρόβατα καὶ πλανηθῇ **ἓν** ἐξ αὐτῶν,
18:14 οὕτως οὐκ ἔστιν θέλημα ἔμπροσθεν τοῦ πατρὸς ὑμῶν τοῦ ἐν οὐρανοῖς ἵνα ἀπόληται **ἓν** τῶν μικρῶν τούτων.
18:16 ἐὰν δὲ μὴ ἀκούσῃ, παράλαβε μετὰ σοῦ ἔτι **ἕνα** ἢ δύο,
18:24 ἀρξαμένου δὲ αὐτοῦ συναίρειν προσηνέχθη αὐτῷ **εἷς** ὀφειλέτης μυρίων ταλάντων.
18:28 ἐξελθὼν δὲ ὁ δοῦλος ἐκεῖνος εὗρεν **ἕνα** τῶν συνδούλων αὐτοῦ,
19:5 καὶ κολληθήσεται τῇ γυναικὶ αὐτοῦ, καὶ ἔσονται οἱ δύο εἰς σάρκα **μίαν.**
19:6 ὥστε οὐκέτι εἰσὶν δύο ἀλλὰ σὰρξ **μία.** ὃ οὖν ὁ θεὸς συνέζευξεν ἄνθρωπος μὴ χωριζέτω.
19:16 Καὶ ἰδοὺ **εἷς** προσελθὼν αὐτῷ εἶπεν, Διδάσκαλε, τί ἀγαθὸν ποιήσω ἵνα σχῶ ζωὴν αἰώνιον;
19:17 **εἷς** ἐστιν ὁ ἀγαθός· εἰ δὲ θέλεις εἰς τὴν ζωὴν εἰσελθεῖν,
20:12 λέγοντες, Οὗτοι οἱ ἔσχατοι **μίαν** ὥραν ἐποίησαν, καὶ ἴσους ἡμῖν αὐτοὺς ἐποίησας τοῖς βαστάσασι τὸ βάρος τῆς ἡμέρας
20:13 ὁ δὲ ἀποκριθεὶς **ἑνὶ** αὐτῶν εἶπεν, Ἑταῖρε, οὐκ ἀδικῶ σε·
20:21 Εἰπὲ ἵνα καθίσωσιν οὗτοι οἱ δύο υἱοί μου **εἷς** ἐκ δεξιῶν σου καὶ **εἷς** ἐξ εὐωνύμων σου ἐν τῇ βασιλείᾳ σου.
21:19 καὶ ἰδὼν συκῆν **μίαν** ἐπὶ τῆς ὁδοῦ ἦλθεν ἐπ' αὐτὴν καὶ οὐδὲν εὗρεν ἐν αὐτῇ εἰ μὴ φύλλα μόνον,
21:24 ἀποκριθεὶς δὲ ὁ Ἰησοῦς εἶπεν αὐτοῖς, Ἐρωτήσω ὑμᾶς κἀγὼ λόγον **ἕνα,**
22:35 καὶ ἐπηρώτησεν **εἷς** ἐξ αὐτῶν [νομικὸς] πειράζων αὐτόν,
23:8 **εἷς** γάρ ἐστιν ὑμῶν ὁ διδάσκαλος, πάντες δὲ ὑμεῖς ἀδελφοί ἐστε.
23:9 **εἷς** γάρ ἐστιν ὑμῶν ὁ πατὴρ ὁ οὐράνιος.
23:10 μηδὲ κληθῆτε καθηγηταί, ὅτι καθηγητὴς ὑμῶν ἐστιν **εἷς** ὁ Χριστός.
23:15 ὅτι περιάγετε τὴν θάλασσαν καὶ τὴν ξηρὰν ποιῆσαι **ἕνα** προσήλυτον,
24:40 τότε δύο ἔσονται ἐν τῷ ἀγρῷ, **εἷς** παραλαμβάνεται καὶ **εἷς** ἀφίεται·
24:41 δύο ἀλήθουσαι ἐν τῷ μύλῳ, **μία** παραλαμβάνεται καὶ **μία** ἀφίεται.
25:15 ᾧ δὲ δύο, ᾧ δὲ **ἕν,** ἑκάστῳ κατὰ τὴν ἰδίαν δύναμιν,
25:18 ὁ δὲ τὸ **ἓν** λαβὼν ἀπελθὼν ὤρυξεν γῆν καὶ ἔκρυψεν τὸ ἀργύριον τοῦ κυρίου αὐτοῦ.
25:24 προσελθὼν δὲ καὶ ὁ τὸ **ἓν** τάλαντον εἰληφὼς εἶπεν,
25:40 ἐφ' ὅσον ἐποιήσατε **ἑνὶ** τούτων τῶν ἀδελφῶν μου τῶν ἐλαχίστων,
25:45 ἐφ' ὅσον οὐκ ἐποιήσατε **ἑνὶ** τούτων τῶν ἐλαχίστων,
26:14 Τότε πορευθεὶς **εἷς** τῶν δώδεκα, ὁ λεγόμενος Ἰούδας Ἰσκαριώτης,
26:21 Ἀμὴν λέγω ὑμῖν ὅτι **εἷς** ἐξ ὑμῶν παραδώσει με.
26:22 καὶ λυπούμενοι σφόδρα ἤρξαντο λέγειν αὐτῷ **εἷς** ἕκαστος,
26:40 Οὕτως οὐκ ἰσχύσατε **μίαν** ὥραν γρηγορῆσαι μετ' ἐμοῦ;
26:47 Καὶ ἔτι αὐτοῦ λαλοῦντος ἰδοὺ Ἰούδας **εἷς** τῶν δώδεκα ἦλθεν καὶ μετ' αὐτοῦ ὄχλος πολὺς μετὰ μαχαιρῶν καὶ ξύλων
26:51 καὶ ἰδοὺ **εἷς** τῶν μετὰ Ἰησοῦ ἐκτείνας τὴν χεῖρα ἀπέσπασεν τὴν μάχαιραν αὐτοῦ καὶ πατάξας τὸν δοῦλον τοῦ ἀρχιερέως
26:69 καὶ προσῆλθεν αὐτῷ **μία** παιδίσκη λέγουσα, Καὶ σὺ ἦσθα μετὰ Ἰησοῦ τοῦ Γαλιλαίου.
27:14 καὶ οὐκ ἀπεκρίθη αὐτῷ πρὸς οὐδὲ **ἓν** ῥῆμα,
27:15 Κατὰ δὲ ἑορτὴν εἰώθει ὁ ἡγεμὼν ἀπολύειν **ἕνα** τῷ ὄχλῳ δέσμιον ὃν ἤθελον.
27:38 Τότε σταυροῦνται σὺν αὐτῷ δύο λῃσταί, **εἷς** ἐκ δεξιῶν καὶ **εἷς** ἐξ εὐωνύμων.
27:48 καὶ εὐθέως δραμὼν **εἷς** ἐξ αὐτῶν καὶ λαβὼν σπόγγον πλήσας τε ὄξους καὶ περιθεὶς καλάμῳ ἐπότιζεν αὐτόν.
28:1 τῇ ἐπιφωσκούσῃ εἰς **μίαν** σαββάτων ἦλθεν Μαριὰμ ἡ Μαγδαληνὴ καὶ ἡ ἄλλη Μαρία θεωρῆσαι τὸν τάφον.

Mk 2:7 τίς δύναται ἀφιέναι ἁμαρτίας εἰ μὴ **εἷς** ὁ θεός;
4:8 καὶ ἄλλα ἔπεσεν εἰς τὴν γῆν τὴν καλὴν καὶ ἐδίδου καρπὸν ἀναβαίνοντα καὶ αὐξανόμενα καὶ ἔφερεν **ἓν** τριάκοντα καὶ **ἓν** ἑξήκοντα καὶ **ἓν** ἑκατόν.
4:20 οἵτινες ἀκούουσιν τὸν λόγον καὶ παραδέχονται καὶ καρποφοροῦσιν **ἓν** τριάκοντα καὶ **ἓν** ἑξήκοντα καὶ **ἓν** ἑκατόν.
5:22 καὶ ἔρχεται **εἷς** τῶν ἀρχισυναγώγων, ὀνόματι Ἰάϊρος, καὶ ἰδὼν αὐτὸν πίπτει πρὸς τοὺς πόδας αὐτοῦ
6:15 ἄλλοι δὲ ἔλεγον ὅτι προφήτης ὡς **εἷς** τῶν προφητῶν.
8:14 Καὶ ἐπελάθοντο λαβεῖν ἄρτους καὶ εἰ μὴ **ἕνα** ἄρτον οὐκ εἶχον μεθ' ἑαυτῶν ἐν τῷ πλοίῳ.
8:28 καὶ ἄλλοι, Ἠλίαν, ἄλλοι δὲ ὅτι **εἷς** τῶν προφητῶν.
9:5 καὶ ποιήσωμεν τρεῖς σκηνάς, σοὶ **μίαν** καὶ Μωϋσεῖ **μίαν** καὶ Ἠλίᾳ **μίαν.**
9:17 καὶ ἀπεκρίθη αὐτῷ **εἷς** ἐκ τοῦ ὄχλου, Διδάσκαλε,
9:37 Ὃς ἂν **ἓν** τῶν τοιούτων παιδίων δέξηται ἐπὶ τῷ ὀνόματί μου,
9:42 Καὶ ὃς ἂν σκανδαλίσῃ **ἕνα** τῶν μικρῶν τούτων τῶν πιστευόντων [εἰς ἐμέ,]
10:8 καὶ ἔσονται οἱ δύο εἰς σάρκα **μίαν·** ὥστε οὐκέτι εἰσὶν δύο ἀλλὰ **μία** σάρξ.
10:17 Καὶ ἐκπορευομένου αὐτοῦ εἰς ὁδὸν προσδραμὼν **εἷς** καὶ γονυπετήσας αὐτὸν ἐπηρώτα αὐτόν,
10:18 Τί με λέγεις ἀγαθόν; οὐδεὶς ἀγαθὸς εἰ μὴ **εἷς** ὁ θεός.
10:21 ὁ δὲ Ἰησοῦς ἐμβλέψας αὐτῷ ἠγάπησεν αὐτὸν καὶ εἶπεν αὐτῷ, **Ἕν** σε ὑστερεῖ·
10:37 Δὸς ἡμῖν ἵνα **εἷς** σου ἐκ δεξιῶν καὶ **εἷς** ἐξ ἀριστερῶν καθίσωμεν ἐν τῇ δόξῃ σου.
11:29 ὁ δὲ Ἰησοῦς εἶπεν αὐτοῖς, Ἐπερωτήσω ὑμᾶς **ἕνα** λόγον,
12:6 ἔτι **ἕνα** εἶχεν υἱὸν ἀγαπητόν· ἀπέστειλεν αὐτὸν ἔσχατον πρὸς αὐτοὺς λέγων ὅτι Ἐντραπήσονται τὸν υἱόν μου.
12:28 προσελθὼν **εἷς** τῶν γραμματέων ἀκούσας αὐτῶν συζητούντων,
12:29 Ἰσραήλ, κύριος ὁ θεὸς ἡμῶν κύριος **εἷς** ἐστιν,
12:32 ἐπ' ἀληθείας εἶπες ὅτι **εἷς** ἐστιν καὶ οὐκ ἔστιν ἄλλος πλὴν αὐτοῦ·
12:42 καὶ ἐλθοῦσα **μία** χήρα πτωχὴ ἔβαλεν λεπτὰ δύο,

13: 1 Καὶ ἐκπορευομένου αὐτοῦ ἐκ τοῦ ἱεροῦ λέγει αὐτῷ **εἷς** τῶν μαθητῶν αὐτοῦ,
14:10 Καὶ Ἰούδας Ἰσκαριὼθ ὁ **εἷς** τῶν δώδεκα ἀπῆλθεν πρὸς τοὺς ἀρχιερεῖς ἵνα αὐτὸν παραδοῖ αὐτοῖς.
14:18 Ἀμὴν λέγω ὑμῖν ὅτι **εἷς** ἐξ ὑμῶν παραδώσει με ὁ ἐσθίων μετ' ἐμοῦ.
14:19 ἤρξαντο λυπεῖσθαι καὶ λέγειν αὐτῷ **εἷς** κατὰ **εἷς,**
14:20 ὁ δὲ εἶπεν αὐτοῖς, **Εἷς** τῶν δώδεκα, ὁ ἐμβαπτόμενος μετ' ἐμοῦ εἰς τὸ τρύβλιον.
14:37 καὶ λέγει τῷ Πέτρῳ, Σίμων, καθεύδεις; οὐκ ἴσχυσας **μίαν** ὥραν γρηγορῆσαι;
14:43 Καὶ εὐθὺς ἔτι αὐτοῦ λαλοῦντος παραγίνεται Ἰούδας **εἷς** τῶν δώδεκα καὶ μετ' αὐτοῦ ὄχλος μετὰ μαχαιρῶν καὶ ξύλων
14:47 **εἷς** δέ [τις] τῶν παρεστηκότων σπασάμενος τὴν μάχαιραν ἔπαισεν τὸν δοῦλον τοῦ ἀρχιερέως
14:66 Καὶ ὄντος τοῦ Πέτρου κάτω ἐν τῇ αὐλῇ ἔρχεται **μία** τῶν παιδισκῶν τοῦ ἀρχιερέως
15: 6 Κατὰ δὲ ἑορτὴν ἀπέλυεν αὐτοῖς **ἕνα** δέσμιον ὃν παρῃτοῦντο.
15:27 Καὶ σὺν αὐτῷ σταυροῦσιν δύο λῃστάς, **ἕνα** ἐκ δεξιῶν καὶ **ἕνα** ἐξ εὐωνύμων αὐτοῦ.
16: 2 καὶ λίαν πρωῒ τῇ **μιᾷ** τῶν σαββάτων ἔρχονται ἐπὶ τὸ μνημεῖον ἀνατείλαντος τοῦ ἡλίου.
Lk 4:40 ὁ δὲ **ἑνὶ** ἑκάστῳ αὐτῶν τὰς χεῖρας ἐπιτιθεὶς ἐθεράπευεν αὐτούς.
5: 3 ἐμβὰς δὲ εἰς **ἓν** τῶν πλοίων, ὃ ἦν Σίμωνος,
5:12 Καὶ ἐγένετο ἐν τῷ εἶναι αὐτὸν ἐν **μιᾷ** τῶν πόλεων καὶ ἰδοὺ ἀνὴρ πλήρης λέπρας·
5:17 Καὶ ἐγένετο ἐν **μιᾷ** τῶν ἡμερῶν καὶ αὐτὸς ἦν διδάσκων,
7:41 ὁ **εἷς** ὤφειλεν δηνάρια πεντακόσια, ὁ δὲ ἕτερος πεντήκοντα.
8:22 Ἐγένετο δὲ ἐν **μιᾷ** τῶν ἡμερῶν καὶ αὐτὸς ἐνέβη εἰς πλοῖον καὶ οἱ μαθηταὶ αὐτοῦ καὶ εἶπεν πρὸς αὐτούς,
9:33 καὶ ποιήσωμεν σκηνὰς τρεῖς, **μίαν** σοὶ καὶ **μίαν** Μωϋσεῖ καὶ **μίαν** Ἠλίᾳ,
10:42 **ἑνὸς** δέ ἐστιν χρεία· Μαριὰμ γὰρ τὴν ἀγαθὴν μερίδα ἐξελέξατο ἥτις οὐκ ἀφαιρεθήσεται αὐτῆς.
11:46 καὶ αὐτοὶ **ἑνὶ** τῶν δακτύλων ὑμῶν οὐ προσψαύετε τοῖς φορτίοις.
12: 6 καὶ **ἓν** ἐξ αὐτῶν οὐκ ἔστιν ἐπιλελησμένον ἐνώπιον τοῦ θεοῦ.
12:25 τίς δὲ ἐξ ὑμῶν μεριμνῶν δύναται ἐπὶ τὴν ἡλικίαν αὐτοῦ προσθεῖναι πῆχυν **ἕνα;**[UBS-]
12:27 οὐδὲ Σολομὼν ἐν πάσῃ τῇ δόξῃ αὐτοῦ περιεβάλετο ὡς **ἓν** τούτων.
12:52 ἔσονται γὰρ ἀπὸ τοῦ νῦν πέντε ἐν **ἑνὶ** οἴκῳ διαμεμερισμένοι,
13:10 Ἦν δὲ διδάσκων ἐν **μιᾷ** τῶν συναγωγῶν ἐν τοῖς σάββασιν.
14:18 καὶ ἤρξαντο ἀπὸ **μιᾶς** πάντες παραιτεῖσθαι. ὁ πρῶτος εἶπεν αὐτῷ,
15: 4 Τίς ἄνθρωπος ἐξ ὑμῶν ἔχων ἑκατὸν πρόβατα καὶ ἀπολέσας ἐξ αὐτῶν **ἓν** οὐ καταλείπει τὰ ἐνενήκοντα ἐννέα ἐν τῇ ἐρήμῳ
15: 7 λέγω ὑμῖν ὅτι οὕτως χαρὰ ἐν τῷ οὐρανῷ ἔσται ἐπὶ **ἑνὶ** ἁμαρτωλῷ μετανοοῦντι ἢ ἐπὶ ἐνενήκοντα ἐννέα δικαίοις
15: 8 Ἢ τίς γυνὴ δραχμὰς ἔχουσα δέκα ἐὰν ἀπολέσῃ δραχμὴν **μίαν,**
15:10 γίνεται χαρὰ ἐνώπιον τῶν ἀγγέλων τοῦ θεοῦ ἐπὶ **ἑνὶ** ἁμαρτωλῷ μετανοοῦντι.
15:15 καὶ πορευθεὶς ἐκολλήθη **ἑνὶ** τῶν πολιτῶν τῆς χώρας ἐκείνης,
15:19 οὐκέτι εἰμὶ ἄξιος κληθῆναι υἱός σου· ποίησόν με ὡς **ἕνα** τῶν μισθίων σου.
15:26 προσκαλεσάμενος **ἕνα** τῶν παίδων ἐπυνθάνετο τί ἂν εἴη ταῦτα.
16: 5 καὶ προσκαλεσάμενος **ἕνα** ἕκαστον τῶν χρεοφειλετῶν τοῦ κυρίου ἑαυτοῦ ἔλεγεν τῷ πρώτῳ,
16:13 ἢ γὰρ τὸν **ἕνα** μισήσει καὶ τὸν ἕτερον ἀγαπήσει, ἢ **ἑνὸς** ἀνθέξεται καὶ τοῦ ἑτέρου καταφρονήσει.
16:17 Εὐκοπώτερον δέ ἐστιν τὸν οὐρανὸν καὶ τὴν γῆν παρελθεῖν ἢ τοῦ νόμου **μίαν** κεραίαν πεσεῖν.
17: 2 καὶ ἔρριπται εἰς τὴν θάλασσαν ἢ ἵνα σκανδαλίσῃ τῶν μικρῶν τούτων **ἕνα.**
17:15 **εἷς** δὲ ἐξ αὐτῶν, ἰδὼν ὅτι ἰάθη, ὑπέστρεψεν μετὰ φωνῆς μεγάλης δοξάζων τὸν θεόν,
17:22 Ἐλεύσονται ἡμέραι ὅτε ἐπιθυμήσετε **μίαν** τῶν ἡμερῶν τοῦ υἱοῦ τοῦ ἀνθρώπου ἰδεῖν καὶ οὐκ ὄψεσθε.
17:34 ταύτῃ τῇ νυκτὶ ἔσονται δύο ἐπὶ κλίνης **μιᾶς,** ὁ **εἷς** παραλημφθήσεται καὶ ὁ ἕτερος ἀφεθήσεται·
17:35 ἔσονται δύο ἀλήθουσαι ἐπὶ τὸ αὐτό, ἡ **μία** παραλημφθήσεται, ἡ δὲ ἑτέρα ἀφεθήσεται.
18:10 Ἄνθρωποι δύο ἀνέβησαν εἰς τὸ ἱερὸν προσεύξασθαι, ὁ **εἷς** Φαρισαῖος καὶ ὁ ἕτερος τελώνης.
18:19 Τί με λέγεις ἀγαθόν; οὐδεὶς ἀγαθὸς εἰ μὴ **εἷς** ὁ θεός.
18:22 ἀκούσας δὲ ὁ Ἰησοῦς εἶπεν αὐτῷ, Ἔτι **ἕν** σοι λείπει·
20: 1 Καὶ ἐγένετο ἐν **μιᾷ** τῶν ἡμερῶν διδάσκοντος αὐτοῦ τὸν λαὸν ἐν τῷ ἱερῷ καὶ εὐαγγελιζομένου ἐπέστησαν οἱ ἀρχιερεῖς
22:47 καὶ ὁ λεγόμενος Ἰούδας **εἷς** τῶν δώδεκα προήρχετο αὐτοὺς καὶ ἤγγισεν τῷ Ἰησοῦ φιλῆσαι αὐτόν.
22:50 καὶ ἐπάταξεν **εἷς** τις ἐξ αὐτῶν τοῦ ἀρχιερέως τὸν δοῦλον καὶ ἀφεῖλεν τὸ οὖς αὐτοῦ τὸ δεξιόν.
22:59 καὶ διαστάσης ὡσεὶ ὥρας **μιᾶς** ἄλλος τις διϊσχυρίζετο λέγων,
23:39 **Εἷς** δὲ τῶν κρεμασθέντων κακούργων ἐβλασφήμει αὐτὸν λέγων,
24: 1 τῇ δὲ **μιᾷ** τῶν σαββάτων ὄρθρου βαθέως ἐπὶ τὸ μνῆμα ἦλθον φέρουσαι ἃ ἡτοίμασαν ἀρώματα.
24:18 ἀποκριθεὶς δὲ **εἷς** ὀνόματι Κλεοπᾶς εἶπεν πρὸς αὐτόν,
Jn 1: 3 πάντα δι' αὐτοῦ ἐγένετο, καὶ χωρὶς αὐτοῦ ἐγένετο οὐδὲ **ἕν.**
1:40 Ἦν Ἀνδρέας ὁ ἀδελφὸς Σίμωνος Πέτρου **εἷς** ἐκ τῶν δύο τῶν ἀκουσάντων παρὰ Ἰωάννου καὶ ἀκολουθησάντων αὐτῷ·
3:27 Οὐ δύναται ἄνθρωπος λαμβάνειν οὐδὲ **ἓν** ἐὰν μὴ ᾖ δεδομένον αὐτῷ ἐκ τοῦ οὐρανοῦ.
6: 8 λέγει αὐτῷ **εἷς** ἐκ τῶν μαθητῶν αὐτοῦ, Ἀνδρέας ὁ ἀδελφὸς Σίμωνος Πέτρου,
6:22 εἶδον ὅτι πλοιάριον ἄλλο οὐκ ἦν ἐκεῖ εἰ μὴ **ἓν** καὶ ὅτι οὐ συνεισῆλθεν τοῖς μαθηταῖς αὐτοῦ ὁ Ἰησοῦς εἰς τὸ πλοῖον
6:70 Οὐκ ἐγὼ ὑμᾶς τοὺς δώδεκα ἐξελεξάμην; καὶ ἐξ ὑμῶν **εἷς** διάβολός ἐστιν.
6:71 οὗτος γὰρ ἔμελλεν παραδιδόναι αὐτόν, **εἷς** ἐκ τῶν δώδεκα.
7:21 ἀπεκρίθη Ἰησοῦς καὶ εἶπεν αὐτοῖς, **Ἓν** ἔργον ἐποίησα καὶ πάντες θαυμάζετε.
7:50 ὁ ἐλθὼν πρὸς αὐτὸν [τὸ] πρότερον, **εἷς** ὢν ἐξ αὐτῶν,
8: 9 ⟦οἱ δὲ ἀκούσαντες ἐξήρχοντο **εἷς** καθ' **εἷς** ἀρξάμενοι ἀπὸ τῶν πρεσβυτέρων καὶ κατελείφθη μόνος καὶ ἡ γυνὴ ἐν μέσῳ οὖσα.⟧
8:41 Ἡμεῖς ἐκ πορνείας οὐ γεγεννήμεθα· **ἕνα** πατέρα ἔχομεν τὸν θεόν.
9:25 Εἰ ἁμαρτωλός ἐστιν οὐκ οἶδα· **ἓν** οἶδα ὅτι τυφλὸς ὢν ἄρτι βλέπω.
10:16 κἀκεῖνα δεῖ με ἀγαγεῖν καὶ τῆς φωνῆς μου ἀκούσουσιν, καὶ γενήσονται **μία** ποίμνη, **εἷς** ποιμήν.
10:30 ἐγὼ καὶ ὁ πατὴρ **ἕν** ἐσμεν.
11:49 **εἷς** δέ τις ἐξ αὐτῶν Καϊάφας, ἀρχιερεὺς ὢν τοῦ ἐνιαυτοῦ ἐκείνου,
11:50 οὐδὲ λογίζεσθε ὅτι συμφέρει ὑμῖν ἵνα **εἷς** ἄνθρωπος ἀποθάνῃ ὑπὲρ τοῦ λαοῦ καὶ μὴ ὅλον τὸ ἔθνος ἀπόληται.
11:52 καὶ οὐχ ὑπὲρ τοῦ ἔθνους μόνον ἀλλ' ἵνα καὶ τὰ τέκνα τοῦ θεοῦ τὰ διεσκορπισμένα συναγάγῃ εἰς **ἕν.**
12: 2 ὁ δὲ Λάζαρος **εἷς** ἦν ἐκ τῶν ἀνακειμένων σὺν αὐτῷ.
12: 4 λέγει δὲ Ἰούδας ὁ Ἰσκαριώτης **εἷς** [ἐκ] τῶν μαθητῶν αὐτοῦ,
13:21 Ἀμὴν ἀμὴν λέγω ὑμῖν ὅτι **εἷς** ἐξ ὑμῶν παραδώσει με.
13:23 ἦν ἀνακείμενος **εἷς** ἐκ τῶν μαθητῶν αὐτοῦ ἐν τῷ κόλπῳ τοῦ Ἰησοῦ,
17:11 τήρησον αὐτοὺς ἐν τῷ ὀνόματί σου ᾧ δέδωκάς μοι, ἵνα ὦσιν **ἓν** καθὼς ἡμεῖς.
17:21 ἵνα πάντες **ἓν** ὦσιν, καθὼς σύ, πάτερ, ἐν ἐμοὶ κἀγὼ ἐν σοί,
17:22 κἀγὼ τὴν δόξαν ἣν δέδωκάς μοι δέδωκα αὐτοῖς, ἵνα ὦσιν **ἓν** καθὼς ἡμεῖς **ἕν·**
17:23 ἐγὼ ἐν αὐτοῖς καὶ σὺ ἐν ἐμοί, ἵνα ὦσιν τετελειωμένοι εἰς **ἕν,**
18:14 ἦν δὲ Καϊάφας ὁ συμβουλεύσας τοῖς Ἰουδαίοις ὅτι συμφέρει **ἕνα** ἄνθρωπον ἀποθανεῖν ὑπὲρ τοῦ λαοῦ.
18:22 ταῦτα δὲ αὐτοῦ εἰπόντος **εἷς** παρεστηκὼς τῶν ὑπηρετῶν ἔδωκεν ῥάπισμα τῷ Ἰησοῦ εἰπών,
18:26 λέγει **εἷς** ἐκ τῶν δούλων τοῦ ἀρχιερέως, συγγενὴς ὢν οὗ ἀπέκοψεν Πέτρος τὸ ὠτίον,
18:39 ἔστιν δὲ συνήθεια ὑμῖν ἵνα **ἕνα** ἀπολύσω ὑμῖν ἐν τῷ πάσχα·
19:34 ἀλλ' **εἷς** τῶν στρατιωτῶν λόγχῃ αὐτοῦ τὴν πλευρὰν ἔνυξεν,
20: 1 Τῇ δὲ **μιᾷ** τῶν σαββάτων Μαρία ἡ Μαγδαληνὴ ἔρχεται πρωῒ σκοτίας ἔτι οὔσης εἰς τὸ μνημεῖον καὶ βλέπει τὸν λίθον
20: 7 οὐ μετὰ τῶν ὀθονίων κείμενον ἀλλὰ χωρὶς ἐντετυλιγμένον εἰς **ἕνα** τόπον.
20:12 καὶ θεωρεῖ δύο ἀγγέλους ἐν λευκοῖς καθεζομένους, **ἕνα** πρὸς τῇ κεφαλῇ καὶ **ἕνα** πρὸς τοῖς ποσίν,
20:19 Οὔσης οὖν ὀψίας τῇ ἡμέρᾳ ἐκείνῃ τῇ **μιᾷ** σαββάτων καὶ τῶν θυρῶν κεκλεισμένων ὅπου ἦσαν οἱ μαθηταὶ
20:24 Θωμᾶς δὲ **εἷς** ἐκ τῶν δώδεκα, ὁ λεγόμενος Δίδυμος,
21:25 ἅτινα ἐὰν γράφηται καθ' **ἕν,** οὐδ' αὐτὸν οἶμαι τὸν κόσμον χωρῆσαι τὰ γραφόμενα βιβλία.
Ac 1:22 μάρτυρα τῆς ἀναστάσεως αὐτοῦ σὺν ἡμῖν γενέσθαι **ἕνα** τούτων.
1:24 ἀνάδειξον ὃν ἐξελέξω ἐκ τούτων τῶν δύο **ἕνα**
2: 3 καὶ ὤφθησαν αὐτοῖς διαμεριζόμεναι γλῶσσαι ὡσεὶ πυρὸς καὶ ἐκάθισεν ἐφ' **ἕνα** ἕκαστον αὐτῶν,

2: 6 ὅτι ἤκουον **εἷς** ἕκαστος τῇ ἰδίᾳ διαλέκτῳ λαλούντων αὐτῶν.
4:32 Τοῦ δὲ πλήθους τῶν πιστευσάντων ἦν καρδία καὶ ψυχὴ **μία,** καὶ οὐδὲ **εἷς** τι τῶν ὑπαρχόντων αὐτῷ ἔλεγεν ἴδιον εἶναι ἀλλ' ἦν αὐτοῖς ἅπαντα κοινά.
11:28 ἀναστὰς δὲ **εἷς** ἐξ αὐτῶν ὀνόματι Ἅγαβος ἐσήμανεν διὰ τοῦ πνεύματος λιμὸν μεγάλην μέλλειν ἔσεσθαι
12:10 ἥτις αὐτομάτη ἠνοίγη αὐτοῖς καὶ ἐξελθόντες προῆλθον ῥύμην **μίαν,**
17:26 ἐποίησέν τε ἐξ **ἑνὸς** πᾶν ἔθνος ἀνθρώπων κατοικεῖν ἐπὶ παντὸς προσώπου τῆς γῆς,
17:27 καί γε οὐ μακρὰν ἀπὸ **ἑνὸς** ἑκάστου ἡμῶν ὑπάρχοντα.
19:34 φωνὴ ἐγένετο **μία** ἐκ πάντων ὡς ἐπὶ ὥρας δύο κραζόντων,
20: 7 Ἐν δὲ τῇ **μιᾷ** τῶν σαββάτων συνηγμένων ἡμῶν κλάσαι ἄρτον,
20:31 διὸ γρηγορεῖτε μνημονεύοντες ὅτι τριετίαν νύκτα καὶ ἡμέραν οὐκ ἐπαυσάμην μετὰ δακρύων νουθετῶν **ἕνα** ἕκαστον.
21: 7 κατηντήσαμεν εἰς Πτολεμαΐδα καὶ ἀσπασάμενοι τοὺς ἀδελφοὺς ἐμείναμεν ἡμέραν **μίαν** παρ' αὐτοῖς.
21:19 καὶ ἀσπασάμενος αὐτοὺς ἐξηγεῖτο καθ' **ἓν** ἕκαστον, ὧν ἐποίησεν ὁ θεὸς ἐν τοῖς ἔθνεσιν διὰ τῆς διακονίας αὐτοῦ.
21:26 διαγγέλλων τὴν ἐκπλήρωσιν τῶν ἡμερῶν τοῦ ἁγνισμοῦ ἕως οὗ προσηνέχθη ὑπὲρ **ἑνὸς** ἑκάστου αὐτῶν ἡ προσφορά.
23: 6 Γνοὺς δὲ ὁ Παῦλος ὅτι τὸ **ἓν** μέρος ἐστὶν Σαδδουκαίων τὸ δὲ ἕτερον Φαρισαίων ἔκραζεν ἐν τῷ συνεδρίῳ,
23:17 προσκαλεσάμενος δὲ ὁ Παῦλος **ἕνα** τῶν ἑκατονταρχῶν ἔφη,
24:21 ἢ περὶ **μιᾶς** ταύτης φωνῆς ἧς ἐκέκραξα ἐν αὐτοῖς ἑστὼς ὅτι Περὶ ἀναστάσεως νεκρῶν ἐγὼ κρίνομαι σήμερον ἐφ' ὑμῶν.
28:13 καὶ μετὰ **μίαν** ἡμέραν ἐπιγενομένου νότου δευτεραῖοι ἤλθομεν εἰς Ποτιόλους,
28:25 ἀσύμφωνοι δὲ ὄντες πρὸς ἀλλήλους ἀπελύοντο εἰπόντος τοῦ Παύλου ῥῆμα **ἕν,**

Ro 3:10 καθὼς γέγραπται ὅτι Οὐκ ἔστιν δίκαιος οὐδὲ **εἷς,**
3:12 οὐκ ἔστιν ὁ ποιῶν χρηστότητα, [οὐκ ἔστιν] ἕως **ἑνός.**
3:30 εἴπερ **εἷς** ὁ θεὸς ὃς δικαιώσει περιτομὴν ἐκ πίστεως καὶ ἀκροβυστίαν διὰ τῆς πίστεως.
5:12 Διὰ τοῦτο ὥσπερ δι' **ἑνὸς** ἀνθρώπου ἡ ἁμαρτία εἰς τὸν κόσμον εἰσῆλθεν καὶ διὰ τῆς ἁμαρτίας ὁ θάνατος,
5:15 εἰ γὰρ τῷ τοῦ **ἑνὸς** παραπτώματι οἱ πολλοὶ ἀπέθανον, πολλῷ μᾶλλον ἡ χάρις τοῦ θεοῦ καὶ ἡ δωρεὰ ἐν χάριτι τῇ τοῦ **ἑνὸς** ἀνθρώπου Ἰησοῦ Χριστοῦ εἰς τοὺς πολλοὺς ἐπερίσσευσεν.
5:16 καὶ οὐχ ὡς δι' **ἑνὸς** ἁμαρτήσαντος τὸ δώρημα· τὸ μὲν γὰρ κρίμα ἐξ **ἑνὸς** εἰς κατάκριμα,
5:17 εἰ γὰρ τῷ τοῦ **ἑνὸς** παραπτώματι ὁ θάνατος ἐβασίλευσεν διὰ τοῦ **ἑνός,** πολλῷ μᾶλλον οἱ τὴν περισσείαν τῆς χάριτος καὶ τῆς δωρεᾶς τῆς δικαιοσύνης λαμβάνοντες ἐν ζωῇ βασιλεύσουσιν διὰ τοῦ **ἑνὸς** Ἰησοῦ Χριστοῦ.
5:18 Ἄρα οὖν ὡς δι' **ἑνὸς** παραπτώματος εἰς πάντας ἀνθρώπους εἰς κατάκριμα, οὕτως καὶ δι' **ἑνὸς** δικαιώματος εἰς πάντας ἀνθρώπους εἰς δικαίωσιν ζωῆς·
5:19 ὥσπερ γὰρ διὰ τῆς παρακοῆς τοῦ **ἑνὸς** ἀνθρώπου ἁμαρτωλοὶ κατεστάθησαν οἱ πολλοί, οὕτως καὶ διὰ τῆς ὑπακοῆς τοῦ **ἑνὸς** δίκαιοι κατασταθήσονται οἱ πολλοί.
9:10 οὐ μόνον δέ, ἀλλὰ καὶ Ῥεβέκκα ἐξ **ἑνὸς** κοίτην ἔχουσα,
12: 4 καθάπερ γὰρ ἐν **ἑνὶ** σώματι πολλὰ μέλη ἔχομεν,
12: 5 οὕτως οἱ πολλοὶ **ἓν** σῶμά ἐσμεν ἐν Χριστῷ, τὸ δὲ καθ' **εἷς** ἀλλήλων μέλη.
15: 6 ἵνα ὁμοθυμαδὸν ἐν **ἑνὶ** στόματι δοξάζητε τὸν θεὸν καὶ πατέρα τοῦ κυρίου ἡμῶν Ἰησοῦ Χριστοῦ.

1Co 3: 8 ὁ φυτεύων δὲ καὶ ὁ ποτίζων **ἕν** εἰσιν,
4: 6 ἵνα μὴ **εἷς** ὑπὲρ τοῦ **ἑνὸς** φυσιοῦσθε κατὰ τοῦ ἑτέρου.
6:16 [ἢ] οὐκ οἴδατε ὅτι ὁ κολλώμενος τῇ πόρνῃ **ἓν** σῶμά ἐστιν; Ἔσονται γάρ, φησίν, οἱ δύο εἰς σάρκα **μίαν.**
6:17 ὁ δὲ κολλώμενος τῷ κυρίῳ **ἓν** πνεῦμά ἐστιν.
8: 4 οἴδαμεν ὅτι οὐδὲν εἴδωλον ἐν κόσμῳ καὶ ὅτι οὐδεὶς θεὸς εἰ μὴ **εἷς.**
8: 6 ἀλλ' ἡμῖν **εἷς** θεὸς ὁ πατὴρ ἐξ οὗ τὰ πάντα καὶ ἡμεῖς εἰς αὐτόν, καὶ **εἷς** κύριος Ἰησοῦς Χριστὸς δι' οὗ τὰ πάντα καὶ ἡμεῖς δι' αὐτοῦ.
9:24 Οὐκ οἴδατε ὅτι οἱ ἐν σταδίῳ τρέχοντες πάντες μὲν τρέχουσιν, **εἷς** δὲ λαμβάνει τὸ βραβεῖον;
10: 8 καθώς τινες αὐτῶν ἐπόρνευσαν καὶ ἔπεσαν **μιᾷ** ἡμέρᾳ εἴκοσι τρεῖς χιλιάδες.
10:17 ὅτι **εἷς** ἄρτος, **ἓν** σῶμα οἱ πολλοί ἐσμεν, οἱ γὰρ πάντες ἐκ τοῦ **ἑνὸς** ἄρτου μετέχομεν.
11: 5 **ἓν** γάρ ἐστιν καὶ τὸ αὐτὸ τῇ ἐξυρημένῃ.
12: 9 ἄλλῳ δὲ χαρίσματα ἰαμάτων ἐν τῷ **ἑνὶ** πνεύματι,
12:11 πάντα δὲ ταῦτα ἐνεργεῖ τὸ **ἓν** καὶ τὸ αὐτὸ πνεῦμα διαιροῦν ἰδίᾳ ἑκάστῳ καθὼς βούλεται.
12:12 Καθάπερ γὰρ τὸ σῶμα **ἕν** ἐστιν καὶ μέλη πολλὰ ἔχει, πάντα δὲ τὰ μέλη τοῦ σώματος πολλὰ ὄντα **ἕν** ἐστιν σῶμα,
12:13 καὶ γὰρ ἐν **ἑνὶ** πνεύματι ἡμεῖς πάντες εἰς **ἓν** σῶμα ἐβαπτίσθημεν, εἴτε Ἰουδαῖοι εἴτε Ἕλληνες εἴτε δοῦλοι εἴτε ἐλεύθεροι, καὶ πάντες **ἓν** πνεῦμα ἐποτίσθημεν.
12:14 καὶ γὰρ τὸ σῶμα οὐκ ἔστιν **ἓν** μέλος ἀλλὰ πολλά.
12:18 **ἓν** ἕκαστον αὐτῶν ἐν τῷ σώματι καθὼς ἠθέλησεν.
12:19 εἰ δὲ ἦν τὰ πάντα **ἓν** μέλος, ποῦ τὸ σῶμα;
12:20 νῦν δὲ πολλὰ μὲν μέλη, **ἓν** δὲ σῶμα.
12:26 καὶ εἴτε πάσχει **ἓν** μέλος, συμπάσχει πάντα τὰ μέλη· εἴτε δοξάζεται **[ἓν]** μέλος, συγχαίρει πάντα τὰ μέλη.
14:27 κατὰ δύο ἢ τὸ πλεῖστον τρεῖς καὶ ἀνὰ μέρος, καὶ **εἷς** διερμηνευέτω·
14:31 δύνασθε γὰρ καθ' **ἕνα** πάντες προφητεύειν, ἵνα πάντες μανθάνωσιν καὶ πάντες παρακαλῶνται.
16: 2 κατὰ **μίαν** σαββάτου ἕκαστος ὑμῶν παρ' ἑαυτῷ τιθέτω θησαυρίζων ὅ τι ἐὰν εὐοδῶται,

2Co 5:14 κρίναντας τοῦτο, ὅτι **εἷς** ὑπὲρ πάντων ἀπέθανεν, ἄρα οἱ πάντες ἀπέθανον·
11: 2 ἡρμοσάμην γὰρ ὑμᾶς **ἑνὶ** ἀνδρὶ παρθένον ἁγνὴν παραστῆσαι τῷ Χριστῷ·
11:24 ὑπὸ Ἰουδαίων πεντάκις τεσσεράκοντα παρὰ **μίαν** ἔλαβον,

Gal 3:16 Καὶ τοῖς σπέρμασιν, ὡς ἐπὶ πολλῶν ἀλλ' ὡς ἐφ' **ἑνός,**
3:20 ὁ δὲ μεσίτης **ἑνὸς** οὐκ ἔστιν, ὁ δὲ θεὸς **εἷς** ἐστιν.
3:28 πάντες γὰρ ὑμεῖς **εἷς** ἐστε ἐν Χριστῷ Ἰησοῦ.
4:22 **ἕνα** ἐκ τῆς παιδίσκης καὶ **ἕνα** ἐκ τῆς ἐλευθέρας.
4:24 **μία** μὲν ἀπὸ ὄρους Σινᾶ εἰς δουλείαν γεννῶσα,
5:14 ὁ γὰρ πᾶς νόμος ἐν **ἑνὶ** λόγῳ πεπλήρωται,

Eph 2:14 ὁ ποιήσας τὰ ἀμφότερα **ἓν** καὶ τὸ μεσότοιχον τοῦ φραγμοῦ λύσας,
2:15 ἵνα τοὺς δύο κτίσῃ ἐν αὐτῷ εἰς **ἕνα** καινὸν ἄνθρωπον ποιῶν εἰρήνην
2:16 καὶ ἀποκαταλλάξῃ τοὺς ἀμφοτέρους ἐν **ἑνὶ** σώματι τῷ θεῷ διὰ τοῦ σταυροῦ,
2:18 ὅτι δι' αὐτοῦ ἔχομεν τὴν προσαγωγὴν οἱ ἀμφότεροι ἐν **ἑνὶ** πνεύματι πρὸς τὸν πατέρα.
4: 4 **ἓν** σῶμα καὶ **ἓν** πνεῦμα, καθὼς καὶ ἐκλήθητε ἐν **μιᾷ** ἐλπίδι τῆς κλήσεως ὑμῶν·
4: 5 **εἷς** κύριος, **μία** πίστις, **ἓν** βάπτισμα,
4: 6 **εἷς** θεὸς καὶ πατὴρ πάντων, ὁ ἐπὶ πάντων καὶ διὰ πάντων καὶ ἐν πᾶσιν.
4: 7 **Ἑνὶ** δὲ ἑκάστῳ ἡμῶν ἐδόθη ἡ χάρις κατὰ τὸ μέτρον τῆς δωρεᾶς τοῦ Χριστοῦ.
4:16 κατ' ἐνέργειαν ἐν μέτρῳ **ἑνὸς** ἑκάστου μέρους τὴν αὔξησιν τοῦ σώματος ποιεῖται εἰς οἰκοδομὴν ἑαυτοῦ ἐν ἀγάπῃ.
5:31 καὶ προσκολληθήσεται πρὸς τὴν γυναῖκα αὐτοῦ, καὶ ἔσονται οἱ δύο εἰς σάρκα **μίαν.**
5:33 πλὴν καὶ ὑμεῖς οἱ καθ' **ἕνα,** ἕκαστος τὴν ἑαυτοῦ γυναῖκα οὕτως ἀγαπάτω ὡς ἑαυτόν,

Php 1:27 ὅτι στήκετε ἐν **ἑνὶ** πνεύματι, **μιᾷ** ψυχῇ συναθλοῦντες τῇ πίστει τοῦ εὐαγγελίου
2: 2 τὴν αὐτὴν ἀγάπην ἔχοντες, σύμψυχοι, τὸ **ἓν** φρονοῦντες,
3:13 **ἓν** δέ, τὰ μὲν ὀπίσω ἐπιλανθανόμενος τοῖς δὲ ἔμπροσθεν ἐπεκτεινόμενος,

Col 3:15 καὶ ἡ εἰρήνη τοῦ Χριστοῦ βραβευέτω ἐν ταῖς καρδίαις ὑμῶν, εἰς ἣν καὶ ἐκλήθητε ἐν **ἑνὶ** σώματι·
4: 6 ἅλατι ἠρτυμένος, εἰδέναι πῶς δεῖ ὑμᾶς **ἑνὶ** ἑκάστῳ ἀποκρίνεσθαι.

1Th 2:11 ὡς **ἕνα** ἕκαστον ὑμῶν ὡς πατὴρ τέκνα ἑαυτοῦ
5:11 Διὸ παρακαλεῖτε ἀλλήλους καὶ οἰκοδομεῖτε **εἷς** τὸν **ἕνα,**

2Th 1: 3 ὅτι ὑπεραυξάνει ἡ πίστις ὑμῶν καὶ πλεονάζει ἡ ἀγάπη **ἑνὸς** ἑκάστου πάντων ὑμῶν εἰς ἀλλήλους,

1Ti 2: 5 **εἷς** γὰρ θεός, **εἷς** καὶ μεσίτης θεοῦ καὶ ἀνθρώπων, ἄνθρωπος Χριστὸς Ἰησοῦς,
3: 2 **μιᾶς** γυναικὸς ἄνδρα, νηφάλιον σώφρονα κόσμιον φιλόξενον διδακτικόν,
3:12 διάκονοι ἔστωσαν **μιᾶς** γυναικὸς ἄνδρες, τέκνων καλῶς προϊστάμενοι καὶ τῶν ἰδίων οἴκων.
5: 9 Χήρα καταλεγέσθω μὴ ἔλαττον ἐτῶν ἑξήκοντα γεγονυῖα, **ἑνὸς** ἀνδρὸς γυνή,

Tit 1: 6 εἴ τίς ἐστιν ἀνέγκλητος, **μιᾶς** γυναικὸς ἀνήρ, τέκνα ἔχων πιστά,
3:10 αἱρετικὸν ἄνθρωπον μετὰ **μίαν** καὶ δευτέραν νουθεσίαν παραιτοῦ,

Heb 2:11 ὅ τε γὰρ ἁγιάζων καὶ οἱ ἁγιαζόμενοι ἐξ **ἑνὸς** πάντες·
10:12 οὗτος δὲ **μίαν** ὑπὲρ ἁμαρτιῶν προσενέγκας θυσίαν εἰς τὸ διηνεκὲς ἐκάθισεν ἐν δεξιᾷ τοῦ θεοῦ,
10:14 **μιᾷ** γὰρ προσφορᾷ τετελείωκεν εἰς τὸ διηνεκὲς τοὺς ἁγιαζομένους.
11:12 διὸ καὶ ἀφ' **ἑνὸς** ἐγεννήθησαν, καὶ ταῦτα νενεκρωμένου,
12:16 ὃς ἀντὶ βρώσεως **μιᾶς** ἀπέδετο τὰ πρωτοτόκια ἑαυτοῦ.
Jas 2:10 ὅστις γὰρ ὅλον τὸν νόμον τηρήσῃ πταίσῃ δὲ ἐν **ἑνί,**
2:19 σὺ πιστεύεις ὅτι **εἷς** ἐστιν ὁ θεός, καλῶς ποιεῖς·
4:12 **εἷς** ἐστιν [ὁ] νομοθέτης καὶ κριτὴς ὁ δυνάμενος σῶσαι καὶ ἀπολέσαι·
2Pe 3:8 **Ἓν** δὲ τοῦτο μὴ λανθανέτω ὑμᾶς, ἀγαπητοί, ὅτι **μία** ἡμέρα παρὰ κυρίῳ ὡς χίλια ἔτη καὶ χίλια ἔτη ὡς ἡμέρα **μία.**
1Jn 5:8 τὸ πνεῦμα καὶ τὸ ὕδωρ καὶ τὸ αἷμα, καὶ οἱ τρεῖς εἰς τὸ **ἕν** εἰσιν.
Rev 4:8 **ἓν** καθ' **ἓν** αὐτῶν ἔχων ἀνὰ πτέρυγας ἕξ,
5:5 καὶ **εἷς** ἐκ τῶν πρεσβυτέρων λέγει μοι, Μὴ κλαῖε,
6:1 ἤνοιξεν τὸ ἀρνίον **μίαν** ἐκ τῶν ἑπτὰ σφραγίδων, καὶ ἤκουσα **ἑνὸς** ἐκ τῶν τεσσάρων ζῴων λέγοντος ὡς φωνὴ βροντῆς,
7:13 Καὶ ἀπεκρίθη **εἷς** ἐκ τῶν πρεσβυτέρων λέγων μοι,
8:13 καὶ ἤκουσα **ἑνὸς** ἀετοῦ πετομένου ἐν μεσουρανήματι λέγοντος φωνῇ μεγάλῃ,
9:12 Ἡ οὐαὶ ἡ **μία** ἀπῆλθεν· ἰδοὺ ἔρχεται ἔτι δύο οὐαὶ μετὰ ταῦτα.
9:13 καὶ ἤκουσα φωνὴν **μίαν** ἐκ τῶν [τεσσάρων] κεράτων τοῦ θυσιαστηρίου τοῦ χρυσοῦ τοῦ ἐνώπιον τοῦ θεοῦ,
13:3 καὶ **μίαν** ἐκ τῶν κεφαλῶν αὐτοῦ ὡς ἐσφαγμένην εἰς θάνατον,
15:7 καὶ **ἓν** ἐκ τῶν τεσσάρων ζῴων ἔδωκεν τοῖς ἑπτὰ ἀγγέλοις ἑπτὰ φιάλας χρυσᾶς γεμούσας τοῦ θυμοῦ τοῦ θεοῦ τοῦ ζῶντος
17:1 Καὶ ἦλθεν **εἷς** ἐκ τῶν ἑπτὰ ἀγγέλων τῶν ἐχόντων τὰς ἑπτὰ φιάλας καὶ ἐλάλησεν μετ' ἐμοῦ λέγων,
17:10 οἱ πέντε ἔπεσαν, ὁ **εἷς** ἔστιν, ὁ ἄλλος οὔπω ἦλθεν,
17:12 ἀλλὰ ἐξουσίαν ὡς βασιλεῖς **μίαν** ὥραν λαμβάνουσιν μετὰ τοῦ θηρίου.
17:13 οὗτοι **μίαν** γνώμην ἔχουσιν καὶ τὴν δύναμιν καὶ ἐξουσίαν αὐτῶν τῷ θηρίῳ διδόασιν.
17:17 ὁ γὰρ θεὸς ἔδωκεν εἰς τὰς καρδίας αὐτῶν ποιῆσαι τὴν γνώμην αὐτοῦ καὶ ποιῆσαι **μίαν** γνώμην
18:8 διὰ τοῦτο ἐν **μιᾷ** ἡμέρᾳ ἥξουσιν αἱ πληγαὶ αὐτῆς,
18:10 Βαβυλὼν ἡ πόλις ἡ ἰσχυρά, ὅτι **μιᾷ** ὥρᾳ ἦλθεν ἡ κρίσις σου.
18:17 ὅτι **μιᾷ** ὥρᾳ ἠρημώθη ὁ τοσοῦτος πλοῦτος.
18:19 ἐν ᾗ ἐπλούτησαν πάντες οἱ ἔχοντες τὰ πλοῖα ἐν τῇ θαλάσσῃ ἐκ τῆς τιμιότητος αὐτῆς, ὅτι **μιᾷ** ὥρᾳ ἠρημώθη.
18:21 Καὶ ἦρεν **εἷς** ἄγγελος ἰσχυρὸς λίθον ὡς μύλινον μέγαν καὶ ἔβαλεν εἰς τὴν θάλασσαν λέγων,
19:17 Καὶ εἶδον **ἕνα** ἄγγελον ἑστῶτα ἐν τῷ ἡλίῳ καὶ ἔκραξεν [ἐν] φωνῇ μεγάλῃ λέγων πᾶσιν τοῖς ὀρνέοις τοῖς πετομένοις
21:9 Καὶ ἦλθεν **εἷς** ἐκ τῶν ἑπτὰ ἀγγέλων τῶν ἐχόντων τὰς ἑπτὰ φιάλας τῶν γεμόντων τῶν ἑπτὰ πληγῶν τῶν ἐσχάτων καὶ ἐλάλησεν μετ' ἐμοῦ λέγων,
21:21 ἀνὰ **εἷς** ἕκαστος τῶν πυλώνων ἦν ἐξ **ἑνὸς** μαργαρίτου.

1652 εἰσάγω [11]

√ *1650 + 72*

Lk 2:27 καὶ ἐν τῷ **εἰσαγαγεῖν** τοὺς γονεῖς τὸ παιδίον Ἰησοῦν τοῦ ποιῆσαι αὐτοὺς κατὰ τὸ εἰθισμένον τοῦ νόμου περὶ αὐτοῦ
14:21 εἰς τὰς πλατείας καὶ ῥύμας τῆς πόλεως καὶ τοὺς πτωχοὺς καὶ ἀναπείρους καὶ τυφλοὺς καὶ χωλοὺς **εἰσάγαγε** ὧδε.
22:54 Συλλαβόντες δὲ αὐτὸν ἤγαγον καὶ **εἰσήγαγον** εἰς τὴν οἰκίαν τοῦ ἀρχιερέως·
Jn 18:16 ἐξῆλθεν οὖν ὁ μαθητὴς ὁ ἄλλος ὁ γνωστὸς τοῦ ἀρχιερέως καὶ εἶπεν τῇ θυρωρῷ καὶ **εἰσήγαγεν** τὸν Πέτρον.
Ac 7:45 ἣν καὶ **εἰσήγαγον** διαδεξάμενοι οἱ πατέρες ἡμῶν μετὰ Ἰησοῦ ἐν τῇ κατασχέσει τῶν ἐθνῶν,
9:8 ἀνεῳγμένων δὲ τῶν ὀφθαλμῶν αὐτοῦ οὐδὲν ἔβλεπεν· χειραγωγοῦντες δὲ αὐτὸν **εἰσήγαγον** εἰς Δαμασκόν.
21:28 ἔτι τε καὶ Ἕλληνας **εἰσήγαγεν** εἰς τὸ ἱερὸν καὶ κεκοίνωκεν τὸν ἅγιον τόπον τοῦτον.
21:29 ὃν ἐνόμιζον ὅτι εἰς τὸ ἱερὸν **εἰσήγαγεν** ὁ Παῦλος.
21:37 Μέλλων τε **εἰσάγεσθαι** εἰς τὴν παρεμβολὴν ὁ Παῦλος λέγει τῷ χιλιάρχῳ,
22:24 ἐκέλευσεν ὁ χιλίαρχος **εἰσάγεσθαι** αὐτὸν εἰς τὴν παρεμβολήν,
Heb 1:6 ὅταν δὲ πάλιν **εἰσαγάγῃ** τὸν πρωτότοκον εἰς τὴν οἰκουμένην,

1653 εἰσακούω [5]

√ *1650 + 201*

Mt 6:7 δοκοῦσιν γὰρ ὅτι ἐν τῇ πολυλογίᾳ αὐτῶν **εἰσακουσθήσονται.**
Lk 1:13 Μὴ φοβοῦ, Ζαχαρία, διότι **εἰσηκούσθη** ἡ δέησίς σου,
Ac 10:31 **εἰσηκούσθη** σου ἡ προσευχὴ καὶ αἱ ἐλεημοσύναι σου ἐμνήσθησαν ἐνώπιον τοῦ θεοῦ.
1Co 14:21 Ἐν ἑτερογλώσσοις καὶ ἐν χείλεσιν ἑτέρων λαλήσω τῷ λαῷ τούτῳ καὶ οὐδ' οὕτως **εἰσακούσονταί** μου,
Heb 5:7 μετὰ κραυγῆς ἰσχυρᾶς καὶ δακρύων προσενέγκας καὶ **εἰσακουσθεὶς** ἀπὸ τῆς εὐλαβείας,

1654 εἰσδέχομαι [1]

√ *1650 + 1312*

2Co 6:17 καὶ ἀκαθάρτου μὴ ἅπτεσθε· κἀγὼ **εἰσδέξομαι** ὑμᾶς

1655 εἴσειμι [4]

√ *1650 + 1640*

Ac 3:3 ὃς ἰδὼν Πέτρον καὶ Ἰωάννην μέλλοντας **εἰσιέναι** εἰς τὸ ἱερόν,
21:18 τῇ δὲ ἐπιούσῃ **εἰσῄει** ὁ Παῦλος σὺν ἡμῖν πρὸς Ἰάκωβον,
21:26 **εἰσῄει** εἰς τὸ ἱερὸν διαγγέλλων τὴν ἐκπλήρωσιν τῶν ἡμερῶν τοῦ ἁγνισμοῦ
Heb 9:6 κατεσκευασμένων εἰς μὲν τὴν πρώτην σκηνὴν διὰ παντὸς **εἰσίασιν** οἱ ἱερεῖς τὰς λατρείας ἐπιτελοῦντες,

1656 εἰσέρχομαι [194]

√ *1650 + 2262*

εἰσέρχομαι εἰς [136] Mt 2:21; 5:20; 6:6; 7:21; 8:5; 10:5,11,12; 12:4,29; 15:11; 18:3,8,9; 19:17,23,24; 21:10,12; 24:38; 25:10,21,23; 26:41; 27:53; Mk 1:21,21,45; 2:1,26; 3:1,27; 5:12,13; 6:10; 7:17,24; 8:26; 9:25,43,45,47; 9:28; 10:15,23,24,25; 11:11,15; 16:5; Lk 1:9,40; 4:16,38; 6:4,6; 7:1,36,44; 8:30,32,33,41; 9:4,34,52; 10:5,8,10,38; 17:12,27; 18:17,25; 19:45; 21:21; 22:3,10,10,40,46; 24:26; Jn 3:4,5; 4:38; 10:1; 13:27; 18:1,28,33; 19:9; 20:6,8; Ac 1:13; 3:8; 5:21; 9:6; 10:24; 11:8,12; 13:14; 14:1,20,22; 16:15; 18:7,19; 19:8,30; 20:29; 21:8; 23:16,33; 25:23; 28:16; Ro 5:12; Heb 3:11,18; 4:1,3,3,5,6,10,11; 6:19; 9:12,24,24,25; 10:5; Jas 2:2; 5:4; Rev 15:8; 21:27; 22:14

seq. **διά** [10] Mt 7:13,13; Lk 13:24; 18:25; Jn 10:1,2,9; Heb 3:19; 4:6; 9:12

seq. **πρός** [8] Mk 15:43; Lk 1:28; Ac 10:3; 11:3; 16:40; 17:2; 28:8; Rev 3:20

Mt 2:21 ὁ δὲ ἐγερθεὶς παρέλαβεν τὸ παιδίον καὶ τὴν μητέρα αὐτοῦ καὶ **εἰσῆλθεν** εἰς γῆν Ἰσραήλ.
5:20 οὐ μὴ **εἰσέλθητε** εἰς τὴν βασιλείαν τῶν οὐρανῶν.
6:6 **εἴσελθε** εἰς τὸ ταμεῖόν σου καὶ κλείσας τὴν θύραν σου πρόσευξαι τῷ πατρί σου τῷ ἐν τῷ κρυπτῷ·
7:13 **Εἰσέλθατε** διὰ τῆς στενῆς πύλης· ὅτι πλατεῖα ἡ πύλη καὶ εὐρύχωρος ἡ ὁδὸς ἡ ἀπάγουσα εἰς τὴν ἀπώλειαν καὶ πολλοί εἰσιν οἱ **εἰσερχόμενοι** δι' αὐτῆς·
7:21 Κύριε κύριε, **εἰσελεύσεται** εἰς τὴν βασιλείαν τῶν οὐρανῶν,
8:5 **Εἰσελθόντος** δὲ αὐτοῦ εἰς Καφαρναοὺμ προσῆλθεν αὐτῷ ἑκατόνταρχος παρακαλῶν αὐτὸν
8:8 οὐκ εἰμὶ ἱκανὸς ἵνα μου ὑπὸ τὴν στέγην **εἰσέλθῃς,**
9:25 ὅτε δὲ ἐξεβλήθη ὁ ὄχλος **εἰσελθὼν** ἐκράτησεν τῆς χειρὸς αὐτῆς,
10:5 Εἰς ὁδὸν ἐθνῶν μὴ ἀπέλθητε καὶ εἰς πόλιν Σαμαριτῶν μὴ **εἰσέλθητε·**
10:11 εἰς ἣν δ' ἂν πόλιν ἢ κώμην **εἰσέλθητε,**
10:12 **εἰσερχόμενοι** δὲ εἰς τὴν οἰκίαν ἀσπάσασθε αὐτήν·
12:4 πῶς **εἰσῆλθεν** εἰς τὸν οἶκον τοῦ θεοῦ καὶ τοὺς ἄρτους τῆς προθέσεως ἔφαγον,
12:29 ἢ πῶς δύναταί τις **εἰσελθεῖν** εἰς τὴν οἰκίαν τοῦ ἰσχυροῦ καὶ τὰ σκεύη αὐτοῦ ἁρπάσαι,
12:45 τότε πορεύεται καὶ παραλαμβάνει μεθ' ἑαυτοῦ ἑπτὰ ἕτερα πνεύματα πονηρότερα ἑαυτοῦ καὶ **εἰσελθόντα** κατοικεῖ ἐκεῖ·
15:11 οὐ τὸ **εἰσερχόμενον** εἰς τὸ στόμα κοινοῖ τὸν ἄνθρωπον,
18:3 οὐ μὴ **εἰσέλθητε** εἰς τὴν βασιλείαν τῶν οὐρανῶν.

18: 8 καλόν σοί ἐστιν **εἰσελθεῖν** εἰς τὴν ζωὴν κυλλὸν ἢ χωλὸν ἢ δύο χεῖρας ἢ δύο πόδας ἔχοντα βληθῆναι εἰς τὸ πῦρ τὸ αἰώνιον.
18: 9 καλόν σοί ἐστιν μονόφθαλμον εἰς τὴν ζωὴν **εἰσελθεῖν** ἢ δύο ὀφθαλμοὺς ἔχοντα βληθῆναι εἰς τὴν γέενναν τοῦ πυρός.
19:17 εἰ δὲ θέλεις εἰς τὴν ζωὴν **εἰσελθεῖν,** τήρησον τὰς ἐντολάς.
19:23 Ἀμὴν λέγω ὑμῖν ὅτι πλούσιος δυσκόλως **εἰσελεύσεται** εἰς τὴν βασιλείαν τῶν οὐρανῶν.
19:24 εὐκοπώτερόν ἐστιν κάμηλον διὰ τρυπήματος ῥαφίδος διελθεῖν ἢ πλούσιον **εἰσελθεῖν** εἰς τὴν βασιλείαν τοῦ θεοῦ.
21:10 καὶ **εἰσελθόντος** αὐτοῦ εἰς Ἱεροσόλυμα ἐσείσθη πᾶσα ἡ πόλις λέγουσα,
21:12 Καὶ **εἰσῆλθεν** Ἰησοῦς εἰς τὸ ἱερὸν καὶ ἐξέβαλεν πάντας τοὺς πωλοῦντας καὶ ἀγοράζοντας ἐν τῷ ἱερῷ,
22:11 **εἰσελθὼν** δὲ ὁ βασιλεὺς θεάσασθαι τοὺς ἀνακειμένους εἶδεν ἐκεῖ ἄνθρωπον οὐκ ἐνδεδυμένον ἔνδυμα γάμου,
22:12 Ἑταῖρε, πῶς **εἰσῆλθες** ὧδε μὴ ἔχων ἔνδυμα γάμου;
23:13 ὑμεῖς γὰρ οὐκ **εἰσέρχεσθε** οὐδὲ τοὺς **εἰσερχομένους** ἀφίετε **εἰσελθεῖν.**
24:38 ἄχρι ἧς ἡμέρας **εἰσῆλθεν** Νῶε εἰς τὴν κιβωτόν,
25:10 καὶ αἱ ἕτοιμοι **εἰσῆλθον** μετ᾽ αὐτοῦ εἰς τοὺς γάμους καὶ ἐκλείσθη ἡ θύρα.
25:21 ἐπὶ πολλῶν σε καταστήσω· **εἴσελθε** εἰς τὴν χαρὰν τοῦ κυρίου σου.
25:23 ἐπὶ πολλῶν σε καταστήσω· **εἴσελθε** εἰς τὴν χαρὰν τοῦ κυρίου σου.
26:41 γρηγορεῖτε καὶ προσεύχεσθε, ἵνα μὴ **εἰσέλθητε** εἰς πειρασμόν·
26:58 ὁ δὲ Πέτρος ἠκολούθει αὐτῷ ἀπὸ μακρόθεν ἕως τῆς αὐλῆς τοῦ ἀρχιερέως καὶ **εἰσελθὼν** ἔσω ἐκάθητο μετὰ τῶν ὑπηρετῶν ἰδεῖν
27:53 καὶ ἐξελθόντες ἐκ τῶν μνημείων μετὰ τὴν ἔγερσιν αὐτοῦ **εἰσῆλθον** εἰς τὴν ἁγίαν πόλιν καὶ ἐνεφανίσθησαν πολλοῖς.

Mk 1:21 καὶ εὐθὺς τοῖς σάββασιν **εἰσελθὼν** εἰς τὴν συναγωγὴν ἐδίδασκεν.
1:45 ὥστε μηκέτι αὐτὸν δύνασθαι φανερῶς εἰς πόλιν **εἰσελθεῖν,**
2: 1 Καὶ **εἰσελθὼν** πάλιν εἰς Καφαρναοὺμ δι᾽ ἡμερῶν ἠκούσθη ὅτι ἐν οἴκῳ ἐστίν.
2:26 πῶς **εἰσῆλθεν** εἰς τὸν οἶκον τοῦ θεοῦ ἐπὶ Ἀβιαθὰρ ἀρχιερέως καὶ τοὺς ἄρτους τῆς προθέσεως ἔφαγεν,
3: 1 Καὶ **εἰσῆλθεν** πάλιν εἰς τὴν συναγωγήν. καὶ ἦν ἐκεῖ ἄνθρωπος ἐξηραμμένην ἔχων τὴν χεῖρα.
3:27 ἀλλ᾽ οὐ δύναται οὐδεὶς εἰς τὴν οἰκίαν τοῦ ἰσχυροῦ **εἰσελθὼν** τὰ σκεύη αὐτοῦ διαρπάσαι,
5:12 Πέμψον ἡμᾶς εἰς τοὺς χοίρους, ἵνα εἰς αὐτοὺς **εἰσέλθωμεν.**
5:13 καὶ ἐξελθόντα τὰ πνεύματα τὰ ἀκάθαρτα **εἰσῆλθον** εἰς τοὺς χοίρους,
5:39 καὶ **εἰσελθὼν** λέγει αὐτοῖς, Τί θορυβεῖσθε καὶ κλαίετε;
6:10 καὶ ἔλεγεν αὐτοῖς, Ὅπου ἐὰν **εἰσέλθητε** εἰς οἰκίαν,
6:22 καὶ **εἰσελθούσης** τῆς θυγατρὸς αὐτοῦ Ἡρῳδιάδος καὶ ὀρχησαμένης ἤρεσεν τῷ Ἡρῴδῃ καὶ τοῖς συνανακειμένοις.
6:25 καὶ **εἰσελθοῦσα** εὐθὺς μετὰ σπουδῆς πρὸς τὸν βασιλέα ᾐτήσατο λέγουσα,
7:17 Καὶ ὅτε **εἰσῆλθεν** εἰς οἶκον ἀπὸ τοῦ ὄχλου,
7:24 καὶ **εἰσελθὼν** εἰς οἰκίαν οὐδένα ἤθελεν γνῶναι, καὶ οὐκ ἠδυνήθη λαθεῖν·
8:26 καὶ ἀπέστειλεν αὐτὸν εἰς οἶκον αὐτοῦ λέγων, Μηδὲ εἰς τὴν κώμην **εἰσέλθῃς.**
9:25 ἔξελθε ἐξ αὐτοῦ καὶ μηκέτι **εἰσέλθῃς** εἰς αὐτόν.
9:28 καὶ **εἰσελθόντος** αὐτοῦ εἰς οἶκον οἱ μαθηταὶ αὐτοῦ κατ᾽ ἰδίαν ἐπηρώτων αὐτόν,
9:43 καλόν ἐστίν σε κυλλὸν **εἰσελθεῖν** εἰς τὴν ζωὴν ἢ τὰς δύο χεῖρας ἔχοντα ἀπελθεῖν εἰς τὴν γέενναν,
9:45 καλόν ἐστίν σε **εἰσελθεῖν** εἰς τὴν ζωὴν χωλὸν ἢ τοὺς δύο πόδας ἔχοντα βληθῆναι εἰς τὴν γέενναν.
9:47 καλόν σέ ἐστιν μονόφθαλμον **εἰσελθεῖν** εἰς τὴν βασιλείαν τοῦ θεοῦ ἢ δύο ὀφθαλμοὺς ἔχοντα βληθῆναι εἰς τὴν γέενναν,
10:15 ὃς ἂν μὴ δέξηται τὴν βασιλείαν τοῦ θεοῦ ὡς παιδίον, οὐ μὴ **εἰσέλθῃ** εἰς αὐτήν.
10:23 Πῶς δυσκόλως οἱ τὰ χρήματα ἔχοντες εἰς τὴν βασιλείαν τοῦ θεοῦ **εἰσελεύσονται.**
10:24 πῶς δύσκολόν ἐστιν εἰς τὴν βασιλείαν τοῦ θεοῦ **εἰσελθεῖν·**
10:25 εὐκοπώτερόν ἐστιν κάμηλον διὰ [τῆς] τρυμαλιᾶς [τῆς] ῥαφίδος διελθεῖν ἢ πλούσιον εἰς τὴν βασιλείαν τοῦ θεοῦ **εἰσελθεῖν.**
11:11 Καὶ **εἰσῆλθεν** εἰς Ἱεροσόλυμα εἰς τὸ ἱερὸν καὶ περιβλεψάμενος πάντα,
11:15 καὶ **εἰσελθὼν** εἰς τὸ ἱερὸν ἤρξατο ἐκβάλλειν τοὺς πωλοῦντας καὶ τοὺς ἀγοράζοντας ἐν τῷ ἱερῷ,
13:15 ὁ [δὲ] ἐπὶ τοῦ δώματος μὴ καταβάτω μηδὲ **εἰσελθάτω** ἆραί τι ἐκ τῆς οἰκίας αὐτοῦ,
14:14 καὶ ὅπου ἐὰν **εἰσέλθῃ** εἴπατε τῷ οἰκοδεσπότῃ ὅτι Ὁ διδάσκαλος λέγει,
15:43 τολμήσας **εἰσῆλθεν** πρὸς τὸν Πιλᾶτον καὶ ᾐτήσατο τὸ σῶμα τοῦ Ἰησοῦ.
16: 5 καὶ **εἰσελθοῦσαι** εἰς τὸ μνημεῖον εἶδον νεανίσκον καθήμενον ἐν τοῖς δεξιοῖς περιβεβλημένον στολὴν λευκήν,

Lk 1: 9 κατὰ τὸ ἔθος τῆς ἱερατείας ἔλαχε τοῦ θυμιᾶσαι **εἰσελθὼν** εἰς τὸν ναὸν τοῦ κυρίου,
1:28 καὶ **εἰσελθὼν** πρὸς αὐτὴν εἶπεν, Χαῖρε, κεχαριτωμένη, ὁ κύριος μετὰ σοῦ.
1:40 καὶ **εἰσῆλθεν** εἰς τὸν οἶκον Ζαχαρίου καὶ ἠσπάσατο τὴν Ἐλισάβετ.
4:16 καὶ **εἰσῆλθεν** κατὰ τὸ εἰωθὸς αὐτῷ ἐν τῇ ἡμέρᾳ τῶν σαββάτων εἰς τὴν συναγωγὴν καὶ ἀνέστη ἀναγνῶναι.
4:38 Ἀναστὰς δὲ ἀπὸ τῆς συναγωγῆς **εἰσῆλθεν** εἰς τὴν οἰκίαν Σίμωνος.
6: 4 [ὡς] **εἰσῆλθεν** εἰς τὸν οἶκον τοῦ θεοῦ καὶ τοὺς ἄρτους τῆς προθέσεως λαβὼν ἔφαγεν καὶ ἔδωκεν τοῖς μετ᾽ αὐτοῦ,
6: 6 Ἐγένετο δὲ ἐν ἑτέρῳ σαββάτῳ **εἰσελθεῖν** αὐτὸν εἰς τὴν συναγωγὴν καὶ διδάσκειν.
7: 1 Ἐπειδὴ ἐπλήρωσεν πάντα τὰ ῥήματα αὐτοῦ εἰς τὰς ἀκοὰς τοῦ λαοῦ, **εἰσῆλθεν** εἰς Καφαρναούμ.
7: 6 οὐ γὰρ ἱκανός εἰμι ἵνα ὑπὸ τὴν στέγην μου **εἰσέλθῃς·**
7:36 καὶ **εἰσελθὼν** εἰς τὸν οἶκον τοῦ Φαρισαίου κατεκλίθη.
7:44 **εἰσῆλθόν** σου εἰς τὴν οἰκίαν, ὕδωρ μοι ἐπὶ πόδας οὐκ ἔδωκας·
7:45 αὕτη δὲ ἀφ᾽ ἧς **εἰσῆλθον** οὐ διέλιπεν καταφιλοῦσά μου τοὺς πόδας.
8:30 ὁ δὲ εἶπεν, Λεγιών, ὅτι **εἰσῆλθεν** δαιμόνια πολλὰ εἰς αὐτόν.
8:32 καὶ παρεκάλεσαν αὐτὸν ἵνα ἐπιτρέψῃ αὐτοῖς εἰς ἐκείνους **εἰσελθεῖν·**
8:33 ἐξελθόντα δὲ τὰ δαιμόνια ἀπὸ τοῦ ἀνθρώπου **εἰσῆλθον** εἰς τοὺς χοίρους,
8:41 καὶ πεσὼν παρὰ τοὺς πόδας [τοῦ] Ἰησοῦ παρεκάλει αὐτὸν **εἰσελθεῖν** εἰς τὸν οἶκον αὐτοῦ,
8:51 ἐλθὼν δὲ εἰς τὴν οἰκίαν οὐκ ἀφῆκεν **εἰσελθεῖν** τινα σὺν αὐτῷ εἰ μὴ Πέτρον καὶ Ἰωάννην καὶ Ἰάκωβον καὶ τὸν πατέρα
9: 4 καὶ εἰς ἣν ἂν οἰκίαν **εἰσέλθητε,** ἐκεῖ μένετε καὶ ἐκεῖθεν ἐξέρχεσθε.
9:34 ἐφοβήθησαν δὲ ἐν τῷ **εἰσελθεῖν** αὐτοὺς εἰς τὴν νεφέλην.
9:46 **Εἰσῆλθεν** δὲ διαλογισμὸς ἐν αὐτοῖς, τὸ τίς ἂν εἴη μείζων αὐτῶν.
9:52 καὶ πορευθέντες **εἰσῆλθον** εἰς κώμην Σαμαριτῶν ὡς ἑτοιμάσαι αὐτῷ·
10: 5 εἰς ἣν δ᾽ ἂν **εἰσέλθητε** οἰκίαν, πρῶτον λέγετε,
10: 8 καὶ εἰς ἣν ἂν πόλιν **εἰσέρχησθε** καὶ δέχωνται ὑμᾶς,
10:10 εἰς ἣν δ᾽ ἂν πόλιν **εἰσέλθητε** καὶ μὴ δέχωνται ὑμᾶς,
10:38 Ἐν δὲ τῷ πορεύεσθαι αὐτοὺς αὐτὸς **εἰσῆλθεν** εἰς κώμην τινά·
11:26 τότε πορεύεται καὶ παραλαμβάνει ἕτερα πνεύματα πονηρότερα ἑαυτοῦ ἑπτὰ καὶ **εἰσελθόντα** κατοικεῖ ἐκεῖ·
11:37 Ἐν δὲ τῷ λαλῆσαι ἐρωτᾷ αὐτὸν Φαρισαῖος ὅπως ἀριστήσῃ παρ᾽ αὐτῷ· **εἰσελθὼν** δὲ ἀνέπεσεν.
11:52 ὅτι ἤρατε τὴν κλεῖδα τῆς γνώσεως· αὐτοὶ οὐκ **εἰσήλθατε** καὶ τοὺς **εἰσερχομένους** ἐκωλύσατε.
13:24 Ἀγωνίζεσθε **εἰσελθεῖν** διὰ τῆς στενῆς θύρας, ὅτι πολλοί, λέγω ὑμῖν, ζητήσουσιν **εἰσελθεῖν** καὶ οὐκ ἰσχύσουσιν.
14:23 Ἔξελθε εἰς τὰς ὁδοὺς καὶ φραγμοὺς καὶ ἀνάγκασον **εἰσελθεῖν,**
15:28 ὠργίσθη δὲ καὶ οὐκ ἤθελεν **εἰσελθεῖν,** ὁ δὲ πατὴρ αὐτοῦ ἐξελθὼν παρεκάλει αὐτόν.
17: 7 ὃς **εἰσελθόντι** ἐκ τοῦ ἀγροῦ ἐρεῖ αὐτῷ, Εὐθέως παρελθὼν ἀνάπεσε,
17:12 καὶ **εἰσερχομένου** αὐτοῦ εἴς τινα κώμην ἀπήντησαν [αὐτῷ] δέκα λεπροὶ ἄνδρες,
17:27 ἄχρι ἧς ἡμέρας **εἰσῆλθεν** Νῶε εἰς τὴν κιβωτὸν καὶ ἦλθεν ὁ κατακλυσμὸς καὶ ἀπώλεσεν πάντας.
18:17 ὃς ἂν μὴ δέξηται τὴν βασιλείαν τοῦ θεοῦ ὡς παιδίον, οὐ μὴ **εἰσέλθῃ** εἰς αὐτήν.
18:25 εὐκοπώτερον γάρ ἐστιν κάμηλον διὰ τρήματος βελόνης **εἰσελθεῖν** ἢ πλούσιον εἰς τὴν βασιλείαν τοῦ θεοῦ **εἰσελθεῖν.**
19: 1 Καὶ **εἰσελθὼν** διήρχετο τὴν Ἰεριχώ.
19: 7 καὶ ἰδόντες πάντες διεγόγγυζον λέγοντες ὅτι Παρὰ ἁμαρτωλῷ ἀνδρὶ **εἰσῆλθεν** καταλῦσαι.
19:45 Καὶ **εἰσελθὼν** εἰς τὸ ἱερὸν ἤρξατο ἐκβάλλειν τοὺς πωλοῦντας
21:21 φευγέτωσαν εἰς τὰ ὄρη καὶ οἱ ἐν μέσῳ αὐτῆς ἐκχωρείτωσαν καὶ οἱ ἐν ταῖς χώραις μὴ **εἰσερχέσθωσαν** εἰς αὐτήν,

22: 3 **Εἰσῆλθεν** δὲ Σατανᾶς εἰς Ἰούδαν τὸν καλούμενον Ἰσκαριώτην,
22: 10 Ἰδοὺ **εἰσελθόντων** ὑμῶν εἰς τὴν πόλιν συναντήσει ὑμῖν ἄνθρωπος κεράμιον ὕδατος βαστάζων·
22: 40 γενόμενος δὲ ἐπὶ τοῦ τόπου εἶπεν αὐτοῖς, Προσεύχεσθε μὴ **εἰσελθεῖν** εἰς πειρασμόν.
22: 46 Τί καθεύδετε; ἀναστάντες προσεύχεσθε, ἵνα μὴ **εἰσέλθητε** εἰς πειρασμόν.
24: 3 **εἰσελθοῦσαι** δὲ οὐχ εὗρον τὸ σῶμα τοῦ κυρίου Ἰησοῦ.
24: 26 οὐχὶ ταῦτα ἔδει παθεῖν τὸν Χριστὸν καὶ **εἰσελθεῖν** εἰς τὴν δόξαν αὐτοῦ;
24: 29 ὅτι πρὸς ἑσπέραν ἐστὶν καὶ κέκλικεν ἤδη ἡ ἡμέρα. καὶ **εἰσῆλθεν** τοῦ μεῖναι σὺν αὐτοῖς.
Jn 3: 4 μὴ δύναται εἰς τὴν κοιλίαν τῆς μητρὸς αὐτοῦ δεύτερον **εἰσελθεῖν** καὶ γεννηθῆναι;
3: 5 οὐ δύναται **εἰσελθεῖν** εἰς τὴν βασιλείαν τοῦ θεοῦ.
4: 38 ἄλλοι κεκοπιάκασιν καὶ ὑμεῖς εἰς τὸν κόπον αὐτῶν **εἰσεληλύθατε.**
10: 1 ὁ μὴ **εἰσερχόμενος** διὰ τῆς θύρας εἰς τὴν αὐλὴν τῶν προβάτων ἀλλὰ ἀναβαίνων ἀλλαχόθεν ἐκεῖνος κλέπτης ἐστὶν
10: 2 ὁ δὲ **εἰσερχόμενος** διὰ τῆς θύρας ποιμήν ἐστιν τῶν προβάτων.
10: 9 δι' ἐμοῦ ἐάν τις **εἰσέλθῃ** σωθήσεται καὶ **εἰσελεύσεται** καὶ ἐξελεύσεται καὶ νομὴν εὑρήσει.
13: 27 καὶ μετὰ τὸ ψωμίον τότε **εἰσῆλθεν** εἰς ἐκεῖνον ὁ Σατανᾶς.
18: 1 εἰς ὃν **εἰσῆλθεν** αὐτὸς καὶ οἱ μαθηταὶ αὐτοῦ.
18: 28 καὶ αὐτοὶ οὐκ **εἰσῆλθον** εἰς τὸ πραιτώριον, ἵνα μὴ μιανθῶσιν ἀλλὰ φάγωσιν τὸ πάσχα.
18: 33 **Εἰσῆλθεν** οὖν πάλιν εἰς τὸ πραιτώριον ὁ Πιλᾶτος καὶ ἐφώνησεν τὸν Ἰησοῦν καὶ εἶπεν αὐτῷ,
19: 9 καὶ **εἰσῆλθεν** εἰς τὸ πραιτώριον πάλιν καὶ λέγει τῷ Ἰησοῦ,
20: 5 καὶ παρακύψας βλέπει κείμενα τὰ ὀθόνια, οὐ μέντοι **εἰσῆλθεν.**
20: 6 ἔρχεται οὖν καὶ Σίμων Πέτρος ἀκολουθῶν αὐτῷ καὶ **εἰσῆλθεν** εἰς τὸ μνημεῖον,
20: 8 τότε οὖν **εἰσῆλθεν** καὶ ὁ ἄλλος μαθητὴς ὁ ἐλθὼν πρῶτος εἰς τὸ μνημεῖον καὶ εἶδεν καὶ ἐπίστευσεν·
Ac 1: 13 καὶ ὅτε **εἰσῆλθον,** εἰς τὸ ὑπερῷον ἀνέβησαν οὗ ἦσαν καταμένοντες,
1: 21 δεῖ οὖν τῶν συνελθόντων ἡμῖν ἀνδρῶν ἐν παντὶ χρόνῳ ᾧ **εἰσῆλθεν** καὶ ἐξῆλθεν ἐφ' ἡμᾶς ὁ κύριος Ἰησοῦς,
3: 8 καὶ ἐξαλλόμενος ἔστη καὶ περιεπάτει καὶ **εἰσῆλθεν** σὺν αὐτοῖς εἰς τὸ ἱερὸν περιπατῶν καὶ ἁλλόμενος καὶ αἰνῶν τὸν θεόν.
5: 7 Ἐγένετο δὲ ὡς ὡρῶν τριῶν διάστημα καὶ ἡ γυνὴ αὐτοῦ μὴ εἰδυῖα τὸ γεγονὸς **εἰσῆλθεν.**
5: 10 **εἰσελθόντες** δὲ οἱ νεανίσκοι εὗρον αὐτὴν νεκρὰν καὶ ἐξενέγκαντες ἔθαψαν πρὸς τὸν ἄνδρα αὐτῆς,
5: 21 ἀκούσαντες δὲ **εἰσῆλθον** ὑπὸ τὸν ὄρθρον εἰς τὸ ἱερὸν καὶ ἐδίδασκον.
9: 6 ἀλλὰ ἀνάστηθι καὶ **εἴσελθε** εἰς τὴν πόλιν καὶ λαληθήσεταί σοι ὅ τί σε δεῖ ποιεῖν.
9: 12 καὶ εἶδεν ἄνδρα [ἐν ὁράματι] Ἁνανίαν ὀνόματι **εἰσελθόντα** καὶ ἐπιθέντα αὐτῷ [τὰς] χεῖρας ὅπως ἀναβλέψῃ.
9: 17 Ἀπῆλθεν δὲ Ἁνανίας καὶ **εἰσῆλθεν** εἰς τὴν οἰκίαν καὶ ἐπιθεὶς ἐπ' αὐτὸν τὰς χεῖρας εἶπεν,
10: 3 εἶδεν ἐν ὁράματι φανερῶς ὡσεὶ περὶ ὥραν ἐνάτην τῆς ἡμέρας ἄγγελον τοῦ θεοῦ **εἰσελθόντα** πρὸς αὐτὸν καὶ εἰπόντα αὐτῷ,
10: 24 τῇ δὲ ἐπαύριον **εἰσῆλθεν** εἰς τὴν Καισάρειαν.
10: 25 ὡς δὲ ἐγένετο τοῦ **εἰσελθεῖν** τὸν Πέτρον, συναντήσας αὐτῷ ὁ Κορνήλιος πεσὼν ἐπὶ τοὺς πόδας προσεκύνησεν.
10: 27 συνομιλῶν αὐτῷ **εἰσῆλθεν** καὶ εὑρίσκει συνεληλυθότας πολλούς,
11: 3 λέγοντες ὅτι **Εἰσῆλθες** πρὸς ἄνδρας ἀκροβυστίαν ἔχοντας καὶ συνέφαγες αὐτοῖς.
11: 8 ὅτι κοινὸν ἢ ἀκάθαρτον οὐδέποτε **εἰσῆλθεν** εἰς τὸ στόμα μου.
11: 12 ἦλθον δὲ σὺν ἐμοὶ καὶ οἱ ἓξ ἀδελφοὶ οὗτοι καὶ **εἰσήλθομεν** εἰς τὸν οἶκον τοῦ ἀνδρός.
13: 14 καὶ **[εἰσ]ελθόντες** εἰς τὴν συναγωγὴν τῇ ἡμέρᾳ τῶν σαββάτων ἐκάθισαν.
14: 1 Ἐγένετο δὲ ἐν Ἰκονίῳ κατὰ τὸ αὐτὸ **εἰσελθεῖν** αὐτοὺς εἰς τὴν συναγωγὴν τῶν Ἰουδαίων καὶ λαλῆσαι οὕτως ὥστε πιστεῦσαι
14: 20 κυκλωσάντων δὲ τῶν μαθητῶν αὐτὸν ἀναστὰς **εἰσῆλθεν** εἰς τὴν πόλιν.
14: 22 παρακαλοῦντες ἐμμένειν τῇ πίστει καὶ ὅτι διὰ πολλῶν θλίψεων δεῖ ἡμᾶς **εἰσελθεῖν** εἰς τὴν βασιλείαν τοῦ θεοῦ.
16: 15 Εἰ κεκρίκατέ με πιστὴν τῷ κυρίῳ εἶναι, **εἰσελθόντες** εἰς τὸν οἶκόν μου μένετε·
16: 40 ἐξελθόντες δὲ ἀπὸ τῆς φυλακῆς **εἰσῆλθον** πρὸς τὴν Λυδίαν καὶ ἰδόντες παρεκάλεσαν τοὺς ἀδελφοὺς καὶ ἐξῆλθαν.
17: 2 κατὰ δὲ τὸ εἰωθὸς τῷ Παύλῳ **εἰσῆλθεν** πρὸς αὐτοὺς καὶ ἐπὶ σάββατα τρία διελέξατο αὐτοῖς ἀπὸ τῶν γραφῶν,
18: 7 καὶ μεταβὰς ἐκεῖθεν **εἰσῆλθεν** εἰς οἰκίαν τινὸς ὀνόματι Τιτίου Ἰούστου σεβομένου τὸν θεόν,
18: 19 **εἰσελθὼν** εἰς τὴν συναγωγὴν διελέξατο τοῖς Ἰουδαίοις.
19: 8 **Εἰσελθὼν** δὲ εἰς τὴν συναγωγὴν ἐπαρρησιάζετο ἐπὶ μῆνας τρεῖς διαλεγόμενος καὶ πείθων [τὰ] περὶ τῆς βασιλείας
19: 30 Παύλου δὲ βουλομένου **εἰσελθεῖν** εἰς τὸν δῆμον οὐκ εἴων αὐτὸν οἱ μαθηταί·
20: 29 ἐγὼ οἶδα ὅτι **εἰσελεύσονται** μετὰ τὴν ἄφιξίν μου λύκοι βαρεῖς εἰς ὑμᾶς μὴ φειδόμενοι τοῦ ποιμνίου,
21: 8 τῇ δὲ ἐπαύριον ἐξελθόντες ἤλθομεν εἰς Καισάρειαν καὶ **εἰσελθόντες** εἰς τὸν οἶκον Φιλίππου τοῦ εὐαγγελιστοῦ,
23: 16 παραγενόμενος καὶ **εἰσελθὼν** εἰς τὴν παρεμβολὴν ἀπήγγειλεν τῷ Παύλῳ.
23: 33 οἵτινες **εἰσελθόντες** εἰς τὴν Καισάρειαν καὶ ἀναδόντες τὴν ἐπιστολὴν τῷ ἡγεμόνι παρέστησαν καὶ τὸν Παῦλον αὐτῷ.
25: 23 Τῇ οὖν ἐπαύριον ἐλθόντος τοῦ Ἀγρίππα καὶ τῆς Βερνίκης μετὰ πολλῆς φαντασίας καὶ **εἰσελθόντων** εἰς τὸ ἀκροατήριον
28: 8 πρὸς ὃν ὁ Παῦλος **εἰσελθὼν** καὶ προσευξάμενος ἐπιθεὶς τὰς χεῖρας αὐτῷ ἰάσατο αὐτόν.
28: 16 Ὅτε δὲ **εἰσήλθομεν** εἰς Ῥώμην, ἐπετράπη τῷ Παύλῳ μένειν καθ' ἑαυτὸν σὺν τῷ φυλάσσοντι αὐτὸν στρατιώτῃ.
Ro 5: 12 Διὰ τοῦτο ὥσπερ δι' ἑνὸς ἀνθρώπου ἡ ἁμαρτία εἰς τὸν κόσμον **εἰσῆλθεν** καὶ διὰ τῆς ἁμαρτίας ὁ θάνατος,
11: 25 ὅτι πώρωσις ἀπὸ μέρους τῷ Ἰσραὴλ γέγονεν ἄχρις οὗ τὸ πλήρωμα τῶν ἐθνῶν **εἰσέλθῃ**
1Co 14: 23 **εἰσέλθωσιν** δὲ ἰδιῶται ἢ ἄπιστοι, οὐκ ἐροῦσιν ὅτι μαίνεσθε;
14: 24 **εἰσέλθῃ** δέ τις ἄπιστος ἢ ἰδιώτης, ἐλέγχεται ὑπὸ πάντων,
Heb 3: 11 ὡς ὤμοσα ἐν τῇ ὀργῇ μου· Εἰ **εἰσελεύσονται** εἰς τὴν κατάπαυσίν μου.
3: 18 μὴ **εἰσελεύσεσθαι** εἰς τὴν κατάπαυσιν αὐτοῦ εἰ μὴ τοῖς ἀπειθήσασιν;
3: 19 καὶ βλέπομεν ὅτι οὐκ ἠδυνήθησαν **εἰσελθεῖν** δι' ἀπιστίαν.
4: 1 μήποτε καταλειπομένης ἐπαγγελίας **εἰσελθεῖν** εἰς τὴν κατάπαυσιν αὐτοῦ δοκῇ τις ἐξ ὑμῶν ὑστερηκέναι.
4: 3 **εἰσερχόμεθα** γὰρ εἰς [τὴν] κατάπαυσιν οἱ πιστεύσαντες, καθὼς εἴρηκεν, Ὡς ὤμοσα ἐν τῇ ὀργῇ μου, Εἰ **εἰσελεύσονται** εἰς τὴν κατάπαυσίν μου,
4: 5 ἐν τούτῳ πάλιν, Εἰ **εἰσελεύσονται** εἰς τὴν κατάπαυσίν μου.
4: 6 ἐπεὶ οὖν ἀπολείπεται τινὰς **εἰσελθεῖν** εἰς αὐτήν, καὶ οἱ πρότερον εὐαγγελισθέντες οὐκ **εἰσῆλθον** δι' ἀπείθειαν,
4: 10 ὁ γὰρ **εἰσελθὼν** εἰς τὴν κατάπαυσιν αὐτοῦ καὶ αὐτὸς κατέπαυσεν ἀπὸ τῶν ἔργων αὐτοῦ ὥσπερ ἀπὸ τῶν ἰδίων ὁ θεός.
4: 11 σπουδάσωμεν οὖν **εἰσελθεῖν** εἰς ἐκείνην τὴν κατάπαυσιν, ἵνα μὴ ἐν τῷ αὐτῷ τις ὑποδείγματι πέσῃ τῆς ἀπειθείας.
6: 19 ἣν ὡς ἄγκυραν ἔχομεν τῆς ψυχῆς ἀσφαλῆ τε καὶ βεβαίαν καὶ **εἰσερχομένην** εἰς τὸ ἐσώτερον τοῦ καταπετάσματος,
6: 20 ὅπου πρόδρομος ὑπὲρ ἡμῶν **εἰσῆλθεν** Ἰησοῦς, κατὰ τὴν τάξιν Μελχισέδεκ ἀρχιερεὺς γενόμενος εἰς τὸν αἰῶνα.
9: 12 οὐδὲ δι' αἵματος τράγων καὶ μόσχων διὰ δὲ τοῦ ἰδίου αἵματος **εἰσῆλθεν** ἐφάπαξ εἰς τὰ ἅγια αἰωνίαν λύτρωσιν εὑράμενος.
9: 24 οὐ γὰρ εἰς χειροποίητα **εἰσῆλθεν** ἅγια Χριστός, ἀντίτυπα τῶν ἀληθινῶν,
9: 25 ὥσπερ ὁ ἀρχιερεὺς **εἰσέρχεται** εἰς τὰ ἅγια κατ' ἐνιαυτὸν ἐν αἵματι ἀλλοτρίῳ,
10: 5 Διὸ **εἰσερχόμενος** εἰς τὸν κόσμον λέγει, Θυσίαν καὶ προσφορὰν οὐκ ἠθέλησας,
Jas 2: 2 ἐὰν γὰρ **εἰσέλθῃ** εἰς συναγωγὴν ὑμῶν ἀνὴρ χρυσοδακτύλιος ἐν ἐσθῆτι λαμπρᾷ, **εἰσέλθῃ** δὲ καὶ πτωχὸς ἐν ῥυπαρᾷ ἐσθῆτι,
5: 4 καὶ αἱ βοαὶ τῶν θερισάντων εἰς τὰ ὦτα κυρίου Σαβαὼθ **εἰσεληλύθασιν.**
Rev 3: 20 [καὶ] **εἰσελεύσομαι** πρὸς αὐτὸν καὶ δειπνήσω μετ' αὐτοῦ καὶ αὐτὸς μετ' ἐμοῦ.
11: 11 καὶ μετὰ τὰς τρεῖς ἡμέρας καὶ ἥμισυ πνεῦμα ζωῆς ἐκ τοῦ θεοῦ **εἰσῆλθεν** ἐν αὐτοῖς,
15: 8 καὶ οὐδεὶς ἐδύνατο **εἰσελθεῖν** εἰς τὸν ναὸν ἄχρι τελεσθῶσιν αἱ ἑπτὰ πληγαὶ τῶν ἑπτὰ ἀγγέλων.
21: 27 οὐ μὴ **εἰσέλθῃ** εἰς αὐτὴν πᾶν κοινὸν καὶ [ὁ] ποιῶν βδέλυγμα καὶ ψεῦδος εἰ μὴ οἱ γεγραμμένοι ἐν τῷ βιβλίῳ τῆς ζωῆς
22: 14 ἵνα ἔσται ἡ ἐξουσία αὐτῶν ἐπὶ τὸ ξύλον τῆς ζωῆς καὶ τοῖς πυλῶσιν **εἰσέλθωσιν** εἰς τὴν πόλιν.

1657 εἰσκαλέομαι [1]

√ 1650 + 2813

Ac 10:23 **εἰσκαλεσάμενος** οὖν αὐτοὺς ἐξένισεν. Τῇ δὲ ἐπαύριον ἀναστὰς ἐξῆλθεν σὺν αὐτοῖς

1658 εἴσοδος [5]

√ 1650 + 3847

Ac 13:24 προκηρύξαντος Ἰωάννου πρὸ προσώπου τῆς **εἰσόδου** αὐτοῦ βάπτισμα μετανοίας παντὶ τῷ λαῷ Ἰσραήλ.
1Th 1: 9 αὐτοὶ γὰρ περὶ ἡμῶν ἀπαγγέλλουσιν ὁποίαν **εἴσοδον** ἔσχομεν πρὸς ὑμᾶς,
2: 1 τὴν **εἴσοδον** ἡμῶν τὴν πρὸς ὑμᾶς ὅτι οὐ κενὴ γέγονεν,
Heb 10:19 παρρησίαν εἰς τὴν **εἴσοδον** τῶν ἁγίων ἐν τῷ αἵματι Ἰησοῦ,
2Pe 1:11 πλουσίως ἐπιχορηγηθήσεται ὑμῖν ἡ **εἴσοδος** εἰς τὴν αἰώνιον βασιλείαν τοῦ κυρίου ἡμῶν καὶ σωτῆρος Ἰησοῦ Χριστοῦ.

1659 εἰσπηδάω [1]

√ 403; cf. 1650

Ac 16:29 αἰτήσας δὲ φῶτα **εἰσεπήδησεν** καὶ ἔντρομος γενόμενος προσέπεσεν τῷ Παύλῳ καὶ [τῷ] Σιλᾷ

1660 εἰσπορεύομαι [18]

√ 1650 + 4513

Mt 15:17 οὐ νοεῖτε ὅτι πᾶν τὸ **εἰσπορευόμενον** εἰς τὸ στόμα εἰς τὴν κοιλίαν χωρεῖ καὶ εἰς ἀφεδρῶνα ἐκβάλλεται;
Mk 1:21 Καὶ **εἰσπορεύονται** εἰς Καφαρναούμ· καὶ εὐθὺς τοῖς σάββασιν εἰσελθὼν εἰς τὴν συναγωγὴν ἐδίδασκεν.
4:19 καὶ ἡ ἀπάτη τοῦ πλούτου καὶ αἱ περὶ τὰ λοιπὰ ἐπιθυμίαι **εἰσπορευόμεναι** συμπνίγουσιν τὸν λόγον καὶ ἄκαρπος γίνεται.
5:40 παραλαμβάνει τὸν πατέρα τοῦ παιδίου καὶ τὴν μητέρα καὶ τοὺς μετ᾽ αὐτοῦ καὶ **εἰσπορεύεται** ὅπου ἦν τὸ παιδίον.
6:56 ὅπου ἂν **εἰσεπορεύετο** εἰς κώμας ἢ εἰς πόλεις ἢ εἰς ἀγρούς,
7:15 οὐδέν ἐστιν ἔξωθεν τοῦ ἀνθρώπου **εἰσπορευόμενον** εἰς αὐτὸν ὃ δύναται κοινῶσαι αὐτόν,
7:18 οὐ νοεῖτε ὅτι πᾶν τὸ ἔξωθεν **εἰσπορευόμενον** εἰς τὸν ἄνθρωπον οὐ δύναται αὐτὸν κοινῶσαι
7:19 ὅτι οὐκ **εἰσπορεύεται** αὐτοῦ εἰς τὴν καρδίαν ἀλλ᾽ εἰς τὴν κοιλίαν,
11: 2 καὶ εὐθὺς **εἰσπορευόμενοι** εἰς αὐτὴν εὑρήσετε πῶλον δεδεμένον ἐφ᾽ ὃν οὐδεὶς οὔπω ἀνθρώπων ἐκάθισεν·
Lk 8:16 ἐπὶ λυχνίας τίθησιν, ἵνα οἱ **εἰσπορευόμενοι** βλέπωσιν τὸ φῶς.
11:33 Οὐδεὶς λύχνον ἅψας εἰς κρύπτην τίθησιν [οὐδὲ ὑπὸ τὸν μόδιον] ἀλλ᾽ ἐπὶ τὴν λυχνίαν, ἵνα οἱ **εἰσπορευόμενοι** τὸ φῶς βλέπωσιν.
18:24 Πῶς δυσκόλως οἱ τὰ χρήματα ἔχοντες εἰς τὴν βασιλείαν τοῦ θεοῦ **εἰσπορεύονται·**
19:30 Ὑπάγετε εἰς τὴν κατέναντι κώμην, ἐν ᾗ **εἰσπορευόμενοι** εὑρήσετε πῶλον δεδεμένον,
22:10 ἀκολουθήσατε αὐτῷ εἰς τὴν οἰκίαν εἰς ἣν **εἰσπορεύεται**
Ac 3: 2 πρὸς τὴν θύραν τοῦ ἱεροῦ τὴν λεγομένην Ὡραίαν τοῦ αἰτεῖν ἐλεημοσύνην παρὰ τῶν **εἰσπορευομένων** εἰς τὸ ἱερόν·
8: 3 Σαῦλος δὲ ἐλυμαίνετο τὴν ἐκκλησίαν κατὰ τοὺς οἴκους **εἰσπορευόμενος,**
9:28 καὶ ἦν μετ᾽ αὐτῶν **εἰσπορευόμενος** καὶ ἐκπορευόμενος εἰς Ἰερουσαλήμ,
28:30 Ἐνέμεινεν δὲ διετίαν ὅλην ἐν ἰδίῳ μισθώματι καὶ ἀπεδέχετο πάντας τοὺς **εἰσπορευομένους** πρὸς αὐτόν,

1661 εἰστρέχω [1]

√ 1650 + 5556

Ac 12:14 **εἰσδραμοῦσα** δὲ ἀπήγγειλεν ἑστάναι τὸν Πέτρον πρὸ τοῦ πυλῶνος.

1662 εἰσφέρω [8]

√ 1650 + 5770

Mt 6:13 καὶ μὴ **εἰσενέγκῃς** ἡμᾶς εἰς πειρασμόν, ἀλλὰ ῥῦσαι ἡμᾶς ἀπὸ τοῦ πονηροῦ.
Lk 5:18 φέροντες ἐπὶ κλίνης ἄνθρωπον ὃς ἦν παραλελυμένος καὶ ἐζήτουν αὐτὸν **εἰσενεγκεῖν** καὶ θεῖναι [αὐτὸν] ἐνώπιον αὐτοῦ.
5:19 καὶ μὴ εὑρόντες ποίας **εἰσενέγκωσιν** αὐτὸν διὰ τὸν ὄχλον,
11: 4 καὶ γὰρ αὐτοὶ ἀφίομεν παντὶ ὀφείλοντι ἡμῖν· καὶ μὴ **εἰσενέγκῃς** ἡμᾶς εἰς πειρασμόν.
12:11 ὅταν δὲ **εἰσφέρωσιν** ὑμᾶς ἐπὶ τὰς συναγωγὰς καὶ τὰς ἀρχὰς καὶ τὰς ἐξουσίας,
Ac 17:20 ξενίζοντα γάρ τινα **εἰσφέρεις** εἰς τὰς ἀκοὰς ἡμῶν·
1Ti 6: 7 οὐδὲν γὰρ **εἰσηνέγκαμεν** εἰς τὸν κόσμον, ὅτι οὐδὲ ἐξενεγκεῖν τι δυνάμεθα·
Heb 13:11 ὧν γὰρ **εἰσφέρεται** ζῴων τὸ αἷμα περὶ ἁμαρτίας εἰς τὰ ἅγια διὰ τοῦ ἀρχιερέως,

1663 εἶτα [15]

→ 2083, 3575

πρῶτον ... εἶτα [2] Mk 4:28; 1Ti 3:10

Mk 4:17 **εἶτα** γενομένης θλίψεως ἢ διωγμοῦ διὰ τὸν λόγον εὐθὺς σκανδαλίζονται.
4:28 πρῶτον χόρτον **εἶτα** στάχυν **εἶτα** πλήρη[ς] σῖτον ἐν τῷ στάχυϊ.
8:25 **εἶτα** πάλιν ἐπέθηκεν τὰς χεῖρας ἐπὶ τοὺς ὀφθαλμοὺς αὐτοῦ,
Lk 8:12 **εἶτα** ἔρχεται ὁ διάβολος καὶ αἴρει τὸν λόγον ἀπὸ τῆς καρδίας αὐτῶν,
Jn 13: 5 **εἶτα** βάλλει ὕδωρ εἰς τὸν νιπτῆρα καὶ ἤρξατο νίπτειν τοὺς πόδας τῶν μαθητῶν καὶ ἐκμάσσειν τῷ λεντίῳ
19:27 **εἶτα** λέγει τῷ μαθητῇ, Ἴδε ἡ μήτηρ σου.
20:27 **εἶτα** λέγει τῷ Θωμᾷ, Φέρε τὸν δάκτυλόν σου ὧδε καὶ ἴδε τὰς χεῖράς μου καὶ φέρε τὴν χεῖρά σου καὶ βάλε εἰς τὴν πλευράν
1Co 15: 5 καὶ ὅτι ὤφθη Κηφᾷ **εἶτα** τοῖς δώδεκα·
15: 7 ἔπειτα ὤφθη Ἰακώβῳ **εἶτα** τοῖς ἀποστόλοις πᾶσιν·
15:24 **εἶτα** τὸ τέλος, ὅταν παραδιδῷ τὴν βασιλείαν τῷ θεῷ καὶ πατρί,
1Ti 2:13 Ἀδὰμ γὰρ πρῶτος ἐπλάσθη, **εἶτα** Εὕα.
3:10 καὶ οὗτοι δὲ δοκιμαζέσθωσαν πρῶτον, **εἶτα** διακονείτωσαν ἀνέγκλητοι ὄντες.
Heb 12: 9 **εἶτα** τοὺς μὲν τῆς σαρκὸς ἡμῶν πατέρας εἴχομεν παιδευτὰς καὶ ἐνετρεπόμεθα·
Jas 1:15 **εἶτα** ἡ ἐπιθυμία συλλαβοῦσα τίκτει ἁμαρτίαν, ἡ δὲ ἁμαρτία ἀποτελεσθεῖσα ἀποκύει θάνατον.

1664 εἴτε [65]

√ 1623 + 5445

Ro 12: 6 ἔχοντες δὲ χαρίσματα κατὰ τὴν χάριν τὴν δοθεῖσαν ἡμῖν διάφορα, **εἴτε** προφητείαν κατὰ τὴν ἀναλογίαν τῆς πίστεως,
12: 7 **εἴτε** διακονίαν ἐν τῇ διακονίᾳ, **εἴτε** ὁ διδάσκων ἐν τῇ διδασκαλίᾳ,
12: 8 **εἴτε** ὁ παρακαλῶν ἐν τῇ παρακλήσει· ὁ μεταδιδοὺς ἐν ἁπλότητι,
1Co 3:22 **εἴτε** Παῦλος **εἴτε** Ἀπολλῶς **εἴτε** Κηφᾶς, **εἴτε** κόσμος **εἴτε** ζωὴ **εἴτε** θάνατος, **εἴτε** ἐνεστῶτα **εἴτε** μέλλοντα·
8: 5 καὶ γὰρ εἴπερ εἰσὶν λεγόμενοι θεοὶ **εἴτε** ἐν οὐρανῷ **εἴτε** ἐπὶ γῆς,
10:31 **εἴτε** οὖν ἐσθίετε **εἴτε** πίνετε **εἴτε** τι ποιεῖτε,
12:13 **εἴτε** Ἰουδαῖοι **εἴτε** Ἕλληνες **εἴτε** δοῦλοι **εἴτε** ἐλεύθεροι,
12:26 καὶ **εἴτε** πάσχει ἓν μέλος, συμπάσχει πάντα τὰ μέλη· **εἴτε** δοξάζεται [ἓν] μέλος, συγχαίρει πάντα τὰ μέλη.
13: 8 **εἴτε** δὲ προφητεῖαι, καταργηθήσονται· **εἴτε** γλῶσσαι, παύσονται· **εἴτε** γνῶσις, καταργηθήσεται.
14: 7 ὅμως τὰ ἄψυχα φωνὴν διδόντα, **εἴτε** αὐλὸς **εἴτε** κιθάρα,
14:27 **εἴτε** γλώσσῃ τις λαλεῖ, κατὰ δύο ἢ τὸ πλεῖστον τρεῖς καὶ ἀνὰ μέρος,
15:11 **εἴτε** οὖν ἐγὼ **εἴτε** ἐκεῖνοι, οὕτως κηρύσσομεν καὶ οὕτως ἐπιστεύσατε.
2Co 1: 6 **εἴτε** δὲ θλιβόμεθα, ὑπὲρ τῆς ὑμῶν παρακλήσεως καὶ σωτηρίας· **εἴτε** παρακαλούμεθα, ὑπὲρ τῆς ὑμῶν παρακλήσεως
5: 9 διὸ καὶ φιλοτιμούμεθα, **εἴτε** ἐνδημοῦντες **εἴτε** ἐκδημοῦντες, εὐάρεστοι αὐτῷ εἶναι.
5:10 ἵνα κομίσηται ἕκαστος τὰ διὰ τοῦ σώματος πρὸς ἃ ἔπραξεν, **εἴτε** ἀγαθὸν **εἴτε** φαῦλον.
5:13 **εἴτε** γὰρ ἐξέστημεν, θεῷ· **εἴτε** σωφρονοῦμεν, ὑμῖν.
8:23 **εἴτε** ὑπὲρ Τίτου, κοινωνὸς ἐμὸς καὶ εἰς ὑμᾶς συνεργός· **εἴτε** ἀδελφοὶ ἡμῶν, ἀπόστολοι ἐκκλησιῶν, δόξα Χριστοῦ.
12: 2 **εἴτε** ἐν σώματι οὐκ οἶδα, **εἴτε** ἐκτὸς τοῦ σώματος οὐκ οἶδα, ὁ θεὸς οἶδεν,
12: 3 **εἴτε** ἐν σώματι **εἴτε** χωρὶς τοῦ σώματος οὐκ οἶδα,
Eph 6: 8 τοῦτο κομίσεται παρὰ κυρίου **εἴτε** δοῦλος **εἴτε** ἐλεύθερος.
Php 1:18 **εἴτε** προφάσει **εἴτε** ἀληθείᾳ, Χριστὸς καταγγέλλεται, καὶ ἐν τούτῳ χαίρω.

1:20 ὅτι ἐν οὐδενὶ αἰσχυνθήσομαι ἀλλ' ἐν πάσῃ παρρησίᾳ ὡς πάντοτε καὶ νῦν μεγαλυνθήσεται Χριστὸς ἐν τῷ σώματί μου, **εἴτε** διὰ ζωῆς **εἴτε** διὰ θανάτου.
1:27 ἵνα **εἴτε** ἐλθὼν καὶ ἰδὼν ὑμᾶς **εἴτε** ἀπὼν ἀκούω τὰ περὶ ὑμῶν,
Col 1:16 **εἴτε** θρόνοι **εἴτε** κυριότητες **εἴτε** ἀρχαὶ **εἴτε** ἐξουσίαι·
1:20 [δι' αὐτοῦ] **εἴτε** τὰ ἐπὶ τῆς γῆς **εἴτε** τὰ ἐν τοῖς οὐρανοῖς.
1Th 5:10 ἵνα **εἴτε** γρηγορῶμεν **εἴτε** καθεύδωμεν ἅμα σὺν αὐτῷ ζήσωμεν.
2Th 2:15 καὶ κρατεῖτε τὰς παραδόσεις ἃς ἐδιδάχθητε **εἴτε** διὰ λόγου **εἴτε** δι' ἐπιστολῆς ἡμῶν.
1Pe 2:13 Ὑποτάγητε πάσῃ ἀνθρωπίνῃ κτίσει διὰ τὸν κύριον, **εἴτε** βασιλεῖ ὡς ὑπερέχοντι,
2:14 **εἴτε** ἡγεμόσιν ὡς δι' αὐτοῦ πεμπομένοις εἰς ἐκδίκησιν κακοποιῶν ἔπαινον δὲ ἀγαθοποιῶν·

1665 εἴωθα [4]

√ *1621*

Mt 27:15 Κατὰ δὲ ἑορτὴν **εἰώθει** ὁ ἡγεμὼν ἀπολύειν ἕνα τῷ ὄχλῳ δέσμιον ὃν ἤθελον.
Mk 10: 1 καὶ συμπορεύονται πάλιν ὄχλοι πρὸς αὐτόν, καὶ ὡς **εἰώθει** πάλιν ἐδίδασκεν αὐτούς.
Lk 4:16 καὶ εἰσῆλθεν κατὰ τὸ **εἰωθὸς** αὐτῷ ἐν τῇ ἡμέρᾳ τῶν σαββάτων εἰς τὴν συναγωγὴν καὶ ἀνέστη ἀναγνῶναι.
Ac 17: 2 κατὰ δὲ τὸ **εἰωθὸς** τῷ Παύλῳ εἰσῆλθεν πρὸς αὐτοὺς καὶ ἐπὶ σάββατα τρία διελέξατο αὐτοῖς ἀπὸ τῶν γραφῶν,

1666 ἐκ [914 / 916] See Index of Articles, Etc.

→ *442, 443, 444, 451, 453, 587, 588, 589, 1446, 1447, 1674, 1675, 1676, 1677, 1678, 1679, 1680, 1681, 1682, 1683, 1684, 1685, 1686, 1687, 1688, 1689, 1690, 1691, 1692, 1693, 1694, 1699, 1700, 1701, 1702, 1703, 1704, 1705, 1706, 1707, 1708, 1709, 1710, 1711, 1712, 1713, 1714, 1715, 1716, 1717, 1718, 1719, 1720, 1721, 1722, 1723, 1724, 1725, 1726, 1727, 1728, 1729, 1732, 1733, 1734, 1735, 1736, 1737, 1738, 1739, 1740, 1741, 1742, 1743, 1744, 1745, 1746, 1747, 1748, 1749, 1750, 1751, 1752, 1754, 1758, 1760, 1762, 1763, 1764, 1765, 1766, 1767, 1768, 1769, 1770, 1771, 1774, 1775, 1972, 1973, 1974, 1975, 1976, 1977, 1978, 1979, 1981, 1982, 1983, 1984, 1985, 1986, 1987, 1988, 1989, 1990, 1992, 1993, 1994, 1995, 1996, 1997, 1998, 1999, 2000, 2001, 2002, 2003, 2004, 2005, 2006, 2007, 2010, 2012, 2013, 2014, 2015, 2016, 2017, 2018, 2019, 2020, 2021, 2022, 2023, 2024, 2025, 2026, 2029, 2030, 2031, 2032, 2033, 2034, 2035, 2274, 2275, 4211, 5292, 5293, 5294, 5655, 5656, 5658; cf. 1753, 1772*

ἐκ δευτέρου [7] Mt 26:42; Mk 14:72; Jn 9:24; Ac 10:15; 11:9; Heb 9:28; Rev 2:11

ἐκ κοιλίας μητρός [5] Mt 19:12; Lk 1:15; Ac 3:2; 14:8; Gal 1:15

ἐξ ἐναντίας [2] Mk 15:39; Tit 2:8

1667 ἕκαστος [82]

→ *1668*

ἀνὰ εἷς ἕκαστος [1] Rev 21:21

εἷς ἕκαστος [16] Mt 26:22; Lk 4:40; 16:5; Ac 2:3,6; 17:27; 20:31; 21:19,26; 1Co 12:18; Eph 4:7,16; 5:33; Col 4:6; 1Th 2:11; 2Th 1:3

ἕκαστοι [1] Php 2:4

καθ' ἓν ἕκαστον [1] Ac 21:19

καθ' ἕνα ἕκαστον [1] Eph 5:33

Mt 16:27 καὶ τότε ἀποδώσει **ἑκάστῳ** κατὰ τὴν πρᾶξιν αὐτοῦ.
18:35 ἐὰν μὴ ἀφῆτε **ἕκαστος** τῷ ἀδελφῷ αὐτοῦ ἀπὸ τῶν καρδιῶν ὑμῶν.
25:15 ᾧ δὲ ἕν, **ἑκάστῳ** κατὰ τὴν ἰδίαν δύναμιν, καὶ ἀπεδήμησεν.
26:22 καὶ λυπούμενοι σφόδρα ἤρξαντο λέγειν αὐτῷ εἷς **ἕκαστος,**
Mk 13:34 ὡς ἄνθρωπος ἀπόδημος ἀφεὶς τὴν οἰκίαν αὐτοῦ καὶ δοὺς τοῖς δούλοις αὐτοῦ τὴν ἐξουσίαν **ἑκάστῳ** τὸ ἔργον αὐτοῦ
Lk 2: 3 καὶ ἐπορεύοντο πάντες ἀπογράφεσθαι, **ἕκαστος** εἰς τὴν ἑαυτοῦ πόλιν.
4:40 ὁ δὲ ἑνὶ **ἑκάστῳ** αὐτῶν τὰς χεῖρας ἐπιτιθεὶς ἐθεράπευεν αὐτούς.
6:44 **ἕκαστον** γὰρ δένδρον ἐκ τοῦ ἰδίου καρποῦ γινώσκεται·
13:15 **ἕκαστος** ὑμῶν τῷ σαββάτῳ οὐ λύει τὸν βοῦν αὐτοῦ ἢ τὸν ὄνον ἀπὸ τῆς φάτνης καὶ ἀπαγαγὼν ποτίζει;
16: 5 καὶ προσκαλεσάμενος ἕνα **ἕκαστον** τῶν χρεοφειλετῶν τοῦ κυρίου ἑαυτοῦ ἔλεγεν τῷ πρώτῳ,
Jn 6: 7 Διακοσίων δηναρίων ἄρτοι οὐκ ἀρκοῦσιν αὐτοῖς ἵνα **ἕκαστος** βραχύ [τι] λάβῃ.
7:53 ⟦Καὶ ἐπορεύθησαν **ἕκαστος** εἰς τὸν οἶκον αὐτοῦ,⟧
16:32 ἰδοὺ ἔρχεται ὥρα καὶ ἐλήλυθεν ἵνα σκορπισθῆτε **ἕκαστος** εἰς τὰ ἴδια κἀμὲ μόνον ἀφῆτε·
19:23 ἔλαβον τὰ ἱμάτια αὐτοῦ καὶ ἐποίησαν τέσσαρα μέρη, **ἑκάστῳ** στρατιώτῃ μέρος, καὶ τὸν χιτῶνα.
Ac 2: 3 καὶ ὤφθησαν αὐτοῖς διαμεριζόμεναι γλῶσσαι ὡσεὶ πυρὸς καὶ ἐκάθισεν ἐφ' ἕνα **ἕκαστον** αὐτῶν,
2: 6 ὅτι ἤκουον εἷς **ἕκαστος** τῇ ἰδίᾳ διαλέκτῳ λαλούντων αὐτῶν.
2: 8 καὶ πῶς ἡμεῖς ἀκούομεν **ἕκαστος** τῇ ἰδίᾳ διαλέκτῳ ἡμῶν ἐν ᾗ ἐγεννήθημεν;
2:38 καὶ βαπτισθήτω **ἕκαστος** ὑμῶν ἐπὶ τῷ ὀνόματι Ἰησοῦ Χριστοῦ εἰς ἄφεσιν τῶν ἁμαρτιῶν ὑμῶν καὶ λήμψεσθε τὴν δωρεὰν τοῦ ἁγίου πνεύματος.
3:26 ἀπέστειλεν αὐτὸν εὐλογοῦντα ὑμᾶς ἐν τῷ ἀποστρέφειν **ἕκαστον** ἀπὸ τῶν πονηριῶν ὑμῶν.
4:35 διεδίδετο δὲ **ἑκάστῳ** καθότι ἄν τις χρείαν εἶχεν.
11:29 καθὼς εὐπορεῖτό τις ὥρισαν **ἕκαστος** αὐτῶν εἰς διακονίαν πέμψαι τοῖς κατοικοῦσιν ἐν τῇ Ἰουδαίᾳ ἀδελφοῖς·
17:27 καί γε οὐ μακρὰν ἀπὸ ἑνὸς **ἑκάστου** ἡμῶν ὑπάρχοντα.
20:31 διὸ γρηγορεῖτε μνημονεύοντες ὅτι τριετίαν νύκτα καὶ ἡμέραν οὐκ ἐπαυσάμην μετὰ δακρύων νουθετῶν ἕνα **ἕκαστον.**
21:19 καὶ ἀσπασάμενος αὐτοὺς ἐξηγεῖτο καθ' ἓν **ἕκαστον,** ὧν ἐποίησεν ὁ θεὸς ἐν τοῖς ἔθνεσιν διὰ τῆς διακονίας αὐτοῦ.
21:26 διαγγέλλων τὴν ἐκπλήρωσιν τῶν ἡμερῶν τοῦ ἁγνισμοῦ ἕως οὗ προσηνέχθη ὑπὲρ ἑνὸς **ἑκάστου** αὐτῶν ἡ προσφορά.
Ro 2: 6 ὃς ἀποδώσει **ἑκάστῳ** κατὰ τὰ ἔργα αὐτοῦ·
12: 3 μὴ ὑπερφρονεῖν παρ' ὃ δεῖ φρονεῖν ἀλλὰ φρονεῖν εἰς τὸ σωφρονεῖν, **ἑκάστῳ** ὡς ὁ θεὸς ἐμέρισεν μέτρον πίστεως.
14: 5 ὃς δὲ κρίνει πᾶσαν ἡμέραν· **ἕκαστος** ἐν τῷ ἰδίῳ νοῒ πληροφορείσθω.
14:12 ἄρα [οὖν] **ἕκαστος** ἡμῶν περὶ ἑαυτοῦ λόγον δώσει [τῷ θεῷ.]
15: 2 **ἕκαστος** ἡμῶν τῷ πλησίον ἀρεσκέτω εἰς τὸ ἀγαθὸν πρὸς οἰκοδομήν·
1Co 1:12 λέγω δὲ τοῦτο ὅτι **ἕκαστος** ὑμῶν λέγει, Ἐγὼ μέν εἰμι Παύλου,
3: 5 διάκονοι δι' ὧν ἐπιστεύσατε, καὶ **ἑκάστῳ** ὡς ὁ κύριος ἔδωκεν.
3: 8 **ἕκαστος** δὲ τὸν ἴδιον μισθὸν λήμψεται κατὰ τὸν ἴδιον κόπον·
3:10 ἄλλος δὲ ἐποικοδομεῖ. **ἕκαστος** δὲ βλεπέτω πῶς ἐποικοδομεῖ.
3:13 **ἑκάστου** τὸ ἔργον φανερὸν γενήσεται, ἡ γὰρ ἡμέρα δηλώσει, ὅτι ἐν πυρὶ ἀποκαλύπτεται· καὶ **ἑκάστου** τὸ ἔργον ὁποῖόν ἐστιν τὸ πῦρ [αὐτὸ] δοκιμάσει.
4: 5 καὶ τότε ὁ ἔπαινος γενήσεται **ἑκάστῳ** ἀπὸ τοῦ θεοῦ.
7: 2 διὰ δὲ τὰς πορνείας **ἕκαστος** τὴν ἑαυτοῦ γυναῖκα ἐχέτω καὶ **ἑκάστη** τὸν ἴδιον ἄνδρα ἐχέτω.
7: 7 ἀλλὰ **ἕκαστος** ἴδιον ἔχει χάρισμα ἐκ θεοῦ, ὁ μὲν οὕτως,
7:17 Εἰ μὴ **ἑκάστῳ** ὡς ἐμέρισεν ὁ κύριος, **ἕκαστον** ὡς κέκληκεν ὁ θεός, οὕτως περιπατείτω.
7:20 **ἕκαστος** ἐν τῇ κλήσει ᾗ ἐκλήθη, ἐν ταύτῃ μενέτω.
7:24 **ἕκαστος** ἐν ᾧ ἐκλήθη, ἀδελφοί, ἐν τούτῳ μενέτω παρὰ θεῷ.
11:21 **ἕκαστος** γὰρ τὸ ἴδιον δεῖπνον προλαμβάνει ἐν τῷ φαγεῖν,
12: 7 **ἑκάστῳ** δὲ δίδοται ἡ φανέρωσις τοῦ πνεύματος πρὸς τὸ συμφέρον.
12:11 πάντα δὲ ταῦτα ἐνεργεῖ τὸ ἓν καὶ τὸ αὐτὸ πνεῦμα διαιροῦν ἰδίᾳ **ἑκάστῳ** καθὼς βούλεται.
12:18 ἓν **ἕκαστον** αὐτῶν ἐν τῷ σώματι καθὼς ἠθέλησεν.
14:26 **ἕκαστος** ψαλμὸν ἔχει, διδαχὴν ἔχει, ἀποκάλυψιν ἔχει, γλῶσσαν ἔχει,
15:23 **ἕκαστος** δὲ ἐν τῷ ἰδίῳ τάγματι· ἀπαρχὴ Χριστός,
15:38 ὁ δὲ θεὸς δίδωσιν αὐτῷ σῶμα καθὼς ἠθέλησεν, καὶ **ἑκάστῳ** τῶν σπερμάτων ἴδιον σῶμα.
16: 2 κατὰ μίαν σαββάτου **ἕκαστος** ὑμῶν παρ' ἑαυτῷ τιθέτω θησαυρίζων ὅ τι ἐὰν εὐοδῶται,
2Co 5:10 ἵνα κομίσηται **ἕκαστος** τὰ διὰ τοῦ σώματος πρὸς ἃ ἔπραξεν,
9: 7 **ἕκαστος** καθὼς προῄρηται τῇ καρδίᾳ, μὴ ἐκ λύπης ἢ ἐξ ἀνάγκης·
Gal 6: 4 τὸ δὲ ἔργον ἑαυτοῦ δοκιμαζέτω **ἕκαστος,** καὶ τότε εἰς ἑαυτὸν μόνον τὸ καύχημα ἕξει καὶ οὐκ εἰς τὸν ἕτερον·
6: 5 **ἕκαστος** γὰρ τὸ ἴδιον φορτίον βαστάσει.

Eph 4: 7 Ἑνὶ δὲ **ἑκάστῳ** ἡμῶν ἐδόθη ἡ χάρις κατὰ τὸ μέτρον τῆς δωρεᾶς τοῦ Χριστοῦ.
4:16 κατ' ἐνέργειαν ἐν μέτρῳ ἑνὸς **ἑκάστου** μέρους τὴν αὔξησιν τοῦ σώματος ποιεῖται εἰς οἰκοδομὴν ἑαυτοῦ ἐν ἀγάπῃ.
4:25 Διὸ ἀποθέμενοι τὸ ψεῦδος λαλεῖτε ἀλήθειαν **ἕκαστος** μετὰ τοῦ πλησίον αὐτοῦ,
5:33 **ἕκαστος** τὴν ἑαυτοῦ γυναῖκα οὕτως ἀγαπάτω ὡς ἑαυτόν,
6: 8 εἰδότες ὅτι **ἕκαστος** ἐάν τι ποιήσῃ ἀγαθόν, τοῦτο κομίσεται παρὰ κυρίου εἴτε δοῦλος εἴτε ἐλεύθερος.
Php 2: 4 μὴ τὰ ἑαυτῶν **ἕκαστος** σκοποῦντες ἀλλὰ [καὶ] τὰ ἑτέρων **ἕκαστοι.**
Col 4: 6 ἅλατι ἠρτυμένος, εἰδέναι πῶς δεῖ ὑμᾶς ἑνὶ **ἑκάστῳ** ἀποκρίνεσθαι.
1Th 2:11 ὡς ἕνα **ἕκαστον** ὑμῶν ὡς πατὴρ τέκνα ἑαυτοῦ
4: 4 εἰδέναι **ἕκαστον** ὑμῶν τὸ ἑαυτοῦ σκεῦος κτᾶσθαι ἐν ἁγιασμῷ καὶ τιμῇ,
2Th 1: 3 ὅτι ὑπεραυξάνει ἡ πίστις ὑμῶν καὶ πλεονάζει ἡ ἀγάπη ἑνὸς **ἑκάστου** πάντων ὑμῶν εἰς ἀλλήλους,
Heb 3:13 ἀλλὰ παρακαλεῖτε ἑαυτοὺς καθ' **ἑκάστην** ἡμέραν, ἄχρις οὗ τὸ Σήμερον καλεῖται,
6:11 ἐπιθυμοῦμεν δὲ **ἕκαστον** ὑμῶν τὴν αὐτὴν ἐνδείκνυσθαι σπουδὴν πρὸς τὴν πληροφορίαν τῆς ἐλπίδος ἄχρι τέλους,
8:11 καὶ οὐ μὴ διδάξωσιν **ἕκαστος** τὸν πολίτην αὐτοῦ καὶ **ἕκαστος** τὸν ἀδελφὸν αὐτοῦ λέγων,
11:21 Πίστει Ἰακὼβ ἀποθνῄσκων **ἕκαστον** τῶν υἱῶν Ἰωσὴφ εὐλόγησεν καὶ προσεκύνησεν ἐπὶ τὸ ἄκρον τῆς ῥάβδου αὐτοῦ.
Jas 1:14 **ἕκαστος** δὲ πειράζεται ὑπὸ τῆς ἰδίας ἐπιθυμίας ἐξελκόμενος καὶ δελεαζόμενος·
1Pe 1:17 Καὶ εἰ πατέρα ἐπικαλεῖσθε τὸν ἀπροσωπολήμπτως κρίνοντα κατὰ τὸ **ἑκάστου** ἔργον,
4:10 **ἕκαστος** καθὼς ἔλαβεν χάρισμα εἰς ἑαυτοὺς αὐτὸ διακονοῦντες ὡς καλοὶ οἰκονόμοι ποικίλης χάριτος θεοῦ.
Rev 2:23 καὶ δώσω ὑμῖν **ἑκάστῳ** κατὰ τὰ ἔργα ὑμῶν.
5: 8 τὰ τέσσαρα ζῷα καὶ οἱ εἴκοσι τέσσαρες πρεσβύτεροι ἔπεσαν ἐνώπιον τοῦ ἀρνίου ἔχοντες **ἕκαστος** κιθάραν καὶ φιάλας
6:11 καὶ ἐδόθη αὐτοῖς **ἑκάστῳ** στολὴ λευκὴ καὶ ἐρρέθη αὐτοῖς ἵνα ἀναπαύσονται ἔτι χρόνον μικρόν,
20:13 καὶ ὁ θάνατος καὶ ὁ ᾅδης ἔδωκαν τοὺς νεκροὺς τοὺς ἐν αὐτοῖς, καὶ ἐκρίθησαν **ἕκαστος** κατὰ τὰ ἔργα αὐτῶν.
21:21 ἀνὰ εἷς **ἕκαστος** τῶν πυλώνων ἦν ἐξ ἑνὸς μαργαρίτου.
22: 2 κατὰ μῆνα **ἕκαστον** ἀποδιδοῦν τὸν καρπὸν αὐτοῦ, καὶ τὰ φύλλα τοῦ ξύλου εἰς θεραπείαν τῶν ἐθνῶν.
22:12 καὶ ὁ μισθός μου μετ' ἐμοῦ ἀποδοῦναι **ἑκάστῳ** ὡς τὸ ἔργον ἐστὶν αὐτοῦ.

1668 ἑκάστοτε [1]

√ *1667 + 4005 + 5445*

2Pe 1:15 σπουδάσω δὲ καὶ **ἑκάστοτε** ἔχειν ὑμᾶς μετὰ τὴν ἐμὴν ἔξοδον τὴν τούτων μνήμην ποιεῖσθαι.

1669 ἑκατόν [17]

→ *1670, 1671, 1672, 1673*

ἑκατὸν πρόβατα [2] Mt 18:12; Lk 15:4

κατὰ ἑκατόν [1] Mk 6:40

Mt 13: 8 ὃ μὲν **ἑκατόν,** ὃ δὲ ἑξήκοντα, ὃ δὲ τριάκοντα.
13:23 ὃς δὴ καρποφορεῖ καὶ ποιεῖ ὃ μὲν **ἑκατόν,**
18:12 ἐὰν γένηταί τινι ἀνθρώπῳ **ἑκατὸν** πρόβατα καὶ πλανηθῇ ἓν ἐξ αὐτῶν,
18:28 ὃς ὤφειλεν αὐτῷ **ἑκατὸν** δηνάρια, καὶ κρατήσας αὐτὸν ἔπνιγεν λέγων,
Mk 4: 8 καὶ ἐδίδου καρπὸν ἀναβαίνοντα καὶ αὐξανόμενα καὶ ἔφερεν ἓν τριάκοντα καὶ ἓν ἑξήκοντα καὶ ἓν **ἑκατόν.**
4:20 οἵτινες ἀκούουσιν τὸν λόγον καὶ παραδέχονται καὶ καρποφοροῦσιν ἓν τριάκοντα καὶ ἓν ἑξήκοντα καὶ ἓν **ἑκατόν.**
6:40 ἀνέπεσαν πρασιαὶ πρασιαὶ κατὰ **ἑκατὸν** καὶ κατὰ πεντήκοντα.
Lk 15: 4 Τίς ἄνθρωπος ἐξ ὑμῶν ἔχων **ἑκατὸν** πρόβατα καὶ ἀπολέσας ἐξ αὐτῶν ἓν οὐ καταλείπει τὰ ἐνενήκοντα ἐννέα ἐν τῇ ἐρήμῳ
16: 6 ὁ δὲ εἶπεν, **Ἑκατὸν** βάτους ἐλαίου. ὁ δὲ εἶπεν αὐτῷ,
16: 7 ὁ δὲ εἶπεν, **Ἑκατὸν** κόρους σίτου. λέγει αὐτῷ,
Jn 19:39 φέρων μίγμα σμύρνης καὶ ἀλόης ὡς λίτρας **ἑκατόν.**
21:11 ἀνέβη οὖν Σίμων Πέτρος καὶ εἵλκυσεν τὸ δίκτυον εἰς τὴν γῆν μεστὸν ἰχθύων μεγάλων **ἑκατὸν** πεντήκοντα τριῶν·
Ac 1:15 ἦν τε ὄχλος ὀνομάτων ἐπὶ τὸ αὐτὸ ὡσεὶ **ἑκατὸν** εἴκοσι·
Rev 7: 4 **ἑκατὸν** τεσσεράκοντα τέσσαρες χιλιάδες, ἐσφραγισμένοι ἐκ πάσης φυλῆς υἱῶν Ἰσραήλ·
14: 1 τὸ ἀρνίον ἑστὸς ἐπὶ τὸ ὄρος Σιὼν καὶ μετ' αὐτοῦ **ἑκατὸν** τεσσεράκοντα τέσσαρες χιλιάδες ἔχουσαι τὸ ὄνομα αὐτοῦ
14: 3 καὶ οὐδεὶς ἐδύνατο μαθεῖν τὴν ᾠδὴν εἰ μὴ αἱ **ἑκατὸν** τεσσεράκοντα τέσσαρες χιλιάδες,
21:17 καὶ ἐμέτρησεν τὸ τεῖχος αὐτῆς **ἑκατὸν** τεσσεράκοντα τεσσάρων πηχῶν μέτρον ἀνθρώπου,

1670 ἑκατονταετής [1]

√ *1669 + 2291*

Ro 4:19 **ἑκατονταετής** που ὑπάρχων, καὶ τὴν νέκρωσιν τῆς μήτρας Σάρρας·

1671 ἑκατονταπλασίων [3]

√ *1669*

Mt 19:29 ἢ μητέρα ἢ τέκνα ἢ ἀγροὺς ἕνεκεν τοῦ ὀνόματός μου, **ἑκατονταπλασίονα** λήμψεται καὶ ζωὴν αἰώνιον κληρονομήσει.
Mk 10:30 ἐὰν μὴ λάβῃ **ἑκατονταπλασίονα** νῦν ἐν τῷ καιρῷ τούτῳ οἰκίας καὶ ἀδελφοὺς καὶ ἀδελφὰς καὶ μητέρας καὶ τέκνα καὶ ἀγροὺς μετὰ διωγμῶν,
Lk 8: 8 καὶ ἕτερον ἔπεσεν εἰς τὴν γῆν τὴν ἀγαθὴν καὶ φυὲν ἐποίησεν καρπὸν **ἑκατονταπλασίονα.**

1672 ἑκατοντάρχης [20]

√ *1669 + 806*

ἑκατόνταρχος [7] Mt 8:5,8; 27:54; Lk 7:2; Ac 22:25; 23:17,23

Mt 8: 5 Εἰσελθόντος δὲ αὐτοῦ εἰς Καφαρναοὺμ προσῆλθεν αὐτῷ **ἑκατόνταρχος** παρακαλῶν αὐτὸν
8: 8 καὶ ἀποκριθεὶς ὁ **ἑκατόνταρχος** ἔφη, Κύριε, οὐκ εἰμὶ ἱκανὸς ἵνα μου ὑπὸ τὴν στέγην εἰσέλθῃς,
8:13 καὶ εἶπεν ὁ Ἰησοῦς τῷ **ἑκατοντάρχῃ,** Ὕπαγε, ὡς ἐπίστευσας γενηθήτω σοι.
27:54 Ὁ δὲ **ἑκατόνταρχος** καὶ οἱ μετ' αὐτοῦ τηροῦντες τὸν Ἰησοῦν ἰδόντες τὸν σεισμὸν καὶ τὰ γενόμενα ἐφοβήθησαν σφόδρα,
Lk 7: 2 **Ἑκατοντάρχου** δέ τινος δοῦλος κακῶς ἔχων ἤμελλεν τελευτᾶν,
7: 6 ἤδη δὲ αὐτοῦ οὐ μακρὰν ἀπέχοντος ἀπὸ τῆς οἰκίας ἔπεμψεν φίλους ὁ **ἑκατοντάρχης** λέγων αὐτῷ,
23:47 Ἰδὼν δὲ ὁ **ἑκατοντάρχης** τὸ γενόμενον ἐδόξαζεν τὸν θεὸν λέγων,
Ac 10: 1 Ἀνὴρ δέ τις ἐν Καισαρείᾳ ὀνόματι Κορνήλιος, **ἑκατοντάρχης** ἐκ σπείρης τῆς καλουμένης Ἰταλικῆς,
10:22 οἱ δὲ εἶπαν, Κορνήλιος **ἑκατοντάρχης,** ἀνὴρ δίκαιος καὶ φοβούμενος τὸν θεόν,
21:32 ὃς ἐξαυτῆς παραλαβὼν στρατιώτας καὶ **ἑκατοντάρχας** κατέδραμεν ἐπ' αὐτούς,
22:25 ὡς δὲ προέτειναν αὐτὸν τοῖς ἱμᾶσιν, εἶπεν πρὸς τὸν ἑστῶτα **ἑκατόνταρχον** ὁ Παῦλος,
22:26 ἀκούσας δὲ ὁ **ἑκατοντάρχης** προσελθὼν τῷ χιλιάρχῳ ἀπήγγειλεν λέγων,
23:17 προσκαλεσάμενος δὲ ὁ Παῦλος ἕνα τῶν **ἑκατονταρχῶν** ἔφη,
23:23 Καὶ προσκαλεσάμενος δύο [τινὰς] τῶν **ἑκατονταρχῶν** εἶπεν, Ἑτοιμάσατε στρατιώτας διακοσίους,
24:23 διαταξάμενος τῷ **ἑκατοντάρχῃ** τηρεῖσθαι αὐτὸν ἔχειν τε ἄνεσιν καὶ μηδένα κωλύειν τῶν ἰδίων αὐτοῦ ὑπηρετεῖν αὐτῷ.
27: 1 παρεδίδουν τόν τε Παῦλον καί τινας ἑτέρους δεσμώτας **ἑκατοντάρχῃ** ὀνόματι Ἰουλίῳ σπείρης Σεβαστῆς.
27: 6 κἀκεῖ εὑρὼν ὁ **ἑκατοντάρχης** πλοῖον Ἀλεξανδρῖνον πλέον εἰς τὴν Ἰταλίαν ἐνεβίβασεν ἡμᾶς εἰς αὐτό.
27:11 ὁ δὲ **ἑκατοντάρχης** τῷ κυβερνήτῃ καὶ τῷ ναυκλήρῳ μᾶλλον ἐπείθετο ἢ τοῖς ὑπὸ Παύλου λεγομένοις.
27:31 εἶπεν ὁ Παῦλος τῷ **ἑκατοντάρχῃ** καὶ τοῖς στρατιώταις,
27:43 ὁ δὲ **ἑκατοντάρχης** βουλόμενος διασῶσαι τὸν Παῦλον ἐκώλυσεν αὐτοὺς τοῦ βουλήματος,

1673 ἑκατόνταρχος Not used in UBS/NIV

√ *1669 + 806*

1674 ἐκβαίνω [1]

√ *1666 + 326*

Heb 11: 15 καὶ εἰ μὲν ἐκείνης ἐμνημόνευον ἀφ' ἧς **ἐξέβησαν,**

1675 ἐκβάλλω [81]

√ *1666 + 965*

ἐκβάλλω δαιμόνιον [24] Mt 7:22; 9:33,34; 10:8; 12:24,24,27,28; Mk 1:34,39; 3:15,22; 6:13; 7:26; 9:38; 16:9,17; Lk 9:49; 11:14,15,18,19,20; 13:32

Mt 7: 4 Ἄφες **ἐκβάλω** τὸ κάρφος ἐκ τοῦ ὀφθαλμοῦ σου,
7: 5 **ἔκβαλε** πρῶτον ἐκ τοῦ ὀφθαλμοῦ σοῦ τὴν δοκόν, καὶ τότε διαβλέψεις **ἐκβαλεῖν** τὸ κάρφος ἐκ τοῦ ὀφθαλμοῦ τοῦ ἀδελφοῦ
7: 22 οὐ τῷ σῷ ὀνόματι ἐπροφητεύσαμεν, καὶ τῷ σῷ ὀνόματι δαιμόνια **ἐξεβάλομεν,**
8: 12 οἱ δὲ υἱοὶ τῆς βασιλείας **ἐκβληθήσονται** εἰς τὸ σκότος τὸ ἐξώτερον·
8: 16 καὶ **ἐξέβαλεν** τὰ πνεύματα λόγῳ καὶ πάντας τοὺς κακῶς ἔχοντας ἐθεράπευσεν,
8: 31 οἱ δὲ δαίμονες παρεκάλουν αὐτὸν λέγοντες, Εἰ **ἐκβάλλεις** ἡμᾶς,
9: 25 ὅτε δὲ **ἐξεβλήθη** ὁ ὄχλος εἰσελθὼν ἐκράτησεν τῆς χειρὸς αὐτῆς,
9: 33 καὶ **ἐκβληθέντος** τοῦ δαιμονίου ἐλάλησεν ὁ κωφός. καὶ ἐθαύμασαν οἱ ὄχλοι λέγοντες,
9: 34 Ἐν τῷ ἄρχοντι τῶν δαιμονίων **ἐκβάλλει** τὰ δαιμόνια.
9: 38 δεήθητε οὖν τοῦ κυρίου τοῦ θερισμοῦ ὅπως **ἐκβάλῃ** ἐργάτας εἰς τὸν θερισμὸν αὐτοῦ.
10: 1 Καὶ προσκαλεσάμενος τοὺς δώδεκα μαθητὰς αὐτοῦ ἔδωκεν αὐτοῖς ἐξουσίαν πνευμάτων ἀκαθάρτων ὥστε **ἐκβάλλειν** αὐτὰ
10: 8 ἀσθενοῦντας θεραπεύετε, νεκροὺς ἐγείρετε, λεπροὺς καθαρίζετε, δαιμόνια **ἐκβάλλετε·**
12: 20 κάλαμον συντετριμμένον οὐ κατεάξει καὶ λίνον τυφόμενον οὐ σβέσει, ἕως ἂν **ἐκβάλῃ** εἰς νῖκος τὴν κρίσιν.
12: 24 Οὗτος οὐκ **ἐκβάλλει** τὰ δαιμόνια εἰ μὴ ἐν τῷ Βεελζεβοὺλ ἄρχοντι τῶν δαιμονίων.
12: 26 καὶ εἰ ὁ Σατανᾶς τὸν Σατανᾶν **ἐκβάλλει,** ἐφ' ἑαυτὸν ἐμερίσθη·
12: 27 καὶ εἰ ἐγὼ ἐν Βεελζεβοὺλ **ἐκβάλλω** τὰ δαιμόνια, οἱ υἱοὶ ὑμῶν ἐν τίνι **ἐκβάλλουσιν;**
12: 28 εἰ δὲ ἐν πνεύματι θεοῦ ἐγὼ **ἐκβάλλω** τὰ δαιμόνια,
12: 35 ὁ ἀγαθὸς ἄνθρωπος ἐκ τοῦ ἀγαθοῦ θησαυροῦ **ἐκβάλλει** ἀγαθά, καὶ ὁ πονηρὸς ἄνθρωπος ἐκ τοῦ πονηροῦ θησαυροῦ **ἐκβάλλει** πονηρά.
13: 52 ὅστις **ἐκβάλλει** ἐκ τοῦ θησαυροῦ αὐτοῦ καινὰ καὶ παλαιά.
15: 17 οὐ νοεῖτε ὅτι πᾶν τὸ εἰσπορευόμενον εἰς τὸ στόμα εἰς τὴν κοιλίαν χωρεῖ καὶ εἰς ἀφεδρῶνα **ἐκβάλλεται;**
17: 19 Τότε προσελθόντες οἱ μαθηταὶ τῷ Ἰησοῦ κατ' ἰδίαν εἶπον, Διὰ τί ἡμεῖς οὐκ ἠδυνήθημεν **ἐκβαλεῖν** αὐτό;
21: 12 Καὶ εἰσῆλθεν Ἰησοῦς εἰς τὸ ἱερὸν καὶ **ἐξέβαλεν** πάντας τοὺς πωλοῦντας καὶ ἀγοράζοντας ἐν τῷ ἱερῷ,
21: 39 καὶ λαβόντες αὐτὸν **ἐξέβαλον** ἔξω τοῦ ἀμπελῶνος καὶ ἀπέκτειναν.
22: 13 Δήσαντες αὐτοῦ πόδας καὶ χεῖρας **ἐκβάλετε** αὐτὸν εἰς τὸ σκότος τὸ ἐξώτερον·
25: 30 καὶ τὸν ἀχρεῖον δοῦλον **ἐκβάλετε** εἰς τὸ σκότος τὸ ἐξώτερον·
Mk 1: 12 Καὶ εὐθὺς τὸ πνεῦμα αὐτὸν **ἐκβάλλει** εἰς τὴν ἔρημον.
1: 34 καὶ ἐθεράπευσεν πολλοὺς κακῶς ἔχοντας ποικίλαις νόσοις καὶ δαιμόνια πολλὰ **ἐξέβαλεν** καὶ οὐκ ἤφιεν λαλεῖν τὰ δαιμόνια,
1: 39 καὶ ἦλθεν κηρύσσων εἰς τὰς συναγωγὰς αὐτῶν εἰς ὅλην τὴν Γαλιλαίαν καὶ τὰ δαιμόνια **ἐκβάλλων.**
1: 43 καὶ ἐμβριμησάμενος αὐτῷ εὐθὺς **ἐξέβαλεν** αὐτόν
3: 15 καὶ ἔχειν ἐξουσίαν **ἐκβάλλειν** τὰ δαιμόνια·
3: 22 οἱ ἀπὸ Ἱεροσολύμων καταβάντες ἔλεγον ὅτι Βεελζεβοὺλ ἔχει καὶ ὅτι ἐν τῷ ἄρχοντι τῶν δαιμονίων **ἐκβάλλει** τὰ δαιμόνια.
3: 23 καὶ προσκαλεσάμενος αὐτοὺς ἐν παραβολαῖς ἔλεγεν αὐτοῖς, Πῶς δύναται Σατανᾶς Σατανᾶν **ἐκβάλλειν;**
5: 40 αὐτὸς δὲ **ἐκβαλὼν** πάντας παραλαμβάνει τὸν πατέρα τοῦ παιδίου καὶ τὴν μητέρα καὶ τοὺς μετ' αὐτοῦ καὶ εἰσπορεύεται
6: 13 καὶ δαιμόνια πολλὰ **ἐξέβαλλον,** καὶ ἤλειφον ἐλαίῳ πολλοὺς ἀρρώστους καὶ ἐθεράπευον.
7: 26 καὶ ἠρώτα αὐτὸν ἵνα τὸ δαιμόνιον **ἐκβάλῃ** ἐκ τῆς θυγατρὸς αὐτῆς.
9: 18 καὶ εἶπα τοῖς μαθηταῖς σου ἵνα αὐτὸ **ἐκβάλωσιν,**
9: 28 καὶ εἰσελθόντος αὐτοῦ εἰς οἶκον οἱ μαθηταὶ αὐτοῦ κατ' ἰδίαν ἐπηρώτων αὐτόν, Ὅτι ἡμεῖς οὐκ ἠδυνήθημεν **ἐκβαλεῖν** αὐτό;
9: 38 εἴδομέν τινα ἐν τῷ ὀνόματί σου **ἐκβάλλοντα** δαιμόνια καὶ ἐκωλύομεν αὐτόν,
9: 47 καὶ ἐὰν ὁ ὀφθαλμός σου σκανδαλίζῃ σε, **ἔκβαλε** αὐτόν·
11: 15 καὶ εἰσελθὼν εἰς τὸ ἱερὸν ἤρξατο **ἐκβάλλειν** τοὺς πωλοῦντας καὶ τοὺς ἀγοράζοντας ἐν τῷ ἱερῷ,
12: 8 καὶ λαβόντες ἀπέκτειναν αὐτὸν καὶ **ἐξέβαλον** αὐτὸν ἔξω τοῦ ἀμπελῶνος.
16: 9 [[Ἀναστὰς δὲ πρωῒ πρώτῃ σαββάτου ἐφάνη πρῶτον Μαρίᾳ τῇ Μαγδαληνῇ, παρ' ἧς **ἐκβεβλήκει** ἑπτὰ δαιμόνια.]]
16: 17 [[ἐν τῷ ὀνόματί μου δαιμόνια **ἐκβαλοῦσιν,** γλώσσαις λαλήσουσιν καιναῖς,]]
Lk 4: 29 καὶ ἀναστάντες **ἐξέβαλον** αὐτὸν ἔξω τῆς πόλεως καὶ ἤγαγον αὐτὸν ἕως ὀφρύος τοῦ ὄρους ἐφ' οὗ ἡ πόλις ᾠκοδόμητο αὐτῶν
6: 22 μακάριοί ἐστε ὅταν μισήσωσιν ὑμᾶς οἱ ἄνθρωποι καὶ ὅταν ἀφορίσωσιν ὑμᾶς καὶ ὀνειδίσωσιν καὶ **ἐκβάλωσιν** τὸ ὄνομα ὑμῶν ὡς πονηρὸν ἕνεκα τοῦ υἱοῦ τοῦ ἀνθρώπου·
6: 42 ἄφες **ἐκβάλω** τὸ κάρφος τὸ ἐν τῷ ὀφθαλμῷ σου, αὐτὸς τὴν ἐν τῷ ὀφθαλμῷ σοῦ δοκὸν οὐ βλέπων; ὑποκριτά, **ἔκβαλε** πρῶτον τὴν δοκὸν ἐκ τοῦ ὀφθαλμοῦ σοῦ, καὶ τότε διαβλέψεις τὸ κάρφος τὸ ἐν τῷ ὀφθαλμῷ τοῦ ἀδελφοῦ σου **ἐκβαλεῖν.**
9: 40 καὶ ἐδεήθην τῶν μαθητῶν σου ἵνα **ἐκβάλωσιν** αὐτό,
9: 49 εἴδομέν τινα ἐν τῷ ὀνόματί σου **ἐκβάλλοντα** δαιμόνια καὶ ἐκωλύομεν αὐτόν,
10: 2 δεήθητε οὖν τοῦ κυρίου τοῦ θερισμοῦ ὅπως ἐργάτας **ἐκβάλῃ** εἰς τὸν θερισμὸν αὐτοῦ.
10: 35 καὶ ἐπὶ τὴν αὔριον **ἐκβαλὼν** ἔδωκεν δύο δηνάρια τῷ πανδοχεῖ καὶ εἶπεν,
11: 14 Καὶ ἦν **ἐκβάλλων** δαιμόνιον [καὶ αὐτὸ ἦν] κωφόν·
11: 15 Ἐν Βεελζεβοὺλ τῷ ἄρχοντι τῶν δαιμονίων **ἐκβάλλει** τὰ δαιμόνια·
11: 18 ὅτι λέγετε ἐν Βεελζεβοὺλ **ἐκβάλλειν** με τὰ δαιμόνια.
11: 19 εἰ δὲ ἐγὼ ἐν Βεελζεβοὺλ **ἐκβάλλω** τὰ δαιμόνια, οἱ υἱοὶ ὑμῶν ἐν τίνι **ἐκβάλλουσιν;**
11: 20 εἰ δὲ ἐν δακτύλῳ θεοῦ [ἐγὼ] **ἐκβάλλω** τὰ δαιμόνια,
13: 28 Ἀβραὰμ καὶ Ἰσαὰκ καὶ Ἰακὼβ καὶ πάντας τοὺς προφήτας ἐν τῇ βασιλείᾳ τοῦ θεοῦ, ὑμᾶς δὲ **ἐκβαλλομένους** ἔξω.
13: 32 Ἰδοὺ **ἐκβάλλω** δαιμόνια καὶ ἰάσεις ἀποτελῶ σήμερον καὶ αὔριον καὶ τῇ τρίτῃ τελειοῦμαι.
19: 45 Καὶ εἰσελθὼν εἰς τὸ ἱερὸν ἤρξατο **ἐκβάλλειν** τοὺς πωλοῦντας
20: 12 καὶ προσέθετο τρίτον πέμψαι· οἱ δὲ καὶ τοῦτον τραυματίσαντες **ἐξέβαλον.**
20: 15 καὶ **ἐκβαλόντες** αὐτὸν ἔξω τοῦ ἀμπελῶνος ἀπέκτειναν. τί οὖν ποιήσει αὐτοῖς ὁ κύριος τοῦ ἀμπελῶνος;
Jn 2: 15 καὶ ποιήσας φραγέλλιον ἐκ σχοινίων πάντας **ἐξέβαλεν** ἐκ τοῦ ἱεροῦ τά τε πρόβατα καὶ τοὺς βόας,
6: 37 καὶ τὸν ἐρχόμενον πρὸς ἐμὲ οὐ μὴ **ἐκβάλω** ἔξω,
9: 34 Ἐν ἁμαρτίαις σὺ ἐγεννήθης ὅλος καὶ σὺ διδάσκεις ἡμᾶς; καὶ **ἐξέβαλον** αὐτὸν ἔξω.
9: 35 Ἤκουσεν Ἰησοῦς ὅτι **ἐξέβαλον** αὐτὸν ἔξω καὶ εὑρὼν αὐτὸν εἶπεν,
10: 4 ὅταν τὰ ἴδια πάντα **ἐκβάλῃ,** ἔμπροσθεν αὐτῶν πορεύεται,
12: 31 νῦν ὁ ἄρχων τοῦ κόσμου τούτου **ἐκβληθήσεται** ἔξω·
Ac 7: 58 καὶ **ἐκβαλόντες** ἔξω τῆς πόλεως ἐλιθοβόλουν.
9: 40 **ἐκβαλὼν** δὲ ἔξω πάντας ὁ Πέτρος καὶ θεὶς τὰ γόνατα προσηύξατο καὶ ἐπιστρέψας πρὸς τὸ σῶμα εἶπεν,
13: 50 καὶ ἐπήγειραν διωγμὸν ἐπὶ τὸν Παῦλον καὶ Βαρναβᾶν καὶ **ἐξέβαλον** αὐτοὺς ἀπὸ τῶν ὁρίων αὐτῶν.
16: 37 ἔβαλαν εἰς φυλακήν, καὶ νῦν λάθρᾳ ἡμᾶς **ἐκβάλλουσιν;**
27: 38 κορεσθέντες δὲ τροφῆς ἐκούφιζον τὸ πλοῖον **ἐκβαλλόμενοι** τὸν σῖτον εἰς τὴν θάλασσαν.
Gal 4: 30 **Ἔκβαλε** τὴν παιδίσκην καὶ τὸν υἱὸν αὐτῆς· οὐ γὰρ μὴ κληρονομήσει ὁ υἱὸς τῆς παιδίσκης μετὰ τοῦ υἱοῦ
Jas 2: 25 ὁμοίως δὲ καὶ Ῥαὰβ ἡ πόρνη οὐκ ἐξ ἔργων ἐδικαιώθη ὑποδεξαμένη τοὺς ἀγγέλους καὶ ἑτέρᾳ ὁδῷ **ἐκβαλοῦσα;**
3Jn 1: 10 καὶ μὴ ἀρκούμενος ἐπὶ τούτοις οὔτε αὐτὸς ἐπιδέχεται τοὺς ἀδελφοὺς καὶ τοὺς βουλομένους κωλύει καὶ ἐκ τῆς ἐκκλησίας **ἐκβάλλει.**
Rev 11: 2 καὶ τὴν αὐλὴν τὴν ἔξωθεν τοῦ ναοῦ **ἔκβαλε** ἔξωθεν καὶ μὴ αὐτὴν μετρήσῃς,

1676 ἔκβασις [2]

√ *1666 + 326*

1Co 10:13 ὅς οὐκ ἐάσει ὑμᾶς πειρασθῆναι ὑπὲρ ὃ δύνασθε ἀλλὰ ποιήσει σὺν τῷ πειρασμῷ καὶ τὴν **ἔκβασιν** τοῦ δύνασθαι ὑπενεγκεῖν.
Heb 13: 7 ὧν ἀναθεωροῦντες τὴν **ἔκβασιν** τῆς ἀναστροφῆς μιμεῖσθε τὴν πίστιν.

1677 ἐκβλαστάνω Not used in UBS/NIV

√ *1666 + 1056*

1678 ἐκβολή [1]

√ *1666 + 965*

Ac 27:18 σφοδρῶς δὲ χειμαζομένων ἡμῶν τῇ ἑξῆς **ἐκβολὴν** ἐποιοῦντο

1679 ἐκγαμίζω Not used in UBS/NIV

√ *1666 + 1141*

1680 ἐκγαμίσκω Not used in UBS/NIV

√ *1666 + 1141*

1681 ἔκγονος [1]

√ *1666 + 1181*

1Ti 5: 4 εἰ δέ τις χήρα τέκνα ἢ **ἔκγονα** ἔχει,

1682 ἐκδαπανάω [1]

√ *1666 + 1252*

2Co 12:15 ἐγὼ δὲ ἥδιστα δαπανήσω καὶ **ἐκδαπανηθήσομαι** ὑπὲρ τῶν ψυχῶν ὑμῶν.

1683 ἐκδέχομαι [6]

√ *1666 + 1312*

Ac 17:16 Ἐν δὲ ταῖς Ἀθήναις **ἐκδεχομένου** αὐτοὺς τοῦ Παύλου παρωξύνετο τὸ πνεῦμα αὐτοῦ ἐν αὐτῷ θεωροῦντος κατείδωλον
1Co 11:33 ἀδελφοί μου, συνερχόμενοι εἰς τὸ φαγεῖν ἀλλήλους **ἐκδέχεσθε.**
16:11 ἵνα ἔλθῃ πρός με· **ἐκδέχομαι** γὰρ αὐτὸν μετὰ τῶν ἀδελφῶν.
Heb 10:13 τὸ λοιπὸν **ἐκδεχόμενος** ἕως τεθῶσιν οἱ ἐχθροὶ αὐτοῦ ὑποπόδιον τῶν ποδῶν αὐτοῦ.
11:10 **ἐξεδέχετο** γὰρ τὴν τοὺς θεμελίους ἔχουσαν πόλιν ἧς τεχνίτης καὶ δημιουργὸς ὁ θεός.
Jas 5: 7 ἰδοὺ ὁ γεωργὸς **ἐκδέχεται** τὸν τίμιον καρπὸν τῆς γῆς μακροθυμῶν ἐπ' αὐτῷ ἕως λάβῃ πρόϊμον καὶ ὄψιμον.

1684 ἔκδηλος [1]

√ *1666 + 1316*

2Ti 3: 9 ἡ γὰρ ἄνοια αὐτῶν **ἔκδηλος** ἔσται πᾶσιν, ὡς καὶ ἡ ἐκείνων ἐγένετο.

1685 ἐκδημέω [3]

√ *1666 + 1322*

2Co 5: 6 Θαρροῦντες οὖν πάντοτε καὶ εἰδότες ὅτι ἐνδημοῦντες ἐν τῷ σώματι **ἐκδημοῦμεν** ἀπὸ τοῦ κυρίου·
5: 8 θαρροῦμεν δὲ καὶ εὐδοκοῦμεν μᾶλλον **ἐκδημῆσαι** ἐκ τοῦ σώματος καὶ ἐνδημῆσαι πρὸς τὸν κύριον.
5: 9 διὸ καὶ φιλοτιμούμεθα, εἴτε ἐνδημοῦντες εἴτε **ἐκδημοῦντες,** εὐάρεστοι αὐτῷ εἶναι.

1686 ἐκδίδωμι [4]

√ *1666 + 1443*

Mt 21:33 καὶ ὤρυξεν ἐν αὐτῷ ληνὸν καὶ ᾠκοδόμησεν πύργον καὶ **ἐξέδετο** αὐτὸν γεωργοῖς καὶ ἀπεδήμησεν.
21:41 Κακοὺς κακῶς ἀπολέσει αὐτοὺς καὶ τὸν ἀμπελῶνα **ἐκδώσεται** ἄλλοις γεωργοῖς,
Mk 12: 1 καὶ περιέθηκεν φραγμὸν καὶ ὤρυξεν ὑπολήνιον καὶ ᾠκοδόμησεν πύργον καὶ **ἐξέδετο** αὐτὸν γεωργοῖς καὶ ἀπεδήμησεν.
Lk 20: 9 Ἄνθρωπός [τις] ἐφύτευσεν ἀμπελῶνα καὶ **ἐξέδετο** αὐτὸν γεωργοῖς καὶ ἀπεδήμησεν χρόνους ἱκανούς.

1687 ἐκδιηγέομαι [2]

√ *1666 + 1328 + 72*

Ac 13:41 ἔργον ὃ οὐ μὴ πιστεύσητε ἐάν τις **ἐκδιηγῆται** ὑμῖν.
15: 3 διήρχοντο τήν τε Φοινίκην καὶ Σαμάρειαν **ἐκδιηγούμενοι** τὴν ἐπιστροφὴν τῶν ἐθνῶν καὶ ἐποίουν χαρὰν μεγάλην πᾶσιν

1688 ἐκδικέω [6]

√ *1666 + 1472*

Lk 18: 3 χήρα δὲ ἦν ἐν τῇ πόλει ἐκείνῃ καὶ ἤρχετο πρὸς αὐτὸν λέγουσα, **Ἐκδίκησόν** με ἀπὸ τοῦ ἀντιδίκου μου.
18: 5 διά γε τὸ παρέχειν μοι κόπον τὴν χήραν ταύτην **ἐκδικήσω** αὐτήν,
Ro 12:19 μὴ ἑαυτοὺς **ἐκδικοῦντες,** ἀγαπητοί, ἀλλὰ δότε τόπον τῇ ὀργῇ,
2Co 10: 6 καὶ ἐν ἑτοίμῳ ἔχοντες **ἐκδικῆσαι** πᾶσαν παρακοήν, ὅταν πληρωθῇ ὑμῶν ἡ ὑπακοή.
Rev 6:10 οὐ κρίνεις καὶ **ἐκδικεῖς** τὸ αἷμα ἡμῶν ἐκ τῶν κατοικούντων ἐπὶ τῆς γῆς;
19: 2 καὶ **ἐξεδίκησεν** τὸ αἷμα τῶν δούλων αὐτοῦ ἐκ χειρὸς αὐτῆς.

1689 ἐκδίκησις [9]

√ *1666 + 1472*

ἡμέρα ἐκδικήσεως [1] Lk 21:22

Lk 18: 7 ὁ δὲ θεὸς οὐ μὴ ποιήσῃ τὴν **ἐκδίκησιν** τῶν ἐκλεκτῶν αὐτοῦ τῶν βοώντων αὐτῷ ἡμέρας καὶ νυκτός,
18: 8 λέγω ὑμῖν ὅτι ποιήσει τὴν **ἐκδίκησιν** αὐτῶν ἐν τάχει.
21:22 ὅτι ἡμέραι **ἐκδικήσεως** αὗταί εἰσιν τοῦ πλησθῆναι πάντα τὰ γεγραμμένα.
Ac 7:24 καὶ ἰδών τινα ἀδικούμενον ἠμύνατο καὶ ἐποίησεν **ἐκδίκησιν** τῷ καταπονουμένῳ πατάξας τὸν Αἰγύπτιον.
Ro 12:19 γέγραπται γάρ, Ἐμοὶ **ἐκδίκησις,** ἐγὼ ἀνταποδώσω, λέγει κύριος.
2Co 7:11 ἀλλὰ φόβον, ἀλλὰ ἐπιπόθησιν, ἀλλὰ ζῆλον, ἀλλὰ **ἐκδίκησιν.**
2Th 1: 8 διδόντος **ἐκδίκησιν** τοῖς μὴ εἰδόσιν θεὸν καὶ τοῖς μὴ ὑπακούουσιν τῷ εὐαγγελίῳ τοῦ κυρίου ἡμῶν Ἰησοῦ,
Heb 10:30 οἴδαμεν γὰρ τὸν εἰπόντα, Ἐμοὶ **ἐκδίκησις,** ἐγὼ ἀνταποδώσω.
1Pe 2:14 εἴτε ἡγεμόσιν ὡς δι' αὐτοῦ πεμπομένοις εἰς **ἐκδίκησιν** κακοποιῶν ἔπαινον δὲ ἀγαθοποιῶν·

1690 ἔκδικος [2]

√ *1666 + 1472*

Ro 13: 4 θεοῦ γὰρ διάκονός ἐστιν **ἔκδικος** εἰς ὀργὴν τῷ τὸ κακὸν πράσσοντι.
1Th 4: 6 διότι **ἔκδικος** κύριος περὶ πάντων τούτων, καθὼς καὶ προείπαμεν ὑμῖν καὶ διεμαρτυράμεθα.

1691 ἐκδιώκω [1]

√ *1666 + 1503*

1Th 2:15 τῶν καὶ τὸν κύριον ἀποκτεινάντων Ἰησοῦν καὶ τοὺς προφήτας καὶ ἡμᾶς **ἐκδιωξάντων** καὶ θεῷ μὴ ἀρεσκόντων

1692 ἔκδοτος [1]

√ *1666 + 1443*

Ac 2:23 τοῦτον τῇ ὡρισμένῃ βουλῇ καὶ προγνώσει τοῦ θεοῦ **ἔκδοτον** διὰ χειρὸς ἀνόμων προσπήξαντες ἀνείλατε,

1693 ἐκδοχή [1]

√ *1666 + 1312*

Heb 10:27 φοβερὰ δέ τις **ἐκδοχὴ** κρίσεως καὶ πυρὸς ζῆλος ἐσθίειν μέλλοντος τοὺς ὑπεναντίους.

1694 ἐκδύω [6 / 5]

√ *1666 + 1544*

Mt 27:28 καὶ **ἐκδύσαντες** αὐτὸν χλαμύδα κοκκίνην περιέθηκαν αὐτῷ,

27:31 **ἐξέδυσαν** αὐτὸν τὴν χλαμύδα καὶ ἐνέδυσαν αὐτὸν τὰ ἱμάτια αὐτοῦ καὶ ἀπήγαγον αὐτὸν εἰς τὸ σταυρῶσαι.
Mk 15:20 **ἐξέδυσαν** αὐτὸν τὴν πορφύραν καὶ ἐνέδυσαν αὐτὸν τὰ ἱμάτια αὐτοῦ.
Lk 10:30 οἳ καὶ **ἐκδύσαντες** αὐτὸν καὶ πληγὰς ἐπιθέντες ἀπῆλθον ἀφέντες ἡμιθανῆ.
2Co 5: 3 εἴ γε καὶ **ἐκδυσάμενοι**[UBS; NIV *1907*] οὐ γυμνοὶ εὑρεθησόμεθα.
5: 4 ἐφ' ᾧ οὐ θέλομεν **ἐκδύσασθαι** ἀλλ' ἐπενδύσασθαι, ἵνα καταποθῇ τὸ θνητὸν ὑπὸ τῆς ζωῆς.

1695 ἐκεῖ [95]

→ *1696, 1697, 1698, 2084, 2795, 2796, 2797, 5654*

ὅπου ... ἐκεῖ [10] Mt 6:21; 24:28; Mk 6:10; Lk 12:34; 17:37; Jn 10:40; 12:26; Jas 3:16; Rev 12:6,14

οὗ ... ἐκεῖ [2] Mt 18:20; Ro 9:26

τοῖς ἐκεῖ [1] Mt 26:71

Mt 2:13 Ἐγερθεὶς παράλαβε τὸ παιδίον καὶ τὴν μητέρα αὐτοῦ καὶ φεῦγε εἰς Αἴγυπτον καὶ ἴσθι **ἐκεῖ** ἕως ἂν εἴπω σοι·
2:15 καὶ ἦν **ἐκεῖ** ἕως τῆς τελευτῆς Ἡρῴδου· ἵνα πληρωθῇ τὸ ῥηθὲν ὑπὸ κυρίου διὰ τοῦ προφήτου λέγοντος,
2:22 ἀκούσας δὲ ὅτι Ἀρχέλαος βασιλεύει τῆς Ἰουδαίας ἀντὶ τοῦ πατρὸς αὐτοῦ Ἡρῴδου ἐφοβήθη **ἐκεῖ** ἀπελθεῖν·
5:24 ἄφες **ἐκεῖ** τὸ δῶρόν σου ἔμπροσθεν τοῦ θυσιαστηρίου καὶ ὕπαγε πρῶτον διαλλάγηθι τῷ ἀδελφῷ σου,
6:21 ὅπου γάρ ἐστιν ὁ θησαυρός σου, **ἐκεῖ** ἔσται καὶ ἡ καρδία σου.
8:12 **ἐκεῖ** ἔσται ὁ κλαυθμὸς καὶ ὁ βρυγμὸς τῶν ὀδόντων.
12:45 τότε πορεύεται καὶ παραλαμβάνει μεθ' ἑαυτοῦ ἑπτὰ ἕτερα πνεύματα πονηρότερα ἑαυτοῦ καὶ εἰσελθόντα κατοικεῖ **ἐκεῖ·**
13:42 **ἐκεῖ** ἔσται ὁ κλαυθμὸς καὶ ὁ βρυγμὸς τῶν ὀδόντων.
13:50 **ἐκεῖ** ἔσται ὁ κλαυθμὸς καὶ ὁ βρυγμὸς τῶν ὀδόντων.
13:58 οὐκ ἐποίησεν **ἐκεῖ** δυνάμεις πολλὰς διὰ τὴν ἀπιστίαν αὐτῶν.
14:23 καὶ ἀπολύσας τοὺς ὄχλους ἀνέβη εἰς τὸ ὄρος κατ' ἰδίαν προσεύξασθαι. ὀψίας δὲ γενομένης μόνος ἦν **ἐκεῖ.**
15:29 Καὶ μεταβὰς ἐκεῖθεν ὁ Ἰησοῦς ἦλθεν παρὰ τὴν θάλασσαν τῆς Γαλιλαίας, καὶ ἀναβὰς εἰς τὸ ὄρος ἐκάθητο **ἐκεῖ.**
17:20 ἐρεῖτε τῷ ὄρει τούτῳ, Μετάβα ἔνθεν **ἐκεῖ,** καὶ μεταβήσεται·
18:20 οὗ γάρ εἰσιν δύο ἢ τρεῖς συνηγμένοι εἰς τὸ ἐμὸν ὄνομα, **ἐκεῖ** εἰμι ἐν μέσῳ αὐτῶν.
19: 2 καὶ ἠκολούθησαν αὐτῷ ὄχλοι πολλοί, καὶ ἐθεράπευσεν αὐτοὺς **ἐκεῖ.**
21:17 Καὶ καταλιπὼν αὐτοὺς ἐξῆλθεν ἔξω τῆς πόλεως εἰς Βηθανίαν καὶ ηὐλίσθη **ἐκεῖ.**
22:11 εἰσελθὼν δὲ ὁ βασιλεὺς θεάσασθαι τοὺς ἀνακειμένους εἶδεν **ἐκεῖ** ἄνθρωπον οὐκ ἐνδεδυμένον ἔνδυμα γάμου,
22:13 **ἐκεῖ** ἔσται ὁ κλαυθμὸς καὶ ὁ βρυγμὸς τῶν ὀδόντων.
24:28 ὅπου ἐὰν ᾖ τὸ πτῶμα, **ἐκεῖ** συναχθήσονται οἱ ἀετοί.
24:51 **ἐκεῖ** ἔσται ὁ κλαυθμὸς καὶ ὁ βρυγμὸς τῶν ὀδόντων.
25:30 **ἐκεῖ** ἔσται ὁ κλαυθμὸς καὶ ὁ βρυγμὸς τῶν ὀδόντων.
26:36 εἰς χωρίον λεγόμενον Γεθσημανὶ καὶ λέγει τοῖς μαθηταῖς, Καθίσατε αὐτοῦ ἕως [οὗ] ἀπελθὼν **ἐκεῖ** προσεύξωμαι.
26:71 ἐξελθόντα δὲ εἰς τὸν πυλῶνα εἶδεν αὐτὸν ἄλλη καὶ λέγει τοῖς **ἐκεῖ,**
27:36 καὶ καθήμενοι ἐτήρουν αὐτὸν **ἐκεῖ.**
27:47 τινὲς δὲ τῶν **ἐκεῖ** ἑστηκότων ἀκούσαντες ἔλεγον ὅτι Ἠλίαν φωνεῖ οὗτος.
27:55 Ἦσαν δὲ **ἐκεῖ** γυναῖκες πολλαὶ ἀπὸ μακρόθεν θεωροῦσαι,
27:61 ἦν δὲ **ἐκεῖ** Μαριὰμ ἡ Μαγδαληνὴ καὶ ἡ ἄλλη Μαρία καθήμεναι ἀπέναντι τοῦ τάφου.
28: 7 καὶ ἰδοὺ προάγει ὑμᾶς εἰς τὴν Γαλιλαίαν, **ἐκεῖ** αὐτὸν ὄψεσθε·
Mk 1:38 Ἄγωμεν ἀλλαχοῦ εἰς τὰς ἐχομένας κωμοπόλεις, ἵνα καὶ **ἐκεῖ** κηρύξω·
2: 6 ἦσαν δέ τινες τῶν γραμματέων **ἐκεῖ** καθήμενοι καὶ διαλογιζόμενοι ἐν ταῖς καρδίαις αὐτῶν,
3: 1 καὶ ἦν **ἐκεῖ** ἄνθρωπος ἐξηραμμένην ἔχων τὴν χεῖρα.
5:11 Ἦν δὲ **ἐκεῖ** πρὸς τῷ ὄρει ἀγέλη χοίρων μεγάλη βοσκομένη·
6: 5 καὶ οὐκ ἐδύνατο **ἐκεῖ** ποιῆσαι οὐδεμίαν δύναμιν, εἰ μὴ ὀλίγοις ἀρρώστοις ἐπιθεὶς τὰς χεῖρας ἐθεράπευσεν.
6:10 Ὅπου ἐὰν εἰσέλθητε εἰς οἰκίαν, **ἐκεῖ** μένετε ἕως ἂν ἐξέλθητε ἐκεῖθεν.
6:33 καὶ εἶδον αὐτοὺς ὑπάγοντας καὶ ἐπέγνωσαν πολλοὶ καὶ πεζῇ ἀπὸ πασῶν τῶν πόλεων συνέδραμον **ἐκεῖ** καὶ προῆλθον αὐτούς.
11: 5 καί τινες τῶν **ἐκεῖ** ἑστηκότων ἔλεγον αὐτοῖς, Τί ποιεῖτε λύοντες τὸν πῶλον;
13:21 Ἴδε ὧδε ὁ Χριστός, Ἴδε **ἐκεῖ,** μὴ πιστεύετε·
14:15 καὶ αὐτὸς ὑμῖν δείξει ἀνάγαιον μέγα ἐστρωμένον ἕτοιμον· καὶ **ἐκεῖ** ἑτοιμάσατε ἡμῖν.
16: 7 εἴπατε τοῖς μαθηταῖς αὐτοῦ καὶ τῷ Πέτρῳ ὅτι Προάγει ὑμᾶς εἰς τὴν Γαλιλαίαν· **ἐκεῖ** αὐτὸν ὄψεσθε, καθὼς εἶπεν ὑμῖν.
Lk 2: 6 ἐγένετο δὲ ἐν τῷ εἶναι αὐτοὺς **ἐκεῖ** ἐπλήσθησαν αἱ ἡμέραι τοῦ τεκεῖν αὐτήν,
6: 6 καὶ ἦν ἄνθρωπος **ἐκεῖ** καὶ ἡ χεὶρ αὐτοῦ ἡ δεξιὰ ἦν ξηρά.
8:32 Ἦν δὲ **ἐκεῖ** ἀγέλη χοίρων ἱκανῶν βοσκομένη ἐν τῷ ὄρει·
9: 4 καὶ εἰς ἣν ἂν οἰκίαν εἰσέλθητε, **ἐκεῖ** μένετε καὶ ἐκεῖθεν ἐξέρχεσθε.
10: 6 καὶ ἐὰν **ἐκεῖ** ᾖ υἱὸς εἰρήνης, ἐπαναπαήσεται ἐπ' αὐτὸν ἡ εἰρήνη ὑμῶν·
11:26 τότε πορεύεται καὶ παραλαμβάνει ἕτερα πνεύματα πονηρότερα ἑαυτοῦ ἑπτὰ καὶ εἰσελθόντα κατοικεῖ **ἐκεῖ·**
12:18 καθελῶ μου τὰς ἀποθήκας καὶ μείζονας οἰκοδομήσω καὶ συνάξω **ἐκεῖ** πάντα τὸν σῖτον καὶ τὰ ἀγαθά μου
12:34 ὅπου γάρ ἐστιν ὁ θησαυρὸς ὑμῶν, **ἐκεῖ** καὶ ἡ καρδία ὑμῶν ἔσται.
13:28 **ἐκεῖ** ἔσται ὁ κλαυθμὸς καὶ ὁ βρυγμὸς τῶν ὀδόντων,
15:13 συναγαγὼν πάντα ὁ νεώτερος υἱὸς ἀπεδήμησεν εἰς χώραν μακρὰν καὶ **ἐκεῖ** διεσκόρπισεν τὴν οὐσίαν αὐτοῦ ζῶν ἀσώτως.
17:21 οὐδὲ ἐροῦσιν, Ἰδοὺ ὧδε ἤ, **Ἐκεῖ,** ἰδοὺ γὰρ ἡ βασιλεία τοῦ θεοῦ ἐντὸς ὑμῶν ἐστιν.
17:23 καὶ ἐροῦσιν ὑμῖν, Ἰδοὺ **ἐκεῖ,** [ἤ,] Ἰδοὺ ὧδε·
17:37 Ὅπου τὸ σῶμα, **ἐκεῖ** καὶ οἱ ἀετοὶ ἐπισυναχθήσονται.
21: 2 εἶδεν δέ τινα χήραν πενιχρὰν βάλλουσαν **ἐκεῖ** λεπτὰ δύο,
22:12 κἀκεῖνος ὑμῖν δείξει ἀνάγαιον μέγα ἐστρωμένον· **ἐκεῖ** ἑτοιμάσατε.
23:33 **ἐκεῖ** ἐσταύρωσαν αὐτὸν καὶ τοὺς κακούργους, ὃν μὲν ἐκ δεξιῶν ὃν δὲ ἐξ ἀριστερῶν.
Jn 2: 1 Καὶ τῇ ἡμέρᾳ τῇ τρίτῃ γάμος ἐγένετο ἐν Κανὰ τῆς Γαλιλαίας, καὶ ἦν ἡ μήτηρ τοῦ Ἰησοῦ **ἐκεῖ·**
2: 6 ἦσαν δὲ **ἐκεῖ** λίθιναι ὑδρίαι ἓξ κατὰ τὸν καθαρισμὸν τῶν Ἰουδαίων κείμεναι,
2:12 αὐτὸς καὶ ἡ μήτηρ αὐτοῦ καὶ οἱ ἀδελφοὶ [αὐτοῦ] καὶ οἱ μαθηταὶ αὐτοῦ καὶ **ἐκεῖ** ἔμειναν οὐ πολλὰς ἡμέρας.
3:22 Μετὰ ταῦτα ἦλθεν ὁ Ἰησοῦς καὶ οἱ μαθηταὶ αὐτοῦ εἰς τὴν Ἰουδαίαν γῆν καὶ **ἐκεῖ** διέτριβεν μετ' αὐτῶν καὶ ἐβάπτιζεν.
3:23 ὅτι ὕδατα πολλὰ ἦν **ἐκεῖ,** καὶ παρεγίνοντο καὶ ἐβαπτίζοντο·
4: 6 ἦν δὲ **ἐκεῖ** πηγὴ τοῦ Ἰακώβ. ὁ οὖν Ἰησοῦς κεκοπιακὼς ἐκ τῆς ὁδοιπορίας ἐκαθέζετο οὕτως ἐπὶ τῇ πηγῇ·
4:40 ἠρώτων αὐτὸν μεῖναι παρ' αὐτοῖς· καὶ ἔμεινεν **ἐκεῖ** δύο ἡμέρας.
5: 5 ἦν δέ τις ἄνθρωπος **ἐκεῖ** τριάκοντα [καὶ] ὀκτὼ ἔτη ἔχων ἐν τῇ ἀσθενείᾳ αὐτοῦ·
6: 3 ἀνῆλθεν δὲ εἰς τὸ ὄρος Ἰησοῦς καὶ **ἐκεῖ** ἐκάθητο μετὰ τῶν μαθητῶν αὐτοῦ.
6:22 εἶδον ὅτι πλοιάριον ἄλλο οὐκ ἦν **ἐκεῖ** εἰ μὴ ἓν καὶ ὅτι οὐ συνεισῆλθεν τοῖς μαθηταῖς αὐτοῦ ὁ Ἰησοῦς εἰς τὸ πλοῖον
6:24 ὅτε οὖν εἶδεν ὁ ὄχλος ὅτι Ἰησοῦς οὐκ ἔστιν **ἐκεῖ** οὐδὲ οἱ μαθηταὶ αὐτοῦ,
10:40 Καὶ ἀπῆλθεν πάλιν πέραν τοῦ Ἰορδάνου εἰς τὸν τόπον ὅπου ἦν Ἰωάννης τὸ πρῶτον βαπτίζων καὶ ἔμεινεν **ἐκεῖ.**
10:42 καὶ πολλοὶ ἐπίστευσαν εἰς αὐτὸν **ἐκεῖ.**
11: 8 νῦν ἐζήτουν σε λιθάσαι οἱ Ἰουδαῖοι, καὶ πάλιν ὑπάγεις **ἐκεῖ;**
11:15 καὶ χαίρω δι' ὑμᾶς ἵνα πιστεύσητε, ὅτι οὐκ ἤμην **ἐκεῖ·**
11:31 ἠκολούθησαν αὐτῇ δόξαντες ὅτι ὑπάγει εἰς τὸ μνημεῖον ἵνα κλαύσῃ **ἐκεῖ.**
12: 2 ἐποίησαν οὖν αὐτῷ δεῖπνον **ἐκεῖ,** καὶ ἡ Μάρθα διηκόνει,
12: 9 Ἔγνω οὖν [ὁ] ὄχλος πολὺς ἐκ τῶν Ἰουδαίων ὅτι **ἐκεῖ** ἐστιν καὶ ἦλθον οὐ διὰ τὸν Ἰησοῦν μόνον,
12:26 καὶ ὅπου εἰμὶ ἐγὼ **ἐκεῖ** καὶ ὁ διάκονος ὁ ἐμὸς ἔσται·
18: 2 ὅτι πολλάκις συνήχθη Ἰησοῦς **ἐκεῖ** μετὰ τῶν μαθητῶν αὐτοῦ.
18: 3 ὁ οὖν Ἰούδας λαβὼν τὴν σπεῖραν καὶ ἐκ τῶν ἀρχιερέων καὶ ἐκ τῶν Φαρισαίων ὑπηρέτας ἔρχεται **ἐκεῖ** μετὰ φανῶν
19:42 **ἐκεῖ** οὖν διὰ τὴν παρασκευὴν τῶν Ἰουδαίων, ὅτι ἐγγὺς ἦν τὸ μνημεῖον,
Ac 9:33 εὗρεν δὲ **ἐκεῖ** ἄνθρωπόν τινα ὀνόματι Αἰνέαν ἐξ ἐτῶν ὀκτὼ κατακείμενον ἐπὶ κραβάττου,
16: 1 καὶ ἰδοὺ μαθητής τις ἦν **ἐκεῖ** ὀνόματι Τιμόθεος,
17:14 ὑπέμεινάν τε ὅ τε Σιλᾶς καὶ ὁ Τιμόθεος **ἐκεῖ.**
19:21 πορεύεσθαι εἰς Ἱεροσόλυμα εἰπὼν ὅτι Μετὰ τὸ γενέσθαι με **ἐκεῖ** δεῖ με καὶ Ῥώμην ἰδεῖν.
25: 9 Θέλεις εἰς Ἱεροσόλυμα ἀναβὰς **ἐκεῖ** περὶ τούτων κριθῆναι ἐπ' ἐμοῦ;

25:14 ὡς δὲ πλείους ἡμέρας διέτριβον **ἐκεῖ,** ὁ Φῆστος τῷ βασιλεῖ ἀνέθετο τὰ κατὰ τὸν Παῦλον λέγων,
Ro 9:26 Οὐ λαός μου ὑμεῖς, **ἐκεῖ** κληθήσονται υἱοὶ θεοῦ ζῶντος.
15:24 ἐλπίζω γὰρ διαπορευόμενος θεάσασθαι ὑμᾶς καὶ ὑφ' ὑμῶν προπεμφθῆναι **ἐκεῖ** ἐὰν ὑμῶν πρῶτον ἀπὸ μέρους ἐμπλησθῶ.
Tit 3:12 σπούδασον ἐλθεῖν πρός με εἰς Νικόπολιν, **ἐκεῖ** γὰρ κέκρικα παραχειμάσαι.
Heb 7: 8 καὶ ὧδε μὲν δεκάτας ἀποθνῄσκοντες ἄνθρωποι λαμβάνουσιν, **ἐκεῖ** δὲ μαρτυρούμενος ὅτι ζῇ.
Jas 2: 3 Σὺ στῆθι **ἐκεῖ** ἢ κάθου ὑπὸ τὸ ὑποπόδιόν μου,
3:16 ὅπου γὰρ ζῆλος καὶ ἐριθεία, **ἐκεῖ** ἀκαταστασία καὶ πᾶν φαῦλον πρᾶγμα.
4:13 Σήμερον ἢ αὔριον πορευσόμεθα εἰς τήνδε τὴν πόλιν καὶ ποιήσομεν **ἐκεῖ** ἐνιαυτὸν καὶ ἐμπορευσόμεθα καὶ κερδήσομεν·
Rev 2:14 ἀλλ' ἔχω κατὰ σοῦ ὀλίγα ὅτι ἔχεις **ἐκεῖ** κρατοῦντας τὴν διδαχὴν Βαλαάμ,
12: 6 ὅπου ἔχει **ἐκεῖ** τόπον ἡτοιμασμένον ἀπὸ τοῦ θεοῦ, ἵνα **ἐκεῖ** τρέφωσιν αὐτὴν ἡμέρας χιλίας διακοσίας ἑξήκοντα.
12:14 ὅπου τρέφεται **ἐκεῖ** καιρὸν καὶ καιροὺς καὶ ἥμισυ καιροῦ ἀπὸ προσώπου τοῦ ὄφεως.
21:25 καὶ οἱ πυλῶνες αὐτῆς οὐ μὴ κλεισθῶσιν ἡμέρας, νὺξ γὰρ οὐκ ἔσται **ἐκεῖ,**

1696 ἐκεῖθεν [27]

√ *1695*

Mt 4:21 Καὶ προβὰς **ἐκεῖθεν** εἶδεν ἄλλους δύο ἀδελφούς, Ἰάκωβον τὸν τοῦ Ζεβεδαίου καὶ Ἰωάννην τὸν ἀδελφὸν αὐτοῦ,
5:26 ἀμὴν λέγω σοι, οὐ μὴ ἐξέλθῃς **ἐκεῖθεν,** ἕως ἂν ἀποδῷς τὸν ἔσχατον κοδράντην.
9: 9 Καὶ παράγων ὁ Ἰησοῦς **ἐκεῖθεν** εἶδεν ἄνθρωπον καθήμενον ἐπὶ τὸ τελώνιον,
9:27 Καὶ παράγοντι **ἐκεῖθεν** τῷ Ἰησοῦ ἠκολούθησαν [αὐτῷ] δύο τυφλοὶ κράζοντες καὶ λέγοντες,
11: 1 μετέβη **ἐκεῖθεν** τοῦ διδάσκειν καὶ κηρύσσειν ἐν ταῖς πόλεσιν αὐτῶν.
12: 9 Καὶ μεταβὰς **ἐκεῖθεν** ἦλθεν εἰς τὴν συναγωγὴν αὐτῶν·
12:15 Ὁ δὲ Ἰησοῦς γνοὺς ἀνεχώρησεν **ἐκεῖθεν.** καὶ ἠκολούθησαν αὐτῷ [ὄχλοι] πολλοί,
13:53 Καὶ ἐγένετο ὅτε ἐτέλεσεν ὁ Ἰησοῦς τὰς παραβολὰς ταύτας, μετῆρεν **ἐκεῖθεν.**
14:13 Ἀκούσας δὲ ὁ Ἰησοῦς ἀνεχώρησεν **ἐκεῖθεν** ἐν πλοίῳ εἰς ἔρημον τόπον κατ' ἰδίαν·
15:21 Καὶ ἐξελθὼν **ἐκεῖθεν** ὁ Ἰησοῦς ἀνεχώρησεν εἰς τὰ μέρη Τύρου καὶ Σιδῶνος.
15:29 Καὶ μεταβὰς **ἐκεῖθεν** ὁ Ἰησοῦς ἦλθεν παρὰ τὴν θάλασσαν τῆς Γαλιλαίας,
19:15 καὶ ἐπιθεὶς τὰς χεῖρας αὐτοῖς ἐπορεύθη **ἐκεῖθεν.**
Mk 6: 1 Καὶ ἐξῆλθεν **ἐκεῖθεν** καὶ ἔρχεται εἰς τὴν πατρίδα αὐτοῦ,
6:10 Ὅπου ἐὰν εἰσέλθητε εἰς οἰκίαν, ἐκεῖ μένετε ἕως ἂν ἐξέλθητε **ἐκεῖθεν.**
6:11 ἐκπορευόμενοι **ἐκεῖθεν** ἐκτινάξατε τὸν χοῦν τὸν ὑποκάτω τῶν ποδῶν ὑμῶν εἰς μαρτύριον αὐτοῖς.
7:24 **Ἐκεῖθεν** δὲ ἀναστὰς ἀπῆλθεν εἰς τὰ ὅρια Τύρου.
10: 1 Καὶ **ἐκεῖθεν** ἀναστὰς ἔρχεται εἰς τὰ ὅρια τῆς Ἰουδαίας [καὶ] πέραν τοῦ Ἰορδάνου,
Lk 9: 4 καὶ εἰς ἣν ἂν οἰκίαν εἰσέλθητε, ἐκεῖ μένετε καὶ **ἐκεῖθεν** ἐξέρχεσθε.
12:59 λέγω σοι, οὐ μὴ ἐξέλθῃς **ἐκεῖθεν,** ἕως καὶ τὸ ἔσχατον λεπτὸν ἀποδῷς.
16:26 ὅπως οἱ θέλοντες διαβῆναι ἔνθεν πρὸς ὑμᾶς μὴ δύνωνται, μηδὲ **ἐκεῖθεν** πρὸς ἡμᾶς διαπερῶσιν.
Jn 4:43 Μετὰ δὲ τὰς δύο ἡμέρας ἐξῆλθεν **ἐκεῖθεν** εἰς τὴν Γαλιλαίαν·
11:54 ἀλλὰ ἀπῆλθεν **ἐκεῖθεν** εἰς τὴν χώραν ἐγγὺς τῆς ἐρήμου,
Ac 13: 4 Αὐτοὶ μὲν οὖν ἐκπεμφθέντες ὑπὸ τοῦ ἁγίου πνεύματος κατῆλθον εἰς Σελεύκειαν, **ἐκεῖθέν** τε ἀπέπλευσαν εἰς Κύπρον
18: 7 καὶ μεταβὰς **ἐκεῖθεν** εἰσῆλθεν εἰς οἰκίαν τινὸς ὀνόματι Τιτίου Ἰούστου σεβομένου τὸν θεόν,
20:13 Ἡμεῖς δὲ προελθόντες ἐπὶ τὸ πλοῖον ἀνήχθημεν ἐπὶ τὴν Ἆσσον **ἐκεῖθεν** μέλλοντες ἀναλαμβάνειν τὸν Παῦλον·
27:12 ἀνευθέτου δὲ τοῦ λιμένος ὑπάρχοντος πρὸς παραχειμασίαν οἱ πλείονες ἔθεντο βουλὴν ἀναχθῆναι **ἐκεῖθεν,**
Rev 22: 2 ἐν μέσῳ τῆς πλατείας αὐτῆς καὶ τοῦ ποταμοῦ ἐντεῦθεν καὶ **ἐκεῖθεν** ξύλον ζωῆς ποιοῦν καρποὺς δώδεκα,

1697 ἐκεῖνος [243 / 242] See Index of Articles, Etc.

√ *1695*

ἐκεῖνος ἡμέρα [49] Mt 3:1; 7:22; 13:1; 22:23,46; 24:19,22,22,29,36; 26:29; Mk 1:9; 2:20; 4:35; 8:1; 13:17,19,24,32; 14:25; Lk 2:1; 4:2; 5:35; 6:23; 9:36; 10:12; 17:31; 21:23,34; Jn 1:39; 5:9; 11:53; 14:20; 16:23,26; 19:31; 20:19; Ac 2:18,41; 7:41; 8:1; 9:37; 2Th 1:10; 2Ti 1:12,18; 4:8; Heb 8:10; 10:16; Rev 9:6

ἐκεῖνος καιρός [6] Mt 11:25; 12:1; 14:1; Ac 12:1; 19:23; Eph 2:12

ἐκεῖνος ὥρα [13] Mt 8:13; 9:22; 10:19; 15:28; 17:18; 18:1; 26:55; Mk 13:11; Lk 7:21; Jn 4:53; 19:27; Ac 16:33; Rev 11:13

ὁ ἄνθρωπος ἐκεῖνος [9] Mt 12:45; 26:24,24; Mk 14:21,21; Lk 11:26; 22:22; Ac 16:35; Jas 1:7

1698 ἐκεῖσε [2]

√ *1695*

Ac 21: 3 **ἐκεῖσε** γὰρ τὸ πλοῖον ἦν ἀποφορτιζόμενον τὸν γόμον.
22: 5 ἄξων καὶ τοὺς **ἐκεῖσε** ὄντας δεδεμένους εἰς Ἰερουσαλὴμ ἵνα τιμωρηθῶσιν.

1699 ἐκζητέω [7]

√ *1666 + 2426*

Lk 11:50 ἵνα **ἐκζητηθῇ** τὸ αἷμα πάντων τῶν προφητῶν τὸ ἐκκεχυμένον ἀπὸ καταβολῆς κόσμου ἀπὸ τῆς γενεᾶς ταύτης,
11:51 ναὶ λέγω ὑμῖν, **ἐκζητηθήσεται** ἀπὸ τῆς γενεᾶς ταύτης.
Ac 15:17 ὅπως ἂν **ἐκζητήσωσιν** οἱ κατάλοιποι τῶν ἀνθρώπων τὸν κύριον καὶ πάντα τὰ ἔθνη ἐφ' οὓς ἐπικέκληται τὸ ὄνομά μου
Ro 3:11 οὐκ ἔστιν ὁ συνίων, οὐκ ἔστιν ὁ **ἐκζητῶν** τὸν θεόν.
Heb 11: 6 πιστεῦσαι γὰρ δεῖ τὸν προσερχόμενον τῷ θεῷ ὅτι ἔστιν καὶ τοῖς **ἐκζητοῦσιν** αὐτὸν μισθαποδότης γίνεται.
12:17 μετανοίας γὰρ τόπον οὐχ εὗρεν καίπερ μετὰ δακρύων **ἐκζητήσας** αὐτήν.
1Pe 1:10 Περὶ ἧς σωτηρίας **ἐξεζήτησαν** καὶ ἐξηραύνησαν προφῆται οἱ περὶ τῆς εἰς ὑμᾶς χάριτος προφητεύσαντες,

1700 ἐκζήτησις [1]

√ *1666 + 2426*

1Ti 1: 4 αἵτινες **ἐκζητήσεις** παρέχουσιν μᾶλλον ἢ οἰκονομίαν θεοῦ τὴν ἐν πίστει.

1701 ἐκθαμβέω [4]

√ *1666 + 2502*

Mk 9:15 καὶ εὐθὺς πᾶς ὁ ὄχλος ἰδόντες αὐτὸν **ἐξεθαμβήθησαν** καὶ προστρέχοντες ἠσπάζοντο αὐτόν.
14:33 καὶ παραλαμβάνει τὸν Πέτρον καὶ [τὸν] Ἰάκωβον καὶ [τὸν] Ἰωάννην μετ' αὐτοῦ καὶ ἤρξατο **ἐκθαμβεῖσθαι** καὶ ἀδημονεῖν
16: 5 εἶδον νεανίσκον καθήμενον ἐν τοῖς δεξιοῖς περιβεβλημένον στολὴν λευκήν, καὶ **ἐξεθαμβήθησαν.**
16: 6 ὁ δὲ λέγει αὐταῖς, Μὴ **ἐκθαμβεῖσθε·** Ἰησοῦν ζητεῖτε τὸν Ναζαρηνὸν τὸν ἐσταυρωμένον·

1702 ἔκθαμβος [1]

√ *1666 + 2502*

Ac 3:11 συνέδραμεν πᾶς ὁ λαὸς πρὸς αὐτοὺς ἐπὶ τῇ στοᾷ τῇ καλουμένῃ Σολομῶντος **ἔκθαμβοι.**

1703 ἐκθαυμάζω [1]

√ *1666 + 2513*

Mk 12:17 Τὰ Καίσαρος ἀπόδοτε Καίσαρι καὶ τὰ τοῦ θεοῦ τῷ θεῷ. καὶ **ἐξεθαύμαζον** ἐπ' αὐτῷ.

1704 ἔκθετος [1]

√ *1666 + 5502*

Ac 7:19 ἐκάκωσεν τοὺς πατέρας [ἡμῶν] τοῦ ποιεῖν τὰ βρέφη **ἔκθετα** αὐτῶν εἰς τὸ μὴ ζῳογονεῖσθαι.

1705 ἐκκαθαίρω [2]

√ *1666 + 2754*

1Co 5: 7 **ἐκκαθάρατε** τὴν παλαιὰν ζύμην, ἵνα ἦτε νέον φύραμα,
2Ti 2:21 ἐὰν οὖν τις **ἐκκαθάρῃ** ἑαυτὸν ἀπὸ τούτων, ἔσται σκεῦος εἰς τιμήν,

1706 ἐκκαίω [1]

√ *1666 + 2794*

Ro 1:27 ὁμοίως τε καὶ οἱ ἄρσενες ἀφέντες τὴν φυσικὴν χρῆσιν τῆς θηλείας **ἐξεκαύθησαν** ἐν τῇ ὀρέξει αὐτῶν εἰς ἀλλήλους,

1707 ἐκκακέω Not used in UBS/NIV

√ *1666 + 2805*

1708 ἐκκεντέω [2]

√ *1666 + 3034*

Jn 19:37 καὶ πάλιν ἑτέρα γραφὴ λέγει, Ὄψονται εἰς ὃν **ἐξεκέντησαν.**
Rev 1: 7 ὄψεται αὐτὸν πᾶς ὀφθαλμὸς καὶ οἵτινες αὐτὸν **ἐξεκέντησαν,**

1709 ἐκκλάω [3]

√ *1666 + 3089*

Ro 11:17 Εἰ δέ τινες τῶν κλάδων **ἐξεκλάσθησαν,** σὺ δὲ ἀγριέλαιος ὢν ἐνεκεντρίσθης ἐν αὐτοῖς καὶ συγκοινωνὸς τῆς ῥίζης
11:19 ἐρεῖς οὖν, **Ἐξεκλάσθησαν** κλάδοι ἵνα ἐγὼ ἐγκεντρισθῶ.
11:20 τῇ ἀπιστίᾳ **ἐξεκλάσθησαν,** σὺ δὲ τῇ πίστει ἕστηκας.

1710 ἐκκλείω [2]

√ *1666 + 3091*

Ro 3:27 **ἐξεκλείσθη.** διὰ ποίου νόμου; τῶν ἔργων; οὐχί, ἀλλὰ διὰ νόμου πίστεως.
Gal 4:17 ζηλοῦσιν ὑμᾶς οὐ καλῶς, ἀλλὰ **ἐκκλεῖσαι** ὑμᾶς θέλουσιν, ἵνα αὐτοὺς ζηλοῦτε·

1711 ἐκκλησία [114]

√ *1666 + 2813*

with a proper name (city or area) [24] Ac 8:1; 9:31; 11:22; 13:1; Ro 16:1; 1Co 1:2; 16:1,19; 2Co 1:1; 8:1; Gal 1:2,22; Col 4:16; 1Th 1:1; 2:14; 2Th 1:1; Rev 1:4; 2:1,8,12,18; 3:1,7,14

ἐκκλησία θεοῦ [12] Ac 20:28; 1Co 1:2; 10:32; 11:16,22; 15:9; 2Co 1:1; Gal 1:13; 1Th 2:14; 2Th 1:4; 1Ti 3:5,15

ἐκκλησίαι Χριστοῦ [1] Ro 16:16

κατ' οἶκος, οἴκους [8] Ac 2:46; 5:42; 8:3; 20:20; Ro 16:5; 1Co 16:19; Col 4:15; Phm 1:2

Mt 16:18 καὶ ἐπὶ ταύτῃ τῇ πέτρᾳ οἰκοδομήσω μου τὴν **ἐκκλησίαν** καὶ πύλαι ᾅδου οὐ κατισχύσουσιν αὐτῆς.
18:17 ἐὰν δὲ παρακούσῃ αὐτῶν, εἰπὲ τῇ **ἐκκλησίᾳ**· ἐὰν δὲ καὶ τῆς **ἐκκλησίας** παρακούσῃ, ἔστω σοι ὥσπερ ὁ ἐθνικὸς καὶ ὁ τελώνης.
Ac 5:11 καὶ ἐγένετο φόβος μέγας ἐφ' ὅλην τὴν **ἐκκλησίαν** καὶ ἐπὶ πάντας τοὺς ἀκούοντας ταῦτα.
7:38 οὗτός ἐστιν ὁ γενόμενος ἐν τῇ **ἐκκλησίᾳ** ἐν τῇ ἐρήμῳ μετὰ τοῦ ἀγγέλου τοῦ λαλοῦντος αὐτῷ ἐν τῷ ὄρει Σινᾶ
8: 1 Ἐγένετο δὲ ἐν ἐκείνῃ τῇ ἡμέρᾳ διωγμὸς μέγας ἐπὶ τὴν **ἐκκλησίαν** τὴν ἐν Ἱεροσολύμοις,
8: 3 Σαῦλος δὲ ἐλυμαίνετο τὴν **ἐκκλησίαν** κατὰ τοὺς οἴκους εἰσπορευόμενος,
9:31 Ἡ μὲν οὖν **ἐκκλησία** καθ' ὅλης τῆς Ἰουδαίας καὶ Γαλιλαίας καὶ Σαμαρείας εἶχεν εἰρήνην οἰκοδομουμένη
11:22 ἠκούσθη δὲ ὁ λόγος εἰς τὰ ὦτα τῆς **ἐκκλησίας** τῆς οὔσης ἐν Ἰερουσαλὴμ περὶ αὐτῶν καὶ ἐξαπέστειλαν Βαρναβᾶν
11:26 ἐγένετο δὲ αὐτοῖς καὶ ἐνιαυτὸν ὅλον συναχθῆναι ἐν τῇ **ἐκκλησίᾳ** καὶ διδάξαι ὄχλον ἱκανόν,
12: 1 Κατ' ἐκεῖνον δὲ τὸν καιρὸν ἐπέβαλεν Ἡρῴδης ὁ βασιλεὺς τὰς χεῖρας κακῶσαί τινας τῶν ἀπὸ τῆς **ἐκκλησίας.**
12: 5 προσευχὴ δὲ ἦν ἐκτενῶς γινομένη ὑπὸ τῆς **ἐκκλησίας** πρὸς τὸν θεὸν περὶ αὐτοῦ.
13: 1 Ἦσαν δὲ ἐν Ἀντιοχείᾳ κατὰ τὴν οὖσαν **ἐκκλησίαν** προφῆται καὶ διδάσκαλοι ὅ τε Βαρναβᾶς καὶ Συμεὼν ὁ καλούμενος Νίγερ
14:23 χειροτονήσαντες δὲ αὐτοῖς κατ' **ἐκκλησίαν** πρεσβυτέρους, προσευξάμενοι μετὰ νηστειῶν παρέθεντο αὐτοὺς τῷ κυρίῳ
14:27 παραγενόμενοι δὲ καὶ συναγαγόντες τὴν **ἐκκλησίαν** ἀνήγγελλον ὅσα ἐποίησεν ὁ θεὸς μετ' αὐτῶν
15: 3 Οἱ μὲν οὖν προπεμφθέντες ὑπὸ τῆς **ἐκκλησίας** διήρχοντο τήν τε Φοινίκην καὶ Σαμάρειαν ἐκδιηγούμενοι τὴν ἐπιστροφὴν
15: 4 παραγενόμενοι δὲ εἰς Ἰερουσαλὴμ παρεδέχθησαν ἀπὸ τῆς **ἐκκλησίας** καὶ τῶν ἀποστόλων καὶ τῶν πρεσβυτέρων,
15:22 σὺν ὅλῃ τῇ **ἐκκλησίᾳ** ἐκλεξαμένους ἄνδρας ἐξ αὐτῶν πέμψαι εἰς Ἀντιόχειαν σὺν τῷ Παύλῳ καὶ Βαρναβᾷ,
15:41 διήρχετο δὲ τὴν Συρίαν καὶ [τὴν] Κιλικίαν ἐπιστηρίζων τὰς **ἐκκλησίας.**
16: 5 αἱ μὲν οὖν **ἐκκλησίαι** ἐστερεοῦντο τῇ πίστει καὶ ἐπερίσσευον τῷ ἀριθμῷ καθ' ἡμέραν.
18:22 καὶ ἀσπασάμενος τὴν **ἐκκλησίαν** κατέβη εἰς Ἀντιόχειαν.
19:32 ἦν γὰρ ἡ **ἐκκλησία** συγκεχυμένη καὶ οἱ πλείους οὐκ ᾔδεισαν τίνος ἕνεκα συνεληλύθεισαν.
19:39 εἰ δέ τι περαιτέρω ἐπιζητεῖτε, ἐν τῇ ἐννόμῳ **ἐκκλησίᾳ** ἐπιλυθήσεται.
19:40 καὶ ταῦτα εἰπὼν ἀπέλυσεν τὴν **ἐκκλησίαν.**
20:17 Ἀπὸ δὲ τῆς Μιλήτου πέμψας εἰς Ἔφεσον μετεκαλέσατο τοὺς πρεσβυτέρους τῆς **ἐκκλησίας.**
20:28 ἐν ᾧ ὑμᾶς τὸ πνεῦμα τὸ ἅγιον ἔθετο ἐπισκόπους ποιμαίνειν τὴν **ἐκκλησίαν** τοῦ θεοῦ,
Ro 16: 1 οὖσαν [καὶ] διάκονον τῆς **ἐκκλησίας** τῆς ἐν Κεγχρεαῖς,
16: 4 οἷς οὐκ ἐγὼ μόνος εὐχαριστῶ ἀλλὰ καὶ πᾶσαι αἱ **ἐκκλησίαι** τῶν ἐθνῶν,
16: 5 καὶ τὴν κατ' οἶκον αὐτῶν **ἐκκλησίαν.**
16:16 Ἀσπάζονται ὑμᾶς αἱ **ἐκκλησίαι** πᾶσαι τοῦ Χριστοῦ.
16:23 ἀσπάζεται ὑμᾶς Γάϊος ὁ ξένος μου καὶ ὅλης τῆς **ἐκκλησίας.**
1Co 1: 2 τῇ **ἐκκλησίᾳ** τοῦ θεοῦ τῇ οὔσῃ ἐν Κορίνθῳ,
4:17 ὃς ὑμᾶς ἀναμνήσει τὰς ὁδούς μου τὰς ἐν Χριστῷ [Ἰησοῦ,] καθὼς πανταχοῦ ἐν πάσῃ **ἐκκλησίᾳ** διδάσκω.
6: 4 βιωτικὰ μὲν οὖν κριτήρια ἐὰν ἔχητε, τοὺς ἐξουθενημένους ἐν τῇ **ἐκκλησίᾳ,** τούτους καθίζετε;
7:17 οὕτως περιπατείτω. καὶ οὕτως ἐν ταῖς **ἐκκλησίαις** πάσαις διατάσσομαι.
10:32 ἀπρόσκοποι καὶ Ἰουδαίοις γίνεσθε καὶ Ἕλλησιν καὶ τῇ **ἐκκλησίᾳ** τοῦ θεοῦ,
11:16 ἡμεῖς τοιαύτην συνήθειαν οὐκ ἔχομεν οὐδὲ αἱ **ἐκκλησίαι** τοῦ θεοῦ.
11:18 πρῶτον μὲν γὰρ συνερχομένων ὑμῶν ἐν **ἐκκλησίᾳ** ἀκούω σχίσματα ἐν ὑμῖν ὑπάρχειν καὶ μέρος τι πιστεύω.
11:22 ἢ τῆς **ἐκκλησίας** τοῦ θεοῦ καταφρονεῖτε, καὶ καταισχύνετε τοὺς μὴ ἔχοντας;
12:28 καὶ οὓς μὲν ἔθετο ὁ θεὸς ἐν τῇ **ἐκκλησίᾳ** πρῶτον ἀποστόλους,
14: 4 ὁ λαλῶν γλώσσῃ ἑαυτὸν οἰκοδομεῖ· ὁ δὲ προφητεύων **ἐκκλησίαν** οἰκοδομεῖ.
14: 5 μείζων δὲ ὁ προφητεύων ἢ ὁ λαλῶν γλώσσαις ἐκτὸς εἰ μὴ διερμηνεύῃ, ἵνα ἡ **ἐκκλησία** οἰκοδομὴν λάβῃ.
14:12 πρὸς τὴν οἰκοδομὴν τῆς **ἐκκλησίας** ζητεῖτε ἵνα περισσεύητε.
14:19 ἀλλὰ ἐν **ἐκκλησίᾳ** θέλω πέντε λόγους τῷ νοΐ μου λαλῆσαι,
14:23 Ἐὰν οὖν συνέλθῃ ἡ **ἐκκλησία** ὅλη ἐπὶ τὸ αὐτὸ καὶ πάντες λαλῶσιν γλώσσαις,
14:28 ἐὰν δὲ μὴ ᾖ διερμηνευτής, σιγάτω ἐν **ἐκκλησίᾳ,**
14:33 οὐ γάρ ἐστιν ἀκαταστασίας ὁ θεὸς ἀλλὰ εἰρήνης. Ὡς ἐν πάσαις ταῖς **ἐκκλησίαις** τῶν ἁγίων
14:34 αἱ γυναῖκες ἐν ταῖς **ἐκκλησίαις** σιγάτωσαν· οὐ γὰρ ἐπιτρέπεται αὐταῖς λαλεῖν,
14:35 ἐν οἴκῳ τοὺς ἰδίους ἄνδρας ἐπερωτάτωσαν· αἰσχρὸν γάρ ἐστιν γυναικὶ λαλεῖν ἐν **ἐκκλησίᾳ.**
15: 9 Ἐγὼ γάρ εἰμι ὁ ἐλάχιστος τῶν ἀποστόλων ὃς οὐκ εἰμὶ ἱκανὸς καλεῖσθαι ἀπόστολος, διότι ἐδίωξα τὴν **ἐκκλησίαν** τοῦ θεοῦ·
16: 1 Περὶ δὲ τῆς λογείας τῆς εἰς τοὺς ἁγίους ὥσπερ διέταξα ταῖς **ἐκκλησίαις** τῆς Γαλατίας,
16:19 Ἀσπάζονται ὑμᾶς αἱ **ἐκκλησίαι** τῆς Ἀσίας. ἀσπάζεται ὑμᾶς ἐν κυρίῳ πολλὰ Ἀκύλας καὶ Πρίσκα σὺν τῇ κατ' οἶκον αὐτῶν **ἐκκλησίᾳ.**

2Co 1: 1 τῇ **ἐκκλησίᾳ** τοῦ θεοῦ τῇ οὔσῃ ἐν Κορίνθῳ σὺν τοῖς ἁγίοις πᾶσιν τοῖς οὖσιν ἐν ὅλῃ τῇ Ἀχαΐᾳ,
8: 1 τὴν χάριν τοῦ θεοῦ τὴν δεδομένην ἐν ταῖς **ἐκκλησίαις** τῆς Μακεδονίας,
8:18 συνεπέμψαμεν δὲ μετ' αὐτοῦ τὸν ἀδελφὸν οὗ ὁ ἔπαινος ἐν τῷ εὐαγγελίῳ διὰ πασῶν τῶν **ἐκκλησιῶν,**
8:19 ἀλλὰ καὶ χειροτονηθεὶς ὑπὸ τῶν **ἐκκλησιῶν** συνέκδημος ἡμῶν σὺν τῇ χάριτι ταύτῃ τῇ διακονουμένῃ ὑφ' ἡμῶν
8:23 κοινωνὸς ἐμὸς καὶ εἰς ὑμᾶς συνεργός· εἴτε ἀδελφοὶ ἡμῶν, ἀπόστολοι **ἐκκλησιῶν,** δόξα Χριστοῦ.
8:24 τὴν οὖν ἔνδειξιν τῆς ἀγάπης ὑμῶν καὶ ἡμῶν καυχήσεως ὑπὲρ ὑμῶν εἰς αὐτοὺς ἐνδεικνύμενοι εἰς πρόσωπον τῶν **ἐκκλησιῶν.**
11: 8 ἄλλας **ἐκκλησίας** ἐσύλησα λαβὼν ὀψώνιον πρὸς τὴν ὑμῶν διακονίαν,
11:28 χωρὶς τῶν παρεκτὸς ἡ ἐπίστασίς μοι ἡ καθ' ἡμέραν, ἡ μέριμνα πασῶν τῶν **ἐκκλησιῶν.**
12:13 τί γάρ ἐστιν ὃ ἡσσώθητε ὑπὲρ τὰς λοιπὰς **ἐκκλησίας,**
Gal 1: 2 οἱ σὺν ἐμοὶ πάντες ἀδελφοὶ ταῖς **ἐκκλησίαις** τῆς Γαλατίας,
1:13 ὅτι καθ' ὑπερβολὴν ἐδίωκον τὴν **ἐκκλησίαν** τοῦ θεοῦ καὶ ἐπόρθουν αὐτήν,
1:22 ἤμην δὲ ἀγνοούμενος τῷ προσώπῳ ταῖς **ἐκκλησίαις** τῆς Ἰουδαίας ταῖς ἐν Χριστῷ.
Eph 1:22 καὶ πάντα ὑπέταξεν ὑπὸ τοὺς πόδας αὐτοῦ καὶ αὐτὸν ἔδωκεν κεφαλὴν ὑπὲρ πάντα τῇ **ἐκκλησίᾳ,**
3:10 ἵνα γνωρισθῇ νῦν ταῖς ἀρχαῖς καὶ ταῖς ἐξουσίαις ἐν τοῖς ἐπουρανίοις διὰ τῆς **ἐκκλησίας** ἡ πολυποίκιλος σοφία τοῦ θεοῦ,
3:21 αὐτῷ ἡ δόξα ἐν τῇ **ἐκκλησίᾳ** καὶ ἐν Χριστῷ Ἰησοῦ εἰς πάσας τὰς γενεὰς τοῦ αἰῶνος τῶν αἰώνων,
5:23 ὅτι ἀνήρ ἐστιν κεφαλὴ τῆς γυναικὸς ὡς καὶ ὁ Χριστὸς κεφαλὴ τῆς **ἐκκλησίας,**
5:24 ἀλλὰ ὡς ἡ **ἐκκλησία** ὑποτάσσεται τῷ Χριστῷ, οὕτως καὶ αἱ γυναῖκες τοῖς ἀνδράσιν ἐν παντί.
5:25 καθὼς καὶ ὁ Χριστὸς ἠγάπησεν τὴν **ἐκκλησίαν** καὶ ἑαυτὸν παρέδωκεν ὑπὲρ αὐτῆς,
5:27 ἵνα παραστήσῃ αὐτὸς ἑαυτῷ ἔνδοξον τὴν **ἐκκλησίαν,** μὴ ἔχουσαν σπίλον ἢ ῥυτίδα ἤ τι τῶν τοιούτων,
5:29 οὐδεὶς γάρ ποτε τὴν ἑαυτοῦ σάρκα ἐμίσησεν ἀλλὰ ἐκτρέφει καὶ θάλπει αὐτήν, καθὼς καὶ ὁ Χριστὸς τὴν **ἐκκλησίαν,**
5:32 ἐγὼ δὲ λέγω εἰς Χριστὸν καὶ εἰς τὴν **ἐκκλησίαν.**
Php 3: 6 κατὰ ζῆλος διώκων τὴν **ἐκκλησίαν,** κατὰ δικαιοσύνην τὴν ἐν νόμῳ γενόμενος ἄμεμπτος.
4:15 οὐδεμία μοι **ἐκκλησία** ἐκοινώνησεν εἰς λόγον δόσεως καὶ λήμψεως εἰ μὴ ὑμεῖς μόνοι,
Col 1:18 καὶ αὐτός ἐστιν ἡ κεφαλὴ τοῦ σώματος τῆς **ἐκκλησίας·**
1:24 καὶ ἀνταναπληρῶ τὰ ὑστερήματα τῶν θλίψεων τοῦ Χριστοῦ ἐν τῇ σαρκί μου ὑπὲρ τοῦ σώματος αὐτοῦ, ὅ ἐστιν ἡ **ἐκκλησία,**
4:15 Ἀσπάσασθε τοὺς ἐν Λαοδικείᾳ ἀδελφοὺς καὶ Νύμφαν καὶ τὴν κατ' οἶκον αὐτῆς **ἐκκλησίαν.**
4:16 ποιήσατε ἵνα καὶ ἐν τῇ Λαοδικέων **ἐκκλησίᾳ** ἀναγνωσθῇ,
1Th 1: 1 Παῦλος καὶ Σιλουανὸς καὶ Τιμόθεος τῇ **ἐκκλησίᾳ** Θεσσαλονικέων ἐν θεῷ πατρὶ καὶ κυρίῳ Ἰησοῦ Χριστῷ,
2:14 τῶν **ἐκκλησιῶν** τοῦ θεοῦ τῶν οὐσῶν ἐν τῇ Ἰουδαίᾳ ἐν Χριστῷ Ἰησοῦ,
2Th 1: 1 Παῦλος καὶ Σιλουανὸς καὶ Τιμόθεος τῇ **ἐκκλησίᾳ** Θεσσαλονικέων ἐν θεῷ πατρὶ ἡμῶν καὶ κυρίῳ Ἰησοῦ Χριστῷ,
1: 4 ὥστε αὐτοὺς ἡμᾶς ἐν ὑμῖν ἐγκαυχᾶσθαι ἐν ταῖς **ἐκκλησίαις** τοῦ θεοῦ ὑπὲρ τῆς ὑπομονῆς ὑμῶν καὶ πίστεως
1Ti 3: 5 (εἰ δέ τις τοῦ ἰδίου οἴκου προστῆναι οὐκ οἶδεν, πῶς **ἐκκλησίας** θεοῦ ἐπιμελήσεται;),
3:15 ἥτις ἐστὶν **ἐκκλησία** θεοῦ ζῶντος, στῦλος καὶ ἑδραίωμα τῆς ἀληθείας.
5:16 ἐπαρκείτω αὐταῖς καὶ μὴ βαρείσθω ἡ **ἐκκλησία,** ἵνα ταῖς ὄντως χήραις ἐπαρκέσῃ.
Phm 1: 2 καὶ Ἀπφίᾳ τῇ ἀδελφῇ καὶ Ἀρχίππῳ τῷ συστρατιώτῃ ἡμῶν καὶ τῇ κατ' οἶκόν σου **ἐκκλησίᾳ,**
Heb 2:12 Ἀπαγγελῶ τὸ ὄνομά σου τοῖς ἀδελφοῖς μου, ἐν μέσῳ **ἐκκλησίας** ὑμνήσω σε,
12:23 καὶ **ἐκκλησίᾳ** πρωτοτόκων ἀπογεγραμμένων ἐν οὐρανοῖς καὶ κριτῇ θεῷ πάντων καὶ πνεύμασι δικαίων τετελειωμένων
Jas 5:14 προσκαλεσάσθω τοὺς πρεσβυτέρους τῆς **ἐκκλησίας** καὶ προσευξάσθωσαν ἐπ' αὐτὸν ἀλείψαντες [αὐτὸν] ἐλαίῳ
3Jn 1: 6 οἳ ἐμαρτύρησάν σου τῇ ἀγάπῃ ἐνώπιον **ἐκκλησίας,** οὓς καλῶς ποιήσεις προπέμψας ἀξίως τοῦ θεοῦ·
1: 9 Ἔγραψά τι τῇ **ἐκκλησίᾳ·** ἀλλ' ὁ φιλοπρωτεύων αὐτῶν Διοτρέφης οὐκ ἐπιδέχεται ἡμᾶς.
1:10 οὔτε αὐτὸς ἐπιδέχεται τοὺς ἀδελφοὺς καὶ τοὺς βουλομένους κωλύει καὶ ἐκ τῆς **ἐκκλησίας** ἐκβάλλει.
Rev 1: 4 Ἰωάννης ταῖς ἑπτὰ **ἐκκλησίαις** ταῖς ἐν τῇ Ἀσίᾳ·
1:11 Ὃ βλέπεις γράψον εἰς βιβλίον καὶ πέμψον ταῖς ἑπτὰ **ἐκκλησίαις,**
1:20 οἱ ἑπτὰ ἀστέρες ἄγγελοι τῶν ἑπτὰ **ἐκκλησιῶν** εἰσιν καὶ αἱ λυχνίαι αἱ ἑπτὰ ἑπτὰ **ἐκκλησίαι** εἰσίν.
2: 1 Τῷ ἀγγέλῳ τῆς ἐν Ἐφέσῳ **ἐκκλησίας** γράψον· Τάδε λέγει ὁ κρατῶν τοὺς ἑπτὰ ἀστέρας ἐν τῇ δεξιᾷ αὐτοῦ,
2: 7 ὁ ἔχων οὖς ἀκουσάτω τί τὸ πνεῦμα λέγει ταῖς **ἐκκλησίαις.**
2: 8 Καὶ τῷ ἀγγέλῳ τῆς ἐν Σμύρνῃ **ἐκκλησίας** γράψον·
2:11 ὁ ἔχων οὖς ἀκουσάτω τί τὸ πνεῦμα λέγει ταῖς **ἐκκλησίαις.**
2:12 Καὶ τῷ ἀγγέλῳ τῆς ἐν Περγάμῳ **ἐκκλησίας** γράψον·
2:17 ὁ ἔχων οὖς ἀκουσάτω τί τὸ πνεῦμα λέγει ταῖς **ἐκκλησίαις.**
2:18 Καὶ τῷ ἀγγέλῳ τῆς ἐν Θυατείροις **ἐκκλησίας** γράψον·
2:23 καὶ γνώσονται πᾶσαι αἱ **ἐκκλησίαι** ὅτι ἐγώ εἰμι ὁ ἐραυνῶν νεφροὺς καὶ καρδίας,
2:29 ὁ ἔχων οὖς ἀκουσάτω τί τὸ πνεῦμα λέγει ταῖς **ἐκκλησίαις.**
3: 1 Καὶ τῷ ἀγγέλῳ τῆς ἐν Σάρδεσιν **ἐκκλησίας** γράψον·
3: 6 ὁ ἔχων οὖς ἀκουσάτω τί τὸ πνεῦμα λέγει ταῖς **ἐκκλησίαις.**
3: 7 Καὶ τῷ ἀγγέλῳ τῆς ἐν Φιλαδελφείᾳ **ἐκκλησίας** γράψον·
3:13 ὁ ἔχων οὖς ἀκουσάτω τί τὸ πνεῦμα λέγει ταῖς **ἐκκλησίαις.**
3:14 Καὶ τῷ ἀγγέλῳ τῆς ἐν Λαοδικείᾳ **ἐκκλησίας** γράψον·
3:22 ὁ ἔχων οὖς ἀκουσάτω τί τὸ πνεῦμα λέγει ταῖς **ἐκκλησίαις.**
22:16 Ἐγὼ Ἰησοῦς ἔπεμψα τὸν ἄγγελόν μου μαρτυρῆσαι ὑμῖν ταῦτα ἐπὶ ταῖς **ἐκκλησίαις.**

1712 ἐκκλίνω [3]

√ 1666 + 3111

Ro 3:12 πάντες **ἐξέκλιναν** ἅμα ἠχρεώθησαν· οὐκ ἔστιν ὁ ποιῶν χρηστότητα,
16:17 σκοπεῖν τοὺς τὰς διχοστασίας καὶ τὰ σκάνδαλα παρὰ τὴν διδαχὴν ἣν ὑμεῖς ἐμάθετε ποιοῦντας, καὶ **ἐκκλίνετε** ἀπ' αὐτῶν·
1Pe 3:11 **ἐκκλινάτω** δὲ ἀπὸ κακοῦ καὶ ποιησάτω ἀγαθόν, ζητησάτω εἰρήνην καὶ διωξάτω αὐτήν·

1713 ἐκκολυμβάω [1]

√ 1666 + 3147

Ac 27:42 τῶν δὲ στρατιωτῶν βουλὴ ἐγένετο ἵνα τοὺς δεσμώτας ἀποκτείνωσιν, μή τις **ἐκκολυμβήσας** διαφύγῃ.

1714 ἐκκομίζω [1]

√ 1666 + 3180

Lk 7:12 καὶ ἰδοὺ **ἐξεκομίζετο** τεθνηκὼς μονογενὴς υἱὸς τῇ μητρὶ αὐτοῦ καὶ αὐτὴ ἦν χήρα,

1715 ἐκκοπή Not used in UBS/NIV

√ 1666 + 3164

1716 ἐκκόπτω [10]

√ 1666 + 3164

Mt 3:10 πᾶν οὖν δένδρον μὴ ποιοῦν καρπὸν καλὸν **ἐκκόπτεται** καὶ εἰς πῦρ βάλλεται.
5:30 καὶ εἰ ἡ δεξιά σου χεὶρ σκανδαλίζει σε, **ἔκκοψον** αὐτὴν καὶ βάλε ἀπὸ σοῦ·
7:19 πᾶν δένδρον μὴ ποιοῦν καρπὸν καλὸν **ἐκκόπτεται** καὶ εἰς πῦρ βάλλεται.
18: 8 Εἰ δὲ ἡ χείρ σου ἢ ὁ πούς σου σκανδαλίζει σε, **ἔκκοψον** αὐτὸν καὶ βάλε ἀπὸ σοῦ·
Lk 3: 9 πᾶν οὖν δένδρον μὴ ποιοῦν καρπὸν καλὸν **ἐκκόπτεται** καὶ εἰς πῦρ βάλλεται.
13: 7 **ἔκκοψον** [οὖν] αὐτήν, ἱνατί καὶ τὴν γῆν καταργεῖ;
13: 9 κἂν μὲν ποιήσῃ καρπὸν εἰς τὸ μέλλον· εἰ δὲ μή γε, **ἐκκόψεις** αὐτήν.
Ro 11:22 ἐὰν ἐπιμένῃς τῇ χρηστότητι, ἐπεὶ καὶ σὺ **ἐκκοπήσῃ.**
11:24 εἰ γὰρ σὺ ἐκ τῆς κατὰ φύσιν **ἐξεκόπης** ἀγριελαίου καὶ παρὰ φύσιν ἐνεκεντρίσθης εἰς καλλιέλαιον,
2Co 11:12 καὶ ποιήσω, ἵνα **ἐκκόψω** τὴν ἀφορμὴν τῶν θελόντων ἀφορμήν,

1717 ἐκκρεμάννυμι [1]

√ 1666 + 3203

Lk 19:48 καὶ οὐχ εὕρισκον τὸ τί ποιήσωσιν, ὁ λαὸς γὰρ ἅπας **ἐξεκρέματο** αὐτοῦ ἀκούων.

1718 ἐκλαλέω [1]

√ 1666 + 3281

Ac 23:22 ὁ μὲν οὖν χιλίαρχος ἀπέλυσε τὸν νεανίσκον παραγγείλας μηδενὶ **ἐκλαλῆσαι** ὅτι ταῦτα ἐνεφάνισας πρός με.

1719 ἐκλάμπω [1]

√ 1666 + 3290

Mt 13:43 Τότε οἱ δίκαιοι **ἐκλάμψουσιν** ὡς ὁ ἥλιος ἐν τῇ βασιλείᾳ τοῦ πατρὸς αὐτῶν.

1720 ἐκλανθάνομαι [1]

√ 1666 + 3291

Heb 12: 5 καὶ **ἐκλέλησθε** τῆς παρακλήσεως, ἥτις ὑμῖν ὡς υἱοῖς διαλέγεται,

1721 ἐκλέγομαι [22]

√ 1666 + 3306

ἐκλελεγμένος υἱός [1] Lk 9:35

Mk 13:20 ἀλλὰ διὰ τοὺς ἐκλεκτοὺς οὓς **ἐξελέξατο** ἐκολόβωσεν τὰς ἡμέρας.
Lk 6:13 καὶ **ἐκλεξάμενος** ἀπ' αὐτῶν δώδεκα, οὓς καὶ ἀποστόλους ὠνόμασεν,
9:35 Οὗτός ἐστιν ὁ υἱός μου ὁ **ἐκλελεγμένος,** αὐτοῦ ἀκούετε.
10:42 Μαριὰμ γὰρ τὴν ἀγαθὴν μερίδα **ἐξελέξατο** ἥτις οὐκ ἀφαιρεθήσεται αὐτῆς.
14: 7 ἐπέχων πῶς τὰς πρωτοκλισίας **ἐξελέγοντο,** λέγων πρὸς αὐτούς,
Jn 6:70 ἀπεκρίθη αὐτοῖς ὁ Ἰησοῦς, Οὐκ ἐγὼ ὑμᾶς τοὺς δώδεκα **ἐξελεξάμην;**
13:18 ἐγὼ οἶδα τίνας **ἐξελεξάμην·** ἀλλ' ἵνα ἡ γραφὴ πληρωθῇ,
15:16 οὐχ ὑμεῖς με **ἐξελέξασθε,** ἀλλ' ἐγὼ **ἐξελεξάμην** ὑμᾶς καὶ ἔθηκα ὑμᾶς ἵνα ὑμεῖς ὑπάγητε καὶ καρπὸν φέρητε καὶ ὁ καρπὸς ὑμῶν μένῃ,
15:19 ἀλλ' ἐγὼ **ἐξελεξάμην** ὑμᾶς ἐκ τοῦ κόσμου, διὰ τοῦτο μισεῖ ὑμᾶς ὁ κόσμος.
Ac 1: 2 ἄχρι ἧς ἡμέρας ἐντειλάμενος τοῖς ἀποστόλοις διὰ πνεύματος ἁγίου οὓς **ἐξελέξατο** ἀνελήμφθη·
1:24 ἀνάδειξον ὃν **ἐξελέξω** ἐκ τούτων τῶν δύο ἕνα
6: 5 καὶ ἤρεσεν ὁ λόγος ἐνώπιον παντὸς τοῦ πλήθους καὶ **ἐξελέξαντο** Στέφανον,
13:17 ὁ θεὸς τοῦ λαοῦ τούτου Ἰσραὴλ **ἐξελέξατο** τοὺς πατέρας ἡμῶν καὶ τὸν λαὸν ὕψωσεν ἐν τῇ παροικίᾳ ἐν γῇ Αἰγύπτου
15: 7 ἀφ' ἡμερῶν ἀρχαίων ἐν ὑμῖν **ἐξελέξατο** ὁ θεὸς διὰ τοῦ στόματός μου ἀκοῦσαι τὰ ἔθνη τὸν λόγον τοῦ εὐαγγελίου
15:22 Τότε ἔδοξε τοῖς ἀποστόλοις καὶ τοῖς πρεσβυτέροις σὺν ὅλῃ τῇ ἐκκλησίᾳ **ἐκλεξαμένους** ἄνδρας ἐξ αὐτῶν πέμψαι εἰς Ἀντιόχειαν σὺν τῷ Παύλῳ καὶ Βαρναβᾷ,
15:25 γενομένοις ὁμοθυμαδὸν **ἐκλεξαμένοις** ἄνδρας πέμψαι πρὸς ὑμᾶς σὺν τοῖς ἀγαπητοῖς ἡμῶν Βαρναβᾷ καὶ Παύλῳ,
1Co 1:27 ἀλλὰ τὰ μωρὰ τοῦ κόσμου **ἐξελέξατο** ὁ θεός, ἵνα καταισχύνῃ τοὺς σοφούς, καὶ τὰ ἀσθενῆ τοῦ κόσμου **ἐξελέξατο** ὁ θεός, ἵνα καταισχύνῃ τὰ ἰσχυρά,
1:28 τὰ ἀγενῆ τοῦ κόσμου καὶ τὰ ἐξουθενημένα **ἐξελέξατο** ὁ θεός,
Eph 1: 4 καθὼς **ἐξελέξατο** ἡμᾶς ἐν αὐτῷ πρὸ καταβολῆς κόσμου εἶναι ἡμᾶς ἁγίους καὶ ἀμώμους κατενώπιον αὐτοῦ ἐν ἀγάπῃ,
Jas 2: 5 οὐχ ὁ θεὸς **ἐξελέξατο** τοὺς πτωχοὺς τῷ κόσμῳ πλουσίους ἐν πίστει καὶ κληρονόμους τῆς βασιλείας ἧς ἐπηγγείλατο

1722 ἐκλείπω [4]

√ 1666 + 3309

Lk 16: 9 ἵνα ὅταν **ἐκλίπῃ** δέξωνται ὑμᾶς εἰς τὰς αἰωνίους σκηνάς.
22:32 ἐγὼ δὲ ἐδεήθην περὶ σοῦ ἵνα μὴ **ἐκλίπῃ** ἡ πίστις σου·
23:45 τοῦ ἡλίου **ἐκλιπόντος,** ἐσχίσθη δὲ τὸ καταπέτασμα τοῦ ναοῦ μέσον.
Heb 1:12 σὺ δὲ ὁ αὐτὸς εἶ καὶ τὰ ἔτη σου οὐκ **ἐκλείψουσιν.**

1723 ἐκλεκτός [22]

√ 1666 + 3306

ἐκλεκτοὶ θεοῦ [3] Ro 8:33; Col 3:12; Tit 1:1

ὁ ἐκλεκτός [1] Lk 23:35

Mt 22:14 πολλοὶ γάρ εἰσιν κλητοί, ὀλίγοι δὲ **ἐκλεκτοί.**
24:22 διὰ δὲ τοὺς **ἐκλεκτοὺς** κολοβωθήσονται αἱ ἡμέραι ἐκεῖναι.
24:24 ψευδόχριστοι καὶ ψευδοπροφῆται καὶ δώσουσιν σημεῖα μεγάλα καὶ τέρατα ὥστε πλανῆσαι, εἰ δυνατόν, καὶ τοὺς **ἐκλεκτούς.**
24:31 καὶ ἐπισυνάξουσιν τοὺς **ἐκλεκτοὺς** αὐτοῦ ἐκ τῶν τεσσάρων ἀνέμων ἀπ' ἄκρων οὐρανῶν ἕως [τῶν] ἄκρων αὐτῶν.
Mk 13:20 ἀλλὰ διὰ τοὺς **ἐκλεκτοὺς** οὓς ἐξελέξατο ἐκολόβωσεν τὰς ἡμέρας.
13:22 ψευδόχριστοι καὶ ψευδοπροφῆται καὶ δώσουσιν σημεῖα καὶ τέρατα πρὸς τὸ ἀποπλανᾶν, εἰ δυνατόν, τοὺς **ἐκλεκτούς.**
13:27 καὶ τότε ἀποστελεῖ τοὺς ἀγγέλους καὶ ἐπισυνάξει τοὺς **ἐκλεκτοὺς** [αὐτοῦ] ἐκ τῶν τεσσάρων ἀνέμων ἀπ' ἄκρου γῆς
Lk 18: 7 ὁ δὲ θεὸς οὐ μὴ ποιήσῃ τὴν ἐκδίκησιν τῶν **ἐκλεκτῶν** αὐτοῦ τῶν βοώντων αὐτῷ ἡμέρας καὶ νυκτός,
23:35 εἰ οὗτός ἐστιν ὁ Χριστὸς τοῦ θεοῦ ὁ **ἐκλεκτός.**
Ro 8:33 τίς ἐγκαλέσει κατὰ **ἐκλεκτῶν** θεοῦ; θεὸς ὁ δικαιῶν·
16:13 ἀσπάσασθε Ῥοῦφον τὸν **ἐκλεκτὸν** ἐν κυρίῳ καὶ τὴν μητέρα αὐτοῦ καὶ ἐμοῦ.
Col 3:12 Ἐνδύσασθε οὖν, ὡς **ἐκλεκτοὶ** τοῦ θεοῦ ἅγιοι καὶ ἠγαπημένοι,
1Ti 5:21 Διαμαρτύρομαι ἐνώπιον τοῦ θεοῦ καὶ Χριστοῦ Ἰησοῦ καὶ τῶν **ἐκλεκτῶν** ἀγγέλων,
2Ti 2:10 διὰ τοῦτο πάντα ὑπομένω διὰ τοὺς **ἐκλεκτούς,** ἵνα καὶ αὐτοὶ σωτηρίας τύχωσιν τῆς ἐν Χριστῷ Ἰησοῦ μετὰ δόξης αἰωνίου.
Tit 1: 1 ἀπόστολος δὲ Ἰησοῦ Χριστοῦ κατὰ πίστιν **ἐκλεκτῶν** θεοῦ καὶ ἐπίγνωσιν ἀληθείας τῆς κατ' εὐσέβειαν
1Pe 1: 1 Πέτρος ἀπόστολος Ἰησοῦ Χριστοῦ **ἐκλεκτοῖς** παρεπιδήμοις διασπορᾶς Πόντου,
2: 4 πρὸς ὃν προσερχόμενοι λίθον ζῶντα ὑπὸ ἀνθρώπων μὲν ἀποδεδοκιμασμένον παρὰ δὲ θεῷ **ἐκλεκτὸν** ἔντιμον,
2: 6 Ἰδοὺ τίθημι ἐν Σιὼν λίθον ἀκρογωνιαῖον **ἐκλεκτὸν** ἔντιμον καὶ ὁ πιστεύων ἐπ' αὐτῷ οὐ μὴ καταισχυνθῇ.
2: 9 Ὑμεῖς δὲ γένος **ἐκλεκτόν,** βασίλειον ἱεράτευμα, ἔθνος ἅγιον,
2Jn 1: 1 Ὁ πρεσβύτερος **ἐκλεκτῇ** κυρίᾳ καὶ τοῖς τέκνοις αὐτῆς,
1:13 Ἀσπάζεταί σε τὰ τέκνα τῆς ἀδελφῆς σου τῆς **ἐκλεκτῆς.**
Rev 17:14 ὅτι κύριος κυρίων ἐστὶν καὶ βασιλεὺς βασιλέων καὶ οἱ μετ' αὐτοῦ κλητοὶ καὶ **ἐκλεκτοὶ** καὶ πιστοί.

1724 ἐκλογή [7]

√ 1666 + 3306

ἐκλογή σκεῦος [1] Ac 9:15

Ac 9:15 ὅτι σκεῦος **ἐκλογῆς** ἐστίν μοι οὗτος τοῦ βαστάσαι τὸ ὄνομά μου ἐνώπιον ἐθνῶν τε καὶ βασιλέων υἱῶν τε Ἰσραήλ·
Ro 9:11 ἵνα ἡ κατ' **ἐκλογὴν** πρόθεσις τοῦ θεοῦ μένῃ,
11: 5 οὕτως οὖν καὶ ἐν τῷ νῦν καιρῷ λεῖμμα κατ' **ἐκλογὴν** χάριτος γέγονεν·
11: 7 ὃ ἐπιζητεῖ Ἰσραήλ, τοῦτο οὐκ ἐπέτυχεν, ἡ δὲ **ἐκλογὴ** ἐπέτυχεν·
11:28 κατὰ δὲ τὴν **ἐκλογὴν** ἀγαπητοὶ διὰ τοὺς πατέρας·
1Th 1: 4 ἀδελφοὶ ἠγαπημένοι ὑπὸ [τοῦ] θεοῦ, τὴν **ἐκλογὴν** ὑμῶν,
2Pe 1:10 σπουδάσατε βεβαίαν ὑμῶν τὴν κλῆσιν καὶ **ἐκλογὴν** ποιεῖσθαι·

1725 ἐκλύω [5]

√ 1666 + 3395

Mt 15:32 καὶ ἀπολῦσαι αὐτοὺς νήστεις οὐ θέλω, μήποτε **ἐκλυθῶσιν** ἐν τῇ ὁδῷ.
Mk 8: 3 καὶ ἐὰν ἀπολύσω αὐτοὺς νήστεις εἰς οἶκον αὐτῶν, **ἐκλυθήσονται** ἐν τῇ ὁδῷ·
Gal 6: 9 τὸ δὲ καλὸν ποιοῦντες μὴ ἐγκακῶμεν, καιρῷ γὰρ ἰδίῳ θερίσομεν μὴ **ἐκλυόμενοι.**
Heb 12: 3 ἀναλογίσασθε γὰρ τὸν τοιαύτην ὑπομεμενηκότα ὑπὸ τῶν ἁμαρτωλῶν εἰς ἑαυτὸν ἀντιλογίαν, ἵνα μὴ κάμητε ταῖς ψυχαῖς ὑμῶν **ἐκλυόμενοι.**
12: 5 μὴ ὀλιγώρει παιδείας κυρίου μηδὲ **ἐκλύου** ὑπ' αὐτοῦ ἐλεγχόμενος·

1726 ἐκμάσσω [5]

√ *1666 + 3463*

Lk 7:38 καὶ ταῖς θριξὶν τῆς κεφαλῆς αὐτῆς **ἐξέμασσεν** καὶ κατεφίλει τοὺς πόδας αὐτοῦ καὶ ἤλειφεν τῷ μύρῳ.
7:44 αὕτη δὲ τοῖς δάκρυσιν ἔβρεξέν μου τοὺς πόδας καὶ ταῖς θριξὶν αὐτῆς **ἐξέμαξεν.**
Jn 11: 2 ἦν δὲ Μαριὰμ ἡ ἀλείψασα τὸν κύριον μύρῳ καὶ **ἐκμάξασα** τοὺς πόδας αὐτοῦ ταῖς θριξὶν αὐτῆς,
12: 3 ἡ οὖν Μαριὰμ λαβοῦσα λίτραν μύρου νάρδου πιστικῆς πολυτίμου ἤλειψεν τοὺς πόδας τοῦ Ἰησοῦ καὶ **ἐξέμαξεν** ταῖς θριξὶν αὐτῆς τοὺς πόδας αὐτοῦ·
13: 5 καὶ ἤρξατο νίπτειν τοὺς πόδας τῶν μαθητῶν καὶ **ἐκμάσσειν** τῷ λεντίῳ ᾧ ἦν διεζωσμένος.

1727 ἐκμυκτηρίζω [2]

√ *1666 + 3682*

Lk 16:14 Ἤκουον δὲ ταῦτα πάντα οἱ Φαρισαῖοι φιλάργυροι ὑπάρχοντες καὶ **ἐξεμυκτήριζον** αὐτόν.
23:35 **ἐξεμυκτήριζον** δὲ καὶ οἱ ἄρχοντες λέγοντες, Ἄλλους ἔσωσεν,

1728 ἐκνεύω [1]

√ *1666 + 3748*

Jn 5:13 ὁ γὰρ Ἰησοῦς **ἐξένευσεν** ὄχλου ὄντος ἐν τῷ τόπῳ.

1729 ἐκνήφω [1]

√ *1666 + 3768*

1Co 15:34 **ἐκνήψατε** δικαίως καὶ μὴ ἁμαρτάνετε, ἀγνωσίαν γὰρ θεοῦ τινες ἔχουσιν,

1730 ἑκούσιος [1]

√ *1776*

Phm 1:14 ἵνα μὴ ὡς κατὰ ἀνάγκην τὸ ἀγαθόν σου ᾖ ἀλλὰ κατὰ **ἑκούσιον.**

1731 ἑκουσίως [2]

√ *1776*

Heb 10:26 **Ἑκουσίως** γὰρ ἁμαρτανόντων ἡμῶν μετὰ τὸ λαβεῖν τὴν ἐπίγνωσιν τῆς ἀληθείας,
1Pe 5: 2 ποιμάνατε τὸ ἐν ὑμῖν ποίμνιον τοῦ θεοῦ [ἐπισκοποῦντες] μὴ ἀναγκαστῶς ἀλλὰ **ἑκουσίως** κατὰ θεόν,

1732 ἔκπαλαι [2]

√ *1666 + 4093*

2Pe 2: 3 οἷς τὸ κρίμα **ἔκπαλαι** οὐκ ἀργεῖ καὶ ἡ ἀπώλεια αὐτῶν οὐ νυστάζει.
3: 5 λανθάνει γὰρ αὐτοὺς τοῦτο θέλοντας ὅτι οὐρανοὶ ἦσαν **ἔκπαλαι** καὶ γῆ ἐξ ὕδατος καὶ δι᾽ ὕδατος συνεστῶσα

1733 ἐκπειράζω [4]

√ *1666 + 4278*

Mt 4: 7 Πάλιν γέγραπται, Οὐκ **ἐκπειράσεις** κύριον τὸν θεόν σου.
Lk 4:12 καὶ ἀποκριθεὶς εἶπεν αὐτῷ ὁ Ἰησοῦς ὅτι Εἴρηται, Οὐκ **ἐκπειράσεις** κύριον τὸν θεόν σου.
10:25 Καὶ ἰδοὺ νομικός τις ἀνέστη **ἐκπειράζων** αὐτὸν λέγων,
1Co 10: 9 μηδὲ **ἐκπειράζωμεν** τὸν Χριστόν, καθώς τινες αὐτῶν ἐπείρασαν καὶ ὑπὸ τῶν ὄφεων ἀπώλλυντο.

1734 ἐκπέμπω [2]

√ *1666 + 4287*

Ac 13: 4 Αὐτοὶ μὲν οὖν **ἐκπεμφθέντες** ὑπὸ τοῦ ἁγίου πνεύματος κατῆλθον εἰς Σελεύκειαν,
17:10 Οἱ δὲ ἀδελφοὶ εὐθέως διὰ νυκτὸς **ἐξέπεμψαν** τόν τε Παῦλον καὶ τὸν Σιλᾶν εἰς Βέροιαν,

1735 ἐκπερισσῶς [1]

√ *1666 + 4356*

Mk 14:31 ὁ δὲ **ἐκπερισσῶς** ἐλάλει, Ἐὰν δέῃ με συναποθανεῖν σοι,

1736 ἐκπετάννυμι [1]

√ *1666 + 4375*

Ro 10:21 Ὅλην τὴν ἡμέραν **ἐξεπέτασα** τὰς χεῖράς μου πρὸς λαὸν ἀπειθοῦντα καὶ ἀντιλέγοντα.

1737 ἐκπηδάω [1]

√ *403; cf. 1666*

Ac 14:14 ἀκούσαντες δὲ οἱ ἀπόστολοι Βαρναβᾶς καὶ Παῦλος διαρρήξαντες τὰ ἱμάτια αὐτῶν **ἐξεπήδησαν** εἰς τὸν ὄχλον

1738 ἐκπίπτω [10]

√ *1666 + 4406*

Ac 12: 7 καὶ **ἐξέπεσαν** αὐτοῦ αἱ ἁλύσεις ἐκ τῶν χειρῶν.
27:17 φοβούμενοί τε μὴ εἰς τὴν Σύρτιν **ἐκπέσωσιν,** χαλάσαντες τὸ σκεῦος,
27:26 εἰς νῆσον δέ τινα δεῖ ἡμᾶς **ἐκπεσεῖν.**
27:29 φοβούμενοί τε μή που κατὰ τραχεῖς τόπους **ἐκπέσωμεν,**
27:32 τότε ἀπέκοψαν οἱ στρατιῶται τὰ σχοινία τῆς σκάφης καὶ εἴασαν αὐτὴν **ἐκπεσεῖν.**
Ro 9: 6 Οὐχ οἷον δὲ ὅτι **ἐκπέπτωκεν** ὁ λόγος τοῦ θεοῦ.
Gal 5: 4 κατηργήθητε ἀπὸ Χριστοῦ, οἵτινες ἐν νόμῳ δικαιοῦσθε, τῆς χάριτος **ἐξεπέσατε.**
Jas 1:11 ἀνέτειλεν γὰρ ὁ ἥλιος σὺν τῷ καύσωνι καὶ ἐξήρανεν τὸν χόρτον καὶ τὸ ἄνθος αὐτοῦ **ἐξέπεσεν**
1Pe 1:24 διότι πᾶσα σὰρξ ὡς χόρτος καὶ πᾶσα δόξα αὐτῆς ὡς ἄνθος χόρτου· ἐξηράνθη ὁ χόρτος καὶ τὸ ἄνθος **ἐξέπεσεν·**
2Pe 3:17 ἵνα μὴ τῇ τῶν ἀθέσμων πλάνῃ συναπαχθέντες **ἐκπέσητε** τοῦ ἰδίου στηριγμοῦ,

1739 ἐκπλέω [3]

√ *1666 + 4434*

Ac 15:39 τόν τε Βαρναβᾶν παραλαβόντα τὸν Μᾶρκον **ἐκπλεῦσαι** εἰς Κύπρον,
18:18 Ὁ δὲ Παῦλος ἔτι προσμείνας ἡμέρας ἱκανὰς τοῖς ἀδελφοῖς ἀποταξάμενος **ἐξέπλει** εἰς τὴν Συρίαν,
20: 6 ἡμεῖς δὲ **ἐξεπλεύσαμεν** μετὰ τὰς ἡμέρας τῶν ἀζύμων ἀπὸ Φιλίππων καὶ ἤλθομεν πρὸς αὐτοὺς εἰς τὴν Τρῳάδα

1740 ἐκπληρόω [1]

√ *1666 + 4444*

Ac 13:33 ὅτι ταύτην ὁ θεὸς **ἐκπεπλήρωκεν** τοῖς τέκνοις [αὐτῶν] ἡμῖν ἀναστήσας Ἰησοῦν ὡς καὶ ἐν τῷ ψαλμῷ γέγραπται τῷ δευτέρῳ,

1741 ἐκπλήρωσις [1]

√ *1666 + 4444*

Ac 21:26 διαγγέλλων τὴν **ἐκπλήρωσιν** τῶν ἡμερῶν τοῦ ἁγνισμοῦ ἕως οὗ προσηνέχθη ὑπὲρ ἑνὸς ἑκάστου αὐτῶν ἡ προσφορά.

1742 ἐκπλήσσω [13]

√ *1666 + 4448*

Mt 7:28 Καὶ ἐγένετο ὅτε ἐτέλεσεν ὁ Ἰησοῦς τοὺς λόγους τούτους, **ἐξεπλήσσοντο** οἱ ὄχλοι ἐπὶ τῇ διδαχῇ αὐτοῦ·
13:54 ὥστε **ἐκπλήσσεσθαι** αὐτοὺς καὶ λέγειν, Πόθεν τούτῳ ἡ σοφία αὕτη καὶ αἱ δυνάμεις;
19:25 ἀκούσαντες δὲ οἱ μαθηταὶ **ἐξεπλήσσοντο** σφόδρα λέγοντες, Τίς ἄρα δύναται σωθῆναι;
22:33 καὶ ἀκούσαντες οἱ ὄχλοι **ἐξεπλήσσοντο** ἐπὶ τῇ διδαχῇ αὐτοῦ.
Mk 1:22 καὶ **ἐξεπλήσσοντο** ἐπὶ τῇ διδαχῇ αὐτοῦ· ἦν γὰρ διδάσκων αὐτοὺς ὡς ἐξουσίαν ἔχων καὶ οὐχ ὡς οἱ γραμματεῖς.
6: 2 καὶ πολλοὶ ἀκούοντες **ἐξεπλήσσοντο** λέγοντες, Πόθεν τούτῳ ταῦτα,

7:37 καὶ ὑπερπερισσῶς **ἐξεπλήσσοντο** λέγοντες, Καλῶς πάντα πεποίηκεν, καὶ τοὺς κωφοὺς ποιεῖ ἀκούειν
10:26 οἱ δὲ περισσῶς **ἐξεπλήσσοντο** λέγοντες πρὸς ἑαυτούς, Καὶ τίς δύναται σωθῆναι;
11:18 πᾶς γὰρ ὁ ὄχλος **ἐξεπλήσσετο** ἐπὶ τῇ διδαχῇ αὐτοῦ.
Lk 2:48 καὶ ἰδόντες αὐτὸν **ἐξεπλάγησαν,** καὶ εἶπεν πρὸς αὐτὸν ἡ μήτηρ αὐτοῦ,
4:32 καὶ **ἐξεπλήσσοντο** ἐπὶ τῇ διδαχῇ αὐτοῦ, ὅτι ἐν ἐξουσίᾳ ἦν ὁ λόγος αὐτοῦ.
9:43 **ἐξεπλήσσοντο** δὲ πάντες ἐπὶ τῇ μεγαλειότητι τοῦ θεοῦ.
Ac 13:12 τότε ἰδὼν ὁ ἀνθύπατος τὸ γεγονὸς ἐπίστευσεν **ἐκπλησσόμενος** ἐπὶ τῇ διδαχῇ τοῦ κυρίου.

1743 ἐκπνέω [3]

√ *1666 + 4463*

Mk 15:37 ὁ δὲ Ἰησοῦς ἀφεὶς φωνὴν μεγάλην **ἐξέπνευσεν.**
15:39 Ἰδὼν δὲ ὁ κεντυρίων ὁ παρεστηκὼς ἐξ ἐναντίας αὐτοῦ ὅτι οὕτως **ἐξέπνευσεν** εἶπεν,
Lk 23:46 εἰς χεῖράς σου παρατίθεμαι τὸ πνεῦμά μου. τοῦτο δὲ εἰπὼν **ἐξέπνευσεν.**

1744 ἐκπορεύομαι [33]

√ *1666 + 4513*

Mt 3: 5 τότε **ἐξεπορεύετο** πρὸς αὐτὸν Ἱεροσόλυμα καὶ πᾶσα ἡ Ἰουδαία καὶ πᾶσα ἡ περίχωρος τοῦ Ἰορδάνου,
4: 4 ἀλλ᾽ ἐπὶ παντὶ ῥήματι **ἐκπορευομένῳ** διὰ στόματος θεοῦ.
15:11 ἀλλὰ τὸ **ἐκπορευόμενον** ἐκ τοῦ στόματος τοῦτο κοινοῖ τὸν ἄνθρωπον.
15:18 τὰ δὲ **ἐκπορευόμενα** ἐκ τοῦ στόματος ἐκ τῆς καρδίας ἐξέρχεται,
20:29 Καὶ **ἐκπορευομένων** αὐτῶν ἀπὸ Ἰεριχὼ ἠκολούθησεν αὐτῷ ὄχλος πολύς.
Mk 1: 5 καὶ **ἐξεπορεύετο** πρὸς αὐτὸν πᾶσα ἡ Ἰουδαία χώρα καὶ οἱ Ἱεροσολυμῖται πάντες,
6:11 **ἐκπορευόμενοι** ἐκεῖθεν ἐκτινάξατε τὸν χοῦν τὸν ὑποκάτω τῶν ποδῶν ὑμῶν εἰς μαρτύριον αὐτοῖς.
7:15 ἀλλὰ τὰ ἐκ τοῦ ἀνθρώπου **ἐκπορευόμενά** ἐστιν τὰ κοινοῦντα τὸν ἄνθρωπον.
7:19 καὶ εἰς τὸν ἀφεδρῶνα **ἐκπορεύεται,** [UBS; NIV **ἐκπορεύεται;**] καθαρίζων πάντα τὰ βρώματα;
7:20 ἔλεγεν δὲ ὅτι Τὸ ἐκ τοῦ ἀνθρώπου **ἐκπορευόμενον,**
7:21 ἔσωθεν γὰρ ἐκ τῆς καρδίας τῶν ἀνθρώπων οἱ διαλογισμοὶ οἱ κακοὶ **ἐκπορεύονται,**
7:23 πάντα ταῦτα τὰ πονηρὰ ἔσωθεν **ἐκπορεύεται** καὶ κοινοῖ τὸν ἄνθρωπον.
10:17 Καὶ **ἐκπορευομένου** αὐτοῦ εἰς ὁδὸν προσδραμὼν εἷς καὶ γονυπετήσας αὐτὸν ἐπηρώτα αὐτόν,
10:46 καὶ **ἐκπορευομένου** αὐτοῦ ἀπὸ Ἰεριχὼ καὶ τῶν μαθητῶν αὐτοῦ καὶ ὄχλου ἱκανοῦ ὁ υἱὸς Τιμαίου Βαρτιμαῖος,
11:19 Καὶ ὅταν ὀψὲ ἐγένετο, **ἐξεπορεύοντο** ἔξω τῆς πόλεως.
13: 1 Καὶ **ἐκπορευομένου** αὐτοῦ ἐκ τοῦ ἱεροῦ λέγει αὐτῷ εἷς τῶν μαθητῶν αὐτοῦ,
Lk 3: 7 Ἔλεγεν οὖν τοῖς **ἐκπορευομένοις** ὄχλοις βαπτισθῆναι ὑπ᾽ αὐτοῦ,
4:22 Καὶ πάντες ἐμαρτύρουν αὐτῷ καὶ ἐθαύμαζον ἐπὶ τοῖς λόγοις τῆς χάριτος τοῖς **ἐκπορευομένοις** ἐκ τοῦ στόματος αὐτοῦ
4:37 καὶ **ἐξεπορεύετο** ἦχος περὶ αὐτοῦ εἰς πάντα τόπον τῆς περιχώρου.
Jn 5:29 καὶ **ἐκπορεύσονται** οἱ τὰ ἀγαθὰ ποιήσαντες εἰς ἀνάστασιν ζωῆς,
15:26 τὸ πνεῦμα τῆς ἀληθείας ὃ παρὰ τοῦ πατρὸς **ἐκπορεύεται,**
Ac 9:28 καὶ ἦν μετ᾽ αὐτῶν εἰσπορευόμενος καὶ **ἐκπορευόμενος** εἰς Ἰερουσαλήμ,
19:12 σουδάρια ἢ σιμικίνθια καὶ ἀπαλλάσσεσθαι ἀπ᾽ αὐτῶν τὰς νόσους, τά τε πνεύματα τὰ πονηρὰ **ἐκπορεύεσθαι.**
25: 4 ὁ μὲν οὖν Φῆστος ἀπεκρίθη τηρεῖσθαι τὸν Παῦλον εἰς Καισάρειαν, ἑαυτὸν δὲ μέλλειν ἐν τάχει **ἐκπορεύεσθαι·**
Eph 4:29 πᾶς λόγος σαπρὸς ἐκ τοῦ στόματος ὑμῶν μὴ **ἐκπορευέσθω,**
Rev 1:16 καὶ ἐκ τοῦ στόματος αὐτοῦ ῥομφαία δίστομος ὀξεῖα **ἐκπορευομένη** καὶ ἡ ὄψις αὐτοῦ ὡς ὁ ἥλιος φαίνει
4: 5 ἐκ τοῦ θρόνου **ἐκπορεύονται** ἀστραπαὶ καὶ φωναὶ καὶ βρονταί,
9:17 καὶ ἐκ τῶν στομάτων αὐτῶν **ἐκπορεύεται** πῦρ καὶ καπνὸς καὶ θεῖον.
9:18 ἐκ τοῦ πυρὸς καὶ τοῦ καπνοῦ καὶ τοῦ θείου τοῦ **ἐκπορευομένου** ἐκ τῶν στομάτων αὐτῶν.
11: 5 καὶ εἴ τις αὐτοὺς θέλει ἀδικῆσαι πῦρ **ἐκπορεύεται** ἐκ τοῦ στόματος αὐτῶν καὶ κατεσθίει τοὺς ἐχθροὺς αὐτῶν·
16:14 ἃ **ἐκπορεύεται** ἐπὶ τοὺς βασιλεῖς τῆς οἰκουμένης ὅλης συναγαγεῖν αὐτοὺς εἰς τὸν πόλεμον τῆς ἡμέρας τῆς μεγάλης
19:15 καὶ ἐκ τοῦ στόματος αὐτοῦ **ἐκπορεύεται** ῥομφαία ὀξεῖα,
22: 1 **ἐκπορευόμενον** ἐκ τοῦ θρόνου τοῦ θεοῦ καὶ τοῦ ἀρνίου.

1745 ἐκπορνεύω [1]

√ *1666 + 4520*

Jude 1: 7 καὶ Γόμορρα καὶ αἱ περὶ αὐτὰς πόλεις τὸν ὅμοιον τρόπον τούτοις **ἐκπορνεύσασαι** καὶ ἀπελθοῦσαι ὀπίσω σαρκὸς ἑτέρας,

1746 ἐκπτύω [1]

√ *1666 + 4772*

Gal 4:14 καὶ τὸν πειρασμὸν ὑμῶν ἐν τῇ σαρκί μου οὐκ ἐξουθενήσατε οὐδὲ **ἐξεπτύσατε,**

1747 ἐκπυρόω Not used in UBS/NIV

√ *1666 + 4786*

1748 ἐκριζόω [4]

√ *1666 + 4844*

Mt 13:29 μήποτε συλλέγοντες τὰ ζιζάνια **ἐκριζώσητε** ἅμα αὐτοῖς τὸν σῖτον.
15:13 Πᾶσα φυτεία ἣν οὐκ ἐφύτευσεν ὁ πατήρ μου ὁ οὐράνιος **ἐκριζωθήσεται.**
Lk 17: 6 ἐλέγετε ἂν τῇ συκαμίνῳ [ταύτῃ,] **Ἐκριζώθητι** καὶ φυτεύθητι ἐν τῇ θαλάσσῃ·
Jude 1:12 νεφέλαι ἄνυδροι ὑπὸ ἀνέμων παραφερόμεναι, δένδρα φθινοπωρινὰ ἄκαρπα δὶς ἀποθανόντα **ἐκριζωθέντα,**

1749 ἔκστασις [7]

√ *1666 + 2705*

Mk 5:42 ἦν γὰρ ἐτῶν δώδεκα. καὶ ἐξέστησαν [εὐθὺς] **ἐκστάσει** μεγάλῃ.
16: 8 καὶ ἐξελθοῦσαι ἔφυγον ἀπὸ τοῦ μνημείου, εἶχεν γὰρ αὐτὰς τρόμος καὶ **ἔκστασις·**
Lk 5:26 καὶ **ἔκστασις** ἔλαβεν ἅπαντας καὶ ἐδόξαζον τὸν θεὸν καὶ ἐπλήσθησαν φόβου λέγοντες ὅτι Εἴδομεν παράδοξα σήμερον.
Ac 3:10 καθήμενος ἐπὶ τῇ Ὡραίᾳ Πύλῃ τοῦ ἱεροῦ καὶ ἐπλήσθησαν θάμβους καὶ **ἐκστάσεως** ἐπὶ τῷ συμβεβηκότι αὐτῷ.
10:10 ἐγένετο δὲ πρόσπεινος καὶ ἤθελεν γεύσασθαι. παρασκευαζόντων δὲ αὐτῶν ἐγένετο ἐπ᾽ αὐτὸν **ἔκστασις**
11: 5 Ἐγὼ ἤμην ἐν πόλει Ἰόππῃ προσευχόμενος καὶ εἶδον ἐν **ἐκστάσει** ὅραμα,
22:17 Ἐγένετο δέ μοι ὑποστρέψαντι εἰς Ἰερουσαλὴμ καὶ προσευχομένου μου ἐν τῷ ἱερῷ γενέσθαι με ἐν **ἐκστάσει**

1750 ἐκστρέφω [1]

√ *1666 + 5138*

Tit 3:11 εἰδὼς ὅτι **ἐξέστραπται** ὁ τοιοῦτος καὶ ἁμαρτάνει ὢν αὐτοκατάκριτος.

1751 ἐκσῴζω Not used in UBS/NIV

√ *1666 + 5392*

1752 ἐκταράσσω [1]

√ *1666 + 5429*

Ac 16:20 Οὗτοι οἱ ἄνθρωποι **ἐκταράσσουσιν** ἡμῶν τὴν πόλιν, Ἰουδαῖοι ὑπάρχοντες,

1753 ἐκτείνω [16]

→ 701, 867, 1755, 1756, 1757, 1759, 2085, 2364, 4189, 4727, 4742, 5657, 5936; cf. 1666

ἐκτείνω χεῖρα [14] Mt 8:3; 12:13,49; 14:31; 26:51; Mk 1:41; 3:5,5; Lk 5:13; 6:10; 22:53; Jn 21:18; Ac 4:30; 26:1

Mt 8: 3 καὶ **ἐκτείνας** τὴν χεῖρα ἥψατο αὐτοῦ λέγων, Θέλω,

12:13 τότε λέγει τῷ ἀνθρώπῳ, **Ἔκτεινόν** σου τὴν χεῖρα. καὶ **ἐξέτεινεν** καὶ ἀπεκατεστάθη ὑγιὴς ὡς ἡ ἄλλη.

12:49 καὶ **ἐκτείνας** τὴν χεῖρα αὐτοῦ ἐπὶ τοὺς μαθητὰς αὐτοῦ εἶπεν,

14:31 εὐθέως δὲ ὁ Ἰησοῦς **ἐκτείνας** τὴν χεῖρα ἐπελάβετο αὐτοῦ καὶ λέγει αὐτῷ,

26:51 καὶ ἰδοὺ εἷς τῶν μετὰ Ἰησοῦ **ἐκτείνας** τὴν χεῖρα ἀπέσπασεν τὴν μάχαιραν αὐτοῦ καὶ πατάξας τὸν δοῦλον τοῦ ἀρχιερέως

Mk 1:41 καὶ σπλαγχνισθεὶς **ἐκτείνας** τὴν χεῖρα αὐτοῦ ἥψατο καὶ λέγει αὐτῷ,

3: 5 συλλυπούμενος ἐπὶ τῇ πωρώσει τῆς καρδίας αὐτῶν λέγει τῷ ἀνθρώπῳ, **Ἔκτεινον** τὴν χεῖρα. καὶ **ἐξέτεινεν** καὶ ἀπεκατεστάθη ἡ χεὶρ αὐτοῦ.

Lk 5:13 καὶ **ἐκτείνας** τὴν χεῖρα ἥψατο αὐτοῦ λέγων, Θέλω,

6:10 καὶ περιβλεψάμενος πάντας αὐτοὺς εἶπεν αὐτῷ, **Ἔκτεινον** τὴν χεῖρά σου.

22:53 καθ᾽ ἡμέραν ὄντος μου μεθ᾽ ὑμῶν ἐν τῷ ἱερῷ οὐκ **ἐξετείνατε** τὰς χεῖρας ἐπ᾽ ἐμέ,

Jn 21:18 ὅταν δὲ γηράσῃς, **ἐκτενεῖς** τὰς χεῖράς σου, καὶ ἄλλος σε ζώσει καὶ οἴσει ὅπου οὐ θέλεις.

Ac 4:30 ἐν τῷ τὴν χεῖρά [σου] **ἐκτείνειν** σε εἰς ἴασιν καὶ σημεῖα καὶ τέρατα γίνεσθαι διὰ τοῦ ὀνόματος τοῦ ἁγίου παιδός σου Ἰησοῦ.

26: 1 Ἐπιτρέπεταί σοι περὶ σεαυτοῦ λέγειν. τότε ὁ Παῦλος **ἐκτείνας** τὴν χεῖρα ἀπελογεῖτο,

27:30 καὶ χαλασάντων τὴν σκάφην εἰς τὴν θάλασσαν προφάσει ὡς ἐκ πρῴρης ἀγκύρας μελλόντων **ἐκτείνειν,**

1754 ἐκτελέω [2]

√ *1666 + 5465*

Lk 14:29 ἵνα μήποτε θέντος αὐτοῦ θεμέλιον καὶ μὴ ἰσχύοντος **ἐκτελέσαι** πάντες οἱ θεωροῦντες ἄρξωνται αὐτῷ ἐμπαίζειν

14:30 λέγοντες ὅτι Οὗτος ὁ ἄνθρωπος ἤρξατο οἰκοδομεῖν καὶ οὐκ ἴσχυσεν **ἐκτελέσαι.**

1755 ἐκτένεια [1]

√ *1753*

Ac 26: 7 εἰς ἣν τὸ δωδεκάφυλον ἡμῶν ἐν **ἐκτενείᾳ** νύκτα καὶ ἡμέραν λατρεῦον ἐλπίζει καταντῆσαι,

1756 ἐκτενής [1]

√ *1753*

1Pe 4: 8 πρὸ πάντων τὴν εἰς ἑαυτοὺς ἀγάπην **ἐκτενῆ** ἔχοντες,

1757 ἐκτενῶς [3]

√ *1753*

Lk 22:44 ⟦καὶ γενόμενος ἐν ἀγωνίᾳ **ἐκτενέστερον** προσηύχετο· καὶ ἐγένετο ὁ ἱδρὼς αὐτοῦ ὡσεὶ θρόμβοι αἵματος καταβαίνοντες⟧

Ac 12: 5 προσευχὴ δὲ ἦν **ἐκτενῶς** γινομένη ὑπὸ τῆς ἐκκλησίας πρὸς τὸν θεὸν περὶ αὐτοῦ.

1Pe 1:22 εἰς φιλαδελφίαν ἀνυπόκριτον, ἐκ [καθαρᾶς] καρδίας ἀλλήλους ἀγαπήσατε **ἐκτενῶς**

1758 ἐκτίθημι [4]

√ *1666 + 5502*

Ac 7:21 **ἐκτεθέντος** δὲ αὐτοῦ ἀνείλατο αὐτὸν ἡ θυγάτηρ Φαραὼ καὶ ἀνεθρέψατο αὐτὸν ἑαυτῇ εἰς υἱόν.

11: 4 ἀρξάμενος δὲ Πέτρος **ἐξετίθετο** αὐτοῖς καθεξῆς λέγων,

18:26 ἀκούσαντες δὲ αὐτοῦ Πρίσκιλλα καὶ Ἀκύλας προσελάβοντο αὐτὸν καὶ ἀκριβέστερον αὐτῷ **ἐξέθεντο** τὴν ὁδὸν [τοῦ θεοῦ.]

28:23 ἦλθον πρὸς αὐτὸν εἰς τὴν ξενίαν πλείονες οἷς **ἐξετίθετο** διαμαρτυρόμενος τὴν βασιλείαν τοῦ θεοῦ,

1759 ἐκτινάσσω [4]

√ *1753*

Mt 10:14 ἐξερχόμενοι ἔξω τῆς οἰκίας ἢ τῆς πόλεως ἐκείνης **ἐκτινάξατε** τὸν κονιορτὸν τῶν ποδῶν ὑμῶν.

Mk 6:11 ἐκπορευόμενοι ἐκεῖθεν **ἐκτινάξατε** τὸν χοῦν τὸν ὑποκάτω τῶν ποδῶν ὑμῶν εἰς μαρτύριον αὐτοῖς.

Ac 13:51 οἱ δὲ **ἐκτιναξάμενοι** τὸν κονιορτὸν τῶν ποδῶν ἐπ᾽ αὐτοὺς ἦλθον εἰς Ἰκόνιον,

18: 6 ἀντιτασσομένων δὲ αὐτῶν καὶ βλασφημούντων **ἐκτιναξάμενος** τὰ ἱμάτια εἶπεν πρὸς αὐτούς,

1760 ἐκτός [8]

√ *1666*

ἐκτὸς εἰ μή [3] 1Co 14:5; 15:2; 1Ti 5:19

οὐδὲν ἐκτός [1] Ac 26:22

Mt 23:26 καθάρισον πρῶτον τὸ ἐντὸς τοῦ ποτηρίου, ἵνα γένηται καὶ τὸ **ἐκτὸς** αὐτοῦ καθαρόν.

Ac 26:22 μαρτυρόμενος μικρῷ τε καὶ μεγάλῳ οὐδὲν **ἐκτὸς** λέγων ὧν τε οἱ προφῆται ἐλάλησαν μελλόντων γίνεσθαι καὶ Μωϋσῆς,

1Co 6:18 πᾶν ἁμάρτημα ὃ ἐὰν ποιήσῃ ἄνθρωπος **ἐκτὸς** τοῦ σώματός ἐστιν·

14: 5 μείζων δὲ ὁ προφητεύων ἢ ὁ λαλῶν γλώσσαις **ἐκτὸς** εἰ μὴ διερμηνεύῃ,

15: 2 τίνι λόγῳ εὐηγγελισάμην ὑμῖν εἰ κατέχετε, **ἐκτὸς** εἰ μὴ εἰκῇ ἐπιστεύσατε.

15:27 δῆλον ὅτι **ἐκτὸς** τοῦ ὑποτάξαντος αὐτῷ τὰ πάντα.

2Co 12: 2 εἴτε **ἐκτὸς** τοῦ σώματος οὐκ οἶδα, ὁ θεὸς οἶδεν,

1Ti 5:19 **ἐκτὸς** εἰ μὴ ἐπὶ δύο ἢ τριῶν μαρτύρων.

1761 ἕκτος [14]

√ *1971*

Mt 20: 5 πάλιν [δὲ] ἐξελθὼν περὶ **ἕκτην** καὶ ἐνάτην ὥραν ἐποίησεν ὡσαύτως.

27:45 Ἀπὸ δὲ **ἕκτης** ὥρας σκότος ἐγένετο ἐπὶ πᾶσαν τὴν γῆν ἕως ὥρας ἐνάτης.

Mk 15:33 Καὶ γενομένης ὥρας **ἕκτης** σκότος ἐγένετο ἐφ᾽ ὅλην τὴν γῆν ἕως ὥρας ἐνάτης.

Lk 1:26 Ἐν δὲ τῷ μηνὶ τῷ **ἕκτῳ** ἀπεστάλη ὁ ἄγγελος Γαβριὴλ ἀπὸ τοῦ θεοῦ εἰς πόλιν τῆς Γαλιλαίας ᾗ ὄνομα Ναζαρὲθ

1:36 Ἐλισάβετ ἡ συγγενίς σου καὶ αὐτὴ συνείληφεν υἱὸν ἐν γήρει αὐτῆς καὶ οὗτος μὴν **ἕκτος** ἐστὶν αὐτῇ τῇ καλουμένῃ στείρᾳ·

23:44 Καὶ ἦν ἤδη ὡσεὶ ὥρα **ἕκτη** καὶ σκότος ἐγένετο ἐφ᾽ ὅλην τὴν γῆν ἕως ὥρας ἐνάτης

Jn 4: 6 ὁ οὖν Ἰησοῦς κεκοπιακὼς ἐκ τῆς ὁδοιπορίας ἐκαθέζετο οὕτως ἐπὶ τῇ πηγῇ· ὥρα ἦν ὡς **ἕκτη.**

19:14 ἦν δὲ παρασκευὴ τοῦ πάσχα, ὥρα ἦν ὡς **ἕκτη.**

Ac 10: 9 ἀνέβη Πέτρος ἐπὶ τὸ δῶμα προσεύξασθαι περὶ ὥραν **ἕκτην.**

Rev 6:12 Καὶ εἶδον ὅτε ἤνοιξεν τὴν σφραγῖδα τὴν **ἕκτην,**

9:13 Καὶ ὁ **ἕκτος** ἄγγελος ἐσάλπισεν· καὶ ἤκουσα φωνὴν μίαν ἐκ τῶν [τεσσάρων] κεράτων τοῦ θυσιαστηρίου τοῦ χρυσοῦ

9:14 λέγοντα τῷ **ἕκτῳ** ἀγγέλῳ, ὁ ἔχων τὴν σάλπιγγα,

16:12 Καὶ ὁ **ἕκτος** ἐξέχεεν τὴν φιάλην αὐτοῦ ἐπὶ τὸν ποταμὸν τὸν μέγαν τὸν Εὐφράτην,

21:20 ὁ **ἕκτος** σάρδιον, ὁ ἕβδομος χρυσόλιθος, ὁ ὄγδοος βήρυλλος,

1762 ἐκτρέπω [5]

√ *1666 + 5572*

1Ti 1: 6 ὧν τινες ἀστοχήσαντες **ἐξετράπησαν** εἰς ματαιολογίαν

5:15 ἤδη γάρ τινες **ἐξετράπησαν** ὀπίσω τοῦ Σατανᾶ.

6:20 τὴν παραθήκην φύλαξον **ἐκτρεπόμενος** τὰς βεβήλους κενοφωνίας καὶ ἀντιθέσεις τῆς ψευδωνύμου γνώσεως,

2Ti 4: 4 καὶ ἀπὸ μὲν τῆς ἀληθείας τὴν ἀκοὴν ἀποστρέψουσιν, ἐπὶ δὲ τοὺς μύθους **ἐκτραπήσονται.**

Heb 12:13 ἵνα μὴ τὸ χωλὸν **ἐκτραπῇ,** ἰαθῇ δὲ μᾶλλον.

1763 ἐκτρέφω [2]

√ *1666 + 5555*

Eph 5:29 οὐδεὶς γάρ ποτε τὴν ἑαυτοῦ σάρκα ἐμίσησεν ἀλλὰ **ἐκτρέφει** καὶ θάλπει αὐτήν,

6: 4 μὴ παροργίζετε τὰ τέκνα ὑμῶν ἀλλὰ **ἐκτρέφετε** αὐτὰ ἐν παιδείᾳ καὶ νουθεσίᾳ κυρίου.

1764 ἔκτρομος Not used in UBS/NIV

√ *1666 + 5554*

1765 ἔκτρωμα [1]

√ *1666 + 5546*

1Co 15: 8 ἔσχατον δὲ πάντων ὡσπερεὶ τῷ **ἐκτρώματι** ὤφθη κἀμοί.

1766 ἐκφέρω [8]

√ *1666 + 5770*

Mk 8:23 καὶ ἐπιλαβόμενος τῆς χειρὸς τοῦ τυφλοῦ **ἐξήνεγκεν** αὐτὸν ἔξω τῆς κώμης καὶ πτύσας εἰς τὰ ὄμματα αὐτοῦ,
Lk 15:22 Ταχὺ **ἐξενέγκατε** στολὴν τὴν πρώτην καὶ ἐνδύσατε αὐτόν,
Ac 5: 6 ἀναστάντες δὲ οἱ νεώτεροι συνέστειλαν αὐτὸν καὶ **ἐξενέγκαντες** ἔθαψαν.
5: 9 ἰδοὺ οἱ πόδες τῶν θαψάντων τὸν ἄνδρα σου ἐπὶ τῇ θύρᾳ καὶ **ἐξοίσουσίν** σε.
5:10 εἰσελθόντες δὲ οἱ νεανίσκοι εὗρον αὐτὴν νεκρὰν καὶ **ἐξενέγκαντες** ἔθαψαν πρὸς τὸν ἄνδρα αὐτῆς,
5:15 ὥστε καὶ εἰς τὰς πλατείας **ἐκφέρειν** τοὺς ἀσθενεῖς καὶ τιθέναι ἐπὶ κλιναρίων καὶ κραβάττων,
1Ti 6: 7 οὐδὲν γὰρ εἰσηνέγκαμεν εἰς τὸν κόσμον, ὅτι οὐδὲ **ἐξενεγκεῖν** τι δυνάμεθα·
Heb 6: 8 **ἐκφέρουσα** δὲ ἀκάνθας καὶ τριβόλους, ἀδόκιμος καὶ κατάρας ἐγγύς,

1767 ἐκφεύγω [8]

√ *1666 + 5771*

Lk 21:36 ἵνα κατισχύσητε **ἐκφυγεῖν** ταῦτα πάντα τὰ μέλλοντα γίνεσθαι καὶ σταθῆναι ἔμπροσθεν τοῦ υἱοῦ τοῦ ἀνθρώπου.
Ac 16:27 σπασάμενος [τὴν] μάχαιραν ἤμελλεν ἑαυτὸν ἀναιρεῖν νομίζων **ἐκπεφευγέναι** τοὺς δεσμίους.
19:16 κατακυριεύσας ἀμφοτέρων ἴσχυσεν κατ᾽ αὐτῶν ὥστε γυμνοὺς καὶ τετραυματισμένους **ἐκφυγεῖν** ἐκ τοῦ οἴκου ἐκείνου.
Ro 2: 3 ὦ ἄνθρωπε ὁ κρίνων τοὺς τὰ τοιαῦτα πράσσοντας καὶ ποιῶν αὐτά, ὅτι σὺ **ἐκφεύξῃ** τὸ κρίμα τοῦ θεοῦ;
2Co 11:33 καὶ διὰ θυρίδος ἐν σαργάνῃ ἐχαλάσθην διὰ τοῦ τείχους καὶ **ἐξέφυγον** τὰς χεῖρας αὐτοῦ.
1Th 5: 3 τότε αἰφνίδιος αὐτοῖς ἐφίσταται ὄλεθρος ὥσπερ ἡ ὠδὶν τῇ ἐν γαστρὶ ἐχούσῃ, καὶ οὐ μὴ **ἐκφύγωσιν.**
Heb 2: 3 πῶς ἡμεῖς **ἐκφευξόμεθα** τηλικαύτης ἀμελήσαντες σωτηρίας,
12:25 εἰ γὰρ ἐκεῖνοι οὐκ **ἐξέφυγον** ἐπὶ γῆς παραιτησάμενοι τὸν χρηματίζοντα,

1768 ἐκφοβέω [1]

√ *1666 + 5832*

2Co 10: 9 ἵνα μὴ δόξω ὡς ἂν **ἐκφοβεῖν** ὑμᾶς διὰ τῶν ἐπιστολῶν·

1769 ἔκφοβος [2]

√ *1666 + 5832*

Mk 9: 6 οὐ γὰρ ᾔδει τί ἀποκριθῇ, **ἔκφοβοι** γὰρ ἐγένοντο.
Heb 12:21 οὕτω φοβερὸν ἦν τὸ φανταζόμενον, Μωϋσῆς εἶπεν, **Ἔκφοβός** εἰμι καὶ ἔντρομος.

1770 ἐκφύω [2]

√ *1666 + 5886*

Mt 24:32 ὅταν ἤδη ὁ κλάδος αὐτῆς γένηται ἁπαλὸς καὶ τὰ φύλλα **ἐκφύῃ,**
Mk 13:28 ὅταν ἤδη ὁ κλάδος αὐτῆς ἁπαλὸς γένηται καὶ **ἐκφύῃ** τὰ φύλλα,

1771 ἐκφωνέω Not used in UBS/NIV

√ *1666 + 5889*

1772 ἐκχέω [22]

→ *136, 431, 1773, 2219, 2972, 4717, 5177, 5179, 5180, 5658, 5954, 5959, 5967; cf. 1666*

Mt 9:17 ῥήγνυνται οἱ ἀσκοὶ καὶ ὁ οἶνος **ἐκχεῖται** καὶ οἱ ἀσκοὶ ἀπόλλυνται·
Lk 5:37 ῥήξει ὁ οἶνος ὁ νέος τοὺς ἀσκοὺς καὶ αὐτὸς **ἐκχυθήσεται** καὶ οἱ ἀσκοὶ ἀπολοῦνται·
11:50 ἵνα ἐκζητηθῇ τὸ αἷμα πάντων τῶν προφητῶν τὸ **ἐκκεχυμένον** ἀπὸ καταβολῆς κόσμου ἀπὸ τῆς γενεᾶς ταύτης,
Jn 2:15 καὶ τῶν κολλυβιστῶν **ἐξέχεεν** τὸ κέρμα καὶ τὰς τραπέζας ἀνέτρεψεν,
Ac 1:18 ἐκτήσατο χωρίον ἐκ μισθοῦ τῆς ἀδικίας καὶ πρηνὴς γενόμενος ἐλάκησεν μέσος καὶ **ἐξεχύθη** πάντα τὰ σπλάγχνα αὐτοῦ·
2:17 **ἐκχεῶ** ἀπὸ τοῦ πνεύματός μου ἐπὶ πᾶσαν σάρκα,
2:18 καί γε ἐπὶ τοὺς δούλους μου καὶ ἐπὶ τὰς δούλας μου ἐν ταῖς ἡμέραις ἐκείναις **ἐκχεῶ** ἀπὸ τοῦ πνεύματός μου,
2:33 **ἐξέχεεν** τοῦτο ὃ ὑμεῖς [καὶ] βλέπετε καὶ ἀκούετε.
10:45 ὅτι καὶ ἐπὶ τὰ ἔθνη ἡ δωρεὰ τοῦ ἁγίου πνεύματος **ἐκκέχυται·**
Ro 3:15 ὀξεῖς οἱ πόδες αὐτῶν **ἐκχέαι** αἷμα,
5: 5 ὅτι ἡ ἀγάπη τοῦ θεοῦ **ἐκκέχυται** ἐν ταῖς καρδίαις ἡμῶν διὰ πνεύματος ἁγίου τοῦ δοθέντος ἡμῖν.
Tit 3: 6 οὗ **ἐξέχεεν** ἐφ᾽ ἡμᾶς πλουσίως διὰ Ἰησοῦ Χριστοῦ τοῦ σωτῆρος ἡμῶν,
Jude 1:11 ὅτι τῇ ὁδῷ τοῦ Κάϊν ἐπορεύθησαν καὶ τῇ πλάνῃ τοῦ Βαλαὰμ μισθοῦ **ἐξεχύθησαν** καὶ τῇ ἀντιλογίᾳ τοῦ Κόρε ἀπώλοντο.
Rev 16: 1 Ὑπάγετε καὶ **ἐκχέετε** τὰς ἑπτὰ φιάλας τοῦ θυμοῦ τοῦ θεοῦ εἰς τὴν γῆν.
16: 2 ἀπῆλθεν ὁ πρῶτος καὶ **ἐξέχεεν** τὴν φιάλην αὐτοῦ εἰς τὴν γῆν,
16: 3 Καὶ ὁ δεύτερος **ἐξέχεεν** τὴν φιάλην αὐτοῦ εἰς τὴν θάλασσαν,
16: 4 Καὶ ὁ τρίτος **ἐξέχεεν** τὴν φιάλην αὐτοῦ εἰς τοὺς ποταμοὺς καὶ τὰς πηγὰς τῶν ὑδάτων,
16: 6 ὅτι αἷμα ἁγίων καὶ προφητῶν **ἐξέχεαν** καὶ αἷμα αὐτοῖς [δ]έδωκας πιεῖν,
16: 8 Καὶ ὁ τέταρτος **ἐξέχεεν** τὴν φιάλην αὐτοῦ ἐπὶ τὸν ἥλιον,
16:10 Καὶ ὁ πέμπτος **ἐξέχεεν** τὴν φιάλην αὐτοῦ ἐπὶ τὸν θρόνον τοῦ θηρίου,
16:12 Καὶ ὁ ἕκτος **ἐξέχεεν** τὴν φιάλην αὐτοῦ ἐπὶ τὸν ποταμὸν τὸν μέγαν τὸν Εὐφράτην,
16:17 Καὶ ὁ ἕβδομος **ἐξέχεεν** τὴν φιάλην αὐτοῦ ἐπὶ τὸν ἀέρα,

1773 ἐκχύννομαι [5]

√ *1772*

Mt 23:35 ὅπως ἔλθῃ ἐφ᾽ ὑμᾶς πᾶν αἷμα δίκαιον **ἐκχυννόμενον** ἐπὶ τῆς γῆς ἀπὸ τοῦ αἵματος Ἅβελ τοῦ δικαίου ἕως τοῦ αἵματος Ζαχαρίου υἱοῦ Βαραχίου,
26:28 τοῦτο γάρ ἐστιν τὸ αἷμά μου τῆς διαθήκης τὸ περὶ πολλῶν **ἐκχυννόμενον** εἰς ἄφεσιν ἁμαρτιῶν.
Mk 14:24 Τοῦτό ἐστιν τὸ αἷμά μου τῆς διαθήκης τὸ **ἐκχυννόμενον** ὑπὲρ πολλῶν.
Lk 22:20 Τοῦτο τὸ ποτήριον ἡ καινὴ διαθήκη ἐν τῷ αἵματί μου τὸ ὑπὲρ ὑμῶν **ἐκχυννόμενον.**
Ac 22:20 καὶ ὅτε **ἐξεχύννετο** τὸ αἷμα Στεφάνου τοῦ μάρτυρός σου,

1774 ἐκχωρέω [1]

√ *1666 + 6003*

Lk 21:21 φευγέτωσαν εἰς τὰ ὄρη καὶ οἱ ἐν μέσῳ αὐτῆς **ἐκχωρείτωσαν** καὶ οἱ ἐν ταῖς χώραις μὴ εἰσερχέσθωσαν εἰς αὐτήν,

1775 ἐκψύχω [3]

√ *1666 + 6038*

Ac 5: 5 ἀκούων δὲ ὁ Ἁνανίας τοὺς λόγους τούτους πεσὼν **ἐξέψυξεν,**
5:10 ἔπεσεν δὲ παραχρῆμα πρὸς τοὺς πόδας αὐτοῦ καὶ **ἐξέψυξεν·**
12:23 ἐπάταξεν αὐτὸν ἄγγελος κυρίου ἀνθ᾽ ὧν οὐκ ἔδωκεν τὴν δόξαν τῷ θεῷ, καὶ γενόμενος σκωληκόβρωτος **ἐξέψυξεν.**

1776 ἑκών [2]

→ *220, 1730, 1731*

Ro 8:20 οὐχ **ἑκοῦσα** ἀλλὰ διὰ τὸν ὑποτάξαντα, ἐφ᾽ ἑλπίδι
1Co 9:17 εἰ γὰρ **ἑκὼν** τοῦτο πράσσω, μισθὸν ἔχω· εἰ δὲ ἄκων,

1777 ἐλαία [13]

→ *66, 1778, 1779, 2814*

Ὄρος Ἐλαιῶν, Ἐλαιῶνος [9] Mt 21:1; 24:3; 26:30; Mk 11:1; 13:3; 14:26; Lk 19:37; 22:39; Jn 8:1

Mt 21: 1 Καὶ ὅτε ἤγγισαν εἰς Ἱεροσόλυμα καὶ ἦλθον εἰς Βηθφαγὴ εἰς τὸ Ὄρος τῶν **Ἐλαιῶν,**
24: 3 Καθημένου δὲ αὐτοῦ ἐπὶ τοῦ Ὄρους τῶν **Ἐλαιῶν** προσῆλθον αὐτῷ οἱ μαθηταὶ κατ᾽ ἰδίαν λέγοντες,

26:30 Καὶ ὑμνήσαντες ἐξῆλθον εἰς τὸ Ὄρος τῶν **Ἐλαιῶν.**
Mk 11: 1 Καὶ ὅτε ἐγγίζουσιν εἰς Ἱεροσόλυμα εἰς Βηθφαγὴ καὶ Βηθανίαν πρὸς τὸ Ὄρος τῶν **Ἐλαιῶν,**
13: 3 εἰς τὸ Ὄρος τῶν **Ἐλαιῶν** κατέναντι τοῦ ἱεροῦ ἐπηρώτα αὐτὸν κατ᾽ ἰδίαν Πέτρος καὶ Ἰάκωβος καὶ Ἰωάννης καὶ Ἀνδρέας,
14:26 Καὶ ὑμνήσαντες ἐξῆλθον εἰς τὸ Ὄρος τῶν **Ἐλαιῶν.**
Lk 19:37 Ἐγγίζοντος δὲ αὐτοῦ ἤδη πρὸς τῇ καταβάσει τοῦ Ὄρους τῶν **Ἐλαιῶν** ἤρξαντο ἅπαν τὸ πλῆθος τῶν μαθητῶν χαίροντες
22:39 Καὶ ἐξελθὼν ἐπορεύθη κατὰ τὸ ἔθος εἰς τὸ Ὄρος τῶν **Ἐλαιῶν,**
Jn 8: 1 [[Ἰησοῦς δὲ ἐπορεύθη εἰς τὸ Ὄρος τῶν **Ἐλαιῶν.**]]
Ro 11:17 σὺ δὲ ἀγριέλαιος ὢν ἐνεκεντρίσθης ἐν αὐτοῖς καὶ συγκοινωνὸς τῆς ῥίζης τῆς πιότητος τῆς **ἐλαίας** ἐγένου,
11:24 πόσῳ μᾶλλον οὗτοι οἱ κατὰ φύσιν ἐγκεντρισθήσονται τῇ ἰδίᾳ **ἐλαίᾳ.**
Jas 3:12 ἀδελφοί μου, συκῆ **ἐλαίας** ποιῆσαι ἢ ἄμπελος σῦκα;
Rev 11: 4 οὗτοί εἰσιν αἱ δύο **ἐλαῖαι** καὶ αἱ δύο λυχνίαι αἱ ἐνώπιον τοῦ κυρίου τῆς γῆς ἑστῶτες.

1778 ἔλαιον [11]

√ *1777*

Mt 25: 3 αἱ γὰρ μωραὶ λαβοῦσαι τὰς λαμπάδας αὐτῶν οὐκ ἔλαβον μεθ᾽ ἑαυτῶν **ἔλαιον.**
25: 4 αἱ δὲ φρόνιμοι ἔλαβον **ἔλαιον** ἐν τοῖς ἀγγείοις μετὰ τῶν λαμπάδων ἑαυτῶν.
25: 8 Δότε ἡμῖν ἐκ τοῦ **ἐλαίου** ὑμῶν, ὅτι αἱ λαμπάδες ἡμῶν σβέννυνται.
Mk 6:13 καὶ δαιμόνια πολλὰ ἐξέβαλλον, καὶ ἤλειφον **ἐλαίῳ** πολλοὺς ἀρρώστους καὶ ἐθεράπευον.
Lk 7:46 **ἐλαίῳ** τὴν κεφαλήν μου οὐκ ἤλειψας· αὕτη δὲ μύρῳ ἤλειψεν τοὺς πόδας μου.
10:34 καὶ προσελθὼν κατέδησεν τὰ τραύματα αὐτοῦ ἐπιχέων **ἔλαιον** καὶ οἶνον,
16: 6 ὁ δὲ εἶπεν, Ἑκατὸν βάτους **ἐλαίου.** ὁ δὲ εἶπεν αὐτῷ,
Heb 1: 9 διὰ τοῦτο ἔχρισέν σε ὁ θεὸς ὁ θεός σου **ἔλαιον** ἀγαλλιάσεως παρὰ τοὺς μετόχους σου.
Jas 5:14 τοὺς πρεσβυτέρους τῆς ἐκκλησίας καὶ προσευξάσθωσαν ἐπ᾽ αὐτὸν ἀλείψαντες [αὐτὸν] **ἐλαίῳ** ἐν τῷ ὀνόματι τοῦ κυρίου.
Rev 6: 6 καὶ τὸ **ἔλαιον** καὶ τὸν οἶνον μὴ ἀδικήσῃς.
18:13 καὶ θυμιάματα καὶ μύρον καὶ λίβανον καὶ οἶνον καὶ **ἔλαιον** καὶ σεμίδαλιν καὶ σῖτον καὶ κτήνη καὶ πρόβατα,

1779 ἐλαιών [3]

√ *1777*

Lk 19:29 Καὶ ἐγένετο ὡς ἤγγισεν εἰς Βηθφαγὴ καὶ Βηθανία[ν] πρὸς τὸ ὄρος τὸ καλούμενον **Ἐλαιῶν,**
21:37 τὰς δὲ νύκτας ἐξερχόμενος ηὐλίζετο εἰς τὸ ὄρος τὸ καλούμενον **Ἐλαιῶν·**
Ac 1:12 Τότε ὑπέστρεψαν εἰς Ἰερουσαλὴμ ἀπὸ ὄρους τοῦ καλουμένου **Ἐλαιῶνος,**

1780 Ἐλαμίτης [1]

Ac 2: 9 Πάρθοι καὶ Μῆδοι καὶ **Ἐλαμῖται** καὶ οἱ κατοικοῦντες τὴν Μεσοποταμίαν,

1781 ἐλάσσων [4]

→ *1782, 1783, 1784, 1788*

ἔλαττον [2] 1Ti 5:9; Heb 7:7

μείζων ... ἐλάσσων [1] Ro 9:12

Jn 2:10 Πᾶς ἄνθρωπος πρῶτον τὸν καλὸν οἶνον τίθησιν καὶ ὅταν μεθυσθῶσιν τὸν **ἐλάσσω·**
Ro 9:12 ἐρρέθη αὐτῇ ὅτι Ὁ μείζων δουλεύσει τῷ **ἐλάσσονι,**
1Ti 5: 9 Χήρα καταλεγέσθω μὴ **ἔλαττον** ἐτῶν ἑξήκοντα γεγονυῖα, ἑνὸς ἀνδρὸς γυνή,
Heb 7: 7 χωρὶς δὲ πάσης ἀντιλογίας τὸ **ἔλαττον** ὑπὸ τοῦ κρείττονος εὐλογεῖται.

1782 ἐλαττονέω [1]

√ *1781*

2Co 8:15 Ὁ τὸ πολὺ οὐκ ἐπλεόνασεν, καὶ ὁ τὸ ὀλίγον οὐκ **ἠλαττόνησεν.**

1783 ἐλαττόω [3]

√ *1781*

Jn 3:30 ἐκεῖνον δεῖ αὐξάνειν, ἐμὲ δὲ **ἐλαττοῦσθαι.**
Heb 2: 7 **ἠλάττωσας** αὐτὸν βραχύ τι παρ᾽ ἀγγέλους, δόξῃ καὶ τιμῇ ἐστεφάνωσας αὐτόν,
2: 9 τὸν δὲ βραχύ τι παρ᾽ ἀγγέλους **ἠλαττωμένον** βλέπομεν Ἰησοῦν διὰ τὸ πάθημα τοῦ θανάτου δόξῃ καὶ τιμῇ ἐστεφανωμένον,

1784 ἐλάττων Not used in UBS/NIV

√ *1781*

1785 ἐλαύνω [5]

→ *590, 5295*

Mk 6:48 καὶ ἰδὼν αὐτοὺς βασανιζομένους ἐν τῷ **ἐλαύνειν,** ἦν γὰρ ὁ ἄνεμος ἐναντίος αὐτοῖς,
Lk 8:29 καὶ πέδαις φυλασσόμενος καὶ διαρρήσσων τὰ δεσμὰ **ἠλαύνετο** ὑπὸ τοῦ δαιμονίου εἰς τὰς ἐρήμους.
Jn 6:19 **ἐληλακότες** οὖν ὡς σταδίους εἴκοσι πέντε ἢ τριάκοντα θεωροῦσιν τὸν Ἰησοῦν περιπατοῦντα ἐπὶ τῆς θαλάσσης
Jas 3: 4 ἰδοὺ καὶ τὰ πλοῖα τηλικαῦτα ὄντα καὶ ὑπὸ ἀνέμων σκληρῶν **ἐλαυνόμενα,**
2Pe 2:17 Οὗτοί εἰσιν πηγαὶ ἄνυδροι καὶ ὁμίχλαι ὑπὸ λαίλαπος **ἐλαυνόμεναι,**

1786 ἐλαφρία [1]

√ *1787*

2Co 1:17 τοῦτο οὖν βουλόμενος μήτι ἄρα τῇ **ἐλαφρίᾳ** ἐχρησάμην;

1787 ἐλαφρός [2]

→ *1786*

Mt 11:30 ὁ γὰρ ζυγός μου χρηστὸς καὶ τὸ φορτίον μου **ἐλαφρόν** ἐστιν.
2Co 4:17 τὸ γὰρ παραυτίκα **ἐλαφρὸν** τῆς θλίψεως ἡμῶν καθ᾽ ὑπερβολὴν εἰς ὑπερβολὴν αἰώνιον βάρος δόξης κατεργάζεται ἡμῖν,

1788 ἐλάχιστος [14]

√ *1781*

comparative form **ἐλαχιστότερος** [1] Eph 3:8

Mt 2: 6 γῆ Ἰούδα, οὐδαμῶς **ἐλαχίστη** εἶ ἐν τοῖς ἡγεμόσιν Ἰούδα·
5:19 ὃς ἐὰν οὖν λύσῃ μίαν τῶν ἐντολῶν τούτων τῶν **ἐλαχίστων** καὶ διδάξῃ οὕτως τοὺς ἀνθρώπους, **ἐλάχιστος** κληθήσεται ἐν τῇ βασιλείᾳ τῶν οὐρανῶν·
25:40 ἐφ᾽ ὅσον ἐποιήσατε ἑνὶ τούτων τῶν ἀδελφῶν μου τῶν **ἐλαχίστων,**
25:45 ἐφ᾽ ὅσον οὐκ ἐποιήσατε ἑνὶ τούτων τῶν **ἐλαχίστων,**
Lk 12:26 εἰ οὖν οὐδὲ **ἐλάχιστον** δύνασθε, τί περὶ τῶν λοιπῶν μεριμνᾶτε;
16:10 ὁ πιστὸς ἐν **ἐλαχίστῳ** καὶ ἐν πολλῷ πιστός ἐστιν, καὶ ὁ ἐν **ἐλαχίστῳ** ἄδικος καὶ ἐν πολλῷ ἄδικός ἐστιν.
19:17 Εὖγε, ἀγαθὲ δοῦλε, ὅτι ἐν **ἐλαχίστῳ** πιστὸς ἐγένου,
1Co 4: 3 ἐμοὶ δὲ εἰς **ἐλάχιστόν** ἐστιν, ἵνα ὑφ᾽ ὑμῶν ἀνακριθῶ ἢ ὑπὸ ἀνθρωπίνης ἡμέρας·
6: 2 καὶ εἰ ἐν ὑμῖν κρίνεται ὁ κόσμος, ἀνάξιοί ἐστε κριτηρίων **ἐλαχίστων;**
15: 9 Ἐγὼ γάρ εἰμι ὁ **ἐλάχιστος** τῶν ἀποστόλων ὃς οὐκ εἰμὶ ἱκανὸς καλεῖσθαι ἀπόστολος,
Eph 3: 8 ἐμοὶ τῷ **ἐλαχιστοτέρῳ** πάντων ἁγίων ἐδόθη ἡ χάρις αὕτη,
Jas 3: 4 μετάγεται ὑπὸ **ἐλαχίστου** πηδαλίου ὅπου ἡ ὁρμὴ τοῦ εὐθύνοντος βούλεται,

1789 Ἐλεάζαρ [2]

Mt 1:15 Ἐλιοὺδ δὲ ἐγέννησεν τὸν **Ἐλεάζαρ, Ἐλεάζαρ** δὲ ἐγέννησεν τὸν Ματθάν, Ματθὰν δὲ ἐγέννησεν τὸν Ἰακώβ,

1790 ἐλεάω [3]

√ *1799*

Ro 9:16 ἄρα οὖν οὐ τοῦ θέλοντος οὐδὲ τοῦ τρέχοντος ἀλλὰ τοῦ **ἐλεῶντος** θεοῦ.
Jude 1:22 καὶ οὓς μὲν **ἐλεᾶτε** διακρινομένους,

1:23 οὓς δὲ **ἐλεᾶτε** ἐν φόβῳ μισοῦντες καὶ τὸν ἀπὸ τῆς σαρκὸς ἐσπιλωμένον χιτῶνα.

1791 ἐλεγμός [1]

√ *1794*

2Ti 3:16 πρὸς **ἐλεγμόν,** πρὸς ἐπανόρθωσιν, πρὸς παιδείαν τὴν ἐν δικαιοσύνῃ,

1792 ἔλεγξις [1]

√ *1794*

2Pe 2:16 **ἔλεγξιν** δὲ ἔσχεν ἰδίας παρανομίας· ὑποζύγιον ἄφωνον ἐν ἀνθρώπου φωνῇ φθεγξάμενον ἐκώλυσεν τὴν τοῦ προφήτου

1793 ἔλεγχος [1]

√ *1794*

Heb 11: 1 Ἔστιν δὲ πίστις ἐλπιζομένων ὑπόστασις, πραγμάτων **ἔλεγχος** οὐ βλεπομένων.

1794 ἐλέγχω [17]

→ *591, 1352, 1791, 1792, 1793, 1998*

Mt 18:15 ὕπαγε **ἔλεγξον** αὐτὸν μεταξὺ σοῦ καὶ αὐτοῦ μόνου.
Lk 3:19 **ἐλεγχόμενος** ὑπ' αὐτοῦ περὶ Ἡρῳδιάδος τῆς γυναικὸς τοῦ ἀδελφοῦ αὐτοῦ καὶ περὶ πάντων ὧν ἐποίησεν πονηρῶν ὁ Ἡρῴδης,
Jn 3:20 πᾶς γὰρ ὁ φαῦλα πράσσων μισεῖ τὸ φῶς καὶ οὐκ ἔρχεται πρὸς τὸ φῶς, ἵνα μὴ **ἐλεγχθῇ** τὰ ἔργα αὐτοῦ·
8:46 τίς ἐξ ὑμῶν **ἐλέγχει** με περὶ ἁμαρτίας; εἰ ἀλήθειαν λέγω,
16: 8 καὶ ἐλθὼν ἐκεῖνος **ἐλέγξει** τὸν κόσμον περὶ ἁμαρτίας καὶ περὶ δικαιοσύνης καὶ περὶ κρίσεως·
1Co 14:24 εἰσέλθῃ δέ τις ἄπιστος ἢ ἰδιώτης, **ἐλέγχεται** ὑπὸ πάντων, ἀνακρίνεται ὑπὸ πάντων,
Eph 5:11 καὶ μὴ συγκοινωνεῖτε τοῖς ἔργοις τοῖς ἀκάρποις τοῦ σκότους, μᾶλλον δὲ καὶ **ἐλέγχετε.**
5:13 τὰ δὲ πάντα **ἐλεγχόμενα** ὑπὸ τοῦ φωτὸς φανεροῦται,
1Ti 5:20 τοὺς ἁμαρτάνοντας ἐνώπιον πάντων **ἔλεγχε,** ἵνα καὶ οἱ λοιποὶ φόβον ἔχωσιν.
2Ti 4: 2 κήρυξον τὸν λόγον, ἐπίστηθι εὐκαίρως ἀκαίρως, **ἔλεγξον,** ἐπιτίμησον, παρακάλεσον,
Tit 1: 9 ἵνα δυνατὸς ᾖ καὶ παρακαλεῖν ἐν τῇ διδασκαλίᾳ τῇ ὑγιαινούσῃ καὶ τοὺς ἀντιλέγοντας **ἐλέγχειν.**
1:13 δι' ἣν αἰτίαν **ἔλεγχε** αὐτοὺς ἀποτόμως, ἵνα ὑγιαίνωσιν ἐν τῇ πίστει,
2:15 Ταῦτα λάλει καὶ παρακάλει καὶ **ἔλεγχε** μετὰ πάσης ἐπιταγῆς·
Heb 12: 5 μὴ ὀλιγώρει παιδείας κυρίου μηδὲ ἐκλύου ὑπ' αὐτοῦ **ἐλεγχόμενος·**
Jas 2: 9 ἁμαρτίαν ἐργάζεσθε **ἐλεγχόμενοι** ὑπὸ τοῦ νόμου ὡς παραβάται.
Jude 1:15 ποιῆσαι κρίσιν κατὰ πάντων καὶ **ἐλέγξαι** πᾶσαν ψυχὴν περὶ πάντων τῶν ἔργων ἀσεβείας αὐτῶν ὧν ἠσέβησαν
Rev 3:19 ἐγὼ ὅσους ἐὰν φιλῶ **ἐλέγχω** καὶ παιδεύω· ζήλευε οὖν καὶ μετανόησον.

1795 ἐλεεινός [2]

√ *1799*

1Co 15:19 εἰ ἐν τῇ ζωῇ ταύτῃ ἐν Χριστῷ ἠλπικότες ἐσμὲν μόνον, **ἐλεεινότεροι** πάντων ἀνθρώπων ἐσμέν.
Rev 3:17 καὶ οὐκ οἶδας ὅτι σὺ εἶ ὁ ταλαίπωρος καὶ **ἐλεεινὸς** καὶ πτωχὸς καὶ τυφλὸς καὶ γυμνός,

1796 ἐλεέω [29]

√ *1799*

Mt 5: 7 μακάριοι οἱ ἐλεήμονες, ὅτι αὐτοὶ **ἐλεηθήσονται.**
9:27 Καὶ παράγοντι ἐκεῖθεν τῷ Ἰησοῦ ἠκολούθησαν [αὐτῷ] δύο τυφλοὶ κράζοντες καὶ λέγοντες, **Ἐλέησον** ἡμᾶς, υἱὸς Δαυίδ.
15:22 καὶ ἰδοὺ γυνὴ Χαναναία ἀπὸ τῶν ὁρίων ἐκείνων ἐξελθοῦσα ἔκραζεν λέγουσα, **Ἐλέησόν** με, κύριε υἱὸς Δαυίδ·
17:15 καὶ λέγων, Κύριε, **ἐλέησόν** μου τὸν υἱόν, ὅτι σεληνιάζεται καὶ κακῶς πάσχει·
18:33 οὐκ ἔδει καὶ σὲ **ἐλεῆσαι** τὸν σύνδουλόν σου, ὡς κἀγὼ σὲ **ἠλέησα;**
20:30 καθήμενοι παρὰ τὴν ὁδὸν ἀκούσαντες ὅτι Ἰησοῦς παράγει, ἔκραξαν λέγοντες, **Ἐλέησον** ἡμᾶς, [κύριε,] υἱὸς Δαυίδ.
20:31 οἱ δὲ μεῖζον ἔκραξαν λέγοντες, **Ἐλέησον** [UBS; NIV Κύριε, **ἐλέησον**] ἡμᾶς, κύριε, υἱὸς Δαυίδ.
Mk 5:19 Ὕπαγε εἰς τὸν οἶκόν σου πρὸς τοὺς σοὺς καὶ ἀπάγγειλον αὐτοῖς ὅσα ὁ κύριός σοι πεποίηκεν καὶ **ἠλέησέν** σε.
10:47 καὶ ἀκούσας ὅτι Ἰησοῦς ὁ Ναζαρηνός ἐστιν ἤρξατο κράζειν καὶ λέγειν, Υἱὲ Δαυὶδ Ἰησοῦ, **ἐλέησόν** με.
10:48 ὁ δὲ πολλῷ μᾶλλον ἔκραζεν, Υἱὲ Δαυίδ, **ἐλέησόν** με.
Lk 16:24 **ἐλέησόν** με καὶ πέμψον Λάζαρον ἵνα βάψῃ τὸ ἄκρον τοῦ δακτύλου αὐτοῦ ὕδατος καὶ καταψύξῃ τὴν γλῶσσάν μου,
17:13 αὐτοὶ ἦραν φωνὴν λέγοντες, Ἰησοῦ ἐπιστάτα, **ἐλέησον** ἡμᾶς.
18:38 καὶ ἐβόησεν λέγων, Ἰησοῦ υἱὲ Δαυίδ, **ἐλέησόν** με.
18:39 αὐτὸς δὲ πολλῷ μᾶλλον ἔκραζεν, Υἱὲ Δαυίδ, **ἐλέησόν** με.
Ro 9:15 **Ἐλεήσω** ὃν ἂν **ἐλεῶ** καὶ οἰκτιρήσω ὃν ἂν οἰκτίρω.
9:18 ἄρα οὖν ὃν θέλει **ἐλεεῖ,** ὃν δὲ θέλει σκληρύνει.
11:30 ὥσπερ γὰρ ὑμεῖς ποτε ἠπειθήσατε τῷ θεῷ, νῦν δὲ **ἠλεήθητε** τῇ τούτων ἀπειθείᾳ,
11:31 οὕτως καὶ οὗτοι νῦν ἠπείθησαν τῷ ὑμετέρῳ ἐλέει, ἵνα καὶ αὐτοὶ [νῦν] **ἐλεηθῶσιν.**
11:32 συνέκλεισεν γὰρ ὁ θεὸς τοὺς πάντας εἰς ἀπείθειαν, ἵνα τοὺς πάντας **ἐλεήσῃ.**
12: 8 ὁ προϊστάμενος ἐν σπουδῇ, ὁ **ἐλεῶν** ἐν ἱλαρότητι.
1Co 7:25 γνώμην δὲ δίδωμι ὡς **ἠλεημένος** ὑπὸ κυρίου πιστὸς εἶναι.
2Co 4: 1 ἔχοντες τὴν διακονίαν ταύτην καθὼς **ἠλεήθημεν,** οὐκ ἐγκακοῦμεν
Php 2:27 ἀλλὰ ὁ θεὸς **ἠλέησεν** αὐτόν, οὐκ αὐτὸν δὲ μόνον ἀλλὰ καὶ ἐμέ,
1Ti 1:13 τὸ πρότερον ὄντα βλάσφημον καὶ διώκτην καὶ ὑβριστήν, ἀλλὰ **ἠλεήθην,** ὅτι ἀγνοῶν ἐποίησα ἐν ἀπιστίᾳ·
1:16 ἀλλὰ διὰ τοῦτο **ἠλεήθην,** ἵνα ἐν ἐμοὶ πρώτῳ ἐνδείξηται Χριστὸς Ἰησοῦς τὴν ἅπασαν μακροθυμίαν
1Pe 2:10 οἵ ποτε οὐ λαὸς νῦν δὲ λαὸς θεοῦ, οἱ οὐκ **ἠλεημένοι** νῦν δὲ **ἐλεηθέντες.**

1797 ἐλεημοσύνη [13]

√ *1799*

δότε ἐλεημοσύνη [2] Lk 11:41; 12:33

ποιεῖν ἐλεημοσύνη [5] Mt 6:2,3; Ac 9:36; 10:2; 24:17

Mt 6: 2 Ὅταν οὖν ποιῇς **ἐλεημοσύνην,** μὴ σαλπίσῃς ἔμπροσθέν σου,
6: 3 σοῦ δὲ ποιοῦντος **ἐλεημοσύνην** μὴ γνώτω ἡ ἀριστερά σου τί ποιεῖ ἡ δεξιά σου,
6: 4 ὅπως ᾖ σου ἡ **ἐλεημοσύνη** ἐν τῷ κρυπτῷ·
Lk 11:41 πλὴν τὰ ἐνόντα δότε **ἐλεημοσύνην,** καὶ ἰδοὺ πάντα καθαρὰ ὑμῖν ἐστιν.
12:33 Πωλήσατε τὰ ὑπάρχοντα ὑμῶν καὶ δότε **ἐλεημοσύνην·** ποιήσατε ἑαυτοῖς βαλλάντια μὴ παλαιούμενα,
Ac 3: 2 πρὸς τὴν θύραν τοῦ ἱεροῦ τὴν λεγομένην Ὡραίαν τοῦ αἰτεῖν **ἐλεημοσύνην** παρὰ τῶν εἰσπορευομένων εἰς τὸ ἱερόν·
3: 3 ὃς ἰδὼν Πέτρον καὶ Ἰωάννην μέλλοντας εἰσιέναι εἰς τὸ ἱερόν, ἠρώτα **ἐλεημοσύνην** λαβεῖν.
3:10 ἐπεγίνωσκον δὲ αὐτὸν ὅτι αὐτὸς ἦν ὁ πρὸς τὴν **ἐλεημοσύνην** καθήμενος ἐπὶ τῇ Ὡραίᾳ Πύλῃ τοῦ ἱεροῦ
9:36 αὕτη ἦν πλήρης ἔργων ἀγαθῶν καὶ **ἐλεημοσυνῶν** ὧν ἐποίει.
10: 2 ποιῶν **ἐλεημοσύνας** πολλὰς τῷ λαῷ καὶ δεόμενος τοῦ θεοῦ διὰ παντός,
10: 4 Αἱ προσευχαί σου καὶ αἱ **ἐλεημοσύναι** σου ἀνέβησαν εἰς μνημόσυνον ἔμπροσθεν τοῦ θεοῦ.
10:31 εἰσηκούσθη σου ἡ προσευχὴ καὶ αἱ **ἐλεημοσύναι** σου ἐμνήσθησαν ἐνώπιον τοῦ θεοῦ.
24:17 δι' ἐτῶν δὲ πλειόνων **ἐλεημοσύνας** ποιήσων εἰς τὸ ἔθνος μου παρεγενόμην καὶ προσφοράς,

1798 ἐλεήμων [2]

√ *1799*

Mt 5: 7 μακάριοι οἱ **ἐλεήμονες,** ὅτι αὐτοὶ ἐλεηθήσονται.
Heb 2:17 ἵνα **ἐλεήμων** γένηται καὶ πιστὸς ἀρχιερεὺς τὰ πρὸς τὸν θεὸν εἰς τὸ ἱλάσκεσθαι τὰς ἁμαρτίας τοῦ λαοῦ.

1799 ἔλεος [27]

→ *446, 447, 1790, 1795, 1796, 1797, 1798*

εὑρίσκω ἔλεος [1] 2Ti 1:18

σκεῦος ἐλέους [1] Ro 9:23

χάρις ... ἔλεος [4] 1Ti 1:2; 2Ti 1:2; Heb 4:16; 2Jn 1:3

Mt 9:13 πορευθέντες δὲ μάθετε τί ἐστιν, **Ἔλεος** θέλω καὶ οὐ θυσίαν·
12: 7 **Ἔλεος** θέλω καὶ οὐ θυσίαν, οὐκ ἂν κατεδικάσατε τοὺς ἀναιτίους.
23:23 τὴν κρίσιν καὶ τὸ **ἔλεος** καὶ τὴν πίστιν·
Lk 1:50 καὶ τὸ **ἔλεος** αὐτοῦ εἰς γενεὰς καὶ γενεὰς τοῖς φοβουμένοις αὐτόν.
1:54 ἀντελάβετο Ἰσραὴλ παιδὸς αὐτοῦ, μνησθῆναι **ἐλέους,**
1:58 ἤκουσαν οἱ περίοικοι καὶ οἱ συγγενεῖς αὐτῆς ὅτι ἐμεγάλυνεν κύριος τὸ **ἔλεος** αὐτοῦ μετ᾽ αὐτῆς καὶ συνέχαιρον αὐτῇ.
1:72 ποιῆσαι **ἔλεος** μετὰ τῶν πατέρων ἡμῶν καὶ μνησθῆναι διαθήκης ἁγίας αὐτοῦ,
1:78 διὰ σπλάγχνα **ἐλέους** θεοῦ ἡμῶν, ἐν οἷς ἐπισκέψεται ἡμᾶς ἀνατολὴ ἐξ ὕψους,
10:37 ὁ δὲ εἶπεν, Ὁ ποιήσας τὸ **ἔλεος** μετ᾽ αὐτοῦ.
Ro 9:23 καὶ ἵνα γνωρίσῃ τὸν πλοῦτον τῆς δόξης αὐτοῦ ἐπὶ σκεύη **ἐλέους** ἃ προητοίμασεν εἰς δόξαν;
11:31 οὕτως καὶ οὗτοι νῦν ἠπείθησαν τῷ ὑμετέρῳ **ἐλέει,**
15: 9 τὰ δὲ ἔθνη ὑπὲρ **ἐλέους** δοξάσαι τὸν θεόν,
Gal 6:16 εἰρήνη ἐπ᾽ αὐτοὺς καὶ **ἔλεος** καὶ ἐπὶ τὸν Ἰσραὴλ τοῦ θεοῦ.
Eph 2: 4 ὁ δὲ θεὸς πλούσιος ὢν ἐν **ἐλέει,** διὰ τὴν πολλὴν ἀγάπην αὐτοῦ ἣν ἠγάπησεν ἡμᾶς,
1Ti 1: 2 χάρις **ἔλεος** εἰρήνη ἀπὸ θεοῦ πατρὸς καὶ Χριστοῦ Ἰησοῦ τοῦ κυρίου ἡμῶν.
2Ti 1: 2 χάρις **ἔλεος** εἰρήνη ἀπὸ θεοῦ πατρὸς καὶ Χριστοῦ Ἰησοῦ τοῦ κυρίου ἡμῶν.
1:16 δῴη **ἔλεος** ὁ κύριος τῷ Ὀνησιφόρου οἴκῳ, ὅτι πολλάκις με ἀνέψυξεν καὶ τὴν ἅλυσίν μου οὐκ ἐπαισχύνθη,
1:18 δῴη αὐτῷ ὁ κύριος εὑρεῖν **ἔλεος** παρὰ κυρίου ἐν ἐκείνῃ τῇ ἡμέρᾳ.
Tit 3: 5 οὐκ ἐξ ἔργων τῶν ἐν δικαιοσύνῃ ἃ ἐποιήσαμεν ἡμεῖς ἀλλὰ κατὰ τὸ αὐτοῦ **ἔλεος** ἔσωσεν ἡμᾶς διὰ λουτροῦ παλιγγενεσίας
Heb 4:16 ἵνα λάβωμεν **ἔλεος** καὶ χάριν εὕρωμεν εἰς εὔκαιρον βοήθειαν.
Jas 2:13 ἡ γὰρ κρίσις ἀνέλεος τῷ μὴ ποιήσαντι **ἔλεος·** κατακαυχᾶται **ἔλεος** κρίσεως.
3:17 εὐπειθής, μεστὴ **ἐλέους** καὶ καρπῶν ἀγαθῶν, ἀδιάκριτος, ἀνυπόκριτος.
1Pe 1: 3 ὁ κατὰ τὸ πολὺ αὐτοῦ **ἔλεος** ἀναγεννήσας ἡμᾶς εἰς ἐλπίδα ζῶσαν δι᾽ ἀναστάσεως Ἰησοῦ Χριστοῦ ἐκ νεκρῶν,
2Jn 1: 3 ἔσται μεθ᾽ ἡμῶν χάρις **ἔλεος** εἰρήνη παρὰ θεοῦ πατρὸς καὶ παρὰ Ἰησοῦ Χριστοῦ τοῦ υἱοῦ τοῦ πατρὸς ἐν ἀληθείᾳ
Jude 1: 2 **ἔλεος** ὑμῖν καὶ εἰρήνη καὶ ἀγάπη πληθυνθείη.
1:21 ἑαυτοὺς ἐν ἀγάπῃ θεοῦ τηρήσατε προσδεχόμενοι τὸ **ἔλεος** τοῦ κυρίου ἡμῶν Ἰησοῦ Χριστοῦ εἰς ζωὴν αἰώνιον.

1800 ἐλευθερία [11]

√ *1801*

Ro 8:21 ὅτι καὶ αὐτὴ ἡ κτίσις ἐλευθερωθήσεται ἀπὸ τῆς δουλείας τῆς φθορᾶς εἰς τὴν **ἐλευθερίαν** τῆς δόξης τῶν τέκνων τοῦ θεοῦ.
1Co 10:29 ἱνατί γὰρ ἡ **ἐλευθερία** μου κρίνεται ὑπὸ ἄλλης συνειδήσεως;
2Co 3:17 ὁ δὲ κύριος τὸ πνεῦμά ἐστιν· οὗ δὲ τὸ πνεῦμα κυρίου, **ἐλευθερία.**
Gal 2: 4 οἵτινες παρεισῆλθον κατασκοπῆσαι τὴν **ἐλευθερίαν** ἡμῶν ἣν ἔχομεν ἐν Χριστῷ Ἰησοῦ,
5: 1 τῇ **ἐλευθερίᾳ** ἡμᾶς Χριστὸς ἠλευθέρωσεν· στήκετε οὖν καὶ μὴ πάλιν ζυγῷ δουλείας ἐνέχεσθε.
5:13 Ὑμεῖς γὰρ ἐπ᾽ **ἐλευθερίᾳ** ἐκλήθητε, ἀδελφοί· μόνον μὴ τὴν **ἐλευθερίαν** εἰς ἀφορμὴν τῇ σαρκί,
Jas 1:25 ὁ δὲ παρακύψας εἰς νόμον τέλειον τὸν τῆς **ἐλευθερίας** καὶ παραμείνας,
2:12 οὕτως λαλεῖτε καὶ οὕτως ποιεῖτε ὡς διὰ νόμου **ἐλευθερίας** μέλλοντες κρίνεσθαι.
1Pe 2:16 ὡς ἐλεύθεροι καὶ μὴ ὡς ἐπικάλυμμα ἔχοντες τῆς κακίας τὴν **ἐλευθερίαν** ἀλλ᾽ ὡς θεοῦ δοῦλοι.
2Pe 2:19 **ἐλευθερίαν** αὐτοῖς ἐπαγγελλόμενοι, αὐτοὶ δοῦλοι ὑπάρχοντες τῆς φθορᾶς·

1801 ἐλεύθερος [23]

→ *592, 1800, 1802*

δοῦλος ... ἐλεύθερος [12] Ro 6:20; 1Co 7:21,22,22; 12:13; Gal 3:28; Eph 6:8; Col 3:11; 1Pe 2:16; Rev 6:15; 13:16; 19:18

ἐλεύθερος ... ἀπό [1] Ro 7:3

ἐλεύθερος ... ἐκ [1] 1Co 9:19

Mt 17:26 ἔφη αὐτῷ ὁ Ἰησοῦς, Ἄρα γε **ἐλεύθεροί** εἰσιν οἱ υἱοί.
Jn 8:33 Σπέρμα Ἀβραάμ ἐσμεν καὶ οὐδενὶ δεδουλεύκαμεν πώποτε· πῶς σὺ λέγεις ὅτι **Ἐλεύθεροι** γενήσεσθε;
8:36 ἐὰν οὖν ὁ υἱὸς ὑμᾶς ἐλευθερώσῃ, ὄντως **ἐλεύθεροι** ἔσεσθε.
Ro 6:20 ὅτε γὰρ δοῦλοι ἦτε τῆς ἁμαρτίας, **ἐλεύθεροι** ἦτε τῇ δικαιοσύνῃ.
7: 3 ἐὰν δὲ ἀποθάνῃ ὁ ἀνήρ, **ἐλευθέρα** ἐστὶν ἀπὸ τοῦ νόμου,
1Co 7:21 ἀλλ᾽ εἰ καὶ δύνασαι **ἐλεύθερος** γενέσθαι, μᾶλλον χρῆσαι.
7:22 ὁ γὰρ ἐν κυρίῳ κληθεὶς δοῦλος ἀπελεύθερος κυρίου ἐστίν, ὁμοίως ὁ **ἐλεύθερος** κληθεὶς δοῦλός ἐστιν Χριστοῦ.
7:39 **ἐλευθέρα** ἐστὶν ᾧ θέλει γαμηθῆναι, μόνον ἐν κυρίῳ.
9: 1 Οὐκ εἰμὶ **ἐλεύθερος;** οὐκ εἰμὶ ἀπόστολος; οὐχὶ Ἰησοῦν τὸν κύριον ἡμῶν ἑώρακα;
9:19 **Ἐλεύθερος** γὰρ ὢν ἐκ πάντων πᾶσιν ἐμαυτὸν ἐδούλωσα,
12:13 εἴτε Ἰουδαῖοι εἴτε Ἕλληνες εἴτε δοῦλοι εἴτε **ἐλεύθεροι,**
Gal 3:28 οὐκ ἔνι δοῦλος οὐδὲ **ἐλεύθερος,** οὐκ ἔνι ἄρσεν καὶ θῆλυ·
4:22 ἕνα ἐκ τῆς παιδίσκης καὶ ἕνα ἐκ τῆς **ἐλευθέρας.**
4:23 ἀλλ᾽ ὁ μὲν ἐκ τῆς παιδίσκης κατὰ σάρκα γεγέννηται, ὁ δὲ ἐκ τῆς **ἐλευθέρας** δι᾽ ἐπαγγελίας.
4:26 ἡ δὲ ἄνω Ἰερουσαλὴμ **ἐλευθέρα** ἐστίν, ἥτις ἐστὶν μήτηρ ἡμῶν·
4:30 οὐ γὰρ μὴ κληρονομήσει ὁ υἱὸς τῆς παιδίσκης μετὰ τοῦ υἱοῦ τῆς **ἐλευθέρας.**
4:31 ἀδελφοί, οὐκ ἐσμὲν παιδίσκης τέκνα ἀλλὰ τῆς **ἐλευθέρας.**
Eph 6: 8 τοῦτο κομίσεται παρὰ κυρίου εἴτε δοῦλος εἴτε **ἐλεύθερος.**
Col 3:11 ὅπου οὐκ ἔνι Ἕλλην καὶ Ἰουδαῖος, περιτομὴ καὶ ἀκροβυστία, βάρβαρος, Σκύθης, δοῦλος, **ἐλεύθερος,**
1Pe 2:16 ὡς **ἐλεύθεροι** καὶ μὴ ὡς ἐπικάλυμμα ἔχοντες τῆς κακίας τὴν ἐλευθερίαν ἀλλ᾽ ὡς θεοῦ δοῦλοι.
Rev 6:15 καὶ οἱ βασιλεῖς τῆς γῆς καὶ οἱ μεγιστᾶνες καὶ οἱ χιλίαρχοι καὶ οἱ πλούσιοι καὶ οἱ ἰσχυροὶ καὶ πᾶς δοῦλος καὶ **ἐλεύθερος** ἔκρυψαν ἑαυτοὺς εἰς τὰ σπήλαια καὶ εἰς τὰς πέτρας τῶν ὀρέων
13:16 καὶ τοὺς πλουσίους καὶ τοὺς πτωχούς, καὶ τοὺς **ἐλευθέρους** καὶ τοὺς δούλους,
19:18 καὶ σάρκας ἵππων καὶ τῶν καθημένων ἐπ᾽ αὐτῶν καὶ σάρκας πάντων **ἐλευθέρων** τε καὶ δούλων καὶ μικρῶν καὶ μεγάλων.

1802 ἐλευθερόω [7]

√ *1801*

Jn 8:32 καὶ γνώσεσθε τὴν ἀλήθειαν, καὶ ἡ ἀλήθεια **ἐλευθερώσει** ὑμᾶς.
8:36 ἐὰν οὖν ὁ υἱὸς ὑμᾶς **ἐλευθερώσῃ,** ὄντως ἐλεύθεροι ἔσεσθε.
Ro 6:18 **ἐλευθερωθέντες** δὲ ἀπὸ τῆς ἁμαρτίας ἐδουλώθητε τῇ δικαιοσύνῃ.
6:22 νυνὶ δὲ **ἐλευθερωθέντες** ἀπὸ τῆς ἁμαρτίας δουλωθέντες δὲ τῷ θεῷ ἔχετε τὸν καρπὸν ὑμῶν εἰς ἁγιασμόν,
8: 2 ὁ γὰρ νόμος τοῦ πνεύματος τῆς ζωῆς ἐν Χριστῷ Ἰησοῦ **ἠλευθέρωσέν** σε ἀπὸ τοῦ νόμου τῆς ἁμαρτίας καὶ τοῦ θανάτου.
8:21 ὅτι καὶ αὐτὴ ἡ κτίσις **ἐλευθερωθήσεται** ἀπὸ τῆς δουλείας τῆς φθορᾶς εἰς τὴν ἐλευθερίαν τῆς δόξης τῶν τέκνων τοῦ θεοῦ.
Gal 5: 1 τῇ ἐλευθερίᾳ ἡμᾶς Χριστὸς **ἠλευθέρωσεν·** στήκετε οὖν καὶ μὴ πάλιν ζυγῷ δουλείας ἐνέχεσθε.

1803 ἔλευσις [1]

√ *2262*

Ac 7:52 καὶ ἀπέκτειναν τοὺς προκαταγγείλαντας περὶ τῆς **ἐλεύσεως** τοῦ δικαίου,

1804 ἐλεφάντινος [1]

Rev 18:12 πᾶν ξύλον θύϊνον καὶ πᾶν σκεῦος **ἐλεφάντινον** καὶ πᾶν σκεῦος ἐκ ξύλου τιμιωτάτου καὶ χαλκοῦ καὶ σιδήρου καὶ μαρμάρου,

1805 Ἐλιακείμ Not used in UBS/NIV

√ *cf. 1806*

1806 Ἐλιακίμ [3]

√ *cf. 1805*

Mt 1:13 Ἀβιοὺδ δὲ ἐγέννησεν τὸν **Ἐλιακίμ, Ἐλιακὶμ** δὲ ἐγέννησεν τὸν Ἀζώρ,
Lk 3:30 τοῦ Συμεὼν τοῦ Ἰούδα τοῦ Ἰωσὴφ τοῦ Ἰωνὰμ τοῦ **Ἐλιακὶμ**

1807 ἕλιγμα Not used in UBS/NIV

√ *1813*

1808 Ἐλιέζερ [1]

Lk 3:29 τοῦ Ἰησοῦ τοῦ **Ἐλιέζερ** τοῦ Ἰωρὶμ τοῦ Μαθθὰτ τοῦ Λευὶ

1809 Ἐλιούδ [2]

Mt 1:14 Σαδὼκ δὲ ἐγέννησεν τὸν Ἀχίμ, Ἀχὶμ δὲ ἐγέννησεν τὸν **Ἐλιούδ,**
1:15 **Ἐλιοὺδ** δὲ ἐγέννησεν τὸν Ἐλεάζαρ, Ἐλεάζαρ δὲ ἐγέννησεν τὸν Ματθάν,

1810 Ἐλισάβετ [9]

Lk 1: 5 καὶ γυνὴ αὐτῷ ἐκ τῶν θυγατέρων Ἀαρὼν καὶ τὸ ὄνομα αὐτῆς **Ἐλισάβετ.**
1: 7 καὶ οὐκ ἦν αὐτοῖς τέκνον, καθότι ἦν ἡ **Ἐλισάβετ** στεῖρα,
1:13 καὶ ἡ γυνή σου **Ἐλισάβετ** γεννήσει υἱόν σοι καὶ καλέσεις τὸ ὄνομα αὐτοῦ Ἰωάννην.
1:24 Μετὰ δὲ ταύτας τὰς ἡμέρας συνέλαβεν **Ἐλισάβετ** ἡ γυνὴ αὐτοῦ καὶ περιέκρυβεν ἑαυτὴν μῆνας πέντε λέγουσα
1:36 **Ἐλισάβετ** ἡ συγγενίς σου καὶ αὐτὴ συνείληφεν υἱὸν ἐν γήρει αὐτῆς καὶ οὗτος μὴν ἕκτος ἐστὶν αὐτῇ τῇ καλουμένῃ στείρᾳ·
1:40 καὶ εἰσῆλθεν εἰς τὸν οἶκον Ζαχαρίου καὶ ἠσπάσατο τὴν **Ἐλισάβετ.**
1:41 καὶ ἐγένετο ὡς ἤκουσεν τὸν ἀσπασμὸν τῆς Μαρίας ἡ **Ἐλισάβετ,** ἐσκίρτησεν τὸ βρέφος ἐν τῇ κοιλίᾳ αὐτῆς, καὶ ἐπλήσθη πνεύματος ἁγίου ἡ **Ἐλισάβετ,**
1:57 Τῇ δὲ **Ἐλισάβετ** ἐπλήσθη ὁ χρόνος τοῦ τεκεῖν αὐτὴν καὶ ἐγέννησεν υἱόν.

1811 Ἐλισαῖος [1]

→ *1812*

Lk 4:27 πολλοὶ λεπροὶ ἦσαν ἐν τῷ Ἰσραὴλ ἐπὶ **Ἐλισαίου** τοῦ προφήτου,

1812 Ἐλισσαῖος Not used in UBS/NIV

√ *1811*

1813 ἑλίσσω [2]

→ *1807*

Heb 1:12 καὶ ὡσεὶ περιβόλαιον **ἑλίξεις** αὐτούς, ὡς ἱμάτιον καὶ ἀλλαγήσονται·
Rev 6:14 καὶ ὁ οὐρανὸς ἀπεχωρίσθη ὡς βιβλίον **ἑλισσόμενον** καὶ πᾶν ὄρος καὶ νῆσος ἐκ τῶν τόπων αὐτῶν ἐκινήθησαν.

1814 ἕλκος [3]

→ *1815*

Lk 16:21 ἀλλὰ καὶ οἱ κύνες ἐρχόμενοι ἐπέλειχον τὰ **ἕλκη** αὐτοῦ.
Rev 16: 2 καὶ ἐγένετο **ἕλκος** κακὸν καὶ πονηρὸν ἐπὶ τοὺς ἀνθρώπους τοὺς ἔχοντας τὸ χάραγμα τοῦ θηρίου καὶ τοὺς προσκυνοῦντας
16:11 ἐβλασφήμησαν τὸν θεὸν τοῦ οὐρανοῦ ἐκ τῶν πόνων αὐτῶν καὶ ἐκ τῶν **ἑλκῶν** αὐτῶν καὶ οὐ μετενόησαν ἐκ τῶν ἔργων αὐτῶν.

1815 ἑλκόω [1]

√ *1814*

Lk 16:20 πτωχὸς δέ τις ὀνόματι Λάζαρος ἐβέβλητο πρὸς τὸν πυλῶνα αὐτοῦ **εἱλκωμένος**

1816 ἑλκύω [8]

→ *1999*

Jn 6:44 οὐδεὶς δύναται ἐλθεῖν πρός με ἐὰν μὴ ὁ πατὴρ ὁ πέμψας με **ἑλκύσῃ** αὐτόν,
12:32 κἀγὼ ἐὰν ὑψωθῶ ἐκ τῆς γῆς, πάντας **ἑλκύσω** πρὸς ἐμαυτόν.
18:10 Σίμων οὖν Πέτρος ἔχων μάχαιραν **εἵλκυσεν** αὐτὴν καὶ ἔπαισεν τὸν τοῦ ἀρχιερέως δοῦλον καὶ ἀπέκοψεν αὐτοῦ τὸ ὠτάριον
21: 6 καὶ οὐκέτι αὐτὸ **ἑλκύσαι** ἴσχυον ἀπὸ τοῦ πλήθους τῶν ἰχθύων.
21:11 ἀνέβη οὖν Σίμων Πέτρος καὶ **εἵλκυσεν** τὸ δίκτυον εἰς τὴν γῆν μεστὸν ἰχθύων μεγάλων ἑκατὸν πεντήκοντα τριῶν·
Ac 16:19 ἐπιλαβόμενοι τὸν Παῦλον καὶ τὸν Σιλᾶν **εἵλκυσαν** εἰς τὴν ἀγορὰν ἐπὶ τοὺς ἄρχοντας
21:30 καὶ ἐπιλαβόμενοι τοῦ Παύλου **εἷλκον** αὐτὸν ἔξω τοῦ ἱεροῦ καὶ εὐθέως ἐκλείσθησαν αἱ θύραι.
Jas 2: 6 οὐχ οἱ πλούσιοι καταδυναστεύουσιν ὑμῶν καὶ αὐτοὶ **ἕλκουσιν** ὑμᾶς εἰς κριτήρια;

1817 Ἑλλάς [1]

√ *1818*

Ac 20: 2 διελθὼν δὲ τὰ μέρη ἐκεῖνα καὶ παρακαλέσας αὐτοὺς λόγῳ πολλῷ ἦλθεν εἰς τὴν **Ἑλλάδα**

1818 Ἕλλην [25 / 26]

→ *1817, 1819, 1820, 1821, 1822*

Jn 7:35 μὴ εἰς τὴν διασπορὰν τῶν **Ἑλλήνων** μέλλει πορεύεσθαι καὶ διδάσκειν τοὺς **Ἕλληνας;**
12:20 Ἦσαν δὲ **Ἕλληνές** τινες ἐκ τῶν ἀναβαινόντων ἵνα προσκυνήσωσιν ἐν τῇ ἑορτῇ·
Ac 11:20 οἵτινες ἐλθόντες εἰς Ἀντιόχειαν ἐλάλουν καὶ πρὸς τοὺς **Ἕλληνας**[NIV; UBS *1821*] εὐαγγελιζόμενοι τὸν κύριον Ἰησοῦν.
14: 1 εἰς τὴν συναγωγὴν τῶν Ἰουδαίων καὶ λαλῆσαι οὕτως ὥστε πιστεῦσαι Ἰουδαίων τε καὶ **Ἑλλήνων** πολὺ πλῆθος.
16: 1 καὶ ἰδοὺ μαθητής τις ἦν ἐκεῖ ὀνόματι Τιμόθεος, υἱὸς γυναικὸς Ἰουδαίας πιστῆς, πατρὸς δὲ **Ἕλληνος,**
16: 3 ᾔδεισαν γὰρ ἅπαντες ὅτι **Ἕλλην** ὁ πατὴρ αὐτοῦ ὑπῆρχεν.
17: 4 τῶν τε σεβομένων **Ἑλλήνων** πλῆθος πολύ, γυναικῶν τε τῶν πρώτων οὐκ ὀλίγαι.
18: 4 διελέγετο δὲ ἐν τῇ συναγωγῇ κατὰ πᾶν σάββατον ἔπειθέν τε Ἰουδαίους καὶ **Ἕλληνας.**
19:10 ὥστε πάντας τοὺς κατοικοῦντας τὴν Ἀσίαν ἀκοῦσαι τὸν λόγον τοῦ κυρίου, Ἰουδαίους τε καὶ **Ἕλληνας.**
19:17 τοῦτο δὲ ἐγένετο γνωστὸν πᾶσιν Ἰουδαίοις τε καὶ **Ἕλλησιν** τοῖς κατοικοῦσιν τὴν Ἔφεσον καὶ ἐπέπεσεν φόβος ἐπὶ πάντας
20:21 διαμαρτυρόμενος Ἰουδαίοις τε καὶ **Ἕλλησιν** τὴν εἰς θεὸν μετάνοιαν καὶ πίστιν εἰς τὸν κύριον ἡμῶν Ἰησοῦν.
21:28 ἔτι τε καὶ **Ἕλληνας** εἰσήγαγεν εἰς τὸ ἱερὸν καὶ κεκοίνωκεν τὸν ἅγιον τόπον τοῦτον.
Ro 1:14 **Ἕλλησίν** τε καὶ βαρβάροις, σοφοῖς τε καὶ ἀνοήτοις ὀφειλέτης εἰμί,
1:16 δύναμις γὰρ θεοῦ ἐστιν εἰς σωτηρίαν παντὶ τῷ πιστεύοντι, Ἰουδαίῳ τε πρῶτον καὶ **Ἕλληνι.**
2: 9 θλῖψις καὶ στενοχωρία ἐπὶ πᾶσαν ψυχὴν ἀνθρώπου τοῦ κατεργαζομένου τὸ κακόν, Ἰουδαίου τε πρῶτον καὶ **Ἕλληνος·**
2:10 δόξα δὲ καὶ τιμὴ καὶ εἰρήνη παντὶ τῷ ἐργαζομένῳ τὸ ἀγαθόν, Ἰουδαίῳ τε πρῶτον καὶ **Ἕλληνι·**
3: 9 προῃτιασάμεθα γὰρ Ἰουδαίους τε καὶ **Ἕλληνας** πάντας ὑφ' ἁμαρτίαν εἶναι,
10:12 οὐ γάρ ἐστιν διαστολὴ Ἰουδαίου τε καὶ **Ἕλληνος,**
1Co 1:22 ἐπειδὴ καὶ Ἰουδαῖοι σημεῖα αἰτοῦσιν καὶ **Ἕλληνες** σοφίαν ζητοῦσιν,
1:24 αὐτοῖς δὲ τοῖς κλητοῖς, Ἰουδαίοις τε καὶ **Ἕλλησιν,**
10:32 ἀπρόσκοποι καὶ Ἰουδαίοις γίνεσθε καὶ **Ἕλλησιν** καὶ τῇ ἐκκλησίᾳ τοῦ θεοῦ,
12:13 εἴτε Ἰουδαῖοι εἴτε **Ἕλληνες** εἴτε δοῦλοι εἴτε ἐλεύθεροι,
Gal 2: 3 ἀλλ' οὐδὲ Τίτος ὁ σὺν ἐμοί, **Ἕλλην** ὤν, ἠναγκάσθη περιτμηθῆναι·
3:28 οὐκ ἔνι Ἰουδαῖος οὐδὲ **Ἕλλην,** οὐκ ἔνι δοῦλος οὐδὲ ἐλεύθερος,
Col 3:11 ὅπου οὐκ ἔνι **Ἕλλην** καὶ Ἰουδαῖος, περιτομὴ καὶ ἀκροβυστία,

1819 Ἑλληνικός [1]

√ *1818*

Rev 9:11 ὄνομα αὐτῷ Ἑβραϊστὶ Ἀβαδδών, καὶ ἐν τῇ **Ἑλληνικῇ** ὄνομα ἔχει Ἀπολλύων.

1820 Ἑλληνίς [2]

√ *1818*

Mk 7:26 ἡ δὲ γυνὴ ἦν **Ἑλληνίς,** Συροφοινίκισσα τῷ γένει·
Ac 17:12 πολλοὶ μὲν οὖν ἐξ αὐτῶν ἐπίστευσαν καὶ τῶν **Ἑλληνίδων** γυναικῶν τῶν εὐσχημόνων καὶ ἀνδρῶν οὐκ ὀλίγοι.

1821 Ἑλληνιστής [3 / 2]

√ *1818*

Ac 6:1 Ἐν δὲ ταῖς ἡμέραις ταύταις πληθυνόντων τῶν μαθητῶν ἐγένετο γογγυσμὸς τῶν **Ἑλληνιστῶν** πρὸς τοὺς Ἑβραίους,
9:29 ἐλάλει τε καὶ συνεζήτει πρὸς τοὺς **Ἑλληνιστάς,** οἱ δὲ ἐπεχείρουν ἀνελεῖν αὐτόν.
11:20 οἵτινες ἐλθόντες εἰς Ἀντιόχειαν ἐλάλουν καὶ πρὸς τοὺς **Ἑλληνιστὰς**[UBS; NIV *1818*] εὐαγγελιζόμενοι τὸν κύριον Ἰησοῦν.

1822 Ἑλληνιστί [2]

√ *1818*

Jn 19:20 ὅτι ἐγγὺς ἦν ὁ τόπος τῆς πόλεως ὅπου ἐσταυρώθη ὁ Ἰησοῦς· καὶ ἦν γεγραμμένον Ἑβραϊστί, Ῥωμαϊστί, **Ἑλληνιστί.**
Ac 21:37 Εἰ ἔξεστίν μοι εἰπεῖν τι πρὸς σέ; ὁ δὲ ἔφη, **Ἑλληνιστὶ** γινώσκεις;

1823 ἐλλογάω [1]

√ *1877 + 3306*

Phm 1:18 εἰ δέ τι ἠδίκησέν σε ἢ ὀφείλει, τοῦτο ἐμοὶ **ἐλλόγα.**

1824 ἐλλογέω [1]

√ *1877 + 3306*

Ro 5:13 ἄχρι γὰρ νόμου ἁμαρτία ἦν ἐν κόσμῳ, ἁμαρτία δὲ οὐκ **ἐλλογεῖται** μὴ ὄντος νόμου,

1825 Ἐλμαδάμ [1]

→ *1826*

Lk 3:28 τοῦ Μελχὶ τοῦ Ἀδδὶ τοῦ Κωσὰμ τοῦ **Ἐλμαδὰμ** τοῦ Ἢρ

1826 Ἐλμωδάμ Not used in UBS/NIV

√ *1825*

1827 ἐλπίζω [31]

√ *1828*

ἐλπίζω εἰς [3] Jn 5:45; 2Co 1:10; 1Pe 3:5

ἐλπίζω ἐν [2] 1Co 15:19; Php 2:19

ἐλπίζω ἐπί [5] Ro 15:12; 1Ti 4:10; 5:5; 6:17; 1Pe 1:13

Mt 12:21 καὶ τῷ ὀνόματι αὐτοῦ ἔθνη **ἐλπιοῦσιν.**
Lk 6:34 καὶ ἐὰν δανίσητε παρ' ὧν **ἐλπίζετε** λαβεῖν, ποία ὑμῖν χάρις [ἐστίν;]
23:8 ἦν γὰρ ἐξ ἱκανῶν χρόνων θέλων ἰδεῖν αὐτὸν διὰ τὸ ἀκούειν περὶ αὐτοῦ καὶ **ἤλπιζέν** τι σημεῖον ἰδεῖν ὑπ' αὐτοῦ γινόμενον.
24:21 ἡμεῖς δὲ **ἠλπίζομεν** ὅτι αὐτός ἐστιν ὁ μέλλων λυτροῦσθαι τὸν Ἰσραήλ·
Jn 5:45 ἔστιν ὁ κατηγορῶν ὑμῶν Μωϋσῆς, εἰς ὃν ὑμεῖς **ἠλπίκατε.**
Ac 24:26 ἅμα καὶ **ἐλπίζων** ὅτι χρήματα δοθήσεται αὐτῷ ὑπὸ τοῦ Παύλου·
26:7 εἰς ἣν τὸ δωδεκάφυλον ἡμῶν ἐν ἐκτενείᾳ νύκτα καὶ ἡμέραν λατρεῦον **ἐλπίζει** καταντῆσαι,
Ro 8:24 ἐλπὶς δὲ βλεπομένη οὐκ ἔστιν ἐλπίς· ὃ γὰρ βλέπει τίς **ἐλπίζει;**
8:25 εἰ δὲ ὃ οὐ βλέπομεν **ἐλπίζομεν,** δι' ὑπομονῆς ἀπεκδεχόμεθα.
15:12 Ἔσται ἡ ῥίζα τοῦ Ἰεσσαὶ καὶ ὁ ἀνιστάμενος ἄρχειν ἐθνῶν, ἐπ' αὐτῷ ἔθνη **ἐλπιοῦσιν.**
15:24 **ἐλπίζω** γὰρ διαπορευόμενος θεάσασθαι ὑμᾶς καὶ ὑφ' ὑμῶν προπεμφθῆναι ἐκεῖ ἐὰν ὑμῶν πρῶτον ἀπὸ μέρους ἐμπλησθῶ.
1Co 13:7 πάντα στέγει, πάντα πιστεύει, πάντα **ἐλπίζει,** πάντα ὑπομένει.
15:19 εἰ ἐν τῇ ζωῇ ταύτῃ ἐν Χριστῷ **ἠλπικότες** ἐσμὲν μόνον,
16:7 **ἐλπίζω** γὰρ χρόνον τινὰ ἐπιμεῖναι πρὸς ὑμᾶς ἐὰν ὁ κύριος ἐπιτρέψῃ.
2Co 1:10 ὃς ἐκ τηλικούτου θανάτου ἐρρύσατο ἡμᾶς καὶ ῥύσεται, εἰς ὃν **ἠλπίκαμεν** [ὅτι] καὶ ἔτι ῥύσεται,
1:13 οὐ γὰρ ἄλλα γράφομεν ὑμῖν ἀλλ' ἢ ἃ ἀναγινώσκετε ἢ καὶ ἐπιγινώσκετε· **ἐλπίζω** δὲ ὅτι ἕως τέλους ἐπιγνώσεσθε,
5:11 **ἐλπίζω** δὲ καὶ ἐν ταῖς συνειδήσεσιν ὑμῶν πεφανερῶσθαι.
8:5 καὶ οὐ καθὼς **ἠλπίσαμεν** ἀλλ' ἑαυτοὺς ἔδωκαν πρῶτον τῷ κυρίῳ καὶ ἡμῖν διὰ θελήματος θεοῦ
13:6 **ἐλπίζω** δὲ ὅτι γνώσεσθε ὅτι ἡμεῖς οὐκ ἐσμὲν ἀδόκιμοι.
Php 2:19 **Ἐλπίζω** δὲ ἐν κυρίῳ Ἰησοῦ Τιμόθεον ταχέως πέμψαι ὑμῖν,
2:23 τοῦτον μὲν οὖν **ἐλπίζω** πέμψαι ὡς ἂν ἀφίδω τὰ περὶ ἐμὲ ἐξαυτῆς·
1Ti 3:14 Ταῦτά σοι γράφω **ἐλπίζων** ἐλθεῖν πρὸς σὲ ἐν τάχει·
4:10 εἰς τοῦτο γὰρ κοπιῶμεν καὶ ἀγωνιζόμεθα, ὅτι **ἠλπίκαμεν** ἐπὶ θεῷ ζῶντι,
5:5 ἡ δὲ ὄντως χήρα καὶ μεμονωμένη **ἤλπικεν** ἐπὶ θεὸν καὶ προσμένει ταῖς δεήσεσιν καὶ ταῖς προσευχαῖς
6:17 Τοῖς πλουσίοις ἐν τῷ νῦν αἰῶνι παράγγελλε μὴ ὑψηλοφρονεῖν μηδὲ **ἠλπικέναι** ἐπὶ πλούτου ἀδηλότητι ἀλλ' ἐπὶ θεῷ
Phm 1:22 **ἐλπίζω** γὰρ ὅτι διὰ τῶν προσευχῶν ὑμῶν χαρισθήσομαι ὑμῖν.
Heb 11:1 Ἔστιν δὲ πίστις **ἐλπιζομένων** ὑπόστασις, πραγμάτων ἔλεγχος οὐ βλεπομένων.
1Pe 1:13 Διὸ ἀναζωσάμενοι τὰς ὀσφύας τῆς διανοίας ὑμῶν νήφοντες τελείως **ἐλπίσατε** ἐπὶ τὴν φερομένην ὑμῖν χάριν
3:5 οὕτως γάρ ποτε καὶ αἱ ἅγιαι γυναῖκες αἱ **ἐλπίζουσαι** εἰς θεὸν ἐκόσμουν ἑαυτὰς ὑποτασσόμεναι τοῖς ἰδίοις ἀνδράσιν,
2Jn 1:12 ἀλλὰ **ἐλπίζω** γενέσθαι πρὸς ὑμᾶς καὶ στόμα πρὸς στόμα λαλῆσαι,
3Jn 1:14 **ἐλπίζω** δὲ εὐθέως σε ἰδεῖν, καὶ στόμα πρὸς στόμα λαλήσομεν.

1828 ἐλπίς [53]

→ *594, 1827, 4598*

ἐλπίδι [1] Ro 8:20

ἐλπίς ἔχειν [7] Ac 24:15; Ro 15:4; 2Co 3:12; 10:15; Eph 2:12; 1Th 4:13; 1Jn 3:3

ἐλπίς σωτηρίας [1] 1Th 5:8

μακάριος ἐλπίς [1] Tit 2:13

ὁ θεὸς τῆς ἐλπίδος [1] Ro 15:13

Ac 2:26 ἔτι δὲ καὶ ἡ σάρξ μου κατασκηνώσει ἐπ' **ἐλπίδι,**
16:19 ἰδόντες δὲ οἱ κύριοι αὐτῆς ὅτι ἐξῆλθεν ἡ **ἐλπὶς** τῆς ἐργασίας αὐτῶν,
23:6 υἱὸς Φαρισαίων, περὶ **ἐλπίδος** καὶ ἀναστάσεως νεκρῶν [ἐγὼ] κρίνομαι.
24:15 **ἐλπίδα** ἔχων εἰς τὸν θεὸν ἣν καὶ αὐτοὶ οὗτοι προσδέχονται,
26:6 καὶ νῦν ἐπ' **ἐλπίδι** τῆς εἰς τοὺς πατέρας ἡμῶν ἐπαγγελίας γενομένης ὑπὸ τοῦ θεοῦ ἕστηκα κρινόμενος,
26:7 εἰς ἣν τὸ δωδεκάφυλον ἡμῶν ἐν ἐκτενείᾳ νύκτα καὶ ἡμέραν λατρεῦον ἐλπίζει καταντῆσαι, περὶ ἧς **ἐλπίδος** ἐγκαλοῦμαι
27:20 χειμῶνός τε οὐκ ὀλίγου ἐπικειμένου, λοιπὸν περιῃρεῖτο **ἐλπὶς** πᾶσα τοῦ σῴζεσθαι ἡμᾶς.
28:20 ἕνεκεν γὰρ τῆς **ἐλπίδος** τοῦ Ἰσραὴλ τὴν ἅλυσιν ταύτην περίκειμαι.
Ro 4:18 ὃς παρ' **ἐλπίδα** ἐπ' **ἐλπίδι** ἐπίστευσεν εἰς τὸ γενέσθαι αὐτὸν πατέρα πολλῶν ἐθνῶν κατὰ τὸ εἰρημένον,
5:2 ἐσχήκαμεν [τῇ πίστει] εἰς τὴν χάριν ταύτην ἐν ᾗ ἑστήκαμεν καὶ καυχώμεθα ἐπ' **ἐλπίδι** τῆς δόξης τοῦ θεοῦ.
5:4 ἡ δὲ ὑπομονὴ δοκιμήν, ἡ δὲ δοκιμὴ **ἐλπίδα.**
5:5 ἡ δὲ **ἐλπὶς** οὐ καταισχύνει, ὅτι ἡ ἀγάπη τοῦ θεοῦ ἐκκέχυται ἐν ταῖς καρδίαις ἡμῶν διὰ πνεύματος ἁγίου τοῦ δοθέντος ἡμῖν.
8:20 οὐχ ἑκοῦσα ἀλλὰ διὰ τὸν ὑποτάξαντα, ἐφ' **ἐλπίδι**
8:24 τῇ γὰρ **ἐλπίδι** ἐσώθημεν· **ἐλπὶς** δὲ βλεπομένη οὐκ ἔστιν **ἐλπίς·**
12:12 τῇ **ἐλπίδι** χαίροντες, τῇ θλίψει ὑπομένοντες, τῇ προσευχῇ προσκαρτεροῦντες,
15:4 ἵνα διὰ τῆς ὑπομονῆς καὶ διὰ τῆς παρακλήσεως τῶν γραφῶν τὴν **ἐλπίδα** ἔχωμεν.

15: 13 ὁ δὲ θεὸς τῆς **ἐλπίδος** πληρώσαι ὑμᾶς πάσης χαρᾶς καὶ εἰρήνης ἐν τῷ πιστεύειν, εἰς τὸ περισσεύειν ὑμᾶς ἐν τῇ **ἐλπίδι** ἐν δυνάμει πνεύματος ἁγίου.
1Co 9: 10 δι' ἡμᾶς γὰρ ἐγράφη ὅτι ὀφείλει ἐπ' **ἐλπίδι** ὁ ἀροτριῶν ἀροτριᾶν καὶ ὁ ἀλοῶν ἐπ' **ἐλπίδι** τοῦ μετέχειν.
13: 13 νυνὶ δὲ μένει πίστις, **ἐλπίς,** ἀγάπη, τὰ τρία ταῦτα·
2Co 1: 7 καὶ ἡ **ἐλπὶς** ἡμῶν βεβαία ὑπὲρ ὑμῶν εἰδότες ὅτι ὡς κοινωνοί ἐστε τῶν παθημάτων,
3: 12 Ἔχοντες οὖν τοιαύτην **ἐλπίδα** πολλῇ παρρησίᾳ χρώμεθα
10: 15 **ἐλπίδα** δὲ ἔχοντες αὐξανομένης τῆς πίστεως ὑμῶν ἐν ὑμῖν μεγαλυνθῆναι κατὰ τὸν κανόνα ἡμῶν εἰς περισσείαν
Gal 5: 5 ἡμεῖς γὰρ πνεύματι ἐκ πίστεως **ἐλπίδα** δικαιοσύνης ἀπεκδεχόμεθα.
Eph 1: 18 πεφωτισμένους τοὺς ὀφθαλμοὺς τῆς καρδίας [ὑμῶν] εἰς τὸ εἰδέναι ὑμᾶς τίς ἐστιν ἡ **ἐλπὶς** τῆς κλήσεως αὐτοῦ,
2: 12 **ἐλπίδα** μὴ ἔχοντες καὶ ἄθεοι ἐν τῷ κόσμῳ.
4: 4 καθὼς καὶ ἐκλήθητε ἐν μιᾷ **ἐλπίδι** τῆς κλήσεως ὑμῶν·
Php 1: 20 κατὰ τὴν ἀποκαραδοκίαν καὶ **ἐλπίδα** μου, ὅτι ἐν οὐδενὶ αἰσχυνθήσομαι ἀλλ' ἐν πάσῃ παρρησίᾳ ὡς πάντοτε
Col 1: 5 διὰ τὴν **ἐλπίδα** τὴν ἀποκειμένην ὑμῖν ἐν τοῖς οὐρανοῖς,
1: 23 εἴ γε ἐπιμένετε τῇ πίστει τεθεμελιωμένοι καὶ ἑδραῖοι καὶ μὴ μετακινούμενοι ἀπὸ τῆς **ἐλπίδος** τοῦ εὐαγγελίου οὗ ἠκούσατε,
1: 27 ὅ ἐστιν Χριστὸς ἐν ὑμῖν, ἡ **ἐλπὶς** τῆς δόξης·
1Th 1: 3 ὑμῶν τοῦ ἔργου τῆς πίστεως καὶ τοῦ κόπου τῆς ἀγάπης καὶ τῆς ὑπομονῆς τῆς **ἐλπίδος** τοῦ κυρίου ἡμῶν Ἰησοῦ Χριστοῦ
2: 19 τίς γὰρ ἡμῶν **ἐλπὶς** ἢ χαρὰ ἢ στέφανος καυχήσεως–
4: 13 ἵνα μὴ λυπῆσθε καθὼς καὶ οἱ λοιποὶ οἱ μὴ ἔχοντες **ἐλπίδα.**
5: 8 ἡμεῖς δὲ ἡμέρας ὄντες νήφωμεν ἐνδυσάμενοι θώρακα πίστεως καὶ ἀγάπης καὶ περικεφαλαίαν **ἐλπίδα** σωτηρίας·
2Th 2: 16 καὶ [ὁ] θεὸς ὁ πατὴρ ἡμῶν ὁ ἀγαπήσας ἡμᾶς καὶ δοὺς παράκλησιν αἰωνίαν καὶ **ἐλπίδα** ἀγαθὴν ἐν χάριτι,
1Ti 1: 1 Παῦλος ἀπόστολος Χριστοῦ Ἰησοῦ κατ' ἐπιταγὴν θεοῦ σωτῆρος ἡμῶν καὶ Χριστοῦ Ἰησοῦ τῆς **ἐλπίδος** ἡμῶν
Tit 1: 2 ἐπ' **ἐλπίδι** ζωῆς αἰωνίου, ἣν ἐπηγγείλατο ὁ ἀψευδὴς θεὸς πρὸ χρόνων αἰωνίων,
2: 13 προσδεχόμενοι τὴν μακαρίαν **ἐλπίδα** καὶ ἐπιφάνειαν τῆς δόξης τοῦ μεγάλου θεοῦ καὶ σωτῆρος ἡμῶν Ἰησοῦ Χριστοῦ,
3: 7 ἵνα δικαιωθέντες τῇ ἐκείνου χάριτι κληρονόμοι γενηθῶμεν κατ' **ἐλπίδα** ζωῆς αἰωνίου.
Heb 3: 6 ἐάν[περ] τὴν παρρησίαν καὶ τὸ καύχημα τῆς **ἐλπίδος** κατάσχωμεν.
6: 11 ἐπιθυμοῦμεν δὲ ἕκαστον ὑμῶν τὴν αὐτὴν ἐνδείκνυσθαι σπουδὴν πρὸς τὴν πληροφορίαν τῆς **ἐλπίδος** ἄχρι τέλους,
6: 18 ἰσχυρὰν παράκλησιν ἔχωμεν οἱ καταφυγόντες κρατῆσαι τῆς προκειμένης **ἐλπίδος·**
7: 19 ἐπεισαγωγὴ δὲ κρείττονος **ἐλπίδος** δι' ἧς ἐγγίζομεν τῷ θεῷ.
10: 23 κατέχωμεν τὴν ὁμολογίαν τῆς **ἐλπίδος** ἀκλινῆ, πιστὸς γὰρ ὁ ἐπαγγειλάμενος,
1Pe 1: 3 ὁ κατὰ τὸ πολὺ αὐτοῦ ἔλεος ἀναγεννήσας ἡμᾶς εἰς **ἐλπίδα** ζῶσαν δι' ἀναστάσεως Ἰησοῦ Χριστοῦ ἐκ νεκρῶν,
1: 21 ὥστε τὴν πίστιν ὑμῶν καὶ **ἐλπίδα** εἶναι εἰς θεόν.
3: 15 ἕτοιμοι ἀεὶ πρὸς ἀπολογίαν παντὶ τῷ αἰτοῦντι ὑμᾶς λόγον περὶ τῆς ἐν ὑμῖν **ἐλπίδος,**
1Jn 3: 3 καὶ πᾶς ὁ ἔχων τὴν **ἐλπίδα** ταύτην ἐπ' αὐτῷ ἁγνίζει ἑαυτόν,

1829 Ἐλύμας [1]

√ *cf. 2287*

Ac 13: 8 ἀνθίστατο δὲ αὐτοῖς **Ἐλύμας** ὁ μάγος, οὕτως γὰρ μεθερμηνεύεται τὸ ὄνομα αὐτοῦ,

1830 ἐλωΐ [2 / 4]

√ *cf. 2458*

Mt 27: 46 περὶ δὲ τὴν ἐνάτην ὥραν ἀνεβόησεν ὁ Ἰησοῦς φωνῇ μεγάλῃ λέγων, **Ελωι ελωι**[NIV; UBS 2x *2458*] λεμα σαβαχθανι;
Mk 15: 34 καὶ τῇ ἐνάτῃ ὥρᾳ ἐβόησεν ὁ Ἰησοῦς φωνῇ μεγάλῃ, **Ελωι ελωι** λεμα σαβαχθανι;

1831 ἐμαυτοῦ [37]

√ *1609 + 899*

ἀπ' ἐμαυτοῦ [7] Jn 5:30; 7:17,28; 8:28,42; 10:18; 14:10

Mt 8: 9 ἔχων ὑπ' **ἐμαυτὸν** στρατιώτας, καὶ λέγω τούτῳ, Πορεύθητι,
Lk 7: 7 διὸ οὐδὲ **ἐμαυτὸν** ἠξίωσα πρὸς σὲ ἐλθεῖν· ἀλλὰ εἰπὲ λόγῳ,
7: 8 καὶ γὰρ ἐγὼ ἄνθρωπός εἰμι ὑπὸ ἐξουσίαν τασσόμενος ἔχων ὑπ' **ἐμαυτὸν** στρατιώτας,
Jn 5: 30 Οὐ δύναμαι ἐγὼ ποιεῖν ἀπ' **ἐμαυτοῦ** οὐδέν· καθὼς ἀκούω κρίνω,
5: 31 ἐὰν ἐγὼ μαρτυρῶ περὶ **ἐμαυτοῦ,** ἡ μαρτυρία μου οὐκ ἔστιν ἀληθής·
7: 17 γνώσεται περὶ τῆς διδαχῆς πότερον ἐκ τοῦ θεοῦ ἐστιν ἢ ἐγὼ ἀπ' **ἐμαυτοῦ** λαλῶ.
7: 28 καὶ ἀπ' **ἐμαυτοῦ** οὐκ ἐλήλυθα, ἀλλ' ἔστιν ἀληθινὸς ὁ πέμψας με,
8: 14 Κἂν ἐγὼ μαρτυρῶ περὶ **ἐμαυτοῦ,** ἀληθής ἐστιν ἡ μαρτυρία μου,
8: 18 ἐγώ εἰμι ὁ μαρτυρῶν περὶ **ἐμαυτοῦ** καὶ μαρτυρεῖ περὶ ἐμοῦ ὁ πέμψας με πατήρ.
8: 28 τότε γνώσεσθε ὅτι ἐγώ εἰμι, καὶ ἀπ' **ἐμαυτοῦ** ποιῶ οὐδέν,
8: 42 οὐδὲ γὰρ ἀπ' **ἐμαυτοῦ** ἐλήλυθα, ἀλλ' ἐκεῖνός με ἀπέστειλεν.
8: 54 ἀπεκρίθη Ἰησοῦς, Ἐὰν ἐγὼ δοξάσω **ἐμαυτόν,** ἡ δόξα μου οὐδέν ἐστιν·
10: 18 οὐδεὶς αἴρει αὐτὴν ἀπ' ἐμοῦ, ἀλλ' ἐγὼ τίθημι αὐτὴν ἀπ' **ἐμαυτοῦ.**
12: 32 κἀγὼ ἐὰν ὑψωθῶ ἐκ τῆς γῆς, πάντας ἑλκύσω πρὸς **ἐμαυτόν.**
12: 49 ὅτι ἐγὼ ἐξ **ἐμαυτοῦ** οὐκ ἐλάλησα, ἀλλ' ὁ πέμψας με πατὴρ αὐτός μοι ἐντολὴν δέδωκεν τί εἴπω καὶ τί λαλήσω.
14: 3 πάλιν ἔρχομαι καὶ παραλήμψομαι ὑμᾶς πρὸς **ἐμαυτόν,** ἵνα ὅπου εἰμὶ ἐγὼ καὶ ὑμεῖς ἦτε.
14: 10 τὰ ῥήματα ἃ ἐγὼ λέγω ὑμῖν ἀπ' **ἐμαυτοῦ** οὐ λαλῶ,
14: 21 ὁ δὲ ἀγαπῶν με ἀγαπηθήσεται ὑπὸ τοῦ πατρός μου, κἀγὼ ἀγαπήσω αὐτὸν καὶ ἐμφανίσω αὐτῷ **ἐμαυτόν.**
17: 19 καὶ ὑπὲρ αὐτῶν ἐγὼ ἁγιάζω **ἐμαυτόν,** ἵνα ὦσιν καὶ αὐτοὶ ἡγιασμένοι ἐν ἀληθείᾳ.
Ac 20: 24 ἀλλ' οὐδενὸς λόγου ποιοῦμαι τὴν ψυχὴν τιμίαν **ἐμαυτῷ** ὡς τελειώσαι τὸν δρόμον μου καὶ τὴν διακονίαν ἣν ἔλαβον
24: 10 Ἐκ πολλῶν ἐτῶν ὄντα σε κριτὴν τῷ ἔθνει τούτῳ ἐπιστάμενος εὐθύμως τὰ περὶ **ἐμαυτοῦ** ἀπολογοῦμαι,
26: 2 ἥγημαι **ἐμαυτὸν** μακάριον ἐπὶ σοῦ μέλλων σήμερον ἀπολογεῖσθαι
26: 9 ἐγὼ μὲν οὖν ἔδοξα **ἐμαυτῷ** πρὸς τὸ ὄνομα Ἰησοῦ τοῦ Ναζωραίου δεῖν πολλὰ ἐναντία πρᾶξαι,
Ro 11: 4 Κατέλιπον **ἐμαυτῷ** ἑπτακισχιλίους ἄνδρας, οἵτινες οὐκ ἔκαμψαν γόνυ τῇ Βάαλ.
1Co 4: 3 ἵνα ὑφ' ὑμῶν ἀνακριθῶ ἢ ὑπὸ ἀνθρωπίνης ἡμέρας· ἀλλ' οὐδὲ **ἐμαυτὸν** ἀνακρίνω.
4: 4 οὐδὲν γὰρ **ἐμαυτῷ** σύνοιδα, ἀλλ' οὐκ ἐν τούτῳ δεδικαίωμαι,
4: 6 ἀδελφοί, μετεσχημάτισα εἰς **ἐμαυτὸν** καὶ Ἀπολλῶν δι' ὑμᾶς,
7: 7 θέλω δὲ πάντας ἀνθρώπους εἶναι ὡς καὶ **ἐμαυτόν·**
9: 19 Ἐλεύθερος γὰρ ὢν ἐκ πάντων πᾶσιν **ἐμαυτὸν** ἐδούλωσα,
10: 33 καθὼς κἀγὼ πάντα πᾶσιν ἀρέσκω μὴ ζητῶν τὸ **ἐμαυτοῦ** σύμφορον ἀλλὰ τὸ τῶν πολλῶν,
2Co 2: 1 ἔκρινα γὰρ **ἐμαυτῷ** τοῦτο τὸ μὴ πάλιν ἐν λύπῃ πρὸς ὑμᾶς ἐλθεῖν.
11: 7 Ἢ ἁμαρτίαν ἐποίησα **ἐμαυτὸν** ταπεινῶν ἵνα ὑμεῖς ὑψωθῆτε,
11: 9 καὶ ἐν παντὶ ἀβαρῆ **ἐμαυτὸν** ὑμῖν ἐτήρησα καὶ τηρήσω.
12: 5 ὑπὲρ δὲ **ἐμαυτοῦ** οὐ καυχήσομαι εἰ μὴ ἐν ταῖς ἀσθενείαις.
Gal 2: 18 εἰ γὰρ ἃ κατέλυσα ταῦτα πάλιν οἰκοδομῶ, παραβάτην **ἐμαυτὸν** συνιστάνω.
Php 3: 13 ἀδελφοί, ἐγὼ **ἐμαυτὸν** οὐ λογίζομαι κατειληφέναι· ἓν δέ,
Phm 1: 13 ὃν ἐγὼ ἐβουλόμην πρὸς **ἐμαυτὸν** κατέχειν, ἵνα ὑπὲρ σοῦ μοι διακονῇ ἐν τοῖς δεσμοῖς τοῦ εὐαγγελίου,

1832 ἐμβαίνω [16]

√ *1877 + 326*

Mt 8: 23 Καὶ **ἐμβάντι** αὐτῷ εἰς τὸ πλοῖον ἠκολούθησαν αὐτῷ οἱ μαθηταὶ αὐτοῦ.
9: 1 Καὶ **ἐμβὰς** εἰς πλοῖον διεπέρασεν καὶ ἦλθεν εἰς τὴν ἰδίαν πόλιν.
13: 2 καὶ συνήχθησαν πρὸς αὐτὸν ὄχλοι πολλοί, ὥστε αὐτὸν εἰς πλοῖον **ἐμβάντα** καθῆσθαι,
14: 22 Καὶ εὐθέως ἠνάγκασεν τοὺς μαθητὰς **ἐμβῆναι** εἰς τὸ πλοῖον καὶ προάγειν αὐτὸν εἰς τὸ πέραν,
15: 39 Καὶ ἀπολύσας τοὺς ὄχλους **ἐνέβη** εἰς τὸ πλοῖον καὶ ἦλθεν εἰς τὰ ὅρια Μαγαδάν.
Mk 4: 1 ὥστε αὐτὸν εἰς πλοῖον **ἐμβάντα** καθῆσθαι ἐν τῇ θαλάσσῃ,
5: 18 καὶ **ἐμβαίνοντος** αὐτοῦ εἰς τὸ πλοῖον παρεκάλει αὐτὸν ὁ δαιμονισθεὶς ἵνα μετ' αὐτοῦ ᾖ.
6: 45 Καὶ εὐθὺς ἠνάγκασεν τοὺς μαθητὰς αὐτοῦ **ἐμβῆναι** εἰς τὸ πλοῖον καὶ προάγειν εἰς τὸ πέραν πρὸς Βηθσαϊδάν,

8:10 Καὶ εὐθὺς **ἐμβὰς** εἰς τὸ πλοῖον μετὰ τῶν μαθητῶν αὐτοῦ ἦλθεν εἰς τὰ μέρη Δαλμανουθά.
8:13 καὶ ἀφεὶς αὐτοὺς πάλιν **ἐμβὰς** ἀπῆλθεν εἰς τὸ πέραν.
Lk 5: 3 **ἐμβὰς** δὲ εἰς ἓν τῶν πλοίων, ὃ ἦν Σίμωνος,
8:22 Ἐγένετο δὲ ἐν μιᾷ τῶν ἡμερῶν καὶ αὐτὸς **ἐνέβη** εἰς πλοῖον καὶ οἱ μαθηταὶ αὐτοῦ καὶ εἶπεν πρὸς αὐτούς,
8:37 ὅτι φόβῳ μεγάλῳ συνείχοντο· αὐτὸς δὲ **ἐμβὰς** εἰς πλοῖον ὑπέστρεψεν.
Jn 6:17 καὶ **ἐμβάντες** εἰς πλοῖον ἤρχοντο πέραν τῆς θαλάσσης εἰς Καφαρναούμ.
6:24 **ἐνέβησαν** αὐτοὶ εἰς τὰ πλοιάρια καὶ ἦλθον εἰς Καφαρναοὺμ ζητοῦντες τὸν Ἰησοῦν.
21: 3 ἐξῆλθον καὶ **ἐνέβησαν** εἰς τὸ πλοῖον, καὶ ἐν ἐκείνῃ τῇ νυκτὶ ἐπίασαν οὐδέν.

1833 ἐμβάλλω [1]

√ *1877 + 965*

Lk 12: 5 φοβήθητε τὸν μετὰ τὸ ἀποκτεῖναι ἔχοντα ἐξουσίαν **ἐμβαλεῖν** εἰς τὴν γέενναν.

1834 ἐμβαπτίζω Not used in UBS/NIV

√ *1877 + 970*

1835 ἐμβάπτω [2]

√ *1877 + 970*

Mt 26:23 Ὁ **ἐμβάψας** μετ᾽ ἐμοῦ τὴν χεῖρα ἐν τῷ τρυβλίῳ οὗτός με παραδώσει.
Mk 14:20 Εἷς τῶν δώδεκα, ὁ **ἐμβαπτόμενος** μετ᾽ ἐμοῦ εἰς τὸ τρύβλιον.

1836 ἐμβατεύω [1]

√ *1877 + 326*

Col 2:18 ἃ ἑόρακεν **ἐμβατεύων,** εἰκῇ φυσιούμενος ὑπὸ τοῦ νοὸς τῆς σαρκὸς αὐτοῦ,

1837 ἐμβιβάζω [1]

√ *1877 + 326*

Ac 27: 6 κἀκεῖ εὑρὼν ὁ ἑκατοντάρχης πλοῖον Ἀλεξανδρῖνον πλέον εἰς τὴν Ἰταλίαν **ἐνεβίβασεν** ἡμᾶς εἰς αὐτό.

1838 ἐμβλέπω [12]

√ *1877 + 1063*

Mt 6:26 **ἐμβλέψατε** εἰς τὰ πετεινὰ τοῦ οὐρανοῦ ὅτι οὐ σπείρουσιν οὐδὲ θερίζουσιν οὐδὲ συνάγουσιν εἰς ἀποθήκας,
19:26 **ἐμβλέψας** δὲ ὁ Ἰησοῦς εἶπεν αὐτοῖς, Παρὰ ἀνθρώποις τοῦτο ἀδύνατόν ἐστιν,
Mk 8:25 καὶ διέβλεψεν καὶ ἀπεκατέστη καὶ **ἐνέβλεπεν** τηλαυγῶς ἅπαντα.
10:21 ὁ δὲ Ἰησοῦς **ἐμβλέψας** αὐτῷ ἠγάπησεν αὐτὸν καὶ εἶπεν αὐτῷ,
10:27 **ἐμβλέψας** αὐτοῖς ὁ Ἰησοῦς λέγει, Παρὰ ἀνθρώποις ἀδύνατον,
14:67 καὶ ἰδοῦσα τὸν Πέτρον θερμαινόμενον **ἐμβλέψασα** αὐτῷ λέγει,
Lk 20:17 ὁ δὲ **ἐμβλέψας** αὐτοῖς εἶπεν, Τί οὖν ἐστιν τὸ γεγραμμένον τοῦτο·
22:61 καὶ στραφεὶς ὁ κύριος **ἐνέβλεψεν** τῷ Πέτρῳ, καὶ ὑπεμνήσθη ὁ Πέτρος τοῦ ῥήματος τοῦ κυρίου ὡς εἶπεν αὐτῷ
Jn 1:36 καὶ **ἐμβλέψας** τῷ Ἰησοῦ περιπατοῦντι λέγει, Ἴδε ὁ ἀμνὸς τοῦ θεοῦ.
1:42 **ἐμβλέψας** αὐτῷ ὁ Ἰησοῦς εἶπεν, Σὺ εἶ Σίμων ὁ υἱὸς Ἰωάννου,
Ac 1:11 Ἄνδρες Γαλιλαῖοι, τί ἑστήκατε **[ἐμ]βλέποντες** εἰς τὸν οὐρανόν;
22:11 ὡς δὲ οὐκ **ἐνέβλεπον** ἀπὸ τῆς δόξης τοῦ φωτὸς ἐκείνου,

1839 ἐμβριμάομαι [5]

√ *1877 + 1102*

Mt 9:30 καὶ **ἐνεβριμήθη** αὐτοῖς ὁ Ἰησοῦς λέγων, Ὁρᾶτε μηδεὶς γινωσκέτω.
Mk 1:43 καὶ **ἐμβριμησάμενος** αὐτῷ εὐθὺς ἐξέβαλεν αὐτόν
14: 5 ἠδύνατο γὰρ τοῦτο τὸ μύρον πραθῆναι ἐπάνω δηναρίων τριακοσίων καὶ δοθῆναι τοῖς πτωχοῖς· καὶ **ἐνεβριμῶντο** αὐτῇ.
Jn 11:33 εἶδεν αὐτὴν κλαίουσαν καὶ τοὺς συνελθόντας αὐτῇ Ἰουδαίους κλαίοντας, **ἐνεβριμήσατο** τῷ πνεύματι καὶ ἐτάραξεν ἑαυτὸν
11:38 Ἰησοῦς οὖν πάλιν **ἐμβριμώμενος** ἐν ἑαυτῷ ἔρχεται εἰς τὸ μνημεῖον·

1840 ἐμέω [1]

Rev 3:16 οὕτως ὅτι χλιαρὸς εἶ καὶ οὔτε ζεστὸς οὔτε ψυχρός, μέλλω σε **ἐμέσαι** ἐκ τοῦ στόματός μου.

1841 ἐμμαίνομαι [1]

√ *1877 + 3419*

Ac 26:11 καὶ κατὰ πάσας τὰς συναγωγὰς πολλάκις τιμωρῶν αὐτοὺς ἠνάγκαζον βλασφημεῖν περισσῶς τε **ἐμμαινόμενος** αὐτοῖς

1842 Ἐμμανουήλ [1]

Mt 1:23 καὶ καλέσουσιν τὸ ὄνομα αὐτοῦ **Ἐμμανουήλ,** ὅ ἐστιν μεθερμηνευόμενον Μεθ᾽ ἡμῶν ὁ θεός.

1843 Ἐμμαοῦς [1]

√ *cf. 4035*

Lk 24:13 ἐν αὐτῇ τῇ ἡμέρᾳ ἦσαν πορευόμενοι εἰς κώμην ἀπέχουσαν σταδίους ἑξήκοντα ἀπὸ Ἰερουσαλήμ, ᾗ ὄνομα **Ἐμμαοῦς,**

1844 ἐμμένω [4]

√ *1877 + 3531*

Ac 14:22 παρακαλοῦντες **ἐμμένειν** τῇ πίστει καὶ ὅτι διὰ πολλῶν θλίψεων δεῖ ἡμᾶς εἰσελθεῖν εἰς τὴν βασιλείαν τοῦ θεοῦ.
28:30 **Ἐνέμεινεν** δὲ διετίαν ὅλην ἐν ἰδίῳ μισθώματι καὶ ἀπεδέχετο πάντας τοὺς εἰσπορευομένους πρὸς αὐτόν,
Gal 3:10 γέγραπται γὰρ ὅτι Ἐπικατάρατος πᾶς ὃς οὐκ **ἐμμένει** πᾶσιν τοῖς γεγραμμένοις ἐν τῷ βιβλίῳ τοῦ νόμου τοῦ ποιῆσαι αὐτά.
Heb 8: 9 ὅτι αὐτοὶ οὐκ **ἐνέμειναν** ἐν τῇ διαθήκῃ μου,

1845 ἐμμέσῳ Not used in UBS/NIV

√ *1877 + 3545*

1846 Ἐμμώρ [1]

Ac 7:16 καὶ ἐτέθησαν ἐν τῷ μνήματι ᾧ ὠνήσατο Ἀβραὰμ τιμῆς ἀργυρίου παρὰ τῶν υἱῶν **Ἐμμὼρ** ἐν Συχέμ.

1847 ἐμός [75]

√ *1609*

as a noun **τὸ ἐμόν, τὰ ἐμά** [9] Mt 20:15; 25:27; Lk 15:31; Jn 10:14,14; 16:14,15; 17:10,10

Mt 18:20 οὗ γάρ εἰσιν δύο ἢ τρεῖς συνηγμένοι εἰς τὸ **ἐμὸν** ὄνομα,
20:15 [ἢ] οὐκ ἔξεστίν μοι ὃ θέλω ποιῆσαι ἐν τοῖς **ἐμοῖς;**
20:23 τὸ δὲ καθίσαι ἐκ δεξιῶν μου καὶ ἐξ εὐωνύμων οὐκ ἔστιν **ἐμὸν** [τοῦτο] δοῦναι,
25:27 καὶ ἐλθὼν ἐγὼ ἐκομισάμην ἂν τὸ **ἐμὸν** σὺν τόκῳ.
Mk 8:38 ὃς γὰρ ἐὰν ἐπαισχυνθῇ με καὶ τοὺς **ἐμοὺς** λόγους ἐν τῇ γενεᾷ ταύτῃ τῇ μοιχαλίδι καὶ ἁμαρτωλῷ,
10:40 τὸ δὲ καθίσαι ἐκ δεξιῶν μου ἢ ἐξ εὐωνύμων οὐκ ἔστιν **ἐμὸν** δοῦναι,
Lk 9:26 ὃς γὰρ ἂν ἐπαισχυνθῇ με καὶ τοὺς **ἐμοὺς** λόγους,
15:31 σὺ πάντοτε μετ᾽ ἐμοῦ εἶ, καὶ πάντα τὰ **ἐμὰ** σά ἐστιν·
22:19 Τοῦτό ἐστιν τὸ σῶμά μου τὸ ὑπὲρ ὑμῶν διδόμενον· τοῦτο ποιεῖτε εἰς τὴν **ἐμὴν** ἀνάμνησιν.
Jn 3:29 ὁ ἑστηκὼς καὶ ἀκούων αὐτοῦ χαρᾷ χαίρει διὰ τὴν φωνὴν τοῦ νυμφίου. αὕτη οὖν ἡ χαρὰ ἡ **ἐμὴ** πεπλήρωται.
4:34 **Ἐμὸν** βρῶμά ἐστιν ἵνα ποιήσω τὸ θέλημα τοῦ πέμψαντός με καὶ τελειώσω αὐτοῦ τὸ ἔργον.
5:30 καθὼς ἀκούω κρίνω, καὶ ἡ κρίσις ἡ **ἐμὴ** δικαία ἐστίν, ὅτι οὐ ζητῶ τὸ θέλημα τὸ **ἐμὸν** ἀλλὰ τὸ θέλημα τοῦ πέμψαντός με.
5:47 εἰ δὲ τοῖς ἐκείνου γράμμασιν οὐ πιστεύετε, πῶς τοῖς **ἐμοῖς** ῥήμασιν πιστεύσετε;
6:38 ὅτι καταβέβηκα ἀπὸ τοῦ οὐρανοῦ οὐχ ἵνα ποιῶ τὸ θέλημα τὸ **ἐμὸν** ἀλλὰ τὸ θέλημα τοῦ πέμψαντός με.
7: 6 λέγει οὖν αὐτοῖς ὁ Ἰησοῦς, Ὁ καιρὸς ὁ **ἐμὸς** οὔπω πάρεστιν,

7: 8 ἐγὼ οὐκ ἀναβαίνω εἰς τὴν ἑορτὴν ταύτην, ὅτι ὁ **ἐμὸς** καιρὸς οὔπω πεπλήρωται.
7:16 Ἡ **ἐμὴ** διδαχὴ οὐκ ἔστιν **ἐμὴ** ἀλλὰ τοῦ πέμψαντός με·
8:16 ἡ κρίσις ἡ **ἐμὴ** ἀληθινή ἐστιν, ὅτι μόνος οὐκ εἰμί,
8:31 Ἐὰν ὑμεῖς μείνητε ἐν τῷ λόγῳ τῷ **ἐμῷ,**
8:37 ὅτι ὁ λόγος ὁ **ἐμὸς** οὐ χωρεῖ ἐν ὑμῖν.
8:43 διὰ τί τὴν λαλιὰν τὴν **ἐμὴν** οὐ γινώσκετε; ὅτι οὐ δύνασθε ἀκούειν τὸν λόγον τὸν **ἐμόν.**
8:51 ἀμὴν ἀμὴν λέγω ὑμῖν, ἐάν τις τὸν **ἐμὸν** λόγον τηρήσῃ,
8:56 Ἀβραὰμ ὁ πατὴρ ὑμῶν ἠγαλλιάσατο ἵνα ἴδῃ τὴν ἡμέραν τὴν **ἐμήν,**
10:14 Ἐγώ εἰμι ὁ ποιμὴν ὁ καλὸς καὶ γινώσκω τὰ **ἐμὰ** καὶ γινώσκουσί με τὰ **ἐμά,**
10:26 ὅτι οὐκ ἐστὲ ἐκ τῶν προβάτων τῶν **ἐμῶν.**
10:27 τὰ πρόβατα τὰ **ἐμὰ** τῆς φωνῆς μου ἀκούουσιν,
12:26 καὶ ὅπου εἰμὶ ἐγὼ ἐκεῖ καὶ ὁ διάκονος ὁ **ἐμὸς** ἔσται·
13:35 ἐν τούτῳ γνώσονται πάντες ὅτι **ἐμοὶ** μαθηταί ἐστε,
14:15 Ἐὰν ἀγαπᾶτέ με, τὰς ἐντολὰς τὰς **ἐμὰς** τηρήσετε·
14:24 καὶ ὁ λόγος ὃν ἀκούετε οὐκ ἔστιν **ἐμὸς** ἀλλὰ τοῦ πέμψαντός με πατρός.
14:27 Εἰρήνην ἀφίημι ὑμῖν, εἰρήνην τὴν **ἐμὴν** δίδωμι ὑμῖν·
15: 9 κἀγὼ ὑμᾶς ἠγάπησα· μείνατε ἐν τῇ ἀγάπῃ τῇ **ἐμῇ.**
15:11 Ταῦτα λελάληκα ὑμῖν ἵνα ἡ χαρὰ ἡ **ἐμὴ** ἐν ὑμῖν ᾖ καὶ ἡ χαρὰ ὑμῶν πληρωθῇ.
15:12 αὕτη ἐστὶν ἡ ἐντολὴ ἡ **ἐμή,** ἵνα ἀγαπᾶτε ἀλλήλους καθὼς ἠγάπησα ὑμᾶς.
16:14 ὅτι ἐκ τοῦ **ἐμοῦ** λήμψεται καὶ ἀναγγελεῖ ὑμῖν.
16:15 πάντα ὅσα ἔχει ὁ πατὴρ **ἐμά** ἐστιν· διὰ τοῦτο εἶπον ὅτι ἐκ τοῦ **ἐμοῦ** λαμβάνει καὶ ἀναγγελεῖ ὑμῖν.
17:10 καὶ τὰ **ἐμὰ** πάντα σά ἐστιν καὶ τὰ σὰ **ἐμά,**
17:13 νῦν δὲ πρὸς σὲ ἔρχομαι καὶ ταῦτα λαλῶ ἐν τῷ κόσμῳ ἵνα ἔχωσιν τὴν χαρὰν τὴν **ἐμὴν** πεπληρωμένην ἐν ἑαυτοῖς.
17:24 ἵνα θεωρῶσιν τὴν δόξαν τὴν **ἐμήν,** ἣν δέδωκάς μοι ὅτι ἠγάπησάς με πρὸ καταβολῆς κόσμου.
18:36 ἀπεκρίθη Ἰησοῦς, Ἡ βασιλεία ἡ **ἐμὴ** οὐκ ἔστιν ἐκ τοῦ κόσμου τούτου· εἰ ἐκ τοῦ κόσμου τούτου ἦν ἡ βασιλεία ἡ **ἐμή,** οἱ ὑπηρέται οἱ **ἐμοὶ** ἠγωνίζοντο [ἂν] ἵνα μὴ παραδοθῶ τοῖς Ἰουδαίοις· νῦν δὲ ἡ βασιλεία ἡ **ἐμὴ** οὐκ ἔστιν ἐντεῦθεν.
Ro 3: 7 εἰ δὲ ἡ ἀλήθεια τοῦ θεοῦ ἐν τῷ **ἐμῷ** ψεύσματι ἐπερίσσευσεν εἰς τὴν δόξαν αὐτοῦ,
10: 1 ἡ μὲν εὐδοκία τῆς **ἐμῆς** καρδίας καὶ ἡ δέησις πρὸς τὸν θεὸν ὑπὲρ αὐτῶν εἰς σωτηρίαν.
1Co 1:15 ἵνα μή τις εἴπῃ ὅτι εἰς τὸ **ἐμὸν** ὄνομα ἐβαπτίσθητε.
5: 4 ἐν τῷ ὀνόματι τοῦ κυρίου [ἡμῶν] Ἰησοῦ συναχθέντων ὑμῶν καὶ τοῦ **ἐμοῦ** πνεύματος σὺν τῇ δυνάμει τοῦ κυρίου ἡμῶν Ἰησοῦ,
7:40 μακαριωτέρα δέ ἐστιν ἐὰν οὕτως μείνῃ, κατὰ τὴν **ἐμὴν** γνώμην·
9: 3 Ἡ **ἐμὴ** ἀπολογία τοῖς ἐμὲ ἀνακρίνουσίν ἐστιν αὕτη.
11:24 Τοῦτό μού ἐστιν τὸ σῶμα τὸ ὑπὲρ ὑμῶν· τοῦτο ποιεῖτε εἰς τὴν **ἐμὴν** ἀνάμνησιν.
11:25 Τοῦτο τὸ ποτήριον ἡ καινὴ διαθήκη ἐστὶν ἐν τῷ **ἐμῷ** αἵματι· τοῦτο ποιεῖτε, ὁσάκις ἐὰν πίνητε, εἰς τὴν **ἐμὴν** ἀνάμνησιν.
16:18 ἀνέπαυσαν γὰρ τὸ **ἐμὸν** πνεῦμα καὶ τὸ ὑμῶν.
16:21 Ὁ ἀσπασμὸς τῇ **ἐμῇ** χειρὶ Παύλου.
2Co 1:23 Ἐγὼ δὲ μάρτυρα τὸν θεὸν ἐπικαλοῦμαι ἐπὶ τὴν **ἐμὴν** ψυχήν,
2: 3 πεποιθὼς ἐπὶ πάντας ὑμᾶς ὅτι ἡ **ἐμὴ** χαρὰ πάντων ὑμῶν ἐστιν.
8:23 εἴτε ὑπὲρ Τίτου, κοινωνὸς **ἐμὸς** καὶ εἰς ὑμᾶς συνεργός·
Gal 1:13 Ἠκούσατε γὰρ τὴν **ἐμὴν** ἀναστροφήν ποτε ἐν τῷ Ἰουδαϊσμῷ,
6:11 Ἴδετε πηλίκοις ὑμῖν γράμμασιν ἔγραψα τῇ **ἐμῇ** χειρί.
Php 1:26 ἵνα τὸ καύχημα ὑμῶν περισσεύῃ ἐν Χριστῷ Ἰησοῦ ἐν ἐμοὶ διὰ τῆς **ἐμῆς** παρουσίας πάλιν πρὸς ὑμᾶς.
3: 9 μὴ ἔχων **ἐμὴν** δικαιοσύνην τὴν ἐκ νόμου ἀλλὰ τὴν διὰ πίστεως Χριστοῦ,
Col 4:18 Ὁ ἀσπασμὸς τῇ **ἐμῇ** χειρὶ Παύλου. μνημονεύετέ μου τῶν δεσμῶν.
2Th 3:17 Ὁ ἀσπασμὸς τῇ **ἐμῇ** χειρὶ Παύλου, ὅ ἐστιν σημεῖον ἐν πάσῃ ἐπιστολῇ·
Phm 1:10 παρακαλῶ σε περὶ τοῦ **ἐμοῦ** τέκνου, ὃν ἐγέννησα ἐν τοῖς δεσμοῖς,
1:12 ὃν ἀνέπεμψά σοι, αὐτόν, τοῦτ' ἔστιν τὰ **ἐμὰ** σπλάγχνα·
1:19 ἐγὼ Παῦλος ἔγραψα τῇ **ἐμῇ** χειρί, ἐγὼ ἀποτίσω·
2Pe 1:15 σπουδάσω δὲ καὶ ἑκάστοτε ἔχειν ὑμᾶς μετὰ τὴν **ἐμὴν** ἔξοδον τὴν τούτων μνήμην ποιεῖσθαι.
3Jn 1: 4 ἵνα ἀκούω τὰ **ἐμὰ** τέκνα ἐν τῇ ἀληθείᾳ περιπατοῦντα.
Rev 2:20 ἡ λέγουσα ἑαυτὴν προφῆτιν καὶ διδάσκει καὶ πλανᾷ τοὺς **ἐμοὺς** δούλους πορνεῦσαι καὶ φαγεῖν εἰδωλόθυτα.

1848 ἐμπαιγμονή [1]

√ 1877 + 4089

2Pe 3: 3 ἐλεύσονται ἐπ' ἐσχάτων τῶν ἡμερῶν [ἐν] **ἐμπαιγμονῇ** ἐμπαῖκται κατὰ τὰς ἰδίας ἐπιθυμίας αὐτῶν πορευόμενοι

1849 ἐμπαιγμός [1]

√ 1877 + 4089

Heb 11:36 ἕτεροι δὲ **ἐμπαιγμῶν** καὶ μαστίγων πεῖραν ἔλαβον, ἔτι δὲ δεσμῶν καὶ φυλακῆς·

1850 ἐμπαίζω [13]

√ 1877 + 4089

Mt 2:16 Τότε Ἡρῴδης ἰδὼν ὅτι **ἐνεπαίχθη** ὑπὸ τῶν μάγων ἐθυμώθη λίαν,
20:19 καὶ παραδώσουσιν αὐτὸν τοῖς ἔθνεσιν εἰς τὸ **ἐμπαῖξαι** καὶ μαστιγῶσαι καὶ σταυρῶσαι,
27:29 καὶ γονυπετήσαντες ἔμπροσθεν αὐτοῦ **ἐνέπαιξαν** αὐτῷ λέγοντες, Χαῖρε,
27:31 καὶ ὅτε **ἐνέπαιξαν** αὐτῷ, ἐξέδυσαν αὐτὸν τὴν χλαμύδα καὶ ἐνέδυσαν αὐτὸν τὰ ἱμάτια αὐτοῦ καὶ ἀπήγαγον αὐτὸν
27:41 ὁμοίως καὶ οἱ ἀρχιερεῖς **ἐμπαίζοντες** μετὰ τῶν γραμματέων καὶ πρεσβυτέρων ἔλεγον,
Mk 10:34 καὶ **ἐμπαίξουσιν** αὐτῷ καὶ ἐμπτύσουσιν αὐτῷ καὶ μαστιγώσουσιν αὐτὸν καὶ ἀποκτενοῦσιν,
15:20 καὶ ὅτε **ἐνέπαιξαν** αὐτῷ, ἐξέδυσαν αὐτὸν τὴν πορφύραν καὶ ἐνέδυσαν αὐτὸν τὰ ἱμάτια αὐτοῦ.
15:31 ὁμοίως καὶ οἱ ἀρχιερεῖς **ἐμπαίζοντες** πρὸς ἀλλήλους μετὰ τῶν γραμματέων ἔλεγον,
Lk 14:29 ἵνα μήποτε θέντος αὐτοῦ θεμέλιον καὶ μὴ ἰσχύοντος ἐκτελέσαι πάντες οἱ θεωροῦντες ἄρξωνται αὐτῷ **ἐμπαίζειν**
18:32 παραδοθήσεται γὰρ τοῖς ἔθνεσιν καὶ **ἐμπαιχθήσεται** καὶ ὑβρισθήσεται καὶ ἐμπτυσθήσεται
22:63 Καὶ οἱ ἄνδρες οἱ συνέχοντες αὐτὸν **ἐνέπαιζον** αὐτῷ δέροντες,
23:11 ἐξουθενήσας δὲ αὐτὸν [καὶ] ὁ Ἡρῴδης σὺν τοῖς στρατεύμασιν αὐτοῦ καὶ **ἐμπαίξας** περιβαλὼν ἐσθῆτα λαμπρὰν
23:36 **ἐνέπαιξαν** δὲ αὐτῷ καὶ οἱ στρατιῶται προσερχόμενοι, ὄξος προσφέροντες αὐτῷ

1851 ἐμπαίκτης [2]

√ 1877 + 4089

2Pe 3: 3 ἐλεύσονται ἐπ' ἐσχάτων τῶν ἡμερῶν [ἐν] ἐμπαιγμονῇ **ἐμπαῖκται** κατὰ τὰς ἰδίας ἐπιθυμίας αὐτῶν πορευόμενοι
Jude 1:18 Ἐπ' ἐσχάτου [τοῦ] χρόνου ἔσονται **ἐμπαῖκται** κατὰ τὰς ἑαυτῶν ἐπιθυμίας πορευόμενοι τῶν ἀσεβειῶν.

1852 ἐμπέμπω Not used in UBS/NIV

√ 1877 + 4287

1853 ἐμπεριπατέω [1]

√ 1877 + 4309 + 4251

2Co 6:16 εἶπεν ὁ θεὸς ὅτι Ἐνοικήσω ἐν αὐτοῖς καὶ **ἐμπεριπατήσω** καὶ ἔσομαι αὐτῶν θεὸς καὶ αὐτοὶ ἔσονταί μου λαός.

1854 ἐμπιμπλάω Not used in UBS/NIV

√ 1877 + 4398

1855 ἐμπίμπλημι [5]

√ 1877 + 4398

Lk 1:53 πεινῶντας **ἐνέπλησεν** ἀγαθῶν καὶ πλουτοῦντας ἐξαπέστειλεν κενούς.
6:25 οὐαὶ ὑμῖν, οἱ **ἐμπεπλησμένοι** νῦν, ὅτι πεινάσετε. οὐαί,
Jn 6:12 ὡς δὲ **ἐνεπλήσθησαν,** λέγει τοῖς μαθηταῖς αὐτοῦ, Συναγάγετε τὰ περισσεύσαντα κλάσματα,
Ac 14:17 οὐρανόθεν ὑμῖν ὑετοὺς διδοὺς καὶ καιροὺς καρποφόρους, **ἐμπιπλῶν** τροφῆς καὶ εὐφροσύνης τὰς καρδίας ὑμῶν.
Ro 15:24 ἐλπίζω γὰρ διαπορευόμενος θεάσασθαι ὑμᾶς καὶ ὑφ' ὑμῶν προπεμφθῆναι ἐκεῖ ἐὰν ὑμῶν πρῶτον ἀπὸ μέρους **ἐμπλησθῶ.**

1856 ἐμπίμπρημι [1]

√ 1877 + 4399

Mt 22: 7 ὠργίσθη καὶ πέμψας τὰ στρατεύματα αὐτοῦ ἀπώλεσεν τοὺς φονεῖς ἐκείνους καὶ τὴν πόλιν αὐτῶν **ἐνέπρησεν.**

1857 ἐμπιπλάω Not used in UBS/NIV

√ 1877 + 4398

1858 ἐμπίπλημι Not used in UBS/NIV

√ 1877 + 4398

1859 ἐμπίπρημι Not used in UBS/NIV

√ 1877 + 4399

1860 ἐμπίπτω [7]

√ 1877 + 4406

Mt 12:11 Τίς ἔσται ἐξ ὑμῶν ἄνθρωπος ὃς ἕξει πρόβατον ἓν καὶ ἐὰν **ἐμπέσῃ** τοῦτο τοῖς σάββασιν εἰς βόθυνον,

Lk 6:39 Μήτι δύναται τυφλὸς τυφλὸν ὁδηγεῖν; οὐχὶ ἀμφότεροι εἰς βόθυνον **ἐμπεσοῦνται;**

10:36 τίς τούτων τῶν τριῶν πλησίον δοκεῖ σοι γεγονέναι τοῦ **ἐμπεσόντος** εἰς τοὺς λῃστάς;

1Ti 3: 6 ἵνα μὴ τυφωθεὶς εἰς κρίμα **ἐμπέσῃ** τοῦ διαβόλου.

3: 7 ἵνα μὴ εἰς ὀνειδισμὸν **ἐμπέσῃ** καὶ παγίδα τοῦ διαβόλου.

6: 9 οἱ δὲ βουλόμενοι πλουτεῖν **ἐμπίπτουσιν** εἰς πειρασμὸν καὶ παγίδα καὶ ἐπιθυμίας πολλὰς ἀνοήτους καὶ βλαβεράς,

Heb 10:31 φοβερὸν τὸ **ἐμπεσεῖν** εἰς χεῖρας θεοῦ ζῶντος.

1861 ἐμπλέκω [2]

√ 1877 + 4428

2Ti 2: 4 οὐδεὶς στρατευόμενος **ἐμπλέκεται** ταῖς τοῦ βίου πραγματείαις, ἵνα τῷ στρατολογήσαντι ἀρέσῃ.

2Pe 2:20 τούτοις δὲ πάλιν **ἐμπλακέντες** ἡττῶνται, γέγονεν αὐτοῖς τὰ ἔσχατα χείρονα τῶν πρώτων.

1862 ἐμπλοκή [1]

√ 1877 + 4428

1Pe 3: 3 ὧν ἔστω οὐχ ὁ ἔξωθεν **ἐμπλοκῆς** τριχῶν καὶ περιθέσεως χρυσίων ἢ ἐνδύσεως ἱματίων κόσμος

1863 ἐμπνέω [1]

√ 1877 + 4463

Ac 9: 1 Ὁ δὲ Σαῦλος ἔτι **ἐμπνέων** ἀπειλῆς καὶ φόνου εἰς τοὺς μαθητὰς τοῦ κυρίου,

1864 ἐμπορεύομαι [2]

√ 1877 + 4513

Jas 4:13 Σήμερον ἢ αὔριον πορευσόμεθα εἰς τήνδε τὴν πόλιν καὶ ποιήσομεν ἐκεῖ ἐνιαυτὸν καὶ **ἐμπορευσόμεθα** καὶ κερδήσομεν·

2Pe 2: 3 καὶ ἐν πλεονεξίᾳ πλαστοῖς λόγοις ὑμᾶς **ἐμπορεύσονται,** οἷς τὸ κρίμα ἔκπαλαι οὐκ ἀργεῖ καὶ ἡ ἀπώλεια αὐτῶν οὐ νυστάζει.

1865 ἐμπορία [1]

√ 1877 + 4513

Mt 22: 5 ὃς μὲν εἰς τὸν ἴδιον ἀγρόν, ὃς δὲ ἐπὶ τὴν **ἐμπορίαν** αὐτοῦ·

1866 ἐμπόριον [1]

√ 1877 + 4513

Jn 2:16 μὴ ποιεῖτε τὸν οἶκον τοῦ πατρός μου οἶκον **ἐμπορίου.**

1867 ἔμπορος [5]

√ 1877 + 4513

Mt 13:45 Πάλιν ὁμοία ἐστὶν ἡ βασιλεία τῶν οὐρανῶν ἀνθρώπῳ **ἐμπόρῳ** ζητοῦντι καλοὺς μαργαρίτας·

Rev 18: 3 καὶ οἱ βασιλεῖς τῆς γῆς μετ' αὐτῆς ἐπόρνευσαν καὶ οἱ **ἔμποροι** τῆς γῆς ἐκ τῆς δυνάμεως τοῦ στρήνους αὐτῆς ἐπλούτησαν.

18:11 Καὶ οἱ **ἔμποροι** τῆς γῆς κλαίουσιν καὶ πενθοῦσιν ἐπ' αὐτήν,

18:15 οἱ **ἔμποροι** τούτων οἱ πλουτήσαντες ἀπ' αὐτῆς ἀπὸ μακρόθεν στήσονται διὰ τὸν φόβον τοῦ βασανισμοῦ αὐτῆς κλαίοντες

18:23 ὅτι οἱ **ἔμποροί** σου ἦσαν οἱ μεγιστᾶνες τῆς γῆς,

1868 ἐμπρήθω Not used in UBS/NIV

√ 1877 + 4399

1869 ἔμπροσθεν [48 / 47]

√ 1877 + 4639

εἰς τὸ ἔμπροσθεν [1] Lk 19:4

ἔμπροσθεν καὶ ὄπισθεν [1] Rev 4:6

ἔμπροσθεν ποδῶν [2] Rev 19:10; 22:8

πορεύεσθαι ἔμπροσθεν [2] Lk 19:28; Jn 10:4

τοῖς ἔμπροσθεν [1] Php 3:13

Mt 5:16 οὕτως λαμψάτω τὸ φῶς ὑμῶν **ἔμπροσθεν** τῶν ἀνθρώπων,

5:24 ἄφες ἐκεῖ τὸ δῶρόν σου **ἔμπροσθεν** τοῦ θυσιαστηρίου καὶ ὕπαγε πρῶτον διαλλάγηθι τῷ ἀδελφῷ σου,

6: 1 Προσέχετε [δὲ] τὴν δικαιοσύνην ὑμῶν μὴ ποιεῖν **ἔμπροσθεν** τῶν ἀνθρώπων πρὸς τὸ θεαθῆναι αὐτοῖς·

6: 2 Ὅταν οὖν ποιῇς ἐλεημοσύνην, μὴ σαλπίσῃς **ἔμπροσθέν** σου,

7: 6 Μὴ δῶτε τὸ ἅγιον τοῖς κυσὶν μηδὲ βάλητε τοὺς μαργαρίτας ὑμῶν **ἔμπροσθεν** τῶν χοίρων,

10:32 Πᾶς οὖν ὅστις ὁμολογήσει ἐν ἐμοὶ **ἔμπροσθεν** τῶν ἀνθρώπων, ὁμολογήσω κἀγὼ ἐν αὐτῷ **ἔμπροσθεν** τοῦ πατρός μου τοῦ ἐν [τοῖς] οὐρανοῖς·

10:33 ὅστις δ' ἂν ἀρνήσηταί με **ἔμπροσθεν** τῶν ἀνθρώπων, ἀρνήσομαι κἀγὼ αὐτὸν **ἔμπροσθεν** τοῦ πατρός μου τοῦ ἐν [τοῖς] οὐρανοῖς.

11:10 Ἰδοὺ ἐγὼ ἀποστέλλω τὸν ἄγγελόν μου πρὸ προσώπου σου, ὃς κατασκευάσει τὴν ὁδόν σου **ἔμπροσθέν** σου.

11:26 ναὶ ὁ πατήρ, ὅτι οὕτως εὐδοκία ἐγένετο **ἔμπροσθέν** σου.

17: 2 καὶ μετεμορφώθη **ἔμπροσθεν** αὐτῶν, καὶ ἔλαμψεν τὸ πρόσωπον αὐτοῦ ὡς ὁ ἥλιος,

18:14 οὕτως οὐκ ἔστιν θέλημα **ἔμπροσθεν**[NIV-] τοῦ πατρὸς ὑμῶν τοῦ ἐν οὐρανοῖς ἵνα ἀπόληται ἓν τῶν μικρῶν τούτων.

23:13 ὅτι κλείετε τὴν βασιλείαν τῶν οὐρανῶν **ἔμπροσθεν** τῶν ἀνθρώπων·

25:32 καὶ συναχθήσονται **ἔμπροσθεν** αὐτοῦ πάντα τὰ ἔθνη, καὶ ἀφορίσει αὐτοὺς ἀπ' ἀλλήλων,

26:70 ὁ δὲ ἠρνήσατο **ἔμπροσθεν** πάντων λέγων, Οὐκ οἶδα τί λέγεις.

27:11 Ὁ δὲ Ἰησοῦς ἐστάθη **ἔμπροσθεν** τοῦ ἡγεμόνος· καὶ ἐπηρώτησεν αὐτὸν ὁ ἡγεμὼν λέγων,

27:29 καὶ γονυπετήσαντες **ἔμπροσθεν** αὐτοῦ ἐνέπαιξαν αὐτῷ λέγοντες, Χαῖρε,

Mk 2:12 καὶ ἠγέρθη καὶ εὐθὺς ἄρας τὸν κράβαττον ἐξῆλθεν **ἔμπροσθεν** πάντων,

9: 2 καὶ ἀναφέρει αὐτοὺς εἰς ὄρος ὑψηλὸν κατ' ἰδίαν μόνους. καὶ μετεμορφώθη **ἔμπροσθεν** αὐτῶν,

Lk 5:19 ἀναβάντες ἐπὶ τὸ δῶμα διὰ τῶν κεράμων καθῆκαν αὐτὸν σὺν τῷ κλινιδίῳ εἰς τὸ μέσον **ἔμπροσθεν** τοῦ Ἰησοῦ.

7:27 Ἰδοὺ ἀποστέλλω τὸν ἄγγελόν μου πρὸ προσώπου σου, ὃς κατασκευάσει τὴν ὁδόν σου **ἔμπροσθέν** σου.

10:21 ναὶ ὁ πατήρ, ὅτι οὕτως εὐδοκία ἐγένετο **ἔμπροσθέν** σου.

12: 8 πᾶς ὃς ἂν ὁμολογήσῃ ἐν ἐμοὶ **ἔμπροσθεν** τῶν ἀνθρώπων, καὶ ὁ υἱὸς τοῦ ἀνθρώπου ὁμολογήσει ἐν αὐτῷ **ἔμπροσθεν** τῶν ἀγγέλων τοῦ θεοῦ·

14: 2 καὶ ἰδοὺ ἄνθρωπός τις ἦν ὑδρωπικὸς **ἔμπροσθεν** αὐτοῦ.

19: 4 καὶ προδραμὼν εἰς τὸ **ἔμπροσθεν** ἀνέβη ἐπὶ συκομορέαν ἵνα ἴδῃ αὐτὸν ὅτι ἐκείνης ἤμελλεν διέρχεσθαι.

19:27 τοὺς μὴ θελήσαντάς με βασιλεῦσαι ἐπ' αὐτοὺς ἀγάγετε ὧδε καὶ κατασφάξατε αὐτοὺς **ἔμπροσθέν** μου.

19:28 Καὶ εἰπὼν ταῦτα ἐπορεύετο **ἔμπροσθεν** ἀναβαίνων εἰς Ἱεροσόλυμα.

21:36 ἵνα κατισχύσητε ἐκφυγεῖν ταῦτα πάντα τὰ μέλλοντα γίνεσθαι καὶ σταθῆναι **ἔμπροσθεν** τοῦ υἱοῦ τοῦ ἀνθρώπου.
Jn 1:15 Ὁ ὀπίσω μου ἐρχόμενος **ἔμπροσθέν** μου γέγονεν, ὅτι πρῶτός μου ἦν.
1:30 Ὀπίσω μου ἔρχεται ἀνὴρ ὃς **ἔμπροσθέν** μου γέγονεν,
3:28 αὐτοὶ ὑμεῖς μοι μαρτυρεῖτε ὅτι εἶπον [ὅτι] Οὐκ εἰμὶ ἐγὼ ὁ Χριστός, ἀλλ' ὅτι Ἀπεσταλμένος εἰμὶ **ἔμπροσθεν** ἐκείνου.
10: 4 **ἔμπροσθεν** αὐτῶν πορεύεται, καὶ τὰ πρόβατα αὐτῷ ἀκολουθεῖ,
12:37 Τοσαῦτα δὲ αὐτοῦ σημεῖα πεποιηκότος **ἔμπροσθεν** αὐτῶν οὐκ ἐπίστευον εἰς αὐτόν,
Ac 10: 4 Αἱ προσευχαί σου καὶ αἱ ἐλεημοσύναι σου ἀνέβησαν εἰς μνημόσυνον **ἔμπροσθεν** τοῦ θεοῦ.
18:17 ἐπιλαβόμενοι δὲ πάντες Σωσθένην τὸν ἀρχισυνάγωγον ἔτυπτον **ἔμπροσθεν** τοῦ βήματος·
2Co 5:10 τοὺς γὰρ πάντας ἡμᾶς φανερωθῆναι δεῖ **ἔμπροσθεν** τοῦ βήματος τοῦ Χριστοῦ,
Gal 2:14 εἶπον τῷ Κηφᾷ **ἔμπροσθεν** πάντων, Εἰ σὺ Ἰουδαῖος ὑπάρχων ἐθνικῶς καὶ οὐχὶ Ἰουδαϊκῶς ζῇς,
Php 3:13 τὰ μὲν ὀπίσω ἐπιλανθανόμενος τοῖς δὲ **ἔμπροσθεν** ἐπεκτεινόμενος,
1Th 1: 3 κόπου τῆς ἀγάπης καὶ τῆς ὑπομονῆς τῆς ἐλπίδος τοῦ κυρίου ἡμῶν Ἰησοῦ Χριστοῦ **ἔμπροσθεν** τοῦ θεοῦ καὶ πατρὸς ἡμῶν,
2:19 **ἔμπροσθεν** τοῦ κυρίου ἡμῶν Ἰησοῦ ἐν τῇ αὐτοῦ παρουσίᾳ;
3: 9 δυνάμεθα τῷ θεῷ ἀνταποδοῦναι περὶ ὑμῶν ἐπὶ πάσῃ τῇ χαρᾷ ᾗ χαίρομεν δι' ὑμᾶς **ἔμπροσθεν** τοῦ θεοῦ ἡμῶν,
3:13 εἰς τὸ στηρίξαι ὑμῶν τὰς καρδίας ἀμέμπτους ἐν ἁγιωσύνῃ **ἔμπροσθεν** τοῦ θεοῦ καὶ πατρὸς ἡμῶν
1Jn 3:19 [Καὶ] ἐν τούτῳ γνωσόμεθα ὅτι ἐκ τῆς ἀληθείας ἐσμέν, καὶ **ἔμπροσθεν** αὐτοῦ πείσομεν τὴν καρδίαν ἡμῶν,
Rev 4: 6 Καὶ ἐν μέσῳ τοῦ θρόνου καὶ κύκλῳ τοῦ θρόνου τέσσαρα ζῷα γέμοντα ὀφθαλμῶν **ἔμπροσθεν** καὶ ὄπισθεν.
19:10 καὶ ἔπεσα **ἔμπροσθεν** τῶν ποδῶν αὐτοῦ προσκυνῆσαι αὐτῷ.
22: 8 ἔπεσα προσκυνῆσαι **ἔμπροσθεν** τῶν ποδῶν τοῦ ἀγγέλου τοῦ δεικνύοντός μοι ταῦτα.

1870 ἐμπτύω [6]

√ *1877 + 4772*

Mt 26:67 Τότε **ἐνέπτυσαν** εἰς τὸ πρόσωπον αὐτοῦ καὶ ἐκολάφισαν αὐτόν,
27:30 καὶ **ἐμπτύσαντες** εἰς αὐτὸν ἔλαβον τὸν κάλαμον καὶ ἔτυπτον εἰς τὴν κεφαλὴν αὐτοῦ.
Mk 10:34 καὶ ἐμπαίξουσιν αὐτῷ καὶ **ἐμπτύσουσιν** αὐτῷ καὶ μαστιγώσουσιν αὐτὸν καὶ ἀποκτενοῦσιν,
14:65 Καὶ ἤρξαντό τινες **ἐμπτύειν** αὐτῷ καὶ περικαλύπτειν αὐτοῦ τὸ πρόσωπον καὶ κολαφίζειν αὐτὸν καὶ λέγειν αὐτῷ,
15:19 καὶ ἔτυπτον αὐτοῦ τὴν κεφαλὴν καλάμῳ καὶ **ἐνέπτυον** αὐτῷ καὶ τιθέντες τὰ γόνατα προσεκύνουν αὐτῷ.
Lk 18:32 παραδοθήσεται γὰρ τοῖς ἔθνεσιν καὶ ἐμπαιχθήσεται καὶ ὑβρισθήσεται καὶ **ἐμπτυσθήσεται**

1871 ἐμφανής [2]

√ *1877 + 5743*

Ac 10:40 τοῦτον ὁ θεὸς ἤγειρεν [ἐν] τῇ τρίτῃ ἡμέρᾳ καὶ ἔδωκεν αὐτὸν **ἐμφανῆ** γενέσθαι,
Ro 10:20 Εὑρέθην [ἐν] τοῖς ἐμὲ μὴ ζητοῦσιν, **ἐμφανὴς** ἐγενόμην τοῖς ἐμὲ μὴ ἐπερωτῶσιν.

1872 ἐμφανίζω [10]

√ *1877 + 5743*

Mt 27:53 καὶ ἐξελθόντες ἐκ τῶν μνημείων μετὰ τὴν ἔγερσιν αὐτοῦ εἰσῆλθον εἰς τὴν ἁγίαν πόλιν καὶ **ἐνεφανίσθησαν** πολλοῖς.
Jn 14:21 ὁ δὲ ἀγαπῶν με ἀγαπηθήσεται ὑπὸ τοῦ πατρός μου, κἀγὼ ἀγαπήσω αὐτὸν καὶ **ἐμφανίσω** αὐτῷ ἐμαυτόν.
14:22 [καὶ] τί γέγονεν ὅτι ἡμῖν μέλλεις **ἐμφανίζειν** σεαυτὸν καὶ οὐχὶ τῷ κόσμῳ;
Ac 23:15 νῦν οὖν ὑμεῖς **ἐμφανίσατε** τῷ χιλιάρχῳ σὺν τῷ συνεδρίῳ ὅπως καταγάγῃ αὐτὸν εἰς ὑμᾶς
23:22 ὁ μὲν οὖν χιλίαρχος ἀπέλυσε τὸν νεανίσκον παραγγείλας μηδενὶ ἐκλαλῆσαι ὅτι ταῦτα **ἐνεφάνισας** πρός με.
24: 1 Ἀνανίας μετὰ πρεσβυτέρων τινῶν καὶ ῥήτορος Τερτύλλου τινός, οἵτινες **ἐνεφάνισαν** τῷ ἡγεμόνι κατὰ τοῦ Παύλου.
25: 2 **ἐνεφάνισάν** τε αὐτῷ οἱ ἀρχιερεῖς καὶ οἱ πρῶτοι τῶν Ἰουδαίων κατὰ τοῦ Παύλου καὶ παρεκάλουν αὐτὸν
25:15 περὶ οὗ γενομένου μου εἰς Ἱεροσόλυμα **ἐνεφάνισαν** οἱ ἀρχιερεῖς καὶ οἱ πρεσβύτεροι τῶν Ἰουδαίων
Heb 9:24 νῦν **ἐμφανισθῆναι** τῷ προσώπῳ τοῦ θεοῦ ὑπὲρ ἡμῶν·
11:14 οἱ γὰρ τοιαῦτα λέγοντες **ἐμφανίζουσιν** ὅτι πατρίδα ἐπιζητοῦσιν.

1873 ἔμφοβος [5]

√ *1877 + 5832*

Lk 24: 5 **ἐμφόβων** δὲ γενομένων αὐτῶν καὶ κλινουσῶν τὰ πρόσωπα εἰς τὴν γῆν εἶπαν πρὸς αὐτάς,
24:37 πτοηθέντες δὲ καὶ **ἔμφοβοι** γενόμενοι ἐδόκουν πνεῦμα θεωρεῖν.
Ac 10: 4 ὁ δὲ ἀτενίσας αὐτῷ καὶ **ἔμφοβος** γενόμενος εἶπεν,
24:25 **ἔμφοβος** γενόμενος ὁ Φῆλιξ ἀπεκρίθη, Τὸ νῦν ἔχον πορεύου,
Rev 11:13 ἀπεκτάνθησαν ἐν τῷ σεισμῷ ὀνόματα ἀνθρώπων χιλιάδες ἑπτὰ καὶ οἱ λοιποὶ **ἔμφοβοι** ἐγένοντο καὶ ἔδωκαν δόξαν τῷ θεῷ

1874 ἐμφυσάω [1]

√ *1877 + 5886*

Jn 20:22 καὶ τοῦτο εἰπὼν **ἐνεφύσησεν** καὶ λέγει αὐτοῖς, Λάβετε πνεῦμα ἅγιον·

1875 ἔμφυτος [1]

√ *1877 + 5886*

Jas 1:21 δέξασθε τὸν **ἔμφυτον** λόγον τὸν δυνάμενον σῶσαι τὰς ψυχὰς ὑμῶν.

1876 ἐμφωνέω Not used in UBS/NIV

√ *1877 + 5889*

1877 ἐν [2752 / 2749] See Index of Articles, Etc.

→ 440, 441, 450, 1445, 1582, 1588, 1589, 1590, 1591, 1592, 1593, 1594, 1595, 1596, 1597, 1598, 1599, 1600, 1601, 1602, 1603, 1604, 1605, 1606, 1607, 1608, 1823, 1824, 1832, 1833, 1834, 1835, 1836, 1837, 1838, 1839, 1841, 1844, 1845, 1848, 1849, 1850, 1851, 1852, 1853, 1854, 1855, 1856, 1857, 1858, 1859, 1860, 1861, 1862, 1863, 1864, 1865, 1866, 1867, 1868, 1869, 1870, 1871, 1872, 1873, 1874, 1875, 1876, 1878, 1879, 1880, 1881, 1882, 1887, 1889, 1890, 1891, 1892, 1893, 1896, 1897, 1898, 1899, 1900, 1901, 1902, 1903, 1904, 1905, 1906, 1907, 1908, 1909, 1910, 1911, 1912, 1913, 1918, 1919, 1920, 1921, 1922, 1923, 1924, 1925, 1926, 1927, 1928, 1930, 1931, 1932, 1935, 1936, 1937, 1938, 1939, 1940, 1941, 1943, 1944, 1946, 1947, 1949, 1950, 1951, 1952, 1954, 1955, 1956, 1957, 1958, 1959, 1960, 1961, 1962, 1963, 1964, 1965, 1966, 1967, 1969, 2086, 2087, 2979, 3028, 4212, 4213, 4214, 4599, 5659; cf. 1547, 1953

ἐν ἡμέραις [48] Mt 2:1; 3:1; 23:30; 24:19,38; 27:40; Mk 1:9; 8:1; 13:17,24; 15:29; Lk 1:5,7,18,25,39; 2:1,36; 4:2,25; 5:35; 6:12; 9:36; 17:26,26,28; 21:23; 23:7; 24:18; Jn 2:19,20; Ac 1:15; 2:17,18; 5:37; 6:1; 7:41; 9:37; 11:27; 13:41; 27:7; 2Ti 3:1; Heb 5:7; Jas 5:3; 1Pe 3:20; Rev 2:13; 9:6; 10:7

ἐν μέρει [3] 2Co 3:10; 9:3; Col 2:16

ἐν σαρκί [26] Ro 2:28; 7:5,18; 8:3,8,9; 2Co 10:3; Gal 2:20; 4:14; 6:12,13; Eph 2:11,11,14; Php 1:22,24; 3:3,4,4; Col 1:24; 2:1; 1Ti 3:16; Phm 1:16; 1Pe 4:2; 1Jn 4:2; 2Jn 1:7

ἐν τῷ with infin. [49] Mt 13:4,25; 27:12; Mk 4:4; 6:48; Lk 1:21; 2:6,27,43; 3:21; 5:1,12; 8:5,40,42; 9:18,29,33,34,36,51; 10:35,38; 11:1,27,37; 12:15; 14:1; 17:11,14; 18:35; 19:15; 24:4,15,30,51; Ac 2:1; 3:26; 4:30; 8:6; 9:3; 11:15; 19:1; Ro 3:4; 15:13; 1Co 11:21; Heb 3:12,15; 8:13

ἐν τῷ ἑξῆς [1] Lk 7:11

ἐν [τῷ] Χριστῷ [84] Ro 3:24; 6:11,23; 8:1,2,39; 9:1; 12:5; 15:17; 16:3,7,9,10; 1Co 1:2,4,30; 3:1; 4:10,15,15,17; 15:18,19,22,31; 16:24; 2Co 2:14,17; 3:14; 5:17,19; 12:2,19; Gal 1:22; 2:4,17; 3:14,26,28; 5:6; Eph 1:1,3,10,12,20; 2:6,7,10,13; 3:6,11,21; 4:32; Php 1:1,13,26; 2:1,5; 3:3,14; 4:7,19,21; Col 1:2,4,28; 1Th 2:14; 4:16; 5:18; 1Ti 1:14; 3:13; 2Ti 1:1,9,13; 2:1,10; 3:12,15; Phm 1:8,20,23; 1Pe 3:16; 5:10,14

ἐν ᾧ [54] Mt 3:17; 7:2,2; 17:5; Mk 2:19; 4:24; Lk 5:34; 19:13; Jn 1:47; 5:7; 11:6; 19:41; Ac 4:12,31; 7:20; 10:12; 17:23; 19:16; 20:28; Ro 2:1; 7:6; 8:3,15; 14:21,22; 16:2; 1Co 7:24; 15:1; 2Co 11:12,21; Eph 1:7,11,13,13; 2:21,22; 3:12; 4:30; 5:18; 6:16; Col 1:14; 2:3,11,12; 2Ti 2:9; Heb 2:18; 6:17; 10:10,29; 1Pe 1:6; 2:12; 3:16,19; 4:4

ἔχω ἐν γαστρί [7] Mt 1:18,23; 24:19; Mk 13:17; Lk 21:23; 1Th 5:3; Rev 12:2

1878 ἐναγκαλίζομαι [2]

√ *1877 + 44*

Mk 9:36 καὶ λαβὼν παιδίον ἔστησεν αὐτὸ ἐν μέσῳ αὐτῶν καὶ **ἐναγκαλισάμενος** αὐτὸ εἶπεν αὐτοῖς,
10:16 καὶ **ἐναγκαλισάμενος** αὐτὰ κατευλόγει τιθεὶς τὰς χεῖρας ἐπ' αὐτά.

1879 ἐνάλιος [1]

√ *1877 + 229*

Jas 3: 7 ἑρπετῶν τε καὶ **ἐναλίων** δαμάζεται καὶ δεδάμασται τῇ φύσει τῇ ἀνθρωπίνῃ,

1880 ἐνάλλομαι Not used in UBS/NIV

√ *1877 + 256*

1881 ἐνανθρωπέω Not used in UBS/NIV

√ *1877 + 476*

1882 ἔναντι [2]

→ *595, 1883, 1884, 1885, 2978, 5539, 5641; cf. 1877 + 505*

Lk 1: 8 Ἐγένετο δὲ ἐν τῷ ἱερατεύειν αὐτὸν ἐν τῇ τάξει τῆς ἐφημερίας αὐτοῦ **ἔναντι** τοῦ θεοῦ,
Ac 8:21 ἡ γὰρ καρδία σου οὐκ ἔστιν εὐθεῖα **ἔναντι** τοῦ θεοῦ.

1883 ἐναντίον [5]

√ *1882*

Lk 1: 6 ἦσαν δὲ δίκαιοι ἀμφότεροι **ἐναντίον** τοῦ θεοῦ, πορευόμενοι ἐν πάσαις ταῖς ἐντολαῖς καὶ δικαιώμασιν τοῦ κυρίου ἄμεμπτοι.
20:26 καὶ οὐκ ἴσχυσαν ἐπιλαβέσθαι αὐτοῦ ῥήματος **ἐναντίον** τοῦ λαοῦ καὶ θαυμάσαντες ἐπὶ τῇ ἀποκρίσει αὐτοῦ ἐσίγησαν.
24:19 ὃς ἐγένετο ἀνὴρ προφήτης δυνατὸς ἐν ἔργῳ καὶ λόγῳ **ἐναντίον** τοῦ θεοῦ καὶ παντὸς τοῦ λαοῦ,
Ac 7:10 καὶ ἐξείλατο αὐτὸν ἐκ πασῶν τῶν θλίψεων αὐτοῦ καὶ ἔδωκεν αὐτῷ χάριν καὶ σοφίαν **ἐναντίον** Φαραὼ βασιλέως Αἰγύπτου
8:32 Ὡς πρόβατον ἐπὶ σφαγὴν ἤχθη καὶ ὡς ἀμνὸς **ἐναντίον** τοῦ κείραντος αὐτὸν ἄφωνος,

1884 ἐναντιόομαι Not used in UBS/NIV

√ *1882*

1885 ἐναντίος [8]

√ *1882*

ἄνεμος ἐναντίος [3] Mt 14:24; Mk 6:48; Ac 27:4

ἐξ ἐναντίας [2] Mk 15:39; Tit 2:8

Mt 14:24 τὸ δὲ πλοῖον ἤδη σταδίους πολλοὺς ἀπὸ τῆς γῆς ἀπεῖχεν βασανιζόμενον ὑπὸ τῶν κυμάτων, ἦν γὰρ **ἐναντίος** ὁ ἄνεμος.
Mk 6:48 καὶ ἰδὼν αὐτοὺς βασανιζομένους ἐν τῷ ἐλαύνειν, ἦν γὰρ ὁ ἄνεμος **ἐναντίος** αὐτοῖς,
15:39 Ἰδὼν δὲ ὁ κεντυρίων ὁ παρεστηκὼς ἐξ **ἐναντίας** αὐτοῦ ὅτι οὕτως ἐξέπνευσεν εἶπεν,
Ac 26: 9 ἐγὼ μὲν οὖν ἔδοξα ἐμαυτῷ πρὸς τὸ ὄνομα Ἰησοῦ τοῦ Ναζωραίου δεῖν πολλὰ **ἐναντία** πρᾶξαι,
27: 4 κἀκεῖθεν ἀναχθέντες ὑπεπλεύσαμεν τὴν Κύπρον διὰ τὸ τοὺς ἀνέμους εἶναι **ἐναντίους,**
28:17 οὐδὲν **ἐναντίον** ποιήσας τῷ λαῷ ἢ τοῖς ἔθεσι τοῖς πατρῴοις δέσμιος ἐξ Ἱεροσολύμων παρεδόθην εἰς τὰς χεῖρας τῶν Ῥωμαίων,
1Th 2:15 τῶν καὶ τὸν κύριον ἀποκτεινάντων Ἰησοῦν καὶ τοὺς προφήτας καὶ ἡμᾶς ἐκδιωξάντων καὶ θεῷ μὴ ἀρεσκόντων καὶ πᾶσιν ἀνθρώποις **ἐναντίων,**
Tit 2: 8 ἵνα ὁ ἐξ **ἐναντίας** ἐντραπῇ μηδὲν ἔχων λέγειν περὶ ἡμῶν φαῦλον.

1886 ἐναργής Not used in UBS/NIV

1887 ἐνάρχομαι [2]

√ *1877 + 806*

Gal 3: 3 οὕτως ἀνόητοί ἐστε, **ἐναρξάμενοι** πνεύματι νῦν σαρκὶ ἐπιτελεῖσθε;
Php 1: 6 ὅτι ὁ **ἐναρξάμενος** ἐν ὑμῖν ἔργον ἀγαθὸν ἐπιτελέσει ἄχρι ἡμέρας Χριστοῦ Ἰησοῦ·

1888 ἔνατος [10]

√ *1933*

Mt 20: 5 πάλιν [δὲ] ἐξελθὼν περὶ ἕκτην καὶ **ἐνάτην** ὥραν ἐποίησεν ὡσαύτως.
27:45 Ἀπὸ δὲ ἕκτης ὥρας σκότος ἐγένετο ἐπὶ πᾶσαν τὴν γῆν ἕως ὥρας **ἐνάτης.**
27:46 περὶ δὲ τὴν **ἐνάτην** ὥραν ἀνεβόησεν ὁ Ἰησοῦς φωνῇ μεγάλῃ λέγων,
Mk 15:33 Καὶ γενομένης ὥρας ἕκτης σκότος ἐγένετο ἐφ' ὅλην τὴν γῆν ἕως ὥρας **ἐνάτης.**
15:34 καὶ τῇ **ἐνάτῃ** ὥρᾳ ἐβόησεν ὁ Ἰησοῦς φωνῇ μεγάλῃ,
Lk 23:44 Καὶ ἦν ἤδη ὡσεὶ ὥρα ἕκτη καὶ σκότος ἐγένετο ἐφ' ὅλην τὴν γῆν ἕως ὥρας **ἐνάτης**
Ac 3: 1 Πέτρος δὲ καὶ Ἰωάννης ἀνέβαινον εἰς τὸ ἱερὸν ἐπὶ τὴν ὥραν τῆς προσευχῆς τὴν **ἐνάτην.**
10: 3 εἶδεν ἐν ὁράματι φανερῶς ὡσεὶ περὶ ὥραν **ἐνάτην** τῆς ἡμέρας ἄγγελον τοῦ θεοῦ εἰσελθόντα πρὸς αὐτὸν καὶ εἰπόντα αὐτῷ,
10:30 Ἀπὸ τετάρτης ἡμέρας μέχρι ταύτης τῆς ὥρας ἤμην τὴν **ἐνάτην** προσευχόμενος ἐν τῷ οἴκῳ μου,
Rev 21:20 ὁ **ἔνατος** τοπάζιον, ὁ δέκατος χρυσόπρασος, ὁ ἑνδέκατος ὑάκινθος,

1889 ἐναφίημι Not used in UBS/NIV

√ *918; cf. 1877*

1890 ἐνδεής [1]

√ *1877 + 1289*

Ac 4:34 οὐδὲ γὰρ **ἐνδεής** τις ἦν ἐν αὐτοῖς· ὅσοι γὰρ κτήτορες χωρίων ἢ οἰκιῶν ὑπῆρχον,

1891 ἔνδειγμα [1]

√ *1877 + 1257*

2Th 1: 5 **ἔνδειγμα** τῆς δικαίας κρίσεως τοῦ θεοῦ εἰς τὸ καταξιωθῆναι ὑμᾶς τῆς βασιλείας τοῦ θεοῦ,

1892 ἐνδείκνυμι [11]

√ *1877 + 1259*

Ro 2:15 οἵτινες **ἐνδείκνυνται** τὸ ἔργον τοῦ νόμου γραπτὸν ἐν ταῖς καρδίαις αὐτῶν,
9:17 λέγει γὰρ ἡ γραφὴ τῷ Φαραὼ ὅτι Εἰς αὐτὸ τοῦτο ἐξήγειρά σε ὅπως **ἐνδείξωμαι** ἐν σοὶ τὴν δύναμίν μου
9:22 εἰ δὲ θέλων ὁ θεὸς **ἐνδείξασθαι** τὴν ὀργὴν καὶ γνωρίσαι τὸ δυνατὸν αὐτοῦ ἤνεγκεν ἐν πολλῇ μακροθυμίᾳ σκεύη ὀργῆς
2Co 8:24 τὴν οὖν ἔνδειξιν τῆς ἀγάπης ὑμῶν καὶ ἡμῶν καυχήσεως ὑπὲρ ὑμῶν εἰς αὐτοὺς **ἐνδεικνύμενοι** εἰς πρόσωπον τῶν ἐκκλησιῶν.
Eph 2: 7 ἵνα **ἐνδείξηται** ἐν τοῖς αἰῶσιν τοῖς ἐπερχομένοις τὸ ὑπερβάλλον πλοῦτος τῆς χάριτος αὐτοῦ ἐν χρηστότητι

1Ti 1:16 ἵνα ἐν ἐμοὶ πρώτῳ **ἐνδείξηται** Χριστὸς Ἰησοῦς τὴν ἅπασαν μακροθυμίαν πρὸς ὑποτύπωσιν τῶν μελλόντων πιστεύειν
2Ti 4:14 Ἀλέξανδρος ὁ χαλκεὺς πολλά μοι κακὰ **ἐνεδείξατο·** ἀποδώσει αὐτῷ ὁ κύριος κατὰ τὰ ἔργα αὐτοῦ·
Tit 2:10 μὴ νοσφιζομένους, ἀλλὰ πᾶσαν πίστιν **ἐνδεικνυμένους** ἀγαθήν, ἵνα τὴν διδασκαλίαν τὴν τοῦ σωτῆρος ἡμῶν θεοῦ
3: 2 ἀμάχους εἶναι, ἐπιεικεῖς, πᾶσαν **ἐνδεικνυμένους** πραΰτητα πρὸς πάντας ἀνθρώπους.
Heb 6:10 οὐ γὰρ ἄδικος ὁ θεὸς ἐπιλαθέσθαι τοῦ ἔργου ὑμῶν καὶ τῆς ἀγάπης ἧς **ἐνεδείξασθε** εἰς τὸ ὄνομα αὐτοῦ,
6:11 ἐπιθυμοῦμεν δὲ ἕκαστον ὑμῶν τὴν αὐτὴν **ἐνδείκνυσθαι** σπουδὴν πρὸς τὴν πληροφορίαν τῆς ἐλπίδος ἄχρι τέλους,

1893 ἔνδειξις [4]

√ *1877 + 1259*

Ro 3:25 ὃν προέθετο ὁ θεὸς ἱλαστήριον διὰ [τῆς] πίστεως ἐν τῷ αὐτοῦ αἵματι εἰς **ἔνδειξιν** τῆς δικαιοσύνης αὐτοῦ
3:26 πρὸς τὴν **ἔνδειξιν** τῆς δικαιοσύνης αὐτοῦ ἐν τῷ νῦν καιρῷ,
2Co 8:24 τὴν οὖν **ἔνδειξιν** τῆς ἀγάπης ὑμῶν καὶ ἡμῶν καυχήσεως ὑπὲρ ὑμῶν εἰς αὐτοὺς ἐνδεικνύμενοι εἰς πρόσωπον τῶν ἐκκλησιῶν.
Php 1:28 ἥτις ἐστὶν αὐτοῖς **ἔνδειξις** ἀπωλείας, ὑμῶν δὲ σωτηρίας,

1894 ἕνδεκα [6]

√ *1651 + 1274*

ἕνδεκα μαθηταί [1] Mt 28:16

Mt 28:16 Οἱ δὲ **ἕνδεκα** μαθηταὶ ἐπορεύθησαν εἰς τὴν Γαλιλαίαν εἰς τὸ ὄρος οὗ ἐτάξατο αὐτοῖς ὁ Ἰησοῦς,
Mk 16:14 ⟦Ὕστερον [δὲ] ἀνακειμένοις αὐτοῖς τοῖς **ἕνδεκα** ἐφανερώθη καὶ ὠνείδισεν τὴν ἀπιστίαν αὐτῶν καὶ σκληροκαρδίαν⟧
Lk 24: 9 καὶ ὑποστρέψασαι ἀπὸ τοῦ μνημείου ἀπήγγειλαν ταῦτα πάντα τοῖς **ἕνδεκα** καὶ πᾶσιν τοῖς λοιποῖς.
24:33 καὶ ἀναστάντες αὐτῇ τῇ ὥρᾳ ὑπέστρεψαν εἰς Ἰερουσαλὴμ καὶ εὗρον ἠθροισμένους τοὺς **ἕνδεκα** καὶ τοὺς σὺν αὐτοῖς,
Ac 1:26 καὶ ἔδωκαν κλήρους αὐτοῖς καὶ ἔπεσεν ὁ κλῆρος ἐπὶ Μαθθίαν καὶ συγκατεψηφίσθη μετὰ τῶν **ἕνδεκα** ἀποστόλων.
2:14 Σταθεὶς δὲ ὁ Πέτρος σὺν τοῖς **ἕνδεκα** ἐπῆρεν τὴν φωνὴν αὐτοῦ καὶ ἀπεφθέγξατο αὐτοῖς,

1895 ἑνδέκατος [3]

√ *1651 + 1274*

Mt 20: 6 περὶ δὲ τὴν **ἑνδεκάτην** ἐξελθὼν εὗρεν ἄλλους ἑστῶτας καὶ λέγει αὐτοῖς,
20: 9 καὶ ἐλθόντες οἱ περὶ τὴν **ἑνδεκάτην** ὥραν ἔλαβον ἀνὰ δηνάριον.
Rev 21:20 ὁ δέκατος χρυσόπρασος, ὁ **ἑνδέκατος** ὑάκινθος, ὁ δωδέκατος ἀμέθυστος,

1896 ἐνδέχομαι [1]

√ *1877 + 1312*

Lk 13:33 πλὴν δεῖ με σήμερον καὶ αὔριον καὶ τῇ ἐχομένῃ πορεύεσθαι, ὅτι οὐκ **ἐνδέχεται** προφήτην ἀπολέσθαι ἔξω Ἰερουσαλήμ.

1897 ἐνδημέω [3]

√ *1877 + 1322*

2Co 5: 6 Θαρροῦντες οὖν πάντοτε καὶ εἰδότες ὅτι **ἐνδημοῦντες** ἐν τῷ σώματι ἐκδημοῦμεν ἀπὸ τοῦ κυρίου·
5: 8 θαρροῦμεν δὲ καὶ εὐδοκοῦμεν μᾶλλον ἐκδημῆσαι ἐκ τοῦ σώματος καὶ **ἐνδημῆσαι** πρὸς τὸν κύριον.
5: 9 διὸ καὶ φιλοτιμούμεθα, εἴτε **ἐνδημοῦντες** εἴτε ἐκδημοῦντες, εὐάρεστοι αὐτῷ εἶναι.

1898 ἐνδιδύσκω [2]

√ *1877 + 1544*

Mk 15:17 καὶ **ἐνδιδύσκουσιν** αὐτὸν πορφύραν καὶ περιτιθέασιν αὐτῷ πλέξαντες ἀκάνθινον στέφανον·
Lk 16:19 καὶ **ἐνεδιδύσκετο** πορφύραν καὶ βύσσον εὐφραινόμενος καθ' ἡμέραν λαμπρῶς.

1899 ἔνδικος [2]

√ *1877 + 1472*

Ro 3: 8 ἵνα ἔλθῃ τὰ ἀγαθά; ὧν τὸ κρίμα **ἔνδικόν** ἐστιν.
Heb 2: 2 εἰ γὰρ ὁ δι' ἀγγέλων λαληθεὶς λόγος ἐγένετο βέβαιος καὶ πᾶσα παράβασις καὶ παρακοὴ ἔλαβεν **ἔνδικον** μισθαποδοσίαν,

1900 ἐνδόμησις Not used in UBS/NIV

√ *1877 + 1560*

1901 ἐνδοξάζομαι [2]

√ *1877 + 1518*

2Th 1:10 ὅταν ἔλθῃ **ἐνδοξασθῆναι** ἐν τοῖς ἁγίοις αὐτοῦ καὶ θαυμασθῆναι ἐν πᾶσιν τοῖς πιστεύσασιν,
1:12 ὅπως **ἐνδοξασθῇ** τὸ ὄνομα τοῦ κυρίου ἡμῶν Ἰησοῦ ἐν ὑμῖν,

1902 ἔνδοξος [4]

√ *1877 + 1518*

Lk 7:25 ἰδοὺ οἱ ἐν ἱματισμῷ **ἐνδόξῳ** καὶ τρυφῇ ὑπάρχοντες ἐν τοῖς βασιλείοις εἰσίν.
13:17 καὶ πᾶς ὁ ὄχλος ἔχαιρεν ἐπὶ πᾶσιν τοῖς **ἐνδόξοις** τοῖς γινομένοις ὑπ' αὐτοῦ.
1Co 4:10 ὑμεῖς δὲ ἰσχυροί· ὑμεῖς **ἔνδοξοι,** ἡμεῖς δὲ ἄτιμοι.
Eph 5:27 ἵνα παραστήσῃ αὐτὸς ἑαυτῷ **ἔνδοξον** τὴν ἐκκλησίαν, μὴ ἔχουσαν σπίλον ἢ ῥυτίδα ἤ τι τῶν τοιούτων,

1903 ἔνδυμα [8]

√ *1877 + 1544*

Mt 3: 4 Αὐτὸς δὲ ὁ Ἰωάννης εἶχεν τὸ **ἔνδυμα** αὐτοῦ ἀπὸ τριχῶν καμήλου καὶ ζώνην δερματίνην περὶ τὴν ὀσφὺν αὐτοῦ,
6:25 οὐχὶ ἡ ψυχὴ πλεῖόν ἐστιν τῆς τροφῆς καὶ τὸ σῶμα τοῦ **ἐνδύματος;**
6:28 καὶ περὶ **ἐνδύματος** τί μεριμνᾶτε; καταμάθετε τὰ κρίνα τοῦ ἀγροῦ πῶς αὐξάνουσιν·
7:15 Προσέχετε ἀπὸ τῶν ψευδοπροφητῶν, οἵτινες ἔρχονται πρὸς ὑμᾶς ἐν **ἐνδύμασιν** προβάτων,
22:11 εἰσελθὼν δὲ ὁ βασιλεὺς θεάσασθαι τοὺς ἀνακειμένους εἶδεν ἐκεῖ ἄνθρωπον οὐκ ἐνδεδυμένον **ἔνδυμα** γάμου,
22:12 Ἑταῖρε, πῶς εἰσῆλθες ὧδε μὴ ἔχων **ἔνδυμα** γάμου;
28: 3 ἦν δὲ ἡ εἰδέα αὐτοῦ ὡς ἀστραπὴ καὶ τὸ **ἔνδυμα** αὐτοῦ λευκὸν ὡς χιών.
Lk 12:23 ἡ γὰρ ψυχὴ πλεῖόν ἐστιν τῆς τροφῆς καὶ τὸ σῶμα τοῦ **ἐνδύματος.**

1904 ἐνδυναμόω [7]

√ *1877 + 1538*

Ac 9:22 Σαῦλος δὲ μᾶλλον **ἐνεδυναμοῦτο** καὶ συνέχυννεν [τοὺς] Ἰουδαίους τοὺς κατοικοῦντας ἐν Δαμασκῷ συμβιβάζων
Ro 4:20 εἰς δὲ τὴν ἐπαγγελίαν τοῦ θεοῦ οὐ διεκρίθη τῇ ἀπιστίᾳ ἀλλ' **ἐνεδυναμώθη** τῇ πίστει,
Eph 6:10 **ἐνδυναμοῦσθε** ἐν κυρίῳ καὶ ἐν τῷ κράτει τῆς ἰσχύος αὐτοῦ.
Php 4:13 πάντα ἰσχύω ἐν τῷ **ἐνδυναμοῦντί** με.
1Ti 1:12 Χάριν ἔχω τῷ **ἐνδυναμώσαντί** με Χριστῷ Ἰησοῦ τῷ κυρίῳ ἡμῶν,
2Ti 2: 1 **ἐνδυναμοῦ** ἐν τῇ χάριτι τῇ ἐν Χριστῷ Ἰησοῦ,
4:17 ὁ δὲ κύριός μοι παρέστη καὶ **ἐνεδυνάμωσέν** με,

1905 ἐνδύνω [1]

√ *1877 + 1544*

2Ti 3: 6 ἐκ τούτων γάρ εἰσιν οἱ **ἐνδύνοντες** εἰς τὰς οἰκίας καὶ αἰχμαλωτίζοντες γυναικάρια σεσωρευμένα ἁμαρτίαις,

1906 ἔνδυσις [1]

√ *1877 + 1544*

1Pe 3: 3 ὧν ἔστω οὐχ ὁ ἔξωθεν ἐμπλοκῆς τριχῶν καὶ περιθέσεως χρυσίων ἢ **ἐνδύσεως** ἱματίων κόσμος

1907 ἐνδύω [27 / 28]

√ 1877 + 1544

Mt 6:25 μὴ μεριμνᾶτε τῇ ψυχῇ ὑμῶν τί φάγητε [ἢ τί πίητε,] μηδὲ τῷ σώματι ὑμῶν τί **ἐνδύσησθε.**
22:11 εἰσελθὼν δὲ ὁ βασιλεὺς θεάσασθαι τοὺς ἀνακειμένους εἶδεν ἐκεῖ ἄνθρωπον οὐκ **ἐνδεδυμένον** ἔνδυμα γάμου,
27:31 ἐξέδυσαν αὐτὸν τὴν χλαμύδα καὶ **ἐνέδυσαν** αὐτὸν τὰ ἱμάτια αὐτοῦ καὶ ἀπήγαγον αὐτὸν εἰς τὸ σταυρῶσαι.
Mk 1: 6 καὶ ἦν ὁ Ἰωάννης **ἐνδεδυμένος** τρίχας καμήλου καὶ ζώνην δερματίνην περὶ τὴν ὀσφὺν αὐτοῦ καὶ ἐσθίων ἀκρίδας καὶ μέλι
6: 9 ἀλλὰ ὑποδεδεμένους σανδάλια, καὶ μὴ **ἐνδύσησθε** δύο χιτῶνας.
15:20 ἐξέδυσαν αὐτὸν τὴν πορφύραν καὶ **ἐνέδυσαν** αὐτὸν τὰ ἱμάτια αὐτοῦ.
Lk 8:27 ἐξελθόντι δὲ αὐτῷ ἐπὶ τὴν γῆν ὑπήντησεν ἀνήρ τις ἐκ τῆς πόλεως ἔχων δαιμόνια καὶ χρόνῳ ἱκανῷ οὐκ **ἐνεδύσατο** ἱμάτιον
12:22 μὴ μεριμνᾶτε τῇ ψυχῇ τί φάγητε, μηδὲ τῷ σώματι τί **ἐνδύσησθε.**
15:22 Ταχὺ ἐξενέγκατε στολὴν τὴν πρώτην καὶ **ἐνδύσατε** αὐτόν,
24:49 ὑμεῖς δὲ καθίσατε ἐν τῇ πόλει ἕως οὗ **ἐνδύσησθε** ἐξ ὕψους δύναμιν.
Ac 12:21 τακτῇ δὲ ἡμέρᾳ ὁ Ἡρῴδης **ἐνδυσάμενος** ἐσθῆτα βασιλικὴν [καὶ] καθίσας ἐπὶ τοῦ βήματος ἐδημηγόρει πρὸς αὐτούς,
Ro 13:12 ἀποθώμεθα οὖν τὰ ἔργα τοῦ σκότους, **ἐνδυσώμεθα** [δὲ] τὰ ὅπλα τοῦ φωτός.
13:14 ἀλλὰ **ἐνδύσασθε** τὸν κύριον Ἰησοῦν Χριστὸν καὶ τῆς σαρκὸς πρόνοιαν μὴ ποιεῖσθε εἰς ἐπιθυμίας.
1Co 15:53 δεῖ γὰρ τὸ φθαρτὸν τοῦτο **ἐνδύσασθαι** ἀφθαρσίαν καὶ τὸ θνητὸν τοῦτο **ἐνδύσασθαι** ἀθανασίαν.
15:54 ὅταν δὲ τὸ φθαρτὸν τοῦτο **ἐνδύσηται** ἀφθαρσίαν καὶ τὸ θνητὸν τοῦτο **ἐνδύσηται** ἀθανασίαν,
2Co 5: 3 εἴ γε καὶ **ἐνδυσάμενοι**[NIV; UBS 1694] οὐ γυμνοὶ εὑρεθησόμεθα.
Gal 3:27 ὅσοι γὰρ εἰς Χριστὸν ἐβαπτίσθητε, Χριστὸν **ἐνεδύσασθε.**
Eph 4:24 καὶ **ἐνδύσασθαι** τὸν καινὸν ἄνθρωπον τὸν κατὰ θεὸν κτισθέντα ἐν δικαιοσύνῃ καὶ ὁσιότητι τῆς ἀληθείας.
6:11 **ἐνδύσασθε** τὴν πανοπλίαν τοῦ θεοῦ πρὸς τὸ δύνασθαι ὑμᾶς στῆναι πρὸς τὰς μεθοδείας τοῦ διαβόλου·
6:14 στῆτε οὖν περιζωσάμενοι τὴν ὀσφὺν ὑμῶν ἐν ἀληθείᾳ καὶ **ἐνδυσάμενοι** τὸν θώρακα τῆς δικαιοσύνης
Col 3:10 καὶ **ἐνδυσάμενοι** τὸν νέον τὸν ἀνακαινούμενον εἰς ἐπίγνωσιν κατ' εἰκόνα τοῦ κτίσαντος αὐτόν,
3:12 **Ἐνδύσασθε** οὖν, ὡς ἐκλεκτοὶ τοῦ θεοῦ ἅγιοι καὶ ἠγαπημένοι,
1Th 5: 8 ἡμεῖς δὲ ἡμέρας ὄντες νήφωμεν **ἐνδυσάμενοι** θώρακα πίστεως καὶ ἀγάπης καὶ περικεφαλαίαν ἐλπίδα σωτηρίας·
Rev 1:13 καὶ ἐν μέσῳ τῶν λυχνιῶν ὅμοιον υἱὸν ἀνθρώπου **ἐνδεδυμένον** ποδήρη καὶ περιεζωσμένον πρὸς τοῖς μαστοῖς ζώνην χρυσᾶν.
15: 6 καὶ ἐξῆλθον οἱ ἑπτὰ ἄγγελοι [οἱ] ἔχοντες τὰς ἑπτὰ πληγὰς ἐκ τοῦ ναοῦ **ἐνδεδυμένοι** λίνον καθαρὸν λαμπρὸν
19:14 καὶ τὰ στρατεύματα [τὰ] ἐν τῷ οὐρανῷ ἠκολούθει αὐτῷ ἐφ' ἵπποις λευκοῖς, **ἐνδεδυμένοι** βύσσινον λευκὸν καθαρόν.

1908 ἐνδώμησις [1]

√ 1877 + 1560

Rev 21:18 καὶ ἡ **ἐνδώμησις** τοῦ τείχους αὐτῆς ἴασπις καὶ ἡ πόλις χρυσίον καθαρὸν ὅμοιον ὑάλῳ καθαρῷ.

1909 ἐνέδρα [2]

√ 1877 + 1612

Ac 23:16 Ἀκούσας δὲ ὁ υἱὸς τῆς ἀδελφῆς Παύλου τὴν **ἐνέδραν,**
25: 3 αἰτούμενοι χάριν κατ' αὐτοῦ ὅπως μεταπέμψηται αὐτὸν εἰς Ἰερουσαλήμ, **ἐνέδραν** ποιοῦντες ἀνελεῖν αὐτὸν κατὰ τὴν ὁδόν.

1910 ἐνεδρεύω [2]

√ 1877 + 1612

Lk 11:54 **ἐνεδρεύοντες** αὐτὸν θηρεῦσαί τι ἐκ τοῦ στόματος αὐτοῦ.
Ac 23:21 **ἐνεδρεύουσιν** γὰρ αὐτὸν ἐξ αὐτῶν ἄνδρες πλείους τεσσεράκοντα,

1911 ἔνεδρον Not used in UBS/NIV

√ 1877 + 1612

1912 ἐνειλέω [1]

√ 1877

Mk 15:46 καὶ ἀγοράσας σινδόνα καθελὼν αὐτὸν **ἐνείλησεν** τῇ σινδόνι καὶ ἔθηκεν αὐτὸν ἐν μνημείῳ ὃ ἦν λελατομημένον ἐκ πέτρας

1913 ἔνειμι [1]

√ 1877 + 1639

Lk 11:41 πλὴν τὰ **ἐνόντα** δότε ἐλεημοσύνην, καὶ ἰδοὺ πάντα καθαρὰ ὑμῖν ἐστιν.

1914 ἕνεκα Not used in UBS/NIV

→ 1641, 1915

1915 ἕνεκεν [24]

√ 1914

ἕνεκα [4] Mt 19:5; Lk 6:22; Ac 19:32; 26:21

ἕνεκεν τούτου [2] Mt 19:5; Mk 10:7

τίνος ἕνεκεν [1] Ac 19:32

Mt 5:10 μακάριοι οἱ δεδιωγμένοι **ἕνεκεν** δικαιοσύνης, ὅτι αὐτῶν ἐστιν ἡ βασιλεία τῶν οὐρανῶν.
5:11 μακάριοί ἐστε ὅταν ὀνειδίσωσιν ὑμᾶς καὶ διώξωσιν καὶ εἴπωσιν πᾶν πονηρὸν καθ' ὑμῶν [ψευδόμενοι] **ἕνεκεν** ἐμοῦ.
10:18 καὶ ἐπὶ ἡγεμόνας δὲ καὶ βασιλεῖς ἀχθήσεσθε **ἕνεκεν** ἐμοῦ εἰς μαρτύριον αὐτοῖς καὶ τοῖς ἔθνεσιν.
10:39 καὶ ὁ ἀπολέσας τὴν ψυχὴν αὐτοῦ **ἕνεκεν** ἐμοῦ εὑρήσει αὐτήν.
16:25 ὃς δ' ἂν ἀπολέσῃ τὴν ψυχὴν αὐτοῦ **ἕνεκεν** ἐμοῦ εὑρήσει αὐτήν.
19: 5 **Ἕνεκα** τούτου καταλείψει ἄνθρωπος τὸν πατέρα καὶ τὴν μητέρα καὶ κολληθήσεται τῇ γυναικὶ αὐτοῦ,
19:29 καὶ πᾶς ὅστις ἀφῆκεν οἰκίας ἢ ἀδελφοὺς ἢ ἀδελφὰς ἢ πατέρα ἢ μητέρα ἢ τέκνα ἢ ἀγροὺς **ἕνεκεν** τοῦ ὀνόματός μου,
Mk 8:35 ὃς δ' ἂν ἀπολέσει τὴν ψυχὴν αὐτοῦ **ἕνεκεν** ἐμοῦ καὶ τοῦ εὐαγγελίου σώσει αὐτήν.
10: 7 **ἕνεκεν** τούτου καταλείψει ἄνθρωπος τὸν πατέρα αὐτοῦ καὶ τὴν μητέρα [καὶ προσκολληθήσεται πρὸς τὴν γυναῖκα αὐτοῦ,]
10:29 οὐδείς ἐστιν ὃς ἀφῆκεν οἰκίαν ἢ ἀδελφοὺς ἢ ἀδελφὰς ἢ μητέρα ἢ πατέρα ἢ τέκνα ἢ ἀγροὺς **ἕνεκεν** ἐμοῦ καὶ **ἕνεκεν** τοῦ εὐαγγελίου,
13: 9 καὶ εἰς συναγωγὰς δαρήσεσθε καὶ ἐπὶ ἡγεμόνων καὶ βασιλέων σταθήσεσθε **ἕνεκεν** ἐμοῦ εἰς μαρτύριον αὐτοῖς.
Lk 6:22 καὶ ὅταν ἀφορίσωσιν ὑμᾶς καὶ ὀνειδίσωσιν καὶ ἐκβάλωσιν τὸ ὄνομα ὑμῶν ὡς πονηρὸν **ἕνεκα** τοῦ υἱοῦ τοῦ ἀνθρώπου·
9:24 ὃς δ' ἂν ἀπολέσῃ τὴν ψυχὴν αὐτοῦ **ἕνεκεν** ἐμοῦ οὗτος σώσει αὐτήν.
18:29 Ἀμὴν λέγω ὑμῖν ὅτι οὐδείς ἐστιν ὃς ἀφῆκεν οἰκίαν ἢ γυναῖκα ἢ ἀδελφοὺς ἢ γονεῖς ἢ τέκνα **ἕνεκεν** τῆς βασιλείας τοῦ θεοῦ,
21:12 ἀπαγομένους ἐπὶ βασιλεῖς καὶ ἡγεμόνας **ἕνεκεν** τοῦ ὀνόματός μου·
Ac 19:32 ἦν γὰρ ἡ ἐκκλησία συγκεχυμένη καὶ οἱ πλείους οὐκ ᾔδεισαν τίνος **ἕνεκα** συνεληλύθεισαν.
26:21 **ἕνεκα** τούτων με Ἰουδαῖοι συλλαβόμενοι [ὄντα] ἐν τῷ ἱερῷ ἐπειρῶντο διαχειρίσασθαι.
28:20 **ἕνεκεν** γὰρ τῆς ἐλπίδος τοῦ Ἰσραὴλ τὴν ἅλυσιν ταύτην περίκειμαι.
Ro 8:36 καθὼς γέγραπται ὅτι **Ἕνεκεν** σοῦ θανατούμεθα ὅλην τὴν ἡμέραν,
14:20 μὴ **ἕνεκεν** βρώματος κατάλυε τὸ ἔργον τοῦ θεοῦ.
2Co 7:12 οὐχ **ἕνεκεν** τοῦ ἀδικήσαντος οὐδὲ **ἕνεκεν** τοῦ ἀδικηθέντος ἀλλ' **ἕνεκεν** τοῦ φανερωθῆναι τὴν σπουδὴν ὑμῶν τὴν ὑπὲρ ἡμῶν πρὸς ὑμᾶς ἐνώπιον τοῦ θεοῦ.

1916 ἐνενήκοντα [4]

√ 1933

Mt 18:12 οὐχὶ ἀφήσει τὰ **ἐνενήκοντα** ἐννέα ἐπὶ τὰ ὄρη καὶ πορευθεὶς ζητεῖ τὸ πλανώμενον;
18:13 ἀμὴν λέγω ὑμῖν ὅτι χαίρει ἐπ' αὐτῷ μᾶλλον ἢ ἐπὶ τοῖς **ἐνενήκοντα** ἐννέα τοῖς μὴ πεπλανημένοις.
Lk 15: 4 Τίς ἄνθρωπος ἐξ ὑμῶν ἔχων ἑκατὸν πρόβατα καὶ ἀπολέσας ἐξ αὐτῶν ἓν οὐ καταλείπει τὰ **ἐνενήκοντα** ἐννέα ἐν τῇ ἐρήμῳ καὶ πορεύεται ἐπὶ τὸ ἀπολωλὸς ἕως εὕρῃ αὐτό;

15: 7 λέγω ὑμῖν ὅτι οὕτως χαρὰ ἐν τῷ οὐρανῷ ἔσται ἐπὶ ἑνὶ ἁμαρτωλῷ μετανοοῦντι ἢ ἐπὶ **ἐνενήκοντα** ἐννέα δικαίοις οἵτινες οὐ χρείαν ἔχουσιν μετανοίας.

1917 ἐνεός [1]

→ *1934*

Ac 9: 7 οἱ δὲ ἄνδρες οἱ συνοδεύοντες αὐτῷ εἱστήκεισαν **ἐνεοί,**

1918 ἐνέργεια [8]

√ *1877 + 2240*

Eph 1:19 τί τὸ ὑπερβάλλον μέγεθος τῆς δυνάμεως αὐτοῦ εἰς ἡμᾶς τοὺς πιστεύοντας κατὰ τὴν **ἐνέργειαν** τοῦ κράτους τῆς ἰσχύος
3: 7 οὗ ἐγενήθην διάκονος κατὰ τὴν δωρεὰν τῆς χάριτος τοῦ θεοῦ τῆς δοθείσης μοι κατὰ τὴν **ἐνέργειαν** τῆς δυνάμεως αὐτοῦ.
4:16 κατ' **ἐνέργειαν** ἐν μέτρῳ ἑνὸς ἑκάστου μέρους τὴν αὔξησιν τοῦ σώματος ποιεῖται εἰς οἰκοδομὴν ἑαυτοῦ ἐν ἀγάπῃ.
Php 3:21 σύμμορφον τῷ σώματι τῆς δόξης αὐτοῦ κατὰ τὴν **ἐνέργειαν** τοῦ δύνασθαι αὐτὸν καὶ ὑποτάξαι αὐτῷ τὰ πάντα.
Col 1:29 εἰς ὃ καὶ κοπιῶ ἀγωνιζόμενος κατὰ τὴν **ἐνέργειαν** αὐτοῦ τὴν ἐνεργουμένην ἐν ἐμοὶ ἐν δυνάμει.
2:12 ἐν ᾧ καὶ συνηγέρθητε διὰ τῆς πίστεως τῆς **ἐνεργείας** τοῦ θεοῦ τοῦ ἐγείραντος αὐτὸν ἐκ νεκρῶν·
2Th 2: 9 οὗ ἐστιν ἡ παρουσία κατ' **ἐνέργειαν** τοῦ Σατανᾶ ἐν πάσῃ δυνάμει καὶ σημείοις καὶ τέρασιν ψεύδους
2:11 καὶ διὰ τοῦτο πέμπει αὐτοῖς ὁ θεὸς **ἐνέργειαν** πλάνης εἰς τὸ πιστεῦσαι αὐτοὺς τῷ ψεύδει,

1919 ἐνεργέω [21]

√ *1877 + 2240*

Mt 14: 2 αὐτὸς ἠγέρθη ἀπὸ τῶν νεκρῶν καὶ διὰ τοῦτο αἱ δυνάμεις **ἐνεργοῦσιν** ἐν αὐτῷ.
Mk 6:14 καὶ ἔλεγον ὅτι Ἰωάννης ὁ βαπτίζων ἐγήγερται ἐκ νεκρῶν καὶ διὰ τοῦτο **ἐνεργοῦσιν** αἱ δυνάμεις ἐν αὐτῷ.
Ro 7: 5 τὰ παθήματα τῶν ἁμαρτιῶν τὰ διὰ τοῦ νόμου **ἐνηργεῖτο** ἐν τοῖς μέλεσιν ἡμῶν,
1Co 12: 6 ὁ δὲ αὐτὸς θεὸς ὁ **ἐνεργῶν** τὰ πάντα ἐν πᾶσιν.
12:11 πάντα δὲ ταῦτα **ἐνεργεῖ** τὸ ἓν καὶ τὸ αὐτὸ πνεῦμα διαιροῦν ἰδίᾳ ἑκάστῳ καθὼς βούλεται.
2Co 1: 6 ὑπὲρ τῆς ὑμῶν παρακλήσεως τῆς **ἐνεργουμένης** ἐν ὑπομονῇ τῶν αὐτῶν παθημάτων ὧν καὶ ἡμεῖς πάσχομεν.
4:12 ὥστε ὁ θάνατος ἐν ἡμῖν **ἐνεργεῖται,** ἡ δὲ ζωὴ ἐν ὑμῖν.
Gal 2: 8 ὁ γὰρ **ἐνεργήσας** Πέτρῳ εἰς ἀποστολὴν τῆς περιτομῆς **ἐνήργησεν** καὶ ἐμοὶ εἰς τὰ ἔθνη,
3: 5 ὁ οὖν ἐπιχορηγῶν ὑμῖν τὸ πνεῦμα καὶ **ἐνεργῶν** δυνάμεις ἐν ὑμῖν,
5: 6 ἐν γὰρ Χριστῷ Ἰησοῦ οὔτε περιτομή τι ἰσχύει οὔτε ἀκροβυστία ἀλλὰ πίστις δι' ἀγάπης **ἐνεργουμένη.**
Eph 1:11 ἐν ᾧ καὶ ἐκληρώθημεν προορισθέντες κατὰ πρόθεσιν τοῦ τὰ πάντα **ἐνεργοῦντος** κατὰ τὴν βουλὴν τοῦ θελήματος αὐτοῦ
1:20 ἣν **ἐνήργησεν** ἐν τῷ Χριστῷ ἐγείρας αὐτὸν ἐκ νεκρῶν καὶ καθίσας ἐν δεξιᾷ αὐτοῦ ἐν τοῖς ἐπουρανίοις
2: 2 τοῦ πνεύματος τοῦ νῦν **ἐνεργοῦντος** ἐν τοῖς υἱοῖς τῆς ἀπειθείας·
3:20 δυναμένῳ ὑπὲρ πάντα ποιῆσαι ὑπερεκπερισσοῦ ὧν αἰτούμεθα ἢ νοοῦμεν κατὰ τὴν δύναμιν τὴν **ἐνεργουμένην** ἐν ἡμῖν,
Php 2:13 θεὸς γάρ ἐστιν ὁ **ἐνεργῶν** ἐν ὑμῖν καὶ τὸ θέλειν καὶ τὸ **ἐνεργεῖν** ὑπὲρ τῆς εὐδοκίας.
Col 1:29 εἰς ὃ καὶ κοπιῶ ἀγωνιζόμενος κατὰ τὴν ἐνέργειαν αὐτοῦ τὴν **ἐνεργουμένην** ἐν ἐμοὶ ἐν δυνάμει.
1Th 2:13 ἐδέξασθε οὐ λόγον ἀνθρώπων ἀλλὰ καθώς ἐστιν ἀληθῶς λόγον θεοῦ, ὃς καὶ **ἐνεργεῖται** ἐν ὑμῖν τοῖς πιστεύουσιν.
2Th 2: 7 τὸ γὰρ μυστήριον ἤδη **ἐνεργεῖται** τῆς ἀνομίας· μόνον ὁ κατέχων ἄρτι ἕως ἐκ μέσου γένηται.
Jas 5:16 καὶ εὔχεσθε ὑπὲρ ἀλλήλων ὅπως ἰαθῆτε. πολὺ ἰσχύει δέησις δικαίου **ἐνεργουμένη.**

1920 ἐνέργημα [2]

√ *1877 + 2240*

1Co 12: 6 καὶ διαιρέσεις **ἐνεργημάτων** εἰσίν, ὁ δὲ αὐτὸς θεὸς ὁ ἐνεργῶν τὰ πάντα ἐν πᾶσιν.
12:10 ἄλλῳ δὲ **ἐνεργήματα** δυνάμεων, ἄλλῳ [δὲ] προφητεία, ἄλλῳ [δὲ] διακρίσεις πνευμάτων,

1921 ἐνεργής [3]

√ *1877 + 2240*

1Co 16: 9 θύρα γάρ μοι ἀνέῳγεν μεγάλη καὶ **ἐνεργής,** καὶ ἀντικείμενοι πολλοί.
Phm 1: 6 ὅπως ἡ κοινωνία τῆς πίστεώς σου **ἐνεργὴς** γένηται ἐν ἐπιγνώσει παντὸς ἀγαθοῦ τοῦ ἐν ἡμῖν εἰς Χριστόν.
Heb 4:12 Ζῶν γὰρ ὁ λόγος τοῦ θεοῦ καὶ **ἐνεργὴς** καὶ τομώτερος ὑπὲρ πᾶσαν μάχαιραν δίστομον καὶ διϊκνούμενος ἄχρι μερισμοῦ ψυχῆς καὶ πνεύματος,

1922 ἐνευλογέω [2]

√ *1877 + 2292 + 3306*

Ac 3:25 Καὶ ἐν τῷ σπέρματί σου **[ἐν]ευλογηθήσονται** πᾶσαι αἱ πατριαὶ τῆς γῆς.
Gal 3: 8 προευηγγελίσατο τῷ Ἀβραὰμ ὅτι **Ἐνευλογηθήσονται** ἐν σοὶ πάντα τὰ ἔθνη·

1923 ἐνέχω [3]

√ *1877 + 2400*

Mk 6:19 ἡ δὲ Ἡρῳδιὰς **ἐνεῖχεν** αὐτῷ καὶ ἤθελεν αὐτὸν ἀποκτεῖναι,
Lk 11:53 Κἀκεῖθεν ἐξελθόντος αὐτοῦ ἤρξαντο οἱ γραμματεῖς καὶ οἱ Φαρισαῖοι δεινῶς **ἐνέχειν** καὶ ἀποστοματίζειν αὐτὸν
Gal 5: 1 στήκετε οὖν καὶ μὴ πάλιν ζυγῷ δουλείας **ἐνέχεσθε.**

1924 ἐνθάδε [8]

√ *1877*

Lk 24:41 ἔτι δὲ ἀπιστούντων αὐτῶν ἀπὸ τῆς χαρᾶς καὶ θαυμαζόντων εἶπεν αὐτοῖς, Ἔχετέ τι βρώσιμον **ἐνθάδε;**
Jn 4:15 δός μοι τοῦτο τὸ ὕδωρ, ἵνα μὴ διψῶ μηδὲ διέρχωμαι **ἐνθάδε** ἀντλεῖν.
4:16 Ὕπαγε φώνησον τὸν ἄνδρα σου καὶ ἐλθὲ **ἐνθάδε.**
Ac 10:18 καὶ φωνήσαντες ἐπυνθάνοντο εἰ Σίμων ὁ ἐπικαλούμενος Πέτρος **ἐνθάδε** ξενίζεται.
16:28 Μηδὲν πράξῃς σεαυτῷ κακόν, ἅπαντες γάρ ἐσμεν **ἐνθάδε.**
17: 6 καί τινας ἀδελφοὺς ἐπὶ τοὺς πολιτάρχας βοῶντες ὅτι Οἱ τὴν οἰκουμένην ἀναστατώσαντες οὗτοι καὶ **ἐνθάδε** πάρεισιν,
25:17 συνελθόντων οὖν [αὐτῶν] **ἐνθάδε** ἀναβολὴν μηδεμίαν ποιησάμενος τῇ ἑξῆς καθίσας ἐπὶ τοῦ βήματος
25:24 περὶ οὗ ἅπαν τὸ πλῆθος τῶν Ἰουδαίων ἐνέτυχόν μοι ἔν τε Ἱεροσολύμοις καὶ **ἐνθάδε** βοῶντες μὴ δεῖν αὐτὸν ζῆν μηκέτι.

1925 ἔνθεν [2]

√ *1877*

Mt 17:20 ἐρεῖτε τῷ ὄρει τούτῳ, Μετάβα **ἔνθεν** ἐκεῖ, καὶ μεταβήσεται·
Lk 16:26 ὅπως οἱ θέλοντες διαβῆναι **ἔνθεν** πρὸς ὑμᾶς μὴ δύνωνται,

1926 ἐνθυμέομαι [2]

√ *1877 + 2596*

Mt 1:20 ταῦτα δὲ αὐτοῦ **ἐνθυμηθέντος** ἰδοὺ ἄγγελος κυρίου κατ' ὄναρ ἐφάνη αὐτῷ λέγων,
9: 4 καὶ ἰδὼν ὁ Ἰησοῦς τὰς ἐνθυμήσεις αὐτῶν εἶπεν, Ἱνατί **ἐνθυμεῖσθε** πονηρὰ ἐν ταῖς καρδίαις ὑμῶν;

1927 ἐνθύμησις [4]

√ *1877 + 2596*

Mt 9: 4 καὶ ἰδὼν ὁ Ἰησοῦς τὰς **ἐνθυμήσεις** αὐτῶν εἶπεν,
12:25 εἰδὼς δὲ τὰς **ἐνθυμήσεις** αὐτῶν εἶπεν αὐτοῖς, Πᾶσα βασιλεία μερισθεῖσα καθ' ἑαυτῆς ἐρημοῦται
Ac 17:29 χαράγματι τέχνης καὶ **ἐνθυμήσεως** ἀνθρώπου, τὸ θεῖον εἶναι ὅμοιον.
Heb 4:12 ἁρμῶν τε καὶ μυελῶν, καὶ κριτικὸς **ἐνθυμήσεων** καὶ ἐννοιῶν καρδίας·

1928 ἔνι [6]

√ *1877 + 1639*

1Co 6: 5 οὕτως οὐκ **ἔνι** ἐν ὑμῖν οὐδεὶς σοφός, ὃς δυνήσεται διακρῖναι ἀνὰ μέσον τοῦ ἀδελφοῦ αὐτοῦ;
Gal 3:28 οὐκ **ἔνι** Ἰουδαῖος οὐδὲ Ἕλλην, οὐκ **ἔνι** δοῦλος οὐδὲ ἐλεύθερος, οὐκ **ἔνι** ἄρσεν καὶ θῆλυ·
Col 3:11 ὅπου οὐκ **ἔνι** Ἕλλην καὶ Ἰουδαῖος, περιτομὴ καὶ ἀκροβυστία,
Jas 1:17 παρ᾽ ᾧ οὐκ **ἔνι** παραλλαγὴ ἢ τροπῆς ἀποσκίασμα.

1929 ἐνιαυτός [14]

√ *899*

Lk 4:19 κηρύξαι **ἐνιαυτὸν** κυρίου δεκτόν.
Jn 11:49 ἀρχιερεὺς ὢν τοῦ **ἐνιαυτοῦ** ἐκείνου, εἶπεν αὐτοῖς, Ὑμεῖς οὐκ οἴδατε οὐδέν,
11:51 ἀλλὰ ἀρχιερεὺς ὢν τοῦ **ἐνιαυτοῦ** ἐκείνου ἐπροφήτευσεν ὅτι ἔμελλεν Ἰησοῦς ἀποθνήσκειν ὑπὲρ τοῦ ἔθνους,
18:13 ἦν γὰρ πενθερὸς τοῦ Καϊάφα, ὃς ἦν ἀρχιερεὺς τοῦ **ἐνιαυτοῦ** ἐκείνου·
Ac 11:26 ἐγένετο δὲ αὐτοῖς καὶ **ἐνιαυτὸν** ὅλον συναχθῆναι ἐν τῇ ἐκκλησίᾳ καὶ διδάξαι ὄχλον ἱκανόν,
18:11 Ἐκάθισεν δὲ **ἐνιαυτὸν** καὶ μῆνας ἓξ διδάσκων ἐν αὐτοῖς τὸν λόγον τοῦ θεοῦ.
Gal 4:10 ἡμέρας παρατηρεῖσθε καὶ μῆνας καὶ καιροὺς καὶ **ἐνιαυτούς,**
Heb 9: 7 εἰς δὲ τὴν δευτέραν ἅπαξ τοῦ **ἐνιαυτοῦ** μόνος ὁ ἀρχιερεύς,
9:25 ὥσπερ ὁ ἀρχιερεὺς εἰσέρχεται εἰς τὰ ἅγια κατ᾽ **ἐνιαυτὸν** ἐν αἵματι ἀλλοτρίῳ,
10: 1 κατ᾽ **ἐνιαυτὸν** ταῖς αὐταῖς θυσίαις ἃς προσφέρουσιν εἰς τὸ διηνεκὲς οὐδέποτε δύναται τοὺς προσερχομένους τελειῶσαι·
10: 3 ἀλλ᾽ ἐν αὐταῖς ἀνάμνησις ἁμαρτιῶν κατ᾽ **ἐνιαυτόν·**
Jas 4:13 Σήμερον ἢ αὔριον πορευσόμεθα εἰς τήνδε τὴν πόλιν καὶ ποιήσομεν ἐκεῖ **ἐνιαυτὸν** καὶ ἐμπορευσόμεθα καὶ κερδήσομεν·
5:17 καὶ οὐκ ἔβρεξεν ἐπὶ τῆς γῆς **ἐνιαυτοὺς** τρεῖς καὶ μῆνας ἕξ·
Rev 9:15 καὶ ἐλύθησαν οἱ τέσσαρες ἄγγελοι οἱ ἡτοιμασμένοι εἰς τὴν ὥραν καὶ ἡμέραν καὶ μῆνα καὶ **ἐνιαυτόν,**

1930 ἐνίοτε Not used in UBS/NIV

√ *1639 + 1877 + 4005*

1931 ἐνίστημι [7]

√ *1877 + 2705*

ἐνίστημι ... καιρός [2] 2Ti 3:1; Heb 9:9

Ro 8:38 πέπεισμαι γὰρ ὅτι οὔτε θάνατος οὔτε ζωὴ οὔτε ἄγγελοι οὔτε ἀρχαὶ οὔτε **ἐνεστῶτα** οὔτε μέλλοντα οὔτε δυνάμεις
1Co 3:22 εἴτε κόσμος εἴτε ζωὴ εἴτε θάνατος, εἴτε **ἐνεστῶτα** εἴτε μέλλοντα·
7:26 Νομίζω οὖν τοῦτο καλὸν ὑπάρχειν διὰ τὴν **ἐνεστῶσαν** ἀνάγκην,
Gal 1: 4 ὅπως ἐξέληται ἡμᾶς ἐκ τοῦ αἰῶνος τοῦ **ἐνεστῶτος** πονηροῦ κατὰ τὸ θέλημα τοῦ θεοῦ καὶ πατρὸς ἡμῶν,
2Th 2: 2 μήτε διὰ πνεύματος μήτε διὰ λόγου μήτε δι᾽ ἐπιστολῆς ὡς δι᾽ ἡμῶν, ὡς ὅτι **ἐνέστηκεν** ἡ ἡμέρα τοῦ κυρίου·
2Ti 3: 1 Τοῦτο δὲ γίνωσκε, ὅτι ἐν ἐσχάταις ἡμέραις **ἐνστήσονται** καιροὶ χαλεποί·
Heb 9: 9 ἥτις παραβολὴ εἰς τὸν καιρὸν τὸν **ἐνεστηκότα,** καθ᾽ ἣν δῶρά τε καὶ θυσίαι προσφέρονται

1932 ἐνισχύω [2]

√ *1877 + 2709*

Lk 22:43 ⟦ὤφθη δὲ αὐτῷ ἄγγελος ἀπ᾽ οὐρανοῦ **ἐνισχύων** αὐτόν.⟧
Ac 9:19 καὶ λαβὼν τροφὴν **ἐνίσχυσεν.** Ἐγένετο δὲ μετὰ τῶν ἐν Δαμασκῷ μαθητῶν ἡμέρας τινὰς

1933 ἐννέα [5]

→ *1888, 1916*

Mt 18:12 οὐχὶ ἀφήσει τὰ ἐνενήκοντα **ἐννέα** ἐπὶ τὰ ὄρη καὶ πορευθεὶς ζητεῖ τὸ πλανώμενον;
18:13 ἀμὴν λέγω ὑμῖν ὅτι χαίρει ἐπ᾽ αὐτῷ μᾶλλον ἢ ἐπὶ τοῖς ἐνενήκοντα **ἐννέα** τοῖς μὴ πεπλανημένοις.
Lk 15: 4 Τίς ἄνθρωπος ἐξ ὑμῶν ἔχων ἑκατὸν πρόβατα καὶ ἀπολέσας ἐξ αὐτῶν ἓν οὐ καταλείπει τὰ ἐνενήκοντα **ἐννέα** ἐν τῇ ἐρήμῳ
15: 7 λέγω ὑμῖν ὅτι οὕτως χαρὰ ἐν τῷ οὐρανῷ ἔσται ἐπὶ ἑνὶ ἁμαρτωλῷ μετανοοῦντι ἢ ἐπὶ ἐνενήκοντα **ἐννέα** δικαίοις
17:17 Οὐχὶ οἱ δέκα ἐκαθαρίσθησαν; οἱ δὲ **ἐννέα** ποῦ;

1934 ἐννεός Not used in UBS/NIV

√ *1917*

1935 ἐννεύω [1]

√ *1877 + 3748*

Lk 1:62 **ἐνένευον** δὲ τῷ πατρὶ αὐτοῦ τὸ τί ἂν θέλοι καλεῖσθαι αὐτό.

1936 ἔννοια [2]

√ *1877 + 3808*

Heb 4:12 ἁρμῶν τε καὶ μυελῶν, καὶ κριτικὸς ἐνθυμήσεων καὶ **ἐννοιῶν** καρδίας·
1Pe 4: 1 Χριστοῦ οὖν παθόντος σαρκὶ καὶ ὑμεῖς τὴν αὐτὴν **ἔννοιαν** ὁπλίσασθε,

1937 ἔννομος [2]

√ *1877 + 3795*

Ac 19:39 εἰ δέ τι περαιτέρω ἐπιζητεῖτε, ἐν τῇ **ἐννόμῳ** ἐκκλησίᾳ ἐπιλυθήσεται.
1Co 9:21 μὴ ὢν ἄνομος θεοῦ ἀλλ᾽ **ἔννομος** Χριστοῦ, ἵνα κερδάνω τοὺς ἀνόμους·

1938 ἐννόμως Not used in UBS/NIV

√ *1877 + 3795*

1939 ἔννυχος [1]

√ *1877 + 3816*

Mk 1:35 Καὶ πρωῒ **ἔννυχα** λίαν ἀναστὰς ἐξῆλθεν καὶ ἀπῆλθεν εἰς ἔρημον τόπον κἀκεῖ προσηύχετο.

1940 ἐνοικέω [5]

√ *1877 + 3875*

Ro 8:11 ὁ ἐγείρας Χριστὸν ἐκ νεκρῶν ζῳοποιήσει καὶ τὰ θνητὰ σώματα ὑμῶν διὰ τοῦ **ἐνοικοῦντος** αὐτοῦ πνεύματος ἐν ὑμῖν.
2Co 6:16 εἶπεν ὁ θεὸς ὅτι **Ἐνοικήσω** ἐν αὐτοῖς καὶ ἐμπεριπατήσω καὶ ἔσομαι αὐτῶν θεὸς καὶ αὐτοὶ ἔσονταί μου λαός.
Col 3:16 ὁ λόγος τοῦ Χριστοῦ **ἐνοικείτω** ἐν ὑμῖν πλουσίως,
2Ti 1: 5 ἥτις **ἐνῴκησεν** πρῶτον ἐν τῇ μάμμῃ σου Λωΐδι καὶ τῇ μητρί σου Εὐνίκῃ,
1:14 τὴν καλὴν παραθήκην φύλαξον διὰ πνεύματος ἁγίου τοῦ **ἐνοικοῦντος** ἐν ἡμῖν.

1941 ἐνορκίζω [1]

√ *1877 + 3992*

1Th 5:27 **Ἐνορκίζω** ὑμᾶς τὸν κύριον ἀναγνωσθῆναι τὴν ἐπιστολὴν πᾶσιν τοῖς ἀδελφοῖς.

1942 ἑνότης [2]

√ *1651*

Eph 4: 3 σπουδάζοντες τηρεῖν τὴν **ἑνότητα** τοῦ πνεύματος ἐν τῷ συνδέσμῳ τῆς εἰρήνης·
4:13 μέχρι καταντήσωμεν οἱ πάντες εἰς τὴν **ἑνότητα** τῆς πίστεως καὶ τῆς ἐπιγνώσεως τοῦ υἱοῦ τοῦ θεοῦ,

1943 ἐνοχλέω [2]

√ *1877 + 4063*

Lk 6:18 οἳ ἦλθον ἀκοῦσαι αὐτοῦ καὶ ἰαθῆναι ἀπὸ τῶν νόσων αὐτῶν· καὶ οἱ **ἐνοχλούμενοι** ἀπὸ πνευμάτων ἀκαθάρτων ἐθεραπεύοντο,
Heb 12:15 μή τις ῥίζα πικρίας ἄνω φύουσα **ἐνοχλῇ** καὶ δι᾽ αὐτῆς μιανθῶσιν πολλοί,

1944 ἔνοχος [10]

√ *1877 + 2400*

Mt 5:21 ὃς δ' ἂν φονεύσῃ, **ἔνοχος** ἔσται τῇ κρίσει.
5:22 ὁ ὀργιζόμενος τῷ ἀδελφῷ αὐτοῦ **ἔνοχος** ἔσται τῇ κρίσει· ὃς δ' ἂν εἴπῃ τῷ ἀδελφῷ αὐτοῦ, Ῥακά, **ἔνοχος** ἔσται τῷ συνεδρίῳ· ὃς δ' ἂν εἴπῃ, Μωρέ, **ἔνοχος** ἔσται εἰς τὴν γέενναν τοῦ πυρός.
26:66 οἱ δὲ ἀποκριθέντες εἶπαν, **Ἔνοχος** θανάτου ἐστίν.
Mk 3:29 οὐκ ἔχει ἄφεσιν εἰς τὸν αἰῶνα, ἀλλὰ **ἔνοχός** ἐστιν αἰωνίου ἁμαρτήματος.
14:64 οἱ δὲ πάντες κατέκριναν αὐτὸν **ἔνοχον** εἶναι θανάτου.
1Co 11:27 **ἔνοχος** ἔσται τοῦ σώματος καὶ τοῦ αἵματος τοῦ κυρίου.
Heb 2:15 ὅσοι φόβῳ θανάτου διὰ παντὸς τοῦ ζῆν **ἔνοχοι** ἦσαν δουλείας.
Jas 2:10 ὅστις γὰρ ὅλον τὸν νόμον τηρήσῃ πταίσῃ δὲ ἐν ἑνί, γέγονεν πάντων **ἔνοχος.**

1945 ἔνταλμα [3]

√ *1953*

Mt 15:9 μάτην δὲ σέβονταί με διδάσκοντες διδασκαλίας **ἐντάλματα** ἀνθρώπων.
Mk 7:7 μάτην δὲ σέβονταί με διδάσκοντες διδασκαλίας **ἐντάλματα** ἀνθρώπων.
Col 2:22 ἅ ἐστιν πάντα εἰς φθορὰν τῇ ἀποχρήσει, κατὰ τὰ **ἐντάλματα** καὶ διδασκαλίας τῶν ἀνθρώπων,

1946 ἐνταφιάζω [2]

√ *1877 + 5439*

Mt 26:12 βαλοῦσα γὰρ αὕτη τὸ μύρον τοῦτο ἐπὶ τοῦ σώματός μου πρὸς τὸ **ἐνταφιάσαι** με ἐποίησεν.
Jn 19:40 ἔλαβον οὖν τὸ σῶμα τοῦ Ἰησοῦ καὶ ἔδησαν αὐτὸ ὀθονίοις μετὰ τῶν ἀρωμάτων, καθὼς ἔθος ἐστὶν τοῖς Ἰουδαίοις **ἐνταφιάζειν.**

1947 ἐνταφιασμός [2]

√ *1877 + 5439*

Mk 14:8 προέλαβεν μυρίσαι τὸ σῶμά μου εἰς τὸν **ἐνταφιασμόν.**
Jn 12:7 ἵνα εἰς τὴν ἡμέραν τοῦ **ἐνταφιασμοῦ** μου τηρήσῃ αὐτό·

1948 ἐντέλλω [15]

√ *1953*

Mt 4:6 γέγραπται γὰρ ὅτι Τοῖς ἀγγέλοις αὐτοῦ **ἐντελεῖται** περὶ σοῦ καὶ ἐπὶ χειρῶν ἀροῦσίν σε,
17:9 Καὶ καταβαινόντων αὐτῶν ἐκ τοῦ ὄρους **ἐνετείλατο** αὐτοῖς ὁ Ἰησοῦς λέγων,
19:7 Τί οὖν Μωϋσῆς **ἐνετείλατο** δοῦναι βιβλίον ἀποστασίου καὶ ἀπολῦσαι [αὐτήν;]
28:20 διδάσκοντες αὐτοὺς τηρεῖν πάντα ὅσα **ἐνετειλάμην** ὑμῖν· καὶ ἰδοὺ ἐγὼ μεθ' ὑμῶν εἰμι πάσας τὰς ἡμέρας
Mk 10:3 ὁ δὲ ἀποκριθεὶς εἶπεν αὐτοῖς, Τί ὑμῖν **ἐνετείλατο** Μωϋσῆς;
13:34 καὶ δοὺς τοῖς δούλοις αὐτοῦ τὴν ἐξουσίαν ἑκάστῳ τὸ ἔργον αὐτοῦ καὶ τῷ θυρωρῷ **ἐνετείλατο** ἵνα γρηγορῇ.
Lk 4:10 γέγραπται γὰρ ὅτι Τοῖς ἀγγέλοις αὐτοῦ **ἐντελεῖται** περὶ σοῦ τοῦ διαφυλάξαι σε,
Jn 8:5 ⟦ἐν δὲ τῷ νόμῳ ἡμῖν Μωϋσῆς **ἐνετείλατο** τὰς τοιαύτας λιθάζειν.⟧
14:31 καὶ καθὼς **ἐνετείλατο** μοι ὁ πατήρ, οὕτως ποιῶ.
15:14 ὑμεῖς φίλοι μού ἐστε ἐὰν ποιῆτε ἃ ἐγὼ **ἐντέλλομαι** ὑμῖν.
15:17 ταῦτα **ἐντέλλομαι** ὑμῖν, ἵνα ἀγαπᾶτε ἀλλήλους.
Ac 1:2 ἄχρι ἧς ἡμέρας **ἐντειλάμενος** τοῖς ἀποστόλοις διὰ πνεύματος ἁγίου οὓς ἐξελέξατο ἀνελήμφθη·
13:47 οὕτως γὰρ **ἐντέταλται** ἡμῖν ὁ κύριος, Τέθεικά σε εἰς φῶς ἐθνῶν τοῦ εἶναί σε εἰς σωτηρίαν ἕως ἐσχάτου τῆς γῆς.
Heb 9:20 Τοῦτο τὸ αἷμα τῆς διαθήκης ἧς **ἐνετείλατο** πρὸς ὑμᾶς ὁ θεός.
11:22 Πίστει Ἰωσὴφ τελευτῶν περὶ τῆς ἐξόδου τῶν υἱῶν Ἰσραὴλ ἐμνημόνευσεν καὶ περὶ τῶν ὀστέων αὐτοῦ **ἐνετείλατο.**

1949 ἐντεῦθεν [10]

√ *1877*

ἐντεῦθεν καὶ ἐντεῦθεν [1] Jn 19:18

Lk 4:9 Εἰ υἱὸς εἶ τοῦ θεοῦ, βάλε σεαυτὸν **ἐντεῦθεν** κάτω·
13:31 Ἔξελθε καὶ πορεύου **ἐντεῦθεν,** ὅτι Ἡρῴδης θέλει σε ἀποκτεῖναι.
Jn 2:16 καὶ τοῖς τὰς περιστερὰς πωλοῦσιν εἶπεν, Ἄρατε ταῦτα **ἐντεῦθεν,**
7:3 εἶπον οὖν πρὸς αὐτὸν οἱ ἀδελφοὶ αὐτοῦ, Μετάβηθι **ἐντεῦθεν** καὶ ὕπαγε εἰς τὴν Ἰουδαίαν,
14:31 καὶ καθὼς ἐνετείλατο μοι ὁ πατήρ, οὕτως ποιῶ. Ἐγείρεσθε, ἄγωμεν **ἐντεῦθεν.**
18:36 νῦν δὲ ἡ βασιλεία ἡ ἐμὴ οὐκ ἔστιν **ἐντεῦθεν.**
19:18 καὶ μετ' αὐτοῦ ἄλλους δύο **ἐντεῦθεν** καὶ **ἐντεῦθεν,**
Jas 4:1 οὐκ **ἐντεῦθεν,** ἐκ τῶν ἡδονῶν ὑμῶν τῶν στρατευομένων ἐν τοῖς μέλεσιν ὑμῶν;
Rev 22:2 ἐν μέσῳ τῆς πλατείας αὐτῆς καὶ τοῦ ποταμοῦ **ἐντεῦθεν** καὶ ἐκεῖθεν ξύλον ζωῆς ποιοῦν καρποὺς δώδεκα,

1950 ἔντευξις [2]

√ *1877 + 5593*

1Ti 2:1 Παρακαλῶ οὖν πρῶτον πάντων ποιεῖσθαι δεήσεις προσευχὰς **ἐντεύξεις** εὐχαριστίας ὑπὲρ πάντων ἀνθρώπων,
4:5 ἁγιάζεται γὰρ διὰ λόγου θεοῦ καὶ **ἐντεύξεως.**

1951 ἐντίθημι Not used in UBS/NIV

√ *1877 + 5502*

1952 ἔντιμος [5]

√ *1877 + 5507*

Lk 7:2 Ἑκατοντάρχου δέ τινος δοῦλος κακῶς ἔχων ἤμελλεν τελευτᾶν, ὃς ἦν αὐτῷ **ἔντιμος.**
14:8 μὴ κατακλιθῇς εἰς τὴν πρωτοκλισίαν, μήποτε **ἐντιμότερός** σου ᾖ κεκλημένος ὑπ' αὐτοῦ,
Php 2:29 προσδέχεσθε οὖν αὐτὸν ἐν κυρίῳ μετὰ πάσης χαρᾶς καὶ τοὺς τοιούτους **ἐντίμους** ἔχετε,
1Pe 2:4 πρὸς ὃν προσερχόμενοι λίθον ζῶντα ὑπὸ ἀνθρώπων μὲν ἀποδεδοκιμασμένον παρὰ δὲ θεῷ ἐκλεκτὸν **ἔντιμον,**
2:6 Ἰδοὺ τίθημι ἐν Σιὼν λίθον ἀκρογωνιαῖον ἐκλεκτὸν **ἔντιμον** καὶ ὁ πιστεύων ἐπ' αὐτῷ οὐ μὴ καταισχυνθῇ.

1953 ἐντολή [67]

→ *1945, 1948; cf. 1877*

with **ἀγαπάω** and **ἀγάπη** [17] Mk 12:31; Jn 13:34; 14:15,21; 15:10,10,12; Ro 13:9; 1Jn 3:23,23; 4:21; 5:2,3,3; 2Jn 1:5,6,6

ἐντολή [τοῦ] θεοῦ [6] Mt 15:3; Mk 7:8,9; 1Co 7:19; Rev 12:17; 14:12

ἐντολή [τοῦ] κυρίου [3] Lk 1:6; 1Co 14:37; 2Pe 3:2

καινός ἐντολή [4] Jn 13:34; 1Jn 2:7,8; 2Jn 1:5

λύω ... ἐντολῶν [1] Mt 5:19

μέγας ἐντολή [2] Mt 22:36,38

τηρέω ἐντολάς [13] Mt 19:17; Jn 14:15,21; 15:10,10; 1Ti 6:14; 1Jn 2:3,4; 3:22,24; 5:3; Rev 12:17; 14:12

Mt 5:19 ὃς ἐὰν οὖν λύσῃ μίαν τῶν **ἐντολῶν** τούτων τῶν ἐλαχίστων καὶ διδάξῃ οὕτως τοὺς ἀνθρώπους,
15:3 Διὰ τί καὶ ὑμεῖς παραβαίνετε τὴν **ἐντολὴν** τοῦ θεοῦ διὰ τὴν παράδοσιν ὑμῶν;
19:17 εἰ δὲ θέλεις εἰς τὴν ζωὴν εἰσελθεῖν, τήρησον τὰς **ἐντολάς.**
22:36 Διδάσκαλε, ποία **ἐντολὴ** μεγάλη ἐν τῷ νόμῳ;
22:38 αὕτη ἐστὶν ἡ μεγάλη καὶ πρώτη **ἐντολή.**
22:40 ἐν ταύταις ταῖς δυσὶν **ἐντολαῖς** ὅλος ὁ νόμος κρέμαται καὶ οἱ προφῆται.
Mk 7:8 ἀφέντες τὴν **ἐντολὴν** τοῦ θεοῦ κρατεῖτε τὴν παράδοσιν τῶν ἀνθρώπων.
7:9 Καὶ ἔλεγεν αὐτοῖς, Καλῶς ἀθετεῖτε τὴν **ἐντολὴν** τοῦ θεοῦ,
10:5 Πρὸς τὴν σκληροκαρδίαν ὑμῶν ἔγραψεν ὑμῖν τὴν **ἐντολὴν** ταύτην.
10:19 τὰς **ἐντολὰς** οἶδας· Μὴ φονεύσῃς, Μὴ μοιχεύσῃς, Μὴ κλέψῃς,
12:28 ἰδὼν ὅτι καλῶς ἀπεκρίθη αὐτοῖς ἐπηρώτησεν αὐτόν, Ποία ἐστὶν **ἐντολὴ** πρώτη πάντων;
12:31 Ἀγαπήσεις τὸν πλησίον σου ὡς σεαυτόν. μείζων τούτων ἄλλη **ἐντολὴ** οὐκ ἔστιν.

Lk 1: 6 πορευόμενοι ἐν πάσαις ταῖς **ἐντολαῖς** καὶ δικαιώμασιν τοῦ κυρίου ἄμεμπτοι.
15: 29 Ἰδοὺ τοσαῦτα ἔτη δουλεύω σοι καὶ οὐδέποτε **ἐντολήν** σου παρῆλθον,
18: 20 τὰς **ἐντολὰς** οἶδας· Μὴ μοιχεύσῃς, Μὴ φονεύσῃς, Μὴ κλέψῃς,
23: 56 Καὶ τὸ μὲν σάββατον ἡσύχασαν κατὰ τὴν **ἐντολήν.**
Jn 10: 18 ταύτην τὴν **ἐντολὴν** ἔλαβον παρὰ τοῦ πατρός μου.
11: 57 δεδώκεισαν δὲ οἱ ἀρχιερεῖς καὶ οἱ Φαρισαῖοι **ἐντολὰς** ἵνα ἐάν τις γνῷ ποῦ ἐστιν μηνύσῃ,
12: 49 ἀλλ᾽ ὁ πέμψας με πατὴρ αὐτός μοι **ἐντολὴν** δέδωκεν τί εἴπω καὶ τί λαλήσω.
12: 50 καὶ οἶδα ὅτι ἡ **ἐντολὴ** αὐτοῦ ζωὴ αἰώνιός ἐστιν.
13: 34 **ἐντολὴν** καινὴν δίδωμι ὑμῖν, ἵνα ἀγαπᾶτε ἀλλήλους, καθὼς ἠγάπησα ὑμᾶς ἵνα καὶ ὑμεῖς ἀγαπᾶτε ἀλλήλους.
14: 15 Ἐὰν ἀγαπᾶτέ με, τὰς **ἐντολὰς** τὰς ἐμὰς τηρήσετε·
14: 21 ὁ ἔχων τὰς **ἐντολάς** μου καὶ τηρῶν αὐτὰς ἐκεῖνός ἐστιν ὁ ἀγαπῶν με·
15: 10 ἐὰν τὰς **ἐντολάς** μου τηρήσητε, μενεῖτε ἐν τῇ ἀγάπῃ μου, καθὼς ἐγὼ τὰς **ἐντολὰς** τοῦ πατρός μου τετήρηκα καὶ μένω αὐτοῦ ἐν τῇ ἀγάπῃ.
15: 12 αὕτη ἐστὶν ἡ **ἐντολὴ** ἡ ἐμή, ἵνα ἀγαπᾶτε ἀλλήλους καθὼς ἠγάπησα ὑμᾶς.
Ac 17: 15 καὶ λαβόντες **ἐντολὴν** πρὸς τὸν Σιλᾶν καὶ τὸν Τιμόθεον ἵνα ὡς τάχιστα ἔλθωσιν πρὸς αὐτὸν ἐξῄεσαν.
Ro 7: 8 ἀφορμὴν δὲ λαβοῦσα ἡ ἁμαρτία διὰ τῆς **ἐντολῆς** κατειργάσατο ἐν ἐμοὶ πᾶσαν ἐπιθυμίαν·
7: 9 ἐγὼ δὲ ἔζων χωρὶς νόμου ποτέ, ἐλθούσης δὲ τῆς **ἐντολῆς** ἡ ἁμαρτία ἀνέζησεν,
7: 10 ἐγὼ δὲ ἀπέθανον καὶ εὑρέθη μοι ἡ **ἐντολὴ** ἡ εἰς ζωήν,
7: 11 ἡ γὰρ ἁμαρτία ἀφορμὴν λαβοῦσα διὰ τῆς **ἐντολῆς** ἐξηπάτησέν με καὶ δι᾽ αὐτῆς ἀπέκτεινεν.
7: 12 ὥστε ὁ μὲν νόμος ἅγιος καὶ ἡ **ἐντολὴ** ἁγία καὶ δικαία καὶ ἀγαθή.
7: 13 ἵνα γένηται καθ᾽ ὑπερβολὴν ἁμαρτωλὸς ἡ ἁμαρτία διὰ τῆς **ἐντολῆς.**
13: 9 Οὐ κλέψεις, Οὐκ ἐπιθυμήσεις, καὶ εἴ τις ἑτέρα **ἐντολή,**
1Co 7: 19 ἡ περιτομὴ οὐδέν ἐστιν καὶ ἡ ἀκροβυστία οὐδέν ἐστιν, ἀλλὰ τήρησις **ἐντολῶν** θεοῦ.
14: 37 ἐπιγινωσκέτω ἃ γράφω ὑμῖν ὅτι κυρίου ἐστὶν **ἐντολή·**
Eph 2: 15 τὸν νόμον τῶν **ἐντολῶν** ἐν δόγμασιν καταργήσας, ἵνα τοὺς δύο κτίσῃ ἐν αὐτῷ εἰς ἕνα καινὸν ἄνθρωπον ποιῶν εἰρήνην
6: 2 τίμα τὸν πατέρα σου καὶ τὴν μητέρα, ἥτις ἐστὶν **ἐντολὴ** πρώτη ἐν ἐπαγγελίᾳ,
Col 4: 10 Ἀσπάζεται ὑμᾶς Ἀρίσταρχος ὁ συναιχμάλωτός μου καὶ Μᾶρκος ὁ ἀνεψιὸς Βαρναβᾶ (περὶ οὗ ἐλάβετε **ἐντολάς,**
1Ti 6: 14 τηρῆσαί σε τὴν **ἐντολὴν** ἄσπιλον ἀνεπίλημπτον μέχρι τῆς ἐπιφανείας τοῦ κυρίου ἡμῶν Ἰησοῦ Χριστοῦ,
Tit 1: 14 μὴ προσέχοντες Ἰουδαϊκοῖς μύθοις καὶ **ἐντολαῖς** ἀνθρώπων ἀποστρεφομένων τὴν ἀλήθειαν.
Heb 7: 5 καὶ οἱ μὲν ἐκ τῶν υἱῶν Λευὶ τὴν ἱερατείαν λαμβάνοντες **ἐντολὴν** ἔχουσιν ἀποδεκατοῦν τὸν λαὸν κατὰ τὸν νόμον,
7: 16 ὃς οὐ κατὰ νόμον **ἐντολῆς** σαρκίνης γέγονεν ἀλλὰ κατὰ δύναμιν ζωῆς ἀκαταλύτου.
7: 18 ἀθέτησις μὲν γὰρ γίνεται προαγούσης **ἐντολῆς** διὰ τὸ αὐτῆς ἀσθενὲς καὶ ἀνωφελές–
9: 19 λαληθείσης γὰρ πάσης **ἐντολῆς** κατὰ τὸν νόμον ὑπὸ Μωϋσέως παντὶ τῷ λαῷ,
2Pe 2: 21 μὴ ἐπεγνωκέναι τὴν ὁδὸν τῆς δικαιοσύνης ἢ ἐπιγνοῦσιν ὑποστρέψαι ἐκ τῆς παραδοθείσης αὐτοῖς ἁγίας **ἐντολῆς.**
3: 2 μνησθῆναι τῶν προειρημένων ῥημάτων ὑπὸ τῶν ἁγίων προφητῶν καὶ τῆς τῶν ἀποστόλων ὑμῶν **ἐντολῆς** τοῦ κυρίου
1Jn 2: 3 Καὶ ἐν τούτῳ γινώσκομεν ὅτι ἐγνώκαμεν αὐτόν, ἐὰν τὰς **ἐντολὰς** αὐτοῦ τηρῶμεν.
2: 4 ὁ λέγων ὅτι Ἔγνωκα αὐτὸν καὶ τὰς **ἐντολὰς** αὐτοῦ μὴ τηρῶν,
2: 7 οὐκ **ἐντολὴν** καινὴν γράφω ὑμῖν ἀλλ᾽ **ἐντολὴν** παλαιὰν ἣν εἴχετε ἀπ᾽ ἀρχῆς· ἡ **ἐντολὴ** ἡ παλαιά ἐστιν ὁ λόγος ὃν ἠκούσατε.
2: 8 πάλιν **ἐντολὴν** καινὴν γράφω ὑμῖν, ὅ ἐστιν ἀληθὲς ἐν αὐτῷ καὶ ἐν ὑμῖν,
3: 22 ὅτι τὰς **ἐντολὰς** αὐτοῦ τηροῦμεν καὶ τὰ ἀρεστὰ ἐνώπιον αὐτοῦ ποιοῦμεν.
3: 23 καὶ αὕτη ἐστὶν ἡ **ἐντολὴ** αὐτοῦ, ἵνα πιστεύσωμεν τῷ ὀνόματι τοῦ υἱοῦ αὐτοῦ Ἰησοῦ Χριστοῦ καὶ ἀγαπῶμεν ἀλλήλους, καθὼς ἔδωκεν **ἐντολὴν** ἡμῖν.
3: 24 καὶ ὁ τηρῶν τὰς **ἐντολὰς** αὐτοῦ ἐν αὐτῷ μένει καὶ αὐτὸς ἐν αὐτῷ·
4: 21 καὶ ταύτην τὴν **ἐντολὴν** ἔχομεν ἀπ᾽ αὐτοῦ, ἵνα ὁ ἀγαπῶν τὸν θεὸν ἀγαπᾷ καὶ τὸν ἀδελφὸν αὐτοῦ.
5: 2 ὅταν τὸν θεὸν ἀγαπῶμεν καὶ τὰς **ἐντολὰς** αὐτοῦ ποιῶμεν.
5: 3 αὕτη γάρ ἐστιν ἡ ἀγάπη τοῦ θεοῦ, ἵνα τὰς **ἐντολὰς** αὐτοῦ τηρῶμεν, καὶ αἱ **ἐντολαὶ** αὐτοῦ βαρεῖαι οὐκ εἰσίν.
2Jn 1: 4 Ἐχάρην λίαν ὅτι εὕρηκα ἐκ τῶν τέκνων σου περιπατοῦντας ἐν ἀληθείᾳ, καθὼς **ἐντολὴν** ἐλάβομεν παρὰ τοῦ πατρός.
1: 5 οὐχ ὡς **ἐντολὴν** καινὴν γράφων σοι ἀλλὰ ἣν εἴχομεν ἀπ᾽ ἀρχῆς,
1: 6 καὶ αὕτη ἐστὶν ἡ ἀγάπη, ἵνα περιπατῶμεν κατὰ τὰς **ἐντολὰς** αὐτοῦ· αὕτη ἡ **ἐντολή** ἐστιν, καθὼς ἠκούσατε ἀπ᾽ ἀρχῆς,
Rev 12: 17 καὶ ἀπῆλθεν ποιῆσαι πόλεμον μετὰ τῶν λοιπῶν τοῦ σπέρματος αὐτῆς τῶν τηρούντων τὰς **ἐντολὰς** τοῦ θεοῦ
14: 12 οἱ τηροῦντες τὰς **ἐντολὰς** τοῦ θεοῦ καὶ τὴν πίστιν Ἰησοῦ.

1954 ἐντόπιος [1]

√ *1877 + 5536*

Ac 21: 12 παρεκαλοῦμεν ἡμεῖς τε καὶ οἱ **ἐντόπιοι** τοῦ μὴ ἀναβαίνειν αὐτὸν εἰς Ἰερουσαλήμ.

1955 ἐντός [2]

√ *1877*

Mt 23: 26 Φαρισαῖε τυφλέ, καθάρισον πρῶτον τὸ **ἐντὸς** τοῦ ποτηρίου,
Lk 17: 21 ἰδοὺ γὰρ ἡ βασιλεία τοῦ θεοῦ **ἐντὸς** ὑμῶν ἐστιν.

1956 ἐντρέπω [9]

√ *1877 + 5572*

Mt 21: 37 ὕστερον δὲ ἀπέστειλεν πρὸς αὐτοὺς τὸν υἱὸν αὐτοῦ λέγων, **Ἐντραπήσονται** τὸν υἱόν μου.
Mk 12: 6 ἀπέστειλεν αὐτὸν ἔσχατον πρὸς αὐτοὺς λέγων ὅτι **Ἐντραπήσονται** τὸν υἱόν μου.
Lk 18: 2 Κριτής τις ἦν ἔν τινι πόλει τὸν θεὸν μὴ φοβούμενος καὶ ἄνθρωπον μὴ **ἐντρεπόμενος.**
18: 4 Εἰ καὶ τὸν θεὸν οὐ φοβοῦμαι οὐδὲ ἄνθρωπον **ἐντρέπομαι,**
20: 13 πέμψω τὸν υἱόν μου τὸν ἀγαπητόν· ἴσως τοῦτον **ἐντραπήσονται.**
1Co 4: 14 Οὐκ **ἐντρέπων** ὑμᾶς γράφω ταῦτα ἀλλ᾽ ὡς τέκνα μου ἀγαπητὰ νουθετῶ[ν].
2Th 3: 14 εἰ δέ τις οὐχ ὑπακούει τῷ λόγῳ ἡμῶν διὰ τῆς ἐπιστολῆς, τοῦτον σημειοῦσθε μὴ συναναμίγνυσθαι αὐτῷ, ἵνα **ἐντραπῇ·**
Tit 2: 8 ἵνα ὁ ἐξ ἐναντίας **ἐντραπῇ** μηδὲν ἔχων λέγειν περὶ ἡμῶν φαῦλον.
Heb 12: 9 εἶτα τοὺς μὲν τῆς σαρκὸς ἡμῶν πατέρας εἴχομεν παιδευτὰς καὶ **ἐνετρεπόμεθα·**

1957 ἐντρέφω [1]

√ *1877 + 5555*

1Ti 4: 6 **ἐντρεφόμενος** τοῖς λόγοις τῆς πίστεως καὶ τῆς καλῆς διδασκαλίας ᾗ παρηκολούθηκας·

1958 ἔντρομος [3]

√ *1877 + 5554*

Ac 7: 32 ὁ θεὸς Ἀβραὰμ καὶ Ἰσαὰκ καὶ Ἰακώβ. **ἔντρομος** δὲ γενόμενος Μωϋσῆς οὐκ ἐτόλμα κατανοῆσαι.
16: 29 αἰτήσας δὲ φῶτα εἰσεπήδησεν καὶ **ἔντρομος** γενόμενος προσέπεσεν τῷ Παύλῳ καὶ [τῷ] Σιλᾷ
Heb 12: 21 οὕτω φοβερὸν ἦν τὸ φανταζόμενον, Μωϋσῆς εἶπεν, Ἔκφοβός εἰμι καὶ **ἔντρομος.**

1959 ἐντροπή [2]

√ *1877 + 5572*

1Co 6: 5 πρὸς **ἐντροπὴν** ὑμῖν λέγω. οὕτως οὐκ ἔνι ἐν ὑμῖν οὐδεὶς σοφός,
15: 34 ἀγνωσίαν γὰρ θεοῦ τινες ἔχουσιν, πρὸς **ἐντροπὴν** ὑμῖν λαλῶ.

1960 ἐντρυφάω [1]

√ *1877 + 5588*

2Pe 2: 13 σπίλοι καὶ μῶμοι **ἐντρυφῶντες** ἐν ταῖς ἀπάταις αὐτῶν συνευωχούμενοι ὑμῖν,

1961 ἐντυγχάνω [5]

√ *1877 + 5593*

Ac 25:24 περὶ οὗ ἅπαν τὸ πλῆθος τῶν Ἰουδαίων **ἐνέτυχόν** μοι ἔν τε Ἱεροσολύμοις καὶ ἐνθάδε βοῶντες μὴ δεῖν αὐτὸν ζῆν μηκέτι.
Ro 8:27 ὁ δὲ ἐραυνῶν τὰς καρδίας οἶδεν τί τὸ φρόνημα τοῦ πνεύματος, ὅτι κατὰ θεὸν **ἐντυγχάνει** ὑπὲρ ἁγίων.
8:34 ὃς καί ἐστιν ἐν δεξιᾷ τοῦ θεοῦ, ὃς καὶ **ἐντυγχάνει** ὑπὲρ ἡμῶν.
11: 2 ἢ οὐκ οἴδατε ἐν Ἠλίᾳ τί λέγει ἡ γραφή, ὡς **ἐντυγχάνει** τῷ θεῷ κατὰ τοῦ Ἰσραήλ;
Heb 7:25 σῴζειν εἰς τὸ παντελὲς δύναται τοὺς προσερχομένους δι᾽ αὐτοῦ τῷ θεῷ, πάντοτε ζῶν εἰς τὸ **ἐντυγχάνειν** ὑπὲρ αὐτῶν.

1962 ἐντυλίσσω [3]

√ *1877*

Mt 27:59 λαβὼν τὸ σῶμα ὁ Ἰωσὴφ **ἐνετύλιξεν** αὐτὸ [ἐν] σινδόνι καθαρᾷ
Lk 23:53 καὶ καθελὼν **ἐνετύλιξεν** αὐτὸ σινδόνι καὶ ἔθηκεν αὐτὸν ἐν μνήματι λαξευτῷ οὗ οὐκ ἦν οὐδεὶς οὔπω κείμενος.
Jn 20: 7 οὐ μετὰ τῶν ὀθονίων κείμενον ἀλλὰ χωρὶς **ἐντετυλιγμένον** εἰς ἕνα τόπον.

1963 ἐντυπόω [1]

√ *1877 + 5597*

2Co 3: 7 Εἰ δὲ ἡ διακονία τοῦ θανάτου ἐν γράμμασιν **ἐντετυπωμένη** λίθοις ἐγενήθη ἐν δόξῃ,

1964 ἐνυβρίζω [1]

√ *1877 + 5615*

Heb 10:29 ἐν ᾧ ἡγιάσθη, καὶ τὸ πνεῦμα τῆς χάριτος **ἐνυβρίσας;**

1965 ἐνυπνιάζομαι [2]

√ *1877 + 5678*

Ac 2:17 καὶ οἱ νεανίσκοι ὑμῶν ὁράσεις ὄψονται καὶ οἱ πρεσβύτεροι ὑμῶν ἐνυπνίοις **ἐνυπνιασθήσονται·**
Jude 1: 8 Ὁμοίως μέντοι καὶ οὗτοι **ἐνυπνιαζόμενοι** σάρκα μὲν μιαίνουσιν κυριότητα δὲ ἀθετοῦσιν δόξας δὲ βλασφημοῦσιν.

1966 ἐνύπνιον [1]

√ *1877 + 5678*

Ac 2:17 καὶ οἱ νεανίσκοι ὑμῶν ὁράσεις ὄψονται καὶ οἱ πρεσβύτεροι ὑμῶν **ἐνυπνίοις** ἐνυπνιασθήσονται·

1967 ἐνώπιον [94]

√ *1877 + 3972*

ἀρέσκω ἐνώπιον [1] Ac 6:5

διαμαρτύρομαι ἐνώπιον τοῦ θεοῦ [3] 1Ti 5:21; 2Ti 2:14; 4:1

ἐνώπιον [του] θεοῦ [25] Lk 1:19; 12:6; 16:15; Ac 4:19; 7:46; 10:31,33; Ro 14:22; 1Co 1:29; 2Co 4:2; 7:12; Gal 1:20; 1Ti 2:3; 5:4; 6:13; 1Pe 3:4; Rev 3:2; 8:2,4; 9:13; 11:16; 12:10; 14:10,10; 16:19

ἐνώπιον τοῦ θρόνου [11] Rev 1:4; 4:5,6,10; 7:9,9,11,15; 8:3; 14:3; 20:12

ἐνώπιον [τοῦ] κυρίου [5] Lk 1:15,76; 2Co 8:21; Jas 4:10; Rev 11:4

ἐνώπιον [τῶν] ἀγγέλων [4] Lk 12:9; 15:10; Rev 3:5; 14:10

ἐνώπιον [τῶν] ἀνθρώπων [5] Lk 12:9; 16:15; Ro 12:17; 2Co 8:21; Rev 13:13

Lk 1:15 ἔσται γὰρ μέγας **ἐνώπιον** [τοῦ] κυρίου, καὶ οἶνον καὶ σίκερα οὐ μὴ πίῃ,
1:17 καὶ αὐτὸς προελεύσεται **ἐνώπιον** αὐτοῦ ἐν πνεύματι καὶ δυνάμει Ἠλίου,
1:19 Ἐγώ εἰμι Γαβριὴλ ὁ παρεστηκὼς **ἐνώπιον** τοῦ θεοῦ καὶ ἀπεστάλην λαλῆσαι πρὸς σὲ καὶ εὐαγγελίσασθαί σοι ταῦτα·
1:75 ἐν ὁσιότητι καὶ δικαιοσύνῃ **ἐνώπιον** αὐτοῦ πάσαις ταῖς ἡμέραις ἡμῶν.
1:76 προφήτης ὑψίστου κληθήσῃ· προπορεύσῃ γὰρ **ἐνώπιον** κυρίου ἑτοιμάσαι ὁδοὺς αὐτοῦ,
4: 7 σὺ οὖν ἐὰν προσκυνήσῃς **ἐνώπιον** ἐμοῦ, ἔσται σοῦ πᾶσα.
5:18 φέροντες ἐπὶ κλίνης ἄνθρωπον ὃς ἦν παραλελυμένος καὶ ἐζήτουν αὐτὸν εἰσενεγκεῖν καὶ θεῖναι [αὐτὸν] **ἐνώπιον** αὐτοῦ.
5:25 καὶ παραχρῆμα ἀναστὰς **ἐνώπιον** αὐτῶν, ἄρας ἐφ᾽ ὃ κατέκειτο,
8:47 ἦλθεν καὶ προσπεσοῦσα αὐτῷ δι᾽ ἣν αἰτίαν ἥψατο αὐτοῦ ἀπήγγειλεν **ἐνώπιον** παντὸς τοῦ λαοῦ καὶ ὡς ἰάθη παραχρῆμα.
12: 6 καὶ ἓν ἐξ αὐτῶν οὐκ ἔστιν ἐπιλελησμένον **ἐνώπιον** τοῦ θεοῦ.
12: 9 ὁ δὲ ἀρνησάμενός με **ἐνώπιον** τῶν ἀνθρώπων ἀπαρνηθήσεται **ἐνώπιον** τῶν ἀγγέλων τοῦ θεοῦ.
13:26 Ἐφάγομεν **ἐνώπιόν** σου καὶ ἐπίομεν καὶ ἐν ταῖς πλατείαις ἡμῶν ἐδίδαξας·
14:10 τότε ἔσται σοι δόξα **ἐνώπιον** πάντων τῶν συνανακειμένων σοι.
15:10 γίνεται χαρὰ **ἐνώπιον** τῶν ἀγγέλων τοῦ θεοῦ ἐπὶ ἑνὶ ἁμαρτωλῷ μετανοοῦντι.
15:18 Πάτερ, ἥμαρτον εἰς τὸν οὐρανὸν καὶ **ἐνώπιόν** σου,
15:21 Πάτερ, ἥμαρτον εἰς τὸν οὐρανὸν καὶ **ἐνώπιόν** σου,
16:15 Ὑμεῖς ἐστε οἱ δικαιοῦντες ἑαυτοὺς **ἐνώπιον** τῶν ἀνθρώπων, ὁ δὲ θεὸς γινώσκει τὰς καρδίας ὑμῶν· ὅτι τὸ ἐν ἀνθρώποις ὑψηλὸν βδέλυγμα **ἐνώπιον** τοῦ θεοῦ.
23:14 καὶ ἰδοὺ ἐγὼ **ἐνώπιον** ὑμῶν ἀνακρίνας οὐθὲν εὗρον ἐν τῷ ἀνθρώπῳ τούτῳ αἴτιον ὧν κατηγορεῖτε κατ᾽ αὐτοῦ.
24:11 καὶ ἐφάνησαν **ἐνώπιον** αὐτῶν ὡσεὶ λῆρος τὰ ῥήματα ταῦτα,
24:43 καὶ λαβὼν **ἐνώπιον** αὐτῶν ἔφαγεν.
Jn 20:30 Πολλὰ μὲν οὖν καὶ ἄλλα σημεῖα ἐποίησεν ὁ Ἰησοῦς **ἐνώπιον** τῶν μαθητῶν [αὐτοῦ,]
Ac 2:25 Δαυὶδ γὰρ λέγει εἰς αὐτόν, Προορώμην τὸν κύριον **ἐνώπιόν** μου διὰ παντός,
4:10 ὃν ὁ θεὸς ἤγειρεν ἐκ νεκρῶν, ἐν τούτῳ οὗτος παρέστηκεν **ἐνώπιον** ὑμῶν ὑγιής.
4:19 Εἰ δίκαιόν ἐστιν **ἐνώπιον** τοῦ θεοῦ ὑμῶν ἀκούειν μᾶλλον ἢ τοῦ θεοῦ,
6: 5 καὶ ἤρεσεν ὁ λόγος **ἐνώπιον** παντὸς τοῦ πλήθους καὶ ἐξελέξαντο Στέφανον,
6: 6 οὓς ἔστησαν **ἐνώπιον** τῶν ἀποστόλων, καὶ προσευξάμενοι ἐπέθηκαν αὐτοῖς τὰς χεῖρας.
7:46 ὃς εὗρεν χάριν **ἐνώπιον** τοῦ θεοῦ καὶ ᾐτήσατο εὑρεῖν σκήνωμα τῷ οἴκῳ Ἰακώβ.
9:15 ὅτι σκεῦος ἐκλογῆς ἐστίν μοι οὗτος τοῦ βαστάσαι τὸ ὄνομά μου **ἐνώπιον** ἐθνῶν τε καὶ βασιλέων υἱῶν τε Ἰσραήλ·
10:30 καὶ ἰδοὺ ἀνὴρ ἔστη **ἐνώπιόν** μου ἐν ἐσθῆτι λαμπρᾷ
10:31 εἰσηκούσθη σου ἡ προσευχὴ καὶ αἱ ἐλεημοσύναι σου ἐμνήσθησαν **ἐνώπιον** τοῦ θεοῦ.
10:33 νῦν οὖν πάντες ἡμεῖς **ἐνώπιον** τοῦ θεοῦ πάρεσμεν ἀκοῦσαι πάντα τὰ προστεταγμένα σοι ὑπὸ τοῦ κυρίου.
19: 9 ὡς δέ τινες ἐσκληρύνοντο καὶ ἠπείθουν κακολογοῦντες τὴν ὁδὸν **ἐνώπιον** τοῦ πλήθους,
19:19 ἱκανοὶ δὲ τῶν τὰ περίεργα πραξάντων συνενέγκαντες τὰς βίβλους κατέκαιον **ἐνώπιον** πάντων,
27:35 εἴπας δὲ ταῦτα καὶ λαβὼν ἄρτον εὐχαρίστησεν τῷ θεῷ **ἐνώπιον** πάντων καὶ κλάσας ἤρξατο ἐσθίειν.
Ro 3:20 διότι ἐξ ἔργων νόμου οὐ δικαιωθήσεται πᾶσα σὰρξ **ἐνώπιον** αὐτοῦ,
12:17 μηδενὶ κακὸν ἀντὶ κακοῦ ἀποδιδόντες, προνοούμενοι καλὰ **ἐνώπιον** πάντων ἀνθρώπων·
14:22 σὺ πίστιν [ἣν] ἔχεις κατὰ σεαυτὸν ἔχε **ἐνώπιον** τοῦ θεοῦ.
1Co 1:29 ὅπως μὴ καυχήσηται πᾶσα σὰρξ **ἐνώπιον** τοῦ θεοῦ.
2Co 4: 2 ἀλλὰ τῇ φανερώσει τῆς ἀληθείας συνιστάνοντες ἑαυτοὺς πρὸς πᾶσαν συνείδησιν ἀνθρώπων **ἐνώπιον** τοῦ θεοῦ.
7:12 οὐδὲ ἕνεκεν τοῦ ἀδικηθέντος ἀλλ᾽ ἕνεκεν τοῦ φανερωθῆναι τὴν σπουδὴν ὑμῶν τὴν ὑπὲρ ἡμῶν πρὸς ὑμᾶς **ἐνώπιον** τοῦ θεοῦ.
8:21 προνοοῦμεν γὰρ καλὰ οὐ μόνον **ἐνώπιον** κυρίου ἀλλὰ καὶ **ἐνώπιον** ἀνθρώπων.
Gal 1:20 ἃ δὲ γράφω ὑμῖν, ἰδοὺ **ἐνώπιον** τοῦ θεοῦ ὅτι οὐ ψεύδομαι.
1Ti 2: 3 τοῦτο καλὸν καὶ ἀπόδεκτον **ἐνώπιον** τοῦ σωτῆρος ἡμῶν θεοῦ,
5: 4 πρῶτον τὸν ἴδιον οἶκον εὐσεβεῖν καὶ ἀμοιβὰς ἀποδιδόναι τοῖς προγόνοις· τοῦτο γάρ ἐστιν ἀπόδεκτον **ἐνώπιον** τοῦ θεοῦ.
5:20 τοὺς ἁμαρτάνοντας **ἐνώπιον** πάντων ἔλεγχε, ἵνα καὶ οἱ λοιποὶ φόβον ἔχωσιν.
5:21 Διαμαρτύρομαι **ἐνώπιον** τοῦ θεοῦ καὶ Χριστοῦ Ἰησοῦ καὶ τῶν ἐκλεκτῶν ἀγγέλων,
6:12 εἰς ἣν ἐκλήθης καὶ ὡμολόγησας τὴν καλὴν ὁμολογίαν **ἐνώπιον** πολλῶν μαρτύρων.
6:13 παραγγέλλω [σοι] **ἐνώπιον** τοῦ θεοῦ τοῦ ζῳογονοῦντος τὰ πάντα καὶ Χριστοῦ Ἰησοῦ τοῦ μαρτυρήσαντος ἐπὶ Ποντίου

2Ti 2:14 Ταῦτα ὑπομίμνησκε διαμαρτυρόμενος **ἐνώπιον** τοῦ θεοῦ μὴ λογομαχεῖν,
4: 1 Διαμαρτύρομαι **ἐνώπιον** τοῦ θεοῦ καὶ Χριστοῦ Ἰησοῦ τοῦ μέλλοντος κρίνειν ζῶντας καὶ νεκρούς,
Heb 4:13 καὶ οὐκ ἔστιν κτίσις ἀφανὴς **ἐνώπιον** αὐτοῦ, πάντα δὲ γυμνὰ καὶ τετραχηλισμένα τοῖς ὀφθαλμοῖς αὐτοῦ,
13:21 ποιῶν ἐν ἡμῖν τὸ εὐάρεστον **ἐνώπιον** αὐτοῦ διὰ Ἰησοῦ Χριστοῦ,
Jas 4:10 ταπεινώθητε **ἐνώπιον** κυρίου καὶ ὑψώσει ὑμᾶς.
1Pe 3: 4 ὁ κρυπτὸς τῆς καρδίας ἄνθρωπος ἐν τῷ ἀφθάρτῳ τοῦ πραέως καὶ ἡσυχίου πνεύματος, ὅ ἐστιν **ἐνώπιον** τοῦ θεοῦ πολυτελές.
1Jn 3:22 ὅτι τὰς ἐντολὰς αὐτοῦ τηροῦμεν καὶ τὰ ἀρεστὰ **ἐνώπιον** αὐτοῦ ποιοῦμεν.
3Jn 1: 6 οἳ ἐμαρτύρησάν σου τῇ ἀγάπῃ **ἐνώπιον** ἐκκλησίας, οὓς καλῶς ποιήσεις προπέμψας ἀξίως τοῦ θεοῦ·
Rev 1: 4 χάρις ὑμῖν καὶ εἰρήνη ἀπὸ ὁ ὢν καὶ ὁ ἦν καὶ ὁ ἐρχόμενος καὶ ἀπὸ τῶν ἑπτὰ πνευμάτων ἃ **ἐνώπιον** τοῦ θρόνου αὐτοῦ
2:14 ὃς ἐδίδασκεν τῷ Βαλὰκ βαλεῖν σκάνδαλον **ἐνώπιον** τῶν υἱῶν Ἰσραὴλ φαγεῖν εἰδωλόθυτα καὶ πορνεῦσαι.
3: 2 οὐ γὰρ εὕρηκά σου τὰ ἔργα πεπληρωμένα **ἐνώπιον** τοῦ θεοῦ μου.
3: 5 καὶ ὁμολογήσω τὸ ὄνομα αὐτοῦ **ἐνώπιον** τοῦ πατρός μου καὶ **ἐνώπιον** τῶν ἀγγέλων αὐτοῦ.
3: 8 Οἶδά σου τὰ ἔργα, ἰδοὺ δέδωκα **ἐνώπιόν** σου θύραν ἠνεῳγμένην,
3: 9 ἰδοὺ ποιήσω αὐτοὺς ἵνα ἥξουσιν καὶ προσκυνήσουσιν **ἐνώπιον** τῶν ποδῶν σου καὶ γνῶσιν ὅτι ἐγὼ ἠγάπησά σε.
4: 5 καὶ ἑπτὰ λαμπάδες πυρὸς καιόμεναι **ἐνώπιον** τοῦ θρόνου,
4: 6 καὶ **ἐνώπιον** τοῦ θρόνου ὡς θάλασσα ὑαλίνη ὁμοία κρυστάλλῳ.
4:10 πεσοῦνται οἱ εἴκοσι τέσσαρες πρεσβύτεροι **ἐνώπιον** τοῦ καθημένου ἐπὶ τοῦ θρόνου καὶ προσκυνήσουσιν τῷ ζῶντι εἰς τοὺς αἰῶνας τῶν αἰώνων καὶ βαλοῦσιν τοὺς στεφάνους αὐτῶν **ἐνώπιον** τοῦ θρόνου λέγοντες,
5: 8 τὰ τέσσαρα ζῷα καὶ οἱ εἴκοσι τέσσαρες πρεσβύτεροι ἔπεσαν **ἐνώπιον** τοῦ ἀρνίου ἔχοντες ἕκαστος κιθάραν καὶ φιάλας
7: 9 ἐκ παντὸς ἔθνους καὶ φυλῶν καὶ λαῶν καὶ γλωσσῶν ἑστῶτες **ἐνώπιον** τοῦ θρόνου καὶ **ἐνώπιον** τοῦ ἀρνίου περιβεβλημένους στολὰς λευκὰς καὶ φοίνικες ἐν ταῖς χερσὶν αὐτῶν,
7:11 καὶ ἔπεσαν **ἐνώπιον** τοῦ θρόνου ἐπὶ τὰ πρόσωπα αὐτῶν καὶ προσεκύνησαν τῷ θεῷ
7:15 διὰ τοῦτό εἰσιν **ἐνώπιον** τοῦ θρόνου τοῦ θεοῦ καὶ λατρεύουσιν αὐτῷ ἡμέρας καὶ νυκτὸς ἐν τῷ ναῷ αὐτοῦ,
8: 2 καὶ εἶδον τοὺς ἑπτὰ ἀγγέλους οἳ **ἐνώπιον** τοῦ θεοῦ ἑστήκασιν,
8: 3 ἵνα δώσει ταῖς προσευχαῖς τῶν ἁγίων πάντων ἐπὶ τὸ θυσιαστήριον τὸ χρυσοῦν τὸ **ἐνώπιον** τοῦ θρόνου.
8: 4 καὶ ἀνέβη ὁ καπνὸς τῶν θυμιαμάτων ταῖς προσευχαῖς τῶν ἁγίων ἐκ χειρὸς τοῦ ἀγγέλου **ἐνώπιον** τοῦ θεοῦ.
9:13 καὶ ἤκουσα φωνὴν μίαν ἐκ τῶν [τεσσάρων] κεράτων τοῦ θυσιαστηρίου τοῦ χρυσοῦ τοῦ **ἐνώπιον** τοῦ θεοῦ,
11: 4 οὗτοί εἰσιν αἱ δύο ἐλαῖαι καὶ αἱ δύο λυχνίαι αἱ **ἐνώπιον** τοῦ κυρίου τῆς γῆς ἑστῶτες.
11:16 καὶ οἱ εἴκοσι τέσσαρες πρεσβύτεροι [οἱ] **ἐνώπιον** τοῦ θεοῦ καθήμενοι ἐπὶ τοὺς θρόνους αὐτῶν ἔπεσαν ἐπὶ τὰ πρόσωπα
12: 4 καὶ ὁ δράκων ἕστηκεν **ἐνώπιον** τῆς γυναικὸς τῆς μελλούσης τεκεῖν,
12:10 ὁ κατηγορῶν αὐτοὺς **ἐνώπιον** τοῦ θεοῦ ἡμῶν ἡμέρας καὶ νυκτός.
13:12 καὶ τὴν ἐξουσίαν τοῦ πρώτου θηρίου πᾶσαν ποιεῖ **ἐνώπιον** αὐτοῦ,
13:13 ἵνα καὶ πῦρ ποιῇ ἐκ τοῦ οὐρανοῦ καταβαίνειν εἰς τὴν γῆν **ἐνώπιον** τῶν ἀνθρώπων,
13:14 καὶ πλανᾷ τοὺς κατοικοῦντας ἐπὶ τῆς γῆς διὰ τὰ σημεῖα ἃ ἐδόθη αὐτῷ ποιῆσαι **ἐνώπιον** τοῦ θηρίου,
14: 3 καὶ ᾄδουσιν [ὡς] ᾠδὴν καινὴν **ἐνώπιον** τοῦ θρόνου καὶ **ἐνώπιον** τῶν τεσσάρων ζῴων καὶ τῶν πρεσβυτέρων,
14:10 καὶ βασανισθήσεται ἐν πυρὶ καὶ θείῳ **ἐνώπιον** ἀγγέλων ἁγίων καὶ **ἐνώπιον** τοῦ ἀρνίου.
15: 4 ὅτι πάντα τὰ ἔθνη ἥξουσιν καὶ προσκυνήσουσιν **ἐνώπιόν** σου,
16:19 καὶ Βαβυλὼν ἡ μεγάλη ἐμνήσθη **ἐνώπιον** τοῦ θεοῦ δοῦναι αὐτῇ τὸ ποτήριον τοῦ οἴνου τοῦ θυμοῦ τῆς ὀργῆς αὐτοῦ.
19:20 καὶ ἐπιάσθη τὸ θηρίον καὶ μετ᾽ αὐτοῦ ὁ ψευδοπροφήτης ὁ ποιήσας τὰ σημεῖα **ἐνώπιον** αὐτοῦ,
20:12 τοὺς μεγάλους καὶ τοὺς μικρούς, ἑστῶτας **ἐνώπιον** τοῦ θρόνου.

1968 Ἐνώς [1]

Lk 3:38 τοῦ **Ἐνὼς** τοῦ Σὴθ τοῦ Ἀδὰμ τοῦ θεοῦ.

1969 ἐνωτίζομαι [1]

√ *1877 + 4044*

Ac 2:14 τοῦτο ὑμῖν γνωστὸν ἔστω καὶ **ἐνωτίσασθε** τὰ ῥήματά μου.

1970 Ἑνώχ [3]

Lk 3:37 τοῦ Μαθουσαλὰ τοῦ **Ἑνὼχ** τοῦ Ἰάρετ τοῦ Μαλελεὴλ τοῦ Καϊνὰμ
Heb 11: 5 Πίστει **Ἑνὼχ** μετετέθη τοῦ μὴ ἰδεῖν θάνατον, καὶ οὐχ ηὑρίσκετο διότι μετέθηκεν αὐτὸν ὁ θεός.
Jude 1:14 Προεφήτευσεν δὲ καὶ τούτοις ἕβδομος ἀπὸ Ἀδὰμ **Ἑνὼχ** λέγων,

1971 ἕξ [13]

→ *1276, 1761, 1980, 2008*

Mt 17: 1 Καὶ μεθ᾽ ἡμέρας **ἓξ** παραλαμβάνει ὁ Ἰησοῦς τὸν Πέτρον καὶ Ἰάκωβον καὶ Ἰωάννην τὸν ἀδελφὸν αὐτοῦ καὶ ἀναφέρει αὐτοὺς
Mk 9: 2 Καὶ μετὰ ἡμέρας **ἓξ** παραλαμβάνει ὁ Ἰησοῦς τὸν Πέτρον καὶ τὸν Ἰάκωβον καὶ τὸν Ἰωάννην καὶ ἀναφέρει αὐτοὺς εἰς ὄρος
Lk 4:25 ὅτε ἐκλείσθη ὁ οὐρανὸς ἐπὶ ἔτη τρία καὶ μῆνας **ἕξ,**
13:14 ἔλεγεν τῷ ὄχλῳ ὅτι **Ἓξ** ἡμέραι εἰσὶν ἐν αἷς δεῖ ἐργάζεσθαι·
Jn 2: 6 ἦσαν δὲ ἐκεῖ λίθιναι ὑδρίαι **ἓξ** κατὰ τὸν καθαρισμὸν τῶν Ἰουδαίων κείμεναι,
2:20 Τεσσεράκοντα καὶ **ἓξ** ἔτεσιν οἰκοδομήθη ὁ ναὸς οὗτος,
12: 1 Ὁ οὖν Ἰησοῦς πρὸ **ἓξ** ἡμερῶν τοῦ πάσχα ἦλθεν εἰς Βηθανίαν,
Ac 11:12 ἦλθον δὲ σὺν ἐμοὶ καὶ οἱ **ἓξ** ἀδελφοὶ οὗτοι καὶ εἰσήλθομεν εἰς τὸν οἶκον τοῦ ἀνδρός.
18:11 Ἐκάθισεν δὲ ἐνιαυτὸν καὶ μῆνας **ἓξ** διδάσκων ἐν αὐτοῖς τὸν λόγον τοῦ θεοῦ.
27:37 ἤμεθα δὲ αἱ πᾶσαι ψυχαὶ ἐν τῷ πλοίῳ διακόσιαι ἑβδομήκοντα **ἕξ.**
Jas 5:17 καὶ οὐκ ἔβρεξεν ἐπὶ τῆς γῆς ἐνιαυτοὺς τρεῖς καὶ μῆνας **ἕξ·**
Rev 4: 8 ἓν καθ᾽ ἓν αὐτῶν ἔχων ἀνὰ πτέρυγας **ἕξ,**
13:18 ἀριθμὸς γὰρ ἀνθρώπου ἐστίν, καὶ ὁ ἀριθμὸς αὐτοῦ ἑξακόσιοι ἑξήκοντα **ἕξ.**

1972 ἐξαγγέλλω [2 / 1]

√ *1666 + 34*

Mk 16: S ⟦Πάντα δὲ τὰ παρηγγελμένα τοῖς περὶ τὸν Πέτρον συντόμως **ἐξήγγειλαν.**[NIV-]⟧
1Pe 2: 9 ὅπως τὰς ἀρετὰς **ἐξαγγείλητε** τοῦ ἐκ σκότους ὑμᾶς καλέσαντος εἰς τὸ θαυμαστὸν αὐτοῦ φῶς·

1973 ἐξαγοράζω [4]

√ *1666 + 60*

Gal 3:13 Χριστὸς ἡμᾶς **ἐξηγόρασεν** ἐκ τῆς κατάρας τοῦ νόμου γενόμενος ὑπὲρ ἡμῶν κατάρα,
4: 5 ἵνα τοὺς ὑπὸ νόμον **ἐξαγοράσῃ,** ἵνα τὴν υἱοθεσίαν ἀπολάβωμεν.
Eph 5:16 **ἐξαγοραζόμενοι** τὸν καιρόν, ὅτι αἱ ἡμέραι πονηραί εἰσιν.
Col 4: 5 Ἐν σοφίᾳ περιπατεῖτε πρὸς τοὺς ἔξω τὸν καιρὸν **ἐξαγοραζόμενοι.**

1974 ἐξάγω [12]

√ *1666 + 72*

Mk 15:20 ἐξέδυσαν αὐτὸν τὴν πορφύραν καὶ ἐνέδυσαν αὐτὸν τὰ ἱμάτια αὐτοῦ. καὶ **ἐξάγουσιν** αὐτὸν ἵνα σταυρώσωσιν αὐτόν.
Lk 24:50 **Ἐξήγαγεν** δὲ αὐτοὺς [ἔξω] ἕως πρὸς Βηθανίαν, καὶ ἐπάρας τὰς χεῖρας αὐτοῦ εὐλόγησεν αὐτούς.
Jn 10: 3 καὶ τὰ πρόβατα τῆς φωνῆς αὐτοῦ ἀκούει καὶ τὰ ἴδια πρόβατα φωνεῖ κατ᾽ ὄνομα καὶ **ἐξάγει** αὐτά.
Ac 5:19 ἄγγελος δὲ κυρίου διὰ νυκτὸς ἀνοίξας τὰς θύρας τῆς φυλακῆς **ἐξαγαγών** τε αὐτοὺς εἶπεν,
7:36 οὗτος **ἐξήγαγεν** αὐτοὺς ποιήσας τέρατα καὶ σημεῖα ἐν γῇ Αἰγύπτῳ καὶ ἐν Ἐρυθρᾷ Θαλάσσῃ καὶ ἐν τῇ ἐρήμῳ
7:40 ὁ γὰρ Μωϋσῆς οὗτος, ὃς **ἐξήγαγεν** ἡμᾶς ἐκ γῆς Αἰγύπτου,
12:17 κατασείσας δὲ αὐτοῖς τῇ χειρὶ σιγᾶν διηγήσατο [αὐτοῖς] πῶς ὁ κύριος αὐτὸν **ἐξήγαγεν** ἐκ τῆς φυλακῆς εἶπέν τε,
13:17 καὶ τὸν λαὸν ὕψωσεν ἐν τῇ παροικίᾳ ἐν γῇ Αἰγύπτου καὶ μετὰ βραχίονος ὑψηλοῦ **ἐξήγαγεν** αὐτοὺς ἐξ αὐτῆς,
16:37 καὶ νῦν λάθρᾳ ἡμᾶς ἐκβάλλουσιν; οὐ γάρ, ἀλλὰ ἐλθόντες αὐτοὶ ἡμᾶς **ἐξαγαγέτωσαν.**

16:39 καὶ ἐλθόντες παρεκάλεσαν αὐτοὺς καὶ **ἐξαγαγόντες** ἠρώτων ἀπελθεῖν ἀπὸ τῆς πόλεως.
21:38 ὁ πρὸ τούτων τῶν ἡμερῶν ἀναστατώσας καὶ **ἐξαγαγὼν** εἰς τὴν ἔρημον τοὺς τετρακισχιλίους ἄνδρας τῶν σικαρίων;
Heb 8: 9 ἣν ἐποίησα τοῖς πατράσιν αὐτῶν ἐν ἡμέρᾳ ἐπιλαβομένου μου τῆς χειρὸς αὐτῶν **ἐξαγαγεῖν** αὐτοὺς ἐκ γῆς Αἰγύπτου,

1975 ἐξαιρέω [8]

√ 1666 + 145

Mt 5:29 εἰ δὲ ὁ ὀφθαλμός σου ὁ δεξιὸς σκανδαλίζει σε, **ἔξελε** αὐτὸν καὶ βάλε ἀπὸ σοῦ·
18: 9 καὶ εἰ ὁ ὀφθαλμός σου σκανδαλίζει σε, **ἔξελε** αὐτὸν καὶ βάλε ἀπὸ σοῦ·
Ac 7:10 καὶ **ἐξείλατο** αὐτὸν ἐκ πασῶν τῶν θλίψεων αὐτοῦ καὶ ἔδωκεν αὐτῷ χάριν καὶ σοφίαν ἐναντίον Φαραὼ βασιλέως Αἰγύπτου
7:34 ἰδὼν εἶδον τὴν κάκωσιν τοῦ λαοῦ μου τοῦ ἐν Αἰγύπτῳ καὶ τοῦ στεναγμοῦ αὐτῶν ἤκουσα, καὶ κατέβην **ἐξελέσθαι** αὐτούς·
12:11 Νῦν οἶδα ἀληθῶς ὅτι ἐξαπέστειλεν [ὁ] κύριος τὸν ἄγγελον αὐτοῦ καὶ **ἐξείλατό** με ἐκ χειρὸς Ἡρῴδου
23:27 καὶ μέλλοντα ἀναιρεῖσθαι ὑπ' αὐτῶν ἐπιστὰς σὺν τῷ στρατεύματι **ἐξειλάμην** μαθὼν ὅτι Ῥωμαῖός ἐστιν.
26:17 **ἐξαιρούμενός** σε ἐκ τοῦ λαοῦ καὶ ἐκ τῶν ἐθνῶν εἰς οὓς ἐγὼ ἀποστέλλω σε
Gal 1: 4 ὅπως **ἐξέληται** ἡμᾶς ἐκ τοῦ αἰῶνος τοῦ ἐνεστῶτος πονηροῦ κατὰ τὸ θέλημα τοῦ θεοῦ καὶ πατρὸς ἡμῶν,

1976 ἐξαίρω [1]

√ 1666 + 149

1Co 5:13 τοὺς δὲ ἔξω ὁ θεὸς κρινεῖ. **ἐξάρατε** τὸν πονηρὸν ἐξ ὑμῶν αὐτῶν.

1977 ἐξαιτέω [1]

√ 1666 + 160

Lk 22:31 ἰδοὺ ὁ Σατανᾶς **ἐξῃτήσατο** ὑμᾶς τοῦ σινιάσαι ὡς τὸν σῖτον·

1978 ἐξαίφνης [5]

√ 1666 + 167

Mk 13:36 μὴ ἐλθὼν **ἐξαίφνης** εὕρῃ ὑμᾶς καθεύδοντας.
Lk 2:13 καὶ **ἐξαίφνης** ἐγένετο σὺν τῷ ἀγγέλῳ πλῆθος στρατιᾶς οὐρανίου αἰνούντων τὸν θεὸν καὶ λεγόντων,
9:39 καὶ ἰδοὺ πνεῦμα λαμβάνει αὐτὸν καὶ **ἐξαίφνης** κράζει καὶ σπαράσσει αὐτὸν μετὰ ἀφροῦ καὶ μόγις ἀποχωρεῖ ἀπ' αὐτοῦ
Ac 9: 3 **ἐξαίφνης** τε αὐτὸν περιήστραψεν φῶς ἐκ τοῦ οὐρανοῦ
22: 6 καὶ ἐγγίζοντι τῇ Δαμασκῷ περὶ μεσημβρίαν **ἐξαίφνης** ἐκ τοῦ οὐρανοῦ περιαστράψαι φῶς ἱκανὸν περὶ ἐμέ,

1979 ἐξακολουθέω [3]

√ 1666 + 199 [1.3]

2Pe 1:16 Οὐ γὰρ σεσοφισμένοις μύθοις **ἐξακολουθήσαντες** ἐγνωρίσαμεν ὑμῖν τὴν τοῦ κυρίου ἡμῶν Ἰησοῦ Χριστοῦ δύναμιν
2: 2 καὶ πολλοὶ **ἐξακολουθήσουσιν** αὐτῶν ταῖς ἀσελγείαις δι' οὓς ἡ ὁδὸς τῆς ἀληθείας βλασφημηθήσεται,
2:15 **ἐξακολουθήσαντες** τῇ ὁδῷ τοῦ Βαλαὰμ τοῦ Βοσόρ, ὃς μισθὸν ἀδικίας ἠγάπησεν

1980 ἑξακόσιοι [2]

√ 1971

Rev 13:18 ἀριθμὸς γὰρ ἀνθρώπου ἐστίν, καὶ ὁ ἀριθμὸς αὐτοῦ **ἑξακόσιοι** ἑξήκοντα ἕξ.
14:20 καὶ ἐξῆλθεν αἷμα ἐκ τῆς ληνοῦ ἄχρι τῶν χαλινῶν τῶν ἵππων ἀπὸ σταδίων χιλίων **ἑξακοσίων.**

1981 ἐξαλείφω [5]

√ 1666 + 230

Ac 3:19 μετανοήσατε οὖν καὶ ἐπιστρέψατε εἰς τὸ **ἐξαλειφθῆναι** ὑμῶν τὰς ἁμαρτίας,
Col 2:14 **ἐξαλείψας** τὸ καθ' ἡμῶν χειρόγραφον τοῖς δόγμασιν ὃ ἦν ὑπεναντίον ἡμῖν,
Rev 3: 5 ὁ νικῶν οὕτως περιβαλεῖται ἐν ἱματίοις λευκοῖς καὶ οὐ μὴ **ἐξαλείψω** τὸ ὄνομα αὐτοῦ ἐκ τῆς βίβλου τῆς ζωῆς
7:17 καὶ **ἐξαλείψει** ὁ θεὸς πᾶν δάκρυον ἐκ τῶν ὀφθαλμῶν αὐτῶν.
21: 4 καὶ **ἐξαλείψει** πᾶν δάκρυον ἐκ τῶν ὀφθαλμῶν αὐτῶν,

1982 ἐξάλλομαι [1]

√ 1666 + 256

Ac 3: 8 **ἐξαλλόμενος** ἔστη καὶ περιεπάτει καὶ εἰσῆλθεν σὺν αὐτοῖς εἰς τὸ ἱερὸν περιπατῶν καὶ ἁλλόμενος καὶ αἰνῶν τὸν θεόν.

1983 ἐξανάστασις [1]

√ 1666 + 324 + 2705

Php 3:11 εἴ πως καταντήσω εἰς τὴν **ἐξανάστασιν** τὴν ἐκ νεκρῶν.

1984 ἐξανατέλλω [2]

√ 424; cf. 1666

Mt 13: 5 καὶ εὐθέως **ἐξανέτειλεν** διὰ τὸ μὴ ἔχειν βάθος γῆς·
Mk 4: 5 καὶ εὐθὺς **ἐξανέτειλεν** διὰ τὸ μὴ ἔχειν βάθος γῆς·

1985 ἐξανίστημι [3]

√ 1666 + 324 + 2705

Mk 12:19 ἵνα λάβῃ ὁ ἀδελφὸς αὐτοῦ τὴν γυναῖκα καὶ **ἐξαναστήσῃ** σπέρμα τῷ ἀδελφῷ αὐτοῦ.
Lk 20:28 ἵνα λάβῃ ὁ ἀδελφὸς αὐτοῦ τὴν γυναῖκα καὶ **ἐξαναστήσῃ** σπέρμα τῷ ἀδελφῷ αὐτοῦ.
Ac 15: 5 **ἐξανέστησαν** δέ τινες τῶν ἀπὸ τῆς αἱρέσεως τῶν Φαρισαίων πεπιστευκότες λέγοντες ὅτι δεῖ περιτέμνειν αὐτοὺς

1986 ἐξανοίγω Not used in UBS/NIV

√ 487; cf. 1666

1987 ἐξαπατάω [6]

√ 1666 + 573

Ro 7:11 ἡ γὰρ ἁμαρτία ἀφορμὴν λαβοῦσα διὰ τῆς ἐντολῆς **ἐξηπάτησέν** με καὶ δι' αὐτῆς ἀπέκτεινεν.
16:18 καὶ διὰ τῆς χρηστολογίας καὶ εὐλογίας **ἐξαπατῶσιν** τὰς καρδίας τῶν ἀκάκων.
1Co 3:18 Μηδεὶς ἑαυτὸν **ἐξαπατάτω**· εἴ τις δοκεῖ σοφὸς εἶναι ἐν ὑμῖν ἐν τῷ αἰῶνι τούτῳ,
2Co 11: 3 ὡς ὁ ὄφις **ἐξηπάτησεν** Εὕαν ἐν τῇ πανουργίᾳ αὐτοῦ,
2Th 2: 3 μή τις ὑμᾶς **ἐξαπατήσῃ** κατὰ μηδένα τρόπον. ὅτι ἐὰν μὴ ἔλθῃ ἡ ἀποστασία πρῶτον καὶ ἀποκαλυφθῇ ὁ ἄνθρωπος τῆς ἀνομίας,
1Ti 2:14 καὶ Ἀδὰμ οὐκ ἠπατήθη, ἡ δὲ γυνὴ **ἐξαπατηθεῖσα** ἐν παραβάσει γέγονεν·

1988 ἐξάπινα [1]

√ 1666 + 167

Mk 9: 8 καὶ **ἐξάπινα** περιβλεψάμενοι οὐκέτι οὐδένα εἶδον ἀλλὰ τὸν Ἰησοῦν μόνον μεθ' ἑαυτῶν.

1989 ἐξαπορέω [2]

√ 1666 + 1.1 + 4513

2Co 1: 8 ὅτι καθ' ὑπερβολὴν ὑπὲρ δύναμιν ἐβαρήθημεν ὥστε **ἐξαπορηθῆναι** ἡμᾶς καὶ τοῦ ζῆν·
4: 8 ἐν παντὶ θλιβόμενοι ἀλλ' οὐ στενοχωρούμενοι, ἀπορούμενοι ἀλλ' οὐκ **ἐξαπορούμενοι,**

1990 ἐξαποστέλλω [13 / 12]

√ 1666 + 690

Mk 16: S ⟦Μετὰ δὲ ταῦτα καὶ αὐτὸς ὁ Ἰησοῦς ἀπὸ ἀνατολῆς καὶ ἄχρι δύσεως **ἐξαπέστειλεν**[NIV-] δι' αὐτῶν τὸ ἱερὸν καὶ ἄφθαρτον κήρυγμα τῆς αἰωνίου σωτηρίας.⟧
Lk 1:53 πεινῶντας ἐνέπλησεν ἀγαθῶν καὶ πλουτοῦντας **ἐξαπέστειλεν** κενούς.

20:10 ἵνα ἀπὸ τοῦ καρποῦ τοῦ ἀμπελῶνος δώσουσιν αὐτῷ· οἱ δὲ γεωργοὶ **ἐξαπέστειλαν** αὐτὸν δείραντες κενόν.
20:11 οἱ δὲ κἀκεῖνον δείραντες καὶ ἀτιμάσαντες **ἐξαπέστειλαν** κενόν.
Ac 7:12 ἀκούσας δὲ Ἰακὼβ ὄντα σιτία εἰς Αἴγυπτον **ἐξαπέστειλεν** τοὺς πατέρας ἡμῶν πρῶτον.
9:30 ἐπιγνόντες δὲ οἱ ἀδελφοὶ κατήγαγον αὐτὸν εἰς Καισάρειαν καὶ **ἐξαπέστειλαν** αὐτὸν εἰς Ταρσόν.
11:22 ἠκούσθη δὲ ὁ λόγος εἰς τὰ ὦτα τῆς ἐκκλησίας τῆς οὔσης ἐν Ἰερουσαλὴμ περὶ αὐτῶν καὶ **ἐξαπέστειλαν** Βαρναβᾶν
12:11 Νῦν οἶδα ἀληθῶς ὅτι **ἐξαπέστειλεν** [ὁ] κύριος τὸν ἄγγελον αὐτοῦ καὶ ἐξείλατό με ἐκ χειρὸς Ἡρῴδου
13:26 υἱοὶ γένους Ἀβραὰμ καὶ οἱ ἐν ὑμῖν φοβούμενοι τὸν θεόν, ἡμῖν ὁ λόγος τῆς σωτηρίας ταύτης **ἐξαπεστάλη.**
17:14 εὐθέως δὲ τότε τὸν Παῦλον **ἐξαπέστειλαν** οἱ ἀδελφοὶ πορεύεσθαι ἕως ἐπὶ τὴν θάλασσαν,
22:21 Πορεύου, ὅτι ἐγὼ εἰς ἔθνη μακρὰν **ἐξαποστελῶ** σε.
Gal 4: 4 **ἐξαπέστειλεν** ὁ θεὸς τὸν υἱὸν αὐτοῦ, γενόμενον ἐκ γυναικός,
4: 6 **ἐξαπέστειλεν** ὁ θεὸς τὸ πνεῦμα τοῦ υἱοῦ αὐτοῦ εἰς τὰς καρδίας ἡμῶν κρᾶζον,

1991 ἐξαρτάω Not used in UBS/NIV

1992 ἐξαρτίζω [2]

√ *1666 + 785*

Ac 21: 5 ὅτε δὲ ἐγένετο ἡμᾶς **ἐξαρτίσαι** τὰς ἡμέρας, ἐξελθόντες ἐπορευόμεθα προπεμπόντων ἡμᾶς πάντων
2Ti 3:17 ἵνα ἄρτιος ᾖ ὁ τοῦ θεοῦ ἄνθρωπος, πρὸς πᾶν ἔργον ἀγαθὸν **ἐξηρτισμένος.**

1993 ἐξαστράπτω [1]

√ *1666 + 847*

Lk 9:29 καὶ ἐγένετο ἐν τῷ προσεύχεσθαι αὐτὸν τὸ εἶδος τοῦ προσώπου αὐτοῦ ἕτερον καὶ ὁ ἱματισμὸς αὐτοῦ λευκὸς **ἐξαστράπτων.**

1994 ἐξαυτῆς [6]

√ *1666 + 899*

Mk 6:25 Θέλω ἵνα **ἐξαυτῆς** δῷς μοι ἐπὶ πίνακι τὴν κεφαλὴν Ἰωάννου τοῦ βαπτιστοῦ.
Ac 10:33 **ἐξαυτῆς** οὖν ἔπεμψα πρὸς σέ, σύ τε καλῶς ἐποίησας παραγενόμενος.
11:11 καὶ ἰδοὺ **ἐξαυτῆς** τρεῖς ἄνδρες ἐπέστησαν ἐπὶ τὴν οἰκίαν ἐν ᾗ ἦμεν,
21:32 ὃς **ἐξαυτῆς** παραλαβὼν στρατιώτας καὶ ἑκατοντάρχας κατέδραμεν ἐπ' αὐτούς,
23:30 μηνυθείσης δέ μοι ἐπιβουλῆς εἰς τὸν ἄνδρα ἔσεσθαι **ἐξαυτῆς** ἔπεμψα πρὸς σὲ παραγγείλας
Php 2:23 τοῦτον μὲν οὖν ἐλπίζω πέμψαι ὡς ἂν ἀφίδω τὰ περὶ ἐμὲ **ἐξαυτῆς·**

1995 ἐξεγείρω [2]

√ *1666 + 1586*

Ro 9:17 λέγει γὰρ ἡ γραφὴ τῷ Φαραὼ ὅτι Εἰς αὐτὸ τοῦτο **ἐξήγειρά** σε ὅπως ἐνδείξωμαι ἐν σοὶ τὴν δύναμίν μου
1Co 6:14 ὁ δὲ θεὸς καὶ τὸν κύριον ἤγειρεν καὶ ἡμᾶς **ἐξεγερεῖ** διὰ τῆς δυνάμεως αὐτοῦ.

1996 ἔξειμι[1] [4]

√ *1666 + 1640*

Ac 13:42 **Ἐξιόντων** δὲ αὐτῶν παρεκάλουν εἰς τὸ μεταξὺ σάββατον λαληθῆναι αὐτοῖς τὰ ῥήματα ταῦτα.
17:15 καὶ λαβόντες ἐντολὴν πρὸς τὸν Σιλᾶν καὶ τὸν Τιμόθεον ἵνα ὡς τάχιστα ἔλθωσιν πρὸς αὐτὸν **ἐξῄεσαν.**
20: 7 ὁ Παῦλος διελέγετο αὐτοῖς μέλλων **ἐξιέναι** τῇ ἐπαύριον,
27:43 ἐκέλευσέν τε τοὺς δυναμένους κολυμβᾶν ἀπορίψαντας πρώτους ἐπὶ τὴν γῆν **ἐξιέναι**

1997 ἔξειμι[2] Not used in UBS/NIV

√ *1666 + 1639*

1998 ἐξελέγχω Not used in UBS/NIV

√ *1666 + 1794*

1999 ἐξέλκω [1]

√ *1666 + 1816*

Jas 1:14 ἕκαστος δὲ πειράζεται ὑπὸ τῆς ἰδίας ἐπιθυμίας **ἐξελκόμενος** καὶ δελεαζόμενος·

2000 ἐξέραμα [1]

√ *1666*

2Pe 2:22 Κύων ἐπιστρέψας ἐπὶ τὸ ἴδιον **ἐξέραμα,** καί, Ὗς λουσαμένη εἰς κυλισμὸν βορβόρου.

2001 ἐξεραυνάω [1]

√ *1666 + 2236*

1Pe 1:10 Περὶ ἧς σωτηρίας ἐξεζήτησαν καὶ **ἐξηραύνησαν** προφῆται οἱ περὶ τῆς εἰς ὑμᾶς χάριτος προφητεύσαντες,

2002 ἐξέρχομαι [218]

√ *1666 + 2262*

ἐξέρχομαι ἀπό [23] Mt 12:43; 17:18; 24:1,27; Mk 11:12; Lk 4:35,35,41; 5:8; 8:29,33,46; 9:5; 11:24; 17:29; Jn 13:3; 16:30; Ac 16:18,40; 28:3; 1Co 14:36; Php 4:15; Rev 19:5

ἐξέρχομαι παρά [8] Mk 2:13; Lk 2:1; 6:19; 8:35; Jn 16:27,28; 17:8; Ac 16:13

Mt 2: 6 ἐκ σοῦ γὰρ **ἐξελεύσεται** ἡγούμενος, ὅστις ποιμανεῖ τὸν λαόν μου τὸν Ἰσραήλ.
5:26 ἀμὴν λέγω σοι, οὐ μὴ **ἐξέλθῃς** ἐκεῖθεν, ἕως ἂν ἀποδῷς τὸν ἔσχατον κοδράντην.
8:28 εἰς τὸ πέραν εἰς τὴν χώραν τῶν Γαδαρηνῶν ὑπήντησαν αὐτῷ δύο δαιμονιζόμενοι ἐκ τῶν μνημείων **ἐξερχόμενοι,**
8:32 οἱ δὲ **ἐξελθόντες** ἀπῆλθον εἰς τοὺς χοίρους· καὶ ἰδοὺ ὥρμησεν πᾶσα ἡ ἀγέλη κατὰ τοῦ κρημνοῦ εἰς τὴν θάλασσαν
8:34 καὶ ἰδοὺ πᾶσα ἡ πόλις **ἐξῆλθεν** εἰς ὑπάντησιν τῷ Ἰησοῦ καὶ ἰδόντες αὐτὸν παρεκάλεσαν ὅπως μεταβῇ ἀπὸ τῶν ὁρίων αὐτῶν.
9:26 καὶ **ἐξῆλθεν** ἡ φήμη αὕτη εἰς ὅλην τὴν γῆν ἐκείνην.
9:31 οἱ δὲ **ἐξελθόντες** διεφήμισαν αὐτὸν ἐν ὅλῃ τῇ γῇ ἐκείνῃ.
9:32 Αὐτῶν δὲ **ἐξερχομένων** ἰδοὺ προσήνεγκαν αὐτῷ ἄνθρωπον κωφὸν δαιμονιζόμενον.
10:11 ἐξετάσατε τίς ἐν αὐτῇ ἄξιός ἐστιν· κἀκεῖ μείνατε ἕως ἂν **ἐξέλθητε.**
10:14 **ἐξερχόμενοι** ἔξω τῆς οἰκίας ἢ τῆς πόλεως ἐκείνης ἐκτινάξατε τὸν κονιορτὸν τῶν ποδῶν ὑμῶν.
11: 7 Τούτων δὲ πορευομένων ἤρξατο ὁ Ἰησοῦς λέγειν τοῖς ὄχλοις περὶ Ἰωάννου, Τί **ἐξήλθατε** εἰς τὴν ἔρημον θεάσασθαι;
11: 8 ἀλλὰ τί **ἐξήλθατε** ἰδεῖν; ἄνθρωπον ἐν μαλακοῖς ἠμφιεσμένον;
11: 9 ἀλλὰ τί **ἐξήλθατε** ἰδεῖν; προφήτην; ναὶ λέγω ὑμῖν,
12:14 **ἐξελθόντες** δὲ οἱ Φαρισαῖοι συμβούλιον ἔλαβον κατ' αὐτοῦ ὅπως αὐτὸν ἀπολέσωσιν.
12:43 Ὅταν δὲ τὸ ἀκάθαρτον πνεῦμα **ἐξέλθῃ** ἀπὸ τοῦ ἀνθρώπου,
12:44 τότε λέγει, Εἰς τὸν οἶκόν μου ἐπιστρέψω ὅθεν **ἐξῆλθον·**
13: 1 Ἐν τῇ ἡμέρᾳ ἐκείνῃ **ἐξελθὼν** ὁ Ἰησοῦς τῆς οἰκίας ἐκάθητο παρὰ τὴν θάλασσαν·
13: 3 καὶ ἐλάλησεν αὐτοῖς πολλὰ ἐν παραβολαῖς λέγων, Ἰδοὺ **ἐξῆλθεν** ὁ σπείρων τοῦ σπείρειν.
13:49 **ἐξελεύσονται** οἱ ἄγγελοι καὶ ἀφοριοῦσιν τοὺς πονηροὺς ἐκ μέσου τῶν δικαίων
14:14 καὶ **ἐξελθὼν** εἶδεν πολὺν ὄχλον καὶ ἐσπλαγχνίσθη ἐπ' αὐτοῖς καὶ ἐθεράπευσεν τοὺς ἀρρώστους αὐτῶν.
15:18 τὰ δὲ ἐκπορευόμενα ἐκ τοῦ στόματος ἐκ τῆς καρδίας **ἐξέρχεται,**
15:19 ἐκ γὰρ τῆς καρδίας **ἐξέρχονται** διαλογισμοὶ πονηροί, φόνοι,
15:21 Καὶ **ἐξελθὼν** ἐκεῖθεν ὁ Ἰησοῦς ἀνεχώρησεν εἰς τὰ μέρη Τύρου καὶ Σιδῶνος.
15:22 καὶ ἰδοὺ γυνὴ Χαναναία ἀπὸ τῶν ὁρίων ἐκείνων **ἐξελθοῦσα** ἔκραζεν λέγουσα,
17:18 καὶ ἐπετίμησεν αὐτῷ ὁ Ἰησοῦς καὶ **ἐξῆλθεν** ἀπ' αὐτοῦ τὸ δαιμόνιον καὶ ἐθεραπεύθη ὁ παῖς ἀπὸ τῆς ὥρας ἐκείνης.
18:28 **ἐξελθὼν** δὲ ὁ δοῦλος ἐκεῖνος εὗρεν ἕνα τῶν συνδούλων αὐτοῦ,

20: 1 ὅστις **ἐξῆλθεν** ἅμα πρωῒ μισθώσασθαι ἐργάτας εἰς τὸν ἀμπελῶνα αὐτοῦ.
20: 3 καὶ **ἐξελθὼν** περὶ τρίτην ὥραν εἶδεν ἄλλους ἑστῶτας ἐν τῇ ἀγορᾷ ἀργοὺς
20: 5 πάλιν [δὲ] **ἐξελθὼν** περὶ ἕκτην καὶ ἐνάτην ὥραν ἐποίησεν ὡσαύτως.
20: 6 περὶ δὲ τὴν ἑνδεκάτην **ἐξελθὼν** εὗρεν ἄλλους ἑστῶτας καὶ λέγει αὐτοῖς,
21: 17 Καὶ καταλιπὼν αὐτοὺς **ἐξῆλθεν** ἔξω τῆς πόλεως εἰς Βηθανίαν καὶ ηὐλίσθη ἐκεῖ.
22: 10 καὶ **ἐξελθόντες** οἱ δοῦλοι ἐκεῖνοι εἰς τὰς ὁδοὺς συνήγαγον πάντας οὓς εὗρον,
24: 1 Καὶ **ἐξελθὼν** ὁ Ἰησοῦς ἀπὸ τοῦ ἱεροῦ ἐπορεύετο,
24: 26 ἐὰν οὖν εἴπωσιν ὑμῖν, Ἰδοὺ ἐν τῇ ἐρήμῳ ἐστίν, μὴ **ἐξέλθητε·**
24: 27 ὥσπερ γὰρ ἡ ἀστραπὴ **ἐξέρχεται** ἀπὸ ἀνατολῶν καὶ φαίνεται ἕως δυσμῶν,
25: 1 αἵτινες λαβοῦσαι τὰς λαμπάδας ἑαυτῶν **ἐξῆλθον** εἰς ὑπάντησιν τοῦ νυμφίου.
25: 6 μέσης δὲ νυκτὸς κραυγὴ γέγονεν, Ἰδοὺ ὁ νυμφίος, **ἐξέρχεσθε** εἰς ἀπάντησιν [αὐτοῦ.]
26: 30 Καὶ ὑμνήσαντες **ἐξῆλθον** εἰς τὸ Ὄρος τῶν Ἐλαιῶν.
26: 55 Ὡς ἐπὶ λῃστὴν **ἐξήλθατε** μετὰ μαχαιρῶν καὶ ξύλων συλλαβεῖν με;
26: 71 **ἐξελθόντα** δὲ εἰς τὸν πυλῶνα εἶδεν αὐτὸν ἄλλη καὶ λέγει τοῖς ἐκεῖ,
26: 75 καὶ ἐμνήσθη ὁ Πέτρος τοῦ ῥήματος Ἰησοῦ εἰρηκότος ὅτι Πρὶν ἀλέκτορα φωνῆσαι τρὶς ἀπαρνήσῃ με· καὶ **ἐξελθὼν** ἔξω ἔκλαυσεν πικρῶς.
27: 32 **Ἐξερχόμενοι** δὲ εὗρον ἄνθρωπον Κυρηναῖον ὀνόματι Σίμωνα, τοῦτον ἠγγάρευσαν ἵνα ἄρῃ τὸν σταυρὸν αὐτοῦ.
27: 53 καὶ **ἐξελθόντες** ἐκ τῶν μνημείων μετὰ τὴν ἔγερσιν αὐτοῦ εἰσῆλθον εἰς τὴν ἁγίαν πόλιν καὶ ἐνεφανίσθησαν πολλοῖς.

Mk 1: 25 καὶ ἐπετίμησεν αὐτῷ ὁ Ἰησοῦς λέγων, Φιμώθητι καὶ **ἔξελθε** ἐξ αὐτοῦ.
1: 26 καὶ σπαράξαν αὐτὸν τὸ πνεῦμα τὸ ἀκάθαρτον καὶ φωνῆσαν φωνῇ μεγάλῃ **ἐξῆλθεν** ἐξ αὐτοῦ.
1: 28 καὶ **ἐξῆλθεν** ἡ ἀκοὴ αὐτοῦ εὐθὺς πανταχοῦ εἰς ὅλην τὴν περίχωρον τῆς Γαλιλαίας.
1: 29 Καὶ εὐθὺς ἐκ τῆς συναγωγῆς **ἐξελθόντες** ἦλθον εἰς τὴν οἰκίαν Σίμωνος καὶ Ἀνδρέου μετὰ Ἰακώβου καὶ Ἰωάννου.
1: 35 Καὶ πρωῒ ἔννυχα λίαν ἀναστὰς **ἐξῆλθεν** καὶ ἀπῆλθεν εἰς ἔρημον τόπον κἀκεῖ προσηύχετο.
1: 38 ἵνα καὶ ἐκεῖ κηρύξω· εἰς τοῦτο γὰρ **ἐξῆλθον.**
1: 45 ὁ δὲ **ἐξελθὼν** ἤρξατο κηρύσσειν πολλὰ καὶ διαφημίζειν τὸν λόγον,
2: 12 καὶ ἠγέρθη καὶ εὐθὺς ἄρας τὸν κράβαττον **ἐξῆλθεν** ἔμπροσθεν πάντων,
2: 13 Καὶ **ἐξῆλθεν** πάλιν παρὰ τὴν θάλασσαν· καὶ πᾶς ὁ ὄχλος ἤρχετο πρὸς αὐτόν,
3: 6 καὶ **ἐξελθόντες** οἱ Φαρισαῖοι εὐθὺς μετὰ τῶν Ἡρῳδιανῶν συμβούλιον ἐδίδουν κατ᾽ αὐτοῦ ὅπως αὐτὸν ἀπολέσωσιν.
3: 21 καὶ ἀκούσαντες οἱ παρ᾽ αὐτοῦ **ἐξῆλθον** κρατῆσαι αὐτόν·
4: 3 Ἀκούετε. ἰδοὺ **ἐξῆλθεν** ὁ σπείρων σπεῖραι.
5: 2 καὶ **ἐξελθόντος** αὐτοῦ ἐκ τοῦ πλοίου εὐθὺς ὑπήντησεν αὐτῷ ἐκ τῶν μνημείων ἄνθρωπος ἐν πνεύματι ἀκαθάρτῳ,
5: 8 **Ἔξελθε** τὸ πνεῦμα τὸ ἀκάθαρτον ἐκ τοῦ ἀνθρώπου.
5: 13 καὶ **ἐξελθόντα** τὰ πνεύματα τὰ ἀκάθαρτα εἰσῆλθον εἰς τοὺς χοίρους,
5: 30 καὶ εὐθὺς ὁ Ἰησοῦς ἐπιγνοὺς ἐν ἑαυτῷ τὴν ἐξ αὐτοῦ δύναμιν **ἐξελθοῦσαν** ἐπιστραφεὶς ἐν τῷ ὄχλῳ ἔλεγεν,
6: 1 Καὶ **ἐξῆλθεν** ἐκεῖθεν καὶ ἔρχεται εἰς τὴν πατρίδα αὐτοῦ,
6: 10 Ὅπου ἐὰν εἰσέλθητε εἰς οἰκίαν, ἐκεῖ μένετε ἕως ἂν **ἐξέλθητε** ἐκεῖθεν.
6: 12 Καὶ **ἐξελθόντες** ἐκήρυξαν ἵνα μετανοῶσιν,
6: 24 καὶ **ἐξελθοῦσα** εἶπεν τῇ μητρὶ αὐτῆς, Τί αἰτήσωμαι;
6: 34 καὶ **ἐξελθὼν** εἶδεν πολὺν ὄχλον καὶ ἐσπλαγχνίσθη ἐπ᾽ αὐτούς,
6: 54 καὶ **ἐξελθόντων** αὐτῶν ἐκ τοῦ πλοίου εὐθὺς ἐπιγνόντες αὐτὸν
7: 29 Διὰ τοῦτον τὸν λόγον ὕπαγε, **ἐξελήλυθεν** ἐκ τῆς θυγατρός σου τὸ δαιμόνιον.
7: 30 καὶ ἀπελθοῦσα εἰς τὸν οἶκον αὐτῆς εὗρεν τὸ παιδίον βεβλημένον ἐπὶ τὴν κλίνην καὶ τὸ δαιμόνιον **ἐξεληλυθός.**
7: 31 Καὶ πάλιν **ἐξελθὼν** ἐκ τῶν ὁρίων Τύρου ἦλθεν διὰ Σιδῶνος εἰς τὴν θάλασσαν τῆς Γαλιλαίας ἀνὰ μέσον τῶν ὁρίων Δεκαπόλεως.
8: 11 Καὶ **ἐξῆλθον** οἱ Φαρισαῖοι καὶ ἤρξαντο συζητεῖν αὐτῷ,
8: 27 Καὶ **ἐξῆλθεν** ὁ Ἰησοῦς καὶ οἱ μαθηταὶ αὐτοῦ εἰς τὰς κώμας Καισαρείας τῆς Φιλίππου·
9: 25 **ἔξελθε** ἐξ αὐτοῦ καὶ μηκέτι εἰσέλθῃς εἰς αὐτόν.
9: 26 καὶ κράξας καὶ πολλὰ σπαράξας **ἐξῆλθεν·** καὶ ἐγένετο ὡσεὶ νεκρός,
9: 29 Τοῦτο τὸ γένος ἐν οὐδενὶ δύναται **ἐξελθεῖν** εἰ μὴ ἐν προσευχῇ.
9: 30 Κἀκεῖθεν **ἐξελθόντες** παρεπορεύοντο διὰ τῆς Γαλιλαίας, καὶ οὐκ ἤθελεν ἵνα τις γνοῖ·
11: 11 ὀψίας ἤδη οὔσης τῆς ὥρας, **ἐξῆλθεν** εἰς Βηθανίαν μετὰ τῶν δώδεκα.
11: 12 Καὶ τῇ ἐπαύριον **ἐξελθόντων** αὐτῶν ἀπὸ Βηθανίας ἐπείνασεν.
14: 16 καὶ **ἐξῆλθον** οἱ μαθηταὶ καὶ ἦλθον εἰς τὴν πόλιν καὶ εὗρον καθὼς εἶπεν αὐτοῖς καὶ ἡτοίμασαν τὸ πάσχα.
14: 26 Καὶ ὑμνήσαντες **ἐξῆλθον** εἰς τὸ Ὄρος τῶν Ἐλαιῶν.
14: 48 Ὡς ἐπὶ λῃστὴν **ἐξήλθατε** μετὰ μαχαιρῶν καὶ ξύλων συλλαβεῖν με;
14: 68 καὶ **ἐξῆλθεν** ἔξω εἰς τὸ προαύλιον [καὶ ἀλέκτωρ ἐφώνησεν.]
16: 8 καὶ **ἐξελθοῦσαι** ἔφυγον ἀπὸ τοῦ μνημείου, εἶχεν γὰρ αὐτὰς τρόμος καὶ ἔκστασις·
16: 20 ⟦ἐκεῖνοι δὲ **ἐξελθόντες** ἐκήρυξαν πανταχοῦ, τοῦ κυρίου συνεργοῦντος καὶ τὸν λόγον βεβαιοῦντος⟧

Lk 1: 22 **ἐξελθὼν** δὲ οὐκ ἐδύνατο λαλῆσαι αὐτοῖς, καὶ ἐπέγνωσαν ὅτι ὀπτασίαν ἑώρακεν ἐν τῷ ναῷ·
2: 1 Ἐγένετο δὲ ἐν ταῖς ἡμέραις ἐκείναις **ἐξῆλθεν** δόγμα παρὰ Καίσαρος Αὐγούστου ἀπογράφεσθαι πᾶσαν τὴν οἰκουμένην.
4: 14 καὶ φήμη **ἐξῆλθεν** καθ᾽ ὅλης τῆς περιχώρου περὶ αὐτοῦ.
4: 35 καὶ ἐπετίμησεν αὐτῷ ὁ Ἰησοῦς λέγων, Φιμώθητι καὶ **ἔξελθε** ἀπ᾽ αὐτοῦ. καὶ ῥίψαν αὐτὸν τὸ δαιμόνιον εἰς τὸ μέσον **ἐξῆλθεν** ἀπ᾽ αὐτοῦ μηδὲν βλάψαν αὐτόν.
4: 36 Τίς ὁ λόγος οὗτος ὅτι ἐν ἐξουσίᾳ καὶ δυνάμει ἐπιτάσσει τοῖς ἀκαθάρτοις πνεύμασιν καὶ **ἐξέρχονται;**
4: 41 **ἐξήρχετο** δὲ καὶ δαιμόνια ἀπὸ πολλῶν κρ[αυγ]άζοντα καὶ λέγοντα ὅτι Σὺ εἶ ὁ υἱὸς τοῦ θεοῦ.
4: 42 Γενομένης δὲ ἡμέρας **ἐξελθὼν** ἐπορεύθη εἰς ἔρημον τόπον·
5: 8 **Ἔξελθε** ἀπ᾽ ἐμοῦ, ὅτι ἀνὴρ ἁμαρτωλός εἰμι, κύριε.
5: 27 Καὶ μετὰ ταῦτα **ἐξῆλθεν** καὶ ἐθεάσατο τελώνην ὀνόματι Λευὶν καθήμενον ἐπὶ τὸ τελώνιον,
6: 12 Ἐγένετο δὲ ἐν ταῖς ἡμέραις ταύταις **ἐξελθεῖν** αὐτὸν εἰς τὸ ὄρος προσεύξασθαι,
6: 19 ὅτι δύναμις παρ᾽ αὐτοῦ **ἐξήρχετο** καὶ ἰᾶτο πάντας.
7: 17 καὶ **ἐξῆλθεν** ὁ λόγος οὗτος ἐν ὅλῃ τῇ Ἰουδαίᾳ περὶ αὐτοῦ καὶ πάσῃ τῇ περιχώρῳ.
7: 24 ἤρξατο λέγειν πρὸς τοὺς ὄχλους περὶ Ἰωάννου, Τί **ἐξήλθατε** εἰς τὴν ἔρημον θεάσασθαι;
7: 25 ἀλλὰ τί **ἐξήλθατε** ἰδεῖν; ἄνθρωπον ἐν μαλακοῖς ἱματίοις ἠμφιεσμένον;
7: 26 ἀλλὰ τί **ἐξήλθατε** ἰδεῖν; προφήτην; ναὶ λέγω ὑμῖν,
8: 2 Μαρία ἡ καλουμένη Μαγδαληνή, ἀφ᾽ ἧς δαιμόνια ἑπτὰ **ἐξεληλύθει,**
8: 5 **Ἐξῆλθεν** ὁ σπείρων τοῦ σπεῖραι τὸν σπόρον αὐτοῦ.
8: 27 **ἐξελθόντι** δὲ αὐτῷ ἐπὶ τὴν γῆν ὑπήντησεν ἀνήρ τις ἐκ τῆς πόλεως ἔχων δαιμόνια καὶ χρόνῳ ἱκανῷ οὐκ ἐνεδύσατο ἱμάτιον
8: 29 παρήγγειλεν γὰρ τῷ πνεύματι τῷ ἀκαθάρτῳ **ἐξελθεῖν** ἀπὸ τοῦ ἀνθρώπου.
8: 33 **ἐξελθόντα** δὲ τὰ δαιμόνια ἀπὸ τοῦ ἀνθρώπου εἰσῆλθον εἰς τοὺς χοίρους,
8: 35 **ἐξῆλθον** δὲ ἰδεῖν τὸ γεγονὸς καὶ ἦλθον πρὸς τὸν Ἰησοῦν καὶ εὗρον καθήμενον τὸν ἄνθρωπον ἀφ᾽ οὗ τὰ δαιμόνια **ἐξῆλθεν** ἱματισμένον καὶ σωφρονοῦντα παρὰ τοὺς πόδας τοῦ Ἰησοῦ,
8: 38 ἐδεῖτο δὲ αὐτοῦ ὁ ἀνὴρ ἀφ᾽ οὗ **ἐξεληλύθει** τὰ δαιμόνια εἶναι σὺν αὐτῷ·
8: 46 Ἥψατό μού τις, ἐγὼ γὰρ ἔγνων δύναμιν **ἐξεληλυθυῖαν** ἀπ᾽ ἐμοῦ.
9: 4 καὶ εἰς ἣν ἂν οἰκίαν εἰσέλθητε, ἐκεῖ μένετε καὶ ἐκεῖθεν **ἐξέρχεσθε.**
9: 5 **ἐξερχόμενοι** ἀπὸ τῆς πόλεως ἐκείνης τὸν κονιορτὸν ἀπὸ τῶν ποδῶν ὑμῶν ἀποτινάσσετε εἰς μαρτύριον ἐπ᾽ αὐτούς.
9: 6 **ἐξερχόμενοι** δὲ διήρχοντο κατὰ τὰς κώμας εὐαγγελιζόμενοι καὶ θεραπεύοντες πανταχοῦ.
10: 10 εἰς ἣν δ᾽ ἂν πόλιν εἰσέλθητε καὶ μὴ δέχωνται ὑμᾶς, **ἐξελθόντες** εἰς τὰς πλατείας αὐτῆς εἴπατε,
11: 14 ἐγένετο δὲ τοῦ δαιμονίου **ἐξελθόντος** ἐλάλησεν ὁ κωφὸς καὶ ἐθαύμασαν οἱ ὄχλοι.
11: 24 Ὅταν τὸ ἀκάθαρτον πνεῦμα **ἐξέλθῃ** ἀπὸ τοῦ ἀνθρώπου, διέρχεται δι᾽ ἀνύδρων τόπων ζητοῦν ἀνάπαυσιν καὶ μὴ εὑρίσκον· [τότε] λέγει, Ὑποστρέψω εἰς τὸν οἶκόν μου ὅθεν **ἐξῆλθον·**

11:53 Κἀκεῖθεν **ἐξελθόντος** αὐτοῦ ἤρξαντο οἱ γραμματεῖς καὶ οἱ Φαρισαῖοι δεινῶς ἐνέχειν καὶ ἀποστοματίζειν αὐτὸν
12:59 λέγω σοι, οὐ μὴ **ἐξέλθῃς** ἐκεῖθεν, ἕως καὶ τὸ ἔσχατον λεπτὸν ἀποδῷς.
13:31 **Ἔξελθε** καὶ πορεύου ἐντεῦθεν, ὅτι Ἡρῴδης θέλει σε ἀποκτεῖναι.
14:18 Ἀγρὸν ἠγόρασα καὶ ἔχω ἀνάγκην **ἐξελθὼν** ἰδεῖν αὐτόν·
14:21 **Ἔξελθε** ταχέως εἰς τὰς πλατείας καὶ ῥύμας τῆς πόλεως καὶ τοὺς πτωχοὺς καὶ ἀναπείρους καὶ τυφλοὺς καὶ χωλοὺς
14:23 **Ἔξελθε** εἰς τὰς ὁδοὺς καὶ φραγμοὺς καὶ ἀνάγκασον εἰσελθεῖν,
15:28 ὠργίσθη δὲ καὶ οὐκ ἤθελεν εἰσελθεῖν, ὁ δὲ πατὴρ αὐτοῦ **ἐξελθὼν** παρεκάλει αὐτόν.
17:29 ᾗ δὲ ἡμέρᾳ **ἐξῆλθεν** Λὼτ ἀπὸ Σοδόμων, ἔβρεξεν πῦρ καὶ θεῖον ἀπ' οὐρανοῦ καὶ ἀπώλεσεν πάντας.
21:37 τὰς δὲ νύκτας **ἐξερχόμενος** ηὐλίζετο εἰς τὸ ὄρος τὸ καλούμενον Ἐλαιῶν·
22:39 Καὶ **ἐξελθὼν** ἐπορεύθη κατὰ τὸ ἔθος εἰς τὸ Ὄρος τῶν Ἐλαιῶν,
22:52 Ὡς ἐπὶ λῃστὴν **ἐξήλθατε** μετὰ μαχαιρῶν καὶ ξύλων;
22:62 καὶ **ἐξελθὼν** ἔξω ἔκλαυσεν πικρῶς.

Jn 1:43 Τῇ ἐπαύριον ἠθέλησεν **ἐξελθεῖν** εἰς τὴν Γαλιλαίαν καὶ εὑρίσκει Φίλιππον.
4:30 **ἐξῆλθον** ἐκ τῆς πόλεως καὶ ἤρχοντο πρὸς αὐτόν.
4:43 Μετὰ δὲ τὰς δύο ἡμέρας **ἐξῆλθεν** ἐκεῖθεν εἰς τὴν Γαλιλαίαν·
8: 9 ⟦οἱ δὲ ἀκούσαντες **ἐξήρχοντο** εἷς καθ' εἷς ἀρξάμενοι ἀπὸ τῶν πρεσβυτέρων καὶ κατελείφθη μόνος καὶ ἡ γυνὴ ἐν μέσῳ οὖσα.⟧
8:42 ἐγὼ γὰρ ἐκ τοῦ θεοῦ **ἐξῆλθον** καὶ ἥκω·
8:59 Ἰησοῦς δὲ ἐκρύβη καὶ **ἐξῆλθεν** ἐκ τοῦ ἱεροῦ.
10: 9 δι' ἐμοῦ ἐάν τις εἰσέλθῃ σωθήσεται καὶ εἰσελεύσεται καὶ **ἐξελεύσεται** καὶ νομὴν εὑρήσει.
10:39 Ἐζήτουν [οὖν] αὐτὸν πάλιν πιάσαι, καὶ **ἐξῆλθεν** ἐκ τῆς χειρὸς αὐτῶν.
11:31 ἰδόντες τὴν Μαριὰμ ὅτι ταχέως ἀνέστη καὶ **ἐξῆλθεν,**
11:44 **ἐξῆλθεν** ὁ τεθνηκὼς δεδεμένος τοὺς πόδας καὶ τὰς χεῖρας κειρίαις καὶ ἡ ὄψις αὐτοῦ σουδαρίῳ περιεδέδετο.
12:13 ἔλαβον τὰ βαΐα τῶν φοινίκων καὶ **ἐξῆλθον** εἰς ὑπάντησιν αὐτῷ καὶ ἐκραύγαζον,
13: 3 εἰδὼς ὅτι πάντα ἔδωκεν αὐτῷ ὁ πατὴρ εἰς τὰς χεῖρας καὶ ὅτι ἀπὸ θεοῦ **ἐξῆλθεν** καὶ πρὸς τὸν θεὸν ὑπάγει,
13:30 λαβὼν οὖν τὸ ψωμίον ἐκεῖνος **ἐξῆλθεν** εὐθύς. ἦν δὲ νύξ.
13:31 Ὅτε οὖν **ἐξῆλθεν,** λέγει Ἰησοῦς, Νῦν ἐδοξάσθη ὁ υἱὸς τοῦ ἀνθρώπου,
16:27 ὅτι ὑμεῖς ἐμὲ πεφιλήκατε καὶ πεπιστεύκατε ὅτι ἐγὼ παρὰ [τοῦ] θεοῦ **ἐξῆλθον.**
16:28 **ἐξῆλθον** παρὰ τοῦ πατρὸς καὶ ἐλήλυθα εἰς τὸν κόσμον·
16:30 νῦν οἴδαμεν ὅτι οἶδας πάντα καὶ οὐ χρείαν ἔχεις ἵνα τίς σε ἐρωτᾷ· ἐν τούτῳ πιστεύομεν ὅτι ἀπὸ θεοῦ **ἐξῆλθες.**
17: 8 καὶ αὐτοὶ ἔλαβον καὶ ἔγνωσαν ἀληθῶς ὅτι παρὰ σοῦ **ἐξῆλθον,**
18: 1 Ταῦτα εἰπὼν Ἰησοῦς **ἐξῆλθεν** σὺν τοῖς μαθηταῖς αὐτοῦ πέραν τοῦ χειμάρρου τοῦ Κεδρὼν ὅπου ἦν κῆπος,
18: 4 Ἰησοῦς οὖν εἰδὼς πάντα τὰ ἐρχόμενα ἐπ' αὐτὸν **ἐξῆλθεν** καὶ λέγει αὐτοῖς,
18:16 **ἐξῆλθεν** οὖν ὁ μαθητὴς ὁ ἄλλος ὁ γνωστὸς τοῦ ἀρχιερέως καὶ εἶπεν τῇ θυρωρῷ καὶ εἰσήγαγεν τὸν Πέτρον.
18:29 **ἐξῆλθεν** οὖν ὁ Πιλᾶτος ἔξω πρὸς αὐτοὺς καὶ φησίν,
18:38 Καὶ τοῦτο εἰπὼν πάλιν **ἐξῆλθεν** πρὸς τοὺς Ἰουδαίους καὶ λέγει αὐτοῖς,
19: 4 Καὶ **ἐξῆλθεν** πάλιν ἔξω ὁ Πιλᾶτος καὶ λέγει αὐτοῖς,
19: 5 **ἐξῆλθεν** οὖν ὁ Ἰησοῦς ἔξω, φορῶν τὸν ἀκάνθινον στέφανον καὶ τὸ πορφυροῦν ἱμάτιον.
19:17 καὶ βαστάζων ἑαυτῷ τὸν σταυρὸν **ἐξῆλθεν** εἰς τὸν λεγόμενον Κρανίου Τόπον,
19:34 ἀλλ' εἷς τῶν στρατιωτῶν λόγχῃ αὐτοῦ τὴν πλευρὰν ἔνυξεν, καὶ **ἐξῆλθεν** εὐθὺς αἷμα καὶ ὕδωρ.
20: 3 **Ἐξῆλθεν** οὖν ὁ Πέτρος καὶ ὁ ἄλλος μαθητὴς καὶ ἤρχοντο εἰς τὸ μνημεῖον.
21: 3 **ἐξῆλθον** καὶ ἐνέβησαν εἰς τὸ πλοῖον, καὶ ἐν ἐκείνῃ τῇ νυκτὶ ἐπίασαν οὐδέν.
21:23 **ἐξῆλθεν** οὖν οὗτος ὁ λόγος εἰς τοὺς ἀδελφοὺς ὅτι ὁ μαθητὴς ἐκεῖνος οὐκ ἀποθνῄσκει·

Ac 1:21 δεῖ οὖν τῶν συνελθόντων ἡμῖν ἀνδρῶν ἐν παντὶ χρόνῳ ᾧ εἰσῆλθεν καὶ **ἐξῆλθεν** ἐφ' ἡμᾶς ὁ κύριος Ἰησοῦς,
7: 3 **Ἔξελθε** ἐκ τῆς γῆς σου καὶ [ἐκ] τῆς συγγενείας σου,
7: 4 τότε **ἐξελθὼν** ἐκ γῆς Χαλδαίων κατῴκησεν ἐν Χαρράν.
7: 7 καὶ μετὰ ταῦτα **ἐξελεύσονται** καὶ λατρεύσουσίν μοι ἐν τῷ τόπῳ τούτῳ.
8: 7 πολλοὶ γὰρ τῶν ἐχόντων πνεύματα ἀκάθαρτα βοῶντα φωνῇ μεγάλῃ **ἐξήρχοντο,**
10:23 Τῇ δὲ ἐπαύριον ἀναστὰς **ἐξῆλθεν** σὺν αὐτοῖς καί τινες τῶν ἀδελφῶν τῶν ἀπὸ Ἰόππης συνῆλθον αὐτῷ.
11:25 **ἐξῆλθεν** δὲ εἰς Ταρσὸν ἀναζητῆσαι Σαῦλον,
12: 9 καὶ **ἐξελθὼν** ἠκολούθει καὶ οὐκ ᾔδει ὅτι ἀληθές ἐστιν τὸ γινόμενον διὰ τοῦ ἀγγέλου·
12:10 ἥτις αὐτομάτη ἠνοίγη αὐτοῖς καὶ **ἐξελθόντες** προῆλθον ῥύμην μίαν,
12:17 Ἀπαγγείλατε Ἰακώβῳ καὶ τοῖς ἀδελφοῖς ταῦτα. καὶ **ἐξελθὼν** ἐπορεύθη εἰς ἕτερον τόπον.
14:20 καὶ τῇ ἐπαύριον **ἐξῆλθεν** σὺν τῷ Βαρναβᾷ εἰς Δέρβην.
15:24 Ἐπειδὴ ἠκούσαμεν ὅτι τινὲς ἐξ ἡμῶν **[ἐξελθόντες]** ἐτάραξαν ὑμᾶς λόγοις ἀνασκευάζοντες τὰς ψυχὰς ὑμῶν
15:40 Παῦλος δὲ ἐπιλεξάμενος Σιλᾶν **ἐξῆλθεν** παραδοθεὶς τῇ χάριτι τοῦ κυρίου ὑπὸ τῶν ἀδελφῶν.
16: 3 τοῦτον ἠθέλησεν ὁ Παῦλος σὺν αὐτῷ **ἐξελθεῖν,** καὶ λαβὼν περιέτεμεν αὐτὸν διὰ τοὺς Ἰουδαίους
16:10 εὐθέως ἐζητήσαμεν **ἐξελθεῖν** εἰς Μακεδονίαν συμβιβάζοντες ὅτι προσκέκληται ἡμᾶς ὁ θεὸς εὐαγγελίσασθαι αὐτούς.
16:13 τῇ τε ἡμέρᾳ τῶν σαββάτων **ἐξήλθομεν** ἔξω τῆς πύλης παρὰ ποταμὸν οὗ ἐνομίζομεν προσευχὴν εἶναι,
16:18 Παραγγέλλω σοι ἐν ὀνόματι Ἰησοῦ Χριστοῦ **ἐξελθεῖν** ἀπ' αὐτῆς· καὶ **ἐξῆλθεν** αὐτῇ τῇ ὥρᾳ.
16:19 ἰδόντες δὲ οἱ κύριοι αὐτῆς ὅτι **ἐξῆλθεν** ἡ ἐλπὶς τῆς ἐργασίας αὐτῶν,
16:36 πρὸς τὸν Παῦλον ὅτι Ἀπέσταλκαν οἱ στρατηγοὶ ἵνα ἀπολυθῆτε· νῦν οὖν **ἐξελθόντες** πορεύεσθε ἐν εἰρήνῃ.
16:40 **ἐξελθόντες** δὲ ἀπὸ τῆς φυλακῆς εἰσῆλθον πρὸς τὴν Λυδίαν καὶ ἰδόντες παρεκάλεσαν τοὺς ἀδελφοὺς καὶ **ἐξῆλθαν.**
17:33 οὕτως ὁ Παῦλος **ἐξῆλθεν** ἐκ μέσου αὐτῶν.
18:23 καὶ ποιήσας χρόνον τινὰ **ἐξῆλθεν** διερχόμενος καθεξῆς τὴν Γαλατικὴν χώραν καὶ Φρυγίαν,
20: 1 μεταπεμψάμενος ὁ Παῦλος τοὺς μαθητὰς καὶ παρακαλέσας, ἀσπασάμενος **ἐξῆλθεν** πορεύεσθαι εἰς Μακεδονίαν.
20:11 ἀναβὰς δὲ καὶ κλάσας τὸν ἄρτον καὶ γευσάμενος ἐφ' ἱκανόν τε ὁμιλήσας ἄχρι αὐγῆς, οὕτως **ἐξῆλθεν.**
21: 5 **ἐξελθόντες** ἐπορευόμεθα προπεμπόντων ἡμᾶς πάντων σὺν γυναιξὶ καὶ τέκνοις ἕως ἔξω τῆς πόλεως,
21: 8 τῇ δὲ ἐπαύριον **ἐξελθόντες** ἤλθομεν εἰς Καισάρειαν καὶ εἰσελθόντες εἰς τὸν οἶκον Φιλίππου τοῦ εὐαγγελιστοῦ,
22:18 καὶ ἰδεῖν αὐτὸν λέγοντά μοι, Σπεῦσον καὶ **ἔξελθε** ἐν τάχει ἐξ Ἰερουσαλήμ,
28: 3 ἔχιδνα ἀπὸ τῆς θέρμης **ἐξελθοῦσα** καθῆψεν τῆς χειρὸς αὐτοῦ.

Ro 10:18 Εἰς πᾶσαν τὴν γῆν **ἐξῆλθεν** ὁ φθόγγος αὐτῶν καὶ εἰς τὰ πέρατα τῆς οἰκουμένης τὰ ῥήματα αὐτῶν.

1Co 5:10 οὐ πάντως τοῖς πόρνοις τοῦ κόσμου τούτου ἢ τοῖς πλεονέκταις καὶ ἅρπαξιν ἢ εἰδωλολάτραις, ἐπεὶ ὠφείλετε ἄρα ἐκ τοῦ κόσμου **ἐξελθεῖν.**
14:36 ἢ ἀφ' ὑμῶν ὁ λόγος τοῦ θεοῦ **ἐξῆλθεν,**

2Co 2:13 τῷ μὴ εὑρεῖν με Τίτον τὸν ἀδελφόν μου, ἀλλὰ ἀποταξάμενος αὐτοῖς **ἐξῆλθον** εἰς Μακεδονίαν.
6:17 διὸ **ἐξέλθατε** ἐκ μέσου αὐτῶν καὶ ἀφορίσθητε, λέγει κύριος,
8:17 ὅτι τὴν μὲν παράκλησιν ἐδέξατο, σπουδαιότερος δὲ ὑπάρχων αὐθαίρετος **ἐξῆλθεν** πρὸς ὑμᾶς.

Php 4:15 ὅτι ἐν ἀρχῇ τοῦ εὐαγγελίου, ὅτε **ἐξῆλθον** ἀπὸ Μακεδονίας,

1Th 1: 8 ἀλλ' ἐν παντὶ τόπῳ ἡ πίστις ὑμῶν ἡ πρὸς τὸν θεὸν **ἐξελήλυθεν,**

Heb 3:16 ἀλλ' οὐ πάντες οἱ **ἐξελθόντες** ἐξ Αἰγύπτου διὰ Μωϋσέως;
7: 5 τοῦτ' ἔστιν τοὺς ἀδελφοὺς αὐτῶν, καίπερ **ἐξεληλυθότας** ἐκ τῆς ὀσφύος Ἀβραάμ·
11: 8 Πίστει καλούμενος Ἀβραὰμ ὑπήκουσεν **ἐξελθεῖν** εἰς τόπον ὃν ἤμελλεν λαμβάνειν εἰς κληρονομίαν, καὶ **ἐξῆλθεν** μὴ ἐπιστάμενος ποῦ ἔρχεται.
13:13 τοίνυν **ἐξερχώμεθα** πρὸς αὐτὸν ἔξω τῆς παρεμβολῆς τὸν ὀνειδισμὸν αὐτοῦ φέροντες·

Jas 3:10 ἐκ τοῦ αὐτοῦ στόματος **ἐξέρχεται** εὐλογία καὶ κατάρα.

1Jn 2:19 ἐξ ἡμῶν **ἐξῆλθαν** ἀλλ' οὐκ ἦσαν ἐξ ἡμῶν·
4: 1 ἀλλὰ δοκιμάζετε τὰ πνεύματα εἰ ἐκ τοῦ θεοῦ ἐστιν, ὅτι πολλοὶ ψευδοπροφῆται **ἐξεληλύθασιν** εἰς τὸν κόσμον.

2Jn 1: 7 ὅτι πολλοὶ πλάνοι **ἐξῆλθον** εἰς τὸν κόσμον, οἱ μὴ ὁμολογοῦντες Ἰησοῦν Χριστὸν ἐρχόμενον ἐν σαρκί·

3Jn 1: 7 ὑπὲρ γὰρ τοῦ ὀνόματος **ἐξῆλθον** μηδὲν λαμβάνοντες ἀπὸ τῶν ἐθνικῶν.

Rev 3:12 ὁ νικῶν ποιήσω αὐτὸν στῦλον ἐν τῷ ναῷ τοῦ θεοῦ μου καὶ ἔξω οὐ μὴ **ἐξέλθῃ** ἔτι καὶ γράψω ἐπ' αὐτὸν τὸ ὄνομα τοῦ θεοῦ μου

6: 2 καὶ ὁ καθήμενος ἐπ' αὐτὸν ἔχων τόξον καὶ ἐδόθη αὐτῷ στέφανος καὶ **ἐξῆλθεν** νικῶν καὶ ἵνα νικήσῃ.
6: 4 καὶ **ἐξῆλθεν** ἄλλος ἵππος πυρρός, καὶ τῷ καθημένῳ ἐπ' αὐτὸν ἐδόθη αὐτῷ λαβεῖν τὴν εἰρήνην ἐκ τῆς γῆς
9: 3 καὶ ἐκ τοῦ καπνοῦ **ἐξῆλθον** ἀκρίδες εἰς τὴν γῆν,
14:15 καὶ ἄλλος ἄγγελος **ἐξῆλθεν** ἐκ τοῦ ναοῦ κράζων ἐν φωνῇ μεγάλῃ τῷ καθημένῳ ἐπὶ τῆς νεφέλης,
14:17 Καὶ ἄλλος ἄγγελος **ἐξῆλθεν** ἐκ τοῦ ναοῦ τοῦ ἐν τῷ οὐρανῷ ἔχων καὶ αὐτὸς δρέπανον ὀξύ.
14:18 Καὶ ἄλλος ἄγγελος **[ἐξῆλθεν]** ἐκ τοῦ θυσιαστηρίου [ὁ] ἔχων ἐξουσίαν ἐπὶ τοῦ πυρός,
14:20 καὶ ἐπατήθη ἡ ληνὸς ἔξωθεν τῆς πόλεως καὶ **ἐξῆλθεν** αἷμα ἐκ τῆς ληνοῦ ἄχρι τῶν χαλινῶν τῶν ἵππων
15: 6 καὶ **ἐξῆλθον** οἱ ἑπτὰ ἄγγελοι [οἱ] ἔχοντες τὰς ἑπτὰ πληγὰς ἐκ τοῦ ναοῦ ἐνδεδυμένοι λίνον καθαρὸν λαμπρὸν
16:17 καὶ **ἐξῆλθεν** φωνὴ μεγάλη ἐκ τοῦ ναοῦ ἀπὸ τοῦ θρόνου λέγουσα,
18: 4 **Ἐξέλθατε** ὁ λαός μου ἐξ αὐτῆς ἵνα μὴ συγκοινωνήσητε ταῖς ἁμαρτίαις αὐτῆς,
19: 5 Καὶ φωνὴ ἀπὸ τοῦ θρόνου **ἐξῆλθεν** λέγουσα, Αἰνεῖτε τῷ θεῷ ἡμῶν πάντες οἱ δοῦλοι αὐτοῦ [καὶ] οἱ φοβούμενοι αὐτόν,
19:21 καὶ οἱ λοιποὶ ἀπεκτάνθησαν ἐν τῇ ῥομφαίᾳ τοῦ καθημένου ἐπὶ τοῦ ἵππου τῇ **ἐξελθούσῃ** ἐκ τοῦ στόματος αὐτοῦ,
20: 8 καὶ **ἐξελεύσεται** πλανῆσαι τὰ ἔθνη τὰ ἐν ταῖς τέσσαρσιν γωνίαις τῆς γῆς,

2003 ἔξεστι [31]

√ *1666 + 1639*

ἐξὸν [3] Mt 12:4; Ac 2:29; 2Co 12:4

Mt 12: 2 Ἰδοὺ οἱ μαθηταί σου ποιοῦσιν ὃ οὐκ **ἔξεστιν** ποιεῖν ἐν σαββάτῳ.
12: 4 ὃ οὐκ **ἐξὸν** ἦν αὐτῷ φαγεῖν οὐδὲ τοῖς μετ' αὐτοῦ εἰ μὴ τοῖς ἱερεῦσιν μόνοις;
12:10 καὶ ἐπηρώτησαν αὐτὸν λέγοντες, Εἰ **ἔξεστιν** τοῖς σάββασιν θεραπεῦσαι;
12:12 πόσῳ οὖν διαφέρει ἄνθρωπος προβάτου. ὥστε **ἔξεστιν** τοῖς σάββασιν καλῶς ποιεῖν.
14: 4 ἔλεγεν γὰρ ὁ Ἰωάννης αὐτῷ, Οὐκ **ἔξεστίν** σοι ἔχειν αὐτήν.
19: 3 Εἰ **ἔξεστιν** ἀνθρώπῳ ἀπολῦσαι τὴν γυναῖκα αὐτοῦ κατὰ πᾶσαν αἰτίαν;
20:15 [ἢ] οὐκ **ἔξεστίν** μοι ὃ θέλω ποιῆσαι ἐν τοῖς ἐμοῖς;
22:17 εἰπὲ οὖν ἡμῖν τί σοι δοκεῖ· **ἔξεστιν** δοῦναι κῆνσον Καίσαρι ἢ οὔ;
27: 6 Οὐκ **ἔξεστιν** βαλεῖν αὐτὰ εἰς τὸν κορβανᾶν, ἐπεὶ τιμὴ αἵματός ἐστιν.
Mk 2:24 Ἴδε τί ποιοῦσιν τοῖς σάββασιν ὃ οὐκ **ἔξεστιν;**
2:26 οὓς οὐκ **ἔξεστιν** φαγεῖν εἰ μὴ τοὺς ἱερεῖς,
3: 4 καὶ λέγει αὐτοῖς, **Ἔξεστιν** τοῖς σάββασιν ἀγαθὸν ποιῆσαι ἢ κακοποιῆσαι,
6:18 ἔλεγεν γὰρ ὁ Ἰωάννης τῷ Ἡρῴδῃ ὅτι Οὐκ **ἔξεστίν** σοι ἔχειν τὴν γυναῖκα τοῦ ἀδελφοῦ σου.
10: 2 καὶ προσελθόντες Φαρισαῖοι ἐπηρώτων αὐτὸν εἰ **ἔξεστιν** ἀνδρὶ γυναῖκα ἀπολῦσαι,
12:14 ἀλλ' ἐπ' ἀληθείας τὴν ὁδὸν τοῦ θεοῦ διδάσκεις· **ἔξεστιν** δοῦναι κῆνσον Καίσαρι ἢ οὔ;
Lk 6: 2 τινὲς δὲ τῶν Φαρισαίων εἶπαν, Τί ποιεῖτε ὃ οὐκ **ἔξεστιν** τοῖς σάββασιν;
6: 4 οὓς οὐκ **ἔξεστιν** φαγεῖν εἰ μὴ μόνους τοὺς ἱερεῖς;
6: 9 Ἐπερωτῶ ὑμᾶς εἰ **ἔξεστιν** τῷ σαββάτῳ ἀγαθοποιῆσαι ἢ κακοποιῆσαι,
14: 3 καὶ ἀποκριθεὶς ὁ Ἰησοῦς εἶπεν πρὸς τοὺς νομικοὺς καὶ Φαρισαίους λέγων, **Ἔξεστιν** τῷ σαββάτῳ θεραπεῦσαι ἢ οὔ;
20:22 **ἔξεστιν** ἡμᾶς Καίσαρι φόρον δοῦναι ἢ οὔ;
Jn 5:10 καὶ οὐκ **ἔξεστίν** σοι ἆραι τὸν κράβαττόν σου.
18:31 εἶπον αὐτῷ οἱ Ἰουδαῖοι, Ἡμῖν οὐκ **ἔξεστιν** ἀποκτεῖναι οὐδένα·
Ac 2:29 **ἐξὸν** εἰπεῖν μετὰ παρρησίας πρὸς ὑμᾶς περὶ τοῦ πατριάρχου Δαυὶδ ὅτι καὶ ἐτελεύτησεν καὶ ἐτάφη,
16:21 καὶ καταγγέλλουσιν ἔθη ἃ οὐκ **ἔξεστιν** ἡμῖν παραδέχεσθαι οὐδὲ ποιεῖν Ῥωμαίοις οὖσιν.
21:37 Μέλλων τε εἰσάγεσθαι εἰς τὴν παρεμβολὴν ὁ Παῦλος λέγει τῷ χιλιάρχῳ, Εἰ **ἔξεστίν** μοι εἰπεῖν τι πρὸς σέ;
22:25 Εἰ ἄνθρωπον Ῥωμαῖον καὶ ἀκατάκριτον **ἔξεστιν** ὑμῖν μαστίζειν;
1Co 6:12 Πάντα μοι **ἔξεστιν** ἀλλ' οὐ πάντα συμφέρει· πάντα μοι **ἔξεστιν** ἀλλ' οὐκ ἐγὼ ἐξουσιασθήσομαι ὑπό τινος.
10:23 Πάντα **ἔξεστιν** ἀλλ' οὐ πάντα συμφέρει· πάντα **ἔξεστιν** ἀλλ' οὐ πάντα οἰκοδομεῖ.
2Co 12: 4 ὅτι ἡρπάγη εἰς τὸν παράδεισον καὶ ἤκουσεν ἄρρητα ῥήματα ἃ οὐκ **ἐξὸν** ἀνθρώπῳ λαλῆσαι.

2004 ἐξετάζω [3]

√ *458; cf. 1666*

Mt 2: 8 καὶ πέμψας αὐτοὺς εἰς Βηθλέεμ εἶπεν, Πορευθέντες **ἐξετάσατε** ἀκριβῶς περὶ τοῦ παιδίου·
10:11 εἰς ἣν δ' ἂν πόλιν ἢ κώμην εἰσέλθητε, **ἐξετάσατε** τίς ἐν αὐτῇ ἄξιός ἐστιν·
Jn 21:12 οὐδεὶς δὲ ἐτόλμα τῶν μαθητῶν **ἐξετάσαι** αὐτόν, Σὺ τίς εἶ;

2005 ἐξέφνης Not used in UBS/NIV

√ *1666 + 167*

2006 ἐξέχω Not used in UBS/NIV

√ *1666 + 2400*

2007 ἐξηγέομαι [6]

√ *1666 + 72*

Lk 24:35 καὶ αὐτοὶ **ἐξηγοῦντο** τὰ ἐν τῇ ὁδῷ καὶ ὡς ἐγνώσθη αὐτοῖς ἐν τῇ κλάσει τοῦ ἄρτου.
Jn 1:18 μονογενὴς θεὸς ὁ ὢν εἰς τὸν κόλπον τοῦ πατρὸς ἐκεῖνος **ἐξηγήσατο.**
Ac 10: 8 καὶ **ἐξηγησάμενος** ἅπαντα αὐτοῖς ἀπέστειλεν αὐτοὺς εἰς τὴν Ἰόππην.
15:12 Ἐσίγησεν δὲ πᾶν τὸ πλῆθος καὶ ἤκουον Βαρναβᾶ καὶ Παύλου **ἐξηγουμένων** ὅσα ἐποίησεν ὁ θεὸς σημεῖα καὶ τέρατα
15:14 Συμεὼν **ἐξηγήσατο** καθὼς πρῶτον ὁ θεὸς ἐπεσκέψατο λαβεῖν ἐξ ἐθνῶν λαὸν τῷ ὀνόματι αὐτοῦ.
21:19 καὶ ἀσπασάμενος αὐτοὺς **ἐξηγεῖτο** καθ' ἓν ἕκαστον, ὧν ἐποίησεν ὁ θεὸς ἐν τοῖς ἔθνεσιν διὰ τῆς διακονίας αὐτοῦ.

2008 ἑξήκοντα [9]

√ *1971*

Mt 13: 8 ὃ μὲν ἑκατόν, ὃ δὲ **ἑξήκοντα,** ὃ δὲ τριάκοντα.
13:23 ὃς δὴ καρποφορεῖ καὶ ποιεῖ ὃ μὲν ἑκατόν, ὃ δὲ **ἑξήκοντα,** ὃ δὲ τριάκοντα.
Mk 4: 8 ἔπεσεν εἰς τὴν γῆν τὴν καλὴν καὶ ἐδίδου καρπὸν ἀναβαίνοντα καὶ αὐξανόμενα καὶ ἔφερεν ἓν τριάκοντα καὶ ἓν **ἑξήκοντα**
4:20 οἵτινες ἀκούουσιν τὸν λόγον καὶ παραδέχονται καὶ καρποφοροῦσιν ἓν τριάκοντα καὶ ἓν **ἑξήκοντα** καὶ ἓν ἑκατόν.
Lk 24:13 Καὶ ἰδοὺ δύο ἐξ αὐτῶν ἐν αὐτῇ τῇ ἡμέρᾳ ἦσαν πορευόμενοι εἰς κώμην ἀπέχουσαν σταδίους **ἑξήκοντα** ἀπὸ Ἰερουσαλήμ,
1Ti 5: 9 Χήρα καταλεγέσθω μὴ ἔλαττον ἐτῶν **ἑξήκοντα** γεγονυῖα, ἑνὸς ἀνδρὸς γυνή,
Rev 11: 3 καὶ δώσω τοῖς δυσὶν μάρτυσίν μου καὶ προφητεύσουσιν ἡμέρας χιλίας διακοσίας **ἑξήκοντα** περιβεβλημένοι σάκκους.
12: 6 ἵνα ἐκεῖ τρέφωσιν αὐτὴν ἡμέρας χιλίας διακοσίας **ἑξήκοντα.**
13:18 ἀριθμὸς γὰρ ἀνθρώπου ἐστίν, καὶ ὁ ἀριθμὸς αὐτοῦ ἑξακόσιοι **ἑξήκοντα** ἕξ.

2009 ἑξῆς [5]

√ *2400*

ἐν τῷ ἑξῆς [1] Lk 7:11

Lk 7:11 Καὶ ἐγένετο ἐν τῷ **ἑξῆς** ἐπορεύθη εἰς πόλιν καλουμένην Ναῒν καὶ συνεπορεύοντο αὐτῷ οἱ μαθηταὶ αὐτοῦ καὶ ὄχλος πολύς.
9:37 Ἐγένετο δὲ τῇ **ἑξῆς** ἡμέρᾳ κατελθόντων αὐτῶν ἀπὸ τοῦ ὄρους συνήντησεν αὐτῷ ὄχλος πολύς.
Ac 21: 1 τῇ δὲ **ἑξῆς** εἰς τὴν Ῥόδον κἀκεῖθεν εἰς Πάταρα,
25:17 συνελθόντων οὖν [αὐτῶν] ἐνθάδε ἀναβολὴν μηδεμίαν ποιησάμενος τῇ **ἑξῆς** καθίσας ἐπὶ τοῦ βήματος
27:18 σφοδρῶς δὲ χειμαζομένων ἡμῶν τῇ **ἑξῆς** ἐκβολὴν ἐποιοῦντο

2010 ἐξηχέω [1]

√ 1666 + 2491

1Th 1: 8 ἀφ' ὑμῶν γὰρ **ἐξήχηται** ὁ λόγος τοῦ κυρίου οὐ μόνον ἐν τῇ Μακεδονίᾳ καὶ [ἐν τῇ] Ἀχαΐᾳ,

2011 ἕξις [1]

√ 2400

Heb 5:14 τῶν διὰ τὴν **ἕξιν** τὰ αἰσθητήρια γεγυμνασμένα ἐχόντων πρὸς διάκρισιν καλοῦ τε καὶ κακοῦ.

2012 ἐξιστάνω Not used in UBS/NIV

√ 1666 + 2705

2013 ἐξιστάω Not used in UBS/NIV

√ 1666 + 2705

2014 ἐξίστημι [17]

√ 1666 + 2705

Mt 12:23 καὶ **ἐξίσταντο** πάντες οἱ ὄχλοι καὶ ἔλεγον, Μήτι οὗτός ἐστιν ὁ υἱὸς Δαυίδ;
Mk 2:12 ὥστε **ἐξίστασθαι** πάντας καὶ δοξάζειν τὸν θεὸν λέγοντας ὅτι Οὕτως οὐδέποτε εἴδομεν.
3:21 καὶ ἀκούσαντες οἱ παρ' αὐτοῦ ἐξῆλθον κρατῆσαι αὐτόν· ἔλεγον γὰρ ὅτι **ἐξέστη.**
5:42 ἦν γὰρ ἐτῶν δώδεκα. καὶ **ἐξέστησαν** [εὐθὺς] ἐκστάσει μεγάλῃ.
6:51 καὶ ἀνέβη πρὸς αὐτοὺς εἰς τὸ πλοῖον καὶ ἐκόπασεν ὁ ἄνεμος, καὶ λίαν [ἐκ περισσοῦ] ἐν ἑαυτοῖς **ἐξίσταντο·**
Lk 2:47 **ἐξίσταντο** δὲ πάντες οἱ ἀκούοντες αὐτοῦ ἐπὶ τῇ συνέσει καὶ ταῖς ἀποκρίσεσιν αὐτοῦ.
8:56 καὶ **ἐξέστησαν** οἱ γονεῖς αὐτῆς· ὁ δὲ παρήγγειλεν αὐτοῖς μηδενὶ εἰπεῖν τὸ γεγονός.
24:22 ἀλλὰ καὶ γυναῖκές τινες ἐξ ἡμῶν **ἐξέστησαν** ἡμᾶς,
Ac 2: 7 **ἐξίσταντο** δὲ καὶ ἐθαύμαζον λέγοντες, Οὐχ ἰδοὺ ἅπαντες οὗτοί εἰσιν οἱ λαλοῦντες Γαλιλαῖοι;
2:12 **ἐξίσταντο** δὲ πάντες καὶ διηπόρουν, ἄλλος πρὸς ἄλλον λέγοντες,
8: 9 Ἀνὴρ δέ τις ὀνόματι Σίμων προϋπῆρχεν ἐν τῇ πόλει μαγεύων καὶ **ἐξιστάνων** τὸ ἔθνος τῆς Σαμαρείας,
8:11 προσεῖχον δὲ αὐτῷ διὰ τὸ ἱκανῷ χρόνῳ ταῖς μαγείαις **ἐξεστακέναι** αὐτούς.
8:13 θεωρῶν τε σημεῖα καὶ δυνάμεις μεγάλας γινομένας **ἐξίστατο.**
9:21 **ἐξίσταντο** δὲ πάντες οἱ ἀκούοντες καὶ ἔλεγον, Οὐχ οὗτός ἐστιν ὁ πορθήσας εἰς Ἰερουσαλὴμ
10:45 καὶ **ἐξέστησαν** οἱ ἐκ περιτομῆς πιστοὶ ὅσοι συνῆλθαν τῷ Πέτρῳ,
12:16 ὁ δὲ Πέτρος ἐπέμενεν κρούων· ἀνοίξαντες δὲ εἶδαν αὐτὸν καὶ **ἐξέστησαν.**
2Co 5:13 εἴτε γὰρ **ἐξέστημεν,** θεῷ· εἴτε σωφρονοῦμεν, ὑμῖν.

2015 ἐξισχύω [1]

√ 1666 + 2709

Eph 3:18 ἵνα **ἐξισχύσητε** καταλαβέσθαι σὺν πᾶσιν τοῖς ἁγίοις τί τὸ πλάτος καὶ μῆκος καὶ ὕψος καὶ βάθος,

2016 ἔξοδος [3]

√ 1666 + 3847

Lk 9:31 οἳ ὀφθέντες ἐν δόξῃ ἔλεγον τὴν **ἔξοδον** αὐτοῦ,
Heb 11:22 Πίστει Ἰωσὴφ τελευτῶν περὶ τῆς **ἐξόδου** τῶν υἱῶν Ἰσραὴλ ἐμνημόνευσεν καὶ περὶ τῶν ὀστέων αὐτοῦ ἐνετείλατο.
2Pe 1:15 σπουδάσω δὲ καὶ ἑκάστοτε ἔχειν ὑμᾶς μετὰ τὴν ἐμὴν **ἔξοδον** τὴν τούτων μνήμην ποιεῖσθαι.

2017 ἐξολεθρεύω [1]

√ 1666 + 3897

Ac 3:23 ἔσται δὲ πᾶσα ψυχὴ ἥτις ἐὰν μὴ ἀκούσῃ τοῦ προφήτου ἐκείνου **ἐξολεθρευθήσεται** ἐκ τοῦ λαοῦ.

2018 ἐξομολογέω [10]

√ 1666 + 3933

Mt 3: 6 καὶ ἐβαπτίζοντο ἐν τῷ Ἰορδάνῃ ποταμῷ ὑπ' αὐτοῦ **ἐξομολογούμενοι** τὰς ἁμαρτίας αὐτῶν.
11:25 **Ἐξομολογοῦμαί** σοι, πάτερ, κύριε τοῦ οὐρανοῦ καὶ τῆς γῆς,
Mk 1: 5 καὶ ἐβαπτίζοντο ὑπ' αὐτοῦ ἐν τῷ Ἰορδάνῃ ποταμῷ **ἐξομολογούμενοι** τὰς ἁμαρτίας αὐτῶν.
Lk 10:21 **Ἐξομολογοῦμαί** σοι, πάτερ, κύριε τοῦ οὐρανοῦ καὶ τῆς γῆς,
22: 6 καὶ **ἐξωμολόγησεν,** καὶ ἐζήτει εὐκαιρίαν τοῦ παραδοῦναι αὐτὸν ἄτερ ὄχλου αὐτοῖς.
Ac 19:18 πολλοί τε τῶν πεπιστευκότων ἤρχοντο **ἐξομολογούμενοι** καὶ ἀναγγέλλοντες τὰς πράξεις αὐτῶν.
Ro 14:11 ὅτι ἐμοὶ κάμψει πᾶν γόνυ καὶ πᾶσα γλῶσσα **ἐξομολογήσεται** τῷ θεῷ.
15: 9 Διὰ τοῦτο **ἐξομολογήσομαί** σοι ἐν ἔθνεσιν καὶ τῷ ὀνόματί σου ψαλῶ.
Php 2:11 καὶ πᾶσα γλῶσσα **ἐξομολογήσηται** ὅτι κύριος Ἰησοῦς Χριστὸς εἰς δόξαν θεοῦ πατρός.
Jas 5:16 **ἐξομολογεῖσθε** οὖν ἀλλήλοις τὰς ἁμαρτίας καὶ εὔχεσθε ὑπὲρ ἀλλήλων ὅπως ἰαθῆτε.

2019 ἐξορκίζω [1]

√ 1666 + 3992

Mt 26:63 **Ἐξορκίζω** σε κατὰ τοῦ θεοῦ τοῦ ζῶντος ἵνα ἡμῖν εἴπῃς εἰ σὺ εἶ ὁ Χριστὸς ὁ υἱὸς τοῦ θεοῦ.

2020 ἐξορκιστής [1]

√ 1666 + 3992

Ac 19:13 ἐπεχείρησαν δέ τινες καὶ τῶν περιερχομένων Ἰουδαίων **ἐξορκιστῶν** ὀνομάζειν ἐπὶ τοὺς ἔχοντας τὰ πνεύματα τὰ πονηρὰ τὸ ὄνομα τοῦ κυρίου Ἰησοῦ λέγοντες,

2021 ἐξορύσσω [2]

√ 1666 + 4002

Mk 2: 4 καὶ **ἐξορύξαντες** χαλῶσι τὸν κράβαττον ὅπου ὁ παραλυτικὸς κατέκειτο.
Gal 4:15 μαρτυρῶ γὰρ ὑμῖν ὅτι εἰ δυνατὸν τοὺς ὀφθαλμοὺς ὑμῶν **ἐξορύξαντες** ἐδώκατέ μοι.

2022 ἐξουδενέω [1]

√ 1666 + 4024 + 1254 + 1651

Mk 9:12 καὶ πῶς γέγραπται ἐπὶ τὸν υἱὸν τοῦ ἀνθρώπου ἵνα πολλὰ πάθῃ καὶ **ἐξουδενηθῇ;**

2023 ἐξουδενόω Not used in UBS/NIV

√ 1666 + 4024 + 1254 + 1651

2024 ἐξουθενέω [11]

√ 1666 + 4024 + 1254 + 1651

λίθος ... ἐξουθενέω [1] Ac 4:11

Lk 18: 9 καὶ πρός τινας τοὺς πεποιθότας ἐφ' ἑαυτοῖς ὅτι εἰσὶν δίκαιοι καὶ **ἐξουθενοῦντας** τοὺς λοιποὺς τὴν παραβολὴν ταύτην·
23:11 **ἐξουθενήσας** δὲ αὐτὸν [καὶ] ὁ Ἡρῴδης σὺν τοῖς στρατεύμασιν αὐτοῦ καὶ ἐμπαίξας περιβαλὼν ἐσθῆτα λαμπρὰν
Ac 4:11 οὗτός ἐστιν ὁ λίθος, ὁ **ἐξουθενηθεὶς** ὑφ' ὑμῶν τῶν οἰκοδόμων,
Ro 14: 3 ὁ ἐσθίων τὸν μὴ ἐσθίοντα μὴ **ἐξουθενείτω,** ὁ δὲ μὴ ἐσθίων τὸν ἐσθίοντα μὴ κρινέτω,
14:10 ἢ καὶ σὺ τί **ἐξουθενεῖς** τὸν ἀδελφόν σου;
1Co 1:28 τὰ ἀγενῆ τοῦ κόσμου καὶ τὰ **ἐξουθενημένα** ἐξελέξατο ὁ θεός,
6: 4 βιωτικὰ μὲν οὖν κριτήρια ἐὰν ἔχητε, τοὺς **ἐξουθενημένους** ἐν τῇ ἐκκλησίᾳ, τούτους καθίζετε;
16:11 μή τις οὖν αὐτὸν **ἐξουθενήσῃ.** προπέμψατε δὲ αὐτὸν ἐν εἰρήνῃ,
2Co 10:10 ἡ δὲ παρουσία τοῦ σώματος ἀσθενὴς καὶ ὁ λόγος **ἐξουθενημένος.**
Gal 4:14 καὶ τὸν πειρασμὸν ὑμῶν ἐν τῇ σαρκί μου οὐκ **ἐξουθενήσατε** οὐδὲ ἐξεπτύσατε,
1Th 5:20 προφητείας μὴ **ἐξουθενεῖτε,**

2025 ἐξουθενόω Not used in UBS/NIV

√ *1666 + 4024 + 1254 + 1651*

2026 ἐξουσία [102]

→ *2027, 2028, 2980; cf. 1666 + 1639*

ἐν ἐξουσία [2] Lk 4:32,36

ἐν ποίᾳ ἐξουσίᾳ [8] Mt 21:23,24,27; Mk 11:28,29,33; Lk 20:2,8

ἔχω ἐξουσία [31] Mt 7:29; 8:9; 9:6; Mk 1:22; 2:10; 3:15; Lk 5:24; 12:5; 19:17; Jn 10:18,18; 19:10,10,11; Ac 9:14; Ro 9:21; 1Co 7:37; 9:4,5,6; 11:10; 2Th 3:9; Heb 13:10; Rev 9:3; 11:6,6; 14:18; 16:9; 17:13; 18:1; 20:6

κατ' ἐξουσία [1] Mk 1:27

λαμβάνω ἐξουσία [2] Ac 26:10; Rev 17:12

Mt 7:29 ἦν γὰρ διδάσκων αὐτοὺς ὡς **ἐξουσίαν** ἔχων καὶ οὐχ ὡς οἱ γραμματεῖς αὐτῶν.
8:9 καὶ γὰρ ἐγὼ ἄνθρωπός εἰμι ὑπὸ **ἐξουσίαν,** ἔχων ὑπ' ἐμαυτὸν στρατιώτας,
9:6 ἵνα δὲ εἰδῆτε ὅτι **ἐξουσίαν** ἔχει ὁ υἱὸς τοῦ ἀνθρώπου ἐπὶ τῆς γῆς ἀφιέναι ἁμαρτίας–
9:8 ἰδόντες δὲ οἱ ὄχλοι ἐφοβήθησαν καὶ ἐδόξασαν τὸν θεὸν τὸν δόντα **ἐξουσίαν** τοιαύτην τοῖς ἀνθρώποις.
10:1 Καὶ προσκαλεσάμενος τοὺς δώδεκα μαθητὰς αὐτοῦ ἔδωκεν αὐτοῖς **ἐξουσίαν** πνευμάτων ἀκαθάρτων ὥστε ἐκβάλλειν αὐτὰ
21:23 εἰς τὸ ἱερὸν προσῆλθον αὐτῷ διδάσκοντι οἱ ἀρχιερεῖς καὶ οἱ πρεσβύτεροι τοῦ λαοῦ λέγοντες, Ἐν ποίᾳ **ἐξουσίᾳ** ταῦτα ποιεῖς; καὶ τίς σοι ἔδωκεν τὴν **ἐξουσίαν** ταύτην;
21:24 ὃν ἐὰν εἴπητέ μοι κἀγὼ ὑμῖν ἐρῶ ἐν ποίᾳ **ἐξουσίᾳ** ταῦτα ποιῶ·
21:27 Οὐδὲ ἐγὼ λέγω ὑμῖν ἐν ποίᾳ **ἐξουσίᾳ** ταῦτα ποιῶ.
28:18 Ἐδόθη μοι πᾶσα **ἐξουσία** ἐν οὐρανῷ καὶ ἐπὶ [τῆς] γῆς.

Mk 1:22 ἦν γὰρ διδάσκων αὐτοὺς ὡς **ἐξουσίαν** ἔχων καὶ οὐχ ὡς οἱ γραμματεῖς.
1:27 διδαχὴ καινὴ κατ' **ἐξουσίαν·** καὶ τοῖς πνεύμασι τοῖς ἀκαθάρτοις ἐπιτάσσει,
2:10 ἵνα δὲ εἰδῆτε ὅτι **ἐξουσίαν** ἔχει ὁ υἱὸς τοῦ ἀνθρώπου ἀφιέναι ἁμαρτίας ἐπὶ τῆς γῆς–
3:15 καὶ ἔχειν **ἐξουσίαν** ἐκβάλλειν τὰ δαιμόνια·
6:7 καὶ ἤρξατο αὐτοὺς ἀποστέλλειν δύο δύο καὶ ἐδίδου αὐτοῖς **ἐξουσίαν** τῶν πνευμάτων τῶν ἀκαθάρτων,
11:28 καὶ ἔλεγον αὐτῷ, Ἐν ποίᾳ **ἐξουσίᾳ** ταῦτα ποιεῖς; ἢ τίς σοι ἔδωκεν τὴν **ἐξουσίαν** ταύτην ἵνα ταῦτα ποιῇς;
11:29 καὶ ἀποκρίθητέ μοι καὶ ἐρῶ ὑμῖν ἐν ποίᾳ **ἐξουσίᾳ** ταῦτα ποιῶ·
11:33 Οὐδὲ ἐγὼ λέγω ὑμῖν ἐν ποίᾳ **ἐξουσίᾳ** ταῦτα ποιῶ.
13:34 ὡς ἄνθρωπος ἀπόδημος ἀφεὶς τὴν οἰκίαν αὐτοῦ καὶ δοὺς τοῖς δούλοις αὐτοῦ τὴν **ἐξουσίαν** ἑκάστῳ τὸ ἔργον αὐτοῦ

Lk 4:6 Σοὶ δώσω τὴν **ἐξουσίαν** ταύτην ἅπασαν καὶ τὴν δόξαν αὐτῶν,
4:32 καὶ ἐξεπλήσσοντο ἐπὶ τῇ διδαχῇ αὐτοῦ, ὅτι ἐν **ἐξουσίᾳ** ἦν ὁ λόγος αὐτοῦ.
4:36 Τίς ὁ λόγος οὗτος ὅτι ἐν **ἐξουσίᾳ** καὶ δυνάμει ἐπιτάσσει τοῖς ἀκαθάρτοις πνεύμασιν καὶ ἐξέρχονται;
5:24 ἵνα δὲ εἰδῆτε ὅτι ὁ υἱὸς τοῦ ἀνθρώπου **ἐξουσίαν** ἔχει ἐπὶ τῆς γῆς ἀφιέναι ἁμαρτίας–
7:8 καὶ γὰρ ἐγὼ ἄνθρωπός εἰμι ὑπὸ **ἐξουσίαν** τασσόμενος ἔχων ὑπ' ἐμαυτὸν στρατιώτας,
9:1 Συγκαλεσάμενος δὲ τοὺς δώδεκα ἔδωκεν αὐτοῖς δύναμιν καὶ **ἐξουσίαν** ἐπὶ πάντα τὰ δαιμόνια καὶ νόσους θεραπεύειν
10:19 ἰδοὺ δέδωκα ὑμῖν τὴν **ἐξουσίαν** τοῦ πατεῖν ἐπάνω ὄφεων καὶ σκορπίων,
12:5 φοβήθητε τὸν μετὰ τὸ ἀποκτεῖναι ἔχοντα **ἐξουσίαν** ἐμβαλεῖν εἰς τὴν γέενναν.
12:11 ὅταν δὲ εἰσφέρωσιν ὑμᾶς ἐπὶ τὰς συναγωγὰς καὶ τὰς ἀρχὰς καὶ τὰς **ἐξουσίας,**
19:17 ὅτι ἐν ἐλαχίστῳ πιστὸς ἐγένου, ἴσθι **ἐξουσίαν** ἔχων ἐπάνω δέκα πόλεων.
20:2 καὶ εἶπαν λέγοντες πρὸς αὐτόν, Εἰπὸν ἡμῖν ἐν ποίᾳ **ἐξουσίᾳ** ταῦτα ποιεῖς, ἢ τίς ἐστιν ὁ δούς σοι τὴν **ἐξουσίαν** ταύτην;
20:8 Οὐδὲ ἐγὼ λέγω ὑμῖν ἐν ποίᾳ **ἐξουσίᾳ** ταῦτα ποιῶ.
20:20 ὥστε παραδοῦναι αὐτὸν τῇ ἀρχῇ καὶ τῇ **ἐξουσίᾳ** τοῦ ἡγεμόνος.
22:53 ἀλλ' αὕτη ἐστὶν ὑμῶν ἡ ὥρα καὶ ἡ **ἐξουσία** τοῦ σκότους.
23:7 καὶ ἐπιγνοὺς ὅτι ἐκ τῆς **ἐξουσίας** Ἡρῴδου ἐστὶν ἀνέπεμψεν αὐτὸν πρὸς Ἡρῴδην,

Jn 1:12 ὅσοι δὲ ἔλαβον αὐτόν, ἔδωκεν αὐτοῖς **ἐξουσίαν** τέκνα θεοῦ γενέσθαι,
5:27 καὶ **ἐξουσίαν** ἔδωκεν αὐτῷ κρίσιν ποιεῖν, ὅτι υἱὸς ἀνθρώπου ἐστίν.
10:18 **ἐξουσίαν** ἔχω θεῖναι αὐτήν, καὶ **ἐξουσίαν** ἔχω πάλιν λαβεῖν αὐτήν·
17:2 καθὼς ἔδωκας αὐτῷ **ἐξουσίαν** πάσης σαρκός, ἵνα πᾶν ὃ δέδωκας αὐτῷ δώσῃ αὐτοῖς ζωὴν αἰώνιον.
19:10 οὐκ οἶδας ὅτι **ἐξουσίαν** ἔχω ἀπολῦσαί σε καὶ **ἐξουσίαν** ἔχω σταυρῶσαί σε;
19:11 Οὐκ εἶχες **ἐξουσίαν** κατ' ἐμοῦ οὐδεμίαν εἰ μὴ ἦν δεδομένον σοι ἄνωθεν·

Ac 1:7 Οὐχ ὑμῶν ἐστιν γνῶναι χρόνους ἢ καιροὺς οὓς ὁ πατὴρ ἔθετο ἐν τῇ ἰδίᾳ **ἐξουσίᾳ,**
5:4 οὐχὶ μένον σοὶ ἔμενεν καὶ πραθὲν ἐν τῇ σῇ **ἐξουσίᾳ** ὑπῆρχεν;
8:19 Δότε κἀμοὶ τὴν **ἐξουσίαν** ταύτην ἵνα ᾧ ἐὰν ἐπιθῶ τὰς χεῖρας λαμβάνῃ πνεῦμα ἅγιον.
9:14 καὶ ὧδε ἔχει **ἐξουσίαν** παρὰ τῶν ἀρχιερέων δῆσαι πάντας τοὺς ἐπικαλουμένους τὸ ὄνομά σου.
26:10 καὶ πολλούς τε τῶν ἁγίων ἐγὼ ἐν φυλακαῖς κατέκλεισα τὴν παρὰ τῶν ἀρχιερέων **ἐξουσίαν** λαβὼν ἀναιρουμένων
26:12 Ἐν οἷς πορευόμενος εἰς τὴν Δαμασκὸν μετ' **ἐξουσίας** καὶ ἐπιτροπῆς τῆς τῶν ἀρχιερέων
26:18 τοῦ ἐπιστρέψαι ἀπὸ σκότους εἰς φῶς καὶ τῆς **ἐξουσίας** τοῦ Σατανᾶ ἐπὶ τὸν θεόν,

Ro 9:21 ἢ οὐκ ἔχει **ἐξουσίαν** ὁ κεραμεὺς τοῦ πηλοῦ ἐκ τοῦ αὐτοῦ φυράματος ποιῆσαι ὃ μὲν εἰς τιμὴν σκεῦος ὃ δὲ εἰς ἀτιμίαν;
13:1 Πᾶσα ψυχὴ **ἐξουσίαις** ὑπερεχούσαις ὑποτασσέσθω. οὐ γὰρ ἔστιν **ἐξουσία** εἰ μὴ ὑπὸ θεοῦ,
13:2 ὥστε ὁ ἀντιτασσόμενος τῇ **ἐξουσίᾳ** τῇ τοῦ θεοῦ διαταγῇ ἀνθέστηκεν,
13:3 θέλεις δὲ μὴ φοβεῖσθαι τὴν **ἐξουσίαν·** τὸ ἀγαθὸν ποίει,

1Co 7:37 **ἐξουσίαν** δὲ ἔχει περὶ τοῦ ἰδίου θελήματος καὶ τοῦτο κέκρικεν ἐν τῇ ἰδίᾳ καρδίᾳ,
8:9 βλέπετε δὲ μή πως ἡ **ἐξουσία** ὑμῶν αὕτη πρόσκομμα γένηται τοῖς ἀσθενέσιν.
9:4 μὴ οὐκ ἔχομεν **ἐξουσίαν** φαγεῖν καὶ πεῖν;
9:5 μὴ οὐκ ἔχομεν **ἐξουσίαν** ἀδελφὴν γυναῖκα περιάγειν ὡς καὶ οἱ λοιποὶ ἀπόστολοι καὶ οἱ ἀδελφοὶ τοῦ κυρίου καὶ Κηφᾶς;
9:6 ἢ μόνος ἐγὼ καὶ Βαρναβᾶς οὐκ ἔχομεν **ἐξουσίαν** μὴ ἐργάζεσθαι;
9:12 εἰ ἄλλοι τῆς ὑμῶν **ἐξουσίας** μετέχουσιν, οὐ μᾶλλον ἡμεῖς; Ἀλλ' οὐκ ἐχρησάμεθα τῇ **ἐξουσίᾳ** ταύτῃ,
9:18 ἵνα εὐαγγελιζόμενος ἀδάπανον θήσω τὸ εὐαγγέλιον εἰς τὸ μὴ καταχρήσασθαι τῇ **ἐξουσίᾳ** μου ἐν τῷ εὐαγγελίῳ.
11:10 διὰ τοῦτο ὀφείλει ἡ γυνὴ **ἐξουσίαν** ἔχειν ἐπὶ τῆς κεφαλῆς διὰ τοὺς ἀγγέλους.
15:24 ὅταν καταργήσῃ πᾶσαν ἀρχὴν καὶ πᾶσαν **ἐξουσίαν** καὶ δύναμιν.

2Co 10:8 ἐάν [τε] γὰρ περισσότερόν τι καυχήσωμαι περὶ τῆς **ἐξουσίας** ἡμῶν ἧς ἔδωκεν ὁ κύριος εἰς οἰκοδομὴν καὶ οὐκ εἰς καθαίρεσιν
13:10 ἵνα παρὼν μὴ ἀποτόμως χρήσωμαι κατὰ τὴν **ἐξουσίαν** ἣν ὁ κύριος ἔδωκέν μοι εἰς οἰκοδομὴν καὶ οὐκ εἰς καθαίρεσιν.

Eph 1:21 ὑπεράνω πάσης ἀρχῆς καὶ **ἐξουσίας** καὶ δυνάμεως καὶ κυριότητος καὶ παντὸς ὀνόματος ὀνομαζομένου,
2:2 κατὰ τὸν ἄρχοντα τῆς **ἐξουσίας** τοῦ ἀέρος, τοῦ πνεύματος τοῦ νῦν ἐνεργοῦντος ἐν τοῖς υἱοῖς τῆς ἀπειθείας·
3:10 ἵνα γνωρισθῇ νῦν ταῖς ἀρχαῖς καὶ ταῖς **ἐξουσίαις** ἐν τοῖς ἐπουρανίοις διὰ τῆς ἐκκλησίας ἡ πολυποίκιλος σοφία τοῦ θεοῦ,
6:12 ἀλλὰ πρὸς τὰς ἀρχάς, πρὸς τὰς **ἐξουσίας,** πρὸς τοὺς κοσμοκράτορας τοῦ σκότους τούτου,

Col 1:13 ὃς ἐρρύσατο ἡμᾶς ἐκ τῆς **ἐξουσίας** τοῦ σκότους καὶ μετέστησεν εἰς τὴν βασιλείαν τοῦ υἱοῦ τῆς ἀγάπης αὐτοῦ,
1:16 εἴτε θρόνοι εἴτε κυριότητες εἴτε ἀρχαὶ εἴτε **ἐξουσίαι·**
2:10 ὅς ἐστιν ἡ κεφαλὴ πάσης ἀρχῆς καὶ **ἐξουσίας.**
2:15 ἀπεκδυσάμενος τὰς ἀρχὰς καὶ τὰς **ἐξουσίας** ἐδειγμάτισεν ἐν παρρησίᾳ,

2Th 3:9 οὐχ ὅτι οὐκ ἔχομεν **ἐξουσίαν,** ἀλλ' ἵνα ἑαυτοὺς τύπον δῶμεν ὑμῖν εἰς τὸ μιμεῖσθαι ἡμᾶς.

Tit 3:1 Ὑπομίμνῃσκε αὐτοὺς ἀρχαῖς **ἐξουσίαις** ὑποτάσσεσθαι, πειθαρχεῖν, πρὸς πᾶν ἔργον ἀγαθὸν ἑτοίμους εἶναι,

Heb 13:10 ἔχομεν θυσιαστήριον ἐξ οὗ φαγεῖν οὐκ ἔχουσιν **ἐξουσίαν** οἱ τῇ σκηνῇ λατρεύοντες.

1Pe 3:22 ὅς ἐστιν ἐν δεξιᾷ [τοῦ] θεοῦ πορευθεὶς εἰς οὐρανὸν ὑποταγέντων αὐτῷ ἀγγέλων καὶ **ἐξουσιῶν** καὶ δυνάμεων.

Jude 1:25 μόνῳ θεῷ σωτῆρι ἡμῶν διὰ Ἰησοῦ Χριστοῦ τοῦ κυρίου ἡμῶν δόξα μεγαλωσύνη κράτος καὶ **ἐξουσία** πρὸ παντὸς τοῦ αἰῶνος
Rev 2:26 καὶ ὁ νικῶν καὶ ὁ τηρῶν ἄχρι τέλους τὰ ἔργα μου, δώσω αὐτῷ **ἐξουσίαν** ἐπὶ τῶν ἐθνῶν
6: 8 καὶ ὁ ᾅδης ἠκολούθει μετ' αὐτοῦ καὶ ἐδόθη αὐτοῖς **ἐξουσία** ἐπὶ τὸ τέταρτον τῆς γῆς ἀποκτεῖναι ἐν ῥομφαίᾳ καὶ ἐν λιμῷ
9: 3 καὶ ἐδόθη αὐταῖς **ἐξουσία** ὡς ἔχουσιν **ἐξουσίαν** οἱ σκορπίοι τῆς γῆς.
9:10 καὶ ἐν ταῖς οὐραῖς αὐτῶν ἡ **ἐξουσία** αὐτῶν ἀδικῆσαι τοὺς ἀνθρώπους μῆνας πέντε,
9:19 ἡ γὰρ **ἐξουσία** τῶν ἵππων ἐν τῷ στόματι αὐτῶν ἐστιν καὶ ἐν ταῖς οὐραῖς αὐτῶν,
11: 6 οὗτοι ἔχουσιν τὴν **ἐξουσίαν** κλεῖσαι τὸν οὐρανόν, ἵνα μὴ ὑετὸς βρέχῃ τὰς ἡμέρας τῆς προφητείας αὐτῶν, καὶ **ἐξουσίαν** ἔχουσιν ἐπὶ τῶν ὑδάτων στρέφειν αὐτὰ εἰς αἷμα
12:10 Ἄρτι ἐγένετο ἡ σωτηρία καὶ ἡ δύναμις καὶ ἡ βασιλεία τοῦ θεοῦ ἡμῶν καὶ ἡ **ἐξουσία** τοῦ Χριστοῦ αὐτοῦ,
13: 2 καὶ ἔδωκεν αὐτῷ ὁ δράκων τὴν δύναμιν αὐτοῦ καὶ τὸν θρόνον αὐτοῦ καὶ **ἐξουσίαν** μεγάλην.
13: 4 προσεκύνησαν τῷ δράκοντι, ὅτι ἔδωκεν τὴν **ἐξουσίαν** τῷ θηρίῳ,
13: 5 Καὶ ἐδόθη αὐτῷ στόμα λαλοῦν μεγάλα καὶ βλασφημίας καὶ ἐδόθη αὐτῷ **ἐξουσία** ποιῆσαι μῆνας τεσσεράκοντα [καὶ] δύο.
13: 7 καὶ ἐδόθη αὐτῷ **ἐξουσία** ἐπὶ πᾶσαν φυλὴν καὶ λαὸν καὶ γλῶσσαν καὶ ἔθνος.
13:12 τὴν **ἐξουσίαν** τοῦ πρώτου θηρίου πᾶσαν ποιεῖ ἐνώπιον αὐτοῦ,
14:18 Καὶ ἄλλος ἄγγελος [ἐξῆλθεν] ἐκ τοῦ θυσιαστηρίου [ὁ] ἔχων **ἐξουσίαν** ἐπὶ τοῦ πυρός,
16: 9 ἐβλασφήμησαν τὸ ὄνομα τοῦ θεοῦ τοῦ ἔχοντος τὴν **ἐξουσίαν** ἐπὶ τὰς πληγὰς ταύτας καὶ οὐ μετενόησαν δοῦναι αὐτῷ δόξαν.
17:12 ἀλλὰ **ἐξουσίαν** ὡς βασιλεῖς μίαν ὥραν λαμβάνουσιν μετὰ τοῦ θηρίου.
17:13 οὗτοι μίαν γνώμην ἔχουσιν καὶ τὴν δύναμιν καὶ **ἐξουσίαν** αὐτῶν τῷ θηρίῳ διδόασιν.
18: 1 Μετὰ ταῦτα εἶδον ἄλλον ἄγγελον καταβαίνοντα ἐκ τοῦ οὐρανοῦ ἔχοντα **ἐξουσίαν** μεγάλην,
20: 6 ἐπὶ τούτων ὁ δεύτερος θάνατος οὐκ ἔχει **ἐξουσίαν,**
22:14 ἵνα ἔσται ἡ **ἐξουσία** αὐτῶν ἐπὶ τὸ ξύλον τῆς ζωῆς καὶ τοῖς πυλῶσιν εἰσέλθωσιν εἰς τὴν πόλιν.

2027 ἐξουσιάζω [4]

√ 2026

Lk 22:25 Οἱ βασιλεῖς τῶν ἐθνῶν κυριεύουσιν αὐτῶν καὶ οἱ **ἐξουσιάζοντες** αὐτῶν εὐεργέται καλοῦνται.
1Co 6:12 πάντα μοι ἔξεστιν ἀλλ' οὐκ ἐγὼ **ἐξουσιασθήσομαι** ὑπό τινος.
7: 4 ἡ γυνὴ τοῦ ἰδίου σώματος οὐκ **ἐξουσιάζει** ἀλλὰ ὁ ἀνήρ, ὁμοίως δὲ καὶ ὁ ἀνὴρ τοῦ ἰδίου σώματος οὐκ **ἐξουσιάζει** ἀλλὰ ἡ γυνή.

2028 ἐξουσιαστικός Not used in UBS/NIV

√ 2026

2029 ἐξοχή [1]

√ 1666 + 2400

Ac 25:23 σύν τε χιλιάρχοις καὶ ἀνδράσιν τοῖς κατ' **ἐξοχὴν** τῆς πόλεως καὶ κελεύσαντος τοῦ Φήστου ἤχθη ὁ Παῦλος.

2030 ἐξυπνίζω [1]

√ 1666 + 5678

Jn 11:11 Λάζαρος ὁ φίλος ἡμῶν κεκοίμηται· ἀλλὰ πορεύομαι ἵνα **ἐξυπνίσω** αὐτόν.

2031 ἔξυπνος [1]

√ 1666 + 5678

Ac 16:27 **ἔξυπνος** δὲ γενόμενος ὁ δεσμοφύλαξ καὶ ἰδὼν ἀνεῳγμένας τὰς θύρας τῆς φυλακῆς,

2032 ἔξω [63 / 62]

√ 1666

ὁ, οἱ ἔξω [7] Mk 4:11; Ac 26:11; 1Co 5:12,13; 2Co 4:16; Col 4:5; 1Th 4:12

Mt 5:13 εἰς οὐδὲν ἰσχύει ἔτι εἰ μὴ βληθὲν **ἔξω** καταπατεῖσθαι ὑπὸ τῶν ἀνθρώπων.
10:14 ἐξερχόμενοι **ἔξω** τῆς οἰκίας ἢ τῆς πόλεως ἐκείνης ἐκτινάξατε τὸν κονιορτὸν τῶν ποδῶν ὑμῶν.
12:46 Ἔτι αὐτοῦ λαλοῦντος τοῖς ὄχλοις ἰδοὺ ἡ μήτηρ καὶ οἱ ἀδελφοὶ αὐτοῦ εἱστήκεισαν **ἔξω** ζητοῦντες αὐτῷ λαλῆσαι.
12:47 [Ἰδοὺ ἡ μήτηρ σου καὶ οἱ ἀδελφοί σου **ἔξω** ἑστήκασιν ζητοῦντές σοι λαλῆσαι.]
13:48 ὅτε ἐπληρώθη ἀναβιβάσαντες ἐπὶ τὸν αἰγιαλὸν καὶ καθίσαντες συνέλεξαν τὰ καλὰ εἰς ἄγγη, τὰ δὲ σαπρὰ **ἔξω** ἔβαλον.
21:17 Καὶ καταλιπὼν αὐτοὺς ἐξῆλθεν **ἔξω** τῆς πόλεως εἰς Βηθανίαν καὶ ηὐλίσθη ἐκεῖ.
21:39 καὶ λαβόντες αὐτὸν ἐξέβαλον **ἔξω** τοῦ ἀμπελῶνος καὶ ἀπέκτειναν.
26:69 Ὁ δὲ Πέτρος ἐκάθητο **ἔξω** ἐν τῇ αὐλῇ·
26:75 καὶ ἐμνήσθη ὁ Πέτρος τοῦ ῥήματος Ἰησοῦ εἰρηκότος ὅτι Πρὶν ἀλέκτορα φωνῆσαι τρὶς ἀπαρνήσῃ με· καὶ ἐξελθὼν **ἔξω** ἔκλαυσεν πικρῶς.
Mk 1:45 ὥστε μηκέτι αὐτὸν δύνασθαι φανερῶς εἰς πόλιν εἰσελθεῖν, ἀλλ' **ἔξω** ἐπ' ἐρήμοις τόποις ἦν·
3:31 Καὶ ἔρχεται ἡ μήτηρ αὐτοῦ καὶ οἱ ἀδελφοὶ αὐτοῦ καὶ **ἔξω** στήκοντες ἀπέστειλαν πρὸς αὐτὸν καλοῦντες αὐτόν.
3:32 Ἰδοὺ ἡ μήτηρ σου καὶ οἱ ἀδελφοί σου [καὶ αἱ ἀδελφαί σου] **ἔξω** ζητοῦσίν σε.
4:11 ἐκείνοις δὲ τοῖς **ἔξω** ἐν παραβολαῖς τὰ πάντα γίνεται,
5:10 καὶ παρεκάλει αὐτὸν πολλὰ ἵνα μὴ αὐτὰ ἀποστείλῃ **ἔξω** τῆς χώρας.
8:23 καὶ ἐπιλαβόμενος τῆς χειρὸς τοῦ τυφλοῦ ἐξήνεγκεν αὐτὸν **ἔξω** τῆς κώμης καὶ πτύσας εἰς τὰ ὄμματα αὐτοῦ,
11: 4 καὶ ἀπῆλθον καὶ εὗρον πῶλον δεδεμένον πρὸς θύραν **ἔξω** ἐπὶ τοῦ ἀμφόδου καὶ λύουσιν αὐτόν.
11:19 Καὶ ὅταν ὀψὲ ἐγένετο, ἐξεπορεύοντο **ἔξω** τῆς πόλεως.
12: 8 καὶ λαβόντες ἀπέκτειναν αὐτὸν καὶ ἐξέβαλον αὐτὸν **ἔξω** τοῦ ἀμπελῶνος.
14:68 καὶ ἐξῆλθεν **ἔξω** εἰς τὸ προαύλιον [καὶ ἀλέκτωρ ἐφώνησεν.]
Lk 1:10 καὶ πᾶν τὸ πλῆθος ἦν τοῦ λαοῦ προσευχόμενον **ἔξω** τῇ ὥρᾳ τοῦ θυμιάματος.
4:29 καὶ ἀναστάντες ἐξέβαλον αὐτὸν **ἔξω** τῆς πόλεως καὶ ἤγαγον αὐτὸν ἕως ὀφρύος τοῦ ὄρους ἐφ' οὗ ἡ πόλις ᾠκοδόμητο αὐτῶν
8:20 Ἡ μήτηρ σου καὶ οἱ ἀδελφοί σου ἑστήκασιν **ἔξω** ἰδεῖν θέλοντές σε.
13:25 ἀφ' οὗ ἂν ἐγερθῇ ὁ οἰκοδεσπότης καὶ ἀποκλείσῃ τὴν θύραν καὶ ἄρξησθε **ἔξω** ἑστάναι καὶ κρούειν τὴν θύραν λέγοντες,
13:28 ὅταν ὄψεσθε Ἀβραὰμ καὶ Ἰσαὰκ καὶ Ἰακὼβ καὶ πάντας τοὺς προφήτας ἐν τῇ βασιλείᾳ τοῦ θεοῦ, ὑμᾶς δὲ ἐκβαλλομένους **ἔξω.**
13:33 πλὴν δεῖ με σήμερον καὶ αὔριον καὶ τῇ ἐχομένῃ πορεύεσθαι, ὅτι οὐκ ἐνδέχεται προφήτην ἀπολέσθαι **ἔξω** Ἰερουσαλήμ.
14:35 οὔτε εἰς κοπρίαν εὔθετόν ἐστιν, **ἔξω** βάλλουσιν αὐτό.
20:15 καὶ ἐκβαλόντες αὐτὸν **ἔξω** τοῦ ἀμπελῶνος ἀπέκτειναν. τί οὖν ποιήσει αὐτοῖς ὁ κύριος τοῦ ἀμπελῶνος;
22:62 καὶ ἐξελθὼν **ἔξω** ἔκλαυσεν πικρῶς.
24:50 Ἐξήγαγεν δὲ αὐτοὺς **[ἔξω]**[NIV-] ἕως πρὸς Βηθανίαν, καὶ ἐπάρας τὰς χεῖρας αὐτοῦ εὐλόγησεν αὐτούς.
Jn 6:37 καὶ τὸν ἐρχόμενον πρὸς ἐμὲ οὐ μὴ ἐκβάλω **ἔξω,**
9:34 Ἐν ἁμαρτίαις σὺ ἐγεννήθης ὅλος καὶ σὺ διδάσκεις ἡμᾶς; καὶ ἐξέβαλον αὐτὸν **ἔξω.**
9:35 Ἤκουσεν Ἰησοῦς ὅτι ἐξέβαλον αὐτὸν **ἔξω** καὶ εὑρὼν αὐτὸν εἶπεν,
11:43 καὶ ταῦτα εἰπὼν φωνῇ μεγάλῃ ἐκραύγασεν, Λάζαρε, δεῦρο **ἔξω.**
12:31 νῦν ὁ ἄρχων τοῦ κόσμου τούτου ἐκβληθήσεται **ἔξω·**
15: 6 ἐβλήθη **ἔξω** ὡς τὸ κλῆμα καὶ ἐξηράνθη καὶ συνάγουσιν αὐτὰ καὶ εἰς τὸ πῦρ βάλλουσιν καὶ καίεται.
18:16 ὁ δὲ Πέτρος εἱστήκει πρὸς τῇ θύρᾳ **ἔξω.**
18:29 ἐξῆλθεν οὖν ὁ Πιλᾶτος **ἔξω** πρὸς αὐτοὺς καὶ φησίν,
19: 4 ἐξῆλθεν πάλιν **ἔξω** ὁ Πιλᾶτος καὶ λέγει αὐτοῖς, Ἴδε ἄγω ὑμῖν αὐτὸν **ἔξω,** ἵνα γνῶτε ὅτι οὐδεμίαν αἰτίαν εὑρίσκω ἐν αὐτῷ.
19: 5 ἐξῆλθεν οὖν ὁ Ἰησοῦς **ἔξω,** φορῶν τὸν ἀκάνθινον στέφανον καὶ τὸ πορφυροῦν ἱμάτιον.
19:13 Ὁ οὖν Πιλᾶτος ἀκούσας τῶν λόγων τούτων ἤγαγεν **ἔξω** τὸν Ἰησοῦν καὶ ἐκάθισεν ἐπὶ βήματος
20:11 Μαρία δὲ εἱστήκει πρὸς τῷ μνημείῳ **ἔξω** κλαίουσα.
Ac 4:15 κελεύσαντες δὲ αὐτοὺς **ἔξω** τοῦ συνεδρίου ἀπελθεῖν συνέβαλλον πρὸς ἀλλήλους
5:34 νομοδιδάσκαλος τίμιος παντὶ τῷ λαῷ, ἐκέλευσεν **ἔξω** βραχὺ τοὺς ἀνθρώπους ποιῆσαι
7:58 καὶ ἐκβαλόντες **ἔξω** τῆς πόλεως ἐλιθοβόλουν.

9:40 ἐκβαλὼν δὲ **ἔξω** πάντας ὁ Πέτρος καὶ θεὶς τὰ γόνατα προσηύξατο καὶ ἐπιστρέψας πρὸς τὸ σῶμα εἶπεν,
14:19 καὶ πείσαντες τοὺς ὄχλους καὶ λιθάσαντες τὸν Παῦλον ἔσυρον **ἔξω** τῆς πόλεως νομίζοντες αὐτὸν τεθνηκέναι.
16:13 τῇ τε ἡμέρᾳ τῶν σαββάτων ἐξήλθομεν **ἔξω** τῆς πύλης παρὰ ποταμὸν οὗ ἐνομίζομεν προσευχὴν εἶναι,
16:30 προαγαγὼν αὐτοὺς **ἔξω** ἔφη, Κύριοι, τί με δεῖ ποιεῖν ἵνα σωθῶ;
21: 5 ἐξελθόντες ἐπορευόμεθα προπεμπόντων ἡμᾶς πάντων σὺν γυναιξὶ καὶ τέκνοις ἕως **ἔξω** τῆς πόλεως,
21:30 καὶ ἐπιλαβόμενοι τοῦ Παύλου εἷλκον αὐτὸν **ἔξω** τοῦ ἱεροῦ καὶ εὐθέως ἐκλείσθησαν αἱ θύραι.
26:11 πολλάκις τιμωρῶν αὐτοὺς ἠνάγκαζον βλασφημεῖν περισσῶς τε ἐμμαινόμενος αὐτοῖς ἐδίωκον ἕως καὶ εἰς τὰς **ἔξω** πόλεις.
1Co 5:12 τί γάρ μοι τοὺς **ἔξω** κρίνειν; οὐχὶ τοὺς ἔσω ὑμεῖς κρίνετε;
5:13 τοὺς δὲ **ἔξω** ὁ θεὸς κρινεῖ. ἐξάρατε τὸν πονηρὸν ἐξ ὑμῶν αὐτῶν.
2Co 4:16 ἀλλ' εἰ καὶ ὁ **ἔξω** ἡμῶν ἄνθρωπος διαφθείρεται,
Col 4: 5 Ἐν σοφίᾳ περιπατεῖτε πρὸς τοὺς **ἔξω** τὸν καιρὸν ἐξαγοραζόμενοι.
1Th 4:12 ἵνα περιπατῆτε εὐσχημόνως πρὸς τοὺς **ἔξω** καὶ μηδενὸς χρείαν ἔχητε.
Heb 13:11 ὧν γὰρ εἰσφέρεται ζῴων τὸ αἷμα περὶ ἁμαρτίας εἰς τὰ ἅγια διὰ τοῦ ἀρχιερέως, τούτων τὰ σώματα κατακαίεται **ἔξω** τῆς παρεμβολῆς.
13:12 ἵνα ἁγιάσῃ διὰ τοῦ ἰδίου αἵματος τὸν λαόν, **ἔξω** τῆς πύλης ἔπαθεν.
13:13 τοίνυν ἐξερχώμεθα πρὸς αὐτὸν **ἔξω** τῆς παρεμβολῆς τὸν ὀνειδισμὸν αὐτοῦ φέροντες·
1Jn 4:18 φόβος οὐκ ἔστιν ἐν τῇ ἀγάπῃ ἀλλ' ἡ τελεία ἀγάπη **ἔξω** βάλλει τὸν φόβον,
Rev 3:12 ὁ νικῶν ποιήσω αὐτὸν στῦλον ἐν τῷ ναῷ τοῦ θεοῦ μου καὶ **ἔξω** οὐ μὴ ἐξέλθῃ ἔτι καὶ γράψω ἐπ' αὐτὸν τὸ ὄνομα τοῦ θεοῦ μου
22:15 **ἔξω** οἱ κύνες καὶ οἱ φάρμακοι καὶ οἱ πόρνοι καὶ οἱ φονεῖς καὶ οἱ εἰδωλολάτραι καὶ πᾶς φιλῶν καὶ ποιῶν ψεῦδος.

2033 ἔξωθεν [13]

√ *1666*

Mt 23:25 ὅτι καθαρίζετε τὸ **ἔξωθεν** τοῦ ποτηρίου καὶ τῆς παροψίδος,
23:27 ὅτι παρομοιάζετε τάφοις κεκονιαμένοις, οἵτινες **ἔξωθεν** μὲν φαίνονται ὡραῖοι,
23:28 οὕτως καὶ ὑμεῖς **ἔξωθεν** μὲν φαίνεσθε τοῖς ἀνθρώποις δίκαιοι,
Mk 7:15 οὐδέν ἐστιν **ἔξωθεν** τοῦ ἀνθρώπου εἰσπορευόμενον εἰς αὐτὸν ὃ δύναται κοινῶσαι αὐτόν,
7:18 οὐ νοεῖτε ὅτι πᾶν τὸ **ἔξωθεν** εἰσπορευόμενον εἰς τὸν ἄνθρωπον οὐ δύναται αὐτὸν κοινῶσαι
Lk 11:39 Νῦν ὑμεῖς οἱ Φαρισαῖοι τὸ **ἔξωθεν** τοῦ ποτηρίου καὶ τοῦ πίνακος καθαρίζετε,
11:40 οὐχ ὁ ποιήσας τὸ **ἔξωθεν** καὶ τὸ ἔσωθεν ἐποίησεν;
2Co 7: 5 οὐδεμίαν ἔσχηκεν ἄνεσιν ἡ σὰρξ ἡμῶν ἀλλ' ἐν παντὶ θλιβόμενοι· **ἔξωθεν** μάχαι, ἔσωθεν φόβοι.
1Ti 3: 7 δεῖ δὲ καὶ μαρτυρίαν καλὴν ἔχειν ἀπὸ τῶν **ἔξωθεν,**
1Pe 3: 3 ὧν ἔστω οὐχ ὁ **ἔξωθεν** ἐμπλοκῆς τριχῶν καὶ περιθέσεως χρυσίων ἢ ἐνδύσεως ἱματίων κόσμος
Rev 11: 2 καὶ τὴν αὐλὴν τὴν **ἔξωθεν** τοῦ ναοῦ ἔκβαλε **ἔξωθεν** καὶ μὴ αὐτὴν μετρήσῃς,
14:20 καὶ ἐπατήθη ἡ ληνὸς **ἔξωθεν** τῆς πόλεως καὶ ἐξῆλθεν αἷμα ἐκ τῆς ληνοῦ ἄχρι τῶν χαλινῶν τῶν ἵππων

2034 ἐξωθέω [2]

√ *723; cf. 1666*

Ac 7:45 ὧν **ἐξῶσεν** ὁ θεὸς ἀπὸ προσώπου τῶν πατέρων ἡμῶν ἕως τῶν ἡμερῶν Δαυίδ,
27:39 κόλπον δέ τινα κατενόουν ἔχοντα αἰγιαλὸν εἰς ὃν ἐβουλεύοντο εἰ δύναιντο **ἐξῶσαι** τὸ πλοῖον.

2035 ἐξώτερος [3]

√ *1666*

Mt 8:12 οἱ δὲ υἱοὶ τῆς βασιλείας ἐκβληθήσονται εἰς τὸ σκότος τὸ **ἐξώτερον·**
22:13 Δήσαντες αὐτοῦ πόδας καὶ χεῖρας ἐκβάλετε αὐτὸν εἰς τὸ σκότος τὸ **ἐξώτερον·**
25:30 καὶ τὸν ἀχρεῖον δοῦλον ἐκβάλετε εἰς τὸ σκότος τὸ **ἐξώτερον·**

2036 ἔοικα [2]

→ *1635, 2116, 2117*

Jas 1: 6 ὁ γὰρ διακρινόμενος **ἔοικεν** κλύδωνι θαλάσσης ἀνεμιζομένῳ καὶ ῥιπιζομένῳ.
1:23 οὗτος **ἔοικεν** ἀνδρὶ κατανοοῦντι τὸ πρόσωπον τῆς γενέσεως αὐτοῦ ἐν ἐσόπτρῳ·

2037 ἑορτάζω [1]

√ *2038*

1Co 5: 8 ὥστε **ἑορτάζωμεν** μὴ ἐν ζύμῃ παλαιᾷ μηδὲ ἐν ζύμῃ κακίας καὶ πονηρίας ἀλλ' ἐν ἀζύμοις εἰλικρινείας καὶ ἀληθείας.

2038 ἑορτή [25]

→ *2037*

ἑορτή with **ἄζυμος** [1] Lk 22:1

ἑορτή with **πάσχα** [5] Lk 2:41; 22:1; Jn 2:23; 6:4; 13:1

Mt 26: 5 ἔλεγον δέ, Μὴ ἐν τῇ **ἑορτῇ,** ἵνα μὴ θόρυβος γένηται ἐν τῷ λαῷ.
27:15 Κατὰ δὲ **ἑορτὴν** εἰώθει ὁ ἡγεμὼν ἀπολύειν ἕνα τῷ ὄχλῳ δέσμιον ὃν ἤθελον.
Mk 14: 2 ἔλεγον γάρ, Μὴ ἐν τῇ **ἑορτῇ,** μήποτε ἔσται θόρυβος τοῦ λαοῦ.
15: 6 Κατὰ δὲ **ἑορτὴν** ἀπέλυεν αὐτοῖς ἕνα δέσμιον ὃν παρῃτοῦντο.
Lk 2:41 Καὶ ἐπορεύοντο οἱ γονεῖς αὐτοῦ κατ' ἔτος εἰς Ἰερουσαλὴμ τῇ **ἑορτῇ** τοῦ πάσχα.
2:42 καὶ ὅτε ἐγένετο ἐτῶν δώδεκα, ἀναβαινόντων αὐτῶν κατὰ τὸ ἔθος τῆς **ἑορτῆς**
22: 1 Ἤγγιζεν δὲ ἡ **ἑορτὴ** τῶν ἀζύμων ἡ λεγομένη πάσχα.
Jn 2:23 Ὡς δὲ ἦν ἐν τοῖς Ἱεροσολύμοις ἐν τῷ πάσχα ἐν τῇ **ἑορτῇ,**
4:45 ἐδέξαντο αὐτὸν οἱ Γαλιλαῖοι πάντα ἑωρακότες ὅσα ἐποίησεν ἐν Ἱεροσολύμοις ἐν τῇ **ἑορτῇ,** καὶ αὐτοὶ γὰρ ἦλθον εἰς τὴν **ἑορτήν.**
5: 1 Μετὰ ταῦτα ἦν **ἑορτὴ** τῶν Ἰουδαίων καὶ ἀνέβη Ἰησοῦς εἰς Ἱεροσόλυμα.
6: 4 ἦν δὲ ἐγγὺς τὸ πάσχα, ἡ **ἑορτὴ** τῶν Ἰουδαίων.
7: 2 ἦν δὲ ἐγγὺς ἡ **ἑορτὴ** τῶν Ἰουδαίων ἡ σκηνοπηγία.
7: 8 ὑμεῖς ἀνάβητε εἰς τὴν **ἑορτήν·** ἐγὼ οὐκ ἀναβαίνω εἰς τὴν **ἑορτὴν** ταύτην, ὅτι ὁ ἐμὸς καιρὸς οὔπω πεπλήρωται.
7:10 Ὡς δὲ ἀνέβησαν οἱ ἀδελφοὶ αὐτοῦ εἰς τὴν **ἑορτήν,**
7:11 οἱ οὖν Ἰουδαῖοι ἐζήτουν αὐτὸν ἐν τῇ **ἑορτῇ** καὶ ἔλεγον,
7:14 Ἤδη δὲ τῆς **ἑορτῆς** μεσούσης ἀνέβη Ἰησοῦς εἰς τὸ ἱερὸν καὶ ἐδίδασκεν.
7:37 Ἐν δὲ τῇ ἐσχάτῃ ἡμέρᾳ τῇ μεγάλῃ τῆς **ἑορτῆς** εἱστήκει ὁ Ἰησοῦς καὶ ἔκραξεν λέγων,
11:56 Τί δοκεῖ ὑμῖν; ὅτι οὐ μὴ ἔλθῃ εἰς τὴν **ἑορτήν;**
12:12 Τῇ ἐπαύριον ὁ ὄχλος πολὺς ὁ ἐλθὼν εἰς τὴν **ἑορτήν,**
12:20 Ἦσαν δὲ Ἕλληνές τινες ἐκ τῶν ἀναβαινόντων ἵνα προσκυνήσωσιν ἐν τῇ **ἑορτῇ·**
13: 1 Πρὸ δὲ τῆς **ἑορτῆς** τοῦ πάσχα εἰδὼς ὁ Ἰησοῦς ὅτι ἦλθεν αὐτοῦ ἡ ὥρα ἵνα μεταβῇ ἐκ τοῦ κόσμου τούτου πρὸς τὸν πατέρα,
13:29 ὅτι λέγει αὐτῷ [ὁ] Ἰησοῦς, Ἀγόρασον ὧν χρείαν ἔχομεν εἰς τὴν **ἑορτήν,**
Col 2:16 Μὴ οὖν τις ὑμᾶς κρινέτω ἐν βρώσει καὶ ἐν πόσει ἢ ἐν μέρει **ἑορτῆς** ἢ νεομηνίας ἢ σαββάτων·

2039 ἐπαγγελία [52]

√ *2093 + 34*

κατ' ἐπαγγελίαν [3] Ac 13:23; Gal 3:29; 2Ti 1:1

τέκνα ἐπαγγελίας [2] Ro 9:8; Gal 4:28

Lk 24:49 ἐγὼ ἀποστέλλω τὴν **ἐπαγγελίαν** τοῦ πατρός μου ἐφ' ὑμᾶς·
Ac 1: 4 καὶ συναλιζόμενος παρήγγειλεν αὐτοῖς ἀπὸ Ἱεροσολύμων μὴ χωρίζεσθαι ἀλλὰ περιμένειν τὴν **ἐπαγγελίαν** τοῦ πατρὸς
2:33 τήν τε **ἐπαγγελίαν** τοῦ πνεύματος τοῦ ἁγίου λαβὼν παρὰ τοῦ πατρός,
2:39 ὑμῖν γάρ ἐστιν ἡ **ἐπαγγελία** καὶ τοῖς τέκνοις ὑμῶν καὶ πᾶσιν τοῖς εἰς μακράν,
7:17 Καθὼς δὲ ἤγγιζεν ὁ χρόνος τῆς **ἐπαγγελίας** ἧς ὡμολόγησεν ὁ θεὸς τῷ Ἀβραάμ,
13:23 τούτου ὁ θεὸς ἀπὸ τοῦ σπέρματος κατ' **ἐπαγγελίαν** ἤγαγεν τῷ Ἰσραὴλ σωτῆρα Ἰησοῦν,

13:32 καὶ ἡμεῖς ὑμᾶς εὐαγγελιζόμεθα τὴν πρὸς τοὺς πατέρας **ἐπαγγελίαν** γενομένην,
23:21 καὶ νῦν εἰσιν ἕτοιμοι προσδεχόμενοι τὴν ἀπὸ σοῦ **ἐπαγγελίαν.**
26: 6 καὶ νῦν ἐπ' ἐλπίδι τῆς εἰς τοὺς πατέρας ἡμῶν **ἐπαγγελίας** γενομένης ὑπὸ τοῦ θεοῦ ἕστηκα κρινόμενος,
Ro 4:13 Οὐ γὰρ διὰ νόμου ἡ **ἐπαγγελία** τῷ Ἀβραὰμ ἢ τῷ σπέρματι αὐτοῦ,
4:14 εἰ γὰρ οἱ ἐκ νόμου κληρονόμοι, κεκένωται ἡ πίστις καὶ κατήργηται ἡ **ἐπαγγελία·**
4:16 εἰς τὸ εἶναι βεβαίαν τὴν **ἐπαγγελίαν** παντὶ τῷ σπέρματι,
4:20 εἰς δὲ τὴν **ἐπαγγελίαν** τοῦ θεοῦ οὐ διεκρίθη τῇ ἀπιστίᾳ ἀλλ' ἐνεδυναμώθη τῇ πίστει,
9: 4 ὧν ἡ υἱοθεσία καὶ ἡ δόξα καὶ αἱ διαθῆκαι καὶ ἡ νομοθεσία καὶ ἡ λατρεία καὶ αἱ **ἐπαγγελίαι,**
9: 8 οὐ τὰ τέκνα τῆς σαρκὸς ταῦτα τέκνα τοῦ θεοῦ ἀλλὰ τὰ τέκνα τῆς **ἐπαγγελίας** λογίζεται εἰς σπέρμα.
9: 9 **ἐπαγγελίας** γὰρ ὁ λόγος οὗτος, Κατὰ τὸν καιρὸν τοῦτον ἐλεύσομαι καὶ ἔσται τῇ Σάρρᾳ υἱός.
15: 8 λέγω γὰρ Χριστὸν διάκονον γεγενῆσθαι περιτομῆς ὑπὲρ ἀληθείας θεοῦ, εἰς τὸ βεβαιῶσαι τὰς **ἐπαγγελίας** τῶν πατέρων,
2Co 1:20 ὅσαι γὰρ **ἐπαγγελίαι** θεοῦ, ἐν αὐτῷ τὸ Ναί·
7: 1 ταύτας οὖν ἔχοντες τὰς **ἐπαγγελίας,** ἀγαπητοί, καθαρίσωμεν ἑαυτοὺς ἀπὸ παντὸς μολυσμοῦ σαρκὸς καὶ πνεύματος,
Gal 3:14 ἵνα τὴν **ἐπαγγελίαν** τοῦ πνεύματος λάβωμεν διὰ τῆς πίστεως.
3:16 τῷ δὲ Ἀβραὰμ ἐρρέθησαν αἱ **ἐπαγγελίαι** καὶ τῷ σπέρματι αὐτοῦ.
3:17 διαθήκην προκεκυρωμένην ὑπὸ τοῦ θεοῦ ὁ μετὰ τετρακόσια καὶ τριάκοντα ἔτη γεγονὼς νόμος οὐκ ἀκυροῖ εἰς τὸ καταργῆσαι τὴν **ἐπαγγελίαν.**
3:18 εἰ γὰρ ἐκ νόμου ἡ κληρονομία, οὐκέτι ἐξ **ἐπαγγελίας·** τῷ δὲ Ἀβραὰμ δι' **ἐπαγγελίας** κεχάρισται ὁ θεός.
3:21 Ὁ οὖν νόμος κατὰ τῶν **ἐπαγγελιῶν** [τοῦ θεοῦ;]
3:22 ἵνα ἡ **ἐπαγγελία** ἐκ πίστεως Ἰησοῦ Χριστοῦ δοθῇ τοῖς πιστεύουσιν.
3:29 ἄρα τοῦ Ἀβραὰμ σπέρμα ἐστέ, κατ' **ἐπαγγελίαν** κληρονόμοι.
4:23 ἀλλ' ὁ μὲν ἐκ τῆς παιδίσκης κατὰ σάρκα γεγέννηται, ὁ δὲ ἐκ τῆς ἐλευθέρας δι' **ἐπαγγελίας.**
4:28 ὑμεῖς δέ, ἀδελφοί, κατὰ Ἰσαὰκ **ἐπαγγελίας** τέκνα ἐστέ.
Eph 1:13 ἐν ᾧ καὶ πιστεύσαντες ἐσφραγίσθητε τῷ πνεύματι τῆς **ἐπαγγελίας** τῷ ἁγίῳ,
2:12 ἀπηλλοτριωμένοι τῆς πολιτείας τοῦ Ἰσραὴλ καὶ ξένοι τῶν διαθηκῶν τῆς **ἐπαγγελίας,**
3: 6 εἶναι τὰ ἔθνη συγκληρονόμα καὶ σύσσωμα καὶ συμμέτοχα τῆς **ἐπαγγελίας** ἐν Χριστῷ Ἰησοῦ διὰ τοῦ εὐαγγελίου,
6: 2 τίμα τὸν πατέρα σου καὶ τὴν μητέρα, ἥτις ἐστὶν ἐντολὴ πρώτη ἐν **ἐπαγγελίᾳ,**
1Ti 4: 8 ἡ δὲ εὐσέβεια πρὸς πάντα ὠφέλιμός ἐστιν **ἐπαγγελίαν** ἔχουσα ζωῆς τῆς νῦν καὶ τῆς μελλούσης.
2Ti 1: 1 Παῦλος ἀπόστολος Χριστοῦ Ἰησοῦ διὰ θελήματος θεοῦ κατ' **ἐπαγγελίαν** ζωῆς τῆς ἐν Χριστῷ Ἰησοῦ
Heb 4: 1 μήποτε καταλειπομένης **ἐπαγγελίας** εἰσελθεῖν εἰς τὴν κατάπαυσιν αὐτοῦ δοκῇ τις ἐξ ὑμῶν ὑστερηκέναι.
6:12 μιμηταὶ δὲ τῶν διὰ πίστεως καὶ μακροθυμίας κληρονομούντων τὰς **ἐπαγγελίας.**
6:15 καὶ οὕτως μακροθυμήσας ἐπέτυχεν τῆς **ἐπαγγελίας.**
6:17 ἐν ᾧ περισσότερον βουλόμενος ὁ θεὸς ἐπιδεῖξαι τοῖς κληρονόμοις τῆς **ἐπαγγελίας** τὸ ἀμετάθετον τῆς βουλῆς αὐτοῦ
7: 6 ὁ δὲ μὴ γενεαλογούμενος ἐξ αὐτῶν δεδεκάτωκεν Ἀβραὰμ καὶ τὸν ἔχοντα τὰς **ἐπαγγελίας** εὐλόγηκεν.
8: 6 ὅσῳ καὶ κρείττονός ἐστιν διαθήκης μεσίτης, ἥτις ἐπὶ κρείττοσιν **ἐπαγγελίαις** νενομοθέτηται.
9:15 ὅπως θανάτου γενομένου εἰς ἀπολύτρωσιν τῶν ἐπὶ τῇ πρώτῃ διαθήκῃ παραβάσεων τὴν **ἐπαγγελίαν** λάβωσιν οἱ κεκλημένοι τῆς αἰωνίου κληρονομίας.
10:36 ὑπομονῆς γὰρ ἔχετε χρείαν ἵνα τὸ θέλημα τοῦ θεοῦ ποιήσαντες κομίσησθε τὴν **ἐπαγγελίαν.**
11: 9 Πίστει παρῴκησεν εἰς γῆν τῆς **ἐπαγγελίας** ὡς ἀλλοτρίαν ἐν σκηναῖς κατοικήσας μετὰ Ἰσαὰκ καὶ Ἰακὼβ τῶν συγκληρονόμων τῆς **ἐπαγγελίας** τῆς αὐτῆς·
11:13 μὴ λαβόντες τὰς **ἐπαγγελίας** ἀλλὰ πόρρωθεν αὐτὰς ἰδόντες καὶ ἀσπασάμενοι καὶ ὁμολογήσαντες ὅτι ξένοι
11:17 Πίστει προσενήνοχεν Ἀβραὰμ τὸν Ἰσαὰκ πειραζόμενος καὶ τὸν μονογενῆ προσέφερεν, ὁ τὰς **ἐπαγγελίας** ἀναδεξάμενος,
11:33 οἳ διὰ πίστεως κατηγωνίσαντο βασιλείας, εἰργάσαντο δικαιοσύνην, ἐπέτυχον **ἐπαγγελιῶν,** ἔφραξαν στόματα λεόντων,
11:39 Καὶ οὗτοι πάντες μαρτυρηθέντες διὰ τῆς πίστεως οὐκ ἐκομίσαντο τὴν **ἐπαγγελίαν,**
2Pe 3: 4 καὶ λέγοντες, Ποῦ ἐστιν ἡ **ἐπαγγελία** τῆς παρουσίας αὐτοῦ;
3: 9 οὐ βραδύνει κύριος τῆς **ἐπαγγελίας,** ὥς τινες βραδύτητα ἡγοῦνται,
1Jn 2:25 καὶ αὕτη ἐστὶν ἡ **ἐπαγγελία** ἣν αὐτὸς ἐπηγγείλατο ἡμῖν,

2040 ἐπαγγέλλομαι [15]

√ *2093 + 34*

Mk 14:11 οἱ δὲ ἀκούσαντες ἐχάρησαν καὶ **ἐπηγγείλαντο** αὐτῷ ἀργύριον δοῦναι.
Ac 7: 5 καὶ οὐκ ἔδωκεν αὐτῷ κληρονομίαν ἐν αὐτῇ οὐδὲ βῆμα ποδὸς καὶ **ἐπηγγείλατο** δοῦναι αὐτῷ εἰς κατάσχεσιν αὐτὴν
Ro 4:21 καὶ πληροφορηθεὶς ὅτι ὃ **ἐπήγγελται** δυνατός ἐστιν καὶ ποιῆσαι.
Gal 3:19 τῶν παραβάσεων χάριν προσετέθη, ἄχρις οὗ ἔλθῃ τὸ σπέρμα ᾧ **ἐπήγγελται,**
1Ti 2:10 ἀλλ' ὃ πρέπει γυναιξὶν **ἐπαγγελλομέναις** θεοσέβειαν, δι' ἔργων ἀγαθῶν.
6:21 ἥν τινες **ἐπαγγελλόμενοι** περὶ τὴν πίστιν ἠστόχησαν. Ἡ χάρις μεθ' ὑμῶν.
Tit 1: 2 ἣν **ἐπηγγείλατο** ὁ ἀψευδὴς θεὸς πρὸ χρόνων αἰωνίων,
Heb 6:13 Τῷ γὰρ Ἀβραὰμ **ἐπαγγειλάμενος** ὁ θεός, ἐπεὶ κατ' οὐδενὸς εἶχεν μείζονος ὀμόσαι,
10:23 κατέχωμεν τὴν ὁμολογίαν τῆς ἐλπίδος ἀκλινῆ, πιστὸς γὰρ ὁ **ἐπαγγειλάμενος,**
11:11 Πίστει καὶ αὐτὴ Σάρρα στεῖρα δύναμιν εἰς καταβολὴν σπέρματος ἔλαβεν καὶ παρὰ καιρὸν ἡλικίας, ἐπεὶ πιστὸν ἡγήσατο τὸν **ἐπαγγειλάμενον.**
12:26 οὗ ἡ φωνὴ τὴν γῆν ἐσάλευσεν τότε, νῦν δὲ **ἐπήγγελται** λέγων,
Jas 1:12 ὅτι δόκιμος γενόμενος λήμψεται τὸν στέφανον τῆς ζωῆς ὃν **ἐπηγγείλατο** τοῖς ἀγαπῶσιν αὐτόν.
2: 5 οὐχ ὁ θεὸς ἐξελέξατο τοὺς πτωχοὺς τῷ κόσμῳ πλουσίους ἐν πίστει καὶ κληρονόμους τῆς βασιλείας ἧς **ἐπηγγείλατο** τοῖς ἀγαπῶσιν αὐτόν;
2Pe 2:19 ἐλευθερίαν αὐτοῖς **ἐπαγγελλόμενοι,** αὐτοὶ δοῦλοι ὑπάρχοντες τῆς φθορᾶς·
1Jn 2:25 καὶ αὕτη ἐστὶν ἡ ἐπαγγελία ἣν αὐτὸς **ἐπηγγείλατο** ἡμῖν,

2041 ἐπάγγελμα [2]

√ *2093 + 34*

2Pe 1: 4 δι' ὧν τὰ τίμια καὶ μέγιστα ἡμῖν **ἐπαγγέλματα** δεδώρηται,
3:13 καινοὺς δὲ οὐρανοὺς καὶ γῆν καινὴν κατὰ τὸ **ἐπάγγελμα** αὐτοῦ προσδοκῶμεν,

2042 ἐπάγω [3]

√ *2093 + 72*

Ac 5:28 καὶ ἰδοὺ πεπληρώκατε τὴν Ἰερουσαλὴμ τῆς διδαχῆς ὑμῶν καὶ βούλεσθε **ἐπαγαγεῖν** ἐφ' ἡμᾶς τὸ αἷμα τοῦ ἀνθρώπου τούτου.
2Pe 2: 1 οἵτινες παρεισάξουσιν αἱρέσεις ἀπωλείας καὶ τὸν ἀγοράσαντα αὐτοὺς δεσπότην ἀρνούμενοι, **ἐπάγοντες** ἑαυτοῖς ταχινὴν ἀπώλειαν,
2: 5 καὶ ἀρχαίου κόσμου οὐκ ἐφείσατο ἀλλὰ ὄγδοον Νῶε δικαιοσύνης κήρυκα ἐφύλαξεν κατακλυσμὸν κόσμῳ ἀσεβῶν **ἐπάξας,**

2043 ἐπαγωνίζομαι [1]

√ *2093 + 74*

Jude 1: 3 πᾶσαν σπουδὴν ποιούμενος γράφειν ὑμῖν περὶ τῆς κοινῆς ἡμῶν σωτηρίας ἀνάγκην ἔσχον γράψαι ὑμῖν παρακαλῶν **ἐπαγωνίζεσθαι** τῇ ἅπαξ παραδοθείσῃ τοῖς ἁγίοις πίστει.

2044 ἐπαθροίζω [1]

√ 2093 + 125

Lk 11:29 Τῶν δὲ ὄχλων **ἐπαθροιζομένων** ἤρξατο λέγειν, Ἡ γενεὰ αὕτη γενεὰ πονηρά ἐστιν·

2045 Ἐπαίνετος [1]

√ 2093 + 142

Ro 16: 5 ἀσπάσασθε **Ἐπαίνετον** τὸν ἀγαπητόν μου, ὅς ἐστιν ἀπαρχὴ τῆς Ἀσίας εἰς Χριστόν.

2046 ἐπαινέω [6]

√ 2093 + 142

Lk 16: 8 καὶ **ἐπῄνεσεν** ὁ κύριος τὸν οἰκονόμον τῆς ἀδικίας ὅτι φρονίμως ἐποίησεν·
Ro 15:11 τὸν κύριον καὶ **ἐπαινεσάτωσαν** αὐτὸν πάντες οἱ λαοί.
1Co 11: 2 **Ἐπαινῶ** δὲ ὑμᾶς ὅτι πάντα μου μέμνησθε καί,
11:17 Τοῦτο δὲ παραγγέλλων οὐκ **ἐπαινῶ** ὅτι οὐκ εἰς τὸ κρεῖσσον ἀλλὰ εἰς τὸ ἧσσον συνέρχεσθε.
11:22 τί εἴπω ὑμῖν; **ἐπαινέσω** ὑμᾶς; ἐν τούτῳ οὐκ **ἐπαινῶ.**

2047 ἔπαινος [11]

√ 2093 + 142

Ro 2:29 οὗ ὁ **ἔπαινος** οὐκ ἐξ ἀνθρώπων ἀλλ᾽ ἐκ τοῦ θεοῦ.
13: 3 τὸ ἀγαθὸν ποίει, καὶ ἕξεις **ἔπαινον** ἐξ αὐτῆς·
1Co 4: 5 καὶ τότε ὁ **ἔπαινος** γενήσεται ἑκάστῳ ἀπὸ τοῦ θεοῦ.
2Co 8:18 συνεπέμψαμεν δὲ μετ᾽ αὐτοῦ τὸν ἀδελφὸν οὗ ὁ **ἔπαινος** ἐν τῷ εὐαγγελίῳ διὰ πασῶν τῶν ἐκκλησιῶν,
Eph 1: 6 εἰς **ἔπαινον** δόξης τῆς χάριτος αὐτοῦ ἧς ἐχαρίτωσεν ἡμᾶς ἐν τῷ ἠγαπημένῳ.
1:12 εἰς τὸ εἶναι ἡμᾶς εἰς **ἔπαινον** δόξης αὐτοῦ τοὺς προηλπικότας ἐν τῷ Χριστῷ.
1:14 εἰς ἀπολύτρωσιν τῆς περιποιήσεως, εἰς **ἔπαινον** τῆς δόξης αὐτοῦ.
Php 1:11 πεπληρωμένοι καρπὸν δικαιοσύνης τὸν διὰ Ἰησοῦ Χριστοῦ εἰς δόξαν καὶ **ἔπαινον** θεοῦ.
4: 8 εἴ τις ἀρετὴ καὶ εἴ τις **ἔπαινος,** ταῦτα λογίζεσθε·
1Pe 1: 7 εὑρεθῇ εἰς **ἔπαινον** καὶ δόξαν καὶ τιμὴν ἐν ἀποκαλύψει Ἰησοῦ Χριστοῦ·
2:14 εἴτε ἡγεμόσιν ὡς δι᾽ αὐτοῦ πεμπομένοις εἰς ἐκδίκησιν κακοποιῶν **ἔπαινον** δὲ ἀγαθοποιῶν·

2048 ἐπαίρω [19]

√ 2093 + 149

with **ὀφθαλμός** [8] Mt 17:8; Lk 6:20; 16:23; 18:13; Jn 4:35; 6:5; 17:1; Ac 1:9

ἐπαίρω φωνή [4] Lk 11:27; Ac 2:14; 14:11; 22:22

Mt 17: 8 **ἐπάραντες** δὲ τοὺς ὀφθαλμοὺς αὐτῶν οὐδένα εἶδον εἰ μὴ αὐτὸν Ἰησοῦν μόνον.
Lk 6:20 Καὶ αὐτὸς **ἐπάρας** τοὺς ὀφθαλμοὺς αὐτοῦ εἰς τοὺς μαθητὰς αὐτοῦ ἔλεγεν,
11:27 Ἐγένετο δὲ ἐν τῷ λέγειν αὐτὸν ταῦτα **ἐπάρασά** τις φωνὴν γυνὴ ἐκ τοῦ ὄχλου εἶπεν αὐτῷ,
16:23 καὶ ἐν τῷ ᾅδῃ **ἐπάρας** τοὺς ὀφθαλμοὺς αὐτοῦ,
18:13 ὁ δὲ τελώνης μακρόθεν ἑστὼς οὐκ ἤθελεν οὐδὲ τοὺς ὀφθαλμοὺς **ἐπᾶραι** εἰς τὸν οὐρανόν,
21:28 ἀρχομένων δὲ τούτων γίνεσθαι ἀνακύψατε καὶ **ἐπάρατε** τὰς κεφαλὰς ὑμῶν,
24:50 Ἐξήγαγεν δὲ αὐτοὺς [ἔξω] ἕως πρὸς Βηθανίαν, καὶ **ἐπάρας** τὰς χεῖρας αὐτοῦ εὐλόγησεν αὐτούς.
Jn 4:35 **ἐπάρατε** τοὺς ὀφθαλμοὺς ὑμῶν καὶ θεάσασθε τὰς χώρας ὅτι λευκαί εἰσιν πρὸς θερισμόν.
6: 5 **ἐπάρας** οὖν τοὺς ὀφθαλμοὺς ὁ Ἰησοῦς καὶ θεασάμενος ὅτι πολὺς ὄχλος ἔρχεται πρὸς αὐτὸν λέγει πρὸς **Φίλιππον,**
13:18 Ὁ τρώγων μου τὸν ἄρτον **ἐπῆρεν** ἐπ᾽ ἐμὲ τὴν πτέρναν αὐτοῦ.
17: 1 Ταῦτα ἐλάλησεν Ἰησοῦς καὶ **ἐπάρας** τοὺς ὀφθαλμοὺς αὐτοῦ εἰς τὸν οὐρανὸν εἶπεν,
Ac 1: 9 καὶ ταῦτα εἰπὼν βλεπόντων αὐτῶν **ἐπήρθη** καὶ νεφέλη ὑπέλαβεν αὐτὸν ἀπὸ τῶν ὀφθαλμῶν αὐτῶν.
2:14 Σταθεὶς δὲ ὁ Πέτρος σὺν τοῖς ἕνδεκα **ἐπῆρεν** τὴν φωνὴν αὐτοῦ καὶ ἀπεφθέγξατο αὐτοῖς,
14:11 οἵ τε ὄχλοι ἰδόντες ὃ ἐποίησεν Παῦλος **ἐπῆραν** τὴν φωνὴν αὐτῶν Λυκαονιστὶ λέγοντες,
22:22 Ἤκουον δὲ αὐτοῦ ἄχρι τούτου τοῦ λόγου καὶ **ἐπῆραν** τὴν φωνὴν αὐτῶν λέγοντες,
27:40 ἅμα ἀνέντες τὰς ζευκτηρίας τῶν πηδαλίων καὶ **ἐπάραντες** τὸν ἀρτέμωνα τῇ πνεούσῃ κατεῖχον εἰς τὸν αἰγιαλόν.
2Co 10: 5 καὶ πᾶν ὕψωμα **ἐπαιρόμενον** κατὰ τῆς γνώσεως τοῦ θεοῦ,
11:20 εἴ τις κατεσθίει, εἴ τις λαμβάνει, εἴ τις **ἐπαίρεται,**
1Ti 2: 8 Βούλομαι οὖν προσεύχεσθαι τοὺς ἄνδρας ἐν παντὶ τόπῳ **ἐπαίροντας** ὁσίους χεῖρας χωρὶς ὀργῆς καὶ διαλογισμοῦ.

2049 ἐπαισχύνομαι [11]

√ 2093 + 156

Mk 8:38 ὃς γὰρ ἐὰν **ἐπαισχυνθῇ** με καὶ τοὺς ἐμοὺς λόγους ἐν τῇ γενεᾷ ταύτῃ τῇ μοιχαλίδι καὶ ἁμαρτωλῷ, καὶ ὁ υἱὸς τοῦ ἀνθρώπου **ἐπαισχυνθήσεται** αὐτόν, ὅταν ἔλθῃ ἐν τῇ δόξῃ τοῦ πατρὸς
Lk 9:26 ὃς γὰρ ἂν **ἐπαισχυνθῇ** με καὶ τοὺς ἐμοὺς λόγους, τοῦτον ὁ υἱὸς τοῦ ἀνθρώπου **ἐπαισχυνθήσεται,**
Ro 1:16 Οὐ γὰρ **ἐπαισχύνομαι** τὸ εὐαγγέλιον, δύναμις γὰρ θεοῦ ἐστιν εἰς σωτηρίαν παντὶ τῷ πιστεύοντι,
6:21 ἐφ᾽ οἷς νῦν **ἐπαισχύνεσθε,** τὸ γὰρ τέλος ἐκείνων θάνατος.
2Ti 1: 8 μὴ οὖν **ἐπαισχυνθῇς** τὸ μαρτύριον τοῦ κυρίου ἡμῶν μηδὲ ἐμὲ τὸν δέσμιον αὐτοῦ,
1:12 ἀλλ᾽ οὐκ **ἐπαισχύνομαι,** οἶδα γὰρ ᾧ πεπίστευκα καὶ πέπεισμαι ὅτι δυνατός ἐστιν τὴν παραθήκην μου φυλάξαι
1:16 ὅτι πολλάκις με ἀνέψυξεν καὶ τὴν ἅλυσίν μου οὐκ **ἐπαισχύνθη,**
Heb 2:11 δι᾽ ἣν αἰτίαν οὐκ **ἐπαισχύνεται** ἀδελφοὺς αὐτοὺς καλεῖν
11:16 διὸ οὐκ **ἐπαισχύνεται** αὐτοὺς ὁ θεὸς θεὸς ἐπικαλεῖσθαι αὐτῶν·

2050 ἐπαιτέω [2]

√ 2093 + 160

Lk 16: 3 ὅτι ὁ κύριός μου ἀφαιρεῖται τὴν οἰκονομίαν ἀπ᾽ ἐμοῦ; σκάπτειν οὐκ ἰσχύω, **ἐπαιτεῖν** αἰσχύνομαι.
18:35 Ἐγένετο δὲ ἐν τῷ ἐγγίζειν αὐτὸν εἰς Ἰεριχὼ τυφλός τις ἐκάθητο παρὰ τὴν ὁδὸν **ἐπαιτῶν.**

2051 ἐπακολουθέω [4]

√ 2093 + 199 [1.3]

Mk 16:20 ⟦τοῦ κυρίου συνεργοῦντος καὶ τὸν λόγον βεβαιοῦντος διὰ τῶν **ἐπακολουθούντων** σημείων.⟧
1Ti 5:10 εἰ θλιβομένοις ἐπήρκεσεν, εἰ παντὶ ἔργῳ ἀγαθῷ **ἐπηκολούθησεν.**
5:24 Τινῶν ἀνθρώπων αἱ ἁμαρτίαι πρόδηλοί εἰσιν προάγουσαι εἰς κρίσιν, τισὶν δὲ καὶ **ἐπακολουθοῦσιν·**
1Pe 2:21 ὅτι καὶ Χριστὸς ἔπαθεν ὑπὲρ ὑμῶν ὑμῖν ὑπολιμπάνων ὑπογραμμὸν ἵνα **ἐπακολουθήσητε** τοῖς ἴχνεσιν αὐτοῦ,

2052 ἐπακούω [1]

√ 2093 + 201

2Co 6: 2 Καιρῷ δεκτῷ **ἐπήκουσά** σου καὶ ἐν ἡμέρᾳ σωτηρίας ἐβοήθησά σοι.

2053 ἐπακροάομαι [1]

√ 2093 + 212

Ac 16:25 Κατὰ δὲ τὸ μεσονύκτιον Παῦλος καὶ Σιλᾶς προσευχόμενοι ὕμνουν τὸν θεόν, **ἐπηκροῶντο** δὲ αὐτῶν οἱ δέσμιοι.

2054 ἐπάν [3]

√ 2093 + 323

Mt 2: 8 **ἐπὰν** δὲ εὕρητε, ἀπαγγείλατέ μοι, ὅπως κἀγὼ ἐλθὼν προσκυνήσω αὐτῷ.
Lk 11:22 **ἐπὰν** δὲ ἰσχυρότερος αὐτοῦ ἐπελθὼν νικήσῃ αὐτόν, τὴν πανοπλίαν αὐτοῦ αἴρει ἐφ᾽ ᾗ ἐπεποίθει
11:34 **ἐπὰν** δὲ πονηρὸς ᾖ, καὶ τὸ σῶμά σου σκοτεινόν.

2055 ἐπάναγκες [1]

√ *2093 + 340*

Ac 15:28 ἔδοξεν γὰρ τῷ πνεύματι τῷ ἁγίῳ καὶ ἡμῖν μηδὲν πλέον ἐπιτίθεσθαι ὑμῖν βάρος πλὴν τούτων τῶν **ἐπάναγκες,**

2056 ἐπανάγω [3]

√ *2093 + 324 + 72*

Mt 21:18 Πρωῒ δὲ **ἐπανάγων** εἰς τὴν πόλιν ἐπείνασεν.
Lk 5: 3 ὃ ἦν Σίμωνος, ἠρώτησεν αὐτὸν ἀπὸ τῆς γῆς **ἐπαναγαγεῖν** ὀλίγον,
5: 4 **Ἐπανάγαγε** εἰς τὸ βάθος καὶ χαλάσατε τὰ δίκτυα ὑμῶν εἰς ἄγραν.

2057 ἐπαναμιμνῄσκω [1]

√ *2093 + 324 + 3648*

Ro 15:15 τολμηρότερον δὲ ἔγραψα ὑμῖν ἀπὸ μέρους ὡς **ἐπαναμιμνῄσκων** ὑμᾶς διὰ τὴν χάριν τὴν δοθεῖσάν μοι

2058 ἐπαναπαύομαι [2]

√ *2093 + 324 + 4264*

Lk 10: 6 καὶ ἐὰν ἐκεῖ ᾖ υἱὸς εἰρήνης, **ἐπαναπαήσεται** ἐπ᾽ αὐτὸν ἡ εἰρήνη ὑμῶν·
Ro 2:17 Εἰ δὲ σὺ Ἰουδαῖος ἐπονομάζῃ καὶ **ἐπαναπαύῃ** νόμῳ καὶ καυχᾶσαι ἐν θεῷ

2059 ἐπανέρχομαι [2]

√ *2093 + 324 + 2262*

Lk 10:35 καὶ ὅ τι ἂν προσδαπανήσῃς ἐγὼ ἐν τῷ **ἐπανέρχεσθαί** με ἀποδώσω σοι.
19:15 Καὶ ἐγένετο ἐν τῷ **ἐπανελθεῖν** αὐτὸν λαβόντα τὴν βασιλείαν καὶ εἶπεν φωνηθῆναι αὐτῷ τοὺς δούλους τούτους

2060 ἐπανίστημι [2]

√ *2093 + 324 + 2705*

Mt 10:21 καὶ **ἐπαναστήσονται** τέκνα ἐπὶ γονεῖς καὶ θανατώσουσιν αὐτούς.
Mk 13:12 καὶ **ἐπαναστήσονται** τέκνα ἐπὶ γονεῖς καὶ θανατώσουσιν αὐτούς·

2061 ἐπανόρθωσις [1]

√ *2093 + 324 + 3981*

2Ti 3:16 πρὸς ἐλεγμόν, πρὸς **ἐπανόρθωσιν,** πρὸς παιδείαν τὴν ἐν δικαιοσύνῃ,

2062 ἐπάνω [19]

√ *2093 + 539*

Mt 2: 9 ἕως ἐλθὼν ἐστάθη **ἐπάνω** οὗ ἦν τὸ παιδίον.
5:14 Ὑμεῖς ἐστε τὸ φῶς τοῦ κόσμου. οὐ δύναται πόλις κρυβῆναι **ἐπάνω** ὄρους κειμένη·
21: 7 ἤγαγον τὴν ὄνον καὶ τὸν πῶλον καὶ ἐπέθηκαν ἐπ᾽ αὐτῶν τὰ ἱμάτια, καὶ ἐπεκάθισεν **ἐπάνω** αὐτῶν.
23:18 ὃς δ᾽ ἂν ὀμόσῃ ἐν τῷ δώρῳ τῷ **ἐπάνω** αὐτοῦ,
23:20 ὁ οὖν ὀμόσας ἐν τῷ θυσιαστηρίῳ ὀμνύει ἐν αὐτῷ καὶ ἐν πᾶσι τοῖς **ἐπάνω** αὐτοῦ·
23:22 καὶ ὁ ὀμόσας ἐν τῷ οὐρανῷ ὀμνύει ἐν τῷ θρόνῳ τοῦ θεοῦ καὶ ἐν τῷ καθημένῳ **ἐπάνω** αὐτοῦ.
27:37 καὶ ἐπέθηκαν **ἐπάνω** τῆς κεφαλῆς αὐτοῦ τὴν αἰτίαν αὐτοῦ γεγραμμένην·
28: 2 ἄγγελος γὰρ κυρίου καταβὰς ἐξ οὐρανοῦ καὶ προσελθὼν ἀπεκύλισεν τὸν λίθον καὶ ἐκάθητο **ἐπάνω** αὐτοῦ.
Mk 14: 5 ἠδύνατο γὰρ τοῦτο τὸ μύρον πραθῆναι **ἐπάνω** δηναρίων τριακοσίων καὶ δοθῆναι τοῖς πτωχοῖς·
Lk 4:39 καὶ ἐπιστὰς **ἐπάνω** αὐτῆς ἐπετίμησεν τῷ πυρετῷ καὶ ἀφῆκεν αὐτήν·
10:19 ἰδοὺ δέδωκα ὑμῖν τὴν ἐξουσίαν τοῦ πατεῖν **ἐπάνω** ὄφεων καὶ σκορπίων,
11:44 καὶ οἱ ἄνθρωποι [οἱ] περιπατοῦντες **ἐπάνω** οὐκ οἴδασιν.
19:17 ὅτι ἐν ἐλαχίστῳ πιστὸς ἐγένου, ἴσθι ἐξουσίαν ἔχων **ἐπάνω** δέκα πόλεων.
19:19 εἶπεν δὲ καὶ τούτῳ, Καὶ σὺ **ἐπάνω** γίνου πέντε πόλεων.
Jn 3:31 Ὁ ἄνωθεν ἐρχόμενος **ἐπάνω** πάντων ἐστίν· ὁ ὢν ἐκ τῆς γῆς ἐκ τῆς γῆς ἐστιν καὶ ἐκ τῆς γῆς λαλεῖ. ὁ ἐκ τοῦ οὐρανοῦ ἐρχόμενος [**ἐπάνω** πάντων ἐστίν·]
1Co 15: 6 ἔπειτα ὤφθη **ἐπάνω** πεντακοσίοις ἀδελφοῖς ἐφάπαξ, ἐξ ὧν οἱ πλείονες μένουσιν ἕως ἄρτι,
Rev 6: 8 καὶ ὁ καθήμενος **ἐπάνω** αὐτοῦ ὄνομα αὐτῷ [ὁ] Θάνατος,
20: 3 καὶ ἔβαλεν αὐτὸν εἰς τὴν ἄβυσσον καὶ ἔκλεισεν καὶ ἐσφράγισεν **ἐπάνω** αὐτοῦ,

2063 ἐπάρατος [1]

√ *2093 + 725*

Jn 7:49 ἀλλὰ ὁ ὄχλος οὗτος ὁ μὴ γινώσκων τὸν νόμον **ἐπάρατοί** εἰσιν.

2064 ἐπαρκέω [3]

√ *2093 + 758*

1Ti 5:10 εἰ ἐξενοδόχησεν, εἰ ἁγίων πόδας ἔνιψεν, εἰ θλιβομένοις **ἐπήρκεσεν,**
5:16 **ἐπαρκείτω** αὐταῖς καὶ μὴ βαρείσθω ἡ ἐκκλησία, ἵνα ταῖς ὄντως χήραις **ἐπαρκέσῃ.**

2065 ἐπαρχεία [2]

√ *2093 + 806*

Ac 23:34 ἀναγνοὺς δὲ καὶ ἐπερωτήσας ἐκ ποίας **ἐπαρχείας** ἐστίν,
25: 1 Φῆστος οὖν ἐπιβὰς τῇ **ἐπαρχείᾳ** μετὰ τρεῖς ἡμέρας ἀνέβη εἰς Ἱεροσόλυμα ἀπὸ Καισαρείας,

2066 ἐπάρχειος Not used in UBS/NIV

√ *2093 + 806*

2067 ἐπαρχικός Not used in UBS/NIV

√ *2093 + 806*

2068 ἔπαυλις [1]

√ *2093 + 885*

Ac 1:20 Γενηθήτω ἡ **ἔπαυλις** αὐτοῦ ἔρημος καὶ μὴ ἔστω ὁ κατοικῶν ἐν αὐτῇ,

2069 ἐπαύριον [17]

√ *892; cf. 2093*

Mt 27:62 Τῇ δὲ **ἐπαύριον,** ἥτις ἐστὶν μετὰ τὴν παρασκευήν,
Mk 11:12 Καὶ τῇ **ἐπαύριον** ἐξελθόντων αὐτῶν ἀπὸ Βηθανίας ἐπείνασεν.
Jn 1:29 Τῇ **ἐπαύριον** βλέπει τὸν Ἰησοῦν ἐρχόμενον πρὸς αὐτὸν καὶ λέγει,
1:35 Τῇ **ἐπαύριον** πάλιν εἱστήκει ὁ Ἰωάννης καὶ ἐκ τῶν μαθητῶν αὐτοῦ δύο
1:43 Τῇ **ἐπαύριον** ἠθέλησεν ἐξελθεῖν εἰς τὴν Γαλιλαίαν καὶ εὑρίσκει **Φίλιππον.**
6:22 Τῇ **ἐπαύριον** ὁ ὄχλος ὁ ἑστηκὼς πέραν τῆς θαλάσσης εἶδον ὅτι πλοιάριον ἄλλο οὐκ ἦν ἐκεῖ εἰ μὴ ἓν καὶ ὅτι οὐ συνεισῆλθεν
12:12 Τῇ **ἐπαύριον** ὁ ὄχλος πολὺς ὁ ἐλθὼν εἰς τὴν ἑορτήν,
Ac 10: 9 Τῇ δὲ **ἐπαύριον,** ὁδοιπορούντων ἐκείνων καὶ τῇ πόλει ἐγγιζόντων,
10:23 Τῇ δὲ **ἐπαύριον** ἀναστὰς ἐξῆλθεν σὺν αὐτοῖς καί τινες τῶν ἀδελφῶν τῶν ἀπὸ Ἰόππης συνῆλθον αὐτῷ.
10:24 τῇ δὲ **ἐπαύριον** εἰσῆλθεν εἰς τὴν Καισάρειαν. ὁ δὲ Κορνήλιος ἦν προσδοκῶν αὐτοὺς συγκαλεσάμενος τοὺς συγγενεῖς αὐτοῦ
14:20 καὶ τῇ **ἐπαύριον** ἐξῆλθεν σὺν τῷ Βαρναβᾷ εἰς Δέρβην.
20: 7 ὁ Παῦλος διελέγετο αὐτοῖς μέλλων ἐξιέναι τῇ **ἐπαύριον,**
21: 8 τῇ δὲ **ἐπαύριον** ἐξελθόντες ἤλθομεν εἰς Καισάρειαν καὶ εἰσελθόντες εἰς τὸν οἶκον **Φιλίππου** τοῦ εὐαγγελιστοῦ,
22:30 Τῇ δὲ **ἐπαύριον** βουλόμενος γνῶναι τὸ ἀσφαλές, τὸ τί κατηγορεῖται ὑπὸ τῶν Ἰουδαίων,
23:32 τῇ δὲ **ἐπαύριον** ἐάσαντες τοὺς ἱππεῖς ἀπέρχεσθαι σὺν αὐτῷ ὑπέστρεψαν εἰς τὴν παρεμβολήν·

25: 6 τῇ **ἐπαύριον** καθίσας ἐπὶ τοῦ βήματος ἐκέλευσεν τὸν Παῦλον ἀχθῆναι.
25:23 Τῇ οὖν **ἐπαύριον** ἐλθόντος τοῦ Ἀγρίππα καὶ τῆς Βερνίκης μετὰ πολλῆς φαντασίας καὶ εἰσελθόντων εἰς τὸ ἀκροατήριον

2070 ἐπαυτοφώρῳ Not used in UBS/NIV

√ *2093 + 899*

2071 Ἐπαφρᾶς [3]

Col 1: 7 καθὼς ἐμάθετε ἀπὸ **Ἐπαφρᾶ** τοῦ ἀγαπητοῦ συνδούλου ἡμῶν,
4:12 ἀσπάζεται ὑμᾶς **Ἐπαφρᾶς** ὁ ἐξ ὑμῶν, δοῦλος Χριστοῦ [Ἰησοῦ,]
Phm 1:23 Ἀσπάζεταί σε **Ἐπαφρᾶς** ὁ συναιχμάλωτός μου ἐν Χριστῷ Ἰησοῦ,

2072 ἐπαφρίζω [1]

√ *2093 + 931*

Jude 1:13 κύματα ἄγρια θαλάσσης **ἐπαφρίζοντα** τὰς ἑαυτῶν αἰσχύνας, ἀστέρες πλανῆται οἷς ὁ ζόφος τοῦ σκότους εἰς αἰῶνα

2073 Ἐπαφρόδιτος [2]

Php 2:25 Ἀναγκαῖον δὲ ἡγησάμην **Ἐπαφρόδιτον** τὸν ἀδελφὸν καὶ συνεργὸν καὶ συστρατιώτην μου,
4:18 πεπλήρωμαι δεξάμενος παρὰ **Ἐπαφροδίτου** τὰ παρ' ὑμῶν, ὀσμὴν εὐωδίας,

2074 ἐπεγείρω [2]

√ *2093 + 1586*

Ac 13:50 καὶ **ἐπήγειραν** διωγμὸν ἐπὶ τὸν Παῦλον καὶ Βαρναβᾶν καὶ ἐξέβαλον αὐτοὺς ἀπὸ τῶν ὁρίων αὐτῶν.
14: 2 οἱ δὲ ἀπειθήσαντες Ἰουδαῖοι **ἐπήγειραν** καὶ ἐκάκωσαν τὰς ψυχὰς τῶν ἐθνῶν κατὰ τῶν ἀδελφῶν.

2075 ἐπεί [26]

√ *2093*

ἐπεὶ ἄρα [2] 1Co 5:10; 7:14

ἐπεὶ οὖν [2] Heb 2:14; 4:6

Mt 18:32 πᾶσαν τὴν ὀφειλὴν ἐκείνην ἀφῆκά σοι, **ἐπεὶ** παρεκάλεσάς με·
21:46 καὶ ζητοῦντες αὐτὸν κρατῆσαι ἐφοβήθησαν τοὺς ὄχλους, **ἐπεὶ** εἰς προφήτην αὐτὸν εἶχον.
27: 6 Οὐκ ἔξεστιν βαλεῖν αὐτὰ εἰς τὸν κορβανᾶν, **ἐπεὶ** τιμὴ αἵματός ἐστιν.
Mk 15:42 Καὶ ἤδη ὀψίας γενομένης, **ἐπεὶ** ἦν παρασκευὴ ὅ ἐστιν προσάββατον,
Lk 1:34 εἶπεν δὲ Μαριὰμ πρὸς τὸν ἄγγελον, Πῶς ἔσται τοῦτο, **ἐπεὶ** ἄνδρα οὐ γινώσκω;
Jn 13:29 τινὲς γὰρ ἐδόκουν, **ἐπεὶ** τὸ γλωσσόκομον εἶχεν Ἰούδας,
19:31 Οἱ οὖν Ἰουδαῖοι, **ἐπεὶ** παρασκευὴ ἦν, ἵνα μὴ μείνῃ ἐπὶ τοῦ σταυροῦ τὰ σώματα ἐν τῷ σαββάτῳ,
Ro 3: 6 μὴ γένοιτο· **ἐπεὶ** πῶς κρινεῖ ὁ θεὸς τὸν κόσμον;
11: 6 οὐκέτι ἐξ ἔργων, **ἐπεὶ** ἡ χάρις οὐκέτι γίνεται χάρις.
11:22 ἐὰν ἐπιμένῃς τῇ χρηστότητι, **ἐπεὶ** καὶ σὺ ἐκκοπήσῃ.
1Co 5:10 οὐ πάντως τοῖς πόρνοις τοῦ κόσμου τούτου ἢ τοῖς πλεονέκταις καὶ ἅρπαξιν ἢ εἰδωλολάτραις, **ἐπεὶ** ὠφείλετε ἄρα ἐκ τοῦ κόσμου ἐξελθεῖν.
7:14 **ἐπεὶ** ἄρα τὰ τέκνα ὑμῶν ἀκάθαρτά ἐστιν, νῦν δὲ ἅγιά ἐστιν.
14:12 οὕτως καὶ ὑμεῖς, **ἐπεὶ** ζηλωταί ἐστε πνευμάτων, πρὸς τὴν οἰκοδομὴν τῆς ἐκκλησίας ζητεῖτε ἵνα περισσεύητε.
14:16 **ἐπεὶ** ἐὰν εὐλογῇς [ἐν] πνεύματι, ὁ ἀναπληρῶν τὸν τόπον τοῦ ἰδιώτου πῶς ἐρεῖ τὸ Ἀμήν ἐπὶ τῇ σῇ εὐχαριστίᾳ;
15:29 **Ἐπεὶ** τί ποιήσουσιν οἱ βαπτιζόμενοι ὑπὲρ τῶν νεκρῶν;
2Co 11:18 **ἐπεὶ** πολλοὶ καυχῶνται κατὰ σάρκα, κἀγὼ καυχήσομαι.
13: 3 **ἐπεὶ** δοκιμὴν ζητεῖτε τοῦ ἐν ἐμοὶ λαλοῦντος Χριστοῦ,
Heb 2:14 **ἐπεὶ** οὖν τὰ παιδία κεκοινώνηκεν αἵματος καὶ σαρκός,
4: 6 **ἐπεὶ** οὖν ἀπολείπεται τινὰς εἰσελθεῖν εἰς αὐτήν, καὶ οἱ πρότερον εὐαγγελισθέντες οὐκ εἰσῆλθον δι' ἀπείθειαν,
5: 2 μετριοπαθεῖν δυνάμενος τοῖς ἀγνοοῦσιν καὶ πλανωμένοις, **ἐπεὶ** καὶ αὐτὸς περίκειται ἀσθένειαν
5:11 Περὶ οὗ πολὺς ἡμῖν ὁ λόγος καὶ δυσερμήνευτος λέγειν, **ἐπεὶ** νωθροὶ γεγόνατε ταῖς ἀκοαῖς.
6:13 **ἐπεὶ** κατ' οὐδενὸς εἶχεν μείζονος ὀμόσαι, ὤμοσεν καθ' ἑαυτοῦ
9:17 διαθήκη γὰρ ἐπὶ νεκροῖς βεβαία, **ἐπεὶ** μήποτε ἰσχύει ὅτε ζῇ ὁ διαθέμενος.
9:26 **ἐπεὶ** ἔδει αὐτὸν πολλάκις παθεῖν ἀπὸ καταβολῆς κόσμου·
10: 2 **ἐπεὶ** οὐκ ἂν ἐπαύσαντο προσφερόμεναι διὰ τὸ μηδεμίαν ἔχειν ἔτι συνείδησιν ἁμαρτιῶν τοὺς λατρεύοντας
11:11 Πίστει καὶ αὐτὴ Σάρρα στεῖρα δύναμιν εἰς καταβολὴν σπέρματος ἔλαβεν καὶ παρὰ καιρὸν ἡλικίας, **ἐπεὶ** πιστὸν ἡγήσατο τὸν ἐπαγγειλάμενον.

2076 ἐπειδή [10]

√ *2093 + 1314*

Lk 7: 1 **Ἐπειδὴ** ἐπλήρωσεν πάντα τὰ ῥήματα αὐτοῦ εἰς τὰς ἀκοὰς τοῦ λαοῦ,
11: 6 **ἐπειδὴ** φίλος μου παρεγένετο ἐξ ὁδοῦ πρός με καὶ οὐκ ἔχω ὃ παραθήσω αὐτῷ·
Ac 13:46 **ἐπειδὴ** ἀπωθεῖσθε αὐτὸν καὶ οὐκ ἀξίους κρίνετε ἑαυτοὺς τῆς αἰωνίου ζωῆς,
14:12 τὸν δὲ Παῦλον Ἑρμῆν, **ἐπειδὴ** αὐτὸς ἦν ὁ ἡγούμενος τοῦ λόγου.
15:24 **Ἐπειδὴ** ἠκούσαμεν ὅτι τινὲς ἐξ ἡμῶν [ἐξελθόντες] ἐτάραξαν ὑμᾶς λόγοις ἀνασκευάζοντες τὰς ψυχὰς ὑμῶν
1Co 1:21 **ἐπειδὴ** γὰρ ἐν τῇ σοφίᾳ τοῦ θεοῦ οὐκ ἔγνω ὁ κόσμος διὰ τῆς σοφίας τὸν θεόν,
1:22 **ἐπειδὴ** καὶ Ἰουδαῖοι σημεῖα αἰτοῦσιν καὶ Ἕλληνες σοφίαν ζητοῦσιν,
14:16 ὁ ἀναπληρῶν τὸν τόπον τοῦ ἰδιώτου πῶς ἐρεῖ τὸ Ἀμήν ἐπὶ τῇ σῇ εὐχαριστίᾳ; **ἐπειδὴ** τί λέγεις οὐκ οἶδεν·
15:21 **ἐπειδὴ** γὰρ δι' ἀνθρώπου θάνατος, καὶ δι' ἀνθρώπου ἀνάστασις νεκρῶν.
Php 2:26 **ἐπειδὴ** ἐπιποθῶν ἦν πάντας ὑμᾶς καὶ ἀδημονῶν, διότι ἠκούσατε ὅτι ἠσθένησεν.

2077 ἐπειδήπερ [1]

√ *2093 + 1314 + 4302*

Lk 1: 1 **Ἐπειδήπερ** πολλοὶ ἐπεχείρησαν ἀνατάξασθαι διήγησιν περὶ τῶν πεπληροφορημένων ἐν ἡμῖν πραγμάτων,

2078 ἐπεῖδον [2]

√ *2093 + 1626*

Lk 1:25 ὅτι Οὕτως μοι πεποίηκεν κύριος ἐν ἡμέραις αἷς **ἐπεῖδεν** ἀφελεῖν ὄνειδός μου ἐν ἀνθρώποις.
Ac 4:29 **ἔπιδε** ἐπὶ τὰς ἀπειλὰς αὐτῶν καὶ δὸς τοῖς δούλοις σου μετὰ παρρησίας πάσης λαλεῖν τὸν λόγον σου,

2079 ἔπειμι [5]

√ *2093 + 1640*

Ac 7:26 τῇ τε **ἐπιούσῃ** ἡμέρᾳ ὤφθη αὐτοῖς μαχομένοις καὶ συνήλλασσεν αὐτοὺς εἰς εἰρήνην εἰπών,
16:11 Ἀναχθέντες δὲ ἀπὸ Τρῳάδος εὐθυδρομήσαμεν εἰς Σαμοθρᾴκην, τῇ δὲ **ἐπιούσῃ** εἰς Νέαν
20:15 κἀκεῖθεν ἀποπλεύσαντες τῇ **ἐπιούσῃ** κατηντήσαμεν ἄντικρυς Χίου, τῇ δὲ ἑτέρᾳ παρεβάλομεν εἰς Σάμον,
21:18 τῇ δὲ **ἐπιούσῃ** εἰσῄει ὁ Παῦλος σὺν ἡμῖν πρὸς Ἰάκωβον,
23:11 Τῇ δὲ **ἐπιούσῃ** νυκτὶ ἐπιστὰς αὐτῷ ὁ κύριος εἶπεν,

2080 ἐπείπερ Not used in UBS/NIV

√ *2093 + 4302*

2081 ἐπεισαγωγή [1]

√ *2093 + 1650 + 72*

Heb 7:19 **ἐπεισαγωγὴ** δὲ κρείττονος ἐλπίδος δι' ἧς ἐγγίζομεν τῷ θεῷ.

2082 ἐπεισέρχομαι [1]

√ *2093 + 1650 + 2262*

Lk 21:35 **ἐπεισελεύσεται** γὰρ ἐπὶ πάντας τοὺς καθημένους ἐπὶ πρόσωπον πάσης τῆς γῆς.

2083 ἔπειτα [16]

√ 2093 + 1663

πρῶτον ... ἔπειτα [4] 1Co 12:28; 15:46; Heb 7:2; Jas 3:17

Lk 16: 7 **ἔπειτα** ἑτέρῳ εἶπεν, Σὺ δὲ πόσον ὀφείλεις; ὁ δὲ εἶπεν,
Jn 11: 7 **ἔπειτα** μετὰ τοῦτο λέγει τοῖς μαθηταῖς, Ἄγωμεν εἰς τὴν Ἰουδαίαν πάλιν.
1Co 12:28 δεύτερον προφήτας, τρίτον διδασκάλους, **ἔπειτα** δυνάμεις, **ἔπειτα** χαρίσματα ἰαμάτων, ἀντιλήμψεις, κυβερνήσεις,
15: 6 **ἔπειτα** ὤφθη ἐπάνω πεντακοσίοις ἀδελφοῖς ἐφάπαξ, ἐξ ὧν οἱ πλείονες μένουσιν ἕως ἄρτι,
15: 7 **ἔπειτα** ὤφθη Ἰακώβῳ εἶτα τοῖς ἀποστόλοις πᾶσιν·
15:23 **ἔπειτα** οἱ τοῦ Χριστοῦ ἐν τῇ παρουσίᾳ αὐτοῦ,
15:46 ἀλλ' οὐ πρῶτον τὸ πνευματικὸν ἀλλὰ τὸ ψυχικόν, **ἔπειτα** τὸ πνευματικόν.
Gal 1:18 **Ἔπειτα** μετὰ ἔτη τρία ἀνῆλθον εἰς Ἱεροσόλυμα ἱστορῆσαι Κηφᾶν καὶ ἐπέμεινα πρὸς αὐτὸν ἡμέρας δεκαπέντε,
1:21 **ἔπειτα** ἦλθον εἰς τὰ κλίματα τῆς Συρίας καὶ τῆς Κιλικίας·
2: 1 **Ἔπειτα** διὰ δεκατεσσάρων ἐτῶν πάλιν ἀνέβην εἰς Ἱεροσόλυμα μετὰ Βαρναβᾶ συμπαραλαβὼν καὶ Τίτον·
1Th 4:17 **ἔπειτα** ἡμεῖς οἱ ζῶντες οἱ περιλειπόμενοι ἅμα σὺν αὐτοῖς ἁρπαγησόμεθα ἐν νεφέλαις εἰς ἀπάντησιν τοῦ κυρίου εἰς ἀέρα·
Heb 7: 2 πρῶτον μὲν ἑρμηνευόμενος βασιλεὺς δικαιοσύνης **ἔπειτα** δὲ καὶ βασιλεὺς Σαλήμ,
7:27 πρότερον ὑπὲρ τῶν ἰδίων ἁμαρτιῶν θυσίας ἀναφέρειν **ἔπειτα** τῶν τοῦ λαοῦ·
Jas 3:17 **ἔπειτα** εἰρηνική, ἐπιεικής, εὐπειθής, μεστὴ ἐλέους καὶ καρπῶν ἀγαθῶν,
4:14 ἀτμὶς γάρ ἐστε ἡ πρὸς ὀλίγον φαινομένη, **ἔπειτα** καὶ ἀφανιζομένη.

2084 ἐπέκεινα [1]

√ 2093 + 1695

Ac 7:43 τοὺς τύπους οὓς ἐποιήσατε προσκυνεῖν αὐτοῖς, καὶ μετοικιῶ ὑμᾶς **ἐπέκεινα** Βαβυλῶνος.

2085 ἐπεκτείνομαι [1]

√ 1753; cf. 2093

Php 3:13 τὰ μὲν ὀπίσω ἐπιλανθανόμενος τοῖς δὲ ἔμπροσθεν **ἐπεκτεινόμενος,**

2086 ἐπενδύομαι [2]

√ 2093 + 1877 + 1544

2Co 5: 2 καὶ γὰρ ἐν τούτῳ στενάζομεν τὸ οἰκητήριον ἡμῶν τὸ ἐξ οὐρανοῦ **ἐπενδύσασθαι** ἐπιποθοῦντες,
5: 4 ἐφ' ᾧ οὐ θέλομεν ἐκδύσασθαι ἀλλ' **ἐπενδύσασθαι,** ἵνα καταποθῇ τὸ θνητὸν ὑπὸ τῆς ζωῆς.

2087 ἐπενδύτης [1]

√ 2093 + 1877 + 1544

Jn 21: 7 Σίμων οὖν Πέτρος ἀκούσας ὅτι ὁ κύριός ἐστιν τὸν **ἐπενδύτην** διεζώσατο,

2088 ἐπέρχομαι [9]

√ 2093 + 2262

ἐπῆλθαν [1] Ac 14:19

ὁ αἰών ὁ ἐπέρχόμενος [1] Eph 2:7

Lk 1:35 Πνεῦμα ἅγιον **ἐπελεύσεται** ἐπὶ σὲ καὶ δύναμις ὑψίστου ἐπισκιάσει σοι·
11:22 ἐπὰν δὲ ἰσχυρότερος αὐτοῦ **ἐπελθὼν** νικήσῃ αὐτόν, τὴν πανοπλίαν αὐτοῦ αἴρει ἐφ' ᾗ ἐπεποίθει
21:26 ἀποψυχόντων ἀνθρώπων ἀπὸ φόβου καὶ προσδοκίας τῶν **ἐπερχομένων** τῇ οἰκουμένῃ,
Ac 1: 8 ἀλλὰ λήμψεσθε δύναμιν **ἐπελθόντος** τοῦ ἁγίου πνεύματος ἐφ' ὑμᾶς καὶ ἔσεσθέ μου μάρτυρες ἔν τε Ἰερουσαλὴμ
8:24 Δεήθητε ὑμεῖς ὑπὲρ ἐμοῦ πρὸς τὸν κύριον ὅπως μηδὲν **ἐπέλθῃ** ἐπ' ἐμὲ ὧν εἰρήκατε.
13:40 βλέπετε οὖν μὴ **ἐπέλθῃ** τὸ εἰρημένον ἐν τοῖς προφήταις,
14:19 **Ἐπῆλθαν** δὲ ἀπὸ Ἀντιοχείας καὶ Ἰκονίου Ἰουδαῖοι καὶ πείσαντες τοὺς ὄχλους καὶ λιθάσαντες τὸν Παῦλον ἔσυρον ἔξω
Eph 2: 7 ἵνα ἐνδείξηται ἐν τοῖς αἰῶσιν τοῖς **ἐπερχομένοις** τὸ ὑπερβάλλον πλοῦτος τῆς χάριτος αὐτοῦ ἐν χρηστότητι
Jas 5: 1 κλαύσατε ὀλολύζοντες ἐπὶ ταῖς ταλαιπωρίαις ὑμῶν ταῖς **ἐπερχομέναις.**

2089 ἐπερωτάω [56]

√ 2093 + 2263

Mt 12:10 καὶ **ἐπηρώτησαν** αὐτὸν λέγοντες, Εἰ ἔξεστιν τοῖς σάββασιν θεραπεῦσαι;
16: 1 Καὶ προσελθόντες οἱ Φαρισαῖοι καὶ Σαδδουκαῖοι πειράζοντες **ἐπηρώτησαν** αὐτὸν σημεῖον ἐκ τοῦ οὐρανοῦ ἐπιδεῖξαι αὐτοῖς.
17:10 καὶ **ἐπηρώτησαν** αὐτὸν οἱ μαθηταὶ λέγοντες, Τί οὖν οἱ γραμματεῖς λέγουσιν ὅτι Ἠλίαν δεῖ ἐλθεῖν πρῶτον;
22:23 Ἐν ἐκείνῃ τῇ ἡμέρᾳ προσῆλθον αὐτῷ Σαδδουκαῖοι, λέγοντες μὴ εἶναι ἀνάστασιν, καὶ **ἐπηρώτησαν** αὐτὸν
22:35 καὶ **ἐπηρώτησεν** εἷς ἐξ αὐτῶν [νομικὸς] πειράζων αὐτόν,
22:41 Συνηγμένων δὲ τῶν Φαρισαίων **ἐπηρώτησεν** αὐτοὺς ὁ Ἰησοῦς
22:46 καὶ οὐδεὶς ἐδύνατο ἀποκριθῆναι αὐτῷ λόγον οὐδὲ ἐτόλμησέν τις ἀπ' ἐκείνης τῆς ἡμέρας **ἐπερωτῆσαι** αὐτὸν οὐκέτι.
27:11 καὶ **ἐπηρώτησεν** αὐτὸν ὁ ἡγεμὼν λέγων, Σὺ εἶ ὁ βασιλεὺς τῶν Ἰουδαίων;
Mk 5: 9 καὶ **ἐπηρώτα** αὐτόν, Τί ὄνομά σοι; καὶ λέγει αὐτῷ,
7: 5 καὶ **ἐπερωτῶσιν** αὐτὸν οἱ Φαρισαῖοι καὶ οἱ γραμματεῖς,
7:17 Καὶ ὅτε εἰσῆλθεν εἰς οἶκον ἀπὸ τοῦ ὄχλου, **ἐπηρώτων** αὐτὸν οἱ μαθηταὶ αὐτοῦ τὴν παραβολήν.
8:23 ἐπιθεὶς τὰς χεῖρας αὐτῷ **ἐπηρώτα** αὐτόν, Εἴ τι βλέπεις;
8:27 καὶ ἐν τῇ ὁδῷ **ἐπηρώτα** τοὺς μαθητὰς αὐτοῦ λέγων αὐτοῖς,
8:29 καὶ αὐτὸς **ἐπηρώτα** αὐτούς, Ὑμεῖς δὲ τίνα με λέγετε εἶναι;
9:11 καὶ **ἐπηρώτων** αὐτὸν λέγοντες, Ὅτι λέγουσιν οἱ γραμματεῖς ὅτι Ἠλίαν δεῖ ἐλθεῖν πρῶτον;
9:16 καὶ **ἐπηρώτησεν** αὐτούς, Τί συζητεῖτε πρὸς αὐτούς;
9:21 καὶ **ἐπηρώτησεν** τὸν πατέρα αὐτοῦ, Πόσος χρόνος ἐστὶν ὡς τοῦτο γέγονεν αὐτῷ;
9:28 καὶ εἰσελθόντος αὐτοῦ εἰς οἶκον οἱ μαθηταὶ αὐτοῦ κατ' ἰδίαν **ἐπηρώτων** αὐτόν,
9:32 οἱ δὲ ἠγνόουν τὸ ῥῆμα, καὶ ἐφοβοῦντο αὐτὸν **ἐπερωτῆσαι.**
9:33 καὶ ἐν τῇ οἰκίᾳ γενόμενος **ἐπηρώτα** αὐτούς, Τί ἐν τῇ ὁδῷ διελογίζεσθε;
10: 2 καὶ προσελθόντες Φαρισαῖοι **ἐπηρώτων** αὐτὸν εἰ ἔξεστιν ἀνδρὶ γυναῖκα ἀπολῦσαι,
10:10 εἰς τὴν οἰκίαν πάλιν οἱ μαθηταὶ περὶ τούτου **ἐπηρώτων** αὐτόν.
10:17 Καὶ ἐκπορευομένου αὐτοῦ εἰς ὁδὸν προσδραμὼν εἷς καὶ γονυπετήσας αὐτὸν **ἐπηρώτα** αὐτόν,
11:29 ὁ δὲ Ἰησοῦς εἶπεν αὐτοῖς, **Ἐπερωτήσω** ὑμᾶς ἕνα λόγον,
12:18 οἵτινες λέγουσιν ἀνάστασιν μὴ εἶναι, καὶ **ἐπηρώτων** αὐτὸν λέγοντες,
12:28 ἰδὼν ὅτι καλῶς ἀπεκρίθη αὐτοῖς **ἐπηρώτησεν** αὐτόν, Ποία ἐστὶν ἐντολὴ πρώτη πάντων;
12:34 Οὐ μακρὰν εἶ ἀπὸ τῆς βασιλείας τοῦ θεοῦ. καὶ οὐδεὶς οὐκέτι ἐτόλμα αὐτὸν **ἐπερωτῆσαι.**
13: 3 εἰς τὸ Ὄρος τῶν Ἐλαιῶν κατέναντι τοῦ ἱεροῦ **ἐπηρώτα** αὐτὸν κατ' ἰδίαν Πέτρος καὶ Ἰάκωβος καὶ Ἰωάννης καὶ Ἀνδρέας,
14:60 καὶ ἀναστὰς ὁ ἀρχιερεὺς εἰς μέσον **ἐπηρώτησεν** τὸν Ἰησοῦν λέγων,
14:61 πάλιν ὁ ἀρχιερεὺς **ἐπηρώτα** αὐτὸν καὶ λέγει αὐτῷ,
15: 2 καὶ **ἐπηρώτησεν** αὐτὸν ὁ Πιλᾶτος, Σὺ εἶ ὁ βασιλεὺς τῶν Ἰουδαίων;
15: 4 ὁ δὲ Πιλᾶτος πάλιν **ἐπηρώτα** αὐτὸν λέγων, Οὐκ ἀποκρίνῃ οὐδέν;
15:44 ὁ δὲ Πιλᾶτος ἐθαύμασεν εἰ ἤδη τέθνηκεν καὶ προσκαλεσάμενος τὸν κεντυρίωνα **ἐπηρώτησεν** αὐτὸν εἰ πάλαι ἀπέθανεν·
Lk 2:46 εὗρον αὐτὸν ἐν τῷ ἱερῷ καθεζόμενον ἐν μέσῳ τῶν διδασκάλων καὶ ἀκούοντα αὐτῶν καὶ **ἐπερωτῶντα** αὐτούς·
3:10 Καὶ **ἐπηρώτων** αὐτὸν οἱ ὄχλοι λέγοντες, Τί οὖν ποιήσωμεν;
3:14 **ἐπηρώτων** δὲ αὐτὸν καὶ στρατευόμενοι λέγοντες, Τί ποιήσωμεν καὶ ἡμεῖς;
6: 9 **Ἐπερωτῶ** ὑμᾶς εἰ ἔξεστιν τῷ σαββάτῳ ἀγαθοποιῆσαι ἢ κακοποιῆσαι,
8: 9 **Ἐπηρώτων** δὲ αὐτὸν οἱ μαθηταὶ αὐτοῦ τίς αὕτη εἴη ἡ παραβολή.
8:30 **ἐπηρώτησεν** δὲ αὐτὸν ὁ Ἰησοῦς, Τί σοι ὄνομά ἐστιν;
9:18 καὶ **ἐπηρώτησεν** αὐτοὺς λέγων, Τίνα με λέγουσιν οἱ ὄχλοι εἶναι;

17:20 **Ἐπερωτηθεὶς** δὲ ὑπὸ τῶν Φαρισαίων πότε ἔρχεται ἡ βασιλεία τοῦ θεοῦ ἀπεκρίθη αὐτοῖς καὶ εἶπεν,
18:18 Καὶ **ἐπηρώτησέν** τις αὐτὸν ἄρχων λέγων, Διδάσκαλε ἀγαθέ,
18:40 σταθεὶς δὲ ὁ Ἰησοῦς ἐκέλευσεν αὐτὸν ἀχθῆναι πρὸς αὐτόν. ἐγγίσαντος δὲ αὐτοῦ **ἐπηρώτησεν** αὐτόν,
20:21 καὶ **ἐπηρώτησαν** αὐτὸν λέγοντες, Διδάσκαλε, οἴδαμεν ὅτι ὀρθῶς λέγεις καὶ διδάσκεις καὶ οὐ λαμβάνεις πρόσωπον,
20:27 Προσελθόντες δέ τινες τῶν Σαδδουκαίων, οἱ [ἀντι]λέγοντες ἀνάστασιν μὴ εἶναι, **ἐπηρώτησαν** αὐτὸν
20:40 οὐκέτι γὰρ ἐτόλμων **ἐπερωτᾶν** αὐτὸν οὐδέν.
21: 7 **Ἐπηρώτησαν** δὲ αὐτὸν λέγοντες, Διδάσκαλε, πότε οὖν ταῦτα ἔσται καὶ τί τὸ σημεῖον ὅταν μέλλῃ ταῦτα γίνεσθαι;
22:64 καὶ περικαλύψαντες αὐτὸν **ἐπηρώτων** λέγοντες, Προφήτευσον, τίς ἐστιν ὁ παίσας σε;
23: 6 Πιλᾶτος δὲ ἀκούσας **ἐπηρώτησεν** εἰ ὁ ἄνθρωπος Γαλιλαῖός ἐστιν,
23: 9 **ἐπηρώτα** δὲ αὐτὸν ἐν λόγοις ἱκανοῖς, αὐτὸς δὲ οὐδὲν ἀπεκρίνατο αὐτῷ.

Jn 9:23 διὰ τοῦτο οἱ γονεῖς αὐτοῦ εἶπαν ὅτι Ἡλικίαν ἔχει, αὐτὸν **ἐπερωτήσατε.**
18: 7 πάλιν οὖν **ἐπηρώτησεν** αὐτούς, Τίνα ζητεῖτε; οἱ δὲ εἶπαν,

Ac 5:27 Ἀγαγόντες δὲ αὐτοὺς ἔστησαν ἐν τῷ συνεδρίῳ. καὶ **ἐπηρώτησεν** αὐτοὺς ὁ ἀρχιερεὺς
23:34 ἀναγνοὺς δὲ καὶ **ἐπερωτήσας** ἐκ ποίας ἐπαρχείας ἐστίν,

Ro 10:20 Εὑρέθην [ἐν] τοῖς ἐμὲ μὴ ζητοῦσιν, ἐμφανὴς ἐγενόμην τοῖς ἐμὲ μὴ **ἐπερωτῶσιν.**

1Co 14:35 εἰ δέ τι μαθεῖν θέλουσιν, ἐν οἴκῳ τοὺς ἰδίους ἄνδρας **ἐπερωτάτωσαν·**

2090 ἐπερώτημα [1]

√ *2093 + 2263*

1Pe 3:21 οὐ σαρκὸς ἀπόθεσις ῥύπου ἀλλὰ συνειδήσεως ἀγαθῆς **ἐπερώτημα** εἰς θεόν,

2091 ἐπέχω [5]

√ *2093 + 2400*

Lk 14: 7 **ἐπέχων** πῶς τὰς πρωτοκλισίας ἐξελέγοντο, λέγων πρὸς αὐτούς,

Ac 3: 5 ὁ δὲ **ἐπεῖχεν** αὐτοῖς προσδοκῶν τι παρ' αὐτῶν λαβεῖν.
19:22 Τιμόθεον καὶ Ἔραστον, αὐτὸς **ἐπέσχεν** χρόνον εἰς τὴν Ἀσίαν.

Php 2:16 λόγον ζωῆς **ἐπέχοντες,** εἰς καύχημα ἐμοὶ εἰς ἡμέραν Χριστοῦ,

1Ti 4:16 **ἔπεχε** σεαυτῷ καὶ τῇ διδασκαλίᾳ, ἐπίμενε αὐτοῖς· τοῦτο γὰρ ποιῶν καὶ σεαυτὸν σώσεις καὶ τοὺς ἀκούοντάς σου.

2092 ἐπηρεάζω [2]

Lk 6:28 εὐλογεῖτε τοὺς καταρωμένους ὑμᾶς, προσεύχεσθε περὶ τῶν **ἐπηρεαζόντων** ὑμᾶς.

1Pe 3:16 ἵνα ἐν ᾧ καταλαλεῖσθε καταισχυνθῶσιν οἱ **ἐπηρεάζοντες** ὑμῶν τὴν ἀγαθὴν ἐν Χριστῷ ἀναστροφήν.

2093 ἐπί [890 / 888] See Index of Articles, Etc.

→ 258, 454, 455, 2039, 2040, 2041, 2042, 2043, 2044, 2045, 2046, 2047, 2048, 2049, 2050, 2051, 2052, 2053, 2054, 2055, 2056, 2057, 2058, 2059, 2060, 2061, 2062, 2063, 2064, 2065, 2066, 2067, 2068, 2069, 2070, 2072, 2074, 2075, 2076, 2077, 2078, 2079, 2080, 2081, 2082, 2083, 2084, 2085, 2086, 2087, 2088, 2089, 2090, 2091, 2094, 2095, 2096, 2097, 2098, 2099, 2100, 2101, 2102, 2103, 2104, 2105, 2106, 2107, 2108, 2109, 2110, 2111, 2112, 2113, 2114, 2115, 2116, 2117, 2118, 2119, 2120, 2121, 2122, 2123, 2124, 2125, 2126, 2127, 2128, 2129, 2130, 2131, 2132, 2133, 2134, 2135, 2136, 2137, 2138, 2139, 2140, 2141, 2142, 2143, 2144, 2145, 2146, 2147, 2148, 2149, 2150, 2151, 2152, 2153, 2154, 2155, 2156, 2157, 2158, 2159, 2164, 2165, 2166, 2167, 2168, 2169, 2170, 2171, 2172, 2173, 2174, 2175, 2176, 2177, 2178, 2179, 2180, 2181, 2183, 2184, 2185, 2186, 2187, 2188, 2189, 2190, 2191, 2192, 2194, 2195, 2196, 2197, 2198, 2199, 2200, 2201, 2202, 2203, 2204, 2205, 2206, 2207, 2208, 2209, 2210, 2211, 2212, 2213, 2214, 2215, 2216, 2217, 2218, 2219, 2220, 2221, 2222, 2223, 2224, 2225, 2226, 2227, 2228, 2230, 2383, 2384, 2388, 2389, 2390, 2391, 2392, 2393, 2987, 3575, 4215, 4600, 5296, 5297, 5298, 5308; cf. 2160

ἐπὶ τὸ αὐτό [10] Mt 22:34; Lk 17:35; Ac 1:15; 2:1,44,47; 4:26; 1Co 7:5; 11:20; 14:23

ἐπ' ἀληθείας [7] Mk 12:14,32; Lk 4:25; 20:21; 22:59; Ac 4:27; 10:34

ἐφ' ὅσον [8] Mt 9:15; 25:40,45; Ro 7:1; 11:13; 1Co 7:39; Gal 4:1; 2Pe 1:13

ἐφ' ᾧ [5] Ac 7:33; Ro 5:12; 2Co 5:4; Php 3:12; 4:10

2094 ἐπιβαίνω [6]

√ *2093 + 326*

Mt 21: 5 Ἰδοὺ ὁ βασιλεύς σου ἔρχεταί σοι πραῢς καὶ **ἐπιβεβηκὼς** ἐπὶ ὄνον καὶ ἐπὶ πῶλον υἱὸν ὑποζυγίου.

Ac 20:18 ἀπὸ πρώτης ἡμέρας ἀφ' ἧς **ἐπέβην** εἰς τὴν Ἀσίαν,
21: 2 καὶ εὑρόντες πλοῖον διαπερῶν εἰς Φοινίκην **ἐπιβάντες** ἀνήχθημεν.
21: 4 οἵτινες τῷ Παύλῳ ἔλεγον διὰ τοῦ πνεύματος μὴ **ἐπιβαίνειν** εἰς Ἱεροσόλυμα.
25: 1 Φῆστος οὖν **ἐπιβὰς** τῇ ἐπαρχείᾳ μετὰ τρεῖς ἡμέρας ἀνέβη εἰς Ἱεροσόλυμα ἀπὸ Καισαρείας,
27: 2 **ἐπιβάντες** δὲ πλοίῳ Ἀδραμυττηνῷ μέλλοντι πλεῖν εἰς τοὺς κατὰ τὴν Ἀσίαν τόπους ἀνήχθημεν ὄντος σὺν ἡμῖν Ἀριστάρχου Μακεδόνος Θεσσαλονικέως.

2095 ἐπιβάλλω [18]

√ *2093 + 965*

Mt 9:16 οὐδεὶς δὲ **ἐπιβάλλει** ἐπίβλημα ῥάκους ἀγνάφου ἐπὶ ἱματίῳ παλαιῷ·
26:50 τότε προσελθόντες **ἐπέβαλον** τὰς χεῖρας ἐπὶ τὸν Ἰησοῦν καὶ ἐκράτησαν αὐτόν.

Mk 4:37 καὶ γίνεται λαῖλαψ μεγάλη ἀνέμου καὶ τὰ κύματα **ἐπέβαλλεν** εἰς τὸ πλοῖον,
11: 7 καὶ φέρουσιν τὸν πῶλον πρὸς τὸν Ἰησοῦν καὶ **ἐπιβάλλουσιν** αὐτῷ τὰ ἱμάτια αὐτῶν,
14:46 οἱ δὲ **ἐπέβαλον** τὰς χεῖρας αὐτῷ καὶ ἐκράτησαν αὐτόν.
14:72 καὶ ἀνεμνήσθη ὁ Πέτρος τὸ ῥῆμα ὡς εἶπεν αὐτῷ ὁ Ἰησοῦς ὅτι Πρὶν ἀλέκτορα φωνῆσαι δὶς τρίς με ἀπαρνήσῃ· καὶ **ἐπιβαλὼν** ἔκλαιεν.

Lk 5:36 Ἔλεγεν δὲ καὶ παραβολὴν πρὸς αὐτοὺς ὅτι Οὐδεὶς ἐπίβλημα ἀπὸ ἱματίου καινοῦ σχίσας **ἐπιβάλλει** ἐπὶ ἱμάτιον παλαιόν·
9:62 Οὐδεὶς **ἐπιβαλὼν** τὴν χεῖρα ἐπ' ἄροτρον καὶ βλέπων εἰς τὰ ὀπίσω εὔθετός ἐστιν τῇ βασιλείᾳ τοῦ θεοῦ.
15:12 Πάτερ, δός μοι τὸ **ἐπιβάλλον** μέρος τῆς οὐσίας.
20:19 Καὶ ἐζήτησαν οἱ γραμματεῖς καὶ οἱ ἀρχιερεῖς **ἐπιβαλεῖν** ἐπ' αὐτὸν τὰς χεῖρας ἐν αὐτῇ τῇ ὥρᾳ,
21:12 πρὸ δὲ τούτων πάντων **ἐπιβαλοῦσιν** ἐφ' ὑμᾶς τὰς χεῖρας αὐτῶν καὶ διώξουσιν,

Jn 7:30 Ἐζήτουν οὖν αὐτὸν πιάσαι, καὶ οὐδεὶς **ἐπέβαλεν** ἐπ' αὐτὸν τὴν χεῖρα,
7:44 τινὲς δὲ ἤθελον ἐξ αὐτῶν πιάσαι αὐτόν, ἀλλ' οὐδεὶς **ἐπέβαλεν** ἐπ' αὐτὸν τὰς χεῖρας.

Ac 4: 3 καὶ **ἐπέβαλον** αὐτοῖς τὰς χεῖρας καὶ ἔθεντο εἰς τήρησιν εἰς τὴν αὔριον·
5:18 καὶ **ἐπέβαλον** τὰς χεῖρας ἐπὶ τοὺς ἀποστόλους καὶ ἔθεντο αὐτοὺς ἐν τηρήσει δημοσίᾳ.
12: 1 Κατ' ἐκεῖνον δὲ τὸν καιρὸν **ἐπέβαλεν** Ἡρῴδης ὁ βασιλεὺς τὰς χεῖρας κακῶσαί τινας τῶν ἀπὸ τῆς ἐκκλησίας.
21:27 οἱ ἀπὸ τῆς Ἀσίας Ἰουδαῖοι θεασάμενοι αὐτὸν ἐν τῷ ἱερῷ συνέχεον πάντα τὸν ὄχλον καὶ **ἐπέβαλον** ἐπ' αὐτὸν τὰς χεῖρας

1Co 7:35 οὐχ ἵνα βρόχον ὑμῖν **ἐπιβάλω** ἀλλὰ πρὸς τὸ εὔσχημον καὶ εὐπάρεδρον τῷ κυρίῳ ἀπερισπάστως.

2096 ἐπιβαρέω [3]

√ *2093 + 983*

2Co 2: 5 ἀλλὰ ἀπὸ μέρους, ἵνα μὴ **ἐπιβαρῶ,** πάντας ὑμᾶς.

1Th 2: 9 νυκτὸς καὶ ἡμέρας ἐργαζόμενοι πρὸς τὸ μὴ **ἐπιβαρῆσαί** τινα ὑμῶν ἐκηρύξαμεν εἰς ὑμᾶς τὸ εὐαγγέλιον τοῦ θεοῦ.

2Th 3: 8 ἀλλ' ἐν κόπῳ καὶ μόχθῳ νυκτὸς καὶ ἡμέρας ἐργαζόμενοι πρὸς τὸ μὴ **ἐπιβαρῆσαί** τινα ὑμῶν·

2097 ἐπιβιβάζω [3]

√ 2093 + 326

Lk 10:34 **ἐπιβιβάσας** δὲ αὐτὸν ἐπὶ τὸ ἴδιον κτῆνος ἤγαγεν αὐτὸν εἰς πανδοχεῖον καὶ ἐπεμελήθη αὐτοῦ.
19:35 καὶ ἤγαγον αὐτὸν πρὸς τὸν Ἰησοῦν καὶ ἐπιρίψαντες αὐτῶν τὰ ἱμάτια ἐπὶ τὸν πῶλον **ἐπεβίβασαν** τὸν Ἰησοῦν.
Ac 23:24 κτήνη τε παραστῆσαι ἵνα **ἐπιβιβάσαντες** τὸν Παῦλον διασώσωσι πρὸς Φήλικα τὸν ἡγεμόνα,

2098 ἐπιβλέπω [3]

√ 2093 + 1063

Lk 1:48 ὅτι **ἐπέβλεψεν** ἐπὶ τὴν ταπείνωσιν τῆς δούλης αὐτοῦ.
9:38 Διδάσκαλε, δέομαί σου **ἐπιβλέψαι** ἐπὶ τὸν υἱόν μου,
Jas 2: 3 **ἐπιβλέψητε** δὲ ἐπὶ τὸν φοροῦντα τὴν ἐσθῆτα τὴν λαμπρὰν καὶ εἴπητε,

2099 ἐπίβλημα [4]

√ 2093 + 965

Mt 9:16 οὐδεὶς δὲ ἐπιβάλλει **ἐπίβλημα** ῥάκους ἀγνάφου ἐπὶ ἱματίῳ παλαιῷ·
Mk 2:21 οὐδεὶς **ἐπίβλημα** ῥάκους ἀγνάφου ἐπιράπτει ἐπὶ ἱμάτιον παλαιόν·
Lk 5:36 Ἔλεγεν δὲ καὶ παραβολὴν πρὸς αὐτοὺς ὅτι Οὐδεὶς **ἐπίβλημα** ἀπὸ ἱματίου καινοῦ σχίσας ἐπιβάλλει ἐπὶ ἱμάτιον παλαιόν· εἰ δὲ μή γε, καὶ τὸ καινὸν σχίσει καὶ τῷ παλαιῷ οὐ συμφωνήσει τὸ **ἐπίβλημα** τὸ ἀπὸ τοῦ καινοῦ.

2100 ἐπιβοάω Not used in UBS/NIV

√ 2093 + 1068

2101 ἐπιβουλή [4]

√ 2093 + 1089

Ac 9:24 ἐγνώσθη δὲ τῷ Σαύλῳ ἡ **ἐπιβουλὴ** αὐτῶν. παρετηροῦντο δὲ καὶ τὰς πύλας ἡμέρας τε καὶ νυκτὸς ὅπως αὐτὸν ἀνέλωσιν·
20: 3 γενομένης **ἐπιβουλῆς** αὐτῷ ὑπὸ τῶν Ἰουδαίων μέλλοντι ἀνάγεσθαι εἰς τὴν Συρίαν,
20:19 δουλεύων τῷ κυρίῳ μετὰ πάσης ταπεινοφροσύνης καὶ δακρύων καὶ πειρασμῶν τῶν συμβάντων μοι ἐν ταῖς **ἐπιβουλαῖς** τῶν Ἰουδαίων,
23:30 μηνυθείσης δέ μοι **ἐπιβουλῆς** εἰς τὸν ἄνδρα ἔσεσθαι ἐξαυτῆς ἔπεμψα πρὸς σὲ παραγγείλας

2102 ἐπιγαμβρεύω [1]

√ 2093 + 1141

Mt 22:24 **ἐπιγαμβρεύσει** ὁ ἀδελφὸς αὐτοῦ τὴν γυναῖκα αὐτοῦ καὶ ἀναστήσει σπέρμα τῷ ἀδελφῷ αὐτοῦ.

2103 ἐπίγειος [7]

√ 2093 + 1178

Jn 3:12 εἰ τὰ **ἐπίγεια** εἶπον ὑμῖν καὶ οὐ πιστεύετε,
1Co 15:40 καὶ σώματα ἐπουράνια, καὶ σώματα **ἐπίγεια·** ἀλλὰ ἑτέρα μὲν ἡ τῶν ἐπουρανίων δόξα, ἑτέρα δὲ ἡ τῶν **ἐπιγείων.**
2Co 5: 1 Οἴδαμεν γὰρ ὅτι ἐὰν ἡ **ἐπίγειος** ἡμῶν οἰκία τοῦ σκήνους καταλυθῇ,
Php 2:10 ἵνα ἐν τῷ ὀνόματι Ἰησοῦ πᾶν γόνυ κάμψῃ ἐπουρανίων καὶ **ἐπιγείων** καὶ καταχθονίων
3:19 ὧν ὁ θεὸς ἡ κοιλία καὶ ἡ δόξα ἐν τῇ αἰσχύνῃ αὐτῶν, οἱ τὰ **ἐπίγεια** φρονοῦντες.
Jas 3:15 οὐκ ἔστιν αὕτη ἡ σοφία ἄνωθεν κατερχομένη ἀλλὰ **ἐπίγειος,**

2104 ἐπιγίνομαι [1]

√ 2093 + 1181

Ac 28:13 καὶ μετὰ μίαν ἡμέραν **ἐπιγενομένου** νότου δευτεραῖοι ἤλθομεν εἰς Ποτιόλους,

2105 ἐπιγινώσκω [44]

√ 2093 + 1182

ἐπιγινώσκω ἀλήθειαν [1] 1Ti 4:3

ἐπιγινώσκω ὁδόν [1] 2Pe 2:21

ἐπιγινώσκω υἱόν, πατέρα [1] Mt 11:27

ἐπιγινώσκω χάριν [1] Col 1:6

Mt 7:16 ἀπὸ τῶν καρπῶν αὐτῶν **ἐπιγνώσεσθε** αὐτούς. μήτι συλλέγουσιν ἀπὸ ἀκανθῶν σταφυλὰς ἢ ἀπὸ τριβόλων σῦκα;
7:20 ἄρα γε ἀπὸ τῶν καρπῶν αὐτῶν **ἐπιγνώσεσθε** αὐτούς.
11:27 καὶ οὐδεὶς **ἐπιγινώσκει** τὸν υἱὸν εἰ μὴ ὁ πατήρ, οὐδὲ τὸν πατέρα τις **ἐπιγινώσκει** εἰ μὴ ὁ υἱὸς καὶ ᾧ ἐὰν βούληται ὁ υἱὸς ἀποκαλύψαι.
14:35 καὶ **ἐπιγνόντες** αὐτὸν οἱ ἄνδρες τοῦ τόπου ἐκείνου ἀπέστειλαν εἰς ὅλην τὴν περίχωρον ἐκείνην
17:12 καὶ οὐκ **ἐπέγνωσαν** αὐτὸν ἀλλὰ ἐποίησαν ἐν αὐτῷ ὅσα ἠθέλησαν·
Mk 2: 8 καὶ εὐθὺς **ἐπιγνοὺς** ὁ Ἰησοῦς τῷ πνεύματι αὐτοῦ ὅτι οὕτως διαλογίζονται ἐν ἑαυτοῖς λέγει αὐτοῖς,
5:30 καὶ εὐθὺς ὁ Ἰησοῦς **ἐπιγνοὺς** ἐν ἑαυτῷ τὴν ἐξ αὐτοῦ δύναμιν ἐξελθοῦσαν ἐπιστραφεὶς ἐν τῷ ὄχλῳ ἔλεγεν,
6:33 καὶ εἶδον αὐτοὺς ὑπάγοντας καὶ **ἐπέγνωσαν** πολλοὶ καὶ πεζῇ ἀπὸ πασῶν τῶν πόλεων συνέδραμον ἐκεῖ καὶ προῆλθον αὐτούς.
6:54 καὶ ἐξελθόντων αὐτῶν ἐκ τοῦ πλοίου εὐθὺς **ἐπιγνόντες** αὐτὸν
Lk 1: 4 ἵνα **ἐπιγνῷς** περὶ ὧν κατηχήθης λόγων τὴν ἀσφάλειαν.
1:22 καὶ **ἐπέγνωσαν** ὅτι ὀπτασίαν ἑώρακεν ἐν τῷ ναῷ·
5:22 **ἐπιγνοὺς** δὲ ὁ Ἰησοῦς τοὺς διαλογισμοὺς αὐτῶν ἀποκριθεὶς εἶπεν πρὸς αὐτούς,
7:37 καὶ **ἐπιγνοῦσα** ὅτι κατάκειται ἐν τῇ οἰκίᾳ τοῦ Φαρισαίου,
23: 7 καὶ **ἐπιγνοὺς** ὅτι ἐκ τῆς ἐξουσίας Ἡρῴδου ἐστὶν ἀνέπεμψεν αὐτὸν πρὸς Ἡρῴδην,
24:16 οἱ δὲ ὀφθαλμοὶ αὐτῶν ἐκρατοῦντο τοῦ μὴ **ἐπιγνῶναι** αὐτόν.
24:31 αὐτῶν δὲ διηνοίχθησαν οἱ ὀφθαλμοὶ καὶ **ἐπέγνωσαν** αὐτόν·
Ac 3:10 **ἐπεγίνωσκον** δὲ αὐτὸν ὅτι αὐτὸς ἦν ὁ πρὸς τὴν ἐλεημοσύνην καθήμενος ἐπὶ τῇ Ὡραίᾳ Πύλῃ τοῦ ἱεροῦ
4:13 ἐθαύμαζον **ἐπεγίνωσκόν** τε αὐτοὺς ὅτι σὺν τῷ Ἰησοῦ ἦσαν,
9:30 **ἐπιγνόντες** δὲ οἱ ἀδελφοὶ κατήγαγον αὐτὸν εἰς Καισάρειαν καὶ ἐξαπέστειλαν αὐτὸν εἰς Ταρσόν.
12:14 καὶ **ἐπιγνοῦσα** τὴν φωνὴν τοῦ Πέτρου ἀπὸ τῆς χαρᾶς οὐκ ἤνοιξεν τὸν πυλῶνα,
19:34 **ἐπιγνόντες** δὲ ὅτι Ἰουδαῖός ἐστιν, φωνὴ ἐγένετο μία ἐκ πάντων ὡς ἐπὶ ὥρας δύο κραζόντων,
22:24 εἴπας μάστιξιν ἀνετάζεσθαι αὐτὸν ἵνα **ἐπιγνῷ** δι' ἣν αἰτίαν οὕτως ἐπεφώνουν αὐτῷ.
22:29 καὶ ὁ χιλίαρχος δὲ ἐφοβήθη **ἐπιγνοὺς** ὅτι Ῥωμαῖός ἐστιν καὶ ὅτι αὐτὸν ἦν δεδεκώς.
23:28 βουλόμενός τε **ἐπιγνῶναι** τὴν αἰτίαν δι' ἣν ἐνεκάλουν αὐτῷ,
24: 8 παρ' οὗ δυνήσῃ αὐτὸς ἀνακρίνας περὶ πάντων τούτων **ἐπιγνῶναι** ὧν ἡμεῖς κατηγοροῦμεν αὐτοῦ.
24:11 δυναμένου σου **ἐπιγνῶναι** ὅτι οὐ πλείους εἰσίν μοι ἡμέραι δώδεκα ἀφ' ἧς ἀνέβην προσκυνήσων εἰς Ἰερουσαλήμ.
25:10 Ἰουδαίους οὐδὲν ἠδίκησα ὡς καὶ σὺ κάλλιον **ἐπιγινώσκεις.**
27:39 Ὅτε δὲ ἡμέρα ἐγένετο, τὴν γῆν οὐκ **ἐπεγίνωσκον,**
28: 1 Καὶ διασωθέντες τότε **ἐπέγνωμεν** ὅτι Μελίτη ἡ νῆσος καλεῖται.
Ro 1:32 οἵτινες τὸ δικαίωμα τοῦ θεοῦ **ἐπιγνόντες** ὅτι οἱ τὰ τοιαῦτα πράσσοντες ἄξιοι θανάτου εἰσίν,
1Co 13:12 ἄρτι γινώσκω ἐκ μέρους, τότε δὲ **ἐπιγνώσομαι** καθὼς καὶ **ἐπεγνώσθην.**
14:37 **ἐπιγινωσκέτω** ἃ γράφω ὑμῖν ὅτι κυρίου ἐστὶν ἐντολή·
16:18 ἀνέπαυσαν γὰρ τὸ ἐμὸν πνεῦμα καὶ τὸ ὑμῶν. **ἐπιγινώσκετε** οὖν τοὺς τοιούτους.
2Co 1:13 οὐ γὰρ ἄλλα γράφομεν ὑμῖν ἀλλ' ἢ ἃ ἀναγινώσκετε ἢ καὶ **ἐπιγινώσκετε·** ἐλπίζω δὲ ὅτι ἕως τέλους **ἐπιγνώσεσθε,**
1:14 καθὼς καὶ **ἐπέγνωτε** ἡμᾶς ἀπὸ μέρους, ὅτι καύχημα ὑμῶν ἐσμεν καθάπερ καὶ ὑμεῖς ἡμῶν ἐν τῇ ἡμέρᾳ τοῦ κυρίου [ἡμῶν]
6: 9 ὡς ἀγνοούμενοι καὶ **ἐπιγινωσκόμενοι,** ὡς ἀποθνῄσκοντες καὶ ἰδοὺ ζῶμεν,
13: 5 ἢ οὐκ **ἐπιγινώσκετε** ἑαυτοὺς ὅτι Χριστὸς Ἰησοῦς ἐν ὑμῖν;
Col 1: 6 ἀφ' ἧς ἡμέρας ἠκούσατε καὶ **ἐπέγνωτε** τὴν χάριν τοῦ θεοῦ ἐν ἀληθείᾳ·
1Ti 4: 3 ἃ ὁ θεὸς ἔκτισεν εἰς μετάλημψιν μετὰ εὐχαριστίας τοῖς πιστοῖς καὶ **ἐπεγνωκόσι** τὴν ἀλήθειαν.

2Pe 2:21 κρεῖττον γὰρ ἦν αὐτοῖς μὴ **ἐπεγνωκέναι** τὴν ὁδὸν τῆς δικαιοσύνης ἢ **ἐπιγνοῦσιν** ὑποστρέψαι ἐκ τῆς παραδοθείσης αὐτοῖς ἁγίας ἐντολῆς.

2106 ἐπίγνωσις [20]

√ 2093 + 1182

Ro 1:28 καὶ καθὼς οὐκ ἐδοκίμασαν τὸν θεὸν ἔχειν ἐν **ἐπιγνώσει,**
3:20 διότι ἐξ ἔργων νόμου οὐ δικαιωθήσεται πᾶσα σὰρξ ἐνώπιον αὐτοῦ, διὰ γὰρ νόμου **ἐπίγνωσις** ἁμαρτίας.
10: 2 μαρτυρῶ γὰρ αὐτοῖς ὅτι ζῆλον θεοῦ ἔχουσιν ἀλλ' οὐ κατ' **ἐπίγνωσιν·**
Eph 1:17 δώῃ ὑμῖν πνεῦμα σοφίας καὶ ἀποκαλύψεως ἐν **ἐπιγνώσει** αὐτοῦ,
4:13 μέχρι καταντήσωμεν οἱ πάντες εἰς τὴν ἑνότητα τῆς πίστεως καὶ τῆς **ἐπιγνώσεως** τοῦ υἱοῦ τοῦ θεοῦ,
Php 1: 9 ἵνα ἡ ἀγάπη ὑμῶν ἔτι μᾶλλον καὶ μᾶλλον περισσεύῃ ἐν **ἐπιγνώσει** καὶ πάσῃ αἰσθήσει
Col 1: 9 ἵνα πληρωθῆτε τὴν **ἐπίγνωσιν** τοῦ θελήματος αὐτοῦ ἐν πάσῃ σοφίᾳ καὶ συνέσει πνευματικῇ,
1:10 ἐν παντὶ ἔργῳ ἀγαθῷ καρποφοροῦντες καὶ αὐξανόμενοι τῇ **ἐπιγνώσει** τοῦ θεοῦ,
2: 2 ἵνα παρακληθῶσιν αἱ καρδίαι αὐτῶν συμβιβασθέντες ἐν ἀγάπῃ καὶ εἰς πᾶν πλοῦτος τῆς πληροφορίας τῆς συνέσεως, εἰς **ἐπίγνωσιν** τοῦ μυστηρίου τοῦ θεοῦ, Χριστοῦ,
3:10 καὶ ἐνδυσάμενοι τὸν νέον τὸν ἀνακαινούμενον εἰς **ἐπίγνωσιν** κατ' εἰκόνα τοῦ κτίσαντος αὐτόν,
1Ti 2: 4 ὃς πάντας ἀνθρώπους θέλει σωθῆναι καὶ εἰς **ἐπίγνωσιν** ἀληθείας ἐλθεῖν.
2Ti 2:25 μήποτε δώῃ αὐτοῖς ὁ θεὸς μετάνοιαν εἰς **ἐπίγνωσιν** ἀληθείας
3: 7 πάντοτε μανθάνοντα καὶ μηδέποτε εἰς **ἐπίγνωσιν** ἀληθείας ἐλθεῖν δυνάμενα.
Tit 1: 1 ἀπόστολος δὲ Ἰησοῦ Χριστοῦ κατὰ πίστιν ἐκλεκτῶν θεοῦ καὶ **ἐπίγνωσιν** ἀληθείας τῆς κατ' εὐσέβειαν
Phm 1: 6 ὅπως ἡ κοινωνία τῆς πίστεώς σου ἐνεργὴς γένηται ἐν **ἐπιγνώσει** παντὸς ἀγαθοῦ τοῦ ἐν ἡμῖν εἰς Χριστόν.
Heb 10:26 Ἑκουσίως γὰρ ἁμαρτανόντων ἡμῶν μετὰ τὸ λαβεῖν τὴν **ἐπίγνωσιν** τῆς ἀληθείας,
2Pe 1: 2 χάρις ὑμῖν καὶ εἰρήνη πληθυνθείη ἐν **ἐπιγνώσει** τοῦ θεοῦ καὶ Ἰησοῦ τοῦ κυρίου ἡμῶν.
1: 3 Ὡς πάντα ἡμῖν τῆς θείας δυνάμεως αὐτοῦ τὰ πρὸς ζωὴν καὶ εὐσέβειαν δεδωρημένης διὰ τῆς **ἐπιγνώσεως** τοῦ καλέσαντος ἡμᾶς ἰδίᾳ δόξῃ καὶ ἀρετῇ,
1: 8 ταῦτα γὰρ ὑμῖν ὑπάρχοντα καὶ πλεονάζοντα οὐκ ἀργοὺς οὐδὲ ἀκάρπους καθίστησιν εἰς τὴν τοῦ κυρίου ἡμῶν Ἰησοῦ Χριστοῦ **ἐπίγνωσιν·**
2:20 εἰ γὰρ ἀποφυγόντες τὰ μιάσματα τοῦ κόσμου ἐν **ἐπιγνώσει** τοῦ κυρίου [ἡμῶν] καὶ σωτῆρος Ἰησοῦ Χριστοῦ,

2107 ἐπιγραφή [5]

√ 2093 + 1211

Mt 22:20 καὶ λέγει αὐτοῖς, Τίνος ἡ εἰκὼν αὕτη καὶ ἡ **ἐπιγραφή;**
Mk 12:16 καὶ λέγει αὐτοῖς, Τίνος ἡ εἰκὼν αὕτη καὶ ἡ **ἐπιγραφή;**
15:26 καὶ ἦν ἡ **ἐπιγραφὴ** τῆς αἰτίας αὐτοῦ ἐπιγεγραμμένη,
Lk 20:24 Δείξατέ μοι δηνάριον· τίνος ἔχει εἰκόνα καὶ **ἐπιγραφήν;**
23:38 ἦν δὲ καὶ **ἐπιγραφὴ** ἐπ' αὐτῷ, Ὁ βασιλεὺς τῶν Ἰουδαίων οὗτος.

2108 ἐπιγράφω [5]

√ 2093 + 1211

Mk 15:26 καὶ ἦν ἡ ἐπιγραφὴ τῆς αἰτίας αὐτοῦ **ἐπιγεγραμμένη,**
Ac 17:23 διερχόμενος γὰρ καὶ ἀναθεωρῶν τὰ σεβάσματα ὑμῶν εὗρον καὶ βωμὸν ἐν ᾧ **ἐπεγέγραπτο,**
Heb 8:10 διδοὺς νόμους μου εἰς τὴν διάνοιαν αὐτῶν καὶ ἐπὶ καρδίας αὐτῶν **ἐπιγράψω** αὐτούς,
10:16 διδοὺς νόμους μου ἐπὶ καρδίας αὐτῶν καὶ ἐπὶ τὴν διάνοιαν αὐτῶν **ἐπιγράψω** αὐτούς,
Rev 21:12 ἔχουσα πυλῶνας δώδεκα καὶ ἐπὶ τοῖς πυλῶσιν ἀγγέλους δώδεκα καὶ ὀνόματα **ἐπιγεγραμμένα,**

2109 ἐπιδείκνυμι [7]

√ 2093 + 1259

Mt 16: 1 Καὶ προσελθόντες οἱ Φαρισαῖοι καὶ Σαδδουκαῖοι πειράζοντες ἐπηρώτησαν αὐτὸν σημεῖον ἐκ τοῦ οὐρανοῦ **ἐπιδεῖξαι** αὐτοῖς.
22:19 **ἐπιδείξατέ** μοι τὸ νόμισμα τοῦ κήνσου. οἱ δὲ προσήνεγκαν αὐτῷ δηνάριον.
24: 1 καὶ προσῆλθον οἱ μαθηταὶ αὐτοῦ **ἐπιδεῖξαι** αὐτῷ τὰς οἰκοδομὰς τοῦ ἱεροῦ.
Lk 17:14 καὶ ἰδὼν εἶπεν αὐτοῖς, Πορευθέντες **ἐπιδείξατε** ἑαυτοὺς τοῖς ἱερεῦσιν.
Ac 9:39 ὃν παραγενόμενον ἀνήγαγον εἰς τὸ ὑπερῷον καὶ παρέστησαν αὐτῷ πᾶσαι αἱ χῆραι κλαίουσαι καὶ **ἐπιδεικνύμεναι** χιτῶνας καὶ ἱμάτια ὅσα ἐποίει μετ' αὐτῶν οὖσα ἡ Δορκάς.
18:28 εὐτόνως γὰρ τοῖς Ἰουδαίοις διακατηλέγχετο δημοσίᾳ **ἐπιδεικνὺς** διὰ τῶν γραφῶν εἶναι τὸν Χριστὸν Ἰησοῦν.
Heb 6:17 ἐν ᾧ περισσότερον βουλόμενος ὁ θεὸς **ἐπιδεῖξαι** τοῖς κληρονόμοις τῆς ἐπαγγελίας τὸ ἀμετάθετον τῆς βουλῆς αὐτοῦ

2110 ἐπιδέχομαι [2]

√ 2093 + 1312

3Jn 1: 9 ἀλλ' ὁ φιλοπρωτεύων αὐτῶν Διοτρέφης οὐκ **ἐπιδέχεται** ἡμᾶς.
1:10 καὶ μὴ ἀρκούμενος ἐπὶ τούτοις οὔτε αὐτὸς **ἐπιδέχεται** τοὺς ἀδελφοὺς καὶ τοὺς βουλομένους κωλύει

2111 ἐπιδημέω [2]

√ 2093 + 1322

Ac 2:10 Αἴγυπτον καὶ τὰ μέρη τῆς Λιβύης τῆς κατὰ Κυρήνην, καὶ οἱ **ἐπιδημοῦντες** Ῥωμαῖοι,
17:21 Ἀθηναῖοι δὲ πάντες καὶ οἱ **ἐπιδημοῦντες** ξένοι εἰς οὐδὲν ἕτερον ηὐκαίρουν ἢ λέγειν τι ἢ ἀκούειν τι καινότερον.

2112 ἐπιδιατάσσομαι [1]

√ 2093 + 1328 + 5435

Gal 3:15 ὅμως ἀνθρώπου κεκυρωμένην διαθήκην οὐδεὶς ἀθετεῖ ἢ **ἐπιδιατάσσεται.**

2113 ἐπιδίδωμι [9]

√ 2093 + 1443

Mt 7: 9 ὃν αἰτήσει ὁ υἱὸς αὐτοῦ ἄρτον, μὴ λίθον **ἐπιδώσει** αὐτῷ;
7:10 ἢ καὶ ἰχθὺν αἰτήσει, μὴ ὄφιν **ἐπιδώσει** αὐτῷ;
Lk 4:17 καὶ **ἐπεδόθη** αὐτῷ βιβλίον τοῦ προφήτου Ἠσαΐου καὶ ἀναπτύξας τὸ βιβλίον εὗρεν τὸν τόπον οὗ ἦν γεγραμμένον,
11:11 τίνα δὲ ἐξ ὑμῶν τὸν πατέρα αἰτήσει ὁ υἱὸς ἰχθύν, καὶ ἀντὶ ἰχθύος ὄφιν αὐτῷ **ἐπιδώσει;**
11:12 ἢ καὶ αἰτήσει ᾠόν, **ἐπιδώσει** αὐτῷ σκορπίον;
24:30 καὶ ἐγένετο ἐν τῷ κατακλιθῆναι αὐτὸν μετ' αὐτῶν λαβὼν τὸν ἄρτον εὐλόγησεν καὶ κλάσας **ἐπεδίδου** αὐτοῖς,
24:42 οἱ δὲ **ἐπέδωκαν** αὐτῷ ἰχθύος ὀπτοῦ μέρος·
Ac 15:30 Οἱ μὲν οὖν ἀπολυθέντες κατῆλθον εἰς Ἀντιόχειαν, καὶ συναγαγόντες τὸ πλῆθος **ἐπέδωκαν** τὴν ἐπιστολήν.
27:15 συναρπασθέντος δὲ τοῦ πλοίου καὶ μὴ δυναμένου ἀντοφθαλμεῖν τῷ ἀνέμῳ **ἐπιδόντες** ἐφερόμεθα.

2114 ἐπιδιορθόω [1]

√ 2093 + 1328 + 3981

Tit 1: 5 ἵνα τὰ λείποντα **ἐπιδιορθώσῃ** καὶ καταστήσῃς κατὰ πόλιν πρεσβυτέρους,

2115 ἐπιδύω [1]

√ 2093 + 1544

Eph 4:26 ὁ ἥλιος μὴ **ἐπιδυέτω** ἐπὶ [τῷ] παροργισμῷ ὑμῶν,

2116 ἐπιείκεια [2]

√ 2093 + 2036

Ac 24: 4 παρακαλῶ ἀκοῦσαί σε ἡμῶν συντόμως τῇ σῇ **ἐπιεικείᾳ.**

2Co 10: 1 Αὐτὸς δὲ ἐγὼ Παῦλος παρακαλῶ ὑμᾶς διὰ τῆς πραΰτητος καὶ **ἐπιεικείας** τοῦ Χριστοῦ,

2117 ἐπιεικής [5]

√ *2093 + 2036*

Php 4: 5 τὸ **ἐπιεικὲς** ὑμῶν γνωσθήτω πᾶσιν ἀνθρώποις. ὁ κύριος ἐγγύς.
1Ti 3: 3 μὴ πάροινον μὴ πλήκτην, ἀλλὰ **ἐπιεικῆ** ἄμαχον ἀφιλάργυρον,
Tit 3: 2 μηδένα βλασφημεῖν, ἀμάχους εἶναι, **ἐπιεικεῖς,** πᾶσαν ἐνδεικνυμένους πραΰτητα πρὸς πάντας ἀνθρώπους.
Jas 3: 17 ἔπειτα εἰρηνική, **ἐπιεικής,** εὐπειθής, μεστὴ ἐλέους καὶ καρπῶν ἀγαθῶν,
1Pe 2: 18 οὐ μόνον τοῖς ἀγαθοῖς καὶ **ἐπιεικέσιν** ἀλλὰ καὶ τοῖς σκολιοῖς.

2118 ἐπιζητέω [13]

√ *2093 + 2426*

Mt 6: 32 πάντα γὰρ ταῦτα τὰ ἔθνη **ἐπιζητοῦσιν·** οἶδεν γὰρ ὁ πατὴρ ὑμῶν ὁ οὐράνιος ὅτι χρῄζετε τούτων ἁπάντων.
12: 39 ὁ δὲ ἀποκριθεὶς εἶπεν αὐτοῖς, Γενεὰ πονηρὰ καὶ μοιχαλὶς σημεῖον **ἐπιζητεῖ,**
16: 4 Γενεὰ πονηρὰ καὶ μοιχαλὶς σημεῖον **ἐπιζητεῖ,** καὶ σημεῖον οὐ δοθήσεται αὐτῇ εἰ μὴ τὸ σημεῖον Ἰωνᾶ.
Lk 4: 42 καὶ οἱ ὄχλοι **ἐπεζήτουν** αὐτὸν καὶ ἦλθον ἕως αὐτοῦ καὶ κατεῖχον αὐτὸν τοῦ μὴ πορεύεσθαι ἀπ᾽ αὐτῶν.
12: 30 ταῦτα γὰρ πάντα τὰ ἔθνη τοῦ κόσμου **ἐπιζητοῦσιν,**
Ac 12: 19 Ἡρῴδης δὲ **ἐπιζητήσας** αὐτὸν καὶ μὴ εὑρών, ἀνακρίνας τοὺς φύλακας ἐκέλευσεν ἀπαχθῆναι,
13: 7 οὗτος προσκαλεσάμενος Βαρναβᾶν καὶ Σαῦλον **ἐπεζήτησεν** ἀκοῦσαι τὸν λόγον τοῦ θεοῦ.
19: 39 εἰ δέ τι περαιτέρω **ἐπιζητεῖτε,** ἐν τῇ ἐννόμῳ ἐκκλησίᾳ ἐπιλυθήσεται.
Ro 11: 7 ὃ **ἐπιζητεῖ** Ἰσραήλ, τοῦτο οὐκ ἐπέτυχεν, ἡ δὲ ἐκλογὴ ἐπέτυχεν·
Php 4: 17 οὐχ ὅτι **ἐπιζητῶ** τὸ δόμα, ἀλλὰ **ἐπιζητῶ** τὸν καρπὸν τὸν πλεονάζοντα εἰς λόγον ὑμῶν.
Heb 11: 14 οἱ γὰρ τοιαῦτα λέγοντες ἐμφανίζουσιν ὅτι πατρίδα **ἐπιζητοῦσιν.**
13: 14 οὐ γὰρ ἔχομεν ὧδε μένουσαν πόλιν ἀλλὰ τὴν μέλλουσαν **ἐπιζητοῦμεν.**

2119 ἐπιθανάτιος [1]

√ *2093 + 2569*

1Co 4: 9 ὁ θεὸς ἡμᾶς τοὺς ἀποστόλους ἐσχάτους ἀπέδειξεν ὡς **ἐπιθανατίους,**

2120 ἐπίθεσις [4]

√ *2093 + 5502*

Ac 8: 18 ἰδὼν δὲ ὁ Σίμων ὅτι διὰ τῆς **ἐπιθέσεως** τῶν χειρῶν τῶν ἀποστόλων δίδοται τὸ πνεῦμα,
1Ti 4: 14 ὃ ἐδόθη σοι διὰ προφητείας μετὰ **ἐπιθέσεως** τῶν χειρῶν τοῦ πρεσβυτερίου.
2Ti 1: 6 ὅ ἐστιν ἐν σοὶ διὰ τῆς **ἐπιθέσεως** τῶν χειρῶν μου.
Heb 6: 2 βαπτισμῶν διδαχῆς **ἐπιθέσεώς** τε χειρῶν, ἀναστάσεώς τε νεκρῶν καὶ κρίματος αἰωνίου.

2121 ἐπιθυμέω [16]

√ *2093 + 2596*

ἐπιθυμίᾳ ἐπιθυμέω [1] Lk 22:15

Mt 5: 28 ἐγὼ δὲ λέγω ὑμῖν ὅτι πᾶς ὁ βλέπων γυναῖκα πρὸς τὸ **ἐπιθυμῆσαι** αὐτὴν ἤδη ἐμοίχευσεν αὐτὴν ἐν τῇ καρδίᾳ αὐτοῦ.
13: 17 ἀμὴν γὰρ λέγω ὑμῖν ὅτι πολλοὶ προφῆται καὶ δίκαιοι **ἐπεθύμησαν** ἰδεῖν ἃ βλέπετε καὶ οὐκ εἶδαν,
Lk 15: 16 καὶ **ἐπεθύμει** χορτασθῆναι ἐκ τῶν κερατίων ὧν ἤσθιον οἱ χοῖροι,
16: 21 καὶ **ἐπιθυμῶν** χορτασθῆναι ἀπὸ τῶν πιπτόντων ἀπὸ τῆς τραπέζης τοῦ πλουσίου·
17: 22 Ἐλεύσονται ἡμέραι ὅτε **ἐπιθυμήσετε** μίαν τῶν ἡμερῶν τοῦ υἱοῦ τοῦ ἀνθρώπου ἰδεῖν καὶ οὐκ ὄψεσθε.
22: 15 Ἐπιθυμίᾳ **ἐπεθύμησα** τοῦτο τὸ πάσχα φαγεῖν μεθ᾽ ὑμῶν πρὸ τοῦ με παθεῖν·
Ac 20: 33 ἀργυρίου ἢ χρυσίου ἢ ἱματισμοῦ οὐδενὸς **ἐπεθύμησα·**
Ro 7: 7 τήν τε γὰρ ἐπιθυμίαν οὐκ ᾔδειν εἰ μὴ ὁ νόμος ἔλεγεν, Οὐκ **ἐπιθυμήσεις.**
13: 9 τὸ γὰρ Οὐ μοιχεύσεις, Οὐ φονεύσεις, Οὐ κλέψεις, Οὐκ **ἐπιθυμήσεις,**
1Co 10: 6 εἰς τὸ μὴ εἶναι ἡμᾶς ἐπιθυμητὰς κακῶν, καθὼς κἀκεῖνοι **ἐπεθύμησαν.**
Gal 5: 17 ἡ γὰρ σὰρξ **ἐπιθυμεῖ** κατὰ τοῦ πνεύματος, τὸ δὲ πνεῦμα κατὰ τῆς σαρκός,
1Ti 3: 1 πιστὸς ὁ λόγος. Εἴ τις ἐπισκοπῆς ὀρέγεται, καλοῦ ἔργου **ἐπιθυμεῖ.**
Heb 6: 11 **ἐπιθυμοῦμεν** δὲ ἕκαστον ὑμῶν τὴν αὐτὴν ἐνδείκνυσθαι σπουδὴν πρὸς τὴν πληροφορίαν τῆς ἐλπίδος ἄχρι τέλους,
Jas 4: 2 **ἐπιθυμεῖτε** καὶ οὐκ ἔχετε, φονεύετε καὶ ζηλοῦτε καὶ οὐ δύνασθε ἐπιτυχεῖν,
1Pe 1: 12 ἃ νῦν ἀνηγγέλη ὑμῖν διὰ τῶν εὐαγγελισαμένων ὑμᾶς [ἐν] πνεύματι ἁγίῳ ἀποσταλέντι ἀπ᾽ οὐρανοῦ, εἰς ἃ **ἐπιθυμοῦσιν** ἄγγελοι παρακύψαι.
Rev 9: 6 καὶ **ἐπιθυμήσουσιν** ἀποθανεῖν καὶ φεύγει ὁ θάνατος ἀπ᾽ αὐτῶν.

2122 ἐπιθυμητής [1]

√ *2093 + 2596*

1Co 10: 6 εἰς τὸ μὴ εἶναι ἡμᾶς **ἐπιθυμητὰς** κακῶν, καθὼς κἀκεῖνοι ἐπεθύμησαν.

2123 ἐπιθυμία [38]

√ *2093 + 2596*

ἐπιθυμίᾳ ἐπιθυμέω [1] Lk 22:15

Mk 4: 19 καὶ αἱ μέριμναι τοῦ αἰῶνος καὶ ἡ ἀπάτη τοῦ πλούτου καὶ αἱ περὶ τὰ λοιπὰ **ἐπιθυμίαι** εἰσπορευόμεναι συμπνίγουσιν τὸν λόγον καὶ ἄκαρπος γίνεται.
Lk 22: 15 **Ἐπιθυμίᾳ** ἐπεθύμησα τοῦτο τὸ πάσχα φαγεῖν μεθ᾽ ὑμῶν πρὸ τοῦ με παθεῖν·
Jn 8: 44 ὑμεῖς ἐκ τοῦ πατρὸς τοῦ διαβόλου ἐστὲ καὶ τὰς **ἐπιθυμίας** τοῦ πατρὸς ὑμῶν θέλετε ποιεῖν.
Ro 1: 24 Διὸ παρέδωκεν αὐτοὺς ὁ θεὸς ἐν ταῖς **ἐπιθυμίαις** τῶν καρδιῶν αὐτῶν εἰς ἀκαθαρσίαν τοῦ ἀτιμάζεσθαι τὰ σώματα αὐτῶν
6: 12 Μὴ οὖν βασιλευέτω ἡ ἁμαρτία ἐν τῷ θνητῷ ὑμῶν σώματι εἰς τὸ ὑπακούειν ταῖς **ἐπιθυμίαις** αὐτοῦ,
7: 7 τήν τε γὰρ **ἐπιθυμίαν** οὐκ ᾔδειν εἰ μὴ ὁ νόμος ἔλεγεν,
7: 8 ἀφορμὴν δὲ λαβοῦσα ἡ ἁμαρτία διὰ τῆς ἐντολῆς κατειργάσατο ἐν ἐμοὶ πᾶσαν **ἐπιθυμίαν·**
13: 14 ἀλλὰ ἐνδύσασθε τὸν κύριον Ἰησοῦν Χριστὸν καὶ τῆς σαρκὸς πρόνοιαν μὴ ποιεῖσθε εἰς **ἐπιθυμίας.**
Gal 5: 16 πνεύματι περιπατεῖτε καὶ **ἐπιθυμίαν** σαρκὸς οὐ μὴ τελέσητε.
5: 24 οἱ δὲ τοῦ Χριστοῦ [Ἰησοῦ] τὴν σάρκα ἐσταύρωσαν σὺν τοῖς παθήμασιν καὶ ταῖς **ἐπιθυμίαις.**
Eph 2: 3 καὶ ἡμεῖς πάντες ἀνεστράφημέν ποτε ἐν ταῖς **ἐπιθυμίαις** τῆς σαρκὸς ἡμῶν ποιοῦντες τὰ θελήματα τῆς σαρκὸς
4: 22 ἀποθέσθαι ὑμᾶς κατὰ τὴν προτέραν ἀναστροφὴν τὸν παλαιὸν ἄνθρωπον τὸν φθειρόμενον κατὰ τὰς **ἐπιθυμίας** τῆς ἀπάτης,
Php 1: 23 τὴν **ἐπιθυμίαν** ἔχων εἰς τὸ ἀναλῦσαι καὶ σὺν Χριστῷ εἶναι,
Col 3: 5 πορνείαν ἀκαθαρσίαν πάθος **ἐπιθυμίαν** κακήν, καὶ τὴν πλεονεξίαν,
1Th 2: 17 περισσοτέρως ἐσπουδάσαμεν τὸ πρόσωπον ὑμῶν ἰδεῖν ἐν πολλῇ **ἐπιθυμίᾳ.**
4: 5 μὴ ἐν πάθει **ἐπιθυμίας** καθάπερ καὶ τὰ ἔθνη τὰ μὴ εἰδότα τὸν θεόν,
1Ti 6: 9 οἱ δὲ βουλόμενοι πλουτεῖν ἐμπίπτουσιν εἰς πειρασμὸν καὶ παγίδα καὶ **ἐπιθυμίας** πολλὰς ἀνοήτους καὶ βλαβεράς,
2Ti 2: 22 τὰς δὲ νεωτερικὰς **ἐπιθυμίας** φεῦγε, δίωκε δὲ δικαιοσύνην πίστιν ἀγάπην εἰρήνην μετὰ τῶν ἐπικαλουμένων τὸν κύριον
3: 6 οἱ ἐνδύνοντες εἰς τὰς οἰκίας καὶ αἰχμαλωτίζοντες γυναικάρια σεσωρευμένα ἁμαρτίαις, ἀγόμενα **ἐπιθυμίαις** ποικίλαις,
4: 3 ἔσται γὰρ καιρὸς ὅτε τῆς ὑγιαινούσης διδασκαλίας οὐκ ἀνέξονται ἀλλὰ κατὰ τὰς ἰδίας **ἐπιθυμίας** ἑαυτοῖς ἐπισωρεύσουσιν διδασκάλους κνηθόμενοι τὴν ἀκοήν
Tit 2: 12 ἵνα ἀρνησάμενοι τὴν ἀσέβειαν καὶ τὰς κοσμικὰς **ἐπιθυμίας** σωφρόνως καὶ δικαίως καὶ εὐσεβῶς ζήσωμεν ἐν τῷ νῦν αἰῶνι,
3: 3 ἀπειθεῖς, πλανώμενοι, δουλεύοντες **ἐπιθυμίαις** καὶ ἡδοναῖς ποικίλαις, ἐν κακίᾳ καὶ φθόνῳ διάγοντες,
Jas 1: 14 ἕκαστος δὲ πειράζεται ὑπὸ τῆς ἰδίας **ἐπιθυμίας** ἐξελκόμενος καὶ δελεαζόμενος·

1:15 εἶτα ἡ **ἐπιθυμία** συλλαβοῦσα τίκτει ἁμαρτίαν, ἡ δὲ ἁμαρτία ἀποτελεσθεῖσα ἀποκύει θάνατον.
1Pe 1:14 ὡς τέκνα ὑπακοῆς μὴ συσχηματιζόμενοι ταῖς πρότερον ἐν τῇ ἀγνοίᾳ ὑμῶν **ἐπιθυμίαις**
2:11 παρακαλῶ ὡς παροίκους καὶ παρεπιδήμους ἀπέχεσθαι τῶν σαρκικῶν **ἐπιθυμιῶν** αἵτινες στρατεύονται κατὰ τῆς ψυχῆς·
4: 2 εἰς τὸ μηκέτι ἀνθρώπων **ἐπιθυμίαις** ἀλλὰ θελήματι θεοῦ τὸν ἐπίλοιπον ἐν σαρκὶ βιῶσαι χρόνον.
4: 3 ἀρκετὸς γὰρ ὁ παρεληλυθὼς χρόνος τὸ βούλημα τῶν ἐθνῶν κατειργάσθαι πεπορευμένους ἐν ἀσελγείαις, **ἐπιθυμίαις,** οἰνοφλυγίαις, κώμοις, πότοις καὶ ἀθεμίτοις εἰδωλολατρίαις.
2Pe 1: 4 ἵνα διὰ τούτων γένησθε θείας κοινωνοὶ φύσεως ἀποφυγόντες τῆς ἐν τῷ κόσμῳ ἐν **ἐπιθυμίᾳ** φθορᾶς.
2:10 μάλιστα δὲ τοὺς ὀπίσω σαρκὸς ἐν **ἐπιθυμίᾳ** μιασμοῦ πορευομένους καὶ κυριότητος καταφρονοῦντας.
2:18 ὑπέρογκα γὰρ ματαιότητος φθεγγόμενοι δελεάζουσιν ἐν **ἐπιθυμίαις** σαρκὸς ἀσελγείαις τοὺς ὀλίγως ἀποφεύγοντας τοὺς ἐν πλάνῃ ἀναστρεφομένους,
3: 3 τοῦτο πρῶτον γινώσκοντες ὅτι ἐλεύσονται ἐπ' ἐσχάτων τῶν ἡμερῶν [ἐν] ἐμπαιγμονῇ ἐμπαῖκται κατὰ τὰς ἰδίας **ἐπιθυμίας** αὐτῶν πορευόμενοι
1Jn 2:16 ὅτι πᾶν τὸ ἐν τῷ κόσμῳ, ἡ **ἐπιθυμία** τῆς σαρκὸς καὶ ἡ **ἐπιθυμία** τῶν ὀφθαλμῶν καὶ ἡ ἀλαζονεία τοῦ βίου,
2:17 καὶ ὁ κόσμος παράγεται καὶ ἡ **ἐπιθυμία** αὐτοῦ,
Jude 1:16 Οὗτοί εἰσιν γογγυσταὶ μεμψίμοιροι κατὰ τὰς **ἐπιθυμίας** ἑαυτῶν πορευόμενοι,
1:18 Ἐπ' ἐσχάτου [τοῦ] χρόνου ἔσονται ἐμπαῖκται κατὰ τὰς ἑαυτῶν **ἐπιθυμίας** πορευόμενοι τῶν ἀσεβειῶν.
Rev 18:14 καὶ ἡ ὀπώρα σου τῆς **ἐπιθυμίας** τῆς ψυχῆς ἀπῆλθεν ἀπὸ σοῦ,

2124 ἐπιθύω Not used in UBS/NIV

√ *2093 + 2604*

2125 ἐπικαθίζω [1]

√ *2093 + 2767*

Mt 21: 7 ἤγαγον τὴν ὄνον καὶ τὸν πῶλον καὶ ἐπέθηκαν ἐπ' αὐτῶν τὰ ἱμάτια, καὶ **ἐπεκάθισεν** ἐπάνω αὐτῶν.

2126 ἐπικαλέω [30]

√ *2093 + 2813*

ἐπικαλεῖν Καίσαρα [4] Ac 25:11,12; 26:32; 28:19

ἐπικαλεῖν Σεβαστόν [2] Ac 25:21,25

ἐπικαλεῖν τὸ ὄνομα [8] Ac 2:21; 9:14,21; 15:17; 22:16; Ro 10:13; 1Co 1:2; Jas 2:7

Mt 10:25 εἰ τὸν οἰκοδεσπότην Βεελζεβοὺλ **ἐπεκάλεσαν,** πόσῳ μᾶλλον τοὺς οἰκιακοὺς αὐτοῦ.
Ac 1:23 Ἰωσὴφ τὸν καλούμενον Βαρσαββᾶν ὃς **ἐπεκλήθη** Ἰοῦστος,
2:21 καὶ ἔσται πᾶς ὃς ἂν **ἐπικαλέσηται** τὸ ὄνομα κυρίου σωθήσεται.
4:36 Ἰωσὴφ δὲ ὁ **ἐπικληθεὶς** Βαρναβᾶς ἀπὸ τῶν ἀποστόλων,
7:59 καὶ ἐλιθοβόλουν τὸν Στέφανον **ἐπικαλούμενον** καὶ λέγοντα, Κύριε Ἰησοῦ,
9:14 καὶ ὧδε ἔχει ἐξουσίαν παρὰ τῶν ἀρχιερέων δῆσαι πάντας τοὺς **ἐπικαλουμένους** τὸ ὄνομά σου.
9:21 Οὐχ οὗτός ἐστιν ὁ πορθήσας εἰς Ἰερουσαλὴμ τοὺς **ἐπικαλουμένους** τὸ ὄνομα τοῦτο,
10: 5 καὶ νῦν πέμψον ἄνδρας εἰς Ἰόππην καὶ μετάπεμψαι Σίμωνά τινα ὃς **ἐπικαλεῖται** Πέτρος·
10:18 καὶ φωνήσαντες ἐπυνθάνοντο εἰ Σίμων ὁ **ἐπικαλούμενος** Πέτρος ἐνθάδε ξενίζεται.
10:32 πέμψον οὖν εἰς Ἰόππην καὶ μετακάλεσαι Σίμωνα ὃς **ἐπικαλεῖται** Πέτρος,
11:13 Ἀπόστειλον εἰς Ἰόππην καὶ μετάπεμψαι Σίμωνα τὸν **ἐπικαλούμενον** Πέτρον,
12:12 συνιδών τε ἦλθεν ἐπὶ τὴν οἰκίαν τῆς Μαρίας τῆς μητρὸς Ἰωάννου τοῦ **ἐπικαλουμένου** Μάρκου,
12:25 ὑπέστρεψαν εἰς Ἰερουσαλὴμ πληρώσαντες τὴν διακονίαν, συμπαραλαβόντες Ἰωάννην τὸν **ἐπικληθέντα** Μᾶρκον.
15:17 οἱ κατάλοιποι τῶν ἀνθρώπων τὸν κύριον καὶ πάντα τὰ ἔθνη ἐφ' οὓς **ἐπικέκληται** τὸ ὄνομά μου ἐπ' αὐτούς,
22:16 ἀναστὰς βάπτισαι καὶ ἀπόλουσαι τὰς ἁμαρτίας σου **ἐπικαλεσάμενος** τὸ ὄνομα αὐτοῦ.
25:11 εἰ δὲ οὐδέν ἐστιν ὧν οὗτοι κατηγοροῦσίν μου, οὐδείς με δύναται αὐτοῖς χαρίσασθαι· Καίσαρα **ἐπικαλοῦμαι.**
25:12 τότε ὁ Φῆστος συλλαλήσας μετὰ τοῦ συμβουλίου ἀπεκρίθη, Καίσαρα **ἐπικέκλησαι,** ἐπὶ Καίσαρα πορεύσῃ.
25:21 τοῦ δὲ Παύλου **ἐπικαλεσαμένου** τηρηθῆναι αὐτὸν εἰς τὴν τοῦ Σεβαστοῦ διάγνωσιν,
25:25 αὐτοῦ δὲ τούτου **ἐπικαλεσαμένου** τὸν Σεβαστὸν ἔκρινα πέμπειν.
26:32 Ἀπολελύσθαι ἐδύνατο ὁ ἄνθρωπος οὗτος εἰ μὴ **ἐπεκέκλητο** Καίσαρα.
28:19 ἀντιλεγόντων δὲ τῶν Ἰουδαίων ἠναγκάσθην **ἐπικαλέσασθαι** Καίσαρα οὐχ ὡς τοῦ ἔθνους μου ἔχων τι κατηγορεῖν.
Ro 10:12 ὁ γὰρ αὐτὸς κύριος πάντων, πλουτῶν εἰς πάντας τοὺς **ἐπικαλουμένους** αὐτόν·
10:13 Πᾶς γὰρ ὃς ἂν **ἐπικαλέσηται** τὸ ὄνομα κυρίου σωθήσεται.
10:14 Πῶς οὖν **ἐπικαλέσωνται** εἰς ὃν οὐκ ἐπίστευσαν; πῶς δὲ πιστεύσωσιν οὗ οὐκ ἤκουσαν;
1Co 1: 2 σὺν πᾶσιν τοῖς **ἐπικαλουμένοις** τὸ ὄνομα τοῦ κυρίου ἡμῶν Ἰησοῦ Χριστοῦ ἐν παντὶ τόπῳ,
2Co 1:23 Ἐγὼ δὲ μάρτυρα τὸν θεὸν **ἐπικαλοῦμαι** ἐπὶ τὴν ἐμὴν ψυχήν,
2Ti 2:22 δίωκε δὲ δικαιοσύνην πίστιν ἀγάπην εἰρήνην μετὰ τῶν **ἐπικαλουμένων** τὸν κύριον ἐκ καθαρᾶς καρδίας.
Heb 11:16 διὸ οὐκ ἐπαισχύνεται αὐτοὺς ὁ θεὸς θεὸς **ἐπικαλεῖσθαι** αὐτῶν·
Jas 2: 7 οὐκ αὐτοὶ βλασφημοῦσιν τὸ καλὸν ὄνομα τὸ **ἐπικληθὲν** ἐφ' ὑμᾶς;
1Pe 1:17 Καὶ εἰ πατέρα **ἐπικαλεῖσθε** τὸν ἀπροσωπολήμπτως κρίνοντα κατὰ τὸ ἑκάστου ἔργον,

2127 ἐπικάλυμμα [1]

√ *2093 + 2821*

1Pe 2:16 ὡς ἐλεύθεροι καὶ μὴ ὡς **ἐπικάλυμμα** ἔχοντες τῆς κακίας τὴν ἐλευθερίαν ἀλλ' ὡς θεοῦ δοῦλοι.

2128 ἐπικαλύπτω [1]

√ *2093 + 2821*

Ro 4: 7 Μακάριοι ὧν ἀφέθησαν αἱ ἀνομίαι καὶ ὧν **ἐπεκαλύφθησαν** αἱ ἁμαρτίαι·

2129 ἐπικατάρατος [2]

√ *2093 + 2848 + 725*

Gal 3:10 γέγραπται γὰρ ὅτι **Ἐπικατάρατος** πᾶς ὃς οὐκ ἐμμένει πᾶσιν τοῖς γεγραμμένοις ἐν τῷ βιβλίῳ τοῦ νόμου τοῦ ποιῆσαι αὐτά.
3:13 ὅτι γέγραπται, **Ἐπικατάρατος** πᾶς ὁ κρεμάμενος ἐπὶ ξύλου,

2130 ἐπίκειμαι [7]

√ *2093 + 3023*

Lk 5: 1 Ἐγένετο δὲ ἐν τῷ τὸν ὄχλον **ἐπικεῖσθαι** αὐτῷ καὶ ἀκούειν τὸν λόγον τοῦ θεοῦ καὶ αὐτὸς ἦν ἑστὼς παρὰ τὴν λίμνην Γεννησαρὲτ
23:23 οἱ δὲ **ἐπέκειντο** φωναῖς μεγάλαις αἰτούμενοι αὐτὸν σταυρωθῆναι,
Jn 11:38 ἦν δὲ σπήλαιον καὶ λίθος **ἐπέκειτο** ἐπ' αὐτῷ.
21: 9 ὡς οὖν ἀπέβησαν εἰς τὴν γῆν βλέπουσιν ἀνθρακιὰν κειμένην καὶ ὀψάριον **ἐπικείμενον** καὶ ἄρτον.
Ac 27:20 χειμῶνός τε οὐκ ὀλίγου **ἐπικειμένου,** λοιπὸν περιῃρεῖτο ἐλπὶς πᾶσα τοῦ σῴζεσθαι ἡμᾶς.
1Co 9:16 οὐκ ἔστιν μοι καύχημα· ἀνάγκη γάρ μοι **ἐπίκειται·**
Heb 9:10 μόνον ἐπὶ βρώμασιν καὶ πόμασιν καὶ διαφόροις βαπτισμοῖς, δικαιώματα σαρκὸς μέχρι καιροῦ διορθώσεως **ἐπικείμενα.**

2131 ἐπικέλλω [1]

√ *2093 + 3027*

Ac 27:41 περιπεσόντες δὲ εἰς τόπον διθάλασσον **ἐπέκειλαν** τὴν ναῦν καὶ ἡ μὲν πρῷρα ἐρείσασα ἔμεινεν ἀσάλευτος,

2132 ἐπικερδαίνω Not used in UBS/NIV

√ *2093 + 3046*

2133 ἐπικεφάλαιον Not used in UBS/NIV

√ 2093 + 3051

2134 Ἐπικούρειος [1]

√ 2093 + 3025

Ac 17:18 τινὲς δὲ καὶ τῶν **Ἐπικουρείων** καὶ Στοϊκῶν φιλοσόφων συνέβαλλον αὐτῷ,

2135 ἐπικουρία [1]

√ 2093 + 3025

Ac 26:22 **ἐπικουρίας** οὖν τυχὼν τῆς ἀπὸ τοῦ θεοῦ ἄχρι τῆς ἡμέρας ταύτης ἕστηκα μαρτυρόμενος μικρῷ τε καὶ μεγάλῳ

2136 ἐπικράζω Not used in UBS/NIV

√ 2093 + 3189

2137 ἐπικρίνω [1]

√ 2093 + 3212

Lk 23:24 καὶ Πιλᾶτος **ἐπέκρινεν** γενέσθαι τὸ αἴτημα αὐτῶν·

2138 ἐπιλαμβάνομαι [19]

√ 2093 + 3284

Mt 14:31 εὐθέως δὲ ὁ Ἰησοῦς ἐκτείνας τὴν χεῖρα **ἐπελάβετο** αὐτοῦ καὶ λέγει αὐτῷ,
Mk 8:23 καὶ **ἐπιλαβόμενος** τῆς χειρὸς τοῦ τυφλοῦ ἐξήνεγκεν αὐτὸν ἔξω τῆς κώμης καὶ πτύσας εἰς τὰ ὄμματα αὐτοῦ,
Lk 9:47 ὁ δὲ Ἰησοῦς εἰδὼς τὸν διαλογισμὸν τῆς καρδίας αὐτῶν, **ἐπιλαβόμενος** παιδίον ἔστησεν αὐτὸ παρ' ἑαυτῷ
14: 4 οἱ δὲ ἡσύχασαν. καὶ **ἐπιλαβόμενος** ἰάσατο αὐτὸν καὶ ἀπέλυσεν.
20:20 Καὶ παρατηρήσαντες ἀπέστειλαν ἐγκαθέτους ὑποκρινομένους ἑαυτοὺς δικαίους εἶναι, ἵνα **ἐπιλάβωνται** αὐτοῦ λόγου,
20:26 καὶ οὐκ ἴσχυσαν **ἐπιλαβέσθαι** αὐτοῦ ῥήματος ἐναντίον τοῦ λαοῦ καὶ θαυμάσαντες ἐπὶ τῇ ἀποκρίσει αὐτοῦ ἐσίγησαν.
23:26 **ἐπιλαβόμενοι** Σίμωνά τινα Κυρηναῖον ἐρχόμενον ἀπ' ἀγροῦ ἐπέθηκαν αὐτῷ τὸν σταυρὸν φέρειν ὄπισθεν τοῦ Ἰησοῦ.
Ac 9:27 Βαρναβᾶς δὲ **ἐπιλαβόμενος** αὐτὸν ἤγαγεν πρὸς τοὺς ἀποστόλους καὶ διηγήσατο αὐτοῖς πῶς ἐν τῇ ὁδῷ εἶδεν
16:19 **ἐπιλαβόμενοι** τὸν Παῦλον καὶ τὸν Σιλᾶν εἵλκυσαν εἰς τὴν ἀγορὰν ἐπὶ τοὺς ἄρχοντας
17:19 **ἐπιλαβόμενοί** τε αὐτοῦ ἐπὶ τὸν Ἄρειον πάγον ἤγαγον λέγοντες,
18:17 **ἐπιλαβόμενοι** δὲ πάντες Σωσθένην τὸν ἀρχισυνάγωγον ἔτυπτον ἔμπροσθεν τοῦ βήματος·
21:30 καὶ **ἐπιλαβόμενοι** τοῦ Παύλου εἷλκον αὐτὸν ἔξω τοῦ ἱεροῦ καὶ εὐθέως ἐκλείσθησαν αἱ θύραι.
21:33 τότε ἐγγίσας ὁ χιλίαρχος **ἐπελάβετο** αὐτοῦ καὶ ἐκέλευσεν δεθῆναι ἁλύσεσι δυσί,
23:19 **ἐπιλαβόμενος** δὲ τῆς χειρὸς αὐτοῦ ὁ χιλίαρχος καὶ ἀναχωρήσας κατ' ἰδίαν ἐπυνθάνετο,
1Ti 6:12 ἀγωνίζου τὸν καλὸν ἀγῶνα τῆς πίστεως, **ἐπιλαβοῦ** τῆς αἰωνίου ζωῆς,
6:19 ἀποθησαυρίζοντας ἑαυτοῖς θεμέλιον καλὸν εἰς τὸ μέλλον, ἵνα **ἐπιλάβωνται** τῆς ὄντως ζωῆς.
Heb 2:16 οὐ γὰρ δήπου ἀγγέλων **ἐπιλαμβάνεται** ἀλλὰ σπέρματος Ἀβραὰμ **ἐπιλαμβάνεται.**
8: 9 ἣν ἐποίησα τοῖς πατράσιν αὐτῶν ἐν ἡμέρᾳ **ἐπιλαβομένου** μου τῆς χειρὸς αὐτῶν ἐξαγαγεῖν αὐτοὺς ἐκ γῆς Αἰγύπτου,

2139 ἐπιλάμπω Not used in UBS/NIV

√ 2093 + 3290

2140 ἐπιλανθάνομαι [8]

√ 2093 + 3291

Mt 16: 5 Καὶ ἐλθόντες οἱ μαθηταὶ εἰς τὸ πέραν **ἐπελάθοντο** ἄρτους λαβεῖν.
Mk 8:14 Καὶ **ἐπελάθοντο** λαβεῖν ἄρτους καὶ εἰ μὴ ἕνα ἄρτον οὐκ εἶχον μεθ' ἑαυτῶν ἐν τῷ πλοίῳ.
Lk 12: 6 καὶ ἓν ἐξ αὐτῶν οὐκ ἔστιν **ἐπιλελησμένον** ἐνώπιον τοῦ θεοῦ.
Php 3:13 τὰ μὲν ὀπίσω **ἐπιλανθανόμενος** τοῖς δὲ ἔμπροσθεν ἐπεκτεινόμενος,
Heb 6:10 οὐ γὰρ ἄδικος ὁ θεὸς **ἐπιλαθέσθαι** τοῦ ἔργου ὑμῶν καὶ τῆς ἀγάπης ἧς ἐνεδείξασθε εἰς τὸ ὄνομα αὐτοῦ,
13: 2 τῆς φιλοξενίας μὴ **ἐπιλανθάνεσθε,** διὰ ταύτης γὰρ ἔλαθόν τινες ξενίσαντες ἀγγέλους.
13:16 τῆς δὲ εὐποιΐας καὶ κοινωνίας μὴ **ἐπιλανθάνεσθε·** τοιαύταις γὰρ θυσίαις εὐαρεστεῖται ὁ θεός.
Jas 1:24 κατενόησεν γὰρ ἑαυτὸν καὶ ἀπελήλυθεν καὶ εὐθέως **ἐπελάθετο** ὁποῖος ἦν.

2141 ἐπιλέγω [2]

√ 2093 + 3306

Jn 5: 2 ἔστιν δὲ ἐν τοῖς Ἱεροσολύμοις ἐπὶ τῇ προβατικῇ κολυμβήθρα ἡ **ἐπιλεγομένη** Ἑβραϊστὶ Βηθζαθὰ πέντε στοὰς ἔχουσα.
Ac 15:40 Παῦλος δὲ **ἐπιλεξάμενος** Σιλᾶν ἐξῆλθεν παραδοθεὶς τῇ χάριτι τοῦ κυρίου ὑπὸ τῶν ἀδελφῶν.

2142 ἐπιλείπω [1]

√ 2093 + 3309

Heb 11:32 **ἐπιλείψει** με γὰρ διηγούμενον ὁ χρόνος περὶ Γεδεών,

2143 ἐπιλείχω [1]

√ 2093 + 3314

Lk 16:21 ἀλλὰ καὶ οἱ κύνες ἐρχόμενοι **ἐπέλειχον** τὰ ἕλκη αὐτοῦ.

2144 ἐπιλησμονή [1]

√ 2093 + 3291

Jas 1:25 οὐκ ἀκροατὴς **ἐπιλησμονῆς** γενόμενος ἀλλὰ ποιητὴς ἔργου, οὗτος μακάριος ἐν τῇ ποιήσει αὐτοῦ ἔσται.

2145 ἐπίλοιπος [1]

√ 2093 + 3309

1Pe 4: 2 εἰς τὸ μηκέτι ἀνθρώπων ἐπιθυμίαις ἀλλὰ θελήματι θεοῦ τὸν **ἐπίλοιπον** ἐν σαρκὶ βιῶσαι χρόνον.

2146 ἐπίλυσις [1]

√ 2093 + 3395

2Pe 1:20 τοῦτο πρῶτον γινώσκοντες ὅτι πᾶσα προφητεία γραφῆς ἰδίας **ἐπιλύσεως** οὐ γίνεται·

2147 ἐπιλύω [2]

√ 2093 + 3395

Mk 4:34 κατ' ἰδίαν δὲ τοῖς ἰδίοις μαθηταῖς **ἐπέλυεν** πάντα.
Ac 19:39 εἰ δέ τι περαιτέρω ἐπιζητεῖτε, ἐν τῇ ἐννόμῳ ἐκκλησίᾳ **ἐπιλυθήσεται.**

2148 ἐπιμαρτυρέω [1]

√ 2093 + 3459

1Pe 5:12 δι' ὀλίγων ἔγραψα παρακαλῶν καὶ **ἐπιμαρτυρῶν** ταύτην εἶναι ἀληθῆ χάριν τοῦ θεοῦ εἰς ἣν στῆτε.

2149 ἐπιμέλεια [1]

√ 2093 + 3508

Ac 27: 3 φιλανθρώπως τε ὁ Ἰούλιος τῷ Παύλῳ χρησάμενος ἐπέτρεψεν πρὸς τοὺς φίλους πορευθέντι **ἐπιμελείας** τυχεῖν.

2150 ἐπιμελέομαι [3]

√ 2093 + 3508

Lk 10:34 ἐπιβιβάσας δὲ αὐτὸν ἐπὶ τὸ ἴδιον κτῆνος ἤγαγεν αὐτὸν εἰς πανδοχεῖον καὶ **ἐπεμελήθη** αὐτοῦ.
10:35 **Ἐπιμελήθητι** αὐτοῦ, καὶ ὅ τι ἂν προσδαπανήσῃς ἐγὼ ἐν τῷ ἐπανέρχεσθαί με ἀποδώσω σοι.

1Ti 3: 5 (εἰ δέ τις τοῦ ἰδίου οἴκου προστῆναι οὐκ οἶδεν, πῶς ἐκκλησίας θεοῦ **ἐπιμελήσεται;**),

2151 ἐπιμελῶς [1]

√ *2093 + 3508*

Lk 15: 8 οὐχὶ ἅπτει λύχνον καὶ σαροῖ τὴν οἰκίαν καὶ ζητεῖ **ἐπιμελῶς** ἕως οὗ εὕρῃ;

2152 ἐπιμένω [16]

√ *2093 + 3531*

Jn 8: 7 ⟦ὡς δὲ **ἐπέμενον** ἐρωτῶντες αὐτόν, ἀνέκυψεν καὶ εἶπεν αὐτοῖς,⟧
Ac 10:48 προσέταξεν δὲ αὐτοὺς ἐν τῷ ὀνόματι Ἰησοῦ Χριστοῦ βαπτισθῆναι. τότε ἠρώτησαν αὐτὸν **ἐπιμεῖναι** ἡμέρας τινάς.
12:16 ὁ δὲ Πέτρος **ἐπέμενεν** κρούων· ἀνοίξαντες δὲ εἶδαν αὐτὸν καὶ ἐξέστησαν.
21: 4 ἀνευρόντες δὲ τοὺς μαθητὰς **ἐπεμείναμεν** αὐτοῦ ἡμέρας ἑπτά,
21:10 **ἐπιμενόντων** δὲ ἡμέρας πλείους κατῆλθέν τις ἀπὸ τῆς Ἰουδαίας προφήτης ὀνόματι Ἅγαβος,
28:12 καὶ καταχθέντες εἰς Συρακούσας **ἐπεμείναμεν** ἡμέρας τρεῖς,
28:14 οὗ εὑρόντες ἀδελφοὺς παρεκλήθημεν παρ' αὐτοῖς **ἐπιμεῖναι** ἡμέρας ἑπτά·
Ro 6: 1 Τί οὖν ἐροῦμεν; **ἐπιμένωμεν** τῇ ἁμαρτίᾳ, ἵνα ἡ χάρις πλεονάσῃ;
11:22 ἐὰν **ἐπιμένῃς** τῇ χρηστότητι, ἐπεὶ καὶ σὺ ἐκκοπήσῃ.
11:23 κἀκεῖνοι δέ, ἐὰν μὴ **ἐπιμένωσιν** τῇ ἀπιστίᾳ, ἐγκεντρισθήσονται·
1Co 16: 7 ἐλπίζω γὰρ χρόνον τινὰ **ἐπιμεῖναι** πρὸς ὑμᾶς ἐὰν ὁ κύριος ἐπιτρέψῃ.
16: 8 **ἐπιμενῶ** δὲ ἐν Ἐφέσῳ ἕως τῆς πεντηκοστῆς·
Gal 1:18 Ἔπειτα μετὰ ἔτη τρία ἀνῆλθον εἰς Ἱεροσόλυμα ἱστορῆσαι Κηφᾶν καὶ **ἐπέμεινα** πρὸς αὐτὸν ἡμέρας δεκαπέντε,
Php 1:24 τὸ δὲ **ἐπιμένειν** [ἐν] τῇ σαρκὶ ἀναγκαιότερον δι' ὑμᾶς.
Col 1:23 εἴ γε **ἐπιμένετε** τῇ πίστει τεθεμελιωμένοι καὶ ἑδραῖοι καὶ μὴ μετακινούμενοι ἀπὸ τῆς ἐλπίδος τοῦ εὐαγγελίου οὗ ἠκούσατε,
1Ti 4:16 ἔπεχε σεαυτῷ καὶ τῇ διδασκαλίᾳ, **ἐπίμενε** αὐτοῖς· τοῦτο γὰρ ποιῶν καὶ σεαυτὸν σώσεις καὶ τοὺς ἀκούοντάς σου.

2153 ἐπινεύω [1]

√ *2093 + 3748*

Ac 18:20 ἐρωτώντων δὲ αὐτῶν ἐπὶ πλείονα χρόνον μεῖναι οὐκ **ἐπένευσεν,**

2154 ἐπίνοια [1]

√ *2093 + 3808*

Ac 8:22 εἰ ἄρα ἀφεθήσεταί σοι ἡ **ἐπίνοια** τῆς καρδίας σου,

2155 ἐπιορκέω [1]

√ *2093 + 3992*

Mt 5:33 Πάλιν ἠκούσατε ὅτι ἐρρέθη τοῖς ἀρχαίοις, Οὐκ **ἐπιορκήσεις,**

2156 ἐπίορκος [1]

√ *2093 + 3992*

1Ti 1:10 πόρνοις ἀρσενοκοίταις ἀνδραποδισταῖς ψεύσταις **ἐπιόρκοις,** καὶ εἴ τι ἕτερον τῇ ὑγιαινούσῃ διδασκαλίᾳ ἀντίκειται

2157 ἐπιούσιος [2]

√ *2093 + 1639*

Mt 6:11 Τὸν ἄρτον ἡμῶν τὸν **ἐπιούσιον** δὸς ἡμῖν σήμερον·
Lk 11: 3 τὸν ἄρτον ἡμῶν τὸν **ἐπιούσιον** δίδου ἡμῖν τὸ καθ' ἡμέραν·

2158 ἐπιπίπτω [11]

√ *2093 + 4406*

ἐπιπίπτω ἐπί [9] Lk 1:12; 15:20; Ac 8:16; 10:44; 11:15; 19:17; 20:37; Ro 15:3; Rev 11:11

ἐπιπίπτω ἐπὶ τὸν τράχηλον [2] Lk 15:20; Ac 20:37

Mk 3:10 ὥστε **ἐπιπίπτειν** αὐτῷ ἵνα αὐτοῦ ἅψωνται ὅσοι εἶχον μάστιγας.
Lk 1:12 καὶ ἐταράχθη Ζαχαρίας ἰδὼν καὶ φόβος **ἐπέπεσεν** ἐπ' αὐτόν.
15:20 εἶδεν αὐτὸν ὁ πατὴρ αὐτοῦ καὶ ἐσπλαγχνίσθη καὶ δραμὼν **ἐπέπεσεν** ἐπὶ τὸν τράχηλον αὐτοῦ καὶ κατεφίλησεν αὐτόν.
Ac 8:16 οὐδέπω γὰρ ἦν ἐπ' οὐδενὶ αὐτῶν **ἐπιπεπτωκός,** μόνον δὲ βεβαπτισμένοι ὑπῆρχον εἰς τὸ ὄνομα τοῦ κυρίου Ἰησοῦ.
10:44 Ἔτι λαλοῦντος τοῦ Πέτρου τὰ ῥήματα ταῦτα **ἐπέπεσεν** τὸ πνεῦμα τὸ ἅγιον ἐπὶ πάντας τοὺς ἀκούοντας τὸν λόγον.
11:15 ἐν δὲ τῷ ἄρξασθαί με λαλεῖν **ἐπέπεσεν** τὸ πνεῦμα τὸ ἅγιον ἐπ' αὐτοὺς ὥσπερ καὶ ἐφ' ἡμᾶς ἐν ἀρχῇ.
19:17 τοῖς κατοικοῦσιν τὴν Ἔφεσον καὶ **ἐπέπεσεν** φόβος ἐπὶ πάντας αὐτοὺς καὶ ἐμεγαλύνετο τὸ ὄνομα τοῦ κυρίου Ἰησοῦ.
20:10 καταβὰς δὲ ὁ Παῦλος **ἐπέπεσεν** αὐτῷ καὶ συμπεριλαβὼν εἶπεν,
20:37 ἱκανὸς δὲ κλαυθμὸς ἐγένετο πάντων καὶ **ἐπιπεσόντες** ἐπὶ τὸν τράχηλον τοῦ Παύλου κατεφίλουν αὐτόν,
Ro 15: 3 Οἱ ὀνειδισμοὶ τῶν ὀνειδιζόντων σε **ἐπέπεσαν** ἐπ' ἐμέ.
Rev 11:11 καὶ φόβος μέγας **ἐπέπεσεν** ἐπὶ τοὺς θεωροῦντας αὐτούς.

2159 ἐπιπλήσσω [1]

√ *2093 + 4448*

1Ti 5: 1 Πρεσβυτέρῳ μὴ **ἐπιπλήξῃς** ἀλλὰ παρακάλει ὡς πατέρα, νεωτέρους ὡς ἀδελφούς,

2160 ἐπιποθέω [9]

→ *2161, 2162, 2163; cf. 2093*

Ro 1:11 **ἐπιποθῶ** γὰρ ἰδεῖν ὑμᾶς, ἵνα τι μεταδῶ χάρισμα ὑμῖν πνευματικὸν εἰς τὸ στηριχθῆναι ὑμᾶς,
2Co 5: 2 καὶ γὰρ ἐν τούτῳ στενάζομεν τὸ οἰκητήριον ἡμῶν τὸ ἐξ οὐρανοῦ ἐπενδύσασθαι **ἐπιποθοῦντες,**
9:14 καὶ αὐτῶν δεήσει ὑπὲρ ὑμῶν **ἐπιποθούντων** ὑμᾶς διὰ τὴν ὑπερβάλλουσαν χάριν τοῦ θεοῦ ἐφ' ὑμῖν.
Php 1: 8 μάρτυς γάρ μου ὁ θεὸς ὡς **ἐπιποθῶ** πάντας ὑμᾶς ἐν σπλάγχνοις Χριστοῦ Ἰησοῦ.
2:26 ἐπειδὴ **ἐπιποθῶν** ἦν πάντας ὑμᾶς καὶ ἀδημονῶν, διότι ἠκούσατε ὅτι ἠσθένησεν.
1Th 3: 6 καὶ ὅτι ἔχετε μνείαν ἡμῶν ἀγαθὴν πάντοτε, **ἐπιποθοῦντες** ἡμᾶς ἰδεῖν καθάπερ καὶ ἡμεῖς ὑμᾶς,
2Ti 1: 4 **ἐπιποθῶν** σε ἰδεῖν, μεμνημένος σου τῶν δακρύων, ἵνα χαρᾶς πληρωθῶ,
Jas 4: 5 Πρὸς φθόνον **ἐπιποθεῖ** τὸ πνεῦμα ὃ κατῴκισεν ἐν ἡμῖν,
1Pe 2: 2 ὡς ἀρτιγέννητα βρέφη τὸ λογικὸν ἄδολον γάλα **ἐπιποθήσατε,**

2161 ἐπιπόθησις [2]

√ *2160*

2Co 7: 7 ἀναγγέλλων ἡμῖν τὴν ὑμῶν **ἐπιπόθησιν,** τὸν ὑμῶν ὀδυρμόν,
7:11 ἀλλὰ φόβον, ἀλλὰ **ἐπιπόθησιν,** ἀλλὰ ζῆλον, ἀλλὰ ἐκδίκησιν.

2162 ἐπιπόθητος [1]

√ *2160*

Php 4: 1 Ὥστε, ἀδελφοί μου ἀγαπητοὶ καὶ **ἐπιπόθητοι,** χαρὰ καὶ στέφανός μου,

2163 ἐπιποθία [1]

√ *2160*

Ro 15:23 **ἐπιποθίαν** δὲ ἔχων τοῦ ἐλθεῖν πρὸς ὑμᾶς ἀπὸ πολλῶν ἐτῶν,

2164 ἐπιπορεύομαι [1]

√ *2093 + 4513*

Lk 8: 4 Συνιόντος δὲ ὄχλου πολλοῦ καὶ τῶν κατὰ πόλιν **ἐπιπορευομένων** πρὸς αὐτὸν εἶπεν διὰ παραβολῆς,

2165 ἐπιράπτω [1]

√ *2093 + 4827*

Mk 2:21 οὐδεὶς ἐπίβλημα ῥάκους ἀγνάφου **ἐπιράπτει** ἐπὶ ἱμάτιον παλαιόν·

2166 ἐπιρίπτω [2]

√ 2093 + 4849

Lk 19:35 καὶ ἤγαγον αὐτὸν πρὸς τὸν Ἰησοῦν καὶ **ἐπιρίψαντες** αὐτῶν τὰ ἱμάτια ἐπὶ τὸν πῶλον ἐπεβίβασαν τὸν Ἰησοῦν.
1Pe 5: 7 πᾶσαν τὴν μέριμναν ὑμῶν **ἐπιρίψαντες** ἐπ' αὐτόν, ὅτι αὐτῷ μέλει περὶ ὑμῶν.

2167 ἐπισείω Not used in UBS/NIV

√ 2093 + 4940

2168 ἐπίσημος [2]

√ 2093 + 4956

Mt 27:16 εἶχον δὲ τότε δέσμιον **ἐπίσημον** λεγόμενον [Ἰησοῦν] Βαραββᾶν.
Ro 16: 7 οἵτινές εἰσιν **ἐπίσημοι** ἐν τοῖς ἀποστόλοις, οἳ καὶ πρὸ ἐμοῦ γέγοναν ἐν Χριστῷ.

2169 ἐπισιτισμός [1]

√ 2093 + 4992

Lk 9:12 ἵνα πορευθέντες εἰς τὰς κύκλῳ κώμας καὶ ἀγροὺς καταλύσωσιν καὶ εὕρωσιν **ἐπισιτισμόν,**

2170 ἐπισκέπτομαι [11]

√ 2093 + 5023

Mt 25:36 γυμνὸς καὶ περιεβάλετέ με, ἠσθένησα καὶ **ἐπεσκέψασθέ** με,
25:43 ἀσθενὴς καὶ ἐν φυλακῇ καὶ οὐκ **ἐπεσκέψασθέ** με.
Lk 1:68 ὅτι **ἐπεσκέψατο** καὶ ἐποίησεν λύτρωσιν τῷ λαῷ αὐτοῦ,
1:78 διὰ σπλάγχνα ἐλέους θεοῦ ἡμῶν, ἐν οἷς **ἐπισκέψεται** ἡμᾶς ἀνατολὴ ἐξ ὕψους,
7:16 καὶ ἐδόξαζον τὸν θεὸν λέγοντες ὅτι Προφήτης μέγας ἠγέρθη ἐν ἡμῖν καὶ ὅτι **Ἐπεσκέψατο** ὁ θεὸς τὸν λαὸν αὐτοῦ.
Ac 6: 3 **ἐπισκέψασθε** δέ, ἀδελφοί, ἄνδρας ἐξ ὑμῶν μαρτυρουμένους ἑπτά,
7:23 ἀνέβη ἐπὶ τὴν καρδίαν αὐτοῦ **ἐπισκέψασθαι** τοὺς ἀδελφοὺς αὐτοῦ τοὺς υἱοὺς Ἰσραήλ.
15:14 Συμεὼν ἐξηγήσατο καθὼς πρῶτον ὁ θεὸς **ἐπεσκέψατο** λαβεῖν ἐξ ἐθνῶν λαὸν τῷ ὀνόματι αὐτοῦ.
15:36 Ἐπιστρέψαντες δὴ **ἐπισκεψώμεθα** τοὺς ἀδελφοὺς κατὰ πόλιν πᾶσαν ἐν αἷς κατηγγείλαμεν τὸν λόγον τοῦ κυρίου
Heb 2: 6 Τί ἐστιν ἄνθρωπος ὅτι μιμνῄσκῃ αὐτοῦ, ἢ υἱὸς ἀνθρώπου ὅτι **ἐπισκέπτῃ** αὐτόν;
Jas 1:27 **ἐπισκέπτεσθαι** ὀρφανοὺς καὶ χήρας ἐν τῇ θλίψει αὐτῶν,

2171 ἐπισκευάζομαι [1]

√ 2093 + 5007

Ac 21:15 Μετὰ δὲ τὰς ἡμέρας ταύτας **ἐπισκευασάμενοι** ἀνεβαίνομεν εἰς Ἱεροσόλυμα·

2172 ἐπισκηνόω [1]

√ 2093 + 5008

2Co 12: 9 ἵνα **ἐπισκηνώσῃ** ἐπ' ἐμὲ ἡ δύναμις τοῦ Χριστοῦ.

2173 ἐπισκιάζω [5]

√ 2093 + 5014

Mt 17: 5 ἔτι αὐτοῦ λαλοῦντος ἰδοὺ νεφέλη φωτεινὴ **ἐπεσκίασεν** αὐτούς,
Mk 9: 7 καὶ ἐγένετο νεφέλη **ἐπισκιάζουσα** αὐτοῖς, καὶ ἐγένετο φωνὴ ἐκ τῆς νεφέλης,
Lk 1:35 Πνεῦμα ἅγιον ἐπελεύσεται ἐπὶ σὲ καὶ δύναμις ὑψίστου **ἐπισκιάσει** σοι·
9:34 ταῦτα δὲ αὐτοῦ λέγοντος ἐγένετο νεφέλη καὶ **ἐπεσκίαζεν** αὐτούς·
Ac 5:15 ἵνα ἐρχομένου Πέτρου κἂν ἡ σκιὰ **ἐπισκιάσῃ** τινὶ αὐτῶν.

2174 ἐπισκοπέω [2]

√ 2093 + 5023

Heb 12:15 **ἐπισκοποῦντες** μή τις ὑστερῶν ἀπὸ τῆς χάριτος τοῦ θεοῦ,
1Pe 5: 2 ποιμάνατε τὸ ἐν ὑμῖν ποίμνιον τοῦ θεοῦ [**ἐπισκοποῦντες**] μὴ ἀναγκαστῶς ἀλλὰ ἑκουσίως κατὰ θεόν,

2175 ἐπισκοπή [4]

√ 2093 + 5023

Lk 19:44 ἀνθ' ὧν οὐκ ἔγνως τὸν καιρὸν τῆς **ἐπισκοπῆς** σου.
Ac 1:20 Γενηθήτω ἡ ἔπαυλις αὐτοῦ ἔρημος καὶ μὴ ἔστω ὁ κατοικῶν ἐν αὐτῇ, καί, Τὴν **ἐπισκοπὴν** αὐτοῦ λαβέτω ἕτερος.
1Ti 3: 1 πιστὸς ὁ λόγος. Εἴ τις **ἐπισκοπῆς** ὀρέγεται, καλοῦ ἔργου ἐπιθυμεῖ.
1Pe 2:12 ἐν ᾧ καταλαλοῦσιν ὑμῶν ὡς κακοποιῶν ἐκ τῶν καλῶν ἔργων ἐποπτεύοντες δοξάσωσιν τὸν θεὸν ἐν ἡμέρᾳ **ἐπισκοπῆς.**

2176 ἐπίσκοπος [5]

√ 2093 + 5023

διακόνοι καὶ ἐπισκόποι [1] Php 1:1

Ac 20:28 ἐν ᾧ ὑμᾶς τὸ πνεῦμα τὸ ἅγιον ἔθετο **ἐπισκόπους** ποιμαίνειν τὴν ἐκκλησίαν τοῦ θεοῦ,
Php 1: 1 πᾶσιν τοῖς ἁγίοις ἐν Χριστῷ Ἰησοῦ τοῖς οὖσιν ἐν Φιλίπποις σὺν **ἐπισκόποις** καὶ διακόνοις,
1Ti 3: 2 δεῖ οὖν τὸν **ἐπίσκοπον** ἀνεπίλημπτον εἶναι, μιᾶς γυναικὸς ἄνδρα,
Tit 1: 7 δεῖ γὰρ τὸν **ἐπίσκοπον** ἀνέγκλητον εἶναι ὡς θεοῦ οἰκονόμον,
1Pe 2:25 ἀλλὰ ἐπεστράφητε νῦν ἐπὶ τὸν ποιμένα καὶ **ἐπίσκοπον** τῶν ψυχῶν ὑμῶν.

2177 ἐπισπάομαι [1]

√ 2093 + 5060

1Co 7:18 περιτετμημένος τις ἐκλήθη, μὴ **ἐπισπάσθω·** ἐν ἀκροβυστίᾳ κέκληταί τις,

2178 ἐπισπείρω [1]

√ 2093 + 5062

Mt 13:25 ἐν δὲ τῷ καθεύδειν τοὺς ἀνθρώπους ἦλθεν αὐτοῦ ὁ ἐχθρὸς καὶ **ἐπέσπειρεν** ζιζάνια ἀνὰ μέσον τοῦ σίτου καὶ ἀπῆλθεν.

2179 ἐπίσταμαι [14]

√ 2093 + 2705

Mk 14:68 ὁ δὲ ἠρνήσατο λέγων, Οὔτε οἶδα οὔτε **ἐπίσταμαι** σὺ τί λέγεις.
Ac 10:28 Ὑμεῖς **ἐπίστασθε** ὡς ἀθέμιτόν ἐστιν ἀνδρὶ Ἰουδαίῳ κολλᾶσθαι ἢ προσέρχεσθαι ἀλλοφύλῳ·
15: 7 ὑμεῖς **ἐπίστασθε** ὅτι ἀφ' ἡμερῶν ἀρχαίων ἐν ὑμῖν ἐξελέξατο ὁ θεὸς διὰ τοῦ στόματός μου ἀκοῦσαι τὰ ἔθνη τὸν λόγον
18:25 καὶ ζέων τῷ πνεύματι ἐλάλει καὶ ἐδίδασκεν ἀκριβῶς τὰ περὶ τοῦ Ἰησοῦ, **ἐπιστάμενος** μόνον τὸ βάπτισμα Ἰωάννου·
19:15 Τὸν [μὲν] Ἰησοῦν γινώσκω καὶ τὸν Παῦλον **ἐπίσταμαι,**
19:25 **ἐπίστασθε** ὅτι ἐκ ταύτης τῆς ἐργασίας ἡ εὐπορία ἡμῖν ἐστιν
20:18 ὡς δὲ παρεγένοντο πρὸς αὐτὸν εἶπεν αὐτοῖς, Ὑμεῖς **ἐπίστασθε,**
22:19 αὐτοὶ **ἐπίστανται** ὅτι ἐγὼ ἤμην φυλακίζων καὶ δέρων κατὰ τὰς συναγωγὰς τοὺς πιστεύοντας ἐπὶ σέ,
24:10 Ἐκ πολλῶν ἐτῶν ὄντα σε κριτὴν τῷ ἔθνει τούτῳ **ἐπιστάμενος** εὐθύμως τὰ περὶ ἐμαυτοῦ ἀπολογοῦμαι,
26:26 **ἐπίσταται** γὰρ περὶ τούτων ὁ βασιλεὺς πρὸς ὃν καὶ παρρησιαζόμενος λαλῶ,
1Ti 6: 4 τετύφωται, μηδὲν **ἐπιστάμενος,** ἀλλὰ νοσῶν περὶ ζητήσεις καὶ λογομαχίας,
Heb 11: 8 Ἀβραὰμ ὑπήκουσεν ἐξελθεῖν εἰς τόπον ὃν ἤμελλεν λαμβάνειν εἰς κληρονομίαν, καὶ ἐξῆλθεν μὴ **ἐπιστάμενος** ποῦ ἔρχεται.
Jas 4:14 οἵτινες οὐκ **ἐπίστασθε** τὸ τῆς αὔριον ποία ἡ ζωὴ ὑμῶν·
Jude 1:10 ὅσα δὲ φυσικῶς ὡς τὰ ἄλογα ζῷα **ἐπίστανται,**

2180 ἐπίστασις [2]

√ 2093 + 2705

Ac 24:12 καὶ οὔτε ἐν τῷ ἱερῷ εὗρόν με πρός τινα διαλεγόμενον ἢ **ἐπίστασιν** ποιοῦντα ὄχλου οὔτε ἐν ταῖς συναγωγαῖς
2Co 11:28 χωρὶς τῶν παρεκτὸς ἡ **ἐπίστασίς** μοι ἡ καθ' ἡμέραν,

2181 ἐπιστάτης [7]

√ *2093 + 2705*

Lk 5: 5 καὶ ἀποκριθεὶς Σίμων εἶπεν, **Ἐπιστάτα,** δι᾽ ὅλης νυκτὸς κοπιάσαντες οὐδὲν ἐλάβομεν·
8: 24 προσελθόντες δὲ διήγειραν αὐτὸν λέγοντες, **Ἐπιστάτα ἐπιστάτα,** ἀπολλύμεθα.
8: 45 ἀρνουμένων δὲ πάντων εἶπεν ὁ Πέτρος, **Ἐπιστάτα,** οἱ ὄχλοι συνέχουσίν σε καὶ ἀποθλίβουσιν.
9: 33 **Ἐπιστάτα,** καλόν ἐστιν ἡμᾶς ὧδε εἶναι, καὶ ποιήσωμεν σκηνὰς τρεῖς,
9: 49 Ἀποκριθεὶς δὲ Ἰωάννης εἶπεν, **Ἐπιστάτα,** εἴδομέν τινα ἐν τῷ ὀνόματί σου ἐκβάλλοντα δαιμόνια καὶ ἐκωλύομεν αὐτόν,
17: 13 αὐτοὶ ἦραν φωνὴν λέγοντες, Ἰησοῦ **ἐπιστάτα,** ἐλέησον ἡμᾶς.

2182 ἐπιστέλλω [3]

√ *2186*

Ac 15: 20 ἀλλὰ **ἐπιστεῖλαι** αὐτοῖς τοῦ ἀπέχεσθαι τῶν ἀλισγημάτων τῶν εἰδώλων καὶ τῆς πορνείας καὶ τοῦ πνικτοῦ καὶ τοῦ αἵματος.
21: 25 περὶ δὲ τῶν πεπιστευκότων ἐθνῶν ἡμεῖς **ἐπεστείλαμεν** κρίναντες φυλάσσεσθαι αὐτοὺς τό τε εἰδωλόθυτον καὶ αἷμα
Heb 13: 22 ἀνέχεσθε τοῦ λόγου τῆς παρακλήσεως, καὶ γὰρ διὰ βραχέων **ἐπέστειλα** ὑμῖν.

2183 ἐπιστήμη Not used in UBS/NIV

√ *2093 + 2705*

2184 ἐπιστήμων [1]

√ *2093 + 2705*

Jas 3: 13 Τίς σοφὸς καὶ **ἐπιστήμων** ἐν ὑμῖν; δειξάτω ἐκ τῆς καλῆς ἀναστροφῆς τὰ ἔργα αὐτοῦ ἐν πραΰτητι σοφίας.

2185 ἐπιστηρίζω [4]

√ *2093 + 5114*

Ac 14: 22 **ἐπιστηρίζοντες** τὰς ψυχὰς τῶν μαθητῶν, παρακαλοῦντες ἐμμένειν τῇ πίστει
15: 32 Ἰούδας τε καὶ Σιλᾶς καὶ αὐτοὶ προφῆται ὄντες διὰ λόγου πολλοῦ παρεκάλεσαν τοὺς ἀδελφοὺς καὶ **ἐπεστήριξαν,**
15: 41 διήρχετο δὲ τὴν Συρίαν καὶ [τὴν] Κιλικίαν **ἐπιστηρίζων** τὰς ἐκκλησίας.
18: 23 ἐξῆλθεν διερχόμενος καθεξῆς τὴν Γαλατικὴν χώραν καὶ Φρυγίαν, **ἐπιστηρίζων** πάντας τοὺς μαθητάς.

2186 ἐπιστολή [24]

→ *2182; cf. 2093 + 5097*

Ac 9: 2 ᾐτήσατο παρ᾽ αὐτοῦ **ἐπιστολὰς** εἰς Δαμασκὸν πρὸς τὰς συναγωγάς,
15: 30 Οἱ μὲν οὖν ἀπολυθέντες κατῆλθον εἰς Ἀντιόχειαν, καὶ συναγαγόντες τὸ πλῆθος ἐπέδωκαν τὴν **ἐπιστολήν.**
22: 5 παρ᾽ ὧν καὶ **ἐπιστολὰς** δεξάμενος πρὸς τοὺς ἀδελφοὺς εἰς Δαμασκὸν ἐπορευόμην,
23: 25 γράψας **ἐπιστολὴν** ἔχουσαν τὸν τύπον τοῦτον·
23: 33 οἵτινες εἰσελθόντες εἰς τὴν Καισάρειαν καὶ ἀναδόντες τὴν **ἐπιστολὴν** τῷ ἡγεμόνι παρέστησαν καὶ τὸν Παῦλον αὐτῷ.
Ro 16: 22 ἀσπάζομαι ὑμᾶς ἐγὼ Τέρτιος ὁ γράψας τὴν **ἐπιστολὴν** ἐν κυρίῳ.
1Co 5: 9 Ἔγραψα ὑμῖν ἐν τῇ **ἐπιστολῇ** μὴ συναναμίγνυσθαι πόρνοις,
16: 3 δι᾽ **ἐπιστολῶν** τούτους πέμψω ἀπενεγκεῖν τὴν χάριν ὑμῶν εἰς Ἰερουσαλήμ·
2Co 3: 1 ἢ μὴ χρῄζομεν ὥς τινες συστατικῶν **ἐπιστολῶν** πρὸς ὑμᾶς ἢ ἐξ ὑμῶν;
3: 2 ἡ **ἐπιστολὴ** ἡμῶν ὑμεῖς ἐστε, ἐγγεγραμμένη ἐν ταῖς καρδίαις ἡμῶν,
3: 3 φανερούμενοι ὅτι ἐστὲ **ἐπιστολὴ** Χριστοῦ διακονηθεῖσα ὑφ᾽ ἡμῶν,
7: 8 ὅτι εἰ καὶ ἐλύπησα ὑμᾶς ἐν τῇ **ἐπιστολῇ,** οὐ μεταμέλομαι· εἰ καὶ μετεμελόμην, βλέπω [γὰρ] ὅτι ἡ **ἐπιστολὴ** ἐκείνη εἰ καὶ πρὸς ὥραν ἐλύπησεν ὑμᾶς,
10: 9 ἵνα μὴ δόξω ὡς ἂν ἐκφοβεῖν ὑμᾶς διὰ τῶν **ἐπιστολῶν·**
10: 10 ὅτι, Αἱ **ἐπιστολαὶ** μέν, φησίν, βαρεῖαι καὶ ἰσχυραί,
10: 11 ὅτι οἷοί ἐσμεν τῷ λόγῳ δι᾽ **ἐπιστολῶν** ἀπόντες,
Col 4: 16 καὶ ὅταν ἀναγνωσθῇ παρ᾽ ὑμῖν ἡ **ἐπιστολή,** ποιήσατε ἵνα καὶ ἐν τῇ Λαοδικέων ἐκκλησίᾳ ἀναγνωσθῇ,
1Th 5: 27 Ἐνορκίζω ὑμᾶς τὸν κύριον ἀναγνωσθῆναι τὴν **ἐπιστολὴν** πᾶσιν τοῖς ἀδελφοῖς.
2Th 2: 2 μήτε διὰ πνεύματος μήτε διὰ λόγου μήτε δι᾽ **ἐπιστολῆς** ὡς δι᾽ ἡμῶν,
2: 15 καὶ κρατεῖτε τὰς παραδόσεις ἃς ἐδιδάχθητε εἴτε διὰ λόγου εἴτε δι᾽ **ἐπιστολῆς** ἡμῶν.
3: 14 εἰ δέ τις οὐχ ὑπακούει τῷ λόγῳ ἡμῶν διὰ τῆς **ἐπιστολῆς,**
3: 17 Ὁ ἀσπασμὸς τῇ ἐμῇ χειρὶ Παύλου, ὅ ἐστιν σημεῖον ἐν πάσῃ **ἐπιστολῇ·**
2Pe 3: 1 δευτέραν ὑμῖν γράφω **ἐπιστολήν** ἐν αἷς διεγείρω ὑμῶν ἐν ὑπομνήσει τὴν εἰλικρινῆ διάνοιαν
3: 16 ὡς καὶ ἐν πάσαις **ἐπιστολαῖς** λαλῶν ἐν αὐταῖς περὶ τούτων,

2187 ἐπιστομίζω [1]

√ *2093 + 5125*

Tit 1: 11 οὓς δεῖ **ἐπιστομίζειν,** οἵτινες ὅλους οἴκους ἀνατρέπουσιν διδάσκοντες ἃ μὴ δεῖ αἰσχροῦ κέρδους χάριν.

2188 ἐπιστρέφω [36]

√ *2093 + 5138*

ἐπιστρέφω ἐπί [10] Lk 1:16,17; Ac 9:35; 11:21; 14:15; 15:19; 26:20; Gal 4:9; 1Pe 2:25; 2Pe 2:22

Mt 10: 13 ἐὰν δὲ μὴ ᾖ ἀξία, ἡ εἰρήνη ὑμῶν πρὸς ὑμᾶς **ἐπιστραφήτω.**
12: 44 τότε λέγει, Εἰς τὸν οἶκόν μου **ἐπιστρέψω** ὅθεν ἐξῆλθον·
13: 15 μήποτε ἴδωσιν τοῖς ὀφθαλμοῖς καὶ τοῖς ὠσὶν ἀκούσωσιν καὶ τῇ καρδίᾳ συνῶσιν καὶ **ἐπιστρέψωσιν** καὶ ἰάσομαι αὐτούς.
24: 18 καὶ ὁ ἐν τῷ ἀγρῷ μὴ **ἐπιστρεψάτω** ὀπίσω ἆραι τὸ ἱμάτιον αὐτοῦ.
Mk 4: 12 καὶ ἀκούοντες ἀκούωσιν καὶ μὴ συνιῶσιν, μήποτε **ἐπιστρέψωσιν** καὶ ἀφεθῇ αὐτοῖς.
5: 30 καὶ εὐθὺς ὁ Ἰησοῦς ἐπιγνοὺς ἐν ἑαυτῷ τὴν ἐξ αὐτοῦ δύναμιν ἐξελθοῦσαν **ἐπιστραφεὶς** ἐν τῷ ὄχλῳ ἔλεγεν,
8: 33 ὁ δὲ **ἐπιστραφεὶς** καὶ ἰδὼν τοὺς μαθητὰς αὐτοῦ ἐπετίμησεν Πέτρῳ καὶ λέγει,
13: 16 καὶ ὁ εἰς τὸν ἀγρὸν μὴ **ἐπιστρεψάτω** εἰς τὰ ὀπίσω ἆραι τὸ ἱμάτιον αὐτοῦ.
Lk 1: 16 καὶ πολλοὺς τῶν υἱῶν Ἰσραὴλ **ἐπιστρέψει** ἐπὶ κύριον τὸν θεὸν αὐτῶν.
1: 17 **ἐπιστρέψαι** καρδίας πατέρων ἐπὶ τέκνα καὶ ἀπειθεῖς ἐν φρονήσει δικαίων,
2: 39 **ἐπέστρεψαν** εἰς τὴν Γαλιλαίαν εἰς πόλιν ἑαυτῶν Ναζαρέθ.
8: 55 καὶ **ἐπέστρεψεν** τὸ πνεῦμα αὐτῆς καὶ ἀνέστη παραχρῆμα καὶ διέταξεν αὐτῇ δοθῆναι φαγεῖν.
17: 4 καὶ ἐὰν ἑπτάκις τῆς ἡμέρας ἁμαρτήσῃ εἰς σὲ καὶ ἑπτάκις **ἐπιστρέψῃ** πρὸς σὲ λέγων,
17: 31 καὶ ὁ ἐν ἀγρῷ ὁμοίως μὴ **ἐπιστρεψάτω** εἰς τὰ ὀπίσω.
22: 32 καὶ σύ ποτε **ἐπιστρέψας** στήρισον τοὺς ἀδελφούς σου.
Jn 21: 20 **Ἐπιστραφεὶς** ὁ Πέτρος βλέπει τὸν μαθητὴν ὃν ἠγάπα ὁ Ἰησοῦς ἀκολουθοῦντα,
Ac 3: 19 μετανοήσατε οὖν καὶ **ἐπιστρέψατε** εἰς τὸ ἐξαλειφθῆναι ὑμῶν τὰς ἁμαρτίας,
9: 35 καὶ εἶδαν αὐτὸν πάντες οἱ κατοικοῦντες Λύδδα καὶ τὸν Σαρῶνα, οἵτινες **ἐπέστρεψαν** ἐπὶ τὸν κύριον.
9: 40 ἐκβαλὼν δὲ ἔξω πάντας ὁ Πέτρος καὶ θεὶς τὰ γόνατα προσηύξατο καὶ **ἐπιστρέψας** πρὸς τὸ σῶμα εἶπεν,
11: 21 πολύς τε ἀριθμὸς ὁ πιστεύσας **ἐπέστρεψεν** ἐπὶ τὸν κύριον.
14: 15 καὶ ἡμεῖς ὁμοιοπαθεῖς ἐσμεν ὑμῖν ἄνθρωποι εὐαγγελιζόμενοι ὑμᾶς ἀπὸ τούτων τῶν ματαίων **ἐπιστρέφειν** ἐπὶ θεὸν ζῶντα,
15: 19 διὸ ἐγὼ κρίνω μὴ παρενοχλεῖν τοῖς ἀπὸ τῶν ἐθνῶν **ἐπιστρέφουσιν** ἐπὶ τὸν θεόν,
15: 36 **Ἐπιστρέψαντες** δὴ ἐπισκεψώμεθα τοὺς ἀδελφοὺς κατὰ πόλιν πᾶσαν ἐν αἷς κατηγγείλαμεν τὸν λόγον τοῦ κυρίου
16: 18 διαπονηθεὶς δὲ Παῦλος καὶ **ἐπιστρέψας** τῷ πνεύματι εἶπεν,
26: 18 τοῦ **ἐπιστρέψαι** ἀπὸ σκότους εἰς φῶς καὶ τῆς ἐξουσίας τοῦ Σατανᾶ ἐπὶ τὸν θεόν,
26: 20 πᾶσάν τε τὴν χώραν τῆς Ἰουδαίας καὶ τοῖς ἔθνεσιν ἀπήγγελλον μετανοεῖν καὶ **ἐπιστρέφειν** ἐπὶ τὸν θεόν,
28: 27 μήποτε ἴδωσιν τοῖς ὀφθαλμοῖς καὶ τοῖς ὠσὶν ἀκούσωσιν καὶ τῇ καρδίᾳ συνῶσιν καὶ **ἐπιστρέψωσιν,**
2Co 3: 16 ἡνίκα δὲ ἐὰν **ἐπιστρέψῃ** πρὸς κύριον, περιαιρεῖται τὸ κάλυμμα.

Gal 4: 9 πῶς **ἐπιστρέφετε** πάλιν ἐπὶ τὰ ἀσθενῆ καὶ πτωχὰ στοιχεῖα οἷς πάλιν ἄνωθεν δουλεύειν θέλετε;
1Th 1: 9 καὶ πῶς **ἐπεστρέψατε** πρὸς τὸν θεὸν ἀπὸ τῶν εἰδώλων δουλεύειν θεῷ ζῶντι καὶ ἀληθινῷ
Jas 5: 19 ἐάν τις ἐν ὑμῖν πλανηθῇ ἀπὸ τῆς ἀληθείας καὶ **ἐπιστρέψῃ** τις αὐτόν,
5: 20 γινωσκέτω ὅτι ὁ **ἐπιστρέψας** ἁμαρτωλὸν ἐκ πλάνης ὁδοῦ αὐτοῦ σώσει ψυχὴν αὐτοῦ ἐκ θανάτου καὶ καλύψει πλῆθος ἁμαρτιῶν.
1Pe 2: 25 ἀλλὰ **ἐπεστράφητε** νῦν ἐπὶ τὸν ποιμένα καὶ ἐπίσκοπον τῶν ψυχῶν ὑμῶν.
2Pe 2: 22 Κύων **ἐπιστρέψας** ἐπὶ τὸ ἴδιον ἐξέραμα, καί, Ὗς λουσαμένη εἰς κυλισμὸν βορβόρου.
Rev 1: 12 Καὶ **ἐπέστρεψα** βλέπειν τὴν φωνὴν ἥτις ἐλάλει μετ' ἐμοῦ, καὶ **ἐπιστρέψας** εἶδον ἑπτὰ λυχνίας χρυσᾶς

2189 ἐπιστροφή [1]

√ *2093 + 5138*

Ac 15: 3 ἐκδιηγούμενοι τὴν **ἐπιστροφὴν** τῶν ἐθνῶν καὶ ἐποίουν χαρὰν μεγάλην πᾶσιν τοῖς ἀδελφοῖς.

2190 ἐπισυνάγω [8]

√ *2093 + 5250 + 72*

Mt 23: 37 ποσάκις ἠθέλησα **ἐπισυναγαγεῖν** τὰ τέκνα σου, ὃν τρόπον ὄρνις **ἐπισυνάγει** τὰ νοσσία αὐτῆς ὑπὸ τὰς πτέρυγας,
24: 31 καὶ **ἐπισυνάξουσιν** τοὺς ἐκλεκτοὺς αὐτοῦ ἐκ τῶν τεσσάρων ἀνέμων ἀπ' ἄκρων οὐρανῶν ἕως [τῶν] ἄκρων αὐτῶν.
Mk 1: 33 καὶ ἦν ὅλη ἡ πόλις **ἐπισυνηγμένη** πρὸς τὴν θύραν.
13: 27 καὶ τότε ἀποστελεῖ τοὺς ἀγγέλους καὶ **ἐπισυνάξει** τοὺς ἐκλεκτοὺς [αὐτοῦ] ἐκ τῶν τεσσάρων ἀνέμων ἀπ' ἄκρου γῆς
Lk 12: 1 Ἐν οἷς **ἐπισυναχθεισῶν** τῶν μυριάδων τοῦ ὄχλου, ὥστε καταπατεῖν ἀλλήλους,
13: 34 ποσάκις ἠθέλησα **ἐπισυνάξαι** τὰ τέκνα σου ὃν τρόπον ὄρνις τὴν ἑαυτῆς νοσσιὰν ὑπὸ τὰς πτέρυγας,
17: 37 Ὅπου τὸ σῶμα, ἐκεῖ καὶ οἱ ἀετοὶ **ἐπισυναχθήσονται.**

2191 ἐπισυναγωγή [2]

√ *2093 + 5252*

2Th 2: 1 ὑπὲρ τῆς παρουσίας τοῦ κυρίου ἡμῶν Ἰησοῦ Χριστοῦ καὶ ἡμῶν **ἐπισυναγωγῆς** ἐπ' αὐτὸν
Heb 10: 25 μὴ ἐγκαταλείποντες τὴν **ἐπισυναγωγὴν** ἑαυτῶν, καθὼς ἔθος τισίν,

2192 ἐπισυντρέχω [1]

√ *2093 + 5250 + 5556*

Mk 9: 25 ἰδὼν δὲ ὁ Ἰησοῦς ὅτι **ἐπισυντρέχει** ὄχλος, ἐπετίμησεν τῷ πνεύματι τῷ ἀκαθάρτῳ λέγων αὐτῷ,

2193 ἐπισυρράπτω Not used in UBS/NIV

2194 ἐπισύστασις Not used in UBS/NIV

√ *2093 + 5250 + 2705*

2195 ἐπισφαλής [1]

√ *2093 + 5378*

Ac 27: 9 Ἱκανοῦ δὲ χρόνου διαγενομένου καὶ ὄντος ἤδη **ἐπισφαλοῦς** τοῦ πλοὸς διὰ τὸ καὶ τὴν νηστείαν ἤδη παρεληλυθέναι

2196 ἐπισχύω [1]

√ *2093 + 2709*

Lk 23: 5 οἱ δὲ **ἐπίσχυον** λέγοντες ὅτι Ἀνασείει τὸν λαὸν διδάσκων καθ' ὅλης τῆς Ἰουδαίας,

2197 ἐπισωρεύω [1]

√ *2093 + 5397*

2Ti 4: 3 ἔσται γὰρ καιρὸς ὅτε τῆς ὑγιαινούσης διδασκαλίας οὐκ ἀνέξονται ἀλλὰ κατὰ τὰς ἰδίας ἐπιθυμίας ἑαυτοῖς **ἐπισωρεύσουσιν** διδασκάλους κνηθόμενοι τὴν ἀκοὴν

2198 ἐπιταγή [7]

√ *2093 + 5435*

Ro 16: 26 [φανερωθέντος δὲ νῦν διά τε γραφῶν προφητικῶν κατ' **ἐπιταγὴν** τοῦ αἰωνίου θεοῦ εἰς ὑπακοὴν πίστεως εἰς πάντα τὰ ἔθνη γνωρισθέντος,]
1Co 7: 6 τοῦτο δὲ λέγω κατὰ συγγνώμην οὐ κατ' **ἐπιταγήν.**
7: 25 Περὶ δὲ τῶν παρθένων **ἐπιταγὴν** κυρίου οὐκ ἔχω,
2Co 8: 8 Οὐ κατ' **ἐπιταγὴν** λέγω ἀλλὰ διὰ τῆς ἑτέρων σπουδῆς καὶ τὸ τῆς ὑμετέρας ἀγάπης γνήσιον δοκιμάζων·
1Ti 1: 1 Παῦλος ἀπόστολος Χριστοῦ Ἰησοῦ κατ' **ἐπιταγὴν** θεοῦ σωτῆρος ἡμῶν καὶ Χριστοῦ Ἰησοῦ τῆς ἐλπίδος ἡμῶν
Tit 1: 3 ὃ ἐπιστεύθην ἐγὼ κατ' **ἐπιταγὴν** τοῦ σωτῆρος ἡμῶν θεοῦ,
2: 15 Ταῦτα λάλει καὶ παρακάλει καὶ ἔλεγχε μετὰ πάσης **ἐπιταγῆς·**

2199 ἐπιτάσσω [10]

√ *2093 + 5435*

Mk 1: 27 καὶ τοῖς πνεύμασι τοῖς ἀκαθάρτοις **ἐπιτάσσει,** καὶ ὑπακούουσιν αὐτῷ.
6: 27 καὶ εὐθὺς ἀποστείλας ὁ βασιλεὺς σπεκουλάτορα **ἐπέταξεν** ἐνέγκαι τὴν κεφαλὴν αὐτοῦ.
6: 39 καὶ **ἐπέταξεν** αὐτοῖς ἀνακλῖναι πάντας συμπόσια συμπόσια ἐπὶ τῷ χλωρῷ χόρτῳ.
9: 25 Τὸ ἄλαλον καὶ κωφὸν πνεῦμα, ἐγὼ **ἐπιτάσσω** σοι,
Lk 4: 36 Τίς ὁ λόγος οὗτος ὅτι ἐν ἐξουσίᾳ καὶ δυνάμει **ἐπιτάσσει** τοῖς ἀκαθάρτοις πνεύμασιν καὶ ἐξέρχονται;
8: 25 Τίς ἄρα οὗτός ἐστιν ὅτι καὶ τοῖς ἀνέμοις **ἐπιτάσσει** καὶ τῷ ὕδατι,
8: 31 καὶ παρεκάλουν αὐτὸν ἵνα μὴ **ἐπιτάξῃ** αὐτοῖς εἰς τὴν ἄβυσσον ἀπελθεῖν.
14: 22 Κύριε, γέγονεν ὃ **ἐπέταξας,** καὶ ἔτι τόπος ἐστίν.
Ac 23: 2 ὁ δὲ ἀρχιερεὺς Ἀνανίας **ἐπέταξεν** τοῖς παρεστῶσιν αὐτῷ τύπτειν αὐτοῦ τὸ στόμα.
Phm 1: 8 Διὸ πολλὴν ἐν Χριστῷ παρρησίαν ἔχων **ἐπιτάσσειν** σοι τὸ ἀνῆκον

2200 ἐπιτελέω [10]

√ *2093 + 5465*

Ro 15: 28 τοῦτο οὖν **ἐπιτελέσας** καὶ σφραγισάμενος αὐτοῖς τὸν καρπὸν τοῦτον,
2Co 7: 1 καθαρίσωμεν ἑαυτοὺς ἀπὸ παντὸς μολυσμοῦ σαρκὸς καὶ πνεύματος, **ἐπιτελοῦντες** ἁγιωσύνην ἐν φόβῳ θεοῦ.
8: 6 ἵνα καθὼς προενήρξατο οὕτως καὶ **ἐπιτελέσῃ** εἰς ὑμᾶς καὶ τὴν χάριν ταύτην.
8: 11 νυνὶ δὲ καὶ τὸ ποιῆσαι **ἐπιτελέσατε,** ὅπως καθάπερ ἡ προθυμία τοῦ θέλειν, οὕτως καὶ τὸ **ἐπιτελέσαι** ἐκ τοῦ ἔχειν.
Gal 3: 3 οὕτως ἀνόητοί ἐστε, ἐναρξάμενοι πνεύματι νῦν σαρκὶ **ἐπιτελεῖσθε;**
Php 1: 6 ὅτι ὁ ἐναρξάμενος ἐν ὑμῖν ἔργον ἀγαθὸν **ἐπιτελέσει** ἄχρι ἡμέρας Χριστοῦ Ἰησοῦ·
Heb 8: 5 καθὼς κεχρημάτισται Μωϋσῆς μέλλων **ἐπιτελεῖν** τὴν σκηνήν, Ὅρα γάρ φησίν,
9: 6 Τούτων δὲ οὕτως κατεσκευασμένων εἰς μὲν τὴν πρώτην σκηνὴν διὰ παντὸς εἰσίασιν οἱ ἱερεῖς τὰς λατρείας **ἐπιτελοῦντες,**
1Pe 5: 9 ᾧ ἀντίστητε στερεοὶ τῇ πίστει εἰδότες τὰ αὐτὰ τῶν παθημάτων τῇ ἐν [τῷ] κόσμῳ ὑμῶν ἀδελφότητι **ἐπιτελεῖσθαι.**

2201 ἐπιτήδειος [1]

√ *2093 + 3836*

Jas 2: 16 μὴ δῶτε δὲ αὐτοῖς τὰ **ἐπιτήδεια** τοῦ σώματος,

2202 ἐπιτίθημι [39]

√ *2093 + 5502*

ἐπιτίθημι ὄνομα [2] Mk 3:16,17

ἐπιτίθημι τὴν χεῖρα [21] Mt 9:18; 19:13,15; Mk 5:23; 6:5; 7:32; 8:23,25; 16:18; Lk 4:40; 13:13; Ac 6:6; 8:17,19; 9:12,17; 13:3; 19:6; 28:3,8; 1Ti 5:22

Mt 9: 18 ἀλλὰ ἐλθὼν **ἐπίθες** τὴν χεῖρά σου ἐπ' αὐτήν,

19:13 Τότε προσηνέχθησαν αὐτῷ παιδία ἵνα τὰς χεῖρας **ἐπιθῇ** αὐτοῖς καὶ προσεύξηται·
19:15 καὶ **ἐπιθεὶς** τὰς χεῖρας αὐτοῖς ἐπορεύθη ἐκεῖθεν.
21: 7 ἤγαγον τὴν ὄνον καὶ τὸν πῶλον καὶ **ἐπέθηκαν** ἐπ' αὐτῶν τὰ ἱμάτια,
23: 4 δεσμεύουσιν δὲ φορτία βαρέα [καὶ δυσβάστακτα] καὶ **ἐπιτιθέασιν** ἐπὶ τοὺς ὤμους τῶν ἀνθρώπων,
27:29 καὶ πλέξαντες στέφανον ἐξ ἀκανθῶν **ἐπέθηκαν** ἐπὶ τῆς κεφαλῆς αὐτοῦ καὶ κάλαμον ἐν τῇ δεξιᾷ αὐτοῦ,
27:37 καὶ **ἐπέθηκαν** ἐπάνω τῆς κεφαλῆς αὐτοῦ τὴν αἰτίαν αὐτοῦ γεγραμμένην·

Mk 3:16 [καὶ ἐποίησεν τοὺς δώδεκα,] καὶ **ἐπέθηκεν** ὄνομα τῷ Σίμωνι Πέτρον,
3:17 καὶ Ἰάκωβον τὸν τοῦ Ζεβεδαίου καὶ Ἰωάννην τὸν ἀδελφὸν τοῦ Ἰακώβου καὶ **ἐπέθηκεν** αὐτοῖς ὀνόμα[τα] Βοανηργές,
5:23 ἵνα ἐλθὼν **ἐπιθῇς** τὰς χεῖρας αὐτῇ ἵνα σωθῇ καὶ ζήσῃ.
6: 5 εἰ μὴ ὀλίγοις ἀρρώστοις **ἐπιθεὶς** τὰς χεῖρας ἐθεράπευσεν.
7:32 καὶ φέρουσιν αὐτῷ κωφὸν καὶ μογιλάλον καὶ παρακαλοῦσιν αὐτὸν ἵνα **ἐπιθῇ** αὐτῷ τὴν χεῖρα.
8:23 **ἐπιθεὶς** τὰς χεῖρας αὐτῷ ἐπηρώτα αὐτόν, Εἴ τι βλέπεις;
8:25 εἶτα πάλιν **ἐπέθηκεν** τὰς χεῖρας ἐπὶ τοὺς ὀφθαλμοὺς αὐτοῦ,
16:18 ⟦κἂν θανάσιμόν τι πίωσιν οὐ μὴ αὐτοὺς βλάψῃ, ἐπὶ ἀρρώστους χεῖρας **ἐπιθήσουσιν** καὶ καλῶς ἕξουσιν.⟧

Lk 4:40 ὁ δὲ ἑνὶ ἑκάστῳ αὐτῶν τὰς χεῖρας **ἐπιτιθεὶς** ἐθεράπευεν αὐτούς.
10:30 οἳ καὶ ἐκδύσαντες αὐτὸν καὶ πληγὰς **ἐπιθέντες** ἀπῆλθον ἀφέντες ἡμιθανῆ.
13:13 καὶ **ἐπέθηκεν** αὐτῇ τὰς χεῖρας· καὶ παραχρῆμα ἀνωρθώθη καὶ ἐδόξαζεν τὸν θεόν.
15: 5 καὶ εὑρὼν **ἐπιτίθησιν** ἐπὶ τοὺς ὤμους αὐτοῦ χαίρων
23:26 ἐπιλαβόμενοι Σίμωνά τινα Κυρηναῖον ἐρχόμενον ἀπ' ἀγροῦ **ἐπέθηκαν** αὐτῷ τὸν σταυρὸν φέρειν ὄπισθεν τοῦ Ἰησοῦ.

Jn 9:15 Πηλὸν **ἐπέθηκέν** μου ἐπὶ τοὺς ὀφθαλμούς, καὶ ἐνιψάμην καὶ βλέπω.
19: 2 καὶ οἱ στρατιῶται πλέξαντες στέφανον ἐξ ἀκανθῶν **ἐπέθηκαν** αὐτοῦ τῇ κεφαλῇ καὶ ἱμάτιον πορφυροῦν περιέβαλον αὐτὸν

Ac 6: 6 οὓς ἔστησαν ἐνώπιον τῶν ἀποστόλων, καὶ προσευξάμενοι **ἐπέθηκαν** αὐτοῖς τὰς χεῖρας.
8:17 τότε **ἐπετίθεσαν** τὰς χεῖρας ἐπ' αὐτοὺς καὶ ἐλάμβανον πνεῦμα ἅγιον.
8:19 Δότε κἀμοὶ τὴν ἐξουσίαν ταύτην ἵνα ᾧ ἐὰν **ἐπιθῶ** τὰς χεῖρας λαμβάνῃ πνεῦμα ἅγιον.
9:12 καὶ εἶδεν ἄνδρα [ἐν ὁράματι] Ἁνανίαν ὀνόματι εἰσελθόντα καὶ **ἐπιθέντα** αὐτῷ [τὰς] χεῖρας ὅπως ἀναβλέψῃ.
9:17 Ἀπῆλθεν δὲ Ἁνανίας καὶ εἰσῆλθεν εἰς τὴν οἰκίαν καὶ **ἐπιθεὶς** ἐπ' αὐτὸν τὰς χεῖρας εἶπεν,
13: 3 τότε νηστεύσαντες καὶ προσευξάμενοι καὶ **ἐπιθέντες** τὰς χεῖρας αὐτοῖς ἀπέλυσαν.
15:10 νῦν οὖν τί πειράζετε τὸν θεὸν **ἐπιθεῖναι** ζυγὸν ἐπὶ τὸν τράχηλον τῶν μαθητῶν ὃν οὔτε οἱ πατέρες ἡμῶν οὔτε ἡμεῖς ἰσχύσαμεν βαστάσαι;
15:28 ἔδοξεν γὰρ τῷ πνεύματι τῷ ἁγίῳ καὶ ἡμῖν μηδὲν πλέον **ἐπιτίθεσθαι** ὑμῖν βάρος πλὴν τούτων τῶν ἐπάναγκες,
16:23 πολλάς τε **ἐπιθέντες** αὐτοῖς πληγὰς ἔβαλον εἰς φυλακὴν παραγγείλαντες τῷ δεσμοφύλακι ἀσφαλῶς τηρεῖν αὐτούς.
18:10 διότι ἐγώ εἰμι μετὰ σοῦ καὶ οὐδεὶς **ἐπιθήσεταί** σοι τοῦ κακῶσαί σε,
19: 6 καὶ **ἐπιθέντος** αὐτοῖς τοῦ Παύλου [τὰς] χεῖρας ἦλθε τὸ πνεῦμα τὸ ἅγιον ἐπ' αὐτούς,
28: 3 συστρέψαντος δὲ τοῦ Παύλου φρυγάνων τι πλῆθος καὶ **ἐπιθέντος** ἐπὶ τὴν πυράν,
28: 8 πρὸς ὃν ὁ Παῦλος εἰσελθὼν καὶ προσευξάμενος **ἐπιθεὶς** τὰς χεῖρας αὐτῷ ἰάσατο αὐτόν.
28:10 οἳ καὶ πολλαῖς τιμαῖς ἐτίμησαν ἡμᾶς καὶ ἀναγομένοις **ἐπέθεντο** τὰ πρὸς τὰς χρείας.

1Ti 5:22 Χεῖρας ταχέως μηδενὶ **ἐπιτίθει** μηδὲ κοινώνει ἁμαρτίαις ἀλλοτρίαις·

Rev 22:18 ἐάν τις **ἐπιθῇ** ἐπ' αὐτά, **ἐπιθήσει** ὁ θεὸς ἐπ' αὐτὸν τὰς πληγὰς τὰς γεγραμμένας ἐν τῷ βιβλίῳ τούτῳ,

2203 ἐπιτιμάω [29 / 30]

√ *2093 + 5507*

sequential **ἵνα** [7] Mt 12:16; 16:20; 20:31; Mk 3:12; 8:30; 10:48; Lk 18:39

Mt 8:26 τότε ἐγερθεὶς **ἐπετίμησεν** τοῖς ἀνέμοις καὶ τῇ θαλάσσῃ,
12:16 καὶ **ἐπετίμησεν** αὐτοῖς ἵνα μὴ φανερὸν αὐτὸν ποιήσωσιν,
16:20 τότε **ἐπετίμησεν**[NIV; UBS *1403*] τοῖς μαθηταῖς ἵνα μηδενὶ εἴπωσιν ὅτι αὐτός ἐστιν ὁ Χριστός.
16:22 προσλαβόμενος αὐτὸν ὁ Πέτρος ἤρξατο **ἐπιτιμᾶν** αὐτῷ λέγων,
17:18 καὶ **ἐπετίμησεν** αὐτῷ ὁ Ἰησοῦς καὶ ἐξῆλθεν ἀπ' αὐτοῦ τὸ δαιμόνιον καὶ ἐθεραπεύθη ὁ παῖς ἀπὸ τῆς ὥρας ἐκείνης.
19:13 Τότε προσηνέχθησαν αὐτῷ παιδία ἵνα τὰς χεῖρας ἐπιθῇ αὐτοῖς καὶ προσεύξηται· οἱ δὲ μαθηταὶ **ἐπετίμησαν** αὐτοῖς.
20:31 ὁ δὲ ὄχλος **ἐπετίμησεν** αὐτοῖς ἵνα σιωπήσωσιν· οἱ δὲ μεῖζον ἔκραξαν λέγοντες,

Mk 1:25 καὶ **ἐπετίμησεν** αὐτῷ ὁ Ἰησοῦς λέγων, Φιμώθητι καὶ ἔξελθε ἐξ αὐτοῦ.
3:12 καὶ πολλὰ **ἐπετίμα** αὐτοῖς ἵνα μὴ αὐτὸν φανερὸν ποιήσωσιν.
4:39 καὶ διεγερθεὶς **ἐπετίμησεν** τῷ ἀνέμῳ καὶ εἶπεν τῇ θαλάσσῃ,
8:30 καὶ **ἐπετίμησεν** αὐτοῖς ἵνα μηδενὶ λέγωσιν περὶ αὐτοῦ.
8:32 καὶ προσλαβόμενος ὁ Πέτρος αὐτὸν ἤρξατο **ἐπιτιμᾶν** αὐτῷ.
8:33 ὁ δὲ ἐπιστραφεὶς καὶ ἰδὼν τοὺς μαθητὰς αὐτοῦ **ἐπετίμησεν** Πέτρῳ καὶ λέγει,
9:25 **ἐπετίμησεν** τῷ πνεύματι τῷ ἀκαθάρτῳ λέγων αὐτῷ, Τὸ ἄλαλον καὶ κωφὸν πνεῦμα,
10:13 Καὶ προσέφερον αὐτῷ παιδία ἵνα αὐτῶν ἅψηται· οἱ δὲ μαθηταὶ **ἐπετίμησαν** αὐτοῖς.
10:48 καὶ **ἐπετίμων** αὐτῷ πολλοὶ ἵνα σιωπήσῃ· ὁ δὲ πολλῷ μᾶλλον ἔκραζεν,

Lk 4:35 καὶ **ἐπετίμησεν** αὐτῷ ὁ Ἰησοῦς λέγων, Φιμώθητι καὶ ἔξελθε ἀπ' αὐτοῦ.
4:39 καὶ ἐπιστὰς ἐπάνω αὐτῆς **ἐπετίμησεν** τῷ πυρετῷ καὶ ἀφῆκεν αὐτήν·
4:41 καὶ **ἐπιτιμῶν** οὐκ εἴα αὐτὰ λαλεῖν, ὅτι ᾔδεισαν τὸν Χριστὸν αὐτὸν εἶναι.
8:24 ὁ δὲ διεγερθεὶς **ἐπετίμησεν** τῷ ἀνέμῳ καὶ τῷ κλύδωνι τοῦ ὕδατος·
9:21 Ὁ δὲ **ἐπιτιμήσας** αὐτοῖς παρήγγειλεν μηδενὶ λέγειν τοῦτο
9:42 **ἐπετίμησεν** δὲ ὁ Ἰησοῦς τῷ πνεύματι τῷ ἀκαθάρτῳ καὶ ἰάσατο τὸν παῖδα καὶ ἀπέδωκεν αὐτὸν τῷ πατρὶ αὐτοῦ.
9:55 στραφεὶς δὲ **ἐπετίμησεν** αὐτοῖς.
17: 3 ἐὰν ἁμάρτῃ ὁ ἀδελφός σου **ἐπιτίμησον** αὐτῷ, καὶ ἐὰν μετανοήσῃ ἄφες αὐτῷ.
18:15 Προσέφερον δὲ αὐτῷ καὶ τὰ βρέφη ἵνα αὐτῶν ἅπτηται· ἰδόντες δὲ οἱ μαθηταὶ **ἐπετίμων** αὐτοῖς.
18:39 καὶ οἱ προάγοντες **ἐπετίμων** αὐτῷ ἵνα σιγήσῃ, αὐτὸς δὲ πολλῷ μᾶλλον ἔκραζεν,
19:39 καί τινες τῶν Φαρισαίων ἀπὸ τοῦ ὄχλου εἶπαν πρὸς αὐτόν, Διδάσκαλε, **ἐπιτίμησον** τοῖς μαθηταῖς σου.
23:40 ἀποκριθεὶς δὲ ὁ ἕτερος **ἐπιτιμῶν** αὐτῷ ἔφη, Οὐδὲ φοβῇ σὺ τὸν θεόν,

2Ti 4: 2 κήρυξον τὸν λόγον, ἐπίστηθι εὐκαίρως ἀκαίρως, ἔλεγξον, **ἐπιτίμησον,** παρακάλεσον,

Jude 1: 9 οὐκ ἐτόλμησεν κρίσιν ἐπενεγκεῖν βλασφημίας ἀλλὰ εἶπεν, **Ἐπιτιμήσαι** σοι κύριος.

2204 ἐπιτιμία [1]

√ *2093 + 5507*

2Co 2: 6 ἱκανὸν τῷ τοιούτῳ ἡ **ἐπιτιμία** αὕτη ἡ ὑπὸ τῶν πλειόνων,

2205 ἐπιτρέπω [18]

√ *2093 + 5572*

Mt 8:21 **ἐπίτρεψόν** μοι πρῶτον ἀπελθεῖν καὶ θάψαι τὸν πατέρα μου.
19: 8 λέγει αὐτοῖς ὅτι Μωϋσῆς πρὸς τὴν σκληροκαρδίαν ὑμῶν **ἐπέτρεψεν** ὑμῖν ἀπολῦσαι τὰς γυναῖκας ὑμῶν,

Mk 5:13 καὶ **ἐπέτρεψεν** αὐτοῖς. καὶ ἐξελθόντα τὰ πνεύματα τὰ ἀκάθαρτα εἰσῆλθον εἰς τοὺς χοίρους,
10: 4 οἱ δὲ εἶπαν, **Ἐπέτρεψεν** Μωϋσῆς βιβλίον ἀποστασίου γράψαι καὶ ἀπολῦσαι.

Lk 8:32 καὶ παρεκάλεσαν αὐτὸν ἵνα **ἐπιτρέψῃ** αὐτοῖς εἰς ἐκείνους εἰσελθεῖν· καὶ **ἐπέτρεψεν** αὐτοῖς.
9:59 **ἐπίτρεψόν** μοι ἀπελθόντι πρῶτον θάψαι τὸν πατέρα μου.
9:61 πρῶτον δὲ **ἐπίτρεψόν** μοι ἀποτάξασθαι τοῖς εἰς τὸν οἶκόν μου.

Jn 19:38 ἵνα ἄρῃ τὸ σῶμα τοῦ Ἰησοῦ· καὶ **ἐπέτρεψεν** ὁ Πιλᾶτος.

Ac 21:39 δέομαι δέ σου, **ἐπίτρεψόν** μοι λαλῆσαι πρὸς τὸν λαόν.
21:40 **ἐπιτρέψαντος** δὲ αὐτοῦ ὁ Παῦλος ἑστὼς ἐπὶ τῶν ἀναβαθμῶν κατέσεισεν τῇ χειρὶ τῷ λαῷ.

26: 1 Ἀγρίππας δὲ πρὸς τὸν Παῦλον ἔφη, **Ἐπιτρέπεταί** σοι περὶ σεαυτοῦ λέγειν.
27: 3 φιλανθρώπως τε ὁ Ἰούλιος τῷ Παύλῳ χρησάμενος **ἐπέτρεψεν** πρὸς τοὺς φίλους πορευθέντι ἐπιμελείας τυχεῖν.
28: 16 **ἐπετράπη** τῷ Παύλῳ μένειν καθ' ἑαυτὸν σὺν τῷ φυλάσσοντι αὐτὸν στρατιώτῃ.
1Co 14: 34 οὐ γὰρ **ἐπιτρέπεται** αὐταῖς λαλεῖν, ἀλλὰ ὑποτασσέσθωσαν, καθὼς καὶ ὁ νόμος λέγει.
16: 7 ἐλπίζω γὰρ χρόνον τινὰ ἐπιμεῖναι πρὸς ὑμᾶς ἐὰν ὁ κύριος **ἐπιτρέψῃ.**
1Ti 2: 12 διδάσκειν δὲ γυναικὶ οὐκ **ἐπιτρέπω** οὐδὲ αὐθεντεῖν ἀνδρός,
Heb 6: 3 καὶ τοῦτο ποιήσομεν, ἐάνπερ **ἐπιτρέπῃ** ὁ θεός.

2206 ἐπιτροπεύω Not used in UBS/NIV

√ *2093 + 5572*

2207 ἐπιτροπή [1]

√ *2093 + 5572*

Ac 26: 12 Ἐν οἷς πορευόμενος εἰς τὴν Δαμασκὸν μετ' ἐξουσίας καὶ **ἐπιτροπῆς** τῆς τῶν ἀρχιερέων

2208 ἐπίτροπος [3]

√ *2093 + 5572*

Mt 20: 8 ὀψίας δὲ γενομένης λέγει ὁ κύριος τοῦ ἀμπελῶνος τῷ **ἐπιτρόπῳ** αὐτοῦ,
Lk 8: 3 καὶ Ἰωάννα γυνὴ Χουζᾶ **ἐπιτρόπου** Ἡρῴδου καὶ Σουσάννα καὶ ἕτεραι πολλαί,
Gal 4: 2 ἀλλὰ ὑπὸ **ἐπιτρόπους** ἐστὶν καὶ οἰκονόμους ἄχρι τῆς προθεσμίας τοῦ πατρός.

2209 ἐπιτυγχάνω [5]

√ *2093 + 5593*

Ro 11: 7 ὃ ἐπιζητεῖ Ἰσραήλ, τοῦτο οὐκ **ἐπέτυχεν,** ἡ δὲ ἐκλογὴ **ἐπέτυχεν·** οἱ δὲ λοιποὶ ἐπωρώθησαν,
Heb 6: 15 καὶ οὕτως μακροθυμήσας **ἐπέτυχεν** τῆς ἐπαγγελίας.
11: 33 οἳ διὰ πίστεως κατηγωνίσαντο βασιλείας, εἰργάσαντο δικαιοσύνην, **ἐπέτυχον** ἐπαγγελιῶν, ἔφραξαν στόματα λεόντων,
Jas 4: 2 φονεύετε καὶ ζηλοῦτε καὶ οὐ δύνασθε **ἐπιτυχεῖν,** μάχεσθε καὶ πολεμεῖτε,

2210 ἐπιφαίνω [4]

√ *2093 + 5743*

Lk 1: 79 **ἐπιφᾶναι** τοῖς ἐν σκότει καὶ σκιᾷ θανάτου καθημένοις,
Ac 27: 20 μήτε δὲ ἡλίου μήτε ἄστρων **ἐπιφαινόντων** ἐπὶ πλείονας ἡμέρας,
Tit 2: 11 **Ἐπεφάνη** γὰρ ἡ χάρις τοῦ θεοῦ σωτήριος πᾶσιν ἀνθρώποις
3: 4 ὅτε δὲ ἡ χρηστότης καὶ ἡ φιλανθρωπία **ἐπεφάνη** τοῦ σωτῆρος ἡμῶν θεοῦ,

2211 ἐπιφάνεια [6]

√ *2093 + 5743*

2Th 2: 8 ὃν ὁ κύριος [Ἰησοῦς] ἀνελεῖ τῷ πνεύματι τοῦ στόματος αὐτοῦ καὶ καταργήσει τῇ **ἐπιφανείᾳ** τῆς παρουσίας αὐτοῦ,
1Ti 6: 14 τηρῆσαί σε τὴν ἐντολὴν ἄσπιλον ἀνεπίλημπτον μέχρι τῆς **ἐπιφανείας** τοῦ κυρίου ἡμῶν Ἰησοῦ Χριστοῦ,
2Ti 1: 10 φανερωθεῖσαν δὲ νῦν διὰ τῆς **ἐπιφανείας** τοῦ σωτῆρος ἡμῶν Χριστοῦ Ἰησοῦ,
4: 1 καὶ τὴν **ἐπιφάνειαν** αὐτοῦ καὶ τὴν βασιλείαν αὐτοῦ·
4: 8 οὐ μόνον δὲ ἐμοὶ ἀλλὰ καὶ πᾶσι τοῖς ἠγαπηκόσι τὴν **ἐπιφάνειαν** αὐτοῦ.
Tit 2: 13 προσδεχόμενοι τὴν μακαρίαν ἐλπίδα καὶ **ἐπιφάνειαν** τῆς δόξης τοῦ μεγάλου θεοῦ καὶ σωτῆρος ἡμῶν Ἰησοῦ Χριστοῦ,

2212 ἐπιφανής [1]

√ *2093 + 5743*

Ac 2: 20 πρὶν ἐλθεῖν ἡμέραν κυρίου τὴν μεγάλην καὶ **ἐπιφανῆ.**

2213 ἐπιφαύσκω [1]

√ *2093 + 5743*

Eph 5: 14 καὶ ἀνάστα ἐκ τῶν νεκρῶν, καὶ **ἐπιφαύσει** σοι ὁ Χριστός.

2214 ἐπιφέρω [2]

√ *2093 + 5770*

Ro 3: 5 μὴ ἄδικος ὁ θεὸς ὁ **ἐπιφέρων** τὴν ὀργήν;
Jude 1: 9 οὐκ ἐτόλμησεν κρίσιν **ἐπενεγκεῖν** βλασφημίας ἀλλὰ εἶπεν, Ἐπιτιμήσαι σοι κύριος.

2215 ἐπιφωνέω [4]

√ *2093 + 5889*

Lk 23: 21 οἱ δὲ **ἐπεφώνουν** λέγοντες, Σταύρου σταύρου αὐτόν.
Ac 12: 22 ὁ δὲ δῆμος **ἐπεφώνει,** Θεοῦ φωνὴ καὶ οὐκ ἀνθρώπου.
21: 34 ἄλλοι δὲ ἄλλο τι **ἐπεφώνουν** ἐν τῷ ὄχλῳ.
22: 24 εἴπας μάστιξιν ἀνετάζεσθαι αὐτὸν ἵνα ἐπιγνῷ δι' ἣν αἰτίαν οὕτως **ἐπεφώνουν** αὐτῷ.

2216 ἐπιφώσκω [2]

√ *2093 + 5743*

Mt 28: 1 τῇ **ἐπιφωσκούσῃ** εἰς μίαν σαββάτων ἦλθεν Μαριὰμ ἡ Μαγδαληνὴ καὶ ἡ ἄλλη Μαρία θεωρῆσαι τὸν τάφον.
Lk 23: 54 καὶ ἡμέρα ἦν παρασκευῆς καὶ σάββατον **ἐπέφωσκεν.**

2217 ἐπιχειρέω [3]

√ *2093 + 5931*

Lk 1: 1 Ἐπειδήπερ πολλοὶ **ἐπεχείρησαν** ἀνατάξασθαι διήγησιν περὶ τῶν πεπληροφορημένων ἐν ἡμῖν πραγμάτων,
Ac 9: 29 ἐλάλει τε καὶ συνεζήτει πρὸς τοὺς Ἑλληνιστάς, οἱ δὲ **ἐπεχείρουν** ἀνελεῖν αὐτόν.
19: 13 **ἐπεχείρησαν** δέ τινες καὶ τῶν περιερχομένων Ἰουδαίων ἐξορκιστῶν ὀνομάζειν ἐπὶ τοὺς ἔχοντας τὰ πνεύματα τὰ πονηρὰ τὸ ὄνομα τοῦ κυρίου Ἰησοῦ λέγοντες,

2218 ἐπιχείρησις Not used in UBS/NIV

√ *2093 + 5931*

2219 ἐπιχέω [1]

√ *1772; cf. 2093*

Lk 10: 34 καὶ προσελθὼν κατέδησεν τὰ τραύματα αὐτοῦ **ἐπιχέων** ἔλαιον καὶ οἶνον,

2220 ἐπιχορηγέω [5]

√ *2093 + 5962 + 72*

2Co 9: 10 ὁ δὲ **ἐπιχορηγῶν** σπόρον τῷ σπείροντι καὶ ἄρτον εἰς βρῶσιν χορηγήσει καὶ πληθυνεῖ τὸν σπόρον ὑμῶν
Gal 3: 5 ὁ οὖν **ἐπιχορηγῶν** ὑμῖν τὸ πνεῦμα καὶ ἐνεργῶν δυνάμεις ἐν ὑμῖν,
Col 2: 19 πᾶν τὸ σῶμα διὰ τῶν ἁφῶν καὶ συνδέσμων **ἐπιχορηγούμενον** καὶ συμβιβαζόμενον αὔξει τὴν αὔξησιν τοῦ θεοῦ.
2Pe 1: 5 καὶ αὐτὸ τοῦτο δὲ σπουδὴν πᾶσαν παρεισενέγκαντες **ἐπιχορηγήσατε** ἐν τῇ πίστει ὑμῶν τὴν ἀρετήν,
1: 11 οὕτως γὰρ πλουσίως **ἐπιχορηγηθήσεται** ὑμῖν ἡ εἴσοδος εἰς τὴν αἰώνιον βασιλείαν τοῦ κυρίου ἡμῶν καὶ σωτῆρος Ἰησοῦ Χριστοῦ.

2221 ἐπιχορηγία [2]

√ *2093 + 5962 + 72*

Eph 4: 16 ἐξ οὗ πᾶν τὸ σῶμα συναρμολογούμενον καὶ συμβιβαζόμενον διὰ πάσης ἁφῆς τῆς **ἐπιχορηγίας** κατ' ἐνέργειαν ἐν μέτρῳ ἑνὸς ἑκάστου μέρους τὴν αὔξησιν τοῦ σώματος ποιεῖται εἰς οἰκοδομὴν ἑαυτοῦ ἐν ἀγάπῃ.
Php 1: 19 οἶδα γὰρ ὅτι τοῦτό μοι ἀποβήσεται εἰς σωτηρίαν διὰ τῆς ὑμῶν δεήσεως καὶ **ἐπιχορηγίας** τοῦ πνεύματος Ἰησοῦ Χριστοῦ

2222 ἐπιχρίω [2]

√ 2093 + 5987

Jn 9: 6 ἔπτυσεν χαμαὶ καὶ ἐποίησεν πηλὸν ἐκ τοῦ πτύσματος καὶ **ἐπέχρισεν** αὐτοῦ τὸν πηλὸν ἐπὶ τοὺς ὀφθαλμοὺς
9: 11 Ὁ ἄνθρωπος ὁ λεγόμενος Ἰησοῦς πηλὸν ἐποίησεν καὶ **ἐπέχρισέν** μου τοὺς ὀφθαλμοὺς

2223 ἐπιψαύω Not used in UBS/NIV

√ 2093 + 6041

2224 ἐποικοδομέω [7]

√ 2093 + 3875 + 1560

1Co 3: 10 Κατὰ τὴν χάριν τοῦ θεοῦ τὴν δοθεῖσάν μοι ὡς σοφὸς ἀρχιτέκτων θεμέλιον ἔθηκα, ἄλλος δὲ **ἐποικοδομεῖ.** ἕκαστος δὲ βλεπέτω πῶς **ἐποικοδομεῖ.**
3: 12 εἰ δέ τις **ἐποικοδομεῖ** ἐπὶ τὸν θεμέλιον χρυσόν,
3: 14 εἴ τινος τὸ ἔργον μενεῖ ὃ **ἐποικοδόμησεν,** μισθὸν λήμψεται·
Eph 2: 20 **ἐποικοδομηθέντες** ἐπὶ τῷ θεμελίῳ τῶν ἀποστόλων καὶ προφητῶν,
Col 2: 7 ἐρριζωμένοι καὶ **ἐποικοδομούμενοι** ἐν αὐτῷ καὶ βεβαιούμενοι τῇ πίστει καθὼς ἐδιδάχθητε,
Jude 1: 20 ὑμεῖς δέ, ἀγαπητοί, **ἐποικοδομοῦντες** ἑαυτοὺς τῇ ἁγιωτάτῃ ὑμῶν πίστει,

2225 ἐποκέλλω Not used in UBS/NIV

√ 2093 + 3027

2226 ἐπονομάζω [1]

√ 2093 + 3950

Ro 2: 17 Εἰ δὲ σὺ Ἰουδαῖος **ἐπονομάζῃ** καὶ ἐπαναπαύῃ νόμῳ καὶ καυχᾶσαι ἐν θεῷ

2227 ἐποπτεύω [2]

√ 2093 + 3972

1Pe 2: 12 ἐν ᾧ καταλαλοῦσιν ὑμῶν ὡς κακοποιῶν ἐκ τῶν καλῶν ἔργων **ἐποπτεύοντες** δοξάσωσιν τὸν θεὸν ἐν ἡμέρᾳ ἐπισκοπῆς.
3: 2 **ἐποπτεύσαντες** τὴν ἐν φόβῳ ἁγνὴν ἀναστροφὴν ὑμῶν.

2228 ἐπόπτης [1]

√ 2093 + 3972

2Pe 1: 16 τὴν τοῦ κυρίου ἡμῶν Ἰησοῦ Χριστοῦ δύναμιν καὶ παρουσίαν ἀλλ᾽ **ἐπόπται** γενηθέντες τῆς ἐκείνου μεγαλειότητος.

2229 ἔπος [1]

Heb 7: 9 καὶ ὡς **ἔπος** εἰπεῖν, δι᾽ Ἀβραὰμ καὶ Λευὶ ὁ δεκάτας λαμβάνων δεδεκάτωται·

2230 ἐπουράνιος [19]

√ 2093 + 4041

ἐπουράνιος Ἰερουσαλήμ [1] Heb 12:22

Jn 3: 12 εἰ τὰ ἐπίγεια εἶπον ὑμῖν καὶ οὐ πιστεύετε, πῶς ἐὰν εἴπω ὑμῖν τὰ **ἐπουράνια** πιστεύσετε;
1Co 15: 40 καὶ σώματα **ἐπουράνια,** καὶ σώματα ἐπίγεια· ἀλλὰ ἑτέρα μὲν ἡ τῶν **ἐπουρανίων** δόξα, ἑτέρα δὲ ἡ τῶν ἐπιγείων.
15: 48 καὶ οἷος ὁ **ἐπουράνιος,** τοιοῦτοι καὶ οἱ **ἐπουράνιοι·**
15: 49 καὶ καθὼς ἐφορέσαμεν τὴν εἰκόνα τοῦ χοϊκοῦ, φορέσομεν καὶ τὴν εἰκόνα τοῦ **ἐπουρανίου.**
Eph 1: 3 ὁ εὐλογήσας ἡμᾶς ἐν πάσῃ εὐλογίᾳ πνευματικῇ ἐν τοῖς **ἐπουρανίοις** ἐν Χριστῷ,
1: 20 ἣν ἐνήργησεν ἐν τῷ Χριστῷ ἐγείρας αὐτὸν ἐκ νεκρῶν καὶ καθίσας ἐν δεξιᾷ αὐτοῦ ἐν τοῖς **ἐπουρανίοις**
2: 6 καὶ συνήγειρεν καὶ συνεκάθισεν ἐν τοῖς **ἐπουρανίοις** ἐν Χριστῷ Ἰησοῦ,
3: 10 ἵνα γνωρισθῇ νῦν ταῖς ἀρχαῖς καὶ ταῖς ἐξουσίαις ἐν τοῖς **ἐπουρανίοις** διὰ τῆς ἐκκλησίας ἡ πολυποίκιλος σοφία τοῦ θεοῦ,
6: 12 πρὸς τὰ πνευματικὰ τῆς πονηρίας ἐν τοῖς **ἐπουρανίοις.**
Php 2: 10 ἵνα ἐν τῷ ὀνόματι Ἰησοῦ πᾶν γόνυ κάμψῃ **ἐπουρανίων** καὶ ἐπιγείων καὶ καταχθονίων
2Ti 4: 18 ῥύσεταί με ὁ κύριος ἀπὸ παντὸς ἔργου πονηροῦ καὶ σώσει εἰς τὴν βασιλείαν αὐτοῦ τὴν **ἐπουράνιον·**
Heb 3: 1 ἀδελφοὶ ἅγιοι, κλήσεως **ἐπουρανίου** μέτοχοι, κατανοήσατε τὸν ἀπόστολον καὶ ἀρχιερέα τῆς ὁμολογίας ἡμῶν Ἰησοῦν,
6: 4 γευσαμένους τε τῆς δωρεᾶς τῆς **ἐπουρανίου** καὶ μετόχους γενηθέντας πνεύματος ἁγίου
8: 5 οἵτινες ὑποδείγματι καὶ σκιᾷ λατρεύουσιν τῶν **ἐπουρανίων,** καθὼς κεχρημάτισται Μωϋσῆς μέλλων ἐπιτελεῖν τὴν σκηνήν,
9: 23 αὐτὰ δὲ τὰ **ἐπουράνια** κρείττοσιν θυσίαις παρὰ ταύτας.
11: 16 νῦν δὲ κρείττονος ὀρέγονται, τοῦτ᾽ ἔστιν **ἐπουρανίου.** διὸ οὐκ ἐπαισχύνεται αὐτοὺς ὁ θεὸς θεὸς ἐπικαλεῖσθαι αὐτῶν·
12: 22 ἀλλὰ προσεληλύθατε Σιὼν ὄρει καὶ πόλει θεοῦ ζῶντος, Ἰερουσαλὴμ **ἐπουρανίῳ,** καὶ μυριάσιν ἀγγέλων, πανηγύρει

2231 ἑπτά [88]

→ 1573, 1574, 1575, 2232, 2233, 2234

οἱ ἑπτά [9] Mt 22:26,28; Mk 8:20; 12:22,23; Lk 20:31,33; Ac 21:8; Rev 17:11

ἑπτά ἀστέρες [5] Rev 1:16,20,20; 2:1; 3:1

Mt 12: 45 τότε πορεύεται καὶ παραλαμβάνει μεθ᾽ ἑαυτοῦ **ἑπτὰ** ἕτερα πνεύματα πονηρότερα ἑαυτοῦ καὶ εἰσελθόντα κατοικεῖ ἐκεῖ·
15: 34 Πόσους ἄρτους ἔχετε; οἱ δὲ εἶπαν, **Ἑπτὰ** καὶ ὀλίγα ἰχθύδια.
15: 36 ἔλαβεν τοὺς **ἑπτὰ** ἄρτους καὶ τοὺς ἰχθύας καὶ εὐχαριστήσας ἔκλασεν καὶ ἐδίδου τοῖς μαθηταῖς,
15: 37 καὶ τὸ περισσεῦον τῶν κλασμάτων ἦραν **ἑπτὰ** σπυρίδας πλήρεις.
16: 10 οὐδὲ τοὺς **ἑπτὰ** ἄρτους τῶν τετρακισχιλίων καὶ πόσας σπυρίδας ἐλάβετε;
18: 22 Οὐ λέγω σοι ἕως ἑπτάκις ἀλλὰ ἕως ἑβδομηκοντάκις **ἑπτά.**
22: 25 ἦσαν δὲ παρ᾽ ἡμῖν **ἑπτὰ** ἀδελφοί· καὶ ὁ πρῶτος γήμας ἐτελεύτησεν,
22: 26 ὁμοίως καὶ ὁ δεύτερος καὶ ὁ τρίτος ἕως τῶν **ἑπτά.**
22: 28 ἐν τῇ ἀναστάσει οὖν τίνος τῶν **ἑπτὰ** ἔσται γυνή;
Mk 8: 5 καὶ ἠρώτα αὐτούς, Πόσους ἔχετε ἄρτους; οἱ δὲ εἶπαν, **Ἑπτά.**
8: 6 καὶ λαβὼν τοὺς **ἑπτὰ** ἄρτους εὐχαριστήσας ἔκλασεν καὶ ἐδίδου τοῖς μαθηταῖς αὐτοῦ ἵνα παρατιθῶσιν,
8: 8 καὶ ἔφαγον καὶ ἐχορτάσθησαν, καὶ ἦραν περισσεύματα κλασμάτων **ἑπτὰ** σπυρίδας.
8: 20 Ὅτε τοὺς **ἑπτὰ** εἰς τοὺς τετρακισχιλίους, πόσων σπυρίδων πληρώματα κλασμάτων ἤρατε; καὶ λέγουσιν [αὐτῷ,] **Ἑπτά.**
12: 20 **ἑπτὰ** ἀδελφοὶ ἦσαν· καὶ ὁ πρῶτος ἔλαβεν γυναῖκα καὶ ἀποθνῄσκων οὐκ ἀφῆκεν σπέρμα·
12: 22 καὶ οἱ **ἑπτὰ** οὐκ ἀφῆκαν σπέρμα. ἔσχατον πάντων καὶ ἡ γυνὴ ἀπέθανεν.
12: 23 ἐν τῇ ἀναστάσει [ὅταν ἀναστῶσιν] τίνος αὐτῶν ἔσται γυνή; οἱ γὰρ **ἑπτὰ** ἔσχον αὐτὴν γυναῖκα.
16: 9 ⟦Ἀναστὰς δὲ πρωῒ πρώτῃ σαββάτου ἐφάνη πρῶτον Μαρίᾳ τῇ Μαγδαληνῇ, παρ᾽ ἧς ἐκβεβλήκει **ἑπτὰ** δαιμόνια.⟧
Lk 2: 36 ζήσασα μετὰ ἀνδρὸς ἔτη **ἑπτὰ** ἀπὸ τῆς παρθενίας αὐτῆς
8: 2 Μαρία ἡ καλουμένη Μαγδαληνή, ἀφ᾽ ἧς δαιμόνια **ἑπτὰ** ἐξεληλύθει,
11: 26 τότε πορεύεται καὶ παραλαμβάνει ἕτερα πνεύματα πονηρότερα ἑαυτοῦ **ἑπτὰ** καὶ εἰσελθόντα κατοικεῖ ἐκεῖ·
20: 29 **ἑπτὰ** οὖν ἀδελφοὶ ἦσαν· καὶ ὁ πρῶτος λαβὼν γυναῖκα ἀπέθανεν ἄτεκνος·
20: 31 ὡσαύτως δὲ καὶ οἱ **ἑπτὰ** οὐ κατέλιπον τέκνα καὶ ἀπέθανον.
20: 33 ἡ γυνὴ οὖν ἐν τῇ ἀναστάσει τίνος αὐτῶν γίνεται γυνή; οἱ γὰρ **ἑπτὰ** ἔσχον αὐτὴν γυναῖκα.
Ac 6: 3 ἐπισκέψασθε δέ, ἀδελφοί, ἄνδρας ἐξ ὑμῶν μαρτυρουμένους **ἑπτά,**
13: 19 καὶ καθελὼν ἔθνη **ἑπτὰ** ἐν γῇ Χανάαν κατεκληρονόμησεν τὴν γῆν αὐτῶν
19: 14 ἦσαν δέ τινος Σκευᾶ Ἰουδαίου ἀρχιερέως **ἑπτὰ** υἱοὶ τοῦτο ποιοῦντες.
20: 6 καὶ ἤλθομεν πρὸς αὐτοὺς εἰς τὴν Τρῳάδα ἄχρι ἡμερῶν πέντε, ὅπου διετρίψαμεν ἡμέρας **ἑπτά.**
21: 4 ἀνευρόντες δὲ τοὺς μαθητὰς ἐπεμείναμεν αὐτοῦ ἡμέρας **ἑπτά,**
21: 8 καὶ εἰσελθόντες εἰς τὸν οἶκον Φιλίππου τοῦ εὐαγγελιστοῦ, ὄντος ἐκ τῶν **ἑπτά,** ἐμείναμεν παρ᾽ αὐτῷ.
21: 27 Ὡς δὲ ἔμελλον αἱ **ἑπτὰ** ἡμέραι συντελεῖσθαι, οἱ ἀπὸ τῆς Ἀσίας Ἰουδαῖοι θεασάμενοι αὐτὸν ἐν τῷ ἱερῷ

28:14 οὗ εὑρόντες ἀδελφοὺς παρεκλήθημεν παρ' αὐτοῖς ἐπιμεῖναι ἡμέρας **ἑπτά·**

Heb 11:30 Πίστει τὰ τείχη Ἰεριχὼ ἔπεσαν κυκλωθέντα ἐπὶ **ἑπτὰ** ἡμέρας.

Rev 1: 4 Ἰωάννης ταῖς **ἑπτὰ** ἐκκλησίαις ταῖς ἐν τῇ Ἀσίᾳ· χάρις ὑμῖν καὶ εἰρήνη ἀπὸ ὁ ὢν καὶ ὁ ἦν καὶ ὁ ἐρχόμενος καὶ ἀπὸ τῶν **ἑπτὰ** πνευμάτων ἃ ἐνώπιον τοῦ θρόνου αὐτοῦ

1:11 Ὃ βλέπεις γράψον εἰς βιβλίον καὶ πέμψον ταῖς **ἑπτὰ** ἐκκλησίαις,

1:12 Καὶ ἐπέστρεψα βλέπειν τὴν φωνὴν ἥτις ἐλάλει μετ' ἐμοῦ, καὶ ἐπιστρέψας εἶδον **ἑπτὰ** λυχνίας χρυσᾶς

1:16 καὶ ἔχων ἐν τῇ δεξιᾷ χειρὶ αὐτοῦ ἀστέρας **ἑπτὰ** καὶ ἐκ τοῦ στόματος αὐτοῦ ῥομφαία δίστομος ὀξεῖα ἐκπορευομένη καὶ ἡ ὄψις αὐτοῦ ὡς ὁ ἥλιος φαίνει ἐν τῇ δυνάμει αὐτοῦ.

1:20 τὸ μυστήριον τῶν **ἑπτὰ** ἀστέρων οὓς εἶδες ἐπὶ τῆς δεξιᾶς μου καὶ τὰς **ἑπτὰ** λυχνίας τὰς χρυσᾶς· οἱ **ἑπτὰ** ἀστέρες ἄγγελοι τῶν **ἑπτὰ** ἐκκλησιῶν εἰσιν καὶ αἱ λυχνίαι αἱ **ἑπτὰ ἑπτὰ** ἐκκλησίαι εἰσίν.

2: 1 Τάδε λέγει ὁ κρατῶν τοὺς **ἑπτὰ** ἀστέρας ἐν τῇ δεξιᾷ αὐτοῦ, ὁ περιπατῶν ἐν μέσῳ τῶν **ἑπτὰ** λυχνιῶν τῶν χρυσῶν·

3: 1 Τάδε λέγει ὁ ἔχων τὰ **ἑπτὰ** πνεύματα τοῦ θεοῦ καὶ τοὺς **ἑπτὰ** ἀστέρας·

4: 5 καὶ **ἑπτὰ** λαμπάδες πυρὸς καιόμεναι ἐνώπιον τοῦ θρόνου, ἅ εἰσιν τὰ **ἑπτὰ** πνεύματα τοῦ θεοῦ,

5: 1 βιβλίον γεγραμμένον ἔσωθεν καὶ ὄπισθεν κατεσφραγισμένον σφραγῖσιν **ἑπτά.**

5: 5 ἀνοῖξαι τὸ βιβλίον καὶ τὰς **ἑπτὰ** σφραγῖδας αὐτοῦ.

5: 6 ἀρνίον ἑστηκὸς ὡς ἐσφαγμένον ἔχων κέρατα **ἑπτὰ** καὶ ὀφθαλμοὺς **ἑπτὰ** οἵ εἰσιν τὰ **[ἑπτὰ]** πνεύματα τοῦ θεοῦ ἀπεσταλμένοι εἰς πᾶσαν τὴν γῆν.

6: 1 Καὶ εἶδον ὅτε ἤνοιξεν τὸ ἀρνίον μίαν ἐκ τῶν **ἑπτὰ** σφραγίδων,

8: 2 καὶ εἶδον τοὺς **ἑπτὰ** ἀγγέλους οἳ ἐνώπιον τοῦ θεοῦ ἑστήκασιν, καὶ ἐδόθησαν αὐτοῖς **ἑπτὰ** σάλπιγγες.

8: 6 Καὶ οἱ **ἑπτὰ** ἄγγελοι οἱ ἔχοντες τὰς **ἑπτὰ** σάλπιγγας ἡτοίμασαν αὐτοὺς ἵνα σαλπίσωσιν.

10: 3 καὶ ὅτε ἔκραξεν, ἐλάλησαν αἱ **ἑπτὰ** βρονταὶ τὰς ἑαυτῶν φωνάς.

10: 4 καὶ ὅτε ἐλάλησαν αἱ **ἑπτὰ** βρονταί, ἤμελλον γράφειν, καὶ ἤκουσα φωνὴν ἐκ τοῦ οὐρανοῦ λέγουσαν, Σφράγισον ἃ ἐλάλησαν αἱ **ἑπτὰ** βρονταί, καὶ μὴ αὐτὰ γράψῃς.

11:13 καὶ ἀπεκτάνθησαν ἐν τῷ σεισμῷ ὀνόματα ἀνθρώπων χιλιάδες **ἑπτὰ** καὶ οἱ λοιποὶ ἔμφοβοι ἐγένοντο καὶ ἔδωκαν δόξαν τῷ θεῷ

12: 3 καὶ ἰδοὺ δράκων μέγας πυρρὸς ἔχων κεφαλὰς **ἑπτὰ** καὶ κέρατα δέκα καὶ ἐπὶ τὰς κεφαλὰς αὐτοῦ **ἑπτὰ** διαδήματα,

13: 1 ἔχον κέρατα δέκα καὶ κεφαλὰς **ἑπτὰ** καὶ ἐπὶ τῶν κεράτων αὐτοῦ δέκα διαδήματα καὶ ἐπὶ τὰς κεφαλὰς αὐτοῦ ὀνόμα[τα] βλασφημίας.

15: 1 ἀγγέλους **ἑπτὰ** ἔχοντας πληγὰς **ἑπτὰ** τὰς ἐσχάτας, ὅτι ἐν αὐταῖς ἐτελέσθη ὁ θυμὸς τοῦ θεοῦ.

15: 6 καὶ ἐξῆλθον οἱ **ἑπτὰ** ἄγγελοι [οἱ] ἔχοντες τὰς **ἑπτὰ** πληγὰς ἐκ τοῦ ναοῦ ἐνδεδυμένοι λίνον καθαρὸν λαμπρὸν

15: 7 καὶ ἓν ἐκ τῶν τεσσάρων ζῴων ἔδωκεν τοῖς **ἑπτὰ** ἀγγέλοις **ἑπτὰ** φιάλας χρυσᾶς γεμούσας τοῦ θυμοῦ τοῦ θεοῦ τοῦ ζῶντος

15: 8 καὶ οὐδεὶς ἐδύνατο εἰσελθεῖν εἰς τὸν ναὸν ἄχρι τελεσθῶσιν αἱ **ἑπτὰ** πληγαὶ τῶν **ἑπτὰ** ἀγγέλων.

16: 1 Καὶ ἤκουσα μεγάλης φωνῆς ἐκ τοῦ ναοῦ λεγούσης τοῖς **ἑπτὰ** ἀγγέλοις, Ὑπάγετε καὶ ἐκχέετε τὰς **ἑπτὰ** φιάλας τοῦ θυμοῦ τοῦ θεοῦ εἰς τὴν γῆν.

17: 1 Καὶ ἦλθεν εἷς ἐκ τῶν **ἑπτὰ** ἀγγέλων τῶν ἐχόντων τὰς **ἑπτὰ** φιάλας καὶ ἐλάλησεν μετ' ἐμοῦ λέγων,

17: 3 γέμον[τα] ὀνόματα βλασφημίας, ἔχων κεφαλὰς **ἑπτὰ** καὶ κέρατα δέκα.

17: 7 τὸ μυστήριον τῆς γυναικὸς καὶ τοῦ θηρίου τοῦ βαστάζοντος αὐτὴν τοῦ ἔχοντος τὰς **ἑπτὰ** κεφαλὰς καὶ τὰ δέκα κέρατα.

17: 9 αἱ **ἑπτὰ** κεφαλαὶ **ἑπτὰ** ὄρη εἰσίν, ὅπου ἡ γυνὴ κάθηται ἐπ' αὐτῶν. καὶ βασιλεῖς **ἑπτά** εἰσιν·

17:11 καὶ τὸ θηρίον ὃ ἦν καὶ οὐκ ἔστιν καὶ αὐτὸς ὄγδοός ἐστιν καὶ ἐκ τῶν **ἑπτά** ἐστιν,

21: 9 Καὶ ἦλθεν εἷς ἐκ τῶν **ἑπτὰ** ἀγγέλων τῶν ἐχόντων τὰς **ἑπτὰ** φιάλας τῶν γεμόντων τῶν **ἑπτὰ** πληγῶν τῶν ἐσχάτων

2232 ἑπτάκις [4]

√ *2231*

Mt 18:21 ποσάκις ἁμαρτήσει εἰς ἐμὲ ὁ ἀδελφός μου καὶ ἀφήσω αὐτῷ; ἕως **ἑπτάκις;**

18:22 Οὐ λέγω σοι ἕως **ἑπτάκις** ἀλλὰ ἕως ἑβδομηκοντάκις ἑπτά.

Lk 17: 4 καὶ ἐὰν **ἑπτάκις** τῆς ἡμέρας ἁμαρτήσῃ εἰς σὲ καὶ **ἑπτάκις** ἐπιστρέψῃ πρὸς σὲ λέγων,

2233 ἑπτακισχίλιοι [1]

√ *2231 + 5943*

Ro 11: 4 Κατέλιπον ἐμαυτῷ **ἑπτακισχιλίους** ἄνδρας, οἵτινες οὐκ ἔκαμψαν γόνυ τῇ Βάαλ.

2234 ἑπταπλασίων Not used in UBS/NIV

√ *2231*

2235 Ἔραστος [3]

Ac 19:22 Τιμόθεον καὶ **Ἔραστον,** αὐτὸς ἐπέσχεν χρόνον εἰς τὴν Ἀσίαν.

Ro 16:23 ἀσπάζεται ὑμᾶς **Ἔραστος** ὁ οἰκονόμος τῆς πόλεως καὶ Κούαρτος ὁ ἀδελφός.

2Ti 4:20 **Ἔραστος** ἔμεινεν ἐν Κορίνθῳ, Τρόφιμον δὲ ἀπέλιπον ἐν Μιλήτῳ ἀσθενοῦντα.

2236 ἐραυνάω [6]

→ *451, 2001; cf. 2263*

Jn 5:39 **ἐραυνᾶτε** τὰς γραφάς, ὅτι ὑμεῖς δοκεῖτε ἐν αὐταῖς ζωὴν αἰώνιον ἔχειν·

7:52 **ἐραύνησον** καὶ ἴδε ὅτι ἐκ τῆς Γαλιλαίας προφήτης οὐκ ἐγείρεται.

Ro 8:27 ὁ δὲ **ἐραυνῶν** τὰς καρδίας οἶδεν τί τὸ φρόνημα τοῦ πνεύματος,

1Co 2:10 τὸ γὰρ πνεῦμα πάντα **ἐραυνᾷ,** καὶ τὰ βάθη τοῦ θεοῦ.

1Pe 1:11 **ἐραυνῶντες** εἰς τίνα ἢ ποῖον καιρὸν ἐδήλου τὸ ἐν αὐτοῖς πνεῦμα Χριστοῦ προμαρτυρόμενον τὰ εἰς Χριστὸν παθήματα

Rev 2:23 καὶ γνώσονται πᾶσαι αἱ ἐκκλησίαι ὅτι ἐγώ εἰμι ὁ **ἐραυνῶν** νεφροὺς καὶ καρδίας,

2237 ἐργάζομαι [41]

√ *2240*

δικαιοσύνη ἐργάζεσθαι [3] Ac 10:35; Heb 11:33; Jas 1:20

Mt 7:23 καὶ τότε ὁμολογήσω αὐτοῖς ὅτι Οὐδέποτε ἔγνων ὑμᾶς· ἀποχωρεῖτε ἀπ' ἐμοῦ οἱ **ἐργαζόμενοι** τὴν ἀνομίαν.

21:28 καὶ προσελθὼν τῷ πρώτῳ εἶπεν, Τέκνον, ὕπαγε σήμερον **ἐργάζου** ἐν τῷ ἀμπελῶνι.

25:16 πορευθεὶς ὁ τὰ πέντε τάλαντα λαβὼν **ἠργάσατο** ἐν αὐτοῖς καὶ ἐκέρδησεν ἄλλα πέντε·

26:10 Τί κόπους παρέχετε τῇ γυναικί; ἔργον γὰρ καλὸν **ἠργάσατο** εἰς ἐμέ·

Mk 14: 6 τί αὐτῇ κόπους παρέχετε; καλὸν ἔργον **ἠργάσατο** ἐν ἐμοί.

Lk 13:14 ἔλεγεν τῷ ὄχλῳ ὅτι Ἓξ ἡμέραι εἰσὶν ἐν αἷς δεῖ **ἐργάζεσθαι·**

Jn 3:21 ἵνα φανερωθῇ αὐτοῦ τὰ ἔργα ὅτι ἐν θεῷ ἐστιν **εἰργασμένα.**

5:17 Ὁ πατήρ μου ἕως ἄρτι **ἐργάζεται** κἀγὼ **ἐργάζομαι·**

6:27 **ἐργάζεσθε** μὴ τὴν βρῶσιν τὴν ἀπολλυμένην ἀλλὰ τὴν βρῶσιν τὴν μένουσαν εἰς ζωὴν αἰώνιον,

6:28 Τί ποιῶμεν ἵνα **ἐργαζώμεθα** τὰ ἔργα τοῦ θεοῦ;

6:30 Τί οὖν ποιεῖς σὺ σημεῖον, ἵνα ἴδωμεν καὶ πιστεύσωμέν σοι; τί **ἐργάζῃ;**

9: 4 ἡμᾶς δεῖ **ἐργάζεσθαι** τὰ ἔργα τοῦ πέμψαντός με ἕως ἡμέρα ἐστίν· ἔρχεται νὺξ ὅτε οὐδεὶς δύναται **ἐργάζεσθαι.**

Ac 10:35 ἀλλ' ἐν παντὶ ἔθνει ὁ φοβούμενος αὐτὸν καὶ **ἐργαζόμενος** δικαιοσύνην δεκτὸς αὐτῷ ἐστιν.

13:41 ὅτι ἔργον **ἐργάζομαι** ἐγὼ ἐν ταῖς ἡμέραις ὑμῶν,

18: 3 καὶ διὰ τὸ ὁμότεχνον εἶναι ἔμενεν παρ' αὐτοῖς, καὶ **ἠργάζετο·**

Ro 2:10 δόξα δὲ καὶ τιμὴ καὶ εἰρήνη παντὶ τῷ **ἐργαζομένῳ** τὸ ἀγαθόν,

4: 4 τῷ δὲ **ἐργαζομένῳ** ὁ μισθὸς οὐ λογίζεται κατὰ χάριν ἀλλὰ κατὰ ὀφείλημα,

4: 5 τῷ δὲ μὴ **ἐργαζομένῳ** πιστεύοντι δὲ ἐπὶ τὸν δικαιοῦντα τὸν ἀσεβῆ λογίζεται ἡ πίστις αὐτοῦ εἰς δικαιοσύνην·

13:10 ἡ ἀγάπη τῷ πλησίον κακὸν οὐκ **ἐργάζεται·** πλήρωμα οὖν νόμου ἡ ἀγάπη.

1Co 4:12 καὶ κοπιῶμεν **ἐργαζόμενοι** ταῖς ἰδίαις χερσίν· λοιδορούμενοι εὐλογοῦμεν,

9: 6 ἢ μόνος ἐγὼ καὶ Βαρναβᾶς οὐκ ἔχομεν ἐξουσίαν μὴ **ἐργάζεσθαι;**

9:13 οὐκ οἴδατε ὅτι οἱ τὰ ἱερὰ **ἐργαζόμενοι** [τὰ] ἐκ τοῦ ἱεροῦ ἐσθίουσιν,

16:10 ἵνα ἀφόβως γένηται πρὸς ὑμᾶς· τὸ γὰρ ἔργον κυρίου **ἐργάζεται** ὡς κἀγώ·
2Co 7:10 ἡ γὰρ κατὰ θεὸν λύπη μετάνοιαν εἰς σωτηρίαν ἀμεταμέλητον **ἐργάζεται·**
Gal 6:10 ἄρα οὖν ὡς καιρὸν ἔχομεν, **ἐργαζώμεθα** τὸ ἀγαθὸν πρὸς πάντας,
Eph 4:28 μᾶλλον δὲ κοπιάτω **ἐργαζόμενος** ταῖς [ἰδίαις] χερσὶν τὸ ἀγαθόν,
Col 3:23 ἐκ ψυχῆς **ἐργάζεσθε** ὡς τῷ κυρίῳ καὶ οὐκ ἀνθρώποις,
1Th 2: 9 νυκτὸς καὶ ἡμέρας **ἐργαζόμενοι** πρὸς τὸ μὴ ἐπιβαρῆσαί τινα ὑμῶν ἐκηρύξαμεν εἰς ὑμᾶς τὸ εὐαγγέλιον τοῦ θεοῦ.
4:11 καὶ φιλοτιμεῖσθαι ἡσυχάζειν καὶ πράσσειν τὰ ἴδια καὶ **ἐργάζεσθαι** ταῖς [ἰδίαις] χερσὶν ὑμῶν,
2Th 3: 8 ἀλλ' ἐν κόπῳ καὶ μόχθῳ νυκτὸς καὶ ἡμέρας **ἐργαζόμενοι** πρὸς τὸ μὴ ἐπιβαρῆσαί τινα ὑμῶν·
3:10 ὅτι εἴ τις οὐ θέλει **ἐργάζεσθαι** μηδὲ ἐσθιέτω.
3:11 ἀκούομεν γάρ τινας περιπατοῦντας ἐν ὑμῖν ἀτάκτως μηδὲν **ἐργαζομένους** ἀλλὰ περιεργαζομένους·
3:12 ἵνα μετὰ ἡσυχίας **ἐργαζόμενοι** τὸν ἑαυτῶν ἄρτον ἐσθίωσιν.
Heb 11:33 οἳ διὰ πίστεως κατηγωνίσαντο βασιλείας, **εἰργάσαντο** δικαιοσύνην, ἐπέτυχον ἐπαγγελιῶν, ἔφραξαν στόματα λεόντων,
Jas 1:20 ὀργὴ γὰρ ἀνδρὸς δικαιοσύνην θεοῦ οὐκ **ἐργάζεται.**
2: 9 ἁμαρτίαν **ἐργάζεσθε** ἐλεγχόμενοι ὑπὸ τοῦ νόμου ὡς παραβάται.
2Jn 1: 8 ἵνα μὴ ἀπολέσητε ἃ **εἰργασάμεθα** [UBS; NIV **εἰργάσασθε**] ἀλλὰ μισθὸν πλήρη ἀπολάβητε.
3Jn 1: 5 πιστὸν ποιεῖς ὃ ἐὰν **ἐργάσῃ** εἰς τοὺς ἀδελφοὺς καὶ τοῦτο ξένους,
Rev 18:17 Καὶ πᾶς κυβερνήτης καὶ πᾶς ὁ ἐπὶ τόπον πλέων καὶ ναῦται καὶ ὅσοι τὴν θάλασσαν **ἐργάζονται,**

2238 ἐργασία [6]

√ *2240*

Lk 12:58 ἐν τῇ ὁδῷ δὸς **ἐργασίαν** ἀπηλλάχθαι ἀπ' αὐτοῦ,
Ac 16:16 ἥτις **ἐργασίαν** πολλὴν παρεῖχεν τοῖς κυρίοις αὐτῆς μαντευομένη.
16:19 ἰδόντες δὲ οἱ κύριοι αὐτῆς ὅτι ἐξῆλθεν ἡ ἐλπὶς τῆς **ἐργασίας** αὐτῶν,
19:24 ποιῶν ναοὺς ἀργυροῦς Ἀρτέμιδος παρείχετο τοῖς τεχνίταις οὐκ ὀλίγην **ἐργασίαν,**
19:25 ἐπίστασθε ὅτι ἐκ ταύτης τῆς **ἐργασίας** ἡ εὐπορία ἡμῖν ἐστιν
Eph 4:19 οἵτινες ἀπηλγηκότες ἑαυτοὺς παρέδωκαν τῇ ἀσελγείᾳ εἰς **ἐργασίαν** ἀκαθαρσίας πάσης ἐν πλεονεξίᾳ.

2239 ἐργάτης [16]

√ *2240*

Mt 9:37 Ὁ μὲν θερισμὸς πολύς, οἱ δὲ **ἐργάται** ὀλίγοι·
9:38 δεήθητε οὖν τοῦ κυρίου τοῦ θερισμοῦ ὅπως ἐκβάλῃ **ἐργάτας** εἰς τὸν θερισμὸν αὐτοῦ.
10:10 μὴ πήραν εἰς ὁδὸν μηδὲ δύο χιτῶνας μηδὲ ὑποδήματα μηδὲ ῥάβδον· ἄξιος γὰρ ὁ **ἐργάτης** τῆς τροφῆς αὐτοῦ.
20: 1 ὅστις ἐξῆλθεν ἅμα πρωῒ μισθώσασθαι **ἐργάτας** εἰς τὸν ἀμπελῶνα αὐτοῦ.
20: 2 συμφωνήσας δὲ μετὰ τῶν **ἐργατῶν** ἐκ δηναρίου τὴν ἡμέραν ἀπέστειλεν αὐτοὺς εἰς τὸν ἀμπελῶνα αὐτοῦ.
20: 8 Κάλεσον τοὺς **ἐργάτας** καὶ ἀπόδος αὐτοῖς τὸν μισθὸν ἀρξάμενος ἀπὸ τῶν ἐσχάτων ἕως τῶν πρώτων.
Lk 10: 2 Ὁ μὲν θερισμὸς πολύς, οἱ δὲ **ἐργάται** ὀλίγοι· δεήθητε οὖν τοῦ κυρίου τοῦ θερισμοῦ ὅπως **ἐργάτας** ἐκβάλῃ εἰς τὸν θερισμὸν αὐτοῦ.
10: 7 ἐν αὐτῇ δὲ τῇ οἰκίᾳ μένετε ἐσθίοντες καὶ πίνοντες τὰ παρ' αὐτῶν· ἄξιος γὰρ ὁ **ἐργάτης** τοῦ μισθοῦ αὐτοῦ.
13:27 Οὐκ οἶδα [ὑμᾶς] πόθεν ἐστέ· ἀπόστητε ἀπ' ἐμοῦ πάντες **ἐργάται** ἀδικίας.
Ac 19:25 οὓς συναθροίσας καὶ τοὺς περὶ τὰ τοιαῦτα **ἐργάτας** εἶπεν,
2Co 11:13 οἱ γὰρ τοιοῦτοι ψευδαπόστολοι, **ἐργάται** δόλιοι, μετασχηματιζόμενοι εἰς ἀποστόλους Χριστοῦ.
Php 3: 2 Βλέπετε τοὺς κύνας, βλέπετε τοὺς κακοὺς **ἐργάτας,** βλέπετε τὴν κατατομήν.
1Ti 5:18 Βοῦν ἀλοῶντα οὐ φιμώσεις, καί, Ἄξιος ὁ **ἐργάτης** τοῦ μισθοῦ αὐτοῦ.
2Ti 2:15 σπούδασον σεαυτὸν δόκιμον παραστῆσαι τῷ θεῷ, **ἐργάτην** ἀνεπαίσχυντον, ὀρθοτομοῦντα τὸν λόγον τῆς ἀληθείας.
Jas 5: 4 ἰδοὺ ὁ μισθὸς τῶν **ἐργατῶν** τῶν ἀμησάντων τὰς χώρας ὑμῶν ὁ ἀπεστερημένος ἀφ' ὑμῶν κράζει,

2240 ἔργον [169]

→ *14, 15, 307, 733, 734, 1175, 1176, 1177, 1321, 1918, 1919, 1920, 1921, 2237, 2238, 2239, 2307, 2308, 2309, 2646, 2806, 2934, 2981, 3310, 3311, 3312, 3313, 4111, 4112, 4318, 4319, 4664, 5300, 5301, 5348; cf. 4816*

ἀγαθός ἔργον [14] Ac 9:36; Ro 2:7; 13:3; 2Co 9:8; Eph 2:10; Php 1:6; Col 1:10; 2Th 2:17; 1Ti 2:10; 5:10; 2Ti 2:21; 3:17; Tit 1:16; 3:1

ἄνομος ἔργον [1] 2Pe 2:8

ἔργον καὶ ἀλήθεια [1] 1Jn 3:18

ἔργον κυρίου [2] 1Co 15:58; 16:10

ἔργον τῆς πίστεως [1] 1Th 1:3

καλός ἔργον [15] Mt 5:16; 26:10; Mk 14:6; Jn 10:32,33; 1Ti 3:1; 5:10,25; 6:18; Tit 2:7,14; 3:8,14; Heb 10:24; 1Pe 2:12

λόγος ... ἔργον [6] Lk 24:19; Ac 7:22; Ro 15:18; Col 3:17; 2Th 2:17; 1Jn 3:18

νεκρός ... ἔργον [5] Heb 6:1; 9:14; Jas 2:17,26,26

πίστις ... ἔργον [22] Ro 3:27,28; 9:32; Gal 2:16,16; 3:2,5; 1Th 1:3; 2Th 1:11; Heb 6:1; Jas 2:14,14,17,18,18,18,20,22,22,24,26; Rev 2:19

πονηρός ἔργον [6] Jn 3:19; 7:7; Col 1:21; 2Ti 4:18; 1Jn 3:12; 2Jn 1:11

τὰ ἔργα διαβόλου [1] 1Jn 3:8

τὰ ἔργα σκότους [2] Ro 13:12; Eph 5:11

τὰ ἔργα τοῦ σάρκος [1] Gal 5:19

τὰ ἔργα τοῦ Χριστοῦ [1] Mt 11:2

τὸ ἔργον τοῦ θεοῦ [4] Jn 6:28,29; 9:3; Ro 14:20

τὸ ἔργον τοῦ νόμου [9] Ro 2:15; 3:20,28; Gal 2:16,16,16; 3:2,5,10

τὸ ἔργον τοῦ Χριστοῦ [1] Php 2:30

Mt 5:16 ὅπως ἴδωσιν ὑμῶν τὰ καλὰ **ἔργα** καὶ δοξάσωσιν τὸν πατέρα ὑμῶν τὸν ἐν τοῖς οὐρανοῖς.
11: 2 Ὁ δὲ Ἰωάννης ἀκούσας ἐν τῷ δεσμωτηρίῳ τὰ **ἔργα** τοῦ Χριστοῦ πέμψας διὰ τῶν μαθητῶν αὐτοῦ
11:19 καὶ ἐδικαιώθη ἡ σοφία ἀπὸ τῶν **ἔργων** αὐτῆς.
23: 3 πάντα οὖν ὅσα ἐὰν εἴπωσιν ὑμῖν ποιήσατε καὶ τηρεῖτε, κατὰ δὲ τὰ **ἔργα** αὐτῶν μὴ ποιεῖτε·
23: 5 πάντα δὲ τὰ **ἔργα** αὐτῶν ποιοῦσιν πρὸς τὸ θεαθῆναι τοῖς ἀνθρώποις·
26:10 Τί κόπους παρέχετε τῇ γυναικί; **ἔργον** γὰρ καλὸν ἠργάσατο εἰς ἐμέ·
Mk 13:34 ὡς ἄνθρωπος ἀπόδημος ἀφεὶς τὴν οἰκίαν αὐτοῦ καὶ δοὺς τοῖς δούλοις αὐτοῦ τὴν ἐξουσίαν ἑκάστῳ τὸ **ἔργον** αὐτοῦ
14: 6 τί αὐτῇ κόπους παρέχετε; καλὸν **ἔργον** ἠργάσατο ἐν ἐμοί.
Lk 11:48 ἄρα μάρτυρές ἐστε καὶ συνευδοκεῖτε τοῖς **ἔργοις** τῶν πατέρων ὑμῶν,
24:19 ὃς ἐγένετο ἀνὴρ προφήτης δυνατὸς ἐν **ἔργῳ** καὶ λόγῳ ἐναντίον τοῦ θεοῦ καὶ παντὸς τοῦ λαοῦ,
Jn 3:19 ὅτι τὸ φῶς ἐλήλυθεν εἰς τὸν κόσμον καὶ ἠγάπησαν οἱ ἄνθρωποι μᾶλλον τὸ σκότος ἢ τὸ φῶς· ἦν γὰρ αὐτῶν πονηρὰ τὰ **ἔργα.**
3:20 πᾶς γὰρ ὁ φαῦλα πράσσων μισεῖ τὸ φῶς καὶ οὐκ ἔρχεται πρὸς τὸ φῶς, ἵνα μὴ ἐλεγχθῇ τὰ **ἔργα** αὐτοῦ·
3:21 ἵνα φανερωθῇ αὐτοῦ τὰ **ἔργα** ὅτι ἐν θεῷ ἐστιν εἰργασμένα.
4:34 Ἐμὸν βρῶμά ἐστιν ἵνα ποιήσω τὸ θέλημα τοῦ πέμψαντός με καὶ τελειώσω αὐτοῦ τὸ **ἔργον.**
5:20 καὶ μείζονα τούτων δείξει αὐτῷ **ἔργα,** ἵνα ὑμεῖς θαυμάζητε.
5:36 τὰ γὰρ **ἔργα** ἃ δέδωκέν μοι ὁ πατὴρ ἵνα τελειώσω αὐτά, αὐτὰ τὰ **ἔργα** ἃ ποιῶ μαρτυρεῖ περὶ ἐμοῦ ὅτι ὁ πατήρ με ἀπέσταλκεν.
6:28 Τί ποιῶμεν ἵνα ἐργαζώμεθα τὰ **ἔργα** τοῦ θεοῦ;
6:29 Τοῦτό ἐστιν τὸ **ἔργον** τοῦ θεοῦ, ἵνα πιστεύητε εἰς ὃν ἀπέστειλεν ἐκεῖνος.

7: 3 ἵνα καὶ οἱ μαθηταί σου θεωρήσουσιν σοῦ τὰ **ἔργα** ἃ ποιεῖς·
7: 7 ὅτι ἐγὼ μαρτυρῶ περὶ αὐτοῦ ὅτι τὰ **ἔργα** αὐτοῦ πονηρά ἐστιν.
7:21 ἀπεκρίθη Ἰησοῦς καὶ εἶπεν αὐτοῖς, Ἓν **ἔργον** ἐποίησα καὶ πάντες θαυμάζετε.
8:39 Εἰ τέκνα τοῦ Ἀβραάμ ἐστε, τὰ **ἔργα** τοῦ Ἀβραὰμ ἐποιεῖτε·
8:41 ὑμεῖς ποιεῖτε τὰ **ἔργα** τοῦ πατρὸς ὑμῶν. εἶπαν [οὖν] αὐτῷ,
9: 3 ἀλλ' ἵνα φανερωθῇ τὰ **ἔργα** τοῦ θεοῦ ἐν αὐτῷ.
9: 4 ἡμᾶς δεῖ ἐργάζεσθαι τὰ **ἔργα** τοῦ πέμψαντός με ἕως ἡμέρα ἐστίν·
10:25 τὰ **ἔργα** ἃ ἐγὼ ποιῶ ἐν τῷ ὀνόματι τοῦ πατρός μου ταῦτα μαρτυρεῖ περὶ ἐμοῦ·
10:32 Πολλὰ **ἔργα** καλὰ ἔδειξα ὑμῖν ἐκ τοῦ πατρός· διὰ ποῖον αὐτῶν **ἔργον** ἐμὲ λιθάζετε;
10:33 Περὶ καλοῦ **ἔργου** οὐ λιθάζομέν σε ἀλλὰ περὶ βλασφημίας,
10:37 εἰ οὐ ποιῶ τὰ **ἔργα** τοῦ πατρός μου,
10:38 εἰ δὲ ποιῶ, κἂν ἐμοὶ μὴ πιστεύητε, τοῖς **ἔργοις** πιστεύετε,
14:10 ὁ δὲ πατὴρ ἐν ἐμοὶ μένων ποιεῖ τὰ **ἔργα** αὐτοῦ.
14:11 εἰ δὲ μή, διὰ τὰ **ἔργα** αὐτὰ πιστεύετε.
14:12 ὁ πιστεύων εἰς ἐμὲ τὰ **ἔργα** ἃ ἐγὼ ποιῶ κἀκεῖνος ποιήσει καὶ μείζονα τούτων ποιήσει,
15:24 εἰ τὰ **ἔργα** μὴ ἐποίησα ἐν αὐτοῖς ἃ οὐδεὶς ἄλλος ἐποίησεν,
17: 4 ἐγώ σε ἐδόξασα ἐπὶ τῆς γῆς τὸ **ἔργον** τελειώσας ὃ δέδωκάς μοι ἵνα ποιήσω·
Ac 5:38 ὅτι ἐὰν ᾖ ἐξ ἀνθρώπων ἡ βουλὴ αὕτη ἢ τὸ **ἔργον** τοῦτο,
7:22 ἦν δὲ δυνατὸς ἐν λόγοις καὶ **ἔργοις** αὐτοῦ.
7:41 ἐμοσχοποίησαν ἐν ταῖς ἡμέραις ἐκείναις καὶ ἀνήγαγον θυσίαν τῷ εἰδώλῳ καὶ εὐφραίνοντο ἐν τοῖς **ἔργοις** τῶν χειρῶν αὐτῶν.
9:36 αὕτη ἦν πλήρης **ἔργων** ἀγαθῶν καὶ ἐλεημοσυνῶν ὧν ἐποίει.
13: 2 Ἀφορίσατε δή μοι τὸν Βαρναβᾶν καὶ Σαῦλον εἰς τὸ **ἔργον** ὃ προσκέκλημαι αὐτούς.
13:41 ὅτι **ἔργον** ἐργάζομαι ἐγὼ ἐν ταῖς ἡμέραις ὑμῶν, **ἔργον** ὃ οὐ μὴ πιστεύσητε ἐάν τις ἐκδιηγῆται ὑμῖν.
14:26 ὅθεν ἦσαν παραδεδομένοι τῇ χάριτι τοῦ θεοῦ εἰς τὸ **ἔργον** ὃ ἐπλήρωσαν.
15:38 τὸν ἀποστάντα ἀπ' αὐτῶν ἀπὸ Παμφυλίας καὶ μὴ συνελθόντα αὐτοῖς εἰς τὸ **ἔργον** μὴ συμπαραλαμβάνειν τοῦτον.
26:20 ἀπήγγελλον μετανοεῖν καὶ ἐπιστρέφειν ἐπὶ τὸν θεόν, ἄξια τῆς μετανοίας **ἔργα** πράσσοντας.
Ro 2: 6 ὃς ἀποδώσει ἑκάστῳ κατὰ τὰ **ἔργα** αὐτοῦ·
2: 7 τοῖς μὲν καθ' ὑπομονὴν **ἔργου** ἀγαθοῦ δόξαν καὶ τιμὴν καὶ ἀφθαρσίαν ζητοῦσιν ζωὴν αἰώνιον,
2:15 οἵτινες ἐνδείκνυνται τὸ **ἔργον** τοῦ νόμου γραπτὸν ἐν ταῖς καρδίαις αὐτῶν,
3:20 διότι ἐξ **ἔργων** νόμου οὐ δικαιωθήσεται πᾶσα σὰρξ ἐνώπιον αὐτοῦ,
3:27 διὰ ποίου νόμου; τῶν **ἔργων**; οὐχί, ἀλλὰ διὰ νόμου πίστεως.
3:28 λογιζόμεθα γὰρ δικαιοῦσθαι πίστει ἄνθρωπον χωρὶς **ἔργων** νόμου.
4: 2 εἰ γὰρ Ἀβραὰμ ἐξ **ἔργων** ἐδικαιώθη, ἔχει καύχημα,
4: 6 καθάπερ καὶ Δαυὶδ λέγει τὸν μακαρισμὸν τοῦ ἀνθρώπου ᾧ ὁ θεὸς λογίζεται δικαιοσύνην χωρὶς **ἔργων,**
9:12 οὐκ ἐξ **ἔργων** ἀλλ' ἐκ τοῦ καλοῦντος, ἐρρέθη αὐτῇ ὅτι Ὁ μείζων δουλεύσει τῷ ἐλάσσονι,
9:32 ὅτι οὐκ ἐκ πίστεως ἀλλ' ὡς ἐξ **ἔργων·**
11: 6 εἰ δὲ χάριτι, οὐκέτι ἐξ **ἔργων,** ἐπεὶ ἡ χάρις οὐκέτι γίνεται χάρις.
13: 3 οἱ γὰρ ἄρχοντες οὐκ εἰσὶν φόβος τῷ ἀγαθῷ **ἔργῳ** ἀλλὰ τῷ κακῷ.
13:12 ἀποθώμεθα οὖν τὰ **ἔργα** τοῦ σκότους, ἐνδυσώμεθα [δὲ] τὰ ὅπλα τοῦ φωτός.
14:20 μὴ ἕνεκεν βρώματος κατάλυε τὸ **ἔργον** τοῦ θεοῦ.
15:18 οὐ γὰρ τολμήσω τι λαλεῖν ὧν οὐ κατειργάσατο Χριστὸς δι' ἐμοῦ εἰς ὑπακοὴν ἐθνῶν, λόγῳ καὶ **ἔργῳ,**
1Co 3:13 ἑκάστου τὸ **ἔργον** φανερὸν γενήσεται, ἡ γὰρ ἡμέρα δηλώσει, ὅτι ἐν πυρὶ ἀποκαλύπτεται· καὶ ἑκάστου τὸ **ἔργον** ὁποῖόν ἐστιν τὸ πῦρ [αὐτὸ] δοκιμάσει.
3:14 εἴ τινος τὸ **ἔργον** μενεῖ ὃ ἐποικοδόμησεν, μισθὸν λήμψεται·
3:15 εἴ τινος τὸ **ἔργον** κατακαήσεται, ζημιωθήσεται, αὐτὸς δὲ σωθήσεται,
5: 2 ἵνα ἀρθῇ ἐκ μέσου ὑμῶν ὁ τὸ **ἔργον** τοῦτο πράξας;
9: 1 οὐ τὸ **ἔργον** μου ὑμεῖς ἐστε ἐν κυρίῳ;
15:58 ἀμετακίνητοι, περισσεύοντες ἐν τῷ **ἔργῳ** τοῦ κυρίου πάντοτε,
16:10 ἵνα ἀφόβως γένηται πρὸς ὑμᾶς· τὸ γὰρ **ἔργον** κυρίου ἐργάζεται ὡς κἀγώ·
2Co 9: 8 ἵνα ἐν παντὶ πάντοτε πᾶσαν αὐτάρκειαν ἔχοντες περισσεύητε εἰς πᾶν **ἔργον** ἀγαθόν,
10:11 ὅτι οἷοί ἐσμεν τῷ λόγῳ δι' ἐπιστολῶν ἀπόντες, τοιοῦτοι καὶ παρόντες τῷ **ἔργῳ.**
11:15 ὧν τὸ τέλος ἔσται κατὰ τὰ **ἔργα** αὐτῶν.
Gal 2:16 εἰδότες [δὲ] ὅτι οὐ δικαιοῦται ἄνθρωπος ἐξ **ἔργων** νόμου ἐὰν μὴ διὰ πίστεως Ἰησοῦ Χριστοῦ, καὶ ἡμεῖς εἰς Χριστὸν Ἰησοῦν ἐπιστεύσαμεν, ἵνα δικαιωθῶμεν ἐκ πίστεως Χριστοῦ καὶ οὐκ ἐξ **ἔργων** νόμου, ὅτι ἐξ **ἔργων** νόμου οὐ δικαιωθήσεται πᾶσα σάρξ.
3: 2 ἐξ **ἔργων** νόμου τὸ πνεῦμα ἐλάβετε ἢ ἐξ ἀκοῆς πίστεως;
3: 5 ὁ οὖν ἐπιχορηγῶν ὑμῖν τὸ πνεῦμα καὶ ἐνεργῶν δυνάμεις ἐν ὑμῖν, ἐξ **ἔργων** νόμου ἢ ἐξ ἀκοῆς πίστεως;
3:10 ὅσοι γὰρ ἐξ **ἔργων** νόμου εἰσίν, ὑπὸ κατάραν εἰσίν·
5:19 φανερὰ δέ ἐστιν τὰ **ἔργα** τῆς σαρκός, ἅτινά ἐστιν πορνεία,
6: 4 τὸ δὲ **ἔργον** ἑαυτοῦ δοκιμαζέτω ἕκαστος, καὶ τότε εἰς ἑαυτὸν μόνον τὸ καύχημα ἕξει καὶ οὐκ εἰς τὸν ἕτερον·
Eph 2: 9 οὐκ ἐξ **ἔργων,** ἵνα μή τις καυχήσηται.
2:10 κτισθέντες ἐν Χριστῷ Ἰησοῦ ἐπὶ **ἔργοις** ἀγαθοῖς οἷς προητοίμασεν ὁ θεός,
4:12 πρὸς τὸν καταρτισμὸν τῶν ἁγίων εἰς **ἔργον** διακονίας,
5:11 καὶ μὴ συγκοινωνεῖτε τοῖς **ἔργοις** τοῖς ἀκάρποις τοῦ σκότους,
Php 1: 6 ὅτι ὁ ἐναρξάμενος ἐν ὑμῖν **ἔργον** ἀγαθὸν ἐπιτελέσει ἄχρι ἡμέρας Χριστοῦ Ἰησοῦ·
1:22 τοῦτό μοι καρπὸς **ἔργου,** καὶ τί αἱρήσομαι οὐ γνωρίζω.
2:30 ὅτι διὰ τὸ **ἔργον** Χριστοῦ μέχρι θανάτου ἤγγισεν παραβολευσάμενος τῇ ψυχῇ,
Col 1:10 ἐν παντὶ **ἔργῳ** ἀγαθῷ καρποφοροῦντες καὶ αὐξανόμενοι τῇ ἐπιγνώσει τοῦ θεοῦ,
1:21 Καὶ ὑμᾶς ποτε ὄντας ἀπηλλοτριωμένους καὶ ἐχθροὺς τῇ διανοίᾳ ἐν τοῖς **ἔργοις** τοῖς πονηροῖς,
3:17 καὶ πᾶν ὅ τι ἐὰν ποιῆτε ἐν λόγῳ ἢ ἐν **ἔργῳ,**
1Th 1: 3 μνημονεύοντες ὑμῶν τοῦ **ἔργου** τῆς πίστεως καὶ τοῦ κόπου τῆς ἀγάπης καὶ τῆς ὑπομονῆς τῆς ἐλπίδος τοῦ κυρίου ἡμῶν
5:13 καὶ ἡγεῖσθαι αὐτοὺς ὑπερεκπερισσοῦ ἐν ἀγάπῃ διὰ τὸ **ἔργον** αὐτῶν.
2Th 1:11 ἵνα ὑμᾶς ἀξιώσῃ τῆς κλήσεως ὁ θεὸς ἡμῶν καὶ πληρώσῃ πᾶσαν εὐδοκίαν ἀγαθωσύνης καὶ **ἔργον** πίστεως ἐν δυνάμει,
2:17 παρακαλέσαι ὑμῶν τὰς καρδίας καὶ στηρίξαι ἐν παντὶ **ἔργῳ** καὶ λόγῳ ἀγαθῷ.
1Ti 2:10 ἀλλ' ὃ πρέπει γυναιξὶν ἐπαγγελλομέναις θεοσέβειαν, δι' **ἔργων** ἀγαθῶν.
3: 1 πιστὸς ὁ λόγος. Εἴ τις ἐπισκοπῆς ὀρέγεται, καλοῦ **ἔργου** ἐπιθυμεῖ.
5:10 ἐν **ἔργοις** καλοῖς μαρτυρουμένη, εἰ ἐτεκνοτρόφησεν, εἰ ἐξενοδόχησεν, εἰ ἁγίων πόδας ἔνιψεν, εἰ θλιβομένοις ἐπήρκεσεν, εἰ παντὶ **ἔργῳ** ἀγαθῷ ἐπηκολούθησεν.
5:25 ὡσαύτως καὶ τὰ **ἔργα** τὰ καλὰ πρόδηλα, καὶ τὰ ἄλλως ἔχοντα κρυβῆναι οὐ δύνανται.
6:18 ἀγαθοεργεῖν, πλουτεῖν ἐν **ἔργοις** καλοῖς, εὐμεταδότους εἶναι, κοινωνικούς,
2Ti 1: 9 οὐ κατὰ τὰ **ἔργα** ἡμῶν ἀλλὰ κατὰ ἰδίαν πρόθεσιν καὶ χάριν,
2:21 εὔχρηστον τῷ δεσπότῃ, εἰς πᾶν **ἔργον** ἀγαθὸν ἡτοιμασμένον.
3:17 ἵνα ἄρτιος ᾖ ὁ τοῦ θεοῦ ἄνθρωπος, πρὸς πᾶν **ἔργον** ἀγαθὸν ἐξηρτισμένος.
4: 5 κακοπάθησον, **ἔργον** ποίησον εὐαγγελιστοῦ, τὴν διακονίαν σου πληροφόρησον.
4:14 ἀποδώσει αὐτῷ ὁ κύριος κατὰ τὰ **ἔργα** αὐτοῦ·
4:18 ῥύσεταί με ὁ κύριος ἀπὸ παντὸς **ἔργου** πονηροῦ καὶ σώσει εἰς τὴν βασιλείαν αὐτοῦ τὴν ἐπουράνιον·
Tit 1:16 θεὸν ὁμολογοῦσιν εἰδέναι, τοῖς δὲ **ἔργοις** ἀρνοῦνται, βδελυκτοὶ ὄντες καὶ ἀπειθεῖς καὶ πρὸς πᾶν **ἔργον** ἀγαθὸν ἀδόκιμοι.
2: 7 περὶ πάντα, σεαυτὸν παρεχόμενος τύπον καλῶν **ἔργων,** ἐν τῇ διδασκαλίᾳ ἀφθορίαν,
2:14 ἵνα λυτρώσηται ἡμᾶς ἀπὸ πάσης ἀνομίας καὶ καθαρίσῃ ἑαυτῷ λαὸν περιούσιον, ζηλωτὴν καλῶν **ἔργων.**
3: 1 Ὑπομίμνῃσκε αὐτοὺς ἀρχαῖς ἐξουσίαις ὑποτάσσεσθαι, πειθαρχεῖν, πρὸς πᾶν **ἔργον** ἀγαθὸν ἑτοίμους εἶναι,
3: 5 οὐκ ἐξ **ἔργων** τῶν ἐν δικαιοσύνῃ ἃ ἐποιήσαμεν ἡμεῖς ἀλλὰ κατὰ τὸ αὐτοῦ ἔλεος ἔσωσεν ἡμᾶς διὰ λουτροῦ παλιγγενεσίας
3: 8 ἵνα φροντίζωσιν καλῶν **ἔργων** προΐστασθαι οἱ πεπιστευκότες θεῷ·
3:14 μανθανέτωσαν δὲ καὶ οἱ ἡμέτεροι καλῶν **ἔργων** προΐστασθαι εἰς τὰς ἀναγκαίας χρείας,
Heb 1:10 καὶ **ἔργα** τῶν χειρῶν σού εἰσιν οἱ οὐρανοί·
3: 9 οὗ ἐπείρασαν οἱ πατέρες ὑμῶν ἐν δοκιμασίᾳ καὶ εἶδον τὰ **ἔργα** μου
4: 3 Εἰ εἰσελεύσονται εἰς τὴν κατάπαυσίν μου, καίτοι τῶν **ἔργων** ἀπὸ καταβολῆς κόσμου γενηθέντων.

4: 4 Καὶ κατέπαυσεν ὁ θεὸς ἐν τῇ ἡμέρᾳ τῇ ἑβδόμῃ ἀπὸ πάντων τῶν **ἔργων** αὐτοῦ,
4: 10 ὁ γὰρ εἰσελθὼν εἰς τὴν κατάπαυσιν αὐτοῦ καὶ αὐτὸς κατέπαυσεν ἀπὸ τῶν **ἔργων** αὐτοῦ ὥσπερ ἀπὸ τῶν ἰδίων ὁ θεός.
6: 1 μὴ πάλιν θεμέλιον καταβαλλόμενοι μετανοίας ἀπὸ νεκρῶν **ἔργων** καὶ πίστεως ἐπὶ θεόν,
6: 10 οὐ γὰρ ἄδικος ὁ θεὸς ἐπιλαθέσθαι τοῦ **ἔργου** ὑμῶν καὶ τῆς ἀγάπης ἧς ἐνεδείξασθε εἰς τὸ ὄνομα αὐτοῦ,
9: 14 καθαριεῖ τὴν συνείδησιν ἡμῶν ἀπὸ νεκρῶν **ἔργων** εἰς τὸ λατρεύειν θεῷ ζῶντι.
10: 24 καὶ κατανοῶμεν ἀλλήλους εἰς παροξυσμὸν ἀγάπης καὶ καλῶν **ἔργων,**
Jas 1: 4 ἡ δὲ ὑπομονὴ **ἔργον** τέλειον ἐχέτω, ἵνα ἦτε τέλειοι καὶ ὁλόκληροι ἐν μηδενὶ λειπόμενοι.
1: 25 οὐκ ἀκροατὴς ἐπιλησμονῆς γενόμενος ἀλλὰ ποιητὴς **ἔργου,** οὗτος μακάριος ἐν τῇ ποιήσει αὐτοῦ ἔσται.
2: 14 ἐὰν πίστιν λέγῃ τις ἔχειν **ἔργα** δὲ μὴ ἔχῃ;
2: 17 ἐὰν μὴ ἔχῃ **ἔργα,** νεκρά ἐστιν καθ' ἑαυτήν.
2: 18 Ἀλλ' ἐρεῖ τις, Σὺ πίστιν ἔχεις, κἀγὼ **ἔργα** ἔχω· δεῖξόν μοι τὴν πίστιν σου χωρὶς τῶν **ἔργων,** κἀγώ σοι δείξω ἐκ τῶν **ἔργων** μου τὴν πίστιν.
2: 20 ὅτι ἡ πίστις χωρὶς τῶν **ἔργων** ἀργή ἐστιν;
2: 21 Ἀβραὰμ ὁ πατὴρ ἡμῶν οὐκ ἐξ **ἔργων** ἐδικαιώθη ἀνενέγκας Ἰσαὰκ τὸν υἱὸν αὐτοῦ ἐπὶ τὸ θυσιαστήριον;
2: 22 βλέπεις ὅτι ἡ πίστις συνήργει τοῖς **ἔργοις** αὐτοῦ καὶ ἐκ τῶν **ἔργων** ἡ πίστις ἐτελειώθη,
2: 24 ὁρᾶτε ὅτι ἐξ **ἔργων** δικαιοῦται ἄνθρωπος καὶ οὐκ ἐκ πίστεως μόνον.
2: 25 ὁμοίως δὲ καὶ Ῥαὰβ ἡ πόρνη οὐκ ἐξ **ἔργων** ἐδικαιώθη ὑποδεξαμένη τοὺς ἀγγέλους καὶ ἑτέρᾳ ὁδῷ ἐκβαλοῦσα;
2: 26 οὕτως καὶ ἡ πίστις χωρὶς **ἔργων** νεκρά ἐστιν.
3: 13 δειξάτω ἐκ τῆς καλῆς ἀναστροφῆς τὰ **ἔργα** αὐτοῦ ἐν πραΰτητι σοφίας.
1Pe 1: 17 Καὶ εἰ πατέρα ἐπικαλεῖσθε τὸν ἀπροσωπολήμπτως κρίνοντα κατὰ τὸ ἑκάστου **ἔργον,**
2: 12 ἐν ᾧ καταλαλοῦσιν ὑμῶν ὡς κακοποιῶν ἐκ τῶν καλῶν **ἔργων** ἐποπτεύοντες δοξάσωσιν τὸν θεὸν ἐν ἡμέρᾳ ἐπισκοπῆς.
2Pe 2: 8 βλέμματι γὰρ καὶ ἀκοῇ ὁ δίκαιος ἐγκατοικῶν ἐν αὐτοῖς ἡμέραν ἐξ ἡμέρας ψυχὴν δικαίαν ἀνόμοις **ἔργοις** ἐβασάνιζεν·
3: 10 οἱ οὐρανοὶ ῥοιζηδὸν παρελεύσονται στοιχεῖα δὲ καυσούμενα λυθήσεται καὶ γῆ καὶ τὰ ἐν αὐτῇ **ἔργα** εὑρεθήσεται.
1Jn 3: 8 εἰς τοῦτο ἐφανερώθη ὁ υἱὸς τοῦ θεοῦ, ἵνα λύσῃ τὰ **ἔργα** τοῦ διαβόλου.
3: 12 ὅτι τὰ **ἔργα** αὐτοῦ πονηρὰ ἦν τὰ δὲ τοῦ ἀδελφοῦ αὐτοῦ δίκαια.
3: 18 μὴ ἀγαπῶμεν λόγῳ μηδὲ τῇ γλώσσῃ ἀλλὰ ἐν **ἔργῳ** καὶ ἀληθείᾳ.
2Jn 1: 11 ὁ λέγων γὰρ αὐτῷ χαίρειν κοινωνεῖ τοῖς **ἔργοις** αὐτοῦ τοῖς πονηροῖς.
3Jn 1: 10 ὑπομνήσω αὐτοῦ τὰ **ἔργα** ἃ ποιεῖ λόγοις πονηροῖς φλυαρῶν ἡμᾶς,
Jude 1: 15 ποιῆσαι κρίσιν κατὰ πάντων καὶ ἐλέγξαι πᾶσαν ψυχὴν περὶ πάντων τῶν **ἔργων** ἀσεβείας αὐτῶν ὧν ἠσέβησαν
Rev 2: 2 Οἶδα τὰ **ἔργα** σου καὶ τὸν κόπον καὶ τὴν ὑπομονήν σου καὶ ὅτι οὐ δύνῃ βαστάσαι κακούς,
2: 5 μνημόνευε οὖν πόθεν πέπτωκας καὶ μετανόησον καὶ τὰ πρῶτα **ἔργα** ποίησον·
2: 6 ὅτι μισεῖς τὰ **ἔργα** τῶν Νικολαϊτῶν ἃ κἀγὼ μισῶ.
2: 19 Οἶδά σου τὰ **ἔργα** καὶ τὴν ἀγάπην καὶ τὴν πίστιν καὶ τὴν διακονίαν καὶ τὴν ὑπομονήν σου, καὶ τὰ **ἔργα** σου τὰ ἔσχατα πλείονα τῶν πρώτων.
2: 22 ἰδοὺ βάλλω αὐτὴν εἰς κλίνην καὶ τοὺς μοιχεύοντας μετ' αὐτῆς εἰς θλῖψιν μεγάλην, ἐὰν μὴ μετανοήσωσιν ἐκ τῶν **ἔργων** αὐτῆς,
2: 23 καὶ δώσω ὑμῖν ἑκάστῳ κατὰ τὰ **ἔργα** ὑμῶν.
2: 26 καὶ ὁ νικῶν καὶ ὁ τηρῶν ἄχρι τέλους τὰ **ἔργα** μου,
3: 1 Οἶδά σου τὰ **ἔργα** ὅτι ὄνομα ἔχεις ὅτι ζῇς,
3: 2 οὐ γὰρ εὕρηκά σου τὰ **ἔργα** πεπληρωμένα ἐνώπιον τοῦ θεοῦ μου.
3: 8 Οἶδά σου τὰ **ἔργα,** ἰδοὺ δέδωκα ἐνώπιόν σου θύραν ἠνεῳγμένην,
3: 15 Οἶδά σου τὰ **ἔργα** ὅτι οὔτε ψυχρὸς εἶ οὔτε ζεστός.
9: 20 οὐδὲ μετενόησαν ἐκ τῶν **ἔργων** τῶν χειρῶν αὐτῶν,
14: 13 ἵνα ἀναπαήσονται ἐκ τῶν κόπων αὐτῶν, τὰ γὰρ **ἔργα** αὐτῶν ἀκολουθεῖ μετ' αὐτῶν.
15: 3 Μεγάλα καὶ θαυμαστὰ τὰ **ἔργα** σου, κύριε ὁ θεὸς ὁ παντοκράτωρ·
16: 11 ἐβλασφήμησαν τὸν θεὸν τοῦ οὐρανοῦ ἐκ τῶν πόνων αὐτῶν καὶ ἐκ τῶν ἑλκῶν αὐτῶν καὶ οὐ μετενόησαν ἐκ τῶν **ἔργων** αὐτῶν.
18: 6 ἀπόδοτε αὐτῇ ὡς καὶ αὐτὴ ἀπέδωκεν καὶ διπλώσατε τὰ διπλᾶ κατὰ τὰ **ἔργα** αὐτῆς,
20: 12 καὶ ἐκρίθησαν οἱ νεκροὶ ἐκ τῶν γεγραμμένων ἐν τοῖς βιβλίοις κατὰ τὰ **ἔργα** αὐτῶν.
20: 13 καὶ ὁ θάνατος καὶ ὁ ᾅδης ἔδωκαν τοὺς νεκροὺς τοὺς ἐν αὐτοῖς, καὶ ἐκρίθησαν ἕκαστος κατὰ τὰ **ἔργα** αὐτῶν.
22: 12 καὶ ὁ μισθός μου μετ' ἐμοῦ ἀποδοῦναι ἑκάστῳ ὡς τὸ **ἔργον** ἐστὶν αὐτοῦ.

2241 ἐρεθίζω [2]

2Co 9: 2 ὅτι Ἀχαΐα παρεσκεύασται ἀπὸ πέρυσι, καὶ τὸ ὑμῶν ζῆλος **ἠρέθισεν** τοὺς πλείονας.
Col 3: 21 Οἱ πατέρες, μὴ **ἐρεθίζετε** τὰ τέκνα ὑμῶν, ἵνα μὴ ἀθυμῶσιν.

2242 ἐρείδω [1]

Ac 27: 41 περιπεσόντες δὲ εἰς τόπον διθάλασσον ἐπέκειλαν τὴν ναῦν καὶ ἡ μὲν πρῷρα **ἐρείσασα** ἔμεινεν ἀσάλευτος,

2243 ἐρεύγομαι [1]

Mt 13: 35 Ἀνοίξω ἐν παραβολαῖς τὸ στόμα μου, **ἐρεύξομαι** κεκρυμμένα ἀπὸ καταβολῆς [κόσμου.]

2244 ἐρημία [4]

√ *2245*

Mt 15: 33 Πόθεν ἡμῖν ἐν **ἐρημίᾳ** ἄρτοι τοσοῦτοι ὥστε χορτάσαι ὄχλον τοσοῦτον;
Mk 8: 4 καὶ ἀπεκρίθησαν αὐτῷ οἱ μαθηταὶ αὐτοῦ ὅτι Πόθεν τούτους δυνήσεταί τις ὧδε χορτάσαι ἄρτων ἐπ' **ἐρημίας;**
2Co 11: 26 κινδύνοις ἐν **ἐρημίᾳ,** κινδύνοις ἐν θαλάσσῃ, κινδύνοις ἐν ψευδαδέλφοις,
Heb 11: 38 ἐπὶ **ἐρημίαις** πλανώμενοι καὶ ὄρεσιν καὶ σπηλαίοις καὶ ταῖς ὀπαῖς τῆς γῆς.

2245 ἔρημος [48 / 49]

→ *2244, 2246, 2247*

plural [4] Mk 1:45; Lk 1:80; 5:16; 8:29

ἔρημος τόπος [9] Mt 14:13,15; Mk 1:35,45; 6:31,32,35; Lk 4:42; 9:12

Mt 3: 1 Ἐν δὲ ταῖς ἡμέραις ἐκείναις παραγίνεται Ἰωάννης ὁ βαπτιστὴς κηρύσσων ἐν τῇ **ἐρήμῳ** τῆς Ἰουδαίας
3: 3 οὗτος γάρ ἐστιν ὁ ῥηθεὶς διὰ Ἠσαΐου τοῦ προφήτου λέγοντος, Φωνὴ βοῶντος ἐν τῇ **ἐρήμῳ·**
4: 1 Τότε ὁ Ἰησοῦς ἀνήχθη εἰς τὴν **ἔρημον** ὑπὸ τοῦ πνεύματος πειρασθῆναι ὑπὸ τοῦ διαβόλου.
11: 7 Τούτων δὲ πορευομένων ἤρξατο ὁ Ἰησοῦς λέγειν τοῖς ὄχλοις περὶ Ἰωάννου, Τί ἐξήλθατε εἰς τὴν **ἔρημον** θεάσασθαι;
14: 13 Ἀκούσας δὲ ὁ Ἰησοῦς ἀνεχώρησεν ἐκεῖθεν ἐν πλοίῳ εἰς **ἔρημον** τόπον κατ' ἰδίαν·
14: 15 **Ἔρημός** ἐστιν ὁ τόπος καὶ ἡ ὥρα ἤδη παρῆλθεν·
23: 38 ἰδοὺ ἀφίεται ὑμῖν ὁ οἶκος ὑμῶν **ἔρημος.**
24: 26 ἐὰν οὖν εἴπωσιν ὑμῖν, Ἰδοὺ ἐν τῇ **ἐρήμῳ** ἐστίν, μὴ ἐξέλθητε·
Mk 1: 3 φωνὴ βοῶντος ἐν τῇ **ἐρήμῳ,** Ἑτοιμάσατε τὴν ὁδὸν κυρίου,
1: 4 ἐγένετο Ἰωάννης [ὁ] βαπτίζων ἐν τῇ **ἐρήμῳ** καὶ κηρύσσων βάπτισμα μετανοίας εἰς ἄφεσιν ἁμαρτιῶν.
1: 12 Καὶ εὐθὺς τὸ πνεῦμα αὐτὸν ἐκβάλλει εἰς τὴν **ἔρημον.**
1: 13 καὶ ἦν ἐν τῇ **ἐρήμῳ** τεσσεράκοντα ἡμέρας πειραζόμενος ὑπὸ τοῦ Σατανᾶ,
1: 35 Καὶ πρωῒ ἔννυχα λίαν ἀναστὰς ἐξῆλθεν καὶ ἀπῆλθεν εἰς **ἔρημον** τόπον κἀκεῖ προσηύχετο.
1: 45 ὥστε μηκέτι αὐτὸν δύνασθαι φανερῶς εἰς πόλιν εἰσελθεῖν, ἀλλ' ἔξω ἐπ' **ἐρήμοις** τόποις ἦν·
6: 31 Δεῦτε ὑμεῖς αὐτοὶ κατ' ἰδίαν εἰς **ἔρημον** τόπον καὶ ἀναπαύσασθε ὀλίγον.
6: 32 καὶ ἀπῆλθον ἐν τῷ πλοίῳ εἰς **ἔρημον** τόπον κατ' ἰδίαν.
6: 35 ἤδη ὥρας πολλῆς γενομένης προσελθόντες αὐτῷ οἱ μαθηταὶ αὐτοῦ ἔλεγον ὅτι **Ἔρημός** ἐστιν ὁ τόπος καὶ ἤδη ὥρα πολλή·
Lk 1: 80 καὶ ἦν ἐν ταῖς **ἐρήμοις** ἕως ἡμέρας ἀναδείξεως αὐτοῦ πρὸς τὸν Ἰσραήλ.
3: 2 ἐγένετο ῥῆμα θεοῦ ἐπὶ Ἰωάννην τὸν Ζαχαρίου υἱὸν ἐν τῇ **ἐρήμῳ.**
3: 4 Φωνὴ βοῶντος ἐν τῇ **ἐρήμῳ,** Ἑτοιμάσατε τὴν ὁδὸν κυρίου,
4: 1 Ἰησοῦς δὲ πλήρης πνεύματος ἁγίου ὑπέστρεψεν ἀπὸ τοῦ Ἰορδάνου καὶ ἤγετο ἐν τῷ πνεύματι ἐν τῇ **ἐρήμῳ**

4:42 Γενομένης δὲ ἡμέρας ἐξελθὼν ἐπορεύθη εἰς **ἔρημον** τόπον·
5:16 αὐτὸς δὲ ἦν ὑποχωρῶν ἐν ταῖς **ἐρήμοις** καὶ προσευχόμενος.
7:24 ἤρξατο λέγειν πρὸς τοὺς ὄχλους περὶ Ἰωάννου, Τί ἐξήλθατε εἰς τὴν **ἔρημον** θεάσασθαι;
8:29 καὶ πέδαις φυλασσόμενος καὶ διαρρήσσων τὰ δεσμὰ ἠλαύνετο ὑπὸ τοῦ δαιμονίου εἰς τὰς **ἐρήμους.**
9:12 ἵνα πορευθέντες εἰς τὰς κύκλῳ κώμας καὶ ἀγροὺς καταλύσωσιν καὶ εὕρωσιν ἐπισιτισμόν, ὅτι ὧδε ἐν **ἐρήμῳ** τόπῳ ἐσμέν.
13:35 ἰδοὺ ἀφίεται ὑμῖν ὁ οἶκος ὑμῶν **ἔρημος.**[UBS-] λέγω [δὲ] ὑμῖν,
15: 4 καὶ ἀπολέσας ἐξ αὐτῶν ἓν οὐ καταλείπει τὰ ἐνενήκοντα ἐννέα ἐν τῇ **ἐρήμῳ** καὶ πορεύεται ἐπὶ τὸ ἀπολωλὸς ἕως εὕρῃ αὐτό;
Jn 1:23 Ἐγὼ φωνὴ βοῶντος ἐν τῇ **ἐρήμῳ,** Εὐθύνατε τὴν ὁδὸν κυρίου,
3:14 καὶ καθὼς Μωϋσῆς ὕψωσεν τὸν ὄφιν ἐν τῇ **ἐρήμῳ,**
6:31 οἱ πατέρες ἡμῶν τὸ μάννα ἔφαγον ἐν τῇ **ἐρήμῳ,**
6:49 οἱ πατέρες ὑμῶν ἔφαγον ἐν τῇ **ἐρήμῳ** τὸ μάννα καὶ ἀπέθανον·
11:54 ἀλλὰ ἀπῆλθεν ἐκεῖθεν εἰς τὴν χώραν ἐγγὺς τῆς **ἐρήμου,**
Ac 1:20 Γενηθήτω ἡ ἔπαυλις αὐτοῦ **ἔρημος** καὶ μὴ ἔστω ὁ κατοικῶν ἐν αὐτῇ,
7:30 Καὶ πληρωθέντων ἐτῶν τεσσεράκοντα ὤφθη αὐτῷ ἐν τῇ **ἐρήμῳ** τοῦ ὄρους Σινᾶ ἄγγελος ἐν φλογὶ πυρὸς βάτου.
7:36 οὗτος ἐξήγαγεν αὐτοὺς ποιήσας τέρατα καὶ σημεῖα ἐν γῇ Αἰγύπτῳ καὶ ἐν Ἐρυθρᾷ Θαλάσσῃ καὶ ἐν τῇ **ἐρήμῳ**
7:38 οὗτός ἐστιν ὁ γενόμενος ἐν τῇ ἐκκλησίᾳ ἐν τῇ **ἐρήμῳ** μετὰ τοῦ ἀγγέλου τοῦ λαλοῦντος αὐτῷ ἐν τῷ ὄρει Σινᾶ
7:42 Μὴ σφάγια καὶ θυσίας προσηνέγκατέ μοι ἔτη τεσσεράκοντα ἐν τῇ **ἐρήμῳ,**
7:44 Ἡ σκηνὴ τοῦ μαρτυρίου ἦν τοῖς πατράσιν ἡμῶν ἐν τῇ **ἐρήμῳ** καθὼς διετάξατο ὁ λαλῶν τῷ Μωϋσῇ ποιῆσαι αὐτὴν
8:26 Ἀνάστηθι καὶ πορεύου κατὰ μεσημβρίαν ἐπὶ τὴν ὁδὸν τὴν καταβαίνουσαν ἀπὸ Ἰερουσαλὴμ εἰς Γάζαν, αὕτη ἐστὶν **ἔρημος.**
13:18 καὶ ὡς τεσσερακονταετῆ χρόνον ἐτροποφόρησεν αὐτοὺς ἐν τῇ **ἐρήμῳ**
21:38 ὁ πρὸ τούτων τῶν ἡμερῶν ἀναστατώσας καὶ ἐξαγαγὼν εἰς τὴν **ἔρημον** τοὺς τετρακισχιλίους ἄνδρας τῶν σικαρίων;
1Co 10: 5 ἀλλ᾽ οὐκ ἐν τοῖς πλείοσιν αὐτῶν εὐδόκησεν ὁ θεός, κατεστρώθησαν γὰρ ἐν τῇ **ἐρήμῳ.**
Gal 4:27 πολλὰ τὰ τέκνα τῆς **ἐρήμου** μᾶλλον ἢ τῆς ἐχούσης τὸν ἄνδρα.
Heb 3: 8 μὴ σκληρύνητε τὰς καρδίας ὑμῶν ὡς ἐν τῷ παραπικρασμῷ κατὰ τὴν ἡμέραν τοῦ πειρασμοῦ ἐν τῇ **ἐρήμῳ,**
3:17 οὐχὶ τοῖς ἁμαρτήσασιν, ὧν τὰ κῶλα ἔπεσεν ἐν τῇ **ἐρήμῳ;**
Rev 12: 6 καὶ ἡ γυνὴ ἔφυγεν εἰς τὴν **ἔρημον,** ὅπου ἔχει ἐκεῖ τόπον ἡτοιμασμένον ἀπὸ τοῦ θεοῦ,
12:14 ἵνα πέτηται εἰς τὴν **ἔρημον** εἰς τὸν τόπον αὐτῆς,
17: 3 καὶ ἀπήνεγκέν με εἰς **ἔρημον** ἐν πνεύματι. καὶ εἶδον γυναῖκα καθημένην ἐπὶ θηρίον κόκκινον,

2246 ἐρημόω [5]

√ *2245*

Mt 12:25 Πᾶσα βασιλεία μερισθεῖσα καθ᾽ ἑαυτῆς **ἐρημοῦται** καὶ πᾶσα πόλις ἢ οἰκία μερισθεῖσα καθ᾽ ἑαυτῆς οὐ σταθήσεται.
Lk 11:17 Πᾶσα βασιλεία ἐφ᾽ ἑαυτὴν διαμερισθεῖσα **ἐρημοῦται** καὶ οἶκος ἐπὶ οἶκον πίπτει.
Rev 17:16 καὶ τὰ δέκα κέρατα ἃ εἶδες καὶ τὸ θηρίον οὗτοι μισήσουσιν τὴν πόρνην καὶ **ἠρημωμένην** ποιήσουσιν αὐτὴν καὶ γυμνὴν
18:17 ὅτι μιᾷ ὥρᾳ **ἠρημώθη** ὁ τοσοῦτος πλοῦτος. Καὶ πᾶς κυβερνήτης καὶ πᾶς ὁ ἐπὶ τόπον πλέων καὶ ναῦται
18:19 ἐν ᾗ ἐπλούτησαν πάντες οἱ ἔχοντες τὰ πλοῖα ἐν τῇ θαλάσσῃ ἐκ τῆς τιμιότητος αὐτῆς, ὅτι μιᾷ ὥρᾳ **ἠρημώθη.**

2247 ἐρήμωσις [3]

√ *2245*

Mt 24:15 Ὅταν οὖν ἴδητε τὸ βδέλυγμα τῆς **ἐρημώσεως** τὸ ῥηθὲν διὰ Δανιὴλ τοῦ προφήτου ἑστὸς ἐν τόπῳ ἁγίῳ,
Mk 13:14 Ὅταν δὲ ἴδητε τὸ βδέλυγμα τῆς **ἐρημώσεως** ἑστηκότα ὅπου οὐ δεῖ,
Lk 21:20 Ὅταν δὲ ἴδητε κυκλουμένην ὑπὸ στρατοπέδων Ἰερουσαλήμ, τότε γνῶτε ὅτι ἤγγικεν ἡ **ἐρήμωσις** αὐτῆς.

2248 ἐρίζω [1]

√ *2251*

Mt 12:19 οὐκ **ἐρίσει** οὐδὲ κραυγάσει, οὐδὲ ἀκούσει τις ἐν ταῖς πλατείαις τὴν φωνὴν αὐτοῦ.

2249 ἐριθεία [7]

√ *2251*

Ro 2: 8 τοῖς δὲ ἐξ **ἐριθείας** καὶ ἀπειθοῦσι τῇ ἀληθείᾳ πειθομένοις δὲ τῇ ἀδικίᾳ ὀργὴ καὶ θυμός.
2Co 12:20 μή πως ἔρις, ζῆλος, θυμοί, **ἐριθεῖαι,** καταλαλιαί, ψιθυρισμοί, φυσιώσεις, ἀκαταστασίαι·
Gal 5:20 φαρμακεία, ἔχθραι, ἔρις, ζῆλος, θυμοί, **ἐριθεῖαι,** διχοστασίαι, αἱρέσεις,
Php 1:17 οἱ δὲ ἐξ **ἐριθείας** τὸν Χριστὸν καταγγέλλουσιν, οὐχ ἁγνῶς,
2: 3 μηδὲν κατ᾽ **ἐριθείαν** μηδὲ κατὰ κενοδοξίαν ἀλλὰ τῇ ταπεινοφροσύνῃ ἀλλήλους ἡγούμενοι ὑπερέχοντας ἑαυτῶν,
Jas 3:14 εἰ δὲ ζῆλον πικρὸν ἔχετε καὶ **ἐριθείαν** ἐν τῇ καρδίᾳ ὑμῶν,
3:16 ὅπου γὰρ ζῆλος καὶ **ἐριθεία,** ἐκεῖ ἀκαταστασία καὶ πᾶν φαῦλον πρᾶγμα.

2250 ἔριον [2]

Heb 9:19 λαβὼν τὸ αἷμα τῶν μόσχων [καὶ τῶν τράγων] μετὰ ὕδατος καὶ **ἐρίου** κοκκίνου καὶ ὑσσώπου αὐτό τε τὸ βιβλίον
Rev 1:14 ἡ δὲ κεφαλὴ αὐτοῦ καὶ αἱ τρίχες λευκαὶ ὡς **ἔριον** λευκὸν ὡς χιὼν καὶ οἱ ὀφθαλμοὶ αὐτοῦ ὡς φλὸξ πυρὸς

2251 ἔρις [9]

→ *2248, 2249*

Ro 1:29 πεπληρωμένους πάσῃ ἀδικίᾳ πονηρίᾳ πλεονεξίᾳ κακίᾳ, μεστοὺς φθόνου φόνου **ἔριδος** δόλου κακοηθείας, ψιθυριστὰς
13:13 μὴ κοίταις καὶ ἀσελγείαις, μὴ **ἔριδι** καὶ ζήλῳ,
1Co 1:11 ὑπὸ τῶν Χλόης ὅτι **ἔριδες** ἐν ὑμῖν εἰσιν.
3: 3 ὅπου γὰρ ἐν ὑμῖν ζῆλος καὶ **ἔρις,** οὐχὶ σαρκικοί ἐστε καὶ κατὰ ἄνθρωπον περιπατεῖτε;
2Co 12:20 μή πως **ἔρις,** ζῆλος, θυμοί, ἐριθεῖαι, καταλαλιαί, ψιθυρισμοί,
Gal 5:20 φαρμακεία, ἔχθραι, **ἔρις,** ζῆλος, θυμοί, ἐριθεῖαι, διχοστασίαι, αἱρέσεις,
Php 1:15 Τινὲς μὲν καὶ διὰ φθόνον καὶ **ἔριν,** τινὲς δὲ καὶ δι᾽ εὐδοκίαν τὸν Χριστὸν κηρύσσουσιν·
1Ti 6: 4 ἐξ ὧν γίνεται φθόνος **ἔρις** βλασφημίαι, ὑπόνοιαι πονηραί,
Tit 3: 9 μωρὰς δὲ ζητήσεις καὶ γενεαλογίας καὶ **ἔρεις** καὶ μάχας νομικὰς περιΐστασο·

2252 ἐρίφιον [1]

√ *2253*

Mt 25:33 καὶ στήσει τὰ μὲν πρόβατα ἐκ δεξιῶν αὐτοῦ, τὰ δὲ **ἐρίφια** ἐξ εὐωνύμων.

2253 ἔριφος [2]

→ *2252*

Mt 25:32 ὥσπερ ὁ ποιμὴν ἀφορίζει τὰ πρόβατα ἀπὸ τῶν **ἐρίφων,**
Lk 15:29 καὶ ἐμοὶ οὐδέποτε ἔδωκας **ἔριφον** ἵνα μετὰ τῶν φίλων μου εὐφρανθῶ·

2254 Ἑρμᾶς [1]

Ro 16:14 Ἀσύγκριτον, Φλέγοντα, Ἑρμῆν, Πατροβᾶν, **Ἑρμᾶν** καὶ τοὺς σὺν αὐτοῖς ἀδελφούς.

2255 ἑρμηνεία [2]

√ *2257*

1Co 12:10 ἄλλῳ [δὲ] διακρίσεις πνευμάτων, ἑτέρῳ γένη γλωσσῶν, ἄλλῳ δὲ **ἑρμηνεία** γλωσσῶν·
14:26 διδαχὴν ἔχει, ἀποκάλυψιν ἔχει, γλῶσσαν ἔχει, **ἑρμηνείαν** ἔχει·

2256 ἑρμηνευτής Not used in UBS/NIV

√ *2257*

2257 ἑρμηνεύω [3]

→ *1448, 1449, 1450, 1549, 2255, 2256, 3493*

Jn 1:42 Σὺ εἶ Σίμων ὁ υἱὸς Ἰωάννου, σὺ κληθήσῃ Κηφᾶς, ὃ **ἑρμηνεύεται** Πέτρος.
9: 7 Ὕπαγε νίψαι εἰς τὴν κολυμβήθραν τοῦ Σιλωάμ (ὃ **ἑρμηνεύεται** Ἀπεσταλμένος).

Heb 7: 2 πρῶτον μὲν **ἑρμηνευόμενος** βασιλεὺς δικαιοσύνης ἔπειτα δὲ καὶ βασιλεὺς Σαλήμ,

2258 Ἑρμῆς [2]

Ac 14:12 ἐκάλουν τε τὸν Βαρναβᾶν Δία, τὸν δὲ Παῦλον **Ἑρμῆν,**
Ro 16:14 ἀσπάσασθε Ἀσύγκριτον, Φλέγοντα, **Ἑρμῆν,** Πατροβᾶν, Ἑρμᾶν καὶ τοὺς σὺν αὐτοῖς ἀδελφούς.

2259 Ἑρμογένης [1]

2Ti 1:15 ὅτι ἀπεστράφησάν με πάντες οἱ ἐν τῇ Ἀσίᾳ, ὧν ἐστιν Φύγελος καὶ **Ἑρμογένης.**

2260 ἑρπετόν [4]

Ac 10:12 ἐν ᾧ ὑπῆρχεν πάντα τὰ τετράποδα καὶ **ἑρπετὰ** τῆς γῆς καὶ πετεινὰ τοῦ οὐρανοῦ.
11: 6 εἰς ἣν ἀτενίσας κατενόουν καὶ εἶδον τὰ τετράποδα τῆς γῆς καὶ τὰ θηρία καὶ τὰ **ἑρπετὰ** καὶ τὰ πετεινὰ τοῦ οὐρανοῦ.
Ro 1:23 ἤλλαξαν τὴν δόξαν τοῦ ἀφθάρτου θεοῦ ἐν ὁμοιώματι εἰκόνος φθαρτοῦ ἀνθρώπου καὶ πετεινῶν καὶ τετραπόδων καὶ **ἑρπετῶν.**
Jas 3: 7 **ἑρπετῶν** τε καὶ ἐναλίων δαμάζεται καὶ δεδάμασται τῇ φύσει τῇ ἀνθρωπίνῃ,

2261 ἐρυθρός [2]

Ac 7:36 οὗτος ἐξήγαγεν αὐτοὺς ποιήσας τέρατα καὶ σημεῖα ἐν γῇ Αἰγύπτῳ καὶ ἐν **Ἐρυθρᾷ** Θαλάσσῃ καὶ ἐν τῇ ἐρήμῳ
Heb 11:29 Πίστει διέβησαν τὴν **Ἐρυθρὰν** Θάλασσαν ὡς διὰ ξηρᾶς γῆς,

2262 ἔρχομαι [632]

→ *456, 524, 599, 1446, 1451, 1656, 1803, 2002, 2059, 2082, 2088, 2982, 4209, 4216, 4320, 4601, 4665, 4670, 5291, 5302*

ἐλθὼν εἰς ἑαυτόν [1] Lk 15:17

ἔρχομαι ἀπό [12] Mk 1:9; 5:35; 7:1,4; 15:21; Lk 23:26; Jn 3:2; 7:28; 8:42; Ac 18:2; 2Co 11:9; Gal 2:12

ἔρχομαι διά [1] 1Jn 5:6

ἔρχομαι ἐν [23] Mt 16:27,28; 21:9,32; 23:39; 25:31; Mk 8:38; 9:1; 11:9; 13:26; Lk 2:27; 9:26; 13:35; 19:38; 21:27; Jn 5:43,43; 12:13; Ro 15:29; 1Co 4:21; 2Co 2:1; 2Jn 1:7; Jude 1:14

ἔρχομαι ἐπί [26] Mt 3:7,16; 14:34; 21:19; 23:35; 24:5,30; 26:64; Mk 11:13; 13:6; 16:2; Lk 14:31; 19:5; 21:8; 23:33; 24:1; Jn 18:4; 19:33; Ac 7:11; 8:36; 12:10,12; 19:6; Eph 5:6; Heb 6:7; Rev 3:10

ἔρχομαι κατά [3] Lk 10:33; Ac 16:7; 1Co 2:1

ἔρχομαι παρά [3] Mt 15:29; Lk 8:49; Jn 6:45

ἐρχομένης ὀργή [1] 1Th 1:10

ἦλθαν [5] Lk 2:16; Jn 1:39; 4:27; Ac 12:10; 28:15

ἡμέρα ἔρχεται [11] Mt 9:15; Mk 1:9; 2:20; Lk 1:59; 5:35; 17:22; 21:6; 22:7; 23:29; Ac 20:6; Heb 8:8

ὁ αἰών ὁ ἐρχόμενος [2] Lk 18:30; Mk 10:30

ὁ ἐρχόμενος [21] Mt 3:11; 11:3; 21:9; 23:39; Mk 11:9; Lk 6:47; 7:19,20; 13:35; 19:38; Jn 1:27; 3:31; 6:14,35; 11:27; 12:13; 2Co 11:4; Heb 10:37; Rev 1:4,8; 4:8

ὑπάγω ... ἔρχομαι [12] Mt 5:24; Mk 6:31; Jn 3:8; 4:16; 8:14,14,21,22; 9:7; 13:33; 14:28; 21:3

ὥρα ἔρχεται [16] Mt 20:9; Mk 14:41; Jn 4:21,23; 5:25,28; 7:30; 8:20; 12:23; 13:1; 16:2,4,21,25,32; 17:1

Mt 2: 2 εἴδομεν γὰρ αὐτοῦ τὸν ἀστέρα ἐν τῇ ἀνατολῇ καὶ **ἤλθομεν** προσκυνῆσαι αὐτῷ.
2: 8 ἐπὰν δὲ εὕρητε, ἀπαγγείλατέ μοι, ὅπως κἀγὼ **ἐλθὼν** προσκυνήσω αὐτῷ.
2: 9 ἕως **ἐλθὼν** ἐστάθη ἐπάνω οὗ ἦν τὸ παιδίον.
2:11 καὶ **ἐλθόντες** εἰς τὴν οἰκίαν εἶδον τὸ παιδίον μετὰ Μαρίας τῆς μητρὸς αὐτοῦ,
2:23 καὶ **ἐλθὼν** κατῴκησεν εἰς πόλιν λεγομένην Ναζαρέτ·
3: 7 Ἰδὼν δὲ πολλοὺς τῶν Φαρισαίων καὶ Σαδδουκαίων **ἐρχομένους** ἐπὶ τὸ βάπτισμα αὐτοῦ εἶπεν αὐτοῖς,
3:11 ὁ δὲ ὀπίσω μου **ἐρχόμενος** ἰσχυρότερός μού ἐστιν,
3:14 Ἐγὼ χρείαν ἔχω ὑπὸ σοῦ βαπτισθῆναι, καὶ σὺ **ἔρχῃ** πρός με;
3:16 καὶ εἶδεν [τὸ] πνεῦμα [τοῦ] θεοῦ καταβαῖνον ὡσεὶ περιστερὰν [καὶ] **ἐρχόμενον** ἐπ' αὐτόν·
4:13 καὶ καταλιπὼν τὴν Ναζαρὰ **ἐλθὼν** κατῴκησεν εἰς Καφαρναοὺμ τὴν παραθαλασσίαν ἐν ὁρίοις Ζαβουλὼν καὶ Νεφθαλίμ·
5:17 Μὴ νομίσητε ὅτι **ἦλθον** καταλῦσαι τὸν νόμον ἢ τοὺς προφήτας· οὐκ **ἦλθον** καταλῦσαι ἀλλὰ πληρῶσαι.
5:24 καὶ ὕπαγε πρῶτον διαλλάγηθι τῷ ἀδελφῷ σου, καὶ τότε **ἐλθὼν** πρόσφερε τὸ δῶρόν σου.
6:10 **ἐλθέτω** ἡ βασιλεία σου· γενηθήτω τὸ θέλημά σου,
7:15 Προσέχετε ἀπὸ τῶν ψευδοπροφητῶν, οἵτινες **ἔρχονται** πρὸς ὑμᾶς ἐν ἐνδύμασιν προβάτων,
7:25 καὶ κατέβη ἡ βροχὴ καὶ **ἦλθον** οἱ ποταμοὶ καὶ ἔπνευσαν οἱ ἄνεμοι καὶ προσέπεσαν τῇ οἰκίᾳ ἐκείνῃ,
7:27 καὶ κατέβη ἡ βροχὴ καὶ **ἦλθον** οἱ ποταμοὶ καὶ ἔπνευσαν οἱ ἄνεμοι καὶ προσέκοψαν τῇ οἰκίᾳ ἐκείνῃ,
8: 7 καὶ λέγει αὐτῷ, Ἐγὼ **ἐλθὼν** θεραπεύσω αὐτόν.
8: 9 Πορεύθητι, καὶ πορεύεται, καὶ ἄλλῳ, **Ἔρχου,** καὶ **ἔρχεται,**
8:14 Καὶ **ἐλθὼν** ὁ Ἰησοῦς εἰς τὴν οἰκίαν Πέτρου εἶδεν τὴν πενθερὰν αὐτοῦ βεβλημένην καὶ πυρέσσουσαν·
8:28 Καὶ **ἐλθόντος** αὐτοῦ εἰς τὸ πέραν εἰς τὴν χώραν τῶν Γαδαρηνῶν ὑπήντησαν αὐτῷ δύο δαιμονιζόμενοι
8:29 υἱὲ τοῦ θεοῦ; **ἦλθες** ὧδε πρὸ καιροῦ βασανίσαι ἡμᾶς;
9: 1 Καὶ ἐμβὰς εἰς πλοῖον διεπέρασεν καὶ **ἦλθεν** εἰς τὴν ἰδίαν πόλιν.
9:10 καὶ ἰδοὺ πολλοὶ τελῶναι καὶ ἁμαρτωλοὶ **ἐλθόντες** συνανέκειντο τῷ Ἰησοῦ καὶ τοῖς μαθηταῖς αὐτοῦ.
9:13 Ἔλεος θέλω καὶ οὐ θυσίαν· οὐ γὰρ **ἦλθον** καλέσαι δικαίους ἀλλὰ ἁμαρτωλούς.
9:15 **ἐλεύσονται** δὲ ἡμέραι ὅταν ἀπαρθῇ ἀπ' αὐτῶν ὁ νυμφίος,
9:18 Ταῦτα αὐτοῦ λαλοῦντος αὐτοῖς ἰδοὺ ἄρχων εἷς **ἐλθὼν** προσεκύνει αὐτῷ λέγων ὅτι Ἡ θυγάτηρ μου ἄρτι ἐτελεύτησεν· ἀλλὰ **ἐλθὼν** ἐπίθες τὴν χεῖρά σου ἐπ' αὐτήν,
9:23 Καὶ **ἐλθὼν** ὁ Ἰησοῦς εἰς τὴν οἰκίαν τοῦ ἄρχοντος καὶ ἰδὼν τοὺς αὐλητὰς καὶ τὸν ὄχλον θορυβούμενον
9:28 **ἐλθόντι** δὲ εἰς τὴν οἰκίαν προσῆλθον αὐτῷ οἱ τυφλοί,
10:13 **ἐλθάτω** ἡ εἰρήνη ὑμῶν ἐπ' αὐτήν, ἐὰν δὲ μὴ ᾖ ἀξία,
10:23 οὐ μὴ τελέσητε τὰς πόλεις τοῦ Ἰσραὴλ ἕως ἂν **ἔλθῃ** ὁ υἱὸς τοῦ ἀνθρώπου.
10:34 Μὴ νομίσητε ὅτι **ἦλθον** βαλεῖν εἰρήνην ἐπὶ τὴν γῆν· οὐκ **ἦλθον** βαλεῖν εἰρήνην ἀλλὰ μάχαιραν.
10:35 **ἦλθον** γὰρ διχάσαι ἄνθρωπον κατὰ τοῦ πατρὸς αὐτοῦ καὶ θυγατέρα κατὰ τῆς μητρὸς αὐτῆς
11: 3 εἶπεν αὐτῷ, Σὺ εἶ ὁ **ἐρχόμενος** ἢ ἕτερον προσδοκῶμεν;
11:14 καὶ εἰ θέλετε δέξασθαι, αὐτός ἐστιν Ἠλίας ὁ μέλλων **ἔρχεσθαι.**
11:18 **ἦλθεν** γὰρ Ἰωάννης μήτε ἐσθίων μήτε πίνων, καὶ λέγουσιν,
11:19 **ἦλθεν** ὁ υἱὸς τοῦ ἀνθρώπου ἐσθίων καὶ πίνων,
12: 9 Καὶ μεταβὰς ἐκεῖθεν **ἦλθεν** εἰς τὴν συναγωγὴν αὐτῶν·
12:42 ὅτι **ἦλθεν** ἐκ τῶν περάτων τῆς γῆς ἀκοῦσαι τὴν σοφίαν Σολομῶνος,
12:44 Εἰς τὸν οἶκόν μου ἐπιστρέψω ὅθεν ἐξῆλθον· καὶ **ἐλθὸν** εὑρίσκει σχολάζοντα σεσαρωμένον καὶ κεκοσμημένον.
13: 4 καὶ ἐν τῷ σπείρειν αὐτὸν ἃ μὲν ἔπεσεν παρὰ τὴν ὁδόν, καὶ **ἐλθόντα** τὰ πετεινὰ κατέφαγεν αὐτά.
13:19 παντὸς ἀκούοντος τὸν λόγον τῆς βασιλείας καὶ μὴ συνιέντος **ἔρχεται** ὁ πονηρὸς καὶ ἁρπάζει τὸ ἐσπαρμένον ἐν τῇ καρδίᾳ
13:25 ἐν δὲ τῷ καθεύδειν τοὺς ἀνθρώπους **ἦλθεν** αὐτοῦ ὁ ἐχθρὸς καὶ ἐπέσπειρεν ζιζάνια ἀνὰ μέσον τοῦ σίτου καὶ ἀπῆλθεν.
13:32 ὥστε **ἐλθεῖν** τὰ πετεινὰ τοῦ οὐρανοῦ καὶ κατασκηνοῦν ἐν τοῖς κλάδοις αὐτοῦ.
13:36 Τότε ἀφεὶς τοὺς ὄχλους **ἦλθεν** εἰς τὴν οἰκίαν.
13:54 καὶ **ἐλθὼν** εἰς τὴν πατρίδα αὐτοῦ ἐδίδασκεν αὐτοὺς ἐν τῇ συναγωγῇ αὐτῶν,
14:12 καὶ προσελθόντες οἱ μαθηταὶ αὐτοῦ ἦραν τὸ πτῶμα καὶ ἔθαψαν αὐτό[ν] καὶ **ἐλθόντες** ἀπήγγειλαν τῷ Ἰησοῦ.
14:25 τετάρτῃ δὲ φυλακῇ τῆς νυκτὸς **ἦλθεν**[UBS; NIV *599*] πρὸς αὐτοὺς περιπατῶν ἐπὶ τὴν θάλασσαν.
14:28 κέλευσόν με **ἐλθεῖν** πρὸς σὲ ἐπὶ τὰ ὕδατα.
14:29 ὁ δὲ εἶπεν, **Ἐλθέ.** καὶ καταβὰς ἀπὸ τοῦ πλοίου [ὁ] Πέτρος περιεπάτησεν ἐπὶ τὰ ὕδατα καὶ **ἦλθεν** πρὸς τὸν Ἰησοῦν.
14:34 Καὶ διαπεράσαντες **ἦλθον** ἐπὶ τὴν γῆν εἰς Γεννησαρέτ.
15:25 ἡ δὲ **ἐλθοῦσα** προσεκύνει αὐτῷ λέγουσα, Κύριε, βοήθει μοι.
15:29 Καὶ μεταβὰς ἐκεῖθεν ὁ Ἰησοῦς **ἦλθεν** παρὰ τὴν θάλασσαν τῆς Γαλιλαίας,

15:39 Καὶ ἀπολύσας τοὺς ὄχλους ἐνέβη εἰς τὸ πλοῖον καὶ **ἦλθεν** εἰς τὰ ὅρια Μαγαδάν.
16: 5 Καὶ **ἐλθόντες** οἱ μαθηταὶ εἰς τὸ πέραν ἐπελάθοντο ἄρτους λαβεῖν.
16:13 **Ἐλθὼν** δὲ ὁ Ἰησοῦς εἰς τὰ μέρη Καισαρείας τῆς Φιλίππου ἠρώτα τοὺς μαθητὰς αὐτοῦ λέγων,
16:24 Τότε ὁ Ἰησοῦς εἶπεν τοῖς μαθηταῖς αὐτοῦ, Εἴ τις θέλει ὀπίσω μου **ἐλθεῖν,**
16:27 μέλλει γὰρ ὁ υἱὸς τοῦ ἀνθρώπου **ἔρχεσθαι** ἐν τῇ δόξῃ τοῦ πατρὸς αὐτοῦ μετὰ τῶν ἀγγέλων αὐτοῦ,
16:28 τῶν ὧδε ἑστώτων οἵτινες οὐ μὴ γεύσωνται θανάτου ἕως ἂν ἴδωσιν τὸν υἱὸν τοῦ ἀνθρώπου **ἐρχόμενον** ἐν τῇ βασιλείᾳ αὐτοῦ.
17:10 Τί οὖν οἱ γραμματεῖς λέγουσιν ὅτι Ἠλίαν δεῖ **ἐλθεῖν** πρῶτον;
17:11 ὁ δὲ ἀποκριθεὶς εἶπεν, Ἠλίας μὲν **ἔρχεται** καὶ ἀποκαταστήσει πάντα·
17:12 λέγω δὲ ὑμῖν ὅτι Ἠλίας ἤδη **ἦλθεν,** καὶ οὐκ ἐπέγνωσαν αὐτὸν ἀλλὰ ἐποίησαν ἐν αὐτῷ ὅσα ἠθέλησαν·
17:14 Καὶ **ἐλθόντων** πρὸς τὸν ὄχλον προσῆλθεν αὐτῷ ἄνθρωπος γονυπετῶν αὐτὸν
17:24 **Ἐλθόντων** δὲ αὐτῶν εἰς Καφαρναοὺμ προσῆλθον οἱ τὰ δίδραχμα λαμβάνοντες τῷ Πέτρῳ καὶ εἶπαν,
17:25 καὶ **ἐλθόντα** εἰς τὴν οἰκίαν προέφθασεν αὐτὸν ὁ Ἰησοῦς λέγων,
18: 7 ἀνάγκη γὰρ **ἐλθεῖν** τὰ σκάνδαλα, πλὴν οὐαὶ τῷ ἀνθρώπῳ δι' οὗ τὸ σκάνδαλον **ἔρχεται.**
18:31 ἐλυπήθησαν σφόδρα καὶ **ἐλθόντες** διεσάφησαν τῷ κυρίῳ ἑαυτῶν πάντα τὰ γενόμενα.
19: 1 μετῆρεν ἀπὸ τῆς Γαλιλαίας καὶ **ἦλθεν** εἰς τὰ ὅρια τῆς Ἰουδαίας πέραν τοῦ Ἰορδάνου.
19:14 Ἄφετε τὰ παιδία καὶ μὴ κωλύετε αὐτὰ **ἐλθεῖν** πρός με,
20: 9 καὶ **ἐλθόντες** οἱ περὶ τὴν ἑνδεκάτην ὥραν ἔλαβον ἀνὰ δηνάριον.
20:10 καὶ **ἐλθόντες** οἱ πρῶτοι ἐνόμισαν ὅτι πλεῖον λήμψονται·
20:28 ὥσπερ ὁ υἱὸς τοῦ ἀνθρώπου οὐκ **ἦλθεν** διακονηθῆναι ἀλλὰ διακονῆσαι καὶ δοῦναι τὴν ψυχὴν αὐτοῦ λύτρον ἀντὶ πολλῶν.
21: 1 Καὶ ὅτε ἤγγισαν εἰς Ἱεροσόλυμα καὶ **ἦλθον** εἰς Βηθφαγὴ εἰς τὸ Ὄρος τῶν Ἐλαιῶν,
21: 5 Ἰδοὺ ὁ βασιλεύς σου **ἔρχεταί** σοι πραῢς καὶ ἐπιβεβηκὼς ἐπὶ ὄνον καὶ ἐπὶ πῶλον υἱὸν ὑποζυγίου.
21: 9 Εὐλογημένος ὁ **ἐρχόμενος** ἐν ὀνόματι κυρίου· Ὡσαννὰ ἐν τοῖς ὑψίστοις.
21:19 καὶ ἰδὼν συκῆν μίαν ἐπὶ τῆς ὁδοῦ **ἦλθεν** ἐπ' αὐτὴν καὶ οὐδὲν εὗρεν ἐν αὐτῇ εἰ μὴ φύλλα μόνον,
21:23 Καὶ **ἐλθόντος** αὐτοῦ εἰς τὸ ἱερὸν προσῆλθον αὐτῷ διδάσκοντι οἱ ἀρχιερεῖς καὶ οἱ πρεσβύτεροι τοῦ λαοῦ λέγοντες,
21:32 **ἦλθεν** γὰρ Ἰωάννης πρὸς ὑμᾶς ἐν ὁδῷ δικαιοσύνης,
21:40 ὅταν οὖν **ἔλθῃ** ὁ κύριος τοῦ ἀμπελῶνος, τί ποιήσει τοῖς γεωργοῖς ἐκείνοις;
22: 3 καὶ ἀπέστειλεν τοὺς δούλους αὐτοῦ καλέσαι τοὺς κεκλημένους εἰς τοὺς γάμους, καὶ οὐκ ἤθελον **ἐλθεῖν.**
23:35 ὅπως **ἔλθῃ** ἐφ' ὑμᾶς πᾶν αἷμα δίκαιον ἐκχυννόμενον ἐπὶ τῆς γῆς ἀπὸ τοῦ αἵματος Ἅβελ τοῦ δικαίου ἕως τοῦ αἵματος Ζαχαρίου υἱοῦ Βαραχίου,
23:39 οὐ μή με ἴδητε ἀπ' ἄρτι ἕως ἂν εἴπητε, Εὐλογημένος ὁ **ἐρχόμενος** ἐν ὀνόματι κυρίου.
24: 5 πολλοὶ γὰρ **ἐλεύσονται** ἐπὶ τῷ ὀνόματί μου λέγοντες,
24:30 καὶ τότε κόψονται πᾶσαι αἱ φυλαὶ τῆς γῆς καὶ ὄψονται τὸν υἱὸν τοῦ ἀνθρώπου **ἐρχόμενον** ἐπὶ τῶν νεφελῶν τοῦ οὐρανοῦ
24:39 καὶ οὐκ ἔγνωσαν ἕως **ἦλθεν** ὁ κατακλυσμὸς καὶ ἦρεν ἅπαντας,
24:42 ὅτι οὐκ οἴδατε ποίᾳ ἡμέρᾳ ὁ κύριος ὑμῶν **ἔρχεται.**
24:43 ἐκεῖνο δὲ γινώσκετε ὅτι εἰ ᾔδει ὁ οἰκοδεσπότης ποίᾳ φυλακῇ ὁ κλέπτης **ἔρχεται,**
24:44 ὅτι ᾗ οὐ δοκεῖτε ὥρᾳ ὁ υἱὸς τοῦ ἀνθρώπου **ἔρχεται.**
24:46 μακάριος ὁ δοῦλος ἐκεῖνος ὃν **ἐλθὼν** ὁ κύριος αὐτοῦ εὑρήσει οὕτως ποιοῦντα·
25:10 ἀπερχομένων δὲ αὐτῶν ἀγοράσαι **ἦλθεν** ὁ νυμφίος, καὶ αἱ ἕτοιμοι εἰσῆλθον μετ' αὐτοῦ εἰς τοὺς γάμους
25:11 ὕστερον δὲ **ἔρχονται** καὶ αἱ λοιπαὶ παρθένοι λέγουσαι,
25:19 μετὰ δὲ πολὺν χρόνον **ἔρχεται** ὁ κύριος τῶν δούλων ἐκείνων καὶ συναίρει λόγον μετ' αὐτῶν.
25:27 καὶ **ἐλθὼν** ἐγὼ ἐκομισάμην ἂν τὸ ἐμὸν σὺν τόκῳ.
25:31 Ὅταν δὲ **ἔλθῃ** ὁ υἱὸς τοῦ ἀνθρώπου ἐν τῇ δόξῃ αὐτοῦ καὶ πάντες οἱ ἄγγελοι μετ' αὐτοῦ,
25:36 ἠσθένησα καὶ ἐπεσκέψασθέ με, ἐν φυλακῇ ἤμην καὶ **ἤλθατε** πρός με.
25:39 πότε δέ σε εἴδομεν ἀσθενοῦντα ἢ ἐν φυλακῇ καὶ **ἤλθομεν** πρός σε;
26:36 Τότε **ἔρχεται** μετ' αὐτῶν ὁ Ἰησοῦς εἰς χωρίον λεγόμενον Γεθσημανὶ καὶ λέγει τοῖς μαθηταῖς,
26:40 καὶ **ἔρχεται** πρὸς τοὺς μαθητὰς καὶ εὑρίσκει αὐτοὺς καθεύδοντας,
26:43 καὶ **ἐλθὼν** πάλιν εὗρεν αὐτοὺς καθεύδοντας, ἦσαν γὰρ αὐτῶν οἱ ὀφθαλμοὶ βεβαρημένοι.
26:45 τότε **ἔρχεται** πρὸς τοὺς μαθητὰς καὶ λέγει αὐτοῖς,
26:47 Καὶ ἔτι αὐτοῦ λαλοῦντος ἰδοὺ Ἰούδας εἷς τῶν δώδεκα **ἦλθεν** καὶ μετ' αὐτοῦ ὄχλος πολὺς μετὰ μαχαιρῶν καὶ ξύλων
26:64 ἀπ' ἄρτι ὄψεσθε τὸν υἱὸν τοῦ ἀνθρώπου καθήμενον ἐκ δεξιῶν τῆς δυνάμεως καὶ **ἐρχόμενον** ἐπὶ τῶν νεφελῶν τοῦ οὐρανοῦ.
27:33 Καὶ **ἐλθόντες** εἰς τόπον λεγόμενον Γολγοθᾶ, ὅ ἐστιν Κρανίου Τόπος λεγόμενος,
27:49 οἱ δὲ λοιποὶ ἔλεγον, Ἄφες ἴδωμεν εἰ **ἔρχεται** Ἠλίας σώσων αὐτόν.
27:57 Ὀψίας δὲ γενομένης **ἦλθεν** ἄνθρωπος πλούσιος ἀπὸ Ἁριμαθαίας,
27:64 μήποτε **ἐλθόντες** οἱ μαθηταὶ αὐτοῦ κλέψωσιν αὐτὸν καὶ εἴπωσιν τῷ λαῷ,
28: 1 τῇ ἐπιφωσκούσῃ εἰς μίαν σαββάτων **ἦλθεν** Μαριὰμ ἡ Μαγδαληνὴ καὶ ἡ ἄλλη Μαρία θεωρῆσαι τὸν τάφον.
28:11 ἰδού τινες τῆς κουστωδίας **ἐλθόντες** εἰς τὴν πόλιν ἀπήγγειλαν τοῖς ἀρχιερεῦσιν ἅπαντα τὰ γενόμενα.
28:13 Εἴπατε ὅτι Οἱ μαθηταὶ αὐτοῦ νυκτὸς **ἐλθόντες** ἔκλεψαν αὐτὸν ἡμῶν κοιμωμένων.

Mk 1: 7 καὶ ἐκήρυσσεν λέγων, **Ἔρχεται** ὁ ἰσχυρότερός μου ὀπίσω μου,
1: 9 Καὶ ἐγένετο ἐν ἐκείναις ταῖς ἡμέραις **ἦλθεν** Ἰησοῦς ἀπὸ Ναζαρὲτ τῆς Γαλιλαίας καὶ ἐβαπτίσθη εἰς τὸν Ἰορδάνην
1:14 Μετὰ δὲ τὸ παραδοθῆναι τὸν Ἰωάννην **ἦλθεν** ὁ Ἰησοῦς εἰς τὴν Γαλιλαίαν κηρύσσων τὸ εὐαγγέλιον τοῦ θεοῦ
1:24 Τί ἡμῖν καὶ σοί, Ἰησοῦ Ναζαρηνέ; **ἦλθες** ἀπολέσαι ἡμᾶς;
1:29 Καὶ εὐθὺς ἐκ τῆς συναγωγῆς ἐξελθόντες **ἦλθον** εἰς τὴν οἰκίαν Σίμωνος καὶ Ἀνδρέου μετὰ Ἰακώβου καὶ Ἰωάννου.
1:39 καὶ **ἦλθεν** κηρύσσων εἰς τὰς συναγωγὰς αὐτῶν εἰς ὅλην τὴν Γαλιλαίαν καὶ τὰ δαιμόνια ἐκβάλλων.
1:40 Καὶ **ἔρχεται** πρὸς αὐτὸν λεπρὸς παρακαλῶν αὐτὸν [καὶ γονυπετῶν]
1:45 ἀλλ' ἔξω ἐπ' ἐρήμοις τόποις ἦν· καὶ **ἤρχοντο** πρὸς αὐτὸν πάντοθεν.
2: 3 καὶ **ἔρχονται** φέροντες πρὸς αὐτὸν παραλυτικὸν αἰρόμενον ὑπὸ τεσσάρων.
2:13 καὶ πᾶς ὁ ὄχλος **ἤρχετο** πρὸς αὐτόν, καὶ ἐδίδασκεν αὐτούς.
2:17 Οὐ χρείαν ἔχουσιν οἱ ἰσχύοντες ἰατροῦ ἀλλ' οἱ κακῶς ἔχοντες· οὐκ **ἦλθον** καλέσαι δικαίους ἀλλὰ ἁμαρτωλούς.
2:18 καὶ **ἔρχονται** καὶ λέγουσιν αὐτῷ, Διὰ τί οἱ μαθηταὶ Ἰωάννου καὶ οἱ μαθηταὶ τῶν Φαρισαίων νηστεύουσιν,
2:20 **ἐλεύσονται** δὲ ἡμέραι ὅταν ἀπαρθῇ ἀπ' αὐτῶν ὁ νυμφίος,
3: 8 πλῆθος πολὺ ἀκούοντες ὅσα ἐποίει **ἦλθον** πρὸς αὐτόν.
3:20 Καὶ **ἔρχεται** εἰς οἶκον· καὶ συνέρχεται πάλιν [ὁ] ὄχλος,
3:31 Καὶ **ἔρχεται** ἡ μήτηρ αὐτοῦ καὶ οἱ ἀδελφοὶ αὐτοῦ καὶ ἔξω στήκοντες ἀπέστειλαν πρὸς αὐτὸν καλοῦντες αὐτόν.
4: 4 καὶ ἐγένετο ἐν τῷ σπείρειν ὃ μὲν ἔπεσεν παρὰ τὴν ὁδόν, καὶ **ἦλθεν** τὰ πετεινὰ καὶ κατέφαγεν αὐτό.
4:15 εὐθὺς **ἔρχεται** ὁ Σατανᾶς καὶ αἴρει τὸν λόγον τὸν ἐσπαρμένον εἰς αὐτούς.
4:21 Μήτι **ἔρχεται** ὁ λύχνος ἵνα ὑπὸ τὸν μόδιον τεθῇ ἢ ὑπὸ τὴν κλίνην;
4:22 οὐδὲ ἐγένετο ἀπόκρυφον ἀλλ' ἵνα **ἔλθῃ** εἰς φανερόν.
5: 1 Καὶ **ἦλθον** εἰς τὸ πέραν τῆς θαλάσσης εἰς τὴν χώραν τῶν Γερασηνῶν.
5:14 καὶ οἱ βόσκοντες αὐτοὺς ἔφυγον καὶ ἀπήγγειλαν εἰς τὴν πόλιν καὶ εἰς τοὺς ἀγρούς· καὶ **ἦλθον** ἰδεῖν τί ἐστιν τὸ γεγονὸς
5:15 καὶ **ἔρχονται** πρὸς τὸν Ἰησοῦν καὶ θεωροῦσιν τὸν δαιμονιζόμενον καθήμενον ἱματισμένον καὶ σωφρονοῦντα,
5:22 καὶ **ἔρχεται** εἷς τῶν ἀρχισυναγώγων, ὀνόματι Ἰάϊρος, καὶ ἰδὼν αὐτὸν πίπτει πρὸς τοὺς πόδας αὐτοῦ
5:23 ἵνα **ἐλθὼν** ἐπιθῇς τὰς χεῖρας αὐτῇ ἵνα σωθῇ καὶ ζήσῃ.
5:26 καὶ δαπανήσασα τὰ παρ' αὐτῆς πάντα καὶ μηδὲν ὠφεληθεῖσα ἀλλὰ μᾶλλον εἰς τὸ χεῖρον **ἐλθοῦσα,**
5:27 **ἐλθοῦσα** ἐν τῷ ὄχλῳ ὄπισθεν ἥψατο τοῦ ἱματίου αὐτοῦ·
5:33 **ἦλθεν** καὶ προσέπεσεν αὐτῷ καὶ εἶπεν αὐτῷ πᾶσαν τὴν ἀλήθειαν.
5:35 Ἔτι αὐτοῦ λαλοῦντος **ἔρχονται** ἀπὸ τοῦ ἀρχισυναγώγου λέγοντες ὅτι Ἡ θυγάτηρ σου ἀπέθανεν·
5:38 καὶ **ἔρχονται** εἰς τὸν οἶκον τοῦ ἀρχισυναγώγου, καὶ θεωρεῖ θόρυβον καὶ κλαίοντας καὶ ἀλαλάζοντας πολλά,

6: 1 Καὶ ἐξῆλθεν ἐκεῖθεν καὶ **ἔρχεται** εἰς τὴν πατρίδα αὐτοῦ,
6:29 καὶ ἀκούσαντες οἱ μαθηταὶ αὐτοῦ **ἦλθον** καὶ ἦραν τὸ πτῶμα αὐτοῦ καὶ ἔθηκαν αὐτὸ ἐν μνημείῳ.
6:31 ἦσαν γὰρ οἱ **ἐρχόμενοι** καὶ οἱ ὑπάγοντες πολλοί,
6:48 περὶ τετάρτην φυλακὴν τῆς νυκτὸς **ἔρχεται** πρὸς αὐτοὺς περιπατῶν ἐπὶ τῆς θαλάσσης καὶ ἤθελεν παρελθεῖν αὐτούς.
6:53 Καὶ διαπεράσαντες ἐπὶ τὴν γῆν **ἦλθον** εἰς Γεννησαρὲτ καὶ προσωρμίσθησαν.
7: 1 Καὶ συνάγονται πρὸς αὐτὸν οἱ Φαρισαῖοι καί τινες τῶν γραμματέων **ἐλθόντες** ἀπὸ Ἱεροσολύμων.
7: 4 καὶ ἀπ᾽ ἀγορᾶς ὅταν **ἔλθωσιν**[UBS-] ἐὰν μὴ βαπτίσωνται οὐκ ἐσθίουσιν,
7:25 ἧς εἶχεν τὸ θυγάτριον αὐτῆς πνεῦμα ἀκάθαρτον, **ἐλθοῦσα** προσέπεσεν πρὸς τοὺς πόδας αὐτοῦ·
7:31 Καὶ πάλιν ἐξελθὼν ἐκ τῶν ὁρίων Τύρου **ἦλθεν** διὰ Σιδῶνος εἰς τὴν θάλασσαν τῆς Γαλιλαίας ἀνὰ μέσον τῶν ὁρίων Δεκαπόλεως.
8:10 Καὶ εὐθὺς ἐμβὰς εἰς τὸ πλοῖον μετὰ τῶν μαθητῶν αὐτοῦ **ἦλθεν** εἰς τὰ μέρη Δαλμανουθά.
8:22 Καὶ **ἔρχονται** εἰς Βηθσαϊδάν. καὶ φέρουσιν αὐτῷ τυφλὸν καὶ παρακαλοῦσιν αὐτὸν ἵνα αὐτοῦ ἅψηται.
8:38 ὅταν **ἔλθῃ** ἐν τῇ δόξῃ τοῦ πατρὸς αὐτοῦ μετὰ τῶν ἀγγέλων τῶν ἁγίων.
9: 1 τινες ὧδε τῶν ἑστηκότων οἵτινες οὐ μὴ γεύσωνται θανάτου ἕως ἂν ἴδωσιν τὴν βασιλείαν τοῦ θεοῦ **ἐληλυθυῖαν** ἐν δυνάμει.
9:11 Ὅτι λέγουσιν οἱ γραμματεῖς ὅτι Ἠλίαν δεῖ **ἐλθεῖν** πρῶτον;
9:12 ὁ δὲ ἔφη αὐτοῖς, Ἠλίας μὲν **ἐλθὼν** πρῶτον ἀποκαθιστάνει πάντα·
9:13 ἀλλὰ λέγω ὑμῖν ὅτι καὶ Ἠλίας **ἐλήλυθεν,** καὶ ἐποίησαν αὐτῷ ὅσα ἤθελον,
9:14 Καὶ **ἐλθόντες** πρὸς τοὺς μαθητὰς εἶδον ὄχλον πολὺν περὶ αὐτοὺς καὶ γραμματεῖς συζητοῦντας πρὸς αὐτούς.
9:33 Καὶ **ἦλθον** εἰς Καφαρναούμ. καὶ ἐν τῇ οἰκίᾳ γενόμενος ἐπηρώτα αὐτούς,
10: 1 Καὶ ἐκεῖθεν ἀναστὰς **ἔρχεται** εἰς τὰ ὅρια τῆς Ἰουδαίας [καὶ] πέραν τοῦ Ἰορδάνου,
10:14 Ἄφετε τὰ παιδία **ἔρχεσθαι** πρός με, μὴ κωλύετε αὐτά,
10:30 καὶ ἐν τῷ αἰῶνι τῷ **ἐρχομένῳ** ζωὴν αἰώνιον.
10:45 καὶ γὰρ ὁ υἱὸς τοῦ ἀνθρώπου οὐκ **ἦλθεν** διακονηθῆναι ἀλλὰ διακονῆσαι καὶ δοῦναι τὴν ψυχὴν αὐτοῦ λύτρον ἀντὶ πολλῶν.
10:46 Καὶ **ἔρχονται** εἰς Ἰεριχώ. καὶ ἐκπορευομένου αὐτοῦ ἀπὸ Ἰεριχὼ καὶ τῶν μαθητῶν αὐτοῦ καὶ ὄχλου ἱκανοῦ
10:50 ὁ δὲ ἀποβαλὼν τὸ ἱμάτιον αὐτοῦ ἀναπηδήσας **ἦλθεν** πρὸς τὸν Ἰησοῦν.
11: 9 καὶ οἱ προάγοντες καὶ οἱ ἀκολουθοῦντες ἔκραζον, Ὡσαννά· Εὐλογημένος ὁ **ἐρχόμενος** ἐν ὀνόματι κυρίου·
11:10 Εὐλογημένη ἡ **ἐρχομένη** βασιλεία τοῦ πατρὸς ἡμῶν Δαυίδ·
11:13 καὶ ἰδὼν συκῆν ἀπὸ μακρόθεν ἔχουσαν φύλλα **ἦλθεν,** εἰ ἄρα τι εὑρήσει ἐν αὐτῇ, καὶ **ἐλθὼν** ἐπ᾽ αὐτὴν οὐδὲν εὗρεν εἰ μὴ φύλλα·
11:15 Καὶ **ἔρχονται** εἰς Ἱεροσόλυμα. καὶ εἰσελθὼν εἰς τὸ ἱερὸν ἤρξατο ἐκβάλλειν τοὺς πωλοῦντας καὶ τοὺς ἀγοράζοντας
11:27 Καὶ **ἔρχονται** πάλιν εἰς Ἱεροσόλυμα. καὶ ἐν τῷ ἱερῷ περιπατοῦντος αὐτοῦ **ἔρχονται** πρὸς αὐτὸν οἱ ἀρχιερεῖς καὶ οἱ γραμματεῖς καὶ οἱ πρεσβύτεροι
12: 9 **ἐλεύσεται** καὶ ἀπολέσει τοὺς γεωργοὺς καὶ δώσει τὸν ἀμπελῶνα ἄλλοις.
12:14 καὶ **ἐλθόντες** λέγουσιν αὐτῷ, Διδάσκαλε, οἴδαμεν ὅτι ἀληθὴς εἶ καὶ οὐ μέλει σοι περὶ οὐδενός·
12:18 Καὶ **ἔρχονται** Σαδδουκαῖοι πρὸς αὐτόν, οἵτινες λέγουσιν ἀνάστασιν μὴ εἶναι,
12:42 καὶ **ἐλθοῦσα** μία χήρα πτωχὴ ἔβαλεν λεπτὰ δύο,
13: 6 πολλοὶ **ἐλεύσονται** ἐπὶ τῷ ὀνόματί μου λέγοντες ὅτι Ἐγώ εἰμι,
13:26 καὶ τότε ὄψονται τὸν υἱὸν τοῦ ἀνθρώπου **ἐρχόμενον** ἐν νεφέλαις μετὰ δυνάμεως πολλῆς καὶ δόξης.
13:35 οὐκ οἴδατε γὰρ πότε ὁ κύριος τῆς οἰκίας **ἔρχεται,**
13:36 μὴ **ἐλθὼν** ἐξαίφνης εὕρῃ ὑμᾶς καθεύδοντας.
14: 3 κατακειμένου αὐτοῦ **ἦλθεν** γυνὴ ἔχουσα ἀλάβαστρον μύρου νάρδου πιστικῆς πολυτελοῦς,
14:16 καὶ ἐξῆλθον οἱ μαθηταὶ καὶ **ἦλθον** εἰς τὴν πόλιν καὶ εὗρον καθὼς εἶπεν αὐτοῖς καὶ ἡτοίμασαν τὸ πάσχα.
14:17 Καὶ ὀψίας γενομένης **ἔρχεται** μετὰ τῶν δώδεκα.
14:32 Καὶ **ἔρχονται** εἰς χωρίον οὗ τὸ ὄνομα Γεθσημανὶ καὶ λέγει τοῖς μαθηταῖς αὐτοῦ,
14:37 καὶ **ἔρχεται** καὶ εὑρίσκει αὐτοὺς καθεύδοντας, καὶ λέγει τῷ Πέτρῳ,
14:38 γρηγορεῖτε καὶ προσεύχεσθε, ἵνα μὴ **ἔλθητε** εἰς πειρασμόν·
14:40 καὶ πάλιν **ἐλθὼν** εὗρεν αὐτοὺς καθεύδοντας, ἦσαν γὰρ αὐτῶν οἱ ὀφθαλμοὶ καταβαρυνόμενοι,
14:41 καὶ **ἔρχεται** τὸ τρίτον καὶ λέγει αὐτοῖς, Καθεύδετε τὸ λοιπὸν καὶ ἀναπαύεσθε· ἀπέχει· **ἦλθεν** ἡ ὥρα, ἰδοὺ παραδίδοται ὁ υἱὸς τοῦ ἀνθρώπου εἰς τὰς χεῖρας τῶν ἁμαρτωλῶν.
14:45 καὶ **ἐλθὼν** εὐθὺς προσελθὼν αὐτῷ λέγει, Ῥαββί, καὶ κατεφίλησεν αὐτόν·
14:62 καὶ ὄψεσθε τὸν υἱὸν τοῦ ἀνθρώπου ἐκ δεξιῶν καθήμενον τῆς δυνάμεως καὶ **ἐρχόμενον** μετὰ τῶν νεφελῶν τοῦ οὐρανοῦ.
14:66 Καὶ ὄντος τοῦ Πέτρου κάτω ἐν τῇ αὐλῇ **ἔρχεται** μία τῶν παιδισκῶν τοῦ ἀρχιερέως
15:21 Καὶ ἀγγαρεύουσιν παράγοντά τινα Σίμωνα Κυρηναῖον **ἐρχόμενον** ἀπ᾽ ἀγροῦ,
15:36 [καὶ] γεμίσας σπόγγον ὄξους περιθεὶς καλάμῳ ἐπότιζεν αὐτὸν λέγων, Ἄφετε ἴδωμεν εἰ **ἔρχεται** Ἠλίας καθελεῖν αὐτόν.
15:43 **ἐλθὼν** Ἰωσὴφ [ὁ] ἀπὸ Ἁριμαθαίας εὐσχήμων βουλευτής, ὃς καὶ αὐτὸς ἦν προσδεχόμενος τὴν βασιλείαν τοῦ θεοῦ,
16: 1 Μαρία ἡ Μαγδαληνὴ καὶ Μαρία ἡ [τοῦ] Ἰακώβου καὶ Σαλώμη ἠγόρασαν ἀρώματα ἵνα **ἐλθοῦσαι** ἀλείψωσιν αὐτόν.
16: 2 καὶ λίαν πρωῒ τῇ μιᾷ τῶν σαββάτων **ἔρχονται** ἐπὶ τὸ μνημεῖον ἀνατείλαντος τοῦ ἡλίου.
Lk 1:43 καὶ πόθεν μοι τοῦτο ἵνα **ἔλθῃ** ἡ μήτηρ τοῦ κυρίου μου πρὸς ἐμέ;
1:59 ἐν τῇ ἡμέρᾳ τῇ ὀγδόῃ **ἦλθον** περιτεμεῖν τὸ παιδίον καὶ ἐκάλουν αὐτὸ ἐπὶ τῷ ὀνόματι τοῦ πατρὸς αὐτοῦ Ζαχαρίαν.
2:16 καὶ **ἦλθαν** σπεύσαντες καὶ ἀνεῦραν τήν τε Μαριὰμ καὶ τὸν Ἰωσὴφ καὶ τὸ βρέφος κείμενον ἐν τῇ φάτνῃ·
2:27 καὶ **ἦλθεν** ἐν τῷ πνεύματι εἰς τὸ ἱερόν·
2:44 νομίσαντες δὲ αὐτὸν εἶναι ἐν τῇ συνοδίᾳ **ἦλθον** ἡμέρας ὁδὸν καὶ ἀνεζήτουν αὐτὸν ἐν τοῖς συγγενεῦσιν καὶ τοῖς γνωστοῖς,
2:51 καὶ κατέβη μετ᾽ αὐτῶν καὶ **ἦλθεν** εἰς Ναζαρὲθ καὶ ἦν ὑποτασσόμενος αὐτοῖς.
3: 3 καὶ **ἦλθεν** εἰς πᾶσαν [τὴν] περίχωρον τοῦ Ἰορδάνου κηρύσσων βάπτισμα μετανοίας εἰς ἄφεσιν ἁμαρτιῶν,
3:12 **ἦλθον** δὲ καὶ τελῶναι βαπτισθῆναι καὶ εἶπαν πρὸς αὐτόν,
3:16 **ἔρχεται** δὲ ὁ ἰσχυρότερός μου, οὗ οὐκ εἰμὶ ἱκανὸς λῦσαι τὸν ἱμάντα τῶν ὑποδημάτων αὐτοῦ·
4:16 Καὶ **ἦλθεν** εἰς Ναζαρά, οὗ ἦν τεθραμμένος, καὶ εἰσῆλθεν κατὰ τὸ εἰωθὸς αὐτῷ ἐν τῇ ἡμέρᾳ τῶν σαββάτων εἰς τὴν συναγωγὴν
4:34 τί ἡμῖν καὶ σοί, Ἰησοῦ Ναζαρηνέ; **ἦλθες** ἀπολέσαι ἡμᾶς;
4:42 καὶ οἱ ὄχλοι ἐπεζήτουν αὐτὸν καὶ **ἦλθον** ἕως αὐτοῦ καὶ κατεῖχον αὐτὸν τοῦ μὴ πορεύεσθαι ἀπ᾽ αὐτῶν.
5: 7 καὶ κατένευσαν τοῖς μετόχοις ἐν τῷ ἑτέρῳ πλοίῳ τοῦ **ἐλθόντας** συλλαβέσθαι αὐτοῖς· καὶ **ἦλθον** καὶ ἔπλησαν ἀμφότερα τὰ πλοῖα ὥστε βυθίζεσθαι αὐτά.
5:17 Φαρισαῖοι καὶ νομοδιδάσκαλοι οἳ ἦσαν **ἐληλυθότες** ἐκ πάσης κώμης τῆς Γαλιλαίας καὶ Ἰουδαίας καὶ Ἰερουσαλήμ·
5:32 οὐκ **ἐλήλυθα** καλέσαι δικαίους ἀλλὰ ἁμαρτωλοὺς εἰς μετάνοιαν.
5:35 **ἐλεύσονται** δὲ ἡμέραι, καὶ ὅταν ἀπαρθῇ ἀπ᾽ αὐτῶν ὁ νυμφίος,
6:18 οἳ **ἦλθον** ἀκοῦσαι αὐτοῦ καὶ ἰαθῆναι ἀπὸ τῶν νόσων αὐτῶν·
6:47 πᾶς ὁ **ἐρχόμενος** πρός με καὶ ἀκούων μου τῶν λόγων καὶ ποιῶν αὐτούς,
7: 3 ἀπέστειλεν πρὸς αὐτὸν πρεσβυτέρους τῶν Ἰουδαίων ἐρωτῶν αὐτὸν ὅπως **ἐλθὼν** διασώσῃ τὸν δοῦλον αὐτοῦ.
7: 7 διὸ οὐδὲ ἐμαυτὸν ἠξίωσα πρὸς σὲ **ἐλθεῖν·** ἀλλὰ εἰπὲ λόγῳ,
7: 8 Πορεύθητι, καὶ πορεύεται, καὶ ἄλλῳ, **Ἔρχου,** καὶ **ἔρχεται,**
7:19 ἔπεμψεν πρὸς τὸν κύριον λέγων, Σὺ εἶ ὁ **ἐρχόμενος** ἢ ἄλλον προσδοκῶμεν;
7:20 Ἰωάννης ὁ βαπτιστὴς ἀπέστειλεν ἡμᾶς πρὸς σὲ λέγων, Σὺ εἶ ὁ **ἐρχόμενος** ἢ ἄλλον προσδοκῶμεν;
7:33 **ἐλήλυθεν** γὰρ Ἰωάννης ὁ βαπτιστὴς μὴ ἐσθίων ἄρτον μήτε πίνων οἶνον,
7:34 **ἐλήλυθεν** ὁ υἱὸς τοῦ ἀνθρώπου ἐσθίων καὶ πίνων,
8:12 εἶτα **ἔρχεται** ὁ διάβολος καὶ αἴρει τὸν λόγον ἀπὸ τῆς καρδίας αὐτῶν,
8:17 οὐ γάρ ἐστιν κρυπτὸν ὃ οὐ φανερὸν γενήσεται οὐδὲ ἀπόκρυφον ὃ οὐ μὴ γνωσθῇ καὶ εἰς φανερὸν **ἔλθῃ.**
8:35 ἐξῆλθον δὲ ἰδεῖν τὸ γεγονὸς καὶ **ἦλθον** πρὸς τὸν Ἰησοῦν καὶ εὗρον καθήμενον τὸν ἄνθρωπον ἀφ᾽ οὗ τὰ δαιμόνια ἐξῆλθεν
8:41 καὶ ἰδοὺ **ἦλθεν** ἀνὴρ ᾧ ὄνομα Ἰάϊρος καὶ οὗτος ἄρχων τῆς συναγωγῆς ὑπῆρχεν,
8:47 τρέμουσα **ἦλθεν** καὶ προσπεσοῦσα αὐτῷ δι᾽ ἣν αἰτίαν ἥψατο αὐτοῦ ἀπήγγειλεν ἐνώπιον παντὸς τοῦ λαοῦ καὶ ὡς ἰάθη
8:49 Ἔτι αὐτοῦ λαλοῦντος **ἔρχεταί** τις παρὰ τοῦ ἀρχισυναγώγου λέγων ὅτι Τέθνηκεν ἡ θυγάτηρ σου·
8:51 **ἐλθὼν** δὲ εἰς τὴν οἰκίαν οὐκ ἀφῆκεν εἰσελθεῖν τινα σὺν αὐτῷ εἰ μὴ Πέτρον καὶ Ἰωάννην καὶ Ἰάκωβον καὶ τὸν πατέρα

9:23 Ἔλεγεν δὲ πρὸς πάντας, Εἴ τις θέλει ὀπίσω μου **ἔρχεσθαι,**
9:26 ὅταν **ἔλθῃ** ἐν τῇ δόξῃ αὐτοῦ καὶ τοῦ πατρὸς καὶ τῶν ἁγίων ἀγγέλων.
10: 1 καὶ ἀπέστειλεν αὐτοὺς ἀνὰ δύο [δύο] πρὸ προσώπου αὐτοῦ εἰς πᾶσαν πόλιν καὶ τόπον οὗ ἤμελλεν αὐτὸς **ἔρχεσθαι.**
10:32 ὁμοίως δὲ καὶ Λευίτης [γενόμενος] κατὰ τὸν τόπον **ἐλθὼν** καὶ ἰδὼν ἀντιπαρῆλθεν.
10:33 Σαμαρίτης δέ τις ὁδεύων **ἦλθεν** κατ᾽ αὐτὸν καὶ ἰδὼν ἐσπλαγχνίσθη,
11: 2 ἁγιασθήτω τὸ ὄνομά σου· **ἐλθέτω** ἡ βασιλεία σου·
11:25 καὶ **ἐλθὸν** εὑρίσκει σεσαρωμένον καὶ κεκοσμημένον.
11:31 ὅτι **ἦλθεν** ἐκ τῶν περάτων τῆς γῆς ἀκοῦσαι τὴν σοφίαν Σολομῶνος,
12:36 πότε ἀναλύσῃ ἐκ τῶν γάμων, ἵνα **ἐλθόντος** καὶ κρούσαντος εὐθέως ἀνοίξωσιν αὐτῷ.
12:37 μακάριοι οἱ δοῦλοι ἐκεῖνοι, οὓς **ἐλθὼν** ὁ κύριος εὑρήσει γρηγοροῦντας·
12:38 κἂν ἐν τῇ δευτέρᾳ κἂν ἐν τῇ τρίτῃ φυλακῇ **ἔλθῃ** καὶ εὕρῃ οὕτως,
12:39 τοῦτο δὲ γινώσκετε ὅτι εἰ ᾔδει ὁ οἰκοδεσπότης ποίᾳ ὥρᾳ ὁ κλέπτης **ἔρχεται,**
12:40 ὅτι ᾗ ὥρᾳ οὐ δοκεῖτε ὁ υἱὸς τοῦ ἀνθρώπου **ἔρχεται.**
12:43 ὃν **ἐλθὼν** ὁ κύριος αὐτοῦ εὑρήσει ποιοῦντα οὕτως.
12:45 Χρονίζει ὁ κύριός μου **ἔρχεσθαι,** καὶ ἄρξηται τύπτειν τοὺς παῖδας καὶ τὰς παιδίσκας,
12:49 Πῦρ **ἦλθον** βαλεῖν ἐπὶ τὴν γῆν, καὶ τί θέλω εἰ ἤδη ἀνήφθη.
12:54 εὐθέως λέγετε ὅτι Ὄμβρος **ἔρχεται,** καὶ γίνεται οὕτως·
13: 6 καὶ **ἦλθεν** ζητῶν καρπὸν ἐν αὐτῇ καὶ οὐχ εὗρεν.
13: 7 Ἰδοὺ τρία ἔτη ἀφ᾽ οὗ **ἔρχομαι** ζητῶν καρπὸν ἐν τῇ συκῇ ταύτῃ καὶ οὐχ εὑρίσκω·
13:14 ἐν αὐταῖς οὖν **ἐρχόμενοι** θεραπεύεσθε καὶ μὴ τῇ ἡμέρᾳ τοῦ σαββάτου.
13:35 οὐ μὴ ἴδητέ με ἕως [ἥξει ὅτε] εἴπητε, Εὐλογημένος ὁ **ἐρχόμενος** ἐν ὀνόματι κυρίου.
14: 1 Καὶ ἐγένετο ἐν τῷ **ἐλθεῖν** αὐτὸν εἰς οἶκόν τινος τῶν ἀρχόντων [τῶν] Φαρισαίων σαββάτῳ φαγεῖν ἄρτον
14: 9 καὶ **ἐλθὼν** ὁ σὲ καὶ αὐτὸν καλέσας ἐρεῖ σοι,
14:10 ἵνα ὅταν **ἔλθῃ** ὁ κεκληκώς σε ἐρεῖ σοι,
14:17 καὶ ἀπέστειλεν τὸν δοῦλον αὐτοῦ τῇ ὥρᾳ τοῦ δείπνου εἰπεῖν τοῖς κεκλημένοις, **Ἔρχεσθε,** ὅτι ἤδη ἕτοιμά ἐστιν.
14:20 Γυναῖκα ἔγημα καὶ διὰ τοῦτο οὐ δύναμαι **ἐλθεῖν.**
14:26 Εἴ τις **ἔρχεται** πρός με καὶ οὐ μισεῖ τὸν πατέρα ἑαυτοῦ καὶ τὴν μητέρα καὶ τὴν γυναῖκα καὶ τὰ τέκνα καὶ τοὺς ἀδελφοὺς
14:27 ὅστις οὐ βαστάζει τὸν σταυρὸν ἑαυτοῦ καὶ **ἔρχεται** ὀπίσω μου,
14:31 πρῶτον βουλεύσεται εἰ δυνατός ἐστιν ἐν δέκα χιλιάσιν ὑπαντῆσαι τῷ μετὰ εἴκοσι χιλιάδων **ἐρχομένῳ** ἐπ᾽ αὐτόν;
15: 6 καὶ **ἐλθὼν** εἰς τὸν οἶκον συγκαλεῖ τοὺς φίλους καὶ τοὺς γείτονας λέγων αὐτοῖς,
15:17 εἰς ἑαυτὸν δὲ **ἐλθὼν** ἔφη, Πόσοι μίσθιοι τοῦ πατρός μου περισσεύονται ἄρτων,
15:20 καὶ ἀναστὰς **ἦλθεν** πρὸς τὸν πατέρα ἑαυτοῦ.
15:25 ὡς **ἐρχόμενος** ἤγγισεν τῇ οἰκίᾳ, ἤκουσεν συμφωνίας καὶ χορῶν,
15:30 ὅτε δὲ ὁ υἱός σου οὗτος ὁ καταφαγών σου τὸν βίον μετὰ πορνῶν **ἦλθεν,**
16:21 ἀλλὰ καὶ οἱ κύνες **ἐρχόμενοι** ἐπέλειχον τὰ ἕλκη αὐτοῦ.
16:28 ἵνα μὴ καὶ αὐτοὶ **ἔλθωσιν** εἰς τὸν τόπον τοῦτον τῆς βασάνου.
17: 1 Ἀνένδεκτόν ἐστιν τοῦ τὰ σκάνδαλα μὴ **ἐλθεῖν,** πλὴν οὐαὶ δι᾽ οὗ **ἔρχεται·**
17:20 Ἐπερωτηθεὶς δὲ ὑπὸ τῶν Φαρισαίων πότε **ἔρχεται** ἡ βασιλεία τοῦ θεοῦ ἀπεκρίθη αὐτοῖς καὶ εἶπεν, Οὐκ **ἔρχεται** ἡ βασιλεία τοῦ θεοῦ μετὰ παρατηρήσεως,
17:22 **Ἐλεύσονται** ἡμέραι ὅτε ἐπιθυμήσετε μίαν τῶν ἡμερῶν τοῦ υἱοῦ τοῦ ἀνθρώπου ἰδεῖν καὶ οὐκ ὄψεσθε.
17:27 ἄχρι ἧς ἡμέρας εἰσῆλθεν Νῶε εἰς τὴν κιβωτὸν καὶ **ἦλθεν** ὁ κατακλυσμὸς καὶ ἀπώλεσεν πάντας.
18: 3 χήρα δὲ ἦν ἐν τῇ πόλει ἐκείνῃ καὶ **ἤρχετο** πρὸς αὐτὸν λέγουσα,
18: 5 διά γε τὸ παρέχειν μοι κόπον τὴν χήραν ταύτην ἐκδικήσω αὐτήν, ἵνα μὴ εἰς τέλος **ἐρχομένη** ὑπωπιάζῃ με.
18: 8 πλὴν ὁ υἱὸς τοῦ ἀνθρώπου **ἐλθὼν** ἆρα εὑρήσει τὴν πίστιν ἐπὶ τῆς γῆς;
18:16 Ἄφετε τὰ παιδία **ἔρχεσθαι** πρός με καὶ μὴ κωλύετε αὐτά,
18:30 ὃς οὐχὶ μὴ [ἀπο]λάβῃ πολλαπλασίονα ἐν τῷ καιρῷ τούτῳ καὶ ἐν τῷ αἰῶνι τῷ **ἐρχομένῳ** ζωὴν αἰώνιον.
19: 5 καὶ ὡς **ἦλθεν** ἐπὶ τὸν τόπον, ἀναβλέψας ὁ Ἰησοῦς εἶπεν πρὸς αὐτόν,
19:10 **ἦλθεν** γὰρ ὁ υἱὸς τοῦ ἀνθρώπου ζητῆσαι καὶ σῶσαι τὸ ἀπολωλός.
19:13 καλέσας δὲ δέκα δούλους ἑαυτοῦ ἔδωκεν αὐτοῖς δέκα μνᾶς καὶ εἶπεν πρὸς αὐτούς, Πραγματεύσασθε ἐν ᾧ **ἔρχομαι.**
19:18 καὶ **ἦλθεν** ὁ δεύτερος λέγων, Ἡ μνᾶ σου,
19:20 καὶ ὁ ἕτερος **ἦλθεν** λέγων, Κύριε, ἰδοὺ ἡ μνᾶ σου ἣν εἶχον ἀποκειμένην ἐν σουδαρίῳ·
19:23 καὶ διὰ τί οὐκ ἔδωκάς μου τὸ ἀργύριον ἐπὶ τράπεζαν; κἀγὼ **ἐλθὼν** σὺν τόκῳ ἂν αὐτὸ ἔπραξα.
19:38 λέγοντες, Εὐλογημένος ὁ **ἐρχόμενος,** ὁ βασιλεὺς ἐν ὀνόματι κυρίου·
20:16 **ἐλεύσεται** καὶ ἀπολέσει τοὺς γεωργοὺς τούτους καὶ δώσει τὸν ἀμπελῶνα ἄλλοις.
21: 6 **ἐλεύσονται** ἡμέραι ἐν αἷς οὐκ ἀφεθήσεται λίθος ἐπὶ λίθῳ ὃς οὐ καταλυθήσεται.
21: 8 πολλοὶ γὰρ **ἐλεύσονται** ἐπὶ τῷ ὀνόματί μου λέγοντες,
21:27 καὶ τότε ὄψονται τὸν υἱὸν τοῦ ἀνθρώπου **ἐρχόμενον** ἐν νεφέλῃ μετὰ δυνάμεως καὶ δόξης πολλῆς.
22: 7 **Ἦλθεν** δὲ ἡ ἡμέρα τῶν ἀζύμων, [ἐν] ᾗ ἔδει θύεσθαι τὸ πάσχα·
22:18 [ὅτι] οὐ μὴ πίω ἀπὸ τοῦ νῦν ἀπὸ τοῦ γενήματος τῆς ἀμπέλου ἕως οὗ ἡ βασιλεία τοῦ θεοῦ **ἔλθῃ.**
22:45 καὶ ἀναστὰς ἀπὸ τῆς προσευχῆς **ἐλθὼν** πρὸς τοὺς μαθητὰς εὗρεν κοιμωμένους αὐτοὺς ἀπὸ τῆς λύπης,
23:26 ἐπιλαβόμενοι Σίμωνά τινα Κυρηναῖον **ἐρχόμενον** ἀπ᾽ ἀγροῦ ἐπέθηκαν αὐτῷ τὸν σταυρὸν φέρειν ὄπισθεν τοῦ Ἰησοῦ.
23:29 ὅτι ἰδοὺ **ἔρχονται** ἡμέραι ἐν αἷς ἐροῦσιν, Μακάριαι αἱ στεῖραι καὶ αἱ κοιλίαι αἳ οὐκ ἐγέννησαν καὶ μαστοὶ οἳ οὐκ ἔθρεψαν.
23:33 καὶ ὅτε **ἦλθον** ἐπὶ τὸν τόπον τὸν καλούμενον Κρανίον,
23:42 μνήσθητί μου ὅταν **ἔλθῃς** εἰς τὴν βασιλείαν σου.
24: 1 τῇ δὲ μιᾷ τῶν σαββάτων ὄρθρου βαθέως ἐπὶ τὸ μνῆμα **ἦλθον** φέρουσαι ἃ ἡτοίμασαν ἀρώματα.
24:23 καὶ μὴ εὑροῦσαι τὸ σῶμα αὐτοῦ **ἦλθον** λέγουσαι καὶ ὀπτασίαν ἀγγέλων ἑωρακέναι,

Jn 1: 7 οὗτος **ἦλθεν** εἰς μαρτυρίαν ἵνα μαρτυρήσῃ περὶ τοῦ φωτός,
1: 9 ὃ φωτίζει πάντα ἄνθρωπον, **ἐρχόμενον** εἰς τὸν κόσμον.
1:11 εἰς τὰ ἴδια **ἦλθεν,** καὶ οἱ ἴδιοι αὐτὸν οὐ παρέλαβον.
1:15 Ὁ ὀπίσω μου **ἐρχόμενος** ἔμπροσθέν μου γέγονεν, ὅτι πρῶτός μου ἦν.
1:27 ὁ ὀπίσω μου **ἐρχόμενος,** οὗ οὐκ εἰμὶ [ἐγὼ] ἄξιος ἵνα λύσω αὐτοῦ τὸν ἱμάντα τοῦ ὑποδήματος.
1:29 Τῇ ἐπαύριον βλέπει τὸν Ἰησοῦν **ἐρχόμενον** πρὸς αὐτὸν καὶ λέγει,
1:30 Ὀπίσω μου **ἔρχεται** ἀνὴρ ὃς ἔμπροσθέν μου γέγονεν,
1:31 ἀλλ᾽ ἵνα φανερωθῇ τῷ Ἰσραὴλ διὰ τοῦτο **ἦλθον** ἐγὼ ἐν ὕδατι βαπτίζων.
1:39 λέγει αὐτοῖς, **Ἔρχεσθε** καὶ ὄψεσθε. **ἦλθαν** οὖν καὶ εἶδαν ποῦ μένει καὶ παρ᾽ αὐτῷ ἔμειναν τὴν ἡμέραν ἐκείνην·
1:46 Ἐκ Ναζαρὲτ δύναταί τι ἀγαθὸν εἶναι; λέγει αὐτῷ [ὁ] Φίλιππος, **Ἔρχου** καὶ ἴδε.
1:47 εἶδεν ὁ Ἰησοῦς τὸν Ναθαναὴλ **ἐρχόμενον** πρὸς αὐτὸν καὶ λέγει περὶ αὐτοῦ,
3: 2 οὗτος **ἦλθεν** πρὸς αὐτὸν νυκτὸς καὶ εἶπεν αὐτῷ, Ῥαββί, οἴδαμεν ὅτι ἀπὸ θεοῦ **ἐλήλυθας** διδάσκαλος·
3: 8 ἀλλ᾽ οὐκ οἶδας πόθεν **ἔρχεται** καὶ ποῦ ὑπάγει·
3:19 αὕτη δέ ἐστιν ἡ κρίσις ὅτι τὸ φῶς **ἐλήλυθεν** εἰς τὸν κόσμον καὶ ἠγάπησαν οἱ ἄνθρωποι μᾶλλον τὸ σκότος ἢ τὸ φῶς·
3:20 πᾶς γὰρ ὁ φαῦλα πράσσων μισεῖ τὸ φῶς καὶ οὐκ **ἔρχεται** πρὸς τὸ φῶς,
3:21 ὁ δὲ ποιῶν τὴν ἀλήθειαν **ἔρχεται** πρὸς τὸ φῶς,
3:22 Μετὰ ταῦτα **ἦλθεν** ὁ Ἰησοῦς καὶ οἱ μαθηταὶ αὐτοῦ εἰς τὴν Ἰουδαίαν γῆν καὶ ἐκεῖ διέτριβεν μετ᾽ αὐτῶν καὶ ἐβάπτιζεν.
3:26 καὶ **ἦλθον** πρὸς τὸν Ἰωάννην καὶ εἶπαν αὐτῷ, Ῥαββί, ὃς ἦν μετὰ σοῦ πέραν τοῦ Ἰορδάνου, ᾧ σὺ μεμαρτύρηκας, ἴδε οὗτος βαπτίζει καὶ πάντες **ἔρχονται** πρὸς αὐτόν.
3:31 Ὁ ἄνωθεν **ἐρχόμενος** ἐπάνω πάντων ἐστίν· ὁ ὢν ἐκ τῆς γῆς ἐκ τῆς γῆς ἐστιν καὶ ἐκ τῆς γῆς λαλεῖ. ὁ ἐκ τοῦ οὐρανοῦ **ἐρχόμενος** [ἐπάνω πάντων ἐστίν·]
4: 5 **ἔρχεται** οὖν εἰς πόλιν τῆς Σαμαρείας λεγομένην Συχὰρ πλησίον τοῦ χωρίου ὃ ἔδωκεν Ἰακὼβ [τῷ] Ἰωσὴφ τῷ υἱῷ αὐτοῦ·
4: 7 **Ἔρχεται** γυνὴ ἐκ τῆς Σαμαρείας ἀντλῆσαι ὕδωρ. λέγει αὐτῇ ὁ Ἰησοῦς,
4:16 Ὕπαγε φώνησον τὸν ἄνδρα σου καὶ **ἐλθὲ** ἐνθάδε.
4:21 ὅτι **ἔρχεται** ὥρα ὅτε οὔτε ἐν τῷ ὄρει τούτῳ οὔτε ἐν Ἱεροσολύμοις προσκυνήσετε τῷ πατρί.
4:23 ἀλλὰ **ἔρχεται** ὥρα καὶ νῦν ἐστιν, ὅτε οἱ ἀληθινοὶ προσκυνηταὶ προσκυνήσουσιν τῷ πατρὶ ἐν πνεύματι καὶ ἀληθείᾳ·

4:25 λέγει αὐτῷ ἡ γυνή, Οἶδα ὅτι Μεσσίας **ἔρχεται** ὁ λεγόμενος Χριστός· ὅταν **ἔλθῃ** ἐκεῖνος, ἀναγγελεῖ ἡμῖν ἅπαντα.
4:27 Καὶ ἐπὶ τούτῳ **ἦλθαν** οἱ μαθηταὶ αὐτοῦ καὶ ἐθαύμαζον ὅτι μετὰ γυναικὸς ἐλάλει·
4:30 ἐξῆλθον ἐκ τῆς πόλεως καὶ **ἤρχοντο** πρὸς αὐτόν.
4:35 οὐχ ὑμεῖς λέγετε ὅτι Ἔτι τετράμηνός ἐστιν καὶ ὁ θερισμὸς **ἔρχεται;**
4:40 ὡς οὖν **ἦλθον** πρὸς αὐτὸν οἱ Σαμαρῖται, ἠρώτων αὐτὸν μεῖναι παρ' αὐτοῖς·
4:45 ὅτε οὖν **ἦλθεν** εἰς τὴν Γαλιλαίαν, ἐδέξαντο αὐτὸν οἱ Γαλιλαῖοι πάντα ἑωρακότες ὅσα ἐποίησεν ἐν Ἱεροσολύμοις ἐν τῇ ἑορτῇ, καὶ αὐτοὶ γὰρ **ἦλθον** εἰς τὴν ἑορτήν.
4:46 **Ἦλθεν** οὖν πάλιν εἰς τὴν Κανὰ τῆς Γαλιλαίας,
4:54 Τοῦτο [δὲ] πάλιν δεύτερον σημεῖον ἐποίησεν ὁ Ἰησοῦς **ἐλθὼν** ἐκ τῆς Ἰουδαίας εἰς τὴν Γαλιλαίαν.
5: 7 ἐν ᾧ δὲ **ἔρχομαι** ἐγώ, ἄλλος πρὸ ἐμοῦ καταβαίνει.
5:24 ὁ τὸν λόγον μου ἀκούων καὶ πιστεύων τῷ πέμψαντί με ἔχει ζωὴν αἰώνιον καὶ εἰς κρίσιν οὐκ **ἔρχεται,**
5:25 ὅτι **ἔρχεται** ὥρα καὶ νῦν ἐστιν ὅτε οἱ νεκροὶ ἀκούσουσιν τῆς φωνῆς τοῦ υἱοῦ τοῦ θεοῦ καὶ οἱ ἀκούσαντες ζήσουσιν.
5:28 ὅτι **ἔρχεται** ὥρα ἐν ᾗ πάντες οἱ ἐν τοῖς μνημείοις ἀκούσουσιν τῆς φωνῆς αὐτοῦ
5:40 καὶ οὐ θέλετε **ἐλθεῖν** πρός με ἵνα ζωὴν ἔχητε.
5:43 ἐγὼ **ἐλήλυθα** ἐν τῷ ὀνόματι τοῦ πατρός μου, καὶ οὐ λαμβάνετέ με· ἐὰν ἄλλος **ἔλθῃ** ἐν τῷ ὀνόματι τῷ ἰδίῳ, ἐκεῖνον λήμψεσθε.
6: 5 ἐπάρας οὖν τοὺς ὀφθαλμοὺς ὁ Ἰησοῦς καὶ θεασάμενος ὅτι πολὺς ὄχλος **ἔρχεται** πρὸς αὐτὸν λέγει πρὸς Φίλιππον,
6:14 Οἱ οὖν ἄνθρωποι ἰδόντες ὃ ἐποίησεν σημεῖον ἔλεγον ὅτι Οὗτός ἐστιν ἀληθῶς ὁ προφήτης ὁ **ἐρχόμενος** εἰς τὸν κόσμον.
6:15 Ἰησοῦς οὖν γνοὺς ὅτι μέλλουσιν **ἔρχεσθαι** καὶ ἁρπάζειν αὐτὸν ἵνα ποιήσωσιν βασιλέα,
6:17 καὶ ἐμβάντες εἰς πλοῖον **ἤρχοντο** πέραν τῆς θαλάσσης εἰς Καφαρναούμ. καὶ σκοτία ἤδη ἐγεγόνει καὶ οὔπω **ἐληλύθει** πρὸς αὐτοὺς ὁ Ἰησοῦς,
6:23 ἄλλα **ἦλθεν** πλοιά[ρια] ἐκ Τιβεριάδος ἐγγὺς τοῦ τόπου ὅπου ἔφαγον τὸν ἄρτον εὐχαριστήσαντος τοῦ κυρίου.
6:24 ἐνέβησαν αὐτοὶ εἰς τὰ πλοιάρια καὶ **ἦλθον** εἰς Καφαρναοὺμ ζητοῦντες τὸν Ἰησοῦν.
6:35 ὁ **ἐρχόμενος** πρὸς ἐμὲ οὐ μὴ πεινάσῃ, καὶ ὁ πιστεύων εἰς ἐμὲ οὐ μὴ διψήσει πώποτε.
6:37 καὶ τὸν **ἐρχόμενον** πρὸς ἐμὲ οὐ μὴ ἐκβάλω ἔξω,
6:44 οὐδεὶς δύναται **ἐλθεῖν** πρός με ἐὰν μὴ ὁ πατὴρ ὁ πέμψας με ἑλκύσῃ αὐτόν,
6:45 πᾶς ὁ ἀκούσας παρὰ τοῦ πατρὸς καὶ μαθὼν **ἔρχεται** πρὸς ἐμέ.
6:65 Διὰ τοῦτο εἴρηκα ὑμῖν ὅτι οὐδεὶς δύναται **ἐλθεῖν** πρός με ἐὰν μὴ ᾖ δεδομένον αὐτῷ ἐκ τοῦ πατρός.
7:27 ὁ δὲ Χριστὸς ὅταν **ἔρχηται** οὐδεὶς γινώσκει πόθεν ἐστίν.
7:28 καὶ ἀπ' ἐμαυτοῦ οὐκ **ἐλήλυθα,** ἀλλ' ἔστιν ἀληθινὸς ὁ πέμψας με,
7:30 καὶ οὐδεὶς ἐπέβαλεν ἐπ' αὐτὸν τὴν χεῖρα, ὅτι οὔπω **ἐληλύθει** ἡ ὥρα αὐτοῦ.
7:31 Ὁ Χριστὸς ὅταν **ἔλθῃ** μὴ πλείονα σημεῖα ποιήσει ὧν οὗτος ἐποίησεν;
7:34 καὶ ὅπου εἰμὶ ἐγὼ ὑμεῖς οὐ δύνασθε **ἐλθεῖν.**
7:36 καὶ ὅπου εἰμὶ ἐγὼ ὑμεῖς οὐ δύνασθε **ἐλθεῖν;**
7:37 Ἐάν τις διψᾷ **ἐρχέσθω** πρός με καὶ πινέτω.
7:41 Μὴ γὰρ ἐκ τῆς Γαλιλαίας ὁ Χριστὸς **ἔρχεται;**
7:42 οὐχ ἡ γραφὴ εἶπεν ὅτι ἐκ τοῦ σπέρματος Δαυὶδ καὶ ἀπὸ Βηθλέεμ τῆς κώμης ὅπου ἦν Δαυὶδ **ἔρχεται** ὁ Χριστός;
7:45 **Ἦλθον** οὖν οἱ ὑπηρέται πρὸς τοὺς ἀρχιερεῖς καὶ Φαρισαίους,
7:50 ὁ **ἐλθὼν** πρὸς αὐτὸν [τὸ] πρότερον, εἷς ὢν ἐξ αὐτῶν,
8: 2 ⟦Ὄρθρου δὲ πάλιν παρεγένετο εἰς τὸ ἱερὸν καὶ πᾶς ὁ λαὸς **ἤρχετο** πρὸς αὐτόν,⟧
8:14 ἀληθής ἐστιν ἡ μαρτυρία μου, ὅτι οἶδα πόθεν **ἦλθον** καὶ ποῦ ὑπάγω· ὑμεῖς δὲ οὐκ οἴδατε πόθεν **ἔρχομαι** ἢ ποῦ ὑπάγω.
8:20 καὶ οὐδεὶς ἐπίασεν αὐτόν, ὅτι οὔπω **ἐληλύθει** ἡ ὥρα αὐτοῦ.
8:21 καὶ ἐν τῇ ἁμαρτίᾳ ὑμῶν ἀποθανεῖσθε· ὅπου ἐγὼ ὑπάγω ὑμεῖς οὐ δύνασθε **ἐλθεῖν.**
8:22 ὅτι λέγει, Ὅπου ἐγὼ ὑπάγω ὑμεῖς οὐ δύνασθε **ἐλθεῖν;**
8:42 οὐδὲ γὰρ ἀπ' ἐμαυτοῦ **ἐλήλυθα,** ἀλλ' ἐκεῖνός με ἀπέστειλεν.
9: 4 ἡμᾶς δεῖ ἐργάζεσθαι τὰ ἔργα τοῦ πέμψαντός με ἕως ἡμέρα ἐστίν· **ἔρχεται** νὺξ ὅτε οὐδεὶς δύναται ἐργάζεσθαι.
9: 7 Ὕπαγε νίψαι εἰς τὴν κολυμβήθραν τοῦ Σιλωάμ (ὃ ἑρμηνεύεται Ἀπεσταλμένος). ἀπῆλθεν οὖν καὶ ἐνίψατο καὶ **ἦλθεν** βλέπων.
9:39 Εἰς κρίμα ἐγὼ εἰς τὸν κόσμον τοῦτον **ἦλθον,**
10: 8 πάντες ὅσοι **ἦλθον** [πρὸ ἐμοῦ] κλέπται εἰσὶν καὶ λῃσταί,
10:10 ὁ κλέπτης οὐκ **ἔρχεται** εἰ μὴ ἵνα κλέψῃ καὶ θύσῃ καὶ ἀπολέσῃ· ἐγὼ **ἦλθον** ἵνα ζωὴν ἔχωσιν καὶ περισσὸν ἔχωσιν.
10:12 θεωρεῖ τὸν λύκον **ἐρχόμενον** καὶ ἀφίησιν τὰ πρόβατα καὶ φεύγει–
10:41 καὶ πολλοὶ **ἦλθον** πρὸς αὐτὸν καὶ ἔλεγον ὅτι Ἰωάννης μὲν σημεῖον ἐποίησεν οὐδέν,
11:17 **Ἐλθὼν** οὖν ὁ Ἰησοῦς εὗρεν αὐτὸν τέσσαρας ἤδη ἡμέρας ἔχοντα ἐν τῷ μνημείῳ.
11:19 πολλοὶ δὲ ἐκ τῶν Ἰουδαίων **ἐληλύθεισαν** πρὸς τὴν Μάρθαν καὶ Μαριὰμ ἵνα παραμυθήσωνται αὐτὰς περὶ τοῦ ἀδελφοῦ.
11:20 ἡ οὖν Μάρθα ὡς ἤκουσεν ὅτι Ἰησοῦς **ἔρχεται** ὑπήντησεν αὐτῷ·
11:27 ἐγὼ πεπίστευκα ὅτι σὺ εἶ ὁ Χριστὸς ὁ υἱὸς τοῦ θεοῦ ὁ εἰς τὸν κόσμον **ἐρχόμενος.**
11:29 ἐκείνη δὲ ὡς ἤκουσεν ἠγέρθη ταχὺ καὶ **ἤρχετο** πρὸς αὐτόν.
11:30 οὔπω δὲ **ἐληλύθει** ὁ Ἰησοῦς εἰς τὴν κώμην,
11:32 ἡ οὖν Μαριὰμ ὡς **ἦλθεν** ὅπου ἦν Ἰησοῦς ἰδοῦσα αὐτὸν ἔπεσεν αὐτοῦ πρὸς τοὺς πόδας λέγουσα αὐτῷ,
11:34 Ποῦ τεθείκατε αὐτόν; λέγουσιν αὐτῷ, Κύριε, **ἔρχου** καὶ ἴδε.
11:38 Ἰησοῦς οὖν πάλιν ἐμβριμώμενος ἐν ἑαυτῷ **ἔρχεται** εἰς τὸ μνημεῖον·
11:45 Πολλοὶ οὖν ἐκ τῶν Ἰουδαίων οἱ **ἐλθόντες** πρὸς τὴν Μαριὰμ καὶ θεασάμενοι ἃ ἐποίησεν ἐπίστευσαν εἰς αὐτόν·
11:48 καὶ **ἐλεύσονται** οἱ Ῥωμαῖοι καὶ ἀροῦσιν ἡμῶν καὶ τὸν τόπον καὶ τὸ ἔθνος.
11:56 Τί δοκεῖ ὑμῖν; ὅτι οὐ μὴ **ἔλθῃ** εἰς τὴν ἑορτήν;
12: 1 Ὁ οὖν Ἰησοῦς πρὸ ἓξ ἡμερῶν τοῦ πάσχα **ἦλθεν** εἰς Βηθανίαν,
12: 9 Ἔγνω οὖν [ὁ] ὄχλος πολὺς ἐκ τῶν Ἰουδαίων ὅτι ἐκεῖ ἐστιν καὶ **ἦλθον** οὐ διὰ τὸν Ἰησοῦν μόνον,
12:12 Τῇ ἐπαύριον ὁ ὄχλος πολὺς ὁ **ἐλθὼν** εἰς τὴν ἑορτήν, ἀκούσαντες ὅτι **ἔρχεται** ὁ Ἰησοῦς εἰς Ἱεροσόλυμα
12:13 εὐλογημένος ὁ **ἐρχόμενος** ἐν ὀνόματι κυρίου, [καὶ] ὁ βασιλεὺς τοῦ Ἰσραήλ.
12:15 ἰδοὺ ὁ βασιλεύς σου **ἔρχεται,** καθήμενος ἐπὶ πῶλον ὄνου.
12:22 **ἔρχεται** ὁ Φίλιππος καὶ λέγει τῷ Ἀνδρέᾳ, **ἔρχεται** Ἀνδρέας καὶ Φίλιππος καὶ λέγουσιν τῷ Ἰησοῦ.
12:23 **Ἐλήλυθεν** ἡ ὥρα ἵνα δοξασθῇ ὁ υἱὸς τοῦ ἀνθρώπου.
12:27 ἀλλὰ διὰ τοῦτο **ἦλθον** εἰς τὴν ὥραν ταύτην.
12:28 **ἦλθεν** οὖν φωνὴ ἐκ τοῦ οὐρανοῦ, Καὶ ἐδόξασα καὶ πάλιν δοξάσω.
12:46 ἐγὼ φῶς εἰς τὸν κόσμον **ἐλήλυθα,** ἵνα πᾶς ὁ πιστεύων εἰς ἐμὲ ἐν τῇ σκοτίᾳ μὴ μείνῃ.
12:47 οὐ γὰρ **ἦλθον** ἵνα κρίνω τὸν κόσμον, ἀλλ' ἵνα σώσω τὸν κόσμον.
13: 1 Πρὸ δὲ τῆς ἑορτῆς τοῦ πάσχα εἰδὼς ὁ Ἰησοῦς ὅτι **ἦλθεν** αὐτοῦ ἡ ὥρα ἵνα μεταβῇ ἐκ τοῦ κόσμου τούτου πρὸς τὸν πατέρα,
13: 6 **ἔρχεται** οὖν πρὸς Σίμωνα Πέτρον· λέγει αὐτῷ, Κύριε,
13:33 καὶ καθὼς εἶπον τοῖς Ἰουδαίοις ὅτι Ὅπου ἐγὼ ὑπάγω ὑμεῖς οὐ δύνασθε **ἐλθεῖν,**
14: 3 πάλιν **ἔρχομαι** καὶ παραλήμψομαι ὑμᾶς πρὸς ἐμαυτόν, ἵνα ὅπου εἰμὶ ἐγὼ καὶ ὑμεῖς ἦτε.
14: 6 οὐδεὶς **ἔρχεται** πρὸς τὸν πατέρα εἰ μὴ δι' ἐμοῦ.
14:18 Οὐκ ἀφήσω ὑμᾶς ὀρφανούς, **ἔρχομαι** πρὸς ὑμᾶς.
14:23 καὶ ὁ πατήρ μου ἀγαπήσει αὐτὸν καὶ πρὸς αὐτὸν **ἐλευσόμεθα** καὶ μονὴν παρ' αὐτῷ ποιησόμεθα.
14:28 ἠκούσατε ὅτι ἐγὼ εἶπον ὑμῖν, Ὑπάγω καὶ **ἔρχομαι** πρὸς ὑμᾶς.
14:30 οὐκέτι πολλὰ λαλήσω μεθ' ὑμῶν, **ἔρχεται** γὰρ ὁ τοῦ κόσμου ἄρχων·
15:22 εἰ μὴ **ἦλθον** καὶ ἐλάλησα αὐτοῖς, ἁμαρτίαν οὐκ εἴχοσαν·
15:26 Ὅταν **ἔλθῃ** ὁ παράκλητος ὃν ἐγὼ πέμψω ὑμῖν παρὰ τοῦ πατρός,
16: 2 ἀλλ' **ἔρχεται** ὥρα ἵνα πᾶς ὁ ἀποκτείνας ὑμᾶς δόξῃ λατρείαν προσφέρειν τῷ θεῷ.
16: 4 ἀλλὰ ταῦτα λελάληκα ὑμῖν ἵνα ὅταν **ἔλθῃ** ἡ ὥρα αὐτῶν μνημονεύητε αὐτῶν ὅτι ἐγὼ εἶπον ὑμῖν.
16: 7 ἐὰν γὰρ μὴ ἀπέλθω, ὁ παράκλητος οὐκ **ἐλεύσεται** πρὸς ὑμᾶς·
16: 8 καὶ **ἐλθὼν** ἐκεῖνος ἐλέγξει τὸν κόσμον περὶ ἁμαρτίας καὶ περὶ δικαιοσύνης καὶ περὶ κρίσεως·
16:13 ὅταν δὲ **ἔλθῃ** ἐκεῖνος, τὸ πνεῦμα τῆς ἀληθείας, ὁδηγήσει ὑμᾶς ἐν τῇ ἀληθείᾳ πάσῃ· οὐ γὰρ λαλήσει ἀφ' ἑαυτοῦ, ἀλλ' ὅσα ἀκούσει λαλήσει καὶ τὰ **ἐρχόμενα** ἀναγγελεῖ ὑμῖν.
16:21 ἡ γυνὴ ὅταν τίκτῃ λύπην ἔχει, ὅτι **ἦλθεν** ἡ ὥρα αὐτῆς·
16:25 **ἔρχεται** ὥρα ὅτε οὐκέτι ἐν παροιμίαις λαλήσω ὑμῖν,
16:28 ἐξῆλθον παρὰ τοῦ πατρὸς καὶ **ἐλήλυθα** εἰς τὸν κόσμον·
16:32 ἰδοὺ **ἔρχεται** ὥρα καὶ **ἐλήλυθεν** ἵνα σκορπισθῆτε ἕκαστος εἰς τὰ ἴδια κἀμὲ μόνον ἀφῆτε·
17: 1 Ταῦτα ἐλάλησεν Ἰησοῦς καὶ ἐπάρας τοὺς ὀφθαλμοὺς αὐτοῦ εἰς τὸν οὐρανὸν εἶπεν, Πάτερ, **ἐλήλυθεν** ἡ ὥρα·
17:11 καὶ αὐτοὶ ἐν τῷ κόσμῳ εἰσίν, κἀγὼ πρὸς σὲ **ἔρχομαι.**

17:13 νῦν δὲ πρὸς σὲ **ἔρχομαι** καὶ ταῦτα λαλῶ ἐν τῷ κόσμῳ ἵνα ἔχωσιν τὴν χαρὰν τὴν ἐμὴν πεπληρωμένην ἐν ἑαυτοῖς.
18: 3 ὁ οὖν Ἰούδας λαβὼν τὴν σπεῖραν καὶ ἐκ τῶν ἀρχιερέων καὶ ἐκ τῶν Φαρισαίων ὑπηρέτας **ἔρχεται** ἐκεῖ μετὰ φανῶν
18: 4 Ἰησοῦς οὖν εἰδὼς πάντα τὰ **ἐρχόμενα** ἐπ' αὐτὸν ἐξῆλθεν καὶ λέγει αὐτοῖς,
18:37 ἐγὼ εἰς τοῦτο γεγέννημαι καὶ εἰς τοῦτο **ἐλήλυθα** εἰς τὸν κόσμον,
19: 3 καὶ **ἤρχοντο** πρὸς αὐτὸν καὶ ἔλεγον, Χαῖρε ὁ βασιλεὺς τῶν Ἰουδαίων·
19:32 **ἦλθον** οὖν οἱ στρατιῶται καὶ τοῦ μὲν πρώτου κατέαξαν τὰ σκέλη καὶ τοῦ ἄλλου τοῦ συσταυρωθέντος αὐτῷ·
19:33 ἐπὶ δὲ τὸν Ἰησοῦν **ἐλθόντες,** ὡς εἶδον ἤδη αὐτὸν τεθνηκότα,
19:38 καὶ ἐπέτρεψεν ὁ Πιλᾶτος. **ἦλθεν** οὖν καὶ ἦρεν τὸ σῶμα αὐτοῦ.
19:39 **ἦλθεν** δὲ καὶ Νικόδημος, ὁ **ἐλθὼν** πρὸς αὐτὸν νυκτὸς τὸ πρῶτον,
20: 1 Τῇ δὲ μιᾷ τῶν σαββάτων Μαρία ἡ Μαγδαληνὴ **ἔρχεται** πρωῒ σκοτίας ἔτι οὔσης εἰς τὸ μνημεῖον καὶ βλέπει τὸν λίθον
20: 2 τρέχει οὖν καὶ **ἔρχεται** πρὸς Σίμωνα Πέτρον καὶ πρὸς τὸν ἄλλον μαθητὴν ὃν ἐφίλει ὁ Ἰησοῦς καὶ λέγει αὐτοῖς,
20: 3 Ἐξῆλθεν οὖν ὁ Πέτρος καὶ ὁ ἄλλος μαθητὴς καὶ **ἤρχοντο** εἰς τὸ μνημεῖον.
20: 4 καὶ ὁ ἄλλος μαθητὴς προέδραμεν τάχιον τοῦ Πέτρου καὶ **ἦλθεν** πρῶτος εἰς τὸ μνημεῖον,
20: 6 **ἔρχεται** οὖν καὶ Σίμων Πέτρος ἀκολουθῶν αὐτῷ καὶ εἰσῆλθεν εἰς τὸ μνημεῖον,
20: 8 τότε οὖν εἰσῆλθεν καὶ ὁ ἄλλος μαθητὴς ὁ **ἐλθὼν** πρῶτος εἰς τὸ μνημεῖον καὶ εἶδεν καὶ ἐπίστευσεν·
20:18 **ἔρχεται** Μαριὰμ ἡ Μαγδαληνὴ ἀγγέλλουσα τοῖς μαθηταῖς ὅτι Ἑώρακα τὸν κύριον,
20:19 **ἦλθεν** ὁ Ἰησοῦς καὶ ἔστη εἰς τὸ μέσον καὶ λέγει αὐτοῖς,
20:24 ὁ λεγόμενος Δίδυμος, οὐκ ἦν μετ' αὐτῶν ὅτε **ἦλθεν** Ἰησοῦς.
20:26 **ἔρχεται** ὁ Ἰησοῦς τῶν θυρῶν κεκλεισμένων καὶ ἔστη εἰς τὸ μέσον καὶ εἶπεν,
21: 3 Ὑπάγω ἁλιεύειν. λέγουσιν αὐτῷ, **Ἐρχόμεθα** καὶ ἡμεῖς σὺν σοί.
21: 8 οἱ δὲ ἄλλοι μαθηταὶ τῷ πλοιαρίῳ **ἦλθον,** οὐ γὰρ ἦσαν μακρὰν ἀπὸ τῆς γῆς ἀλλὰ ὡς ἀπὸ πηχῶν διακοσίων,
21:13 **ἔρχεται** Ἰησοῦς καὶ λαμβάνει τὸν ἄρτον καὶ δίδωσιν αὐτοῖς,
21:22 Ἐὰν αὐτὸν θέλω μένειν ἕως **ἔρχομαι,** τί πρὸς σέ;
21:23 Ἐὰν αὐτὸν θέλω μένειν ἕως **ἔρχομαι[,** τί πρὸς σέ;]

Ac 1:11 οὗτος ὁ Ἰησοῦς ὁ ἀναλημφθεὶς ἀφ' ὑμῶν εἰς τὸν οὐρανὸν οὕτως **ἐλεύσεται** ὃν τρόπον ἐθεάσασθε αὐτὸν πορευόμενον εἰς τὸν οὐρανόν.
2:20 πρὶν **ἐλθεῖν** ἡμέραν κυρίου τὴν μεγάλην καὶ ἐπιφανῆ.
3:20 ὅπως ἂν **ἔλθωσιν** καιροὶ ἀναψύξεως ἀπὸ προσώπου τοῦ κυρίου καὶ ἀποστείλῃ τὸν προκεχειρισμένον ὑμῖν Χριστόν Ἰησοῦν,
4:23 Ἀπολυθέντες δὲ **ἦλθον** πρὸς τοὺς ἰδίους καὶ ἀπήγγειλαν ὅσα πρὸς αὐτοὺς οἱ ἀρχιερεῖς καὶ οἱ πρεσβύτεροι εἶπαν.
5:15 ἵνα **ἐρχομένου** Πέτρου κἂν ἡ σκιὰ ἐπισκιάσῃ τινὶ αὐτῶν.
7:11 **ἦλθεν** δὲ λιμὸς ἐφ' ὅλην τὴν Αἴγυπτον καὶ Χανάαν καὶ θλῖψις μεγάλη,
8:27 ὃς ἦν ἐπὶ πάσης τῆς γάζης αὐτῆς, ὃς **ἐληλύθει** προσκυνήσων εἰς Ἰερουσαλήμ,
8:36 **ἦλθον** ἐπί τι ὕδωρ, καί φησιν ὁ εὐνοῦχος,
8:40 καὶ διερχόμενος εὐηγγελίζετο τὰς πόλεις πάσας ἕως τοῦ **ἐλθεῖν** αὐτὸν εἰς Καισάρειαν.
9:17 Ἰησοῦς ὁ ὀφθείς σοι ἐν τῇ ὁδῷ ᾗ **ἤρχου,**
9:21 καὶ ὧδε εἰς τοῦτο **ἐληλύθει** ἵνα δεδεμένους αὐτοὺς ἀγάγῃ ἐπὶ τοὺς ἀρχιερεῖς;
10:29 διὸ καὶ ἀναντιρρήτως **ἦλθον** μεταπεμφθείς. πυνθάνομαι οὖν τίνι λόγῳ μετεπέμψασθέ με;
11: 5 καταβαῖνον σκεῦός τι ὡς ὀθόνην μεγάλην τέσσαρσιν ἀρχαῖς καθιεμένην ἐκ τοῦ οὐρανοῦ, καὶ **ἦλθεν** ἄχρι ἐμοῦ.
11:12 **ἦλθον** δὲ σὺν ἐμοὶ καὶ οἱ ἓξ ἀδελφοὶ οὗτοι καὶ εἰσήλθομεν εἰς τὸν οἶκον τοῦ ἀνδρός.
11:20 οἵτινες **ἐλθόντες** εἰς Ἀντιόχειαν ἐλάλουν καὶ πρὸς τοὺς Ἑλληνιστὰς εὐαγγελιζόμενοι τὸν κύριον Ἰησοῦν.
12:10 διελθόντες δὲ πρώτην φυλακὴν καὶ δευτέραν **ἦλθαν** ἐπὶ τὴν πύλην τὴν σιδηρᾶν τὴν φέρουσαν εἰς τὴν πόλιν,
12:12 συνιδών τε **ἦλθεν** ἐπὶ τὴν οἰκίαν τῆς Μαρίας τῆς μητρὸς Ἰωάννου τοῦ ἐπικαλουμένου Μάρκου,
13:13 Ἀναχθέντες δὲ ἀπὸ τῆς Πάφου οἱ περὶ Παῦλον **ἦλθον** εἰς Πέργην τῆς Παμφυλίας,
13:25 ἀλλ' ἰδοὺ **ἔρχεται** μετ' ἐμὲ οὗ οὐκ εἰμὶ ἄξιος τὸ ὑπόδημα τῶν ποδῶν λῦσαι.
13:44 Τῷ δὲ **ἐρχομένῳ** σαββάτῳ σχεδὸν πᾶσα ἡ πόλις συνήχθη ἀκοῦσαι τὸν λόγον τοῦ κυρίου.
13:51 οἱ δὲ ἐκτιναξάμενοι τὸν κονιορτὸν τῶν ποδῶν ἐπ' αὐτοὺς **ἦλθον** εἰς Ἰκόνιον,
14:24 καὶ διελθόντες τὴν Πισιδίαν **ἦλθον** εἰς τὴν Παμφυλίαν
16: 7 **ἐλθόντες** δὲ κατὰ τὴν Μυσίαν ἐπείραζον εἰς τὴν Βιθυνίαν πορευθῆναι,
16:37 καὶ νῦν λάθρᾳ ἡμᾶς ἐκβάλλουσιν; οὐ γάρ, ἀλλὰ **ἐλθόντες** αὐτοὶ ἡμᾶς ἐξαγαγέτωσαν.
16:39 καὶ **ἐλθόντες** παρεκάλεσαν αὐτοὺς καὶ ἐξαγαγόντες ἠρώτων ἀπελθεῖν ἀπὸ τῆς πόλεως.
17: 1 Διοδεύσαντες δὲ τὴν Ἀμφίπολιν καὶ τὴν Ἀπολλωνίαν **ἦλθον** εἰς Θεσσαλονίκην ὅπου ἦν συναγωγὴ τῶν Ἰουδαίων.
17:13 ὅτι καὶ ἐν τῇ Βεροίᾳ κατηγγέλη ὑπὸ τοῦ Παύλου ὁ λόγος τοῦ θεοῦ, **ἦλθον** κἀκεῖ σαλεύοντες καὶ ταράσσοντες τοὺς ὄχλους.
17:15 καὶ λαβόντες ἐντολὴν πρὸς τὸν Σιλᾶν καὶ τὸν Τιμόθεον ἵνα ὡς τάχιστα **ἔλθωσιν** πρὸς αὐτὸν ἐξῄεσαν.
18: 1 Μετὰ ταῦτα χωρισθεὶς ἐκ τῶν Ἀθηνῶν **ἦλθεν** εἰς Κόρινθον.
18: 2 Ποντικὸν τῷ γένει προσφάτως **ἐληλυθότα** ἀπὸ τῆς Ἰταλίας καὶ Πρίσκιλλαν γυναῖκα αὐτοῦ,
19: 4 Ἰωάννης ἐβάπτισεν βάπτισμα μετανοίας τῷ λαῷ λέγων εἰς τὸν **ἐρχόμενον** μετ' αὐτὸν ἵνα πιστεύσωσιν,
19: 6 καὶ ἐπιθέντος αὐτοῖς τοῦ Παύλου [τὰς] χεῖρας **ἦλθε** τὸ πνεῦμα τὸ ἅγιον ἐπ' αὐτούς,
19:18 πολλοί τε τῶν πεπιστευκότων **ἤρχοντο** ἐξομολογούμενοι καὶ ἀναγγέλλοντες τὰς πράξεις αὐτῶν.
19:27 οὐ μόνον δὲ τοῦτο κινδυνεύει ἡμῖν τὸ μέρος εἰς ἀπελεγμὸν **ἐλθεῖν** ἀλλὰ καὶ τὸ τῆς μεγάλης θεᾶς Ἀρτέμιδος ἱερὸν
20: 2 διελθὼν δὲ τὰ μέρη ἐκεῖνα καὶ παρακαλέσας αὐτοὺς λόγῳ πολλῷ **ἦλθεν** εἰς τὴν Ἑλλάδα
20: 6 ἡμεῖς δὲ ἐξεπλεύσαμεν μετὰ τὰς ἡμέρας τῶν ἀζύμων ἀπὸ Φιλίππων καὶ **ἤλθομεν** πρὸς αὐτοὺς εἰς τὴν Τρῳάδα
20:14 ὡς δὲ συνέβαλλεν ἡμῖν εἰς τὴν Ἆσσον, ἀναλαβόντες αὐτὸν **ἤλθομεν** εἰς Μιτυλήνην,
20:15 τῇ δὲ ἑτέρᾳ παρεβάλομεν εἰς Σάμον, τῇ δὲ ἐχομένῃ **ἤλθομεν** εἰς Μίλητον.
21: 1 Ὡς δὲ ἐγένετο ἀναχθῆναι ἡμᾶς ἀποσπασθέντας ἀπ' αὐτῶν, εὐθυδρομήσαντες **ἤλθομεν** εἰς τὴν Κῶ,
21: 8 τῇ δὲ ἐπαύριον ἐξελθόντες **ἤλθομεν** εἰς Καισάρειαν καὶ εἰσελθόντες εἰς τὸν οἶκον Φιλίππου τοῦ εὐαγγελιστοῦ,
21:11 καὶ **ἐλθὼν** πρὸς ἡμᾶς καὶ ἄρας τὴν ζώνην τοῦ Παύλου,
21:22 τί οὖν ἐστιν; πάντως ἀκούσονται ὅτι **ἐλήλυθας.**
22:11 χειραγωγούμενος ὑπὸ τῶν συνόντων μοι **ἦλθον** εἰς Δαμασκόν.
22:13 **ἐλθὼν** πρός με καὶ ἐπιστὰς εἶπέν μοι, Σαοὺλ ἀδελφέ,
25:23 Τῇ οὖν ἐπαύριον **ἐλθόντος** τοῦ Ἀγρίππα καὶ τῆς Βερνίκης μετὰ πολλῆς φαντασίας καὶ εἰσελθόντων εἰς τὸ ἀκροατήριον
27: 8 μόλις τε παραλεγόμενοι αὐτὴν **ἤλθομεν** εἰς τόπον τινὰ καλούμενον Καλοὺς λιμένας ᾧ ἐγγὺς πόλις ἦν Λασαία.
28:13 καὶ μετὰ μίαν ἡμέραν ἐπιγενομένου νότου δευτεραῖοι **ἤλθομεν** εἰς Ποτιόλους,
28:14 οὗ εὑρόντες ἀδελφοὺς παρεκλήθημεν παρ' αὐτοῖς ἐπιμεῖναι ἡμέρας ἑπτά· καὶ οὕτως εἰς τὴν Ῥώμην **ἤλθαμεν.**
28:15 κἀκεῖθεν οἱ ἀδελφοὶ ἀκούσαντες τὰ περὶ ἡμῶν **ἦλθαν** εἰς ἀπάντησιν ἡμῖν ἄχρι Ἀππίου Φόρου καὶ Τριῶν
28:23 Ταξάμενοι δὲ αὐτῷ ἡμέραν **ἦλθον** πρὸς αὐτὸν εἰς τὴν ξενίαν πλείονες οἷς ἐξετίθετο διαμαρτυρόμενος τὴν βασιλείαν

Ro 1:10 πάντοτε ἐπὶ τῶν προσευχῶν μου δεόμενος εἴ πως ἤδη ποτὲ εὐοδωθήσομαι ἐν τῷ θελήματι τοῦ θεοῦ **ἐλθεῖν** πρὸς ὑμᾶς.
1:13 ἀδελφοί, ὅτι πολλάκις προεθέμην **ἐλθεῖν** πρὸς ὑμᾶς, καὶ ἐκωλύθην ἄχρι τοῦ δεῦρο,
3: 8 καὶ μὴ καθὼς βλασφημούμεθα καὶ καθώς φασίν τινες ἡμᾶς λέγειν ὅτι Ποιήσωμεν τὰ κακά, ἵνα **ἔλθῃ** τὰ ἀγαθά;
7: 9 ἐγὼ δὲ ἔζων χωρὶς νόμου ποτέ, **ἐλθούσης** δὲ τῆς ἐντολῆς ἡ ἁμαρτία ἀνέζησεν,
9: 9 Κατὰ τὸν καιρὸν τοῦτον **ἐλεύσομαι** καὶ ἔσται τῇ Σάρρᾳ υἱός.
15:22 Διὸ καὶ ἐνεκοπτόμην τὰ πολλὰ τοῦ **ἐλθεῖν** πρὸς ὑμᾶς·
15:23 ἐπιποθίαν δὲ ἔχων τοῦ **ἐλθεῖν** πρὸς ὑμᾶς ἀπὸ πολλῶν ἐτῶν,
15:29 οἶδα δὲ ὅτι **ἐρχόμενος** πρὸς ὑμᾶς ἐν πληρώματι εὐλογίας Χριστοῦ **ἐλεύσομαι.**
15:32 ἵνα ἐν χαρᾷ **ἐλθὼν** πρὸς ὑμᾶς διὰ θελήματος θεοῦ συναναπαύσωμαι ὑμῖν.

1Co 2: 1 Κἀγὼ **ἐλθὼν** πρὸς ὑμᾶς, ἀδελφοί, **ἦλθον** οὐ καθ' ὑπεροχὴν λόγου ἢ σοφίας καταγγέλλων ὑμῖν τὸ μυστήριον τοῦ θεοῦ.
4: 5 ὥστε μὴ πρὸ καιροῦ τι κρίνετε ἕως ἂν **ἔλθῃ** ὁ κύριος,
4:18 ὡς μὴ **ἐρχομένου** δέ μου πρὸς ὑμᾶς ἐφυσιώθησάν τινες·
4:19 **ἐλεύσομαι** δὲ ταχέως πρὸς ὑμᾶς ἐὰν ὁ κύριος θελήσῃ,
4:21 ἐν ῥάβδῳ **ἔλθω** πρὸς ὑμᾶς ἢ ἐν ἀγάπῃ πνεύματί τε πραΰτητος;
11:26 τὸν θάνατον τοῦ κυρίου καταγγέλλετε ἄχρις οὗ **ἔλθῃ.**

11:34 ἵνα μὴ εἰς κρίμα συνέρχησθε. Τὰ δὲ λοιπὰ ὡς ἂν **ἔλθω** διατάξομαι.
13:10 ὅταν δὲ **ἔλθῃ** τὸ τέλειον, τὸ ἐκ μέρους καταργηθήσεται.
14: 6 Νῦν δέ, ἀδελφοί, ἐὰν **ἔλθω** πρὸς ὑμᾶς γλώσσαις λαλῶν,
15:35 Πῶς ἐγείρονται οἱ νεκροί; ποίῳ δὲ σώματι **ἔρχονται;**
16: 2 ἕκαστος ὑμῶν παρ' ἑαυτῷ τιθέτω θησαυρίζων ὅ τι ἐὰν εὐοδῶται, ἵνα μὴ ὅταν **ἔλθω** τότε λογεῖαι γίνωνται.
16: 5 **'Ελεύσομαι** δὲ πρὸς ὑμᾶς ὅταν Μακεδονίαν διέλθω· Μακεδονίαν γὰρ διέρχομαι,
16:10 'Εὰν δὲ **ἔλθῃ** Τιμόθεος, βλέπετε, ἵνα ἀφόβως γένηται πρὸς ὑμᾶς·
16:11 προπέμψατε δὲ αὐτὸν ἐν εἰρήνῃ, ἵνα **ἔλθῃ** πρός με·
16:12 πολλὰ παρεκάλεσα αὐτόν, ἵνα **ἔλθῃ** πρὸς ὑμᾶς μετὰ τῶν ἀδελφῶν· καὶ πάντως οὐκ ἦν θέλημα ἵνα νῦν **ἔλθῃ· ἐλεύσεται** δὲ ὅταν εὐκαιρήσῃ.
2Co 1:15 Καὶ ταύτῃ τῇ πεποιθήσει ἐβουλόμην πρότερον πρὸς ὑμᾶς **ἐλθεῖν,**
1:16 καὶ δι' ὑμῶν διελθεῖν εἰς Μακεδονίαν καὶ πάλιν ἀπὸ Μακεδονίας **ἐλθεῖν** πρὸς ὑμᾶς καὶ ὑφ' ὑμῶν προπεμφθῆναι
1:23 'Εγὼ δὲ μάρτυρα τὸν θεὸν ἐπικαλοῦμαι ἐπὶ τὴν ἐμὴν ψυχήν, ὅτι φειδόμενος ὑμῶν οὐκέτι **ἦλθον** εἰς Κόρινθον.
2: 1 ἔκρινα γὰρ ἐμαυτῷ τοῦτο τὸ μὴ πάλιν ἐν λύπῃ πρὸς ὑμᾶς **ἐλθεῖν.**
2: 3 ἵνα μὴ **ἐλθὼν** λύπην σχῶ ἀφ' ὧν ἔδει με χαίρειν,
2:12 **'Ελθὼν** δὲ εἰς τὴν Τρῳάδα εἰς τὸ εὐαγγέλιον τοῦ Χριστοῦ καὶ θύρας μοι ἀνεῳγμένης ἐν κυρίῳ,
7: 5 Καὶ γὰρ **ἐλθόντων** ἡμῶν εἰς Μακεδονίαν οὐδεμίαν ἔσχηκεν ἄνεσιν ἡ σὰρξ ἡμῶν ἀλλ' ἐν παντὶ θλιβόμενοι·
9: 4 μή πως ἐὰν **ἔλθωσιν** σὺν ἐμοὶ Μακεδόνες καὶ εὕρωσιν ὑμᾶς ἀπαρασκευάστους καταισχυνθῶμεν ἡμεῖς,
11: 4 εἰ μὲν γὰρ ὁ **ἐρχόμενος** ἄλλον 'Ιησοῦν κηρύσσει ὃν οὐκ ἐκηρύξαμεν,
11: 9 τὸ γὰρ ὑστέρημά μου προσανεπλήρωσαν οἱ ἀδελφοὶ **ἐλθόντες** ἀπὸ Μακεδονίας,
12: 1 οὐ συμφέρον μέν, **ἐλεύσομαι** δὲ εἰς ὀπτασίας καὶ ἀποκαλύψεις κυρίου.
12:14 'Ιδοὺ τρίτον τοῦτο ἑτοίμως ἔχω **ἐλθεῖν** πρὸς ὑμᾶς,
12:20 φοβοῦμαι γὰρ μή πως **ἐλθὼν** οὐχ οἵους θέλω εὕρω ὑμᾶς κἀγὼ εὑρεθῶ ὑμῖν οἷον οὐ θέλετε·
12:21 μὴ πάλιν **ἐλθόντος** μου ταπεινώσῃ με ὁ θεός μου πρὸς ὑμᾶς καὶ πενθήσω πολλοὺς τῶν προημαρτηκότων
13: 1 Τρίτον τοῦτο **ἔρχομαι** πρὸς ὑμᾶς· ἐπὶ στόματος δύο μαρτύρων καὶ τριῶν σταθήσεται πᾶν ῥῆμα.
13: 2 ὅτι ἐὰν **ἔλθω** εἰς τὸ πάλιν οὐ φείσομαι,
Gal 1:21 ἔπειτα **ἦλθον** εἰς τὰ κλίματα τῆς Συρίας καὶ τῆς Κιλικίας·
2:11 Ὅτε δὲ **ἦλθεν** Κηφᾶς εἰς 'Αντιόχειαν, κατὰ πρόσωπον αὐτῷ ἀντέστην,
2:12 πρὸ τοῦ γὰρ **ἐλθεῖν** τινας ἀπὸ 'Ιακώβου μετὰ τῶν ἐθνῶν συνήσθιεν· ὅτε δὲ **ἦλθον,** ὑπέστελλεν καὶ ἀφώριζεν ἑαυτὸν φοβούμενος τοὺς ἐκ περιτομῆς.
3:19 τῶν παραβάσεων χάριν προσετέθη, ἄχρις οὗ **ἔλθῃ** τὸ σπέρμα ᾧ ἐπήγγελται,
3:23 Πρὸ τοῦ δὲ **ἐλθεῖν** τὴν πίστιν ὑπὸ νόμον ἐφρουρούμεθα συγκλειόμενοι εἰς τὴν μέλλουσαν πίστιν ἀποκαλυφθῆναι,
3:25 **ἐλθούσης** δὲ τῆς πίστεως οὐκέτι ὑπὸ παιδαγωγόν ἐσμεν.
4: 4 ὅτε δὲ **ἦλθεν** τὸ πλήρωμα τοῦ χρόνου, ἐξαπέστειλεν ὁ θεὸς τὸν υἱὸν αὐτοῦ,
Eph 2:17 καὶ **ἐλθὼν** εὐηγγελίσατο εἰρήνην ὑμῖν τοῖς μακρὰν καὶ εἰρήνην τοῖς ἐγγύς·
5: 6 διὰ ταῦτα γὰρ **ἔρχεται** ἡ ὀργὴ τοῦ θεοῦ ἐπὶ τοὺς υἱοὺς τῆς ἀπειθείας.
Php 1:12 ὅτι τὰ κατ' ἐμὲ μᾶλλον εἰς προκοπὴν τοῦ εὐαγγελίου **ἐλήλυθεν,**
1:27 ἵνα εἴτε **ἐλθὼν** καὶ ἰδὼν ὑμᾶς εἴτε ἀπὼν ἀκούω τὰ περὶ ὑμῶν,
2:24 πέποιθα δὲ ἐν κυρίῳ ὅτι καὶ αὐτὸς ταχέως **ἐλεύσομαι.**
Col 3: 6 δι' ἃ **ἔρχεται** ἡ ὀργὴ τοῦ θεοῦ [ἐπὶ τοὺς υἱοὺς τῆς ἀπειθείας.]
4:10 καὶ Μᾶρκος ὁ ἀνεψιὸς Βαρναβᾶ (περὶ οὗ ἐλάβετε ἐντολάς, ἐὰν **ἔλθῃ** πρὸς ὑμᾶς, δέξασθε αὐτόν)
1Th 1:10 'Ιησοῦν τὸν ῥυόμενον ἡμᾶς ἐκ τῆς ὀργῆς τῆς **ἐρχομένης.**
2:18 διότι ἠθελήσαμεν **ἐλθεῖν** πρὸς ὑμᾶς, ἐγὼ μὲν Παῦλος καὶ ἅπαξ καὶ δίς,
3: 6 Ἄρτι δὲ **ἐλθόντος** Τιμοθέου πρὸς ἡμᾶς ἀφ' ὑμῶν καὶ εὐαγγελισαμένου ἡμῖν τὴν πίστιν καὶ τὴν ἀγάπην ὑμῶν
5: 2 αὐτοὶ γὰρ ἀκριβῶς οἴδατε ὅτι ἡμέρα κυρίου ὡς κλέπτης ἐν νυκτὶ οὕτως **ἔρχεται.**
2Th 1:10 ὅταν **ἔλθῃ** ἐνδοξασθῆναι ἐν τοῖς ἁγίοις αὐτοῦ καὶ θαυμασθῆναι ἐν πᾶσιν τοῖς πιστεύσασιν,
2: 3 ὅτι ἐὰν μὴ **ἔλθῃ** ἡ ἀποστασία πρῶτον καὶ ἀποκαλυφθῇ ὁ ἄνθρωπος τῆς ἀνομίας,
1Ti 1:15 ὅτι Χριστὸς 'Ιησοῦς **ἦλθεν** εἰς τὸν κόσμον ἁμαρτωλοὺς σῶσαι,
2: 4 ὃς πάντας ἀνθρώπους θέλει σωθῆναι καὶ εἰς ἐπίγνωσιν ἀληθείας **ἐλθεῖν.**
3:14 Ταῦτά σοι γράφω ἐλπίζων **ἐλθεῖν** πρὸς σὲ ἐν τάχει·
4:13 ἕως **ἔρχομαι** πρόσεχε τῇ ἀναγνώσει, τῇ παρακλήσει, τῇ διδασκαλίᾳ.
2Ti 3: 7 πάντοτε μανθάνοντα καὶ μηδέποτε εἰς ἐπίγνωσιν ἀληθείας **ἐλθεῖν** δυνάμενα.
4: 9 Σπούδασον **ἐλθεῖν** πρός με ταχέως·
4:13 τὸν φαιλόνην ὃν ἀπέλιπον ἐν Τρῳάδι παρὰ Κάρπῳ **ἐρχόμενος** φέρε,
4:21 Σπούδασον πρὸ χειμῶνος **ἐλθεῖν.** 'Ασπάζεταί σε Εὔβουλος καὶ Πούδης καὶ Λίνος καὶ Κλαυδία καὶ οἱ ἀδελφοὶ πάντες.
Tit 3:12 σπούδασον **ἐλθεῖν** πρός με εἰς Νικόπολιν, ἐκεῖ γὰρ κέκρικα παραχειμάσαι.
Heb 6: 7 γῆ γὰρ ἡ πιοῦσα τὸν ἐπ' αὐτῆς **ἐρχόμενον** πολλάκις ὑετὸν καὶ τίκτουσα βοτάνην εὔθετον ἐκείνοις δι' οὓς καὶ γεωργεῖται,
8: 8 μεμφόμενος γὰρ αὐτοὺς λέγει, 'Ιδοὺ ἡμέραι **ἔρχονται,** λέγει κύριος,
10:37 ἔτι γὰρ μικρὸν ὅσον ὅσον, ὁ **ἐρχόμενος** ἥξει καὶ οὐ χρονίσει·
11: 8 Πίστει καλούμενος 'Αβραὰμ ὑπήκουσεν ἐξελθεῖν εἰς τόπον ὃν ἤμελλεν λαμβάνειν εἰς κληρονομίαν, καὶ ἐξῆλθεν μὴ ἐπιστάμενος ποῦ **ἔρχεται.**
13:23 Γινώσκετε τὸν ἀδελφὸν ἡμῶν Τιμόθεον ἀπολελυμένον, μεθ' οὗ ἐὰν τάχιον **ἔρχηται** ὄψομαι ὑμᾶς.
2Pe 3: 3 ὅτι **ἐλεύσονται** ἐπ' ἐσχάτων τῶν ἡμερῶν [ἐν] ἐμπαιγμονῇ ἐμπαῖκται κατὰ τὰς ἰδίας ἐπιθυμίας αὐτῶν πορευόμενοι
1Jn 2:18 ἐσχάτη ὥρα ἐστίν, καὶ καθὼς ἠκούσατε ὅτι ἀντίχριστος **ἔρχεται,**
4: 2 πᾶν πνεῦμα ὃ ὁμολογεῖ 'Ιησοῦν Χριστὸν ἐν σαρκὶ **ἐληλυθότα** ἐκ τοῦ θεοῦ ἐστιν,
4: 3 καὶ τοῦτό ἐστιν τὸ τοῦ ἀντιχρίστου, ὃ ἀκηκόατε ὅτι **ἔρχεται,**
5: 6 Οὗτός ἐστιν ὁ **ἐλθὼν** δι' ὕδατος καὶ αἵματος,
2Jn 1: 7 οἱ μὴ ὁμολογοῦντες 'Ιησοῦν Χριστὸν **ἐρχόμενον** ἐν σαρκί·
1:10 εἴ τις **ἔρχεται** πρὸς ὑμᾶς καὶ ταύτην τὴν διδαχὴν οὐ φέρει,
3Jn 1: 3 ἐχάρην γὰρ λίαν **ἐρχομένων** ἀδελφῶν καὶ μαρτυρούντων σου τῇ ἀληθείᾳ,
1:10 διὰ τοῦτο, ἐὰν **ἔλθω,** ὑπομνήσω αὐτοῦ τὰ ἔργα ἃ ποιεῖ λόγοις πονηροῖς φλυαρῶν ἡμᾶς,
Jude 1:14 Προεφήτευσεν δὲ καὶ τούτοις ἕβδομος ἀπὸ 'Αδὰμ 'Ενὼχ λέγων, 'Ιδοὺ **ἦλθεν** κύριος ἐν ἁγίαις μυριάσιν αὐτοῦ
Rev 1: 4 χάρις ὑμῖν καὶ εἰρήνη ἀπὸ ὁ ὢν καὶ ὁ ἦν καὶ ὁ **ἐρχόμενος** καὶ ἀπὸ τῶν ἑπτὰ πνευμάτων ἃ ἐνώπιον τοῦ θρόνου αὐτοῦ
1: 7 'Ιδοὺ **ἔρχεται** μετὰ τῶν νεφελῶν, καὶ ὄψεται αὐτὸν πᾶς ὀφθαλμὸς καὶ οἵτινες αὐτὸν ἐξεκέντησαν,
1: 8 ὁ ὢν καὶ ὁ ἦν καὶ ὁ **ἐρχόμενος,**
2: 5 **ἔρχομαί** σοι καὶ κινήσω τὴν λυχνίαν σου ἐκ τοῦ τόπου αὐτῆς,
2:16 **ἔρχομαί** σοι ταχὺ καὶ πολεμήσω μετ' αὐτῶν ἐν τῇ ῥομφαίᾳ τοῦ στόματός μου.
3:10 κἀγώ σε τηρήσω ἐκ τῆς ὥρας τοῦ πειρασμοῦ τῆς μελλούσης **ἔρχεσθαι** ἐπὶ τῆς οἰκουμένης ὅλης πειράσαι
3:11 **ἔρχομαι** ταχύ· κράτει ὃ ἔχεις, ἵνα μηδεὶς λάβῃ τὸν στέφανόν σου.
4: 8 ὁ ἦν καὶ ὁ ὢν καὶ ὁ **ἐρχόμενος.**
5: 7 καὶ **ἦλθεν** καὶ εἴληφεν ἐκ τῆς δεξιᾶς τοῦ καθημένου ἐπὶ τοῦ θρόνου.
6: 1 καὶ ἤκουσα ἑνὸς ἐκ τῶν τεσσάρων ζῴων λέγοντος ὡς φωνὴ βροντῆς, **Ἔρχου.**
6: 3 Καὶ ὅτε ἤνοιξεν τὴν σφραγῖδα τὴν δευτέραν, ἤκουσα τοῦ δευτέρου ζῴου λέγοντος, **Ἔρχου.**
6: 5 Καὶ ὅτε ἤνοιξεν τὴν σφραγῖδα τὴν τρίτην, ἤκουσα τοῦ τρίτου ζῴου λέγοντος, **Ἔρχου.**
6: 7 Καὶ ὅτε ἤνοιξεν τὴν σφραγῖδα τὴν τετάρτην, ἤκουσα φωνὴν τοῦ τετάρτου ζῴου λέγοντος, **Ἔρχου.**
6:17 ὅτι **ἦλθεν** ἡ ἡμέρα ἡ μεγάλη τῆς ὀργῆς αὐτῶν,
7:13 Οὗτοι οἱ περιβεβλημένοι τὰς στολὰς τὰς λευκὰς τίνες εἰσὶν καὶ πόθεν **ἦλθον;**
7:14 Οὗτοί εἰσιν οἱ **ἐρχόμενοι** ἐκ τῆς θλίψεως τῆς μεγάλης καὶ ἔπλυναν τὰς στολὰς αὐτῶν καὶ ἐλεύκαναν αὐτὰς ἐν τῷ αἵματι τοῦ ἀρνίου.
8: 3 Καὶ ἄλλος ἄγγελος **ἦλθεν** καὶ ἐστάθη ἐπὶ τοῦ θυσιαστηρίου ἔχων λιβανωτὸν χρυσοῦν,
9:12 Ἡ οὐαὶ ἡ μία ἀπῆλθεν· ἰδοὺ **ἔρχεται** ἔτι δύο οὐαὶ μετὰ ταῦτα.
11:14 Ἡ οὐαὶ ἡ δευτέρα ἀπῆλθεν· ἰδοὺ ἡ οὐαὶ ἡ τρίτη **ἔρχεται** ταχύ.

11:18 καὶ **ἦλθεν** ἡ ὀργή σου καὶ ὁ καιρὸς τῶν νεκρῶν κριθῆναι καὶ δοῦναι τὸν μισθὸν τοῖς δούλοις σου τοῖς προφήταις
14: 7 Φοβήθητε τὸν θεὸν καὶ δότε αὐτῷ δόξαν, ὅτι **ἦλθεν** ἡ ὥρα τῆς κρίσεως αὐτοῦ,
14:15 ὅτι **ἦλθεν** ἡ ὥρα θερίσαι, ὅτι ἐξηράνθη ὁ θερισμὸς τῆς γῆς.
16:15 Ἰδοὺ **ἔρχομαι** ὡς κλέπτης. μακάριος ὁ γρηγορῶν καὶ τηρῶν τὰ ἱμάτια αὐτοῦ,
17: 1 Καὶ **ἦλθεν** εἷς ἐκ τῶν ἑπτὰ ἀγγέλων τῶν ἐχόντων τὰς ἑπτὰ φιάλας καὶ ἐλάλησεν μετ' ἐμοῦ λέγων,
17:10 οἱ πέντε ἔπεσαν, ὁ εἷς ἔστιν, ὁ ἄλλος οὔπω **ἦλθεν,** καὶ ὅταν **ἔλθῃ** ὀλίγον αὐτὸν δεῖ μεῖναι.
18:10 Βαβυλὼν ἡ πόλις ἡ ἰσχυρά, ὅτι μιᾷ ὥρᾳ **ἦλθεν** ἡ κρίσις σου.
19: 7 ὅτι **ἦλθεν** ὁ γάμος τοῦ ἀρνίου καὶ ἡ γυνὴ αὐτοῦ ἡτοίμασεν ἑαυτὴν
21: 9 Καὶ **ἦλθεν** εἷς ἐκ τῶν ἑπτὰ ἀγγέλων τῶν ἐχόντων τὰς ἑπτὰ φιάλας τῶν γεμόντων τῶν ἑπτὰ πληγῶν τῶν ἐσχάτων καὶ ἐλάλησεν μετ' ἐμοῦ λέγων,
22: 7 καὶ ἰδοὺ **ἔρχομαι** ταχύ. μακάριος ὁ τηρῶν τοὺς λόγους τῆς προφητείας τοῦ βιβλίου τούτου.
22:12 Ἰδοὺ **ἔρχομαι** ταχύ, καὶ ὁ μισθός μου μετ' ἐμοῦ ἀποδοῦναι ἑκάστῳ ὡς τὸ ἔργον ἐστὶν αὐτοῦ.
22:17 Καὶ τὸ πνεῦμα καὶ ἡ νύμφη λέγουσιν, **Ἔρχου.** καὶ ὁ ἀκούων εἰπάτω, **Ἔρχου.** καὶ ὁ διψῶν **ἐρχέσθω,** ὁ θέλων λαβέτω ὕδωρ ζωῆς δωρεάν.
22:20 Λέγει ὁ μαρτυρῶν ταῦτα, Ναί, **ἔρχομαι** ταχύ. Ἀμήν, **ἔρχου** κύριε Ἰησοῦ.

2263 ἐρωτάω [63]

→ *1452, 2089, 2090; cf. 2236*

with seq. infinitive [10] Lk 5:3; 8:37; Jn 4:40,47; Ac 3:3; 10:48; 16:39; 18:20; 23:18; 1Th 5:12

seq. **ἵνα** [9] Mk 7:26; Lk 7:36; 16:27; Jn 4:47; 17:15; 19:31,38; 1Th 4:1; 2Jn 1:5

seq. **ὅπως** [3] Lk 7:3; 11:37; Ac 23:20

ἐρωτάω περί [8] Mt 19:17; Lk 4:38; 9:45; Jn 16:26; 17:9,9,20; 18:19

ἐρωτάω ὑπέρ [1] 2Th 2:1

Mt 15:23 καὶ προσελθόντες οἱ μαθηταὶ αὐτοῦ **ἠρώτουν** αὐτὸν λέγοντες,
16:13 Ἐλθὼν δὲ ὁ Ἰησοῦς εἰς τὰ μέρη Καισαρείας τῆς Φιλίππου **ἠρώτα** τοὺς μαθητὰς αὐτοῦ λέγων,
19:17 ὁ δὲ εἶπεν αὐτῷ, Τί με **ἐρωτᾷς** περὶ τοῦ ἀγαθοῦ;
21:24 ἀποκριθεὶς δὲ ὁ Ἰησοῦς εἶπεν αὐτοῖς, **Ἐρωτήσω** ὑμᾶς κἀγὼ λόγον ἕνα,
Mk 4:10 **ἠρώτων** αὐτὸν οἱ περὶ αὐτὸν σὺν τοῖς δώδεκα τὰς παραβολάς.
7:26 καὶ **ἠρώτα** αὐτὸν ἵνα τὸ δαιμόνιον ἐκβάλῃ ἐκ τῆς θυγατρὸς αὐτῆς.
8: 5 καὶ **ἠρώτα** αὐτούς, Πόσους ἔχετε ἄρτους; οἱ δὲ εἶπαν,
Lk 4:38 πενθερὰ δὲ τοῦ Σίμωνος ἦν συνεχομένη πυρετῷ μεγάλῳ καὶ **ἠρώτησαν** αὐτὸν περὶ αὐτῆς.
5: 3 ὃ ἦν Σίμωνος, **ἠρώτησεν** αὐτὸν ἀπὸ τῆς γῆς ἐπαναγαγεῖν ὀλίγον,
7: 3 ἀπέστειλεν πρὸς αὐτὸν πρεσβυτέρους τῶν Ἰουδαίων **ἐρωτῶν** αὐτὸν ὅπως ἐλθὼν διασώσῃ τὸν δοῦλον αὐτοῦ.
7:36 **Ἠρώτα** δέ τις αὐτὸν τῶν Φαρισαίων ἵνα φάγῃ μετ' αὐτοῦ,
8:37 καὶ **ἠρώτησεν** αὐτὸν ἅπαν τὸ πλῆθος τῆς περιχώρου τῶν Γερασηνῶν ἀπελθεῖν ἀπ' αὐτῶν,
9:45 καὶ ἐφοβοῦντο **ἐρωτῆσαι** αὐτὸν περὶ τοῦ ῥήματος τούτου.
11:37 Ἐν δὲ τῷ λαλῆσαι **ἐρωτᾷ** αὐτὸν Φαρισαῖος ὅπως ἀριστήσῃ παρ' αὐτῷ·
14:18 Ἀγρὸν ἠγόρασα καὶ ἔχω ἀνάγκην ἐξελθὼν ἰδεῖν αὐτόν· **ἐρωτῶ** σε, ἔχε με παρῃτημένον.
14:19 Ζεύγη βοῶν ἠγόρασα πέντε καὶ πορεύομαι δοκιμάσαι αὐτά· **ἐρωτῶ** σε, ἔχε με παρῃτημένον.
14:32 ἔτι αὐτοῦ πόρρω ὄντος πρεσβείαν ἀποστείλας **ἐρωτᾷ** τὰ πρὸς εἰρήνην.
16:27 εἶπεν δέ, **Ἐρωτῶ** σε οὖν, πάτερ, ἵνα πέμψῃς αὐτὸν εἰς τὸν οἶκον τοῦ πατρός μου,
19:31 καὶ ἐάν τις ὑμᾶς **ἐρωτᾷ,** Διὰ τί λύετε;
20: 3 ἀποκριθεὶς δὲ εἶπεν πρὸς αὐτούς, **Ἐρωτήσω** ὑμᾶς κἀγὼ λόγον, καὶ εἴπατέ μοι·
22:68 ἐὰν δὲ **ἐρωτήσω,** οὐ μὴ ἀποκριθῆτε.
23: 3 ὁ δὲ Πιλᾶτος **ἠρώτησεν** αὐτὸν λέγων, Σὺ εἶ ὁ βασιλεὺς τῶν Ἰουδαίων;
Jn 1:19 ὅτε ἀπέστειλαν [πρὸς αὐτὸν] οἱ Ἰουδαῖοι ἐξ Ἱεροσολύμων ἱερεῖς καὶ Λευίτας ἵνα **ἐρωτήσωσιν** αὐτόν,
1:21 καὶ **ἠρώτησαν** αὐτόν, Τί οὖν; Σὺ Ἠλίας εἶ;
1:25 καὶ **ἠρώτησαν** αὐτὸν καὶ εἶπαν αὐτῷ, Τί οὖν βαπτίζεις εἰ σὺ οὐκ εἶ ὁ Χριστὸς οὐδὲ Ἠλίας οὐδὲ ὁ προφήτης;
4:31 Ἐν τῷ μεταξὺ **ἠρώτων** αὐτὸν οἱ μαθηταὶ λέγοντες,
4:40 ὡς οὖν ἦλθον πρὸς αὐτὸν οἱ Σαμαρῖται, **ἠρώτων** αὐτὸν μεῖναι παρ' αὐτοῖς·
4:47 οὗτος ἀκούσας ὅτι Ἰησοῦς ἥκει ἐκ τῆς Ἰουδαίας εἰς τὴν Γαλιλαίαν ἀπῆλθεν πρὸς αὐτὸν καὶ **ἠρώτα** ἵνα καταβῇ καὶ ἰάσηται αὐτοῦ τὸν υἱόν,
5:12 **ἠρώτησαν** αὐτόν, Τίς ἐστιν ὁ ἄνθρωπος ὁ εἰπών σοι,
8: 7 ⟦ὡς δὲ ἐπέμενον **ἐρωτῶντες** αὐτόν, ἀνέκυψεν καὶ εἶπεν αὐτοῖς,⟧
9: 2 καὶ **ἠρώτησαν** αὐτὸν οἱ μαθηταὶ αὐτοῦ λέγοντες, Ῥαββί,
9:15 πάλιν οὖν **ἠρώτων** αὐτὸν καὶ οἱ Φαρισαῖοι πῶς ἀνέβλεψεν.
9:19 καὶ **ἠρώτησαν** αὐτοὺς λέγοντες, Οὗτός ἐστιν ὁ υἱὸς ὑμῶν,
9:21 αὐτὸν **ἐρωτήσατε,** ἡλικίαν ἔχει, αὐτὸς περὶ ἑαυτοῦ λαλήσει.
12:21 οὗτοι οὖν προσῆλθον Φιλίππῳ τῷ ἀπὸ Βηθσαϊδὰ τῆς Γαλιλαίας καὶ **ἠρώτων** αὐτὸν λέγοντες,
14:16 κἀγὼ **ἐρωτήσω** τὸν πατέρα καὶ ἄλλον παράκλητον δώσει ὑμῖν,
16: 5 καὶ οὐδεὶς ἐξ ὑμῶν **ἐρωτᾷ** με, Ποῦ ὑπάγεις;
16:19 ἔγνω [ὁ] Ἰησοῦς ὅτι ἤθελον αὐτὸν **ἐρωτᾶν,** καὶ εἶπεν αὐτοῖς,
16:23 καὶ ἐν ἐκείνῃ τῇ ἡμέρᾳ ἐμὲ οὐκ **ἐρωτήσετε** οὐδέν.
16:26 καὶ οὐ λέγω ὑμῖν ὅτι ἐγὼ **ἐρωτήσω** τὸν πατέρα περὶ ὑμῶν·
16:30 νῦν οἴδαμεν ὅτι οἶδας πάντα καὶ οὐ χρείαν ἔχεις ἵνα τίς σε **ἐρωτᾷ·**
17: 9 ἐγὼ περὶ αὐτῶν **ἐρωτῶ,** οὐ περὶ τοῦ κόσμου **ἐρωτῶ** ἀλλὰ περὶ ὧν δέδωκάς μοι,
17:15 οὐκ **ἐρωτῶ** ἵνα ἄρῃς αὐτοὺς ἐκ τοῦ κόσμου,
17:20 Οὐ περὶ τούτων δὲ **ἐρωτῶ** μόνον, ἀλλὰ καὶ περὶ τῶν πιστευόντων διὰ τοῦ λόγου αὐτῶν εἰς ἐμέ,
18:19 Ὁ οὖν ἀρχιερεὺς **ἠρώτησεν** τὸν Ἰησοῦν περὶ τῶν μαθητῶν αὐτοῦ καὶ περὶ τῆς διδαχῆς αὐτοῦ.
18:21 τί με **ἐρωτᾷς; ἐρώτησον** τοὺς ἀκηκοότας τί ἐλάλησα αὐτοῖς· ἴδε οὗτοι οἴδασιν ἃ εἶπον ἐγώ.
19:31 **ἠρώτησαν** τὸν Πιλᾶτον ἵνα κατεαγῶσιν αὐτῶν τὰ σκέλη καὶ ἀρθῶσιν.
19:38 Μετὰ δὲ ταῦτα **ἠρώτησεν** τὸν Πιλᾶτον Ἰωσὴφ [ὁ] ἀπὸ Ἁριμαθαίας,
Ac 1: 6 Οἱ μὲν οὖν συνελθόντες **ἠρώτων** αὐτὸν λέγοντες, Κύριε,
3: 3 ὃς ἰδὼν Πέτρον καὶ Ἰωάννην μέλλοντας εἰσιέναι εἰς τὸ ἱερόν, **ἠρώτα** ἐλεημοσύνην λαβεῖν.
10:48 προσέταξεν δὲ αὐτοὺς ἐν τῷ ὀνόματι Ἰησοῦ Χριστοῦ βαπτισθῆναι. τότε **ἠρώτησαν** αὐτὸν ἐπιμεῖναι ἡμέρας τινάς.
16:39 καὶ ἐλθόντες παρεκάλεσαν αὐτοὺς καὶ ἐξαγαγόντες **ἠρώτων** ἀπελθεῖν ἀπὸ τῆς πόλεως.
18:20 **ἐρωτώντων** δὲ αὐτῶν ἐπὶ πλείονα χρόνον μεῖναι οὐκ ἐπένευσεν,
23:18 Ὁ δέσμιος Παῦλος προσκαλεσάμενός με **ἠρώτησεν** τοῦτον τὸν νεανίσκον ἀγαγεῖν πρὸς σὲ ἔχοντά τι λαλῆσαί σοι.
23:20 εἶπεν δὲ ὅτι Οἱ Ἰουδαῖοι συνέθεντο τοῦ **ἐρωτῆσαί** σε ὅπως αὔριον τὸν Παῦλον καταγάγῃς εἰς τὸ συνέδριον
Php 4: 3 ναὶ **ἐρωτῶ** καὶ σέ, γνήσιε σύζυγε, συλλαμβάνου αὐταῖς,
1Th 4: 1 ἀδελφοί, **ἐρωτῶμεν** ὑμᾶς καὶ παρακαλοῦμεν ἐν κυρίῳ Ἰησοῦ,
5:12 **Ἐρωτῶμεν** δὲ ὑμᾶς, ἀδελφοί, εἰδέναι τοὺς κοπιῶντας ἐν ὑμῖν καὶ προϊσταμένους ὑμῶν ἐν κυρίῳ καὶ νουθετοῦντας ὑμᾶς
2Th 2: 1 **Ἐρωτῶμεν** δὲ ὑμᾶς, ἀδελφοί, ὑπὲρ τῆς παρουσίας τοῦ κυρίου ἡμῶν Ἰησοῦ Χριστοῦ καὶ ἡμῶν ἐπισυναγωγῆς ἐπ' αὐτὸν
1Jn 5:16 ἔστιν ἁμαρτία πρὸς θάνατον· οὐ περὶ ἐκείνης λέγω ἵνα **ἐρωτήσῃ.**
2Jn 1: 5 καὶ νῦν **ἐρωτῶ** σε, κυρία, οὐχ ὡς ἐντολὴν καινὴν γράφων σοι ἀλλὰ ἣν εἴχομεν ἀπ' ἀρχῆς,

2264 ἐσθής [8]

√ *2667*

Lk 23:11 ἐξουθενήσας δὲ αὐτὸν [καὶ] ὁ Ἡρῴδης σὺν τοῖς στρατεύμασιν αὐτοῦ καὶ ἐμπαίξας περιβαλὼν **ἐσθῆτα** λαμπρὰν
24: 4 καὶ ἐγένετο ἐν τῷ ἀπορεῖσθαι αὐτὰς περὶ τούτου καὶ ἰδοὺ ἄνδρες δύο ἐπέστησαν αὐταῖς ἐν **ἐσθῆτι** ἀστραπτούσῃ.
Ac 1:10 καὶ ἰδοὺ ἄνδρες δύο παρειστήκεισαν αὐτοῖς ἐν **ἐσθήσεσι** λευκαῖς,
10:30 καὶ ἰδοὺ ἀνὴρ ἔστη ἐνώπιόν μου ἐν **ἐσθῆτι** λαμπρᾷ

12:21 τακτῇ δὲ ἡμέρᾳ ὁ Ἡρῴδης ἐνδυσάμενος **ἐσθῆτα** βασιλικὴν [καὶ] καθίσας ἐπὶ τοῦ βήματος ἐδημηγόρει πρὸς αὐτούς,
Jas 2: 2 ἐὰν γὰρ εἰσέλθῃ εἰς συναγωγὴν ὑμῶν ἀνὴρ χρυσοδακτύλιος ἐν **ἐσθῆτι** λαμπρᾷ, εἰσέλθῃ δὲ καὶ πτωχὸς ἐν ῥυπαρᾷ **ἐσθῆτι,**
2: 3 ἐπιβλέψητε δὲ ἐπὶ τὸν φοροῦντα τὴν **ἐσθῆτα** τὴν λαμπρὰν καὶ εἴπητε,

2265 ἔσθησις Not used in UBS/NIV

√ *2667*

2266 ἐσθίω [158]

→ *2267, 2983, 2984, 5303; cf. 3763, 5741*

ἐσθίω ἀπό [2] Mt 15:27; Mk 7:28

ἐσθίω ἐκ [8] Mk 11:14; Jn 6:26,31,50,51; 1Co 9:7; 11:28; Rev 2:7

ἐσθίω καρπόν [2] Mk 11:14; 1Co 9:7

ἐσθίω ... πίνω [33] Mt 6:25,31; 11:18,19; 24:49; Lk 5:30,33; 7:33,34; 10:7; 12:19,29,45; 13:26; 17:8,8,27,28; 22:30; Ac 9:9; 23:12,21; Ro 14:21; 1Co 9:4; 10:7,31; 11:22,26,27,28,29,29; 15:32

ἐσθίω τὸ πάσχα [7] Mt 26:17; Mk 14:12,14; Lk 22:8,11,15; Jn 18:28

Mt 6:25 μὴ μεριμνᾶτε τῇ ψυχῇ ὑμῶν τί **φάγητε** [ἢ τί πίητε,]
6:31 μὴ οὖν μεριμνήσητε λέγοντες, Τί **φάγωμεν;** ἤ, Τί πίωμεν;
9:11 Διὰ τί μετὰ τῶν τελωνῶν καὶ ἁμαρτωλῶν **ἐσθίει** ὁ διδάσκαλος ὑμῶν;
11:18 ἦλθεν γὰρ Ἰωάννης μήτε **ἐσθίων** μήτε πίνων, καὶ λέγουσιν,
11:19 ἦλθεν ὁ υἱὸς τοῦ ἀνθρώπου **ἐσθίων** καὶ πίνων,
12: 1 οἱ δὲ μαθηταὶ αὐτοῦ ἐπείνασαν καὶ ἤρξαντο τίλλειν στάχυας καὶ **ἐσθίειν.**
12: 4 πῶς εἰσῆλθεν εἰς τὸν οἶκον τοῦ θεοῦ καὶ τοὺς ἄρτους τῆς προθέσεως **ἔφαγον,** ὃ οὐκ ἐξὸν ἦν αὐτῷ **φαγεῖν** οὐδὲ τοῖς μετ' αὐτοῦ εἰ μὴ τοῖς ἱερεῦσιν μόνοις;
14:16 Οὐ χρείαν ἔχουσιν ἀπελθεῖν, δότε αὐτοῖς ὑμεῖς **φαγεῖν.**
14:20 καὶ **ἔφαγον** πάντες καὶ ἐχορτάσθησαν, καὶ ἦραν τὸ περισσεῦον τῶν κλασμάτων δώδεκα κοφίνους πλήρεις.
14:21 οἱ δὲ **ἐσθίοντες** ἦσαν ἄνδρες ὡσεὶ πεντακισχίλιοι χωρὶς γυναικῶν καὶ παιδίων.
15: 2 οὐ γὰρ νίπτονται τὰς χεῖρας [αὐτῶν] ὅταν ἄρτον **ἐσθίωσιν.**
15:20 τὸ δὲ ἀνίπτοις χερσὶν **φαγεῖν** οὐ κοινοῖ τὸν ἄνθρωπον.
15:27 καὶ γὰρ τὰ κυνάρια **ἐσθίει** ἀπὸ τῶν ψιχίων τῶν πιπτόντων ἀπὸ τῆς τραπέζης τῶν κυρίων αὐτῶν.
15:32 ὅτι ἤδη ἡμέραι τρεῖς προσμένουσίν μοι καὶ οὐκ ἔχουσιν τί **φάγωσιν·**
15:37 καὶ **ἔφαγον** πάντες καὶ ἐχορτάσθησαν. καὶ τὸ περισσεῦον τῶν κλασμάτων ἦραν ἑπτὰ σπυρίδας πλήρεις.
15:38 οἱ δὲ **ἐσθίοντες** ἦσαν τετρακισχίλιοι ἄνδρες χωρὶς γυναικῶν καὶ παιδίων.
24:49 καὶ ἄρξηται τύπτειν τοὺς συνδούλους αὐτοῦ, **ἐσθίῃ** δὲ καὶ πίνῃ μετὰ τῶν μεθυόντων,
25:35 ἐπείνασα γὰρ καὶ ἐδώκατέ μοι **φαγεῖν,** ἐδίψησα καὶ ἐποτίσατέ με,
25:42 ἐπείνασα γὰρ καὶ οὐκ ἐδώκατέ μοι **φαγεῖν,** ἐδίψησα καὶ οὐκ ἐποτίσατέ με,
26:17 Τῇ δὲ πρώτῃ τῶν ἀζύμων προσῆλθον οἱ μαθηταὶ τῷ Ἰησοῦ λέγοντες, Ποῦ θέλεις ἑτοιμάσωμέν σοι **φαγεῖν** τὸ πάσχα;
26:21 καὶ **ἐσθιόντων** αὐτῶν εἶπεν, Ἀμὴν λέγω ὑμῖν ὅτι εἷς ἐξ ὑμῶν παραδώσει με.
26:26 **Ἐσθιόντων** δὲ αὐτῶν λαβὼν ὁ Ἰησοῦς ἄρτον καὶ εὐλογήσας ἔκλασεν καὶ δοὺς τοῖς μαθηταῖς εἶπεν, Λάβετε **φάγετε,** τοῦτό ἐστιν τὸ σῶμά μου.
Mk 1: 6 καὶ ἦν ὁ Ἰωάννης ἐνδεδυμένος τρίχας καμήλου καὶ ζώνην δερματίνην περὶ τὴν ὀσφὺν αὐτοῦ καὶ **ἐσθίων** ἀκρίδας καὶ μέλι ἄγριον.
2:16 καὶ οἱ γραμματεῖς τῶν Φαρισαίων ἰδόντες ὅτι **ἐσθίει** μετὰ τῶν ἁμαρτωλῶν καὶ τελωνῶν ἔλεγον τοῖς μαθηταῖς αὐτοῦ, Ὅτι μετὰ τῶν τελωνῶν καὶ ἁμαρτωλῶν **ἐσθίει;**
2:26 πῶς εἰσῆλθεν εἰς τὸν οἶκον τοῦ θεοῦ ἐπὶ Ἀβιαθὰρ ἀρχιερέως καὶ τοὺς ἄρτους τῆς προθέσεως **ἔφαγεν,** οὓς οὐκ ἔξεστιν **φαγεῖν** εἰ μὴ τοὺς ἱερεῖς,
3:20 καὶ συνέρχεται πάλιν [ὁ] ὄχλος, ὥστε μὴ δύνασθαι αὐτοὺς μηδὲ ἄρτον **φαγεῖν.**
5:43 καὶ διεστείλατο αὐτοῖς πολλὰ ἵνα μηδεὶς γνοῖ τοῦτο, καὶ εἶπεν δοθῆναι αὐτῇ **φαγεῖν.**
6:31 ἦσαν γὰρ οἱ ἐρχόμενοι καὶ οἱ ὑπάγοντες πολλοί, καὶ οὐδὲ **φαγεῖν** εὐκαίρουν.
6:36 ἵνα ἀπελθόντες εἰς τοὺς κύκλῳ ἀγροὺς καὶ κώμας ἀγοράσωσιν ἑαυτοῖς τί **φάγωσιν.**
6:37 ὁ δὲ ἀποκριθεὶς εἶπεν αὐτοῖς, Δότε αὐτοῖς ὑμεῖς **φαγεῖν.** καὶ λέγουσιν αὐτῷ, Ἀπελθόντες ἀγοράσωμεν δηναρίων διακοσίων ἄρτους καὶ δώσομεν αὐτοῖς **φαγεῖν;**
6:42 καὶ **ἔφαγον** πάντες καὶ ἐχορτάσθησαν,
6:44 καὶ ἦσαν οἱ **φαγόντες** [τοὺς ἄρτους] πεντακισχίλιοι ἄνδρες.
7: 2 καὶ ἰδόντες τινὰς τῶν μαθητῶν αὐτοῦ ὅτι κοιναῖς χερσίν, τοῦτ' ἔστιν ἀνίπτοις, **ἐσθίουσιν** τοὺς ἄρτους
7: 3 ⌐οἱ γὰρ Φαρισαῖοι καὶ πάντες οἱ Ἰουδαῖοι ἐὰν μὴ πυγμῇ νίψωνται τὰς χεῖρας οὐκ **ἐσθίουσιν,**
7: 4 καὶ ἀπ' ἀγορᾶς ἐὰν μὴ βαπτίσωνται οὐκ **ἐσθίουσιν,**
7: 5 Διὰ τί οὐ περιπατοῦσιν οἱ μαθηταί σου κατὰ τὴν παράδοσιν τῶν πρεσβυτέρων, ἀλλὰ κοιναῖς χερσὶν **ἐσθίουσιν** τὸν ἄρτον;
7:28 καὶ τὰ κυνάρια ὑποκάτω τῆς τραπέζης **ἐσθίουσιν** ἀπὸ τῶν ψιχίων τῶν παιδίων.
8: 1 Ἐν ἐκείναις ταῖς ἡμέραις πάλιν πολλοῦ ὄχλου ὄντος καὶ μὴ ἐχόντων τί **φάγωσιν,**
8: 2 ὅτι ἤδη ἡμέραι τρεῖς προσμένουσίν μοι καὶ οὐκ ἔχουσιν τί **φάγωσιν·**
8: 8 καὶ **ἔφαγον** καὶ ἐχορτάσθησαν, καὶ ἦραν περισσεύματα κλασμάτων ἑπτὰ σπυρίδας.
11:14 Μηκέτι εἰς τὸν αἰῶνα ἐκ σοῦ μηδεὶς καρπὸν **φάγοι.**
14:12 Ποῦ θέλεις ἀπελθόντες ἑτοιμάσωμεν ἵνα **φάγῃς** τὸ πάσχα;
14:14 Ποῦ ἐστιν τὸ κατάλυμά μου ὅπου τὸ πάσχα μετὰ τῶν μαθητῶν μου **φάγω;**
14:18 καὶ ἀνακειμένων αὐτῶν καὶ **ἐσθιόντων** ὁ Ἰησοῦς εἶπεν, Ἀμὴν λέγω ὑμῖν ὅτι εἷς ἐξ ὑμῶν παραδώσει με ὁ **ἐσθίων** μετ' ἐμοῦ.
14:22 Καὶ **ἐσθιόντων** αὐτῶν λαβὼν ἄρτον εὐλογήσας ἔκλασεν καὶ ἔδωκεν αὐτοῖς καὶ εἶπεν,
Lk 4: 2 καὶ οὐκ **ἔφαγεν** οὐδὲν ἐν ταῖς ἡμέραις ἐκείναις καὶ συντελεσθεισῶν αὐτῶν ἐπείνασεν.
5:30 Διὰ τί μετὰ τῶν τελωνῶν καὶ ἁμαρτωλῶν **ἐσθίετε** καὶ πίνετε;
5:33 Οἱ μαθηταὶ Ἰωάννου νηστεύουσιν πυκνὰ καὶ δεήσεις ποιοῦνται ὁμοίως καὶ οἱ τῶν Φαρισαίων, οἱ δὲ σοὶ **ἐσθίουσιν** καὶ πίνουσιν.
6: 1 καὶ ἔτιλλον οἱ μαθηταὶ αὐτοῦ καὶ **ἤσθιον** τοὺς στάχυας ψώχοντες ταῖς χερσίν.
6: 4 [ὡς] εἰσῆλθεν εἰς τὸν οἶκον τοῦ θεοῦ καὶ τοὺς ἄρτους τῆς προθέσεως λαβὼν **ἔφαγεν** καὶ ἔδωκεν τοῖς μετ' αὐτοῦ, οὓς οὐκ ἔξεστιν **φαγεῖν** εἰ μὴ μόνους τοὺς ἱερεῖς;
7:33 ἐλήλυθεν γὰρ Ἰωάννης ὁ βαπτιστὴς μὴ **ἐσθίων** ἄρτον μήτε πίνων οἶνον,
7:34 ἐλήλυθεν ὁ υἱὸς τοῦ ἀνθρώπου **ἐσθίων** καὶ πίνων,
7:36 Ἠρώτα δέ τις αὐτὸν τῶν Φαρισαίων ἵνα **φάγῃ** μετ' αὐτοῦ,
8:55 καὶ ἐπέστρεψεν τὸ πνεῦμα αὐτῆς καὶ ἀνέστη παραχρῆμα καὶ διέταξεν αὐτῇ δοθῆναι **φαγεῖν.**
9:13 εἶπεν δὲ πρὸς αὐτούς, Δότε αὐτοῖς ὑμεῖς **φαγεῖν.**
9:17 καὶ **ἔφαγον** καὶ ἐχορτάσθησαν πάντες, καὶ ἤρθη τὸ περισσεῦσαν αὐτοῖς κλασμάτων κόφινοι δώδεκα.
10: 7 ἐν αὐτῇ δὲ τῇ οἰκίᾳ μένετε **ἐσθίοντες** καὶ πίνοντες τὰ παρ' αὐτῶν·
10: 8 καὶ εἰς ἣν ἂν πόλιν εἰσέρχησθε καὶ δέχωνται ὑμᾶς, **ἐσθίετε** τὰ παρατιθέμενα ὑμῖν
12:19 ἔχεις πολλὰ ἀγαθὰ κείμενα εἰς ἔτη πολλά· ἀναπαύου, **φάγε,** πίε, εὐφραίνου.
12:22 μὴ μεριμνᾶτε τῇ ψυχῇ τί **φάγητε,** μηδὲ τῷ σώματι τί ἐνδύσησθε.
12:29 καὶ ὑμεῖς μὴ ζητεῖτε τί **φάγητε** καὶ τί πίητε καὶ μὴ μετεωρίζεσθε·
12:45 καὶ ἄρξηται τύπτειν τοὺς παῖδας καὶ τὰς παιδίσκας, **ἐσθίειν** τε καὶ πίνειν καὶ μεθύσκεσθαι,
13:26 **Ἐφάγομεν** ἐνώπιόν σου καὶ ἐπίομεν καὶ ἐν ταῖς πλατείαις ἡμῶν ἐδίδαξας·
14: 1 εἰς οἶκόν τινος τῶν ἀρχόντων [τῶν] Φαρισαίων σαββάτῳ **φαγεῖν** ἄρτον καὶ αὐτοὶ ἦσαν παρατηρούμενοι αὐτόν.
14:15 Μακάριος ὅστις **φάγεται** ἄρτον ἐν τῇ βασιλείᾳ τοῦ θεοῦ.
15:16 ἐπεθύμει χορτασθῆναι ἐκ τῶν κερατίων ὧν **ἤσθιον** οἱ χοῖροι,
15:23 καὶ φέρετε τὸν μόσχον τὸν σιτευτόν, θύσατε, καὶ **φαγόντες** εὐφρανθῶμεν,

17: 8 Ἑτοίμασον τί δειπνήσω καὶ περιζωσάμενος διακόνει μοι ἕως **φάγω** καὶ πίω, καὶ μετὰ ταῦτα **φάγεσαι** καὶ πίεσαι σύ;
17:27 **ἤσθιον,** ἔπινον, ἐγάμουν, ἐγαμίζοντο, ἄχρι ἧς ἡμέρας εἰσῆλθεν Νῶε εἰς τὴν κιβωτὸν καὶ ἦλθεν ὁ κατακλυσμὸς καὶ ἀπώλεσεν
17:28 ὁμοίως καθὼς ἐγένετο ἐν ταῖς ἡμέραις Λώτ· **ἤσθιον,** ἔπινον, ἠγόραζον, ἐπώλουν, ἐφύτευον, ᾠκοδόμουν·
22: 8 καὶ ἀπέστειλεν Πέτρον καὶ Ἰωάννην εἰπών, Πορευθέντες ἑτοιμάσατε ἡμῖν τὸ πάσχα ἵνα **φάγωμεν.**
22:11 Ποῦ ἐστιν τὸ κατάλυμα ὅπου τὸ πάσχα μετὰ τῶν μαθητῶν μου **φάγω;**
22:15 Ἐπιθυμίᾳ ἐπεθύμησα τοῦτο τὸ πάσχα **φαγεῖν** μεθ' ὑμῶν πρὸ τοῦ με παθεῖν·
22:16 λέγω γὰρ ὑμῖν ὅτι οὐ μὴ **φάγω** αὐτὸ ἕως ὅτου πληρωθῇ ἐν τῇ βασιλείᾳ τοῦ θεοῦ.
22:30 ἵνα **ἔσθητε** καὶ πίνητε ἐπὶ τῆς τραπέζης μου ἐν τῇ βασιλείᾳ μου,
24:43 καὶ λαβὼν ἐνώπιον αὐτῶν **ἔφαγεν.**

Jn 4:31 Ἐν τῷ μεταξὺ ἠρώτων αὐτὸν οἱ μαθηταὶ λέγοντες, Ῥαββί, **φάγε.**
4:32 Ἐγὼ βρῶσιν ἔχω **φαγεῖν** ἣν ὑμεῖς οὐκ οἴδατε.
4:33 ἔλεγον οὖν οἱ μαθηταὶ πρὸς ἀλλήλους, Μή τις ἤνεγκεν αὐτῷ **φαγεῖν;**
6: 5 καὶ θεασάμενος ὅτι πολὺς ὄχλος ἔρχεται πρὸς αὐτὸν λέγει πρὸς Φίλιππον, Πόθεν ἀγοράσωμεν ἄρτους ἵνα **φάγωσιν** οὗτοι;
6:23 ἄλλα ἦλθεν πλοιά[ρια] ἐκ Τιβεριάδος ἐγγὺς τοῦ τόπου ὅπου **ἔφαγον** τὸν ἄρτον εὐχαριστήσαντος τοῦ κυρίου.
6:26 ἀλλ' ὅτι **ἐφάγετε** ἐκ τῶν ἄρτων καὶ ἐχορτάσθητε.
6:31 οἱ πατέρες ἡμῶν τὸ μάννα **ἔφαγον** ἐν τῇ ἐρήμῳ, καθώς ἐστιν γεγραμμένον, Ἄρτον ἐκ τοῦ οὐρανοῦ ἔδωκεν αὐτοῖς **φαγεῖν.**
6:49 οἱ πατέρες ὑμῶν **ἔφαγον** ἐν τῇ ἐρήμῳ τὸ μάννα καὶ ἀπέθανον·
6:50 ἵνα τις ἐξ αὐτοῦ **φάγῃ** καὶ μὴ ἀποθάνῃ.
6:51 ἐάν τις **φάγῃ** ἐκ τούτου τοῦ ἄρτου ζήσει εἰς τὸν αἰῶνα,
6:52 Πῶς δύναται οὗτος ἡμῖν δοῦναι τὴν σάρκα [αὐτοῦ] **φαγεῖν;**
6:53 ἐὰν μὴ **φάγητε** τὴν σάρκα τοῦ υἱοῦ τοῦ ἀνθρώπου καὶ πίητε αὐτοῦ τὸ αἷμα,
6:58 οὗτός ἐστιν ὁ ἄρτος ὁ ἐξ οὐρανοῦ καταβάς, οὐ καθὼς **ἔφαγον** οἱ πατέρες καὶ ἀπέθανον·
18:28 καὶ αὐτοὶ οὐκ εἰσῆλθον εἰς τὸ πραιτώριον, ἵνα μὴ μιανθῶσιν ἀλλὰ **φάγωσιν** τὸ πάσχα.

Ac 9: 9 καὶ ἦν ἡμέρας τρεῖς μὴ βλέπων καὶ οὐκ **ἔφαγεν** οὐδὲ ἔπιεν.
10:13 καὶ ἐγένετο φωνὴ πρὸς αὐτόν, Ἀναστάς, Πέτρε, θῦσον καὶ **φάγε.**
10:14 κύριε, ὅτι οὐδέποτε **ἔφαγον** πᾶν κοινὸν καὶ ἀκάθαρτον.
11: 7 ἤκουσα δὲ καὶ φωνῆς λεγούσης μοι, Ἀναστάς, Πέτρε, θῦσον καὶ **φάγε.**
23:12 οἱ Ἰουδαῖοι ἀνεθεμάτισαν ἑαυτοὺς λέγοντες μήτε **φαγεῖν** μήτε πιεῖν ἕως οὗ ἀποκτείνωσιν τὸν Παῦλον.
23:21 οἵτινες ἀνεθεμάτισαν ἑαυτοὺς μήτε **φαγεῖν** μήτε πιεῖν ἕως οὗ ἀνέλωσιν αὐτόν,
27:35 εἴπας δὲ ταῦτα καὶ λαβὼν ἄρτον εὐχαρίστησεν τῷ θεῷ ἐνώπιον πάντων καὶ κλάσας ἤρξατο **ἐσθίειν.**

Ro 14: 2 ὃς μὲν πιστεύει **φαγεῖν** πάντα, ὁ δὲ ἀσθενῶν λάχανα **ἐσθίει.**
14: 3 ὁ **ἐσθίων** τὸν μὴ **ἐσθίοντα** μὴ ἐξουθενείτω, ὁ δὲ μὴ **ἐσθίων** τὸν **ἐσθίοντα** μὴ κρινέτω,
14: 6 καὶ ὁ **ἐσθίων** κυρίῳ **ἐσθίει,** εὐχαριστεῖ γὰρ τῷ θεῷ· καὶ ὁ μὴ **ἐσθίων** κυρίῳ οὐκ **ἐσθίει** καὶ εὐχαριστεῖ τῷ θεῷ.
14:20 ἀλλὰ κακὸν τῷ ἀνθρώπῳ τῷ διὰ προσκόμματος **ἐσθίοντι.**
14:21 καλὸν τὸ μὴ **φαγεῖν** κρέα μηδὲ πιεῖν οἶνον μηδὲ ἐν ᾧ ὁ ἀδελφός σου προσκόπτει.
14:23 ὁ δὲ διακρινόμενος ἐὰν **φάγῃ** κατακέκριται, ὅτι οὐκ ἐκ πίστεως·

1Co 8: 7 τινὲς δὲ τῇ συνηθείᾳ ἕως ἄρτι τοῦ εἰδώλου ὡς εἰδωλόθυτον **ἐσθίουσιν,**
8: 8 οὔτε ἐὰν μὴ **φάγωμεν** ὑστερούμεθα, οὔτε ἐὰν **φάγωμεν** περισσεύομεν.
8:10 οὐχὶ ἡ συνείδησις αὐτοῦ ἀσθενοῦς ὄντος οἰκοδομηθήσεται εἰς τὸ τὰ εἰδωλόθυτα **ἐσθίειν;**
8:13 οὐ μὴ **φάγω** κρέα εἰς τὸν αἰῶνα, ἵνα μὴ τὸν ἀδελφόν μου σκανδαλίσω.
9: 4 μὴ οὐκ ἔχομεν ἐξουσίαν **φαγεῖν** καὶ πεῖν;
9: 7 τίς φυτεύει ἀμπελῶνα καὶ τὸν καρπὸν αὐτοῦ οὐκ **ἐσθίει;** ἢ τίς ποιμαίνει ποίμνην καὶ ἐκ τοῦ γάλακτος τῆς ποίμνης οὐκ **ἐσθίει;**
9:13 οὐκ οἴδατε ὅτι οἱ τὰ ἱερὰ ἐργαζόμενοι [τὰ] ἐκ τοῦ ἱεροῦ **ἐσθίουσιν,**
10: 3 καὶ πάντες τὸ αὐτὸ πνευματικὸν βρῶμα **ἔφαγον**
10: 7 Ἐκάθισεν ὁ λαὸς **φαγεῖν** καὶ πεῖν καὶ ἀνέστησαν παίζειν.
10:18 οὐχ οἱ **ἐσθίοντες** τὰς θυσίας κοινωνοὶ τοῦ θυσιαστηρίου εἰσίν;
10:25 Πᾶν τὸ ἐν μακέλλῳ πωλούμενον **ἐσθίετε** μηδὲν ἀνακρίνοντες διὰ τὴν συνείδησιν·
10:27 πᾶν τὸ παρατιθέμενον ὑμῖν **ἐσθίετε** μηδὲν ἀνακρίνοντες διὰ τὴν συνείδησιν.
10:28 μὴ **ἐσθίετε** δι' ἐκεῖνον τὸν μηνύσαντα καὶ τὴν συνείδησιν·
10:31 εἴτε οὖν **ἐσθίετε** εἴτε πίνετε εἴτε τι ποιεῖτε,
11:20 Συνερχομένων οὖν ὑμῶν ἐπὶ τὸ αὐτὸ οὐκ ἔστιν κυριακὸν δεῖπνον **φαγεῖν·**
11:21 ἕκαστος γὰρ τὸ ἴδιον δεῖπνον προλαμβάνει ἐν τῷ **φαγεῖν,**
11:22 μὴ γὰρ οἰκίας οὐκ ἔχετε εἰς τὸ **ἐσθίειν** καὶ πίνειν;
11:26 ὁσάκις γὰρ ἐὰν **ἐσθίητε** τὸν ἄρτον τοῦτον καὶ τὸ ποτήριον πίνητε,
11:27 Ὥστε ὃς ἂν **ἐσθίῃ** τὸν ἄρτον ἢ πίνῃ τὸ ποτήριον τοῦ κυρίου ἀναξίως,
11:28 δοκιμαζέτω δὲ ἄνθρωπος ἑαυτὸν καὶ οὕτως ἐκ τοῦ ἄρτου **ἐσθιέτω** καὶ ἐκ τοῦ ποτηρίου πινέτω·
11:29 ὁ γὰρ **ἐσθίων** καὶ πίνων κρίμα ἑαυτῷ **ἐσθίει** καὶ πίνει μὴ διακρίνων τὸ σῶμα.
11:33 ἀδελφοί μου, συνερχόμενοι εἰς τὸ **φαγεῖν** ἀλλήλους ἐκδέχεσθε.
11:34 εἴ τις πεινᾷ, ἐν οἴκῳ **ἐσθιέτω,** ἵνα μὴ εἰς κρίμα συνέρχησθε.
15:32 εἰ νεκροὶ οὐκ ἐγείρονται, **Φάγωμεν** καὶ πίωμεν, αὔριον γὰρ ἀποθνῄσκομεν.

2Th 3: 8 οὐδὲ δωρεὰν ἄρτον **ἐφάγομεν** παρά τινος, ἀλλ' ἐν κόπῳ καὶ μόχθῳ νυκτὸς καὶ ἡμέρας ἐργαζόμενοι πρὸς τὸ μὴ ἐπιβαρῆσαί
3:10 ὅτι εἴ τις οὐ θέλει ἐργάζεσθαι μηδὲ **ἐσθιέτω.**
3:12 ἵνα μετὰ ἡσυχίας ἐργαζόμενοι τὸν ἑαυτῶν ἄρτον **ἐσθίωσιν.**

Heb 10:27 φοβερὰ δέ τις ἐκδοχὴ κρίσεως καὶ πυρὸς ζῆλος **ἐσθίειν** μέλλοντος τοὺς ὑπεναντίους.
13:10 ἔχομεν θυσιαστήριον ἐξ οὗ **φαγεῖν** οὐκ ἔχουσιν ἐξουσίαν οἱ τῇ σκηνῇ λατρεύοντες.

Jas 5: 3 ὁ χρυσὸς ὑμῶν καὶ ὁ ἄργυρος κατίωται καὶ ὁ ἰὸς αὐτῶν εἰς μαρτύριον ὑμῖν ἔσται καὶ **φάγεται** τὰς σάρκας ὑμῶν ὡς πῦρ.

Rev 2: 7 τῷ νικῶντι δώσω αὐτῷ **φαγεῖν** ἐκ τοῦ ξύλου τῆς ζωῆς,
2:14 ὃς ἐδίδασκεν τῷ Βαλὰκ βαλεῖν σκάνδαλον ἐνώπιον τῶν υἱῶν Ἰσραὴλ **φαγεῖν** εἰδωλόθυτα καὶ πορνεῦσαι.
2:20 ἡ λέγουσα ἑαυτὴν προφῆτιν καὶ διδάσκει καὶ πλανᾷ τοὺς ἐμοὺς δούλους πορνεῦσαι καὶ **φαγεῖν** εἰδωλόθυτα.
10:10 καὶ ἦν ἐν τῷ στόματί μου ὡς μέλι γλυκὺ καὶ ὅτε **ἔφαγον** αὐτό,
17:16 καὶ ἠρημωμένην ποιήσουσιν αὐτὴν καὶ γυμνὴν καὶ τὰς σάρκας αὐτῆς **φάγονται** καὶ αὐτὴν κατακαύσουσιν ἐν πυρί.
19:18 ἵνα **φάγητε** σάρκας βασιλέων καὶ σάρκας χιλιάρχων καὶ σάρκας ἰσχυρῶν καὶ σάρκας ἵππων

2267 ἔσθω Not used in UBS/NIV

√ 2266

2268 Ἑσλί [1]

Lk 3:25 τοῦ Ματταθίου τοῦ Ἀμὼς τοῦ Ναοὺμ τοῦ **Ἑσλὶ** τοῦ Ναγγαὶ

2269 ἔσοπτρον [2]

√ 1650 + 3972

1Co 13:12 βλέπομεν γὰρ ἄρτι δι' **ἐσόπτρου** ἐν αἰνίγματι, τότε δὲ πρόσωπον πρὸς πρόσωπον·
Jas 1:23 οὗτος ἔοικεν ἀνδρὶ κατανοοῦντι τὸ πρόσωπον τῆς γενέσεως αὐτοῦ ἐν **ἐσόπτρῳ·**

2270 ἑσπέρα [3]

→ 2271

Lk 24:29 ὅτι πρὸς **ἑσπέραν** ἐστὶν καὶ κέκλικεν ἤδη ἡ ἡμέρα.
Ac 4: 3 καὶ ἐπέβαλον αὐτοῖς τὰς χεῖρας καὶ ἔθεντο εἰς τήρησιν εἰς τὴν αὔριον· ἦν γὰρ **ἑσπέρα** ἤδη
28:23 πείθων τε αὐτοὺς περὶ τοῦ Ἰησοῦ ἀπό τε τοῦ νόμου Μωϋσέως καὶ τῶν προφητῶν, ἀπὸ πρωῒ ἕως **ἑσπέρας.**

2271 ἑσπερινός Not used in UBS/NIV

√ 2270

2272 Ἑσρώμ [3]

Mt 1: 3 Φάρες δὲ ἐγέννησεν τὸν **Ἑσρώμ, Ἑσρὼμ** δὲ ἐγέννησεν τὸν Ἀράμ,
Lk 3:33 τοῦ Ἀμιναδὰβ τοῦ Ἀδμὶν τοῦ Ἀρνὶ τοῦ **Ἑσρὼμ** τοῦ Φάρες τοῦ Ἰούδα

2273 ἑσσόομαι [1]

√ *2482*

2Co 12:13 τί γάρ ἐστιν ὃ **ἡσσώθητε** ὑπὲρ τὰς λοιπὰς ἐκκλησίας,

2274 ἔσχατος [52]

√ *1666*

adverbial **ἔσχατον** [2] Mk 12:22; 1Co 15:8

ἐσχάτη ἡμέρα [12] Jn 6:39,40,44,54; 7:37; 11:24; 12:48; Ac 2:17; 2Ti 3:1; Heb 1:2; Jas 5:3; 2Pe 3:3

ἐσχάτη ὥρα [2] 1Jn 2:18,18

ἔσχατον τόπον [2] Lk 14:9,10

ἔσχατος χρόνος [2] 1Pe 1:20; Jude 1:18

ἐπ' ἔσχατος [4] Heb 1:2; 1Pe 1:20; 2Pe 3:3; Jude 1:18

ἕως ἐσχάτου [2] Ac 1:8; 13:47

ὁ πρῶτος καὶ ὁ ἔσχατος [3] Rev 1:17; 2:8; 22:13

Mt 5:26 οὐ μὴ ἐξέλθῃς ἐκεῖθεν, ἕως ἂν ἀποδῷς τὸν **ἔσχατον** κοδράντην.
12:45 καὶ γίνεται τὰ **ἔσχατα** τοῦ ἀνθρώπου ἐκείνου χείρονα τῶν πρώτων.
19:30 Πολλοὶ δὲ ἔσονται πρῶτοι **ἔσχατοι** καὶ **ἔσχατοι** πρῶτοι.
20: 8 Κάλεσον τοὺς ἐργάτας καὶ ἀπόδος αὐτοῖς τὸν μισθὸν ἀρξάμενος ἀπὸ τῶν **ἐσχάτων** ἕως τῶν πρώτων.
20:12 λέγοντες, Οὗτοι οἱ **ἔσχατοι** μίαν ὥραν ἐποίησαν, καὶ ἴσους ἡμῖν αὐτοὺς ἐποίησας τοῖς βαστάσασι τὸ βάρος τῆς ἡμέρας
20:14 θέλω δὲ τούτῳ τῷ **ἐσχάτῳ** δοῦναι ὡς καὶ σοί·
20:16 Οὕτως ἔσονται οἱ **ἔσχατοι** πρῶτοι καὶ οἱ πρῶτοι **ἔσχατοι.**
27:64 καὶ ἔσται ἡ **ἐσχάτη** πλάνη χείρων τῆς πρώτης.
Mk 9:35 Εἴ τις θέλει πρῶτος εἶναι, ἔσται πάντων **ἔσχατος** καὶ πάντων διάκονος.
10:31 πολλοὶ δὲ ἔσονται πρῶτοι **ἔσχατοι** καὶ [οἱ] **ἔσχατοι** πρῶτοι.
12: 6 ἀπέστειλεν αὐτὸν **ἔσχατον** πρὸς αὐτοὺς λέγων ὅτι Ἐντραπήσονται τὸν υἱόν μου.
12:22 καὶ οἱ ἑπτὰ οὐκ ἀφῆκαν σπέρμα. **ἔσχατον** πάντων καὶ ἡ γυνὴ ἀπέθανεν.
Lk 11:26 καὶ γίνεται τὰ **ἔσχατα** τοῦ ἀνθρώπου ἐκείνου χείρονα τῶν πρώτων.
12:59 οὐ μὴ ἐξέλθῃς ἐκεῖθεν, ἕως καὶ τὸ **ἔσχατον** λεπτὸν ἀποδῷς.
13:30 καὶ ἰδοὺ εἰσὶν **ἔσχατοι** οἳ ἔσονται πρῶτοι καὶ εἰσὶν πρῶτοι οἳ ἔσονται **ἔσχατοι.**
14: 9 καὶ τότε ἄρξῃ μετὰ αἰσχύνης τὸν **ἔσχατον** τόπον κατέχειν.
14:10 ἀλλ' ὅταν κληθῇς, πορευθεὶς ἀνάπεσε εἰς τὸν **ἔσχατον** τόπον,
Jn 6:39 ἵνα πᾶν ὃ δέδωκέν μοι μὴ ἀπολέσω ἐξ αὐτοῦ, ἀλλὰ ἀναστήσω αὐτὸ [ἐν] τῇ **ἐσχάτῃ** ἡμέρᾳ.
6:40 καὶ ἀναστήσω αὐτὸν ἐγὼ [ἐν] τῇ **ἐσχάτῃ** ἡμέρᾳ.
6:44 οὐδεὶς δύναται ἐλθεῖν πρός με ἐὰν μὴ ὁ πατὴρ ὁ πέμψας με ἑλκύσῃ αὐτόν, κἀγὼ ἀναστήσω αὐτὸν ἐν τῇ **ἐσχάτῃ** ἡμέρᾳ.
6:54 ὁ τρώγων μου τὴν σάρκα καὶ πίνων μου τὸ αἷμα ἔχει ζωὴν αἰώνιον, κἀγὼ ἀναστήσω αὐτὸν τῇ **ἐσχάτῃ** ἡμέρᾳ.
7:37 Ἐν δὲ τῇ **ἐσχάτῃ** ἡμέρᾳ τῇ μεγάλῃ τῆς ἑορτῆς εἱστήκει ὁ Ἰησοῦς καὶ ἔκραξεν λέγων,
11:24 Οἶδα ὅτι ἀναστήσεται ἐν τῇ ἀναστάσει ἐν τῇ **ἐσχάτῃ** ἡμέρᾳ.
12:48 ὁ λόγος ὃν ἐλάλησα ἐκεῖνος κρινεῖ αὐτὸν ἐν τῇ **ἐσχάτῃ** ἡμέρᾳ.
Ac 1: 8 καὶ ἔσεσθέ μου μάρτυρες ἔν τε Ἰερουσαλὴμ καὶ [ἐν] πάσῃ τῇ Ἰουδαίᾳ καὶ Σαμαρείᾳ καὶ ἕως **ἐσχάτου** τῆς γῆς.
2:17 Καὶ ἔσται ἐν ταῖς **ἐσχάταις** ἡμέραις, λέγει ὁ θεός,
13:47 Τέθεικά σε εἰς φῶς ἐθνῶν τοῦ εἶναί σε εἰς σωτηρίαν ἕως **ἐσχάτου** τῆς γῆς.
1Co 4: 9 ὁ θεὸς ἡμᾶς τοὺς ἀποστόλους **ἐσχάτους** ἀπέδειξεν ὡς ἐπιθανατίους,
15: 8 **ἔσχατον** δὲ πάντων ὡσπερεὶ τῷ ἐκτρώματι ὤφθη κἀμοί.
15:26 **ἔσχατος** ἐχθρὸς καταργεῖται ὁ θάνατος·
15:45 Ἐγένετο ὁ πρῶτος ἄνθρωπος Ἀδὰμ εἰς ψυχὴν ζῶσαν, ὁ **ἔσχατος** Ἀδὰμ εἰς πνεῦμα ζῳοποιοῦν.
15:52 ἐν ἀτόμῳ, ἐν ῥιπῇ ὀφθαλμοῦ, ἐν τῇ **ἐσχάτῃ** σάλπιγγι·
2Ti 3: 1 Τοῦτο δὲ γίνωσκε, ὅτι ἐν **ἐσχάταις** ἡμέραις ἐνστήσονται καιροὶ χαλεποί·
Heb 1: 2 ἐπ' **ἐσχάτου** τῶν ἡμερῶν τούτων ἐλάλησεν ἡμῖν ἐν υἱῷ,
Jas 5: 3 καὶ ὁ ἰὸς αὐτῶν εἰς μαρτύριον ὑμῖν ἔσται καὶ φάγεται τὰς σάρκας ὑμῶν ὡς πῦρ. ἐθησαυρίσατε ἐν **ἐσχάταις** ἡμέραις.
1Pe 1: 5 τοὺς ἐν δυνάμει θεοῦ φρουρουμένους διὰ πίστεως εἰς σωτηρίαν ἑτοίμην ἀποκαλυφθῆναι ἐν καιρῷ **ἐσχάτῳ.**
1:20 προεγνωσμένου μὲν πρὸ καταβολῆς κόσμου φανερωθέντος δὲ ἐπ' **ἐσχάτου** τῶν χρόνων δι' ὑμᾶς
2Pe 2:20 τούτοις δὲ πάλιν ἐμπλακέντες ἡττῶνται, γέγονεν αὐτοῖς τὰ **ἔσχατα** χείρονα τῶν πρώτων.
3: 3 ἐλεύσονται ἐπ' **ἐσχάτων** τῶν ἡμερῶν [ἐν] ἐμπαιγμονῇ ἐμπαῖκται κατὰ τὰς ἰδίας ἐπιθυμίας αὐτῶν πορευόμενοι
1Jn 2:18 Παιδία, **ἐσχάτη** ὥρα ἐστίν, καὶ καθὼς ἠκούσατε ὅτι ἀντίχριστος ἔρχεται, καὶ νῦν ἀντίχριστοι πολλοὶ γεγόνασιν, ὅθεν γινώσκομεν ὅτι **ἐσχάτη** ὥρα ἐστίν.
Jude 1:18 Ἐπ' **ἐσχάτου** [τοῦ] χρόνου ἔσονται ἐμπαῖκται κατὰ τὰς ἑαυτῶν ἐπιθυμίας πορευόμενοι τῶν ἀσεβειῶν.
Rev 1:17 Μὴ φοβοῦ· ἐγώ εἰμι ὁ πρῶτος καὶ ὁ **ἔσχατος**
2: 8 Τάδε λέγει ὁ πρῶτος καὶ ὁ **ἔσχατος,** ὃς ἐγένετο νεκρὸς καὶ ἔζησεν·
2:19 καὶ τὰ ἔργα σου τὰ **ἔσχατα** πλείονα τῶν πρώτων.
15: 1 ἀγγέλους ἑπτὰ ἔχοντας πληγὰς ἑπτὰ τὰς **ἐσχάτας,** ὅτι ἐν αὐταῖς ἐτελέσθη ὁ θυμὸς τοῦ θεοῦ.
21: 9 Καὶ ἦλθεν εἷς ἐκ τῶν ἑπτὰ ἀγγέλων τῶν ἐχόντων τὰς ἑπτὰ φιάλας τῶν γεμόντων τῶν ἑπτὰ πληγῶν τῶν **ἐσχάτων**
22:13 ὁ πρῶτος καὶ ὁ **ἔσχατος,** ἡ ἀρχὴ καὶ τὸ τέλος.

2275 ἐσχάτως [1]

√ *1666*

Mk 5:23 καὶ παρακαλεῖ αὐτὸν πολλὰ λέγων ὅτι Τὸ θυγάτριόν μου **ἐσχάτως** ἔχει,

2276 ἔσω [9]

√ *1650*

Mt 26:58 ὁ δὲ Πέτρος ἠκολούθει αὐτῷ ἀπὸ μακρόθεν ἕως τῆς αὐλῆς τοῦ ἀρχιερέως καὶ εἰσελθὼν **ἔσω** ἐκάθητο μετὰ τῶν ὑπηρετῶν ἰδεῖν
Mk 14:54 ὁ Πέτρος ἀπὸ μακρόθεν ἠκολούθησεν αὐτῷ ἕως **ἔσω** εἰς τὴν αὐλὴν τοῦ ἀρχιερέως καὶ ἦν συγκαθήμενος μετὰ τῶν ὑπηρετῶν
15:16 Οἱ δὲ στρατιῶται ἀπήγαγον αὐτὸν **ἔσω** τῆς αὐλῆς,
Jn 20:26 Καὶ μεθ' ἡμέρας ὀκτὼ πάλιν ἦσαν **ἔσω** οἱ μαθηταὶ αὐτοῦ καὶ Θωμᾶς μετ' αὐτῶν.
Ac 5:23 καὶ τοὺς φύλακας ἑστῶτας ἐπὶ τῶν θυρῶν, ἀνοίξαντες δὲ **ἔσω** οὐδένα εὕρομεν.
Ro 7:22 συνήδομαι γὰρ τῷ νόμῳ τοῦ θεοῦ κατὰ τὸν **ἔσω** ἄνθρωπον,
1Co 5:12 τί γάρ μοι τοὺς ἔξω κρίνειν; οὐχὶ τοὺς **ἔσω** ὑμεῖς κρίνετε;
2Co 4:16 ἀλλ' ὁ **ἔσω** ἡμῶν ἀνακαινοῦται ἡμέρᾳ καὶ ἡμέρᾳ.
Eph 3:16 ἵνα δῷ ὑμῖν κατὰ τὸ πλοῦτος τῆς δόξης αὐτοῦ δυνάμει κραταιωθῆναι διὰ τοῦ πνεύματος αὐτοῦ εἰς τὸν **ἔσω** ἄνθρωπον,

2277 ἔσωθεν [12]

√ *1650*

Mt 7:15 οἵτινες ἔρχονται πρὸς ὑμᾶς ἐν ἐνδύμασιν προβάτων, **ἔσωθεν** δέ εἰσιν λύκοι ἅρπαγες.
23:25 ὅτι καθαρίζετε τὸ ἔξωθεν τοῦ ποτηρίου καὶ τῆς παροψίδος, **ἔσωθεν** δὲ γέμουσιν ἐξ ἁρπαγῆς καὶ ἀκρασίας.
23:27 **ἔσωθεν** δὲ γέμουσιν ὀστέων νεκρῶν καὶ πάσης ἀκαθαρσίας.
23:28 οὕτως καὶ ὑμεῖς ἔξωθεν μὲν φαίνεσθε τοῖς ἀνθρώποις δίκαιοι, **ἔσωθεν** δέ ἐστε μεστοὶ ὑποκρίσεως καὶ ἀνομίας.
Mk 7:21 **ἔσωθεν** γὰρ ἐκ τῆς καρδίας τῶν ἀνθρώπων οἱ διαλογισμοὶ οἱ κακοὶ ἐκπορεύονται,
7:23 πάντα ταῦτα τὰ πονηρὰ **ἔσωθεν** ἐκπορεύεται καὶ κοινοῖ τὸν ἄνθρωπον.
Lk 11: 7 κἀκεῖνος **ἔσωθεν** ἀποκριθεὶς εἴπῃ, Μή μοι κόπους πάρεχε·
11:39 τὸ δὲ **ἔσωθεν** ὑμῶν γέμει ἁρπαγῆς καὶ πονηρίας.
11:40 οὐχ ὁ ποιήσας τὸ ἔξωθεν καὶ τὸ **ἔσωθεν** ἐποίησεν;
2Co 7: 5 οὐδεμίαν ἔσχηκεν ἄνεσιν ἡ σὰρξ ἡμῶν ἀλλ' ἐν παντὶ θλιβόμενοι· ἔξωθεν μάχαι, **ἔσωθεν** φόβοι.
Rev 4: 8 κυκλόθεν καὶ **ἔσωθεν** γέμουσιν ὀφθαλμῶν, καὶ ἀνάπαυσιν οὐκ ἔχουσιν ἡμέρας καὶ νυκτὸς λέγοντες,
5: 1 Καὶ εἶδον ἐπὶ τὴν δεξιὰν τοῦ καθημένου ἐπὶ τοῦ θρόνου βιβλίον γεγραμμένον **ἔσωθεν** καὶ ὄπισθεν κατεσφραγισμένον

2278 ἐσώτερος [2]

√ 1650

Ac 16:24 ἔβαλεν αὐτοὺς εἰς τὴν **ἐσωτέραν** φυλακὴν καὶ τοὺς πόδας ἠσφαλίσατο αὐτῶν εἰς τὸ ξύλον.
Heb 6:19 ἣν ὡς ἄγκυραν ἔχομεν τῆς ψυχῆς ἀσφαλῆ τε καὶ βεβαίαν καὶ εἰσερχομένην εἰς τὸ **ἐσώτερον** τοῦ καταπετάσματος,

2279 ἑταῖρος [3]

Mt 20:13 ὁ δὲ ἀποκριθεὶς ἑνὶ αὐτῶν εἶπεν, **Ἑταῖρε,** οὐκ ἀδικῶ σε·
22:12 καὶ λέγει αὐτῷ, **Ἑταῖρε,** πῶς εἰσῆλθες ὧδε μὴ ἔχων ἔνδυμα γάμου;
26:50 ὁ δὲ Ἰησοῦς εἶπεν αὐτῷ, **Ἑταῖρε,** ἐφ' ὃ πάρει.

2280 ἑτερόγλωσσος [1]

√ 2283 + 1185

1Co 14:21 γέγραπται ὅτι Ἐν **ἑτερογλώσσοις** καὶ ἐν χείλεσιν ἑτέρων λαλήσω τῷ λαῷ τούτῳ καὶ οὐδ' οὕτως εἰσακούσονταί μου,

2281 ἑτεροδιδασκαλέω [2]

√ 2283 + 1438

1Ti 1: 3 Καθὼς παρεκάλεσά σε προσμεῖναι ἐν Ἐφέσῳ πορευόμενος εἰς Μακεδονίαν, ἵνα παραγγείλῃς τισὶν μὴ **ἑτεροδιδασκαλεῖν**
6: 3 εἴ τις **ἑτεροδιδασκαλεῖ** καὶ μὴ προσέρχεται ὑγιαίνουσιν λόγοις τοῖς τοῦ κυρίου ἡμῶν Ἰησοῦ Χριστοῦ καὶ τῇ κατ' εὐσέβειαν διδασκαλίᾳ,

2282 ἑτεροζυγέω [1]

√ 2283 + 2413

2Co 6:14 Μὴ γίνεσθε **ἑτεροζυγοῦντες** ἀπίστοις· τίς γὰρ μετοχὴ δικαιοσύνῃ καὶ ἀνομίᾳ ἢ τίς κοινωνία φωτὶ πρὸς σκότος;

2283 ἕτερος [98]

→ 2280, 2281, 2282, 2284, 4538

ἄλλος ... ἕτερος [6] Mt 16:14; Ac 4:12; 1Co 10:29; 12:9,10; 2Co 11:4

εἷς ... ὁ ἕτερος [10] Mt 6:24,24; Lk 7:41; 16:13,13; 17:34,35; 18:10; Ac 23:6; 1Co 4:6

ἕτερος γλῶσσαι [1] Ac 2:4

Mt 6:24 ἢ γὰρ τὸν ἕνα μισήσει καὶ τὸν **ἕτερον** ἀγαπήσει, ἢ ἑνὸς ἀνθέξεται καὶ τοῦ **ἑτέρου** καταφρονήσει.
8:21 **ἕτερος** δὲ τῶν μαθητῶν [αὐτοῦ] εἶπεν αὐτῷ, Κύριε,
10:23 ὅταν δὲ διώκωσιν ὑμᾶς ἐν τῇ πόλει ταύτῃ, φεύγετε εἰς τὴν **ἑτέραν·**
11: 3 εἶπεν αὐτῷ, Σὺ εἶ ὁ ἐρχόμενος ἢ **ἕτερον** προσδοκῶμεν;
11:16 ὁμοία ἐστὶν παιδίοις καθημένοις ἐν ταῖς ἀγοραῖς ἃ προσφωνοῦντα τοῖς **ἑτέροις**
12:45 τότε πορεύεται καὶ παραλαμβάνει μεθ' ἑαυτοῦ ἑπτὰ **ἕτερα** πνεύματα πονηρότερα ἑαυτοῦ καὶ εἰσελθόντα κατοικεῖ ἐκεῖ·
15:30 καὶ **ἑτέρους** πολλοὺς καὶ ἔρριψαν αὐτοὺς παρὰ τοὺς πόδας αὐτοῦ,
16:14 ἄλλοι δὲ Ἠλίαν, **ἕτεροι** δὲ Ἰερεμίαν ἢ ἕνα τῶν προφητῶν.
21:30 προσελθὼν δὲ τῷ **ἑτέρῳ** εἶπεν ὡσαύτως. ὁ δὲ ἀποκριθεὶς εἶπεν,
Mk 16:12 ⟦Μετὰ δὲ ταῦτα δυσὶν ἐξ αὐτῶν περιπατοῦσιν ἐφανερώθη ἐν **ἑτέρᾳ** μορφῇ πορευομένοις εἰς ἀγρόν·⟧
Lk 3:18 Πολλὰ μὲν οὖν καὶ **ἕτερα** παρακαλῶν εὐηγγελίζετο τὸν λαόν.
4:43 ὁ δὲ εἶπεν πρὸς αὐτοὺς ὅτι Καὶ ταῖς **ἑτέραις** πόλεσιν εὐαγγελίσασθαί με δεῖ τὴν βασιλείαν τοῦ θεοῦ,
5: 7 καὶ κατένευσαν τοῖς μετόχοις ἐν τῷ **ἑτέρῳ** πλοίῳ τοῦ ἐλθόντας συλλαβέσθαι αὐτοῖς·
6: 6 Ἐγένετο δὲ ἐν **ἑτέρῳ** σαββάτῳ εἰσελθεῖν αὐτὸν εἰς τὴν συναγωγὴν καὶ διδάσκειν.
7:41 ὁ εἷς ὤφειλεν δηνάρια πεντακόσια, ὁ δὲ **ἕτερος** πεντήκοντα.
8: 3 καὶ Ἰωάννα γυνὴ Χουζᾶ ἐπιτρόπου Ἡρῴδου καὶ Σουσάννα καὶ **ἕτεραι** πολλαί,
8: 6 καὶ **ἕτερον** κατέπεσεν ἐπὶ τὴν πέτραν, καὶ φυὲν ἐξηράνθη διὰ τὸ μὴ ἔχειν ἰκμάδα.
8: 7 καὶ **ἕτερον** ἔπεσεν ἐν μέσῳ τῶν ἀκανθῶν, καὶ συμφυεῖσαι αἱ ἄκανθαι ἀπέπνιξαν αὐτό.
8: 8 καὶ **ἕτερον** ἔπεσεν εἰς τὴν γῆν τὴν ἀγαθὴν καὶ φυὲν ἐποίησεν καρπὸν ἑκατονταπλασίονα.
9:29 καὶ ἐγένετο ἐν τῷ προσεύχεσθαι αὐτὸν τὸ εἶδος τοῦ προσώπου αὐτοῦ **ἕτερον** καὶ ὁ ἱματισμὸς αὐτοῦ λευκὸς ἐξαστράπτων.
9:56 καὶ ἐπορεύθησαν εἰς **ἑτέραν** κώμην.
9:59 Εἶπεν δὲ πρὸς **ἕτερον,** Ἀκολούθει μοι.
9:61 Εἶπεν δὲ καὶ **ἕτερος,** Ἀκολουθήσω σοι, κύριε·
10: 1 Μετὰ δὲ ταῦτα ἀνέδειξεν ὁ κύριος **ἑτέρους** ἑβδομήκοντα [δύο,]
11:16 **ἕτεροι** δὲ πειράζοντες σημεῖον ἐξ οὐρανοῦ ἐζήτουν παρ' αὐτοῦ.
11:26 τότε πορεύεται καὶ παραλαμβάνει **ἕτερα** πνεύματα πονηρότερα ἑαυτοῦ ἑπτὰ καὶ εἰσελθόντα κατοικεῖ ἐκεῖ·
14:19 καὶ **ἕτερος** εἶπεν, Ζεύγη βοῶν ἠγόρασα πέντε καὶ πορεύομαι δοκιμάσαι αὐτά·
14:20 καὶ **ἕτερος** εἶπεν, Γυναῖκα ἔγημα καὶ διὰ τοῦτο οὐ δύναμαι ἐλθεῖν.
14:31 ἢ τίς βασιλεὺς πορευόμενος **ἑτέρῳ** βασιλεῖ συμβαλεῖν εἰς πόλεμον οὐχὶ καθίσας πρῶτον βουλεύσεται
16: 7 ἔπειτα **ἑτέρῳ** εἶπεν, Σὺ δὲ πόσον ὀφείλεις; ὁ δὲ εἶπεν,
16:13 ἢ γὰρ τὸν ἕνα μισήσει καὶ τὸν **ἕτερον** ἀγαπήσει, ἢ ἑνὸς ἀνθέξεται καὶ τοῦ **ἑτέρου** καταφρονήσει.
16:18 Πᾶς ὁ ἀπολύων τὴν γυναῖκα αὐτοῦ καὶ γαμῶν **ἑτέραν** μοιχεύει,
17:34 ταύτῃ τῇ νυκτὶ ἔσονται δύο ἐπὶ κλίνης μιᾶς, ὁ εἷς παραλημφθήσεται καὶ ὁ **ἕτερος** ἀφεθήσεται·
17:35 ἔσονται δύο ἀλήθουσαι ἐπὶ τὸ αὐτό, ἡ μία παραλημφθήσεται, ἡ δὲ **ἑτέρα** ἀφεθήσεται.
18:10 Ἄνθρωποι δύο ἀνέβησαν εἰς τὸ ἱερὸν προσεύξασθαι, ὁ εἷς Φαρισαῖος καὶ ὁ **ἕτερος** τελώνης.
19:20 καὶ ὁ **ἕτερος** ἦλθεν λέγων, Κύριε, ἰδοὺ ἡ μνᾶ σου ἣν εἶχον ἀποκειμένην ἐν σουδαρίῳ·
20:11 καὶ προσέθετο **ἕτερον** πέμψαι δοῦλον· οἱ δὲ κἀκεῖνον δείραντες καὶ ἀτιμάσαντες ἐξαπέστειλαν κενόν.
22:58 καὶ μετὰ βραχὺ **ἕτερος** ἰδὼν αὐτὸν ἔφη, Καὶ σὺ ἐξ αὐτῶν εἶ.
22:65 καὶ **ἕτερα** πολλὰ βλασφημοῦντες ἔλεγον εἰς αὐτόν.
23:32 Ἤγοντο δὲ καὶ **ἕτεροι** κακοῦργοι δύο σὺν αὐτῷ ἀναιρεθῆναι.
23:40 ἀποκριθεὶς δὲ ὁ **ἕτερος** ἐπιτιμῶν αὐτῷ ἔφη, Οὐδὲ φοβῇ σὺ τὸν θεόν,
Jn 19:37 καὶ πάλιν **ἑτέρα** γραφὴ λέγει, Ὄψονται εἰς ὃν ἐξεκέντησαν.
Ac 1:20 Γενηθήτω ἡ ἔπαυλις αὐτοῦ ἔρημος καὶ μὴ ἔστω ὁ κατοικῶν ἐν αὐτῇ, καί, Τὴν ἐπισκοπὴν αὐτοῦ λαβέτω **ἕτερος.**
2: 4 καὶ ἐπλήσθησαν πάντες πνεύματος ἁγίου καὶ ἤρξαντο λαλεῖν **ἑτέραις** γλώσσαις καθὼς τὸ πνεῦμα ἐδίδου ἀποφθέγγεσθαι
2:13 **ἕτεροι** δὲ διαχλευάζοντες ἔλεγον ὅτι Γλεύκους μεμεστωμένοι εἰσίν.
2:40 **ἑτέροις** τε λόγοις πλείοσιν διεμαρτύρατο καὶ παρεκάλει αὐτοὺς λέγων,
4:12 οὐδὲ γὰρ ὄνομά ἐστιν **ἕτερον** ὑπὸ τὸν οὐρανὸν τὸ δεδομένον ἐν ἀνθρώποις ἐν ᾧ δεῖ σωθῆναι ἡμᾶς.
7:18 ἄχρι οὗ ἀνέστη βασιλεὺς **ἕτερος** [ἐπ' Αἴγυπτον] ὃς οὐκ ᾔδει τὸν Ἰωσήφ.
8:34 περὶ τίνος ὁ προφήτης λέγει τοῦτο; περὶ ἑαυτοῦ ἢ περὶ **ἑτέρου** τινός;
12:17 Ἀπαγγείλατε Ἰακώβῳ καὶ τοῖς ἀδελφοῖς ταῦτα. καὶ ἐξελθὼν ἐπορεύθη εἰς **ἕτερον** τόπον.
13:35 διότι καὶ ἐν **ἑτέρῳ** λέγει, Οὐ δώσεις τὸν ὅσιόν σου ἰδεῖν διαφθοράν.
15:35 καὶ Βαρναβᾶς διέτριβον ἐν Ἀντιοχείᾳ διδάσκοντες καὶ εὐαγγελιζόμενοι μετὰ καὶ **ἑτέρων** πολλῶν τὸν λόγον τοῦ κυρίου.
17: 7 καὶ οὗτοι πάντες ἀπέναντι τῶν δογμάτων Καίσαρος πράσσουσι βασιλέα **ἕτερον** λέγοντες εἶναι Ἰησοῦν.
17:21 Ἀθηναῖοι δὲ πάντες καὶ οἱ ἐπιδημοῦντες ξένοι εἰς οὐδὲν **ἕτερον** ηὐκαίρουν ἢ λέγειν τι ἢ ἀκούειν τι καινότερον.
17:34 ἐν οἷς καὶ Διονύσιος ὁ Ἀρεοπαγίτης καὶ γυνὴ ὀνόματι Δάμαρις καὶ **ἕτεροι** σὺν αὐτοῖς.
20:15 τῇ δὲ **ἑτέρᾳ** παρεβάλομεν εἰς Σάμον, τῇ δὲ ἐχομένῃ ἤλθομεν εἰς Μίλητον.
23: 6 Γνοὺς δὲ ὁ Παῦλος ὅτι τὸ ἓν μέρος ἐστὶν Σαδδουκαίων τὸ δὲ **ἕτερον** Φαρισαίων ἔκραζεν ἐν τῷ συνεδρίῳ,
27: 1 παρεδίδουν τόν τε Παῦλον καί τινας **ἑτέρους** δεσμώτας ἑκατοντάρχῃ ὀνόματι Ἰουλίῳ σπείρης Σεβαστῆς.
27: 3 τῇ τε **ἑτέρᾳ** κατήχθημεν εἰς Σιδῶνα,
Ro 2: 1 ἐν ᾧ γὰρ κρίνεις τὸν **ἕτερον,** σεαυτὸν κατακρίνεις,
2:21 ὁ οὖν διδάσκων **ἕτερον** σεαυτὸν οὐ διδάσκεις; ὁ κηρύσσων μὴ κλέπτειν κλέπτεις;
7: 3 ἄρα οὖν ζῶντος τοῦ ἀνδρὸς μοιχαλὶς χρηματίσει ἐὰν γένηται ἀνδρὶ **ἑτέρῳ·** ἐὰν δὲ ἀποθάνῃ ὁ ἀνήρ, ἐλευθέρα ἐστὶν ἀπὸ τοῦ νόμου, τοῦ μὴ εἶναι αὐτὴν μοιχαλίδα γενομένην ἀνδρὶ **ἑτέρῳ.**

7: 4 εἰς τὸ γενέσθαι ὑμᾶς **ἑτέρῳ,** τῷ ἐκ νεκρῶν ἐγερθέντι,
7:23 βλέπω δὲ **ἕτερον** νόμον ἐν τοῖς μέλεσίν μου ἀντιστρατευόμενον τῷ νόμῳ τοῦ νοός μου καὶ αἰχμαλωτίζοντά
8:39 οὔτε ὕψωμα οὔτε βάθος οὔτε τις κτίσις **ἑτέρα** δυνήσεται ἡμᾶς χωρίσαι ἀπὸ τῆς ἀγάπης τοῦ θεοῦ τῆς ἐν Χριστῷ Ἰησοῦ
13: 8 Μηδενὶ μηδὲν ὀφείλετε εἰ μὴ τὸ ἀλλήλους ἀγαπᾶν· ὁ γὰρ ἀγαπῶν τὸν **ἕτερον** νόμον πεπλήρωκεν.
13: 9 Οὐ κλέψεις, Οὐκ ἐπιθυμήσεις, καὶ εἴ τις **ἑτέρα** ἐντολή,
1Co 3: 4 Ἐγὼ μέν εἰμι Παύλου, **ἕτερος** δέ, Ἐγὼ Ἀπολλῶ, οὐκ ἄνθρωποί ἐστε;
4: 6 ἵνα μὴ εἷς ὑπὲρ τοῦ ἑνὸς φυσιοῦσθε κατὰ τοῦ **ἑτέρου.**
6: 1 Τολμᾷ τις ὑμῶν πρᾶγμα ἔχων πρὸς τὸν **ἕτερον** κρίνεσθαι ἐπὶ τῶν ἀδίκων καὶ οὐχὶ ἐπὶ τῶν ἁγίων;
10:24 μηδεὶς τὸ ἑαυτοῦ ζητείτω ἀλλὰ τὸ τοῦ **ἑτέρου.**
10:29 συνείδησιν δὲ λέγω οὐχὶ τὴν ἑαυτοῦ ἀλλὰ τὴν τοῦ **ἑτέρου.**
12: 9 **ἑτέρῳ** πίστις ἐν τῷ αὐτῷ πνεύματι, ἄλλῳ δὲ χαρίσματα ἰαμάτων ἐν τῷ ἑνὶ πνεύματι,
12:10 ἄλλῳ [δὲ] διακρίσεις πνευμάτων, **ἑτέρῳ** γένη γλωσσῶν, ἄλλῳ δὲ ἑρμηνεία γλωσσῶν·
14:17 σὺ μὲν γὰρ καλῶς εὐχαριστεῖς ἀλλ' ὁ **ἕτερος** οὐκ οἰκοδομεῖται.
14:21 γέγραπται ὅτι Ἐν ἑτερογλώσσοις καὶ ἐν χείλεσιν **ἑτέρων** λαλήσω τῷ λαῷ τούτῳ καὶ οὐδ' οὕτως εἰσακούσονταί μου,
15:40 ἀλλὰ **ἑτέρα** μὲν ἡ τῶν ἐπουρανίων δόξα, **ἑτέρα** δὲ ἡ τῶν ἐπιγείων.
2Co 8: 8 Οὐ κατ' ἐπιταγὴν λέγω ἀλλὰ διὰ τῆς **ἑτέρων** σπουδῆς καὶ τὸ τῆς ὑμετέρας ἀγάπης γνήσιον δοκιμάζων·
11: 4 ἢ πνεῦμα **ἕτερον** λαμβάνετε ὃ οὐκ ἐλάβετε, ἢ εὐαγγέλιον **ἕτερον** ὃ οὐκ ἐδέξασθε, καλῶς ἀνέχεσθε.
Gal 1: 6 Θαυμάζω ὅτι οὕτως ταχέως μετατίθεσθε ἀπὸ τοῦ καλέσαντος ὑμᾶς ἐν χάριτι [Χριστοῦ] εἰς **ἕτερον** εὐαγγέλιον,
1:19 **ἕτερον** δὲ τῶν ἀποστόλων οὐκ εἶδον εἰ μὴ Ἰάκωβον τὸν ἀδελφὸν τοῦ κυρίου.
6: 4 καὶ τότε εἰς ἑαυτὸν μόνον τὸ καύχημα ἕξει καὶ οὐκ εἰς τὸν **ἕτερον·**
Eph 3: 5 ὃ **ἑτέραις** γενεαῖς οὐκ ἐγνωρίσθη τοῖς υἱοῖς τῶν ἀνθρώπων ὡς νῦν ἀπεκαλύφθη τοῖς ἁγίοις ἀποστόλοις αὐτοῦ καὶ προφήταις
Php 2: 4 μὴ τὰ ἑαυτῶν ἕκαστος σκοποῦντες ἀλλὰ [καὶ] τὰ **ἑτέρων** ἕκαστοι.
1Ti 1:10 καὶ εἴ τι **ἕτερον** τῇ ὑγιαινούσῃ διδασκαλίᾳ ἀντίκειται
2Ti 2: 2 ταῦτα παράθου πιστοῖς ἀνθρώποις, οἵτινες ἱκανοὶ ἔσονται καὶ **ἑτέρους** διδάξαι.
Heb 5: 6 καθὼς καὶ ἐν **ἑτέρῳ** λέγει, Σὺ ἱερεὺς εἰς τὸν αἰῶνα κατὰ τὴν τάξιν Μελχισέδεκ,
7:11 τίς ἔτι χρεία κατὰ τὴν τάξιν Μελχισέδεκ **ἕτερον** ἀνίστασθαι ἱερέα καὶ οὐ κατὰ τὴν τάξιν Ἀαρὼν λέγεσθαι;
7:13 ἐφ' ὃν γὰρ λέγεται ταῦτα, φυλῆς **ἑτέρας** μετέσχηκεν,
7:15 εἰ κατὰ τὴν ὁμοιότητα Μελχισέδεκ ἀνίσταται ἱερεὺς **ἕτερος,**
11:36 **ἕτεροι** δὲ ἐμπαιγμῶν καὶ μαστίγων πεῖραν ἔλαβον, ἔτι δὲ δεσμῶν καὶ φυλακῆς·
Jas 2:25 ὁμοίως δὲ καὶ Ῥαὰβ ἡ πόρνη οὐκ ἐξ ἔργων ἐδικαιώθη ὑποδεξαμένη τοὺς ἀγγέλους καὶ **ἑτέρᾳ** ὁδῷ ἐκβαλοῦσα;
Jude 1: 7 καὶ Γόμορρα καὶ αἱ περὶ αὐτὰς πόλεις τὸν ὅμοιον τρόπον τούτοις ἐκπορνεύσασαι καὶ ἀπελθοῦσαι ὀπίσω σαρκὸς **ἑτέρας,**

2284 ἑτέρως [1]

√ *2283*

Php 3:15 καὶ εἴ τι **ἑτέρως** φρονεῖτε, καὶ τοῦτο ὁ θεὸς ὑμῖν ἀποκαλύψει·

2285 ἔτι [93]

→ *3600, 4033*

ἔτι ἅπαξ [2] Heb 12:26,27

ἔτι νῦν [1] 1Co 3:2

ἐτὶ ὅσον ὅσον [1] Heb 10:37

τί ἔτι [10] Mt 19:20; 26:65; Mk 5:35; 14:63; Lk 22:71; Ro 3:7; 9:19; Gal 5:11; Heb 7:11; 11:32

Mt 5:13 εἰς οὐδὲν ἰσχύει **ἔτι** εἰ μὴ βληθὲν ἔξω καταπατεῖσθαι ὑπὸ τῶν ἀνθρώπων.
12:46 **Ἔτι** αὐτοῦ λαλοῦντος τοῖς ὄχλοις ἰδοὺ ἡ μήτηρ καὶ οἱ ἀδελφοὶ αὐτοῦ εἱστήκεισαν ἔξω ζητοῦντες αὐτῷ λαλῆσαι.
17: 5 **ἔτι** αὐτοῦ λαλοῦντος ἰδοὺ νεφέλη φωτεινὴ ἐπεσκίασεν αὐτούς,
18:16 ἐὰν δὲ μὴ ἀκούσῃ, παράλαβε μετὰ σοῦ **ἔτι** ἕνα ἢ δύο,
19:20 λέγει αὐτῷ ὁ νεανίσκος, Πάντα ταῦτα ἐφύλαξα· τί **ἔτι** ὑστερῶ;
26:47 Καὶ **ἔτι** αὐτοῦ λαλοῦντος ἰδοὺ Ἰούδας εἷς τῶν δώδεκα ἦλθεν καὶ μετ' αὐτοῦ ὄχλος πολὺς μετὰ μαχαιρῶν καὶ ξύλων
26:65 τότε ὁ ἀρχιερεὺς διέρρηξεν τὰ ἱμάτια αὐτοῦ λέγων, Ἐβλασφήμησεν· τί **ἔτι** χρείαν ἔχομεν μαρτύρων;
27:63 ἐμνήσθημεν ὅτι ἐκεῖνος ὁ πλάνος εἶπεν **ἔτι** ζῶν,
Mk 5:35 **Ἔτι** αὐτοῦ λαλοῦντος ἔρχονται ἀπὸ τοῦ ἀρχισυναγώγου λέγοντες ὅτι Ἡ θυγάτηρ σου ἀπέθανεν· τί **ἔτι** σκύλλεις τὸν διδάσκαλον;
12: 6 **ἔτι** ἕνα εἶχεν υἱὸν ἀγαπητόν· ἀπέστειλεν αὐτὸν ἔσχατον πρὸς αὐτοὺς λέγων ὅτι Ἐντραπήσονται τὸν υἱόν μου.
14:43 Καὶ εὐθὺς **ἔτι** αὐτοῦ λαλοῦντος παραγίνεται Ἰούδας εἷς τῶν δώδεκα καὶ μετ' αὐτοῦ ὄχλος μετὰ μαχαιρῶν καὶ ξύλων
14:63 ὁ δὲ ἀρχιερεὺς διαρρήξας τοὺς χιτῶνας αὐτοῦ λέγει, Τί **ἔτι** χρείαν ἔχομεν μαρτύρων;
Lk 1:15 καὶ πνεύματος ἁγίου πλησθήσεται **ἔτι** ἐκ κοιλίας μητρὸς αὐτοῦ,
8:49 **Ἔτι** αὐτοῦ λαλοῦντος ἔρχεταί τις παρὰ τοῦ ἀρχισυναγώγου λέγων ὅτι Τέθνηκεν ἡ θυγάτηρ σου·
9:42 **ἔτι** δὲ προσερχομένου αὐτοῦ ἔρρηξεν αὐτὸν τὸ δαιμόνιον καὶ συνεσπάραξεν·
14:22 Κύριε, γέγονεν ὃ ἐπέταξας, καὶ **ἔτι** τόπος ἐστίν.
14:26 Εἴ τις ἔρχεται πρός με καὶ οὐ μισεῖ τὸν πατέρα ἑαυτοῦ καὶ τὴν μητέρα καὶ τὴν γυναῖκα καὶ τὰ τέκνα καὶ τοὺς ἀδελφοὺς καὶ τὰς ἀδελφὰς **ἔτι** τε καὶ τὴν ψυχὴν ἑαυτοῦ,
14:32 **ἔτι** αὐτοῦ πόρρω ὄντος πρεσβείαν ἀποστείλας ἐρωτᾷ τὰ πρὸς εἰρήνην.
15:20 **ἔτι** δὲ αὐτοῦ μακρὰν ἀπέχοντος εἶδεν αὐτὸν ὁ πατὴρ αὐτοῦ καὶ ἐσπλαγχνίσθη καὶ δραμὼν ἐπέπεσεν ἐπὶ τὸν τράχηλον
16: 2 ἀπόδος τὸν λόγον τῆς οἰκονομίας σου, οὐ γὰρ δύνῃ **ἔτι** οἰκονομεῖν.
18:22 ἀκούσας δὲ ὁ Ἰησοῦς εἶπεν αὐτῷ, **Ἔτι** ἕν σοι λείπει·
20:36 οὐδὲ γὰρ ἀποθανεῖν **ἔτι** δύνανται, ἰσάγγελοι γάρ εἰσιν καὶ υἱοί εἰσιν θεοῦ τῆς ἀναστάσεως υἱοὶ ὄντες.
22:47 **Ἔτι** αὐτοῦ λαλοῦντος ἰδοὺ ὄχλος, καὶ ὁ λεγόμενος Ἰούδας εἷς τῶν δώδεκα προήρχετο αὐτοὺς καὶ ἤγγισεν τῷ Ἰησοῦ φιλῆσαι
22:60 οὐκ οἶδα ὃ λέγεις. καὶ παραχρῆμα **ἔτι** λαλοῦντος αὐτοῦ ἐφώνησεν ἀλέκτωρ.
22:71 οἱ δὲ εἶπαν, Τί **ἔτι** ἔχομεν μαρτυρίας χρείαν;
24: 6 μνήσθητε ὡς ἐλάλησεν ὑμῖν **ἔτι** ὢν ἐν τῇ Γαλιλαίᾳ
24:41 **ἔτι** δὲ ἀπιστούντων αὐτῶν ἀπὸ τῆς χαρᾶς καὶ θαυμαζόντων εἶπεν αὐτοῖς,
24:44 Οὗτοι οἱ λόγοι μου οὓς ἐλάλησα πρὸς ὑμᾶς **ἔτι** ὢν σὺν ὑμῖν,
Jn 4:35 οὐχ ὑμεῖς λέγετε ὅτι **Ἔτι** τετράμηνός ἐστιν καὶ ὁ θερισμὸς ἔρχεται;
7:33 **Ἔτι** χρόνον μικρὸν μεθ' ὑμῶν εἰμι καὶ ὑπάγω πρὸς τὸν πέμψαντά με.
11:30 ἀλλ' ἦν **ἔτι** ἐν τῷ τόπῳ ὅπου ὑπήντησεν αὐτῷ ἡ Μάρθα.
12:35 **Ἔτι** μικρὸν χρόνον τὸ φῶς ἐν ὑμῖν ἐστιν.
13:33 τεκνία, **ἔτι** μικρὸν μεθ' ὑμῶν εἰμι· ζητήσετέ με,
14:19 **ἔτι** μικρὸν καὶ ὁ κόσμος με οὐκέτι θεωρεῖ,
16:12 **Ἔτι** πολλὰ ἔχω ὑμῖν λέγειν, ἀλλ' οὐ δύνασθε βαστάζειν ἄρτι·
20: 1 Τῇ δὲ μιᾷ τῶν σαββάτων Μαρία ἡ Μαγδαληνὴ ἔρχεται πρωῒ σκοτίας **ἔτι** οὔσης εἰς τὸ μνημεῖον καὶ βλέπει τὸν λίθον
Ac 2:26 **ἔτι** δὲ καὶ ἡ σάρξ μου κατασκηνώσει ἐπ' ἐλπίδι,
9: 1 Ὁ δὲ Σαῦλος **ἔτι** ἐμπνέων ἀπειλῆς καὶ φόνου εἰς τοὺς μαθητὰς τοῦ κυρίου,
10:44 **Ἔτι** λαλοῦντος τοῦ Πέτρου τὰ ῥήματα ταῦτα ἐπέπεσεν τὸ πνεῦμα τὸ ἅγιον ἐπὶ πάντας τοὺς ἀκούοντας τὸν λόγον.
18:18 Ὁ δὲ Παῦλος **ἔτι** προσμείνας ἡμέρας ἱκανὰς τοῖς ἀδελφοῖς ἀποταξάμενος ἐξέπλει εἰς τὴν Συρίαν,
21:28 **ἔτι** τε καὶ Ἕλληνας εἰσήγαγεν εἰς τὸ ἱερὸν καὶ κεκοίνωκεν τὸν ἅγιον τόπον τοῦτον.
Ro 3: 7 εἰ δὲ ἡ ἀλήθεια τοῦ θεοῦ ἐν τῷ ἐμῷ ψεύσματι ἐπερίσσευσεν εἰς τὴν δόξαν αὐτοῦ, τί **ἔτι** κἀγὼ ὡς ἁμαρτωλὸς κρίνομαι;
5: 6 **ἔτι** γὰρ Χριστὸς ὄντων ἡμῶν ἀσθενῶν **ἔτι** κατὰ καιρὸν ὑπὲρ ἀσεβῶν ἀπέθανεν.
5: 8 ὅτι **ἔτι** ἁμαρτωλῶν ὄντων ἡμῶν Χριστὸς ὑπὲρ ἡμῶν ἀπέθανεν.
6: 2 οἵτινες ἀπεθάνομεν τῇ ἁμαρτίᾳ, πῶς **ἔτι** ζήσομεν ἐν αὐτῇ;
9:19 Ἐρεῖς μοι οὖν, Τί [οὖν] **ἔτι** μέμφεται; τῷ γὰρ βουλήματι αὐτοῦ τίς ἀνθέστηκεν;
1Co 3: 2 οὔπω γὰρ ἐδύνασθε. ἀλλ' οὐδὲ **ἔτι** νῦν δύνασθε,
3: 3 **ἔτι** γὰρ σαρκικοί ἐστε. ὅπου γὰρ ἐν ὑμῖν ζῆλος καὶ ἔρις,
12:31 ζηλοῦτε δὲ τὰ χαρίσματα τὰ μείζονα. Καὶ **ἔτι** καθ' ὑπερβολὴν ὁδὸν ὑμῖν δείκνυμι.
15:17 ματαία ἡ πίστις ὑμῶν, **ἔτι** ἐστὲ ἐν ταῖς ἁμαρτίαις ὑμῶν,

2Co 1:10 ὃς ἐκ τηλικούτου θανάτου ἐρρύσατο ἡμᾶς καὶ ῥύσεται, εἰς ὃν ἠλπίκαμεν [ὅτι] καὶ **ἔτι** ῥύσεται,
Gal 1:10 εἰ **ἔτι** ἀνθρώποις ἤρεσκον, Χριστοῦ δοῦλος οὐκ ἂν ἤμην.
5:11 ἐγὼ δέ, ἀδελφοί, εἰ περιτομὴν **ἔτι** κηρύσσω, τί **ἔτι** διώκομαι;
Php 1: 9 ἵνα ἡ ἀγάπη ὑμῶν **ἔτι** μᾶλλον καὶ μᾶλλον περισσεύῃ ἐν ἐπιγνώσει καὶ πάσῃ αἰσθήσει
2Th 2: 5 Οὐ μνημονεύετε ὅτι **ἔτι** ὢν πρὸς ὑμᾶς ταῦτα ἔλεγον ὑμῖν;
Heb 7:10 **ἔτι** γὰρ ἐν τῇ ὀσφύϊ τοῦ πατρὸς ἦν ὅτε συνήντησεν αὐτῷ Μελχισέδεκ.
7:11 τίς **ἔτι** χρεία κατὰ τὴν τάξιν Μελχισέδεκ ἕτερον ἀνίστασθαι ἱερέα καὶ οὐ κατὰ τὴν τάξιν Ἀαρὼν λέγεσθαι;
7:15 καὶ περισσότερον **ἔτι** κατάδηλόν ἐστιν, εἰ κατὰ τὴν ὁμοιότητα Μελχισέδεκ ἀνίσταται ἱερεὺς ἕτερος,
8:12 ὅτι ἵλεως ἔσομαι ταῖς ἀδικίαις αὐτῶν καὶ τῶν ἁμαρτιῶν αὐτῶν οὐ μὴ μνησθῶ **ἔτι.**
9: 8 μήπω πεφανερῶσθαι τὴν τῶν ἁγίων ὁδὸν **ἔτι** τῆς πρώτης σκηνῆς ἐχούσης στάσιν,
10: 2 οὐκ ἂν ἐπαύσαντο προσφερόμεναι διὰ τὸ μηδεμίαν ἔχειν **ἔτι** συνείδησιν ἁμαρτιῶν τοὺς λατρεύοντας ἅπαξ κεκαθαρισμένους;
10:17 καὶ τῶν ἁμαρτιῶν αὐτῶν καὶ τῶν ἀνομιῶν αὐτῶν οὐ μὴ μνησθήσομαι **ἔτι.**
10:37 **ἔτι** γὰρ μικρὸν ὅσον ὅσον, ὁ ἐρχόμενος ἥξει καὶ οὐ χρονίσει·
11: 4 μαρτυροῦντος ἐπὶ τοῖς δώροις αὐτοῦ τοῦ θεοῦ, καὶ δι᾿ αὐτῆς ἀποθανὼν **ἔτι** λαλεῖ.
11:32 Καὶ τί **ἔτι** λέγω; ἐπιλείψει με γὰρ διηγούμενον ὁ χρόνος περὶ Γεδεών,
11:36 ἕτεροι δὲ ἐμπαιγμῶν καὶ μαστίγων πεῖραν ἔλαβον, **ἔτι** δὲ δεσμῶν καὶ φυλακῆς·
12:26 **Ἔτι** ἅπαξ ἐγὼ σείσω οὐ μόνον τὴν γῆν ἀλλὰ καὶ τὸν οὐρανόν.
12:27 τὸ δὲ **Ἔτι** ἅπαξ δηλοῖ [τὴν] τῶν σαλευομένων μετάθεσιν ὡς πεποιημένων,
Rev 3:12 ὁ νικῶν ποιήσω αὐτὸν στῦλον ἐν τῷ ναῷ τοῦ θεοῦ μου καὶ ἔξω οὐ μὴ ἐξέλθῃ **ἔτι** καὶ γράψω ἐπ᾿ αὐτὸν τὸ ὄνομα τοῦ θεοῦ μου
6:11 καὶ ἐδόθη αὐτοῖς ἑκάστῳ στολὴ λευκὴ καὶ ἐρρέθη αὐτοῖς ἵνα ἀναπαύσονται **ἔτι** χρόνον μικρόν,
7:16 οὐ πεινάσουσιν **ἔτι** οὐδὲ διψήσουσιν **ἔτι** οὐδὲ μὴ πέσῃ ἐπ᾿ αὐτοὺς ὁ ἥλιος οὐδὲ πᾶν καῦμα,
9:12 Ἡ οὐαὶ ἡ μία ἀπῆλθεν· ἰδοὺ ἔρχεται **ἔτι** δύο οὐαὶ μετὰ ταῦτα.
12: 8 καὶ οὐκ ἴσχυσεν οὐδὲ τόπος εὑρέθη αὐτῶν **ἔτι** ἐν τῷ οὐρανῷ.
18:21 Οὕτως ὁρμήματι βληθήσεται Βαβυλὼν ἡ μεγάλη πόλις καὶ οὐ μὴ εὑρεθῇ **ἔτι.**
18:22 καὶ φωνὴ κιθαρῳδῶν καὶ μουσικῶν καὶ αὐλητῶν καὶ σαλπιστῶν οὐ μὴ ἀκουσθῇ ἐν σοὶ **ἔτι,** καὶ πᾶς τεχνίτης πάσης τέχνης οὐ μὴ εὑρεθῇ ἐν σοὶ **ἔτι,** καὶ φωνὴ μύλου οὐ μὴ ἀκουσθῇ ἐν σοὶ **ἔτι,**
18:23 καὶ φῶς λύχνου οὐ μὴ φάνῃ ἐν σοὶ **ἔτι,** καὶ φωνὴ νυμφίου καὶ νύμφης οὐ μὴ ἀκουσθῇ ἐν σοὶ **ἔτι·**
20: 3 ἵνα μὴ πλανήσῃ **ἔτι** τὰ ἔθνη ἄχρι τελεσθῇ τὰ χίλια ἔτη.
21: 1 ὁ γὰρ πρῶτος οὐρανὸς καὶ ἡ πρώτη γῆ ἀπῆλθαν καὶ ἡ θάλασσα οὐκ ἔστιν **ἔτι.**
21: 4 καὶ ὁ θάνατος οὐκ ἔσται **ἔτι** οὔτε πένθος οὔτε κραυγὴ οὔτε πόνος οὐκ ἔσται **ἔτι,**
22: 3 καὶ πᾶν κατάθεμα οὐκ ἔσται **ἔτι.** καὶ ὁ θρόνος τοῦ θεοῦ καὶ τοῦ ἀρνίου ἐν αὐτῇ ἔσται,
22: 5 καὶ νὺξ οὐκ ἔσται **ἔτι** καὶ οὐκ ἔχουσιν χρείαν φωτὸς λύχνου καὶ φωτὸς ἡλίου,
22:11 ὁ ἀδικῶν ἀδικησάτω **ἔτι** καὶ ὁ ῥυπαρὸς ῥυπανθήτω **ἔτι,** καὶ ὁ δίκαιος δικαιοσύνην ποιησάτω **ἔτι** καὶ ὁ ἅγιος ἁγιασθήτω **ἔτι.**

2286 ἑτοιμάζω [40]

√ *2289*

ἑτοιμάζω εἰς [2] Rev 9:7,15

ἑτοιμάζω ἵνα [4] Mk 14:12; Lk 22:8; Rev 8:6; 12:6

Mt 3: 3 **Ἑτοιμάσατε** τὴν ὁδὸν κυρίου, εὐθείας ποιεῖτε τὰς τρίβους αὐτοῦ.
20:23 τὸ δὲ καθίσαι ἐκ δεξιῶν μου καὶ ἐξ εὐωνύμων οὐκ ἔστιν ἐμὸν [τοῦτο] δοῦναι, ἀλλ᾿ οἷς **ἡτοίμασται** ὑπὸ τοῦ πατρός μου.
22: 4 Εἴπατε τοῖς κεκλημένοις, Ἰδοὺ τὸ ἄριστόν μου **ἡτοίμακα,**
25:34 κληρονομήσατε τὴν **ἡτοιμασμένην** ὑμῖν βασιλείαν ἀπὸ καταβολῆς κόσμου.
25:41 Πορεύεσθε ἀπ᾿ ἐμοῦ [οἱ] κατηραμένοι εἰς τὸ πῦρ τὸ αἰώνιον τὸ **ἡτοιμασμένον** τῷ διαβόλῳ καὶ τοῖς ἀγγέλοις αὐτοῦ.
26:17 Τῇ δὲ πρώτῃ τῶν ἀζύμων προσῆλθον οἱ μαθηταὶ τῷ Ἰησοῦ λέγοντες, Ποῦ θέλεις **ἑτοιμάσωμέν** σοι φαγεῖν τὸ πάσχα;
26:19 καὶ ἐποίησαν οἱ μαθηταὶ ὡς συνέταξεν αὐτοῖς ὁ Ἰησοῦς καὶ **ἡτοίμασαν** τὸ πάσχα.
Mk 1: 3 **Ἑτοιμάσατε** τὴν ὁδὸν κυρίου, εὐθείας ποιεῖτε τὰς τρίβους αὐτοῦ,
10:40 τὸ δὲ καθίσαι ἐκ δεξιῶν μου ἢ ἐξ εὐωνύμων οὐκ ἔστιν ἐμὸν δοῦναι, ἀλλ᾿ οἷς **ἡτοίμασται.**
14:12 Ποῦ θέλεις ἀπελθόντες **ἑτοιμάσωμεν** ἵνα φάγῃς τὸ πάσχα;
14:15 καὶ αὐτὸς ὑμῖν δείξει ἀνάγαιον μέγα ἐστρωμένον ἕτοιμον· καὶ ἐκεῖ **ἑτοιμάσατε** ἡμῖν.
14:16 καὶ ἐξῆλθον οἱ μαθηταὶ καὶ ἦλθον εἰς τὴν πόλιν καὶ εὗρον καθὼς εἶπεν αὐτοῖς καὶ **ἡτοίμασαν** τὸ πάσχα.
Lk 1:17 ἐπιστρέψαι καρδίας πατέρων ἐπὶ τέκνα καὶ ἀπειθεῖς ἐν φρονήσει δικαίων, **ἑτοιμάσαι** κυρίῳ λαὸν κατεσκευασμένον.
1:76 προφήτης ὑψίστου κληθήσῃ· προπορεύσῃ γὰρ ἐνώπιον κυρίου **ἑτοιμάσαι** ὁδοὺς αὐτοῦ,
2:31 ὃ **ἡτοίμασας** κατὰ πρόσωπον πάντων τῶν λαῶν,
3: 4 **Ἑτοιμάσατε** τὴν ὁδὸν κυρίου, εὐθείας ποιεῖτε τὰς τρίβους αὐτοῦ·
9:52 καὶ πορευθέντες εἰσῆλθον εἰς κώμην Σαμαριτῶν ὡς **ἑτοιμάσαι** αὐτῷ·
12:20 ταύτῃ τῇ νυκτὶ τὴν ψυχήν σου ἀπαιτοῦσιν ἀπὸ σοῦ· ἃ δὲ **ἡτοίμασας,** τίνι ἔσται;
12:47 δοῦλος ὁ γνοὺς τὸ θέλημα τοῦ κυρίου αὐτοῦ καὶ μὴ **ἑτοιμάσας** ἢ ποιήσας πρὸς τὸ θέλημα αὐτοῦ δαρήσεται πολλάς·
17: 8 **Ἑτοίμασον** τί δειπνήσω καὶ περιζωσάμενος διακόνει μοι ἕως φάγω καὶ πίω,
22: 8 καὶ ἀπέστειλεν Πέτρον καὶ Ἰωάννην εἰπών, Πορευθέντες **ἑτοιμάσατε** ἡμῖν τὸ πάσχα ἵνα φάγωμεν.
22: 9 οἱ δὲ εἶπαν αὐτῷ, Ποῦ θέλεις **ἑτοιμάσωμεν;**
22:12 κἀκεῖνος ὑμῖν δείξει ἀνάγαιον μέγα ἐστρωμένον· ἐκεῖ **ἑτοιμάσατε.**
22:13 ἀπελθόντες δὲ εὗρον καθὼς εἰρήκει αὐτοῖς καὶ **ἡτοίμασαν** τὸ πάσχα.
23:56 ὑποστρέψασαι δὲ **ἡτοίμασαν** ἀρώματα καὶ μύρα. Καὶ τὸ μὲν σάββατον ἡσύχασαν κατὰ τὴν ἐντολήν.
24: 1 τῇ δὲ μιᾷ τῶν σαββάτων ὄρθρου βαθέως ἐπὶ τὸ μνῆμα ἦλθον φέρουσαι ἃ **ἡτοίμασαν** ἀρώματα.
Jn 14: 2 εἶπον ἂν ὑμῖν ὅτι πορεύομαι **ἑτοιμάσαι** τόπον ὑμῖν;
14: 3 καὶ ἐὰν πορευθῶ καὶ **ἑτοιμάσω** τόπον ὑμῖν, πάλιν ἔρχομαι καὶ παραλήμψομαι ὑμᾶς πρὸς ἐμαυτόν,
Ac 23:23 Καὶ προσκαλεσάμενος δύο [τινὰς] τῶν ἑκατονταρχῶν εἶπεν, **Ἑτοιμάσατε** στρατιώτας διακοσίους,
1Co 2: 9 Ἃ ὀφθαλμὸς οὐκ εἶδεν καὶ οὖς οὐκ ἤκουσεν καὶ ἐπὶ καρδίαν ἀνθρώπου οὐκ ἀνέβη, ἃ **ἡτοίμασεν** ὁ θεὸς τοῖς ἀγαπῶσιν αὐτόν.
2Ti 2:21 εὔχρηστον τῷ δεσπότῃ, εἰς πᾶν ἔργον ἀγαθὸν **ἡτοιμασμένον.**
Phm 1:22 ἅμα δὲ καὶ **ἑτοίμαζέ** μοι ξενίαν· ἐλπίζω γὰρ ὅτι διὰ τῶν προσευχῶν ὑμῶν χαρισθήσομαι ὑμῖν.
Heb 11:16 διὸ οὐκ ἐπαισχύνεται αὐτοὺς ὁ θεὸς θεὸς ἐπικαλεῖσθαι αὐτῶν· **ἡτοίμασεν** γὰρ αὐτοῖς πόλιν.
Rev 8: 6 Καὶ οἱ ἑπτὰ ἄγγελοι οἱ ἔχοντες τὰς ἑπτὰ σάλπιγγας **ἡτοίμασαν** αὐτοὺς ἵνα σαλπίσωσιν.
9: 7 Καὶ τὰ ὁμοιώματα τῶν ἀκρίδων ὅμοια ἵπποις **ἡτοιμασμένοις** εἰς πόλεμον,
9:15 καὶ ἐλύθησαν οἱ τέσσαρες ἄγγελοι οἱ **ἡτοιμασμένοι** εἰς τὴν ὥραν καὶ ἡμέραν καὶ μῆνα καὶ ἐνιαυτόν,
12: 6 ὅπου ἔχει ἐκεῖ τόπον **ἡτοιμασμένον** ἀπὸ τοῦ θεοῦ,
16:12 ἵνα **ἑτοιμασθῇ** ἡ ὁδὸς τῶν βασιλέων τῶν ἀπὸ ἀνατολῆς ἡλίου.
19: 7 ἦλθεν ὁ γάμος τοῦ ἀρνίου καὶ ἡ γυνὴ αὐτοῦ **ἡτοίμασεν** ἑαυτὴν
21: 2 καὶ τὴν πόλιν τὴν ἁγίαν Ἰερουσαλὴμ καινὴν εἶδον καταβαίνουσαν ἐκ τοῦ οὐρανοῦ ἀπὸ τοῦ θεοῦ **ἡτοιμασμένην** ὡς νύμφην κεκοσμημένην τῷ ἀνδρὶ αὐτῆς.

2287 Ἕτοιμας Not used in UBS/NIV

√ *cf. 1829*

2288 ἑτοιμασία [1]

√ *2289*

Eph 6:15 καὶ ὑποδησάμενοι τοὺς πόδας ἐν **ἑτοιμασίᾳ** τοῦ εὐαγγελίου τῆς εἰρήνης,

2289 ἕτοιμος [17]

→ *2286, 2288, 2290, 4602*

ἐν ἑτοίμῳ [1] 2Co 10:6

Mt 22: 4 οἱ ταῦροί μου καὶ τὰ σιτιστὰ τεθυμένα καὶ πάντα **ἕτοιμα·**
22: 8 τότε λέγει τοῖς δούλοις αὐτοῦ, Ὁ μὲν γάμος **ἕτοιμός** ἐστιν,
24:44 διὰ τοῦτο καὶ ὑμεῖς γίνεσθε **ἕτοιμοι,** ὅτι ᾗ οὐ δοκεῖτε ὥρᾳ ὁ υἱὸς τοῦ ἀνθρώπου ἔρχεται.
25:10 καὶ αἱ **ἕτοιμοι** εἰσῆλθον μετ᾽ αὐτοῦ εἰς τοὺς γάμους καὶ ἐκλείσθη ἡ θύρα.
Mk 14:15 καὶ αὐτὸς ὑμῖν δείξει ἀνάγαιον μέγα ἐστρωμένον **ἕτοιμον·**
Lk 12:40 καὶ ὑμεῖς γίνεσθε **ἕτοιμοι,** ὅτι ᾗ ὥρᾳ οὐ δοκεῖτε ὁ υἱὸς τοῦ ἀνθρώπου ἔρχεται.
14:17 καὶ ἀπέστειλεν τὸν δοῦλον αὐτοῦ τῇ ὥρᾳ τοῦ δείπνου εἰπεῖν τοῖς κεκλημένοις, Ἔρχεσθε, ὅτι ἤδη **ἕτοιμά** ἐστιν.
22:33 μετὰ σοῦ **ἕτοιμός** εἰμι καὶ εἰς φυλακὴν καὶ εἰς θάνατον πορεύεσθαι.
Jn 7: 6 ὁ δὲ καιρὸς ὁ ὑμέτερος πάντοτέ ἐστιν **ἕτοιμος.**
Ac 23:15 ἡμεῖς δὲ πρὸ τοῦ ἐγγίσαι αὐτὸν **ἕτοιμοί** ἐσμεν τοῦ ἀνελεῖν αὐτόν.
23:21 καὶ νῦν εἰσιν **ἕτοιμοι** προσδεχόμενοι τὴν ἀπὸ σοῦ ἐπαγγελίαν.
2Co 9: 5 ταύτην **ἑτοίμην** εἶναι οὕτως ὡς εὐλογίαν καὶ μὴ ὡς πλεονεξίαν.
10: 6 καὶ ἐν **ἑτοίμῳ** ἔχοντες ἐκδικῆσαι πᾶσαν παρακοήν, ὅταν πληρωθῇ ὑμῶν ἡ ὑπακοή.
10:16 οὐκ ἐν ἀλλοτρίῳ κανόνι εἰς τὰ **ἕτοιμα** καυχήσασθαι.
Tit 3: 1 Ὑπομίμνῃσκε αὐτοὺς ἀρχαῖς ἐξουσίαις ὑποτάσσεσθαι, πειθαρχεῖν, πρὸς πᾶν ἔργον ἀγαθὸν **ἑτοίμους** εἶναι,
1Pe 1: 5 τοὺς ἐν δυνάμει θεοῦ φρουρουμένους διὰ πίστεως εἰς σωτηρίαν **ἑτοίμην** ἀποκαλυφθῆναι ἐν καιρῷ ἐσχάτῳ.
3:15 **ἕτοιμοι** ἀεὶ πρὸς ἀπολογίαν παντὶ τῷ αἰτοῦντι ὑμᾶς λόγον περὶ τῆς ἐν ὑμῖν ἐλπίδος,

2290 ἑτοίμως [3]

√ *2289*

Ac 21:13 ἐγὼ γὰρ οὐ μόνον δεθῆναι ἀλλὰ καὶ ἀποθανεῖν εἰς Ἰερουσαλὴμ **ἑτοίμως** ἔχω ὑπὲρ τοῦ ὀνόματος τοῦ κυρίου Ἰησοῦ.
2Co 12:14 Ἰδοὺ τρίτον τοῦτο **ἑτοίμως** ἔχω ἐλθεῖν πρὸς ὑμᾶς,
1Pe 4: 5 οἳ ἀποδώσουσιν λόγον τῷ **ἑτοίμως** ἔχοντι κρῖναι ζῶντας καὶ νεκρούς.

2291 ἔτος [49]

→ *1453, 1454, 1670, 5474, 5478, 5562*

ἀπὸ ἐτῶν [2] Lk 8:43; Ro 15:23

ἐκ ἐτῶν [2] Ac 9:33; 24:10

ἐπὶ ἔτη [2] Lk 4:25; Ac 19:10

κατ᾽ ἔτος [1] Lk 2:41

Mt 9:20 Καὶ ἰδοὺ γυνὴ αἱμορροοῦσα δώδεκα **ἔτη** προσελθοῦσα ὄπισθεν ἥψατο τοῦ κρασπέδου τοῦ ἱματίου αὐτοῦ·
Mk 5:25 καὶ γυνὴ οὖσα ἐν ῥύσει αἵματος δώδεκα **ἔτη**
5:42 ἀνέστη τὸ κοράσιον καὶ περιεπάτει· ἦν γὰρ **ἐτῶν** δώδεκα.
Lk 2:36 ζήσασα μετὰ ἀνδρὸς **ἔτη** ἑπτὰ ἀπὸ τῆς παρθενίας αὐτῆς
2:37 καὶ αὐτὴ χήρα ἕως **ἐτῶν** ὀγδοήκοντα τεσσάρων, ἣ οὐκ ἀφίστατο τοῦ ἱεροῦ νηστείαις καὶ δεήσεσιν λατρεύουσα νύκτα
2:41 Καὶ ἐπορεύοντο οἱ γονεῖς αὐτοῦ κατ᾽ **ἔτος** εἰς Ἰερουσαλὴμ τῇ ἑορτῇ τοῦ πάσχα.
2:42 καὶ ὅτε ἐγένετο **ἐτῶν** δώδεκα, ἀναβαινόντων αὐτῶν κατὰ τὸ ἔθος τῆς ἑορτῆς
3: 1 Ἐν **ἔτει** δὲ πεντεκαιδεκάτῳ τῆς ἡγεμονίας Τιβερίου Καίσαρος,
3:23 Καὶ αὐτὸς ἦν Ἰησοῦς ἀρχόμενος ὡσεὶ **ἐτῶν** τριάκοντα,
4:25 ὅτε ἐκλείσθη ὁ οὐρανὸς ἐπὶ **ἔτη** τρία καὶ μῆνας ἕξ,
8:42 ὅτι θυγάτηρ μονογενὴς ἦν αὐτῷ ὡς **ἐτῶν** δώδεκα καὶ αὐτὴ ἀπέθνῃσκεν.
8:43 καὶ γυνὴ οὖσα ἐν ῥύσει αἵματος ἀπὸ **ἐτῶν** δώδεκα,
12:19 Ψυχή, ἔχεις πολλὰ ἀγαθὰ κείμενα εἰς **ἔτη** πολλά·
13: 7 Ἰδοὺ τρία **ἔτη** ἀφ᾽ οὗ ἔρχομαι ζητῶν καρπὸν ἐν τῇ συκῇ ταύτῃ καὶ οὐχ εὑρίσκω·
13: 8 ὁ δὲ ἀποκριθεὶς λέγει αὐτῷ, Κύριε, ἄφες αὐτὴν καὶ τοῦτο τὸ **ἔτος,**
13:11 καὶ ἰδοὺ γυνὴ πνεῦμα ἔχουσα ἀσθενείας **ἔτη** δεκαοκτὼ καὶ ἦν συγκύπτουσα καὶ μὴ δυναμένη ἀνακύψαι εἰς τὸ παντελές.
13:16 ἣν ἔδησεν ὁ Σατανᾶς ἰδοὺ δέκα καὶ ὀκτὼ **ἔτη,**
15:29 Ἰδοὺ τοσαῦτα **ἔτη** δουλεύω σοι καὶ οὐδέποτε ἐντολήν σου παρῆλθον,
Jn 2:20 Τεσσεράκοντα καὶ ἓξ **ἔτεσιν** οἰκοδομήθη ὁ ναὸς οὗτος,
5: 5 ἦν δέ τις ἄνθρωπος ἐκεῖ τριάκοντα [καὶ] ὀκτὼ **ἔτη** ἔχων ἐν τῇ ἀσθενείᾳ αὐτοῦ·
8:57 εἶπον οὖν οἱ Ἰουδαῖοι πρὸς αὐτόν, Πεντήκοντα **ἔτη** οὔπω ἔχεις καὶ Ἀβραὰμ ἑώρακας;
Ac 4:22 **ἐτῶν** γὰρ ἦν πλειόνων τεσσεράκοντα ὁ ἄνθρωπος ἐφ᾽ ὃν γεγόνει τὸ σημεῖον τοῦτο τῆς ἰάσεως.
7: 6 ὅτι ἔσται τὸ σπέρμα αὐτοῦ πάροικον ἐν γῇ ἀλλοτρίᾳ καὶ δουλώσουσιν αὐτὸ καὶ κακώσουσιν **ἔτη** τετρακόσια·
7:30 Καὶ πληρωθέντων **ἐτῶν** τεσσεράκοντα ὤφθη αὐτῷ ἐν τῇ ἐρήμῳ τοῦ ὄρους Σινᾶ ἄγγελος ἐν φλογὶ πυρὸς βάτου.
7:36 ἐξήγαγεν αὐτοὺς ποιήσας τέρατα καὶ σημεῖα ἐν γῇ Αἰγύπτῳ καὶ ἐν Ἐρυθρᾷ Θαλάσσῃ καὶ ἐν τῇ ἐρήμῳ **ἔτη** τεσσεράκοντα.
7:42 Μὴ σφάγια καὶ θυσίας προσηνέγκατέ μοι **ἔτη** τεσσεράκοντα ἐν τῇ ἐρήμῳ,
9:33 εὗρεν δὲ ἐκεῖ ἄνθρωπόν τινα ὀνόματι Αἰνέαν ἐξ **ἐτῶν** ὀκτὼ κατακείμενον ἐπὶ κραβάττου,
13:20 ὡς **ἔτεσιν** τετρακοσίοις καὶ πεντήκοντα. καὶ μετὰ ταῦτα ἔδωκεν κριτὰς ἕως Σαμουὴλ [τοῦ] προφήτου.
13:21 κἀκεῖθεν ᾐτήσαντο βασιλέα καὶ ἔδωκεν αὐτοῖς ὁ θεὸς τὸν Σαοὺλ υἱὸν Κίς, ἄνδρα ἐκ φυλῆς Βενιαμίν, **ἔτη** τεσσεράκοντα,
19:10 τοῦτο δὲ ἐγένετο ἐπὶ **ἔτη** δύο, ὥστε πάντας τοὺς κατοικοῦντας τὴν Ἀσίαν ἀκοῦσαι τὸν λόγον τοῦ κυρίου,
24:10 Ἐκ πολλῶν **ἐτῶν** ὄντα σε κριτὴν τῷ ἔθνει τούτῳ ἐπιστάμενος εὐθύμως τὰ περὶ ἐμαυτοῦ ἀπολογοῦμαι,
24:17 δι᾽ **ἐτῶν** δὲ πλειόνων ἐλεημοσύνας ποιήσων εἰς τὸ ἔθνος μου παρεγενόμην καὶ προσφοράς,
Ro 15:23 ἐπιποθίαν δὲ ἔχων τοῦ ἐλθεῖν πρὸς ὑμᾶς ἀπὸ πολλῶν **ἐτῶν,**
2Co 12: 2 οἶδα ἄνθρωπον ἐν Χριστῷ πρὸ **ἐτῶν** δεκατεσσάρων, εἴτε ἐν σώματι οὐκ οἶδα,
Gal 1:18 Ἔπειτα μετὰ **ἔτη** τρία ἀνῆλθον εἰς Ἱεροσόλυμα ἱστορῆσαι Κηφᾶν καὶ ἐπέμεινα πρὸς αὐτὸν ἡμέρας δεκαπέντε,
2: 1 Ἔπειτα διὰ δεκατεσσάρων **ἐτῶν** πάλιν ἀνέβην εἰς Ἱεροσόλυμα μετὰ Βαρναβᾶ συμπαραλαβὼν καὶ Τίτον·
3:17 διαθήκην προκεκυρωμένην ὑπὸ τοῦ θεοῦ ὁ μετὰ τετρακόσια καὶ τριάκοντα **ἔτη** γεγονὼς νόμος οὐκ ἀκυροῖ εἰς τὸ καταργῆσαι τὴν ἐπαγγελίαν.
1Ti 5: 9 Χήρα καταλεγέσθω μὴ ἔλαττον **ἐτῶν** ἑξήκοντα γεγονυῖα, ἑνὸς ἀνδρὸς γυνή,
Heb 1:12 σὺ δὲ ὁ αὐτὸς εἶ καὶ τὰ **ἔτη** σου οὐκ ἐκλείψουσιν.
3:10 τεσσεράκοντα **ἔτη·** διὸ προσώχθισα τῇ γενεᾷ ταύτῃ καὶ εἶπον,
3:17 τίσιν δὲ προσώχθισεν τεσσεράκοντα **ἔτη;** οὐχὶ τοῖς ἁμαρτήσασιν,
2Pe 3: 8 ὅτι μία ἡμέρα παρὰ κυρίῳ ὡς χίλια **ἔτη** καὶ χίλια **ἔτη** ὡς ἡμέρα μία.
Rev 20: 2 ὅς ἐστιν Διάβολος καὶ ὁ Σατανᾶς, καὶ ἔδησεν αὐτὸν χίλια **ἔτη**
20: 3 ἵνα μὴ πλανήσῃ ἔτι τὰ ἔθνη ἄχρι τελεσθῇ τὰ χίλια **ἔτη.**
20: 4 καὶ ἔζησαν καὶ ἐβασίλευσαν μετὰ τοῦ Χριστοῦ χίλια **ἔτη.**
20: 5 οἱ λοιποὶ τῶν νεκρῶν οὐκ ἔζησαν ἄχρι τελεσθῇ τὰ χίλια **ἔτη.**
20: 6 ἀλλ᾽ ἔσονται ἱερεῖς τοῦ θεοῦ καὶ τοῦ Χριστοῦ καὶ βασιλεύσουσιν μετ᾽ αὐτοῦ [τὰ] χίλια **ἔτη.**
20: 7 Καὶ ὅταν τελεσθῇ τὰ χίλια **ἔτη,** λυθήσεται ὁ Σατανᾶς ἐκ τῆς φυλακῆς αὐτοῦ

2292 εὖ [5]

→ *460, 1922, 2294, 2295, 2296, 2297, 2298, 2299, 2300, 2301, 2302, 2303, 2304, 2305, 2306, 2307, 2308, 2309, 2310, 2313, 2314, 2315, 2320, 2321, 2322, 2323, 2324, 2325, 2326, 2327, 2328, 2329, 2330, 2331, 2332, 2333, 2334, 2337, 2338, 2339, 2340, 2341, 2342, 2343, 2344, 2345, 2346, 2347, 2348, 2349, 2354, 2355, 2356, 2357, 2358, 2359, 2360, 2361, 2362, 2363, 2364, 2365, 2366, 2367, 2368, 2369, 2370, 2373, 2374, 2375, 2378, 2379, 2380, 2381, 2382, 2986, 4492, 4603, 5306, 5307*

Mt 25:21 **Εὖ,** δοῦλε ἀγαθὲ καὶ πιστέ, ἐπὶ ὀλίγα ἦς πιστός,
25:23 **Εὖ,** δοῦλε ἀγαθὲ καὶ πιστέ, ἐπὶ ὀλίγα ἦς πιστός,
Mk 14: 7 πάντοτε γὰρ τοὺς πτωχοὺς ἔχετε μεθ᾽ ἑαυτῶν καὶ ὅταν θέλητε δύνασθε αὐτοῖς **εὖ** ποιῆσαι,
Ac 15:29 ἀπέχεσθαι εἰδωλοθύτων καὶ αἵματος καὶ πνικτῶν καὶ πορνείας, ἐξ ὧν διατηροῦντες ἑαυτοὺς **εὖ** πράξετε.
Eph 6: 3 ἵνα **εὖ** σοι γένηται καὶ ἔσῃ μακροχρόνιος ἐπὶ τῆς γῆς.

2293 Εὕα [2]

2Co 11: 3 ὡς ὁ ὄφις ἐξηπάτησεν **Εὕαν** ἐν τῇ πανουργίᾳ αὐτοῦ,
1Ti 2:13 Ἀδὰμ γὰρ πρῶτος ἐπλάσθη, εἶτα **Εὕα.**

2294 **εὐαγγελίζω** [54]

√ *2292 + 34*

εὐαγγελίζω εἰρήνην [2] Ac 10:36; Eph 2:17

Mt 11: 5 λεπροὶ καθαρίζονται καὶ κωφοὶ ἀκούουσιν, καὶ νεκροὶ ἐγείρονται καὶ πτωχοὶ **εὐαγγελίζονται·**
Lk 1:19 Ἐγώ εἰμι Γαβριὴλ ὁ παρεστηκὼς ἐνώπιον τοῦ θεοῦ καὶ ἀπεστάλην λαλῆσαι πρὸς σὲ καὶ **εὐαγγελίσασθαί** σοι ταῦτα·
2:10 ἰδοὺ γὰρ **εὐαγγελίζομαι** ὑμῖν χαρὰν μεγάλην ἥτις ἔσται παντὶ τῷ λαῷ,
3:18 Πολλὰ μὲν οὖν καὶ ἕτερα παρακαλῶν **εὐηγγελίζετο** τὸν λαόν.
4:18 Πνεῦμα κυρίου ἐπ' ἐμὲ οὗ εἵνεκεν ἔχρισέν με **εὐαγγελίσασθαι** πτωχοῖς,
4:43 ὁ δὲ εἶπεν πρὸς αὐτοὺς ὅτι Καὶ ταῖς ἑτέραις πόλεσιν **εὐαγγελίσασθαί** με δεῖ τὴν βασιλείαν τοῦ θεοῦ,
7:22 λεπροὶ καθαρίζονται καὶ κωφοὶ ἀκούουσιν, νεκροὶ ἐγείρονται, πτωχοὶ **εὐαγγελίζονται·**
8: 1 Καὶ ἐγένετο ἐν τῷ καθεξῆς καὶ αὐτὸς διώδευεν κατὰ πόλιν καὶ κώμην κηρύσσων καὶ **εὐαγγελιζόμενος** τὴν βασιλείαν τοῦ θεοῦ
9: 6 ἐξερχόμενοι δὲ διήρχοντο κατὰ τὰς κώμας **εὐαγγελιζόμενοι** καὶ θεραπεύοντες πανταχοῦ.
16:16 ἀπὸ τότε ἡ βασιλεία τοῦ θεοῦ **εὐαγγελίζεται** καὶ πᾶς εἰς αὐτὴν βιάζεται.
20: 1 Καὶ ἐγένετο ἐν μιᾷ τῶν ἡμερῶν διδάσκοντος αὐτοῦ τὸν λαὸν ἐν τῷ ἱερῷ καὶ **εὐαγγελιζομένου** ἐπέστησαν οἱ ἀρχιερεῖς
Ac 5:42 πᾶσάν τε ἡμέραν ἐν τῷ ἱερῷ καὶ κατ' οἶκον οὐκ ἐπαύοντο διδάσκοντες καὶ **εὐαγγελιζόμενοι** τὸν Χριστὸν Ἰησοῦν.
8: 4 Οἱ μὲν οὖν διασπαρέντες διῆλθον **εὐαγγελιζόμενοι** τὸν λόγον.
8:12 ὅτε δὲ ἐπίστευσαν τῷ Φιλίππῳ **εὐαγγελιζομένῳ** περὶ τῆς βασιλείας τοῦ θεοῦ καὶ τοῦ ὀνόματος Ἰησοῦ Χριστοῦ,
8:25 καὶ λαλήσαντες τὸν λόγον τοῦ κυρίου ὑπέστρεφον εἰς Ἱεροσόλυμα, πολλάς τε κώμας τῶν Σαμαριτῶν **εὐηγγελίζοντο.**
8:35 ἀνοίξας δὲ ὁ **Φίλιππος** τὸ στόμα αὐτοῦ καὶ ἀρξάμενος ἀπὸ τῆς γραφῆς ταύτης **εὐηγγελίσατο** αὐτῷ τὸν Ἰησοῦν.
8:40 καὶ διερχόμενος **εὐηγγελίζετο** τὰς πόλεις πάσας ἕως τοῦ ἐλθεῖν αὐτὸν εἰς Καισάρειαν.
10:36 τὸν λόγον [ὃν] ἀπέστειλεν τοῖς υἱοῖς Ἰσραὴλ **εὐαγγελιζόμενος** εἰρήνην διὰ Ἰησοῦ Χριστοῦ,
11:20 οἵτινες ἐλθόντες εἰς Ἀντιόχειαν ἐλάλουν καὶ πρὸς τοὺς Ἑλληνιστὰς **εὐαγγελιζόμενοι** τὸν κύριον Ἰησοῦν.
13:32 καὶ ἡμεῖς ὑμᾶς **εὐαγγελιζόμεθα** τὴν πρὸς τοὺς πατέρας ἐπαγγελίαν γενομένην,
14: 7 κἀκεῖ **εὐαγγελιζόμενοι** ἦσαν.
14:15 καὶ ἡμεῖς ὁμοιοπαθεῖς ἐσμεν ὑμῖν ἄνθρωποι **εὐαγγελιζόμενοι** ὑμᾶς ἀπὸ τούτων τῶν ματαίων ἐπιστρέφειν ἐπὶ θεὸν ζῶντα,
14:21 **Εὐαγγελισάμενοί** τε τὴν πόλιν ἐκείνην καὶ μαθητεύσαντες ἱκανοὺς ὑπέστρεψαν εἰς τὴν Λύστραν καὶ εἰς Ἰκόνιον
15:35 διέτριβον ἐν Ἀντιοχείᾳ διδάσκοντες καὶ **εὐαγγελιζόμενοι** μετὰ καὶ ἑτέρων πολλῶν τὸν λόγον τοῦ κυρίου.
16:10 εὐθέως ἐζητήσαμεν ἐξελθεῖν εἰς Μακεδονίαν συμβιβάζοντες ὅτι προσκέκληται ἡμᾶς ὁ θεὸς **εὐαγγελίσασθαι** αὐτούς.
17:18 Ξένων δαιμονίων δοκεῖ καταγγελεὺς εἶναι, ὅτι τὸν Ἰησοῦν καὶ τὴν ἀνάστασιν **εὐηγγελίζετο.**
Ro 1:15 οὕτως τὸ κατ' ἐμὲ πρόθυμον καὶ ὑμῖν τοῖς ἐν Ῥώμῃ **εὐαγγελίσασθαι.**
10:15 Ὡς ὡραῖοι οἱ πόδες τῶν **εὐαγγελιζομένων** [τὰ] ἀγαθά.
15:20 οὕτως δὲ φιλοτιμούμενον **εὐαγγελίζεσθαι** οὐχ ὅπου ὠνομάσθη Χριστός,
1Co 1:17 οὐ γὰρ ἀπέστειλέν με Χριστὸς βαπτίζειν ἀλλὰ **εὐαγγελίζεσθαι,**
9:16 ἐὰν γὰρ **εὐαγγελίζωμαι,** οὐκ ἔστιν μοι καύχημα· ἀνάγκη γάρ μοι ἐπίκειται· οὐαὶ γάρ μοί ἐστιν ἐὰν μὴ **εὐαγγελίσωμαι.**
9:18 ἵνα **εὐαγγελιζόμενος** ἀδάπανον θήσω τὸ εὐαγγέλιον εἰς τὸ μὴ καταχρήσασθαι τῇ ἐξουσίᾳ μου ἐν τῷ εὐαγγελίῳ.
15: 1 ἀδελφοί, τὸ εὐαγγέλιον ὃ **εὐηγγελισάμην** ὑμῖν, ὃ καὶ παρελάβετε,
15: 2 δι' οὗ καὶ σῴζεσθε, τίνι λόγῳ **εὐηγγελισάμην** ὑμῖν εἰ κατέχετε,
2Co 10:16 εἰς τὰ ὑπερέκεινα ὑμῶν **εὐαγγελίσασθαι,** οὐκ ἐν ἀλλοτρίῳ κανόνι εἰς τὰ ἕτοιμα καυχήσασθαι.
11: 7 ὅτι δωρεὰν τὸ τοῦ θεοῦ εὐαγγέλιον **εὐηγγελισάμην** ὑμῖν;
Gal 1: 8 ἀλλὰ καὶ ἐὰν ἡμεῖς ἢ ἄγγελος ἐξ οὐρανοῦ **εὐαγγελίζηται** [ὑμῖν] παρ' ὃ **εὐηγγελισάμεθα** ὑμῖν,
1: 9 εἴ τις ὑμᾶς **εὐαγγελίζεται** παρ' ὃ παρελάβετε, ἀνάθεμα ἔστω.
1:11 τὸ εὐαγγέλιον τὸ **εὐαγγελισθὲν** ὑπ' ἐμοῦ ὅτι οὐκ ἔστιν κατὰ ἄνθρωπον·
1:16 ἵνα **εὐαγγελίζωμαι** αὐτὸν ἐν τοῖς ἔθνεσιν, εὐθέως οὐ προσανεθέμην σαρκὶ καὶ αἵματι
1:23 μόνον δὲ ἀκούοντες ἦσαν ὅτι Ὁ διώκων ἡμᾶς ποτε νῦν **εὐαγγελίζεται** τὴν πίστιν ἥν ποτε ἐπόρθει,
4:13 οἴδατε δὲ ὅτι δι' ἀσθένειαν τῆς σαρκὸς **εὐηγγελισάμην** ὑμῖν τὸ πρότερον,
Eph 2:17 καὶ ἐλθὼν **εὐηγγελίσατο** εἰρήνην ὑμῖν τοῖς μακρὰν καὶ εἰρήνην τοῖς ἐγγύς·
3: 8 τοῖς ἔθνεσιν **εὐαγγελίσασθαι** τὸ ἀνεξιχνίαστον πλοῦτος τοῦ Χριστοῦ
1Th 3: 6 Ἄρτι δὲ ἐλθόντος Τιμοθέου πρὸς ἡμᾶς ἀφ' ὑμῶν καὶ **εὐαγγελισαμένου** ἡμῖν τὴν πίστιν καὶ τὴν ἀγάπην ὑμῶν
Heb 4: 2 καὶ γάρ ἐσμεν **εὐηγγελισμένοι** καθάπερ κἀκεῖνοι· ἀλλ' οὐκ ὠφέλησεν ὁ λόγος τῆς ἀκοῆς ἐκείνους
4: 6 καὶ οἱ πρότερον **εὐαγγελισθέντες** οὐκ εἰσῆλθον δι' ἀπείθειαν,
1Pe 1:12 ἃ νῦν ἀνηγγέλη ὑμῖν διὰ τῶν **εὐαγγελισαμένων** ὑμᾶς [ἐν] πνεύματι ἁγίῳ ἀποσταλέντι ἀπ' οὐρανοῦ,
1:25 τοῦτο δέ ἐστιν τὸ ῥῆμα τὸ **εὐαγγελισθὲν** εἰς ὑμᾶς.
4: 6 εἰς τοῦτο γὰρ καὶ νεκροῖς **εὐηγγελίσθη,** ἵνα κριθῶσι μὲν κατὰ ἀνθρώπους σαρκὶ ζῶσι δὲ κατὰ θεὸν πνεύματι.
Rev 10: 7 καὶ ἐτελέσθη τὸ μυστήριον τοῦ θεοῦ, ὡς **εὐηγγέλισεν** τοὺς ἑαυτοῦ δούλους τοὺς προφήτας.
14: 6 ἔχοντα εὐαγγέλιον αἰώνιον **εὐαγγελίσαι** ἐπὶ τοὺς καθημένους ἐπὶ τῆς γῆς καὶ ἐπὶ πᾶν ἔθνος καὶ φυλὴν καὶ γλῶσσαν καὶ λαόν,

2295 **εὐαγγέλιον** [76]

√ *2292 + 34*

ἡ ἀλήθεια τοῦ εὐαγγελίου [3] Gal 2:5,14; Col 1:5

εὐαγγέλιον μου, ἡμῶν [6] Ro 2:16; 16:25; 2Co 4:3; 1Th 1:5; 2Th 2:14; 2Ti 2:8

εὐαγγέλιον τῆς βασιλείας [3] Mt 4:23; 9:35; 24:14

εὐαγγέλιον τοῦ θεοῦ [10] Mk 1:14; Ac 20:24; Ro 1:1; 15:16; 2Co 11:7; 1Th 2:2,8,9; 1Ti 1:11; 1Pe 4:17

εὐαγγέλιον τοῦ κυρίου [1] 2Th 1:8

εὐαγγέλιον τοῦ Χρίστου [10] Mk 1:1; Ro 15:19; 1Co 9:12; 2Co 2:12; 4:4; 9:13; 10:14; Gal 1:7; Php 1:27; 1Th 3:2

κηρύσσω εὐαγγέλιον [11] Mt 4:23; 9:35; 24:14; 26:13; Mk 1:14; 13:10; 14:9; 16:15; Gal 2:2; Col 1:23; 1Th 2:9

λόγος τοῦ εὐαγγελίου [1] Ac 15:7

ἡ πίστις τοῦ εὐαγγελίου [1] Php 1:27

Mt 4:23 περιῆγεν ἐν ὅλῃ τῇ Γαλιλαίᾳ διδάσκων ἐν ταῖς συναγωγαῖς αὐτῶν καὶ κηρύσσων τὸ **εὐαγγέλιον** τῆς βασιλείας
9:35 διδάσκων ἐν ταῖς συναγωγαῖς αὐτῶν καὶ κηρύσσων τὸ **εὐαγγέλιον** τῆς βασιλείας καὶ θεραπεύων πᾶσαν νόσον
24:14 καὶ κηρυχθήσεται τοῦτο τὸ **εὐαγγέλιον** τῆς βασιλείας ἐν ὅλῃ τῇ οἰκουμένῃ εἰς μαρτύριον πᾶσιν τοῖς ἔθνεσιν,
26:13 ὅπου ἐὰν κηρυχθῇ τὸ **εὐαγγέλιον** τοῦτο ἐν ὅλῳ τῷ κόσμῳ,
Mk 1: 1 Ἀρχὴ τοῦ **εὐαγγελίου** Ἰησοῦ Χριστοῦ [υἱοῦ θεοῦ.]
1:14 Μετὰ δὲ τὸ παραδοθῆναι τὸν Ἰωάννην ἦλθεν ὁ Ἰησοῦς εἰς τὴν Γαλιλαίαν κηρύσσων τὸ **εὐαγγέλιον** τοῦ θεοῦ
1:15 καὶ λέγων ὅτι Πεπλήρωται ὁ καιρὸς καὶ ἤγγικεν ἡ βασιλεία τοῦ θεοῦ· μετανοεῖτε καὶ πιστεύετε ἐν τῷ **εὐαγγελίῳ.**
8:35 ὃς δ' ἂν ἀπολέσει τὴν ψυχὴν αὐτοῦ ἕνεκεν ἐμοῦ καὶ τοῦ **εὐαγγελίου** σώσει αὐτήν.
10:29 ὃς ἀφῆκεν οἰκίαν ἢ ἀδελφοὺς ἢ ἀδελφὰς ἢ μητέρα ἢ πατέρα ἢ τέκνα ἢ ἀγροὺς ἕνεκεν ἐμοῦ καὶ ἕνεκεν τοῦ **εὐαγγελίου,**
13:10 καὶ εἰς πάντα τὰ ἔθνη πρῶτον δεῖ κηρυχθῆναι τὸ **εὐαγγέλιον.**
14: 9 ὅπου ἐὰν κηρυχθῇ τὸ **εὐαγγέλιον** εἰς ὅλον τὸν κόσμον,
16:15 ⟦Πορευθέντες εἰς τὸν κόσμον ἅπαντα κηρύξατε τὸ **εὐαγγέλιον** πάσῃ τῇ κτίσει.⟧
Ac 15: 7 ἐξελέξατο ὁ θεὸς διὰ τοῦ στόματός μου ἀκοῦσαι τὰ ἔθνη τὸν λόγον τοῦ **εὐαγγελίου** καὶ πιστεῦσαι.
20:24 τὸν δρόμον μου καὶ τὴν διακονίαν ἣν ἔλαβον παρὰ τοῦ κυρίου Ἰησοῦ, διαμαρτύρασθαι τὸ **εὐαγγέλιον** τῆς χάριτος τοῦ θεοῦ.
Ro 1: 1 Παῦλος δοῦλος Χριστοῦ Ἰησοῦ, κλητὸς ἀπόστολος ἀφωρισμένος εἰς **εὐαγγέλιον** θεοῦ,
1: 9 ᾧ λατρεύω ἐν τῷ πνεύματί μου ἐν τῷ **εὐαγγελίῳ** τοῦ υἱοῦ αὐτοῦ,
1:16 Οὐ γὰρ ἐπαισχύνομαι τὸ **εὐαγγέλιον,** δύναμις γὰρ θεοῦ ἐστιν εἰς σωτηρίαν παντὶ τῷ πιστεύοντι,

2:16 ἐν ἡμέρᾳ ὅτε κρίνει ὁ θεὸς τὰ κρυπτὰ τῶν ἀνθρώπων κατὰ τὸ **εὐαγγέλιόν** μου διὰ Χριστοῦ Ἰησοῦ.
10:16 Ἀλλ' οὐ πάντες ὑπήκουσαν τῷ **εὐαγγελίῳ.** Ἠσαΐας γὰρ λέγει,
11:28 κατὰ μὲν τὸ **εὐαγγέλιον** ἐχθροὶ δι' ὑμᾶς, κατὰ δὲ τὴν ἐκλογὴν ἀγαπητοὶ διὰ τοὺς πατέρας·
15:16 ἱερουργοῦντα τὸ **εὐαγγέλιον** τοῦ θεοῦ, ἵνα γένηται ἡ προσφορὰ τῶν ἐθνῶν εὐπρόσδεκτος,
15:19 ὥστε με ἀπὸ Ἰερουσαλὴμ καὶ κύκλῳ μέχρι τοῦ Ἰλλυρικοῦ πεπληρωκέναι τὸ **εὐαγγέλιον** τοῦ Χριστοῦ,
16:25 [Τῷ δὲ δυναμένῳ ὑμᾶς στηρίξαι κατὰ τὸ **εὐαγγέλιόν** μου καὶ τὸ κήρυγμα Ἰησοῦ Χριστοῦ,]
1Co 4:15 ἐν γὰρ Χριστῷ Ἰησοῦ διὰ τοῦ **εὐαγγελίου** ἐγὼ ὑμᾶς ἐγέννησα.
9:12 ἵνα μή τινα ἐγκοπὴν δῶμεν τῷ **εὐαγγελίῳ** τοῦ Χριστοῦ.
9:14 οὕτως καὶ ὁ κύριος διέταξεν τοῖς τὸ **εὐαγγέλιον** καταγγέλλουσιν ἐκ τοῦ **εὐαγγελίου** ζῆν.
9:18 ἵνα εὐαγγελιζόμενος ἀδάπανον θήσω τὸ **εὐαγγέλιον** εἰς τὸ μὴ καταχρήσασθαι τῇ ἐξουσίᾳ μου ἐν τῷ **εὐαγγελίῳ.**
9:23 πάντα δὲ ποιῶ διὰ τὸ **εὐαγγέλιον,** ἵνα συγκοινωνὸς αὐτοῦ γένωμαι.
15: 1 ἀδελφοί, τὸ **εὐαγγέλιον** ὃ εὐηγγελισάμην ὑμῖν, ὃ καὶ παρελάβετε,
2Co 2:12 Ἐλθὼν δὲ εἰς τὴν Τρῳάδα εἰς τὸ **εὐαγγέλιον** τοῦ Χριστοῦ καὶ θύρας μοι ἀνεῳγμένης ἐν κυρίῳ,
4: 3 εἰ δὲ καὶ ἔστιν κεκαλυμμένον τὸ **εὐαγγέλιον** ἡμῶν,
4: 4 ἐτύφλωσεν τὰ νοήματα τῶν ἀπίστων εἰς τὸ μὴ αὐγάσαι τὸν φωτισμὸν τοῦ **εὐαγγελίου** τῆς δόξης τοῦ Χριστοῦ,
8:18 συνεπέμψαμεν δὲ μετ' αὐτοῦ τὸν ἀδελφὸν οὗ ὁ ἔπαινος ἐν τῷ **εὐαγγελίῳ** διὰ πασῶν τῶν ἐκκλησιῶν,
9:13 δοξάζοντες τὸν θεὸν ἐπὶ τῇ ὑποταγῇ τῆς ὁμολογίας ὑμῶν εἰς τὸ **εὐαγγέλιον** τοῦ Χριστοῦ καὶ ἁπλότητι τῆς κοινωνίας
10:14 ἄχρι γὰρ καὶ ὑμῶν ἐφθάσαμεν ἐν τῷ **εὐαγγελίῳ** τοῦ Χριστοῦ,
11: 4 ἢ **εὐαγγέλιον** ἕτερον ὃ οὐκ ἐδέξασθε, καλῶς ἀνέχεσθε.
11: 7 ὅτι δωρεὰν τὸ τοῦ θεοῦ **εὐαγγέλιον** εὐηγγελισάμην ὑμῖν;
Gal 1: 6 Θαυμάζω ὅτι οὕτως ταχέως μετατίθεσθε ἀπὸ τοῦ καλέσαντος ὑμᾶς ἐν χάριτι [Χριστοῦ] εἰς ἕτερον **εὐαγγέλιον,**
1: 7 εἰ μή τινές εἰσιν οἱ ταράσσοντες ὑμᾶς καὶ θέλοντες μεταστρέψαι τὸ **εὐαγγέλιον** τοῦ Χριστοῦ.
1:11 τὸ **εὐαγγέλιον** τὸ εὐαγγελισθὲν ὑπ' ἐμοῦ ὅτι οὐκ ἔστιν κατὰ ἄνθρωπον·
2: 2 καὶ ἀνεθέμην αὐτοῖς τὸ **εὐαγγέλιον** ὃ κηρύσσω ἐν τοῖς ἔθνεσιν,
2: 5 ἵνα ἡ ἀλήθεια τοῦ **εὐαγγελίου** διαμείνῃ πρὸς ὑμᾶς.
2: 7 ἀλλὰ τοὐναντίον ἰδόντες ὅτι πεπίστευμαι τὸ **εὐαγγέλιον** τῆς ἀκροβυστίας καθὼς Πέτρος τῆς περιτομῆς,
2:14 ἀλλ' ὅτε εἶδον ὅτι οὐκ ὀρθοποδοῦσιν πρὸς τὴν ἀλήθειαν τοῦ **εὐαγγελίου,**
Eph 1:13 ἐν ᾧ καὶ ὑμεῖς ἀκούσαντες τὸν λόγον τῆς ἀληθείας, τὸ **εὐαγγέλιον** τῆς σωτηρίας ὑμῶν,
3: 6 εἶναι τὰ ἔθνη συγκληρονόμα καὶ σύσσωμα καὶ συμμέτοχα τῆς ἐπαγγελίας ἐν Χριστῷ Ἰησοῦ διὰ τοῦ **εὐαγγελίου,**
6:15 καὶ ὑποδησάμενοι τοὺς πόδας ἐν ἑτοιμασίᾳ τοῦ **εὐαγγελίου** τῆς εἰρήνης,
6:19 ἵνα μοι δοθῇ λόγος ἐν ἀνοίξει τοῦ στόματός μου, ἐν παρρησίᾳ γνωρίσαι τὸ μυστήριον τοῦ **εὐαγγελίου,**
Php 1: 5 ἐπὶ τῇ κοινωνίᾳ ὑμῶν εἰς τὸ **εὐαγγέλιον** ἀπὸ τῆς πρώτης ἡμέρας ἄχρι τοῦ νῦν,
1: 7 ἔν τε τοῖς δεσμοῖς μου καὶ ἐν τῇ ἀπολογίᾳ καὶ βεβαιώσει τοῦ **εὐαγγελίου** συγκοινωνούς μου τῆς χάριτος πάντας ὑμᾶς
1:12 ὅτι τὰ κατ' ἐμὲ μᾶλλον εἰς προκοπὴν τοῦ **εὐαγγελίου** ἐλήλυθεν,
1:16 οἱ μὲν ἐξ ἀγάπης, εἰδότες ὅτι εἰς ἀπολογίαν τοῦ **εὐαγγελίου** κεῖμαι,
1:27 Μόνον ἀξίως τοῦ **εὐαγγελίου** τοῦ Χριστοῦ πολιτεύεσθε, ἵνα εἴτε ἐλθὼν καὶ ἰδὼν ὑμᾶς εἴτε ἀπὼν ἀκούω τὰ περὶ ὑμῶν, ὅτι στήκετε ἐν ἑνὶ πνεύματι, μιᾷ ψυχῇ συναθλοῦντες τῇ πίστει τοῦ **εὐαγγελίου**
2:22 ὅτι ὡς πατρὶ τέκνον σὺν ἐμοὶ ἐδούλευσεν εἰς τὸ **εὐαγγέλιον.**
4: 3 αἵτινες ἐν τῷ **εὐαγγελίῳ** συνήθλησάν μοι μετὰ καὶ Κλήμεντος καὶ τῶν λοιπῶν συνεργῶν μου,
4:15 Φιλιππήσιοι, ὅτι ἐν ἀρχῇ τοῦ **εὐαγγελίου,** ὅτε ἐξῆλθον ἀπὸ Μακεδονίας,
Col 1: 5 ἣν προηκούσατε ἐν τῷ λόγῳ τῆς ἀληθείας τοῦ **εὐαγγελίου**
1:23 εἴ γε ἐπιμένετε τῇ πίστει τεθεμελιωμένοι καὶ ἑδραῖοι καὶ μὴ μετακινούμενοι ἀπὸ τῆς ἐλπίδος τοῦ **εὐαγγελίου** οὗ ἠκούσατε,
1Th 1: 5 ὅτι τὸ **εὐαγγέλιον** ἡμῶν οὐκ ἐγενήθη εἰς ὑμᾶς ἐν λόγῳ μόνον ἀλλὰ καὶ ἐν δυνάμει καὶ ἐν πνεύματι ἁγίῳ καὶ [ἐν] πληροφορίᾳ
2: 2 ἐν Φιλίπποις ἐπαρρησιασάμεθα ἐν τῷ θεῷ ἡμῶν λαλῆσαι πρὸς ὑμᾶς τὸ **εὐαγγέλιον** τοῦ θεοῦ ἐν πολλῷ ἀγῶνι.
2: 4 ἀλλὰ καθὼς δεδοκιμάσμεθα ὑπὸ τοῦ θεοῦ πιστευθῆναι τὸ **εὐαγγέλιον,**
2: 8 οὕτως ὁμειρόμενοι ὑμῶν εὐδοκοῦμεν μεταδοῦναι ὑμῖν οὐ μόνον τὸ **εὐαγγέλιον** τοῦ θεοῦ ἀλλὰ καὶ τὰς ἑαυτῶν ψυχάς,
2: 9 νυκτὸς καὶ ἡμέρας ἐργαζόμενοι πρὸς τὸ μὴ ἐπιβαρῆσαί τινα ὑμῶν ἐκηρύξαμεν εἰς ὑμᾶς τὸ **εὐαγγέλιον** τοῦ θεοῦ.
3: 2 τὸν ἀδελφὸν ἡμῶν καὶ συνεργὸν τοῦ θεοῦ ἐν τῷ **εὐαγγελίῳ** τοῦ Χριστοῦ,
2Th 1: 8 διδόντος ἐκδίκησιν τοῖς μὴ εἰδόσιν θεὸν καὶ τοῖς μὴ ὑπακούουσιν τῷ **εὐαγγελίῳ** τοῦ κυρίου ἡμῶν Ἰησοῦ,
2:14 εἰς ὃ [καὶ] ἐκάλεσεν ὑμᾶς διὰ τοῦ **εὐαγγελίου** ἡμῶν εἰς περιποίησιν δόξης τοῦ κυρίου ἡμῶν Ἰησοῦ Χριστοῦ.
1Ti 1:11 κατὰ τὸ **εὐαγγέλιον** τῆς δόξης τοῦ μακαρίου θεοῦ,
2Ti 1: 8 μὴ οὖν ἐπαισχυνθῇς τὸ μαρτύριον τοῦ κυρίου ἡμῶν μηδὲ ἐμὲ τὸν δέσμιον αὐτοῦ, ἀλλὰ συγκακοπάθησον τῷ **εὐαγγελίῳ**
1:10 καταργήσαντος μὲν τὸν θάνατον φωτίσαντος δὲ ζωὴν καὶ ἀφθαρσίαν διὰ τοῦ **εὐαγγελίου**
2: 8 Μνημόνευε Ἰησοῦν Χριστὸν ἐγηγερμένον ἐκ νεκρῶν, ἐκ σπέρματος Δαυίδ, κατὰ τὸ **εὐαγγέλιόν** μου,
Phm 1:13 ἵνα ὑπὲρ σοῦ μοι διακονῇ ἐν τοῖς δεσμοῖς τοῦ **εὐαγγελίου,**
1Pe 4:17 τί τὸ τέλος τῶν ἀπειθούντων τῷ τοῦ θεοῦ **εὐαγγελίῳ;**
Rev 14: 6 ἔχοντα **εὐαγγέλιον** αἰώνιον εὐαγγελίσαι ἐπὶ τοὺς καθημένους ἐπὶ τῆς γῆς καὶ ἐπὶ πᾶν ἔθνος καὶ φυλὴν καὶ γλῶσσαν

2296 εὐαγγελιστής [3]

√ 2292 + 34

Ac 21: 8 τῇ δὲ ἐπαύριον ἐξελθόντες ἤλθομεν εἰς Καισάρειαν καὶ εἰσελθόντες εἰς τὸν οἶκον Φιλίππου τοῦ **εὐαγγελιστοῦ,**
Eph 4:11 τοὺς δὲ προφήτας, τοὺς δὲ **εὐαγγελιστάς,** τοὺς δὲ ποιμένας καὶ διδασκάλους,
2Ti 4: 5 κακοπάθησον, ἔργον ποίησον **εὐαγγελιστοῦ,** τὴν διακονίαν σου πληροφόρησον.

2297 εὐαρεστέω [3]

√ 2292 + 743

Heb 11: 5 πρὸ γὰρ τῆς μεταθέσεως μεμαρτύρηται **εὐαρεστηκέναι** τῷ θεῷ·
11: 6 χωρὶς δὲ πίστεως ἀδύνατον **εὐαρεστῆσαι·** πιστεῦσαι γὰρ δεῖ τὸν προσερχόμενον τῷ θεῷ ὅτι ἔστιν καὶ τοῖς ἐκζητοῦσιν αὐτὸν μισθαποδότης γίνεται.
13:16 τῆς δὲ εὐποιΐας καὶ κοινωνίας μὴ ἐπιλανθάνεσθε· τοιαύταις γὰρ θυσίαις **εὐαρεστεῖται** ὁ θεός.

2298 εὐάρεστος [9]

√ 2292 + 743

Ro 12: 1 διὰ τῶν οἰκτιρμῶν τοῦ θεοῦ παραστῆσαι τὰ σώματα ὑμῶν θυσίαν ζῶσαν ἁγίαν **εὐάρεστον** τῷ θεῷ,
12: 2 ἀλλὰ μεταμορφοῦσθε τῇ ἀνακαινώσει τοῦ νοὸς εἰς τὸ δοκιμάζειν ὑμᾶς τί τὸ θέλημα τοῦ θεοῦ, τὸ ἀγαθὸν καὶ **εὐάρεστον** καὶ τέλειον.
14:18 ὁ γὰρ ἐν τούτῳ δουλεύων τῷ Χριστῷ **εὐάρεστος** τῷ θεῷ καὶ δόκιμος τοῖς ἀνθρώποις.
2Co 5: 9 διὸ καὶ φιλοτιμούμεθα, εἴτε ἐνδημοῦντες εἴτε ἐκδημοῦντες, **εὐάρεστοι** αὐτῷ εἶναι.
Eph 5:10 δοκιμάζοντες τί ἐστιν **εὐάρεστον** τῷ κυρίῳ,
Php 4:18 πεπλήρωμαι δεξάμενος παρὰ Ἐπαφροδίτου τὰ παρ' ὑμῶν, ὀσμὴν εὐωδίας, θυσίαν δεκτήν, **εὐάρεστον** τῷ θεῷ.
Col 3:20 ὑπακούετε τοῖς γονεῦσιν κατὰ πάντα, τοῦτο γὰρ **εὐάρεστόν** ἐστιν ἐν κυρίῳ.
Tit 2: 9 δούλους ἰδίοις δεσπόταις ὑποτάσσεσθαι ἐν πᾶσιν, **εὐαρέστους** εἶναι, μὴ ἀντιλέγοντας,
Heb 13:21 ποιῶν ἐν ἡμῖν τὸ **εὐάρεστον** ἐνώπιον αὐτοῦ διὰ Ἰησοῦ Χριστοῦ,

2299 εὐαρέστως [1]

√ 2292 + 743

Heb 12:28 δι' ἧς λατρεύωμεν **εὐαρέστως** τῷ θεῷ μετὰ εὐλαβείας καὶ δέους·

2300 Εὔβουλος [1]

√ *2292 + 1089*

2Ti 4:21 Ἀσπάζεταί σε **Εὔβουλος** καὶ Πούδης καὶ Λίνος καὶ Κλαυδία

2301 εὖγε [1]

√ *2292 + 1145*

Lk 19:17 καὶ εἶπεν αὐτῷ, **Εὖγε,** ἀγαθὲ δοῦλε, ὅτι ἐν ἐλαχίστῳ πιστὸς ἐγένου, ἴσθι ἐξουσίαν ἔχων ἐπάνω δέκα πόλεων.

2302 εὐγενής [3]

√ *2292 + 1181*

Lk 19:12 Ἄνθρωπός τις **εὐγενὴς** ἐπορεύθη εἰς χώραν μακρὰν λαβεῖν ἑαυτῷ βασιλείαν καὶ ὑποστρέψαι.
Ac 17:11 οὗτοι δὲ ἦσαν **εὐγενέστεροι** τῶν ἐν Θεσσαλονίκῃ, οἵτινες ἐδέξαντο τὸν λόγον μετὰ πάσης προθυμίας
1Co 1:26 ὅτι οὐ πολλοὶ σοφοὶ κατὰ σάρκα, οὐ πολλοὶ δυνατοί, οὐ πολλοὶ **εὐγενεῖς·**

2303 εὐγλωττία Not used in UBS/NIV

√ *2292 + 1185*

2304 εὐδία [1]

√ *2292 + 2416*

Mt 16: 2 [Ὀψίας γενομένης λέγετε, **Εὐδία,** πυρράζει γὰρ ὁ οὐρανός·]

2305 εὐδοκέω [21]

√ *2292 + 1506*

Mt 3:17 Οὗτός ἐστιν ὁ υἱός μου ὁ ἀγαπητός, ἐν ᾧ **εὐδόκησα.**
12:18 ὁ ἀγαπητός μου εἰς ὃν **εὐδόκησεν** ἡ ψυχή μου·
17: 5 Οὗτός ἐστιν ὁ υἱός μου ὁ ἀγαπητός, ἐν ᾧ **εὐδόκησα·**
Mk 1:11 Σὺ εἶ ὁ υἱός μου ὁ ἀγαπητός, ἐν σοὶ **εὐδόκησα.**
Lk 3:22 Σὺ εἶ ὁ υἱός μου ὁ ἀγαπητός, ἐν σοὶ **εὐδόκησα.**
12:32 ὅτι **εὐδόκησεν** ὁ πατὴρ ὑμῶν δοῦναι ὑμῖν τὴν βασιλείαν.
Ro 15:26 **εὐδόκησαν** γὰρ Μακεδονία καὶ Ἀχαΐα κοινωνίαν τινὰ ποιήσασθαι εἰς τοὺς πτωχοὺς τῶν ἁγίων τῶν ἐν Ἰερουσαλήμ.
15:27 **εὐδόκησαν** γὰρ καὶ ὀφειλέται εἰσὶν αὐτῶν· εἰ γὰρ τοῖς πνευματικοῖς αὐτῶν ἐκοινώνησαν τὰ ἔθνη,
1Co 1:21 **εὐδόκησεν** ὁ θεὸς διὰ τῆς μωρίας τοῦ κηρύγματος σῶσαι τοὺς πιστεύοντας·
10: 5 ἀλλ' οὐκ ἐν τοῖς πλείοσιν αὐτῶν **εὐδόκησεν** ὁ θεός,
2Co 5: 8 θαρροῦμεν δὲ καὶ **εὐδοκοῦμεν** μᾶλλον ἐκδημῆσαι ἐκ τοῦ σώματος καὶ ἐνδημῆσαι πρὸς τὸν κύριον.
12:10 διὸ **εὐδοκῶ** ἐν ἀσθενείαις, ἐν ὕβρεσιν, ἐν ἀνάγκαις,
Gal 1:15 ὅτε δὲ **εὐδόκησεν** [ὁ θεὸς] ὁ ἀφορίσας με ἐκ κοιλίας μητρός μου καὶ καλέσας διὰ τῆς χάριτος αὐτοῦ
Col 1:19 ὅτι ἐν αὐτῷ **εὐδόκησεν** πᾶν τὸ πλήρωμα κατοικῆσαι
1Th 2: 8 οὕτως ὁμειρόμενοι ὑμῶν **εὐδοκοῦμεν** μεταδοῦναι ὑμῖν οὐ μόνον τὸ εὐαγγέλιον τοῦ θεοῦ ἀλλὰ καὶ τὰς ἑαυτῶν ψυχάς,
3: 1 Διὸ μηκέτι στέγοντες **εὐδοκήσαμεν** καταλειφθῆναι ἐν Ἀθήναις μόνοι
2Th 2:12 ἵνα κριθῶσιν πάντες οἱ μὴ πιστεύσαντες τῇ ἀληθείᾳ ἀλλὰ **εὐδοκήσαντες** τῇ ἀδικίᾳ.
Heb 10: 6 ὁλοκαυτώματα καὶ περὶ ἁμαρτίας οὐκ **εὐδόκησας.**
10: 8 ἀνώτερον λέγων ὅτι Θυσίας καὶ προσφορὰς καὶ ὁλοκαυτώματα καὶ περὶ ἁμαρτίας οὐκ ἠθέλησας οὐδὲ **εὐδόκησας,**
10:38 καὶ ἐὰν ὑποστείληται, οὐκ **εὐδοκεῖ** ἡ ψυχή μου ἐν αὐτῷ.
2Pe 1:17 Ὁ υἱός μου ὁ ἀγαπητός μου οὗτός ἐστιν εἰς ὃν ἐγὼ **εὐδόκησα,**

2306 εὐδοκία [9]

√ *2292 + 1506*

Mt 11:26 ναί ὁ πατήρ, ὅτι οὕτως **εὐδοκία** ἐγένετο ἔμπροσθέν σου.
Lk 2:14 Δόξα ἐν ὑψίστοις θεῷ καὶ ἐπὶ γῆς εἰρήνη ἐν ἀνθρώποις **εὐδοκίας.**
10:21 ναί ὁ πατήρ, ὅτι οὕτως **εὐδοκία** ἐγένετο ἔμπροσθέν σου.
Ro 10: 1 ἡ μὲν **εὐδοκία** τῆς ἐμῆς καρδίας καὶ ἡ δέησις πρὸς τὸν θεὸν ὑπὲρ αὐτῶν εἰς σωτηρίαν.
Eph 1: 5 προορίσας ἡμᾶς εἰς υἱοθεσίαν διὰ Ἰησοῦ Χριστοῦ εἰς αὐτόν, κατὰ τὴν **εὐδοκίαν** τοῦ θελήματος αὐτοῦ,
1: 9 κατὰ τὴν **εὐδοκίαν** αὐτοῦ ἣν προέθετο ἐν αὐτῷ
Php 1:15 τινὲς δὲ καὶ δι' **εὐδοκίαν** τὸν Χριστὸν κηρύσσουσιν·
2:13 θεὸς γάρ ἐστιν ὁ ἐνεργῶν ἐν ὑμῖν καὶ τὸ θέλειν καὶ τὸ ἐνεργεῖν ὑπὲρ τῆς **εὐδοκίας.**
2Th 1:11 ἵνα ὑμᾶς ἀξιώσῃ τῆς κλήσεως ὁ θεὸς ἡμῶν καὶ πληρώσῃ πᾶσαν **εὐδοκίαν** ἀγαθωσύνης καὶ ἔργον πίστεως ἐν δυνάμει,

2307 εὐεργεσία [2]

√ *2292 + 2240*

Ac 4: 9 εἰ ἡμεῖς σήμερον ἀνακρινόμεθα ἐπὶ **εὐεργεσίᾳ** ἀνθρώπου ἀσθενοῦς ἐν τίνι οὗτος σέσωται,
1Ti 6: 2 ὅτι πιστοί εἰσιν καὶ ἀγαπητοὶ οἱ τῆς **εὐεργεσίας** ἀντιλαμβανόμενοι.

2308 εὐεργετέω [1]

√ *2292 + 2240*

Ac 10:38 ὃς διῆλθεν **εὐεργετῶν** καὶ ἰώμενος πάντας τοὺς καταδυναστευομένους ὑπὸ τοῦ διαβόλου,

2309 εὐεργέτης [1]

√ *2292 + 2240*

Lk 22:25 Οἱ βασιλεῖς τῶν ἐθνῶν κυριεύουσιν αὐτῶν καὶ οἱ ἐξουσιάζοντες αὐτῶν **εὐεργέται** καλοῦνται.

2310 εὔθετος [3]

√ *2292 + 5502*

Lk 9:62 Οὐδεὶς ἐπιβαλὼν τὴν χεῖρα ἐπ' ἄροτρον καὶ βλέπων εἰς τὰ ὀπίσω **εὔθετός** ἐστιν τῇ βασιλείᾳ τοῦ θεοῦ.
14:35 οὔτε εἰς γῆν οὔτε εἰς κοπρίαν **εὔθετόν** ἐστιν,
Heb 6: 7 γῆ γὰρ ἡ πιοῦσα τὸν ἐπ' αὐτῆς ἐρχόμενον πολλάκις ὑετὸν καὶ τίκτουσα βοτάνην **εὔθετον** ἐκείνοις δι' οὓς καὶ γεωργεῖται,

2311 εὐθέως [36]

√ *2317*

εὐθέως ... τότε [2] Mt 26:74; Ac 17:14

Mt 4:20 οἱ δὲ **εὐθέως** ἀφέντες τὰ δίκτυα ἠκολούθησαν αὐτῷ.
4:22 οἱ δὲ **εὐθέως** ἀφέντες τὸ πλοῖον καὶ τὸν πατέρα αὐτῶν ἠκολούθησαν αὐτῷ.
8: 3 Θέλω, καθαρίσθητι· καὶ **εὐθέως** ἐκαθαρίσθη αὐτοῦ ἡ λέπρα.
13: 5 καὶ **εὐθέως** ἐξανέτειλεν διὰ τὸ μὴ ἔχειν βάθος γῆς·
14:22 Καὶ **εὐθέως** ἠνάγκασεν τοὺς μαθητὰς ἐμβῆναι εἰς τὸ πλοῖον καὶ προάγειν αὐτὸν εἰς τὸ πέραν,
14:31 **εὐθέως** δὲ ὁ Ἰησοῦς ἐκτείνας τὴν χεῖρα ἐπελάβετο αὐτοῦ καὶ λέγει αὐτῷ,
20:34 σπλαγχνισθεὶς δὲ ὁ Ἰησοῦς ἥψατο τῶν ὀμμάτων αὐτῶν, καὶ **εὐθέως** ἀνέβλεψαν καὶ ἠκολούθησαν αὐτῷ.
21: 2 καὶ **εὐθέως** εὑρήσετε ὄνον δεδεμένην καὶ πῶλον μετ' αὐτῆς·
24:29 **Εὐθέως** δὲ μετὰ τὴν θλῖψιν τῶν ἡμερῶν ἐκείνων ὁ ἥλιος σκοτισθήσεται,
25:15 ἑκάστῳ κατὰ τὴν ἰδίαν δύναμιν, καὶ ἀπεδήμησεν. **εὐθέως**
26:49 καὶ **εὐθέως** προσελθὼν τῷ Ἰησοῦ εἶπεν, Χαῖρε, ῥαββί,
26:74 τότε ἤρξατο καταθεματίζειν καὶ ὀμνύειν ὅτι Οὐκ οἶδα τὸν ἄνθρωπον. καὶ **εὐθέως** ἀλέκτωρ ἐφώνησεν.
27:48 καὶ **εὐθέως** δραμὼν εἷς ἐξ αὐτῶν καὶ λαβὼν σπόγγον πλήσας τε ὄξους καὶ περιθεὶς καλάμῳ ἐπότιζεν αὐτόν.
Mk 7:35 καὶ **[εὐθέως]** ἠνοίγησαν αὐτοῦ αἱ ἀκοαί, καὶ ἐλύθη ὁ δεσμὸς τῆς γλώσσης αὐτοῦ καὶ ἐλάλει ὀρθῶς.
Lk 5:13 καθαρίσθητι· καὶ **εὐθέως** ἡ λέπρα ἀπῆλθεν ἀπ' αὐτοῦ.
12:36 προσδεχομένοις τὸν κύριον ἑαυτῶν πότε ἀναλύσῃ ἐκ τῶν γάμων, ἵνα ἐλθόντος καὶ κρούσαντος **εὐθέως** ἀνοίξωσιν αὐτῷ.
12:54 **εὐθέως** λέγετε ὅτι Ὄμβρος ἔρχεται, καὶ γίνεται οὕτως·
14: 5 καὶ οὐκ **εὐθέως** ἀνασπάσει αὐτὸν ἐν ἡμέρᾳ τοῦ σαββάτου;
17: 7 ὃς εἰσελθόντι ἐκ τοῦ ἀγροῦ ἐρεῖ αὐτῷ, **Εὐθέως** παρελθὼν ἀνάπεσε,
21: 9 δεῖ γὰρ ταῦτα γενέσθαι πρῶτον, ἀλλ' οὐκ **εὐθέως** τὸ τέλος.
Jn 5: 9 καὶ **εὐθέως** ἐγένετο ὑγιὴς ὁ ἄνθρωπος καὶ ἦρεν τὸν κράβαττον αὐτοῦ καὶ περιεπάτει.
6:21 καὶ **εὐθέως** ἐγένετο τὸ πλοῖον ἐπὶ τῆς γῆς εἰς ἣν ὑπῆγον.
18:27 πάλιν οὖν ἠρνήσατο Πέτρος, καὶ **εὐθέως** ἀλέκτωρ ἐφώνησεν.

Ac 9:18 καὶ **εὐθέως** ἀπέπεσαν αὐτοῦ ἀπὸ τῶν ὀφθαλμῶν ὡς λεπίδες,
9:20 καὶ **εὐθέως** ἐν ταῖς συναγωγαῖς ἐκήρυσσεν τὸν Ἰησοῦν ὅτι οὗτός ἐστιν ὁ υἱὸς τοῦ θεοῦ.
9:34 ἰᾶταί σε Ἰησοῦς Χριστός· ἀνάστηθι καὶ στρῶσον σεαυτῷ. καὶ **εὐθέως** ἀνέστη.
12:10 ἥτις αὐτομάτη ἠνοίγη αὐτοῖς καὶ ἐξελθόντες προῆλθον ῥύμην μίαν, καὶ **εὐθέως** ἀπέστη ὁ ἄγγελος ἀπ' αὐτοῦ.
16:10 **εὐθέως** ἐζητήσαμεν ἐξελθεῖν εἰς Μακεδονίαν συμβιβάζοντες ὅτι προσκέκληται ἡμᾶς ὁ θεὸς εὐαγγελίσασθαι αὐτούς.
17:10 Οἱ δὲ ἀδελφοὶ **εὐθέως** διὰ νυκτὸς ἐξέπεμψαν τόν τε Παῦλον καὶ τὸν Σιλᾶν εἰς Βέροιαν,
17:14 **εὐθέως** δὲ τότε τὸν Παῦλον ἐξαπέστειλαν οἱ ἀδελφοὶ πορεύεσθαι ἕως ἐπὶ τὴν θάλασσαν,
21:30 καὶ ἐπιλαβόμενοι τοῦ Παύλου εἷλκον αὐτὸν ἔξω τοῦ ἱεροῦ καὶ **εὐθέως** ἐκλείσθησαν αἱ θύραι.
22:29 **εὐθέως** οὖν ἀπέστησαν ἀπ' αὐτοῦ οἱ μέλλοντες αὐτὸν ἀνετάζειν,
Gal 1:16 ἵνα εὐαγγελίζωμαι αὐτὸν ἐν τοῖς ἔθνεσιν, **εὐθέως** οὐ προσανεθέμην σαρκὶ καὶ αἵματι
Jas 1:24 κατενόησεν γὰρ ἑαυτὸν καὶ ἀπελήλυθεν καὶ **εὐθέως** ἐπελάθετο ὁποῖος ἦν.
3Jn 1:14 ἐλπίζω δὲ **εὐθέως** σε ἰδεῖν, καὶ στόμα πρὸς στόμα λαλήσομεν.
Rev 4:2 **εὐθέως** ἐγενόμην ἐν πνεύματι, καὶ ἰδοὺ θρόνος ἔκειτο ἐν τῷ οὐρανῷ,

2312 εὐθυδρομέω [2]

√ 2317 + 5556

Ac 16:11 Ἀναχθέντες δὲ ἀπὸ Τρῳάδος **εὐθυδρομήσαμεν** εἰς Σαμοθρᾴκην, τῇ δὲ ἐπιούσῃ εἰς Νέαν
21:1 Ὡς δὲ ἐγένετο ἀναχθῆναι ἡμᾶς ἀποσπασθέντας ἀπ' αὐτῶν, **εὐθυδρομήσαντες** ἤλθομεν εἰς τὴν Κῶ,

2313 εὐθυμέω [3]

√ 2292 + 2596

Ac 27:22 καὶ τὰ νῦν παραινῶ ὑμᾶς **εὐθυμεῖν·** ἀποβολὴ γὰρ ψυχῆς οὐδεμία ἔσται ἐξ ὑμῶν πλὴν τοῦ πλοίου.
27:25 διὸ **εὐθυμεῖτε,** ἄνδρες· πιστεύω γὰρ τῷ θεῷ ὅτι οὕτως ἔσται καθ' ὃν τρόπον λελάληταί μοι.
Jas 5:13 Κακοπαθεῖ τις ἐν ὑμῖν, προσευχέσθω· **εὐθυμεῖ** τις, ψαλλέτω·

2314 εὔθυμος [1]

√ 2292 + 2596

Ac 27:36 **εὔθυμοι** δὲ γενόμενοι πάντες καὶ αὐτοὶ προσελάβοντο τροφῆς.

2315 εὐθύμως [1]

√ 2292 + 2596

Ac 24:10 Ἐκ πολλῶν ἐτῶν ὄντα σε κριτὴν τῷ ἔθνει τούτῳ ἐπιστάμενος **εὐθύμως** τὰ περὶ ἐμαυτοῦ ἀπολογοῦμαι,

2316 εὐθύνω [2]

√ 2317

Jn 1:23 **Εὐθύνατε** τὴν ὁδὸν κυρίου, καθὼς εἶπεν Ἠσαΐας ὁ προφήτης.
Jas 3:4 μετάγεται ὑπὸ ἐλαχίστου πηδαλίου ὅπου ἡ ὁρμὴ τοῦ **εὐθύνοντος** βούλεται,

2317 εὐθύς[1] [51]

→ 2311, 2312, 2316, 2318, 2319, 2985

Mt 3:16 βαπτισθεὶς δὲ ὁ Ἰησοῦς **εὐθὺς** ἀνέβη ἀπὸ τοῦ ὕδατος·
13:20 οὗτός ἐστιν ὁ τὸν λόγον ἀκούων καὶ **εὐθὺς** μετὰ χαρᾶς λαμβάνων αὐτόν,
13:21 γενομένης δὲ θλίψεως ἢ διωγμοῦ διὰ τὸν λόγον **εὐθὺς** σκανδαλίζεται.
14:27 **εὐθὺς** δὲ ἐλάλησεν [ὁ Ἰησοῦς] αὐτοῖς λέγων, Θαρσεῖτε,
21:3 ἐρεῖτε ὅτι Ὁ κύριος αὐτῶν χρείαν ἔχει· **εὐθὺς** δὲ ἀποστελεῖ αὐτούς.
Mk 1:10 καὶ **εὐθὺς** ἀναβαίνων ἐκ τοῦ ὕδατος εἶδεν σχιζομένους τοὺς οὐρανοὺς καὶ τὸ πνεῦμα ὡς περιστερὰν καταβαῖνον εἰς αὐτόν·
1:12 Καὶ **εὐθὺς** τὸ πνεῦμα αὐτὸν ἐκβάλλει εἰς τὴν ἔρημον.
1:18 καὶ **εὐθὺς** ἀφέντες τὰ δίκτυα ἠκολούθησαν αὐτῷ.
1:20 καὶ **εὐθὺς** ἐκάλεσεν αὐτούς. καὶ ἀφέντες τὸν πατέρα αὐτῶν Ζεβεδαῖον ἐν τῷ πλοίῳ μετὰ τῶν μισθωτῶν
1:21 καὶ **εὐθὺς** τοῖς σάββασιν εἰσελθὼν εἰς τὴν συναγωγὴν ἐδίδασκεν.
1:23 καὶ **εὐθὺς** ἦν ἐν τῇ συναγωγῇ αὐτῶν ἄνθρωπος ἐν πνεύματι ἀκαθάρτῳ καὶ ἀνέκραξεν
1:28 καὶ ἐξῆλθεν ἡ ἀκοὴ αὐτοῦ **εὐθὺς** πανταχοῦ εἰς ὅλην τὴν περίχωρον τῆς Γαλιλαίας.
1:29 Καὶ **εὐθὺς** ἐκ τῆς συναγωγῆς ἐξελθόντες ἦλθον εἰς τὴν οἰκίαν Σίμωνος καὶ Ἀνδρέου μετὰ Ἰακώβου καὶ Ἰωάννου.
1:30 ἡ δὲ πενθερὰ Σίμωνος κατέκειτο πυρέσσουσα, καὶ **εὐθὺς** λέγουσιν αὐτῷ περὶ αὐτῆς.
1:42 καὶ **εὐθὺς** ἀπῆλθεν ἀπ' αὐτοῦ ἡ λέπρα, καὶ ἐκαθαρίσθη.
1:43 καὶ ἐμβριμησάμενος αὐτῷ **εὐθὺς** ἐξέβαλεν αὐτόν
2:8 καὶ **εὐθὺς** ἐπιγνοὺς ὁ Ἰησοῦς τῷ πνεύματι αὐτοῦ ὅτι οὕτως διαλογίζονται ἐν ἑαυτοῖς λέγει αὐτοῖς,
2:12 καὶ ἠγέρθη καὶ **εὐθὺς** ἄρας τὸν κράβαττον ἐξῆλθεν ἔμπροσθεν πάντων,
3:6 καὶ ἐξελθόντες οἱ Φαρισαῖοι **εὐθὺς** μετὰ τῶν Ἡρῳδιανῶν συμβούλιον ἐδίδουν κατ' αὐτοῦ ὅπως αὐτὸν ἀπολέσωσιν.
4:5 καὶ **εὐθὺς** ἐξανέτειλεν διὰ τὸ μὴ ἔχειν βάθος γῆς·
4:15 **εὐθὺς** ἔρχεται ὁ Σατανᾶς καὶ αἴρει τὸν λόγον τὸν ἐσπαρμένον εἰς αὐτούς.
4:16 οἳ ὅταν ἀκούσωσιν τὸν λόγον **εὐθὺς** μετὰ χαρᾶς λαμβάνουσιν αὐτόν,
4:17 εἶτα γενομένης θλίψεως ἢ διωγμοῦ διὰ τὸν λόγον **εὐθὺς** σκανδαλίζονται.
4:29 **εὐθὺς** ἀποστέλλει τὸ δρέπανον, ὅτι παρέστηκεν ὁ θερισμός.
5:2 καὶ ἐξελθόντος αὐτοῦ ἐκ τοῦ πλοίου **εὐθὺς** ὑπήντησεν αὐτῷ ἐκ τῶν μνημείων ἄνθρωπος ἐν πνεύματι ἀκαθάρτῳ,
5:29 καὶ **εὐθὺς** ἐξηράνθη ἡ πηγὴ τοῦ αἵματος αὐτῆς καὶ ἔγνω τῷ σώματι ὅτι ἴαται ἀπὸ τῆς μάστιγος.
5:30 καὶ **εὐθὺς** ὁ Ἰησοῦς ἐπιγνοὺς ἐν ἑαυτῷ τὴν ἐξ αὐτοῦ δύναμιν ἐξελθοῦσαν ἐπιστραφεὶς ἐν τῷ ὄχλῳ ἔλεγεν,
5:42 καὶ **εὐθὺς** ἀνέστη τὸ κοράσιον καὶ περιεπάτει· ἦν γὰρ ἐτῶν δώδεκα. καὶ ἐξέστησαν **[εὐθὺς]** ἐκστάσει μεγάλῃ.
6:25 καὶ εἰσελθοῦσα **εὐθὺς** μετὰ σπουδῆς πρὸς τὸν βασιλέα ᾐτήσατο λέγουσα,
6:27 καὶ **εὐθὺς** ἀποστείλας ὁ βασιλεὺς σπεκουλάτορα ἐπέταξεν ἐνέγκαι τὴν κεφαλὴν αὐτοῦ.
6:45 Καὶ **εὐθὺς** ἠνάγκασεν τοὺς μαθητὰς αὐτοῦ ἐμβῆναι εἰς τὸ πλοῖον καὶ προάγειν εἰς τὸ πέραν πρὸς Βηθσαϊδάν,
6:50 ὁ δὲ **εὐθὺς** ἐλάλησεν μετ' αὐτῶν, καὶ λέγει αὐτοῖς,
6:54 καὶ ἐξελθόντων αὐτῶν ἐκ τοῦ πλοίου **εὐθὺς** ἐπιγνόντες αὐτὸν
7:25 ἀλλ' **εὐθὺς** ἀκούσασα γυνὴ περὶ αὐτοῦ, ἧς εἶχεν τὸ θυγάτριον αὐτῆς πνεῦμα ἀκάθαρτον,
8:10 Καὶ **εὐθὺς** ἐμβὰς εἰς τὸ πλοῖον μετὰ τῶν μαθητῶν αὐτοῦ ἦλθεν εἰς τὰ μέρη Δαλμανουθά.
9:15 καὶ **εὐθὺς** πᾶς ὁ ὄχλος ἰδόντες αὐτὸν ἐξεθαμβήθησαν καὶ προστρέχοντες ἠσπάζοντο αὐτόν.
9:20 καὶ ἰδὼν αὐτὸν τὸ πνεῦμα **εὐθὺς** συνεσπάραξεν αὐτόν,
9:24 **εὐθὺς** κράξας ὁ πατὴρ τοῦ παιδίου ἔλεγεν, Πιστεύω·
10:52 καὶ **εὐθὺς** ἀνέβλεψεν καὶ ἠκολούθει αὐτῷ ἐν τῇ ὁδῷ.
11:2 καὶ **εὐθὺς** εἰσπορευόμενοι εἰς αὐτὴν εὑρήσετε πῶλον δεδεμένον ἐφ' ὃν οὐδεὶς οὔπω ἀνθρώπων ἐκάθισεν·
11:3 Ὁ κύριος αὐτοῦ χρείαν ἔχει, καὶ **εὐθὺς** αὐτὸν ἀποστέλλει πάλιν ὧδε.
14:43 Καὶ **εὐθὺς** ἔτι αὐτοῦ λαλοῦντος παραγίνεται Ἰούδας εἷς τῶν δώδεκα καὶ μετ' αὐτοῦ ὄχλος μετὰ μαχαιρῶν καὶ ξύλων
14:45 καὶ ἐλθὼν **εὐθὺς** προσελθὼν αὐτῷ λέγει, Ῥαββί, καὶ κατεφίλησεν αὐτόν·
14:72 καὶ **εὐθὺς** ἐκ δευτέρου ἀλέκτωρ ἐφώνησεν. καὶ ἀνεμνήσθη ὁ Πέτρος τὸ ῥῆμα ὡς εἶπεν αὐτῷ ὁ Ἰησοῦς ὅτι Πρὶν ἀλέκτορα φωνῆσαι δὶς τρίς με ἀπαρνήσῃ·
15:1 Καὶ **εὐθὺς** πρωῒ συμβούλιον ποιήσαντες οἱ ἀρχιερεῖς μετὰ τῶν πρεσβυτέρων καὶ γραμματέων καὶ ὅλον τὸ συνέδριον,
Lk 6:49 καὶ **εὐθὺς** συνέπεσεν καὶ ἐγένετο τὸ ῥῆγμα τῆς οἰκίας ἐκείνης μέγα.
Jn 13:30 λαβὼν οὖν τὸ ψωμίον ἐκεῖνος ἐξῆλθεν **εὐθύς.** ἦν δὲ νύξ.
13:32 καὶ ὁ θεὸς δοξάσει αὐτὸν ἐν αὐτῷ, καὶ **εὐθὺς** δοξάσει αὐτόν.
19:34 ἀλλ' εἷς τῶν στρατιωτῶν λόγχῃ αὐτοῦ τὴν πλευρὰν ἔνυξεν, καὶ ἐξῆλθεν **εὐθὺς** αἷμα καὶ ὕδωρ.
Ac 10:16 τοῦτο δὲ ἐγένετο ἐπὶ τρὶς καὶ **εὐθὺς** ἀνελήμφθη τὸ σκεῦος εἰς τὸν οὐρανόν.

2318 εὐθύς[2] [8]

√ 2317

Mt 3: 3 Ἑτοιμάσατε τὴν ὁδὸν κυρίου, **εὐθείας** ποιεῖτε τὰς τρίβους αὐτοῦ.
Mk 1: 3 Ἑτοιμάσατε τὴν ὁδὸν κυρίου, **εὐθείας** ποιεῖτε τὰς τρίβους αὐτοῦ,
Lk 3: 4 Ἑτοιμάσατε τὴν ὁδὸν κυρίου, **εὐθείας** ποιεῖτε τὰς τρίβους αὐτοῦ·
3: 5 ἔσται τὰ σκολιὰ εἰς **εὐθείαν** καὶ αἱ τραχεῖαι εἰς ὁδοὺς λείας·
Ac 8: 21 ἡ γὰρ καρδία σου οὐκ ἔστιν **εὐθεῖα** ἔναντι τοῦ θεοῦ.
9: 11 Ἀναστὰς πορεύθητι ἐπὶ τὴν ῥύμην τὴν καλουμένην **Εὐθεῖαν** καὶ ζήτησον ἐν οἰκίᾳ Ἰούδα Σαῦλον ὀνόματι Ταρσέα·
13: 10 οὐ παύσῃ διαστρέφων τὰς ὁδοὺς [τοῦ] κυρίου τὰς **εὐθείας;**
2Pe 2: 15 καταλείποντες **εὐθεῖαν** ὁδὸν ἐπλανήθησαν, ἐξακολουθήσαντες τῇ ὁδῷ τοῦ Βαλαὰμ τοῦ Βοσόρ,

2319 εὐθύτης [1]

√ 2317

Heb 1: 8 καὶ ἡ ῥάβδος τῆς **εὐθύτητος** ῥάβδος τῆς βασιλείας σου.

2320 εὐκαιρέω [3]

√ 2292 + 2789

Mk 6: 31 ἦσαν γὰρ οἱ ἐρχόμενοι καὶ οἱ ὑπάγοντες πολλοί, καὶ οὐδὲ φαγεῖν **εὐκαίρουν.**
Ac 17: 21 Ἀθηναῖοι δὲ πάντες καὶ οἱ ἐπιδημοῦντες ξένοι εἰς οὐδὲν ἕτερον **ηὐκαίρουν** ἢ λέγειν τι ἢ ἀκούειν τι καινότερον.
1Co 16: 12 καὶ πάντως οὐκ ἦν θέλημα ἵνα νῦν ἔλθῃ· ἐλεύσεται δὲ ὅταν **εὐκαιρήσῃ.**

2321 εὐκαιρία [2]

√ 2292 + 2789

Mt 26: 16 καὶ ἀπὸ τότε ἐζήτει **εὐκαιρίαν** ἵνα αὐτὸν παραδῷ.
Lk 22: 6 καὶ ἐζήτει **εὐκαιρίαν** τοῦ παραδοῦναι αὐτὸν ἄτερ ὄχλου αὐτοῖς.

2322 εὔκαιρος [2]

√ 2292 + 2789

Mk 6: 21 Καὶ γενομένης ἡμέρας **εὐκαίρου** ὅτε Ἡρῴδης τοῖς γενεσίοις αὐτοῦ δεῖπνον ἐποίησεν τοῖς μεγιστᾶσιν αὐτοῦ
Heb 4: 16 ἵνα λάβωμεν ἔλεος καὶ χάριν εὕρωμεν εἰς **εὔκαιρον** βοήθειαν.

2323 εὐκαίρως [2]

√ 2292 + 2789

Mk 14: 11 οἱ δὲ ἀκούσαντες ἐχάρησαν καὶ ἐπηγγείλαντο αὐτῷ ἀργύριον δοῦναι. καὶ ἐζήτει πῶς αὐτὸν **εὐκαίρως** παραδοῖ.
2Ti 4: 2 κήρυξον τὸν λόγον, ἐπίστηθι **εὐκαίρως** ἀκαίρως, ἔλεγξον,

2324 εὔκοπος [7]

√ 2292 + 3164

Mt 9: 5 τί γάρ ἐστιν **εὐκοπώτερον,** εἰπεῖν, Ἀφίενταί σου αἱ ἁμαρτίαι,
19: 24 **εὐκοπώτερόν** ἐστιν κάμηλον διὰ τρυπήματος ῥαφίδος διελθεῖν ἢ πλούσιον εἰσελθεῖν εἰς τὴν βασιλείαν τοῦ θεοῦ.
Mk 2: 9 τί ἐστιν **εὐκοπώτερον,** εἰπεῖν τῷ παραλυτικῷ, Ἀφίενταί σου αἱ ἁμαρτίαι,
10: 25 **εὐκοπώτερόν** ἐστιν κάμηλον διὰ [τῆς] τρυμαλιᾶς [τῆς] ῥαφίδος διελθεῖν ἢ πλούσιον εἰς τὴν βασιλείαν τοῦ θεοῦ εἰσελθεῖν.
Lk 5: 23 τί ἐστιν **εὐκοπώτερον,** εἰπεῖν, Ἀφέωνταί σοι αἱ ἁμαρτίαι σου,
16: 17 **Εὐκοπώτερον** δέ ἐστιν τὸν οὐρανὸν καὶ τὴν γῆν παρελθεῖν ἢ τοῦ νόμου μίαν κεραίαν πεσεῖν.
18: 25 **εὐκοπώτερον** γάρ ἐστιν κάμηλον διὰ τρήματος βελόνης εἰσελθεῖν ἢ πλούσιον εἰς τὴν βασιλείαν τοῦ θεοῦ εἰσελθεῖν.

2325 εὐλάβεια [2]

√ 2292 + 3284

Heb 5: 7 μετὰ κραυγῆς ἰσχυρᾶς καὶ δακρύων προσενέγκας καὶ εἰσακουσθεὶς ἀπὸ τῆς **εὐλαβείας,**
12: 28 δι᾽ ἧς λατρεύωμεν εὐαρέστως τῷ θεῷ μετὰ **εὐλαβείας** καὶ δέους·

2326 εὐλαβέομαι [1]

√ 2292 + 3284

Heb 11: 7 **εὐλαβηθεὶς** κατεσκεύασεν κιβωτὸν εἰς σωτηρίαν τοῦ οἴκου αὐτοῦ δι᾽ ἧς κατέκρινεν τὸν κόσμον,

2327 εὐλαβής [4]

√ 2292 + 3284

Lk 2: 25 ἐν Ἰερουσαλὴμ ᾧ ὄνομα Συμεὼν καὶ ὁ ἄνθρωπος οὗτος δίκαιος καὶ **εὐλαβὴς** προσδεχόμενος παράκλησιν τοῦ Ἰσραήλ,
Ac 2: 5 ἄνδρες **εὐλαβεῖς** ἀπὸ παντὸς ἔθνους τῶν ὑπὸ τὸν οὐρανόν.
8: 2 συνεκόμισαν δὲ τὸν Στέφανον ἄνδρες **εὐλαβεῖς** καὶ ἐποίησαν κοπετὸν μέγαν ἐπ᾽ αὐτῷ.
22: 12 Ἁνανίας δέ τις, ἀνὴρ **εὐλαβὴς** κατὰ τὸν νόμον,

2328 εὐλογέω [41]

√ 2292 + 3306

with **εὐλογία** [3] 1Co 10:16; Eph 1:3; 1Pe 3:9

with **κλάω** [5] Mt 14:19; 26:26; Mk 14:22; Lk 24:30; 1Co 10:16

Mt 14: 19 ἀναβλέψας εἰς τὸν οὐρανὸν **εὐλόγησεν** καὶ κλάσας ἔδωκεν τοῖς μαθηταῖς τοὺς ἄρτους,
21: 9 **Εὐλογημένος** ὁ ἐρχόμενος ἐν ὀνόματι κυρίου· Ὡσαννὰ ἐν τοῖς ὑψίστοις.
23: 39 οὐ μή με ἴδητε ἀπ᾽ ἄρτι ἕως ἂν εἴπητε, **Εὐλογημένος** ὁ ἐρχόμενος ἐν ὀνόματι κυρίου.
25: 34 Δεῦτε οἱ **εὐλογημένοι** τοῦ πατρός μου, κληρονομήσατε τὴν ἡτοιμασμένην ὑμῖν βασιλείαν ἀπὸ καταβολῆς κόσμου.
26: 26 Ἐσθιόντων δὲ αὐτῶν λαβὼν ὁ Ἰησοῦς ἄρτον καὶ **εὐλογήσας** ἔκλασεν καὶ δοὺς τοῖς μαθηταῖς εἶπεν,
Mk 6: 41 καὶ λαβὼν τοὺς πέντε ἄρτους καὶ τοὺς δύο ἰχθύας ἀναβλέψας εἰς τὸν οὐρανὸν **εὐλόγησεν** καὶ κατέκλασεν τοὺς ἄρτους
8: 7 καὶ εἶχον ἰχθύδια ὀλίγα· καὶ **εὐλογήσας** αὐτὰ εἶπεν καὶ ταῦτα παρατιθέναι.
11: 9 καὶ οἱ προάγοντες καὶ οἱ ἀκολουθοῦντες ἔκραζον, Ὡσαννά· **Εὐλογημένος** ὁ ἐρχόμενος ἐν ὀνόματι κυρίου·
11: 10 **Εὐλογημένη** ἡ ἐρχομένη βασιλεία τοῦ πατρὸς ἡμῶν Δαυίδ·
14: 22 Καὶ ἐσθιόντων αὐτῶν λαβὼν ἄρτον **εὐλογήσας** ἔκλασεν καὶ ἔδωκεν αὐτοῖς καὶ εἶπεν,
Lk 1: 42 **Εὐλογημένη** σὺ ἐν γυναιξὶν καὶ **εὐλογημένος** ὁ καρπὸς τῆς κοιλίας σου.
1: 64 ἀνεῴχθη δὲ τὸ στόμα αὐτοῦ παραχρῆμα καὶ ἡ γλῶσσα αὐτοῦ, καὶ ἐλάλει **εὐλογῶν** τὸν θεόν.
2: 28 καὶ αὐτὸς ἐδέξατο αὐτὸ εἰς τὰς ἀγκάλας καὶ **εὐλόγησεν** τὸν θεὸν καὶ εἶπεν,
2: 34 καὶ **εὐλόγησεν** αὐτοὺς Συμεὼν καὶ εἶπεν πρὸς Μαριὰμ τὴν μητέρα αὐτοῦ,
6: 28 **εὐλογεῖτε** τοὺς καταρωμένους ὑμᾶς, προσεύχεσθε περὶ τῶν ἐπηρεαζόντων ὑμᾶς.
9: 16 λαβὼν δὲ τοὺς πέντε ἄρτους καὶ τοὺς δύο ἰχθύας ἀναβλέψας εἰς τὸν οὐρανὸν **εὐλόγησεν** αὐτοὺς καὶ κατέκλασεν καὶ ἐδίδου
13: 35 οὐ μὴ ἴδητέ με ἕως [ἥξει ὅτε] εἴπητε, **Εὐλογημένος** ὁ ἐρχόμενος ἐν ὀνόματι κυρίου.
19: 38 λέγοντες, **Εὐλογημένος** ὁ ἐρχόμενος, ὁ βασιλεὺς ἐν ὀνόματι κυρίου·
24: 30 καὶ ἐγένετο ἐν τῷ κατακλιθῆναι αὐτὸν μετ᾽ αὐτῶν λαβὼν τὸν ἄρτον **εὐλόγησεν** καὶ κλάσας ἐπεδίδου αὐτοῖς,
24: 50 Ἐξήγαγεν δὲ αὐτοὺς [ἔξω] ἕως πρὸς Βηθανίαν, καὶ ἐπάρας τὰς χεῖρας αὐτοῦ **εὐλόγησεν** αὐτούς.
24: 51 καὶ ἐγένετο ἐν τῷ **εὐλογεῖν** αὐτὸν αὐτοὺς διέστη ἀπ᾽ αὐτῶν καὶ ἀνεφέρετο εἰς τὸν οὐρανόν.
24: 53 καὶ ἦσαν διὰ παντὸς ἐν τῷ ἱερῷ **εὐλογοῦντες** τὸν θεόν.
Jn 12: 13 **εὐλογημένος** ὁ ἐρχόμενος ἐν ὀνόματι κυρίου, [καὶ] ὁ βασιλεὺς τοῦ Ἰσραήλ.
Ac 3: 26 ὑμῖν πρῶτον ἀναστήσας ὁ θεὸς τὸν παῖδα αὐτοῦ ἀπέστειλεν αὐτὸν **εὐλογοῦντα** ὑμᾶς ἐν τῷ ἀποστρέφειν ἕκαστον
Ro 12: 14 **εὐλογεῖτε** τοὺς διώκοντας [ὑμᾶς,] **εὐλογεῖτε** καὶ μὴ καταρᾶσθε.
1Co 4: 12 καὶ κοπιῶμεν ἐργαζόμενοι ταῖς ἰδίαις χερσίν· λοιδορούμενοι **εὐλογοῦμεν,** διωκόμενοι ἀνεχόμεθα,

10:16 τὸ ποτήριον τῆς εὐλογίας ὃ **εὐλογοῦμεν,** οὐχὶ κοινωνία ἐστὶν τοῦ αἵματος τοῦ Χριστοῦ;
14:16 ἐπεὶ ἐὰν **εὐλογῇς** [ἐν] πνεύματι, ὁ ἀναπληρῶν τὸν τόπον τοῦ ἰδιώτου πῶς ἐρεῖ τὸ Ἀμήν ἐπὶ τῇ σῇ εὐχαριστίᾳ;
Gal 3: 9 ὥστε οἱ ἐκ πίστεως **εὐλογοῦνται** σὺν τῷ πιστῷ Ἀβραάμ.
Eph 1: 3 ὁ **εὐλογήσας** ἡμᾶς ἐν πάσῃ εὐλογίᾳ πνευματικῇ ἐν τοῖς ἐπουρανίοις ἐν Χριστῷ,
Heb 6:14 Εἰ μὴν **εὐλογῶν εὐλογήσω** σε καὶ πληθύνων πληθυνῶ σε·
7: 1 ὁ συναντήσας Ἀβραὰμ ὑποστρέφοντι ἀπὸ τῆς κοπῆς τῶν βασιλέων καὶ **εὐλογήσας** αὐτόν,
7: 6 ὁ δὲ μὴ γενεαλογούμενος ἐξ αὐτῶν δεδεκάτωκεν Ἀβραὰμ καὶ τὸν ἔχοντα τὰς ἐπαγγελίας **εὐλόγηκεν.**
7: 7 χωρὶς δὲ πάσης ἀντιλογίας τὸ ἔλαττον ὑπὸ τοῦ κρείττονος **εὐλογεῖται.**
11:20 Πίστει καὶ περὶ μελλόντων **εὐλόγησεν** Ἰσαὰκ τὸν Ἰακὼβ καὶ τὸν Ἠσαῦ.
11:21 Πίστει Ἰακὼβ ἀποθνῄσκων ἕκαστον τῶν υἱῶν Ἰωσὴφ **εὐλόγησεν** καὶ προσεκύνησεν ἐπὶ τὸ ἄκρον τῆς ῥάβδου αὐτοῦ.
Jas 3: 9 ἐν αὐτῇ **εὐλογοῦμεν** τὸν κύριον καὶ πατέρα καὶ ἐν αὐτῇ καταρώμεθα τοὺς ἀνθρώπους τοὺς καθ᾽ ὁμοίωσιν θεοῦ
1Pe 3: 9 τοὐναντίον δὲ **εὐλογοῦντες** ὅτι εἰς τοῦτο ἐκλήθητε ἵνα εὐλογίαν κληρονομήσητε.

2329 εὐλογητός [8]

√ *2292 + 3306*

υἱός εὐλογητοῦ [1] Mk 14:61

Mk 14:61 Σὺ εἶ ὁ Χριστὸς ὁ υἱὸς τοῦ **εὐλογητοῦ;**
Lk 1:68 **Εὐλογητὸς** κύριος ὁ θεὸς τοῦ Ἰσραήλ, ὅτι ἐπεσκέψατο καὶ ἐποίησεν λύτρωσιν τῷ λαῷ αὐτοῦ,
Ro 1:25 καὶ ἐσεβάσθησαν καὶ ἐλάτρευσαν τῇ κτίσει παρὰ τὸν κτίσαντα, ὅς ἐστιν **εὐλογητὸς** εἰς τοὺς αἰῶνας, ἀμήν.
9: 5 ὁ ὢν ἐπὶ πάντων θεὸς **εὐλογητὸς** εἰς τοὺς αἰῶνας,
2Co 1: 3 **Εὐλογητὸς** ὁ θεὸς καὶ πατὴρ τοῦ κυρίου ἡμῶν Ἰησοῦ Χριστοῦ,
11:31 ὁ ὢν **εὐλογητὸς** εἰς τοὺς αἰῶνας, ὅτι οὐ ψεύδομαι.
Eph 1: 3 **Εὐλογητὸς** ὁ θεὸς καὶ πατὴρ τοῦ κυρίου ἡμῶν Ἰησοῦ Χριστοῦ,
1Pe 1: 3 **Εὐλογητὸς** ὁ θεὸς καὶ πατὴρ τοῦ κυρίου ἡμῶν Ἰησοῦ Χριστοῦ,

2330 εὐλογία [16]

√ *2292 + 3306*

with **εὐλογέω** [3] 1Co 10:16; Eph 1:3; 1Pe 3:9

ποτήριον εὐλογίας [1] 1Co 10:16

Ro 15:29 οἶδα δὲ ὅτι ἐρχόμενος πρὸς ὑμᾶς ἐν πληρώματι **εὐλογίας** Χριστοῦ ἐλεύσομαι.
16:18 καὶ διὰ τῆς χρηστολογίας καὶ **εὐλογίας** ἐξαπατῶσιν τὰς καρδίας τῶν ἀκάκων.
1Co 10:16 τὸ ποτήριον τῆς **εὐλογίας** ὃ εὐλογοῦμεν, οὐχὶ κοινωνία ἐστὶν τοῦ αἵματος τοῦ Χριστοῦ;
2Co 9: 5 ἵνα προέλθωσιν εἰς ὑμᾶς καὶ προκαταρτίσωσιν τὴν προεπηγγελμένην **εὐλογίαν** ὑμῶν, ταύτην ἑτοίμην εἶναι οὕτως ὡς **εὐλογίαν** καὶ μὴ ὡς πλεονεξίαν.
9: 6 καὶ ὁ σπείρων ἐπ᾽ **εὐλογίαις** ἐπ᾽ **εὐλογίαις** καὶ θερίσει.
Gal 3:14 ἵνα εἰς τὰ ἔθνη ἡ **εὐλογία** τοῦ Ἀβραὰμ γένηται ἐν Χριστῷ Ἰησοῦ,
Eph 1: 3 ὁ εὐλογήσας ἡμᾶς ἐν πάσῃ **εὐλογίᾳ** πνευματικῇ ἐν τοῖς ἐπουρανίοις ἐν Χριστῷ,
Heb 6: 7 γῆ γὰρ ἡ πιοῦσα τὸν ἐπ᾽ αὐτῆς ἐρχόμενον πολλάκις ὑετὸν καὶ τίκτουσα βοτάνην εὔθετον ἐκείνοις δι᾽ οὓς καὶ γεωργεῖται, μεταλαμβάνει **εὐλογίας** ἀπὸ τοῦ θεοῦ·
12:17 ἴστε γὰρ ὅτι καὶ μετέπειτα θέλων κληρονομῆσαι τὴν **εὐλογίαν** ἀπεδοκιμάσθη,
Jas 3:10 ἐκ τοῦ αὐτοῦ στόματος ἐξέρχεται **εὐλογία** καὶ κατάρα.
1Pe 3: 9 τοὐναντίον δὲ εὐλογοῦντες ὅτι εἰς τοῦτο ἐκλήθητε ἵνα **εὐλογίαν** κληρονομήσητε.
Rev 5:12 Ἄξιόν ἐστιν τὸ ἀρνίον τὸ ἐσφαγμένον λαβεῖν τὴν δύναμιν καὶ πλοῦτον καὶ σοφίαν καὶ ἰσχὺν καὶ τιμὴν καὶ δόξαν καὶ **εὐλογίαν.**
5:13 Τῷ καθημένῳ ἐπὶ τῷ θρόνῳ καὶ τῷ ἀρνίῳ ἡ **εὐλογία** καὶ ἡ τιμὴ καὶ ἡ δόξα καὶ τὸ κράτος εἰς τοὺς αἰῶνας τῶν αἰώνων.
7:12 ἡ **εὐλογία** καὶ ἡ δόξα καὶ ἡ σοφία καὶ ἡ εὐχαριστία καὶ ἡ τιμὴ καὶ ἡ δύναμις καὶ ἡ ἰσχὺς τῷ θεῷ ἡμῶν εἰς τοὺς αἰῶνας τῶν αἰώνων·

2331 εὐμετάδοτος [1]

√ *2292 + 3552 + 1443*

1Ti 6:18 ἀγαθοεργεῖν, πλουτεῖν ἐν ἔργοις καλοῖς, **εὐμεταδότους** εἶναι,

2332 Εὐνίκη [1]

√ *2292 + 3772*

2Ti 1: 5 ἥτις ἐνῴκησεν πρῶτον ἐν τῇ μάμμῃ σου Λωΐδι καὶ τῇ μητρί σου **Εὐνίκῃ,**

2333 εὐνοέω [1]

√ *2292 + 3808*

Mt 5:25 ἴσθι **εὐνοῶν** τῷ ἀντιδίκῳ σου ταχύ, ἕως ὅτου εἶ μετ᾽ αὐτοῦ ἐν τῇ ὁδῷ,

2334 εὔνοια [1]

√ *2292 + 3808*

Eph 6: 7 μετ᾽ **εὐνοίας** δουλεύοντες ὡς τῷ κυρίῳ καὶ οὐκ ἀνθρώποις,

2335 εὐνουχίζω [2]

→ *2336; cf. 2400*

Mt 19:12 καὶ εἰσὶν εὐνοῦχοι οἵτινες **εὐνουχίσθησαν** ὑπὸ τῶν ἀνθρώπων, καὶ εἰσὶν εὐνοῦχοι οἵτινες **εὐνούχισαν** ἑαυτοὺς διὰ τὴν βασιλείαν τῶν οὐρανῶν.

2336 εὐνοῦχος [8]

√ *2335*

Mt 19:12 εἰσὶν γὰρ **εὐνοῦχοι** οἵτινες ἐκ κοιλίας μητρὸς ἐγεννήθησαν οὕτως, καὶ εἰσὶν **εὐνοῦχοι** οἵτινες εὐνουχίσθησαν ὑπὸ τῶν ἀνθρώπων, καὶ εἰσὶν **εὐνοῦχοι** οἵτινες εὐνούχισαν ἑαυτοὺς διὰ τὴν βασιλείαν τῶν οὐρανῶν.
Ac 8:27 καὶ ἰδοὺ ἀνὴρ Αἰθίοψ **εὐνοῦχος** δυνάστης Κανδάκης βασιλίσσης Αἰθιόπων,
8:34 Ἀποκριθεὶς δὲ ὁ **εὐνοῦχος** τῷ **Φιλίππῳ** εἶπεν, Δέομαί σου,
8:36 καί φησιν ὁ **εὐνοῦχος,** Ἰδοὺ ὕδωρ, τί κωλύει με βαπτισθῆναι;
8:38 ὅ τε **Φίλιππος** καὶ ὁ **εὐνοῦχος,** καὶ ἐβάπτισεν αὐτόν.
8:39 πνεῦμα κυρίου ἥρπασεν τὸν **Φίλιππον** καὶ οὐκ εἶδεν αὐτὸν οὐκέτι ὁ **εὐνοῦχος,**

2337 Εὐοδία [1]

√ *2292 + 3847*

Php 4: 2 **Εὐοδίαν** παρακαλῶ καὶ Συντύχην παρακαλῶ τὸ αὐτὸ φρονεῖν ἐν κυρίῳ.

2338 εὐοδόω [4]

√ *2292 + 3847*

Ro 1:10 πάντοτε ἐπὶ τῶν προσευχῶν μου δεόμενος εἴ πως ἤδη ποτὲ **εὐοδωθήσομαι** ἐν τῷ θελήματι τοῦ θεοῦ ἐλθεῖν πρὸς ὑμᾶς.
1Co 16: 2 κατὰ μίαν σαββάτου ἕκαστος ὑμῶν παρ᾽ ἑαυτῷ τιθέτω θησαυρίζων ὅ τι ἐὰν **εὐοδῶται,**
3Jn 1: 2 Ἀγαπητέ, περὶ πάντων εὔχομαί σε **εὐοδοῦσθαι** καὶ ὑγιαίνειν, καθὼς **εὐοδοῦταί** σου ἡ ψυχή.

2339 εὐπάρεδρος [1]

√ *2292 + 4123 + 1612*

1Co 7:35 οὐχ ἵνα βρόχον ὑμῖν ἐπιβάλω ἀλλὰ πρὸς τὸ εὔσχημον καὶ **εὐπάρεδρον** τῷ κυρίῳ ἀπερισπάστως.

2340 εὐπειθής [1]

√ *2292 + 4275*

Jas 3:17 ἔπειτα εἰρηνική, ἐπιεικής, **εὐπειθής,** μεστὴ ἐλέους καὶ καρπῶν ἀγαθῶν,

2341 **εὐπερίσπαστος** Not used in UBS/NIV

√ 2292 + 4309 + 5060

2342 **εὐπερίστατος** [1]

√ 2292 + 4309 + 2705

Heb 12: 1 ὄγκον ἀποθέμενοι πάντα καὶ τὴν **εὐπερίστατον** ἁμαρτίαν, δι᾽ ὑπομονῆς τρέχωμεν τὸν προκείμενον ἡμῖν ἀγῶνα

2343 **εὐποιΐα** [1]

√ 2292 + 4472

Heb 13: 16 τῆς δὲ **εὐποιΐας** καὶ κοινωνίας μὴ ἐπιλανθάνεσθε· τοιαύταις γὰρ θυσίαις εὐαρεστεῖται ὁ θεός.

2344 **εὐπορέω** [1]

√ 2292 + 4513

Ac 11: 29 καθὼς **εὐπορεῖτό** τις ὥρισαν ἕκαστος αὐτῶν εἰς διακονίαν πέμψαι τοῖς κατοικοῦσιν ἐν τῇ Ἰουδαίᾳ ἀδελφοῖς·

2345 **εὐπορία** [1]

√ 2292 + 4513

Ac 19: 25 ἐπίστασθε ὅτι ἐκ ταύτης τῆς ἐργασίας ἡ **εὐπορία** ἡμῖν ἐστιν

2346 **εὐπρέπεια** [1]

√ 2292 + 4560

Jas 1: 11 καὶ ἐξήρανεν τὸν χόρτον καὶ τὸ ἄνθος αὐτοῦ ἐξέπεσεν καὶ ἡ **εὐπρέπεια** τοῦ προσώπου αὐτοῦ ἀπώλετο·

2347 **εὐπρόσδεκτος** [5]

√ 2292 + 4639 + 1312

Ro 15: 16 ἵνα γένηται ἡ προσφορὰ τῶν ἐθνῶν **εὐπρόσδεκτος,** ἡγιασμένη ἐν πνεύματι ἁγίῳ.

15: 31 ἵνα ῥυσθῶ ἀπὸ τῶν ἀπειθούντων ἐν τῇ Ἰουδαίᾳ καὶ ἡ διακονία μου ἡ εἰς Ἰερουσαλὴμ **εὐπρόσδεκτος** τοῖς ἁγίοις γένηται,

2Co 6: 2 ἰδοὺ νῦν καιρὸς **εὐπρόσδεκτος,** ἰδοὺ νῦν ἡμέρα σωτηρίας·

8: 12 καθὸ ἐὰν ἔχῃ **εὐπρόσδεκτος,** οὐ καθὸ οὐκ ἔχει.

1Pe 2: 5 εἰς ἱεράτευμα ἅγιον ἀνενέγκαι πνευματικὰς θυσίας **εὐπροσδέκτους** [τῷ] θεῷ διὰ Ἰησοῦ Χριστοῦ.

2348 **εὐπρόσεδρος** Not used in UBS/NIV

√ 2292 + 4639 + 1612

2349 **εὐπροσωπέω** [1]

√ 2292 + 4725

Gal 6: 12 ὅσοι θέλουσιν **εὐπροσωπῆσαι** ἐν σαρκί, οὗτοι ἀναγκάζουσιν ὑμᾶς περιτέμνεσθαι,

2350 **εὐρακύλων** [1]

Ac 27: 14 μετ᾽ οὐ πολὺ δὲ ἔβαλεν κατ᾽ αὐτῆς ἄνεμος τυφωνικὸς ὁ καλούμενος **Εὐρακύλων·**

2351 **εὑρίσκω** [176]

→ 461, 2388

εὑρίσκω ἔλεος [1] 2Ti 1:18

εὑρίσκω χάριν [3] Lk 1:30; Ac 7:46; Heb 4:16

εὑρίσκω ψυχήν [3] Mt 10:39,39; 16:25

ηὕρισκον, ηὑρίσκετο [3] Mk 14:55; Ac 7:11; Heb 11:5

Mt 1: 18 πρὶν ἢ συνελθεῖν αὐτοὺς **εὑρέθη** ἐν γαστρὶ ἔχουσα ἐκ πνεύματος ἁγίου.

2: 8 ἐπὰν δὲ **εὕρητε,** ἀπαγγείλατέ μοι, ὅπως κἀγὼ ἐλθὼν προσκυνήσω αὐτῷ.

7: 7 Αἰτεῖτε καὶ δοθήσεται ὑμῖν, ζητεῖτε καὶ **εὑρήσετε,** κρούετε καὶ ἀνοιγήσεται ὑμῖν·

7: 8 πᾶς γὰρ ὁ αἰτῶν λαμβάνει καὶ ὁ ζητῶν **εὑρίσκει** καὶ τῷ κρούοντι ἀνοιγήσεται.

7: 14 τί στενὴ ἡ πύλη καὶ τεθλιμμένη ἡ ὁδὸς ἡ ἀπάγουσα εἰς τὴν ζωὴν καὶ ὀλίγοι εἰσὶν οἱ **εὑρίσκοντες** αὐτήν.

8: 10 παρ᾽ οὐδενὶ τοσαύτην πίστιν ἐν τῷ Ἰσραὴλ **εὗρον.**

10: 39 ὁ **εὑρὼν** τὴν ψυχὴν αὐτοῦ ἀπολέσει αὐτήν, καὶ ὁ ἀπολέσας τὴν ψυχὴν αὐτοῦ ἕνεκεν ἐμοῦ **εὑρήσει** αὐτήν.

11: 29 ὅτι πραΰς εἰμι καὶ ταπεινὸς τῇ καρδίᾳ, καὶ **εὑρήσετε** ἀνάπαυσιν ταῖς ψυχαῖς ὑμῶν·

12: 43 διέρχεται δι᾽ ἀνύδρων τόπων ζητοῦν ἀνάπαυσιν καὶ οὐχ **εὑρίσκει.**

12: 44 Εἰς τὸν οἶκόν μου ἐπιστρέψω ὅθεν ἐξῆλθον· καὶ ἐλθὸν **εὑρίσκει** σχολάζοντα σεσαρωμένον καὶ κεκοσμημένον.

13: 44 Ὁμοία ἐστὶν ἡ βασιλεία τῶν οὐρανῶν θησαυρῷ κεκρυμμένῳ ἐν τῷ ἀγρῷ, ὃν **εὑρὼν** ἄνθρωπος ἔκρυψεν,

13: 46 **εὑρὼν** δὲ ἕνα πολύτιμον μαργαρίτην ἀπελθὼν πέπρακεν πάντα ὅσα εἶχεν καὶ ἠγόρασεν αὐτόν.

16: 25 ὃς δ᾽ ἂν ἀπολέσῃ τὴν ψυχὴν αὐτοῦ ἕνεκεν ἐμοῦ **εὑρήσει** αὐτήν.

17: 27 βάλε ἄγκιστρον καὶ τὸν ἀναβάντα πρῶτον ἰχθὺν ἆρον, καὶ ἀνοίξας τὸ στόμα αὐτοῦ **εὑρήσεις** στατῆρα·

18: 13 ἐὰν γένηται **εὑρεῖν** αὐτό, ἀμὴν λέγω ὑμῖν ὅτι χαίρει ἐπ᾽ αὐτῷ μᾶλλον ἢ ἐπὶ τοῖς ἐνενήκοντα ἐννέα τοῖς μὴ πεπλανημένοις.

18: 28 ἐξελθὼν δὲ ὁ δοῦλος ἐκεῖνος **εὗρεν** ἕνα τῶν συνδούλων αὐτοῦ,

20: 6 περὶ δὲ τὴν ἑνδεκάτην ἐξελθὼν **εὗρεν** ἄλλους ἑστῶτας καὶ λέγει αὐτοῖς,

21: 2 καὶ εὐθέως **εὑρήσετε** ὄνον δεδεμένην καὶ πῶλον μετ᾽ αὐτῆς·

21: 19 καὶ ἰδὼν συκῆν μίαν ἐπὶ τῆς ὁδοῦ ἦλθεν ἐπ᾽ αὐτὴν καὶ οὐδὲν **εὗρεν** ἐν αὐτῇ εἰ μὴ φύλλα μόνον,

22: 9 πορεύεσθε οὖν ἐπὶ τὰς διεξόδους τῶν ὁδῶν καὶ ὅσους ἐὰν **εὕρητε** καλέσατε εἰς τοὺς γάμους.

22: 10 καὶ ἐξελθόντες οἱ δοῦλοι ἐκεῖνοι εἰς τὰς ὁδοὺς συνήγαγον πάντας οὓς **εὗρον,**

24: 46 μακάριος ὁ δοῦλος ἐκεῖνος ὃν ἐλθὼν ὁ κύριος αὐτοῦ **εὑρήσει** οὕτως ποιοῦντα·

26: 40 καὶ ἔρχεται πρὸς τοὺς μαθητὰς καὶ **εὑρίσκει** αὐτοὺς καθεύδοντας,

26: 43 καὶ ἐλθὼν πάλιν **εὗρεν** αὐτοὺς καθεύδοντας, ἦσαν γὰρ αὐτῶν οἱ ὀφθαλμοὶ βεβαρημένοι.

26: 60 καὶ οὐχ **εὗρον** πολλῶν προσελθόντων ψευδομαρτύρων. ὕστερον δὲ προσελθόντες δύο

27: 32 Ἐξερχόμενοι δὲ **εὗρον** ἄνθρωπον Κυρηναῖον ὀνόματι Σίμωνα, τοῦτον ἠγγάρευσαν ἵνα ἄρῃ τὸν σταυρὸν αὐτοῦ.

Mk 1: 37 καὶ **εὗρον** αὐτὸν καὶ λέγουσιν αὐτῷ ὅτι Πάντες ζητοῦσίν σε.

7: 30 καὶ ἀπελθοῦσα εἰς τὸν οἶκον αὐτῆς **εὗρεν** τὸ παιδίον βεβλημένον ἐπὶ τὴν κλίνην καὶ τὸ δαιμόνιον ἐξεληλυθός.

11: 2 καὶ εὐθὺς εἰσπορευόμενοι εἰς αὐτὴν **εὑρήσετε** πῶλον δεδεμένον ἐφ᾽ ὃν οὐδεὶς οὔπω ἀνθρώπων ἐκάθισεν·

11: 4 καὶ ἀπῆλθον καὶ **εὗρον** πῶλον δεδεμένον πρὸς θύραν ἔξω ἐπὶ τοῦ ἀμφόδου καὶ λύουσιν αὐτόν.

11: 13 καὶ ἰδὼν συκῆν ἀπὸ μακρόθεν ἔχουσαν φύλλα ἦλθεν, εἰ ἄρα τι **εὑρήσει** ἐν αὐτῇ, καὶ ἐλθὼν ἐπ᾽ αὐτὴν οὐδὲν **εὗρεν** εἰ μὴ φύλλα·

13: 36 μὴ ἐλθὼν ἐξαίφνης **εὕρῃ** ὑμᾶς καθεύδοντας.

14: 16 καὶ ἐξῆλθον οἱ μαθηταὶ καὶ ἦλθον εἰς τὴν πόλιν καὶ **εὗρον** καθὼς εἶπεν αὐτοῖς καὶ ἡτοίμασαν τὸ πάσχα.

14: 37 καὶ ἔρχεται καὶ **εὑρίσκει** αὐτοὺς καθεύδοντας, καὶ λέγει τῷ Πέτρῳ,

14: 40 καὶ πάλιν ἐλθὼν **εὗρεν** αὐτοὺς καθεύδοντας, ἦσαν γὰρ αὐτῶν οἱ ὀφθαλμοὶ καταβαρυνόμενοι,

14: 55 οἱ δὲ ἀρχιερεῖς καὶ ὅλον τὸ συνέδριον ἐζήτουν κατὰ τοῦ Ἰησοῦ μαρτυρίαν εἰς τὸ θανατῶσαι αὐτόν, καὶ οὐχ **ηὕρισκον·**

Lk 1: 30 Μὴ φοβοῦ, Μαριάμ, **εὗρες** γὰρ χάριν παρὰ τῷ θεῷ.

2: 12 καὶ τοῦτο ὑμῖν τὸ σημεῖον, **εὑρήσετε** βρέφος ἐσπαργανωμένον καὶ κείμενον ἐν φάτνῃ.

2: 45 καὶ μὴ **εὑρόντες** ὑπέστρεψαν εἰς Ἰερουσαλὴμ ἀναζητοῦντες αὐτόν.

2: 46 καὶ ἐγένετο μετὰ ἡμέρας τρεῖς **εὗρον** αὐτὸν ἐν τῷ ἱερῷ καθεζόμενον ἐν μέσῳ τῶν διδασκάλων καὶ ἀκούοντα αὐτῶν

4: 17 καὶ ἐπεδόθη αὐτῷ βιβλίον τοῦ προφήτου Ἠσαΐου καὶ ἀναπτύξας τὸ βιβλίον **εὗρεν** τὸν τόπον οὗ ἦν γεγραμμένον,

5: 19 καὶ μὴ **εὑρόντες** ποίας εἰσενέγκωσιν αὐτὸν διὰ τὸν ὄχλον,

6: 7 παρετηροῦντο δὲ αὐτὸν οἱ γραμματεῖς καὶ οἱ Φαρισαῖοι εἰ ἐν τῷ σαββάτῳ θεραπεύει, ἵνα **εὕρωσιν** κατηγορεῖν αὐτοῦ.

7: 9 Λέγω ὑμῖν, οὐδὲ ἐν τῷ Ἰσραὴλ τοσαύτην πίστιν **εὗρον.**

7: 10 καὶ ὑποστρέψαντες εἰς τὸν οἶκον οἱ πεμφθέντες **εὗρον** τὸν δοῦλον ὑγιαίνοντα.

8:35 ἐξῆλθον δὲ ἰδεῖν τὸ γεγονὸς καὶ ἦλθον πρὸς τὸν Ἰησοῦν καὶ **εὗρον** καθήμενον τὸν ἄνθρωπον ἀφ᾽ οὗ τὰ δαιμόνια ἐξῆλθεν
9:12 ἵνα πορευθέντες εἰς τὰς κύκλῳ κώμας καὶ ἀγροὺς καταλύσωσιν καὶ **εὕρωσιν** ἐπισιτισμόν,
9:36 καὶ ἐν τῷ γενέσθαι τὴν φωνὴν **εὑρέθη** Ἰησοῦς μόνος.
11: 9 αἰτεῖτε καὶ δοθήσεται ὑμῖν, ζητεῖτε καὶ **εὑρήσετε,** κρούετε καὶ ἀνοιγήσεται ὑμῖν·
11:10 πᾶς γὰρ ὁ αἰτῶν λαμβάνει καὶ ὁ ζητῶν **εὑρίσκει** καὶ τῷ κρούοντι ἀνοιγ[ήσ]εται.
11:24 διέρχεται δι᾽ ἀνύδρων τόπων ζητοῦν ἀνάπαυσιν καὶ μὴ **εὑρίσκον·**
11:25 καὶ ἐλθὸν **εὑρίσκει** σεσαρωμένον καὶ κεκοσμημένον.
12:37 μακάριοι οἱ δοῦλοι ἐκεῖνοι, οὓς ἐλθὼν ὁ κύριος **εὑρήσει** γρηγοροῦντας·
12:38 κἂν ἐν τῇ δευτέρᾳ κἂν ἐν τῇ τρίτῃ φυλακῇ ἔλθῃ καὶ **εὕρῃ** οὕτως,
12:43 ὃν ἐλθὼν ὁ κύριος αὐτοῦ **εὑρήσει** ποιοῦντα οὕτως.
13: 6 καὶ ἦλθεν ζητῶν καρπὸν ἐν αὐτῇ καὶ οὐχ **εὗρεν.**
13: 7 Ἰδοὺ τρία ἔτη ἀφ᾽ οὗ ἔρχομαι ζητῶν καρπὸν ἐν τῇ συκῇ ταύτῃ καὶ οὐχ **εὑρίσκω·**
15: 4 καὶ ἀπολέσας ἐξ αὐτῶν ἓν οὐ καταλείπει τὰ ἐνενήκοντα ἐννέα ἐν τῇ ἐρήμῳ καὶ πορεύεται ἐπὶ τὸ ἀπολωλὸς ἕως **εὕρῃ** αὐτό;
15: 5 καὶ **εὑρὼν** ἐπιτίθησιν ἐπὶ τοὺς ὤμους αὐτοῦ χαίρων
15: 6 Συγχάρητέ μοι, ὅτι **εὗρον** τὸ πρόβατόν μου τὸ ἀπολωλός.
15: 8 οὐχὶ ἅπτει λύχνον καὶ σαροῖ τὴν οἰκίαν καὶ ζητεῖ ἐπιμελῶς ἕως οὗ **εὕρῃ;**
15: 9 καὶ **εὑροῦσα** συγκαλεῖ τὰς φίλας καὶ γείτονας λέγουσα, Συγχάρητέ μοι, ὅτι **εὗρον** τὴν δραχμὴν ἣν ἀπώλεσα.
15:24 ὅτι οὗτος ὁ υἱός μου νεκρὸς ἦν καὶ ἀνέζησεν, ἦν ἀπολωλὼς καὶ **εὑρέθη.**
15:32 ὅτι ὁ ἀδελφός σου οὗτος νεκρὸς ἦν καὶ ἔζησεν, καὶ ἀπολωλὼς καὶ **εὑρέθη.**
17:18 οὐχ **εὑρέθησαν** ὑποστρέψαντες δοῦναι δόξαν τῷ θεῷ εἰ μὴ ὁ ἀλλογενὴς οὗτος;
18: 8 πλὴν ὁ υἱὸς τοῦ ἀνθρώπου ἐλθὼν ἆρα **εὑρήσει** τὴν πίστιν ἐπὶ τῆς γῆς;
19:30 Ὑπάγετε εἰς τὴν κατέναντι κώμην, ἐν ᾗ εἰσπορευόμενοι **εὑρήσετε** πῶλον δεδεμένον,
19:32 ἀπελθόντες δὲ οἱ ἀπεσταλμένοι **εὗρον** καθὼς εἶπεν αὐτοῖς.
19:48 καὶ οὐχ **εὕρισκον** τὸ τί ποιήσωσιν, ὁ λαὸς γὰρ ἅπας ἐξεκρέματο αὐτοῦ ἀκούων.
22:13 ἀπελθόντες δὲ **εὗρον** καθὼς εἰρήκει αὐτοῖς καὶ ἡτοίμασαν τὸ πάσχα.
22:45 καὶ ἀναστὰς ἀπὸ τῆς προσευχῆς ἐλθὼν πρὸς τοὺς μαθητὰς **εὗρεν** κοιμωμένους αὐτοὺς ἀπὸ τῆς λύπης,
23: 2 Τοῦτον **εὕραμεν** διαστρέφοντα τὸ ἔθνος ἡμῶν καὶ κωλύοντα φόρους Καίσαρι διδόναι καὶ λέγοντα ἑαυτὸν Χριστὸν βασιλέα
23: 4 ὁ δὲ Πιλᾶτος εἶπεν πρὸς τοὺς ἀρχιερεῖς καὶ τοὺς ὄχλους, Οὐδὲν **εὑρίσκω** αἴτιον ἐν τῷ ἀνθρώπῳ τούτῳ.
23:14 καὶ ἰδοὺ ἐγὼ ἐνώπιον ὑμῶν ἀνακρίνας οὐθὲν **εὗρον** ἐν τῷ ἀνθρώπῳ τούτῳ αἴτιον ὧν κατηγορεῖτε κατ᾽ αὐτοῦ.
23:22 οὐδὲν αἴτιον θανάτου **εὗρον** ἐν αὐτῷ· παιδεύσας οὖν αὐτὸν ἀπολύσω.
24: 2 **εὗρον** δὲ τὸν λίθον ἀποκεκυλισμένον ἀπὸ τοῦ μνημείου,
24: 3 εἰσελθοῦσαι δὲ οὐχ **εὗρον** τὸ σῶμα τοῦ κυρίου Ἰησοῦ.
24:23 καὶ μὴ **εὑροῦσαι** τὸ σῶμα αὐτοῦ ἦλθον λέγουσαι καὶ ὀπτασίαν ἀγγέλων ἑωρακέναι,
24:24 καὶ ἀπῆλθόν τινες τῶν σὺν ἡμῖν ἐπὶ τὸ μνημεῖον καὶ **εὗρον** οὕτως καθὼς καὶ αἱ γυναῖκες εἶπον,
24:33 καὶ ἀναστάντες αὐτῇ τῇ ὥρᾳ ὑπέστρεψαν εἰς Ἰερουσαλὴμ καὶ **εὗρον** ἠθροισμένους τοὺς ἕνδεκα καὶ τοὺς σὺν αὐτοῖς,

Jn 1:41 **εὑρίσκει** οὗτος πρῶτον τὸν ἀδελφὸν τὸν ἴδιον Σίμωνα καὶ λέγει αὐτῷ, **Εὑρήκαμεν** τὸν Μεσσίαν, ὅ ἐστιν μεθερμηνευόμενον Χριστός·
1:43 Τῇ ἐπαύριον ἠθέλησεν ἐξελθεῖν εἰς τὴν Γαλιλαίαν καὶ **εὑρίσκει** Φίλιππον.
1:45 **εὑρίσκει** Φίλιππος τὸν Ναθαναὴλ καὶ λέγει αὐτῷ, Ὃν ἔγραψεν Μωϋσῆς ἐν τῷ νόμῳ καὶ οἱ προφῆται **εὑρήκαμεν,**
2:14 καὶ **εὗρεν** ἐν τῷ ἱερῷ τοὺς πωλοῦντας βόας καὶ πρόβατα καὶ περιστερὰς καὶ τοὺς κερματιστὰς καθημένους,
5:14 μετὰ ταῦτα **εὑρίσκει** αὐτὸν ὁ Ἰησοῦς ἐν τῷ ἱερῷ καὶ εἶπεν
6:25 καὶ **εὑρόντες** αὐτὸν πέραν τῆς θαλάσσης εἶπον αὐτῷ,
7:34 ζητήσετέ με καὶ οὐχ **εὑρήσετέ** [με,] καὶ ὅπου εἰμὶ ἐγὼ ὑμεῖς οὐ δύνασθε ἐλθεῖν.
7:35 Ποῦ οὗτος μέλλει πορεύεσθαι ὅτι ἡμεῖς οὐχ **εὑρήσομεν** αὐτόν;
7:36 τίς ἐστιν ὁ λόγος οὗτος ὃν εἶπεν, Ζητήσετέ με καὶ οὐχ **εὑρήσετέ** [με,]
9:35 Ἤκουσεν Ἰησοῦς ὅτι ἐξέβαλον αὐτὸν ἔξω καὶ **εὑρὼν** αὐτὸν εἶπεν,
10: 9 δι᾽ ἐμοῦ ἐάν τις εἰσέλθῃ σωθήσεται καὶ εἰσελεύσεται καὶ ἐξελεύσεται καὶ νομὴν **εὑρήσει.**
11:17 Ἐλθὼν οὖν ὁ Ἰησοῦς **εὗρεν** αὐτὸν τέσσαρας ἤδη ἡμέρας ἔχοντα ἐν τῷ μνημείῳ.
12:14 **εὑρὼν** δὲ ὁ Ἰησοῦς ὀνάριον ἐκάθισεν ἐπ᾽ αὐτό,
18:38 Καὶ τοῦτο εἰπὼν πάλιν ἐξῆλθεν πρὸς τοὺς Ἰουδαίους καὶ λέγει αὐτοῖς, Ἐγὼ οὐδεμίαν **εὑρίσκω** ἐν αὐτῷ αἰτίαν.
19: 4 ἵνα γνῶτε ὅτι οὐδεμίαν αἰτίαν **εὑρίσκω** ἐν αὐτῷ.
19: 6 Λάβετε αὐτὸν ὑμεῖς καὶ σταυρώσατε· ἐγὼ γὰρ οὐχ **εὑρίσκω** ἐν αὐτῷ αἰτίαν.
21: 6 Βάλετε εἰς τὰ δεξιὰ μέρη τοῦ πλοίου τὸ δίκτυον, καὶ **εὑρήσετε.**

Ac 4:21 μηδὲν **εὑρίσκοντες** τὸ πῶς κολάσωνται αὐτούς, διὰ τὸν λαόν,
5:10 εἰσελθόντες δὲ οἱ νεανίσκοι **εὗρον** αὐτὴν νεκρὰν καὶ ἐξενέγκαντες ἔθαψαν πρὸς τὸν ἄνδρα αὐτῆς,
5:22 οἱ δὲ παραγενόμενοι ὑπηρέται οὐχ **εὗρον** αὐτοὺς ἐν τῇ φυλακῇ·
5:23 λέγοντες ὅτι Τὸ δεσμωτήριον **εὕρομεν** κεκλεισμένον ἐν πάσῃ ἀσφαλείᾳ καὶ τοὺς φύλακας ἑστῶτας ἐπὶ τῶν θυρῶν, ἀνοίξαντες δὲ ἔσω οὐδένα **εὕρομεν.**
5:39 οὐ δυνήσεσθε καταλῦσαι αὐτούς, μήποτε καὶ θεομάχοι **εὑρεθῆτε.**
7:11 ἦλθεν δὲ λιμὸς ἐφ᾽ ὅλην τὴν Αἴγυπτον καὶ Χανάαν καὶ θλῖψις μεγάλη, καὶ οὐχ **ηὕρισκον** χορτάσματα οἱ πατέρες ἡμῶν.
7:46 ὃς **εὗρεν** χάριν ἐνώπιον τοῦ θεοῦ καὶ ᾐτήσατο **εὑρεῖν** σκήνωμα τῷ οἴκῳ Ἰακώβ.
8:40 Φίλιππος δὲ **εὑρέθη** εἰς Ἄζωτον· καὶ διερχόμενος εὐηγγελίζετο τὰς πόλεις πάσας
9: 2 ὅπως ἐάν τινας **εὕρῃ** τῆς ὁδοῦ ὄντας, ἄνδρας τε καὶ γυναῖκας,
9:33 **εὗρεν** δὲ ἐκεῖ ἄνθρωπόν τινα ὀνόματι Αἰνέαν ἐξ ἐτῶν ὀκτὼ κατακείμενον ἐπὶ κραβάττου,
10:27 καὶ συνομιλῶν αὐτῷ εἰσῆλθεν καὶ **εὑρίσκει** συνεληλυθότας πολλούς,
11:26 καὶ **εὑρὼν** ἤγαγεν εἰς Ἀντιόχειαν. ἐγένετο δὲ αὐτοῖς καὶ ἐνιαυτὸν ὅλον συναχθῆναι ἐν τῇ ἐκκλησίᾳ καὶ διδάξαι ὄχλον
12:19 Ἡρῴδης δὲ ἐπιζητήσας αὐτὸν καὶ μὴ **εὑρών,** ἀνακρίνας τοὺς φύλακας ἐκέλευσεν ἀπαχθῆναι,
13: 6 διελθόντες δὲ ὅλην τὴν νῆσον ἄχρι Πάφου **εὗρον** ἄνδρα τινὰ μάγον ψευδοπροφήτην Ἰουδαῖον ᾧ ὄνομα Βαριησοῦ
13:22 **Εὗρον** Δαυὶδ τὸν τοῦ Ἰεσσαί, ἄνδρα κατὰ τὴν καρδίαν μου,
13:28 καὶ μηδεμίαν αἰτίαν θανάτου **εὑρόντες** ᾐτήσαντο Πιλᾶτον ἀναιρεθῆναι αὐτόν.
17: 6 μὴ **εὑρόντες** δὲ αὐτοὺς ἔσυρον Ἰάσονα καί τινας ἀδελφοὺς ἐπὶ τοὺς πολιτάρχας βοῶντες
17:23 διερχόμενος γὰρ καὶ ἀναθεωρῶν τὰ σεβάσματα ὑμῶν **εὗρον** καὶ βωμὸν ἐν ᾧ ἐπεγέγραπτο,
17:27 ζητεῖν τὸν θεόν, εἰ ἄρα γε ψηλαφήσειαν αὐτὸν καὶ **εὕροιεν,**
18: 2 καὶ **εὑρών** τινα Ἰουδαῖον ὀνόματι Ἀκύλαν, Ποντικὸν τῷ γένει προσφάτως ἐληλυθότα ἀπὸ τῆς Ἰταλίας καὶ Πρίσκιλλαν
19: 1 Παῦλον διελθόντα τὰ ἀνωτερικὰ μέρη [κατ]ελθεῖν εἰς Ἔφεσον καὶ **εὑρεῖν** τινας μαθητὰς
19:19 καὶ συνεψήφισαν τὰς τιμὰς αὐτῶν καὶ **εὗρον** ἀργυρίου μυριάδας πέντε.
21: 2 καὶ **εὑρόντες** πλοῖον διαπερῶν εἰς Φοινίκην ἐπιβάντες ἀνήχθημεν.
23: 9 τινὲς τῶν γραμματέων τοῦ μέρους τῶν Φαρισαίων διεμάχοντο λέγοντες, Οὐδὲν κακὸν **εὑρίσκομεν** ἐν τῷ ἀνθρώπῳ τούτῳ·
23:29 ὃν **εὗρον** ἐγκαλούμενον περὶ ζητημάτων τοῦ νόμου αὐτῶν,
24: 5 **εὑρόντες** γὰρ τὸν ἄνδρα τοῦτον λοιμὸν καὶ κινοῦντα στάσεις πᾶσιν τοῖς Ἰουδαίοις τοῖς κατὰ τὴν οἰκουμένην
24:12 καὶ οὔτε ἐν τῷ ἱερῷ **εὗρόν** με πρός τινα διαλεγόμενον ἢ ἐπίστασιν ποιοῦντα ὄχλου οὔτε ἐν ταῖς συναγωγαῖς
24:18 ἐν αἷς **εὗρόν** με ἡγνισμένον ἐν τῷ ἱερῷ οὐ μετὰ ὄχλου οὐδὲ μετὰ θορύβου,
24:20 ἢ αὐτοὶ οὗτοι εἰπάτωσαν τί **εὗρον** ἀδίκημα στάντος μου ἐπὶ τοῦ συνεδρίου,
27: 6 κἀκεῖ **εὑρὼν** ὁ ἑκατοντάρχης πλοῖον Ἀλεξανδρῖνον πλέον εἰς τὴν Ἰταλίαν ἐνεβίβασεν ἡμᾶς εἰς αὐτό.
27:28 καὶ βολίσαντες **εὗρον** ὀργυιὰς εἴκοσι, βραχὺ δὲ διαστήσαντες καὶ πάλιν βολίσαντες **εὗρον** ὀργυιὰς δεκαπέντε·
28:14 οὗ **εὑρόντες** ἀδελφοὺς παρεκλήθημεν παρ᾽ αὐτοῖς ἐπιμεῖναι ἡμέρας ἑπτά·

Ro 4: 1 Τί οὖν ἐροῦμεν **εὑρηκέναι** Ἀβραὰμ τὸν προπάτορα ἡμῶν κατὰ σάρκα;

7:10 ἐγὼ δὲ ἀπέθανον καὶ **εὑρέθη** μοι ἡ ἐντολὴ ἡ εἰς ζωήν,
7:21 **Εὑρίσκω** ἄρα τὸν νόμον, τῷ θέλοντι ἐμοὶ ποιεῖν τὸ καλόν,
10:20 Ἠσαΐας δὲ ἀποτολμᾷ καὶ λέγει, **Εὑρέθην** [ἐν] τοῖς ἐμὲ μὴ ζητοῦσιν,
1Co 4: 2 ὧδε λοιπὸν ζητεῖται ἐν τοῖς οἰκονόμοις, ἵνα πιστός τις **εὑρεθῇ.**
15:15 **εὑρισκόμεθα** δὲ καὶ ψευδομάρτυρες τοῦ θεοῦ, ὅτι ἐμαρτυρήσαμεν κατὰ τοῦ θεοῦ ὅτι ἤγειρεν τὸν Χριστόν,
2Co 2:13 οὐκ ἔσχηκα ἄνεσιν τῷ πνεύματί μου τῷ μὴ **εὑρεῖν** με Τίτον
5: 3 εἴ γε καὶ ἐκδυσάμενοι οὐ γυμνοὶ **εὑρεθησόμεθα.**
9: 4 μή πως ἐὰν ἔλθωσιν σὺν ἐμοὶ Μακεδόνες καὶ **εὕρωσιν** ὑμᾶς ἀπαρασκευάστους καταισχυνθῶμεν ἡμεῖς,
11:12 ἵνα ἐν ᾧ καυχῶνται **εὑρεθῶσιν** καθὼς καὶ ἡμεῖς.
12:20 φοβοῦμαι γὰρ μή πως ἐλθὼν οὐχ οἵους θέλω **εὕρω** ὑμᾶς κἀγὼ **εὑρεθῶ** ὑμῖν οἷον οὐ θέλετε·
Gal 2:17 εἰ δὲ ζητοῦντες δικαιωθῆναι ἐν Χριστῷ **εὑρέθημεν** καὶ αὐτοὶ ἁμαρτωλοί,
Php 2: 7 ἐν ὁμοιώματι ἀνθρώπων γενόμενος· καὶ σχήματι **εὑρεθεὶς** ὡς ἄνθρωπος
3: 9 καὶ **εὑρεθῶ** ἐν αὐτῷ, μὴ ἔχων ἐμὴν δικαιοσύνην τὴν ἐκ νόμου ἀλλὰ τὴν διὰ πίστεως Χριστοῦ,
2Ti 1:17 ἀλλὰ γενόμενος ἐν Ῥώμῃ σπουδαίως ἐζήτησέν με καὶ **εὗρεν·**
1:18 δῴη αὐτῷ ὁ κύριος **εὑρεῖν** ἔλεος παρὰ κυρίου ἐν ἐκείνῃ τῇ ἡμέρᾳ.
Heb 4:16 ἵνα λάβωμεν ἔλεος καὶ χάριν **εὕρωμεν** εἰς εὔκαιρον βοήθειαν.
9:12 οὐδὲ δι᾽ αἵματος τράγων καὶ μόσχων διὰ δὲ τοῦ ἰδίου αἵματος εἰσῆλθεν ἐφάπαξ εἰς τὰ ἅγια αἰωνίαν λύτρωσιν **εὑράμενος.**
11: 5 καὶ οὐχ **ηὑρίσκετο** διότι μετέθηκεν αὐτὸν ὁ θεός.
12:17 μετανοίας γὰρ τόπον οὐχ **εὗρεν** καίπερ μετὰ δακρύων ἐκζητήσας αὐτήν.
1Pe 1: 7 **εὑρεθῇ** εἰς ἔπαινον καὶ δόξαν καὶ τιμὴν ἐν ἀποκαλύψει Ἰησοῦ Χριστοῦ·
2:22 ὃς ἁμαρτίαν οὐκ ἐποίησεν οὐδὲ **εὑρέθη** δόλος ἐν τῷ στόματι αὐτοῦ,
2Pe 3:10 οἱ οὐρανοὶ ῥοιζηδὸν παρελεύσονται στοιχεῖα δὲ καυσούμενα λυθήσεται καὶ γῆ καὶ τὰ ἐν αὐτῇ ἔργα **εὑρεθήσεται.**
3:14 ταῦτα προσδοκῶντες σπουδάσατε ἄσπιλοι καὶ ἀμώμητοι αὐτῷ **εὑρεθῆναι** ἐν εἰρήνῃ
2Jn 1: 4 Ἐχάρην λίαν ὅτι **εὕρηκα** ἐκ τῶν τέκνων σου περιπατοῦντας ἐν ἀληθείᾳ,
Rev 2: 2 καὶ ἐπείρασας τοὺς λέγοντας ἑαυτοὺς ἀποστόλους καὶ οὐκ εἰσὶν καὶ **εὗρες** αὐτοὺς ψευδεῖς,
3: 2 οὐ γὰρ **εὕρηκά** σου τὰ ἔργα πεπληρωμένα ἐνώπιον τοῦ θεοῦ μου.
5: 4 ὅτι οὐδεὶς ἄξιος **εὑρέθη** ἀνοῖξαι τὸ βιβλίον οὔτε βλέπειν αὐτό.
9: 6 καὶ ἐν ταῖς ἡμέραις ἐκείναις ζητήσουσιν οἱ ἄνθρωποι τὸν θάνατον καὶ οὐ μὴ **εὑρήσουσιν** αὐτόν,
12: 8 καὶ οὐκ ἴσχυσεν οὐδὲ τόπος **εὑρέθη** αὐτῶν ἔτι ἐν τῷ οὐρανῷ.
14: 5 καὶ ἐν τῷ στόματι αὐτῶν οὐχ **εὑρέθη** ψεῦδος,
16:20 καὶ πᾶσα νῆσος ἔφυγεν καὶ ὄρη οὐχ **εὑρέθησαν.**
18:14 καὶ πάντα τὰ λιπαρὰ καὶ τὰ λαμπρὰ ἀπώλετο ἀπὸ σοῦ καὶ οὐκέτι οὐ μὴ αὐτὰ **εὑρήσουσιν.**
18:21 Οὕτως ὁρμήματι βληθήσεται Βαβυλὼν ἡ μεγάλη πόλις καὶ οὐ μὴ **εὑρεθῇ** ἔτι.
18:22 καὶ πᾶς τεχνίτης πάσης τέχνης οὐ μὴ **εὑρεθῇ** ἐν σοὶ ἔτι,
18:24 καὶ ἐν αὐτῇ αἷμα προφητῶν καὶ ἁγίων **εὑρέθη** καὶ πάντων τῶν ἐσφαγμένων ἐπὶ τῆς γῆς.
20:11 οὗ ἀπὸ τοῦ προσώπου ἔφυγεν ἡ γῆ καὶ ὁ οὐρανὸς καὶ τόπος οὐχ **εὑρέθη** αὐτοῖς.
20:15 καὶ εἴ τις οὐχ **εὑρέθη** ἐν τῇ βίβλῳ τῆς ζωῆς γεγραμμένος,

2352 εὐροκλύδων Not used in UBS/NIV

√ *3114*

2353 εὐρύχωρος [1]

√ *6003*

Mt 7:13 ὅτι πλατεῖα ἡ πύλη καὶ **εὐρύχωρος** ἡ ὁδὸς ἡ ἀπάγουσα εἰς τὴν ἀπώλειαν καὶ πολλοί εἰσιν οἱ εἰσερχόμενοι δι᾽ αὐτῆς·

2354 εὐσέβεια [15]

√ *2292 + 4936*

Ac 3:12 τί θαυμάζετε ἐπὶ τούτῳ ἢ ἡμῖν τί ἀτενίζετε ὡς ἰδίᾳ δυνάμει ἢ **εὐσεβείᾳ** πεποιηκόσιν τοῦ περιπατεῖν αὐτόν;
1Ti 2: 2 ἵνα ἤρεμον καὶ ἡσύχιον βίον διάγωμεν ἐν πάσῃ **εὐσεβείᾳ** καὶ σεμνότητι.
3:16 καὶ ὁμολογουμένως μέγα ἐστὶν τὸ τῆς **εὐσεβείας** μυστήριον·
4: 7 τοὺς δὲ βεβήλους καὶ γραώδεις μύθους παραιτοῦ. γύμναζε δὲ σεαυτὸν πρὸς **εὐσέβειαν·**
4: 8 ἡ δὲ **εὐσέβεια** πρὸς πάντα ὠφέλιμός ἐστιν ἐπαγγελίαν ἔχουσα ζωῆς τῆς νῦν καὶ τῆς μελλούσης.
6: 3 εἴ τις ἑτεροδιδασκαλεῖ καὶ μὴ προσέρχεται ὑγιαίνουσιν λόγοις τοῖς τοῦ κυρίου ἡμῶν Ἰησοῦ Χριστοῦ καὶ τῇ κατ᾽ **εὐσέβειαν** διδασκαλίᾳ,
6: 5 διαπαρατριβαὶ διεφθαρμένων ἀνθρώπων τὸν νοῦν καὶ ἀπεστερημένων τῆς ἀληθείας, νομιζόντων πορισμὸν εἶναι τὴν **εὐσέβειαν.**
6: 6 ἔστιν δὲ πορισμὸς μέγας ἡ **εὐσέβεια** μετὰ αὐταρκείας·
6:11 δίωκε δὲ δικαιοσύνην **εὐσέβειαν** πίστιν, ἀγάπην ὑπομονὴν πραϋπαθίαν.
2Ti 3: 5 ἔχοντες μόρφωσιν **εὐσεβείας** τὴν δὲ δύναμιν αὐτῆς ἠρνημένοι·
Tit 1: 1 ἀπόστολος δὲ Ἰησοῦ Χριστοῦ κατὰ πίστιν ἐκλεκτῶν θεοῦ καὶ ἐπίγνωσιν ἀληθείας τῆς κατ᾽ **εὐσέβειαν**
2Pe 1: 3 Ὡς πάντα ἡμῖν τῆς θείας δυνάμεως αὐτοῦ τὰ πρὸς ζωὴν καὶ **εὐσέβειαν** δεδωρημένης διὰ τῆς ἐπιγνώσεως τοῦ καλέσαντος
1: 6 ἐν δὲ τῇ ἐγκρατείᾳ τὴν ὑπομονήν, ἐν δὲ τῇ ὑπομονῇ τὴν **εὐσέβειαν,**
1: 7 ἐν δὲ τῇ **εὐσεβείᾳ** τὴν φιλαδελφίαν, ἐν δὲ τῇ φιλαδελφίᾳ τὴν ἀγάπην.
3:11 τούτων οὕτως πάντων λυομένων ποταποὺς δεῖ ὑπάρχειν [ὑμᾶς] ἐν ἁγίαις ἀναστροφαῖς καὶ **εὐσεβείαις,**

2355 εὐσεβέω [2]

√ *2292 + 4936*

Ac 17:23 ὃ οὖν ἀγνοοῦντες **εὐσεβεῖτε,** τοῦτο ἐγὼ καταγγέλλω ὑμῖν.
1Ti 5: 4 μανθανέτωσαν πρῶτον τὸν ἴδιον οἶκον **εὐσεβεῖν** καὶ ἀμοιβὰς ἀποδιδόναι τοῖς προγόνοις·

2356 εὐσεβής [3]

√ *2292 + 4936*

Ac 10: 2 **εὐσεβὴς** καὶ φοβούμενος τὸν θεὸν σὺν παντὶ τῷ οἴκῳ αὐτοῦ,
10: 7 φωνήσας δύο τῶν οἰκετῶν καὶ στρατιώτην **εὐσεβῆ** τῶν προσκαρτερούντων αὐτῷ
2Pe 2: 9 οἶδεν κύριος **εὐσεβεῖς** ἐκ πειρασμοῦ ῥύεσθαι, ἀδίκους δὲ εἰς ἡμέραν κρίσεως κολαζομένους τηρεῖν,

2357 εὐσεβῶς [2]

√ *2292 + 4936*

2Ti 3:12 καὶ πάντες δὲ οἱ θέλοντες **εὐσεβῶς** ζῆν ἐν Χριστῷ Ἰησοῦ διωχθήσονται.
Tit 2:12 ἵνα ἀρνησάμενοι τὴν ἀσέβειαν καὶ τὰς κοσμικὰς ἐπιθυμίας σωφρόνως καὶ δικαίως καὶ **εὐσεβῶς** ζήσωμεν ἐν τῷ νῦν αἰῶνι,

2358 εὔσημος [1]

√ *2292 + 4956*

1Co 14: 9 οὕτως καὶ ὑμεῖς διὰ τῆς γλώσσης ἐὰν μὴ **εὔσημον** λόγον δῶτε,

2359 εὔσπλαγχνος [2]

√ *2292 + 5073*

Eph 4:32 γίνεσθε [δὲ] εἰς ἀλλήλους χρηστοί, **εὔσπλαγχνοι,** χαριζόμενοι ἑαυτοῖς,
1Pe 3: 8 Τὸ δὲ τέλος πάντες ὁμόφρονες, συμπαθεῖς, φιλάδελφοι, **εὔσπλαγχνοι,** ταπεινόφρονες,

2360 εὐσχημονέω Not used in UBS/NIV

√ *2292 + 5386*

2361 εὐσχημόνως [3]

√ *2292 + 5386*

Ro 13:13 ὡς ἐν ἡμέρᾳ **εὐσχημόνως** περιπατήσωμεν, μὴ κώμοις καὶ μέθαις,
1Co 14:40 πάντα δὲ **εὐσχημόνως** καὶ κατὰ τάξιν γινέσθω.
1Th 4:12 ἵνα περιπατῆτε **εὐσχημόνως** πρὸς τοὺς ἔξω καὶ μηδενὸς χρείαν ἔχητε.

2362 εὐσχημοσύνη [1]

√ *2292 + 5386*

1Co 12:23 καὶ ἃ δοκοῦμεν ἀτιμότερα εἶναι τοῦ σώματος τούτοις τιμὴν περισσοτέραν περιτίθεμεν, καὶ τὰ ἀσχήμονα ἡμῶν **εὐσχημοσύνην** περισσοτέραν ἔχει,

2363 εὐσχήμων [5]

√ *2292 + 5386*

Mk 15:43 ἐλθὼν Ἰωσὴφ [ὁ] ἀπὸ Ἀριμαθαίας **εὐσχήμων** βουλευτής, ὃς καὶ αὐτὸς ἦν προσδεχόμενος τὴν βασιλείαν τοῦ θεοῦ,

Ac 13:50 οἱ δὲ Ἰουδαῖοι παρώτρυναν τὰς σεβομένας γυναῖκας τὰς **εὐσχήμονας** καὶ τοὺς πρώτους τῆς πόλεως

17:12 πολλοὶ μὲν οὖν ἐξ αὐτῶν ἐπίστευσαν καὶ τῶν Ἑλληνίδων γυναικῶν τῶν **εὐσχημόνων** καὶ ἀνδρῶν οὐκ ὀλίγοι.

1Co 7:35 οὐχ ἵνα βρόχον ὑμῖν ἐπιβάλω ἀλλὰ πρὸς τὸ **εὔσχημον** καὶ εὐπάρεδρον τῷ κυρίῳ ἀπερισπάστως.

12:24 τὰ δὲ **εὐσχήμονα** ἡμῶν οὐ χρείαν ἔχει. ἀλλὰ ὁ θεὸς συνεκέρασεν τὸ σῶμα τῷ ὑστερουμένῳ περισσοτέραν δοὺς τιμήν,

2364 εὐτόνως [2]

√ *1753; cf. 2292*

Lk 23:10 εἱστήκεισαν δὲ οἱ ἀρχιερεῖς καὶ οἱ γραμματεῖς **εὐτόνως** κατηγοροῦντες αὐτοῦ.

Ac 18:28 **εὐτόνως** γὰρ τοῖς Ἰουδαίοις διακατηλέγχετο δημοσίᾳ ἐπιδεικνὺς διὰ τῶν γραφῶν εἶναι τὸν Χριστὸν Ἰησοῦν.

2365 εὐτραπελία [1]

√ *2292 + 5572*

Eph 5: 4 καὶ αἰσχρότης καὶ μωρολογία ἢ **εὐτραπελία,** ἃ οὐκ ἀνῆκεν,

2366 Εὔτυχος [1]

√ *2292 + 5593*

Ac 20: 9 καθεζόμενος δέ τις νεανίας ὀνόματι **Εὔτυχος** ἐπὶ τῆς θυρίδος,

2367 εὐφημία [1]

√ *2292 + 5774*

2Co 6: 8 διὰ δόξης καὶ ἀτιμίας, διὰ δυσφημίας καὶ **εὐφημίας·**

2368 εὔφημος [1]

√ *2292 + 5774*

Php 4: 8 ὅσα δίκαια, ὅσα ἁγνά, ὅσα προσφιλῆ, ὅσα **εὔφημα,**

2369 εὐφορέω [1]

√ *2292 + 5770*

Lk 12:16 Εἶπεν δὲ παραβολὴν πρὸς αὐτοὺς λέγων, Ἀνθρώπου τινὸς πλουσίου **εὐφόρησεν** ἡ χώρα.

2370 εὐφραίνω [14]

→ *2371, 2372; cf. 2292 + 5856*

Lk 12:19 ἔχεις πολλὰ ἀγαθὰ κείμενα εἰς ἔτη πολλά· ἀναπαύου, φάγε, πίε, **εὐφραίνου.**

15:23 καὶ φέρετε τὸν μόσχον τὸν σιτευτόν, θύσατε, καὶ φαγόντες **εὐφρανθῶμεν,**

15:24 ὅτι οὗτος ὁ υἱός μου νεκρὸς ἦν καὶ ἀνέζησεν, ἦν ἀπολωλὼς καὶ εὑρέθη. καὶ ἤρξαντο **εὐφραίνεσθαι.**

15:29 καὶ ἐμοὶ οὐδέποτε ἔδωκας ἔριφον ἵνα μετὰ τῶν φίλων μου **εὐφρανθῶ·**

15:32 **εὐφρανθῆναι** δὲ καὶ χαρῆναι ἔδει, ὅτι ὁ ἀδελφός σου οὗτος νεκρὸς ἦν καὶ ἔζησεν,

16:19 καὶ ἐνεδιδύσκετο πορφύραν καὶ βύσσον **εὐφραινόμενος** καθ' ἡμέραν λαμπρῶς.

Ac 2:26 διὰ τοῦτο **ηὐφράνθη** ἡ καρδία μου καὶ ἠγαλλιάσατο ἡ γλῶσσά

7:41 ἐμοσχοποίησαν ἐν ταῖς ἡμέραις ἐκείναις καὶ ἀνήγαγον θυσίαν τῷ εἰδώλῳ καὶ **εὐφραίνοντο** ἐν τοῖς ἔργοις τῶν χειρῶν αὐτῶν.

Ro 15:10 καὶ πάλιν λέγει, **Εὐφράνθητε,** ἔθνη, μετὰ τοῦ λαοῦ αὐτοῦ.

2Co 2: 2 καὶ τίς ὁ **εὐφραίνων** με εἰ μὴ ὁ λυπούμενος ἐξ ἐμοῦ;

Gal 4:27 γέγραπται γάρ, **Εὐφράνθητι,** στεῖρα ἡ οὐ τίκτουσα, ῥῆξον καὶ βόησον,

Rev 11:10 καὶ οἱ κατοικοῦντες ἐπὶ τῆς γῆς χαίρουσιν ἐπ' αὐτοῖς καὶ **εὐφραίνονται** καὶ δῶρα πέμψουσιν ἀλλήλοις,

12:12 διὰ τοῦτο **εὐφραίνεσθε,** [οἱ] οὐρανοὶ καὶ οἱ ἐν αὐτοῖς σκηνοῦντες.

18:20 **Εὐφραίνου** ἐπ' αὐτῇ, οὐρανὲ καὶ οἱ ἅγιοι καὶ οἱ ἀπόστολοι καὶ οἱ προφῆται,

2371 Εὐφράτης [2]

√ *2370*

Rev 9:14 Λῦσον τοὺς τέσσαρας ἀγγέλους τοὺς δεδεμένους ἐπὶ τῷ ποταμῷ τῷ μεγάλῳ **Εὐφράτῃ.**

16:12 Καὶ ὁ ἕκτος ἐξέχεεν τὴν φιάλην αὐτοῦ ἐπὶ τὸν ποταμὸν τὸν μέγαν τὸν **Εὐφράτην,**

2372 εὐφροσύνη [2]

√ *2370*

Ac 2:28 ἐγνώρισάς μοι ὁδοὺς ζωῆς, πληρώσεις με **εὐφροσύνης** μετὰ τοῦ προσώπου σου.

14:17 οὐρανόθεν ὑμῖν ὑετοὺς διδοὺς καὶ καιροὺς καρποφόρους, ἐμπιπλῶν τροφῆς καὶ **εὐφροσύνης** τὰς καρδίας ὑμῶν.

2373 εὐχαριστέω [38]

√ *2292 + 5897*

Mt 15:36 ἔλαβεν τοὺς ἑπτὰ ἄρτους καὶ τοὺς ἰχθύας καὶ **εὐχαριστήσας** ἔκλασεν καὶ ἐδίδου τοῖς μαθηταῖς,

26:27 καὶ λαβὼν ποτήριον καὶ **εὐχαριστήσας** ἔδωκεν αὐτοῖς λέγων,

Mk 8: 6 καὶ λαβὼν τοὺς ἑπτὰ ἄρτους **εὐχαριστήσας** ἔκλασεν καὶ ἐδίδου τοῖς μαθηταῖς αὐτοῦ ἵνα παρατιθῶσιν,

14:23 καὶ λαβὼν ποτήριον **εὐχαριστήσας** ἔδωκεν αὐτοῖς, καὶ ἔπιον ἐξ αὐτοῦ πάντες.

Lk 17:16 καὶ ἔπεσεν ἐπὶ πρόσωπον παρὰ τοὺς πόδας αὐτοῦ **εὐχαριστῶν** αὐτῷ·

18:11 **εὐχαριστῶ** σοι ὅτι οὐκ εἰμὶ ὥσπερ οἱ λοιποὶ τῶν ἀνθρώπων,

22:17 καὶ δεξάμενος ποτήριον **εὐχαριστήσας** εἶπεν, Λάβετε τοῦτο καὶ διαμερίσατε εἰς ἑαυτούς·

22:19 καὶ λαβὼν ἄρτον **εὐχαριστήσας** ἔκλασεν καὶ ἔδωκεν αὐτοῖς λέγων,

Jn 6:11 ἔλαβεν οὖν τοὺς ἄρτους ὁ Ἰησοῦς καὶ **εὐχαριστήσας** διέδωκεν τοῖς ἀνακειμένοις ὁμοίως καὶ ἐκ τῶν ὀψαρίων ὅσον ἤθελον.

6:23 ἄλλα ἦλθεν πλοιά[ρια] ἐκ Τιβεριάδος ἐγγὺς τοῦ τόπου ὅπου ἔφαγον τὸν ἄρτον **εὐχαριστήσαντος** τοῦ κυρίου.

11:41 ὁ δὲ Ἰησοῦς ἦρεν τοὺς ὀφθαλμοὺς ἄνω καὶ εἶπεν, Πάτερ, **εὐχαριστῶ** σοι ὅτι ἤκουσάς μου.

Ac 27:35 εἴπας δὲ ταῦτα καὶ λαβὼν ἄρτον **εὐχαρίστησεν** τῷ θεῷ ἐνώπιον πάντων καὶ κλάσας ἤρξατο ἐσθίειν.

28:15 ἦλθαν εἰς ἀπάντησιν ἡμῖν ἄχρι Ἀππίου Φόρου καὶ Τριῶν οὓς ἰδὼν ὁ Παῦλος **εὐχαριστήσας** τῷ θεῷ ἔλαβε θάρσος.

Ro 1: 8 Πρῶτον μὲν **εὐχαριστῶ** τῷ θεῷ μου διὰ Ἰησοῦ Χριστοῦ περὶ πάντων ὑμῶν ὅτι ἡ πίστις ὑμῶν καταγγέλλεται

1:21 διότι γνόντες τὸν θεὸν οὐχ ὡς θεὸν ἐδόξασαν ἢ **ηὐχαρίστησαν,**

14: 6 καὶ ὁ ἐσθίων κυρίῳ ἐσθίει, **εὐχαριστεῖ** γὰρ τῷ θεῷ· καὶ ὁ μὴ ἐσθίων κυρίῳ οὐκ ἐσθίει καὶ **εὐχαριστεῖ** τῷ θεῷ.

16: 4 οἷς οὐκ ἐγὼ μόνος **εὐχαριστῶ** ἀλλὰ καὶ πᾶσαι αἱ ἐκκλησίαι τῶν ἐθνῶν,

1Co 1: 4 **Εὐχαριστῶ** τῷ θεῷ μου πάντοτε περὶ ὑμῶν ἐπὶ τῇ χάριτι τοῦ θεοῦ τῇ δοθείσῃ ὑμῖν ἐν Χριστῷ Ἰησοῦ,

1:14 **εὐχαριστῶ** [τῷ θεῷ] ὅτι οὐδένα ὑμῶν ἐβάπτισα εἰ μὴ Κρίσπον καὶ Γάϊον,

10:30 εἰ ἐγὼ χάριτι μετέχω, τί βλασφημοῦμαι ὑπὲρ οὗ ἐγὼ **εὐχαριστῶ;**

11:24 καὶ **εὐχαριστήσας** ἔκλασεν καὶ εἶπεν, Τοῦτό μού ἐστιν τὸ σῶμα τὸ ὑπὲρ ὑμῶν·

14:17 σὺ μὲν γὰρ καλῶς **εὐχαριστεῖς** ἀλλ' ὁ ἕτερος οὐκ οἰκοδομεῖται.

14:18 **εὐχαριστῶ** τῷ θεῷ, πάντων ὑμῶν μᾶλλον γλώσσαις λαλῶ·

2Co 1:11 ἵνα ἐκ πολλῶν προσώπων τὸ εἰς ἡμᾶς χάρισμα διὰ πολλῶν **εὐχαριστηθῇ** ὑπὲρ ἡμῶν.

Eph 1:16 οὐ παύομαι **εὐχαριστῶν** ὑπὲρ ὑμῶν μνείαν ποιούμενος ἐπὶ τῶν προσευχῶν μου,

5:20 **εὐχαριστοῦντες** πάντοτε ὑπὲρ πάντων ἐν ὀνόματι τοῦ κυρίου ἡμῶν Ἰησοῦ Χριστοῦ τῷ θεῷ καὶ πατρί.
Php 1: 3 **Εὐχαριστῶ** τῷ θεῷ μου ἐπὶ πάσῃ τῇ μνείᾳ ὑμῶν
Col 1: 3 **Εὐχαριστοῦμεν** τῷ θεῷ πατρὶ τοῦ κυρίου ἡμῶν Ἰησοῦ Χριστοῦ πάντοτε περὶ ὑμῶν προσευχόμενοι,
1:12 **εὐχαριστοῦντες** τῷ πατρὶ τῷ ἱκανώσαντι ὑμᾶς εἰς τὴν μερίδα τοῦ κλήρου τῶν ἁγίων ἐν τῷ φωτί·
3:17 πάντα ἐν ὀνόματι κυρίου Ἰησοῦ, **εὐχαριστοῦντες** τῷ θεῷ πατρὶ δι᾽ αὐτοῦ.
1Th 1: 2 **Εὐχαριστοῦμεν** τῷ θεῷ πάντοτε περὶ πάντων ὑμῶν μνείαν ποιούμενοι ἐπὶ τῶν προσευχῶν ἡμῶν,
2:13 Καὶ διὰ τοῦτο καὶ ἡμεῖς **εὐχαριστοῦμεν** τῷ θεῷ ἀδιαλείπτως,
5:18 ἐν παντὶ **εὐχαριστεῖτε·** τοῦτο γὰρ θέλημα θεοῦ ἐν Χριστῷ Ἰησοῦ εἰς ὑμᾶς.
2Th 1: 3 **Εὐχαριστεῖν** ὀφείλομεν τῷ θεῷ πάντοτε περὶ ὑμῶν, ἀδελφοί,
2:13 Ἡμεῖς δὲ ὀφείλομεν **εὐχαριστεῖν** τῷ θεῷ πάντοτε περὶ ὑμῶν,
Phm 1: 4 **Εὐχαριστῶ** τῷ θεῷ μου πάντοτε μνείαν σου ποιούμενος ἐπὶ τῶν προσευχῶν μου,
Rev 11:17 λέγοντες, **Εὐχαριστοῦμέν** σοι, κύριε ὁ θεὸς ὁ παντοκράτωρ,

2374 εὐχαριστία [15]

√ 2292 + 5897

Ac 24: 3 πάντῃ τε καὶ πανταχοῦ ἀποδεχόμεθα, κράτιστε Φῆλιξ, μετὰ πάσης **εὐχαριστίας.**
1Co 14:16 ὁ ἀναπληρῶν τὸν τόπον τοῦ ἰδιώτου πῶς ἐρεῖ τὸ Ἀμήν ἐπὶ τῇ σῇ **εὐχαριστίᾳ;**
2Co 4:15 ἵνα ἡ χάρις πλεονάσασα διὰ τῶν πλειόνων τὴν **εὐχαριστίαν** περισσεύσῃ εἰς τὴν δόξαν τοῦ θεοῦ.
9:11 ἐν παντὶ πλουτιζόμενοι εἰς πᾶσαν ἁπλότητα, ἥτις κατεργάζεται δι᾽ ἡμῶν **εὐχαριστίαν** τῷ θεῷ·
9:12 ἀλλὰ καὶ περισσεύουσα διὰ πολλῶν **εὐχαριστιῶν** τῷ θεῷ·
Eph 5: 4 καὶ αἰσχρότης καὶ μωρολογία ἢ εὐτραπελία, ἃ οὐκ ἀνῆκεν, ἀλλὰ μᾶλλον **εὐχαριστία.**
Php 4: 6 ἀλλ᾽ ἐν παντὶ τῇ προσευχῇ καὶ τῇ δεήσει μετὰ **εὐχαριστίας** τὰ αἰτήματα ὑμῶν γνωριζέσθω πρὸς τὸν θεόν.
Col 2: 7 ἐρριζωμένοι καὶ ἐποικοδομούμενοι ἐν αὐτῷ καὶ βεβαιούμενοι τῇ πίστει καθὼς ἐδιδάχθητε, περισσεύοντες ἐν **εὐχαριστίᾳ.**
4: 2 Τῇ προσευχῇ προσκαρτερεῖτε, γρηγοροῦντες ἐν αὐτῇ ἐν **εὐχαριστίᾳ,**
1Th 3: 9 τίνα γὰρ **εὐχαριστίαν** δυνάμεθα τῷ θεῷ ἀνταποδοῦναι περὶ ὑμῶν ἐπὶ πάσῃ τῇ χαρᾷ ᾗ χαίρομεν δι᾽ ὑμᾶς
1Ti 2: 1 Παρακαλῶ οὖν πρῶτον πάντων ποιεῖσθαι δεήσεις προσευχὰς ἐντεύξεις **εὐχαριστίας** ὑπὲρ πάντων ἀνθρώπων,
4: 3 ἃ ὁ θεὸς ἔκτισεν εἰς μετάλημψιν μετὰ **εὐχαριστίας** τοῖς πιστοῖς καὶ ἐπεγνωκόσι τὴν ἀλήθειαν.
4: 4 ὅτι πᾶν κτίσμα θεοῦ καλὸν καὶ οὐδὲν ἀπόβλητον μετὰ **εὐχαριστίας** λαμβανόμενον·
Rev 4: 9 ὅταν δώσουσιν τὰ ζῷα δόξαν καὶ τιμὴν καὶ **εὐχαριστίαν** τῷ καθημένῳ ἐπὶ τῷ θρόνῳ τῷ ζῶντι εἰς τοὺς αἰῶνας τῶν αἰώνων,
7:12 ἡ εὐλογία καὶ ἡ δόξα καὶ ἡ σοφία καὶ ἡ **εὐχαριστία** καὶ ἡ τιμὴ καὶ ἡ δύναμις καὶ ἡ ἰσχὺς τῷ θεῷ ἡμῶν εἰς τοὺς αἰῶνας

2375 εὐχάριστος [1]

√ 2292 + 5897

Col 3:15 εἰς ἣν καὶ ἐκλήθητε ἐν ἑνὶ σώματι· καὶ **εὐχάριστοι** γίνεσθε.

2376 εὐχή [3]

√ 2377

Ac 18:18 κειράμενος ἐν Κεγχρεαῖς τὴν κεφαλήν, εἶχεν γὰρ **εὐχήν.**
21:23 εἰσὶν ἡμῖν ἄνδρες τέσσαρες **εὐχὴν** ἔχοντες ἐφ᾽ ἑαυτῶν.
Jas 5:15 καὶ ἡ **εὐχὴ** τῆς πίστεως σώσει τὸν κάμνοντα καὶ ἐγερεῖ αὐτὸν ὁ κύριος·

2377 εὔχομαι [7]

→ 2376, 4666, 4667

Ac 26:29 **Εὐξαίμην** ἂν τῷ θεῷ καὶ ἐν ὀλίγῳ καὶ ἐν μεγάλῳ οὐ μόνον σὲ ἀλλὰ καὶ πάντας τοὺς ἀκούοντάς μου σήμερον
27:29 ἐκ πρύμνης ῥίψαντες ἀγκύρας τέσσαρας **ηὔχοντο** ἡμέραν γενέσθαι.
Ro 9: 3 **ηὐχόμην** γὰρ ἀνάθεμα εἶναι αὐτὸς ἐγὼ ἀπὸ τοῦ Χριστοῦ ὑπὲρ τῶν ἀδελφῶν μου τῶν συγγενῶν μου κατὰ σάρκα,
2Co 13: 7 **εὐχόμεθα** δὲ πρὸς τὸν θεὸν μὴ ποιῆσαι ὑμᾶς κακὸν μηδέν,
13: 9 ὑμεῖς δὲ δυνατοὶ ἦτε· τοῦτο καὶ **εὐχόμεθα,** τὴν ὑμῶν κατάρτισιν.
Jas 5:16 ἐξομολογεῖσθε οὖν ἀλλήλοις τὰς ἁμαρτίας καὶ **εὔχεσθε** ὑπὲρ ἀλλήλων ὅπως ἰαθῆτε.
3Jn 1: 2 Ἀγαπητέ, περὶ πάντων **εὔχομαί** σε εὐοδοῦσθαι καὶ ὑγιαίνειν,

2378 εὔχρηστος [3]

√ 2292 + 5968

2Ti 2:21 ἔσται σκεῦος εἰς τιμήν, ἡγιασμένον, **εὔχρηστον** τῷ δεσπότῃ,
4:11 Μᾶρκον ἀναλαβὼν ἄγε μετὰ σεαυτοῦ, ἔστιν γάρ μοι **εὔχρηστος** εἰς διακονίαν.
Phm 1:11 τόν ποτέ σοι ἄχρηστον νυνὶ δὲ [καὶ] σοὶ καὶ ἐμοὶ **εὔχρηστον,**

2379 εὐψυχέω [1]

√ 2292 + 6038

Php 2:19 Ἐλπίζω δὲ ἐν κυρίῳ Ἰησοῦ Τιμόθεον ταχέως πέμψαι ὑμῖν, ἵνα κἀγὼ **εὐψυχῶ** γνοὺς τὰ περὶ ὑμῶν.

2380 εὐωδία [3]

√ 2292 + 3853

2Co 2:15 ὅτι Χριστοῦ **εὐωδία** ἐσμὲν τῷ θεῷ ἐν τοῖς σῳζομένοις καὶ ἐν τοῖς ἀπολλυμένοις,
Eph 5: 2 καθὼς καὶ ὁ Χριστὸς ἠγάπησεν ἡμᾶς καὶ παρέδωκεν ἑαυτὸν ὑπὲρ ἡμῶν προσφορὰν καὶ θυσίαν τῷ θεῷ εἰς ὀσμὴν **εὐωδίας.**
Php 4:18 πεπλήρωμαι δεξάμενος παρὰ Ἐπαφροδίτου τὰ παρ᾽ ὑμῶν, ὀσμὴν **εὐωδίας,** θυσίαν δεκτήν, εὐάρεστον τῷ θεῷ.

2381 εὐώνυμος [9]

√ 2292 + 3950

Mt 20:21 Εἰπὲ ἵνα καθίσωσιν οὗτοι οἱ δύο υἱοί μου εἷς ἐκ δεξιῶν σου καὶ εἷς ἐξ **εὐωνύμων** σου ἐν τῇ βασιλείᾳ σου.
20:23 τὸ δὲ καθίσαι ἐκ δεξιῶν μου καὶ ἐξ **εὐωνύμων** οὐκ ἔστιν ἐμὸν [τοῦτο] δοῦναι,
25:33 καὶ στήσει τὰ μὲν πρόβατα ἐκ δεξιῶν αὐτοῦ, τὰ δὲ ἐρίφια ἐξ **εὐωνύμων.**
25:41 Τότε ἐρεῖ καὶ τοῖς ἐξ **εὐωνύμων,** Πορεύεσθε ἀπ᾽ ἐμοῦ [οἱ] κατηραμένοι εἰς τὸ πῦρ τὸ αἰώνιον τὸ ἡτοιμασμένον τῷ διαβόλῳ καὶ τοῖς ἀγγέλοις αὐτοῦ.
27:38 Τότε σταυροῦνται σὺν αὐτῷ δύο λῃσταί, εἷς ἐκ δεξιῶν καὶ εἷς ἐξ **εὐωνύμων.**
Mk 10:40 τὸ δὲ καθίσαι ἐκ δεξιῶν μου ἢ ἐξ **εὐωνύμων** οὐκ ἔστιν ἐμὸν δοῦναι,
15:27 ἕνα ἐκ δεξιῶν καὶ ἕνα ἐξ **εὐωνύμων** αὐτοῦ.
Ac 21: 3 ἀναφάναντες δὲ τὴν Κύπρον καὶ καταλιπόντες αὐτὴν **εὐώνυμον** ἐπλέομεν εἰς Συρίαν καὶ κατήλθομεν εἰς Τύρον·
Rev 10: 2 καὶ ἔθηκεν τὸν πόδα αὐτοῦ τὸν δεξιὸν ἐπὶ τῆς θαλάσσης, τὸν δὲ **εὐώνυμον** ἐπὶ τῆς γῆς,

2382 εὐωχία Not used in UBS/NIV

√ 2292 + 2400

2383 ἐφάλλομαι [1]

√ 2093 + 256

Ac 19:16 καὶ **ἐφαλόμενος** ὁ ἄνθρωπος ἐπ᾽ αὐτοὺς ἐν ᾧ ἦν τὸ πνεῦμα τὸ πονηρόν,

2384 ἐφάπαξ [5]

√ 2093 + 562

Ro 6:10 ὃ γὰρ ἀπέθανεν, τῇ ἁμαρτίᾳ ἀπέθανεν **ἐφάπαξ·** ὃ δὲ ζῇ,
1Co 15: 6 ἔπειτα ὤφθη ἐπάνω πεντακοσίοις ἀδελφοῖς **ἐφάπαξ,** ἐξ ὧν οἱ πλείονες μένουσιν ἕως ἄρτι,
Heb 7:27 πρότερον ὑπὲρ τῶν ἰδίων ἁμαρτιῶν θυσίας ἀναφέρειν ἔπειτα τῶν τοῦ λαοῦ· τοῦτο γὰρ ἐποίησεν **ἐφάπαξ** ἑαυτὸν ἀνενέγκας.
9:12 οὐδὲ δι᾽ αἵματος τράγων καὶ μόσχων διὰ δὲ τοῦ ἰδίου αἵματος εἰσῆλθεν **ἐφάπαξ** εἰς τὰ ἅγια αἰωνίαν λύτρωσιν εὑράμενος.
10:10 ἐν ᾧ θελήματι ἡγιασμένοι ἐσμὲν διὰ τῆς προσφορᾶς τοῦ σώματος Ἰησοῦ Χριστοῦ **ἐφάπαξ.**

2385 Ἐφεσῖνος Not used in UBS/NIV

√ 2387

2386 Ἐφέσιος [5]

√ 2387

Ac 19:28 Ἀκούσαντες δὲ καὶ γενόμενοι πλήρεις θυμοῦ ἔκραζον λέγοντες, Μεγάλη ἡ Ἄρτεμις **Ἐφεσίων.**
19:34 φωνὴ ἐγένετο μία ἐκ πάντων ὡς ἐπὶ ὥρας δύο κραζόντων, Μεγάλη ἡ Ἄρτεμις **Ἐφεσίων.**
19:35 καταστείλας δὲ ὁ γραμματεὺς τὸν ὄχλον φησίν, Ἄνδρες **Ἐφέσιοι,** τίς γάρ ἐστιν ἀνθρώπων ὃς οὐ γινώσκει τὴν **Ἐφεσίων** πόλιν νεωκόρον οὖσαν τῆς μεγάλης Ἀρτέμιδος
21:29 ἦσαν γὰρ προεωρακότες Τρόφιμον τὸν **Ἐφέσιον** ἐν τῇ πόλει σὺν αὐτῷ,

2387 Ἔφεσος [16]

→ 2385, 2386

Ac 18:19 κατήντησαν δὲ εἰς **Ἔφεσον,** κἀκείνους κατέλιπεν αὐτοῦ, αὐτὸς δὲ εἰσελθὼν εἰς τὴν συναγωγὴν διελέξατο
18:21 Πάλιν ἀνακάμψω πρὸς ὑμᾶς τοῦ θεοῦ θέλοντος, ἀνήχθη ἀπὸ τῆς **Ἐφέσου,**
18:24 Ἀλεξανδρεὺς τῷ γένει, ἀνὴρ λόγιος, κατήντησεν εἰς **Ἔφεσον,**
19: 1 Ἐγένετο δὲ ἐν τῷ τὸν Ἀπολλῶ εἶναι ἐν Κορίνθῳ Παῦλον διελθόντα τὰ ἀνωτερικὰ μέρη [κατ]ελθεῖν εἰς **Ἔφεσον**
19:17 τοῦτο δὲ ἐγένετο γνωστὸν πᾶσιν Ἰουδαίοις τε καὶ Ἕλλησιν τοῖς κατοικοῦσιν τὴν **Ἔφεσον** καὶ ἐπέπεσεν φόβος
19:26 καὶ ἀκούετε ὅτι οὐ μόνον **Ἐφέσου** ἀλλὰ σχεδὸν πάσης τῆς Ἀσίας ὁ Παῦλος οὗτος πείσας μετέστησεν ἱκανὸν ὄχλον
20:16 κεκρίκει γὰρ ὁ Παῦλος παραπλεῦσαι τὴν **Ἔφεσον,** ὅπως μὴ γένηται αὐτῷ χρονοτριβῆσαι ἐν τῇ Ἀσίᾳ·
20:17 Ἀπὸ δὲ τῆς Μιλήτου πέμψας εἰς **Ἔφεσον** μετεκαλέσατο τοὺς πρεσβυτέρους τῆς ἐκκλησίας.
1Co 15:32 εἰ κατὰ ἄνθρωπον ἐθηριομάχησα ἐν **Ἐφέσῳ,** τί μοι τὸ ὄφελος;
16: 8 ἐπιμενῶ δὲ ἐν **Ἐφέσῳ** ἕως τῆς πεντηκοστῆς·
Eph 1: 1 Παῦλος ἀπόστολος Χριστοῦ Ἰησοῦ διὰ θελήματος θεοῦ τοῖς ἁγίοις τοῖς οὖσιν [ἐν **Ἐφέσῳ**] καὶ πιστοῖς ἐν Χριστῷ Ἰησοῦ,
1Ti 1: 3 Καθὼς παρεκάλεσά σε προσμεῖναι ἐν **Ἐφέσῳ** πορευόμενος εἰς Μακεδονίαν,
2Ti 1:18 καὶ ὅσα ἐν **Ἐφέσῳ** διηκόνησεν, βέλτιον σὺ γινώσκεις.
4:12 Τυχικὸν δὲ ἀπέστειλα εἰς **Ἔφεσον.**
Rev 1:11 εἰς **Ἔφεσον** καὶ εἰς Σμύρναν καὶ εἰς Πέργαμον καὶ εἰς Θυάτειρα καὶ εἰς Σάρδεις καὶ εἰς Φιλαδέλφειαν
2: 1 Τῷ ἀγγέλῳ τῆς ἐν **Ἐφέσῳ** ἐκκλησίας γράψον· Τάδε λέγει ὁ κρατῶν τοὺς ἑπτὰ ἀστέρας ἐν τῇ δεξιᾷ αὐτοῦ,

2388 ἐφευρετής [1]

√ 2093 + 2351

Ro 1:30 καταλάλους θεοστυγεῖς ὑβριστὰς ὑπερηφάνους ἀλαζόνας, **ἐφευρετὰς** κακῶν, γονεῦσιν ἀπειθεῖς,

2389 ἐφημερία [2]

√ 2093 + 2465

Lk 1: 5 Ἐγένετο ἐν ταῖς ἡμέραις Ἡρῴδου βασιλέως τῆς Ἰουδαίας ἱερεύς τις ὀνόματι Ζαχαρίας ἐξ **ἐφημερίας** Ἀβιά,
1: 8 Ἐγένετο δὲ ἐν τῷ ἱερατεύειν αὐτὸν ἐν τῇ τάξει τῆς **ἐφημερίας** αὐτοῦ ἔναντι τοῦ θεοῦ,

2390 ἐφήμερος [1]

√ 2093 + 2465

Jas 2:15 ἐὰν ἀδελφὸς ἢ ἀδελφὴ γυμνοὶ ὑπάρχωσιν καὶ λειπόμενοι τῆς **ἐφημέρου** τροφῆς

2391 ἐφικνέομαι [2]

√ 2093 + 2653

2Co 10:13 ἡμεῖς δὲ οὐκ εἰς τὰ ἄμετρα καυχησόμεθα ἀλλὰ κατὰ τὸ μέτρον τοῦ κανόνος οὗ ἐμέρισεν ἡμῖν ὁ θεὸς μέτρου, **ἐφικέσθαι** ἄχρι καὶ ὑμῶν.
10:14 οὐ γὰρ ὡς μὴ **ἐφικνούμενοι** εἰς ὑμᾶς ὑπερεκτείνομεν ἑαυτούς,

2392 ἐφίστημι [21]

√ 2093 + 2705

Lk 2: 9 καὶ ἄγγελος κυρίου **ἐπέστη** αὐτοῖς καὶ δόξα κυρίου περιέλαμψεν αὐτούς,
2:38 καὶ αὐτῇ τῇ ὥρᾳ **ἐπιστᾶσα** ἀνθωμολογεῖτο τῷ θεῷ καὶ ἐλάλει περὶ αὐτοῦ πᾶσιν τοῖς προσδεχομένοις λύτρωσιν Ἰερουσαλήμ.
4:39 καὶ **ἐπιστὰς** ἐπάνω αὐτῆς ἐπετίμησεν τῷ πυρετῷ καὶ ἀφῆκεν αὐτήν·
10:40 **ἐπιστᾶσα** δὲ εἶπεν, Κύριε, οὐ μέλει σοι ὅτι ἡ ἀδελφή μου μόνην με κατέλιπεν διακονεῖν;
20: 1 Καὶ ἐγένετο ἐν μιᾷ τῶν ἡμερῶν διδάσκοντος αὐτοῦ τὸν λαὸν ἐν τῷ ἱερῷ καὶ εὐαγγελιζομένου **ἐπέστησαν** οἱ ἀρχιερεῖς
21:34 Προσέχετε δὲ ἑαυτοῖς μήποτε βαρηθῶσιν ὑμῶν αἱ καρδίαι ἐν κραιπάλῃ καὶ μέθῃ καὶ μερίμναις βιωτικαῖς καὶ **ἐπιστῇ** ἐφ᾽ ὑμᾶς αἰφνίδιος ἡ ἡμέρα ἐκείνη
24: 4 καὶ ἐγένετο ἐν τῷ ἀπορεῖσθαι αὐτὰς περὶ τούτου καὶ ἰδοὺ ἄνδρες δύο **ἐπέστησαν** αὐταῖς ἐν ἐσθῆτι ἀστραπτούσῃ.
Ac 4: 1 Λαλούντων δὲ αὐτῶν πρὸς τὸν λαὸν **ἐπέστησαν** αὐτοῖς οἱ ἱερεῖς καὶ ὁ στρατηγὸς τοῦ ἱεροῦ καὶ οἱ Σαδδουκαῖοι,
6:12 συνεκίνησάν τε τὸν λαὸν καὶ τοὺς πρεσβυτέρους καὶ τοὺς γραμματεῖς καὶ **ἐπιστάντες** συνήρπασαν αὐτὸν καὶ ἤγαγον
10:17 οἱ ἄνδρες οἱ ἀπεσταλμένοι ὑπὸ τοῦ Κορνηλίου διερωτήσαντες τὴν οἰκίαν τοῦ Σίμωνος **ἐπέστησαν** ἐπὶ τὸν πυλῶνα,
11:11 ἐξαυτῆς τρεῖς ἄνδρες **ἐπέστησαν** ἐπὶ τὴν οἰκίαν ἐν ᾗ ἦμεν,
12: 7 ἄγγελος κυρίου **ἐπέστη** καὶ φῶς ἔλαμψεν ἐν τῷ οἰκήματι·
17: 5 καὶ ὀχλοποιήσαντες ἐθορύβουν τὴν πόλιν καὶ **ἐπιστάντες** τῇ οἰκίᾳ Ἰάσονος ἐζήτουν αὐτοὺς προαγαγεῖν εἰς τὸν δῆμον·
22:13 ἐλθὼν πρός με καὶ **ἐπιστὰς** εἶπέν μοι, Σαοὺλ ἀδελφέ,
22:20 καὶ αὐτὸς ἤμην **ἐφεστὼς** καὶ συνευδοκῶν καὶ φυλάσσων τὰ ἱμάτια τῶν ἀναιρούντων αὐτόν.
23:11 Τῇ δὲ ἐπιούσῃ νυκτὶ **ἐπιστὰς** αὐτῷ ὁ κύριος εἶπεν,
23:27 καὶ μέλλοντα ἀναιρεῖσθαι ὑπ᾽ αὐτῶν **ἐπιστὰς** σὺν τῷ στρατεύματι ἐξειλάμην μαθὼν ὅτι Ῥωμαῖός ἐστιν.
28: 2 ἅψαντες γὰρ πυρὰν προσελάβοντο πάντας ἡμᾶς διὰ τὸν ὑετὸν τὸν **ἐφεστῶτα** καὶ διὰ τὸ ψῦχος.
1Th 5: 3 τότε αἰφνίδιος αὐτοῖς **ἐφίσταται** ὄλεθρος ὥσπερ ἡ ὠδὶν τῇ ἐν γαστρὶ ἐχούσῃ,
2Ti 4: 2 κήρυξον τὸν λόγον, **ἐπίστηθι** εὐκαίρως ἀκαίρως, ἔλεγξον, ἐπιτίμησον, παρακάλεσον,
4: 6 Ἐγὼ γὰρ ἤδη σπένδομαι, καὶ ὁ καιρὸς τῆς ἀναλύσεώς μου **ἐφέστηκεν.**

2393 ἐφοράω Not used in UBS/NIV

√ 2093 + 3972

2394 Ἐφραίμ [1]

Jn 11:54 ἀλλὰ ἀπῆλθεν ἐκεῖθεν εἰς τὴν χώραν ἐγγὺς τῆς ἐρήμου, εἰς **Ἐφραὶμ** λεγομένην πόλιν, κἀκεῖ ἔμεινεν μετὰ τῶν μαθητῶν.

2395 ἐφφαθά [1]

Mk 7:34 καὶ ἀναβλέψας εἰς τὸν οὐρανὸν ἐστέναξεν καὶ λέγει αὐτῷ, **Εφφαθα,** ὅ ἐστιν, Διανοίχθητι.

2396 ἐχθές [3]

√ 5940

Jn 4:52 εἶπαν οὖν αὐτῷ ὅτι **Ἐχθὲς** ὥραν ἑβδόμην ἀφῆκεν αὐτὸν ὁ πυρετός.
Ac 7:28 μὴ ἀνελεῖν με σὺ θέλεις ὃν τρόπον ἀνεῖλες **ἐχθὲς** τὸν Αἰγύπτιον;
Heb 13: 8 Ἰησοῦς Χριστὸς **ἐχθὲς** καὶ σήμερον ὁ αὐτὸς καὶ εἰς τοὺς αἰῶνας.

2397 ἔχθρα [6]

√ 2398

Lk 23:12 ἐγένοντο δὲ φίλοι ὅ τε Ἡρῴδης καὶ ὁ Πιλᾶτος ἐν αὐτῇ τῇ ἡμέρᾳ μετ᾽ ἀλλήλων· προϋπῆρχον γὰρ ἐν **ἔχθρᾳ** ὄντες
Ro 8: 7 διότι τὸ φρόνημα τῆς σαρκὸς **ἔχθρα** εἰς θεόν,
Gal 5:20 φαρμακεία, **ἔχθραι,** ἔρις, ζῆλος, θυμοί, ἐριθεῖαι, διχοστασίαι, αἱρέσεις,

Eph 2:14 ὁ ποιήσας τὰ ἀμφότερα ἓν καὶ τὸ μεσότοιχον τοῦ φραγμοῦ λύσας, τὴν **ἔχθραν** ἐν τῇ σαρκὶ αὐτοῦ,
2:16 καὶ ἀποκαταλλάξῃ τοὺς ἀμφοτέρους ἐν ἑνὶ σώματι τῷ θεῷ διὰ τοῦ σταυροῦ, ἀποκτείνας τὴν **ἔχθραν** ἐν αὐτῷ.
Jas 4: 4 οὐκ οἴδατε ὅτι ἡ φιλία τοῦ κόσμου **ἔχθρα** τοῦ θεοῦ ἐστιν;

2398 ἐχθρός [32]

→ *2397*

δύναμις ἐχθροῦ [1] Lk 10:19

ἐχθρός δικαιοσύνης [1] Ac 13:10

ἐχθρός τοῦ θεοῦ [1] Jas 4:4

ἐχθρός τοῦ σταυροῦ [1] Php 3:18

Mt 5:43 Ἀγαπήσεις τὸν πλησίον σου καὶ μισήσεις τὸν **ἐχθρόν** σου.
5:44 ἀγαπᾶτε τοὺς **ἐχθροὺς** ὑμῶν καὶ προσεύχεσθε ὑπὲρ τῶν διωκόντων ὑμᾶς,
10:36 καὶ **ἐχθροὶ** τοῦ ἀνθρώπου οἱ οἰκιακοὶ αὐτοῦ.
13:25 ἐν δὲ τῷ καθεύδειν τοὺς ἀνθρώπους ἦλθεν αὐτοῦ ὁ **ἐχθρὸς** καὶ ἐπέσπειρεν ζιζάνια ἀνὰ μέσον τοῦ σίτου καὶ ἀπῆλθεν.
13:28 ὁ δὲ ἔφη αὐτοῖς, **Ἐχθρὸς** ἄνθρωπος τοῦτο ἐποίησεν.
13:39 ὁ δὲ **ἐχθρὸς** ὁ σπείρας αὐτά ἐστιν ὁ διάβολος,
22:44 ἕως ἂν θῶ τοὺς **ἐχθρούς** σου ὑποκάτω τῶν ποδῶν σου;
Mk 12:36 ἕως ἂν θῶ τοὺς **ἐχθρούς** σου ὑποκάτω τῶν ποδῶν σου.
Lk 1:71 σωτηρίαν ἐξ **ἐχθρῶν** ἡμῶν καὶ ἐκ χειρὸς πάντων τῶν μισούντων ἡμᾶς,
1:74 ἀφόβως ἐκ χειρὸς **ἐχθρῶν** ῥυσθέντας λατρεύειν αὐτῷ
6:27 ἀγαπᾶτε τοὺς **ἐχθροὺς** ὑμῶν, καλῶς ποιεῖτε τοῖς μισοῦσιν ὑμᾶς,
6:35 πλὴν ἀγαπᾶτε τοὺς **ἐχθροὺς** ὑμῶν καὶ ἀγαθοποιεῖτε καὶ δανίζετε μηδὲν ἀπελπίζοντες·
10:19 καὶ ἐπὶ πᾶσαν τὴν δύναμιν τοῦ **ἐχθροῦ**, καὶ οὐδὲν ὑμᾶς οὐ μὴ ἀδικήσῃ.
19:27 πλὴν τοὺς **ἐχθρούς** μου τούτους τοὺς μὴ θελήσαντάς με βασιλεῦσαι ἐπ᾽ αὐτοὺς ἀγάγετε ὧδε καὶ κατασφάξατε αὐτοὺς
19:43 ὅτι ἥξουσιν ἡμέραι ἐπὶ σὲ καὶ παρεμβαλοῦσιν οἱ **ἐχθροί** σου χάρακά σοι καὶ περικυκλώσουσίν σε καὶ συνέξουσίν σε πάντοθεν,
20:43 ἕως ἂν θῶ τοὺς **ἐχθρούς** σου ὑποπόδιον τῶν ποδῶν σου.
Ac 2:35 ἕως ἂν θῶ τοὺς **ἐχθρούς** σου ὑποπόδιον τῶν ποδῶν σου.
13:10 Ὦ πλήρης παντὸς δόλου καὶ πάσης ῥᾳδιουργίας, υἱὲ διαβόλου, **ἐχθρὲ** πάσης δικαιοσύνης,
Ro 5:10 εἰ γὰρ **ἐχθροὶ** ὄντες κατηλλάγημεν τῷ θεῷ διὰ τοῦ θανάτου τοῦ υἱοῦ αὐτοῦ,
11:28 κατὰ μὲν τὸ εὐαγγέλιον **ἐχθροὶ** δι᾽ ὑμᾶς, κατὰ δὲ τὴν ἐκλογὴν ἀγαπητοὶ διὰ τοὺς πατέρας·
12:20 ἀλλὰ ἐὰν πεινᾷ ὁ **ἐχθρός** σου, ψώμιζε αὐτόν·
1Co 15:25 δεῖ γὰρ αὐτὸν βασιλεύειν ἄχρι οὗ θῇ πάντας τοὺς **ἐχθροὺς** ὑπὸ τοὺς πόδας αὐτοῦ.
15:26 ἔσχατος **ἐχθρὸς** καταργεῖται ὁ θάνατος·
Gal 4:16 ὥστε **ἐχθρὸς** ὑμῶν γέγονα ἀληθεύων ὑμῖν;
Php 3:18 νῦν δὲ καὶ κλαίων λέγω, τοὺς **ἐχθροὺς** τοῦ σταυροῦ τοῦ Χριστοῦ,
Col 1:21 Καὶ ὑμᾶς ποτε ὄντας ἀπηλλοτριωμένους καὶ **ἐχθροὺς** τῇ διανοίᾳ ἐν τοῖς ἔργοις τοῖς πονηροῖς,
2Th 3:15 καὶ μὴ ὡς **ἐχθρὸν** ἡγεῖσθε, ἀλλὰ νουθετεῖτε ὡς ἀδελφόν.
Heb 1:13 ἕως ἂν θῶ τοὺς **ἐχθρούς** σου ὑποπόδιον τῶν ποδῶν σου;
10:13 τὸ λοιπὸν ἐκδεχόμενος ἕως τεθῶσιν οἱ **ἐχθροὶ** αὐτοῦ ὑποπόδιον τῶν ποδῶν αὐτοῦ.
Jas 4: 4 ὃς ἐὰν οὖν βουληθῇ φίλος εἶναι τοῦ κόσμου, **ἐχθρὸς** τοῦ θεοῦ καθίσταται.
Rev 11: 5 καὶ εἴ τις αὐτοὺς θέλει ἀδικῆσαι πῦρ ἐκπορεύεται ἐκ τοῦ στόματος αὐτῶν καὶ κατεσθίει τοὺς **ἐχθροὺς** αὐτῶν·
11:12 καὶ ἀνέβησαν εἰς τὸν οὐρανὸν ἐν τῇ νεφέλῃ, καὶ ἐθεώρησαν αὐτοὺς οἱ **ἐχθροὶ** αὐτῶν.

2399 ἔχιδνα [5]

Mt 3: 7 Γεννήματα **ἐχιδνῶν**, τίς ὑπέδειξεν ὑμῖν φυγεῖν ἀπὸ τῆς μελλούσης ὀργῆς;
12:34 γεννήματα **ἐχιδνῶν**, πῶς δύνασθε ἀγαθὰ λαλεῖν πονηροὶ ὄντες;
23:33 ὄφεις, γεννήματα **ἐχιδνῶν**, πῶς φύγητε ἀπὸ τῆς κρίσεως τῆς γεέννης;
Lk 3: 7 Γεννήματα **ἐχιδνῶν**, τίς ὑπέδειξεν ὑμῖν φυγεῖν ἀπὸ τῆς μελλούσης ὀργῆς;
Ac 28: 3 **ἔχιδνα** ἀπὸ τῆς θέρμης ἐξελθοῦσα καθῆψεν τῆς χειρὸς αὐτοῦ.

2400 ἔχω [708]

→ *191, 445, 452, 462, 496, 504, 600, 1923, 1944, 2006, 2009, 2011, 2029, 2091, 2382, 2759, 2807, 2959, 2988, 3576, 3580, 3581, 3807, 4060, 4065, 4218, 4321, 4343, 4430, 4431, 4432, 4604, 4617, 4652, 4668, 4812, 5156, 5212, 5226, 5307, 5309, 5330, 5385, 5660, 5667, 5674; cf. 2335, 5386*

to esteem [8] Mt 14:5; 21:26,46; Mk 11:32; Lk 14:18,19; Php 2:29; Phm 1:17

ἐλπίς ἔχειν [7] Ac 24:15; Ro 15:4; 2Co 3:12; 10:15; Eph 2:12; 1Th 4:13; 1Jn 3:3

τῇ ἐχομένῃ [3] Lk 13:33; Ac 20:15; 21:26

ἔχω ἁμαρτίαν [6] Jn 9:41; 15:22,22,24; 19:11; 1Jn 1:8

ἔχω ἀνάγκην [4] Lk 14:18; 1Co 7:37; Heb 7:27; Jude 1:3

ἔχω Βεελζεβούλ [1] Mk 3:22

ἔχω γυναῖκα [8] Mk 6:18; 12:23; Lk 20:28,33; 1Co 5:1; 7:2,12,29

ἔχω δαιμόνιον [9] Mt 11:18; Lk 4:33; 7:33; 8:27; Jn 7:20; 8:48,49,52; 10:20

ἔχω ἐν γαστρί [7] Mt 1:18,23; 24:19; Mk 13:17; Lk 21:23; 1Th 5:3; Rev 12:2

ἔχω ἐξουσία [31] Mt 7:29; 8:9; 9:6; Mk 1:22; 2:10; 3:15; Lk 5:24; 12:5; 19:17; Jn 10:18,18; 19:10,10,11; Ac 9:14; Ro 9:21; 1Co 7:37; 9:4,5,6; 11:10; 2Th 3:9; Heb 13:10; Rev 9:3; 11:6,6; 14:18; 16:9; 17:13; 18:1; 20:6

ἔχω ζωήν [19] Mt 19:16; Jn 3:15,16,36; 5:24,26,26,39,40; 6:40,47,53,54; 10:10; 20:31; 1Jn 3:15; 5:12,12,13

ἔχω καρπός [3] Ro 1:13; 6:21,22

ἔχω κατά [7] Mt 5:23; Mk 11:25; Jn 19:11; Ro 14:22; Rev 2:4,14,20

ἔχω Λεγιών [1] Mk 5:15

ἔχω νομήν [1] 2Ti 2:17

ἔχω ὁδός [1] Ac 1:12

ἔχω πίστις [13] Mt 17:20; 21:21; Mk 4:40; 11:22; Lk 17:6; Ac 14:9; Ro 14:22; 1Co 13:2; 1Ti 1:19; Phm 1:5; Jas 2:1,14,18

ἔχω πνεῦμα [9] Mk 3:30; 7:25; 9:17; Ac 8:7; 16:16; Ro 8:9; 1Co 7:40; Jude 1:19; Rev 3:1

ἔχω τόπος [2] Ro 15:23; Rev 12:6

ἔχω χαρά [3] Jn 17:13; Phm 1:7; 3Jn 1:4

ἔχω χάριν [6] Lk 17:9; Ac 2:47; 2Co 1:15; 1Ti 1:12; 2Ti 1:3; Heb 12:28

κακῶς ἔχοντας [10] Mt 4:24; 8:16; 9:12; 14:35; Mk 1:32,34; 2:17; 6:55; Lk 5:31; 7:2

καλῶς ἔχειν [1] Mk 16:18

οὕτως ἔχειν [4] Ac 7:1; 12:15; 24:9; Rev 2:15

Mt 1:18 πρὶν ἢ συνελθεῖν αὐτοὺς εὑρέθη ἐν γαστρὶ **ἔχουσα** ἐκ πνεύματος ἁγίου.
1:23 Ἰδοὺ ἡ παρθένος ἐν γαστρὶ **ἕξει** καὶ τέξεται υἱόν,
3: 4 Αὐτὸς δὲ ὁ Ἰωάννης **εἶχεν** τὸ ἔνδυμα αὐτοῦ ἀπὸ τριχῶν καμήλου καὶ ζώνην δερματίνην περὶ τὴν ὀσφὺν αὐτοῦ,
3: 9 καὶ μὴ δόξητε λέγειν ἐν ἑαυτοῖς, Πατέρα **ἔχομεν** τὸν Ἀβραάμ.
3:14 Ἐγὼ χρείαν **ἔχω** ὑπὸ σοῦ βαπτισθῆναι, καὶ σὺ ἔρχῃ πρός με;
4:24 καὶ προσήνεγκαν αὐτῷ πάντας τοὺς κακῶς **ἔχοντας** ποικίλαις νόσοις καὶ βασάνοις συνεχομένους [καὶ] δαιμονιζομένους
5:23 ἐὰν οὖν προσφέρῃς τὸ δῶρόν σου ἐπὶ τὸ θυσιαστήριον κἀκεῖ μνησθῇς ὅτι ὁ ἀδελφός σου **ἔχει** τι κατὰ σοῦ,
5:46 ἐὰν γὰρ ἀγαπήσητε τοὺς ἀγαπῶντας ὑμᾶς, τίνα μισθὸν **ἔχετε;**
6: 1 μισθὸν οὐκ **ἔχετε** παρὰ τῷ πατρὶ ὑμῶν τῷ ἐν τοῖς οὐρανοῖς.
6: 8 οἶδεν γὰρ ὁ πατὴρ ὑμῶν ὧν χρείαν **ἔχετε** πρὸ τοῦ ὑμᾶς αἰτῆσαι αὐτόν.

7:29 ἦν γὰρ διδάσκων αὐτοὺς ὡς ἐξουσίαν **ἔχων** καὶ οὐχ ὡς οἱ γραμματεῖς αὐτῶν.
8: 9 **ἔχων** ὑπ' ἐμαυτὸν στρατιώτας, καὶ λέγω τούτῳ, Πορεύθητι,
8:16 καὶ ἐξέβαλεν τὰ πνεύματα λόγῳ καὶ πάντας τοὺς κακῶς **ἔχοντας** ἐθεράπευσεν,
8:20 Αἱ ἀλώπεκες φωλεοὺς **ἔχουσιν** καὶ τὰ πετεινὰ τοῦ οὐρανοῦ κατασκηνώσεις, ὁ δὲ υἱὸς τοῦ ἀνθρώπου οὐκ **ἔχει** ποῦ τὴν κεφαλὴν κλίνῃ.
9: 6 ἵνα δὲ εἰδῆτε ὅτι ἐξουσίαν **ἔχει** ὁ υἱὸς τοῦ ἀνθρώπου ἐπὶ τῆς γῆς ἀφιέναι ἁμαρτίας—
9:12 Οὐ χρείαν **ἔχουσιν** οἱ ἰσχύοντες ἰατροῦ ἀλλ' οἱ κακῶς **ἔχοντες.**
9:36 ἐσκυλμένοι καὶ ἐρριμμένοι ὡσεὶ πρόβατα μὴ **ἔχοντα** ποιμένα.
11:15 ὁ **ἔχων** ὦτα ἀκουέτω.
11:18 ἦλθεν γὰρ Ἰωάννης μήτε ἐσθίων μήτε πίνων, καὶ λέγουσιν, Δαιμόνιον **ἔχει.**
12:10 καὶ ἰδοὺ ἄνθρωπος χεῖρα **ἔχων** ξηράν.
12:11 Τίς ἔσται ἐξ ὑμῶν ἄνθρωπος ὃς **ἕξει** πρόβατον ἓν καὶ ἐὰν ἐμπέσῃ τοῦτο τοῖς σάββασιν εἰς βόθυνον,
13: 5 ἄλλα δὲ ἔπεσεν ἐπὶ τὰ πετρώδη ὅπου οὐκ **εἶχεν** γῆν πολλήν, καὶ εὐθέως ἐξανέτειλεν διὰ τὸ μὴ **ἔχειν** βάθος γῆς·
13: 6 ἡλίου δὲ ἀνατείλαντος ἐκαυματίσθη καὶ διὰ τὸ μὴ **ἔχειν** ῥίζαν ἐξηράνθη.
13: 9 ὁ **ἔχων** ὦτα ἀκουέτω.
13:12 ὅστις γὰρ **ἔχει,** δοθήσεται αὐτῷ καὶ περισσευθήσεται· ὅστις δὲ οὐκ **ἔχει,** καὶ ὃ **ἔχει** ἀρθήσεται ἀπ' αὐτοῦ.
13:21 οὐκ **ἔχει** δὲ ῥίζαν ἐν ἑαυτῷ ἀλλὰ πρόσκαιρός ἐστιν,
13:27 οὐχὶ καλὸν σπέρμα ἔσπειρας ἐν τῷ σῷ ἀγρῷ; πόθεν οὖν **ἔχει** ζιζάνια;
13:43 Τότε οἱ δίκαιοι ἐκλάμψουσιν ὡς ὁ ἥλιος ἐν τῇ βασιλείᾳ τοῦ πατρὸς αὐτῶν. ὁ **ἔχων** ὦτα ἀκουέτω.
13:44 καὶ ἀπὸ τῆς χαρᾶς αὐτοῦ ὑπάγει καὶ πωλεῖ πάντα ὅσα **ἔχει** καὶ ἀγοράζει τὸν ἀγρὸν ἐκεῖνον.
13:46 εὑρὼν δὲ ἕνα πολύτιμον μαργαρίτην ἀπελθὼν πέπρακεν πάντα ὅσα **εἶχεν** καὶ ἠγόρασεν αὐτόν.
14: 4 ἔλεγεν γὰρ ὁ Ἰωάννης αὐτῷ, Οὐκ ἔξεστίν σοι **ἔχειν** αὐτήν.
14: 5 καὶ θέλων αὐτὸν ἀποκτεῖναι ἐφοβήθη τὸν ὄχλον, ὅτι ὡς προφήτην αὐτὸν **εἶχον.**
14:16 Οὐ χρείαν **ἔχουσιν** ἀπελθεῖν, δότε αὐτοῖς ὑμεῖς φαγεῖν.
14:17 Οὐκ **ἔχομεν** ὧδε εἰ μὴ πέντε ἄρτους καὶ δύο ἰχθύας.
14:35 ἀπέστειλαν εἰς ὅλην τὴν περίχωρον ἐκείνην καὶ προσήνεγκαν αὐτῷ πάντας τοὺς κακῶς **ἔχοντας**
15:30 καὶ προσῆλθον αὐτῷ ὄχλοι πολλοὶ **ἔχοντες** μεθ' ἑαυτῶν χωλούς,
15:32 ὅτι ἤδη ἡμέραι τρεῖς προσμένουσίν μοι καὶ οὐκ **ἔχουσιν** τί φάγωσιν·
15:34 καὶ λέγει αὐτοῖς ὁ Ἰησοῦς, Πόσους ἄρτους **ἔχετε;**
16: 8 Τί διαλογίζεσθε ἐν ἑαυτοῖς, ὀλιγόπιστοι, ὅτι ἄρτους οὐκ **ἔχετε;**
17:20 ἐὰν **ἔχητε** πίστιν ὡς κόκκον σινάπεως, ἐρεῖτε τῷ ὄρει τούτῳ,
18: 8 καλόν σοί ἐστιν εἰσελθεῖν εἰς τὴν ζωὴν κυλλὸν ἢ χωλὸν ἢ δύο χεῖρας ἢ δύο πόδας **ἔχοντα** βληθῆναι εἰς τὸ πῦρ τὸ αἰώνιον.
18: 9 καλόν σοί ἐστιν μονόφθαλμον εἰς τὴν ζωὴν εἰσελθεῖν ἢ δύο ὀφθαλμοὺς **ἔχοντα** βληθῆναι εἰς τὴν γέενναν τοῦ πυρός.
18:25 μὴ **ἔχοντος** δὲ αὐτοῦ ἀποδοῦναι ἐκέλευσεν αὐτὸν ὁ κύριος πραθῆναι καὶ τὴν γυναῖκα καὶ τὰ τέκνα καὶ πάντα ὅσα **ἔχει,**
19:16 Διδάσκαλε, τί ἀγαθὸν ποιήσω ἵνα **σχῶ** ζωὴν αἰώνιον;
19:21 καὶ **ἕξεις** θησαυρὸν ἐν οὐρανοῖς, καὶ δεῦρο ἀκολούθει μοι.
19:22 ἀκούσας δὲ ὁ νεανίσκος τὸν λόγον ἀπῆλθεν λυπούμενος· ἦν γὰρ **ἔχων** κτήματα πολλά.
21: 3 ἐάν τις ὑμῖν εἴπῃ τι, ἐρεῖτε ὅτι Ὁ κύριος αὐτῶν χρείαν **ἔχει·**
21:21 Ἀμὴν λέγω ὑμῖν, ἐὰν **ἔχητε** πίστιν καὶ μὴ διακριθῆτε,
21:26 φοβούμεθα τὸν ὄχλον, πάντες γὰρ ὡς προφήτην **ἔχουσιν** τὸν Ἰωάννην.
21:28 Τί δὲ ὑμῖν δοκεῖ; ἄνθρωπος **εἶχεν** τέκνα δύο.
21:38 δεῦτε ἀποκτείνωμεν αὐτὸν καὶ **σχῶμεν** τὴν κληρονομίαν αὐτοῦ,
21:46 καὶ ζητοῦντες αὐτὸν κρατῆσαι ἐφοβήθησαν τοὺς ὄχλους, ἐπεὶ εἰς προφήτην αὐτὸν **εἶχον.**
22:12 Ἑταῖρε, πῶς εἰσῆλθες ὧδε μὴ **ἔχων** ἔνδυμα γάμου;
22:24 Μωϋσῆς εἶπεν, Ἐάν τις ἀποθάνῃ μὴ **ἔχων** τέκνα,
22:25 καὶ μὴ **ἔχων** σπέρμα ἀφῆκεν τὴν γυναῖκα αὐτοῦ τῷ ἀδελφῷ αὐτοῦ·
22:28 ἐν τῇ ἀναστάσει οὖν τίνος τῶν ἑπτὰ ἔσται γυνή; πάντες γὰρ **ἔσχον** αὐτήν·
24:19 οὐαὶ δὲ ταῖς ἐν γαστρὶ **ἐχούσαις** καὶ ταῖς θηλαζούσαις ἐν ἐκείναις ταῖς ἡμέραις.
25:25 καὶ φοβηθεὶς ἀπελθὼν ἔκρυψα τὸ τάλαντόν σου ἐν τῇ γῇ· ἴδε **ἔχεις** τὸ σόν.
25:28 ἄρατε οὖν ἀπ' αὐτοῦ τὸ τάλαντον καὶ δότε τῷ **ἔχοντι** τὰ δέκα τάλαντα·
25:29 τῷ γὰρ **ἔχοντι** παντὶ δοθήσεται καὶ περισσευθήσεται, τοῦ δὲ μὴ **ἔχοντος** καὶ ὃ **ἔχει** ἀρθήσεται ἀπ' αὐτοῦ.
26: 7 προσῆλθεν αὐτῷ γυνὴ **ἔχουσα** ἀλάβαστρον μύρου βαρυτίμου καὶ κατέχεεν ἐπὶ τῆς κεφαλῆς αὐτοῦ ἀνακειμένου.
26:11 πάντοτε γὰρ τοὺς πτωχοὺς **ἔχετε** μεθ' ἑαυτῶν, ἐμὲ δὲ οὐ πάντοτε **ἔχετε·**
26:65 τότε ὁ ἀρχιερεὺς διέρρηξεν τὰ ἱμάτια αὐτοῦ λέγων, Ἐβλασφήμησεν· τί ἔτι χρείαν **ἔχομεν** μαρτύρων;
27:16 **εἶχον** δὲ τότε δέσμιον ἐπίσημον λεγόμενον [Ἰησοῦν] Βαραββᾶν.
27:65 ἔφη αὐτοῖς ὁ Πιλᾶτος, **Ἔχετε** κουστωδίαν· ὑπάγετε ἀσφαλίσασθε ὡς οἴδατε.

Mk 1:22 ἦν γὰρ διδάσκων αὐτοὺς ὡς ἐξουσίαν **ἔχων** καὶ οὐχ ὡς οἱ γραμματεῖς.
1:32 ἔφερον πρὸς αὐτὸν πάντας τοὺς κακῶς **ἔχοντας** καὶ τοὺς δαιμονιζομένους·
1:34 καὶ ἐθεράπευσεν πολλοὺς κακῶς **ἔχοντας** ποικίλαις νόσοις καὶ δαιμόνια πολλὰ ἐξέβαλεν καὶ οὐκ ἤφιεν λαλεῖν τὰ δαιμόνια,
1:38 καὶ λέγει αὐτοῖς, Ἄγωμεν ἀλλαχοῦ εἰς τὰς **ἐχομένας** κωμοπόλεις,
2:10 ἵνα δὲ εἰδῆτε ὅτι ἐξουσίαν **ἔχει** ὁ υἱὸς τοῦ ἀνθρώπου ἀφιέναι ἁμαρτίας ἐπὶ τῆς γῆς—
2:17 καὶ ἀκούσας ὁ Ἰησοῦς λέγει αὐτοῖς [ὅτι] Οὐ χρείαν **ἔχουσιν** οἱ ἰσχύοντες ἰατροῦ ἀλλ' οἱ κακῶς **ἔχοντες·**
2:19 ὅσον χρόνον **ἔχουσιν** τὸν νυμφίον μετ' αὐτῶν οὐ δύνανται νηστεύειν.
2:25 Οὐδέποτε ἀνέγνωτε τί ἐποίησεν Δαυὶδ ὅτε χρείαν **ἔσχεν** καὶ ἐπείνασεν αὐτὸς καὶ οἱ μετ' αὐτοῦ,
3: 1 καὶ ἦν ἐκεῖ ἄνθρωπος ἐξηραμμένην **ἔχων** τὴν χεῖρα.
3: 3 καὶ λέγει τῷ ἀνθρώπῳ τῷ τὴν ξηρὰν χεῖρα **ἔχοντι,**
3:10 ὥστε ἐπιπίπτειν αὐτῷ ἵνα αὐτοῦ ἅψωνται ὅσοι **εἶχον** μάστιγας.
3:15 καὶ **ἔχειν** ἐξουσίαν ἐκβάλλειν τὰ δαιμόνια·
3:22 οἱ ἀπὸ Ἱεροσολύμων καταβάντες ἔλεγον ὅτι Βεελζεβοὺλ **ἔχει** καὶ ὅτι ἐν τῷ ἄρχοντι τῶν δαιμονίων ἐκβάλλει τὰ δαιμόνια.
3:26 καὶ εἰ ὁ Σατανᾶς ἀνέστη ἐφ' ἑαυτὸν καὶ ἐμερίσθη, οὐ δύναται στῆναι ἀλλὰ τέλος **ἔχει.**
3:29 οὐκ **ἔχει** ἄφεσιν εἰς τὸν αἰῶνα, ἀλλὰ ἔνοχός ἐστιν αἰωνίου ἁμαρτήματος.
3:30 ὅτι ἔλεγον, Πνεῦμα ἀκάθαρτον **ἔχει.**
4: 5 καὶ ἄλλο ἔπεσεν ἐπὶ τὸ πετρῶδες ὅπου οὐκ **εἶχεν** γῆν πολλήν, καὶ εὐθὺς ἐξανέτειλεν διὰ τὸ μὴ **ἔχειν** βάθος γῆς·
4: 6 καὶ ὅτε ἀνέτειλεν ὁ ἥλιος ἐκαυματίσθη καὶ διὰ τὸ μὴ **ἔχειν** ῥίζαν ἐξηράνθη.
4: 9 καὶ ἔλεγεν, Ὃς **ἔχει** ὦτα ἀκούειν ἀκουέτω.
4:17 καὶ οὐκ **ἔχουσιν** ῥίζαν ἐν ἑαυτοῖς ἀλλὰ πρόσκαιροί εἰσιν,
4:23 εἴ τις **ἔχει** ὦτα ἀκούειν ἀκουέτω.
4:25 ὃς γὰρ **ἔχει,** δοθήσεται αὐτῷ· καὶ ὃς οὐκ **ἔχει,** καὶ ὃ **ἔχει** ἀρθήσεται ἀπ' αὐτοῦ.
4:40 καὶ εἶπεν αὐτοῖς, Τί δειλοί ἐστε; οὔπω **ἔχετε** πίστιν;
5: 3 ὃς τὴν κατοίκησιν **εἶχεν** ἐν τοῖς μνήμασιν, καὶ οὐδὲ ἁλύσει οὐκέτι οὐδεὶς ἐδύνατο αὐτὸν δῆσαι
5:15 καὶ θεωροῦσιν τὸν δαιμονιζόμενον καθήμενον ἱματισμένον καὶ σωφρονοῦντα, τὸν **ἐσχηκότα** τὸν λεγιῶνα, καὶ ἐφοβήθησαν.
5:23 καὶ παρακαλεῖ αὐτὸν πολλὰ λέγων ὅτι Τὸ θυγάτριόν μου ἐσχάτως **ἔχει,**
6:18 ἔλεγεν γὰρ ὁ Ἰωάννης τῷ Ἡρῴδῃ ὅτι Οὐκ ἔξεστίν σοι **ἔχειν** τὴν γυναῖκα τοῦ ἀδελφοῦ σου.
6:34 ὅτι ἦσαν ὡς πρόβατα μὴ **ἔχοντα** ποιμένα, καὶ ἤρξατο διδάσκειν αὐτοὺς πολλά.
6:38 ὁ δὲ λέγει αὐτοῖς, Πόσους ἄρτους **ἔχετε;** ὑπάγετε ἴδετε.
6:55 καὶ ἤρξαντο ἐπὶ τοῖς κραβάττοις τοὺς κακῶς **ἔχοντας** περιφέρειν ὅπου ἤκουον ὅτι ἐστίν.
7:25 ἧς **εἶχεν** τὸ θυγάτριον αὐτῆς πνεῦμα ἀκάθαρτον, ἐλθοῦσα προσέπεσεν πρὸς τοὺς πόδας αὐτοῦ·
8: 1 Ἐν ἐκείναις ταῖς ἡμέραις πάλιν πολλοῦ ὄχλου ὄντος καὶ μὴ **ἐχόντων** τί φάγωσιν,
8: 2 ὅτι ἤδη ἡμέραι τρεῖς προσμένουσίν μοι καὶ οὐκ **ἔχουσιν** τί φάγωσιν·
8: 5 καὶ ἠρώτα αὐτούς, Πόσους **ἔχετε** ἄρτους; οἱ δὲ εἶπαν,
8: 7 καὶ **εἶχον** ἰχθύδια ὀλίγα· καὶ εὐλογήσας αὐτὰ εἶπεν καὶ ταῦτα παρατιθέναι.
8:14 Καὶ ἐπελάθοντο λαβεῖν ἄρτους καὶ εἰ μὴ ἕνα ἄρτον οὐκ **εἶχον** μεθ' ἑαυτῶν ἐν τῷ πλοίῳ.

8:16 καὶ διελογίζοντο πρὸς ἀλλήλους ὅτι ἄρτους οὐκ **ἔχουσιν.**
[UBS; NIV λέγοντες ὅτι Ἄρτους οὐκ **ἔχομεν.**]
8:17 καὶ γνοὺς λέγει αὐτοῖς, Τί διαλογίζεσθε ὅτι ἄρτους οὐκ **ἔχετε;** οὔπω νοεῖτε οὐδὲ συνίετε; πεπωρωμένην **ἔχετε** τὴν καρδίαν ὑμῶν;
8:18 ὀφθαλμοὺς **ἔχοντες** οὐ βλέπετε καὶ ὦτα **ἔχοντες** οὐκ ἀκούετε;
9:17 ἤνεγκα τὸν υἱόν μου πρὸς σέ, **ἔχοντα** πνεῦμα ἄλαλον·
9:43 καλόν ἐστίν σε κυλλὸν εἰσελθεῖν εἰς τὴν ζωὴν ἢ τὰς δύο χεῖρας **ἔχοντα** ἀπελθεῖν εἰς τὴν γέενναν,
9:45 καλόν ἐστίν σε εἰσελθεῖν εἰς τὴν ζωὴν χωλὸν ἢ τοὺς δύο πόδας **ἔχοντα** βληθῆναι εἰς τὴν γέενναν.
9:47 καλόν σέ ἐστιν μονόφθαλμον εἰσελθεῖν εἰς τὴν βασιλείαν τοῦ θεοῦ ἢ δύο ὀφθαλμοὺς **ἔχοντα** βληθῆναι εἰς τὴν γέενναν,
9:50 **ἔχετε** ἐν ἑαυτοῖς ἅλα καὶ εἰρηνεύετε ἐν ἀλλήλοις.
10:21 ὕπαγε, ὅσα **ἔχεις** πώλησον καὶ δὸς [τοῖς] πτωχοῖς, καὶ **ἕξεις** θησαυρὸν ἐν οὐρανῷ, καὶ δεῦρο ἀκολούθει μοι.
10:22 ὁ δὲ στυγνάσας ἐπὶ τῷ λόγῳ ἀπῆλθεν λυπούμενος· ἦν γὰρ **ἔχων** κτήματα πολλά.
10:23 Πῶς δυσκόλως οἱ τὰ χρήματα **ἔχοντες** εἰς τὴν βασιλείαν τοῦ θεοῦ εἰσελεύσονται.
11: 3 εἴπατε, Ὁ κύριος αὐτοῦ χρείαν **ἔχει,** καὶ εὐθὺς αὐτὸν ἀποστέλλει πάλιν ὧδε.
11:13 καὶ ἰδὼν συκῆν ἀπὸ μακρόθεν **ἔχουσαν** φύλλα ἦλθεν,
11:22 καὶ ἀποκριθεὶς ὁ Ἰησοῦς λέγει αὐτοῖς, **Ἔχετε** πίστιν θεοῦ.
11:25 καὶ ὅταν στήκετε προσευχόμενοι, ἀφίετε εἴ τι **ἔχετε** κατά τινος,
11:32 ἅπαντες γὰρ **εἶχον** τὸν Ἰωάννην ὄντως ὅτι προφήτης ἦν.
12: 6 ἔτι ἕνα **εἶχεν** υἱὸν ἀγαπητόν· ἀπέστειλεν αὐτὸν ἔσχατον πρὸς αὐτοὺς λέγων ὅτι Ἐντραπήσονται τὸν υἱόν μου.
12:23 ἐν τῇ ἀναστάσει [ὅταν ἀναστῶσιν] τίνος αὐτῶν ἔσται γυνή; οἱ γὰρ ἑπτὰ **ἔσχον** αὐτὴν γυναῖκα.
12:44 αὕτη δὲ ἐκ τῆς ὑστερήσεως αὐτῆς πάντα ὅσα **εἶχεν** ἔβαλεν ὅλον τὸν βίον αὐτῆς.
13:17 οὐαὶ δὲ ταῖς ἐν γαστρὶ **ἐχούσαις** καὶ ταῖς θηλαζούσαις ἐν ἐκείναις ταῖς ἡμέραις.
14: 3 κατακειμένου αὐτοῦ ἦλθεν γυνὴ **ἔχουσα** ἀλάβαστρον μύρου νάρδου πιστικῆς πολυτελοῦς,
14: 7 πάντοτε γὰρ τοὺς πτωχοὺς **ἔχετε** μεθ᾽ ἑαυτῶν καὶ ὅταν θέλητε δύνασθε αὐτοῖς εὖ ποιῆσαι, ἐμὲ δὲ οὐ πάντοτε **ἔχετε.**
14: 8 ὃ **ἔσχεν** ἐποίησεν· προέλαβεν μυρίσαι τὸ σῶμά μου εἰς τὸν ἐνταφιασμόν.
14:63 ὁ δὲ ἀρχιερεὺς διαρρήξας τοὺς χιτῶνας αὐτοῦ λέγει, Τί ἔτι χρείαν **ἔχομεν** μαρτύρων;
16: 8 καὶ ἐξελθοῦσαι ἔφυγον ἀπὸ τοῦ μνημείου, **εἶχεν** γὰρ αὐτὰς τρόμος καὶ ἔκστασις·
16:18 ⟦κἂν θανάσιμόν τι πίωσιν οὐ μὴ αὐτοὺς βλάψῃ, ἐπὶ ἀρρώστους χεῖρας ἐπιθήσουσιν καὶ καλῶς **ἕξουσιν.**⟧
Lk 3: 8 ποιήσατε οὖν καρποὺς ἀξίους τῆς μετανοίας καὶ μὴ ἄρξησθε λέγειν ἐν ἑαυτοῖς, Πατέρα **ἔχομεν** τὸν Ἀβραάμ.
3:11 Ὁ **ἔχων** δύο χιτῶνας μεταδότω τῷ μὴ **ἔχοντι,** καὶ ὁ **ἔχων** βρώματα ὁμοίως ποιείτω.
4:33 καὶ ἐν τῇ συναγωγῇ ἦν ἄνθρωπος **ἔχων** πνεῦμα δαιμονίου ἀκαθάρτου καὶ ἀνέκραξεν φωνῇ μεγάλῃ,
4:40 Δύνοντος δὲ τοῦ ἡλίου ἅπαντες ὅσοι **εἶχον** ἀσθενοῦντας νόσοις ποικίλαις ἤγαγον αὐτοὺς πρὸς αὐτόν·
5:24 ἵνα δὲ εἰδῆτε ὅτι ὁ υἱὸς τοῦ ἀνθρώπου ἐξουσίαν **ἔχει** ἐπὶ τῆς γῆς ἀφιέναι ἁμαρτίας–
5:31 Οὐ χρείαν **ἔχουσιν** οἱ ὑγιαίνοντες ἰατροῦ ἀλλὰ οἱ κακῶς **ἔχοντες·**
6: 8 εἶπεν δὲ τῷ ἀνδρὶ τῷ ξηρὰν **ἔχοντι** τὴν χεῖρα,
7: 2 Ἑκατοντάρχου δέ τινος δοῦλος κακῶς **ἔχων** ἤμελλεν τελευτᾶν,
7: 8 καὶ γὰρ ἐγὼ ἄνθρωπός εἰμι ὑπὸ ἐξουσίαν τασσόμενος **ἔχων** ὑπ᾽ ἐμαυτὸν στρατιώτας,
7:33 ἐλήλυθεν γὰρ Ἰωάννης ὁ βαπτιστὴς μὴ ἐσθίων ἄρτον μήτε πίνων οἶνον, καὶ λέγετε, Δαιμόνιον **ἔχει.**
7:40 ὁ Ἰησοῦς εἶπεν πρὸς αὐτόν, Σίμων, **ἔχω** σοί τι εἰπεῖν.
7:42 μὴ **ἐχόντων** αὐτῶν ἀποδοῦναι ἀμφοτέροις ἐχαρίσατο. τίς οὖν αὐτῶν πλεῖον ἀγαπήσει αὐτόν;
8: 6 καὶ φυὲν ἐξηράνθη διὰ τὸ μὴ **ἔχειν** ἰκμάδα.
8: 8 ταῦτα λέγων ἐφώνει, Ὁ **ἔχων** ὦτα ἀκούειν ἀκουέτω.
8:13 καὶ οὗτοι ῥίζαν οὐκ **ἔχουσιν,** οἳ πρὸς καιρὸν πιστεύουσιν καὶ ἐν καιρῷ πειρασμοῦ ἀφίστανται.
8:18 βλέπετε οὖν πῶς ἀκούετε· ὃς ἂν γὰρ **ἔχῃ,** δοθήσεται αὐτῷ· καὶ ὃς ἂν μὴ **ἔχῃ,** καὶ ὃ δοκεῖ **ἔχειν** ἀρθήσεται ἀπ᾽ αὐτοῦ.
8:27 ἐξελθόντι δὲ αὐτῷ ἐπὶ τὴν γῆν ὑπήντησεν ἀνήρ τις ἐκ τῆς πόλεως **ἔχων** δαιμόνια καὶ χρόνῳ ἱκανῷ οὐκ ἐνεδύσατο ἱμάτιον
9: 3 μήτε ῥάβδον μήτε πήραν μήτε ἄρτον μήτε ἀργύριον μήτε [ἀνὰ] δύο χιτῶνας **ἔχειν.**
9:11 καὶ ἀποδεξάμενος αὐτοὺς ἐλάλει αὐτοῖς περὶ τῆς βασιλείας τοῦ θεοῦ, καὶ τοὺς χρείαν **ἔχοντας** θεραπείας ἰᾶτο.
9:58 Αἱ ἀλώπεκες φωλεοὺς **ἔχουσιν** καὶ τὰ πετεινὰ τοῦ οὐρανοῦ κατασκηνώσεις, ὁ δὲ υἱὸς τοῦ ἀνθρώπου οὐκ **ἔχει** ποῦ τὴν κεφαλὴν κλίνῃ.
11: 5 Τίς ἐξ ὑμῶν **ἕξει** φίλον καὶ πορεύσεται πρὸς αὐτὸν μεσονυκτίου καὶ εἴπῃ αὐτῷ,
11: 6 ἐπειδὴ φίλος μου παρεγένετο ἐξ ὁδοῦ πρός με καὶ οὐκ **ἔχω** ὃ παραθήσω αὐτῷ·
11:36 εἰ οὖν τὸ σῶμά σου ὅλον φωτεινόν, μὴ **ἔχον** μέρος τι σκοτεινόν,
12: 4 μὴ φοβηθῆτε ἀπὸ τῶν ἀποκτεινόντων τὸ σῶμα καὶ μετὰ ταῦτα μὴ **ἐχόντων** περισσότερόν τι ποιῆσαι.
12: 5 φοβήθητε τὸν μετὰ τὸ ἀποκτεῖναι **ἔχοντα** ἐξουσίαν ἐμβαλεῖν εἰς τὴν γέενναν.
12:17 ὅτι οὐκ **ἔχω** ποῦ συνάξω τοὺς καρπούς μου;
12:19 Ψυχή, **ἔχεις** πολλὰ ἀγαθὰ κείμενα εἰς ἔτη πολλά·
12:50 βάπτισμα δὲ **ἔχω** βαπτισθῆναι, καὶ πῶς συνέχομαι ἕως ὅτου τελεσθῇ.
13: 6 Συκῆν **εἶχέν** τις πεφυτευμένην ἐν τῷ ἀμπελῶνι αὐτοῦ,
13:11 καὶ ἰδοὺ γυνὴ πνεῦμα **ἔχουσα** ἀσθενείας ἔτη δεκαοκτὼ καὶ ἦν συγκύπτουσα καὶ μὴ δυναμένη ἀνακύψαι εἰς τὸ παντελές.
13:33 πλὴν δεῖ με σήμερον καὶ αὔριον καὶ τῇ **ἐχομένῃ** πορεύεσθαι,
14:14 καὶ μακάριος ἔσῃ, ὅτι οὐκ **ἔχουσιν** ἀνταποδοῦναί σοι,
14:18 Ἀγρὸν ἠγόρασα καὶ **ἔχω** ἀνάγκην ἐξελθὼν ἰδεῖν αὐτόν· ἐρωτῶ σε, **ἔχε** με παρῃτημένον.
14:19 Ζεύγη βοῶν ἠγόρασα πέντε καὶ πορεύομαι δοκιμάσαι αὐτά· ἐρωτῶ σε, **ἔχε** με παρῃτημένον.
14:28 τίς γὰρ ἐξ ὑμῶν θέλων πύργον οἰκοδομῆσαι οὐχὶ πρῶτον καθίσας ψηφίζει τὴν δαπάνην, εἰ **ἔχει** εἰς ἀπαρτισμόν;
14:35 ἔξω βάλλουσιν αὐτό. ὁ **ἔχων** ὦτα ἀκούειν ἀκουέτω.
15: 4 Τίς ἄνθρωπος ἐξ ὑμῶν **ἔχων** ἑκατὸν πρόβατα καὶ ἀπολέσας ἐξ αὐτῶν ἓν οὐ καταλείπει τὰ ἐνενήκοντα ἐννέα ἐν τῇ ἐρήμῳ
15: 7 ἐπὶ ἑνὶ ἁμαρτωλῷ μετανοοῦντι ἢ ἐπὶ ἐνενήκοντα ἐννέα δικαίοις οἵτινες οὐ χρείαν **ἔχουσιν** μετανοίας.
15: 8 Ἢ τίς γυνὴ δραχμὰς **ἔχουσα** δέκα ἐὰν ἀπολέσῃ δραχμὴν μίαν,
15:11 Εἶπεν δέ, Ἄνθρωπός τις **εἶχεν** δύο υἱούς.
16: 1 Ἔλεγεν δὲ καὶ πρὸς τοὺς μαθητάς, Ἄνθρωπός τις ἦν πλούσιος ὃς **εἶχεν** οἰκονόμον,
16:28 **ἔχω** γὰρ πέντε ἀδελφούς, ὅπως διαμαρτύρηται αὐτοῖς, ἵνα μὴ καὶ αὐτοὶ ἔλθωσιν εἰς τὸν τόπον τοῦτον τῆς βασάνου.
16:29 λέγει δὲ Ἀβραάμ, **Ἔχουσι** Μωϋσέα καὶ τοὺς προφήτας·
17: 6 εἶπεν δὲ ὁ κύριος, Εἰ **ἔχετε** πίστιν ὡς κόκκον σινάπεως,
17: 7 Τίς δὲ ἐξ ὑμῶν δοῦλον **ἔχων** ἀροτριῶντα ἢ ποιμαίνοντα,
17: 9 μὴ **ἔχει** χάριν τῷ δούλῳ ὅτι ἐποίησεν τὰ διαταχθέντα;
18:22 πάντα ὅσα **ἔχεις** πώλησον καὶ διάδος πτωχοῖς, καὶ **ἕξεις** θησαυρὸν ἐν [τοῖς] οὐρανοῖς, καὶ δεῦρο ἀκολούθει μοι.
18:24 Πῶς δυσκόλως οἱ τὰ χρήματα **ἔχοντες** εἰς τὴν βασιλείαν τοῦ θεοῦ εἰσπορεύονται·
19:17 ὅτι ἐν ἐλαχίστῳ πιστὸς ἐγένου, ἴσθι ἐξουσίαν **ἔχων** ἐπάνω δέκα πόλεων.
19:20 ἰδοὺ ἡ μνᾶ σου ἣν **εἶχον** ἀποκειμένην ἐν σουδαρίῳ·
19:24 Ἄρατε ἀπ᾽ αὐτοῦ τὴν μνᾶν καὶ δότε τῷ τὰς δέκα μνᾶς **ἔχοντι**
19:25 –καὶ εἶπαν αὐτῷ, Κύριε, **ἔχει** δέκα μνᾶς–
19:26 λέγω ὑμῖν ὅτι παντὶ τῷ **ἔχοντι** δοθήσεται, ἀπὸ δὲ τοῦ μὴ **ἔχοντος** καὶ ὃ **ἔχει** ἀρθήσεται.
19:31 οὕτως ἐρεῖτε ὅτι Ὁ κύριος αὐτοῦ χρείαν **ἔχει.**
19:34 οἱ δὲ εἶπαν ὅτι Ὁ κύριος αὐτοῦ χρείαν **ἔχει.**
20:24 Δείξατέ μοι δηνάριον· τίνος **ἔχει** εἰκόνα καὶ ἐπιγραφήν;
20:28 Μωϋσῆς ἔγραψεν ἡμῖν, ἐάν τινος ἀδελφὸς ἀποθάνῃ **ἔχων** γυναῖκα,
20:33 ἡ γυνὴ οὖν ἐν τῇ ἀναστάσει τίνος αὐτῶν γίνεται γυνή; οἱ γὰρ ἑπτὰ **ἔσχον** αὐτὴν γυναῖκα.
21: 4 αὕτη δὲ ἐκ τοῦ ὑστερήματος αὐτῆς πάντα τὸν βίον ὃν **εἶχεν** ἔβαλεν.
21:23 οὐαὶ ταῖς ἐν γαστρὶ **ἐχούσαις** καὶ ταῖς θηλαζούσαις ἐν ἐκείναις ταῖς ἡμέραις·

22:36 Ἀλλὰ νῦν ὁ **ἔχων** βαλλάντιον ἀράτω, ὁμοίως καὶ πήραν, καὶ ὁ μὴ **ἔχων** πωλησάτω τὸ ἱμάτιον αὐτοῦ καὶ ἀγορασάτω μάχαιραν.
22:37 τοῦτο τὸ γεγραμμένον δεῖ τελεσθῆναι ἐν ἐμοί, τὸ Καὶ μετὰ ἀνόμων ἐλογίσθη· καὶ γὰρ τὸ περὶ ἐμοῦ τέλος **ἔχει.**
22:71 οἱ δὲ εἶπαν, Τί ἔτι **ἔχομεν** μαρτυρίας χρείαν;
24:39 ὅτι πνεῦμα σάρκα καὶ ὀστέα οὐκ **ἔχει** καθὼς ἐμὲ θεωρεῖτε **ἔχοντα.**
24:41 ἔτι δὲ ἀπιστούντων αὐτῶν ἀπὸ τῆς χαρᾶς καὶ θαυμαζόντων εἶπεν αὐτοῖς, **Ἔχετέ** τι βρώσιμον ἐνθάδε;

Jn 2: 3 καὶ ὑστερήσαντος οἴνου λέγει ἡ μήτηρ τοῦ Ἰησοῦ πρὸς αὐτόν, Οἶνον οὐκ **ἔχουσιν.**
2:25 καὶ ὅτι οὐ χρείαν **εἶχεν** ἵνα τις μαρτυρήσῃ περὶ τοῦ ἀνθρώπου·
3:15 ἵνα πᾶς ὁ πιστεύων ἐν αὐτῷ **ἔχῃ** ζωὴν αἰώνιον.
3:16 ἵνα πᾶς ὁ πιστεύων εἰς αὐτὸν μὴ ἀπόληται ἀλλ' **ἔχῃ** ζωὴν αἰώνιον.
3:29 ὁ **ἔχων** τὴν νύμφην νυμφίος ἐστίν· ὁ δὲ φίλος τοῦ νυμφίου ὁ ἑστηκὼς καὶ ἀκούων αὐτοῦ χαρᾷ χαίρει διὰ τὴν φωνὴν
3:36 ὁ πιστεύων εἰς τὸν υἱὸν **ἔχει** ζωὴν αἰώνιον·
4:11 οὔτε ἄντλημα **ἔχεις** καὶ τὸ φρέαρ ἐστὶν βαθύ· πόθεν οὖν **ἔχεις** τὸ ὕδωρ τὸ ζῶν;
4:17 ἀπεκρίθη ἡ γυνὴ καὶ εἶπεν αὐτῷ, Οὐκ **ἔχω** ἄνδρα. λέγει αὐτῇ ὁ Ἰησοῦς, Καλῶς εἶπας ὅτι Ἄνδρα οὐκ **ἔχω·**
4:18 πέντε γὰρ ἄνδρας **ἔσχες** καὶ νῦν ὃν **ἔχεις** οὐκ ἔστιν σου ἀνήρ·
4:32 Ἐγὼ βρῶσιν **ἔχω** φαγεῖν ἣν ὑμεῖς οὐκ οἴδατε.
4:44 αὐτὸς γὰρ Ἰησοῦς ἐμαρτύρησεν ὅτι προφήτης ἐν τῇ ἰδίᾳ πατρίδι τιμὴν οὐκ **ἔχει.**
4:52 ἐπύθετο οὖν τὴν ὥραν παρ' αὐτῶν ἐν ᾗ κομψότερον **ἔσχεν·**
5: 2 ἔστιν δὲ ἐν τοῖς Ἱεροσολύμοις ἐπὶ τῇ προβατικῇ κολυμβήθρα ἡ ἐπιλεγομένη Ἑβραϊστὶ Βηθζαθὰ πέντε στοὰς **ἔχουσα.**
5: 5 ἦν δέ τις ἄνθρωπος ἐκεῖ τριάκοντα [καὶ] ὀκτὼ ἔτη **ἔχων** ἐν τῇ ἀσθενείᾳ αὐτοῦ·
5: 6 τοῦτον ἰδὼν ὁ Ἰησοῦς κατακείμενον καὶ γνοὺς ὅτι πολὺν ἤδη χρόνον **ἔχει,**
5: 7 ἄνθρωπον οὐκ **ἔχω** ἵνα ὅταν ταραχθῇ τὸ ὕδωρ βάλῃ με εἰς τὴν κολυμβήθραν·
5:24 ὅτι ὁ τὸν λόγον μου ἀκούων καὶ πιστεύων τῷ πέμψαντί με **ἔχει** ζωὴν αἰώνιον καὶ εἰς κρίσιν οὐκ ἔρχεται,
5:26 ὥσπερ γὰρ ὁ πατὴρ **ἔχει** ζωὴν ἐν ἑαυτῷ, οὕτως καὶ τῷ υἱῷ ἔδωκεν ζωὴν **ἔχειν** ἐν ἑαυτῷ.
5:36 ἐγὼ δὲ **ἔχω** τὴν μαρτυρίαν μείζω τοῦ Ἰωάννου·
5:38 καὶ τὸν λόγον αὐτοῦ οὐκ **ἔχετε** ἐν ὑμῖν μένοντα,
5:39 ὅτι ὑμεῖς δοκεῖτε ἐν αὐταῖς ζωὴν αἰώνιον **ἔχειν·**
5:40 καὶ οὐ θέλετε ἐλθεῖν πρός με ἵνα ζωὴν **ἔχητε.**
5:42 ἀλλὰ ἔγνωκα ὑμᾶς ὅτι τὴν ἀγάπην τοῦ θεοῦ οὐκ **ἔχετε** ἐν ἑαυτοῖς.
6: 9 Ἔστιν παιδάριον ὧδε ὃς **ἔχει** πέντε ἄρτους κριθίνους καὶ δύο ὀψάρια·
6:40 ἵνα πᾶς ὁ θεωρῶν τὸν υἱὸν καὶ πιστεύων εἰς αὐτὸν **ἔχῃ** ζωὴν αἰώνιον,
6:47 ἀμὴν ἀμὴν λέγω ὑμῖν, ὁ πιστεύων **ἔχει** ζωὴν αἰώνιον.
6:53 ἐὰν μὴ φάγητε τὴν σάρκα τοῦ υἱοῦ τοῦ ἀνθρώπου καὶ πίητε αὐτοῦ τὸ αἷμα, οὐκ **ἔχετε** ζωὴν ἐν ἑαυτοῖς.
6:54 ὁ τρώγων μου τὴν σάρκα καὶ πίνων μου τὸ αἷμα **ἔχει** ζωὴν αἰώνιον,
6:68 Κύριε, πρὸς τίνα ἀπελευσόμεθα; ῥήματα ζωῆς αἰωνίου **ἔχεις,**
7:20 ἀπεκρίθη ὁ ὄχλος, Δαιμόνιον **ἔχεις·** τίς σε ζητεῖ ἀποκτεῖναι;
8: 6 ⟦τοῦτο δὲ ἔλεγον πειράζοντες αὐτόν, ἵνα **ἔχωσιν** κατηγορεῖν αὐτοῦ.⟧
8:12 ὁ ἀκολουθῶν ἐμοὶ οὐ μὴ περιπατήσῃ ἐν τῇ σκοτίᾳ, ἀλλ' **ἕξει** τὸ φῶς τῆς ζωῆς.
8:26 πολλὰ **ἔχω** περὶ ὑμῶν λαλεῖν καὶ κρίνειν, ἀλλ' ὁ πέμψας με ἀληθής ἐστιν,
8:41 Ἡμεῖς ἐκ πορνείας οὐ γεγεννήμεθα· ἕνα πατέρα **ἔχομεν** τὸν θεόν.
8:48 Οὐ καλῶς λέγομεν ἡμεῖς ὅτι Σαμαρίτης εἶ σὺ καὶ δαιμόνιον **ἔχεις;**
8:49 ἀπεκρίθη Ἰησοῦς, Ἐγὼ δαιμόνιον οὐκ **ἔχω,** ἀλλὰ τιμῶ τὸν πατέρα μου,
8:52 εἶπον [οὖν] αὐτῷ οἱ Ἰουδαῖοι, Νῦν ἐγνώκαμεν ὅτι δαιμόνιον **ἔχεις.**
8:57 εἶπον οὖν οἱ Ἰουδαῖοι πρὸς αὐτόν, Πεντήκοντα ἔτη οὔπω **ἔχεις** καὶ Ἀβραὰμ ἑώρακας;
9:21 αὐτὸν ἐρωτήσατε, ἡλικίαν **ἔχει,** αὐτὸς περὶ ἑαυτοῦ λαλήσει.
9:23 διὰ τοῦτο οἱ γονεῖς αὐτοῦ εἶπαν ὅτι Ἡλικίαν **ἔχει,**
9:41 εἶπεν αὐτοῖς ὁ Ἰησοῦς, Εἰ τυφλοὶ ἦτε, οὐκ ἂν **εἴχετε** ἁμαρτίαν·
10:10 ἐγὼ ἦλθον ἵνα ζωὴν **ἔχωσιν** καὶ περισσὸν **ἔχωσιν.**
10:16 καὶ ἄλλα πρόβατα **ἔχω** ἃ οὐκ ἔστιν ἐκ τῆς αὐλῆς ταύτης·
10:18 ἐξουσίαν **ἔχω** θεῖναι αὐτήν, καὶ ἐξουσίαν **ἔχω** πάλιν λαβεῖν αὐτήν·
10:20 ἔλεγον δὲ πολλοὶ ἐξ αὐτῶν, Δαιμόνιον **ἔχει** καὶ μαίνεται·
11:17 Ἐλθὼν οὖν ὁ Ἰησοῦς εὗρεν αὐτὸν τέσσαρας ἤδη ἡμέρας **ἔχοντα** ἐν τῷ μνημείῳ.
12: 6 ἀλλ' ὅτι κλέπτης ἦν καὶ τὸ γλωσσόκομον **ἔχων** τὰ βαλλόμενα ἐβάσταζεν.
12: 8 τοὺς πτωχοὺς γὰρ πάντοτε **ἔχετε** μεθ' ἑαυτῶν, ἐμὲ δὲ οὐ πάντοτε **ἔχετε.**
12:35 περιπατεῖτε ὡς τὸ φῶς **ἔχετε,** ἵνα μὴ σκοτία ὑμᾶς καταλάβῃ·
12:36 ὡς τὸ φῶς **ἔχετε,** πιστεύετε εἰς τὸ φῶς,
12:48 ὁ ἀθετῶν ἐμὲ καὶ μὴ λαμβάνων τὰ ῥήματά μου **ἔχει** τὸν κρίνοντα αὐτόν·
13: 8 Ἐὰν μὴ νίψω σε, οὐκ **ἔχεις** μέρος μετ' ἐμοῦ.
13:10 Ὁ λελουμένος οὐκ **ἔχει** χρείαν εἰ μὴ τοὺς πόδας νίψασθαι,
13:29 ἐδόκουν, ἐπεὶ τὸ γλωσσόκομον **εἶχεν** Ἰούδας, ὅτι λέγει αὐτῷ [ὁ] Ἰησοῦς, Ἀγόρασον ὧν χρείαν **ἔχομεν** εἰς τὴν ἑορτήν,
13:35 ἐν τούτῳ γνώσονται πάντες ὅτι ἐμοὶ μαθηταί ἐστε, ἐὰν ἀγάπην **ἔχητε** ἐν ἀλλήλοις.
14:21 ὁ **ἔχων** τὰς ἐντολάς μου καὶ τηρῶν αὐτὰς ἐκεῖνός ἐστιν ὁ ἀγαπῶν με·
14:30 ἔρχεται γὰρ ὁ τοῦ κόσμου ἄρχων· καὶ ἐν ἐμοὶ οὐκ **ἔχει** οὐδέν,
15:13 μείζονα ταύτης ἀγάπην οὐδεὶς **ἔχει,** ἵνα τις τὴν ψυχὴν αὐτοῦ θῇ ὑπὲρ τῶν φίλων αὐτοῦ.
15:22 εἰ μὴ ἦλθον καὶ ἐλάλησα αὐτοῖς, ἁμαρτίαν οὐκ **εἴχοσαν·** νῦν δὲ πρόφασιν οὐκ **ἔχουσιν** περὶ τῆς ἁμαρτίας αὐτῶν.
15:24 εἰ τὰ ἔργα μὴ ἐποίησα ἐν αὐτοῖς ἃ οὐδεὶς ἄλλος ἐποίησεν, ἁμαρτίαν οὐκ **εἴχοσαν·**
16:12 Ἔτι πολλὰ **ἔχω** ὑμῖν λέγειν, ἀλλ' οὐ δύνασθε βαστάζειν ἄρτι·
16:15 πάντα ὅσα **ἔχει** ὁ πατὴρ ἐμά ἐστιν· διὰ τοῦτο εἶπον ὅτι ἐκ τοῦ ἐμοῦ λαμβάνει καὶ ἀναγγελεῖ ὑμῖν.
16:21 ἡ γυνὴ ὅταν τίκτῃ λύπην **ἔχει,** ὅτι ἦλθεν ἡ ὥρα αὐτῆς·
16:22 καὶ ὑμεῖς οὖν νῦν μὲν λύπην **ἔχετε·** πάλιν δὲ ὄψομαι ὑμᾶς,
16:30 νῦν οἴδαμεν ὅτι οἶδας πάντα καὶ οὐ χρείαν **ἔχεις** ἵνα τίς σε ἐρωτᾷ·
16:33 ταῦτα λελάληκα ὑμῖν ἵνα ἐν ἐμοὶ εἰρήνην **ἔχητε·** ἐν τῷ κόσμῳ θλῖψιν **ἔχετε·** ἀλλὰ θαρσεῖτε, ἐγὼ νενίκηκα τὸν κόσμον.
17: 5 παρὰ σεαυτῷ τῇ δόξῃ ᾗ **εἶχον** πρὸ τοῦ τὸν κόσμον εἶναι παρὰ σοί.
17:13 νῦν δὲ πρὸς σὲ ἔρχομαι καὶ ταῦτα λαλῶ ἐν τῷ κόσμῳ ἵνα **ἔχωσιν** τὴν χαρὰν τὴν ἐμὴν πεπληρωμένην ἐν ἑαυτοῖς.
18:10 Σίμων οὖν Πέτρος **ἔχων** μάχαιραν εἵλκυσεν αὐτὴν καὶ ἔπαισεν τὸν τοῦ ἀρχιερέως δοῦλον καὶ ἀπέκοψεν αὐτοῦ τὸ ὠτάριον
19: 7 Ἡμεῖς νόμον **ἔχομεν** καὶ κατὰ τὸν νόμον ὀφείλει ἀποθανεῖν,
19:10 οὐκ οἶδας ὅτι ἐξουσίαν **ἔχω** ἀπολῦσαί σε καὶ ἐξουσίαν **ἔχω** σταυρῶσαί σε;
19:11 ἀπεκρίθη [αὐτῷ] Ἰησοῦς, Οὐκ **εἶχες** ἐξουσίαν κατ' ἐμοῦ οὐδεμίαν εἰ μὴ ἦν δεδομένον σοι ἄνωθεν· διὰ τοῦτο ὁ παραδούς μέ σοι μείζονα ἁμαρτίαν **ἔχει.**
19:15 ἀπεκρίθησαν οἱ ἀρχιερεῖς, Οὐκ **ἔχομεν** βασιλέα εἰ μὴ Καίσαρα.
20:31 καὶ ἵνα πιστεύοντες ζωὴν **ἔχητε** ἐν τῷ ὀνόματι αὐτοῦ.
21: 5 λέγει οὖν αὐτοῖς [ὁ] Ἰησοῦς, Παιδία, μή τι προσφάγιον **ἔχετε;**

Ac 1:12 Τότε ὑπέστρεψαν εἰς Ἰερουσαλὴμ ἀπὸ ὄρους τοῦ καλουμένου Ἐλαιῶνος, ὅ ἐστιν ἐγγὺς Ἰερουσαλὴμ σαββάτου **ἔχον** ὁδόν.
2:44 πάντες δὲ οἱ πιστεύοντες ἦσαν ἐπὶ τὸ αὐτὸ καὶ **εἶχον** ἅπαντα κοινὰ
2:45 καὶ τὰ κτήματα καὶ τὰς ὑπάρξεις ἐπίπρασκον καὶ διεμέριζον αὐτὰ πᾶσιν καθότι ἄν τις χρείαν **εἶχεν·**
2:47 αἰνοῦντες τὸν θεὸν καὶ **ἔχοντες** χάριν πρὸς ὅλον τὸν λαόν.
3: 6 Ἀργύριον καὶ χρυσίον οὐχ ὑπάρχει μοι, ὃ δὲ **ἔχω** τοῦτό σοι δίδωμι·
4:14 τόν τε ἄνθρωπον βλέποντες σὺν αὐτοῖς ἑστῶτα τὸν τεθεραπευμένον οὐδὲν **εἶχον** ἀντειπεῖν.
4:35 διεδίδετο δὲ ἑκάστῳ καθότι ἄν τις χρείαν **εἶχεν.**
7: 1 Εἶπεν δὲ ὁ ἀρχιερεύς, Εἰ ταῦτα οὕτως **ἔχει;**
8: 7 πολλοὶ γὰρ τῶν **ἐχόντων** πνεύματα ἀκάθαρτα βοῶντα φωνῇ μεγάλῃ ἐξήρχοντο,
9:14 καὶ ὧδε **ἔχει** ἐξουσίαν παρὰ τῶν ἀρχιερέων δῆσαι πάντας τοὺς ἐπικαλουμένους τὸ ὄνομά σου.
9:31 Ἡ μὲν οὖν ἐκκλησία καθ' ὅλης τῆς Ἰουδαίας καὶ Γαλιλαίας καὶ Σαμαρείας **εἶχεν** εἰρήνην οἰκοδομουμένη
11: 3 λέγοντες ὅτι Εἰσῆλθες πρὸς ἄνδρας ἀκροβυστίαν **ἔχοντας** καὶ συνέφαγες αὐτοῖς.
12:15 οἱ δὲ πρὸς αὐτὴν εἶπαν, Μαίνῃ. ἡ δὲ διϊσχυρίζετο οὕτως **ἔχειν.**

13: 5 κατήγγελλον τὸν λόγον τοῦ θεοῦ ἐν ταῖς συναγωγαῖς τῶν Ἰουδαίων. **εἶχον** δὲ καὶ Ἰωάννην ὑπηρέτην.
14: 9 ὃς ἀτενίσας αὐτῷ καὶ ἰδὼν ὅτι **ἔχει** πίστιν τοῦ σωθῆναι,
15:21 Μωϋσῆς γὰρ ἐκ γενεῶν ἀρχαίων κατὰ πόλιν τοὺς κηρύσσοντας αὐτὸν **ἔχει** ἐν ταῖς συναγωγαῖς κατὰ πᾶν σάββατον ἀναγινωσκόμενος.
15:36 ἐπισκεψώμεθα τοὺς ἀδελφοὺς κατὰ πόλιν πᾶσαν ἐν αἷς κατηγγείλαμεν τὸν λόγον τοῦ κυρίου πῶς **ἔχουσιν.**
16:16 Ἐγένετο δὲ πορευομένων ἡμῶν εἰς τὴν προσευχὴν παιδίσκην τινὰ **ἔχουσαν** πνεῦμα πύθωνα ὑπαντῆσαι ἡμῖν,
17:11 οἵτινες ἐδέξαντο τὸν λόγον μετὰ πάσης προθυμίας καθ' ἡμέραν ἀνακρίνοντες τὰς γραφὰς εἰ **ἔχοι** ταῦτα οὕτως.
18:18 κειράμενος ἐν Κεγχρεαῖς τὴν κεφαλήν, **εἶχεν** γὰρ εὐχήν.
19:13 ἐξορκιστῶν ὀνομάζειν ἐπὶ τοὺς **ἔχοντας** τὰ πνεύματα τὰ πονηρὰ τὸ ὄνομα τοῦ κυρίου Ἰησοῦ λέγοντες,
19:38 εἰ μὲν οὖν Δημήτριος καὶ οἱ σὺν αὐτῷ τεχνῖται **ἔχουσι** πρός τινα λόγον,
20:15 τῇ δὲ ἑτέρᾳ παρεβάλομεν εἰς Σάμον, τῇ δὲ **ἐχομένῃ** ἤλθομεν εἰς Μίλητον.
21:13 ἐγὼ γὰρ οὐ μόνον δεθῆναι ἀλλὰ καὶ ἀποθανεῖν εἰς Ἰερουσαλὴμ ἑτοίμως **ἔχω** ὑπὲρ τοῦ ὀνόματος τοῦ κυρίου Ἰησοῦ.
21:23 εἰσὶν ἡμῖν ἄνδρες τέσσαρες εὐχὴν **ἔχοντες** ἐφ' ἑαυτῶν.
21:26 τότε ὁ Παῦλος παραλαβὼν τοὺς ἄνδρας τῇ **ἐχομένῃ** ἡμέρᾳ σὺν αὐτοῖς ἁγνισθείς,
23:17 Τὸν νεανίαν τοῦτον ἀπάγαγε πρὸς τὸν χιλίαρχον, **ἔχει** γὰρ ἀπαγγεῖλαί τι αὐτῷ.
23:18 Ὁ δέσμιος Παῦλος προσκαλεσάμενός με ἠρώτησεν τοῦτον τὸν νεανίσκον ἀγαγεῖν πρὸς σὲ **ἔχοντά** τι λαλῆσαί σοι.
23:19 καὶ ἀναχωρήσας κατ' ἰδίαν ἐπυνθάνετο, Τί ἐστιν ὃ **ἔχεις** ἀπαγγεῖλαί μοι;
23:25 γράψας ἐπιστολὴν **ἔχουσαν** τὸν τύπον τοῦτον·
23:29 μηδὲν δὲ ἄξιον θανάτου ἢ δεσμῶν **ἔχοντα** ἔγκλημα.
24: 9 συνεπέθεντο δὲ καὶ οἱ Ἰουδαῖοι φάσκοντες ταῦτα οὕτως **ἔχειν.**
24:15 ἐλπίδα **ἔχων** εἰς τὸν θεὸν ἣν καὶ αὐτοὶ οὗτοι προσδέχονται,
24:16 ἐν τούτῳ καὶ αὐτὸς ἀσκῶ ἀπρόσκοπον συνείδησιν **ἔχειν** πρὸς τὸν θεὸν καὶ τοὺς ἀνθρώπους διὰ παντός.
24:19 οὓς ἔδει ἐπὶ σοῦ παρεῖναι καὶ κατηγορεῖν εἴ τι **ἔχοιεν** πρὸς ἐμέ.
24:23 διαταξάμενος τῷ ἑκατοντάρχῃ τηρεῖσθαι αὐτὸν **ἔχειν** τε ἄνεσιν καὶ μηδένα κωλύειν τῶν ἰδίων αὐτοῦ ὑπηρετεῖν αὐτῷ.
24:25 Τὸ νῦν **ἔχον** πορεύου, καιρὸν δὲ μεταλαβὼν μετακαλέσομαί σε,
25:16 οὐκ ἔστιν ἔθος Ῥωμαίοις χαρίζεσθαί τινα ἄνθρωπον πρὶν ἢ ὁ κατηγορούμενος κατὰ πρόσωπον **ἔχοι** τοὺς κατηγόρους τόπον
25:19 ζητήματα δέ τινα περὶ τῆς ἰδίας δεισιδαιμονίας **εἶχον** πρὸς αὐτὸν καὶ περί τινος Ἰησοῦ τεθνηκότος
25:26 περὶ οὗ ἀσφαλές τι γράψαι τῷ κυρίῳ οὐκ **ἔχω,** διὸ προήγαγον αὐτὸν ἐφ' ὑμῶν καὶ μάλιστα ἐπὶ σοῦ, βασιλεῦ Ἀγρίππα, ὅπως τῆς ἀνακρίσεως γενομένης **σχῶ** τί γράψω·
27:39 κόλπον δέ τινα κατενόουν **ἔχοντα** αἰγιαλὸν εἰς ὃν ἐβουλεύοντο εἰ δύναιντο ἐξῶσαι τὸ πλοῖον.
28: 9 τούτου δὲ γενομένου καὶ οἱ λοιποὶ οἱ ἐν τῇ νήσῳ **ἔχοντες** ἀσθενείας προσήρχοντο καὶ ἐθεραπεύοντο,
28:19 ἀντιλεγόντων δὲ τῶν Ἰουδαίων ἠναγκάσθην ἐπικαλέσασθαι Καίσαρα οὐχ ὡς τοῦ ἔθνους μου **ἔχων** τι κατηγορεῖν.

Ro 1:13 ἵνα τινὰ καρπὸν **σχῶ** καὶ ἐν ὑμῖν καθὼς καὶ ἐν τοῖς λοιποῖς ἔθνεσιν.
1:28 καὶ καθὼς οὐκ ἐδοκίμασαν τὸν θεὸν **ἔχειν** ἐν ἐπιγνώσει,
2:14 ὅταν γὰρ ἔθνη τὰ μὴ νόμον **ἔχοντα** φύσει τὰ τοῦ νόμου ποιῶσιν, οὗτοι νόμον μὴ **ἔχοντες** ἑαυτοῖς εἰσιν νόμος·
2:20 **ἔχοντα** τὴν μόρφωσιν τῆς γνώσεως καὶ τῆς ἀληθείας ἐν τῷ νόμῳ·
4: 2 εἰ γὰρ Ἀβραὰμ ἐξ ἔργων ἐδικαιώθη, **ἔχει** καύχημα, ἀλλ' οὐ πρὸς θεόν.
5: 1 Δικαιωθέντες οὖν ἐκ πίστεως εἰρήνην **ἔχομεν** πρὸς τὸν θεὸν διὰ τοῦ κυρίου ἡμῶν Ἰησοῦ Χριστοῦ
5: 2 δι' οὗ καὶ τὴν προσαγωγὴν **ἐσχήκαμεν** [τῇ πίστει] εἰς τὴν χάριν ταύτην ἐν ᾗ ἑστήκαμεν
6:21 τίνα οὖν καρπὸν **εἴχετε** τότε; ἐφ' οἷς νῦν ἐπαισχύνεσθε,
6:22 νυνὶ δὲ ἐλευθερωθέντες ἀπὸ τῆς ἁμαρτίας δουλωθέντες δὲ τῷ θεῷ **ἔχετε** τὸν καρπὸν ὑμῶν εἰς ἁγιασμόν,
8: 9 εἰ δέ τις πνεῦμα Χριστοῦ οὐκ **ἔχει,** οὗτος οὐκ ἔστιν αὐτοῦ.
8:23 ἀλλὰ καὶ αὐτοὶ τὴν ἀπαρχὴν τοῦ πνεύματος **ἔχοντες,**
9:10 οὐ μόνον δέ, ἀλλὰ καὶ Ῥεβέκκα ἐξ ἑνὸς κοίτην **ἔχουσα,**
9:21 ἢ οὐκ **ἔχει** ἐξουσίαν ὁ κεραμεὺς τοῦ πηλοῦ ἐκ τοῦ αὐτοῦ φυράματος ποιῆσαι ὃ μὲν εἰς τιμὴν σκεῦος ὃ δὲ εἰς ἀτιμίαν;
10: 2 μαρτυρῶ γὰρ αὐτοῖς ὅτι ζῆλον θεοῦ **ἔχουσιν** ἀλλ' οὐ κατ' ἐπίγνωσιν·
12: 4 καθάπερ γὰρ ἐν ἑνὶ σώματι πολλὰ μέλη **ἔχομεν,** τὰ δὲ μέλη πάντα οὐ τὴν αὐτὴν **ἔχει** πρᾶξιν,
12: 6 **ἔχοντες** δὲ χαρίσματα κατὰ τὴν χάριν τὴν δοθεῖσαν ἡμῖν διάφορα,
13: 3 τὸ ἀγαθὸν ποίει, καὶ **ἕξεις** ἔπαινον ἐξ αὐτῆς·
14:22 σὺ πίστιν [ἣν] **ἔχεις** κατὰ σεαυτὸν **ἔχε** ἐνώπιον τοῦ θεοῦ.
15: 4 ἵνα διὰ τῆς ὑπομονῆς καὶ διὰ τῆς παρακλήσεως τῶν γραφῶν τὴν ἐλπίδα **ἔχωμεν.**
15:17 **ἔχω** οὖν [τὴν] καύχησιν ἐν Χριστῷ Ἰησοῦ τὰ πρὸς τὸν θεόν·
15:23 νυνὶ δὲ μηκέτι τόπον **ἔχων** ἐν τοῖς κλίμασι τούτοις, ἐπιποθίαν δὲ **ἔχων** τοῦ ἐλθεῖν πρὸς ὑμᾶς ἀπὸ πολλῶν ἐτῶν,

1Co 2:16 ὃς συμβιβάσει αὐτόν; ἡμεῖς δὲ νοῦν Χριστοῦ **ἔχομεν.**
4: 7 τί δὲ **ἔχεις** ὃ οὐκ ἔλαβες; εἰ δὲ καὶ ἔλαβες,
4:15 ἐὰν γὰρ μυρίους παιδαγωγοὺς **ἔχητε** ἐν Χριστῷ ἀλλ' οὐ πολλοὺς πατέρας·
5: 1 καὶ τοιαύτη πορνεία ἥτις οὐδὲ ἐν τοῖς ἔθνεσιν, ὥστε γυναῖκά τινα τοῦ πατρὸς **ἔχειν.**
6: 1 Τολμᾷ τις ὑμῶν πρᾶγμα **ἔχων** πρὸς τὸν ἕτερον κρίνεσθαι ἐπὶ τῶν ἀδίκων καὶ οὐχὶ ἐπὶ τῶν ἁγίων;
6: 4 βιωτικὰ μὲν οὖν κριτήρια ἐὰν **ἔχητε,** τοὺς ἐξουθενημένους ἐν τῇ ἐκκλησίᾳ,
6: 7 ἤδη μὲν [οὖν] ὅλως ἥττημα ὑμῖν ἐστιν ὅτι κρίματα **ἔχετε** μεθ' ἑαυτῶν.
6:19 ἢ οὐκ οἴδατε ὅτι τὸ σῶμα ὑμῶν ναὸς τοῦ ἐν ὑμῖν ἁγίου πνεύματός ἐστιν οὗ **ἔχετε** ἀπὸ θεοῦ,
7: 2 διὰ δὲ τὰς πορνείας ἕκαστος τὴν ἑαυτοῦ γυναῖκα **ἐχέτω** καὶ ἑκάστη τὸν ἴδιον ἄνδρα **ἐχέτω.**
7: 7 ἀλλὰ ἕκαστος ἴδιον **ἔχει** χάρισμα ἐκ θεοῦ, ὁ μὲν οὕτως,
7:12 εἴ τις ἀδελφὸς γυναῖκα **ἔχει** ἄπιστον καὶ αὕτη συνευδοκεῖ οἰκεῖν μετ' αὐτοῦ,
7:13 καὶ γυνὴ εἴ τις **ἔχει** ἄνδρα ἄπιστον καὶ οὗτος συνευδοκεῖ οἰκεῖν μετ' αὐτῆς,
7:25 Περὶ δὲ τῶν παρθένων ἐπιταγὴν κυρίου οὐκ **ἔχω,**
7:28 θλῖψιν δὲ τῇ σαρκὶ **ἕξουσιν** οἱ τοιοῦτοι, ἐγὼ δὲ ὑμῶν φείδομαι.
7:29 ἵνα καὶ οἱ **ἔχοντες** γυναῖκας ὡς μὴ **ἔχοντες** ὦσιν
7:37 ὃς δὲ ἕστηκεν ἐν τῇ καρδίᾳ αὐτοῦ ἑδραῖος μὴ **ἔχων** ἀνάγκην, ἐξουσίαν δὲ **ἔχει** περὶ τοῦ ἰδίου θελήματος καὶ τοῦτο κέκρικεν ἐν τῇ ἰδίᾳ καρδίᾳ,
7:40 κατὰ τὴν ἐμὴν γνώμην· δοκῶ δὲ κἀγὼ πνεῦμα θεοῦ **ἔχειν.**
8: 1 Περὶ δὲ τῶν εἰδωλοθύτων, οἴδαμεν ὅτι πάντες γνῶσιν **ἔχομεν.**
8:10 ἐὰν γάρ τις ἴδῃ σὲ τὸν **ἔχοντα** γνῶσιν ἐν εἰδωλείῳ κατακείμενον,
9: 4 μὴ οὐκ **ἔχομεν** ἐξουσίαν φαγεῖν καὶ πεῖν;
9: 5 μὴ οὐκ **ἔχομεν** ἐξουσίαν ἀδελφὴν γυναῖκα περιάγειν ὡς καὶ οἱ λοιποὶ ἀπόστολοι καὶ οἱ ἀδελφοὶ τοῦ κυρίου καὶ Κηφᾶς;
9: 6 ἢ μόνος ἐγὼ καὶ Βαρναβᾶς οὐκ **ἔχομεν** ἐξουσίαν μὴ ἐργάζεσθαι;
9:17 εἰ γὰρ ἑκὼν τοῦτο πράσσω, μισθὸν **ἔχω·** εἰ δὲ ἄκων,
11: 4 πᾶς ἀνὴρ προσευχόμενος ἢ προφητεύων κατὰ κεφαλῆς **ἔχων** καταισχύνει τὴν κεφαλὴν αὐτοῦ.
11:10 διὰ τοῦτο ὀφείλει ἡ γυνὴ ἐξουσίαν **ἔχειν** ἐπὶ τῆς κεφαλῆς διὰ τοὺς ἀγγέλους.
11:16 ἡμεῖς τοιαύτην συνήθειαν οὐκ **ἔχομεν** οὐδὲ αἱ ἐκκλησίαι τοῦ θεοῦ.
11:22 μὴ γὰρ οἰκίας οὐκ **ἔχετε** εἰς τὸ ἐσθίειν καὶ πίνειν; ἢ τῆς ἐκκλησίας τοῦ θεοῦ καταφρονεῖτε, καὶ καταισχύνετε τοὺς μὴ **ἔχοντας;**
12:12 Καθάπερ γὰρ τὸ σῶμα ἕν ἐστιν καὶ μέλη πολλὰ **ἔχει,**
12:21 οὐ δύναται δὲ ὁ ὀφθαλμὸς εἰπεῖν τῇ χειρί, Χρείαν σου οὐκ **ἔχω,** ἢ πάλιν ἡ κεφαλὴ τοῖς ποσίν, Χρείαν ὑμῶν οὐκ **ἔχω·**
12:23 καὶ ἃ δοκοῦμεν ἀτιμότερα εἶναι τοῦ σώματος τούτοις τιμὴν περισσοτέραν περιτίθεμεν, καὶ τὰ ἀσχήμονα ἡμῶν εὐσχημοσύνην περισσοτέραν **ἔχει,**
12:24 τὰ δὲ εὐσχήμονα ἡμῶν οὐ χρείαν **ἔχει.** [UBS; NIV **ἔχει** τιμῆς.] ἀλλὰ ὁ θεὸς συνεκέρασεν τὸ σῶμα τῷ ὑστερουμένῳ περισσοτέραν δοὺς τιμήν,
12:30 μὴ πάντες χαρίσματα **ἔχουσιν** ἰαμάτων; μὴ πάντες γλώσσαις λαλοῦσιν;
13: 1 ἀγάπην δὲ μὴ **ἔχω,** γέγονα χαλκὸς ἠχῶν ἢ κύμβαλον ἀλαλάζον.
13: 2 καὶ ἐὰν **ἔχω** προφητείαν καὶ εἰδῶ τὰ μυστήρια πάντα καὶ πᾶσαν τὴν γνῶσιν καὶ ἐὰν **ἔχω** πᾶσαν τὴν πίστιν ὥστε ὄρη μεθιστάναι, ἀγάπην δὲ μὴ **ἔχω,** οὐθέν εἰμι.
13: 3 κἂν ψωμίσω πάντα τὰ ὑπάρχοντά μου καὶ ἐὰν παραδῶ τὸ σῶμά μου ἵνα καυχήσωμαι, ἀγάπην δὲ μὴ **ἔχω,** οὐδὲν ὠφελοῦμαι.

14:26 ἕκαστος ψαλμὸν **ἔχει,** διδαχὴν **ἔχει,** ἀποκάλυψιν **ἔχει,** γλῶσσαν **ἔχει,** ἑρμηνείαν **ἔχει·**
15:31 ἣν **ἔχω** ἐν Χριστῷ Ἰησοῦ τῷ κυρίῳ ἡμῶν.
15:34 ἀγνωσίαν γὰρ θεοῦ τινες **ἔχουσιν,** πρὸς ἐντροπὴν ὑμῖν λαλῶ.
2Co 1: 9 ἀλλὰ αὐτοὶ ἐν ἑαυτοῖς τὸ ἀπόκριμα τοῦ θανάτου **ἐσχήκαμεν,**
1:15 Καὶ ταύτῃ τῇ πεποιθήσει ἐβουλόμην πρότερον πρὸς ὑμᾶς ἐλθεῖν, ἵνα δευτέραν χάριν **σχῆτε,**
2: 3 ἵνα μὴ ἐλθὼν λύπην **σχῶ** ἀφ᾽ ὧν ἔδει με χαίρειν,
2: 4 οὐχ ἵνα λυπηθῆτε ἀλλὰ τὴν ἀγάπην ἵνα γνῶτε ἣν **ἔχω** περισσοτέρως εἰς ὑμᾶς.
2:13 οὐκ **ἔσχηκα** ἄνεσιν τῷ πνεύματί μου τῷ μὴ εὑρεῖν με Τίτον τὸν ἀδελφόν μου,
3: 4 Πεποίθησιν δὲ τοιαύτην **ἔχομεν** διὰ τοῦ Χριστοῦ πρὸς τὸν θεόν.
3:12 **Ἔχοντες** οὖν τοιαύτην ἐλπίδα πολλῇ παρρησίᾳ χρώμεθα
4: 1 **ἔχοντες** τὴν διακονίαν ταύτην καθὼς ἠλεήθημεν, οὐκ ἐγκακοῦμεν
4: 7 **Ἔχομεν** δὲ τὸν θησαυρὸν τοῦτον ἐν ὀστρακίνοις σκεύεσιν,
4:13 **ἔχοντες** δὲ τὸ αὐτὸ πνεῦμα τῆς πίστεως κατὰ τὸ γεγραμμένον,
5: 1 οἰκοδομὴν ἐκ θεοῦ **ἔχομεν,** οἰκίαν ἀχειροποίητον αἰώνιον ἐν τοῖς οὐρανοῖς.
5:12 ἵνα **ἔχητε** πρὸς τοὺς ἐν προσώπῳ καυχωμένους καὶ μὴ ἐν καρδίᾳ.
6:10 ὡς πτωχοὶ πολλοὺς δὲ πλουτίζοντες, ὡς μηδὲν **ἔχοντες** καὶ πάντα κατέχοντες.
7: 1 ταύτας οὖν **ἔχοντες** τὰς ἐπαγγελίας, ἀγαπητοί, καθαρίσωμεν ἑαυτοὺς ἀπὸ παντὸς μολυσμοῦ σαρκὸς καὶ πνεύματος,
7: 5 Καὶ γὰρ ἐλθόντων ἡμῶν εἰς Μακεδονίαν οὐδεμίαν **ἔσχηκεν** ἄνεσιν ἡ σὰρξ ἡμῶν ἀλλ᾽ ἐν παντὶ θλιβόμενοι·
8:11 ὅπως καθάπερ ἡ προθυμία τοῦ θέλειν, οὕτως καὶ τὸ ἐπιτελέσαι ἐκ τοῦ **ἔχειν.**
8:12 καθὸ ἐὰν **ἔχῃ** εὐπρόσδεκτος, οὐ καθὸ οὐκ **ἔχει.**
9: 8 ἵνα ἐν παντὶ πάντοτε πᾶσαν αὐτάρκειαν **ἔχοντες** περισσεύητε εἰς πᾶν ἔργον ἀγαθόν,
10: 6 καὶ ἐν ἑτοίμῳ **ἔχοντες** ἐκδικῆσαι πᾶσαν παρακοήν, ὅταν πληρωθῇ ὑμῶν ἡ ὑπακοή.
10:15 ἐλπίδα δὲ **ἔχοντες** αὐξανομένης τῆς πίστεως ὑμῶν ἐν ὑμῖν μεγαλυνθῆναι κατὰ τὸν κανόνα ἡμῶν εἰς περισσείαν
12:14 Ἰδοὺ τρίτον τοῦτο ἑτοίμως **ἔχω** ἐλθεῖν πρὸς ὑμᾶς,
Gal 2: 4 οἵτινες παρεισῆλθον κατασκοπῆσαι τὴν ἐλευθερίαν ἡμῶν ἣν **ἔχομεν** ἐν Χριστῷ Ἰησοῦ,
4:22 γέγραπται γὰρ ὅτι Ἀβραὰμ δύο υἱοὺς **ἔσχεν,** ἕνα ἐκ τῆς παιδίσκης καὶ ἕνα ἐκ τῆς ἐλευθέρας.
4:27 ὅτι πολλὰ τὰ τέκνα τῆς ἐρήμου μᾶλλον ἢ τῆς **ἐχούσης** τὸν ἄνδρα.
6: 4 καὶ τότε εἰς ἑαυτὸν μόνον τὸ καύχημα **ἕξει** καὶ οὐκ εἰς τὸν ἕτερον·
6:10 ἄρα οὖν ὡς καιρὸν **ἔχομεν,** ἐργαζώμεθα τὸ ἀγαθὸν πρὸς πάντας,
Eph 1: 7 ἐν ᾧ **ἔχομεν** τὴν ἀπολύτρωσιν διὰ τοῦ αἵματος αὐτοῦ,
2:12 ἐλπίδα μὴ **ἔχοντες** καὶ ἄθεοι ἐν τῷ κόσμῳ.
2:18 ὅτι δι᾽ αὐτοῦ **ἔχομεν** τὴν προσαγωγὴν οἱ ἀμφότεροι ἐν ἑνὶ πνεύματι πρὸς τὸν πατέρα.
3:12 ἐν ᾧ **ἔχομεν** τὴν παρρησίαν καὶ προσαγωγὴν ἐν πεποιθήσει διὰ τῆς πίστεως αὐτοῦ.
4:28 μᾶλλον δὲ κοπιάτω ἐργαζόμενος ταῖς [ἰδίαις] χερσὶν τὸ ἀγαθόν, ἵνα **ἔχῃ** μεταδιδόναι τῷ χρείαν **ἔχοντι.**
5: 5 οὐκ **ἔχει** κληρονομίαν ἐν τῇ βασιλείᾳ τοῦ Χριστοῦ καὶ θεοῦ.
5:27 μὴ **ἔχουσαν** σπίλον ἢ ῥυτίδα ἤ τι τῶν τοιούτων,
Php 1: 7 καθώς ἐστιν δίκαιον ἐμοὶ τοῦτο φρονεῖν ὑπὲρ πάντων ὑμῶν διὰ τὸ **ἔχειν** με ἐν τῇ καρδίᾳ ὑμᾶς,
1:23 τὴν ἐπιθυμίαν **ἔχων** εἰς τὸ ἀναλῦσαι καὶ σὺν Χριστῷ εἶναι,
1:30 τὸν αὐτὸν ἀγῶνα **ἔχοντες,** οἷον εἴδετε ἐν ἐμοὶ καὶ νῦν ἀκούετε ἐν ἐμοί.
2: 2 τὴν αὐτὴν ἀγάπην **ἔχοντες,** σύμψυχοι, τὸ ἓν φρονοῦντες,
2:20 οὐδένα γὰρ **ἔχω** ἰσόψυχον, ὅστις γνησίως τὰ περὶ ὑμῶν μεριμνήσει·
2:27 οὐκ αὐτὸν δὲ μόνον ἀλλὰ καὶ ἐμέ, ἵνα μὴ λύπην ἐπὶ λύπην **σχῶ.**
2:29 προσδέχεσθε οὖν αὐτὸν ἐν κυρίῳ μετὰ πάσης χαρᾶς καὶ τοὺς τοιούτους ἐντίμους **ἔχετε,**
3: 4 καίπερ ἐγὼ **ἔχων** πεποίθησιν καὶ ἐν σαρκί. εἴ τις δοκεῖ ἄλλος πεποιθέναι ἐν σαρκί,
3: 9 μὴ **ἔχων** ἐμὴν δικαιοσύνην τὴν ἐκ νόμου ἀλλὰ τὴν διὰ πίστεως Χριστοῦ,
3:17 καὶ σκοπεῖτε τοὺς οὕτω περιπατοῦντας καθὼς **ἔχετε** τύπον ἡμᾶς.
Col 1: 4 ἀκούσαντες τὴν πίστιν ὑμῶν ἐν Χριστῷ Ἰησοῦ καὶ τὴν ἀγάπην ἣν **ἔχετε** εἰς πάντας τοὺς ἁγίους
1:14 ἐν ᾧ **ἔχομεν** τὴν ἀπολύτρωσιν, τὴν ἄφεσιν τῶν ἁμαρτιῶν·
2: 1 Θέλω γὰρ ὑμᾶς εἰδέναι ἡλίκον ἀγῶνα **ἔχω** ὑπὲρ ὑμῶν καὶ τῶν ἐν Λαοδικείᾳ καὶ ὅσοι οὐχ ἑόρακαν τὸ πρόσωπόν μου ἐν σαρκί,
2:23 ἅτινά ἐστιν λόγον μὲν **ἔχοντα** σοφίας ἐν ἐθελοθρησκίᾳ καὶ ταπεινοφροσύνῃ [καὶ] ἀφειδίᾳ σώματος,
3:13 ἀνεχόμενοι ἀλλήλων καὶ χαριζόμενοι ἑαυτοῖς ἐάν τις πρός τινα **ἔχῃ** μομφήν·
4: 1 εἰδότες ὅτι καὶ ὑμεῖς **ἔχετε** κύριον ἐν οὐρανῷ.
4:13 μαρτυρῶ γὰρ αὐτῷ ὅτι **ἔχει** πολὺν πόνον ὑπὲρ ὑμῶν καὶ τῶν ἐν Λαοδικείᾳ καὶ τῶν ἐν Ἱεραπόλει.
1Th 1: 8 ἀλλ᾽ ἐν παντὶ τόπῳ ἡ πίστις ὑμῶν ἡ πρὸς τὸν θεὸν ἐξελήλυθεν, ὥστε μὴ χρείαν **ἔχειν** ἡμᾶς λαλεῖν τι.
1: 9 αὐτοὶ γὰρ περὶ ἡμῶν ἀπαγγέλλουσιν ὁποίαν εἴσοδον **ἔσχομεν** πρὸς ὑμᾶς,
3: 6 καὶ εὐαγγελισαμένου ἡμῖν τὴν πίστιν καὶ τὴν ἀγάπην ὑμῶν καὶ ὅτι **ἔχετε** μνείαν ἡμῶν ἀγαθὴν πάντοτε,
4: 9 Περὶ δὲ τῆς φιλαδελφίας οὐ χρείαν **ἔχετε** γράφειν ὑμῖν,
4:12 ἵνα περιπατῆτε εὐσχημόνως πρὸς τοὺς ἔξω καὶ μηδενὸς χρείαν **ἔχητε.**
4:13 ἵνα μὴ λυπῆσθε καθὼς καὶ οἱ λοιποὶ οἱ μὴ **ἔχοντες** ἐλπίδα.
5: 1 Περὶ δὲ τῶν χρόνων καὶ τῶν καιρῶν, ἀδελφοί, οὐ χρείαν **ἔχετε** ὑμῖν γράφεσθαι,
5: 3 τότε αἰφνίδιος αὐτοῖς ἐφίσταται ὄλεθρος ὥσπερ ἡ ὠδὶν τῇ ἐν γαστρὶ **ἐχούσῃ,**
2Th 3: 9 οὐχ ὅτι οὐκ **ἔχομεν** ἐξουσίαν, ἀλλ᾽ ἵνα ἑαυτοὺς τύπον δῶμεν ὑμῖν εἰς τὸ μιμεῖσθαι ἡμᾶς.
1Ti 1:12 Χάριν **ἔχω** τῷ ἐνδυναμώσαντί με Χριστῷ Ἰησοῦ τῷ κυρίῳ ἡμῶν,
1:19 **ἔχων** πίστιν καὶ ἀγαθὴν συνείδησιν, ἥν τινες ἀπωσάμενοι περὶ τὴν πίστιν ἐναυάγησαν,
3: 4 τοῦ ἰδίου οἴκου καλῶς προϊστάμενον, τέκνα **ἔχοντα** ἐν ὑποταγῇ, μετὰ πάσης σεμνότητος
3: 7 δεῖ δὲ καὶ μαρτυρίαν καλὴν **ἔχειν** ἀπὸ τῶν ἔξωθεν,
3: 9 **ἔχοντας** τὸ μυστήριον τῆς πίστεως ἐν καθαρᾷ συνειδήσει.
4: 8 ἡ δὲ εὐσέβεια πρὸς πάντα ὠφέλιμός ἐστιν ἐπαγγελίαν **ἔχουσα** ζωῆς τῆς νῦν καὶ τῆς μελλούσης.
5: 4 εἰ δέ τις χήρα τέκνα ἢ ἔκγονα **ἔχει,**
5:12 **ἔχουσαι** κρίμα ὅτι τὴν πρώτην πίστιν ἠθέτησαν·
5:16 εἴ τις πιστὴ **ἔχει** χήρας, ἐπαρκείτω αὐταῖς καὶ μὴ βαρείσθω ἡ ἐκκλησία,
5:20 τοὺς ἁμαρτάνοντας ἐνώπιον πάντων ἔλεγχε, ἵνα καὶ οἱ λοιποὶ φόβον **ἔχωσιν.**
5:25 ὡσαύτως καὶ τὰ ἔργα τὰ καλὰ πρόδηλα, καὶ τὰ ἄλλως **ἔχοντα** κρυβῆναι οὐ δύνανται.
6: 2 οἱ δὲ πιστοὺς **ἔχοντες** δεσπότας μὴ καταφρονείτωσαν, ὅτι ἀδελφοί εἰσιν,
6: 8 **ἔχοντες** δὲ διατροφὰς καὶ σκεπάσματα, τούτοις ἀρκεσθησόμεθα.
6:16 ὁ μόνος **ἔχων** ἀθανασίαν, φῶς οἰκῶν ἀπρόσιτον, ὃν εἶδεν οὐδεὶς ἀνθρώπων οὐδὲ ἰδεῖν δύναται·
2Ti 1: 3 Χάριν **ἔχω** τῷ θεῷ, ᾧ λατρεύω ἀπὸ προγόνων ἐν καθαρᾷ συνειδήσει, ὡς ἀδιάλειπτον **ἔχω** τὴν περὶ σοῦ μνείαν ἐν ταῖς δεήσεσίν μου νυκτὸς καὶ ἡμέρας,
1:13 ὑποτύπωσιν **ἔχε** ὑγιαινόντων λόγων ὧν παρ᾽ ἐμοῦ ἤκουσας ἐν πίστει καὶ ἀγάπῃ τῇ ἐν Χριστῷ Ἰησοῦ·
2:17 καὶ ὁ λόγος αὐτῶν ὡς γάγγραινα νομὴν **ἕξει.**
2:19 ὁ μέντοι στερεὸς θεμέλιος τοῦ θεοῦ ἕστηκεν, **ἔχων** τὴν σφραγῖδα ταύτην·
3: 5 **ἔχοντες** μόρφωσιν εὐσεβείας τὴν δὲ δύναμιν αὐτῆς ἠρνημένοι·
Tit 1: 6 εἴ τίς ἐστιν ἀνέγκλητος, μιᾶς γυναικὸς ἀνήρ, τέκνα **ἔχων** πιστά,
2: 8 ἵνα ὁ ἐξ ἐναντίας ἐντραπῇ μηδὲν **ἔχων** λέγειν περὶ ἡμῶν φαῦλον.
Phm 1: 5 ἣν **ἔχεις** πρὸς τὸν κύριον Ἰησοῦν καὶ εἰς πάντας τοὺς ἁγίους,
1: 7 χαρὰν γὰρ πολλὴν **ἔσχον** καὶ παράκλησιν ἐπὶ τῇ ἀγάπῃ σου,
1: 8 Διὸ πολλὴν ἐν Χριστῷ παρρησίαν **ἔχων** ἐπιτάσσειν σοι τὸ ἀνῆκον
1:17 Εἰ οὖν με **ἔχεις** κοινωνόν, προσλαβοῦ αὐτὸν ὡς ἐμέ.
Heb 2:14 ἵνα διὰ τοῦ θανάτου καταργήσῃ τὸν τὸ κράτος **ἔχοντα** τοῦ θανάτου,
3: 3 καθ᾽ ὅσον πλείονα τιμὴν **ἔχει** τοῦ οἴκου ὁ κατασκευάσας αὐτόν·
4:14 **Ἔχοντες** οὖν ἀρχιερέα μέγαν διεληλυθότα τοὺς οὐρανούς, Ἰησοῦν τὸν υἱὸν τοῦ θεοῦ,

4:15 οὐ γὰρ **ἔχομεν** ἀρχιερέα μὴ δυνάμενον συμπαθῆσαι ταῖς ἀσθενείαις ἡμῶν,
5:12 πάλιν χρείαν **ἔχετε** τοῦ διδάσκειν ὑμᾶς τινὰ τὰ στοιχεῖα τῆς ἀρχῆς τῶν λογίων τοῦ θεοῦ καὶ γεγόνατε χρείαν **ἔχοντες** γάλακτος [καὶ] οὐ στερεᾶς τροφῆς.
5:14 τῶν διὰ τὴν ἕξιν τὰ αἰσθητήρια γεγυμνασμένα **ἐχόντων** πρὸς διάκρισιν καλοῦ τε καὶ κακοῦ.
6: 9 ἀγαπητοί, τὰ κρείσσονα καὶ **ἐχόμενα** σωτηρίας, εἰ καὶ οὕτως λαλοῦμεν.
6:13 ἐπεὶ κατ' οὐδενὸς **εἶχεν** μείζονος ὀμόσαι, ὤμοσεν καθ' ἑαυτοῦ
6:18 ἰσχυρὰν παράκλησιν **ἔχωμεν** οἱ καταφυγόντες κρατῆσαι τῆς προκειμένης ἐλπίδος·
6:19 ἣν ὡς ἄγκυραν **ἔχομεν** τῆς ψυχῆς ἀσφαλῆ τε καὶ βεβαίαν καὶ εἰσερχομένην εἰς τὸ ἐσώτερον τοῦ καταπετάσματος,
7: 3 ἀπάτωρ ἀμήτωρ ἀγενεαλόγητος, μήτε ἀρχὴν ἡμερῶν μήτε ζωῆς τέλος **ἔχων,**
7: 5 καὶ οἱ μὲν ἐκ τῶν υἱῶν Λευὶ τὴν ἱερατείαν λαμβάνοντες ἐντολὴν **ἔχουσιν** ἀποδεκατοῦν τὸν λαὸν κατὰ τὸν νόμον,
7: 6 ὁ δὲ μὴ γενεαλογούμενος ἐξ αὐτῶν δεδεκάτωκεν Ἀβραὰμ καὶ τὸν **ἔχοντα** τὰς ἐπαγγελίας εὐλόγηκεν.
7:24 ὁ δὲ διὰ τὸ μένειν αὐτὸν εἰς τὸν αἰῶνα ἀπαράβατον **ἔχει** τὴν ἱερωσύνην·
7:27 ὃς οὐκ **ἔχει** καθ' ἡμέραν ἀνάγκην, ὥσπερ οἱ ἀρχιερεῖς,
7:28 ὁ νόμος γὰρ ἀνθρώπους καθίστησιν ἀρχιερεῖς **ἔχοντας** ἀσθένειαν,
8: 1 Κεφάλαιον δὲ ἐπὶ τοῖς λεγομένοις, τοιοῦτον **ἔχομεν** ἀρχιερέα,
8: 3 ὅθεν ἀναγκαῖον **ἔχειν** τι καὶ τοῦτον ὃ προσενέγκῃ.
9: 1 **Εἶχε** μὲν οὖν [καὶ] ἡ πρώτη δικαιώματα λατρείας τό τε ἅγιον κοσμικόν.
9: 4 χρυσοῦν **ἔχουσα** θυμιατήριον καὶ τὴν κιβωτὸν τῆς διαθήκης περικεκαλυμμένην πάντοθεν χρυσίῳ, ἐν ᾗ στάμνος χρυσῆ **ἔχουσα** τὸ μάννα καὶ ἡ ῥάβδος Ἀαρὼν ἡ βλαστήσασα καὶ αἱ πλάκες τῆς διαθήκης,
9: 8 μήπω πεφανερῶσθαι τὴν τῶν ἁγίων ὁδὸν ἔτι τῆς πρώτης σκηνῆς **ἐχούσης** στάσιν,
10: 1 Σκιὰν γὰρ **ἔχων** ὁ νόμος τῶν μελλόντων ἀγαθῶν,
10: 2 οὐκ ἂν ἐπαύσαντο προσφερόμεναι διὰ τὸ μηδεμίαν **ἔχειν** ἔτι συνείδησιν ἁμαρτιῶν τοὺς λατρεύοντας ἅπαξ κεκαθαρισμένους;
10:19 **Ἔχοντες** οὖν, ἀδελφοί, παρρησίαν εἰς τὴν εἴσοδον τῶν ἁγίων ἐν τῷ αἵματι Ἰησοῦ,
10:34 τὴν ἁρπαγὴν τῶν ὑπαρχόντων ὑμῶν μετὰ χαρᾶς προσεδέξασθε γινώσκοντες **ἔχειν** ἑαυτοὺς κρείττονα ὕπαρξιν καὶ μένουσαν.
10:35 μὴ ἀποβάλητε οὖν τὴν παρρησίαν ὑμῶν, ἥτις **ἔχει** μεγάλην μισθαποδοσίαν.
10:36 ὑπομονῆς γὰρ **ἔχετε** χρείαν ἵνα τὸ θέλημα τοῦ θεοῦ ποιήσαντες κομίσησθε τὴν ἐπαγγελίαν.
11:10 ἐξεδέχετο γὰρ τὴν τοὺς θεμελίους **ἔχουσαν** πόλιν ἧς τεχνίτης καὶ δημιουργὸς ὁ θεός.
11:15 καὶ εἰ μὲν ἐκείνης ἐμνημόνευον ἀφ' ἧς ἐξέβησαν, **εἶχον** ἂν καιρὸν ἀνακάμψαι·
11:25 μᾶλλον ἑλόμενος συγκακουχεῖσθαι τῷ λαῷ τοῦ θεοῦ ἢ πρόσκαιρον **ἔχειν** ἁμαρτίας ἀπόλαυσιν,
12: 1 Τοιγαροῦν καὶ ἡμεῖς τοσοῦτον **ἔχοντες** περικείμενον ἡμῖν νέφος μαρτύρων,
12: 9 εἶτα τοὺς μὲν τῆς σαρκὸς ἡμῶν πατέρας **εἴχομεν** παιδευτὰς καὶ ἐνετρεπόμεθα·
12:28 Διὸ βασιλείαν ἀσάλευτον παραλαμβάνοντες **ἔχωμεν** χάριν, δι' ἧς λατρεύωμεν εὐαρέστως τῷ θεῷ μετὰ εὐλαβείας καὶ δέους·
13:10 **ἔχομεν** θυσιαστήριον ἐξ οὗ φαγεῖν οὐκ **ἔχουσιν** ἐξουσίαν οἱ τῇ σκηνῇ λατρεύοντες.
13:14 οὐ γὰρ **ἔχομεν** ὧδε μένουσαν πόλιν ἀλλὰ τὴν μέλλουσαν ἐπιζητοῦμεν.
13:18 πειθόμεθα γὰρ ὅτι καλὴν συνείδησιν **ἔχομεν,** ἐν πᾶσιν καλῶς θέλοντες ἀναστρέφεσθαι.

Jas 1: 4 ἡ δὲ ὑπομονὴ ἔργον τέλειον **ἐχέτω,** ἵνα ἦτε τέλειοι καὶ ὁλόκληροι ἐν μηδενὶ λειπόμενοι.
2: 1 μὴ ἐν προσωπολημψίαις **ἔχετε** τὴν πίστιν τοῦ κυρίου ἡμῶν Ἰησοῦ Χριστοῦ τῆς δόξης.
2:14 ἐὰν πίστιν λέγῃ τις **ἔχειν** ἔργα δὲ μὴ **ἔχῃ;** μὴ δύναται ἡ πίστις σῶσαι αὐτόν;
2:17 ἐὰν μὴ **ἔχῃ** ἔργα, νεκρά ἐστιν καθ' ἑαυτήν.
2:18 Ἀλλ' ἐρεῖ τις, Σὺ πίστιν **ἔχεις,** κἀγὼ ἔργα **ἔχω·**
3:14 εἰ δὲ ζῆλον πικρὸν **ἔχετε** καὶ ἐριθείαν ἐν τῇ καρδίᾳ ὑμῶν,
4: 2 ἐπιθυμεῖτε καὶ οὐκ **ἔχετε,** φονεύετε καὶ ζηλοῦτε καὶ οὐ δύνασθε ἐπιτυχεῖν, μάχεσθε καὶ πολεμεῖτε, οὐκ **ἔχετε** διὰ τὸ μὴ αἰτεῖσθαι ὑμᾶς,

1Pe 2:12 τὴν ἀναστροφὴν ὑμῶν ἐν τοῖς ἔθνεσιν **ἔχοντες** καλήν,
2:16 ὡς ἐλεύθεροι καὶ μὴ ὡς ἐπικάλυμμα **ἔχοντες** τῆς κακίας τὴν ἐλευθερίαν ἀλλ' ὡς θεοῦ δοῦλοι.
3:16 ἀλλὰ μετὰ πραΰτητος καὶ φόβου, συνείδησιν **ἔχοντες** ἀγαθήν,
4: 5 οἳ ἀποδώσουσιν λόγον τῷ ἑτοίμως **ἔχοντι** κρῖναι ζῶντας καὶ νεκρούς.
4: 8 πρὸ πάντων τὴν εἰς ἑαυτοὺς ἀγάπην ἐκτενῆ **ἔχοντες,**

2Pe 1:15 σπουδάσω δὲ καὶ ἑκάστοτε **ἔχειν** ὑμᾶς μετὰ τὴν ἐμὴν ἔξοδον τὴν τούτων μνήμην ποιεῖσθαι.
1:19 καὶ **ἔχομεν** βεβαιότερον τὸν προφητικὸν λόγον, ᾧ καλῶς ποιεῖτε προσέχοντες ὡς λύχνῳ φαίνοντι ἐν αὐχμηρῷ τόπῳ,
2:14 ὀφθαλμοὺς **ἔχοντες** μεστοὺς μοιχαλίδος καὶ ἀκαταπαύστους ἁμαρτίας, δελεάζοντες ψυχὰς ἀστηρίκτους, καρδίαν γεγυμνασμένην πλεονεξίας **ἔχοντες,** κατάρας τέκνα·
2:16 ἔλεγξιν δὲ **ἔσχεν** ἰδίας παρανομίας· ὑποζύγιον ἄφωνον ἐν ἀνθρώπου φωνῇ φθεγξάμενον ἐκώλυσεν τὴν τοῦ προφήτου παραφρονίαν.

1Jn 1: 3 ἀπαγγέλλομεν καὶ ὑμῖν, ἵνα καὶ ὑμεῖς κοινωνίαν **ἔχητε** μεθ' ἡμῶν.
1: 6 Ἐὰν εἴπωμεν ὅτι κοινωνίαν **ἔχομεν** μετ' αὐτοῦ καὶ ἐν τῷ σκότει περιπατῶμεν,
1: 7 κοινωνίαν **ἔχομεν** μετ' ἀλλήλων καὶ τὸ αἷμα Ἰησοῦ τοῦ υἱοῦ αὐτοῦ καθαρίζει ἡμᾶς ἀπὸ πάσης ἁμαρτίας.
1: 8 ἐὰν εἴπωμεν ὅτι ἁμαρτίαν οὐκ **ἔχομεν,** ἑαυτοὺς πλανῶμεν καὶ ἡ ἀλήθεια οὐκ ἔστιν ἐν ἡμῖν.
2: 1 παράκλητον **ἔχομεν** πρὸς τὸν πατέρα Ἰησοῦν Χριστὸν δίκαιον·
2: 7 οὐκ ἐντολὴν καινὴν γράφω ὑμῖν ἀλλ' ἐντολὴν παλαιὰν ἣν **εἴχετε** ἀπ' ἀρχῆς·
2:20 καὶ ὑμεῖς χρῖσμα **ἔχετε** ἀπὸ τοῦ ἁγίου καὶ οἴδατε πάντες.
2:23 πᾶς ὁ ἀρνούμενος τὸν υἱὸν οὐδὲ τὸν πατέρα **ἔχει,** ὁ ὁμολογῶν τὸν υἱὸν καὶ τὸν πατέρα **ἔχει.**
2:27 μένει ἐν ὑμῖν καὶ οὐ χρείαν **ἔχετε** ἵνα τις διδάσκῃ ὑμᾶς,
2:28 ἵνα ἐὰν φανερωθῇ **σχῶμεν** παρρησίαν καὶ μὴ αἰσχυνθῶμεν ἀπ' αὐτοῦ ἐν τῇ παρουσίᾳ αὐτοῦ.
3: 3 καὶ πᾶς ὁ **ἔχων** τὴν ἐλπίδα ταύτην ἐπ' αὐτῷ ἁγνίζει ἑαυτόν,
3:15 καὶ οἴδατε ὅτι πᾶς ἀνθρωποκτόνος οὐκ **ἔχει** ζωὴν αἰώνιον ἐν αὐτῷ μένουσαν.
3:17 ὃς δ' ἂν **ἔχῃ** τὸν βίον τοῦ κόσμου καὶ θεωρῇ τὸν ἀδελφὸν αὐτοῦ χρείαν **ἔχοντα** καὶ κλείσῃ τὰ σπλάγχνα αὐτοῦ ἀπ' αὐτοῦ,
3:21 ἐὰν ἡ καρδία [ἡμῶν] μὴ καταγινώσκῃ, παρρησίαν **ἔχομεν** πρὸς τὸν θεὸν
4:16 καὶ ἡμεῖς ἐγνώκαμεν καὶ πεπιστεύκαμεν τὴν ἀγάπην ἣν **ἔχει** ὁ θεὸς ἐν ἡμῖν.
4:17 ἵνα παρρησίαν **ἔχωμεν** ἐν τῇ ἡμέρᾳ τῆς κρίσεως,
4:18 ὅτι ὁ φόβος κόλασιν **ἔχει,** ὁ δὲ φοβούμενος οὐ τετελείωται ἐν τῇ ἀγάπῃ.
4:21 καὶ ταύτην τὴν ἐντολὴν **ἔχομεν** ἀπ' αὐτοῦ, ἵνα ὁ ἀγαπῶν τὸν θεὸν ἀγαπᾷ καὶ τὸν ἀδελφὸν αὐτοῦ.
5:10 ὁ πιστεύων εἰς τὸν υἱὸν τοῦ θεοῦ **ἔχει** τὴν μαρτυρίαν ἐν ἑαυτῷ,
5:12 ὁ **ἔχων** τὸν υἱὸν **ἔχει** τὴν ζωήν· ὁ μὴ **ἔχων** τὸν υἱὸν τοῦ θεοῦ τὴν ζωὴν οὐκ **ἔχει.**
5:13 Ταῦτα ἔγραψα ὑμῖν ἵνα εἰδῆτε ὅτι ζωὴν **ἔχετε** αἰώνιον,
5:14 καὶ αὕτη ἐστὶν ἡ παρρησία ἣν **ἔχομεν** πρὸς αὐτὸν ὅτι ἐάν τι αἰτώμεθα κατὰ τὸ θέλημα αὐτοῦ ἀκούει ἡμῶν.
5:15 οἴδαμεν ὅτι **ἔχομεν** τὰ αἰτήματα ἃ ᾐτήκαμεν ἀπ' αὐτοῦ.

2Jn 1: 5 οὐχ ὡς ἐντολὴν καινὴν γράφων σοι ἀλλὰ ἣν **εἴχομεν** ἀπ' ἀρχῆς,
1: 9 πᾶς ὁ προάγων καὶ μὴ μένων ἐν τῇ διδαχῇ τοῦ Χριστοῦ θεὸν οὐκ **ἔχει·** ὁ μένων ἐν τῇ διδαχῇ, οὗτος καὶ τὸν πατέρα καὶ τὸν υἱὸν **ἔχει.**
1:12 Πολλὰ **ἔχων** ὑμῖν γράφειν οὐκ ἐβουλήθην διὰ χάρτου καὶ μέλανος,

3Jn 1: 4 μειζοτέραν τούτων οὐκ **ἔχω** χαράν, ἵνα ἀκούω τὰ ἐμὰ τέκνα ἐν τῇ ἀληθείᾳ περιπατοῦντα.
1:13 Πολλὰ **εἶχον** γράψαι σοι ἀλλ' οὐ θέλω διὰ μέλανος καὶ καλάμου σοι γράφειν·

Jude 1: 3 πᾶσαν σπουδὴν ποιούμενος γράφειν ὑμῖν περὶ τῆς κοινῆς ἡμῶν σωτηρίας ἀνάγκην **ἔσχον** γράψαι ὑμῖν παρακαλῶν ἐπαγωνίζεσθαι τῇ ἅπαξ παραδοθείσῃ τοῖς ἁγίοις πίστει.
1:19 Οὗτοί εἰσιν οἱ ἀποδιορίζοντες, ψυχικοί, πνεῦμα μὴ **ἔχοντες.**

Rev 1:16 καὶ **ἔχων** ἐν τῇ δεξιᾷ χειρὶ αὐτοῦ ἀστέρας ἑπτὰ καὶ ἐκ τοῦ στόματος αὐτοῦ ῥομφαία δίστομος ὀξεῖα ἐκπορευομένη
1:18 καὶ ἐγενόμην νεκρὸς καὶ ἰδοὺ ζῶν εἰμι εἰς τοὺς αἰῶνας τῶν αἰώνων καὶ **ἔχω** τὰς κλεῖς τοῦ θανάτου καὶ τοῦ ᾅδου.
2: 3 καὶ ὑπομονὴν **ἔχεις** καὶ ἐβάστασας διὰ τὸ ὄνομά μου καὶ οὐ κεκοπίακες.
2: 4 ἀλλὰ **ἔχω** κατὰ σοῦ ὅτι τὴν ἀγάπην σου τὴν πρώτην ἀφῆκες.

2: 6 ἀλλὰ τοῦτο **ἔχεις,** ὅτι μισεῖς τὰ ἔργα τῶν Νικολαϊτῶν ἃ κἀγὼ μισῶ.
2: 7 ὁ **ἔχων** οὖς ἀκουσάτω τί τὸ πνεῦμα λέγει ταῖς ἐκκλησίαις.
2:10 ἰδοὺ μέλλει βάλλειν ὁ διάβολος ἐξ ὑμῶν εἰς φυλακὴν ἵνα πειρασθῆτε καὶ **ἕξετε** θλῖψιν ἡμερῶν δέκα.
2:11 ὁ **ἔχων** οὖς ἀκουσάτω τί τὸ πνεῦμα λέγει ταῖς ἐκκλησίαις.
2:12 Τάδε λέγει ὁ **ἔχων** τὴν ῥομφαίαν τὴν δίστομον τὴν ὀξεῖαν·
2:14 ἀλλ' **ἔχω** κατὰ σοῦ ὀλίγα ὅτι **ἔχεις** ἐκεῖ κρατοῦντας τὴν διδαχὴν Βαλαάμ,
2:15 οὕτως **ἔχεις** καὶ σὺ κρατοῦντας τὴν διδαχὴν [τῶν] Νικολαϊτῶν ὁμοίως.
2:17 ὁ **ἔχων** οὖς ἀκουσάτω τί τὸ πνεῦμα λέγει ταῖς ἐκκλησίαις.
2:18 ὁ **ἔχων** τοὺς ὀφθαλμοὺς αὐτοῦ ὡς φλόγα πυρὸς καὶ οἱ πόδες αὐτοῦ ὅμοιοι χαλκολιβάνῳ·
2:20 ἀλλὰ **ἔχω** κατὰ σοῦ ὅτι ἀφεῖς τὴν γυναῖκα Ἰεζάβελ,
2:24 ὑμῖν δὲ λέγω τοῖς λοιποῖς τοῖς ἐν Θυατείροις, ὅσοι οὐκ **ἔχουσιν** τὴν διδαχὴν ταύτην,
2:25 πλὴν ὃ **ἔχετε** κρατήσατε ἄχρι[ς] οὗ ἂν ἥξω.
2:29 ὁ **ἔχων** οὖς ἀκουσάτω τί τὸ πνεῦμα λέγει ταῖς ἐκκλησίαις.
3: 1 Τάδε λέγει ὁ **ἔχων** τὰ ἑπτὰ πνεύματα τοῦ θεοῦ καὶ τοὺς ἑπτὰ ἀστέρας· Οἶδά σου τὰ ἔργα ὅτι ὄνομα **ἔχεις** ὅτι ζῇς,
3: 4 ἀλλὰ **ἔχεις** ὀλίγα ὀνόματα ἐν Σάρδεσιν ἃ οὐκ ἐμόλυναν τὰ ἱμάτια αὐτῶν,
3: 6 ὁ **ἔχων** οὖς ἀκουσάτω τί τὸ πνεῦμα λέγει ταῖς ἐκκλησίαις.
3: 7 Τάδε λέγει ὁ ἅγιος, ὁ ἀληθινός, ὁ **ἔχων** τὴν κλεῖν Δαυίδ,
3: 8 ὅτι μικρὰν **ἔχεις** δύναμιν καὶ ἐτήρησάς μου τὸν λόγον καὶ οὐκ ἠρνήσω τὸ ὄνομά μου.
3:11 κράτει ὃ **ἔχεις,** ἵνα μηδεὶς λάβῃ τὸν στέφανόν σου.
3:13 ὁ **ἔχων** οὖς ἀκουσάτω τί τὸ πνεῦμα λέγει ταῖς ἐκκλησίαις.
3:17 ὅτι λέγεις ὅτι Πλούσιός εἰμι καὶ πεπλούτηκα καὶ οὐδὲν χρείαν **ἔχω,**
3:22 ὁ **ἔχων** οὖς ἀκουσάτω τί τὸ πνεῦμα λέγει ταῖς ἐκκλησίαις.
4: 7 τὸ ζῷον τὸ πρῶτον ὅμοιον λέοντι καὶ τὸ δεύτερον ζῷον ὅμοιον μόσχῳ καὶ τὸ τρίτον ζῷον **ἔχων** τὸ πρόσωπον ὡς ἀνθρώπου
4: 8 ἓν καθ' ἓν αὐτῶν **ἔχων** ἀνὰ πτέρυγας ἕξ, κυκλόθεν καὶ ἔσωθεν γέμουσιν ὀφθαλμῶν, καὶ ἀνάπαυσιν οὐκ **ἔχουσιν** ἡμέρας καὶ νυκτὸς λέγοντες,
5: 6 ἀρνίον ἑστηκὸς ὡς ἐσφαγμένον **ἔχων** κέρατα ἑπτὰ καὶ ὀφθαλμοὺς ἑπτὰ οἵ εἰσιν τὰ [ἑπτὰ] πνεύματα τοῦ θεοῦ
5: 8 τὰ τέσσαρα ζῷα καὶ οἱ εἴκοσι τέσσαρες πρεσβύτεροι ἔπεσαν ἐνώπιον τοῦ ἀρνίου **ἔχοντες** ἕκαστος κιθάραν καὶ φιάλας
6: 2 καὶ ὁ καθήμενος ἐπ' αὐτὸν **ἔχων** τόξον καὶ ἐδόθη αὐτῷ στέφανος καὶ ἐξῆλθεν νικῶν καὶ ἵνα νικήσῃ.
6: 5 καὶ ὁ καθήμενος ἐπ' αὐτὸν **ἔχων** ζυγὸν ἐν τῇ χειρὶ αὐτοῦ.
6: 9 εἶδον ὑποκάτω τοῦ θυσιαστηρίου τὰς ψυχὰς τῶν ἐσφαγμένων διὰ τὸν λόγον τοῦ θεοῦ καὶ διὰ τὴν μαρτυρίαν ἣν **εἶχον.**
7: 2 καὶ εἶδον ἄλλον ἄγγελον ἀναβαίνοντα ἀπὸ ἀνατολῆς ἡλίου **ἔχοντα** σφραγῖδα θεοῦ ζῶντος,
8: 3 Καὶ ἄλλος ἄγγελος ἦλθεν καὶ ἐστάθη ἐπὶ τοῦ θυσιαστηρίου **ἔχων** λιβανωτὸν χρυσοῦν,
8: 6 Καὶ οἱ ἑπτὰ ἄγγελοι οἱ **ἔχοντες** τὰς ἑπτὰ σάλπιγγας ἡτοίμασαν αὐτοὺς ἵνα σαλπίσωσιν.
8: 9 καὶ ἀπέθανεν τὸ τρίτον τῶν κτισμάτων τῶν ἐν τῇ θαλάσσῃ τὰ **ἔχοντα** ψυχὰς καὶ τὸ τρίτον τῶν πλοίων διεφθάρησαν.
9: 3 καὶ ἐδόθη αὐταῖς ἐξουσία ὡς **ἔχουσιν** ἐξουσίαν οἱ σκορπίοι τῆς γῆς.
9: 4 εἰ μὴ τοὺς ἀνθρώπους οἵτινες οὐκ **ἔχουσι** τὴν σφραγῖδα τοῦ θεοῦ ἐπὶ τῶν μετώπων.
9: 8 καὶ **εἶχον** τρίχας ὡς τρίχας γυναικῶν, καὶ οἱ ὀδόντες αὐτῶν ὡς λεόντων ἦσαν,
9: 9 καὶ **εἶχον** θώρακας ὡς θώρακας σιδηροῦς, καὶ ἡ φωνὴ τῶν πτερύγων αὐτῶν ὡς φωνὴ ἁρμάτων ἵππων πολλῶν τρεχόντων
9:10 καὶ **ἔχουσιν** οὐρὰς ὁμοίας σκορπίοις καὶ κέντρα, καὶ ἐν ταῖς οὐραῖς αὐτῶν ἡ ἐξουσία αὐτῶν ἀδικῆσαι τοὺς ἀνθρώπους
9:11 **ἔχουσιν** ἐπ' αὐτῶν βασιλέα τὸν ἄγγελον τῆς ἀβύσσου, ὄνομα αὐτῷ Ἑβραϊστὶ Ἀβαδδών, καὶ ἐν τῇ Ἑλληνικῇ ὄνομα **ἔχει** Ἀπολλύων.
9:14 λέγοντα τῷ ἕκτῳ ἀγγέλῳ, ὁ **ἔχων** τὴν σάλπιγγα,
9:17 **ἔχοντας** θώρακας πυρίνους καὶ ὑακινθίνους καὶ θειώδεις, καὶ αἱ κεφαλαὶ τῶν ἵππων ὡς κεφαλαὶ λεόντων,
9:19 αἱ γὰρ οὐραὶ αὐτῶν ὅμοιαι ὄφεσιν, **ἔχουσαι** κεφαλὰς καὶ ἐν αὐταῖς ἀδικοῦσιν.
10: 2 καὶ **ἔχων** ἐν τῇ χειρὶ αὐτοῦ βιβλαρίδιον ἠνεῳγμένον.
11: 6 οὗτοι **ἔχουσιν** τὴν ἐξουσίαν κλεῖσαι τὸν οὐρανόν, ἵνα μὴ ὑετὸς βρέχῃ τὰς ἡμέρας τῆς προφητείας αὐτῶν, καὶ ἐξουσίαν **ἔχουσιν** ἐπὶ τῶν ὑδάτων στρέφειν αὐτὰ εἰς αἷμα
12: 2 καὶ ἐν γαστρὶ **ἔχουσα,** καὶ κράζει ὠδίνουσα καὶ βασανιζομένη τεκεῖν.
12: 3 καὶ ἰδοὺ δράκων μέγας πυρρὸς **ἔχων** κεφαλὰς ἑπτὰ καὶ κέρατα δέκα καὶ ἐπὶ τὰς κεφαλὰς αὐτοῦ ἑπτὰ διαδήματα,
12: 6 ὅπου **ἔχει** ἐκεῖ τόπον ἡτοιμασμένον ἀπὸ τοῦ θεοῦ,
12:12 ὅτι κατέβη ὁ διάβολος πρὸς ὑμᾶς **ἔχων** θυμὸν μέγαν, εἰδὼς ὅτι ὀλίγον καιρὸν **ἔχει.**
12:17 μετὰ τῶν λοιπῶν τοῦ σπέρματος αὐτῆς τῶν τηρούντων τὰς ἐντολὰς τοῦ θεοῦ καὶ **ἐχόντων** τὴν μαρτυρίαν Ἰησοῦ.
13: 1 **ἔχον** κέρατα δέκα καὶ κεφαλὰς ἑπτὰ καὶ ἐπὶ τῶν κεράτων αὐτοῦ δέκα διαδήματα καὶ ἐπὶ τὰς κεφαλὰς αὐτοῦ ὀνόμα[τα] βλασφημίας.
13: 9 Εἴ τις **ἔχει** οὖς ἀκουσάτω.
13:11 καὶ **εἶχεν** κέρατα δύο ὅμοια ἀρνίῳ καὶ ἐλάλει ὡς δράκων.
13:14 ὃς **ἔχει** τὴν πληγὴν τῆς μαχαίρης καὶ ἔζησεν.
13:17 καὶ ἵνα μή τις δύνηται ἀγοράσαι ἢ πωλῆσαι εἰ μὴ ὁ **ἔχων** τὸ χάραγμα τὸ ὄνομα τοῦ θηρίου ἢ τὸν ἀριθμὸν τοῦ ὀνόματος
13:18 ὁ **ἔχων** νοῦν ψηφισάτω τὸν ἀριθμὸν τοῦ θηρίου,
14: 1 τὸ ἀρνίον ἑστὸς ἐπὶ τὸ ὄρος Σιὼν καὶ μετ' αὐτοῦ ἑκατὸν τεσσεράκοντα τέσσαρες χιλιάδες **ἔχουσαι** τὸ ὄνομα αὐτοῦ
14: 6 **ἔχοντα** εὐαγγέλιον αἰώνιον εὐαγγελίσαι ἐπὶ τοὺς καθημένους ἐπὶ τῆς γῆς καὶ ἐπὶ πᾶν ἔθνος καὶ φυλὴν καὶ γλῶσσαν
14:11 καὶ οὐκ **ἔχουσιν** ἀνάπαυσιν ἡμέρας καὶ νυκτὸς οἱ προσκυνοῦντες τὸ θηρίον καὶ τὴν εἰκόνα αὐτοῦ
14:14 **ἔχων** ἐπὶ τῆς κεφαλῆς αὐτοῦ στέφανον χρυσοῦν καὶ ἐν τῇ χειρὶ αὐτοῦ δρέπανον ὀξύ.
14:17 Καὶ ἄλλος ἄγγελος ἐξῆλθεν ἐκ τοῦ ναοῦ τοῦ ἐν τῷ οὐρανῷ **ἔχων** καὶ αὐτὸς δρέπανον ὀξύ.
14:18 Καὶ ἄλλος ἄγγελος [ἐξῆλθεν] ἐκ τοῦ θυσιαστηρίου [ὁ] **ἔχων** ἐξουσίαν ἐπὶ τοῦ πυρός, καὶ ἐφώνησεν φωνῇ μεγάλῃ τῷ **ἔχοντι** τὸ δρέπανον τὸ ὀξὺ λέγων,
15: 1 ἀγγέλους ἑπτὰ **ἔχοντας** πληγὰς ἑπτὰ τὰς ἐσχάτας, ὅτι ἐν αὐταῖς ἐτελέσθη ὁ θυμὸς τοῦ θεοῦ.
15: 2 καὶ τοὺς νικῶντας ἐκ τοῦ θηρίου καὶ ἐκ τῆς εἰκόνος αὐτοῦ καὶ ἐκ τοῦ ἀριθμοῦ τοῦ ὀνόματος αὐτοῦ ἑστῶτας ἐπὶ τὴν θάλασσαν τὴν ὑαλίνην **ἔχοντας** κιθάρας τοῦ θεοῦ.
15: 6 καὶ ἐξῆλθον οἱ ἑπτὰ ἄγγελοι [οἱ] **ἔχοντες** τὰς ἑπτὰ πληγὰς ἐκ τοῦ ναοῦ ἐνδεδυμένοι λίνον καθαρὸν λαμπρὸν
16: 2 ἕλκος κακὸν καὶ πονηρὸν ἐπὶ τοὺς ἀνθρώπους τοὺς **ἔχοντας** τὸ χάραγμα τοῦ θηρίου καὶ τοὺς προσκυνοῦντας τῇ εἰκόνι αὐτοῦ.
16: 9 ἐβλασφήμησαν τὸ ὄνομα τοῦ θεοῦ τοῦ **ἔχοντος** τὴν ἐξουσίαν ἐπὶ τὰς πληγὰς ταύτας καὶ οὐ μετενόησαν δοῦναι αὐτῷ δόξαν.
17: 1 Καὶ ἦλθεν εἷς ἐκ τῶν ἑπτὰ ἀγγέλων τῶν **ἐχόντων** τὰς ἑπτὰ φιάλας καὶ ἐλάλησεν μετ' ἐμοῦ λέγων,
17: 3 γέμον[τα] ὀνόματα βλασφημίας, **ἔχων** κεφαλὰς ἑπτὰ καὶ κέρατα δέκα.
17: 4 **ἔχουσα** ποτήριον χρυσοῦν ἐν τῇ χειρὶ αὐτῆς γέμον βδελυγμάτων καὶ τὰ ἀκάθαρτα τῆς πορνείας αὐτῆς
17: 7 τὸ μυστήριον τῆς γυναικὸς καὶ τοῦ θηρίου τοῦ βαστάζοντος αὐτὴν τοῦ **ἔχοντος** τὰς ἑπτὰ κεφαλὰς καὶ τὰ δέκα κέρατα.
17: 9 ὧδε ὁ νοῦς ὁ **ἔχων** σοφίαν. αἱ ἑπτὰ κεφαλαὶ ἑπτὰ ὄρη εἰσίν,
17:13 οὗτοι μίαν γνώμην **ἔχουσιν** καὶ τὴν δύναμιν καὶ ἐξουσίαν αὐτῶν τῷ θηρίῳ διδόασιν.
17:18 καὶ ἡ γυνὴ ἣν εἶδες ἔστιν ἡ πόλις ἡ μεγάλη ἡ **ἔχουσα** βασιλείαν ἐπὶ τῶν βασιλέων τῆς γῆς.
18: 1 Μετὰ ταῦτα εἶδον ἄλλον ἄγγελον καταβαίνοντα ἐκ τοῦ οὐρανοῦ **ἔχοντα** ἐξουσίαν μεγάλην,
18:19 ἐν ᾗ ἐπλούτησαν πάντες οἱ **ἔχοντες** τὰ πλοῖα ἐν τῇ θαλάσσῃ ἐκ τῆς τιμιότητος αὐτῆς,
19:10 σύνδουλός σού εἰμι καὶ τῶν ἀδελφῶν σου τῶν **ἐχόντων** τὴν μαρτυρίαν Ἰησοῦ·
19:12 **ἔχων** ὄνομα γεγραμμένον ὃ οὐδεὶς οἶδεν εἰ μὴ αὐτός,
19:16 καὶ **ἔχει** ἐπὶ τὸ ἱμάτιον καὶ ἐπὶ τὸν μηρὸν αὐτοῦ ὄνομα γεγραμμένον·
20: 1 Καὶ εἶδον ἄγγελον καταβαίνοντα ἐκ τοῦ οὐρανοῦ **ἔχοντα** τὴν κλεῖν τῆς ἀβύσσου καὶ ἅλυσιν μεγάλην ἐπὶ τὴν χεῖρα αὐτοῦ.
20: 6 μακάριος καὶ ἅγιος ὁ **ἔχων** μέρος ἐν τῇ ἀναστάσει τῇ πρώτῃ· ἐπὶ τούτων ὁ δεύτερος θάνατος οὐκ **ἔχει** ἐξουσίαν,
21: 9 Καὶ ἦλθεν εἷς ἐκ τῶν ἑπτὰ ἀγγέλων τῶν **ἐχόντων** τὰς ἑπτὰ φιάλας τῶν γεμόντων τῶν ἑπτὰ πληγῶν τῶν ἐσχάτων
21:11 **ἔχουσαν** τὴν δόξαν τοῦ θεοῦ, ὁ φωστὴρ αὐτῆς ὅμοιος λίθῳ τιμιωτάτῳ ὡς λίθῳ ἰάσπιδι κρυσταλλίζοντι.
21:12 **ἔχουσα** τεῖχος μέγα καὶ ὑψηλόν, **ἔχουσα** πυλῶνας δώδεκα καὶ ἐπὶ τοῖς πυλῶσιν ἀγγέλους δώδεκα
21:14 καὶ τὸ τεῖχος τῆς πόλεως **ἔχων** θεμελίους δώδεκα καὶ ἐπ' αὐτῶν δώδεκα ὀνόματα τῶν δώδεκα ἀποστόλων τοῦ ἀρνίου.

21:15 Καὶ ὁ λαλῶν μετ᾽ ἐμοῦ **εἶχεν** μέτρον κάλαμον χρυσοῦν,
21:23 καὶ ἡ πόλις οὐ χρείαν **ἔχει** τοῦ ἡλίου οὐδὲ τῆς σελήνης ἵνα φαίνωσιν αὐτῇ,
22: 5 καὶ νὺξ οὐκ ἔσται ἔτι καὶ οὐκ **ἔχουσιν** χρείαν φωτὸς λύχνου καὶ φωτὸς ἡλίου,

2401 ἕως [146]

temporal conjunction [41] Mt 2:9,13; 5:18,18,26; 10:11,23; 12:20; 16:28; 18:30; 22:44; 23:39; 24:34,39; 27:8; Mk 6:10,45; 9:1; 12:36; 14:32; Lk 9:27; 12:59; 13:21,35; 15:4; 17:8; 20:43; 21:32; 22:34; Jn 9:4; 21:22,23; Ac 2:35; 1Co 4:5; 2Co 1:14; 2Th 2:7; 1Ti 4:13; Heb 1:13; 10:13; Jas 5:7; Rev 6:11

improper preposition [107] Mt 1:17,17,17,25; 2:15; 5:25; 11:12,13,23,23; 13:30,33; 14:22; 17:9,17,17; 18:21,22,22,34; 20:8; 22:26; 23:35; 24:21,27,31; 26:29,36,38,58; 27:8,45,51,64; 28:20; Mk 6:23; 9:19,19; 13:19,27; 14:25,34,54; 15:33,38; Lk 1:80; 2:15,37; 4:29,42; 9:41; 10:15,15; 11:51; 12:50; 13:8; 15:8; 22:16,18,51; 23:5,44; 24:49,50; Jn 2:7,10; 5:17; 9:18; 10:24; 13:38; 16:24; Ac 1:8,22; 7:45; 8:10,40; 9:38; 11:19,22; 13:20,47; 17:14,15; 21:5,26; 23:12,14,21,23; 25:21; 26:11; 28:23; Ro 3:12; 11:8; 1Co 1:8; 4:13; 8:7; 15:6; 16:8; 2Co 1:14; 3:15; 12:2; Heb 8:11; Jas 5:7; 2Pe 1:19; 1Jn 2:9; Rev 6:10

ἕως ἄν [20] Mt 2:13; 5:18,18,26; 10:11,23; 12:20; 16:28; 22:44; 23:39; 24:34; Mk 6:10; 9:1; 12:36; Lk 9:27; 20:43; 21:32; Ac 2:35; 1Co 4:5; Heb 1:13

ἕως ἄρτι [8] Mt 11:12; Jn 2:10; 5:17; 16:24; 1Co 4:13; 8:7; 15:6; 1Jn 2:9

ἕως ἐσχάτου [2] Ac 1:8; 13:47

ἕως κάτω [2] Mt 27:51; Mk 15:38

ἕως ὅτου [5] Mt 5:25; Lk 12:50; 13:8; 22:16; Jn 9:18

ἕως οὗ [17] Mt 1:25; 13:33; 14:22; 17:9; 18:34; 26:36; Lk 13:21; 15:8; 22:18; 24:49; Jn 13:38; Ac 21:26; 23:12,14,21; 25:21; 2Pe 1:19

ἕως οὐρανοῦ [4] Mt 11:23; Mk 13:27; Lk 10:15; 2Co 12:2

ἕως πότε [7] Mt 17:17,17; Mk 9:19,19; Lk 9:41; Jn 10:24; Rev 6:10

ἕως πρός [1] Lk 24:50

ἕως τέλους [2] 1Co 1:8; 2Co 1:14

ἕως τοῦ νῦν [2] Mt 24:21; Mk 13:19

ἕως τούτου [1] Lk 22:51

καταβαίνω ἕως [2] Mt 11:23; Lk 10:15

μένω ἕως [5] Mt 10:11; Mk 6:10; Jn 21:22,23; 1Co 15:6

Mt 1:17 Πᾶσαι οὖν αἱ γενεαὶ ἀπὸ ᾽Αβραὰμ **ἕως** Δαυὶδ γενεαὶ δεκατέσσαρες, καὶ ἀπὸ Δαυὶδ **ἕως** τῆς μετοικεσίας Βαβυλῶνος γενεαὶ δεκατέσσαρες, καὶ ἀπὸ τῆς μετοικεσίας Βαβυλῶνος **ἕως** τοῦ Χριστοῦ γενεαὶ δεκατέσσαρες.
1:25 καὶ οὐκ ἐγίνωσκεν αὐτὴν **ἕως** οὗ ἔτεκεν υἱόν·
2: 9 **ἕως** ἐλθὼν ἐστάθη ἐπάνω οὗ ἦν τὸ παιδίον.
2:13 ᾽Εγερθεὶς παράλαβε τὸ παιδίον καὶ τὴν μητέρα αὐτοῦ καὶ φεῦγε εἰς Αἴγυπτον καὶ ἴσθι ἐκεῖ **ἕως** ἂν εἴπω σοι·
2:15 καὶ ἦν ἐκεῖ **ἕως** τῆς τελευτῆς ῾Ηρῴδου· ἵνα πληρωθῇ τὸ ῥηθὲν ὑπὸ κυρίου διὰ τοῦ προφήτου λέγοντος,
5:18 **ἕως** ἂν παρέλθῃ ὁ οὐρανὸς καὶ ἡ γῆ, ἰῶτα ἓν ἢ μία κεραία οὐ μὴ παρέλθῃ ἀπὸ τοῦ νόμου, **ἕως** ἂν πάντα γένηται.
5:25 **ἕως** ὅτου εἶ μετ᾽ αὐτοῦ ἐν τῇ ὁδῷ,
5:26 οὐ μὴ ἐξέλθῃς ἐκεῖθεν, **ἕως** ἂν ἀποδῷς τὸν ἔσχατον κοδράντην.
10:11 ἐξετάσατε τίς ἐν αὐτῇ ἄξιός ἐστιν· κἀκεῖ μείνατε **ἕως** ἂν ἐξέλθητε.
10:23 οὐ μὴ τελέσητε τὰς πόλεις τοῦ ᾽Ισραὴλ **ἕως** ἂν ἔλθῃ ὁ υἱὸς τοῦ ἀνθρώπου.
11:12 ἀπὸ δὲ τῶν ἡμερῶν ᾽Ιωάννου τοῦ βαπτιστοῦ **ἕως** ἄρτι ἡ βασιλεία τῶν οὐρανῶν βιάζεται καὶ βιασταὶ ἁρπάζουσιν αὐτήν.
11:13 πάντες γὰρ οἱ προφῆται καὶ ὁ νόμος **ἕως** ᾽Ιωάννου ἐπροφήτευσαν·
11:23 καὶ σύ, Καφαρναούμ, μὴ **ἕως** οὐρανοῦ ὑψωθήσῃ; **ἕως** ᾅδου καταβήσῃ·
12:20 κάλαμον συντετριμμένον οὐ κατεάξει καὶ λίνον τυφόμενον οὐ σβέσει, **ἕως** ἂν ἐκβάλῃ εἰς νῖκος τὴν κρίσιν.
13:30 ἄφετε συναυξάνεσθαι ἀμφότερα **ἕως** τοῦ θερισμοῦ, καὶ ἐν καιρῷ τοῦ θερισμοῦ ἐρῶ τοῖς θερισταῖς,
13:33 ἣν λαβοῦσα γυνὴ ἐνέκρυψεν εἰς ἀλεύρου σάτα τρία **ἕως** οὗ ἐζυμώθη ὅλον.
14:22 Καὶ εὐθέως ἠνάγκασεν τοὺς μαθητὰς ἐμβῆναι εἰς τὸ πλοῖον καὶ προάγειν αὐτὸν εἰς τὸ πέραν, **ἕως** οὗ ἀπολύσῃ τοὺς ὄχλους.
16:28 τῶν ὧδε ἑστώτων οἵτινες οὐ μὴ γεύσωνται θανάτου **ἕως** ἂν ἴδωσιν τὸν υἱὸν τοῦ ἀνθρώπου ἐρχόμενον ἐν τῇ βασιλείᾳ αὐτοῦ.
17: 9 Μηδενὶ εἴπητε τὸ ὅραμα **ἕως** οὗ ὁ υἱὸς τοῦ ἀνθρώπου ἐκ νεκρῶν ἐγερθῇ.
17:17 ῏Ω γενεὰ ἄπιστος καὶ διεστραμμένη, **ἕως** πότε μεθ᾽ ὑμῶν ἔσομαι; **ἕως** πότε ἀνέξομαι ὑμῶν; φέρετέ μοι αὐτὸν ὧδε.
18:21 ποσάκις ἁμαρτήσει εἰς ἐμὲ ὁ ἀδελφός μου καὶ ἀφήσω αὐτῷ; **ἕως** ἑπτάκις;
18:22 Οὐ λέγω σοι **ἕως** ἑπτάκις ἀλλὰ **ἕως** ἑβδομηκοντάκις ἑπτά.
18:30 ὁ δὲ οὐκ ἤθελεν ἀλλὰ ἀπελθὼν ἔβαλεν αὐτὸν εἰς φυλακὴν **ἕως** ἀποδῷ τὸ ὀφειλόμενον.
18:34 καὶ ὀργισθεὶς ὁ κύριος αὐτοῦ παρέδωκεν αὐτὸν τοῖς βασανισταῖς **ἕως** οὗ ἀποδῷ πᾶν τὸ ὀφειλόμενον.
20: 8 Κάλεσον τοὺς ἐργάτας καὶ ἀπόδος αὐτοῖς τὸν μισθὸν ἀρξάμενος ἀπὸ τῶν ἐσχάτων **ἕως** τῶν πρώτων.
22:26 ὁμοίως καὶ ὁ δεύτερος καὶ ὁ τρίτος **ἕως** τῶν ἑπτά.
22:44 **ἕως** ἂν θῶ τοὺς ἐχθρούς σου ὑποκάτω τῶν ποδῶν σου;
23:35 ὅπως ἔλθῃ ἐφ᾽ ὑμᾶς πᾶν αἷμα δίκαιον ἐκχυννόμενον ἐπὶ τῆς γῆς ἀπὸ τοῦ αἵματος ῞Αβελ τοῦ δικαίου **ἕως** τοῦ αἵματος Ζαχαρίου υἱοῦ Βαραχίου,
23:39 οὐ μή με ἴδητε ἀπ᾽ ἄρτι **ἕως** ἂν εἴπητε,
24:21 ἔσται γὰρ τότε θλῖψις μεγάλη οἵα οὐ γέγονεν ἀπ᾽ ἀρχῆς κόσμου **ἕως** τοῦ νῦν οὐδ᾽ οὐ μὴ γένηται.
24:27 ὥσπερ γὰρ ἡ ἀστραπὴ ἐξέρχεται ἀπὸ ἀνατολῶν καὶ φαίνεται **ἕως** δυσμῶν,
24:31 καὶ ἐπισυνάξουσιν τοὺς ἐκλεκτοὺς αὐτοῦ ἐκ τῶν τεσσάρων ἀνέμων ἀπ᾽ ἄκρων οὐρανῶν **ἕως** [τῶν] ἄκρων αὐτῶν.
24:34 ἀμὴν λέγω ὑμῖν ὅτι οὐ μὴ παρέλθῃ ἡ γενεὰ αὕτη **ἕως** ἂν πάντα ταῦτα γένηται.
24:39 καὶ οὐκ ἔγνωσαν **ἕως** ἦλθεν ὁ κατακλυσμὸς καὶ ἦρεν ἅπαντας,
26:29 οὐ μὴ πίω ἀπ᾽ ἄρτι ἐκ τούτου τοῦ γενήματος τῆς ἀμπέλου **ἕως** τῆς ἡμέρας ἐκείνης ὅταν αὐτὸ πίνω μεθ᾽ ὑμῶν καινὸν
26:36 εἰς χωρίον λεγόμενον Γεθσημανὶ καὶ λέγει τοῖς μαθηταῖς, Καθίσατε αὐτοῦ **ἕως** [οὗ] ἀπελθὼν ἐκεῖ προσεύξωμαι.
26:38 τότε λέγει αὐτοῖς, Περίλυπός ἐστιν ἡ ψυχή μου **ἕως** θανάτου·
26:58 ὁ δὲ Πέτρος ἠκολούθει αὐτῷ ἀπὸ μακρόθεν **ἕως** τῆς αὐλῆς τοῦ ἀρχιερέως καὶ εἰσελθὼν ἔσω ἐκάθητο μετὰ τῶν ὑπηρετῶν ἰδεῖν
27: 8 διὸ ἐκλήθη ὁ ἀγρὸς ἐκεῖνος ᾽Αγρὸς Αἵματος **ἕως** τῆς σήμερον.
27:45 ᾽Απὸ δὲ ἕκτης ὥρας σκότος ἐγένετο ἐπὶ πᾶσαν τὴν γῆν **ἕως** ὥρας ἐνάτης.
27:51 Καὶ ἰδοὺ τὸ καταπέτασμα τοῦ ναοῦ ἐσχίσθη ἀπ᾽ ἄνωθεν **ἕως** κάτω εἰς δύο καὶ ἡ γῆ ἐσείσθη καὶ αἱ πέτραι ἐσχίσθησαν,
27:64 κέλευσον οὖν ἀσφαλισθῆναι τὸν τάφον **ἕως** τῆς τρίτης ἡμέρας,
28:20 καὶ ἰδοὺ ἐγὼ μεθ᾽ ὑμῶν εἰμι πάσας τὰς ἡμέρας **ἕως** τῆς συντελείας τοῦ αἰῶνος.

Mk 6:10 ῞Οπου ἐὰν εἰσέλθητε εἰς οἰκίαν, ἐκεῖ μένετε **ἕως** ἂν ἐξέλθητε ἐκεῖθεν.
6:23 ῞Ο τι ἐάν με αἰτήσῃς δώσω σοι **ἕως** ἡμίσους τῆς βασιλείας μου.
6:45 ἐμβῆναι εἰς τὸ πλοῖον καὶ προάγειν εἰς τὸ πέραν πρὸς Βηθσαϊδάν, **ἕως** αὐτὸς ἀπολύει τὸν ὄχλον.
9: 1 τινες ὧδε τῶν ἑστηκότων οἵτινες οὐ μὴ γεύσωνται θανάτου **ἕως** ἂν ἴδωσιν τὴν βασιλείαν τοῦ θεοῦ ἐληλυθυῖαν ἐν δυνάμει.
9:19 ῏Ω γενεὰ ἄπιστος, **ἕως** πότε πρὸς ὑμᾶς ἔσομαι; **ἕως** πότε ἀνέξομαι ὑμῶν; φέρετε αὐτὸν πρός με.
12:36 **ἕως** ἂν θῶ τοὺς ἐχθρούς σου ὑποκάτω τῶν ποδῶν σου.
13:19 αἱ ἡμέραι ἐκεῖναι θλῖψις οἵα οὐ γέγονεν τοιαύτη ἀπ᾽ ἀρχῆς κτίσεως ἣν ἔκτισεν ὁ θεὸς **ἕως** τοῦ νῦν καὶ οὐ μὴ γένηται.
13:27 τοὺς ἀγγέλους καὶ ἐπισυνάξει τοὺς ἐκλεκτοὺς [αὐτοῦ] ἐκ τῶν τεσσάρων ἀνέμων ἀπ᾽ ἄκρου γῆς **ἕως** ἄκρου οὐρανοῦ.
14:25 ὅτι οὐκέτι οὐ μὴ πίω ἐκ τοῦ γενήματος τῆς ἀμπέλου **ἕως** τῆς ἡμέρας ἐκείνης ὅταν αὐτὸ πίνω καινὸν ἐν τῇ βασιλείᾳ τοῦ θεοῦ.
14:32 Καὶ ἔρχονται εἰς χωρίον οὗ τὸ ὄνομα Γεθσημανὶ καὶ λέγει τοῖς μαθηταῖς αὐτοῦ, Καθίσατε ὧδε **ἕως** προσεύξωμαι.
14:34 καὶ λέγει αὐτοῖς, Περίλυπός ἐστιν ἡ ψυχή μου **ἕως** θανάτου·
14:54 καὶ ὁ Πέτρος ἀπὸ μακρόθεν ἠκολούθησεν αὐτῷ **ἕως** ἔσω εἰς τὴν αὐλὴν τοῦ ἀρχιερέως καὶ ἦν συγκαθήμενος μετὰ τῶν ὑπηρετῶν
15:33 Καὶ γενομένης ὥρας ἕκτης σκότος ἐγένετο ἐφ᾽ ὅλην τὴν γῆν **ἕως** ὥρας ἐνάτης.

15:38 Καὶ τὸ καταπέτασμα τοῦ ναοῦ ἐσχίσθη εἰς δύο ἀπ' ἄνωθεν **ἕως** κάτω.
Lk 1:80 καὶ ἦν ἐν ταῖς ἐρήμοις **ἕως** ἡμέρας ἀναδείξεως αὐτοῦ πρὸς τὸν Ἰσραήλ.
2:15 Διέλθωμεν δὴ **ἕως** Βηθλέεμ καὶ ἴδωμεν τὸ ῥῆμα τοῦτο τὸ γεγονὸς ὃ ὁ κύριος ἐγνώρισεν ἡμῖν.
2:37 καὶ αὐτὴ χήρα **ἕως** ἐτῶν ὀγδοήκοντα τεσσάρων, ἣ οὐκ ἀφίστατο τοῦ ἱεροῦ νηστείαις καὶ δεήσεσιν λατρεύουσα νύκτα
4:29 καὶ ἀναστάντες ἐξέβαλον αὐτὸν ἔξω τῆς πόλεως καὶ ἤγαγον αὐτὸν **ἕως** ὀφρύος τοῦ ὄρους ἐφ' οὗ ἡ πόλις ᾠκοδόμητο αὐτῶν ὥστε κατακρημνίσαι αὐτόν·
4:42 καὶ οἱ ὄχλοι ἐπεζήτουν αὐτὸν καὶ ἦλθον **ἕως** αὐτοῦ καὶ κατεῖχον αὐτὸν τοῦ μὴ πορεύεσθαι ἀπ' αὐτῶν.
9:27 εἰσίν τινες τῶν αὐτοῦ ἑστηκότων οἳ οὐ μὴ γεύσωνται θανάτου **ἕως** ἂν ἴδωσιν τὴν βασιλείαν τοῦ θεοῦ.
9:41 **ἕως** πότε ἔσομαι πρὸς ὑμᾶς καὶ ἀνέξομαι ὑμῶν;
10:15 καὶ σύ, Καφαρναούμ, μὴ **ἕως** οὐρανοῦ ὑψωθήσῃ; **ἕως** τοῦ ᾅδου καταβήσῃ.
11:51 ἀπὸ αἵματος Ἅβελ **ἕως** αἵματος Ζαχαρίου τοῦ ἀπολομένου μεταξὺ τοῦ θυσιαστηρίου καὶ τοῦ οἴκου·
12:50 βάπτισμα δὲ ἔχω βαπτισθῆναι, καὶ πῶς συνέχομαι **ἕως** ὅτου τελεσθῇ.
12:59 οὐ μὴ ἐξέλθῃς ἐκεῖθεν, **ἕως** καὶ τὸ ἔσχατον λεπτὸν ἀποδῷς.
13:8 **ἕως** ὅτου σκάψω περὶ αὐτὴν καὶ βάλω κόπρια,
13:21 ἣν λαβοῦσα γυνὴ [ἐν]έκρυψεν εἰς ἀλεύρου σάτα τρία **ἕως** οὗ ἐζυμώθη ὅλον.
13:35 οὐ μὴ ἴδητέ με **ἕως** [ἥξει ὅτε] εἴπητε,
15:4 καὶ ἀπολέσας ἐξ αὐτῶν ἓν οὐ καταλείπει τὰ ἐνενήκοντα ἐννέα ἐν τῇ ἐρήμῳ καὶ πορεύεται ἐπὶ τὸ ἀπολωλὸς **ἕως** εὕρῃ αὐτό;
15:8 οὐχὶ ἅπτει λύχνον καὶ σαροῖ τὴν οἰκίαν καὶ ζητεῖ ἐπιμελῶς **ἕως** οὗ εὕρῃ;
17:8 Ἑτοίμασον τί δειπνήσω καὶ περιζωσάμενος διακόνει μοι **ἕως** φάγω καὶ πίω,
20:43 **ἕως** ἂν θῶ τοὺς ἐχθρούς σου ὑποπόδιον τῶν ποδῶν σου.
21:32 ἀμὴν λέγω ὑμῖν ὅτι οὐ μὴ παρέλθῃ ἡ γενεὰ αὕτη **ἕως** ἂν πάντα γένηται.
22:16 λέγω γὰρ ὑμῖν ὅτι οὐ μὴ φάγω αὐτὸ **ἕως** ὅτου πληρωθῇ ἐν τῇ βασιλείᾳ τοῦ θεοῦ.
22:18 [ὅτι] οὐ μὴ πίω ἀπὸ τοῦ νῦν ἀπὸ τοῦ γενήματος τῆς ἀμπέλου **ἕως** οὗ ἡ βασιλεία τοῦ θεοῦ ἔλθῃ.
22:34 οὐ φωνήσει σήμερον ἀλέκτωρ **ἕως** τρίς με ἀπαρνήσῃ εἰδέναι.
22:51 ἀποκριθεὶς δὲ ὁ Ἰησοῦς εἶπεν, Ἐᾶτε **ἕως** τούτου·
23:5 οἱ δὲ ἐπίσχυον λέγοντες ὅτι Ἀνασείει τὸν λαὸν διδάσκων καθ' ὅλης τῆς Ἰουδαίας, καὶ ἀρξάμενος ἀπὸ τῆς Γαλιλαίας **ἕως** ὧδε.
23:44 Καὶ ἦν ἤδη ὡσεὶ ὥρα ἕκτη καὶ σκότος ἐγένετο ἐφ' ὅλην τὴν γῆν **ἕως** ὥρας ἐνάτης
24:49 ὑμεῖς δὲ καθίσατε ἐν τῇ πόλει **ἕως** οὗ ἐνδύσησθε ἐξ ὕψους δύναμιν.
24:50 Ἐξήγαγεν δὲ αὐτοὺς [ἔξω] **ἕως** πρὸς Βηθανίαν, καὶ ἐπάρας τὰς χεῖρας αὐτοῦ εὐλόγησεν αὐτούς.
Jn 2:7 Γεμίσατε τὰς ὑδρίας ὕδατος. καὶ ἐγέμισαν αὐτὰς **ἕως** ἄνω.
2:10 πρῶτον τὸν καλὸν οἶνον τίθησιν καὶ ὅταν μεθυσθῶσιν τὸν ἐλάσσω· σὺ τετήρηκας τὸν καλὸν οἶνον **ἕως** ἄρτι.
5:17 Ὁ πατήρ μου **ἕως** ἄρτι ἐργάζεται κἀγὼ ἐργάζομαι·
9:4 ἡμᾶς δεῖ ἐργάζεσθαι τὰ ἔργα τοῦ πέμψαντός με **ἕως** ἡμέρα ἐστίν·
9:18 Οὐκ ἐπίστευσαν οὖν οἱ Ἰουδαῖοι περὶ αὐτοῦ ὅτι ἦν τυφλὸς καὶ ἀνέβλεψεν **ἕως** ὅτου ἐφώνησαν τοὺς γονεῖς αὐτοῦ
10:24 ἐκύκλωσαν οὖν αὐτὸν οἱ Ἰουδαῖοι καὶ ἔλεγον αὐτῷ, **Ἕως** πότε τὴν ψυχὴν ἡμῶν αἴρεις;
13:38 οὐ μὴ ἀλέκτωρ φωνήσῃ **ἕως** οὗ ἀρνήσῃ με τρίς.
16:24 **ἕως** ἄρτι οὐκ ᾐτήσατε οὐδὲν ἐν τῷ ὀνόματί μου·
21:22 Ἐὰν αὐτὸν θέλω μένειν **ἕως** ἔρχομαι, τί πρὸς σέ;
21:23 Ἐὰν αὐτὸν θέλω μένειν **ἕως** ἔρχομαι[, τί πρὸς σέ;]
Ac 1:8 καὶ ἔσεσθέ μου μάρτυρες ἔν τε Ἰερουσαλὴμ καὶ [ἐν] πάσῃ τῇ Ἰουδαίᾳ καὶ Σαμαρείᾳ καὶ **ἕως** ἐσχάτου τῆς γῆς.
1:22 ἀρξάμενος ἀπὸ τοῦ βαπτίσματος Ἰωάννου **ἕως** τῆς ἡμέρας ἧς ἀνελήμφθη ἀφ' ἡμῶν,
2:35 **ἕως** ἂν θῶ τοὺς ἐχθρούς σου ὑποπόδιον τῶν ποδῶν σου.
7:45 ὧν ἐξῶσεν ὁ θεὸς ἀπὸ προσώπου τῶν πατέρων ἡμῶν **ἕως** τῶν ἡμερῶν Δαυίδ,
8:10 ᾧ προσεῖχον πάντες ἀπὸ μικροῦ **ἕως** μεγάλου λέγοντες,
8:40 καὶ διερχόμενος εὐηγγελίζετο τὰς πόλεις πάσας **ἕως** τοῦ ἐλθεῖν αὐτὸν εἰς Καισάρειαν.
9:38 ἀκούσαντες ὅτι Πέτρος ἐστὶν ἐν αὐτῇ ἀπέστειλαν δύο ἄνδρας πρὸς αὐτὸν παρακαλοῦντες, Μὴ ὀκνήσῃς διελθεῖν **ἕως** ἡμῶν.
11:19 Οἱ μὲν οὖν διασπαρέντες ἀπὸ τῆς θλίψεως τῆς γενομένης ἐπὶ Στεφάνῳ διῆλθον **ἕως** Φοινίκης καὶ Κύπρου καὶ Ἀντιοχείας
11:22 καὶ ἐξαπέστειλαν Βαρναβᾶν [διελθεῖν] **ἕως** Ἀντιοχείας.
13:20 καὶ μετὰ ταῦτα ἔδωκεν κριτὰς **ἕως** Σαμουὴλ [τοῦ] προφήτου.
13:47 Τέθεικά σε εἰς φῶς ἐθνῶν τοῦ εἶναί σε εἰς σωτηρίαν **ἕως** ἐσχάτου τῆς γῆς.
17:14 εὐθέως δὲ τότε τὸν Παῦλον ἐξαπέστειλαν οἱ ἀδελφοὶ πορεύεσθαι **ἕως** ἐπὶ τὴν θάλασσαν,
17:15 οἱ δὲ καθιστάνοντες τὸν Παῦλον ἤγαγον **ἕως** Ἀθηνῶν,
21:5 ἐξελθόντες ἐπορευόμεθα προπεμπόντων ἡμᾶς πάντων σὺν γυναιξὶ καὶ τέκνοις **ἕως** ἔξω τῆς πόλεως,
21:26 διαγγέλλων τὴν ἐκπλήρωσιν τῶν ἡμερῶν τοῦ ἁγνισμοῦ **ἕως** οὗ προσηνέχθη ὑπὲρ ἑνὸς ἑκάστου αὐτῶν ἡ προσφορά.
23:12 οἱ Ἰουδαῖοι ἀνεθεμάτισαν ἑαυτοὺς λέγοντες μήτε φαγεῖν μήτε πιεῖν **ἕως** οὗ ἀποκτείνωσιν τὸν Παῦλον.
23:14 Ἀναθέματι ἀνεθεματίσαμεν ἑαυτοὺς μηδενὸς γεύσασθαι **ἕως** οὗ ἀποκτείνωμεν τὸν Παῦλον.
23:21 οἵτινες ἀνεθεμάτισαν ἑαυτοὺς μήτε φαγεῖν μήτε πιεῖν **ἕως** οὗ ἀνέλωσιν αὐτόν,
23:23 εἶπεν, Ἑτοιμάσατε στρατιώτας διακοσίους, ὅπως πορευθῶσιν **ἕως** Καισαρείας,
25:21 ἐκέλευσα τηρεῖσθαι αὐτὸν **ἕως** οὗ ἀναπέμψω αὐτὸν πρὸς Καίσαρα.
26:11 πολλάκις τιμωρῶν αὐτοὺς ἠνάγκαζον βλασφημεῖν περισσῶς τε ἐμμαινόμενος αὐτοῖς ἐδίωκον **ἕως** καὶ εἰς τὰς ἔξω πόλεις.
28:23 πείθων τε αὐτοὺς περὶ τοῦ Ἰησοῦ ἀπό τε τοῦ νόμου Μωϋσέως καὶ τῶν προφητῶν, ἀπὸ πρωῒ **ἕως** ἑσπέρας.
Ro 3:12 οὐκ ἔστιν ὁ ποιῶν χρηστότητα, [οὐκ ἔστιν] **ἕως** ἑνός.
11:8 ὀφθαλμοὺς τοῦ μὴ βλέπειν καὶ ὦτα τοῦ μὴ ἀκούειν, **ἕως** τῆς σήμερον ἡμέρας.
1Co 1:8 ὃς καὶ βεβαιώσει ὑμᾶς **ἕως** τέλους ἀνεγκλήτους ἐν τῇ ἡμέρᾳ τοῦ κυρίου ἡμῶν Ἰησοῦ [Χριστοῦ.]
4:5 ὥστε μὴ πρὸ καιροῦ τι κρίνετε **ἕως** ἂν ἔλθῃ ὁ κύριος,
4:13 ὡς περικαθάρματα τοῦ κόσμου ἐγενήθημεν, πάντων περίψημα **ἕως** ἄρτι.
8:7 τινὲς δὲ τῇ συνηθείᾳ **ἕως** ἄρτι τοῦ εἰδώλου ὡς εἰδωλόθυτον ἐσθίουσιν,
15:6 ἐξ ὧν οἱ πλείονες μένουσιν **ἕως** ἄρτι, τινὲς δὲ ἐκοιμήθησαν·
16:8 ἐπιμενῶ δὲ ἐν Ἐφέσῳ **ἕως** τῆς πεντηκοστῆς·
2Co 1:13 οὐ γὰρ ἄλλα γράφομεν ὑμῖν ἀλλ' ἢ ἃ ἀναγινώσκετε ἢ καὶ ἐπιγινώσκετε· ἐλπίζω δὲ ὅτι **ἕως** τέλους ἐπιγνώσεσθε,
3:15 ἀλλ' **ἕως** σήμερον ἡνίκα ἂν ἀναγινώσκηται Μωϋσῆς, κάλυμμα ἐπὶ τὴν καρδίαν αὐτῶν κεῖται·
12:2 ὁ θεὸς οἶδεν, ἁρπαγέντα τὸν τοιοῦτον **ἕως** τρίτου οὐρανοῦ.
2Th 2:7 μόνον ὁ κατέχων ἄρτι **ἕως** ἐκ μέσου γένηται.
1Ti 4:13 **ἕως** ἔρχομαι πρόσεχε τῇ ἀναγνώσει, τῇ παρακλήσει, τῇ διδασκαλίᾳ.
Heb 1:13 **ἕως** ἂν θῶ τοὺς ἐχθρούς σου ὑποπόδιον τῶν ποδῶν σου;
8:11 ὅτι πάντες εἰδήσουσίν με ἀπὸ μικροῦ **ἕως** μεγάλου αὐτῶν,
10:13 τὸ λοιπὸν ἐκδεχόμενος **ἕως** τεθῶσιν οἱ ἐχθροὶ αὐτοῦ ὑποπόδιον τῶν ποδῶν αὐτοῦ.
Jas 5:7 Μακροθυμήσατε οὖν, ἀδελφοί, **ἕως** τῆς παρουσίας τοῦ κυρίου. ἰδοὺ ὁ γεωργὸς ἐκδέχεται τὸν τίμιον καρπὸν τῆς γῆς μακροθυμῶν ἐπ' αὐτῷ **ἕως** λάβῃ πρόϊμον καὶ ὄψιμον.
2Pe 1:19 **ἕως** οὗ ἡμέρα διαυγάσῃ καὶ φωσφόρος ἀνατείλῃ ἐν ταῖς καρδίαις ὑμῶν,
1Jn 2:9 ὁ λέγων ἐν τῷ φωτὶ εἶναι καὶ τὸν ἀδελφὸν αὐτοῦ μισῶν ἐν τῇ σκοτίᾳ ἐστὶν **ἕως** ἄρτι.
Rev 6:10 καὶ ἔκραξαν φωνῇ μεγάλῃ λέγοντες, **Ἕως** πότε, ὁ δεσπότης ὁ ἅγιος καὶ ἀληθινός,
6:11 **ἕως** πληρωθῶσιν καὶ οἱ σύνδουλοι αὐτῶν καὶ οἱ ἀδελφοὶ αὐτῶν οἱ μέλλοντες ἀποκτέννεσθαι ὡς καὶ αὐτοί.

2402 ϛ [*stigma*] Not used in UBS/NIV

Z, ζ

2403 ζ Not used in UBS/NIV

2404 Ζαβουλών [3]

Mt 4:13 καὶ καταλιπὼν τὴν Ναζαρὰ ἐλθὼν κατῴκησεν εἰς Καφαρναοὺμ τὴν παραθαλασσίαν ἐν ὁρίοις **Ζαβουλὼν** καὶ Νεφθαλίμ·

4:15 Γῆ **Ζαβουλὼν** καὶ γῆ Νεφθαλίμ, ὁδὸν θαλάσσης, πέραν τοῦ Ἰορδάνου,

Rev 7: 8 ἐκ φυλῆς **Ζαβουλὼν** δώδεκα χιλιάδες, ἐκ φυλῆς Ἰωσὴφ δώδεκα χιλιάδες,

2405 Ζακχαῖος [3]

Lk 19: 2 καὶ ἰδοὺ ἀνὴρ ὀνόματι καλούμενος **Ζακχαῖος,** καὶ αὐτὸς ἦν ἀρχιτελώνης καὶ αὐτὸς πλούσιος·

19: 5 ἀναβλέψας ὁ Ἰησοῦς εἶπεν πρὸς αὐτόν, **Ζακχαῖε,** σπεύσας κατάβηθι,

19: 8 σταθεὶς δὲ **Ζακχαῖος** εἶπεν πρὸς τὸν κύριον, Ἰδοὺ τὰ ἡμίσιά μου τῶν ὑπαρχόντων,

2406 Ζάρα [1]

Mt 1: 3 Ἰούδας δὲ ἐγέννησεν τὸν **Φάρες** καὶ τὸν **Ζάρα** ἐκ τῆς Θαμάρ,

2407 ζαφθάνι Not used in UBS/NIV

√ *cf. 4876*

2408 Ζαχαρίας [11]

Mt 23:35 ὅπως ἔλθῃ ἐφ᾽ ὑμᾶς πᾶν αἷμα δίκαιον ἐκχυννόμενον ἐπὶ τῆς γῆς ἀπὸ τοῦ αἵματος Ἅβελ τοῦ δικαίου ἕως τοῦ αἵματος **Ζαχαρίου** υἱοῦ Βαραχίου,

Lk 1: 5 Ἐγένετο ἐν ταῖς ἡμέραις Ἡρῴδου βασιλέως τῆς Ἰουδαίας ἱερεύς τις ὀνόματι **Ζαχαρίας** ἐξ ἐφημερίας Ἀβιά,

1:12 καὶ ἐταράχθη **Ζαχαρίας** ἰδὼν καὶ φόβος ἐπέπεσεν ἐπ᾽ αὐτόν.

1:13 Μὴ φοβοῦ, **Ζαχαρία,** διότι εἰσηκούσθη ἡ δέησίς σου,

1:18 Καὶ εἶπεν **Ζαχαρίας** πρὸς τὸν ἄγγελον, Κατὰ τί γνώσομαι τοῦτο;

1:21 Καὶ ἦν ὁ λαὸς προσδοκῶν τὸν **Ζαχαρίαν** καὶ ἐθαύμαζον ἐν τῷ χρονίζειν ἐν τῷ ναῷ αὐτόν.

1:40 καὶ εἰσῆλθεν εἰς τὸν οἶκον **Ζαχαρίου** καὶ ἠσπάσατο τὴν Ἐλισάβετ.

1:59 Καὶ ἐγένετο ἐν τῇ ἡμέρᾳ τῇ ὀγδόῃ ἦλθον περιτεμεῖν τὸ παιδίον καὶ ἐκάλουν αὐτὸ ἐπὶ τῷ ὀνόματι τοῦ πατρὸς αὐτοῦ **Ζαχαρίαν.**

1:67 Καὶ **Ζαχαρίας** ὁ πατὴρ αὐτοῦ ἐπλήσθη πνεύματος ἁγίου καὶ ἐπροφήτευσεν λέγων,

3: 2 ἐγένετο ῥῆμα θεοῦ ἐπὶ Ἰωάννην τὸν **Ζαχαρίου** υἱὸν ἐν τῇ ἐρήμῳ.

11:51 ἀπὸ αἵματος Ἅβελ ἕως αἵματος **Ζαχαρίου** τοῦ ἀπολομένου μεταξὺ τοῦ θυσιαστηρίου καὶ τοῦ οἴκου·

2409 ζάω [140 / 139]

→ *348, 351, 2436, 2437, 2441, 2442, 2443, 5182, 5188*

ὁ ἄρτος ὁ ζῶν [1] Jn 6:51

ἐκ ζάω [6] Ro 1:17; 6:13; 1Co 9:14; 2Co 13:4; Gal 3:11; Heb 10:38

ζάω διά [4] Jn 6:57,57; 1Pe 1:3; 1Jn 4:9

ζάω εἰς τὸν αἰῶνα [7] Jn 6:51,58; Rev 1:18; 4:9,10; 10:6; 15:7

ζάω ἐπί [2] Mt 4:4; Lk 4:4

ζάω κατά [3] Ro 8:12,13; 1Pe 4:6

ζάω τῷ θεῷ [3] Ro 6:10,11; Gal 2:19

ζῶ ἐγώ [1] Ro 14:11

ζῶν θεός [15] Mt 16:16; 26:63; Ac 14:15; Ro 9:26; 2Co 3:3; 6:16; 1Th 1:9; 1Ti 3:15; 4:10; Heb 3:12; 9:14; 10:31; 12:22; Rev 7:2; 15:7

ζῶν θυσία [1] Ro 12:1

ζῶν πατήρ [1] Jn 6:57

ζῶν ὕδωρ [3] Jn 4:10,11; 7:38

λίθος ζῶντα, ζῶντες [2] 1Pe 2:4,5

νεκρός ... ζάω [17] Mt 22:32; Mk 12:27; Lk 15:32; 20:38; 24:5; Jn 5:25; Ac 10:42; Ro 6:11,13; 14:9; 2Ti 4:1; Heb 9:14; 1Pe 4:5; Rev 1:18; 2:8; 3:1; 20:5

Mt 4: 4 Γέγραπται, Οὐκ ἐπ᾽ ἄρτῳ μόνῳ **ζήσεται** ὁ ἄνθρωπος,

9:18 ἀλλὰ ἐλθὼν ἐπίθες τὴν χεῖρά σου ἐπ᾽ αὐτήν, καὶ **ζήσεται.**

16:16 Σὺ εἶ ὁ Χριστὸς ὁ υἱὸς τοῦ θεοῦ τοῦ **ζῶντος.**

22:32 Ἐγώ εἰμι ὁ θεὸς Ἀβραὰμ καὶ ὁ θεὸς Ἰσαὰκ καὶ ὁ θεὸς Ἰακώβ; οὐκ ἔστιν [ὁ] θεὸς νεκρῶν ἀλλὰ **ζώντων.**

26:63 Ἐξορκίζω σε κατὰ τοῦ θεοῦ τοῦ **ζῶντος** ἵνα ἡμῖν εἴπῃς εἰ σὺ εἶ ὁ Χριστὸς ὁ υἱὸς τοῦ θεοῦ.

27:63 ἐμνήσθημεν ὅτι ἐκεῖνος ὁ πλάνος εἶπεν ἔτι **ζῶν,**

Mk 5:23 ἵνα ἐλθὼν ἐπιθῇς τὰς χεῖρας αὐτῇ ἵνα σωθῇ καὶ **ζήσῃ.**

12:27 οὐκ ἔστιν θεὸς νεκρῶν ἀλλὰ **ζώντων·** πολὺ πλανᾶσθε.

16:11 ⟦κἀκεῖνοι ἀκούσαντες ὅτι **ζῇ** καὶ ἐθεάθη ὑπ᾽ αὐτῆς ἠπίστησαν.⟧

Lk 2:36 **ζήσασα** μετὰ ἀνδρὸς ἔτη ἑπτὰ ἀπὸ τῆς παρθενίας αὐτῆς

4: 4 Γέγραπται ὅτι Οὐκ ἐπ᾽ ἄρτῳ μόνῳ **ζήσεται** ὁ ἄνθρωπος.

10:28 εἶπεν δὲ αὐτῷ, Ὀρθῶς ἀπεκρίθης· τοῦτο ποίει καὶ **ζήσῃ.**

15:13 συναγαγὼν πάντα ὁ νεώτερος υἱὸς ἀπεδήμησεν εἰς χώραν μακρὰν καὶ ἐκεῖ διεσκόρπισεν τὴν οὐσίαν αὐτοῦ **ζῶν** ἀσώτως.

15:32 ὅτι ὁ ἀδελφός σου οὗτος νεκρὸς ἦν καὶ **ἔζησεν,**[UBS; NIV *348*]

20:38 θεὸς δὲ οὐκ ἔστιν νεκρῶν ἀλλὰ **ζώντων,** πάντες γὰρ αὐτῷ **ζῶσιν.**

24: 5 καὶ κλινουσῶν τὰ πρόσωπα εἰς τὴν γῆν εἶπαν πρὸς αὐτάς, Τί ζητεῖτε τὸν **ζῶντα** μετὰ τῶν νεκρῶν·

24:23 καὶ μὴ εὑροῦσαι τὸ σῶμα αὐτοῦ ἦλθον λέγουσαι καὶ ὀπτασίαν ἀγγέλων ἑωρακέναι, οἳ λέγουσιν αὐτὸν **ζῆν.**

Jn 4:10 σὺ ἂν ᾔτησας αὐτὸν καὶ ἔδωκεν ἄν σοι ὕδωρ **ζῶν.**

4:11 οὔτε ἄντλημα ἔχεις καὶ τὸ φρέαρ ἐστὶν βαθύ· πόθεν οὖν ἔχεις τὸ ὕδωρ τὸ **ζῶν;**

4:50 λέγει αὐτῷ ὁ Ἰησοῦς, Πορεύου, ὁ υἱός σου **ζῇ.**

4:51 ἤδη δὲ αὐτοῦ καταβαίνοντος οἱ δοῦλοι αὐτοῦ ὑπήντησαν αὐτῷ λέγοντες ὅτι ὁ παῖς αὐτοῦ **ζῇ.**

4:53 Ὁ υἱός σου **ζῇ,** καὶ ἐπίστευσεν αὐτὸς καὶ ἡ οἰκία αὐτοῦ ὅλη.

5:25 ἔρχεται ὥρα καὶ νῦν ἐστιν ὅτε οἱ νεκροὶ ἀκούσουσιν τῆς φωνῆς τοῦ υἱοῦ τοῦ θεοῦ καὶ οἱ ἀκούσαντες **ζήσουσιν.**

6:51 ἐγώ εἰμι ὁ ἄρτος ὁ **ζῶν** ὁ ἐκ τοῦ οὐρανοῦ καταβάς· ἐάν τις φάγῃ ἐκ τούτου τοῦ ἄρτου **ζήσει** εἰς τὸν αἰῶνα,

6:57 καθὼς ἀπέστειλέν με ὁ **ζῶν** πατὴρ κἀγὼ **ζῶ** διὰ τὸν πατέρα, καὶ ὁ τρώγων με κἀκεῖνος **ζήσει** δι᾽ ἐμέ.

6:58 ὁ τρώγων τοῦτον τὸν ἄρτον **ζήσει** εἰς τὸν αἰῶνα.

7:38 ποταμοὶ ἐκ τῆς κοιλίας αὐτοῦ ῥεύσουσιν ὕδατος **ζῶντος.**

11:25 Ἐγώ εἰμι ἡ ἀνάστασις καὶ ἡ ζωή· ὁ πιστεύων εἰς ἐμὲ κἂν ἀποθάνῃ **ζήσεται,**

11:26 καὶ πᾶς ὁ **ζῶν** καὶ πιστεύων εἰς ἐμὲ οὐ μὴ ἀποθάνῃ εἰς τὸν αἰῶνα.

14:19 ὑμεῖς δὲ θεωρεῖτέ με, ὅτι ἐγὼ **ζῶ** καὶ ὑμεῖς **ζήσετε.**

Ac 1: 3 οἷς καὶ παρέστησεν ἑαυτὸν **ζῶντα** μετὰ τὸ παθεῖν αὐτὸν ἐν πολλοῖς τεκμηρίοις,

7:38 μετὰ τοῦ ἀγγέλου τοῦ λαλοῦντος αὐτῷ ἐν τῷ ὄρει Σινᾶ καὶ τῶν πατέρων ἡμῶν, ὃς ἐδέξατο λόγια **ζῶντα** δοῦναι ἡμῖν,

9:41 φωνήσας δὲ τοὺς ἁγίους καὶ τὰς χήρας παρέστησεν αὐτὴν **ζῶσαν.**

10:42 κηρύξαι τῷ λαῷ καὶ διαμαρτύρασθαι ὅτι οὗτός ἐστιν ὁ ὡρισμένος ὑπὸ τοῦ θεοῦ κριτὴς **ζώντων** καὶ νεκρῶν.

14:15 καὶ ἡμεῖς ὁμοιοπαθεῖς ἐσμεν ὑμῖν ἄνθρωποι εὐαγγελιζόμενοι ὑμᾶς ἀπὸ τούτων τῶν ματαίων ἐπιστρέφειν ἐπὶ θεὸν **ζῶντα,**

17:28 Ἐν αὐτῷ γὰρ **ζῶμεν** καὶ κινούμεθα καὶ ἐσμέν,

20:12 ἤγαγον δὲ τὸν παῖδα **ζῶντα** καὶ παρεκλήθησαν οὐ μετρίως.

22:22 Αἶρε ἀπὸ τῆς γῆς τὸν τοιοῦτον, οὐ γὰρ καθῆκεν αὐτὸν **ζῆν.**

25:19 περὶ τῆς ἰδίας δεισιδαιμονίας εἶχον πρὸς αὐτὸν καὶ περί τινος Ἰησοῦ τεθνηκότος ὃν ἔφασκεν ὁ Παῦλος **ζῆν.**

25:24 περὶ οὗ ἅπαν τὸ πλῆθος τῶν Ἰουδαίων ἐνέτυχόν μοι ἔν τε Ἱεροσολύμοις καὶ ἐνθάδε βοῶντες μὴ δεῖν αὐτὸν **ζῆν** μηκέτι.

26: 5 ὅτι κατὰ τὴν ἀκριβεστάτην αἵρεσιν τῆς ἡμετέρας θρησκείας **ἔζησα Φαρισαῖος.**

28: 4 Πάντως φονεύς ἐστιν ὁ ἄνθρωπος οὗτος ὃν διασωθέντα ἐκ τῆς θαλάσσης ἡ δίκη **ζῆν** οὐκ εἴασεν.

Ro 1:17 καθὼς γέγραπται, Ὁ δὲ δίκαιος ἐκ πίστεως **ζήσεται.**

6: 2 οἵτινες ἀπεθάνομεν τῇ ἁμαρτίᾳ, πῶς ἔτι **ζήσομεν** ἐν αὐτῇ;

6:10 ὃ γὰρ ἀπέθανεν, τῇ ἁμαρτίᾳ ἀπέθανεν ἐφάπαξ· ὃ δὲ **ζῇ, ζῇ** τῷ θεῷ.

6:11 οὕτως καὶ ὑμεῖς λογίζεσθε ἑαυτοὺς [εἶναι] νεκροὺς μὲν τῇ ἁμαρτίᾳ **ζῶντας** δὲ τῷ θεῷ ἐν Χριστῷ Ἰησοῦ.

6:13 ἀλλὰ παραστήσατε ἑαυτοὺς τῷ θεῷ ὡσεὶ ἐκ νεκρῶν **ζῶντας** καὶ τὰ μέλη ὑμῶν ὅπλα δικαιοσύνης τῷ θεῷ.

7: 1 ὅτι ὁ νόμος κυριεύει τοῦ ἀνθρώπου ἐφ᾽ ὅσον χρόνον **ζῇ;**

7: 2 ἡ γὰρ ὕπανδρος γυνὴ τῷ **ζῶντι** ἀνδρὶ δέδεται νόμῳ·

7: 3 ἄρα οὖν **ζῶντος** τοῦ ἀνδρὸς μοιχαλὶς χρηματίσει ἐὰν γένηται ἀνδρὶ ἑτέρῳ·

7: 9 ἐγὼ δὲ **ἔζων** χωρὶς νόμου ποτέ, ἐλθούσης δὲ τῆς ἐντολῆς ἡ ἁμαρτία ἀνέζησεν,
8:12 ὀφειλέται ἐσμὲν οὐ τῇ σαρκὶ τοῦ κατὰ σάρκα **ζῆν,**
8:13 εἰ γὰρ κατὰ σάρκα **ζῆτε,** μέλλετε ἀποθνῄσκειν· εἰ δὲ πνεύματι τὰς πράξεις τοῦ σώματος θανατοῦτε, **ζήσεσθε.**
9:26 Οὐ λαός μου ὑμεῖς, ἐκεῖ κληθήσονται υἱοὶ θεοῦ **ζῶντος.**
10: 5 Μωϋσῆς γὰρ γράφει τὴν δικαιοσύνην τὴν ἐκ [τοῦ] νόμου ὅτι ὁ ποιήσας αὐτὰ ἄνθρωπος **ζήσεται** ἐν αὐτοῖς.
12: 1 διὰ τῶν οἰκτιρμῶν τοῦ θεοῦ παραστῆσαι τὰ σώματα ὑμῶν θυσίαν **ζῶσαν** ἁγίαν εὐάρεστον τῷ θεῷ,
14: 7 οὐδεὶς γὰρ ἡμῶν ἑαυτῷ **ζῇ** καὶ οὐδεὶς ἑαυτῷ ἀποθνῄσκει·
14: 8 ἐάν τε γὰρ **ζῶμεν,** τῷ κυρίῳ **ζῶμεν,** ἐάν τε ἀποθνῄσκωμεν, τῷ κυρίῳ ἀποθνῄσκομεν. ἐάν τε οὖν **ζῶμεν** ἐάν τε ἀποθνῄσκωμεν, τοῦ κυρίου ἐσμέν.
14: 9 εἰς τοῦτο γὰρ Χριστὸς ἀπέθανεν καὶ **ἔζησεν,** ἵνα καὶ νεκρῶν καὶ **ζώντων** κυριεύσῃ.
14:11 γέγραπται γάρ, **Ζῶ** ἐγώ, λέγει κύριος, ὅτι ἐμοὶ κάμψει πᾶν γόνυ καὶ πᾶσα γλῶσσα ἐξομολογήσεται τῷ θεῷ.
1Co 7:39 Γυνὴ δέδεται ἐφ' ὅσον χρόνον **ζῇ** ὁ ἀνὴρ αὐτῆς·
9:14 οὕτως καὶ ὁ κύριος διέταξεν τοῖς τὸ εὐαγγέλιον καταγγέλλουσιν ἐκ τοῦ εὐαγγελίου **ζῆν.**
15:45 Ἐγένετο ὁ πρῶτος ἄνθρωπος Ἀδὰμ εἰς ψυχὴν **ζῶσαν,**
2Co 1: 8 ὅτι καθ' ὑπερβολὴν ὑπὲρ δύναμιν ἐβαρήθημεν ὥστε ἐξαπορηθῆναι ἡμᾶς καὶ τοῦ **ζῆν·**
3: 3 φανερούμενοι ὅτι ἐστὲ ἐπιστολὴ Χριστοῦ διακονηθεῖσα ὑφ' ἡμῶν, ἐγγεγραμμένη οὐ μέλανι ἀλλὰ πνεύματι θεοῦ **ζῶντος,**
4:11 ἀεὶ γὰρ ἡμεῖς οἱ **ζῶντες** εἰς θάνατον παραδιδόμεθα διὰ Ἰησοῦν,
5:15 ἵνα οἱ **ζῶντες** μηκέτι ἑαυτοῖς **ζῶσιν** ἀλλὰ τῷ ὑπὲρ αὐτῶν ἀποθανόντι καὶ ἐγερθέντι.
6: 9 ὡς ἀγνοούμενοι καὶ ἐπιγινωσκόμενοι, ὡς ἀποθνῄσκοντες καὶ ἰδοὺ **ζῶμεν,**
6:16 ἡμεῖς γὰρ ναὸς θεοῦ ἐσμεν **ζῶντος,** καθὼς εἶπεν ὁ θεὸς ὅτι Ἐνοικήσω ἐν αὐτοῖς καὶ ἐμπεριπατήσω καὶ ἔσομαι αὐτῶν θεὸς καὶ αὐτοὶ ἔσονταί μου λαός.
13: 4 καὶ γὰρ ἐσταυρώθη ἐξ ἀσθενείας, ἀλλὰ **ζῇ** ἐκ δυνάμεως θεοῦ. καὶ γὰρ ἡμεῖς ἀσθενοῦμεν ἐν αὐτῷ, ἀλλὰ **ζήσομεν** σὺν αὐτῷ ἐκ δυνάμεως θεοῦ εἰς ὑμᾶς.
Gal 2:14 Εἰ σὺ Ἰουδαῖος ὑπάρχων ἐθνικῶς καὶ οὐχὶ Ἰουδαϊκῶς **ζῇς,**
2:19 ἐγὼ γὰρ διὰ νόμου νόμῳ ἀπέθανον, ἵνα θεῷ **ζήσω.**
2:20 **ζῶ** δὲ οὐκέτι ἐγώ, **ζῇ** δὲ ἐν ἐμοὶ Χριστός· ὃ δὲ νῦν **ζῶ** ἐν σαρκί, ἐν πίστει **ζῶ** τῇ τοῦ υἱοῦ τοῦ θεοῦ τοῦ ἀγαπήσαντός με καὶ παραδόντος ἑαυτὸν ὑπὲρ ἐμοῦ.
3:11 ὅτι δὲ ἐν νόμῳ οὐδεὶς δικαιοῦται παρὰ τῷ θεῷ δῆλον, ὅτι Ὁ δίκαιος ἐκ πίστεως **ζήσεται·**
3:12 ὁ δὲ νόμος οὐκ ἔστιν ἐκ πίστεως, ἀλλ' Ὁ ποιήσας αὐτὰ **ζήσεται** ἐν αὐτοῖς.
5:25 εἰ **ζῶμεν** πνεύματι, πνεύματι καὶ στοιχῶμεν.
Php 1:21 ἐμοὶ γὰρ τὸ **ζῆν** Χριστὸς καὶ τὸ ἀποθανεῖν κέρδος.
1:22 εἰ δὲ τὸ **ζῆν** ἐν σαρκί, τοῦτό μοι καρπὸς ἔργου,
Col 2:20 Εἰ ἀπεθάνετε σὺν Χριστῷ ἀπὸ τῶν στοιχείων τοῦ κόσμου, τί ὡς **ζῶντες** ἐν κόσμῳ δογματίζεσθε;
3: 7 ἐν οἷς καὶ ὑμεῖς περιεπατήσατέ ποτε, ὅτε **ἐζῆτε** ἐν τούτοις·
1Th 1: 9 καὶ πῶς ἐπεστρέψατε πρὸς τὸν θεὸν ἀπὸ τῶν εἰδώλων δουλεύειν θεῷ **ζῶντι** καὶ ἀληθινῷ
3: 8 ὅτι νῦν **ζῶμεν** ἐὰν ὑμεῖς στήκετε ἐν κυρίῳ.
4:15 ὅτι ἡμεῖς οἱ **ζῶντες** οἱ περιλειπόμενοι εἰς τὴν παρουσίαν τοῦ κυρίου οὐ μὴ φθάσωμεν τοὺς κοιμηθέντας·
4:17 ἔπειτα ἡμεῖς οἱ **ζῶντες** οἱ περιλειπόμενοι ἅμα σὺν αὐτοῖς ἁρπαγησόμεθα ἐν νεφέλαις εἰς ἀπάντησιν τοῦ κυρίου εἰς ἀέρα·
5:10 ἵνα εἴτε γρηγορῶμεν εἴτε καθεύδωμεν ἅμα σὺν αὐτῷ **ζήσωμεν.**
1Ti 3:15 ἥτις ἐστὶν ἐκκλησία θεοῦ **ζῶντος,** στῦλος καὶ ἑδραίωμα τῆς ἀληθείας.
4:10 εἰς τοῦτο γὰρ κοπιῶμεν καὶ ἀγωνιζόμεθα, ὅτι ἠλπίκαμεν ἐπὶ θεῷ **ζῶντι,**
5: 6 ἡ δὲ σπαταλῶσα **ζῶσα** τέθνηκεν.
2Ti 3:12 καὶ πάντες δὲ οἱ θέλοντες εὐσεβῶς **ζῆν** ἐν Χριστῷ Ἰησοῦ διωχθήσονται.
4: 1 Διαμαρτύρομαι ἐνώπιον τοῦ θεοῦ καὶ Χριστοῦ Ἰησοῦ τοῦ μέλλοντος κρίνειν **ζῶντας** καὶ νεκρούς,
Tit 2:12 ἵνα ἀρνησάμενοι τὴν ἀσέβειαν καὶ τὰς κοσμικὰς ἐπιθυμίας σωφρόνως καὶ δικαίως καὶ εὐσεβῶς **ζήσωμεν** ἐν τῷ νῦν αἰῶνι,
Heb 2:15 ὅσοι φόβῳ θανάτου διὰ παντὸς τοῦ **ζῆν** ἔνοχοι ἦσαν δουλείας.
3:12 μήποτε ἔσται ἔν τινι ὑμῶν καρδία πονηρὰ ἀπιστίας ἐν τῷ ἀποστῆναι ἀπὸ θεοῦ **ζῶντος,**
4:12 **Ζῶν** γὰρ ὁ λόγος τοῦ θεοῦ καὶ ἐνεργὴς καὶ τομώτερος ὑπὲρ πᾶσαν μάχαιραν δίστομον καὶ διϊκνούμενος ἄχρι μερισμοῦ ψυχῆς καὶ πνεύματος,
7: 8 καὶ ὧδε μὲν δεκάτας ἀποθνῄσκοντες ἄνθρωποι λαμβάνουσιν, ἐκεῖ δὲ μαρτυρούμενος ὅτι **ζῇ.**
7:25 σῴζειν εἰς τὸ παντελὲς δύναται τοὺς προσερχομένους δι' αὐτοῦ τῷ θεῷ, πάντοτε **ζῶν** εἰς τὸ ἐντυγχάνειν ὑπὲρ αὐτῶν.
9:14 καθαριεῖ τὴν συνείδησιν ἡμῶν ἀπὸ νεκρῶν ἔργων εἰς τὸ λατρεύειν θεῷ **ζῶντι.**
9:17 διαθήκη γὰρ ἐπὶ νεκροῖς βεβαία, ἐπεὶ μήποτε ἰσχύει ὅτε **ζῇ** ὁ διαθέμενος.
10:20 ἣν ἐνεκαίνισεν ἡμῖν ὁδὸν πρόσφατον καὶ **ζῶσαν** διὰ τοῦ καταπετάσματος,
10:31 φοβερὸν τὸ ἐμπεσεῖν εἰς χεῖρας θεοῦ **ζῶντος.**
10:38 ὁ δὲ δίκαιός μου ἐκ πίστεως **ζήσεται,** καὶ ἐὰν ὑποστείληται,
12: 9 οὐ πολὺ [δὲ] μᾶλλον ὑποταγησόμεθα τῷ πατρὶ τῶν πνευμάτων καὶ **ζήσομεν;**
12:22 ἀλλὰ προσεληλύθατε Σιὼν ὄρει καὶ πόλει θεοῦ **ζῶντος,**
Jas 4:15 Ἐὰν ὁ κύριος θελήσῃ καὶ **ζήσομεν** καὶ ποιήσομεν τοῦτο ἢ ἐκεῖνο.
1Pe 1: 3 ὁ κατὰ τὸ πολὺ αὐτοῦ ἔλεος ἀναγεννήσας ἡμᾶς εἰς ἐλπίδα **ζῶσαν** δι' ἀναστάσεως Ἰησοῦ Χριστοῦ ἐκ νεκρῶν,
1:23 ἀναγεγεννημένοι οὐκ ἐκ σπορᾶς φθαρτῆς ἀλλὰ ἀφθάρτου διὰ λόγου **ζῶντος** θεοῦ καὶ μένοντος.
2: 4 πρὸς ὃν προσερχόμενοι λίθον **ζῶντα** ὑπὸ ἀνθρώπων μὲν ἀποδεδοκιμασμένον παρὰ δὲ θεῷ ἐκλεκτὸν ἔντιμον,
2: 5 καὶ αὐτοὶ ὡς λίθοι **ζῶντες** οἰκοδομεῖσθε οἶκος πνευματικὸς εἰς ἱεράτευμα ἅγιον ἀνενέγκαι πνευματικὰς θυσίας
2:24 ἵνα ταῖς ἁμαρτίαις ἀπογενόμενοι τῇ δικαιοσύνῃ **ζήσωμεν,** οὗ τῷ μώλωπι ἰάθητε.
4: 5 οἳ ἀποδώσουσιν λόγον τῷ ἑτοίμως ἔχοντι κρῖναι **ζῶντας** καὶ νεκρούς.
4: 6 ἵνα κριθῶσι μὲν κατὰ ἀνθρώπους σαρκὶ **ζῶσι** δὲ κατὰ θεὸν πνεύματι.
1Jn 4: 9 ὅτι τὸν υἱὸν αὐτοῦ τὸν μονογενῆ ἀπέσταλκεν ὁ θεὸς εἰς τὸν κόσμον ἵνα **ζήσωμεν** δι' αὐτοῦ.
Rev 1:18 ὁ **ζῶν,** καὶ ἐγενόμην νεκρὸς καὶ ἰδοὺ **ζῶν** εἰμι εἰς τοὺς αἰῶνας τῶν αἰώνων καὶ ἔχω τὰς κλεῖς τοῦ θανάτου καὶ τοῦ ᾅδου.
2: 8 Τάδε λέγει ὁ πρῶτος καὶ ὁ ἔσχατος, ὃς ἐγένετο νεκρὸς καὶ **ἔζησεν·**
3: 1 Οἶδά σου τὰ ἔργα ὅτι ὄνομα ἔχεις ὅτι **ζῇς,**
4: 9 καὶ ὅταν δώσουσιν τὰ ζῷα δόξαν καὶ τιμὴν καὶ εὐχαριστίαν τῷ καθημένῳ ἐπὶ τῷ θρόνῳ τῷ **ζῶντι** εἰς τοὺς αἰῶνας τῶν αἰώνων,
4:10 καὶ προσκυνήσουσιν τῷ **ζῶντι** εἰς τοὺς αἰῶνας τῶν αἰώνων καὶ βαλοῦσιν τοὺς στεφάνους αὐτῶν ἐνώπιον τοῦ θρόνου λέγοντες,
7: 2 καὶ εἶδον ἄλλον ἄγγελον ἀναβαίνοντα ἀπὸ ἀνατολῆς ἡλίου ἔχοντα σφραγῖδα θεοῦ **ζῶντος,**
10: 6 καὶ ὤμοσεν ἐν τῷ **ζῶντι** εἰς τοὺς αἰῶνας τῶν αἰώνων,
13:14 ὃς ἔχει τὴν πληγὴν τῆς μαχαίρης καὶ **ἔζησεν.**
15: 7 ἔδωκεν τοῖς ἑπτὰ ἀγγέλοις ἑπτὰ φιάλας χρυσᾶς γεμούσας τοῦ θυμοῦ τοῦ θεοῦ τοῦ **ζῶντος** εἰς τοὺς αἰῶνας τῶν αἰώνων.
19:20 **ζῶντες** ἐβλήθησαν οἱ δύο εἰς τὴν λίμνην τοῦ πυρὸς τῆς καιομένης ἐν θείῳ.
20: 4 καὶ **ἔζησαν** καὶ ἐβασίλευσαν μετὰ τοῦ Χριστοῦ χίλια ἔτη.
20: 5 οἱ λοιποὶ τῶν νεκρῶν οὐκ **ἔζησαν** ἄχρι τελεσθῇ τὰ χίλια ἔτη.

2410 ζβέννυμι Not used in UBS/NIV

√ *4931*

2411 Ζεβεδαῖος [12]

Mt 4:21 Ἰάκωβον τὸν τοῦ **Ζεβεδαίου** καὶ Ἰωάννην τὸν ἀδελφὸν αὐτοῦ, ἐν τῷ πλοίῳ μετὰ **Ζεβεδαίου** τοῦ πατρὸς αὐτῶν
10: 2 καὶ Ἰάκωβος ὁ τοῦ **Ζεβεδαίου** καὶ Ἰωάννης ὁ ἀδελφὸς αὐτοῦ,
20:20 Τότε προσῆλθεν αὐτῷ ἡ μήτηρ τῶν υἱῶν **Ζεβεδαίου** μετὰ τῶν υἱῶν αὐτῆς προσκυνοῦσα καὶ αἰτοῦσά τι ἀπ' αὐτοῦ.
26:37 καὶ παραλαβὼν τὸν Πέτρον καὶ τοὺς δύο υἱοὺς **Ζεβεδαίου** ἤρξατο λυπεῖσθαι καὶ ἀδημονεῖν.
27:56 ἐν αἷς ἦν Μαρία ἡ Μαγδαληνὴ καὶ Μαρία ἡ τοῦ Ἰακώβου καὶ Ἰωσὴφ μήτηρ καὶ ἡ μήτηρ τῶν υἱῶν **Ζεβεδαίου.**
Mk 1:19 Καὶ προβὰς ὀλίγον εἶδεν Ἰάκωβον τὸν τοῦ **Ζεβεδαίου** καὶ Ἰωάννην τὸν ἀδελφὸν αὐτοῦ καὶ αὐτοὺς ἐν τῷ πλοίῳ
1:20 καὶ ἀφέντες τὸν πατέρα αὐτῶν **Ζεβεδαῖον** ἐν τῷ πλοίῳ μετὰ τῶν μισθωτῶν ἀπῆλθον ὀπίσω αὐτοῦ.
3:17 καὶ Ἰάκωβον τὸν τοῦ **Ζεβεδαίου** καὶ Ἰωάννην τὸν ἀδελφὸν τοῦ Ἰακώβου καὶ ἐπέθηκεν αὐτοῖς ὀνόμα[τα] Βοανηργές,

10:35 Καὶ προσπορεύονται αὐτῷ Ἰάκωβος καὶ Ἰωάννης οἱ υἱοὶ **Ζεβεδαίου** λέγοντες αὐτῷ,
Lk 5:10 ὁμοίως δὲ καὶ Ἰάκωβον καὶ Ἰωάννην υἱοὺς **Ζεβεδαίου,**
Jn 21: 2 ἦσαν ὁμοῦ Σίμων Πέτρος καὶ Θωμᾶς ὁ λεγόμενος Δίδυμος καὶ Ναθαναὴλ ὁ ἀπὸ Κανὰ τῆς Γαλιλαίας καὶ οἱ τοῦ **Ζεβεδαίου**

2412 ζεστός [3]

√ *2417*

Rev 3:15 Οἶδά σου τὰ ἔργα ὅτι οὔτε ψυχρὸς εἶ οὔτε **ζεστός.** ὄφελον ψυχρὸς ἦς ἢ **ζεστός.**
3:16 οὕτως ὅτι χλιαρὸς εἶ καὶ οὔτε **ζεστὸς** οὔτε ψυχρός,

2413 ζεύγνυμι Not used in UBS/NIV

→ *2282, 2414, 2415, 2433, 5183, 5187, 5689*

2414 ζεῦγος [2]

√ *2413*

Lk 2:24 καὶ τοῦ δοῦναι θυσίαν κατὰ τὸ εἰρημένον ἐν τῷ νόμῳ κυρίου, **ζεῦγος** τρυγόνων ἢ δύο νοσσοὺς περιστερῶν.
14:19 **Ζεύγη** βοῶν ἠγόρασα πέντε καὶ πορεύομαι δοκιμάσαι αὐτά·

2415 ζευκτηρία [1]

√ *2413*

Ac 27:40 ἅμα ἀνέντες τὰς **ζευκτηρίας** τῶν πηδαλίων καὶ ἐπάραντες τὸν ἀρτέμωνα τῇ πνεούσῃ κατεῖχον εἰς τὸν αἰγιαλόν.

2416 Ζεύς [2]

→ *1479, 1483, 1485, 2304, 2424, 2425*

Ac 14:12 ἐκάλουν τε τὸν Βαρναβᾶν **Δία,** τὸν δὲ Παῦλον Ἑρμῆν,
14:13 ὅ τε ἱερεὺς τοῦ **Διὸς** τοῦ ὄντος πρὸ τῆς πόλεως ταύρους καὶ στέμματα ἐπὶ τοὺς πυλῶνας ἐνέγκας σὺν τοῖς ὄχλοις

2417 ζέω [2]

→ *2412; cf. 2419, 2434*

Ac 18:25 οὗτος ἦν κατηχημένος τὴν ὁδὸν τοῦ κυρίου καὶ **ζέων** τῷ πνεύματι ἐλάλει καὶ ἐδίδασκεν ἀκριβῶς τὰ περὶ τοῦ Ἰησοῦ,
Ro 12:11 τῇ σπουδῇ μὴ ὀκνηροί, τῷ πνεύματι **ζέοντες,** τῷ κυρίῳ δουλεύοντες,

2418 ζηλεύω [1]

√ *2419*

Rev 3:19 ἐγὼ ὅσους ἐὰν φιλῶ ἐλέγχω καὶ παιδεύω· **ζήλευε** οὖν καὶ μετανόησον.

2419 ζῆλος [16]

→ *2418, 2420, 2421, 4143; cf. 2417*

Jn 2:17 Ἐμνήσθησαν οἱ μαθηταὶ αὐτοῦ ὅτι γεγραμμένον ἐστίν, Ὁ **ζῆλος** τοῦ οἴκου σου καταφάγεταί με.
Ac 5:17 Ἀναστὰς δὲ ὁ ἀρχιερεὺς καὶ πάντες οἱ σὺν αὐτῷ, ἡ οὖσα αἵρεσις τῶν Σαδδουκαίων, ἐπλήσθησαν **ζήλου**
13:45 ἰδόντες δὲ οἱ Ἰουδαῖοι τοὺς ὄχλους ἐπλήσθησαν **ζήλου** καὶ ἀντέλεγον τοῖς ὑπὸ Παύλου λαλουμένοις βλασφημοῦντες.
Ro 10: 2 μαρτυρῶ γὰρ αὐτοῖς ὅτι **ζῆλον** θεοῦ ἔχουσιν ἀλλ' οὐ κατ' ἐπίγνωσιν·
13:13 μὴ κοίταις καὶ ἀσελγείαις, μὴ ἔριδι καὶ **ζήλῳ,**
1Co 3: 3 ὅπου γὰρ ἐν ὑμῖν **ζῆλος** καὶ ἔρις, οὐχὶ σαρκικοί ἐστε καὶ κατὰ ἄνθρωπον περιπατεῖτε;
2Co 7: 7 τὸν ὑμῶν **ζῆλον** ὑπὲρ ἐμοῦ ὥστε με μᾶλλον χαρῆναι.
7:11 ἀλλὰ φόβον, ἀλλὰ ἐπιπόθησιν, ἀλλὰ **ζῆλον,** ἀλλὰ ἐκδίκησιν.
9: 2 ὅτι Ἀχαΐα παρεσκεύασται ἀπὸ πέρυσι, καὶ τὸ ὑμῶν **ζῆλος** ἠρέθισεν τοὺς πλείονας.
11: 2 ζηλῶ γὰρ ὑμᾶς θεοῦ **ζήλῳ,** ἡρμοσάμην γὰρ ὑμᾶς ἑνὶ ἀνδρὶ παρθένον ἁγνὴν παραστῆσαι τῷ Χριστῷ·
12:20 μή πως ἔρις, **ζῆλος,** θυμοί, ἐριθεῖαι, καταλαλιαί, ψιθυρισμοί, φυσιώσεις, ἀκαταστασίαι·
Gal 5:20 φαρμακεία, ἔχθραι, ἔρις, **ζῆλος,** θυμοί, ἐριθεῖαι, διχοστασίαι, αἱρέσεις,
Php 3: 6 κατὰ **ζῆλος** διώκων τὴν ἐκκλησίαν, κατὰ δικαιοσύνην τὴν ἐν νόμῳ γενόμενος ἄμεμπτος.
Heb 10:27 φοβερὰ δέ τις ἐκδοχὴ κρίσεως καὶ πυρὸς **ζῆλος** ἐσθίειν μέλλοντος τοὺς ὑπεναντίους.
Jas 3:14 εἰ δὲ **ζῆλον** πικρὸν ἔχετε καὶ ἐριθείαν ἐν τῇ καρδίᾳ ὑμῶν,
3:16 ὅπου γὰρ **ζῆλος** καὶ ἐριθεία, ἐκεῖ ἀκαταστασία καὶ πᾶν φαῦλον πρᾶγμα.

2420 ζηλόω [11]

√ *2419*

Ac 7: 9 Καὶ οἱ πατριάρχαι **ζηλώσαντες** τὸν Ἰωσὴφ ἀπέδοντο εἰς Αἴγυπτον.
17: 5 **Ζηλώσαντες** δὲ οἱ Ἰουδαῖοι καὶ προσλαβόμενοι τῶν ἀγοραίων ἄνδρας τινὰς πονηροὺς καὶ ὀχλοποιήσαντες ἐθορύβουν
1Co 12:31 **ζηλοῦτε** δὲ τὰ χαρίσματα τὰ μείζονα. Καὶ ἔτι καθ' ὑπερβολὴν ὁδὸν ὑμῖν δείκνυμι.
13: 4 Ἡ ἀγάπη μακροθυμεῖ, χρηστεύεται ἡ ἀγάπη, οὐ **ζηλοῖ,**
14: 1 Διώκετε τὴν ἀγάπην, **ζηλοῦτε** δὲ τὰ πνευματικά, μᾶλλον δὲ ἵνα προφητεύητε.
14:39 **ζηλοῦτε** τὸ προφητεύειν καὶ τὸ λαλεῖν μὴ κωλύετε γλώσσαις·
2Co 11: 2 **ζηλῶ** γὰρ ὑμᾶς θεοῦ ζήλῳ, ἡρμοσάμην γὰρ ὑμᾶς ἑνὶ ἀνδρὶ παρθένον ἁγνὴν παραστῆσαι τῷ Χριστῷ·
Gal 4:17 **ζηλοῦσιν** ὑμᾶς οὐ καλῶς, ἀλλὰ ἐκκλεῖσαι ὑμᾶς θέλουσιν, ἵνα αὐτοὺς **ζηλοῦτε·**
4:18 καλὸν δὲ **ζηλοῦσθαι** ἐν καλῷ πάντοτε καὶ μὴ μόνον ἐν τῷ παρεῖναί με πρὸς ὑμᾶς.
Jas 4: 2 φονεύετε καὶ **ζηλοῦτε** καὶ οὐ δύνασθε ἐπιτυχεῖν, μάχεσθε καὶ πολεμεῖτε,

2421 ζηλωτής [8]

√ *2419*

Lk 6:15 καὶ Μαθθαῖον καὶ Θωμᾶν καὶ Ἰάκωβον Ἁλφαίου καὶ Σίμωνα τὸν καλούμενον **Ζηλωτὴν**
Ac 1:13 Ἰάκωβος Ἁλφαίου καὶ Σίμων ὁ **ζηλωτὴς** καὶ Ἰούδας Ἰακώβου.
21:20 πόσαι μυριάδες εἰσὶν ἐν τοῖς Ἰουδαίοις τῶν πεπιστευκότων καὶ πάντες **ζηλωταὶ** τοῦ νόμου ὑπάρχουσιν·
22: 3 **ζηλωτὴς** ὑπάρχων τοῦ θεοῦ καθὼς πάντες ὑμεῖς ἐστε σήμερον·
1Co 14:12 οὕτως καὶ ὑμεῖς, ἐπεὶ **ζηλωταί** ἐστε πνευμάτων, πρὸς τὴν οἰκοδομὴν τῆς ἐκκλησίας ζητεῖτε ἵνα περισσεύητε.
Gal 1:14 καὶ προέκοπτον ἐν τῷ Ἰουδαϊσμῷ ὑπὲρ πολλοὺς συνηλικιώτας ἐν τῷ γένει μου, περισσοτέρως **ζηλωτὴς** ὑπάρχων τῶν πατρικῶν μου παραδόσεων.
Tit 2:14 ἵνα λυτρώσηται ἡμᾶς ἀπὸ πάσης ἀνομίας καὶ καθαρίσῃ ἑαυτῷ λαὸν περιούσιον, **ζηλωτὴν** καλῶν ἔργων.
1Pe 3:13 Καὶ τίς ὁ κακώσων ὑμᾶς ἐὰν τοῦ ἀγαθοῦ **ζηλωταὶ** γένησθε;

2422 ζημία [4]

→ *2423*

Ac 27:10 θεωρῶ ὅτι μετὰ ὕβρεως καὶ πολλῆς **ζημίας** οὐ μόνον τοῦ φορτίου καὶ τοῦ πλοίου ἀλλὰ καὶ τῶν ψυχῶν ἡμῶν
27:21 πειθαρχήσαντάς μοι μὴ ἀνάγεσθαι ἀπὸ τῆς Κρήτης κερδῆσαί τε τὴν ὕβριν ταύτην καὶ τὴν **ζημίαν.**
Php 3: 7 [ἀλλὰ] ἅτινα ἦν μοι κέρδη, ταῦτα ἥγημαι διὰ τὸν Χριστὸν **ζημίαν.**
3: 8 ἀλλὰ μενοῦνγε καὶ ἡγοῦμαι πάντα **ζημίαν** εἶναι διὰ τὸ ὑπερέχον τῆς γνώσεως Χριστοῦ Ἰησοῦ τοῦ κυρίου μου,

2423 ζημιόω [6]

√ *2422*

Mt 16:26 τί γὰρ ὠφεληθήσεται ἄνθρωπος ἐὰν τὸν κόσμον ὅλον κερδήσῃ τὴν δὲ ψυχὴν αὐτοῦ **ζημιωθῇ;**
Mk 8:36 τί γὰρ ὠφελεῖ ἄνθρωπον κερδῆσαι τὸν κόσμον ὅλον καὶ **ζημιωθῆναι** τὴν ψυχὴν αὐτοῦ;
Lk 9:25 τί γὰρ ὠφελεῖται ἄνθρωπος κερδήσας τὸν κόσμον ὅλον ἑαυτὸν δὲ ἀπολέσας ἢ **ζημιωθείς;**
1Co 3:15 **ζημιωθήσεται,** αὐτὸς δὲ σωθήσεται, οὕτως δὲ ὡς διὰ πυρός.
2Co 7: 9 ἐλυπήθητε γὰρ κατὰ θεόν, ἵνα ἐν μηδενὶ **ζημιωθῆτε** ἐξ ἡμῶν.
Php 3: 8 δι' ὃν τὰ πάντα **ἐζημιώθην,** καὶ ἡγοῦμαι σκύβαλα,

2424 Ζηνᾶς [1]

√ *2416*

Tit 3:13 **Ζηνᾶν** τὸν νομικὸν καὶ Ἀπολλῶν σπουδαίως πρόπεμψον, ἵνα μηδὲν αὐτοῖς λείπῃ.

2425 Ζήνων Not used in UBS/NIV

√ *2416*

2426 ζητέω [117]

→ *349, 1699, 1700, 2118, 2427, 2428, 5184, 5185, 5186*

seq. **ἵνα** [3] Mt 26:16; 1Co 4:2; 14:12

ζητεῖν τὸν θεὸν [1] Ac 17:27

ζητέω περί [1] Jn 16:19

ζητέω πῶς [5] Mk 11:18; 14:1,11; Lk 22:2; Jn 5:44

Mt 2:13 μέλλει γὰρ Ἡρῴδης **ζητεῖν** τὸ παιδίον τοῦ ἀπολέσαι αὐτό.
2:20 τεθνήκασιν γὰρ οἱ **ζητοῦντες** τὴν ψυχὴν τοῦ παιδίου.
6:33 **ζητεῖτε** δὲ πρῶτον τὴν βασιλείαν [τοῦ θεοῦ] καὶ τὴν δικαιοσύνην αὐτοῦ,
7: 7 Αἰτεῖτε καὶ δοθήσεται ὑμῖν, **ζητεῖτε** καὶ εὑρήσετε, κρούετε καὶ ἀνοιγήσεται ὑμῖν·
7: 8 πᾶς γὰρ ὁ αἰτῶν λαμβάνει καὶ ὁ **ζητῶν** εὑρίσκει καὶ τῷ κρούοντι ἀνοιγήσεται.
12:43 διέρχεται δι' ἀνύδρων τόπων **ζητοῦν** ἀνάπαυσιν καὶ οὐχ εὑρίσκει.
12:46 Ἔτι αὐτοῦ λαλοῦντος τοῖς ὄχλοις ἰδοὺ ἡ μήτηρ καὶ οἱ ἀδελφοὶ αὐτοῦ εἱστήκεισαν ἔξω **ζητοῦντες** αὐτῷ λαλῆσαι.
12:47 [Ἰδοὺ ἡ μήτηρ σου καὶ οἱ ἀδελφοί σου ἔξω ἑστήκασιν **ζητοῦντές** σοι λαλῆσαι.]
13:45 Πάλιν ὁμοία ἐστὶν ἡ βασιλεία τῶν οὐρανῶν ἀνθρώπῳ ἐμπόρῳ **ζητοῦντι** καλοὺς μαργαρίτας·
18:12 οὐχὶ ἀφήσει τὰ ἐνενήκοντα ἐννέα ἐπὶ τὰ ὄρη καὶ πορευθεὶς **ζητεῖ** τὸ πλανώμενον;
21:46 καὶ **ζητοῦντες** αὐτὸν κρατῆσαι ἐφοβήθησαν τοὺς ὄχλους, ἐπεὶ εἰς προφήτην αὐτὸν εἶχον.
26:16 καὶ ἀπὸ τότε **ἐζήτει** εὐκαιρίαν ἵνα αὐτὸν παραδῷ.
26:59 οἱ δὲ ἀρχιερεῖς καὶ τὸ συνέδριον ὅλον **ἐζήτουν** ψευδομαρτυρίαν κατὰ τοῦ Ἰησοῦ ὅπως αὐτὸν θανατώσωσιν,
28: 5 Μὴ φοβεῖσθε ὑμεῖς, οἶδα γὰρ ὅτι Ἰησοῦν τὸν ἐσταυρωμένον **ζητεῖτε·**

Mk 1:37 καὶ εὗρον αὐτὸν καὶ λέγουσιν αὐτῷ ὅτι Πάντες **ζητοῦσίν** σε.
3:32 Ἰδοὺ ἡ μήτηρ σου καὶ οἱ ἀδελφοί σου [καὶ αἱ ἀδελφαί σου] ἔξω **ζητοῦσίν** σε.
8:11 **ζητοῦντες** παρ' αὐτοῦ σημεῖον ἀπὸ τοῦ οὐρανοῦ, πειράζοντες αὐτόν.
8:12 καὶ ἀναστενάξας τῷ πνεύματι αὐτοῦ λέγει, Τί ἡ γενεὰ αὕτη **ζητεῖ** σημεῖον;
11:18 καὶ ἤκουσαν οἱ ἀρχιερεῖς καὶ οἱ γραμματεῖς καὶ **ἐζήτουν** πῶς αὐτὸν ἀπολέσωσιν·
12:12 Καὶ **ἐζήτουν** αὐτὸν κρατῆσαι, καὶ ἐφοβήθησαν τὸν ὄχλον,
14: 1 καὶ **ἐζήτουν** οἱ ἀρχιερεῖς καὶ οἱ γραμματεῖς πῶς αὐτὸν ἐν δόλῳ κρατήσαντες ἀποκτείνωσιν·
14:11 οἱ δὲ ἀκούσαντες ἐχάρησαν καὶ ἐπηγγείλαντο αὐτῷ ἀργύριον δοῦναι. καὶ **ἐζήτει** πῶς αὐτὸν εὐκαίρως παραδοῖ.
14:55 οἱ δὲ ἀρχιερεῖς καὶ ὅλον τὸ συνέδριον **ἐζήτουν** κατὰ τοῦ Ἰησοῦ μαρτυρίαν εἰς τὸ θανατῶσαι αὐτόν,
16: 6 Ἰησοῦν **ζητεῖτε** τὸν Ναζαρηνὸν τὸν ἐσταυρωμένον· ἠγέρθη, οὐκ ἔστιν ὧδε·

Lk 2:48 ἰδοὺ ὁ πατήρ σου κἀγὼ ὀδυνώμενοι **ἐζητοῦμέν** σε.
2:49 καὶ εἶπεν πρὸς αὐτούς, Τί ὅτι **ἐζητεῖτέ** με;
5:18 φέροντες ἐπὶ κλίνης ἄνθρωπον ὃς ἦν παραλελυμένος καὶ **ἐζήτουν** αὐτὸν εἰσενεγκεῖν καὶ θεῖναι [αὐτὸν] ἐνώπιον αὐτοῦ.
6:19 καὶ πᾶς ὁ ὄχλος **ἐζήτουν** ἅπτεσθαι αὐτοῦ, ὅτι δύναμις παρ' αὐτοῦ ἐξήρχετο καὶ ἰᾶτο πάντας.
9: 9 τίς δέ ἐστιν οὗτος περὶ οὗ ἀκούω τοιαῦτα; καὶ **ἐζήτει** ἰδεῖν αὐτόν.
11: 9 αἰτεῖτε καὶ δοθήσεται ὑμῖν, **ζητεῖτε** καὶ εὑρήσετε, κρούετε καὶ ἀνοιγήσεται ὑμῖν·
11:10 πᾶς γὰρ ὁ αἰτῶν λαμβάνει καὶ ὁ **ζητῶν** εὑρίσκει καὶ τῷ κρούοντι ἀνοιγ[ήσ]εται.
11:16 ἕτεροι δὲ πειράζοντες σημεῖον ἐξ οὐρανοῦ **ἐζήτουν** παρ' αὐτοῦ.
11:24 διέρχεται δι' ἀνύδρων τόπων **ζητοῦν** ἀνάπαυσιν καὶ μὴ εὑρίσκον·
11:29 σημεῖον **ζητεῖ,** καὶ σημεῖον οὐ δοθήσεται αὐτῇ εἰ μὴ τὸ σημεῖον Ἰωνᾶ.
12:29 καὶ ὑμεῖς μὴ **ζητεῖτε** τί φάγητε καὶ τί πίητε καὶ μὴ μετεωρίζεσθε·
12:31 πλὴν **ζητεῖτε** τὴν βασιλείαν αὐτοῦ, καὶ ταῦτα προστεθήσεται ὑμῖν.
12:48 πολὺ **ζητηθήσεται** παρ' αὐτοῦ, καὶ ᾧ παρέθεντο πολύ,
13: 6 καὶ ἦλθεν **ζητῶν** καρπὸν ἐν αὐτῇ καὶ οὐχ εὗρεν.
13: 7 Ἰδοὺ τρία ἔτη ἀφ' οὗ ἔρχομαι **ζητῶν** καρπὸν ἐν τῇ συκῇ ταύτῃ καὶ οὐχ εὑρίσκω·
13:24 ὅτι πολλοί, λέγω ὑμῖν, **ζητήσουσιν** εἰσελθεῖν καὶ οὐκ ἰσχύσουσιν.
15: 8 οὐχὶ ἅπτει λύχνον καὶ σαροῖ τὴν οἰκίαν καὶ **ζητεῖ** ἐπιμελῶς ἕως οὗ εὕρῃ;
17:33 ὃς ἐὰν **ζητήσῃ** τὴν ψυχὴν αὐτοῦ περιποιήσασθαι ἀπολέσει αὐτήν,
19: 3 καὶ **ἐζήτει** ἰδεῖν τὸν Ἰησοῦν τίς ἐστιν καὶ οὐκ ἠδύνατο ἀπὸ τοῦ ὄχλου,
19:10 ἦλθεν γὰρ ὁ υἱὸς τοῦ ἀνθρώπου **ζητῆσαι** καὶ σῶσαι τὸ ἀπολωλός.
19:47 οἱ δὲ ἀρχιερεῖς καὶ οἱ γραμματεῖς **ἐζήτουν** αὐτὸν ἀπολέσαι καὶ οἱ πρῶτοι τοῦ λαοῦ,
20:19 Καὶ **ἐζήτησαν** οἱ γραμματεῖς καὶ οἱ ἀρχιερεῖς ἐπιβαλεῖν ἐπ' αὐτὸν τὰς χεῖρας ἐν αὐτῇ τῇ ὥρᾳ,
22: 2 καὶ **ἐζήτουν** οἱ ἀρχιερεῖς καὶ οἱ γραμματεῖς τὸ πῶς ἀνέλωσιν αὐτόν,
22: 6 καὶ **ἐζήτει** εὐκαιρίαν τοῦ παραδοῦναι αὐτὸν ἄτερ ὄχλου αὐτοῖς.
24: 5 καὶ κλινουσῶν τὰ πρόσωπα εἰς τὴν γῆν εἶπαν πρὸς αὐτάς, Τί **ζητεῖτε** τὸν ζῶντα μετὰ τῶν νεκρῶν·

Jn 1:38 στραφεὶς δὲ ὁ Ἰησοῦς καὶ θεασάμενος αὐτοὺς ἀκολουθοῦντας λέγει αὐτοῖς, Τί **ζητεῖτε;**
4:23 καὶ γὰρ ὁ πατὴρ τοιούτους **ζητεῖ** τοὺς προσκυνοῦντας αὐτόν.
4:27 καὶ ἐθαύμαζον ὅτι μετὰ γυναικὸς ἐλάλει· οὐδεὶς μέντοι εἶπεν, Τί **ζητεῖς** [UBS; NIV **ζητεῖς;**] ἢ τί λαλεῖς μετ' αὐτῆς;
5:18 διὰ τοῦτο οὖν μᾶλλον **ἐζήτουν** αὐτὸν οἱ Ἰουδαῖοι ἀποκτεῖναι,
5:30 οὐ **ζητῶ** τὸ θέλημα τὸ ἐμὸν ἀλλὰ τὸ θέλημα τοῦ πέμψαντός με.
5:44 καὶ τὴν δόξαν τὴν παρὰ τοῦ μόνου θεοῦ οὐ **ζητεῖτε;**
6:24 ἐνέβησαν αὐτοὶ εἰς τὰ πλοιάρια καὶ ἦλθον εἰς Καφαρναοὺμ **ζητοῦντες** τὸν Ἰησοῦν.
6:26 Ἀμὴν ἀμὴν λέγω ὑμῖν, **ζητεῖτέ** με οὐχ ὅτι εἴδετε σημεῖα,
7: 1 οὐ γὰρ ἤθελεν ἐν τῇ Ἰουδαίᾳ περιπατεῖν, ὅτι **ἐζήτουν** αὐτὸν οἱ Ἰουδαῖοι ἀποκτεῖναι.
7: 4 οὐδεὶς γάρ τι ἐν κρυπτῷ ποιεῖ καὶ **ζητεῖ** αὐτὸς ἐν παρρησίᾳ εἶναι.
7:11 οἱ οὖν Ἰουδαῖοι **ἐζήτουν** αὐτὸν ἐν τῇ ἑορτῇ καὶ ἔλεγον,
7:18 ὁ ἀφ' ἑαυτοῦ λαλῶν τὴν δόξαν τὴν ἰδίαν **ζητεῖ·** ὁ δὲ **ζητῶν** τὴν δόξαν τοῦ πέμψαντος αὐτὸν οὗτος ἀληθής ἐστιν καὶ ἀδικία ἐν αὐτῷ οὐκ ἔστιν.
7:19 καὶ οὐδεὶς ἐξ ὑμῶν ποιεῖ τὸν νόμον. τί με **ζητεῖτε** ἀποκτεῖναι;
7:20 ἀπεκρίθη ὁ ὄχλος, Δαιμόνιον ἔχεις· τίς σε **ζητεῖ** ἀποκτεῖναι;
7:25 Ἔλεγον οὖν τινες ἐκ τῶν Ἱεροσολυμιτῶν, Οὐχ οὗτός ἐστιν ὃν **ζητοῦσιν** ἀποκτεῖναι;
7:30 **Ἐζήτουν** οὖν αὐτὸν πιάσαι, καὶ οὐδεὶς ἐπέβαλεν ἐπ' αὐτὸν τὴν χεῖρα,
7:34 **ζητήσετέ** με καὶ οὐχ εὑρήσετέ [με,] καὶ ὅπου εἰμὶ ἐγὼ ὑμεῖς οὐ δύνασθε ἐλθεῖν.
7:36 τίς ἐστιν ὁ λόγος οὗτος ὃν εἶπεν, **Ζητήσετέ** με καὶ οὐχ εὑρήσετέ [με,]
8:21 Εἶπεν οὖν πάλιν αὐτοῖς, Ἐγὼ ὑπάγω καὶ **ζητήσετέ** με,
8:37 ἀλλὰ **ζητεῖτέ** με ἀποκτεῖναι, ὅτι ὁ λόγος ὁ ἐμὸς οὐ χωρεῖ ἐν ὑμῖν.
8:40 νῦν δὲ **ζητεῖτέ** με ἀποκτεῖναι ἄνθρωπον ὃς τὴν ἀλήθειαν ὑμῖν λελάληκα ἣν ἤκουσα παρὰ τοῦ θεοῦ·
8:50 ἐγὼ δὲ οὐ **ζητῶ** τὴν δόξαν μου· ἔστιν ὁ **ζητῶν** καὶ κρίνων.
10:39 **Ἐζήτουν** [οὖν] αὐτὸν πάλιν πιάσαι, καὶ ἐξῆλθεν ἐκ τῆς χειρὸς αὐτῶν.
11: 8 Ῥαββί, νῦν **ἐζήτουν** σε λιθάσαι οἱ Ἰουδαῖοι, καὶ πάλιν ὑπάγεις ἐκεῖ;
11:56 **ἐζήτουν** οὖν τὸν Ἰησοῦν καὶ ἔλεγον μετ' ἀλλήλων ἐν τῷ ἱερῷ ἑστηκότες,
13:33 **ζητήσετέ** με, καὶ καθὼς εἶπον τοῖς Ἰουδαίοις ὅτι Ὅπου ἐγὼ ὑπάγω ὑμεῖς οὐ δύνασθε ἐλθεῖν,
16:19 καὶ εἶπεν αὐτοῖς, Περὶ τούτου **ζητεῖτε** μετ' ἀλλήλων ὅτι εἶπον,

18: 4 Ἰησοῦς οὖν εἰδὼς πάντα τὰ ἐρχόμενα ἐπ' αὐτὸν ἐξῆλθεν καὶ λέγει αὐτοῖς, Τίνα **ζητεῖτε;**
18: 7 πάλιν οὖν ἐπηρώτησεν αὐτούς, Τίνα **ζητεῖτε;** οἱ δὲ εἶπαν,
18: 8 Εἶπον ὑμῖν ὅτι ἐγώ εἰμι. εἰ οὖν ἐμὲ **ζητεῖτε,** ἄφετε τούτους ὑπάγειν·
19: 12 ἐκ τούτου ὁ Πιλᾶτος **ἐζήτει** ἀπολῦσαι αὐτόν· οἱ δὲ Ἰουδαῖοι ἐκραύγασαν λέγοντες,
20: 15 λέγει αὐτῇ Ἰησοῦς, Γύναι, τί κλαίεις; τίνα **ζητεῖς;**
Ac 9: 11 Ἀναστὰς πορεύθητι ἐπὶ τὴν ῥύμην τὴν καλουμένην Εὐθεῖαν καὶ **ζήτησον** ἐν οἰκίᾳ Ἰούδα Σαῦλον ὀνόματι Ταρσέα·
10: 19 τοῦ δὲ Πέτρου διενθυμουμένου περὶ τοῦ ὁράματος εἶπεν [αὐτῷ] τὸ πνεῦμα, Ἰδοὺ ἄνδρες τρεῖς **ζητοῦντές** σε,
10: 21 καταβὰς δὲ Πέτρος πρὸς τοὺς ἄνδρας εἶπεν, Ἰδοὺ ἐγώ εἰμι ὃν **ζητεῖτε·**
13: 8 οὕτως γὰρ μεθερμηνεύεται τὸ ὄνομα αὐτοῦ, **ζητῶν** διαστρέψαι τὸν ἀνθύπατον ἀπὸ τῆς πίστεως.
13: 11 παραχρῆμά τε ἔπεσεν ἐπ' αὐτὸν ἀχλὺς καὶ σκότος καὶ περιάγων **ἐζήτει** χειραγωγούς.
16: 10 εὐθέως **ἐζητήσαμεν** ἐξελθεῖν εἰς Μακεδονίαν συμβιβάζοντες ὅτι προσκέκληται ἡμᾶς ὁ θεὸς εὐαγγελίσασθαι αὐτούς.
17: 5 καὶ ὀχλοποιήσαντες ἐθορύβουν τὴν πόλιν καὶ ἐπιστάντες τῇ οἰκίᾳ Ἰάσονος **ἐζήτουν** αὐτοὺς προαγαγεῖν εἰς τὸν δῆμον·
17: 27 **ζητεῖν** τὸν θεόν, εἰ ἄρα γε ψηλαφήσειαν αὐτὸν καὶ εὕροιεν,
21: 31 **ζητούντων** τε αὐτὸν ἀποκτεῖναι ἀνέβη φάσις τῷ χιλιάρχῳ τῆς σπείρης ὅτι ὅλη συγχύννεται Ἰερουσαλήμ.
27: 30 τῶν δὲ ναυτῶν **ζητούντων** φυγεῖν ἐκ τοῦ πλοίου καὶ χαλασάντων τὴν σκάφην εἰς τὴν θάλασσαν προφάσει
Ro 2: 7 τοῖς μὲν καθ' ὑπομονὴν ἔργου ἀγαθοῦ δόξαν καὶ τιμὴν καὶ ἀφθαρσίαν **ζητοῦσιν** ζωὴν αἰώνιον,
10: 3 ἀγνοοῦντες γὰρ τὴν τοῦ θεοῦ δικαιοσύνην καὶ τὴν ἰδίαν [δικαιοσύνην] **ζητοῦντες** στῆσαι,
10: 20 Ἠσαΐας δὲ ἀποτολμᾷ καὶ λέγει, Εὑρέθην [ἐν] τοῖς ἐμὲ μὴ **ζητοῦσιν,**
11: 3 κἀγὼ ὑπελείφθην μόνος καὶ **ζητοῦσιν** τὴν ψυχήν μου.
1Co 1: 22 ἐπειδὴ καὶ Ἰουδαῖοι σημεῖα αἰτοῦσιν καὶ Ἕλληνες σοφίαν **ζητοῦσιν,**
4: 2 ὧδε λοιπὸν **ζητεῖται** ἐν τοῖς οἰκονόμοις, ἵνα πιστός τις εὑρεθῇ.
7: 27 δέδεσαι γυναικί, μὴ **ζήτει** λύσιν· λέλυσαι ἀπὸ γυναικός, μὴ **ζήτει** γυναῖκα.
10: 24 μηδεὶς τὸ ἑαυτοῦ **ζητείτω** ἀλλὰ τὸ τοῦ ἑτέρου.
10: 33 καθὼς κἀγὼ πάντα πᾶσιν ἀρέσκω μὴ **ζητῶν** τὸ ἐμαυτοῦ σύμφορον ἀλλὰ τὸ τῶν πολλῶν,
13: 5 οὐκ ἀσχημονεῖ, οὐ **ζητεῖ** τὰ ἑαυτῆς, οὐ παροξύνεται,
14: 12 πρὸς τὴν οἰκοδομὴν τῆς ἐκκλησίας **ζητεῖτε** ἵνα περισσεύητε.
2Co 12: 14 καὶ οὐ καταναρκήσω· οὐ γὰρ **ζητῶ** τὰ ὑμῶν ἀλλὰ ὑμᾶς.
13: 3 ἐπεὶ δοκιμὴν **ζητεῖτε** τοῦ ἐν ἐμοὶ λαλοῦντος Χριστοῦ,
Gal 1: 10 ἢ **ζητῶ** ἀνθρώποις ἀρέσκειν; εἰ ἔτι ἀνθρώποις ἤρεσκον,
2: 17 εἰ δὲ **ζητοῦντες** δικαιωθῆναι ἐν Χριστῷ εὑρέθημεν καὶ αὐτοὶ ἁμαρτωλοί,
Php 2: 21 οἱ πάντες γὰρ τὰ ἑαυτῶν **ζητοῦσιν,** οὐ τὰ Ἰησοῦ Χριστοῦ.
Col 3: 1 Εἰ οὖν συνηγέρθητε τῷ Χριστῷ, τὰ ἄνω **ζητεῖτε,**
1Th 2: 6 οὔτε **ζητοῦντες** ἐξ ἀνθρώπων δόξαν οὔτε ἀφ' ὑμῶν οὔτε ἀπ' ἄλλων,
2Ti 1: 17 ἀλλὰ γενόμενος ἐν Ῥώμῃ σπουδαίως **ἐζήτησέν** με καὶ εὗρεν·
Heb 8: 7 Εἰ γὰρ ἡ πρώτη ἐκείνη ἦν ἄμεμπτος, οὐκ ἂν δευτέρας **ἐζητεῖτο** τόπος.
1Pe 3: 11 ἐκκλινάτω δὲ ἀπὸ κακοῦ καὶ ποιησάτω ἀγαθόν, **ζητησάτω** εἰρήνην καὶ διωξάτω αὐτήν·
5: 8 ὁ ἀντίδικος ὑμῶν διάβολος ὡς λέων ὠρυόμενος περιπατεῖ **ζητῶν** [τινα] καταπιεῖν·
Rev 9: 6 καὶ ἐν ταῖς ἡμέραις ἐκείναις **ζητήσουσιν** οἱ ἄνθρωποι τὸν θάνατον καὶ οὐ μὴ εὑρήσουσιν αὐτόν,

2427 ζήτημα [5]

√ 2426

Ac 15: 2 ἔταξαν ἀναβαίνειν Παῦλον καὶ Βαρναβᾶν καί τινας ἄλλους ἐξ αὐτῶν πρὸς τοὺς ἀποστόλους καὶ πρεσβυτέρους εἰς Ἰερουσαλὴμ περὶ τοῦ **ζητήματος** τούτου.
18: 15 εἰ δὲ **ζητήματά** ἐστιν περὶ λόγου καὶ ὀνομάτων καὶ νόμου τοῦ καθ' ὑμᾶς,
23: 29 ὃν εὗρον ἐγκαλούμενον περὶ **ζητημάτων** τοῦ νόμου αὐτῶν,
25: 19 **ζητήματα** δέ τινα περὶ τῆς ἰδίας δεισιδαιμονίας εἶχον πρὸς αὐτὸν καὶ περί τινος Ἰησοῦ τεθνηκότος ὃν ἔφασκεν ὁ Παῦλος ζῆν.
26: 3 μάλιστα γνώστην ὄντα σε πάντων τῶν κατὰ Ἰουδαίους ἐθῶν τε καὶ **ζητημάτων,**

2428 ζήτησις [7]

√ 2426

Jn 3: 25 Ἐγένετο οὖν **ζήτησις** ἐκ τῶν μαθητῶν Ἰωάννου μετὰ Ἰουδαίου περὶ καθαρισμοῦ.
Ac 15: 2 γενομένης δὲ στάσεως καὶ **ζητήσεως** οὐκ ὀλίγης τῷ Παύλῳ καὶ τῷ Βαρναβᾷ πρὸς αὐτούς,
15: 7 πολλῆς δὲ **ζητήσεως** γενομένης ἀναστὰς Πέτρος εἶπεν πρὸς αὐτούς,
25: 20 ἀπορούμενος δὲ ἐγὼ τὴν περὶ τούτων **ζήτησιν** ἔλεγον εἰ βούλοιτο πορεύεσθαι εἰς Ἱεροσόλυμα κἀκεῖ κρίνεσθαι
1Ti 6: 4 μηδὲν ἐπιστάμενος, ἀλλὰ νοσῶν περὶ **ζητήσεις** καὶ λογομαχίας,
2Ti 2: 23 τὰς δὲ μωρὰς καὶ ἀπαιδεύτους **ζητήσεις** παραιτοῦ, εἰδὼς ὅτι γεννῶσιν μάχας·
Tit 3: 9 μωρὰς δὲ **ζητήσεις** καὶ γενεαλογίας καὶ ἔρεις καὶ μάχας νομικὰς περιΐστασο·

2429 ζιζάνιον [8]

Mt 13: 25 ἐν δὲ τῷ καθεύδειν τοὺς ἀνθρώπους ἦλθεν αὐτοῦ ὁ ἐχθρὸς καὶ ἐπέσπειρεν **ζιζάνια** ἀνὰ μέσον τοῦ σίτου καὶ ἀπῆλθεν.
13: 26 ὅτε δὲ ἐβλάστησεν ὁ χόρτος καὶ καρπὸν ἐποίησεν, τότε ἐφάνη καὶ τὰ **ζιζάνια.**
13: 27 οὐχὶ καλὸν σπέρμα ἔσπειρας ἐν τῷ σῷ ἀγρῷ; πόθεν οὖν ἔχει **ζιζάνια;**
13: 29 μήποτε συλλέγοντες τὰ **ζιζάνια** ἐκριζώσητε ἅμα αὐτοῖς τὸν σῖτον.
13: 30 Συλλέξατε πρῶτον τὰ **ζιζάνια** καὶ δήσατε αὐτὰ εἰς δέσμας πρὸς τὸ κατακαῦσαι αὐτά,
13: 36 Διασάφησον ἡμῖν τὴν παραβολὴν τῶν **ζιζανίων** τοῦ ἀγροῦ.
13: 38 τὰ δὲ **ζιζάνιά** εἰσιν οἱ υἱοὶ τοῦ πονηροῦ,
13: 40 ὥσπερ οὖν συλλέγεται τὰ **ζιζάνια** καὶ πυρὶ [κατα]καίεται,

2430 Ζμύρνα Not used in UBS/NIV

√ 5043

2431 Ζοροβαβέλ [3]

Mt 1: 12 Μετὰ δὲ τὴν μετοικεσίαν Βαβυλῶνος Ἰεχονίας ἐγέννησεν τὸν Σαλαθιήλ, Σαλαθιὴλ δὲ ἐγέννησεν τὸν **Ζοροβαβέλ,**
1: 13 **Ζοροβαβὲλ** δὲ ἐγέννησεν τὸν Ἀβιούδ, Ἀβιοὺδ δὲ ἐγέννησεν τὸν Ἐλιακίμ,
Lk 3: 27 τοῦ Ἰωανὰν τοῦ Ῥησὰ τοῦ **Ζοροβαβὲλ** τοῦ Σαλαθιὴλ τοῦ Νηρὶ

2432 ζόφος [5]

Heb 12: 18 Οὐ γὰρ προσεληλύθατε ψηλαφωμένῳ καὶ κεκαυμένῳ πυρὶ καὶ γνόφῳ καὶ **ζόφῳ** καὶ θυέλλῃ
2Pe 2: 4 Εἰ γὰρ ὁ θεὸς ἀγγέλων ἁμαρτησάντων οὐκ ἐφείσατο ἀλλὰ σειραῖς **ζόφου** ταρταρώσας παρέδωκεν εἰς κρίσιν τηρουμένους,
2: 17 Οὗτοί εἰσιν πηγαὶ ἄνυδροι καὶ ὁμίχλαι ὑπὸ λαίλαπος ἐλαυνόμεναι, οἷς ὁ **ζόφος** τοῦ σκότους τετήρηται.
Jude 1: 6 ἀγγέλους τε τοὺς μὴ τηρήσαντας τὴν ἑαυτῶν ἀρχὴν ἀλλὰ ἀπολιπόντας τὸ ἴδιον οἰκητήριον εἰς κρίσιν μεγάλης ἡμέρας δεσμοῖς ἀϊδίοις ὑπὸ **ζόφον** τετήρηκεν,
1: 13 ἀστέρες πλανῆται οἷς ὁ **ζόφος** τοῦ σκότους εἰς αἰῶνα τετήρηται.

2433 ζυγός [6]

√ 2413

Mt 11: 29 ἄρατε τὸν **ζυγόν** μου ἐφ' ὑμᾶς καὶ μάθετε ἀπ' ἐμοῦ,
11: 30 ὁ γὰρ **ζυγός** μου χρηστὸς καὶ τὸ φορτίον μου ἐλαφρόν ἐστιν.
Ac 15: 10 νῦν οὖν τί πειράζετε τὸν θεὸν ἐπιθεῖναι **ζυγὸν** ἐπὶ τὸν τράχηλον τῶν μαθητῶν ὃν οὔτε οἱ πατέρες ἡμῶν οὔτε ἡμεῖς ἰσχύσαμεν βαστάσαι;
Gal 5: 1 στήκετε οὖν καὶ μὴ πάλιν **ζυγῷ** δουλείας ἐνέχεσθε.
1Ti 6: 1 Ὅσοι εἰσὶν ὑπὸ **ζυγὸν** δοῦλοι, τοὺς ἰδίους δεσπότας πάσης τιμῆς ἀξίους ἡγείσθωσαν,
Rev 6: 5 καὶ ὁ καθήμενος ἐπ' αὐτὸν ἔχων **ζυγὸν** ἐν τῇ χειρὶ αὐτοῦ.

2434 ζύμη [13]

→ *109, 2435; cf. 2417*

Mt 13:33 Ὁμοία ἐστὶν ἡ βασιλεία τῶν οὐρανῶν **ζύμῃ,** ἣν λαβοῦσα γυνὴ ἐνέκρυψεν εἰς ἀλεύρου σάτα τρία ἕως οὗ ἐζυμώθη ὅλον.
16: 6 Ὁρᾶτε καὶ προσέχετε ἀπὸ τῆς **ζύμης** τῶν Φαρισαίων καὶ Σαδδουκαίων.
16:11 προσέχετε δὲ ἀπὸ τῆς **ζύμης** τῶν Φαρισαίων καὶ Σαδδουκαίων.
16:12 τότε συνῆκαν ὅτι οὐκ εἶπεν προσέχειν ἀπὸ τῆς **ζύμης** τῶν ἄρτων ἀλλὰ ἀπὸ τῆς διδαχῆς τῶν Φαρισαίων καὶ Σαδδουκαίων.
Mk 8:15 βλέπετε ἀπὸ τῆς **ζύμης** τῶν Φαρισαίων καὶ τῆς **ζύμης** Ἡρῴδου.
Lk 12: 1 Προσέχετε ἑαυτοῖς ἀπὸ τῆς **ζύμης,** ἥτις ἐστὶν ὑπόκρισις,
13:21 ὁμοία ἐστὶν **ζύμῃ,** ἣν λαβοῦσα γυνὴ [ἐν]έκρυψεν εἰς ἀλεύρου σάτα τρία ἕως οὗ ἐζυμώθη ὅλον.
1Co 5: 6 οὐκ οἴδατε ὅτι μικρὰ **ζύμη** ὅλον τὸ φύραμα ζυμοῖ;
5: 7 ἐκκαθάρατε τὴν παλαιὰν **ζύμην,** ἵνα ἦτε νέον φύραμα,
5: 8 ὥστε ἑορτάζωμεν μὴ ἐν **ζύμῃ** παλαιᾷ μηδὲ ἐν **ζύμῃ** κακίας καὶ πονηρίας ἀλλ᾽ ἐν ἀζύμοις εἰλικρινείας καὶ ἀληθείας.
Gal 5: 9 μικρὰ **ζύμη** ὅλον τὸ φύραμα ζυμοῖ.

2435 ζυμόω [4]

√ *2434*

Mt 13:33 ἣν λαβοῦσα γυνὴ ἐνέκρυψεν εἰς ἀλεύρου σάτα τρία ἕως οὗ **ἐζυμώθη** ὅλον.
Lk 13:21 ἣν λαβοῦσα γυνὴ [ἐν]έκρυψεν εἰς ἀλεύρου σάτα τρία ἕως οὗ **ἐζυμώθη** ὅλον.
1Co 5: 6 οὐκ οἴδατε ὅτι μικρὰ ζύμη ὅλον τὸ φύραμα **ζυμοῖ;**
Gal 5: 9 μικρὰ ζύμη ὅλον τὸ φύραμα **ζυμοῖ.**

2436 ζωγρέω [2]

√ *2409 + 62*

Lk 5:10 Μὴ φοβοῦ· ἀπὸ τοῦ νῦν ἀνθρώπους ἔσῃ **ζωγρῶν.**
2Ti 2:26 καὶ ἀνανήψωσιν ἐκ τῆς τοῦ διαβόλου παγίδος, **ἐζωγρημένοι** ὑπ᾽ αὐτοῦ εἰς τὸ ἐκείνου θέλημα.

2437 ζωή [135]

√ *2409*

ὁ ἄρτος τῆς ζωῆς [2] Jn 6:35,48
βιβλίον τῆς ζωῆς [4] Rev 13:8; 17:8; 20:12; 21:27
βίβλος [τῆς] ζωῆς [3] Php 4:3; Rev 3:5; 20:15
ἔχω ζωήν [19] Mt 19:16; Jn 3:15,16,36; 5:24,26,26,39,40; 6:40,47,53,54; 10:10; 20:31; 1Jn 3:15; 5:12,12,13
ζωή αἰώνιος [43] Mt 19:16,29; 25:46; Mk 10:17,30; Lk 10:25; 18:18,30; Jn 3:15,16,36; 4:14,36; 5:24,39; 6:27,40,47,54,68; 10:28; 12:25,50; 17:2,3; Ac 13:46,48; Ro 2:7; 5:21; 6:22,23; Gal 6:8; 1Ti 1:16; 6:12; Tit 1:2; 3:7; 1Jn 1:2; 2:25; 3:15; 5:11,13,20; Jude 1:21
ζωή ... θάνατος [20] Jn 5:24; Ro 5:10,17,21; 6:4,23; 7:10; 8:2,6,38; 1Co 3:22; 2Co 2:16,16; 4:11,12; Php 1:20; 2Ti 1:10; 1Jn 3:14; 5:16; Rev 2:10
ζωή νῦν [1] 1Ti 4:8
καινότης ζωῆς [1] Ro 6:4
λόγος ζωῆς [2] Php 2:16; 1Jn 1:1
ξύλον ζωῆς [4] Rev 2:7; 22:2,14,19
ὁράω ζωήν [1] Jn 3:36
πνεῦμα ζωῆς [1] Rev 11:11
ὕδωρ ζωῆς [4] Rev 7:17; 21:6; 22:1,17
φῶς ζωῆς [1] Jn 8:12
ψυχή ζωῆς [1] Rev 16:3

Mt 7:14 τί στενὴ ἡ πύλη καὶ τεθλιμμένη ἡ ὁδὸς ἡ ἀπάγουσα εἰς τὴν **ζωὴν** καὶ ὀλίγοι εἰσὶν οἱ εὑρίσκοντες αὐτήν.
18: 8 καλόν σοί ἐστιν εἰσελθεῖν εἰς τὴν **ζωὴν** κυλλὸν ἢ χωλὸν ἢ δύο χεῖρας ἢ δύο πόδας ἔχοντα βληθῆναι εἰς τὸ πῦρ τὸ αἰώνιον.
18: 9 καλόν σοί ἐστιν μονόφθαλμον εἰς τὴν **ζωὴν** εἰσελθεῖν ἢ δύο ὀφθαλμοὺς ἔχοντα βληθῆναι εἰς τὴν γέενναν τοῦ πυρός.
19:16 Διδάσκαλε, τί ἀγαθὸν ποιήσω ἵνα σχῶ **ζωὴν** αἰώνιον;
19:17 εἰ δὲ θέλεις εἰς τὴν **ζωὴν** εἰσελθεῖν, τήρησον τὰς ἐντολάς.
19:29 καὶ πᾶς ὅστις ἀφῆκεν οἰκίας ἢ ἀδελφοὺς ἢ ἀδελφὰς ἢ πατέρα ἢ μητέρα ἢ τέκνα ἢ ἀγροὺς ἕνεκεν τοῦ ὀνόματός μου, ἑκατονταπλασίονα λήμψεται καὶ **ζωὴν** αἰώνιον κληρονομήσει.
25:46 καὶ ἀπελεύσονται οὗτοι εἰς κόλασιν αἰώνιον, οἱ δὲ δίκαιοι εἰς **ζωὴν** αἰώνιον.
Mk 9:43 καλόν ἐστίν σε κυλλὸν εἰσελθεῖν εἰς τὴν **ζωὴν** ἢ τὰς δύο χεῖρας ἔχοντα ἀπελθεῖν εἰς τὴν γέενναν,
9:45 καλόν ἐστίν σε εἰσελθεῖν εἰς τὴν **ζωὴν** χωλὸν ἢ τοὺς δύο πόδας ἔχοντα βληθῆναι εἰς τὴν γέενναν.
10:17 Διδάσκαλε ἀγαθέ, τί ποιήσω ἵνα **ζωὴν** αἰώνιον κληρονομήσω;
10:30 καὶ ἐν τῷ αἰῶνι τῷ ἐρχομένῳ **ζωὴν** αἰώνιον.
Lk 10:25 Καὶ ἰδοὺ νομικός τις ἀνέστη ἐκπειράζων αὐτὸν λέγων, Διδάσκαλε, τί ποιήσας **ζωὴν** αἰώνιον κληρονομήσω;
12:15 ὅτι οὐκ ἐν τῷ περισσεύειν τινὶ ἡ **ζωὴ** αὐτοῦ ἐστιν ἐκ τῶν ὑπαρχόντων αὐτῷ.
16:25 μνήσθητι ὅτι ἀπέλαβες τὰ ἀγαθά σου ἐν τῇ **ζωῇ** σου,
18:18 Καὶ ἐπηρώτησέν τις αὐτὸν ἄρχων λέγων, Διδάσκαλε ἀγαθέ, τί ποιήσας **ζωὴν** αἰώνιον κληρονομήσω;
18:30 ὃς οὐχὶ μὴ [ἀπο]λάβῃ πολλαπλασίονα ἐν τῷ καιρῷ τούτῳ καὶ ἐν τῷ αἰῶνι τῷ ἐρχομένῳ **ζωὴν** αἰώνιον.
Jn 1: 4 ἐν αὐτῷ **ζωὴ** ἦν, καὶ ἡ **ζωὴ** ἦν τὸ φῶς τῶν ἀνθρώπων·
3:15 ἵνα πᾶς ὁ πιστεύων ἐν αὐτῷ ἔχῃ **ζωὴν** αἰώνιον.
3:16 ἵνα πᾶς ὁ πιστεύων εἰς αὐτὸν μὴ ἀπόληται ἀλλ᾽ ἔχῃ **ζωὴν** αἰώνιον.
3:36 ὁ πιστεύων εἰς τὸν υἱὸν ἔχει **ζωὴν** αἰώνιον· ὁ δὲ ἀπειθῶν τῷ υἱῷ οὐκ ὄψεται **ζωήν,** ἀλλ᾽ ἡ ὀργὴ τοῦ θεοῦ μένει ἐπ᾽ αὐτόν.
4:14 ἀλλὰ τὸ ὕδωρ ὃ δώσω αὐτῷ γενήσεται ἐν αὐτῷ πηγὴ ὕδατος ἁλλομένου εἰς **ζωὴν** αἰώνιον.
4:36 ὁ θερίζων μισθὸν λαμβάνει καὶ συνάγει καρπὸν εἰς **ζωὴν** αἰώνιον,
5:24 Ἀμὴν ἀμὴν λέγω ὑμῖν ὅτι ὁ τὸν λόγον μου ἀκούων καὶ πιστεύων τῷ πέμψαντί με ἔχει **ζωὴν** αἰώνιον καὶ εἰς κρίσιν οὐκ ἔρχεται, ἀλλὰ μεταβέβηκεν ἐκ τοῦ θανάτου εἰς τὴν **ζωήν.**
5:26 ὥσπερ γὰρ ὁ πατὴρ ἔχει **ζωὴν** ἐν ἑαυτῷ, οὕτως καὶ τῷ υἱῷ ἔδωκεν **ζωὴν** ἔχειν ἐν ἑαυτῷ.
5:29 ἐκπορεύσονται οἱ τὰ ἀγαθὰ ποιήσαντες εἰς ἀνάστασιν **ζωῆς,**
5:39 ὅτι ὑμεῖς δοκεῖτε ἐν αὐταῖς **ζωὴν** αἰώνιον ἔχειν·
5:40 καὶ οὐ θέλετε ἐλθεῖν πρός με ἵνα **ζωὴν** ἔχητε.
6:27 ἐργάζεσθε μὴ τὴν βρῶσιν τὴν ἀπολλυμένην ἀλλὰ τὴν βρῶσιν τὴν μένουσαν εἰς **ζωὴν** αἰώνιον,
6:33 ὁ γὰρ ἄρτος τοῦ θεοῦ ἐστιν ὁ καταβαίνων ἐκ τοῦ οὐρανοῦ καὶ **ζωὴν** διδοὺς τῷ κόσμῳ.
6:35 εἶπεν αὐτοῖς ὁ Ἰησοῦς, Ἐγώ εἰμι ὁ ἄρτος τῆς **ζωῆς·**
6:40 ἵνα πᾶς ὁ θεωρῶν τὸν υἱὸν καὶ πιστεύων εἰς αὐτὸν ἔχῃ **ζωὴν** αἰώνιον,
6:47 ἀμὴν ἀμὴν λέγω ὑμῖν, ὁ πιστεύων ἔχει **ζωὴν** αἰώνιον.
6:48 ἐγώ εἰμι ὁ ἄρτος τῆς **ζωῆς.**
6:51 καὶ ὁ ἄρτος δὲ ὃν ἐγὼ δώσω ἡ σάρξ μού ἐστιν ὑπὲρ τῆς τοῦ κόσμου **ζωῆς.**
6:53 ἐὰν μὴ φάγητε τὴν σάρκα τοῦ υἱοῦ τοῦ ἀνθρώπου καὶ πίητε αὐτοῦ τὸ αἷμα, οὐκ ἔχετε **ζωὴν** ἐν ἑαυτοῖς.
6:54 ὁ τρώγων μου τὴν σάρκα καὶ πίνων μου τὸ αἷμα ἔχει **ζωὴν** αἰώνιον,
6:63 τὰ ῥήματα ἃ ἐγὼ λελάληκα ὑμῖν πνεῦμά ἐστιν καὶ **ζωή** ἐστιν.
6:68 Κύριε, πρὸς τίνα ἀπελευσόμεθα; ῥήματα **ζωῆς** αἰωνίου ἔχεις,
8:12 ὁ ἀκολουθῶν ἐμοὶ οὐ μὴ περιπατήσῃ ἐν τῇ σκοτίᾳ, ἀλλ᾽ ἕξει τὸ φῶς τῆς **ζωῆς.**
10:10 ἐγὼ ἦλθον ἵνα **ζωὴν** ἔχωσιν καὶ περισσὸν ἔχωσιν.
10:28 κἀγὼ δίδωμι αὐτοῖς **ζωὴν** αἰώνιον καὶ οὐ μὴ ἀπόλωνται εἰς τὸν αἰῶνα καὶ οὐχ ἁρπάσει τις αὐτὰ ἐκ τῆς χειρός μου.
11:25 εἶπεν αὐτῇ ὁ Ἰησοῦς, Ἐγώ εἰμι ἡ ἀνάστασις καὶ ἡ **ζωή·**
12:25 καὶ ὁ μισῶν τὴν ψυχὴν αὐτοῦ ἐν τῷ κόσμῳ τούτῳ εἰς **ζωὴν** αἰώνιον φυλάξει αὐτήν.
12:50 καὶ οἶδα ὅτι ἡ ἐντολὴ αὐτοῦ **ζωὴ** αἰώνιός ἐστιν.
14: 6 Ἐγώ εἰμι ἡ ὁδὸς καὶ ἡ ἀλήθεια καὶ ἡ **ζωή·**
17: 2 ἵνα πᾶν ὃ δέδωκας αὐτῷ δώσῃ αὐτοῖς **ζωὴν** αἰώνιον.
17: 3 αὕτη δέ ἐστιν ἡ αἰώνιος **ζωὴ** ἵνα γινώσκωσιν σὲ τὸν μόνον ἀληθινὸν θεὸν καὶ ὃν ἀπέστειλας Ἰησοῦν Χριστόν.
20:31 καὶ ἵνα πιστεύοντες **ζωὴν** ἔχητε ἐν τῷ ὀνόματι αὐτοῦ.
Ac 2:28 ἐγνώρισάς μοι ὁδοὺς **ζωῆς,** πληρώσεις με εὐφροσύνης μετὰ τοῦ προσώπου σου.

3:15 τὸν δὲ ἀρχηγὸν τῆς **ζωῆς** ἀπεκτείνατε ὃν ὁ θεὸς ἤγειρεν ἐκ νεκρῶν,
5:20 Πορεύεσθε καὶ σταθέντες λαλεῖτε ἐν τῷ ἱερῷ τῷ λαῷ πάντα τὰ ῥήματα τῆς **ζωῆς** ταύτης.
8:33 ὅτι αἴρεται ἀπὸ τῆς γῆς ἡ **ζωὴ** αὐτοῦ.
11:18 Ἄρα καὶ τοῖς ἔθνεσιν ὁ θεὸς τὴν μετάνοιαν εἰς **ζωὴν** ἔδωκεν.
13:46 ἐπειδὴ ἀπωθεῖσθε αὐτὸν καὶ οὐκ ἀξίους κρίνετε ἑαυτοὺς τῆς αἰωνίου **ζωῆς**,
13:48 ἀκούοντα δὲ τὰ ἔθνη ἔχαιρον καὶ ἐδόξαζον τὸν λόγον τοῦ κυρίου καὶ ἐπίστευσαν ὅσοι ἦσαν τεταγμένοι εἰς **ζωὴν** αἰώνιον·
17:25 αὐτὸς διδοὺς πᾶσι **ζωὴν** καὶ πνοὴν καὶ τὰ πάντα·

Ro 2: 7 τοῖς μὲν καθ᾽ ὑπομονὴν ἔργου ἀγαθοῦ δόξαν καὶ τιμὴν καὶ ἀφθαρσίαν ζητοῦσιν **ζωὴν** αἰώνιον,
5:10 πολλῷ μᾶλλον καταλλαγέντες σωθησόμεθα ἐν τῇ **ζωῇ** αὐτοῦ·
5:17 πολλῷ μᾶλλον οἱ τὴν περισσείαν τῆς χάριτος καὶ τῆς δωρεᾶς τῆς δικαιοσύνης λαμβάνοντες ἐν **ζωῇ** βασιλεύσουσιν διὰ τοῦ ἑνὸς Ἰησοῦ Χριστοῦ.
5:18 οὕτως καὶ δι᾽ ἑνὸς δικαιώματος εἰς πάντας ἀνθρώπους εἰς δικαίωσιν **ζωῆς**·
5:21 οὕτως καὶ ἡ χάρις βασιλεύσῃ διὰ δικαιοσύνης εἰς **ζωὴν** αἰώνιον διὰ Ἰησοῦ Χριστοῦ τοῦ κυρίου ἡμῶν.
6: 4 ἵνα ὥσπερ ἠγέρθη Χριστὸς ἐκ νεκρῶν διὰ τῆς δόξης τοῦ πατρός, οὕτως καὶ ἡμεῖς ἐν καινότητι **ζωῆς** περιπατήσωμεν.
6:22 δουλωθέντες δὲ τῷ θεῷ ἔχετε τὸν καρπὸν ὑμῶν εἰς ἁγιασμόν, τὸ δὲ τέλος **ζωὴν** αἰώνιον.
6:23 τὸ δὲ χάρισμα τοῦ θεοῦ **ζωὴ** αἰώνιος ἐν Χριστῷ Ἰησοῦ τῷ κυρίῳ ἡμῶν.
7:10 ἐγὼ δὲ ἀπέθανον καὶ εὑρέθη μοι ἡ ἐντολὴ ἡ εἰς **ζωήν**,
8: 2 ὁ γὰρ νόμος τοῦ πνεύματος τῆς **ζωῆς** ἐν Χριστῷ Ἰησοῦ ἠλευθέρωσέν σε ἀπὸ τοῦ νόμου τῆς ἁμαρτίας καὶ τοῦ θανάτου.
8: 6 τὸ δὲ φρόνημα τοῦ πνεύματος **ζωὴ** καὶ εἰρήνη·
8:10 τὸ μὲν σῶμα νεκρὸν διὰ ἁμαρτίαν τὸ δὲ πνεῦμα **ζωὴ** διὰ δικαιοσύνην.
8:38 πέπεισμαι γὰρ ὅτι οὔτε θάνατος οὔτε **ζωὴ** οὔτε ἄγγελοι οὔτε ἀρχαὶ οὔτε ἐνεστῶτα οὔτε μέλλοντα οὔτε δυνάμεις
11:15 τίς ἡ πρόσλημψις εἰ μὴ **ζωὴ** ἐκ νεκρῶν;

1Co 3:22 εἴτε κόσμος εἴτε **ζωὴ** εἴτε θάνατος, εἴτε ἐνεστῶτα εἴτε μέλλοντα·
15:19 εἰ ἐν τῇ **ζωῇ** ταύτῃ ἐν Χριστῷ ἠλπικότες ἐσμὲν μόνον,

2Co 2:16 οἷς μὲν ὀσμὴ ἐκ θανάτου εἰς θάνατον, οἷς δὲ ὀσμὴ ἐκ **ζωῆς** εἰς **ζωήν**.
4:10 ἵνα καὶ ἡ **ζωὴ** τοῦ Ἰησοῦ ἐν τῷ σώματι ἡμῶν φανερωθῇ.
4:11 ἵνα καὶ ἡ **ζωὴ** τοῦ Ἰησοῦ φανερωθῇ ἐν τῇ θνητῇ σαρκὶ ἡμῶν.
4:12 ὥστε ὁ θάνατος ἐν ἡμῖν ἐνεργεῖται, ἡ δὲ **ζωὴ** ἐν ὑμῖν.
5: 4 ἐφ᾽ ᾧ οὐ θέλομεν ἐκδύσασθαι ἀλλ᾽ ἐπενδύσασθαι, ἵνα καταποθῇ τὸ θνητὸν ὑπὸ τῆς **ζωῆς**.

Gal 6: 8 ὁ δὲ σπείρων εἰς τὸ πνεῦμα ἐκ τοῦ πνεύματος θερίσει **ζωὴν** αἰώνιον.

Eph 4:18 ἀπηλλοτριωμένοι τῆς **ζωῆς** τοῦ θεοῦ διὰ τὴν ἄγνοιαν τὴν οὖσαν ἐν αὐτοῖς,

Php 1:20 ἀλλ᾽ ἐν πάσῃ παρρησίᾳ ὡς πάντοτε καὶ νῦν μεγαλυνθήσεται Χριστὸς ἐν τῷ σώματί μου, εἴτε διὰ **ζωῆς** εἴτε διὰ θανάτου.
2:16 λόγον **ζωῆς** ἐπέχοντες, εἰς καύχημα ἐμοὶ εἰς ἡμέραν Χριστοῦ,
4: 3 αἵτινες ἐν τῷ εὐαγγελίῳ συνήθλησάν μοι μετὰ καὶ Κλήμεντος καὶ τῶν λοιπῶν συνεργῶν μου, ὧν τὰ ὀνόματα ἐν βίβλῳ **ζωῆς**.

Col 3: 3 ἀπεθάνετε γὰρ καὶ ἡ **ζωὴ** ὑμῶν κέκρυπται σὺν τῷ Χριστῷ ἐν τῷ θεῷ·
3: 4 ὅταν ὁ Χριστὸς φανερωθῇ, ἡ **ζωὴ** ὑμῶν, τότε καὶ ὑμεῖς σὺν αὐτῷ φανερωθήσεσθε ἐν δόξῃ.

1Ti 1:16 ἵνα ἐν ἐμοὶ πρώτῳ ἐνδείξηται Χριστὸς Ἰησοῦς τὴν ἅπασαν μακροθυμίαν πρὸς ὑποτύπωσιν τῶν μελλόντων πιστεύειν ἐπ᾽ αὐτῷ εἰς **ζωὴν** αἰώνιον.
4: 8 ἡ δὲ εὐσέβεια πρὸς πάντα ὠφέλιμός ἐστιν ἐπαγγελίαν ἔχουσα **ζωῆς** τῆς νῦν καὶ τῆς μελλούσης.
6:12 ἀγωνίζου τὸν καλὸν ἀγῶνα τῆς πίστεως, ἐπιλαβοῦ τῆς αἰωνίου **ζωῆς**,
6:19 ἀποθησαυρίζοντας ἑαυτοῖς θεμέλιον καλὸν εἰς τὸ μέλλον, ἵνα ἐπιλάβωνται τῆς ὄντως **ζωῆς**.

2Ti 1: 1 Παῦλος ἀπόστολος Χριστοῦ Ἰησοῦ διὰ θελήματος θεοῦ κατ᾽ ἐπαγγελίαν **ζωῆς** τῆς ἐν Χριστῷ Ἰησοῦ
1:10 καταργήσαντος μὲν τὸν θάνατον φωτίσαντος δὲ **ζωὴν** καὶ ἀφθαρσίαν διὰ τοῦ εὐαγγελίου

Tit 1: 2 ἐπ᾽ ἐλπίδι **ζωῆς** αἰωνίου, ἣν ἐπηγγείλατο ὁ ἀψευδὴς θεὸς πρὸ χρόνων αἰωνίων,
3: 7 ἵνα δικαιωθέντες τῇ ἐκείνου χάριτι κληρονόμοι γενηθῶμεν κατ᾽ ἐλπίδα **ζωῆς** αἰωνίου.

Heb 7: 3 ἀπάτωρ ἀμήτωρ ἀγενεαλόγητος, μήτε ἀρχὴν ἡμερῶν μήτε **ζωῆς** τέλος ἔχων,
7:16 ὃς οὐ κατὰ νόμον ἐντολῆς σαρκίνης γέγονεν ἀλλὰ κατὰ δύναμιν **ζωῆς** ἀκαταλύτου.

Jas 1:12 ὅτι δόκιμος γενόμενος λήμψεται τὸν στέφανον τῆς **ζωῆς** ὃν ἐπηγγείλατο τοῖς ἀγαπῶσιν αὐτόν.
4:14 οἵτινες οὐκ ἐπίστασθε τὸ τῆς αὔριον ποία ἡ **ζωὴ** ὑμῶν·

1Pe 3: 7 ἀπονέμοντες τιμὴν ὡς καὶ συγκληρονόμοις χάριτος **ζωῆς** εἰς τὸ μὴ ἐγκόπτεσθαι τὰς προσευχὰς ὑμῶν.
3:10 ὁ γὰρ θέλων **ζωὴν** ἀγαπᾶν καὶ ἰδεῖν ἡμέρας ἀγαθὰς παυσάτω τὴν γλῶσσαν ἀπὸ κακοῦ καὶ χείλη τοῦ μὴ λαλῆσαι δόλον,

2Pe 1: 3 Ὡς πάντα ἡμῖν τῆς θείας δυνάμεως αὐτοῦ τὰ πρὸς **ζωὴν** καὶ εὐσέβειαν δεδωρημένης διὰ τῆς ἐπιγνώσεως τοῦ καλέσαντος

1Jn 1: 1 ὃ ἐθεασάμεθα καὶ αἱ χεῖρες ἡμῶν ἐψηλάφησαν περὶ τοῦ λόγου τῆς **ζωῆς**–
1: 2 καὶ ἡ **ζωὴ** ἐφανερώθη, καὶ ἑωράκαμεν καὶ μαρτυροῦμεν καὶ ἀπαγγέλλομεν ὑμῖν τὴν **ζωὴν** τὴν αἰώνιον ἥτις ἦν πρὸς τὸν πατέρα καὶ ἐφανερώθη ἡμῖν–
2:25 καὶ αὕτη ἐστὶν ἡ ἐπαγγελία ἣν αὐτὸς ἐπηγγείλατο ἡμῖν, τὴν **ζωὴν** τὴν αἰώνιον.
3:14 ἡμεῖς οἴδαμεν ὅτι μεταβεβήκαμεν ἐκ τοῦ θανάτου εἰς τὴν **ζωήν**,
3:15 καὶ οἴδατε ὅτι πᾶς ἀνθρωποκτόνος οὐκ ἔχει **ζωὴν** αἰώνιον ἐν αὐτῷ μένουσαν.
5:11 καὶ αὕτη ἐστὶν ἡ μαρτυρία, ὅτι **ζωὴν** αἰώνιον ἔδωκεν ἡμῖν ὁ θεός, καὶ αὕτη ἡ **ζωὴ** ἐν τῷ υἱῷ αὐτοῦ ἐστιν.
5:12 ὁ ἔχων τὸν υἱὸν ἔχει τὴν **ζωήν**· ὁ μὴ ἔχων τὸν υἱὸν τοῦ θεοῦ τὴν **ζωὴν** οὐκ ἔχει.
5:13 Ταῦτα ἔγραψα ὑμῖν ἵνα εἰδῆτε ὅτι **ζωὴν** ἔχετε αἰώνιον,
5:16 αἰτήσει καὶ δώσει αὐτῷ **ζωήν**, τοῖς ἁμαρτάνουσιν μὴ πρὸς θάνατον.
5:20 οὗτός ἐστιν ὁ ἀληθινὸς θεὸς καὶ **ζωὴ** αἰώνιος.

Jude 1:21 ἑαυτοὺς ἐν ἀγάπῃ θεοῦ τηρήσατε προσδεχόμενοι τὸ ἔλεος τοῦ κυρίου ἡμῶν Ἰησοῦ Χριστοῦ εἰς **ζωὴν** αἰώνιον.

Rev 2: 7 τῷ νικῶντι δώσω αὐτῷ φαγεῖν ἐκ τοῦ ξύλου τῆς **ζωῆς**,
2:10 γίνου πιστὸς ἄχρι θανάτου, καὶ δώσω σοι τὸν στέφανον τῆς **ζωῆς**.
3: 5 ὁ νικῶν οὕτως περιβαλεῖται ἐν ἱματίοις λευκοῖς καὶ οὐ μὴ ἐξαλείψω τὸ ὄνομα αὐτοῦ ἐκ τῆς βίβλου τῆς **ζωῆς**
7:17 ὅτι τὸ ἀρνίον τὸ ἀνὰ μέσον τοῦ θρόνου ποιμανεῖ αὐτοὺς καὶ ὁδηγήσει αὐτοὺς ἐπὶ **ζωῆς** πηγὰς ὑδάτων,
11:11 καὶ μετὰ τὰς τρεῖς ἡμέρας καὶ ἥμισυ πνεῦμα **ζωῆς** ἐκ τοῦ θεοῦ εἰσῆλθεν ἐν αὐτοῖς,
13: 8 οὗ οὐ γέγραπται τὸ ὄνομα αὐτοῦ ἐν τῷ βιβλίῳ τῆς **ζωῆς** τοῦ ἀρνίου τοῦ ἐσφαγμένου ἀπὸ καταβολῆς κόσμου.
16: 3 καὶ πᾶσα ψυχὴ **ζωῆς** ἀπέθανεν τὰ ἐν τῇ θαλάσσῃ.
17: 8 ὧν οὐ γέγραπται τὸ ὄνομα ἐπὶ τὸ βιβλίον τῆς **ζωῆς** ἀπὸ καταβολῆς κόσμου,
20:12 καὶ ἄλλο βιβλίον ἠνοίχθη, ὅ ἐστιν τῆς **ζωῆς**,
20:15 καὶ εἴ τις οὐχ εὑρέθη ἐν τῇ βίβλῳ τῆς **ζωῆς** γεγραμμένος,
21: 6 ἐγὼ τῷ διψῶντι δώσω ἐκ τῆς πηγῆς τοῦ ὕδατος τῆς **ζωῆς** δωρεάν.
21:27 καὶ οὐ μὴ εἰσέλθῃ εἰς αὐτὴν πᾶν κοινὸν καὶ [ὁ] ποιῶν βδέλυγμα καὶ ψεῦδος εἰ μὴ οἱ γεγραμμένοι ἐν τῷ βιβλίῳ τῆς **ζωῆς** τοῦ ἀρνίου.
22: 1 Καὶ ἔδειξέν μοι ποταμὸν ὕδατος **ζωῆς** λαμπρὸν ὡς κρύσταλλον,
22: 2 ἐν μέσῳ τῆς πλατείας αὐτῆς καὶ τοῦ ποταμοῦ ἐντεῦθεν καὶ ἐκεῖθεν ξύλον **ζωῆς** ποιοῦν καρποὺς δώδεκα,
22:14 ἵνα ἔσται ἡ ἐξουσία αὐτῶν ἐπὶ τὸ ξύλον τῆς **ζωῆς** καὶ τοῖς πυλῶσιν εἰσέλθωσιν εἰς τὴν πόλιν.
22:17 καὶ ὁ διψῶν ἐρχέσθω, ὁ θέλων λαβέτω ὕδωρ **ζωῆς** δωρεάν.
22:19 ἀφελεῖ ὁ θεὸς τὸ μέρος αὐτοῦ ἀπὸ τοῦ ξύλου τῆς **ζωῆς** καὶ ἐκ τῆς πόλεως τῆς ἁγίας τῶν γεγραμμένων ἐν τῷ βιβλίῳ τούτῳ.

2438 ζώνη [8]

√ *2439*

Mt 3: 4 Αὐτὸς δὲ ὁ Ἰωάννης εἶχεν τὸ ἔνδυμα αὐτοῦ ἀπὸ τριχῶν καμήλου καὶ **ζώνην** δερματίνην περὶ τὴν ὀσφὺν αὐτοῦ,
10: 9 Μὴ κτήσησθε χρυσὸν μηδὲ ἄργυρον μηδὲ χαλκὸν εἰς τὰς **ζώνας** ὑμῶν,

Mk 1: 6 καὶ ἦν ὁ Ἰωάννης ἐνδεδυμένος τρίχας καμήλου καὶ **ζώνην** δερματίνην περὶ τὴν ὀσφὺν αὐτοῦ καὶ ἐσθίων ἀκρίδας καὶ μέλι ἄγριον.
6: 8 μὴ ἄρτον, μὴ πήραν, μὴ εἰς τὴν **ζώνην** χαλκόν,

Ac 21:11 καὶ ἐλθὼν πρὸς ἡμᾶς καὶ ἄρας τὴν **ζώνην** τοῦ Παύλου, δήσας ἑαυτοῦ τοὺς πόδας καὶ τὰς χεῖρας εἶπεν, Τάδε λέγει τὸ πνεῦμα τὸ ἅγιον, Τὸν ἄνδρα οὗ ἐστιν ἡ **ζώνη** αὕτη,
Rev 1:13 καὶ ἐν μέσῳ τῶν λυχνιῶν ὅμοιον υἱὸν ἀνθρώπου ἐνδεδυμένον ποδήρη καὶ περιεζωσμένον πρὸς τοῖς μαστοῖς **ζώνην** χρυσᾶν.
15: 6 ἐνδεδυμένοι λίνον καθαρὸν λαμπρὸν καὶ περιεζωσμένοι περὶ τὰ στήθη **ζώνας** χρυσᾶς.

2439 ζώννυμι [3]

→ *350, 1346, 2438, 2440, 4322, 4323, 5690*

Jn 21:18 ὅτε ἦς νεώτερος, **ἐζώννυες** σεαυτὸν καὶ περιεπάτεις ὅπου ἤθελες· ὅταν δὲ γηράσῃς, ἐκτενεῖς τὰς χεῖράς σου, καὶ ἄλλος σε **ζώσει** καὶ οἴσει ὅπου οὐ θέλεις.
Ac 12: 8 εἶπεν δὲ ὁ ἄγγελος πρὸς αὐτόν, **Ζῶσαι** καὶ ὑπόδησαι τὰ σανδάλιά σου.

2440 ζωννύω Not used in UBS/NIV

√ *2439*

2441 ζωογονέω [3]

√ *2409 + 1181*

Lk 17:33 ὃς ἐὰν ζητήσῃ τὴν ψυχὴν αὐτοῦ περιποιήσασθαι ἀπολέσει αὐτήν, ὃς δ' ἂν ἀπολέσῃ **ζωογονήσει** αὐτήν.
Ac 7:19 οὗτος κατασοφισάμενος τὸ γένος ἡμῶν ἐκάκωσεν τοὺς πατέρας [ἡμῶν] τοῦ ποιεῖν τὰ βρέφη ἔκθετα αὐτῶν εἰς τὸ μὴ **ζωογονεῖσθαι.**
1Ti 6:13 παραγγέλλω [σοι] ἐνώπιον τοῦ θεοῦ τοῦ **ζωογονοῦντος** τὰ πάντα καὶ Χριστοῦ Ἰησοῦ τοῦ μαρτυρήσαντος ἐπὶ Ποντίου Πιλάτου τὴν καλὴν ὁμολογίαν,

2442 ζῷον [23]

√ *2409*

Heb 13:11 ὧν γὰρ εἰσφέρεται **ζῴων** τὸ αἷμα περὶ ἁμαρτίας εἰς τὰ ἅγια διὰ τοῦ ἀρχιερέως,
2Pe 2:12 οὗτοι δὲ ὡς ἄλογα **ζῷα** γεγεννημένα φυσικὰ εἰς ἅλωσιν καὶ φθορὰν ἐν οἷς ἀγνοοῦσιν βλασφημοῦντες,
Jude 1:10 ὅσα δὲ φυσικῶς ὡς τὰ ἄλογα **ζῷα** ἐπίστανται,
Rev 4: 6 Καὶ ἐν μέσῳ τοῦ θρόνου καὶ κύκλῳ τοῦ θρόνου τέσσαρα **ζῷα** γέμοντα ὀφθαλμῶν ἔμπροσθεν καὶ ὄπισθεν.
4: 7 καὶ τὸ **ζῷον** τὸ πρῶτον ὅμοιον λέοντι καὶ τὸ δεύτερον **ζῷον** ὅμοιον μόσχῳ καὶ τὸ τρίτον **ζῷον** ἔχων τὸ πρόσωπον ὡς ἀνθρώπου καὶ τὸ τέταρτον **ζῷον** ὅμοιον ἀετῷ πετομένῳ.
4: 8 καὶ τὰ τέσσαρα **ζῷα,** ἓν καθ' ἓν αὐτῶν ἔχων ἀνὰ πτέρυγας ἕξ,
4: 9 ὅταν δώσουσιν τὰ **ζῷα** δόξαν καὶ τιμὴν καὶ εὐχαριστίαν τῷ καθημένῳ ἐπὶ τῷ θρόνῳ τῷ ζῶντι εἰς τοὺς αἰῶνας τῶν αἰώνων,
5: 6 Καὶ εἶδον ἐν μέσῳ τοῦ θρόνου καὶ τῶν τεσσάρων **ζῴων** καὶ ἐν μέσῳ τῶν πρεσβυτέρων ἀρνίον ἑστηκὸς ὡς ἐσφαγμένον
5: 8 τὰ τέσσαρα **ζῷα** καὶ οἱ εἴκοσι τέσσαρες πρεσβύτεροι ἔπεσαν ἐνώπιον τοῦ ἀρνίου ἔχοντες ἕκαστος κιθάραν καὶ φιάλας
5:11 καὶ ἤκουσα φωνὴν ἀγγέλων πολλῶν κύκλῳ τοῦ θρόνου καὶ τῶν **ζῴων** καὶ τῶν πρεσβυτέρων,
5:14 καὶ τὰ τέσσαρα **ζῷα** ἔλεγον, Ἀμήν. καὶ οἱ πρεσβύτεροι ἔπεσαν καὶ προσεκύνησαν.
6: 1 καὶ ἤκουσα ἑνὸς ἐκ τῶν τεσσάρων **ζῴων** λέγοντος ὡς φωνὴ βροντῆς,
6: 3 Καὶ ὅτε ἤνοιξεν τὴν σφραγῖδα τὴν δευτέραν, ἤκουσα τοῦ δευτέρου **ζῴου** λέγοντος, Ἔρχου.
6: 5 Καὶ ὅτε ἤνοιξεν τὴν σφραγῖδα τὴν τρίτην, ἤκουσα τοῦ τρίτου **ζῴου** λέγοντος, Ἔρχου.
6: 6 καὶ ἤκουσα ὡς φωνὴν ἐν μέσῳ τῶν τεσσάρων **ζῴων** λέγουσαν,
6: 7 Καὶ ὅτε ἤνοιξεν τὴν σφραγῖδα τὴν τετάρτην, ἤκουσα φωνὴν τοῦ τετάρτου **ζῴου** λέγοντος, Ἔρχου.
7:11 οἱ ἄγγελοι εἱστήκεισαν κύκλῳ τοῦ θρόνου καὶ τῶν πρεσβυτέρων καὶ τῶν τεσσάρων **ζῴων** καὶ ἔπεσαν ἐνώπιον τοῦ θρόνου
14: 3 καὶ ᾄδουσιν [ὡς] ᾠδὴν καινὴν ἐνώπιον τοῦ θρόνου καὶ ἐνώπιον τῶν τεσσάρων **ζῴων** καὶ τῶν πρεσβυτέρων,
15: 7 καὶ ἓν ἐκ τῶν τεσσάρων **ζῴων** ἔδωκεν τοῖς ἑπτὰ ἀγγέλοις ἑπτὰ φιάλας χρυσᾶς γεμούσας τοῦ θυμοῦ τοῦ θεοῦ τοῦ ζῶντος
19: 4 καὶ ἔπεσαν οἱ πρεσβύτεροι οἱ εἴκοσι τέσσαρες καὶ τὰ τέσσαρα **ζῷα** καὶ προσεκύνησαν τῷ θεῷ τῷ καθημένῳ ἐπὶ τῷ θρόνῳ

2443 ζῳοποιέω [11]

√ *2409 + 4472*

Jn 5:21 ὥσπερ γὰρ ὁ πατὴρ ἐγείρει τοὺς νεκροὺς καὶ **ζῳοποιεῖ,** οὕτως καὶ ὁ υἱὸς οὓς θέλει **ζῳοποιεῖ.**
6:63 τὸ πνεῦμά ἐστιν τὸ **ζῳοποιοῦν,** ἡ σὰρξ οὐκ ὠφελεῖ οὐδέν·
Ro 4:17 κατέναντι οὗ ἐπίστευσεν θεοῦ τοῦ **ζῳοποιοῦντος** τοὺς νεκροὺς καὶ καλοῦντος τὰ μὴ ὄντα ὡς ὄντα·
8:11 ὁ ἐγείρας Χριστὸν ἐκ νεκρῶν **ζῳοποιήσει** καὶ τὰ θνητὰ σώματα ὑμῶν διὰ τοῦ ἐνοικοῦντος αὐτοῦ πνεύματος ἐν ὑμῖν.
1Co 15:22 ὥσπερ γὰρ ἐν τῷ Ἀδὰμ πάντες ἀποθνῄσκουσιν, οὕτως καὶ ἐν τῷ Χριστῷ πάντες **ζῳοποιηθήσονται.**
15:36 σὺ ὃ σπείρεις, οὐ **ζῳοποιεῖται** ἐὰν μὴ ἀποθάνῃ·
15:45 Ἐγένετο ὁ πρῶτος ἄνθρωπος Ἀδὰμ εἰς ψυχὴν ζῶσαν, ὁ ἔσχατος Ἀδὰμ εἰς πνεῦμα **ζῳοποιοῦν.**
2Co 3: 6 τὸ γὰρ γράμμα ἀποκτέννει, τὸ δὲ πνεῦμα **ζῳοποιεῖ.**
Gal 3:21 εἰ γὰρ ἐδόθη νόμος ὁ δυνάμενος **ζῳοποιῆσαι,** ὄντως ἐκ νόμου ἂν ἦν ἡ δικαιοσύνη·
1Pe 3:18 ἵνα ὑμᾶς προσαγάγῃ τῷ θεῷ θανατωθεὶς μὲν σαρκὶ **ζῳοποιηθεὶς** δὲ πνεύματι·

Η, η

2444 η Not used in UBS/NIV

2445 ἤ [343 / 341] See Index of Articles, Etc.

→ *2472, 2486*

ἀλλ' ἤ [2] Lk 12:51; 2Co 1:13

ἢ γάρ [2] Mt 6:24; Lk 16:13

ἢ ... ἵνα [3] Lk 17:2; Jn 13:29; Ro 9:11

ἢ καί [10] Mt 7:10; Lk 11:12; 12:41; 18:11; Ro 2:15; 4:9; 14:10; 1Co 9:8; 16:6; 2Co 1:13

ἢ μή [2] Mk 12:15; 2Co 3:1

ἢ ὅτε [1] Ro 13:11

ἢ οὐ [12] Mt 12:5; 22:17; Mk 12:14; Lk 14:3; 20:22; Ro 9:21; 11:2; 1Co 6:2,9,16,19; 2Co 13:5

ἢ πῶς [4] Mt 7:4; 10:19; 12:29; Lk 12:11

ἢ τίς [21] Mt 6:25,31,31; 7:9; 16:26; Mk 11:28; Lk 12:11; 14:31; 15:8; 20:2; Jn 4:27; 9:21; Ac 7:49; Ro 3:1; 10:7; 11:34,35; 1Co 7:16; 9:7; 2Co 6:14,15

πρίν ἤ [5] Mt 1:18; Mk 14:30; Lk 2:26; Ac 7:2; 25:16

2446 ἦ Not used in UBS/NIV

→ *2447*

2447 ἦ μήν Not used in UBS/NIV

√ *2446 + 3605*

2448 ἡγεμονεύω [2]

√ *72*

Lk 2: 2 αὕτη ἀπογραφὴ πρώτη ἐγένετο **ἡγεμονεύοντος** τῆς Συρίας Κυρηνίου.
3: 1 **ἡγεμονεύοντος** Ποντίου Πιλάτου τῆς Ἰουδαίας, καὶ τετρααρχοῦντος τῆς Γαλιλαίας Ἡρῴδου,

2449 ἡγεμονία [1]

√ *72*

Lk 3: 1 Ἐν ἔτει δὲ πεντεκαιδεκάτῳ τῆς **ἡγεμονίας** Τιβερίου Καίσαρος,

2450 ἡγεμών [20]

√ *72*

Mt 2: 6 γῆ Ἰούδα, οὐδαμῶς ἐλαχίστη εἶ ἐν τοῖς **ἡγεμόσιν** Ἰούδα·

10:18 καὶ ἐπὶ **ἡγεμόνας** δὲ καὶ βασιλεῖς ἀχθήσεσθε ἕνεκεν ἐμοῦ εἰς μαρτύριον αὐτοῖς καὶ τοῖς ἔθνεσιν.
27: 2 καὶ δήσαντες αὐτὸν ἀπήγαγον καὶ παρέδωκαν Πιλάτῳ τῷ **ἡγεμόνι.**
27:11 Ἰησοῦς ἐστάθη ἔμπροσθεν τοῦ **ἡγεμόνος·** καὶ ἐπηρώτησεν αὐτὸν ὁ **ἡγεμὼν** λέγων, Σὺ εἶ ὁ βασιλεὺς τῶν Ἰουδαίων;
27:14 καὶ οὐκ ἀπεκρίθη αὐτῷ πρὸς οὐδὲ ἓν ῥῆμα, ὥστε θαυμάζειν τὸν **ἡγεμόνα** λίαν.
27:15 Κατὰ δὲ ἑορτὴν εἰώθει ὁ **ἡγεμὼν** ἀπολύειν ἕνα τῷ ὄχλῳ δέσμιον ὃν ἤθελον.
27:21 ἀποκριθεὶς δὲ ὁ **ἡγεμὼν** εἶπεν αὐτοῖς, Τίνα θέλετε ἀπὸ τῶν δύο ἀπολύσω ὑμῖν;
27:27 Τότε οἱ στρατιῶται τοῦ **ἡγεμόνος** παραλαβόντες τὸν Ἰησοῦν εἰς τὸ πραιτώριον συνήγαγον ἐπ᾽ αὐτὸν ὅλην τὴν σπεῖραν.
28:14 καὶ ἐὰν ἀκουσθῇ τοῦτο ἐπὶ τοῦ **ἡγεμόνος,** ἡμεῖς πείσομεν [αὐτὸν] καὶ ὑμᾶς ἀμερίμνους ποιήσομεν.
Mk 13: 9 καὶ εἰς συναγωγὰς δαρήσεσθε καὶ ἐπὶ **ἡγεμόνων** καὶ βασιλέων σταθήσεσθε ἕνεκεν ἐμοῦ εἰς μαρτύριον αὐτοῖς.
Lk 20:20 ὥστε παραδοῦναι αὐτὸν τῇ ἀρχῇ καὶ τῇ ἐξουσίᾳ τοῦ **ἡγεμόνος.**
21:12 ἀπαγομένους ἐπὶ βασιλεῖς καὶ **ἡγεμόνας** ἕνεκεν τοῦ ὀνόματός μου·
Ac 23:24 κτήνη τε παραστῆσαι ἵνα ἐπιβιβάσαντες τὸν Παῦλον διασώσωσι πρὸς **Φήλικα** τὸν **ἡγεμόνα,**
23:26 Κλαύδιος Λυσίας τῷ κρατίστῳ **ἡγεμόνι Φήλικι** χαίρειν.
23:33 οἵτινες εἰσελθόντες εἰς τὴν Καισάρειαν καὶ ἀναδόντες τὴν ἐπιστολὴν τῷ **ἡγεμόνι** παρέστησαν καὶ τὸν Παῦλον αὐτῷ.
24: 1 Ἀνανίας μετὰ πρεσβυτέρων τινῶν καὶ ῥήτορος Τερτύλλου τινός, οἵτινες ἐνεφάνισαν τῷ **ἡγεμόνι** κατὰ τοῦ Παύλου.
24:10 Ἀπεκρίθη τε ὁ Παῦλος νεύσαντος αὐτῷ τοῦ **ἡγεμόνος** λέγειν,
26:30 Ἀνέστη τε ὁ βασιλεὺς καὶ ὁ **ἡγεμὼν** ἥ τε Βερνίκη καὶ οἱ συγκαθήμενοι αὐτοῖς,
1Pe 2:14 εἴτε **ἡγεμόσιν** ὡς δι᾽ αὐτοῦ πεμπομένοις εἰς ἐκδίκησιν κακοποιῶν ἔπαινον δὲ ἀγαθοποιῶν·

2451 ἡγέομαι [28]

√ *72*

ἡγούμενος [8] Mt 2:6; Lk 22:26; Ac 7:10; 14:12; 15:22; Heb 13:7,17,24

Mt 2: 6 ἐκ σοῦ γὰρ ἐξελεύσεται **ἡγούμενος,** ὅστις ποιμανεῖ τὸν λαόν μου τὸν Ἰσραήλ.
Lk 22:26 ἀλλ᾽ ὁ μείζων ἐν ὑμῖν γινέσθω ὡς ὁ νεώτερος καὶ ὁ **ἡγούμενος** ὡς ὁ διακονῶν.
Ac 7:10 καὶ ἔδωκεν αὐτῷ χάριν καὶ σοφίαν ἐναντίον Φαραὼ βασιλέως Αἰγύπτου καὶ κατέστησεν αὐτὸν **ἡγούμενον** ἐπ᾽ Αἴγυπτον
14:12 ἐκάλουν τε τὸν Βαρναβᾶν Δία, τὸν δὲ Παῦλον Ἑρμῆν, ἐπειδὴ αὐτὸς ἦν ὁ **ἡγούμενος** τοῦ λόγου.
15:22 Ἰούδαν τὸν καλούμενον Βαρσαββᾶν καὶ Σιλᾶν, ἄνδρας **ἡγουμένους** ἐν τοῖς ἀδελφοῖς,
26: 2 **ἥγημαι** ἐμαυτὸν μακάριον ἐπὶ σοῦ μέλλων σήμερον ἀπολογεῖσθαι
2Co 9: 5 ἀναγκαῖον οὖν **ἡγησάμην** παρακαλέσαι τοὺς ἀδελφούς, ἵνα προέλθωσιν εἰς ὑμᾶς καὶ προκαταρτίσωσιν
Php 2: 3 μηδὲν κατ᾽ ἐριθείαν μηδὲ κατὰ κενοδοξίαν ἀλλὰ τῇ ταπεινοφροσύνῃ ἀλλήλους **ἡγούμενοι** ὑπερέχοντας ἑαυτῶν,
2: 6 ὃς ἐν μορφῇ θεοῦ ὑπάρχων οὐχ ἁρπαγμὸν **ἡγήσατο** τὸ εἶναι ἴσα θεῷ,
2:25 Ἀναγκαῖον δὲ **ἡγησάμην** Ἐπαφρόδιτον τὸν ἀδελφὸν καὶ συνεργὸν καὶ συστρατιώτην μου,
3: 7 [ἀλλὰ] ἅτινα ἦν μοι κέρδη, ταῦτα **ἥγημαι** διὰ τὸν Χριστὸν ζημίαν.
3: 8 καὶ **ἡγοῦμαι** πάντα ζημίαν εἶναι διὰ τὸ ὑπερέχον τῆς γνώσεως Χριστοῦ Ἰησοῦ τοῦ κυρίου μου, δι᾽ ὃν τὰ πάντα ἐζημιώθην, καὶ **ἡγοῦμαι** σκύβαλα, ἵνα Χριστὸν κερδήσω
1Th 5:13 καὶ **ἡγεῖσθαι** αὐτοὺς ὑπερεκπερισσοῦ ἐν ἀγάπῃ διὰ τὸ ἔργον αὐτῶν.
2Th 3:15 καὶ μὴ ὡς ἐχθρὸν **ἡγεῖσθε,** ἀλλὰ νουθετεῖτε ὡς ἀδελφόν.
1Ti 1:12 Χάριν ἔχω τῷ ἐνδυναμώσαντί με Χριστῷ Ἰησοῦ τῷ κυρίῳ ἡμῶν, ὅτι πιστόν με **ἡγήσατο** θέμενος εἰς διακονίαν
6: 1 Ὅσοι εἰσὶν ὑπὸ ζυγὸν δοῦλοι, τοὺς ἰδίους δεσπότας πάσης τιμῆς ἀξίους **ἡγείσθωσαν,**
Heb 10:29 πόσῳ δοκεῖτε χείρονος ἀξιωθήσεται τιμωρίας ὁ τὸν υἱὸν τοῦ θεοῦ καταπατήσας καὶ τὸ αἷμα τῆς διαθήκης κοινὸν **ἡγησάμενος,**
11:11 Πίστει καὶ αὐτὴ Σάρρα στεῖρα δύναμιν εἰς καταβολὴν σπέρματος ἔλαβεν καὶ παρὰ καιρὸν ἡλικίας, ἐπεὶ πιστὸν **ἡγήσατο** τὸν ἐπαγγειλάμενον.
11:26 μείζονα πλοῦτον **ἡγησάμενος** τῶν Αἰγύπτου θησαυρῶν τὸν ὀνειδισμὸν τοῦ Χριστοῦ·
13: 7 Μνημονεύετε τῶν **ἡγουμένων** ὑμῶν, οἵτινες ἐλάλησαν ὑμῖν τὸν λόγον τοῦ θεοῦ,
13:17 Πείθεσθε τοῖς **ἡγουμένοις** ὑμῶν καὶ ὑπείκετε, αὐτοὶ γὰρ ἀγρυπνοῦσιν ὑπὲρ τῶν ψυχῶν ὑμῶν ὡς λόγον ἀποδώσοντες,
13:24 Ἀσπάσασθε πάντας τοὺς **ἡγουμένους** ὑμῶν καὶ πάντας τοὺς ἁγίους.
Jas 1: 2 Πᾶσαν χαρὰν **ἡγήσασθε,** ἀδελφοί μου, ὅταν πειρασμοῖς περιπέσητε ποικίλοις,
2Pe 1:13 δίκαιον δὲ **ἡγοῦμαι,** ἐφ᾽ ὅσον εἰμὶ ἐν τούτῳ τῷ σκηνώματι,
2:13 ἀδικούμενοι μισθὸν ἀδικίας, ἡδονὴν **ἡγούμενοι** τὴν ἐν ἡμέρᾳ τρυφήν,
3: 9 ὥς τινες βραδύτητα **ἡγοῦνται,** ἀλλὰ μακροθυμεῖ εἰς ὑμᾶς,
3:15 καὶ τὴν τοῦ κυρίου ἡμῶν μακροθυμίαν σωτηρίαν **ἡγεῖσθε,**

2452 ἡδέως [5]

√ *2454*

ἥδιστα [2] 2Co 12:9,15

Mk 6:20 καὶ ἀκούσας αὐτοῦ πολλὰ ἠπόρει, καὶ **ἡδέως** αὐτοῦ ἤκουεν.
12:37 καὶ πόθεν αὐτοῦ ἐστιν υἱός; καὶ [ὁ] πολὺς ὄχλος ἤκουεν αὐτοῦ **ἡδέως.**
2Co 11:19 **ἡδέως** γὰρ ἀνέχεσθε τῶν ἀφρόνων φρόνιμοι ὄντες·
12: 9 **ἥδιστα** οὖν μᾶλλον καυχήσομαι ἐν ταῖς ἀσθενείαις μου,
12:15 ἐγὼ δὲ **ἥδιστα** δαπανήσω καὶ ἐκδαπανηθήσομαι ὑπὲρ τῶν ψυχῶν ὑμῶν.

2453 ἤδη [61]

ἤδη ποτέ [2] Ro 1:10; Php 4:10

νῦν ... ἤδη [1] Jn 4:3

Mt 3:10 **ἤδη** δὲ ἡ ἀξίνη πρὸς τὴν ῥίζαν τῶν δένδρων κεῖται·
5:28 ἐγὼ δὲ λέγω ὑμῖν ὅτι πᾶς ὁ βλέπων γυναῖκα πρὸς τὸ ἐπιθυμῆσαι αὐτὴν **ἤδη** ἐμοίχευσεν αὐτὴν ἐν τῇ καρδίᾳ αὐτοῦ.
14:15 Ἔρημός ἐστιν ὁ τόπος καὶ ἡ ὥρα **ἤδη** παρῆλθεν·
14:24 τὸ δὲ πλοῖον **ἤδη** σταδίους πολλοὺς ἀπὸ τῆς γῆς ἀπεῖχεν βασανιζόμενον ὑπὸ τῶν κυμάτων,
15:32 ὅτι **ἤδη** ἡμέραι τρεῖς προσμένουσίν μοι καὶ οὐκ ἔχουσιν τί φάγωσιν·
17:12 λέγω δὲ ὑμῖν ὅτι Ἠλίας **ἤδη** ἦλθεν, καὶ οὐκ ἐπέγνωσαν αὐτὸν ἀλλὰ ἐποίησαν ἐν αὐτῷ ὅσα ἠθέλησαν·
24:32 ὅταν **ἤδη** ὁ κλάδος αὐτῆς γένηται ἁπαλὸς καὶ τὰ φύλλα ἐκφύῃ,
Mk 4:37 καὶ γίνεται λαῖλαψ μεγάλη ἀνέμου καὶ τὰ κύματα ἐπέβαλλεν εἰς τὸ πλοῖον, ὥστε **ἤδη** γεμίζεσθαι τὸ πλοῖον.
6:35 Καὶ **ἤδη** ὥρας πολλῆς γενομένης προσελθόντες αὐτῷ οἱ μαθηταὶ αὐτοῦ ἔλεγον ὅτι Ἔρημός ἐστιν ὁ τόπος καὶ **ἤδη** ὥρα πολλή·
8: 2 ὅτι **ἤδη** ἡμέραι τρεῖς προσμένουσίν μοι καὶ οὐκ ἔχουσιν τί φάγωσιν·
11:11 ὀψίας **ἤδη** οὔσης τῆς ὥρας, ἐξῆλθεν εἰς Βηθανίαν μετὰ τῶν δώδεκα.
13:28 ὅταν **ἤδη** ὁ κλάδος αὐτῆς ἁπαλὸς γένηται καὶ ἐκφύῃ τὰ φύλλα,
15:42 Καὶ **ἤδη** ὀψίας γενομένης, ἐπεὶ ἦν παρασκευὴ ὅ ἐστιν προσάββατον,
15:44 ὁ δὲ Πιλᾶτος ἐθαύμασεν εἰ **ἤδη** τέθνηκεν καὶ προσκαλεσάμενος τὸν κεντυρίωνα ἐπηρώτησεν αὐτὸν εἰ πάλαι ἀπέθανεν·
Lk 3: 9 **ἤδη** δὲ καὶ ἡ ἀξίνη πρὸς τὴν ῥίζαν τῶν δένδρων κεῖται·
7: 6 **ἤδη** δὲ αὐτοῦ οὐ μακρὰν ἀπέχοντος ἀπὸ τῆς οἰκίας ἔπεμψεν φίλους ὁ ἑκατοντάρχης λέγων αὐτῷ,
11: 7 **ἤδη** ἡ θύρα κέκλεισται καὶ τὰ παιδία μου μετ᾽ ἐμοῦ εἰς τὴν κοίτην εἰσίν·
12:49 Πῦρ ἦλθον βαλεῖν ἐπὶ τὴν γῆν, καὶ τί θέλω εἰ **ἤδη** ἀνήφθη.
14:17 καὶ ἀπέστειλεν τὸν δοῦλον αὐτοῦ τῇ ὥρᾳ τοῦ δείπνου εἰπεῖν τοῖς κεκλημένοις, Ἔρχεσθε, ὅτι **ἤδη** ἕτοιμά ἐστιν.
19:37 Ἐγγίζοντος δὲ αὐτοῦ **ἤδη** πρὸς τῇ καταβάσει τοῦ Ὄρους τῶν Ἐλαιῶν ἤρξαντο ἅπαν τὸ πλῆθος τῶν μαθητῶν χαίροντες
21:30 ὅταν προβάλωσιν **ἤδη,** βλέποντες ἀφ᾽ ἑαυτῶν γινώσκετε ὅτι **ἤδη** ἐγγὺς τὸ θέρος ἐστίν·
23:44 Καὶ ἦν **ἤδη** ὡσεὶ ὥρα ἕκτη καὶ σκότος ἐγένετο ἐφ᾽ ὅλην τὴν γῆν ἕως ὥρας ἐνάτης

24:29 ὅτι πρὸς ἑσπέραν ἐστὶν καὶ κέκλικεν **ἤδη** ἡ ἡμέρα.
Jn 3:18 ὁ δὲ μὴ πιστεύων **ἤδη** κέκριται, ὅτι μὴ πεπίστευκεν εἰς τὸ ὄνομα τοῦ μονογενοῦς υἱοῦ τοῦ θεοῦ.
4:35 ἐπάρατε τοὺς ὀφθαλμοὺς ὑμῶν καὶ θεάσασθε τὰς χώρας ὅτι λευκαί εἰσιν πρὸς θερισμόν. **ἤδη**
4:51 **ἤδη** δὲ αὐτοῦ καταβαίνοντος οἱ δοῦλοι αὐτοῦ ὑπήντησαν αὐτῷ λέγοντες ὅτι ὁ παῖς αὐτοῦ ζῇ.
5: 6 τοῦτον ἰδὼν ὁ Ἰησοῦς κατακείμενον καὶ γνοὺς ὅτι πολὺν **ἤδη** χρόνον ἔχει,
6:17 καὶ σκοτία **ἤδη** ἐγεγόνει καὶ οὔπω ἐληλύθει πρὸς αὐτοὺς ὁ Ἰησοῦς,
7:14 **Ἤδη** δὲ τῆς ἑορτῆς μεσούσης ἀνέβη Ἰησοῦς εἰς τὸ ἱερὸν καὶ ἐδίδασκεν.
9:22 **ἤδη** γὰρ συνετέθειντο οἱ Ἰουδαῖοι ἵνα ἐάν τις αὐτὸν ὁμολογήσῃ Χριστόν,
9:27 ἀπεκρίθη αὐτοῖς, Εἶπον ὑμῖν **ἤδη** καὶ οὐκ ἠκούσατε·
11:17 Ἐλθὼν οὖν ὁ Ἰησοῦς εὗρεν αὐτὸν τέσσαρας **ἤδη** ἡμέρας ἔχοντα ἐν τῷ μνημείῳ.
11:39 λέγει αὐτῷ ἡ ἀδελφὴ τοῦ τετελευτηκότος Μάρθα, Κύριε, **ἤδη** ὄζει, τεταρταῖος γάρ ἐστιν.
13: 2 τοῦ διαβόλου **ἤδη** βεβληκότος εἰς τὴν καρδίαν ἵνα παραδοῖ αὐτὸν Ἰούδας Σίμωνος Ἰσκαριώτου,
15: 3 **ἤδη** ὑμεῖς καθαροί ἐστε διὰ τὸν λόγον ὃν λελάληκα ὑμῖν·
19:28 Μετὰ τοῦτο εἰδὼς ὁ Ἰησοῦς ὅτι **ἤδη** πάντα τετέλεσται,
19:33 ὡς εἶδον **ἤδη** αὐτὸν τεθνηκότα, οὐ κατέαξαν αὐτοῦ τὰ σκέλη,
21: 4 πρωΐας δὲ **ἤδη** γενομένης ἔστη Ἰησοῦς εἰς τὸν αἰγιαλόν,
21:14 τοῦτο **ἤδη** τρίτον ἐφανερώθη Ἰησοῦς τοῖς μαθηταῖς ἐγερθεὶς ἐκ νεκρῶν.
Ac 4: 3 καὶ ἐπέβαλον αὐτοῖς τὰς χεῖρας καὶ ἔθεντο εἰς τήρησιν εἰς τὴν αὔριον· ἦν γὰρ ἑσπέρα **ἤδη**
27: 9 Ἱκανοῦ δὲ χρόνου διαγενομένου καὶ ὄντος **ἤδη** ἐπισφαλοῦς τοῦ πλοὸς διὰ τὸ καὶ τὴν νηστείαν **ἤδη** παρεληλυθέναι παρῄνει ὁ Παῦλος
Ro 1:10 πάντοτε ἐπὶ τῶν προσευχῶν μου δεόμενος εἴ πως **ἤδη** ποτὲ εὐοδωθήσομαι ἐν τῷ θελήματι τοῦ θεοῦ ἐλθεῖν πρὸς ὑμᾶς.
4:19 καὶ μὴ ἀσθενήσας τῇ πίστει κατενόησεν τὸ ἑαυτοῦ σῶμα [**ἤδη**] νενεκρωμένον,
13:11 Καὶ τοῦτο εἰδότες τὸν καιρόν, ὅτι ὥρα **ἤδη** ὑμᾶς ἐξ ὕπνου ἐγερθῆναι,
1Co 4: 8 **ἤδη** κεκορεσμένοι ἐστέ, **ἤδη** ἐπλουτήσατε, χωρὶς ἡμῶν ἐβασιλεύσατε·
5: 3 **ἤδη** κέκρικα ὡς παρὼν τὸν οὕτως τοῦτο κατεργασάμενον·
6: 7 **ἤδη** μὲν [οὖν] ὅλως ἥττημα ὑμῖν ἐστιν ὅτι κρίματα ἔχετε μεθ' ἑαυτῶν.
Php 3:12 Οὐχ ὅτι **ἤδη** ἔλαβον ἢ **ἤδη** τετελείωμαι, διώκω δὲ εἰ καὶ καταλάβω,
4:10 Ἐχάρην δὲ ἐν κυρίῳ μεγάλως ὅτι **ἤδη** ποτὲ ἀνεθάλετε τὸ ὑπὲρ ἐμοῦ φρονεῖν,
2Th 2: 7 τὸ γὰρ μυστήριον **ἤδη** ἐνεργεῖται τῆς ἀνομίας· μόνον ὁ κατέχων ἄρτι ἕως ἐκ μέσου γένηται.
1Ti 5:15 **ἤδη** γάρ τινες ἐξετράπησαν ὀπίσω τοῦ Σατανᾶ.
2Ti 2:18 λέγοντες [τὴν] ἀνάστασιν **ἤδη** γεγονέναι, καὶ ἀνατρέπουσιν τήν τινων πίστιν.
4: 6 Ἐγὼ γὰρ **ἤδη** σπένδομαι, καὶ ὁ καιρὸς τῆς ἀναλύσεώς μου ἐφέστηκεν.
2Pe 3: 1 Ταύτην **ἤδη,** ἀγαπητοί, δευτέραν ὑμῖν γράφω ἐπιστολὴν ἐν αἷς διεγείρω ὑμῶν ἐν ὑπομνήσει τὴν εἰλικρινῆ διάνοιαν
1Jn 2: 8 ὅτι ἡ σκοτία παράγεται καὶ τὸ φῶς τὸ ἀληθινὸν **ἤδη** φαίνει.
4: 3 ὃ ἀκηκόατε ὅτι ἔρχεται, καὶ νῦν ἐν τῷ κόσμῳ ἐστὶν **ἤδη.**

2454 ἡδονή [5]

→ *112, 830, 881, 2452, 2455, 5310, 5798*

Lk 8:14 καὶ ὑπὸ μεριμνῶν καὶ πλούτου καὶ **ἡδονῶν** τοῦ βίου πορευόμενοι συμπνίγονται καὶ οὐ τελεσφοροῦσιν.
Tit 3: 3 ἀπειθεῖς, πλανώμενοι, δουλεύοντες ἐπιθυμίαις καὶ **ἡδοναῖς** ποικίλαις, ἐν κακίᾳ καὶ φθόνῳ διάγοντες,
Jas 4: 1 ἐκ τῶν **ἡδονῶν** ὑμῶν τῶν στρατευομένων ἐν τοῖς μέλεσιν ὑμῶν;
4: 3 αἰτεῖτε καὶ οὐ λαμβάνετε διότι κακῶς αἰτεῖσθε, ἵνα ἐν ταῖς **ἡδοναῖς** ὑμῶν δαπανήσητε.
2Pe 2:13 ἀδικούμενοι μισθὸν ἀδικίας, **ἡδονὴν** ἡγούμενοι τὴν ἐν ἡμέρᾳ τρυφήν,

2455 ἡδύοσμον [2]

√ *2454 + 3853*

Mt 23:23 ὅτι ἀποδεκατοῦτε τὸ **ἡδύοσμον** καὶ τὸ ἄνηθον καὶ τὸ κύμινον καὶ ἀφήκατε τὰ βαρύτερα τοῦ νόμου,
Lk 11:42 ὅτι ἀποδεκατοῦτε τὸ **ἡδύοσμον** καὶ τὸ πήγανον καὶ πᾶν λάχανον καὶ παρέρχεσθε τὴν κρίσιν καὶ τὴν ἀγάπην τοῦ θεοῦ·

2456 ἦθος [1]

√ *1621*

1Co 15:33 μὴ πλανᾶσθε· Φθείρουσιν **ἤθη** χρηστὰ ὁμιλίαι κακαί.

2457 ἥκω [26 / 25]

→ *465, 2763*

Mt 8:11 πολλοὶ ἀπὸ ἀνατολῶν καὶ δυσμῶν **ἥξουσιν** καὶ ἀνακλιθήσονται μετὰ Ἀβραὰμ καὶ Ἰσαὰκ καὶ Ἰακὼβ ἐν τῇ βασιλείᾳ
23:36 ἀμὴν λέγω ὑμῖν, **ἥξει** ταῦτα πάντα ἐπὶ τὴν γενεὰν ταύτην.
24:14 καὶ κηρυχθήσεται τοῦτο τὸ εὐαγγέλιον τῆς βασιλείας ἐν ὅλῃ τῇ οἰκουμένῃ εἰς μαρτύριον πᾶσιν τοῖς ἔθνεσιν, καὶ τότε **ἥξει** τὸ τέλος.
24:50 **ἥξει** ὁ κύριος τοῦ δούλου ἐκείνου ἐν ἡμέρᾳ ᾗ οὐ προσδοκᾷ καὶ ἐν ὥρᾳ ᾗ οὐ γινώσκει,
Mk 8: 3 ἐκλυθήσονται ἐν τῇ ὁδῷ· καί τινες αὐτῶν ἀπὸ μακρόθεν **ἥκασιν.**
Lk 12:46 **ἥξει** ὁ κύριος τοῦ δούλου ἐκείνου ἐν ἡμέρᾳ ᾗ οὐ προσδοκᾷ καὶ ἐν ὥρᾳ ᾗ οὐ γινώσκει,
13:29 καὶ **ἥξουσιν** ἀπὸ ἀνατολῶν καὶ δυσμῶν καὶ ἀπὸ βορρᾶ καὶ νότου καὶ ἀνακλιθήσονται ἐν τῇ βασιλείᾳ τοῦ θεοῦ.
13:35 οὐ μὴ ἴδητέ με ἕως [**ἥξει**[NIV-] ὅτε] εἴπητε,
15:27 ὁ δὲ εἶπεν αὐτῷ ὅτι Ὁ ἀδελφός σου **ἥκει,**
19:43 ὅτι **ἥξουσιν** ἡμέραι ἐπὶ σὲ καὶ παρεμβαλοῦσιν οἱ ἐχθροί σου χάρακά σοι καὶ περικυκλώσουσίν σε
Jn 2: 4 Τί ἐμοὶ καὶ σοί, γύναι; οὔπω **ἥκει** ἡ ὥρα μου.
4:47 οὗτος ἀκούσας ὅτι Ἰησοῦς **ἥκει** ἐκ τῆς Ἰουδαίας εἰς τὴν Γαλιλαίαν ἀπῆλθεν πρὸς αὐτὸν καὶ ἠρώτα ἵνα καταβῇ
6:37 Πᾶν ὃ δίδωσίν μοι ὁ πατὴρ πρὸς ἐμὲ **ἥξει,**
8:42 ἐγὼ γὰρ ἐκ τοῦ θεοῦ ἐξῆλθον καὶ **ἥκω·**
Ro 11:26 καθὼς γέγραπται, **Ἥξει** ἐκ Σιὼν ὁ ῥυόμενος, ἀποστρέψει ἀσεβείας ἀπὸ Ἰακώβ.
Heb 10: 7 τότε εἶπον, Ἰδοὺ **ἥκω,** ἐν κεφαλίδι βιβλίου γέγραπται περὶ ἐμοῦ,
10: 9 τότε εἴρηκεν, Ἰδοὺ **ἥκω** τοῦ ποιῆσαι τὸ θέλημά σου.
10:37 ἔτι γὰρ μικρὸν ὅσον ὅσον, ὁ ἐρχόμενος **ἥξει** καὶ οὐ χρονίσει·
2Pe 3:10 **Ἥξει** δὲ ἡμέρα κυρίου ὡς κλέπτης, ἐν ᾗ οἱ οὐρανοὶ ῥοιζηδὸν παρελεύσονται στοιχεῖα δὲ καυσούμενα λυθήσεται καὶ γῆ
1Jn 5:20 οἴδαμεν δὲ ὅτι ὁ υἱὸς τοῦ θεοῦ **ἥκει** καὶ δέδωκεν ἡμῖν διάνοιαν ἵνα γινώσκωμεν τὸν ἀληθινόν,
Rev 2:25 πλὴν ὃ ἔχετε κρατήσατε ἄχρι[ς] οὗ ἂν **ἥξω.**
3: 3 ἐὰν οὖν μὴ γρηγορήσῃς, **ἥξω** ὡς κλέπτης, καὶ οὐ μὴ γνῷς ποίαν ὥραν **ἥξω** ἐπὶ σέ.
3: 9 ἰδοὺ ποιήσω αὐτοὺς ἵνα **ἥξουσιν** καὶ προσκυνήσουσιν ἐνώπιον τῶν ποδῶν σου καὶ γνῶσιν ὅτι ἐγὼ ἠγάπησά σε.
15: 4 ὅτι πάντα τὰ ἔθνη **ἥξουσιν** καὶ προσκυνήσουσιν ἐνώπιόν σου,
18: 8 διὰ τοῦτο ἐν μιᾷ ἡμέρᾳ **ἥξουσιν** αἱ πληγαὶ αὐτῆς,

2458 ἠλί[1] [2 / 0]

√ *cf. 1830*

Mt 27:46 περὶ δὲ τὴν ἐνάτην ὥραν ἀνεβόησεν ὁ Ἰησοῦς φωνῇ μεγάλῃ λέγων, **Ηλι ηλι**[UBS; NIV 2x *1830*] λεμα σαβαχθανι;

2459 Ἠλί[2] [1]

Lk 3:23 Καὶ αὐτὸς ἦν Ἰησοῦς ἀρχόμενος ὡσεὶ ἐτῶν τριάκοντα, ὢν υἱός, ὡς ἐνομίζετο, Ἰωσὴφ τοῦ **Ἠλὶ**

2460 Ἠλίας [29]

πνεῦμα Ἠλίου [1] Lk 1:17

Mt 11:14 καὶ εἰ θέλετε δέξασθαι, αὐτός ἐστιν **Ἠλίας** ὁ μέλλων ἔρχεσθαι.
16:14 Οἱ μὲν Ἰωάννην τὸν βαπτιστήν, ἄλλοι δὲ **Ἠλίαν,**
17: 3 καὶ ἰδοὺ ὤφθη αὐτοῖς Μωϋσῆς καὶ **Ἠλίας** συλλαλοῦντες μετ' αὐτοῦ.

17: 4 σοὶ μίαν καὶ Μωϋσεῖ μίαν καὶ **Ἠλίᾳ** μίαν.
17:10 Τί οὖν οἱ γραμματεῖς λέγουσιν ὅτι **Ἠλίαν** δεῖ ἐλθεῖν πρῶτον;
17:11 ὁ δὲ ἀποκριθεὶς εἶπεν, **Ἠλίας** μὲν ἔρχεται καὶ ἀποκαταστήσει πάντα·
17:12 λέγω δὲ ὑμῖν ὅτι **Ἠλίας** ἤδη ἦλθεν, καὶ οὐκ ἐπέγνωσαν αὐτὸν ἀλλὰ ἐποίησαν ἐν αὐτῷ ὅσα ἠθέλησαν·
27:47 τινὲς δὲ τῶν ἐκεῖ ἑστηκότων ἀκούσαντες ἔλεγον ὅτι **Ἠλίαν** φωνεῖ οὗτος.
27:49 οἱ δὲ λοιποὶ ἔλεγον, Ἄφες ἴδωμεν εἰ ἔρχεται **Ἠλίας** σώσων αὐτόν.
Mk 6:15 ἄλλοι δὲ ἔλεγον ὅτι **Ἠλίας** ἐστίν· ἄλλοι δὲ ἔλεγον ὅτι προφήτης ὡς εἷς τῶν προφητῶν.
8:28 καὶ ἄλλοι, **Ἠλίαν,** ἄλλοι δὲ ὅτι εἷς τῶν προφητῶν.
9: 4 καὶ ὤφθη αὐτοῖς **Ἠλίας** σὺν Μωϋσεῖ καὶ ἦσαν συλλαλοῦντες τῷ Ἰησοῦ.
9: 5 σοὶ μίαν καὶ Μωϋσεῖ μίαν καὶ **Ἠλίᾳ** μίαν.
9:11 Ὅτι λέγουσιν οἱ γραμματεῖς ὅτι **Ἠλίαν** δεῖ ἐλθεῖν πρῶτον;
9:12 ὁ δὲ ἔφη αὐτοῖς, **Ἠλίας** μὲν ἐλθὼν πρῶτον ἀποκαθιστάνει πάντα·
9:13 ἀλλὰ λέγω ὑμῖν ὅτι καὶ **Ἠλίας** ἐλήλυθεν, καὶ ἐποίησαν αὐτῷ ὅσα ἤθελον,
15:35 καί τινες τῶν παρεστηκότων ἀκούσαντες ἔλεγον, Ἴδε **Ἠλίαν** φωνεῖ.
15:36 [καὶ] γεμίσας σπόγγον ὄξους περιθεὶς καλάμῳ ἐπότιζεν αὐτὸν λέγων, Ἄφετε ἴδωμεν εἰ ἔρχεται **Ἠλίας** καθελεῖν αὐτόν.
Lk 1:17 καὶ αὐτὸς προελεύσεται ἐνώπιον αὐτοῦ ἐν πνεύματι καὶ δυνάμει **Ἠλίου,**
4:25 πολλαὶ χῆραι ἦσαν ἐν ταῖς ἡμέραις **Ἠλίου** ἐν τῷ Ἰσραήλ,
4:26 καὶ πρὸς οὐδεμίαν αὐτῶν ἐπέμφθη **Ἠλίας** εἰ μὴ εἰς Σάρεπτα τῆς Σιδωνίας πρὸς γυναῖκα χήραν.
9: 8 ὑπό τινων δὲ ὅτι **Ἠλίας** ἐφάνη, ἄλλων δὲ ὅτι προφήτης τις τῶν ἀρχαίων ἀνέστη.
9:19 οἱ δὲ ἀποκριθέντες εἶπαν, Ἰωάννην τὸν βαπτιστήν, ἄλλοι δὲ **Ἠλίαν,**
9:30 καὶ ἰδοὺ ἄνδρες δύο συνελάλουν αὐτῷ, οἵτινες ἦσαν Μωϋσῆς καὶ **Ἠλίας,**
9:33 μίαν σοὶ καὶ μίαν Μωϋσεῖ καὶ μίαν **Ἠλίᾳ,**
Jn 1:21 Τί οὖν; Σὺ **Ἠλίας** εἶ; καὶ λέγει, Οὐκ εἰμί.
1:25 Τί οὖν βαπτίζεις εἰ σὺ οὐκ εἶ ὁ Χριστὸς οὐδὲ **Ἠλίας** οὐδὲ ὁ προφήτης;
Ro 11: 2 ἢ οὐκ οἴδατε ἐν **Ἠλίᾳ** τί λέγει ἡ γραφή,
Jas 5:17 **Ἠλίας** ἄνθρωπος ἦν ὁμοιοπαθὴς ἡμῖν, καὶ προσευχῇ προσηύξατο τοῦ μὴ βρέξαι,

2461 ἡλικία [8]

√ *2462*

Mt 6:27 τίς δὲ ἐξ ὑμῶν μεριμνῶν δύναται προσθεῖναι ἐπὶ τὴν **ἡλικίαν** αὐτοῦ πῆχυν ἕνα;
Lk 2:52 Καὶ Ἰησοῦς προέκοπτεν [ἐν τῇ] σοφίᾳ καὶ **ἡλικίᾳ** καὶ χάριτι παρὰ θεῷ καὶ ἀνθρώποις.
12:25 τίς δὲ ἐξ ὑμῶν μεριμνῶν δύναται ἐπὶ τὴν **ἡλικίαν** αὐτοῦ προσθεῖναι πῆχυν;
19: 3 καὶ ἐζήτει ἰδεῖν τὸν Ἰησοῦν τίς ἐστιν καὶ οὐκ ἠδύνατο ἀπὸ τοῦ ὄχλου, ὅτι τῇ **ἡλικίᾳ** μικρὸς ἦν.
Jn 9:21 αὐτὸν ἐρωτήσατε, **ἡλικίαν** ἔχει, αὐτὸς περὶ ἑαυτοῦ λαλήσει.
9:23 διὰ τοῦτο οἱ γονεῖς αὐτοῦ εἶπαν ὅτι **Ἡλικίαν** ἔχει,
Eph 4:13 εἰς ἄνδρα τέλειον, εἰς μέτρον **ἡλικίας** τοῦ πληρώματος τοῦ Χριστοῦ,
Heb 11:11 Πίστει καὶ αὐτὴ Σάρρα στεῖρα δύναμιν εἰς καταβολὴν σπέρματος ἔλαβεν καὶ παρὰ καιρὸν **ἡλικίας,**

2462 ἡλίκος [3]

→ *2461, 4383, 5312, 5496*

Col 2: 1 Θέλω γὰρ ὑμᾶς εἰδέναι **ἡλίκον** ἀγῶνα ἔχω ὑπὲρ ὑμῶν καὶ τῶν ἐν Λαοδικείᾳ καὶ ὅσοι οὐχ ἑόρακαν τὸ πρόσωπόν μου ἐν σαρκί,
Jas 3: 5 οὕτως καὶ ἡ γλῶσσα μικρὸν μέλος ἐστὶν καὶ μεγάλα αὐχεῖ. Ἰδοὺ **ἡλίκον** πῦρ **ἡλίκην** ὕλην ἀνάπτει·

2463 ἥλιος [32]

√ *cf. 1637*

Mt 5:45 ὅτι τὸν **ἥλιον** αὐτοῦ ἀνατέλλει ἐπὶ πονηροὺς καὶ ἀγαθοὺς καὶ βρέχει ἐπὶ δικαίους καὶ ἀδίκους.
13: 6 **ἡλίου** δὲ ἀνατείλαντος ἐκαυματίσθη καὶ διὰ τὸ μὴ ἔχειν ῥίζαν ἐξηράνθη.
13:43 Τότε οἱ δίκαιοι ἐκλάμψουσιν ὡς ὁ **ἥλιος** ἐν τῇ βασιλείᾳ τοῦ πατρὸς αὐτῶν.
17: 2 καὶ ἔλαμψεν τὸ πρόσωπον αὐτοῦ ὡς ὁ **ἥλιος,**
24:29 Εὐθέως δὲ μετὰ τὴν θλῖψιν τῶν ἡμερῶν ἐκείνων ὁ **ἥλιος** σκοτισθήσεται,
Mk 1:32 Ὀψίας δὲ γενομένης, ὅτε ἔδυ ὁ **ἥλιος,** ἔφερον πρὸς αὐτὸν πάντας τοὺς κακῶς ἔχοντας καὶ τοὺς δαιμονιζομένους·
4: 6 καὶ ὅτε ἀνέτειλεν ὁ **ἥλιος** ἐκαυματίσθη καὶ διὰ τὸ μὴ ἔχειν ῥίζαν ἐξηράνθη.
13:24 Ἀλλὰ ἐν ἐκείναις ταῖς ἡμέραις μετὰ τὴν θλῖψιν ἐκείνην ὁ **ἥλιος** σκοτισθήσεται,
16: 2 καὶ λίαν πρωῒ τῇ μιᾷ τῶν σαββάτων ἔρχονται ἐπὶ τὸ μνημεῖον ἀνατείλαντος τοῦ **ἡλίου.**
Lk 4:40 Δύνοντος δὲ τοῦ **ἡλίου** ἅπαντες ὅσοι εἶχον ἀσθενοῦντας νόσοις ποικίλαις ἤγαγον αὐτοὺς πρὸς αὐτόν·
21:25 Καὶ ἔσονται σημεῖα ἐν **ἡλίῳ** καὶ σελήνῃ καὶ ἄστροις,
23:45 τοῦ **ἡλίου** ἐκλιπόντος, ἐσχίσθη δὲ τὸ καταπέτασμα τοῦ ναοῦ μέσον.
Ac 2:20 ὁ **ἥλιος** μεταστραφήσεται εἰς σκότος καὶ ἡ σελήνη εἰς αἷμα,
13:11 καὶ νῦν ἰδοὺ χεὶρ κυρίου ἐπὶ σὲ καὶ ἔσῃ τυφλὸς μὴ βλέπων τὸν **ἥλιον** ἄχρι καιροῦ.
26:13 οὐρανόθεν ὑπὲρ τὴν λαμπρότητα τοῦ **ἡλίου** περιλάμψαν με φῶς καὶ τοὺς σὺν ἐμοὶ πορευομένους.
27:20 μήτε δὲ **ἡλίου** μήτε ἄστρων ἐπιφαινόντων ἐπὶ πλείονας ἡμέρας,
1Co 15:41 ἄλλη δόξα **ἡλίου,** καὶ ἄλλη δόξα σελήνης, καὶ ἄλλη δόξα ἀστέρων·
Eph 4:26 ὁ **ἥλιος** μὴ ἐπιδυέτω ἐπὶ [τῷ] παροργισμῷ ὑμῶν,
Jas 1:11 ἀνέτειλεν γὰρ ὁ **ἥλιος** σὺν τῷ καύσωνι καὶ ἐξήρανεν τὸν χόρτον καὶ τὸ ἄνθος αὐτοῦ ἐξέπεσεν
Rev 1:16 ἐκ τοῦ στόματος αὐτοῦ ῥομφαία δίστομος ὀξεῖα ἐκπορευομένη καὶ ἡ ὄψις αὐτοῦ ὡς ὁ **ἥλιος** φαίνει ἐν τῇ δυνάμει αὐτοῦ.
6:12 καὶ σεισμὸς μέγας ἐγένετο καὶ ὁ **ἥλιος** ἐγένετο μέλας ὡς σάκκος τρίχινος καὶ ἡ σελήνη ὅλη ἐγένετο ὡς αἷμα
7: 2 καὶ εἶδον ἄλλον ἄγγελον ἀναβαίνοντα ἀπὸ ἀνατολῆς **ἡλίου** ἔχοντα σφραγῖδα θεοῦ ζῶντος,
7:16 οὐ πεινάσουσιν ἔτι οὐδὲ διψήσουσιν ἔτι οὐδὲ μὴ πέσῃ ἐπ᾽ αὐτοὺς ὁ **ἥλιος** οὐδὲ πᾶν καῦμα,
8:12 καὶ ἐπλήγη τὸ τρίτον τοῦ **ἡλίου** καὶ τὸ τρίτον τῆς σελήνης καὶ τὸ τρίτον τῶν ἀστέρων,
9: 2 καὶ ἐσκοτώθη ὁ **ἥλιος** καὶ ὁ ἀὴρ ἐκ τοῦ καπνοῦ τοῦ φρέατος.
10: 1 καὶ ἡ ἶρις ἐπὶ τῆς κεφαλῆς αὐτοῦ καὶ τὸ πρόσωπον αὐτοῦ ὡς ὁ **ἥλιος** καὶ οἱ πόδες αὐτοῦ ὡς στῦλοι πυρός,
12: 1 Καὶ σημεῖον μέγα ὤφθη ἐν τῷ οὐρανῷ, γυνὴ περιβεβλημένη τὸν **ἥλιον,**
16: 8 Καὶ ὁ τέταρτος ἐξέχεεν τὴν φιάλην αὐτοῦ ἐπὶ τὸν **ἥλιον,**
16:12 ἵνα ἑτοιμασθῇ ἡ ὁδὸς τῶν βασιλέων τῶν ἀπὸ ἀνατολῆς **ἡλίου.**
19:17 Καὶ εἶδον ἕνα ἄγγελον ἑστῶτα ἐν τῷ **ἡλίῳ** καὶ ἔκραξεν [ἐν] φωνῇ μεγάλῃ λέγων πᾶσιν τοῖς ὀρνέοις τοῖς πετομένοις
21:23 καὶ ἡ πόλις οὐ χρείαν ἔχει τοῦ **ἡλίου** οὐδὲ τῆς σελήνης ἵνα φαίνωσιν αὐτῇ,
22: 5 καὶ νὺξ οὐκ ἔσται ἔτι καὶ οὐκ ἔχουσιν χρείαν φωτὸς λύχνου καὶ φωτὸς **ἡλίου,**

2464 ἧλος [2]

→ *4669*

Jn 20:25 Ἐὰν μὴ ἴδω ἐν ταῖς χερσὶν αὐτοῦ τὸν τύπον τῶν **ἥλων** καὶ βάλω τὸν δάκτυλόν μου εἰς τὸν τύπον τῶν **ἥλων** καὶ βάλω μου τὴν χεῖρα εἰς τὴν πλευρὰν αὐτοῦ,

2465 ἡμέρα [389]

→ *2389, 2390, 2765, 2766, 3540, 3819, 3892, 4958*

διὰ ἡμερῶν [4] Mt 26:61; Mk 2:1; 14:58; Ac 1:3

εἰς ἡμέραν αἰῶνος [1] 2Pe 3:18

ἐκεῖνος ἡμέρα [49] Mt 3:1; 7:22; 13:1; 22:23,46; 24:19,22,22,29,36; 26:29; Mk 1:9; 2:20; 4:35; 8:1; 13:17,19,24,32; 14:25; Lk 2:1; 4:2; 5:35; 6:23; 9:36; 10:12; 17:31; 21:23,34; Jn 1:39; 5:9; 11:53; 14:20; 16:23,26; 19:31; 20:19; Ac 2:18,41; 7:41; 8:1; 9:37; 2Th 1:10; 2Ti 1:12,18; 4:8; Heb 8:10; 10:16; Rev 9:6

ἐν ἡμέραις [48] Mt 2:1; 3:1; 23:30; 24:19,38; 27:40; Mk 1:9; 8:1; 13:17,24; 15:29; Lk 1:5,7,18,25,39; 2:1,36; 4:2,25; 5:35; 6:12; 9:36; 17:26,26,28; 21:23; 23:7; 24:18; Jn 2:19,20; Ac 1:15; 2:17,18; 5:37; 6:1; 7:41; 9:37; 11:27; 13:41; 27:7; 2Ti 3:1; Heb 5:7; Jas 5:3; 1Pe 3:20; Rev 2:13; 9:6; 10:7

ἐσχάτη ἡμέρα [12] Jn 6:39,40,44,54; 7:37; 11:24; 12:48; Ac 2:17; 2Ti 3:1; Heb 1:2; Jas 5:3; 2Pe 3:3

ἡμέρα ἐκδικήσεως [1] Lk 21:22

ἡμέρα ἀπολυτρώσεως [1] Eph 4:30

ἡμέρα ἔρχεται [11] Mt 9:15; Mk 1:9; 2:20; Lk 1:59; 5:35; 17:22; 21:6; 22:7; 23:29; Ac 20:6; Heb 8:8

ἡμέρα θεοῦ [3] 2Pe 3:12; Rev 12:10; 16:14

ἡμέρα ... κλίνω [2] Lk 9:12; 24:29

ἡμέρα κρίσεως [7] Mt 10:15; 11:22,24; 12:36; 2Pe 2:9; 3:7; 1Jn 4:17

ἡμέρα κυρίου [7] Ac 2:20; 1Co 1:8; 5:5; 2Co 1:14; 1Th 5:2; 2Th 2:2; 2Pe 3:10

ἡμέρα ... νύξ [23] Mt 4:2; 12:40,40; Mk 4:27; 5:5; Lk 2:37; 18:7; 21:37; Ac 9:24; 20:31; 26:7; Ro 13:12; 1Th 2:9; 3:10; 5:5; 2Th 3:8; 1Ti 5:5; 2Ti 1:3; Rev 4:8; 7:15; 12:10; 14:11; 20:10

ἡμέρα ὁδὸν [1] Lk 2:44

ἡμέρα ὀργῆς [2] Ro 2:5; Rev 6:17

ἡμέρα σάββατον [6] Lk 4:16; 13:14,16; 14:5; Ac 13:14; 16:13

ἡμέρα σφαγῆς [1] Jas 5:5

ἡμέρα σωτηρίας [2] 2Co 6:2,2

ἡμέρα Χριστοῦ [4] 1Co 1:8; Php 1:6,10; 2:16

ἱκανός ἡμέρα [4] Ac 9:23,43; 18:18; 27:7

καθ' ἡμέραν [18] Mt 26:55; Mk 14:49; Lk 9:23; 11:3; 16:19; 19:47; 22:53; Ac 2:46,47; 3:2; 16:5; 17:11; 19:9; 1Co 15:31; 2Co 11:28; Heb 3:13; 7:27; 10:11

μέγας ἡμέρα [5] Jn 7:37; Ac 2:20; Jude 1:6; Rev 6:17; 16:14

μέσος ἡμέρας [1] Ac 26:13

πονηρός ... ἡμέρα [2] Eph 5:16; 6:13

πρὸς ὀλίγας ἡμέρας [1] Heb 12:10

υἱοὶ ἡμέρας [1] 1Th 5:5

Mt 2: 1 Τοῦ δὲ Ἰησοῦ γεννηθέντος ἐν Βηθλέεμ τῆς Ἰουδαίας ἐν **ἡμέραις** Ἡρῴδου τοῦ βασιλέως,
3: 1 Ἐν δὲ ταῖς **ἡμέραις** ἐκείναις παραγίνεται Ἰωάννης ὁ βαπτιστὴς κηρύσσων ἐν τῇ ἐρήμῳ τῆς Ἰουδαίας
4: 2 καὶ νηστεύσας **ἡμέρας** τεσσεράκοντα καὶ νύκτας τεσσεράκοντα, ὕστερον ἐπείνασεν.
6: 34 ἡ γὰρ αὔριον μεριμνήσει ἑαυτῆς· ἀρκετὸν τῇ **ἡμέρᾳ** ἡ κακία αὐτῆς.
7: 22 πολλοὶ ἐροῦσίν μοι ἐν ἐκείνῃ τῇ **ἡμέρᾳ,** Κύριε κύριε,
9: 15 ἐλεύσονται δὲ **ἡμέραι** ὅταν ἀπαρθῇ ἀπ' αὐτῶν ὁ νυμφίος,
10: 15 ἀνεκτότερον ἔσται γῇ Σοδόμων καὶ Γομόρρων ἐν **ἡμέρᾳ** κρίσεως ἢ τῇ πόλει ἐκείνῃ.
11: 12 ἀπὸ δὲ τῶν **ἡμερῶν** Ἰωάννου τοῦ βαπτιστοῦ ἕως ἄρτι ἡ βασιλεία τῶν οὐρανῶν βιάζεται καὶ βιασταὶ ἁρπάζουσιν αὐτήν.
11: 22 Τύρῳ καὶ Σιδῶνι ἀνεκτότερον ἔσται ἐν **ἡμέρᾳ** κρίσεως ἢ ὑμῖν.
11: 24 πλὴν λέγω ὑμῖν ὅτι γῇ Σοδόμων ἀνεκτότερον ἔσται ἐν **ἡμέρᾳ** κρίσεως ἢ σοί.
12: 36 λέγω δὲ ὑμῖν ὅτι πᾶν ῥῆμα ἀργὸν ὃ λαλήσουσιν οἱ ἄνθρωποι ἀποδώσουσιν περὶ αὐτοῦ λόγον ἐν **ἡμέρᾳ** κρίσεως·
12: 40 ὥσπερ γὰρ ἦν Ἰωνᾶς ἐν τῇ κοιλίᾳ τοῦ κήτους τρεῖς **ἡμέρας** καὶ τρεῖς νύκτας, οὕτως ἔσται ὁ υἱὸς τοῦ ἀνθρώπου ἐν τῇ καρδίᾳ τῆς γῆς τρεῖς **ἡμέρας** καὶ τρεῖς νύκτας.
13: 1 Ἐν τῇ **ἡμέρᾳ** ἐκείνῃ ἐξελθὼν ὁ Ἰησοῦς τῆς οἰκίας ἐκάθητο παρὰ τὴν θάλασσαν·
15: 32 ὅτι ἤδη **ἡμέραι** τρεῖς προσμένουσίν μοι καὶ οὐκ ἔχουσιν τί φάγωσιν·
16: 21 καὶ πολλὰ παθεῖν ἀπὸ τῶν πρεσβυτέρων καὶ ἀρχιερέων καὶ γραμματέων καὶ ἀποκτανθῆναι καὶ τῇ τρίτῃ **ἡμέρᾳ** ἐγερθῆναι.
17: 1 Καὶ μεθ' **ἡμέρας** ἓξ παραλαμβάνει ὁ Ἰησοῦς τὸν Πέτρον καὶ Ἰάκωβον καὶ Ἰωάννην τὸν ἀδελφὸν αὐτοῦ καὶ ἀναφέρει αὐτοὺς
17: 23 καὶ ἀποκτενοῦσιν αὐτόν, καὶ τῇ τρίτῃ **ἡμέρᾳ** ἐγερθήσεται.
20: 2 συμφωνήσας δὲ μετὰ τῶν ἐργατῶν ἐκ δηναρίου τὴν **ἡμέραν** ἀπέστειλεν αὐτοὺς εἰς τὸν ἀμπελῶνα αὐτοῦ.
20: 6 περὶ δὲ τὴν ἑνδεκάτην ἐξελθὼν εὗρεν ἄλλους ἑστῶτας καὶ λέγει αὐτοῖς, Τί ὧδε ἑστήκατε ὅλην τὴν **ἡμέραν** ἀργοί;
20: 12 καὶ ἴσους ἡμῖν αὐτοὺς ἐποίησας τοῖς βαστάσασι τὸ βάρος τῆς **ἡμέρας** καὶ τὸν καύσωνα.
20: 19 καὶ παραδώσουσιν αὐτὸν τοῖς ἔθνεσιν εἰς τὸ ἐμπαῖξαι καὶ μαστιγῶσαι καὶ σταυρῶσαι, καὶ τῇ τρίτῃ **ἡμέρᾳ** ἐγερθήσεται.
22: 23 Ἐν ἐκείνῃ τῇ **ἡμέρᾳ** προσῆλθον αὐτῷ Σαδδουκαῖοι, λέγοντες μὴ εἶναι ἀνάστασιν,
22: 46 καὶ οὐδεὶς ἐδύνατο ἀποκριθῆναι αὐτῷ λόγον οὐδὲ ἐτόλμησέν τις ἀπ' ἐκείνης τῆς **ἡμέρας** ἐπερωτῆσαι αὐτὸν οὐκέτι.
23: 30 Εἰ ἤμεθα ἐν ταῖς **ἡμέραις** τῶν πατέρων ἡμῶν,
24: 19 οὐαὶ δὲ ταῖς ἐν γαστρὶ ἐχούσαις καὶ ταῖς θηλαζούσαις ἐν ἐκείναις ταῖς **ἡμέραις.**
24: 22 καὶ εἰ μὴ ἐκολοβώθησαν αἱ **ἡμέραι** ἐκεῖναι, οὐκ ἂν ἐσώθη πᾶσα σάρξ· διὰ δὲ τοὺς ἐκλεκτοὺς κολοβωθήσονται αἱ **ἡμέραι** ἐκεῖναι.
24: 29 Εὐθέως δὲ μετὰ τὴν θλῖψιν τῶν **ἡμερῶν** ἐκείνων ὁ ἥλιος σκοτισθήσεται,
24: 36 Περὶ δὲ τῆς **ἡμέρας** ἐκείνης καὶ ὥρας οὐδεὶς οἶδεν,
24: 37 ὥσπερ γὰρ αἱ **ἡμέραι** τοῦ Νῶε, οὕτως ἔσται ἡ παρουσία τοῦ υἱοῦ τοῦ ἀνθρώπου.
24: 38 ὡς γὰρ ἦσαν ἐν ταῖς **ἡμέραις** [ἐκείναις] ταῖς πρὸ τοῦ κατακλυσμοῦ τρώγοντες καὶ πίνοντες, γαμοῦντες καὶ γαμίζοντες, ἄχρι ἧς **ἡμέρας** εἰσῆλθεν Νῶε εἰς τὴν κιβωτόν,
24: 42 ὅτι οὐκ οἴδατε ποίᾳ **ἡμέρᾳ** ὁ κύριος ὑμῶν ἔρχεται.
24: 50 ἥξει ὁ κύριος τοῦ δούλου ἐκείνου ἐν **ἡμέρᾳ** ᾗ οὐ προσδοκᾷ καὶ ἐν ὥρᾳ ᾗ οὐ γινώσκει,
25: 13 ὅτι οὐκ οἴδατε τὴν **ἡμέραν** οὐδὲ τὴν ὥραν.
26: 2 Οἴδατε ὅτι μετὰ δύο **ἡμέρας** τὸ πάσχα γίνεται,
26: 29 οὐ μὴ πίω ἀπ' ἄρτι ἐκ τούτου τοῦ γενήματος τῆς ἀμπέλου ἕως τῆς **ἡμέρας** ἐκείνης ὅταν αὐτὸ πίνω μεθ' ὑμῶν καινὸν ἐν τῇ βασιλείᾳ τοῦ πατρός μου.
26: 55 καθ' **ἡμέραν** ἐν τῷ ἱερῷ ἐκαθεζόμην διδάσκων καὶ οὐκ ἐκρατήσατέ με.
26: 61 Δύναμαι καταλῦσαι τὸν ναὸν τοῦ θεοῦ καὶ διὰ τριῶν **ἡμερῶν** οἰκοδομῆσαι.
27: 40 Ὁ καταλύων τὸν ναὸν καὶ ἐν τρισὶν **ἡμέραις** οἰκοδομῶν,
27: 63 ἐμνήσθημεν ὅτι ἐκεῖνος ὁ πλάνος εἶπεν ἔτι ζῶν, Μετὰ τρεῖς **ἡμέρας** ἐγείρομαι.
27: 64 κέλευσον οὖν ἀσφαλισθῆναι τὸν τάφον ἕως τῆς τρίτης **ἡμέρας,**
28: 15 Καὶ διεφημίσθη ὁ λόγος οὗτος παρὰ Ἰουδαίοις μέχρι τῆς σήμερον **[ἡμέρας.]**
28: 20 καὶ ἰδοὺ ἐγὼ μεθ' ὑμῶν εἰμι πάσας τὰς **ἡμέρας** ἕως τῆς συντελείας τοῦ αἰῶνος.

Mk 1: 9 Καὶ ἐγένετο ἐν ἐκείναις ταῖς **ἡμέραις** ἦλθεν Ἰησοῦς ἀπὸ Ναζαρὲτ τῆς Γαλιλαίας καὶ ἐβαπτίσθη εἰς τὸν Ἰορδάνην
1: 13 καὶ ἦν ἐν τῇ ἐρήμῳ τεσσεράκοντα **ἡμέρας** πειραζόμενος ὑπὸ τοῦ Σατανᾶ,
2: 1 Καὶ εἰσελθὼν πάλιν εἰς Καφαρναοὺμ δι' **ἡμερῶν** ἠκούσθη ὅτι ἐν οἴκῳ ἐστίν.
2: 20 ἐλεύσονται δὲ **ἡμέραι** ὅταν ἀπαρθῇ ἀπ' αὐτῶν ὁ νυμφίος, καὶ τότε νηστεύσουσιν ἐν ἐκείνῃ τῇ **ἡμέρᾳ.**
4: 27 καὶ καθεύδῃ καὶ ἐγείρηται νύκτα καὶ **ἡμέραν,** καὶ ὁ σπόρος βλαστᾷ καὶ μηκύνηται ὡς οὐκ οἶδεν αὐτός.
4: 35 Καὶ λέγει αὐτοῖς ἐν ἐκείνῃ τῇ **ἡμέρᾳ** ὀψίας γενομένης,
5: 5 καὶ διὰ παντὸς νυκτὸς καὶ **ἡμέρας** ἐν τοῖς μνήμασιν καὶ ἐν τοῖς ὄρεσιν ἦν κράζων καὶ κατακόπτων ἑαυτὸν λίθοις.
6: 21 Καὶ γενομένης **ἡμέρας** εὐκαίρου ὅτε Ἡρῴδης τοῖς γενεσίοις αὐτοῦ δεῖπνον ἐποίησεν τοῖς μεγιστᾶσιν αὐτοῦ καὶ τοῖς χιλιάρχοις καὶ τοῖς πρώτοις τῆς Γαλιλαίας,
8: 1 Ἐν ἐκείναις ταῖς **ἡμέραις** πάλιν πολλοῦ ὄχλου ὄντος καὶ μὴ ἐχόντων τί φάγωσιν,
8: 2 ὅτι ἤδη **ἡμέραι** τρεῖς προσμένουσίν μοι καὶ οὐκ ἔχουσιν τί φάγωσιν·
8: 31 καὶ ἀποκτανθῆναι καὶ μετὰ τρεῖς **ἡμέρας** ἀναστῆναι·
9: 2 Καὶ μετὰ **ἡμέρας** ἓξ παραλαμβάνει ὁ Ἰησοῦς τὸν Πέτρον καὶ τὸν Ἰάκωβον καὶ τὸν Ἰωάννην καὶ ἀναφέρει αὐτοὺς εἰς ὄρος
9: 31 καὶ ἀποκτενοῦσιν αὐτόν, καὶ ἀποκτανθεὶς μετὰ τρεῖς **ἡμέρας** ἀναστήσεται.
10: 34 καὶ ἐμπτύσουσιν αὐτῷ καὶ μαστιγώσουσιν αὐτὸν καὶ ἀποκτενοῦσιν, καὶ μετὰ τρεῖς **ἡμέρας** ἀναστήσεται.

13:17 οὐαὶ δὲ ταῖς ἐν γαστρὶ ἐχούσαις καὶ ταῖς θηλαζούσαις ἐν ἐκείναις ταῖς **ἡμέραις.**
13:19 ἔσονται γὰρ αἱ **ἡμέραι** ἐκεῖναι θλῖψις οἵα οὐ γέγονεν τοιαύτη ἀπ' ἀρχῆς κτίσεως ἣν ἔκτισεν ὁ θεὸς ἕως τοῦ νῦν καὶ οὐ μὴ γένηται.
13:20 καὶ εἰ μὴ ἐκολόβωσεν κύριος τὰς **ἡμέρας,** οὐκ ἂν ἐσώθη πᾶσα σάρξ· ἀλλὰ διὰ τοὺς ἐκλεκτοὺς οὓς ἐξελέξατο ἐκολόβωσεν τὰς **ἡμέρας.**
13:24 Ἀλλὰ ἐν ἐκείναις ταῖς **ἡμέραις** μετὰ τὴν θλῖψιν ἐκείνην ὁ ἥλιος σκοτισθήσεται,
13:32 Περὶ δὲ τῆς **ἡμέρας** ἐκείνης ἢ τῆς ὥρας οὐδεὶς οἶδεν,
14: 1 Ἦν δὲ τὸ πάσχα καὶ τὰ ἄζυμα μετὰ δύο **ἡμέρας.**
14:12 Καὶ τῇ πρώτῃ **ἡμέρᾳ** τῶν ἀζύμων, ὅτε τὸ πάσχα ἔθυον,
14:25 οὐ μὴ πίω ἐκ τοῦ γενήματος τῆς ἀμπέλου ἕως τῆς **ἡμέρας** ἐκείνης ὅταν αὐτὸ πίνω καινὸν ἐν τῇ βασιλείᾳ τοῦ θεοῦ.
14:49 καθ' **ἡμέραν** ἤμην πρὸς ὑμᾶς ἐν τῷ ἱερῷ διδάσκων καὶ οὐκ ἐκρατήσατέ με·
14:58 ὅτι Ἐγὼ καταλύσω τὸν ναὸν τοῦτον τὸν χειροποίητον καὶ διὰ τριῶν **ἡμερῶν** ἄλλον ἀχειροποίητον οἰκοδομήσω
15:29 Οὐὰ ὁ καταλύων τὸν ναὸν καὶ οἰκοδομῶν ἐν τρισὶν **ἡμέραις,**
Lk 1: 5 Ἐγένετο ἐν ταῖς **ἡμέραις** Ἡρῴδου βασιλέως τῆς Ἰουδαίας ἱερεύς τις ὀνόματι Ζαχαρίας ἐξ ἐφημερίας Ἀβιά,
1: 7 καὶ ἀμφότεροι προβεβηκότες ἐν ταῖς **ἡμέραις** αὐτῶν ἦσαν.
1:18 ἐγὼ γάρ εἰμι πρεσβύτης καὶ ἡ γυνή μου προβεβηκυῖα ἐν ταῖς **ἡμέραις** αὐτῆς.
1:20 καὶ ἰδοὺ ἔσῃ σιωπῶν καὶ μὴ δυνάμενος λαλῆσαι ἄχρι ἧς **ἡμέρας** γένηται ταῦτα,
1:23 καὶ ἐγένετο ὡς ἐπλήσθησαν αἱ **ἡμέραι** τῆς λειτουργίας αὐτοῦ,
1:24 Μετὰ δὲ ταύτας τὰς **ἡμέρας** συνέλαβεν Ἐλισάβετ ἡ γυνὴ αὐτοῦ καὶ περιέκρυβεν ἑαυτὴν μῆνας πέντε λέγουσα
1:25 ὅτι Οὕτως μοι πεποίηκεν κύριος ἐν **ἡμέραις** αἷς ἐπεῖδεν ἀφελεῖν ὄνειδός μου ἐν ἀνθρώποις.
1:39 Ἀναστᾶσα δὲ Μαριὰμ ἐν ταῖς **ἡμέραις** ταύταις ἐπορεύθη εἰς τὴν ὀρεινὴν μετὰ σπουδῆς εἰς πόλιν Ἰούδα,
1:59 ἐν τῇ **ἡμέρᾳ** τῇ ὀγδόῃ ἦλθον περιτεμεῖν τὸ παιδίον καὶ ἐκάλουν αὐτὸ ἐπὶ τῷ ὀνόματι τοῦ πατρὸς αὐτοῦ Ζαχαρίαν.
1:75 ἐν ὁσιότητι καὶ δικαιοσύνῃ ἐνώπιον αὐτοῦ πάσαις ταῖς **ἡμέραις** ἡμῶν.
1:80 καὶ ἦν ἐν ταῖς ἐρήμοις ἕως **ἡμέρας** ἀναδείξεως αὐτοῦ πρὸς τὸν Ἰσραήλ.
2: 1 Ἐγένετο δὲ ἐν ταῖς **ἡμέραις** ἐκείναις ἐξῆλθεν δόγμα παρὰ Καίσαρος Αὐγούστου ἀπογράφεσθαι πᾶσαν τὴν οἰκουμένην.
2: 6 ἐγένετο δὲ ἐν τῷ εἶναι αὐτοὺς ἐκεῖ ἐπλήσθησαν αἱ **ἡμέραι** τοῦ τεκεῖν αὐτήν,
2:21 Καὶ ὅτε ἐπλήσθησαν **ἡμέραι** ὀκτὼ τοῦ περιτεμεῖν αὐτὸν καὶ ἐκλήθη τὸ ὄνομα αὐτοῦ Ἰησοῦς,
2:22 Καὶ ὅτε ἐπλήσθησαν αἱ **ἡμέραι** τοῦ καθαρισμοῦ αὐτῶν κατὰ τὸν νόμον Μωϋσέως,
2:36 αὕτη προβεβηκυῖα ἐν **ἡμέραις** πολλαῖς, ζήσασα μετὰ ἀνδρὸς ἔτη ἑπτὰ ἀπὸ τῆς παρθενίας αὐτῆς
2:37 ἣ οὐκ ἀφίστατο τοῦ ἱεροῦ νηστείαις καὶ δεήσεσιν λατρεύουσα νύκτα καὶ **ἡμέραν.**
2:43 καὶ τελειωσάντων τὰς **ἡμέρας,** ἐν τῷ ὑποστρέφειν αὐτοὺς ὑπέμεινεν Ἰησοῦς ὁ παῖς ἐν Ἰερουσαλήμ,
2:44 νομίσαντες δὲ αὐτὸν εἶναι ἐν τῇ συνοδίᾳ ἦλθον **ἡμέρας** ὁδὸν καὶ ἀνεζήτουν αὐτὸν ἐν τοῖς συγγενεῦσιν καὶ τοῖς γνωστοῖς,
2:46 καὶ ἐγένετο μετὰ **ἡμέρας** τρεῖς εὗρον αὐτὸν ἐν τῷ ἱερῷ καθεζόμενον ἐν μέσῳ τῶν διδασκάλων καὶ ἀκούοντα αὐτῶν
4: 2 **ἡμέρας** τεσσεράκοντα πειραζόμενος ὑπὸ τοῦ διαβόλου. καὶ οὐκ ἔφαγεν οὐδὲν ἐν ταῖς **ἡμέραις** ἐκείναις καὶ συντελεσθεισῶν αὐτῶν ἐπείνασεν.
4:16 καὶ εἰσῆλθεν κατὰ τὸ εἰωθὸς αὐτῷ ἐν τῇ **ἡμέρᾳ** τῶν σαββάτων εἰς τὴν συναγωγὴν καὶ ἀνέστη ἀναγνῶναι.
4:25 πολλαὶ χῆραι ἦσαν ἐν ταῖς **ἡμέραις** Ἠλίου ἐν τῷ Ἰσραήλ,
4:42 Γενομένης δὲ **ἡμέρας** ἐξελθὼν ἐπορεύθη εἰς ἔρημον τόπον·
5:17 Καὶ ἐγένετο ἐν μιᾷ τῶν **ἡμερῶν** καὶ αὐτὸς ἦν διδάσκων,
5:35 ἐλεύσονται δὲ **ἡμέραι,** καὶ ὅταν ἀπαρθῇ ἀπ' αὐτῶν ὁ νυμφίος, τότε νηστεύσουσιν ἐν ἐκείναις ταῖς **ἡμέραις.**
6:12 Ἐγένετο δὲ ἐν ταῖς **ἡμέραις** ταύταις ἐξελθεῖν αὐτὸν εἰς τὸ ὄρος προσεύξασθαι,
6:13 καὶ ὅτε ἐγένετο **ἡμέρα,** προσεφώνησεν τοὺς μαθητὰς αὐτοῦ,
6:23 χάρητε ἐν ἐκείνῃ τῇ **ἡμέρᾳ** καὶ σκιρτήσατε, ἰδοὺ γὰρ ὁ μισθὸς ὑμῶν πολὺς ἐν τῷ οὐρανῷ·
8:22 Ἐγένετο δὲ ἐν μιᾷ τῶν **ἡμερῶν** καὶ αὐτὸς ἐνέβη εἰς πλοῖον καὶ οἱ μαθηταὶ αὐτοῦ καὶ εἶπεν πρὸς αὐτούς,
9:12 Ἡ δὲ **ἡμέρα** ἤρξατο κλίνειν· προσελθόντες δὲ οἱ δώδεκα εἶπαν αὐτῷ,
9:22 καὶ ἀποδοκιμασθῆναι ἀπὸ τῶν πρεσβυτέρων καὶ ἀρχιερέων καὶ γραμματέων καὶ ἀποκτανθῆναι καὶ τῇ τρίτῃ **ἡμέρᾳ** ἐγερθῆναι.
9:23 ἀρνησάσθω ἑαυτὸν καὶ ἀράτω τὸν σταυρὸν αὐτοῦ καθ' **ἡμέραν** καὶ ἀκολουθείτω μοι.
9:28 μετὰ τοὺς λόγους τούτους ὡσεὶ **ἡμέραι** ὀκτὼ [καὶ] παραλαβὼν Πέτρον καὶ Ἰωάννην καὶ Ἰάκωβον ἀνέβη εἰς τὸ ὄρος
9:36 καὶ αὐτοὶ ἐσίγησαν καὶ οὐδενὶ ἀπήγγειλαν ἐν ἐκείναις ταῖς **ἡμέραις** οὐδὲν ὧν ἑώρακαν.
9:37 Ἐγένετο δὲ τῇ ἑξῆς **ἡμέρᾳ** κατελθόντων αὐτῶν ἀπὸ τοῦ ὄρους συνήντησεν αὐτῷ ὄχλος πολύς.
9:51 ἐν τῷ συμπληροῦσθαι τὰς **ἡμέρας** τῆς ἀναλήμψεως αὐτοῦ καὶ αὐτὸς τὸ πρόσωπον ἐστήρισεν τοῦ πορεύεσθαι εἰς Ἰερουσαλήμ.
10:12 λέγω ὑμῖν ὅτι Σοδόμοις ἐν τῇ **ἡμέρᾳ** ἐκείνῃ ἀνεκτότερον ἔσται ἢ τῇ πόλει ἐκείνῃ.
11: 3 τὸν ἄρτον ἡμῶν τὸν ἐπιούσιον δίδου ἡμῖν τὸ καθ' **ἡμέραν·**
12:46 ἥξει ὁ κύριος τοῦ δούλου ἐκείνου ἐν **ἡμέρᾳ** ᾗ οὐ προσδοκᾷ καὶ ἐν ὥρᾳ ᾗ οὐ γινώσκει,
13:14 ὅτι Ἓξ **ἡμέραι** εἰσὶν ἐν αἷς δεῖ ἐργάζεσθαι· ἐν αὐταῖς οὖν ἐρχόμενοι θεραπεύεσθε καὶ μὴ τῇ **ἡμέρᾳ** τοῦ σαββάτου.
13:16 οὐκ ἔδει λυθῆναι ἀπὸ τοῦ δεσμοῦ τούτου τῇ **ἡμέρᾳ** τοῦ σαββάτου;
14: 5 καὶ οὐκ εὐθέως ἀνασπάσει αὐτὸν ἐν **ἡμέρᾳ** τοῦ σαββάτου;
15:13 καὶ μετ' οὐ πολλὰς **ἡμέρας** συναγαγὼν πάντα ὁ νεώτερος υἱὸς ἀπεδήμησεν εἰς χώραν μακρὰν καὶ ἐκεῖ διεσκόρπισεν
16:19 καὶ ἐνεδιδύσκετο πορφύραν καὶ βύσσον εὐφραινόμενος καθ' **ἡμέραν** λαμπρῶς.
17: 4 καὶ ἐὰν ἑπτάκις τῆς **ἡμέρας** ἁμαρτήσῃ εἰς σὲ καὶ ἑπτάκις ἐπιστρέψῃ πρὸς σὲ λέγων,
17:22 Ἐλεύσονται **ἡμέραι** ὅτε ἐπιθυμήσετε μίαν τῶν **ἡμερῶν** τοῦ υἱοῦ τοῦ ἀνθρώπου ἰδεῖν καὶ οὐκ ὄψεσθε.
17:24 οὕτως ἔσται ὁ υἱὸς τοῦ ἀνθρώπου [ἐν τῇ **ἡμέρᾳ** αὐτοῦ.]
17:26 καὶ καθὼς ἐγένετο ἐν ταῖς **ἡμέραις** Νῶε, οὕτως ἔσται καὶ ἐν ταῖς **ἡμέραις** τοῦ υἱοῦ τοῦ ἀνθρώπου·
17:27 ἄχρι ἧς **ἡμέρας** εἰσῆλθεν Νῶε εἰς τὴν κιβωτὸν καὶ ἦλθεν ὁ κατακλυσμὸς καὶ ἀπώλεσεν πάντας.
17:28 ὁμοίως καθὼς ἐγένετο ἐν ταῖς **ἡμέραις** Λώτ· ἤσθιον,
17:29 ᾗ δὲ **ἡμέρᾳ** ἐξῆλθεν Λὼτ ἀπὸ Σοδόμων, ἔβρεξεν πῦρ καὶ θεῖον ἀπ' οὐρανοῦ καὶ ἀπώλεσεν πάντας.
17:30 κατὰ τὰ αὐτὰ ἔσται ᾗ **ἡμέρᾳ** ὁ υἱὸς τοῦ ἀνθρώπου ἀποκαλύπτεται.
17:31 ἐν ἐκείνῃ τῇ **ἡμέρᾳ** ὃς ἔσται ἐπὶ τοῦ δώματος καὶ τὰ σκεύη αὐτοῦ ἐν τῇ οἰκίᾳ,
18: 7 ὁ δὲ θεὸς οὐ μὴ ποιήσῃ τὴν ἐκδίκησιν τῶν ἐκλεκτῶν αὐτοῦ τῶν βοώντων αὐτῷ **ἡμέρας** καὶ νυκτός,
18:33 καὶ μαστιγώσαντες ἀποκτενοῦσιν αὐτόν, καὶ τῇ **ἡμέρᾳ** τῇ τρίτῃ ἀναστήσεται.
19:42 λέγων ὅτι Εἰ ἔγνως ἐν τῇ **ἡμέρᾳ** ταύτῃ καὶ σὺ τὰ πρὸς εἰρήνην·
19:43 ὅτι ἥξουσιν **ἡμέραι** ἐπὶ σὲ καὶ παρεμβαλοῦσιν οἱ ἐχθροί σου χάρακά σοι καὶ περικυκλώσουσίν σε καὶ συνέξουσίν σε
19:47 Καὶ ἦν διδάσκων τὸ καθ' **ἡμέραν** ἐν τῷ ἱερῷ.
20: 1 Καὶ ἐγένετο ἐν μιᾷ τῶν **ἡμερῶν** διδάσκοντος αὐτοῦ τὸν λαὸν ἐν τῷ ἱερῷ καὶ εὐαγγελιζομένου ἐπέστησαν οἱ ἀρχιερεῖς
21: 6 ἐλεύσονται **ἡμέραι** ἐν αἷς οὐκ ἀφεθήσεται λίθος ἐπὶ λίθῳ ὃς οὐ καταλυθήσεται.
21:22 ὅτι **ἡμέραι** ἐκδικήσεως αὗταί εἰσιν τοῦ πλησθῆναι πάντα τὰ γεγραμμένα.
21:23 οὐαὶ ταῖς ἐν γαστρὶ ἐχούσαις καὶ ταῖς θηλαζούσαις ἐν ἐκείναις ταῖς **ἡμέραις·**
21:34 ἐν κραιπάλῃ καὶ μέθῃ καὶ μερίμναις βιωτικαῖς καὶ ἐπιστῇ ἐφ' ὑμᾶς αἰφνίδιος ἡ **ἡμέρα** ἐκείνη
21:37 Ἦν δὲ τὰς **ἡμέρας** ἐν τῷ ἱερῷ διδάσκων,
22: 7 Ἦλθεν δὲ ἡ **ἡμέρα** τῶν ἀζύμων, [ἐν] ᾗ ἔδει θύεσθαι τὸ πάσχα·
22:53 καθ' **ἡμέραν** ὄντος μου μεθ' ὑμῶν ἐν τῷ ἱερῷ οὐκ ἐξετείνατε τὰς χεῖρας ἐπ' ἐμέ,
22:66 Καὶ ὡς ἐγένετο **ἡμέρα,** συνήχθη τὸ πρεσβυτέριον τοῦ λαοῦ,
23: 7 ὄντα καὶ αὐτὸν ἐν Ἱεροσολύμοις ἐν ταύταις ταῖς **ἡμέραις.**
23:12 ἐγένοντο δὲ φίλοι ὅ τε Ἡρῴδης καὶ ὁ Πιλᾶτος ἐν αὐτῇ τῇ **ἡμέρᾳ** μετ' ἀλλήλων·
23:29 ὅτι ἰδοὺ ἔρχονται **ἡμέραι** ἐν αἷς ἐροῦσιν, Μακάριαι αἱ στεῖραι καὶ αἱ κοιλίαι αἳ οὐκ ἐγέννησαν καὶ μαστοὶ οἳ οὐκ ἔθρεψαν.
23:54 καὶ **ἡμέρα** ἦν παρασκευῆς καὶ σάββατον ἐπέφωσκεν.
24: 7 ὅτι δεῖ παραδοθῆναι εἰς χεῖρας ἀνθρώπων ἁμαρτωλῶν καὶ σταυρωθῆναι καὶ τῇ τρίτῃ **ἡμέρᾳ** ἀναστῆναι.

24:13 Καὶ ἰδοὺ δύο ἐξ αὐτῶν ἐν αὐτῇ τῇ **ἡμέρᾳ** ἦσαν πορευόμενοι εἰς κώμην ἀπέχουσαν σταδίους ἑξήκοντα ἀπὸ Ἰερουσαλήμ,
24:18 Σὺ μόνος παροικεῖς Ἰερουσαλὴμ καὶ οὐκ ἔγνως τὰ γενόμενα ἐν αὐτῇ ἐν ταῖς **ἡμέραις** ταύταις;
24:21 ἀλλά γε καὶ σὺν πᾶσιν τούτοις τρίτην ταύτην **ἡμέραν** ἄγει ἀφ᾽ οὗ ταῦτα ἐγένετο.
24:29 ὅτι πρὸς ἑσπέραν ἐστὶν καὶ κέκλικεν ἤδη ἡ **ἡμέρα.**
24:46 καὶ εἶπεν αὐτοῖς ὅτι Οὕτως γέγραπται παθεῖν τὸν Χριστὸν καὶ ἀναστῆναι ἐκ νεκρῶν τῇ τρίτῃ **ἡμέρᾳ,**
Jn 1:39 ἦλθαν οὖν καὶ εἶδαν ποῦ μένει καὶ παρ᾽ αὐτῷ ἔμειναν τὴν **ἡμέραν** ἐκείνην·
2: 1 Καὶ τῇ **ἡμέρᾳ** τῇ τρίτῃ γάμος ἐγένετο ἐν Κανὰ τῆς Γαλιλαίας,
2:12 αὐτὸς καὶ ἡ μήτηρ αὐτοῦ καὶ οἱ ἀδελφοὶ [αὐτοῦ] καὶ οἱ μαθηταὶ αὐτοῦ καὶ ἐκεῖ ἔμειναν οὐ πολλὰς **ἡμέρας.**
2:19 Λύσατε τὸν ναὸν τοῦτον καὶ ἐν τρισὶν **ἡμέραις** ἐγερῶ αὐτόν.
2:20 Τεσσεράκοντα καὶ ἓξ ἔτεσιν οἰκοδομήθη ὁ ναὸς οὗτος, καὶ σὺ ἐν τρισὶν **ἡμέραις** ἐγερεῖς αὐτόν;
4:40 ἠρώτων αὐτὸν μεῖναι παρ᾽ αὐτοῖς· καὶ ἔμεινεν ἐκεῖ δύο **ἡμέρας.**
4:43 Μετὰ δὲ τὰς δύο **ἡμέρας** ἐξῆλθεν ἐκεῖθεν εἰς τὴν Γαλιλαίαν·
5: 9 καὶ εὐθέως ἐγένετο ὑγιὴς ὁ ἄνθρωπος καὶ ἦρεν τὸν κράβαττον αὐτοῦ καὶ περιεπάτει. Ἦν δὲ σάββατον ἐν ἐκείνῃ τῇ **ἡμέρᾳ.**
6:39 ἵνα πᾶν ὃ δέδωκέν μοι μὴ ἀπολέσω ἐξ αὐτοῦ, ἀλλὰ ἀναστήσω αὐτὸ [ἐν] τῇ ἐσχάτῃ **ἡμέρᾳ.**
6:40 καὶ ἀναστήσω αὐτὸν ἐγὼ [ἐν] τῇ ἐσχάτῃ **ἡμέρᾳ.**
6:44 οὐδεὶς δύναται ἐλθεῖν πρός με ἐὰν μὴ ὁ πατὴρ ὁ πέμψας με ἑλκύσῃ αὐτόν, κἀγὼ ἀναστήσω αὐτὸν ἐν τῇ ἐσχάτῃ **ἡμέρᾳ.**
6:54 ὁ τρώγων μου τὴν σάρκα καὶ πίνων μου τὸ αἷμα ἔχει ζωὴν αἰώνιον, κἀγὼ ἀναστήσω αὐτὸν τῇ ἐσχάτῃ **ἡμέρᾳ.**
7:37 Ἐν δὲ τῇ ἐσχάτῃ **ἡμέρᾳ** τῇ μεγάλῃ τῆς ἑορτῆς εἱστήκει ὁ Ἰησοῦς καὶ ἔκραξεν λέγων,
8:56 Ἀβραὰμ ὁ πατὴρ ὑμῶν ἠγαλλιάσατο ἵνα ἴδῃ τὴν **ἡμέραν** τὴν ἐμήν,
9: 4 ἡμᾶς δεῖ ἐργάζεσθαι τὰ ἔργα τοῦ πέμψαντός με ἕως **ἡμέρα** ἐστίν·
9:14 ἦν δὲ σάββατον ἐν ᾗ **ἡμέρᾳ** τὸν πηλὸν ἐποίησεν ὁ Ἰησοῦς καὶ ἀνέῳξεν αὐτοῦ τοὺς ὀφθαλμούς.
11: 6 τότε μὲν ἔμεινεν ἐν ᾧ ἦν τόπῳ δύο **ἡμέρας,**
11: 9 ἀπεκρίθη Ἰησοῦς, Οὐχὶ δώδεκα ὧραί εἰσιν τῆς **ἡμέρας;** ἐάν τις περιπατῇ ἐν τῇ **ἡμέρᾳ,** οὐ προσκόπτει,
11:17 Ἐλθὼν οὖν ὁ Ἰησοῦς εὗρεν αὐτὸν τέσσαρας ἤδη **ἡμέρας** ἔχοντα ἐν τῷ μνημείῳ.
11:24 Οἶδα ὅτι ἀναστήσεται ἐν τῇ ἀναστάσει ἐν τῇ ἐσχάτῃ **ἡμέρᾳ.**
11:53 ἀπ᾽ ἐκείνης οὖν τῆς **ἡμέρας** ἐβουλεύσαντο ἵνα ἀποκτείνωσιν αὐτόν.
12: 1 Ὁ οὖν Ἰησοῦς πρὸ ἓξ **ἡμερῶν** τοῦ πάσχα ἦλθεν εἰς Βηθανίαν,
12: 7 ἵνα εἰς τὴν **ἡμέραν** τοῦ ἐνταφιασμοῦ μου τηρήσῃ αὐτό·
12:48 ὁ λόγος ὃν ἐλάλησα ἐκεῖνος κρινεῖ αὐτὸν ἐν τῇ ἐσχάτῃ **ἡμέρᾳ.**
14:20 ἐν ἐκείνῃ τῇ **ἡμέρᾳ** γνώσεσθε ὑμεῖς ὅτι ἐγὼ ἐν τῷ πατρί μου καὶ ὑμεῖς ἐν ἐμοὶ κἀγὼ ἐν ὑμῖν.
16:23 καὶ ἐν ἐκείνῃ τῇ **ἡμέρᾳ** ἐμὲ οὐκ ἐρωτήσετε οὐδέν.
16:26 ἐν ἐκείνῃ τῇ **ἡμέρᾳ** ἐν τῷ ὀνόματί μου αἰτήσεσθε,
19:31 ἦν γὰρ μεγάλη ἡ **ἡμέρα** ἐκείνου τοῦ σαββάτου,
20:19 Οὔσης οὖν ὀψίας τῇ **ἡμέρᾳ** ἐκείνῃ τῇ μιᾷ σαββάτων καὶ τῶν θυρῶν κεκλεισμένων ὅπου ἦσαν οἱ μαθηταὶ διὰ τὸν φόβον
20:26 Καὶ μεθ᾽ **ἡμέρας** ὀκτὼ πάλιν ἦσαν ἔσω οἱ μαθηταὶ αὐτοῦ καὶ Θωμᾶς μετ᾽ αὐτῶν.
Ac 1: 2 ἄχρι ἧς **ἡμέρας** ἐντειλάμενος τοῖς ἀποστόλοις διὰ πνεύματος ἁγίου οὓς ἐξελέξατο ἀνελήμφθη·
1: 3 δι᾽ **ἡμερῶν** τεσσεράκοντα ὀπτανόμενος αὐτοῖς καὶ λέγων τὰ περὶ τῆς βασιλείας τοῦ θεοῦ·
1: 5 ὑμεῖς δὲ ἐν πνεύματι βαπτισθήσεσθε ἁγίῳ οὐ μετὰ πολλὰς ταύτας **ἡμέρας.**
1:15 Καὶ ἐν ταῖς **ἡμέραις** ταύταις ἀναστὰς Πέτρος ἐν μέσῳ τῶν ἀδελφῶν εἶπεν·
1:22 ἀρξάμενος ἀπὸ τοῦ βαπτίσματος Ἰωάννου ἕως τῆς **ἡμέρας** ἧς ἀνελήμφθη ἀφ᾽ ἡμῶν,
2: 1 Καὶ ἐν τῷ συμπληροῦσθαι τὴν **ἡμέραν** τῆς πεντηκοστῆς ἦσαν πάντες ὁμοῦ ἐπὶ τὸ αὐτό.
2:15 οὐ γὰρ ὡς ὑμεῖς ὑπολαμβάνετε οὗτοι μεθύουσιν, ἔστιν γὰρ ὥρα τρίτη τῆς **ἡμέρας,**
2:17 Καὶ ἔσται ἐν ταῖς ἐσχάταις **ἡμέραις,** λέγει ὁ θεός,
2:18 καί γε ἐπὶ τοὺς δούλους μου καὶ ἐπὶ τὰς δούλας μου ἐν ταῖς **ἡμέραις** ἐκείναις ἐκχεῶ ἀπὸ τοῦ πνεύματός μου,
2:20 πρὶν ἐλθεῖν **ἡμέραν** κυρίου τὴν μεγάλην καὶ ἐπιφανῆ.
2:29 καὶ τὸ μνῆμα αὐτοῦ ἔστιν ἐν ἡμῖν ἄχρι τῆς **ἡμέρας** ταύτης.
2:41 οἱ μὲν οὖν ἀποδεξάμενοι τὸν λόγον αὐτοῦ ἐβαπτίσθησαν καὶ προσετέθησαν ἐν τῇ **ἡμέρᾳ** ἐκείνῃ ψυχαὶ ὡσεὶ τρισχίλιαι.
2:46 καθ᾽ **ἡμέραν** τε προσκαρτεροῦντες ὁμοθυμαδὸν ἐν τῷ ἱερῷ,
2:47 ὁ δὲ κύριος προσετίθει τοὺς σῳζομένους καθ᾽ **ἡμέραν** ἐπὶ τὸ αὐτό.
3: 2 ὃν ἐτίθουν καθ᾽ **ἡμέραν** πρὸς τὴν θύραν τοῦ ἱεροῦ τὴν λεγομένην Ὡραίαν τοῦ αἰτεῖν ἐλεημοσύνην
3:24 καὶ πάντες δὲ οἱ προφῆται ἀπὸ Σαμουὴλ καὶ τῶν καθεξῆς ὅσοι ἐλάλησαν καὶ κατήγγειλαν τὰς **ἡμέρας** ταύτας.
5:36 πρὸ γὰρ τούτων τῶν **ἡμερῶν** ἀνέστη Θευδᾶς λέγων εἶναί τινα ἑαυτόν,
5:37 μετὰ τοῦτον ἀνέστη Ἰούδας ὁ Γαλιλαῖος ἐν ταῖς **ἡμέραις** τῆς ἀπογραφῆς καὶ ἀπέστησεν λαὸν ὀπίσω αὐτοῦ·
5:42 πᾶσάν τε **ἡμέραν** ἐν τῷ ἱερῷ καὶ κατ᾽ οἶκον οὐκ ἐπαύοντο διδάσκοντες καὶ εὐαγγελιζόμενοι τὸν Χριστὸν Ἰησοῦν.
6: 1 Ἐν δὲ ταῖς **ἡμέραις** ταύταις πληθυνόντων τῶν μαθητῶν ἐγένετο γογγυσμὸς τῶν Ἑλληνιστῶν πρὸς τοὺς Ἑβραίους,
7: 8 καὶ οὕτως ἐγέννησεν τὸν Ἰσαὰκ καὶ περιέτεμεν αὐτὸν τῇ **ἡμέρᾳ** τῇ ὀγδόῃ,
7:26 τῇ τε ἐπιούσῃ **ἡμέρᾳ** ὤφθη αὐτοῖς μαχομένοις καὶ συνήλλασσεν αὐτοὺς εἰς εἰρήνην εἰπών,
7:41 καὶ ἐμοσχοποίησαν ἐν ταῖς **ἡμέραις** ἐκείναις καὶ ἀνήγαγον θυσίαν τῷ εἰδώλῳ καὶ εὐφραίνοντο ἐν τοῖς ἔργοις τῶν χειρῶν
7:45 ὃν ἐξῶσεν ὁ θεὸς ἀπὸ προσώπου τῶν πατέρων ἡμῶν ἕως τῶν **ἡμερῶν** Δαυίδ,
8: 1 Ἐγένετο δὲ ἐν ἐκείνῃ τῇ **ἡμέρᾳ** διωγμὸς μέγας ἐπὶ τὴν ἐκκλησίαν τὴν ἐν Ἱεροσολύμοις,
9: 9 καὶ ἦν **ἡμέρας** τρεῖς μὴ βλέπων καὶ οὐκ ἔφαγεν οὐδὲ ἔπιεν.
9:19 Ἐγένετο δὲ μετὰ τῶν ἐν Δαμασκῷ μαθητῶν **ἡμέρας** τινὰς
9:23 Ὡς δὲ ἐπληροῦντο **ἡμέραι** ἱκαναί, συνεβουλεύσαντο οἱ Ἰουδαῖοι ἀνελεῖν αὐτόν·
9:24 παρετηροῦντο δὲ καὶ τὰς πύλας **ἡμέρας** τε καὶ νυκτὸς ὅπως αὐτὸν ἀνέλωσιν·
9:37 ἐγένετο δὲ ἐν ταῖς **ἡμέραις** ἐκείναις ἀσθενήσασαν αὐτὴν ἀποθανεῖν·
9:43 Ἐγένετο δὲ **ἡμέρας** ἱκανὰς μεῖναι ἐν Ἰόππῃ παρά τινι Σίμωνι βυρσεῖ.
10: 3 εἶδεν ἐν ὁράματι φανερῶς ὡσεὶ περὶ ὥραν ἐνάτην τῆς **ἡμέρας** ἄγγελον τοῦ θεοῦ εἰσελθόντα πρὸς αὐτὸν καὶ εἰπόντα αὐτῷ,
10:30 Ἀπὸ τετάρτης **ἡμέρας** μέχρι ταύτης τῆς ὥρας ἤμην τὴν ἐνάτην προσευχόμενος ἐν τῷ οἴκῳ μου,
10:40 τοῦτον ὁ θεὸς ἤγειρεν [ἐν] τῇ τρίτῃ **ἡμέρᾳ** καὶ ἔδωκεν αὐτὸν ἐμφανῆ γενέσθαι,
10:48 προσέταξεν δὲ αὐτοὺς ἐν τῷ ὀνόματι Ἰησοῦ Χριστοῦ βαπτισθῆναι. τότε ἠρώτησαν αὐτὸν ἐπιμεῖναι **ἡμέρας** τινάς.
11:27 Ἐν ταύταις δὲ ταῖς **ἡμέραις** κατῆλθον ἀπὸ Ἱεροσολύμων προφῆται εἰς Ἀντιόχειαν.
12: 3 ἰδὼν δὲ ὅτι ἀρεστόν ἐστιν τοῖς Ἰουδαίοις προσέθετο συλλαβεῖν καὶ Πέτρον,– ἦσαν δὲ [αἱ] **ἡμέραι** τῶν ἀζύμων–
12:18 Γενομένης δὲ **ἡμέρας** ἦν τάραχος οὐκ ὀλίγος ἐν τοῖς στρατιώταις τί ἄρα ὁ Πέτρος ἐγένετο.
12:21 τακτῇ δὲ **ἡμέρᾳ** ὁ Ἡρῴδης ἐνδυσάμενος ἐσθῆτα βασιλικὴν [καὶ] καθίσας ἐπὶ τοῦ βήματος ἐδημηγόρει πρὸς αὐτούς,
13:14 καὶ [εἰσ]ελθόντες εἰς τὴν συναγωγὴν τῇ **ἡμέρᾳ** τῶν σαββάτων ἐκάθισαν.
13:31 ὃς ὤφθη ἐπὶ **ἡμέρας** πλείους τοῖς συναναβᾶσιν αὐτῷ ἀπὸ τῆς Γαλιλαίας εἰς Ἰερουσαλήμ,
13:41 ὅτι ἔργον ἐργάζομαι ἐγὼ ἐν ταῖς **ἡμέραις** ὑμῶν,
15: 7 ὅτι ἀφ᾽ **ἡμερῶν** ἀρχαίων ἐν ὑμῖν ἐξελέξατο ὁ θεὸς διὰ τοῦ στόματός μου ἀκοῦσαι τὰ ἔθνη τὸν λόγον τοῦ εὐαγγελίου
15:36 Μετὰ δέ τινας **ἡμέρας** εἶπεν πρὸς Βαρναβᾶν Παῦλος,
16: 5 αἱ μὲν οὖν ἐκκλησίαι ἐστερεοῦντο τῇ πίστει καὶ ἐπερίσσευον τῷ ἀριθμῷ καθ᾽ **ἡμέραν.**
16:12 ἦμεν δὲ ἐν ταύτῃ τῇ πόλει διατρίβοντες **ἡμέρας** τινάς.
16:13 τῇ τε **ἡμέρᾳ** τῶν σαββάτων ἐξήλθομεν ἔξω τῆς πύλης παρὰ ποταμὸν οὗ ἐνομίζομεν προσευχὴν εἶναι,
16:18 τοῦτο δὲ ἐποίει ἐπὶ πολλὰς **ἡμέρας.** διαπονηθεὶς δὲ Παῦλος καὶ ἐπιστρέψας τῷ πνεύματι εἶπεν,
16:35 **Ἡμέρας** δὲ γενομένης ἀπέστειλαν οἱ στρατηγοὶ τοὺς ῥαβδούχους λέγοντες,
17:11 οἵτινες ἐδέξαντο τὸν λόγον μετὰ πάσης προθυμίας καθ᾽ **ἡμέραν** ἀνακρίνοντες τὰς γραφὰς εἰ ἔχοι ταῦτα οὕτως.
17:17 ἐν τῇ συναγωγῇ τοῖς Ἰουδαίοις καὶ τοῖς σεβομένοις καὶ ἐν τῇ ἀγορᾷ κατὰ πᾶσαν **ἡμέραν** πρὸς τοὺς παρατυγχάνοντας.
17:31 καθότι ἔστησεν **ἡμέραν** ἐν ᾗ μέλλει κρίνειν τὴν οἰκουμένην ἐν δικαιοσύνῃ ἐν ἀνδρὶ ᾧ ὥρισεν,

18:18 Ὁ δὲ Παῦλος ἔτι προσμείνας **ἡμέρας** ἱκανὰς τοῖς ἀδελφοῖς ἀποταξάμενος ἐξέπλει εἰς τὴν Συρίαν,
19: 9 ἀποστὰς ἀπ᾽ αὐτῶν ἀφώρισεν τοὺς μαθητὰς καθ᾽ **ἡμέραν** διαλεγόμενος ἐν τῇ σχολῇ Τυράννου.
20: 6 ἡμεῖς δὲ ἐξεπλεύσαμεν μετὰ τὰς **ἡμέρας** τῶν ἀζύμων ἀπὸ Φιλίππων καὶ ἤλθομεν πρὸς αὐτοὺς εἰς τὴν Τρῳάδα ἄχρι **ἡμερῶν** πέντε, ὅπου διετρίψαμεν **ἡμέρας** ἑπτά.
20:16 ἔσπευδεν γὰρ εἰ δυνατὸν εἴη αὐτῷ τὴν **ἡμέραν** τῆς πεντηκοστῆς γενέσθαι εἰς Ἱεροσόλυμα.
20:18 ἀπὸ πρώτης **ἡμέρας** ἀφ᾽ ἧς ἐπέβην εἰς τὴν Ἀσίαν,
20:26 διότι μαρτύρομαι ὑμῖν ἐν τῇ σήμερον **ἡμέρᾳ** ὅτι καθαρός εἰμι ἀπὸ τοῦ αἵματος πάντων·
20:31 διὸ γρηγορεῖτε μνημονεύοντες ὅτι τριετίαν νύκτα καὶ **ἡμέραν** οὐκ ἐπαυσάμην μετὰ δακρύων νουθετῶν ἕνα ἕκαστον.
21: 4 ἀνευρόντες δὲ τοὺς μαθητὰς ἐπεμείναμεν αὐτοῦ **ἡμέρας** ἑπτά,
21: 5 ὅτε δὲ ἐγένετο ἡμᾶς ἐξαρτίσαι τὰς **ἡμέρας,** ἐξελθόντες ἐπορευόμεθα προπεμπόντων ἡμᾶς πάντων
21: 7 κατηντήσαμεν εἰς Πτολεμαΐδα καὶ ἀσπασάμενοι τοὺς ἀδελφοὺς ἐμείναμεν **ἡμέραν** μίαν παρ᾽ αὐτοῖς.
21:10 ἐπιμενόντων δὲ **ἡμέρας** πλείους κατῆλθέν τις ἀπὸ τῆς Ἰουδαίας προφήτης ὀνόματι Ἅγαβος,
21:15 Μετὰ δὲ τὰς **ἡμέρας** ταύτας ἐπισκευασάμενοι ἀνεβαίνομεν εἰς Ἱεροσόλυμα·
21:26 τότε ὁ Παῦλος παραλαβὼν τοὺς ἄνδρας τῇ ἐχομένῃ **ἡμέρᾳ** σὺν αὐτοῖς ἁγνισθείς, εἰσῄει εἰς τὸ ἱερὸν διαγγέλλων τὴν ἐκπλήρωσιν τῶν **ἡμερῶν** τοῦ ἁγνισμοῦ
21:27 Ὡς δὲ ἔμελλον αἱ ἑπτὰ **ἡμέραι** συντελεῖσθαι, οἱ ἀπὸ τῆς Ἀσίας Ἰουδαῖοι θεασάμενοι αὐτὸν ἐν τῷ ἱερῷ συνέχεον πάντα
21:38 οὐκ ἄρα σὺ εἶ ὁ Αἰγύπτιος ὁ πρὸ τούτων τῶν **ἡμερῶν** ἀναστατώσας καὶ ἐξαγαγὼν εἰς τὴν ἔρημον
23: 1 ἐγὼ πάσῃ συνειδήσει ἀγαθῇ πεπολίτευμαι τῷ θεῷ ἄχρι ταύτης τῆς **ἡμέρας.**
23:12 Γενομένης δὲ **ἡμέρας** ποιήσαντες συστροφὴν οἱ Ἰουδαῖοι ἀνεθεμάτισαν ἑαυτοὺς λέγοντες μήτε φαγεῖν μήτε πιεῖν
24: 1 Μετὰ δὲ πέντε **ἡμέρας** κατέβη ὁ ἀρχιερεὺς Ἁνανίας μετὰ πρεσβυτέρων τινῶν καὶ ῥήτορος Τερτύλλου τινός,
24:11 δυναμένου σου ἐπιγνῶναι ὅτι οὐ πλείους εἰσίν μοι **ἡμέραι** δώδεκα ἀφ᾽ ἧς ἀνέβην προσκυνήσων εἰς Ἰερουσαλήμ.
24:24 Μετὰ δὲ **ἡμέρας** τινὰς παραγενόμενος ὁ Φῆλιξ σὺν Δρουσίλλῃ τῇ ἰδίᾳ γυναικὶ οὔσῃ Ἰουδαίᾳ μετεπέμψατο τὸν Παῦλον
25: 1 Φῆστος οὖν ἐπιβὰς τῇ ἐπαρχείᾳ μετὰ τρεῖς **ἡμέρας** ἀνέβη εἰς Ἱεροσόλυμα ἀπὸ Καισαρείας,
25: 6 Διατρίψας δὲ ἐν αὐτοῖς **ἡμέρας** οὐ πλείους ὀκτὼ ἢ δέκα,
25:13 **Ἡμερῶν** δὲ διαγενομένων τινῶν Ἀγρίππας ὁ βασιλεὺς καὶ Βερνίκη κατήντησαν εἰς Καισάρειαν ἀσπασάμενοι τὸν Φῆστον.
25:14 ὡς δὲ πλείους **ἡμέρας** διέτριβον ἐκεῖ, ὁ Φῆστος τῷ βασιλεῖ ἀνέθετο τὰ κατὰ τὸν Παῦλον λέγων,
26: 7 εἰς ἣν τὸ δωδεκάφυλον ἡμῶν ἐν ἐκτενείᾳ νύκτα καὶ **ἡμέραν** λατρεῦον ἐλπίζει καταντῆσαι,
26:13 **ἡμέρας** μέσης κατὰ τὴν ὁδὸν εἶδον, βασιλεῦ, οὐρανόθεν ὑπὲρ τὴν λαμπρότητα τοῦ ἡλίου περιλάμψαν με φῶς
26:22 ἐπικουρίας οὖν τυχὼν τῆς ἀπὸ τοῦ θεοῦ ἄχρι τῆς **ἡμέρας** ταύτης ἕστηκα μαρτυρόμενος μικρῷ τε καὶ μεγάλῳ
27: 7 ἐν ἱκαναῖς δὲ **ἡμέραις** βραδυπλοοῦντες καὶ μόλις γενόμενοι κατὰ τὴν Κνίδον,
27:20 μήτε δὲ ἡλίου μήτε ἄστρων ἐπιφαινόντων ἐπὶ πλείονας **ἡμέρας,**
27:29 ἐκ πρύμνης ῥίψαντες ἀγκύρας τέσσαρας ηὔχοντο **ἡμέραν** γενέσθαι.
27:33 Ἄχρι δὲ οὗ **ἡμέρα** ἤμελλεν γίνεσθαι, παρεκάλει ὁ Παῦλος ἅπαντας μεταλαβεῖν τροφῆς λέγων, Τεσσαρεσκαιδεκάτην σήμερον **ἡμέραν** προσδοκῶντες ἄσιτοι διατελεῖτε μηθὲν προσλαβόμενοι.
27:39 Ὅτε δὲ **ἡμέρα** ἐγένετο, τὴν γῆν οὐκ ἐπεγίνωσκον,
28: 7 ὑπῆρχεν χωρία τῷ πρώτῳ τῆς νήσου ὀνόματι Ποπλίῳ, ὃς ἀναδεξάμενος ἡμᾶς τρεῖς **ἡμέρας** φιλοφρόνως ἐξένισεν.
28:12 καὶ καταχθέντες εἰς Συρακούσας ἐπεμείναμεν **ἡμέρας** τρεῖς,
28:13 καὶ μετὰ μίαν **ἡμέραν** ἐπιγενομένου νότου δευτεραῖοι ἤλθομεν εἰς Ποτιόλους,
28:14 οὗ εὑρόντες ἀδελφοὺς παρεκλήθημεν παρ᾽ αὐτοῖς ἐπιμεῖναι **ἡμέρας** ἑπτά·
28:17 Ἐγένετο δὲ μετὰ **ἡμέρας** τρεῖς συγκαλέσασθαι αὐτὸν τοὺς ὄντας τῶν Ἰουδαίων πρώτους·
28:23 Ταξάμενοι δὲ αὐτῷ **ἡμέραν** ἦλθον πρὸς αὐτὸν εἰς τὴν ξενίαν πλείονες οἷς ἐξετίθετο διαμαρτυρόμενος τὴν βασιλείαν

Ro 2: 5 κατὰ δὲ τὴν σκληρότητά σου καὶ ἀμετανόητον καρδίαν θησαυρίζεις σεαυτῷ ὀργὴν ἐν **ἡμέρᾳ** ὀργῆς
2:16 ἐν **ἡμέρᾳ** ὅτε κρίνει ὁ θεὸς τὰ κρυπτὰ τῶν ἀνθρώπων κατὰ τὸ εὐαγγέλιόν μου διὰ Χριστοῦ Ἰησοῦ.
8:36 καθὼς γέγραπται ὅτι Ἕνεκεν σοῦ θανατούμεθα ὅλην τὴν **ἡμέραν,**
10:21 Ὅλην τὴν **ἡμέραν** ἐξεπέτασα τὰς χεῖράς μου πρὸς λαὸν ἀπειθοῦντα καὶ ἀντιλέγοντα.
11: 8 ὀφθαλμοὺς τοῦ μὴ βλέπειν καὶ ὦτα τοῦ μὴ ἀκούειν, ἕως τῆς σήμερον **ἡμέρας.**
13:12 ἡ νὺξ προέκοψεν, ἡ δὲ **ἡμέρα** ἤγγικεν. ἀποθώμεθα οὖν τὰ ἔργα τοῦ σκότους,
13:13 ὡς ἐν **ἡμέρᾳ** εὐσχημόνως περιπατήσωμεν, μὴ κώμοις καὶ μέθαις,
14: 5 ὃς μὲν [γὰρ] κρίνει **ἡμέραν** παρ᾽ **ἡμέραν,** ὃς δὲ κρίνει πᾶσαν **ἡμέραν·**
14: 6 ὁ φρονῶν τὴν **ἡμέραν** κυρίῳ φρονεῖ· καὶ ὁ ἐσθίων κυρίῳ ἐσθίει,
1Co 1: 8 ὃς καὶ βεβαιώσει ὑμᾶς ἕως τέλους ἀνεγκλήτους ἐν τῇ **ἡμέρᾳ** τοῦ κυρίου ἡμῶν Ἰησοῦ [Χριστοῦ.]
3:13 ἡ γὰρ **ἡμέρα** δηλώσει, ὅτι ἐν πυρὶ ἀποκαλύπτεται·
4: 3 ἵνα ὑφ᾽ ὑμῶν ἀνακριθῶ ἢ ὑπὸ ἀνθρωπίνης **ἡμέρας·**
5: 5 ἵνα τὸ πνεῦμα σωθῇ ἐν τῇ **ἡμέρᾳ** τοῦ κυρίου.
10: 8 καθώς τινες αὐτῶν ἐπόρνευσαν καὶ ἔπεσαν μιᾷ **ἡμέρᾳ** εἴκοσι τρεῖς χιλιάδες.
15: 4 καὶ ὅτι ἐτάφη καὶ ὅτι ἐγήγερται τῇ **ἡμέρᾳ** τῇ τρίτῃ κατὰ τὰς γραφὰς
15:31 καθ᾽ **ἡμέραν** ἀποθνῄσκω, νὴ τὴν ὑμετέραν καύχησιν, [ἀδελφοί,]
2Co 1:14 ὅτι καύχημα ὑμῶν ἐσμεν καθάπερ καὶ ὑμεῖς ἡμῶν ἐν τῇ **ἡμέρᾳ** τοῦ κυρίου [ἡμῶν] Ἰησοῦ.
3:14 ἄχρι γὰρ τῆς σήμερον **ἡμέρας** τὸ αὐτὸ κάλυμμα ἐπὶ τῇ ἀναγνώσει τῆς παλαιᾶς διαθήκης μένει,
4:16 ἀλλ᾽ ὁ ἔσω ἡμῶν ἀνακαινοῦται **ἡμέρᾳ** καὶ **ἡμέρᾳ.**
6: 2 Καιρῷ δεκτῷ ἐπήκουσά σου καὶ ἐν **ἡμέρᾳ** σωτηρίας ἐβοήθησά σοι. ἰδοὺ νῦν καιρὸς εὐπρόσδεκτος, ἰδοὺ νῦν **ἡμέρα** σωτηρίας·
11:28 χωρὶς τῶν παρεκτὸς ἡ ἐπίστασίς μοι ἡ καθ᾽ **ἡμέραν,**
Gal 1:18 Ἔπειτα μετὰ ἔτη τρία ἀνῆλθον εἰς Ἱεροσόλυμα ἱστορῆσαι Κηφᾶν καὶ ἐπέμεινα πρὸς αὐτὸν **ἡμέρας** δεκαπέντε,
4:10 **ἡμέρας** παρατηρεῖσθε καὶ μῆνας καὶ καιροὺς καὶ ἐνιαυτούς,
Eph 4:30 καὶ μὴ λυπεῖτε τὸ πνεῦμα τὸ ἅγιον τοῦ θεοῦ, ἐν ᾧ ἐσφραγίσθητε εἰς **ἡμέραν** ἀπολυτρώσεως.
5:16 ἐξαγοραζόμενοι τὸν καιρόν, ὅτι αἱ **ἡμέραι** πονηραί εἰσιν.
6:13 ἵνα δυνηθῆτε ἀντιστῆναι ἐν τῇ **ἡμέρᾳ** τῇ πονηρᾷ καὶ ἅπαντα κατεργασάμενοι στῆναι.
Php 1: 5 ἐπὶ τῇ κοινωνίᾳ ὑμῶν εἰς τὸ εὐαγγέλιον ἀπὸ τῆς πρώτης **ἡμέρας** ἄχρι τοῦ νῦν,
1: 6 ὅτι ὁ ἐναρξάμενος ἐν ὑμῖν ἔργον ἀγαθὸν ἐπιτελέσει ἄχρι **ἡμέρας** Χριστοῦ Ἰησοῦ·
1:10 ἵνα ἦτε εἰλικρινεῖς καὶ ἀπρόσκοποι εἰς **ἡμέραν** Χριστοῦ,
2:16 λόγον ζωῆς ἐπέχοντες, εἰς καύχημα ἐμοὶ εἰς **ἡμέραν** Χριστοῦ,
Col 1: 6 ἀφ᾽ ἧς **ἡμέρας** ἠκούσατε καὶ ἐπέγνωτε τὴν χάριν τοῦ θεοῦ ἐν ἀληθείᾳ·
1: 9 Διὰ τοῦτο καὶ ἡμεῖς, ἀφ᾽ ἧς **ἡμέρας** ἠκούσαμεν,
1Th 2: 9 νυκτὸς καὶ **ἡμέρας** ἐργαζόμενοι πρὸς τὸ μὴ ἐπιβαρῆσαί τινα ὑμῶν ἐκηρύξαμεν εἰς ὑμᾶς τὸ εὐαγγέλιον τοῦ θεοῦ.
3:10 νυκτὸς καὶ **ἡμέρας** ὑπερεκπερισσοῦ δεόμενοι εἰς τὸ ἰδεῖν ὑμῶν τὸ πρόσωπον καὶ καταρτίσαι τὰ ὑστερήματα τῆς πίστεως ὑμῶν;
5: 2 αὐτοὶ γὰρ ἀκριβῶς οἴδατε ὅτι **ἡμέρα** κυρίου ὡς κλέπτης ἐν νυκτὶ οὕτως ἔρχεται.
5: 4 οὐκ ἐστὲ ἐν σκότει, ἵνα ἡ **ἡμέρα** ὑμᾶς ὡς κλέπτης καταλάβῃ·
5: 5 πάντες γὰρ ὑμεῖς υἱοὶ φωτός ἐστε καὶ υἱοὶ **ἡμέρας.**
5: 8 ἡμεῖς δὲ **ἡμέρας** ὄντες νήφωμεν ἐνδυσάμενοι θώρακα πίστεως καὶ ἀγάπης καὶ περικεφαλαίαν ἐλπίδα σωτηρίας·
2Th 1:10 ὅτι ἐπιστεύθη τὸ μαρτύριον ἡμῶν ἐφ᾽ ὑμᾶς, ἐν τῇ **ἡμέρᾳ** ἐκείνῃ.
2: 2 μήτε διὰ πνεύματος μήτε διὰ λόγου μήτε δι᾽ ἐπιστολῆς ὡς δι᾽ ἡμῶν, ὡς ὅτι ἐνέστηκεν ἡ **ἡμέρα** τοῦ κυρίου·
3: 8 ἀλλ᾽ ἐν κόπῳ καὶ μόχθῳ νυκτὸς καὶ **ἡμέρας** ἐργαζόμενοι πρὸς τὸ μὴ ἐπιβαρῆσαί τινα ὑμῶν·
1Ti 5: 5 ὄντως χήρα καὶ μεμονωμένη ἤλπικεν ἐπὶ θεὸν καὶ προσμένει ταῖς δεήσεσιν καὶ ταῖς προσευχαῖς νυκτὸς καὶ **ἡμέρας,**
2Ti 1: 3 ὡς ἀδιάλειπτον ἔχω τὴν περὶ σοῦ μνείαν ἐν ταῖς δεήσεσίν μου νυκτὸς καὶ **ἡμέρας,**
1:12 οἶδα γὰρ ᾧ πεπίστευκα καὶ πέπεισμαι ὅτι δυνατός ἐστιν τὴν παραθήκην μου φυλάξαι εἰς ἐκείνην τὴν **ἡμέραν.**
1:18 δῴη αὐτῷ ὁ κύριος εὑρεῖν ἔλεος παρὰ κυρίου ἐν ἐκείνῃ τῇ **ἡμέρᾳ.**

3: 1 Τοῦτο δὲ γίνωσκε, ὅτι ἐν ἐσχάταις **ἡμέραις** ἐνστήσονται καιροὶ χαλεποί·
4: 8 ὃν ἀποδώσει μοι ὁ κύριος ἐν ἐκείνῃ τῇ **ἡμέρᾳ,**
Heb 1: 2 ἐπ᾽ ἐσχάτου τῶν **ἡμερῶν** τούτων ἐλάλησεν ἡμῖν ἐν υἱῷ,
3: 8 μὴ σκληρύνητε τὰς καρδίας ὑμῶν ὡς ἐν τῷ παραπικρασμῷ κατὰ τὴν **ἡμέραν** τοῦ πειρασμοῦ ἐν τῇ ἐρήμῳ,
3: 13 ἀλλὰ παρακαλεῖτε ἑαυτοὺς καθ᾽ ἑκάστην **ἡμέραν,** ἄχρις οὗ τὸ Σήμερον καλεῖται,
4: 4 Καὶ κατέπαυσεν ὁ θεὸς ἐν τῇ **ἡμέρᾳ** τῇ ἑβδόμῃ ἀπὸ πάντων τῶν ἔργων αὐτοῦ,
4: 7 πάλιν τινὰ ὁρίζει **ἡμέραν,** Σήμερον, ἐν Δαυὶδ λέγων μετὰ τοσοῦτον χρόνον,
4: 8 οὐκ ἂν περὶ ἄλλης ἐλάλει μετὰ ταῦτα **ἡμέρας.**
5: 7 ὃς ἐν ταῖς **ἡμέραις** τῆς σαρκὸς αὐτοῦ δεήσεις τε καὶ ἱκετηρίας πρὸς τὸν δυνάμενον σῴζειν αὐτὸν ἐκ θανάτου
7: 3 ἀπάτωρ ἀμήτωρ ἀγενεαλόγητος, μήτε ἀρχὴν **ἡμερῶν** μήτε ζωῆς τέλος ἔχων,
7: 27 ὃς οὐκ ἔχει καθ᾽ **ἡμέραν** ἀνάγκην, ὥσπερ οἱ ἀρχιερεῖς,
8: 8 μεμφόμενος γὰρ αὐτοὺς λέγει, Ἰδοὺ **ἡμέραι** ἔρχονται, λέγει κύριος,
8: 9 ἣν ἐποίησα τοῖς πατράσιν αὐτῶν ἐν **ἡμέρᾳ** ἐπιλαβομένου μου τῆς χειρὸς αὐτῶν ἐξαγαγεῖν αὐτοὺς ἐκ γῆς Αἰγύπτου,
8: 10 ἣν διαθήσομαι τῷ οἴκῳ Ἰσραὴλ μετὰ τὰς **ἡμέρας** ἐκείνας,
10: 11 Καὶ πᾶς μὲν ἱερεὺς ἕστηκεν καθ᾽ **ἡμέραν** λειτουργῶν καὶ τὰς αὐτὰς πολλάκις προσφέρων θυσίας,
10: 16 Αὕτη ἡ διαθήκη ἣν διαθήσομαι πρὸς αὐτοὺς μετὰ τὰς **ἡμέρας** ἐκείνας,
10: 25 καὶ τοσούτῳ μᾶλλον ὅσῳ βλέπετε ἐγγίζουσαν τὴν **ἡμέραν.**
10: 32 Ἀναμιμνῄσκεσθε δὲ τὰς πρότερον **ἡμέρας,** ἐν αἷς φωτισθέντες πολλὴν ἄθλησιν ὑπεμείνατε παθημάτων,
11: 30 Πίστει τὰ τείχη Ἰεριχὼ ἔπεσαν κυκλωθέντα ἐπὶ ἑπτὰ **ἡμέρας.**
12: 10 οἱ μὲν γὰρ πρὸς ὀλίγας **ἡμέρας** κατὰ τὸ δοκοῦν αὐτοῖς ἐπαίδευον,
Jas 5: 3 καὶ ὁ ἰὸς αὐτῶν εἰς μαρτύριον ὑμῖν ἔσται καὶ φάγεται τὰς σάρκας ὑμῶν ὡς πῦρ. ἐθησαυρίσατε ἐν ἐσχάταις **ἡμέραις.**
5: 5 ἐτρυφήσατε ἐπὶ τῆς γῆς καὶ ἐσπαταλήσατε, ἐθρέψατε τὰς καρδίας ὑμῶν ἐν **ἡμέρᾳ** σφαγῆς,
1Pe 2: 12 ἐν ᾧ καταλαλοῦσιν ὑμῶν ὡς κακοποιῶν ἐκ τῶν καλῶν ἔργων ἐποπτεύοντες δοξάσωσιν τὸν θεὸν ἐν **ἡμέρᾳ** ἐπισκοπῆς.
3: 10 ὁ γὰρ θέλων ζωὴν ἀγαπᾶν καὶ ἰδεῖν **ἡμέρας** ἀγαθὰς παυσάτω τὴν γλῶσσαν ἀπὸ κακοῦ καὶ χείλη τοῦ μὴ λαλῆσαι δόλον,
3: 20 ἀπειθήσασίν ποτε ὅτε ἀπεξεδέχετο ἡ τοῦ θεοῦ μακροθυμία ἐν **ἡμέραις** Νῶε κατασκευαζομένης κιβωτοῦ εἰς ἣν ὀλίγοι,
2Pe 1: 19 ἕως οὗ **ἡμέρα** διαυγάσῃ καὶ φωσφόρος ἀνατείλῃ ἐν ταῖς καρδίαις ὑμῶν,
2: 8 βλέμματι γὰρ καὶ ἀκοῇ ὁ δίκαιος ἐγκατοικῶν ἐν αὐτοῖς **ἡμέραν** ἐξ **ἡμέρας** ψυχὴν δικαίαν ἀνόμοις ἔργοις ἐβασάνιζεν·
2: 9 οἶδεν κύριος εὐσεβεῖς ἐκ πειρασμοῦ ῥύεσθαι, ἀδίκους δὲ εἰς **ἡμέραν** κρίσεως κολαζομένους τηρεῖν,
2: 13 ἀδικούμενοι μισθὸν ἀδικίας, ἡδονὴν ἡγούμενοι τὴν ἐν **ἡμέρᾳ** τρυφήν,
3: 3 ὅτι ἐλεύσονται ἐπ᾽ ἐσχάτων τῶν **ἡμερῶν** [ἐν] ἐμπαιγμονῇ ἐμπαῖκται κατὰ τὰς ἰδίας ἐπιθυμίας αὐτῶν πορευόμενοι
3: 7 οἱ δὲ νῦν οὐρανοὶ καὶ ἡ γῆ τῷ αὐτῷ λόγῳ τεθησαυρισμένοι εἰσὶν πυρὶ τηρούμενοι εἰς **ἡμέραν** κρίσεως καὶ ἀπωλείας
3: 8 ὅτι μία **ἡμέρα** παρὰ κυρίῳ ὡς χίλια ἔτη καὶ χίλια ἔτη ὡς **ἡμέρα** μία.
3: 10 Ἥξει δὲ **ἡμέρα** κυρίου ὡς κλέπτης, ἐν ᾗ οἱ οὐρανοὶ ῥοιζηδὸν παρελεύσονται στοιχεῖα δὲ καυσούμενα λυθήσεται
3: 12 προσδοκῶντας καὶ σπεύδοντας τὴν παρουσίαν τῆς τοῦ θεοῦ **ἡμέρας** δι᾽ ἣν οὐρανοὶ πυρούμενοι λυθήσονται
3: 18 αὐτῷ ἡ δόξα καὶ νῦν καὶ εἰς **ἡμέραν** αἰῶνος.
1Jn 4: 17 ἵνα παρρησίαν ἔχωμεν ἐν τῇ **ἡμέρᾳ** τῆς κρίσεως,
Jude 1: 6 ἀγγέλους τε τοὺς μὴ τηρήσαντας τὴν ἑαυτῶν ἀρχὴν ἀλλὰ ἀπολιπόντας τὸ ἴδιον οἰκητήριον εἰς κρίσιν μεγάλης **ἡμέρας** δεσμοῖς ἀϊδίοις ὑπὸ ζόφον τετήρηκεν,
Rev 1: 10 ἐγενόμην ἐν πνεύματι ἐν τῇ κυριακῇ **ἡμέρᾳ** καὶ ἤκουσα ὀπίσω μου φωνὴν μεγάλην ὡς σάλπιγγος
2: 10 ἰδοὺ μέλλει βάλλειν ὁ διάβολος ἐξ ὑμῶν εἰς φυλακὴν ἵνα πειρασθῆτε καὶ ἕξετε θλῖψιν **ἡμερῶν** δέκα.
2: 13 καὶ κρατεῖς τὸ ὄνομά μου καὶ οὐκ ἠρνήσω τὴν πίστιν μου καὶ ἐν ταῖς **ἡμέραις** Ἀντιπᾶς ὁ μάρτυς μου ὁ πιστός μου,
4: 8 καὶ ἀνάπαυσιν οὐκ ἔχουσιν **ἡμέρας** καὶ νυκτὸς λέγοντες,
6: 17 ὅτι ἦλθεν ἡ **ἡμέρα** ἡ μεγάλη τῆς ὀργῆς αὐτῶν,
7: 15 διὰ τοῦτό εἰσιν ἐνώπιον τοῦ θρόνου τοῦ θεοῦ καὶ λατρεύουσιν αὐτῷ **ἡμέρας** καὶ νυκτὸς ἐν τῷ ναῷ αὐτοῦ,
8: 12 ἵνα σκοτισθῇ τὸ τρίτον αὐτῶν καὶ ἡ **ἡμέρα** μὴ φάνῃ τὸ τρίτον αὐτῆς καὶ ἡ νὺξ ὁμοίως.
9: 6 καὶ ἐν ταῖς **ἡμέραις** ἐκείναις ζητήσουσιν οἱ ἄνθρωποι τὸν θάνατον καὶ οὐ μὴ εὑρήσουσιν αὐτόν,
9: 15 καὶ ἐλύθησαν οἱ τέσσαρες ἄγγελοι οἱ ἡτοιμασμένοι εἰς τὴν ὥραν καὶ **ἡμέραν** καὶ μῆνα καὶ ἐνιαυτόν,
10: 7 ἀλλ᾽ ἐν ταῖς **ἡμέραις** τῆς φωνῆς τοῦ ἑβδόμου ἀγγέλου,
11: 3 καὶ δώσω τοῖς δυσὶν μάρτυσίν μου καὶ προφητεύσουσιν **ἡμέρας** χιλίας διακοσίας ἑξήκοντα περιβεβλημένοι σάκκους.
11: 6 ἵνα μὴ ὑετὸς βρέχῃ τὰς **ἡμέρας** τῆς προφητείας αὐτῶν,
11: 9 καὶ βλέπουσιν ἐκ τῶν λαῶν καὶ φυλῶν καὶ γλωσσῶν καὶ ἐθνῶν τὸ πτῶμα αὐτῶν **ἡμέρας** τρεῖς καὶ ἥμισυ
11: 11 καὶ μετὰ τὰς τρεῖς **ἡμέρας** καὶ ἥμισυ πνεῦμα ζωῆς ἐκ τοῦ θεοῦ εἰσῆλθεν ἐν αὐτοῖς,
12: 6 ἵνα ἐκεῖ τρέφωσιν αὐτὴν **ἡμέρας** χιλίας διακοσίας ἑξήκοντα.
12: 10 ὁ κατηγορῶν αὐτοὺς ἐνώπιον τοῦ θεοῦ ἡμῶν **ἡμέρας** καὶ νυκτός.
14: 11 καὶ οὐκ ἔχουσιν ἀνάπαυσιν **ἡμέρας** καὶ νυκτὸς οἱ προσκυνοῦντες τὸ θηρίον καὶ τὴν εἰκόνα αὐτοῦ
16: 14 συναγαγεῖν αὐτοὺς εἰς τὸν πόλεμον τῆς **ἡμέρας** τῆς μεγάλης τοῦ θεοῦ τοῦ παντοκράτορος.
18: 8 διὰ τοῦτο ἐν μιᾷ **ἡμέρᾳ** ἥξουσιν αἱ πληγαὶ αὐτῆς,
20: 10 καὶ βασανισθήσονται **ἡμέρας** καὶ νυκτὸς εἰς τοὺς αἰῶνας τῶν αἰώνων.
21: 25 καὶ οἱ πυλῶνες αὐτῆς οὐ μὴ κλεισθῶσιν **ἡμέρας,**

2466 ἡμέτερος [7]

√ 1609

Ac 2: 11 ἀκούομεν λαλούντων αὐτῶν ταῖς **ἡμετέραις** γλώσσαις τὰ μεγαλεῖα τοῦ θεοῦ.
26: 5 ὅτι κατὰ τὴν ἀκριβεστάτην αἵρεσιν τῆς **ἡμετέρας** θρησκείας ἔζησα Φαρισαῖος.
Ro 15: 4 ὅσα γὰρ προεγράφη, εἰς τὴν **ἡμετέραν** διδασκαλίαν ἐγράφη,
2Ti 4: 15 ὃν καὶ σὺ φυλάσσου, λίαν γὰρ ἀντέστη τοῖς **ἡμετέροις** λόγοις.
Tit 3: 14 μανθανέτωσαν δὲ καὶ οἱ **ἡμέτεροι** καλῶν ἔργων προΐστασθαι εἰς τὰς ἀναγκαίας χρείας,
1Jn 1: 3 καὶ ἡ κοινωνία δὲ ἡ **ἡμετέρα** μετὰ τοῦ πατρὸς καὶ μετὰ τοῦ υἱοῦ αὐτοῦ Ἰησοῦ Χριστοῦ.
2: 2 οὐ περὶ τῶν **ἡμετέρων** δὲ μόνον ἀλλὰ καὶ περὶ ὅλου τοῦ κόσμου.

2467 ἡμιθανής [1]

√ 2468 + 2569

Lk 10: 30 οἳ καὶ ἐκδύσαντες αὐτὸν καὶ πληγὰς ἐπιθέντες ἀπῆλθον ἀφέντες **ἡμιθανῆ.**

2468 ἥμισυς [5]

→ 2467, 2469, 2470

Mk 6: 23 Ὅ τι ἐάν με αἰτήσῃς δώσω σοι ἕως **ἡμίσους** τῆς βασιλείας μου.
Lk 19: 8 Ἰδοὺ τὰ **ἡμίσιά** μου τῶν ὑπαρχόντων, κύριε, τοῖς πτωχοῖς δίδωμι,
Rev 11: 9 καὶ βλέπουσιν ἐκ τῶν λαῶν καὶ φυλῶν καὶ γλωσσῶν καὶ ἐθνῶν τὸ πτῶμα αὐτῶν ἡμέρας τρεῖς καὶ **ἥμισυ** καὶ τὰ πτώματα αὐτῶν οὐκ ἀφίουσιν τεθῆναι εἰς μνῆμα.
11: 11 καὶ μετὰ τὰς τρεῖς ἡμέρας καὶ **ἥμισυ** πνεῦμα ζωῆς ἐκ τοῦ θεοῦ εἰσῆλθεν ἐν αὐτοῖς,
12: 14 ὅπου τρέφεται ἐκεῖ καιρὸν καὶ καιροὺς καὶ **ἥμισυ** καιροῦ ἀπὸ προσώπου τοῦ ὄφεως.

2469 ἡμιώριον [1]

√ 2468 + 6052

Rev 8: 1 Καὶ ὅταν ἤνοιξεν τὴν σφραγῖδα τὴν ἑβδόμην, ἐγένετο σιγὴ ἐν τῷ οὐρανῷ ὡς **ἡμιώριον.**

2470 ἡμίωρον Not used in UBS/NIV

√ 2468 + 6052

2471 ἡνίκα [2]

2Co 3: 15 ἀλλ᾽ ἕως σήμερον **ἡνίκα** ἂν ἀναγινώσκηται Μωϋσῆς, κάλυμμα ἐπὶ τὴν καρδίαν αὐτῶν κεῖται·

3:16 **ἡνίκα** δὲ ἐὰν ἐπιστρέψῃ πρὸς κύριον, περιαιρεῖται τὸ κάλυμμα.

2472 ἤπερ [1]

√ *2445 + 4302*

Jn 12:43 ἠγάπησαν γὰρ τὴν δόξαν τῶν ἀνθρώπων μᾶλλον **ἤπερ** τὴν δόξαν τοῦ θεοῦ.

2473 ἤπιος [1 / 2]

1Th 2: 7 ἀλλὰ ἐγενήθημεν **ἤπιοι**[NIV; UBS 3758] ἐν μέσῳ ὑμῶν, ὡς ἐὰν τροφὸς θάλπῃ τὰ ἑαυτῆς τέκνα,

2Ti 2:24 δοῦλον δὲ κυρίου οὐ δεῖ μάχεσθαι ἀλλὰ **ἤπιον** εἶναι πρὸς πάντας,

2474 Ἤρ [1]

Lk 3:28 τοῦ Μελχὶ τοῦ Ἀδδὶ τοῦ Κωσὰμ τοῦ Ἐλμαδὰμ τοῦ **Ἤρ**

2475 ἤρεμος [1]

1Ti 2: 2 ἵνα **ἤρεμον** καὶ ἡσύχιον βίον διάγωμεν ἐν πάσῃ εὐσεβείᾳ καὶ σεμνότητι.

2476 Ἡρῴδης [43]

→ *2477, 2478, 2479*

the "Great" [11] Mt 2:1,3,7,12,13,15,16,19,22; Lk 1:5; Ac 23:35

the Tetrarch [27] Mt 14:1,3,6,6; Mk 6:14,16,17,18,20,21,22; 8:15; Lk 3:1,19,19; 8:3; 9:7,9; 13:31; 23:7,7,8,11,12,15; Ac 4:27; 13:1

Agrippa I [5] Ac 12:1,6,11,19,21

Mt 2: 1 Τοῦ δὲ Ἰησοῦ γεννηθέντος ἐν Βηθλέεμ τῆς Ἰουδαίας ἐν ἡμέραις **Ἡρῴδου** τοῦ βασιλέως,

2: 3 ἀκούσας δὲ ὁ βασιλεὺς **Ἡρῴδης** ἐταράχθη καὶ πᾶσα Ἱεροσόλυμα μετ' αὐτοῦ,

2: 7 Τότε **Ἡρῴδης** λάθρᾳ καλέσας τοὺς μάγους ἠκρίβωσεν παρ' αὐτῶν τὸν χρόνον τοῦ φαινομένου ἀστέρος,

2:12 καὶ χρηματισθέντες κατ' ὄναρ μὴ ἀνακάμψαι πρὸς **Ἡρῴδην,**

2:13 μέλλει γὰρ **Ἡρῴδης** ζητεῖν τὸ παιδίον τοῦ ἀπολέσαι αὐτό.

2:15 καὶ ἦν ἐκεῖ ἕως τῆς τελευτῆς **Ἡρῴδου·** ἵνα πληρωθῇ τὸ ῥηθὲν ὑπὸ κυρίου διὰ τοῦ προφήτου λέγοντος,

2:16 Τότε **Ἡρῴδης** ἰδὼν ὅτι ἐνεπαίχθη ὑπὸ τῶν μάγων ἐθυμώθη λίαν,

2:19 Τελευτήσαντος δὲ τοῦ **Ἡρῴδου** ἰδοὺ ἄγγελος κυρίου φαίνεται κατ' ὄναρ τῷ Ἰωσὴφ ἐν Αἰγύπτῳ

2:22 ἀκούσας δὲ ὅτι Ἀρχέλαος βασιλεύει τῆς Ἰουδαίας ἀντὶ τοῦ πατρὸς αὐτοῦ **Ἡρῴδου** ἐφοβήθη ἐκεῖ ἀπελθεῖν·

14: 1 Ἐν ἐκείνῳ τῷ καιρῷ ἤκουσεν **Ἡρῴδης** ὁ τετραάρχης τὴν ἀκοὴν Ἰησοῦ,

14: 3 Ὁ γὰρ **Ἡρῴδης** κρατήσας τὸν Ἰωάννην ἔδησεν [αὐτὸν] καὶ ἐν φυλακῇ ἀπέθετο διὰ Ἡρῳδιάδα τὴν γυναῖκα **Φιλίππου**

14: 6 γενεσίοις δὲ γενομένοις τοῦ **Ἡρῴδου** ὠρχήσατο ἡ θυγάτηρ τῆς Ἡρῳδιάδος ἐν τῷ μέσῳ καὶ ἤρεσεν τῷ **Ἡρῴδῃ,**

Mk 6:14 Καὶ ἤκουσεν ὁ βασιλεὺς **Ἡρῴδης,** φανερὸν γὰρ ἐγένετο τὸ ὄνομα αὐτοῦ,

6:16 ἀκούσας δὲ ὁ **Ἡρῴδης** ἔλεγεν, Ὃν ἐγὼ ἀπεκεφάλισα Ἰωάννην,

6:17 Αὐτὸς γὰρ ὁ **Ἡρῴδης** ἀποστείλας ἐκράτησεν τὸν Ἰωάννην καὶ ἔδησεν αὐτὸν ἐν φυλακῇ διὰ Ἡρῳδιάδα τὴν γυναῖκα **Φιλίππου**

6:18 ἔλεγεν γὰρ ὁ Ἰωάννης τῷ **Ἡρῴδῃ** ὅτι Οὐκ ἔξεστίν σοι ἔχειν τὴν γυναῖκα τοῦ ἀδελφοῦ σου.

6:20 ὁ γὰρ **Ἡρῴδης** ἐφοβεῖτο τὸν Ἰωάννην, εἰδὼς αὐτὸν ἄνδρα δίκαιον καὶ ἅγιον,

6:21 Καὶ γενομένης ἡμέρας εὐκαίρου ὅτε **Ἡρῴδης** τοῖς γενεσίοις αὐτοῦ δεῖπνον ἐποίησεν τοῖς μεγιστᾶσιν αὐτοῦ

6:22 καὶ εἰσελθούσης τῆς θυγατρὸς αὐτοῦ Ἡρῳδιάδος καὶ ὀρχησαμένης ἤρεσεν τῷ **Ἡρῴδῃ** καὶ τοῖς συνανακειμένοις.

8:15 βλέπετε ἀπὸ τῆς ζύμης τῶν **Φαρισαίων** καὶ τῆς ζύμης **Ἡρῴδου.**

Lk 1: 5 Ἐγένετο ἐν ταῖς ἡμέραις **Ἡρῴδου** βασιλέως τῆς Ἰουδαίας ἱερεύς τις ὀνόματι Ζαχαρίας ἐξ ἐφημερίας Ἀβιά,

3: 1 ἡγεμονεύοντος Ποντίου Πιλάτου τῆς Ἰουδαίας, καὶ τετρααρχοῦντος τῆς Γαλιλαίας **Ἡρῴδου,**

3:19 ὁ δὲ **Ἡρῴδης** ὁ τετραάρχης, ἐλεγχόμενος ὑπ' αὐτοῦ περὶ Ἡρῳδιάδος τῆς γυναικὸς τοῦ ἀδελφοῦ αὐτοῦ καὶ περὶ πάντων ὧν ἐποίησεν πονηρῶν ὁ **Ἡρῴδης,**

8: 3 καὶ Ἰωάννα γυνὴ Χουζᾶ ἐπιτρόπου **Ἡρῴδου** καὶ Σουσάννα καὶ ἕτεραι πολλαί,

9: 7 Ἤκουσεν δὲ **Ἡρῴδης** ὁ τετραάρχης τὰ γινόμενα πάντα καὶ διηπόρει διὰ τὸ λέγεσθαι ὑπό τινων ὅτι Ἰωάννης ἠγέρθη ἐκ νεκρῶν,

9: 9 εἶπεν δὲ **Ἡρῴδης,** Ἰωάννην ἐγὼ ἀπεκεφάλισα· τίς δέ ἐστιν οὗτος περὶ οὗ ἀκούω τοιαῦτα;

13:31 Ἔξελθε καὶ πορεύου ἐντεῦθεν, ὅτι **Ἡρῴδης** θέλει σε ἀποκτεῖναι.

23: 7 καὶ ἐπιγνοὺς ὅτι ἐκ τῆς ἐξουσίας **Ἡρῴδου** ἐστὶν ἀνέπεμψεν αὐτὸν πρὸς **Ἡρῴδην,**

23: 8 ὁ δὲ **Ἡρῴδης** ἰδὼν τὸν Ἰησοῦν ἐχάρη λίαν,

23:11 ἐξουθενήσας δὲ αὐτὸν [καὶ] ὁ **Ἡρῴδης** σὺν τοῖς στρατεύμασιν αὐτοῦ καὶ ἐμπαίξας περιβαλὼν ἐσθῆτα λαμπρὰν

23:12 ἐγένοντο δὲ φίλοι ὅ τε **Ἡρῴδης** καὶ ὁ Πιλᾶτος ἐν αὐτῇ τῇ ἡμέρᾳ μετ' ἀλλήλων·

23:15 ἀλλ' οὐδὲ **Ἡρῴδης,** ἀνέπεμψεν γὰρ αὐτὸν πρὸς ἡμᾶς,

Ac 4:27 **Ἡρῴδης** τε καὶ Πόντιος Πιλᾶτος σὺν ἔθνεσιν καὶ λαοῖς Ἰσραήλ,

12: 1 Κατ' ἐκεῖνον δὲ τὸν καιρὸν ἐπέβαλεν **Ἡρῴδης** ὁ βασιλεὺς τὰς χεῖρας κακῶσαί τινας τῶν ἀπὸ τῆς ἐκκλησίας.

12: 6 Ὅτε δὲ ἤμελλεν προαγαγεῖν αὐτὸν ὁ **Ἡρῴδης,** τῇ νυκτὶ ἐκείνῃ ἦν ὁ Πέτρος κοιμώμενος μεταξὺ δύο στρατιωτῶν δεδεμένος

12:11 Νῦν οἶδα ἀληθῶς ὅτι ἐξαπέστειλεν [ὁ] κύριος τὸν ἄγγελον αὐτοῦ καὶ ἐξείλατό με ἐκ χειρὸς **Ἡρῴδου**

12:19 **Ἡρῴδης** δὲ ἐπιζητήσας αὐτὸν καὶ μὴ εὑρών, ἀνακρίνας τοὺς φύλακας ἐκέλευσεν ἀπαχθῆναι,

12:21 τακτῇ δὲ ἡμέρᾳ ὁ **Ἡρῴδης** ἐνδυσάμενος ἐσθῆτα βασιλικὴν [καὶ] καθίσας ἐπὶ τοῦ βήματος ἐδημηγόρει πρὸς αὐτούς,

13: 1 Μαναήν τε **Ἡρῴδου** τοῦ τετραάρχου σύντροφος καὶ Σαῦλος.

23:35 κελεύσας ἐν τῷ πραιτωρίῳ τοῦ **Ἡρῴδου** φυλάσσεσθαι αὐτόν.

2477 Ἡρῳδιανοί [3]

√ *2476*

Mt 22:16 καὶ ἀποστέλλουσιν αὐτῷ τοὺς μαθητὰς αὐτῶν μετὰ τῶν **Ἡρῳδιανῶν** λέγοντες,

Mk 3: 6 καὶ ἐξελθόντες οἱ Φαρισαῖοι εὐθὺς μετὰ τῶν **Ἡρῳδιανῶν** συμβούλιον ἐδίδουν κατ' αὐτοῦ ὅπως αὐτὸν ἀπολέσωσιν.

12:13 Καὶ ἀποστέλλουσιν πρὸς αὐτόν τινας τῶν **Φαρισαίων** καὶ τῶν **Ἡρῳδιανῶν** ἵνα αὐτὸν ἀγρεύσωσιν λόγῳ.

2478 Ἡρῳδιάς [6]

√ *2476*

Mt 14: 3 Ὁ γὰρ Ἡρῴδης κρατήσας τὸν Ἰωάννην ἔδησεν [αὐτὸν] καὶ ἐν φυλακῇ ἀπέθετο διὰ **Ἡρῳδιάδα** τὴν γυναῖκα **Φιλίππου**

14: 6 γενεσίοις δὲ γενομένοις τοῦ Ἡρῴδου ὠρχήσατο ἡ θυγάτηρ τῆς **Ἡρῳδιάδος** ἐν τῷ μέσῳ καὶ ἤρεσεν τῷ Ἡρῴδῃ,

Mk 6:17 Αὐτὸς γὰρ ὁ Ἡρῴδης ἀποστείλας ἐκράτησεν τὸν Ἰωάννην καὶ ἔδησεν αὐτὸν ἐν φυλακῇ διὰ **Ἡρῳδιάδα** τὴν γυναῖκα **Φιλίππου**

6:19 ἡ δὲ **Ἡρῳδιὰς** ἐνεῖχεν αὐτῷ καὶ ἤθελεν αὐτὸν ἀποκτεῖναι,

6:22 καὶ εἰσελθούσης τῆς θυγατρὸς αὐτοῦ **Ἡρῳδιάδος** καὶ ὀρχησαμένης ἤρεσεν τῷ Ἡρῴδῃ καὶ τοῖς συνανακειμένοις.

Lk 3:19 ἐλεγχόμενος ὑπ' αὐτοῦ περὶ **Ἡρῳδιάδος** τῆς γυναικὸς τοῦ ἀδελφοῦ αὐτοῦ καὶ περὶ πάντων ὧν ἐποίησεν πονηρῶν

2479 Ἡρῳδίων [1]

√ *2476*

Ro 16:11 ἀσπάσασθε **Ἡρῳδίωνα** τὸν συγγενῆ μου. ἀσπάσασθε τοὺς ἐκ τῶν Ναρκίσσου τοὺς ὄντας ἐν κυρίῳ.

2480 Ἠσαΐας [22]

Mt 3: 3 οὗτος γάρ ἐστιν ὁ ῥηθεὶς διὰ **Ἠσαΐου** τοῦ προφήτου λέγοντος,

4:14 ἵνα πληρωθῇ τὸ ῥηθὲν διὰ **Ἠσαΐου** τοῦ προφήτου λέγοντος,

8:17 ὅπως πληρωθῇ τὸ ῥηθὲν διὰ **Ἠσαΐου** τοῦ προφήτου λέγοντος,

12:17 ἵνα πληρωθῇ τὸ ῥηθὲν διὰ **Ἠσαΐου** τοῦ προφήτου λέγοντος,

13:14 καὶ ἀναπληροῦται αὐτοῖς ἡ προφητεία **Ἠσαΐου** ἡ λέγουσα,

15: 7 ὑποκριταί, καλῶς ἐπροφήτευσεν περὶ ὑμῶν **Ἠσαΐας** λέγων,

Mk 1: 2 Καθὼς γέγραπται ἐν τῷ **Ἠσαΐᾳ** τῷ προφήτῃ, Ἰδοὺ ἀποστέλλω τὸν ἄγγελόν μου πρὸ προσώπου σου,

7: 6 ὁ δὲ εἶπεν αὐτοῖς, Καλῶς ἐπροφήτευσεν **Ἠσαΐας** περὶ ὑμῶν τῶν ὑποκριτῶν,

Lk 3: 4 ὡς γέγραπται ἐν βίβλῳ λόγων **Ἠσαΐου** τοῦ προφήτου,

4:17 καὶ ἐπεδόθη αὐτῷ βιβλίον τοῦ προφήτου **Ἠσαΐου** καὶ ἀναπτύξας τὸ βιβλίον εὗρεν τὸν τόπον οὗ ἦν γεγραμμένον,
Jn 1:23 Εὐθύνατε τὴν ὁδὸν κυρίου, καθὼς εἶπεν **Ἠσαΐας** ὁ προφήτης.
12:38 ἵνα ὁ λόγος **Ἠσαΐου** τοῦ προφήτου πληρωθῇ ὃν εἶπεν,
12:39 διὰ τοῦτο οὐκ ἠδύναντο πιστεύειν, ὅτι πάλιν εἶπεν **Ἠσαΐας,**
12:41 ταῦτα εἶπεν **Ἠσαΐας** ὅτι εἶδεν τὴν δόξαν αὐτοῦ,
Ac 8:28 ἦν τε ὑποστρέφων καὶ καθήμενος ἐπὶ τοῦ ἅρματος αὐτοῦ καὶ ἀνεγίνωσκεν τὸν προφήτην **Ἠσαΐαν.**
8:30 προσδραμὼν δὲ ὁ Φίλιππος ἤκουσεν αὐτοῦ ἀναγινώσκοντος **Ἠσαΐαν** τὸν προφήτην καὶ εἶπεν,
28:25 ὅτι Καλῶς τὸ πνεῦμα τὸ ἅγιον ἐλάλησεν διὰ **Ἠσαΐου** τοῦ προφήτου πρὸς τοὺς πατέρας ὑμῶν
Ro 9:27 **Ἠσαΐας** δὲ κράζει ὑπὲρ τοῦ Ἰσραήλ, Ἐὰν ᾖ ὁ ἀριθμὸς τῶν υἱῶν Ἰσραὴλ ὡς ἡ ἄμμος τῆς θαλάσσης,
9:29 καὶ καθὼς προείρηκεν **Ἠσαΐας,** Εἰ μὴ κύριος Σαβαὼθ ἐγκατέλιπεν ἡμῖν σπέρμα,
10:16 **Ἠσαΐας** γὰρ λέγει, Κύριε, τίς ἐπίστευσεν τῇ ἀκοῇ ἡμῶν;
10:20 **Ἠσαΐας** δὲ ἀποτολμᾷ καὶ λέγει, Εὑρέθην [ἐν] τοῖς ἐμὲ μὴ ζητοῦσιν,
15:12 καὶ πάλιν **Ἠσαΐας** λέγει, Ἔσται ἡ ῥίζα τοῦ Ἰεσσαὶ καὶ ὁ ἀνιστάμενος ἄρχειν ἐθνῶν,

2481 Ἠσαῦ [3]

Ro 9:13 καθὼς γέγραπται, Τὸν Ἰακὼβ ἠγάπησα, τὸν δὲ **Ἠσαῦ** ἐμίσησα.
Heb 11:20 Πίστει καὶ περὶ μελλόντων εὐλόγησεν Ἰσαὰκ τὸν Ἰακὼβ καὶ τὸν **Ἠσαῦ.**
12:16 μή τις πόρνος ἢ βέβηλος ὡς **Ἠσαῦ,** ὃς ἀντὶ βρώσεως μιᾶς ἀπέδετο τὰ πρωτοτόκια ἑαυτοῦ.

2482 ἥσσων [2]

→ *2273, 2487, 2488, 2489*

1Co 11:17 Τοῦτο δὲ παραγγέλλων οὐκ ἐπαινῶ ὅτι οὐκ εἰς τὸ κρεῖσσον ἀλλὰ εἰς τὸ **ἧσσον** συνέρχεσθε.
2Co 12:15 ἥδιστα δαπανήσω καὶ ἐκδαπανηθήσομαι ὑπὲρ τῶν ψυχῶν ὑμῶν. εἰ περισσοτέρως ὑμᾶς ἀγαπῶ[ν], **ἧσσον** ἀγαπῶμαι;

2483 ἡσυχάζω [5]

→ *2484, 2485*

Lk 14:4 οἱ δὲ **ἡσύχασαν.** καὶ ἐπιλαβόμενος ἰάσατο αὐτὸν καὶ ἀπέλυσεν.
23:56 Καὶ τὸ μὲν σάββατον **ἡσύχασαν** κατὰ τὴν ἐντολήν.
Ac 11:18 ἀκούσαντες δὲ ταῦτα **ἡσύχασαν** καὶ ἐδόξασαν τὸν θεὸν λέγοντες,
21:14 μὴ πειθομένου δὲ αὐτοῦ **ἡσυχάσαμεν** εἰπόντες, Τοῦ κυρίου τὸ θέλημα γινέσθω.
1Th 4:11 καὶ φιλοτιμεῖσθαι **ἡσυχάζειν** καὶ πράσσειν τὰ ἴδια καὶ ἐργάζεσθαι ταῖς [ἰδίαις] χερσὶν ὑμῶν,

2484 ἡσυχία [4]

√ *2483*

Ac 22:2 ἀκούσαντες δὲ ὅτι τῇ Ἑβραΐδι διαλέκτῳ προσεφώνει αὐτοῖς, μᾶλλον παρέσχον **ἡσυχίαν.**
2Th 3:12 ἵνα μετὰ **ἡσυχίας** ἐργαζόμενοι τὸν ἑαυτῶν ἄρτον ἐσθίωσιν.
1Ti 2:11 γυνὴ ἐν **ἡσυχίᾳ** μανθανέτω ἐν πάσῃ ὑποταγῇ·
2:12 διδάσκειν δὲ γυναικὶ οὐκ ἐπιτρέπω οὐδὲ αὐθεντεῖν ἀνδρός, ἀλλ᾽ εἶναι ἐν **ἡσυχίᾳ.**

2485 ἡσύχιος [2]

√ *2483*

1Ti 2:2 ἵνα ἤρεμον καὶ **ἡσύχιον** βίον διάγωμεν ἐν πάσῃ εὐσεβείᾳ καὶ σεμνότητι.
1Pe 3:4 ἀλλ᾽ ὁ κρυπτὸς τῆς καρδίας ἄνθρωπος ἐν τῷ ἀφθάρτῳ τοῦ πραέως καὶ **ἡσυχίου** πνεύματος,

2486 ἤτοι [1]

√ *2445 + 5520*

Ro 6:16 **ἤτοι** ἁμαρτίας εἰς θάνατον ἢ ὑπακοῆς εἰς δικαιοσύνην;

2487 ἡττάομαι [2]

√ *2482*

2Pe 2:19 αὐτοὶ δοῦλοι ὑπάρχοντες τῆς φθορᾶς· ᾧ γάρ τις **ἥττηται,** τούτῳ δεδούλωται.
2:20 τούτοις δὲ πάλιν ἐμπλακέντες **ἡττῶνται,** γέγονεν αὐτοῖς τὰ ἔσχατα χείρονα τῶν πρώτων.

2488 ἥττημα [2]

√ *2482*

Ro 11:12 εἰ δὲ τὸ παράπτωμα αὐτῶν πλοῦτος κόσμου καὶ τὸ **ἥττημα** αὐτῶν πλοῦτος ἐθνῶν,
1Co 6:7 ἤδη μὲν [οὖν] ὅλως **ἥττημα** ὑμῖν ἐστιν ὅτι κρίματα ἔχετε μεθ᾽ ἑαυτῶν.

2489 ἥττων Not used in UBS/NIV

√ *2482*

2490 ἠχέω [1]

√ *2491*

1Co 13:1 ἀγάπην δὲ μὴ ἔχω, γέγονα χαλκὸς **ἠχῶν** ἢ κύμβαλον ἀλαλάζον.

2491 ἦχος[1] [3]

→ *2010, 2490, 2492, 2493, 2994, 4654*

Lk 4:37 ἐξεπορεύετο **ἦχος** περὶ αὐτοῦ εἰς πάντα τόπον τῆς περιχώρου.
Ac 2:2 καὶ ἐγένετο ἄφνω ἐκ τοῦ οὐρανοῦ **ἦχος** ὥσπερ φερομένης πνοῆς βιαίας καὶ ἐπλήρωσεν ὅλον τὸν οἶκον οὗ ἦσαν καθήμενοι
Heb 12:19 καὶ σάλπιγγος **ἤχῳ** καὶ φωνῇ ῥημάτων, ἧς οἱ ἀκούσαντες παρῃτήσαντο μὴ προστεθῆναι αὐτοῖς λόγον,

2492 ἦχος[2] [1]

√ *2491*

Lk 21:25 καὶ ἐπὶ τῆς γῆς συνοχὴ ἐθνῶν ἐν ἀπορίᾳ **ἤχους** θαλάσσης καὶ σάλου,

2493 ἠχώ Not used in UBS/NIV

√ *2491*

Θ, θ

2494 θ Not used in UBS/NIV

2495 θά Not used in UBS/NIV

√ *cf. 3448*

2496 θάβιτα Not used in UBS/NIV

√ *cf. 5412*

2497 Θαδδαῖος [2]

√ *cf. 3304*

Mt 10:3 Μαθθαῖος ὁ τελώνης, Ἰάκωβος ὁ τοῦ Ἁλφαίου καὶ **Θαδδαῖος,**
Mk 3:18 καὶ Ἀνδρέαν καὶ Φίλιππον καὶ Βαρθολομαῖον καὶ Μαθθαῖον καὶ Θωμᾶν καὶ Ἰάκωβον τὸν τοῦ Ἁλφαίου καὶ **Θαδδαῖον**

2498 θάλασσα [91]

→ *1458, 4144; cf. 229*

ἐρυθρός θάλασσα [2] Ac 7:36; Heb 11:29

θάλασσα Τιβεριάς [2] Jn 6:1; 21:1

θάλασσα τῆς Γαλιλαίας [5] Mt 4:18; 15:29; Mk 1:16; 7:31; Jn 6:1

τὸ χεῖλος τοῦ θαλάσσης [1] Heb 11:12

Mt 4:15 ὁδὸν **θαλάσσης,** πέραν τοῦ Ἰορδάνου, Γαλιλαία τῶν ἐθνῶν,

4:18 Περιπατῶν δὲ παρὰ τὴν **θάλασσαν** τῆς Γαλιλαίας εἶδεν δύο ἀδελφούς, Σίμωνα τὸν λεγόμενον Πέτρον καὶ Ἀνδρέαν τὸν ἀδελφὸν αὐτοῦ, βάλλοντας ἀμφίβληστρον εἰς τὴν **θάλασσαν·**
8:24 καὶ ἰδοὺ σεισμὸς μέγας ἐγένετο ἐν τῇ **θαλάσσῃ,**
8:26 τότε ἐγερθεὶς ἐπετίμησεν τοῖς ἀνέμοις καὶ τῇ **θαλάσσῃ,**
8:27 Ποταπός ἐστιν οὗτος ὅτι καὶ οἱ ἄνεμοι καὶ ἡ **θάλασσα** αὐτῷ ὑπακούουσιν;
8:32 καὶ ἰδοὺ ὥρμησεν πᾶσα ἡ ἀγέλη κατὰ τοῦ κρημνοῦ εἰς τὴν **θάλασσαν** καὶ ἀπέθανον ἐν τοῖς ὕδασιν.
13: 1 Ἐν τῇ ἡμέρᾳ ἐκείνῃ ἐξελθὼν ὁ Ἰησοῦς τῆς οἰκίας ἐκάθητο παρὰ τὴν **θάλασσαν·**
13:47 Πάλιν ὁμοία ἐστὶν ἡ βασιλεία τῶν οὐρανῶν σαγήνῃ βληθείσῃ εἰς τὴν **θάλασσαν** καὶ ἐκ παντὸς γένους συναγαγούσῃ·
14:25 τετάρτῃ δὲ φυλακῇ τῆς νυκτὸς ἦλθεν πρὸς αὐτοὺς περιπατῶν ἐπὶ τὴν **θάλασσαν.**
14:26 οἱ δὲ μαθηταὶ ἰδόντες αὐτὸν ἐπὶ τῆς **θαλάσσης** περιπατοῦντα ἐταράχθησαν λέγοντες ὅτι Φάντασμά ἐστιν,
15:29 Καὶ μεταβὰς ἐκεῖθεν ὁ Ἰησοῦς ἦλθεν παρὰ τὴν **θάλασσαν** τῆς Γαλιλαίας,
17:27 πορευθεὶς εἰς **θάλασσαν** βάλε ἄγκιστρον καὶ τὸν ἀναβάντα πρῶτον ἰχθὺν ἆρον,
18: 6 συμφέρει αὐτῷ ἵνα κρεμασθῇ μύλος ὀνικὸς περὶ τὸν τράχηλον αὐτοῦ καὶ καταποντισθῇ ἐν τῷ πελάγει τῆς **θαλάσσης.**
21:21 ἀλλὰ κἂν τῷ ὄρει τούτῳ εἴπητε, Ἄρθητι καὶ βλήθητι εἰς τὴν **θάλασσαν,** γενήσεται·
23:15 ὅτι περιάγετε τὴν **θάλασσαν** καὶ τὴν ξηρὰν ποιῆσαι ἕνα προσήλυτον,
Mk 1:16 παράγων παρὰ τὴν **θάλασσαν** τῆς Γαλιλαίας εἶδεν Σίμωνα καὶ Ἀνδρέαν τὸν ἀδελφὸν Σίμωνος ἀμφιβάλλοντας ἐν τῇ **θαλάσσῃ·**
2:13 Καὶ ἐξῆλθεν πάλιν παρὰ τὴν **θάλασσαν·** καὶ πᾶς ὁ ὄχλος ἤρχετο πρὸς αὐτόν,
3: 7 Καὶ ὁ Ἰησοῦς μετὰ τῶν μαθητῶν αὐτοῦ ἀνεχώρησεν πρὸς τὴν **θάλασσαν,**
4: 1 Καὶ πάλιν ἤρξατο διδάσκειν παρὰ τὴν **θάλασσαν·** καὶ συνάγεται πρὸς αὐτὸν ὄχλος πλεῖστος, ὥστε αὐτὸν εἰς πλοῖον ἐμβάντα καθῆσθαι ἐν τῇ **θαλάσσῃ,** καὶ πᾶς ὁ ὄχλος πρὸς τὴν **θάλασσαν** ἐπὶ τῆς γῆς ἦσαν.
4:39 καὶ διεγερθεὶς ἐπετίμησεν τῷ ἀνέμῳ καὶ εἶπεν τῇ **θαλάσσῃ,**
4:41 Τίς ἄρα οὗτός ἐστιν ὅτι καὶ ὁ ἄνεμος καὶ ἡ **θάλασσα** ὑπακούει αὐτῷ;
5: 1 Καὶ ἦλθον εἰς τὸ πέραν τῆς **θαλάσσης** εἰς τὴν χώραν τῶν Γερασηνῶν.
5:13 καὶ ὥρμησεν ἡ ἀγέλη κατὰ τοῦ κρημνοῦ εἰς τὴν **θάλασσαν,** ὡς δισχίλιοι, καὶ ἐπνίγοντο ἐν τῇ **θαλάσσῃ.**
5:21 διαπεράσαντος τοῦ Ἰησοῦ [ἐν τῷ πλοίῳ] πάλιν εἰς τὸ πέραν συνήχθη ὄχλος πολὺς ἐπ᾽ αὐτόν, καὶ ἦν παρὰ τὴν **θάλασσαν.**
6:47 καὶ ὀψίας γενομένης ἦν τὸ πλοῖον ἐν μέσῳ τῆς **θαλάσσης,**
6:48 περὶ τετάρτην φυλακὴν τῆς νυκτὸς ἔρχεται πρὸς αὐτοὺς περιπατῶν ἐπὶ τῆς **θαλάσσης** καὶ ἤθελεν παρελθεῖν αὐτούς.
6:49 οἱ δὲ ἰδόντες αὐτὸν ἐπὶ τῆς **θαλάσσης** περιπατοῦντα ἔδοξαν ὅτι φάντασμά ἐστιν,
7:31 πάλιν ἐξελθὼν ἐκ τῶν ὁρίων Τύρου ἦλθεν διὰ Σιδῶνος εἰς τὴν **θάλασσαν** τῆς Γαλιλαίας ἀνὰ μέσον τῶν ὁρίων Δεκαπόλεως.
9:42 καλόν ἐστιν αὐτῷ μᾶλλον εἰ περίκειται μύλος ὀνικὸς περὶ τὸν τράχηλον αὐτοῦ καὶ βέβληται εἰς τὴν **θάλασσαν.**
11:23 ἀμὴν λέγω ὑμῖν ὅτι ὃς ἂν εἴπῃ τῷ ὄρει τούτῳ, Ἄρθητι καὶ βλήθητι εἰς τὴν **θάλασσαν,**
Lk 17: 2 λυσιτελεῖ αὐτῷ εἰ λίθος μυλικὸς περίκειται περὶ τὸν τράχηλον αὐτοῦ καὶ ἔρριπται εἰς τὴν **θάλασσαν** ἢ ἵνα σκανδαλίσῃ τῶν μικρῶν τούτων ἕνα.
17: 6 ἐλέγετε ἂν τῇ συκαμίνῳ [ταύτῃ,] Ἐκριζώθητι καὶ φυτεύθητι ἐν τῇ **θαλάσσῃ·**
21:25 καὶ ἐπὶ τῆς γῆς συνοχὴ ἐθνῶν ἐν ἀπορίᾳ ἤχους **θαλάσσης** καὶ σάλου,
Jn 6: 1 Μετὰ ταῦτα ἀπῆλθεν ὁ Ἰησοῦς πέραν τῆς **θαλάσσης** τῆς Γαλιλαίας τῆς Τιβεριάδος.
6:16 Ὡς δὲ ὀψία ἐγένετο κατέβησαν οἱ μαθηταὶ αὐτοῦ ἐπὶ τὴν **θάλασσαν**
6:17 καὶ ἐμβάντες εἰς πλοῖον ἤρχοντο πέραν τῆς **θαλάσσης** εἰς Καφαρναούμ.
6:18 ἥ τε **θάλασσα** ἀνέμου μεγάλου πνέοντος διεγείρετο.
6:19 θεωροῦσιν τὸν Ἰησοῦν περιπατοῦντα ἐπὶ τῆς **θαλάσσης** καὶ ἐγγὺς τοῦ πλοίου γινόμενον,
6:22 Τῇ ἐπαύριον ὁ ὄχλος ὁ ἑστηκὼς πέραν τῆς **θαλάσσης** εἶδον ὅτι πλοιάριον ἄλλο οὐκ ἦν ἐκεῖ εἰ μὴ ἓν καὶ ὅτι οὐ συνεισῆλθεν
6:25 καὶ εὑρόντες αὐτὸν πέραν τῆς **θαλάσσης** εἶπον αὐτῷ,
21: 1 Μετὰ ταῦτα ἐφανέρωσεν ἑαυτὸν πάλιν ὁ Ἰησοῦς τοῖς μαθηταῖς ἐπὶ τῆς **θαλάσσης** τῆς Τιβεριάδος·
21: 7 ἦν γὰρ γυμνός, καὶ ἔβαλεν ἑαυτὸν εἰς τὴν **θάλασσαν,**
Ac 4:24 σὺ ὁ ποιήσας τὸν οὐρανὸν καὶ τὴν γῆν καὶ τὴν **θάλασσαν** καὶ πάντα τὰ ἐν αὐτοῖς,
7:36 οὗτος ἐξήγαγεν αὐτοὺς ποιήσας τέρατα καὶ σημεῖα ἐν γῇ Αἰγύπτῳ καὶ ἐν Ἐρυθρᾷ **Θαλάσσῃ** καὶ ἐν τῇ ἐρήμῳ
10: 6 οὗτος ξενίζεται παρά τινι Σίμωνι βυρσεῖ, ᾧ ἐστιν οἰκία παρὰ **θάλασσαν.**
10:32 οὗτος ξενίζεται ἐν οἰκίᾳ Σίμωνος βυρσέως παρὰ **θάλασσαν.**
14:15 ὃς ἐποίησεν τὸν οὐρανὸν καὶ τὴν γῆν καὶ τὴν **θάλασσαν** καὶ πάντα τὰ ἐν αὐτοῖς·
17:14 εὐθέως δὲ τότε τὸν Παῦλον ἐξαπέστειλαν οἱ ἀδελφοὶ πορεύεσθαι ἕως ἐπὶ τὴν **θάλασσαν,**
27:30 τῶν δὲ ναυτῶν ζητούντων φυγεῖν ἐκ τοῦ πλοίου καὶ χαλασάντων τὴν σκάφην εἰς τὴν **θάλασσαν** προφάσει
27:38 κορεσθέντες δὲ τροφῆς ἐκούφιζον τὸ πλοῖον ἐκβαλλόμενοι τὸν σῖτον εἰς τὴν **θάλασσαν.**
27:40 καὶ τὰς ἀγκύρας περιελόντες εἴων εἰς τὴν **θάλασσαν,**
28: 4 Πάντως φονεύς ἐστιν ὁ ἄνθρωπος οὗτος ὃν διασωθέντα ἐκ τῆς **θαλάσσης** ἡ δίκη ζῆν οὐκ εἴασεν.
Ro 9:27 Ἐὰν ᾖ ὁ ἀριθμὸς τῶν υἱῶν Ἰσραὴλ ὡς ἡ ἄμμος τῆς **θαλάσσης,**
1Co 10: 1 ὅτι οἱ πατέρες ἡμῶν πάντες ὑπὸ τὴν νεφέλην ἦσαν καὶ πάντες διὰ τῆς **θαλάσσης** διῆλθον
10: 2 καὶ πάντες εἰς τὸν Μωϋσῆν ἐβαπτίσθησαν ἐν τῇ νεφέλῃ καὶ ἐν τῇ **θαλάσσῃ**
2Co 11:26 κινδύνοις ἐν ἐρημίᾳ, κινδύνοις ἐν **θαλάσσῃ,** κινδύνοις ἐν ψευδαδέλφοις,
Heb 11:12 καθὼς τὰ ἄστρα τοῦ οὐρανοῦ τῷ πλήθει καὶ ὡς ἡ ἄμμος ἡ παρὰ τὸ χεῖλος τῆς **θαλάσσης** ἡ ἀναρίθμητος.
11:29 Πίστει διέβησαν τὴν Ἐρυθρὰν **Θάλασσαν** ὡς διὰ ξηρᾶς γῆς,
Jas 1: 6 ὁ γὰρ διακρινόμενος ἔοικεν κλύδωνι **θαλάσσης** ἀνεμιζομένῳ καὶ ῥιπιζομένῳ.
Jude 1:13 κύματα ἄγρια **θαλάσσης** ἐπαφρίζοντα τὰς ἑαυτῶν αἰσχύνας,
Rev 4: 6 καὶ ἐνώπιον τοῦ θρόνου ὡς **θάλασσα** ὑαλίνη ὁμοία κρυστάλλῳ.
5:13 καὶ πᾶν κτίσμα ὃ ἐν τῷ οὐρανῷ καὶ ἐπὶ τῆς γῆς καὶ ὑποκάτω τῆς γῆς καὶ ἐπὶ τῆς **θαλάσσης** καὶ τὰ ἐν αὐτοῖς πάντα ἤκουσα
7: 1 τοὺς τέσσαρας ἀνέμους τῆς γῆς ἵνα μὴ πνέῃ ἄνεμος ἐπὶ τῆς γῆς μήτε ἐπὶ τῆς **θαλάσσης** μήτε ἐπὶ πᾶν δένδρον.
7: 2 καὶ ἔκραξεν φωνῇ μεγάλῃ τοῖς τέσσαρσιν ἀγγέλοις οἷς ἐδόθη αὐτοῖς ἀδικῆσαι τὴν γῆν καὶ τὴν **θάλασσαν**
7: 3 Μὴ ἀδικήσητε τὴν γῆν μήτε τὴν **θάλασσαν** μήτε τὰ δένδρα,
8: 8 καὶ ὡς ὄρος μέγα πυρὶ καιόμενον ἐβλήθη εἰς τὴν **θάλασσαν,** καὶ ἐγένετο τὸ τρίτον τῆς **θαλάσσης** αἷμα
8: 9 καὶ ἀπέθανεν τὸ τρίτον τῶν κτισμάτων τῶν ἐν τῇ **θαλάσσῃ** τὰ ἔχοντα ψυχὰς καὶ τὸ τρίτον τῶν πλοίων διεφθάρησαν.
10: 2 καὶ ἔθηκεν τὸν πόδα αὐτοῦ τὸν δεξιὸν ἐπὶ τῆς **θαλάσσης,**
10: 5 ὃν εἶδον ἑστῶτα ἐπὶ τῆς **θαλάσσης** καὶ ἐπὶ τῆς γῆς,
10: 6 ὃς ἔκτισεν τὸν οὐρανὸν καὶ τὰ ἐν αὐτῷ καὶ τὴν γῆν καὶ τὰ ἐν αὐτῇ καὶ τὴν **θάλασσαν** καὶ τὰ ἐν αὐτῇ,
10: 8 Ὕπαγε λάβε τὸ βιβλίον τὸ ἠνεῳγμένον ἐν τῇ χειρὶ τοῦ ἀγγέλου τοῦ ἑστῶτος ἐπὶ τῆς **θαλάσσης** καὶ ἐπὶ τῆς γῆς.
12:12 οὐαὶ τὴν γῆν καὶ τὴν **θάλασσαν,** ὅτι κατέβη ὁ διάβολος πρὸς ὑμᾶς ἔχων θυμὸν μέγαν,
12:18 καὶ ἐστάθη ἐπὶ τὴν ἄμμον τῆς **θαλάσσης.**
13: 1 εἶδον ἐκ τῆς **θαλάσσης** θηρίον ἀναβαῖνον, ἔχον κέρατα δέκα καὶ κεφαλὰς ἑπτὰ καὶ ἐπὶ τῶν κεράτων αὐτοῦ δέκα διαδήματα
14: 7 καὶ προσκυνήσατε τῷ ποιήσαντι τὸν οὐρανὸν καὶ τὴν γῆν καὶ **θάλασσαν** καὶ πηγὰς ὑδάτων.
15: 2 Καὶ εἶδον ὡς **θάλασσαν** ὑαλίνην μεμιγμένην πυρὶ καὶ τοὺς νικῶντας ἐκ τοῦ θηρίου καὶ ἐκ τῆς εἰκόνος αὐτοῦ καὶ ἐκ τοῦ ἀριθμοῦ τοῦ ὀνόματος αὐτοῦ ἑστῶτας ἐπὶ τὴν **θάλασσαν** τὴν ὑαλίνην ἔχοντας κιθάρας τοῦ θεοῦ.
16: 3 Καὶ ὁ δεύτερος ἐξέχεεν τὴν φιάλην αὐτοῦ εἰς τὴν **θάλασσαν,** καὶ ἐγένετο αἷμα ὡς νεκροῦ, καὶ πᾶσα ψυχὴ ζωῆς ἀπέθανεν τὰ ἐν τῇ **θαλάσσῃ.**
18:17 Καὶ πᾶς κυβερνήτης καὶ πᾶς ὁ ἐπὶ τόπον πλέων καὶ ναῦται καὶ ὅσοι τὴν **θάλασσαν** ἐργάζονται,
18:19 ἐν ᾗ ἐπλούτησαν πάντες οἱ ἔχοντες τὰ πλοῖα ἐν τῇ **θαλάσσῃ** ἐκ τῆς τιμιότητος αὐτῆς,
18:21 Καὶ ἦρεν εἷς ἄγγελος ἰσχυρὸς λίθον ὡς μύλινον μέγαν καὶ ἔβαλεν εἰς τὴν **θάλασσαν** λέγων,
20: 8 ὧν ὁ ἀριθμὸς αὐτῶν ὡς ἡ ἄμμος τῆς **θαλάσσης.**
20:13 καὶ ἔδωκεν ἡ **θάλασσα** τοὺς νεκροὺς τοὺς ἐν αὐτῇ καὶ ὁ θάνατος καὶ ὁ ᾅδης ἔδωκαν τοὺς νεκροὺς τοὺς ἐν αὐτοῖς,

21: 1 ὁ γὰρ πρῶτος οὐρανὸς καὶ ἡ πρώτη γῆ ἀπῆλθαν καὶ ἡ **θάλασσα** οὐκ ἔστιν ἔτι.

2499 θάλπω [2]

Eph 5:29 οὐδεὶς γάρ ποτε τὴν ἑαυτοῦ σάρκα ἐμίσησεν ἀλλὰ ἐκτρέφει καὶ **θάλπει** αὐτήν,
1Th 2: 7 ἀλλὰ ἐγενήθημεν νήπιοι ἐν μέσῳ ὑμῶν, ὡς ἐὰν τροφὸς **θάλπῃ** τὰ ἑαυτῆς τέκνα,

2500 Θαμάρ [1]

Mt 1: 3 Ἰούδας δὲ ἐγέννησεν τὸν **Φάρες** καὶ τὸν Ζάρα ἐκ τῆς **Θαμάρ**,

2501 θαμβέω [3]

√ 2502

Mk 1:27 καὶ **ἐθαμβήθησαν** ἅπαντες ὥστε συζητεῖν πρὸς ἑαυτοὺς λέγοντας,
10:24 οἱ δὲ μαθηταὶ **ἐθαμβοῦντο** ἐπὶ τοῖς λόγοις αὐτοῦ.
10:32 καὶ ἦν προάγων αὐτοὺς ὁ Ἰησοῦς, καὶ **ἐθαμβοῦντο,** οἱ δὲ ἀκολουθοῦντες ἐφοβοῦντο.

2502 θάμβος [3]

→ 1701, 1702, 2501

Lk 4:36 καὶ ἐγένετο **θάμβος** ἐπὶ πάντας καὶ συνελάλουν πρὸς ἀλλήλους λέγοντες,
5: 9 **θάμβος** γὰρ περιέσχεν αὐτὸν καὶ πάντας τοὺς σὺν αὐτῷ ἐπὶ τῇ ἄγρᾳ τῶν ἰχθύων ὧν συνέλαβον,
Ac 3:10 ὅτι αὐτὸς ἦν ὁ πρὸς τὴν ἐλεημοσύνην καθήμενος ἐπὶ τῇ Ὡραίᾳ Πύλῃ τοῦ ἱεροῦ καὶ ἐπλήσθησαν **θάμβους** καὶ ἐκστάσεως

2503 θανάσιμος [1]

√ 2569

Mk 16:18 ⟦[καὶ ἐν ταῖς χερσὶν] ὄφεις ἀροῦσιν κἂν **θανάσιμόν** τι πίωσιν οὐ μὴ αὐτοὺς βλάψῃ,⟧

2504 θανατηφόρος [1]

√ 2569 + 5770

Jas 3: 8 τὴν δὲ γλῶσσαν οὐδεὶς δαμάσαι δύναται ἀνθρώπων, ἀκατάστατον κακόν, μεστὴ ἰοῦ **θανατηφόρου.**

2505 θάνατος [120]

√ 2569

vocative **θάνατε** [2] 1Co 15:55,55

plural **θανάτοις** [1] 2Co 11:23

αἰτίαν θανάτου [2] Ac 13:28; 28:18

γεύομαι θανάτου [5] Mt 16:28; Mk 9:1; Lk 9:27; Jn 8:52; Heb 2:9

ζωή ... θάνατος [20] Jn 5:24; Ro 5:10,17,21; 6:4,23; 7:10; 8:2,6,38; 1Co 3:22; 2Co 2:16,16; 4:11,12; Php 1:20; 2Ti 1:10; 1Jn 3:14; 5:16; Rev 2:10

θάνατος δεύτερος [4] Rev 2:11; 20:6,14; 21:8

θάνατος θεωρεῖν [1] Jn 8:51

ἰδεῖν θάνατον [2] Lk 2:26; Heb 11:5

κρίμα θανάτου [1] Lk 24:20

Mt 4:16 καὶ τοῖς καθημένοις ἐν χώρᾳ καὶ σκιᾷ **θανάτου** φῶς ἀνέτειλεν αὐτοῖς.
10:21 παραδώσει δὲ ἀδελφὸς ἀδελφὸν εἰς **θάνατον** καὶ πατὴρ τέκνον,
15: 4 καί, Ὁ κακολογῶν πατέρα ἢ μητέρα **θανάτῳ** τελευτάτω.
16:28 τῶν ὧδε ἑστώτων οἵτινες οὐ μὴ γεύσωνται **θανάτου** ἕως ἂν ἴδωσιν τὸν υἱὸν τοῦ ἀνθρώπου ἐρχόμενον ἐν τῇ βασιλείᾳ αὐτοῦ.
20:18 καὶ ὁ υἱὸς τοῦ ἀνθρώπου παραδοθήσεται τοῖς ἀρχιερεῦσιν καὶ γραμματεῦσιν, καὶ κατακρινοῦσιν αὐτὸν **θανάτῳ**
26:38 τότε λέγει αὐτοῖς, Περίλυπός ἐστιν ἡ ψυχή μου ἕως **θανάτου·**
26:66 οἱ δὲ ἀποκριθέντες εἶπαν, Ἔνοχος **θανάτου** ἐστίν.
Mk 7:10 καί, Ὁ κακολογῶν πατέρα ἢ μητέρα **θανάτῳ** τελευτάτω.
9: 1 τινες ὧδε τῶν ἑστηκότων οἵτινες οὐ μὴ γεύσωνται **θανάτου** ἕως ἂν ἴδωσιν τὴν βασιλείαν τοῦ θεοῦ ἐληλυθυῖαν ἐν δυνάμει.
10:33 καὶ κατακρινοῦσιν αὐτὸν **θανάτῳ** καὶ παραδώσουσιν αὐτὸν τοῖς ἔθνεσιν
13:12 παραδώσει ἀδελφὸς ἀδελφὸν εἰς **θάνατον** καὶ πατὴρ τέκνον,
14:34 καὶ λέγει αὐτοῖς, Περίλυπός ἐστιν ἡ ψυχή μου ἕως **θανάτου·**
14:64 οἱ δὲ πάντες κατέκριναν αὐτὸν ἔνοχον εἶναι **θανάτου.**
Lk 1:79 ἐπιφᾶναι τοῖς ἐν σκότει καὶ σκιᾷ **θανάτου** καθημένοις,
2:26 καὶ ἦν αὐτῷ κεχρηματισμένον ὑπὸ τοῦ πνεύματος τοῦ ἁγίου μὴ ἰδεῖν **θάνατον** πρὶν [ἢ] ἂν ἴδῃ τὸν Χριστὸν κυρίου.
9:27 εἰσίν τινες τῶν αὐτοῦ ἑστηκότων οἳ οὐ μὴ γεύσωνται **θανάτου** ἕως ἂν ἴδωσιν τὴν βασιλείαν τοῦ θεοῦ.
22:33 μετὰ σοῦ ἕτοιμός εἰμι καὶ εἰς φυλακὴν καὶ εἰς **θάνατον** πορεύεσθαι.
23:15 καὶ ἰδοὺ οὐδὲν ἄξιον **θανάτου** ἐστὶν πεπραγμένον αὐτῷ·
23:22 οὐδὲν αἴτιον **θανάτου** εὗρον ἐν αὐτῷ· παιδεύσας οὖν αὐτὸν ἀπολύσω.
24:20 ὅπως τε παρέδωκαν αὐτὸν οἱ ἀρχιερεῖς καὶ οἱ ἄρχοντες ἡμῶν εἰς κρίμα **θανάτου** καὶ ἐσταύρωσαν αὐτόν.
Jn 5:24 ἀλλὰ μεταβέβηκεν ἐκ τοῦ **θανάτου** εἰς τὴν ζωήν.
8:51 ἐάν τις τὸν ἐμὸν λόγον τηρήσῃ, **θάνατον** οὐ μὴ θεωρήσῃ εἰς τὸν αἰῶνα.
8:52 Ἐάν τις τὸν λόγον μου τηρήσῃ, οὐ μὴ γεύσηται **θανάτου** εἰς τὸν αἰῶνα.
11: 4 Αὕτη ἡ ἀσθένεια οὐκ ἔστιν πρὸς **θάνατον** ἀλλ' ὑπὲρ τῆς δόξης τοῦ θεοῦ,
11:13 εἰρήκει δὲ ὁ Ἰησοῦς περὶ τοῦ **θανάτου** αὐτοῦ,
12:33 τοῦτο δὲ ἔλεγεν σημαίνων ποίῳ **θανάτῳ** ἤμελλεν ἀποθνῄσκειν.
18:32 ἵνα ὁ λόγος τοῦ Ἰησοῦ πληρωθῇ ὃν εἶπεν σημαίνων ποίῳ **θανάτῳ** ἤμελλεν ἀποθνῄσκειν.
21:19 τοῦτο δὲ εἶπεν σημαίνων ποίῳ **θανάτῳ** δοξάσει τὸν θεόν.
Ac 2:24 ὃν ὁ θεὸς ἀνέστησεν λύσας τὰς ὠδῖνας τοῦ **θανάτου,**
13:28 καὶ μηδεμίαν αἰτίαν **θανάτου** εὑρόντες ᾐτήσαντο Πιλᾶτον ἀναιρεθῆναι αὐτόν.
22: 4 ὃς ταύτην τὴν ὁδὸν ἐδίωξα ἄχρι **θανάτου** δεσμεύων καὶ παραδιδοὺς εἰς φυλακὰς ἄνδρας τε καὶ γυναῖκας,
23:29 μηδὲν δὲ ἄξιον **θανάτου** ἢ δεσμῶν ἔχοντα ἔγκλημα.
25:11 εἰ μὲν οὖν ἀδικῶ καὶ ἄξιον **θανάτου** πέπραχά τι,
25:25 ἐγὼ δὲ κατελαβόμην μηδὲν ἄξιον αὐτὸν **θανάτου** πεπραχέναι,
26:31 καὶ ἀναχωρήσαντες ἐλάλουν πρὸς ἀλλήλους λέγοντες ὅτι Οὐδὲν **θανάτου** ἢ δεσμῶν ἄξιον [τι] πράσσει ὁ ἄνθρωπος οὗτος.
28:18 οἵτινες ἀνακρίναντές με ἐβούλοντο ἀπολῦσαι διὰ τὸ μηδεμίαν αἰτίαν **θανάτου** ὑπάρχειν ἐν ἐμοί.
Ro 1:32 οἵτινες τὸ δικαίωμα τοῦ θεοῦ ἐπιγνόντες ὅτι οἱ τὰ τοιαῦτα πράσσοντες ἄξιοι **θανάτου** εἰσίν,
5:10 εἰ γὰρ ἐχθροὶ ὄντες κατηλλάγημεν τῷ θεῷ διὰ τοῦ **θανάτου** τοῦ υἱοῦ αὐτοῦ,
5:12 Διὰ τοῦτο ὥσπερ δι' ἑνὸς ἀνθρώπου ἡ ἁμαρτία εἰς τὸν κόσμον εἰσῆλθεν καὶ διὰ τῆς ἁμαρτίας ὁ **θάνατος,** καὶ οὕτως εἰς πάντας ἀνθρώπους ὁ **θάνατος** διῆλθεν, ἐφ' ᾧ πάντες ἥμαρτον·
5:14 ἀλλὰ ἐβασίλευσεν ὁ **θάνατος** ἀπὸ Ἀδὰμ μέχρι Μωϋσέως καὶ ἐπὶ τοὺς μὴ ἁμαρτήσαντας ἐπὶ τῷ ὁμοιώματι τῆς παραβάσεως
5:17 εἰ γὰρ τῷ τοῦ ἑνὸς παραπτώματι ὁ **θάνατος** ἐβασίλευσεν διὰ τοῦ ἑνός,
5:21 ἵνα ὥσπερ ἐβασίλευσεν ἡ ἁμαρτία ἐν τῷ **θανάτῳ,**
6: 3 ὅσοι ἐβαπτίσθημεν εἰς Χριστὸν Ἰησοῦν, εἰς τὸν **θάνατον** αὐτοῦ ἐβαπτίσθημεν;
6: 4 συνετάφημεν οὖν αὐτῷ διὰ τοῦ βαπτίσματος εἰς τὸν **θάνατον,**
6: 5 εἰ γὰρ σύμφυτοι γεγόναμεν τῷ ὁμοιώματι τοῦ **θανάτου** αὐτοῦ,
6: 9 εἰδότες ὅτι Χριστὸς ἐγερθεὶς ἐκ νεκρῶν οὐκέτι ἀποθνῄσκει, **θάνατος** αὐτοῦ οὐκέτι κυριεύει.
6:16 ἤτοι ἁμαρτίας εἰς **θάνατον** ἢ ὑπακοῆς εἰς δικαιοσύνην;
6:21 ἐφ' οἷς νῦν ἐπαισχύνεσθε, τὸ γὰρ τέλος ἐκείνων **θάνατος.**
6:23 τὰ γὰρ ὀψώνια τῆς ἁμαρτίας **θάνατος,** τὸ δὲ χάρισμα τοῦ θεοῦ ζωὴ αἰώνιος ἐν Χριστῷ Ἰησοῦ τῷ κυρίῳ ἡμῶν.
7: 5 τὰ παθήματα τῶν ἁμαρτιῶν τὰ διὰ τοῦ νόμου ἐνηργεῖτο ἐν τοῖς μέλεσιν ἡμῶν, εἰς τὸ καρποφορῆσαι τῷ **θανάτῳ·**
7:10 ἐγὼ δὲ ἀπέθανον καὶ εὑρέθη μοι ἡ ἐντολὴ ἡ εἰς ζωήν, αὕτη εἰς **θάνατον·**
7:13 Τὸ οὖν ἀγαθὸν ἐμοὶ ἐγένετο **θάνατος;** μὴ γένοιτο· ἀλλὰ ἡ ἁμαρτία, ἵνα φανῇ ἁμαρτία, διὰ τοῦ ἀγαθοῦ μοι κατεργαζομένη **θάνατον,**
7:24 τίς με ῥύσεται ἐκ τοῦ σώματος τοῦ **θανάτου** τούτου;
8: 2 ὁ γὰρ νόμος τοῦ πνεύματος τῆς ζωῆς ἐν Χριστῷ Ἰησοῦ ἠλευθέρωσέν σε ἀπὸ τοῦ νόμου τῆς ἁμαρτίας καὶ τοῦ **θανάτου.**

8: 6 τὸ γὰρ φρόνημα τῆς σαρκὸς **θάνατος,** τὸ δὲ φρόνημα τοῦ πνεύματος ζωὴ καὶ εἰρήνη·
8:38 πέπεισμαι γὰρ ὅτι οὔτε **θάνατος** οὔτε ζωὴ οὔτε ἄγγελοι οὔτε ἀρχαὶ οὔτε ἐνεστῶτα οὔτε μέλλοντα οὔτε δυνάμεις
1Co 3:22 εἴτε κόσμος εἴτε ζωὴ εἴτε **θάνατος,** εἴτε ἐνεστῶτα εἴτε μέλλοντα·
11:26 τὸν **θάνατον** τοῦ κυρίου καταγγέλλετε ἄχρις οὗ ἔλθῃ.
15:21 ἐπειδὴ γὰρ δι᾽ ἀνθρώπου **θάνατος,** καὶ δι᾽ ἀνθρώπου ἀνάστασις νεκρῶν.
15:26 ἔσχατος ἐχθρὸς καταργεῖται ὁ **θάνατος·**
15:54 τότε γενήσεται ὁ λόγος ὁ γεγραμμένος, Κατεπόθη ὁ **θάνατος** εἰς νῖκος.
15:55 ποῦ σου, **θάνατε,** τὸ νῖκος; ποῦ σου, **θάνατε,** τὸ κέντρον;
15:56 τὸ δὲ κέντρον τοῦ **θανάτου** ἡ ἁμαρτία, ἡ δὲ δύναμις τῆς ἁμαρτίας ὁ νόμος·
2Co 1: 9 ἀλλὰ αὐτοὶ ἐν ἑαυτοῖς τὸ ἀπόκριμα τοῦ **θανάτου** ἐσχήκαμεν,
1:10 ὃς ἐκ τηλικούτου **θανάτου** ἐρρύσατο ἡμᾶς καὶ ῥύσεται,
2:16 οἷς μὲν ὀσμὴ ἐκ **θανάτου** εἰς **θάνατον,** οἷς δὲ ὀσμὴ ἐκ ζωῆς εἰς ζωήν.
3: 7 Εἰ δὲ ἡ διακονία τοῦ **θανάτου** ἐν γράμμασιν ἐντετυπωμένη λίθοις ἐγενήθη ἐν δόξῃ,
4:11 ἀεὶ γὰρ ἡμεῖς οἱ ζῶντες εἰς **θάνατον** παραδιδόμεθα διὰ Ἰησοῦν,
4:12 ὥστε ὁ **θάνατος** ἐν ἡμῖν ἐνεργεῖται, ἡ δὲ ζωὴ ἐν ὑμῖν.
7:10 ἡ γὰρ κατὰ θεὸν λύπη μετάνοιαν εἰς σωτηρίαν ἀμεταμέλητον ἐργάζεται· ἡ δὲ τοῦ κόσμου λύπη **θάνατον** κατεργάζεται.
11:23 ἐν φυλακαῖς περισσοτέρως, ἐν πληγαῖς ὑπερβαλλόντως, ἐν **θανάτοις** πολλάκις.
Php 1:20 ἀλλ᾽ ἐν πάσῃ παρρησίᾳ ὡς πάντοτε καὶ νῦν μεγαλυνθήσεται Χριστὸς ἐν τῷ σώματί μου, εἴτε διὰ ζωῆς εἴτε διὰ **θανάτου.**
2: 8 ἐταπείνωσεν ἑαυτὸν γενόμενος ὑπήκοος μέχρι **θανάτου, θανάτου** δὲ σταυροῦ.
2:27 καὶ γὰρ ἠσθένησεν παραπλήσιον **θανάτῳ·** ἀλλὰ ὁ θεὸς ἠλέησεν αὐτόν,
2:30 ὅτι διὰ τὸ ἔργον Χριστοῦ μέχρι **θανάτου** ἤγγισεν παραβολευσάμενος τῇ ψυχῇ,
3:10 καὶ τὴν δύναμιν τῆς ἀναστάσεως αὐτοῦ καὶ [τὴν] κοινωνίαν [τῶν] παθημάτων αὐτοῦ, συμμορφιζόμενος τῷ **θανάτῳ** αὐτοῦ,
Col 1:22 νυνὶ δὲ ἀποκατήλλαξεν ἐν τῷ σώματι τῆς σαρκὸς αὐτοῦ διὰ τοῦ **θανάτου** παραστῆσαι ὑμᾶς ἁγίους καὶ ἀμώμους
2Ti 1:10 καταργήσαντος μὲν τὸν **θάνατον** φωτίσαντος δὲ ζωὴν καὶ ἀφθαρσίαν διὰ τοῦ εὐαγγελίου
Heb 2: 9 τὸν δὲ βραχύ τι παρ᾽ ἀγγέλους ἠλαττωμένον βλέπομεν Ἰησοῦν διὰ τὸ πάθημα τοῦ **θανάτου** δόξῃ καὶ τιμῇ ἐστεφανωμένον, ὅπως χάριτι θεοῦ ὑπὲρ παντὸς γεύσηται **θανάτου.**
2:14 ἵνα διὰ τοῦ **θανάτου** καταργήσῃ τὸν τὸ κράτος ἔχοντα τοῦ **θανάτου,**
2:15 ὅσοι φόβῳ **θανάτου** διὰ παντὸς τοῦ ζῆν ἔνοχοι ἦσαν δουλείας.
5: 7 ὃς ἐν ταῖς ἡμέραις τῆς σαρκὸς αὐτοῦ δεήσεις τε καὶ ἱκετηρίας πρὸς τὸν δυνάμενον σῴζειν αὐτὸν ἐκ **θανάτου** μετὰ κραυγῆς
7:23 καὶ οἱ μὲν πλείονές εἰσιν γεγονότες ἱερεῖς διὰ τὸ **θανάτῳ** κωλύεσθαι παραμένειν·
9:15 ὅπως **θανάτου** γενομένου εἰς ἀπολύτρωσιν τῶν ἐπὶ τῇ πρώτῃ διαθήκῃ παραβάσεων τὴν ἐπαγγελίαν
9:16 ὅπου γὰρ διαθήκη, **θάνατον** ἀνάγκη φέρεσθαι τοῦ διαθεμένου·
11: 5 Πίστει Ἑνὼχ μετετέθη τοῦ μὴ ἰδεῖν **θάνατον,** καὶ οὐχ ηὑρίσκετο διότι μετέθηκεν αὐτὸν ὁ θεός.
Jas 1:15 εἶτα ἡ ἐπιθυμία συλλαβοῦσα τίκτει ἁμαρτίαν, ἡ δὲ ἁμαρτία ἀποτελεσθεῖσα ἀποκύει **θάνατον.**
5:20 γινωσκέτω ὅτι ὁ ἐπιστρέψας ἁμαρτωλὸν ἐκ πλάνης ὁδοῦ αὐτοῦ σώσει ψυχὴν αὐτοῦ ἐκ **θανάτου** καὶ καλύψει πλῆθος ἁμαρτιῶν.
1Jn 3:14 οἴδαμεν ὅτι μεταβεβήκαμεν ἐκ τοῦ **θανάτου** εἰς τὴν ζωήν, ὅτι ἀγαπῶμεν τοὺς ἀδελφούς· ὁ μὴ ἀγαπῶν μένει ἐν τῷ **θανάτῳ.**
5:16 Ἐάν τις ἴδῃ τὸν ἀδελφὸν αὐτοῦ ἁμαρτάνοντα ἁμαρτίαν μὴ πρὸς **θάνατον,** αἰτήσει καὶ δώσει αὐτῷ ζωήν, τοῖς ἁμαρτάνουσιν μὴ πρὸς **θάνατον.** ἔστιν ἁμαρτία πρὸς **θάνατον·** οὐ περὶ ἐκείνης λέγω ἵνα ἐρωτήσῃ.
5:17 πᾶσα ἀδικία ἁμαρτία ἐστίν, καὶ ἔστιν ἁμαρτία οὐ πρὸς **θάνατον.**
Rev 1:18 καὶ ἐγενόμην νεκρὸς καὶ ἰδοὺ ζῶν εἰμι εἰς τοὺς αἰῶνας τῶν αἰώνων καὶ ἔχω τὰς κλεῖς τοῦ **θανάτου** καὶ τοῦ ᾅδου.
2:10 γίνου πιστὸς ἄχρι **θανάτου,** καὶ δώσω σοι τὸν στέφανον τῆς ζωῆς.
2:11 ὁ νικῶν οὐ μὴ ἀδικηθῇ ἐκ τοῦ **θανάτου** τοῦ δευτέρου.
2:23 τὰ τέκνα αὐτῆς ἀποκτενῶ ἐν **θανάτῳ.** καὶ γνώσονται πᾶσαι αἱ ἐκκλησίαι ὅτι ἐγώ εἰμι ὁ ἐραυνῶν νεφροὺς καὶ καρδίας,
6: 8 καὶ ὁ καθήμενος ἐπάνω αὐτοῦ ὄνομα αὐτῷ [ὁ] **Θάνατος,** καὶ ὁ ᾅδης ἠκολούθει μετ᾽ αὐτοῦ καὶ ἐδόθη αὐτοῖς ἐξουσία ἐπὶ τὸ τέταρτον τῆς γῆς ἀποκτεῖναι ἐν ῥομφαίᾳ καὶ ἐν λιμῷ καὶ ἐν **θανάτῳ** καὶ ὑπὸ τῶν θηρίων τῆς γῆς.
9: 6 καὶ ἐν ταῖς ἡμέραις ἐκείναις ζητήσουσιν οἱ ἄνθρωποι τὸν **θάνατον** καὶ οὐ μὴ εὑρήσουσιν αὐτόν, καὶ ἐπιθυμήσουσιν ἀποθανεῖν καὶ φεύγει ὁ **θάνατος** ἀπ᾽ αὐτῶν.
12:11 καὶ αὐτοὶ ἐνίκησαν αὐτὸν διὰ τὸ αἷμα τοῦ ἀρνίου καὶ διὰ τὸν λόγον τῆς μαρτυρίας αὐτῶν καὶ οὐκ ἠγάπησαν τὴν ψυχὴν αὐτῶν ἄχρι **θανάτου.**
13: 3 καὶ μίαν ἐκ τῶν κεφαλῶν αὐτοῦ ὡς ἐσφαγμένην εἰς **θάνατον,** καὶ ἡ πληγὴ τοῦ **θανάτου** αὐτοῦ ἐθεραπεύθη.
13:12 ἵνα προσκυνήσουσιν τὸ θηρίον τὸ πρῶτον, οὗ ἐθεραπεύθη ἡ πληγὴ τοῦ **θανάτου** αὐτοῦ.
18: 8 **θάνατος** καὶ πένθος καὶ λιμός, καὶ ἐν πυρὶ κατακαυθήσεται,
20: 6 ἐπὶ τούτων ὁ δεύτερος **θάνατος** οὐκ ἔχει ἐξουσίαν,
20:13 καὶ ἔδωκεν ἡ θάλασσα τοὺς νεκροὺς τοὺς ἐν αὐτῇ καὶ ὁ **θάνατος** καὶ ὁ ᾅδης ἔδωκαν τοὺς νεκροὺς τοὺς ἐν αὐτοῖς,
20:14 καὶ ὁ **θάνατος** καὶ ὁ ᾅδης ἐβλήθησαν εἰς τὴν λίμνην τοῦ πυρός. οὗτος ὁ **θάνατος** ὁ δεύτερός ἐστιν, ἡ λίμνη τοῦ πυρός.
21: 4 καὶ ὁ **θάνατος** οὐκ ἔσται ἔτι οὔτε πένθος οὔτε κραυγὴ οὔτε πόνος οὐκ ἔσται ἔτι,
21: 8 τὸ μέρος αὐτῶν ἐν τῇ λίμνῃ τῇ καιομένῃ πυρὶ καὶ θείῳ, ὅ ἐστιν ὁ **θάνατος** ὁ δεύτερος.

2506 θανατόω [11]

√ 2569

Mt 10:21 καὶ ἐπαναστήσονται τέκνα ἐπὶ γονεῖς καὶ **θανατώσουσιν** αὐτούς.
26:59 οἱ δὲ ἀρχιερεῖς καὶ τὸ συνέδριον ὅλον ἐζήτουν ψευδομαρτυρίαν κατὰ τοῦ Ἰησοῦ ὅπως αὐτὸν **θανατώσωσιν,**
27: 1 γενομένης συμβούλιον ἔλαβον πάντες οἱ ἀρχιερεῖς καὶ οἱ πρεσβύτεροι τοῦ λαοῦ κατὰ τοῦ Ἰησοῦ ὥστε **θανατῶσαι** αὐτόν·
Mk 13:12 καὶ ἐπαναστήσονται τέκνα ἐπὶ γονεῖς καὶ **θανατώσουσιν** αὐτούς·
14:55 οἱ δὲ ἀρχιερεῖς καὶ ὅλον τὸ συνέδριον ἐζήτουν κατὰ τοῦ Ἰησοῦ μαρτυρίαν εἰς τὸ **θανατῶσαι** αὐτόν,
Lk 21:16 παραδοθήσεσθε δὲ καὶ ὑπὸ γονέων καὶ ἀδελφῶν καὶ συγγενῶν καὶ φίλων, καὶ **θανατώσουσιν** ἐξ ὑμῶν,
Ro 7: 4 καὶ ὑμεῖς **ἐθανατώθητε** τῷ νόμῳ διὰ τοῦ σώματος τοῦ Χριστοῦ,
8:13 εἰ δὲ πνεύματι τὰς πράξεις τοῦ σώματος **θανατοῦτε,**
8:36 καθὼς γέγραπται ὅτι Ἕνεκεν σοῦ **θανατούμεθα** ὅλην τὴν ἡμέραν,
2Co 6: 9 ὡς ἀποθνῄσκοντες καὶ ἰδοὺ ζῶμεν, ὡς παιδευόμενοι καὶ μὴ **θανατούμενοι,**
1Pe 3:18 ἵνα ὑμᾶς προσαγάγῃ τῷ θεῷ **θανατωθεὶς** μὲν σαρκὶ ζῳοποιηθεὶς δὲ πνεύματι·

2507 θάπτω [11]

→ 5313; cf. 5439

Mt 8:21 ἐπίτρεψόν μοι πρῶτον ἀπελθεῖν καὶ **θάψαι** τὸν πατέρα μου.
8:22 Ἀκολούθει μοι καὶ ἄφες τοὺς νεκροὺς **θάψαι** τοὺς ἑαυτῶν νεκρούς.
14:12 καὶ προσελθόντες οἱ μαθηταὶ αὐτοῦ ἦραν τὸ πτῶμα καὶ **ἔθαψαν** αὐτὸ[ν]
Lk 9:59 ἐπίτρεψόν μοι ἀπελθόντι πρῶτον **θάψαι** τὸν πατέρα μου.
9:60 εἶπεν δὲ αὐτῷ, Ἄφες τοὺς νεκροὺς **θάψαι** τοὺς ἑαυτῶν νεκρούς,
16:22 τὸν πτωχὸν καὶ ἀπενεχθῆναι αὐτὸν ὑπὸ τῶν ἀγγέλων εἰς τὸν κόλπον Ἀβραάμ· ἀπέθανεν δὲ καὶ ὁ πλούσιος καὶ **ἐτάφη.**
Ac 2:29 ἐξὸν εἰπεῖν μετὰ παρρησίας πρὸς ὑμᾶς περὶ τοῦ πατριάρχου Δαυὶδ ὅτι καὶ ἐτελεύτησεν καὶ **ἐτάφη,**
5: 6 ἀναστάντες δὲ οἱ νεώτεροι συνέστειλαν αὐτὸν καὶ ἐξενέγκαντες **ἔθαψαν.**
5: 9 ἰδοὺ οἱ πόδες τῶν **θαψάντων** τὸν ἄνδρα σου ἐπὶ τῇ θύρᾳ καὶ ἐξοίσουσίν σε.
5:10 εἰσελθόντες δὲ οἱ νεανίσκοι εὗρον αὐτὴν νεκρὰν καὶ ἐξενέγκαντες **ἔθαψαν** πρὸς τὸν ἄνδρα αὐτῆς,
1Co 15: 4 καὶ ὅτι **ἐτάφη** καὶ ὅτι ἐγήγερται τῇ ἡμέρᾳ τῇ τρίτῃ κατὰ τὰς γραφὰς

2508 Θάρα [1]

Lk 3:34 τοῦ Ἰακὼβ τοῦ Ἰσαὰκ τοῦ Ἀβραὰμ τοῦ **Θάρα** τοῦ Ναχὼρ

2509 θαρρέω [6]

√ *2511*

2Co 5: 6 **Θαρροῦντες** οὖν πάντοτε καὶ εἰδότες ὅτι ἐνδημοῦντες ἐν τῷ σώματι ἐκδημοῦμεν ἀπὸ τοῦ κυρίου·
5: 8 **θαρροῦμεν** δὲ καὶ εὐδοκοῦμεν μᾶλλον ἐκδημῆσαι ἐκ τοῦ σώματος καὶ ἐνδημῆσαι πρὸς τὸν κύριον.
7: 16 χαίρω ὅτι ἐν παντὶ **θαρρῶ** ἐν ὑμῖν.
10: 1 ὃς κατὰ πρόσωπον μὲν ταπεινὸς ἐν ὑμῖν, ἀπὼν δὲ **θαρρῶ** εἰς ὑμᾶς·
10: 2 δέομαι δὲ τὸ μὴ παρὼν **θαρρῆσαι** τῇ πεποιθήσει ᾗ λογίζομαι τολμῆσαι ἐπί τινας τοὺς λογιζομένους ἡμᾶς ὡς κατὰ σάρκα
Heb 13: 6 ὥστε **θαρροῦντας** ἡμᾶς λέγειν, Κύριος ἐμοὶ βοηθός, [καὶ] οὐ φοβηθήσομαι,

2510 θαρσέω [7]

√ *2511*

Mt 9: 2 καὶ ἰδὼν ὁ Ἰησοῦς τὴν πίστιν αὐτῶν εἶπεν τῷ παραλυτικῷ, **Θάρσει,** τέκνον, ἀφίενταί σου αἱ ἁμαρτίαι.
9: 22 ὁ δὲ Ἰησοῦς στραφεὶς καὶ ἰδὼν αὐτὴν εἶπεν, **Θάρσει,** θύγατερ·
14: 27 εὐθὺς δὲ ἐλάλησεν [ὁ Ἰησοῦς] αὐτοῖς λέγων, **Θαρσεῖτε,** ἐγώ εἰμι·
Mk 6: 50 ὁ δὲ εὐθὺς ἐλάλησεν μετ' αὐτῶν, καὶ λέγει αὐτοῖς, **Θαρσεῖτε,** ἐγώ εἰμι·
10: 49 καὶ φωνοῦσιν τὸν τυφλὸν λέγοντες αὐτῷ, **Θάρσει,** ἔγειρε, φωνεῖ σε.
Jn 16: 33 ἐν τῷ κόσμῳ θλῖψιν ἔχετε· ἀλλὰ **θαρσεῖτε,** ἐγὼ νενίκηκα τὸν κόσμον.
Ac 23: 11 Τῇ δὲ ἐπιούσῃ νυκτὶ ἐπιστὰς αὐτῷ ὁ κύριος εἶπεν, **Θάρσει·**

2511 θάρσος [1]

→ *2509, 2510*

Ac 28: 15 ἦλθαν εἰς ἀπάντησιν ἡμῖν ἄχρι Ἀππίου Φόρου καὶ Τριῶν οὓς ἰδὼν ὁ Παῦλος εὐχαριστήσας τῷ θεῷ ἔλαβε **θάρσος.**

2512 θαῦμα [2]

√ *2513*

θαυμάζω θαῦμα [1] Rev 17:6

2Co 11: 14 καὶ οὐ **θαῦμα·** αὐτὸς γὰρ ὁ Σατανᾶς μετασχηματίζεται εἰς ἄγγελον φωτός.
Rev 17: 6 μεθύουσαν ἐκ τοῦ αἵματος τῶν ἁγίων καὶ ἐκ τοῦ αἵματος τῶν μαρτύρων Ἰησοῦ. Καὶ ἐθαύμασα ἰδὼν αὐτὴν **θαῦμα** μέγα.

2513 θαυμάζω [43]

→ *1703, 2512, 2514, 2515; cf. 2517*

θαυμάζω θαῦμα [1] Rev 17:6

θαυμάζω πρόσωπον [1] Jude 1:16

Mt 8: 10 ἀκούσας δὲ ὁ Ἰησοῦς **ἐθαύμασεν** καὶ εἶπεν τοῖς ἀκολουθοῦσιν,
8: 27 οἱ δὲ ἄνθρωποι **ἐθαύμασαν** λέγοντες, Ποταπός ἐστιν οὗτος ὅτι καὶ οἱ ἄνεμοι καὶ ἡ θάλασσα αὐτῷ ὑπακούουσιν;
9: 33 καὶ **ἐθαύμασαν** οἱ ὄχλοι λέγοντες, Οὐδέποτε ἐφάνη οὕτως ἐν τῷ Ἰσραήλ.
15: 31 ὥστε τὸν ὄχλον **θαυμάσαι** βλέποντας κωφοὺς λαλοῦντας, κυλλοὺς ὑγιεῖς καὶ χωλοὺς περιπατοῦντας
21: 20 καὶ ἰδόντες οἱ μαθηταὶ **ἐθαύμασαν** λέγοντες, Πῶς παραχρῆμα ἐξηράνθη ἡ συκῆ;
22: 22 καὶ ἀκούσαντες **ἐθαύμασαν,** καὶ ἀφέντες αὐτὸν ἀπῆλθαν.
27: 14 καὶ οὐκ ἀπεκρίθη αὐτῷ πρὸς οὐδὲ ἓν ῥῆμα, ὥστε **θαυμάζειν** τὸν ἡγεμόνα λίαν.
Mk 5: 20 καὶ ἀπῆλθεν καὶ ἤρξατο κηρύσσειν ἐν τῇ Δεκαπόλει ὅσα ἐποίησεν αὐτῷ ὁ Ἰησοῦς, καὶ πάντες **ἐθαύμαζον.**
6: 6 καὶ **ἐθαύμαζεν** διὰ τὴν ἀπιστίαν αὐτῶν. Καὶ περιῆγεν τὰς κώμας κύκλῳ διδάσκων.
15: 5 ὁ δὲ Ἰησοῦς οὐκέτι οὐδὲν ἀπεκρίθη, ὥστε **θαυμάζειν** τὸν Πιλᾶτον.
15: 44 Πιλᾶτος **ἐθαύμασεν** εἰ ἤδη τέθνηκεν καὶ προσκαλεσάμενος τὸν κεντυρίωνα ἐπηρώτησεν αὐτὸν εἰ πάλαι ἀπέθανεν·
Lk 1: 21 Καὶ ἦν ὁ λαὸς προσδοκῶν τὸν Ζαχαρίαν καὶ **ἐθαύμαζον** ἐν τῷ χρονίζειν ἐν τῷ ναῷ αὐτόν.
1: 63 καὶ αἰτήσας πινακίδιον ἔγραψεν λέγων, Ἰωάννης ἐστὶν ὄνομα αὐτοῦ. καὶ **ἐθαύμασαν** πάντες.
2: 18 καὶ πάντες οἱ ἀκούσαντες **ἐθαύμασαν** περὶ τῶν λαληθέντων ὑπὸ τῶν ποιμένων πρὸς αὐτούς·
2: 33 καὶ ἦν ὁ πατὴρ αὐτοῦ καὶ ἡ μήτηρ **θαυμάζοντες** ἐπὶ τοῖς λαλουμένοις περὶ αὐτοῦ.
4: 22 Καὶ πάντες ἐμαρτύρουν αὐτῷ καὶ **ἐθαύμαζον** ἐπὶ τοῖς λόγοις τῆς χάριτος τοῖς ἐκπορευομένοις ἐκ τοῦ στόματος αὐτοῦ
7: 9 ἀκούσας δὲ ταῦτα ὁ Ἰησοῦς **ἐθαύμασεν** αὐτὸν καὶ στραφεὶς τῷ ἀκολουθοῦντι αὐτῷ ὄχλῳ εἶπεν,
8: 25 φοβηθέντες δὲ **ἐθαύμασαν** λέγοντες πρὸς ἀλλήλους, Τίς ἄρα οὗτός ἐστιν ὅτι καὶ τοῖς ἀνέμοις ἐπιτάσσει καὶ τῷ ὕδατι,
9: 43 Πάντων δὲ **θαυμαζόντων** ἐπὶ πᾶσιν οἷς ἐποίει εἶπεν πρὸς τοὺς μαθητὰς αὐτοῦ,
11: 14 ἐγένετο δὲ τοῦ δαιμονίου ἐξελθόντος ἐλάλησεν ὁ κωφὸς καὶ **ἐθαύμασαν** οἱ ὄχλοι.
11: 38 ὁ δὲ Φαρισαῖος ἰδὼν **ἐθαύμασεν** ὅτι οὐ πρῶτον ἐβαπτίσθη πρὸ τοῦ ἀρίστου.
20: 26 καὶ οὐκ ἴσχυσαν ἐπιλαβέσθαι αὐτοῦ ῥήματος ἐναντίον τοῦ λαοῦ καὶ **θαυμάσαντες** ἐπὶ τῇ ἀποκρίσει αὐτοῦ ἐσίγησαν.
24: 12 ἔδραμεν ἐπὶ τὸ μνημεῖον καὶ παρακύψας βλέπει τὰ ὀθόνια μόνα, καὶ ἀπῆλθεν πρὸς ἑαυτὸν **θαυμάζων** τὸ γεγονός.
24: 41 ἔτι δὲ ἀπιστούντων αὐτῶν ἀπὸ τῆς χαρᾶς καὶ **θαυμαζόντων** εἶπεν αὐτοῖς,
Jn 3: 7 μὴ **θαυμάσῃς** ὅτι εἶπόν σοι, Δεῖ ὑμᾶς γεννηθῆναι ἄνωθεν.
4: 27 Καὶ ἐπὶ τούτῳ ἦλθαν οἱ μαθηταὶ αὐτοῦ καὶ **ἐθαύμαζον** ὅτι μετὰ γυναικὸς ἐλάλει·
5: 20 καὶ μείζονα τούτων δείξει αὐτῷ ἔργα, ἵνα ὑμεῖς **θαυμάζητε.**
5: 28 μὴ **θαυμάζετε** τοῦτο, ὅτι ἔρχεται ὥρα ἐν ᾗ πάντες οἱ ἐν τοῖς μνημείοις ἀκούσουσιν τῆς φωνῆς αὐτοῦ
7: 15 **ἐθαύμαζον** οὖν οἱ Ἰουδαῖοι λέγοντες, Πῶς οὗτος γράμματα οἶδεν μὴ μεμαθηκώς;
7: 21 ἀπεκρίθη Ἰησοῦς καὶ εἶπεν αὐτοῖς, Ἓν ἔργον ἐποίησα καὶ πάντες **θαυμάζετε.**
Ac 2: 7 ἐξίσταντο δὲ καὶ **ἐθαύμαζον** λέγοντες, Οὐχ ἰδοὺ ἅπαντες οὗτοί εἰσιν οἱ λαλοῦντες Γαλιλαῖοι;
3: 12 τί **θαυμάζετε** ἐπὶ τούτῳ ἢ ἡμῖν τί ἀτενίζετε ὡς ἰδίᾳ δυνάμει ἢ εὐσεβείᾳ πεποιηκόσιν τοῦ περιπατεῖν αὐτόν;
4: 13 **ἐθαύμαζον** ἐπεγίνωσκόν τε αὐτοὺς ὅτι σὺν τῷ Ἰησοῦ ἦσαν,
7: 31 ὁ δὲ Μωϋσῆς ἰδὼν **ἐθαύμαζεν** τὸ ὅραμα, προσερχομένου δὲ αὐτοῦ κατανοῆσαι ἐγένετο φωνὴ κυρίου,
13: 41 Ἴδετε, οἱ καταφρονηταί, καὶ **θαυμάσατε** καὶ ἀφανίσθητε, ὅτι ἔργον ἐργάζομαι ἐγὼ ἐν ταῖς ἡμέραις ὑμῶν,
Gal 1: 6 **Θαυμάζω** ὅτι οὕτως ταχέως μετατίθεσθε ἀπὸ τοῦ καλέσαντος ὑμᾶς ἐν χάριτι [Χριστοῦ] εἰς ἕτερον εὐαγγέλιον,
2Th 1: 10 ὅταν ἔλθῃ ἐνδοξασθῆναι ἐν τοῖς ἁγίοις αὐτοῦ καὶ **θαυμασθῆναι** ἐν πᾶσιν τοῖς πιστεύσασιν,
1Jn 3: 13 [καὶ] μὴ **θαυμάζετε,** ἀδελφοί, εἰ μισεῖ ὑμᾶς ὁ κόσμος.
Jude 1: 16 καὶ τὸ στόμα αὐτῶν λαλεῖ ὑπέρογκα, **θαυμάζοντες** πρόσωπα ὠφελείας χάριν.
Rev 13: 3 καὶ **ἐθαυμάσθη** ὅλη ἡ γῆ ὀπίσω τοῦ θηρίου
17: 6 μεθύουσαν ἐκ τοῦ αἵματος τῶν ἁγίων καὶ ἐκ τοῦ αἵματος τῶν μαρτύρων Ἰησοῦ. Καὶ **ἐθαύμασα** ἰδὼν αὐτὴν θαῦμα μέγα.
17: 7 καὶ εἶπέν μοι ὁ ἄγγελος, Διὰ τί **ἐθαύμασας;**
17: 8 καὶ **θαυμασθήσονται** οἱ κατοικοῦντες ἐπὶ τῆς γῆς, ὧν οὐ γέγραπται τὸ ὄνομα ἐπὶ τὸ βιβλίον τῆς ζωῆς ἀπὸ καταβολῆς

2514 θαυμάσιος [1]

√ *2513*

Mt 21: 15 ἰδόντες δὲ οἱ ἀρχιερεῖς καὶ οἱ γραμματεῖς τὰ **θαυμάσια** ἃ ἐποίησεν καὶ τοὺς παῖδας τοὺς κράζοντας ἐν τῷ ἱερῷ

2515 θαυμαστός [6]

√ *2513*

Mt 21: 42 παρὰ κυρίου ἐγένετο αὕτη καὶ ἔστιν **θαυμαστὴ** ἐν ὀφθαλμοῖς ἡμῶν;
Mk 12: 11 παρὰ κυρίου ἐγένετο αὕτη καὶ ἔστιν **θαυμαστὴ** ἐν ὀφθαλμοῖς ἡμῶν;
Jn 9: 30 Ἐν τούτῳ γὰρ τὸ **θαυμαστόν** ἐστιν, ὅτι ὑμεῖς οὐκ οἴδατε πόθεν ἐστίν,
1Pe 2: 9 ὅπως τὰς ἀρετὰς ἐξαγγείλητε τοῦ ἐκ σκότους ὑμᾶς καλέσαντος εἰς τὸ **θαυμαστὸν** αὐτοῦ φῶς·
Rev 15: 1 Καὶ εἶδον ἄλλο σημεῖον ἐν τῷ οὐρανῷ μέγα καὶ **θαυμαστόν,**

15: 3 Μεγάλα καὶ **θαυμαστὰ** τὰ ἔργα σου, κύριε ὁ θεὸς ὁ παντοκράτωρ·

2516 θεά [1]

√ *2536*

Ac 19:27 οὐ μόνον δὲ τοῦτο κινδυνεύει ἡμῖν τὸ μέρος εἰς ἀπελεγμὸν ἐλθεῖν ἀλλὰ καὶ τὸ τῆς μεγάλης **θεᾶς** Ἀρτέμιδος ἱερὸν

2517 θεάομαι [22]

√ *cf. 2513, 2519, 2555*

Mt 6: 1 Προσέχετε [δὲ] τὴν δικαιοσύνην ὑμῶν μὴ ποιεῖν ἔμπροσθεν τῶν ἀνθρώπων πρὸς τὸ **θεαθῆναι** αὐτοῖς·
11: 7 Τούτων δὲ πορευομένων ἤρξατο ὁ Ἰησοῦς λέγειν τοῖς ὄχλοις περὶ Ἰωάννου, Τί ἐξήλθατε εἰς τὴν ἔρημον **θεάσασθαι;**
22:11 εἰσελθὼν δὲ ὁ βασιλεὺς **θεάσασθαι** τοὺς ἀνακειμένους εἶδεν ἐκεῖ ἄνθρωπον οὐκ ἐνδεδυμένον ἔνδυμα γάμου,
23: 5 πάντα δὲ τὰ ἔργα αὐτῶν ποιοῦσιν πρὸς τὸ **θεαθῆναι** τοῖς ἀνθρώποις·
Mk 16:11 ⟦κἀκεῖνοι ἀκούσαντες ὅτι ζῇ καὶ **ἐθεάθη** ὑπ' αὐτῆς ἠπίστησαν.⟧
16:14 ⟦καὶ ὠνείδισεν τὴν ἀπιστίαν αὐτῶν καὶ σκληροκαρδίαν ὅτι τοῖς **θεασαμένοις** αὐτὸν ἐγηγερμένον οὐκ ἐπίστευσαν.⟧
Lk 5:27 Καὶ μετὰ ταῦτα ἐξῆλθεν καὶ **ἐθεάσατο** τελώνην ὀνόματι Λευὶν καθήμενον ἐπὶ τὸ τελώνιον,
7:24 ἤρξατο λέγειν πρὸς τοὺς ὄχλους περὶ Ἰωάννου, Τί ἐξήλθατε εἰς τὴν ἔρημον **θεάσασθαι;**
23:55 **ἐθεάσαντο** τὸ μνημεῖον καὶ ὡς ἐτέθη τὸ σῶμα αὐτοῦ,
Jn 1:14 καὶ **ἐθεασάμεθα** τὴν δόξαν αὐτοῦ, δόξαν ὡς μονογενοῦς παρὰ πατρός,
1:32 Καὶ ἐμαρτύρησεν Ἰωάννης λέγων ὅτι **Τεθέαμαι** τὸ πνεῦμα καταβαῖνον ὡς περιστερὰν ἐξ οὐρανοῦ καὶ ἔμεινεν ἐπ' αὐτόν.
1:38 στραφεὶς δὲ ὁ Ἰησοῦς καὶ **θεασάμενος** αὐτοὺς ἀκολουθοῦντας λέγει αὐτοῖς,
4:35 ἐπάρατε τοὺς ὀφθαλμοὺς ὑμῶν καὶ **θεάσασθε** τὰς χώρας ὅτι λευκαί εἰσιν πρὸς θερισμόν.
6: 5 ἐπάρας οὖν τοὺς ὀφθαλμοὺς ὁ Ἰησοῦς καὶ **θεασάμενος** ὅτι πολὺς ὄχλος ἔρχεται πρὸς αὐτὸν λέγει πρὸς Φίλιππον,
11:45 Πολλοὶ οὖν ἐκ τῶν Ἰουδαίων οἱ ἐλθόντες πρὸς τὴν Μαριὰμ καὶ **θεασάμενοι** ἃ ἐποίησεν ἐπίστευσαν εἰς αὐτόν·
Ac 1:11 οὗτος ὁ Ἰησοῦς ὁ ἀναλημφθεὶς ἀφ' ὑμῶν εἰς τὸν οὐρανὸν οὕτως ἐλεύσεται ὃν τρόπον **ἐθεάσασθε** αὐτὸν πορευόμενον εἰς τὸν οὐρανόν.
21:27 οἱ ἀπὸ τῆς Ἀσίας Ἰουδαῖοι **θεασάμενοι** αὐτὸν ἐν τῷ ἱερῷ συνέχεον πάντα τὸν ὄχλον καὶ ἐπέβαλον ἐπ' αὐτὸν τὰς χεῖρας
22: 9 οἱ δὲ σὺν ἐμοὶ ὄντες τὸ μὲν φῶς **ἐθεάσαντο** τὴν δὲ φωνὴν οὐκ ἤκουσαν τοῦ λαλοῦντός μοι.
Ro 15:24 ἐλπίζω γὰρ διαπορευόμενος **θεάσασθαι** ὑμᾶς καὶ ὑφ' ὑμῶν προπεμφθῆναι ἐκεῖ ἐὰν ὑμῶν πρῶτον ἀπὸ μέρους ἐμπλησθῶ.
1Jn 1: 1 ὃ **ἐθεασάμεθα** καὶ αἱ χεῖρες ἡμῶν ἐψηλάφησαν περὶ τοῦ λόγου τῆς ζωῆς–
4:12 θεὸν οὐδεὶς πώποτε **τεθέαται.** ἐὰν ἀγαπῶμεν ἀλλήλους, ὁ θεὸς ἐν ἡμῖν μένει καὶ ἡ ἀγάπη αὐτοῦ ἐν ἡμῖν τετελειωμένη ἐστιν.
4:14 καὶ ἡμεῖς **τεθεάμεθα** καὶ μαρτυροῦμεν ὅτι ὁ πατὴρ ἀπέσταλκεν τὸν υἱὸν σωτῆρα τοῦ κόσμου.

2518 θεατρίζω [1]

√ *2519*

Heb 10:33 τοῦτο μὲν ὀνειδισμοῖς τε καὶ θλίψεσιν **θεατριζόμενοι,** τοῦτο δὲ κοινωνοὶ τῶν οὕτως ἀναστρεφομένων γενηθέντες.

2519 θέατρον [3]

→ *2518; cf. 2517*

Ac 19:29 ὥρμησάν τε ὁμοθυμαδὸν εἰς τὸ **θέατρον** συναρπάσαντες Γάϊον καὶ Ἀρίσταρχον Μακεδόνας,
19:31 πέμψαντες πρὸς αὐτὸν παρεκάλουν μὴ δοῦναι ἑαυτὸν εἰς τὸ **θέατρον.**
1Co 4: 9 ὅτι **θέατρον** ἐγενήθημεν τῷ κόσμῳ καὶ ἀγγέλοις καὶ ἀνθρώποις.

2520 θεῖον [7]

→ *2523; cf. 2536 (or) 2604*

Lk 17:29 ἔβρεξεν πῦρ καὶ **θεῖον** ἀπ' οὐρανοῦ καὶ ἀπώλεσεν πάντας.
Rev 9:17 καὶ ἐκ τῶν στομάτων αὐτῶν ἐκπορεύεται πῦρ καὶ καπνὸς καὶ **θεῖον.**
9:18 ἐκ τοῦ πυρὸς καὶ τοῦ καπνοῦ καὶ τοῦ **θείου** τοῦ ἐκπορευομένου ἐκ τῶν στομάτων αὐτῶν.
14:10 καὶ βασανισθήσεται ἐν πυρὶ καὶ **θείῳ** ἐνώπιον ἀγγέλων ἁγίων καὶ ἐνώπιον τοῦ ἀρνίου.
19:20 ζῶντες ἐβλήθησαν οἱ δύο εἰς τὴν λίμνην τοῦ πυρὸς τῆς καιομένης ἐν **θείῳ.**
20:10 καὶ ὁ διάβολος ὁ πλανῶν αὐτοὺς ἐβλήθη εἰς τὴν λίμνην τοῦ πυρὸς καὶ **θείου** ὅπου καὶ τὸ θηρίον καὶ ὁ ψευδοπροφήτης,
21: 8 τὸ μέρος αὐτῶν ἐν τῇ λίμνῃ τῇ καιομένῃ πυρὶ καὶ **θείῳ,** ὅ ἐστιν ὁ θάνατος ὁ δεύτερος.

2521 θεῖος [3]

√ *2536*

Ac 17:29 χαράγματι τέχνης καὶ ἐνθυμήσεως ἀνθρώπου, τὸ **θεῖον** εἶναι ὅμοιον.
2Pe 1: 3 Ὡς πάντα ἡμῖν τῆς **θείας** δυνάμεως αὐτοῦ τὰ πρὸς ζωὴν καὶ εὐσέβειαν δεδωρημένης διὰ τῆς ἐπιγνώσεως τοῦ καλέσαντος
1: 4 ἵνα διὰ τούτων γένησθε **θείας** κοινωνοὶ φύσεως ἀποφυγόντες τῆς ἐν τῷ κόσμῳ ἐν ἐπιθυμίᾳ φθορᾶς.

2522 θειότης [1]

√ *2536*

Ro 1:20 ἥ τε ἀΐδιος αὐτοῦ δύναμις καὶ **θειότης,** εἰς τὸ εἶναι αὐτοὺς ἀναπολογήτους,

2523 θειώδης [1]

√ *2520*

Rev 9:17 ἔχοντας θώρακας πυρίνους καὶ ὑακινθίνους καὶ **θειώδεις,** καὶ αἱ κεφαλαὶ τῶν ἵππων ὡς κεφαλαὶ λεόντων,

2524 Θέκλα Not used in UBS/NIV

2525 θέλημα [62]

√ *2527*

θέλημα ἀνδρός [1] Jn 1:13

θέλημα ἀνθρώπου [1] 2Pe 1:21

θέλημα [τοῦ] θεοῦ, αὐτοῦ, σου [32] Mk 3:35; Jn 7:17; 9:31; Ac 22:14; Ro 1:10; 12:2; 15:32; 1Co 1:1; 2Co 1:1; 8:5; Gal 1:4; Eph 1:1,5,9,11; 6:6; Col 1:1,9; 4:12; 1Th 4:3; 5:18; 2Ti 1:1; Heb 10:7,36; 13:21; 1Pe 2:15; 3:17; 4:2,19; 1Jn 2:17; 5:14; Rev 4:11

θέλημα τοῦ κυρίου [3] Lk 12:47; 21:14; Eph 5:17

θέλημα τοῦ πατρός [5] Mt 7:21; 12:50; 21:31; Jn 6:40; Gal 1:4

θέλημα [τῆς] σαρκός [2] Jn 1:13; Eph 2:3

τὰ θελήματα [2] Ac 13:22; Eph 2:3

Mt 6:10 γενηθήτω τὸ **θέλημά** σου, ὡς ἐν οὐρανῷ καὶ ἐπὶ γῆς·
7:21 ἀλλ' ὁ ποιῶν τὸ **θέλημα** τοῦ πατρός μου τοῦ ἐν τοῖς οὐρανοῖς.
12:50 ὅστις γὰρ ἂν ποιήσῃ τὸ **θέλημα** τοῦ πατρός μου τοῦ ἐν οὐρανοῖς αὐτός μου ἀδελφὸς καὶ ἀδελφὴ καὶ μήτηρ ἐστίν.
18:14 οὕτως οὐκ ἔστιν **θέλημα** ἔμπροσθεν τοῦ πατρὸς ὑμῶν τοῦ ἐν οὐρανοῖς ἵνα ἀπόληται ἓν τῶν μικρῶν τούτων.
21:31 τίς ἐκ τῶν δύο ἐποίησεν τὸ **θέλημα** τοῦ πατρός;
26:42 εἰ οὐ δύναται τοῦτο παρελθεῖν ἐὰν μὴ αὐτὸ πίω, γενηθήτω τὸ **θέλημά** σου.
Mk 3:35 ὃς [γὰρ] ἂν ποιήσῃ τὸ **θέλημα** τοῦ θεοῦ,
Lk 12:47 ὁ δοῦλος ὁ γνοὺς τὸ **θέλημα** τοῦ κυρίου αὐτοῦ καὶ μὴ ἑτοιμάσας ἢ ποιήσας πρὸς τὸ **θέλημα** αὐτοῦ δαρήσεται πολλάς·
22:42 πλὴν μὴ τὸ **θέλημά** μου ἀλλὰ τὸ σὸν γινέσθω.
23:25 ἀπέλυσεν δὲ τὸν διὰ στάσιν καὶ φόνον βεβλημένον εἰς φυλακὴν ὃν ᾐτοῦντο, τὸν δὲ Ἰησοῦν παρέδωκεν τῷ **θελήματι** αὐτῶν.
Jn 1:13 οἳ οὐκ ἐξ αἱμάτων οὐδὲ ἐκ **θελήματος** σαρκὸς οὐδὲ ἐκ **θελήματος** ἀνδρὸς ἀλλ' ἐκ θεοῦ ἐγεννήθησαν.
4:34 Ἐμὸν βρῶμά ἐστιν ἵνα ποιήσω τὸ **θέλημα** τοῦ πέμψαντός με καὶ τελειώσω αὐτοῦ τὸ ἔργον.
5:30 οὐ ζητῶ τὸ **θέλημα** τὸ ἐμὸν ἀλλὰ τὸ **θέλημα** τοῦ πέμψαντός με.
6:38 ὅτι καταβέβηκα ἀπὸ τοῦ οὐρανοῦ οὐχ ἵνα ποιῶ τὸ **θέλημα** τὸ ἐμὸν ἀλλὰ τὸ **θέλημα** τοῦ πέμψαντός με.

6:39 τοῦτο δέ ἐστιν τὸ **θέλημα** τοῦ πέμψαντός με,
6:40 τοῦτο γάρ ἐστιν τὸ **θέλημα** τοῦ πατρός μου,
7:17 ἐάν τις θέλῃ τὸ **θέλημα** αὐτοῦ ποιεῖν, γνώσεται περὶ τῆς διδαχῆς πότερον ἐκ τοῦ θεοῦ ἐστιν ἢ ἐγὼ ἀπ᾽ ἐμαυτοῦ λαλῶ.
9:31 ἀλλ᾽ ἐάν τις θεοσεβὴς ᾖ καὶ τὸ **θέλημα** αὐτοῦ ποιῇ τούτου ἀκούει.
Ac 13:22 ἄνδρα κατὰ τὴν καρδίαν μου, ὃς ποιήσει πάντα τὰ **θελήματά** μου.
21:14 μὴ πειθομένου δὲ αὐτοῦ ἡσυχάσαμεν εἰπόντες, Τοῦ κυρίου τὸ **θέλημα** γινέσθω.
22:14 Ὁ θεὸς τῶν πατέρων ἡμῶν προεχειρίσατό σε γνῶναι τὸ **θέλημα** αὐτοῦ καὶ ἰδεῖν τὸν δίκαιον καὶ ἀκοῦσαι φωνὴν
Ro 1:10 πάντοτε ἐπὶ τῶν προσευχῶν μου δεόμενος εἴ πως ἤδη ποτὲ εὐοδωθήσομαι ἐν τῷ **θελήματι** τοῦ θεοῦ ἐλθεῖν πρὸς ὑμᾶς.
2:18 καὶ γινώσκεις τὸ **θέλημα** καὶ δοκιμάζεις τὰ διαφέροντα κατηχούμενος ἐκ τοῦ νόμου,
12:2 ἀλλὰ μεταμορφοῦσθε τῇ ἀνακαινώσει τοῦ νοὸς εἰς τὸ δοκιμάζειν ὑμᾶς τί τὸ **θέλημα** τοῦ θεοῦ,
15:32 ἵνα ἐν χαρᾷ ἐλθὼν πρὸς ὑμᾶς διὰ **θελήματος** θεοῦ συναναπαύσωμαι ὑμῖν.
1Co 1:1 Παῦλος κλητὸς ἀπόστολος Χριστοῦ Ἰησοῦ διὰ **θελήματος** θεοῦ καὶ Σωσθένης ὁ ἀδελφὸς
7:37 ἐξουσίαν δὲ ἔχει περὶ τοῦ ἰδίου **θελήματος** καὶ τοῦτο κέκρικεν ἐν τῇ ἰδίᾳ καρδίᾳ,
16:12 καὶ πάντως οὐκ ἦν **θέλημα** ἵνα νῦν ἔλθῃ·
2Co 1:1 Παῦλος ἀπόστολος Χριστοῦ Ἰησοῦ διὰ **θελήματος** θεοῦ καὶ Τιμόθεος ὁ ἀδελφὸς τῇ ἐκκλησίᾳ τοῦ θεοῦ τῇ οὔσῃ ἐν Κορίνθῳ
8:5 καὶ οὐ καθὼς ἠλπίσαμεν ἀλλ᾽ ἑαυτοὺς ἔδωκαν πρῶτον τῷ κυρίῳ καὶ ἡμῖν διὰ **θελήματος** θεοῦ
Gal 1:4 ὅπως ἐξέληται ἡμᾶς ἐκ τοῦ αἰῶνος τοῦ ἐνεστῶτος πονηροῦ κατὰ τὸ **θέλημα** τοῦ θεοῦ καὶ πατρὸς ἡμῶν,
Eph 1:1 Παῦλος ἀπόστολος Χριστοῦ Ἰησοῦ διὰ **θελήματος** θεοῦ τοῖς ἁγίοις τοῖς οὖσιν [ἐν Ἐφέσῳ] καὶ πιστοῖς ἐν Χριστῷ Ἰησοῦ,
1:5 προορίσας ἡμᾶς εἰς υἱοθεσίαν διὰ Ἰησοῦ Χριστοῦ εἰς αὐτόν, κατὰ τὴν εὐδοκίαν τοῦ **θελήματος** αὐτοῦ,
1:9 γνωρίσας ἡμῖν τὸ μυστήριον τοῦ **θελήματος** αὐτοῦ, κατὰ τὴν εὐδοκίαν αὐτοῦ ἣν προέθετο ἐν αὐτῷ
1:11 ἐν ᾧ καὶ ἐκληρώθημεν προορισθέντες κατὰ πρόθεσιν τοῦ τὰ πάντα ἐνεργοῦντος κατὰ τὴν βουλὴν τοῦ **θελήματος** αὐτοῦ
2:3 πάντες ἀνεστράφημέν ποτε ἐν ταῖς ἐπιθυμίαις τῆς σαρκὸς ἡμῶν ποιοῦντες τὰ **θελήματα** τῆς σαρκὸς καὶ τῶν διανοιῶν,
5:17 διὰ τοῦτο μὴ γίνεσθε ἄφρονες, ἀλλὰ συνίετε τί τὸ **θέλημα** τοῦ κυρίου.
6:6 μὴ κατ᾽ ὀφθαλμοδουλίαν ὡς ἀνθρωπάρεσκοι ἀλλ᾽ ὡς δοῦλοι Χριστοῦ ποιοῦντες τὸ **θέλημα** τοῦ θεοῦ ἐκ ψυχῆς,
Col 1:1 Παῦλος ἀπόστολος Χριστοῦ Ἰησοῦ διὰ **θελήματος** θεοῦ καὶ Τιμόθεος ὁ ἀδελφὸς
1:9 ἵνα πληρωθῆτε τὴν ἐπίγνωσιν τοῦ **θελήματος** αὐτοῦ ἐν πάσῃ σοφίᾳ καὶ συνέσει πνευματικῇ,
4:12 ἵνα σταθῆτε τέλειοι καὶ πεπληροφορημένοι ἐν παντὶ **θελήματι** τοῦ θεοῦ.
1Th 4:3 τοῦτο γάρ ἐστιν **θέλημα** τοῦ θεοῦ, ὁ ἁγιασμὸς ὑμῶν,
5:18 τοῦτο γὰρ **θέλημα** θεοῦ ἐν Χριστῷ Ἰησοῦ εἰς ὑμᾶς.
2Ti 1:1 Παῦλος ἀπόστολος Χριστοῦ Ἰησοῦ διὰ **θελήματος** θεοῦ κατ᾽ ἐπαγγελίαν ζωῆς τῆς ἐν Χριστῷ Ἰησοῦ
2:26 καὶ ἀνανήψωσιν ἐκ τῆς τοῦ διαβόλου παγίδος, ἐζωγρημένοι ὑπ᾽ αὐτοῦ εἰς τὸ ἐκείνου **θέλημα.**
Heb 10:7 ἐν κεφαλίδι βιβλίου γέγραπται περὶ ἐμοῦ, τοῦ ποιῆσαι ὁ θεὸς τὸ **θέλημά** σου.
10:9 τότε εἴρηκεν, Ἰδοὺ ἥκω τοῦ ποιῆσαι τὸ **θέλημά** σου.
10:10 ἐν ᾧ **θελήματι** ἡγιασμένοι ἐσμὲν διὰ τῆς προσφορᾶς τοῦ σώματος Ἰησοῦ Χριστοῦ ἐφάπαξ.
10:36 ὑπομονῆς γὰρ ἔχετε χρείαν ἵνα τὸ **θέλημα** τοῦ θεοῦ ποιήσαντες κομίσησθε τὴν ἐπαγγελίαν.
13:21 καταρτίσαι ὑμᾶς ἐν παντὶ ἀγαθῷ εἰς τὸ ποιῆσαι τὸ **θέλημα** αὐτοῦ,
1Pe 2:15 ὅτι οὕτως ἐστὶν τὸ **θέλημα** τοῦ θεοῦ ἀγαθοποιοῦντας φιμοῦν τὴν τῶν ἀφρόνων ἀνθρώπων ἀγνωσίαν,
3:17 εἰ θέλοι τὸ **θέλημα** τοῦ θεοῦ, πάσχειν ἢ κακοποιοῦντας.
4:2 εἰς τὸ μηκέτι ἀνθρώπων ἐπιθυμίαις ἀλλὰ **θελήματι** θεοῦ τὸν ἐπίλοιπον ἐν σαρκὶ βιῶσαι χρόνον.
4:19 ὥστε καὶ οἱ πάσχοντες κατὰ τὸ **θέλημα** τοῦ θεοῦ πιστῷ κτίστῃ παρατιθέσθωσαν τὰς ψυχὰς αὐτῶν ἐν ἀγαθοποιΐᾳ.
2Pe 1:21 οὐ γὰρ **θελήματι** ἀνθρώπου ἠνέχθη προφητεία ποτέ, ἀλλὰ ὑπὸ πνεύματος ἁγίου φερόμενοι ἐλάλησαν ἀπὸ θεοῦ ἄνθρωποι.
1Jn 2:17 ὁ δὲ ποιῶν τὸ **θέλημα** τοῦ θεοῦ μένει εἰς τὸν αἰῶνα.
5:14 καὶ αὕτη ἐστὶν ἡ παρρησία ἣν ἔχομεν πρὸς αὐτὸν ὅτι ἐάν τι αἰτώμεθα κατὰ τὸ **θέλημα** αὐτοῦ ἀκούει ἡμῶν.
Rev 4:11 ὅτι σὺ ἔκτισας τὰ πάντα καὶ διὰ τὸ **θέλημά** σου ἦσαν καὶ ἐκτίσθησαν.

2526 θέλησις [1]

√ *2527*

Heb 2:4 συνεπιμαρτυροῦντος τοῦ θεοῦ σημείοις τε καὶ τέρασιν καὶ ποικίλαις δυνάμεσιν καὶ πνεύματος ἁγίου μερισμοῖς κατὰ τὴν αὐτοῦ **θέλησιν;**

2527 θέλω [208 / 207]

→ *1615, 2525, 2526*

seq. **ἵνα** [6] Mt 7:12; Mk 6:25; 9:30; 10:35; Lk 6:31; 2Co 11:12

θέλω ἐν [5] Mt 20:27; Mk 10:44; 12:38; Jn 7:1; Col 2:18

οὐ θέλω ἀγνοεῖν [6] Ro 1:13; 11:25; 1Co 10:1; 12:1; 2Co 1:8; 1Th 4:13

Mt 1:19 δίκαιος ὢν καὶ μὴ **θέλων** αὐτὴν δειγματίσαι, ἐβουλήθη λάθρᾳ ἀπολῦσαι αὐτήν.
2:18 Ῥαχὴλ κλαίουσα τὰ τέκνα αὐτῆς, καὶ οὐκ **ἤθελεν** παρακληθῆναι, ὅτι οὐκ εἰσίν.
5:40 καὶ τῷ **θέλοντί** σοι κριθῆναι καὶ τὸν χιτῶνά σου λαβεῖν,
5:42 καὶ τὸν **θέλοντα** ἀπὸ σοῦ δανίσασθαι μὴ ἀποστραφῇς.
7:12 Πάντα οὖν ὅσα ἐὰν **θέλητε** ἵνα ποιῶσιν ὑμῖν οἱ ἄνθρωποι,
8:2 καὶ ἰδοὺ λεπρὸς προσελθὼν προσεκύνει αὐτῷ λέγων, Κύριε, ἐὰν **θέλῃς** δύνασαί με καθαρίσαι.
8:3 καὶ ἐκτείνας τὴν χεῖρα ἥψατο αὐτοῦ λέγων, **Θέλω,** καθαρίσθητι·
9:13 πορευθέντες δὲ μάθετε τί ἐστιν, Ἔλεος **θέλω** καὶ οὐ θυσίαν·
11:14 καὶ εἰ **θέλετε** δέξασθαι, αὐτός ἐστιν Ἠλίας ὁ μέλλων ἔρχεσθαι.
12:7 Ἔλεος **θέλω** καὶ οὐ θυσίαν, οὐκ ἂν κατεδικάσατε τοὺς ἀναιτίους.
12:38 Τότε ἀπεκρίθησαν αὐτῷ τινες τῶν γραμματέων καὶ Φαρισαίων λέγοντες, Διδάσκαλε, **θέλομεν** ἀπὸ σοῦ σημεῖον ἰδεῖν.
13:28 οἱ δὲ δοῦλοι λέγουσιν αὐτῷ, **Θέλεις** οὖν ἀπελθόντες συλλέξωμεν αὐτά;
14:5 καὶ **θέλων** αὐτὸν ἀποκτεῖναι ἐφοβήθη τὸν ὄχλον, ὅτι ὡς προφήτην αὐτὸν εἶχον.
15:28 μεγάλη σου ἡ πίστις· γενηθήτω σοι ὡς **θέλεις.**
15:32 καὶ ἀπολῦσαι αὐτοὺς νήστεις οὐ **θέλω,** μήποτε ἐκλυθῶσιν ἐν τῇ ὁδῷ.
16:24 Τότε ὁ Ἰησοῦς εἶπεν τοῖς μαθηταῖς αὐτοῦ, Εἴ τις **θέλει** ὀπίσω μου ἐλθεῖν,
16:25 ὃς γὰρ ἐὰν **θέλῃ** τὴν ψυχὴν αὐτοῦ σῶσαι ἀπολέσει αὐτήν·
17:4 εἰ **θέλεις,** ποιήσω ὧδε τρεῖς σκηνάς, σοὶ μίαν καὶ Μωϋσεῖ μίαν καὶ Ἠλίᾳ μίαν.
17:12 καὶ οὐκ ἐπέγνωσαν αὐτὸν ἀλλὰ ἐποίησαν ἐν αὐτῷ ὅσα **ἠθέλησαν·**
18:23 ὃς **ἠθέλησεν** συνᾶραι λόγον μετὰ τῶν δούλων αὐτοῦ.
18:30 ὁ δὲ οὐκ **ἤθελεν** ἀλλὰ ἀπελθὼν ἔβαλεν αὐτὸν εἰς φυλακὴν ἕως ἀποδῷ τὸ ὀφειλόμενον.
19:17 εἰ δὲ **θέλεις** εἰς τὴν ζωὴν εἰσελθεῖν, τήρησον τὰς ἐντολάς.
19:21 ἔφη αὐτῷ ὁ Ἰησοῦς, Εἰ **θέλεις** τέλειος εἶναι,
20:14 **θέλω** δὲ τούτῳ τῷ ἐσχάτῳ δοῦναι ὡς καὶ σοί·
20:15 [ἢ] οὐκ ἔξεστίν μοι ὃ **θέλω** ποιῆσαι ἐν τοῖς ἐμοῖς;
20:21 ὁ δὲ εἶπεν αὐτῇ, Τί **θέλεις;** λέγει αὐτῷ,
20:26 ἀλλ᾽ ὃς ἐὰν **θέλῃ** ἐν ὑμῖν μέγας γενέσθαι ἔσται ὑμῶν διάκονος,
20:27 καὶ ὃς ἂν **θέλῃ** ἐν ὑμῖν εἶναι πρῶτος ἔσται ὑμῶν δοῦλος·
20:32 καὶ στὰς ὁ Ἰησοῦς ἐφώνησεν αὐτοὺς καὶ εἶπεν, Τί **θέλετε** ποιήσω ὑμῖν;
21:29 ὁ δὲ ἀποκριθεὶς εἶπεν, Οὐ **θέλω,** ὕστερον δὲ μεταμεληθεὶς ἀπῆλθεν.
22:3 καὶ ἀπέστειλεν τοὺς δούλους αὐτοῦ καλέσαι τοὺς κεκλημένους εἰς τοὺς γάμους, καὶ οὐκ **ἤθελον** ἐλθεῖν.
23:4 αὐτοὶ δὲ τῷ δακτύλῳ αὐτῶν οὐ **θέλουσιν** κινῆσαι αὐτά.
23:37 ποσάκις **ἠθέλησα** ἐπισυναγαγεῖν τὰ τέκνα σου, ὃν τρόπον ὄρνις ἐπισυνάγει τὰ νοσσία αὐτῆς ὑπὸ τὰς πτέρυγας, καὶ οὐκ **ἠθελήσατε.**
26:15 εἶπεν, Τί **θέλετέ** μοι δοῦναι, κἀγὼ ὑμῖν παραδώσω αὐτόν;
26:17 Τῇ δὲ πρώτῃ τῶν ἀζύμων προσῆλθον οἱ μαθηταὶ τῷ Ἰησοῦ λέγοντες, Ποῦ **θέλεις** ἑτοιμάσωμέν σοι φαγεῖν τὸ πάσχα;
26:39 πλὴν οὐχ ὡς ἐγὼ **θέλω** ἀλλ᾽ ὡς σύ.

27:15 Κατὰ δὲ ἑορτὴν εἰώθει ὁ ἡγεμὼν ἀπολύειν ἕνα τῷ ὄχλῳ δέσμιον ὃν **ἤθελον.**
27:17 συνηγμένων οὖν αὐτῶν εἶπεν αὐτοῖς ὁ Πιλᾶτος, Τίνα **θέλετε** ἀπολύσω ὑμῖν,
27:21 ἀποκριθεὶς δὲ ὁ ἡγεμὼν εἶπεν αὐτοῖς, Τίνα **θέλετε** ἀπὸ τῶν δύο ἀπολύσω ὑμῖν;
27:34 ἔδωκαν αὐτῷ πιεῖν οἶνον μετὰ χολῆς μεμιγμένον· καὶ γευσάμενος οὐκ **ἠθέλησεν** πιεῖν.
27:43 πέποιθεν ἐπὶ τὸν θεόν, ῥυσάσθω νῦν εἰ **θέλει** αὐτόν·
Mk 1:40 ἔρχεται πρὸς αὐτὸν λεπρὸς παρακαλῶν αὐτὸν [καὶ γονυπετῶν] καὶ λέγων αὐτῷ ὅτι Ἐὰν **θέλῃς** δύνασαί με καθαρίσαι.
1:41 καὶ σπλαγχνισθεὶς ἐκτείνας τὴν χεῖρα αὐτοῦ ἥψατο καὶ λέγει αὐτῷ, **Θέλω,** καθαρίσθητι·
3:13 Καὶ ἀναβαίνει εἰς τὸ ὄρος καὶ προσκαλεῖται οὓς **ἤθελεν** αὐτός,
6:19 ἡ δὲ Ἡρῳδιὰς ἐνεῖχεν αὐτῷ καὶ **ἤθελεν** αὐτὸν ἀποκτεῖναι,
6:22 Αἴτησόν με ὃ ἐὰν **θέλῃς,** καὶ δώσω σοι·
6:25 **Θέλω** ἵνα ἐξαυτῆς δῷς μοι ἐπὶ πίνακι τὴν κεφαλὴν Ἰωάννου τοῦ βαπτιστοῦ.
6:26 καὶ περίλυπος γενόμενος ὁ βασιλεὺς διὰ τοὺς ὅρκους καὶ τοὺς ἀνακειμένους οὐκ **ἠθέλησεν** ἀθετῆσαι αὐτήν·
6:48 περὶ τετάρτην φυλακὴν τῆς νυκτὸς ἔρχεται πρὸς αὐτοὺς περιπατῶν ἐπὶ τῆς θαλάσσης καὶ **ἤθελεν** παρελθεῖν αὐτούς.
7:24 καὶ εἰσελθὼν εἰς οἰκίαν οὐδένα **ἤθελεν** γνῶναι, καὶ οὐκ ἠδυνήθη λαθεῖν·
8:34 Εἴ τις **θέλει** ὀπίσω μου ἀκολουθεῖν, ἀπαρνησάσθω ἑαυτὸν καὶ ἀράτω τὸν σταυρὸν αὐτοῦ καὶ ἀκολουθείτω μοι.
8:35 ὃς γὰρ ἐὰν **θέλῃ** τὴν ψυχὴν αὐτοῦ σῶσαι ἀπολέσει αὐτήν·
9:13 καὶ ἐποίησαν αὐτῷ ὅσα **ἤθελον,** καθὼς γέγραπται ἐπ' αὐτόν.
9:30 Κἀκεῖθεν ἐξελθόντες παρεπορεύοντο διὰ τῆς Γαλιλαίας, καὶ οὐκ **ἤθελεν** ἵνα τις γνοῖ·
9:35 Εἴ τις **θέλει** πρῶτος εἶναι, ἔσται πάντων ἔσχατος καὶ πάντων διάκονος.
10:35 **θέλομεν** ἵνα ὃ ἐὰν αἰτήσωμέν σε ποιήσῃς ἡμῖν.
10:36 ὁ δὲ εἶπεν αὐτοῖς, Τί **θέλετέ** [με] ποιήσω ὑμῖν;
10:43 ἀλλ' ὃς ἂν **θέλῃ** μέγας γενέσθαι ἐν ὑμῖν ἔσται ὑμῶν διάκονος,
10:44 καὶ ὃς ἂν **θέλῃ** ἐν ὑμῖν εἶναι πρῶτος ἔσται πάντων δοῦλος·
10:51 καὶ ἀποκριθεὶς αὐτῷ ὁ Ἰησοῦς εἶπεν, Τί σοι **θέλεις** ποιήσω;
12:38 Βλέπετε ἀπὸ τῶν γραμματέων τῶν **θελόντων** ἐν στολαῖς περιπατεῖν καὶ ἀσπασμοὺς ἐν ταῖς ἀγοραῖς
14: 7 πάντοτε γὰρ τοὺς πτωχοὺς ἔχετε μεθ' ἑαυτῶν καὶ ὅταν **θέλητε** δύνασθε αὐτοῖς εὖ ποιῆσαι,
14:12 Ποῦ **θέλεις** ἀπελθόντες ἑτοιμάσωμεν ἵνα φάγῃς τὸ πάσχα;
14:36 ἀλλ' οὐ τί ἐγὼ **θέλω** ἀλλὰ τί σύ.
15: 9 ὁ δὲ Πιλᾶτος ἀπεκρίθη αὐτοῖς λέγων, **Θέλετε** ἀπολύσω ὑμῖν τὸν βασιλέα τῶν Ἰουδαίων;
15:12 Τί οὖν **[θέλετε]**[NIV-] ποιήσω [ὃν λέγετε] τὸν βασιλέα τῶν Ἰουδαίων;
Lk 1:62 ἐνένευον δὲ τῷ πατρὶ αὐτοῦ τὸ τί ἂν **θέλοι** καλεῖσθαι αὐτό.
4: 6 ὅτι ἐμοὶ παραδέδοται καὶ ᾧ ἐὰν **θέλω** δίδωμι αὐτήν·
5:12 πεσὼν ἐπὶ πρόσωπον ἐδεήθη αὐτοῦ λέγων, Κύριε, ἐὰν **θέλῃς** δύνασαί με καθαρίσαι.
5:13 καὶ ἐκτείνας τὴν χεῖρα ἥψατο αὐτοῦ λέγων, **Θέλω,** καθαρίσθητι·
5:39 [καὶ] οὐδεὶς πιὼν παλαιὸν **θέλει** νέον· λέγει γάρ,
6:31 καὶ καθὼς **θέλετε** ἵνα ποιῶσιν ὑμῖν οἱ ἄνθρωποι ποιεῖτε αὐτοῖς ὁμοίως.
8:20 Ἡ μήτηρ σου καὶ οἱ ἀδελφοί σου ἑστήκασιν ἔξω ἰδεῖν **θέλοντές** σε.
9:23 Ἔλεγεν δὲ πρὸς πάντας, Εἴ τις **θέλει** ὀπίσω μου ἔρχεσθαι,
9:24 ὃς γὰρ ἂν **θέλῃ** τὴν ψυχὴν αὐτοῦ σῶσαι ἀπολέσει αὐτήν·
9:54 **θέλεις** εἴπωμεν πῦρ καταβῆναι ἀπὸ τοῦ οὐρανοῦ καὶ ἀναλῶσαι αὐτούς;
10:24 λέγω γὰρ ὑμῖν ὅτι πολλοὶ προφῆται καὶ βασιλεῖς **ἠθέλησαν** ἰδεῖν ἃ ὑμεῖς βλέπετε καὶ οὐκ εἶδαν,
10:29 ὁ δὲ **θέλων** δικαιῶσαι ἑαυτὸν εἶπεν πρὸς τὸν Ἰησοῦν,
12:49 Πῦρ ἦλθον βαλεῖν ἐπὶ τὴν γῆν, καὶ τί **θέλω** εἰ ἤδη ἀνήφθη.
13:31 Ἔξελθε καὶ πορεύου ἐντεῦθεν, ὅτι Ἡρῴδης **θέλει** σε ἀποκτεῖναι.
13:34 ποσάκις **ἠθέλησα** ἐπισυνάξαι τὰ τέκνα σου ὃν τρόπον ὄρνις τὴν ἑαυτῆς νοσσιὰν ὑπὸ τὰς πτέρυγας, καὶ οὐκ **ἠθελήσατε.**
14:28 τίς γὰρ ἐξ ὑμῶν **θέλων** πύργον οἰκοδομῆσαι οὐχὶ πρῶτον καθίσας ψηφίζει τὴν δαπάνην,
15:28 ὠργίσθη δὲ καὶ οὐκ **ἤθελεν** εἰσελθεῖν, ὁ δὲ πατὴρ αὐτοῦ ἐξελθὼν παρεκάλει αὐτόν.
16:26 ὅπως οἱ **θέλοντες** διαβῆναι ἔνθεν πρὸς ὑμᾶς μὴ δύνωνται,
18: 4 καὶ οὐκ **ἤθελεν** ἐπὶ χρόνον. μετὰ δὲ ταῦτα εἶπεν ἐν ἑαυτῷ,
18:13 ὁ δὲ τελώνης μακρόθεν ἑστὼς οὐκ **ἤθελεν** οὐδὲ τοὺς ὀφθαλμοὺς ἐπᾶραι εἰς τὸν οὐρανόν,
18:41 Τί σοι **θέλεις** ποιήσω; ὁ δὲ εἶπεν, Κύριε,
19:14 πολῖται αὐτοῦ ἐμίσουν αὐτὸν καὶ ἀπέστειλαν πρεσβείαν ὀπίσω αὐτοῦ λέγοντες, Οὐ **θέλομεν** τοῦτον βασιλεῦσαι ἐφ' ἡμᾶς.
19:27 πλὴν τοὺς ἐχθρούς μου τούτους τοὺς μὴ **θελήσαντάς** με βασιλεῦσαι ἐπ' αὐτοὺς ἀγάγετε ὧδε καὶ κατασφάξατε αὐτοὺς
20:46 Προσέχετε ἀπὸ τῶν γραμματέων τῶν **θελόντων** περιπατεῖν ἐν στολαῖς καὶ φιλούντων ἀσπασμοὺς ἐν ταῖς ἀγοραῖς
22: 9 οἱ δὲ εἶπαν αὐτῷ, Ποῦ **θέλεις** ἑτοιμάσωμεν;
23: 8 ἦν γὰρ ἐξ ἱκανῶν χρόνων **θέλων** ἰδεῖν αὐτὸν διὰ τὸ ἀκούειν περὶ αὐτοῦ καὶ ἤλπιζέν τι σημεῖον ἰδεῖν ὑπ' αὐτοῦ γινόμενον.
23:20 πάλιν δὲ ὁ Πιλᾶτος προσεφώνησεν αὐτοῖς **θέλων** ἀπολῦσαι τὸν Ἰησοῦν.
Jn 1:43 Τῇ ἐπαύριον **ἠθέλησεν** ἐξελθεῖν εἰς τὴν Γαλιλαίαν καὶ εὑρίσκει **Φίλιππον.**
3: 8 τὸ πνεῦμα ὅπου **θέλει** πνεῖ καὶ τὴν φωνὴν αὐτοῦ ἀκούεις,
5: 6 τοῦτον ἰδὼν ὁ Ἰησοῦς κατακείμενον καὶ γνοὺς ὅτι πολὺν ἤδη χρόνον ἔχει, λέγει αὐτῷ, **Θέλεις** ὑγιὴς γενέσθαι;
5:21 ὥσπερ γὰρ ὁ πατὴρ ἐγείρει τοὺς νεκροὺς καὶ ζῳοποιεῖ, οὕτως καὶ ὁ υἱὸς οὓς **θέλει** ζῳοποιεῖ.
5:35 ὑμεῖς δὲ **ἠθελήσατε** ἀγαλλιαθῆναι πρὸς ὥραν ἐν τῷ φωτὶ αὐτοῦ.
5:40 καὶ οὐ **θέλετε** ἐλθεῖν πρός με ἵνα ζωὴν ἔχητε.
6:11 ἔλαβεν οὖν τοὺς ἄρτους ὁ Ἰησοῦς καὶ εὐχαριστήσας διέδωκεν τοῖς ἀνακειμένοις ὁμοίως καὶ ἐκ τῶν ὀψαρίων ὅσον **ἤθελον.**
6:21 **ἤθελον** οὖν λαβεῖν αὐτὸν εἰς τὸ πλοῖον, καὶ εὐθέως ἐγένετο τὸ πλοῖον ἐπὶ τῆς γῆς εἰς ἣν ὑπῆγον.
6:67 εἶπεν οὖν ὁ Ἰησοῦς τοῖς δώδεκα, Μὴ καὶ ὑμεῖς **θέλετε** ὑπάγειν;
7: 1 οὐ γὰρ **ἤθελεν** ἐν τῇ Ἰουδαίᾳ περιπατεῖν, ὅτι ἐζήτουν αὐτὸν οἱ Ἰουδαῖοι ἀποκτεῖναι.
7:17 ἐάν τις **θέλῃ** τὸ θέλημα αὐτοῦ ποιεῖν, γνώσεται περὶ τῆς διδαχῆς πότερον ἐκ τοῦ θεοῦ ἐστιν ἢ ἐγὼ ἀπ' ἐμαυτοῦ λαλῶ.
7:44 τινὲς δὲ **ἤθελον** ἐξ αὐτῶν πιάσαι αὐτόν, ἀλλ' οὐδεὶς ἐπέβαλεν ἐπ' αὐτὸν τὰς χεῖρας.
8:44 ὑμεῖς ἐκ τοῦ πατρὸς τοῦ διαβόλου ἐστὲ καὶ τὰς ἐπιθυμίας τοῦ πατρὸς ὑμῶν **θέλετε** ποιεῖν.
9:27 Εἶπον ὑμῖν ἤδη καὶ οὐκ ἠκούσατε· τί πάλιν **θέλετε** ἀκούειν; μὴ καὶ ὑμεῖς **θέλετε** αὐτοῦ μαθηταὶ γενέσθαι;
12:21 οὗτοι οὖν προσῆλθον **Φιλίππῳ** τῷ ἀπὸ Βηθσαϊδὰ τῆς Γαλιλαίας καὶ ἠρώτων αὐτὸν λέγοντες, Κύριε, **θέλομεν** τὸν Ἰησοῦν ἰδεῖν.
15: 7 ἐὰν μείνητε ἐν ἐμοὶ καὶ τὰ ῥήματά μου ἐν ὑμῖν μείνῃ, ὃ ἐὰν **θέλητε** αἰτήσασθε, καὶ γενήσεται ὑμῖν.
16:19 ἔγνω [ὁ] Ἰησοῦς ὅτι **ἤθελον** αὐτὸν ἐρωτᾶν, καὶ εἶπεν αὐτοῖς,
17:24 **θέλω** ἵνα ὅπου εἰμὶ ἐγὼ κἀκεῖνοι ὦσιν μετ' ἐμοῦ,
21:18 ὅτε ἦς νεώτερος, ἐζώννυες σεαυτὸν καὶ περιεπάτεις ὅπου **ἤθελες·** ὅταν δὲ γηράσῃς, ἐκτενεῖς τὰς χεῖράς σου, καὶ ἄλλος σε ζώσει καὶ οἴσει ὅπου οὐ **θέλεις.**
21:22 Ἐὰν αὐτὸν **θέλω** μένειν ἕως ἔρχομαι, τί πρὸς σέ;
21:23 Ἐὰν αὐτὸν **θέλω** μένειν ἕως ἔρχομαι[, τί πρὸς σέ;]
Ac 2:12 ἄλλος πρὸς ἄλλον λέγοντες, Τί **θέλει** τοῦτο εἶναι;
7:28 μὴ ἀνελεῖν με σὺ **θέλεις** ὃν τρόπον ἀνεῖλες ἐχθὲς τὸν Αἰγύπτιον;
7:39 ᾧ οὐκ **ἠθέλησαν** ὑπήκοοι γενέσθαι οἱ πατέρες ἡμῶν,
10:10 ἐγένετο δὲ πρόσπεινος καὶ **ἤθελεν** γεύσασθαι. παρασκευαζόντων δὲ αὐτῶν ἐγένετο ἐπ' αὐτὸν ἔκστασις
14:13 καὶ στέμματα ἐπὶ τοὺς πυλῶνας ἐνέγκας σὺν τοῖς ὄχλοις **ἤθελεν** θύειν.
16: 3 τοῦτον **ἠθέλησεν** ὁ Παῦλος σὺν αὐτῷ ἐξελθεῖν, καὶ λαβὼν περιέτεμεν αὐτὸν διὰ τοὺς Ἰουδαίους
17:18 καί τινες ἔλεγον, Τί ἂν **θέλοι** ὁ σπερμολόγος οὗτος λέγειν;
17:20 ξενίζοντα γάρ τινα εἰσφέρεις εἰς τὰς ἀκοὰς ἡμῶν· βουλόμεθα οὖν γνῶναι τίνα **θέλει** ταῦτα εἶναι.
18:21 Πάλιν ἀνακάμψω πρὸς ὑμᾶς τοῦ θεοῦ **θέλοντος,** ἀνήχθη ἀπὸ τῆς Ἐφέσου,
19:33 ὁ δὲ Ἀλέξανδρος κατασείσας τὴν χεῖρα **ἤθελεν** ἀπολογεῖσθαι τῷ δήμῳ.
24:27 **θέλων** τε χάριτα καταθέσθαι τοῖς Ἰουδαίοις ὁ **Φῆλιξ** κατέλιπε τὸν Παῦλον δεδεμένον.
25: 9 ὁ **Φῆστος** δὲ **θέλων** τοῖς Ἰουδαίοις χάριν καταθέσθαι ἀποκριθεὶς τῷ Παύλῳ εἶπεν, **Θέλεις** εἰς Ἱεροσόλυμα ἀναβὰς ἐκεῖ περὶ τούτων κριθῆναι ἐπ' ἐμοῦ;
26: 5 προγινώσκοντές με ἄνωθεν, ἐὰν **θέλωσι** μαρτυρεῖν, ὅτι κατὰ τὴν ἀκριβεστάτην αἵρεσιν τῆς ἡμετέρας θρησκείας ἔζησα
Ro 1:13 οὐ **θέλω** δὲ ὑμᾶς ἀγνοεῖν, ἀδελφοί, ὅτι πολλάκις προεθέμην ἐλθεῖν πρὸς ὑμᾶς,
7:15 οὐ γὰρ ὃ **θέλω** τοῦτο πράσσω, ἀλλ' ὃ μισῶ τοῦτο ποιῶ.

7:16 εἰ δὲ ὃ οὐ **θέλω** τοῦτο ποιῶ, σύμφημι τῷ νόμῳ ὅτι καλός.
7:18 τὸ γὰρ **θέλειν** παράκειταί μοι, τὸ δὲ κατεργάζεσθαι τὸ καλὸν οὔ·
7:19 οὐ γὰρ ὃ **θέλω** ποιῶ ἀγαθόν, ἀλλὰ ὃ οὐ **θέλω** κακὸν τοῦτο πράσσω.
7:20 εἰ δὲ ὃ οὐ **θέλω** [ἐγὼ] τοῦτο ποιῶ,
7:21 Εὑρίσκω ἄρα τὸν νόμον, τῷ **θέλοντι** ἐμοὶ ποιεῖν τὸ καλόν,
9:16 ἄρα οὖν οὐ τοῦ **θέλοντος** οὐδὲ τοῦ τρέχοντος ἀλλὰ τοῦ ἐλεῶντος θεοῦ.
9:18 ἄρα οὖν ὃν **θέλει** ἐλεεῖ, ὃν δὲ **θέλει** σκληρύνει.
9:22 εἰ δὲ **θέλων** ὁ θεὸς ἐνδείξασθαι τὴν ὀργὴν καὶ γνωρίσαι τὸ δυνατὸν αὐτοῦ ἤνεγκεν ἐν πολλῇ μακροθυμίᾳ σκεύη ὀργῆς
11:25 Οὐ γὰρ **θέλω** ὑμᾶς ἀγνοεῖν, ἀδελφοί, τὸ μυστήριον τοῦτο,
13: 3 **θέλεις** δὲ μὴ φοβεῖσθαι τὴν ἐξουσίαν· τὸ ἀγαθὸν ποίει,
16:19 **θέλω** δὲ ὑμᾶς σοφοὺς εἶναι εἰς τὸ ἀγαθόν,
1Co 4:19 ἐλεύσομαι δὲ ταχέως πρὸς ὑμᾶς ἐὰν ὁ κύριος **θελήσῃ,**
4:21 τί **θέλετε;** ἐν ῥάβδῳ ἔλθω πρὸς ὑμᾶς ἢ ἐν ἀγάπῃ πνεύματί τε πραΰτητος;
7: 7 **θέλω** δὲ πάντας ἀνθρώπους εἶναι ὡς καὶ ἐμαυτόν·
7:32 **θέλω** δὲ ὑμᾶς ἀμερίμνους εἶναι. ὁ ἄγαμος μεριμνᾷ τὰ τοῦ κυρίου,
7:36 ἐὰν ᾖ ὑπέρακμος καὶ οὕτως ὀφείλει γίνεσθαι, ὃ **θέλει** ποιείτω, οὐχ ἁμαρτάνει, γαμείτωσαν.
7:39 ἐλευθέρα ἐστὶν ᾧ **θέλει** γαμηθῆναι, μόνον ἐν κυρίῳ.
10: 1 Οὐ **θέλω** γὰρ ὑμᾶς ἀγνοεῖν, ἀδελφοί, ὅτι οἱ πατέρες ἡμῶν πάντες ὑπὸ τὴν νεφέλην ἦσαν καὶ πάντες διὰ τῆς θαλάσσης
10:20 οὐ **θέλω** δὲ ὑμᾶς κοινωνοὺς τῶν δαιμονίων γίνεσθαι.
10:27 εἴ τις καλεῖ ὑμᾶς τῶν ἀπίστων καὶ **θέλετε** πορεύεσθαι,
11: 3 **θέλω** δὲ ὑμᾶς εἰδέναι ὅτι παντὸς ἀνδρὸς ἡ κεφαλὴ ὁ Χριστός ἐστιν,
12: 1 Περὶ δὲ τῶν πνευματικῶν, ἀδελφοί, οὐ **θέλω** ὑμᾶς ἀγνοεῖν.
12:18 ἓν ἕκαστον αὐτῶν ἐν τῷ σώματι καθὼς **ἠθέλησεν.**
14: 5 **θέλω** δὲ πάντας ὑμᾶς λαλεῖν γλώσσαις, μᾶλλον δὲ ἵνα προφητεύητε·
14:19 ἀλλὰ ἐν ἐκκλησίᾳ **θέλω** πέντε λόγους τῷ νοΐ μου λαλῆσαι,
14:35 εἰ δέ τι μαθεῖν **θέλουσιν,** ἐν οἴκῳ τοὺς ἰδίους ἄνδρας ἐπερωτάτωσαν·
15:38 ὁ δὲ θεὸς δίδωσιν αὐτῷ σῶμα καθὼς **ἠθέλησεν,**
16: 7 οὐ **θέλω** γὰρ ὑμᾶς ἄρτι ἐν παρόδῳ ἰδεῖν,
2Co 1: 8 Οὐ γὰρ **θέλομεν** ὑμᾶς ἀγνοεῖν, ἀδελφοί, ὑπὲρ τῆς θλίψεως ἡμῶν τῆς γενομένης ἐν τῇ Ἀσίᾳ,
5: 4 ἐφ᾽ ᾧ οὐ **θέλομεν** ἐκδύσασθαι ἀλλ᾽ ἐπενδύσασθαι, ἵνα καταποθῇ τὸ θνητὸν ὑπὸ τῆς ζωῆς.
8:10 οἵτινες οὐ μόνον τὸ ποιῆσαι ἀλλὰ καὶ τὸ **θέλειν** προενήρξασθε ἀπὸ πέρυσι·
8:11 νυνὶ δὲ καὶ τὸ ποιῆσαι ἐπιτελέσατε, ὅπως καθάπερ ἡ προθυμία τοῦ **θέλειν,**
11:12 καὶ ποιήσω, ἵνα ἐκκόψω τὴν ἀφορμὴν τῶν **θελόντων** ἀφορμήν,
12: 6 ἐὰν γὰρ **θελήσω** καυχήσασθαι, οὐκ ἔσομαι ἄφρων, ἀλήθειαν γὰρ ἐρῶ·
12:20 φοβοῦμαι γὰρ μή πως ἐλθὼν οὐχ οἵους **θέλω** εὕρω ὑμᾶς κἀγὼ εὑρεθῶ ὑμῖν οἷον οὐ **θέλετε·**
Gal 1: 7 εἰ μή τινές εἰσιν οἱ ταράσσοντες ὑμᾶς καὶ **θέλοντες** μεταστρέψαι τὸ εὐαγγέλιον τοῦ Χριστοῦ.
3: 2 τοῦτο μόνον **θέλω** μαθεῖν ἀφ᾽ ὑμῶν· ἐξ ἔργων νόμου τὸ πνεῦμα ἐλάβετε ἢ ἐξ ἀκοῆς πίστεως;
4: 9 πῶς ἐπιστρέφετε πάλιν ἐπὶ τὰ ἀσθενῆ καὶ πτωχὰ στοιχεῖα οἷς πάλιν ἄνωθεν δουλεύειν **θέλετε;**
4:17 ζηλοῦσιν ὑμᾶς οὐ καλῶς, ἀλλὰ ἐκκλεῖσαι ὑμᾶς **θέλουσιν,** ἵνα αὐτοὺς ζηλοῦτε·
4:20 **ἤθελον** δὲ παρεῖναι πρὸς ὑμᾶς ἄρτι καὶ ἀλλάξαι τὴν φωνήν μου,
4:21 Λέγετέ μοι, οἱ ὑπὸ νόμον **θέλοντες** εἶναι, τὸν νόμον οὐκ ἀκούετε;
5:17 ταῦτα γὰρ ἀλλήλοις ἀντίκειται, ἵνα μὴ ἃ ἐὰν **θέλητε** ταῦτα ποιῆτε.
6:12 ὅσοι **θέλουσιν** εὐπροσωπῆσαι ἐν σαρκί, οὗτοι ἀναγκάζουσιν ὑμᾶς περιτέμνεσθαι,
6:13 οὐδὲ γὰρ οἱ περιτεμνόμενοι αὐτοὶ νόμον φυλάσσουσιν ἀλλὰ **θέλουσιν** ὑμᾶς περιτέμνεσθαι,
Php 2:13 θεὸς γάρ ἐστιν ὁ ἐνεργῶν ἐν ὑμῖν καὶ τὸ **θέλειν** καὶ τὸ ἐνεργεῖν ὑπὲρ τῆς εὐδοκίας.
Col 1:27 οἷς **ἠθέλησεν** ὁ θεὸς γνωρίσαι τί τὸ πλοῦτος τῆς δόξης τοῦ μυστηρίου τούτου ἐν τοῖς ἔθνεσιν,
2: 1 **Θέλω** γὰρ ὑμᾶς εἰδέναι ἡλίκον ἀγῶνα ἔχω ὑπὲρ ὑμῶν καὶ τῶν ἐν Λαοδικείᾳ καὶ ὅσοι οὐχ ἑόρακαν τὸ πρόσωπόν μου ἐν σαρκί,
2:18 μηδεὶς ὑμᾶς καταβραβευέτω **θέλων** ἐν ταπεινοφροσύνῃ καὶ θρησκείᾳ τῶν ἀγγέλων,
1Th 2:18 διότι **ἠθελήσαμεν** ἐλθεῖν πρὸς ὑμᾶς, ἐγὼ μὲν Παῦλος καὶ ἅπαξ καὶ δίς,
4:13 Οὐ **θέλομεν** δὲ ὑμᾶς ἀγνοεῖν, ἀδελφοί, περὶ τῶν κοιμωμένων,
2Th 3:10 ὅτι εἴ τις οὐ **θέλει** ἐργάζεσθαι μηδὲ ἐσθιέτω.
1Ti 1: 7 **θέλοντες** εἶναι νομοδιδάσκαλοι, μὴ νοοῦντες μήτε ἃ λέγουσιν μήτε περὶ τίνων διαβεβαιοῦνται.
2: 4 ὃς πάντας ἀνθρώπους **θέλει** σωθῆναι καὶ εἰς ἐπίγνωσιν ἀληθείας ἐλθεῖν.
5:11 νεωτέρας δὲ χήρας παραιτοῦ· ὅταν γὰρ καταστρηνιάσωσιν τοῦ Χριστοῦ, γαμεῖν **θέλουσιν**
2Ti 3:12 καὶ πάντες δὲ οἱ **θέλοντες** εὐσεβῶς ζῆν ἐν Χριστῷ Ἰησοῦ διωχθήσονται.
Phm 1:14 χωρὶς δὲ τῆς σῆς γνώμης οὐδὲν **ἠθέλησα** ποιῆσαι,
Heb 10: 5 Θυσίαν καὶ προσφορὰν οὐκ **ἠθέλησας,** σῶμα δὲ κατηρτίσω μοι·
10: 8 ἀνώτερον λέγων ὅτι Θυσίας καὶ προσφορὰς καὶ ὁλοκαυτώματα καὶ περὶ ἁμαρτίας οὐκ **ἠθέλησας** οὐδὲ εὐδόκησας,
12:17 ἴστε γὰρ ὅτι καὶ μετέπειτα **θέλων** κληρονομῆσαι τὴν εὐλογίαν ἀπεδοκιμάσθη,
13:18 πειθόμεθα γὰρ ὅτι καλὴν συνείδησιν ἔχομεν, ἐν πᾶσιν καλῶς **θέλοντες** ἀναστρέφεσθαι.
Jas 2:20 **θέλεις** δὲ γνῶναι, ὦ ἄνθρωπε κενέ, ὅτι ἡ πίστις χωρὶς τῶν ἔργων ἀργή ἐστιν;
4:15 Ἐὰν ὁ κύριος **θελήσῃ** καὶ ζήσομεν καὶ ποιήσομεν τοῦτο ἢ ἐκεῖνο.
1Pe 3:10 ὁ γὰρ **θέλων** ζωὴν ἀγαπᾶν καὶ ἰδεῖν ἡμέρας ἀγαθὰς παυσάτω τὴν γλῶσσαν ἀπὸ κακοῦ καὶ χείλη τοῦ μὴ λαλῆσαι δόλον,
3:17 εἰ **θέλοι** τὸ θέλημα τοῦ θεοῦ, πάσχειν ἢ κακοποιοῦντας.
2Pe 3: 5 λανθάνει γὰρ αὐτοὺς τοῦτο **θέλοντας** ὅτι οὐρανοὶ ἦσαν ἔκπαλαι καὶ γῆ ἐξ ὕδατος καὶ δι᾽ ὕδατος
3Jn 1:13 Πολλὰ εἶχον γράψαι σοι ἀλλ᾽ οὐ **θέλω** διὰ μέλανος καὶ καλάμου σοι γράφειν·
Rev 2:21 καὶ οὐ **θέλει** μετανοῆσαι ἐκ τῆς πορνείας αὐτῆς.
11: 5 καὶ εἴ τις αὐτοὺς **θέλει** ἀδικῆσαι πῦρ ἐκπορεύεται ἐκ τοῦ στόματος αὐτῶν καὶ κατεσθίει τοὺς ἐχθροὺς αὐτῶν· καὶ εἴ τις **θελήσῃ** αὐτοὺς ἀδικῆσαι, οὕτως δεῖ αὐτὸν ἀποκτανθῆναι.
11: 6 καὶ ἐξουσίαν ἔχουσιν ἐπὶ τῶν ὑδάτων στρέφειν αὐτὰ εἰς αἷμα καὶ πατάξαι τὴν γῆν ἐν πάσῃ πληγῇ ὁσάκις ἐὰν **θελήσωσιν.**
22:17 καὶ ὁ διψῶν ἐρχέσθω, ὁ **θέλων** λαβέτω ὕδωρ ζωῆς δωρεάν.

2528 θεμέλιον [1]

√ *2529*

Ac 16:26 ἄφνω δὲ σεισμὸς ἐγένετο μέγας ὥστε σαλευθῆναι τὰ **θεμέλια** τοῦ δεσμωτηρίου·

2529 θεμέλιος [15]

→ *2528, 2530; cf. 5502*

Lk 6:48 ὅμοιός ἐστιν ἀνθρώπῳ οἰκοδομοῦντι οἰκίαν ὃς ἔσκαψεν καὶ ἐβάθυνεν καὶ ἔθηκεν **θεμέλιον** ἐπὶ τὴν πέτραν·
6:49 ὁ δὲ ἀκούσας καὶ μὴ ποιήσας ὅμοιός ἐστιν ἀνθρώπῳ οἰκοδομήσαντι οἰκίαν ἐπὶ τὴν γῆν χωρὶς **θεμελίου,**
14:29 ἵνα μήποτε θέντος αὐτοῦ **θεμέλιον** καὶ μὴ ἰσχύοντος ἐκτελέσαι πάντες οἱ θεωροῦντες ἄρξωνται αὐτῷ ἐμπαίζειν
Ro 15:20 οὕτως δὲ φιλοτιμούμενον εὐαγγελίζεσθαι οὐχ ὅπου ὠνομάσθη Χριστός, ἵνα μὴ ἐπ᾽ ἀλλότριον **θεμέλιον** οἰκοδομῶ,
1Co 3:10 Κατὰ τὴν χάριν τοῦ θεοῦ τὴν δοθεῖσάν μοι ὡς σοφὸς ἀρχιτέκτων **θεμέλιον** ἔθηκα,
3:11 **θεμέλιον** γὰρ ἄλλον οὐδεὶς δύναται θεῖναι παρὰ τὸν κείμενον,
3:12 εἰ δέ τις ἐποικοδομεῖ ἐπὶ τὸν **θεμέλιον** χρυσόν,
Eph 2:20 ἐποικοδομηθέντες ἐπὶ τῷ **θεμελίῳ** τῶν ἀποστόλων καὶ προφητῶν,
1Ti 6:19 ἀποθησαυρίζοντας ἑαυτοῖς **θεμέλιον** καλὸν εἰς τὸ μέλλον, ἵνα ἐπιλάβωνται τῆς ὄντως ζωῆς.
2Ti 2:19 ὁ μέντοι στερεὸς **θεμέλιος** τοῦ θεοῦ ἕστηκεν, ἔχων τὴν σφραγῖδα ταύτην·
Heb 6: 1 μὴ πάλιν **θεμέλιον** καταβαλλόμενοι μετανοίας ἀπὸ νεκρῶν ἔργων καὶ πίστεως ἐπὶ θεόν,
11:10 ἐξεδέχετο γὰρ τὴν τοὺς **θεμελίους** ἔχουσαν πόλιν ἧς τεχνίτης καὶ δημιουργὸς ὁ θεός.
Rev 21:14 καὶ τὸ τεῖχος τῆς πόλεως ἔχων **θεμελίους** δώδεκα καὶ ἐπ᾽ αὐτῶν δώδεκα ὀνόματα τῶν δώδεκα ἀποστόλων τοῦ ἀρνίου.

21:19 οἱ **θεμέλιοι** τοῦ τείχους τῆς πόλεως παντὶ λίθῳ τιμίῳ κεκοσμημένοι· ὁ **θεμέλιος** ὁ πρῶτος ἴασπις,

2530 θεμελιόω [5]

√ *2529*

Mt 7:25 καὶ οὐκ ἔπεσεν, **τεθεμελίωτο** γὰρ ἐπὶ τὴν πέτραν.
Eph 3:17 κατοικῆσαι τὸν Χριστὸν διὰ τῆς πίστεως ἐν ταῖς καρδίαις ὑμῶν, ἐν ἀγάπῃ ἐρριζωμένοι καὶ **τεθεμελιωμένοι,**
Col 1:23 εἴ γε ἐπιμένετε τῇ πίστει **τεθεμελιωμένοι** καὶ ἑδραῖοι καὶ μὴ μετακινούμενοι ἀπὸ τῆς ἐλπίδος τοῦ εὐαγγελίου οὗ ἠκούσατε,
Heb 1:10 καί, Σὺ κατ᾽ ἀρχάς, κύριε, τὴν γῆν **ἐθεμελίωσας,**
1Pe 5:10 εἰς τὴν αἰώνιον αὐτοῦ δόξαν ἐν Χριστῷ [Ἰησοῦ,] ὀλίγον παθόντας αὐτὸς καταρτίσει, στηρίξει, σθενώσει, **θεμελιώσει.**

2531 θεοδίδακτος [1]

√ *2536 + 1438*

1Th 4:9 αὐτοὶ γὰρ ὑμεῖς **θεοδίδακτοί** ἐστε εἰς τὸ ἀγαπᾶν ἀλλήλους,

2532 θεολόγος Not used in UBS/NIV

√ *2536 + 3306*

2533 θεομαχέω Not used in UBS/NIV

√ *2536 + 3480*

2534 θεομάχος [1]

√ *2536 + 3480*

Ac 5:39 οὐ δυνήσεσθε καταλῦσαι αὐτούς, μήποτε καὶ **θεομάχοι** εὑρεθῆτε.

2535 θεόπνευστος [1]

√ *2536 + 4463*

2Ti 3:16 πᾶσα γραφὴ **θεόπνευστος** καὶ ὠφέλιμος πρὸς διδασκαλίαν, πρὸς ἐλεγμόν,

2536 θεός [1317 / 1316]

→ *117, 2516, 2521, 2522, 2531, 2532, 2533, 2534, 2535, 2537, 2538, 2539, 2540, 2541, 2554, 5510, 5806; cf. 2520*

vocative **θεέ** [2] Mt 27:46,46

fem. **ἡ** [1] Ac 19:37

plural **θεοί** [8] Jn 10:34,35; Ac 7:40; 14:11; 19:26; 1Co 8:5,5; Gal 4:8

ἀγάπη τοῦ θεοῦ [11] Lk 11:42; Jn 5:42; Ro 5:5; 8:39; 2Co 13:14; 2Th 3:5; 1Jn 2:5; 3:17; 4:9; 5:3; Jude 1:21

ἄγγελος θεοῦ [8] Lk 12:8,9; 15:10; Jn 1:51; Ac 10:3; 27:23; Gal 4:14; Heb 1:6

αἰώνιος θεός [1] Ro 16:26

ἀλήθεια θεοῦ [3] Ro 1:25; 3:7; 15:8

ἄνθρωπος θεοῦ [2] 1Ti 6:11; 2Ti 3:17

ἀρέσκω θεῷ [4] Ro 8:8; 1Th 2:4,15; 4:1

ἄρτος θεοῦ [1] Jn 6:33

βασιλεία τοῦ θεοῦ [64] Mt 6:33; 12:28; 19:24; 21:31,43; Mk 1:15; 4:11,26,30; 9:1,47; 10:14,15,23,24,25; 12:34; 14:25; 15:43; Lk 4:43; 6:20; 7:28; 8:1,10; 9:2,11,27,60,62; 10:9,11; 11:20; 13:18,20,28,29; 14:15; 16:16; 17:20,20,21; 18:16,17,24,25,29; 19:11; 21:31; 22:16,18; 23:51; Jn 3:3,5; Ac 1:3; 8:12; 14:22; 19:8; 28:23,31; Ro 14:17; 1Co 4:20; Col 4:11; 2Th 1:5; Rev 12:10

βασιλείαν θεοῦ [4] 1Co 6:9,10; 15:50; Gal 5:21

βῆμα τοῦ θεοῦ [1] Ro 14:10

βουλὴ τοῦ θεοῦ [4] Lk 7:30; Ac 2:23; 13:36; 20:27

γινώσκω θεόν [6] Ro 1:21; 1Co 1:21; Gal 4:9; 1Jn 4:6,7,8

γνῶσις θεοῦ [2] Ro 11:33; 2Co 10:5; cf. 2Co 2:14

διάκονος θεοῦ [3] Ro 13:4,4; 2Co 6:4

δικαιοσύνη θεοῦ [10] Ro 1:17; 3:5,21,22; 10:3,3; 2Co 5:21; Php 3:9; Jas 1:20; 2Pe 1:1

δόξα [τοῦ] θεοῦ [22] Jn 11:4,40; 12:43; Ac 7:55; Ro 1:23; 3:7,23; 5:2; 15:7; 1Co 10:31; 11:7; 2Co 4:6,15; Php 1:11; 2:11; 1Ti 1:11; Tit 2:13; 1Pe 4:14; Rev 15:8; 19:1; 21:11,23

δόξα τῷ θεῷ [6] Lk 2:14; 17:18; Jn 9:24; Ac 12:23; Ro 4:20; Rev 11:13

δοῦλος θεοῦ [6] Ac 16:17; Tit 1:1; Jas 1:1; 1Pe 2:16; Rev 7:3; 15:3

δύναμις [τοῦ] θεοῦ [18] Mt 22:29; Mk 12:24; Lk 22:69; Ac 8:10; Ro 1:16; 15:19; 1Co 1:18,24; 2:5; 2Co 4:7; 6:7; 13:4,4; Eph 3:7; 2Ti 1:8; 1Pe 1:5; Rev 12:10; 19:1

δύναμις τῷ θεῷ [1] Rev 7:12

δωρεά θεοῦ [3] Jn 4:10; Ac 8:20; Eph 3:7

δῶρον θεοῦ [1] Eph 2:8

εἰρήνη ἀπὸ θεοῦ [12] Ro 1:7; 1Co 1:3; 2Co 1:2; Gal 1:3; Eph 1:2; Php 1:2; Col 1:2; 2Th 1:2; 1Ti 1:2; 2Ti 1:2; Tit 1:4; Phm 1:3

εἰρήνη παρὰ θεοῦ [1] 2Jn 1:3

εἰρήνη τοῦ θεοῦ [1] Php 4:7

ἐκκλησία θεοῦ [12] Ac 20:28; 1Co 1:2; 10:32; 11:16,22; 15:9; 2Co 1:1; Gal 1:13; 1Th 2:14; 2Th 1:4; 1Ti 3:5,15

ἐκλεκτοὶ θεοῦ [3] Ro 8:33; Col 3:12; Tit 1:1

ἐντολή [τοῦ] θεοῦ [6] Mt 15:3; Mk 7:8,9; 1Co 7:19; Rev 12:17; 14:12

ἐνώπιον [του] θεοῦ [25] Lk 1:19; 12:6; 16:15; Ac 4:19; 7:46; 10:31,33; Ro 14:22; 1Co 1:29; 2Co 4:2; 7:12; Gal 1:20; 1Ti 2:3; 5:4; 6:13; 1Pe 3:4; Rev 3:2; 8:2,4; 9:13; 11:16; 12:10; 14:10,10; 16:19

τὸ ἔργον τοῦ θεοῦ [4] Jn 6:28,29; 9:3; Ro 14:20

εὐαγγέλιον τοῦ θεοῦ [10] Mk 1:14; Ac 20:24; Ro 1:1; 15:16; 2Co 11:7; 1Th 2:2,8,9; 1Ti 1:11; 1Pe 4:17

ἐχθρός τοῦ θεοῦ [1] Jas 4:4

ζάω τῷ θεῷ [3] Ro 6:10,11; Gal 2:19

ζητεῖν τὸν θεὸν [1] Ac 17:27

ζῶν θεός [15] Mt 16:16; 26:63; Ac 14:15; Ro 9:26; 2Co 3:3; 6:16; 1Th 1:9; 1Ti 3:15; 4:10; Heb 3:12; 9:14; 10:31; 12:22; Rev 7:2; 15:7

ἡμέρα θεοῦ [3] 2Pe 3:12; Rev 12:10; 16:14

θέλημα [τοῦ] θεοῦ [23] Mk 3:35; Ro 1:10; 12:2; 15:32; 1Co 1:1; 2Co 1:1; 8:5; Gal 1:4; Eph 1:1; 6:6; Col 1:1,9; 4:12; 1Th 4:3; 5:18; 2Ti 1:1; Heb 10:7,36; 1Pe 2:15; 3:17; 4:2,19; 1Jn 2:17

θεός Ἀβραάμ [5] Mt 22:32; Mk 12:26; Lk 20:37; Ac 3:13; 7:32

θεὸς τῆς εἰρήνης [7] Ro 15:33; 16:20; 1Co 14:33; 2Co 13:11; Php 4:9; 1Th 5:23; Heb 13:20

ὁ θεὸς τῆς ἐλπίδος [1] Ro 15:13

θεός Ἰσραήλ [2] Mt 15:31; Lk 1:68

θεός τοῦ οὐρανοῦ [2] Rev 11:13; 16:11

θεός [καὶ] πατήρ [42] Jn 6:27; 8:42; Ro 1:7; 15:6; 1Co 1:3; 8:6; 15:24; 2Co 1:2,3; 11:31; Gal 1:1,3,4; Eph 1:2,3; 4:6; 5:20; 6:23; Php 1:2; 2:11; 4:20; Col 1:2,3; 3:17; 1Th 1:1,3; 3:11,13; 2Th 1:1,2; 2:16; 1Ti 1:2; 2Ti 1:2; Tit 1:4; Phm 1:3; Jas 1:27; 1Pe 1:2,3; 2Pe 1:17; 2Jn 1:3; Jude 1:1; Rev 1:6

θεός παρακλήσεως [2] Ro 15:5; 2Co 1:3

θεός σωτήρ [ἡμῶν, μου] [10] Lk 1:47; 1Ti 1:1; 2:3; 4:10; Tit 1:3; 2:10,13; 3:4; 2Pe 1:1; Jude 1:25

θεός τῆς ὑπομονῆς [1] Ro 15:5

θεός ὢν πλούσιος [1] Eph 2:4

θρόνος τοῦ θεοῦ [7] Mt 5:34; 23:22; Heb 1:8; 12:2; Rev 7:15; 22:1,3

Ἰσραὴλ τοῦ θεοῦ [1] Gal 6:16

κατά θεόν, [θεοῦ] [8] Ro 8:27; 1Co 15:15; 2Co 7:9,10,11; Eph 4:24; 1Pe 4:6; 5:2

καυχάομαι ἐν θεῷ [3] Ro 2:17; 5:11; 1Co 1:29

κρίσις θεοῦ [2] Lk 11:42; 2Th 1:5; cf. Rev. 14:7

κύριος θεός [25] Mt 4:7,10; 22:37; Mk 12:29,30; Lk 1:16,32,68; 4:8,12; 10:27; 20:37; Ac 2:39; 3:22; Rev 1:8; 4:8,11; 11:17; 15:3; 16:7; 18:8; 19:6; 21:22; 22:5,6

λαός θεοῦ [6] Ro 9:26; 2Co 6:16; Heb 4:9; 11:25; 1Pe 2:10; Rev 21:3

λόγος θεοῦ [42] Mt 15:6; Mk 7:13; Lk 5:1; 8:11,21; 11:28; Jn 10:35; Ac 4:31; 6:2,7; 8:14; 11:1; 12:24; 13:5,7,46; 17:13; 18:11; Ro 9:6; 1Co 14:36; 2Co 2:17; 4:2; Php 1:14; Col 1:25; 1Th 2:13,13; 1Ti 4:5; 2Ti 2:9; Tit 2:5; Heb 4:12; 5:12; 13:7; 1Pe 1:23; 2Pe 3:5; 1Jn 2:14; Rev 1:2,9; 6:9; 17:17; 19:9,13; 20:4

μακαρίου θεοῦ [1] 1Ti 1:11

μόνος θεός [5] Jn 5:44; 17:3; Ro 16:27; 1Ti 1:17; Jude 1:25

μυστήριον τοῦ θεοῦ [4] 1Co 2:1; 4:1; Col 2:2; Rev 10:7

ναός θεοῦ [10] Mt 26:61; 1Co 3:16,17,17; 2Co 6:16,16; 2Th 2:4; Rev 3:12; 11:1,19

νόμος θεοῦ [3] Ro 7:22,25; 8:7

ὁδός τοῦ θεοῦ [αὐτοῦ] [5] Mt 22:16; Mk 12:14; Lk 20:21; Ac 18:26; Ro 11:33

οἶδα θεόν [4] Gal 4:8; 1Th 4:5; 2Th 1:8; Tit 1:16

οἶκος θεοῦ [6] Mt 12:4; Mk 2:26; Lk 6:4; 1Ti 3:15; Heb 10:21; 1Pe 4:17

ὄνομα [τοῦ] θεοῦ [5] Jn 3:18; Ro 2:24; 1Ti 6:1; Rev 3:12; 16:9

ὁράω τὸν θεόν [3] Mt 5:8; Jn 1:18; 3Jn 1:11

ὁράω ... τοῦ θεοῦ [10] Mt 3:16; Mk 9:1; Lk 3:6; 9:27; Jn 3:3; 11:40; Ac 7:55; 10:3; 11:23; Rev 1:2

ὀργή θεοῦ [9] Jn 3:36; Ro 1:18; 2:5; Eph 5:6; Col 3:6; 1Th 2:16; Rev 14:10; 16:19; 19:15

παρὰ θεοῦ [11] Lk 1:37; Jn 1:6; 5:44; 6:46; 8:40; 9:16,33; 16:27; Jas 1:5; 2Pe 1:17; 2Jn 1:3

πειράζετε τὸν θεόν [1] Ac 15:10

πειραζόμενος ἀπὸ θεοῦ [1] Jas 1:13

πίστιν θεοῦ [2] Mk 11:22; Ro 3:3

πίστις ἀπὸ θεοῦ [1] Eph 6:23

πίστις εἰς θεόν [1] 1Pe 1:21

πίστις ἐπὶ θεόν [1] Heb 6:1

πίστις πρὸς θεὸν [1] 1Th 1:8

πνεῦμα ἐκ θεοῦ [2] 1Co 2:12; Rev 11:11

πνεῦμα θεοῦ [19] Mt 3:16; 12:28; Ro 8:9,14; 15:19; 1Co 2:11,14; 3:16; 6:11; 7:40; 12:3; 2Co 3:3; Eph 4:30; Php 3:3; 1Pe 4:14; 1Jn 4:2; Rev 3:1; 4:5; 5:6

πόλις θεοῦ [2] Heb 12:22; Rev 3:12

πρός τὸν θεόν [20] Jn 1:1,2; 13:3; Ac 4:24; 12:5; 24:16; Ro 5:1; 10:1; 15:17,30; 2Co 3:4; 13:7; Php 4:6; 1Th 1:8,9; Heb 2:17; 5:1; 1Jn 3:21; Rev 12:5; 13:6

προσέρχομαι τῷ θεῷ [2] Heb 7:25; 11:6

προσευχὴ πρὸς τὸν θεόν [1] Ro 15:30

προσευχὴ τοῦ θεοῦ [1] Lk 6:12

πρόσωπον θεοῦ [1] Heb 9:24

ῥῆμα θεοῦ [6] Lk 3:2; Jn 3:34; 8:47; Eph 6:17; Heb 6:5; 11:3

σοφία θεοῦ [7] Lk 11:49; Ro 11:33; 1Co 1:21,24,30; 2:7; Eph 3:10

στόμα θεοῦ [1] Mt 4:4

συνείδησις εἰς θεόν [1] 1Pe 3:21

συνείδησις θεοῦ [1] 1Pe 2:19

συνείδησις πρὸς τὸν θεὸν [1] Ac 24:16

τὰ τοῦ θεοῦ [6] Mt 16:23; 22:21; Mk 8:33; 12:17; Lk 20:25; 1Co 2:11

τέκνον θεοῦ [10] Jn 1:12; 11:52; Ro 8:16,21; 9:8; Php 2:15; 1Jn 3:1,2,10; 5:2

υἱοὶ θεοῦ [7] Mt 5:9; Lk 20:36; Ro 8:14,19; 9:26; Gal 3:26; 4:6

υἱός θεοῦ [45] Mt 4:3,6; 8:29; 14:33; 16:16; 26:63; 27:40,43,54; Mk 1:1; 3:11; 5:7; 15:39; Lk 1:35; 4:3,9,41; 8:28; 22:70; Jn 1:34,49; 3:18; 5:25; 10:36; 11:4,27; 19:7; 20:31; Ac 9:20; Ro 1:4; 2Co 1:19; Gal 2:20; Eph 4:13; Heb 4:14; 6:6; 7:3; 10:29; 1Jn 3:8; 4:15; 5:5,10,12,13,20; Rev 2:18

φόβος θεοῦ [2] Ro 3:18; 2Co 7:1

φωνὴ θεοῦ [1] Ac 12:22

χάρις θεοῦ [16] Lk 2:40; Ac 11:23; 13:43; 14:26; 1Co 3:10; 15:10,10; 2Co 8:1; 9:14; Gal 2:21; 2Th 1:12; Tit 2:11; Heb 2:9; 12:15; 1Pe 5:12; Jude 1:4

χάρις τῷ θεῷ [9] Lk 1:30; Ro 6:17; 7:25; 1Co 15:57; 2Co 2:14; 8:16; 9:15; Col 3:16; 2Ti 1:3

χεὶρ θεοῦ [2] Heb 10:31; 1Pe 5:6

Mt 1:23 καὶ καλέσουσιν τὸ ὄνομα αὐτοῦ Ἐμμανουήλ, ὅ ἐστιν μεθερμηνευόμενον Μεθ' ἡμῶν ὁ **θεός.**
3: 9 λέγω γὰρ ὑμῖν ὅτι δύναται ὁ **θεὸς** ἐκ τῶν λίθων τούτων ἐγεῖραι τέκνα τῷ Ἀβραάμ.
3:16 καὶ εἶδεν [τὸ] πνεῦμα [τοῦ] **θεοῦ** καταβαῖνον ὡσεὶ περιστερὰν [καὶ] ἐρχόμενον ἐπ' αὐτόν·
4: 3 Καὶ προσελθὼν ὁ πειράζων εἶπεν αὐτῷ, Εἰ υἱὸς εἶ τοῦ **θεοῦ,**
4: 4 ἀλλ' ἐπὶ παντὶ ῥήματι ἐκπορευομένῳ διὰ στόματος **θεοῦ.**
4: 6 Εἰ υἱὸς εἶ τοῦ **θεοῦ,** βάλε σεαυτὸν κάτω·
4: 7 Πάλιν γέγραπται, Οὐκ ἐκπειράσεις κύριον τὸν **θεόν** σου.
4:10 Κύριον τὸν **θεόν** σου προσκυνήσεις καὶ αὐτῷ μόνῳ λατρεύσεις.
5: 8 μακάριοι οἱ καθαροὶ τῇ καρδίᾳ, ὅτι αὐτοὶ τὸν **θεὸν** ὄψονται.
5: 9 μακάριοι οἱ εἰρηνοποιοί, ὅτι αὐτοὶ υἱοὶ **θεοῦ** κληθήσονται.
5:34 μήτε ἐν τῷ οὐρανῷ, ὅτι θρόνος ἐστὶν τοῦ **θεοῦ,**
6:24 ἢ ἑνὸς ἀνθέξεται καὶ τοῦ ἑτέρου καταφρονήσει. οὐ δύνασθε **θεῷ** δουλεύειν καὶ μαμωνᾷ.
6:30 εἰ δὲ τὸν χόρτον τοῦ ἀγροῦ σήμερον ὄντα καὶ αὔριον εἰς κλίβανον βαλλόμενον ὁ **θεὸς** οὕτως ἀμφιέννυσιν,
6:33 ζητεῖτε δὲ πρῶτον τὴν βασιλείαν [τοῦ **θεοῦ**] καὶ τὴν δικαιοσύνην αὐτοῦ,
8:29 καὶ ἰδοὺ ἔκραξαν λέγοντες, Τί ἡμῖν καὶ σοί, υἱὲ τοῦ **θεοῦ;**
9: 8 ἰδόντες δὲ οἱ ὄχλοι ἐφοβήθησαν καὶ ἐδόξασαν τὸν **θεὸν** τὸν δόντα ἐξουσίαν τοιαύτην τοῖς ἀνθρώποις.
12: 4 πῶς εἰσῆλθεν εἰς τὸν οἶκον τοῦ **θεοῦ** καὶ τοὺς ἄρτους τῆς προθέσεως ἔφαγον,
12:28 εἰ δὲ ἐν πνεύματι **θεοῦ** ἐγὼ ἐκβάλλω τὰ δαιμόνια, ἄρα ἔφθασεν ἐφ' ὑμᾶς ἡ βασιλεία τοῦ **θεοῦ.**
14:33 οἱ δὲ ἐν τῷ πλοίῳ προσεκύνησαν αὐτῷ λέγοντες, Ἀληθῶς **θεοῦ** υἱὸς εἶ.
15: 3 Διὰ τί καὶ ὑμεῖς παραβαίνετε τὴν ἐντολὴν τοῦ **θεοῦ** διὰ τὴν παράδοσιν ὑμῶν;
15: 4 ὁ γὰρ **θεὸς** εἶπεν, Τίμα τὸν πατέρα καὶ τὴν μητέρα,
15: 6 καὶ ἠκυρώσατε τὸν λόγον τοῦ **θεοῦ** διὰ τὴν παράδοσιν ὑμῶν.
15:31 κυλλοὺς ὑγιεῖς καὶ χωλοὺς περιπατοῦντας καὶ τυφλοὺς βλέποντας· καὶ ἐδόξασαν τὸν **θεὸν** Ἰσραήλ.
16:16 Σὺ εἶ ὁ Χριστὸς ὁ υἱὸς τοῦ **θεοῦ** τοῦ ζῶντος.
16:23 ὅτι οὐ φρονεῖς τὰ τοῦ **θεοῦ** ἀλλὰ τὰ τῶν ἀνθρώπων.
19: 6 ὃ οὖν ὁ **θεὸς** συνέζευξεν ἄνθρωπος μὴ χωριζέτω.
19:24 εὐκοπώτερόν ἐστιν κάμηλον διὰ τρυπήματος ῥαφίδος διελθεῖν ἢ πλούσιον εἰσελθεῖν εἰς τὴν βασιλείαν τοῦ **θεοῦ.**
19:26 Παρὰ ἀνθρώποις τοῦτο ἀδύνατόν ἐστιν, παρὰ δὲ **θεῷ** πάντα δυνατά.

21:31 Ἀμὴν λέγω ὑμῖν ὅτι οἱ τελῶναι καὶ αἱ πόρναι προάγουσιν ὑμᾶς εἰς τὴν βασιλείαν τοῦ **θεοῦ.**
21:43 διὰ τοῦτο λέγω ὑμῖν ὅτι ἀρθήσεται ἀφ᾽ ὑμῶν ἡ βασιλεία τοῦ **θεοῦ** καὶ δοθήσεται ἔθνει ποιοῦντι τοὺς καρποὺς αὐτῆς.
22:16 ὅτι ἀληθὴς εἶ καὶ τὴν ὁδὸν τοῦ **θεοῦ** ἐν ἀληθείᾳ διδάσκεις
22:21 Ἀπόδοτε οὖν τὰ Καίσαρος Καίσαρι καὶ τὰ τοῦ **θεοῦ** τῷ **θεῷ.**
22:29 Πλανᾶσθε μὴ εἰδότες τὰς γραφὰς μηδὲ τὴν δύναμιν τοῦ **θεοῦ·**
22:31 περὶ δὲ τῆς ἀναστάσεως τῶν νεκρῶν οὐκ ἀνέγνωτε τὸ ῥηθὲν ὑμῖν ὑπὸ τοῦ **θεοῦ** λέγοντος,
22:32 Ἐγώ εἰμι ὁ **θεὸς** Ἀβραὰμ καὶ ὁ **θεὸς** Ἰσαὰκ καὶ ὁ **θεὸς** Ἰακώβ; οὐκ ἔστιν [ὁ] **θεὸς** νεκρῶν ἀλλὰ ζώντων.
22:37 Ἀγαπήσεις κύριον τὸν **θεόν** σου ἐν ὅλῃ τῇ καρδίᾳ σου καὶ ἐν ὅλῃ τῇ ψυχῇ σου καὶ ἐν ὅλῃ τῇ διανοίᾳ σου·
23:22 καὶ ὁ ὀμόσας ἐν τῷ οὐρανῷ ὀμνύει ἐν τῷ θρόνῳ τοῦ **θεοῦ** καὶ ἐν τῷ καθημένῳ ἐπάνω αὐτοῦ.
26:61 Δύναμαι καταλῦσαι τὸν ναὸν τοῦ **θεοῦ** καὶ διὰ τριῶν ἡμερῶν οἰκοδομῆσαι.
26:63 Ἐξορκίζω σε κατὰ τοῦ **θεοῦ** τοῦ ζῶντος ἵνα ἡμῖν εἴπῃς εἰ σὺ εἶ ὁ Χριστὸς ὁ υἱὸς τοῦ **θεοῦ.**
27:40 σῶσον σεαυτόν, εἰ υἱὸς εἶ τοῦ **θεοῦ,** [καὶ] κατάβηθι ἀπὸ τοῦ σταυροῦ.
27:43 πέποιθεν ἐπὶ τὸν **θεόν,** ῥυσάσθω νῦν εἰ θέλει αὐτόν· εἶπεν γὰρ ὅτι **Θεοῦ** εἰμι υἱός.
27:46 τοῦτ᾽ ἔστιν, **Θεέ** μου **θεέ** μου, ἱνατί με ἐγκατέλιπες;
27:54 τηροῦντες τὸν Ἰησοῦν ἰδόντες τὸν σεισμὸν καὶ τὰ γενόμενα ἐφοβήθησαν σφόδρα, λέγοντες, Ἀληθῶς **θεοῦ** υἱὸς ἦν οὗτος.

Mk 1: 1 Ἀρχὴ τοῦ εὐαγγελίου Ἰησοῦ Χριστοῦ [υἱοῦ **θεοῦ.**]
1:14 Μετὰ δὲ τὸ παραδοθῆναι τὸν Ἰωάννην ἦλθεν ὁ Ἰησοῦς εἰς τὴν Γαλιλαίαν κηρύσσων τὸ εὐαγγέλιον τοῦ **θεοῦ**
1:15 καὶ λέγων ὅτι Πεπλήρωται ὁ καιρὸς καὶ ἤγγικεν ἡ βασιλεία τοῦ **θεοῦ·**
1:24 οἶδά σε τίς εἶ, ὁ ἅγιος τοῦ **θεοῦ.**
2: 7 τίς δύναται ἀφιέναι ἁμαρτίας εἰ μὴ εἷς ὁ **θεός;**
2:12 ὥστε ἐξίστασθαι πάντας καὶ δοξάζειν τὸν **θεὸν** λέγοντας ὅτι Οὕτως οὐδέποτε εἴδομεν.
2:26 πῶς εἰσῆλθεν εἰς τὸν οἶκον τοῦ **θεοῦ** ἐπὶ Ἀβιαθὰρ ἀρχιερέως καὶ τοὺς ἄρτους τῆς προθέσεως ἔφαγεν,
3:11 προσέπιπτον αὐτῷ καὶ ἔκραζον λέγοντες ὅτι Σὺ εἶ ὁ υἱὸς τοῦ **θεοῦ.**
3:35 ὃς [γὰρ] ἂν ποιήσῃ τὸ θέλημα τοῦ **θεοῦ,**
4:11 Ὑμῖν τὸ μυστήριον δέδοται τῆς βασιλείας τοῦ **θεοῦ·**
4:26 Οὕτως ἐστὶν ἡ βασιλεία τοῦ **θεοῦ** ὡς ἄνθρωπος βάλῃ τὸν σπόρον ἐπὶ τῆς γῆς
4:30 Πῶς ὁμοιώσωμεν τὴν βασιλείαν τοῦ **θεοῦ** ἢ ἐν τίνι αὐτὴν παραβολῇ θῶμεν;
5: 7 Τί ἐμοὶ καὶ σοί, Ἰησοῦ υἱὲ τοῦ **θεοῦ** τοῦ ὑψίστου; ὁρκίζω σε τὸν **θεόν,** μή με βασανίσῃς.
7: 8 ἀφέντες τὴν ἐντολὴν τοῦ **θεοῦ** κρατεῖτε τὴν παράδοσιν τῶν ἀνθρώπων.
7: 9 Καὶ ἔλεγεν αὐτοῖς, Καλῶς ἀθετεῖτε τὴν ἐντολὴν τοῦ **θεοῦ,**
7:13 ἀκυροῦντες τὸν λόγον τοῦ **θεοῦ** τῇ παραδόσει ὑμῶν ᾗ παρεδώκατε·
8:33 ὅτι οὐ φρονεῖς τὰ τοῦ **θεοῦ** ἀλλὰ τὰ τῶν ἀνθρώπων.
9: 1 τινες ὧδε τῶν ἑστηκότων οἵτινες οὐ μὴ γεύσωνται θανάτου ἕως ἂν ἴδωσιν τὴν βασιλείαν τοῦ **θεοῦ** ἐληλυθυῖαν ἐν δυνάμει.
9:47 καλόν σέ ἐστιν μονόφθαλμον εἰσελθεῖν εἰς τὴν βασιλείαν τοῦ **θεοῦ** ἢ δύο ὀφθαλμοὺς ἔχοντα βληθῆναι εἰς τὴν γέενναν,
10: 9 ὃ οὖν ὁ **θεὸς** συνέζευξεν ἄνθρωπος μὴ χωριζέτω.
10:14 τῶν γὰρ τοιούτων ἐστὶν ἡ βασιλεία τοῦ **θεοῦ.**
10:15 ὃς ἂν μὴ δέξηται τὴν βασιλείαν τοῦ **θεοῦ** ὡς παιδίον,
10:18 Τί με λέγεις ἀγαθόν; οὐδεὶς ἀγαθὸς εἰ μὴ εἷς ὁ **θεός.**
10:23 Πῶς δυσκόλως οἱ τὰ χρήματα ἔχοντες εἰς τὴν βασιλείαν τοῦ **θεοῦ** εἰσελεύσονται.
10:24 πῶς δύσκολόν ἐστιν εἰς τὴν βασιλείαν τοῦ **θεοῦ** εἰσελθεῖν·
10:25 εὐκοπώτερόν ἐστιν κάμηλον διὰ [τῆς] τρυμαλιᾶς [τῆς] ῥαφίδος διελθεῖν ἢ πλούσιον εἰς τὴν βασιλείαν τοῦ **θεοῦ** εἰσελθεῖν.
10:27 ἐμβλέψας αὐτοῖς ὁ Ἰησοῦς λέγει, Παρὰ ἀνθρώποις ἀδύνατον, ἀλλ᾽ οὐ παρὰ **θεῷ·** πάντα γὰρ δυνατὰ παρὰ τῷ **θεῷ.**
11:22 καὶ ἀποκριθεὶς ὁ Ἰησοῦς λέγει αὐτοῖς, Ἔχετε πίστιν **θεοῦ.**
12:14 ἀλλ᾽ ἐπ᾽ ἀληθείας τὴν ὁδὸν τοῦ **θεοῦ** διδάσκεις·
12:17 Τὰ Καίσαρος ἀπόδοτε Καίσαρι καὶ τὰ τοῦ **θεοῦ** τῷ **θεῷ.**
12:24 Οὐ διὰ τοῦτο πλανᾶσθε μὴ εἰδότες τὰς γραφὰς μηδὲ τὴν δύναμιν τοῦ **θεοῦ;**
12:26 περὶ δὲ τῶν νεκρῶν ὅτι ἐγείρονται οὐκ ἀνέγνωτε ἐν τῇ βίβλῳ Μωϋσέως ἐπὶ τοῦ βάτου πῶς εἶπεν αὐτῷ ὁ **θεὸς** λέγων, Ἐγὼ ὁ **θεὸς** Ἀβραὰμ καὶ [ὁ] **θεὸς** Ἰσαὰκ καὶ [ὁ] **θεὸς** Ἰακώβ;
12:27 οὐκ ἔστιν **θεὸς** νεκρῶν ἀλλὰ ζώντων· πολὺ πλανᾶσθε.
12:29 Ἰσραήλ, κύριος ὁ **θεὸς** ἡμῶν κύριος εἷς ἐστιν,
12:30 καὶ ἀγαπήσεις κύριον τὸν **θεόν** σου ἐξ ὅλης τῆς καρδίας σου καὶ ἐξ ὅλης τῆς ψυχῆς σου καὶ ἐξ ὅλης τῆς διανοίας σου καὶ ἐξ ὅλης τῆς ἰσχύος σου.
12:34 Οὐ μακρὰν εἶ ἀπὸ τῆς βασιλείας τοῦ **θεοῦ.**
13:19 αἱ ἡμέραι ἐκεῖναι θλῖψις οἵα οὐ γέγονεν τοιαύτη ἀπ᾽ ἀρχῆς κτίσεως ἣν ἔκτισεν ὁ **θεὸς** ἕως τοῦ νῦν καὶ οὐ μὴ γένηται.
14:25 οὐ μὴ πίω ἐκ τοῦ γενήματος τῆς ἀμπέλου ἕως τῆς ἡμέρας ἐκείνης ὅταν αὐτὸ πίνω καινὸν ἐν τῇ βασιλείᾳ τοῦ **θεοῦ.**
15:34 ὅ ἐστιν μεθερμηνευόμενον Ὁ **θεός** μου ὁ **θεός** μου,
15:39 ὁ κεντυρίων ὁ παρεστηκὼς ἐξ ἐναντίας αὐτοῦ ὅτι οὕτως ἐξέπνευσεν εἶπεν, Ἀληθῶς οὗτος ὁ ἄνθρωπος υἱὸς **θεοῦ** ἦν.
15:43 ὃς καὶ αὐτὸς ἦν προσδεχόμενος τὴν βασιλείαν τοῦ **θεοῦ,**
16:19 ⟦Ὁ μὲν οὖν κύριος Ἰησοῦς μετὰ τὸ λαλῆσαι αὐτοῖς ἀνελήμφθη εἰς τὸν οὐρανὸν καὶ ἐκάθισεν ἐκ δεξιῶν τοῦ **θεοῦ.**⟧

Lk 1: 6 ἦσαν δὲ δίκαιοι ἀμφότεροι ἐναντίον τοῦ **θεοῦ,** πορευόμενοι ἐν πάσαις ταῖς ἐντολαῖς καὶ δικαιώμασιν τοῦ κυρίου ἄμεμπτοι.
1: 8 Ἐγένετο δὲ ἐν τῷ ἱερατεύειν αὐτὸν ἐν τῇ τάξει τῆς ἐφημερίας αὐτοῦ ἔναντι τοῦ **θεοῦ,**
1:16 καὶ πολλοὺς τῶν υἱῶν Ἰσραὴλ ἐπιστρέψει ἐπὶ κύριον τὸν **θεὸν** αὐτῶν.
1:19 Ἐγώ εἰμι Γαβριὴλ ὁ παρεστηκὼς ἐνώπιον τοῦ **θεοῦ** καὶ ἀπεστάλην λαλῆσαι πρὸς σὲ καὶ εὐαγγελίσασθαί σοι ταῦτα·
1:26 Ἐν δὲ τῷ μηνὶ τῷ ἕκτῳ ἀπεστάλη ὁ ἄγγελος Γαβριὴλ ἀπὸ τοῦ **θεοῦ** εἰς πόλιν τῆς Γαλιλαίας ᾗ ὄνομα Ναζαρὲθ
1:30 Μὴ φοβοῦ, Μαριάμ, εὗρες γὰρ χάριν παρὰ τῷ **θεῷ.**
1:32 οὗτος ἔσται μέγας καὶ υἱὸς ὑψίστου κληθήσεται καὶ δώσει αὐτῷ κύριος ὁ **θεὸς** τὸν θρόνον Δαυὶδ τοῦ πατρὸς αὐτοῦ,
1:35 διὸ καὶ τὸ γεννώμενον ἅγιον κληθήσεται υἱὸς **θεοῦ.**
1:37 ὅτι οὐκ ἀδυνατήσει παρὰ τοῦ **θεοῦ** πᾶν ῥῆμα.
1:47 καὶ ἠγαλλίασεν τὸ πνεῦμά μου ἐπὶ τῷ **θεῷ** τῷ σωτῆρί μου,
1:64 ἀνεῴχθη δὲ τὸ στόμα αὐτοῦ παραχρῆμα καὶ ἡ γλῶσσα αὐτοῦ, καὶ ἐλάλει εὐλογῶν τὸν **θεόν.**
1:68 Εὐλογητὸς κύριος ὁ **θεὸς** τοῦ Ἰσραήλ, ὅτι ἐπεσκέψατο καὶ ἐποίησεν λύτρωσιν τῷ λαῷ αὐτοῦ,
1:78 διὰ σπλάγχνα ἐλέους **θεοῦ** ἡμῶν, ἐν οἷς ἐπισκέψεται ἡμᾶς ἀνατολὴ ἐξ ὕψους,
2:13 καὶ ἐξαίφνης ἐγένετο σὺν τῷ ἀγγέλῳ πλῆθος στρατιᾶς οὐρανίου αἰνούντων τὸν **θεὸν** καὶ λεγόντων,
2:14 Δόξα ἐν ὑψίστοις **θεῷ** καὶ ἐπὶ γῆς εἰρήνη ἐν ἀνθρώποις εὐδοκίας.
2:20 ὑπέστρεψαν οἱ ποιμένες δοξάζοντες καὶ αἰνοῦντες τὸν **θεὸν** ἐπὶ πᾶσιν οἷς ἤκουσαν καὶ εἶδον καθὼς ἐλαλήθη πρὸς αὐτούς.
2:28 καὶ αὐτὸς ἐδέξατο αὐτὸ εἰς τὰς ἀγκάλας καὶ εὐλόγησεν τὸν **θεὸν** καὶ εἶπεν,
2:38 καὶ αὐτῇ τῇ ὥρᾳ ἐπιστᾶσα ἀνθωμολογεῖτο τῷ **θεῷ** καὶ ἐλάλει περὶ αὐτοῦ πᾶσιν τοῖς προσδεχομένοις λύτρωσιν Ἰερουσαλήμ.
2:40 Τὸ δὲ παιδίον ηὔξανεν καὶ ἐκραταιοῦτο πληρούμενον σοφίᾳ, καὶ χάρις **θεοῦ** ἦν ἐπ᾽ αὐτό.
2:52 Καὶ Ἰησοῦς προέκοπτεν [ἐν τῇ] σοφίᾳ καὶ ἡλικίᾳ καὶ χάριτι παρὰ **θεῷ** καὶ ἀνθρώποις.
3: 2 ἐγένετο ῥῆμα **θεοῦ** ἐπὶ Ἰωάννην τὸν Ζαχαρίου υἱὸν ἐν τῇ ἐρήμῳ.
3: 6 καὶ ὄψεται πᾶσα σὰρξ τὸ σωτήριον τοῦ **θεοῦ.**
3: 8 λέγω γὰρ ὑμῖν ὅτι δύναται ὁ **θεὸς** ἐκ τῶν λίθων τούτων ἐγεῖραι τέκνα τῷ Ἀβραάμ.
3:38 τοῦ Ἐνὼς τοῦ Σὴθ τοῦ Ἀδὰμ τοῦ **θεοῦ.**
4: 3 Εἶπεν δὲ αὐτῷ ὁ διάβολος, Εἰ υἱὸς εἶ τοῦ **θεοῦ,**
4: 8 Κύριον τὸν **θεόν** σου προσκυνήσεις καὶ αὐτῷ μόνῳ λατρεύσεις.
4: 9 Εἰ υἱὸς εἶ τοῦ **θεοῦ,** βάλε σεαυτὸν ἐντεῦθεν κάτω·
4:12 καὶ ἀποκριθεὶς εἶπεν αὐτῷ ὁ Ἰησοῦς ὅτι Εἴρηται, Οὐκ ἐκπειράσεις κύριον τὸν **θεόν** σου.
4:34 οἶδά σε τίς εἶ, ὁ ἅγιος τοῦ **θεοῦ.**
4:41 ἐξήρχετο δὲ καὶ δαιμόνια ἀπὸ πολλῶν κρ[αυγ]άζοντα καὶ λέγοντα ὅτι Σὺ εἶ ὁ υἱὸς τοῦ **θεοῦ.**
4:43 ὁ δὲ εἶπεν πρὸς αὐτοὺς ὅτι Καὶ ταῖς ἑτέραις πόλεσιν εὐαγγελίσασθαί με δεῖ τὴν βασιλείαν τοῦ **θεοῦ,**
5: 1 ἐν τῷ τὸν ὄχλον ἐπικεῖσθαι αὐτῷ καὶ ἀκούειν τὸν λόγον τοῦ **θεοῦ** καὶ αὐτὸς ἦν ἑστὼς παρὰ τὴν λίμνην Γεννησαρὲτ
5:21 τίς δύναται ἁμαρτίας ἀφεῖναι εἰ μὴ μόνος ὁ **θεός;**
5:25 ἀπῆλθεν εἰς τὸν οἶκον αὐτοῦ δοξάζων τὸν **θεόν.**
5:26 καὶ ἔκστασις ἔλαβεν ἅπαντας καὶ ἐδόξαζον τὸν **θεὸν** καὶ ἐπλήσθησαν φόβου λέγοντες ὅτι Εἴδομεν παράδοξα σήμερον.
6: 4 [ὡς] εἰσῆλθεν εἰς τὸν οἶκον τοῦ **θεοῦ** καὶ τοὺς ἄρτους τῆς προθέσεως λαβὼν ἔφαγεν καὶ ἔδωκεν τοῖς μετ᾽ αὐτοῦ,

6:12 καὶ ἦν διανυκτερεύων ἐν τῇ προσευχῇ τοῦ **θεοῦ.**
6:20 Μακάριοι οἱ πτωχοί, ὅτι ὑμετέρα ἐστὶν ἡ βασιλεία τοῦ **θεοῦ.**
7:16 ἔλαβεν δὲ φόβος πάντας καὶ ἐδόξαζον τὸν **θεὸν** λέγοντες ὅτι Προφήτης μέγας ἠγέρθη ἐν ἡμῖν καὶ ὅτι Ἐπεσκέψατο ὁ **θεὸς** τὸν λαὸν αὐτοῦ.
7:28 ὁ δὲ μικρότερος ἐν τῇ βασιλείᾳ τοῦ **θεοῦ** μείζων αὐτοῦ ἐστιν.
7:29 Καὶ πᾶς ὁ λαὸς ἀκούσας καὶ οἱ τελῶναι ἐδικαίωσαν τὸν **θεὸν** βαπτισθέντες τὸ βάπτισμα Ἰωάννου·
7:30 οἱ δὲ Φαρισαῖοι καὶ οἱ νομικοὶ τὴν βουλὴν τοῦ **θεοῦ** ἠθέτησαν εἰς ἑαυτοὺς μὴ βαπτισθέντες ὑπ᾽ αὐτοῦ.
8:1 Καὶ ἐγένετο ἐν τῷ καθεξῆς καὶ αὐτὸς διώδευεν κατὰ πόλιν καὶ κώμην κηρύσσων καὶ εὐαγγελιζόμενος τὴν βασιλείαν τοῦ **θεοῦ**
8:10 Ὑμῖν δέδοται γνῶναι τὰ μυστήρια τῆς βασιλείας τοῦ **θεοῦ,**
8:11 Ἔστιν δὲ αὕτη ἡ παραβολή· Ὁ σπόρος ἐστὶν ὁ λόγος τοῦ **θεοῦ.**
8:21 Μήτηρ μου καὶ ἀδελφοί μου οὗτοί εἰσιν οἱ τὸν λόγον τοῦ **θεοῦ** ἀκούοντες καὶ ποιοῦντες.
8:28 Τί ἐμοὶ καὶ σοί, Ἰησοῦ υἱὲ τοῦ **θεοῦ** τοῦ ὑψίστου;
8:39 Ὑπόστρεφε εἰς τὸν οἶκόν σου καὶ διηγοῦ ὅσα σοι ἐποίησεν ὁ **θεός.**
9:2 καὶ ἀπέστειλεν αὐτοὺς κηρύσσειν τὴν βασιλείαν τοῦ **θεοῦ** καὶ ἰᾶσθαι [τοὺς ἀσθενεῖς,]
9:11 καὶ ἀποδεξάμενος αὐτοὺς ἐλάλει αὐτοῖς περὶ τῆς βασιλείας τοῦ **θεοῦ,**
9:20 Πέτρος δὲ ἀποκριθεὶς εἶπεν, Τὸν Χριστὸν τοῦ **θεοῦ.**
9:27 εἰσίν τινες τῶν αὐτοῦ ἑστηκότων οἳ οὐ μὴ γεύσωνται θανάτου ἕως ἂν ἴδωσιν τὴν βασιλείαν τοῦ **θεοῦ.**
9:43 ἐξεπλήσσοντο δὲ πάντες ἐπὶ τῇ μεγαλειότητι τοῦ **θεοῦ.**
9:60 σὺ δὲ ἀπελθὼν διάγγελλε τὴν βασιλείαν τοῦ **θεοῦ.**
9:62 Οὐδεὶς ἐπιβαλὼν τὴν χεῖρα ἐπ᾽ ἄροτρον καὶ βλέπων εἰς τὰ ὀπίσω εὔθετός ἐστιν τῇ βασιλείᾳ τοῦ **θεοῦ.**
10:9 καὶ θεραπεύετε τοὺς ἐν αὐτῇ ἀσθενεῖς καὶ λέγετε αὐτοῖς, Ἤγγικεν ἐφ᾽ ὑμᾶς ἡ βασιλεία τοῦ **θεοῦ.**
10:11 πλὴν τοῦτο γινώσκετε ὅτι ἤγγικεν ἡ βασιλεία τοῦ **θεοῦ.**
10:27 Ἀγαπήσεις κύριον τὸν **θεόν** σου ἐξ ὅλης [τῆς] καρδίας σου καὶ ἐν ὅλῃ τῇ ψυχῇ σου καὶ ἐν ὅλῃ τῇ ἰσχύϊ σου καὶ ἐν ὅλῃ τῇ διανοίᾳ σου,
11:20 εἰ δὲ ἐν δακτύλῳ **θεοῦ** [ἐγὼ] ἐκβάλλω τὰ δαιμόνια, ἄρα ἔφθασεν ἐφ᾽ ὑμᾶς ἡ βασιλεία τοῦ **θεοῦ.**
11:28 Μενοῦν μακάριοι οἱ ἀκούοντες τὸν λόγον τοῦ **θεοῦ** καὶ φυλάσσοντες.
11:42 ὅτι ἀποδεκατοῦτε τὸ ἡδύοσμον καὶ τὸ πήγανον καὶ πᾶν λάχανον καὶ παρέρχεσθε τὴν κρίσιν καὶ τὴν ἀγάπην τοῦ **θεοῦ·**
11:49 διὰ τοῦτο καὶ ἡ σοφία τοῦ **θεοῦ** εἶπεν,
12:6 καὶ ἓν ἐξ αὐτῶν οὐκ ἔστιν ἐπιλελησμένον ἐνώπιον τοῦ **θεοῦ.**
12:8 καὶ ὁ υἱὸς τοῦ ἀνθρώπου ὁμολογήσει ἐν αὐτῷ ἔμπροσθεν τῶν ἀγγέλων τοῦ **θεοῦ·**
12:9 ὁ δὲ ἀρνησάμενός με ἐνώπιον τῶν ἀνθρώπων ἀπαρνηθήσεται ἐνώπιον τῶν ἀγγέλων τοῦ **θεοῦ.**
12:20 εἶπεν δὲ αὐτῷ ὁ **θεός,** Ἄφρων, ταύτῃ τῇ νυκτὶ τὴν ψυχήν σου ἀπαιτοῦσιν ἀπὸ σοῦ·
12:21 οὕτως ὁ θησαυρίζων ἑαυτῷ καὶ μὴ εἰς **θεὸν** πλουτῶν.
12:24 οἷς οὐκ ἔστιν ταμεῖον οὐδὲ ἀποθήκη, καὶ ὁ **θεὸς** τρέφει αὐτούς·
12:28 εἰ δὲ ἐν ἀγρῷ τὸν χόρτον ὄντα σήμερον καὶ αὔριον εἰς κλίβανον βαλλόμενον ὁ **θεὸς** οὕτως ἀμφιέζει,
13:13 καὶ ἐπέθηκεν αὐτῇ τὰς χεῖρας· καὶ παραχρῆμα ἀνωρθώθη καὶ ἐδόξαζεν τὸν **θεόν.**
13:18 Τίνι ὁμοία ἐστὶν ἡ βασιλεία τοῦ **θεοῦ** καὶ τίνι ὁμοιώσω αὐτήν;
13:20 Καὶ πάλιν εἶπεν, Τίνι ὁμοιώσω τὴν βασιλείαν τοῦ **θεοῦ;**
13:28 ὅταν ὄψεσθε Ἀβραὰμ καὶ Ἰσαὰκ καὶ Ἰακὼβ καὶ πάντας τοὺς προφήτας ἐν τῇ βασιλείᾳ τοῦ **θεοῦ,**
13:29 καὶ ἥξουσιν ἀπὸ ἀνατολῶν καὶ δυσμῶν καὶ ἀπὸ βορρᾶ καὶ νότου καὶ ἀνακλιθήσονται ἐν τῇ βασιλείᾳ τοῦ **θεοῦ.**
14:15 Μακάριος ὅστις φάγεται ἄρτον ἐν τῇ βασιλείᾳ τοῦ **θεοῦ.**
15:10 γίνεται χαρὰ ἐνώπιον τῶν ἀγγέλων τοῦ **θεοῦ** ἐπὶ ἑνὶ ἁμαρτωλῷ μετανοοῦντι.
16:13 ἢ ἑνὸς ἀνθέξεται καὶ τοῦ ἑτέρου καταφρονήσει. οὐ δύνασθε **θεῷ** δουλεύειν καὶ μαμωνᾷ.
16:15 Ὑμεῖς ἐστε οἱ δικαιοῦντες ἑαυτοὺς ἐνώπιον τῶν ἀνθρώπων, ὁ δὲ **θεὸς** γινώσκει τὰς καρδίας ὑμῶν· ὅτι τὸ ἐν ἀνθρώποις ὑψηλὸν βδέλυγμα ἐνώπιον τοῦ **θεοῦ.**
16:16 ἀπὸ τότε ἡ βασιλεία τοῦ **θεοῦ** εὐαγγελίζεται καὶ πᾶς εἰς αὐτὴν βιάζεται.
17:15 ἰδὼν ὅτι ἰάθη, ὑπέστρεψεν μετὰ φωνῆς μεγάλης δοξάζων τὸν **θεόν,**
17:18 οὐχ εὑρέθησαν ὑποστρέψαντες δοῦναι δόξαν τῷ **θεῷ** εἰ μὴ ὁ ἀλλογενὴς οὗτος;
17:20 Ἐπερωτηθεὶς δὲ ὑπὸ τῶν Φαρισαίων πότε ἔρχεται ἡ βασιλεία τοῦ **θεοῦ** ἀπεκρίθη αὐτοῖς καὶ εἶπεν, Οὐκ ἔρχεται ἡ βασιλεία τοῦ **θεοῦ** μετὰ παρατηρήσεως,
17:21 ἰδοὺ γὰρ ἡ βασιλεία τοῦ **θεοῦ** ἐντὸς ὑμῶν ἐστιν.
18:2 Κριτής τις ἦν ἔν τινι πόλει τὸν **θεὸν** μὴ φοβούμενος καὶ ἄνθρωπον μὴ ἐντρεπόμενος.
18:4 Εἰ καὶ τὸν **θεὸν** οὐ φοβοῦμαι οὐδὲ ἄνθρωπον ἐντρέπομαι,
18:7 ὁ δὲ **θεὸς** οὐ μὴ ποιήσῃ τὴν ἐκδίκησιν τῶν ἐκλεκτῶν αὐτοῦ τῶν βοώντων αὐτῷ ἡμέρας καὶ νυκτός,
18:11 ὁ Φαρισαῖος σταθεὶς πρὸς ἑαυτὸν ταῦτα προσηύχετο, Ὁ **θεός,**
18:13 ἀλλ᾽ ἔτυπτεν τὸ στῆθος αὐτοῦ λέγων, Ὁ **θεός,** ἱλάσθητί μοι τῷ ἁμαρτωλῷ.
18:16 τῶν γὰρ τοιούτων ἐστὶν ἡ βασιλεία τοῦ **θεοῦ.**
18:17 ὃς ἂν μὴ δέξηται τὴν βασιλείαν τοῦ **θεοῦ** ὡς παιδίον,
18:19 Τί με λέγεις ἀγαθόν; οὐδεὶς ἀγαθὸς εἰ μὴ εἷς ὁ **θεός.**
18:24 Πῶς δυσκόλως οἱ τὰ χρήματα ἔχοντες εἰς τὴν βασιλείαν τοῦ **θεοῦ** εἰσπορεύονται·
18:25 εὐκοπώτερον γάρ ἐστιν κάμηλον διὰ τρήματος βελόνης εἰσελθεῖν ἢ πλούσιον εἰς τὴν βασιλείαν τοῦ **θεοῦ** εἰσελθεῖν.
18:27 Τὰ ἀδύνατα παρὰ ἀνθρώποις δυνατὰ παρὰ τῷ **θεῷ** ἐστιν.
18:29 Ἀμὴν λέγω ὑμῖν ὅτι οὐδείς ἐστιν ὃς ἀφῆκεν οἰκίαν ἢ γυναῖκα ἢ ἀδελφοὺς ἢ γονεῖς ἢ τέκνα ἕνεκεν τῆς βασιλείας τοῦ **θεοῦ,**
18:43 καὶ παραχρῆμα ἀνέβλεψεν καὶ ἠκολούθει αὐτῷ δοξάζων τὸν **θεόν.** καὶ πᾶς ὁ λαὸς ἰδὼν ἔδωκεν αἶνον τῷ **θεῷ.**
19:11 διὰ τὸ ἐγγὺς εἶναι Ἰερουσαλὴμ αὐτὸν καὶ δοκεῖν αὐτοὺς ὅτι παραχρῆμα μέλλει ἡ βασιλεία τοῦ **θεοῦ** ἀναφαίνεσθαι.
19:37 ἤρξαντο ἅπαν τὸ πλῆθος τῶν μαθητῶν χαίροντες αἰνεῖν τὸν **θεὸν** φωνῇ μεγάλῃ περὶ πασῶν ὧν εἶδον δυνάμεων,
20:21 ἀλλ᾽ ἐπ᾽ ἀληθείας τὴν ὁδὸν τοῦ **θεοῦ** διδάσκεις·
20:25 Τοίνυν ἀπόδοτε τὰ Καίσαρος Καίσαρι καὶ τὰ τοῦ **θεοῦ** τῷ **θεῷ.**
20:36 ἰσάγγελοι γάρ εἰσιν καὶ υἱοί εἰσιν **θεοῦ** τῆς ἀναστάσεως υἱοὶ ὄντες.
20:37 ὡς λέγει κύριον τὸν **θεὸν** Ἀβραὰμ καὶ **θεὸν** Ἰσαὰκ καὶ **θεὸν** Ἰακώβ.
20:38 **θεὸς** δὲ οὐκ ἔστιν νεκρῶν ἀλλὰ ζώντων, πάντες γὰρ αὐτῷ ζῶσιν.
21:31 γινώσκετε ὅτι ἐγγύς ἐστιν ἡ βασιλεία τοῦ **θεοῦ.**
22:16 λέγω γὰρ ὑμῖν ὅτι οὐ μὴ φάγω αὐτὸ ἕως ὅτου πληρωθῇ ἐν τῇ βασιλείᾳ τοῦ **θεοῦ.**
22:18 [ὅτι] οὐ μὴ πίω ἀπὸ τοῦ νῦν ἀπὸ τοῦ γενήματος τῆς ἀμπέλου ἕως οὗ ἡ βασιλεία τοῦ **θεοῦ** ἔλθῃ.
22:69 ἀπὸ τοῦ νῦν δὲ ἔσται ὁ υἱὸς τοῦ ἀνθρώπου καθήμενος ἐκ δεξιῶν τῆς δυνάμεως τοῦ **θεοῦ.**
22:70 εἶπαν δὲ πάντες, Σὺ οὖν εἶ ὁ υἱὸς τοῦ **θεοῦ;**
23:35 εἰ οὗτός ἐστιν ὁ Χριστὸς τοῦ **θεοῦ** ὁ ἐκλεκτός.
23:40 Οὐδὲ φοβῇ σὺ τὸν **θεόν,** ὅτι ἐν τῷ αὐτῷ κρίματι εἶ;
23:47 Ἰδὼν δὲ ὁ ἑκατοντάρχης τὸ γενόμενον ἐδόξαζεν τὸν **θεὸν** λέγων, Ὄντως ὁ ἄνθρωπος οὗτος δίκαιος ἦν.
23:51 ἀπὸ Ἁριμαθαίας πόλεως τῶν Ἰουδαίων, ὃς προσεδέχετο τὴν βασιλείαν τοῦ **θεοῦ,**
24:19 ὃς ἐγένετο ἀνὴρ προφήτης δυνατὸς ἐν ἔργῳ καὶ λόγῳ ἐναντίον τοῦ **θεοῦ** καὶ παντὸς τοῦ λαοῦ,
24:53 καὶ ἦσαν διὰ παντὸς ἐν τῷ ἱερῷ εὐλογοῦντες τὸν **θεόν.**

Jn 1:1 Ἐν ἀρχῇ ἦν ὁ λόγος, καὶ ὁ λόγος ἦν πρὸς τὸν **θεόν,** καὶ **θεὸς** ἦν ὁ λόγος.
1:2 οὗτος ἦν ἐν ἀρχῇ πρὸς τὸν **θεόν.**
1:6 Ἐγένετο ἄνθρωπος, ἀπεσταλμένος παρὰ **θεοῦ,** ὄνομα αὐτῷ Ἰωάννης·
1:12 ὅσοι δὲ ἔλαβον αὐτόν, ἔδωκεν αὐτοῖς ἐξουσίαν τέκνα **θεοῦ** γενέσθαι,
1:13 οἳ οὐκ ἐξ αἱμάτων οὐδὲ ἐκ θελήματος σαρκὸς οὐδὲ ἐκ θελήματος ἀνδρὸς ἀλλ᾽ ἐκ **θεοῦ** ἐγεννήθησαν.
1:18 **θεὸν** οὐδεὶς ἑώρακεν πώποτε· μονογενὴς **θεὸς** ὁ ὢν εἰς τὸν κόλπον τοῦ πατρὸς ἐκεῖνος ἐξηγήσατο.
1:29 Ἴδε ὁ ἀμνὸς τοῦ **θεοῦ** ὁ αἴρων τὴν ἁμαρτίαν τοῦ κόσμου.
1:34 κἀγὼ ἑώρακα καὶ μεμαρτύρηκα ὅτι οὗτός ἐστιν ὁ υἱὸς τοῦ **θεοῦ.**
1:36 καὶ ἐμβλέψας τῷ Ἰησοῦ περιπατοῦντι λέγει, Ἴδε ὁ ἀμνὸς τοῦ **θεοῦ.**
1:49 ἀπεκρίθη αὐτῷ Ναθαναήλ, Ῥαββί, σὺ εἶ ὁ υἱὸς τοῦ **θεοῦ,**
1:51 ὄψεσθε τὸν οὐρανὸν ἀνεῳγότα καὶ τοὺς ἀγγέλους τοῦ **θεοῦ** ἀναβαίνοντας καὶ καταβαίνοντας ἐπὶ τὸν υἱὸν τοῦ ἀνθρώπου.
3:2 καὶ εἶπεν αὐτῷ, Ῥαββί, οἴδαμεν ὅτι ἀπὸ **θεοῦ** ἐλήλυθας διδάσκαλος· οὐδεὶς γὰρ δύναται ταῦτα τὰ σημεῖα ποιεῖν ἃ σὺ ποιεῖς, ἐὰν μὴ ᾖ ὁ **θεὸς** μετ᾽ αὐτοῦ.
3:3 ἐὰν μή τις γεννηθῇ ἄνωθεν, οὐ δύναται ἰδεῖν τὴν βασιλείαν τοῦ **θεοῦ.**

3: 5 οὐ δύναται εἰσελθεῖν εἰς τὴν βασιλείαν τοῦ **θεοῦ.**
3:16 Οὕτως γὰρ ἠγάπησεν ὁ **θεὸς** τὸν κόσμον, ὥστε τὸν υἱὸν τὸν μονογενῆ ἔδωκεν,
3:17 οὐ γὰρ ἀπέστειλεν ὁ **θεὸς** τὸν υἱὸν εἰς τὸν κόσμον ἵνα κρίνῃ τὸν κόσμον,
3:18 ὅτι μὴ πεπίστευκεν εἰς τὸ ὄνομα τοῦ μονογενοῦς υἱοῦ τοῦ **θεοῦ.**
3:21 ἵνα φανερωθῇ αὐτοῦ τὰ ἔργα ὅτι ἐν **θεῷ** ἐστιν εἰργασμένα.
3:33 ὁ λαβὼν αὐτοῦ τὴν μαρτυρίαν ἐσφράγισεν ὅτι ὁ **θεὸς** ἀληθής ἐστιν.
3:34 ὃν γὰρ ἀπέστειλεν ὁ **θεὸς** τὰ ῥήματα τοῦ **θεοῦ** λαλεῖ,
3:36 ἀλλ' ἡ ὀργὴ τοῦ **θεοῦ** μένει ἐπ' αὐτόν.
4:10 Εἰ ᾔδεις τὴν δωρεὰν τοῦ **θεοῦ** καὶ τίς ἐστιν ὁ λέγων σοι,
4:24 πνεῦμα ὁ **θεός,** καὶ τοὺς προσκυνοῦντας αὐτὸν ἐν πνεύματι καὶ ἀληθείᾳ δεῖ προσκυνεῖν.
5:18 ἀλλὰ καὶ πατέρα ἴδιον ἔλεγεν τὸν **θεὸν** ἴσον ἑαυτὸν ποιῶν τῷ **θεῷ.**
5:25 ὅτι ἔρχεται ὥρα καὶ νῦν ἐστιν ὅτε οἱ νεκροὶ ἀκούσουσιν τῆς φωνῆς τοῦ υἱοῦ τοῦ **θεοῦ** καὶ οἱ ἀκούσαντες ζήσουσιν.
5:42 ἀλλὰ ἔγνωκα ὑμᾶς ὅτι τὴν ἀγάπην τοῦ **θεοῦ** οὐκ ἔχετε ἐν ἑαυτοῖς.
5:44 καὶ τὴν δόξαν τὴν παρὰ τοῦ μόνου **θεοῦ** οὐ ζητεῖτε;
6:27 ἣν ὁ υἱὸς τοῦ ἀνθρώπου ὑμῖν δώσει· τοῦτον γὰρ ὁ πατὴρ ἐσφράγισεν ὁ **θεός.**
6:28 Τί ποιῶμεν ἵνα ἐργαζώμεθα τὰ ἔργα τοῦ **θεοῦ;**
6:29 Τοῦτό ἐστιν τὸ ἔργον τοῦ **θεοῦ,** ἵνα πιστεύητε εἰς ὃν ἀπέστειλεν ἐκεῖνος.
6:33 ὁ γὰρ ἄρτος τοῦ **θεοῦ** ἐστιν ὁ καταβαίνων ἐκ τοῦ οὐρανοῦ καὶ ζωὴν διδοὺς τῷ κόσμῳ.
6:45 ἔστιν γεγραμμένον ἐν τοῖς προφήταις, Καὶ ἔσονται πάντες διδακτοὶ **θεοῦ·**
6:46 οὐχ ὅτι τὸν πατέρα ἑώρακέν τις εἰ μὴ ὁ ὢν παρὰ τοῦ **θεοῦ,**
6:69 καὶ ἡμεῖς πεπιστεύκαμεν καὶ ἐγνώκαμεν ὅτι σὺ εἶ ὁ ἅγιος τοῦ **θεοῦ.**
7:17 γνώσεται περὶ τῆς διδαχῆς πότερον ἐκ τοῦ **θεοῦ** ἐστιν ἢ ἐγὼ ἀπ' ἐμαυτοῦ λαλῶ.
8:40 νῦν δὲ ζητεῖτέ με ἀποκτεῖναι ἄνθρωπον ὃς τὴν ἀλήθειαν ὑμῖν λελάληκα ἣν ἤκουσα παρὰ τοῦ **θεοῦ·**
8:41 Ἡμεῖς ἐκ πορνείας οὐ γεγεννήμεθα· ἕνα πατέρα ἔχομεν τὸν **θεόν.**
8:42 Εἰ ὁ **θεὸς** πατὴρ ὑμῶν ἦν ἠγαπᾶτε ἂν ἐμέ, ἐγὼ γὰρ ἐκ τοῦ **θεοῦ** ἐξῆλθον καὶ ἥκω·
8:47 ὁ ὢν ἐκ τοῦ **θεοῦ** τὰ ῥήματα τοῦ **θεοῦ** ἀκούει· διὰ τοῦτο ὑμεῖς οὐκ ἀκούετε, ὅτι ἐκ τοῦ **θεοῦ** οὐκ ἐστέ.
8:54 ἔστιν ὁ πατήρ μου ὁ δοξάζων με, ὃν ὑμεῖς λέγετε ὅτι **θεὸς** ἡμῶν ἐστιν,
9: 3 ἀλλ' ἵνα φανερωθῇ τὰ ἔργα τοῦ **θεοῦ** ἐν αὐτῷ.
9:16 Οὐκ ἔστιν οὗτος παρὰ **θεοῦ** ὁ ἄνθρωπος, ὅτι τὸ σάββατον οὐ τηρεῖ.
9:24 Ἐφώνησαν οὖν τὸν ἄνθρωπον ἐκ δευτέρου ὃς ἦν τυφλὸς καὶ εἶπαν αὐτῷ, Δὸς δόξαν τῷ **θεῷ·**
9:29 ἡμεῖς οἴδαμεν ὅτι Μωϋσεῖ λελάληκεν ὁ **θεός,** τοῦτον δὲ οὐκ οἴδαμεν πόθεν ἐστίν.
9:31 οἴδαμεν ὅτι ἁμαρτωλῶν ὁ **θεὸς** οὐκ ἀκούει, ἀλλ' ἐάν τις θεοσεβὴς ᾖ καὶ τὸ θέλημα αὐτοῦ ποιῇ τούτου ἀκούει.
9:33 εἰ μὴ ἦν οὗτος παρὰ **θεοῦ,** οὐκ ἠδύνατο ποιεῖν οὐδέν.
10:33 καὶ ὅτι σὺ ἄνθρωπος ὢν ποιεῖς σεαυτὸν **θεόν.**
10:34 Οὐκ ἔστιν γεγραμμένον ἐν τῷ νόμῳ ὑμῶν ὅτι Ἐγὼ εἶπα, **Θεοί** ἐστε;
10:35 εἰ ἐκείνους εἶπεν **θεοὺς** πρὸς οὓς ὁ λόγος τοῦ **θεοῦ** ἐγένετο,
10:36 ὃν ὁ πατὴρ ἡγίασεν καὶ ἀπέστειλεν εἰς τὸν κόσμον ὑμεῖς λέγετε ὅτι Βλασφημεῖς, ὅτι εἶπον, Υἱὸς τοῦ **θεοῦ** εἰμι;
11: 4 Αὕτη ἡ ἀσθένεια οὐκ ἔστιν πρὸς θάνατον ἀλλ' ὑπὲρ τῆς δόξης τοῦ **θεοῦ,** ἵνα δοξασθῇ ὁ υἱὸς τοῦ **θεοῦ** δι' αὐτῆς.
11:22 [ἀλλὰ] καὶ νῦν οἶδα ὅτι ὅσα ἂν αἰτήσῃ τὸν **θεὸν** δώσει σοι ὁ **θεός.**
11:27 ἐγὼ πεπίστευκα ὅτι σὺ εἶ ὁ Χριστὸς ὁ υἱὸς τοῦ **θεοῦ** ὁ εἰς τὸν κόσμον ἐρχόμενος.
11:40 Οὐκ εἶπόν σοι ὅτι ἐὰν πιστεύσῃς ὄψῃ τὴν δόξαν τοῦ **θεοῦ;**
11:52 καὶ οὐχ ὑπὲρ τοῦ ἔθνους μόνον ἀλλ' ἵνα καὶ τὰ τέκνα τοῦ **θεοῦ** τὰ διεσκορπισμένα συναγάγῃ εἰς ἕν.
12:43 ἠγάπησαν γὰρ τὴν δόξαν τῶν ἀνθρώπων μᾶλλον ἤπερ τὴν δόξαν τοῦ **θεοῦ.**
13: 3 εἰδὼς ὅτι πάντα ἔδωκεν αὐτῷ ὁ πατὴρ εἰς τὰς χεῖρας καὶ ὅτι ἀπὸ **θεοῦ** ἐξῆλθεν καὶ πρὸς τὸν **θεὸν** ὑπάγει,
13:31 Νῦν ἐδοξάσθη ὁ υἱὸς τοῦ ἀνθρώπου, καὶ ὁ **θεὸς** ἐδοξάσθη ἐν αὐτῷ·
13:32 [εἰ ὁ **θεὸς** ἐδοξάσθη ἐν αὐτῷ,] καὶ ὁ **θεὸς** δοξάσει αὐτὸν ἐν αὐτῷ, καὶ εὐθὺς δοξάσει αὐτόν.
14: 1 πιστεύετε εἰς τὸν **θεὸν** καὶ εἰς ἐμὲ πιστεύετε.
16: 2 ἀλλ' ἔρχεται ὥρα ἵνα πᾶς ὁ ἀποκτείνας ὑμᾶς δόξῃ λατρείαν προσφέρειν τῷ **θεῷ.**
16:27 ὅτι ὑμεῖς ἐμὲ πεφιλήκατε καὶ πεπιστεύκατε ὅτι ἐγὼ παρὰ [τοῦ] **θεοῦ** ἐξῆλθον.
16:30 νῦν οἴδαμεν ὅτι οἶδας πάντα καὶ οὐ χρείαν ἔχεις ἵνα τίς σε ἐρωτᾷ· ἐν τούτῳ πιστεύομεν ὅτι ἀπὸ **θεοῦ** ἐξῆλθες.
17: 3 αὕτη δέ ἐστιν ἡ αἰώνιος ζωὴ ἵνα γινώσκωσιν σὲ τὸν μόνον ἀληθινὸν **θεὸν** καὶ ὃν ἀπέστειλας Ἰησοῦν Χριστόν.
19: 7 Ἡμεῖς νόμον ἔχομεν καὶ κατὰ τὸν νόμον ὀφείλει ἀποθανεῖν, ὅτι υἱὸν **θεοῦ** ἑαυτὸν ἐποίησεν.
20:17 Ἀναβαίνω πρὸς τὸν πατέρα μου καὶ πατέρα ὑμῶν καὶ **θεόν** μου καὶ **θεὸν** ὑμῶν.
20:28 ἀπεκρίθη Θωμᾶς καὶ εἶπεν αὐτῷ, Ὁ κύριός μου καὶ ὁ **θεός** μου.
20:31 ταῦτα δὲ γέγραπται ἵνα πιστεύ[σ]ητε ὅτι Ἰησοῦς ἐστιν ὁ Χριστὸς ὁ υἱὸς τοῦ **θεοῦ,**
21:19 τοῦτο δὲ εἶπεν σημαίνων ποίῳ θανάτῳ δοξάσει τὸν **θεόν.**

Ac 1: 3 δι' ἡμερῶν τεσσεράκοντα ὀπτανόμενος αὐτοῖς καὶ λέγων τὰ περὶ τῆς βασιλείας τοῦ **θεοῦ·**
2:11 ἀκούομεν λαλούντων αὐτῶν ταῖς ἡμετέραις γλώσσαις τὰ μεγαλεῖα τοῦ **θεοῦ.**
2:17 Καὶ ἔσται ἐν ταῖς ἐσχάταις ἡμέραις, λέγει ὁ **θεός,**
2:22 ἄνδρα ἀποδεδειγμένον ἀπὸ τοῦ **θεοῦ** εἰς ὑμᾶς δυνάμεσι καὶ τέρασι καὶ σημείοις οἷς ἐποίησεν δι' αὐτοῦ ὁ **θεὸς** ἐν μέσῳ ὑμῶν καθὼς αὐτοὶ οἴδατε,
2:23 τοῦτον τῇ ὡρισμένῃ βουλῇ καὶ προγνώσει τοῦ **θεοῦ** ἔκδοτον διὰ χειρὸς ἀνόμων προσπήξαντες ἀνείλατε,
2:24 ὃν ὁ **θεὸς** ἀνέστησεν λύσας τὰς ὠδῖνας τοῦ θανάτου,
2:30 καὶ εἰδὼς ὅτι ὅρκῳ ὤμοσεν αὐτῷ ὁ **θεὸς** ἐκ καρποῦ τῆς ὀσφύος αὐτοῦ καθίσαι ἐπὶ τὸν θρόνον αὐτοῦ,
2:32 τοῦτον τὸν Ἰησοῦν ἀνέστησεν ὁ **θεός,** οὗ πάντες ἡμεῖς ἐσμεν μάρτυρες·
2:33 τῇ δεξιᾷ οὖν τοῦ **θεοῦ** ὑψωθείς, τήν τε ἐπαγγελίαν τοῦ πνεύματος τοῦ ἁγίου λαβὼν παρὰ τοῦ πατρός,
2:36 ἀσφαλῶς οὖν γινωσκέτω πᾶς οἶκος Ἰσραὴλ ὅτι καὶ κύριον αὐτὸν καὶ Χριστὸν ἐποίησεν ὁ **θεός,**
2:39 ὑμῖν γάρ ἐστιν ἡ ἐπαγγελία καὶ τοῖς τέκνοις ὑμῶν καὶ πᾶσιν τοῖς εἰς μακράν, ὅσους ἂν προσκαλέσηται κύριος ὁ **θεὸς** ἡμῶν.
2:47 αἰνοῦντες τὸν **θεὸν** καὶ ἔχοντες χάριν πρὸς ὅλον τὸν λαόν.
3: 8 καὶ ἐξαλλόμενος ἔστη καὶ περιεπάτει καὶ εἰσῆλθεν σὺν αὐτοῖς εἰς τὸ ἱερὸν περιπατῶν καὶ ἁλλόμενος καὶ αἰνῶν τὸν **θεόν.**
3: 9 καὶ εἶδεν πᾶς ὁ λαὸς αὐτὸν περιπατοῦντα καὶ αἰνοῦντα τὸν **θεόν·**
3:13 ὁ **θεὸς** Ἀβραὰμ καὶ [ὁ **θεὸς**[NIV-]] Ἰσαὰκ καὶ [ὁ **θεὸς**[NIV-]] Ἰακώβ, ὁ **θεὸς** τῶν πατέρων ἡμῶν,
3:15 τὸν δὲ ἀρχηγὸν τῆς ζωῆς ἀπεκτείνατε ὃν ὁ **θεὸς** ἤγειρεν ἐκ νεκρῶν,
3:18 ὁ δὲ **θεός,** ἃ προκατήγγειλεν διὰ στόματος πάντων τῶν προφητῶν παθεῖν τὸν Χριστὸν αὐτοῦ,
3:21 ὃν δεῖ οὐρανὸν μὲν δέξασθαι ἄχρι χρόνων ἀποκαταστάσεως πάντων ὧν ἐλάλησεν ὁ **θεὸς** διὰ στόματος τῶν ἁγίων ἀπ' αἰῶνος αὐτοῦ προφητῶν.
3:22 Μωϋσῆς μὲν εἶπεν ὅτι Προφήτην ὑμῖν ἀναστήσει κύριος ὁ **θεὸς** ὑμῶν ἐκ τῶν ἀδελφῶν ὑμῶν ὡς ἐμέ·
3:25 ὑμεῖς ἐστε οἱ υἱοὶ τῶν προφητῶν καὶ τῆς διαθήκης ἧς διέθετο ὁ **θεὸς** πρὸς τοὺς πατέρας ὑμῶν λέγων πρὸς Ἀβραάμ,
3:26 ὑμῖν πρῶτον ἀναστήσας ὁ **θεὸς** τὸν παῖδα αὐτοῦ ἀπέστειλεν αὐτὸν εὐλογοῦντα ὑμᾶς ἐν τῷ ἀποστρέφειν ἕκαστον
4:10 ὃν ὁ **θεὸς** ἤγειρεν ἐκ νεκρῶν, ἐν τούτῳ οὗτος παρέστηκεν ἐνώπιον ὑμῶν ὑγιής.
4:19 Εἰ δίκαιόν ἐστιν ἐνώπιον τοῦ **θεοῦ** ὑμῶν ἀκούειν μᾶλλον ἢ τοῦ **θεοῦ,**
4:21 ὅτι πάντες ἐδόξαζον τὸν **θεὸν** ἐπὶ τῷ γεγονότι·
4:24 οἱ δὲ ἀκούσαντες ὁμοθυμαδὸν ἦραν φωνὴν πρὸς τὸν **θεὸν** καὶ εἶπαν,
4:31 καὶ ἐπλήσθησαν ἅπαντες τοῦ ἁγίου πνεύματος καὶ ἐλάλουν τὸν λόγον τοῦ **θεοῦ** μετὰ παρρησίας.
5: 4 τί ὅτι ἔθου ἐν τῇ καρδίᾳ σου τὸ πρᾶγμα τοῦτο; οὐκ ἐψεύσω ἀνθρώποις ἀλλὰ τῷ **θεῷ.**
5:29 ἀποκριθεὶς δὲ Πέτρος καὶ οἱ ἀπόστολοι εἶπαν, Πειθαρχεῖν δεῖ **θεῷ** μᾶλλον ἢ ἀνθρώποις.
5:30 ὁ **θεὸς** τῶν πατέρων ἡμῶν ἤγειρεν Ἰησοῦν ὃν ὑμεῖς διεχειρίσασθε κρεμάσαντες ἐπὶ ξύλου·

5:31 τοῦτον ὁ **θεὸς** ἀρχηγὸν καὶ σωτῆρα ὕψωσεν τῇ δεξιᾷ αὐτοῦ [τοῦ] δοῦναι μετάνοιαν τῷ Ἰσραὴλ καὶ ἄφεσιν ἁμαρτιῶν.
5:32 καὶ ἡμεῖς ἐσμεν μάρτυρες τῶν ῥημάτων τούτων καὶ τὸ πνεῦμα τὸ ἅγιον ὃ ἔδωκεν ὁ **θεὸς** τοῖς πειθαρχοῦσιν αὐτῷ.
5:39 εἰ δὲ ἐκ **θεοῦ** ἐστιν, οὐ δυνήσεσθε καταλῦσαι αὐτούς,
6: 2 Οὐκ ἀρεστόν ἐστιν ἡμᾶς καταλείψαντας τὸν λόγον τοῦ **θεοῦ** διακονεῖν τραπέζαις.
6: 7 Καὶ ὁ λόγος τοῦ **θεοῦ** ηὔξανεν καὶ ἐπληθύνετο ὁ ἀριθμὸς τῶν μαθητῶν ἐν Ἰερουσαλὴμ σφόδρα,
6:11 τότε ὑπέβαλον ἄνδρας λέγοντας ὅτι Ἀκηκόαμεν αὐτοῦ λαλοῦντος ῥήματα βλάσφημα εἰς Μωϋσῆν καὶ τὸν **θεόν·**
7: 2 Ὁ **θεὸς** τῆς δόξης ὤφθη τῷ πατρὶ ἡμῶν Ἀβραὰμ ὄντι ἐν τῇ Μεσοποταμίᾳ πρὶν ἢ κατοικῆσαι αὐτὸν ἐν Χαρρὰν
7: 6 ἐλάλησεν δὲ οὕτως ὁ **θεὸς** ὅτι ἔσται τὸ σπέρμα αὐτοῦ πάροικον ἐν γῇ ἀλλοτρίᾳ καὶ δουλώσουσιν αὐτὸ
7: 7 καὶ τὸ ἔθνος ᾧ ἐὰν δουλεύσουσιν κρινῶ ἐγώ, ὁ **θεὸς** εἶπεν,
7: 9 Καὶ οἱ πατριάρχαι ζηλώσαντες τὸν Ἰωσὴφ ἀπέδοντο εἰς Αἴγυπτον. καὶ ἦν ὁ **θεὸς** μετ᾽ αὐτοῦ
7:17 Καθὼς δὲ ἤγγιζεν ὁ χρόνος τῆς ἐπαγγελίας ἧς ὡμολόγησεν ὁ **θεὸς** τῷ Ἀβραάμ,
7:20 ἐν ᾧ καιρῷ ἐγεννήθη Μωϋσῆς καὶ ἦν ἀστεῖος τῷ **θεῷ·**
7:25 ἐνόμιζεν δὲ συνιέναι τοὺς ἀδελφοὺς [αὐτοῦ] ὅτι ὁ **θεὸς** διὰ χειρὸς αὐτοῦ δίδωσιν σωτηρίαν αὐτοῖς·
7:32 Ἐγὼ ὁ **θεὸς** τῶν πατέρων σου, ὁ **θεὸς** Ἀβραὰμ καὶ Ἰσαὰκ καὶ Ἰακώβ.
7:35 τοῦτον ὁ **θεὸς** [καὶ] ἄρχοντα καὶ λυτρωτὴν ἀπέσταλκεν σὺν χειρὶ ἀγγέλου τοῦ ὀφθέντος αὐτῷ ἐν τῇ βάτῳ.
7:37 Προφήτην ὑμῖν ἀναστήσει ὁ **θεὸς** ἐκ τῶν ἀδελφῶν ὑμῶν ὡς ἐμέ.
7:40 εἰπόντες τῷ Ἀαρών, Ποίησον ἡμῖν **θεοὺς** οἳ προπορεύσονται ἡμῶν·
7:42 ἔστρεψεν δὲ ὁ **θεὸς** καὶ παρέδωκεν αὐτοὺς λατρεύειν τῇ στρατιᾷ τοῦ οὐρανοῦ καθὼς γέγραπται ἐν βίβλῳ τῶν προφητῶν,
7:43 καὶ ἀνελάβετε τὴν σκηνὴν τοῦ Μολὸχ καὶ τὸ ἄστρον τοῦ **θεοῦ** [ὑμῶν] Ῥαιφάν,
7:45 ὣν ἐξῶσεν ὁ **θεὸς** ἀπὸ προσώπου τῶν πατέρων ἡμῶν ἕως τῶν ἡμερῶν Δαυίδ,
7:46 ὃς εὗρεν χάριν ἐνώπιον τοῦ **θεοῦ** καὶ ᾐτήσατο εὑρεῖν σκήνωμα τῷ **θεῷ**[NIV; UBS *3875*] Ἰακώβ.
7:55 πλήρης πνεύματος ἁγίου ἀτενίσας εἰς τὸν οὐρανὸν εἶδεν δόξαν **θεοῦ** καὶ Ἰησοῦν ἑστῶτα ἐκ δεξιῶν τοῦ **θεοῦ**
7:56 Ἰδοὺ θεωρῶ τοὺς οὐρανοὺς διηνοιγμένους καὶ τὸν υἱὸν τοῦ ἀνθρώπου ἐκ δεξιῶν ἑστῶτα τοῦ **θεοῦ.**
8:10 Οὗτός ἐστιν ἡ δύναμις τοῦ **θεοῦ** ἡ καλουμένη Μεγάλη.
8:12 ὅτε δὲ ἐπίστευσαν τῷ Φιλίππῳ εὐαγγελιζομένῳ περὶ τῆς βασιλείας τοῦ **θεοῦ** καὶ τοῦ ὀνόματος Ἰησοῦ Χριστοῦ,
8:14 Ἀκούσαντες δὲ οἱ ἐν Ἱεροσολύμοις ἀπόστολοι ὅτι δέδεκται ἡ Σαμάρεια τὸν λόγον τοῦ **θεοῦ,**
8:20 Τὸ ἀργύριόν σου σὺν σοὶ εἴη εἰς ἀπώλειαν ὅτι τὴν δωρεὰν τοῦ **θεοῦ** ἐνόμισας διὰ χρημάτων κτᾶσθαι.
8:21 ἡ γὰρ καρδία σου οὐκ ἔστιν εὐθεῖα ἔναντι τοῦ **θεοῦ.**
9:20 καὶ εὐθέως ἐν ταῖς συναγωγαῖς ἐκήρυσσεν τὸν Ἰησοῦν ὅτι οὗτός ἐστιν ὁ υἱὸς τοῦ **θεοῦ.**
10: 2 καὶ φοβούμενος τὸν **θεὸν** σὺν παντὶ τῷ οἴκῳ αὐτοῦ, ποιῶν ἐλεημοσύνας πολλὰς τῷ λαῷ καὶ δεόμενος τοῦ **θεοῦ** διὰ παντός,
10: 3 εἶδεν ἐν ὁράματι φανερῶς ὡσεὶ περὶ ὥραν ἐνάτην τῆς ἡμέρας ἄγγελον τοῦ **θεοῦ** εἰσελθόντα πρὸς αὐτὸν καὶ εἰπόντα αὐτῷ,
10: 4 Αἱ προσευχαί σου καὶ αἱ ἐλεημοσύναι σου ἀνέβησαν εἰς μνημόσυνον ἔμπροσθεν τοῦ **θεοῦ.**
10:15 καὶ φωνὴ πάλιν ἐκ δευτέρου πρὸς αὐτόν, Ἃ ὁ **θεὸς** ἐκαθάρισεν, σὺ μὴ κοίνου.
10:22 Κορνήλιος ἑκατοντάρχης, ἀνὴρ δίκαιος καὶ φοβούμενος τὸν **θεόν,**
10:28 κἀμοὶ ὁ **θεὸς** ἔδειξεν μηδένα κοινὸν ἢ ἀκάθαρτον λέγειν ἄνθρωπον·
10:31 εἰσηκούσθη σου ἡ προσευχὴ καὶ αἱ ἐλεημοσύναι σου ἐμνήσθησαν ἐνώπιον τοῦ **θεοῦ.**
10:33 νῦν οὖν πάντες ἡμεῖς ἐνώπιον τοῦ **θεοῦ** πάρεσμεν ἀκοῦσαι πάντα τὰ προστεταγμένα σοι ὑπὸ τοῦ κυρίου.
10:34 Ἐπ᾽ ἀληθείας καταλαμβάνομαι ὅτι οὐκ ἔστιν προσωπολήμπτης ὁ **θεός,**
10:38 ἔχρισεν αὐτὸν ὁ **θεὸς** πνεύματι ἁγίῳ καὶ δυνάμει, ὃς διῆλθεν εὐεργετῶν καὶ ἰώμενος πάντας τοὺς καταδυναστευομένους ὑπὸ τοῦ διαβόλου, ὅτι ὁ **θεὸς** ἦν μετ᾽ αὐτοῦ.
10:40 τοῦτον ὁ **θεὸς** ἤγειρεν [ἐν] τῇ τρίτῃ ἡμέρᾳ καὶ ἔδωκεν αὐτὸν ἐμφανῆ γενέσθαι,
10:41 οὐ παντὶ τῷ λαῷ ἀλλὰ μάρτυσιν τοῖς προκεχειροτονημένοις ὑπὸ τοῦ **θεοῦ,**
10:42 κηρύξαι τῷ λαῷ καὶ διαμαρτύρασθαι ὅτι οὗτός ἐστιν ὁ ὡρισμένος ὑπὸ τοῦ **θεοῦ** κριτὴς ζώντων καὶ νεκρῶν.
10:46 ἤκουον γὰρ αὐτῶν λαλούντων γλώσσαις καὶ μεγαλυνόντων τὸν **θεόν.**
11: 1 Ἤκουσαν δὲ οἱ ἀπόστολοι καὶ οἱ ἀδελφοὶ οἱ ὄντες κατὰ τὴν Ἰουδαίαν ὅτι καὶ τὰ ἔθνη ἐδέξαντο τὸν λόγον τοῦ **θεοῦ.**
11: 9 ἀπεκρίθη δὲ φωνὴ ἐκ δευτέρου ἐκ τοῦ οὐρανοῦ, Ἃ ὁ **θεὸς** ἐκαθάρισεν, σὺ μὴ κοίνου.
11:17 εἰ οὖν τὴν ἴσην δωρεὰν ἔδωκεν αὐτοῖς ὁ **θεὸς** ὡς καὶ ἡμῖν πιστεύσασιν ἐπὶ τὸν κύριον Ἰησοῦν Χριστόν, ἐγὼ τίς ἤμην δυνατὸς κωλῦσαι τὸν **θεόν;**
11:18 ἡσύχασαν καὶ ἐδόξασαν τὸν **θεὸν** λέγοντες, Ἄρα καὶ τοῖς ἔθνεσιν ὁ **θεὸς** τὴν μετάνοιαν εἰς ζωὴν ἔδωκεν.
11:23 ὃς παραγενόμενος καὶ ἰδὼν τὴν χάριν [τὴν] τοῦ **θεοῦ,**
12: 5 προσευχὴ δὲ ἦν ἐκτενῶς γινομένη ὑπὸ τῆς ἐκκλησίας πρὸς τὸν **θεὸν** περὶ αὐτοῦ.
12:22 ὁ δὲ δῆμος ἐπεφώνει, **Θεοῦ** φωνὴ καὶ οὐκ ἀνθρώπου.
12:23 παραχρῆμα δὲ ἐπάταξεν αὐτὸν ἄγγελος κυρίου ἀνθ᾽ ὧν οὐκ ἔδωκεν τὴν δόξαν τῷ **θεῷ,**
12:24 Ὁ δὲ λόγος τοῦ **θεοῦ** ηὔξανεν καὶ ἐπληθύνετο.
13: 5 καὶ γενόμενοι ἐν Σαλαμῖνι κατήγγελλον τὸν λόγον τοῦ **θεοῦ** ἐν ταῖς συναγωγαῖς τῶν Ἰουδαίων.
13: 7 οὗτος προσκαλεσάμενος Βαρναβᾶν καὶ Σαῦλον ἐπεζήτησεν ἀκοῦσαι τὸν λόγον τοῦ **θεοῦ.**
13:16 Ἄνδρες Ἰσραηλῖται καὶ οἱ φοβούμενοι τὸν **θεόν,** ἀκούσατε.
13:17 ὁ **θεὸς** τοῦ λαοῦ τούτου Ἰσραὴλ ἐξελέξατο τοὺς πατέρας ἡμῶν καὶ τὸν λαὸν ὕψωσεν ἐν τῇ παροικίᾳ ἐν γῇ Αἰγύπτου
13:21 κἀκεῖθεν ᾐτήσαντο βασιλέα καὶ ἔδωκεν αὐτοῖς ὁ **θεὸς** τὸν Σαοὺλ υἱὸν Κίς,
13:23 τούτου ὁ **θεὸς** ἀπὸ τοῦ σπέρματος κατ᾽ ἐπαγγελίαν ἤγαγεν τῷ Ἰσραὴλ σωτῆρα Ἰησοῦν,
13:26 υἱοὶ γένους Ἀβραὰμ καὶ οἱ ἐν ὑμῖν φοβούμενοι τὸν **θεόν,**
13:30 ὁ δὲ **θεὸς** ἤγειρεν αὐτὸν ἐκ νεκρῶν,
13:33 ὅτι ταύτην ὁ **θεὸς** ἐκπεπλήρωκεν τοῖς τέκνοις [αὐτῶν] ἡμῖν ἀναστήσας Ἰησοῦν ὡς καὶ ἐν τῷ ψαλμῷ γέγραπται τῷ δευτέρῳ,
13:36 Δαυὶδ μὲν γὰρ ἰδίᾳ γενεᾷ ὑπηρετήσας τῇ τοῦ **θεοῦ** βουλῇ ἐκοιμήθη καὶ προσετέθη πρὸς τοὺς πατέρας αὐτοῦ
13:37 ὃν δὲ ὁ **θεὸς** ἤγειρεν, οὐκ εἶδεν διαφθοράν.
13:43 οἵτινες προσλαλοῦντες αὐτοῖς ἔπειθον αὐτοὺς προσμένειν τῇ χάριτι τοῦ **θεοῦ.**
13:46 Ὑμῖν ἦν ἀναγκαῖον πρῶτον λαληθῆναι τὸν λόγον τοῦ **θεοῦ·**
14:11 ἐπῆραν τὴν φωνὴν αὐτῶν Λυκαονιστὶ λέγοντες, Οἱ **θεοὶ** ὁμοιωθέντες ἀνθρώποις κατέβησαν πρὸς ἡμᾶς,
14:15 καὶ ἡμεῖς ὁμοιοπαθεῖς ἐσμεν ὑμῖν ἄνθρωποι εὐαγγελιζόμενοι ὑμᾶς ἀπὸ τούτων τῶν ματαίων ἐπιστρέφειν ἐπὶ **θεὸν** ζῶντα,
14:22 παρακαλοῦντες ἐμμένειν τῇ πίστει καὶ ὅτι διὰ πολλῶν θλίψεων δεῖ ἡμᾶς εἰσελθεῖν εἰς τὴν βασιλείαν τοῦ **θεοῦ.**
14:26 ὅθεν ἦσαν παραδεδομένοι τῇ χάριτι τοῦ **θεοῦ** εἰς τὸ ἔργον ὃ ἐπλήρωσαν.
14:27 καὶ συναγαγόντες τὴν ἐκκλησίαν ἀνήγγελλον ὅσα ἐποίησεν ὁ **θεὸς** μετ᾽ αὐτῶν καὶ ὅτι ἤνοιξεν τοῖς ἔθνεσιν θύραν πίστεως.
15: 4 ἀνήγγειλάν τε ὅσα ὁ **θεὸς** ἐποίησεν μετ᾽ αὐτῶν.
15: 7 ὅτι ἀφ᾽ ἡμερῶν ἀρχαίων ἐν ὑμῖν ἐξελέξατο ὁ **θεὸς** διὰ τοῦ στόματός μου ἀκοῦσαι τὰ ἔθνη τὸν λόγον τοῦ εὐαγγελίου
15: 8 καὶ ὁ καρδιογνώστης **θεὸς** ἐμαρτύρησεν αὐτοῖς δοὺς τὸ πνεῦμα τὸ ἅγιον καθὼς καὶ ἡμῖν
15:10 νῦν οὖν τί πειράζετε τὸν **θεὸν** ἐπιθεῖναι ζυγὸν ἐπὶ τὸν τράχηλον τῶν μαθητῶν ὃν οὔτε οἱ πατέρες ἡμῶν οὔτε ἡμεῖς ἰσχύσαμεν βαστάσαι;
15:12 καὶ ἤκουον Βαρναβᾶ καὶ Παύλου ἐξηγουμένων ὅσα ἐποίησεν ὁ **θεὸς** σημεῖα καὶ τέρατα ἐν τοῖς ἔθνεσιν δι᾽ αὐτῶν.
15:14 Συμεὼν ἐξηγήσατο καθὼς πρῶτον ὁ **θεὸς** ἐπεσκέψατο λαβεῖν ἐξ ἐθνῶν λαὸν τῷ ὀνόματι αὐτοῦ.
15:19 διὸ ἐγὼ κρίνω μὴ παρενοχλεῖν τοῖς ἀπὸ τῶν ἐθνῶν ἐπιστρέφουσιν ἐπὶ τὸν **θεόν,**
16:10 εὐθέως ἐζητήσαμεν ἐξελθεῖν εἰς Μακεδονίαν συμβιβάζοντες ὅτι προσκέκληται ἡμᾶς ὁ **θεὸς** εὐαγγελίσασθαι αὐτούς.
16:14 καί τις γυνὴ ὀνόματι Λυδία, πορφυρόπωλις πόλεως Θυατείρων σεβομένη τὸν **θεόν,** ἤκουεν,
16:17 Οὗτοι οἱ ἄνθρωποι δοῦλοι τοῦ **θεοῦ** τοῦ ὑψίστου εἰσίν,
16:25 Κατὰ δὲ τὸ μεσονύκτιον Παῦλος καὶ Σιλᾶς προσευχόμενοι ὕμνουν τὸν **θεόν,**
16:34 ἀναγαγών τε αὐτοὺς εἰς τὸν οἶκον παρέθηκεν τράπεζαν καὶ ἠγαλλιάσατο πανοικεὶ πεπιστευκὼς τῷ **θεῷ.**

17:13 Ὡς δὲ ἔγνωσαν οἱ ἀπὸ τῆς Θεσσαλονίκης Ἰουδαῖοι ὅτι καὶ ἐν τῇ Βεροίᾳ κατηγγέλη ὑπὸ τοῦ Παύλου ὁ λόγος τοῦ **θεοῦ,**
17:23 διερχόμενος γὰρ καὶ ἀναθεωρῶν τὰ σεβάσματα ὑμῶν εὗρον καὶ βωμὸν ἐν ᾧ ἐπεγέγραπτο, Ἀγνώστῳ **θεῷ.**
17:24 ὁ **θεὸς** ὁ ποιήσας τὸν κόσμον καὶ πάντα τὰ ἐν αὐτῷ,
17:27 ζητεῖν τὸν **θεόν,** εἰ ἄρα γε ψηλαφήσειαν αὐτὸν καὶ εὕροιεν,
17:29 γένος οὖν ὑπάρχοντες τοῦ **θεοῦ** οὐκ ὀφείλομεν νομίζειν χρυσῷ ἢ ἀργύρῳ ἢ λίθῳ,
17:30 τοὺς μὲν οὖν χρόνους τῆς ἀγνοίας ὑπεριδὼν ὁ **θεός,**
18: 7 καὶ μεταβὰς ἐκεῖθεν εἰσῆλθεν εἰς οἰκίαν τινὸς ὀνόματι Τιτίου Ἰούστου σεβομένου τὸν **θεόν,**
18:11 Ἐκάθισεν δὲ ἐνιαυτὸν καὶ μῆνας ἓξ διδάσκων ἐν αὐτοῖς τὸν λόγον τοῦ **θεοῦ.**
18:13 λέγοντες ὅτι Παρὰ τὸν νόμον ἀναπείθει οὗτος τοὺς ἀνθρώπους σέβεσθαι τὸν **θεόν.**
18:21 Πάλιν ἀνακάμψω πρὸς ὑμᾶς τοῦ **θεοῦ** θέλοντος, ἀνήχθη ἀπὸ τῆς Ἐφέσου,
18:26 ἀκούσαντες δὲ αὐτοῦ Πρίσκιλλα καὶ Ἀκύλας προσελάβοντο αὐτὸν καὶ ἀκριβέστερον αὐτῷ ἐξέθεντο τὴν ὁδὸν [τοῦ **θεοῦ.**]
19: 8 εἰς τὴν συναγωγὴν ἐπαρρησιάζετο ἐπὶ μῆνας τρεῖς διαλεγόμενος καὶ πείθων [τὰ] περὶ τῆς βασιλείας τοῦ **θεοῦ.**
19:11 Δυνάμεις τε οὐ τὰς τυχούσας ὁ **θεὸς** ἐποίει διὰ τῶν χειρῶν Παύλου,
19:26 ὁ Παῦλος οὗτος πείσας μετέστησεν ἱκανὸν ὄχλον λέγων ὅτι οὐκ εἰσὶν **θεοὶ** οἱ διὰ χειρῶν γινόμενοι.
19:37 ἠγάγετε γὰρ τοὺς ἄνδρας τούτους οὔτε ἱεροσύλους οὔτε βλασφημοῦντας τὴν **θεὸν** ἡμῶν.
20:21 διαμαρτυρόμενος Ἰουδαίοις τε καὶ Ἕλλησιν τὴν εἰς **θεὸν** μετάνοιαν καὶ πίστιν εἰς τὸν κύριον ἡμῶν Ἰησοῦν.
20:24 τὸν δρόμον μου καὶ τὴν διακονίαν ἣν ἔλαβον παρὰ τοῦ κυρίου Ἰησοῦ, διαμαρτύρασθαι τὸ εὐαγγέλιον τῆς χάριτος τοῦ **θεοῦ.**
20:27 οὐ γὰρ ὑπεστειλάμην τοῦ μὴ ἀναγγεῖλαι πᾶσαν τὴν βουλὴν τοῦ **θεοῦ** ὑμῖν.
20:28 ἐν ᾧ ὑμᾶς τὸ πνεῦμα τὸ ἅγιον ἔθετο ἐπισκόπους ποιμαίνειν τὴν ἐκκλησίαν τοῦ **θεοῦ,**
20:32 καὶ τὰ νῦν παρατίθεμαι ὑμᾶς τῷ **θεῷ** καὶ τῷ λόγῳ τῆς χάριτος αὐτοῦ,
21:19 ὧν ἐποίησεν ὁ **θεὸς** ἐν τοῖς ἔθνεσιν διὰ τῆς διακονίας αὐτοῦ.
21:20 οἱ δὲ ἀκούσαντες ἐδόξαζον τὸν **θεὸν** εἶπόν τε αὐτῷ,
22: 3 ζηλωτὴς ὑπάρχων τοῦ **θεοῦ** καθὼς πάντες ὑμεῖς ἐστε σήμερον·
22:14 Ὁ **θεὸς** τῶν πατέρων ἡμῶν προεχειρίσατό σε γνῶναι τὸ θέλημα αὐτοῦ καὶ ἰδεῖν τὸν δίκαιον καὶ ἀκοῦσαι φωνὴν
23: 1 ἐγὼ πάσῃ συνειδήσει ἀγαθῇ πεπολίτευμαι τῷ **θεῷ** ἄχρι ταύτης τῆς ἡμέρας.
23: 3 τότε ὁ Παῦλος πρὸς αὐτὸν εἶπεν, Τύπτειν σε μέλλει ὁ **θεός,** τοῖχε κεκονιαμένε·
23: 4 οἱ δὲ παρεστῶτες εἶπαν, Τὸν ἀρχιερέα τοῦ **θεοῦ** λοιδορεῖς;
24:14 οὕτως λατρεύω τῷ πατρῴῳ **θεῷ** πιστεύων πᾶσι τοῖς κατὰ τὸν νόμον καὶ τοῖς ἐν τοῖς προφήταις γεγραμμένοις,
24:15 ἐλπίδα ἔχων εἰς τὸν **θεὸν** ἣν καὶ αὐτοὶ οὗτοι προσδέχονται,
24:16 ἐν τούτῳ καὶ αὐτὸς ἀσκῶ ἀπρόσκοπον συνείδησιν ἔχειν πρὸς τὸν **θεὸν** καὶ τοὺς ἀνθρώπους διὰ παντός.
26: 6 καὶ νῦν ἐπ᾽ ἐλπίδι τῆς εἰς τοὺς πατέρας ἡμῶν ἐπαγγελίας γενομένης ὑπὸ τοῦ **θεοῦ** ἕστηκα κρινόμενος,
26: 8 τί ἄπιστον κρίνεται παρ᾽ ὑμῖν εἰ ὁ **θεὸς** νεκροὺς ἐγείρει;
26:18 τοῦ ἐπιστρέψαι ἀπὸ σκότους εἰς φῶς καὶ τῆς ἐξουσίας τοῦ Σατανᾶ ἐπὶ τὸν **θεόν,**
26:20 πᾶσάν τε τὴν χώραν τῆς Ἰουδαίας καὶ τοῖς ἔθνεσιν ἀπήγγελλον μετανοεῖν καὶ ἐπιστρέφειν ἐπὶ τὸν **θεόν,**
26:22 ἐπικουρίας οὖν τυχὼν τῆς ἀπὸ τοῦ **θεοῦ** ἄχρι τῆς ἡμέρας ταύτης ἕστηκα μαρτυρόμενος μικρῷ τε καὶ μεγάλῳ
26:29 Εὐξαίμην ἂν τῷ **θεῷ** καὶ ἐν ὀλίγῳ καὶ ἐν μεγάλῳ οὐ μόνον σὲ ἀλλὰ καὶ πάντας τοὺς ἀκούοντάς μου σήμερον
27:23 παρέστη γάρ μοι ταύτῃ τῇ νυκτὶ τοῦ **θεοῦ,**
27:24 ἰδοὺ κεχάρισταί σοι ὁ **θεὸς** πάντας τοὺς πλέοντας μετὰ σοῦ.
27:25 πιστεύω γὰρ τῷ **θεῷ** ὅτι οὕτως ἔσται καθ᾽ ὃν τρόπον λελάληταί μοι.
27:35 εἴπας δὲ ταῦτα καὶ λαβὼν ἄρτον εὐχαρίστησεν τῷ **θεῷ** ἐνώπιον πάντων καὶ κλάσας ἤρξατο ἐσθίειν.
28: 6 αὐτῶν προσδοκώντων καὶ θεωρούντων μηδὲν ἄτοπον εἰς αὐτὸν γινόμενον μεταβαλόμενοι ἔλεγον αὐτὸν εἶναι **θεόν.**
28:15 ἦλθαν εἰς ἀπάντησιν ἡμῖν ἄχρι Ἀππίου Φόρου καὶ Τριῶν οὓς ἰδὼν ὁ Παῦλος εὐχαριστήσας τῷ **θεῷ** ἔλαβε θάρσος.
28:23 Ταξάμενοι δὲ αὐτῷ ἡμέραν ἦλθον πρὸς αὐτὸν εἰς τὴν ξενίαν πλείονες οἷς ἐξετίθετο διαμαρτυρόμενος τὴν βασιλείαν τοῦ **θεοῦ,**
28:28 γνωστὸν οὖν ἔστω ὑμῖν ὅτι τοῖς ἔθνεσιν ἀπεστάλη τοῦτο τὸ σωτήριον τοῦ **θεοῦ·**
28:31 κηρύσσων τὴν βασιλείαν τοῦ **θεοῦ** καὶ διδάσκων τὰ περὶ τοῦ κυρίου Ἰησοῦ Χριστοῦ μετὰ πάσης παρρησίας ἀκωλύτως.

Ro 1: 1 Παῦλος δοῦλος Χριστοῦ Ἰησοῦ, κλητὸς ἀπόστολος ἀφωρισμένος εἰς εὐαγγέλιον **θεοῦ,**
1: 4 τοῦ ὁρισθέντος υἱοῦ **θεοῦ** ἐν δυνάμει κατὰ πνεῦμα ἁγιωσύνης ἐξ ἀναστάσεως νεκρῶν,
1: 7 πᾶσιν τοῖς οὖσιν ἐν Ῥώμῃ ἀγαπητοῖς **θεοῦ,** κλητοῖς ἁγίοις, χάρις ὑμῖν καὶ εἰρήνη ἀπὸ **θεοῦ** πατρὸς ἡμῶν καὶ κυρίου Ἰησοῦ Χριστοῦ.
1: 8 Πρῶτον μὲν εὐχαριστῶ τῷ **θεῷ** μου διὰ Ἰησοῦ Χριστοῦ περὶ πάντων ὑμῶν ὅτι ἡ πίστις ὑμῶν καταγγέλλεται
1: 9 μάρτυς γάρ μού ἐστιν ὁ **θεός,** ᾧ λατρεύω ἐν τῷ πνεύματί μου ἐν τῷ εὐαγγελίῳ τοῦ υἱοῦ αὐτοῦ,
1:10 πάντοτε ἐπὶ τῶν προσευχῶν μου δεόμενος εἴ πως ἤδη ποτὲ εὐοδωθήσομαι ἐν τῷ θελήματι τοῦ **θεοῦ** ἐλθεῖν πρὸς ὑμᾶς.
1:16 δύναμις γὰρ **θεοῦ** ἐστιν εἰς σωτηρίαν παντὶ τῷ πιστεύοντι,
1:17 δικαιοσύνη γὰρ **θεοῦ** ἐν αὐτῷ ἀποκαλύπτεται ἐκ πίστεως εἰς πίστιν,
1:18 Ἀποκαλύπτεται γὰρ ὀργὴ **θεοῦ** ἀπ᾽ οὐρανοῦ ἐπὶ πᾶσαν ἀσέβειαν καὶ ἀδικίαν ἀνθρώπων τῶν τὴν ἀλήθειαν ἐν ἀδικίᾳ κατεχόντων,
1:19 διότι τὸ γνωστὸν τοῦ **θεοῦ** φανερόν ἐστιν ἐν αὐτοῖς· ὁ **θεὸς** γὰρ αὐτοῖς ἐφανέρωσεν.
1:21 διότι γνόντες τὸν **θεὸν** οὐχ ὡς **θεὸν** ἐδόξασαν ἢ ηὐχαρίστησαν,
1:23 ἤλλαξαν τὴν δόξαν τοῦ ἀφθάρτου **θεοῦ** ἐν ὁμοιώματι εἰκόνος φθαρτοῦ ἀνθρώπου καὶ πετεινῶν καὶ τετραπόδων καὶ ἑρπετῶν.
1:24 Διὸ παρέδωκεν αὐτοὺς ὁ **θεὸς** ἐν ταῖς ἐπιθυμίαις τῶν καρδιῶν αὐτῶν εἰς ἀκαθαρσίαν τοῦ ἀτιμάζεσθαι τὰ σώματα αὐτῶν ἐν αὐτοῖς·
1:25 οἵτινες μετήλλαξαν τὴν ἀλήθειαν τοῦ **θεοῦ** ἐν τῷ ψεύδει καὶ ἐσεβάσθησαν καὶ ἐλάτρευσαν τῇ κτίσει παρὰ τὸν κτίσαντα,
1:26 διὰ τοῦτο παρέδωκεν αὐτοὺς ὁ **θεὸς** εἰς πάθη ἀτιμίας,
1:28 καθὼς οὐκ ἐδοκίμασαν τὸν **θεὸν** ἔχειν ἐν ἐπιγνώσει, παρέδωκεν αὐτοὺς ὁ **θεὸς** εἰς ἀδόκιμον νοῦν, ποιεῖν τὰ μὴ καθήκοντα,
1:32 οἵτινες τὸ δικαίωμα τοῦ **θεοῦ** ἐπιγνόντες ὅτι οἱ τὰ τοιαῦτα πράσσοντες ἄξιοι θανάτου εἰσίν,
2: 2 οἴδαμεν δὲ ὅτι τὸ κρίμα τοῦ **θεοῦ** ἐστιν κατὰ ἀλήθειαν ἐπὶ τοὺς τὰ τοιαῦτα πράσσοντας.
2: 3 ὦ ἄνθρωπε ὁ κρίνων τοὺς τὰ τοιαῦτα πράσσοντας καὶ ποιῶν αὐτά, ὅτι σὺ ἐκφεύξῃ τὸ κρίμα τοῦ **θεοῦ;**
2: 4 ἀγνοῶν ὅτι τὸ χρηστὸν τοῦ **θεοῦ** εἰς μετάνοιάν σε ἄγει;
2: 5 καὶ ἀμετανόητον καρδίαν θησαυρίζεις σεαυτῷ ὀργὴν ἐν ἡμέρᾳ ὀργῆς καὶ ἀποκαλύψεως δικαιοκρισίας τοῦ **θεοῦ**
2:11 οὐ γάρ ἐστιν προσωπολημψία παρὰ τῷ **θεῷ.**
2:13 οὐ γὰρ οἱ ἀκροαταὶ νόμου δίκαιοι παρὰ [τῷ] **θεῷ,**
2:16 ἐν ἡμέρᾳ ὅτε κρίνει ὁ **θεὸς** τὰ κρυπτὰ τῶν ἀνθρώπων κατὰ τὸ εὐαγγέλιόν μου διὰ Χριστοῦ Ἰησοῦ.
2:17 Εἰ δὲ σὺ Ἰουδαῖος ἐπονομάζῃ καὶ ἐπαναπαύῃ νόμῳ καὶ καυχᾶσαι ἐν **θεῷ**
2:23 διὰ τῆς παραβάσεως τοῦ νόμου τὸν **θεὸν** ἀτιμάζεις·
2:24 τὸ γὰρ ὄνομα τοῦ **θεοῦ** δι᾽ ὑμᾶς βλασφημεῖται ἐν τοῖς ἔθνεσιν,
2:29 οὗ ὁ ἔπαινος οὐκ ἐξ ἀνθρώπων ἀλλ᾽ ἐκ τοῦ **θεοῦ.**
3: 2 πρῶτον μὲν [γὰρ] ὅτι ἐπιστεύθησαν τὰ λόγια τοῦ **θεοῦ.**
3: 3 μὴ ἡ ἀπιστία αὐτῶν τὴν πίστιν τοῦ **θεοῦ** καταργήσει;
3: 4 γινέσθω δὲ ὁ **θεὸς** ἀληθής, πᾶς δὲ ἄνθρωπος ψεύστης,
3: 5 εἰ δὲ ἡ ἀδικία ἡμῶν **θεοῦ** δικαιοσύνην συνίστησιν, τί ἐροῦμεν; μὴ ἄδικος ὁ **θεὸς** ὁ ἐπιφέρων τὴν ὀργήν;
3: 6 μὴ γένοιτο· ἐπεὶ πῶς κρινεῖ ὁ **θεὸς** τὸν κόσμον;
3: 7 εἰ δὲ ἡ ἀλήθεια τοῦ **θεοῦ** ἐν τῷ ἐμῷ ψεύσματι ἐπερίσσευσεν εἰς τὴν δόξαν αὐτοῦ,
3:11 οὐκ ἔστιν ὁ συνίων, οὐκ ἔστιν ὁ ἐκζητῶν τὸν **θεόν.**
3:18 οὐκ ἔστιν φόβος **θεοῦ** ἀπέναντι τῶν ὀφθαλμῶν αὐτῶν.
3:19 ἵνα πᾶν στόμα φραγῇ καὶ ὑπόδικος γένηται πᾶς ὁ κόσμος τῷ **θεῷ·**
3:21 Νυνὶ δὲ χωρὶς νόμου δικαιοσύνη **θεοῦ** πεφανέρωται μαρτυρουμένη ὑπὸ τοῦ νόμου καὶ τῶν προφητῶν,
3:22 δικαιοσύνη δὲ **θεοῦ** διὰ πίστεως Ἰησοῦ Χριστοῦ εἰς πάντας τοὺς πιστεύοντας.
3:23 πάντες γὰρ ἥμαρτον καὶ ὑστεροῦνται τῆς δόξης τοῦ **θεοῦ**
3:25 ὃν προέθετο ὁ **θεὸς** ἱλαστήριον διὰ [τῆς] πίστεως ἐν τῷ αὐτοῦ αἵματι εἰς ἔνδειξιν τῆς δικαιοσύνης αὐτοῦ
3:26 ἐν τῇ ἀνοχῇ τοῦ **θεοῦ,** πρὸς τὴν ἔνδειξιν τῆς δικαιοσύνης αὐτοῦ ἐν τῷ νῦν καιρῷ,
3:29 ἢ Ἰουδαίων ὁ **θεὸς** μόνον; οὐχὶ καὶ ἐθνῶν;

3:30 εἴπερ εἷς ὁ **θεὸς** ὃς δικαιώσει περιτομὴν ἐκ πίστεως καὶ ἀκροβυστίαν διὰ τῆς πίστεως.
4: 2 εἰ γὰρ Ἀβραὰμ ἐξ ἔργων ἐδικαιώθη, ἔχει καύχημα, ἀλλ' οὐ πρὸς **θεόν.**
4: 3 Ἐπίστευσεν δὲ Ἀβραὰμ τῷ **θεῷ** καὶ ἐλογίσθη αὐτῷ εἰς δικαιοσύνην.
4: 6 καθάπερ καὶ Δαυὶδ λέγει τὸν μακαρισμὸν τοῦ ἀνθρώπου ᾧ ὁ **θεὸς** λογίζεται δικαιοσύνην χωρὶς ἔργων,
4:17 κατέναντι οὗ ἐπίστευσεν **θεοῦ** τοῦ ζῳοποιοῦντος τοὺς νεκροὺς καὶ καλοῦντος τὰ μὴ ὄντα ὡς ὄντα·
4:20 εἰς δὲ τὴν ἐπαγγελίαν τοῦ **θεοῦ** οὐ διεκρίθη τῇ ἀπιστίᾳ ἀλλ' ἐνεδυναμώθη τῇ πίστει, δοὺς δόξαν τῷ **θεῷ**
5: 1 Δικαιωθέντες οὖν ἐκ πίστεως εἰρήνην ἔχομεν πρὸς τὸν **θεὸν** διὰ τοῦ κυρίου ἡμῶν Ἰησοῦ Χριστοῦ
5: 2 τὴν προσαγωγὴν ἐσχήκαμεν [τῇ πίστει] εἰς τὴν χάριν ταύτην ἐν ᾗ ἑστήκαμεν καὶ καυχώμεθα ἐπ' ἐλπίδι τῆς δόξης τοῦ **θεοῦ.**
5: 5 ὅτι ἡ ἀγάπη τοῦ **θεοῦ** ἐκκέχυται ἐν ταῖς καρδίαις ἡμῶν διὰ πνεύματος ἁγίου τοῦ δοθέντος ἡμῖν.
5: 8 συνίστησιν δὲ τὴν ἑαυτοῦ ἀγάπην εἰς ἡμᾶς ὁ **θεός,**
5:10 εἰ γὰρ ἐχθροὶ ὄντες κατηλλάγημεν τῷ **θεῷ** διὰ τοῦ θανάτου τοῦ υἱοῦ αὐτοῦ,
5:11 ἀλλὰ καὶ καυχώμενοι ἐν τῷ **θεῷ** διὰ τοῦ κυρίου ἡμῶν Ἰησοῦ Χριστοῦ δι' οὗ νῦν τὴν καταλλαγὴν ἐλάβομεν.
5:15 πολλῷ μᾶλλον ἡ χάρις τοῦ **θεοῦ** καὶ ἡ δωρεὰ ἐν χάριτι τῇ τοῦ ἑνὸς ἀνθρώπου Ἰησοῦ Χριστοῦ εἰς τοὺς πολλοὺς ἐπερίσσευσεν.
6:10 τῇ ἁμαρτίᾳ ἀπέθανεν ἐφάπαξ· ὃ δὲ ζῇ, ζῇ τῷ **θεῷ.**
6:11 οὕτως καὶ ὑμεῖς λογίζεσθε ἑαυτοὺς [εἶναι] νεκροὺς μὲν τῇ ἁμαρτίᾳ ζῶντας δὲ τῷ **θεῷ** ἐν Χριστῷ Ἰησοῦ.
6:13 ἀλλὰ παραστήσατε ἑαυτοὺς τῷ **θεῷ** ὡσεὶ ἐκ νεκρῶν ζῶντας καὶ τὰ μέλη ὑμῶν ὅπλα δικαιοσύνης τῷ **θεῷ.**
6:17 χάρις δὲ τῷ **θεῷ** ὅτι ἦτε δοῦλοι τῆς ἁμαρτίας ὑπηκούσατε δὲ ἐκ καρδίας εἰς ὃν παρεδόθητε τύπον διδαχῆς,
6:22 νυνὶ δὲ ἐλευθερωθέντες ἀπὸ τῆς ἁμαρτίας δουλωθέντες δὲ τῷ **θεῷ** ἔχετε τὸν καρπὸν ὑμῶν εἰς ἁγιασμόν,
6:23 τὸ δὲ χάρισμα τοῦ **θεοῦ** ζωὴ αἰώνιος ἐν Χριστῷ Ἰησοῦ τῷ κυρίῳ ἡμῶν.
7: 4 τῷ ἐκ νεκρῶν ἐγερθέντι, ἵνα καρποφορήσωμεν τῷ **θεῷ.**
7:22 συνήδομαι γὰρ τῷ νόμῳ τοῦ **θεοῦ** κατὰ τὸν ἔσω ἄνθρωπον,
7:25 χάρις δὲ τῷ **θεῷ** διὰ Ἰησοῦ Χριστοῦ τοῦ κυρίου ἡμῶν. ἄρα οὖν αὐτὸς ἐγὼ τῷ μὲν νοῒ δουλεύω νόμῳ **θεοῦ** τῇ δὲ σαρκὶ νόμῳ ἁμαρτίας.
8: 3 ὁ **θεὸς** τὸν ἑαυτοῦ υἱὸν πέμψας ἐν ὁμοιώματι σαρκὸς ἁμαρτίας καὶ περὶ ἁμαρτίας κατέκρινεν τὴν ἁμαρτίαν ἐν τῇ σαρκί,
8: 7 διότι τὸ φρόνημα τῆς σαρκὸς ἔχθρα εἰς **θεόν,** τῷ γὰρ νόμῳ τοῦ **θεοῦ** οὐχ ὑποτάσσεται, οὐδὲ γὰρ δύναται·
8: 8 οἱ δὲ ἐν σαρκὶ ὄντες **θεῷ** ἀρέσαι οὐ δύνανται.
8: 9 ὑμεῖς δὲ οὐκ ἐστὲ ἐν σαρκὶ ἀλλὰ ἐν πνεύματι, εἴπερ πνεῦμα **θεοῦ** οἰκεῖ ἐν ὑμῖν.
8:14 ὅσοι γὰρ πνεύματι **θεοῦ** ἄγονται, οὗτοι υἱοὶ **θεοῦ** εἰσιν.
8:16 αὐτὸ τὸ πνεῦμα συμμαρτυρεῖ τῷ πνεύματι ἡμῶν ὅτι ἐσμὲν τέκνα **θεοῦ.**
8:17 κληρονόμοι μὲν **θεοῦ,** συγκληρονόμοι δὲ Χριστοῦ, εἴπερ συμπάσχομεν ἵνα καὶ συνδοξασθῶμεν.
8:19 ἡ γὰρ ἀποκαραδοκία τῆς κτίσεως τὴν ἀποκάλυψιν τῶν υἱῶν τοῦ **θεοῦ** ἀπεκδέχεται.
8:21 ὅτι καὶ αὐτὴ ἡ κτίσις ἐλευθερωθήσεται ἀπὸ τῆς δουλείας τῆς φθορᾶς εἰς τὴν ἐλευθερίαν τῆς δόξης τῶν τέκνων τοῦ **θεοῦ.**
8:27 ὁ δὲ ἐραυνῶν τὰς καρδίας οἶδεν τί τὸ φρόνημα τοῦ πνεύματος, ὅτι κατὰ **θεὸν** ἐντυγχάνει ὑπὲρ ἁγίων.
8:28 οἴδαμεν δὲ ὅτι τοῖς ἀγαπῶσιν τὸν **θεὸν** πάντα συνεργεῖ εἰς ἀγαθόν,
8:31 εἰ ὁ **θεὸς** ὑπὲρ ἡμῶν, τίς καθ' ἡμῶν;
8:33 τίς ἐγκαλέσει κατὰ ἐκλεκτῶν **θεοῦ; θεὸς** ὁ δικαιῶν·
8:34 μᾶλλον δὲ ἐγερθείς, ὅς καί ἐστιν ἐν δεξιᾷ τοῦ **θεοῦ,**
8:39 οὔτε βάθος οὔτε τις κτίσις ἑτέρα δυνήσεται ἡμᾶς χωρίσαι ἀπὸ τῆς ἀγάπης τοῦ **θεοῦ** τῆς ἐν Χριστῷ Ἰησοῦ τῷ κυρίῳ ἡμῶν.
9: 5 ὁ ὢν ἐπὶ πάντων **θεὸς** εὐλογητὸς εἰς τοὺς αἰῶνας,
9: 6 Οὐχ οἷον δὲ ὅτι ἐκπέπτωκεν ὁ λόγος τοῦ **θεοῦ.**
9: 8 οὐ τὰ τέκνα τῆς σαρκὸς ταῦτα τέκνα τοῦ **θεοῦ** ἀλλὰ τὰ τέκνα τῆς ἐπαγγελίας λογίζεται εἰς σπέρμα.
9:11 ἵνα ἡ κατ' ἐκλογὴν πρόθεσις τοῦ **θεοῦ** μένῃ,
9:14 Τί οὖν ἐροῦμεν; μὴ ἀδικία παρὰ τῷ **θεῷ;** μὴ γένοιτο.
9:16 ἄρα οὖν οὐ τοῦ θέλοντος οὐδὲ τοῦ τρέχοντος ἀλλὰ τοῦ ἐλεῶντος **θεοῦ.**
9:20 μενοῦνγε σὺ τίς εἶ ὁ ἀνταποκρινόμενος τῷ **θεῷ;**
9:22 εἰ δὲ θέλων ὁ **θεὸς** ἐνδείξασθαι τὴν ὀργὴν καὶ γνωρίσαι τὸ δυνατὸν αὐτοῦ ἤνεγκεν ἐν πολλῇ μακροθυμίᾳ σκεύη ὀργῆς
9:26 Οὐ λαός μου ὑμεῖς, ἐκεῖ κληθήσονται υἱοὶ **θεοῦ** ζῶντος.
10: 1 ἡ μὲν εὐδοκία τῆς ἐμῆς καρδίας καὶ ἡ δέησις πρὸς τὸν **θεὸν** ὑπὲρ αὐτῶν εἰς σωτηρίαν.
10: 2 μαρτυρῶ γὰρ αὐτοῖς ὅτι ζῆλον **θεοῦ** ἔχουσιν ἀλλ' οὐ κατ' ἐπίγνωσιν·
10: 3 ἀγνοοῦντες γὰρ τὴν τοῦ **θεοῦ** δικαιοσύνην καὶ τὴν ἰδίαν [δικαιοσύνην] ζητοῦντες στῆσαι, τῇ δικαιοσύνῃ τοῦ **θεοῦ** οὐχ ὑπετάγησαν·
10: 9 ὅτι ἐὰν ὁμολογήσῃς ἐν τῷ στόματί σου κύριον Ἰησοῦν καὶ πιστεύσῃς ἐν τῇ καρδίᾳ σου ὅτι ὁ **θεὸς** αὐτὸν ἤγειρεν ἐκ νεκρῶν,
11: 1 Λέγω οὖν, μὴ ἀπώσατο ὁ **θεὸς** τὸν λαὸν αὐτοῦ;
11: 2 οὐκ ἀπώσατο ὁ **θεὸς** τὸν λαὸν αὐτοῦ ὃν προέγνω. ἢ οὐκ οἴδατε ἐν Ἠλίᾳ τί λέγει ἡ γραφή, ὡς ἐντυγχάνει τῷ **θεῷ** κατὰ τοῦ Ἰσραήλ;
11: 8 καθὼς γέγραπται, Ἔδωκεν αὐτοῖς ὁ **θεὸς** πνεῦμα κατανύξεως,
11:21 εἰ γὰρ ὁ **θεὸς** τῶν κατὰ φύσιν κλάδων οὐκ ἐφείσατο,
11:22 ἴδε οὖν χρηστότητα καὶ ἀποτομίαν **θεοῦ·** ἐπὶ μὲν τοὺς πεσόντας ἀποτομία, ἐπὶ δὲ σὲ χρηστότης **θεοῦ,** ἐὰν ἐπιμένῃς τῇ χρηστότητι,
11:23 δυνατὸς γάρ ἐστιν ὁ **θεὸς** πάλιν ἐγκεντρίσαι αὐτούς.
11:29 ἀμεταμέλητα γὰρ τὰ χαρίσματα καὶ ἡ κλῆσις τοῦ **θεοῦ.**
11:30 ὥσπερ γὰρ ὑμεῖς ποτε ἠπειθήσατε τῷ **θεῷ,** νῦν δὲ ἠλεήθητε τῇ τούτων ἀπειθείᾳ,
11:32 συνέκλεισεν γὰρ ὁ **θεὸς** τοὺς πάντας εἰς ἀπείθειαν,
11:33 Ὦ βάθος πλούτου καὶ σοφίας καὶ γνώσεως **θεοῦ·**
12: 1 διὰ τῶν οἰκτιρμῶν τοῦ **θεοῦ** παραστῆσαι τὰ σώματα ὑμῶν θυσίαν ζῶσαν ἁγίαν εὐάρεστον τῷ **θεῷ,**
12: 2 ἀλλὰ μεταμορφοῦσθε τῇ ἀνακαινώσει τοῦ νοὸς εἰς τὸ δοκιμάζειν ὑμᾶς τί τὸ θέλημα τοῦ **θεοῦ,**
12: 3 μὴ ὑπερφρονεῖν παρ' ὃ δεῖ φρονεῖν ἀλλὰ φρονεῖν εἰς τὸ σωφρονεῖν, ἑκάστῳ ὡς ὁ **θεὸς** ἐμέρισεν μέτρον πίστεως.
13: 1 οὐ γὰρ ἔστιν ἐξουσία εἰ μὴ ὑπὸ **θεοῦ,** αἱ δὲ οὖσαι ὑπὸ **θεοῦ** τεταγμέναι εἰσίν.
13: 2 ὥστε ὁ ἀντιτασσόμενος τῇ ἐξουσίᾳ τῇ τοῦ **θεοῦ** διαταγῇ ἀνθέστηκεν,
13: 4 **θεοῦ** γὰρ διάκονός ἐστιν σοὶ εἰς τὸ ἀγαθόν. ἐὰν δὲ τὸ κακὸν ποιῇς, φοβοῦ· οὐ γὰρ εἰκῇ τὴν μάχαιραν φορεῖ· **θεοῦ** γὰρ διάκονός ἐστιν ἔκδικος εἰς ὀργὴν τῷ τὸ κακὸν πράσσοντι.
13: 6 λειτουργοὶ γὰρ **θεοῦ** εἰσιν εἰς αὐτὸ τοῦτο προσκαρτεροῦντες.
14: 3 ὁ δὲ μὴ ἐσθίων τὸν ἐσθίοντα μὴ κρινέτω, ὁ **θεὸς** γὰρ αὐτὸν προσελάβετο.
14: 6 καὶ ὁ ἐσθίων κυρίῳ ἐσθίει, εὐχαριστεῖ γὰρ τῷ **θεῷ·** καὶ ὁ μὴ ἐσθίων κυρίῳ οὐκ ἐσθίει καὶ εὐχαριστεῖ τῷ **θεῷ.**
14:10 ἢ καὶ σὺ τί ἐξουθενεῖς τὸν ἀδελφόν σου; πάντες γὰρ παραστησόμεθα τῷ βήματι τοῦ **θεοῦ,**
14:11 ὅτι ἐμοὶ κάμψει πᾶν γόνυ καὶ πᾶσα γλῶσσα ἐξομολογήσεται τῷ **θεῷ.**
14:12 ἄρα [οὖν] ἕκαστος ἡμῶν περὶ ἑαυτοῦ λόγον δώσει [τῷ **θεῷ.**]
14:17 οὐ γάρ ἐστιν ἡ βασιλεία τοῦ **θεοῦ** βρῶσις καὶ πόσις ἀλλὰ δικαιοσύνη καὶ εἰρήνη καὶ χαρὰ ἐν πνεύματι ἁγίῳ·
14:18 ὁ γὰρ ἐν τούτῳ δουλεύων τῷ Χριστῷ εὐάρεστος τῷ **θεῷ** καὶ δόκιμος τοῖς ἀνθρώποις.
14:20 μὴ ἕνεκεν βρώματος κατάλυε τὸ ἔργον τοῦ **θεοῦ.**
14:22 σὺ πίστιν [ἣν] ἔχεις κατὰ σεαυτὸν ἔχε ἐνώπιον τοῦ **θεοῦ.**
15: 5 ὁ δὲ **θεὸς** τῆς ὑπομονῆς καὶ τῆς παρακλήσεως δῴη ὑμῖν τὸ αὐτὸ φρονεῖν ἐν ἀλλήλοις κατὰ Χριστὸν Ἰησοῦν,
15: 6 ἵνα ὁμοθυμαδὸν ἐν ἑνὶ στόματι δοξάζητε τὸν **θεὸν** καὶ πατέρα τοῦ κυρίου ἡμῶν Ἰησοῦ Χριστοῦ.
15: 7 καθὼς καὶ ὁ Χριστὸς προσελάβετο ὑμᾶς εἰς δόξαν τοῦ **θεοῦ.**
15: 8 λέγω γὰρ Χριστὸν διάκονον γεγενῆσθαι περιτομῆς ὑπὲρ ἀληθείας **θεοῦ,**
15: 9 τὰ δὲ ἔθνη ὑπὲρ ἐλέους δοξάσαι τὸν **θεόν,**
15:13 ὁ δὲ **θεὸς** τῆς ἐλπίδος πληρώσαι ὑμᾶς πάσης χαρᾶς καὶ εἰρήνης ἐν τῷ πιστεύειν,
15:15 τολμηρότερον δὲ ἔγραψα ὑμῖν ἀπὸ μέρους ὡς ἐπαναμιμνῄσκων ὑμᾶς διὰ τὴν χάριν τὴν δοθεῖσάν μοι ὑπὸ τοῦ **θεοῦ**
15:16 ἱερουργοῦντα τὸ εὐαγγέλιον τοῦ **θεοῦ,** ἵνα γένηται ἡ προσφορὰ τῶν ἐθνῶν εὐπρόσδεκτος,
15:17 ἔχω οὖν [τὴν] καύχησιν ἐν Χριστῷ Ἰησοῦ τὰ πρὸς τὸν **θεόν·**
15:19 ἐν δυνάμει σημείων καὶ τεράτων, ἐν δυνάμει πνεύματος **[θεοῦ·**[NIV-]**]**
15:30 καὶ διὰ τῆς ἀγάπης τοῦ πνεύματος συναγωνίσασθαί μοι ἐν ταῖς προσευχαῖς ὑπὲρ ἐμοῦ πρὸς τὸν **θεόν,**

15:32 ἵνα ἐν χαρᾷ ἐλθὼν πρὸς ὑμᾶς διὰ θελήματος **θεοῦ** συναναπαύσωμαι ὑμῖν.
15:33 ὁ δὲ **θεὸς** τῆς εἰρήνης μετὰ πάντων ὑμῶν,
16:20 ὁ δὲ **θεὸς** τῆς εἰρήνης συντρίψει τὸν Σατανᾶν ὑπὸ τοὺς πόδας ὑμῶν ἐν τάχει.
16:26 [φανερωθέντος δὲ νῦν διά τε γραφῶν προφητικῶν κατ' ἐπιταγὴν τοῦ αἰωνίου **θεοῦ** εἰς ὑπακοὴν πίστεως εἰς πάντα τὰ ἔθνη γνωρισθέντος,]
16:27 [μόνῳ σοφῷ **θεῷ,** διὰ Ἰησοῦ Χριστοῦ, ᾧ ἡ δόξα εἰς τοὺς αἰῶνας,]
1Co 1: 1 Παῦλος κλητὸς ἀπόστολος Χριστοῦ Ἰησοῦ διὰ θελήματος **θεοῦ** καὶ Σωσθένης ὁ ἀδελφὸς
1: 2 τῇ ἐκκλησίᾳ τοῦ **θεοῦ** τῇ οὔσῃ ἐν Κορίνθῳ,
1: 3 χάρις ὑμῖν καὶ εἰρήνη ἀπὸ **θεοῦ** πατρὸς ἡμῶν καὶ κυρίου Ἰησοῦ Χριστοῦ.
1: 4 Εὐχαριστῶ τῷ **θεῷ** μου πάντοτε περὶ ὑμῶν ἐπὶ τῇ χάριτι τοῦ **θεοῦ** τῇ δοθείσῃ ὑμῖν ἐν Χριστῷ Ἰησοῦ,
1: 9 πιστὸς ὁ **θεός,** δι' οὗ ἐκλήθητε εἰς κοινωνίαν τοῦ υἱοῦ αὐτοῦ Ἰησοῦ Χριστοῦ τοῦ κυρίου ἡμῶν.
1:14 εὐχαριστῶ [τῷ **θεῷ**[NIV-]] ὅτι οὐδένα ὑμῶν ἐβάπτισα εἰ μὴ Κρίσπον καὶ Γάϊον,
1:18 Ὁ λόγος γὰρ ὁ τοῦ σταυροῦ τοῖς μὲν ἀπολλυμένοις μωρία ἐστίν, τοῖς δὲ σῳζομένοις ἡμῖν δύναμις **θεοῦ** ἐστιν.
1:20 οὐχὶ ἐμώρανεν ὁ **θεὸς** τὴν σοφίαν τοῦ κόσμου;
1:21 ἐπειδὴ γὰρ ἐν τῇ σοφίᾳ τοῦ **θεοῦ** οὐκ ἔγνω ὁ κόσμος διὰ τῆς σοφίας τὸν **θεόν,** εὐδόκησεν ὁ **θεὸς** διὰ τῆς μωρίας τοῦ κηρύγματος σῶσαι τοὺς πιστεύοντας·
1:24 Ἰουδαίοις τε καὶ Ἕλλησιν, Χριστὸν **θεοῦ** δύναμιν καὶ **θεοῦ** σοφίαν·
1:25 ὅτι τὸ μωρὸν τοῦ **θεοῦ** σοφώτερον τῶν ἀνθρώπων ἐστὶν καὶ τὸ ἀσθενὲς τοῦ **θεοῦ** ἰσχυρότερον τῶν ἀνθρώπων.
1:27 ἀλλὰ τὰ μωρὰ τοῦ κόσμου ἐξελέξατο ὁ **θεός,** ἵνα καταισχύνῃ τοὺς σοφούς, καὶ τὰ ἀσθενῆ τοῦ κόσμου ἐξελέξατο ὁ **θεός,**
1:28 καὶ τὰ ἀγενῆ τοῦ κόσμου καὶ τὰ ἐξουθενημένα ἐξελέξατο ὁ **θεός,**
1:29 ὅπως μὴ καυχήσηται πᾶσα σὰρξ ἐνώπιον τοῦ **θεοῦ.**
1:30 ὃς ἐγενήθη σοφία ἡμῖν ἀπὸ **θεοῦ,** δικαιοσύνη τε καὶ ἁγιασμὸς καὶ ἀπολύτρωσις,
2: 1 ἦλθον οὐ καθ' ὑπεροχὴν λόγου ἢ σοφίας καταγγέλλων ὑμῖν τὸ μυστήριον τοῦ **θεοῦ.**
2: 5 ἵνα ἡ πίστις ὑμῶν μὴ ᾖ ἐν σοφίᾳ ἀνθρώπων ἀλλ' ἐν δυνάμει **θεοῦ.**
2: 7 ἀλλὰ λαλοῦμεν **θεοῦ** σοφίαν ἐν μυστηρίῳ τὴν ἀποκεκρυμμένην, ἣν προώρισεν ὁ **θεὸς** πρὸ τῶν αἰώνων εἰς δόξαν ἡμῶν,
2: 9 Ἃ ὀφθαλμὸς οὐκ εἶδεν καὶ οὖς οὐκ ἤκουσεν καὶ ἐπὶ καρδίαν ἀνθρώπου οὐκ ἀνέβη, ἃ ἡτοίμασεν ὁ **θεὸς** τοῖς ἀγαπῶσιν αὐτόν.
2:10 ἡμῖν δὲ ἀπεκάλυψεν ὁ **θεὸς** διὰ τοῦ πνεύματος· τὸ γὰρ πνεῦμα πάντα ἐραυνᾷ, καὶ τὰ βάθη τοῦ **θεοῦ.**
2:11 οὕτως καὶ τὰ τοῦ **θεοῦ** οὐδεὶς ἔγνωκεν εἰ μὴ τὸ πνεῦμα τοῦ **θεοῦ.**
2:12 ἡμεῖς δὲ οὐ τὸ πνεῦμα τοῦ κόσμου ἐλάβομεν ἀλλὰ τὸ πνεῦμα τὸ ἐκ τοῦ **θεοῦ,** ἵνα εἰδῶμεν τὰ ὑπὸ τοῦ **θεοῦ** χαρισθέντα ἡμῖν·
2:14 ψυχικὸς δὲ ἄνθρωπος οὐ δέχεται τὰ τοῦ πνεύματος τοῦ **θεοῦ·**
3: 6 ἐγὼ ἐφύτευσα, Ἀπολλῶς ἐπότισεν, ἀλλὰ ὁ **θεὸς** ηὔξανεν·
3: 7 ὥστε οὔτε ὁ φυτεύων ἐστίν τι οὔτε ὁ ποτίζων ἀλλ' ὁ αὐξάνων **θεός.**
3: 9 **θεοῦ** γάρ ἐσμεν συνεργοί, **θεοῦ** γεώργιον, **θεοῦ** οἰκοδομή ἐστε.
3:10 Κατὰ τὴν χάριν τοῦ **θεοῦ** τὴν δοθεῖσάν μοι ὡς σοφὸς ἀρχιτέκτων θεμέλιον ἔθηκα,
3:16 οὐκ οἴδατε ὅτι ναὸς **θεοῦ** ἐστε καὶ τὸ πνεῦμα τοῦ **θεοῦ** οἰκεῖ ἐν ὑμῖν;
3:17 εἴ τις τὸν ναὸν τοῦ **θεοῦ** φθείρει, φθερεῖ τοῦτον ὁ **θεός·** ὁ γὰρ ναὸς τοῦ **θεοῦ** ἅγιός ἐστιν, οἵτινές ἐστε ὑμεῖς.
3:19 ἡ γὰρ σοφία τοῦ κόσμου τούτου μωρία παρὰ τῷ **θεῷ** ἐστιν.
3:23 ὑμεῖς δὲ Χριστοῦ, Χριστὸς δὲ **θεοῦ.**
4: 1 Οὕτως ἡμᾶς λογιζέσθω ἄνθρωπος ὡς ὑπηρέτας Χριστοῦ καὶ οἰκονόμους μυστηρίων **θεοῦ.**
4: 5 καὶ τότε ὁ ἔπαινος γενήσεται ἑκάστῳ ἀπὸ τοῦ **θεοῦ.**
4: 9 ὁ **θεὸς** ἡμᾶς τοὺς ἀποστόλους ἐσχάτους ἀπέδειξεν ὡς ἐπιθανατίους,
4:20 οὐ γὰρ ἐν λόγῳ ἡ βασιλεία τοῦ **θεοῦ** ἀλλ' ἐν δυνάμει.
5:13 τοὺς δὲ ἔξω ὁ **θεὸς** κρινεῖ. ἐξάρατε τὸν πονηρὸν ἐξ ὑμῶν αὐτῶν.
6: 9 ἢ οὐκ οἴδατε ὅτι ἄδικοι **θεοῦ** βασιλείαν οὐ κληρονομήσουσιν;
6:10 οὐ μέθυσοι, οὐ λοίδοροι, οὐχ ἅρπαγες βασιλείαν **θεοῦ** κληρονομήσουσιν.
6:11 ἀλλὰ ἐδικαιώθητε ἐν τῷ ὀνόματι τοῦ κυρίου Ἰησοῦ Χριστοῦ καὶ ἐν τῷ πνεύματι τοῦ **θεοῦ** ἡμῶν.
6:13 ὁ δὲ **θεὸς** καὶ ταύτην καὶ ταῦτα καταργήσει.
6:14 ὁ δὲ **θεὸς** καὶ τὸν κύριον ἤγειρεν καὶ ἡμᾶς ἐξεγερεῖ διὰ τῆς δυνάμεως αὐτοῦ.
6:19 ἢ οὐκ οἴδατε ὅτι τὸ σῶμα ὑμῶν ναὸς τοῦ ἐν ὑμῖν ἁγίου πνεύματός ἐστιν οὗ ἔχετε ἀπὸ **θεοῦ,**
6:20 δοξάσατε δὴ τὸν **θεὸν** ἐν τῷ σώματι ὑμῶν.
7: 7 ἀλλὰ ἕκαστος ἴδιον ἔχει χάρισμα ἐκ **θεοῦ,** ὁ μὲν οὕτως,
7:15 οὐ δεδούλωται ὁ ἀδελφὸς ἢ ἡ ἀδελφὴ ἐν τοῖς τοιούτοις· ἐν δὲ εἰρήνῃ κέκληκεν ὑμᾶς ὁ **θεός.**
7:17 Εἰ μὴ ἑκάστῳ ὡς ἐμέρισεν ὁ κύριος, ἕκαστον ὡς κέκληκεν ὁ **θεός,** οὕτως περιπατείτω.
7:19 ἡ περιτομὴ οὐδέν ἐστιν καὶ ἡ ἀκροβυστία οὐδέν ἐστιν, ἀλλὰ τήρησις ἐντολῶν **θεοῦ.**
7:24 ἕκαστος ἐν ᾧ ἐκλήθη, ἀδελφοί, ἐν τούτῳ μενέτω παρὰ **θεῷ.**
7:40 κατὰ τὴν ἐμὴν γνώμην· δοκῶ δὲ κἀγὼ πνεῦμα **θεοῦ** ἔχειν.
8: 3 εἰ δέ τις ἀγαπᾷ τὸν **θεόν,** οὗτος ἔγνωσται ὑπ' αὐτοῦ.
8: 4 οἴδαμεν ὅτι οὐδὲν εἴδωλον ἐν κόσμῳ καὶ ὅτι οὐδεὶς **θεὸς** εἰ μὴ εἷς.
8: 5 καὶ γὰρ εἴπερ εἰσὶν λεγόμενοι **θεοὶ** εἴτε ἐν οὐρανῷ εἴτε ἐπὶ γῆς, ὥσπερ εἰσὶν **θεοὶ** πολλοὶ καὶ κύριοι πολλοί,
8: 6 ἀλλ' ἡμῖν εἷς **θεὸς** ὁ πατὴρ ἐξ οὗ τὰ πάντα καὶ ἡμεῖς εἰς αὐτόν,
8: 8 βρῶμα δὲ ἡμᾶς οὐ παραστήσει τῷ **θεῷ·** οὔτε ἐὰν μὴ φάγωμεν ὑστερούμεθα,
9: 9 Οὐ κημώσεις βοῦν ἀλοῶντα. μὴ τῶν βοῶν μέλει τῷ **θεῷ**
9:21 μὴ ὢν ἄνομος **θεοῦ** ἀλλ' ἔννομος Χριστοῦ, ἵνα κερδάνω τοὺς ἀνόμους·
10: 5 ἀλλ' οὐκ ἐν τοῖς πλείοσιν αὐτῶν εὐδόκησεν ὁ **θεός,**
10:13 πιστὸς δὲ ὁ **θεός,** ὃς οὐκ ἐάσει ὑμᾶς πειρασθῆναι ὑπὲρ ὃ δύνασθε ἀλλὰ ποιήσει σὺν τῷ πειρασμῷ καὶ τὴν ἔκβασιν
10:20 ἀλλ' ὅτι ἃ θύουσιν, δαιμονίοις καὶ οὐ **θεῷ** [θύουσιν·]
10:31 εἴτε οὖν ἐσθίετε εἴτε πίνετε εἴτε τι ποιεῖτε, πάντα εἰς δόξαν **θεοῦ** ποιεῖτε.
10:32 ἀπρόσκοποι καὶ Ἰουδαίοις γίνεσθε καὶ Ἕλλησιν καὶ τῇ ἐκκλησίᾳ τοῦ **θεοῦ,**
11: 3 κεφαλὴ δὲ γυναικὸς ὁ ἀνήρ, κεφαλὴ δὲ τοῦ Χριστοῦ ὁ **θεός.**
11: 7 ἀνὴρ μὲν γὰρ οὐκ ὀφείλει κατακαλύπτεσθαι τὴν κεφαλὴν εἰκὼν καὶ δόξα **θεοῦ** ὑπάρχων·
11:12 οὕτως καὶ ὁ ἀνὴρ διὰ τῆς γυναικός· τὰ δὲ πάντα ἐκ τοῦ **θεοῦ.**
11:13 ἐν ὑμῖν αὐτοῖς κρίνατε· πρέπον ἐστὶν γυναῖκα ἀκατακάλυπτον τῷ **θεῷ** προσεύχεσθαι;
11:16 ἡμεῖς τοιαύτην συνήθειαν οὐκ ἔχομεν οὐδὲ αἱ ἐκκλησίαι τοῦ **θεοῦ.**
11:22 ἢ τῆς ἐκκλησίας τοῦ **θεοῦ** καταφρονεῖτε, καὶ καταισχύνετε τοὺς μὴ ἔχοντας;
12: 3 διὸ γνωρίζω ὑμῖν ὅτι οὐδεὶς ἐν πνεύματι **θεοῦ** λαλῶν λέγει,
12: 6 ὁ δὲ αὐτὸς **θεὸς** ὁ ἐνεργῶν τὰ πάντα ἐν πᾶσιν.
12:18 νυνὶ δὲ ὁ **θεὸς** ἔθετο τὰ μέλη, ἓν ἕκαστον αὐτῶν ἐν τῷ σώματι καθὼς ἠθέλησεν.
12:24 ἀλλὰ ὁ **θεὸς** συνεκέρασεν τὸ σῶμα τῷ ὑστερουμένῳ περισσοτέραν δοὺς τιμήν,
12:28 καὶ οὓς μὲν ἔθετο ὁ **θεὸς** ἐν τῇ ἐκκλησίᾳ πρῶτον ἀποστόλους,
14: 2 ὁ γὰρ λαλῶν γλώσσῃ οὐκ ἀνθρώποις λαλεῖ ἀλλὰ **θεῷ·**
14:18 εὐχαριστῶ τῷ **θεῷ,** πάντων ὑμῶν μᾶλλον γλώσσαις λαλῶ·
14:25 καὶ οὕτως πεσὼν ἐπὶ πρόσωπον προσκυνήσει τῷ **θεῷ** ἀπαγγέλλων ὅτι Ὄντως ὁ **θεὸς** ἐν ὑμῖν ἐστιν.
14:28 σιγάτω ἐν ἐκκλησίᾳ, ἑαυτῷ δὲ λαλείτω καὶ τῷ **θεῷ.**
14:33 οὐ γάρ ἐστιν ἀκαταστασίας ὁ **θεὸς** ἀλλὰ εἰρήνης.
14:36 ἢ ἀφ' ὑμῶν ὁ λόγος τοῦ **θεοῦ** ἐξῆλθεν,
15: 9 Ἐγὼ γάρ εἰμι ὁ ἐλάχιστος τῶν ἀποστόλων ὃς οὐκ εἰμὶ ἱκανὸς καλεῖσθαι ἀπόστολος, διότι ἐδίωξα τὴν ἐκκλησίαν τοῦ **θεοῦ·**
15:10 χάριτι δὲ **θεοῦ** εἰμι ὅ εἰμι, καὶ ἡ χάρις αὐτοῦ ἡ εἰς ἐμὲ οὐ κενὴ ἐγενήθη, ἀλλὰ περισσότερον αὐτῶν πάντων ἐκοπίασα, οὐκ ἐγὼ δὲ ἀλλὰ ἡ χάρις τοῦ **θεοῦ** [ἡ] σὺν ἐμοί.
15:15 εὑρισκόμεθα δὲ καὶ ψευδομάρτυρες τοῦ **θεοῦ,** ὅτι ἐμαρτυρήσαμεν κατὰ τοῦ **θεοῦ** ὅτι ἤγειρεν τὸν Χριστόν,
15:24 ὅταν παραδιδῷ τὴν βασιλείαν τῷ **θεῷ** καὶ πατρί,
15:28 ἵνα ᾖ ὁ **θεὸς** [τὰ] πάντα ἐν πᾶσιν.
15:34 ἀγνωσίαν γὰρ **θεοῦ** τινες ἔχουσιν, πρὸς ἐντροπὴν ὑμῖν λαλῶ.
15:38 ὁ δὲ **θεὸς** δίδωσιν αὐτῷ σῶμα καθὼς ἠθέλησεν,
15:50 ὅτι σὰρξ καὶ αἷμα βασιλείαν **θεοῦ** κληρονομῆσαι οὐ δύναται οὐδὲ ἡ φθορὰ τὴν ἀφθαρσίαν κληρονομεῖ.
15:57 τῷ δὲ **θεῷ** χάρις τῷ διδόντι ἡμῖν τὸ νῖκος διὰ τοῦ κυρίου ἡμῶν Ἰησοῦ Χριστοῦ.

2Co 1: 1 Παῦλος ἀπόστολος Χριστοῦ Ἰησοῦ διὰ θελήματος **θεοῦ** καὶ Τιμόθεος ὁ ἀδελφὸς τῇ ἐκκλησίᾳ τοῦ **θεοῦ** τῇ οὔσῃ ἐν Κορίνθῳ
1: 2 χάρις ὑμῖν καὶ εἰρήνη ἀπὸ **θεοῦ** πατρὸς ἡμῶν καὶ κυρίου Ἰησοῦ Χριστοῦ.
1: 3 Εὐλογητὸς ὁ **θεὸς** καὶ πατὴρ τοῦ κυρίου ἡμῶν Ἰησοῦ Χριστοῦ, ὁ πατὴρ τῶν οἰκτιρμῶν καὶ **θεὸς** πάσης παρακλήσεως,
1: 4 εἰς τὸ δύνασθαι ἡμᾶς παρακαλεῖν τοὺς ἐν πάσῃ θλίψει διὰ τῆς παρακλήσεως ἧς παρακαλούμεθα αὐτοὶ ὑπὸ τοῦ **θεοῦ.**
1: 9 ἵνα μὴ πεποιθότες ὦμεν ἐφ᾽ ἑαυτοῖς ἀλλ᾽ ἐπὶ τῷ **θεῷ** τῷ ἐγείροντι τοὺς νεκρούς·
1:12 ὅτι ἐν ἁπλότητι καὶ εἰλικρινείᾳ τοῦ **θεοῦ,** [καὶ] οὐκ ἐν σοφίᾳ σαρκικῇ ἀλλ᾽ ἐν χάριτι **θεοῦ,** ἀνεστράφημεν ἐν τῷ κόσμῳ,
1:18 πιστὸς δὲ ὁ **θεὸς** ὅτι ὁ λόγος ἡμῶν ὁ πρὸς ὑμᾶς οὐκ ἔστιν Ναὶ καὶ Οὔ.
1:19 ὁ τοῦ **θεοῦ** γὰρ υἱὸς Ἰησοῦς Χριστὸς ὁ ἐν ὑμῖν δι᾽ ἡμῶν κηρυχθείς,
1:20 ὅσαι γὰρ ἐπαγγελίαι **θεοῦ,** ἐν αὐτῷ τὸ Ναί· διὸ καὶ δι᾽ αὐτοῦ τὸ Ἀμὴν τῷ **θεῷ** πρὸς δόξαν δι᾽ ἡμῶν.
1:21 ὁ δὲ βεβαιῶν ἡμᾶς σὺν ὑμῖν εἰς Χριστὸν καὶ χρίσας ἡμᾶς **θεός,**
1:23 Ἐγὼ δὲ μάρτυρα τὸν **θεὸν** ἐπικαλοῦμαι ἐπὶ τὴν ἐμὴν ψυχήν,
2:14 Τῷ δὲ **θεῷ** χάρις τῷ πάντοτε θριαμβεύοντι ἡμᾶς ἐν τῷ Χριστῷ καὶ τὴν ὀσμὴν τῆς γνώσεως αὐτοῦ φανεροῦντι δι᾽ ἡμῶν
2:15 ὅτι Χριστοῦ εὐωδία ἐσμὲν τῷ **θεῷ** ἐν τοῖς σῳζομένοις καὶ ἐν τοῖς ἀπολλυμένοις,
2:17 οὐ γάρ ἐσμεν ὡς οἱ πολλοὶ καπηλεύοντες τὸν λόγον τοῦ **θεοῦ,** ἀλλ᾽ ὡς ἐξ εἰλικρινείας, ἀλλ᾽ ὡς ἐκ **θεοῦ** κατέναντι **θεοῦ** ἐν Χριστῷ λαλοῦμεν.
3: 3 φανερούμενοι ὅτι ἐστὲ ἐπιστολὴ Χριστοῦ διακονηθεῖσα ὑφ᾽ ἡμῶν, ἐγγεγραμμένη οὐ μέλανι ἀλλὰ πνεύματι **θεοῦ** ζῶντος,
3: 4 Πεποίθησιν δὲ τοιαύτην ἔχομεν διὰ τοῦ Χριστοῦ πρὸς τὸν **θεόν.**
3: 5 οὐχ ὅτι ἀφ᾽ ἑαυτῶν ἱκανοί ἐσμεν λογίσασθαί τι ὡς ἐξ ἑαυτῶν, ἀλλ᾽ ἡ ἱκανότης ἡμῶν ἐκ τοῦ **θεοῦ,**
4: 2 μὴ περιπατοῦντες ἐν πανουργίᾳ μηδὲ δολοῦντες τὸν λόγον τοῦ **θεοῦ** ἀλλὰ τῇ φανερώσει τῆς ἀληθείας συνιστάνοντες ἑαυτοὺς πρὸς πᾶσαν συνείδησιν ἀνθρώπων ἐνώπιον τοῦ **θεοῦ.**
4: 4 ἐν οἷς ὁ **θεὸς** τοῦ αἰῶνος τούτου ἐτύφλωσεν τὰ νοήματα τῶν ἀπίστων εἰς τὸ μὴ αὐγάσαι τὸν φωτισμὸν τοῦ εὐαγγελίου τῆς δόξης τοῦ Χριστοῦ, ὅς ἐστιν εἰκὼν τοῦ **θεοῦ.**
4: 6 ὅτι ὁ **θεὸς** ὁ εἰπών, Ἐκ σκότους φῶς λάμψει, ὃς ἔλαμψεν ἐν ταῖς καρδίαις ἡμῶν πρὸς φωτισμὸν τῆς γνώσεως τῆς δόξης τοῦ **θεοῦ** ἐν προσώπῳ [Ἰησοῦ] Χριστοῦ.
4: 7 ἵνα ἡ ὑπερβολὴ τῆς δυνάμεως ᾖ τοῦ **θεοῦ** καὶ μὴ ἐξ ἡμῶν·
4:15 ἵνα ἡ χάρις πλεονάσασα διὰ τῶν πλειόνων τὴν εὐχαριστίαν περισσεύσῃ εἰς τὴν δόξαν τοῦ **θεοῦ.**
5: 1 οἰκοδομὴν ἐκ **θεοῦ** ἔχομεν, οἰκίαν ἀχειροποίητον αἰώνιον ἐν τοῖς οὐρανοῖς.
5: 5 ὁ δὲ κατεργασάμενος ἡμᾶς εἰς αὐτὸ τοῦτο **θεός,**
5:11 Εἰδότες οὖν τὸν φόβον τοῦ κυρίου ἀνθρώπους πείθομεν, **θεῷ** δὲ πεφανερώμεθα·
5:13 εἴτε γὰρ ἐξέστημεν, **θεῷ·** εἴτε σωφρονοῦμεν, ὑμῖν.
5:18 τὰ δὲ πάντα ἐκ τοῦ **θεοῦ** τοῦ καταλλάξαντος ἡμᾶς ἑαυτῷ διὰ Χριστοῦ καὶ δόντος ἡμῖν τὴν διακονίαν τῆς καταλλαγῆς,
5:19 ὡς ὅτι **θεὸς** ἦν ἐν Χριστῷ κόσμον καταλλάσσων ἑαυτῷ,
5:20 ὑπὲρ Χριστοῦ οὖν πρεσβεύομεν ὡς τοῦ **θεοῦ** παρακαλοῦντος δι᾽ ἡμῶν· δεόμεθα ὑπὲρ Χριστοῦ, καταλλάγητε τῷ **θεῷ.**
5:21 τὸν μὴ γνόντα ἁμαρτίαν ὑπὲρ ἡμῶν ἁμαρτίαν ἐποίησεν, ἵνα ἡμεῖς γενώμεθα δικαιοσύνη **θεοῦ** ἐν αὐτῷ.
6: 1 Συνεργοῦντες δὲ καὶ παρακαλοῦμεν μὴ εἰς κενὸν τὴν χάριν τοῦ **θεοῦ** δέξασθαι ὑμᾶς·
6: 4 ἀλλ᾽ ἐν παντὶ συνιστάντες ἑαυτοὺς ὡς **θεοῦ** διάκονοι,
6: 7 ἐν λόγῳ ἀληθείας, ἐν δυνάμει **θεοῦ·** διὰ τῶν ὅπλων τῆς δικαιοσύνης τῶν δεξιῶν καὶ ἀριστερῶν,
6:16 τίς δὲ συγκατάθεσις ναῷ **θεοῦ** μετὰ εἰδώλων; ἡμεῖς γὰρ ναὸς **θεοῦ** ἐσμεν ζῶντος, καθὼς εἶπεν ὁ **θεὸς** ὅτι Ἐνοικήσω ἐν αὐτοῖς καὶ ἐμπεριπατήσω καὶ ἔσομαι αὐτῶν **θεὸς** καὶ αὐτοὶ ἔσονταί μου λαός.
7: 1 καθαρίσωμεν ἑαυτοὺς ἀπὸ παντὸς μολυσμοῦ σαρκὸς καὶ πνεύματος, ἐπιτελοῦντες ἁγιωσύνην ἐν φόβῳ **θεοῦ.**
7: 6 ἀλλ᾽ ὁ παρακαλῶν τοὺς ταπεινοὺς παρεκάλεσεν ἡμᾶς ὁ **θεὸς** ἐν τῇ παρουσίᾳ Τίτου,
7: 9 ἐλυπήθητε γὰρ κατὰ **θεόν,** ἵνα ἐν μηδενὶ ζημιωθῆτε ἐξ ἡμῶν.
7:10 ἡ γὰρ κατὰ **θεὸν** λύπη μετάνοιαν εἰς σωτηρίαν ἀμεταμέλητον ἐργάζεται·
7:11 ἰδοὺ γὰρ αὐτὸ τοῦτο τὸ κατὰ **θεὸν** λυπηθῆναι πόσην κατειργάσατο ὑμῖν σπουδήν,
7:12 οὐδὲ ἕνεκεν τοῦ ἀδικηθέντος ἀλλ᾽ ἕνεκεν τοῦ φανερωθῆναι τὴν σπουδὴν ὑμῶν τὴν ὑπὲρ ἡμῶν πρὸς ὑμᾶς ἐνώπιον τοῦ **θεοῦ.**
8: 1 τὴν χάριν τοῦ **θεοῦ** τὴν δεδομένην ἐν ταῖς ἐκκλησίαις τῆς Μακεδονίας,
8: 5 καὶ οὐ καθὼς ἠλπίσαμεν ἀλλ᾽ ἑαυτοὺς ἔδωκαν πρῶτον τῷ κυρίῳ καὶ ἡμῖν διὰ θελήματος **θεοῦ**
8:16 Χάρις δὲ τῷ **θεῷ** τῷ δόντι τὴν αὐτὴν σπουδὴν ὑπὲρ ὑμῶν ἐν τῇ καρδίᾳ Τίτου,
9: 7 μὴ ἐκ λύπης ἢ ἐξ ἀνάγκης· ἱλαρὸν γὰρ δότην ἀγαπᾷ ὁ **θεός.**
9: 8 δυνατεῖ δὲ ὁ **θεὸς** πᾶσαν χάριν περισσεῦσαι εἰς ὑμᾶς,
9:11 ἐν παντὶ πλουτιζόμενοι εἰς πᾶσαν ἁπλότητα, ἥτις κατεργάζεται δι᾽ ἡμῶν εὐχαριστίαν τῷ **θεῷ·**
9:12 ἀλλὰ καὶ περισσεύουσα διὰ πολλῶν εὐχαριστιῶν τῷ **θεῷ·**
9:13 διὰ τῆς δοκιμῆς τῆς διακονίας ταύτης δοξάζοντες τὸν **θεὸν** ἐπὶ τῇ ὑποταγῇ τῆς ὁμολογίας ὑμῶν εἰς τὸ εὐαγγέλιον
9:14 καὶ αὐτῶν δεήσει ὑπὲρ ὑμῶν ἐπιποθούντων ὑμᾶς διὰ τὴν ὑπερβάλλουσαν χάριν τοῦ **θεοῦ** ἐφ᾽ ὑμῖν.
9:15 χάρις τῷ **θεῷ** ἐπὶ τῇ ἀνεκδιηγήτῳ αὐτοῦ δωρεᾷ.
10: 4 τὰ γὰρ ὅπλα τῆς στρατείας ἡμῶν οὐ σαρκικὰ ἀλλὰ δυνατὰ τῷ **θεῷ** πρὸς καθαίρεσιν ὀχυρωμάτων,
10: 5 καὶ πᾶν ὕψωμα ἐπαιρόμενον κατὰ τῆς γνώσεως τοῦ **θεοῦ,**
10:13 ἡμεῖς δὲ οὐκ εἰς τὰ ἄμετρα καυχησόμεθα ἀλλὰ κατὰ τὸ μέτρον τοῦ κανόνος οὗ ἐμέρισεν ἡμῖν ὁ **θεὸς** μέτρου,
11: 2 ζηλῶ γὰρ ὑμᾶς **θεοῦ** ζήλῳ, ἡρμοσάμην γὰρ ὑμᾶς ἑνὶ ἀνδρὶ παρθένον ἁγνὴν παραστῆσαι τῷ Χριστῷ·
11: 7 ὅτι δωρεὰν τὸ τοῦ **θεοῦ** εὐαγγέλιον εὐηγγελισάμην ὑμῖν;
11:11 διὰ τί; ὅτι οὐκ ἀγαπῶ ὑμᾶς; ὁ **θεὸς** οἶδεν.
11:31 ὁ **θεὸς** καὶ πατὴρ τοῦ κυρίου Ἰησοῦ οἶδεν,
12: 2 ὁ **θεὸς** οἶδεν, ἁρπαγέντα τὸν τοιοῦτον ἕως τρίτου οὐρανοῦ.
12: 3 εἴτε ἐν σώματι εἴτε χωρὶς τοῦ σώματος οὐκ οἶδα, ὁ **θεὸς** οἶδεν,
12:19 κατέναντι **θεοῦ** ἐν Χριστῷ λαλοῦμεν· τὰ δὲ πάντα,
12:21 μὴ πάλιν ἐλθόντος μου ταπεινώσῃ με ὁ **θεός** μου πρὸς ὑμᾶς καὶ πενθήσω πολλοὺς τῶν προημαρτηκότων
13: 4 καὶ γὰρ ἐσταυρώθη ἐξ ἀσθενείας, ἀλλὰ ζῇ ἐκ δυνάμεως **θεοῦ.** καὶ γὰρ ἡμεῖς ἀσθενοῦμεν ἐν αὐτῷ, ἀλλὰ ζήσομεν σὺν αὐτῷ ἐκ δυνάμεως **θεοῦ** εἰς ὑμᾶς.
13: 7 εὐχόμεθα δὲ πρὸς τὸν **θεὸν** μὴ ποιῆσαι ὑμᾶς κακὸν μηδέν,
13:11 καὶ ὁ **θεὸς** τῆς ἀγάπης καὶ εἰρήνης ἔσται μεθ᾽ ὑμῶν.
13:13 Ἡ χάρις τοῦ κυρίου Ἰησοῦ Χριστοῦ καὶ ἡ ἀγάπη τοῦ **θεοῦ** καὶ ἡ κοινωνία τοῦ ἁγίου πνεύματος μετὰ πάντων ὑμῶν.

Gal 1: 1 Παῦλος ἀπόστολος οὐκ ἀπ᾽ ἀνθρώπων οὐδὲ δι᾽ ἀνθρώπου ἀλλὰ διὰ Ἰησοῦ Χριστοῦ καὶ **θεοῦ** πατρὸς τοῦ ἐγείραντος αὐτὸν ἐκ νεκρῶν,
1: 3 χάρις ὑμῖν καὶ εἰρήνη ἀπὸ **θεοῦ** πατρὸς ἡμῶν καὶ κυρίου Ἰησοῦ Χριστοῦ
1: 4 ὅπως ἐξέληται ἡμᾶς ἐκ τοῦ αἰῶνος τοῦ ἐνεστῶτος πονηροῦ κατὰ τὸ θέλημα τοῦ **θεοῦ** καὶ πατρὸς ἡμῶν,
1:10 Ἄρτι γὰρ ἀνθρώπους πείθω ἢ τὸν **θεόν;** ἢ ζητῶ ἀνθρώποις ἀρέσκειν;
1:13 ὅτι καθ᾽ ὑπερβολὴν ἐδίωκον τὴν ἐκκλησίαν τοῦ **θεοῦ** καὶ ἐπόρθουν αὐτήν,
1:15 ὅτε δὲ εὐδόκησεν [ὁ **θεὸς**] ὁ ἀφορίσας με ἐκ κοιλίας μητρός μου καὶ καλέσας διὰ τῆς χάριτος αὐτοῦ
1:20 ἃ δὲ γράφω ὑμῖν, ἰδοὺ ἐνώπιον τοῦ **θεοῦ** ὅτι οὐ ψεύδομαι.
1:24 καὶ ἐδόξαζον ἐν ἐμοὶ τὸν **θεόν.**
2: 6 πρόσωπον [ὁ] **θεὸς** ἀνθρώπου οὐ λαμβάνει– ἐμοὶ γὰρ οἱ δοκοῦντες οὐδὲν προσανέθεντο,
2:19 ἐγὼ γὰρ διὰ νόμου νόμῳ ἀπέθανον, ἵνα **θεῷ** ζήσω.
2:20 ἐν πίστει ζῶ τῇ τοῦ υἱοῦ τοῦ **θεοῦ** τοῦ ἀγαπήσαντός με καὶ παραδόντος ἑαυτὸν ὑπὲρ ἐμοῦ.
2:21 οὐκ ἀθετῶ τὴν χάριν τοῦ **θεοῦ·** εἰ γὰρ διὰ νόμου δικαιοσύνη,
3: 6 καθὼς Ἀβραὰμ ἐπίστευσεν τῷ **θεῷ,** καὶ ἐλογίσθη αὐτῷ εἰς δικαιοσύνην.
3: 8 προϊδοῦσα δὲ ἡ γραφὴ ὅτι ἐκ πίστεως δικαιοῖ τὰ ἔθνη ὁ **θεός,**
3:11 ὅτι δὲ ἐν νόμῳ οὐδεὶς δικαιοῦται παρὰ τῷ **θεῷ** δῆλον,
3:17 διαθήκην προκεκυρωμένην ὑπὸ τοῦ **θεοῦ** ὁ μετὰ τετρακόσια καὶ τριάκοντα ἔτη γεγονὼς νόμος
3:18 τῷ δὲ Ἀβραὰμ δι᾽ ἐπαγγελίας κεχάρισται ὁ **θεός.**
3:20 ὁ δὲ μεσίτης ἑνὸς οὐκ ἔστιν, ὁ δὲ **θεὸς** εἷς ἐστιν.
3:21 Ὁ οὖν νόμος κατὰ τῶν ἐπαγγελιῶν [τοῦ **θεοῦ**;]
3:26 Πάντες γὰρ υἱοὶ **θεοῦ** ἐστε διὰ τῆς πίστεως ἐν Χριστῷ Ἰησοῦ·
4: 4 ἐξαπέστειλεν ὁ **θεὸς** τὸν υἱὸν αὐτοῦ, γενόμενον ἐκ γυναικός,
4: 6 ἐξαπέστειλεν ὁ **θεὸς** τὸ πνεῦμα τοῦ υἱοῦ αὐτοῦ εἰς τὰς καρδίας ἡμῶν κρᾶζον,
4: 7 ὥστε οὐκέτι εἶ δοῦλος ἀλλὰ υἱός· εἰ δὲ υἱός, καὶ κληρονόμος διὰ **θεοῦ.**

4: 8 Ἀλλὰ τότε μὲν οὐκ εἰδότες **θεὸν** ἐδουλεύσατε τοῖς φύσει μὴ οὖσιν **θεοῖς·**
4: 9 νῦν δὲ γνόντες **θεόν,** μᾶλλον δὲ γνωσθέντες ὑπὸ **θεοῦ,**
4: 14 ἀλλὰ ὡς ἄγγελον **θεοῦ** ἐδέξασθέ με, ὡς Χριστὸν Ἰησοῦν.
5: 21 ἃ προλέγω ὑμῖν καθὼς προεῖπον ὅτι οἱ τὰ τοιαῦτα πράσσοντες βασιλείαν **θεοῦ** οὐ κληρονομήσουσιν.
6: 7 Μὴ πλανᾶσθε, **θεὸς** οὐ μυκτηρίζεται. ὃ γὰρ ἐὰν σπείρῃ ἄνθρωπος,
6: 16 εἰρήνη ἐπ' αὐτοὺς καὶ ἔλεος καὶ ἐπὶ τὸν Ἰσραὴλ τοῦ **θεοῦ.**

Eph 1: 1 Παῦλος ἀπόστολος Χριστοῦ Ἰησοῦ διὰ θελήματος **θεοῦ** τοῖς ἁγίοις τοῖς οὖσιν [ἐν Ἐφέσῳ] καὶ πιστοῖς ἐν Χριστῷ Ἰησοῦ,
1: 2 χάρις ὑμῖν καὶ εἰρήνη ἀπὸ **θεοῦ** πατρὸς ἡμῶν καὶ κυρίου Ἰησοῦ Χριστοῦ.
1: 3 Εὐλογητὸς ὁ **θεὸς** καὶ πατὴρ τοῦ κυρίου ἡμῶν Ἰησοῦ Χριστοῦ,
1: 17 ἵνα ὁ **θεὸς** τοῦ κυρίου ἡμῶν Ἰησοῦ Χριστοῦ,
2: 4 ὁ δὲ **θεὸς** πλούσιος ὢν ἐν ἐλέει, διὰ τὴν πολλὴν ἀγάπην αὐτοῦ ἣν ἠγάπησεν ἡμᾶς,
2: 8 καὶ τοῦτο οὐκ ἐξ ὑμῶν, **θεοῦ** τὸ δῶρον·
2: 10 κτισθέντες ἐν Χριστῷ Ἰησοῦ ἐπὶ ἔργοις ἀγαθοῖς οἷς προητοίμασεν ὁ **θεός,**
2: 16 καὶ ἀποκαταλλάξῃ τοὺς ἀμφοτέρους ἐν ἑνὶ σώματι τῷ **θεῷ** διὰ τοῦ σταυροῦ,
2: 19 ἄρα οὖν οὐκέτι ἐστὲ ξένοι καὶ πάροικοι ἀλλὰ ἐστὲ συμπολῖται τῶν ἁγίων καὶ οἰκεῖοι τοῦ **θεοῦ,**
2: 22 συνοικοδομεῖσθε εἰς κατοικητήριον τοῦ **θεοῦ** ἐν πνεύματι.
3: 2 εἴ γε ἠκούσατε τὴν οἰκονομίαν τῆς χάριτος τοῦ **θεοῦ** τῆς δοθείσης μοι εἰς ὑμᾶς,
3: 7 οὗ ἐγενήθην διάκονος κατὰ τὴν δωρεὰν τῆς χάριτος τοῦ **θεοῦ** τῆς δοθείσης μοι κατὰ τὴν ἐνέργειαν τῆς δυνάμεως αὐτοῦ.
3: 9 [πάντας] τίς ἡ οἰκονομία τοῦ μυστηρίου τοῦ ἀποκεκρυμμένου ἀπὸ τῶν αἰώνων ἐν τῷ **θεῷ** τῷ τὰ πάντα κτίσαντι,
3: 10 ἵνα γνωρισθῇ νῦν ταῖς ἀρχαῖς καὶ ταῖς ἐξουσίαις ἐν τοῖς ἐπουρανίοις διὰ τῆς ἐκκλησίας ἡ πολυποίκιλος σοφία τοῦ **θεοῦ,**
3: 19 ἵνα πληρωθῆτε εἰς πᾶν τὸ πλήρωμα τοῦ **θεοῦ.**
4: 6 εἷς **θεὸς** καὶ πατὴρ πάντων, ὁ ἐπὶ πάντων καὶ διὰ πάντων καὶ ἐν πᾶσιν.
4: 13 μέχρι καταντήσωμεν οἱ πάντες εἰς τὴν ἑνότητα τῆς πίστεως καὶ τῆς ἐπιγνώσεως τοῦ υἱοῦ τοῦ **θεοῦ,**
4: 18 ἀπηλλοτριωμένοι τῆς ζωῆς τοῦ **θεοῦ** διὰ τὴν ἄγνοιαν τὴν οὖσαν ἐν αὐτοῖς,
4: 24 καὶ ἐνδύσασθαι τὸν καινὸν ἄνθρωπον τὸν κατὰ **θεὸν** κτισθέντα ἐν δικαιοσύνῃ καὶ ὁσιότητι τῆς ἀληθείας.
4: 30 καὶ μὴ λυπεῖτε τὸ πνεῦμα τὸ ἅγιον τοῦ **θεοῦ,**
4: 32 καθὼς καὶ ὁ **θεὸς** ἐν Χριστῷ ἐχαρίσατο ὑμῖν.
5: 1 γίνεσθε οὖν μιμηταὶ τοῦ **θεοῦ** ὡς τέκνα ἀγαπητὰ
5: 2 καθὼς καὶ ὁ Χριστὸς ἠγάπησεν ἡμᾶς καὶ παρέδωκεν ἑαυτὸν ὑπὲρ ἡμῶν προσφορὰν καὶ θυσίαν τῷ **θεῷ** εἰς ὀσμὴν εὐωδίας.
5: 5 οὐκ ἔχει κληρονομίαν ἐν τῇ βασιλείᾳ τοῦ Χριστοῦ καὶ **θεοῦ.**
5: 6 διὰ ταῦτα γὰρ ἔρχεται ἡ ὀργὴ τοῦ **θεοῦ** ἐπὶ τοὺς υἱοὺς τῆς ἀπειθείας.
5: 20 εὐχαριστοῦντες πάντοτε ὑπὲρ πάντων ἐν ὀνόματι τοῦ κυρίου ἡμῶν Ἰησοῦ Χριστοῦ τῷ **θεῷ** καὶ πατρί.
6: 6 μὴ κατ' ὀφθαλμοδουλίαν ὡς ἀνθρωπάρεσκοι ἀλλ' ὡς δοῦλοι Χριστοῦ ποιοῦντες τὸ θέλημα τοῦ **θεοῦ** ἐκ ψυχῆς,
6: 11 ἐνδύσασθε τὴν πανοπλίαν τοῦ **θεοῦ** πρὸς τὸ δύνασθαι ὑμᾶς στῆναι πρὸς τὰς μεθοδείας τοῦ διαβόλου·
6: 13 διὰ τοῦτο ἀναλάβετε τὴν πανοπλίαν τοῦ **θεοῦ,** ἵνα δυνηθῆτε ἀντιστῆναι ἐν τῇ ἡμέρᾳ τῇ πονηρᾷ
6: 17 καὶ τὴν περικεφαλαίαν τοῦ σωτηρίου δέξασθε καὶ τὴν μάχαιραν τοῦ πνεύματος, ὅ ἐστιν ῥῆμα **θεοῦ.**
6: 23 Εἰρήνη τοῖς ἀδελφοῖς καὶ ἀγάπη μετὰ πίστεως ἀπὸ **θεοῦ** πατρὸς καὶ κυρίου Ἰησοῦ Χριστοῦ.

Php 1: 2 χάρις ὑμῖν καὶ εἰρήνη ἀπὸ **θεοῦ** πατρὸς ἡμῶν καὶ κυρίου Ἰησοῦ Χριστοῦ.
1: 3 Εὐχαριστῶ τῷ **θεῷ** μου ἐπὶ πάσῃ τῇ μνείᾳ ὑμῶν
1: 8 μάρτυς γάρ μου ὁ **θεὸς** ὡς ἐπιποθῶ πάντας ὑμᾶς ἐν σπλάγχνοις Χριστοῦ Ἰησοῦ.
1: 11 πεπληρωμένοι καρπὸν δικαιοσύνης τὸν διὰ Ἰησοῦ Χριστοῦ εἰς δόξαν καὶ ἔπαινον **θεοῦ.**
1: 14 καὶ τοὺς πλείονας τῶν ἀδελφῶν ἐν κυρίῳ πεποιθότας τοῖς δεσμοῖς μου περισσοτέρως τολμᾶν ἀφόβως τὸν λόγον τοῦ **θεοῦ**[UBS-] λαλεῖν.
1: 28 ἥτις ἐστὶν αὐτοῖς ἔνδειξις ἀπωλείας, ὑμῶν δὲ σωτηρίας, καὶ τοῦτο ἀπὸ **θεοῦ·**
2: 6 ὃς ἐν μορφῇ **θεοῦ** ὑπάρχων οὐχ ἁρπαγμὸν ἡγήσατο τὸ εἶναι ἴσα **θεῷ,**
2: 9 διὸ καὶ ὁ **θεὸς** αὐτὸν ὑπερύψωσεν καὶ ἐχαρίσατο αὐτῷ τὸ ὄνομα τὸ ὑπὲρ πᾶν ὄνομα,
2: 11 καὶ πᾶσα γλῶσσα ἐξομολογήσηται ὅτι κύριος Ἰησοῦς Χριστὸς εἰς δόξαν **θεοῦ** πατρός.
2: 13 **θεὸς** γάρ ἐστιν ὁ ἐνεργῶν ἐν ὑμῖν καὶ τὸ θέλειν καὶ τὸ ἐνεργεῖν ὑπὲρ τῆς εὐδοκίας.
2: 15 τέκνα **θεοῦ** ἄμωμα μέσον γενεᾶς σκολιᾶς καὶ διεστραμμένης,
2: 27 ἀλλὰ ὁ **θεὸς** ἠλέησεν αὐτόν, οὐκ αὐτὸν δὲ μόνον ἀλλὰ καὶ ἐμέ,
3: 3 οἱ πνεύματι **θεοῦ** λατρεύοντες καὶ καυχώμενοι ἐν Χριστῷ Ἰησοῦ καὶ οὐκ ἐν σαρκὶ πεποιθότες,
3: 9 μὴ ἔχων ἐμὴν δικαιοσύνην τὴν ἐκ νόμου ἀλλὰ τὴν διὰ πίστεως Χριστοῦ, τὴν ἐκ **θεοῦ** δικαιοσύνην ἐπὶ τῇ πίστει,
3: 14 κατὰ σκοπὸν διώκω εἰς τὸ βραβεῖον τῆς ἄνω κλήσεως τοῦ **θεοῦ** ἐν Χριστῷ Ἰησοῦ.
3: 15 καὶ εἴ τι ἑτέρως φρονεῖτε, καὶ τοῦτο ὁ **θεὸς** ὑμῖν ἀποκαλύψει·
3: 19 ὧν ὁ **θεὸς** ἡ κοιλία καὶ ἡ δόξα ἐν τῇ αἰσχύνῃ αὐτῶν,
4: 6 ἀλλ' ἐν παντὶ τῇ προσευχῇ καὶ τῇ δεήσει μετὰ εὐχαριστίας τὰ αἰτήματα ὑμῶν γνωριζέσθω πρὸς τὸν **θεόν.**
4: 7 καὶ ἡ εἰρήνη τοῦ **θεοῦ** ἡ ὑπερέχουσα πάντα νοῦν φρουρήσει τὰς καρδίας ὑμῶν καὶ τὰ νοήματα ὑμῶν ἐν Χριστῷ Ἰησοῦ.
4: 9 καὶ ὁ **θεὸς** τῆς εἰρήνης ἔσται μεθ' ὑμῶν.
4: 18 πεπλήρωμαι δεξάμενος παρὰ Ἐπαφροδίτου τὰ παρ' ὑμῶν, ὀσμὴν εὐωδίας, θυσίαν δεκτήν, εὐάρεστον τῷ **θεῷ.**
4: 19 ὁ δὲ **θεός** μου πληρώσει πᾶσαν χρείαν ὑμῶν κατὰ τὸ πλοῦτος αὐτοῦ ἐν δόξῃ ἐν Χριστῷ Ἰησοῦ.
4: 20 τῷ δὲ **θεῷ** καὶ πατρὶ ἡμῶν ἡ δόξα εἰς τοὺς αἰῶνας τῶν αἰώνων,

Col 1: 1 Παῦλος ἀπόστολος Χριστοῦ Ἰησοῦ διὰ θελήματος **θεοῦ** καὶ Τιμόθεος ὁ ἀδελφὸς
1: 2 χάρις ὑμῖν καὶ εἰρήνη ἀπὸ **θεοῦ** πατρὸς ἡμῶν.
1: 3 Εὐχαριστοῦμεν τῷ **θεῷ** πατρὶ τοῦ κυρίου ἡμῶν Ἰησοῦ Χριστοῦ πάντοτε περὶ ὑμῶν προσευχόμενοι,
1: 6 ἀφ' ἧς ἡμέρας ἠκούσατε καὶ ἐπέγνωτε τὴν χάριν τοῦ **θεοῦ** ἐν ἀληθείᾳ·
1: 10 ἐν παντὶ ἔργῳ ἀγαθῷ καρποφοροῦντες καὶ αὐξανόμενοι τῇ ἐπιγνώσει τοῦ **θεοῦ,**
1: 15 ὅς ἐστιν εἰκὼν τοῦ **θεοῦ** τοῦ ἀοράτου, πρωτότοκος πάσης κτίσεως,
1: 25 ἧς ἐγενόμην ἐγὼ διάκονος κατὰ τὴν οἰκονομίαν τοῦ **θεοῦ** τὴν δοθεῖσάν μοι εἰς ὑμᾶς πληρῶσαι τὸν λόγον τοῦ **θεοῦ,**
1: 27 οἷς ἠθέλησεν ὁ **θεὸς** γνωρίσαι τί τὸ πλοῦτος τῆς δόξης τοῦ μυστηρίου τούτου ἐν τοῖς ἔθνεσιν,
2: 2 καὶ εἰς πᾶν πλοῦτος τῆς πληροφορίας τῆς συνέσεως, εἰς ἐπίγνωσιν τοῦ μυστηρίου τοῦ **θεοῦ,** Χριστοῦ,
2: 12 ἐν ᾧ καὶ συνηγέρθητε διὰ τῆς πίστεως τῆς ἐνεργείας τοῦ **θεοῦ** τοῦ ἐγείραντος αὐτὸν ἐκ νεκρῶν·
2: 19 πᾶν τὸ σῶμα διὰ τῶν ἁφῶν καὶ συνδέσμων ἐπιχορηγούμενον καὶ συμβιβαζόμενον αὔξει τὴν αὔξησιν τοῦ **θεοῦ.**
3: 1 οὗ ὁ Χριστός ἐστιν ἐν δεξιᾷ τοῦ **θεοῦ** καθήμενος·
3: 3 ἀπεθάνετε γὰρ καὶ ἡ ζωὴ ὑμῶν κέκρυπται σὺν τῷ Χριστῷ ἐν τῷ **θεῷ·**
3: 6 δι' ἃ ἔρχεται ἡ ὀργὴ τοῦ **θεοῦ** [ἐπὶ τοὺς υἱοὺς τῆς ἀπειθείας.]
3: 12 Ἐνδύσασθε οὖν, ὡς ἐκλεκτοὶ τοῦ **θεοῦ** ἅγιοι καὶ ἠγαπημένοι,
3: 16 ψαλμοῖς ὕμνοις ᾠδαῖς πνευματικαῖς ἐν [τῇ] χάριτι ᾄδοντες ἐν ταῖς καρδίαις ὑμῶν τῷ **θεῷ·**
3: 17 πάντα ἐν ὀνόματι κυρίου Ἰησοῦ, εὐχαριστοῦντες τῷ **θεῷ** πατρὶ δι' αὐτοῦ.
4: 3 ἵνα ὁ **θεὸς** ἀνοίξῃ ἡμῖν θύραν τοῦ λόγου λαλῆσαι τὸ μυστήριον τοῦ Χριστοῦ,
4: 11 οὗτοι μόνοι συνεργοὶ εἰς τὴν βασιλείαν τοῦ **θεοῦ,**
4: 12 ἵνα σταθῆτε τέλειοι καὶ πεπληροφορημένοι ἐν παντὶ θελήματι τοῦ **θεοῦ.**

1Th 1: 1 Παῦλος καὶ Σιλουανὸς καὶ Τιμόθεος τῇ ἐκκλησίᾳ Θεσσαλονικέων ἐν **θεῷ** πατρὶ καὶ κυρίῳ Ἰησοῦ Χριστῷ,
1: 2 Εὐχαριστοῦμεν τῷ **θεῷ** πάντοτε περὶ πάντων ὑμῶν μνείαν ποιούμενοι ἐπὶ τῶν προσευχῶν ἡμῶν,
1: 3 καὶ τῆς ὑπομονῆς τῆς ἐλπίδος τοῦ κυρίου ἡμῶν Ἰησοῦ Χριστοῦ ἔμπροσθεν τοῦ **θεοῦ** καὶ πατρὸς ἡμῶν,
1: 4 εἰδότες, ἀδελφοὶ ἠγαπημένοι ὑπὸ [τοῦ] **θεοῦ,** τὴν ἐκλογὴν ὑμῶν,
1: 8 ἀλλ' ἐν παντὶ τόπῳ ἡ πίστις ὑμῶν ἡ πρὸς τὸν **θεὸν** ἐξελήλυθεν,
1: 9 καὶ πῶς ἐπεστρέψατε πρὸς τὸν **θεὸν** ἀπὸ τῶν εἰδώλων δουλεύειν **θεῷ** ζῶντι καὶ ἀληθινῷ
2: 2 ἐν Φιλίπποις ἐπαρρησιασάμεθα ἐν τῷ **θεῷ** ἡμῶν λαλῆσαι πρὸς ὑμᾶς τὸ εὐαγγέλιον τοῦ **θεοῦ** ἐν πολλῷ ἀγῶνι.
2: 4 ἀλλὰ καθὼς δεδοκιμάσμεθα ὑπὸ τοῦ **θεοῦ** πιστευθῆναι τὸ εὐαγγέλιον, οὕτως λαλοῦμεν, οὐχ ὡς ἀνθρώποις ἀρέσκοντες ἀλλὰ **θεῷ** τῷ δοκιμάζοντι τὰς καρδίας ἡμῶν.

2: 5 καθὼς οἴδατε, οὔτε ἐν προφάσει πλεονεξίας, **θεὸς** μάρτυς,
2: 8 οὕτως ὁμειρόμενοι ὑμῶν εὐδοκοῦμεν μεταδοῦναι ὑμῖν οὐ μόνον τὸ εὐαγγέλιον τοῦ **θεοῦ** ἀλλὰ καὶ τὰς ἑαυτῶν ψυχάς,
2: 9 νυκτὸς καὶ ἡμέρας ἐργαζόμενοι πρὸς τὸ μὴ ἐπιβαρῆσαί τινα ὑμῶν ἐκηρύξαμεν εἰς ὑμᾶς τὸ εὐαγγέλιον τοῦ **θεοῦ.**
2:10 ὑμεῖς μάρτυρες καὶ ὁ **θεός,** ὡς ὁσίως καὶ δικαίως καὶ ἀμέμπτως ὑμῖν τοῖς πιστεύουσιν ἐγενήθημεν,
2:12 παρακαλοῦντες ὑμᾶς καὶ παραμυθούμενοι καὶ μαρτυρόμενοι εἰς τὸ περιπατεῖν ὑμᾶς ἀξίως τοῦ **θεοῦ** τοῦ καλοῦντος ὑμᾶς εἰς τὴν ἑαυτοῦ βασιλείαν καὶ δόξαν.
2:13 Καὶ διὰ τοῦτο καὶ ἡμεῖς εὐχαριστοῦμεν τῷ **θεῷ** ἀδιαλείπτως, ὅτι παραλαβόντες λόγον ἀκοῆς παρ' ἡμῶν τοῦ **θεοῦ** ἐδέξασθε οὐ λόγον ἀνθρώπων ἀλλὰ καθώς ἐστιν ἀληθῶς λόγον **θεοῦ,**
2:14 τῶν ἐκκλησιῶν τοῦ **θεοῦ** τῶν οὐσῶν ἐν τῇ Ἰουδαίᾳ ἐν Χριστῷ Ἰησοῦ,
2:15 τῶν καὶ τὸν κύριον ἀποκτεινάντων Ἰησοῦν καὶ τοὺς προφήτας καὶ ἡμᾶς ἐκδιωξάντων καὶ **θεῷ** μὴ ἀρεσκόντων
2:16 ἔφθασεν δὲ ἐπ' αὐτοὺς ἡ ὀργὴ τοῦ **θεοῦ**[UBS-] εἰς τέλος.
3: 2 τὸν ἀδελφὸν ἡμῶν καὶ συνεργὸν τοῦ **θεοῦ** ἐν τῷ εὐαγγελίῳ τοῦ Χριστοῦ,
3: 9 τίνα γὰρ εὐχαριστίαν δυνάμεθα τῷ **θεῷ** ἀνταποδοῦναι περὶ ὑμῶν ἐπὶ πάσῃ τῇ χαρᾷ ᾗ χαίρομεν δι' ὑμᾶς ἔμπροσθεν τοῦ **θεοῦ** ἡμῶν,
3:11 Αὐτὸς δὲ ὁ **θεὸς** καὶ πατὴρ ἡμῶν καὶ ὁ κύριος ἡμῶν Ἰησοῦς κατευθύναι τὴν ὁδὸν ἡμῶν πρὸς ὑμᾶς·
3:13 εἰς τὸ στηρίξαι ὑμῶν τὰς καρδίας ἀμέμπτους ἐν ἁγιωσύνῃ ἔμπροσθεν τοῦ **θεοῦ** καὶ πατρὸς ἡμῶν
4: 1 ἵνα καθὼς παρελάβετε παρ' ἡμῶν τὸ πῶς δεῖ ὑμᾶς περιπατεῖν καὶ ἀρέσκειν **θεῷ,**
4: 3 τοῦτο γάρ ἐστιν θέλημα τοῦ **θεοῦ,** ὁ ἁγιασμὸς ὑμῶν,
4: 5 μὴ ἐν πάθει ἐπιθυμίας καθάπερ καὶ τὰ ἔθνη τὰ μὴ εἰδότα τὸν **θεόν,**
4: 7 οὐ γὰρ ἐκάλεσεν ἡμᾶς ὁ **θεὸς** ἐπὶ ἀκαθαρσίᾳ ἀλλ' ἐν ἁγιασμῷ.
4: 8 τοιγαροῦν ὁ ἀθετῶν οὐκ ἄνθρωπον ἀθετεῖ ἀλλὰ τὸν **θεὸν** τὸν [καὶ] διδόντα τὸ πνεῦμα αὐτοῦ τὸ ἅγιον εἰς ὑμᾶς.
4:14 οὕτως καὶ ὁ **θεὸς** τοὺς κοιμηθέντας διὰ τοῦ Ἰησοῦ ἄξει σὺν αὐτῷ.
4:16 ὅτι αὐτὸς ὁ κύριος ἐν κελεύσματι, ἐν φωνῇ ἀρχαγγέλου καὶ ἐν σάλπιγγι **θεοῦ,**
5: 9 ὅτι οὐκ ἔθετο ἡμᾶς ὁ **θεὸς** εἰς ὀργὴν ἀλλὰ εἰς περιποίησιν σωτηρίας διὰ τοῦ κυρίου ἡμῶν Ἰησοῦ Χριστοῦ
5:18 τοῦτο γὰρ θέλημα **θεοῦ** ἐν Χριστῷ Ἰησοῦ εἰς ὑμᾶς.
5:23 Αὐτὸς δὲ ὁ **θεὸς** τῆς εἰρήνης ἁγιάσαι ὑμᾶς ὁλοτελεῖς,
2Th 1: 1 Παῦλος καὶ Σιλουανὸς καὶ Τιμόθεος τῇ ἐκκλησίᾳ Θεσσαλονικέων ἐν **θεῷ** πατρὶ ἡμῶν καὶ κυρίῳ Ἰησοῦ Χριστῷ,
1: 2 χάρις ὑμῖν καὶ εἰρήνη ἀπὸ **θεοῦ** πατρὸς [ἡμῶν] καὶ κυρίου Ἰησοῦ Χριστοῦ.
1: 3 Εὐχαριστεῖν ὀφείλομεν τῷ **θεῷ** πάντοτε περὶ ὑμῶν, ἀδελφοί,
1: 4 ὥστε αὐτοὺς ἡμᾶς ἐν ὑμῖν ἐγκαυχᾶσθαι ἐν ταῖς ἐκκλησίαις τοῦ **θεοῦ** ὑπὲρ τῆς ὑπομονῆς ὑμῶν καὶ πίστεως
1: 5 ἔνδειγμα τῆς δικαίας κρίσεως τοῦ **θεοῦ** εἰς τὸ καταξιωθῆναι ὑμᾶς τῆς βασιλείας τοῦ **θεοῦ,**
1: 6 εἴπερ δίκαιον παρὰ **θεῷ** ἀνταποδοῦναι τοῖς θλίβουσιν ὑμᾶς θλῖψιν
1: 8 διδόντος ἐκδίκησιν τοῖς μὴ εἰδόσιν **θεὸν** καὶ τοῖς μὴ ὑπακούουσιν τῷ εὐαγγελίῳ τοῦ κυρίου ἡμῶν Ἰησοῦ,
1:11 ἵνα ὑμᾶς ἀξιώσῃ τῆς κλήσεως ὁ **θεὸς** ἡμῶν καὶ πληρώσῃ πᾶσαν εὐδοκίαν ἀγαθωσύνης καὶ ἔργον πίστεως ἐν δυνάμει,
1:12 κατὰ τὴν χάριν τοῦ **θεοῦ** ἡμῶν καὶ κυρίου Ἰησοῦ Χριστοῦ.
2: 4 ὁ ἀντικείμενος καὶ ὑπεραιρόμενος ἐπὶ πάντα λεγόμενον **θεὸν** ἢ σέβασμα, ὥστε αὐτὸν εἰς τὸν ναὸν τοῦ **θεοῦ** καθίσαι ἀποδεικνύντα ἑαυτὸν ὅτι ἔστιν **θεός.**
2:11 καὶ διὰ τοῦτο πέμπει αὐτοῖς ὁ **θεὸς** ἐνέργειαν πλάνης εἰς τὸ πιστεῦσαι αὐτοὺς τῷ ψεύδει,
2:13 ὀφείλομεν εὐχαριστεῖν τῷ **θεῷ** πάντοτε περὶ ὑμῶν, ἀδελφοὶ ἠγαπημένοι ὑπὸ κυρίου, ὅτι εἵλατο ὑμᾶς ὁ **θεὸς** ἀπαρχὴν εἰς σωτηρίαν ἐν ἁγιασμῷ πνεύματος καὶ πίστει ἀληθείας,
2:16 Αὐτὸς δὲ ὁ κύριος ἡμῶν Ἰησοῦς Χριστὸς καὶ [ὁ] **θεὸς** ὁ πατὴρ ἡμῶν ὁ ἀγαπήσας ἡμᾶς καὶ δοὺς παράκλησιν αἰωνίαν
3: 5 Ὁ δὲ κύριος κατευθύναι ὑμῶν τὰς καρδίας εἰς τὴν ἀγάπην τοῦ **θεοῦ** καὶ εἰς τὴν ὑπομονὴν τοῦ Χριστοῦ.
1Ti 1: 1 Παῦλος ἀπόστολος Χριστοῦ Ἰησοῦ κατ' ἐπιταγὴν **θεοῦ** σωτῆρος ἡμῶν καὶ Χριστοῦ Ἰησοῦ τῆς ἐλπίδος ἡμῶν
1: 2 χάρις ἔλεος εἰρήνη ἀπὸ **θεοῦ** πατρὸς καὶ Χριστοῦ Ἰησοῦ τοῦ κυρίου ἡμῶν.
1: 4 αἵτινες ἐκζητήσεις παρέχουσιν μᾶλλον ἢ οἰκονομίαν **θεοῦ** τὴν ἐν πίστει.
1:11 κατὰ τὸ εὐαγγέλιον τῆς δόξης τοῦ μακαρίου **θεοῦ,**
1:17 τῷ δὲ βασιλεῖ τῶν αἰώνων, ἀφθάρτῳ ἀοράτῳ μόνῳ **θεῷ,**
2: 3 τοῦτο καλὸν καὶ ἀπόδεκτον ἐνώπιον τοῦ σωτῆρος ἡμῶν **θεοῦ,**
2: 5 εἷς γὰρ **θεός,** εἷς καὶ μεσίτης **θεοῦ** καὶ ἀνθρώπων, ἄνθρωπος Χριστὸς Ἰησοῦς,
3: 5 (εἰ δέ τις τοῦ ἰδίου οἴκου προστῆναι οὐκ οἶδεν, πῶς ἐκκλησίας **θεοῦ** ἐπιμελήσεται;),
3:15 ἵνα εἰδῇς πῶς δεῖ ἐν οἴκῳ **θεοῦ** ἀναστρέφεσθαι, ἥτις ἐστὶν ἐκκλησία **θεοῦ** ζῶντος, στῦλος καὶ ἑδραίωμα τῆς ἀληθείας.
4: 3 ἃ ὁ **θεὸς** ἔκτισεν εἰς μετάλημψιν μετὰ εὐχαριστίας τοῖς πιστοῖς καὶ ἐπεγνωκόσι τὴν ἀλήθειαν.
4: 4 ὅτι πᾶν κτίσμα **θεοῦ** καλὸν καὶ οὐδὲν ἀπόβλητον μετὰ εὐχαριστίας λαμβανόμενον·
4: 5 ἁγιάζεται γὰρ διὰ λόγου **θεοῦ** καὶ ἐντεύξεως.
4:10 εἰς τοῦτο γὰρ κοπιῶμεν καὶ ἀγωνιζόμεθα, ὅτι ἠλπίκαμεν ἐπὶ **θεῷ** ζῶντι,
5: 4 μανθανέτωσαν πρῶτον τὸν ἴδιον οἶκον εὐσεβεῖν καὶ ἀμοιβὰς ἀποδιδόναι τοῖς προγόνοις· τοῦτο γάρ ἐστιν ἀπόδεκτον ἐνώπιον τοῦ **θεοῦ.**
5: 5 ὄντως χήρα καὶ μεμονωμένη ἤλπικεν ἐπὶ **θεὸν** καὶ προσμένει ταῖς δεήσεσιν καὶ ταῖς προσευχαῖς νυκτὸς καὶ ἡμέρας,
5:21 Διαμαρτύρομαι ἐνώπιον τοῦ **θεοῦ** καὶ Χριστοῦ Ἰησοῦ καὶ τῶν ἐκλεκτῶν ἀγγέλων,
6: 1 ἵνα μὴ τὸ ὄνομα τοῦ **θεοῦ** καὶ ἡ διδασκαλία βλασφημῆται.
6:11 Σὺ δέ, ὦ ἄνθρωπε **θεοῦ,** ταῦτα φεῦγε· δίωκε δὲ δικαιοσύνην εὐσέβειαν πίστιν,
6:13 παραγγέλλω [σοι] ἐνώπιον τοῦ **θεοῦ** τοῦ ζῳογονοῦντος τὰ πάντα καὶ Χριστοῦ Ἰησοῦ τοῦ μαρτυρήσαντος ἐπὶ Ποντίου Πιλάτου τὴν καλὴν ὁμολογίαν,
6:17 μὴ ὑψηλοφρονεῖν μηδὲ ἠλπικέναι ἐπὶ πλούτου ἀδηλότητι ἀλλ' ἐπὶ **θεῷ** τῷ παρέχοντι ἡμῖν πάντα πλουσίως εἰς ἀπόλαυσιν,
2Ti 1: 1 Παῦλος ἀπόστολος Χριστοῦ Ἰησοῦ διὰ θελήματος **θεοῦ** κατ' ἐπαγγελίαν ζωῆς τῆς ἐν Χριστῷ Ἰησοῦ
1: 2 χάρις ἔλεος εἰρήνη ἀπὸ **θεοῦ** πατρὸς καὶ Χριστοῦ Ἰησοῦ τοῦ κυρίου ἡμῶν.
1: 3 Χάριν ἔχω τῷ **θεῷ,** ᾧ λατρεύω ἀπὸ προγόνων ἐν καθαρᾷ συνειδήσει,
1: 6 δι' ἣν αἰτίαν ἀναμιμνῄσκω σε ἀναζωπυρεῖν τὸ χάρισμα τοῦ **θεοῦ,**
1: 7 οὐ γὰρ ἔδωκεν ἡμῖν ὁ **θεὸς** πνεῦμα δειλίας ἀλλὰ δυνάμεως καὶ ἀγάπης καὶ σωφρονισμοῦ.
1: 8 τὸ μαρτύριον τοῦ κυρίου ἡμῶν μηδὲ ἐμὲ τὸν δέσμιον αὐτοῦ, ἀλλὰ συγκακοπάθησον τῷ εὐαγγελίῳ κατὰ δύναμιν **θεοῦ,**
2: 9 ἐν ᾧ κακοπαθῶ μέχρι δεσμῶν ὡς κακοῦργος, ἀλλὰ ὁ λόγος τοῦ **θεοῦ** οὐ δέδεται·
2:14 Ταῦτα ὑπομίμνῃσκε διαμαρτυρόμενος ἐνώπιον τοῦ **θεοῦ** μὴ λογομαχεῖν,
2:15 σπούδασον σεαυτὸν δόκιμον παραστῆσαι τῷ **θεῷ,** ἐργάτην ἀνεπαίσχυντον,
2:19 ὁ μέντοι στερεὸς θεμέλιος τοῦ **θεοῦ** ἕστηκεν, ἔχων τὴν σφραγῖδα ταύτην·
2:25 μήποτε δώῃ αὐτοῖς ὁ **θεὸς** μετάνοιαν εἰς ἐπίγνωσιν ἀληθείας
3:17 ἵνα ἄρτιος ᾖ ὁ τοῦ **θεοῦ** ἄνθρωπος, πρὸς πᾶν ἔργον ἀγαθὸν ἐξηρτισμένος.
4: 1 Διαμαρτύρομαι ἐνώπιον τοῦ **θεοῦ** καὶ Χριστοῦ Ἰησοῦ τοῦ μέλλοντος κρίνειν ζῶντας καὶ νεκρούς,
Tit 1: 1 Παῦλος δοῦλος **θεοῦ,** ἀπόστολος δὲ Ἰησοῦ Χριστοῦ κατὰ πίστιν ἐκλεκτῶν **θεοῦ** καὶ ἐπίγνωσιν ἀληθείας τῆς κατ' εὐσέβειαν
1: 2 ἣν ἐπηγγείλατο ὁ ἀψευδὴς **θεὸς** πρὸ χρόνων αἰωνίων,
1: 3 ὃ ἐπιστεύθην ἐγὼ κατ' ἐπιταγὴν τοῦ σωτῆρος ἡμῶν **θεοῦ,**
1: 4 χάρις καὶ εἰρήνη ἀπὸ **θεοῦ** πατρὸς καὶ Χριστοῦ Ἰησοῦ τοῦ σωτῆρος ἡμῶν.
1: 7 δεῖ γὰρ τὸν ἐπίσκοπον ἀνέγκλητον εἶναι ὡς **θεοῦ** οἰκονόμον,
1:16 **θεὸν** ὁμολογοῦσιν εἰδέναι, τοῖς δὲ ἔργοις ἀρνοῦνται, βδελυκτοὶ ὄντες καὶ ἀπειθεῖς καὶ πρὸς πᾶν ἔργον ἀγαθὸν ἀδόκιμοι.
2: 5 ὑποτασσομένας τοῖς ἰδίοις ἀνδράσιν, ἵνα μὴ ὁ λόγος τοῦ **θεοῦ** βλασφημῆται.
2:10 ἵνα τὴν διδασκαλίαν τὴν τοῦ σωτῆρος ἡμῶν **θεοῦ** κοσμῶσιν ἐν πᾶσιν.
2:11 Ἐπεφάνη γὰρ ἡ χάρις τοῦ **θεοῦ** σωτήριος πᾶσιν ἀνθρώποις
2:13 προσδεχόμενοι τὴν μακαρίαν ἐλπίδα καὶ ἐπιφάνειαν τῆς δόξης τοῦ μεγάλου **θεοῦ** καὶ σωτῆρος ἡμῶν Ἰησοῦ Χριστοῦ,

3: 4 ὅτε δὲ ἡ χρηστότης καὶ ἡ φιλανθρωπία ἐπεφάνη τοῦ σωτῆρος ἡμῶν **θεοῦ,**
3: 8 ἵνα φροντίζωσιν καλῶν ἔργων προΐστασθαι οἱ πεπιστευκότες **θεῷ·**
Phm 1: 3 χάρις ὑμῖν καὶ εἰρήνη ἀπὸ **θεοῦ** πατρὸς ἡμῶν καὶ κυρίου Ἰησοῦ Χριστοῦ.
1: 4 Εὐχαριστῶ τῷ **θεῷ** μου πάντοτε μνείαν σου ποιούμενος ἐπὶ τῶν προσευχῶν μου,
Heb 1: 1 Πολυμερῶς καὶ πολυτρόπως πάλαι ὁ **θεὸς** λαλήσας τοῖς πατράσιν ἐν τοῖς προφήταις
1: 6 ὅταν δὲ πάλιν εἰσαγάγῃ τὸν πρωτότοκον εἰς τὴν οἰκουμένην, λέγει, Καὶ προσκυνησάτωσαν αὐτῷ πάντες ἄγγελοι **θεοῦ.**
1: 8 Ὁ θρόνος σου ὁ **θεὸς** εἰς τὸν αἰῶνα τοῦ αἰῶνος,
1: 9 διὰ τοῦτο ἔχρισέν σε ὁ **θεὸς** ὁ **θεός** σου ἔλαιον ἀγαλλιάσεως παρὰ τοὺς μετόχους σου.
2: 4 συνεπιμαρτυροῦντος τοῦ **θεοῦ** σημείοις τε καὶ τέρασιν καὶ ποικίλαις δυνάμεσιν καὶ πνεύματος ἁγίου μερισμοῖς
2: 9 τὸν δὲ βραχύ τι παρ' ἀγγέλους ἠλαττωμένον βλέπομεν Ἰησοῦν διὰ τὸ πάθημα τοῦ θανάτου δόξῃ καὶ τιμῇ ἐστεφανωμένον, ὅπως χάριτι **θεοῦ** ὑπὲρ παντὸς γεύσηται θανάτου.
2:13 Ἰδοὺ ἐγὼ καὶ τὰ παιδία ἅ μοι ἔδωκεν ὁ **θεός.**
2:17 ἵνα ἐλεήμων γένηται καὶ πιστὸς ἀρχιερεὺς τὰ πρὸς τὸν **θεὸν** εἰς τὸ ἱλάσκεσθαι τὰς ἁμαρτίας τοῦ λαοῦ.
3: 4 πᾶς γὰρ οἶκος κατασκευάζεται ὑπό τινος, ὁ δὲ πάντα κατασκευάσας **θεός.**
3:12 μήποτε ἔσται ἔν τινι ὑμῶν καρδία πονηρὰ ἀπιστίας ἐν τῷ ἀποστῆναι ἀπὸ **θεοῦ** ζῶντος,
4: 4 Καὶ κατέπαυσεν ὁ **θεὸς** ἐν τῇ ἡμέρᾳ τῇ ἑβδόμῃ ἀπὸ πάντων τῶν ἔργων αὐτοῦ,
4: 9 ἄρα ἀπολείπεται σαββατισμὸς τῷ λαῷ τοῦ **θεοῦ.**
4:10 ὁ γὰρ εἰσελθὼν εἰς τὴν κατάπαυσιν αὐτοῦ καὶ αὐτὸς κατέπαυσεν ἀπὸ τῶν ἔργων αὐτοῦ ὥσπερ ἀπὸ τῶν ἰδίων ὁ **θεός.**
4:12 Ζῶν γὰρ ὁ λόγος τοῦ **θεοῦ** καὶ ἐνεργὴς καὶ τομώτερος ὑπὲρ πᾶσαν μάχαιραν δίστομον καὶ διϊκνούμενος ἄχρι μερισμοῦ ψυχῆς καὶ πνεύματος,
4:14 Ἰησοῦν τὸν υἱὸν τοῦ **θεοῦ,** κρατῶμεν τῆς ὁμολογίας.
5: 1 Πᾶς γὰρ ἀρχιερεὺς ἐξ ἀνθρώπων λαμβανόμενος ὑπὲρ ἀνθρώπων καθίσταται τὰ πρὸς τὸν **θεόν,**
5: 4 καὶ οὐχ ἑαυτῷ τις λαμβάνει τὴν τιμὴν ἀλλὰ καλούμενος ὑπὸ τοῦ **θεοῦ** καθώσπερ καὶ Ἀαρών.
5:10 προσαγορευθεὶς ὑπὸ τοῦ **θεοῦ** ἀρχιερεὺς κατὰ τὴν τάξιν Μελχισέδεκ.
5:12 πάλιν χρείαν ἔχετε τοῦ διδάσκειν ὑμᾶς τινὰ τὰ στοιχεῖα τῆς ἀρχῆς τῶν λογίων τοῦ **θεοῦ**
6: 1 μὴ πάλιν θεμέλιον καταβαλλόμενοι μετανοίας ἀπὸ νεκρῶν ἔργων καὶ πίστεως ἐπὶ **θεόν,**
6: 3 καὶ τοῦτο ποιήσομεν, ἐάνπερ ἐπιτρέπῃ ὁ **θεός.**
6: 5 καὶ καλὸν γευσαμένους **θεοῦ** ῥῆμα δυνάμεις τε μέλλοντος αἰῶνος
6: 6 ἀνασταυροῦντας ἑαυτοῖς τὸν υἱὸν τοῦ **θεοῦ** καὶ παραδειγματίζοντας.
6: 7 καὶ τίκτουσα βοτάνην εὔθετον ἐκείνοις δι' οὓς καὶ γεωργεῖται, μεταλαμβάνει εὐλογίας ἀπὸ τοῦ **θεοῦ·**
6:10 οὐ γὰρ ἄδικος ὁ **θεὸς** ἐπιλαθέσθαι τοῦ ἔργου ὑμῶν καὶ τῆς ἀγάπης ἧς ἐνεδείξασθε εἰς τὸ ὄνομα αὐτοῦ,
6:13 Τῷ γὰρ Ἀβραὰμ ἐπαγγειλάμενος ὁ **θεός,** ἐπεὶ κατ' οὐδενὸς εἶχεν μείζονος ὀμόσαι,
6:17 ἐν ᾧ περισσότερον βουλόμενος ὁ **θεὸς** ἐπιδεῖξαι τοῖς κληρονόμοις τῆς ἐπαγγελίας τὸ ἀμετάθετον τῆς βουλῆς αὐτοῦ
6:18 ἵνα διὰ δύο πραγμάτων ἀμεταθέτων, ἐν οἷς ἀδύνατον ψεύσασθαι [τὸν] **θεόν,**
7: 1 Οὗτος γὰρ ὁ Μελχισέδεκ, βασιλεὺς Σαλήμ, ἱερεὺς τοῦ **θεοῦ** τοῦ ὑψίστου,
7: 3 ἀφωμοιωμένος δὲ τῷ υἱῷ τοῦ **θεοῦ,** μένει ἱερεὺς εἰς τὸ διηνεκές.
7:19 ἐπεισαγωγὴ δὲ κρείττονος ἐλπίδος δι' ἧς ἐγγίζομεν τῷ **θεῷ.**
7:25 ὅθεν καὶ σῴζειν εἰς τὸ παντελὲς δύναται τοὺς προσερχομένους δι' αὐτοῦ τῷ **θεῷ,**
8:10 καὶ ἔσομαι αὐτοῖς εἰς **θεόν,** καὶ αὐτοὶ ἔσονταί μοι εἰς λαόν·
9:14 πόσῳ μᾶλλον τὸ αἷμα τοῦ Χριστοῦ, ὃς διὰ πνεύματος αἰωνίου ἑαυτὸν προσήνεγκεν ἄμωμον τῷ **θεῷ,** καθαριεῖ τὴν συνείδησιν ἡμῶν ἀπὸ νεκρῶν ἔργων εἰς τὸ λατρεύειν **θεῷ** ζῶντι.
9:20 Τοῦτο τὸ αἷμα τῆς διαθήκης ἧς ἐνετείλατο πρὸς ὑμᾶς ὁ **θεός.**
9:24 νῦν ἐμφανισθῆναι τῷ προσώπῳ τοῦ **θεοῦ** ὑπὲρ ἡμῶν·
10: 7 ἐν κεφαλίδι βιβλίου γέγραπται περὶ ἐμοῦ, τοῦ ποιῆσαι ὁ **θεὸς** τὸ θέλημά σου.
10:12 οὗτος δὲ μίαν ὑπὲρ ἁμαρτιῶν προσενέγκας θυσίαν εἰς τὸ διηνεκὲς ἐκάθισεν ἐν δεξιᾷ τοῦ **θεοῦ,**
10:21 καὶ ἱερέα μέγαν ἐπὶ τὸν οἶκον τοῦ **θεοῦ,**
10:29 πόσῳ δοκεῖτε χείρονος ἀξιωθήσεται τιμωρίας ὁ τὸν υἱὸν τοῦ **θεοῦ** καταπατήσας καὶ τὸ αἷμα τῆς διαθήκης κοινὸν ἡγησάμενος,
10:31 φοβερὸν τὸ ἐμπεσεῖν εἰς χεῖρας **θεοῦ** ζῶντος.
10:36 ὑπομονῆς γὰρ ἔχετε χρείαν ἵνα τὸ θέλημα τοῦ **θεοῦ** ποιήσαντες κομίσησθε τὴν ἐπαγγελίαν.
11: 3 Πίστει νοοῦμεν κατηρτίσθαι τοὺς αἰῶνας ῥήματι **θεοῦ,** εἰς τὸ μὴ ἐκ φαινομένων τὸ βλεπόμενον γεγονέναι.
11: 4 Πίστει πλείονα θυσίαν Ἅβελ παρὰ Κάϊν προσήνεγκεν τῷ **θεῷ,** δι' ἧς ἐμαρτυρήθη εἶναι δίκαιος, μαρτυροῦντος ἐπὶ τοῖς δώροις αὐτοῦ τοῦ **θεοῦ,**
11: 5 καὶ οὐχ ηὑρίσκετο διότι μετέθηκεν αὐτὸν ὁ **θεός.** πρὸ γὰρ τῆς μεταθέσεως μεμαρτύρηται εὐαρεστηκέναι τῷ **θεῷ·**
11: 6 πιστεῦσαι γὰρ δεῖ τὸν προσερχόμενον τῷ **θεῷ** ὅτι ἔστιν καὶ τοῖς ἐκζητοῦσιν αὐτὸν μισθαποδότης γίνεται.
11:10 ἐξεδέχετο γὰρ τὴν τοὺς θεμελίους ἔχουσαν πόλιν ἧς τεχνίτης καὶ δημιουργὸς ὁ **θεός.**
11:16 διὸ οὐκ ἐπαισχύνεται αὐτοὺς ὁ **θεὸς θεὸς** ἐπικαλεῖσθαι αὐτῶν·
11:19 λογισάμενος ὅτι καὶ ἐκ νεκρῶν ἐγείρειν δυνατὸς ὁ **θεός,**
11:25 μᾶλλον ἑλόμενος συγκακουχεῖσθαι τῷ λαῷ τοῦ **θεοῦ** ἢ πρόσκαιρον ἔχειν ἁμαρτίας ἀπόλαυσιν,
11:40 τοῦ **θεοῦ** περὶ ἡμῶν κρεῖττόν τι προβλεψαμένου, ἵνα μὴ χωρὶς ἡμῶν τελειωθῶσιν.
12: 2 ὑπέμεινεν σταυρὸν αἰσχύνης καταφρονήσας ἐν δεξιᾷ τε τοῦ θρόνου τοῦ **θεοῦ** κεκάθικεν.
12: 7 εἰς παιδείαν ὑπομένετε, ὡς υἱοῖς ὑμῖν προσφέρεται ὁ **θεός.**
12:15 ἐπισκοποῦντες μή τις ὑστερῶν ἀπὸ τῆς χάριτος τοῦ **θεοῦ,**
12:22 ἀλλὰ προσεληλύθατε Σιὼν ὄρει καὶ πόλει **θεοῦ** ζῶντος,
12:23 καὶ ἐκκλησίᾳ πρωτοτόκων ἀπογεγραμμένων ἐν οὐρανοῖς καὶ κριτῇ **θεῷ** πάντων καὶ πνεύμασι δικαίων τετελειωμένων
12:28 δι' ἧς λατρεύωμεν εὐαρέστως τῷ **θεῷ** μετὰ εὐλαβείας καὶ δέους·
12:29 καὶ γὰρ ὁ **θεὸς** ἡμῶν πῦρ καταναλίσκον.
13: 4 Τίμιος ὁ γάμος ἐν πᾶσιν καὶ ἡ κοίτη ἀμίαντος, πόρνους γὰρ καὶ μοιχοὺς κρινεῖ ὁ **θεός.**
13: 7 Μνημονεύετε τῶν ἡγουμένων ὑμῶν, οἵτινες ἐλάλησαν ὑμῖν τὸν λόγον τοῦ **θεοῦ,**
13:15 δι' αὐτοῦ [οὖν] ἀναφέρωμεν θυσίαν αἰνέσεως διὰ παντὸς τῷ **θεῷ,**
13:16 τῆς δὲ εὐποιΐας καὶ κοινωνίας μὴ ἐπιλανθάνεσθε· τοιαύταις γὰρ θυσίαις εὐαρεστεῖται ὁ **θεός.**
13:20 Ὁ δὲ **θεὸς** τῆς εἰρήνης, ὁ ἀναγαγὼν ἐκ νεκρῶν τὸν ποιμένα τῶν προβάτων τὸν μέγαν ἐν αἵματι διαθήκης αἰωνίου,
Jas 1: 1 Ἰάκωβος **θεοῦ** καὶ κυρίου Ἰησοῦ Χριστοῦ δοῦλος ταῖς δώδεκα φυλαῖς ταῖς ἐν τῇ διασπορᾷ χαίρειν.
1: 5 αἰτείτω παρὰ τοῦ διδόντος **θεοῦ** πᾶσιν ἁπλῶς καὶ μὴ ὀνειδίζοντος καὶ δοθήσεται αὐτῷ.
1:13 μηδεὶς πειραζόμενος λεγέτω ὅτι Ἀπὸ **θεοῦ** πειράζομαι· ὁ γὰρ **θεὸς** ἀπείραστός ἐστιν κακῶν, πειράζει δὲ αὐτὸς οὐδένα.
1:20 ὀργὴ γὰρ ἀνδρὸς δικαιοσύνην **θεοῦ** οὐκ ἐργάζεται.
1:27 θρησκεία καθαρὰ καὶ ἀμίαντος παρὰ τῷ **θεῷ** καὶ πατρὶ αὕτη ἐστίν,
2: 5 οὐχ ὁ **θεὸς** ἐξελέξατο τοὺς πτωχοὺς τῷ κόσμῳ πλουσίους ἐν πίστει καὶ κληρονόμους τῆς βασιλείας ἧς ἐπηγγείλατο
2:19 σὺ πιστεύεις ὅτι εἷς ἐστιν ὁ **θεός,** καλῶς ποιεῖς·
2:23 καὶ ἐπληρώθη ἡ γραφὴ ἡ λέγουσα, Ἐπίστευσεν δὲ Ἀβραὰμ τῷ **θεῷ,** καὶ ἐλογίσθη αὐτῷ εἰς δικαιοσύνην καὶ φίλος **θεοῦ** ἐκλήθη.
3: 9 ἐν αὐτῇ εὐλογοῦμεν τὸν κύριον καὶ πατέρα καὶ ἐν αὐτῇ καταρώμεθα τοὺς ἀνθρώπους τοὺς καθ' ὁμοίωσιν **θεοῦ** γεγονότας,
4: 4 οὐκ οἴδατε ὅτι ἡ φιλία τοῦ κόσμου ἔχθρα τοῦ **θεοῦ** ἐστιν; ὃς ἐὰν οὖν βουληθῇ φίλος εἶναι τοῦ κόσμου, ἐχθρὸς τοῦ **θεοῦ** καθίσταται.
4: 6 διὸ λέγει, Ὁ **θεὸς** ὑπερηφάνοις ἀντιτάσσεται, ταπεινοῖς δὲ δίδωσιν χάριν.
4: 7 ὑποτάγητε οὖν τῷ **θεῷ,** ἀντίστητε δὲ τῷ διαβόλῳ καὶ φεύξεται ἀφ' ὑμῶν,
4: 8 ἐγγίσατε τῷ **θεῷ** καὶ ἐγγιεῖ ὑμῖν. καθαρίσατε χεῖρας,
1Pe 1: 2 κατὰ πρόγνωσιν **θεοῦ** πατρὸς ἐν ἁγιασμῷ πνεύματος εἰς ὑπακοὴν καὶ ῥαντισμὸν αἵματος Ἰησοῦ Χριστοῦ,
1: 3 Εὐλογητὸς ὁ **θεὸς** καὶ πατὴρ τοῦ κυρίου ἡμῶν Ἰησοῦ Χριστοῦ,
1: 5 τοὺς ἐν δυνάμει **θεοῦ** φρουρουμένους διὰ πίστεως εἰς σωτηρίαν ἑτοίμην ἀποκαλυφθῆναι ἐν καιρῷ ἐσχάτῳ.

1:21 τοὺς δι᾽ αὐτοῦ πιστοὺς εἰς **θεὸν** τὸν ἐγείραντα αὐτὸν ἐκ νεκρῶν καὶ δόξαν αὐτῷ δόντα, ὥστε τὴν πίστιν ὑμῶν καὶ ἐλπίδα εἶναι εἰς **θεόν.**
1:23 ἀναγεγεννημένοι οὐκ ἐκ σπορᾶς φθαρτῆς ἀλλὰ ἀφθάρτου διὰ λόγου ζῶντος **θεοῦ** καὶ μένοντος.
2: 4 πρὸς ὃν προσερχόμενοι λίθον ζῶντα ὑπὸ ἀνθρώπων μὲν ἀποδεδοκιμασμένον παρὰ δὲ **θεῷ** ἐκλεκτὸν ἔντιμον,
2: 5 εἰς ἱεράτευμα ἅγιον ἀνενέγκαι πνευματικὰς θυσίας εὐπροσδέκτους [τῷ] **θεῷ** διὰ Ἰησοῦ Χριστοῦ.
2:10 οἵ ποτε οὐ λαὸς νῦν δὲ λαὸς **θεοῦ,**
2:12 ἐν ᾧ καταλαλοῦσιν ὑμῶν ὡς κακοποιῶν ἐκ τῶν καλῶν ἔργων ἐποπτεύοντες δοξάσωσιν τὸν **θεὸν** ἐν ἡμέρᾳ ἐπισκοπῆς.
2:15 ὅτι οὕτως ἐστὶν τὸ θέλημα τοῦ **θεοῦ** ἀγαθοποιοῦντας φιμοῦν τὴν τῶν ἀφρόνων ἀνθρώπων ἀγνωσίαν,
2:16 ὡς ἐλεύθεροι καὶ μὴ ὡς ἐπικάλυμμα ἔχοντες τῆς κακίας τὴν ἐλευθερίαν ἀλλ᾽ ὡς **θεοῦ** δοῦλοι.
2:17 τὴν ἀδελφότητα ἀγαπᾶτε, τὸν **θεὸν** φοβεῖσθε, τὸν βασιλέα τιμᾶτε.
2:19 τοῦτο γὰρ χάρις εἰ διὰ συνείδησιν **θεοῦ** ὑποφέρει τις λύπας πάσχων ἀδίκως.
2:20 ἀλλ᾽ εἰ ἀγαθοποιοῦντες καὶ πάσχοντες ὑπομενεῖτε, τοῦτο χάρις παρὰ **θεῷ.**
3: 4 ὁ κρυπτὸς τῆς καρδίας ἄνθρωπος ἐν τῷ ἀφθάρτῳ τοῦ πραέως καὶ ἡσυχίου πνεύματος, ὅ ἐστιν ἐνώπιον τοῦ **θεοῦ** πολυτελές.
3: 5 οὕτως γάρ ποτε καὶ αἱ ἅγιαι γυναῖκες αἱ ἐλπίζουσαι εἰς **θεὸν** ἐκόσμουν ἑαυτὰς ὑποτασσόμεναι τοῖς ἰδίοις ἀνδράσιν,
3:17 εἰ θέλοι τὸ θέλημα τοῦ **θεοῦ,** πάσχειν ἢ κακοποιοῦντας.
3:18 ἵνα ὑμᾶς προσαγάγῃ τῷ **θεῷ** θανατωθεὶς μὲν σαρκὶ ζῳοποιηθεὶς δὲ πνεύματι·
3:20 ἀπειθήσασίν ποτε ὅτε ἀπεξεδέχετο ἡ τοῦ **θεοῦ** μακροθυμία ἐν ἡμέραις Νῶε κατασκευαζομένης κιβωτοῦ εἰς ἣν ὀλίγοι,
3:21 οὐ σαρκὸς ἀπόθεσις ῥύπου ἀλλὰ συνειδήσεως ἀγαθῆς ἐπερώτημα εἰς **θεόν,**
3:22 ὅς ἐστιν ἐν δεξιᾷ [τοῦ] **θεοῦ** πορευθεὶς εἰς οὐρανὸν ὑποταγέντων αὐτῷ ἀγγέλων καὶ ἐξουσιῶν καὶ δυνάμεων.
4: 2 εἰς τὸ μηκέτι ἀνθρώπων ἐπιθυμίαις ἀλλὰ θελήματι **θεοῦ** τὸν ἐπίλοιπον ἐν σαρκὶ βιῶσαι χρόνον.
4: 6 ἵνα κριθῶσι μὲν κατὰ ἀνθρώπους σαρκὶ ζῶσι δὲ κατὰ **θεὸν** πνεύματι.
4:10 ἕκαστος καθὼς ἔλαβεν χάρισμα εἰς ἑαυτοὺς αὐτὸ διακονοῦντες ὡς καλοὶ οἰκονόμοι ποικίλης χάριτος **θεοῦ.**
4:11 εἴ τις λαλεῖ, ὡς λόγια **θεοῦ·** εἴ τις διακονεῖ, ὡς ἐξ ἰσχύος ἧς χορηγεῖ ὁ **θεός,** ἵνα ἐν πᾶσιν δοξάζηται ὁ **θεὸς** διὰ Ἰησοῦ Χριστοῦ,
4:14 ὅτι τὸ τῆς δόξης καὶ τὸ τοῦ **θεοῦ** πνεῦμα ἐφ᾽ ὑμᾶς ἀναπαύεται.
4:16 δοξαζέτω δὲ τὸν **θεὸν** ἐν τῷ ὀνόματι τούτῳ.
4:17 ὅτι [ὁ] καιρὸς τοῦ ἄρξασθαι τὸ κρίμα ἀπὸ τοῦ οἴκου τοῦ **θεοῦ·** εἰ δὲ πρῶτον ἀφ᾽ ἡμῶν, τί τὸ τέλος τῶν ἀπειθούντων τῷ τοῦ **θεοῦ** εὐαγγελίῳ;
4:19 ὥστε καὶ οἱ πάσχοντες κατὰ τὸ θέλημα τοῦ **θεοῦ** πιστῷ κτίστῃ παρατιθέσθωσαν τὰς ψυχὰς αὐτῶν ἐν ἀγαθοποιΐᾳ.
5: 2 ποιμάνατε τὸ ἐν ὑμῖν ποίμνιον τοῦ **θεοῦ** [ἐπισκοποῦντες] μὴ ἀναγκαστῶς ἀλλὰ ἑκουσίως κατὰ **θεόν,**
5: 5 ὅτι [Ὁ] **θεὸς** ὑπερηφάνοις ἀντιτάσσεται, ταπεινοῖς δὲ δίδωσιν χάριν.
5: 6 Ταπεινώθητε οὖν ὑπὸ τὴν κραταιὰν χεῖρα τοῦ **θεοῦ,**
5:10 Ὁ δὲ **θεὸς** πάσης χάριτος, ὁ καλέσας ὑμᾶς εἰς τὴν αἰώνιον αὐτοῦ δόξαν ἐν Χριστῷ [Ἰησοῦ,]
5:12 δι᾽ ὀλίγων ἔγραψα παρακαλῶν καὶ ἐπιμαρτυρῶν ταύτην εἶναι ἀληθῆ χάριν τοῦ **θεοῦ** εἰς ἣν στῆτε.
2Pe 1: 1 Συμεὼν Πέτρος δοῦλος καὶ ἀπόστολος Ἰησοῦ Χριστοῦ τοῖς ἰσότιμον ἡμῖν λαχοῦσιν πίστιν ἐν δικαιοσύνῃ τοῦ **θεοῦ** ἡμῶν
1: 2 χάρις ὑμῖν καὶ εἰρήνη πληθυνθείη ἐν ἐπιγνώσει τοῦ **θεοῦ** καὶ Ἰησοῦ τοῦ κυρίου ἡμῶν.
1:17 λαβὼν γὰρ παρὰ **θεοῦ** πατρὸς τιμὴν καὶ δόξαν φωνῆς ἐνεχθείσης αὐτῷ τοιᾶσδε ὑπὸ τῆς μεγαλοπρεποῦς δόξης,
1:21 ἀλλὰ ὑπὸ πνεύματος ἁγίου φερόμενοι ἐλάλησαν ἀπὸ **θεοῦ** ἄνθρωποι.
2: 4 Εἰ γὰρ ὁ **θεὸς** ἀγγέλων ἁμαρτησάντων οὐκ ἐφείσατο ἀλλὰ σειραῖς ζόφου ταρταρώσας παρέδωκεν εἰς κρίσιν τηρουμένους,
3: 5 λανθάνει γὰρ αὐτοὺς τοῦτο θέλοντας ὅτι οὐρανοὶ ἦσαν ἔκπαλαι καὶ γῆ ἐξ ὕδατος καὶ δι᾽ ὕδατος συνεστῶσα τῷ τοῦ **θεοῦ** λόγῳ,
3:12 προσδοκῶντας καὶ σπεύδοντας τὴν παρουσίαν τῆς τοῦ **θεοῦ** ἡμέρας δι᾽ ἣν οὐρανοὶ πυρούμενοι λυθήσονται
1Jn 1: 5 ὅτι ὁ **θεὸς** φῶς ἐστιν καὶ σκοτία ἐν αὐτῷ οὐκ ἔστιν οὐδεμία.
2: 5 ἀληθῶς ἐν τούτῳ ἡ ἀγάπη τοῦ **θεοῦ** τετελείωται,
2:14 ὅτι ἰσχυροί ἐστε καὶ ὁ λόγος τοῦ **θεοῦ** ἐν ὑμῖν μένει καὶ νενικήκατε τὸν πονηρόν.
2:17 ὁ δὲ ποιῶν τὸ θέλημα τοῦ **θεοῦ** μένει εἰς τὸν αἰῶνα.
3: 1 ἴδετε ποταπὴν ἀγάπην δέδωκεν ἡμῖν ὁ πατήρ, ἵνα τέκνα **θεοῦ** κληθῶμεν, καὶ ἐσμέν.
3: 2 Ἀγαπητοί, νῦν τέκνα **θεοῦ** ἐσμεν, καὶ οὔπω ἐφανερώθη τί ἐσόμεθα.
3: 8 εἰς τοῦτο ἐφανερώθη ὁ υἱὸς τοῦ **θεοῦ,** ἵνα λύσῃ τὰ ἔργα τοῦ διαβόλου.
3: 9 Πᾶς ὁ γεγεννημένος ἐκ τοῦ **θεοῦ** ἁμαρτίαν οὐ ποιεῖ, ὅτι σπέρμα αὐτοῦ ἐν αὐτῷ μένει, καὶ οὐ δύναται ἁμαρτάνειν, ὅτι ἐκ τοῦ **θεοῦ** γεγέννηται.
3:10 ἐν τούτῳ φανερά ἐστιν τὰ τέκνα τοῦ **θεοῦ** καὶ τὰ τέκνα τοῦ διαβόλου· πᾶς ὁ μὴ ποιῶν δικαιοσύνην οὐκ ἔστιν ἐκ τοῦ **θεοῦ,**
3:17 πῶς ἡ ἀγάπη τοῦ **θεοῦ** μένει ἐν αὐτῷ;
3:20 ὅτι μείζων ἐστὶν ὁ **θεὸς** τῆς καρδίας ἡμῶν καὶ γινώσκει πάντα.
3:21 ἐὰν ἡ καρδία [ἡμῶν] μὴ καταγινώσκῃ, παρρησίαν ἔχομεν πρὸς τὸν **θεὸν**
4: 1 μὴ παντὶ πνεύματι πιστεύετε ἀλλὰ δοκιμάζετε τὰ πνεύματα εἰ ἐκ τοῦ **θεοῦ** ἐστιν,
4: 2 ἐν τούτῳ γινώσκετε τὸ πνεῦμα τοῦ **θεοῦ·** πᾶν πνεῦμα ὃ ὁμολογεῖ Ἰησοῦν Χριστὸν ἐν σαρκὶ ἐληλυθότα ἐκ τοῦ **θεοῦ** ἐστιν,
4: 3 πᾶν πνεῦμα ὃ μὴ ὁμολογεῖ τὸν Ἰησοῦν ἐκ τοῦ **θεοῦ** οὐκ ἔστιν·
4: 4 ὑμεῖς ἐκ τοῦ **θεοῦ** ἐστε, τεκνία, καὶ νενικήκατε αὐτούς,
4: 6 ἡμεῖς ἐκ τοῦ **θεοῦ** ἐσμεν, ὁ γινώσκων τὸν **θεὸν** ἀκούει ἡμῶν, ὃς οὐκ ἔστιν ἐκ τοῦ **θεοῦ** οὐκ ἀκούει ἡμῶν.
4: 7 ἀγαπῶμεν ἀλλήλους, ὅτι ἡ ἀγάπη ἐκ τοῦ **θεοῦ** ἐστιν, καὶ πᾶς ὁ ἀγαπῶν ἐκ τοῦ **θεοῦ** γεγέννηται καὶ γινώσκει τὸν **θεόν.**
4: 8 ὁ μὴ ἀγαπῶν οὐκ ἔγνω τὸν **θεόν,** ὅτι ὁ **θεὸς** ἀγάπη ἐστίν.
4: 9 ἐν τούτῳ ἐφανερώθη ἡ ἀγάπη τοῦ **θεοῦ** ἐν ἡμῖν, ὅτι τὸν υἱὸν αὐτοῦ τὸν μονογενῆ ἀπέσταλκεν ὁ **θεὸς** εἰς τὸν κόσμον ἵνα ζήσωμεν δι᾽ αὐτοῦ.
4:10 οὐχ ὅτι ἡμεῖς ἠγαπήκαμεν τὸν **θεὸν** ἀλλ᾽ ὅτι αὐτὸς ἠγάπησεν ἡμᾶς καὶ ἀπέστειλεν τὸν υἱὸν αὐτοῦ ἱλασμὸν
4:11 Ἀγαπητοί, εἰ οὕτως ὁ **θεὸς** ἠγάπησεν ἡμᾶς, καὶ ἡμεῖς ὀφείλομεν ἀλλήλους ἀγαπᾶν.
4:12 **θεὸν** οὐδεὶς πώποτε τεθέαται. ἐὰν ἀγαπῶμεν ἀλλήλους, ὁ **θεὸς** ἐν ἡμῖν μένει καὶ ἡ ἀγάπη αὐτοῦ ἐν ἡμῖν τετελειωμένη ἐστιν.
4:15 ὃς ἐὰν ὁμολογήσῃ ὅτι Ἰησοῦς ἐστιν ὁ υἱὸς τοῦ **θεοῦ,** ὁ **θεὸς** ἐν αὐτῷ μένει καὶ αὐτὸς ἐν τῷ **θεῷ.**
4:16 καὶ ἡμεῖς ἐγνώκαμεν καὶ πεπιστεύκαμεν τὴν ἀγάπην ἣν ἔχει ὁ **θεὸς** ἐν ἡμῖν. Ὁ **θεὸς** ἀγάπη ἐστίν, καὶ ὁ μένων ἐν τῇ ἀγάπῃ ἐν τῷ **θεῷ** μένει καὶ ὁ **θεὸς** ἐν αὐτῷ μένει.
4:20 ἐάν τις εἴπῃ ὅτι Ἀγαπῶ τὸν **θεὸν** καὶ τὸν ἀδελφὸν αὐτοῦ μισῇ, ψεύστης ἐστίν· ὁ γὰρ μὴ ἀγαπῶν τὸν ἀδελφὸν αὐτοῦ ὃν ἑώρακεν, τὸν **θεὸν** ὃν οὐχ ἑώρακεν οὐ δύναται ἀγαπᾶν.
4:21 ἵνα ὁ ἀγαπῶν τὸν **θεὸν** ἀγαπᾷ καὶ τὸν ἀδελφὸν αὐτοῦ.
5: 1 Πᾶς ὁ πιστεύων ὅτι Ἰησοῦς ἐστιν ὁ Χριστός, ἐκ τοῦ **θεοῦ** γεγέννηται,
5: 2 ἐν τούτῳ γινώσκομεν ὅτι ἀγαπῶμεν τὰ τέκνα τοῦ **θεοῦ,** ὅταν τὸν **θεὸν** ἀγαπῶμεν καὶ τὰς ἐντολὰς αὐτοῦ ποιῶμεν.
5: 3 αὕτη γάρ ἐστιν ἡ ἀγάπη τοῦ **θεοῦ,** ἵνα τὰς ἐντολὰς αὐτοῦ τηρῶμεν,
5: 4 ὅτι πᾶν τὸ γεγεννημένον ἐκ τοῦ **θεοῦ** νικᾷ τὸν κόσμον·
5: 5 τίς [δέ] ἐστιν ὁ νικῶν τὸν κόσμον εἰ μὴ ὁ πιστεύων ὅτι Ἰησοῦς ἐστιν ὁ υἱὸς τοῦ **θεοῦ;**
5: 9 εἰ τὴν μαρτυρίαν τῶν ἀνθρώπων λαμβάνομεν, ἡ μαρτυρία τοῦ **θεοῦ** μείζων ἐστίν· ὅτι αὕτη ἐστὶν ἡ μαρτυρία τοῦ **θεοῦ** ὅτι μεμαρτύρηκεν περὶ τοῦ υἱοῦ αὐτοῦ.
5:10 ὁ πιστεύων εἰς τὸν υἱὸν τοῦ **θεοῦ** ἔχει τὴν μαρτυρίαν ἐν ἑαυτῷ, ὁ μὴ πιστεύων τῷ **θεῷ** ψεύστην πεποίηκεν αὐτόν, ὅτι οὐ πεπίστευκεν εἰς τὴν μαρτυρίαν ἣν μεμαρτύρηκεν ὁ **θεὸς** περὶ τοῦ υἱοῦ αὐτοῦ.
5:11 αὕτη ἐστὶν ἡ μαρτυρία, ὅτι ζωὴν αἰώνιον ἔδωκεν ἡμῖν ὁ **θεός,**
5:12 ὁ μὴ ἔχων τὸν υἱὸν τοῦ **θεοῦ** τὴν ζωὴν οὐκ ἔχει.
5:13 τοῖς πιστεύουσιν εἰς τὸ ὄνομα τοῦ υἱοῦ τοῦ **θεοῦ.**
5:18 Οἴδαμεν ὅτι πᾶς ὁ γεγεννημένος ἐκ τοῦ **θεοῦ** οὐχ ἁμαρτάνει, ἀλλ᾽ ὁ γεννηθεὶς ἐκ τοῦ **θεοῦ** τηρεῖ αὐτὸν καὶ ὁ πονηρὸς οὐχ ἅπτεται αὐτοῦ.
5:19 οἴδαμεν ὅτι ἐκ τοῦ **θεοῦ** ἐσμεν καὶ ὁ κόσμος ὅλος ἐν τῷ πονηρῷ κεῖται.
5:20 οἴδαμεν δὲ ὅτι ὁ υἱὸς τοῦ **θεοῦ** ἥκει καὶ δέδωκεν ἡμῖν διάνοιαν ἵνα γινώσκωμεν τὸν ἀληθινόν, καὶ ἐσμὲν ἐν τῷ ἀληθινῷ, ἐν τῷ υἱῷ αὐτοῦ Ἰησοῦ Χριστῷ. οὗτός ἐστιν ὁ ἀληθινὸς **θεὸς** καὶ ζωὴ αἰώνιος.

2Jn 1: 3 ἔσται μεθ' ἡμῶν χάρις ἔλεος εἰρήνη παρὰ **θεοῦ** πατρὸς καὶ παρὰ Ἰησοῦ Χριστοῦ τοῦ υἱοῦ τοῦ πατρὸς ἐν ἀληθείᾳ καὶ ἀγάπῃ.
1: 9 πᾶς ὁ προάγων καὶ μὴ μένων ἐν τῇ διδαχῇ τοῦ Χριστοῦ **θεὸν** οὐκ ἔχει·
3Jn 1: 6 οἳ ἐμαρτύρησάν σου τῇ ἀγάπῃ ἐνώπιον ἐκκλησίας, οὓς καλῶς ποιήσεις προπέμψας ἀξίως τοῦ **θεοῦ·**
1:11 ὁ ἀγαθοποιῶν ἐκ τοῦ **θεοῦ** ἐστιν· ὁ κακοποιῶν οὐχ ἑώρακεν τὸν **θεόν.**
Jude 1: 1 τοῖς ἐν **θεῷ** πατρὶ ἠγαπημένοις καὶ Ἰησοῦ Χριστῷ τετηρημένοις κλητοῖς·
1: 4 τὴν τοῦ **θεοῦ** ἡμῶν χάριτα μετατιθέντες εἰς ἀσέλγειαν καὶ τὸν μόνον δεσπότην καὶ κύριον ἡμῶν Ἰησοῦν Χριστὸν ἀρνούμενοι.
1:21 ἑαυτοὺς ἐν ἀγάπῃ **θεοῦ** τηρήσατε προσδεχόμενοι τὸ ἔλεος τοῦ κυρίου ἡμῶν Ἰησοῦ Χριστοῦ εἰς ζωὴν αἰώνιον.
1:25 μόνῳ **θεῷ** σωτῆρι ἡμῶν διὰ Ἰησοῦ Χριστοῦ τοῦ κυρίου ἡμῶν δόξα μεγαλωσύνη κράτος καὶ ἐξουσία πρὸ παντὸς τοῦ αἰῶνος
Rev 1: 1 Ἀποκάλυψις Ἰησοῦ Χριστοῦ ἣν ἔδωκεν αὐτῷ ὁ **θεὸς** δεῖξαι τοῖς δούλοις αὐτοῦ ἃ δεῖ γενέσθαι ἐν τάχει,
1: 2 ὃς ἐμαρτύρησεν τὸν λόγον τοῦ **θεοῦ** καὶ τὴν μαρτυρίαν Ἰησοῦ Χριστοῦ ὅσα εἶδεν.
1: 6 καὶ ἐποίησεν ἡμᾶς βασιλείαν, ἱερεῖς τῷ **θεῷ** καὶ πατρὶ αὐτοῦ,
1: 8 Ἐγώ εἰμι τὸ Ἄλφα καὶ τὸ Ὦ, λέγει κύριος ὁ **θεός,**
1: 9 ἐγενόμην ἐν τῇ νήσῳ τῇ καλουμένῃ Πάτμῳ διὰ τὸν λόγον τοῦ **θεοῦ** καὶ τὴν μαρτυρίαν Ἰησοῦ.
2: 7 τῷ νικῶντι δώσω αὐτῷ φαγεῖν ἐκ τοῦ ξύλου τῆς ζωῆς, ὅ ἐστιν ἐν τῷ παραδείσῳ τοῦ **θεοῦ.**
2:18 Τάδε λέγει ὁ υἱὸς τοῦ **θεοῦ,** ὁ ἔχων τοὺς ὀφθαλμοὺς αὐτοῦ ὡς φλόγα πυρὸς καὶ οἱ πόδες αὐτοῦ ὅμοιοι χαλκολιβάνῳ·
3: 1 Τάδε λέγει ὁ ἔχων τὰ ἑπτὰ πνεύματα τοῦ **θεοῦ** καὶ τοὺς ἑπτὰ ἀστέρας·
3: 2 οὐ γὰρ εὕρηκά σου τὰ ἔργα πεπληρωμένα ἐνώπιον τοῦ **θεοῦ** μου.
3:12 ὁ νικῶν ποιήσω αὐτὸν στῦλον ἐν τῷ ναῷ τοῦ **θεοῦ** μου καὶ ἔξω οὐ μὴ ἐξέλθῃ ἔτι καὶ γράψω ἐπ' αὐτὸν τὸ ὄνομα τοῦ **θεοῦ** μου καὶ τὸ ὄνομα τῆς πόλεως τοῦ **θεοῦ** μου, τῆς καινῆς Ἰερουσαλὴμ ἡ καταβαίνουσα ἐκ τοῦ οὐρανοῦ ἀπὸ τοῦ **θεοῦ** μου,
3:14 ὁ μάρτυς ὁ πιστὸς καὶ ἀληθινός, ἡ ἀρχὴ τῆς κτίσεως τοῦ **θεοῦ·**
4: 5 καὶ ἑπτὰ λαμπάδες πυρὸς καιόμεναι ἐνώπιον τοῦ θρόνου, ἅ εἰσιν τὰ ἑπτὰ πνεύματα τοῦ **θεοῦ,**
4: 8 Ἅγιος ἅγιος ἅγιος κύριος ὁ **θεὸς** ὁ παντοκράτωρ,
4:11 Ἄξιος εἶ, ὁ κύριος καὶ ὁ **θεὸς** ἡμῶν,
5: 6 ἀρνίον ἑστηκὸς ὡς ἐσφαγμένον ἔχων κέρατα ἑπτὰ καὶ ὀφθαλμοὺς ἑπτὰ οἵ εἰσιν τὰ [ἑπτὰ] πνεύματα τοῦ **θεοῦ**
5: 9 ὅτι ἐσφάγης καὶ ἠγόρασας τῷ **θεῷ** ἐν τῷ αἵματί σου ἐκ πάσης φυλῆς καὶ γλώσσης καὶ λαοῦ καὶ ἔθνους
5:10 καὶ ἐποίησας αὐτοὺς τῷ **θεῷ** ἡμῶν βασιλείαν καὶ ἱερεῖς,
6: 9 εἶδον ὑποκάτω τοῦ θυσιαστηρίου τὰς ψυχὰς τῶν ἐσφαγμένων διὰ τὸν λόγον τοῦ **θεοῦ** καὶ διὰ τὴν μαρτυρίαν ἣν εἶχον.
7: 2 καὶ εἶδον ἄλλον ἄγγελον ἀναβαίνοντα ἀπὸ ἀνατολῆς ἡλίου ἔχοντα σφραγῖδα **θεοῦ** ζῶντος,
7: 3 ἄχρι σφραγίσωμεν τοὺς δούλους τοῦ **θεοῦ** ἡμῶν ἐπὶ τῶν μετώπων αὐτῶν.
7:10 Ἡ σωτηρία τῷ **θεῷ** ἡμῶν τῷ καθημένῳ ἐπὶ τῷ θρόνῳ καὶ τῷ ἀρνίῳ.
7:11 τῶν πρεσβυτέρων καὶ τῶν τεσσάρων ζῴων καὶ ἔπεσαν ἐνώπιον τοῦ θρόνου ἐπὶ τὰ πρόσωπα αὐτῶν καὶ προσεκύνησαν τῷ **θεῷ**
7:12 ἡ εὐλογία καὶ ἡ δόξα καὶ ἡ σοφία καὶ ἡ εὐχαριστία καὶ ἡ τιμὴ καὶ ἡ δύναμις καὶ ἡ ἰσχὺς τῷ **θεῷ** ἡμῶν εἰς τοὺς αἰῶνας τῶν αἰώνων·
7:15 διὰ τοῦτό εἰσιν ἐνώπιον τοῦ θρόνου τοῦ **θεοῦ** καὶ λατρεύουσιν αὐτῷ ἡμέρας καὶ νυκτὸς ἐν τῷ ναῷ αὐτοῦ,
7:17 καὶ ἐξαλείψει ὁ **θεὸς** πᾶν δάκρυον ἐκ τῶν ὀφθαλμῶν αὐτῶν.
8: 2 καὶ εἶδον τοὺς ἑπτὰ ἀγγέλους οἳ ἐνώπιον τοῦ **θεοῦ** ἑστήκασιν,
8: 4 καὶ ἀνέβη ὁ καπνὸς τῶν θυμιαμάτων ταῖς προσευχαῖς τῶν ἁγίων ἐκ χειρὸς τοῦ ἀγγέλου ἐνώπιον τοῦ **θεοῦ.**
9: 4 εἰ μὴ τοὺς ἀνθρώπους οἵτινες οὐκ ἔχουσι τὴν σφραγῖδα τοῦ **θεοῦ** ἐπὶ τῶν μετώπων.
9:13 καὶ ἤκουσα φωνὴν μίαν ἐκ τῶν [τεσσάρων] κεράτων τοῦ θυσιαστηρίου τοῦ χρυσοῦ τοῦ ἐνώπιον τοῦ **θεοῦ,**
10: 7 ὅταν μέλλῃ σαλπίζειν, καὶ ἐτελέσθη τὸ μυστήριον τοῦ **θεοῦ,**
11: 1 Ἔγειρε καὶ μέτρησον τὸν ναὸν τοῦ **θεοῦ** καὶ τὸ θυσιαστήριον καὶ τοὺς προσκυνοῦντας ἐν αὐτῷ.
11:11 καὶ μετὰ τὰς τρεῖς ἡμέρας καὶ ἥμισυ πνεῦμα ζωῆς ἐκ τοῦ **θεοῦ** εἰσῆλθεν ἐν αὐτοῖς,
11:13 καὶ οἱ λοιποὶ ἔμφοβοι ἐγένοντο καὶ ἔδωκαν δόξαν τῷ **θεῷ** τοῦ οὐρανοῦ.
11:16 καὶ οἱ εἴκοσι τέσσαρες πρεσβύτεροι [οἱ] ἐνώπιον τοῦ **θεοῦ** καθήμενοι ἐπὶ τοὺς θρόνους αὐτῶν ἔπεσαν ἐπὶ τὰ πρόσωπα αὐτῶν καὶ προσεκύνησαν τῷ **θεῷ**
11:17 λέγοντες, Εὐχαριστοῦμέν σοι, κύριε ὁ **θεὸς** ὁ παντοκράτωρ,
11:19 καὶ ἠνοίγη ὁ ναὸς τοῦ **θεοῦ** ὁ ἐν τῷ οὐρανῷ καὶ ὤφθη ἡ κιβωτὸς τῆς διαθήκης αὐτοῦ ἐν τῷ ναῷ αὐτοῦ,
12: 5 καὶ ἡρπάσθη τὸ τέκνον αὐτῆς πρὸς τὸν **θεὸν** καὶ πρὸς τὸν θρόνον αὐτοῦ.
12: 6 ὅπου ἔχει ἐκεῖ τόπον ἡτοιμασμένον ἀπὸ τοῦ **θεοῦ,**
12:10 Ἄρτι ἐγένετο ἡ σωτηρία καὶ ἡ δύναμις καὶ ἡ βασιλεία τοῦ **θεοῦ** ἡμῶν καὶ ἡ ἐξουσία τοῦ Χριστοῦ αὐτοῦ, ὅτι ἐβλήθη ὁ κατήγωρ τῶν ἀδελφῶν ἡμῶν, ὁ κατηγορῶν αὐτοὺς ἐνώπιον τοῦ **θεοῦ** ἡμῶν ἡμέρας καὶ νυκτός.
12:17 μετὰ τῶν λοιπῶν τοῦ σπέρματος αὐτῆς τῶν τηρούντων τὰς ἐντολὰς τοῦ **θεοῦ** καὶ ἐχόντων τὴν μαρτυρίαν Ἰησοῦ.
13: 6 καὶ ἤνοιξεν τὸ στόμα αὐτοῦ εἰς βλασφημίας πρὸς τὸν **θεὸν** βλασφημῆσαι τὸ ὄνομα αὐτοῦ καὶ τὴν σκηνὴν αὐτοῦ,
14: 4 οὗτοι ἠγοράσθησαν ἀπὸ τῶν ἀνθρώπων ἀπαρχὴ τῷ **θεῷ** καὶ τῷ ἀρνίῳ,
14: 7 λέγων ἐν φωνῇ μεγάλῃ, Φοβήθητε τὸν **θεὸν** καὶ δότε αὐτῷ δόξαν,
14:10 καὶ αὐτὸς πίεται ἐκ τοῦ οἴνου τοῦ θυμοῦ τοῦ **θεοῦ** τοῦ κεκερασμένου ἀκράτου ἐν τῷ ποτηρίῳ τῆς ὀργῆς αὐτοῦ
14:12 οἱ τηροῦντες τὰς ἐντολὰς τοῦ **θεοῦ** καὶ τὴν πίστιν Ἰησοῦ.
14:19 καὶ ἐτρύγησεν τὴν ἄμπελον τῆς γῆς καὶ ἔβαλεν εἰς τὴν ληνὸν τοῦ θυμοῦ τοῦ **θεοῦ** τὸν μέγαν.
15: 1 ὅτι ἐν αὐταῖς ἐτελέσθη ὁ θυμὸς τοῦ **θεοῦ.**
15: 2 καὶ ἐκ τοῦ ἀριθμοῦ τοῦ ὀνόματος αὐτοῦ ἑστῶτας ἐπὶ τὴν θάλασσαν τὴν ὑαλίνην ἔχοντας κιθάρας τοῦ **θεοῦ.**
15: 3 καὶ ᾄδουσιν τὴν ᾠδὴν Μωϋσέως τοῦ δούλου τοῦ **θεοῦ** καὶ τὴν ᾠδὴν τοῦ ἀρνίου λέγοντες, Μεγάλα καὶ θαυμαστὰ τὰ ἔργα σου, κύριε ὁ **θεὸς** ὁ παντοκράτωρ·
15: 7 ἔδωκεν τοῖς ἑπτὰ ἀγγέλοις ἑπτὰ φιάλας χρυσᾶς γεμούσας τοῦ θυμοῦ τοῦ **θεοῦ** τοῦ ζῶντος εἰς τοὺς αἰῶνας τῶν αἰώνων.
15: 8 καὶ ἐγεμίσθη ὁ ναὸς καπνοῦ ἐκ τῆς δόξης τοῦ **θεοῦ** καὶ ἐκ τῆς δυνάμεως αὐτοῦ,
16: 1 Ὑπάγετε καὶ ἐκχέετε τὰς ἑπτὰ φιάλας τοῦ θυμοῦ τοῦ **θεοῦ** εἰς τὴν γῆν.
16: 7 καὶ ἤκουσα τοῦ θυσιαστηρίου λέγοντος, Ναὶ κύριε ὁ **θεὸς** ὁ παντοκράτωρ,
16: 9 ἐβλασφήμησαν τὸ ὄνομα τοῦ **θεοῦ** τοῦ ἔχοντος τὴν ἐξουσίαν ἐπὶ τὰς πληγὰς ταύτας καὶ οὐ μετενόησαν δοῦναι αὐτῷ δόξαν.
16:11 ἐβλασφήμησαν τὸν **θεὸν** τοῦ οὐρανοῦ ἐκ τῶν πόνων αὐτῶν καὶ ἐκ τῶν ἑλκῶν αὐτῶν καὶ οὐ μετενόησαν ἐκ τῶν ἔργων αὐτῶν.
16:14 συναγαγεῖν αὐτοὺς εἰς τὸν πόλεμον τῆς ἡμέρας τῆς μεγάλης τοῦ **θεοῦ** τοῦ παντοκράτορος.
16:19 καὶ Βαβυλὼν ἡ μεγάλη ἐμνήσθη ἐνώπιον τοῦ **θεοῦ** δοῦναι αὐτῇ τὸ ποτήριον τοῦ οἴνου τοῦ θυμοῦ τῆς ὀργῆς αὐτοῦ.
16:21 καὶ ἐβλασφήμησαν οἱ ἄνθρωποι τὸν **θεὸν** ἐκ τῆς πληγῆς τῆς χαλάζης,
17:17 ὁ γὰρ **θεὸς** ἔδωκεν εἰς τὰς καρδίας αὐτῶν ποιῆσαι τὴν γνώμην αὐτοῦ καὶ ποιῆσαι μίαν γνώμην καὶ δοῦναι τὴν βασιλείαν αὐτῶν τῷ θηρίῳ ἄχρι τελεσθήσονται οἱ λόγοι τοῦ **θεοῦ.**
18: 5 ὅτι ἐκολλήθησαν αὐτῆς αἱ ἁμαρτίαι ἄχρι τοῦ οὐρανοῦ καὶ ἐμνημόνευσεν ὁ **θεὸς** τὰ ἀδικήματα αὐτῆς.
18: 8 ὅτι ἰσχυρὸς κύριος ὁ **θεὸς** ὁ κρίνας αὐτήν.
18:20 ὅτι ἔκρινεν ὁ **θεὸς** τὸ κρίμα ὑμῶν ἐξ αὐτῆς.
19: 1 ἡ σωτηρία καὶ ἡ δόξα καὶ ἡ δύναμις τοῦ **θεοῦ** ἡμῶν,
19: 4 ἔπεσαν οἱ πρεσβύτεροι οἱ εἴκοσι τέσσαρες καὶ τὰ τέσσαρα ζῷα καὶ προσεκύνησαν τῷ **θεῷ** τῷ καθημένῳ ἐπὶ τῷ θρόνῳ λέγοντες,
19: 5 Αἰνεῖτε τῷ **θεῷ** ἡμῶν πάντες οἱ δοῦλοι αὐτοῦ [καὶ] οἱ φοβούμενοι αὐτόν,
19: 6 ὅτι ἐβασίλευσεν κύριος ὁ **θεὸς** [ἡμῶν] ὁ παντοκράτωρ.
19: 9 καὶ λέγει μοι, Οὗτοι οἱ λόγοι ἀληθινοὶ τοῦ **θεοῦ** εἰσιν.
19:10 σύνδουλός σού εἰμι καὶ τῶν ἀδελφῶν σου τῶν ἐχόντων τὴν μαρτυρίαν Ἰησοῦ· τῷ **θεῷ** προσκύνησον.
19:13 καὶ κέκληται τὸ ὄνομα αὐτοῦ ὁ λόγος τοῦ **θεοῦ.**
19:15 καὶ αὐτὸς πατεῖ τὴν ληνὸν τοῦ οἴνου τοῦ θυμοῦ τῆς ὀργῆς τοῦ **θεοῦ** τοῦ παντοκράτορος,
19:17 Δεῦτε συνάχθητε εἰς τὸ δεῖπνον τὸ μέγα τοῦ **θεοῦ**
20: 4 καὶ τὰς ψυχὰς τῶν πεπελεκισμένων διὰ τὴν μαρτυρίαν Ἰησοῦ καὶ διὰ τὸν λόγον τοῦ **θεοῦ**
20: 6 ἀλλ' ἔσονται ἱερεῖς τοῦ **θεοῦ** καὶ τοῦ Χριστοῦ καὶ βασιλεύσουσιν μετ' αὐτοῦ [τὰ] χίλια ἔτη.
21: 2 τὴν πόλιν τὴν ἁγίαν Ἰερουσαλὴμ καινὴν εἶδον καταβαίνουσαν ἐκ τοῦ οὐρανοῦ ἀπὸ τοῦ **θεοῦ** ἡτοιμασμένην ὡς νύμφην

21: 3 Ἰδοὺ ἡ σκηνὴ τοῦ **θεοῦ** μετὰ τῶν ἀνθρώπων, καὶ σκηνώσει μετ᾽ αὐτῶν, καὶ αὐτοὶ λαοὶ αὐτοῦ ἔσονται, καὶ αὐτὸς ὁ **θεὸς** μετ᾽ αὐτῶν ἔσται [αὐτῶν **θεός,**]
21: 7 ὁ νικῶν κληρονομήσει ταῦτα καὶ ἔσομαι αὐτῷ **θεὸς** καὶ αὐτὸς ἔσται μοι υἱός.
21:10 καὶ ἔδειξέν μοι τὴν πόλιν τὴν ἁγίαν Ἰερουσαλὴμ καταβαίνουσαν ἐκ τοῦ οὐρανοῦ ἀπὸ τοῦ **θεοῦ**
21:11 ἔχουσαν τὴν δόξαν τοῦ **θεοῦ,** ὁ φωστὴρ αὐτῆς ὅμοιος λίθῳ τιμιωτάτῳ ὡς λίθῳ ἰάσπιδι κρυσταλλίζοντι.
21:22 ὁ γὰρ κύριος ὁ **θεὸς** ὁ παντοκράτωρ ναὸς αὐτῆς ἐστιν καὶ τὸ ἀρνίον.
21:23 ἡ γὰρ δόξα τοῦ **θεοῦ** ἐφώτισεν αὐτήν, καὶ ὁ λύχνος αὐτῆς τὸ ἀρνίον.
22: 1 ἐκπορευόμενον ἐκ τοῦ θρόνου τοῦ **θεοῦ** καὶ τοῦ ἀρνίου.
22: 3 καὶ ὁ θρόνος τοῦ **θεοῦ** καὶ τοῦ ἀρνίου ἐν αὐτῇ ἔσται,
22: 5 ὅτι κύριος ὁ **θεὸς** φωτίσει ἐπ᾽ αὐτούς, καὶ βασιλεύσουσιν εἰς τοὺς αἰῶνας τῶν αἰώνων.
22: 6 καὶ ὁ κύριος ὁ **θεὸς** τῶν πνευμάτων τῶν προφητῶν ἀπέστειλεν τὸν ἄγγελον αὐτοῦ δεῖξαι τοῖς δούλοις αὐτοῦ ἃ δεῖ γενέσθαι
22: 9 καὶ τῶν ἀδελφῶν σου τῶν προφητῶν καὶ τῶν τηρούντων τοὺς λόγους τοῦ βιβλίου τούτου· τῷ **θεῷ** προσκύνησον.
22:18 ἐπιθήσει ὁ **θεὸς** ἐπ᾽ αὐτὸν τὰς πληγὰς τὰς γεγραμμένας ἐν τῷ βιβλίῳ τούτῳ,
22:19 ἀφελεῖ ὁ **θεὸς** τὸ μέρος αὐτοῦ ἀπὸ τοῦ ξύλου τῆς ζωῆς καὶ ἐκ τῆς πόλεως τῆς ἁγίας τῶν γεγραμμένων ἐν τῷ βιβλίῳ τούτῳ.

2537 θεοσέβεια [1]

√ *2536 + 4936*

1Ti 2:10 ἀλλ᾽ ὃ πρέπει γυναιξὶν ἐπαγγελλομέναις **θεοσέβειαν,** δι᾽ ἔργων ἀγαθῶν.

2538 θεοσεβής [1]

√ *2536 + 4936*

Jn 9:31 ἀλλ᾽ ἐάν τις **θεοσεβὴς** ᾖ καὶ τὸ θέλημα αὐτοῦ ποιῇ τούτου ἀκούει.

2539 θεοστυγής [1]

√ *2536 + 5144*

Ro 1:30 καταλάλους **θεοστυγεῖς** ὑβριστὰς ὑπερηφάνους ἀλαζόνας,

2540 θεότης [1]

√ *2536*

Col 2: 9 ἐν αὐτῷ κατοικεῖ πᾶν τὸ πλήρωμα τῆς **θεότητος** σωματικῶς,

2541 Θεόφιλος [2]

√ *2536 + 5813*

Lk 1: 3 ἔδοξε κἀμοὶ παρηκολουθηκότι ἄνωθεν πᾶσιν ἀκριβῶς καθεξῆς σοι γράψαι, κράτιστε **Θεόφιλε,**
Ac 1: 1 Τὸν μὲν πρῶτον λόγον ἐποιησάμην περὶ πάντων, ὦ **Θεόφιλε,**

2542 θεραπεία [3]

√ *2544*

Lk 9:11 καὶ ἀποδεξάμενος αὐτοὺς ἐλάλει αὐτοῖς περὶ τῆς βασιλείας τοῦ θεοῦ, καὶ τοὺς χρείαν ἔχοντας **θεραπείας** ἰᾶτο.
12:42 ὃν καταστήσει ὁ κύριος ἐπὶ τῆς **θεραπείας** αὐτοῦ τοῦ διδόναι ἐν καιρῷ [τὸ] σιτομέτριον;
Rev 22: 2 καὶ τὰ φύλλα τοῦ ξύλου εἰς **θεραπείαν** τῶν ἐθνῶν.

2543 θεραπεύω [43]

√ *2544*

seq. **ἀπό** [6] Mt 17:18; Lk 5:15; 6:18; 7:21; 8:2,43

Mt 4:23 καὶ κηρύσσων τὸ εὐαγγέλιον τῆς βασιλείας καὶ **θεραπεύων** πᾶσαν νόσον καὶ πᾶσαν μαλακίαν ἐν τῷ λαῷ.
4:24 καὶ βασάνοις συνεχομένους [καὶ] δαιμονιζομένους καὶ σεληνιαζομένους καὶ παραλυτικούς, καὶ **ἐθεράπευσεν** αὐτούς.
8: 7 καὶ λέγει αὐτῷ, Ἐγὼ ἐλθὼν **θεραπεύσω** αὐτόν.
8:16 καὶ ἐξέβαλεν τὰ πνεύματα λόγῳ καὶ πάντας τοὺς κακῶς ἔχοντας **ἐθεράπευσεν,**
9:35 καὶ κηρύσσων τὸ εὐαγγέλιον τῆς βασιλείας καὶ **θεραπεύων** πᾶσαν νόσον καὶ πᾶσαν μαλακίαν.
10: 1 ἔδωκεν αὐτοῖς ἐξουσίαν πνευμάτων ἀκαθάρτων ὥστε ἐκβάλλειν αὐτὰ καὶ **θεραπεύειν** πᾶσαν νόσον καὶ πᾶσαν μαλακίαν.
10: 8 ἀσθενοῦντας **θεραπεύετε,** νεκροὺς ἐγείρετε, λεπροὺς καθαρίζετε, δαιμόνια ἐκβάλλετε·
12:10 καὶ ἐπηρώτησαν αὐτὸν λέγοντες, Εἰ ἔξεστιν τοῖς σάββασιν **θεραπεῦσαι;**
12:15 καὶ ἠκολούθησαν αὐτῷ [ὄχλοι] πολλοί, καὶ **ἐθεράπευσεν** αὐτοὺς πάντας
12:22 καὶ **ἐθεράπευσεν** αὐτόν, ὥστε τὸν κωφὸν λαλεῖν καὶ βλέπειν.
14:14 καὶ ἐξελθὼν εἶδεν πολὺν ὄχλον καὶ ἐσπλαγχνίσθη ἐπ᾽ αὐτοῖς καὶ **ἐθεράπευσεν** τοὺς ἀρρώστους αὐτῶν.
15:30 καὶ ἑτέρους πολλοὺς καὶ ἔρριψαν αὐτοὺς παρὰ τοὺς πόδας αὐτοῦ, καὶ **ἐθεράπευσεν** αὐτούς·
17:16 καὶ προσήνεγκα αὐτὸν τοῖς μαθηταῖς σου, καὶ οὐκ ἠδυνήθησαν αὐτὸν **θεραπεῦσαι.**
17:18 καὶ ἐπετίμησεν αὐτῷ ὁ Ἰησοῦς καὶ ἐξῆλθεν ἀπ᾽ αὐτοῦ τὸ δαιμόνιον καὶ **ἐθεραπεύθη** ὁ παῖς ἀπὸ τῆς ὥρας ἐκείνης.
19: 2 ἠκολούθησαν αὐτῷ ὄχλοι πολλοί, καὶ **ἐθεράπευσεν** αὐτοὺς ἐκεῖ.
21:14 Καὶ προσῆλθον αὐτῷ τυφλοὶ καὶ χωλοὶ ἐν τῷ ἱερῷ, καὶ **ἐθεράπευσεν** αὐτούς.
Mk 1:34 καὶ **ἐθεράπευσεν** πολλοὺς κακῶς ἔχοντας ποικίλαις νόσοις καὶ δαιμόνια πολλὰ ἐξέβαλεν καὶ οὐκ ἤφιεν λαλεῖν τὰ δαιμόνια,
3: 2 καὶ παρετήρουν αὐτὸν εἰ τοῖς σάββασιν **θεραπεύσει** αὐτόν,
3:10 πολλοὺς γὰρ **ἐθεράπευσεν,** ὥστε ἐπιπίπτειν αὐτῷ ἵνα αὐτοῦ ἅψωνται ὅσοι εἶχον μάστιγας.
6: 5 εἰ μὴ ὀλίγοις ἀρρώστοις ἐπιθεὶς τὰς χεῖρας **ἐθεράπευσεν.**
6:13 καὶ δαιμόνια πολλὰ ἐξέβαλλον, καὶ ἤλειφον ἐλαίῳ πολλοὺς ἀρρώστους καὶ **ἐθεράπευον.**
Lk 4:23 Πάντως ἐρεῖτέ μοι τὴν παραβολὴν ταύτην· Ἰατρέ, **θεράπευσον** σεαυτόν·
4:40 ὁ δὲ ἑνὶ ἑκάστῳ αὐτῶν τὰς χεῖρας ἐπιτιθεὶς **ἐθεράπευεν** αὐτούς.
5:15 καὶ συνήρχοντο ὄχλοι πολλοὶ ἀκούειν καὶ **θεραπεύεσθαι** ἀπὸ τῶν ἀσθενειῶν αὐτῶν·
6: 7 παρετηροῦντο δὲ αὐτὸν οἱ γραμματεῖς καὶ οἱ Φαρισαῖοι εἰ ἐν τῷ σαββάτῳ **θεραπεύει,**
6:18 οἳ ἦλθον ἀκοῦσαι αὐτοῦ καὶ ἰαθῆναι ἀπὸ τῶν νόσων αὐτῶν· καὶ οἱ ἐνοχλούμενοι ἀπὸ πνευμάτων ἀκαθάρτων **ἐθεραπεύοντο,**
7:21 ἐν ἐκείνῃ τῇ ὥρᾳ **ἐθεράπευσεν** πολλοὺς ἀπὸ νόσων καὶ μαστίγων καὶ πνευμάτων πονηρῶν
8: 2 καὶ γυναῖκές τινες αἳ ἦσαν **τεθεραπευμέναι** ἀπὸ πνευμάτων πονηρῶν καὶ ἀσθενειῶν,
8:43 ἥτις [ἰατροῖς προσαναλώσασα ὅλον τὸν βίον] οὐκ ἴσχυσεν ἀπ᾽ οὐδενὸς **θεραπευθῆναι,**
9: 1 Συγκαλεσάμενος δὲ τοὺς δώδεκα ἔδωκεν αὐτοῖς δύναμιν καὶ ἐξουσίαν ἐπὶ πάντα τὰ δαιμόνια καὶ νόσους **θεραπεύειν**
9: 6 ἐξερχόμενοι δὲ διήρχοντο κατὰ τὰς κώμας εὐαγγελιζόμενοι καὶ **θεραπεύοντες** πανταχοῦ.
10: 9 καὶ **θεραπεύετε** τοὺς ἐν αὐτῇ ἀσθενεῖς καὶ λέγετε αὐτοῖς,
13:14 ἀγανακτῶν ὅτι τῷ σαββάτῳ **ἐθεράπευσεν** ὁ Ἰησοῦς, ἔλεγεν τῷ ὄχλῳ ὅτι Ἓξ ἡμέραι εἰσὶν ἐν αἷς δεῖ ἐργάζεσθαι· ἐν αὐταῖς οὖν ἐρχόμενοι **θεραπεύεσθε** καὶ μὴ τῇ ἡμέρᾳ τοῦ σαββάτου.
14: 3 καὶ ἀποκριθεὶς ὁ Ἰησοῦς εἶπεν πρὸς τοὺς νομικοὺς καὶ Φαρισαίους λέγων, Ἔξεστιν τῷ σαββάτῳ **θεραπεῦσαι** ἢ οὔ;
Jn 5:10 ἔλεγον οὖν οἱ Ἰουδαῖοι τῷ **τεθεραπευμένῳ,** Σάββατόν ἐστιν,
Ac 4:14 τόν τε ἄνθρωπον βλέποντες σὺν αὐτοῖς ἑστῶτα τὸν **τεθεραπευμένον** οὐδὲν εἶχον ἀντειπεῖν.
5:16 φέροντες ἀσθενεῖς καὶ ὀχλουμένους ὑπὸ πνευμάτων ἀκαθάρτων, οἵτινες **ἐθεραπεύοντο** ἅπαντες.
8: 7 πολλοὶ δὲ παραλελυμένοι καὶ χωλοὶ **ἐθεραπεύθησαν·**
17:25 οὐδὲ ὑπὸ χειρῶν ἀνθρωπίνων **θεραπεύεται** προσδεόμενός τινος, αὐτὸς διδοὺς πᾶσι ζωὴν καὶ πνοὴν καὶ τὰ πάντα·
28: 9 τούτου δὲ γενομένου καὶ οἱ λοιποὶ οἱ ἐν τῇ νήσῳ ἔχοντες ἀσθενείας προσήρχοντο καὶ **ἐθεραπεύοντο,**
Rev 13: 3 καὶ μίαν ἐκ τῶν κεφαλῶν αὐτοῦ ὡς ἐσφαγμένην εἰς θάνατον, καὶ ἡ πληγὴ τοῦ θανάτου αὐτοῦ **ἐθεραπεύθη.**
13:12 ἵνα προσκυνήσουσιν τὸ θηρίον τὸ πρῶτον, οὗ **ἐθεραπεύθη** ἡ πληγὴ τοῦ θανάτου αὐτοῦ.

2544 θεράπων [1]

→ *2542, 2543*

Heb 3: 5 καὶ Μωϋσῆς μὲν πιστὸς ἐν ὅλῳ τῷ οἴκῳ αὐτοῦ ὡς **θεράπων** εἰς μαρτύριον τῶν λαληθησομένων,

2545 θερίζω [21]

√ *2549*

Mt 6:26 ἐμβλέψατε εἰς τὰ πετεινὰ τοῦ οὐρανοῦ ὅτι οὐ σπείρουσιν οὐδὲ **θερίζουσιν** οὐδὲ συνάγουσιν εἰς ἀποθήκας,
25:24 **θερίζων** ὅπου οὐκ ἔσπειρας καὶ συνάγων ὅθεν οὐ διεσκόρπισας,
25:26 ᾔδεις ὅτι **θερίζω** ὅπου οὐκ ἔσπειρα καὶ συνάγω ὅθεν οὐ διεσκόρπισα;
Lk 12:24 κατανοήσατε τοὺς κόρακας ὅτι οὐ σπείρουσιν οὐδὲ **θερίζουσιν,**
19:21 αἴρεις ὃ οὐκ ἔθηκας καὶ **θερίζεις** ὃ οὐκ ἔσπειρας.
19:22 αἴρων ὃ οὐκ ἔθηκα καὶ **θερίζων** ὃ οὐκ ἔσπειρα·
Jn 4:36 ὁ **θερίζων** μισθὸν λαμβάνει καὶ συνάγει καρπὸν εἰς ζωὴν αἰώνιον, ἵνα ὁ σπείρων ὁμοῦ χαίρῃ καὶ ὁ **θερίζων.**
4:37 ἐν γὰρ τούτῳ ὁ λόγος ἐστὶν ἀληθινὸς ὅτι Ἄλλος ἐστὶν ὁ σπείρων καὶ ἄλλος ὁ **θερίζων.**
4:38 ἐγὼ ἀπέστειλα ὑμᾶς **θερίζειν** ὃ οὐχ ὑμεῖς κεκοπιάκατε·
1Co 9:11 εἰ ἡμεῖς ὑμῖν τὰ πνευματικὰ ἐσπείραμεν, μέγα εἰ ἡμεῖς ὑμῶν τὰ σαρκικὰ **θερίσομεν;**
2Co 9: 6 Τοῦτο δέ, ὁ σπείρων φειδομένως φειδομένως καὶ **θερίσει,** καὶ ὁ σπείρων ἐπ᾽ εὐλογίαις ἐπ᾽ εὐλογίαις καὶ **θερίσει.**
Gal 6: 7 ὃ γὰρ ἐὰν σπείρῃ ἄνθρωπος, τοῦτο καὶ **θερίσει·**
6: 8 ὅτι ὁ σπείρων εἰς τὴν σάρκα ἑαυτοῦ ἐκ τῆς σαρκὸς **θερίσει** φθοράν, ὁ δὲ σπείρων εἰς τὸ πνεῦμα ἐκ τοῦ πνεύματος **θερίσει** ζωὴν αἰώνιον.
6: 9 τὸ δὲ καλὸν ποιοῦντες μὴ ἐγκακῶμεν, καιρῷ γὰρ ἰδίῳ **θερίσομεν** μὴ ἐκλυόμενοι.
Jas 5: 4 καὶ αἱ βοαὶ τῶν **θερισάντων** εἰς τὰ ὦτα κυρίου Σαβαὼθ εἰσεληλύθασιν.
Rev 14:15 Πέμψον τὸ δρέπανόν σου καὶ **θέρισον,** ὅτι ἦλθεν ἡ ὥρα **θερίσαι,** ὅτι ἐξηράνθη ὁ θερισμὸς τῆς γῆς.
14:16 καὶ ἔβαλεν ὁ καθήμενος ἐπὶ τῆς νεφέλης τὸ δρέπανον αὐτοῦ ἐπὶ τὴν γῆν καὶ **ἐθερίσθη** ἡ γῆ.

2546 θερισμός [13]

√ *2549*

Mt 9:37 Ὁ μὲν **θερισμὸς** πολύς, οἱ δὲ ἐργάται ὀλίγοι·
9:38 δεήθητε οὖν τοῦ κυρίου τοῦ **θερισμοῦ** ὅπως ἐκβάλῃ ἐργάτας εἰς τὸν **θερισμὸν** αὐτοῦ.
13:30 ἄφετε συναυξάνεσθαι ἀμφότερα ἕως τοῦ **θερισμοῦ,** καὶ ἐν καιρῷ τοῦ **θερισμοῦ** ἐρῶ τοῖς θερισταῖς,
13:39 ὁ δὲ **θερισμὸς** συντέλεια αἰῶνός ἐστιν, οἱ δὲ θερισταὶ ἄγγελοί εἰσιν.
Mk 4:29 εὐθὺς ἀποστέλλει τὸ δρέπανον, ὅτι παρέστηκεν ὁ **θερισμός.**
Lk 10: 2 Ὁ μὲν **θερισμὸς** πολύς, οἱ δὲ ἐργάται ὀλίγοι· δεήθητε οὖν τοῦ κυρίου τοῦ **θερισμοῦ** ὅπως ἐργάτας ἐκβάλῃ εἰς τὸν **θερισμὸν** αὐτοῦ.
Jn 4:35 οὐχ ὑμεῖς λέγετε ὅτι Ἔτι τετράμηνός ἐστιν καὶ ὁ **θερισμὸς** ἔρχεται; ἰδοὺ λέγω ὑμῖν, ἐπάρατε τοὺς ὀφθαλμοὺς ὑμῶν καὶ θεάσασθε τὰς χώρας ὅτι λευκαί εἰσιν πρὸς **θερισμόν.**
Rev 14:15 ὅτι ἦλθεν ἡ ὥρα θερίσαι, ὅτι ἐξηράνθη ὁ **θερισμὸς** τῆς γῆς.

2547 θεριστής [2]

√ *2549*

Mt 13:30 καὶ ἐν καιρῷ τοῦ θερισμοῦ ἐρῶ τοῖς **θερισταῖς,**
13:39 ὁ δὲ θερισμὸς συντέλεια αἰῶνός ἐστιν, οἱ δὲ **θερισταὶ** ἄγγελοί εἰσιν.

2548 θερμαίνω [6]

√ *2549*

Mk 14:54 καὶ ὁ Πέτρος ἀπὸ μακρόθεν ἠκολούθησεν αὐτῷ ἕως ἔσω εἰς τὴν αὐλὴν τοῦ ἀρχιερέως καὶ ἦν συγκαθήμενος μετὰ τῶν ὑπηρετῶν καὶ **θερμαινόμενος** πρὸς τὸ φῶς.
14:67 καὶ ἰδοῦσα τὸν Πέτρον **θερμαινόμενον** ἐμβλέψασα αὐτῷ λέγει,
Jn 18:18 εἱστήκεισαν δὲ οἱ δοῦλοι καὶ οἱ ὑπηρέται ἀνθρακιὰν πεποιηκότες, ὅτι ψῦχος ἦν, καὶ **ἐθερμαίνοντο·** ἦν δὲ καὶ ὁ Πέτρος μετ᾽ αὐτῶν ἑστὼς καὶ **θερμαινόμενος.**
18:25 Ἦν δὲ Σίμων Πέτρος ἑστὼς καὶ **θερμαινόμενος.** εἶπον οὖν αὐτῷ,
Jas 2:16 εἴπῃ δέ τις αὐτοῖς ἐξ ὑμῶν, Ὑπάγετε ἐν εἰρήνῃ, **θερμαίνεσθε** καὶ χορτάζεσθε,

2549 θέρμη [1]

→ *2545, 2546, 2547, 2548, 2550*

Ac 28: 3 ἔχιδνα ἀπὸ τῆς **θέρμης** ἐξελθοῦσα καθῆψεν τῆς χειρὸς αὐτοῦ.

2550 θέρος [3]

√ *2549*

Mt 24:32 ὅταν ἤδη ὁ κλάδος αὐτῆς γένηται ἁπαλὸς καὶ τὰ φύλλα ἐκφύῃ, γινώσκετε ὅτι ἐγγὺς τὸ **θέρος·**
Mk 13:28 ὅταν ἤδη ὁ κλάδος αὐτῆς ἁπαλὸς γένηται καὶ ἐκφύῃ τὰ φύλλα, γινώσκετε ὅτι ἐγγὺς τὸ **θέρος** ἐστίν·
Lk 21:30 βλέποντες ἀφ᾽ ἑαυτῶν γινώσκετε ὅτι ἤδη ἐγγὺς τὸ **θέρος** ἐστίν·

2551 Θεσσαλία Not used in UBS/NIV

→ *2552, 2553*

2552 Θεσσαλονικεύς [4]

√ *2551 + 3772*

Ac 20: 4 **Θεσσαλονικέων** δὲ Ἀρίσταρχος καὶ Σεκοῦνδος, καὶ Γάϊος Δερβαῖος καὶ Τιμόθεος,
27: 2 μέλλοντι πλεῖν εἰς τοὺς κατὰ τὴν Ἀσίαν τόπους ἀνήχθημεν ὄντος σὺν ἡμῖν Ἀριστάρχου Μακεδόνος **Θεσσαλονικέως.**
1Th 1: 1 Παῦλος καὶ Σιλουανὸς καὶ Τιμόθεος τῇ ἐκκλησίᾳ **Θεσσαλονικέων** ἐν θεῷ πατρὶ καὶ κυρίῳ Ἰησοῦ Χριστῷ,
2Th 1: 1 Παῦλος καὶ Σιλουανὸς καὶ Τιμόθεος τῇ ἐκκλησίᾳ **Θεσσαλονικέων** ἐν θεῷ πατρὶ ἡμῶν καὶ κυρίῳ Ἰησοῦ Χριστῷ,

2553 Θεσσαλονίκη [5]

√ *2551 + 3772*

Ac 17: 1 Διοδεύσαντες δὲ τὴν Ἀμφίπολιν καὶ τὴν Ἀπολλωνίαν ἦλθον εἰς **Θεσσαλονίκην** ὅπου ἦν συναγωγὴ τῶν Ἰουδαίων.
17:11 οὗτοι δὲ ἦσαν εὐγενέστεροι τῶν ἐν **Θεσσαλονίκῃ,** οἵτινες ἐδέξαντο τὸν λόγον μετὰ πάσης προθυμίας
17:13 Ὡς δὲ ἔγνωσαν οἱ ἀπὸ τῆς **Θεσσαλονίκης** Ἰουδαῖοι ὅτι καὶ ἐν τῇ Βεροίᾳ κατηγγέλη ὑπὸ τοῦ Παύλου ὁ λόγος τοῦ θεοῦ,
Php 4:16 ὅτι καὶ ἐν **Θεσσαλονίκῃ** καὶ ἅπαξ καὶ δὶς εἰς τὴν χρείαν μοι ἐπέμψατε.
2Ti 4:10 Δημᾶς γάρ με ἐγκατέλιπεν ἀγαπήσας τὸν νῦν αἰῶνα καὶ ἐπορεύθη εἰς **Θεσσαλονίκην,**

2554 Θευδᾶς [1]

√ *2536 + 1565*

Ac 5:36 πρὸ γὰρ τούτων τῶν ἡμερῶν ἀνέστη **Θευδᾶς** λέγων εἶναί τινα ἑαυτόν,

2555 θεωρέω [58]

→ *355, 2556, 4145; cf. 2517*

θάνατος θεωρεῖν [1] *Jn 8:51*

Mt 27:55 Ἦσαν δὲ ἐκεῖ γυναῖκες πολλαὶ ἀπὸ μακρόθεν **θεωροῦσαι,**
28: 1 τῇ ἐπιφωσκούσῃ εἰς μίαν σαββάτων ἦλθεν Μαριὰμ ἡ Μαγδαληνὴ καὶ ἡ ἄλλη Μαρία **θεωρῆσαι** τὸν τάφον.
Mk 3:11 καὶ τὰ πνεύματα τὰ ἀκάθαρτα, ὅταν αὐτὸν **ἐθεώρουν,**
5:15 καὶ ἔρχονται πρὸς τὸν Ἰησοῦν καὶ **θεωροῦσιν** τὸν δαιμονιζόμενον καθήμενον ἱματισμένον καὶ σωφρονοῦντα,
5:38 καὶ **θεωρεῖ** θόρυβον καὶ κλαίοντας καὶ ἀλαλάζοντας πολλά,
12:41 Καὶ καθίσας κατέναντι τοῦ γαζοφυλακίου **ἐθεώρει** πῶς ὁ ὄχλος βάλλει χαλκὸν εἰς τὸ γαζοφυλάκιον.
15:40 Ἦσαν δὲ καὶ γυναῖκες ἀπὸ μακρόθεν **θεωροῦσαι,** ἐν αἷς καὶ Μαρία ἡ Μαγδαληνὴ καὶ Μαρία ἡ Ἰακώβου τοῦ μικροῦ
15:47 ἡ δὲ Μαρία ἡ Μαγδαληνὴ καὶ Μαρία ἡ Ἰωσῆτος **ἐθεώρουν** ποῦ τέθειται.
16: 4 καὶ ἀναβλέψασαι **θεωροῦσιν** ὅτι ἀποκεκύλισται ὁ λίθος· ἦν γὰρ μέγας σφόδρα.

Lk 10:18 **Ἐθεώρουν** τὸν Σατανᾶν ὡς ἀστραπὴν ἐκ τοῦ οὐρανοῦ πεσόντα.
14:29 ἵνα μήποτε θέντος αὐτοῦ θεμέλιον καὶ μὴ ἰσχύοντος ἐκτελέσαι πάντες οἱ **θεωροῦντες** ἄρξωνται αὐτῷ ἐμπαίζειν
21: 6 Ταῦτα ἃ **θεωρεῖτε,** ἐλεύσονται ἡμέραι ἐν αἷς οὐκ ἀφεθήσεται λίθος ἐπὶ λίθῳ ὃς οὐ καταλυθήσεται.
23:35 καὶ εἱστήκει ὁ λαὸς **θεωρῶν.** ἐξεμυκτήριζον δὲ καὶ οἱ ἄρχοντες λέγοντες,
23:48 πάντες οἱ συμπαραγενόμενοι ὄχλοι ἐπὶ τὴν θεωρίαν ταύτην, **θεωρήσαντες** τὰ γενόμενα, τύπτοντες τὰ στήθη ὑπέστρεφον.
24:37 πτοηθέντες δὲ καὶ ἔμφοβοι γενόμενοι ἐδόκουν πνεῦμα **θεωρεῖν.**
24:39 ὅτι πνεῦμα σάρκα καὶ ὀστέα οὐκ ἔχει καθὼς ἐμὲ **θεωρεῖτε** ἔχοντα.
Jn 2:23 πολλοὶ ἐπίστευσαν εἰς τὸ ὄνομα αὐτοῦ **θεωροῦντες** αὐτοῦ τὰ σημεῖα ἃ ἐποίει·
4:19 λέγει αὐτῷ ἡ γυνή, Κύριε, **θεωρῶ** ὅτι προφήτης εἶ σύ.
6: 2 ὅτι **ἐθεώρουν** τὰ σημεῖα ἃ ἐποίει ἐπὶ τῶν ἀσθενούντων.
6:19 ἐληλακότες οὖν ὡς σταδίους εἴκοσι πέντε ἢ τριάκοντα **θεωροῦσιν** τὸν Ἰησοῦν περιπατοῦντα ἐπὶ τῆς θαλάσση
6:40 ἵνα πᾶς ὁ **θεωρῶν** τὸν υἱὸν καὶ πιστεύων εἰς αὐτὸν ἔχῃ ζωὴν αἰώνιον,
6:62 ἐὰν οὖν **θεωρῆτε** τὸν υἱὸν τοῦ ἀνθρώπου ἀναβαίνοντα ὅπου ἦν τὸ πρότερον;
7: 3 ἵνα καὶ οἱ μαθηταί σου **θεωρήσουσιν** σοῦ τὰ ἔργα ἃ ποιεῖς·
8:51 ἐάν τις τὸν ἐμὸν λόγον τηρήσῃ, θάνατον οὐ μὴ **θεωρήσῃ** εἰς τὸν αἰῶνα.
9: 8 Οἱ οὖν γείτονες καὶ οἱ **θεωροῦντες** αὐτὸν τὸ πρότερον ὅτι προσαίτης ἦν ἔλεγον,
10:12 **θεωρεῖ** τὸν λύκον ἐρχόμενον καὶ ἀφίησιν τὰ πρόβατα καὶ φεύγει—
12:19 οἱ οὖν Φαρισαῖοι εἶπαν πρὸς ἑαυτούς, **Θεωρεῖτε** ὅτι οὐκ ὠφελεῖτε οὐδέν·
12:45 καὶ ὁ **θεωρῶν** ἐμὲ **θεωρεῖ** τὸν πέμψαντά με.
14:17 ὃ ὁ κόσμος οὐ δύναται λαβεῖν, ὅτι οὐ **θεωρεῖ** αὐτὸ οὐδὲ γινώσκει·
14:19 ἔτι μικρὸν καὶ ὁ κόσμος με οὐκέτι **θεωρεῖ,** ὑμεῖς δὲ **θεωρεῖτέ** με, ὅτι ἐγὼ ζῶ καὶ ὑμεῖς ζήσετε.
16:10 ὅτι πρὸς τὸν πατέρα ὑπάγω καὶ οὐκέτι **θεωρεῖτέ** με·
16:16 Μικρὸν καὶ οὐκέτι **θεωρεῖτέ** με, καὶ πάλιν μικρὸν καὶ ὄψεσθέ με.
16:17 Μικρὸν καὶ οὐ **θεωρεῖτέ** με, καὶ πάλιν μικρὸν καὶ ὄψεσθέ με;
16:19 Μικρὸν καὶ οὐ **θεωρεῖτέ** με, καὶ πάλιν μικρὸν καὶ ὄψεσθέ με;
17:24 ἵνα **θεωρῶσιν** τὴν δόξαν τὴν ἐμήν, ἣν δέδωκάς μοι ὅτι ἠγάπησάς με πρὸ καταβολῆς κόσμου.
20: 6 ἔρχεται οὖν καὶ Σίμων Πέτρος ἀκολουθῶν αὐτῷ καὶ εἰσῆλθεν εἰς τὸ μνημεῖον, καὶ **θεωρεῖ** τὰ ὀθόνια κείμενα,
20:12 καὶ **θεωρεῖ** δύο ἀγγέλους ἐν λευκοῖς καθεζομένους, ἕνα πρὸς τῇ κεφαλῇ καὶ ἕνα πρὸς τοῖς ποσίν,
20:14 ταῦτα εἰποῦσα ἐστράφη εἰς τὰ ὀπίσω καὶ **θεωρεῖ** τὸν Ἰησοῦν ἑστῶτα καὶ οὐκ ᾔδει ὅτι Ἰησοῦς ἐστιν.
Ac 3:16 καὶ ἐπὶ τῇ πίστει τοῦ ὀνόματος αὐτοῦ τοῦτον ὃν **θεωρεῖτε** καὶ οἴδατε,
4:13 **Θεωροῦντες** δὲ τὴν τοῦ Πέτρου παρρησίαν καὶ Ἰωάννου καὶ καταλαβόμενοι ὅτι ἄνθρωποι ἀγράμματοί εἰσιν καὶ ἰδιῶται,
7:56 Ἰδοὺ **θεωρῶ** τοὺς οὐρανοὺς διηνοιγμένους καὶ τὸν υἱὸν τοῦ ἀνθρώπου ἐκ δεξιῶν ἑστῶτα τοῦ θεοῦ.
8:13 **θεωρῶν** τε σημεῖα καὶ δυνάμεις μεγάλας γινομένας ἐξίστατο.
9: 7 οἱ δὲ ἄνδρες οἱ συνοδεύοντες αὐτῷ εἱστήκεισαν ἐνεοί, ἀκούοντες μὲν τῆς φωνῆς μηδένα δὲ **θεωροῦντες.**
10:11 καὶ **θεωρεῖ** τὸν οὐρανὸν ἀνεῳγμένον καὶ καταβαῖνον σκεῦός τι ὡς ὀθόνην μεγάλην τέσσαρσιν ἀρχαῖς καθιέμενον ἐπὶ τῆς γῆς,
17:16 ἐκδεχομένου αὐτοὺς τοῦ Παύλου παρωξύνετο τὸ πνεῦμα αὐτοῦ ἐν αὐτῷ **θεωροῦντος** κατείδωλον οὖσαν τὴν πόλιν.
17:22 Ἄνδρες Ἀθηναῖοι, κατὰ πάντα ὡς δεισιδαιμονεστέρους ὑμᾶς **θεωρῶ.**
19:26 καὶ **θεωρεῖτε** καὶ ἀκούετε ὅτι οὐ μόνον Ἐφέσου ἀλλὰ σχεδὸν πάσης τῆς Ἀσίας ὁ Παῦλος οὗτος πείσας μετέστησεν ἱκανὸν
20:38 ὀδυνώμενοι μάλιστα ἐπὶ τῷ λόγῳ ᾧ εἰρήκει, ὅτι οὐκέτι μέλλουσιν τὸ πρόσωπον αὐτοῦ **θεωρεῖν.**
21:20 οἱ δὲ ἀκούσαντες ἐδόξαζον τὸν θεὸν εἶπόν τε αὐτῷ, **Θεωρεῖς,** ἀδελφέ,
25:24 **θεωρεῖτε** τοῦτον περὶ οὗ ἅπαν τὸ πλῆθος τῶν Ἰουδαίων ἐνέτυχόν μοι ἔν τε Ἱεροσολύμοις καὶ ἐνθάδε βοῶντες
27:10 **θεωρῶ** ὅτι μετὰ ὕβρεως καὶ πολλῆς ζημίας οὐ μόνον τοῦ φορτίου καὶ τοῦ πλοίου ἀλλὰ καὶ τῶν ψυχῶν ἡμῶν
28: 6 ἐπὶ πολὺ δὲ αὐτῶν προσδοκώντων καὶ **θεωρούντων** μηδὲν ἄτοπον εἰς αὐτὸν γινόμενον μεταβαλόμενοι
Heb 7: 4 **Θεωρεῖτε** δὲ πηλίκος οὗτος, ᾧ [καὶ] δεκάτην Ἀβραὰμ ἔδωκεν ἐκ τῶν ἀκροθινίων ὁ πατριάρχης.
1Jn 3:17 ὃς δ᾽ ἂν ἔχῃ τὸν βίον τοῦ κόσμου καὶ **θεωρῇ** τὸν ἀδελφὸν αὐτοῦ χρείαν ἔχοντα καὶ κλείσῃ τὰ σπλάγχνα αὐτοῦ ἀπ᾽ αὐτοῦ,
Rev 11:11 καὶ φόβος μέγας ἐπέπεσεν ἐπὶ τοὺς **θεωροῦντας** αὐτούς.
11:12 καὶ ἀνέβησαν εἰς τὸν οὐρανὸν ἐν τῇ νεφέλῃ, καὶ **ἐθεώρησαν** αὐτοὺς οἱ ἐχθροὶ αὐτῶν.

2556 θεωρία [1]

√ *2555*

Lk 23:48 καὶ πάντες οἱ συμπαραγενόμενοι ὄχλοι ἐπὶ τὴν **θεωρίαν** ταύτην,

2557 θήκη [1]

√ *5502*

Jn 18:11 εἶπεν οὖν ὁ Ἰησοῦς τῷ Πέτρῳ, Βάλε τὴν μάχαιραν εἰς τὴν **θήκην·**

2558 θηλάζω [5]

→ *352, 2559*

Mt 21:16 οὐδέποτε ἀνέγνωτε ὅτι Ἐκ στόματος νηπίων καὶ **θηλαζόντων** κατηρτίσω αἶνον;
24:19 οὐαὶ δὲ ταῖς ἐν γαστρὶ ἐχούσαις καὶ ταῖς **θηλαζούσαις** ἐν ἐκείναις ταῖς ἡμέραις.
Mk 13:17 οὐαὶ δὲ ταῖς ἐν γαστρὶ ἐχούσαις καὶ ταῖς **θηλαζούσαις** ἐν ἐκείναις ταῖς ἡμέραις.
Lk 11:27 Μακαρία ἡ κοιλία ἡ βαστάσασά σε καὶ μαστοὶ οὓς **ἐθήλασας.**
21:23 οὐαὶ ταῖς ἐν γαστρὶ ἐχούσαις καὶ ταῖς **θηλαζούσαις** ἐν ἐκείναις ταῖς ἡμέραις·

2559 θῆλυς [5]

√ *2558*

Mt 19: 4 Οὐκ ἀνέγνωτε ὅτι ὁ κτίσας ἀπ᾽ ἀρχῆς ἄρσεν καὶ **θῆλυ** ἐποίησεν αὐτούς;
Mk 10: 6 ἀπὸ δὲ ἀρχῆς κτίσεως ἄρσεν καὶ **θῆλυ** ἐποίησεν αὐτούς·
Ro 1:26 αἵ τε γὰρ **θήλειαι** αὐτῶν μετήλλαξαν τὴν φυσικὴν χρῆσιν εἰς τὴν παρὰ φύσιν,
1:27 ὁμοίως τε καὶ οἱ ἄρσενες ἀφέντες τὴν φυσικὴν χρῆσιν τῆς **θηλείας** ἐξεκαύθησαν ἐν τῇ ὀρέξει αὐτῶν εἰς ἀλλήλους,
Gal 3:28 οὐκ ἔνι δοῦλος οὐδὲ ἐλεύθερος, οὐκ ἔνι ἄρσεν καὶ **θῆλυ·**

2560 θήρα [1]

√ *2563*

Ro 11: 9 Γενηθήτω ἡ τράπεζα αὐτῶν εἰς παγίδα καὶ εἰς **θήραν** καὶ εἰς σκάνδαλον καὶ εἰς ἀνταπόδομα αὐτοῖς,

2561 θηρεύω [1]

√ *2563*

Lk 11:54 ἐνεδρεύοντες αὐτὸν **θηρεῦσαί** τι ἐκ τοῦ στόματος αὐτοῦ.

2562 θηριομαχέω [1]

√ *2563 + 3480*

1Co 15:32 εἰ κατὰ ἄνθρωπον **ἐθηριομάχησα** ἐν Ἐφέσῳ, τί μοι τὸ ὄφελος;

2563 θηρίον [46 / 45]

→ *2560, 2561, 2562*

Mk 1:13 καὶ ἦν μετὰ τῶν **θηρίων,** καὶ οἱ ἄγγελοι διηκόνουν αὐτῷ.
Ac 11: 6 εἰς ἣν ἀτενίσας κατενόουν καὶ εἶδον τὰ τετράποδα τῆς γῆς καὶ τὰ **θηρία** καὶ τὰ ἑρπετὰ καὶ τὰ πετεινὰ τοῦ οὐρανοῦ.
28: 4 ὡς δὲ εἶδον οἱ βάρβαροι κρεμάμενον τὸ **θηρίον** ἐκ τῆς χειρὸς αὐτοῦ,
28: 5 ὁ μὲν οὖν ἀποτινάξας τὸ **θηρίον** εἰς τὸ πῦρ ἔπαθεν οὐδὲν κακόν,
Tit 1:12 εἶπέν τις ἐξ αὐτῶν ἴδιος αὐτῶν προφήτης, Κρῆτες ἀεὶ ψεῦσται, κακὰ **θηρία,** γαστέρες ἀργαί.

Heb 12:20 οὐκ ἔφερον γὰρ τὸ διαστελλόμενον, Κἂν **θηρίον** θίγῃ τοῦ ὄρους, λιθοβοληθήσεται·
Jas 3: 7 πᾶσα γὰρ φύσις **θηρίων** τε καὶ πετεινῶν, ἑρπετῶν τε καὶ ἐναλίων δαμάζεται καὶ δεδάμασται τῇ φύσει τῇ ἀνθρωπίνῃ,
Rev 6: 8 ἐξουσία ἐπὶ τὸ τέταρτον τῆς γῆς ἀποκτεῖναι ἐν ῥομφαίᾳ καὶ ἐν λιμῷ καὶ ἐν θανάτῳ καὶ ὑπὸ τῶν **θηρίων** τῆς γῆς.
11: 7 τὸ **θηρίον** τὸ ἀναβαῖνον ἐκ τῆς ἀβύσσου ποιήσει μετ᾽ αὐτῶν πόλεμον καὶ νικήσει αὐτοὺς καὶ ἀποκτενεῖ αὐτούς.
13: 1 εἶδον ἐκ τῆς θαλάσσης **θηρίον** ἀναβαῖνον, ἔχον κέρατα δέκα καὶ κεφαλὰς ἑπτὰ καὶ ἐπὶ τῶν κεράτων αὐτοῦ δέκα διαδήματα
13: 2 καὶ τὸ **θηρίον** ὃ εἶδον ἦν ὅμοιον παρδάλει καὶ οἱ πόδες αὐτοῦ ὡς ἄρκου καὶ τὸ στόμα αὐτοῦ ὡς στόμα λέοντος.
13: 3 καὶ ἐθαυμάσθη ὅλη ἡ γῆ ὀπίσω τοῦ **θηρίου**
13: 4 καὶ προσεκύνησαν τῷ δράκοντι, ὅτι ἔδωκεν τὴν ἐξουσίαν τῷ **θηρίῳ,** καὶ προσεκύνησαν τῷ **θηρίῳ** λέγοντες, Τίς ὅμοιος τῷ **θηρίῳ** καὶ τίς δύναται πολεμῆσαι μετ᾽ αὐτοῦ;
13:11 Καὶ εἶδον ἄλλο **θηρίον** ἀναβαῖνον ἐκ τῆς γῆς,
13:12 καὶ τὴν ἐξουσίαν τοῦ πρώτου **θηρίου** πᾶσαν ποιεῖ ἐνώπιον αὐτοῦ, καὶ ποιεῖ τὴν γῆν καὶ τοὺς ἐν αὐτῇ κατοικοῦντας ἵνα προσκυνήσουσιν τὸ **θηρίον** τὸ πρῶτον,
13:14 καὶ πλανᾷ τοὺς κατοικοῦντας ἐπὶ τῆς γῆς διὰ τὰ σημεῖα ἃ ἐδόθη αὐτῷ ποιῆσαι ἐνώπιον τοῦ **θηρίου,** λέγων τοῖς κατοικοῦσιν ἐπὶ τῆς γῆς ποιῆσαι εἰκόνα τῷ **θηρίῳ,**
13:15 καὶ ἐδόθη αὐτῷ δοῦναι πνεῦμα τῇ εἰκόνι τοῦ **θηρίου,** ἵνα καὶ λαλήσῃ ἡ εἰκὼν τοῦ **θηρίου** καὶ ποιήσῃ [ἵνα] ὅσοι ἐὰν μὴ προσκυνήσωσιν τῇ εἰκόνι τοῦ **θηρίου** ἀποκτανθῶσιν.
13:17 μή τις δύνηται ἀγοράσαι ἢ πωλῆσαι εἰ μὴ ὁ ἔχων τὸ χάραγμα τὸ ὄνομα τοῦ **θηρίου** ἢ τὸν ἀριθμὸν τοῦ ὀνόματος αὐτοῦ.
13:18 ὁ ἔχων νοῦν ψηφισάτω τὸν ἀριθμὸν τοῦ **θηρίου,**
14: 9 Εἴ τις προσκυνεῖ τὸ **θηρίον** καὶ τὴν εἰκόνα αὐτοῦ καὶ λαμβάνει χάραγμα ἐπὶ τοῦ μετώπου αὐτοῦ ἢ ἐπὶ τὴν χεῖρα αὐτοῦ,
14:11 καὶ οὐκ ἔχουσιν ἀνάπαυσιν ἡμέρας καὶ νυκτὸς οἱ προσκυνοῦντες τὸ **θηρίον** καὶ τὴν εἰκόνα αὐτοῦ
15: 2 Καὶ εἶδον ὡς θάλασσαν ὑαλίνην μεμιγμένην πυρὶ καὶ τοὺς νικῶντας ἐκ τοῦ **θηρίου** καὶ ἐκ τῆς εἰκόνος αὐτοῦ
16: 2 ἕλκος κακὸν καὶ πονηρὸν ἐπὶ τοὺς ἀνθρώπους τοὺς ἔχοντας τὸ χάραγμα τοῦ **θηρίου** καὶ τοὺς προσκυνοῦντας τῇ εἰκόνι αὐτοῦ.
16:10 Καὶ ὁ πέμπτος ἐξέχεεν τὴν φιάλην αὐτοῦ ἐπὶ τὸν θρόνον τοῦ **θηρίου,**
16:13 Καὶ εἶδον ἐκ τοῦ στόματος τοῦ δράκοντος καὶ ἐκ τοῦ στόματος τοῦ **θηρίου** καὶ ἐκ τοῦ στόματος τοῦ ψευδοπροφήτου πνεύματα
17: 3 καὶ εἶδον γυναῖκα καθημένην ἐπὶ **θηρίον** κόκκινον, γέμον[τα] ὀνόματα βλασφημίας,
17: 7 τὸ μυστήριον τῆς γυναικὸς καὶ τοῦ **θηρίου** τοῦ βαστάζοντος αὐτὴν τοῦ ἔχοντος τὰς ἑπτὰ κεφαλὰς καὶ τὰ δέκα κέρατα.
17: 8 τὸ **θηρίον** ὃ εἶδες ἦν καὶ οὐκ ἔστιν καὶ μέλλει ἀναβαίνειν ἐκ τῆς ἀβύσσου καὶ εἰς ἀπώλειαν ὑπάγει,
17: 8 βλεπόντων τὸ **θηρίον** ὅτι ἦν καὶ οὐκ ἔστιν καὶ παρέσται
17:11 καὶ τὸ **θηρίον** ὃ ἦν καὶ οὐκ ἔστιν καὶ αὐτὸς ὄγδοός ἐστιν καὶ ἐκ τῶν ἑπτά ἐστιν,
17:12 ἀλλὰ ἐξουσίαν ὡς βασιλεῖς μίαν ὥραν λαμβάνουσιν μετὰ τοῦ **θηρίου.**
17:13 οὗτοι μίαν γνώμην ἔχουσιν καὶ τὴν δύναμιν καὶ ἐξουσίαν αὐτῶν τῷ **θηρίῳ** διδόασιν.
17:16 καὶ τὰ δέκα κέρατα ἃ εἶδες καὶ τὸ **θηρίον** οὗτοι μισήσουσιν τὴν πόρνην καὶ ἠρημωμένην ποιήσουσιν αὐτὴν καὶ γυμνὴν
17:17 καὶ ποιῆσαι μίαν γνώμην καὶ δοῦναι τὴν βασιλείαν αὐτῶν τῷ **θηρίῳ** ἄχρι τελεσθήσονται οἱ λόγοι τοῦ θεοῦ.
18: 2 καὶ φυλακὴ παντὸς ὀρνέου ἀκαθάρτου [καὶ φυλακὴ παντὸς **θηρίου**[NIV-] ἀκαθάρτου] καὶ μεμισημένου,
19:19 Καὶ εἶδον τὸ **θηρίον** καὶ τοὺς βασιλεῖς τῆς γῆς καὶ τὰ στρατεύματα αὐτῶν συνηγμένα ποιῆσαι τὸν πόλεμον
19:20 ἐπιάσθη τὸ **θηρίον** καὶ μετ᾽ αὐτοῦ ὁ ψευδοπροφήτης ὁ ποιήσας τὰ σημεῖα ἐνώπιον αὐτοῦ, ἐν οἷς ἐπλάνησεν τοὺς λαβόντας τὸ χάραγμα τοῦ **θηρίου** καὶ τοὺς προσκυνοῦντας τῇ εἰκόνι αὐτοῦ·
20: 4 οὐ προσεκύνησαν τὸ **θηρίον** οὐδὲ τὴν εἰκόνα αὐτοῦ καὶ οὐκ ἔλαβον τὸ χάραγμα ἐπὶ τὸ μέτωπον καὶ ἐπὶ τὴν χεῖρα αὐτῶν.
20:10 καὶ ὁ διάβολος ὁ πλανῶν αὐτοὺς ἐβλήθη εἰς τὴν λίμνην τοῦ πυρὸς καὶ θείου ὅπου καὶ τὸ **θηρίον** καὶ ὁ ψευδοπροφήτης,

2564 θησαυρίζω [8]

√ 2565

Mt 6:19 Μὴ **θησαυρίζετε** ὑμῖν θησαυροὺς ἐπὶ τῆς γῆς, ὅπου σὴς καὶ βρῶσις ἀφανίζει καὶ ὅπου κλέπται διορύσσουσιν
6:20 **θησαυρίζετε** δὲ ὑμῖν θησαυροὺς ἐν οὐρανῷ, ὅπου οὔτε σὴς οὔτε βρῶσις ἀφανίζει καὶ ὅπου κλέπται οὐ διορύσσουσιν
Lk 12:21 οὕτως ὁ **θησαυρίζων** ἑαυτῷ καὶ μὴ εἰς θεὸν πλουτῶν.
Ro 2: 5 κατὰ δὲ τὴν σκληρότητά σου καὶ ἀμετανόητον καρδίαν **θησαυρίζεις** σεαυτῷ ὀργὴν ἐν ἡμέρᾳ ὀργῆς
1Co 16: 2 κατὰ μίαν σαββάτου ἕκαστος ὑμῶν παρ᾽ ἑαυτῷ τιθέτω **θησαυρίζων** ὅ τι ἐὰν εὐοδῶται,
2Co 12:14 οὐ γὰρ ὀφείλει τὰ τέκνα τοῖς γονεῦσιν **θησαυρίζειν** ἀλλὰ οἱ γονεῖς τοῖς τέκνοις.
Jas 5: 3 καὶ ὁ ἰὸς αὐτῶν εἰς μαρτύριον ὑμῖν ἔσται καὶ φάγεται τὰς σάρκας ὑμῶν ὡς πῦρ. **ἐθησαυρίσατε** ἐν ἐσχάταις ἡμέραις.
2Pe 3: 7 οἱ δὲ νῦν οὐρανοὶ καὶ ἡ γῆ τῷ αὐτῷ λόγῳ **τεθησαυρισμένοι** εἰσὶν πυρὶ τηρούμενοι εἰς ἡμέραν κρίσεως καὶ ἀπωλείας

2565 θησαυρός [17 / 18]

→ 630, 631, 2564; cf. 5502

θησαυρός ἐν οὐρανῷ, οὐρανοῖς [5] Mt 6:20; 19:21; Mk 10:21; Lk 12:33; 18:22

Mt 2:11 καὶ πεσόντες προσεκύνησαν αὐτῷ καὶ ἀνοίξαντες τοὺς **θησαυροὺς** αὐτῶν προσήνεγκαν αὐτῷ δῶρα,
6:19 Μὴ θησαυρίζετε ὑμῖν **θησαυροὺς** ἐπὶ τῆς γῆς, ὅπου σὴς καὶ βρῶσις ἀφανίζει καὶ ὅπου κλέπται διορύσσουσιν
6:20 θησαυρίζετε δὲ ὑμῖν **θησαυροὺς** ἐν οὐρανῷ, ὅπου οὔτε σὴς οὔτε βρῶσις ἀφανίζει καὶ ὅπου κλέπται οὐ διορύσσουσιν
6:21 ὅπου γάρ ἐστιν ὁ **θησαυρός** σου, ἐκεῖ ἔσται καὶ ἡ καρδία σου.
12:35 ὁ ἀγαθὸς ἄνθρωπος ἐκ τοῦ ἀγαθοῦ **θησαυροῦ** ἐκβάλλει ἀγαθά, καὶ ὁ πονηρὸς ἄνθρωπος ἐκ τοῦ πονηροῦ **θησαυροῦ** ἐκβάλλει πονηρά.
13:44 Ὁμοία ἐστὶν ἡ βασιλεία τῶν οὐρανῶν **θησαυρῷ** κεκρυμμένῳ ἐν τῷ ἀγρῷ,
13:52 ὅστις ἐκβάλλει ἐκ τοῦ **θησαυροῦ** αὐτοῦ καινὰ καὶ παλαιά.
19:21 καὶ ἕξεις **θησαυρὸν** ἐν οὐρανοῖς, καὶ δεῦρο ἀκολούθει μοι.
Mk 10:21 καὶ ἕξεις **θησαυρὸν** ἐν οὐρανῷ, καὶ δεῦρο ἀκολούθει μοι.
Lk 6:45 ὁ ἀγαθὸς ἄνθρωπος ἐκ τοῦ ἀγαθοῦ **θησαυροῦ** τῆς καρδίας προφέρει τὸ ἀγαθόν, καὶ ὁ πονηρὸς ἐκ τοῦ πονηροῦ **θησαυροῦ**[UBS-] τῆς καρδίας αὐτοῦ προφέρει τὸ πονηρόν·
12:33 ποιήσατε ἑαυτοῖς βαλλάντια μὴ παλαιούμενα, **θησαυρὸν** ἀνέκλειπτον ἐν τοῖς οὐρανοῖς,
12:34 ὅπου γάρ ἐστιν ὁ **θησαυρὸς** ὑμῶν, ἐκεῖ καὶ ἡ καρδία ὑμῶν ἔσται.
18:22 καὶ ἕξεις **θησαυρὸν** ἐν [τοῖς] οὐρανοῖς, καὶ δεῦρο ἀκολούθει μοι.
2Co 4: 7 Ἔχομεν δὲ τὸν **θησαυρὸν** τοῦτον ἐν ὀστρακίνοις σκεύεσιν,
Col 2: 3 ἐν ᾧ εἰσιν πάντες οἱ **θησαυροὶ** τῆς σοφίας καὶ γνώσεως ἀπόκρυφοι.
Heb 11:26 μείζονα πλοῦτον ἡγησάμενος τῶν Αἰγύπτου **θησαυρῶν** τὸν ὀνειδισμὸν τοῦ Χριστοῦ·

2566 θιγγάνω [3]

Col 2:21 Μὴ ἅψῃ μηδὲ γεύσῃ μηδὲ **θίγῃς,**
Heb 11:28 ἵνα μὴ ὁ ὀλοθρεύων τὰ πρωτότοκα **θίγῃ** αὐτῶν.
12:20 οὐκ ἔφερον γὰρ τὸ διαστελλόμενον, Κἂν θηρίον **θίγῃ** τοῦ ὄρους, λιθοβοληθήσεται·

2567 θλίβω [10]

→ 632, 2568, 5315

Mt 7:14 τί στενὴ ἡ πύλη καὶ **τεθλιμμένη** ἡ ὁδὸς ἡ ἀπάγουσα εἰς τὴν ζωὴν καὶ ὀλίγοι εἰσὶν οἱ εὑρίσκοντες αὐτήν.
Mk 3: 9 καὶ εἶπεν τοῖς μαθηταῖς αὐτοῦ ἵνα πλοιάριον προσκαρτερῇ αὐτῷ διὰ τὸν ὄχλον ἵνα μὴ **θλίβωσιν** αὐτόν·
2Co 1: 6 εἴτε δὲ **θλιβόμεθα,** ὑπὲρ τῆς ὑμῶν παρακλήσεως καὶ σωτηρίας·
4: 8 ἐν παντὶ **θλιβόμενοι** ἀλλ᾽ οὐ στενοχωρούμενοι, ἀπορούμενοι ἀλλ᾽ οὐκ ἐξαπορούμενοι,
7: 5 Καὶ γὰρ ἐλθόντων ἡμῶν εἰς Μακεδονίαν οὐδεμίαν ἔσχηκεν ἄνεσιν ἡ σὰρξ ἡμῶν ἀλλ᾽ ἐν παντὶ **θλιβόμενοι·**
1Th 3: 4 προελέγομεν ὑμῖν ὅτι μέλλομεν **θλίβεσθαι,** καθὼς καὶ ἐγένετο καὶ οἴδατε.
2Th 1: 6 εἴπερ δίκαιον παρὰ θεῷ ἀνταποδοῦναι τοῖς **θλίβουσιν** ὑμᾶς θλῖψιν
1: 7 καὶ ὑμῖν τοῖς **θλιβομένοις** ἄνεσιν μεθ᾽ ἡμῶν, ἐν τῇ ἀποκαλύψει τοῦ κυρίου Ἰησοῦ ἀπ᾽ οὐρανοῦ μετ᾽ ἀγγέλων δυνάμεως αὐτοῦ
1Ti 5:10 εἰ ἐξενοδόχησεν, εἰ ἁγίων πόδας ἔνιψεν, εἰ **θλιβομένοις** ἐπήρκεσεν,

Heb 11:37 περιῆλθον ἐν μηλωταῖς, ἐν αἰγείοις δέρμασιν, ὑστερούμενοι, **θλιβόμενοι,** κακουχούμενοι,

2568 θλῖψις [45]

√ *2567*

θλῖψις μεγάλη [4] Mt 24:21; Ac 7:11; Rev 2:22; 7:14

Mt 13:21 γενομένης δὲ **θλίψεως** ἢ διωγμοῦ διὰ τὸν λόγον εὐθὺς σκανδαλίζεται.
24: 9 τότε παραδώσουσιν ὑμᾶς εἰς **θλῖψιν** καὶ ἀποκτενοῦσιν ὑμᾶς,
24:21 ἔσται γὰρ τότε **θλῖψις** μεγάλη οἵα οὐ γέγονεν ἀπ' ἀρχῆς κόσμου ἕως τοῦ νῦν οὐδ' οὐ μὴ γένηται.
24:29 Εὐθέως δὲ μετὰ τὴν **θλῖψιν** τῶν ἡμερῶν ἐκείνων ὁ ἥλιος σκοτισθήσεται,
Mk 4:17 εἶτα γενομένης **θλίψεως** ἢ διωγμοῦ διὰ τὸν λόγον εὐθὺς σκανδαλίζονται.
13:19 αἱ ἡμέραι ἐκεῖναι **θλῖψις** οἵα οὐ γέγονεν τοιαύτη ἀπ' ἀρχῆς κτίσεως ἣν ἔκτισεν ὁ θεὸς ἕως τοῦ νῦν καὶ οὐ μὴ γένηται.
13:24 Ἀλλὰ ἐν ἐκείναις ταῖς ἡμέραις μετὰ τὴν **θλῖψιν** ἐκείνην ὁ ἥλιος σκοτισθήσεται,
Jn 16:21 οὐκέτι μνημονεύει τῆς **θλίψεως** διὰ τὴν χαρὰν ὅτι ἐγεννήθη ἄνθρωπος εἰς τὸν κόσμον.
16:33 ἐν τῷ κόσμῳ **θλῖψιν** ἔχετε· ἀλλὰ θαρσεῖτε, ἐγὼ νενίκηκα τὸν κόσμον.
Ac 7:10 καὶ ἐξείλατο αὐτὸν ἐκ πασῶν τῶν **θλίψεων** αὐτοῦ καὶ ἔδωκεν αὐτῷ χάριν καὶ σοφίαν ἐναντίον Φαραὼ βασιλέως Αἰγύπτου
7:11 ἦλθεν δὲ λιμὸς ἐφ' ὅλην τὴν Αἴγυπτον καὶ Χανάαν καὶ **θλῖψις** μεγάλη,
11:19 Οἱ μὲν οὖν διασπαρέντες ἀπὸ τῆς **θλίψεως** τῆς γενομένης ἐπὶ Στεφάνῳ διῆλθον ἕως Φοινίκης καὶ Κύπρου καὶ Ἀντιοχείας
14:22 παρακαλοῦντες ἐμμένειν τῇ πίστει καὶ ὅτι διὰ πολλῶν **θλίψεων** δεῖ ἡμᾶς εἰσελθεῖν εἰς τὴν βασιλείαν τοῦ θεοῦ.
20:23 πλὴν ὅτι τὸ πνεῦμα τὸ ἅγιον κατὰ πόλιν διαμαρτύρεταί μοι λέγον ὅτι δεσμὰ καὶ **θλίψεις** με μένουσιν.
Ro 2: 9 **θλῖψις** καὶ στενοχωρία ἐπὶ πᾶσαν ψυχὴν ἀνθρώπου τοῦ κατεργαζομένου τὸ κακόν,
5: 3 οὐ μόνον δέ, ἀλλὰ καὶ καυχώμεθα ἐν ταῖς **θλίψεσιν,** ἀλλὰ καὶ καυχώμεθα ἐν ταῖς θλίψεσιν, εἰδότες ὅτι ἡ **θλῖψις** ὑπομονὴν κατεργάζεται,
8:35 **θλῖψις** ἢ στενοχωρία ἢ διωγμὸς ἢ λιμὸς ἢ γυμνότης ἢ κίνδυνος ἢ μάχαιρα;
12:12 τῇ ἐλπίδι χαίροντες, τῇ **θλίψει** ὑπομένοντες, τῇ προσευχῇ προσκαρτεροῦντες,
1Co 7:28 **θλῖψιν** δὲ τῇ σαρκὶ ἕξουσιν οἱ τοιοῦτοι, ἐγὼ δὲ ὑμῶν φείδομαι.
2Co 1: 4 ὁ παρακαλῶν ἡμᾶς ἐπὶ πάσῃ τῇ **θλίψει** ἡμῶν εἰς τὸ δύνασθαι ἡμᾶς παρακαλεῖν τοὺς ἐν πάσῃ **θλίψει** διὰ τῆς παρακλήσεως ἧς παρακαλούμεθα αὐτοὶ ὑπὸ τοῦ θεοῦ.
1: 8 ὑπὲρ τῆς **θλίψεως** ἡμῶν τῆς γενομένης ἐν τῇ Ἀσίᾳ,
2: 4 ἐκ γὰρ πολλῆς **θλίψεως** καὶ συνοχῆς καρδίας ἔγραψα ὑμῖν διὰ πολλῶν δακρύων,
4:17 τὸ γὰρ παραυτίκα ἐλαφρὸν τῆς **θλίψεως** ἡμῶν καθ' ὑπερβολὴν εἰς ὑπερβολὴν αἰώνιον βάρος δόξης κατεργάζεται ἡμῖν,
6: 4 ἐν ὑπομονῇ πολλῇ, ἐν **θλίψεσιν,** ἐν ἀνάγκαις, ἐν στενοχωρίαις,
7: 4 ὑπερπερισσεύομαι τῇ χαρᾷ ἐπὶ πάσῃ τῇ **θλίψει** ἡμῶν.
8: 2 ὅτι ἐν πολλῇ δοκιμῇ **θλίψεως** ἡ περισσεία τῆς χαρᾶς αὐτῶν καὶ ἡ κατὰ βάθους πτωχεία αὐτῶν ἐπερίσσευσεν
8:13 οὐ γὰρ ἵνα ἄλλοις ἄνεσις, ὑμῖν **θλῖψις,** ἀλλ' ἐξ ἰσότητος·
Eph 3:13 διὸ αἰτοῦμαι μὴ ἐγκακεῖν ἐν ταῖς **θλίψεσίν** μου ὑπὲρ ὑμῶν,
Php 1:17 οὐχ ἁγνῶς, οἰόμενοι **θλῖψιν** ἐγείρειν τοῖς δεσμοῖς μου.
4:14 πλὴν καλῶς ἐποιήσατε συγκοινωνήσαντές μου τῇ **θλίψει.**
Col 1:24 καὶ ἀνταναπληρῶ τὰ ὑστερήματα τῶν **θλίψεων** τοῦ Χριστοῦ ἐν τῇ σαρκί μου ὑπὲρ τοῦ σώματος αὐτοῦ,
1Th 1: 6 δεξάμενοι τὸν λόγον ἐν **θλίψει** πολλῇ μετὰ χαρᾶς πνεύματος ἁγίου,
3: 3 τὸ μηδένα σαίνεσθαι ἐν ταῖς **θλίψεσιν** ταύταις. αὐτοὶ γὰρ οἴδατε ὅτι εἰς τοῦτο κείμεθα·
3: 7 ἐφ' ὑμῖν ἐπὶ πάσῃ τῇ ἀνάγκῃ καὶ **θλίψει** ἡμῶν διὰ τῆς ὑμῶν πίστεως,
2Th 1: 4 ὥστε αὐτοὺς ἡμᾶς ἐν ὑμῖν ἐγκαυχᾶσθαι ἐν ταῖς ἐκκλησίαις τοῦ θεοῦ ὑπὲρ τῆς ὑπομονῆς ὑμῶν καὶ πίστεως ἐν πᾶσιν τοῖς διωγμοῖς ὑμῶν καὶ ταῖς **θλίψεσιν** αἷς ἀνέχεσθε,
1: 6 εἴπερ δίκαιον παρὰ θεῷ ἀνταποδοῦναι τοῖς θλίβουσιν ὑμᾶς **θλῖψιν**
Heb 10:33 τοῦτο μὲν ὀνειδισμοῖς τε καὶ **θλίψεσιν** θεατριζόμενοι, τοῦτο δὲ κοινωνοὶ τῶν οὕτως ἀναστρεφομένων γενηθέντες.
Jas 1:27 ἐπισκέπτεσθαι ὀρφανοὺς καὶ χήρας ἐν τῇ **θλίψει** αὐτῶν,
Rev 1: 9 ὁ ἀδελφὸς ὑμῶν καὶ συγκοινωνὸς ἐν τῇ **θλίψει** καὶ βασιλείᾳ καὶ ὑπομονῇ ἐν Ἰησοῦ,
2: 9 Οἶδά σου τὴν **θλῖψιν** καὶ τὴν πτωχείαν, ἀλλὰ πλούσιος εἶ,
2:10 ἰδοὺ μέλλει βάλλειν ὁ διάβολος ἐξ ὑμῶν εἰς φυλακὴν ἵνα πειρασθῆτε καὶ ἕξετε **θλῖψιν** ἡμερῶν δέκα.
2:22 ἰδοὺ βάλλω αὐτὴν εἰς κλίνην καὶ τοὺς μοιχεύοντας μετ' αὐτῆς εἰς **θλῖψιν** μεγάλην,
7:14 Οὗτοί εἰσιν οἱ ἐρχόμενοι ἐκ τῆς **θλίψεως** τῆς μεγάλης καὶ ἔπλυναν τὰς στολὰς αὐτῶν καὶ ἐλεύκαναν αὐτὰς ἐν τῷ αἵματι τοῦ ἀρνίου.

2569 θνῄσκω [9]

→ *114, 115, 633, 2119, 2467, 2503, 2504, 2505, 2506, 2570, 5271*

Mt 2:20 **τεθνήκασιν** γὰρ οἱ ζητοῦντες τὴν ψυχὴν τοῦ παιδίου.
Mk 15:44 Πιλᾶτος ἐθαύμασεν εἰ ἤδη **τέθνηκεν** καὶ προσκαλεσάμενος τὸν κεντυρίωνα ἐπηρώτησεν αὐτὸν εἰ πάλαι ἀπέθανεν·
Lk 7:12 καὶ ἰδοὺ ἐξεκομίζετο **τεθνηκὼς** μονογενὴς υἱὸς τῇ μητρὶ αὐτοῦ καὶ αὐτὴ ἦν χήρα,
8:49 Ἔτι αὐτοῦ λαλοῦντος ἔρχεταί τις παρὰ τοῦ ἀρχισυναγώγου λέγων ὅτι **Τέθνηκεν** ἡ θυγάτηρ σου·
Jn 11:44 ἐξῆλθεν ὁ **τεθνηκὼς** δεδεμένος τοὺς πόδας καὶ τὰς χεῖρας κειρίαις καὶ ἡ ὄψις αὐτοῦ σουδαρίῳ περιεδέδετο.
19:33 ὡς εἶδον ἤδη αὐτὸν **τεθνηκότα,** οὐ κατέαξαν αὐτοῦ τὰ σκέλη,
Ac 14:19 Ἰουδαῖοι καὶ πείσαντες τοὺς ὄχλους καὶ λιθάσαντες τὸν Παῦλον ἔσυρον ἔξω τῆς πόλεως νομίζοντες αὐτὸν **τεθνηκέναι.**
25:19 περὶ τῆς ἰδίας δεισιδαιμονίας εἶχον πρὸς αὐτὸν καὶ περί τινος Ἰησοῦ **τεθνηκότος** ὃν ἔφασκεν ὁ Παῦλος ζῆν.
1Ti 5: 6 ἡ δὲ σπαταλῶσα ζῶσα **τέθνηκεν.**

2570 θνητός [6]

√ *2569*

Ro 6:12 Μὴ οὖν βασιλευέτω ἡ ἁμαρτία ἐν τῷ **θνητῷ** ὑμῶν σώματι εἰς τὸ ὑπακούειν ταῖς ἐπιθυμίαις αὐτοῦ,
8:11 ὁ ἐγείρας Χριστὸν ἐκ νεκρῶν ζῳοποιήσει καὶ τὰ **θνητὰ** σώματα ὑμῶν διὰ τοῦ ἐνοικοῦντος αὐτοῦ πνεύματος ἐν ὑμῖν.
1Co 15:53 δεῖ γὰρ τὸ φθαρτὸν τοῦτο ἐνδύσασθαι ἀφθαρσίαν καὶ τὸ **θνητὸν** τοῦτο ἐνδύσασθαι ἀθανασίαν.
15:54 ὅταν δὲ τὸ φθαρτὸν τοῦτο ἐνδύσηται ἀφθαρσίαν καὶ τὸ **θνητὸν** τοῦτο ἐνδύσηται ἀθανασίαν,
2Co 4:11 ἵνα καὶ ἡ ζωὴ τοῦ Ἰησοῦ φανερωθῇ ἐν τῇ **θνητῇ** σαρκὶ ἡμῶν.
5: 4 ἐφ' ᾧ οὐ θέλομεν ἐκδύσασθαι ἀλλ' ἐπενδύσασθαι, ἵνα καταποθῇ τὸ **θνητὸν** ὑπὸ τῆς ζωῆς.

2571 θορυβάζω [1]

√ *2573*

Lk 10:41 ἀποκριθεὶς δὲ εἶπεν αὐτῇ ὁ κύριος, Μάρθα Μάρθα, μεριμνᾷς καὶ **θορυβάζῃ** περὶ πολλά,

2572 θορυβέω [4]

√ *2573*

Mt 9:23 Καὶ ἐλθὼν ὁ Ἰησοῦς εἰς τὴν οἰκίαν τοῦ ἄρχοντος καὶ ἰδὼν τοὺς αὐλητὰς καὶ τὸν ὄχλον **θορυβούμενον**
Mk 5:39 καὶ εἰσελθὼν λέγει αὐτοῖς, Τί **θορυβεῖσθε** καὶ κλαίετε;
Ac 17: 5 καὶ ὀχλοποιήσαντες **ἐθορύβουν** τὴν πόλιν καὶ ἐπιστάντες τῇ οἰκίᾳ Ἰάσονος ἐζήτουν αὐτοὺς προαγαγεῖν εἰς τὸν δῆμον·
20:10 Μὴ **θορυβεῖσθε,** ἡ γὰρ ψυχὴ αὐτοῦ ἐν αὐτῷ ἐστιν.

2573 θόρυβος [7]

→ *2571, 2572*

Mt 26: 5 Μὴ ἐν τῇ ἑορτῇ, ἵνα μὴ **θόρυβος** γένηται ἐν τῷ λαῷ.
27:24 ἰδὼν δὲ ὁ Πιλᾶτος ὅτι οὐδὲν ὠφελεῖ ἀλλὰ μᾶλλον **θόρυβος** γίνεται,
Mk 5:38 καὶ θεωρεῖ **θόρυβον** καὶ κλαίοντας καὶ ἀλαλάζοντας πολλά,
14: 2 Μὴ ἐν τῇ ἑορτῇ, μήποτε ἔσται **θόρυβος** τοῦ λαοῦ.
Ac 20: 1 Μετὰ δὲ τὸ παύσασθαι τὸν **θόρυβον** μεταπεμψάμενος ὁ Παῦλος τοὺς μαθητὰς καὶ παρακαλέσας,
21:34 μὴ δυναμένου δὲ αὐτοῦ γνῶναι τὸ ἀσφαλὲς διὰ τὸν **θόρυβον** ἐκέλευσεν ἄγεσθαι αὐτὸν εἰς τὴν παρεμβολήν.

24:18 ἐν αἷς εὗρόν με ἡγνισμένον ἐν τῷ ἱερῷ οὐ μετὰ ὄχλου οὐδὲ μετὰ **θορύβου,**

2574 θραυματίζω Not used in UBS/NIV

√ 2575

2575 θραύω [1]

→ 2574

Lk 4:18 κηρύξαι αἰχμαλώτοις ἄφεσιν καὶ τυφλοῖς ἀνάβλεψιν, ἀποστεῖλαι **τεθραυσμένους** ἐν ἀφέσει,

2576 θρέμμα [1]

√ 5555

Jn 4:12 ὃς ἔδωκεν ἡμῖν τὸ φρέαρ καὶ αὐτὸς ἐξ αὐτοῦ ἔπιεν καὶ οἱ υἱοὶ αὐτοῦ καὶ τὰ **θρέμματα** αὐτοῦ;

2577 θρηνέω [4]

→ 2578, 2583; cf. 125

Mt 11:17 Ηὐλήσαμεν ὑμῖν καὶ οὐκ ὠρχήσασθε, **ἐθρηνήσαμεν** καὶ οὐκ ἐκόψασθε.
Lk 7:32 Ηὐλήσαμεν ὑμῖν καὶ οὐκ ὠρχήσασθε, **ἐθρηνήσαμεν** καὶ οὐκ ἐκλαύσατε.
23:27 Ἠκολούθει δὲ αὐτῷ πολὺ πλῆθος τοῦ λαοῦ καὶ γυναικῶν αἳ ἐκόπτοντο καὶ **ἐθρήνουν** αὐτόν.
Jn 16:20 ἀμὴν ἀμὴν λέγω ὑμῖν ὅτι κλαύσετε καὶ **θρηνήσετε** ὑμεῖς,

2578 θρῆνος Not used in UBS/NIV

√ 2577

2579 θρησκεία [4]

√ 2580

Ac 26:5 ὅτι κατὰ τὴν ἀκριβεστάτην αἵρεσιν τῆς ἡμετέρας **θρησκείας** ἔζησα Φαρισαῖος.
Col 2:18 μηδεὶς ὑμᾶς καταβραβευέτω θέλων ἐν ταπεινοφροσύνῃ καὶ **θρησκείᾳ** τῶν ἀγγέλων,
Jas 1:26 Εἴ τις δοκεῖ θρησκὸς εἶναι μὴ χαλιναγωγῶν γλῶσσαν αὐτοῦ ἀλλὰ ἀπατῶν καρδίαν αὐτοῦ, τούτου μάταιος ἡ **θρησκεία.**
1:27 **θρησκεία** καθαρὰ καὶ ἀμίαντος παρὰ τῷ θεῷ καὶ πατρὶ αὕτη ἐστίν,

2580 θρῆσκος [1]

→ 1615, 2579

Jas 1:26 Εἴ τις δοκεῖ **θρησκὸς** εἶναι μὴ χαλιναγωγῶν γλῶσσαν αὐτοῦ ἀλλὰ ἀπατῶν καρδίαν αὐτοῦ,

2581 θριαμβεύω [2]

2Co 2:14 Τῷ δὲ θεῷ χάρις τῷ πάντοτε **θριαμβεύοντι** ἡμᾶς ἐν τῷ Χριστῷ καὶ τὴν ὀσμὴν τῆς γνώσεως αὐτοῦ φανεροῦντι δι' ἡμῶν
Col 2:15 ἀπεκδυσάμενος τὰς ἀρχὰς καὶ τὰς ἐξουσίας ἐδειγμάτισεν ἐν παρρησίᾳ, **θριαμβεύσας** αὐτοὺς ἐν αὐτῷ.

2582 θρίξ [15]

→ 5570

Mt 3:4 Αὐτὸς δὲ ὁ Ἰωάννης εἶχεν τὸ ἔνδυμα αὐτοῦ ἀπὸ **τριχῶν** καμήλου καὶ ζώνην δερματίνην περὶ τὴν ὀσφὺν αὐτοῦ,
5:36 ὅτι οὐ δύνασαι μίαν **τρίχα** λευκὴν ποιῆσαι ἢ μέλαιναν.
10:30 ὑμῶν δὲ καὶ αἱ **τρίχες** τῆς κεφαλῆς πᾶσαι ἠριθμημέναι εἰσίν.
Mk 1:6 ὁ Ἰωάννης ἐνδεδυμένος **τρίχας** καμήλου καὶ ζώνην δερματίνην περὶ τὴν ὀσφὺν αὐτοῦ καὶ ἐσθίων ἀκρίδας καὶ μέλι ἄγριον.
Lk 7:38 ἤρξατο βρέχειν τοὺς πόδας αὐτοῦ καὶ ταῖς **θριξὶν** τῆς κεφαλῆς αὐτῆς ἐξέμασσεν καὶ κατεφίλει τοὺς πόδας αὐτοῦ καὶ ἤλειφεν
7:44 αὕτη δὲ τοῖς δάκρυσιν ἔβρεξέν μου τοὺς πόδας καὶ ταῖς **θριξὶν** αὐτῆς ἐξέμαξεν.
12:7 ἀλλὰ καὶ αἱ **τρίχες** τῆς κεφαλῆς ὑμῶν πᾶσαι ἠρίθμηνται.
21:18 καὶ **θρὶξ** ἐκ τῆς κεφαλῆς ὑμῶν οὐ μὴ ἀπόληται.
Jn 11:2 ἦν δὲ Μαριὰμ ἡ ἀλείψασα τὸν κύριον μύρῳ καὶ ἐκμάξασα τοὺς πόδας αὐτοῦ ταῖς **θριξὶν** αὐτῆς,
12:3 ἡ οὖν Μαριὰμ λαβοῦσα λίτραν μύρου νάρδου πιστικῆς πολυτίμου ἤλειψεν τοὺς πόδας τοῦ Ἰησοῦ καὶ ἐξέμαξεν ταῖς **θριξὶν** αὐτῆς τοὺς πόδας αὐτοῦ·
Ac 27:34 οὐδενὸς γὰρ ὑμῶν **θρὶξ** ἀπὸ τῆς κεφαλῆς ἀπολεῖται.
1Pe 3:3 ὧν ἔστω οὐχ ὁ ἔξωθεν ἐμπλοκῆς **τριχῶν** καὶ περιθέσεως χρυσίων ἢ ἐνδύσεως ἱματίων κόσμος
Rev 1:14 ἡ δὲ κεφαλὴ αὐτοῦ καὶ αἱ **τρίχες** λευκαὶ ὡς ἔριον λευκὸν ὡς χιὼν καὶ οἱ ὀφθαλμοὶ αὐτοῦ ὡς φλὸξ πυρὸς
9:8 καὶ εἶχον **τρίχας** ὡς **τρίχας** γυναικῶν, καὶ οἱ ὀδόντες αὐτῶν ὡς λεόντων ἦσαν,

2583 θροέω [3]

√ 2577

Mt 24:6 ὁρᾶτε μὴ **θροεῖσθε·** δεῖ γὰρ γενέσθαι, ἀλλ' οὔπω ἐστὶν τὸ τέλος.
Mk 13:7 ὅταν δὲ ἀκούσητε πολέμους καὶ ἀκοὰς πολέμων, μὴ **θροεῖσθε·**
2Th 2:2 εἰς τὸ μὴ ταχέως σαλευθῆναι ὑμᾶς ἀπὸ τοῦ νοὸς μηδὲ **θροεῖσθαι,**

2584 θρόμβος [1]

Lk 22:44 ⟦καὶ ἐγένετο ὁ ἱδρὼς αὐτοῦ ὡσεὶ **θρόμβοι** αἵματος καταβαίνοντες ἐπὶ τὴν γῆν.⟧

2585 θρόνος [62]

ἐνώπιον τοῦ θρόνου [11] Rev 1:4; 4:5,6,10; 7:9,9,11,15; 8:3; 14:3; 20:12

θρόνος τοῦ θεοῦ [7] Mt 5:34; 23:22; Heb 1:8; 12:2; Rev 7:15; 22:1,3

θρόνος τοῦ θηρίου [1] Rev 16:10

θρόνος τοῦ σατανᾶ [1] Rev 2:13

Mt 5:34 μήτε ἐν τῷ οὐρανῷ, ὅτι **θρόνος** ἐστὶν τοῦ θεοῦ,
19:28 ὅταν καθίσῃ ὁ υἱὸς τοῦ ἀνθρώπου ἐπὶ **θρόνου** δόξης αὐτοῦ, καθήσεσθε καὶ ὑμεῖς ἐπὶ δώδεκα **θρόνους** κρίνοντες τὰς δώδεκα φυλὰς τοῦ Ἰσραήλ.
23:22 καὶ ὁ ὀμόσας ἐν τῷ οὐρανῷ ὀμνύει ἐν τῷ **θρόνῳ** τοῦ θεοῦ καὶ ἐν τῷ καθημένῳ ἐπάνω αὐτοῦ.
25:31 ἔλθῃ ὁ υἱὸς τοῦ ἀνθρώπου ἐν τῇ δόξῃ αὐτοῦ καὶ πάντες οἱ ἄγγελοι μετ' αὐτοῦ, τότε καθίσει ἐπὶ **θρόνου** δόξης αὐτοῦ·
Lk 1:32 οὗτος ἔσται μέγας καὶ υἱὸς ὑψίστου κληθήσεται καὶ δώσει αὐτῷ κύριος ὁ θεὸς τὸν **θρόνον** Δαυὶδ τοῦ πατρὸς αὐτοῦ,
1:52 καθεῖλεν δυνάστας ἀπὸ **θρόνων** καὶ ὕψωσεν ταπεινούς,
22:30 καὶ καθήσεσθε ἐπὶ **θρόνων** τὰς δώδεκα φυλὰς κρίνοντες τοῦ Ἰσραήλ.
Ac 2:30 καὶ εἰδὼς ὅτι ὅρκῳ ὤμοσεν αὐτῷ ὁ θεὸς ἐκ καρποῦ τῆς ὀσφύος αὐτοῦ καθίσαι ἐπὶ τὸν **θρόνον** αὐτοῦ,
7:49 Ὁ οὐρανός μοι **θρόνος,** ἡ δὲ γῆ ὑποπόδιον τῶν ποδῶν μου·
Col 1:16 εἴτε **θρόνοι** εἴτε κυριότητες εἴτε ἀρχαὶ εἴτε ἐξουσίαι·
Heb 1:8 Ὁ **θρόνος** σου ὁ θεὸς εἰς τὸν αἰῶνα τοῦ αἰῶνος,
4:16 προσερχώμεθα οὖν μετὰ παρρησίας τῷ **θρόνῳ** τῆς χάριτος,
8:1 ὃς ἐκάθισεν ἐν δεξιᾷ τοῦ **θρόνου** τῆς μεγαλωσύνης ἐν τοῖς οὐρανοῖς,
12:2 ὑπέμεινεν σταυρὸν αἰσχύνης καταφρονήσας ἐν δεξιᾷ τε τοῦ **θρόνου** τοῦ θεοῦ κεκάθικεν.
Rev 1:4 χάρις ὑμῖν καὶ εἰρήνη ἀπὸ ὁ ὢν καὶ ὁ ἦν καὶ ὁ ἐρχόμενος καὶ ἀπὸ τῶν ἑπτὰ πνευμάτων ἃ ἐνώπιον τοῦ **θρόνου** αὐτοῦ
2:13 Οἶδα ποῦ κατοικεῖς, ὅπου ὁ **θρόνος** τοῦ Σατανᾶ,
3:21 ὁ νικῶν δώσω αὐτῷ καθίσαι μετ' ἐμοῦ ἐν τῷ **θρόνῳ** μου, ὡς κἀγὼ ἐνίκησα καὶ ἐκάθισα μετὰ τοῦ πατρός μου ἐν τῷ **θρόνῳ** αὐτοῦ.
4:2 εὐθέως ἐγενόμην ἐν πνεύματι, καὶ ἰδοὺ **θρόνος** ἔκειτο ἐν τῷ οὐρανῷ, καὶ ἐπὶ τὸν **θρόνον** καθήμενος,
4:3 καὶ ἶρις κυκλόθεν τοῦ **θρόνου** ὅμοιος ὁράσει σμαραγδίνῳ.
4:4 καὶ κυκλόθεν τοῦ **θρόνου θρόνους** εἴκοσι τέσσαρες, καὶ ἐπὶ τοὺς **θρόνους** εἴκοσι τέσσαρας πρεσβυτέρους καθημένους
4:5 ἐκ τοῦ **θρόνου** ἐκπορεύονται ἀστραπαὶ καὶ φωναὶ καὶ βρονταί, καὶ ἑπτὰ λαμπάδες πυρὸς καιόμεναι ἐνώπιον τοῦ **θρόνου,**
4:6 καὶ ἐνώπιον τοῦ **θρόνου** ὡς θάλασσα ὑαλίνη ὁμοία κρυστάλλῳ. Καὶ ἐν μέσῳ τοῦ **θρόνου** καὶ κύκλῳ τοῦ **θρόνου** τέσσαρα ζῷα γέμοντα ὀφθαλμῶν ἔμπροσθεν καὶ ὄπισθεν.
4:9 καὶ ὅταν δώσουσιν τὰ ζῷα δόξαν καὶ τιμὴν καὶ εὐχαριστίαν τῷ καθημένῳ ἐπὶ τῷ **θρόνῳ** τῷ ζῶντι εἰς τοὺς αἰῶνας τῶν αἰώνων,

4: 10 πεσοῦνται οἱ εἴκοσι τέσσαρες πρεσβύτεροι ἐνώπιον τοῦ καθημένου ἐπὶ τοῦ **θρόνου** καὶ προσκυνήσουσιν τῷ ζῶντι εἰς τοὺς αἰῶνας τῶν αἰώνων καὶ βαλοῦσιν τοὺς στεφάνους αὐτῶν ἐνώπιον τοῦ **θρόνου** λέγοντες,
5: 1 Καὶ εἶδον ἐπὶ τὴν δεξιὰν τοῦ καθημένου ἐπὶ τοῦ **θρόνου** βιβλίον γεγραμμένον ἔσωθεν καὶ ὄπισθεν κατεσφραγισμένον
5: 6 Καὶ εἶδον ἐν μέσῳ τοῦ **θρόνου** καὶ τῶν τεσσάρων ζῴων καὶ ἐν μέσῳ τῶν πρεσβυτέρων ἀρνίον ἑστηκὸς ὡς ἐσφαγμένον
5: 7 καὶ ἦλθεν καὶ εἴληφεν ἐκ τῆς δεξιᾶς τοῦ καθημένου ἐπὶ τοῦ **θρόνου.**
5: 11 καὶ ἤκουσα φωνὴν ἀγγέλων πολλῶν κύκλῳ τοῦ **θρόνου** καὶ τῶν ζῴων καὶ τῶν πρεσβυτέρων,
5: 13 Τῷ καθημένῳ ἐπὶ τῷ **θρόνῳ** καὶ τῷ ἀρνίῳ ἡ εὐλογία καὶ ἡ τιμὴ καὶ ἡ δόξα καὶ τὸ κράτος εἰς τοὺς αἰῶνας τῶν αἰώνων.
6: 16 Πέσετε ἐφ' ἡμᾶς καὶ κρύψατε ἡμᾶς ἀπὸ προσώπου τοῦ καθημένου ἐπὶ τοῦ **θρόνου** καὶ ἀπὸ τῆς ὀργῆς τοῦ ἀρνίου,
7: 9 ἐκ παντὸς ἔθνους καὶ φυλῶν καὶ λαῶν καὶ γλωσσῶν ἑστῶτες ἐνώπιον τοῦ **θρόνου** καὶ ἐνώπιον τοῦ ἀρνίου
7: 10 Ἡ σωτηρία τῷ θεῷ ἡμῶν τῷ καθημένῳ ἐπὶ τῷ **θρόνῳ** καὶ τῷ ἀρνίῳ.
7: 11 καὶ πάντες οἱ ἄγγελοι εἱστήκεισαν κύκλῳ τοῦ **θρόνου** καὶ τῶν πρεσβυτέρων καὶ τῶν τεσσάρων ζῴων καὶ ἔπεσαν ἐνώπιον τοῦ **θρόνου** ἐπὶ τὰ πρόσωπα αὐτῶν καὶ προσεκύνησαν τῷ θεῷ
7: 15 διὰ τοῦτό εἰσιν ἐνώπιον τοῦ **θρόνου** τοῦ θεοῦ καὶ λατρεύουσιν αὐτῷ ἡμέρας καὶ νυκτὸς ἐν τῷ ναῷ αὐτοῦ, καὶ ὁ καθήμενος ἐπὶ τοῦ **θρόνου** σκηνώσει ἐπ' αὐτούς.
7: 17 ὅτι τὸ ἀρνίον τὸ ἀνὰ μέσον τοῦ **θρόνου** ποιμανεῖ αὐτοὺς καὶ ὁδηγήσει αὐτοὺς ἐπὶ ζωῆς πηγὰς ὑδάτων,
8: 3 ἵνα δώσει ταῖς προσευχαῖς τῶν ἁγίων πάντων ἐπὶ τὸ θυσιαστήριον τὸ χρυσοῦν τὸ ἐνώπιον τοῦ **θρόνου.**
11: 16 καὶ οἱ εἴκοσι τέσσαρες πρεσβύτεροι [οἱ] ἐνώπιον τοῦ θεοῦ καθήμενοι ἐπὶ τοὺς **θρόνους** αὐτῶν ἔπεσαν ἐπὶ τὰ πρόσωπα
12: 5 καὶ ἡρπάσθη τὸ τέκνον αὐτῆς πρὸς τὸν θεὸν καὶ πρὸς τὸν **θρόνον** αὐτοῦ.
13: 2 καὶ ἔδωκεν αὐτῷ ὁ δράκων τὴν δύναμιν αὐτοῦ καὶ τὸν **θρόνον** αὐτοῦ καὶ ἐξουσίαν μεγάλην.
14: 3 καὶ ᾄδουσιν [ὡς] ᾠδὴν καινὴν ἐνώπιον τοῦ **θρόνου** καὶ ἐνώπιον τῶν τεσσάρων ζῴων καὶ τῶν πρεσβυτέρων,
16: 10 Καὶ ὁ πέμπτος ἐξέχεεν τὴν φιάλην αὐτοῦ ἐπὶ τὸν **θρόνον** τοῦ θηρίου,
16: 17 καὶ ἐξῆλθεν φωνὴ μεγάλη ἐκ τοῦ ναοῦ ἀπὸ τοῦ **θρόνου** λέγουσα,
19: 4 καὶ ἔπεσαν οἱ πρεσβύτεροι οἱ εἴκοσι τέσσαρες καὶ τὰ τέσσαρα ζῷα καὶ προσεκύνησαν τῷ θεῷ τῷ καθημένῳ ἐπὶ τῷ **θρόνῳ**
19: 5 Καὶ φωνὴ ἀπὸ τοῦ **θρόνου** ἐξῆλθεν λέγουσα, Αἰνεῖτε τῷ θεῷ ἡμῶν πάντες οἱ δοῦλοι αὐτοῦ [καὶ] οἱ φοβούμενοι αὐτόν,
20: 4 εἶδον **θρόνους** καὶ ἐκάθισαν ἐπ' αὐτοὺς καὶ κρίμα ἐδόθη αὐτοῖς,
20: 11 Καὶ εἶδον **θρόνον** μέγαν λευκὸν καὶ τὸν καθήμενον ἐπ' αὐτόν,
20: 12 τοὺς μεγάλους καὶ τοὺς μικρούς, ἑστῶτας ἐνώπιον τοῦ **θρόνου.**
21: 3 καὶ ἤκουσα φωνῆς μεγάλης ἐκ τοῦ **θρόνου** λεγούσης,
21: 5 Καὶ εἶπεν ὁ καθήμενος ἐπὶ τῷ **θρόνῳ,** Ἰδοὺ καινὰ ποιῶ πάντα,
22: 1 ἐκπορευόμενον ἐκ τοῦ **θρόνου** τοῦ θεοῦ καὶ τοῦ ἀρνίου.
22: 3 καὶ ὁ **θρόνος** τοῦ θεοῦ καὶ τοῦ ἀρνίου ἐν αὐτῇ ἔσται,

2586 θρύπτω Not used in UBS/NIV

→ *5316; cf. 5588*

2587 Θυάτειρα [4]

Ac 16: 14 καί τις γυνὴ ὀνόματι Λυδία, πορφυρόπωλις πόλεως **Θυατείρων** σεβομένη τὸν θεόν, ἤκουεν,
Rev 1: 11 καὶ εἰς Σμύρναν καὶ εἰς Πέργαμον καὶ εἰς **Θυάτειρα** καὶ εἰς Σάρδεις καὶ εἰς **Φιλαδέλφειαν** καὶ εἰς Λαοδίκειαν.
2: 18 Καὶ τῷ ἀγγέλῳ τῆς ἐν **Θυατείροις** ἐκκλησίας γράψον·
2: 24 ὑμῖν δὲ λέγω τοῖς λοιποῖς τοῖς ἐν **Θυατείροις,**

2588 θυγάτηρ [28]

→ *2589*

θυγάτηρ 'Ααρών [1] Lk 1:5

θυγατέρες 'Ἰερουσαλήμ [1] Lk 23:28

θυγάτηρ Σιών [2] Mt 21:5; Jn 12:15

Mt 9: 18 Ταῦτα αὐτοῦ λαλοῦντος αὐτοῖς ἰδοὺ ἄρχων εἷς ἐλθὼν προσεκύνει αὐτῷ λέγων ὅτι Ἡ **θυγάτηρ** μου ἄρτι ἐτελεύτησεν·
9: 22 ὁ δὲ Ἰησοῦς στραφεὶς καὶ ἰδὼν αὐτὴν εἶπεν, Θάρσει, **θύγατερ·**
10: 35 ἦλθον γὰρ διχάσαι ἄνθρωπον κατὰ τοῦ πατρὸς αὐτοῦ καὶ **θυγατέρα** κατὰ τῆς μητρὸς αὐτῆς
10: 37 καὶ ὁ φιλῶν υἱὸν ἢ **θυγατέρα** ὑπὲρ ἐμὲ οὐκ ἔστιν μου ἄξιος·
14: 6 γενεσίοις δὲ γενομένοις τοῦ Ἡρῴδου ὠρχήσατο ἡ **θυγάτηρ** τῆς Ἡρῳδιάδος ἐν τῷ μέσῳ καὶ ἤρεσεν τῷ Ἡρῴδῃ,
15: 22 κύριε υἱὸς Δαυίδ· ἡ **θυγάτηρ** μου κακῶς δαιμονίζεται.
15: 28 καὶ ἰάθη ἡ **θυγάτηρ** αὐτῆς ἀπὸ τῆς ὥρας ἐκείνης.
21: 5 Εἴπατε τῇ **θυγατρὶ** Σιών, Ἰδοὺ ὁ βασιλεύς σου ἔρχεταί σοι πραῢς καὶ ἐπιβεβηκὼς ἐπὶ ὄνον καὶ ἐπὶ πῶλον υἱὸν ὑποζυγίου.
Mk 5: 34 ὁ δὲ εἶπεν αὐτῇ, **Θυγάτηρ,** ἡ πίστις σου σέσωκέν σε·
5: 35 Ἔτι αὐτοῦ λαλοῦντος ἔρχονται ἀπὸ τοῦ ἀρχισυναγώγου λέγοντες ὅτι Ἡ **θυγάτηρ** σου ἀπέθανεν·
6: 22 καὶ εἰσελθούσης τῆς **θυγατρὸς** αὐτοῦ Ἡρῳδιάδος καὶ ὀρχησαμένης ἤρεσεν τῷ Ἡρῴδῃ καὶ τοῖς συνανακειμένοις.
7: 26 καὶ ἠρώτα αὐτὸν ἵνα τὸ δαιμόνιον ἐκβάλῃ ἐκ τῆς **θυγατρὸς** αὐτῆς.
7: 29 Διὰ τοῦτον τὸν λόγον ὕπαγε, ἐξελήλυθεν ἐκ τῆς **θυγατρός** σου τὸ δαιμόνιον.
Lk 1: 5 καὶ γυνὴ αὐτῷ ἐκ τῶν **θυγατέρων** Ἀαρὼν καὶ τὸ ὄνομα αὐτῆς Ἐλισάβετ.
2: 36 Καὶ ἦν Ἅννα προφῆτις, **θυγάτηρ** Φανουήλ, ἐκ φυλῆς Ἀσήρ·
8: 42 ὅτι **θυγάτηρ** μονογενὴς ἦν αὐτῷ ὡς ἐτῶν δώδεκα καὶ αὐτὴ ἀπέθνῃσκεν.
8: 48 ὁ δὲ εἶπεν αὐτῇ, **Θυγάτηρ,** ἡ πίστις σου σέσωκέν σε·
8: 49 Ἔτι αὐτοῦ λαλοῦντος ἔρχεταί τις παρὰ τοῦ ἀρχισυναγώγου λέγων ὅτι Τέθνηκεν ἡ **θυγάτηρ** σου·
12: 53 μήτηρ ἐπὶ τὴν **θυγατέρα** καὶ **θυγάτηρ** ἐπὶ τὴν μητέρα,
13: 16 ταύτην δὲ **θυγατέρα** Ἀβραὰμ οὖσαν, ἣν ἔδησεν ὁ Σατανᾶς ἰδοὺ δέκα καὶ ὀκτὼ ἔτη,
23: 28 στραφεὶς δὲ πρὸς αὐτὰς [ὁ] Ἰησοῦς εἶπεν, **Θυγατέρες** Ἰερουσαλήμ, μὴ κλαίετε ἐπ' ἐμέ·
Jn 12: 15 Μὴ φοβοῦ, **θυγάτηρ** Σιών· ἰδοὺ ὁ βασιλεύς σου ἔρχεται,
Ac 2: 17 καὶ προφητεύσουσιν οἱ υἱοὶ ὑμῶν καὶ αἱ **θυγατέρες** ὑμῶν καὶ οἱ νεανίσκοι ὑμῶν ὁράσεις ὄψονται
7: 21 ἐκτεθέντος δὲ αὐτοῦ ἀνείλατο αὐτὸν ἡ **θυγάτηρ** Φαραὼ καὶ ἀνεθρέψατο αὐτὸν ἑαυτῇ εἰς υἱόν.
21: 9 τούτῳ δὲ ἦσαν **θυγατέρες** τέσσαρες παρθένοι προφητεύουσαι.
2Co 6: 18 καὶ ἔσομαι ὑμῖν εἰς πατέρα καὶ ὑμεῖς ἔσεσθέ μοι εἰς υἱοὺς καὶ **θυγατέρας,**
Heb 11: 24 Πίστει Μωϋσῆς μέγας γενόμενος ἠρνήσατο λέγεσθαι υἱὸς **θυγατρὸς** Φαραώ,

2589 θυγάτριον [2]

√ *2588*

Mk 5: 23 καὶ παρακαλεῖ αὐτὸν πολλὰ λέγων ὅτι Τὸ **θυγάτριόν** μου ἐσχάτως ἔχει,
7: 25 ἧς εἶχεν τὸ **θυγάτριον** αὐτῆς πνεῦμα ἀκάθαρτον, ἐλθοῦσα προσέπεσεν πρὸς τοὺς πόδας αὐτοῦ·

2590 θύελλα [1]

√ *2596*

Heb 12: 18 Οὐ γὰρ προσεληλύθατε ψηλαφωμένῳ καὶ κεκαυμένῳ πυρὶ καὶ γνόφῳ καὶ ζόφῳ καὶ **θυέλλῃ**

2591 θύϊνος [1]

√ *2604*

Rev 18: 12 πᾶν ξύλον **θύϊνον** καὶ πᾶν σκεῦος ἐλεφάντινον καὶ πᾶν σκεῦος ἐκ ξύλου τιμιωτάτου καὶ χαλκοῦ καὶ σιδήρου καὶ μαρμάρου,

2592 θυμίαμα [6]

√ *2604*

Lk 1: 10 καὶ πᾶν τὸ πλῆθος ἦν τοῦ λαοῦ προσευχόμενον ἔξω τῇ ὥρᾳ τοῦ **θυμιάματος.**
1: 11 ὤφθη δὲ αὐτῷ ἄγγελος κυρίου ἑστὼς ἐκ δεξιῶν τοῦ θυσιαστηρίου τοῦ **θυμιάματος.**
Rev 5: 8 ἔπεσαν ἐνώπιον τοῦ ἀρνίου ἔχοντες ἕκαστος κιθάραν καὶ φιάλας χρυσᾶς γεμούσας **θυμιαμάτων,**
8: 3 Καὶ ἄλλος ἄγγελος ἦλθεν καὶ ἐστάθη ἐπὶ τοῦ θυσιαστηρίου ἔχων λιβανωτὸν χρυσοῦν, καὶ ἐδόθη αὐτῷ **θυμιάματα** πολλά,
8: 4 καὶ ἀνέβη ὁ καπνὸς τῶν **θυμιαμάτων** ταῖς προσευχαῖς τῶν ἁγίων ἐκ χειρὸς τοῦ ἀγγέλου ἐνώπιον τοῦ θεοῦ.

18:13 καὶ κιννάμωμον καὶ ἄμωμον καὶ **θυμιάματα** καὶ μύρον καὶ λίβανον καὶ οἶνον καὶ ἔλαιον καὶ σεμίδαλιν καὶ σῖτον καὶ κτήνη

2593 θυμιατήριον [1]

√ *2604*

Heb 9: 4 χρυσοῦν ἔχουσα **θυμιατήριον** καὶ τὴν κιβωτὸν τῆς διαθήκης περικεκαλυμμένην πάντοθεν χρυσίῳ,

2594 θυμιάω [1]

√ *2604*

Lk 1: 9 κατὰ τὸ ἔθος τῆς ἱερατείας ἔλαχε τοῦ **θυμιᾶσαι** εἰσελθὼν εἰς τὸν ναὸν τοῦ κυρίου,

2595 θυμομαχέω [1]

√ *2596 + 3480*

Ac 12:20 Ἦν δὲ **θυμομαχῶν** Τυρίοις καὶ Σιδωνίοις· ὁμοθυμαδὸν δὲ παρῆσαν πρὸς αὐτὸν καὶ πείσαντες Βλάστον,

2596 θυμός [18]

→ *126, 1445, 1926, 1927, 2121, 2122, 2123, 2313, 2314, 2315, 2590, 2595, 2597, 3428, 3429, 3430, 3924, 4608, 4609, 4610*

ὀργή ... θυμός [6] Ro 2:8; Eph 4:31; Col 3:8; Rev 14:10; 16:19; 19:15

Lk 4:28 καὶ ἐπλήσθησαν πάντες **θυμοῦ** ἐν τῇ συναγωγῇ ἀκούοντες ταῦτα

Ac 19:28 Ἀκούσαντες δὲ καὶ γενόμενοι πλήρεις **θυμοῦ** ἔκραζον λέγοντες,

Ro 2: 8 τοῖς δὲ ἐξ ἐριθείας καὶ ἀπειθοῦσι τῇ ἀληθείᾳ πειθομένοις δὲ τῇ ἀδικίᾳ ὀργὴ καὶ **θυμός.**

2Co 12:20 μή πως ἔρις, ζῆλος, **θυμοί,** ἐριθεῖαι, καταλαλιαί, ψιθυρισμοί, φυσιώσεις, ἀκαταστασίαι·

Gal 5:20 φαρμακεία, ἔχθραι, ἔρις, ζῆλος, **θυμοί,** ἐριθεῖαι, διχοστασίαι, αἱρέσεις,

Eph 4:31 πᾶσα πικρία καὶ **θυμὸς** καὶ ὀργὴ καὶ κραυγὴ καὶ βλασφημία ἀρθήτω ἀφ᾽ ὑμῶν σὺν πάσῃ κακίᾳ.

Col 3: 8 ὀργήν, **θυμόν,** κακίαν, βλασφημίαν, αἰσχρολογίαν ἐκ τοῦ στόματος ὑμῶν·

Heb 11:27 Πίστει κατέλιπεν Αἴγυπτον μὴ φοβηθεὶς τὸν **θυμὸν** τοῦ βασιλέως·

Rev 12:12 ὅτι κατέβη ὁ διάβολος πρὸς ὑμᾶς ἔχων **θυμὸν** μέγαν,

14: 8 Ἔπεσεν ἔπεσεν Βαβυλὼν ἡ μεγάλη ἣ ἐκ τοῦ οἴνου τοῦ **θυμοῦ** τῆς πορνείας αὐτῆς πεπότικεν πάντα τὰ ἔθνη.

14:10 καὶ αὐτὸς πίεται ἐκ τοῦ οἴνου τοῦ **θυμοῦ** τοῦ θεοῦ τοῦ κεκερασμένου ἀκράτου ἐν τῷ ποτηρίῳ τῆς ὀργῆς αὐτοῦ

14:19 καὶ ἐτρύγησεν τὴν ἄμπελον τῆς γῆς καὶ ἔβαλεν εἰς τὴν ληνὸν τοῦ **θυμοῦ** τοῦ θεοῦ τὸν μέγαν.

15: 1 ὅτι ἐν αὐταῖς ἐτελέσθη ὁ **θυμὸς** τοῦ θεοῦ.

15: 7 ἔδωκεν τοῖς ἑπτὰ ἀγγέλοις ἑπτὰ φιάλας χρυσᾶς γεμούσας τοῦ **θυμοῦ** τοῦ θεοῦ τοῦ ζῶντος εἰς τοὺς αἰῶνας τῶν αἰώνων.

16: 1 Ὑπάγετε καὶ ἐκχέετε τὰς ἑπτὰ φιάλας τοῦ **θυμοῦ** τοῦ θεοῦ εἰς τὴν γῆν.

16:19 καὶ Βαβυλὼν ἡ μεγάλη ἐμνήσθη ἐνώπιον τοῦ θεοῦ δοῦναι αὐτῇ τὸ ποτήριον τοῦ οἴνου τοῦ **θυμοῦ** τῆς ὀργῆς αὐτοῦ.

18: 3 ὅτι ἐκ τοῦ οἴνου τοῦ **θυμοῦ** τῆς πορνείας αὐτῆς πέπωκαν πάντα τὰ ἔθνη καὶ οἱ βασιλεῖς τῆς γῆς μετ᾽ αὐτῆς ἐπόρνευσαν

19:15 καὶ αὐτὸς πατεῖ τὴν ληνὸν τοῦ οἴνου τοῦ **θυμοῦ** τῆς ὀργῆς τοῦ θεοῦ τοῦ παντοκράτορος,

2597 θυμόω [1]

√ *2596*

Mt 2:16 Τότε Ἡρῴδης ἰδὼν ὅτι ἐνεπαίχθη ὑπὸ τῶν μάγων **ἐθυμώθη** λίαν,

2598 θύρα [39]

→ *2599, 2600, 2601*

plural [8] Mt 24:33; Mk 13:29; Jn 20:19,26; Ac 5:23; 16:26; 21:30; Jas 5:9

ἐπί ... θύρα [6] Mt 24:33; Mk 13:29; 15:46; Ac 5:9,23; Rev 3:20

Mt 6: 6 εἴσελθε εἰς τὸ ταμεῖόν σου καὶ κλείσας τὴν **θύραν** σου πρόσευξαι τῷ πατρί σου τῷ ἐν τῷ κρυπτῷ·

24:33 ὅταν ἴδητε πάντα ταῦτα γινώσκετε ὅτι ἐγγύς ἐστιν ἐπὶ **θύραις.**

25:10 καὶ αἱ ἕτοιμοι εἰσῆλθον μετ᾽ αὐτοῦ εἰς τοὺς γάμους καὶ ἐκλείσθη ἡ **θύρα.**

27:60 καὶ ἔθηκεν αὐτὸ ἐν τῷ καινῷ αὐτοῦ μνημείῳ ὃ ἐλατόμησεν ἐν τῇ πέτρᾳ καὶ προσκυλίσας λίθον μέγαν τῇ **θύρᾳ** τοῦ μνημείου

Mk 1:33 καὶ ἦν ὅλη ἡ πόλις ἐπισυνηγμένη πρὸς τὴν **θύραν.**

2: 2 καὶ συνήχθησαν πολλοὶ ὥστε μηκέτι χωρεῖν μηδὲ τὰ πρὸς τὴν **θύραν,**

11: 4 καὶ ἀπῆλθον καὶ εὗρον πῶλον δεδεμένον πρὸς **θύραν** ἔξω ἐπὶ τοῦ ἀμφόδου καὶ λύουσιν αὐτόν.

13:29 ὅταν ἴδητε ταῦτα γινόμενα, γινώσκετε ὅτι ἐγγύς ἐστιν ἐπὶ **θύραις.**

15:46 καὶ ἔθηκεν αὐτὸν ἐν μνημείῳ ὃ ἦν λελατομημένον ἐκ πέτρας καὶ προσεκύλισεν λίθον ἐπὶ τὴν **θύραν** τοῦ μνημείου.

16: 3 Τίς ἀποκυλίσει ἡμῖν τὸν λίθον ἐκ τῆς **θύρας** τοῦ μνημείου;

Lk 11: 7 ἤδη ἡ **θύρα** κέκλεισται καὶ τὰ παιδία μου μετ᾽ ἐμοῦ εἰς τὴν κοίτην εἰσίν·

13:24 Ἀγωνίζεσθε εἰσελθεῖν διὰ τῆς στενῆς **θύρας,** ὅτι πολλοί,

13:25 ἀφ᾽ οὗ ἂν ἐγερθῇ ὁ οἰκοδεσπότης καὶ ἀποκλείσῃ τὴν **θύραν** καὶ ἄρξησθε ἔξω ἑστάναι καὶ κρούειν τὴν **θύραν** λέγοντες,

Jn 10: 1 ὁ μὴ εἰσερχόμενος διὰ τῆς **θύρας** εἰς τὴν αὐλὴν τῶν προβάτων ἀλλὰ ἀναβαίνων ἀλλαχόθεν ἐκεῖνος κλέπτης ἐστὶν καὶ λῃστής·

10: 2 ὁ δὲ εἰσερχόμενος διὰ τῆς **θύρας** ποιμήν ἐστιν τῶν προβάτων.

10: 7 Ἀμὴν ἀμὴν λέγω ὑμῖν ὅτι ἐγώ εἰμι ἡ **θύρα** τῶν προβάτων.

10: 9 ἐγώ εἰμι ἡ **θύρα·** δι᾽ ἐμοῦ ἐάν τις εἰσέλθῃ σωθήσεται καὶ εἰσελεύσεται καὶ ἐξελεύσεται καὶ νομὴν εὑρήσει.

18:16 ὁ δὲ Πέτρος εἱστήκει πρὸς τῇ **θύρᾳ** ἔξω.

20:19 Οὔσης οὖν ὀψίας τῇ ἡμέρᾳ ἐκείνῃ τῇ μιᾷ σαββάτων καὶ τῶν **θυρῶν** κεκλεισμένων ὅπου ἦσαν οἱ μαθηταὶ διὰ τὸν φόβον

20:26 ἔρχεται ὁ Ἰησοῦς τῶν **θυρῶν** κεκλεισμένων καὶ ἔστη εἰς τὸ μέσον καὶ εἶπεν,

Ac 3: 2 ἐτίθουν καθ᾽ ἡμέραν πρὸς τὴν **θύραν** τοῦ ἱεροῦ τὴν λεγομένην Ὡραίαν τοῦ αἰτεῖν ἐλεημοσύνην παρὰ τῶν εἰσπορευομένων

5: 9 ἰδοὺ οἱ πόδες τῶν θαψάντων τὸν ἄνδρα σου ἐπὶ τῇ **θύρᾳ** καὶ ἐξοίσουσίν σε.

5:19 ἄγγελος δὲ κυρίου διὰ νυκτὸς ἀνοίξας τὰς **θύρας** τῆς φυλακῆς ἐξαγαγών τε αὐτοὺς εἶπεν,

5:23 λέγοντες ὅτι Τὸ δεσμωτήριον εὕρομεν κεκλεισμένον ἐν πάσῃ ἀσφαλείᾳ καὶ τοὺς φύλακας ἑστῶτας ἐπὶ τῶν **θυρῶν,**

12: 6 κοιμώμενος μεταξὺ δύο στρατιωτῶν δεδεμένος ἁλύσεσιν δυσὶν φύλακές τε πρὸ τῆς **θύρας** ἐτήρουν τὴν φυλακήν.

12:13 κρούσαντος δὲ αὐτοῦ τὴν **θύραν** τοῦ πυλῶνος προσῆλθεν παιδίσκη ὑπακοῦσαι ὀνόματι Ῥόδη,

14:27 καὶ συναγαγόντες τὴν ἐκκλησίαν ἀνήγγελλον ὅσα ἐποίησεν ὁ θεὸς μετ᾽ αὐτῶν καὶ ὅτι ἤνοιξεν τοῖς ἔθνεσιν **θύραν** πίστεως.

16:26 ἠνεῴχθησαν δὲ παραχρῆμα αἱ **θύραι** πᾶσαι καὶ πάντων τὰ δεσμὰ ἀνέθη.

16:27 ἔξυπνος δὲ γενόμενος ὁ δεσμοφύλαξ καὶ ἰδὼν ἀνεῳγμένας τὰς **θύρας** τῆς φυλακῆς,

21:30 καὶ ἐπιλαβόμενοι τοῦ Παύλου εἷλκον αὐτὸν ἔξω τοῦ ἱεροῦ καὶ εὐθέως ἐκλείσθησαν αἱ **θύραι.**

1Co 16: 9 **θύρα** γάρ μοι ἀνέῳγεν μεγάλη καὶ ἐνεργής, καὶ ἀντικείμενοι πολλοί.

2Co 2:12 Ἐλθὼν δὲ εἰς τὴν Τρῳάδα εἰς τὸ εὐαγγέλιον τοῦ Χριστοῦ καὶ **θύρας** μοι ἀνεῳγμένης ἐν κυρίῳ,

Col 4: 3 ἵνα ὁ θεὸς ἀνοίξῃ ἡμῖν **θύραν** τοῦ λόγου λαλῆσαι τὸ μυστήριον τοῦ Χριστοῦ,

Jas 5: 9 κατ᾽ ἀλλήλων ἵνα μὴ κριθῆτε· ἰδοὺ ὁ κριτὴς πρὸ τῶν **θυρῶν** ἕστηκεν.

Rev 3: 8 Οἶδά σου τὰ ἔργα, ἰδοὺ δέδωκα ἐνώπιόν σου **θύραν** ἠνεῳγμένην,

3:20 ἰδοὺ ἕστηκα ἐπὶ τὴν **θύραν** καὶ κρούω· ἐάν τις ἀκούσῃ τῆς φωνῆς μου καὶ ἀνοίξῃ τὴν **θύραν,**

4: 1 Μετὰ ταῦτα εἶδον, καὶ ἰδοὺ **θύρα** ἠνεῳγμένη ἐν τῷ οὐρανῷ,

2599 θυρεός [1]

√ *2598*

Eph 6:16 ἐν πᾶσιν ἀναλαβόντες τὸν **θυρεὸν** τῆς πίστεως, ἐν ᾧ δυνήσεσθε πάντα τὰ βέλη τοῦ πονηροῦ [τὰ] πεπυρωμένα σβέσαι·

2600 θυρίς [2]

√ *2598*

Ac 20: 9 καθεζόμενος δέ τις νεανίας ὀνόματι Εὔτυχος ἐπὶ τῆς **θυρίδος,**
2Co 11:33 καὶ διὰ **θυρίδος** ἐν σαργάνῃ ἐχαλάσθην διὰ τοῦ τείχους καὶ ἐξέφυγον τὰς χεῖρας αὐτοῦ.

2601 θυρωρός [4]

√ *2598*

Mk 13:34 καὶ δοὺς τοῖς δούλοις αὐτοῦ τὴν ἐξουσίαν ἑκάστῳ τὸ ἔργον αὐτοῦ καὶ τῷ **θυρωρῷ** ἐνετείλατο ἵνα γρηγορῇ.
Jn 10: 3 τούτῳ ὁ **θυρωρὸς** ἀνοίγει, καὶ τὰ πρόβατα τῆς φωνῆς αὐτοῦ ἀκούει καὶ τὰ ἴδια πρόβατα φωνεῖ κατ᾽ ὄνομα καὶ ἐξάγει αὐτά.
18:16 ἐξῆλθεν οὖν ὁ μαθητὴς ὁ ἄλλος ὁ γνωστὸς τοῦ ἀρχιερέως καὶ εἶπεν τῇ **θυρωρῷ** καὶ εἰσήγαγεν τὸν Πέτρον.
18:17 λέγει οὖν τῷ Πέτρῳ ἡ παιδίσκη ἡ **θυρωρός,**

2602 θυσία [28]

√ *2604*

ζῶν θυσίαν [1] Ro 12:1

προσφέρω θυσίαν [8] Ac 7:42; Heb 5:1; 8:3; 9:9; 10:1,11,12; 11:4

Mt 9:13 πορευθέντες δὲ μάθετε τί ἐστιν, Ἔλεος θέλω καὶ οὐ **θυσίαν·**
12: 7 Ἔλεος θέλω καὶ οὐ **θυσίαν,** οὐκ ἂν κατεδικάσατε τοὺς ἀναιτίους.
Mk 12:33 καὶ τὸ ἀγαπᾶν τὸν πλησίον ὡς ἑαυτὸν περισσότερόν ἐστιν πάντων τῶν ὁλοκαυτωμάτων καὶ **θυσιῶν.**
Lk 2:24 καὶ τοῦ δοῦναι **θυσίαν** κατὰ τὸ εἰρημένον ἐν τῷ νόμῳ κυρίου,
13: 1 τινες ἐν αὐτῷ τῷ καιρῷ ἀπαγγέλλοντες αὐτῷ περὶ τῶν Γαλιλαίων ὧν τὸ αἷμα Πιλᾶτος ἔμιξεν μετὰ τῶν **θυσιῶν** αὐτῶν.
Ac 7:41 καὶ ἐμοσχοποίησαν ἐν ταῖς ἡμέραις ἐκείναις καὶ ἀνήγαγον **θυσίαν** τῷ εἰδώλῳ καὶ εὐφραίνοντο ἐν τοῖς ἔργοις τῶν χειρῶν
7:42 Μὴ σφάγια καὶ **θυσίας** προσηνέγκατέ μοι ἔτη τεσσεράκοντα ἐν τῇ ἐρήμῳ,
Ro 12: 1 διὰ τῶν οἰκτιρμῶν τοῦ θεοῦ παραστῆσαι τὰ σώματα ὑμῶν **θυσίαν** ζῶσαν ἁγίαν εὐάρεστον τῷ θεῷ,
1Co 10:18 οὐχ οἱ ἐσθίοντες τὰς **θυσίας** κοινωνοὶ τοῦ θυσιαστηρίου εἰσίν;
Eph 5: 2 καθὼς καὶ ὁ Χριστὸς ἠγάπησεν ἡμᾶς καὶ παρέδωκεν ἑαυτὸν ὑπὲρ ἡμῶν προσφορὰν καὶ **θυσίαν** τῷ θεῷ εἰς ὀσμὴν εὐωδίας.
Php 2:17 ἀλλὰ εἰ καὶ σπένδομαι ἐπὶ τῇ **θυσίᾳ** καὶ λειτουργίᾳ τῆς πίστεως ὑμῶν,
4:18 πεπλήρωμαι δεξάμενος παρὰ Ἐπαφροδίτου τὰ παρ᾽ ὑμῶν, ὀσμὴν εὐωδίας, **θυσίαν** δεκτήν, εὐάρεστον τῷ θεῷ.
Heb 5: 1 ἵνα προσφέρῃ δῶρά τε καὶ **θυσίας** ὑπὲρ ἁμαρτιῶν,
7:27 πρότερον ὑπὲρ τῶν ἰδίων ἁμαρτιῶν **θυσίας** ἀναφέρειν ἔπειτα τῶν τοῦ λαοῦ·
8: 3 πᾶς γὰρ ἀρχιερεὺς εἰς τὸ προσφέρειν δῶρά τε καὶ **θυσίας** καθίσταται·
9: 9 καθ᾽ ἣν δῶρά τε καὶ **θυσίαι** προσφέρονται μὴ δυνάμεναι κατὰ συνείδησιν τελειῶσαι τὸν λατρεύοντα,
9:23 αὐτὰ δὲ τὰ ἐπουράνια κρείττοσιν **θυσίαις** παρὰ ταύτας.
9:26 νυνὶ δὲ ἅπαξ ἐπὶ συντελείᾳ τῶν αἰώνων εἰς ἀθέτησιν [τῆς] ἁμαρτίας διὰ τῆς **θυσίας** αὐτοῦ πεφανέρωται.
10: 1 κατ᾽ ἐνιαυτὸν ταῖς αὐταῖς **θυσίαις** ἃς προσφέρουσιν εἰς τὸ διηνεκὲς οὐδέποτε δύναται τοὺς προσερχομένους τελειῶσαι·
10: 5 **Θυσίαν** καὶ προσφορὰν οὐκ ἠθέλησας, σῶμα δὲ κατηρτίσω μοι·
10: 8 ἀνώτερον λέγων ὅτι **Θυσίας** καὶ προσφορὰς καὶ ὁλοκαυτώματα καὶ περὶ ἁμαρτίας οὐκ ἠθέλησας οὐδὲ εὐδόκησας,
10:11 Καὶ πᾶς μὲν ἱερεὺς ἕστηκεν καθ᾽ ἡμέραν λειτουργῶν καὶ τὰς αὐτὰς πολλάκις προσφέρων **θυσίας,**
10:12 οὗτος δὲ μίαν ὑπὲρ ἁμαρτιῶν προσενέγκας **θυσίαν** εἰς τὸ διηνεκὲς ἐκάθισεν ἐν δεξιᾷ τοῦ θεοῦ,
10:26 ἁμαρτανόντων ἡμῶν μετὰ τὸ λαβεῖν τὴν ἐπίγνωσιν τῆς ἀληθείας, οὐκέτι περὶ ἁμαρτιῶν ἀπολείπεται **θυσία,**
11: 4 Πίστει πλείονα **θυσίαν** Ἄβελ παρὰ Κάϊν προσήνεγκεν τῷ θεῷ,
13:15 δι᾽ αὐτοῦ [οὖν] ἀναφέρωμεν **θυσίαν** αἰνέσεως διὰ παντὸς τῷ θεῷ,
13:16 τῆς δὲ εὐποιΐας καὶ κοινωνίας μὴ ἐπιλανθάνεσθε· τοιαύταις γὰρ **θυσίαις** εὐαρεστεῖται ὁ θεός.
1Pe 2: 5 καὶ αὐτοὶ ὡς λίθοι ζῶντες οἰκοδομεῖσθε οἶκος πνευματικὸς εἰς ἱεράτευμα ἅγιον ἀνενέγκαι πνευματικὰς **θυσίας** εὐπροσδέκτους [τῷ] θεῷ διὰ Ἰησοῦ Χριστοῦ.

2603 θυσιαστήριον [23]

√ *2604*

Mt 5:23 ἐὰν οὖν προσφέρῃς τὸ δῶρόν σου ἐπὶ τὸ **θυσιαστήριον** κἀκεῖ μνησθῇς ὅτι ὁ ἀδελφός σου ἔχει τι κατὰ σοῦ,
5:24 ἄφες ἐκεῖ τὸ δῶρόν σου ἔμπροσθεν τοῦ **θυσιαστηρίου** καὶ ὕπαγε πρῶτον διαλλάγηθι τῷ ἀδελφῷ σου,
23:18 καί, Ὃς ἂν ὀμόσῃ ἐν τῷ **θυσιαστηρίῳ,** οὐδέν ἐστιν·
23:19 τὸ δῶρον ἢ τὸ **θυσιαστήριον** τὸ ἁγιάζον τὸ δῶρον;
23:20 ὁ οὖν ὀμόσας ἐν τῷ **θυσιαστηρίῳ** ὀμνύει ἐν αὐτῷ καὶ ἐν πᾶσι τοῖς ἐπάνω αὐτοῦ·
23:35 ὃν ἐφονεύσατε μεταξὺ τοῦ ναοῦ καὶ τοῦ **θυσιαστηρίου.**
Lk 1:11 ὤφθη δὲ αὐτῷ ἄγγελος κυρίου ἑστὼς ἐκ δεξιῶν τοῦ **θυσιαστηρίου** τοῦ θυμιάματος.
11:51 ἀπὸ αἵματος Ἄβελ ἕως αἵματος Ζαχαρίου τοῦ ἀπολομένου μεταξὺ τοῦ **θυσιαστηρίου** καὶ τοῦ οἴκου·
Ro 11: 3 τοὺς προφήτας σου ἀπέκτειναν, τὰ **θυσιαστήριά** σου κατέσκαψαν,
1Co 9:13 ὅτι οἱ τὰ ἱερὰ ἐργαζόμενοι [τὰ] ἐκ τοῦ ἱεροῦ ἐσθίουσιν, οἱ τῷ **θυσιαστηρίῳ** παρεδρεύοντες τῷ **θυσιαστηρίῳ** συμμερίζονται;
10:18 οὐχ οἱ ἐσθίοντες τὰς θυσίας κοινωνοὶ τοῦ **θυσιαστηρίου** εἰσίν;
Heb 7:13 φυλῆς ἑτέρας μετέσχηκεν, ἀφ᾽ ἧς οὐδεὶς προσέσχηκεν τῷ **θυσιαστηρίῳ·**
13:10 ἔχομεν **θυσιαστήριον** ἐξ οὗ φαγεῖν οὐκ ἔχουσιν ἐξουσίαν οἱ τῇ σκηνῇ λατρεύοντες.
Jas 2:21 Ἀβραὰμ ὁ πατὴρ ἡμῶν οὐκ ἐξ ἔργων ἐδικαιώθη ἀνενέγκας Ἰσαὰκ τὸν υἱὸν αὐτοῦ ἐπὶ τὸ **θυσιαστήριον;**
Rev 6: 9 εἶδον ὑποκάτω τοῦ **θυσιαστηρίου** τὰς ψυχὰς τῶν ἐσφαγμένων διὰ τὸν λόγον τοῦ θεοῦ καὶ διὰ τὴν μαρτυρίαν ἣν εἶχον.
8: 3 Καὶ ἄλλος ἄγγελος ἦλθεν καὶ ἐστάθη ἐπὶ τοῦ **θυσιαστηρίου** ἔχων λιβανωτὸν χρυσοῦν, καὶ ἐδόθη αὐτῷ θυμιάματα πολλά, ἵνα δώσει ταῖς προσευχαῖς τῶν ἁγίων πάντων ἐπὶ τὸ **θυσιαστήριον** τὸ χρυσοῦν τὸ ἐνώπιον τοῦ θρόνου.
8: 5 καὶ εἴληφεν ὁ ἄγγελος τὸν λιβανωτὸν καὶ ἐγέμισεν αὐτὸν ἐκ τοῦ πυρὸς τοῦ **θυσιαστηρίου** καὶ ἔβαλεν εἰς τὴν γῆν,
9:13 καὶ ἤκουσα φωνὴν μίαν ἐκ τῶν [τεσσάρων] κεράτων τοῦ **θυσιαστηρίου** τοῦ χρυσοῦ τοῦ ἐνώπιον τοῦ θεοῦ,
11: 1 Ἔγειρε καὶ μέτρησον τὸν ναὸν τοῦ θεοῦ καὶ τὸ **θυσιαστήριον** καὶ τοὺς προσκυνοῦντας ἐν αὐτῷ.
14:18 Καὶ ἄλλος ἄγγελος [ἐξῆλθεν] ἐκ τοῦ **θυσιαστηρίου** [ὁ] ἔχων ἐξουσίαν ἐπὶ τοῦ πυρός,
16: 7 καὶ ἤκουσα τοῦ **θυσιαστηρίου** λέγοντος, Ναὶ κύριε ὁ θεὸς ὁ παντοκράτωρ,

2604 θύω [14]

→ 1628, 2124, 2591, 2592, 2593, 2594, 2602, 2603, 2638; cf. 2520

Mt 22: 4 οἱ ταῦροί μου καὶ τὰ σιτιστὰ **τεθυμένα** καὶ πάντα ἕτοιμα·
Mk 14:12 ὅτε τὸ πάσχα **ἔθυον,** λέγουσιν αὐτῷ οἱ μαθηταὶ αὐτοῦ,
Lk 15:23 καὶ φέρετε τὸν μόσχον τὸν σιτευτόν, **θύσατε,** καὶ φαγόντες εὐφρανθῶμεν,
15:27 καὶ **ἔθυσεν** ὁ πατήρ σου τὸν μόσχον τὸν σιτευτόν,
15:30 ὅτε δὲ ὁ υἱός σου οὗτος ὁ καταφαγών σου τὸν βίον μετὰ πορνῶν ἦλθεν, **ἔθυσας** αὐτῷ τὸν σιτευτὸν μόσχον.
22: 7 Ἦλθεν δὲ ἡ ἡμέρα τῶν ἀζύμων, [ἐν] ᾗ ἔδει **θύεσθαι** τὸ πάσχα·
Jn 10:10 ὁ κλέπτης οὐκ ἔρχεται εἰ μὴ ἵνα κλέψῃ καὶ **θύσῃ** καὶ ἀπολέσῃ·
Ac 10:13 καὶ ἐγένετο φωνὴ πρὸς αὐτόν, Ἀναστάς, Πέτρε, **θῦσον** καὶ φάγε.
11: 7 ἤκουσα δὲ καὶ φωνῆς λεγούσης μοι, Ἀναστάς, Πέτρε, **θῦσον** καὶ φάγε.
14:13 ὅ τε ἱερεὺς τοῦ Διὸς τοῦ ὄντος πρὸ τῆς πόλεως ταύρους καὶ στέμματα ἐπὶ τοὺς πυλῶνας ἐνέγκας σὺν τοῖς ὄχλοις ἤθελεν **θύειν.**
14:18 καὶ ταῦτα λέγοντες μόλις κατέπαυσαν τοὺς ὄχλους τοῦ μὴ **θύειν** αὐτοῖς.
1Co 5: 7 καθώς ἐστε ἄζυμοι· καὶ γὰρ τὸ πάσχα ἡμῶν **ἐτύθη** Χριστός.
10:20 ἀλλ᾽ ὅτι ἃ **θύουσιν,** [UBS; NIV **θύουσιν** τὰ ἔθνη,] δαιμονίοις καὶ οὐ θεῷ **[θύουσιν·]**

2605 Θωμᾶς [11]

Mt 10: 3 Φίλιππος καὶ Βαρθολομαῖος, **Θωμᾶς** καὶ Μαθθαῖος ὁ τελώνης,
Mk 3:18 καὶ Βαρθολομαῖον καὶ Μαθθαῖον καὶ **Θωμᾶν** καὶ Ἰάκωβον τὸν τοῦ Ἁλφαίου καὶ Θαδδαῖον καὶ Σίμωνα τὸν Καναναῖον

Lk 6:15 καὶ Μαθθαῖον καὶ **Θωμᾶν** καὶ Ἰάκωβον Ἁλφαίου καὶ Σίμωνα τὸν καλούμενον Ζηλωτὴν
Jn 11:16 εἶπεν οὖν **Θωμᾶς** ὁ λεγόμενος Δίδυμος τοῖς συμμαθηταῖς,
14: 5 Λέγει αὐτῷ **Θωμᾶς,** Κύριε, οὐκ οἴδαμεν ποῦ ὑπάγεις·
20:24 **Θωμᾶς** δὲ εἷς ἐκ τῶν δώδεκα, ὁ λεγόμενος Δίδυμος,
20:26 Καὶ μεθ' ἡμέρας ὀκτὼ πάλιν ἦσαν ἔσω οἱ μαθηταὶ αὐτοῦ καὶ **Θωμᾶς** μετ' αὐτῶν.
20:27 εἶτα λέγει τῷ **Θωμᾷ,** Φέρε τὸν δάκτυλόν σου ὧδε καὶ ἴδε τὰς χεῖράς μου καὶ φέρε τὴν χεῖρά σου καὶ βάλε εἰς τὴν πλευράν
20:28 ἀπεκρίθη **Θωμᾶς** καὶ εἶπεν αὐτῷ, Ὁ κύριός μου καὶ ὁ θεός μου.
21: 2 ἦσαν ὁμοῦ Σίμων Πέτρος καὶ **Θωμᾶς** ὁ λεγόμενος Δίδυμος καὶ Ναθαναὴλ ὁ ἀπὸ Κανὰ τῆς Γαλιλαίας καὶ οἱ τοῦ Ζεβεδαίου
Ac 1:13 Φίλιππος καὶ **Θωμᾶς,** Βαρθολομαῖος καὶ Μαθθαῖος, Ἰάκωβος Ἁλφαίου καὶ Σίμων ὁ ζηλωτὴς καὶ Ἰούδας Ἰακώβου.

2606 θώραξ [5]

Eph 6:14 στῆτε οὖν περιζωσάμενοι τὴν ὀσφὺν ὑμῶν ἐν ἀληθείᾳ καὶ ἐνδυσάμενοι τὸν **θώρακα** τῆς δικαιοσύνης
1Th 5: 8 ἡμεῖς δὲ ἡμέρας ὄντες νήφωμεν ἐνδυσάμενοι **θώρακα** πίστεως καὶ ἀγάπης καὶ περικεφαλαίαν ἐλπίδα σωτηρίας·
Rev 9: 9 καὶ εἶχον **θώρακας** ὡς **θώρακας** σιδηροῦς, καὶ ἡ φωνὴ τῶν πτερύγων αὐτῶν ὡς φωνὴ ἁρμάτων ἵππων πολλῶν
9:17 ἔχοντας **θώρακας** πυρίνους καὶ ὑακινθίνους καὶ θειώδεις, καὶ αἱ κεφαλαὶ τῶν ἵππων ὡς κεφαλαὶ λεόντων,

Ι, ι

2607 ι Not used in UBS/NIV

→ *2740*

2608 Ἰάϊρος [2]

Mk 5:22 καὶ ἔρχεται εἷς τῶν ἀρχισυναγώγων, ὀνόματι **Ἰάϊρος,** καὶ ἰδὼν αὐτὸν πίπτει πρὸς τοὺς πόδας αὐτοῦ
Lk 8:41 καὶ ἰδοὺ ἦλθεν ἀνὴρ ᾧ ὄνομα **Ἰάϊρος** καὶ οὗτος ἄρχων τῆς συναγωγῆς ὑπῆρχεν,

2609 Ἰακώβ [27]

→ *2610*

οἶκος Ἰακώβ [2] Lk 1:33; Ac 7:46

Mt 1: 2 Ἀβραὰμ ἐγέννησεν τὸν Ἰσαάκ, Ἰσαὰκ δὲ ἐγέννησεν τὸν **Ἰακώβ, Ἰακὼβ** δὲ ἐγέννησεν τὸν Ἰούδαν καὶ τοὺς ἀδελφοὺς
1:15 Ἐλεάζαρ δὲ ἐγέννησεν τὸν Ματθάν, Ματθὰν δὲ ἐγέννησεν τὸν **Ἰακώβ,**
1:16 **Ἰακὼβ** δὲ ἐγέννησεν τὸν Ἰωσὴφ τὸν ἄνδρα Μαρίας,
8:11 ἀπὸ ἀνατολῶν καὶ δυσμῶν ἥξουσιν καὶ ἀνακλιθήσονται μετὰ Ἀβραὰμ καὶ Ἰσαὰκ καὶ **Ἰακὼβ** ἐν τῇ βασιλείᾳ τῶν οὐρανῶν,
22:32 Ἐγώ εἰμι ὁ θεὸς Ἀβραὰμ καὶ ὁ θεὸς Ἰσαὰκ καὶ ὁ θεὸς **Ἰακώβ;**
Mk 12:26 Ἐγὼ ὁ θεὸς Ἀβραὰμ καὶ [ὁ] θεὸς Ἰσαὰκ καὶ [ὁ] θεὸς **Ἰακώβ;**
Lk 1:33 καὶ βασιλεύσει ἐπὶ τὸν οἶκον **Ἰακὼβ** εἰς τοὺς αἰῶνας καὶ τῆς βασιλείας αὐτοῦ οὐκ ἔσται τέλος.
3:34 τοῦ **Ἰακὼβ** τοῦ Ἰσαὰκ τοῦ Ἀβραὰμ τοῦ Θάρα τοῦ Ναχὼρ
13:28 ὅταν ὄψεσθε Ἀβραὰμ καὶ Ἰσαὰκ καὶ **Ἰακὼβ** καὶ πάντας τοὺς προφήτας ἐν τῇ βασιλείᾳ τοῦ θεοῦ,
20:37 ὡς λέγει κύριον τὸν θεὸν Ἀβραὰμ καὶ θεὸν Ἰσαὰκ καὶ θεὸν **Ἰακώβ.**
Jn 4: 5 ἔρχεται οὖν εἰς πόλιν τῆς Σαμαρείας λεγομένην Συχὰρ πλησίον τοῦ χωρίου ὃ ἔδωκεν **Ἰακὼβ** [τῷ] Ἰωσὴφ τῷ υἱῷ αὐτοῦ·
4: 6 ἦν δὲ ἐκεῖ πηγὴ τοῦ **Ἰακώβ.** ὁ οὖν Ἰησοῦς κεκοπιακὼς ἐκ τῆς ὁδοιπορίας ἐκαθέζετο οὕτως ἐπὶ τῇ πηγῇ·
4:12 μὴ σὺ μείζων εἶ τοῦ πατρὸς ἡμῶν **Ἰακώβ,**
Ac 3:13 ὁ θεὸς Ἀβραὰμ καὶ [ὁ θεὸς] Ἰσαὰκ καὶ [ὁ θεὸς] **Ἰακώβ,**
7: 8 καὶ Ἰσαὰκ τὸν **Ἰακώβ,** καὶ **Ἰακὼβ** τοὺς δώδεκα πατριάρχας.
7:12 ἀκούσας δὲ **Ἰακὼβ** ὄντα σιτία εἰς Αἴγυπτον ἐξαπέστειλεν τοὺς πατέρας ἡμῶν πρῶτον.
7:14 ἀποστείλας δὲ Ἰωσὴφ μετεκαλέσατο **Ἰακὼβ** τὸν πατέρα αὐτοῦ καὶ πᾶσαν τὴν συγγένειαν ἐν ψυχαῖς ἑβδομήκοντα πέντε.
7:15 καὶ κατέβη **Ἰακὼβ** εἰς Αἴγυπτον καὶ ἐτελεύτησεν αὐτὸς καὶ οἱ πατέρες ἡμῶν,
7:32 Ἐγὼ ὁ θεὸς τῶν πατέρων σου, ὁ θεὸς Ἀβραὰμ καὶ Ἰσαὰκ καὶ **Ἰακώβ.**
7:46 ὃς εὗρεν χάριν ἐνώπιον τοῦ θεοῦ καὶ ᾐτήσατο εὑρεῖν σκήνωμα τῷ οἴκῳ **Ἰακώβ.**
Ro 9:13 καθὼς γέγραπται, Τὸν **Ἰακὼβ** ἠγάπησα, τὸν δὲ Ἠσαῦ ἐμίσησα.
11:26 Ἥξει ἐκ Σιὼν ὁ ῥυόμενος, ἀποστρέψει ἀσεβείας ἀπὸ **Ἰακώβ.**
Heb 11: 9 Πίστει παρῴκησεν εἰς γῆν τῆς ἐπαγγελίας ὡς ἀλλοτρίαν ἐν σκηναῖς κατοικήσας μετὰ Ἰσαὰκ καὶ **Ἰακὼβ** τῶν συγκληρονόμων τῆς ἐπαγγελίας τῆς αὐτῆς·
11:20 Πίστει καὶ περὶ μελλόντων εὐλόγησεν Ἰσαὰκ τὸν **Ἰακὼβ** καὶ τὸν Ἠσαῦ.
11:21 Πίστει **Ἰακὼβ** ἀποθνῄσκων ἕκαστον τῶν υἱῶν Ἰωσὴφ εὐλόγησεν καὶ προσεκύνησεν ἐπὶ τὸ ἄκρον τῆς ῥάβδου αὐτοῦ.

2610 Ἰάκωβος [42]

√ *2609*

Ἰάκωβος μικροῦ [1] Mk 15:40

Πέτρος ... Ἰωάννης ... Ἰάκωβος [10] Mt 10:2; 17:1; Mk 5:37; 9:2; 13:3; 14:33; Lk 6:14; 8:51; 9:28; Ac 1:13

Mt 4:21 **Ἰάκωβον** τὸν τοῦ Ζεβεδαίου καὶ Ἰωάννην τὸν ἀδελφὸν αὐτοῦ,
10: 2 καὶ **Ἰάκωβος** ὁ τοῦ Ζεβεδαίου καὶ Ἰωάννης ὁ ἀδελφὸς αὐτοῦ,
10: 3 Θωμᾶς καὶ Μαθθαῖος ὁ τελώνης, **Ἰάκωβος** ὁ τοῦ Ἁλφαίου καὶ Θαδδαῖος,
13:55 οὐχ ἡ μήτηρ αὐτοῦ λέγεται Μαριὰμ καὶ οἱ ἀδελφοὶ αὐτοῦ **Ἰάκωβος** καὶ Ἰωσὴφ καὶ Σίμων καὶ Ἰούδας;
17: 1 Καὶ μεθ' ἡμέρας ἓξ παραλαμβάνει ὁ Ἰησοῦς τὸν Πέτρον καὶ **Ἰάκωβον** καὶ Ἰωάννην τὸν ἀδελφὸν αὐτοῦ καὶ ἀναφέρει αὐτοὺς
27:56 ἐν αἷς ἦν Μαρία ἡ Μαγδαληνὴ καὶ Μαρία ἡ τοῦ **Ἰακώβου** καὶ Ἰωσὴφ μήτηρ καὶ ἡ μήτηρ τῶν υἱῶν Ζεβεδαίου.
Mk 1:19 Καὶ προβὰς ὀλίγον εἶδεν **Ἰάκωβον** τὸν τοῦ Ζεβεδαίου καὶ Ἰωάννην τὸν ἀδελφὸν αὐτοῦ καὶ αὐτοὺς ἐν τῷ πλοίῳ
1:29 Καὶ εὐθὺς ἐκ τῆς συναγωγῆς ἐξελθόντες ἦλθον εἰς τὴν οἰκίαν Σίμωνος καὶ Ἀνδρέου μετὰ **Ἰακώβου** καὶ Ἰωάννου.
3:17 καὶ **Ἰάκωβον** τὸν τοῦ Ζεβεδαίου καὶ Ἰωάννην τὸν ἀδελφὸν τοῦ **Ἰακώβου** καὶ ἐπέθηκεν αὐτοῖς ὀνόμα[τα] Βοανηργές,
3:18 καὶ Ἀνδρέαν καὶ Φίλιππον καὶ Βαρθολομαῖον καὶ Μαθθαῖον καὶ Θωμᾶν καὶ **Ἰάκωβον** τὸν τοῦ Ἁλφαίου καὶ Θαδδαῖον
5:37 καὶ οὐκ ἀφῆκεν οὐδένα μετ' αὐτοῦ συνακολουθῆσαι εἰ μὴ τὸν Πέτρον καὶ **Ἰάκωβον** καὶ Ἰωάννην τὸν ἀδελφὸν **Ἰακώβου.**
6: 3 ὁ υἱὸς τῆς Μαρίας καὶ ἀδελφὸς **Ἰακώβου** καὶ Ἰωσῆτος καὶ Ἰούδα καὶ Σίμωνος;
9: 2 Καὶ μετὰ ἡμέρας ἓξ παραλαμβάνει ὁ Ἰησοῦς τὸν Πέτρον καὶ τὸν **Ἰάκωβον** καὶ τὸν Ἰωάννην καὶ ἀναφέρει αὐτοὺς εἰς ὄρος
10:35 Καὶ προσπορεύονται αὐτῷ **Ἰάκωβος** καὶ Ἰωάννης οἱ υἱοὶ Ζεβεδαίου λέγοντες αὐτῷ,
10:41 Καὶ ἀκούσαντες οἱ δέκα ἤρξαντο ἀγανακτεῖν περὶ **Ἰακώβου** καὶ Ἰωάννου.
13: 3 εἰς τὸ Ὄρος τῶν Ἐλαιῶν κατέναντι τοῦ ἱεροῦ ἐπηρώτα αὐτὸν κατ' ἰδίαν Πέτρος καὶ **Ἰάκωβος** καὶ Ἰωάννης καὶ Ἀνδρέας,
14:33 καὶ παραλαμβάνει τὸν Πέτρον καὶ [τὸν] **Ἰάκωβον** καὶ [τὸν] Ἰωάννην μετ' αὐτοῦ καὶ ἤρξατο ἐκθαμβεῖσθαι καὶ ἀδημονεῖν
15:40 ἐν αἷς καὶ Μαρία ἡ Μαγδαληνὴ καὶ Μαρία ἡ **Ἰακώβου** τοῦ μικροῦ καὶ Ἰωσῆτος μήτηρ καὶ Σαλώμη,
16: 1 Μαρία ἡ Μαγδαληνὴ καὶ Μαρία ἡ [τοῦ] **Ἰακώβου** καὶ Σαλώμη ἠγόρασαν ἀρώματα ἵνα ἐλθοῦσαι ἀλείψωσιν αὐτόν.
Lk 5:10 ὁμοίως δὲ καὶ **Ἰάκωβον** καὶ Ἰωάννην υἱοὺς Ζεβεδαίου,
6:14 καὶ **Ἰάκωβον** καὶ Ἰωάννην καὶ Φίλιππον καὶ Βαρθολομαῖον
6:15 καὶ Μαθθαῖον καὶ Θωμᾶν καὶ **Ἰάκωβον** Ἁλφαίου καὶ Σίμωνα τὸν καλούμενον Ζηλωτὴν
6:16 καὶ Ἰούδαν **Ἰακώβου** καὶ Ἰούδαν Ἰσκαριώθ, ὃς ἐγένετο προδότης.
8:51 οὐκ ἀφῆκεν εἰσελθεῖν τινα σὺν αὐτῷ εἰ μὴ Πέτρον καὶ Ἰωάννην καὶ **Ἰάκωβον** καὶ τὸν πατέρα τῆς παιδὸς καὶ τὴν μητέρα.
9:28 ὡσεὶ ἡμέραι ὀκτὼ [καὶ] παραλαβὼν Πέτρον καὶ Ἰωάννην καὶ **Ἰάκωβον** ἀνέβη εἰς τὸ ὄρος προσεύξασθαι.
9:54 ἰδόντες δὲ οἱ μαθηταὶ **Ἰάκωβος** καὶ Ἰωάννης εἶπαν,
24:10 ἦσαν δὲ ἡ Μαγδαληνὴ Μαρία καὶ Ἰωάννα καὶ Μαρία ἡ **Ἰακώβου** καὶ αἱ λοιπαὶ σὺν αὐταῖς.
Ac 1:13 ὅ τε Πέτρος καὶ Ἰωάννης καὶ **Ἰάκωβος** καὶ Ἀνδρέας, Φίλιππος καὶ Θωμᾶς, Βαρθολομαῖος καὶ Μαθθαῖος, **Ἰάκωβος** Ἁλφαίου καὶ Σίμων ὁ ζηλωτὴς καὶ Ἰούδας **Ἰακώβου.**
12: 2 ἀνεῖλεν δὲ **Ἰάκωβον** τὸν ἀδελφὸν Ἰωάννου μαχαίρῃ.
12:17 διηγήσατο [αὐτοῖς] πῶς ὁ κύριος αὐτὸν ἐξήγαγεν ἐκ τῆς φυλακῆς εἶπέν τε, Ἀπαγγείλατε **Ἰακώβῳ** καὶ τοῖς ἀδελφοῖς
15:13 Μετὰ δὲ τὸ σιγῆσαι αὐτοὺς ἀπεκρίθη **Ἰάκωβος** λέγων,

21:18 τῇ δὲ ἐπιούσῃ εἰσῄει ὁ Παῦλος σὺν ἡμῖν πρὸς **Ἰάκωβον,**
1Co 15: 7 ἔπειτα ὤφθη **Ἰακώβῳ** εἶτα τοῖς ἀποστόλοις πᾶσιν·
Gal 1:19 ἕτερον δὲ τῶν ἀποστόλων οὐκ εἶδον εἰ μὴ **Ἰάκωβον** τὸν ἀδελφὸν τοῦ κυρίου.
2: 9 **Ἰάκωβος** καὶ Κηφᾶς καὶ Ἰωάννης, οἱ δοκοῦντες στῦλοι εἶναι,
2:12 πρὸ τοῦ γὰρ ἐλθεῖν τινας ἀπὸ **Ἰακώβου** μετὰ τῶν ἐθνῶν συνήσθιεν·
Jas 1: 1 **Ἰάκωβος** θεοῦ καὶ κυρίου Ἰησοῦ Χριστοῦ δοῦλος ταῖς δώδεκα φυλαῖς ταῖς ἐν τῇ διασπορᾷ χαίρειν.
Jude 1: 1 Ἰούδας Ἰησοῦ Χριστοῦ δοῦλος, ἀδελφὸς δὲ **Ἰακώβου,**

2611 ἴαμα [3]

√ *2615*

1Co 12: 9 ἄλλῳ δὲ χαρίσματα **ἰαμάτων** ἐν τῷ ἑνὶ πνεύματι,
12:28 ἔπειτα δυνάμεις, ἔπειτα χαρίσματα **ἰαμάτων,** ἀντιλήμψεις, κυβερνήσεις, γένη γλωσσῶν.
12:30 μὴ πάντες χαρίσματα ἔχουσιν **ἰαμάτων;** μὴ πάντες γλώσσαις λαλοῦσιν;

2612 Ἰαμβρῆς [1]

2Ti 3: 8 ὃν τρόπον δὲ Ἰάννης καὶ **Ἰαμβρῆς** ἀντέστησαν Μωϋσεῖ,

2613 Ἰανναί [1]

Lk 3:24 τοῦ Μαθθὰτ τοῦ Λευὶ τοῦ Μελχὶ τοῦ **Ἰανναὶ** τοῦ Ἰωσὴφ

2614 Ἰάννης [1]

2Ti 3: 8 ὃν τρόπον δὲ **Ἰάννης** καὶ Ἰαμβρῆς ἀντέστησαν Μωϋσεῖ,

2615 ἰάομαι [26]

→ *2611, 2617, 2620*

Mt 8: 8 ἀλλὰ μόνον εἰπὲ λόγῳ, καὶ **ἰαθήσεται** ὁ παῖς μου.
8:13 καὶ **ἰάθη** ὁ παῖς [αὐτοῦ] ἐν τῇ ὥρᾳ ἐκείνῃ.
13:15 μήποτε ἴδωσιν τοῖς ὀφθαλμοῖς καὶ τοῖς ὠσὶν ἀκούσωσιν καὶ τῇ καρδίᾳ συνῶσιν καὶ ἐπιστρέψωσιν καὶ **ἰάσομαι** αὐτούς.
15:28 καὶ **ἰάθη** ἡ θυγάτηρ αὐτῆς ἀπὸ τῆς ὥρας ἐκείνης.
Mk 5:29 καὶ εὐθὺς ἐξηράνθη ἡ πηγὴ τοῦ αἵματος αὐτῆς καὶ ἔγνω τῷ σώματι ὅτι **ἴαται** ἀπὸ τῆς μάστιγος.
Lk 5:17 καὶ δύναμις κυρίου ἦν εἰς τὸ **ἰᾶσθαι** αὐτόν.
6:18 οἳ ἦλθον ἀκοῦσαι αὐτοῦ καὶ **ἰαθῆναι** ἀπὸ τῶν νόσων αὐτῶν·
6:19 ὅτι δύναμις παρ᾽ αὐτοῦ ἐξήρχετο καὶ **ἰᾶτο** πάντας.
7: 7 ἀλλὰ εἰπὲ λόγῳ, καὶ **ἰαθήτω** ὁ παῖς μου.
8:47 καὶ προσπεσοῦσα αὐτῷ δι᾽ ἣν αἰτίαν ἥψατο αὐτοῦ ἀπήγγειλεν ἐνώπιον παντὸς τοῦ λαοῦ καὶ ὡς **ἰάθη** παραχρῆμα.
9: 2 καὶ ἀπέστειλεν αὐτοὺς κηρύσσειν τὴν βασιλείαν τοῦ θεοῦ καὶ **ἰᾶσθαι** [τοὺς ἀσθενεῖς,]
9:11 καὶ ἀποδεξάμενος αὐτοὺς ἐλάλει αὐτοῖς περὶ τῆς βασιλείας τοῦ θεοῦ, καὶ τοὺς χρείαν ἔχοντας θεραπείας **ἰᾶτο.**
9:42 ἐπετίμησεν δὲ ὁ Ἰησοῦς τῷ πνεύματι τῷ ἀκαθάρτῳ καὶ **ἰάσατο** τὸν παῖδα καὶ ἀπέδωκεν αὐτὸν τῷ πατρὶ αὐτοῦ.
14: 4 οἱ δὲ ἡσύχασαν. καὶ ἐπιλαβόμενος **ἰάσατο** αὐτὸν καὶ ἀπέλυσεν.
17:15 εἷς δὲ ἐξ αὐτῶν, ἰδὼν ὅτι **ἰάθη,** ὑπέστρεψεν μετὰ φωνῆς μεγάλης δοξάζων τὸν θεόν,
22:51 Ἐᾶτε ἕως τούτου· καὶ ἁψάμενος τοῦ ὠτίου **ἰάσατο** αὐτόν.
Jn 4:47 ὅτι Ἰησοῦς ἥκει ἐκ τῆς Ἰουδαίας εἰς τὴν Γαλιλαίαν ἀπῆλθεν πρὸς αὐτὸν καὶ ἠρώτα ἵνα καταβῇ καὶ **ἰάσηται** αὐτοῦ τὸν υἱόν,
5:13 ὁ δὲ **ἰαθεὶς** οὐκ ᾔδει τίς ἐστιν, ὁ γὰρ Ἰησοῦς ἐξένευσεν ὄχλου ὄντος ἐν τῷ τόπῳ.
12:40 ἵνα μὴ ἴδωσιν τοῖς ὀφθαλμοῖς καὶ νοήσωσιν τῇ καρδίᾳ καὶ στραφῶσιν, καὶ **ἰάσομαι** αὐτούς.
Ac 9:34 καὶ εἶπεν αὐτῷ ὁ Πέτρος, Αἰνέα, **ἰᾶταί** σε Ἰησοῦς Χριστός·
10:38 ὃς διῆλθεν εὐεργετῶν καὶ **ἰώμενος** πάντας τοὺς καταδυναστευομένους ὑπὸ τοῦ διαβόλου,
28: 8 πρὸς ὃν ὁ Παῦλος εἰσελθὼν καὶ προσευξάμενος ἐπιθεὶς τὰς χεῖρας αὐτῷ **ἰάσατο** αὐτόν.
28:27 μήποτε ἴδωσιν τοῖς ὀφθαλμοῖς καὶ τοῖς ὠσὶν ἀκούσωσιν καὶ τῇ καρδίᾳ συνῶσιν καὶ ἐπιστρέψωσιν, καὶ **ἰάσομαι** αὐτούς.
Heb 12:13 ἵνα μὴ τὸ χωλὸν ἐκτραπῇ, **ἰαθῇ** δὲ μᾶλλον.
Jas 5:16 ἐξομολογεῖσθε οὖν ἀλλήλοις τὰς ἁμαρτίας καὶ εὔχεσθε ὑπὲρ ἀλλήλων ὅπως **ἰαθῆτε.**
1Pe 2:24 ἵνα ταῖς ἁμαρτίαις ἀπογενόμενοι τῇ δικαιοσύνῃ ζήσωμεν, οὗ τῷ μώλωπι **ἰάθητε.**

2616 Ἰάρετ [1]

Lk 3:37 τοῦ Μαθουσαλὰ τοῦ Ἑνὼχ τοῦ **Ἰάρετ** τοῦ Μαλελεὴλ

2617 ἴασις [3]

√ *2615*

Lk 13:32 Ἰδοὺ ἐκβάλλω δαιμόνια καὶ **ἰάσεις** ἀποτελῶ σήμερον καὶ αὔριον καὶ τῇ τρίτῃ τελειοῦμαι.
Ac 4:22 ἐτῶν γὰρ ἦν πλειόνων τεσσεράκοντα ὁ ἄνθρωπος ἐφ᾽ ὃν γεγόνει τὸ σημεῖον τοῦτο τῆς **ἰάσεως.**
4:30 ἐν τῷ τὴν χεῖρά [σου] ἐκτείνειν σε εἰς **ἴασιν** καὶ σημεῖα καὶ τέρατα γίνεσθαι διὰ τοῦ ὀνόματος τοῦ ἁγίου παιδός σου Ἰησοῦ.

2618 ἴασπις [4]

Rev 4: 3 καὶ ὁ καθήμενος ὅμοιος ὁράσει λίθῳ **ἰάσπιδι** καὶ σαρδίῳ,
21:11 ὁ φωστὴρ αὐτῆς ὅμοιος λίθῳ τιμιωτάτῳ ὡς λίθῳ **ἰάσπιδι** κρυσταλλίζοντι.
21:18 καὶ ἡ ἐνδώμησις τοῦ τείχους αὐτῆς **ἴασπις** καὶ ἡ πόλις χρυσίον καθαρὸν ὅμοιον ὑάλῳ καθαρῷ.
21:19 ὁ θεμέλιος ὁ πρῶτος **ἴασπις,** ὁ δεύτερος σάπφιρος,

2619 Ἰάσων [5]

Ac 17: 5 καὶ ὀχλοποιήσαντες ἐθορύβουν τὴν πόλιν καὶ ἐπιστάντες τῇ οἰκίᾳ **Ἰάσονος** ἐζήτουν αὐτοὺς προαγαγεῖν εἰς τὸν δῆμον·
17: 6 μὴ εὑρόντες δὲ αὐτοὺς ἔσυρον **Ἰάσονα** καί τινας ἀδελφοὺς ἐπὶ τοὺς πολιτάρχας βοῶντες
17: 7 οὓς ὑποδέδεκται **Ἰάσων·** καὶ οὗτοι πάντες ἀπέναντι τῶν δογμάτων Καίσαρος πράσσουσι
17: 9 καὶ λαβόντες τὸ ἱκανὸν παρὰ τοῦ **Ἰάσονος** καὶ τῶν λοιπῶν ἀπέλυσαν αὐτούς.
Ro 16:21 καὶ Λούκιος καὶ **Ἰάσων** καὶ Σωσίπατρος οἱ συγγενεῖς μου.

2620 ἰατρός [7 / 6]

√ *2615*

Mt 9:12 Οὐ χρείαν ἔχουσιν οἱ ἰσχύοντες **ἰατροῦ** ἀλλ᾽ οἱ κακῶς ἔχοντες.
Mk 2:17 καὶ ἀκούσας ὁ Ἰησοῦς λέγει αὐτοῖς [ὅτι] Οὐ χρείαν ἔχουσιν οἱ ἰσχύοντες **ἰατροῦ** ἀλλ᾽ οἱ κακῶς ἔχοντες·
5:26 καὶ πολλὰ παθοῦσα ὑπὸ πολλῶν **ἰατρῶν** καὶ δαπανήσασα τὰ παρ᾽ αὐτῆς πάντα καὶ μηδὲν ὠφεληθεῖσα
Lk 4:23 Πάντως ἐρεῖτέ μοι τὴν παραβολὴν ταύτην· **Ἰατρέ,** θεράπευσον σεαυτόν·
5:31 Οὐ χρείαν ἔχουσιν οἱ ὑγιαίνοντες **ἰατροῦ** ἀλλὰ οἱ κακῶς ἔχοντες·
8:43 ἥτις [**ἰατροῖς**[NIV-] προσαναλώσασα ὅλον τὸν βίον] οὐκ ἴσχυσεν ἀπ᾽ οὐδενὸς θεραπευθῆναι,
Col 4:14 ἀσπάζεται ὑμᾶς Λουκᾶς ὁ **ἰατρὸς** ὁ ἀγαπητὸς καὶ Δημᾶς.

2621 Ἰαχίν Not used in UBS/NIV

2622 ιβ Not used in UBS/NIV

2623 ἴδε [34]

√ *1626*

see also *3972* **ὁράω**

ἴδε ἐγώ [1] Gal 5:2

Mt 25:20 πέντε τάλαντά μοι παρέδωκας· **ἴδε** ἄλλα πέντε τάλαντα ἐκέρδησα.
25:22 δύο τάλαντά μοι παρέδωκας· **ἴδε** ἄλλα δύο τάλαντα ἐκέρδησα.
25:25 καὶ φοβηθεὶς ἀπελθὼν ἔκρυψα τὸ τάλαντόν σου ἐν τῇ γῇ· **ἴδε** ἔχεις τὸ σόν.
26:65 τί ἔτι χρείαν ἔχομεν μαρτύρων; **ἴδε** νῦν ἠκούσατε τὴν βλασφημίαν·
Mk 2:24 **Ἴδε** τί ποιοῦσιν τοῖς σάββασιν ὃ οὐκ ἔξεστιν;
3:34 **Ἴδε** ἡ μήτηρ μου καὶ οἱ ἀδελφοί μου.
11:21 καὶ ἀναμνησθεὶς ὁ Πέτρος λέγει αὐτῷ, Ῥαββί, **ἴδε** ἡ συκῆ ἣν κατηράσω ἐξήρανται.
13: 1 ἐκπορευομένου αὐτοῦ ἐκ τοῦ ἱεροῦ λέγει αὐτῷ εἷς τῶν μαθητῶν αὐτοῦ, Διδάσκαλε, **ἴδε** ποταποὶ λίθοι καὶ ποταπαὶ οἰκοδομαί.
13:21 **Ἴδε** ὧδε ὁ Χριστός, **Ἴδε** ἐκεῖ, μὴ πιστεύετε·

15: 4 ὁ δὲ Πιλᾶτος πάλιν ἐπηρώτα αὐτὸν λέγων, Οὐκ ἀποκρίνῃ οὐδέν; **ἴδε** πόσα σου κατηγοροῦσιν.
15:35 τινες τῶν παρεστηκότων ἀκούσαντες ἔλεγον, **Ἴδε** Ἠλίαν φωνεῖ.
16: 6 οὐκ ἔστιν ὧδε· **ἴδε** ὁ τόπος ὅπου ἔθηκαν αὐτόν.
Jn 1:29 **Ἴδε** ὁ ἀμνὸς τοῦ θεοῦ ὁ αἴρων τὴν ἁμαρτίαν τοῦ κόσμου.
1:36 ἐμβλέψας τῷ Ἰησοῦ περιπατοῦντι λέγει, **Ἴδε** ὁ ἀμνὸς τοῦ θεοῦ.
1:46 Ἐκ Ναζαρὲτ δύναταί τι ἀγαθὸν εἶναι; λέγει αὐτῷ [ὁ] Φίλιππος, Ἔρχου καὶ **ἴδε.**
1:47 **Ἴδε** ἀληθῶς Ἰσραηλίτης ἐν ᾧ δόλος οὐκ ἔστιν.
3:26 **ἴδε** οὗτος βαπτίζει καὶ πάντες ἔρχονται πρὸς αὐτόν.
5:14 **Ἴδε** ὑγιὴς γέγονας, μηκέτι ἁμάρτανε, ἵνα μὴ χεῖρόν σοί τι γένηται.
7:26 καὶ **ἴδε** παρρησίᾳ λαλεῖ καὶ οὐδὲν αὐτῷ λέγουσιν.
7:52 ἐραύνησον καὶ **ἴδε** ὅτι ἐκ τῆς Γαλιλαίας προφήτης οὐκ ἐγείρεται.
11: 3 ἀπέστειλαν οὖν αἱ ἀδελφαὶ πρὸς αὐτὸν λέγουσαι, Κύριε, **ἴδε** ὃν φιλεῖς ἀσθενεῖ.
11:34 Ποῦ τεθείκατε αὐτόν; λέγουσιν αὐτῷ, Κύριε, ἔρχου καὶ **ἴδε.**
11:36 ἔλεγον οὖν οἱ Ἰουδαῖοι, **Ἴδε** πῶς ἐφίλει αὐτόν.
12:19 Θεωρεῖτε ὅτι οὐκ ὠφελεῖτε οὐδέν· **ἴδε** ὁ κόσμος ὀπίσω αὐτοῦ ἀπῆλθεν.
16:29 **Ἴδε** νῦν ἐν παρρησίᾳ λαλεῖς καὶ παροιμίαν οὐδεμίαν λέγεις.
18:21 ἐρώτησον τοὺς ἀκηκοότας τί ἐλάλησα αὐτοῖς· **ἴδε** οὗτοι οἴδασιν ἃ εἶπον ἐγώ.
19: 4 **Ἴδε** ἄγω ὑμῖν αὐτὸν ἔξω, ἵνα γνῶτε ὅτι οὐδεμίαν αἰτίαν εὑρίσκω ἐν αὐτῷ.
19:14 καὶ λέγει τοῖς Ἰουδαίοις, **Ἴδε** ὁ βασιλεὺς ὑμῶν.
19:26 λέγει τῇ μητρί, Γύναι, **ἴδε** ὁ υἱός σου.
19:27 εἶτα λέγει τῷ μαθητῇ, **Ἴδε** ἡ μήτηρ σου.
20:27 Φέρε τὸν δάκτυλόν σου ὧδε καὶ **ἴδε** τὰς χεῖράς μου καὶ φέρε τὴν χεῖρά σου καὶ βάλε εἰς τὴν πλευράν μου,
Ro 11:22 **ἴδε** οὖν χρηστότητα καὶ ἀποτομίαν θεοῦ· ἐπὶ μὲν τοὺς πεσόντας ἀποτομία,
Gal 5: 2 **Ἴδε** ἐγὼ Παῦλος λέγω ὑμῖν ὅτι ἐὰν περιτέμνησθε,

2624 ἰδέα Not used in UBS/NIV

√ *1626*

2625 ἴδιος [114 / 112]

→ *2626*

κατ᾽ ἰδίαν [18] Mt 14:13,23; 17:1,19; 20:17; 24:3,3; Mk 4:34; 6:31,32; 7:33; 9:2,28; 13:3; Lk 9:10; 10:23; Ac 23:19; Gal 2:2

κατά τὰς ἰδίας [2] 2Ti 4:3; 2Pe 3:3

τὰ ἴδια [9] Lk 18:28; Jn 1:1; 10:3,4,12; 16:32; 19:27; Ac 21:6; 1Th 4:11

τὸ ἴδιον [7] Lk 10:34; Jn 15:19; 1Co 6:18; 11:21; Gal 6:5; 2Pe 2:22; Jude 1:6

Mt 9: 1 Καὶ ἐμβὰς εἰς πλοῖον διεπέρασεν καὶ ἦλθεν εἰς τὴν **ἰδίαν** πόλιν.
14:13 Ἀκούσας δὲ ὁ Ἰησοῦς ἀνεχώρησεν ἐκεῖθεν ἐν πλοίῳ εἰς ἔρημον τόπον κατ᾽ **ἰδίαν·**
14:23 καὶ ἀπολύσας τοὺς ὄχλους ἀνέβη εἰς τὸ ὄρος κατ᾽ **ἰδίαν** προσεύξασθαι.
17: 1 Καὶ μεθ᾽ ἡμέρας ἓξ παραλαμβάνει ὁ Ἰησοῦς τὸν Πέτρον καὶ Ἰάκωβον καὶ Ἰωάννην τὸν ἀδελφὸν αὐτοῦ καὶ ἀναφέρει αὐτοὺς εἰς ὄρος ὑψηλὸν κατ᾽ **ἰδίαν.**
17:19 Τότε προσελθόντες οἱ μαθηταὶ τῷ Ἰησοῦ κατ᾽ **ἰδίαν** εἶπον,
20:17 Καὶ ἀναβαίνων ὁ Ἰησοῦς εἰς Ἱεροσόλυμα παρέλαβεν τοὺς δώδεκα [μαθητὰς] κατ᾽ **ἰδίαν** καὶ ἐν τῇ ὁδῷ εἶπεν αὐτοῖς,
22: 5 οἱ δὲ ἀμελήσαντες ἀπῆλθον, ὃς μὲν εἰς τὸν **ἴδιον** ἀγρόν,
24: 3 Καθημένου δὲ αὐτοῦ ἐπὶ τοῦ Ὄρους τῶν Ἐλαιῶν προσῆλθον αὐτῷ οἱ μαθηταὶ κατ᾽ **ἰδίαν** λέγοντες,
25:14 Ὥσπερ γὰρ ἄνθρωπος ἀποδημῶν ἐκάλεσεν τοὺς **ἰδίους** δούλους καὶ παρέδωκεν αὐτοῖς τὰ ὑπάρχοντα αὐτοῦ,
25:15 ᾧ δὲ ἕν, ἑκάστῳ κατὰ τὴν **ἰδίαν** δύναμιν, καὶ ἀπεδήμησεν.
Mk 4:34 κατ᾽ **ἰδίαν** δὲ τοῖς **ἰδίοις** μαθηταῖς ἐπέλυεν πάντα.
6:31 Δεῦτε ὑμεῖς αὐτοὶ κατ᾽ **ἰδίαν** εἰς ἔρημον τόπον καὶ ἀναπαύσασθε ὀλίγον.
6:32 καὶ ἀπῆλθον ἐν τῷ πλοίῳ εἰς ἔρημον τόπον κατ᾽ **ἰδίαν.**
7:33 καὶ ἀπολαβόμενος αὐτὸν ἀπὸ τοῦ ὄχλου κατ᾽ **ἰδίαν** ἔβαλεν τοὺς δακτύλους αὐτοῦ εἰς τὰ ὦτα αὐτοῦ
9: 2 Καὶ μετὰ ἡμέρας ἓξ παραλαμβάνει ὁ Ἰησοῦς τὸν Πέτρον καὶ τὸν Ἰάκωβον καὶ τὸν Ἰωάννην καὶ ἀναφέρει αὐτοὺς εἰς ὄρος ὑψηλὸν κατ᾽ **ἰδίαν** μόνους.
9:28 καὶ εἰσελθόντος αὐτοῦ εἰς οἶκον οἱ μαθηταὶ αὐτοῦ κατ᾽ **ἰδίαν** ἐπηρώτων αὐτόν,
13: 3 εἰς τὸ Ὄρος τῶν Ἐλαιῶν κατέναντι τοῦ ἱεροῦ ἐπηρώτα αὐτὸν κατ᾽ **ἰδίαν** Πέτρος καὶ Ἰάκωβος καὶ Ἰωάννης καὶ Ἀνδρέας,
Lk 6:41 τὴν δὲ δοκὸν τὴν ἐν τῷ **ἰδίῳ** ὀφθαλμῷ οὐ κατανοεῖς;
6:44 ἕκαστον γὰρ δένδρον ἐκ τοῦ **ἰδίου** καρποῦ γινώσκεται·
9:10 καὶ παραλαβὼν αὐτοὺς ὑπεχώρησεν κατ᾽ **ἰδίαν** εἰς πόλιν καλουμένην Βηθσαϊδά.
10:23 Καὶ στραφεὶς πρὸς τοὺς μαθητὰς κατ᾽ **ἰδίαν** εἶπεν,
10:34 ἐπιβιβάσας δὲ αὐτὸν ἐπὶ τὸ **ἴδιον** κτῆνος ἤγαγεν αὐτὸν εἰς πανδοχεῖον καὶ ἐπεμελήθη αὐτοῦ.
18:28 Εἶπεν δὲ ὁ Πέτρος, Ἰδοὺ ἡμεῖς ἀφέντες τὰ **ἴδια** ἠκολουθήσαμέν σοι.
Jn 1:11 εἰς τὰ **ἴδια** ἦλθεν, καὶ οἱ **ἴδιοι** αὐτὸν οὐ παρέλαβον.
1:41 εὑρίσκει οὗτος πρῶτον τὸν ἀδελφὸν τὸν **ἴδιον** Σίμωνα καὶ λέγει αὐτῷ,
4:44 αὐτὸς γὰρ Ἰησοῦς ἐμαρτύρησεν ὅτι προφήτης ἐν τῇ **ἰδίᾳ** πατρίδι τιμὴν οὐκ ἔχει.
5:18 ἀλλὰ καὶ πατέρα **ἴδιον** ἔλεγεν τὸν θεὸν ἴσον ἑαυτὸν ποιῶν τῷ θεῷ.
5:43 ἐὰν ἄλλος ἔλθῃ ἐν τῷ ὀνόματι τῷ **ἰδίῳ,**
7:18 ὁ ἀφ᾽ ἑαυτοῦ λαλῶν τὴν δόξαν τὴν **ἰδίαν** ζητεῖ·
8:44 ὅταν λαλῇ τὸ ψεῦδος, ἐκ τῶν **ἰδίων** λαλεῖ,
10: 3 καὶ τὰ πρόβατα τῆς φωνῆς αὐτοῦ ἀκούει καὶ τὰ **ἴδια** πρόβατα φωνεῖ κατ᾽ ὄνομα καὶ ἐξάγει αὐτά.
10: 4 ὅταν τὰ **ἴδια** πάντα ἐκβάλῃ, ἔμπροσθεν αὐτῶν πορεύεται,
10:12 ὁ μισθωτὸς καὶ οὐκ ὢν ποιμήν, οὗ οὐκ ἔστιν τὰ πρόβατα **ἴδια,**
13: 1 ἀγαπήσας τοὺς **ἰδίους** τοὺς ἐν τῷ κόσμῳ εἰς τέλος ἠγάπησεν αὐτούς.
15:19 εἰ ἐκ τοῦ κόσμου ἦτε, ὁ κόσμος ἂν τὸ **ἴδιον** ἐφίλει·
16:32 ἰδοὺ ἔρχεται ὥρα καὶ ἐλήλυθεν ἵνα σκορπισθῆτε ἕκαστος εἰς τὰ **ἴδια** κἀμὲ μόνον ἀφῆτε·
19:27 καὶ ἀπ᾽ ἐκείνης τῆς ὥρας ἔλαβεν ὁ μαθητὴς αὐτὴν εἰς τὰ **ἴδια.**
Ac 1: 7 Οὐχ ὑμῶν ἐστιν γνῶναι χρόνους ἢ καιροὺς οὓς ὁ πατὴρ ἔθετο ἐν τῇ **ἰδίᾳ** ἐξουσίᾳ,
1:19 ὥστε κληθῆναι τὸ χωρίον ἐκεῖνο τῇ **ἰδίᾳ**[NIV-] διαλέκτῳ αὐτῶν Ἀκελδαμάχ,
1:25 λαβεῖν τὸν τόπον τῆς διακονίας ταύτης καὶ ἀποστολῆς ἀφ᾽ ἧς παρέβη Ἰούδας πορευθῆναι εἰς τὸν τόπον τὸν **ἴδιον.**
2: 6 ὅτι ἤκουον εἷς ἕκαστος τῇ **ἰδίᾳ** διαλέκτῳ λαλούντων αὐτῶν.
2: 8 καὶ πῶς ἡμεῖς ἀκούομεν ἕκαστος τῇ **ἰδίᾳ** διαλέκτῳ ἡμῶν ἐν ᾗ ἐγεννήθημεν;
3:12 τί θαυμάζετε ἐπὶ τούτῳ ἢ ἡμῖν τί ἀτενίζετε ὡς **ἰδίᾳ** δυνάμει ἢ εὐσεβείᾳ πεποιηκόσιν τοῦ περιπατεῖν αὐτόν;
4:23 Ἀπολυθέντες δὲ ἦλθον πρὸς τοὺς **ἰδίους** καὶ ἀπήγγειλαν ὅσα πρὸς αὐτοὺς οἱ ἀρχιερεῖς καὶ οἱ πρεσβύτεροι εἶπαν.
4:32 καὶ οὐδὲ εἷς τι τῶν ὑπαρχόντων αὐτῷ ἔλεγεν **ἴδιον** εἶναι ἀλλ᾽ ἦν αὐτοῖς ἅπαντα κοινά.
13:36 Δαυὶδ μὲν γὰρ **ἰδίᾳ** γενεᾷ ὑπηρετήσας τῇ τοῦ θεοῦ βουλῇ ἐκοιμήθη καὶ προσετέθη πρὸς τοὺς πατέρας αὐτοῦ
20:28 ἔθετο ἐπισκόπους ποιμαίνειν τὴν ἐκκλησίαν τοῦ θεοῦ, ἣν περιεποιήσατο διὰ τοῦ αἵματος τοῦ **ἰδίου.**
21: 6 ἀπησπασάμεθα ἀλλήλους καὶ ἀνέβημεν εἰς τὸ πλοῖον, ἐκεῖνοι δὲ ὑπέστρεψαν εἰς τὰ **ἴδια.**
23:19 ἐπιλαβόμενος δὲ τῆς χειρὸς αὐτοῦ ὁ χιλίαρχος καὶ ἀναχωρήσας κατ᾽ **ἰδίαν** ἐπυνθάνετο,
24:23 διαταξάμενος τῷ ἑκατοντάρχῃ τηρεῖσθαι αὐτὸν ἔχειν τε ἄνεσιν καὶ μηδένα κωλύειν τῶν **ἰδίων** αὐτοῦ ὑπηρετεῖν αὐτῷ.
24:24 Μετὰ δὲ ἡμέρας τινὰς παραγενόμενος ὁ Φῆλιξ σὺν Δρουσίλλῃ τῇ **ἰδίᾳ** γυναικὶ οὔσῃ Ἰουδαίᾳ μετεπέμψατο τὸν Παῦλον
25:19 ζητήματα δέ τινα περὶ τῆς **ἰδίας** δεισιδαιμονίας εἶχον πρὸς αὐτὸν καὶ περί τινος Ἰησοῦ τεθνηκότος
28:30 Ἐνέμεινεν δὲ διετίαν ὅλην ἐν **ἰδίῳ** μισθώματι καὶ ἀπεδέχετο πάντας τοὺς εἰσπορευομένους πρὸς αὐτόν,
Ro 8:32 ὅς γε τοῦ **ἰδίου** υἱοῦ οὐκ ἐφείσατο ἀλλὰ ὑπὲρ ἡμῶν πάντων παρέδωκεν αὐτόν,
10: 3 ἀγνοοῦντες γὰρ τὴν τοῦ θεοῦ δικαιοσύνην καὶ τὴν **ἰδίαν** [δικαιοσύνην] ζητοῦντες στῆσαι,
11:24 πόσῳ μᾶλλον οὗτοι οἱ κατὰ φύσιν ἐγκεντρισθήσονται τῇ **ἰδίᾳ** ἐλαίᾳ.
14: 4 τῷ **ἰδίῳ** κυρίῳ στήκει ἢ πίπτει· σταθήσεται δέ,
14: 5 ὃς δὲ κρίνει πᾶσαν ἡμέραν· ἕκαστος ἐν τῷ **ἰδίῳ** νοῒ πληροφορείσθω.

1Co 3: 8 ἕκαστος δὲ τὸν **ἴδιον** μισθὸν λήμψεται κατὰ τὸν **ἴδιον** κόπον·
4: 12 καὶ κοπιῶμεν ἐργαζόμενοι ταῖς **ἰδίαις** χερσίν· λοιδορούμενοι εὐλογοῦμεν,
6: 18 ὁ δὲ πορνεύων εἰς τὸ **ἴδιον** σῶμα ἁμαρτάνει.
7: 2 διὰ δὲ τὰς πορνείας ἕκαστος τὴν ἑαυτοῦ γυναῖκα ἐχέτω καὶ ἑκάστη τὸν **ἴδιον** ἄνδρα ἐχέτω.
7: 4 ἡ γυνὴ τοῦ **ἰδίου** σώματος οὐκ ἐξουσιάζει ἀλλὰ ὁ ἀνήρ, ὁμοίως δὲ καὶ ὁ ἀνὴρ τοῦ **ἰδίου** σώματος οὐκ ἐξουσιάζει ἀλλὰ ἡ γυνή.
7: 7 ἀλλὰ ἕκαστος **ἴδιον** ἔχει χάρισμα ἐκ θεοῦ, ὁ μὲν οὕτως,
7: 37 ἐξουσίαν δὲ ἔχει περὶ τοῦ **ἰδίου** θελήματος καὶ τοῦτο κέκρικεν ἐν τῇ **ἰδίᾳ** καρδίᾳ,
9: 7 τίς στρατεύεται **ἰδίοις** ὀψωνίοις ποτέ; τίς φυτεύει ἀμπελῶνα καὶ τὸν καρπὸν αὐτοῦ οὐκ ἐσθίει;
11: 21 ἕκαστος γὰρ τὸ **ἴδιον** δεῖπνον προλαμβάνει ἐν τῷ φαγεῖν,
12: 11 πάντα δὲ ταῦτα ἐνεργεῖ τὸ ἓν καὶ τὸ αὐτὸ πνεῦμα διαιροῦν **ἰδίᾳ** ἑκάστῳ καθὼς βούλεται.
14: 35 εἰ δέ τι μαθεῖν θέλουσιν, ἐν οἴκῳ τοὺς **ἰδίους** ἄνδρας ἐπερωτάτωσαν·
15: 23 ἕκαστος δὲ ἐν τῷ **ἰδίῳ** τάγματι· ἀπαρχὴ Χριστός,
15: 38 ὁ δὲ θεὸς δίδωσιν αὐτῷ σῶμα καθὼς ἠθέλησεν, καὶ ἑκάστῳ τῶν σπερμάτων **ἴδιον** σῶμα.
Gal 2: 2 κατ᾽ **ἰδίαν** δὲ τοῖς δοκοῦσιν, μή πως εἰς κενὸν τρέχω ἢ ἔδραμον.
6: 5 ἕκαστος γὰρ τὸ **ἴδιον** φορτίον βαστάσει.
6: 9 τὸ δὲ καλὸν ποιοῦντες μὴ ἐγκακῶμεν, καιρῷ γὰρ **ἰδίῳ** θερίσομεν μὴ ἐκλυόμενοι.
Eph 4: 28 μᾶλλον δὲ κοπιάτω ἐργαζόμενος ταῖς **[ἰδίαις]** χερσὶν τὸ ἀγαθόν,
5: 22 Αἱ γυναῖκες τοῖς **ἰδίοις** ἀνδράσιν ὡς τῷ κυρίῳ,
1Th 2: 14 ὅτι τὰ αὐτὰ ἐπάθετε καὶ ὑμεῖς ὑπὸ τῶν **ἰδίων** συμφυλετῶν καθὼς καὶ αὐτοὶ ὑπὸ τῶν Ἰουδαίων,
4: 11 καὶ φιλοτιμεῖσθαι ἡσυχάζειν καὶ πράσσειν τὰ **ἴδια** καὶ ἐργάζεσθαι ταῖς **[ἰδίαις]**[NIV-] χερσὶν ὑμῶν,
1Ti 2: 6 ὁ δοὺς ἑαυτὸν ἀντίλυτρον ὑπὲρ πάντων, τὸ μαρτύριον καιροῖς **ἰδίοις.**
3: 4 τοῦ **ἰδίου** οἴκου καλῶς προϊστάμενον, τέκνα ἔχοντα ἐν ὑποταγῇ,
3: 5 (εἰ δέ τις τοῦ **ἰδίου** οἴκου προστῆναι οὐκ οἶδεν,
3: 12 διάκονοι ἔστωσαν μιᾶς γυναικὸς ἄνδρες, τέκνων καλῶς προϊστάμενοι καὶ τῶν **ἰδίων** οἴκων.
4: 2 ἐν ὑποκρίσει ψευδολόγων, κεκαυστηριασμένων τὴν **ἰδίαν** συνείδησιν,
5: 4 μανθανέτωσαν πρῶτον τὸν **ἴδιον** οἶκον εὐσεβεῖν καὶ ἀμοιβὰς ἀποδιδόναι τοῖς προγόνοις·
5: 8 εἰ δέ τις τῶν **ἰδίων** καὶ μάλιστα οἰκείων οὐ προνοεῖ,
6: 1 Ὅσοι εἰσὶν ὑπὸ ζυγὸν δοῦλοι, τοὺς **ἰδίους** δεσπότας πάσης τιμῆς ἀξίους ἡγείσθωσαν,
6: 15 ἣν καιροῖς **ἰδίοις** δείξει ὁ μακάριος καὶ μόνος δυνάστης,
2Ti 1: 9 οὐ κατὰ τὰ ἔργα ἡμῶν ἀλλὰ κατὰ **ἰδίαν** πρόθεσιν καὶ χάριν,
4: 3 ἀλλὰ κατὰ τὰς **ἰδίας** ἐπιθυμίας ἑαυτοῖς ἐπισωρεύσουσιν διδασκάλους κνηθόμενοι τὴν ἀκοὴν
Tit 1: 3 ἐφανέρωσεν δὲ καιροῖς **ἰδίοις** τὸν λόγον αὐτοῦ ἐν κηρύγματι,
1: 12 εἶπέν τις ἐξ αὐτῶν **ἴδιος** αὐτῶν προφήτης, Κρῆτες ἀεὶ ψεῦσται,
2: 5 σώφρονας ἁγνὰς οἰκουργοὺς ἀγαθάς, ὑποτασσομένας τοῖς **ἰδίοις** ἀνδράσιν,
2: 9 δούλους **ἰδίοις** δεσπόταις ὑποτάσσεσθαι ἐν πᾶσιν, εὐαρέστους εἶναι,
Heb 4: 10 ὁ γὰρ εἰσελθὼν εἰς τὴν κατάπαυσιν αὐτοῦ καὶ αὐτὸς κατέπαυσεν ἀπὸ τῶν ἔργων αὐτοῦ ὥσπερ ἀπὸ τῶν **ἰδίων** ὁ θεός.
7: 27 πρότερον ὑπὲρ τῶν **ἰδίων** ἁμαρτιῶν θυσίας ἀναφέρειν ἔπειτα τῶν τοῦ λαοῦ·
9: 12 οὐδὲ δι᾽ αἵματος τράγων καὶ μόσχων διὰ δὲ τοῦ **ἰδίου** αἵματος εἰσῆλθεν ἐφάπαξ εἰς τὰ ἅγια αἰωνίαν λύτρωσιν εὑράμενος.
13: 12 ἵνα ἁγιάσῃ διὰ τοῦ **ἰδίου** αἵματος τὸν λαόν,
Jas 1: 14 ἕκαστος δὲ πειράζεται ὑπὸ τῆς **ἰδίας** ἐπιθυμίας ἐξελκόμενος καὶ δελεαζόμενος·
1Pe 3: 1 Ὁμοίως [αἱ] γυναῖκες, ὑποτασσόμεναι τοῖς **ἰδίοις** ἀνδράσιν, ἵνα καὶ εἴ τινες ἀπειθοῦσιν τῷ λόγῳ,
3: 5 οὕτως γάρ ποτε καὶ αἱ ἅγιαι γυναῖκες αἱ ἐλπίζουσαι εἰς θεὸν ἐκόσμουν ἑαυτὰς ὑποτασσόμεναι τοῖς **ἰδίοις** ἀνδράσιν,
2Pe 1: 3 Ὡς πάντα ἡμῖν τῆς θείας δυνάμεως αὐτοῦ τὰ πρὸς ζωὴν καὶ εὐσέβειαν δεδωρημένης διὰ τῆς ἐπιγνώσεως τοῦ καλέσαντος ἡμᾶς **ἰδίᾳ** δόξῃ καὶ ἀρετῇ,
1: 20 τοῦτο πρῶτον γινώσκοντες ὅτι πᾶσα προφητεία γραφῆς **ἰδίας** ἐπιλύσεως οὐ γίνεται·
2: 16 ἔλεγξιν δὲ ἔσχεν **ἰδίας** παρανομίας· ὑποζύγιον ἄφωνον ἐν ἀνθρώπου φωνῇ φθεγξάμενον ἐκώλυσεν τὴν τοῦ προφήτου
2: 22 Κύων ἐπιστρέψας ἐπὶ τὸ **ἴδιον** ἐξέραμα, καί, Ὗς λουσαμένη εἰς κυλισμὸν βορβόρου.
3: 3 ὅτι ἐλεύσονται ἐπ᾽ ἐσχάτων τῶν ἡμερῶν [ἐν] ἐμπαιγμονῇ ἐμπαῖκται κατὰ τὰς **ἰδίας** ἐπιθυμίας αὐτῶν πορευόμενοι
3: 16 ἃ οἱ ἀμαθεῖς καὶ ἀστήρικτοι στρεβλοῦσιν ὡς καὶ τὰς λοιπὰς γραφὰς πρὸς τὴν **ἰδίαν** αὐτῶν ἀπώλειαν.
3: 17 ἵνα μὴ τῇ τῶν ἀθέσμων πλάνῃ συναπαχθέντες ἐκπέσητε τοῦ **ἰδίου** στηριγμοῦ,
Jude 1: 6 ἀγγέλους τε τοὺς μὴ τηρήσαντας τὴν ἑαυτῶν ἀρχὴν ἀλλὰ ἀπολιπόντας τὸ **ἴδιον** οἰκητήριον εἰς κρίσιν μεγάλης ἡμέρας

2626 ἰδιώτης [5]

√ *2625*

Ac 4: 13 Θεωροῦντες δὲ τὴν τοῦ Πέτρου παρρησίαν καὶ Ἰωάννου καὶ καταλαβόμενοι ὅτι ἄνθρωποι ἀγράμματοί εἰσιν καὶ **ἰδιῶται,**
1Co 14: 16 ὁ ἀναπληρῶν τὸν τόπον τοῦ **ἰδιώτου** πῶς ἐρεῖ τὸ Ἀμήν ἐπὶ τῇ σῇ εὐχαριστίᾳ;
14: 23 εἰσέλθωσιν δὲ **ἰδιῶται** ἢ ἄπιστοι, οὐκ ἐροῦσιν ὅτι μαίνεσθε;
14: 24 εἰσέλθῃ δέ τις ἄπιστος ἢ **ἰδιώτης,** ἐλέγχεται ὑπὸ πάντων,
2Co 11: 6 εἰ δὲ καὶ **ἰδιώτης** τῷ λόγῳ, ἀλλ᾽ οὐ τῇ γνώσει,

2627 ἰδού [200]

√ *1626*

ἀλλ᾽ ἰδού [1] Ac 13:25

ἰδοὺ γάρ [7] Lk 1:44,48; 2:10; 6:23; 17:21; Ac 9:11; 2Co 7:11

ἰδοὺ ἐγώ [10] Mt 10:16; 11:10; 23:34; 28:20; Lk 23:14; 24:49; Ac 9:10; 10:21; 20:25; Heb 2:13

ἰδοὺ νῦν, νῦν ἰδοὺ [5] Ac 13:11; 20:22,25; 2Co 6:2,2

πλὴν ἰδού [1] Lk 22:21

Mt 1: 20 ταῦτα δὲ αὐτοῦ ἐνθυμηθέντος **ἰδοὺ** ἄγγελος κυρίου κατ᾽ ὄναρ ἐφάνη αὐτῷ λέγων,
1: 23 **Ἰδοὺ** ἡ παρθένος ἐν γαστρὶ ἕξει καὶ τέξεται υἱόν,
2: 1 Τοῦ δὲ Ἰησοῦ γεννηθέντος ἐν Βηθλέεμ τῆς Ἰουδαίας ἐν ἡμέραις Ἡρῴδου τοῦ βασιλέως, **ἰδοὺ** μάγοι ἀπὸ ἀνατολῶν παρεγένοντο εἰς Ἱεροσόλυμα
2: 9 οἱ δὲ ἀκούσαντες τοῦ βασιλέως ἐπορεύθησαν καὶ **ἰδοὺ** ὁ ἀστήρ,
2: 13 Ἀναχωρησάντων δὲ αὐτῶν **ἰδοὺ** ἄγγελος κυρίου φαίνεται κατ᾽ ὄναρ τῷ Ἰωσὴφ λέγων,
2: 19 Τελευτήσαντος δὲ τοῦ Ἡρῴδου **ἰδοὺ** ἄγγελος κυρίου φαίνεται κατ᾽ ὄναρ τῷ Ἰωσὴφ ἐν Αἰγύπτῳ
3: 16 καὶ **ἰδοὺ** ἠνεῴχθησαν [αὐτῷ] οἱ οὐρανοί, καὶ εἶδεν [τὸ] πνεῦμα [τοῦ] θεοῦ καταβαῖνον ὡσεὶ περιστερὰν [καὶ] ἐρχόμενον
3: 17 καὶ **ἰδοὺ** φωνὴ ἐκ τῶν οὐρανῶν λέγουσα, Οὗτός ἐστιν ὁ υἱός μου ὁ ἀγαπητός,
4: 11 Τότε ἀφίησιν αὐτὸν ὁ διάβολος, καὶ **ἰδοὺ** ἄγγελοι προσῆλθον καὶ διηκόνουν αὐτῷ.
7: 4 καὶ **ἰδοὺ** ἡ δοκὸς ἐν τῷ ὀφθαλμῷ σοῦ;
8: 2 καὶ **ἰδοὺ** λεπρὸς προσελθὼν προσεκύνει αὐτῷ λέγων, Κύριε,
8: 24 καὶ **ἰδοὺ** σεισμὸς μέγας ἐγένετο ἐν τῇ θαλάσσῃ,
8: 29 καὶ **ἰδοὺ** ἔκραξαν λέγοντες, Τί ἡμῖν καὶ σοί,
8: 32 καὶ **ἰδοὺ** ὥρμησεν πᾶσα ἡ ἀγέλη κατὰ τοῦ κρημνοῦ εἰς τὴν θάλασσαν καὶ ἀπέθανον ἐν τοῖς ὕδασιν.
8: 34 καὶ **ἰδοὺ** πᾶσα ἡ πόλις ἐξῆλθεν εἰς ὑπάντησιν τῷ Ἰησοῦ καὶ ἰδόντες αὐτὸν παρεκάλεσαν ὅπως μεταβῇ ἀπὸ τῶν ὁρίων αὐτῶν.
9: 2 καὶ **ἰδοὺ** προσέφερον αὐτῷ παραλυτικὸν ἐπὶ κλίνης βεβλημένον.
9: 3 καὶ **ἰδού** τινες τῶν γραμματέων εἶπαν ἐν ἑαυτοῖς,
9: 10 καὶ **ἰδοὺ** πολλοὶ τελῶναι καὶ ἁμαρτωλοὶ ἐλθόντες συνανέκειντο τῷ Ἰησοῦ καὶ τοῖς μαθηταῖς αὐτοῦ.
9: 18 Ταῦτα αὐτοῦ λαλοῦντος αὐτοῖς **ἰδοὺ** ἄρχων εἷς ἐλθὼν προσεκύνει αὐτῷ λέγων ὅτι Ἡ θυγάτηρ μου ἄρτι ἐτελεύτησεν·
9: 20 Καὶ **ἰδοὺ** γυνὴ αἱμορροοῦσα δώδεκα ἔτη προσελθοῦσα ὄπισθεν ἥψατο τοῦ κρασπέδου τοῦ ἱματίου αὐτοῦ·
9: 32 Αὐτῶν δὲ ἐξερχομένων **ἰδοὺ** προσήνεγκαν αὐτῷ ἄνθρωπον κωφὸν δαιμονιζόμενον.
10: 16 **Ἰδοὺ** ἐγὼ ἀποστέλλω ὑμᾶς ὡς πρόβατα ἐν μέσῳ λύκων·
11: 8 **ἰδοὺ** οἱ τὰ μαλακὰ φοροῦντες ἐν τοῖς οἴκοις τῶν βασιλέων εἰσίν.
11: 10 **Ἰδοὺ** ἐγὼ ἀποστέλλω τὸν ἄγγελόν μου πρὸ προσώπου σου,

11:19 καὶ λέγουσιν, **Ἰδοὺ** ἄνθρωπος φάγος καὶ οἰνοπότης, τελωνῶν φίλος καὶ ἁμαρτωλῶν.
12: 2 **Ἰδοὺ** οἱ μαθηταί σου ποιοῦσιν ὃ οὐκ ἔξεστιν ποιεῖν ἐν σαββάτῳ.
12:10 καὶ **ἰδοὺ** ἄνθρωπος χεῖρα ἔχων ξηράν. καὶ ἐπηρώτησαν αὐτὸν λέγοντες,
12:18 **Ἰδοὺ** ὁ παῖς μου ὃν ᾑρέτισα, ὁ ἀγαπητός μου εἰς ὃν εὐδόκησεν ἡ ψυχή μου·
12:41 ὅτι μετενόησαν εἰς τὸ κήρυγμα Ἰωνᾶ, καὶ **ἰδοὺ** πλεῖον Ἰωνᾶ ὧδε.
12:42 ὅτι ἦλθεν ἐκ τῶν περάτων τῆς γῆς ἀκοῦσαι τὴν σοφίαν Σολομῶνος, καὶ **ἰδοὺ** πλεῖον Σολομῶνος ὧδε.
12:46 Ἔτι αὐτοῦ λαλοῦντος τοῖς ὄχλοις **ἰδοὺ** ἡ μήτηρ καὶ οἱ ἀδελφοὶ αὐτοῦ εἱστήκεισαν ἔξω ζητοῦντες αὐτῷ λαλῆσαι.
12:47 [**Ἰδοὺ** ἡ μήτηρ σου καὶ οἱ ἀδελφοί σου ἔξω ἑστήκασιν ζητοῦντές σοι λαλῆσαι.]
12:49 **Ἰδοὺ** ἡ μήτηρ μου καὶ οἱ ἀδελφοί μου.
13: 3 καὶ ἐλάλησεν αὐτοῖς πολλὰ ἐν παραβολαῖς λέγων, **Ἰδοὺ** ἐξῆλθεν ὁ σπείρων τοῦ σπείρειν.
15:22 καὶ **ἰδοὺ** γυνὴ Χαναναία ἀπὸ τῶν ὁρίων ἐκείνων ἐξελθοῦσα ἔκραζεν λέγουσα,
17: 3 καὶ **ἰδοὺ** ὤφθη αὐτοῖς Μωϋσῆς καὶ Ἠλίας συλλαλοῦντες μετ' αὐτοῦ.
17: 5 ἔτι αὐτοῦ λαλοῦντος **ἰδοὺ** νεφέλη φωτεινὴ ἐπεσκίασεν αὐτούς, καὶ **ἰδοὺ** φωνὴ ἐκ τῆς νεφέλης λέγουσα, Οὗτός ἐστιν ὁ υἱός μου ὁ ἀγαπητός,
19:16 Καὶ **ἰδοὺ** εἷς προσελθὼν αὐτῷ εἶπεν, Διδάσκαλε, τί ἀγαθὸν ποιήσω ἵνα σχῶ ζωὴν αἰώνιον;
19:27 Τότε ἀποκριθεὶς ὁ Πέτρος εἶπεν αὐτῷ, **Ἰδοὺ** ἡμεῖς ἀφήκαμεν πάντα καὶ ἠκολουθήσαμέν σοι·
20:18 **Ἰδοὺ** ἀναβαίνομεν εἰς Ἱεροσόλυμα, καὶ ὁ υἱὸς τοῦ ἀνθρώπου παραδοθήσεται τοῖς ἀρχιερεῦσιν καὶ γραμματεῦσιν,
20:30 καὶ **ἰδοὺ** δύο τυφλοὶ καθήμενοι παρὰ τὴν ὁδὸν ἀκούσαντες ὅτι Ἰησοῦς παράγει,
21: 5 **Ἰδοὺ** ὁ βασιλεύς σου ἔρχεταί σοι πραῢς καὶ ἐπιβεβηκὼς ἐπὶ ὄνον καὶ ἐπὶ πῶλον υἱὸν ὑποζυγίου.
22: 4 Εἴπατε τοῖς κεκλημένοις, **Ἰδοὺ** τὸ ἄριστόν μου ἡτοίμακα,
23:34 διὰ τοῦτο **ἰδοὺ** ἐγὼ ἀποστέλλω πρὸς ὑμᾶς προφήτας καὶ σοφοὺς καὶ γραμματεῖς·
23:38 **ἰδοὺ** ἀφίεται ὑμῖν ὁ οἶκος ὑμῶν ἔρημος.
24:23 **Ἰδοὺ** ὧδε ὁ Χριστός, ἤ, Ὧδε, μὴ πιστεύσητε·
24:25 **ἰδοὺ** προείρηκα ὑμῖν.
24:26 ἐὰν οὖν εἴπωσιν ὑμῖν, **Ἰδοὺ** ἐν τῇ ἐρήμῳ ἐστίν, μὴ ἐξέλθητε· **Ἰδοὺ** ἐν τοῖς ταμείοις, μὴ πιστεύσητε·
25: 6 μέσης δὲ νυκτὸς κραυγὴ γέγονεν, **Ἰδοὺ** ὁ νυμφίος, ἐξέρχεσθε εἰς ἀπάντησιν [αὐτοῦ.]
26:45 **ἰδοὺ** ἤγγικεν ἡ ὥρα καὶ ὁ υἱὸς τοῦ ἀνθρώπου παραδίδοται εἰς χεῖρας ἁμαρτωλῶν.
26:46 ἐγείρεσθε ἄγωμεν· **ἰδοὺ** ἤγγικεν ὁ παραδιδούς με.
26:47 Καὶ ἔτι αὐτοῦ λαλοῦντος **ἰδοὺ** Ἰούδας εἷς τῶν δώδεκα ἦλθεν καὶ μετ' αὐτοῦ ὄχλος πολὺς μετὰ μαχαιρῶν καὶ ξύλων
26:51 καὶ **ἰδοὺ** εἷς τῶν μετὰ Ἰησοῦ ἐκτείνας τὴν χεῖρα ἀπέσπασεν τὴν μάχαιραν αὐτοῦ καὶ πατάξας τὸν δοῦλον τοῦ ἀρχιερέως ἀφεῖλεν αὐτοῦ τὸ ὠτίον.
27:51 Καὶ **ἰδοὺ** τὸ καταπέτασμα τοῦ ναοῦ ἐσχίσθη ἀπ' ἄνωθεν ἕως κάτω εἰς δύο καὶ ἡ γῆ ἐσείσθη καὶ αἱ πέτραι ἐσχίσθησαν,
28: 2 καὶ **ἰδοὺ** σεισμὸς ἐγένετο μέγας· ἄγγελος γὰρ κυρίου καταβὰς ἐξ οὐρανοῦ καὶ προσελθὼν ἀπεκύλισεν τὸν λίθον
28: 7 καὶ **ἰδοὺ** προάγει ὑμᾶς εἰς τὴν Γαλιλαίαν, ἐκεῖ αὐτὸν ὄψεσθε· **ἰδοὺ** εἶπον ὑμῖν.
28: 9 καὶ **ἰδοὺ** Ἰησοῦς ὑπήντησεν αὐταῖς λέγων, Χαίρετε. αἱ δὲ προσελθοῦσαι ἐκράτησαν αὐτοῦ τοὺς πόδας καὶ προσεκύνησαν
28:11 Πορευομένων δὲ αὐτῶν **ἰδού** τινες τῆς κουστωδίας ἐλθόντες εἰς τὴν πόλιν ἀπήγγειλαν τοῖς ἀρχιερεῦσιν ἅπαντα
28:20 καὶ **ἰδοὺ** ἐγὼ μεθ' ὑμῶν εἰμι πάσας τὰς ἡμέρας ἕως τῆς συντελείας τοῦ αἰῶνος.

Mk 1: 2 **Ἰδοὺ** ἀποστέλλω τὸν ἄγγελόν μου πρὸ προσώπου σου,
3:32 **Ἰδοὺ** ἡ μήτηρ σου καὶ οἱ ἀδελφοί σου [καὶ αἱ ἀδελφαί σου] ἔξω ζητοῦσίν σε.
4: 3 Ἀκούετε. **ἰδοὺ** ἐξῆλθεν ὁ σπείρων σπεῖραι.
10:28 Ἤρξατο λέγειν ὁ Πέτρος αὐτῷ, **Ἰδοὺ** ἡμεῖς ἀφήκαμεν πάντα καὶ ἠκολουθήκαμέν σοι.
10:33 ὅτι **Ἰδοὺ** ἀναβαίνομεν εἰς Ἱεροσόλυμα, καὶ ὁ υἱὸς τοῦ ἀνθρώπου παραδοθήσεται τοῖς ἀρχιερεῦσιν
14:41 **ἰδοὺ** παραδίδοται ὁ υἱὸς τοῦ ἀνθρώπου εἰς τὰς χεῖρας τῶν ἁμαρτωλῶν.
14:42 ἐγείρεσθε ἄγωμεν· **ἰδοὺ** ὁ παραδιδούς με ἤγγικεν.

Lk 1:20 καὶ **ἰδοὺ** ἔσῃ σιωπῶν καὶ μὴ δυνάμενος λαλῆσαι ἄχρι ἧς ἡμέρας γένηται ταῦτα,
1:31 καὶ **ἰδοὺ** συλλήμψῃ ἐν γαστρὶ καὶ τέξῃ υἱὸν καὶ καλέσεις τὸ ὄνομα αὐτοῦ Ἰησοῦν.
1:36 καὶ **ἰδοὺ** Ἐλισάβετ ἡ συγγενίς σου καὶ αὐτὴ συνείληφεν υἱὸν ἐν γήρει αὐτῆς καὶ οὗτος μὴν ἕκτος ἐστὶν αὐτῇ
1:38 εἶπεν δὲ Μαριάμ, **Ἰδοὺ** ἡ δούλη κυρίου· γένοιτό μοι κατὰ τὸ ῥῆμά σου.
1:44 **ἰδοὺ** γὰρ ὡς ἐγένετο ἡ φωνὴ τοῦ ἀσπασμοῦ σου εἰς τὰ ὦτά μου,
1:48 **ἰδοὺ** γὰρ ἀπὸ τοῦ νῦν μακαριοῦσίν με πᾶσαι αἱ γενεαί,
2:10 **ἰδοὺ** γὰρ εὐαγγελίζομαι ὑμῖν χαρὰν μεγάλην ἥτις ἔσται παντὶ τῷ λαῷ,
2:25 Καὶ **ἰδοὺ** ἄνθρωπος ἦν ἐν Ἰερουσαλὴμ ᾧ ὄνομα Συμεὼν καὶ ὁ ἄνθρωπος οὗτος δίκαιος καὶ εὐλαβὴς
2:34 **Ἰδοὺ** οὗτος κεῖται εἰς πτῶσιν καὶ ἀνάστασιν πολλῶν ἐν τῷ Ἰσραὴλ καὶ εἰς σημεῖον ἀντιλεγόμενον
2:48 **ἰδοὺ** ὁ πατήρ σου κἀγὼ ὀδυνώμενοι ἐζητοῦμέν σε.
5:12 Καὶ ἐγένετο ἐν τῷ εἶναι αὐτὸν ἐν μιᾷ τῶν πόλεων καὶ **ἰδοὺ** ἀνὴρ πλήρης λέπρας·
5:18 καὶ **ἰδοὺ** ἄνδρες φέροντες ἐπὶ κλίνης ἄνθρωπον ὃς ἦν παραλελυμένος καὶ ἐζήτουν αὐτὸν εἰσενεγκεῖν καὶ θεῖναι
6:23 **ἰδοὺ** γὰρ ὁ μισθὸς ὑμῶν πολὺς ἐν τῷ οὐρανῷ·
7:12 καὶ **ἰδοὺ** ἐξεκομίζετο τεθνηκὼς μονογενὴς υἱὸς τῇ μητρὶ αὐτοῦ καὶ αὐτὴ ἦν χήρα,
7:25 **ἰδοὺ** οἱ ἐν ἱματισμῷ ἐνδόξῳ καὶ τρυφῇ ὑπάρχοντες ἐν τοῖς βασιλείοις εἰσίν.
7:27 **Ἰδοὺ** ἀποστέλλω τὸν ἄγγελόν μου πρὸ προσώπου σου,
7:34 καὶ λέγετε, **Ἰδοὺ** ἄνθρωπος φάγος καὶ οἰνοπότης, φίλος τελωνῶν καὶ ἁμαρτωλῶν.
7:37 καὶ **ἰδοὺ** γυνὴ ἥτις ἦν ἐν τῇ πόλει ἁμαρτωλός,
8:41 καὶ **ἰδοὺ** ἦλθεν ἀνὴρ ᾧ ὄνομα Ἰάϊρος καὶ οὗτος ἄρχων τῆς συναγωγῆς ὑπῆρχεν,
9:30 καὶ **ἰδοὺ** ἄνδρες δύο συνελάλουν αὐτῷ, οἵτινες ἦσαν Μωϋσῆς καὶ Ἠλίας,
9:38 καὶ **ἰδοὺ** ἀνὴρ ἀπὸ τοῦ ὄχλου ἐβόησεν λέγων,
9:39 καὶ **ἰδοὺ** πνεῦμα λαμβάνει αὐτὸν καὶ ἐξαίφνης κράζει καὶ σπαράσσει αὐτὸν μετὰ ἀφροῦ καὶ μόγις
10: 3 **ἰδοὺ** ἀποστέλλω ὑμᾶς ὡς ἄρνας ἐν μέσῳ λύκων.
10:19 **ἰδοὺ** δέδωκα ὑμῖν τὴν ἐξουσίαν τοῦ πατεῖν ἐπάνω ὄφεων καὶ σκορπίων,
10:25 Καὶ **ἰδοὺ** νομικός τις ἀνέστη ἐκπειράζων αὐτὸν λέγων,
11:31 ὅτι ἦλθεν ἐκ τῶν περάτων τῆς γῆς ἀκοῦσαι τὴν σοφίαν Σολομῶνος, καὶ **ἰδοὺ** πλεῖον Σολομῶνος ὧδε.
11:32 ὅτι μετενόησαν εἰς τὸ κήρυγμα Ἰωνᾶ, καὶ **ἰδοὺ** πλεῖον Ἰωνᾶ ὧδε.
11:41 πλὴν τὰ ἐνόντα δότε ἐλεημοσύνην, καὶ **ἰδοὺ** πάντα καθαρὰ ὑμῖν ἐστιν.
13: 7 **Ἰδοὺ** τρία ἔτη ἀφ' οὗ ἔρχομαι ζητῶν καρπὸν ἐν τῇ συκῇ ταύτῃ καὶ οὐχ εὑρίσκω·
13:11 καὶ **ἰδοὺ** γυνὴ πνεῦμα ἔχουσα ἀσθενείας ἔτη δεκαοκτὼ καὶ ἦν συγκύπτουσα καὶ μὴ δυναμένη ἀνακύψαι εἰς τὸ παντελές.
13:16 ἣν ἔδησεν ὁ Σατανᾶς **ἰδοὺ** δέκα καὶ ὀκτὼ ἔτη,
13:30 καὶ **ἰδοὺ** εἰσὶν ἔσχατοι οἳ ἔσονται πρῶτοι καὶ εἰσὶν πρῶτοι οἳ ἔσονται ἔσχατοι.
13:32 **Ἰδοὺ** ἐκβάλλω δαιμόνια καὶ ἰάσεις ἀποτελῶ σήμερον καὶ αὔριον καὶ τῇ τρίτῃ τελειοῦμαι.
13:35 **ἰδοὺ** ἀφίεται ὑμῖν ὁ οἶκος ὑμῶν. λέγω [δὲ] ὑμῖν,
14: 2 καὶ **ἰδοὺ** ἄνθρωπός τις ἦν ὑδρωπικὸς ἔμπροσθεν αὐτοῦ.
15:29 **Ἰδοὺ** τοσαῦτα ἔτη δουλεύω σοι καὶ οὐδέποτε ἐντολήν σου παρῆλθον,
17:21 οὐδὲ ἐροῦσιν, **Ἰδοὺ** ὧδε ἤ, Ἐκεῖ, **ἰδοὺ** γὰρ ἡ βασιλεία τοῦ θεοῦ ἐντὸς ὑμῶν ἐστιν.
17:23 καὶ ἐροῦσιν ὑμῖν, **Ἰδοὺ** ἐκεῖ, [ἤ,] **Ἰδοὺ** ὧδε·
18:28 Εἶπεν δὲ ὁ Πέτρος, **Ἰδοὺ** ἡμεῖς ἀφέντες τὰ ἴδια ἠκολουθήσαμέν σοι.
18:31 Παραλαβὼν δὲ τοὺς δώδεκα εἶπεν πρὸς αὐτούς, **Ἰδοὺ** ἀναβαίνομεν εἰς Ἰερουσαλήμ,
19: 2 καὶ **ἰδοὺ** ἀνὴρ ὀνόματι καλούμενος Ζακχαῖος, καὶ αὐτὸς ἦν ἀρχιτελώνης καὶ αὐτὸς πλούσιος·
19: 8 **Ἰδοὺ** τὰ ἡμίσιά μου τῶν ὑπαρχόντων, κύριε, τοῖς πτωχοῖς δίδωμι,
19:20 **ἰδοὺ** ἡ μνᾶ σου ἣν εἶχον ἀποκειμένην ἐν σουδαρίῳ·
22:10 **Ἰδοὺ** εἰσελθόντων ὑμῶν εἰς τὴν πόλιν συναντήσει ὑμῖν ἄνθρωπος κεράμιον ὕδατος βαστάζων·
22:21 πλὴν **ἰδοὺ** ἡ χεὶρ τοῦ παραδιδόντος με μετ' ἐμοῦ ἐπὶ τῆς τραπέζης.

22:31 **ἰδοὺ** ὁ Σατανᾶς ἐξῃτήσατο ὑμᾶς τοῦ σινιάσαι ὡς τὸν σῖτον·
22:38 οἱ δὲ εἶπαν, Κύριε, **ἰδοὺ** μάχαιραι ὧδε δύο.
22:47 Ἔτι αὐτοῦ λαλοῦντος **ἰδοὺ** ὄχλος, καὶ ὁ λεγόμενος Ἰούδας εἷς τῶν δώδεκα προήρχετο αὐτοὺς καὶ ἤγγισεν τῷ Ἰησοῦ φιλῆσαι
23:14 καὶ **ἰδοὺ** ἐγὼ ἐνώπιον ὑμῶν ἀνακρίνας οὐθὲν εὗρον ἐν τῷ ἀνθρώπῳ τούτῳ αἴτιον ὧν κατηγορεῖτε κατ᾽ αὐτοῦ.
23:15 καὶ **ἰδοὺ** οὐδὲν ἄξιον θανάτου ἐστὶν πεπραγμένον αὐτῷ·
23:29 ὅτι **ἰδοὺ** ἔρχονται ἡμέραι ἐν αἷς ἐροῦσιν, Μακάριαι αἱ στεῖραι καὶ αἱ κοιλίαι αἳ οὐκ ἐγέννησαν καὶ μαστοὶ οἳ οὐκ ἔθρεψαν.
23:50 Καὶ **ἰδοὺ** ἀνὴρ ὀνόματι Ἰωσὴφ βουλευτὴς ὑπάρχων [καὶ] ἀνὴρ ἀγαθὸς καὶ δίκαιος
24: 4 καὶ ἐγένετο ἐν τῷ ἀπορεῖσθαι αὐτὰς περὶ τούτου καὶ **ἰδοὺ** ἄνδρες δύο ἐπέστησαν αὐταῖς ἐν ἐσθῆτι ἀστραπτούσῃ.
24:13 Καὶ **ἰδοὺ** δύο ἐξ αὐτῶν ἐν αὐτῇ τῇ ἡμέρᾳ ἦσαν πορευόμενοι εἰς κώμην ἀπέχουσαν σταδίους ἑξήκοντα ἀπὸ Ἰερουσαλήμ,
24:49 καὶ **[ἰδοὺ]** ἐγὼ ἀποστέλλω τὴν ἐπαγγελίαν τοῦ πατρός μου ἐφ᾽ ὑμᾶς·
Jn 4:35 **ἰδοὺ** λέγω ὑμῖν, ἐπάρατε τοὺς ὀφθαλμοὺς ὑμῶν καὶ θεάσασθε τὰς χώρας ὅτι λευκαί εἰσιν πρὸς θερισμόν.
12:15 **ἰδοὺ** ὁ βασιλεύς σου ἔρχεται, καθήμενος ἐπὶ πῶλον ὄνου.
16:32 **ἰδοὺ** ἔρχεται ὥρα καὶ ἐλήλυθεν ἵνα σκορπισθῆτε ἕκαστος εἰς τὰ ἴδια κἀμὲ μόνον ἀφῆτε·
19: 5 φορῶν τὸν ἀκάνθινον στέφανον καὶ τὸ πορφυροῦν ἱμάτιον. καὶ λέγει αὐτοῖς, **Ἰδοὺ** ὁ ἄνθρωπος.
Ac 1:10 καὶ **ἰδοὺ** ἄνδρες δύο παρειστήκεισαν αὐτοῖς ἐν ἐσθήσεσι λευκαῖς,
2: 7 Οὐχ **ἰδοὺ** ἅπαντες οὗτοί εἰσιν οἱ λαλοῦντες Γαλιλαῖοι;
5: 9 **ἰδοὺ** οἱ πόδες τῶν θαψάντων τὸν ἄνδρα σου ἐπὶ τῇ θύρᾳ καὶ ἐξοίσουσίν σε.
5:25 ἀπήγγειλεν αὐτοῖς ὅτι **Ἰδοὺ** οἱ ἄνδρες οὓς ἔθεσθε ἐν τῇ φυλακῇ εἰσὶν ἐν τῷ ἱερῷ ἑστῶτες καὶ διδάσκοντες τὸν λαόν.
5:28 καὶ **ἰδοὺ** πεπληρώκατε τὴν Ἰερουσαλὴμ τῆς διδαχῆς ὑμῶν καὶ βούλεσθε ἐπαγαγεῖν ἐφ᾽ ἡμᾶς τὸ αἷμα τοῦ ἀνθρώπου τούτου.
7:56 **Ἰδοὺ** θεωρῶ τοὺς οὐρανοὺς διηνοιγμένους καὶ τὸν υἱὸν τοῦ ἀνθρώπου ἐκ δεξιῶν ἑστῶτα τοῦ θεοῦ.
8:27 καὶ **ἰδοὺ** ἀνὴρ Αἰθίοψ εὐνοῦχος δυνάστης Κανδάκης βασιλίσσης Αἰθιόπων,
8:36 καί φησιν ὁ εὐνοῦχος, **Ἰδοὺ** ὕδωρ, τί κωλύει με βαπτισθῆναι;
9:10 καὶ εἶπεν πρὸς αὐτὸν ἐν ὁράματι ὁ κύριος, Ἁνανία. ὁ δὲ εἶπεν, **Ἰδοὺ** ἐγώ, κύριε.
9:11 πορεύθητι ἐπὶ τὴν ῥύμην τὴν καλουμένην Εὐθεῖαν καὶ ζήτησον ἐν οἰκίᾳ Ἰούδα Σαῦλον ὀνόματι Ταρσέα· **ἰδοὺ** γὰρ προσεύχεται
10:17 **ἰδοὺ** οἱ ἄνδρες οἱ ἀπεσταλμένοι ὑπὸ τοῦ Κορνηλίου διερωτήσαντες τὴν οἰκίαν τοῦ Σίμωνος ἐπέστησαν
10:19 τοῦ δὲ Πέτρου διενθυμουμένου περὶ τοῦ ὁράματος εἶπεν [αὐτῷ] τὸ πνεῦμα, **Ἰδοὺ** ἄνδρες τρεῖς ζητοῦντές σε,
10:21 καταβὰς δὲ Πέτρος πρὸς τοὺς ἄνδρας εἶπεν, **Ἰδοὺ** ἐγώ εἰμι ὃν ζητεῖτε·
10:30 καὶ **ἰδοὺ** ἀνὴρ ἔστη ἐνώπιόν μου ἐν ἐσθῆτι λαμπρᾷ
11:11 καὶ **ἰδοὺ** ἐξαυτῆς τρεῖς ἄνδρες ἐπέστησαν ἐπὶ τὴν οἰκίαν ἐν ᾗ ἤμεν,
12: 7 καὶ **ἰδοὺ** ἄγγελος κυρίου ἐπέστη καὶ φῶς ἔλαμψεν ἐν τῷ οἰκήματι·
13:11 καὶ νῦν **ἰδοὺ** χεὶρ κυρίου ἐπὶ σὲ καὶ ἔσῃ τυφλὸς μὴ βλέπων τὸν ἥλιον ἄχρι καιροῦ.
13:25 ἀλλ᾽ **ἰδοὺ** ἔρχεται μετ᾽ ἐμὲ οὗ οὐκ εἰμὶ ἄξιος τὸ ὑπόδημα τῶν ποδῶν λῦσαι.
13:46 ἐπειδὴ ἀπωθεῖσθε αὐτὸν καὶ οὐκ ἀξίους κρίνετε ἑαυτοὺς τῆς αἰωνίου ζωῆς, **ἰδοὺ** στρεφόμεθα εἰς τὰ ἔθνη.
16: 1 καὶ **ἰδοὺ** μαθητής τις ἦν ἐκεῖ ὀνόματι Τιμόθεος,
20:22 καὶ νῦν **ἰδοὺ** δεδεμένος ἐγὼ τῷ πνεύματι πορεύομαι εἰς Ἰερουσαλὴμ τὰ ἐν αὐτῇ συναντήσοντά μοι μὴ εἰδώς,
20:25 Καὶ νῦν **ἰδοὺ** ἐγὼ οἶδα ὅτι οὐκέτι ὄψεσθε τὸ πρόσωπόν μου ὑμεῖς πάντες ἐν οἷς διῆλθον κηρύσσων τὴν βασιλείαν.
27:24 καὶ **ἰδοὺ** κεχάρισταί σοι ὁ θεὸς πάντας τοὺς πλέοντας μετὰ σοῦ.
Ro 9:33 **Ἰδοὺ** τίθημι ἐν Σιὼν λίθον προσκόμματος καὶ πέτραν σκανδάλου,
1Co 15:51 **ἰδοὺ** μυστήριον ὑμῖν λέγω· πάντες οὐ κοιμηθησόμεθα, πάντες δὲ ἀλλαγησόμεθα,
2Co 5:17 καινὴ κτίσις· τὰ ἀρχαῖα παρῆλθεν, **ἰδοὺ** γέγονεν καινά·
6: 2 **ἰδοὺ** νῦν καιρὸς εὐπρόσδεκτος, **ἰδοὺ** νῦν ἡμέρα σωτηρίας·
6: 9 ὡς ἀγνοούμενοι καὶ ἐπιγινωσκόμενοι, ὡς ἀποθνῄσκοντες καὶ **ἰδοὺ** ζῶμεν,
7:11 **ἰδοὺ** γὰρ αὐτὸ τοῦτο τὸ κατὰ θεὸν λυπηθῆναι πόσην κατειργάσατο ὑμῖν σπουδήν,
12:14 **Ἰδοὺ** τρίτον τοῦτο ἑτοίμως ἔχω ἐλθεῖν πρὸς ὑμᾶς,
Gal 1:20 ἃ δὲ γράφω ὑμῖν, **ἰδοὺ** ἐνώπιον τοῦ θεοῦ ὅτι οὐ ψεύδομαι.
Heb 2:13 **Ἰδοὺ** ἐγὼ καὶ τὰ παιδία ἅ μοι ἔδωκεν ὁ θεός.
8: 8 μεμφόμενος γὰρ αὐτοὺς λέγει, **Ἰδοὺ** ἡμέραι ἔρχονται,
10: 7 τότε εἶπον, **Ἰδοὺ** ἥκω, ἐν κεφαλίδι βιβλίου γέγραπται περὶ ἐμοῦ,
10: 9 τότε εἴρηκεν, **Ἰδοὺ** ἥκω τοῦ ποιῆσαι τὸ θέλημά σου.
Jas 3: 4 **ἰδοὺ** καὶ τὰ πλοῖα τηλικαῦτα ὄντα καὶ ὑπὸ ἀνέμων σκληρῶν ἐλαυνόμενα,
3: 5 οὕτως καὶ ἡ γλῶσσα μικρὸν μέλος ἐστὶν καὶ μεγάλα αὐχεῖ. **Ἰδοὺ** ἡλίκον πῦρ ἡλίκην ὕλην ἀνάπτει·
5: 4 **ἰδοὺ** ὁ μισθὸς τῶν ἐργατῶν τῶν ἀμησάντων τὰς χώρας ὑμῶν ὁ ἀπεστερημένος ἀφ᾽ ὑμῶν κράζει,
5: 7 **ἰδοὺ** ὁ γεωργὸς ἐκδέχεται τὸν τίμιον καρπὸν τῆς γῆς μακροθυμῶν ἐπ᾽ αὐτῷ ἕως λάβῃ πρόϊμον καὶ ὄψιμον.
5: 9 κατ᾽ ἀλλήλων ἵνα μὴ κριθῆτε· **ἰδοὺ** ὁ κριτὴς πρὸ τῶν θυρῶν ἕστηκεν.
5:11 **ἰδοὺ** μακαρίζομεν τοὺς ὑπομείναντας· τὴν ὑπομονὴν Ἰὼβ ἠκούσατε καὶ τὸ τέλος κυρίου εἴδετε,
1Pe 2: 6 **Ἰδοὺ** τίθημι ἐν Σιὼν λίθον ἀκρογωνιαῖον ἐκλεκτὸν ἔντιμον καὶ ὁ πιστεύων ἐπ᾽ αὐτῷ οὐ μὴ καταισχυνθῇ.
Jude 1:14 Προεφήτευσεν δὲ καὶ τούτοις ἕβδομος ἀπὸ Ἀδὰμ Ἑνὼχ λέγων, **Ἰδοὺ** ἦλθεν κύριος ἐν ἁγίαις μυριάσιν αὐτοῦ
Rev 1: 7 **Ἰδοὺ** ἔρχεται μετὰ τῶν νεφελῶν, καὶ ὄψεται αὐτὸν πᾶς ὀφθαλμὸς καὶ οἵτινες αὐτὸν ἐξεκέντησαν,
1:18 καὶ ἐγενόμην νεκρὸς καὶ **ἰδοὺ** ζῶν εἰμι εἰς τοὺς αἰῶνας τῶν αἰώνων καὶ ἔχω τὰς κλεῖς τοῦ θανάτου καὶ τοῦ ᾅδου.
2:10 **ἰδοὺ** μέλλει βάλλειν ὁ διάβολος ἐξ ὑμῶν εἰς φυλακὴν ἵνα πειρασθῆτε καὶ ἕξετε θλῖψιν ἡμερῶν δέκα.
2:22 **ἰδοὺ** βάλλω αὐτὴν εἰς κλίνην καὶ τοὺς μοιχεύοντας μετ᾽ αὐτῆς εἰς θλῖψιν μεγάλην,
3: 8 Οἶδά σου τὰ ἔργα, **ἰδοὺ** δέδωκα ἐνώπιόν σου θύραν ἠνεῳγμένην,
3: 9 **ἰδοὺ** διδῶ ἐκ τῆς συναγωγῆς τοῦ Σατανᾶ τῶν λεγόντων ἑαυτοὺς Ἰουδαίους εἶναι, **ἰδοὺ** ποιήσω αὐτοὺς ἵνα ἥξουσιν καὶ προσκυνήσουσιν ἐνώπιον τῶν ποδῶν σου καὶ γνῶσιν ὅτι ἐγὼ ἠγάπησά σε.
3:20 **ἰδοὺ** ἕστηκα ἐπὶ τὴν θύραν καὶ κρούω· ἐάν τις ἀκούσῃ τῆς φωνῆς μου καὶ ἀνοίξῃ τὴν θύραν,
4: 1 Μετὰ ταῦτα εἶδον, καὶ **ἰδοὺ** θύρα ἠνεῳγμένη ἐν τῷ οὐρανῷ,
4: 2 εὐθέως ἐγενόμην ἐν πνεύματι, καὶ **ἰδοὺ** θρόνος ἔκειτο ἐν τῷ οὐρανῷ,
5: 5 **ἰδοὺ** ἐνίκησεν ὁ λέων ὁ ἐκ τῆς φυλῆς Ἰούδα,
6: 2 καὶ εἶδον, καὶ **ἰδοὺ** ἵππος λευκός, καὶ ὁ καθήμενος ἐπ᾽ αὐτὸν ἔχων τόξον καὶ ἐδόθη αὐτῷ στέφανος
6: 5 καὶ εἶδον, καὶ **ἰδοὺ** ἵππος μέλας, καὶ ὁ καθήμενος ἐπ᾽ αὐτὸν ἔχων ζυγὸν ἐν τῇ χειρὶ αὐτοῦ.
6: 8 καὶ εἶδον, καὶ **ἰδοὺ** ἵππος χλωρός, καὶ ὁ καθήμενος ἐπάνω αὐτοῦ ὄνομα αὐτῷ [ὁ] Θάνατος,
7: 9 Μετὰ ταῦτα εἶδον, καὶ **ἰδοὺ** ὄχλος πολύς, ὃν ἀριθμῆσαι αὐτὸν οὐδεὶς ἐδύνατο,
9:12 Ἡ οὐαὶ ἡ μία ἀπῆλθεν· **ἰδοὺ** ἔρχεται ἔτι δύο οὐαὶ μετὰ ταῦτα.
11:14 Ἡ οὐαὶ ἡ δευτέρα ἀπῆλθεν· **ἰδοὺ** ἡ οὐαὶ ἡ τρίτη ἔρχεται ταχύ.
12: 3 καὶ **ἰδοὺ** δράκων μέγας πυρρὸς ἔχων κεφαλὰς ἑπτὰ καὶ κέρατα δέκα καὶ ἐπὶ τὰς κεφαλὰς αὐτοῦ ἑπτὰ διαδήματα,
14: 1 καὶ **ἰδοὺ** τὸ ἀρνίον ἑστὸς ἐπὶ τὸ ὄρος Σιὼν καὶ μετ᾽ αὐτοῦ ἑκατὸν τεσσεράκοντα τέσσαρες χιλιάδες
14:14 Καὶ εἶδον, καὶ **ἰδοὺ** νεφέλη λευκή, καὶ ἐπὶ τὴν νεφέλην καθήμενον ὅμοιον υἱὸν ἀνθρώπου,
16:15 **Ἰδοὺ** ἔρχομαι ὡς κλέπτης. μακάριος ὁ γρηγορῶν καὶ τηρῶν τὰ ἱμάτια αὐτοῦ,
19:11 καὶ **ἰδοὺ** ἵππος λευκὸς καὶ ὁ καθήμενος ἐπ᾽ αὐτὸν [καλούμενος] πιστὸς καὶ ἀληθινός,
21: 3 **Ἰδοὺ** ἡ σκηνὴ τοῦ θεοῦ μετὰ τῶν ἀνθρώπων,
21: 5 Καὶ εἶπεν ὁ καθήμενος ἐπὶ τῷ θρόνῳ, **Ἰδοὺ** καινὰ ποιῶ πάντα, καὶ λέγει, Γράψον,
22: 7 καὶ **ἰδοὺ** ἔρχομαι ταχύ. μακάριος ὁ τηρῶν τοὺς λόγους τῆς προφητείας τοῦ βιβλίου τούτου.
22:12 **Ἰδοὺ** ἔρχομαι ταχύ, καὶ ὁ μισθός μου μετ᾽ ἐμοῦ ἀποδοῦναι ἑκάστῳ ὡς τὸ ἔργον ἐστὶν αὐτοῦ.

2628 Ἰδουμαία [1]

Mk 3: 8 καὶ ἀπὸ Ἱεροσολύμων καὶ ἀπὸ τῆς **Ἰδουμαίας** καὶ πέραν τοῦ Ἰορδάνου καὶ περὶ Τύρον καὶ Σιδῶνα,

2629 ἱδρώς [1]

Lk 22:44 ⟦καὶ ἐγένετο ὁ **ἱδρὼς** αὐτοῦ ὡσεὶ θρόμβοι αἵματος καταβαίνοντες ἐπὶ τὴν γῆν.⟧

2630 Ἰεζάβελ [1]

Rev 2:20 ἀλλὰ ἔχω κατὰ σοῦ ὅτι ἀφεῖς τὴν γυναῖκα **Ἰεζάβελ,**

2631 Ἱεράπολις [1]

√ *2641 + 4484*

Col 4:13 μαρτυρῶ γὰρ αὐτῷ ὅτι ἔχει πολὺν πόνον ὑπὲρ ὑμῶν καὶ τῶν ἐν Λαοδικείᾳ καὶ τῶν ἐν **Ἱεραπόλει.**

2632 ἱερατεία [2]

√ *2641*

Lk 1: 9 κατὰ τὸ ἔθος τῆς **ἱερατείας** ἔλαχε τοῦ θυμιᾶσαι εἰσελθὼν εἰς τὸν ναὸν τοῦ κυρίου,
Heb 7: 5 καὶ οἱ μὲν ἐκ τῶν υἱῶν Λευὶ τὴν **ἱερατείαν** λαμβάνοντες ἐντολὴν ἔχουσιν ἀποδεκατοῦν τὸν λαὸν κατὰ τὸν νόμον,

2633 ἱεράτευμα [2]

√ *2641*

1Pe 2: 5 οἰκοδομεῖσθε οἶκος πνευματικὸς εἰς **ἱεράτευμα** ἅγιον ἀνενέγκαι πνευματικὰς θυσίας εὐπροσδέκτους [τῷ] θεῷ
2: 9 Ὑμεῖς δὲ γένος ἐκλεκτόν, βασίλειον **ἱεράτευμα,** ἔθνος ἅγιον, λαὸς εἰς περιποίησιν,

2634 ἱερατεύω [1]

√ *2641*

Lk 1: 8 Ἐγένετο δὲ ἐν τῷ **ἱερατεύειν** αὐτὸν ἐν τῇ τάξει τῆς ἐφημερίας αὐτοῦ ἔναντι τοῦ θεοῦ,

2635 Ἰερεμίας [3]

Mt 2:17 τότε ἐπληρώθη τὸ ῥηθὲν διὰ **Ἰερεμίου** τοῦ προφήτου λέγοντος,
16:14 ἄλλοι δὲ Ἠλίαν, ἕτεροι δὲ **Ἰερεμίαν** ἢ ἕνα τῶν προφητῶν.
27: 9 τότε ἐπληρώθη τὸ ῥηθὲν διὰ **Ἰερεμίου** τοῦ προφήτου λέγοντος,

2636 ἱερεύς [31]

√ *2641*

Mt 8: 4 ἀλλὰ ὕπαγε σεαυτὸν δεῖξον τῷ **ἱερεῖ** καὶ προσένεγκον τὸ δῶρον ὃ προσέταξεν Μωϋσῆς,
12: 4 ὃ οὐκ ἐξὸν ἦν αὐτῷ φαγεῖν οὐδὲ τοῖς μετ᾽ αὐτοῦ εἰ μὴ τοῖς **ἱερεῦσιν** μόνοις;
12: 5 ἢ οὐκ ἀνέγνωτε ἐν τῷ νόμῳ ὅτι τοῖς σάββασιν οἱ **ἱερεῖς** ἐν τῷ ἱερῷ τὸ σάββατον βεβηλοῦσιν καὶ ἀναίτιοί εἰσιν;
Mk 1:44 ἀλλὰ ὕπαγε σεαυτὸν δεῖξον τῷ **ἱερεῖ** καὶ προσένεγκε περὶ τοῦ καθαρισμοῦ σου ἃ προσέταξεν Μωϋσῆς,
2:26 οὓς οὐκ ἔξεστιν φαγεῖν εἰ μὴ τοὺς **ἱερεῖς,**
Lk 1: 5 Ἐγένετο ἐν ταῖς ἡμέραις Ἡρῴδου βασιλέως τῆς Ἰουδαίας **ἱερεύς** τις ὀνόματι Ζαχαρίας ἐξ ἐφημερίας Ἀβιά,
5:14 ἀλλὰ ἀπελθὼν δεῖξον σεαυτὸν τῷ **ἱερεῖ** καὶ προσένεγκε περὶ τοῦ καθαρισμοῦ σου καθὼς προσέταξεν Μωϋσῆς,
6: 4 οὓς οὐκ ἔξεστιν φαγεῖν εἰ μὴ μόνους τοὺς **ἱερεῖς;**
10:31 κατὰ συγκυρίαν δὲ **ἱερεύς** τις κατέβαινεν ἐν τῇ ὁδῷ ἐκείνῃ καὶ ἰδὼν αὐτὸν ἀντιπαρῆλθεν·
17:14 καὶ ἰδὼν εἶπεν αὐτοῖς, Πορευθέντες ἐπιδείξατε ἑαυτοὺς τοῖς **ἱερεῦσιν.**
Jn 1:19 ὅτε ἀπέστειλαν [πρὸς αὐτὸν] οἱ Ἰουδαῖοι ἐξ Ἱεροσολύμων **ἱερεῖς** καὶ Λευίτας ἵνα ἐρωτήσωσιν αὐτόν,
Ac 4: 1 Λαλούντων δὲ αὐτῶν πρὸς τὸν λαὸν ἐπέστησαν αὐτοῖς οἱ **ἱερεῖς** καὶ ὁ στρατηγὸς τοῦ ἱεροῦ καὶ οἱ Σαδδουκαῖοι,
6: 7 πολύς τε ὄχλος τῶν **ἱερέων** ὑπήκουον τῇ πίστει.
14:13 ὅ τε **ἱερεὺς** τοῦ Διὸς τοῦ ὄντος πρὸ τῆς πόλεως ταύρους καὶ στέμματα ἐπὶ τοὺς πυλῶνας ἐνέγκας σὺν τοῖς ὄχλοις
Heb 5: 6 Σὺ **ἱερεὺς** εἰς τὸν αἰῶνα κατὰ τὴν τάξιν Μελχισέδεκ,
7: 1 Οὗτος γὰρ ὁ Μελχισέδεκ, βασιλεὺς Σαλήμ, **ἱερεὺς** τοῦ θεοῦ τοῦ ὑψίστου,
7: 3 ἀφωμοιωμένος δὲ τῷ υἱῷ τοῦ θεοῦ, μένει **ἱερεὺς** εἰς τὸ διηνεκές.
7:11 τίς ἔτι χρεία κατὰ τὴν τάξιν Μελχισέδεκ ἕτερον ἀνίστασθαι **ἱερέα** καὶ οὐ κατὰ τὴν τάξιν Ἀαρὼν λέγεσθαι;
7:14 εἰς ἣν φυλὴν περὶ **ἱερέων** οὐδὲν Μωϋσῆς ἐλάλησεν.
7:15 εἰ κατὰ τὴν ὁμοιότητα Μελχισέδεκ ἀνίσταται **ἱερεὺς** ἕτερος,
7:17 μαρτυρεῖται γὰρ ὅτι Σὺ **ἱερεὺς** εἰς τὸν αἰῶνα κατὰ τὴν τάξιν Μελχισέδεκ.
7:20 οἱ μὲν γὰρ χωρὶς ὁρκωμοσίας εἰσὶν **ἱερεῖς** γεγονότες,
7:21 Ὤμοσεν κύριος καὶ οὐ μεταμεληθήσεται, Σὺ **ἱερεὺς** εἰς τὸν αἰῶνα.
7:23 καὶ οἱ μὲν πλείονές εἰσιν γεγονότες **ἱερεῖς** διὰ τὸ θανάτῳ κωλύεσθαι παραμένειν·
8: 4 εἰ μὲν οὖν ἦν ἐπὶ γῆς, οὐδ᾽ ἂν ἦν **ἱερεύς,**
9: 6 Τούτων δὲ οὕτως κατεσκευασμένων εἰς μὲν τὴν πρώτην σκηνὴν διὰ παντὸς εἰσίασιν οἱ **ἱερεῖς** τὰς λατρείας ἐπιτελοῦντες,
10:11 Καὶ πᾶς μὲν **ἱερεὺς** ἕστηκεν καθ᾽ ἡμέραν λειτουργῶν καὶ τὰς αὐτὰς πολλάκις προσφέρων θυσίας,
10:21 καὶ **ἱερέα** μέγαν ἐπὶ τὸν οἶκον τοῦ θεοῦ,
Rev 1: 6 καὶ ἐποίησεν ἡμᾶς βασιλείαν, **ἱερεῖς** τῷ θεῷ καὶ πατρὶ αὐτοῦ,
5:10 καὶ ἐποίησας αὐτοὺς τῷ θεῷ ἡμῶν βασιλείαν καὶ **ἱερεῖς,**
20: 6 ἀλλ᾽ ἔσονται **ἱερεῖς** τοῦ θεοῦ καὶ τοῦ Χριστοῦ καὶ βασιλεύσουσιν μετ᾽ αὐτοῦ [τὰ] χίλια ἔτη.

2637 Ἰεριχώ [7]

Mt 20:29 Καὶ ἐκπορευομένων αὐτῶν ἀπὸ **Ἰεριχὼ** ἠκολούθησεν αὐτῷ ὄχλος πολύς.
Mk 10:46 Καὶ ἔρχονται εἰς **Ἰεριχώ.** καὶ ἐκπορευομένου αὐτοῦ ἀπὸ **Ἰεριχὼ** καὶ τῶν μαθητῶν αὐτοῦ καὶ ὄχλου ἱκανοῦ
Lk 10:30 Ἄνθρωπός τις κατέβαινεν ἀπὸ Ἰερουσαλὴμ εἰς **Ἰεριχὼ** καὶ λῃσταῖς περιέπεσεν,
18:35 Ἐγένετο δὲ ἐν τῷ ἐγγίζειν αὐτὸν εἰς **Ἰεριχὼ** τυφλός τις ἐκάθητο παρὰ τὴν ὁδὸν ἐπαιτῶν.
19: 1 Καὶ εἰσελθὼν διήρχετο τὴν **Ἰεριχώ.**
Heb 11:30 Πίστει τὰ τείχη **Ἰεριχὼ** ἔπεσαν κυκλωθέντα ἐπὶ ἑπτὰ ἡμέρας.

2638 ἱερόθυτος [1]

√ *2641 + 2604*

1Co 10:28 ἐὰν δέ τις ὑμῖν εἴπῃ, Τοῦτο **ἱερόθυτόν** ἐστιν,

2639 ἱερόν [71]

√ *2641*

Mt 4: 5 Τότε παραλαμβάνει αὐτὸν ὁ διάβολος εἰς τὴν ἁγίαν πόλιν καὶ ἔστησεν αὐτὸν ἐπὶ τὸ πτερύγιον τοῦ **ἱεροῦ**
12: 5 ἢ οὐκ ἀνέγνωτε ἐν τῷ νόμῳ ὅτι τοῖς σάββασιν οἱ ἱερεῖς ἐν τῷ **ἱερῷ** τὸ σάββατον βεβηλοῦσιν καὶ ἀναίτιοί εἰσιν;
12: 6 λέγω δὲ ὑμῖν ὅτι τοῦ **ἱεροῦ** μεῖζόν ἐστιν ὧδε.
21:12 Καὶ εἰσῆλθεν Ἰησοῦς εἰς τὸ **ἱερὸν** καὶ ἐξέβαλεν πάντας τοὺς πωλοῦντας καὶ ἀγοράζοντας ἐν τῷ **ἱερῷ,**
21:14 Καὶ προσῆλθον αὐτῷ τυφλοὶ καὶ χωλοὶ ἐν τῷ **ἱερῷ,**
21:15 ἰδόντες δὲ οἱ ἀρχιερεῖς καὶ οἱ γραμματεῖς τὰ θαυμάσια ἃ ἐποίησεν καὶ τοὺς παῖδας τοὺς κράζοντας ἐν τῷ **ἱερῷ**
21:23 Καὶ ἐλθόντος αὐτοῦ εἰς τὸ **ἱερὸν** προσῆλθον αὐτῷ διδάσκοντι οἱ ἀρχιερεῖς καὶ οἱ πρεσβύτεροι τοῦ λαοῦ λέγοντες,
24: 1 Καὶ ἐξελθὼν ὁ Ἰησοῦς ἀπὸ τοῦ **ἱεροῦ** ἐπορεύετο, καὶ προσῆλθον οἱ μαθηταὶ αὐτοῦ ἐπιδεῖξαι αὐτῷ τὰς οἰκοδομὰς τοῦ **ἱεροῦ.**
26:55 καθ᾽ ἡμέραν ἐν τῷ **ἱερῷ** ἐκαθεζόμην διδάσκων καὶ οὐκ ἐκρατήσατέ με.
Mk 11:11 Καὶ εἰσῆλθεν εἰς Ἱεροσόλυμα εἰς τὸ **ἱερὸν** καὶ περιβλεψάμενος πάντα,
11:15 καὶ εἰσελθὼν εἰς τὸ **ἱερὸν** ἤρξατο ἐκβάλλειν τοὺς πωλοῦντας καὶ τοὺς ἀγοράζοντας ἐν τῷ **ἱερῷ,**
11:16 καὶ οὐκ ἤφιεν ἵνα τις διενέγκῃ σκεῦος διὰ τοῦ **ἱεροῦ.**
11:27 καὶ ἐν τῷ **ἱερῷ** περιπατοῦντος αὐτοῦ ἔρχονται πρὸς αὐτὸν οἱ ἀρχιερεῖς καὶ οἱ γραμματεῖς καὶ οἱ πρεσβύτεροι
12:35 Καὶ ἀποκριθεὶς ὁ Ἰησοῦς ἔλεγεν διδάσκων ἐν τῷ **ἱερῷ,**
13: 1 Καὶ ἐκπορευομένου αὐτοῦ ἐκ τοῦ **ἱεροῦ** λέγει αὐτῷ εἷς τῶν μαθητῶν αὐτοῦ,
13: 3 εἰς τὸ Ὄρος τῶν Ἐλαιῶν κατέναντι τοῦ **ἱεροῦ** ἐπηρώτα αὐτὸν κατ᾽ ἰδίαν Πέτρος καὶ Ἰάκωβος καὶ Ἰωάννης καὶ Ἀνδρέας,
14:49 καθ᾽ ἡμέραν ἤμην πρὸς ὑμᾶς ἐν τῷ **ἱερῷ** διδάσκων καὶ οὐκ ἐκρατήσατέ με·
Lk 2:27 καὶ ἦλθεν ἐν τῷ πνεύματι εἰς τὸ **ἱερόν·**
2:37 ἣ οὐκ ἀφίστατο τοῦ **ἱεροῦ** νηστείαις καὶ δεήσεσιν λατρεύουσα νύκτα καὶ ἡμέραν.

2:46 καὶ ἐγένετο μετὰ ἡμέρας τρεῖς εὗρον αὐτὸν ἐν τῷ **ἱερῷ** καθεζόμενον ἐν μέσῳ τῶν διδασκάλων καὶ ἀκούοντα αὐτῶν
4: 9 Ἤγαγεν δὲ αὐτὸν εἰς Ἰερουσαλὴμ καὶ ἔστησεν ἐπὶ τὸ πτερύγιον τοῦ **ἱεροῦ** καὶ εἶπεν αὐτῷ,
18:10 Ἄνθρωποι δύο ἀνέβησαν εἰς τὸ **ἱερὸν** προσεύξασθαι, ὁ εἷς Φαρισαῖος καὶ ὁ ἕτερος τελώνης.
19:45 Καὶ εἰσελθὼν εἰς τὸ **ἱερὸν** ἤρξατο ἐκβάλλειν τοὺς πωλοῦντας
19:47 Καὶ ἦν διδάσκων τὸ καθ' ἡμέραν ἐν τῷ **ἱερῷ.**
20: 1 Καὶ ἐγένετο ἐν μιᾷ τῶν ἡμερῶν διδάσκοντος αὐτοῦ τὸν λαὸν ἐν τῷ **ἱερῷ** καὶ εὐαγγελιζομένου ἐπέστησαν οἱ ἀρχιερεῖς
21: 5 Καί τινων λεγόντων περὶ τοῦ **ἱεροῦ** ὅτι λίθοις καλοῖς καὶ ἀναθήμασιν κεκόσμηται εἶπεν,
21:37 Ἦν δὲ τὰς ἡμέρας ἐν τῷ **ἱερῷ** διδάσκων,
21:38 καὶ πᾶς ὁ λαὸς ὤρθριζεν πρὸς αὐτὸν ἐν τῷ **ἱερῷ** ἀκούειν αὐτοῦ.
22:52 εἶπεν δὲ Ἰησοῦς πρὸς τοὺς παραγενομένους ἐπ' αὐτὸν ἀρχιερεῖς καὶ στρατηγοὺς τοῦ **ἱεροῦ** καὶ πρεσβυτέρους,
22:53 καθ' ἡμέραν ὄντος μου μεθ' ὑμῶν ἐν τῷ **ἱερῷ** οὐκ ἐξετείνατε τὰς χεῖρας ἐπ' ἐμέ,
24:53 καὶ ἦσαν διὰ παντὸς ἐν τῷ **ἱερῷ** εὐλογοῦντες τὸν θεόν.

Jn 2:14 καὶ εὗρεν ἐν τῷ **ἱερῷ** τοὺς πωλοῦντας βόας καὶ πρόβατα καὶ περιστερὰς καὶ τοὺς κερματιστὰς καθημένους,
2:15 καὶ ποιήσας φραγέλλιον ἐκ σχοινίων πάντας ἐξέβαλεν ἐκ τοῦ **ἱεροῦ** τά τε πρόβατα καὶ τοὺς βόας,
5:14 μετὰ ταῦτα εὑρίσκει αὐτὸν ὁ Ἰησοῦς ἐν τῷ **ἱερῷ** καὶ εἶπεν
7:14 Ἤδη δὲ τῆς ἑορτῆς μεσούσης ἀνέβη Ἰησοῦς εἰς τὸ **ἱερὸν** καὶ ἐδίδασκεν.
7:28 ἔκραξεν οὖν ἐν τῷ **ἱερῷ** διδάσκων ὁ Ἰησοῦς καὶ λέγων,
8: 2 ⟦Ὄρθρου δὲ πάλιν παρεγένετο εἰς τὸ **ἱερὸν** καὶ πᾶς ὁ λαὸς ἤρχετο πρὸς αὐτόν,⟧
8:20 Ταῦτα τὰ ῥήματα ἐλάλησεν ἐν τῷ γαζοφυλακίῳ διδάσκων ἐν τῷ **ἱερῷ·**
8:59 Ἰησοῦς δὲ ἐκρύβη καὶ ἐξῆλθεν ἐκ τοῦ **ἱεροῦ.**
10:23 καὶ περιεπάτει ὁ Ἰησοῦς ἐν τῷ **ἱερῷ** ἐν τῇ στοᾷ τοῦ Σολομῶνος.
11:56 ἐζήτουν οὖν τὸν Ἰησοῦν καὶ ἔλεγον μετ' ἀλλήλων ἐν τῷ **ἱερῷ** ἑστηκότες,
18:20 ἐγὼ πάντοτε ἐδίδαξα ἐν συναγωγῇ καὶ ἐν τῷ **ἱερῷ,**

Ac 2:46 καθ' ἡμέραν τε προσκαρτεροῦντες ὁμοθυμαδὸν ἐν τῷ **ἱερῷ,**
3: 1 Πέτρος δὲ καὶ Ἰωάννης ἀνέβαινον εἰς τὸ **ἱερὸν** ἐπὶ τὴν ὥραν τῆς προσευχῆς τὴν ἐνάτην.
3: 2 ὃν ἐτίθουν καθ' ἡμέραν πρὸς τὴν θύραν τοῦ **ἱεροῦ** τὴν λεγομένην Ὡραίαν τοῦ αἰτεῖν ἐλεημοσύνην παρὰ τῶν εἰσπορευομένων εἰς τὸ **ἱερόν·**
3: 3 ὃς ἰδὼν Πέτρον καὶ Ἰωάννην μέλλοντας εἰσιέναι εἰς τὸ **ἱερόν,**
3: 8 καὶ ἐξαλλόμενος ἔστη καὶ περιεπάτει καὶ εἰσῆλθεν σὺν αὐτοῖς εἰς τὸ **ἱερὸν** περιπατῶν καὶ ἁλλόμενος καὶ αἰνῶν τὸν θεόν.
3:10 ἐπεγίνωσκον δὲ αὐτὸν ὅτι αὐτὸς ἦν ὁ πρὸς τὴν ἐλεημοσύνην καθήμενος ἐπὶ τῇ Ὡραίᾳ Πύλῃ τοῦ **ἱεροῦ**
4: 1 Λαλούντων δὲ αὐτῶν πρὸς τὸν λαὸν ἐπέστησαν αὐτοῖς οἱ ἱερεῖς καὶ ὁ στρατηγὸς τοῦ **ἱεροῦ** καὶ οἱ Σαδδουκαῖοι,
5:20 Πορεύεσθε καὶ σταθέντες λαλεῖτε ἐν τῷ **ἱερῷ** τῷ λαῷ πάντα τὰ ῥήματα τῆς ζωῆς ταύτης.
5:21 ἀκούσαντες δὲ εἰσῆλθον ὑπὸ τὸν ὄρθρον εἰς τὸ **ἱερὸν** καὶ ἐδίδασκον.
5:24 ὡς δὲ ἤκουσαν τοὺς λόγους τούτους ὅ τε στρατηγὸς τοῦ **ἱεροῦ** καὶ οἱ ἀρχιερεῖς,
5:25 ἀπήγγειλεν αὐτοῖς ὅτι Ἰδοὺ οἱ ἄνδρες οὓς ἔθεσθε ἐν τῇ φυλακῇ εἰσὶν ἐν τῷ **ἱερῷ** ἑστῶτες καὶ διδάσκοντες τὸν λαόν.
5:42 πᾶσάν τε ἡμέραν ἐν τῷ **ἱερῷ** καὶ κατ' οἶκον οὐκ ἐπαύοντο διδάσκοντες καὶ εὐαγγελιζόμενοι τὸν Χριστὸν Ἰησοῦν.
19:27 οὐ μόνον δὲ τοῦτο κινδυνεύει ἡμῖν τὸ μέρος εἰς ἀπελεγμὸν ἐλθεῖν ἀλλὰ καὶ τὸ τῆς μεγάλης θεᾶς Ἀρτέμιδος **ἱερὸν**
21:26 εἰσῄει εἰς τὸ **ἱερὸν** διαγγέλλων τὴν ἐκπλήρωσιν τῶν ἡμερῶν τοῦ ἁγνισμοῦ ἕως οὗ προσηνέχθη ὑπὲρ ἑνὸς ἑκάστου αὐτῶν
21:27 οἱ ἀπὸ τῆς Ἀσίας Ἰουδαῖοι θεασάμενοι αὐτὸν ἐν τῷ **ἱερῷ** συνέχεον πάντα τὸν ὄχλον καὶ ἐπέβαλον ἐπ' αὐτὸν τὰς χεῖρας
21:28 ἔτι τε καὶ Ἕλληνας εἰσήγαγεν εἰς τὸ **ἱερὸν** καὶ κεκοίνωκεν τὸν ἅγιον τόπον τοῦτον.
21:29 ὃν ἐνόμιζον ὅτι εἰς τὸ **ἱερὸν** εἰσήγαγεν ὁ Παῦλος.
21:30 καὶ ἐπιλαβόμενοι τοῦ Παύλου εἷλκον αὐτὸν ἔξω τοῦ **ἱεροῦ** καὶ εὐθέως ἐκλείσθησαν αἱ θύραι.
22:17 Ἐγένετο δέ μοι ὑποστρέψαντι εἰς Ἰερουσαλὴμ καὶ προσευχομένου μου ἐν τῷ **ἱερῷ** γενέσθαι με ἐν ἐκστάσει
24: 6 ὃς καὶ τὸ **ἱερὸν** ἐπείρασεν βεβηλῶσαι ὃν καὶ ἐκρατήσαμεν,
24:12 καὶ οὔτε ἐν τῷ **ἱερῷ** εὗρόν με πρός τινα διαλεγόμενον ἢ ἐπίστασιν ποιοῦντα ὄχλου οὔτε ἐν ταῖς συναγωγαῖς
24:18 ἐν αἷς εὗρόν με ἡγνισμένον ἐν τῷ **ἱερῷ** οὐ μετὰ ὄχλου οὐδὲ μετὰ θορύβου,
25: 8 τοῦ Παύλου ἀπολογουμένου ὅτι Οὔτε εἰς τὸν νόμον τῶν Ἰουδαίων οὔτε εἰς τὸ **ἱερὸν** οὔτε εἰς Καίσαρά τι ἥμαρτον.
26:21 ἕνεκα τούτων με Ἰουδαῖοι συλλαβόμενοι [ὄντα] ἐν τῷ **ἱερῷ** ἐπειρῶντο διαχειρίσασθαι.

1Co 9:13 οὐκ οἴδατε ὅτι οἱ τὰ ἱερὰ ἐργαζόμενοι [τὰ] ἐκ τοῦ **ἱεροῦ** ἐσθίουσιν,

2640 ἱεροπρεπής [1]

√ *2641 + 4560*

Tit 2: 3 πρεσβύτιδας ὡσαύτως ἐν καταστήματι **ἱεροπρεπεῖς,** μὴ διαβόλους μηδὲ οἴνῳ πολλῷ δεδουλωμένας,

2641 ἱερός [3 / 2]

→ 796, 797, 2631, 2632, 2633, 2634, 2636, 2638, 2639, 2640, 2644, 2645, 2646, 2648

ἱερὰ γράμματα [1] 2Ti 3:15

Mk 16: S ⟦ἀπὸ ἀνατολῆς καὶ ἄχρι δύσεως ἐξαπέστειλεν δι' αὐτῶν τὸ **ἱερὸν**[NIV-] καὶ ἄφθαρτον κήρυγμα τῆς αἰωνίου σωτηρίας.⟧

1Co 9:13 οὐκ οἴδατε ὅτι οἱ τὰ **ἱερὰ** ἐργαζόμενοι [τὰ] ἐκ τοῦ ἱεροῦ ἐσθίουσιν,

2Ti 3:15 καὶ ὅτι ἀπὸ βρέφους [τὰ] **ἱερὰ** γράμματα οἶδας,

2642 Ἱεροσόλυμα Not used in UBS/NIV

√ *2647*

2643 Ἱεροσολυμίτης [2]

√ *2647*

Mk 1: 5 καὶ ἐξεπορεύετο πρὸς αὐτὸν πᾶσα ἡ Ἰουδαία χώρα καὶ οἱ **Ἱεροσολυμῖται** πάντες,

Jn 7:25 Ἔλεγον οὖν τινες ἐκ τῶν **Ἱεροσολυμιτῶν,** Οὐχ οὗτός ἐστιν ὃν ζητοῦσιν ἀποκτεῖναι;

2644 ἱεροσυλέω [1]

√ *2641 + 5195*

Ro 2:22 ὁ λέγων μὴ μοιχεύειν μοιχεύεις; ὁ βδελυσσόμενος τὰ εἴδωλα **ἱεροσυλεῖς;**

2645 ἱερόσυλος [1]

√ *2641 + 5195*

Ac 19:37 ἠγάγετε γὰρ τοὺς ἄνδρας τούτους οὔτε **ἱεροσύλους** οὔτε βλασφημοῦντας τὴν θεὸν ἡμῶν.

2646 ἱερουργέω [1]

√ *2641 + 2240*

Ro 15:16 **ἱερουργοῦντα** τὸ εὐαγγέλιον τοῦ θεοῦ, ἵνα γένηται ἡ προσφορὰ τῶν ἐθνῶν εὐπρόσδεκτος,

2647 Ἰερουσαλήμ [139]

→ 2642, 2643

indecl. [77] Mt 23:37,37; Lk 2:25,38,41,43,45; 4:9; 5:17; 6:17; 9:31,51,53; 10:30; 13:4,33,34,34; 17:11; 18:31; 19:11; 21:20,24; 23:28; 24:13,18,33,47,52; Ac 1:8,12,12,19; 2:5,14; 4:5,16; 5:16,28; 6:7; 8:26,27; 9:2,13,21,26,28; 10:39; 11:2,22; 12:25; 13:27,31; 15:2,4; 20:22; 21:11,12,13,31; 22:5,17,18; 23:11; 24:11; 25:3; Ro 15:19,25,26,31; 1Co 16:3; Gal 4:25,26; Heb 12:22; Rev 3:12; 21:2,10

vocative, repeated [2] Mt 23:37; Lk 13:34

ἐπουράνιος Ἰερουσαλήμ [1] Heb 12:22

θυγατέρες Ἰερουσαλήμ [1] Lk 23:28

Ἱεροσόλυμα, ἡ [37] Mt 2:1,3; 3:5; 5:35; 16:21; 20:17,18; 21:1,10; Mk 10:32,33; 11:1,11,15,27; 15:41; Lk 2:22; 13:22; 19:28; Jn 2:13; 5:1; 11:55; 12:12; Ac 8:25; 13:13; 19:21; 20:16; 21:4,15,17; 25:1,9,15,20; Gal 1:17,18; 2:1

Ἱεροσόλυμα, τά [25] Mt 4:25; 15:1; Mk 3:8,22; 7:1; Lk 23:7; Jn 1:19; 2:23; 4:20,21,45; 5:2; 10:22; 11:18; Ac 1:4; 8:1,14; 11:27; 16:4; 25:7,24; 26:4,10,20; 28:17

Ἱεροσολύμων [11] Mt 4:25; 15:1; Mk 3:8,22; 7:1; Jn 1:19; 11:18; Ac 1:4; 11:27; 25:7; 28:17

Ἱεροσολύμοις [14] Lk 23:7; Jn 2:23; 4:20,21,45; 5:2; 10:22; Ac 8:1,14; 16:4; 25:24; 26:4,10,20

καινός Ἰερουσαλήμ [2] Rev 3:12; 21:2

Mt 2: 1 Τοῦ δὲ Ἰησοῦ γεννηθέντος ἐν Βηθλέεμ τῆς Ἰουδαίας ἐν ἡμέραις Ἡρῴδου τοῦ βασιλέως, ἰδοὺ μάγοι ἀπὸ ἀνατολῶν παρεγένοντο εἰς **Ἱεροσόλυμα**

2: 3 ἀκούσας δὲ ὁ βασιλεὺς Ἡρῴδης ἐταράχθη καὶ πᾶσα **Ἱεροσόλυμα** μετ' αὐτοῦ,

3: 5 τότε ἐξεπορεύετο πρὸς αὐτὸν **Ἱεροσόλυμα** καὶ πᾶσα ἡ Ἰουδαία καὶ πᾶσα ἡ περίχωρος τοῦ Ἰορδάνου,

4:25 ὄχλοι πολλοὶ ἀπὸ τῆς Γαλιλαίας καὶ Δεκαπόλεως καὶ **Ἱεροσολύμων** καὶ Ἰουδαίας καὶ πέραν τοῦ Ἰορδάνου.

5:35 μήτε εἰς **Ἱεροσόλυμα,** ὅτι πόλις ἐστὶν τοῦ μεγάλου βασιλέως,

15: 1 Τότε προσέρχονται τῷ Ἰησοῦ ἀπὸ **Ἱεροσολύμων** Φαρισαῖοι καὶ γραμματεῖς λέγοντες,

16:21 ὁ Ἰησοῦς δεικνύειν τοῖς μαθηταῖς αὐτοῦ ὅτι δεῖ αὐτὸν εἰς **Ἱεροσόλυμα** ἀπελθεῖν καὶ πολλὰ παθεῖν ἀπὸ τῶν πρεσβυτέρων

20:17 Καὶ ἀναβαίνων ὁ Ἰησοῦς εἰς **Ἱεροσόλυμα** παρέλαβεν τοὺς δώδεκα [μαθητὰς] κατ' ἰδίαν καὶ ἐν τῇ ὁδῷ εἶπεν αὐτοῖς,

20:18 Ἰδοὺ ἀναβαίνομεν εἰς **Ἱεροσόλυμα,** καὶ ὁ υἱὸς τοῦ ἀνθρώπου παραδοθήσεται τοῖς ἀρχιερεῦσιν καὶ γραμματεῦσιν,

21: 1 Καὶ ὅτε ἤγγισαν εἰς **Ἱεροσόλυμα** καὶ ἦλθον εἰς Βηθφαγὴ εἰς τὸ Ὄρος τῶν Ἐλαιῶν,

21:10 καὶ εἰσελθόντος αὐτοῦ εἰς **Ἱεροσόλυμα** ἐσείσθη πᾶσα ἡ πόλις λέγουσα,

23:37 **Ἰερουσαλὴμ Ἰερουσαλήμ,** ἡ ἀποκτείνουσα τοὺς προφήτας καὶ λιθοβολοῦσα τοὺς ἀπεσταλμένους πρὸς αὐτήν,

Mk 3: 8 καὶ ἀπὸ **Ἱεροσολύμων** καὶ ἀπὸ τῆς Ἰδουμαίας καὶ πέραν τοῦ Ἰορδάνου καὶ περὶ Τύρον καὶ Σιδῶνα,

3:22 καὶ οἱ γραμματεῖς οἱ ἀπὸ **Ἱεροσολύμων** καταβάντες ἔλεγον ὅτι Βεελζεβοὺλ ἔχει

7: 1 Καὶ συνάγονται πρὸς αὐτὸν οἱ Φαρισαῖοι καί τινες τῶν γραμματέων ἐλθόντες ἀπὸ **Ἱεροσολύμων.**

10:32 Ἦσαν δὲ ἐν τῇ ὁδῷ ἀναβαίνοντες εἰς **Ἱεροσόλυμα,**

10:33 Ἰδοὺ ἀναβαίνομεν εἰς **Ἱεροσόλυμα,** καὶ ὁ υἱὸς τοῦ ἀνθρώπου παραδοθήσεται τοῖς ἀρχιερεῦσιν καὶ τοῖς γραμματεῦσιν,

11: 1 Καὶ ὅτε ἐγγίζουσιν εἰς **Ἱεροσόλυμα** εἰς Βηθφαγὴ καὶ Βηθανίαν πρὸς τὸ Ὄρος τῶν Ἐλαιῶν,

11:11 Καὶ εἰσῆλθεν εἰς **Ἱεροσόλυμα** εἰς τὸ ἱερὸν καὶ περιβλεψάμενος πάντα,

11:15 Καὶ ἔρχονται εἰς **Ἱεροσόλυμα.** καὶ εἰσελθὼν εἰς τὸ ἱερὸν ἤρξατο ἐκβάλλειν τοὺς πωλοῦντας καὶ τοὺς ἀγοράζοντας

11:27 Καὶ ἔρχονται πάλιν εἰς **Ἱεροσόλυμα.** καὶ ἐν τῷ ἱερῷ περιπατοῦντος αὐτοῦ ἔρχονται πρὸς αὐτὸν οἱ ἀρχιερεῖς

15:41 καὶ ἄλλαι πολλαὶ αἱ συναναβᾶσαι αὐτῷ εἰς **Ἱεροσόλυμα.**

Lk 2:22 ἀνήγαγον αὐτὸν εἰς **Ἱεροσόλυμα** παραστῆσαι τῷ κυρίῳ,

2:25 Καὶ ἰδοὺ ἄνθρωπος ἦν ἐν **Ἰερουσαλὴμ** ᾧ ὄνομα Συμεὼν καὶ ὁ ἄνθρωπος οὗτος δίκαιος καὶ εὐλαβὴς

2:38 καὶ αὐτῇ τῇ ὥρᾳ ἐπιστᾶσα ἀνθωμολογεῖτο τῷ θεῷ καὶ ἐλάλει περὶ αὐτοῦ πᾶσιν τοῖς προσδεχομένοις λύτρωσιν **Ἰερουσαλήμ.**

2:41 Καὶ ἐπορεύοντο οἱ γονεῖς αὐτοῦ κατ' ἔτος εἰς **Ἰερουσαλὴμ** τῇ ἑορτῇ τοῦ πάσχα.

2:43 ἐν τῷ ὑποστρέφειν αὐτοὺς ὑπέμεινεν Ἰησοῦς ὁ παῖς ἐν **Ἰερουσαλήμ,**

2:45 καὶ μὴ εὑρόντες ὑπέστρεψαν εἰς **Ἰερουσαλὴμ** ἀναζητοῦντες αὐτόν.

4: 9 Ἤγαγεν δὲ αὐτὸν εἰς **Ἰερουσαλὴμ** καὶ ἔστησεν ἐπὶ τὸ πτερύγιον τοῦ ἱεροῦ καὶ εἶπεν αὐτῷ,

5:17 καθήμενοι Φαρισαῖοι καὶ νομοδιδάσκαλοι οἳ ἦσαν ἐληλυθότες ἐκ πάσης κώμης τῆς Γαλιλαίας καὶ Ἰουδαίας καὶ **Ἰερουσαλήμ·**

6:17 καὶ πλῆθος πολὺ τοῦ λαοῦ ἀπὸ πάσης τῆς Ἰουδαίας καὶ **Ἰερουσαλὴμ** καὶ τῆς παραλίου Τύρου καὶ Σιδῶνος,

9:31 οἳ ὀφθέντες ἐν δόξῃ ἔλεγον τὴν ἔξοδον αὐτοῦ, ἣν ἤμελλεν πληροῦν ἐν **Ἰερουσαλήμ.**

9:51 ἐν τῷ συμπληροῦσθαι τὰς ἡμέρας τῆς ἀναλήμψεως αὐτοῦ καὶ αὐτὸς τὸ πρόσωπον ἐστήρισεν τοῦ πορεύεσθαι εἰς **Ἰερουσαλήμ.**

9:53 ὅτι τὸ πρόσωπον αὐτοῦ ἦν πορευόμενον εἰς **Ἰερουσαλήμ.**

10:30 Ἄνθρωπός τις κατέβαινεν ἀπὸ **Ἰερουσαλὴμ** εἰς Ἰεριχὼ καὶ λησταῖς περιέπεσεν,

13: 4 δοκεῖτε ὅτι αὐτοὶ ὀφειλέται ἐγένοντο παρὰ πάντας τοὺς ἀνθρώπους τοὺς κατοικοῦντας **Ἰερουσαλήμ;**

13:22 Καὶ διεπορεύετο κατὰ πόλεις καὶ κώμας διδάσκων καὶ πορείαν ποιούμενος εἰς **Ἱεροσόλυμα.**

13:33 πλὴν δεῖ με σήμερον καὶ αὔριον καὶ τῇ ἐχομένῃ πορεύεσθαι, ὅτι οὐκ ἐνδέχεται προφήτην ἀπολέσθαι ἔξω **Ἰερουσαλήμ.**

13:34 **Ἰερουσαλὴμ Ἰερουσαλήμ,** ἡ ἀποκτείνουσα τοὺς προφήτας καὶ λιθοβολοῦσα τοὺς ἀπεσταλμένους πρὸς αὐτήν,

17:11 Καὶ ἐγένετο ἐν τῷ πορεύεσθαι εἰς **Ἰερουσαλὴμ** καὶ αὐτὸς διήρχετο διὰ μέσον Σαμαρείας καὶ Γαλιλαίας.

18:31 Παραλαβὼν δὲ τοὺς δώδεκα εἶπεν πρὸς αὐτούς, Ἰδοὺ ἀναβαίνομεν εἰς **Ἰερουσαλήμ,**

19:11 διὰ τὸ ἐγγὺς εἶναι **Ἰερουσαλὴμ** αὐτὸν καὶ δοκεῖν αὐτοὺς ὅτι παραχρῆμα μέλλει ἡ βασιλεία τοῦ θεοῦ ἀναφαίνεσθαι.

19:28 Καὶ εἰπὼν ταῦτα ἐπορεύετο ἔμπροσθεν ἀναβαίνων εἰς **Ἱεροσόλυμα.**

21:20 Ὅταν δὲ ἴδητε κυκλουμένην ὑπὸ στρατοπέδων **Ἰερουσαλήμ,** τότε γνῶτε ὅτι ἤγγικεν ἡ ἐρήμωσις αὐτῆς.

21:24 καὶ **Ἰερουσαλὴμ** ἔσται πατουμένη ὑπὸ ἐθνῶν, ἄχρι οὗ πληρωθῶσιν καιροὶ ἐθνῶν.

23: 7 ὄντα καὶ αὐτὸν ἐν **Ἱεροσολύμοις** ἐν ταύταις ταῖς ἡμέραις.

23:28 στραφεὶς δὲ πρὸς αὐτὰς [ὁ] Ἰησοῦς εἶπεν, Θυγατέρες **Ἰερουσαλήμ,** μὴ κλαίετε ἐπ' ἐμέ·

24:13 Καὶ ἰδοὺ δύο ἐξ αὐτῶν ἐν αὐτῇ τῇ ἡμέρᾳ ἦσαν πορευόμενοι εἰς κώμην ἀπέχουσαν σταδίους ἑξήκοντα ἀπὸ **Ἰερουσαλήμ,**

24:18 Σὺ μόνος παροικεῖς **Ἰερουσαλὴμ** καὶ οὐκ ἔγνως τὰ γενόμενα ἐν αὐτῇ ἐν ταῖς ἡμέραις ταύταις;

24:33 καὶ ἀναστάντες αὐτῇ τῇ ὥρᾳ ὑπέστρεψαν εἰς **Ἰερουσαλὴμ** καὶ εὗρον ἠθροισμένους τοὺς ἕνδεκα καὶ τοὺς σὺν αὐτοῖς,

24:47 καὶ κηρυχθῆναι ἐπὶ τῷ ὀνόματι αὐτοῦ μετάνοιαν εἰς ἄφεσιν ἁμαρτιῶν εἰς πάντα τὰ ἔθνη. ἀρξάμενοι ἀπὸ **Ἰερουσαλὴμ**

24:52 καὶ αὐτοὶ προσκυνήσαντες αὐτὸν ὑπέστρεψαν εἰς **Ἰερουσαλὴμ** μετὰ χαρᾶς μεγάλης

Jn 1:19 ὅτε ἀπέστειλαν [πρὸς αὐτὸν] οἱ Ἰουδαῖοι ἐξ **Ἱεροσολύμων** ἱερεῖς καὶ Λευίτας ἵνα ἐρωτήσωσιν αὐτόν,

2:13 Καὶ ἐγγὺς ἦν τὸ πάσχα τῶν Ἰουδαίων, καὶ ἀνέβη εἰς **Ἱεροσόλυμα** ὁ Ἰησοῦς.

2:23 Ὡς δὲ ἦν ἐν τοῖς **Ἱεροσολύμοις** ἐν τῷ πάσχα ἐν τῇ ἑορτῇ,

4:20 καὶ ὑμεῖς λέγετε ὅτι ἐν **Ἱεροσολύμοις** ἐστὶν ὁ τόπος ὅπου προσκυνεῖν δεῖ.

4:21 ὅτι ἔρχεται ὥρα ὅτε οὔτε ἐν τῷ ὄρει τούτῳ οὔτε ἐν **Ἱεροσολύμοις** προσκυνήσετε τῷ πατρί.

4:45 ἐδέξαντο αὐτὸν οἱ Γαλιλαῖοι πάντα ἑωρακότες ὅσα ἐποίησεν ἐν **Ἱεροσολύμοις** ἐν τῇ ἑορτῇ,

5: 1 Μετὰ ταῦτα ἦν ἑορτὴ τῶν Ἰουδαίων καὶ ἀνέβη Ἰησοῦς εἰς **Ἱεροσόλυμα.**

5: 2 ἔστιν δὲ ἐν τοῖς **Ἱεροσολύμοις** ἐπὶ τῇ προβατικῇ κολυμβήθρα ἡ ἐπιλεγομένη Ἑβραϊστὶ Βηθζαθὰ πέντε στοὰς ἔχουσα.

10:22 Ἐγένετο τότε τὰ ἐγκαίνια ἐν τοῖς **Ἱεροσολύμοις,** χειμὼν ἦν,

11:18 ἦν δὲ ἡ Βηθανία ἐγγὺς τῶν **Ἱεροσολύμων** ὡς ἀπὸ σταδίων δεκαπέντε.

11:55 καὶ ἀνέβησαν πολλοὶ εἰς **Ἱεροσόλυμα** ἐκ τῆς χώρας πρὸ τοῦ πάσχα ἵνα ἁγνίσωσιν ἑαυτούς.

12:12 Τῇ ἐπαύριον ὁ ὄχλος πολὺς ὁ ἐλθὼν εἰς τὴν ἑορτήν, ἀκούσαντες ὅτι ἔρχεται ὁ Ἰησοῦς εἰς **Ἱεροσόλυμα**

Ac 1: 4 καὶ συναλιζόμενος παρήγγειλεν αὐτοῖς ἀπὸ **Ἱεροσολύμων** μὴ χωρίζεσθαι ἀλλὰ περιμένειν τὴν ἐπαγγελίαν τοῦ πατρὸς

1: 8 καὶ ἔσεσθέ μου μάρτυρες ἔν τε **Ἰερουσαλὴμ** καὶ [ἐν] πάσῃ τῇ Ἰουδαίᾳ καὶ Σαμαρείᾳ καὶ ἕως ἐσχάτου τῆς γῆς.

1:12 Τότε ὑπέστρεψαν εἰς **Ἰερουσαλὴμ** ἀπὸ ὄρους τοῦ καλουμένου Ἐλαιῶνος, ὅ ἐστιν ἐγγὺς **Ἰερουσαλὴμ** σαββάτου ἔχον ὁδόν.

1:19 γνωστὸν ἐγένετο πᾶσι τοῖς κατοικοῦσιν **Ἰερουσαλήμ,** ὥστε κληθῆναι τὸ χωρίον ἐκεῖνο τῇ ἰδίᾳ διαλέκτῳ αὐτῶν Ἀκελδαμάχ,

2: 5 Ἦσαν δὲ εἰς **Ἰερουσαλὴμ** κατοικοῦντες Ἰουδαῖοι, ἄνδρες εὐλαβεῖς ἀπὸ παντὸς ἔθνους τῶν ὑπὸ τὸν οὐρανόν.

2:14 Ἄνδρες Ἰουδαῖοι καὶ οἱ κατοικοῦντες **Ἰερουσαλὴμ** πάντες, τοῦτο ὑμῖν γνωστὸν ἔστω καὶ ἐνωτίσασθε τὰ ῥήματά μου.

4: 5 Ἐγένετο δὲ ἐπὶ τὴν αὔριον συναχθῆναι αὐτῶν τοὺς ἄρχοντας καὶ τοὺς πρεσβυτέρους καὶ τοὺς γραμματεῖς ἐν **Ἰερουσαλήμ,**

4:16 ὅτι μὲν γὰρ γνωστὸν σημεῖον γέγονεν δι' αὐτῶν πᾶσιν τοῖς κατοικοῦσιν **Ἰερουσαλὴμ** φανερὸν καὶ οὐ δυνάμεθα ἀρνεῖσθαι·

5:16 συνήρχετο δὲ καὶ τὸ πλῆθος τῶν πέριξ πόλεων **Ἰερουσαλὴμ** φέροντες ἀσθενεῖς καὶ ὀχλουμένους ὑπὸ πνευμάτων ἀκαθάρτων,
5:28 καὶ ἰδοὺ πεπληρώκατε τὴν **Ἰερουσαλὴμ** τῆς διδαχῆς ὑμῶν καὶ βούλεσθε ἐπαγαγεῖν ἐφ' ἡμᾶς τὸ αἷμα τοῦ ἀνθρώπου τούτου.
6: 7 Καὶ ὁ λόγος τοῦ θεοῦ ηὔξανεν καὶ ἐπληθύνετο ὁ ἀριθμὸς τῶν μαθητῶν ἐν **Ἰερουσαλὴμ** σφόδρα,
8: 1 Ἐγένετο δὲ ἐν ἐκείνῃ τῇ ἡμέρᾳ διωγμὸς μέγας ἐπὶ τὴν ἐκκλησίαν τὴν ἐν **Ἱεροσολύμοις,**
8:14 Ἀκούσαντες δὲ οἱ ἐν **Ἱεροσολύμοις** ἀπόστολοι ὅτι δέδεκται ἡ Σαμάρεια τὸν λόγον τοῦ θεοῦ,
8:25 Οἱ μὲν οὖν διαμαρτυράμενοι καὶ λαλήσαντες τὸν λόγον τοῦ κυρίου ὑπέστρεφον εἰς **Ἱεροσόλυμα,**
8:26 Ἀνάστηθι καὶ πορεύου κατὰ μεσημβρίαν ἐπὶ τὴν ὁδὸν τὴν καταβαίνουσαν ἀπὸ **Ἰερουσαλὴμ** εἰς Γάζαν,
8:27 ὃς ἦν ἐπὶ πάσης τῆς γάζης αὐτῆς, ὃς ἐληλύθει προσκυνήσων εἰς **Ἰερουσαλήμ,**
9: 2 ἄνδρας τε καὶ γυναῖκας, δεδεμένους ἀγάγῃ εἰς **Ἰερουσαλήμ.**
9:13 ἤκουσα ἀπὸ πολλῶν περὶ τοῦ ἀνδρὸς τούτου ὅσα κακὰ τοῖς ἁγίοις σου ἐποίησεν ἐν **Ἰερουσαλήμ·**
9:21 Οὐχ οὗτός ἐστιν ὁ πορθήσας εἰς **Ἰερουσαλὴμ** τοὺς ἐπικαλουμένους τὸ ὄνομα τοῦτο,
9:26 Παραγενόμενος δὲ εἰς **Ἰερουσαλὴμ** ἐπείραζεν κολλᾶσθαι τοῖς μαθηταῖς,
9:28 καὶ ἦν μετ' αὐτῶν εἰσπορευόμενος καὶ ἐκπορευόμενος εἰς **Ἰερουσαλήμ,**
10:39 καὶ ἡμεῖς μάρτυρες πάντων ὧν ἐποίησεν ἔν τε τῇ χώρᾳ τῶν Ἰουδαίων καὶ [ἐν] **Ἰερουσαλήμ.**
11: 2 ὅτε δὲ ἀνέβη Πέτρος εἰς **Ἰερουσαλήμ,** διεκρίνοντο πρὸς αὐτὸν οἱ ἐκ περιτομῆς
11:22 ἠκούσθη δὲ ὁ λόγος εἰς τὰ ὦτα τῆς ἐκκλησίας τῆς οὔσης ἐν **Ἰερουσαλὴμ** περὶ αὐτῶν καὶ ἐξαπέστειλαν Βαρναβᾶν
11:27 Ἐν ταύταις δὲ ταῖς ἡμέραις κατῆλθον ἀπὸ **Ἱεροσολύμων** προφῆται εἰς Ἀντιόχειαν.
12:25 Βαρναβᾶς δὲ καὶ Σαῦλος ὑπέστρεψαν εἰς **Ἰερουσαλὴμ** πληρώσαντες τὴν διακονίαν,
13:13 Ἰωάννης δὲ ἀποχωρήσας ἀπ' αὐτῶν ὑπέστρεψεν εἰς **Ἱεροσόλυμα.**
13:27 οἱ γὰρ κατοικοῦντες ἐν **Ἰερουσαλὴμ** καὶ οἱ ἄρχοντες αὐτῶν τοῦτον ἀγνοήσαντες καὶ τὰς φωνὰς τῶν προφητῶν
13:31 ὃς ὤφθη ἐπὶ ἡμέρας πλείους τοῖς συναναβᾶσιν αὐτῷ ἀπὸ τῆς Γαλιλαίας εἰς **Ἰερουσαλήμ,**
15: 2 ἔταξαν ἀναβαίνειν Παῦλον καὶ Βαρναβᾶν καί τινας ἄλλους ἐξ αὐτῶν πρὸς τοὺς ἀποστόλους καὶ πρεσβυτέρους εἰς **Ἰερουσαλὴμ** περὶ τοῦ ζητήματος τούτου.
15: 4 παραγενόμενοι δὲ εἰς **Ἰερουσαλὴμ** παρεδέχθησαν ἀπὸ τῆς ἐκκλησίας καὶ τῶν ἀποστόλων καὶ τῶν πρεσβυτέρων,
16: 4 παρεδίδοσαν αὐτοῖς φυλάσσειν τὰ δόγματα τὰ κεκριμένα ὑπὸ τῶν ἀποστόλων καὶ πρεσβυτέρων τῶν ἐν **Ἱεροσολύμοις.**
19:21 ἔθετο ὁ Παῦλος ἐν τῷ πνεύματι διελθὼν τὴν Μακεδονίαν καὶ Ἀχαΐαν πορεύεσθαι εἰς **Ἱεροσόλυμα** εἰπὼν
20:16 ἔσπευδεν γὰρ εἰ δυνατὸν εἴη αὐτῷ τὴν ἡμέραν τῆς πεντηκοστῆς γενέσθαι εἰς **Ἱεροσόλυμα.**
20:22 καὶ νῦν ἰδοὺ δεδεμένος ἐγὼ τῷ πνεύματι πορεύομαι εἰς **Ἰερουσαλὴμ** τὰ ἐν αὐτῇ συναντήσοντά μοι μὴ εἰδώς,
21: 4 οἵτινες τῷ Παύλῳ ἔλεγον διὰ τοῦ πνεύματος μὴ ἐπιβαίνειν εἰς **Ἱεροσόλυμα.**
21:11 οὕτως δήσουσιν ἐν **Ἰερουσαλὴμ** οἱ Ἰουδαῖοι καὶ παραδώσουσιν εἰς χεῖρας ἐθνῶν.
21:12 παρεκαλοῦμεν ἡμεῖς τε καὶ οἱ ἐντόπιοι τοῦ μὴ ἀναβαίνειν αὐτὸν εἰς **Ἰερουσαλήμ.**
21:13 ἐγὼ γὰρ οὐ μόνον δεθῆναι ἀλλὰ καὶ ἀποθανεῖν εἰς **Ἰερουσαλὴμ** ἑτοίμως ἔχω ὑπὲρ τοῦ ὀνόματος τοῦ κυρίου Ἰησοῦ.
21:15 Μετὰ δὲ τὰς ἡμέρας ταύτας ἐπισκευασάμενοι ἀνεβαίνομεν εἰς **Ἱεροσόλυμα·**
21:17 Γενομένων δὲ ἡμῶν εἰς **Ἱεροσόλυμα** ἀσμένως ἀπεδέξαντο ἡμᾶς οἱ ἀδελφοί.
21:31 ζητούντων τε αὐτὸν ἀποκτεῖναι ἀνέβη φάσις τῷ χιλιάρχῳ τῆς σπείρης ὅτι ὅλη συγχύννεται **Ἰερουσαλήμ.**
22: 5 ἄξων καὶ τοὺς ἐκεῖσε ὄντας δεδεμένους εἰς **Ἰερουσαλὴμ** ἵνα τιμωρηθῶσιν.
22:17 Ἐγένετο δέ μοι ὑποστρέψαντι εἰς **Ἰερουσαλὴμ** καὶ προσευχομένου μου ἐν τῷ ἱερῷ γενέσθαι με ἐν ἐκστάσει
22:18 καὶ ἰδεῖν αὐτὸν λέγοντά μοι, Σπεῦσον καὶ ἔξελθε ἐν τάχει ἐξ **Ἰερουσαλήμ,**
23:11 ὡς γὰρ διεμαρτύρω τὰ περὶ ἐμοῦ εἰς **Ἰερουσαλήμ,**
24:11 δυναμένου σου ἐπιγνῶναι ὅτι οὐ πλείους εἰσίν μοι ἡμέραι δώδεκα ἀφ' ἧς ἀνέβην προσκυνήσων εἰς **Ἰερουσαλήμ.**
25: 1 Φῆστος οὖν ἐπιβὰς τῇ ἐπαρχείᾳ μετὰ τρεῖς ἡμέρας ἀνέβη εἰς **Ἱεροσόλυμα** ἀπὸ Καισαρείας,
25: 3 αἰτούμενοι χάριν κατ' αὐτοῦ ὅπως μεταπέμψηται αὐτὸν εἰς **Ἰερουσαλήμ,**
25: 7 περιέστησαν αὐτὸν οἱ ἀπὸ **Ἱεροσολύμων** καταβεβηκότες Ἰουδαῖοι πολλὰ καὶ βαρέα αἰτιώματα καταφέροντες
25: 9 Θέλεις εἰς **Ἱεροσόλυμα** ἀναβὰς ἐκεῖ περὶ τούτων κριθῆναι ἐπ' ἐμοῦ;
25:15 περὶ οὗ γενομένου μου εἰς **Ἱεροσόλυμα** ἐνεφάνισαν οἱ ἀρχιερεῖς καὶ οἱ πρεσβύτεροι τῶν Ἰουδαίων
25:20 ἐγὼ τὴν περὶ τούτων ζήτησιν ἔλεγον εἰ βούλοιτο πορεύεσθαι εἰς **Ἱεροσόλυμα** κἀκεῖ κρίνεσθαι περὶ τούτων.
25:24 θεωρεῖτε τοῦτον περὶ οὗ ἅπαν τὸ πλῆθος τῶν Ἰουδαίων ἐνέτυχόν μοι ἔν τε **Ἱεροσολύμοις** καὶ ἐνθάδε βοῶντες
26: 4 Τὴν μὲν οὖν βίωσίν μου [τὴν] ἐκ νεότητος τὴν ἀπ' ἀρχῆς γενομένην ἐν τῷ ἔθνει μου ἔν τε **Ἱεροσολύμοις** ἴσασι πάντες
26:10 ὃ καὶ ἐποίησα ἐν **Ἱεροσολύμοις,** καὶ πολλούς τε τῶν ἁγίων ἐγὼ ἐν φυλακαῖς κατέκλεισα
26:20 ἀλλὰ τοῖς ἐν Δαμασκῷ πρῶτόν τε καὶ **Ἱεροσολύμοις,**
28:17 οὐδὲν ἐναντίον ποιήσας τῷ λαῷ ἢ τοῖς ἔθεσι τοῖς πατρῴοις δέσμιος ἐξ **Ἱεροσολύμων** παρεδόθην εἰς τὰς χεῖρας τῶν Ῥωμαίων,

Ro 15:19 ὥστε με ἀπὸ **Ἰερουσαλὴμ** καὶ κύκλῳ μέχρι τοῦ Ἰλλυρικοῦ πεπληρωκέναι τὸ εὐαγγέλιον τοῦ Χριστοῦ,
15:25 νυνὶ δὲ πορεύομαι εἰς **Ἰερουσαλὴμ** διακονῶν τοῖς ἁγίοις.
15:26 εὐδόκησαν γὰρ Μακεδονία καὶ Ἀχαΐα κοινωνίαν τινὰ ποιήσασθαι εἰς τοὺς πτωχοὺς τῶν ἁγίων τῶν ἐν **Ἰερουσαλήμ.**
15:31 ἵνα ῥυσθῶ ἀπὸ τῶν ἀπειθούντων ἐν τῇ Ἰουδαίᾳ καὶ ἡ διακονία μου ἡ εἰς **Ἰερουσαλὴμ** εὐπρόσδεκτος τοῖς ἁγίοις γένηται,

1Co 16: 3 δι' ἐπιστολῶν τούτους πέμψω ἀπενεγκεῖν τὴν χάριν ὑμῶν εἰς **Ἰερουσαλήμ·**

Gal 1:17 οὐδὲ ἀνῆλθον εἰς **Ἱεροσόλυμα** πρὸς τοὺς πρὸ ἐμοῦ ἀποστόλους,
1:18 Ἔπειτα μετὰ ἔτη τρία ἀνῆλθον εἰς **Ἱεροσόλυμα** ἱστορῆσαι Κηφᾶν καὶ ἐπέμεινα πρὸς αὐτὸν ἡμέρας δεκαπέντε,
2: 1 Ἔπειτα διὰ δεκατεσσάρων ἐτῶν πάλιν ἀνέβην εἰς **Ἱεροσόλυμα** μετὰ Βαρναβᾶ συμπαραλαβὼν καὶ Τίτον·
4:25 συστοιχεῖ δὲ τῇ νῦν **Ἰερουσαλήμ,** δουλεύει γὰρ μετὰ τῶν τέκνων αὐτῆς.
4:26 ἡ δὲ ἄνω **Ἰερουσαλὴμ** ἐλευθέρα ἐστίν, ἥτις ἐστὶν μήτηρ ἡμῶν·

Heb 12:22 ἀλλὰ προσεληλύθατε Σιὼν ὄρει καὶ πόλει θεοῦ ζῶντος, **Ἰερουσαλὴμ** ἐπουρανίῳ, καὶ μυριάσιν ἀγγέλων, πανηγύρει

Rev 3:12 τῆς καινῆς **Ἰερουσαλὴμ** ἡ καταβαίνουσα ἐκ τοῦ οὐρανοῦ ἀπὸ τοῦ θεοῦ μου,
21: 2 καὶ τὴν πόλιν τὴν ἁγίαν **Ἰερουσαλὴμ** καινὴν εἶδον καταβαίνουσαν ἐκ τοῦ οὐρανοῦ ἀπὸ τοῦ θεοῦ ἡτοιμασμένην ὡς νύμφην κεκοσμημένην τῷ ἀνδρὶ αὐτῆς.
21:10 καὶ ἔδειξέν μοι τὴν πόλιν τὴν ἁγίαν **Ἰερουσαλὴμ** καταβαίνουσαν ἐκ τοῦ οὐρανοῦ ἀπὸ τοῦ θεοῦ

2648 ἱερωσύνη [3]

√ *2641*

Heb 7:11 Εἰ μὲν οὖν τελείωσις διὰ τῆς Λευιτικῆς **ἱερωσύνης** ἦν,
7:12 μετατιθεμένης γὰρ τῆς **ἱερωσύνης** ἐξ ἀνάγκης καὶ νόμου μετάθεσις γίνεται.
7:24 ὁ δὲ διὰ τὸ μένειν αὐτὸν εἰς τὸν αἰῶνα ἀπαράβατον ἔχει τὴν **ἱερωσύνην·**

2649 Ἰεσσαί [5]

Mt 1: 5 Βόες δὲ ἐγέννησεν τὸν Ἰωβὴδ ἐκ τῆς Ῥούθ, Ἰωβὴδ δὲ ἐγέννησεν τὸν **Ἰεσσαί,**
1: 6 **Ἰεσσαὶ** δὲ ἐγέννησεν τὸν Δαυὶδ τὸν βασιλέα. Δαυὶδ δὲ ἐγέννησεν τὸν Σολομῶνα ἐκ τῆς τοῦ Οὐρίου,

Lk 3:32 τοῦ **Ἰεσσαὶ** τοῦ Ἰωβὴδ τοῦ Βόος τοῦ Σαλὰ τοῦ Ναασσὼν

Ac 13:22 Εὗρον Δαυὶδ τὸν τοῦ **Ἰεσσαί,** ἄνδρα κατὰ τὴν καρδίαν μου,

Ro 15:12 Ἔσται ἡ ῥίζα τοῦ **Ἰεσσαὶ** καὶ ὁ ἀνιστάμενος ἄρχειν ἐθνῶν,

2650 Ἰεφθάε [1]

Heb 11:32 Βαράκ, Σαμψών, **Ἰεφθάε,** Δαυίδ τε καὶ Σαμουὴλ καὶ τῶν προφητῶν,

2651 Ἰεχονίας [2]

Mt 1:11 Ἰωσίας δὲ ἐγέννησεν τὸν **Ἰεχονίαν** καὶ τοὺς ἀδελφοὺς αὐτοῦ ἐπὶ τῆς μετοικεσίας Βαβυλῶνος.
1:12 Μετὰ δὲ τὴν μετοικεσίαν Βαβυλῶνος **Ἰεχονίας** ἐγέννησεν τὸν Σαλαθιήλ,

2652 Ἰησοῦς [917 / 916]

ἀδελφοὶ Ἰησοῦ [21] Mt 12:46,47,48,49; 13:55; 28:10; Mk 3:31,32,33,34,35; Lk 8:19,20,21; Jn 2:12; 7:3,5,10; 20:17; Ac 1:14; 1Co 9:5

διὰ [τόν] Ἰησοῦν, διὰ [τόν] Χριστόν [5] Jn 12:9; 1Co 4:10; 2Co 4:5,11; Php 3:7

Ἰησοῦς Χριστός [136 / 135] Mt 1:1,18; Mk 1:1; Jn 1:17; 17:3; Ac 2:38; 3:6; 4:10; 8:12; 9:34; 10:36,48; 11:17; 15:26; 16:18; 28:31; Ro 1:4,6,7,8; 2:16[NIV]; 3:22; 5:1,11,15,17,21; 7:25; 13:14; 15:6,30; 16:25,27; 1Co 1:2,3,7,8,9,10; 2:2; 3:11; 6:11; 8:6; 15:57; 2Co 1:2,3,19; 4:5,6[UBS]; 8:9; 13:5[UBS],14; Gal 1:1,3,12; 2:16; 3:1,22; 6:14,18; Eph 1:2,3,5,17; 5:20; 6:23,24; Php 1:2,11,19; 2:11,21; 3:20; 4:23; Col 1:3; 1Th 1:1,3; 5:9,23,28; 2Th 1:1,2,12; 2:1,14,16; 3:6,12,18; 1Ti 6:3,14; 2Ti 2:8; Tit 1:1; 2:13; 3:6; Phm 1:3,25; Heb 10:10; 13:8,21; Jas 1:1; 2:1; 1Pe 1:1,2,3,3,7,13; 2:5; 3:21; 4:11; 2Pe 1:1,1,8,11,14,16; 2:20; 3:18; 1Jn 1:3; 2:1; 3:23; 4:2; 5:6,20; 2Jn 1:3,7; Jude 1:1,1,4,17,21,25; Rev 1:1,2,5

κύριος Ἰησοῦς [101] Mk 16:19; Lk 24:3; Ac 1:21; 4:33; 7:59; 8:16; 11:17,20; 15:11,26; 16:31; 19:5,13,17; 20:21,24,35; 21:13; 28:31; Ro 1:7; 5:1,11; 13:14; 14:14; 15:6,30; 16:20; 1Co 1:2,3,7,8,10; 5:4,4; 6:11; 8:6; 11:23; 15:57; 16:23; 2Co 1:2,3; 4:14; 8:9; 11:31; 13:14; Gal 1:3; 6:14,18; Eph 1:2,3,15,17; 5:20; 6:23,24; Php 1:2; 2:19; 3:20; 4:23; Col 1:3; 3:17; 1Th 1:1,3; 2:15,19; 3:11,13; 4:1,2; 5:9,23,28; 2Th 1:1,2,7,8,12,12; 2:1,8,14,16; 3:6,12,18; 1Ti 6:3,14; Phm 1:3,5,25; Heb 13:20; Jas 1:1; 2:1; 1Pe 1:3; 2Pe 1:8,14,16; Jude 1:17,21; Rev 22:20,21

λόγος Ἰησοῦ [2] Jn 18:32; Ac 20:35

μαθηταὶ Ἰησοῦ [1] Jn 19:38

μαρτυρία Ἰησοῦ [7] Mk 14:55; Rev 1:2,9; 12:17; 19:10,10; 20:4

ὄνομα Ἰησοῦ [12] Ac 2:38; 3:6; 4:10,18; 5:40; 8:12; 9:27; 10:48; 16:18; 26:9; Php 2:10; Col 3:17

ὁράω Ἰησοῦν [9] Mt 17:8; Mk 5:6; 9:8; Lk 5:12; 8:28; 19:3; 23:8; Jn 12:21; 1Co 9:1

πίστις εἰς Ἰησοῦν [2] Ac 20:21; 24:24

πίστις ἐν Ἰησοῦς [7] Gal 3:26; Eph 1:15; Col 1:4; 1Ti 1:14; 3:13; 2Ti 1:13; 3:15

πίστις Ἰησοῦ [5] Ro 3:22,26; Gal 2:16; 3:22; Rev 14:12

πνεῦμα Ἰησοῦ [2] Ac 16:7; Php 1:19

σῶμα Ἰησοῦ [13] Mt 26:26; 27:58; Mk 14:22; 15:43; Lk 23:52; 24:3; Jn 19:38,38,40; 20:12; Ro 8:11; 2Co 4:10; Heb 10:10

σωτήρ Ἰησοῦς [9] Ac 13:23; Php 3:20; 2Ti 1:10; Tit 1:4; 2:13; 2Pe 1:1,11; 2:20; 3:18

Χριστός Ἰησοῦς [91 / 90] Ac 24:24; Ro 1:1; 2:16[UBS]; 3:24; 6:3,11,23; 8:1,2,34,39; 15:5,16,17; 16:3; 1Co 1:1,2,4,30; 4:15,17; 15:31; 16:24; 2Co 1:1; 13:5[NIV]; Gal 2:4,16; 3:14,26,28; 4:14; 5:6,24; Eph 1:1,1; 2:6,7,10,13,20; 3:1,6,11,21; Php 1:1,1,6,8,26; 2:5; 3:3,8,12,14; 4:7,19,21; Col 1:1,4; 2:6; 4:12; 1Th 2:14; 5:18; 1Ti 1:1,1,2,12,14,15,16; 2:5; 3:13; 4:6; 5:21; 6:13; 2Ti 1:1,1,2,9,10,13; 2:1,3,10; 3:12,15; 4:1; Tit 1:4; Phm 1:1,9,23; 1Pe 5:10[UBS]

Joshua [3] Lk 3:29; Ac 7:45; Heb 4:8

Mt 1: 1 Βίβλος γενέσεως **Ἰησοῦ** Χριστοῦ υἱοῦ Δαυὶδ υἱοῦ Ἀβραάμ.
1:16 Ἰακὼβ δὲ ἐγέννησεν τὸν Ἰωσὴφ τὸν ἄνδρα Μαρίας, ἐξ ἧς ἐγεννήθη **Ἰησοῦς** ὁ λεγόμενος Χριστός.
1:18 Τοῦ δὲ **Ἰησοῦ** Χριστοῦ ἡ γένεσις οὕτως ἦν.
1:21 τέξεται δὲ υἱόν, καὶ καλέσεις τὸ ὄνομα αὐτοῦ **Ἰησοῦν**·
1:25 καὶ οὐκ ἐγίνωσκεν αὐτὴν ἕως οὗ ἔτεκεν υἱόν· καὶ ἐκάλεσεν τὸ ὄνομα αὐτοῦ **Ἰησοῦν.**
2: 1 Τοῦ δὲ **Ἰησοῦ** γεννηθέντος ἐν Βηθλέεμ τῆς Ἰουδαίας ἐν ἡμέραις Ἡρῴδου τοῦ βασιλέως,
3:13 Τότε παραγίνεται ὁ **Ἰησοῦς** ἀπὸ τῆς Γαλιλαίας ἐπὶ τὸν Ἰορδάνην πρὸς τὸν Ἰωάννην τοῦ βαπτισθῆναι ὑπ' αὐτοῦ.
3:15 ἀποκριθεὶς δὲ ὁ **Ἰησοῦς** εἶπεν πρὸς αὐτόν, Ἄφες ἄρτι,
3:16 βαπτισθεὶς δὲ ὁ **Ἰησοῦς** εὐθὺς ἀνέβη ἀπὸ τοῦ ὕδατος·
4: 1 Τότε ὁ **Ἰησοῦς** ἀνήχθη εἰς τὴν ἔρημον ὑπὸ τοῦ πνεύματος πειρασθῆναι ὑπὸ τοῦ διαβόλου.
4: 7 ἔφη αὐτῷ ὁ **Ἰησοῦς,** Πάλιν γέγραπται, Οὐκ ἐκπειράσεις κύριον τὸν θεόν σου.
4:10 τότε λέγει αὐτῷ ὁ **Ἰησοῦς,** Ὕπαγε, Σατανᾶ· γέγραπται γάρ,
4:17 Ἀπὸ τότε ἤρξατο ὁ **Ἰησοῦς** κηρύσσειν καὶ λέγειν,
7:28 Καὶ ἐγένετο ὅτε ἐτέλεσεν ὁ **Ἰησοῦς** τοὺς λόγους τούτους,
8: 4 καὶ λέγει αὐτῷ ὁ **Ἰησοῦς,** Ὅρα μηδενὶ εἴπῃς,
8:10 ἀκούσας δὲ ὁ **Ἰησοῦς** ἐθαύμασεν καὶ εἶπεν τοῖς ἀκολουθοῦσιν,
8:13 καὶ εἶπεν ὁ **Ἰησοῦς** τῷ ἑκατοντάρχῃ, Ὕπαγε, ὡς ἐπίστευσας γενηθήτω σοι.
8:14 Καὶ ἐλθὼν ὁ **Ἰησοῦς** εἰς τὴν οἰκίαν Πέτρου εἶδεν τὴν πενθερὰν αὐτοῦ βεβλημένην καὶ πυρέσσουσαν·
8:18 Ἰδὼν δὲ ὁ **Ἰησοῦς** ὄχλον περὶ αὐτὸν ἐκέλευσεν ἀπελθεῖν εἰς τὸ πέραν.
8:20 καὶ λέγει αὐτῷ ὁ **Ἰησοῦς,** Αἱ ἀλώπεκες φωλεοὺς ἔχουσιν καὶ τὰ πετεινὰ τοῦ οὐρανοῦ κατασκηνώσεις,
8:22 ὁ δὲ **Ἰησοῦς** λέγει αὐτῷ, Ἀκολούθει μοι καὶ ἄφες τοὺς νεκροὺς θάψαι τοὺς ἑαυτῶν νεκρούς.
8:34 καὶ ἰδοὺ πᾶσα ἡ πόλις ἐξῆλθεν εἰς ὑπάντησιν τῷ **Ἰησοῦ** καὶ ἰδόντες αὐτὸν παρεκάλεσαν ὅπως μεταβῇ ἀπὸ τῶν ὁρίων αὐτῶν.
9: 1 Καὶ ἐμβὰς ὁ **Ἰησοῦς**[UBS-] εἰς πλοῖον διεπέρασεν καὶ ἦλθεν εἰς τὴν ἰδίαν πόλιν.
9: 2 καὶ ἰδὼν ὁ **Ἰησοῦς** τὴν πίστιν αὐτῶν εἶπεν τῷ παραλυτικῷ,
9: 4 καὶ ἰδὼν ὁ **Ἰησοῦς** τὰς ἐνθυμήσεις αὐτῶν εἶπεν,
9: 9 Καὶ παράγων ὁ **Ἰησοῦς** ἐκεῖθεν εἶδεν ἄνθρωπον καθήμενον ἐπὶ τὸ τελώνιον,
9:10 καὶ ἰδοὺ πολλοὶ τελῶναι καὶ ἁμαρτωλοὶ ἐλθόντες συνανέκειντο τῷ **Ἰησοῦ** καὶ τοῖς μαθηταῖς αὐτοῦ.
9:15 καὶ εἶπεν αὐτοῖς ὁ **Ἰησοῦς,** Μὴ δύνανται οἱ υἱοὶ τοῦ νυμφῶνος πενθεῖν ἐφ' ὅσον μετ' αὐτῶν ἐστιν ὁ νυμφίος;
9:19 καὶ ἐγερθεὶς ὁ **Ἰησοῦς** ἠκολούθησεν αὐτῷ καὶ οἱ μαθηταὶ αὐτοῦ.
9:22 ὁ δὲ **Ἰησοῦς** στραφεὶς καὶ ἰδὼν αὐτὴν εἶπεν,
9:23 Καὶ ἐλθὼν ὁ **Ἰησοῦς** εἰς τὴν οἰκίαν τοῦ ἄρχοντος καὶ ἰδὼν τοὺς αὐλητὰς καὶ τὸν ὄχλον θορυβούμενον
9:27 Καὶ παράγοντι ἐκεῖθεν τῷ **Ἰησοῦ** ἠκολούθησαν [αὐτῷ] δύο τυφλοὶ κράζοντες καὶ λέγοντες,
9:28 καὶ λέγει αὐτοῖς ὁ **Ἰησοῦς,** Πιστεύετε ὅτι δύναμαι τοῦτο ποιῆσαι;
9:30 καὶ ἐνεβριμήθη αὐτοῖς ὁ **Ἰησοῦς** λέγων, Ὁρᾶτε μηδεὶς γινωσκέτω.
9:35 Καὶ περιῆγεν ὁ **Ἰησοῦς** τὰς πόλεις πάσας καὶ τὰς κώμας διδάσκων ἐν ταῖς συναγωγαῖς αὐτῶν καὶ κηρύσσων
10: 5 Τούτους τοὺς δώδεκα ἀπέστειλεν ὁ **Ἰησοῦς** παραγγείλας αὐτοῖς λέγων,
11: 1 Καὶ ἐγένετο ὅτε ἐτέλεσεν ὁ **Ἰησοῦς** διατάσσων τοῖς δώδεκα μαθηταῖς αὐτοῦ,
11: 4 καὶ ἀποκριθεὶς ὁ **Ἰησοῦς** εἶπεν αὐτοῖς, Πορευθέντες ἀπαγγείλατε Ἰωάννῃ ἃ ἀκούετε καὶ βλέπετε·
11: 7 Τούτων δὲ πορευομένων ἤρξατο ὁ **Ἰησοῦς** λέγειν τοῖς ὄχλοις περὶ Ἰωάννου,
11:20 Τότε ἤρξατο ὁ **Ἰησοῦς**[UBS-] ὀνειδίζειν τὰς πόλεις ἐν αἷς ἐγένοντο αἱ πλεῖσται δυνάμεις αὐτοῦ,
11:25 Ἐν ἐκείνῳ τῷ καιρῷ ἀποκριθεὶς ὁ **Ἰησοῦς** εἶπεν,
12: 1 Ἐν ἐκείνῳ τῷ καιρῷ ἐπορεύθη ὁ **Ἰησοῦς** τοῖς σάββασιν διὰ τῶν σπορίμων·
12:15 Ὁ δὲ **Ἰησοῦς** γνοὺς ἀνεχώρησεν ἐκεῖθεν. καὶ ἠκολούθησαν αὐτῷ [ὄχλοι] πολλοί,
13: 1 Ἐν τῇ ἡμέρᾳ ἐκείνῃ ἐξελθὼν ὁ **Ἰησοῦς** τῆς οἰκίας ἐκάθητο παρὰ τὴν θάλασσαν·
13:34 Ταῦτα πάντα ἐλάλησεν ὁ **Ἰησοῦς** ἐν παραβολαῖς τοῖς ὄχλοις καὶ χωρὶς παραβολῆς οὐδὲν ἐλάλει αὐτοῖς,
13:51 Λέγει αὐτοῖς ὁ **Ἰησοῦς,**[UBS-] Συνήκατε ταῦτα πάντα; λέγουσιν αὐτῷ,
13:53 Καὶ ἐγένετο ὅτε ἐτέλεσεν ὁ **Ἰησοῦς** τὰς παραβολὰς ταύτας,
13:57 ὁ δὲ **Ἰησοῦς** εἶπεν αὐτοῖς, Οὐκ ἔστιν προφήτης ἄτιμος εἰ μὴ ἐν τῇ πατρίδι καὶ ἐν τῇ οἰκίᾳ αὐτοῦ.

14: 1 Ἐν ἐκείνῳ τῷ καιρῷ ἤκουσεν Ἡρῴδης ὁ τετραάρχης τὴν ἀκοὴν **Ἰησοῦ,**
14:12 καὶ προσελθόντες οἱ μαθηταὶ αὐτοῦ ἦραν τὸ πτῶμα καὶ ἔθαψαν αὐτὸ[ν] καὶ ἐλθόντες ἀπήγγειλαν τῷ **Ἰησοῦ.**
14:13 Ἀκούσας δὲ ὁ **Ἰησοῦς** ἀνεχώρησεν ἐκεῖθεν ἐν πλοίῳ εἰς ἔρημον τόπον κατ᾽ ἰδίαν·
14:16 ὁ δὲ **[Ἰησοῦς]** εἶπεν αὐτοῖς, Οὐ χρείαν ἔχουσιν ἀπελθεῖν,
14:27 εὐθὺς δὲ ἐλάλησεν [ὁ **Ἰησοῦς**] αὐτοῖς λέγων, Θαρσεῖτε,
14:29 καὶ καταβὰς ἀπὸ τοῦ πλοίου [ὁ] Πέτρος περιεπάτησεν ἐπὶ τὰ ὕδατα καὶ ἦλθεν πρὸς τὸν **Ἰησοῦν.**
14:31 εὐθέως δὲ ὁ **Ἰησοῦς** ἐκτείνας τὴν χεῖρα ἐπελάβετο αὐτοῦ καὶ λέγει αὐτῷ,
15: 1 Τότε προσέρχονται τῷ **Ἰησοῦ** ἀπὸ Ἱεροσολύμων **Φαρισαῖοι** καὶ γραμματεῖς λέγοντες,
15:21 Καὶ ἐξελθὼν ἐκεῖθεν ὁ **Ἰησοῦς** ἀνεχώρησεν εἰς τὰ μέρη Τύρου καὶ Σιδῶνος.
15:28 τότε ἀποκριθεὶς ὁ **Ἰησοῦς** εἶπεν αὐτῇ, Ὦ γύναι,
15:29 Καὶ μεταβὰς ἐκεῖθεν ὁ **Ἰησοῦς** ἦλθεν παρὰ τὴν θάλασσαν τῆς Γαλιλαίας,
15:32 Ὁ δὲ **Ἰησοῦς** προσκαλεσάμενος τοὺς μαθητὰς αὐτοῦ εἶπεν,
15:34 καὶ λέγει αὐτοῖς ὁ **Ἰησοῦς,** Πόσους ἄρτους ἔχετε;
16: 6 ὁ δὲ **Ἰησοῦς** εἶπεν αὐτοῖς, Ὁρᾶτε καὶ προσέχετε ἀπὸ τῆς ζύμης τῶν **Φαρισαίων** καὶ Σαδδουκαίων.
16: 8 γνοὺς δὲ ὁ **Ἰησοῦς** εἶπεν, Τί διαλογίζεσθε ἐν ἑαυτοῖς,
16:13 Ἐλθὼν δὲ ὁ **Ἰησοῦς** εἰς τὰ μέρη Καισαρείας τῆς **Φιλίππου** ἠρώτα τοὺς μαθητὰς αὐτοῦ λέγων,
16:17 ἀποκριθεὶς δὲ ὁ **Ἰησοῦς** εἶπεν αὐτῷ, Μακάριος εἶ,
16:21 Ἀπὸ τότε ἤρξατο ὁ **Ἰησοῦς** δεικνύειν τοῖς μαθηταῖς αὐτοῦ ὅτι δεῖ αὐτὸν εἰς Ἱεροσόλυμα ἀπελθεῖν καὶ πολλὰ παθεῖν
16:24 Τότε ὁ **Ἰησοῦς** εἶπεν τοῖς μαθηταῖς αὐτοῦ, Εἴ τις θέλει ὀπίσω μου ἐλθεῖν,
17: 1 Καὶ μεθ᾽ ἡμέρας ἓξ παραλαμβάνει ὁ **Ἰησοῦς** τὸν Πέτρον καὶ Ἰάκωβον καὶ Ἰωάννην τὸν ἀδελφὸν αὐτοῦ καὶ ἀναφέρει αὐτοὺς
17: 4 ἀποκριθεὶς δὲ ὁ Πέτρος εἶπεν τῷ **Ἰησοῦ,** Κύριε,
17: 7 καὶ προσῆλθεν ὁ **Ἰησοῦς** καὶ ἁψάμενος αὐτῶν εἶπεν,
17: 8 ἐπάραντες δὲ τοὺς ὀφθαλμοὺς αὐτῶν οὐδένα εἶδον εἰ μὴ αὐτὸν **Ἰησοῦν** μόνον.
17: 9 Καὶ καταβαινόντων αὐτῶν ἐκ τοῦ ὄρους ἐνετείλατο αὐτοῖς ὁ **Ἰησοῦς** λέγων,
17:17 ἀποκριθεὶς δὲ ὁ **Ἰησοῦς** εἶπεν, Ὦ γενεὰ ἄπιστος καὶ διεστραμμένη,
17:18 καὶ ἐπετίμησεν αὐτῷ ὁ **Ἰησοῦς** καὶ ἐξῆλθεν ἀπ᾽ αὐτοῦ τὸ δαιμόνιον καὶ ἐθεραπεύθη ὁ παῖς ἀπὸ τῆς ὥρας ἐκείνης.
17:19 Τότε προσελθόντες οἱ μαθηταὶ τῷ **Ἰησοῦ** κατ᾽ ἰδίαν εἶπον,
17:22 Συστρεφομένων δὲ αὐτῶν ἐν τῇ Γαλιλαίᾳ εἶπεν αὐτοῖς ὁ **Ἰησοῦς,**
17:25 καὶ ἐλθόντα εἰς τὴν οἰκίαν προέφθασεν αὐτὸν ὁ **Ἰησοῦς** λέγων,
17:26 εἰπόντος δέ, Ἀπὸ τῶν ἀλλοτρίων, ἔφη αὐτῷ ὁ **Ἰησοῦς,**
18: 1 Ἐν ἐκείνῃ τῇ ὥρᾳ προσῆλθον οἱ μαθηταὶ τῷ **Ἰησοῦ** λέγοντες,
18:22 λέγει αὐτῷ ὁ **Ἰησοῦς,** Οὐ λέγω σοι ἕως ἑπτάκις ἀλλὰ ἕως ἑβδομηκοντάκις ἑπτά.
19: 1 Καὶ ἐγένετο ὅτε ἐτέλεσεν ὁ **Ἰησοῦς** τοὺς λόγους τούτους,
19:14 ὁ δὲ **Ἰησοῦς** εἶπεν, Ἄφετε τὰ παιδία καὶ μὴ κωλύετε αὐτὰ ἐλθεῖν πρός με,
19:18 ὁ δὲ **Ἰησοῦς** εἶπεν, Τὸ Οὐ φονεύσεις, Οὐ μοιχεύσεις,
19:21 ἔφη αὐτῷ ὁ **Ἰησοῦς,** Εἰ θέλεις τέλειος εἶναι,
19:23 Ὁ δὲ **Ἰησοῦς** εἶπεν τοῖς μαθηταῖς αὐτοῦ, Ἀμὴν λέγω ὑμῖν ὅτι πλούσιος δυσκόλως εἰσελεύσεται εἰς τὴν βασιλείαν
19:26 ἐμβλέψας δὲ ὁ **Ἰησοῦς** εἶπεν αὐτοῖς, Παρὰ ἀνθρώποις τοῦτο ἀδύνατόν ἐστιν,
19:28 ὁ δὲ **Ἰησοῦς** εἶπεν αὐτοῖς, Ἀμὴν λέγω ὑμῖν ὅτι ὑμεῖς οἱ ἀκολουθήσαντές μοι ἐν τῇ παλιγγενεσίᾳ,
20:17 Καὶ ἀναβαίνων ὁ **Ἰησοῦς** εἰς Ἱεροσόλυμα παρέλαβεν τοὺς δώδεκα [μαθητὰς] κατ᾽ ἰδίαν καὶ ἐν τῇ ὁδῷ εἶπεν αὐτοῖς,
20:22 ἀποκριθεὶς δὲ ὁ **Ἰησοῦς** εἶπεν, Οὐκ οἴδατε τί αἰτεῖσθε.
20:25 ὁ δὲ **Ἰησοῦς** προσκαλεσάμενος αὐτοὺς εἶπεν, Οἴδατε ὅτι οἱ ἄρχοντες τῶν ἐθνῶν κατακυριεύουσιν αὐτῶν
20:30 καὶ ἰδοὺ δύο τυφλοὶ καθήμενοι παρὰ τὴν ὁδὸν ἀκούσαντες ὅτι **Ἰησοῦς** παράγει,
20:32 καὶ στὰς ὁ **Ἰησοῦς** ἐφώνησεν αὐτοὺς καὶ εἶπεν,
20:34 σπλαγχνισθεὶς δὲ ὁ **Ἰησοῦς** ἥψατο τῶν ὀμμάτων αὐτῶν,
21: 1 Καὶ ὅτε ἤγγισαν εἰς Ἱεροσόλυμα καὶ ἦλθον εἰς Βηθφαγὴ εἰς τὸ Ὄρος τῶν Ἐλαιῶν, τότε **Ἰησοῦς** ἀπέστειλεν δύο μαθητὰς
21: 6 πορευθέντες δὲ οἱ μαθηταὶ καὶ ποιήσαντες καθὼς συνέταξεν αὐτοῖς ὁ **Ἰησοῦς**
21:11 Οὗτός ἐστιν ὁ προφήτης **Ἰησοῦς** ὁ ἀπὸ Ναζαρὲθ τῆς Γαλιλαίας.
21:12 Καὶ εἰσῆλθεν **Ἰησοῦς** εἰς τὸ ἱερὸν καὶ ἐξέβαλεν πάντας τοὺς πωλοῦντας καὶ ἀγοράζοντας ἐν τῷ ἱερῷ,
21:16 Ἀκούεις τί οὗτοι λέγουσιν; ὁ δὲ **Ἰησοῦς** λέγει αὐτοῖς, Ναί.
21:21 ἀποκριθεὶς δὲ ὁ **Ἰησοῦς** εἶπεν αὐτοῖς, Ἀμὴν λέγω ὑμῖν,
21:24 ἀποκριθεὶς δὲ ὁ **Ἰησοῦς** εἶπεν αὐτοῖς, Ἐρωτήσω ὑμᾶς κἀγὼ λόγον ἕνα,
21:27 καὶ ἀποκριθέντες τῷ **Ἰησοῦ** εἶπαν, Οὐκ οἴδαμεν. ἔφη αὐτοῖς καὶ αὐτός,
21:31 λέγει αὐτοῖς ὁ **Ἰησοῦς,** Ἀμὴν λέγω ὑμῖν ὅτι οἱ τελῶναι καὶ αἱ πόρναι προάγουσιν ὑμᾶς εἰς τὴν βασιλείαν τοῦ θεοῦ.
21:42 λέγει αὐτοῖς ὁ **Ἰησοῦς,** Οὐδέποτε ἀνέγνωτε ἐν ταῖς γραφαῖς,
22: 1 Καὶ ἀποκριθεὶς ὁ **Ἰησοῦς** πάλιν εἶπεν ἐν παραβολαῖς αὐτοῖς λέγων,
22:18 γνοὺς δὲ ὁ **Ἰησοῦς** τὴν πονηρίαν αὐτῶν εἶπεν,
22:29 ἀποκριθεὶς δὲ ὁ **Ἰησοῦς** εἶπεν αὐτοῖς, Πλανᾶσθε μὴ εἰδότες τὰς γραφὰς μηδὲ τὴν δύναμιν τοῦ θεοῦ·
22:41 Συνηγμένων δὲ τῶν **Φαρισαίων** ἐπηρώτησεν αὐτοὺς ὁ **Ἰησοῦς**
23: 1 Τότε ὁ **Ἰησοῦς** ἐλάλησεν τοῖς ὄχλοις καὶ τοῖς μαθηταῖς αὐτοῦ
24: 1 Καὶ ἐξελθὼν ὁ **Ἰησοῦς** ἀπὸ τοῦ ἱεροῦ ἐπορεύετο,
24: 4 καὶ ἀποκριθεὶς ὁ **Ἰησοῦς** εἶπεν αὐτοῖς, Βλέπετε μή τις ὑμᾶς πλανήσῃ·
26: 1 Καὶ ἐγένετο ὅτε ἐτέλεσεν ὁ **Ἰησοῦς** πάντας τοὺς λόγους τούτους,
26: 4 καὶ συνεβουλεύσαντο ἵνα τὸν **Ἰησοῦν** δόλῳ κρατήσωσιν καὶ ἀποκτείνωσιν·
26: 6 Τοῦ δὲ **Ἰησοῦ** γενομένου ἐν Βηθανίᾳ ἐν οἰκίᾳ Σίμωνος τοῦ λεπροῦ,
26:10 γνοὺς δὲ ὁ **Ἰησοῦς** εἶπεν αὐτοῖς, Τί κόπους παρέχετε τῇ γυναικί;
26:17 Τῇ δὲ πρώτῃ τῶν ἀζύμων προσῆλθον οἱ μαθηταὶ τῷ **Ἰησοῦ** λέγοντες,
26:19 καὶ ἐποίησαν οἱ μαθηταὶ ὡς συνέταξεν αὐτοῖς ὁ **Ἰησοῦς** καὶ ἡτοίμασαν τὸ πάσχα.
26:26 Ἐσθιόντων δὲ αὐτῶν λαβὼν ὁ **Ἰησοῦς** ἄρτον καὶ εὐλογήσας ἔκλασεν καὶ δοὺς τοῖς μαθηταῖς εἶπεν,
26:31 Τότε λέγει αὐτοῖς ὁ **Ἰησοῦς,** Πάντες ὑμεῖς σκανδαλισθήσεσθε ἐν ἐμοὶ ἐν τῇ νυκτὶ ταύτῃ,
26:34 ἔφη αὐτῷ ὁ **Ἰησοῦς,** Ἀμὴν λέγω σοι ὅτι ἐν ταύτῃ τῇ νυκτὶ πρὶν ἀλέκτορα φωνῆσαι τρὶς ἀπαρνήσῃ με.
26:36 Τότε ἔρχεται μετ᾽ αὐτῶν ὁ **Ἰησοῦς** εἰς χωρίον λεγόμενον Γεθσημανὶ καὶ λέγει τοῖς μαθηταῖς,
26:49 καὶ εὐθέως προσελθὼν τῷ **Ἰησοῦ** εἶπεν, Χαῖρε, ῥαββί,
26:50 ὁ δὲ **Ἰησοῦς** εἶπεν αὐτῷ, Ἑταῖρε, ἐφ᾽ ὃ πάρει. τότε προσελθόντες ἐπέβαλον τὰς χεῖρας ἐπὶ τὸν **Ἰησοῦν** καὶ ἐκράτησαν αὐτόν.
26:51 καὶ ἰδοὺ εἷς τῶν μετὰ **Ἰησοῦ** ἐκτείνας τὴν χεῖρα ἀπέσπασεν τὴν μάχαιραν αὐτοῦ καὶ πατάξας τὸν δοῦλον τοῦ ἀρχιερέως
26:52 τότε λέγει αὐτῷ ὁ **Ἰησοῦς,** Ἀπόστρεψον τὴν μάχαιράν σου εἰς τὸν τόπον αὐτῆς·
26:55 Ἐν ἐκείνῃ τῇ ὥρᾳ εἶπεν ὁ **Ἰησοῦς** τοῖς ὄχλοις,
26:57 Οἱ δὲ κρατήσαντες τὸν **Ἰησοῦν** ἀπήγαγον πρὸς Καϊάφαν τὸν ἀρχιερέα,
26:59 οἱ δὲ ἀρχιερεῖς καὶ τὸ συνέδριον ὅλον ἐζήτουν ψευδομαρτυρίαν κατὰ τοῦ **Ἰησοῦ** ὅπως αὐτὸν θανατώσωσιν,
26:63 ὁ δὲ **Ἰησοῦς** ἐσιώπα. καὶ ὁ ἀρχιερεὺς εἶπεν αὐτῷ,
26:64 λέγει αὐτῷ ὁ **Ἰησοῦς,** Σὺ εἶπας· πλὴν λέγω ὑμῖν,
26:69 καὶ προσῆλθεν αὐτῷ μία παιδίσκη λέγουσα, Καὶ σὺ ἦσθα μετὰ **Ἰησοῦ** τοῦ Γαλιλαίου.
26:71 ἐξελθόντα δὲ εἰς τὸν πυλῶνα εἶδεν αὐτὸν ἄλλη καὶ λέγει τοῖς ἐκεῖ, Οὗτος ἦν μετὰ **Ἰησοῦ** τοῦ Ναζωραίου.
26:75 καὶ ἐμνήσθη ὁ Πέτρος τοῦ ῥήματος **Ἰησοῦ** εἰρηκότος ὅτι Πρὶν ἀλέκτορα φωνῆσαι τρὶς ἀπαρνήσῃ με·
27: 1 Πρωΐας δὲ γενομένης συμβούλιον ἔλαβον πάντες οἱ ἀρχιερεῖς καὶ οἱ πρεσβύτεροι τοῦ λαοῦ κατὰ τοῦ **Ἰησοῦ** ὥστε θανατῶσαι
27:11 Ὁ δὲ **Ἰησοῦς** ἐστάθη ἔμπροσθεν τοῦ ἡγεμόνος· καὶ ἐπηρώτησεν αὐτὸν ὁ ἡγεμὼν λέγων, Σὺ εἶ ὁ βασιλεὺς τῶν Ἰουδαίων; ὁ δὲ **Ἰησοῦς** ἔφη, Σὺ λέγεις.
27:16 εἶχον δὲ τότε δέσμιον ἐπίσημον λεγόμενον **[Ἰησοῦν]**[NIV-] Βαραββᾶν.
27:17 εἶπεν αὐτοῖς ὁ Πιλᾶτος, Τίνα θέλετε ἀπολύσω ὑμῖν, **[Ἰησοῦν**[NIV-] τὸν] Βαραββᾶν ἢ **Ἰησοῦν** τὸν λεγόμενον Χριστόν;
27:20 Οἱ δὲ ἀρχιερεῖς καὶ οἱ πρεσβύτεροι ἔπεισαν τοὺς ὄχλους ἵνα αἰτήσωνται τὸν Βαραββᾶν, τὸν δὲ **Ἰησοῦν** ἀπολέσωσιν.

27:22 λέγει αὐτοῖς ὁ Πιλᾶτος, Τί οὖν ποιήσω **Ἰησοῦν** τὸν λεγόμενον Χριστόν;
27:26 τότε ἀπέλυσεν αὐτοῖς τὸν Βαραββᾶν, τὸν δὲ **Ἰησοῦν** φραγελλώσας παρέδωκεν ἵνα σταυρωθῇ.
27:27 Τότε οἱ στρατιῶται τοῦ ἡγεμόνος παραλαβόντες τὸν **Ἰησοῦν** εἰς τὸ πραιτώριον συνήγαγον ἐπ᾽ αὐτὸν ὅλην τὴν σπεῖραν.
27:37 καὶ ἐπέθηκαν ἐπάνω τῆς κεφαλῆς αὐτοῦ τὴν αἰτίαν αὐτοῦ γεγραμμένην· Οὗτός ἐστιν **Ἰησοῦς** ὁ βασιλεὺς τῶν Ἰουδαίων.
27:46 περὶ δὲ τὴν ἐνάτην ὥραν ἀνεβόησεν ὁ **Ἰησοῦς** φωνῇ μεγάλῃ λέγων,
27:50 ὁ δὲ **Ἰησοῦς** πάλιν κράξας φωνῇ μεγάλῃ ἀφῆκεν τὸ πνεῦμα.
27:54 Ὁ δὲ ἑκατόνταρχος καὶ οἱ μετ᾽ αὐτοῦ τηροῦντες τὸν **Ἰησοῦν** ἰδόντες τὸν σεισμὸν καὶ τὰ γενόμενα ἐφοβήθησαν σφόδρα,
27:55 αἵτινες ἠκολούθησαν τῷ **Ἰησοῦ** ἀπὸ τῆς Γαλιλαίας διακονοῦσαι αὐτῷ·
27:57 τοὔνομα Ἰωσήφ, ὃς καὶ αὐτὸς ἐμαθητεύθη τῷ **Ἰησοῦ·**
27:58 οὗτος προσελθὼν τῷ Πιλάτῳ ᾐτήσατο τὸ σῶμα τοῦ **Ἰησοῦ.**
28: 5 Μὴ φοβεῖσθε ὑμεῖς, οἶδα γὰρ ὅτι **Ἰησοῦν** τὸν ἐσταυρωμένον ζητεῖτε·
28: 9 καὶ ἰδοὺ **Ἰησοῦς** ὑπήντησεν αὐταῖς λέγων, Χαίρετε. αἱ δὲ προσελθοῦσαι ἐκράτησαν αὐτοῦ τοὺς πόδας καὶ προσεκύνησαν
28:10 λέγει αὐταῖς ὁ **Ἰησοῦς,** Μὴ φοβεῖσθε· ὑπάγετε ἀπαγγείλατε τοῖς ἀδελφοῖς μου ἵνα ἀπέλθωσιν εἰς τὴν Γαλιλαίαν,
28:16 Οἱ δὲ ἕνδεκα μαθηταὶ ἐπορεύθησαν εἰς τὴν Γαλιλαίαν εἰς τὸ ὄρος οὗ ἐτάξατο αὐτοῖς ὁ **Ἰησοῦς,**
28:18 καὶ προσελθὼν ὁ **Ἰησοῦς** ἐλάλησεν αὐτοῖς λέγων, Ἐδόθη μοι πᾶσα ἐξουσία ἐν οὐρανῷ καὶ ἐπὶ [τῆς] γῆς.
Mk 1: 1 Ἀρχὴ τοῦ εὐαγγελίου **Ἰησοῦ** Χριστοῦ [υἱοῦ θεοῦ.]
1: 9 ἐν ἐκείναις ταῖς ἡμέραις ἦλθεν **Ἰησοῦς** ἀπὸ Ναζαρὲτ τῆς Γαλιλαίας καὶ ἐβαπτίσθη εἰς τὸν Ἰορδάνην ὑπὸ Ἰωάννου.
1:14 Μετὰ δὲ τὸ παραδοθῆναι τὸν Ἰωάννην ἦλθεν ὁ **Ἰησοῦς** εἰς τὴν Γαλιλαίαν κηρύσσων τὸ εὐαγγέλιον τοῦ θεοῦ
1:17 καὶ εἶπεν αὐτοῖς ὁ **Ἰησοῦς,** Δεῦτε ὀπίσω μου,
1:24 λέγων, Τί ἡμῖν καὶ σοί, **Ἰησοῦ** Ναζαρηνέ; ἦλθες ἀπολέσαι ἡμᾶς;
1:25 καὶ ἐπετίμησεν αὐτῷ ὁ **Ἰησοῦς** λέγων, Φιμώθητι καὶ ἔξελθε ἐξ αὐτοῦ.
2: 5 καὶ ἰδὼν ὁ **Ἰησοῦς** τὴν πίστιν αὐτῶν λέγει τῷ παραλυτικῷ,
2: 8 καὶ εὐθὺς ἐπιγνοὺς ὁ **Ἰησοῦς** τῷ πνεύματι αὐτοῦ ὅτι οὕτως διαλογίζονται ἐν ἑαυτοῖς λέγει αὐτοῖς,
2:15 καὶ πολλοὶ τελῶναι καὶ ἁμαρτωλοὶ συνανέκειντο τῷ **Ἰησοῦ** καὶ τοῖς μαθηταῖς αὐτοῦ·
2:17 καὶ ἀκούσας ὁ **Ἰησοῦς** λέγει αὐτοῖς [ὅτι] Οὐ χρείαν ἔχουσιν οἱ ἰσχύοντες ἰατροῦ ἀλλ᾽ οἱ κακῶς ἔχοντες·
2:19 καὶ εἶπεν αὐτοῖς ὁ **Ἰησοῦς,** Μὴ δύνανται οἱ υἱοὶ τοῦ νυμφῶνος ἐν ᾧ ὁ νυμφίος μετ᾽ αὐτῶν ἐστιν νηστεύειν;
3: 7 Καὶ ὁ **Ἰησοῦς** μετὰ τῶν μαθητῶν αὐτοῦ ἀνεχώρησεν πρὸς τὴν θάλασσαν,
5: 6 καὶ ἰδὼν τὸν **Ἰησοῦν** ἀπὸ μακρόθεν ἔδραμεν καὶ προσεκύνησεν αὐτῷ
5: 7 Τί ἐμοὶ καὶ σοί, **Ἰησοῦ** υἱὲ τοῦ θεοῦ τοῦ ὑψίστου;
5:15 καὶ ἔρχονται πρὸς τὸν **Ἰησοῦν** καὶ θεωροῦσιν τὸν δαιμονιζόμενον καθήμενον ἱματισμένον καὶ σωφρονοῦντα,
5:20 καὶ ἀπῆλθεν καὶ ἤρξατο κηρύσσειν ἐν τῇ Δεκαπόλει ὅσα ἐποίησεν αὐτῷ ὁ **Ἰησοῦς,**
5:21 Καὶ διαπεράσαντος τοῦ **Ἰησοῦ** [ἐν τῷ πλοίῳ] πάλιν εἰς τὸ πέραν συνήχθη ὄχλος πολὺς ἐπ᾽ αὐτόν,
5:27 ἀκούσασα περὶ τοῦ **Ἰησοῦ,** ἐλθοῦσα ἐν τῷ ὄχλῳ ὄπισθεν ἥψατο τοῦ ἱματίου αὐτοῦ·
5:30 καὶ εὐθὺς ὁ **Ἰησοῦς** ἐπιγνοὺς ἐν ἑαυτῷ τὴν ἐξ αὐτοῦ δύναμιν ἐξελθοῦσαν ἐπιστραφεὶς ἐν τῷ ὄχλῳ ἔλεγεν,
5:36 ὁ δὲ **Ἰησοῦς** παρακούσας τὸν λόγον λαλούμενον λέγει τῷ ἀρχισυναγώγῳ,
6: 4 καὶ ἔλεγεν αὐτοῖς ὁ **Ἰησοῦς** ὅτι Οὐκ ἔστιν προφήτης ἄτιμος εἰ μὴ ἐν τῇ πατρίδι αὐτοῦ καὶ ἐν τοῖς συγγενεῦσιν αὐτοῦ καὶ ἐν τῇ οἰκίᾳ αὐτοῦ.
6:30 Καὶ συνάγονται οἱ ἀπόστολοι πρὸς τὸν **Ἰησοῦν** καὶ ἀπήγγειλαν αὐτῷ πάντα ὅσα ἐποίησαν καὶ ὅσα ἐδίδαξαν.
8:17 καὶ γνοὺς ὁ **Ἰησοῦς**[UBS-] λέγει αὐτοῖς, Τί διαλογίζεσθε ὅτι ἄρτους οὐκ ἔχετε;
8:27 Καὶ ἐξῆλθεν ὁ **Ἰησοῦς** καὶ οἱ μαθηταὶ αὐτοῦ εἰς τὰς κώμας Καισαρείας τῆς Φιλίππου·
9: 2 Καὶ μετὰ ἡμέρας ἓξ παραλαμβάνει ὁ **Ἰησοῦς** τὸν Πέτρον καὶ τὸν Ἰάκωβον καὶ τὸν Ἰωάννην καὶ ἀναφέρει αὐτοὺς εἰς ὄρος
9: 4 καὶ ὤφθη αὐτοῖς Ἠλίας σὺν Μωϋσεῖ καὶ ἦσαν συλλαλοῦντες τῷ **Ἰησοῦ.**
9: 5 καὶ ἀποκριθεὶς ὁ Πέτρος λέγει τῷ **Ἰησοῦ,** Ῥαββί,
9: 8 καὶ ἐξάπινα περιβλεψάμενοι οὐκέτι οὐδένα εἶδον ἀλλὰ τὸν **Ἰησοῦν** μόνον μεθ᾽ ἑαυτῶν.
9:23 ὁ δὲ **Ἰησοῦς** εἶπεν αὐτῷ, Τὸ Εἰ δύνῃ,
9:25 ἰδὼν δὲ ὁ **Ἰησοῦς** ὅτι ἐπισυντρέχει ὄχλος, ἐπετίμησεν τῷ πνεύματι τῷ ἀκαθάρτῳ λέγων αὐτῷ,
9:27 ὁ δὲ **Ἰησοῦς** κρατήσας τῆς χειρὸς αὐτοῦ ἤγειρεν αὐτόν,
9:39 ὁ δὲ **Ἰησοῦς** εἶπεν, Μὴ κωλύετε αὐτόν. οὐδεὶς γάρ ἐστιν ὃς ποιήσει δύναμιν ἐπὶ τῷ ὀνόματί μου
10: 5 ὁ δὲ **Ἰησοῦς** εἶπεν αὐτοῖς, Πρὸς τὴν σκληροκαρδίαν ὑμῶν ἔγραψεν ὑμῖν τὴν ἐντολὴν ταύτην.
10:14 ἰδὼν δὲ ὁ **Ἰησοῦς** ἠγανάκτησεν καὶ εἶπεν αὐτοῖς,
10:18 ὁ δὲ **Ἰησοῦς** εἶπεν αὐτῷ, Τί με λέγεις ἀγαθόν;
10:21 ὁ δὲ **Ἰησοῦς** ἐμβλέψας αὐτῷ ἠγάπησεν αὐτὸν καὶ εἶπεν αὐτῷ,
10:23 Καὶ περιβλεψάμενος ὁ **Ἰησοῦς** λέγει τοῖς μαθηταῖς αὐτοῦ,
10:24 ὁ δὲ **Ἰησοῦς** πάλιν ἀποκριθεὶς λέγει αὐτοῖς, Τέκνα,
10:27 ἐμβλέψας αὐτοῖς ὁ **Ἰησοῦς** λέγει, Παρὰ ἀνθρώποις ἀδύνατον,
10:29 ἔφη ὁ **Ἰησοῦς,** Ἀμὴν λέγω ὑμῖν, οὐδείς ἐστιν ὃς ἀφῆκεν οἰκίαν ἢ ἀδελφοὺς ἢ ἀδελφὰς ἢ μητέρα ἢ πατέρα ἢ τέκνα ἢ ἀγροὺς
10:32 καὶ ἦν προάγων αὐτοὺς ὁ **Ἰησοῦς,** καὶ ἐθαμβοῦντο,
10:38 ὁ δὲ **Ἰησοῦς** εἶπεν αὐτοῖς, Οὐκ οἴδατε τί αἰτεῖσθε.
10:39 ὁ δὲ **Ἰησοῦς** εἶπεν αὐτοῖς, Τὸ ποτήριον ὃ ἐγὼ πίνω πίεσθε καὶ τὸ βάπτισμα ὃ ἐγὼ βαπτίζομαι βαπτισθήσεσθε,
10:42 καὶ προσκαλεσάμενος αὐτοὺς ὁ **Ἰησοῦς** λέγει αὐτοῖς, Οἴδατε ὅτι οἱ δοκοῦντες ἄρχειν τῶν ἐθνῶν κατακυριεύουσιν αὐτῶν
10:47 καὶ ἀκούσας ὅτι **Ἰησοῦς** ὁ Ναζαρηνός ἐστιν ἤρξατο κράζειν καὶ λέγειν, Υἱὲ Δαυὶδ **Ἰησοῦ,** ἐλέησόν με.
10:49 καὶ στὰς ὁ **Ἰησοῦς** εἶπεν, Φωνήσατε αὐτόν. καὶ φωνοῦσιν τὸν τυφλὸν λέγοντες αὐτῷ,
10:50 ὁ δὲ ἀποβαλὼν τὸ ἱμάτιον αὐτοῦ ἀναπηδήσας ἦλθεν πρὸς τὸν **Ἰησοῦν.**
10:51 καὶ ἀποκριθεὶς αὐτῷ ὁ **Ἰησοῦς** εἶπεν, Τί σοι θέλεις ποιήσω;
10:52 καὶ ὁ **Ἰησοῦς** εἶπεν αὐτῷ, Ὕπαγε, ἡ πίστις σου σέσωκέν σε.
11: 6 οἱ δὲ εἶπαν αὐτοῖς καθὼς εἶπεν ὁ **Ἰησοῦς,**
11: 7 καὶ φέρουσιν τὸν πῶλον πρὸς τὸν **Ἰησοῦν** καὶ ἐπιβάλλουσιν αὐτῷ τὰ ἱμάτια αὐτῶν,
11:22 καὶ ἀποκριθεὶς ὁ **Ἰησοῦς** λέγει αὐτοῖς, Ἔχετε πίστιν θεοῦ.
11:29 ὁ δὲ **Ἰησοῦς** εἶπεν αὐτοῖς, Ἐπερωτήσω ὑμᾶς ἕνα λόγον,
11:33 καὶ ἀποκριθέντες τῷ **Ἰησοῦ** λέγουσιν, Οὐκ οἴδαμεν. καὶ ὁ **Ἰησοῦς** λέγει αὐτοῖς, Οὐδὲ ἐγὼ λέγω ὑμῖν ἐν ποίᾳ ἐξουσίᾳ ταῦτα ποιῶ.
12:17 ὁ δὲ **Ἰησοῦς** εἶπεν αὐτοῖς, Τὰ Καίσαρος ἀπόδοτε Καίσαρι καὶ τὰ τοῦ θεοῦ τῷ θεῷ.
12:24 ἔφη αὐτοῖς ὁ **Ἰησοῦς,** Οὐ διὰ τοῦτο πλανᾶσθε μὴ εἰδότες τὰς γραφὰς μηδὲ τὴν δύναμιν τοῦ θεοῦ;
12:29 ἀπεκρίθη ὁ **Ἰησοῦς** ὅτι Πρώτη ἐστίν, Ἄκουε, Ἰσραήλ,
12:34 καὶ ὁ **Ἰησοῦς** ἰδὼν [αὐτὸν] ὅτι νουνεχῶς ἀπεκρίθη εἶπεν αὐτῷ,
12:35 Καὶ ἀποκριθεὶς ὁ **Ἰησοῦς** ἔλεγεν διδάσκων ἐν τῷ ἱερῷ,
13: 2 καὶ ὁ **Ἰησοῦς** εἶπεν αὐτῷ, Βλέπεις ταύτας τὰς μεγάλας οἰκοδομάς;
13: 5 ὁ δὲ **Ἰησοῦς** ἤρξατο λέγειν αὐτοῖς, Βλέπετε μή τις ὑμᾶς πλανήσῃ·
14: 6 ὁ δὲ **Ἰησοῦς** εἶπεν, Ἄφετε αὐτήν· τί αὐτῇ κόπους παρέχετε;
14:18 καὶ ἀνακειμένων αὐτῶν καὶ ἐσθιόντων ὁ **Ἰησοῦς** εἶπεν,
14:22 Καὶ ἐσθιόντων αὐτῶν λαβὼν ὁ **Ἰησοῦς**[UBS-] ἄρτον εὐλογήσας ἔκλασεν καὶ ἔδωκεν αὐτοῖς καὶ εἶπεν,
14:27 Καὶ λέγει αὐτοῖς ὁ **Ἰησοῦς** ὅτι Πάντες σκανδαλισθήσεσθε,
14:30 λέγει αὐτῷ ὁ **Ἰησοῦς,** Ἀμὴν λέγω σοι ὅτι σὺ σήμερον ταύτῃ τῇ νυκτὶ πρὶν ἢ δὶς ἀλέκτορα φωνῆσαι τρίς με ἀπαρνήσῃ.
14:48 καὶ ἀποκριθεὶς ὁ **Ἰησοῦς** εἶπεν αὐτοῖς, Ὡς ἐπὶ λῃστὴν ἐξήλθατε μετὰ μαχαιρῶν καὶ ξύλων συλλαβεῖν με;
14:53 Καὶ ἀπήγαγον τὸν **Ἰησοῦν** πρὸς τὸν ἀρχιερέα, καὶ συνέρχονται πάντες οἱ ἀρχιερεῖς καὶ οἱ πρεσβύτεροι
14:55 οἱ δὲ ἀρχιερεῖς καὶ ὅλον τὸ συνέδριον ἐζήτουν κατὰ τοῦ **Ἰησοῦ** μαρτυρίαν εἰς τὸ θανατῶσαι αὐτόν,
14:60 ἀναστὰς ὁ ἀρχιερεὺς εἰς μέσον ἐπηρώτησεν τὸν **Ἰησοῦν** λέγων,
14:62 ὁ δὲ **Ἰησοῦς** εἶπεν, Ἐγώ εἰμι, καὶ ὄψεσθε τὸν υἱὸν τοῦ ἀνθρώπου ἐκ δεξιῶν καθήμενον τῆς δυνάμεως καὶ ἐρχόμενον
14:67 Καὶ σὺ μετὰ τοῦ Ναζαρηνοῦ ἦσθα τοῦ **Ἰησοῦ.**
14:72 καὶ ἀνεμνήσθη ὁ Πέτρος τὸ ῥῆμα ὡς εἶπεν αὐτῷ ὁ **Ἰησοῦς** ὅτι Πρὶν ἀλέκτορα φωνῆσαι δὶς τρίς με ἀπαρνήσῃ·
15: 1 δήσαντες τὸν **Ἰησοῦν** ἀπήνεγκαν καὶ παρέδωκαν Πιλάτῳ.
15: 5 ὁ δὲ **Ἰησοῦς** οὐκέτι οὐδὲν ἀπεκρίθη, ὥστε θαυμάζειν τὸν Πιλᾶτον.
15:15 ἀπέλυσεν αὐτοῖς τὸν Βαραββᾶν, καὶ παρέδωκεν τὸν **Ἰησοῦν** φραγελλώσας ἵνα σταυρωθῇ.
15:34 καὶ τῇ ἐνάτῃ ὥρᾳ ἐβόησεν ὁ **Ἰησοῦς** φωνῇ μεγάλῃ,

15:37 ὁ δὲ **Ἰησοῦς** ἀφεὶς φωνὴν μεγάλην ἐξέπνευσεν.
15:43 τολμήσας εἰσῆλθεν πρὸς τὸν Πιλᾶτον καὶ ᾐτήσατο τὸ σῶμα τοῦ **Ἰησοῦ.**
16: 6 **Ἰησοῦν** ζητεῖτε τὸν Ναζαρηνὸν τὸν ἐσταυρωμένον· ἠγέρθη, οὐκ ἔστιν ὧδε·
16:19 [[Ὁ μὲν οὖν κύριος **Ἰησοῦς** μετὰ τὸ λαλῆσαι αὐτοῖς ἀνελήμφθη εἰς τὸν οὐρανὸν καὶ ἐκάθισεν ἐκ δεξιῶν τοῦ θεοῦ.]]
16: S [[Μετὰ δὲ ταῦτα καὶ αὐτὸς ὁ **Ἰησοῦς**[NIV-] ἀπὸ ἀνατολῆς καὶ ἄχρι δύσεως ἐξαπέστειλεν δι' αὐτῶν τὸ ἱερὸν καὶ ἄφθαρτον κήρυγμα τῆς αἰωνίου σωτηρίας.]]
Lk 1:31 καὶ ἰδοὺ συλλήμψῃ ἐν γαστρὶ καὶ τέξῃ υἱὸν καὶ καλέσεις τὸ ὄνομα αὐτοῦ **Ἰησοῦν.**
2:21 Καὶ ὅτε ἐπλήσθησαν ἡμέραι ὀκτὼ τοῦ περιτεμεῖν αὐτὸν καὶ ἐκλήθη τὸ ὄνομα αὐτοῦ **Ἰησοῦς,**
2:27 καὶ ἐν τῷ εἰσαγαγεῖν τοὺς γονεῖς τὸ παιδίον **Ἰησοῦν** τοῦ ποιῆσαι αὐτοὺς κατὰ τὸ εἰθισμένον τοῦ νόμου περὶ αὐτοῦ
2:43 ἐν τῷ ὑποστρέφειν αὐτοὺς ὑπέμεινεν **Ἰησοῦς** ὁ παῖς ἐν Ἰερουσαλήμ,
2:52 Καὶ **Ἰησοῦς** προέκοπτεν [ἐν τῇ] σοφίᾳ καὶ ἡλικίᾳ καὶ χάριτι παρὰ θεῷ καὶ ἀνθρώποις.
3:21 Ἐγένετο δὲ ἐν τῷ βαπτισθῆναι ἅπαντα τὸν λαὸν καὶ **Ἰησοῦ** βαπτισθέντος καὶ προσευχομένου ἀνεῳχθῆναι τὸν οὐρανὸν
3:23 Καὶ αὐτὸς ἦν **Ἰησοῦς** ἀρχόμενος ὡσεὶ ἐτῶν τριάκοντα,
3:29 τοῦ **Ἰησοῦ** τοῦ Ἐλιέζερ τοῦ Ἰωρὶμ τοῦ Μαθθὰτ τοῦ Λευὶ
4: 1 **Ἰησοῦς** δὲ πλήρης πνεύματος ἁγίου ὑπέστρεψεν ἀπὸ τοῦ Ἰορδάνου καὶ ἤγετο ἐν τῷ πνεύματι ἐν τῇ ἐρήμῳ
4: 4 καὶ ἀπεκρίθη πρὸς αὐτὸν ὁ **Ἰησοῦς,** Γέγραπται ὅτι Οὐκ ἐπ' ἄρτῳ μόνῳ ζήσεται ὁ ἄνθρωπος.
4: 8 καὶ ἀποκριθεὶς ὁ **Ἰησοῦς** εἶπεν αὐτῷ, Γέγραπται, Κύριον τὸν θεόν σου προσκυνήσεις καὶ αὐτῷ μόνῳ λατρεύσεις.
4:12 καὶ ἀποκριθεὶς εἶπεν αὐτῷ ὁ **Ἰησοῦς** ὅτι Εἴρηται,
4:14 Καὶ ὑπέστρεψεν ὁ **Ἰησοῦς** ἐν τῇ δυνάμει τοῦ πνεύματος εἰς τὴν Γαλιλαίαν.
4:34 Ἔα, τί ἡμῖν καὶ σοί, **Ἰησοῦ** Ναζαρηνέ; ἦλθες ἀπολέσαι ἡμᾶς;
4:35 καὶ ἐπετίμησεν αὐτῷ ὁ **Ἰησοῦς** λέγων, Φιμώθητι καὶ ἔξελθε ἀπ' αὐτοῦ.
5: 8 ἰδὼν δὲ Σίμων Πέτρος προσέπεσεν τοῖς γόνασιν **Ἰησοῦ** λέγων,
5:10 καὶ εἶπεν πρὸς τὸν Σίμωνα ὁ **Ἰησοῦς,** Μὴ φοβοῦ·
5:12 ἰδὼν δὲ τὸν **Ἰησοῦν,** πεσὼν ἐπὶ πρόσωπον ἐδεήθη αὐτοῦ λέγων,
5:19 ἀναβάντες ἐπὶ τὸ δῶμα διὰ τῶν κεράμων καθῆκαν αὐτὸν σὺν τῷ κλινιδίῳ εἰς τὸ μέσον ἔμπροσθεν τοῦ **Ἰησοῦ.**
5:22 ἐπιγνοὺς δὲ ὁ **Ἰησοῦς** τοὺς διαλογισμοὺς αὐτῶν ἀποκριθεὶς εἶπεν πρὸς αὐτούς,
5:31 καὶ ἀποκριθεὶς ὁ **Ἰησοῦς** εἶπεν πρὸς αὐτούς, Οὐ χρείαν ἔχουσιν οἱ ὑγιαίνοντες ἰατροῦ ἀλλὰ οἱ κακῶς ἔχοντες·
5:34 ὁ δὲ **Ἰησοῦς** εἶπεν πρὸς αὐτούς, Μὴ δύνασθε τοὺς υἱοὺς τοῦ νυμφῶνος ἐν ᾧ ὁ νυμφίος μετ' αὐτῶν ἐστιν ποιῆσαι νηστεῦσαι;
6: 3 καὶ ἀποκριθεὶς πρὸς αὐτοὺς εἶπεν ὁ **Ἰησοῦς,** Οὐδὲ τοῦτο ἀνέγνωτε ὃ ἐποίησεν Δαυὶδ ὅτε ἐπείνασεν αὐτὸς
6: 9 εἶπεν δὲ ὁ **Ἰησοῦς** πρὸς αὐτούς, Ἐπερωτῶ ὑμᾶς εἰ ἔξεστιν τῷ σαββάτῳ ἀγαθοποιῆσαι ἢ κακοποιῆσαι,
6:11 αὐτοὶ δὲ ἐπλήσθησαν ἀνοίας καὶ διελάλουν πρὸς ἀλλήλους τί ἂν ποιήσαιεν τῷ **Ἰησοῦ.**
7: 3 ἀκούσας δὲ περὶ τοῦ **Ἰησοῦ** ἀπέστειλεν πρὸς αὐτὸν πρεσβυτέρους τῶν Ἰουδαίων ἐρωτῶν αὐτὸν
7: 4 οἱ δὲ παραγενόμενοι πρὸς τὸν **Ἰησοῦν** παρεκάλουν αὐτὸν σπουδαίως λέγοντες ὅτι Ἄξιός ἐστιν ᾧ παρέξῃ τοῦτο·
7: 6 ὁ δὲ **Ἰησοῦς** ἐπορεύετο σὺν αὐτοῖς. ἤδη δὲ αὐτοῦ οὐ μακρὰν ἀπέχοντος ἀπὸ τῆς οἰκίας ἔπεμψεν φίλους ὁ ἑκατοντάρχης
7: 9 ἀκούσας δὲ ταῦτα ὁ **Ἰησοῦς** ἐθαύμασεν αὐτὸν καὶ στραφεὶς τῷ ἀκολουθοῦντι αὐτῷ ὄχλῳ εἶπεν,
7:40 καὶ ἀποκριθεὶς ὁ **Ἰησοῦς** εἶπεν πρὸς αὐτόν, Σίμων,
8:28 ἰδὼν δὲ τὸν **Ἰησοῦν** ἀνακράξας προσέπεσεν αὐτῷ καὶ φωνῇ μεγάλῃ εἶπεν, Τί ἐμοὶ καὶ σοί, **Ἰησοῦ** υἱὲ τοῦ θεοῦ τοῦ ὑψίστου;
8:30 ἐπηρώτησεν δὲ αὐτὸν ὁ **Ἰησοῦς,** Τί σοι ὄνομά ἐστιν;
8:35 ἐξῆλθον δὲ ἰδεῖν τὸ γεγονὸς καὶ ἦλθον πρὸς τὸν **Ἰησοῦν** καὶ εὗρον καθήμενον τὸν ἄνθρωπον ἀφ' οὗ τὰ δαιμόνια ἐξῆλθεν ἱματισμένον καὶ σωφρονοῦντα παρὰ τοὺς πόδας τοῦ **Ἰησοῦ,**
8:39 καὶ ἀπῆλθεν καθ' ὅλην τὴν πόλιν κηρύσσων ὅσα ἐποίησεν αὐτῷ ὁ **Ἰησοῦς.**
8:40 Ἐν δὲ τῷ ὑποστρέφειν τὸν **Ἰησοῦν** ἀπεδέξατο αὐτὸν ὁ ὄχλος·
8:41 καὶ πεσὼν παρὰ τοὺς πόδας [τοῦ] **Ἰησοῦ** παρεκάλει αὐτὸν εἰσελθεῖν εἰς τὸν οἶκον αὐτοῦ,
8:45 καὶ εἶπεν ὁ **Ἰησοῦς,** Τίς ὁ ἁψάμενός μου;
8:46 ὁ δὲ **Ἰησοῦς** εἶπεν, Ἥψατό μού τις, ἐγὼ γὰρ ἔγνων δύναμιν ἐξεληλυθυῖαν ἀπ' ἐμοῦ.
8:50 ὁ δὲ **Ἰησοῦς** ἀκούσας ἀπεκρίθη αὐτῷ, Μὴ φοβοῦ,
9:33 καὶ ἐγένετο ἐν τῷ διαχωρίζεσθαι αὐτοὺς ἀπ' αὐτοῦ εἶπεν ὁ Πέτρος πρὸς τὸν **Ἰησοῦν,**
9:36 καὶ ἐν τῷ γενέσθαι τὴν φωνὴν εὑρέθη **Ἰησοῦς** μόνος.
9:41 ἀποκριθεὶς δὲ ὁ **Ἰησοῦς** εἶπεν, Ὦ γενεὰ ἄπιστος καὶ διεστραμμένη,
9:42 ἐπετίμησεν δὲ ὁ **Ἰησοῦς** τῷ πνεύματι τῷ ἀκαθάρτῳ καὶ ἰάσατο τὸν παῖδα καὶ ἀπέδωκεν αὐτὸν τῷ πατρὶ αὐτοῦ.
9:47 ὁ δὲ **Ἰησοῦς** εἰδὼς τὸν διαλογισμὸν τῆς καρδίας αὐτῶν,
9:50 εἶπεν δὲ πρὸς αὐτὸν ὁ **Ἰησοῦς,** Μὴ κωλύετε·
9:58 καὶ εἶπεν αὐτῷ ὁ **Ἰησοῦς,** Αἱ ἀλώπεκες φωλεοὺς ἔχουσιν καὶ τὰ πετεινὰ τοῦ οὐρανοῦ κατασκηνώσεις,
9:62 εἶπεν δὲ [πρὸς αὐτὸν] ὁ **Ἰησοῦς,** Οὐδεὶς ἐπιβαλὼν τὴν χεῖρα ἐπ' ἄροτρον καὶ βλέπων εἰς τὰ ὀπίσω εὔθετός ἐστιν τῇ βασιλείᾳ τοῦ θεοῦ.
10:29 ὁ δὲ θέλων δικαιῶσαι ἑαυτὸν εἶπεν πρὸς τὸν **Ἰησοῦν,**
10:30 ὑπολαβὼν ὁ **Ἰησοῦς** εἶπεν, Ἄνθρωπός τις κατέβαινεν ἀπὸ Ἰερουσαλὴμ εἰς Ἰεριχὼ καὶ λῃσταῖς περιέπεσεν,
10:37 εἶπεν δὲ αὐτῷ ὁ **Ἰησοῦς,** Πορεύου καὶ σὺ ποίει ὁμοίως.
13:12 ἰδὼν δὲ αὐτὴν ὁ **Ἰησοῦς** προσεφώνησεν καὶ εἶπεν αὐτῇ,
13:14 ἀποκριθεὶς δὲ ὁ ἀρχισυνάγωγος, ἀγανακτῶν ὅτι τῷ σαββάτῳ ἐθεράπευσεν ὁ **Ἰησοῦς,**
14: 3 καὶ ἀποκριθεὶς ὁ **Ἰησοῦς** εἶπεν πρὸς τοὺς νομικοὺς καὶ Φαρισαίους λέγων,
17:13 καὶ αὐτοὶ ἦραν φωνὴν λέγοντες, **Ἰησοῦ** ἐπιστάτα, ἐλέησον ἡμᾶς.
17:17 ἀποκριθεὶς δὲ ὁ **Ἰησοῦς** εἶπεν, Οὐχὶ οἱ δέκα ἐκαθαρίσθησαν;
18:16 ὁ δὲ **Ἰησοῦς** προσεκαλέσατο αὐτὰ λέγων, Ἄφετε τὰ παιδία ἔρχεσθαι πρός με καὶ μὴ κωλύετε αὐτά,
18:19 εἶπεν δὲ αὐτῷ ὁ **Ἰησοῦς,** Τί με λέγεις ἀγαθόν;
18:22 ἀκούσας δὲ ὁ **Ἰησοῦς** εἶπεν αὐτῷ, Ἔτι ἕν σοι λείπει·
18:24 Ἰδὼν δὲ αὐτὸν ὁ **Ἰησοῦς** [περίλυπον γενόμενον] εἶπεν,
18:37 ἀπήγγειλαν δὲ αὐτῷ ὅτι **Ἰησοῦς** ὁ Ναζωραῖος παρέρχεται.
18:38 καὶ ἐβόησεν λέγων, **Ἰησοῦ** υἱὲ Δαυίδ, ἐλέησόν με.
18:40 σταθεὶς δὲ ὁ **Ἰησοῦς** ἐκέλευσεν αὐτὸν ἀχθῆναι πρὸς αὐτόν.
18:42 ὁ **Ἰησοῦς** εἶπεν αὐτῷ, Ἀνάβλεψον· ἡ πίστις σου σέσωκέν σε.
19: 3 καὶ ἐζήτει ἰδεῖν τὸν **Ἰησοῦν** τίς ἐστιν καὶ οὐκ ἠδύνατο ἀπὸ τοῦ ὄχλου,
19: 5 ἀναβλέψας ὁ **Ἰησοῦς** εἶπεν πρὸς αὐτόν, Ζακχαῖε, σπεύσας κατάβηθι,
19: 9 εἶπεν δὲ πρὸς αὐτὸν ὁ **Ἰησοῦς** ὅτι Σήμερον σωτηρία τῷ οἴκῳ τούτῳ ἐγένετο,
19:35 καὶ ἤγαγον αὐτὸν πρὸς τὸν **Ἰησοῦν** καὶ ἐπιρίψαντες αὐτῶν τὰ ἱμάτια ἐπὶ τὸν πῶλον ἐπεβίβασαν τὸν **Ἰησοῦν.**
20: 8 καὶ ὁ **Ἰησοῦς** εἶπεν αὐτοῖς, Οὐδὲ ἐγὼ λέγω ὑμῖν ἐν ποίᾳ ἐξουσίᾳ ταῦτα ποιῶ.
20:34 καὶ εἶπεν αὐτοῖς ὁ **Ἰησοῦς,** Οἱ υἱοὶ τοῦ αἰῶνος τούτου γαμοῦσιν καὶ γαμίσκονται,
22:47 καὶ ὁ λεγόμενος Ἰούδας εἷς τῶν δώδεκα προήρχετο αὐτοὺς καὶ ἤγγισεν τῷ **Ἰησοῦ** φιλῆσαι αὐτόν.
22:48 **Ἰησοῦς** δὲ εἶπεν αὐτῷ, Ἰούδα, φιλήματι τὸν υἱὸν τοῦ ἀνθρώπου παραδίδως;
22:51 ἀποκριθεὶς δὲ ὁ **Ἰησοῦς** εἶπεν, Ἐᾶτε ἕως τούτου·
22:52 εἶπεν δὲ **Ἰησοῦς** πρὸς τοὺς παραγενομένους ἐπ' αὐτὸν ἀρχιερεῖς καὶ στρατηγοὺς τοῦ ἱεροῦ καὶ πρεσβυτέρους,
23: 8 ὁ δὲ Ἡρῴδης ἰδὼν τὸν **Ἰησοῦν** ἐχάρη λίαν,
23:20 πάλιν δὲ ὁ Πιλᾶτος προσεφώνησεν αὐτοῖς θέλων ἀπολῦσαι τὸν **Ἰησοῦν.**
23:25 ἀπέλυσεν δὲ τὸν διὰ στάσιν καὶ φόνον βεβλημένον εἰς φυλακὴν ὃν ᾐτοῦντο, τὸν δὲ **Ἰησοῦν** παρέδωκεν τῷ θελήματι αὐτῶν.
23:26 ἐπιλαβόμενοι Σίμωνά τινα Κυρηναῖον ἐρχόμενον ἀπ' ἀγροῦ ἐπέθηκαν αὐτῷ τὸν σταυρὸν φέρειν ὄπισθεν τοῦ **Ἰησοῦ.**
23:28 στραφεὶς δὲ πρὸς αὐτὰς [ὁ] **Ἰησοῦς** εἶπεν, Θυγατέρες Ἰερουσαλήμ,
23:34 [[ὁ δὲ **Ἰησοῦς** ἔλεγεν, Πάτερ, ἄφες αὐτοῖς, οὐ γὰρ οἴδασιν τί ποιοῦσιν.]]
23:42 καὶ ἔλεγεν, **Ἰησοῦ,** μνήσθητί μου ὅταν ἔλθῃς εἰς τὴν βασιλείαν σου.
23:46 καὶ φωνήσας φωνῇ μεγάλῃ ὁ **Ἰησοῦς** εἶπεν, Πάτερ,
23:52 οὗτος προσελθὼν τῷ Πιλάτῳ ᾐτήσατο τὸ σῶμα τοῦ **Ἰησοῦ**
24: 3 εἰσελθοῦσαι δὲ οὐχ εὗρον τὸ σῶμα τοῦ κυρίου **Ἰησοῦ.**
24:15 καὶ ἐγένετο ἐν τῷ ὁμιλεῖν αὐτοὺς καὶ συζητεῖν καὶ αὐτὸς **Ἰησοῦς** ἐγγίσας συνεπορεύετο αὐτοῖς,
24:19 οἱ δὲ εἶπαν αὐτῷ, Τὰ περὶ **Ἰησοῦ** τοῦ Ναζαρηνοῦ,
Jn 1:17 ἡ χάρις καὶ ἡ ἀλήθεια διὰ **Ἰησοῦ** Χριστοῦ ἐγένετο.

1:29 Τῇ ἐπαύριον βλέπει τὸν **Ἰησοῦν** ἐρχόμενον πρὸς αὐτὸν καὶ λέγει,
1:36 καὶ ἐμβλέψας τῷ **Ἰησοῦ** περιπατοῦντι λέγει, Ἴδε ὁ ἀμνὸς τοῦ θεοῦ.
1:37 καὶ ἤκουσαν οἱ δύο μαθηταὶ αὐτοῦ λαλοῦντος καὶ ἠκολούθησαν τῷ **Ἰησοῦ.**
1:38 στραφεὶς δὲ ὁ **Ἰησοῦς** καὶ θεασάμενος αὐτοὺς ἀκολουθοῦντας λέγει αὐτοῖς,
1:42 ἤγαγεν αὐτὸν πρὸς τὸν **Ἰησοῦν.** ἐμβλέψας αὐτῷ ὁ **Ἰησοῦς** εἶπεν, Σὺ εἶ Σίμων ὁ υἱὸς Ἰωάννου,
1:43 Τῇ ἐπαύριον ἠθέλησεν ἐξελθεῖν εἰς τὴν Γαλιλαίαν καὶ εὑρίσκει **Φίλιππον.** καὶ λέγει αὐτῷ ὁ **Ἰησοῦς,** Ἀκολούθει μοι.
1:45 Ὃν ἔγραψεν Μωϋσῆς ἐν τῷ νόμῳ καὶ οἱ προφῆται εὑρήκαμεν, **Ἰησοῦν** υἱὸν τοῦ Ἰωσὴφ τὸν ἀπὸ Ναζαρέτ.
1:47 εἶδεν ὁ **Ἰησοῦς** τὸν Ναθαναὴλ ἐρχόμενον πρὸς αὐτὸν καὶ λέγει περὶ αὐτοῦ,
1:48 ἀπεκρίθη **Ἰησοῦς** καὶ εἶπεν αὐτῷ, Πρὸ τοῦ σε **Φίλιππον** φωνῆσαι ὄντα ὑπὸ τὴν συκῆν εἶδόν σε.
1:50 ἀπεκρίθη **Ἰησοῦς** καὶ εἶπεν αὐτῷ, Ὅτι εἶπόν σοι ὅτι εἶδόν σε ὑποκάτω τῆς συκῆς,
2: 1 Καὶ τῇ ἡμέρᾳ τῇ τρίτῃ γάμος ἐγένετο ἐν Κανὰ τῆς Γαλιλαίας, καὶ ἦν ἡ μήτηρ τοῦ **Ἰησοῦ** ἐκεῖ·
2: 2 ἐκλήθη δὲ καὶ ὁ **Ἰησοῦς** καὶ οἱ μαθηταὶ αὐτοῦ εἰς τὸν γάμον.
2: 3 καὶ ὑστερήσαντος οἴνου λέγει ἡ μήτηρ τοῦ **Ἰησοῦ** πρὸς αὐτόν,
2: 4 [καὶ] λέγει αὐτῇ ὁ **Ἰησοῦς,** Τί ἐμοὶ καὶ σοί,
2: 7 λέγει αὐτοῖς ὁ **Ἰησοῦς,** Γεμίσατε τὰς ὑδρίας ὕδατος.
2:11 Ταύτην ἐποίησεν ἀρχὴν τῶν σημείων ὁ **Ἰησοῦς** ἐν Κανὰ τῆς Γαλιλαίας καὶ ἐφανέρωσεν τὴν δόξαν αὐτοῦ,
2:13 Καὶ ἐγγὺς ἦν τὸ πάσχα τῶν Ἰουδαίων, καὶ ἀνέβη εἰς Ἱεροσόλυμα ὁ **Ἰησοῦς.**
2:19 ἀπεκρίθη **Ἰησοῦς** καὶ εἶπεν αὐτοῖς, Λύσατε τὸν ναὸν τοῦτον καὶ ἐν τρισὶν ἡμέραις ἐγερῶ αὐτόν.
2:22 καὶ ἐπίστευσαν τῇ γραφῇ καὶ τῷ λόγῳ ὃν εἶπεν ὁ **Ἰησοῦς.**
2:24 αὐτὸς δὲ **Ἰησοῦς** οὐκ ἐπίστευεν αὐτὸν αὐτοῖς διὰ τὸ αὐτὸν γινώσκειν πάντας
3: 3 ἀπεκρίθη **Ἰησοῦς** καὶ εἶπεν αὐτῷ, Ἀμὴν ἀμὴν λέγω σοι,
3: 5 ἀπεκρίθη **Ἰησοῦς,** Ἀμὴν ἀμὴν λέγω σοι, ἐὰν μή τις γεννηθῇ ἐξ ὕδατος καὶ πνεύματος,
3:10 ἀπεκρίθη **Ἰησοῦς** καὶ εἶπεν αὐτῷ, Σὺ εἶ ὁ διδάσκαλος τοῦ Ἰσραὴλ καὶ ταῦτα οὐ γινώσκεις;
3:22 Μετὰ ταῦτα ἦλθεν ὁ **Ἰησοῦς** καὶ οἱ μαθηταὶ αὐτοῦ εἰς τὴν Ἰουδαίαν γῆν καὶ ἐκεῖ διέτριβεν μετ' αὐτῶν καὶ ἐβάπτιζεν.
4: 1 Ὡς οὖν ἔγνω ὁ **Ἰησοῦς**[UBS; NIV *3261*] ὅτι ἤκουσαν οἱ **Φαρισαῖοι** ὅτι **Ἰησοῦς** πλείονας μαθητὰς ποιεῖ καὶ βαπτίζει ἢ Ἰωάννης
4: 2 –καίτοιγε **Ἰησοῦς** αὐτὸς οὐκ ἐβάπτιζεν ἀλλ' οἱ μαθηταὶ αὐτοῦ–
4: 6 ὁ οὖν **Ἰησοῦς** κεκοπιακὼς ἐκ τῆς ὁδοιπορίας ἐκαθέζετο οὕτως ἐπὶ τῇ πηγῇ·
4: 7 Ἔρχεται γυνὴ ἐκ τῆς Σαμαρείας ἀντλῆσαι ὕδωρ. λέγει αὐτῇ ὁ **Ἰησοῦς,** Δός μοι πεῖν·
4:10 ἀπεκρίθη **Ἰησοῦς** καὶ εἶπεν αὐτῇ, Εἰ ᾔδεις τὴν δωρεὰν τοῦ θεοῦ καὶ τίς ἐστιν ὁ λέγων σοι,
4:13 ἀπεκρίθη **Ἰησοῦς** καὶ εἶπεν αὐτῇ, Πᾶς ὁ πίνων ἐκ τοῦ ὕδατος τούτου διψήσει πάλιν·
4:17 λέγει αὐτῇ ὁ **Ἰησοῦς,** Καλῶς εἶπας ὅτι Ἄνδρα οὐκ ἔχω·
4:21 λέγει αὐτῇ ὁ **Ἰησοῦς,** Πίστευέ μοι, γύναι, ὅτι ἔρχεται ὥρα ὅτε οὔτε ἐν τῷ ὄρει τούτῳ οὔτε ἐν Ἱεροσολύμοις προσκυνήσετε τῷ πατρί.
4:26 λέγει αὐτῇ ὁ **Ἰησοῦς,** Ἐγώ εἰμι, ὁ λαλῶν σοι.
4:34 λέγει αὐτοῖς ὁ **Ἰησοῦς,** Ἐμὸν βρῶμά ἐστιν ἵνα ποιήσω τὸ θέλημα τοῦ πέμψαντός με καὶ τελειώσω αὐτοῦ τὸ ἔργον.
4:44 αὐτὸς γὰρ **Ἰησοῦς** ἐμαρτύρησεν ὅτι προφήτης ἐν τῇ ἰδίᾳ πατρίδι τιμὴν οὐκ ἔχει.
4:47 οὗτος ἀκούσας ὅτι **Ἰησοῦς** ἥκει ἐκ τῆς Ἰουδαίας εἰς τὴν Γαλιλαίαν ἀπῆλθεν πρὸς αὐτὸν καὶ ἠρώτα ἵνα καταβῇ
4:48 εἶπεν οὖν ὁ **Ἰησοῦς** πρὸς αὐτόν, Ἐὰν μὴ σημεῖα καὶ τέρατα ἴδητε,
4:50 λέγει αὐτῷ ὁ **Ἰησοῦς,** Πορεύου, ὁ υἱός σου ζῇ. ἐπίστευσεν ὁ ἄνθρωπος τῷ λόγῳ ὃν εἶπεν αὐτῷ ὁ **Ἰησοῦς** καὶ ἐπορεύετο.
4:53 ἔγνω οὖν ὁ πατὴρ ὅτι [ἐν] ἐκείνῃ τῇ ὥρᾳ ἐν ᾗ εἶπεν αὐτῷ ὁ **Ἰησοῦς,**
4:54 Τοῦτο [δὲ] πάλιν δεύτερον σημεῖον ἐποίησεν ὁ **Ἰησοῦς** ἐλθὼν ἐκ τῆς Ἰουδαίας εἰς τὴν Γαλιλαίαν.
5: 1 Μετὰ ταῦτα ἦν ἑορτὴ τῶν Ἰουδαίων καὶ ἀνέβη **Ἰησοῦς** εἰς Ἱεροσόλυμα.
5: 6 τοῦτον ἰδὼν ὁ **Ἰησοῦς** κατακείμενον καὶ γνοὺς ὅτι πολὺν ἤδη χρόνον ἔχει,
5: 8 λέγει αὐτῷ ὁ **Ἰησοῦς,** Ἔγειρε ἆρον τὸν κράβαττόν σου καὶ περιπάτει.
5:13 ὁ γὰρ **Ἰησοῦς** ἐξένευσεν ὄχλου ὄντος ἐν τῷ τόπῳ.
5:14 μετὰ ταῦτα εὑρίσκει αὐτὸν ὁ **Ἰησοῦς** ἐν τῷ ἱερῷ καὶ εἶπεν αὐτῷ,
5:15 ἀπῆλθεν ὁ ἄνθρωπος καὶ ἀνήγγειλεν τοῖς Ἰουδαίοις ὅτι **Ἰησοῦς** ἐστιν ὁ ποιήσας αὐτὸν ὑγιῆ.
5:16 καὶ διὰ τοῦτο ἐδίωκον οἱ Ἰουδαῖοι τὸν **Ἰησοῦν,**
5:17 ὁ δὲ **[Ἰησοῦς]** ἀπεκρίνατο αὐτοῖς, Ὁ πατήρ μου ἕως ἄρτι ἐργάζεται κἀγὼ ἐργάζομαι·
5:19 Ἀπεκρίνατο οὖν ὁ **Ἰησοῦς** καὶ ἔλεγεν αὐτοῖς, Ἀμὴν ἀμὴν λέγω ὑμῖν,
6: 1 Μετὰ ταῦτα ἀπῆλθεν ὁ **Ἰησοῦς** πέραν τῆς θαλάσσης τῆς Γαλιλαίας τῆς Τιβεριάδος.
6: 3 ἀνῆλθεν δὲ εἰς τὸ ὄρος **Ἰησοῦς** καὶ ἐκεῖ ἐκάθητο μετὰ τῶν μαθητῶν αὐτοῦ.
6: 5 ἐπάρας οὖν τοὺς ὀφθαλμοὺς ὁ **Ἰησοῦς** καὶ θεασάμενος ὅτι πολὺς ὄχλος ἔρχεται πρὸς αὐτὸν λέγει πρὸς **Φίλιππον,**
6:10 εἶπεν ὁ **Ἰησοῦς,** Ποιήσατε τοὺς ἀνθρώπους ἀναπεσεῖν. ἦν δὲ χόρτος πολὺς ἐν τῷ τόπῳ.
6:11 ἔλαβεν οὖν τοὺς ἄρτους ὁ **Ἰησοῦς** καὶ εὐχαριστήσας διέδωκεν τοῖς ἀνακειμένοις ὁμοίως καὶ ἐκ τῶν ὀψαρίων ὅσον ἤθελον.
6:15 **Ἰησοῦς** οὖν γνοὺς ὅτι μέλλουσιν ἔρχεσθαι καὶ ἁρπάζειν αὐτὸν ἵνα ποιήσωσιν βασιλέα,
6:17 καὶ σκοτία ἤδη ἐγεγόνει καὶ οὔπω ἐληλύθει πρὸς αὐτοὺς ὁ **Ἰησοῦς,**
6:19 ἐληλακότες οὖν ὡς σταδίους εἴκοσι πέντε ἢ τριάκοντα θεωροῦσιν τὸν **Ἰησοῦν** περιπατοῦντα ἐπὶ τῆς θαλάσσης
6:22 εἶδον ὅτι πλοιάριον ἄλλο οὐκ ἦν ἐκεῖ εἰ μὴ ἓν καὶ ὅτι οὐ συνεισῆλθεν τοῖς μαθηταῖς αὐτοῦ ὁ **Ἰησοῦς** εἰς τὸ πλοῖον
6:24 ὅτε οὖν εἶδεν ὁ ὄχλος ὅτι **Ἰησοῦς** οὐκ ἔστιν ἐκεῖ οὐδὲ οἱ μαθηταὶ αὐτοῦ, ἐνέβησαν αὐτοὶ εἰς τὰ πλοιάρια καὶ ἦλθον εἰς Καφαρναοὺμ ζητοῦντες τὸν **Ἰησοῦν.**
6:26 ἀπεκρίθη αὐτοῖς ὁ **Ἰησοῦς** καὶ εἶπεν, Ἀμὴν ἀμὴν λέγω ὑμῖν,
6:29 ἀπεκρίθη [ὁ] **Ἰησοῦς** καὶ εἶπεν αὐτοῖς, Τοῦτό ἐστιν τὸ ἔργον τοῦ θεοῦ,
6:32 εἶπεν οὖν αὐτοῖς ὁ **Ἰησοῦς,** Ἀμὴν ἀμὴν λέγω ὑμῖν,
6:35 εἶπεν αὐτοῖς ὁ **Ἰησοῦς,** Ἐγώ εἰμι ὁ ἄρτος τῆς ζωῆς·
6:42 καὶ ἔλεγον, Οὐχ οὗτός ἐστιν **Ἰησοῦς** ὁ υἱὸς Ἰωσήφ,
6:43 ἀπεκρίθη **Ἰησοῦς** καὶ εἶπεν αὐτοῖς, Μὴ γογγύζετε μετ' ἀλλήλων.
6:53 εἶπεν οὖν αὐτοῖς ὁ **Ἰησοῦς,** Ἀμὴν ἀμὴν λέγω ὑμῖν,
6:61 εἰδὼς δὲ ὁ **Ἰησοῦς** ἐν ἑαυτῷ ὅτι γογγύζουσιν περὶ τούτου οἱ μαθηταὶ αὐτοῦ εἶπεν αὐτοῖς,
6:64 ᾔδει γὰρ ἐξ ἀρχῆς ὁ **Ἰησοῦς** τίνες εἰσὶν οἱ μὴ πιστεύοντες καὶ τίς ἐστιν ὁ παραδώσων αὐτόν.
6:67 εἶπεν οὖν ὁ **Ἰησοῦς** τοῖς δώδεκα, Μὴ καὶ ὑμεῖς θέλετε ὑπάγειν;
6:70 ἀπεκρίθη αὐτοῖς ὁ **Ἰησοῦς,** Οὐκ ἐγὼ ὑμᾶς τοὺς δώδεκα ἐξελεξάμην;
7: 1 Καὶ μετὰ ταῦτα περιεπάτει ὁ **Ἰησοῦς** ἐν τῇ Γαλιλαίᾳ·
7: 6 λέγει οὖν αὐτοῖς ὁ **Ἰησοῦς,** Ὁ καιρὸς ὁ ἐμὸς οὔπω πάρεστιν,
7:14 Ἤδη δὲ τῆς ἑορτῆς μεσούσης ἀνέβη **Ἰησοῦς** εἰς τὸ ἱερὸν καὶ ἐδίδασκεν.
7:16 ἀπεκρίθη οὖν αὐτοῖς [ὁ] **Ἰησοῦς** καὶ εἶπεν, Ἡ ἐμὴ διδαχὴ οὐκ ἔστιν ἐμὴ ἀλλὰ τοῦ πέμψαντός με·
7:21 ἀπεκρίθη **Ἰησοῦς** καὶ εἶπεν αὐτοῖς, Ἓν ἔργον ἐποίησα καὶ πάντες θαυμάζετε.
7:28 ἔκραξεν οὖν ἐν τῷ ἱερῷ διδάσκων ὁ **Ἰησοῦς** καὶ λέγων,
7:33 εἶπεν οὖν ὁ **Ἰησοῦς,** Ἔτι χρόνον μικρὸν μεθ' ὑμῶν εἰμι καὶ ὑπάγω πρὸς τὸν πέμψαντά με.
7:37 Ἐν δὲ τῇ ἐσχάτῃ ἡμέρᾳ τῇ μεγάλῃ τῆς ἑορτῆς εἱστήκει ὁ **Ἰησοῦς** καὶ ἔκραξεν λέγων,
7:39 οὔπω γὰρ ἦν πνεῦμα, ὅτι **Ἰησοῦς** οὐδέπω ἐδοξάσθη.
8: 1 ⟦**Ἰησοῦς** δὲ ἐπορεύθη εἰς τὸ Ὄρος τῶν Ἐλαιῶν.⟧
8: 6 ⟦ὁ δὲ **Ἰησοῦς** κάτω κύψας τῷ δακτύλῳ κατέγραφεν εἰς τὴν γῆν.⟧
8:10 ⟦ἀνακύψας δὲ ὁ **Ἰησοῦς** εἶπεν αὐτῇ, Γύναι, ποῦ εἰσιν;⟧
8:11 ⟦εἶπεν δὲ ὁ **Ἰησοῦς,** Οὐδὲ ἐγώ σε κατακρίνω·⟧
8:12 Πάλιν οὖν αὐτοῖς ἐλάλησεν ὁ **Ἰησοῦς** λέγων, Ἐγώ εἰμι τὸ φῶς τοῦ κόσμου·
8:14 ἀπεκρίθη **Ἰησοῦς** καὶ εἶπεν αὐτοῖς, Κἂν ἐγὼ μαρτυρῶ περὶ ἐμαυτοῦ,
8:19 ἀπεκρίθη **Ἰησοῦς,** Οὔτε ἐμὲ οἴδατε οὔτε τὸν πατέρα μου·
8:25 εἶπεν αὐτοῖς ὁ **Ἰησοῦς,** Τὴν ἀρχὴν ὅ τι καὶ λαλῶ ὑμῖν;
8:28 εἶπεν οὖν [αὐτοῖς] ὁ **Ἰησοῦς,** Ὅταν ὑψώσητε τὸν υἱὸν τοῦ ἀνθρώπου,

8:31 Ἔλεγεν οὖν ὁ **Ἰησοῦς** πρὸς τοὺς πεπιστευκότας αὐτῷ Ἰουδαίους,
8:34 ἀπεκρίθη αὐτοῖς ὁ **Ἰησοῦς,** Ἀμὴν ἀμὴν λέγω ὑμῖν ὅτι πᾶς ὁ ποιῶν τὴν ἁμαρτίαν δοῦλός ἐστιν τῆς ἁμαρτίας.
8:39 λέγει αὐτοῖς ὁ **Ἰησοῦς,** Εἰ τέκνα τοῦ Ἀβραάμ ἐστε,
8:42 εἶπεν αὐτοῖς ὁ **Ἰησοῦς,** Εἰ ὁ θεὸς πατὴρ ὑμῶν ἦν ἠγαπᾶτε ἂν ἐμέ,
8:49 ἀπεκρίθη **Ἰησοῦς,** Ἐγὼ δαιμόνιον οὐκ ἔχω, ἀλλὰ τιμῶ τὸν πατέρα μου,
8:54 ἀπεκρίθη **Ἰησοῦς,** Ἐὰν ἐγὼ δοξάσω ἐμαυτόν, ἡ δόξα μου οὐδέν ἐστιν·
8:58 εἶπεν αὐτοῖς **Ἰησοῦς,** Ἀμὴν ἀμὴν λέγω ὑμῖν, πρὶν Ἀβραὰμ γενέσθαι ἐγὼ εἰμί.
8:59 **Ἰησοῦς** δὲ ἐκρύβη καὶ ἐξῆλθεν ἐκ τοῦ ἱεροῦ.
9: 3 ἀπεκρίθη **Ἰησοῦς,** Οὔτε οὗτος ἥμαρτεν οὔτε οἱ γονεῖς αὐτοῦ,
9:11 Ὁ ἄνθρωπος ὁ λεγόμενος **Ἰησοῦς** πηλὸν ἐποίησεν καὶ ἐπέχρισέν μου τοὺς ὀφθαλμοὺς
9:14 ἦν δὲ σάββατον ἐν ᾗ ἡμέρᾳ τὸν πηλὸν ἐποίησεν ὁ **Ἰησοῦς** καὶ ἀνέῳξεν αὐτοῦ τοὺς ὀφθαλμούς.
9:35 Ἤκουσεν **Ἰησοῦς** ὅτι ἐξέβαλον αὐτὸν ἔξω καὶ εὑρὼν αὐτὸν εἶπεν,
9:37 εἶπεν αὐτῷ ὁ **Ἰησοῦς,** Καὶ ἑώρακας αὐτὸν καὶ ὁ λαλῶν μετὰ σοῦ ἐκεῖνός ἐστιν.
9:39 καὶ εἶπεν ὁ **Ἰησοῦς,** Εἰς κρίμα ἐγὼ εἰς τὸν κόσμον τοῦτον ἦλθον,
9:41 εἶπεν αὐτοῖς ὁ **Ἰησοῦς,** Εἰ τυφλοὶ ἦτε, οὐκ ἂν εἴχετε ἁμαρτίαν·
10: 6 Ταύτην τὴν παροιμίαν εἶπεν αὐτοῖς ὁ **Ἰησοῦς,** ἐκεῖνοι δὲ οὐκ ἔγνωσαν τίνα ἦν ἃ ἐλάλει αὐτοῖς.
10: 7 Εἶπεν οὖν πάλιν ὁ **Ἰησοῦς,** Ἀμὴν ἀμὴν λέγω ὑμῖν ὅτι ἐγώ εἰμι ἡ θύρα τῶν προβάτων.
10:23 καὶ περιεπάτει ὁ **Ἰησοῦς** ἐν τῷ ἱερῷ ἐν τῇ στοᾷ τοῦ Σολομῶνος.
10:25 ἀπεκρίθη αὐτοῖς ὁ **Ἰησοῦς,** Εἶπον ὑμῖν καὶ οὐ πιστεύετε·
10:32 ἀπεκρίθη αὐτοῖς ὁ **Ἰησοῦς,** Πολλὰ ἔργα καλὰ ἔδειξα ὑμῖν ἐκ τοῦ πατρός·
10:34 ἀπεκρίθη αὐτοῖς [ὁ] **Ἰησοῦς,** Οὐκ ἔστιν γεγραμμένον ἐν τῷ νόμῳ ὑμῶν ὅτι Ἐγὼ εἶπα,
11: 4 ἀκούσας δὲ ὁ **Ἰησοῦς** εἶπεν, Αὕτη ἡ ἀσθένεια οὐκ ἔστιν πρὸς θάνατον ἀλλ᾽ ὑπὲρ τῆς δόξης τοῦ θεοῦ,
11: 5 ἠγάπα δὲ ὁ **Ἰησοῦς** τὴν Μάρθαν καὶ τὴν ἀδελφὴν αὐτῆς καὶ τὸν Λάζαρον.
11: 9 ἀπεκρίθη **Ἰησοῦς,** Οὐχὶ δώδεκα ὧραί εἰσιν τῆς ἡμέρας;
11:13 εἰρήκει δὲ ὁ **Ἰησοῦς** περὶ τοῦ θανάτου αὐτοῦ,
11:14 τότε οὖν εἶπεν αὐτοῖς ὁ **Ἰησοῦς** παρρησίᾳ, Λάζαρος ἀπέθανεν,
11:17 Ἐλθὼν οὖν ὁ **Ἰησοῦς** εὗρεν αὐτὸν τέσσαρας ἤδη ἡμέρας ἔχοντα ἐν τῷ μνημείῳ.
11:20 ἡ οὖν Μάρθα ὡς ἤκουσεν ὅτι **Ἰησοῦς** ἔρχεται ὑπήντησεν αὐτῷ·
11:21 εἶπεν οὖν ἡ Μάρθα πρὸς τὸν **Ἰησοῦν,** Κύριε,
11:23 λέγει αὐτῇ ὁ **Ἰησοῦς,** Ἀναστήσεται ὁ ἀδελφός σου.
11:25 εἶπεν αὐτῇ ὁ **Ἰησοῦς,** Ἐγώ εἰμι ἡ ἀνάστασις καὶ ἡ ζωή·
11:30 οὔπω δὲ ἐληλύθει ὁ **Ἰησοῦς** εἰς τὴν κώμην,
11:32 ἡ οὖν Μαριὰμ ὡς ἦλθεν ὅπου ἦν **Ἰησοῦς** ἰδοῦσα αὐτὸν ἔπεσεν αὐτοῦ πρὸς τοὺς πόδας λέγουσα αὐτῷ,
11:33 **Ἰησοῦς** οὖν ὡς εἶδεν αὐτὴν κλαίουσαν καὶ τοὺς συνελθόντας αὐτῇ Ἰουδαίους κλαίοντας,
11:35 ἐδάκρυσεν ὁ **Ἰησοῦς.**
11:38 **Ἰησοῦς** οὖν πάλιν ἐμβριμώμενος ἐν ἑαυτῷ ἔρχεται εἰς τὸ μνημεῖον·
11:39 λέγει ὁ **Ἰησοῦς,** Ἄρατε τὸν λίθον. λέγει αὐτῷ ἡ ἀδελφὴ τοῦ τετελευτηκότος Μάρθα,
11:40 λέγει αὐτῇ ὁ **Ἰησοῦς,** Οὐκ εἶπόν σοι ὅτι ἐὰν πιστεύσῃς ὄψῃ τὴν δόξαν τοῦ θεοῦ;
11:41 ὁ δὲ **Ἰησοῦς** ἦρεν τοὺς ὀφθαλμοὺς ἄνω καὶ εἶπεν,
11:44 λέγει αὐτοῖς ὁ **Ἰησοῦς,** Λύσατε αὐτὸν καὶ ἄφετε αὐτὸν ὑπάγειν.
11:46 τινὲς δὲ ἐξ αὐτῶν ἀπῆλθον πρὸς τοὺς Φαρισαίους καὶ εἶπαν αὐτοῖς ἃ ἐποίησεν **Ἰησοῦς.**
11:51 ἀλλὰ ἀρχιερεὺς ὢν τοῦ ἐνιαυτοῦ ἐκείνου ἐπροφήτευσεν ὅτι ἔμελλεν **Ἰησοῦς** ἀποθνῄσκειν ὑπὲρ τοῦ ἔθνους,
11:54 Ὁ οὖν **Ἰησοῦς** οὐκέτι παρρησίᾳ περιεπάτει ἐν τοῖς Ἰουδαίοις,
11:56 ἐζήτουν οὖν τὸν **Ἰησοῦν** καὶ ἔλεγον μετ᾽ ἀλλήλων ἐν τῷ ἱερῷ ἑστηκότες,
12: 1 Ὁ οὖν **Ἰησοῦς** πρὸ ἓξ ἡμερῶν τοῦ πάσχα ἦλθεν εἰς Βηθανίαν, ὅπου ἦν Λάζαρος, ὃν ἤγειρεν ἐκ νεκρῶν **Ἰησοῦς.**
12: 3 ἡ οὖν Μαριὰμ λαβοῦσα λίτραν μύρου νάρδου πιστικῆς πολυτίμου ἤλειψεν τοὺς πόδας τοῦ **Ἰησοῦ** καὶ ἐξέμαξεν ταῖς θριξὶν αὐτῆς τοὺς πόδας αὐτοῦ·
12: 7 εἶπεν οὖν ὁ **Ἰησοῦς,** Ἄφες αὐτήν, ἵνα εἰς τὴν ἡμέραν τοῦ ἐνταφιασμοῦ μου τηρήσῃ αὐτό·
12: 9 Ἔγνω οὖν [ὁ] ὄχλος πολὺς ἐκ τῶν Ἰουδαίων ὅτι ἐκεῖ ἐστιν καὶ ἦλθον οὐ διὰ τὸν **Ἰησοῦν** μόνον,
12:11 ὅτι πολλοὶ δι᾽ αὐτὸν ὑπῆγον τῶν Ἰουδαίων καὶ ἐπίστευον εἰς τὸν **Ἰησοῦν.**
12:12 Τῇ ἐπαύριον ὁ ὄχλος πολὺς ὁ ἐλθὼν εἰς τὴν ἑορτήν, ἀκούσαντες ὅτι ἔρχεται ὁ **Ἰησοῦς** εἰς Ἱεροσόλυμα
12:14 εὑρὼν δὲ ὁ **Ἰησοῦς** ὀνάριον ἐκάθισεν ἐπ᾽ αὐτό,
12:16 ἀλλ᾽ ὅτε ἐδοξάσθη **Ἰησοῦς** τότε ἐμνήσθησαν ὅτι ταῦτα ἦν ἐπ᾽ αὐτῷ γεγραμμένα καὶ ταῦτα ἐποίησαν αὐτῷ.
12:21 οὗτοι οὖν προσῆλθον Φιλίππῳ τῷ ἀπὸ Βηθσαϊδὰ τῆς Γαλιλαίας καὶ ἠρώτων αὐτὸν λέγοντες, Κύριε, θέλομεν τὸν **Ἰησοῦν** ἰδεῖν.
12:22 ἔρχεται Ἀνδρέας καὶ Φίλιππος καὶ λέγουσιν τῷ **Ἰησοῦ.**
12:23 ὁ δὲ **Ἰησοῦς** ἀποκρίνεται αὐτοῖς λέγων, Ἐλήλυθεν ἡ ὥρα ἵνα δοξασθῇ ὁ υἱὸς τοῦ ἀνθρώπου.
12:30 ἀπεκρίθη **Ἰησοῦς** καὶ εἶπεν, Οὐ δι᾽ ἐμὲ ἡ φωνὴ αὕτη γέγονεν ἀλλὰ δι᾽ ὑμᾶς.
12:35 εἶπεν οὖν αὐτοῖς ὁ **Ἰησοῦς,** Ἔτι μικρὸν χρόνον τὸ φῶς ἐν ὑμῖν ἐστιν.
12:36 Ταῦτα ἐλάλησεν **Ἰησοῦς,** καὶ ἀπελθὼν ἐκρύβη ἀπ᾽ αὐτῶν.
12:44 **Ἰησοῦς** δὲ ἔκραξεν καὶ εἶπεν, Ὁ πιστεύων εἰς ἐμὲ οὐ πιστεύει εἰς ἐμὲ ἀλλὰ εἰς τὸν πέμψαντά με,
13: 1 εἰδὼς ὁ **Ἰησοῦς** ὅτι ἦλθεν αὐτοῦ ἡ ὥρα ἵνα μεταβῇ ἐκ τοῦ κόσμου τούτου πρὸς τὸν πατέρα,
13: 7 ἀπεκρίθη **Ἰησοῦς** καὶ εἶπεν αὐτῷ, Ὃ ἐγὼ ποιῶ σὺ οὐκ οἶδας ἄρτι,
13: 8 ἀπεκρίθη **Ἰησοῦς** αὐτῷ, Ἐὰν μὴ νίψω σε, οὐκ ἔχεις μέρος μετ᾽ ἐμοῦ.
13:10 λέγει αὐτῷ ὁ **Ἰησοῦς,** Ὁ λελουμένος οὐκ ἔχει χρείαν εἰ μὴ τοὺς πόδας νίψασθαι,
13:21 Ταῦτα εἰπὼν [ὁ] **Ἰησοῦς** ἐταράχθη τῷ πνεύματι καὶ ἐμαρτύρησεν καὶ εἶπεν,
13:23 ἦν ἀνακείμενος εἷς ἐκ τῶν μαθητῶν αὐτοῦ ἐν τῷ κόλπῳ τοῦ **Ἰησοῦ,** ὃν ἠγάπα ὁ **Ἰησοῦς.**
13:25 ἀναπεσὼν οὖν ἐκεῖνος οὕτως ἐπὶ τὸ στῆθος τοῦ **Ἰησοῦ** λέγει αὐτῷ,
13:26 ἀποκρίνεται [ὁ] **Ἰησοῦς,** Ἐκεῖνός ἐστιν ᾧ ἐγὼ βάψω τὸ ψωμίον καὶ δώσω αὐτῷ.
13:27 λέγει οὖν αὐτῷ ὁ **Ἰησοῦς,** Ὃ ποιεῖς ποίησον τάχιον.
13:29 ἐπεὶ τὸ γλωσσόκομον εἶχεν Ἰούδας, ὅτι λέγει αὐτῷ [ὁ] **Ἰησοῦς,**
13:31 λέγει **Ἰησοῦς,** Νῦν ἐδοξάσθη ὁ υἱὸς τοῦ ἀνθρώπου,
13:36 ἀπεκρίθη [αὐτῷ] **Ἰησοῦς,** Ὅπου ὑπάγω οὐ δύνασαί μοι νῦν ἀκολουθῆσαι,
13:38 ἀποκρίνεται **Ἰησοῦς,** Τὴν ψυχήν σου ὑπὲρ ἐμοῦ θήσεις;
14: 6 λέγει αὐτῷ [ὁ] **Ἰησοῦς,** Ἐγώ εἰμι ἡ ὁδὸς καὶ ἡ ἀλήθεια καὶ ἡ ζωή·
14: 9 λέγει αὐτῷ ὁ **Ἰησοῦς,** Τοσούτῳ χρόνῳ μεθ᾽ ὑμῶν εἰμι καὶ οὐκ ἔγνωκάς με,
14:23 ἀπεκρίθη **Ἰησοῦς** καὶ εἶπεν αὐτῷ, Ἐάν τις ἀγαπᾷ με τὸν λόγον μου τηρήσει,
16:19 ἔγνω [ὁ] **Ἰησοῦς** ὅτι ἤθελον αὐτὸν ἐρωτᾶν, καὶ εἶπεν αὐτοῖς,
16:31 ἀπεκρίθη αὐτοῖς **Ἰησοῦς,** Ἄρτι πιστεύετε;
17: 1 Ταῦτα ἐλάλησεν **Ἰησοῦς** καὶ ἐπάρας τοὺς ὀφθαλμοὺς αὐτοῦ εἰς τὸν οὐρανὸν εἶπεν,
17: 3 αὕτη δέ ἐστιν ἡ αἰώνιος ζωὴ ἵνα γινώσκωσιν σὲ τὸν μόνον ἀληθινὸν θεὸν καὶ ὃν ἀπέστειλας **Ἰησοῦν** Χριστόν.
18: 1 Ταῦτα εἰπὼν **Ἰησοῦς** ἐξῆλθεν σὺν τοῖς μαθηταῖς αὐτοῦ πέραν τοῦ χειμάρρου τοῦ Κεδρὼν ὅπου ἦν κῆπος,
18: 2 ὅτι πολλάκις συνήχθη **Ἰησοῦς** ἐκεῖ μετὰ τῶν μαθητῶν αὐτοῦ.
18: 4 **Ἰησοῦς** οὖν εἰδὼς πάντα τὰ ἐρχόμενα ἐπ᾽ αὐτὸν ἐξῆλθεν καὶ λέγει αὐτοῖς,
18: 5 ἀπεκρίθησαν αὐτῷ, **Ἰησοῦν** τὸν Ναζωραῖον. λέγει αὐτοῖς, Ἐγώ εἰμι.
18: 7 Τίνα ζητεῖτε; οἱ δὲ εἶπαν, **Ἰησοῦν** τὸν Ναζωραῖον.
18: 8 ἀπεκρίθη **Ἰησοῦς,** Εἶπον ὑμῖν ὅτι ἐγώ εἰμι. εἰ οὖν ἐμὲ ζητεῖτε,
18:11 εἶπεν οὖν ὁ **Ἰησοῦς** τῷ Πέτρῳ, Βάλε τὴν μάχαιραν εἰς τὴν θήκην·
18:12 Ἡ οὖν σπεῖρα καὶ ὁ χιλίαρχος καὶ οἱ ὑπηρέται τῶν Ἰουδαίων συνέλαβον τὸν **Ἰησοῦν** καὶ ἔδησαν αὐτὸν
18:15 Ἠκολούθει δὲ τῷ **Ἰησοῦ** Σίμων Πέτρος καὶ ἄλλος μαθητής. ὁ δὲ μαθητὴς ἐκεῖνος ἦν γνωστὸς τῷ ἀρχιερεῖ καὶ συνεισῆλθεν τῷ **Ἰησοῦ** εἰς τὴν αὐλὴν τοῦ ἀρχιερέως,

18:19 Ὁ οὖν ἀρχιερεὺς ἠρώτησεν τὸν **Ἰησοῦν** περὶ τῶν μαθητῶν αὐτοῦ καὶ περὶ τῆς διδαχῆς αὐτοῦ.
18:20 ἀπεκρίθη αὐτῷ **Ἰησοῦς,** Ἐγὼ παρρησίᾳ λελάληκα τῷ κόσμῳ,
18:22 ταῦτα δὲ αὐτοῦ εἰπόντος εἷς παρεστηκὼς τῶν ὑπηρετῶν ἔδωκεν ῥάπισμα τῷ **Ἰησοῦ** εἰπών,
18:23 ἀπεκρίθη αὐτῷ **Ἰησοῦς,** Εἰ κακῶς ἐλάλησα, μαρτύρησον περὶ τοῦ κακοῦ·
18:28 Ἄγουσιν οὖν τὸν **Ἰησοῦν** ἀπὸ τοῦ Καϊάφα εἰς τὸ πραιτώριον·
18:32 ἵνα ὁ λόγος τοῦ **Ἰησοῦ** πληρωθῇ ὃν εἶπεν σημαίνων ποίῳ θανάτῳ ἤμελλεν ἀποθνῄσκειν.
18:33 Εἰσῆλθεν οὖν πάλιν εἰς τὸ πραιτώριον ὁ Πιλᾶτος καὶ ἐφώνησεν τὸν **Ἰησοῦν** καὶ εἶπεν αὐτῷ,
18:34 ἀπεκρίθη **Ἰησοῦς,** Ἀπὸ σεαυτοῦ σὺ τοῦτο λέγεις ἢ ἄλλοι εἶπόν σοι περὶ ἐμοῦ;
18:36 ἀπεκρίθη **Ἰησοῦς,** Ἡ βασιλεία ἡ ἐμὴ οὐκ ἔστιν ἐκ τοῦ κόσμου τούτου·
18:37 ἀπεκρίθη ὁ **Ἰησοῦς,** Σὺ λέγεις ὅτι βασιλεύς εἰμι.
19: 1 Τότε οὖν ἔλαβεν ὁ Πιλᾶτος τὸν **Ἰησοῦν** καὶ ἐμαστίγωσεν.
19: 5 ἐξῆλθεν οὖν ὁ **Ἰησοῦς** ἔξω, φορῶν τὸν ἀκάνθινον στέφανον καὶ τὸ πορφυροῦν ἱμάτιον.
19: 9 καὶ εἰσῆλθεν εἰς τὸ πραιτώριον πάλιν καὶ λέγει τῷ **Ἰησοῦ,** Πόθεν εἶ σύ; ὁ δὲ **Ἰησοῦς** ἀπόκρισιν οὐκ ἔδωκεν αὐτῷ.
19:11 ἀπεκρίθη [αὐτῷ] **Ἰησοῦς,** Οὐκ εἶχες ἐξουσίαν κατ' ἐμοῦ οὐδεμίαν εἰ μὴ ἦν δεδομένον σοι ἄνωθεν·
19:13 Ὁ οὖν Πιλᾶτος ἀκούσας τῶν λόγων τούτων ἤγαγεν ἔξω τὸν **Ἰησοῦν** καὶ ἐκάθισεν ἐπὶ βήματος εἰς τόπον λεγόμενον Λιθόστρωτον,
19:16 τότε οὖν παρέδωκεν αὐτὸν αὐτοῖς ἵνα σταυρωθῇ. Παρέλαβον οὖν τὸν **Ἰησοῦν,**
19:18 καὶ μετ' αὐτοῦ ἄλλους δύο ἐντεῦθεν καὶ ἐντεῦθεν, μέσον δὲ τὸν **Ἰησοῦν.**
19:19 ἦν δὲ γεγραμμένον, **Ἰησοῦς** ὁ Ναζωραῖος ὁ βασιλεὺς τῶν Ἰουδαίων.
19:20 ὅτι ἐγγὺς ἦν ὁ τόπος τῆς πόλεως ὅπου ἐσταυρώθη ὁ **Ἰησοῦς·**
19:23 Οἱ οὖν στρατιῶται, ὅτε ἐσταύρωσαν τὸν **Ἰησοῦν,** ἔλαβον τὰ ἱμάτια αὐτοῦ καὶ ἐποίησαν τέσσαρα μέρη,
19:25 εἱστήκεισαν δὲ παρὰ τῷ σταυρῷ τοῦ **Ἰησοῦ** ἡ μήτηρ αὐτοῦ καὶ ἡ ἀδελφὴ τῆς μητρὸς αὐτοῦ,
19:26 **Ἰησοῦς** οὖν ἰδὼν τὴν μητέρα καὶ τὸν μαθητὴν παρεστῶτα ὃν ἠγάπα,
19:28 Μετὰ τοῦτο εἰδὼς ὁ **Ἰησοῦς** ὅτι ἤδη πάντα τετέλεσται,
19:30 ὅτε οὖν ἔλαβεν τὸ ὄξος [ὁ] **Ἰησοῦς** εἶπεν,
19:33 ἐπὶ δὲ τὸν **Ἰησοῦν** ἐλθόντες, ὡς εἶδον ἤδη αὐτὸν τεθνηκότα,
19:38 ὢν μαθητὴς τοῦ **Ἰησοῦ** κεκρυμμένος δὲ διὰ τὸν φόβον τῶν Ἰουδαίων, ἵνα ἄρῃ τὸ σῶμα τοῦ **Ἰησοῦ·**
19:40 ἔλαβον οὖν τὸ σῶμα τοῦ **Ἰησοῦ** καὶ ἔδησαν αὐτὸ ὀθονίοις μετὰ τῶν ἀρωμάτων,
19:42 ὅτι ἐγγὺς ἦν τὸ μνημεῖον, ἔθηκαν τὸν **Ἰησοῦν.**
20: 2 τρέχει οὖν καὶ ἔρχεται πρὸς Σίμωνα Πέτρον καὶ πρὸς τὸν ἄλλον μαθητὴν ὃν ἐφίλει ὁ **Ἰησοῦς** καὶ λέγει αὐτοῖς,
20:12 ἕνα πρὸς τῇ κεφαλῇ καὶ ἕνα πρὸς τοῖς ποσίν, ὅπου ἔκειτο τὸ σῶμα τοῦ **Ἰησοῦ.**
20:14 ταῦτα εἰποῦσα ἐστράφη εἰς τὰ ὀπίσω καὶ θεωρεῖ τὸν **Ἰησοῦν** ἑστῶτα καὶ οὐκ ᾔδει ὅτι **Ἰησοῦς** ἐστιν.
20:15 λέγει αὐτῇ **Ἰησοῦς,** Γύναι, τί κλαίεις; τίνα ζητεῖς;
20:16 λέγει αὐτῇ **Ἰησοῦς,** Μαριάμ. στραφεῖσα ἐκείνη λέγει αὐτῷ
20:17 λέγει αὐτῇ **Ἰησοῦς,** Μή μου ἅπτου, οὔπω γὰρ ἀναβέβηκα πρὸς τὸν πατέρα·
20:19 ἦλθεν ὁ **Ἰησοῦς** καὶ ἔστη εἰς τὸ μέσον καὶ λέγει αὐτοῖς,
20:21 εἶπεν οὖν αὐτοῖς [ὁ **Ἰησοῦς**] πάλιν, Εἰρήνη ὑμῖν·
20:24 ὁ λεγόμενος Δίδυμος, οὐκ ἦν μετ' αὐτῶν ὅτε ἦλθεν **Ἰησοῦς.**
20:26 ἔρχεται ὁ **Ἰησοῦς** τῶν θυρῶν κεκλεισμένων καὶ ἔστη εἰς τὸ μέσον καὶ εἶπεν,
20:29 λέγει αὐτῷ ὁ **Ἰησοῦς,** Ὅτι ἑώρακάς με πεπίστευκας;
20:30 Πολλὰ μὲν οὖν καὶ ἄλλα σημεῖα ἐποίησεν ὁ **Ἰησοῦς** ἐνώπιον τῶν μαθητῶν [αὐτοῦ,]
20:31 ταῦτα δὲ γέγραπται ἵνα πιστεύ[σ]ητε ὅτι **Ἰησοῦς** ἐστιν ὁ Χριστὸς ὁ υἱὸς τοῦ θεοῦ,
21: 1 Μετὰ ταῦτα ἐφανέρωσεν ἑαυτὸν πάλιν ὁ **Ἰησοῦς** τοῖς μαθηταῖς ἐπὶ τῆς θαλάσσης τῆς Τιβεριάδος·
21: 4 πρωΐας δὲ ἤδη γενομένης ἔστη **Ἰησοῦς** εἰς τὸν αἰγιαλόν, οὐ μέντοι ᾔδεισαν οἱ μαθηταὶ ὅτι **Ἰησοῦς** ἐστιν.
21: 5 λέγει οὖν αὐτοῖς [ὁ] **Ἰησοῦς,** Παιδία, μή τι προσφάγιον ἔχετε;
21: 7 λέγει οὖν ὁ μαθητὴς ἐκεῖνος ὃν ἠγάπα ὁ **Ἰησοῦς** τῷ Πέτρῳ,
21:10 λέγει αὐτοῖς ὁ **Ἰησοῦς,** Ἐνέγκατε ἀπὸ τῶν ὀψαρίων ὧν ἐπιάσατε νῦν.
21:12 λέγει αὐτοῖς ὁ **Ἰησοῦς,** Δεῦτε ἀριστήσατε. οὐδεὶς δὲ ἐτόλμα τῶν μαθητῶν ἐξετάσαι αὐτόν,
21:13 ἔρχεται **Ἰησοῦς** καὶ λαμβάνει τὸν ἄρτον καὶ δίδωσιν αὐτοῖς,
21:14 τοῦτο ἤδη τρίτον ἐφανερώθη **Ἰησοῦς** τοῖς μαθηταῖς ἐγερθεὶς ἐκ νεκρῶν.
21:15 Ὅτε οὖν ἠρίστησαν λέγει τῷ Σίμωνι Πέτρῳ ὁ **Ἰησοῦς,**
21:17 λέγει αὐτῷ [ὁ **Ἰησοῦς,**] Βόσκε τὰ πρόβατά μου.
21:20 Ἐπιστραφεὶς ὁ Πέτρος βλέπει τὸν μαθητὴν ὃν ἠγάπα ὁ **Ἰησοῦς** ἀκολουθοῦντα,
21:21 τοῦτον οὖν ἰδὼν ὁ Πέτρος λέγει τῷ **Ἰησοῦ,**
21:22 λέγει αὐτῷ ὁ **Ἰησοῦς,** Ἐὰν αὐτὸν θέλω μένειν ἕως ἔρχομαι,
21:23 οὐκ εἶπεν δὲ αὐτῷ ὁ **Ἰησοῦς** ὅτι οὐκ ἀποθνῄσκει ἀλλ',
21:25 Ἔστιν δὲ καὶ ἄλλα πολλὰ ἃ ἐποίησεν ὁ **Ἰησοῦς,**

Ac 1: 1 ὧν ἤρξατο ὁ **Ἰησοῦς** ποιεῖν τε καὶ διδάσκειν,
1:11 οὗτος ὁ **Ἰησοῦς** ὁ ἀναλημφθεὶς ἀφ' ὑμῶν εἰς τὸν οὐρανὸν οὕτως ἐλεύσεται ὃν τρόπον ἐθεάσασθε αὐτὸν πορευόμενον εἰς τὸν οὐρανόν.
1:14 προσκαρτεροῦντες ὁμοθυμαδὸν τῇ προσευχῇ σὺν γυναιξὶν καὶ Μαριὰμ τῇ μητρὶ τοῦ **Ἰησοῦ** καὶ τοῖς ἀδελφοῖς αὐτοῦ.
1:16 ἣν προεῖπεν τὸ πνεῦμα τὸ ἅγιον διὰ στόματος Δαυὶδ περὶ Ἰούδα τοῦ γενομένου ὁδηγοῦ τοῖς συλλαβοῦσιν **Ἰησοῦν,**
1:21 δεῖ οὖν τῶν συνελθόντων ἡμῖν ἀνδρῶν ἐν παντὶ χρόνῳ ᾧ εἰσῆλθεν καὶ ἐξῆλθεν ἐφ' ἡμᾶς ὁ κύριος **Ἰησοῦς,**
2:22 **Ἰησοῦν** τὸν Ναζωραῖον, ἄνδρα ἀποδεδειγμένον ἀπὸ τοῦ θεοῦ εἰς ὑμᾶς δυνάμεσι καὶ τέρασι καὶ σημείοις
2:32 τοῦτον τὸν **Ἰησοῦν** ἀνέστησεν ὁ θεός, οὗ πάντες ἡμεῖς ἐσμεν μάρτυρες·
2:36 ὅτι καὶ κύριον αὐτὸν καὶ Χριστὸν ἐποίησεν ὁ θεός, τοῦτον τὸν **Ἰησοῦν** ὃν ὑμεῖς ἐσταυρώσατε.
2:38 καὶ βαπτισθήτω ἕκαστος ὑμῶν ἐπὶ τῷ ὀνόματι **Ἰησοῦ** Χριστοῦ εἰς ἄφεσιν τῶν ἁμαρτιῶν ὑμῶν καὶ λήμψεσθε τὴν δωρεὰν τοῦ ἁγίου πνεύματος.
3: 6 ἐν τῷ ὀνόματι **Ἰησοῦ** Χριστοῦ τοῦ Ναζωραίου [ἔγειρε καὶ] περιπάτει.
3:13 ἐδόξασεν τὸν παῖδα αὐτοῦ **Ἰησοῦν** ὃν ὑμεῖς μὲν παρεδώκατε καὶ ἠρνήσασθε κατὰ πρόσωπον Πιλάτου,
3:20 ὅπως ἂν ἔλθωσιν καιροὶ ἀναψύξεως ἀπὸ προσώπου τοῦ κυρίου καὶ ἀποστείλῃ τὸν προκεχειρισμένον ὑμῖν Χριστόν **Ἰησοῦν,**
4: 2 διαπονούμενοι διὰ τὸ διδάσκειν αὐτοὺς τὸν λαὸν καὶ καταγγέλλειν ἐν τῷ **Ἰησοῦ** τὴν ἀνάστασιν τὴν ἐκ νεκρῶν,
4:10 γνωστὸν ἔστω πᾶσιν ὑμῖν καὶ παντὶ τῷ λαῷ Ἰσραὴλ ὅτι ἐν τῷ ὀνόματι **Ἰησοῦ** Χριστοῦ τοῦ Ναζωραίου ὃν ὑμεῖς ἐσταυρώσατε,
4:13 ἐθαύμαζον ἐπεγίνωσκόν τε αὐτοὺς ὅτι σὺν τῷ **Ἰησοῦ** ἦσαν,
4:18 καὶ καλέσαντες αὐτοὺς παρήγγειλαν τὸ καθόλου μὴ φθέγγεσθαι μηδὲ διδάσκειν ἐπὶ τῷ ὀνόματι τοῦ **Ἰησοῦ.**
4:27 συνήχθησαν γὰρ ἐπ' ἀληθείας ἐν τῇ πόλει ταύτῃ ἐπὶ τὸν ἅγιον παῖδά σου **Ἰησοῦν** ὃν ἔχρισας,
4:30 τὴν χεῖρά [σου] ἐκτείνειν σε εἰς ἴασιν καὶ σημεῖα καὶ τέρατα γίνεσθαι διὰ τοῦ ὀνόματος τοῦ ἁγίου παιδός σου **Ἰησοῦ.**
4:33 καὶ δυνάμει μεγάλῃ ἀπεδίδουν τὸ μαρτύριον οἱ ἀπόστολοι τῆς ἀναστάσεως τοῦ κυρίου **Ἰησοῦ,**
5:30 ὁ θεὸς τῶν πατέρων ἡμῶν ἤγειρεν **Ἰησοῦν** ὃν ὑμεῖς διεχειρίσασθε κρεμάσαντες ἐπὶ ξύλου·
5:40 καὶ προσκαλεσάμενοι τοὺς ἀποστόλους δείραντες παρήγγειλαν μὴ λαλεῖν ἐπὶ τῷ ὀνόματι τοῦ **Ἰησοῦ** καὶ ἀπέλυσαν.
5:42 πᾶσάν τε ἡμέραν ἐν τῷ ἱερῷ καὶ κατ' οἶκον οὐκ ἐπαύοντο διδάσκοντες καὶ εὐαγγελιζόμενοι τὸν Χριστὸν **Ἰησοῦν.**
6:14 λέγοντος ὅτι **Ἰησοῦς** ὁ Ναζωραῖος οὗτος καταλύσει τὸν τόπον τοῦτον καὶ ἀλλάξει τὰ ἔθη ἃ παρέδωκεν ἡμῖν Μωϋσῆς.
7:45 ἣν καὶ εἰσήγαγον διαδεξάμενοι οἱ πατέρες ἡμῶν μετὰ **Ἰησοῦ** ἐν τῇ κατασχέσει τῶν ἐθνῶν,
7:55 ὑπάρχων δὲ πλήρης πνεύματος ἁγίου ἀτενίσας εἰς τὸν οὐρανὸν εἶδεν δόξαν θεοῦ καὶ **Ἰησοῦν** ἑστῶτα ἐκ δεξιῶν τοῦ θεοῦ
7:59 καὶ ἐλιθοβόλουν τὸν Στέφανον ἐπικαλούμενον καὶ λέγοντα, Κύριε **Ἰησοῦ,** δέξαι τὸ πνεῦμά μου.
8:12 ὅτε δὲ ἐπίστευσαν τῷ **Φιλίππῳ** εὐαγγελιζομένῳ περὶ τῆς βασιλείας τοῦ θεοῦ καὶ τοῦ ὀνόματος **Ἰησοῦ** Χριστοῦ,
8:16 μόνον δὲ βεβαπτισμένοι ὑπῆρχον εἰς τὸ ὄνομα τοῦ κυρίου **Ἰησοῦ.**
8:35 ἀνοίξας δὲ ὁ **Φίλιππος** τὸ στόμα αὐτοῦ καὶ ἀρξάμενος ἀπὸ τῆς γραφῆς ταύτης εὐηγγελίσατο αὐτῷ τὸν **Ἰησοῦν.**
9: 5 ὁ δέ, Ἐγώ εἰμι **Ἰησοῦς** ὃν σὺ διώκεις·
9:17 **Ἰησοῦς** ὁ ὀφθείς σοι ἐν τῇ ὁδῷ ᾗ ἤρχου,
9:20 καὶ εὐθέως ἐν ταῖς συναγωγαῖς ἐκήρυσσεν τὸν **Ἰησοῦν** ὅτι οὗτός ἐστιν ὁ υἱὸς τοῦ θεοῦ.

9:27 πῶς ἐν τῇ ὁδῷ εἶδεν τὸν κύριον καὶ ὅτι ἐλάλησεν αὐτῷ καὶ πῶς ἐν Δαμασκῷ ἐπαρρησιάσατο ἐν τῷ ὀνόματι τοῦ **Ἰησοῦ.**
9:34 καὶ εἶπεν αὐτῷ ὁ Πέτρος, Αἰνέα, ἰᾶταί σε **Ἰησοῦς** Χριστός·
10:36 τὸν λόγον [ὃν] ἀπέστειλεν τοῖς υἱοῖς Ἰσραὴλ εὐαγγελιζόμενος εἰρήνην διὰ **Ἰησοῦ** Χριστοῦ,
10:38 **Ἰησοῦν** τὸν ἀπὸ Ναζαρέθ, ὡς ἔχρισεν αὐτὸν ὁ θεὸς πνεύματι ἁγίῳ καὶ δυνάμει,
10:48 προσέταξεν δὲ αὐτοὺς ἐν τῷ ὀνόματι **Ἰησοῦ** Χριστοῦ βαπτισθῆναι.
11:17 εἰ οὖν τὴν ἴσην δωρεὰν ἔδωκεν αὐτοῖς ὁ θεὸς ὡς καὶ ἡμῖν πιστεύσασιν ἐπὶ τὸν κύριον **Ἰησοῦν** Χριστόν,
11:20 οἵτινες ἐλθόντες εἰς Ἀντιόχειαν ἐλάλουν καὶ πρὸς τοὺς Ἑλληνιστὰς εὐαγγελιζόμενοι τὸν κύριον **Ἰησοῦν.**
13:23 τούτου ὁ θεὸς ἀπὸ τοῦ σπέρματος κατ᾽ ἐπαγγελίαν ἤγαγεν τῷ Ἰσραὴλ σωτῆρα **Ἰησοῦν,**
13:33 ὅτι ταύτην ὁ θεὸς ἐκπεπλήρωκεν τοῖς τέκνοις [αὐτῶν] ἡμῖν ἀναστήσας **Ἰησοῦν** ὡς καὶ ἐν τῷ ψαλμῷ γέγραπται
15:11 ἀλλὰ διὰ τῆς χάριτος τοῦ κυρίου **Ἰησοῦ** πιστεύομεν σωθῆναι καθ᾽ ὃν τρόπον κἀκεῖνοι.
15:26 ἀνθρώποις παραδεδωκόσι τὰς ψυχὰς αὐτῶν ὑπὲρ τοῦ ὀνόματος τοῦ κυρίου ἡμῶν **Ἰησοῦ** Χριστοῦ.
16: 7 ἐλθόντες δὲ κατὰ τὴν Μυσίαν ἐπείραζον εἰς τὴν Βιθυνίαν πορευθῆναι, καὶ οὐκ εἴασεν αὐτοὺς τὸ πνεῦμα **Ἰησοῦ·**
16:18 Παραγγέλλω σοι ἐν ὀνόματι **Ἰησοῦ** Χριστοῦ ἐξελθεῖν ἀπ᾽ αὐτῆς·
16:31 Πίστευσον ἐπὶ τὸν κύριον **Ἰησοῦν** καὶ σωθήσῃ σὺ καὶ ὁ οἶκός σου.
17: 3 ὅτι τὸν Χριστὸν ἔδει παθεῖν καὶ ἀναστῆναι ἐκ νεκρῶν καὶ ὅτι οὗτός ἐστιν ὁ Χριστὸς [ὁ] **Ἰησοῦς** ὃν ἐγὼ καταγγέλλω ὑμῖν.
17: 7 καὶ οὗτοι πάντες ἀπέναντι τῶν δογμάτων Καίσαρος πράσσουσι βασιλέα ἕτερον λέγοντες εἶναι **Ἰησοῦν.**
17:18 Ξένων δαιμονίων δοκεῖ καταγγελεὺς εἶναι, ὅτι τὸν **Ἰησοῦν** καὶ τὴν ἀνάστασιν εὐηγγελίζετο.
18: 5 συνείχετο τῷ λόγῳ ὁ Παῦλος διαμαρτυρόμενος τοῖς Ἰουδαίοις εἶναι τὸν Χριστὸν **Ἰησοῦν.**
18:25 οὗτος ἦν κατηχημένος τὴν ὁδὸν τοῦ κυρίου καὶ ζέων τῷ πνεύματι ἐλάλει καὶ ἐδίδασκεν ἀκριβῶς τὰ περὶ τοῦ **Ἰησοῦ,**
18:28 εὐτόνως γὰρ τοῖς Ἰουδαίοις διακατηλέγχετο δημοσίᾳ ἐπιδεικνὺς διὰ τῶν γραφῶν εἶναι τὸν Χριστὸν **Ἰησοῦν.**
19: 4 Ἰωάννης ἐβάπτισεν βάπτισμα μετανοίας τῷ λαῷ λέγων εἰς τὸν ἐρχόμενον μετ᾽ αὐτὸν ἵνα πιστεύσωσιν, τοῦτ᾽ ἔστιν εἰς τὸν **Ἰησοῦν.**
19: 5 ἀκούσαντες δὲ ἐβαπτίσθησαν εἰς τὸ ὄνομα τοῦ κυρίου **Ἰησοῦ,**
19:13 τῶν περιερχομένων Ἰουδαίων ἐξορκιστῶν ὀνομάζειν ἐπὶ τοὺς ἔχοντας τὰ πνεύματα τὰ πονηρὰ τὸ ὄνομα τοῦ κυρίου **Ἰησοῦ** λέγοντες, Ὁρκίζω ὑμᾶς τὸν **Ἰησοῦν** ὃν Παῦλος κηρύσσει.
19:15 Τὸν [μὲν] **Ἰησοῦν** γινώσκω καὶ τὸν Παῦλον ἐπίσταμαι,
19:17 τοῖς κατοικοῦσιν τὴν Ἔφεσον καὶ ἐπέπεσεν φόβος ἐπὶ πάντας αὐτοὺς καὶ ἐμεγαλύνετο τὸ ὄνομα τοῦ κυρίου **Ἰησοῦ.**
20:21 διαμαρτυρόμενος Ἰουδαίοις τε καὶ Ἕλλησιν τὴν εἰς θεὸν μετάνοιαν καὶ πίστιν εἰς τὸν κύριον ἡμῶν **Ἰησοῦν.**
20:24 ὡς τελειῶσαι τὸν δρόμον μου καὶ τὴν διακονίαν ἣν ἔλαβον παρὰ τοῦ κυρίου **Ἰησοῦ,**
20:35 μνημονεύειν τε τῶν λόγων τοῦ κυρίου **Ἰησοῦ** ὅτι αὐτὸς εἶπεν,
21:13 ἐγὼ γὰρ οὐ μόνον δεθῆναι ἀλλὰ καὶ ἀποθανεῖν εἰς Ἰερουσαλὴμ ἑτοίμως ἔχω ὑπὲρ τοῦ ὀνόματος τοῦ κυρίου **Ἰησοῦ.**
22: 8 Ἐγώ εἰμι **Ἰησοῦς** ὁ Ναζωραῖος, ὃν σὺ διώκεις.
24:24 μετεπέμψατο τὸν Παῦλον καὶ ἤκουσεν αὐτοῦ περὶ τῆς εἰς Χριστὸν **Ἰησοῦν** πίστεως.
25:19 ζητήματα δέ τινα περὶ τῆς ἰδίας δεισιδαιμονίας εἶχον πρὸς αὐτὸν καὶ περί τινος **Ἰησοῦ** τεθνηκότος ὃν ἔφασκεν ὁ Παῦλος ζῆν.
26: 9 ἐγὼ μὲν οὖν ἔδοξα ἐμαυτῷ πρὸς τὸ ὄνομα **Ἰησοῦ** τοῦ Ναζωραίου δεῖν πολλὰ ἐναντία πρᾶξαι,
26:15 ὁ δὲ κύριος εἶπεν, Ἐγώ εἰμι **Ἰησοῦς** ὃν σὺ διώκεις.
28:23 πείθων τε αὐτοὺς περὶ τοῦ **Ἰησοῦ** ἀπό τε τοῦ νόμου Μωϋσέως καὶ τῶν προφητῶν,
28:31 κηρύσσων τὴν βασιλείαν τοῦ θεοῦ καὶ διδάσκων τὰ περὶ τοῦ κυρίου **Ἰησοῦ** Χριστοῦ μετὰ πάσης παρρησίας ἀκωλύτως.
Ro 1: 1 Παῦλος δοῦλος Χριστοῦ **Ἰησοῦ,** κλητὸς ἀπόστολος ἀφωρισμένος εἰς εὐαγγέλιον θεοῦ,
1: 4 τοῦ ὁρισθέντος υἱοῦ θεοῦ ἐν δυνάμει κατὰ πνεῦμα ἁγιωσύνης ἐξ ἀναστάσεως νεκρῶν, **Ἰησοῦ** Χριστοῦ τοῦ κυρίου ἡμῶν,
1: 6 ἐν οἷς ἐστε καὶ ὑμεῖς κλητοὶ **Ἰησοῦ** Χριστοῦ,
1: 7 χάρις ὑμῖν καὶ εἰρήνη ἀπὸ θεοῦ πατρὸς ἡμῶν καὶ κυρίου **Ἰησοῦ** Χριστοῦ.
1: 8 Πρῶτον μὲν εὐχαριστῶ τῷ θεῷ μου διὰ **Ἰησοῦ** Χριστοῦ περὶ πάντων ὑμῶν ὅτι ἡ πίστις ὑμῶν καταγγέλλεται
2:16 ὅτε κρίνει ὁ θεὸς τὰ κρυπτὰ τῶν ἀνθρώπων κατὰ τὸ εὐαγγέλιόν μου διὰ Χριστοῦ **Ἰησοῦ.** [UBS; NIV **Ἰησοῦ** Χριστοῦ.]
3:22 δικαιοσύνη δὲ θεοῦ διὰ πίστεως **Ἰησοῦ** Χριστοῦ εἰς πάντας τοὺς πιστεύοντας.
3:24 δικαιούμενοι δωρεὰν τῇ αὐτοῦ χάριτι διὰ τῆς ἀπολυτρώσεως τῆς ἐν Χριστῷ **Ἰησοῦ·**
3:26 εἰς τὸ εἶναι αὐτὸν δίκαιον καὶ δικαιοῦντα τὸν ἐκ πίστεως **Ἰησοῦ.**
4:24 τοῖς πιστεύουσιν ἐπὶ τὸν ἐγείραντα **Ἰησοῦν** τὸν κύριον ἡμῶν ἐκ νεκρῶν,
5: 1 Δικαιωθέντες οὖν ἐκ πίστεως εἰρήνην ἔχομεν πρὸς τὸν θεὸν διὰ τοῦ κυρίου ἡμῶν **Ἰησοῦ** Χριστοῦ
5:11 ἀλλὰ καὶ καυχώμενοι ἐν τῷ θεῷ διὰ τοῦ κυρίου ἡμῶν **Ἰησοῦ** Χριστοῦ δι᾽ οὗ νῦν τὴν καταλλαγὴν ἐλάβομεν.
5:15 πολλῷ μᾶλλον ἡ χάρις τοῦ θεοῦ καὶ ἡ δωρεὰ ἐν χάριτι τῇ τοῦ ἑνὸς ἀνθρώπου **Ἰησοῦ** Χριστοῦ εἰς τοὺς πολλοὺς ἐπερίσσευσεν.
5:17 πολλῷ μᾶλλον οἱ τὴν περισσείαν τῆς χάριτος καὶ τῆς δωρεᾶς τῆς δικαιοσύνης λαμβάνοντες ἐν ζωῇ βασιλεύσουσιν διὰ τοῦ ἑνὸς **Ἰησοῦ** Χριστοῦ.
5:21 οὕτως καὶ ἡ χάρις βασιλεύσῃ διὰ δικαιοσύνης εἰς ζωὴν αἰώνιον διὰ **Ἰησοῦ** Χριστοῦ τοῦ κυρίου ἡμῶν.
6: 3 ἢ ἀγνοεῖτε ὅτι, ὅσοι ἐβαπτίσθημεν εἰς Χριστὸν **Ἰησοῦν,**
6:11 οὕτως καὶ ὑμεῖς λογίζεσθε ἑαυτοὺς [εἶναι] νεκροὺς μὲν τῇ ἁμαρτίᾳ ζῶντας δὲ τῷ θεῷ ἐν Χριστῷ **Ἰησοῦ.**
6:23 τὸ δὲ χάρισμα τοῦ θεοῦ ζωὴ αἰώνιος ἐν Χριστῷ **Ἰησοῦ** τῷ κυρίῳ ἡμῶν.
7:25 χάρις δὲ τῷ θεῷ διὰ **Ἰησοῦ** Χριστοῦ τοῦ κυρίου ἡμῶν.
8: 1 Οὐδὲν ἄρα νῦν κατάκριμα τοῖς ἐν Χριστῷ **Ἰησοῦ.**
8: 2 ὁ γὰρ νόμος τοῦ πνεύματος τῆς ζωῆς ἐν Χριστῷ **Ἰησοῦ** ἠλευθέρωσέν σε ἀπὸ τοῦ νόμου τῆς ἁμαρτίας καὶ τοῦ θανάτου.
8:11 εἰ δὲ τὸ πνεῦμα τοῦ ἐγείραντος τὸν **Ἰησοῦν** ἐκ νεκρῶν οἰκεῖ ἐν ὑμῖν,
8:34 Χριστὸς **[Ἰησοῦς]** ὁ ἀποθανών, μᾶλλον δὲ ἐγερθείς, ὃς καί ἐστιν ἐν δεξιᾷ τοῦ θεοῦ,
8:39 οὔτε βάθος οὔτε τις κτίσις ἑτέρα δυνήσεται ἡμᾶς χωρίσαι ἀπὸ τῆς ἀγάπης τοῦ θεοῦ τῆς ἐν Χριστῷ **Ἰησοῦ** τῷ κυρίῳ ἡμῶν.
10: 9 ὅτι ἐὰν ὁμολογήσῃς ἐν τῷ στόματί σου κύριον **Ἰησοῦν** καὶ πιστεύσῃς ἐν τῇ καρδίᾳ σου ὅτι ὁ θεὸς αὐτὸν ἤγειρεν ἐκ νεκρῶν,
13:14 ἀλλὰ ἐνδύσασθε τὸν κύριον **Ἰησοῦν** Χριστὸν καὶ τῆς σαρκὸς πρόνοιαν μὴ ποιεῖσθε εἰς ἐπιθυμίας.
14:14 οἶδα καὶ πέπεισμαι ἐν κυρίῳ **Ἰησοῦ** ὅτι οὐδὲν κοινὸν δι᾽ ἑαυτοῦ,
15: 5 ὁ δὲ θεὸς τῆς ὑπομονῆς καὶ τῆς παρακλήσεως δῴη ὑμῖν τὸ αὐτὸ φρονεῖν ἐν ἀλλήλοις κατὰ Χριστὸν **Ἰησοῦν,**
15: 6 ἵνα ὁμοθυμαδὸν ἐν ἑνὶ στόματι δοξάζητε τὸν θεὸν καὶ πατέρα τοῦ κυρίου ἡμῶν **Ἰησοῦ** Χριστοῦ.
15:16 εἰς τὸ εἶναί με λειτουργὸν Χριστοῦ **Ἰησοῦ** εἰς τὰ ἔθνη,
15:17 ἔχω οὖν [τὴν] καύχησιν ἐν Χριστῷ **Ἰησοῦ** τὰ πρὸς τὸν θεόν·
15:30 διὰ τοῦ κυρίου ἡμῶν **Ἰησοῦ** Χριστοῦ καὶ διὰ τῆς ἀγάπης τοῦ πνεύματος συναγωνίσασθαί μοι ἐν ταῖς προσευχαῖς ὑπὲρ ἐμοῦ
16: 3 Ἀσπάσασθε Πρίσκαν καὶ Ἀκύλαν τοὺς συνεργούς μου ἐν Χριστῷ **Ἰησοῦ,**
16:20 ἡ χάρις τοῦ κυρίου ἡμῶν **Ἰησοῦ** μεθ᾽ ὑμῶν.
16:25 [Τῷ δὲ δυναμένῳ ὑμᾶς στηρίξαι κατὰ τὸ εὐαγγέλιόν μου καὶ τὸ κήρυγμα **Ἰησοῦ** Χριστοῦ,]
16:27 [μόνῳ σοφῷ θεῷ, διὰ **Ἰησοῦ** Χριστοῦ, ᾧ ἡ δόξα εἰς τοὺς αἰῶνας,]
1Co 1: 1 Παῦλος κλητὸς ἀπόστολος Χριστοῦ **Ἰησοῦ** διὰ θελήματος θεοῦ καὶ Σωσθένης ὁ ἀδελφὸς
1: 2 τῇ ἐκκλησίᾳ τοῦ θεοῦ τῇ οὔσῃ ἐν Κορίνθῳ, ἡγιασμένοις ἐν Χριστῷ **Ἰησοῦ,** κλητοῖς ἁγίοις, σὺν πᾶσιν τοῖς ἐπικαλουμένοις τὸ ὄνομα τοῦ κυρίου ἡμῶν **Ἰησοῦ** Χριστοῦ
1: 3 χάρις ὑμῖν καὶ εἰρήνη ἀπὸ θεοῦ πατρὸς ἡμῶν καὶ κυρίου **Ἰησοῦ** Χριστοῦ.
1: 4 Εὐχαριστῶ τῷ θεῷ μου πάντοτε περὶ ὑμῶν ἐπὶ τῇ χάριτι τοῦ θεοῦ τῇ δοθείσῃ ὑμῖν ἐν Χριστῷ **Ἰησοῦ,**
1: 7 μὴ ὑστερεῖσθαι ἐν μηδενὶ χαρίσματι ἀπεκδεχομένους τὴν ἀποκάλυψιν τοῦ κυρίου ἡμῶν **Ἰησοῦ** Χριστοῦ·
1: 8 ὃς καὶ βεβαιώσει ὑμᾶς ἕως τέλους ἀνεγκλήτους ἐν τῇ ἡμέρᾳ τοῦ κυρίου ἡμῶν **Ἰησοῦ** [Χριστοῦ.]
1: 9 δι᾽ οὗ ἐκλήθητε εἰς κοινωνίαν τοῦ υἱοῦ αὐτοῦ **Ἰησοῦ** Χριστοῦ τοῦ κυρίου ἡμῶν.
1:10 διὰ τοῦ ὀνόματος τοῦ κυρίου ἡμῶν **Ἰησοῦ** Χριστοῦ,

1:30 ἐξ αὐτοῦ δὲ ὑμεῖς ἐστε ἐν Χριστῷ **Ἰησοῦ,**
2: 2 οὐ γὰρ ἔκρινά τι εἰδέναι ἐν ὑμῖν εἰ μὴ **Ἰησοῦν** Χριστὸν καὶ τοῦτον ἐσταυρωμένον.
3:11 θεμέλιον γὰρ ἄλλον οὐδεὶς δύναται θεῖναι παρὰ τὸν κείμενον, ὅς ἐστιν **Ἰησοῦς** Χριστός.
4:15 ἐν γὰρ Χριστῷ **Ἰησοῦ** διὰ τοῦ εὐαγγελίου ἐγὼ ὑμᾶς ἐγέννησα.
4:17 ὃς ὑμᾶς ἀναμνήσει τὰς ὁδούς μου τὰς ἐν Χριστῷ **[Ἰησοῦ,]**
5: 4 ἐν τῷ ὀνόματι τοῦ κυρίου [ἡμῶν] **Ἰησοῦ** συναχθέντων ὑμῶν καὶ τοῦ ἐμοῦ πνεύματος σὺν τῇ δυνάμει τοῦ κυρίου ἡμῶν **Ἰησοῦ,**
6:11 ἀλλὰ ἐδικαιώθητε ἐν τῷ ὀνόματι τοῦ κυρίου **Ἰησοῦ** Χριστοῦ καὶ ἐν τῷ πνεύματι τοῦ θεοῦ ἡμῶν.
8: 6 καὶ εἷς κύριος **Ἰησοῦς** Χριστὸς δι᾽ οὗ τὰ πάντα καὶ ἡμεῖς δι᾽ αὐτοῦ.
9: 1 οὐκ εἰμὶ ἀπόστολος; οὐχὶ **Ἰησοῦν** τὸν κύριον ἡμῶν ἑόρακα;
11:23 ὅτι ὁ κύριος **Ἰησοῦς** ἐν τῇ νυκτὶ ᾗ παρεδίδετο ἔλαβεν ἄρτον
12: 3 διὸ γνωρίζω ὑμῖν ὅτι οὐδεὶς ἐν πνεύματι θεοῦ λαλῶν λέγει, Ἀνάθεμα **Ἰησοῦς,** καὶ οὐδεὶς δύναται εἰπεῖν, Κύριος **Ἰησοῦς,**
15:31 ἣν ἔχω ἐν Χριστῷ **Ἰησοῦ** τῷ κυρίῳ ἡμῶν.
15:57 τῷ δὲ θεῷ χάρις τῷ διδόντι ἡμῖν τὸ νῖκος διὰ τοῦ κυρίου ἡμῶν **Ἰησοῦ** Χριστοῦ.
16:23 ἡ χάρις τοῦ κυρίου **Ἰησοῦ** μεθ᾽ ὑμῶν.
16:24 ἡ ἀγάπη μου μετὰ πάντων ὑμῶν ἐν Χριστῷ **Ἰησοῦ.**
2Co 1: 1 Παῦλος ἀπόστολος Χριστοῦ **Ἰησοῦ** διὰ θελήματος θεοῦ
1: 2 χάρις ὑμῖν καὶ εἰρήνη ἀπὸ θεοῦ πατρὸς ἡμῶν καὶ κυρίου **Ἰησοῦ** Χριστοῦ.
1: 3 Εὐλογητὸς ὁ θεὸς καὶ πατὴρ τοῦ κυρίου ἡμῶν **Ἰησοῦ** Χριστοῦ,
1:14 ὅτι καύχημα ὑμῶν ἐσμεν καθάπερ καὶ ὑμεῖς ἡμῶν ἐν τῇ ἡμέρᾳ τοῦ κυρίου [ἡμῶν] **Ἰησοῦ.**
1:19 ὁ τοῦ θεοῦ γὰρ υἱὸς **Ἰησοῦς** Χριστὸς ὁ ἐν ὑμῖν δι᾽ ἡμῶν κηρυχθείς,
4: 5 οὐ γὰρ ἑαυτοὺς κηρύσσομεν ἀλλὰ **Ἰησοῦν** Χριστὸν κύριον, ἑαυτοὺς δὲ δούλους ὑμῶν διὰ **Ἰησοῦν.**
4: 6 ὅς ἔλαμψεν ἐν ταῖς καρδίαις ἡμῶν πρὸς φωτισμὸν τῆς γνώσεως τῆς δόξης τοῦ θεοῦ ἐν προσώπῳ **[Ἰησοῦ]**[NIV-] Χριστοῦ.
4:10 πάντοτε τὴν νέκρωσιν τοῦ **Ἰησοῦ** ἐν τῷ σώματι περιφέροντες, ἵνα καὶ ἡ ζωὴ τοῦ **Ἰησοῦ** ἐν τῷ σώματι ἡμῶν φανερωθῇ.
4:11 ἀεὶ γὰρ ἡμεῖς οἱ ζῶντες εἰς θάνατον παραδιδόμεθα διὰ **Ἰησοῦν,** ἵνα καὶ ἡ ζωὴ τοῦ **Ἰησοῦ** φανερωθῇ ἐν τῇ θνητῇ σαρκὶ ἡμῶν.
4:14 εἰδότες ὅτι ὁ ἐγείρας τὸν κύριον **Ἰησοῦν** καὶ ἡμᾶς σὺν **Ἰησοῦ** ἐγερεῖ καὶ παραστήσει σὺν ὑμῖν.
8: 9 γινώσκετε γὰρ τὴν χάριν τοῦ κυρίου ἡμῶν **Ἰησοῦ** Χριστοῦ,
11: 4 εἰ μὲν γὰρ ὁ ἐρχόμενος ἄλλον **Ἰησοῦν** κηρύσσει ὃν οὐκ ἐκηρύξαμεν,
11:31 ὁ θεὸς καὶ πατὴρ τοῦ κυρίου **Ἰησοῦ** οἶδεν,
13: 5 ἢ οὐκ ἐπιγινώσκετε ἑαυτοὺς ὅτι **Ἰησοῦς** [UBS; NIV Χριστὸς **Ἰησοῦς**] Χριστὸς ἐν ὑμῖν;
13:13 Ἡ χάρις τοῦ κυρίου **Ἰησοῦ** Χριστοῦ καὶ ἡ ἀγάπη τοῦ θεοῦ καὶ ἡ κοινωνία τοῦ ἁγίου πνεύματος μετὰ πάντων ὑμῶν.
Gal 1: 1 Παῦλος ἀπόστολος οὐκ ἀπ᾽ ἀνθρώπων οὐδὲ δι᾽ ἀνθρώπου ἀλλὰ διὰ **Ἰησοῦ** Χριστοῦ καὶ θεοῦ πατρὸς τοῦ ἐγείραντος αὐτὸν
1: 3 χάρις ὑμῖν καὶ εἰρήνη ἀπὸ θεοῦ πατρὸς ἡμῶν καὶ κυρίου **Ἰησοῦ** Χριστοῦ
1:12 οὐδὲ γὰρ ἐγὼ παρὰ ἀνθρώπου παρέλαβον αὐτὸ οὔτε ἐδιδάχθην ἀλλὰ δι᾽ ἀποκαλύψεως **Ἰησοῦ** Χριστοῦ.
2: 4 οἵτινες παρεισῆλθον κατασκοπῆσαι τὴν ἐλευθερίαν ἡμῶν ἣν ἔχομεν ἐν Χριστῷ **Ἰησοῦ,**
2:16 εἰδότες [δὲ] ὅτι οὐ δικαιοῦται ἄνθρωπος ἐξ ἔργων νόμου ἐὰν μὴ διὰ πίστεως **Ἰησοῦ** Χριστοῦ, καὶ ἡμεῖς εἰς Χριστὸν **Ἰησοῦν** ἐπιστεύσαμεν, ἵνα δικαιωθῶμεν ἐκ πίστεως Χριστοῦ
3: 1 τίς ὑμᾶς ἐβάσκανεν, οἷς κατ᾽ ὀφθαλμοὺς **Ἰησοῦς** Χριστὸς προεγράφη ἐσταυρωμένος;
3:14 ἵνα εἰς τὰ ἔθνη ἡ εὐλογία τοῦ Ἀβραὰμ γένηται ἐν Χριστῷ **Ἰησοῦ,**
3:22 ἵνα ἡ ἐπαγγελία ἐκ πίστεως **Ἰησοῦ** Χριστοῦ δοθῇ τοῖς πιστεύουσιν.
3:26 Πάντες γὰρ υἱοὶ θεοῦ ἐστε διὰ τῆς πίστεως ἐν Χριστῷ **Ἰησοῦ·**
3:28 πάντες γὰρ ὑμεῖς εἷς ἐστε ἐν Χριστῷ **Ἰησοῦ.**
4:14 ἀλλὰ ὡς ἄγγελον θεοῦ ἐδέξασθέ με, ὡς Χριστὸν **Ἰησοῦν.**
5: 6 ἐν γὰρ Χριστῷ **Ἰησοῦ** οὔτε περιτομή τι ἰσχύει οὔτε ἀκροβυστία ἀλλὰ πίστις δι᾽ ἀγάπης ἐνεργουμένη.
5:24 οἱ δὲ τοῦ Χριστοῦ **[Ἰησοῦ]** τὴν σάρκα ἐσταύρωσαν σὺν τοῖς παθήμασιν καὶ ταῖς ἐπιθυμίαις.
6:14 ἐμοὶ δὲ μὴ γένοιτο καυχᾶσθαι εἰ μὴ ἐν τῷ σταυρῷ τοῦ κυρίου ἡμῶν **Ἰησοῦ** Χριστοῦ,
6:17 ἐγὼ γὰρ τὰ στίγματα τοῦ **Ἰησοῦ** ἐν τῷ σώματί μου βαστάζω.
6:18 Ἡ χάρις τοῦ κυρίου ἡμῶν **Ἰησοῦ** Χριστοῦ μετὰ τοῦ πνεύματος ὑμῶν,
Eph 1: 1 Παῦλος ἀπόστολος Χριστοῦ **Ἰησοῦ** διὰ θελήματος θεοῦ τοῖς ἁγίοις τοῖς οὖσιν [ἐν Ἐφέσῳ] καὶ πιστοῖς ἐν Χριστῷ **Ἰησοῦ,**
1: 2 χάρις ὑμῖν καὶ εἰρήνη ἀπὸ θεοῦ πατρὸς ἡμῶν καὶ κυρίου **Ἰησοῦ** Χριστοῦ.
1: 3 Εὐλογητὸς ὁ θεὸς καὶ πατὴρ τοῦ κυρίου ἡμῶν **Ἰησοῦ** Χριστοῦ,
1: 5 προορίσας ἡμᾶς εἰς υἱοθεσίαν διὰ **Ἰησοῦ** Χριστοῦ εἰς αὐτόν,
1:15 Διὰ τοῦτο κἀγὼ ἀκούσας τὴν καθ᾽ ὑμᾶς πίστιν ἐν τῷ κυρίῳ **Ἰησοῦ** καὶ τὴν ἀγάπην τὴν εἰς πάντας τοὺς ἁγίους
1:17 ἵνα ὁ θεὸς τοῦ κυρίου ἡμῶν **Ἰησοῦ** Χριστοῦ,
2: 6 καὶ συνήγειρεν καὶ συνεκάθισεν ἐν τοῖς ἐπουρανίοις ἐν Χριστῷ **Ἰησοῦ,**
2: 7 ἵνα ἐνδείξηται ἐν τοῖς αἰῶσιν τοῖς ἐπερχομένοις τὸ ὑπερβάλλον πλοῦτος τῆς χάριτος αὐτοῦ ἐν χρηστότητι ἐφ᾽ ἡμᾶς ἐν Χριστῷ **Ἰησοῦ.**
2:10 κτισθέντες ἐν Χριστῷ **Ἰησοῦ** ἐπὶ ἔργοις ἀγαθοῖς οἷς προητοίμασεν ὁ θεός,
2:13 νυνὶ δὲ ἐν Χριστῷ **Ἰησοῦ** ὑμεῖς οἵ ποτε ὄντες μακρὰν ἐγενήθητε ἐγγὺς ἐν τῷ αἵματι τοῦ Χριστοῦ.
2:20 ἐποικοδομηθέντες ἐπὶ τῷ θεμελίῳ τῶν ἀποστόλων καὶ προφητῶν, ὄντος ἀκρογωνιαίου αὐτοῦ Χριστοῦ **Ἰησοῦ,**
3: 1 Τούτου χάριν ἐγὼ Παῦλος ὁ δέσμιος τοῦ Χριστοῦ **[Ἰησοῦ]** ὑπὲρ ὑμῶν τῶν ἐθνῶν–
3: 6 εἶναι τὰ ἔθνη συγκληρονόμα καὶ σύσσωμα καὶ συμμέτοχα τῆς ἐπαγγελίας ἐν Χριστῷ **Ἰησοῦ** διὰ τοῦ εὐαγγελίου,
3:11 κατὰ πρόθεσιν τῶν αἰώνων ἣν ἐποίησεν ἐν τῷ Χριστῷ **Ἰησοῦ** τῷ κυρίῳ ἡμῶν,
3:21 αὐτῷ ἡ δόξα ἐν τῇ ἐκκλησίᾳ καὶ ἐν Χριστῷ **Ἰησοῦ** εἰς πάσας τὰς γενεὰς τοῦ αἰῶνος τῶν αἰώνων,
4:21 εἴ γε αὐτὸν ἠκούσατε καὶ ἐν αὐτῷ ἐδιδάχθητε, καθώς ἐστιν ἀλήθεια ἐν τῷ **Ἰησοῦ,**
5:20 εὐχαριστοῦντες πάντοτε ὑπὲρ πάντων ἐν ὀνόματι τοῦ κυρίου ἡμῶν **Ἰησοῦ** Χριστοῦ τῷ θεῷ καὶ πατρί.
6:23 Εἰρήνη τοῖς ἀδελφοῖς καὶ ἀγάπη μετὰ πίστεως ἀπὸ θεοῦ πατρὸς καὶ κυρίου **Ἰησοῦ** Χριστοῦ.
6:24 ἡ χάρις μετὰ πάντων τῶν ἀγαπώντων τὸν κύριον ἡμῶν **Ἰησοῦν** Χριστὸν ἐν ἀφθαρσίᾳ.
Php 1: 1 Παῦλος καὶ Τιμόθεος δοῦλοι Χριστοῦ **Ἰησοῦ** πᾶσιν τοῖς ἁγίοις ἐν Χριστῷ **Ἰησοῦ** τοῖς οὖσιν ἐν **Φιλίπποις**
1: 2 χάρις ὑμῖν καὶ εἰρήνη ἀπὸ θεοῦ πατρὸς ἡμῶν καὶ κυρίου **Ἰησοῦ** Χριστοῦ.
1: 6 ὅτι ὁ ἐναρξάμενος ἐν ὑμῖν ἔργον ἀγαθὸν ἐπιτελέσει ἄχρι ἡμέρας Χριστοῦ **Ἰησοῦ·**
1: 8 μάρτυς γάρ μου ὁ θεὸς ὡς ἐπιποθῶ πάντας ὑμᾶς ἐν σπλάγχνοις Χριστοῦ **Ἰησοῦ.**
1:11 πεπληρωμένοι καρπὸν δικαιοσύνης τὸν διὰ **Ἰησοῦ** Χριστοῦ εἰς δόξαν καὶ ἔπαινον θεοῦ.
1:19 οἶδα γὰρ ὅτι τοῦτό μοι ἀποβήσεται εἰς σωτηρίαν διὰ τῆς ὑμῶν δεήσεως καὶ ἐπιχορηγίας τοῦ πνεύματος **Ἰησοῦ** Χριστοῦ
1:26 ἵνα τὸ καύχημα ὑμῶν περισσεύῃ ἐν Χριστῷ **Ἰησοῦ** ἐν ἐμοὶ διὰ τῆς ἐμῆς παρουσίας πάλιν πρὸς ὑμᾶς.
2: 5 τοῦτο φρονεῖτε ἐν ὑμῖν ὃ καὶ ἐν Χριστῷ **Ἰησοῦ,**
2:10 ἵνα ἐν τῷ ὀνόματι **Ἰησοῦ** πᾶν γόνυ κάμψῃ ἐπουρανίων καὶ ἐπιγείων καὶ καταχθονίων
2:11 καὶ πᾶσα γλῶσσα ἐξομολογήσηται ὅτι κύριος **Ἰησοῦς** Χριστὸς εἰς δόξαν θεοῦ πατρός.
2:19 Ἐλπίζω δὲ ἐν κυρίῳ **Ἰησοῦ** Τιμόθεον ταχέως πέμψαι ὑμῖν,
2:21 οἱ πάντες γὰρ τὰ ἑαυτῶν ζητοῦσιν, οὐ τὰ **Ἰησοῦ** Χριστοῦ.
3: 3 οἱ πνεύματι θεοῦ λατρεύοντες καὶ καυχώμενοι ἐν Χριστῷ **Ἰησοῦ** καὶ οὐκ ἐν σαρκὶ πεποιθότες,
3: 8 ἀλλὰ μενοῦνγε καὶ ἡγοῦμαι πάντα ζημίαν εἶναι διὰ τὸ ὑπερέχον τῆς γνώσεως Χριστοῦ **Ἰησοῦ** τοῦ κυρίου μου,
3:12 διώκω δὲ εἰ καὶ καταλάβω, ἐφ᾽ ᾧ καὶ κατελήμφθην ὑπὸ Χριστοῦ **[Ἰησοῦ.]**
3:14 κατὰ σκοπὸν διώκω εἰς τὸ βραβεῖον τῆς ἄνω κλήσεως τοῦ θεοῦ ἐν Χριστῷ **Ἰησοῦ.**
3:20 ἐξ οὗ καὶ σωτῆρα ἀπεκδεχόμεθα κύριον **Ἰησοῦν** Χριστόν,
4: 7 καὶ ἡ εἰρήνη τοῦ θεοῦ ἡ ὑπερέχουσα πάντα νοῦν φρουρήσει τὰς καρδίας ὑμῶν καὶ τὰ νοήματα ὑμῶν ἐν Χριστῷ **Ἰησοῦ.**
4:19 ὁ δὲ θεός μου πληρώσει πᾶσαν χρείαν ὑμῶν κατὰ τὸ πλοῦτος αὐτοῦ ἐν δόξῃ ἐν Χριστῷ **Ἰησοῦ.**
4:21 Ἀσπάσασθε πάντα ἅγιον ἐν Χριστῷ **Ἰησοῦ.** ἀσπάζονται ὑμᾶς οἱ σὺν ἐμοὶ ἀδελφοί.
4:23 ἡ χάρις τοῦ κυρίου **Ἰησοῦ** Χριστοῦ μετὰ τοῦ πνεύματος ὑμῶν.

Col 1: 1 Παῦλος ἀπόστολος Χριστοῦ **Ἰησοῦ** διὰ θελήματος θεοῦ καὶ Τιμόθεος ὁ ἀδελφὸς
1: 3 Εὐχαριστοῦμεν τῷ θεῷ πατρὶ τοῦ κυρίου ἡμῶν **Ἰησοῦ** Χριστοῦ πάντοτε περὶ ὑμῶν προσευχόμενοι,
1: 4 ἀκούσαντες τὴν πίστιν ὑμῶν ἐν Χριστῷ **Ἰησοῦ** καὶ τὴν ἀγάπην ἣν ἔχετε εἰς πάντας τοὺς ἁγίους
2: 6 Ὡς οὖν παρελάβετε τὸν Χριστὸν **Ἰησοῦν** τὸν κύριον,
3:17 πάντα ἐν ὀνόματι κυρίου **Ἰησοῦ,** εὐχαριστοῦντες τῷ θεῷ πατρὶ δι' αὐτοῦ.
4:11 καὶ **Ἰησοῦς** ὁ λεγόμενος Ἰοῦστος, οἱ ὄντες ἐκ περιτομῆς,
4:12 ἀσπάζεται ὑμᾶς Ἐπαφρᾶς ὁ ἐξ ὑμῶν, δοῦλος Χριστοῦ **[Ἰησοῦ,]**
1Th 1: 1 Παῦλος καὶ Σιλουανὸς καὶ Τιμόθεος τῇ ἐκκλησίᾳ Θεσσαλονικέων ἐν θεῷ πατρὶ καὶ κυρίῳ **Ἰησοῦ** Χριστῷ,
1: 3 καὶ τῆς ὑπομονῆς τῆς ἐλπίδος τοῦ κυρίου ἡμῶν **Ἰησοῦ** Χριστοῦ ἔμπροσθεν τοῦ θεοῦ καὶ πατρὸς ἡμῶν,
1:10 **Ἰησοῦν** τὸν ῥυόμενον ἡμᾶς ἐκ τῆς ὀργῆς τῆς ἐρχομένης.
2:14 τῶν ἐκκλησιῶν τοῦ θεοῦ τῶν οὐσῶν ἐν τῇ Ἰουδαίᾳ ἐν Χριστῷ **Ἰησοῦ,**
2:15 τῶν καὶ τὸν κύριον ἀποκτεινάντων **Ἰησοῦν** καὶ τοὺς προφήτας καὶ ἡμᾶς ἐκδιωξάντων καὶ θεῷ μὴ ἀρεσκόντων καὶ πᾶσιν ἀνθρώποις ἐναντίων,
2:19 ἔμπροσθεν τοῦ κυρίου ἡμῶν **Ἰησοῦ** ἐν τῇ αὐτοῦ παρουσίᾳ;
3:11 Αὐτὸς δὲ ὁ θεὸς καὶ πατὴρ ἡμῶν καὶ ὁ κύριος ἡμῶν **Ἰησοῦς** κατευθύναι τὴν ὁδὸν ἡμῶν πρὸς ὑμᾶς·
3:13 ἔμπροσθεν τοῦ θεοῦ καὶ πατρὸς ἡμῶν ἐν τῇ παρουσίᾳ τοῦ κυρίου ἡμῶν **Ἰησοῦ** μετὰ πάντων τῶν ἁγίων αὐτοῦ[,]
4: 1 ἀδελφοί, ἐρωτῶμεν ὑμᾶς καὶ παρακαλοῦμεν ἐν κυρίῳ **Ἰησοῦ,**
4: 2 οἴδατε γὰρ τίνας παραγγελίας ἐδώκαμεν ὑμῖν διὰ τοῦ κυρίου **Ἰησοῦ.**
4:14 εἰ γὰρ πιστεύομεν ὅτι **Ἰησοῦς** ἀπέθανεν καὶ ἀνέστη, οὕτως καὶ ὁ θεὸς τοὺς κοιμηθέντας διὰ τοῦ **Ἰησοῦ** ἄξει σὺν αὐτῷ.
5: 9 ὅτι οὐκ ἔθετο ἡμᾶς ὁ θεὸς εἰς ὀργὴν ἀλλὰ εἰς περιποίησιν σωτηρίας διὰ τοῦ κυρίου ἡμῶν **Ἰησοῦ** Χριστοῦ
5:18 τοῦτο γὰρ θέλημα θεοῦ ἐν Χριστῷ **Ἰησοῦ** εἰς ὑμᾶς.
5:23 ὁλόκληρον ὑμῶν τὸ πνεῦμα καὶ ἡ ψυχὴ καὶ τὸ σῶμα ἀμέμπτως ἐν τῇ παρουσίᾳ τοῦ κυρίου ἡμῶν **Ἰησοῦ** Χριστοῦ τηρηθείη.
5:28 Ἡ χάρις τοῦ κυρίου ἡμῶν **Ἰησοῦ** Χριστοῦ μεθ' ὑμῶν.
2Th 1: 1 Παῦλος καὶ Σιλουανὸς καὶ Τιμόθεος τῇ ἐκκλησίᾳ Θεσσαλονικέων ἐν θεῷ πατρὶ ἡμῶν καὶ κυρίῳ **Ἰησοῦ** Χριστῷ,
1: 2 χάρις ὑμῖν καὶ εἰρήνη ἀπὸ θεοῦ πατρὸς [ἡμῶν] καὶ κυρίου **Ἰησοῦ** Χριστοῦ.
1: 7 ἐν τῇ ἀποκαλύψει τοῦ κυρίου **Ἰησοῦ** ἀπ' οὐρανοῦ μετ' ἀγγέλων δυνάμεως αὐτοῦ
1: 8 διδόντος ἐκδίκησιν τοῖς μὴ εἰδόσιν θεὸν καὶ τοῖς μὴ ὑπακούουσιν τῷ εὐαγγελίῳ τοῦ κυρίου ἡμῶν **Ἰησοῦ,**
1:12 ὅπως ἐνδοξασθῇ τὸ ὄνομα τοῦ κυρίου ἡμῶν **Ἰησοῦ** ἐν ὑμῖν, καὶ ὑμεῖς ἐν αὐτῷ, κατὰ τὴν χάριν τοῦ θεοῦ ἡμῶν καὶ κυρίου **Ἰησοῦ** Χριστοῦ.
2: 1 ὑπὲρ τῆς παρουσίας τοῦ κυρίου ἡμῶν **Ἰησοῦ** Χριστοῦ καὶ ἡμῶν ἐπισυναγωγῆς ἐπ' αὐτὸν
2: 8 ὃν ὁ κύριος **[Ἰησοῦς]** ἀνελεῖ τῷ πνεύματι τοῦ στόματος αὐτοῦ καὶ καταργήσει τῇ ἐπιφανείᾳ τῆς παρουσίας αὐτοῦ,
2:14 εἰς ὃ [καὶ] ἐκάλεσεν ὑμᾶς διὰ τοῦ εὐαγγελίου ἡμῶν εἰς περιποίησιν δόξης τοῦ κυρίου ἡμῶν **Ἰησοῦ** Χριστοῦ.
2:16 Αὐτὸς δὲ ὁ κύριος ἡμῶν **Ἰησοῦς** Χριστὸς καὶ [ὁ] θεὸς ὁ πατὴρ ἡμῶν ὁ ἀγαπήσας ἡμᾶς καὶ δοὺς παράκλησιν αἰωνίαν καὶ ἐλπίδα ἀγαθὴν ἐν χάριτι,
3: 6 ἐν ὀνόματι τοῦ κυρίου [ἡμῶν] **Ἰησοῦ** Χριστοῦ στέλλεσθαι ὑμᾶς ἀπὸ παντὸς ἀδελφοῦ ἀτάκτως περιπατοῦντος καὶ μὴ κατὰ τὴν παράδοσιν ἣν παρελάβοσαν παρ' ἡμῶν.
3:12 τοῖς δὲ τοιούτοις παραγγέλλομεν καὶ παρακαλοῦμεν ἐν κυρίῳ **Ἰησοῦ** Χριστῷ,
3:18 ἡ χάρις τοῦ κυρίου ἡμῶν **Ἰησοῦ** Χριστοῦ μετὰ πάντων ὑμῶν.
1Ti 1: 1 Παῦλος ἀπόστολος Χριστοῦ **Ἰησοῦ** κατ' ἐπιταγὴν θεοῦ σωτῆρος ἡμῶν καὶ Χριστοῦ **Ἰησοῦ** τῆς ἐλπίδος ἡμῶν
1: 2 χάρις ἔλεος εἰρήνη ἀπὸ θεοῦ πατρὸς καὶ Χριστοῦ **Ἰησοῦ** τοῦ κυρίου ἡμῶν.
1:12 Χάριν ἔχω τῷ ἐνδυναμώσαντί με Χριστῷ **Ἰησοῦ** τῷ κυρίῳ ἡμῶν,
1:14 ὑπερεπλεόνασεν δὲ ἡ χάρις τοῦ κυρίου ἡμῶν μετὰ πίστεως καὶ ἀγάπης τῆς ἐν Χριστῷ **Ἰησοῦ.**
1:15 ὅτι Χριστὸς **Ἰησοῦς** ἦλθεν εἰς τὸν κόσμον ἁμαρτωλοὺς σῶσαι,
1:16 ἵνα ἐν ἐμοὶ πρώτῳ ἐνδείξηται Χριστὸς **Ἰησοῦς** τὴν ἅπασαν μακροθυμίαν πρὸς ὑποτύπωσιν τῶν μελλόντων πιστεύειν ἐπ' αὐτῷ εἰς ζωὴν αἰώνιον.
2: 5 εἷς καὶ μεσίτης θεοῦ καὶ ἀνθρώπων, ἄνθρωπος Χριστὸς **Ἰησοῦς,**
3:13 καλῶς διακονήσαντες βαθμὸν ἑαυτοῖς καλὸν περιποιοῦνται καὶ πολλὴν παρρησίαν ἐν πίστει τῇ ἐν Χριστῷ **Ἰησοῦ.**
4: 6 Ταῦτα ὑποτιθέμενος τοῖς ἀδελφοῖς καλὸς ἔσῃ διάκονος Χριστοῦ **Ἰησοῦ,**
5:21 Διαμαρτύρομαι ἐνώπιον τοῦ θεοῦ καὶ Χριστοῦ **Ἰησοῦ** καὶ τῶν ἐκλεκτῶν ἀγγέλων,
6: 3 καὶ μὴ προσέρχεται ὑγιαίνουσιν λόγοις τοῖς τοῦ κυρίου ἡμῶν **Ἰησοῦ** Χριστοῦ καὶ τῇ κατ' εὐσέβειαν διδασκαλίᾳ,
6:13 καὶ Χριστοῦ **Ἰησοῦ** τοῦ μαρτυρήσαντος ἐπὶ Ποντίου Πιλάτου τὴν καλὴν ὁμολογίαν,
6:14 τηρῆσαί σε τὴν ἐντολὴν ἄσπιλον ἀνεπίλημπτον μέχρι τῆς ἐπιφανείας τοῦ κυρίου ἡμῶν **Ἰησοῦ** Χριστοῦ,
2Ti 1: 1 Παῦλος ἀπόστολος Χριστοῦ **Ἰησοῦ** διὰ θελήματος θεοῦ κατ' ἐπαγγελίαν ζωῆς τῆς ἐν Χριστῷ **Ἰησοῦ**
1: 2 χάρις ἔλεος εἰρήνη ἀπὸ θεοῦ πατρὸς καὶ Χριστοῦ **Ἰησοῦ** τοῦ κυρίου ἡμῶν.
1: 9 τὴν δοθεῖσαν ἡμῖν ἐν Χριστῷ **Ἰησοῦ** πρὸ χρόνων αἰωνίων,
1:10 φανερωθεῖσαν δὲ νῦν διὰ τῆς ἐπιφανείας τοῦ σωτῆρος ἡμῶν Χριστοῦ **Ἰησοῦ,**
1:13 ὑποτύπωσιν ἔχε ὑγιαινόντων λόγων ὧν παρ' ἐμοῦ ἤκουσας ἐν πίστει καὶ ἀγάπῃ τῇ ἐν Χριστῷ **Ἰησοῦ·**
2: 1 ἐνδυναμοῦ ἐν τῇ χάριτι τῇ ἐν Χριστῷ **Ἰησοῦ,**
2: 3 συγκακοπάθησον ὡς καλὸς στρατιώτης Χριστοῦ **Ἰησοῦ.**
2: 8 Μνημόνευε **Ἰησοῦν** Χριστὸν ἐγηγερμένον ἐκ νεκρῶν, ἐκ σπέρματος Δαυίδ,
2:10 ἵνα καὶ αὐτοὶ σωτηρίας τύχωσιν τῆς ἐν Χριστῷ **Ἰησοῦ** μετὰ δόξης αἰωνίου.
3:12 καὶ πάντες δὲ οἱ θέλοντες εὐσεβῶς ζῆν ἐν Χριστῷ **Ἰησοῦ** διωχθήσονται.
3:15 τὰ δυνάμενά σε σοφίσαι εἰς σωτηρίαν διὰ πίστεως τῆς ἐν Χριστῷ **Ἰησοῦ.**
4: 1 Διαμαρτύρομαι ἐνώπιον τοῦ θεοῦ καὶ Χριστοῦ **Ἰησοῦ** τοῦ μέλλοντος κρίνειν ζῶντας καὶ νεκρούς,
Tit 1: 1 ἀπόστολος δὲ **Ἰησοῦ** Χριστοῦ κατὰ πίστιν ἐκλεκτῶν θεοῦ καὶ ἐπίγνωσιν ἀληθείας τῆς κατ' εὐσέβειαν
1: 4 χάρις καὶ εἰρήνη ἀπὸ θεοῦ πατρὸς καὶ Χριστοῦ **Ἰησοῦ** τοῦ σωτῆρος ἡμῶν.
2:13 προσδεχόμενοι τὴν μακαρίαν ἐλπίδα καὶ ἐπιφάνειαν τῆς δόξης τοῦ μεγάλου θεοῦ καὶ σωτῆρος ἡμῶν **Ἰησοῦ** Χριστοῦ,
3: 6 οὗ ἐξέχεεν ἐφ' ἡμᾶς πλουσίως διὰ **Ἰησοῦ** Χριστοῦ τοῦ σωτῆρος ἡμῶν,
Phm 1: 1 Παῦλος δέσμιος Χριστοῦ **Ἰησοῦ** καὶ Τιμόθεος ὁ ἀδελφὸς Φιλήμονι τῷ ἀγαπητῷ καὶ συνεργῷ ἡμῶν
1: 3 χάρις ὑμῖν καὶ εἰρήνη ἀπὸ θεοῦ πατρὸς ἡμῶν καὶ κυρίου **Ἰησοῦ** Χριστοῦ.
1: 5 ἣν ἔχεις πρὸς τὸν κύριον **Ἰησοῦν** καὶ εἰς πάντας τοὺς ἁγίους,
1: 9 τοιοῦτος ὢν ὡς Παῦλος πρεσβύτης νυνὶ δὲ καὶ δέσμιος Χριστοῦ **Ἰησοῦ·**
1:23 Ἀσπάζεταί σε Ἐπαφρᾶς ὁ συναιχμάλωτός μου ἐν Χριστῷ **Ἰησοῦ,**
1:25 Ἡ χάρις τοῦ κυρίου **Ἰησοῦ** Χριστοῦ μετὰ τοῦ πνεύματος ὑμῶν.
Heb 2: 9 τὸν δὲ βραχύ τι παρ' ἀγγέλους ἠλαττωμένον βλέπομεν **Ἰησοῦν** διὰ τὸ πάθημα τοῦ θανάτου δόξῃ καὶ τιμῇ ἐστεφανωμένον,
3: 1 κατανοήσατε τὸν ἀπόστολον καὶ ἀρχιερέα τῆς ὁμολογίας ἡμῶν **Ἰησοῦν,**
4: 8 εἰ γὰρ αὐτοὺς **Ἰησοῦς** κατέπαυσεν, οὐκ ἂν περὶ ἄλλης ἐλάλει μετὰ ταῦτα ἡμέρας.
4:14 **Ἰησοῦν** τὸν υἱὸν τοῦ θεοῦ, κρατῶμεν τῆς ὁμολογίας.
6:20 ὅπου πρόδρομος ὑπὲρ ἡμῶν εἰσῆλθεν **Ἰησοῦς,** κατὰ τὴν τάξιν Μελχισέδεκ ἀρχιερεὺς γενόμενος εἰς τὸν αἰῶνα.
7:22 κατὰ τοσοῦτο [καὶ] κρείττονος διαθήκης γέγονεν ἔγγυος **Ἰησοῦς.**
10:10 ἐν ᾧ θελήματι ἡγιασμένοι ἐσμὲν διὰ τῆς προσφορᾶς τοῦ σώματος **Ἰησοῦ** Χριστοῦ ἐφάπαξ.
10:19 παρρησίαν εἰς τὴν εἴσοδον τῶν ἁγίων ἐν τῷ αἵματι **Ἰησοῦ,**
12: 2 ἀφορῶντες εἰς τὸν τῆς πίστεως ἀρχηγὸν καὶ τελειωτὴν **Ἰησοῦν,**
12:24 καὶ διαθήκης νέας μεσίτῃ **Ἰησοῦ** καὶ αἵματι ῥαντισμοῦ κρεῖττον λαλοῦντι παρὰ τὸν Ἅβελ.
13: 8 **Ἰησοῦς** Χριστὸς ἐχθὲς καὶ σήμερον ὁ αὐτὸς καὶ εἰς τοὺς αἰῶνας.
13:12 διὸ καὶ **Ἰησοῦς,** ἵνα ἁγιάσῃ διὰ τοῦ ἰδίου αἵματος τὸν λαόν,
13:20 ὁ ἀναγαγὼν ἐκ νεκρῶν τὸν ποιμένα τῶν προβάτων τὸν μέγαν ἐν αἵματι διαθήκης αἰωνίου, τὸν κύριον ἡμῶν **Ἰησοῦν,**
13:21 ποιῶν ἐν ἡμῖν τὸ εὐάρεστον ἐνώπιον αὐτοῦ διὰ **Ἰησοῦ** Χριστοῦ,

Jas 1: 1 Ἰάκωβος θεοῦ καὶ κυρίου **Ἰησοῦ** Χριστοῦ δοῦλος ταῖς δώδεκα φυλαῖς ταῖς ἐν τῇ διασπορᾷ χαίρειν.
2: 1 μὴ ἐν προσωπολημψίαις ἔχετε τὴν πίστιν τοῦ κυρίου ἡμῶν **Ἰησοῦ** Χριστοῦ τῆς δόξης.
1Pe 1: 1 Πέτρος ἀπόστολος **Ἰησοῦ** Χριστοῦ ἐκλεκτοῖς παρεπιδήμοις διασπορᾶς Πόντου,
1: 2 κατὰ πρόγνωσιν θεοῦ πατρὸς ἐν ἁγιασμῷ πνεύματος εἰς ὑπακοὴν καὶ ῥαντισμὸν αἵματος **Ἰησοῦ** Χριστοῦ,
1: 3 Εὐλογητὸς ὁ θεὸς καὶ πατὴρ τοῦ κυρίου ἡμῶν **Ἰησοῦ** Χριστοῦ, ὁ κατὰ τὸ πολὺ αὐτοῦ ἔλεος ἀναγεννήσας ἡμᾶς εἰς ἐλπίδα ζῶσαν δι' ἀναστάσεως **Ἰησοῦ** Χριστοῦ ἐκ νεκρῶν,
1: 7 εὑρεθῇ εἰς ἔπαινον καὶ δόξαν καὶ τιμὴν ἐν ἀποκαλύψει **Ἰησοῦ** Χριστοῦ·
1:13 Διὸ ἀναζωσάμενοι τὰς ὀσφύας τῆς διανοίας ὑμῶν νήφοντες τελείως ἐλπίσατε ἐπὶ τὴν φερομένην ὑμῖν χάριν ἐν ἀποκαλύψει **Ἰησοῦ** Χριστοῦ.
2: 5 εἰς ἱεράτευμα ἅγιον ἀνενέγκαι πνευματικὰς θυσίας εὐπροσδέκτους [τῷ] θεῷ διὰ **Ἰησοῦ** Χριστοῦ.
3:21 οὐ σαρκὸς ἀπόθεσις ῥύπου ἀλλὰ συνειδήσεως ἀγαθῆς ἐπερώτημα εἰς θεόν, δι' ἀναστάσεως **Ἰησοῦ** Χριστοῦ,
4:11 ἵνα ἐν πᾶσιν δοξάζηται ὁ θεὸς διὰ **Ἰησοῦ** Χριστοῦ,
5:10 ὁ καλέσας ὑμᾶς εἰς τὴν αἰώνιον αὐτοῦ δόξαν ἐν Χριστῷ [**Ἰησοῦ,**[NIV-]]
2Pe 1: 1 Συμεὼν Πέτρος δοῦλος καὶ ἀπόστολος **Ἰησοῦ** Χριστοῦ τοῖς ἰσότιμον ἡμῖν λαχοῦσιν πίστιν ἐν δικαιοσύνῃ τοῦ θεοῦ ἡμῶν καὶ σωτῆρος **Ἰησοῦ** Χριστοῦ,
1: 2 χάρις ὑμῖν καὶ εἰρήνη πληθυνθείη ἐν ἐπιγνώσει τοῦ θεοῦ καὶ **Ἰησοῦ** τοῦ κυρίου ἡμῶν.
1: 8 ὑμῖν ὑπάρχοντα καὶ πλεονάζοντα οὐκ ἀργοὺς οὐδὲ ἀκάρπους καθίστησιν εἰς τὴν τοῦ κυρίου ἡμῶν **Ἰησοῦ** Χριστοῦ ἐπίγνωσιν·
1:11 πλουσίως ἐπιχορηγηθήσεται ὑμῖν ἡ εἴσοδος εἰς τὴν αἰώνιον βασιλείαν τοῦ κυρίου ἡμῶν καὶ σωτῆρος **Ἰησοῦ** Χριστοῦ.
1:14 εἰδὼς ὅτι ταχινή ἐστιν ἡ ἀπόθεσις τοῦ σκηνώματός μου καθὼς καὶ ὁ κύριος ἡμῶν **Ἰησοῦς** Χριστὸς ἐδήλωσέν μοι,
1:16 Οὐ γὰρ σεσοφισμένοις μύθοις ἐξακολουθήσαντες ἐγνωρίσαμεν ὑμῖν τὴν τοῦ κυρίου ἡμῶν **Ἰησοῦ** Χριστοῦ δύναμιν
2:20 εἰ γὰρ ἀποφυγόντες τὰ μιάσματα τοῦ κόσμου ἐν ἐπιγνώσει τοῦ κυρίου [ἡμῶν] καὶ σωτῆρος **Ἰησοῦ** Χριστοῦ,
3:18 αὐξάνετε δὲ ἐν χάριτι καὶ γνώσει τοῦ κυρίου ἡμῶν καὶ σωτῆρος **Ἰησοῦ** Χριστοῦ.
1Jn 1: 3 καὶ ἡ κοινωνία δὲ ἡ ἡμετέρα μετὰ τοῦ πατρὸς καὶ μετὰ τοῦ υἱοῦ αὐτοῦ **Ἰησοῦ** Χριστοῦ.
1: 7 κοινωνίαν ἔχομεν μετ' ἀλλήλων καὶ τὸ αἷμα **Ἰησοῦ** τοῦ υἱοῦ αὐτοῦ καθαρίζει ἡμᾶς ἀπὸ πάσης ἁμαρτίας.
2: 1 παράκλητον ἔχομεν πρὸς τὸν πατέρα **Ἰησοῦν** Χριστὸν δίκαιον·
2:22 Τίς ἐστιν ὁ ψεύστης εἰ μὴ ὁ ἀρνούμενος ὅτι **Ἰησοῦς** οὐκ ἔστιν ὁ Χριστός;
3:23 ἵνα πιστεύσωμεν τῷ ὀνόματι τοῦ υἱοῦ αὐτοῦ **Ἰησοῦ** Χριστοῦ καὶ ἀγαπῶμεν ἀλλήλους,
4: 2 πᾶν πνεῦμα ὃ ὁμολογεῖ **Ἰησοῦν** Χριστὸν ἐν σαρκὶ ἐληλυθότα ἐκ τοῦ θεοῦ ἐστιν,
4: 3 καὶ πᾶν πνεῦμα ὃ μὴ ὁμολογεῖ τὸν **Ἰησοῦν** ἐκ τοῦ θεοῦ οὐκ ἔστιν·
4:15 ὃς ἐὰν ὁμολογήσῃ ὅτι **Ἰησοῦς** ἐστιν ὁ υἱὸς τοῦ θεοῦ,
5: 1 Πᾶς ὁ πιστεύων ὅτι **Ἰησοῦς** ἐστιν ὁ Χριστός,
5: 5 τίς [δέ] ἐστιν ὁ νικῶν τὸν κόσμον εἰ μὴ ὁ πιστεύων ὅτι **Ἰησοῦς** ἐστιν ὁ υἱὸς τοῦ θεοῦ;
5: 6 Οὗτός ἐστιν ὁ ἐλθὼν δι' ὕδατος καὶ αἵματος, **Ἰησοῦς** Χριστός,
5:20 καὶ ἐσμὲν ἐν τῷ ἀληθινῷ, ἐν τῷ υἱῷ αὐτοῦ **Ἰησοῦ** Χριστῷ.
2Jn 1: 3 μεθ' ἡμῶν χάρις ἔλεος εἰρήνη παρὰ θεοῦ πατρὸς καὶ παρὰ **Ἰησοῦ** Χριστοῦ τοῦ υἱοῦ τοῦ πατρὸς ἐν ἀληθείᾳ καὶ ἀγάπῃ.
1: 7 οἱ μὴ ὁμολογοῦντες **Ἰησοῦν** Χριστὸν ἐρχόμενον ἐν σαρκί·
Jude 1: 1 Ἰούδας **Ἰησοῦ** Χριστοῦ δοῦλος, ἀδελφὸς δὲ Ἰακώβου, τοῖς ἐν θεῷ πατρὶ ἠγαπημένοις καὶ **Ἰησοῦ** Χριστῷ τετηρημένοις κλητοῖς·
1: 4 τὴν τοῦ θεοῦ ἡμῶν χάριτα μετατιθέντες εἰς ἀσέλγειαν καὶ τὸν μόνον δεσπότην καὶ κύριον ἡμῶν **Ἰησοῦν** Χριστὸν ἀρνούμενοι.
1:17 μνήσθητε τῶν ῥημάτων τῶν προειρημένων ὑπὸ τῶν ἀποστόλων τοῦ κυρίου ἡμῶν **Ἰησοῦ** Χριστοῦ
1:21 ἑαυτοὺς ἐν ἀγάπῃ θεοῦ τηρήσατε προσδεχόμενοι τὸ ἔλεος τοῦ κυρίου ἡμῶν **Ἰησοῦ** Χριστοῦ εἰς ζωὴν αἰώνιον.
1:25 μόνῳ θεῷ σωτῆρι ἡμῶν διὰ **Ἰησοῦ** Χριστοῦ τοῦ κυρίου ἡμῶν δόξα μεγαλωσύνη κράτος καὶ ἐξουσία πρὸ παντὸς τοῦ αἰῶνος καὶ νῦν καὶ εἰς πάντας τοὺς αἰῶνας,
Rev 1: 1 Ἀποκάλυψις **Ἰησοῦ** Χριστοῦ ἣν ἔδωκεν αὐτῷ ὁ θεὸς δεῖξαι τοῖς δούλοις αὐτοῦ ἃ δεῖ γενέσθαι ἐν τάχει,
1: 2 ὃς ἐμαρτύρησεν τὸν λόγον τοῦ θεοῦ καὶ τὴν μαρτυρίαν **Ἰησοῦ** Χριστοῦ ὅσα εἶδεν.
1: 5 καὶ ἀπὸ **Ἰησοῦ** Χριστοῦ, ὁ μάρτυς, ὁ πιστός,
1: 9 ὁ ἀδελφὸς ὑμῶν καὶ συγκοινωνὸς ἐν τῇ θλίψει καὶ βασιλείᾳ καὶ ὑπομονῇ ἐν **Ἰησοῦ,** ἐγενόμην ἐν τῇ νήσῳ τῇ καλουμένῃ Πάτμῳ διὰ τὸν λόγον τοῦ θεοῦ καὶ τὴν μαρτυρίαν **Ἰησοῦ.**
12:17 μετὰ τῶν λοιπῶν τοῦ σπέρματος αὐτῆς τῶν τηρούντων τὰς ἐντολὰς τοῦ θεοῦ καὶ ἐχόντων τὴν μαρτυρίαν **Ἰησοῦ.**
14:12 οἱ τηροῦντες τὰς ἐντολὰς τοῦ θεοῦ καὶ τὴν πίστιν **Ἰησοῦ.**
17: 6 καὶ εἶδον τὴν γυναῖκα μεθύουσαν ἐκ τοῦ αἵματος τῶν ἁγίων καὶ ἐκ τοῦ αἵματος τῶν μαρτύρων **Ἰησοῦ.**
19:10 σύνδουλός σού εἰμι καὶ τῶν ἀδελφῶν σου τῶν ἐχόντων τὴν μαρτυρίαν **Ἰησοῦ·** τῷ θεῷ προσκύνησον. ἡ γὰρ μαρτυρία **Ἰησοῦ** ἐστιν τὸ πνεῦμα τῆς προφητείας.
20: 4 τὰς ψυχὰς τῶν πεπελεκισμένων διὰ τὴν μαρτυρίαν **Ἰησοῦ** καὶ διὰ τὸν λόγον τοῦ θεοῦ καὶ οἵτινες οὐ προσεκύνησαν τὸ θηρίον
22:16 Ἐγὼ **Ἰησοῦς** ἔπεμψα τὸν ἄγγελόν μου μαρτυρῆσαι ὑμῖν ταῦτα ἐπὶ ταῖς ἐκκλησίαις.
22:20 Λέγει ὁ μαρτυρῶν ταῦτα, Ναί, ἔρχομαι ταχύ. Ἀμήν, ἔρχου κύριε **Ἰησοῦ.**
22:21 Ἡ χάρις τοῦ κυρίου **Ἰησοῦ** μετὰ πάντων.

2653 ἱκανός [39]

→ *919, 922, 1459, 2391, 2654, 2655, 2656*

seq. infinitive [6] Mt 3:11; Mk 1:7; Lk 3:16; 1Co 15:9; 2Co 3:5; 2Ti 2:2

seq. **ἵνα** [2] Mt 8:8; Lk 7:6

τὸ ἱκανόν [2] Mk 15:15; Ac 17:9

ἱκανός ἡμέρα [4] Ac 9:23,43; 18:18; 27:7

ἱκανός ὄχλος [5] Mk 10:46; Lk 7:12; Ac 11:24,26; 19:26

ἱκανός χρόνος [6] Lk 8:27; 20:9; 23:8; Ac 8:11; 14:3; 27:9

Mt 3:11 ὁ δὲ ὀπίσω μου ἐρχόμενος ἰσχυρότερός μού ἐστιν, οὗ οὐκ εἰμὶ **ἱκανὸς** τὰ ὑποδήματα βαστάσαι·
8: 8 οὐκ εἰμὶ **ἱκανὸς** ἵνα μου ὑπὸ τὴν στέγην εἰσέλθῃς,
28:12 καὶ συναχθέντες μετὰ τῶν πρεσβυτέρων συμβούλιόν τε λαβόντες ἀργύρια **ἱκανὰ** ἔδωκαν τοῖς στρατιώταις
Mk 1: 7 οὗ οὐκ εἰμὶ **ἱκανὸς** κύψας λῦσαι τὸν ἱμάντα τῶν ὑποδημάτων αὐτοῦ.
10:46 καὶ ἐκπορευομένου αὐτοῦ ἀπὸ Ἰεριχὼ καὶ τῶν μαθητῶν αὐτοῦ καὶ ὄχλου **ἱκανοῦ** ὁ υἱὸς Τιμαίου Βαρτιμαῖος,
15:15 ὁ δὲ Πιλᾶτος βουλόμενος τῷ ὄχλῳ τὸ **ἱκανὸν** ποιῆσαι ἀπέλυσεν αὐτοῖς τὸν Βαραββᾶν,
Lk 3:16 οὗ οὐκ εἰμὶ **ἱκανὸς** λῦσαι τὸν ἱμάντα τῶν ὑποδημάτων αὐτοῦ·
7: 6 οὐ γὰρ **ἱκανός** εἰμι ἵνα ὑπὸ τὴν στέγην μου εἰσέλθῃς·
7:12 καὶ ὄχλος τῆς πόλεως **ἱκανὸς** ἦν σὺν αὐτῇ.
8:27 ἐξελθόντι δὲ αὐτῷ ἐπὶ τὴν γῆν ὑπήντησεν ἀνήρ τις ἐκ τῆς πόλεως ἔχων δαιμόνια καὶ χρόνῳ **ἱκανῷ** οὐκ ἐνεδύσατο ἱμάτιον
8:32 Ἦν δὲ ἐκεῖ ἀγέλη χοίρων **ἱκανῶν** βοσκομένη ἐν τῷ ὄρει·
20: 9 Ἄνθρωπός [τις] ἐφύτευσεν ἀμπελῶνα καὶ ἐξέδετο αὐτὸν γεωργοῖς καὶ ἀπεδήμησεν χρόνους **ἱκανούς.**
22:38 ἰδοὺ μάχαιραι ὧδε δύο. ὁ δὲ εἶπεν αὐτοῖς, **Ἱκανόν** ἐστιν.
23: 8 ἦν γὰρ ἐξ **ἱκανῶν** χρόνων θέλων ἰδεῖν αὐτὸν διὰ τὸ ἀκούειν περὶ αὐτοῦ καὶ ἤλπιζέν τι σημεῖον ἰδεῖν ὑπ' αὐτοῦ γινόμενον.
23: 9 ἐπηρώτα δὲ αὐτὸν ἐν λόγοις **ἱκανοῖς,** αὐτὸς δὲ οὐδὲν ἀπεκρίνατο αὐτῷ.
Ac 8:11 προσεῖχον δὲ αὐτῷ διὰ τὸ **ἱκανῷ** χρόνῳ ταῖς μαγείαις ἐξεστακέναι αὐτούς.
9:23 Ὡς δὲ ἐπληροῦντο ἡμέραι **ἱκαναί,** συνεβουλεύσαντο οἱ Ἰουδαῖοι ἀνελεῖν αὐτόν·
9:43 Ἐγένετο δὲ ἡμέρας **ἱκανὰς** μεῖναι ἐν Ἰόππῃ παρά τινι Σίμωνι βυρσεῖ.
11:24 ὅτι ἦν ἀνὴρ ἀγαθὸς καὶ πλήρης πνεύματος ἁγίου καὶ πίστεως. καὶ προσετέθη ὄχλος **ἱκανὸς** τῷ κυρίῳ.
11:26 ἐγένετο δὲ αὐτοῖς καὶ ἐνιαυτὸν ὅλον συναχθῆναι ἐν τῇ ἐκκλησίᾳ καὶ διδάξαι ὄχλον **ἱκανόν,**
12:12 ἦλθεν ἐπὶ τὴν οἰκίαν τῆς Μαρίας τῆς μητρὸς Ἰωάννου τοῦ ἐπικαλουμένου Μάρκου, οὗ ἦσαν **ἱκανοὶ** συνηθροισμένοι
14: 3 **ἱκανὸν** μὲν οὖν χρόνον διέτριψαν παρρησιαζόμενοι ἐπὶ τῷ κυρίῳ τῷ μαρτυροῦντι [ἐπὶ] τῷ λόγῳ τῆς χάριτος αὐτοῦ,
14:21 Εὐαγγελισάμενοί τε τὴν πόλιν ἐκείνην καὶ μαθητεύσαντες **ἱκανοὺς** ὑπέστρεψαν εἰς τὴν Λύστραν καὶ εἰς Ἰκόνιον

17: 9 καὶ λαβόντες τὸ **ἱκανὸν** παρὰ τοῦ Ἰάσονος καὶ τῶν λοιπῶν ἀπέλυσαν αὐτούς.
18:18 Ὁ δὲ Παῦλος ἔτι προσμείνας ἡμέρας **ἱκανὰς** τοῖς ἀδελφοῖς ἀποταξάμενος ἐξέπλει εἰς τὴν Συρίαν,
19:19 **ἱκανοὶ** δὲ τῶν τὰ περίεργα πραξάντων συνενέγκαντες τὰς βίβλους κατέκαιον ἐνώπιον πάντων,
19:26 ὁ Παῦλος οὗτος πείσας μετέστησεν **ἱκανὸν** ὄχλον λέγων ὅτι οὐκ εἰσὶν θεοὶ οἱ διὰ χειρῶν γινόμενοι.
20: 8 ἦσαν δὲ λαμπάδες **ἱκαναὶ** ἐν τῷ ὑπερῴῳ οὗ ἦμεν συνηγμένοι.
20:11 ἀναβὰς δὲ καὶ κλάσας τὸν ἄρτον καὶ γευσάμενος ἐφ᾽ **ἱκανόν** τε ὁμιλήσας ἄχρι αὐγῆς,
20:37 **ἱκανὸς** δὲ κλαυθμὸς ἐγένετο πάντων καὶ ἐπιπεσόντες ἐπὶ τὸν τράχηλον τοῦ Παύλου κατεφίλουν αὐτόν,
22: 6 καὶ ἐγγίζοντι τῇ Δαμασκῷ περὶ μεσημβρίαν ἐξαίφνης ἐκ τοῦ οὐρανοῦ περιαστράψαι φῶς **ἱκανὸν** περὶ ἐμέ,
27: 7 ἐν **ἱκαναῖς** δὲ ἡμέραις βραδυπλοοῦντες καὶ μόλις γενόμενοι κατὰ τὴν Κνίδον,
27: 9 **Ἱκανοῦ** δὲ χρόνου διαγενομένου καὶ ὄντος ἤδη ἐπισφαλοῦς τοῦ πλοὸς διὰ τὸ καὶ τὴν νηστείαν ἤδη παρεληλυθέναι
1Co 11:30 διὰ τοῦτο ἐν ὑμῖν πολλοὶ ἀσθενεῖς καὶ ἄρρωστοι καὶ κοιμῶνται **ἱκανοί.**
15: 9 Ἐγὼ γάρ εἰμι ὁ ἐλάχιστος τῶν ἀποστόλων ὃς οὐκ εἰμὶ **ἱκανὸς** καλεῖσθαι ἀπόστολος,
2Co 2: 6 **ἱκανὸν** τῷ τοιούτῳ ἡ ἐπιτιμία αὕτη ἡ ὑπὸ τῶν πλειόνων,
2:16 οἷς δὲ ὀσμὴ ἐκ ζωῆς εἰς ζωήν. καὶ πρὸς ταῦτα τίς **ἱκανός;**
3: 5 οὐχ ὅτι ἀφ᾽ ἑαυτῶν **ἱκανοί** ἐσμεν λογίσασθαί τι ὡς ἐξ ἑαυτῶν,
2Ti 2: 2 ταῦτα παράθου πιστοῖς ἀνθρώποις, οἵτινες **ἱκανοὶ** ἔσονται καὶ ἑτέρους διδάξαι.

2654 ἱκανότης [1]

√ 2653

2Co 3: 5 οὐχ ὅτι ἀφ᾽ ἑαυτῶν ἱκανοί ἐσμεν λογίσασθαί τι ὡς ἐξ ἑαυτῶν, ἀλλ᾽ ἡ **ἱκανότης** ἡμῶν ἐκ τοῦ θεοῦ,

2655 ἱκανόω [2]

√ 2653

2Co 3: 6 ὃς καὶ **ἱκάνωσεν** ἡμᾶς διακόνους καινῆς διαθήκης, οὐ γράμματος ἀλλὰ πνεύματος·
Col 1:12 εὐχαριστοῦντες τῷ πατρὶ τῷ **ἱκανώσαντι** ὑμᾶς εἰς τὴν μερίδα τοῦ κλήρου τῶν ἁγίων ἐν τῷ φωτί·

2656 ἱκετηρία [1]

√ 2653

Heb 5: 7 ὃς ἐν ταῖς ἡμέραις τῆς σαρκὸς αὐτοῦ δεήσεις τε καὶ **ἱκετηρίας** πρὸς τὸν δυνάμενον σῴζειν αὐτὸν ἐκ θανάτου

2657 ἰκμάς [1]

Lk 8: 6 καὶ φυὲν ἐξηράνθη διὰ τὸ μὴ ἔχειν **ἰκμάδα.**

2658 Ἰκόνιον [6]

Ac 13:51 οἱ δὲ ἐκτιναξάμενοι τὸν κονιορτὸν τῶν ποδῶν ἐπ᾽ αὐτοὺς ἦλθον εἰς **Ἰκόνιον,**
14: 1 Ἐγένετο δὲ ἐν **Ἰκονίῳ** κατὰ τὸ αὐτὸ εἰσελθεῖν αὐτοὺς εἰς τὴν συναγωγὴν τῶν Ἰουδαίων καὶ λαλῆσαι οὕτως ὥστε πιστεῦσαι
14:19 Ἐπῆλθαν δὲ ἀπὸ Ἀντιοχείας καὶ **Ἰκονίου** Ἰουδαῖοι καὶ πείσαντες τοὺς ὄχλους καὶ λιθάσαντες τὸν Παῦλον ἔσυρον ἔξω
14:21 Εὐαγγελισάμενοί τε τὴν πόλιν ἐκείνην καὶ μαθητεύσαντες ἱκανοὺς ὑπέστρεψαν εἰς τὴν Λύστραν καὶ εἰς **Ἰκόνιον**
16: 2 ὃς ἐμαρτυρεῖτο ὑπὸ τῶν ἐν Λύστροις καὶ **Ἰκονίῳ** ἀδελφῶν.
2Ti 3:11 οἷά μοι ἐγένετο ἐν Ἀντιοχείᾳ, ἐν **Ἰκονίῳ,** ἐν Λύστροις,

2659 ἱλαρός [1]

√ 2661

2Co 9: 7 μὴ ἐκ λύπης ἢ ἐξ ἀνάγκης· **ἱλαρὸν** γὰρ δότην ἀγαπᾷ ὁ θεός.

2660 ἱλαρότης [1]

√ 2661

Ro 12: 8 ὁ προϊστάμενος ἐν σπουδῇ, ὁ ἐλεῶν ἐν **ἱλαρότητι.**

2661 ἱλάσκομαι [2]

→ *480, 2659, 2660, 2662, 2663, 2664*

Lk 18:13 ἀλλ᾽ ἔτυπτεν τὸ στῆθος αὐτοῦ λέγων, Ὁ θεός, **ἱλάσθητί** μοι τῷ ἁμαρτωλῷ.
Heb 2:17 ἵνα ἐλεήμων γένηται καὶ πιστὸς ἀρχιερεὺς τὰ πρὸς τὸν θεὸν εἰς τὸ **ἱλάσκεσθαι** τὰς ἁμαρτίας τοῦ λαοῦ.

2662 ἱλασμός [2]

√ 2661

1Jn 2: 2 καὶ αὐτὸς **ἱλασμός** ἐστιν περὶ τῶν ἁμαρτιῶν ἡμῶν,
4:10 ἀλλ᾽ ὅτι αὐτὸς ἠγάπησεν ἡμᾶς καὶ ἀπέστειλεν τὸν υἱὸν αὐτοῦ **ἱλασμὸν** περὶ τῶν ἁμαρτιῶν ἡμῶν.

2663 ἱλαστήριον [2]

√ 2661

Ro 3:25 ὃν προέθετο ὁ θεὸς **ἱλαστήριον** διὰ [τῆς] πίστεως ἐν τῷ αὐτοῦ αἵματι εἰς ἔνδειξιν τῆς δικαιοσύνης αὐτοῦ
Heb 9: 5 ὑπεράνω δὲ αὐτῆς Χερουβὶν δόξης κατασκιάζοντα τὸ **ἱλαστήριον·**

2664 ἵλεως [2]

√ 2661

Mt 16:22 καὶ προσλαβόμενος αὐτὸν ὁ Πέτρος ἤρξατο ἐπιτιμᾶν αὐτῷ λέγων, **Ἵλεώς** σοι, κύριε·
Heb 8:12 ὅτι **ἵλεως** ἔσομαι ταῖς ἀδικίαις αὐτῶν καὶ τῶν ἁμαρτιῶν αὐτῶν οὐ μὴ μνησθῶ ἔτι.

2665 Ἰλλυρικόν [1]

Ro 15:19 ὥστε με ἀπὸ Ἰερουσαλὴμ καὶ κύκλῳ μέχρι τοῦ **Ἰλλυρικοῦ** πεπληρωκέναι τὸ εὐαγγέλιον τοῦ Χριστοῦ,

2666 ἱμάς [4]

Mk 1: 7 οὗ οὐκ εἰμὶ ἱκανὸς κύψας λῦσαι τὸν **ἱμάντα** τῶν ὑποδημάτων αὐτοῦ.
Lk 3:16 οὗ οὐκ εἰμὶ ἱκανὸς λῦσαι τὸν **ἱμάντα** τῶν ὑποδημάτων αὐτοῦ·
Jn 1:27 οὗ οὐκ εἰμὶ [ἐγὼ] ἄξιος ἵνα λύσω αὐτοῦ τὸν **ἱμάντα** τοῦ ὑποδήματος.
Ac 22:25 ὡς δὲ προέτειναν αὐτὸν τοῖς **ἱμᾶσιν,** εἶπεν πρὸς τὸν ἑστῶτα ἑκατόνταρχον ὁ Παῦλος,

2667 ἱματίζω [2]

→ *2264, 2265, 2668, 2669; cf. 313*

Mk 5:15 καὶ ἔρχονται πρὸς τὸν Ἰησοῦν καὶ θεωροῦσιν τὸν δαιμονιζόμενον καθήμενον **ἱματισμένον** καὶ σωφρονοῦντα,
Lk 8:35 εὗρον καθήμενον τὸν ἄνθρωπον ἀφ᾽ οὗ τὰ δαιμόνια ἐξῆλθεν **ἱματισμένον** καὶ σωφρονοῦντα παρὰ τοὺς πόδας τοῦ Ἰησοῦ,

2668 ἱμάτιον [60 / 61]

√ 2667

Mt 5:40 καὶ τῷ θέλοντί σοι κριθῆναι καὶ τὸν χιτῶνά σου λαβεῖν, ἄφες αὐτῷ καὶ τὸ **ἱμάτιον·**
9:16 οὐδεὶς δὲ ἐπιβάλλει ἐπίβλημα ῥάκους ἀγνάφου ἐπὶ **ἱματίῳ** παλαιῷ· αἴρει γὰρ τὸ πλήρωμα αὐτοῦ ἀπὸ τοῦ **ἱματίου** καὶ χεῖρον σχίσμα γίνεται.
9:20 Καὶ ἰδοὺ γυνὴ αἱμορροοῦσα δώδεκα ἔτη προσελθοῦσα ὄπισθεν ἥψατο τοῦ κρασπέδου τοῦ **ἱματίου** αὐτοῦ·
9:21 ἔλεγεν γὰρ ἐν ἑαυτῇ, Ἐὰν μόνον ἅψωμαι τοῦ **ἱματίου** αὐτοῦ σωθήσομαι.
14:36 καὶ παρεκάλουν αὐτὸν ἵνα μόνον ἅψωνται τοῦ κρασπέδου τοῦ **ἱματίου** αὐτοῦ·
17: 2 τὰ δὲ **ἱμάτια** αὐτοῦ ἐγένετο λευκὰ ὡς τὸ φῶς.
21: 7 ἤγαγον τὴν ὄνον καὶ τὸν πῶλον καὶ ἐπέθηκαν ἐπ᾽ αὐτῶν τὰ **ἱμάτια,**
21: 8 ὁ δὲ πλεῖστος ὄχλος ἔστρωσαν ἑαυτῶν τὰ **ἱμάτια** ἐν τῇ ὁδῷ,
23: 5 πλατύνουσιν γὰρ τὰ φυλακτήρια αὐτῶν καὶ μεγαλύνουσιν τὰ κράσπεδα τῶν **ἱματίων**[UBS-] αὐτῶν,

24:18 καὶ ὁ ἐν τῷ ἀγρῷ μὴ ἐπιστρεψάτω ὀπίσω ἆραι τὸ **ἱμάτιον** αὐτοῦ.
26:65 τότε ὁ ἀρχιερεὺς διέρρηξεν τὰ **ἱμάτια** αὐτοῦ λέγων,
27:31 ἐξέδυσαν αὐτὸν τὴν χλαμύδα καὶ ἐνέδυσαν αὐτὸν τὰ **ἱμάτια** αὐτοῦ καὶ ἀπήγαγον αὐτὸν εἰς τὸ σταυρῶσαι.
27:35 σταυρώσαντες δὲ αὐτὸν διεμερίσαντο τὰ **ἱμάτια** αὐτοῦ βάλλοντες κλῆρον,
Mk 2:21 οὐδεὶς ἐπίβλημα ῥάκους ἀγνάφου ἐπιράπτει ἐπὶ **ἱμάτιον** παλαιόν·
5:27 ἐλθοῦσα ἐν τῷ ὄχλῳ ὄπισθεν ἥψατο τοῦ **ἱματίου** αὐτοῦ·
5:28 ἔλεγεν γὰρ ὅτι Ἐὰν ἅψωμαι κἂν τῶν **ἱματίων** αὐτοῦ σωθήσομαι.
5:30 ὁ Ἰησοῦς ἐπιγνοὺς ἐν ἑαυτῷ τὴν ἐξ αὐτοῦ δύναμιν ἐξελθοῦσαν ἐπιστραφεὶς ἐν τῷ ὄχλῳ ἔλεγεν, Τίς μου ἥψατο τῶν **ἱματίων;**
6:56 ἐν ταῖς ἀγοραῖς ἐτίθεσαν τοὺς ἀσθενοῦντας καὶ παρεκάλουν αὐτὸν ἵνα κἂν τοῦ κρασπέδου τοῦ **ἱματίου** αὐτοῦ ἅψωνται·
9: 3 καὶ τὰ **ἱμάτια** αὐτοῦ ἐγένετο στίλβοντα λευκὰ λίαν,
10:50 ὁ δὲ ἀποβαλὼν τὸ **ἱμάτιον** αὐτοῦ ἀναπηδήσας ἦλθεν πρὸς τὸν Ἰησοῦν.
11: 7 καὶ φέρουσιν τὸν πῶλον πρὸς τὸν Ἰησοῦν καὶ ἐπιβάλλουσιν αὐτῷ τὰ **ἱμάτια** αὐτῶν,
11: 8 καὶ πολλοὶ τὰ **ἱμάτια** αὐτῶν ἔστρωσαν εἰς τὴν ὁδόν,
13:16 καὶ ὁ εἰς τὸν ἀγρὸν μὴ ἐπιστρεψάτω εἰς τὰ ὀπίσω ἆραι τὸ **ἱμάτιον** αὐτοῦ.
15:20 ἐξέδυσαν αὐτὸν τὴν πορφύραν καὶ ἐνέδυσαν αὐτὸν τὰ **ἱμάτια** αὐτοῦ.
15:24 καὶ σταυροῦσιν αὐτὸν καὶ διαμερίζονται τὰ **ἱμάτια** αὐτοῦ,
Lk 5:36 Ἔλεγεν δὲ καὶ παραβολὴν πρὸς αὐτοὺς ὅτι Οὐδεὶς ἐπίβλημα ἀπὸ **ἱματίου** καινοῦ σχίσας ἐπιβάλλει ἐπὶ **ἱμάτιον** παλαιόν·
6:29 ἀπὸ τοῦ αἴροντός σου τὸ **ἱμάτιον** καὶ τὸν χιτῶνα μὴ κωλύσῃς.
7:25 ἀλλὰ τί ἐξήλθατε ἰδεῖν; ἄνθρωπον ἐν μαλακοῖς **ἱματίοις** ἠμφιεσμένον;
8:27 ἐξελθόντι δὲ αὐτῷ ἐπὶ τὴν γῆν ὑπήντησεν ἀνήρ τις ἐκ τῆς πόλεως ἔχων δαιμόνια καὶ χρόνῳ ἱκανῷ οὐκ ἐνεδύσατο **ἱμάτιον**
8:44 προσελθοῦσα ὄπισθεν ἥψατο τοῦ κρασπέδου τοῦ **ἱματίου** αὐτοῦ καὶ παραχρῆμα ἔστη ἡ ῥύσις τοῦ αἵματος αὐτῆς.
19:35 καὶ ἤγαγον αὐτὸν πρὸς τὸν Ἰησοῦν καὶ ἐπιρίψαντες αὐτῶν τὰ **ἱμάτια** ἐπὶ τὸν πῶλον ἐπεβίβασαν τὸν Ἰησοῦν.
19:36 πορευομένου δὲ αὐτοῦ ὑπεστρώννυον τὰ **ἱμάτια** αὐτῶν ἐν τῇ ὁδῷ.
22:36 καὶ ὁ μὴ ἔχων πωλησάτω τὸ **ἱμάτιον** αὐτοῦ καὶ ἀγορασάτω μάχαιραν.
23:34 διαμεριζόμενοι δὲ τὰ **ἱμάτια** αὐτοῦ ἔβαλον κλήρους.
Jn 13: 4 ἐγείρεται ἐκ τοῦ δείπνου καὶ τίθησιν τὰ **ἱμάτια** καὶ λαβὼν λέντιον διέζωσεν ἑαυτόν·
13:12 Ὅτε οὖν ἔνιψεν τοὺς πόδας αὐτῶν [καὶ] ἔλαβεν τὰ **ἱμάτια** αὐτοῦ καὶ ἀνέπεσεν πάλιν,
19: 2 καὶ οἱ στρατιῶται πλέξαντες στέφανον ἐξ ἀκανθῶν ἐπέθηκαν αὐτοῦ τῇ κεφαλῇ καὶ **ἱμάτιον** πορφυροῦν περιέβαλον αὐτὸν
19: 5 φορῶν τὸν ἀκάνθινον στέφανον καὶ τὸ πορφυροῦν **ἱμάτιον.**
19:23 ἔλαβον τὰ **ἱμάτια** αὐτοῦ καὶ ἐποίησαν τέσσαρα μέρη,
19:24 Διεμερίσαντο τὰ **ἱμάτιά** μου ἑαυτοῖς καὶ ἐπὶ τὸν ἱματισμόν μου ἔβαλον κλῆρον.
Ac 7:58 καὶ οἱ μάρτυρες ἀπέθεντο τὰ **ἱμάτια** αὐτῶν παρὰ τοὺς πόδας νεανίου καλουμένου Σαύλου,
9:39 πᾶσαι αἱ χῆραι κλαίουσαι καὶ ἐπιδεικνύμεναι χιτῶνας καὶ **ἱμάτια** ὅσα ἐποίει μετ᾽ αὐτῶν οὖσα ἡ Δορκάς.
12: 8 καὶ λέγει αὐτῷ, Περιβαλοῦ τὸ **ἱμάτιόν** σου καὶ ἀκολούθει μοι.
14:14 ἀκούσαντες δὲ οἱ ἀπόστολοι Βαρναβᾶς καὶ Παῦλος διαρρήξαντες τὰ **ἱμάτια** αὐτῶν ἐξεπήδησαν εἰς τὸν ὄχλον
16:22 καὶ συνεπέστη ὁ ὄχλος κατ᾽ αὐτῶν καὶ οἱ στρατηγοὶ περιρήξαντες αὐτῶν τὰ **ἱμάτια** ἐκέλευον ῥαβδίζειν,
18: 6 ἀντιτασσομένων δὲ αὐτῶν καὶ βλασφημούντων ἐκτιναξάμενος τὰ **ἱμάτια** εἶπεν πρὸς αὐτούς,
22:20 καὶ αὐτὸς ἤμην ἐφεστὼς καὶ συνευδοκῶν καὶ φυλάσσων τὰ **ἱμάτια** τῶν ἀναιρούντων αὐτόν.
22:23 κραυγαζόντων τε αὐτῶν καὶ ῥιπτούντων τὰ **ἱμάτια** καὶ κονιορτὸν βαλλόντων εἰς τὸν ἀέρα,
Heb 1:11 σὺ δὲ διαμένεις, καὶ πάντες ὡς **ἱμάτιον** παλαιωθήσονται,
1:12 καὶ ὡσεὶ περιβόλαιον ἑλίξεις αὐτούς, ὡς **ἱμάτιον** καὶ ἀλλαγήσονται·
Jas 5: 2 ὁ πλοῦτος ὑμῶν σέσηπεν καὶ τὰ **ἱμάτια** ὑμῶν σητόβρωτα γέγονεν,
1Pe 3: 3 ὧν ἔστω οὐχ ὁ ἔξωθεν ἐμπλοκῆς τριχῶν καὶ περιθέσεως χρυσίων ἢ ἐνδύσεως **ἱματίων** κόσμος
Rev 3: 4 ἀλλὰ ἔχεις ὀλίγα ὀνόματα ἐν Σάρδεσιν ἃ οὐκ ἐμόλυναν τὰ **ἱμάτια** αὐτῶν,
3: 5 ὁ νικῶν οὕτως περιβαλεῖται ἐν **ἱματίοις** λευκοῖς καὶ οὐ μὴ ἐξαλείψω τὸ ὄνομα αὐτοῦ ἐκ τῆς βίβλου τῆς ζωῆς
3:18 καὶ **ἱμάτια** λευκὰ ἵνα περιβάλῃ καὶ μὴ φανερωθῇ ἡ αἰσχύνη τῆς γυμνότητός σου,
4: 4 καὶ ἐπὶ τοὺς θρόνους εἴκοσι τέσσαρας πρεσβυτέρους καθημένους περιβεβλημένους ἐν **ἱματίοις** λευκοῖς
16:15 μακάριος ὁ γρηγορῶν καὶ τηρῶν τὰ **ἱμάτια** αὐτοῦ,
19:13 καὶ περιβεβλημένος **ἱμάτιον** βεβαμμένον αἵματι, καὶ κέκληται τὸ ὄνομα αὐτοῦ ὁ λόγος τοῦ θεοῦ.
19:16 καὶ ἔχει ἐπὶ τὸ **ἱμάτιον** καὶ ἐπὶ τὸν μηρὸν αὐτοῦ ὄνομα γεγραμμένον·

2669 ἱματισμός [5]

√ 2667

Lk 7:25 ἰδοὺ οἱ ἐν **ἱματισμῷ** ἐνδόξῳ καὶ τρυφῇ ὑπάρχοντες ἐν τοῖς βασιλείοις εἰσίν.
9:29 καὶ ἐγένετο ἐν τῷ προσεύχεσθαι αὐτὸν τὸ εἶδος τοῦ προσώπου αὐτοῦ ἕτερον καὶ ὁ **ἱματισμὸς** αὐτοῦ λευκὸς ἐξαστράπτων.
Jn 19:24 Διεμερίσαντο τὰ ἱμάτιά μου ἑαυτοῖς καὶ ἐπὶ τὸν **ἱματισμόν** μου ἔβαλον κλῆρον.
Ac 20:33 ἀργυρίου ἢ χρυσίου ἢ **ἱματισμοῦ** οὐδενὸς ἐπεθύμησα·
1Ti 2: 9 μὴ ἐν πλέγμασιν καὶ χρυσίῳ ἢ μαργαρίταις ἢ **ἱματισμῷ** πολυτελεῖ,

2670 ἱμείρομαι Not used in UBS/NIV

2671 ἵνα [663]

→ 2672

ἀλλ᾽ ἵνα [19] Mk 4:22; 14:49; Jn 1:8,31; 3:17; 9:3; 11:52; 12:9,47; 13:18; 14:31; 15:25; 17:15; Ac 4:17; 2Co 13:7; Eph 5:27; 2Th 3:9; 1Jn 2:19; Rev 9:5

ἤ ... ἵνα [3] Lk 17:2; Jn 13:29; Ro 9:11

ἵνα μή [89] Mt 7:1; 12:16; 17:27; 24:20; 26:5,41; Mk 3:9,12; 5:10; 13:18; 14:38; Lk 8:12,31; 9:45; 16:28; 18:5; 22:32,46; Jn 3:20; 4:15; 5:14; 6:12; 7:23; 12:35,40,42; 16:1; 18:28,36; 19:31; Ac 2:25; 4:17; 24:4; Ro 11:25; 15:20; 1Co 1:15,17; 4:6; 7:5; 8:13; 9:12; 11:32,34; 12:25; 16:2; 2Co 1:9; 2:3,5,11; 6:3; 9:3,4; 10:9; 12:7,7; Gal 5:17; Eph 2:9; Php 2:27; Col 3:21; 1Th 4:13; 1Ti 3:6,7; 6:1; Tit 2:5; 3:14; Phm 1:14,19; Heb 3:13; 4:11; 6:12; 11:28,40; 12:3,13; Jas 5:9,12; 2Pe 3:17; 1Jn 2:1; 2Jn 1:8; Rev 7:1; 9:4,5,20; 11:6; 13:17; 16:15; 18:4,4; 20:3

μὴ ἵνα [2] Mk 4:22; Jn 10:10

οὐχ ἵνα [5] Mk 4:21; Jn 6:38; 1Co 7:35; 2Co 2:4; 13:7

Mt 1:22 Τοῦτο δὲ ὅλον γέγονεν **ἵνα** πληρωθῇ τὸ ῥηθὲν ὑπὸ κυρίου διὰ τοῦ προφήτου λέγοντος,
2:15 **ἵνα** πληρωθῇ τὸ ῥηθὲν ὑπὸ κυρίου διὰ τοῦ προφήτου λέγοντος,
4: 3 Εἰ υἱὸς εἶ τοῦ θεοῦ, εἰπὲ **ἵνα** οἱ λίθοι οὗτοι ἄρτοι γένωνται.
4:14 **ἵνα** πληρωθῇ τὸ ῥηθὲν διὰ Ἠσαΐου τοῦ προφήτου λέγοντος,
5:29 συμφέρει γάρ σοι **ἵνα** ἀπόληται ἓν τῶν μελῶν σου καὶ μὴ ὅλον τὸ σῶμά σου βληθῇ εἰς γέενναν.
5:30 συμφέρει γάρ σοι **ἵνα** ἀπόληται ἓν τῶν μελῶν σου καὶ μὴ ὅλον τὸ σῶμά σου εἰς γέενναν ἀπέλθῃ.
7: 1 Μὴ κρίνετε, **ἵνα** μὴ κριθῆτε·
7:12 Πάντα οὖν ὅσα ἐὰν θέλητε **ἵνα** ποιῶσιν ὑμῖν οἱ ἄνθρωποι,
8: 8 οὐκ εἰμὶ ἱκανὸς **ἵνα** μου ὑπὸ τὴν στέγην εἰσέλθῃς,
9: 6 **ἵνα** δὲ εἰδῆτε ὅτι ἐξουσίαν ἔχει ὁ υἱὸς τοῦ ἀνθρώπου ἐπὶ τῆς γῆς ἀφιέναι ἁμαρτίας–
10:25 ἀρκετὸν τῷ μαθητῇ **ἵνα** γένηται ὡς ὁ διδάσκαλος αὐτοῦ καὶ ὁ δοῦλος ὡς ὁ κύριος αὐτοῦ.
12:10 Εἰ ἔξεστιν τοῖς σάββασιν θεραπεῦσαι; **ἵνα** κατηγορήσωσιν αὐτοῦ.
12:16 καὶ ἐπετίμησεν αὐτοῖς **ἵνα** μὴ φανερὸν αὐτὸν ποιήσωσιν,
12:17 **ἵνα** πληρωθῇ τὸ ῥηθὲν διὰ Ἠσαΐου τοῦ προφήτου λέγοντος,
14:15 **ἵνα** ἀπελθόντες εἰς τὰς κώμας ἀγοράσωσιν ἑαυτοῖς βρώματα.
14:36 καὶ παρεκάλουν αὐτὸν **ἵνα** μόνον ἅψωνται τοῦ κρασπέδου τοῦ ἱματίου αὐτοῦ·
16:20 τότε διεστείλατο τοῖς μαθηταῖς **ἵνα** μηδενὶ εἴπωσιν ὅτι αὐτός ἐστιν ὁ Χριστός.

17:27 **ἵνα** δὲ μὴ σκανδαλίσωμεν αὐτούς, πορευθεὶς εἰς θάλασσαν βάλε ἄγκιστρον καὶ τὸν ἀναβάντα πρῶτον ἰχθὺν ἆρον,
18: 6 συμφέρει αὐτῷ **ἵνα** κρεμασθῇ μύλος ὀνικὸς περὶ τὸν τράχηλον αὐτοῦ καὶ καταποντισθῇ ἐν τῷ πελάγει τῆς θαλάσσης.
18:14 οὕτως οὐκ ἔστιν θέλημα ἔμπροσθεν τοῦ πατρὸς ὑμῶν τοῦ ἐν οὐρανοῖς **ἵνα** ἀπόληται ἓν τῶν μικρῶν τούτων.
18:16 **ἵνα** ἐπὶ στόματος δύο μαρτύρων ἢ τριῶν σταθῇ πᾶν ῥῆμα·
19:13 Τότε προσηνέχθησαν αὐτῷ παιδία **ἵνα** τὰς χεῖρας ἐπιθῇ αὐτοῖς καὶ προσεύξηται·
19:16 Διδάσκαλε, τί ἀγαθὸν ποιήσω **ἵνα** σχῶ ζωὴν αἰώνιον;
20:21 Εἰπὲ **ἵνα** καθίσωσιν οὗτοι οἱ δύο υἱοί μου εἷς ἐκ δεξιῶν σου καὶ εἷς ἐξ εὐωνύμων σου ἐν τῇ βασιλείᾳ σου.
20:31 ὁ δὲ ὄχλος ἐπετίμησεν αὐτοῖς **ἵνα** σιωπήσωσιν· οἱ δὲ μεῖζον ἔκραξαν λέγοντες,
20:33 λέγουσιν αὐτῷ, Κύριε, **ἵνα** ἀνοιγῶσιν οἱ ὀφθαλμοὶ ἡμῶν.
21: 4 Τοῦτο δὲ γέγονεν **ἵνα** πληρωθῇ τὸ ῥηθὲν διὰ τοῦ προφήτου λέγοντος,
23:26 καθάρισον πρῶτον τὸ ἐντὸς τοῦ ποτηρίου, **ἵνα** γένηται καὶ τὸ ἐκτὸς αὐτοῦ καθαρόν.
24:20 προσεύχεσθε δὲ **ἵνα** μὴ γένηται ἡ φυγὴ ὑμῶν χειμῶνος μηδὲ σαββάτῳ.
26: 4 καὶ συνεβουλεύσαντο **ἵνα** τὸν Ἰησοῦν δόλῳ κρατήσωσιν καὶ ἀποκτείνωσιν·
26: 5 Μὴ ἐν τῇ ἑορτῇ, **ἵνα** μὴ θόρυβος γένηται ἐν τῷ λαῷ.
26:16 καὶ ἀπὸ τότε ἐζήτει εὐκαιρίαν **ἵνα** αὐτὸν παραδῷ.
26:41 γρηγορεῖτε καὶ προσεύχεσθε, **ἵνα** μὴ εἰσέλθητε εἰς πειρασμόν·
26:56 τοῦτο δὲ ὅλον γέγονεν **ἵνα** πληρωθῶσιν αἱ γραφαὶ τῶν προφητῶν.
26:63 Ἐξορκίζω σε κατὰ τοῦ θεοῦ τοῦ ζῶντος **ἵνα** ἡμῖν εἴπῃς εἰ σὺ εἶ ὁ Χριστὸς ὁ υἱὸς τοῦ θεοῦ.
27:20 Οἱ δὲ ἀρχιερεῖς καὶ οἱ πρεσβύτεροι ἔπεισαν τοὺς ὄχλους **ἵνα** αἰτήσωνται τὸν Βαραββᾶν,
27:26 τότε ἀπέλυσεν αὐτοῖς τὸν Βαραββᾶν, τὸν δὲ Ἰησοῦν φραγελλώσας παρέδωκεν **ἵνα** σταυρωθῇ.
27:32 Ἐξερχόμενοι δὲ εὗρον ἄνθρωπον Κυρηναῖον ὀνόματι Σίμωνα, τοῦτον ἠγγάρευσαν **ἵνα** ἄρῃ τὸν σταυρὸν αὐτοῦ.
28:10 ὑπάγετε ἀπαγγείλατε τοῖς ἀδελφοῖς μου **ἵνα** ἀπέλθωσιν εἰς τὴν Γαλιλαίαν,

Mk 1:38 Ἄγωμεν ἀλλαχοῦ εἰς τὰς ἐχομένας κωμοπόλεις, **ἵνα** καὶ ἐκεῖ κηρύξω·
2:10 **ἵνα** δὲ εἰδῆτε ὅτι ἐξουσίαν ἔχει ὁ υἱὸς τοῦ ἀνθρώπου ἀφιέναι ἁμαρτίας ἐπὶ τῆς γῆς–
3: 2 καὶ παρετήρουν αὐτὸν εἰ τοῖς σάββασιν θεραπεύσει αὐτόν, **ἵνα** κατηγορήσωσιν αὐτοῦ.
3: 9 καὶ εἶπεν τοῖς μαθηταῖς αὐτοῦ **ἵνα** πλοιάριον προσκαρτερῇ αὐτῷ διὰ τὸν ὄχλον **ἵνα** μὴ θλίβωσιν αὐτόν·
3:10 ὥστε ἐπιπίπτειν αὐτῷ **ἵνα** αὐτοῦ ἅψωνται ὅσοι εἶχον μάστιγας.
3:12 καὶ πολλὰ ἐπετίμα αὐτοῖς **ἵνα** μὴ αὐτὸν φανερὸν ποιήσωσιν.
3:14 καὶ ἐποίησεν δώδεκα [οὓς καὶ ἀποστόλους ὠνόμασεν] **ἵνα** ὦσιν μετ᾽ αὐτοῦ καὶ **ἵνα** ἀποστέλλῃ αὐτοὺς κηρύσσειν
4:12 **ἵνα** βλέποντες βλέπωσιν καὶ μὴ ἴδωσιν, καὶ ἀκούοντες ἀκούωσιν καὶ μὴ συνιῶσιν,
4:21 Μήτι ἔρχεται ὁ λύχνος **ἵνα** ὑπὸ τὸν μόδιον τεθῇ ἢ ὑπὸ τὴν κλίνην; οὐχ **ἵνα** ἐπὶ τὴν λυχνίαν τεθῇ;
4:22 οὐ γάρ ἐστιν κρυπτὸν ἐὰν μὴ **ἵνα** φανερωθῇ, οὐδὲ ἐγένετο ἀπόκρυφον ἀλλ᾽ **ἵνα** ἔλθῃ εἰς φανερόν.
5:10 καὶ παρεκάλει αὐτὸν πολλὰ **ἵνα** μὴ αὐτὰ ἀποστείλῃ ἔξω τῆς χώρας.
5:12 Πέμψον ἡμᾶς εἰς τοὺς χοίρους, **ἵνα** εἰς αὐτοὺς εἰσέλθωμεν.
5:18 καὶ ἐμβαίνοντος αὐτοῦ εἰς τὸ πλοῖον παρεκάλει αὐτὸν ὁ δαιμονισθεὶς **ἵνα** μετ᾽ αὐτοῦ ᾖ.
5:23 **ἵνα** ἐλθὼν ἐπιθῇς τὰς χεῖρας αὐτῇ **ἵνα** σωθῇ καὶ ζήσῃ.
5:43 καὶ διεστείλατο αὐτοῖς πολλὰ **ἵνα** μηδεὶς γνοῖ τοῦτο,
6: 8 καὶ παρήγγειλεν αὐτοῖς **ἵνα** μηδὲν αἴρωσιν εἰς ὁδὸν εἰ μὴ ῥάβδον μόνον,
6:12 Καὶ ἐξελθόντες ἐκήρυξαν **ἵνα** μετανοῶσιν,
6:25 Θέλω **ἵνα** ἐξαυτῆς δῷς μοι ἐπὶ πίνακι τὴν κεφαλὴν Ἰωάννου τοῦ βαπτιστοῦ.
6:36 **ἵνα** ἀπελθόντες εἰς τοὺς κύκλῳ ἀγροὺς καὶ κώμας ἀγοράσωσιν ἑαυτοῖς τί φάγωσιν.
6:41 εὐλόγησεν καὶ κατέκλασεν τοὺς ἄρτους καὶ ἐδίδου τοῖς μαθηταῖς [αὐτοῦ] **ἵνα** παρατιθῶσιν αὐτοῖς,
6:56 ἐν ταῖς ἀγοραῖς ἐτίθεσαν τοὺς ἀσθενοῦντας καὶ παρεκάλουν αὐτὸν **ἵνα** κἂν τοῦ κρασπέδου τοῦ ἱματίου αὐτοῦ ἅψωνται·
7: 9 Καλῶς ἀθετεῖτε τὴν ἐντολὴν τοῦ θεοῦ, **ἵνα** τὴν παράδοσιν ὑμῶν στήσητε.
7:26 καὶ ἠρώτα αὐτὸν **ἵνα** τὸ δαιμόνιον ἐκβάλῃ ἐκ τῆς θυγατρὸς αὐτῆς.
7:32 καὶ φέρουσιν αὐτῷ κωφὸν καὶ μογιλάλον καὶ παρακαλοῦσιν αὐτὸν **ἵνα** ἐπιθῇ αὐτῷ τὴν χεῖρα.
7:36 καὶ διεστείλατο αὐτοῖς **ἵνα** μηδενὶ λέγωσιν· ὅσον δὲ αὐτοῖς διεστέλλετο,
8: 6 καὶ λαβὼν τοὺς ἑπτὰ ἄρτους εὐχαριστήσας ἔκλασεν καὶ ἐδίδου τοῖς μαθηταῖς αὐτοῦ **ἵνα** παρατιθῶσιν,
8:22 καὶ φέρουσιν αὐτῷ τυφλὸν καὶ παρακαλοῦσιν αὐτὸν **ἵνα** αὐτοῦ ἅψηται.
8:30 καὶ ἐπετίμησεν αὐτοῖς **ἵνα** μηδενὶ λέγωσιν περὶ αὐτοῦ.
9: 9 Καὶ καταβαινόντων αὐτῶν ἐκ τοῦ ὄρους διεστείλατο αὐτοῖς **ἵνα** μηδενὶ ἃ εἶδον διηγήσωνται,
9:12 καὶ πῶς γέγραπται ἐπὶ τὸν υἱὸν τοῦ ἀνθρώπου **ἵνα** πολλὰ πάθῃ καὶ ἐξουδενηθῇ;
9:18 καὶ εἶπα τοῖς μαθηταῖς σου **ἵνα** αὐτὸ ἐκβάλωσιν,
9:22 καὶ πολλάκις καὶ εἰς πῦρ αὐτὸν ἔβαλεν καὶ εἰς ὕδατα **ἵνα** ἀπολέσῃ αὐτόν·
9:30 Κἀκεῖθεν ἐξελθόντες παρεπορεύοντο διὰ τῆς Γαλιλαίας, καὶ οὐκ ἤθελεν **ἵνα** τις γνοῖ·
10:13 Καὶ προσέφερον αὐτῷ παιδία **ἵνα** αὐτῶν ἅψηται· οἱ δὲ μαθηταὶ ἐπετίμησαν αὐτοῖς.
10:17 Διδάσκαλε ἀγαθέ, τί ποιήσω **ἵνα** ζωὴν αἰώνιον κληρονομήσω;
10:35 θέλομεν **ἵνα** ὃ ἐὰν αἰτήσωμέν σε ποιήσῃς ἡμῖν.
10:37 Δὸς ἡμῖν **ἵνα** εἷς σου ἐκ δεξιῶν καὶ εἷς ἐξ ἀριστερῶν καθίσωμεν ἐν τῇ δόξῃ σου.
10:48 καὶ ἐπετίμων αὐτῷ πολλοὶ **ἵνα** σιωπήσῃ· ὁ δὲ πολλῷ μᾶλλον ἔκραζεν,
10:51 ὁ δὲ τυφλὸς εἶπεν αὐτῷ, Ραββουνι, **ἵνα** ἀναβλέψω.
11:16 καὶ οὐκ ἤφιεν **ἵνα** τις διενέγκῃ σκεῦος διὰ τοῦ ἱεροῦ.
11:25 **ἵνα** καὶ ὁ πατὴρ ὑμῶν ὁ ἐν τοῖς οὐρανοῖς ἀφῇ ὑμῖν τὰ παραπτώματα ὑμῶν.
11:28 ἢ τίς σοι ἔδωκεν τὴν ἐξουσίαν ταύτην **ἵνα** ταῦτα ποιῇς;
12: 2 καὶ ἀπέστειλεν πρὸς τοὺς γεωργοὺς τῷ καιρῷ δοῦλον **ἵνα** παρὰ τῶν γεωργῶν λάβῃ ἀπὸ τῶν καρπῶν τοῦ ἀμπελῶνος·
12:13 Καὶ ἀποστέλλουσιν πρὸς αὐτόν τινας τῶν Φαρισαίων καὶ τῶν Ἡρῳδιανῶν **ἵνα** αὐτὸν ἀγρεύσωσιν λόγῳ.
12:15 Τί με πειράζετε; φέρετέ μοι δηνάριον **ἵνα** ἴδω.
12:19 **ἵνα** λάβῃ ὁ ἀδελφὸς αὐτοῦ τὴν γυναῖκα καὶ ἐξαναστήσῃ σπέρμα τῷ ἀδελφῷ αὐτοῦ.
13:18 προσεύχεσθε δὲ **ἵνα** μὴ γένηται χειμῶνος·
13:34 καὶ δοὺς τοῖς δούλοις αὐτοῦ τὴν ἐξουσίαν ἑκάστῳ τὸ ἔργον αὐτοῦ καὶ τῷ θυρωρῷ ἐνετείλατο **ἵνα** γρηγορῇ.
14:10 Καὶ Ἰούδας Ἰσκαριὼθ ὁ εἷς τῶν δώδεκα ἀπῆλθεν πρὸς τοὺς ἀρχιερεῖς **ἵνα** αὐτὸν παραδοῖ αὐτοῖς.
14:12 Ποῦ θέλεις ἀπελθόντες ἑτοιμάσωμεν **ἵνα** φάγῃς τὸ πάσχα;
14:35 καὶ προελθὼν μικρὸν ἔπιπτεν ἐπὶ τῆς γῆς καὶ προσηύχετο **ἵνα** εἰ δυνατόν ἐστιν παρέλθῃ ἀπ᾽ αὐτοῦ ἡ ὥρα,
14:38 γρηγορεῖτε καὶ προσεύχεσθε, **ἵνα** μὴ ἔλθητε εἰς πειρασμόν·
14:49 καθ᾽ ἡμέραν ἤμην πρὸς ὑμᾶς ἐν τῷ ἱερῷ διδάσκων καὶ οὐκ ἐκρατήσατέ με· ἀλλ᾽ **ἵνα** πληρωθῶσιν αἱ γραφαί.
15:11 οἱ δὲ ἀρχιερεῖς ἀνέσεισαν τὸν ὄχλον **ἵνα** μᾶλλον τὸν Βαραββᾶν ἀπολύσῃ αὐτοῖς.
15:15 ἀπέλυσεν αὐτοῖς τὸν Βαραββᾶν, καὶ παρέδωκεν τὸν Ἰησοῦν φραγελλώσας **ἵνα** σταυρωθῇ.
15:20 ἐξέδυσαν αὐτὸν τὴν πορφύραν καὶ ἐνέδυσαν αὐτὸν τὰ ἱμάτια αὐτοῦ. καὶ ἐξάγουσιν αὐτὸν **ἵνα** σταυρώσωσιν αὐτόν.
15:21 τὸν πατέρα Ἀλεξάνδρου καὶ Ῥούφου, **ἵνα** ἄρῃ τὸν σταυρὸν αὐτοῦ.
15:32 ὁ Χριστὸς ὁ βασιλεὺς Ἰσραὴλ καταβάτω νῦν ἀπὸ τοῦ σταυροῦ, **ἵνα** ἴδωμεν καὶ πιστεύσωμεν.
16: 1 Μαρία ἡ Μαγδαληνὴ καὶ Μαρία ἡ [τοῦ] Ἰακώβου καὶ Σαλώμη ἠγόρασαν ἀρώματα **ἵνα** ἐλθοῦσαι ἀλείψωσιν αὐτόν.

Lk 1: 4 **ἵνα** ἐπιγνῷς περὶ ὧν κατηχήθης λόγων τὴν ἀσφάλειαν.
1:43 καὶ πόθεν μοι τοῦτο **ἵνα** ἔλθῃ ἡ μήτηρ τοῦ κυρίου μου πρὸς ἐμέ;
4: 3 Εἰ υἱὸς εἶ τοῦ θεοῦ, εἰπὲ τῷ λίθῳ τούτῳ **ἵνα** γένηται ἄρτος.
5:24 **ἵνα** δὲ εἰδῆτε ὅτι ὁ υἱὸς τοῦ ἀνθρώπου ἐξουσίαν ἔχει ἐπὶ τῆς γῆς ἀφιέναι ἁμαρτίας–
6: 7 παρετηροῦντο δὲ αὐτὸν οἱ γραμματεῖς καὶ οἱ Φαρισαῖοι εἰ ἐν τῷ σαββάτῳ θεραπεύει, **ἵνα** εὕρωσιν κατηγορεῖν αὐτοῦ.
6:31 καὶ καθὼς θέλετε **ἵνα** ποιῶσιν ὑμῖν οἱ ἄνθρωποι ποιεῖτε αὐτοῖς ὁμοίως.
6:34 καὶ ἁμαρτωλοὶ ἁμαρτωλοῖς δανίζουσιν **ἵνα** ἀπολάβωσιν τὰ ἴσα.
7: 6 οὐ γὰρ ἱκανός εἰμι **ἵνα** ὑπὸ τὴν στέγην μου εἰσέλθῃς·

7:36 Ἠρώτα δέ τις αὐτὸν τῶν Φαρισαίων **ἵνα** φάγῃ μετ᾽ αὐτοῦ,
8:10 **ἵνα** βλέποντες μὴ βλέπωσιν καὶ ἀκούοντες μὴ συνιῶσιν.
8:12 εἶτα ἔρχεται ὁ διάβολος καὶ αἴρει τὸν λόγον ἀπὸ τῆς καρδίας αὐτῶν, **ἵνα** μὴ πιστεύσαντες σωθῶσιν.
8:16 ἐπὶ λυχνίας τίθησιν, **ἵνα** οἱ εἰσπορευόμενοι βλέπωσιν τὸ φῶς.
8:31 καὶ παρεκάλουν αὐτὸν **ἵνα** μὴ ἐπιτάξῃ αὐτοῖς εἰς τὴν ἄβυσσον ἀπελθεῖν.
8:32 καὶ παρεκάλεσαν αὐτὸν **ἵνα** ἐπιτρέψῃ αὐτοῖς εἰς ἐκείνους εἰσελθεῖν·
9:12 **ἵνα** πορευθέντες εἰς τὰς κύκλῳ κώμας καὶ ἀγροὺς καταλύσωσιν καὶ εὕρωσιν ἐπισιτισμόν,
9:40 καὶ ἐδεήθην τῶν μαθητῶν σου **ἵνα** ἐκβάλωσιν αὐτό,
9:45 οἱ δὲ ἠγνόουν τὸ ῥῆμα τοῦτο καὶ ἦν παρακεκαλυμμένον ἀπ᾽ αὐτῶν **ἵνα** μὴ αἴσθωνται αὐτό,
10:40 οὐ μέλει σοι ὅτι ἡ ἀδελφή μου μόνην με κατέλιπεν διακονεῖν; εἰπὲ οὖν αὐτῇ **ἵνα** μοι συναντιλάβηται.
11:33 Οὐδεὶς λύχνον ἅψας εἰς κρύπτην τίθησιν [οὐδὲ ὑπὸ τὸν μόδιον] ἀλλ᾽ ἐπὶ τὴν λυχνίαν, **ἵνα** οἱ εἰσπορευόμενοι τὸ φῶς βλέπωσιν.
11:50 **ἵνα** ἐκζητηθῇ τὸ αἷμα πάντων τῶν προφητῶν τὸ ἐκκεχυμένον ἀπὸ καταβολῆς κόσμου ἀπὸ τῆς γενεᾶς ταύτης,
12:36 προσδεχομένοις τὸν κύριον ἑαυτῶν πότε ἀναλύσῃ ἐκ τῶν γάμων, **ἵνα** ἐλθόντος καὶ κρούσαντος εὐθέως ἀνοίξωσιν αὐτῷ.
14:10 **ἵνα** ὅταν ἔλθῃ ὁ κεκληκώς σε ἐρεῖ σοι,
14:23 Ἔξελθε εἰς τὰς ὁδοὺς καὶ φραγμοὺς καὶ ἀνάγκασον εἰσελθεῖν, **ἵνα** γεμισθῇ μου ὁ οἶκος·
14:29 **ἵνα** μήποτε θέντος αὐτοῦ θεμέλιον καὶ μὴ ἰσχύοντος ἐκτελέσαι πάντες οἱ θεωροῦντες ἄρξωνται αὐτῷ ἐμπαίζειν
15:29 καὶ ἐμοὶ οὐδέποτε ἔδωκας ἔριφον **ἵνα** μετὰ τῶν φίλων μου εὐφρανθῶ·
16: 4 **ἵνα** ὅταν μετασταθῶ ἐκ τῆς οἰκονομίας δέξωνταί με εἰς τοὺς οἴκους αὐτῶν.
16: 9 **ἵνα** ὅταν ἐκλίπῃ δέξωνται ὑμᾶς εἰς τὰς αἰωνίους σκηνάς.
16:24 ἐλέησόν με καὶ πέμψον Λάζαρον **ἵνα** βάψῃ τὸ ἄκρον τοῦ δακτύλου αὐτοῦ ὕδατος καὶ καταψύξῃ τὴν γλῶσσάν μου,
16:27 **ἵνα** πέμψῃς αὐτὸν εἰς τὸν οἶκον τοῦ πατρός μου,
16:28 **ἵνα** μὴ καὶ αὐτοὶ ἔλθωσιν εἰς τὸν τόπον τοῦτον τῆς βασάνου.
17: 2 λυσιτελεῖ αὐτῷ εἰ λίθος μυλικὸς περίκειται περὶ τὸν τράχηλον αὐτοῦ καὶ ἔρριπται εἰς τὴν θάλασσαν ἢ **ἵνα** σκανδαλίσῃ τῶν μικρῶν τούτων ἕνα.
18: 5 διά γε τὸ παρέχειν μοι κόπον τὴν χήραν ταύτην ἐκδικήσω αὐτήν, **ἵνα** μὴ εἰς τέλος ἐρχομένη ὑπωπιάζῃ με.
18:15 Προσέφερον δὲ αὐτῷ καὶ τὰ βρέφη **ἵνα** αὐτῶν ἅπτηται·
18:39 καὶ οἱ προάγοντες ἐπετίμων αὐτῷ **ἵνα** σιγήσῃ, αὐτὸς δὲ πολλῷ μᾶλλον ἔκραζεν,
18:41 Τί σοι θέλεις ποιήσω; ὁ δὲ εἶπεν, Κύριε, **ἵνα** ἀναβλέψω.
19: 4 καὶ προδραμὼν εἰς τὸ ἔμπροσθεν ἀνέβη ἐπὶ συκομορέαν **ἵνα** ἴδῃ αὐτὸν ὅτι ἐκείνης ἤμελλεν διέρχεσθαι.
19:15 καὶ εἶπεν φωνηθῆναι αὐτῷ τοὺς δούλους τούτους οἷς δεδώκει τὸ ἀργύριον, **ἵνα** γνοῖ τί διεπραγματεύσαντο.
20:10 καὶ καιρῷ ἀπέστειλεν πρὸς τοὺς γεωργοὺς δοῦλον **ἵνα** ἀπὸ τοῦ καρποῦ τοῦ ἀμπελῶνος δώσουσιν αὐτῷ·
20:14 Οὗτός ἐστιν ὁ κληρονόμος· ἀποκτείνωμεν αὐτόν, **ἵνα** ἡμῶν γένηται ἡ κληρονομία.
20:20 Καὶ παρατηρήσαντες ἀπέστειλαν ἐγκαθέτους ὑποκρινομένους ἑαυτοὺς δικαίους εἶναι, **ἵνα** ἐπιλάβωνται αὐτοῦ λόγου,
20:28 **ἵνα** λάβῃ ὁ ἀδελφὸς αὐτοῦ τὴν γυναῖκα καὶ ἐξαναστήσῃ σπέρμα τῷ ἀδελφῷ αὐτοῦ.
21:36 ἀγρυπνεῖτε δὲ ἐν παντὶ καιρῷ δεόμενοι **ἵνα** κατισχύσητε ἐκφυγεῖν ταῦτα πάντα τὰ μέλλοντα γίνεσθαι καὶ σταθῆναι
22: 8 καὶ ἀπέστειλεν Πέτρον καὶ Ἰωάννην εἰπών, Πορευθέντες ἑτοιμάσατε ἡμῖν τὸ πάσχα **ἵνα** φάγωμεν.
22:30 **ἵνα** ἔσθητε καὶ πίνητε ἐπὶ τῆς τραπέζης μου ἐν τῇ βασιλείᾳ μου,
22:32 ἐγὼ δὲ ἐδεήθην περὶ σοῦ **ἵνα** μὴ ἐκλίπῃ ἡ πίστις σου·
22:46 Τί καθεύδετε; ἀναστάντες προσεύχεσθε, **ἵνα** μὴ εἰσέλθητε εἰς πειρασμόν.
Jn 1: 7 οὗτος ἦλθεν εἰς μαρτυρίαν **ἵνα** μαρτυρήσῃ περὶ τοῦ φωτός, **ἵνα** πάντες πιστεύσωσιν δι᾽ αὐτοῦ.
1: 8 οὐκ ἦν ἐκεῖνος τὸ φῶς, ἀλλ᾽ **ἵνα** μαρτυρήσῃ περὶ τοῦ φωτός.
1:19 ὅτε ἀπέστειλαν [πρὸς αὐτὸν] οἱ Ἰουδαῖοι ἐξ Ἱεροσολύμων ἱερεῖς καὶ Λευίτας **ἵνα** ἐρωτήσωσιν αὐτόν,
1:22 **ἵνα** ἀπόκρισιν δῶμεν τοῖς πέμψασιν ἡμᾶς· τί λέγεις περὶ σεαυτοῦ;
1:27 οὗ οὐκ εἰμὶ [ἐγὼ] ἄξιος **ἵνα** λύσω αὐτοῦ τὸν ἱμάντα τοῦ ὑποδήματος.
1:31 ἀλλ᾽ **ἵνα** φανερωθῇ τῷ Ἰσραὴλ διὰ τοῦτο ἦλθον ἐγὼ ἐν ὕδατι βαπτίζων.
2:25 καὶ ὅτι οὐ χρείαν εἶχεν **ἵνα** τις μαρτυρήσῃ περὶ τοῦ ἀνθρώπου·
3:15 **ἵνα** πᾶς ὁ πιστεύων ἐν αὐτῷ ἔχῃ ζωὴν αἰώνιον.
3:16 **ἵνα** πᾶς ὁ πιστεύων εἰς αὐτὸν μὴ ἀπόληται ἀλλ᾽ ἔχῃ ζωὴν αἰώνιον.
3:17 οὐ γὰρ ἀπέστειλεν ὁ θεὸς τὸν υἱὸν εἰς τὸν κόσμον **ἵνα** κρίνῃ τὸν κόσμον, ἀλλ᾽ **ἵνα** σωθῇ ὁ κόσμος δι᾽ αὐτοῦ.
3:20 πᾶς γὰρ ὁ φαῦλα πράσσων μισεῖ τὸ φῶς καὶ οὐκ ἔρχεται πρὸς τὸ φῶς, **ἵνα** μὴ ἐλεγχθῇ τὰ ἔργα αὐτοῦ·
3:21 **ἵνα** φανερωθῇ αὐτοῦ τὰ ἔργα ὅτι ἐν θεῷ ἐστιν εἰργασμένα.
4: 8 οἱ γὰρ μαθηταὶ αὐτοῦ ἀπεληλύθεισαν εἰς τὴν πόλιν **ἵνα** τροφὰς ἀγοράσωσιν.
4:15 δός μοι τοῦτο τὸ ὕδωρ, **ἵνα** μὴ διψῶ μηδὲ διέρχωμαι ἐνθάδε ἀντλεῖν.
4:34 Ἐμὸν βρῶμά ἐστιν **ἵνα** ποιήσω τὸ θέλημα τοῦ πέμψαντός με καὶ τελειώσω αὐτοῦ τὸ ἔργον.
4:36 **ἵνα** ὁ σπείρων ὁμοῦ χαίρῃ καὶ ὁ θερίζων.
4:47 ὅτι Ἰησοῦς ἥκει ἐκ τῆς Ἰουδαίας εἰς τὴν Γαλιλαίαν ἀπῆλθεν πρὸς αὐτὸν καὶ ἠρώτα **ἵνα** καταβῇ καὶ ἰάσηται αὐτοῦ τὸν υἱόν,
5: 7 ἄνθρωπον οὐκ ἔχω **ἵνα** ὅταν ταραχθῇ τὸ ὕδωρ βάλῃ με εἰς τὴν κολυμβήθραν·
5:14 μηκέτι ἁμάρτανε, **ἵνα** μὴ χεῖρόν σοί τι γένηται.
5:20 καὶ μείζονα τούτων δείξει αὐτῷ ἔργα, **ἵνα** ὑμεῖς θαυμάζητε.
5:23 **ἵνα** πάντες τιμῶσι τὸν υἱὸν καθὼς τιμῶσι τὸν πατέρα.
5:34 ἐγὼ δὲ οὐ παρὰ ἀνθρώπου τὴν μαρτυρίαν λαμβάνω, ἀλλὰ ταῦτα λέγω **ἵνα** ὑμεῖς σωθῆτε.
5:36 τὰ γὰρ ἔργα ἃ δέδωκέν μοι ὁ πατὴρ **ἵνα** τελειώσω αὐτά,
5:40 καὶ οὐ θέλετε ἐλθεῖν πρός με **ἵνα** ζωὴν ἔχητε.
6: 5 καὶ θεασάμενος ὅτι πολὺς ὄχλος ἔρχεται πρὸς αὐτὸν λέγει πρὸς Φίλιππον, Πόθεν ἀγοράσωμεν ἄρτους **ἵνα** φάγωσιν οὗτοι;
6: 7 Διακοσίων δηναρίων ἄρτοι οὐκ ἀρκοῦσιν αὐτοῖς **ἵνα** ἕκαστος βραχύ [τι] λάβῃ.
6:12 Συναγάγετε τὰ περισσεύσαντα κλάσματα, **ἵνα** μή τι ἀπόληται.
6:15 Ἰησοῦς οὖν γνοὺς ὅτι μέλλουσιν ἔρχεσθαι καὶ ἁρπάζειν αὐτὸν **ἵνα** ποιήσωσιν βασιλέα,
6:28 Τί ποιῶμεν **ἵνα** ἐργαζώμεθα τὰ ἔργα τοῦ θεοῦ;
6:29 Τοῦτό ἐστιν τὸ ἔργον τοῦ θεοῦ, **ἵνα** πιστεύητε εἰς ὃν ἀπέστειλεν ἐκεῖνος.
6:30 Τί οὖν ποιεῖς σὺ σημεῖον, **ἵνα** ἴδωμεν καὶ πιστεύσωμέν σοι;
6:38 ὅτι καταβέβηκα ἀπὸ τοῦ οὐρανοῦ οὐχ **ἵνα** ποιῶ τὸ θέλημα τὸ ἐμὸν ἀλλὰ τὸ θέλημα τοῦ πέμψαντός με.
6:39 **ἵνα** πᾶν ὃ δέδωκέν μοι μὴ ἀπολέσω ἐξ αὐτοῦ,
6:40 **ἵνα** πᾶς ὁ θεωρῶν τὸν υἱὸν καὶ πιστεύων εἰς αὐτὸν ἔχῃ ζωὴν αἰώνιον,
6:50 **ἵνα** τις ἐξ αὐτοῦ φάγῃ καὶ μὴ ἀποθάνῃ.
7: 3 **ἵνα** καὶ οἱ μαθηταί σου θεωρήσουσιν σοῦ τὰ ἔργα ἃ ποιεῖς·
7:23 εἰ περιτομὴν λαμβάνει ἄνθρωπος ἐν σαββάτῳ **ἵνα** μὴ λυθῇ ὁ νόμος Μωϋσέως,
7:32 καὶ ἀπέστειλαν οἱ ἀρχιερεῖς καὶ οἱ Φαρισαῖοι ὑπηρέτας **ἵνα** πιάσωσιν αὐτόν.
8: 6 ⟦τοῦτο δὲ ἔλεγον πειράζοντες αὐτόν, **ἵνα** ἔχωσιν κατηγορεῖν αὐτοῦ.⟧
8:56 Ἀβραὰμ ὁ πατὴρ ὑμῶν ἠγαλλιάσατο **ἵνα** ἴδῃ τὴν ἡμέραν τὴν ἐμήν,
8:59 ἦραν οὖν λίθους **ἵνα** βάλωσιν ἐπ᾽ αὐτόν. Ἰησοῦς δὲ ἐκρύβη καὶ ἐξῆλθεν ἐκ τοῦ ἱεροῦ.
9: 2 οὗτος ἢ οἱ γονεῖς αὐτοῦ, **ἵνα** τυφλὸς γεννηθῇ;
9: 3 ἀλλ᾽ **ἵνα** φανερωθῇ τὰ ἔργα τοῦ θεοῦ ἐν αὐτῷ.
9:22 ἤδη γὰρ συνετέθειντο οἱ Ἰουδαῖοι **ἵνα** ἐάν τις αὐτὸν ὁμολογήσῃ Χριστόν,
9:36 Καὶ τίς ἐστιν, κύριε, **ἵνα** πιστεύσω εἰς αὐτόν;
9:39 **ἵνα** οἱ μὴ βλέποντες βλέπωσιν καὶ οἱ βλέποντες τυφλοὶ γένωνται.
10:10 ὁ κλέπτης οὐκ ἔρχεται εἰ μὴ **ἵνα** κλέψῃ καὶ θύσῃ καὶ ἀπολέσῃ· ἐγὼ ἦλθον **ἵνα** ζωὴν ἔχωσιν καὶ περισσὸν ἔχωσιν.
10:17 διὰ τοῦτό με ὁ πατὴρ ἀγαπᾷ ὅτι ἐγὼ τίθημι τὴν ψυχήν μου, **ἵνα** πάλιν λάβω αὐτήν.
10:31 Ἐβάστασαν πάλιν λίθους οἱ Ἰουδαῖοι **ἵνα** λιθάσωσιν αὐτόν.
10:38 **ἵνα** γνῶτε καὶ γινώσκητε ὅτι ἐν ἐμοὶ ὁ πατὴρ κἀγὼ ἐν τῷ πατρί.
11: 4 **ἵνα** δοξασθῇ ὁ υἱὸς τοῦ θεοῦ δι᾽ αὐτῆς.
11:11 Λάζαρος ὁ φίλος ἡμῶν κεκοίμηται· ἀλλὰ πορεύομαι **ἵνα** ἐξυπνίσω αὐτόν.
11:15 καὶ χαίρω δι᾽ ὑμᾶς **ἵνα** πιστεύσητε, ὅτι οὐκ ἤμην ἐκεῖ·

11:16 εἶπεν οὖν Θωμᾶς ὁ λεγόμενος Δίδυμος τοῖς συμμαθηταῖς, Ἄγωμεν καὶ ἡμεῖς **ἵνα** ἀποθάνωμεν μετ᾽ αὐτοῦ.
11:19 πολλοὶ δὲ ἐκ τῶν Ἰουδαίων ἐληλύθεισαν πρὸς τὴν Μάρθαν καὶ Μαριὰμ **ἵνα** παραμυθήσωνται αὐτὰς περὶ τοῦ ἀδελφοῦ.
11:31 ἠκολούθησαν αὐτῇ δόξαντες ὅτι ὑπάγει εἰς τὸ μνημεῖον **ἵνα** κλαύσῃ ἐκεῖ.
11:37 Οὐκ ἐδύνατο οὗτος ὁ ἀνοίξας τοὺς ὀφθαλμοὺς τοῦ τυφλοῦ ποιῆσαι **ἵνα** καὶ οὗτος μὴ ἀποθάνῃ;
11:42 ἀλλὰ διὰ τὸν ὄχλον τὸν περιεστῶτα εἶπον, **ἵνα** πιστεύσωσιν ὅτι σύ με ἀπέστειλας.
11:50 οὐδὲ λογίζεσθε ὅτι συμφέρει ὑμῖν **ἵνα** εἷς ἄνθρωπος ἀποθάνῃ ὑπὲρ τοῦ λαοῦ καὶ μὴ ὅλον τὸ ἔθνος ἀπόληται.
11:52 καὶ οὐχ ὑπὲρ τοῦ ἔθνους μόνον ἀλλ᾽ **ἵνα** καὶ τὰ τέκνα τοῦ θεοῦ τὰ διεσκορπισμένα συναγάγῃ εἰς ἕν.
11:53 ἀπ᾽ ἐκείνης οὖν τῆς ἡμέρας ἐβουλεύσαντο **ἵνα** ἀποκτείνωσιν αὐτόν.
11:55 καὶ ἀνέβησαν πολλοὶ εἰς Ἱεροσόλυμα ἐκ τῆς χώρας πρὸ τοῦ πάσχα **ἵνα** ἁγνίσωσιν ἑαυτούς.
11:57 δεδώκεισαν δὲ οἱ ἀρχιερεῖς καὶ οἱ **Φαρισαῖοι** ἐντολὰς **ἵνα** ἐάν τις γνῷ ποῦ ἐστιν μηνύσῃ,
12: 7 **ἵνα** εἰς τὴν ἡμέραν τοῦ ἐνταφιασμοῦ μου τηρήσῃ αὐτό·
12: 9 ἀλλ᾽ **ἵνα** καὶ τὸν Λάζαρον ἴδωσιν ὃν ἤγειρεν ἐκ νεκρῶν.
12:10 ἐβουλεύσαντο δὲ οἱ ἀρχιερεῖς **ἵνα** καὶ τὸν Λάζαρον ἀποκτείνωσιν,
12:20 Ἦσαν δὲ Ἕλληνές τινες ἐκ τῶν ἀναβαινόντων **ἵνα** προσκυνήσωσιν ἐν τῇ ἑορτῇ·
12:23 Ἐλήλυθεν ἡ ὥρα **ἵνα** δοξασθῇ ὁ υἱὸς τοῦ ἀνθρώπου.
12:35 περιπατεῖτε ὡς τὸ φῶς ἔχετε, **ἵνα** μὴ σκοτία ὑμᾶς καταλάβῃ·
12:36 πιστεύετε εἰς τὸ φῶς, **ἵνα** υἱοὶ φωτὸς γένησθε.
12:38 **ἵνα** ὁ λόγος Ἠσαΐου τοῦ προφήτου πληρωθῇ ὃν εἶπεν,
12:40 **ἵνα** μὴ ἴδωσιν τοῖς ὀφθαλμοῖς καὶ νοήσωσιν τῇ καρδίᾳ καὶ στραφῶσιν,
12:42 ἀλλὰ διὰ τοὺς **Φαρισαίους** οὐχ ὡμολόγουν **ἵνα** μὴ ἀποσυνάγωγοι γένωνται·
12:46 **ἵνα** πᾶς ὁ πιστεύων εἰς ἐμὲ ἐν τῇ σκοτίᾳ μὴ μείνῃ.
12:47 οὐ γὰρ ἦλθον **ἵνα** κρίνω τὸν κόσμον, ἀλλ᾽ **ἵνα** σώσω τὸν κόσμον.
13: 1 Πρὸ δὲ τῆς ἑορτῆς τοῦ πάσχα εἰδὼς ὁ Ἰησοῦς ὅτι ἦλθεν αὐτοῦ ἡ ὥρα **ἵνα** μεταβῇ ἐκ τοῦ κόσμου τούτου πρὸς τὸν πατέρα,
13: 2 τοῦ διαβόλου ἤδη βεβληκότος εἰς τὴν καρδίαν **ἵνα** παραδοῖ αὐτὸν Ἰούδας Σίμωνος Ἰσκαριώτου,
13:15 ὑπόδειγμα γὰρ ἔδωκα ὑμῖν **ἵνα** καθὼς ἐγὼ ἐποίησα ὑμῖν καὶ ὑμεῖς ποιῆτε.
13:18 ἀλλ᾽ **ἵνα** ἡ γραφὴ πληρωθῇ, Ὁ τρώγων μου τὸν ἄρτον ἐπῆρεν ἐπ᾽ ἐμὲ τὴν πτέρναν αὐτοῦ.
13:19 ἀπ᾽ ἄρτι λέγω ὑμῖν πρὸ τοῦ γενέσθαι, **ἵνα** πιστεύσητε ὅταν γένηται ὅτι ἐγώ εἰμι.
13:29 Ἀγόρασον ὧν χρείαν ἔχομεν εἰς τὴν ἑορτήν, ἢ τοῖς πτωχοῖς **ἵνα** τι δῷ.
13:34 ἐντολὴν καινὴν δίδωμι ὑμῖν, **ἵνα** ἀγαπᾶτε ἀλλήλους, καθὼς ἠγάπησα ὑμᾶς **ἵνα** καὶ ὑμεῖς ἀγαπᾶτε ἀλλήλους.
14: 3 πάλιν ἔρχομαι καὶ παραλήμψομαι ὑμᾶς πρὸς ἐμαυτόν, **ἵνα** ὅπου εἰμὶ ἐγὼ καὶ ὑμεῖς ἦτε.
14:13 καὶ ὅ τι ἂν αἰτήσητε ἐν τῷ ὀνόματί μου τοῦτο ποιήσω, **ἵνα** δοξασθῇ ὁ πατὴρ ἐν τῷ υἱῷ·
14:16 κἀγὼ ἐρωτήσω τὸν πατέρα καὶ ἄλλον παράκλητον δώσει ὑμῖν, **ἵνα** μεθ᾽ ὑμῶν εἰς τὸν αἰῶνα ᾖ,
14:29 καὶ νῦν εἴρηκα ὑμῖν πρὶν γενέσθαι, **ἵνα** ὅταν γένηται πιστεύσητε.
14:31 ἀλλ᾽ **ἵνα** γνῷ ὁ κόσμος ὅτι ἀγαπῶ τὸν πατέρα,
15: 2 καὶ πᾶν τὸ καρπὸν φέρον καθαίρει αὐτὸ **ἵνα** καρπὸν πλείονα φέρῃ.
15: 8 **ἵνα** καρπὸν πολὺν φέρητε καὶ γένησθε ἐμοὶ μαθηταί.
15:11 Ταῦτα λελάληκα ὑμῖν **ἵνα** ἡ χαρὰ ἡ ἐμὴ ἐν ὑμῖν ᾖ καὶ ἡ χαρὰ ὑμῶν πληρωθῇ.
15:12 αὕτη ἐστὶν ἡ ἐντολὴ ἡ ἐμή, **ἵνα** ἀγαπᾶτε ἀλλήλους καθὼς ἠγάπησα ὑμᾶς.
15:13 **ἵνα** τις τὴν ψυχὴν αὐτοῦ θῇ ὑπὲρ τῶν φίλων αὐτοῦ.
15:16 ἀλλ᾽ ἐγὼ ἐξελεξάμην ὑμᾶς καὶ ἔθηκα ὑμᾶς **ἵνα** ὑμεῖς ὑπάγητε καὶ καρπὸν φέρητε καὶ ὁ καρπὸς ὑμῶν μένῃ, **ἵνα** ὅ τι ἂν αἰτήσητε τὸν πατέρα ἐν τῷ ὀνόματί μου δῷ ὑμῖν.
15:17 ταῦτα ἐντέλλομαι ὑμῖν, **ἵνα** ἀγαπᾶτε ἀλλήλους.
15:25 ἀλλ᾽ **ἵνα** πληρωθῇ ὁ λόγος ὁ ἐν τῷ νόμῳ αὐτῶν γεγραμμένος ὅτι Ἐμίσησάν με δωρεάν.
16: 1 Ταῦτα λελάληκα ὑμῖν **ἵνα** μὴ σκανδαλισθῆτε.
16: 2 ἀλλ᾽ ἔρχεται ὥρα **ἵνα** πᾶς ὁ ἀποκτείνας ὑμᾶς δόξῃ λατρείαν προσφέρειν τῷ θεῷ.
16: 4 ἀλλὰ ταῦτα λελάληκα ὑμῖν **ἵνα** ὅταν ἔλθῃ ἡ ὥρα αὐτῶν μνημονεύητε αὐτῶν ὅτι ἐγὼ εἶπον ὑμῖν.
16: 7 ἀλλ᾽ ἐγὼ τὴν ἀλήθειαν λέγω ὑμῖν, συμφέρει ὑμῖν **ἵνα** ἐγὼ ἀπέλθω.
16:24 αἰτεῖτε καὶ λήμψεσθε, **ἵνα** ἡ χαρὰ ὑμῶν ᾖ πεπληρωμένη.
16:30 νῦν οἴδαμεν ὅτι οἶδας πάντα καὶ οὐ χρείαν ἔχεις **ἵνα** τίς σε ἐρωτᾷ·
16:32 ἰδοὺ ἔρχεται ὥρα καὶ ἐλήλυθεν **ἵνα** σκορπισθῆτε ἕκαστος εἰς τὰ ἴδια κἀμὲ μόνον ἀφῆτε·
16:33 ταῦτα λελάληκα ὑμῖν **ἵνα** ἐν ἐμοὶ εἰρήνην ἔχητε·
17: 1 δόξασόν σου τὸν υἱόν, **ἵνα** ὁ υἱὸς δοξάσῃ σέ,
17: 2 **ἵνα** πᾶν ὃ δέδωκας αὐτῷ δώσῃ αὐτοῖς ζωὴν αἰώνιον.
17: 3 αὕτη δέ ἐστιν ἡ αἰώνιος ζωὴ **ἵνα** γινώσκωσιν σὲ τὸν μόνον ἀληθινὸν θεὸν καὶ ὃν ἀπέστειλας Ἰησοῦν Χριστόν.
17: 4 ἐγώ σε ἐδόξασα ἐπὶ τῆς γῆς τὸ ἔργον τελειώσας ὃ δέδωκάς μοι **ἵνα** ποιήσω·
17:11 τήρησον αὐτοὺς ἐν τῷ ὀνόματί σου ᾧ δέδωκάς μοι, **ἵνα** ὦσιν ἓν καθὼς ἡμεῖς.
17:12 καὶ οὐδεὶς ἐξ αὐτῶν ἀπώλετο εἰ μὴ ὁ υἱὸς τῆς ἀπωλείας, **ἵνα** ἡ γραφὴ πληρωθῇ.
17:13 νῦν δὲ πρὸς σὲ ἔρχομαι καὶ ταῦτα λαλῶ ἐν τῷ κόσμῳ **ἵνα** ἔχωσιν τὴν χαρὰν τὴν ἐμὴν πεπληρωμένην ἐν ἑαυτοῖς.
17:15 οὐκ ἐρωτῶ **ἵνα** ἄρῃς αὐτοὺς ἐκ τοῦ κόσμου, ἀλλ᾽ **ἵνα** τηρήσῃς αὐτοὺς ἐκ τοῦ πονηροῦ.
17:19 καὶ ὑπὲρ αὐτῶν ἐγὼ ἁγιάζω ἐμαυτόν, **ἵνα** ὦσιν καὶ αὐτοὶ ἡγιασμένοι ἐν ἀληθείᾳ.
17:21 **ἵνα** πάντες ἓν ὦσιν, καθὼς σύ, πάτερ, ἐν ἐμοὶ κἀγὼ ἐν σοί, **ἵνα** καὶ αὐτοὶ ἐν ἡμῖν ὦσιν, **ἵνα** ὁ κόσμος πιστεύῃ ὅτι σύ με ἀπέστειλας.
17:22 κἀγὼ τὴν δόξαν ἣν δέδωκάς μοι δέδωκα αὐτοῖς, **ἵνα** ὦσιν ἓν καθὼς ἡμεῖς ἕν·
17:23 ἐγὼ ἐν αὐτοῖς καὶ σὺ ἐν ἐμοί, **ἵνα** ὦσιν τετελειωμένοι εἰς ἕν, **ἵνα** γινώσκῃ ὁ κόσμος ὅτι σύ με ἀπέστειλας καὶ ἠγάπησας αὐτοὺς καθὼς ἐμὲ ἠγάπησας.
17:24 θέλω **ἵνα** ὅπου εἰμὶ ἐγὼ κἀκεῖνοι ὦσιν μετ᾽ ἐμοῦ, **ἵνα** θεωρῶσιν τὴν δόξαν τὴν ἐμήν, ἣν δέδωκάς μοι ὅτι ἠγάπησάς με πρὸ καταβολῆς κόσμου.
17:26 **ἵνα** ἡ ἀγάπη ἣν ἠγάπησάς με ἐν αὐτοῖς ᾖ κἀγὼ ἐν αὐτοῖς.
18: 9 **ἵνα** πληρωθῇ ὁ λόγος ὃν εἶπεν ὅτι Οὓς δέδωκάς μοι οὐκ ἀπώλεσα ἐξ αὐτῶν οὐδένα.
18:28 καὶ αὐτοὶ οὐκ εἰσῆλθον εἰς τὸ πραιτώριον, **ἵνα** μὴ μιανθῶσιν ἀλλὰ φάγωσιν τὸ πάσχα.
18:32 **ἵνα** ὁ λόγος τοῦ Ἰησοῦ πληρωθῇ ὃν εἶπεν σημαίνων ποίῳ θανάτῳ ἤμελλεν ἀποθνῄσκειν.
18:36 οἱ ὑπηρέται οἱ ἐμοὶ ἠγωνίζοντο [ἂν] **ἵνα** μὴ παραδοθῶ τοῖς Ἰουδαίοις·
18:37 ἐγὼ εἰς τοῦτο γεγέννημαι καὶ εἰς τοῦτο ἐλήλυθα εἰς τὸν κόσμον, **ἵνα** μαρτυρήσω τῇ ἀληθείᾳ·
18:39 ἔστιν δὲ συνήθεια ὑμῖν **ἵνα** ἕνα ἀπολύσω ὑμῖν ἐν τῷ πάσχα·
19: 4 **ἵνα** γνῶτε ὅτι οὐδεμίαν αἰτίαν εὑρίσκω ἐν αὐτῷ.
19:16 τότε οὖν παρέδωκεν αὐτὸν αὐτοῖς **ἵνα** σταυρωθῇ. Παρέλαβον οὖν τὸν Ἰησοῦν,
19:24 **ἵνα** ἡ γραφὴ πληρωθῇ [ἡ λέγουσα,] Διεμερίσαντο τὰ ἱμάτιά μου ἑαυτοῖς καὶ ἐπὶ τὸν ἱματισμόν μου ἔβαλον κλῆρον.
19:28 Μετὰ τοῦτο εἰδὼς ὁ Ἰησοῦς ὅτι ἤδη πάντα τετέλεσται, **ἵνα** τελειωθῇ ἡ γραφή, λέγει, Διψῶ.
19:31 **ἵνα** μὴ μείνῃ ἐπὶ τοῦ σταυροῦ τὰ σώματα ἐν τῷ σαββάτῳ, ἦν γὰρ μεγάλη ἡ ἡμέρα ἐκείνου τοῦ σαββάτου, ἠρώτησαν τὸν Πιλᾶτον **ἵνα** κατεαγῶσιν αὐτῶν τὰ σκέλη καὶ ἀρθῶσιν.
19:35 καὶ ἐκεῖνος οἶδεν ὅτι ἀληθῆ λέγει, **ἵνα** καὶ ὑμεῖς πιστεύ[σ]ητε.
19:36 ἐγένετο γὰρ ταῦτα **ἵνα** ἡ γραφὴ πληρωθῇ, Ὀστοῦν οὐ συντριβήσεται αὐτοῦ.
19:38 ὢν μαθητὴς τοῦ Ἰησοῦ κεκρυμμένος δὲ διὰ τὸν φόβον τῶν Ἰουδαίων, **ἵνα** ἄρῃ τὸ σῶμα τοῦ Ἰησοῦ·
20:31 ταῦτα δὲ γέγραπται **ἵνα** πιστεύ[σ]ητε ὅτι Ἰησοῦς ἐστιν ὁ Χριστὸς ὁ υἱὸς τοῦ θεοῦ, καὶ **ἵνα** πιστεύοντες ζωὴν ἔχητε ἐν τῷ ὀνόματι αὐτοῦ.

Ac 2:25 ὅτι ἐκ δεξιῶν μού ἐστιν **ἵνα** μὴ σαλευθῶ.
4:17 ἀλλ᾽ **ἵνα** μὴ ἐπὶ πλεῖον διανεμηθῇ εἰς τὸν λαὸν ἀπειλησώμεθα αὐτοῖς μηκέτι λαλεῖν ἐπὶ τῷ ὀνόματι τούτῳ μηδενὶ ἀνθρώπων.
5:15 **ἵνα** ἐρχομένου Πέτρου κἂν ἡ σκιὰ ἐπισκιάσῃ τινὶ αὐτῶν.
8:19 Δότε κἀμοὶ τὴν ἐξουσίαν ταύτην **ἵνα** ᾧ ἐὰν ἐπιθῶ τὰς χεῖρας λαμβάνῃ πνεῦμα ἅγιον.
9:21 καὶ ὧδε εἰς τοῦτο ἐληλύθει **ἵνα** δεδεμένους αὐτοὺς ἀγάγῃ ἐπὶ τοὺς ἀρχιερεῖς;

16:30 καὶ προαγαγὼν αὐτοὺς ἔξω ἔφη, Κύριοι, τί με δεῖ ποιεῖν **ἵνα** σωθῶ;
16:36 ἀπήγγειλεν δὲ ὁ δεσμοφύλαξ τοὺς λόγους [τούτους] πρὸς τὸν Παῦλον ὅτι Ἀπέσταλκαν οἱ στρατηγοὶ **ἵνα** ἀπολυθῆτε·
17:15 καὶ λαβόντες ἐντολὴν πρὸς τὸν Σιλᾶν καὶ τὸν Τιμόθεον **ἵνα** ὡς τάχιστα ἔλθωσιν πρὸς αὐτὸν ἐξῄεσαν.
19: 4 Ἰωάννης ἐβάπτισεν βάπτισμα μετανοίας τῷ λαῷ λέγων εἰς τὸν ἐρχόμενον μετ᾽ αὐτὸν **ἵνα** πιστεύσωσιν,
21:24 τούτους παραλαβὼν ἁγνίσθητι σὺν αὐτοῖς καὶ δαπάνησον ἐπ᾽ αὐτοῖς **ἵνα** ξυρήσονται τὴν κεφαλήν,
22: 5 ἄξων καὶ τοὺς ἐκεῖσε ὄντας δεδεμένους εἰς Ἰερουσαλὴμ **ἵνα** τιμωρηθῶσιν.
22:24 εἴπας μάστιξιν ἀνετάζεσθαι αὐτὸν **ἵνα** ἐπιγνῷ δι᾽ ἣν αἰτίαν οὕτως ἐπεφώνουν αὐτῷ.
23:24 κτήνη τε παραστῆσαι **ἵνα** ἐπιβιβάσαντες τὸν Παῦλον διασώσωσι πρὸς Φήλικα τὸν ἡγεμόνα,
24: 4 **ἵνα** δὲ μὴ ἐπὶ πλεῖόν σε ἐγκόπτω, παρακαλῶ ἀκοῦσαί σε ἡμῶν συντόμως τῇ σῇ ἐπιεικείᾳ.
27:42 τῶν δὲ στρατιωτῶν βουλὴ ἐγένετο **ἵνα** τοὺς δεσμώτας ἀποκτείνωσιν,

Ro 1:11 **ἵνα** τι μεταδῶ χάρισμα ὑμῖν πνευματικὸν εἰς τὸ στηριχθῆναι ὑμᾶς,
1:13 **ἵνα** τινὰ καρπὸν σχῶ καὶ ἐν ὑμῖν καθὼς καὶ ἐν τοῖς λοιποῖς ἔθνεσιν.
3: 8 καὶ μὴ καθὼς βλασφημούμεθα καὶ καθώς φασίν τινες ἡμᾶς λέγειν ὅτι Ποιήσωμεν τὰ κακά, **ἵνα** ἔλθῃ τὰ ἀγαθά;
3:19 **ἵνα** πᾶν στόμα φραγῇ καὶ ὑπόδικος γένηται πᾶς ὁ κόσμος τῷ θεῷ·
4:16 διὰ τοῦτο ἐκ πίστεως, **ἵνα** κατὰ χάριν, εἰς τὸ εἶναι βεβαίαν τὴν ἐπαγγελίαν παντὶ τῷ σπέρματι,
5:20 νόμος δὲ παρεισῆλθεν, **ἵνα** πλεονάσῃ τὸ παράπτωμα· οὗ δὲ ἐπλεόνασεν ἡ ἁμαρτία,
5:21 **ἵνα** ὥσπερ ἐβασίλευσεν ἡ ἁμαρτία ἐν τῷ θανάτῳ,
6: 1 Τί οὖν ἐροῦμεν; ἐπιμένωμεν τῇ ἁμαρτίᾳ, **ἵνα** ἡ χάρις πλεονάσῃ;
6: 4 **ἵνα** ὥσπερ ἠγέρθη Χριστὸς ἐκ νεκρῶν διὰ τῆς δόξης τοῦ πατρός,
6: 6 **ἵνα** καταργηθῇ τὸ σῶμα τῆς ἁμαρτίας, τοῦ μηκέτι δουλεύειν ἡμᾶς τῇ ἁμαρτίᾳ·
7: 4 τῷ ἐκ νεκρῶν ἐγερθέντι, **ἵνα** καρποφορήσωμεν τῷ θεῷ.
7:13 ἀλλὰ ἡ ἁμαρτία, **ἵνα** φανῇ ἁμαρτία, διὰ τοῦ ἀγαθοῦ μοι κατεργαζομένη θάνατον, **ἵνα** γένηται καθ᾽ ὑπερβολὴν ἁμαρτωλὸς ἡ ἁμαρτία διὰ τῆς ἐντολῆς.
8: 4 **ἵνα** τὸ δικαίωμα τοῦ νόμου πληρωθῇ ἐν ἡμῖν τοῖς μὴ κατὰ σάρκα περιπατοῦσιν ἀλλὰ κατὰ πνεῦμα.
8:17 συγκληρονόμοι δὲ Χριστοῦ, εἴπερ συμπάσχομεν **ἵνα** καὶ συνδοξασθῶμεν.
9:11 **ἵνα** ἡ κατ᾽ ἐκλογὴν πρόθεσις τοῦ θεοῦ μένῃ,
9:23 καὶ **ἵνα** γνωρίσῃ τὸν πλοῦτον τῆς δόξης αὐτοῦ ἐπὶ σκεύη ἐλέους ἃ προητοίμασεν εἰς δόξαν;
11:11 Λέγω οὖν, μὴ ἔπταισαν **ἵνα** πέσωσιν; μὴ γένοιτο·
11:19 ἐρεῖς οὖν, Ἐξεκλάσθησαν κλάδοι **ἵνα** ἐγὼ ἐγκεντρισθῶ.
11:25 τὸ μυστήριον τοῦτο, **ἵνα** μὴ ἦτε [παρ᾽] ἑαυτοῖς φρόνιμοι,
11:31 οὕτως καὶ οὗτοι νῦν ἠπείθησαν τῷ ὑμετέρῳ ἐλέει, **ἵνα** καὶ αὐτοὶ [νῦν] ἐλεηθῶσιν.
11:32 συνέκλεισεν γὰρ ὁ θεὸς τοὺς πάντας εἰς ἀπείθειαν, **ἵνα** τοὺς πάντας ἐλεήσῃ.
14: 9 εἰς τοῦτο γὰρ Χριστὸς ἀπέθανεν καὶ ἔζησεν, **ἵνα** καὶ νεκρῶν καὶ ζώντων κυριεύσῃ.
15: 4 **ἵνα** διὰ τῆς ὑπομονῆς καὶ διὰ τῆς παρακλήσεως τῶν γραφῶν τὴν ἐλπίδα ἔχωμεν.
15: 6 **ἵνα** ὁμοθυμαδὸν ἐν ἑνὶ στόματι δοξάζητε τὸν θεὸν καὶ πατέρα τοῦ κυρίου ἡμῶν Ἰησοῦ Χριστοῦ.
15:16 **ἵνα** γένηται ἡ προσφορὰ τῶν ἐθνῶν εὐπρόσδεκτος, ἡγιασμένη ἐν πνεύματι ἁγίῳ.
15:20 οὕτως δὲ φιλοτιμούμενον εὐαγγελίζεσθαι οὐχ ὅπου ὠνομάσθη Χριστός, **ἵνα** μὴ ἐπ᾽ ἀλλότριον θεμέλιον οἰκοδομῶ,
15:31 **ἵνα** ῥυσθῶ ἀπὸ τῶν ἀπειθούντων ἐν τῇ Ἰουδαίᾳ καὶ ἡ διακονία μου ἡ εἰς Ἰερουσαλὴμ εὐπρόσδεκτος τοῖς ἁγίοις γένηται,
15:32 **ἵνα** ἐν χαρᾷ ἐλθὼν πρὸς ὑμᾶς διὰ θελήματος θεοῦ συναναπαύσωμαι ὑμῖν.
16: 2 **ἵνα** αὐτὴν προσδέξησθε ἐν κυρίῳ ἀξίως τῶν ἁγίων καὶ παραστῆτε αὐτῇ ἐν ᾧ ἂν ὑμῶν χρῄζῃ πράγματι·

1Co 1:10 **ἵνα** τὸ αὐτὸ λέγητε πάντες καὶ μὴ ᾖ ἐν ὑμῖν σχίσματα,
1:15 **ἵνα** μή τις εἴπῃ ὅτι εἰς τὸ ἐμὸν ὄνομα ἐβαπτίσθητε.
1:17 οὐκ ἐν σοφίᾳ λόγου, **ἵνα** μὴ κενωθῇ ὁ σταυρὸς τοῦ Χριστοῦ.
1:27 **ἵνα** καταισχύνῃ τοὺς σοφούς, καὶ τὰ ἀσθενῆ τοῦ κόσμου ἐξελέξατο ὁ θεός, **ἵνα** καταισχύνῃ τὰ ἰσχυρά,
1:28 καὶ τὰ ἀγενῆ τοῦ κόσμου καὶ τὰ ἐξουθενημένα ἐξελέξατο ὁ θεός, τὰ μὴ ὄντα, **ἵνα** τὰ ὄντα καταργήσῃ,
1:31 **ἵνα** καθὼς γέγραπται, Ὁ καυχώμενος ἐν κυρίῳ καυχάσθω.
2: 5 **ἵνα** ἡ πίστις ὑμῶν μὴ ᾖ ἐν σοφίᾳ ἀνθρώπων ἀλλ᾽ ἐν δυνάμει θεοῦ.
2:12 **ἵνα** εἰδῶμεν τὰ ὑπὸ τοῦ θεοῦ χαρισθέντα ἡμῖν·
3:18 εἴ τις δοκεῖ σοφὸς εἶναι ἐν ὑμῖν ἐν τῷ αἰῶνι τούτῳ, μωρὸς γενέσθω, **ἵνα** γένηται σοφός.
4: 2 ὧδε λοιπὸν ζητεῖται ἐν τοῖς οἰκονόμοις, **ἵνα** πιστός τις εὑρεθῇ.
4: 3 **ἵνα** ὑφ᾽ ὑμῶν ἀνακριθῶ ἢ ὑπὸ ἀνθρωπίνης ἡμέρας·
4: 6 **ἵνα** ἐν ἡμῖν μάθητε τὸ Μὴ ὑπὲρ ἃ γέγραπται, **ἵνα** μὴ εἷς ὑπὲρ τοῦ ἑνὸς φυσιοῦσθε κατὰ τοῦ ἑτέρου.
4: 8 καὶ ὄφελόν γε ἐβασιλεύσατε, **ἵνα** καὶ ἡμεῖς ὑμῖν συμβασιλεύσωμεν.
5: 2 **ἵνα** ἀρθῇ ἐκ μέσου ὑμῶν ὁ τὸ ἔργον τοῦτο πράξας;
5: 5 **ἵνα** τὸ πνεῦμα σωθῇ ἐν τῇ ἡμέρᾳ τοῦ κυρίου.
5: 7 ἐκκαθάρατε τὴν παλαιὰν ζύμην, **ἵνα** ἦτε νέον φύραμα, καθώς ἐστε ἄζυμοι·
7: 5 **ἵνα** σχολάσητε τῇ προσευχῇ καὶ πάλιν ἐπὶ τὸ αὐτὸ ἦτε, **ἵνα** μὴ πειράζῃ ὑμᾶς ὁ Σατανᾶς διὰ τὴν ἀκρασίαν ὑμῶν.
7:29 **ἵνα** καὶ οἱ ἔχοντες γυναῖκας ὡς μὴ ἔχοντες ὦσιν
7:34 **ἵνα** ᾖ ἁγία καὶ τῷ σώματι καὶ τῷ πνεύματι·
7:35 οὐχ **ἵνα** βρόχον ὑμῖν ἐπιβάλω ἀλλὰ πρὸς τὸ εὔσχημον καὶ εὐπάρεδρον τῷ κυρίῳ ἀπερισπάστως.
8:13 οὐ μὴ φάγω κρέα εἰς τὸν αἰῶνα, **ἵνα** μὴ τὸν ἀδελφόν μου σκανδαλίσω.
9:12 **ἵνα** μή τινα ἐγκοπὴν δῶμεν τῷ εὐαγγελίῳ τοῦ Χριστοῦ.
9:15 οὐκ ἔγραψα δὲ ταῦτα, **ἵνα** οὕτως γένηται ἐν ἐμοί·
9:18 **ἵνα** εὐαγγελιζόμενος ἀδάπανον θήσω τὸ εὐαγγέλιον εἰς τὸ μὴ καταχρήσασθαι τῇ ἐξουσίᾳ μου ἐν τῷ εὐαγγελίῳ.
9:19 Ἐλεύθερος γὰρ ὢν ἐκ πάντων πᾶσιν ἐμαυτὸν ἐδούλωσα, **ἵνα** τοὺς πλείονας κερδήσω·
9:20 καὶ ἐγενόμην τοῖς Ἰουδαίοις ὡς Ἰουδαῖος, **ἵνα** Ἰουδαίους κερδήσω· τοῖς ὑπὸ νόμον ὡς ὑπὸ νόμον, μὴ ὢν αὐτὸς ὑπὸ νόμον, **ἵνα** τοὺς ὑπὸ νόμον κερδήσω·
9:21 μὴ ὢν ἄνομος θεοῦ ἀλλ᾽ ἔννομος Χριστοῦ, **ἵνα** κερδάνω τοὺς ἀνόμους·
9:22 ἐγενόμην τοῖς ἀσθενέσιν ἀσθενής, **ἵνα** τοὺς ἀσθενεῖς κερδήσω· τοῖς πᾶσιν γέγονα πάντα, **ἵνα** πάντως τινὰς σώσω.
9:23 πάντα δὲ ποιῶ διὰ τὸ εὐαγγέλιον, **ἵνα** συγκοινωνὸς αὐτοῦ γένωμαι.
9:24 εἷς δὲ λαμβάνει τὸ βραβεῖον; οὕτως τρέχετε **ἵνα** καταλάβητε.
9:25 ἐκεῖνοι μὲν οὖν **ἵνα** φθαρτὸν στέφανον λάβωσιν, ἡμεῖς δὲ ἄφθαρτον.
10:33 καθὼς κἀγὼ πάντα πᾶσιν ἀρέσκω μὴ ζητῶν τὸ ἐμαυτοῦ σύμφορον ἀλλὰ τὸ τῶν πολλῶν, **ἵνα** σωθῶσιν.
11:19 **ἵνα** [καὶ] οἱ δόκιμοι φανεροὶ γένωνται ἐν ὑμῖν.
11:32 κρινόμενοι δὲ ὑπὸ [τοῦ] κυρίου παιδευόμεθα, **ἵνα** μὴ σὺν τῷ κόσμῳ κατακριθῶμεν.
11:34 ἐν οἴκῳ ἐσθιέτω, **ἵνα** μὴ εἰς κρίμα συνέρχησθε.
12:25 **ἵνα** μὴ ᾖ σχίσμα ἐν τῷ σώματι ἀλλὰ τὸ αὐτὸ ὑπὲρ ἀλλήλων μεριμνῶσιν τὰ μέλη.
13: 3 κἂν ψωμίσω πάντα τὰ ὑπάρχοντά μου καὶ ἐὰν παραδῶ τὸ σῶμά μου **ἵνα** καυχήσωμαι,
14: 1 ζηλοῦτε δὲ τὰ πνευματικά, μᾶλλον δὲ **ἵνα** προφητεύητε.
14: 5 θέλω δὲ πάντας ὑμᾶς λαλεῖν γλώσσαις, μᾶλλον δὲ **ἵνα** προφητεύητε· μείζων δὲ ὁ προφητεύων ἢ ὁ λαλῶν γλώσσαις ἐκτὸς εἰ μὴ διερμηνεύῃ, **ἵνα** ἡ ἐκκλησία οἰκοδομὴν λάβῃ.
14:12 πρὸς τὴν οἰκοδομὴν τῆς ἐκκλησίας ζητεῖτε **ἵνα** περισσεύητε.
14:13 διὸ ὁ λαλῶν γλώσσῃ προσευχέσθω **ἵνα** διερμηνεύῃ.
14:19 **ἵνα** καὶ ἄλλους κατηχήσω, ἢ μυρίους λόγους ἐν γλώσσῃ.
14:31 δύνασθε γὰρ καθ᾽ ἕνα πάντες προφητεύειν, **ἵνα** πάντες μανθάνωσιν καὶ πάντες παρακαλῶνται.
15:28 **ἵνα** ᾖ ὁ θεὸς [τὰ] πάντα ἐν πᾶσιν.
16: 2 ἕκαστος ὑμῶν παρ᾽ ἑαυτῷ τιθέτω θησαυρίζων ὅ τι ἐὰν εὐοδῶται, **ἵνα** μὴ ὅταν ἔλθω τότε λογεῖαι γίνωνται.
16: 6 πρὸς ὑμᾶς δὲ τυχὸν παραμενῶ ἢ καὶ παραχειμάσω, **ἵνα** ὑμεῖς με προπέμψητε οὗ ἐὰν πορεύωμαι.
16:10 Ἐὰν δὲ ἔλθῃ Τιμόθεος, βλέπετε, **ἵνα** ἀφόβως γένηται πρὸς ὑμᾶς·
16:11 προπέμψατε δὲ αὐτὸν ἐν εἰρήνῃ, **ἵνα** ἔλθῃ πρός με·
16:12 πολλὰ παρεκάλεσα αὐτόν, **ἵνα** ἔλθῃ πρὸς ὑμᾶς μετὰ τῶν ἀδελφῶν· καὶ πάντως οὐκ ἦν θέλημα **ἵνα** νῦν ἔλθῃ·

16:16 **ἵνα** καὶ ὑμεῖς ὑποτάσσησθε τοῖς τοιούτοις καὶ παντὶ τῷ συνεργοῦντι καὶ κοπιῶντι.
2Co 1: 9 **ἵνα** μὴ πεποιθότες ὦμεν ἐφ' ἑαυτοῖς ἀλλ' ἐπὶ τῷ θεῷ τῷ ἐγείροντι τοὺς νεκρούς·
1:11 **ἵνα** ἐκ πολλῶν προσώπων τὸ εἰς ἡμᾶς χάρισμα διὰ πολλῶν εὐχαριστηθῇ ὑπὲρ ἡμῶν.
1:15 Καὶ ταύτῃ τῇ πεποιθήσει ἐβουλόμην πρότερον πρὸς ὑμᾶς ἐλθεῖν, **ἵνα** δευτέραν χάριν σχῆτε,
1:17 **ἵνα** ᾖ παρ' ἐμοὶ τὸ Ναὶ ναὶ καὶ τὸ Οὒ οὔ;
2: 3 **ἵνα** μὴ ἐλθὼν λύπην σχῶ ἀφ' ὧν ἔδει με χαίρειν,
2: 4 οὐχ **ἵνα** λυπηθῆτε ἀλλὰ τὴν ἀγάπην **ἵνα** γνῶτε ἣν ἔχω περισσοτέρως εἰς ὑμᾶς.
2: 5 ἀλλὰ ἀπὸ μέρους, **ἵνα** μὴ ἐπιβαρῶ, πάντας ὑμᾶς.
2: 9 **ἵνα** γνῶ τὴν δοκιμὴν ὑμῶν, εἰ εἰς πάντα ὑπήκοοί ἐστε.
2:11 **ἵνα** μὴ πλεονεκτηθῶμεν ὑπὸ τοῦ Σατανᾶ· οὐ γὰρ αὐτοῦ τὰ νοήματα ἀγνοοῦμεν.
4: 7 **ἵνα** ἡ ὑπερβολὴ τῆς δυνάμεως ᾖ τοῦ θεοῦ καὶ μὴ ἐξ ἡμῶν·
4:10 **ἵνα** καὶ ἡ ζωὴ τοῦ Ἰησοῦ ἐν τῷ σώματι ἡμῶν φανερωθῇ.
4:11 **ἵνα** καὶ ἡ ζωὴ τοῦ Ἰησοῦ φανερωθῇ ἐν τῇ θνητῇ σαρκὶ ἡμῶν.
4:15 **ἵνα** ἡ χάρις πλεονάσασα διὰ τῶν πλειόνων τὴν εὐχαριστίαν περισσεύσῃ εἰς τὴν δόξαν τοῦ θεοῦ.
5: 4 ἐφ' ᾧ οὐ θέλομεν ἐκδύσασθαι ἀλλ' ἐπενδύσασθαι, **ἵνα** καταποθῇ τὸ θνητὸν ὑπὸ τῆς ζωῆς.
5:10 **ἵνα** κομίσηται ἕκαστος τὰ διὰ τοῦ σώματος πρὸς ἃ ἔπραξεν,
5:12 **ἵνα** ἔχητε πρὸς τοὺς ἐν προσώπῳ καυχωμένους καὶ μὴ ἐν καρδίᾳ.
5:15 **ἵνα** οἱ ζῶντες μηκέτι ἑαυτοῖς ζῶσιν ἀλλὰ τῷ ὑπὲρ αὐτῶν ἀποθανόντι καὶ ἐγερθέντι.
5:21 τὸν μὴ γνόντα ἁμαρτίαν ὑπὲρ ἡμῶν ἁμαρτίαν ἐποίησεν, **ἵνα** ἡμεῖς γενώμεθα δικαιοσύνη θεοῦ ἐν αὐτῷ.
6: 3 μηδεμίαν ἐν μηδενὶ διδόντες προσκοπήν, **ἵνα** μὴ μωμηθῇ ἡ διακονία,
7: 9 ἐλυπήθητε γὰρ κατὰ θεόν, **ἵνα** ἐν μηδενὶ ζημιωθῆτε ἐξ ἡμῶν.
8: 6 **ἵνα** καθὼς προενήρξατο οὕτως καὶ ἐπιτελέσῃ εἰς ὑμᾶς καὶ τὴν χάριν ταύτην.
8: 7 πίστει καὶ λόγῳ καὶ γνώσει καὶ πάσῃ σπουδῇ καὶ τῇ ἐξ ἡμῶν ἐν ὑμῖν ἀγάπῃ, **ἵνα** καὶ ἐν ταύτῃ τῇ χάριτι περισσεύητε.
8: 9 ὅτι δι' ὑμᾶς ἐπτώχευσεν πλούσιος ὤν, **ἵνα** ὑμεῖς τῇ ἐκείνου πτωχείᾳ πλουτήσητε.
8:13 οὐ γὰρ **ἵνα** ἄλλοις ἄνεσις, ὑμῖν θλῖψις, ἀλλ' ἐξ ἰσότητος·
8:14 **ἵνα** καὶ τὸ ἐκείνων περίσσευμα γένηται εἰς τὸ ὑμῶν ὑστέρημα,
9: 3 **ἵνα** μὴ τὸ καύχημα ἡμῶν τὸ ὑπὲρ ὑμῶν κενωθῇ ἐν τῷ μέρει τούτῳ, **ἵνα** καθὼς ἔλεγον παρεσκευασμένοι ἦτε,
9: 4 **ἵνα** μὴ λέγω ὑμεῖς, ἐν τῇ ὑποστάσει ταύτῃ.
9: 5 **ἵνα** προέλθωσιν εἰς ὑμᾶς καὶ προκαταρτίσωσιν τὴν προεπηγγελμένην εὐλογίαν ὑμῶν,
9: 8 **ἵνα** ἐν παντὶ πάντοτε πᾶσαν αὐτάρκειαν ἔχοντες περισσεύητε εἰς πᾶν ἔργον ἀγαθόν,
10: 9 **ἵνα** μὴ δόξω ὡς ἂν ἐκφοβεῖν ὑμᾶς διὰ τῶν ἐπιστολῶν·
11: 7 Ἢ ἁμαρτίαν ἐποίησα ἐμαυτὸν ταπεινῶν **ἵνα** ὑμεῖς ὑψωθῆτε,
11:12 καὶ ποιήσω, **ἵνα** ἐκκόψω τὴν ἀφορμὴν τῶν θελόντων ἀφορμήν, **ἵνα** ἐν ᾧ καυχῶνται εὑρεθῶσιν καθὼς καὶ ἡμεῖς.
11:16 κἂν ὡς ἄφρονα δέξασθέ με, **ἵνα** κἀγὼ μικρόν τι καυχήσωμαι.
12: 7 διὸ **ἵνα** μὴ ὑπεραίρωμαι, ἐδόθη μοι σκόλοψ τῇ σαρκί, ἄγγελος Σατανᾶ, **ἵνα** με κολαφίζῃ, **ἵνα** μὴ ὑπεραίρωμαι.
12: 8 ὑπὲρ τούτου τρὶς τὸν κύριον παρεκάλεσα **ἵνα** ἀποστῇ ἀπ' ἐμοῦ.
12: 9 **ἵνα** ἐπισκηνώσῃ ἐπ' ἐμὲ ἡ δύναμις τοῦ Χριστοῦ.
13: 7 οὐχ **ἵνα** ἡμεῖς δόκιμοι φανῶμεν, ἀλλ' **ἵνα** ὑμεῖς τὸ καλὸν ποιῆτε, ἡμεῖς δὲ ὡς ἀδόκιμοι ὦμεν.
13:10 **ἵνα** παρὼν μὴ ἀποτόμως χρήσωμαι κατὰ τὴν ἐξουσίαν ἣν ὁ κύριος ἔδωκέν μοι εἰς οἰκοδομὴν καὶ οὐκ εἰς καθαίρεσιν.
Gal 1:16 **ἵνα** εὐαγγελίζωμαι αὐτὸν ἐν τοῖς ἔθνεσιν, εὐθέως οὐ προσανεθέμην σαρκὶ καὶ αἵματι
2: 4 οἵτινες παρεισῆλθον κατασκοπῆσαι τὴν ἐλευθερίαν ἡμῶν ἣν ἔχομεν ἐν Χριστῷ Ἰησοῦ, **ἵνα** ἡμᾶς καταδουλώσουσιν,
2: 5 **ἵνα** ἡ ἀλήθεια τοῦ εὐαγγελίου διαμείνῃ πρὸς ὑμᾶς.
2: 9 **ἵνα** ἡμεῖς εἰς τὰ ἔθνη, αὐτοὶ δὲ εἰς τὴν περιτομήν·
2:10 μόνον τῶν πτωχῶν **ἵνα** μνημονεύωμεν, ὃ καὶ ἐσπούδασα αὐτὸ τοῦτο ποιῆσαι.
2:16 **ἵνα** δικαιωθῶμεν ἐκ πίστεως Χριστοῦ καὶ οὐκ ἐξ ἔργων νόμου,
2:19 ἐγὼ γὰρ διὰ νόμου νόμῳ ἀπέθανον, **ἵνα** θεῷ ζήσω.
3:14 **ἵνα** εἰς τὰ ἔθνη ἡ εὐλογία τοῦ Ἀβραὰμ γένηται ἐν Χριστῷ Ἰησοῦ, **ἵνα** τὴν ἐπαγγελίαν τοῦ πνεύματος λάβωμεν διὰ τῆς πίστεως.
3:22 **ἵνα** ἡ ἐπαγγελία ἐκ πίστεως Ἰησοῦ Χριστοῦ δοθῇ τοῖς πιστεύουσιν.
3:24 ὥστε ὁ νόμος παιδαγωγὸς ἡμῶν γέγονεν εἰς Χριστόν, **ἵνα** ἐκ πίστεως δικαιωθῶμεν·
4: 5 **ἵνα** τοὺς ὑπὸ νόμον ἐξαγοράσῃ, **ἵνα** τὴν υἱοθεσίαν ἀπολάβωμεν.
4:17 ζηλοῦσιν ὑμᾶς οὐ καλῶς, ἀλλὰ ἐκκλεῖσαι ὑμᾶς θέλουσιν, **ἵνα** αὐτοὺς ζηλοῦτε·
5:17 ταῦτα γὰρ ἀλλήλοις ἀντίκειται, **ἵνα** μὴ ἃ ἐὰν θέλητε ταῦτα ποιῆτε.
6:12 μόνον **ἵνα** τῷ σταυρῷ τοῦ Χριστοῦ μὴ διώκωνται.
6:13 οὐδὲ γὰρ οἱ περιτεμνόμενοι αὐτοὶ νόμον φυλάσσουσιν ἀλλὰ θέλουσιν ὑμᾶς περιτέμνεσθαι, **ἵνα** ἐν τῇ ὑμετέρᾳ σαρκὶ καυχήσωνται.
Eph 1:17 **ἵνα** ὁ θεὸς τοῦ κυρίου ἡμῶν Ἰησοῦ Χριστοῦ,
2: 7 **ἵνα** ἐνδείξηται ἐν τοῖς αἰῶσιν τοῖς ἐπερχομένοις τὸ ὑπερβάλλον πλοῦτος τῆς χάριτος αὐτοῦ ἐν χρηστότητι
2: 9 οὐκ ἐξ ἔργων, **ἵνα** μή τις καυχήσηται.
2:10 κτισθέντες ἐν Χριστῷ Ἰησοῦ ἐπὶ ἔργοις ἀγαθοῖς οἷς προητοίμασεν ὁ θεός, **ἵνα** ἐν αὐτοῖς περιπατήσωμεν.
2:15 **ἵνα** τοὺς δύο κτίσῃ ἐν αὐτῷ εἰς ἕνα καινὸν ἄνθρωπον ποιῶν εἰρήνην
3:10 **ἵνα** γνωρισθῇ νῦν ταῖς ἀρχαῖς καὶ ταῖς ἐξουσίαις ἐν τοῖς ἐπουρανίοις διὰ τῆς ἐκκλησίας ἡ πολυποίκιλος σοφία τοῦ θεοῦ,
3:16 **ἵνα** δῷ ὑμῖν κατὰ τὸ πλοῦτος τῆς δόξης αὐτοῦ δυνάμει κραταιωθῆναι διὰ τοῦ πνεύματος αὐτοῦ εἰς τὸν ἔσω ἄνθρωπον,
3:18 **ἵνα** ἐξισχύσητε καταλαβέσθαι σὺν πᾶσιν τοῖς ἁγίοις τί τὸ πλάτος καὶ μῆκος καὶ ὕψος καὶ βάθος,
3:19 **ἵνα** πληρωθῆτε εἰς πᾶν τὸ πλήρωμα τοῦ θεοῦ.
4:10 ὁ καταβὰς αὐτός ἐστιν καὶ ὁ ἀναβὰς ὑπεράνω πάντων τῶν οὐρανῶν, **ἵνα** πληρώσῃ τὰ πάντα.
4:14 **ἵνα** μηκέτι ὦμεν νήπιοι, κλυδωνιζόμενοι καὶ περιφερόμενοι παντὶ ἀνέμῳ τῆς διδασκαλίας ἐν τῇ κυβείᾳ τῶν ἀνθρώπων,
4:28 μᾶλλον δὲ κοπιάτω ἐργαζόμενος ταῖς [ἰδίαις] χερσὶν τὸ ἀγαθόν, **ἵνα** ἔχῃ μεταδιδόναι τῷ χρείαν ἔχοντι.
4:29 ἀλλὰ εἴ τις ἀγαθὸς πρὸς οἰκοδομὴν τῆς χρείας, **ἵνα** δῷ χάριν τοῖς ἀκούουσιν.
5:26 **ἵνα** αὐτὴν ἁγιάσῃ καθαρίσας τῷ λουτρῷ τοῦ ὕδατος ἐν ῥήματι,
5:27 **ἵνα** παραστήσῃ αὐτὸς ἑαυτῷ ἔνδοξον τὴν ἐκκλησίαν, μὴ ἔχουσαν σπίλον ἢ ῥυτίδα ἤ τι τῶν τοιούτων, ἀλλ' **ἵνα** ᾖ ἁγία καὶ ἄμωμος.
5:33 ἕκαστος τὴν ἑαυτοῦ γυναῖκα οὕτως ἀγαπάτω ὡς ἑαυτόν, ἡ δὲ γυνὴ **ἵνα** φοβῆται τὸν ἄνδρα.
6: 3 **ἵνα** εὖ σοι γένηται καὶ ἔσῃ μακροχρόνιος ἐπὶ τῆς γῆς.
6:13 **ἵνα** δυνηθῆτε ἀντιστῆναι ἐν τῇ ἡμέρᾳ τῇ πονηρᾷ καὶ ἅπαντα κατεργασάμενοι στῆναι.
6:19 **ἵνα** μοι δοθῇ λόγος ἐν ἀνοίξει τοῦ στόματός μου,
6:20 **ἵνα** ἐν αὐτῷ παρρησιάσωμαι ὡς δεῖ με λαλῆσαι.
6:21 Ἵνα δὲ εἰδῆτε καὶ ὑμεῖς τὰ κατ' ἐμέ,
6:22 **ἵνα** γνῶτε τὰ περὶ ἡμῶν καὶ παρακαλέσῃ τὰς καρδίας ὑμῶν.
Php 1: 9 **ἵνα** ἡ ἀγάπη ὑμῶν ἔτι μᾶλλον καὶ μᾶλλον περισσεύῃ ἐν ἐπιγνώσει καὶ πάσῃ αἰσθήσει
1:10 **ἵνα** ἦτε εἰλικρινεῖς καὶ ἀπρόσκοποι εἰς ἡμέραν Χριστοῦ,
1:26 **ἵνα** τὸ καύχημα ὑμῶν περισσεύῃ ἐν Χριστῷ Ἰησοῦ ἐν ἐμοὶ διὰ τῆς ἐμῆς παρουσίας πάλιν πρὸς ὑμᾶς.
1:27 **ἵνα** εἴτε ἐλθὼν καὶ ἰδὼν ὑμᾶς εἴτε ἀπὼν ἀκούω τὰ περὶ ὑμῶν,
2: 2 πληρώσατέ μου τὴν χαρὰν **ἵνα** τὸ αὐτὸ φρονῆτε,
2:10 **ἵνα** ἐν τῷ ὀνόματι Ἰησοῦ πᾶν γόνυ κάμψῃ ἐπουρανίων καὶ ἐπιγείων καὶ καταχθονίων
2:15 **ἵνα** γένησθε ἄμεμπτοι καὶ ἀκέραιοι, τέκνα θεοῦ ἄμωμα μέσον γενεᾶς σκολιᾶς καὶ διεστραμμένης,
2:19 Ἐλπίζω δὲ ἐν κυρίῳ Ἰησοῦ Τιμόθεον ταχέως πέμψαι ὑμῖν, **ἵνα** κἀγὼ εὐψυχῶ γνοὺς τὰ περὶ ὑμῶν.
2:27 οὐκ αὐτὸν δὲ μόνον ἀλλὰ καὶ ἐμέ, **ἵνα** μὴ λύπην ἐπὶ λύπην σχῶ.
2:28 **ἵνα** ἰδόντες αὐτὸν πάλιν χαρῆτε κἀγὼ ἀλυπότερος ὦ.
2:30 **ἵνα** ἀναπληρώσῃ τὸ ὑμῶν ὑστέρημα τῆς πρός με λειτουργίας.
3: 8 δι' ὃν τὰ πάντα ἐζημιώθην, καὶ ἡγοῦμαι σκύβαλα, **ἵνα** Χριστὸν κερδήσω
Col 1: 9 **ἵνα** πληρωθῆτε τὴν ἐπίγνωσιν τοῦ θελήματος αὐτοῦ ἐν πάσῃ σοφίᾳ καὶ συνέσει πνευματικῇ,
1:18 πρωτότοκος ἐκ τῶν νεκρῶν, **ἵνα** γένηται ἐν πᾶσιν αὐτὸς πρωτεύων,
1:28 καὶ διδάσκοντες πάντα ἄνθρωπον ἐν πάσῃ σοφίᾳ, **ἵνα** παραστήσωμεν πάντα ἄνθρωπον τέλειον ἐν Χριστῷ·
2: 2 **ἵνα** παρακληθῶσιν αἱ καρδίαι αὐτῶν συμβιβασθέντες ἐν ἀγάπῃ καὶ εἰς πᾶν πλοῦτος τῆς πληροφορίας τῆς συνέσεως,
2: 4 Τοῦτο λέγω, **ἵνα** μηδεὶς ὑμᾶς παραλογίζηται ἐν πιθανολογίᾳ.
3:21 μὴ ἐρεθίζετε τὰ τέκνα ὑμῶν, **ἵνα** μὴ ἀθυμῶσιν.

4: 3 **ἵνα** ὁ θεὸς ἀνοίξῃ ἡμῖν θύραν τοῦ λόγου λαλῆσαι τὸ μυστήριον τοῦ Χριστοῦ,
4: 4 **ἵνα** φανερώσω αὐτὸ ὡς δεῖ με λαλῆσαι.
4: 8 **ἵνα** γνῶτε τὰ περὶ ἡμῶν καὶ παρακαλέσῃ τὰς καρδίας ὑμῶν,
4:12 **ἵνα** σταθῆτε τέλειοι καὶ πεπληροφορημένοι ἐν παντὶ θελήματι τοῦ θεοῦ.
4:16 ποιήσατε **ἵνα** καὶ ἐν τῇ Λαοδικέων ἐκκλησίᾳ ἀναγνωσθῇ, καὶ τὴν ἐκ Λαοδικείας **ἵνα** καὶ ὑμεῖς ἀναγνῶτε.
4:17 Βλέπε τὴν διακονίαν ἣν παρέλαβες ἐν κυρίῳ, **ἵνα** αὐτὴν πληροῖς.
1Th 2:16 κωλυόντων ἡμᾶς τοῖς ἔθνεσιν λαλῆσαι **ἵνα** σωθῶσιν, εἰς τὸ ἀναπληρῶσαι αὐτῶν τὰς ἁμαρτίας πάντοτε.
4: 1 **ἵνα** καθὼς παρελάβετε παρ' ἡμῶν τὸ πῶς δεῖ ὑμᾶς περιπατεῖν καὶ ἀρέσκειν θεῷ, καθὼς καὶ περιπατεῖτε, **ἵνα** περισσεύητε μᾶλλον.
4:12 **ἵνα** περιπατῆτε εὐσχημόνως πρὸς τοὺς ἔξω καὶ μηδενὸς χρείαν ἔχητε.
4:13 **ἵνα** μὴ λυπῆσθε καθὼς καὶ οἱ λοιποὶ οἱ μὴ ἔχοντες ἐλπίδα.
5: 4 οὐκ ἐστὲ ἐν σκότει, **ἵνα** ἡ ἡμέρα ὑμᾶς ὡς κλέπτης καταλάβῃ·
5:10 **ἵνα** εἴτε γρηγορῶμεν εἴτε καθεύδωμεν ἅμα σὺν αὐτῷ ζήσωμεν.
2Th 1:11 **ἵνα** ὑμᾶς ἀξιώσῃ τῆς κλήσεως ὁ θεὸς ἡμῶν καὶ πληρώσῃ πᾶσαν εὐδοκίαν ἀγαθωσύνης καὶ ἔργον πίστεως ἐν δυνάμει,
2:12 **ἵνα** κριθῶσιν πάντες οἱ μὴ πιστεύσαντες τῇ ἀληθείᾳ ἀλλὰ εὐδοκήσαντες τῇ ἀδικίᾳ.
3: 1 **ἵνα** ὁ λόγος τοῦ κυρίου τρέχῃ καὶ δοξάζηται καθὼς καὶ πρὸς ὑμᾶς,
3: 2 καὶ **ἵνα** ῥυσθῶμεν ἀπὸ τῶν ἀτόπων καὶ πονηρῶν ἀνθρώπων·
3: 9 ἀλλ' **ἵνα** ἑαυτοὺς τύπον δῶμεν ὑμῖν εἰς τὸ μιμεῖσθαι ἡμᾶς.
3:12 **ἵνα** μετὰ ἡσυχίας ἐργαζόμενοι τὸν ἑαυτῶν ἄρτον ἐσθίωσιν.
3:14 εἰ δέ τις οὐχ ὑπακούει τῷ λόγῳ ἡμῶν διὰ τῆς ἐπιστολῆς, τοῦτον σημειοῦσθε μὴ συναναμίγνυσθαι αὐτῷ, **ἵνα** ἐντραπῇ·
1Ti 1: 3 Καθὼς παρεκάλεσά σε προσμεῖναι ἐν Ἐφέσῳ πορευόμενος εἰς Μακεδονίαν, **ἵνα** παραγγείλῃς τισὶν μὴ ἑτεροδιδασκαλεῖν
1:16 **ἵνα** ἐν ἐμοὶ πρώτῳ ἐνδείξηται Χριστὸς Ἰησοῦς τὴν ἅπασαν μακροθυμίαν πρὸς ὑποτύπωσιν τῶν μελλόντων πιστεύειν
1:18 κατὰ τὰς προαγούσας ἐπὶ σὲ προφητείας, **ἵνα** στρατεύῃ ἐν αὐταῖς τὴν καλὴν στρατείαν
1:20 οὓς παρέδωκα τῷ Σατανᾷ, **ἵνα** παιδευθῶσιν μὴ βλασφημεῖν.
2: 2 **ἵνα** ἤρεμον καὶ ἡσύχιον βίον διάγωμεν ἐν πάσῃ εὐσεβείᾳ καὶ σεμνότητι.
3: 6 **ἵνα** μὴ τυφωθεὶς εἰς κρίμα ἐμπέσῃ τοῦ διαβόλου.
3: 7 **ἵνα** μὴ εἰς ὀνειδισμὸν ἐμπέσῃ καὶ παγίδα τοῦ διαβόλου.
3:15 **ἵνα** εἰδῇς πῶς δεῖ ἐν οἴκῳ θεοῦ ἀναστρέφεσθαι,
4:15 ἐν τούτοις ἴσθι, **ἵνα** σου ἡ προκοπὴ φανερὰ ᾖ πᾶσιν.
5: 7 καὶ ταῦτα παράγγελλε, **ἵνα** ἀνεπίλημπτοι ὦσιν.
5:16 ἐπαρκείτω αὐταῖς καὶ μὴ βαρείσθω ἡ ἐκκλησία, **ἵνα** ταῖς ὄντως χήραις ἐπαρκέσῃ.
5:20 τοὺς ἁμαρτάνοντας ἐνώπιον πάντων ἔλεγχε, **ἵνα** καὶ οἱ λοιποὶ φόβον ἔχωσιν.
5:21 **ἵνα** ταῦτα φυλάξῃς χωρὶς προκρίματος, μηδὲν ποιῶν κατὰ πρόσκλισιν.
6: 1 **ἵνα** μὴ τὸ ὄνομα τοῦ θεοῦ καὶ ἡ διδασκαλία βλασφημῆται.
6:19 ἀποθησαυρίζοντας ἑαυτοῖς θεμέλιον καλὸν εἰς τὸ μέλλον, **ἵνα** ἐπιλάβωνται τῆς ὄντως ζωῆς.
2Ti 1: 4 ἐπιποθῶν σε ἰδεῖν, μεμνημένος σου τῶν δακρύων, **ἵνα** χαρᾶς πληρωθῶ,
2: 4 οὐδεὶς στρατευόμενος ἐμπλέκεται ταῖς τοῦ βίου πραγματείαις, **ἵνα** τῷ στρατολογήσαντι ἀρέσῃ.
2:10 **ἵνα** καὶ αὐτοὶ σωτηρίας τύχωσιν τῆς ἐν Χριστῷ Ἰησοῦ μετὰ δόξης αἰωνίου.
3:17 **ἵνα** ἄρτιος ᾖ ὁ τοῦ θεοῦ ἄνθρωπος, πρὸς πᾶν ἔργον ἀγαθὸν ἐξηρτισμένος.
4:17 **ἵνα** δι' ἐμοῦ τὸ κήρυγμα πληροφορηθῇ καὶ ἀκούσωσιν πάντα τὰ ἔθνη,
Tit 1: 5 **ἵνα** τὰ λείποντα ἐπιδιορθώσῃ καὶ καταστήσῃς κατὰ πόλιν πρεσβυτέρους,
1: 9 **ἵνα** δυνατὸς ᾖ καὶ παρακαλεῖν ἐν τῇ διδασκαλίᾳ τῇ ὑγιαινούσῃ καὶ τοὺς ἀντιλέγοντας ἐλέγχειν.
1:13 δι' ἣν αἰτίαν ἔλεγχε αὐτοὺς ἀποτόμως, **ἵνα** ὑγιαίνωσιν ἐν τῇ πίστει,
2: 4 **ἵνα** σωφρονίζωσιν τὰς νέας φιλάνδρους εἶναι, φιλοτέκνους
2: 5 ὑποτασσομένας τοῖς ἰδίοις ἀνδράσιν, **ἵνα** μὴ ὁ λόγος τοῦ θεοῦ βλασφημῆται.
2: 8 **ἵνα** ὁ ἐξ ἐναντίας ἐντραπῇ μηδὲν ἔχων λέγειν περὶ ἡμῶν φαῦλον.
2:10 **ἵνα** τὴν διδασκαλίαν τὴν τοῦ σωτῆρος ἡμῶν θεοῦ κοσμῶσιν ἐν πᾶσιν.
2:12 **ἵνα** ἀρνησάμενοι τὴν ἀσέβειαν καὶ τὰς κοσμικὰς ἐπιθυμίας σωφρόνως καὶ δικαίως καὶ εὐσεβῶς ζήσωμεν ἐν τῷ νῦν αἰῶνι,
2:14 **ἵνα** λυτρώσηται ἡμᾶς ἀπὸ πάσης ἀνομίας καὶ καθαρίσῃ ἑαυτῷ λαὸν περιούσιον,
3: 7 **ἵνα** δικαιωθέντες τῇ ἐκείνου χάριτι κληρονόμοι γενηθῶμεν κατ' ἐλπίδα ζωῆς αἰωνίου.
3: 8 **ἵνα** φροντίζωσιν καλῶν ἔργων προΐστασθαι οἱ πεπιστευκότες θεῷ·
3:13 Ζηνᾶν τὸν νομικὸν καὶ Ἀπολλῶν σπουδαίως πρόπεμψον, **ἵνα** μηδὲν αὐτοῖς λείπῃ.
3:14 μανθανέτωσαν δὲ καὶ οἱ ἡμέτεροι καλῶν ἔργων προΐστασθαι εἰς τὰς ἀναγκαίας χρείας, **ἵνα** μὴ ὦσιν ἄκαρποι.
Phm 1:13 **ἵνα** ὑπὲρ σοῦ μοι διακονῇ ἐν τοῖς δεσμοῖς τοῦ εὐαγγελίου,
1:14 **ἵνα** μὴ ὡς κατὰ ἀνάγκην τὸ ἀγαθόν σου ᾖ ἀλλὰ κατὰ ἑκούσιον.
1:15 τάχα γὰρ διὰ τοῦτο ἐχωρίσθη πρὸς ὥραν, **ἵνα** αἰώνιον αὐτὸν ἀπέχῃς,
1:19 **ἵνα** μὴ λέγω σοι ὅτι καὶ σεαυτόν μοι προσοφείλεις.
Heb 2:14 **ἵνα** διὰ τοῦ θανάτου καταργήσῃ τὸν τὸ κράτος ἔχοντα τοῦ θανάτου,
2:17 **ἵνα** ἐλεήμων γένηται καὶ πιστὸς ἀρχιερεὺς τὰ πρὸς τὸν θεὸν εἰς τὸ ἱλάσκεσθαι τὰς ἁμαρτίας τοῦ λαοῦ.
3:13 **ἵνα** μὴ σκληρυνθῇ τις ἐξ ὑμῶν ἀπάτῃ τῆς ἁμαρτίας–
4:11 **ἵνα** μὴ ἐν τῷ αὐτῷ τις ὑποδείγματι πέσῃ τῆς ἀπειθείας.
4:16 **ἵνα** λάβωμεν ἔλεος καὶ χάριν εὕρωμεν εἰς εὔκαιρον βοήθειαν.
5: 1 **ἵνα** προσφέρῃ δῶρά τε καὶ θυσίας ὑπὲρ ἁμαρτιῶν,
6:12 **ἵνα** μὴ νωθροὶ γένησθε, μιμηταὶ δὲ τῶν διὰ πίστεως καὶ μακροθυμίας κληρονομούντων τὰς ἐπαγγελίας.
6:18 **ἵνα** διὰ δύο πραγμάτων ἀμεταθέτων, ἐν οἷς ἀδύνατον ψεύσασθαι [τὸν] θεόν,
9:25 οὐδ' **ἵνα** πολλάκις προσφέρῃ ἑαυτόν, ὥσπερ ὁ ἀρχιερεὺς εἰσέρχεται εἰς τὰ ἅγια κατ' ἐνιαυτὸν ἐν αἵματι ἀλλοτρίῳ,
10: 9 Ἰδοὺ ἥκω τοῦ ποιῆσαι τὸ θέλημά σου. ἀναιρεῖ τὸ πρῶτον **ἵνα** τὸ δεύτερον στήσῃ,
10:36 ὑπομονῆς γὰρ ἔχετε χρείαν **ἵνα** τὸ θέλημα τοῦ θεοῦ ποιήσαντες κομίσησθε τὴν ἐπαγγελίαν.
11:28 **ἵνα** μὴ ὁ ὀλοθρεύων τὰ πρωτότοκα θίγῃ αὐτῶν.
11:35 ἄλλοι δὲ ἐτυμπανίσθησαν οὐ προσδεξάμενοι τὴν ἀπολύτρωσιν, **ἵνα** κρείττονος ἀναστάσεως τύχωσιν·
11:40 τοῦ θεοῦ περὶ ἡμῶν κρεῖττόν τι προβλεψαμένου, **ἵνα** μὴ χωρὶς ἡμῶν τελειωθῶσιν.
12: 3 ἀναλογίσασθε γὰρ τὸν τοιαύτην ὑπομεμενηκότα ὑπὸ τῶν ἁμαρτωλῶν εἰς ἑαυτὸν ἀντιλογίαν, **ἵνα** μὴ κάμητε ταῖς ψυχαῖς ὑμῶν ἐκλυόμενοι.
12:13 **ἵνα** μὴ τὸ χωλὸν ἐκτραπῇ, ἰαθῇ δὲ μᾶλλον.
12:27 τὸ δὲ Ἔτι ἅπαξ δηλοῖ [τὴν] τῶν σαλευομένων μετάθεσιν ὡς πεποιημένων, **ἵνα** μείνῃ τὰ μὴ σαλευόμενα.
13:12 **ἵνα** ἁγιάσῃ διὰ τοῦ ἰδίου αἵματος τὸν λαόν,
13:17 **ἵνα** μετὰ χαρᾶς τοῦτο ποιῶσιν καὶ μὴ στενάζοντες·
13:19 περισσοτέρως δὲ παρακαλῶ τοῦτο ποιῆσαι, **ἵνα** τάχιον ἀποκατασταθῶ ὑμῖν.
Jas 1: 4 **ἵνα** ἦτε τέλειοι καὶ ὁλόκληροι ἐν μηδενὶ λειπόμενοι.
4: 3 αἰτεῖτε καὶ οὐ λαμβάνετε διότι κακῶς αἰτεῖσθε, **ἵνα** ἐν ταῖς ἡδοναῖς ὑμῶν δαπανήσητε.
5: 9 μὴ στενάζετε, ἀδελφοί, κατ' ἀλλήλων **ἵνα** μὴ κριθῆτε·
5:12 ἤτω δὲ ὑμῶν τὸ Ναὶ ναὶ καὶ τὸ Οὒ οὔ, **ἵνα** μὴ ὑπὸ κρίσιν πέσητε.
1Pe 1: 7 **ἵνα** τὸ δοκίμιον ὑμῶν τῆς πίστεως πολυτιμότερον χρυσίου τοῦ ἀπολλυμένου διὰ πυρὸς δὲ δοκιμαζομένου,
2: 2 ὡς ἀρτιγέννητα βρέφη τὸ λογικὸν ἄδολον γάλα ἐπιποθήσατε, **ἵνα** ἐν αὐτῷ αὐξηθῆτε εἰς σωτηρίαν,
2:12 τὴν ἀναστροφὴν ὑμῶν ἐν τοῖς ἔθνεσιν ἔχοντες καλήν, **ἵνα,**
2:21 ὅτι καὶ Χριστὸς ἔπαθεν ὑπὲρ ὑμῶν ὑμῖν ὑπολιμπάνων ὑπογραμμὸν **ἵνα** ἐπακολουθήσητε τοῖς ἴχνεσιν αὐτοῦ,
2:24 **ἵνα** ταῖς ἁμαρτίαις ἀπογενόμενοι τῇ δικαιοσύνῃ ζήσωμεν, οὗ τῷ μώλωπι ἰάθητε.
3: 1 ὑποτασσόμεναι τοῖς ἰδίοις ἀνδράσιν, **ἵνα** καὶ εἴ τινες ἀπειθοῦσιν τῷ λόγῳ,
3: 9 τοὐναντίον δὲ εὐλογοῦντες ὅτι εἰς τοῦτο ἐκλήθητε **ἵνα** εὐλογίαν κληρονομήσητε.
3:16 **ἵνα** ἐν ᾧ καταλαλεῖσθε καταισχυνθῶσιν οἱ ἐπηρεάζοντες ὑμῶν τὴν ἀγαθὴν ἐν Χριστῷ ἀναστροφήν.
3:18 **ἵνα** ὑμᾶς προσαγάγῃ τῷ θεῷ θανατωθεὶς μὲν σαρκὶ ζῳοποιηθεὶς δὲ πνεύματι·

4: 6 **ἵνα** κριθῶσι μὲν κατὰ ἀνθρώπους σαρκὶ ζῶσι δὲ κατὰ θεὸν πνεύματι.
4:11 **ἵνα** ἐν πᾶσιν δοξάζηται ὁ θεὸς διὰ Ἰησοῦ Χριστοῦ,
4:13 **ἵνα** καὶ ἐν τῇ ἀποκαλύψει τῆς δόξης αὐτοῦ χαρῆτε ἀγαλλιώμενοι.
5: 6 Ταπεινώθητε οὖν ὑπὸ τὴν κραταιὰν χεῖρα τοῦ θεοῦ, **ἵνα** ὑμᾶς ὑψώσῃ ἐν καιρῷ,
2Pe 1: 4 **ἵνα** διὰ τούτων γένησθε θείας κοινωνοὶ φύσεως ἀποφυγόντες τῆς ἐν τῷ κόσμῳ ἐν ἐπιθυμίᾳ φθορᾶς.
3:17 **ἵνα** μὴ τῇ τῶν ἀθέσμων πλάνῃ συναπαχθέντες ἐκπέσητε τοῦ ἰδίου στηριγμοῦ,
1Jn 1: 3 ἀπαγγέλλομεν καὶ ὑμῖν, **ἵνα** καὶ ὑμεῖς κοινωνίαν ἔχητε μεθ' ἡμῶν.
1: 4 καὶ ταῦτα γράφομεν ἡμεῖς, **ἵνα** ἡ χαρὰ ἡμῶν ᾖ πεπληρωμένη.
1: 9 **ἵνα** ἀφῇ ἡμῖν τὰς ἁμαρτίας καὶ καθαρίσῃ ἡμᾶς ἀπὸ πάσης ἀδικίας.
2: 1 Τεκνία μου, ταῦτα γράφω ὑμῖν **ἵνα** μὴ ἁμάρτητε.
2:19 ἀλλ' **ἵνα** φανερωθῶσιν ὅτι οὐκ εἰσὶν πάντες ἐξ ἡμῶν.
2:27 μένει ἐν ὑμῖν καὶ οὐ χρείαν ἔχετε **ἵνα** τις διδάσκῃ ὑμᾶς,
2:28 **ἵνα** ἐὰν φανερωθῇ σχῶμεν παρρησίαν καὶ μὴ αἰσχυνθῶμεν ἀπ' αὐτοῦ ἐν τῇ παρουσίᾳ αὐτοῦ.
3: 1 ἴδετε ποταπὴν ἀγάπην δέδωκεν ἡμῖν ὁ πατήρ, **ἵνα** τέκνα θεοῦ κληθῶμεν, καὶ ἐσμέν.
3: 5 καὶ οἴδατε ὅτι ἐκεῖνος ἐφανερώθη, **ἵνα** τὰς ἁμαρτίας ἄρῃ,
3: 8 εἰς τοῦτο ἐφανερώθη ὁ υἱὸς τοῦ θεοῦ, **ἵνα** λύσῃ τὰ ἔργα τοῦ διαβόλου.
3:11 Ὅτι αὕτη ἐστὶν ἡ ἀγγελία ἣν ἠκούσατε ἀπ' ἀρχῆς, **ἵνα** ἀγαπῶμεν ἀλλήλους,
3:23 **ἵνα** πιστεύσωμεν τῷ ὀνόματι τοῦ υἱοῦ αὐτοῦ Ἰησοῦ Χριστοῦ καὶ ἀγαπῶμεν ἀλλήλους,
4: 9 ὅτι τὸν υἱὸν αὐτοῦ τὸν μονογενῆ ἀπέσταλκεν ὁ θεὸς εἰς τὸν κόσμον **ἵνα** ζήσωμεν δι' αὐτοῦ.
4:17 **ἵνα** παρρησίαν ἔχωμεν ἐν τῇ ἡμέρᾳ τῆς κρίσεως,
4:21 **ἵνα** ὁ ἀγαπῶν τὸν θεὸν ἀγαπᾷ καὶ τὸν ἀδελφὸν αὐτοῦ.
5: 3 **ἵνα** τὰς ἐντολὰς αὐτοῦ τηρῶμεν, καὶ αἱ ἐντολαὶ αὐτοῦ βαρεῖαι οὐκ εἰσίν.
5:13 Ταῦτα ἔγραψα ὑμῖν **ἵνα** εἰδῆτε ὅτι ζωὴν ἔχετε αἰώνιον,
5:16 ἔστιν ἁμαρτία πρὸς θάνατον· οὐ περὶ ἐκείνης λέγω **ἵνα** ἐρωτήσῃ.
5:20 οἴδαμεν δὲ ὅτι ὁ υἱὸς τοῦ θεοῦ ἥκει καὶ δέδωκεν ἡμῖν διάνοιαν **ἵνα** γινώσκωμεν τὸν ἀληθινόν,
2Jn 1: 5 οὐχ ὡς ἐντολὴν καινὴν γράφων σοι ἀλλὰ ἣν εἴχομεν ἀπ' ἀρχῆς, **ἵνα** ἀγαπῶμεν ἀλλήλους.
1: 6 καὶ αὕτη ἐστὶν ἡ ἀγάπη, **ἵνα** περιπατῶμεν κατὰ τὰς ἐντολὰς αὐτοῦ· αὕτη ἡ ἐντολή ἐστιν, καθὼς ἠκούσατε ἀπ' ἀρχῆς, **ἵνα** ἐν αὐτῇ περιπατῆτε.
1: 8 **ἵνα** μὴ ἀπολέσητε ἃ εἰργασάμεθα ἀλλὰ μισθὸν πλήρη ἀπολάβητε.
1:12 ἀλλὰ ἐλπίζω γενέσθαι πρὸς ὑμᾶς καὶ στόμα πρὸς στόμα λαλῆσαι, **ἵνα** ἡ χαρὰ ἡμῶν πεπληρωμένη ᾖ.
3Jn 1: 4 **ἵνα** ἀκούω τὰ ἐμὰ τέκνα ἐν τῇ ἀληθείᾳ περιπατοῦντα.
1: 8 ἡμεῖς οὖν ὀφείλομεν ὑπολαμβάνειν τοὺς τοιούτους, **ἵνα** συνεργοὶ γινώμεθα τῇ ἀληθείᾳ.
Rev 2:10 ἰδοὺ μέλλει βάλλειν ὁ διάβολος ἐξ ὑμῶν εἰς φυλακὴν **ἵνα** πειρασθῆτε καὶ ἕξετε θλῖψιν ἡμερῶν δέκα.
2:21 καὶ ἔδωκα αὐτῇ χρόνον **ἵνα** μετανοήσῃ, καὶ οὐ θέλει μετανοῆσαι ἐκ τῆς πορνείας αὐτῆς.
3: 9 ἰδοὺ ποιήσω αὐτοὺς **ἵνα** ἥξουσιν καὶ προσκυνήσουσιν ἐνώπιον τῶν ποδῶν σου καὶ γνῶσιν ὅτι ἐγὼ ἠγάπησά σε.
3:11 κράτει ὃ ἔχεις, **ἵνα** μηδεὶς λάβῃ τὸν στέφανόν σου.
3:18 συμβουλεύω σοι ἀγοράσαι παρ' ἐμοῦ χρυσίον πεπυρωμένον ἐκ πυρὸς **ἵνα** πλουτήσῃς, καὶ ἱμάτια λευκὰ **ἵνα** περιβάλῃ καὶ μὴ φανερωθῇ ἡ αἰσχύνη τῆς γυμνότητός σου, καὶ κολλ[ο]ύριον ἐγχρῖσαι τοὺς ὀφθαλμούς σου **ἵνα** βλέπῃς.
6: 2 καὶ ὁ καθήμενος ἐπ' αὐτὸν ἔχων τόξον καὶ ἐδόθη αὐτῷ στέφανος καὶ ἐξῆλθεν νικῶν καὶ **ἵνα** νικήσῃ.
6: 4 καὶ τῷ καθημένῳ ἐπ' αὐτὸν ἐδόθη αὐτῷ λαβεῖν τὴν εἰρήνην ἐκ τῆς γῆς καὶ **ἵνα** ἀλλήλους σφάξουσιν καὶ ἐδόθη αὐτῷ μάχαιρα
6:11 καὶ ἐδόθη αὐτοῖς ἑκάστῳ στολὴ λευκὴ καὶ ἐρρέθη αὐτοῖς **ἵνα** ἀναπαύσονται ἔτι χρόνον μικρόν,
7: 1 κρατοῦντας τοὺς τέσσαρας ἀνέμους τῆς γῆς **ἵνα** μὴ πνέῃ ἄνεμος ἐπὶ τῆς γῆς μήτε ἐπὶ τῆς θαλάσσης
8: 3 **ἵνα** δώσει ταῖς προσευχαῖς τῶν ἁγίων πάντων ἐπὶ τὸ θυσιαστήριον τὸ χρυσοῦν τὸ ἐνώπιον τοῦ θρόνου.
8: 6 Καὶ οἱ ἑπτὰ ἄγγελοι οἱ ἔχοντες τὰς ἑπτὰ σάλπιγγας ἡτοίμασαν αὐτοὺς **ἵνα** σαλπίσωσιν.
8:12 **ἵνα** σκοτισθῇ τὸ τρίτον αὐτῶν καὶ ἡ ἡμέρα μὴ φάνῃ τὸ τρίτον αὐτῆς καὶ ἡ νὺξ ὁμοίως.
9: 4 καὶ ἐρρέθη αὐταῖς **ἵνα** μὴ ἀδικήσουσιν τὸν χόρτον τῆς γῆς οὐδὲ πᾶν χλωρὸν οὐδὲ πᾶν δένδρον,
9: 5 καὶ ἐδόθη αὐτοῖς **ἵνα** μὴ ἀποκτείνωσιν αὐτούς, ἀλλ' **ἵνα** βασανισθήσονται μῆνας πέντε,
9:15 ἄγγελοι οἱ ἡτοιμασμένοι εἰς τὴν ὥραν καὶ ἡμέραν καὶ μῆνα καὶ ἐνιαυτόν, **ἵνα** ἀποκτείνωσιν τὸ τρίτον τῶν ἀνθρώπων.
9:20 **ἵνα** μὴ προσκυνήσουσιν τὰ δαιμόνια καὶ τὰ εἴδωλα τὰ χρυσᾶ καὶ τὰ ἀργυρᾶ καὶ τὰ χαλκᾶ καὶ τὰ λίθινα καὶ τὰ ξύλινα,
11: 6 **ἵνα** μὴ ὑετὸς βρέχῃ τὰς ἡμέρας τῆς προφητείας αὐτῶν,
12: 4 καὶ ὁ δράκων ἕστηκεν ἐνώπιον τῆς γυναικὸς τῆς μελλούσης τεκεῖν, **ἵνα** ὅταν τέκῃ τὸ τέκνον αὐτῆς καταφάγῃ.
12: 6 **ἵνα** ἐκεῖ τρέφωσιν αὐτὴν ἡμέρας χιλίας διακοσίας ἑξήκοντα.
12:14 **ἵνα** πέτηται εἰς τὴν ἔρημον εἰς τὸν τόπον αὐτῆς,
12:15 καὶ ἔβαλεν ὁ ὄφις ἐκ τοῦ στόματος αὐτοῦ ὀπίσω τῆς γυναικὸς ὕδωρ ὡς ποταμόν, **ἵνα** αὐτὴν ποταμοφόρητον ποιήσῃ.
13:12 καὶ ποιεῖ τὴν γῆν καὶ τοὺς ἐν αὐτῇ κατοικοῦντας **ἵνα** προσκυνήσουσιν τὸ θηρίον τὸ πρῶτον,
13:13 **ἵνα** καὶ πῦρ ποιῇ ἐκ τοῦ οὐρανοῦ καταβαίνειν εἰς τὴν γῆν ἐνώπιον τῶν ἀνθρώπων,
13:15 **ἵνα** καὶ λαλήσῃ ἡ εἰκὼν τοῦ θηρίου καὶ ποιήσῃ **[ἵνα]** ὅσοι ἐὰν μὴ προσκυνήσωσιν τῇ εἰκόνι τοῦ θηρίου ἀποκτανθῶσιν.
13:16 **ἵνα** δῶσιν αὐτοῖς χάραγμα ἐπὶ τῆς χειρὸς αὐτῶν τῆς δεξιᾶς ἢ ἐπὶ τὸ μέτωπον αὐτῶν
13:17 καὶ **ἵνα** μή τις δύνηται ἀγοράσαι ἢ πωλῆσαι εἰ μὴ ὁ ἔχων τὸ χάραγμα τὸ ὄνομα τοῦ θηρίου ἢ τὸν ἀριθμὸν τοῦ ὀνόματος
14:13 λέγει τὸ πνεῦμα, **ἵνα** ἀναπαήσονται ἐκ τῶν κόπων αὐτῶν,
16:12 **ἵνα** ἑτοιμασθῇ ἡ ὁδὸς τῶν βασιλέων τῶν ἀπὸ ἀνατολῆς ἡλίου.
16:15 **ἵνα** μὴ γυμνὸς περιπατῇ καὶ βλέπωσιν τὴν ἀσχημοσύνην αὐτοῦ.
18: 4 Ἐξέλθατε ὁ λαός μου ἐξ αὐτῆς **ἵνα** μὴ συγκοινωνήσητε ταῖς ἁμαρτίαις αὐτῆς, καὶ ἐκ τῶν πληγῶν αὐτῆς **ἵνα** μὴ λάβητε,
19: 8 καὶ ἐδόθη αὐτῇ **ἵνα** περιβάληται βύσσινον λαμπρὸν καθαρόν·
19:15 **ἵνα** ἐν αὐτῇ πατάξῃ τὰ ἔθνη, καὶ αὐτὸς ποιμανεῖ αὐτοὺς ἐν ῥάβδῳ σιδηρᾷ,
19:18 **ἵνα** φάγητε σάρκας βασιλέων καὶ σάρκας χιλιάρχων καὶ σάρκας ἰσχυρῶν καὶ σάρκας ἵππων
20: 3 **ἵνα** μὴ πλανήσῃ ἔτι τὰ ἔθνη ἄχρι τελεσθῇ τὰ χίλια ἔτη.
21:15 **ἵνα** μετρήσῃ τὴν πόλιν καὶ τοὺς πυλῶνας αὐτῆς καὶ τὸ τεῖχος αὐτῆς.
21:23 καὶ ἡ πόλις οὐ χρείαν ἔχει τοῦ ἡλίου οὐδὲ τῆς σελήνης **ἵνα** φαίνωσιν αὐτῇ,
22:14 **ἵνα** ἔσται ἡ ἐξουσία αὐτῶν ἐπὶ τὸ ξύλον τῆς ζωῆς καὶ τοῖς πυλῶσιν εἰσέλθωσιν εἰς τὴν πόλιν.

2672 ἱνατί [6]

√ 2671 + 5515

Mt 9: 4 καὶ ἰδὼν ὁ Ἰησοῦς τὰς ἐνθυμήσεις αὐτῶν εἶπεν, **Ἱνατί** ἐνθυμεῖσθε πονηρὰ ἐν ταῖς καρδίαις ὑμῶν;
27:46 τοῦτ' ἔστιν, Θεέ μου θεέ μου, **ἱνατί** με ἐγκατέλιπες;
Lk 13: 7 ἔκκοψον [οὖν] αὐτήν, **ἱνατί** καὶ τὴν γῆν καταργεῖ;
Ac 4:25 διὰ πνεύματος ἁγίου στόματος Δαυὶδ παιδός σου εἰπών, **Ἱνατί** ἐφρύαξαν ἔθνη καὶ λαοὶ ἐμελέτησαν κενά;
7:26 ὤφθη αὐτοῖς μαχομένοις καὶ συνήλλασσεν αὐτοὺς εἰς εἰρήνην εἰπών, Ἄνδρες, ἀδελφοί ἐστε· **ἱνατί** ἀδικεῖτε ἀλλήλους;
1Co 10:29 **ἱνατί** γὰρ ἡ ἐλευθερία μου κρίνεται ὑπὸ ἄλλης συνειδήσεως;

2673 Ἰόππη [10]

Ac 9:36 Ἐν **Ἰόππῃ** δέ τις ἦν μαθήτρια ὀνόματι Ταβιθά,
9:38 ἐγγὺς δὲ οὔσης Λύδδας τῇ **Ἰόππῃ** οἱ μαθηταὶ ἀκούσαντες ὅτι Πέτρος ἐστὶν ἐν αὐτῇ ἀπέστειλαν δύο ἄνδρας πρὸς αὐτὸν
9:42 γνωστὸν δὲ ἐγένετο καθ' ὅλης τῆς **Ἰόππης** καὶ ἐπίστευσαν πολλοὶ ἐπὶ τὸν κύριον.
9:43 Ἐγένετο δὲ ἡμέρας ἱκανὰς μεῖναι ἐν **Ἰόππῃ** παρά τινι Σίμωνι βυρσεῖ.
10: 5 καὶ νῦν πέμψον ἄνδρας εἰς **Ἰόππην** καὶ μετάπεμψαι Σίμωνά τινα ὃς ἐπικαλεῖται Πέτρος·
10: 8 καὶ ἐξηγησάμενος ἅπαντα αὐτοῖς ἀπέστειλεν αὐτοὺς εἰς τὴν **Ἰόππην.**
10:23 Τῇ δὲ ἐπαύριον ἀναστὰς ἐξῆλθεν σὺν αὐτοῖς καί τινες τῶν ἀδελφῶν τῶν ἀπὸ **Ἰόππης** συνῆλθον αὐτῷ.
10:32 πέμψον οὖν εἰς **Ἰόππην** καὶ μετακάλεσαι Σίμωνα ὃς ἐπικαλεῖται Πέτρος,

11: 5 Ἐγὼ ἤμην ἐν πόλει **Ἰόππῃ** προσευχόμενος καὶ εἶδον ἐν ἐκστάσει ὅραμα,
11:13 Ἀπόστειλον εἰς **Ἰόππην** καὶ μετάπεμψαι Σίμωνα τὸν ἐπικαλούμενον Πέτρον,

2674 Ἰορδάνης [15]

Mt 3: 5 τότε ἐξεπορεύετο πρὸς αὐτὸν Ἱεροσόλυμα καὶ πᾶσα ἡ Ἰουδαία καὶ πᾶσα ἡ περίχωρος τοῦ **Ἰορδάνου,**
3: 6 καὶ ἐβαπτίζοντο ἐν τῷ **Ἰορδάνῃ** ποταμῷ ὑπ᾽ αὐτοῦ ἐξομολογούμενοι τὰς ἁμαρτίας αὐτῶν.
3:13 Τότε παραγίνεται ὁ Ἰησοῦς ἀπὸ τῆς Γαλιλαίας ἐπὶ τὸν **Ἰορδάνην** πρὸς τὸν Ἰωάννην τοῦ βαπτισθῆναι ὑπ᾽ αὐτοῦ.
4:15 ὁδὸν θαλάσσης, πέραν τοῦ **Ἰορδάνου,** Γαλιλαία τῶν ἐθνῶν,
4:25 καὶ ἠκολούθησαν αὐτῷ ὄχλοι πολλοὶ ἀπὸ τῆς Γαλιλαίας καὶ Δεκαπόλεως καὶ Ἱεροσολύμων καὶ Ἰουδαίας καὶ πέραν τοῦ **Ἰορδάνου.**
19: 1 μετῆρεν ἀπὸ τῆς Γαλιλαίας καὶ ἦλθεν εἰς τὰ ὅρια τῆς Ἰουδαίας πέραν τοῦ **Ἰορδάνου.**
Mk 1: 5 καὶ ἐβαπτίζοντο ὑπ᾽ αὐτοῦ ἐν τῷ **Ἰορδάνῃ** ποταμῷ ἐξομολογούμενοι τὰς ἁμαρτίας αὐτῶν.
1: 9 ἐν ἐκείναις ταῖς ἡμέραις ἦλθεν Ἰησοῦς ἀπὸ Ναζαρὲτ τῆς Γαλιλαίας καὶ ἐβαπτίσθη εἰς τὸν **Ἰορδάνην** ὑπὸ Ἰωάννου.
3: 8 καὶ ἀπὸ Ἱεροσολύμων καὶ ἀπὸ τῆς Ἰδουμαίας καὶ πέραν τοῦ **Ἰορδάνου** καὶ περὶ Τύρον καὶ Σιδῶνα,
10: 1 Καὶ ἐκεῖθεν ἀναστὰς ἔρχεται εἰς τὰ ὅρια τῆς Ἰουδαίας [καὶ] πέραν τοῦ **Ἰορδάνου,**
Lk 3: 3 καὶ ἦλθεν εἰς πᾶσαν [τὴν] περίχωρον τοῦ **Ἰορδάνου** κηρύσσων βάπτισμα μετανοίας εἰς ἄφεσιν ἁμαρτιῶν,
4: 1 Ἰησοῦς δὲ πλήρης πνεύματος ἁγίου ὑπέστρεψεν ἀπὸ τοῦ **Ἰορδάνου** καὶ ἤγετο ἐν τῷ πνεύματι ἐν τῇ ἐρήμῳ
Jn 1:28 Ταῦτα ἐν Βηθανίᾳ ἐγένετο πέραν τοῦ **Ἰορδάνου,** ὅπου ἦν ὁ Ἰωάννης βαπτίζων.
3:26 Ῥαββί, ὃς ἦν μετὰ σοῦ πέραν τοῦ **Ἰορδάνου,**
10:40 Καὶ ἀπῆλθεν πάλιν πέραν τοῦ **Ἰορδάνου** εἰς τὸν τόπον ὅπου ἦν Ἰωάννης τὸ πρῶτον βαπτίζων καὶ ἔμεινεν ἐκεῖ.

2675 ἰός [3]

→ *2995*

Ro 3:13 ταῖς γλώσσαις αὐτῶν ἐδολιοῦσαν, **ἰὸς** ἀσπίδων ὑπὸ τὰ χείλη αὐτῶν·
Jas 3: 8 τὴν δὲ γλῶσσαν οὐδεὶς δαμάσαι δύναται ἀνθρώπων, ἀκατάστατον κακόν, μεστὴ **ἰοῦ** θανατηφόρου.
5: 3 ὁ χρυσὸς ὑμῶν καὶ ὁ ἄργυρος κατίωται καὶ ὁ **ἰὸς** αὐτῶν εἰς μαρτύριον ὑμῖν ἔσται καὶ φάγεται τὰς σάρκας ὑμῶν ὡς πῦρ.

2676 Ἰουδά Not used in UBS/NIV

√ *2683*

2677 Ἰουδαία [43]

√ *2683*

Mt 2: 1 Τοῦ δὲ Ἰησοῦ γεννηθέντος ἐν Βηθλέεμ τῆς **Ἰουδαίας** ἐν ἡμέραις Ἡρῴδου τοῦ βασιλέως,
2: 5 οἱ δὲ εἶπαν αὐτῷ, Ἐν Βηθλέεμ τῆς **Ἰουδαίας·**
2:22 ἀκούσας δὲ ὅτι Ἀρχέλαος βασιλεύει τῆς **Ἰουδαίας** ἀντὶ τοῦ πατρὸς αὐτοῦ Ἡρῴδου ἐφοβήθη ἐκεῖ ἀπελθεῖν·
3: 1 Ἐν δὲ ταῖς ἡμέραις ἐκείναις παραγίνεται Ἰωάννης ὁ βαπτιστὴς κηρύσσων ἐν τῇ ἐρήμῳ τῆς **Ἰουδαίας**
3: 5 τότε ἐξεπορεύετο πρὸς αὐτὸν Ἱεροσόλυμα καὶ πᾶσα ἡ **Ἰουδαία** καὶ πᾶσα ἡ περίχωρος τοῦ Ἰορδάνου,
4:25 καὶ ἠκολούθησαν αὐτῷ ὄχλοι πολλοὶ ἀπὸ τῆς Γαλιλαίας καὶ Δεκαπόλεως καὶ Ἱεροσολύμων καὶ **Ἰουδαίας** καὶ πέραν τοῦ Ἰορδάνου.
19: 1 μετῆρεν ἀπὸ τῆς Γαλιλαίας καὶ ἦλθεν εἰς τὰ ὅρια τῆς **Ἰουδαίας** πέραν τοῦ Ἰορδάνου.
24:16 τότε οἱ ἐν τῇ **Ἰουδαίᾳ** φευγέτωσαν εἰς τὰ ὄρη,
Mk 3: 7 καὶ πολὺ πλῆθος ἀπὸ τῆς Γαλιλαίας [ἠκολούθησεν,] καὶ ἀπὸ τῆς **Ἰουδαίας**
10: 1 Καὶ ἐκεῖθεν ἀναστὰς ἔρχεται εἰς τὰ ὅρια τῆς **Ἰουδαίας** [καὶ] πέραν τοῦ Ἰορδάνου,
13:14 τότε οἱ ἐν τῇ **Ἰουδαίᾳ** φευγέτωσαν εἰς τὰ ὄρη,
Lk 1: 5 Ἐγένετο ἐν ταῖς ἡμέραις Ἡρῴδου βασιλέως τῆς **Ἰουδαίας** ἱερεύς τις ὀνόματι Ζαχαρίας ἐξ ἐφημερίας Ἀβιά,
1:65 καὶ ἐν ὅλῃ τῇ ὀρεινῇ τῆς **Ἰουδαίας** διελαλεῖτο πάντα τὰ ῥήματα ταῦτα,
2: 4 Ἀνέβη δὲ καὶ Ἰωσὴφ ἀπὸ τῆς Γαλιλαίας ἐκ πόλεως Ναζαρὲθ εἰς τὴν **Ἰουδαίαν** εἰς πόλιν Δαυὶδ ἥτις καλεῖται Βηθλέεμ,
3: 1 ἡγεμονεύοντος Ποντίου Πιλάτου τῆς **Ἰουδαίας,** καὶ τετρααρχοῦντος τῆς Γαλιλαίας Ἡρῴδου,
4:44 καὶ ἦν κηρύσσων εἰς τὰς συναγωγὰς τῆς **Ἰουδαίας.**
5:17 καθήμενοι Φαρισαῖοι καὶ νομοδιδάσκαλοι οἳ ἦσαν ἐληλυθότες ἐκ πάσης κώμης τῆς Γαλιλαίας καὶ **Ἰουδαίας** καὶ Ἰερουσαλήμ·
6:17 καὶ πλῆθος πολὺ τοῦ λαοῦ ἀπὸ πάσης τῆς **Ἰουδαίας** καὶ Ἰερουσαλὴμ καὶ τῆς παραλίου Τύρου καὶ Σιδῶνος,
7:17 καὶ ἐξῆλθεν ὁ λόγος οὗτος ἐν ὅλῃ τῇ **Ἰουδαίᾳ** περὶ αὐτοῦ καὶ πάσῃ τῇ περιχώρῳ.
21:21 τότε οἱ ἐν τῇ **Ἰουδαίᾳ** φευγέτωσαν εἰς τὰ ὄρη καὶ οἱ ἐν μέσῳ αὐτῆς ἐκχωρείτωσαν καὶ οἱ ἐν ταῖς χώραις μὴ εἰσερχέσθωσαν
23: 5 οἱ δὲ ἐπίσχυον λέγοντες ὅτι Ἀνασείει τὸν λαὸν διδάσκων καθ᾽ ὅλης τῆς **Ἰουδαίας,**
Jn 4: 3 ἀφῆκεν τὴν **Ἰουδαίαν** καὶ ἀπῆλθεν πάλιν εἰς τὴν Γαλιλαίαν.
4:47 οὗτος ἀκούσας ὅτι Ἰησοῦς ἥκει ἐκ τῆς **Ἰουδαίας** εἰς τὴν Γαλιλαίαν ἀπῆλθεν πρὸς αὐτὸν καὶ ἠρώτα ἵνα καταβῇ
4:54 Τοῦτο [δὲ] πάλιν δεύτερον σημεῖον ἐποίησεν ὁ Ἰησοῦς ἐλθὼν ἐκ τῆς **Ἰουδαίας** εἰς τὴν Γαλιλαίαν.
7: 1 οὐ γὰρ ἤθελεν ἐν τῇ **Ἰουδαίᾳ** περιπατεῖν, ὅτι ἐζήτουν αὐτὸν οἱ Ἰουδαῖοι ἀποκτεῖναι.
7: 3 εἶπον οὖν πρὸς αὐτὸν οἱ ἀδελφοὶ αὐτοῦ, Μετάβηθι ἐντεῦθεν καὶ ὕπαγε εἰς τὴν **Ἰουδαίαν,**
11: 7 ἔπειτα μετὰ τοῦτο λέγει τοῖς μαθηταῖς, Ἄγωμεν εἰς τὴν **Ἰουδαίαν** πάλιν.
Ac 1: 8 καὶ ἔσεσθέ μου μάρτυρες ἔν τε Ἰερουσαλὴμ καὶ [ἐν] πάσῃ τῇ **Ἰουδαίᾳ** καὶ Σαμαρείᾳ καὶ ἕως ἐσχάτου τῆς γῆς.
2: 9 **Ἰουδαίαν** τε καὶ Καππαδοκίαν, Πόντον καὶ τὴν Ἀσίαν,
8: 1 πάντες δὲ διεσπάρησαν κατὰ τὰς χώρας τῆς **Ἰουδαίας** καὶ Σαμαρείας πλὴν τῶν ἀποστόλων.
9:31 Ἡ μὲν οὖν ἐκκλησία καθ᾽ ὅλης τῆς **Ἰουδαίας** καὶ Γαλιλαίας καὶ Σαμαρείας εἶχεν εἰρήνην οἰκοδομουμένη
10:37 ὑμεῖς οἴδατε τὸ γενόμενον ῥῆμα καθ᾽ ὅλης τῆς **Ἰουδαίας,**
11: 1 Ἤκουσαν δὲ οἱ ἀπόστολοι καὶ οἱ ἀδελφοὶ οἱ ὄντες κατὰ τὴν **Ἰουδαίαν** ὅτι καὶ τὰ ἔθνη ἐδέξαντο τὸν λόγον τοῦ θεοῦ.
11:29 καθὼς εὐπορεῖτό τις ὥρισαν ἕκαστος αὐτῶν εἰς διακονίαν πέμψαι τοῖς κατοικοῦσιν ἐν τῇ **Ἰουδαίᾳ** ἀδελφοῖς·
12:19 καὶ κατελθὼν ἀπὸ τῆς **Ἰουδαίας** εἰς Καισάρειαν διέτριβεν.
15: 1 Καί τινες κατελθόντες ἀπὸ τῆς **Ἰουδαίας** ἐδίδασκον τοὺς ἀδελφοὺς ὅτι Ἐὰν μὴ περιτμηθῆτε τῷ ἔθει τῷ Μωϋσέως,
21:10 ἐπιμενόντων δὲ ἡμέρας πλείους κατῆλθέν τις ἀπὸ τῆς **Ἰουδαίας** προφήτης ὀνόματι Ἅγαβος,
26:20 πᾶσάν τε τὴν χώραν τῆς **Ἰουδαίας** καὶ τοῖς ἔθνεσιν ἀπήγγελλον μετανοεῖν καὶ ἐπιστρέφειν ἐπὶ τὸν θεόν,
28:21 Ἡμεῖς οὔτε γράμματα περὶ σοῦ ἐδεξάμεθα ἀπὸ τῆς **Ἰουδαίας** οὔτε παραγενόμενός τις τῶν ἀδελφῶν ἀπήγγειλεν ἢ ἐλάλησέν
Ro 15:31 ἵνα ῥυσθῶ ἀπὸ τῶν ἀπειθούντων ἐν τῇ **Ἰουδαίᾳ** καὶ ἡ διακονία μου ἡ εἰς Ἰερουσαλὴμ εὐπρόσδεκτος τοῖς ἁγίοις γένηται,
2Co 1:16 καὶ πάλιν ἀπὸ Μακεδονίας ἐλθεῖν πρὸς ὑμᾶς καὶ ὑφ᾽ ὑμῶν προπεμφθῆναι εἰς τὴν **Ἰουδαίαν.**
Gal 1:22 ἤμην δὲ ἀγνοούμενος τῷ προσώπῳ ταῖς ἐκκλησίαις τῆς **Ἰουδαίας** ταῖς ἐν Χριστῷ.
1Th 2:14 τῶν ἐκκλησιῶν τοῦ θεοῦ τῶν οὐσῶν ἐν τῇ **Ἰουδαίᾳ** ἐν Χριστῷ Ἰησοῦ,

2678 ἰουδαΐζω [1]

√ *2683*

Gal 2:14 Εἰ σὺ Ἰουδαῖος ὑπάρχων ἐθνικῶς καὶ οὐχὶ Ἰουδαϊκῶς ζῇς, πῶς τὰ ἔθνη ἀναγκάζεις **Ἰουδαΐζειν;**

2679 Ἰουδαϊκός [1]

√ *2683*

Tit 1:14 μὴ προσέχοντες **Ἰουδαϊκοῖς** μύθοις καὶ ἐντολαῖς ἀνθρώπων ἀποστρεφομένων τὴν ἀλήθειαν.

2680 Ἰουδαϊκῶς [1]

√ *2683*

Gal 2:14 Εἰ σὺ Ἰουδαῖος ὑπάρχων ἐθνικῶς καὶ οὐχὶ **Ἰουδαϊκῶς** ζῇς,

2681 **Ἰουδαῖος** [195]

√ *2683*

singular [26] Jn 3:22,25; 4:9; 18:35; Ac 10:28; 13:6; 16:1; 18:2,24; 19:14,34; 21:39; 22:3; 24:24; Ro 1:16; 2:9,10,17,28,29; 3:1; 10:12; 1Co 9:20; Gal 2:14; 3:28; Col 3:11

βασιλεύς τῶν Ἰουδαίων [18] Mt 2:2; 27:11,29,37; Mk 15:2,9,12,18,26; Lk 23:3,37,38; Jn 18:33,39; 19:3,19,21,21

ἐγὼ Ἰουδαῖος εἰμί [2] Jn 18:35; Ac 21:39

ἡ Ἰουδαία [1] Ac 24:24

λαὸς Ἰουδαιών [1] Ac 12:11

πρεσβύτεροι Ἰουδαίων [2] Lk 7:3; Ac 25:15

συναγωγή Ἰουδαίων [4] Ac 13:5; 14:1; 17:1,10

Mt 2: 2 λέγοντες, Ποῦ ἐστιν ὁ τεχθεὶς βασιλεὺς τῶν **Ἰουδαίων;**
27: 11 καὶ ἐπηρώτησεν αὐτὸν ὁ ἡγεμὼν λέγων, Σὺ εἶ ὁ βασιλεὺς τῶν **Ἰουδαίων;**
27: 29 καὶ γονυπετήσαντες ἔμπροσθεν αὐτοῦ ἐνέπαιξαν αὐτῷ λέγοντες, Χαῖρε, βασιλεῦ τῶν **Ἰουδαίων,**
27: 37 καὶ ἐπέθηκαν ἐπάνω τῆς κεφαλῆς αὐτοῦ τὴν αἰτίαν αὐτοῦ γεγραμμένην· Οὗτός ἐστιν Ἰησοῦς ὁ βασιλεὺς τῶν **Ἰουδαίων.**
28: 15 Καὶ διεφημίσθη ὁ λόγος οὗτος παρὰ **Ἰουδαίοις** μέχρι τῆς σήμερον [ἡμέρας.]
Mk 1: 5 καὶ ἐξεπορεύετο πρὸς αὐτὸν πᾶσα ἡ **Ἰουδαία** χώρα καὶ οἱ Ἱεροσολυμῖται πάντες,
7: 3 –οἱ γὰρ Φαρισαῖοι καὶ πάντες οἱ **Ἰουδαῖοι** ἐὰν μὴ πυγμῇ νίψωνται τὰς χεῖρας οὐκ ἐσθίουσιν,
15: 2 καὶ ἐπηρώτησεν αὐτὸν ὁ Πιλᾶτος, Σὺ εἶ ὁ βασιλεὺς τῶν **Ἰουδαίων;**
15: 9 ὁ δὲ Πιλᾶτος ἀπεκρίθη αὐτοῖς λέγων, Θέλετε ἀπολύσω ὑμῖν τὸν βασιλέα τῶν **Ἰουδαίων;**
15: 12 Τί οὖν [θέλετε] ποιήσω [ὃν λέγετε] τὸν βασιλέα τῶν **Ἰουδαίων;**
15: 18 καὶ ἤρξαντο ἀσπάζεσθαι αὐτόν, Χαῖρε, βασιλεῦ τῶν **Ἰουδαίων·**
15: 26 καὶ ἦν ἡ ἐπιγραφὴ τῆς αἰτίας αὐτοῦ ἐπιγεγραμμένη, Ὁ βασιλεὺς τῶν **Ἰουδαίων.**
Lk 7: 3 ἀκούσας δὲ περὶ τοῦ Ἰησοῦ ἀπέστειλεν πρὸς αὐτὸν πρεσβυτέρους τῶν **Ἰουδαίων** ἐρωτῶν αὐτὸν
23: 3 ὁ δὲ Πιλᾶτος ἠρώτησεν αὐτὸν λέγων, Σὺ εἶ ὁ βασιλεὺς τῶν **Ἰουδαίων;**
23: 37 Εἰ σὺ εἶ ὁ βασιλεὺς τῶν **Ἰουδαίων,** σῶσον σεαυτόν.
23: 38 ἦν δὲ καὶ ἐπιγραφὴ ἐπ' αὐτῷ, Ὁ βασιλεὺς τῶν **Ἰουδαίων** οὗτος.
23: 51 ἀπὸ Ἁριμαθαίας πόλεως τῶν **Ἰουδαίων,** ὃς προσεδέχετο τὴν βασιλείαν τοῦ θεοῦ,
Jn 1: 19 ὅτε ἀπέστειλαν [πρὸς αὐτὸν] οἱ **Ἰουδαῖοι** ἐξ Ἱεροσολύμων ἱερεῖς καὶ Λευίτας ἵνα ἐρωτήσωσιν αὐτόν,
2: 6 ἦσαν δὲ ἐκεῖ λίθιναι ὑδρίαι ἓξ κατὰ τὸν καθαρισμὸν τῶν **Ἰουδαίων** κείμεναι,
2: 13 Καὶ ἐγγὺς ἦν τὸ πάσχα τῶν **Ἰουδαίων,** καὶ ἀνέβη εἰς Ἱεροσόλυμα ὁ Ἰησοῦς.
2: 18 ἀπεκρίθησαν οὖν οἱ **Ἰουδαῖοι** καὶ εἶπαν αὐτῷ, Τί σημεῖον δεικνύεις ἡμῖν ὅτι ταῦτα ποιεῖς;
2: 20 εἶπαν οὖν οἱ **Ἰουδαῖοι,** Τεσσεράκοντα καὶ ἓξ ἔτεσιν οἰκοδομήθη ὁ ναὸς οὗτος,
3: 1 Ἦν δὲ ἄνθρωπος ἐκ τῶν Φαρισαίων, Νικόδημος ὄνομα αὐτῷ, ἄρχων τῶν **Ἰουδαίων·**
3: 22 Μετὰ ταῦτα ἦλθεν ὁ Ἰησοῦς καὶ οἱ μαθηταὶ αὐτοῦ εἰς τὴν **Ἰουδαίαν** γῆν καὶ ἐκεῖ διέτριβεν μετ' αὐτῶν καὶ ἐβάπτιζεν.
3: 25 Ἐγένετο οὖν ζήτησις ἐκ τῶν μαθητῶν Ἰωάννου μετὰ **Ἰουδαίου** περὶ καθαρισμοῦ.
4: 9 Πῶς σὺ **Ἰουδαῖος** ὢν παρ' ἐμοῦ πεῖν αἰτεῖς γυναικὸς Σαμαρίτιδος οὔσης; οὐ γὰρ συγχρῶνται **Ἰουδαῖοι** Σαμαρίταις.
4: 22 ἡμεῖς προσκυνοῦμεν ὃ οἴδαμεν, ὅτι ἡ σωτηρία ἐκ τῶν **Ἰουδαίων** ἐστίν.
5: 1 Μετὰ ταῦτα ἦν ἑορτὴ τῶν **Ἰουδαίων** καὶ ἀνέβη Ἰησοῦς εἰς Ἱεροσόλυμα.
5: 10 ἔλεγον οὖν οἱ **Ἰουδαῖοι** τῷ τεθεραπευμένῳ, Σάββατόν ἐστιν,
5: 15 ἀπῆλθεν ὁ ἄνθρωπος καὶ ἀνήγγειλεν τοῖς **Ἰουδαίοις** ὅτι Ἰησοῦς ἐστιν ὁ ποιήσας αὐτὸν ὑγιῆ.
5: 16 καὶ διὰ τοῦτο ἐδίωκον οἱ **Ἰουδαῖοι** τὸν Ἰησοῦν,
5: 18 διὰ τοῦτο οὖν μᾶλλον ἐζήτουν αὐτὸν οἱ **Ἰουδαῖοι** ἀποκτεῖναι,
6: 4 ἦν δὲ ἐγγὺς τὸ πάσχα, ἡ ἑορτὴ τῶν **Ἰουδαίων.**
6: 41 Ἐγόγγυζον οὖν οἱ **Ἰουδαῖοι** περὶ αὐτοῦ ὅτι εἶπεν,
6: 52 Ἐμάχοντο οὖν πρὸς ἀλλήλους οἱ **Ἰουδαῖοι** λέγοντες, Πῶς δύναται οὗτος ἡμῖν δοῦναι τὴν σάρκα [αὐτοῦ] φαγεῖν;
7: 1 οὐ γὰρ ἤθελεν ἐν τῇ Ἰουδαίᾳ περιπατεῖν, ὅτι ἐζήτουν αὐτὸν οἱ **Ἰουδαῖοι** ἀποκτεῖναι.
7: 2 ἦν δὲ ἐγγὺς ἡ ἑορτὴ τῶν **Ἰουδαίων** ἡ σκηνοπηγία.
7: 11 οἱ οὖν **Ἰουδαῖοι** ἐζήτουν αὐτὸν ἐν τῇ ἑορτῇ καὶ ἔλεγον,
7: 13 οὐδεὶς μέντοι παρρησίᾳ ἐλάλει περὶ αὐτοῦ διὰ τὸν φόβον τῶν **Ἰουδαίων.**
7: 15 ἐθαύμαζον οὖν οἱ **Ἰουδαῖοι** λέγοντες, Πῶς οὗτος γράμματα οἶδεν μὴ μεμαθηκώς;
7: 35 εἶπον οὖν οἱ **Ἰουδαῖοι** πρὸς ἑαυτούς, Ποῦ οὗτος μέλλει πορεύεσθαι ὅτι ἡμεῖς οὐχ εὑρήσομεν αὐτόν;
8: 22 ἔλεγον οὖν οἱ **Ἰουδαῖοι,** Μήτι ἀποκτενεῖ ἑαυτόν, ὅτι λέγει,
8: 31 Ἔλεγεν οὖν ὁ Ἰησοῦς πρὸς τοὺς πεπιστευκότας αὐτῷ **Ἰουδαίους,**
8: 48 Ἀπεκρίθησαν οἱ **Ἰουδαῖοι** καὶ εἶπαν αὐτῷ, Οὐ καλῶς λέγομεν ἡμεῖς ὅτι Σαμαρίτης εἶ σὺ καὶ δαιμόνιον ἔχεις;
8: 52 εἶπον [οὖν] αὐτῷ οἱ **Ἰουδαῖοι,** Νῦν ἐγνώκαμεν ὅτι δαιμόνιον ἔχεις.
8: 57 εἶπον οὖν οἱ **Ἰουδαῖοι** πρὸς αὐτόν, Πεντήκοντα ἔτη οὔπω ἔχεις καὶ Ἀβραὰμ ἑώρακας;
9: 18 Οὐκ ἐπίστευσαν οὖν οἱ **Ἰουδαῖοι** περὶ αὐτοῦ ὅτι ἦν τυφλὸς καὶ ἀνέβλεψεν ἕως ὅτου ἐφώνησαν τοὺς γονεῖς αὐτοῦ
9: 22 ταῦτα εἶπαν οἱ γονεῖς αὐτοῦ ὅτι ἐφοβοῦντο τοὺς **Ἰουδαίους·** ἤδη γὰρ συνετέθειντο οἱ **Ἰουδαῖοι** ἵνα ἐάν τις αὐτὸν ὁμολογήσῃ Χριστόν, ἀποσυνάγωγος γένηται.
10: 19 Σχίσμα πάλιν ἐγένετο ἐν τοῖς **Ἰουδαίοις** διὰ τοὺς λόγους τούτους.
10: 24 ἐκύκλωσαν οὖν αὐτὸν οἱ **Ἰουδαῖοι** καὶ ἔλεγον αὐτῷ,
10: 31 Ἐβάστασαν πάλιν λίθους οἱ **Ἰουδαῖοι** ἵνα λιθάσωσιν αὐτόν.
10: 33 ἀπεκρίθησαν αὐτῷ οἱ **Ἰουδαῖοι,** Περὶ καλοῦ ἔργου οὐ λιθάζομέν σε ἀλλὰ περὶ βλασφημίας,
11: 8 Ῥαββί, νῦν ἐζήτουν σε λιθάσαι οἱ **Ἰουδαῖοι,** καὶ πάλιν ὑπάγεις ἐκεῖ;
11: 19 πολλοὶ δὲ ἐκ τῶν **Ἰουδαίων** ἐληλύθεισαν πρὸς τὴν Μάρθαν καὶ Μαριὰμ ἵνα παραμυθήσωνται αὐτὰς περὶ τοῦ ἀδελφοῦ.
11: 31 οἱ οὖν **Ἰουδαῖοι** οἱ ὄντες μετ' αὐτῆς ἐν τῇ οἰκίᾳ καὶ παραμυθούμενοι αὐτήν,
11: 33 Ἰησοῦς οὖν ὡς εἶδεν αὐτὴν κλαίουσαν καὶ τοὺς συνελθόντας αὐτῇ **Ἰουδαίους** κλαίοντας,
11: 36 ἔλεγον οὖν οἱ **Ἰουδαῖοι,** Ἴδε πῶς ἐφίλει αὐτόν.
11: 45 Πολλοὶ οὖν ἐκ τῶν **Ἰουδαίων** οἱ ἐλθόντες πρὸς τὴν Μαριὰμ καὶ θεασάμενοι ἃ ἐποίησεν ἐπίστευσαν εἰς αὐτόν·
11: 54 Ὁ οὖν Ἰησοῦς οὐκέτι παρρησίᾳ περιεπάτει ἐν τοῖς **Ἰουδαίοις,**
11: 55 Ἦν δὲ ἐγγὺς τὸ πάσχα τῶν **Ἰουδαίων,** καὶ ἀνέβησαν πολλοὶ εἰς Ἱεροσόλυμα ἐκ τῆς χώρας πρὸ τοῦ πάσχα
12: 9 Ἔγνω οὖν [ὁ] ὄχλος πολὺς ἐκ τῶν **Ἰουδαίων** ὅτι ἐκεῖ ἐστιν καὶ ἦλθον οὐ διὰ τὸν Ἰησοῦν μόνον,
12: 11 ὅτι πολλοὶ δι' αὐτὸν ὑπῆγον τῶν **Ἰουδαίων** καὶ ἐπίστευον εἰς τὸν Ἰησοῦν.
13: 33 καὶ καθὼς εἶπον τοῖς **Ἰουδαίοις** ὅτι Ὅπου ἐγὼ ὑπάγω ὑμεῖς οὐ δύνασθε ἐλθεῖν,
18: 12 Ἡ οὖν σπεῖρα καὶ ὁ χιλίαρχος καὶ οἱ ὑπηρέται τῶν **Ἰουδαίων** συνέλαβον τὸν Ἰησοῦν καὶ ἔδησαν αὐτὸν
18: 14 ἦν δὲ Καϊάφας ὁ συμβουλεύσας τοῖς **Ἰουδαίοις** ὅτι συμφέρει ἕνα ἄνθρωπον ἀποθανεῖν ὑπὲρ τοῦ λαοῦ.
18: 20 ὅπου πάντες οἱ **Ἰουδαῖοι** συνέρχονται, καὶ ἐν κρυπτῷ ἐλάλησα οὐδέν.
18: 31 εἶπον αὐτῷ οἱ **Ἰουδαῖοι,** Ἡμῖν οὐκ ἔξεστιν ἀποκτεῖναι οὐδένα·
18: 33 Εἰσῆλθεν οὖν πάλιν εἰς τὸ πραιτώριον ὁ Πιλᾶτος καὶ ἐφώνησεν τὸν Ἰησοῦν καὶ εἶπεν αὐτῷ, Σὺ εἶ ὁ βασιλεὺς τῶν **Ἰουδαίων;**
18: 35 ἀπεκρίθη ὁ Πιλᾶτος, Μήτι ἐγὼ **Ἰουδαῖός** εἰμι; τὸ ἔθνος τὸ σὸν καὶ οἱ ἀρχιερεῖς παρέδωκάν σε ἐμοί·
18: 36 οἱ ὑπηρέται οἱ ἐμοὶ ἠγωνίζοντο [ἂν] ἵνα μὴ παραδοθῶ τοῖς **Ἰουδαίοις·**
18: 38 Καὶ τοῦτο εἰπὼν πάλιν ἐξῆλθεν πρὸς τοὺς **Ἰουδαίους** καὶ λέγει αὐτοῖς,
18: 39 βούλεσθε οὖν ἀπολύσω ὑμῖν τὸν βασιλέα τῶν **Ἰουδαίων;**
19: 3 καὶ ἤρχοντο πρὸς αὐτὸν καὶ ἔλεγον, Χαῖρε ὁ βασιλεὺς τῶν **Ἰουδαίων·**
19: 7 ἀπεκρίθησαν αὐτῷ οἱ **Ἰουδαῖοι,** Ἡμεῖς νόμον ἔχομεν καὶ κατὰ τὸν νόμον ὀφείλει ἀποθανεῖν,
19: 12 οἱ δὲ **Ἰουδαῖοι** ἐκραύγασαν λέγοντες, Ἐὰν τοῦτον ἀπολύσῃς,
19: 14 καὶ λέγει τοῖς **Ἰουδαίοις,** Ἴδε ὁ βασιλεὺς ὑμῶν.
19: 19 ἦν δὲ γεγραμμένον, Ἰησοῦς ὁ Ναζωραῖος ὁ βασιλεὺς τῶν **Ἰουδαίων.**

19: 20 τοῦτον οὖν τὸν τίτλον πολλοὶ ἀνέγνωσαν τῶν **Ἰουδαίων,**
19: 21 ἔλεγον οὖν τῷ Πιλάτῳ οἱ ἀρχιερεῖς τῶν **Ἰουδαίων,** Μὴ γράφε,
Ὁ βασιλεὺς τῶν **Ἰουδαίων,** ἀλλ' ὅτι ἐκεῖνος εἶπεν, Βασιλεύς
εἰμι τῶν **Ἰουδαίων.**
19: 31 Οἱ οὖν **Ἰουδαῖοι,** ἐπεὶ παρασκευὴ ἦν, ἵνα μὴ μείνῃ ἐπὶ τοῦ
σταυροῦ τὰ σώματα ἐν τῷ σαββάτῳ,
19: 38 ὢν μαθητὴς τοῦ Ἰησοῦ κεκρυμμένος δὲ διὰ τὸν φόβον τῶν
Ἰουδαίων,
19: 40 ἔλαβον οὖν τὸ σῶμα τοῦ Ἰησοῦ καὶ ἔδησαν αὐτὸ ὀθονίοις μετὰ
τῶν ἀρωμάτων, καθὼς ἔθος ἐστὶν τοῖς **Ἰουδαίοις** ἐνταφιάζειν.
19: 42 ἐκεῖ οὖν διὰ τὴν παρασκευὴν τῶν **Ἰουδαίων,** ὅτι ἐγγὺς ἦν τὸ
μνημεῖον,
20: 19 τῇ ἡμέρᾳ ἐκείνῃ τῇ μιᾷ σαββάτων καὶ τῶν θυρῶν κεκλεισμένων
ὅπου ἦσαν οἱ μαθηταὶ διὰ τὸν φόβον τῶν **Ἰουδαίων,**
Ac 2: 5 Ἦσαν δὲ εἰς Ἰερουσαλὴμ κατοικοῦντες **Ἰουδαῖοι,** ἄνδρες
εὐλαβεῖς ἀπὸ παντὸς ἔθνους τῶν ὑπὸ τὸν οὐρανόν.
2: 11 **Ἰουδαῖοί** τε καὶ προσήλυτοι, Κρῆτες καὶ Ἄραβες, ἀκούομεν
λαλούντων αὐτῶν ταῖς ἡμετέραις γλώσσαις
2: 14 Ἄνδρες **Ἰουδαῖοι** καὶ οἱ κατοικοῦντες Ἰερουσαλὴμ πάντες,
τοῦτο ὑμῖν γνωστὸν ἔστω καὶ ἐνωτίσασθε τὰ ῥήματά μου.
9: 22 Σαῦλος δὲ μᾶλλον ἐνεδυναμοῦτο καὶ συνέχυννεν [τοὺς]
Ἰουδαίους τοὺς κατοικοῦντας ἐν Δαμασκῷ συμβιβάζων
9: 23 Ὡς δὲ ἐπληροῦντο ἡμέραι ἱκαναί, συνεβουλεύσαντο οἱ
Ἰουδαῖοι ἀνελεῖν αὐτόν·
10: 22 μαρτυρούμενός τε ὑπὸ ὅλου τοῦ ἔθνους τῶν **Ἰουδαίων,**
10: 28 Ὑμεῖς ἐπίστασθε ὡς ἀθέμιτόν ἐστιν ἀνδρὶ **Ἰουδαίῳ** κολλᾶσθαι
ἢ προσέρχεσθαι ἀλλοφύλῳ·
10: 39 καὶ ἡμεῖς μάρτυρες πάντων ὧν ἐποίησεν ἔν τε τῇ χώρᾳ τῶν
Ἰουδαίων καὶ [ἐν] Ἰερουσαλήμ.
11: 19 διῆλθον ἕως Φοινίκης καὶ Κύπρου καὶ Ἀντιοχείας μηδενὶ
λαλοῦντες τὸν λόγον εἰ μὴ μόνον **Ἰουδαίοις.**
12: 3 ἰδὼν δὲ ὅτι ἀρεστόν ἐστιν τοῖς **Ἰουδαίοις** προσέθετο
συλλαβεῖν καὶ Πέτρον,–
12: 11 καὶ ἐξείλατό με ἐκ χειρὸς Ἡρῴδου καὶ πάσης τῆς προσδοκίας
τοῦ λαοῦ τῶν **Ἰουδαίων.**
13: 5 καὶ γενόμενοι ἐν Σαλαμῖνι κατήγγελλον τὸν λόγον τοῦ θεοῦ ἐν
ταῖς συναγωγαῖς τῶν **Ἰουδαίων.**
13: 6 διελθόντες δὲ ὅλην τὴν νῆσον ἄχρι Πάφου εὗρον ἄνδρα τινὰ
μάγον ψευδοπροφήτην **Ἰουδαῖον** ᾧ ὄνομα Βαριησοῦ
13: 43 λυθείσης δὲ τῆς συναγωγῆς ἠκολούθησαν πολλοὶ τῶν **Ἰουδαίων**
καὶ τῶν σεβομένων προσηλύτων τῷ Παύλῳ καὶ τῷ Βαρναβᾷ,
13: 45 ἰδόντες δὲ οἱ **Ἰουδαῖοι** τοὺς ὄχλους ἐπλήσθησαν ζήλου καὶ
ἀντέλεγον τοῖς ὑπὸ Παύλου λαλουμένοις βλασφημοῦντες.
13: 50 οἱ δὲ **Ἰουδαῖοι** παρώτρυναν τὰς σεβομένας γυναῖκας τὰς
εὐσχήμονας καὶ τοὺς πρώτους τῆς πόλεως
14: 1 Ἐγένετο δὲ ἐν Ἰκονίῳ κατὰ τὸ αὐτὸ εἰσελθεῖν αὐτοὺς εἰς τὴν
συναγωγὴν τῶν **Ἰουδαίων** καὶ λαλῆσαι οὕτως ὥστε πιστεῦσαι
Ἰουδαίων τε καὶ Ἑλλήνων πολὺ πλῆθος.
14: 2 οἱ δὲ ἀπειθήσαντες **Ἰουδαῖοι** ἐπήγειραν καὶ ἐκάκωσαν τὰς
ψυχὰς τῶν ἐθνῶν κατὰ τῶν ἀδελφῶν.
14: 4 καὶ οἱ μὲν ἦσαν σὺν τοῖς **Ἰουδαίοις,** οἱ δὲ σὺν τοῖς
ἀποστόλοις.
14: 5 ὡς δὲ ἐγένετο ὁρμὴ τῶν ἐθνῶν τε καὶ **Ἰουδαίων** σὺν τοῖς
ἄρχουσιν αὐτῶν ὑβρίσαι καὶ λιθοβολῆσαι αὐτούς,
14: 19 Ἐπῆλθαν δὲ ἀπὸ Ἀντιοχείας καὶ Ἰκονίου **Ἰουδαῖοι** καὶ
πείσαντες τοὺς ὄχλους καὶ λιθάσαντες τὸν Παῦλον ἔσυρον ἔξω
16: 1 καὶ ἰδοὺ μαθητής τις ἦν ἐκεῖ ὀνόματι Τιμόθεος, υἱὸς γυναικὸς
Ἰουδαίας πιστῆς, πατρὸς δὲ Ἕλληνος,
16: 3 καὶ λαβὼν περιέτεμεν αὐτὸν διὰ τοὺς **Ἰουδαίους** τοὺς ὄντας
ἐν τοῖς τόποις ἐκείνοις·
16: 20 Οὗτοι οἱ ἄνθρωποι ἐκταράσσουσιν ἡμῶν τὴν πόλιν, **Ἰουδαῖοι**
ὑπάρχοντες,
17: 1 Διοδεύσαντες δὲ τὴν Ἀμφίπολιν καὶ τὴν Ἀπολλωνίαν ἦλθον
εἰς Θεσσαλονίκην ὅπου ἦν συναγωγὴ τῶν **Ἰουδαίων.**
17: 5 Ζηλώσαντες δὲ οἱ **Ἰουδαῖοι** καὶ προσλαβόμενοι τῶν ἀγοραίων
ἄνδρας τινὰς πονηροὺς καὶ ὀχλοποιήσαντες ἐθορύβουν
17: 10 οἵτινες παραγενόμενοι εἰς τὴν συναγωγὴν τῶν **Ἰουδαίων**
ἀπῄεσαν.
17: 13 Ὡς δὲ ἔγνωσαν οἱ ἀπὸ τῆς Θεσσαλονίκης **Ἰουδαῖοι** ὅτι καὶ ἐν
τῇ Βεροίᾳ κατηγγέλη ὑπὸ τοῦ Παύλου ὁ λόγος τοῦ θεοῦ,
17: 17 διελέγετο μὲν οὖν ἐν τῇ συναγωγῇ τοῖς **Ἰουδαίοις** καὶ τοῖς
σεβομένοις καὶ ἐν τῇ ἀγορᾷ κατὰ πᾶσαν ἡμέραν
18: 2 καὶ εὑρών τινα **Ἰουδαῖον** ὀνόματι Ἀκύλαν, Ποντικὸν τῷ γένει
προσφάτως ἐληλυθότα ἀπὸ τῆς Ἰταλίας καὶ Πρίσκιλλαν
γυναῖκα αὐτοῦ, διὰ τὸ διατεταχέναι Κλαύδιον χωρίζεσθαι
πάντας τοὺς **Ἰουδαίους** ἀπὸ τῆς Ῥώμης,
18: 4 διελέγετο δὲ ἐν τῇ συναγωγῇ κατὰ πᾶν σάββατον ἔπειθέν τε
Ἰουδαίους καὶ Ἕλληνας.
18: 5 συνείχετο τῷ λόγῳ ὁ Παῦλος διαμαρτυρόμενος τοῖς **Ἰουδαίοις**
εἶναι τὸν Χριστὸν Ἰησοῦν.
18: 12 Γαλλίωνος δὲ ἀνθυπάτου ὄντος τῆς Ἀχαΐας κατεπέστησαν
ὁμοθυμαδὸν οἱ **Ἰουδαῖοι** τῷ Παύλῳ καὶ ἤγαγον αὐτὸν
18: 14 μέλλοντος δὲ τοῦ Παύλου ἀνοίγειν τὸ στόμα εἶπεν ὁ Γαλλίων
πρὸς τοὺς **Ἰουδαίους,** Εἰ μὲν ἦν ἀδίκημά τι ἢ ῥᾳδιούργημα
πονηρόν, ὦ **Ἰουδαῖοι,** κατὰ λόγον ἂν ἀνεσχόμην ὑμῶν,
18: 19 εἰσελθὼν εἰς τὴν συναγωγὴν διελέξατο τοῖς **Ἰουδαίοις.**
18: 24 **Ἰουδαῖος** δέ τις Ἀπολλῶς ὀνόματι, Ἀλεξανδρεὺς τῷ γένει,
18: 28 εὐτόνως γὰρ τοῖς **Ἰουδαίοις** διακατηλέγχετο δημοσίᾳ
ἐπιδεικνὺς διὰ τῶν γραφῶν εἶναι τὸν Χριστὸν Ἰησοῦν.
19: 10 ὥστε πάντας τοὺς κατοικοῦντας τὴν Ἀσίαν ἀκοῦσαι τὸν λόγον
τοῦ κυρίου, **Ἰουδαίους** τε καὶ Ἕλληνας.
19: 13 ἐπεχείρησαν δέ τινες καὶ τῶν περιερχομένων **Ἰουδαίων**
ἐξορκιστῶν ὀνομάζειν ἐπὶ τοὺς ἔχοντας τὰ πνεύματα τὰ
πονηρὰ τὸ ὄνομα τοῦ κυρίου Ἰησοῦ λέγοντες,
19: 14 ἦσαν δέ τινος Σκευᾶ **Ἰουδαίου** ἀρχιερέως ἑπτὰ υἱοὶ τοῦτο
ποιοῦντες.
19: 17 τοῦτο δὲ ἐγένετο γνωστὸν πᾶσιν **Ἰουδαίοις** τε καὶ Ἕλλησιν
τοῖς κατοικοῦσιν τὴν Ἔφεσον καὶ ἐπέπεσεν φόβος ἐπὶ πάντας
19: 33 ἐκ δὲ τοῦ ὄχλου συνεβίβασαν Ἀλέξανδρον, προβαλόντων αὐτὸν
τῶν **Ἰουδαίων·**
19: 34 ἐπιγνόντες δὲ ὅτι **Ἰουδαῖός** ἐστιν, φωνὴ ἐγένετο μία ἐκ
πάντων ὡς ἐπὶ ὥρας δύο κραζόντων,
20: 3 γενομένης ἐπιβουλῆς αὐτῷ ὑπὸ τῶν **Ἰουδαίων** μέλλοντι
ἀνάγεσθαι εἰς τὴν Συρίαν,
20: 19 δουλεύων τῷ κυρίῳ μετὰ πάσης ταπεινοφροσύνης καὶ δακρύων
καὶ πειρασμῶν τῶν συμβάντων μοι ἐν ταῖς ἐπιβουλαῖς τῶν
Ἰουδαίων,
20: 21 διαμαρτυρόμενος **Ἰουδαίοις** τε καὶ Ἕλλησιν τὴν εἰς θεὸν
μετάνοιαν καὶ πίστιν εἰς τὸν κύριον ἡμῶν Ἰησοῦν.
21: 11 οὕτως δήσουσιν ἐν Ἰερουσαλὴμ οἱ **Ἰουδαῖοι** καὶ παραδώσουσιν
εἰς χεῖρας ἐθνῶν.
21: 20 πόσαι μυριάδες εἰσὶν ἐν τοῖς **Ἰουδαίοις** τῶν πεπιστευκότων
καὶ πάντες ζηλωταὶ τοῦ νόμου ὑπάρχουσιν·
21: 21 ὅτι ἀποστασίαν διδάσκεις ἀπὸ Μωϋσέως τοὺς κατὰ τὰ ἔθνη
πάντας **Ἰουδαίους** λέγων μὴ περιτέμνειν αὐτοὺς τὰ τέκνα
21: 27 οἱ ἀπὸ τῆς Ἀσίας **Ἰουδαῖοι** θεασάμενοι αὐτὸν ἐν τῷ ἱερῷ
συνέχεον πάντα τὸν ὄχλον καὶ ἐπέβαλον ἐπ' αὐτὸν τὰς χεῖρας
21: 39 Ἐγὼ ἄνθρωπος μέν εἰμι **Ἰουδαῖος,** Ταρσεὺς τῆς Κιλικίας,
22: 3 Ἐγώ εἰμι ἀνὴρ **Ἰουδαῖος,** γεγεννημένος ἐν Ταρσῷ τῆς
Κιλικίας,
22: 12 ἀνὴρ εὐλαβὴς κατὰ τὸν νόμον, μαρτυρούμενος ὑπὸ πάντων τῶν
κατοικούντων **Ἰουδαίων,**
22: 30 Τῇ δὲ ἐπαύριον βουλόμενος γνῶναι τὸ ἀσφαλές, τὸ τί
κατηγορεῖται ὑπὸ τῶν **Ἰουδαίων,**
23: 12 οἱ **Ἰουδαῖοι** ἀνεθεμάτισαν ἑαυτοὺς λέγοντες μήτε φαγεῖν
μήτε πιεῖν ἕως οὗ ἀποκτείνωσιν τὸν Παῦλον.
23: 20 εἶπεν δὲ ὅτι Οἱ **Ἰουδαῖοι** συνέθεντο τοῦ ἐρωτῆσαί σε ὅπως
αὔριον τὸν Παῦλον καταγάγῃς εἰς τὸ συνέδριον
23: 27 Τὸν ἄνδρα τοῦτον συλλημφθέντα ὑπὸ τῶν **Ἰουδαίων** καὶ
μέλλοντα ἀναιρεῖσθαι ὑπ' αὐτῶν ἐπιστὰς σὺν τῷ στρατεύματι
24: 5 εὑρόντες γὰρ τὸν ἄνδρα τοῦτον λοιμὸν καὶ κινοῦντα στάσεις
πᾶσιν τοῖς **Ἰουδαίοις** τοῖς κατὰ τὴν οἰκουμένην πρωτοστάτην
24: 9 συνεπέθεντο δὲ καὶ οἱ **Ἰουδαῖοι** φάσκοντες ταῦτα οὕτως ἔχειν.
24: 19 τινὲς δὲ ἀπὸ τῆς Ἀσίας **Ἰουδαῖοι,** οὓς ἔδει ἐπὶ σοῦ παρεῖναι
καὶ κατηγορεῖν εἴ τι ἔχοιεν πρὸς ἐμέ.
24: 24 Μετὰ δὲ ἡμέρας τινὰς παραγενόμενος ὁ Φῆλιξ σὺν Δρουσίλλῃ
τῇ ἰδίᾳ γυναικὶ οὔσῃ **Ἰουδαίᾳ** μετεπέμψατο τὸν Παῦλον
24: 27 θέλων τε χάριτα καταθέσθαι τοῖς **Ἰουδαίοις** ὁ Φῆλιξ κατέλιπε
τὸν Παῦλον δεδεμένον.
25: 2 ἐνεφάνισάν τε αὐτῷ οἱ ἀρχιερεῖς καὶ οἱ πρῶτοι τῶν **Ἰουδαίων**
κατὰ τοῦ Παύλου καὶ παρεκάλουν αὐτὸν
25: 7 περιέστησαν αὐτὸν οἱ ἀπὸ Ἱεροσολύμων καταβεβηκότες
Ἰουδαῖοι πολλὰ καὶ βαρέα αἰτιώματα καταφέροντες
25: 8 τοῦ Παύλου ἀπολογουμένου ὅτι Οὔτε εἰς τὸν νόμον τῶν
Ἰουδαίων οὔτε εἰς τὸ ἱερὸν οὔτε εἰς Καίσαρά τι ἥμαρτον.
25: 9 ὁ Φῆστος δὲ θέλων τοῖς **Ἰουδαίοις** χάριν καταθέσθαι
ἀποκριθεὶς τῷ Παύλῳ εἶπεν,
25: 10 **Ἰουδαίους** οὐδὲν ἠδίκησα ὡς καὶ σὺ κάλλιον ἐπιγινώσκεις.
25: 15 ἐνεφάνισαν οἱ ἀρχιερεῖς καὶ οἱ πρεσβύτεροι τῶν **Ἰουδαίων**
αἰτούμενοι κατ' αὐτοῦ καταδίκην.
25: 24 θεωρεῖτε τοῦτον περὶ οὗ ἅπαν τὸ πλῆθος τῶν **Ἰουδαίων**
ἐνέτυχόν μοι ἔν τε Ἱεροσολύμοις καὶ ἐνθάδε βοῶντες

26: 2 Περὶ πάντων ὧν ἐγκαλοῦμαι ὑπὸ **Ἰουδαίων,** βασιλεῦ Ἀγρίππα,
26: 3 μάλιστα γνώστην ὄντα σε πάντων τῶν κατὰ **Ἰουδαίους** ἐθῶν τε καὶ ζητημάτων,
26: 4 βίωσίν μου [τὴν] ἐκ νεότητος τὴν ἀπ᾽ ἀρχῆς γενομένην ἐν τῷ ἔθνει μου ἔν τε Ἱεροσολύμοις ἴσασι πάντες [οἱ] **Ἰουδαῖοι**
26: 7 ἐν ἐκτενείᾳ νύκτα καὶ ἡμέραν λατρεῦον ἐλπίζει καταντῆσαι, περὶ ἧς ἐλπίδος ἐγκαλοῦμαι ὑπὸ **Ἰουδαίων,** βασιλεῦ.
26: 21 ἕνεκα τούτων με **Ἰουδαῖοι** συλλαβόμενοι [ὄντα] ἐν τῷ ἱερῷ ἐπειρῶντο διαχειρίσασθαι.
28: 17 Ἐγένετο δὲ μετὰ ἡμέρας τρεῖς συγκαλέσασθαι αὐτὸν τοὺς ὄντας τῶν **Ἰουδαίων** πρώτους·
28: 19 ἀντιλεγόντων δὲ τῶν **Ἰουδαίων** ἠναγκάσθην ἐπικαλέσασθαι Καίσαρα οὐχ ὡς τοῦ ἔθνους μου ἔχων τι κατηγορεῖν.

Ro 1: 16 δύναμις γὰρ θεοῦ ἐστιν εἰς σωτηρίαν παντὶ τῷ πιστεύοντι, **Ἰουδαίῳ** τε πρῶτον καὶ Ἕλληνι.
2: 9 θλῖψις καὶ στενοχωρία ἐπὶ πᾶσαν ψυχὴν ἀνθρώπου τοῦ κατεργαζομένου τὸ κακόν, **Ἰουδαίου** τε πρῶτον καὶ Ἕλληνος·
2: 10 δόξα δὲ καὶ τιμὴ καὶ εἰρήνη παντὶ τῷ ἐργαζομένῳ τὸ ἀγαθόν, **Ἰουδαίῳ** τε πρῶτον καὶ Ἕλληνι·
2: 17 Εἰ δὲ σὺ **Ἰουδαῖος** ἐπονομάζῃ καὶ ἐπαναπαύῃ νόμῳ καὶ καυχᾶσαι ἐν θεῷ
2: 28 οὐ γὰρ ὁ ἐν τῷ φανερῷ **Ἰουδαῖός** ἐστιν οὐδὲ ἡ ἐν τῷ φανερῷ ἐν σαρκὶ περιτομή,
2: 29 ἀλλ᾽ ὁ ἐν τῷ κρυπτῷ **Ἰουδαῖος,** καὶ περιτομὴ καρδίας ἐν πνεύματι οὐ γράμματι,
3: 1 Τί οὖν τὸ περισσὸν τοῦ **Ἰουδαίου** ἢ τίς ἡ ὠφέλεια τῆς περιτομῆς;
3: 9 προῃτιασάμεθα γὰρ **Ἰουδαίους** τε καὶ Ἕλληνας πάντας ὑφ᾽ ἁμαρτίαν εἶναι,
3: 29 ἢ **Ἰουδαίων** ὁ θεὸς μόνον; οὐχὶ καὶ ἐθνῶν;
9: 24 οὓς καὶ ἐκάλεσεν ἡμᾶς οὐ μόνον ἐξ **Ἰουδαίων** ἀλλὰ καὶ ἐξ ἐθνῶν,
10: 12 οὐ γάρ ἐστιν διαστολὴ **Ἰουδαίου** τε καὶ Ἕλληνος,

1Co 1: 22 ἐπειδὴ καὶ **Ἰουδαῖοι** σημεῖα αἰτοῦσιν καὶ Ἕλληνες σοφίαν ζητοῦσιν,
1: 23 ἡμεῖς δὲ κηρύσσομεν Χριστὸν ἐσταυρωμένον, **Ἰουδαίοις** μὲν σκάνδαλον, ἔθνεσιν δὲ μωρίαν,
1: 24 αὐτοῖς δὲ τοῖς κλητοῖς, **Ἰουδαίοις** τε καὶ Ἕλλησιν,
9: 20 καὶ ἐγενόμην τοῖς **Ἰουδαίοις** ὡς **Ἰουδαῖος,** ἵνα **Ἰουδαίους** κερδήσω·
10: 32 ἀπρόσκοποι καὶ **Ἰουδαίοις** γίνεσθε καὶ Ἕλλησιν καὶ τῇ ἐκκλησίᾳ τοῦ θεοῦ,
12: 13 εἴτε **Ἰουδαῖοι** εἴτε Ἕλληνες εἴτε δοῦλοι εἴτε ἐλεύθεροι,

2Co 11: 24 ὑπὸ **Ἰουδαίων** πεντάκις τεσσεράκοντα παρὰ μίαν ἔλαβον,

Gal 2: 13 καὶ συνυπεκρίθησαν αὐτῷ [καὶ] οἱ λοιποὶ **Ἰουδαῖοι,** ὥστε καὶ Βαρναβᾶς συναπήχθη αὐτῶν τῇ ὑποκρίσει.
2: 14 Εἰ σὺ **Ἰουδαῖος** ὑπάρχων ἐθνικῶς καὶ οὐχὶ Ἰουδαϊκῶς ζῇς,
2: 15 Ἡμεῖς φύσει **Ἰουδαῖοι** καὶ οὐκ ἐξ ἐθνῶν ἁμαρτωλοί·
3: 28 οὐκ ἔνι **Ἰουδαῖος** οὐδὲ Ἕλλην, οὐκ ἔνι δοῦλος οὐδὲ ἐλεύθερος,

Col 3: 11 ὅπου οὐκ ἔνι Ἕλλην καὶ **Ἰουδαῖος,** περιτομὴ καὶ ἀκροβυστία,

1Th 2: 14 ὅτι τὰ αὐτὰ ἐπάθετε καὶ ὑμεῖς ὑπὸ τῶν ἰδίων συμφυλετῶν καθὼς καὶ αὐτοὶ ὑπὸ τῶν **Ἰουδαίων,**

Rev 2: 9 καὶ τὴν βλασφημίαν ἐκ τῶν λεγόντων **Ἰουδαίους** εἶναι ἑαυτοὺς καὶ οὐκ εἰσὶν ἀλλὰ συναγωγὴ τοῦ Σατανᾶ.
3: 9 ἰδοὺ διδῶ ἐκ τῆς συναγωγῆς τοῦ Σατανᾶ τῶν λεγόντων ἑαυτοὺς **Ἰουδαίους** εἶναι,

2682 Ἰουδαϊσμός [2]

√ *2683*

Gal 1: 13 Ἠκούσατε γὰρ τὴν ἐμὴν ἀναστροφήν ποτε ἐν τῷ **Ἰουδαϊσμῷ,**
1: 14 καὶ προέκοπτον ἐν τῷ **Ἰουδαϊσμῷ** ὑπὲρ πολλοὺς συνηλικιώτας ἐν τῷ γένει μου,

2683 Ἰούδας [44]

→ *2676, 2677, 2678, 2679, 2680, 2681, 2682*

γῆ Ἰούδας [1] Mt 2:6

οἶκος Ἰούδας [1] Heb 8:8

Mt 1: 2 Ἰακὼβ δὲ ἐγέννησεν τὸν **Ἰούδαν** καὶ τοὺς ἀδελφοὺς αὐτοῦ,
1: 3 **Ἰούδας** δὲ ἐγέννησεν τὸν Φάρες καὶ τὸν Ζάρα ἐκ τῆς Θαμάρ,
2: 6 Καὶ σὺ Βηθλέεμ, γῆ **Ἰούδα,** οὐδαμῶς ἐλαχίστη εἶ ἐν τοῖς ἡγεμόσιν **Ἰούδα·**
10: 4 Σίμων ὁ Καναναῖος καὶ **Ἰούδας** ὁ Ἰσκαριώτης ὁ καὶ παραδοὺς αὐτόν.
13: 55 οὐχ ἡ μήτηρ αὐτοῦ λέγεται Μαριὰμ καὶ οἱ ἀδελφοὶ αὐτοῦ Ἰάκωβος καὶ Ἰωσὴφ καὶ Σίμων καὶ **Ἰούδας;**
26: 14 Τότε πορευθεὶς εἷς τῶν δώδεκα, ὁ λεγόμενος **Ἰούδας** Ἰσκαριώτης, πρὸς τοὺς ἀρχιερεῖς
26: 25 ἀποκριθεὶς δὲ **Ἰούδας** ὁ παραδιδοὺς αὐτὸν εἶπεν, Μήτι ἐγώ εἰμι,
26: 47 Καὶ ἔτι αὐτοῦ λαλοῦντος ἰδοὺ **Ἰούδας** εἷς τῶν δώδεκα ἦλθεν καὶ μετ᾽ αὐτοῦ ὄχλος πολὺς μετὰ μαχαιρῶν καὶ ξύλων
27: 3 Τότε ἰδὼν **Ἰούδας** ὁ παραδιδοὺς αὐτὸν ὅτι κατεκρίθη,

Mk 3: 19 καὶ **Ἰούδαν** Ἰσκαριώθ, ὃς καὶ παρέδωκεν αὐτόν.
6: 3 ὁ υἱὸς τῆς Μαρίας καὶ ἀδελφὸς Ἰακώβου καὶ Ἰωσῆτος καὶ **Ἰούδα** καὶ Σίμωνος;
14: 10 Καὶ **Ἰούδας** Ἰσκαριὼθ ὁ εἷς τῶν δώδεκα ἀπῆλθεν πρὸς τοὺς ἀρχιερεῖς ἵνα αὐτὸν παραδοῖ αὐτοῖς.
14: 43 Καὶ εὐθὺς ἔτι αὐτοῦ λαλοῦντος παραγίνεται **Ἰούδας** εἷς τῶν δώδεκα καὶ μετ᾽ αὐτοῦ ὄχλος μετὰ μαχαιρῶν καὶ ξύλων

Lk 1: 39 Ἀναστᾶσα δὲ Μαριὰμ ἐν ταῖς ἡμέραις ταύταις ἐπορεύθη εἰς τὴν ὀρεινὴν μετὰ σπουδῆς εἰς πόλιν **Ἰούδα,**
3: 30 τοῦ Συμεὼν τοῦ **Ἰούδα** τοῦ Ἰωσὴφ τοῦ Ἰωνὰμ τοῦ Ἐλιακὶμ
3: 33 τοῦ Ἀδμὶν τοῦ Ἀρνὶ τοῦ Ἑσρὼμ τοῦ Φάρες τοῦ **Ἰούδα**
6: 16 καὶ **Ἰούδαν** Ἰακώβου καὶ **Ἰούδαν** Ἰσκαριώθ, ὃς ἐγένετο προδότης.
22: 3 Εἰσῆλθεν δὲ Σατανᾶς εἰς **Ἰούδαν** τὸν καλούμενον Ἰσκαριώτην,
22: 47 καὶ ὁ λεγόμενος **Ἰούδας** εἷς τῶν δώδεκα προήρχετο αὐτοὺς καὶ ἤγγισεν τῷ Ἰησοῦ φιλῆσαι αὐτόν.
22: 48 Ἰησοῦς δὲ εἶπεν αὐτῷ, **Ἰούδα,** φιλήματι τὸν υἱὸν τοῦ ἀνθρώπου παραδίδως;

Jn 6: 71 ἔλεγεν δὲ τὸν **Ἰούδαν** Σίμωνος Ἰσκαριώτου· οὗτος γὰρ ἔμελλεν παραδιδόναι αὐτόν,
12: 4 λέγει δὲ **Ἰούδας** ὁ Ἰσκαριώτης εἷς [ἐκ] τῶν μαθητῶν αὐτοῦ,
13: 2 τοῦ διαβόλου ἤδη βεβληκότος εἰς τὴν καρδίαν ἵνα παραδοῖ αὐτὸν **Ἰούδας** Σίμωνος Ἰσκαριώτου,
13: 26 βάψας οὖν τὸ ψωμίον [λαμβάνει καὶ] δίδωσιν **Ἰούδᾳ** Σίμωνος Ἰσκαριώτου.
13: 29 τινὲς γὰρ ἐδόκουν, ἐπεὶ τὸ γλωσσόκομον εἶχεν **Ἰούδας,**
14: 22 Λέγει αὐτῷ **Ἰούδας,** οὐχ ὁ Ἰσκαριώτης, Κύριε, [καὶ] τί γέγονεν ὅτι ἡμῖν μέλλεις ἐμφανίζειν σεαυτὸν
18: 2 ᾔδει δὲ καὶ **Ἰούδας** ὁ παραδιδοὺς αὐτὸν τὸν τόπον,
18: 3 ὁ οὖν **Ἰούδας** λαβὼν τὴν σπεῖραν καὶ ἐκ τῶν ἀρχιερέων καὶ ἐκ τῶν Φαρισαίων ὑπηρέτας ἔρχεται ἐκεῖ μετὰ φανῶν
18: 5 εἱστήκει δὲ καὶ **Ἰούδας** ὁ παραδιδοὺς αὐτὸν μετ᾽ αὐτῶν.

Ac 1: 13 Ἰάκωβος Ἁλφαίου καὶ Σίμων ὁ ζηλωτὴς καὶ **Ἰούδας** Ἰακώβου.
1: 16 ἔδει πληρωθῆναι τὴν γραφὴν ἣν προεῖπεν τὸ πνεῦμα τὸ ἅγιον διὰ στόματος Δαυὶδ περὶ **Ἰούδα** τοῦ γενομένου ὁδηγοῦ
1: 25 λαβεῖν τὸν τόπον τῆς διακονίας ταύτης καὶ ἀποστολῆς ἀφ᾽ ἧς παρέβη **Ἰούδας** πορευθῆναι εἰς τὸν τόπον τὸν ἴδιον.
5: 37 μετὰ τοῦτον ἀνέστη **Ἰούδας** ὁ Γαλιλαῖος ἐν ταῖς ἡμέραις τῆς ἀπογραφῆς καὶ ἀπέστησεν λαὸν ὀπίσω αὐτοῦ·
9: 11 Ἀναστὰς πορεύθητι ἐπὶ τὴν ῥύμην τὴν καλουμένην Εὐθεῖαν καὶ ζήτησον ἐν οἰκίᾳ **Ἰούδα** Σαῦλον ὀνόματι Ταρσέα·
15: 22 **Ἰούδαν** τὸν καλούμενον Βαρσαββᾶν καὶ Σιλᾶν, ἄνδρας ἡγουμένους ἐν τοῖς ἀδελφοῖς,
15: 27 ἀπεστάλκαμεν οὖν **Ἰούδαν** καὶ Σιλᾶν καὶ αὐτοὺς διὰ λόγου ἀπαγγέλλοντας τὰ αὐτά.
15: 32 **Ἰούδας** τε καὶ Σιλᾶς καὶ αὐτοὶ προφῆται ὄντες διὰ λόγου πολλοῦ παρεκάλεσαν τοὺς ἀδελφοὺς καὶ ἐπεστήριξαν,

Heb 7: 14 πρόδηλον γὰρ ὅτι ἐξ **Ἰούδα** ἀνατέταλκεν ὁ κύριος ἡμῶν,
8: 8 καὶ συντελέσω ἐπὶ τὸν οἶκον Ἰσραὴλ καὶ ἐπὶ τὸν οἶκον **Ἰούδα** διαθήκην καινήν,

Jude 1: 1 **Ἰούδας** Ἰησοῦ Χριστοῦ δοῦλος, ἀδελφὸς δὲ Ἰακώβου, τοῖς ἐν θεῷ πατρὶ ἠγαπημένοις καὶ Ἰησοῦ Χριστῷ τετηρημένοις κλητοῖς·

Rev 5: 5 ἰδοὺ ἐνίκησεν ὁ λέων ὁ ἐκ τῆς φυλῆς **Ἰούδα,**
7: 5 ἐκ φυλῆς **Ἰούδα** δώδεκα χιλιάδες ἐσφραγισμένοι, ἐκ φυλῆς Ῥουβὴν δώδεκα χιλιάδες,

2684 Ἰουλία [1]

√ *2685*

Ro 16: 15 ἀσπάσασθε Φιλόλογον καὶ **Ἰουλίαν,** Νηρέα καὶ τὴν ἀδελφὴν αὐτοῦ,

2685 Ἰούλιος [2]

→ *549, 2684*

Ac 27: 1 παρεδίδουν τόν τε Παῦλον καί τινας ἑτέρους δεσμώτας ἑκατοντάρχῃ ὀνόματι **Ἰουλίῳ** σπείρης Σεβαστῆς.
27: 3 φιλανθρώπως τε ὁ **Ἰούλιος** τῷ Παύλῳ χρησάμενος ἐπέτρεψεν πρὸς τοὺς φίλους πορευθέντι ἐπιμελείας τυχεῖν.

2686 Ἰουνία Not used in UBS/NIV

→ *2687*

2687 Ἰουνιᾶς [1]

√ *2686*

Ro 16: 7 ἀσπάσασθε Ἀνδρόνικον καὶ **Ἰουνιᾶν** τοὺς συγγενεῖς μου καὶ συναιχμαλώτους μου,

2688 Ἰοῦστος [3]

Ac 1:23 Ἰωσὴφ τὸν καλούμενον Βαρσαββᾶν ὃς ἐπεκλήθη **Ἰοῦστος,**
18: 7 καὶ μεταβὰς ἐκεῖθεν εἰσῆλθεν εἰς οἰκίαν τινὸς ὀνόματι Τιτίου **Ἰούστου** σεβομένου τὸν θεόν,
Col 4:11 καὶ Ἰησοῦς ὁ λεγόμενος **Ἰοῦστος,** οἱ ὄντες ἐκ περιτομῆς,

2689 ἱππεύς [2]

√ *2691*

Ac 23:23 καὶ **ἱππεῖς** ἑβδομήκοντα καὶ δεξιολάβους διακοσίους ἀπὸ τρίτης ὥρας τῆς νυκτός,
23:32 τῇ δὲ ἐπαύριον ἐάσαντες τοὺς **ἱππεῖς** ἀπέρχεσθαι σὺν αὐτῷ ὑπέστρεψαν εἰς τὴν παρεμβολήν·

2690 ἱππικός [1]

√ *2691*

Rev 9:16 καὶ ὁ ἀριθμὸς τῶν στρατευμάτων τοῦ **ἱππικοῦ** δισμυριάδες μυριάδων,

2691 ἵππος [17]

→ *68, 800, 2689, 2690, 5803, 5804, 5805*

Jas 3: 3 εἰ δὲ τῶν **ἵππων** τοὺς χαλινοὺς εἰς τὰ στόματα βάλλομεν εἰς τὸ πείθεσθαι αὐτοὺς ἡμῖν,
Rev 6: 2 καὶ εἶδον, καὶ ἰδοὺ **ἵππος** λευκός, καὶ ὁ καθήμενος ἐπ' αὐτὸν ἔχων τόξον καὶ ἐδόθη αὐτῷ στέφανος καὶ ἐξῆλθεν νικῶν
6: 4 καὶ ἐξῆλθεν ἄλλος **ἵππος** πυρρός, καὶ τῷ καθημένῳ ἐπ' αὐτὸν ἐδόθη αὐτῷ λαβεῖν τὴν εἰρήνην ἐκ τῆς γῆς καὶ ἵνα ἀλλήλους σφάξουσιν καὶ ἐδόθη αὐτῷ μάχαιρα μεγάλη.
6: 5 καὶ εἶδον, καὶ ἰδοὺ **ἵππος** μέλας, καὶ ὁ καθήμενος ἐπ' αὐτὸν ἔχων ζυγὸν ἐν τῇ χειρὶ αὐτοῦ.
6: 8 καὶ εἶδον, καὶ ἰδοὺ **ἵππος** χλωρός, καὶ ὁ καθήμενος ἐπάνω αὐτοῦ ὄνομα αὐτῷ [ὁ] Θάνατος,
9: 7 Καὶ τὰ ὁμοιώματα τῶν ἀκρίδων ὅμοια **ἵπποις** ἡτοιμασμένοις εἰς πόλεμον,
9: 9 καὶ ἡ φωνὴ τῶν πτερύγων αὐτῶν ὡς φωνὴ ἁρμάτων **ἵππων** πολλῶν τρεχόντων εἰς πόλεμον,
9:17 καὶ οὕτως εἶδον τοὺς **ἵππους** ἐν τῇ ὁράσει καὶ τοὺς καθημένους ἐπ' αὐτῶν, ἔχοντας θώρακας πυρίνους καὶ ὑακινθίνους καὶ θειώδεις, καὶ αἱ κεφαλαὶ τῶν **ἵππων** ὡς κεφαλαὶ λεόντων,
9:19 ἡ γὰρ ἐξουσία τῶν **ἵππων** ἐν τῷ στόματι αὐτῶν ἐστιν καὶ ἐν ταῖς οὐραῖς αὐτῶν,
14:20 καὶ ἐξῆλθεν αἷμα ἐκ τῆς ληνοῦ ἄχρι τῶν χαλινῶν τῶν **ἵππων** ἀπὸ σταδίων χιλίων ἑξακοσίων.
18:13 καὶ **ἵππων** καὶ ῥεδῶν καὶ σωμάτων, καὶ ψυχὰς ἀνθρώπων.
19:11 καὶ ἰδοὺ **ἵππος** λευκὸς καὶ ὁ καθήμενος ἐπ' αὐτὸν [καλούμενος] πιστὸς καὶ ἀληθινός,
19:14 καὶ τὰ στρατεύματα [τὰ] ἐν τῷ οὐρανῷ ἠκολούθει αὐτῷ ἐφ' **ἵπποις** λευκοῖς,
19:18 ἵνα φάγητε σάρκας βασιλέων καὶ σάρκας χιλιάρχων καὶ σάρκας ἰσχυρῶν καὶ σάρκας **ἵππων** καὶ τῶν καθημένων
19:19 ποιῆσαι τὸν πόλεμον μετὰ τοῦ καθημένου ἐπὶ τοῦ **ἵππου** καὶ μετὰ τοῦ στρατεύματος αὐτοῦ.
19:21 καὶ οἱ λοιποὶ ἀπεκτάνθησαν ἐν τῇ ῥομφαίᾳ τοῦ καθημένου ἐπὶ τοῦ **ἵππου** τῇ ἐξελθούσῃ ἐκ τοῦ στόματος αὐτοῦ,

2692 ἶρις [2]

Rev 4: 3 καὶ **ἶρις** κυκλόθεν τοῦ θρόνου ὅμοιος ὁράσει σμαραγδίνῳ.
10: 1 καὶ ἡ **ἶρις** ἐπὶ τῆς κεφαλῆς αὐτοῦ καὶ τὸ πρόσωπον αὐτοῦ ὡς ὁ ἥλιος καὶ οἱ πόδες αὐτοῦ ὡς στῦλοι πυρός,

2693 Ἰσαάκ [20]

Mt 1: 2 Ἀβραὰμ ἐγέννησεν τὸν **Ἰσαάκ, Ἰσαὰκ** δὲ ἐγέννησεν τὸν Ἰακώβ,
8:11 ἀπὸ ἀνατολῶν καὶ δυσμῶν ἥξουσιν καὶ ἀνακλιθήσονται μετὰ Ἀβραὰμ καὶ **Ἰσαὰκ** καὶ Ἰακὼβ ἐν τῇ βασιλείᾳ τῶν οὐρανῶν,
22:32 Ἐγώ εἰμι ὁ θεὸς Ἀβραὰμ καὶ ὁ θεὸς **Ἰσαὰκ** καὶ ὁ θεὸς Ἰακώβ;
Mk 12:26 Ἐγὼ ὁ θεὸς Ἀβραὰμ καὶ [ὁ] θεὸς **Ἰσαὰκ** καὶ [ὁ] θεὸς Ἰακώβ;
Lk 3:34 τοῦ Ἰακὼβ τοῦ **Ἰσαὰκ** τοῦ Ἀβραὰμ τοῦ Θάρα τοῦ Ναχὼρ
13:28 ὅταν ὄψεσθε Ἀβραὰμ καὶ **Ἰσαὰκ** καὶ Ἰακὼβ καὶ πάντας τοὺς προφήτας ἐν τῇ βασιλείᾳ τοῦ θεοῦ,
20:37 ὡς λέγει κύριον τὸν θεὸν Ἀβραὰμ καὶ θεὸν **Ἰσαὰκ** καὶ θεὸν Ἰακώβ.
Ac 3:13 ὁ θεὸς Ἀβραὰμ καὶ [ὁ θεὸς] **Ἰσαὰκ** καὶ [ὁ θεὸς] Ἰακώβ,
7: 8 καὶ οὕτως ἐγέννησεν τὸν **Ἰσαὰκ** καὶ περιέτεμεν αὐτὸν τῇ ἡμέρᾳ τῇ ὀγδόῃ, καὶ **Ἰσαὰκ** τὸν Ἰακώβ,
7:32 Ἐγὼ ὁ θεὸς τῶν πατέρων σου, ὁ θεὸς Ἀβραὰμ καὶ **Ἰσαὰκ** καὶ Ἰακώβ.
Ro 9: 7 οὐδ' ὅτι εἰσὶν σπέρμα Ἀβραὰμ πάντες τέκνα, ἀλλ', Ἐν **Ἰσαὰκ** κληθήσεταί σοι σπέρμα.
9:10 ἀλλὰ καὶ Ῥεβέκκα ἐξ ἑνὸς κοίτην ἔχουσα, **Ἰσαὰκ** τοῦ πατρὸς ἡμῶν·
Gal 4:28 ὑμεῖς δέ, ἀδελφοί, κατὰ **Ἰσαὰκ** ἐπαγγελίας τέκνα ἐστέ.
Heb 11: 9 Πίστει παρῴκησεν εἰς γῆν τῆς ἐπαγγελίας ὡς ἀλλοτρίαν ἐν σκηναῖς κατοικήσας μετὰ **Ἰσαὰκ** καὶ Ἰακὼβ τῶν συγκληρονόμων τῆς ἐπαγγελίας τῆς αὐτῆς·
11:17 Πίστει προσενήνοχεν Ἀβραὰμ τὸν **Ἰσαὰκ** πειραζόμενος καὶ τὸν μονογενῆ προσέφερεν,
11:18 πρὸς ὃν ἐλαλήθη ὅτι Ἐν **Ἰσαὰκ** κληθήσεταί σοι σπέρμα,
11:20 Πίστει καὶ περὶ μελλόντων εὐλόγησεν **Ἰσαὰκ** τὸν Ἰακὼβ καὶ τὸν Ἠσαῦ.
Jas 2:21 Ἀβραὰμ ὁ πατὴρ ἡμῶν οὐκ ἐξ ἔργων ἐδικαιώθη ἀνενέγκας **Ἰσαὰκ** τὸν υἱὸν αὐτοῦ ἐπὶ τὸ θυσιαστήριον;

2694 ἰσάγγελος [1]

√ *2698 + 34*

Lk 20:36 **ἰσάγγελοι** γάρ εἰσιν καὶ υἱοί εἰσιν θεοῦ τῆς ἀναστάσεως υἱοὶ ὄντες.

2695 Ἰσαχάρ Not used in UBS/NIV

√ *cf. 2704*

2696 Ἰσκαριώθ Not used in UBS/NIV

→ *2697, 5000, 5001*

2697 Ἰσκαριώτης [11]

√ *2696*

Ἰσκαριώθ [indecl.] [3] Mk 3:19; 14:10; Lk 6:16

Mt 10: 4 Σίμων ὁ Καναναῖος καὶ Ἰούδας ὁ **Ἰσκαριώτης** ὁ καὶ παραδοὺς αὐτόν.
26:14 Τότε πορευθεὶς εἷς τῶν δώδεκα, ὁ λεγόμενος Ἰούδας **Ἰσκαριώτης,** πρὸς τοὺς ἀρχιερεῖς
Mk 3:19 καὶ Ἰούδαν **Ἰσκαριώθ,** ὃς καὶ παρέδωκεν αὐτόν.
14:10 Καὶ Ἰούδας **Ἰσκαριὼθ** ὁ εἷς τῶν δώδεκα ἀπῆλθεν πρὸς τοὺς ἀρχιερεῖς ἵνα αὐτὸν παραδοῖ αὐτοῖς.
Lk 6:16 καὶ Ἰούδαν Ἰακώβου καὶ Ἰούδαν **Ἰσκαριώθ,** ὃς ἐγένετο προδότης.
22: 3 Εἰσῆλθεν δὲ Σατανᾶς εἰς Ἰούδαν τὸν καλούμενον **Ἰσκαριώτην,**
Jn 6:71 ἔλεγεν δὲ τὸν Ἰούδαν Σίμωνος **Ἰσκαριώτου·** οὗτος γὰρ ἔμελλεν παραδιδόναι αὐτόν,
12: 4 λέγει δὲ Ἰούδας ὁ **Ἰσκαριώτης** εἷς [ἐκ] τῶν μαθητῶν αὐτοῦ,
13: 2 τοῦ διαβόλου ἤδη βεβληκότος εἰς τὴν καρδίαν ἵνα παραδοῖ αὐτὸν Ἰούδας Σίμωνος **Ἰσκαριώτου,**
13:26 βάψας οὖν τὸ ψωμίον [λαμβάνει καὶ] δίδωσιν Ἰούδᾳ Σίμωνος **Ἰσκαριώτου.**
14:22 Λέγει αὐτῷ Ἰούδας, οὐχ ὁ **Ἰσκαριώτης,** Κύριε, [καὶ] τί γέγονεν ὅτι ἡμῖν μέλλεις ἐμφανίζειν σεαυτὸν

2698 ἴσος [8]

→ 2694, 2699, 2700, 2701, 2711

Mt 20:12 καὶ **ἴσους** ἡμῖν αὐτοὺς ἐποίησας τοῖς βαστάσασι τὸ βάρος τῆς ἡμέρας καὶ τὸν καύσωνα.
Mk 14:56 πολλοὶ γὰρ ἐψευδομαρτύρουν κατ᾽ αὐτοῦ, καὶ **ἴσαι** αἱ μαρτυρίαι οὐκ ἦσαν.
14:59 καὶ οὐδὲ οὕτως **ἴση** ἦν ἡ μαρτυρία αὐτῶν.
Lk 6:34 καὶ ἁμαρτωλοὶ ἁμαρτωλοῖς δανίζουσιν ἵνα ἀπολάβωσιν τὰ **ἴσα.**
Jn 5:18 ἀλλὰ καὶ πατέρα ἴδιον ἔλεγεν τὸν θεὸν **ἴσον** ἑαυτὸν ποιῶν τῷ θεῷ.
Ac 11:17 εἰ οὖν τὴν **ἴσην** δωρεὰν ἔδωκεν αὐτοῖς ὁ θεὸς ὡς καὶ ἡμῖν πιστεύσασιν ἐπὶ τὸν κύριον Ἰησοῦν Χριστόν,
Php 2: 6 ὃς ἐν μορφῇ θεοῦ ὑπάρχων οὐχ ἁρπαγμὸν ἡγήσατο τὸ εἶναι **ἴσα** θεῷ,
Rev 21:16 τὸ μῆκος καὶ τὸ πλάτος καὶ τὸ ὕψος αὐτῆς **ἴσα** ἐστίν.

2699 ἰσότης [3]

√ 2698

2Co 8:13 οὐ γὰρ ἵνα ἄλλοις ἄνεσις, ὑμῖν θλῖψις, ἀλλ᾽ ἐξ **ἰσότητος·**
8:14 ἵνα καὶ τὸ ἐκείνων περίσσευμα γένηται εἰς τὸ ὑμῶν ὑστέρημα, ὅπως γένηται **ἰσότης,**
Col 4: 1 τὸ δίκαιον καὶ τὴν **ἰσότητα** τοῖς δούλοις παρέχεσθε,

2700 ἰσότιμος [1]

√ 2698 + 5507

2Pe 1: 1 Συμεὼν Πέτρος δοῦλος καὶ ἀπόστολος Ἰησοῦ Χριστοῦ τοῖς **ἰσότιμον** ἡμῖν λαχοῦσιν πίστιν ἐν δικαιοσύνῃ τοῦ θεοῦ ἡμῶν καὶ σωτῆρος Ἰησοῦ Χριστοῦ,

2701 ἰσόψυχος [1]

√ 2698 + 6038

Php 2:20 οὐδένα γὰρ ἔχω **ἰσόψυχον,** ὅστις γνησίως τὰ περὶ ὑμῶν μεριμνήσει·

2702 Ἰσραήλ [68]

→ 2703

βασιλεύς Ἰσραήλ [4] Mt 27:42; Mk 15:32; Jn 1:49; 12:13
γῆν Ἰσραήλ [2] Mt 2:20,21
θεός Ἰσραήλ [2] Mt 15:31; Lk 1:68
Ἰσραὴλ κατὰ σάρκα [1] 1Co 10:18
Ἰσραὴλ τοῦ θεοῦ [1] Gal 6:16
λαός Ἰσραήλ [6] Mt 2:6; Lk 2:32; Ac 4:10,27; 13:17,24
οἶκος Ἰσραήλ [6] Mt 10:6; 15:24; Ac 2:36; 7:42; Heb 8:8,10
παῖς Ἰσραήλ [1] Lk 1:54
παράκλησις τοῦ Ἰσραήλ [1] Lk 2:25
υἱοὶ Ἰσραήλ [14] Mt 27:9; Lk 1:16; Ac 5:21; 7:23,37; 9:15; 10:36; Ro 9:27; 2Co 3:7,13; Heb 11:22; Rev 2:14; 7:4; 21:12

Mt 2: 6 ἐκ σοῦ γὰρ ἐξελεύσεται ἡγούμενος, ὅστις ποιμανεῖ τὸν λαόν μου τὸν **Ἰσραήλ.**
2:20 Ἐγερθεὶς παράλαβε τὸ παιδίον καὶ τὴν μητέρα αὐτοῦ καὶ πορεύου εἰς γῆν **Ἰσραήλ·**
2:21 ὁ δὲ ἐγερθεὶς παρέλαβεν τὸ παιδίον καὶ τὴν μητέρα αὐτοῦ καὶ εἰσῆλθεν εἰς γῆν **Ἰσραήλ.**
8:10 παρ᾽ οὐδενὶ τοσαύτην πίστιν ἐν τῷ **Ἰσραὴλ** εὗρον.
9:33 καὶ ἐθαύμασαν οἱ ὄχλοι λέγοντες, Οὐδέποτε ἐφάνη οὕτως ἐν τῷ **Ἰσραήλ.**
10: 6 πορεύεσθε δὲ μᾶλλον πρὸς τὰ πρόβατα τὰ ἀπολωλότα οἴκου **Ἰσραήλ.**
10:23 οὐ μὴ τελέσητε τὰς πόλεις τοῦ **Ἰσραὴλ** ἕως ἂν ἔλθῃ ὁ υἱὸς τοῦ ἀνθρώπου.
15:24 Οὐκ ἀπεστάλην εἰ μὴ εἰς τὰ πρόβατα τὰ ἀπολωλότα οἴκου **Ἰσραήλ.**
15:31 κυλλοὺς ὑγιεῖς καὶ χωλοὺς περιπατοῦντας καὶ τυφλοὺς βλέποντας· καὶ ἐδόξασαν τὸν θεὸν **Ἰσραήλ.**
19:28 καθήσεσθε καὶ ὑμεῖς ἐπὶ δώδεκα θρόνους κρίνοντες τὰς δώδεκα φυλὰς τοῦ **Ἰσραήλ.**
27: 9 τὴν τιμὴν τοῦ τετιμημένου ὃν ἐτιμήσαντο ἀπὸ υἱῶν **Ἰσραήλ,**
27:42 βασιλεὺς **Ἰσραήλ** ἐστιν, καταβάτω νῦν ἀπὸ τοῦ σταυροῦ καὶ πιστεύσομεν ἐπ᾽ αὐτόν.
Mk 12:29 ἀπεκρίθη ὁ Ἰησοῦς ὅτι Πρώτη ἐστίν, Ἄκουε, **Ἰσραήλ,**
15:32 ὁ Χριστὸς ὁ βασιλεὺς **Ἰσραὴλ** καταβάτω νῦν ἀπὸ τοῦ σταυροῦ,
Lk 1:16 καὶ πολλοὺς τῶν υἱῶν **Ἰσραὴλ** ἐπιστρέψει ἐπὶ κύριον τὸν θεὸν αὐτῶν.
1:54 ἀντελάβετο **Ἰσραὴλ** παιδὸς αὐτοῦ, μνησθῆναι ἐλέους,
1:68 Εὐλογητὸς κύριος ὁ θεὸς τοῦ **Ἰσραήλ,** ὅτι ἐπεσκέψατο καὶ ἐποίησεν λύτρωσιν τῷ λαῷ αὐτοῦ,
1:80 καὶ ἦν ἐν ταῖς ἐρήμοις ἕως ἡμέρας ἀναδείξεως αὐτοῦ πρὸς τὸν **Ἰσραήλ.**
2:25 ἐν Ἰερουσαλὴμ ᾧ ὄνομα Συμεὼν καὶ ὁ ἄνθρωπος οὗτος δίκαιος καὶ εὐλαβὴς προσδεχόμενος παράκλησιν τοῦ **Ἰσραήλ,**
2:32 φῶς εἰς ἀποκάλυψιν ἐθνῶν καὶ δόξαν λαοῦ σου **Ἰσραήλ.**
2:34 Ἰδοὺ οὗτος κεῖται εἰς πτῶσιν καὶ ἀνάστασιν πολλῶν ἐν τῷ **Ἰσραὴλ** καὶ εἰς σημεῖον ἀντιλεγόμενον
4:25 πολλαὶ χῆραι ἦσαν ἐν ταῖς ἡμέραις Ἠλίου ἐν τῷ **Ἰσραήλ,**
4:27 καὶ πολλοὶ λεπροὶ ἦσαν ἐν τῷ **Ἰσραὴλ** ἐπὶ Ἐλισαίου τοῦ προφήτου,
7: 9 Λέγω ὑμῖν, οὐδὲ ἐν τῷ **Ἰσραὴλ** τοσαύτην πίστιν εὗρον.
22:30 καὶ καθήσεσθε ἐπὶ θρόνων τὰς δώδεκα φυλὰς κρίνοντες τοῦ **Ἰσραήλ.**
24:21 ἡμεῖς δὲ ἠλπίζομεν ὅτι αὐτός ἐστιν ὁ μέλλων λυτροῦσθαι τὸν **Ἰσραήλ·**
Jn 1:31 ἀλλ᾽ ἵνα φανερωθῇ τῷ **Ἰσραὴλ** διὰ τοῦτο ἦλθον ἐγὼ ἐν ὕδατι βαπτίζων.
1:49 σὺ εἶ ὁ υἱὸς τοῦ θεοῦ, σὺ βασιλεὺς εἶ τοῦ **Ἰσραήλ.**
3:10 Σὺ εἶ ὁ διδάσκαλος τοῦ **Ἰσραὴλ** καὶ ταῦτα οὐ γινώσκεις;
12:13 εὐλογημένος ὁ ἐρχόμενος ἐν ὀνόματι κυρίου, [καὶ] ὁ βασιλεὺς τοῦ **Ἰσραήλ.**
Ac 1: 6 εἰ ἐν τῷ χρόνῳ τούτῳ ἀποκαθιστάνεις τὴν βασιλείαν τῷ **Ἰσραήλ;**
2:36 ἀσφαλῶς οὖν γινωσκέτω πᾶς οἶκος **Ἰσραὴλ** ὅτι καὶ κύριον αὐτὸν καὶ Χριστὸν ἐποίησεν ὁ θεός,
4:10 γνωστὸν ἔστω πᾶσιν ὑμῖν καὶ παντὶ τῷ λαῷ **Ἰσραὴλ** ὅτι ἐν τῷ ὀνόματι Ἰησοῦ Χριστοῦ τοῦ Ναζωραίου ὃν ὑμεῖς ἐσταυρώσατε,
4:27 Ἡρῴδης τε καὶ Πόντιος Πιλᾶτος σὺν ἔθνεσιν καὶ λαοῖς **Ἰσραήλ,**
5:21 συνεκάλεσαν τὸ συνέδριον καὶ πᾶσαν τὴν γερουσίαν τῶν υἱῶν **Ἰσραὴλ** καὶ ἀπέστειλαν εἰς τὸ δεσμωτήριον ἀχθῆναι αὐτούς.
5:31 τοῦτον ὁ θεὸς ἀρχηγὸν καὶ σωτῆρα ὕψωσεν τῇ δεξιᾷ αὐτοῦ [τοῦ] δοῦναι μετάνοιαν τῷ **Ἰσραὴλ** καὶ ἄφεσιν ἁμαρτιῶν.
7:23 ἀνέβη ἐπὶ τὴν καρδίαν αὐτοῦ ἐπισκέψασθαι τοὺς ἀδελφοὺς αὐτοῦ τοὺς υἱοὺς **Ἰσραήλ.**
7:37 οὗτός ἐστιν ὁ Μωϋσῆς ὁ εἴπας τοῖς υἱοῖς **Ἰσραήλ,**
7:42 Μὴ σφάγια καὶ θυσίας προσηνέγκατέ μοι ἔτη τεσσεράκοντα ἐν τῇ ἐρήμῳ, οἶκος **Ἰσραήλ;**
9:15 ὅτι σκεῦος ἐκλογῆς ἐστίν μοι οὗτος τοῦ βαστάσαι τὸ ὄνομά μου ἐνώπιον ἐθνῶν τε καὶ βασιλέων υἱῶν τε **Ἰσραήλ·**
10:36 τὸν λόγον [ὃν] ἀπέστειλεν τοῖς υἱοῖς **Ἰσραὴλ** εὐαγγελιζόμενος εἰρήνην διὰ Ἰησοῦ Χριστοῦ,
13:17 ὁ θεὸς τοῦ λαοῦ τούτου **Ἰσραὴλ** ἐξελέξατο τοὺς πατέρας ἡμῶν καὶ τὸν λαὸν ὕψωσεν ἐν τῇ παροικίᾳ ἐν γῇ Αἰγύπτου
13:23 τούτου ὁ θεὸς ἀπὸ τοῦ σπέρματος κατ᾽ ἐπαγγελίαν ἤγαγεν τῷ **Ἰσραὴλ** σωτῆρα Ἰησοῦν,
13:24 προκηρύξαντος Ἰωάννου πρὸ προσώπου τῆς εἰσόδου αὐτοῦ βάπτισμα μετανοίας παντὶ τῷ λαῷ **Ἰσραήλ.**
28:20 ἕνεκεν γὰρ τῆς ἐλπίδος τοῦ **Ἰσραὴλ** τὴν ἅλυσιν ταύτην περίκειμαι.
Ro 9: 6 οὐ γὰρ πάντες οἱ ἐξ **Ἰσραὴλ** οὗτοι **Ἰσραήλ·**
9:27 Ἠσαΐας δὲ κράζει ὑπὲρ τοῦ **Ἰσραήλ,** Ἐὰν ᾖ ὁ ἀριθμὸς τῶν υἱῶν **Ἰσραὴλ** ὡς ἡ ἄμμος τῆς θαλάσσης,
9:31 **Ἰσραὴλ** δὲ διώκων νόμον δικαιοσύνης εἰς νόμον οὐκ ἔφθασεν.
10:19 ἀλλὰ λέγω, μὴ **Ἰσραὴλ** οὐκ ἔγνω; πρῶτος Μωϋσῆς λέγει,
10:21 πρὸς δὲ τὸν **Ἰσραὴλ** λέγει, Ὅλην τὴν ἡμέραν ἐξεπέτασα τὰς χεῖράς μου πρὸς λαὸν ἀπειθοῦντα καὶ ἀντιλέγοντα.
11: 2 ἢ οὐκ οἴδατε ἐν Ἠλίᾳ τί λέγει ἡ γραφή, ὡς ἐντυγχάνει τῷ θεῷ κατὰ τοῦ **Ἰσραήλ;**
11: 7 ὃ ἐπιζητεῖ **Ἰσραήλ,** τοῦτο οὐκ ἐπέτυχεν, ἡ δὲ ἐκλογὴ ἐπέτυχεν·
11:25 ὅτι πώρωσις ἀπὸ μέρους τῷ **Ἰσραὴλ** γέγονεν ἄχρις οὗ τὸ πλήρωμα τῶν ἐθνῶν εἰσέλθῃ
11:26 καὶ οὕτως πᾶς **Ἰσραὴλ** σωθήσεται, καθὼς γέγραπται, Ἥξει ἐκ Σιὼν ὁ ῥυόμενος,

1Co 10:18 βλέπετε τὸν **Ἰσραὴλ** κατὰ σάρκα· οὐχ οἱ ἐσθίοντες τὰς θυσίας κοινωνοὶ τοῦ θυσιαστηρίου εἰσίν;
2Co 3: 7 ὥστε μὴ δύνασθαι ἀτενίσαι τοὺς υἱοὺς **Ἰσραὴλ** εἰς τὸ πρόσωπον Μωϋσέως διὰ τὴν δόξαν τοῦ προσώπου αὐτοῦ
3:13 ἐτίθει κάλυμμα ἐπὶ τὸ πρόσωπον αὐτοῦ πρὸς τὸ μὴ ἀτενίσαι τοὺς υἱοὺς **Ἰσραὴλ** εἰς τὸ τέλος τοῦ καταργουμένου.
Gal 6:16 εἰρήνη ἐπ' αὐτοὺς καὶ ἔλεος καὶ ἐπὶ τὸν **Ἰσραὴλ** τοῦ θεοῦ.
Eph 2:12 ἀπηλλοτριωμένοι τῆς πολιτείας τοῦ **Ἰσραὴλ** καὶ ξένοι τῶν διαθηκῶν τῆς ἐπαγγελίας,
Php 3: 5 περιτομῇ ὀκταήμερος, ἐκ γένους **Ἰσραήλ,** φυλῆς Βενιαμίν, Ἑβραῖος ἐξ Ἑβραίων,
Heb 8: 8 καὶ συντελέσω ἐπὶ τὸν οἶκον **Ἰσραὴλ** καὶ ἐπὶ τὸν οἶκον Ἰούδα διαθήκην καινήν,
8:10 ἣν διαθήσομαι τῷ οἴκῳ **Ἰσραὴλ** μετὰ τὰς ἡμέρας ἐκείνας,
11:22 Πίστει Ἰωσὴφ τελευτῶν περὶ τῆς ἐξόδου τῶν υἱῶν **Ἰσραὴλ** ἐμνημόνευσεν καὶ περὶ τῶν ὀστέων αὐτοῦ ἐνετείλατο.
Rev 2:14 ὃς ἐδίδασκεν τῷ Βαλὰκ βαλεῖν σκάνδαλον ἐνώπιον τῶν υἱῶν **Ἰσραὴλ** φαγεῖν εἰδωλόθυτα καὶ πορνεῦσαι.
7: 4 ἑκατὸν τεσσεράκοντα τέσσαρες χιλιάδες, ἐσφραγισμένοι ἐκ πάσης φυλῆς υἱῶν **Ἰσραήλ·**
21:12 ἅ ἐστιν [τὰ ὀνόματα] τῶν δώδεκα φυλῶν υἱῶν **Ἰσραήλ·**

2703 Ἰσραηλίτης [9]

√ *2702*

Jn 1:47 Ἴδε ἀληθῶς **Ἰσραηλίτης** ἐν ᾧ δόλος οὐκ ἔστιν.
Ac 2:22 Ἄνδρες **Ἰσραηλῖται,** ἀκούσατε τοὺς λόγους τούτους· Ἰησοῦν τὸν Ναζωραῖον,
3:12 ἰδὼν δὲ ὁ Πέτρος ἀπεκρίνατο πρὸς τὸν λαόν, Ἄνδρες **Ἰσραηλῖται,**
5:35 εἶπέν τε πρὸς αὐτούς, Ἄνδρες **Ἰσραηλῖται,** προσέχετε ἑαυτοῖς ἐπὶ τοῖς ἀνθρώποις τούτοις τί μέλλετε πράσσειν.
13:16 Ἄνδρες **Ἰσραηλῖται** καὶ οἱ φοβούμενοι τὸν θεόν, ἀκούσατε.
21:28 κράζοντες, Ἄνδρες **Ἰσραηλῖται,** βοηθεῖτε· οὗτός ἐστιν ὁ ἄνθρωπος ὁ κατὰ τοῦ λαοῦ καὶ τοῦ νόμου καὶ τοῦ τόπου τούτου
Ro 9: 4 οἵτινές εἰσιν **Ἰσραηλῖται,** ὧν ἡ υἱοθεσία καὶ ἡ δόξα καὶ αἱ διαθῆκαι καὶ ἡ νομοθεσία καὶ ἡ λατρεία καὶ αἱ ἐπαγγελίαι,
11: 1 καὶ γὰρ ἐγὼ **Ἰσραηλίτης** εἰμί, ἐκ σπέρματος Ἀβραάμ,
2Co 11:22 Ἑβραῖοί εἰσιν; κἀγώ. **Ἰσραηλῖταί** εἰσιν; κἀγώ. σπέρμα Ἀβραάμ εἰσιν;

2704 Ἰσσαχάρ [1]

√ *cf. 2695*

Rev 7: 7 ἐκ φυλῆς Λευὶ δώδεκα χιλιάδες, ἐκ φυλῆς **Ἰσσαχὰρ** δώδεκα χιλιάδες,

2705 ἵστημι [155 / 154]

→ *189, 190, 414, 415, 468, 482, 510, 634, 635, 640, 686, 687, 688, 841, 923, 1404, 1460, 1496, 1749, 1931, 1983, 1985, 2012, 2013, 2014, 2060, 2179, 2180, 2181, 2183, 2184, 2194, 2342, 2392, 2706, 2769, 2770, 2949, 2987, 3495, 3496, 4188, 4224, 4225, 4325, 4613, 4706, 4756, 5084, 5085, 5086, 5087, 5088, 5112, 5308, 5318, 5319, 5363, 5364, 5712; cf. 5089, 5119*

see also *5112* στήκω

Mt 2: 9 ἕως ἐλθὼν **ἐστάθη** ἐπάνω οὗ ἦν τὸ παιδίον.
4: 5 Τότε παραλαμβάνει αὐτὸν ὁ διάβολος εἰς τὴν ἁγίαν πόλιν καὶ **ἔστησεν** αὐτὸν ἐπὶ τὸ πτερύγιον τοῦ ἱεροῦ
6: 5 ὅτι φιλοῦσιν ἐν ταῖς συναγωγαῖς καὶ ἐν ταῖς γωνίαις τῶν πλατειῶν **ἑστῶτες** προσεύχεσθαι,
12:25 Πᾶσα βασιλεία μερισθεῖσα καθ' ἑαυτῆς ἐρημοῦται καὶ πᾶσα πόλις ἢ οἰκία μερισθεῖσα καθ' ἑαυτῆς οὐ **σταθήσεται.**
12:26 ἐφ' ἑαυτὸν ἐμερίσθη· πῶς οὖν **σταθήσεται** ἡ βασιλεία αὐτοῦ;
12:46 Ἔτι αὐτοῦ λαλοῦντος τοῖς ὄχλοις ἰδοὺ ἡ μήτηρ καὶ οἱ ἀδελφοὶ αὐτοῦ **εἱστήκεισαν** ἔξω ζητοῦντες αὐτῷ λαλῆσαι.
12:47 [Ἰδοὺ ἡ μήτηρ σου καὶ οἱ ἀδελφοί σου ἔξω **ἑστήκασιν** ζητοῦντές σοι λαλῆσαι.]
13: 2 καὶ πᾶς ὁ ὄχλος ἐπὶ τὸν αἰγιαλὸν **εἱστήκει.**
16:28 ἀμὴν λέγω ὑμῖν ὅτι εἰσίν τινες τῶν ὧδε **ἑστώτων** οἵτινες οὐ μὴ γεύσωνται θανάτου ἕως ἂν ἴδωσιν τὸν υἱὸν τοῦ ἀνθρώπου ἐρχόμενον ἐν τῇ βασιλείᾳ αὐτοῦ.
18: 2 καὶ προσκαλεσάμενος παιδίον **ἔστησεν** αὐτὸ ἐν μέσῳ αὐτῶν
18:16 ἵνα ἐπὶ στόματος δύο μαρτύρων ἢ τριῶν **σταθῇ** πᾶν ῥῆμα·
20: 3 καὶ ἐξελθὼν περὶ τρίτην ὥραν εἶδεν ἄλλους **ἑστῶτας** ἐν τῇ ἀγορᾷ ἀργοὺς
20: 6 περὶ δὲ τὴν ἑνδεκάτην ἐξελθὼν εὗρεν ἄλλους **ἑστῶτας** καὶ λέγει αὐτοῖς, Τί ὧδε **ἑστήκατε** ὅλην τὴν ἡμέραν ἀργοί;
20:32 καὶ **στὰς** ὁ Ἰησοῦς ἐφώνησεν αὐτοὺς καὶ εἶπεν,
24:15 Ὅταν οὖν ἴδητε τὸ βδέλυγμα τῆς ἐρημώσεως τὸ ῥηθὲν διὰ Δανιὴλ τοῦ προφήτου **ἑστὸς** ἐν τόπῳ ἁγίῳ,
25:33 καὶ **στήσει** τὰ μὲν πρόβατα ἐκ δεξιῶν αὐτοῦ,
26:15 κἀγὼ ὑμῖν παραδώσω αὐτόν; οἱ δὲ **ἔστησαν** αὐτῷ τριάκοντα ἀργύρια.
26:73 μετὰ μικρὸν δὲ προσελθόντες οἱ **ἑστῶτες** εἶπον τῷ Πέτρῳ,
27:11 Ὁ δὲ Ἰησοῦς **ἐστάθη** ἔμπροσθεν τοῦ ἡγεμόνος· καὶ ἐπηρώτησεν αὐτὸν ὁ ἡγεμὼν λέγων,
27:47 τινὲς δὲ τῶν ἐκεῖ **ἑστηκότων** ἀκούσαντες ἔλεγον ὅτι Ἠλίαν φωνεῖ οὗτος.
Mk 3:24 καὶ ἐὰν βασιλεία ἐφ' ἑαυτὴν μερισθῇ, οὐ δύναται **σταθῆναι** ἡ βασιλεία ἐκείνη·
3:25 καὶ ἐὰν οἰκία ἐφ' ἑαυτὴν μερισθῇ, οὐ δυνήσεται ἡ οἰκία ἐκείνη **σταθῆναι.**
3:26 καὶ εἰ ὁ Σατανᾶς ἀνέστη ἐφ' ἑαυτὸν καὶ ἐμερίσθη, οὐ δύναται **στῆναι** ἀλλὰ τέλος ἔχει.
7: 9 Καλῶς ἀθετεῖτε τὴν ἐντολὴν τοῦ θεοῦ, ἵνα τὴν παράδοσιν ὑμῶν **στήσητε.**[UBS; NIV *5498*]
9: 1 τινες ὧδε τῶν **ἑστηκότων** οἵτινες οὐ μὴ γεύσωνται θανάτου ἕως ἂν ἴδωσιν τὴν βασιλείαν τοῦ θεοῦ ἐληλυθυῖαν ἐν δυνάμει.
9:36 καὶ λαβὼν παιδίον **ἔστησεν** αὐτὸ ἐν μέσῳ αὐτῶν καὶ ἐναγκαλισάμενος αὐτὸ εἶπεν αὐτοῖς,
10:49 καὶ **στὰς** ὁ Ἰησοῦς εἶπεν, Φωνήσατε αὐτόν. καὶ φωνοῦσιν τὸν τυφλὸν λέγοντες αὐτῷ,
11: 5 καί τινες τῶν ἐκεῖ **ἑστηκότων** ἔλεγον αὐτοῖς, Τί ποιεῖτε λύοντες τὸν πῶλον;
13: 9 καὶ εἰς συναγωγὰς δαρήσεσθε καὶ ἐπὶ ἡγεμόνων καὶ βασιλέων **σταθήσεσθε** ἕνεκεν ἐμοῦ εἰς μαρτύριον αὐτοῖς.
13:14 Ὅταν δὲ ἴδητε τὸ βδέλυγμα τῆς ἐρημώσεως **ἑστηκότα** ὅπου οὐ δεῖ,
Lk 1:11 ὤφθη δὲ αὐτῷ ἄγγελος κυρίου **ἑστὼς** ἐκ δεξιῶν τοῦ θυσιαστηρίου τοῦ θυμιάματος.
4: 9 Ἤγαγεν δὲ αὐτὸν εἰς Ἰερουσαλὴμ καὶ **ἔστησεν** ἐπὶ τὸ πτερύγιον τοῦ ἱεροῦ καὶ εἶπεν αὐτῷ,
5: 1 ἐν τῷ τὸν ὄχλον ἐπικεῖσθαι αὐτῷ καὶ ἀκούειν τὸν λόγον τοῦ θεοῦ καὶ αὐτὸς ἦν **ἑστὼς** παρὰ τὴν λίμνην Γεννησαρὲτ
5: 2 καὶ εἶδεν δύο πλοῖα **ἑστῶτα** παρὰ τὴν λίμνην·
6: 8 εἶπεν δὲ τῷ ἀνδρὶ τῷ ξηρὰν ἔχοντι τὴν χεῖρα, Ἔγειρε καὶ **στῆθι** εἰς τὸ μέσον· καὶ ἀναστὰς **ἔστη.**
6:17 Καὶ καταβὰς μετ' αὐτῶν **ἔστη** ἐπὶ τόπου πεδινοῦ,
7:14 οἱ δὲ βαστάζοντες **ἔστησαν,** καὶ εἶπεν, Νεανίσκε, σοὶ λέγω,
7:38 καὶ **στᾶσα** ὀπίσω παρὰ τοὺς πόδας αὐτοῦ κλαίουσα τοῖς δάκρυσιν ἤρξατο βρέχειν τοὺς πόδας αὐτοῦ
8:20 Ἡ μήτηρ σου καὶ οἱ ἀδελφοί σου **ἑστήκασιν** ἔξω ἰδεῖν θέλοντές σε.
8:44 προσελθοῦσα ὄπισθεν ἥψατο τοῦ κρασπέδου τοῦ ἱματίου αὐτοῦ καὶ παραχρῆμα **ἔστη** ἡ ῥύσις τοῦ αἵματος αὐτῆς.
9:27 εἰσίν τινες τῶν αὐτοῦ **ἑστηκότων** οἳ οὐ μὴ γεύσωνται θανάτου ἕως ἂν ἴδωσιν τὴν βασιλείαν τοῦ θεοῦ.
9:47 ὁ δὲ Ἰησοῦς εἰδὼς τὸν διαλογισμὸν τῆς καρδίας αὐτῶν, ἐπιλαβόμενος παιδίον **ἔστησεν** αὐτὸ παρ' ἑαυτῷ
11:18 εἰ δὲ καὶ ὁ Σατανᾶς ἐφ' ἑαυτὸν διεμερίσθη, πῶς **σταθήσεται** ἡ βασιλεία αὐτοῦ;
13:25 ἀφ' οὗ ἂν ἐγερθῇ ὁ οἰκοδεσπότης καὶ ἀποκλείσῃ τὴν θύραν καὶ ἄρξησθε ἔξω **ἑστάναι** καὶ κρούειν τὴν θύραν λέγοντες,
17:12 καὶ εἰσερχομένου αὐτοῦ εἴς τινα κώμην ἀπήντησαν [αὐτῷ] δέκα λεπροὶ ἄνδρες, οἳ **ἔστησαν** πόρρωθεν
18:11 ὁ Φαρισαῖος **σταθεὶς** πρὸς ἑαυτὸν ταῦτα προσηύχετο, Ὁ θεός,
18:13 ὁ δὲ τελώνης μακρόθεν **ἑστὼς** οὐκ ἤθελεν οὐδὲ τοὺς ὀφθαλμοὺς ἐπᾶραι εἰς τὸν οὐρανόν,
18:40 **σταθεὶς** δὲ ὁ Ἰησοῦς ἐκέλευσεν αὐτὸν ἀχθῆναι πρὸς αὐτόν.
19: 8 **σταθεὶς** δὲ Ζακχαῖος εἶπεν πρὸς τὸν κύριον, Ἰδοὺ τὰ ἡμίσιά μου τῶν ὑπαρχόντων,
21:36 ἵνα κατισχύσητε ἐκφυγεῖν ταῦτα πάντα τὰ μέλλοντα γίνεσθαι καὶ **σταθῆναι** ἔμπροσθεν τοῦ υἱοῦ τοῦ ἀνθρώπου.
23:10 **εἱστήκεισαν** δὲ οἱ ἀρχιερεῖς καὶ οἱ γραμματεῖς εὐτόνως κατηγοροῦντες αὐτοῦ.
23:35 καὶ **εἱστήκει** ὁ λαὸς θεωρῶν. ἐξεμυκτήριζον δὲ καὶ οἱ ἄρχοντες λέγοντες,
23:49 **εἱστήκεισαν** δὲ πάντες οἱ γνωστοὶ αὐτῷ ἀπὸ μακρόθεν καὶ γυναῖκες αἱ συνακολουθοῦσαι αὐτῷ ἀπὸ τῆς Γαλιλαίας

24:17 Τίνες οἱ λόγοι οὗτοι οὓς ἀντιβάλλετε πρὸς ἀλλήλους περιπατοῦντες; καὶ **ἐστάθησαν** σκυθρωποί.
24:36 Ταῦτα δὲ αὐτῶν λαλούντων αὐτὸς **ἔστη** ἐν μέσῳ αὐτῶν καὶ λέγει αὐτοῖς,
Jn 1:26 Ἐγὼ βαπτίζω ἐν ὕδατι· μέσος ὑμῶν **ἕστηκεν** ὃν ὑμεῖς οὐκ οἴδατε,
1:35 Τῇ ἐπαύριον πάλιν **εἱστήκει** ὁ Ἰωάννης καὶ ἐκ τῶν μαθητῶν αὐτοῦ δύο
3:29 ὁ δὲ φίλος τοῦ νυμφίου ὁ **ἑστηκὼς** καὶ ἀκούων αὐτοῦ χαρᾷ χαίρει διὰ τὴν φωνὴν τοῦ νυμφίου.
6:22 Τῇ ἐπαύριον ὁ ὄχλος ὁ **ἑστηκὼς** πέραν τῆς θαλάσσης εἶδον ὅτι πλοιάριον ἄλλο οὐκ ἦν ἐκεῖ εἰ μὴ ἓν καὶ ὅτι οὐ συνεισῆλθεν
7:37 Ἐν δὲ τῇ ἐσχάτῃ ἡμέρᾳ τῇ μεγάλῃ τῆς ἑορτῆς **εἱστήκει** ὁ Ἰησοῦς καὶ ἔκραξεν λέγων,
8: 3 [[ἄγουσιν δὲ οἱ γραμματεῖς καὶ οἱ Φαρισαῖοι γυναῖκα ἐπὶ μοιχείᾳ κατειλημμένην καὶ **στήσαντες** αὐτὴν ἐν μέσῳ]]
8:44 ἐκεῖνος ἀνθρωποκτόνος ἦν ἀπ᾽ ἀρχῆς καὶ ἐν τῇ ἀληθείᾳ οὐκ **ἕστηκεν,**
11:56 ἐζήτουν οὖν τὸν Ἰησοῦν καὶ ἔλεγον μετ᾽ ἀλλήλων ἐν τῷ ἱερῷ **ἑστηκότες,**
12:29 ὁ οὖν ὄχλος ὁ **ἑστὼς** καὶ ἀκούσας ἔλεγεν βροντὴν γεγονέναι,
18: 5 **εἱστήκει** δὲ καὶ Ἰούδας ὁ παραδιδοὺς αὐτὸν μετ᾽ αὐτῶν.
18:16 ὁ δὲ Πέτρος **εἱστήκει** πρὸς τῇ θύρᾳ ἔξω.
18:18 **εἱστήκεισαν** δὲ οἱ δοῦλοι καὶ οἱ ὑπηρέται ἀνθρακιὰν πεποιηκότες, ὅτι ψῦχος ἦν, καὶ ἐθερμαίνοντο· ἦν δὲ καὶ ὁ Πέτρος μετ᾽ αὐτῶν **ἑστὼς** καὶ θερμαινόμενος.
18:25 Ἦν δὲ Σίμων Πέτρος **ἑστὼς** καὶ θερμαινόμενος.
19:25 **εἱστήκεισαν** δὲ παρὰ τῷ σταυρῷ τοῦ Ἰησοῦ ἡ μήτηρ αὐτοῦ καὶ ἡ ἀδελφὴ τῆς μητρὸς αὐτοῦ,
20:11 Μαρία δὲ **εἱστήκει** πρὸς τῷ μνημείῳ ἔξω κλαίουσα.
20:14 ταῦτα εἰποῦσα ἐστράφη εἰς τὰ ὀπίσω καὶ θεωρεῖ τὸν Ἰησοῦν **ἑστῶτα** καὶ οὐκ ᾔδει ὅτι Ἰησοῦς ἐστιν.
20:19 ἦλθεν ὁ Ἰησοῦς καὶ **ἔστη** εἰς τὸ μέσον καὶ λέγει αὐτοῖς,
20:26 ἔρχεται ὁ Ἰησοῦς τῶν θυρῶν κεκλεισμένων καὶ **ἔστη** εἰς τὸ μέσον καὶ εἶπεν,
21: 4 πρωΐας δὲ ἤδη γενομένης **ἔστη** Ἰησοῦς εἰς τὸν αἰγιαλόν,
Ac 1:11 Ἄνδρες Γαλιλαῖοι, τί **ἑστήκατε** [ἐμ]βλέποντες εἰς τὸν οὐρανόν;
1:23 καὶ **ἔστησαν** δύο, Ἰωσὴφ τὸν καλούμενον Βαρσαββᾶν ὃς ἐπεκλήθη Ἰοῦστος,
2:14 **Σταθεὶς** δὲ ὁ Πέτρος σὺν τοῖς ἕνδεκα ἐπῆρεν τὴν φωνὴν αὐτοῦ καὶ ἀπεφθέγξατο αὐτοῖς,
3: 8 καὶ ἐξαλλόμενος **ἔστη** καὶ περιεπάτει καὶ εἰσῆλθεν σὺν αὐτοῖς εἰς τὸ ἱερὸν περιπατῶν καὶ ἁλλόμενος καὶ αἰνῶν τὸν θεόν.
4: 7 καὶ **στήσαντες** αὐτοὺς ἐν τῷ μέσῳ ἐπυνθάνοντο, Ἐν ποίᾳ δυνάμει ἢ ἐν ποίῳ ὀνόματι ἐποιήσατε τοῦτο ὑμεῖς;
4:14 τόν τε ἄνθρωπον βλέποντες σὺν αὐτοῖς **ἑστῶτα** τὸν τεθεραπευμένον οὐδὲν εἶχον ἀντειπεῖν.
5:20 Πορεύεσθε καὶ **σταθέντες** λαλεῖτε ἐν τῷ ἱερῷ τῷ λαῷ πάντα τὰ ῥήματα τῆς ζωῆς ταύτης.
5:23 λέγοντες ὅτι Τὸ δεσμωτήριον εὕρομεν κεκλεισμένον ἐν πάσῃ ἀσφαλείᾳ καὶ τοὺς φύλακας **ἑστῶτας** ἐπὶ τῶν θυρῶν,
5:25 τις ἀπήγγειλεν αὐτοῖς ὅτι Ἰδοὺ οἱ ἄνδρες οὓς ἔθεσθε ἐν τῇ φυλακῇ εἰσὶν ἐν τῷ ἱερῷ **ἑστῶτες** καὶ διδάσκοντες τὸν λαόν.
5:27 Ἀγαγόντες δὲ αὐτοὺς **ἔστησαν** ἐν τῷ συνεδρίῳ. καὶ ἐπηρώτησεν αὐτοὺς ὁ ἀρχιερεὺς
6: 6 οὓς **ἔστησαν** ἐνώπιον τῶν ἀποστόλων, καὶ προσευξάμενοι ἐπέθηκαν αὐτοῖς τὰς χεῖρας.
6:13 **ἔστησάν** τε μάρτυρας ψευδεῖς λέγοντας, Ὁ ἄνθρωπος οὗτος οὐ παύεται λαλῶν ῥήματα κατὰ τοῦ τόπου τοῦ ἁγίου [τούτου]
7:33 ὁ γὰρ τόπος ἐφ᾽ ᾧ **ἕστηκας** γῆ ἁγία ἐστίν.
7:55 πλήρης πνεύματος ἁγίου ἀτενίσας εἰς τὸν οὐρανὸν εἶδεν δόξαν θεοῦ καὶ Ἰησοῦν **ἑστῶτα** ἐκ δεξιῶν τοῦ θεοῦ
7:56 Ἰδοὺ θεωρῶ τοὺς οὐρανοὺς διηνοιγμένους καὶ τὸν υἱὸν τοῦ ἀνθρώπου ἐκ δεξιῶν **ἑστῶτα** τοῦ θεοῦ.
7:60 θεὶς δὲ τὰ γόνατα ἔκραξεν φωνῇ μεγάλῃ, Κύριε, μὴ **στήσῃς** αὐτοῖς ταύτην τὴν ἁμαρτίαν.
8:38 καὶ ἐκέλευσεν **στῆναι** τὸ ἅρμα καὶ κατέβησαν ἀμφότεροι εἰς τὸ ὕδωρ,
9: 7 οἱ δὲ ἄνδρες οἱ συνοδεύοντες αὐτῷ **εἱστήκεισαν** ἐνεοί,
10:30 καὶ ἰδοὺ ἀνὴρ **ἔστη** ἐνώπιόν μου ἐν ἐσθῆτι λαμπρᾷ
11:13 ἀπήγγειλεν δὲ ἡμῖν πῶς εἶδεν [τὸν] ἄγγελον ἐν τῷ οἴκῳ αὐτοῦ **σταθέντα** καὶ εἰπόντα,
12:14 εἰσδραμοῦσα δὲ ἀπήγγειλεν **ἑστάναι** τὸν Πέτρον πρὸ τοῦ πυλῶνος.
16: 9 ἀνὴρ Μακεδών τις ἦν **ἑστὼς** καὶ παρακαλῶν αὐτὸν καὶ λέγων,
17:22 **Σταθεὶς** δὲ [ὁ] Παῦλος ἐν μέσῳ τοῦ Ἀρείου πάγου ἔφη,
17:31 καθότι **ἔστησεν** ἡμέραν ἐν ᾗ μέλλει κρίνειν τὴν οἰκουμένην ἐν δικαιοσύνῃ ἐν ἀνδρὶ ᾧ ὥρισεν,
21:40 ἐπιτρέψαντος δὲ αὐτοῦ ὁ Παῦλος **ἑστὼς** ἐπὶ τῶν ἀναβαθμῶν κατέσεισεν τῇ χειρὶ τῷ λαῷ.
22:25 ὡς δὲ προέτειναν αὐτὸν τοῖς ἱμᾶσιν, εἶπεν πρὸς τὸν **ἑστῶτα** ἑκατόνταρχον ὁ Παῦλος,
22:30 ἔλυσεν αὐτὸν καὶ ἐκέλευσεν συνελθεῖν τοὺς ἀρχιερεῖς καὶ πᾶν τὸ συνέδριον, καὶ καταγαγὼν τὸν Παῦλον **ἔστησεν** εἰς αὐτούς.
24:20 ἢ αὐτοὶ οὗτοι εἰπάτωσαν τί εὗρον ἀδίκημα **στάντος** μου ἐπὶ τοῦ συνεδρίου,
24:21 ἢ περὶ μιᾶς ταύτης φωνῆς ἧς ἐκέκραξα ἐν αὐτοῖς **ἑστὼς** ὅτι Περὶ ἀναστάσεως νεκρῶν ἐγὼ κρίνομαι σήμερον ἐφ᾽ ὑμῶν.
25:10 Ἐπὶ τοῦ βήματος Καίσαρος **ἑστώς** εἰμι, οὗ με δεῖ κρίνεσθαι.
25:18 περὶ οὗ **σταθέντες** οἱ κατήγοροι οὐδεμίαν αἰτίαν ἔφερον ὧν ἐγὼ ὑπενόουν πονηρῶν,
26: 6 καὶ νῦν ἐπ᾽ ἐλπίδι τῆς εἰς τοὺς πατέρας ἡμῶν ἐπαγγελίας γενομένης ὑπὸ τοῦ θεοῦ **ἕστηκα** κρινόμενος,
26:16 ἀλλὰ ἀνάστηθι καὶ **στῆθι** ἐπὶ τοὺς πόδας σου·
26:22 ἐπικουρίας οὖν τυχὼν τῆς ἀπὸ τοῦ θεοῦ ἄχρι τῆς ἡμέρας ταύτης **ἕστηκα** μαρτυρόμενος μικρῷ τε καὶ μεγάλῳ
27:21 Πολλῆς τε ἀσιτίας ὑπαρχούσης τότε **σταθεὶς** ὁ Παῦλος ἐν μέσῳ αὐτῶν εἶπεν,
Ro 3:31 νόμον οὖν καταργοῦμεν διὰ τῆς πίστεως; μὴ γένοιτο· ἀλλὰ νόμον **ἱστάνομεν.**
5: 2 τὴν προσαγωγὴν ἐσχήκαμεν [τῇ πίστει] εἰς τὴν χάριν ταύτην ἐν ᾗ **ἑστήκαμεν** καὶ καυχώμεθα ἐπ᾽ ἐλπίδι τῆς δόξης τοῦ θεοῦ.
10: 3 ἀγνοοῦντες γὰρ τὴν τοῦ θεοῦ δικαιοσύνην καὶ τὴν ἰδίαν [δικαιοσύνην] ζητοῦντες **στῆσαι,**
11:20 τῇ ἀπιστίᾳ ἐξεκλάσθησαν, σὺ δὲ τῇ πίστει **ἕστηκας.**
14: 4 **σταθήσεται** δέ, δυνατεῖ γὰρ ὁ κύριος **στῆσαι** αὐτόν.
1Co 7:37 ὃς δὲ **ἕστηκεν** ἐν τῇ καρδίᾳ αὐτοῦ ἑδραῖος μὴ ἔχων ἀνάγκην,
10:12 ὥστε ὁ δοκῶν **ἑστάναι** βλεπέτω μὴ πέσῃ.
15: 1 τὸ εὐαγγέλιον ὃ εὐηγγελισάμην ὑμῖν, ὃ καὶ παρελάβετε, ἐν ᾧ καὶ **ἑστήκατε,**
2Co 1:24 οὐχ ὅτι κυριεύομεν ὑμῶν τῆς πίστεως ἀλλὰ συνεργοί ἐσμεν τῆς χαρᾶς ὑμῶν· τῇ γὰρ πίστει **ἑστήκατε.**
13: 1 ἐπὶ στόματος δύο μαρτύρων καὶ τριῶν **σταθήσεται** πᾶν ῥῆμα.
Eph 6:11 ἐνδύσασθε τὴν πανοπλίαν τοῦ θεοῦ πρὸς τὸ δύνασθαι ὑμᾶς **στῆναι** πρὸς τὰς μεθοδείας τοῦ διαβόλου·
6:13 ἵνα δυνηθῆτε ἀντιστῆναι ἐν τῇ ἡμέρᾳ τῇ πονηρᾷ καὶ ἅπαντα κατεργασάμενοι **στῆναι.**
6:14 **στῆτε** οὖν περιζωσάμενοι τὴν ὀσφὺν ὑμῶν ἐν ἀληθείᾳ καὶ ἐνδυσάμενοι τὸν θώρακα τῆς δικαιοσύνης
Col 4:12 ἵνα **σταθῆτε** τέλειοι καὶ πεπληροφορημένοι ἐν παντὶ θελήματι τοῦ θεοῦ.
2Ti 2:19 ὁ μέντοι στερεὸς θεμέλιος τοῦ θεοῦ **ἕστηκεν,** ἔχων τὴν σφραγῖδα ταύτην·
Heb 10: 9 Ἰδοὺ ἥκω τοῦ ποιῆσαι τὸ θέλημά σου. ἀναιρεῖ τὸ πρῶτον ἵνα τὸ δεύτερον **στήσῃ,**
10:11 Καὶ πᾶς μὲν ἱερεὺς **ἕστηκεν** καθ᾽ ἡμέραν λειτουργῶν καὶ τὰς αὐτὰς πολλάκις προσφέρων θυσίας,
Jas 2: 3 Σὺ **στῆθι** ἐκεῖ ἢ κάθου ὑπὸ τὸ ὑποπόδιόν μου,
5: 9 κατ᾽ ἀλλήλων ἵνα μὴ κριθῆτε· ἰδοὺ ὁ κριτὴς πρὸ τῶν θυρῶν **ἕστηκεν.**
1Pe 5:12 δι᾽ ὀλίγων ἔγραψα παρακαλῶν καὶ ἐπιμαρτυρῶν ταύτην εἶναι ἀληθῆ χάριν τοῦ θεοῦ εἰς ἣν **στῆτε.**
Jude 1:24 Τῷ δὲ δυναμένῳ φυλάξαι ὑμᾶς ἀπταίστους καὶ **στῆσαι** κατενώπιον τῆς δόξης αὐτοῦ ἀμώμους ἐν ἀγαλλιάσει,
Rev 3:20 ἰδοὺ **ἕστηκα** ἐπὶ τὴν θύραν καὶ κρούω· ἐάν τις ἀκούσῃ τῆς φωνῆς μου καὶ ἀνοίξῃ τὴν θύραν,
5: 6 Καὶ εἶδον ἐν μέσῳ τοῦ θρόνου καὶ τῶν τεσσάρων ζῴων καὶ ἐν μέσῳ τῶν πρεσβυτέρων ἀρνίον **ἑστηκὸς** ὡς ἐσφαγμένον
6:17 ὅτι ἦλθεν ἡ ἡμέρα ἡ μεγάλη τῆς ὀργῆς αὐτῶν, καὶ τίς δύναται **σταθῆναι;**
7: 1 Μετὰ τοῦτο εἶδον τέσσαρας ἀγγέλους **ἑστῶτας** ἐπὶ τὰς τέσσαρας γωνίας τῆς γῆς,
7: 9 ἐκ παντὸς ἔθνους καὶ φυλῶν καὶ λαῶν καὶ γλωσσῶν **ἑστῶτες** ἐνώπιον τοῦ θρόνου καὶ ἐνώπιον τοῦ ἀρνίου
7:11 καὶ πάντες οἱ ἄγγελοι **εἱστήκεισαν** κύκλῳ τοῦ θρόνου καὶ τῶν πρεσβυτέρων καὶ τῶν τεσσάρων ζῴων
8: 2 καὶ εἶδον τοὺς ἑπτὰ ἀγγέλους οἳ ἐνώπιον τοῦ θεοῦ **ἑστήκασιν,**
8: 3 Καὶ ἄλλος ἄγγελος ἦλθεν καὶ **ἐστάθη** ἐπὶ τοῦ θυσιαστηρίου ἔχων λιβανωτὸν χρυσοῦν,
10: 5 ὃν εἶδον **ἑστῶτα** ἐπὶ τῆς θαλάσσης καὶ ἐπὶ τῆς γῆς,

10: 8 Ὕπαγε λάβε τὸ βιβλίον τὸ ἠνεῳγμένον ἐν τῇ χειρὶ τοῦ ἀγγέλου τοῦ **ἑστῶτος** ἐπὶ τῆς θαλάσσης καὶ ἐπὶ τῆς γῆς.
11: 4 οὗτοί εἰσιν αἱ δύο ἐλαῖαι καὶ αἱ δύο λυχνίαι αἱ ἐνώπιον τοῦ κυρίου τῆς γῆς **ἑστῶτες.**
11:11 καὶ **ἔστησαν** ἐπὶ τοὺς πόδας αὐτῶν, καὶ φόβος μέγας ἐπέπεσεν ἐπὶ τοὺς θεωροῦντας αὐτούς.
12: 4 ὁ δράκων **ἕστηκεν** ἐνώπιον τῆς γυναικὸς τῆς μελλούσης τεκεῖν,
12:18 καὶ **ἐστάθη** ἐπὶ τὴν ἄμμον τῆς θαλάσσης.
14: 1 καὶ ἰδοὺ τὸ ἀρνίον **ἑστὸς** ἐπὶ τὸ ὄρος Σιὼν καὶ μετ᾽ αὐτοῦ ἑκατὸν τεσσεράκοντα τέσσαρες χιλιάδες ἔχουσαι τὸ ὄνομα
15: 2 τοὺς νικῶντας ἐκ τοῦ θηρίου καὶ ἐκ τῆς εἰκόνος αὐτοῦ καὶ ἐκ τοῦ ἀριθμοῦ τοῦ ὀνόματος αὐτοῦ **ἑστῶτας** ἐπὶ τὴν θάλασσαν
18:10 ἀπὸ μακρόθεν **ἑστηκότες** διὰ τὸν φόβον τοῦ βασανισμοῦ αὐτῆς λέγοντες,
18:15 οἱ ἔμποροι τούτων οἱ πλουτήσαντες ἀπ᾽ αὐτῆς ἀπὸ μακρόθεν **στήσονται** διὰ τὸν φόβον τοῦ βασανισμοῦ αὐτῆς κλαίοντες καὶ πενθοῦντες
18:17 Καὶ πᾶς κυβερνήτης καὶ πᾶς ὁ ἐπὶ τόπον πλέων καὶ ναῦται καὶ ὅσοι τὴν θάλασσαν ἐργάζονται, ἀπὸ μακρόθεν **ἔστησαν**
19:17 Καὶ εἶδον ἕνα ἄγγελον **ἑστῶτα** ἐν τῷ ἡλίῳ καὶ ἔκραξεν [ἐν] φωνῇ μεγάλῃ λέγων πᾶσιν τοῖς ὀρνέοις τοῖς πετομένοις
20:12 τοὺς μεγάλους καὶ τοὺς μικρούς, **ἑστῶτας** ἐνώπιον τοῦ θρόνου.

2706 ἱστίον Not used in UBS/NIV

√ 2705

2707 ἱστορέω [1]

→ 1461

Gal 1:18 Ἔπειτα μετὰ ἔτη τρία ἀνῆλθον εἰς Ἱεροσόλυμα **ἱστορῆσαι** Κηφᾶν καὶ ἐπέμεινα πρὸς αὐτὸν ἡμέρας δεκαπέντε,

2708 ἰσχυρός [29 / 28]

√ 2709

comparative **ἰσχυρότερος** [6] Mt 3:11; Mk 1:7; Lk 3:16; 11:22; 1Co 1:25; 10:22

Mt 3:11 ὁ δὲ ὀπίσω μου ἐρχόμενος **ἰσχυρότερός** μού ἐστιν,
12:29 ἢ πῶς δύναταί τις εἰσελθεῖν εἰς τὴν οἰκίαν τοῦ **ἰσχυροῦ** καὶ τὰ σκεύη αὐτοῦ ἁρπάσαι, ἐὰν μὴ πρῶτον δήσῃ τὸν **ἰσχυρόν;**
14:30 βλέπων δὲ τὸν ἄνεμον **[ἰσχυρὸν]**[NIV-] ἐφοβήθη, καὶ ἀρξάμενος καταποντίζεσθαι ἔκραξεν λέγων,
Mk 1: 7 καὶ ἐκήρυσσεν λέγων, Ἔρχεται ὁ **ἰσχυρότερός** μου ὀπίσω μου,
3:27 ἀλλ᾽ οὐ δύναται οὐδεὶς εἰς τὴν οἰκίαν τοῦ **ἰσχυροῦ** εἰσελθὼν τὰ σκεύη αὐτοῦ διαρπάσαι, ἐὰν μὴ πρῶτον τὸν **ἰσχυρὸν** δήσῃ, καὶ τότε τὴν οἰκίαν αὐτοῦ διαρπάσει.
Lk 3:16 ἔρχεται δὲ ὁ **ἰσχυρότερός** μου, οὗ οὐκ εἰμὶ ἱκανὸς λῦσαι τὸν ἱμάντα τῶν ὑποδημάτων αὐτοῦ·
11:21 ὅταν ὁ **ἰσχυρὸς** καθωπλισμένος φυλάσσῃ τὴν ἑαυτοῦ αὐλήν,
11:22 ἐπὰν δὲ **ἰσχυρότερος** αὐτοῦ ἐπελθὼν νικήσῃ αὐτόν, τὴν πανοπλίαν αὐτοῦ αἴρει ἐφ᾽ ᾗ ἐπεποίθει
15:14 δαπανήσαντος δὲ αὐτοῦ πάντα ἐγένετο λιμὸς **ἰσχυρὰ** κατὰ τὴν χώραν ἐκείνην,
1Co 1:25 ὅτι τὸ μωρὸν τοῦ θεοῦ σοφώτερον τῶν ἀνθρώπων ἐστὶν καὶ τὸ ἀσθενὲς τοῦ θεοῦ **ἰσχυρότερον** τῶν ἀνθρώπων.
1:27 καὶ τὰ ἀσθενῆ τοῦ κόσμου ἐξελέξατο ὁ θεός, ἵνα καταισχύνῃ τὰ **ἰσχυρά,**
4:10 ἡμεῖς ἀσθενεῖς, ὑμεῖς δὲ **ἰσχυροί·** ὑμεῖς ἔνδοξοι, ἡμεῖς δὲ ἄτιμοι.
10:22 ἢ παραζηλοῦμεν τὸν κύριον; μὴ **ἰσχυρότεροι** αὐτοῦ ἐσμεν;
2Co 10:10 ὅτι, Αἱ ἐπιστολαὶ μέν, φησίν, βαρεῖαι καὶ **ἰσχυραί,**
Heb 5: 7 δεήσεις τε καὶ ἱκετηρίας πρὸς τὸν δυνάμενον σῴζειν αὐτὸν ἐκ θανάτου μετὰ κραυγῆς **ἰσχυρᾶς** καὶ δακρύων προσενέγκας
6:18 **ἰσχυρὰν** παράκλησιν ἔχωμεν οἱ καταφυγόντες κρατῆσαι τῆς προκειμένης ἐλπίδος·
11:34 ἐδυναμώθησαν ἀπὸ ἀσθενείας, ἐγενήθησαν **ἰσχυροὶ** ἐν πολέμῳ, παρεμβολὰς ἔκλιναν ἀλλοτρίων.
1Jn 2:14 ὅτι **ἰσχυροί** ἐστε καὶ ὁ λόγος τοῦ θεοῦ ἐν ὑμῖν μένει καὶ νενικήκατε τὸν πονηρόν.
Rev 5: 2 καὶ εἶδον ἄγγελον **ἰσχυρὸν** κηρύσσοντα ἐν φωνῇ μεγάλῃ,
6:15 καὶ οἱ βασιλεῖς τῆς γῆς καὶ οἱ μεγιστᾶνες καὶ οἱ χιλίαρχοι καὶ οἱ πλούσιοι καὶ οἱ **ἰσχυροὶ** καὶ πᾶς δοῦλος καὶ ἐλεύθερος
10: 1 Καὶ εἶδον ἄλλον ἄγγελον **ἰσχυρὸν** καταβαίνοντα ἐκ τοῦ οὐρανοῦ περιβεβλημένον νεφέλην,
18: 2 καὶ ἔκραξεν ἐν **ἰσχυρᾷ** φωνῇ λέγων, Ἔπεσεν ἔπεσεν Βαβυλὼν ἡ μεγάλη,
18: 8 ὅτι **ἰσχυρὸς** κύριος ὁ θεὸς ὁ κρίνας αὐτήν.
18:10 ἡ πόλις ἡ μεγάλη, Βαβυλὼν ἡ πόλις ἡ **ἰσχυρά,**
18:21 Καὶ ἦρεν εἷς ἄγγελος **ἰσχυρὸς** λίθον ὡς μύλινον μέγαν καὶ ἔβαλεν εἰς τὴν θάλασσαν λέγων,
19: 6 καὶ ἤκουσα ὡς φωνὴν ὄχλου πολλοῦ καὶ ὡς φωνὴν ὑδάτων πολλῶν καὶ ὡς φωνὴν βροντῶν **ἰσχυρῶν** λεγόντων,
19:18 ἵνα φάγητε σάρκας βασιλέων καὶ σάρκας χιλιάρχων καὶ σάρκας **ἰσχυρῶν** καὶ σάρκας ἵππων καὶ τῶν καθημένων

2709 ἰσχύς [10]

→ 1462, 1932, 2015, 2196, 2708, 2710, 2996

Mk 12:30 καὶ ἀγαπήσεις κύριον τὸν θεόν σου ἐξ ὅλης τῆς καρδίας σου καὶ ἐξ ὅλης τῆς ψυχῆς σου καὶ ἐξ ὅλης τῆς διανοίας σου καὶ ἐξ ὅλης τῆς **ἰσχύος** σου.
12:33 καὶ τὸ ἀγαπᾶν αὐτὸν ἐξ ὅλης τῆς καρδίας καὶ ἐξ ὅλης τῆς συνέσεως καὶ ἐξ ὅλης τῆς **ἰσχύος** καὶ τὸ ἀγαπᾶν τὸν πλησίον ὡς ἑαυτὸν περισσότερόν ἐστιν πάντων τῶν ὁλοκαυτωμάτων
Lk 10:27 Ἀγαπήσεις κύριον τὸν θεόν σου ἐξ ὅλης [τῆς] καρδίας σου καὶ ἐν ὅλῃ τῇ ψυχῇ σου καὶ ἐν ὅλῃ τῇ **ἰσχύϊ** σου καὶ ἐν ὅλῃ τῇ διανοίᾳ σου,
Eph 1:19 καὶ τί τὸ ὑπερβάλλον μέγεθος τῆς δυνάμεως αὐτοῦ εἰς ἡμᾶς τοὺς πιστεύοντας κατὰ τὴν ἐνέργειαν τοῦ κράτους τῆς **ἰσχύος** αὐτοῦ.
6:10 ἐνδυναμοῦσθε ἐν κυρίῳ καὶ ἐν τῷ κράτει τῆς **ἰσχύος** αὐτοῦ.
2Th 1: 9 οἵτινες δίκην τίσουσιν ὄλεθρον αἰώνιον ἀπὸ προσώπου τοῦ κυρίου καὶ ἀπὸ τῆς δόξης τῆς **ἰσχύος** αὐτοῦ,
1Pe 4:11 εἴ τις διακονεῖ, ὡς ἐξ **ἰσχύος** ἧς χορηγεῖ ὁ θεός,
2Pe 2:11 ὅπου ἄγγελοι **ἰσχύϊ** καὶ δυνάμει μείζονες ὄντες οὐ φέρουσιν κατ᾽ αὐτῶν παρὰ κυρίου βλάσφημον κρίσιν.
Rev 5:12 Ἄξιόν ἐστιν τὸ ἀρνίον τὸ ἐσφαγμένον λαβεῖν τὴν δύναμιν καὶ πλοῦτον καὶ σοφίαν καὶ **ἰσχὺν** καὶ τιμὴν καὶ δόξαν καὶ εὐλογίαν.
7:12 ἡ εὐλογία καὶ ἡ δόξα καὶ ἡ σοφία καὶ ἡ εὐχαριστία καὶ ἡ τιμὴ καὶ ἡ δύναμις καὶ ἡ **ἰσχὺς** τῷ θεῷ ἡμῶν εἰς τοὺς αἰῶνας τῶν αἰώνων·

2710 ἰσχύω [28]

√ 2709

Mt 5:13 εἰς οὐδὲν **ἰσχύει** ἔτι εἰ μὴ βληθὲν ἔξω καταπατεῖσθαι ὑπὸ τῶν ἀνθρώπων.
8:28 ὥστε μὴ **ἰσχύειν** τινὰ παρελθεῖν διὰ τῆς ὁδοῦ ἐκείνης.
9:12 Οὐ χρείαν ἔχουσιν οἱ **ἰσχύοντες** ἰατροῦ ἀλλ᾽ οἱ κακῶς ἔχοντες.
26:40 Οὕτως οὐκ **ἰσχύσατε** μίαν ὥραν γρηγορῆσαι μετ᾽ ἐμοῦ;
Mk 2:17 καὶ ἀκούσας ὁ Ἰησοῦς λέγει αὐτοῖς [ὅτι] Οὐ χρείαν ἔχουσιν οἱ **ἰσχύοντες** ἰατροῦ ἀλλ᾽ οἱ κακῶς ἔχοντες·
5: 4 καὶ ἁλύσεσιν δεδέσθαι καὶ διεσπάσθαι ὑπ᾽ αὐτοῦ τὰς ἁλύσεις καὶ τὰς πέδας συντετρῖφθαι, καὶ οὐδεὶς **ἴσχυεν** αὐτὸν δαμάσαι·
9:18 εἶπα τοῖς μαθηταῖς σου ἵνα αὐτὸ ἐκβάλωσιν, καὶ οὐκ **ἴσχυσαν.**
14:37 καὶ λέγει τῷ Πέτρῳ, Σίμων, καθεύδεις; οὐκ **ἴσχυσας** μίαν ὥραν γρηγορῆσαι;
Lk 6:48 καὶ οὐκ **ἴσχυσεν** σαλεῦσαι αὐτὴν διὰ τὸ καλῶς οἰκοδομῆσθαι αὐτήν.
8:43 ἥτις [ἰατροῖς προσαναλώσασα ὅλον τὸν βίον] οὐκ **ἴσχυσεν** ἀπ᾽ οὐδενὸς θεραπευθῆναι,
13:24 ὅτι πολλοί, λέγω ὑμῖν, ζητήσουσιν εἰσελθεῖν καὶ οὐκ **ἰσχύσουσιν.**
14: 6 καὶ οὐκ **ἴσχυσαν** ἀνταποκριθῆναι πρὸς ταῦτα.
14:29 ἵνα μήποτε θέντος αὐτοῦ θεμέλιον καὶ μὴ **ἰσχύοντος** ἐκτελέσαι πάντες οἱ θεωροῦντες ἄρξωνται αὐτῷ ἐμπαίζειν
14:30 λέγοντες ὅτι Οὗτος ὁ ἄνθρωπος ἤρξατο οἰκοδομεῖν καὶ οὐκ **ἴσχυσεν** ἐκτελέσαι.
16: 3 ὅτι ὁ κύριός μου ἀφαιρεῖται τὴν οἰκονομίαν ἀπ᾽ ἐμοῦ; σκάπτειν οὐκ **ἰσχύω,** ἐπαιτεῖν αἰσχύνομαι.
20:26 καὶ οὐκ **ἴσχυσαν** ἐπιλαβέσθαι αὐτοῦ ῥήματος ἐναντίον τοῦ λαοῦ καὶ θαυμάσαντες ἐπὶ τῇ ἀποκρίσει αὐτοῦ ἐσίγησαν.
Jn 21: 6 καὶ οὐκέτι αὐτὸ ἑλκύσαι **ἴσχυον** ἀπὸ τοῦ πλήθους τῶν ἰχθύων.
Ac 6:10 καὶ οὐκ **ἴσχυον** ἀντιστῆναι τῇ σοφίᾳ καὶ τῷ πνεύματι ᾧ ἐλάλει.
15:10 νῦν οὖν τί πειράζετε τὸν θεὸν ἐπιθεῖναι ζυγὸν ἐπὶ τὸν τράχηλον τῶν μαθητῶν ὃν οὔτε οἱ πατέρες ἡμῶν οὔτε ἡμεῖς **ἰσχύσαμεν** βαστάσαι;

19:16 κατακυριεύσας ἀμφοτέρων **ἴσχυσεν** κατ᾽ αὐτῶν ὥστε γυμνοὺς καὶ τετραυματισμένους ἐκφυγεῖν ἐκ τοῦ οἴκου ἐκείνου.
19:20 Οὕτως κατὰ κράτος τοῦ κυρίου ὁ λόγος ηὔξανεν καὶ **ἴσχυεν.**
25: 7 οἱ ἀπὸ Ἱεροσολύμων καταβεβηκότες Ἰουδαῖοι πολλὰ καὶ βαρέα αἰτιώματα καταφέροντες ἃ οὐκ **ἴσχυον** ἀποδεῖξαι,
27:16 νησίον δέ τι ὑποδραμόντες καλούμενον Καῦδα **ἰσχύσαμεν** μόλις περικρατεῖς γενέσθαι τῆς σκάφης,
Gal 5: 6 ἐν γὰρ Χριστῷ Ἰησοῦ οὔτε περιτομή τι **ἰσχύει** οὔτε ἀκροβυστία ἀλλὰ πίστις δι᾽ ἀγάπης ἐνεργουμένη.
Php 4:13 πάντα **ἰσχύω** ἐν τῷ ἐνδυναμοῦντί με.
Heb 9:17 διαθήκη γὰρ ἐπὶ νεκροῖς βεβαία, ἐπεὶ μήποτε **ἰσχύει** ὅτε ζῇ ὁ διαθέμενος.
Jas 5:16 ἐξομολογεῖσθε οὖν ἀλλήλοις τὰς ἁμαρτίας καὶ εὔχεσθε ὑπὲρ ἀλλήλων ὅπως ἰαθῆτε. πολὺ **ἰσχύει** δέησις δικαίου ἐνεργουμένη.
Rev 12: 8 καὶ οὐκ **ἴσχυσεν** οὐδὲ τόπος εὑρέθη αὐτῶν ἔτι ἐν τῷ οὐρανῷ.

2711 ἴσως [1]

√ 2698

Lk 20:13 πέμψω τὸν υἱόν μου τὸν ἀγαπητόν· **ἴσως** τοῦτον ἐντραπήσονται.

2712 Ἰταλία [4]

→ 2713

Ac 18: 2 Ποντικὸν τῷ γένει προσφάτως ἐληλυθότα ἀπὸ τῆς **Ἰταλίας** καὶ Πρίσκιλλαν γυναῖκα αὐτοῦ,
27: 1 Ὡς δὲ ἐκρίθη τοῦ ἀποπλεῖν ἡμᾶς εἰς τὴν **Ἰταλίαν,**
27: 6 κἀκεῖ εὑρὼν ὁ ἑκατοντάρχης πλοῖον Ἀλεξανδρῖνον πλέον εἰς τὴν **Ἰταλίαν** ἐνεβίβασεν ἡμᾶς εἰς αὐτό.
Heb 13:24 ἀσπάζονται ὑμᾶς οἱ ἀπὸ τῆς **Ἰταλίας.**

2713 Ἰταλικός [1]

√ 2712

Ac 10: 1 Ἀνὴρ δέ τις ἐν Καισαρείᾳ ὀνόματι Κορνήλιος, ἑκατοντάρχης ἐκ σπείρης τῆς καλουμένης **Ἰταλικῆς,**

2714 Ἰτουραῖος [1]

Lk 3: 1 Φιλίππου δὲ τοῦ ἀδελφοῦ αὐτοῦ τετρααρχοῦντος τῆς **Ἰτουραίας** καὶ Τραχωνίτιδος χώρας,

2715 ἰχθύδιον [2]

√ 2716

Mt 15:34 Πόσους ἄρτους ἔχετε; οἱ δὲ εἶπαν, Ἑπτὰ καὶ ὀλίγα **ἰχθύδια.**
Mk 8: 7 καὶ εἶχον **ἰχθύδια** ὀλίγα· καὶ εὐλογήσας αὐτὰ εἶπεν καὶ ταῦτα παρατιθέναι.

2716 ἰχθύς [20]

→ 2715

Mt 7:10 ἢ καὶ **ἰχθὺν** αἰτήσει, μὴ ὄφιν ἐπιδώσει αὐτῷ;
14:17 Οὐκ ἔχομεν ὧδε εἰ μὴ πέντε ἄρτους καὶ δύο **ἰχθύας.**
14:19 λαβὼν τοὺς πέντε ἄρτους καὶ τοὺς δύο **ἰχθύας,**
15:36 ἔλαβεν τοὺς ἑπτὰ ἄρτους καὶ τοὺς **ἰχθύας** καὶ εὐχαριστήσας ἔκλασεν καὶ ἐδίδου τοῖς μαθηταῖς,
17:27 πορευθεὶς εἰς θάλασσαν βάλε ἄγκιστρον καὶ τὸν ἀναβάντα πρῶτον **ἰχθὺν** ἆρον,
Mk 6:38 ὑπάγετε ἴδετε. καὶ γνόντες λέγουσιν, Πέντε, καὶ δύο **ἰχθύας.**
6:41 καὶ λαβὼν τοὺς πέντε ἄρτους καὶ τοὺς δύο **ἰχθύας** ἀναβλέψας εἰς τὸν οὐρανὸν εὐλόγησεν καὶ κατέκλασεν τοὺς ἄρτους καὶ ἐδίδου τοῖς μαθηταῖς [αὐτοῦ] ἵνα παρατιθῶσιν αὐτοῖς, καὶ τοὺς δύο **ἰχθύας** ἐμέρισεν πᾶσιν.
6:43 καὶ ἦραν κλάσματα δώδεκα κοφίνων πληρώματα καὶ ἀπὸ τῶν **ἰχθύων.**
Lk 5: 6 καὶ τοῦτο ποιήσαντες συνέκλεισαν πλῆθος **ἰχθύων** πολύ, διερρήσσετο δὲ τὰ δίκτυα αὐτῶν.
5: 9 θάμβος γὰρ περιέσχεν αὐτὸν καὶ πάντας τοὺς σὺν αὐτῷ ἐπὶ τῇ ἄγρᾳ τῶν **ἰχθύων** ὧν συνέλαβον,
9:13 Οὐκ εἰσὶν ἡμῖν πλεῖον ἢ ἄρτοι πέντε καὶ **ἰχθύες** δύο,
9:16 λαβὼν δὲ τοὺς πέντε ἄρτους καὶ τοὺς δύο **ἰχθύας** ἀναβλέψας εἰς τὸν οὐρανὸν εὐλόγησεν αὐτοὺς καὶ κατέκλασεν καὶ ἐδίδου
11:11 τίνα δὲ ἐξ ὑμῶν τὸν πατέρα αἰτήσει ὁ υἱὸς **ἰχθύν,** καὶ ἀντὶ **ἰχθύος** ὄφιν αὐτῷ ἐπιδώσει;
24:42 οἱ δὲ ἐπέδωκαν αὐτῷ **ἰχθύος** ὀπτοῦ μέρος·
Jn 21: 6 καὶ οὐκέτι αὐτὸ ἑλκύσαι ἴσχυον ἀπὸ τοῦ πλήθους τῶν **ἰχθύων.**
21: 8 οὐ γὰρ ἦσαν μακρὰν ἀπὸ τῆς γῆς ἀλλὰ ὡς ἀπὸ πηχῶν διακοσίων, σύροντες τὸ δίκτυον τῶν **ἰχθύων.**
21:11 ἀνέβη οὖν Σίμων Πέτρος καὶ εἵλκυσεν τὸ δίκτυον εἰς τὴν γῆν μεστὸν **ἰχθύων** μεγάλων ἑκατὸν πεντήκοντα τριῶν·
1Co 15:39 ἄλλη δὲ σὰρξ κτηνῶν, ἄλλη δὲ σὰρξ πτηνῶν, ἄλλη δὲ **ἰχθύων.**

2717 ἴχνος [3]

→ 453

Ro 4:12 καὶ πατέρα περιτομῆς τοῖς οὐκ ἐκ περιτομῆς μόνον ἀλλὰ καὶ τοῖς στοιχοῦσιν τοῖς **ἴχνεσιν** τῆς ἐν ἀκροβυστίᾳ πίστεως τοῦ πατρὸς ἡμῶν Ἀβραάμ.
2Co 12:18 οὐ τῷ αὐτῷ πνεύματι περιεπατήσαμεν; οὐ τοῖς αὐτοῖς **ἴχνεσιν;**
1Pe 2:21 ὅτι καὶ Χριστὸς ἔπαθεν ὑπὲρ ὑμῶν ὑμῖν ὑπολιμπάνων ὑπογραμμὸν ἵνα ἐπακολουθήσητε τοῖς **ἴχνεσιν** αὐτοῦ,

2718 Ἰωαθάμ [2]

Mt 1: 9 Ὀζίας δὲ ἐγέννησεν τὸν **Ἰωαθάμ, Ἰωαθὰμ** δὲ ἐγέννησεν τὸν Ἀχάζ, Ἀχὰζ δὲ ἐγέννησεν τὸν Ἑζεκίαν,

2719 Ἰωακίμ Not used in UBS/NIV

2720 Ἰωανάν [1]

√ cf. 2722

Lk 3:27 τοῦ **Ἰωανὰν** τοῦ Ῥησὰ τοῦ Ζοροβαβὲλ τοῦ Σαλαθιὴλ τοῦ Νηρὶ

2721 Ἰωάννα [2]

√ cf. 2722

Lk 8: 3 καὶ **Ἰωάννα** γυνὴ Χουζᾶ ἐπιτρόπου Ἡρῴδου καὶ Σουσάννα καὶ ἕτεραι πολλαί,
24:10 ἦσαν δὲ ἡ Μαγδαληνὴ Μαρία καὶ **Ἰωάννα** καὶ Μαρία ἡ Ἰακώβου καὶ αἱ λοιπαὶ σὺν αὐταῖς.

2722 Ἰωάννης [135]

√ cf. 2720, 2721, 2728

Baptist [92] Mt 3:1,4,13,14; 4:12; 9:14; 11:2,4,7,11,12,13,18; 14:2,3,4,8,10; 16:14; 17:13; 21:25,26,32; Mk 1:4,6,9,14; 2:18,18; 6:14,16,17,18,20,24,25; 8:28; 11:30,32; Lk 1:13,60,63; 3:2,15,16,20; 5:33; 7:18,18,20,22,24,24,28,29,33; 9:7,9,19; 11:1; 16:16; 20:4,6; Jn 1:6,15,19,26,28,32,35,40; 3:23,24,25,26,27; 4:1; 5:33,36; 10:40,41,41; Ac 1:5,22; 10:37; 11:16; 12:2; 13:24,25; 18:25; 19:3,4

with **βαπτιστής** [12] Mt 3:1; 11:11,12; 14:2,8; 16:14; 17:13; Mk 6:25; 8:28; Lk 7:20,33; 9:19

ὁ βαπτίζων [3] Mk 1:4; 6:14,24

son of Zebedee [30] Mt 4:21; 10:2; 17:1; Mk 1:19,29; 3:17; 5:37; 9:2,38; 10:35,41; 13:3; 14:33; Lk 5:10; 6:14; 8:51; 9:28,49,54; 22:8; Ac 1:13; 3:1,3,4,11; 4:13,19; 8:14; 12:2; Gal 2:9

of the Apocalpyse [son of Zebedee?] [4] Rev 1:1,4,9; 22:8

father of Peter [4] Jn 1:42; 21:15,16,17

John Mark [5] Ac 12:12,25; 13:5,13; 15:37

μαθηταὶ Ἰωάννου [7] Mt 9:14; Mk 2:18,18; Lk 5:33; 7:18,18; Jn 3:25; cf. Mt 14:12; Mk 6:29

Πέτρος ... Ἰωάννης ... Ἰάκωβος [10] Mt 10:2; 17:1; Mk 5:37; 9:2; 13:3; 14:33; Lk 6:14; 8:51; 9:28; Ac 1:13

Mt 3: 1 Ἐν δὲ ταῖς ἡμέραις ἐκείναις παραγίνεται **Ἰωάννης** ὁ βαπτιστὴς κηρύσσων ἐν τῇ ἐρήμῳ τῆς Ἰουδαίας
3: 4 Αὐτὸς δὲ ὁ **Ἰωάννης** εἶχεν τὸ ἔνδυμα αὐτοῦ ἀπὸ τριχῶν καμήλου καὶ ζώνην δερματίνην περὶ τὴν ὀσφὺν αὐτοῦ,
3:13 Τότε παραγίνεται ὁ Ἰησοῦς ἀπὸ τῆς Γαλιλαίας ἐπὶ τὸν Ἰορδάνην πρὸς τὸν **Ἰωάννην** τοῦ βαπτισθῆναι ὑπ᾽ αὐτοῦ.

3:14 ὁ δὲ **Ἰωάννης** διεκώλυεν αὐτὸν λέγων, Ἐγὼ χρείαν ἔχω ὑπὸ σοῦ βαπτισθῆναι,
4:12 Ἀκούσας δὲ ὅτι **Ἰωάννης** παρεδόθη ἀνεχώρησεν εἰς τὴν Γαλιλαίαν.
4:21 Ἰάκωβον τὸν τοῦ Ζεβεδαίου καὶ **Ἰωάννην** τὸν ἀδελφὸν αὐτοῦ,
9:14 Τότε προσέρχονται αὐτῷ οἱ μαθηταὶ **Ἰωάννου** λέγοντες, Διὰ τί ἡμεῖς καὶ οἱ Φαρισαῖοι νηστεύομεν [πολλά,]
10: 2 καὶ Ἰάκωβος ὁ τοῦ Ζεβεδαίου καὶ **Ἰωάννης** ὁ ἀδελφὸς αὐτοῦ,
11: 2 Ὁ δὲ **Ἰωάννης** ἀκούσας ἐν τῷ δεσμωτηρίῳ τὰ ἔργα τοῦ Χριστοῦ πέμψας διὰ τῶν μαθητῶν αὐτοῦ
11: 4 καὶ ἀποκριθεὶς ὁ Ἰησοῦς εἶπεν αὐτοῖς, Πορευθέντες ἀπαγγείλατε **Ἰωάννῃ** ἃ ἀκούετε καὶ βλέπετε·
11: 7 Τούτων δὲ πορευομένων ἤρξατο ὁ Ἰησοῦς λέγειν τοῖς ὄχλοις περὶ **Ἰωάννου,**
11:11 οὐκ ἐγήγερται ἐν γεννητοῖς γυναικῶν μείζων **Ἰωάννου** τοῦ βαπτιστοῦ·
11:12 ἀπὸ δὲ τῶν ἡμερῶν **Ἰωάννου** τοῦ βαπτιστοῦ ἕως ἄρτι ἡ βασιλεία τῶν οὐρανῶν βιάζεται καὶ βιασταὶ ἁρπάζουσιν αὐτήν.
11:13 πάντες γὰρ οἱ προφῆται καὶ ὁ νόμος ἕως **Ἰωάννου** ἐπροφήτευσαν·
11:18 ἦλθεν γὰρ **Ἰωάννης** μήτε ἐσθίων μήτε πίνων, καὶ λέγουσιν,
14: 2 καὶ εἶπεν τοῖς παισὶν αὐτοῦ, Οὗτός ἐστιν **Ἰωάννης** ὁ βαπτιστής·
14: 3 Ὁ γὰρ Ἡρῴδης κρατήσας τὸν **Ἰωάννην** ἔδησεν [αὐτὸν] καὶ ἐν φυλακῇ ἀπέθετο διὰ Ἡρῳδιάδα τὴν γυναῖκα Φιλίππου
14: 4 ἔλεγεν γὰρ ὁ **Ἰωάννης** αὐτῷ, Οὐκ ἔξεστίν σοι ἔχειν αὐτήν.
14: 8 ὧδε ἐπὶ πίνακι τὴν κεφαλὴν **Ἰωάννου** τοῦ βαπτιστοῦ.
14:10 καὶ πέμψας ἀπεκεφάλισεν [τὸν] **Ἰωάννην** ἐν τῇ φυλακῇ.
16:14 Οἱ μὲν **Ἰωάννην** τὸν βαπτιστήν, ἄλλοι δὲ Ἠλίαν,
17: 1 Καὶ μεθ' ἡμέρας ἓξ παραλαμβάνει ὁ Ἰησοῦς τὸν Πέτρον καὶ Ἰάκωβον καὶ **Ἰωάννην** τὸν ἀδελφὸν αὐτοῦ καὶ ἀναφέρει αὐτοὺς
17:13 τότε συνῆκαν οἱ μαθηταὶ ὅτι περὶ **Ἰωάννου** τοῦ βαπτιστοῦ εἶπεν αὐτοῖς.
21:25 τὸ βάπτισμα τὸ **Ἰωάννου** πόθεν ἦν; ἐξ οὐρανοῦ ἢ ἐξ ἀνθρώπων;
21:26 φοβούμεθα τὸν ὄχλον, πάντες γὰρ ὡς προφήτην ἔχουσιν τὸν **Ἰωάννην.**
21:32 ἦλθεν γὰρ **Ἰωάννης** πρὸς ὑμᾶς ἐν ὁδῷ δικαιοσύνης,

Mk 1: 4 ἐγένετο **Ἰωάννης** [ὁ] βαπτίζων ἐν τῇ ἐρήμῳ καὶ κηρύσσων βάπτισμα μετανοίας εἰς ἄφεσιν ἁμαρτιῶν.
1: 6 ὁ **Ἰωάννης** ἐνδεδυμένος τρίχας καμήλου καὶ ζώνην δερματίνην περὶ τὴν ὀσφὺν αὐτοῦ καὶ ἐσθίων ἀκρίδας καὶ μέλι ἄγριον.
1: 9 ἐν ἐκείναις ταῖς ἡμέραις ἦλθεν Ἰησοῦς ἀπὸ Ναζαρὲτ τῆς Γαλιλαίας καὶ ἐβαπτίσθη εἰς τὸν Ἰορδάνην ὑπὸ **Ἰωάννου.**
1:14 Μετὰ δὲ τὸ παραδοθῆναι τὸν **Ἰωάννην** ἦλθεν ὁ Ἰησοῦς εἰς τὴν Γαλιλαίαν κηρύσσων τὸ εὐαγγέλιον τοῦ θεοῦ
1:19 Καὶ προβὰς ὀλίγον εἶδεν Ἰάκωβον τὸν τοῦ Ζεβεδαίου καὶ **Ἰωάννην** τὸν ἀδελφὸν αὐτοῦ καὶ αὐτοὺς ἐν τῷ πλοίῳ
1:29 Καὶ εὐθὺς ἐκ τῆς συναγωγῆς ἐξελθόντες ἦλθον εἰς τὴν οἰκίαν Σίμωνος καὶ Ἀνδρέου μετὰ Ἰακώβου καὶ **Ἰωάννου.**
2:18 Καὶ ἦσαν οἱ μαθηταὶ **Ἰωάννου** καὶ οἱ Φαρισαῖοι νηστεύοντες. καὶ ἔρχονται καὶ λέγουσιν αὐτῷ, Διὰ τί οἱ μαθηταὶ **Ἰωάννου** καὶ οἱ μαθηταὶ τῶν Φαρισαίων νηστεύουσιν,
3:17 καὶ Ἰάκωβον τὸν τοῦ Ζεβεδαίου καὶ **Ἰωάννην** τὸν ἀδελφὸν τοῦ Ἰακώβου καὶ ἐπέθηκεν αὐτοῖς ὀνόμα[τα] Βοανηργές,
5:37 καὶ οὐκ ἀφῆκεν οὐδένα μετ' αὐτοῦ συνακολουθῆσαι εἰ μὴ τὸν Πέτρον καὶ Ἰάκωβον καὶ **Ἰωάννην** τὸν ἀδελφὸν Ἰακώβου.
6:14 καὶ ἔλεγον ὅτι **Ἰωάννης** ὁ βαπτίζων ἐγήγερται ἐκ νεκρῶν καὶ διὰ τοῦτο ἐνεργοῦσιν αἱ δυνάμεις ἐν αὐτῷ.
6:16 ἀκούσας δὲ ὁ Ἡρῴδης ἔλεγεν, Ὃν ἐγὼ ἀπεκεφάλισα **Ἰωάννην,** οὗτος ἠγέρθη.
6:17 Αὐτὸς γὰρ ὁ Ἡρῴδης ἀποστείλας ἐκράτησεν τὸν **Ἰωάννην** καὶ ἔδησεν αὐτὸν ἐν φυλακῇ διὰ Ἡρῳδιάδα τὴν γυναῖκα Φιλίππου
6:18 ἔλεγεν γὰρ ὁ **Ἰωάννης** τῷ Ἡρῴδῃ ὅτι Οὐκ ἔξεστίν σοι ἔχειν τὴν γυναῖκα τοῦ ἀδελφοῦ σου.
6:20 ὁ γὰρ Ἡρῴδης ἐφοβεῖτο τὸν **Ἰωάννην,** εἰδὼς αὐτὸν ἄνδρα δίκαιον καὶ ἅγιον,
6:24 ἡ δὲ εἶπεν, Τὴν κεφαλὴν **Ἰωάννου** τοῦ βαπτίζοντος.
6:25 Θέλω ἵνα ἐξαυτῆς δῷς μοι ἐπὶ πίνακι τὴν κεφαλὴν **Ἰωάννου** τοῦ βαπτιστοῦ.
8:28 οἱ δὲ εἶπαν αὐτῷ λέγοντες [ὅτι] **Ἰωάννην** τὸν βαπτιστήν,
9: 2 Καὶ μετὰ ἡμέρας ἓξ παραλαμβάνει ὁ Ἰησοῦς τὸν Πέτρον καὶ τὸν Ἰάκωβον καὶ τὸν **Ἰωάννην** καὶ ἀναφέρει αὐτοὺς εἰς ὄρος
9:38 Ἔφη αὐτῷ ὁ **Ἰωάννης,** Διδάσκαλε, εἴδομέν τινα ἐν τῷ ὀνόματί σου ἐκβάλλοντα δαιμόνια καὶ ἐκωλύομεν αὐτόν,
10:35 Καὶ προσπορεύονται αὐτῷ Ἰάκωβος καὶ **Ἰωάννης** οἱ υἱοὶ Ζεβεδαίου λέγοντες αὐτῷ,
10:41 Καὶ ἀκούσαντες οἱ δέκα ἤρξαντο ἀγανακτεῖν περὶ Ἰακώβου καὶ **Ἰωάννου.**
11:30 τὸ βάπτισμα τὸ **Ἰωάννου** ἐξ οὐρανοῦ ἦν ἢ ἐξ ἀνθρώπων;
11:32 ἅπαντες γὰρ εἶχον τὸν **Ἰωάννην** ὄντως ὅτι προφήτης ἦν.
13: 3 εἰς τὸ Ὄρος τῶν Ἐλαιῶν κατέναντι τοῦ ἱεροῦ ἐπηρώτα αὐτὸν κατ' ἰδίαν Πέτρος καὶ Ἰάκωβος καὶ **Ἰωάννης** καὶ Ἀνδρέας,
14:33 καὶ παραλαμβάνει τὸν Πέτρον καὶ [τὸν] Ἰάκωβον καὶ [τὸν] **Ἰωάννην** μετ' αὐτοῦ καὶ ἤρξατο ἐκθαμβεῖσθαι καὶ ἀδημονεῖν

Lk 1:13 καὶ ἡ γυνή σου Ἐλισάβετ γεννήσει υἱόν σοι καὶ καλέσεις τὸ ὄνομα αὐτοῦ **Ἰωάννην.**
1:60 καὶ ἀποκριθεῖσα ἡ μήτηρ αὐτοῦ εἶπεν, Οὐχί, ἀλλὰ κληθήσεται **Ἰωάννης.**
1:63 καὶ αἰτήσας πινακίδιον ἔγραψεν λέγων, **Ἰωάννης** ἐστὶν ὄνομα αὐτοῦ.
3: 2 ἐγένετο ῥῆμα θεοῦ ἐπὶ **Ἰωάννην** τὸν Ζαχαρίου υἱὸν ἐν τῇ ἐρήμῳ.
3:15 Προσδοκῶντος δὲ τοῦ λαοῦ καὶ διαλογιζομένων πάντων ἐν ταῖς καρδίαις αὐτῶν περὶ τοῦ **Ἰωάννου,**
3:16 ἀπεκρίνατο λέγων πᾶσιν ὁ **Ἰωάννης,** Ἐγὼ μὲν ὕδατι βαπτίζω ὑμᾶς·
3:20 προσέθηκεν καὶ τοῦτο ἐπὶ πᾶσιν [καὶ] κατέκλεισεν τὸν **Ἰωάννην** ἐν φυλακῇ.
5:10 ὁμοίως δὲ καὶ Ἰάκωβον καὶ **Ἰωάννην** υἱοὺς Ζεβεδαίου,
5:33 Οἱ μαθηταὶ **Ἰωάννου** νηστεύουσιν πυκνὰ καὶ δεήσεις ποιοῦνται ὁμοίως καὶ οἱ τῶν Φαρισαίων,
6:14 καὶ Ἰάκωβον καὶ **Ἰωάννην** καὶ Φίλιππον καὶ Βαρθολομαῖον
7:18 Καὶ ἀπήγγειλαν **Ἰωάννῃ** οἱ μαθηταὶ αὐτοῦ περὶ πάντων τούτων. καὶ προσκαλεσάμενος δύο τινὰς τῶν μαθητῶν αὐτοῦ ὁ **Ἰωάννης**
7:20 **Ἰωάννης** ὁ βαπτιστὴς ἀπέστειλεν ἡμᾶς πρὸς σὲ λέγων,
7:22 καὶ ἀποκριθεὶς εἶπεν αὐτοῖς, Πορευθέντες ἀπαγγείλατε **Ἰωάννῃ** ἃ εἴδετε καὶ ἠκούσατε·
7:24 Ἀπελθόντων δὲ τῶν ἀγγέλων **Ἰωάννου** ἤρξατο λέγειν πρὸς τοὺς ὄχλους περὶ **Ἰωάννου,**
7:28 μείζων ἐν γεννητοῖς γυναικῶν **Ἰωάννου** οὐδείς ἐστιν·
7:29 Καὶ πᾶς ὁ λαὸς ἀκούσας καὶ οἱ τελῶναι ἐδικαίωσαν τὸν θεὸν βαπτισθέντες τὸ βάπτισμα **Ἰωάννου·**
7:33 ἐλήλυθεν γὰρ **Ἰωάννης** ὁ βαπτιστὴς μὴ ἐσθίων ἄρτον μήτε πίνων οἶνον,
8:51 οὐκ ἀφῆκεν εἰσελθεῖν τινα σὺν αὐτῷ εἰ μὴ Πέτρον καὶ **Ἰωάννην** καὶ Ἰάκωβον καὶ τὸν πατέρα τῆς παιδὸς
9: 7 Ἤκουσεν δὲ Ἡρῴδης ὁ τετραάρχης τὰ γινόμενα πάντα καὶ διηπόρει διὰ τὸ λέγεσθαι ὑπό τινων ὅτι **Ἰωάννης** ἠγέρθη ἐκ νεκρῶν,
9: 9 εἶπεν δὲ Ἡρῴδης, **Ἰωάννην** ἐγὼ ἀπεκεφάλισα· τίς δέ ἐστιν οὗτος περὶ οὗ ἀκούω τοιαῦτα;
9:19 οἱ δὲ ἀποκριθέντες εἶπαν, **Ἰωάννην** τὸν βαπτιστήν, ἄλλοι δὲ Ἠλίαν,
9:28 μετὰ τοὺς λόγους τούτους ὡσεὶ ἡμέραι ὀκτὼ [καὶ] παραλαβὼν Πέτρον καὶ **Ἰωάννην** καὶ Ἰάκωβον ἀνέβη εἰς τὸ ὄρος
9:49 Ἀποκριθεὶς δὲ **Ἰωάννης** εἶπεν, Ἐπιστάτα, εἴδομέν τινα ἐν τῷ ὀνόματί σου ἐκβάλλοντα δαιμόνια καὶ ἐκωλύομεν αὐτόν,
9:54 ἰδόντες δὲ οἱ μαθηταὶ Ἰάκωβος καὶ **Ἰωάννης** εἶπαν,
11: 1 δίδαξον ἡμᾶς προσεύχεσθαι, καθὼς καὶ **Ἰωάννης** ἐδίδαξεν τοὺς μαθητὰς αὐτοῦ.
16:16 Ὁ νόμος καὶ οἱ προφῆται μέχρι **Ἰωάννου·** ἀπὸ τότε ἡ βασιλεία τοῦ θεοῦ εὐαγγελίζεται καὶ πᾶς εἰς αὐτὴν βιάζεται.
20: 4 Τὸ βάπτισμα **Ἰωάννου** ἐξ οὐρανοῦ ἦν ἢ ἐξ ἀνθρώπων;
20: 6 ὁ λαὸς ἅπας καταλιθάσει ἡμᾶς, πεπεισμένος γάρ ἐστιν **Ἰωάννην** προφήτην εἶναι.
22: 8 καὶ ἀπέστειλεν Πέτρον καὶ **Ἰωάννην** εἰπών, Πορευθέντες ἑτοιμάσατε ἡμῖν τὸ πάσχα ἵνα φάγωμεν.

Jn 1: 6 Ἐγένετο ἄνθρωπος, ἀπεσταλμένος παρὰ θεοῦ, ὄνομα αὐτῷ **Ἰωάννης·**
1:15 **Ἰωάννης** μαρτυρεῖ περὶ αὐτοῦ καὶ κέκραγεν λέγων, Οὗτος ἦν ὃν εἶπον,
1:19 Καὶ αὕτη ἐστὶν ἡ μαρτυρία τοῦ **Ἰωάννου,** ὅτε ἀπέστειλαν [πρὸς αὐτὸν] οἱ Ἰουδαῖοι ἐξ Ἱεροσολύμων ἱερεῖς καὶ Λευίτας
1:26 ἀπεκρίθη αὐτοῖς ὁ **Ἰωάννης** λέγων, Ἐγὼ βαπτίζω ἐν ὕδατι·
1:28 Ταῦτα ἐν Βηθανίᾳ ἐγένετο πέραν τοῦ Ἰορδάνου, ὅπου ἦν ὁ **Ἰωάννης** βαπτίζων.
1:32 Καὶ ἐμαρτύρησεν **Ἰωάννης** λέγων ὅτι Τεθέαμαι τὸ πνεῦμα καταβαῖνον ὡς περιστερὰν ἐξ οὐρανοῦ καὶ ἔμεινεν ἐπ' αὐτόν.
1:35 Τῇ ἐπαύριον πάλιν εἱστήκει ὁ **Ἰωάννης** καὶ ἐκ τῶν μαθητῶν αὐτοῦ δύο

1:40 Ἦν Ἀνδρέας ὁ ἀδελφὸς Σίμωνος Πέτρου εἷς ἐκ τῶν δύο τῶν ἀκουσάντων παρὰ **Ἰωάννου** καὶ ἀκολουθησάντων αὐτῷ·
1:42 Σὺ εἶ Σίμων ὁ υἱὸς **Ἰωάννου,** σὺ κληθήσῃ Κηφᾶς,
3:23 ἦν δὲ καὶ ὁ **Ἰωάννης** βαπτίζων ἐν Αἰνὼν ἐγγὺς τοῦ Σαλείμ,
3:24 οὔπω γὰρ ἦν βεβλημένος εἰς τὴν φυλακὴν ὁ **Ἰωάννης.**
3:25 Ἐγένετο οὖν ζήτησις ἐκ τῶν μαθητῶν **Ἰωάννου** μετὰ Ἰουδαίου περὶ καθαρισμοῦ.
3:26 καὶ ἦλθον πρὸς τὸν **Ἰωάννην** καὶ εἶπαν αὐτῷ,
3:27 ἀπεκρίθη **Ἰωάννης** καὶ εἶπεν, Οὐ δύναται ἄνθρωπος λαμβάνειν οὐδὲ ἓν ἐὰν μὴ ᾖ δεδομένον αὐτῷ ἐκ τοῦ οὐρανοῦ.
4: 1 Ὡς οὖν ἔγνω ὁ Ἰησοῦς ὅτι ἤκουσαν οἱ Φαρισαῖοι ὅτι Ἰησοῦς πλείονας μαθητὰς ποιεῖ καὶ βαπτίζει ἢ **Ἰωάννης**
5:33 ὑμεῖς ἀπεστάλκατε πρὸς **Ἰωάννην,** καὶ μεμαρτύρηκεν τῇ ἀληθείᾳ·
5:36 ἐγὼ δὲ ἔχω τὴν μαρτυρίαν μείζω τοῦ **Ἰωάννου·**
10:40 Καὶ ἀπῆλθεν πάλιν πέραν τοῦ Ἰορδάνου εἰς τὸν τόπον ὅπου ἦν **Ἰωάννης** τὸ πρῶτον βαπτίζων καὶ ἔμεινεν ἐκεῖ.
10:41 καὶ ἔλεγον ὅτι **Ἰωάννης** μὲν σημεῖον ἐποίησεν οὐδέν, πάντα δὲ ὅσα εἶπεν **Ἰωάννης** περὶ τούτου ἀληθῆ ἦν.
21:15 Ὅτε οὖν ἠρίστησαν λέγει τῷ Σίμωνι Πέτρῳ ὁ Ἰησοῦς, Σίμων **Ἰωάννου,** ἀγαπᾷς με πλέον τούτων;
21:16 λέγει αὐτῷ πάλιν δεύτερον, Σίμων **Ἰωάννου,** ἀγαπᾷς με;
21:17 λέγει αὐτῷ τὸ τρίτον, Σίμων **Ἰωάννου,** φιλεῖς με;
Ac 1: 5 ὅτι **Ἰωάννης** μὲν ἐβάπτισεν ὕδατι, ὑμεῖς δὲ ἐν πνεύματι βαπτισθήσεσθε ἁγίῳ οὐ μετὰ πολλὰς ταύτας ἡμέρας.
1:13 ὅ τε Πέτρος καὶ **Ἰωάννης** καὶ Ἰάκωβος καὶ Ἀνδρέας,
1:22 ἀρξάμενος ἀπὸ τοῦ βαπτίσματος **Ἰωάννου** ἕως τῆς ἡμέρας ἧς ἀνελήμφθη ἀφ' ἡμῶν,
3: 1 Πέτρος δὲ καὶ **Ἰωάννης** ἀνέβαινον εἰς τὸ ἱερὸν ἐπὶ τὴν ὥραν τῆς προσευχῆς τὴν ἐνάτην.
3: 3 ὃς ἰδὼν Πέτρον καὶ **Ἰωάννην** μέλλοντας εἰσιέναι εἰς τὸ ἱερόν,
3: 4 ἀτενίσας δὲ Πέτρος εἰς αὐτὸν σὺν τῷ **Ἰωάννῃ** εἶπεν,
3:11 Κρατοῦντος δὲ αὐτοῦ τὸν Πέτρον καὶ τὸν **Ἰωάννην** συνέδραμεν πᾶς ὁ λαὸς πρὸς αὐτοὺς ἐπὶ τῇ στοᾷ
4: 6 καὶ Ἅννας ὁ ἀρχιερεὺς καὶ Καϊάφας καὶ **Ἰωάννης** καὶ Ἀλέξανδρος καὶ ὅσοι ἦσαν ἐκ γένους ἀρχιερατικοῦ,
4:13 Θεωροῦντες δὲ τὴν τοῦ Πέτρου παρρησίαν καὶ **Ἰωάννου** καὶ καταλαβόμενοι ὅτι ἄνθρωποι ἀγράμματοί εἰσιν καὶ ἰδιῶται,
4:19 ὁ δὲ Πέτρος καὶ **Ἰωάννης** ἀποκριθέντες εἶπον πρὸς αὐτούς,
8:14 οἱ ἐν Ἱεροσολύμοις ἀπόστολοι ὅτι δέδεκται ἡ Σαμάρεια τὸν λόγον τοῦ θεοῦ, ἀπέστειλαν πρὸς αὐτοὺς Πέτρον καὶ **Ἰωάννην,**
10:37 ἀρξάμενος ἀπὸ τῆς Γαλιλαίας μετὰ τὸ βάπτισμα ὃ ἐκήρυξεν **Ἰωάννης,**
11:16 **Ἰωάννης** μὲν ἐβάπτισεν ὕδατι, ὑμεῖς δὲ βαπτισθήσεσθε ἐν πνεύματι ἁγίῳ.
12: 2 ἀνεῖλεν δὲ Ἰάκωβον τὸν ἀδελφὸν **Ἰωάννου** μαχαίρῃ.
12:12 συνιδών τε ἦλθεν ἐπὶ τὴν οἰκίαν τῆς Μαρίας τῆς μητρὸς **Ἰωάννου** τοῦ ἐπικαλουμένου Μάρκου,
12:25 ὑπέστρεψαν εἰς Ἰερουσαλὴμ πληρώσαντες τὴν διακονίαν, συμπαραλαβόντες **Ἰωάννην** τὸν ἐπικληθέντα Μᾶρκον.
13: 5 κατήγγελλον τὸν λόγον τοῦ θεοῦ ἐν ταῖς συναγωγαῖς τῶν Ἰουδαίων. εἶχον δὲ καὶ **Ἰωάννην** ὑπηρέτην.
13:13 **Ἰωάννης** δὲ ἀποχωρήσας ἀπ' αὐτῶν ὑπέστρεψεν εἰς Ἱεροσόλυμα.
13:24 προκηρύξαντος **Ἰωάννου** πρὸ προσώπου τῆς εἰσόδου αὐτοῦ βάπτισμα μετανοίας παντὶ τῷ λαῷ Ἰσραήλ.
13:25 ὡς δὲ ἐπλήρου **Ἰωάννης** τὸν δρόμον, ἔλεγεν, Τί ἐμὲ ὑπονοεῖτε εἶναι;
15:37 Βαρναβᾶς δὲ ἐβούλετο συμπαραλαβεῖν καὶ τὸν **Ἰωάννην** τὸν καλούμενον Μᾶρκον·
18:25 καὶ ζέων τῷ πνεύματι ἐλάλει καὶ ἐδίδασκεν ἀκριβῶς τὰ περὶ τοῦ Ἰησοῦ, ἐπιστάμενος μόνον τὸ βάπτισμα **Ἰωάννου·**
19: 3 Εἰς τί οὖν ἐβαπτίσθητε; οἱ δὲ εἶπαν, Εἰς τὸ **Ἰωάννου** βάπτισμα.
19: 4 **Ἰωάννης** ἐβάπτισεν βάπτισμα μετανοίας τῷ λαῷ λέγων εἰς τὸν ἐρχόμενον μετ' αὐτὸν ἵνα πιστεύσωσιν,
Gal 2: 9 Ἰάκωβος καὶ Κηφᾶς καὶ **Ἰωάννης,** οἱ δοκοῦντες στῦλοι εἶναι,
Rev 1: 1 καὶ ἐσήμανεν ἀποστείλας διὰ τοῦ ἀγγέλου αὐτοῦ τῷ δούλῳ αὐτοῦ **Ἰωάννῃ,**
1: 4 **Ἰωάννης** ταῖς ἑπτὰ ἐκκλησίαις ταῖς ἐν τῇ Ἀσίᾳ·
1: 9 Ἐγὼ **Ἰωάννης,** ὁ ἀδελφὸς ὑμῶν καὶ συγκοινωνὸς ἐν τῇ θλίψει καὶ βασιλείᾳ καὶ ὑπομονῇ ἐν Ἰησοῦ,
22: 8 Κἀγὼ **Ἰωάννης** ὁ ἀκούων καὶ βλέπων ταῦτα. καὶ ὅτε ἤκουσα καὶ ἔβλεψα,

2723 Ἰωάς Not used in UBS/NIV

2724 Ἰώβ [1]

Jas 5:11 τὴν ὑπομονὴν **Ἰὼβ** ἠκούσατε καὶ τὸ τέλος κυρίου εἴδετε,

2725 Ἰωβήδ [3]

→ *6044*

Mt 1: 5 Βόες δὲ ἐγέννησεν τὸν **Ἰωβὴδ** ἐκ τῆς Ῥούθ, **Ἰωβὴδ** δὲ ἐγέννησεν τὸν Ἰεσσαί,
Lk 3:32 τοῦ Ἰεσσαὶ τοῦ **Ἰωβὴδ** τοῦ Βόος τοῦ Σαλὰ τοῦ Ναασσὼν

2726 Ἰωδά [1]

Lk 3:26 τοῦ Μάαθ τοῦ Ματταθίου τοῦ Σεμεῒν τοῦ Ἰωσὴχ τοῦ **Ἰωδὰ**

2727 Ἰωήλ [1]

Ac 2:16 ἀλλὰ τοῦτό ἐστιν τὸ εἰρημένον διὰ τοῦ προφήτου **Ἰωήλ,**

2728 Ἰωνάθας Not used in UBS/NIV

√ *cf. 2722*

2729 Ἰωνάμ [1]

Lk 3:30 τοῦ Συμεὼν τοῦ Ἰούδα τοῦ Ἰωσὴφ τοῦ **Ἰωνὰμ** τοῦ Ἐλιακὶμ

2730 Ἰωνάν Not used in UBS/NIV

2731 Ἰωνᾶς [9]

Mt 12:39 καὶ σημεῖον οὐ δοθήσεται αὐτῇ εἰ μὴ τὸ σημεῖον **Ἰωνᾶ** τοῦ προφήτου.
12:40 ὥσπερ γὰρ ἦν **Ἰωνᾶς** ἐν τῇ κοιλίᾳ τοῦ κήτους τρεῖς ἡμέρας καὶ τρεῖς νύκτας,
12:41 ὅτι μετενόησαν εἰς τὸ κήρυγμα **Ἰωνᾶ,** καὶ ἰδοὺ πλεῖον **Ἰωνᾶ** ὧδε.
16: 4 καὶ σημεῖον οὐ δοθήσεται αὐτῇ εἰ μὴ τὸ σημεῖον **Ἰωνᾶ.**
Lk 11:29 καὶ σημεῖον οὐ δοθήσεται αὐτῇ εἰ μὴ τὸ σημεῖον **Ἰωνᾶ.**
11:30 καθὼς γὰρ ἐγένετο **Ἰωνᾶς** τοῖς Νινευίταις σημεῖον, οὕτως ἔσται καὶ ὁ υἱὸς τοῦ ἀνθρώπου τῇ γενεᾷ ταύτῃ.
11:32 ὅτι μετενόησαν εἰς τὸ κήρυγμα **Ἰωνᾶ,** καὶ ἰδοὺ πλεῖον **Ἰωνᾶ** ὧδε.

2732 Ἰωράμ [2]

Mt 1: 8 Ἰωσαφὰτ δὲ ἐγέννησεν τὸν **Ἰωράμ, Ἰωρὰμ** δὲ ἐγέννησεν τὸν Ὀζίαν,

2733 Ἰωρίμ [1]

Lk 3:29 τοῦ Ἰησοῦ τοῦ Ἐλιέζερ τοῦ **Ἰωρὶμ** τοῦ Μαθθὰτ τοῦ Λευὶ

2734 Ἰωσαφάτ [2]

Mt 1: 8 Ἀσὰφ δὲ ἐγέννησεν τὸν **Ἰωσαφάτ, Ἰωσαφὰτ** δὲ ἐγέννησεν τὸν Ἰωράμ, Ἰωρὰμ δὲ ἐγέννησεν τὸν Ὀζίαν,

2735 Ἰωσή Not used in UBS/NIV

√ *cf. 2736*

2736 Ἰωσῆς [3 / 4]

√ *cf. 2735*

Mt 27:56 ἐν αἷς ἦν Μαρία ἡ Μαγδαληνὴ καὶ Μαρία ἡ τοῦ Ἰακώβου καὶ **Ἰωσῆ**[NIV; UBS *2737*] μήτηρ καὶ ἡ μήτηρ τῶν υἱῶν Ζεβεδαίου.
Mk 6: 3 ὁ υἱὸς τῆς Μαρίας καὶ ἀδελφὸς Ἰακώβου καὶ **Ἰωσῆτος** καὶ Ἰούδα καὶ Σίμωνος;
15:40 ἐν αἷς καὶ Μαρία ἡ Μαγδαληνὴ καὶ Μαρία ἡ Ἰακώβου τοῦ μικροῦ καὶ **Ἰωσῆτος** μήτηρ καὶ Σαλώμη,
15:47 ἡ δὲ Μαρία ἡ Μαγδαληνὴ καὶ Μαρία ἡ **Ἰωσῆτος** ἐθεώρουν ποῦ τέθειται.

2737 Ἰωσήφ [35 / 34]

Mt 1:16 Ἰακὼβ δὲ ἐγέννησεν τὸν **Ἰωσὴφ** τὸν ἄνδρα Μαρίας,
1:18 μνηστευθείσης τῆς μητρὸς αὐτοῦ Μαρίας τῷ **Ἰωσήφ,** πρὶν ἢ συνελθεῖν αὐτοὺς εὑρέθη ἐν γαστρὶ ἔχουσα ἐκ πνεύματος ἁγίου.

1:19 **Ἰωσὴφ** δὲ ὁ ἀνὴρ αὐτῆς, δίκαιος ὢν καὶ μὴ θέλων αὐτὴν δειγματίσαι,
1:20 **Ἰωσὴφ** υἱὸς Δαυίδ, μὴ φοβηθῇς παραλαβεῖν Μαριὰμ τὴν γυναῖκά σου·
1:24 ἐγερθεὶς δὲ ὁ **Ἰωσὴφ** ἀπὸ τοῦ ὕπνου ἐποίησεν ὡς προσέταξεν αὐτῷ ὁ ἄγγελος κυρίου καὶ παρέλαβεν τὴν γυναῖκα αὐτοῦ,
2:13 Ἀναχωρησάντων δὲ αὐτῶν ἰδοὺ ἄγγελος κυρίου φαίνεται κατ' ὄναρ τῷ **Ἰωσὴφ** λέγων,
2:19 Τελευτήσαντος δὲ τοῦ Ἡρῴδου ἰδοὺ ἄγγελος κυρίου φαίνεται κατ' ὄναρ τῷ **Ἰωσὴφ** ἐν Αἰγύπτῳ
13:55 οὐχ ἡ μήτηρ αὐτοῦ λέγεται Μαριὰμ καὶ οἱ ἀδελφοὶ αὐτοῦ Ἰάκωβος καὶ **Ἰωσὴφ** καὶ Σίμων καὶ Ἰούδας;
27:56 ἐν αἷς ἦν Μαρία ἡ Μαγδαληνὴ καὶ Μαρία ἡ τοῦ Ἰακώβου καὶ **Ἰωσὴφ**[UBS; NIV *2736*] μήτηρ καὶ ἡ μήτηρ τῶν υἱῶν Ζεβεδαίου.
27:57 τοὔνομα **Ἰωσήφ,** ὃς καὶ αὐτὸς ἐμαθητεύθη τῷ Ἰησοῦ·
27:59 καὶ λαβὼν τὸ σῶμα ὁ **Ἰωσὴφ** ἐνετύλιξεν αὐτὸ [ἐν] σινδόνι καθαρᾷ
Mk 15:43 ἐλθὼν **Ἰωσὴφ** [ὁ] ἀπὸ Ἁριμαθαίας εὐσχήμων βουλευτής, ὃς καὶ αὐτὸς ἦν προσδεχόμενος τὴν βασιλείαν τοῦ θεοῦ,
15:45 καὶ γνοὺς ἀπὸ τοῦ κεντυρίωνος ἐδωρήσατο τὸ πτῶμα τῷ **Ἰωσήφ.**
Lk 1:27 πρὸς παρθένον ἐμνηστευμένην ἀνδρὶ ᾧ ὄνομα **Ἰωσὴφ** ἐξ οἴκου Δαυὶδ καὶ τὸ ὄνομα τῆς παρθένου Μαριάμ.
2: 4 Ἀνέβη δὲ καὶ **Ἰωσὴφ** ἀπὸ τῆς Γαλιλαίας ἐκ πόλεως Ναζαρὲθ εἰς τὴν Ἰουδαίαν εἰς πόλιν Δαυὶδ ἥτις καλεῖται Βηθλέεμ,
2:16 καὶ ἦλθαν σπεύσαντες καὶ ἀνεῦραν τήν τε Μαριὰμ καὶ τὸν **Ἰωσὴφ** καὶ τὸ βρέφος κείμενον ἐν τῇ φάτνῃ·
3:23 Καὶ αὐτὸς ἦν Ἰησοῦς ἀρχόμενος ὡσεὶ ἐτῶν τριάκοντα, ὢν υἱός, ὡς ἐνομίζετο, **Ἰωσὴφ** τοῦ Ἠλὶ
3:24 τοῦ Μαθθὰτ τοῦ Λευὶ τοῦ Μελχὶ τοῦ Ἰανναὶ τοῦ **Ἰωσὴφ**
3:30 τοῦ Συμεὼν τοῦ Ἰούδα τοῦ **Ἰωσὴφ** τοῦ Ἰωνὰμ τοῦ Ἐλιακὶμ
4:22 καὶ ἔλεγον, Οὐχὶ υἱός ἐστιν **Ἰωσὴφ** οὗτος;
23:50 Καὶ ἰδοὺ ἀνὴρ ὀνόματι **Ἰωσὴφ** βουλευτὴς ὑπάρχων [καὶ] ἀνὴρ ἀγαθὸς καὶ δίκαιος
Jn 1:45 Ὃν ἔγραψεν Μωϋσῆς ἐν τῷ νόμῳ καὶ οἱ προφῆται εὑρήκαμεν, Ἰησοῦν υἱὸν τοῦ **Ἰωσὴφ** τὸν ἀπὸ Ναζαρέτ.
4: 5 ἔρχεται οὖν εἰς πόλιν τῆς Σαμαρείας λεγομένην Συχὰρ πλησίον τοῦ χωρίου ὃ ἔδωκεν Ἰακὼβ [τῷ] **Ἰωσὴφ** τῷ υἱῷ αὐτοῦ·
6:42 καὶ ἔλεγον, Οὐχ οὗτός ἐστιν Ἰησοῦς ὁ υἱὸς **Ἰωσήφ,**
19:38 Μετὰ δὲ ταῦτα ἠρώτησεν τὸν Πιλᾶτον **Ἰωσὴφ** [ὁ] ἀπὸ Ἁριμαθαίας,
Ac 1:23 **Ἰωσὴφ** τὸν καλούμενον Βαρσαββᾶν ὃς ἐπεκλήθη Ἰοῦστος, καὶ Μαθθίαν.
4:36 **Ἰωσὴφ** δὲ ὁ ἐπικληθεὶς Βαρναβᾶς ἀπὸ τῶν ἀποστόλων,
7: 9 Καὶ οἱ πατριάρχαι ζηλώσαντες τὸν **Ἰωσὴφ** ἀπέδοντο εἰς Αἴγυπτον.
7:13 καὶ ἐν τῷ δευτέρῳ ἀνεγνωρίσθη **Ἰωσὴφ** τοῖς ἀδελφοῖς αὐτοῦ καὶ φανερὸν ἐγένετο τῷ Φαραὼ τὸ γένος [τοῦ] **Ἰωσήφ.**
7:14 ἀποστείλας δὲ **Ἰωσὴφ** μετεκαλέσατο Ἰακὼβ τὸν πατέρα αὐτοῦ καὶ πᾶσαν τὴν συγγένειαν ἐν ψυχαῖς ἑβδομήκοντα πέντε.
7:18 ἄχρι οὗ ἀνέστη βασιλεὺς ἕτερος [ἐπ' Αἴγυπτον] ὃς οὐκ ᾔδει τὸν **Ἰωσήφ.**
Heb 11:21 Πίστει Ἰακὼβ ἀποθνῄσκων ἕκαστον τῶν υἱῶν **Ἰωσὴφ** εὐλόγησεν καὶ προσεκύνησεν ἐπὶ τὸ ἄκρον τῆς ῥάβδου αὐτοῦ.
11:22 Πίστει **Ἰωσὴφ** τελευτῶν περὶ τῆς ἐξόδου τῶν υἱῶν Ἰσραὴλ ἐμνημόνευσεν καὶ περὶ τῶν ὀστέων αὐτοῦ ἐνετείλατο.
Rev 7: 8 ἐκ φυλῆς Ζαβουλὼν δώδεκα χιλιάδες, ἐκ φυλῆς **Ἰωσὴφ** δώδεκα χιλιάδες,

2738 Ἰωσήχ [1]

Lk 3:26 τοῦ Μάαθ τοῦ Ματταθίου τοῦ Σεμεῒν τοῦ **Ἰωσὴχ** τοῦ Ἰωδὰ

2739 Ἰωσίας [2]

Mt 1:10 Μανασσῆς δὲ ἐγέννησεν τὸν Ἀμώς, Ἀμὼς δὲ ἐγέννησεν τὸν **Ἰωσίαν,**
1:11 **Ἰωσίας** δὲ ἐγέννησεν τὸν Ἰεχονίαν καὶ τοὺς ἀδελφοὺς αὐτοῦ ἐπὶ τῆς μετοικεσίας Βαβυλῶνος.

2740 ἰῶτα [1]

√ *cf. 2607*

Mt 5:18 **ἰῶτα** ἓν ἢ μία κεραία οὐ μὴ παρέλθῃ ἀπὸ τοῦ νόμου,

Κ, κ

2741 κ Not used in UBS/NIV

2742 κάβος Not used in UBS/NIV

2743 κἀγώ [84] See Index of Articles, Etc.

√ *2779 + 1609*

2744 κάδος Not used in UBS/NIV

2745 καθά [1]

√ *2848 + 4005*

Mt 27:10 καὶ ἔδωκαν αὐτὰ εἰς τὸν ἀγρὸν τοῦ κεραμέως, **καθὰ** συνέταξέν μοι κύριος.

2746 καθαίρεσις [3]

√ *2848 + 145*

2Co 10: 4 τὰ γὰρ ὅπλα τῆς στρατείας ἡμῶν οὐ σαρκικὰ ἀλλὰ δυνατὰ τῷ θεῷ πρὸς **καθαίρεσιν** ὀχυρωμάτων,
10: 8 περισσότερόν τι καυχήσωμαι περὶ τῆς ἐξουσίας ἡμῶν ἧς ἔδωκεν ὁ κύριος εἰς οἰκοδομὴν καὶ οὐκ εἰς **καθαίρεσιν** ὑμῶν,
13:10 ἵνα παρὼν μὴ ἀποτόμως χρήσωμαι κατὰ τὴν ἐξουσίαν ἣν ὁ κύριος ἔδωκέν μοι εἰς οἰκοδομὴν καὶ οὐκ εἰς **καθαίρεσιν.**

2747 καθαιρέω [9]

√ *2848 + 145*

Mk 15:36 [καὶ] γεμίσας σπόγγον ὄξους περιθεὶς καλάμῳ ἐπότιζεν αὐτὸν λέγων, Ἄφετε ἴδωμεν εἰ ἔρχεται Ἠλίας **καθελεῖν** αὐτόν.
15:46 καὶ ἀγοράσας σινδόνα **καθελὼν** αὐτὸν ἐνείλησεν τῇ σινδόνι καὶ ἔθηκεν αὐτὸν ἐν μνημείῳ ὃ ἦν λελατομημένον ἐκ πέτρας
Lk 1:52 **καθεῖλεν** δυνάστας ἀπὸ θρόνων καὶ ὕψωσεν ταπεινούς,
12:18 **καθελῶ** μου τὰς ἀποθήκας καὶ μείζονας οἰκοδομήσω καὶ συνάξω ἐκεῖ πάντα τὸν σῖτον καὶ τὰ ἀγαθά μου
23:53 καὶ **καθελὼν** ἐνετύλιξεν αὐτὸ σινδόνι καὶ ἔθηκεν αὐτὸν ἐν μνήματι λαξευτῷ οὗ οὐκ ἦν οὐδεὶς οὔπω κείμενος.
Ac 13:19 καὶ **καθελὼν** ἔθνη ἑπτὰ ἐν γῇ Χανάαν κατεκληρονόμησεν τὴν γῆν αὐτῶν
13:29 ὡς δὲ ἐτέλεσαν πάντα τὰ περὶ αὐτοῦ γεγραμμένα, **καθελόντες** ἀπὸ τοῦ ξύλου ἔθηκαν εἰς μνημεῖον.
19:27 μέλλειν τε καὶ **καθαιρεῖσθαι** τῆς μεγαλειότητος αὐτῆς ἣν ὅλη ἡ Ἀσία καὶ ἡ οἰκουμένη σέβεται.
2Co 10: 4 τὰ γὰρ ὅπλα τῆς στρατείας ἡμῶν οὐ σαρκικὰ ἀλλὰ δυνατὰ τῷ θεῷ πρὸς καθαίρεσιν ὀχυρωμάτων, λογισμοὺς **καθαιροῦντες**

2748 καθαίρω [1]

√ *2754*

Jn 15: 2 πᾶν τὸ καρπὸν φέρον **καθαίρει** αὐτὸ ἵνα καρπὸν πλείονα φέρῃ.

2749 καθάπερ [13]

√ *2848 + 4005 + 4302*

Ro 4: 6 **καθάπερ** καὶ Δαυὶδ λέγει τὸν μακαρισμὸν τοῦ ἀνθρώπου ᾧ ὁ θεὸς λογίζεται δικαιοσύνην χωρὶς ἔργων,
12: 4 **καθάπερ** γὰρ ἐν ἑνὶ σώματι πολλὰ μέλη ἔχομεν,
1Co 10:10 **καθάπερ** τινὲς αὐτῶν ἐγόγγυσαν καὶ ἀπώλοντο ὑπὸ τοῦ ὀλοθρευτοῦ.
12:12 **Καθάπερ** γὰρ τὸ σῶμα ἕν ἐστιν καὶ μέλη πολλὰ ἔχει,
2Co 1:14 ὅτι καύχημα ὑμῶν ἐσμεν **καθάπερ** καὶ ὑμεῖς ἡμῶν ἐν τῇ ἡμέρᾳ τοῦ κυρίου [ἡμῶν] Ἰησοῦ.
3:13 καὶ οὐ **καθάπερ** Μωϋσῆς ἐτίθει κάλυμμα ἐπὶ τὸ πρόσωπον αὐτοῦ πρὸς τὸ μὴ ἀτενίσαι τοὺς υἱοὺς Ἰσραὴλ εἰς τὸ τέλος
3:18 ἡμεῖς δὲ πάντες ἀνακεκαλυμμένῳ προσώπῳ τὴν δόξαν κυρίου κατοπτριζόμενοι τὴν αὐτὴν εἰκόνα μεταμορφούμεθα ἀπὸ δόξης εἰς δόξαν **καθάπερ** ἀπὸ κυρίου πνεύματος.
8:11 νυνὶ δὲ καὶ τὸ ποιῆσαι ἐπιτελέσατε, ὅπως **καθάπερ** ἡ προθυμία τοῦ θέλειν,
1Th 2:11 **καθάπερ** οἴδατε, ὡς ἕνα ἕκαστον ὑμῶν ὡς πατὴρ τέκνα ἑαυτοῦ

3: 6 καὶ ὅτι ἔχετε μνείαν ἡμῶν ἀγαθὴν πάντοτε, ἐπιποθοῦντες ἡμᾶς ἰδεῖν **καθάπερ** καὶ ἡμεῖς ὑμᾶς,
3:12 ὑμᾶς δὲ ὁ κύριος πλεονάσαι καὶ περισσεύσαι τῇ ἀγάπῃ εἰς ἀλλήλους καὶ εἰς πάντας **καθάπερ** καὶ ἡμεῖς εἰς ὑμᾶς,
4: 5 μὴ ἐν πάθει ἐπιθυμίας **καθάπερ** καὶ τὰ ἔθνη τὰ μὴ εἰδότα τὸν θεόν,
Heb 4: 2 καὶ γάρ ἐσμεν εὐηγγελισμένοι **καθάπερ** κἀκεῖνοι· ἀλλ' οὐκ ὠφέλησεν ὁ λόγος τῆς ἀκοῆς ἐκείνους

2750 καθάπτω [1]

√ 2848 + 721

Ac 28: 3 ἔχιδνα ἀπὸ τῆς θέρμης ἐξελθοῦσα **καθῆψεν** τῆς χειρὸς αὐτοῦ.

2751 καθαρίζω [31]

√ 2754

καθαρίζω συνείδησις [1] Heb 9:14

Mt 8: 2 καὶ ἰδοὺ λεπρὸς προσελθὼν προσεκύνει αὐτῷ λέγων, Κύριε, ἐὰν θέλῃς δύνασαί με **καθαρίσαι.**
8: 3 καὶ ἐκτείνας τὴν χεῖρα ἥψατο αὐτοῦ λέγων, Θέλω, **καθαρίσθητι·** καὶ εὐθέως **ἐκαθαρίσθη** αὐτοῦ ἡ λέπρα.
10: 8 ἀσθενοῦντας θεραπεύετε, νεκροὺς ἐγείρετε, λεπροὺς **καθαρίζετε,** δαιμόνια ἐκβάλλετε·
11: 5 τυφλοὶ ἀναβλέπουσιν καὶ χωλοὶ περιπατοῦσιν, λεπροὶ **καθαρίζονται** καὶ κωφοὶ ἀκούουσιν,
23:25 ὅτι **καθαρίζετε** τὸ ἔξωθεν τοῦ ποτηρίου καὶ τῆς παροψίδος,
23:26 Φαρισαῖε τυφλέ, **καθάρισον** πρῶτον τὸ ἐντὸς τοῦ ποτηρίου,
Mk 1:40 ἔρχεται πρὸς αὐτὸν λεπρὸς παρακαλῶν αὐτὸν [καὶ γονυπετῶν] καὶ λέγων αὐτῷ ὅτι Ἐὰν θέλῃς δύνασαί με **καθαρίσαι.**
1:41 καὶ σπλαγχνισθεὶς ἐκτείνας τὴν χεῖρα αὐτοῦ ἥψατο καὶ λέγει αὐτῷ, Θέλω, **καθαρίσθητι·**
1:42 καὶ εὐθὺς ἀπῆλθεν ἀπ' αὐτοῦ ἡ λέπρα, καὶ **ἐκαθαρίσθη.**
7:19 καὶ εἰς τὸν ἀφεδρῶνα ἐκπορεύεται, **καθαρίζων** πάντα τὰ βρώματα;
Lk 4:27 καὶ οὐδεὶς αὐτῶν **ἐκαθαρίσθη** εἰ μὴ Ναιμὰν ὁ Σύρος.
5:12 πεσὼν ἐπὶ πρόσωπον ἐδεήθη αὐτοῦ λέγων, Κύριε, ἐὰν θέλῃς δύνασαί με **καθαρίσαι.**
5:13 καὶ ἐκτείνας τὴν χεῖρα ἥψατο αὐτοῦ λέγων, Θέλω, **καθαρίσθητι·**
7:22 λεπροὶ **καθαρίζονται** καὶ κωφοὶ ἀκούουσιν, νεκροὶ ἐγείρονται, πτωχοὶ εὐαγγελίζονται·
11:39 Νῦν ὑμεῖς οἱ Φαρισαῖοι τὸ ἔξωθεν τοῦ ποτηρίου καὶ τοῦ πίνακος **καθαρίζετε,**
17:14 Πορευθέντες ἐπιδείξατε ἑαυτοὺς τοῖς ἱερεῦσιν. καὶ ἐγένετο ἐν τῷ ὑπάγειν αὐτοὺς **ἐκαθαρίσθησαν.**
17:17 ἀποκριθεὶς δὲ ὁ Ἰησοῦς εἶπεν, Οὐχὶ οἱ δέκα **ἐκαθαρίσθησαν;**
Ac 10:15 καὶ φωνὴ πάλιν ἐκ δευτέρου πρὸς αὐτόν, Ἃ ὁ θεὸς **ἐκαθάρισεν,** σὺ μὴ κοίνου.
11: 9 ἀπεκρίθη δὲ φωνὴ ἐκ δευτέρου ἐκ τοῦ οὐρανοῦ, Ἃ ὁ θεὸς **ἐκαθάρισεν,** σὺ μὴ κοίνου.
15: 9 καὶ οὐθὲν διέκρινεν μεταξὺ ἡμῶν τε καὶ αὐτῶν τῇ πίστει **καθαρίσας** τὰς καρδίας αὐτῶν.
2Co 7: 1 **καθαρίσωμεν** ἑαυτοὺς ἀπὸ παντὸς μολυσμοῦ σαρκὸς καὶ πνεύματος,
Eph 5:26 ἵνα αὐτὴν ἁγιάσῃ **καθαρίσας** τῷ λουτρῷ τοῦ ὕδατος ἐν ῥήματι,
Tit 2:14 ἵνα λυτρώσηται ἡμᾶς ἀπὸ πάσης ἀνομίας καὶ **καθαρίσῃ** ἑαυτῷ λαὸν περιούσιον,
Heb 9:14 **καθαριεῖ** τὴν συνείδησιν ἡμῶν ἀπὸ νεκρῶν ἔργων εἰς τὸ λατρεύειν θεῷ ζῶντι.
9:22 καὶ σχεδὸν ἐν αἵματι πάντα **καθαρίζεται** κατὰ τὸν νόμον καὶ χωρὶς αἱματεκχυσίας οὐ γίνεται ἄφεσις.
9:23 Ἀνάγκη οὖν τὰ μὲν ὑποδείγματα τῶν ἐν τοῖς οὐρανοῖς τούτοις **καθαρίζεσθαι,**
10: 2 ἐπεὶ οὐκ ἂν ἐπαύσαντο προσφερόμεναι διὰ τὸ μηδεμίαν ἔχειν ἔτι συνείδησιν ἁμαρτιῶν τοὺς λατρεύοντας ἅπαξ **κεκαθαρισμένους;**
Jas 4: 8 ἐγγίσατε τῷ θεῷ καὶ ἐγγιεῖ ὑμῖν. **καθαρίσατε** χεῖρας, ἁμαρτωλοί, καὶ ἁγνίσατε καρδίας, δίψυχοι.
1Jn 1: 7 κοινωνίαν ἔχομεν μετ' ἀλλήλων καὶ τὸ αἷμα Ἰησοῦ τοῦ υἱοῦ αὐτοῦ **καθαρίζει** ἡμᾶς ἀπὸ πάσης ἁμαρτίας.
1: 9 ἵνα ἀφῇ ἡμῖν τὰς ἁμαρτίας καὶ **καθαρίσῃ** ἡμᾶς ἀπὸ πάσης ἀδικίας.

2752 καθαρισμός [7]

√ 2754

Mk 1:44 ἀλλὰ ὕπαγε σεαυτὸν δεῖξον τῷ ἱερεῖ καὶ προσένεγκε περὶ τοῦ **καθαρισμοῦ** σου ἃ προσέταξεν Μωϋσῆς,
Lk 2:22 Καὶ ὅτε ἐπλήσθησαν αἱ ἡμέραι τοῦ **καθαρισμοῦ** αὐτῶν κατὰ τὸν νόμον Μωϋσέως,
5:14 ἀλλὰ ἀπελθὼν δεῖξον σεαυτὸν τῷ ἱερεῖ καὶ προσένεγκε περὶ τοῦ **καθαρισμοῦ** σου καθὼς προσέταξεν Μωϋσῆς,
Jn 2: 6 ἦσαν δὲ ἐκεῖ λίθιναι ὑδρίαι ἓξ κατὰ τὸν **καθαρισμὸν** τῶν Ἰουδαίων κείμεναι,
3:25 Ἐγένετο οὖν ζήτησις ἐκ τῶν μαθητῶν Ἰωάννου μετὰ Ἰουδαίου περὶ **καθαρισμοῦ.**
Heb 1: 3 **καθαρισμὸν** τῶν ἁμαρτιῶν ποιησάμενος ἐκάθισεν ἐν δεξιᾷ τῆς μεγαλωσύνης ἐν ὑψηλοῖς,
2Pe 1: 9 λήθην λαβὼν τοῦ **καθαρισμοῦ** τῶν πάλαι αὐτοῦ ἁμαρτιῶν.

2753 κάθαρμα Not used in UBS/NIV

√ 2754

2754 καθαρός [27 / 26]

→ 174, 175, 176, 1350, 1351, 1705, 2748, 2751, 2752, 2753, 2755, 2760, 4326

καθαρός καρδία [4] Mt 5:8; 1Ti 1:5; 2Ti 2:22; 1Pe 1:22

καθαρός συνείδησις [2] 1Ti 3:9; 2Ti 1:3

Mt 5: 8 μακάριοι οἱ **καθαροὶ** τῇ καρδίᾳ, ὅτι αὐτοὶ τὸν θεὸν ὄψονται.
23:26 καθάρισον πρῶτον τὸ ἐντὸς τοῦ ποτηρίου, ἵνα γένηται καὶ τὸ ἐκτὸς αὐτοῦ **καθαρόν.**
27:59 λαβὼν τὸ σῶμα ὁ Ἰωσὴφ ἐνετύλιξεν αὐτὸ [ἐν] σινδόνι **καθαρᾷ**
Lk 11:41 πλὴν τὰ ἐνόντα δότε ἐλεημοσύνην, καὶ ἰδοὺ πάντα **καθαρὰ** ὑμῖν ἐστιν.
Jn 13:10 Ὁ λελουμένος οὐκ ἔχει χρείαν εἰ μὴ τοὺς πόδας νίψασθαι, ἀλλ' ἔστιν **καθαρὸς** ὅλος· καὶ ὑμεῖς **καθαροί** ἐστε, ἀλλ' οὐχὶ πάντες.
13:11 διὰ τοῦτο εἶπεν ὅτι Οὐχὶ πάντες **καθαροί** ἐστε.
15: 3 ἤδη ὑμεῖς **καθαροί** ἐστε διὰ τὸν λόγον ὃν λελάληκα ὑμῖν·
Ac 18: 6 **καθαρὸς** ἐγὼ ἀπὸ τοῦ νῦν εἰς τὰ ἔθνη πορεύσομαι.
20:26 διότι μαρτύρομαι ὑμῖν ἐν τῇ σήμερον ἡμέρᾳ ὅτι **καθαρός** εἰμι ἀπὸ τοῦ αἵματος πάντων·
Ro 14:20 πάντα μὲν **καθαρά,** ἀλλὰ κακὸν τῷ ἀνθρώπῳ τῷ διὰ προσκόμματος ἐσθίοντι.
1Ti 1: 5 τὸ δὲ τέλος τῆς παραγγελίας ἐστὶν ἀγάπη ἐκ **καθαρᾶς** καρδίας καὶ συνειδήσεως ἀγαθῆς καὶ πίστεως ἀνυποκρίτου,
3: 9 ἔχοντας τὸ μυστήριον τῆς πίστεως ἐν **καθαρᾷ** συνειδήσει.
2Ti 1: 3 Χάριν ἔχω τῷ θεῷ, ᾧ λατρεύω ἀπὸ προγόνων ἐν **καθαρᾷ** συνειδήσει,
2:22 δίωκε δὲ δικαιοσύνην πίστιν ἀγάπην εἰρήνην μετὰ τῶν ἐπικαλουμένων τὸν κύριον ἐκ **καθαρᾶς** καρδίας.
Tit 1:15 πάντα **καθαρὰ** τοῖς **καθαροῖς·** τοῖς δὲ μεμιαμμένοις καὶ ἀπίστοις οὐδὲν **καθαρόν,** ἀλλὰ μεμίανται αὐτῶν καὶ ὁ νοῦς
Heb 10:22 ῥεραντισμένοι τὰς καρδίας ἀπὸ συνειδήσεως πονηρᾶς καὶ λελουσμένοι τὸ σῶμα ὕδατι **καθαρῷ·**
Jas 1:27 θρησκεία **καθαρὰ** καὶ ἀμίαντος παρὰ τῷ θεῷ καὶ πατρὶ αὕτη ἐστίν,
1Pe 1:22 Τὰς ψυχὰς ὑμῶν ἡγνικότες ἐν τῇ ὑπακοῇ τῆς ἀληθείας εἰς φιλαδελφίαν ἀνυπόκριτον, ἐκ **[καθαρᾶς]**[NIV-] καρδίας ἀλλήλους ἀγαπήσατε ἐκτενῶς
Rev 15: 6 καὶ ἐξῆλθον οἱ ἑπτὰ ἄγγελοι [οἱ] ἔχοντες τὰς ἑπτὰ πληγὰς ἐκ τοῦ ναοῦ ἐνδεδυμένοι λίνον **καθαρὸν** λαμπρὸν
19: 8 καὶ ἐδόθη αὐτῇ ἵνα περιβάληται βύσσινον λαμπρὸν **καθαρόν·**
19:14 καὶ τὰ στρατεύματα [τὰ] ἐν τῷ οὐρανῷ ἠκολούθει αὐτῷ ἐφ' ἵπποις λευκοῖς, ἐνδεδυμένοι βύσσινον λευκὸν **καθαρόν.**
21:18 καὶ ἡ ἐνδώμησις τοῦ τείχους αὐτῆς ἴασπις καὶ ἡ πόλις χρυσίον **καθαρὸν** ὅμοιον ὑάλῳ **καθαρῷ.**
21:21 καὶ ἡ πλατεῖα τῆς πόλεως χρυσίον **καθαρὸν** ὡς ὕαλος διαυγής.

2755 καθαρότης [1]

√ 2754

Heb 9:13 εἰ γὰρ τὸ αἷμα τράγων καὶ ταύρων καὶ σποδὸς δαμάλεως ῥαντίζουσα τοὺς κεκοινωμένους ἁγιάζει πρὸς τὴν τῆς σαρκὸς **καθαρότητα,**

2756 καθέδρα [3]

√ 2757

Mt 21:12 καὶ τὰς τραπέζας τῶν κολλυβιστῶν κατέστρεψεν καὶ τὰς **καθέδρας** τῶν πωλούντων τὰς περιστεράς,
23: 2 Ἐπὶ τῆς Μωϋσέως **καθέδρας** ἐκάθισαν οἱ γραμματεῖς καὶ οἱ Φαρισαῖοι.
Mk 11:15 καὶ τὰς τραπέζας τῶν κολλυβιστῶν καὶ τὰς **καθέδρας** τῶν πωλούντων τὰς περιστερὰς κατέστρεψεν,

2757 καθέζομαι [7]

→ 2756, 2764, 4149, 4751, 5153; cf. 2848 + 1612

Mt 26:55 καθ᾽ ἡμέραν ἐν τῷ ἱερῷ **ἐκαθεζόμην** διδάσκων καὶ οὐκ ἐκρατήσατέ με.
Lk 2:46 εὗρον αὐτὸν ἐν τῷ ἱερῷ **καθεζόμενον** ἐν μέσῳ τῶν διδασκάλων καὶ ἀκούοντα αὐτῶν καὶ ἐπερωτῶντα αὐτούς·
Jn 4: 6 ὁ οὖν Ἰησοῦς κεκοπιακὼς ἐκ τῆς ὁδοιπορίας **ἐκαθέζετο** οὕτως ἐπὶ τῇ πηγῇ·
11:20 ἡ οὖν Μάρθα ὡς ἤκουσεν ὅτι Ἰησοῦς ἔρχεται ὑπήντησεν αὐτῷ· Μαριὰμ δὲ ἐν τῷ οἴκῳ **ἐκαθέζετο.**
20:12 καὶ θεωρεῖ δύο ἀγγέλους ἐν λευκοῖς **καθεζομένους,** ἕνα πρὸς τῇ κεφαλῇ καὶ ἕνα πρὸς τοῖς ποσίν,
Ac 6:15 καὶ ἀτενίσαντες εἰς αὐτὸν πάντες οἱ **καθεζόμενοι** ἐν τῷ συνεδρίῳ εἶδον τὸ πρόσωπον αὐτοῦ ὡσεὶ πρόσωπον ἀγγέλου.
20: 9 **καθεζόμενος** δέ τις νεανίας ὀνόματι Εὔτυχος ἐπὶ τῆς θυρίδος,

2758 καθεῖς Not used in UBS/NIV

√ 2848 + 1651

2759 καθεξῆς [5]

√ 2848 + 2400

Lk 1: 3 ἔδοξε κἀμοὶ παρηκολουθηκότι ἄνωθεν πᾶσιν ἀκριβῶς **καθεξῆς** σοι γράψαι,
8: 1 Καὶ ἐγένετο ἐν τῷ **καθεξῆς** καὶ αὐτὸς διώδευεν κατὰ πόλιν καὶ κώμην κηρύσσων καὶ εὐαγγελιζόμενος τὴν βασιλείαν τοῦ θεοῦ
Ac 3:24 καὶ πάντες δὲ οἱ προφῆται ἀπὸ Σαμουὴλ καὶ τῶν **καθεξῆς** ὅσοι ἐλάλησαν καὶ κατήγγειλαν τὰς ἡμέρας ταύτας.
11: 4 ἀρξάμενος δὲ Πέτρος ἐξετίθετο αὐτοῖς **καθεξῆς** λέγων,
18:23 καὶ ποιήσας χρόνον τινὰ ἐξῆλθεν διερχόμενος **καθεξῆς** τὴν Γαλατικὴν χώραν καὶ Φρυγίαν,

2760 καθερίζω Not used in UBS/NIV

√ 2754

2761 καθεύδω [22]

√ 2848

Mt 8:24 ὥστε τὸ πλοῖον καλύπτεσθαι ὑπὸ τῶν κυμάτων, αὐτὸς δὲ **ἐκάθευδεν.**
9:24 Ἀναχωρεῖτε, οὐ γὰρ ἀπέθανεν τὸ κοράσιον ἀλλὰ **καθεύδει.**
13:25 ἐν δὲ τῷ **καθεύδειν** τοὺς ἀνθρώπους ἦλθεν αὐτοῦ ὁ ἐχθρὸς καὶ ἐπέσπειρεν ζιζάνια ἀνὰ μέσον τοῦ σίτου καὶ ἀπῆλθεν.
25: 5 χρονίζοντος δὲ τοῦ νυμφίου ἐνύσταξαν πᾶσαι καὶ **ἐκάθευδον.**
26:40 καὶ ἔρχεται πρὸς τοὺς μαθητὰς καὶ εὑρίσκει αὐτοὺς **καθεύδοντας,**
26:43 καὶ ἐλθὼν πάλιν εὗρεν αὐτοὺς **καθεύδοντας,** ἦσαν γὰρ αὐτῶν οἱ ὀφθαλμοὶ βεβαρημένοι.
26:45 τότε ἔρχεται πρὸς τοὺς μαθητὰς καὶ λέγει αὐτοῖς, **Καθεύδετε** [τὸ] λοιπὸν καὶ ἀναπαύεσθε·
Mk 4:27 καὶ **καθεύδῃ** καὶ ἐγείρηται νύκτα καὶ ἡμέραν, καὶ ὁ σπόρος βλαστᾷ καὶ μηκύνηται ὡς οὐκ οἶδεν αὐτός.
4:38 καὶ αὐτὸς ἦν ἐν τῇ πρύμνῃ ἐπὶ τὸ προσκεφάλαιον **καθεύδων.**
5:39 Τί θορυβεῖσθε καὶ κλαίετε; τὸ παιδίον οὐκ ἀπέθανεν ἀλλὰ **καθεύδει.**
13:36 μὴ ἐλθὼν ἐξαίφνης εὕρῃ ὑμᾶς **καθεύδοντας.**
14:37 καὶ ἔρχεται καὶ εὑρίσκει αὐτοὺς **καθεύδοντας,** καὶ λέγει τῷ Πέτρῳ, Σίμων, **καθεύδεις;**
14:40 καὶ πάλιν ἐλθὼν εὗρεν αὐτοὺς **καθεύδοντας,** ἦσαν γὰρ αὐτῶν οἱ ὀφθαλμοὶ καταβαρυνόμενοι,
14:41 καὶ ἔρχεται τὸ τρίτον καὶ λέγει αὐτοῖς, **Καθεύδετε** τὸ λοιπὸν καὶ ἀναπαύεσθε·
Lk 8:52 ὁ δὲ εἶπεν, Μὴ κλαίετε, οὐ γὰρ ἀπέθανεν ἀλλὰ **καθεύδει.**
22:46 καὶ εἶπεν αὐτοῖς, Τί **καθεύδετε;** ἀναστάντες προσεύχεσθε, ἵνα μὴ εἰσέλθητε εἰς πειρασμόν.
Eph 5:14 διὸ λέγει, Ἔγειρε, ὁ **καθεύδων,** καὶ ἀνάστα ἐκ τῶν νεκρῶν,
1Th 5: 6 ἄρα οὖν μὴ **καθεύδωμεν** ὡς οἱ λοιποὶ ἀλλὰ γρηγορῶμεν καὶ νήφωμεν.
5: 7 οἱ γὰρ **καθεύδοντες** νυκτὸς **καθεύδουσιν** καὶ οἱ μεθυσκόμενοι νυκτὸς μεθύουσιν·
5:10 ἵνα εἴτε γρηγορῶμεν εἴτε **καθεύδωμεν** ἅμα σὺν αὐτῷ ζήσωμεν.

2762 καθηγητής [2]

√ 2848 + 72

Mt 23:10 μηδὲ κληθῆτε **καθηγηταί,** ὅτι **καθηγητὴς** ὑμῶν ἐστιν εἷς ὁ Χριστός.

2763 καθήκω [2]

√ 2848 + 2457

Ac 22:22 Αἶρε ἀπὸ τῆς γῆς τὸν τοιοῦτον, οὐ γὰρ **καθῆκεν** αὐτὸν ζῆν.
Ro 1:28 παρέδωκεν αὐτοὺς ὁ θεὸς εἰς ἀδόκιμον νοῦν, ποιεῖν τὰ μὴ **καθήκοντα,**

2764 κάθημαι [91]

√ 2757

κάθημαι εἰς [1] Mk 13:3

κάθημαι ἐπί [41] Mt 9:9; 13:2; 19:28; 24:3; 27:19; Mk 2:14; Lk 5:27; 21:35; 22:30; Jn 12:15; Ac 3:10; 8:28; Rev 4:2,4,9,10; 5:1,7,13; 6:2,4,5,16; 7:10,15; 9:17; 11:16; 14:6,14,15,16; 17:1,3,9; 19:4,11,18,19,21; 20:11; 21:5

κάθημαι παρά [5] Mt 13:1; 20:30; Mk 10:46; Lk 8:35; 18:35

κάθημαι περί [1] Mk 3:32

κάθημαι πρός [1] Lk 22:56

κάθημαι ὑπό [1] Jas 2:3

Mt 4:16 ὁ λαὸς ὁ **καθήμενος** ἐν σκότει φῶς εἶδεν μέγα, καὶ τοῖς **καθημένοις** ἐν χώρᾳ καὶ σκιᾷ θανάτου φῶς ἀνέτειλεν αὐτοῖς.
9: 9 Καὶ παράγων ὁ Ἰησοῦς ἐκεῖθεν εἶδεν ἄνθρωπον **καθήμενον** ἐπὶ τὸ τελώνιον,
11:16 ὁμοία ἐστὶν παιδίοις **καθημένοις** ἐν ταῖς ἀγοραῖς ἃ προσφωνοῦντα τοῖς ἑτέροις
13: 1 Ἐν τῇ ἡμέρᾳ ἐκείνῃ ἐξελθὼν ὁ Ἰησοῦς τῆς οἰκίας **ἐκάθητο** παρὰ τὴν θάλασσαν·
13: 2 καὶ συνήχθησαν πρὸς αὐτὸν ὄχλοι πολλοί, ὥστε αὐτὸν εἰς πλοῖον ἐμβάντα **καθῆσθαι,**
15:29 Καὶ μεταβὰς ἐκεῖθεν ὁ Ἰησοῦς ἦλθεν παρὰ τὴν θάλασσαν τῆς Γαλιλαίας, καὶ ἀναβὰς εἰς τὸ ὄρος **ἐκάθητο** ἐκεῖ.
19:28 **καθήσεσθε** καὶ ὑμεῖς ἐπὶ δώδεκα θρόνους κρίνοντες τὰς δώδεκα φυλὰς τοῦ Ἰσραήλ.
20:30 καὶ ἰδοὺ δύο τυφλοὶ **καθήμενοι** παρὰ τὴν ὁδὸν ἀκούσαντες ὅτι Ἰησοῦς παράγει,
22:44 Εἶπεν κύριος τῷ κυρίῳ μου, **Κάθου** ἐκ δεξιῶν μου,
23:22 καὶ ὁ ὀμόσας ἐν τῷ οὐρανῷ ὀμνύει ἐν τῷ θρόνῳ τοῦ θεοῦ καὶ ἐν τῷ **καθημένῳ** ἐπάνω αὐτοῦ.
24: 3 **Καθημένου** δὲ αὐτοῦ ἐπὶ τοῦ Ὄρους τῶν Ἐλαιῶν προσῆλθον αὐτῷ οἱ μαθηταὶ κατ᾽ ἰδίαν λέγοντες,
26:58 ὁ δὲ Πέτρος ἠκολούθει αὐτῷ ἀπὸ μακρόθεν ἕως τῆς αὐλῆς τοῦ ἀρχιερέως καὶ εἰσελθὼν ἔσω **ἐκάθητο** μετὰ τῶν ὑπηρετῶν ἰδεῖν
26:64 ἀπ᾽ ἄρτι ὄψεσθε τὸν υἱὸν τοῦ ἀνθρώπου **καθήμενον** ἐκ δεξιῶν τῆς δυνάμεως καὶ ἐρχόμενον ἐπὶ τῶν νεφελῶν τοῦ οὐρανοῦ.
26:69 Ὁ δὲ Πέτρος **ἐκάθητο** ἔξω ἐν τῇ αὐλῇ·
27:19 **Καθημένου** δὲ αὐτοῦ ἐπὶ τοῦ βήματος ἀπέστειλεν πρὸς αὐτὸν ἡ γυνὴ αὐτοῦ λέγουσα,
27:36 καὶ **καθήμενοι** ἐτήρουν αὐτὸν ἐκεῖ.
27:61 ἦν δὲ ἐκεῖ Μαριὰμ ἡ Μαγδαληνὴ καὶ ἡ ἄλλη Μαρία **καθήμεναι** ἀπέναντι τοῦ τάφου.
28: 2 ἄγγελος γὰρ κυρίου καταβὰς ἐξ οὐρανοῦ καὶ προσελθὼν ἀπεκύλισεν τὸν λίθον καὶ **ἐκάθητο** ἐπάνω αὐτοῦ.
Mk 2: 6 ἦσαν δέ τινες τῶν γραμματέων ἐκεῖ **καθήμενοι** καὶ διαλογιζόμενοι ἐν ταῖς καρδίαις αὐτῶν,
2:14 καὶ παράγων εἶδεν Λευὶν τὸν τοῦ Ἁλφαίου **καθήμενον** ἐπὶ τὸ τελώνιον,
3:32 καὶ **ἐκάθητο** περὶ αὐτὸν ὄχλος, καὶ λέγουσιν αὐτῷ,

3:34 καὶ περιβλεψάμενος τοὺς περὶ αὐτὸν κύκλῳ **καθημένους** λέγει,
4: 1 ὥστε αὐτὸν εἰς πλοῖον ἐμβάντα **καθῆσθαι** ἐν τῇ θαλάσσῃ,
5:15 καὶ ἔρχονται πρὸς τὸν Ἰησοῦν καὶ θεωροῦσιν τὸν δαιμονιζόμενον **καθήμενον** ἱματισμένον καὶ σωφρονοῦντα,
10:46 καὶ τῶν μαθητῶν αὐτοῦ καὶ ὄχλου ἱκανοῦ ὁ υἱὸς Τιμαίου Βαρτιμαῖος, τυφλὸς προσαίτης, **ἐκάθητο** παρὰ τὴν ὁδόν.
12:36 Εἶπεν κύριος τῷ κυρίῳ μου, **Κάθου** ἐκ δεξιῶν μου,
13: 3 Καὶ **καθημένου** αὐτοῦ εἰς τὸ Ὄρος τῶν Ἐλαιῶν κατέναντι τοῦ ἱεροῦ ἐπηρώτα αὐτὸν κατ' ἰδίαν Πέτρος καὶ Ἰάκωβος
14:62 καὶ ὄψεσθε τὸν υἱὸν τοῦ ἀνθρώπου ἐκ δεξιῶν **καθήμενον** τῆς δυνάμεως καὶ ἐρχόμενον μετὰ τῶν νεφελῶν τοῦ οὐρανοῦ.
16: 5 καὶ εἰσελθοῦσαι εἰς τὸ μνημεῖον εἶδον νεανίσκον **καθήμενον** ἐν τοῖς δεξιοῖς περιβεβλημένον στολὴν λευκήν,
Lk 1:79 ἐπιφᾶναι τοῖς ἐν σκότει καὶ σκιᾷ θανάτου **καθημένοις,**
5:17 καὶ ἦσαν **καθήμενοι** Φαρισαῖοι καὶ νομοδιδάσκαλοι οἳ ἦσαν ἐληλυθότες ἐκ πάσης κώμης τῆς Γαλιλαίας καὶ Ἰουδαίας
5:27 Καὶ μετὰ ταῦτα ἐξῆλθεν καὶ ἐθεάσατο τελώνην ὀνόματι Λευὶν **καθήμενον** ἐπὶ τὸ τελώνιον,
7:32 ὅμοιοί εἰσιν παιδίοις τοῖς ἐν ἀγορᾷ **καθημένοις** καὶ προσφωνοῦσιν ἀλλήλοις ἃ λέγει,
8:35 εὗρον **καθήμενον** τὸν ἄνθρωπον ἀφ' οὗ τὰ δαιμόνια ἐξῆλθεν ἱματισμένον καὶ σωφρονοῦντα παρὰ τοὺς πόδας τοῦ Ἰησοῦ,
10:13 πάλαι ἂν ἐν σάκκῳ καὶ σποδῷ **καθήμενοι** μετενόησαν.
18:35 Ἐγένετο δὲ ἐν τῷ ἐγγίζειν αὐτὸν εἰς Ἰεριχὼ τυφλός τις **ἐκάθητο** παρὰ τὴν ὁδὸν ἐπαιτῶν.
20:42 Εἶπεν κύριος τῷ κυρίῳ μου, **Κάθου** ἐκ δεξιῶν μου,
21:35 ἐπεισελεύσεται γὰρ ἐπὶ πάντας τοὺς **καθημένους** ἐπὶ πρόσωπον πάσης τῆς γῆς.
22:30 καὶ **καθήσεσθε** ἐπὶ θρόνων τὰς δώδεκα φυλὰς κρίνοντες τοῦ Ἰσραήλ.
22:55 περιαψάντων δὲ πῦρ ἐν μέσῳ τῆς αὐλῆς καὶ συγκαθισάντων **ἐκάθητο** ὁ Πέτρος μέσος αὐτῶν.
22:56 ἰδοῦσα δὲ αὐτὸν παιδίσκη τις **καθήμενον** πρὸς τὸ φῶς καὶ ἀτενίσασα αὐτῷ εἶπεν,
22:69 ἀπὸ τοῦ νῦν δὲ ἔσται ὁ υἱὸς τοῦ ἀνθρώπου **καθήμενος** ἐκ δεξιῶν τῆς δυνάμεως τοῦ θεοῦ.
Jn 2:14 καὶ εὗρεν ἐν τῷ ἱερῷ τοὺς πωλοῦντας βόας καὶ πρόβατα καὶ περιστερὰς καὶ τοὺς κερματιστὰς **καθημένους,**
6: 3 ἀνῆλθεν δὲ εἰς τὸ ὄρος Ἰησοῦς καὶ ἐκεῖ **ἐκάθητο** μετὰ τῶν μαθητῶν αὐτοῦ.
9: 8 γείτονες καὶ οἱ θεωροῦντες αὐτὸν τὸ πρότερον ὅτι προσαίτης ἦν ἔλεγον, Οὐχ οὗτός ἐστιν ὁ **καθήμενος** καὶ προσαιτῶν;
12:15 ἰδοὺ ὁ βασιλεύς σου ἔρχεται, **καθήμενος** ἐπὶ πῶλον ὄνου.
Ac 2: 2 καὶ ἐγένετο ἄφνω ἐκ τοῦ οὐρανοῦ ἦχος ὥσπερ φερομένης πνοῆς βιαίας καὶ ἐπλήρωσεν ὅλον τὸν οἶκον οὗ ἦσαν **καθήμενοι**
2:34 Εἶπεν [ὁ] κύριος τῷ κυρίῳ μου, **Κάθου** ἐκ δεξιῶν μου,
3:10 ἐπεγίνωσκον δὲ αὐτὸν ὅτι αὐτὸς ἦν ὁ πρὸς τὴν ἐλεημοσύνην **καθήμενος** ἐπὶ τῇ Ὡραίᾳ Πύλῃ τοῦ ἱεροῦ
8:28 ἦν τε ὑποστρέφων καὶ **καθήμενος** ἐπὶ τοῦ ἅρματος αὐτοῦ καὶ ἀνεγίνωσκεν τὸν προφήτην Ἠσαΐαν.
14: 8 Καί τις ἀνὴρ ἀδύνατος ἐν Λύστροις τοῖς ποσὶν **ἐκάθητο,**
23: 3 καὶ σὺ **κάθῃ** κρίνων με κατὰ τὸν νόμον καὶ παρανομῶν κελεύεις με τύπτεσθαι;
1Co 14:30 ἐὰν δὲ ἄλλῳ ἀποκαλυφθῇ **καθημένῳ,** ὁ πρῶτος σιγάτω.
Col 3: 1 οὗ ὁ Χριστός ἐστιν ἐν δεξιᾷ τοῦ θεοῦ **καθήμενος·**
Heb 1:13 πρὸς τίνα δὲ τῶν ἀγγέλων εἴρηκέν ποτε, **Κάθου** ἐκ δεξιῶν μου,
Jas 2: 3 ἐπιβλέψητε δὲ ἐπὶ τὸν φοροῦντα τὴν ἐσθῆτα τὴν λαμπρὰν καὶ εἴπητε, Σὺ **κάθου** ὧδε καλῶς, καὶ τῷ πτωχῷ εἴπητε, Σὺ στῆθι ἐκεῖ ἢ **κάθου** ὑπὸ τὸ ὑποπόδιόν μου,
Rev 4: 2 καὶ ἰδοὺ θρόνος ἔκειτο ἐν τῷ οὐρανῷ, καὶ ἐπὶ τὸν θρόνον **καθήμενος,**
4: 3 καὶ ὁ **καθήμενος** ὅμοιος ὁράσει λίθῳ ἰάσπιδι καὶ σαρδίῳ,
4: 4 καὶ ἐπὶ τοὺς θρόνους εἴκοσι τέσσαρας πρεσβυτέρους **καθημένους** περιβεβλημένους ἐν ἱματίοις λευκοῖς
4: 9 καὶ ὅταν δώσουσιν τὰ ζῷα δόξαν καὶ τιμὴν καὶ εὐχαριστίαν τῷ **καθημένῳ** ἐπὶ τῷ θρόνῳ τῷ ζῶντι εἰς τοὺς αἰῶνας τῶν αἰώνων,
4:10 πεσοῦνται οἱ εἴκοσι τέσσαρες πρεσβύτεροι ἐνώπιον τοῦ **καθημένου** ἐπὶ τοῦ θρόνου καὶ προσκυνήσουσιν τῷ ζῶντι
5: 1 Καὶ εἶδον ἐπὶ τὴν δεξιὰν τοῦ **καθημένου** ἐπὶ τοῦ θρόνου βιβλίον γεγραμμένον ἔσωθεν καὶ ὄπισθεν κατεσφραγισμένον
5: 7 καὶ ἦλθεν καὶ εἴληφεν ἐκ τῆς δεξιᾶς τοῦ **καθημένου** ἐπὶ τοῦ θρόνου.
5:13 Τῷ **καθημένῳ** ἐπὶ τῷ θρόνῳ καὶ τῷ ἀρνίῳ ἡ εὐλογία καὶ ἡ τιμὴ καὶ ἡ δόξα καὶ τὸ κράτος εἰς τοὺς αἰῶνας τῶν αἰώνων.
6: 2 καὶ ὁ **καθήμενος** ἐπ' αὐτὸν ἔχων τόξον καὶ ἐδόθη αὐτῷ στέφανος καὶ ἐξῆλθεν νικῶν καὶ ἵνα νικήσῃ.
6: 4 καὶ τῷ **καθημένῳ** ἐπ' αὐτὸν ἐδόθη αὐτῷ λαβεῖν τὴν εἰρήνην ἐκ τῆς γῆς καὶ ἵνα ἀλλήλους σφάξουσιν καὶ ἐδόθη αὐτῷ μάχαιρα
6: 5 καὶ ὁ **καθήμενος** ἐπ' αὐτὸν ἔχων ζυγὸν ἐν τῇ χειρὶ αὐτοῦ.
6: 8 καὶ ὁ **καθήμενος** ἐπάνω αὐτοῦ ὄνομα αὐτῷ [ὁ] Θάνατος,
6:16 Πέσετε ἐφ' ἡμᾶς καὶ κρύψατε ἡμᾶς ἀπὸ προσώπου τοῦ **καθημένου** ἐπὶ τοῦ θρόνου καὶ ἀπὸ τῆς ὀργῆς τοῦ ἀρνίου,
7:10 Ἡ σωτηρία τῷ θεῷ ἡμῶν τῷ **καθημένῳ** ἐπὶ τῷ θρόνῳ καὶ τῷ ἀρνίῳ.
7:15 καὶ ὁ **καθήμενος** ἐπὶ τοῦ θρόνου σκηνώσει ἐπ' αὐτούς.
9:17 καὶ οὕτως εἶδον τοὺς ἵππους ἐν τῇ ὁράσει καὶ τοὺς **καθημένους** ἐπ' αὐτῶν,
11:16 καὶ οἱ εἴκοσι τέσσαρες πρεσβύτεροι [οἱ] ἐνώπιον τοῦ θεοῦ **καθήμενοι** ἐπὶ τοὺς θρόνους αὐτῶν ἔπεσαν ἐπὶ τὰ πρόσωπα
14: 6 ἔχοντα εὐαγγέλιον αἰώνιον εὐαγγελίσαι ἐπὶ τοὺς **καθημένους** ἐπὶ τῆς γῆς καὶ ἐπὶ πᾶν ἔθνος καὶ φυλὴν καὶ γλῶσσαν
14:14 καὶ ἐπὶ τὴν νεφέλην **καθήμενον** ὅμοιον υἱὸν ἀνθρώπου,
14:15 καὶ ἄλλος ἄγγελος ἐξῆλθεν ἐκ τοῦ ναοῦ κράζων ἐν φωνῇ μεγάλῃ τῷ **καθημένῳ** ἐπὶ τῆς νεφέλης,
14:16 καὶ ἔβαλεν ὁ **καθήμενος** ἐπὶ τῆς νεφέλης τὸ δρέπανον αὐτοῦ ἐπὶ τὴν γῆν καὶ ἐθερίσθη ἡ γῆ.
17: 1 δείξω σοι τὸ κρίμα τῆς πόρνης τῆς μεγάλης τῆς **καθημένης** ἐπὶ ὑδάτων πολλῶν,
17: 3 καὶ εἶδον γυναῖκα **καθημένην** ἐπὶ θηρίον κόκκινον, γέμον[τα] ὀνόματα βλασφημίας,
17: 9 αἱ ἑπτὰ κεφαλαὶ ἑπτὰ ὄρη εἰσίν, ὅπου ἡ γυνὴ **κάθηται** ἐπ' αὐτῶν.
17:15 Τὰ ὕδατα ἃ εἶδες οὗ ἡ πόρνη **κάθηται,**
18: 7 ὅτι ἐν τῇ καρδίᾳ αὐτῆς λέγει ὅτι **Κάθημαι** βασίλισσα καὶ χήρα οὐκ εἰμὶ καὶ πένθος οὐ μὴ ἴδω.
19: 4 καὶ ἔπεσαν οἱ πρεσβύτεροι οἱ εἴκοσι τέσσαρες καὶ τὰ τέσσαρα ζῷα καὶ προσεκύνησαν τῷ θεῷ τῷ **καθημένῳ** ἐπὶ τῷ θρόνῳ
19:11 καὶ ἰδοὺ ἵππος λευκὸς καὶ ὁ **καθήμενος** ἐπ' αὐτὸν [καλούμενος] πιστὸς καὶ ἀληθινός,
19:18 φάγητε σάρκας βασιλέων καὶ σάρκας χιλιάρχων καὶ σάρκας ἰσχυρῶν καὶ σάρκας ἵππων καὶ τῶν **καθημένων** ἐπ' αὐτῶν
19:19 συνηγμένα ποιῆσαι τὸν πόλεμον μετὰ τοῦ **καθημένου** ἐπὶ τοῦ ἵππου καὶ μετὰ τοῦ στρατεύματος αὐτοῦ.
19:21 καὶ οἱ λοιποὶ ἀπεκτάνθησαν ἐν τῇ ῥομφαίᾳ τοῦ **καθημένου** ἐπὶ τοῦ ἵππου τῇ ἐξελθούσῃ ἐκ τοῦ στόματος αὐτοῦ,
20:11 Καὶ εἶδον θρόνον μέγαν λευκὸν καὶ τὸν **καθήμενον** ἐπ' αὐτόν,
21: 5 Καὶ εἶπεν ὁ **καθήμενος** ἐπὶ τῷ θρόνῳ, Ἰδοὺ καινὰ ποιῶ πάντα,

2765 καθημέραν Not used in UBS/NIV

√ 2848 + 2465

2766 καθημερινός [1]

√ 2848 + 2465

Ac 6: 1 ὅτι παρεθεωροῦντο ἐν τῇ διακονίᾳ τῇ **καθημερινῇ** αἱ χῆραι αὐτῶν.

2767 καθίζω [46]

→ 361, 2125, 4150, 4327, 5154

Mt 5: 1 καὶ **καθίσαντος** αὐτοῦ προσῆλθαν αὐτῷ οἱ μαθηταὶ αὐτοῦ·
13:48 ἣν ὅτε ἐπληρώθη ἀναβιβάσαντες ἐπὶ τὸν αἰγιαλὸν καὶ **καθίσαντες** συνέλεξαν τὰ καλὰ εἰς ἄγγη,
19:28 ὅταν **καθίσῃ** ὁ υἱὸς τοῦ ἀνθρώπου ἐπὶ θρόνου δόξης αὐτοῦ,
20:21 Εἰπὲ ἵνα **καθίσωσιν** οὗτοι οἱ δύο υἱοί μου εἷς ἐκ δεξιῶν σου καὶ εἷς ἐξ εὐωνύμων σου ἐν τῇ βασιλείᾳ σου.
20:23 τὸ δὲ **καθίσαι** ἐκ δεξιῶν μου καὶ ἐξ εὐωνύμων οὐκ ἔστιν ἐμὸν [τοῦτο] δοῦναι,
23: 2 Ἐπὶ τῆς Μωϋσέως καθέδρας **ἐκάθισαν** οἱ γραμματεῖς καὶ οἱ Φαρισαῖοι.
25:31 ἔλθῃ ὁ υἱὸς τοῦ ἀνθρώπου ἐν τῇ δόξῃ αὐτοῦ καὶ πάντες οἱ ἄγγελοι μετ' αὐτοῦ, τότε **καθίσει** ἐπὶ θρόνου δόξης αὐτοῦ·
26:36 εἰς χωρίον λεγόμενον Γεθσημανὶ καὶ λέγει τοῖς μαθηταῖς, **Καθίσατε** αὐτοῦ ἕως [οὗ] ἀπελθὼν ἐκεῖ προσεύξωμαι.
Mk 9:35 καὶ **καθίσας** ἐφώνησεν τοὺς δώδεκα καὶ λέγει αὐτοῖς,
10:37 Δὸς ἡμῖν ἵνα εἷς σου ἐκ δεξιῶν καὶ εἷς ἐξ ἀριστερῶν **καθίσωμεν** ἐν τῇ δόξῃ σου.
10:40 τὸ δὲ **καθίσαι** ἐκ δεξιῶν μου ἢ ἐξ εὐωνύμων οὐκ ἔστιν ἐμὸν δοῦναι,
11: 2 καὶ εὐθὺς εἰσπορευόμενοι εἰς αὐτὴν εὑρήσετε πῶλον δεδεμένον ἐφ' ὃν οὐδεὶς οὔπω ἀνθρώπων **ἐκάθισεν·**

11: 7 καὶ φέρουσιν τὸν πῶλον πρὸς τὸν Ἰησοῦν καὶ ἐπιβάλλουσιν αὐτῷ τὰ ἱμάτια αὐτῶν, καὶ **ἐκάθισεν** ἐπ' αὐτόν.
12:41 Καὶ **καθίσας** κατέναντι τοῦ γαζοφυλακίου ἐθεώρει πῶς ὁ ὄχλος βάλλει χαλκὸν εἰς τὸ γαζοφυλάκιον.
14:32 Καὶ ἔρχονται εἰς χωρίον οὗ τὸ ὄνομα Γεθσημανὶ καὶ λέγει τοῖς μαθηταῖς αὐτοῦ, **Καθίσατε** ὧδε ἕως προσεύξωμαι.
16:19 ⟦Ὁ μὲν οὖν κύριος Ἰησοῦς μετὰ τὸ λαλῆσαι αὐτοῖς ἀνελήμφθη εἰς τὸν οὐρανὸν καὶ **ἐκάθισεν** ἐκ δεξιῶν τοῦ θεοῦ.⟧
Lk 4:20 καὶ πτύξας τὸ βιβλίον ἀποδοὺς τῷ ὑπηρέτῃ **ἐκάθισεν**·
5: 3 **καθίσας** δὲ ἐκ τοῦ πλοίου ἐδίδασκεν τοὺς ὄχλους.
14:28 τίς γὰρ ἐξ ὑμῶν θέλων πύργον οἰκοδομῆσαι οὐχὶ πρῶτον **καθίσας** ψηφίζει τὴν δαπάνην,
14:31 οὐχὶ **καθίσας** πρῶτον βουλεύσεται εἰ δυνατός ἐστιν ἐν δέκα χιλιάσιν ὑπαντῆσαι τῷ μετὰ εἴκοσι χιλιάδων ἐρχομένῳ
16: 6 Δέξαι σου τὰ γράμματα καὶ **καθίσας** ταχέως γράψον πεντήκοντα.
19:30 ἐφ' ὃν οὐδεὶς πώποτε ἀνθρώπων **ἐκάθισεν**, καὶ λύσαντες αὐτὸν ἀγάγετε.
24:49 ὑμεῖς δὲ **καθίσατε** ἐν τῇ πόλει ἕως οὗ ἐνδύσησθε ἐξ ὕψους δύναμιν.
Jn 8: 2 ⟦Ὄρθρου δὲ πάλιν παρεγένετο εἰς τὸ ἱερὸν καὶ πᾶς ὁ λαὸς ἤρχετο πρὸς αὐτόν, καὶ **καθίσας** ἐδίδασκεν αὐτούς.⟧
12:14 εὑρὼν δὲ ὁ Ἰησοῦς ὀνάριον **ἐκάθισεν** ἐπ' αὐτό,
19:13 Πιλᾶτος ἀκούσας τῶν λόγων τούτων ἤγαγεν ἔξω τὸν Ἰησοῦν καὶ **ἐκάθισεν** ἐπὶ βήματος εἰς τόπον λεγόμενον Λιθόστρωτον,
Ac 2: 3 καὶ ὤφθησαν αὐτοῖς διαμεριζόμεναι γλῶσσαι ὡσεὶ πυρὸς καὶ **ἐκάθισεν** ἐφ' ἕνα ἕκαστον αὐτῶν,
2:30 καὶ εἰδὼς ὅτι ὅρκῳ ὤμοσεν αὐτῷ ὁ θεὸς ἐκ καρποῦ τῆς ὀσφύος αὐτοῦ **καθίσαι** ἐπὶ τὸν θρόνον αὐτοῦ,
8:31 παρεκάλεσέν τε τὸν Φίλιππον ἀναβάντα **καθίσαι** σὺν αὐτῷ.
12:21 τακτῇ δὲ ἡμέρᾳ ὁ Ἡρῴδης ἐνδυσάμενος ἐσθῆτα βασιλικὴν [καὶ] **καθίσας** ἐπὶ τοῦ βήματος ἐδημηγόρει πρὸς αὐτούς,
13:14 καὶ [εἰσ]ελθόντες εἰς τὴν συναγωγὴν τῇ ἡμέρᾳ τῶν σαββάτων **ἐκάθισαν**.
16:13 ἔξω τῆς πύλης παρὰ ποταμὸν οὗ ἐνομίζομεν προσευχὴν εἶναι, καὶ **καθίσαντες** ἐλαλοῦμεν ταῖς συνελθούσαις γυναιξίν.
18:11 **Ἐκάθισεν** δὲ ἐνιαυτὸν καὶ μῆνας ἓξ διδάσκων ἐν αὐτοῖς τὸν λόγον τοῦ θεοῦ.
25: 6 τῇ ἐπαύριον **καθίσας** ἐπὶ τοῦ βήματος ἐκέλευσεν τὸν Παῦλον ἀχθῆναι.
25:17 ἀναβολὴν μηδεμίαν ποιησάμενος τῇ ἑξῆς **καθίσας** ἐπὶ τοῦ βήματος ἐκέλευσα ἀχθῆναι τὸν ἄνδρα·
1Co 6: 4 βιωτικὰ μὲν οὖν κριτήρια ἐὰν ἔχητε, τοὺς ἐξουθενημένους ἐν τῇ ἐκκλησίᾳ, τούτους **καθίζετε**;
10: 7 **Ἐκάθισεν** ὁ λαὸς φαγεῖν καὶ πεῖν καὶ ἀνέστησαν παίζειν.
Eph 1:20 ἣν ἐνήργησεν ἐν τῷ Χριστῷ ἐγείρας αὐτὸν ἐκ νεκρῶν καὶ **καθίσας** ἐν δεξιᾷ αὐτοῦ ἐν τοῖς ἐπουρανίοις
2Th 2: 4 ὥστε αὐτὸν εἰς τὸν ναὸν τοῦ θεοῦ **καθίσαι** ἀποδεικνύντα ἑαυτὸν ὅτι ἔστιν θεός.
Heb 1: 3 καθαρισμὸν τῶν ἁμαρτιῶν ποιησάμενος **ἐκάθισεν** ἐν δεξιᾷ τῆς μεγαλωσύνης ἐν ὑψηλοῖς,
8: 1 ὃς **ἐκάθισεν** ἐν δεξιᾷ τοῦ θρόνου τῆς μεγαλωσύνης ἐν τοῖς οὐρανοῖς,
10:12 οὗτος δὲ μίαν ὑπὲρ ἁμαρτιῶν προσενέγκας θυσίαν εἰς τὸ διηνεκὲς **ἐκάθισεν** ἐν δεξιᾷ τοῦ θεοῦ,
12: 2 ὃς ἀντὶ τῆς προκειμένης αὐτῷ χαρᾶς ὑπέμεινεν σταυρὸν αἰσχύνης καταφρονήσας ἐν δεξιᾷ τε τοῦ θρόνου τοῦ θεοῦ **κεκάθικεν**.
Rev 3:21 ὁ νικῶν δώσω αὐτῷ **καθίσαι** μετ' ἐμοῦ ἐν τῷ θρόνῳ μου, ὡς κἀγὼ ἐνίκησα καὶ **ἐκάθισα** μετὰ τοῦ πατρός μου ἐν τῷ θρόνῳ αὐτοῦ.
20: 4 Καὶ εἶδον θρόνους καὶ **ἐκάθισαν** ἐπ' αὐτοὺς καὶ κρίμα ἐδόθη αὐτοῖς,

2768 καθίημι [4]

√ *2848 + 1640*

Lk 5:19 ἀναβάντες ἐπὶ τὸ δῶμα διὰ τῶν κεράμων **καθῆκαν** αὐτὸν σὺν τῷ κλινιδίῳ εἰς τὸ μέσον ἔμπροσθεν τοῦ Ἰησοῦ.
Ac 9:25 λαβόντες δὲ οἱ μαθηταὶ αὐτοῦ νυκτὸς διὰ τοῦ τείχους **καθῆκαν** αὐτὸν χαλάσαντες ἐν σπυρίδι.
10:11 καὶ θεωρεῖ τὸν οὐρανὸν ἀνεῳγμένον καὶ καταβαῖνον σκεῦός τι ὡς ὀθόνην μεγάλην τέσσαρσιν ἀρχαῖς **καθιέμενον** ἐπὶ τῆς γῆς,
11: 5 καταβαῖνον σκεῦός τι ὡς ὀθόνην μεγάλην τέσσαρσιν ἀρχαῖς **καθιεμένην** ἐκ τοῦ οὐρανοῦ,

2769 καθιστάνω Not used in UBS/NIV

√ *2848 + 2705*

2770 καθίστημι [21]

√ *2848 + 2705*

καθιστάνω [1] Ac 17:15

Mt 24:45 Τίς ἄρα ἐστὶν ὁ πιστὸς δοῦλος καὶ φρόνιμος ὃν **κατέστησεν** ὁ κύριος ἐπὶ τῆς οἰκετείας αὐτοῦ τοῦ δοῦναι αὐτοῖς τὴν τροφὴν
24:47 ἀμὴν λέγω ὑμῖν ὅτι ἐπὶ πᾶσιν τοῖς ὑπάρχουσιν αὐτοῦ **καταστήσει** αὐτόν.
25:21 ἐπὶ ὀλίγα ἦς πιστός, ἐπὶ πολλῶν σε **καταστήσω**·
25:23 ἐπὶ ὀλίγα ἦς πιστός, ἐπὶ πολλῶν σε **καταστήσω**·
Lk 12:14 τίς με **κατέστησεν** κριτὴν ἢ μεριστὴν ἐφ' ὑμᾶς;
12:42 ὃν **καταστήσει** ὁ κύριος ἐπὶ τῆς θεραπείας αὐτοῦ τοῦ διδόναι ἐν καιρῷ [τὸ] σιτομέτριον;
12:44 ἀληθῶς λέγω ὑμῖν ὅτι ἐπὶ πᾶσιν τοῖς ὑπάρχουσιν αὐτοῦ **καταστήσει** αὐτόν.
Ac 6: 3 πλήρεις πνεύματος καὶ σοφίας, οὓς **καταστήσομεν** ἐπὶ τῆς χρείας ταύτης,
7:10 καὶ ἔδωκεν αὐτῷ χάριν καὶ σοφίαν ἐναντίον Φαραὼ βασιλέως Αἰγύπτου καὶ **κατέστησεν** αὐτὸν ἡγούμενον ἐπ' Αἴγυπτον
7:27 Τίς σε **κατέστησεν** ἄρχοντα καὶ δικαστὴν ἐφ' ἡμῶν;
7:35 ὃν ἠρνήσαντο εἰπόντες, Τίς σε **κατέστησεν** ἄρχοντα καὶ δικαστήν;
17:15 οἱ δὲ **καθιστάνοντες** τὸν Παῦλον ἤγαγον ἕως Ἀθηνῶν,
Ro 5:19 ὥσπερ γὰρ διὰ τῆς παρακοῆς τοῦ ἑνὸς ἀνθρώπου ἁμαρτωλοὶ **κατεστάθησαν** οἱ πολλοί, οὕτως καὶ διὰ τῆς ὑπακοῆς τοῦ ἑνὸς δίκαιοι **κατασταθήσονται** οἱ πολλοί.
Tit 1: 5 ἵνα τὰ λείποντα ἐπιδιορθώσῃ καὶ **καταστήσῃς** κατὰ πόλιν πρεσβυτέρους,
Heb 5: 1 Πᾶς γὰρ ἀρχιερεὺς ἐξ ἀνθρώπων λαμβανόμενος ὑπὲρ ἀνθρώπων **καθίσταται** τὰ πρὸς τὸν θεόν,
7:28 ὁ νόμος γὰρ ἀνθρώπους **καθίστησιν** ἀρχιερεῖς ἔχοντας ἀσθένειαν,
8: 3 πᾶς γὰρ ἀρχιερεὺς εἰς τὸ προσφέρειν δῶρά τε καὶ θυσίας **καθίσταται**·
Jas 3: 6 ὁ κόσμος τῆς ἀδικίας ἡ γλῶσσα **καθίσταται** ἐν τοῖς μέλεσιν ἡμῶν,
4: 4 ὃς ἐὰν οὖν βουληθῇ φίλος εἶναι τοῦ κόσμου, ἐχθρὸς τοῦ θεοῦ **καθίσταται**.
2Pe 1: 8 ὑμῖν ὑπάρχοντα καὶ πλεονάζοντα οὐκ ἀργοὺς οὐδὲ ἀκάρπους **καθίστησιν** εἰς τὴν τοῦ κυρίου ἡμῶν Ἰησοῦ Χριστοῦ ἐπίγνωσιν·

2771 καθό [4]

√ *2848 + 4005*

καθό δεῖ [1] Ro 8:26

Ro 8:26 τὸ γὰρ τί προσευξώμεθα **καθὸ** δεῖ οὐκ οἴδαμεν,
2Co 8:12 **καθὸ** ἐὰν ἔχῃ εὐπρόσδεκτος, οὐ **καθὸ** οὐκ ἔχει.
1Pe 4:13 ἀλλὰ **καθὸ** κοινωνεῖτε τοῖς τοῦ Χριστοῦ παθήμασιν χαίρετε,

2772 καθολικός Not used in UBS/NIV

√ *2848 + 3910*

2773 καθόλου [1]

√ *2848 + 3910*

Ac 4:18 καὶ καλέσαντες αὐτοὺς παρήγγειλαν τὸ **καθόλου** μὴ φθέγγεσθαι μηδὲ διδάσκειν ἐπὶ τῷ ὀνόματι τοῦ Ἰησοῦ.

2774 καθοπλίζω [1]

√ *2848 + 3960*

Lk 11:21 ὅταν ὁ ἰσχυρὸς **καθωπλισμένος** φυλάσσῃ τὴν ἑαυτοῦ αὐλήν,

2775 καθοράω [1]

√ *2848 + 3972*

Ro 1:20 τὰ γὰρ ἀόρατα αὐτοῦ ἀπὸ κτίσεως κόσμου τοῖς ποιήμασιν νοούμενα **καθορᾶται**,

2776 καθότι [6]

√ *2848 + 4005 + 5515*

Lk 1: 7 καὶ οὐκ ἦν αὐτοῖς τέκνον, **καθότι** ἦν ἡ Ἐλισάβετ στεῖρα,
19: 9 εἶπεν δὲ πρὸς αὐτὸν ὁ Ἰησοῦς ὅτι Σήμερον σωτηρία τῷ οἴκῳ τούτῳ ἐγένετο, **καθότι** καὶ αὐτὸς υἱὸς Ἀβραάμ ἐστιν·
Ac 2: 24 **καθότι** οὐκ ἦν δυνατὸν κρατεῖσθαι αὐτὸν ὑπ' αὐτοῦ.
2: 45 καὶ τὰ κτήματα καὶ τὰς ὑπάρξεις ἐπίπρασκον καὶ διεμέριζον αὐτὰ πᾶσιν **καθότι** ἄν τις χρείαν εἶχεν·
4: 35 διεδίδετο δὲ ἑκάστῳ **καθότι** ἄν τις χρείαν εἶχεν.
17: 31 **καθότι** ἔστησεν ἡμέραν ἐν ᾗ μέλλει κρίνειν τὴν οἰκουμένην ἐν δικαιοσύνῃ ἐν ἀνδρὶ ᾧ ὥρισεν,

2777 καθώς [182]

√ *2848 + 6055*

καθώς γέγραπται, γεγραμμένος [28] Mt 26:24; Mk 1:2; 9:13; 14:21; Lk 2:23; Jn 6:31; 12:14; Ac 7:42; 15:15; Ro 1:17; 2:24; 3:4,10; 4:17; 8:36; 9:13,33; 10:15; 11:8,26; 15:3,9,21; 1Co 1:31; 2:9; 10:7; 2Co 8:15; 9:9; cf. 2Pe 3:15

καθώς δεῖ [1] 1Co 8:2

καθώς ... χρόνος [1] Ac 7:17

ὁμοίως καθώς [1] Lk 17:28

οὐ καθώς [4] Jn 6:58; 14:27; 2Co 8:5; 1Jn 3:12

Mt 21: 6 πορευθέντες δὲ οἱ μαθηταὶ καὶ ποιήσαντες **καθὼς** συνέταξεν αὐτοῖς ὁ Ἰησοῦς
26: 24 ὁ μὲν υἱὸς τοῦ ἀνθρώπου ὑπάγει **καθὼς** γέγραπται περὶ αὐτοῦ,
28: 6 οὐκ ἔστιν ὧδε, ἠγέρθη γὰρ **καθὼς** εἶπεν· δεῦτε ἴδετε τὸν τόπον ὅπου ἔκειτο.
Mk 1: 2 **Καθὼς** γέγραπται ἐν τῷ Ἠσαΐᾳ τῷ προφήτῃ, Ἰδοὺ ἀποστέλλω τὸν ἄγγελόν μου πρὸ προσώπου σου,
4: 33 Καὶ τοιαύταις παραβολαῖς πολλαῖς ἐλάλει αὐτοῖς τὸν λόγον **καθὼς** ἠδύναντο ἀκούειν·
9: 13 καὶ ἐποίησαν αὐτῷ ὅσα ἤθελον, **καθὼς** γέγραπται ἐπ' αὐτόν.
11: 6 οἱ δὲ εἶπαν αὐτοῖς **καθὼς** εἶπεν ὁ Ἰησοῦς,
14: 16 καὶ ἐξῆλθον οἱ μαθηταὶ καὶ ἦλθον εἰς τὴν πόλιν καὶ εὗρον **καθὼς** εἶπεν αὐτοῖς καὶ ἡτοίμασαν τὸ πάσχα.
14: 21 ὅτι ὁ μὲν υἱὸς τοῦ ἀνθρώπου ὑπάγει **καθὼς** γέγραπται περὶ αὐτοῦ,
15: 8 καὶ ἀναβὰς ὁ ὄχλος ἤρξατο αἰτεῖσθαι **καθὼς** ἐποίει αὐτοῖς.
16: 7 εἴπατε τοῖς μαθηταῖς αὐτοῦ καὶ τῷ Πέτρῳ ὅτι Προάγει ὑμᾶς εἰς τὴν Γαλιλαίαν· ἐκεῖ αὐτὸν ὄψεσθε, **καθὼς** εἶπεν ὑμῖν.
Lk 1: 2 **καθὼς** παρέδοσαν ἡμῖν οἱ ἀπ' ἀρχῆς αὐτόπται καὶ ὑπηρέται γενόμενοι τοῦ λόγου,
1: 55 **καθὼς** ἐλάλησεν πρὸς τοὺς πατέρας ἡμῶν, τῷ Ἀβραὰμ καὶ τῷ σπέρματι αὐτοῦ εἰς τὸν αἰῶνα.
1: 70 **καθὼς** ἐλάλησεν διὰ στόματος τῶν ἁγίων ἀπ' αἰῶνος προφητῶν αὐτοῦ,
2: 20 ὑπέστρεψαν οἱ ποιμένες δοξάζοντες καὶ αἰνοῦντες τὸν θεὸν ἐπὶ πᾶσιν οἷς ἤκουσαν καὶ εἶδον **καθὼς** ἐλαλήθη πρὸς αὐτούς.
2: 23 **καθὼς** γέγραπται ἐν νόμῳ κυρίου ὅτι Πᾶν ἄρσεν διανοῖγον μήτραν ἅγιον τῷ κυρίῳ κληθήσεται,
5: 14 ἀλλὰ ἀπελθὼν δεῖξον σεαυτὸν τῷ ἱερεῖ καὶ προσένεγκε περὶ τοῦ καθαρισμοῦ σου **καθὼς** προσέταξεν Μωϋσῆς,
6: 31 καὶ **καθὼς** θέλετε ἵνα ποιῶσιν ὑμῖν οἱ ἄνθρωποι ποιεῖτε αὐτοῖς ὁμοίως.
6: 36 Γίνεσθε οἰκτίρμονες **καθὼς** [καὶ] ὁ πατὴρ ὑμῶν οἰκτίρμων ἐστίν.
11: 1 δίδαξον ἡμᾶς προσεύχεσθαι, **καθὼς** καὶ Ἰωάννης ἐδίδαξεν τοὺς μαθητὰς αὐτοῦ.
11: 30 **καθὼς** γὰρ ἐγένετο Ἰωνᾶς τοῖς Νινευίταις σημεῖον, οὕτως ἔσται καὶ ὁ υἱὸς τοῦ ἀνθρώπου τῇ γενεᾷ ταύτῃ.
17: 26 καὶ **καθὼς** ἐγένετο ἐν ταῖς ἡμέραις Νῶε, οὕτως ἔσται καὶ ἐν ταῖς ἡμέραις τοῦ υἱοῦ τοῦ ἀνθρώπου·
17: 28 ὁμοίως **καθὼς** ἐγένετο ἐν ταῖς ἡμέραις Λώτ· ἤσθιον,
19: 32 ἀπελθόντες δὲ οἱ ἀπεσταλμένοι εὗρον **καθὼς** εἶπεν αὐτοῖς.
22: 13 ἀπελθόντες δὲ εὗρον **καθὼς** εἰρήκει αὐτοῖς καὶ ἡτοίμασαν τὸ πάσχα.
22: 29 κἀγὼ διατίθεμαι ὑμῖν **καθὼς** διέθετό μοι ὁ πατήρ μου βασιλείαν,
24: 24 καὶ ἀπῆλθόν τινες τῶν σὺν ἡμῖν ἐπὶ τὸ μνημεῖον καὶ εὗρον οὕτως **καθὼς** καὶ αἱ γυναῖκες εἶπον,
24: 39 ὅτι πνεῦμα σάρκα καὶ ὀστέα οὐκ ἔχει **καθὼς** ἐμὲ θεωρεῖτε ἔχοντα.
Jn 1: 23 Εὐθύνατε τὴν ὁδὸν κυρίου, **καθὼς** εἶπεν Ἠσαΐας ὁ προφήτης.
3: 14 καὶ **καθὼς** Μωϋσῆς ὕψωσεν τὸν ὄφιν ἐν τῇ ἐρήμῳ,
5: 23 ἵνα πάντες τιμῶσι τὸν υἱὸν **καθὼς** τιμῶσι τὸν πατέρα.
5: 30 **καθὼς** ἀκούω κρίνω, καὶ ἡ κρίσις ἡ ἐμὴ δικαία ἐστίν,
6: 31 **καθώς** ἐστιν γεγραμμένον, Ἄρτον ἐκ τοῦ οὐρανοῦ ἔδωκεν αὐτοῖς φαγεῖν.
6: 57 **καθὼς** ἀπέστειλέν με ὁ ζῶν πατὴρ κἀγὼ ζῶ διὰ τὸν πατέρα,
6: 58 οὗτός ἐστιν ὁ ἄρτος ὁ ἐξ οὐρανοῦ καταβάς, οὐ **καθὼς** ἔφαγον οἱ πατέρες καὶ ἀπέθανον·
7: 38 ὁ πιστεύων εἰς ἐμέ, **καθὼς** εἶπεν ἡ γραφή,
8: 28 ἀλλὰ **καθὼς** ἐδίδαξέν με ὁ πατὴρ ταῦτα λαλῶ.
10: 15 **καθὼς** γινώσκει με ὁ πατὴρ κἀγὼ γινώσκω τὸν πατέρα,
12: 14 εὑρὼν δὲ ὁ Ἰησοῦς ὀνάριον ἐκάθισεν ἐπ' αὐτό, **καθώς** ἐστιν γεγραμμένον,
12: 50 ἃ οὖν ἐγὼ λαλῶ, **καθὼς** εἴρηκέν μοι ὁ πατήρ, οὕτως λαλῶ.
13: 15 ὑπόδειγμα γὰρ ἔδωκα ὑμῖν ἵνα **καθὼς** ἐγὼ ἐποίησα ὑμῖν καὶ ὑμεῖς ποιῆτε.
13: 33 καὶ **καθὼς** εἶπον τοῖς Ἰουδαίοις ὅτι Ὅπου ἐγὼ ὑπάγω ὑμεῖς οὐ δύνασθε ἐλθεῖν,
13: 34 **καθὼς** ἠγάπησα ὑμᾶς ἵνα καὶ ὑμεῖς ἀγαπᾶτε ἀλλήλους.
14: 27 οὐ **καθὼς** ὁ κόσμος δίδωσιν ἐγὼ δίδωμι ὑμῖν.
14: 31 καὶ **καθὼς** ἐνετείλατο μοι ὁ πατήρ, οὕτως ποιῶ.
15: 4 **καθὼς** τὸ κλῆμα οὐ δύναται καρπὸν φέρειν ἀφ' ἑαυτοῦ ἐὰν μὴ μένῃ ἐν τῇ ἀμπέλῳ,
15: 9 **καθὼς** ἠγάπησέν με ὁ πατήρ, κἀγὼ ὑμᾶς ἠγάπησα·
15: 10 **καθὼς** ἐγὼ τὰς ἐντολὰς τοῦ πατρός μου τετήρηκα καὶ μένω αὐτοῦ ἐν τῇ ἀγάπῃ.
15: 12 αὕτη ἐστὶν ἡ ἐντολὴ ἡ ἐμή, ἵνα ἀγαπᾶτε ἀλλήλους **καθὼς** ἠγάπησα ὑμᾶς.
17: 2 **καθὼς** ἔδωκας αὐτῷ ἐξουσίαν πάσης σαρκός, ἵνα πᾶν ὃ δέδωκας αὐτῷ δώσῃ αὐτοῖς ζωὴν αἰώνιον.
17: 11 τήρησον αὐτοὺς ἐν τῷ ὀνόματί σου ᾧ δέδωκάς μοι, ἵνα ὦσιν ἓν **καθὼς** ἡμεῖς.
17: 14 ὅτι οὐκ εἰσὶν ἐκ τοῦ κόσμου **καθὼς** ἐγὼ οὐκ εἰμὶ ἐκ τοῦ κόσμου.
17: 16 ἐκ τοῦ κόσμου οὐκ εἰσὶν **καθὼς** ἐγὼ οὐκ εἰμὶ ἐκ τοῦ κόσμου.
17: 18 **καθὼς** ἐμὲ ἀπέστειλας εἰς τὸν κόσμον, κἀγὼ ἀπέστειλα αὐτοὺς εἰς τὸν κόσμον·
17: 21 ἵνα πάντες ἓν ὦσιν, **καθὼς** σύ, πάτερ, ἐν ἐμοὶ κἀγὼ ἐν σοί,
17: 22 κἀγὼ τὴν δόξαν ἣν δέδωκάς μοι δέδωκα αὐτοῖς, ἵνα ὦσιν ἓν **καθὼς** ἡμεῖς ἕν·
17: 23 ἵνα γινώσκῃ ὁ κόσμος ὅτι σύ με ἀπέστειλας καὶ ἠγάπησας αὐτοὺς **καθὼς** ἐμὲ ἠγάπησας.
19: 40 ἔλαβον οὖν τὸ σῶμα τοῦ Ἰησοῦ καὶ ἔδησαν αὐτὸ ὀθονίοις μετὰ τῶν ἀρωμάτων, **καθὼς** ἔθος ἐστὶν τοῖς Ἰουδαίοις ἐνταφιάζειν.
20: 21 **καθὼς** ἀπέσταλκέν με ὁ πατήρ, κἀγὼ πέμπω ὑμᾶς.
Ac 2: 4 καὶ ἐπλήσθησαν πάντες πνεύματος ἁγίου καὶ ἤρξαντο λαλεῖν ἑτέραις γλώσσαις **καθὼς** τὸ πνεῦμα ἐδίδου ἀποφθέγγεσθαι αὐτοῖς.
2: 22 εἰς ὑμᾶς δυνάμεσι καὶ τέρασι καὶ σημείοις οἷς ἐποίησεν δι' αὐτοῦ ὁ θεὸς ἐν μέσῳ ὑμῶν **καθὼς** αὐτοὶ οἴδατε,
7: 17 **Καθὼς** δὲ ἤγγιζεν ὁ χρόνος τῆς ἐπαγγελίας ἧς ὡμολόγησεν ὁ θεὸς τῷ Ἀβραάμ,
7: 42 ἔστρεψεν δὲ ὁ θεὸς καὶ παρέδωκεν αὐτοὺς λατρεύειν τῇ στρατιᾷ τοῦ οὐρανοῦ **καθὼς** γέγραπται ἐν βίβλῳ τῶν προφητῶν,
7: 44 Ἡ σκηνὴ τοῦ μαρτυρίου ἦν τοῖς πατράσιν ἡμῶν ἐν τῇ ἐρήμῳ **καθὼς** διετάξατο ὁ λαλῶν τῷ Μωϋσῇ ποιῆσαι αὐτὴν
7: 48 ἀλλ' οὐχ ὁ ὕψιστος ἐν χειροποιήτοις κατοικεῖ, **καθὼς** ὁ προφήτης λέγει,
11: 29 **καθὼς** εὐπορεῖτό τις ὥρισαν ἕκαστος αὐτῶν εἰς διακονίαν πέμψαι τοῖς κατοικοῦσιν ἐν τῇ Ἰουδαίᾳ ἀδελφοῖς·
15: 8 καὶ ὁ καρδιογνώστης θεὸς ἐμαρτύρησεν αὐτοῖς δοὺς τὸ πνεῦμα τὸ ἅγιον **καθὼς** καὶ ἡμῖν
15: 14 Συμεὼν ἐξηγήσατο **καθὼς** πρῶτον ὁ θεὸς ἐπεσκέψατο λαβεῖν ἐξ ἐθνῶν λαὸν τῷ ὀνόματι αὐτοῦ.
15: 15 καὶ τούτῳ συμφωνοῦσιν οἱ λόγοι τῶν προφητῶν **καθὼς** γέγραπται,
22: 3 ζηλωτὴς ὑπάρχων τοῦ θεοῦ **καθὼς** πάντες ὑμεῖς ἐστε σήμερον·
Ro 1: 13 ἵνα τινὰ καρπὸν σχῶ καὶ ἐν ὑμῖν **καθὼς** καὶ ἐν τοῖς λοιποῖς ἔθνεσιν.
1: 17 **καθὼς** γέγραπται, Ὁ δὲ δίκαιος ἐκ πίστεως ζήσεται.
1: 28 καὶ **καθὼς** οὐκ ἐδοκίμασαν τὸν θεὸν ἔχειν ἐν ἐπιγνώσει,
2: 24 τὸ γὰρ ὄνομα τοῦ θεοῦ δι' ὑμᾶς βλασφημεῖται ἐν τοῖς ἔθνεσιν, **καθὼς** γέγραπται.

3: 4 γινέσθω δὲ ὁ θεὸς ἀληθής, πᾶς δὲ ἄνθρωπος ψεύστης, **καθὼς** γέγραπται,
3: 8 καὶ μὴ **καθὼς** βλασφημούμεθα καὶ **καθώς** φασίν τινες ἡμᾶς λέγειν ὅτι Ποιήσωμεν τὰ κακά,
3:10 **καθὼς** γέγραπται ὅτι Οὐκ ἔστιν δίκαιος οὐδὲ εἷς,
4:17 **καθὼς** γέγραπται ὅτι Πατέρα πολλῶν ἐθνῶν τέθεικά σε,
8:36 **καθὼς** γέγραπται ὅτι Ἕνεκεν σοῦ θανατούμεθα ὅλην τὴν ἡμέραν,
9:13 **καθὼς** γέγραπται, Τὸν Ἰακὼβ ἠγάπησα, τὸν δὲ Ἠσαῦ ἐμίσησα.
9:29 καὶ **καθὼς** προείρηκεν Ἠσαΐας, Εἰ μὴ κύριος Σαβαὼθ ἐγκατέλιπεν ἡμῖν σπέρμα,
9:33 **καθὼς** γέγραπται, Ἰδοὺ τίθημι ἐν Σιὼν λίθον προσκόμματος καὶ πέτραν σκανδάλου,
10:15 **καθὼς** γέγραπται, Ὡς ὡραῖοι οἱ πόδες τῶν εὐαγγελιζομένων [τὰ] ἀγαθά.
11: 8 **καθὼς** γέγραπται, Ἔδωκεν αὐτοῖς ὁ θεὸς πνεῦμα κατανύξεως,
11:26 **καθὼς** γέγραπται, Ἥξει ἐκ Σιὼν ὁ ῥυόμενος, ἀποστρέψει ἀσεβείας ἀπὸ Ἰακώβ.
15: 3 ἀλλὰ **καθὼς** γέγραπται, Οἱ ὀνειδισμοὶ τῶν ὀνειδιζόντων σε ἐπέπεσαν ἐπ᾽ ἐμέ.
15: 7 **καθὼς** καὶ ὁ Χριστὸς προσελάβετο ὑμᾶς εἰς δόξαν τοῦ θεοῦ.
15: 9 τὰ δὲ ἔθνη ὑπὲρ ἐλέους δοξάσαι τὸν θεόν, **καθὼς** γέγραπται,
15:21 ἀλλὰ **καθὼς** γέγραπται, Οἷς οὐκ ἀνηγγέλη περὶ αὐτοῦ ὄψονται,

1Co 1: 6 **καθὼς** τὸ μαρτύριον τοῦ Χριστοῦ ἐβεβαιώθη ἐν ὑμῖν,
1:31 ἵνα **καθὼς** γέγραπται, Ὁ καυχώμενος ἐν κυρίῳ καυχάσθω.
2: 9 ἀλλὰ **καθὼς** γέγραπται, Ἃ ὀφθαλμὸς οὐκ εἶδεν καὶ οὖς οὐκ ἤκουσεν καὶ ἐπὶ καρδίαν ἀνθρώπου οὐκ ἀνέβη,
4:17 ὃς ὑμᾶς ἀναμνήσει τὰς ὁδούς μου τὰς ἐν Χριστῷ [Ἰησοῦ,] **καθὼς** πανταχοῦ ἐν πάσῃ ἐκκλησίᾳ διδάσκω.
5: 7 ἐκκαθάρατε τὴν παλαιὰν ζύμην, ἵνα ἦτε νέον φύραμα, **καθώς** ἐστε ἄζυμοι·
8: 2 εἴ τις δοκεῖ ἐγνωκέναι τι, οὔπω ἔγνω **καθὼς** δεῖ γνῶναι·
10: 6 εἰς τὸ μὴ εἶναι ἡμᾶς ἐπιθυμητὰς κακῶν, **καθὼς** κἀκεῖνοι ἐπεθύμησαν.
10: 7 μηδὲ εἰδωλολάτραι γίνεσθε **καθώς** τινες αὐτῶν, ὥσπερ γέγραπται,
10: 8 **καθώς** τινες αὐτῶν ἐπόρνευσαν καὶ ἔπεσαν μιᾷ ἡμέρᾳ εἴκοσι τρεῖς χιλιάδες.
10: 9 **καθώς** τινες αὐτῶν ἐπείρασαν καὶ ὑπὸ τῶν ὄφεων ἀπώλλυντο.
10:33 **καθὼς** κἀγὼ πάντα πᾶσιν ἀρέσκω μὴ ζητῶν τὸ ἐμαυτοῦ σύμφορον ἀλλὰ τὸ τῶν πολλῶν,
11: 1 μιμηταί μου γίνεσθε **καθὼς** κἀγὼ Χριστοῦ.
11: 2 Ἐπαινῶ δὲ ὑμᾶς ὅτι πάντα μου μέμνησθε καί, **καθὼς** παρέδωκα ὑμῖν, τὰς παραδόσεις κατέχετε.
12:11 πάντα δὲ ταῦτα ἐνεργεῖ τὸ ἓν καὶ τὸ αὐτὸ πνεῦμα διαιροῦν ἰδίᾳ ἑκάστῳ **καθὼς** βούλεται.
12:18 ἓν ἕκαστον αὐτῶν ἐν τῷ σώματι **καθὼς** ἠθέλησεν.
13:12 ἄρτι γινώσκω ἐκ μέρους, τότε δὲ ἐπιγνώσομαι **καθὼς** καὶ ἐπεγνώσθην.
14:34 οὐ γὰρ ἐπιτρέπεται αὐταῖς λαλεῖν, ἀλλὰ ὑποτασσέσθωσαν, **καθὼς** καὶ ὁ νόμος λέγει.
15:38 ὁ δὲ θεὸς δίδωσιν αὐτῷ σῶμα **καθὼς** ἠθέλησεν,
15:49 καὶ **καθὼς** ἐφορέσαμεν τὴν εἰκόνα τοῦ χοϊκοῦ, φορέσομεν καὶ τὴν εἰκόνα τοῦ ἐπουρανίου.

2Co 1: 5 ὅτι **καθὼς** περισσεύει τὰ παθήματα τοῦ Χριστοῦ εἰς ἡμᾶς,
1:14 **καθὼς** καὶ ἐπέγνωτε ἡμᾶς ἀπὸ μέρους, ὅτι καύχημα ὑμῶν ἐσμεν καθάπερ καὶ ὑμεῖς ἡμῶν ἐν τῇ ἡμέρᾳ τοῦ κυρίου [ἡμῶν]
4: 1 ἔχοντες τὴν διακονίαν ταύτην **καθὼς** ἠλεήθημεν, οὐκ ἐγκακοῦμεν
6:16 **καθὼς** εἶπεν ὁ θεὸς ὅτι Ἐνοικήσω ἐν αὐτοῖς καὶ ἐμπεριπατήσω καὶ ἔσομαι αὐτῶν θεὸς καὶ αὐτοὶ ἔσονταί μου λαός.
8: 5 καὶ οὐ **καθὼς** ἠλπίσαμεν ἀλλ᾽ ἑαυτοὺς ἔδωκαν πρῶτον τῷ κυρίῳ καὶ ἡμῖν διὰ θελήματος θεοῦ
8: 6 ἵνα **καθὼς** προενήρξατο οὕτως καὶ ἐπιτελέσῃ εἰς ὑμᾶς καὶ τὴν χάριν ταύτην.
8:15 **καθὼς** γέγραπται, Ὁ τὸ πολὺ οὐκ ἐπλεόνασεν, καὶ ὁ τὸ ὀλίγον οὐκ ἠλαττόνησεν.
9: 3 ἵνα μὴ τὸ καύχημα ἡμῶν τὸ ὑπὲρ ὑμῶν κενωθῇ ἐν τῷ μέρει τούτῳ, ἵνα **καθὼς** ἔλεγον παρεσκευασμένοι ἦτε,
9: 7 ἕκαστος **καθὼς** προῄρηται τῇ καρδίᾳ, μὴ ἐκ λύπης ἢ ἐξ ἀνάγκης·
9: 9 **καθὼς** γέγραπται, Ἐσκόρπισεν, ἔδωκεν τοῖς πένησιν, ἡ δικαιοσύνη αὐτοῦ μένει εἰς τὸν αἰῶνα.
10: 7 τοῦτο λογιζέσθω πάλιν ἐφ᾽ ἑαυτοῦ, ὅτι **καθὼς** αὐτὸς Χριστοῦ, οὕτως καὶ ἡμεῖς.
11:12 ἵνα ἐν ᾧ καυχῶνται εὑρεθῶσιν **καθὼς** καὶ ἡμεῖς.

Gal 2: 7 ἀλλὰ τοὐναντίον ἰδόντες ὅτι πεπίστευμαι τὸ εὐαγγέλιον τῆς ἀκροβυστίας **καθὼς** Πέτρος τῆς περιτομῆς,
3: 6 **καθὼς** Ἀβραὰμ ἐπίστευσεν τῷ θεῷ, καὶ ἐλογίσθη αὐτῷ εἰς δικαιοσύνην.
5:21 ἃ προλέγω ὑμῖν **καθὼς** προεῖπον ὅτι οἱ τὰ τοιαῦτα πράσσοντες βασιλείαν θεοῦ οὐ κληρονομήσουσιν.

Eph 1: 4 **καθὼς** ἐξελέξατο ἡμᾶς ἐν αὐτῷ πρὸ καταβολῆς κόσμου εἶναι ἡμᾶς ἁγίους καὶ ἀμώμους κατενώπιον αὐτοῦ ἐν ἀγάπῃ,
3: 3 [ὅτι] κατὰ ἀποκάλυψιν ἐγνωρίσθη μοι τὸ μυστήριον, **καθὼς** προέγραψα ἐν ὀλίγῳ,
4: 4 **καθὼς** καὶ ἐκλήθητε ἐν μιᾷ ἐλπίδι τῆς κλήσεως ὑμῶν·
4:17 **καθὼς** καὶ τὰ ἔθνη περιπατεῖ ἐν ματαιότητι τοῦ νοὸς αὐτῶν,
4:21 εἴ γε αὐτὸν ἠκούσατε καὶ ἐν αὐτῷ ἐδιδάχθητε, **καθώς** ἐστιν ἀλήθεια ἐν τῷ Ἰησοῦ,
4:32 **καθὼς** καὶ ὁ θεὸς ἐν Χριστῷ ἐχαρίσατο ὑμῖν.
5: 2 **καθὼς** καὶ ὁ Χριστὸς ἠγάπησεν ἡμᾶς καὶ παρέδωκεν ἑαυτὸν ὑπὲρ ἡμῶν προσφορὰν καὶ θυσίαν τῷ θεῷ εἰς ὀσμὴν εὐωδίας.
5: 3 πορνεία δὲ καὶ ἀκαθαρσία πᾶσα ἢ πλεονεξία μηδὲ ὀνομαζέσθω ἐν ὑμῖν, **καθὼς** πρέπει ἁγίοις,
5:25 **καθὼς** καὶ ὁ Χριστὸς ἠγάπησεν τὴν ἐκκλησίαν καὶ ἑαυτὸν παρέδωκεν ὑπὲρ αὐτῆς,
5:29 οὐδεὶς γάρ ποτε τὴν ἑαυτοῦ σάρκα ἐμίσησεν ἀλλὰ ἐκτρέφει καὶ θάλπει αὐτήν, **καθὼς** καὶ ὁ Χριστὸς τὴν ἐκκλησίαν,

Php 1: 7 **καθώς** ἐστιν δίκαιον ἐμοὶ τοῦτο φρονεῖν ὑπὲρ πάντων ὑμῶν διὰ τὸ ἔχειν με ἐν τῇ καρδίᾳ ὑμᾶς,
2:12 Ὥστε, ἀγαπητοί μου, **καθὼς** πάντοτε ὑπηκούσατε, μὴ ὡς ἐν τῇ παρουσίᾳ μου μόνον ἀλλὰ νῦν πολλῷ μᾶλλον ἐν τῇ ἀπουσίᾳ μου,
3:17 σκοπεῖτε τοὺς οὕτω περιπατοῦντας **καθὼς** ἔχετε τύπον ἡμᾶς.

Col 1: 6 **καθὼς** καὶ ἐν παντὶ τῷ κόσμῳ ἐστὶν καρποφορούμενον καὶ αὐξανόμενον **καθὼς** καὶ ἐν ὑμῖν,
1: 7 **καθὼς** ἐμάθετε ἀπὸ Ἐπαφρᾶ τοῦ ἀγαπητοῦ συνδούλου ἡμῶν,
2: 7 ἐρριζωμένοι καὶ ἐποικοδομούμενοι ἐν αὐτῷ καὶ βεβαιούμενοι τῇ πίστει **καθὼς** ἐδιδάχθητε,
3:13 **καθὼς** καὶ ὁ κύριος ἐχαρίσατο ὑμῖν, οὕτως καὶ ὑμεῖς·

1Th 1: 5 **καθὼς** οἴδατε οἷοι ἐγενήθημεν [ἐν] ὑμῖν δι᾽ ὑμᾶς.
2: 2 ἀλλὰ προπαθόντες καὶ ὑβρισθέντες, **καθὼς** οἴδατε, ἐν Φιλίπποις ἐπαρρησιασάμεθα ἐν τῷ θεῷ ἡμῶν
2: 4 ἀλλὰ **καθὼς** δεδοκιμάσμεθα ὑπὸ τοῦ θεοῦ πιστευθῆναι τὸ εὐαγγέλιον,
2: 5 **καθὼς** οἴδατε, οὔτε ἐν προφάσει πλεονεξίας, θεὸς μάρτυς,
2:13 ὅτι παραλαβόντες λόγον ἀκοῆς παρ᾽ ἡμῶν τοῦ θεοῦ ἐδέξασθε οὐ λόγον ἀνθρώπων ἀλλὰ **καθώς** ἐστιν ἀληθῶς λόγον θεοῦ,
2:14 ὅτι τὰ αὐτὰ ἐπάθετε καὶ ὑμεῖς ὑπὸ τῶν ἰδίων συμφυλετῶν **καθὼς** καὶ αὐτοὶ ὑπὸ τῶν Ἰουδαίων,
3: 4 προελέγομεν ὑμῖν ὅτι μέλλομεν θλίβεσθαι, **καθὼς** καὶ ἐγένετο καὶ οἴδατε.
4: 1 ἵνα **καθὼς** παρελάβετε παρ᾽ ἡμῶν τὸ πῶς δεῖ ὑμᾶς περιπατεῖν καὶ ἀρέσκειν θεῷ, **καθὼς** καὶ περιπατεῖτε, ἵνα περισσεύητε μᾶλλον.
4: 6 διότι ἔκδικος κύριος περὶ πάντων τούτων, **καθὼς** καὶ προείπαμεν ὑμῖν καὶ διεμαρτυράμεθα.
4:11 φιλοτιμεῖσθαι ἡσυχάζειν καὶ πράσσειν τὰ ἴδια καὶ ἐργάζεσθαι ταῖς [ἰδίαις] χερσὶν ὑμῶν, **καθὼς** ὑμῖν παρηγγείλαμεν,
4:13 ἵνα μὴ λυπῆσθε **καθὼς** καὶ οἱ λοιποὶ οἱ μὴ ἔχοντες ἐλπίδα.
5:11 Διὸ παρακαλεῖτε ἀλλήλους καὶ οἰκοδομεῖτε εἷς τὸν ἕνα, **καθὼς** καὶ ποιεῖτε.

2Th 1: 3 Εὐχαριστεῖν ὀφείλομεν τῷ θεῷ πάντοτε περὶ ὑμῶν, ἀδελφοί, **καθὼς** ἄξιόν ἐστιν,
3: 1 ἵνα ὁ λόγος τοῦ κυρίου τρέχῃ καὶ δοξάζηται **καθὼς** καὶ πρὸς ὑμᾶς,

1Ti 1: 3 **Καθὼς** παρεκάλεσά σε προσμεῖναι ἐν Ἐφέσῳ πορευόμενος εἰς Μακεδονίαν,

Heb 3: 7 Διό, **καθὼς** λέγει τὸ πνεῦμα τὸ ἅγιον, Σήμερον ἐὰν τῆς φωνῆς αὐτοῦ ἀκούσητε,
4: 3 **καθὼς** εἴρηκεν, Ὡς ὤμοσα ἐν τῇ ὀργῇ μου,
4: 7 **καθὼς** προείρηται, Σήμερον ἐὰν τῆς φωνῆς αὐτοῦ ἀκούσητε,
5: 3 καὶ δι᾽ αὐτὴν ὀφείλει, **καθὼς** περὶ τοῦ λαοῦ,
5: 6 **καθὼς** καὶ ἐν ἑτέρῳ λέγει, Σὺ ἱερεὺς εἰς τὸν αἰῶνα κατὰ τὴν τάξιν Μελχισέδεκ,
8: 5 **καθὼς** κεχρημάτισται Μωϋσῆς μέλλων ἐπιτελεῖν τὴν σκηνήν, Ὅρα γάρ φησιν,
10:25 μὴ ἐγκαταλείποντες τὴν ἐπισυναγωγὴν ἑαυτῶν, **καθὼς** ἔθος τισίν, ἀλλὰ παρακαλοῦντες,
11:12 **καθὼς** τὰ ἄστρα τοῦ οὐρανοῦ τῷ πλήθει καὶ ὡς ἡ ἄμμος ἡ παρὰ τὸ χεῖλος τῆς θαλάσσης ἡ ἀναρίθμητος.

1Pe 4:10 ἕκαστος **καθὼς** ἔλαβεν χάρισμα εἰς ἑαυτοὺς αὐτὸ διακονοῦντες ὡς καλοὶ οἰκονόμοι ποικίλης χάριτος θεοῦ.
2Pe 1:14 εἰδὼς ὅτι ταχινή ἐστιν ἡ ἀπόθεσις τοῦ σκηνώματός μου **καθὼς** καὶ ὁ κύριος ἡμῶν Ἰησοῦς Χριστὸς ἐδήλωσέν μοι,
3:15 **καθὼς** καὶ ὁ ἀγαπητὸς ἡμῶν ἀδελφὸς Παῦλος κατὰ τὴν δοθεῖσαν αὐτῷ σοφίαν ἔγραψεν ὑμῖν,
1Jn 2: 6 ὁ λέγων ἐν αὐτῷ μένειν ὀφείλει **καθὼς** ἐκεῖνος περιεπάτησεν καὶ αὐτὸς [οὕτως] περιπατεῖν.
2:18 ἐσχάτη ὥρα ἐστίν, καὶ **καθὼς** ἠκούσατε ὅτι ἀντίχριστος ἔρχεται,
2:27 ἀλλ᾽ ὡς τὸ αὐτοῦ χρῖσμα διδάσκει ὑμᾶς περὶ πάντων καὶ ἀληθές ἐστιν καὶ οὐκ ἔστιν ψεῦδος, καὶ **καθὼς** ἐδίδαξεν ὑμᾶς, μένετε ἐν αὐτῷ.
3: 2 ὅμοιοι αὐτῷ ἐσόμεθα, ὅτι ὀψόμεθα αὐτὸν **καθώς** ἐστιν.
3: 3 καὶ πᾶς ὁ ἔχων τὴν ἐλπίδα ταύτην ἐπ᾽ αὐτῷ ἁγνίζει ἑαυτόν, **καθὼς** ἐκεῖνος ἁγνός ἐστιν.
3: 7 ὁ ποιῶν τὴν δικαιοσύνην δίκαιός ἐστιν, **καθὼς** ἐκεῖνος δίκαιός ἐστιν·
3:12 οὐ **καθὼς** Κάϊν ἐκ τοῦ πονηροῦ ἦν καὶ ἔσφαξεν τὸν ἀδελφὸν αὐτοῦ·
3:23 ἵνα πιστεύσωμεν τῷ ὀνόματι τοῦ υἱοῦ αὐτοῦ Ἰησοῦ Χριστοῦ καὶ ἀγαπῶμεν ἀλλήλους, **καθὼς** ἔδωκεν ἐντολὴν ἡμῖν.
4:17 ὅτι **καθὼς** ἐκεῖνός ἐστιν καὶ ἡμεῖς ἐσμεν ἐν τῷ κόσμῳ τούτῳ.
2Jn 1: 4 Ἐχάρην λίαν ὅτι εὕρηκα ἐκ τῶν τέκνων σου περιπατοῦντας ἐν ἀληθείᾳ, **καθὼς** ἐντολὴν ἐλάβομεν παρὰ τοῦ πατρός.
1: 6 **καθὼς** ἠκούσατε ἀπ᾽ ἀρχῆς, ἵνα ἐν αὐτῇ περιπατῆτε.
3Jn 1: 2 περὶ πάντων εὔχομαί σε εὐοδοῦσθαι καὶ ὑγιαίνειν, **καθὼς** εὐοδοῦταί σου ἡ ψυχή.
1: 3 ἐχάρην γὰρ λίαν ἐρχομένων ἀδελφῶν καὶ μαρτυρούντων σου τῇ ἀληθείᾳ, **καθὼς** σὺ ἐν ἀληθείᾳ περιπατεῖς.

2778 καθώσπερ [1]

√ *2848 + 6055 + 4302*

Heb 5: 4 καὶ οὐχ ἑαυτῷ τις λαμβάνει τὴν τιμὴν ἀλλὰ καλούμενος ὑπὸ τοῦ θεοῦ **καθώσπερ** καὶ Ἀαρών.

2779 καί [9018 / 8997] See Index of Articles, Etc.

→ *2743, 2781, 2788, 2792, 2793, 2795, 2796, 2797, 2817, 2829, 4298, 5476*

διὸ καί [11] Lk 1:35; Ac 10:29; 24:26; Ro 4:22; 15:22; 2Co 1:20; 4:13; 5:9; Php 2:9; Heb 11:12; 13:12

ἢ καί [10] Mt 7:10; Lk 11:12; 12:41; 18:11; Ro 2:15; 4:9; 14:10; 1Co 9:8; 16:6; 2Co 1:13

καί γε [2] Ac 2:18; 17:27

τί ἐμοὶ καὶ σοί [6] Mt 8:29; Mk 1:24; 5:7; Lk 4:34; 8:28; Jn 2:4

2780 Καϊάφας [9]

Mt 26: 3 Τότε συνήχθησαν οἱ ἀρχιερεῖς καὶ οἱ πρεσβύτεροι τοῦ λαοῦ εἰς τὴν αὐλὴν τοῦ ἀρχιερέως τοῦ λεγομένου **Καϊάφα**
26:57 Οἱ δὲ κρατήσαντες τὸν Ἰησοῦν ἀπήγαγον πρὸς **Καϊάφαν** τὸν ἀρχιερέα,
Lk 3: 2 ἐπὶ ἀρχιερέως Ἅννα καὶ **Καϊάφα,** ἐγένετο ῥῆμα θεοῦ ἐπὶ Ἰωάννην τὸν Ζαχαρίου υἱὸν ἐν τῇ ἐρήμῳ.
Jn 11:49 εἷς δέ τις ἐξ αὐτῶν **Καϊάφας,** ἀρχιερεὺς ὢν τοῦ ἐνιαυτοῦ ἐκείνου,
18:13 ἦν γὰρ πενθερὸς τοῦ **Καϊάφα,** ὃς ἦν ἀρχιερεὺς τοῦ ἐνιαυτοῦ ἐκείνου·
18:14 ἦν δὲ **Καϊάφας** ὁ συμβουλεύσας τοῖς Ἰουδαίοις ὅτι συμφέρει ἕνα ἄνθρωπον ἀποθανεῖν ὑπὲρ τοῦ λαοῦ.
18:24 ἀπέστειλεν οὖν αὐτὸν ὁ Ἅννας δεδεμένον πρὸς **Καϊάφαν** τὸν ἀρχιερέα.
18:28 Ἄγουσιν οὖν τὸν Ἰησοῦν ἀπὸ τοῦ **Καϊάφα** εἰς τὸ πραιτώριον·
Ac 4: 6 καὶ Ἅννας ὁ ἀρχιερεὺς καὶ **Καϊάφας** καὶ Ἰωάννης καὶ Ἀλέξανδρος καὶ ὅσοι ἦσαν ἐκ γένους ἀρχιερατικοῦ,

2781 καίγε Not used in UBS/NIV

√ *2779 + 1145*

2782 Κάϊν [3]

Heb 11: 4 Πίστει πλείονα θυσίαν Ἅβελ παρὰ **Κάϊν** προσήνεγκεν τῷ θεῷ,
1Jn 3:12 οὐ καθὼς **Κάϊν** ἐκ τοῦ πονηροῦ ἦν καὶ ἔσφαξεν τὸν ἀδελφὸν αὐτοῦ·
Jude 1:11 ὅτι τῇ ὁδῷ τοῦ **Κάϊν** ἐπορεύθησαν καὶ τῇ πλάνῃ τοῦ Βαλαὰμ μισθοῦ ἐξεχύθησαν καὶ τῇ ἀντιλογίᾳ τοῦ Κόρε ἀπώλοντο.

2783 Καϊνάμ [2]

→ *2784*

Lk 3:36 τοῦ **Καϊνὰμ** τοῦ Ἀρφαξὰδ τοῦ Σὴμ τοῦ Νῶε τοῦ Λάμεχ
3:37 τοῦ Μαθουσαλὰ τοῦ Ἑνὼχ τοῦ Ἰάρετ τοῦ Μαλελεὴλ τοῦ **Καϊνὰμ**

2784 Καϊνάν Not used in UBS/NIV

√ *2783*

2785 καινός [42]

→ *362, 363, 364, 1589, 1590, 2786, 2787*

καινός ... ἀρχαῖος [1] 2Co 5:17

καινός γῆ [2] 2Pe 3:13; Rev 21:1

καινός γλῶσσαι [1] Mk 16:17

καινός διαθήκη [5] Lk 22:20; 1Co 11:25; 2Co 3:6; Heb 8:8; 9:15

καινὴ διδαχή [2] Mk 1:27; Ac 17:19

καινός ἐντολή [4] Jn 13:34; 1Jn 2:7,8; 2Jn 1:5

καινός Ἰερουσαλήμ [2] Rev 3:12; 21:2

καινός οὐρανός [2] 2Pe 3:13; Rev 21:1

καινός ... παλαιός [7] Mt 9:17; 13:52; Mk 2:21,22; Lk 5:36,36; 1Jn 2:7

καινότερον [1] Ac 17:21

Mt 9:17 ἀλλὰ βάλλουσιν οἶνον νέον εἰς ἀσκοὺς **καινούς,** καὶ ἀμφότεροι συντηροῦνται.
13:52 ὅστις ἐκβάλλει ἐκ τοῦ θησαυροῦ αὐτοῦ **καινὰ** καὶ παλαιά.
26:29 οὐ μὴ πίω ἀπ᾽ ἄρτι ἐκ τούτου τοῦ γενήματος τῆς ἀμπέλου ἕως τῆς ἡμέρας ἐκείνης ὅταν αὐτὸ πίνω μεθ᾽ ὑμῶν **καινὸν** ἐν τῇ βασιλείᾳ τοῦ πατρός μου.
27:60 καὶ ἔθηκεν αὐτὸ ἐν τῷ **καινῷ** αὐτοῦ μνημείῳ ὃ ἐλατόμησεν ἐν τῇ πέτρᾳ καὶ προσκυλίσας λίθον μέγαν τῇ θύρᾳ τοῦ μνημείου
Mk 1:27 διδαχὴ **καινὴ** κατ᾽ ἐξουσίαν· καὶ τοῖς πνεύμασι τοῖς ἀκαθάρτοις ἐπιτάσσει,
2:21 αἴρει τὸ πλήρωμα ἀπ᾽ αὐτοῦ τὸ **καινὸν** τοῦ παλαιοῦ καὶ χεῖρον σχίσμα γίνεται.
2:22 ῥήξει ὁ οἶνος τοὺς ἀσκοὺς καὶ ὁ οἶνος ἀπόλλυται καὶ οἱ ἀσκοί· ἀλλὰ οἶνον νέον εἰς ἀσκοὺς **καινούς.**
14:25 οὐ μὴ πίω ἐκ τοῦ γενήματος τῆς ἀμπέλου ἕως τῆς ἡμέρας ἐκείνης ὅταν αὐτὸ πίνω **καινὸν** ἐν τῇ βασιλείᾳ τοῦ θεοῦ.
16:17 ⟦ἐν τῷ ὀνόματί μου δαιμόνια ἐκβαλοῦσιν, γλώσσαις λαλήσουσιν **καιναῖς,**⟧
Lk 5:36 Οὐδεὶς ἐπίβλημα ἀπὸ ἱματίου **καινοῦ** σχίσας ἐπιβάλλει ἐπὶ ἱμάτιον παλαιόν· εἰ δὲ μή γε, καὶ τὸ **καινὸν** σχίσει καὶ τῷ παλαιῷ οὐ συμφωνήσει τὸ ἐπίβλημα τὸ ἀπὸ τοῦ **καινοῦ.**
5:38 ἀλλὰ οἶνον νέον εἰς ἀσκοὺς **καινοὺς** βλητέον.
22:20 Τοῦτο τὸ ποτήριον ἡ **καινὴ** διαθήκη ἐν τῷ αἵματί μου τὸ ὑπὲρ ὑμῶν ἐκχυννόμενον.
Jn 13:34 ἐντολὴν **καινὴν** δίδωμι ὑμῖν, ἵνα ἀγαπᾶτε ἀλλήλους, καθὼς ἠγάπησα ὑμᾶς ἵνα καὶ ὑμεῖς ἀγαπᾶτε ἀλλήλους.
19:41 καὶ ἐν τῷ κήπῳ μνημεῖον **καινὸν** ἐν ᾧ οὐδέπω οὐδεὶς ἦν τεθειμένος·
Ac 17:19 Δυνάμεθα γνῶναι τίς ἡ **καινὴ** αὕτη ἡ ὑπὸ σοῦ λαλουμένη διδαχή;
17:21 Ἀθηναῖοι δὲ πάντες καὶ οἱ ἐπιδημοῦντες ξένοι εἰς οὐδὲν ἕτερον ηὐκαίρουν ἢ λέγειν τι ἢ ἀκούειν τι **καινότερον.**
1Co 11:25 Τοῦτο τὸ ποτήριον ἡ **καινὴ** διαθήκη ἐστὶν ἐν τῷ ἐμῷ αἵματι·
2Co 3: 6 ὃς καὶ ἱκάνωσεν ἡμᾶς διακόνους **καινῆς** διαθήκης, οὐ γράμματος ἀλλὰ πνεύματος·
5:17 ὥστε εἴ τις ἐν Χριστῷ, **καινὴ** κτίσις· τὰ ἀρχαῖα παρῆλθεν, ἰδοὺ γέγονεν **καινά·**
Gal 6:15 οὔτε γὰρ περιτομή τί ἐστιν οὔτε ἀκροβυστία ἀλλὰ **καινὴ** κτίσις.

Eph 2:15 ἵνα τοὺς δύο κτίσῃ ἐν αὐτῷ εἰς ἕνα **καινὸν** ἄνθρωπον ποιῶν εἰρήνην
4:24 καὶ ἐνδύσασθαι τὸν **καινὸν** ἄνθρωπον τὸν κατὰ θεὸν κτισθέντα ἐν δικαιοσύνῃ καὶ ὁσιότητι τῆς ἀληθείας.
Heb 8: 8 καὶ συντελέσω ἐπὶ τὸν οἶκον Ἰσραὴλ καὶ ἐπὶ τὸν οἶκον Ἰούδα διαθήκην **καινήν,**
8:13 ἐν τῷ λέγειν **Καινὴν** πεπαλαίωκεν τὴν πρώτην· τὸ δὲ παλαιούμενον καὶ γηράσκον ἐγγὺς ἀφανισμοῦ.
9:15 Καὶ διὰ τοῦτο διαθήκης **καινῆς** μεσίτης ἐστίν, ὅπως θανάτου γενομένου εἰς ἀπολύτρωσιν τῶν ἐπὶ τῇ πρώτῃ διαθήκῃ
2Pe 3:13 **καινοὺς** δὲ οὐρανοὺς καὶ γῆν **καινὴν** κατὰ τὸ ἐπάγγελμα αὐτοῦ προσδοκῶμεν,
1Jn 2: 7 οὐκ ἐντολὴν **καινὴν** γράφω ὑμῖν ἀλλ᾽ ἐντολὴν παλαιὰν ἣν εἴχετε ἀπ᾽ ἀρχῆς·
2: 8 πάλιν ἐντολὴν **καινὴν** γράφω ὑμῖν, ὅ ἐστιν ἀληθὲς ἐν αὐτῷ καὶ ἐν ὑμῖν,
2Jn 1: 5 οὐχ ὡς ἐντολὴν **καινὴν** γράφων σοι ἀλλὰ ἣν εἴχομεν ἀπ᾽ ἀρχῆς,
Rev 2:17 καὶ ἐπὶ τὴν ψῆφον ὄνομα **καινὸν** γεγραμμένον ὃ οὐδεὶς οἶδεν εἰ μὴ ὁ λαμβάνων.
3:12 τῆς **καινῆς** Ἰερουσαλὴμ ἡ καταβαίνουσα ἐκ τοῦ οὐρανοῦ ἀπὸ τοῦ θεοῦ μου, καὶ τὸ ὄνομά μου τὸ **καινόν.**
5: 9 καὶ ᾄδουσιν ᾠδὴν **καινὴν** λέγοντες, Ἄξιος εἶ λαβεῖν τὸ βιβλίον καὶ ἀνοῖξαι τὰς σφραγῖδας αὐτοῦ,
14: 3 καὶ ᾄδουσιν [ὡς] ᾠδὴν **καινὴν** ἐνώπιον τοῦ θρόνου καὶ ἐνώπιον τῶν τεσσάρων ζῴων καὶ τῶν πρεσβυτέρων,
21: 1 Καὶ εἶδον οὐρανὸν **καινὸν** καὶ γῆν **καινήν.** ὁ γὰρ πρῶτος οὐρανὸς καὶ ἡ πρώτη γῆ ἀπῆλθαν καὶ ἡ θάλασσα οὐκ ἔστιν ἔτι.
21: 2 τὴν πόλιν τὴν ἁγίαν Ἰερουσαλὴμ **καινὴν** εἶδον καταβαίνουσαν ἐκ τοῦ οὐρανοῦ ἀπὸ τοῦ θεοῦ ἡτοιμασμένην ὡς νύμφην
21: 5 Καὶ εἶπεν ὁ καθήμενος ἐπὶ τῷ θρόνῳ, Ἰδοὺ **καινὰ** ποιῶ πάντα, καὶ λέγει, Γράψον,

2786 καινότης [2]

√ *2785*

καινότης ζωῆς [1] Ro 6:4

Ro 6: 4 ἵνα ὥσπερ ἠγέρθη Χριστὸς ἐκ νεκρῶν διὰ τῆς δόξης τοῦ πατρός, οὕτως καὶ ἡμεῖς ἐν **καινότητι** ζωῆς περιπατήσωμεν.
7: 6 ὥστε δουλεύειν ἡμᾶς ἐν **καινότητι** πνεύματος καὶ οὐ παλαιότητι γράμματος.

2787 καινοφωνία Not used in UBS/NIV

√ *2785 + 5889*

2788 καίπερ [5]

√ *2779 + 4302*

Php 3: 4 **καίπερ** ἐγὼ ἔχων πεποίθησιν καὶ ἐν σαρκί. εἴ τις δοκεῖ ἄλλος πεποιθέναι ἐν σαρκί,
Heb 5: 8 **καίπερ** ὢν υἱός, ἔμαθεν ἀφ᾽ ὧν ἔπαθεν τὴν ὑπακοήν,
7: 5 τοῦτ᾽ ἔστιν τοὺς ἀδελφοὺς αὐτῶν, **καίπερ** ἐξεληλυθότας ἐκ τῆς ὀσφύος Ἀβραάμ·
12:17 μετανοίας γὰρ τόπον οὐχ εὗρεν **καίπερ** μετὰ δακρύων ἐκζητήσας αὐτήν.
2Pe 1:12 Διὸ μελλήσω ἀεὶ ὑμᾶς ὑπομιμνῄσκειν περὶ τούτων **καίπερ** εἰδότας καὶ ἐστηριγμένους ἐν τῇ παρούσῃ ἀληθείᾳ.

2789 καιρός [85]

→ *177, 178, 2320, 2321, 2322, 2323, 4672*

ἄχρι καιροῦ, καιροί [3] Lk 4:13; 21:24; Ac 13:11

ἐκεῖνος καιρός [6] Mt 11:25; 12:1; 14:1; Ac 12:1; 19:23; Eph 2:12

ἐνίστημι ... καιρός [2] 2Ti 3:1; Heb 9:9

καιροί [16] Mt 16:3; 21:41; Lk 21:24; Ac 1:7; 3:19; 14:17; 17:26; Gal 4:10; Eph 1:10; 1Th 5:1; 1Ti 2:6; 4:1; 6:15; 2Ti 3:1; Tit 1:3; Rev 12:14

καιρὸν καὶ καιροὺς καὶ ἥμισυ καιροῦ [1] Rev 12:14

καιρὸν ὥρας [1] 1Th 2:17

καιρός οὗτος [4] Mk 10:30; Lk 12:56; 18:30; Ro 9:9

κατὰ καιρός [4] Ac 12:1; 19:23; Ro 5:6; 9:9

πρὸ καιρός [2] Mt 8:29; 1Co 4:5

πρὸς καιρός [3] Lk 8:13; 1Co 7:5; 1Th 2:17

νῦν καιρός [6] Mk 10:30; Ro 3:26; 8:18; 11:5; 2Co 6:2; 8:14

ὑστέροις καιροῖς [1] 1Ti 4:1

Mt 8:29 υἱὲ τοῦ θεοῦ; ἦλθες ὧδε πρὸ **καιροῦ** βασανίσαι ἡμᾶς;
11:25 Ἐν ἐκείνῳ τῷ **καιρῷ** ἀποκριθεὶς ὁ Ἰησοῦς εἶπεν,
12: 1 Ἐν ἐκείνῳ τῷ **καιρῷ** ἐπορεύθη ὁ Ἰησοῦς τοῖς σάββασιν διὰ τῶν σπορίμων·
13:30 καὶ ἐν **καιρῷ** τοῦ θερισμοῦ ἐρῶ τοῖς θερισταῖς,
14: 1 Ἐν ἐκείνῳ τῷ **καιρῷ** ἤκουσεν Ἡρῴδης ὁ τετραάρχης τὴν ἀκοὴν Ἰησοῦ,
16: 3 [τὸ μὲν πρόσωπον τοῦ οὐρανοῦ γινώσκετε διακρίνειν, τὰ δὲ σημεῖα τῶν **καιρῶν** οὐ δύνασθε;]
21:34 ὅτε δὲ ἤγγισεν ὁ **καιρὸς** τῶν καρπῶν, ἀπέστειλεν τοὺς δούλους αὐτοῦ πρὸς τοὺς γεωργοὺς λαβεῖν τοὺς καρποὺς αὐτοῦ.
21:41 οἵτινες ἀποδώσουσιν αὐτῷ τοὺς καρποὺς ἐν τοῖς **καιροῖς** αὐτῶν.
24:45 ὁ πιστὸς δοῦλος καὶ φρόνιμος ὃν κατέστησεν ὁ κύριος ἐπὶ τῆς οἰκετείας αὐτοῦ τοῦ δοῦναι αὐτοῖς τὴν τροφὴν ἐν **καιρῷ;**
26:18 Ὁ διδάσκαλος λέγει, Ὁ **καιρός** μου ἐγγύς ἐστιν,
Mk 1:15 καὶ λέγων ὅτι Πεπλήρωται ὁ **καιρὸς** καὶ ἤγγικεν ἡ βασιλεία τοῦ θεοῦ·
10:30 ἐὰν μὴ λάβῃ ἑκατονταπλασίονα νῦν ἐν τῷ **καιρῷ** τούτῳ οἰκίας καὶ ἀδελφοὺς καὶ ἀδελφὰς καὶ μητέρας καὶ τέκνα καὶ ἀγροὺς μετὰ διωγμῶν,
11:13 καὶ ἐλθὼν ἐπ᾽ αὐτὴν οὐδὲν εὗρεν εἰ μὴ φύλλα· ὁ γὰρ **καιρὸς** οὐκ ἦν σύκων.
12: 2 καὶ ἀπέστειλεν πρὸς τοὺς γεωργοὺς τῷ **καιρῷ** δοῦλον ἵνα παρὰ τῶν γεωργῶν λάβῃ ἀπὸ τῶν καρπῶν τοῦ ἀμπελῶνος·
13:33 ἀγρυπνεῖτε· οὐκ οἴδατε γὰρ πότε ὁ **καιρός** ἐστιν.
Lk 1:20 ἀνθ᾽ ὧν οὐκ ἐπίστευσας τοῖς λόγοις μου, οἵτινες πληρωθήσονται εἰς τὸν **καιρὸν** αὐτῶν.
4:13 Καὶ συντελέσας πάντα πειρασμὸν ὁ διάβολος ἀπέστη ἀπ᾽ αὐτοῦ ἄχρι **καιροῦ.**
8:13 οἳ πρὸς **καιρὸν** πιστεύουσιν καὶ ἐν **καιρῷ** πειρασμοῦ ἀφίστανται.
12:42 ὃν καταστήσει ὁ κύριος ἐπὶ τῆς θεραπείας αὐτοῦ τοῦ διδόναι ἐν **καιρῷ** [τὸ] σιτομέτριον;
12:56 τὸν **καιρὸν** δὲ τοῦτον πῶς οὐκ οἴδατε δοκιμάζειν;
13: 1 Παρῆσαν δέ τινες ἐν αὐτῷ τῷ **καιρῷ** ἀπαγγέλλοντες αὐτῷ περὶ τῶν Γαλιλαίων ὧν τὸ αἷμα Πιλᾶτος ἔμιξεν μετὰ τῶν θυσιῶν
18:30 ὃς οὐχὶ μὴ [ἀπο]λάβῃ πολλαπλασίονα ἐν τῷ **καιρῷ** τούτῳ καὶ ἐν τῷ αἰῶνι τῷ ἐρχομένῳ ζωὴν αἰώνιον.
19:44 ἀνθ᾽ ὧν οὐκ ἔγνως τὸν **καιρὸν** τῆς ἐπισκοπῆς σου.
20:10 καὶ **καιρῷ** ἀπέστειλεν πρὸς τοὺς γεωργοὺς δοῦλον ἵνα ἀπὸ τοῦ καρποῦ τοῦ ἀμπελῶνος δώσουσιν αὐτῷ·
21: 8 πολλοὶ γὰρ ἐλεύσονται ἐπὶ τῷ ὀνόματί μου λέγοντες, Ἐγώ εἰμι, καί, Ὁ **καιρὸς** ἤγγικεν.
21:24 καὶ Ἰερουσαλὴμ ἔσται πατουμένη ὑπὸ ἐθνῶν, ἄχρι οὗ πληρωθῶσιν **καιροὶ** ἐθνῶν.
21:36 ἀγρυπνεῖτε δὲ ἐν παντὶ **καιρῷ** δεόμενοι ἵνα κατισχύσητε ἐκφυγεῖν ταῦτα πάντα τὰ μέλλοντα γίνεσθαι καὶ σταθῆναι
Jn 7: 6 λέγει οὖν αὐτοῖς ὁ Ἰησοῦς, Ὁ **καιρὸς** ὁ ἐμὸς οὔπω πάρεστιν, ὁ δὲ **καιρὸς** ὁ ὑμέτερος πάντοτέ ἐστιν ἕτοιμος.
7: 8 ἐγὼ οὐκ ἀναβαίνω εἰς τὴν ἑορτὴν ταύτην, ὅτι ὁ ἐμὸς **καιρὸς** οὔπω πεπλήρωται.
Ac 1: 7 Οὐχ ὑμῶν ἐστιν γνῶναι χρόνους ἢ **καιροὺς** οὓς ὁ πατὴρ ἔθετο ἐν τῇ ἰδίᾳ ἐξουσίᾳ,
3:20 ὅπως ἂν ἔλθωσιν **καιροὶ** ἀναψύξεως ἀπὸ προσώπου τοῦ κυρίου καὶ ἀποστείλῃ τὸν προκεχειρισμένον ὑμῖν Χριστόν Ἰησοῦν,
7:20 ἐν ᾧ **καιρῷ** ἐγεννήθη Μωϋσῆς καὶ ἦν ἀστεῖος τῷ θεῷ·
12: 1 Κατ᾽ ἐκεῖνον δὲ τὸν **καιρὸν** ἐπέβαλεν Ἡρῴδης ὁ βασιλεὺς τὰς χεῖρας κακῶσαί τινας τῶν ἀπὸ τῆς ἐκκλησίας.
13:11 καὶ νῦν ἰδοὺ χεὶρ κυρίου ἐπὶ σὲ καὶ ἔσῃ τυφλὸς μὴ βλέπων τὸν ἥλιον ἄχρι **καιροῦ.**
14:17 καίτοι οὐκ ἀμάρτυρον αὐτὸν ἀφῆκεν ἀγαθουργῶν, οὐρανόθεν ὑμῖν ὑετοὺς διδοὺς καὶ **καιροὺς** καρποφόρους,
17:26 ὁρίσας προστεταγμένους **καιροὺς** καὶ τὰς ὁροθεσίας τῆς κατοικίας αὐτῶν
19:23 Ἐγένετο δὲ κατὰ τὸν **καιρὸν** ἐκεῖνον τάραχος οὐκ ὀλίγος περὶ τῆς ὁδοῦ.
24:25 Τὸ νῦν ἔχον πορεύου, **καιρὸν** δὲ μεταλαβὼν μετακαλέσομαί σε,

Ro 3:26 πρὸς τὴν ἔνδειξιν τῆς δικαιοσύνης αὐτοῦ ἐν τῷ νῦν **καιρῷ,**
5: 6 ἔτι γὰρ Χριστὸς ὄντων ἡμῶν ἀσθενῶν ἔτι κατὰ **καιρὸν** ὑπὲρ ἀσεβῶν ἀπέθανεν.
8:18 Λογίζομαι γὰρ ὅτι οὐκ ἄξια τὰ παθήματα τοῦ νῦν **καιροῦ** πρὸς τὴν μέλλουσαν δόξαν ἀποκαλυφθῆναι εἰς ἡμᾶς.
9: 9 Κατὰ τὸν **καιρὸν** τοῦτον ἐλεύσομαι καὶ ἔσται τῇ Σάρρᾳ υἱός.
11: 5 οὕτως οὖν καὶ ἐν τῷ νῦν **καιρῷ** λεῖμμα κατ' ἐκλογὴν χάριτος γέγονεν·
13:11 Καὶ τοῦτο εἰδότες τὸν **καιρόν,** ὅτι ὥρα ἤδη ὑμᾶς ἐξ ὕπνου ἐγερθῆναι,
1Co 4: 5 ὥστε μὴ πρὸ **καιροῦ** τι κρίνετε ἕως ἂν ἔλθῃ ὁ κύριος,
7: 5 μὴ ἀποστερεῖτε ἀλλήλους, εἰ μήτι ἂν ἐκ συμφώνου πρὸς **καιρόν,**
7:29 τοῦτο δέ φημι, ἀδελφοί, ὁ **καιρὸς** συνεσταλμένος ἐστίν·
2Co 6: 2 **Καιρῷ** δεκτῷ ἐπήκουσά σου καὶ ἐν ἡμέρᾳ σωτηρίας ἐβοήθησά σοι. ἰδοὺ νῦν **καιρὸς** εὐπρόσδεκτος, ἰδοὺ νῦν ἡμέρα σωτηρίας·
8:14 ἐν τῷ νῦν **καιρῷ** τὸ ὑμῶν περίσσευμα εἰς τὸ ἐκείνων ὑστέρημα,
Gal 4:10 ἡμέρας παρατηρεῖσθε καὶ μῆνας καὶ **καιροὺς** καὶ ἐνιαυτούς,
6: 9 τὸ δὲ καλὸν ποιοῦντες μὴ ἐγκακῶμεν, **καιρῷ** γὰρ ἰδίῳ θερίσομεν μὴ ἐκλυόμενοι.
6:10 ἄρα οὖν ὡς **καιρὸν** ἔχομεν, ἐργαζώμεθα τὸ ἀγαθὸν πρὸς πάντας,
Eph 1:10 εἰς οἰκονομίαν τοῦ πληρώματος τῶν **καιρῶν,** ἀνακεφαλαιώσασθαι τὰ πάντα ἐν τῷ Χριστῷ,
2:12 ὅτι ἦτε τῷ **καιρῷ** ἐκείνῳ χωρὶς Χριστοῦ, ἀπηλλοτριωμένοι τῆς πολιτείας τοῦ Ἰσραὴλ καὶ ξένοι τῶν διαθηκῶν τῆς ἐπαγγελίας,
5:16 ἐξαγοραζόμενοι τὸν **καιρόν,** ὅτι αἱ ἡμέραι πονηραί εἰσιν.
6:18 διὰ πάσης προσευχῆς καὶ δεήσεως προσευχόμενοι ἐν παντὶ **καιρῷ** ἐν πνεύματι,
Col 4: 5 Ἐν σοφίᾳ περιπατεῖτε πρὸς τοὺς ἔξω τὸν **καιρὸν** ἐξαγοραζόμενοι.
1Th 2:17 Ἡμεῖς δέ, ἀδελφοί, ἀπορφανισθέντες ἀφ' ὑμῶν πρὸς **καιρὸν** ὥρας,
5: 1 Περὶ δὲ τῶν χρόνων καὶ τῶν **καιρῶν,** ἀδελφοί,
2Th 2: 6 καὶ νῦν τὸ κατέχον οἴδατε εἰς τὸ ἀποκαλυφθῆναι αὐτὸν ἐν τῷ ἑαυτοῦ **καιρῷ.**
1Ti 2: 6 ὁ δοὺς ἑαυτὸν ἀντίλυτρον ὑπὲρ πάντων, τὸ μαρτύριον **καιροῖς** ἰδίοις.
4: 1 ὅτι ἐν ὑστέροις **καιροῖς** ἀποστήσονταί τινες τῆς πίστεως προσέχοντες πνεύμασιν πλάνοις καὶ διδασκαλίαις δαιμονίων,
6:15 ἣν **καιροῖς** ἰδίοις δείξει ὁ μακάριος καὶ μόνος δυνάστης,
2Ti 3: 1 Τοῦτο δὲ γίνωσκε, ὅτι ἐν ἐσχάταις ἡμέραις ἐνστήσονται **καιροὶ** χαλεποί·
4: 3 ἔσται γὰρ **καιρὸς** ὅτε τῆς ὑγιαινούσης διδασκαλίας οὐκ ἀνέξονται ἀλλὰ κατὰ τὰς ἰδίας ἐπιθυμίας ἑαυτοῖς ἐπισωρεύσουσιν διδασκάλους κνηθόμενοι τὴν ἀκοὴν
4: 6 Ἐγὼ γὰρ ἤδη σπένδομαι, καὶ ὁ **καιρὸς** τῆς ἀναλύσεώς μου ἐφέστηκεν.
Tit 1: 3 ἐφανέρωσεν δὲ **καιροῖς** ἰδίοις τὸν λόγον αὐτοῦ ἐν κηρύγματι,
Heb 9: 9 ἥτις παραβολὴ εἰς τὸν **καιρὸν** τὸν ἐνεστηκότα, καθ' ἣν δῶρά τε καὶ θυσίαι προσφέρονται
9:10 μόνον ἐπὶ βρώμασιν καὶ πόμασιν καὶ διαφόροις βαπτισμοῖς, δικαιώματα σαρκὸς μέχρι **καιροῦ** διορθώσεως ἐπικείμενα.
11:11 Πίστει καὶ αὐτὴ Σάρρα στεῖρα δύναμιν εἰς καταβολὴν σπέρματος ἔλαβεν καὶ παρὰ **καιρὸν** ἡλικίας,
11:15 καὶ εἰ μὲν ἐκείνης ἐμνημόνευον ἀφ' ἧς ἐξέβησαν, εἶχον ἂν **καιρὸν** ἀνακάμψαι·
1Pe 1: 5 τοὺς ἐν δυνάμει θεοῦ φρουρουμένους διὰ πίστεως εἰς σωτηρίαν ἑτοίμην ἀποκαλυφθῆναι ἐν **καιρῷ** ἐσχάτῳ.
1:11 ἐραυνῶντες εἰς τίνα ἢ ποῖον **καιρὸν** ἐδήλου τὸ ἐν αὐτοῖς πνεῦμα Χριστοῦ προμαρτυρόμενον τὰ εἰς Χριστὸν παθήματα
4:17 ὅτι [ὁ] **καιρὸς** τοῦ ἄρξασθαι τὸ κρίμα ἀπὸ τοῦ οἴκου τοῦ θεοῦ·
5: 6 Ταπεινώθητε οὖν ὑπὸ τὴν κραταιὰν χεῖρα τοῦ θεοῦ, ἵνα ὑμᾶς ὑψώσῃ ἐν **καιρῷ,**
Rev 1: 3 μακάριος ὁ ἀναγινώσκων καὶ οἱ ἀκούοντες τοὺς λόγους τῆς προφητείας καὶ τηροῦντες τὰ ἐν αὐτῇ γεγραμμένα, ὁ γὰρ **καιρὸς** ἐγγύς.
11:18 καὶ ἦλθεν ἡ ὀργή σου καὶ ὁ **καιρὸς** τῶν νεκρῶν κριθῆναι καὶ δοῦναι τὸν μισθὸν τοῖς δούλοις σου τοῖς προφήταις
12:12 ὅτι κατέβη ὁ διάβολος πρὸς ὑμᾶς ἔχων θυμὸν μέγαν, εἰδὼς ὅτι ὀλίγον **καιρὸν** ἔχει.
12:14 ὅπου τρέφεται ἐκεῖ **καιρὸν** καὶ **καιροὺς** καὶ ἥμισυ **καιροῦ** ἀπὸ προσώπου τοῦ ὄφεως.
22:10 Μὴ σφραγίσῃς τοὺς λόγους τῆς προφητείας τοῦ βιβλίου τούτου, ὁ **καιρὸς** γὰρ ἐγγύς ἐστιν.

2790 Καῖσαρ [29]

→ *2791*

ἐπικαλεῖν Καίσαρα [4] Ac 25:11,12; 26:32; 28:19

Mt 22:17 εἰπὲ οὖν ἡμῖν τί σοι δοκεῖ· ἔξεστιν δοῦναι κῆνσον **Καίσαρι** ἢ οὔ;
22:21 λέγουσιν αὐτῷ, **Καίσαρος.** τότε λέγει αὐτοῖς, Ἀπόδοτε οὖν τὰ **Καίσαρος Καίσαρι** καὶ τὰ τοῦ θεοῦ τῷ θεῷ.
Mk 12:14 ἀλλ' ἐπ' ἀληθείας τὴν ὁδὸν τοῦ θεοῦ διδάσκεις· ἔξεστιν δοῦναι κῆνσον **Καίσαρι** ἢ οὔ;
12:16 Τίνος ἡ εἰκὼν αὕτη καὶ ἡ ἐπιγραφή; οἱ δὲ εἶπαν αὐτῷ, **Καίσαρος.**
12:17 Τὰ **Καίσαρος** ἀπόδοτε **Καίσαρι** καὶ τὰ τοῦ θεοῦ τῷ θεῷ.
Lk 2: 1 Ἐγένετο δὲ ἐν ταῖς ἡμέραις ἐκείναις ἐξῆλθεν δόγμα παρὰ **Καίσαρος** Αὐγούστου ἀπογράφεσθαι πᾶσαν τὴν οἰκουμένην.
3: 1 Ἐν ἔτει δὲ πεντεκαιδεκάτῳ τῆς ἡγεμονίας Τιβερίου **Καίσαρος,**
20:22 ἔξεστιν ἡμᾶς **Καίσαρι** φόρον δοῦναι ἢ οὔ;
20:24 τίνος ἔχει εἰκόνα καὶ ἐπιγραφήν; οἱ δὲ εἶπαν, **Καίσαρος.**
20:25 Τοίνυν ἀπόδοτε τὰ **Καίσαρος Καίσαρι** καὶ τὰ τοῦ θεοῦ τῷ θεῷ.
23: 2 εὕραμεν διαστρέφοντα τὸ ἔθνος ἡμῶν καὶ κωλύοντα φόρους **Καίσαρι** διδόναι καὶ λέγοντα ἑαυτὸν Χριστὸν βασιλέα εἶναι.
Jn 19:12 Ἐὰν τοῦτον ἀπολύσῃς, οὐκ εἶ φίλος τοῦ **Καίσαρος·** πᾶς ὁ βασιλέα ἑαυτὸν ποιῶν ἀντιλέγει τῷ **Καίσαρι.**
19:15 ἀπεκρίθησαν οἱ ἀρχιερεῖς, Οὐκ ἔχομεν βασιλέα εἰ μὴ **Καίσαρα.**
Ac 17: 7 καὶ οὗτοι πάντες ἀπέναντι τῶν δογμάτων **Καίσαρος** πράσσουσι βασιλέα ἕτερον λέγοντες εἶναι Ἰησοῦν.
25: 8 τοῦ Παύλου ἀπολογουμένου ὅτι Οὔτε εἰς τὸν νόμον τῶν Ἰουδαίων οὔτε εἰς τὸ ἱερὸν οὔτε εἰς **Καίσαρά** τι ἥμαρτον.
25:10 Ἐπὶ τοῦ βήματος **Καίσαρος** ἑστώς εἰμι, οὗ με δεῖ κρίνεσθαι.
25:11 εἰ δὲ οὐδέν ἐστιν ὧν οὗτοι κατηγοροῦσίν μου, οὐδείς με δύναται αὐτοῖς χαρίσασθαι· **Καίσαρα** ἐπικαλοῦμαι.
25:12 τότε ὁ Φῆστος συλλαλήσας μετὰ τοῦ συμβουλίου ἀπεκρίθη, **Καίσαρα** ἐπικέκλησαι, ἐπὶ **Καίσαρα** πορεύσῃ.
25:21 ἐκέλευσα τηρεῖσθαι αὐτὸν ἕως οὗ ἀναπέμψω αὐτὸν πρὸς **Καίσαρα.**
26:32 Ἀπολελύσθαι ἐδύνατο ὁ ἄνθρωπος οὗτος εἰ μὴ ἐπεκέκλητο **Καίσαρα.**
27:24 λέγων, Μὴ φοβοῦ, Παῦλε, **Καίσαρί** σε δεῖ παραστῆναι,
28:19 ἀντιλεγόντων δὲ τῶν Ἰουδαίων ἠναγκάσθην ἐπικαλέσασθαι **Καίσαρα** οὐχ ὡς τοῦ ἔθνους μου ἔχων τι κατηγορεῖν.
Php 4:22 ἀσπάζονται ὑμᾶς πάντες οἱ ἅγιοι, μάλιστα δὲ οἱ ἐκ τῆς **Καίσαρος** οἰκίας.

2791 Καισάρεια [17]

√ *2790*

Mt 16:13 Ἐλθὼν δὲ ὁ Ἰησοῦς εἰς τὰ μέρη **Καισαρείας** τῆς Φιλίππου ἠρώτα τοὺς μαθητὰς αὐτοῦ λέγων,
Mk 8:27 Καὶ ἐξῆλθεν ὁ Ἰησοῦς καὶ οἱ μαθηταὶ αὐτοῦ εἰς τὰς κώμας **Καισαρείας** τῆς Φιλίππου·
Ac 8:40 καὶ διερχόμενος εὐηγγελίζετο τὰς πόλεις πάσας ἕως τοῦ ἐλθεῖν αὐτὸν εἰς **Καισάρειαν.**
9:30 ἐπιγνόντες δὲ οἱ ἀδελφοὶ κατήγαγον αὐτὸν εἰς **Καισάρειαν** καὶ ἐξαπέστειλαν αὐτὸν εἰς Ταρσόν.
10: 1 Ἀνὴρ δέ τις ἐν **Καισαρείᾳ** ὀνόματι Κορνήλιος, ἑκατοντάρχης ἐκ σπείρης τῆς καλουμένης Ἰταλικῆς,
10:24 τῇ δὲ ἐπαύριον εἰσῆλθεν εἰς τὴν **Καισάρειαν.** ὁ δὲ Κορνήλιος ἦν προσδοκῶν αὐτοὺς συγκαλεσάμενος τοὺς συγγενεῖς αὐτοῦ
11:11 καὶ ἰδοὺ ἐξαυτῆς τρεῖς ἄνδρες ἐπέστησαν ἐπὶ τὴν οἰκίαν ἐν ᾗ ἦμεν, ἀπεσταλμένοι ἀπὸ **Καισαρείας** πρός με.
12:19 καὶ κατελθὼν ἀπὸ τῆς Ἰουδαίας εἰς **Καισάρειαν** διέτριβεν.
18:22 καὶ κατελθὼν εἰς **Καισάρειαν,** ἀναβὰς καὶ ἀσπασάμενος τὴν ἐκκλησίαν κατέβη εἰς Ἀντιόχειαν.
21: 8 τῇ δὲ ἐπαύριον ἐξελθόντες ἤλθομεν εἰς **Καισάρειαν** καὶ εἰσελθόντες εἰς τὸν οἶκον Φιλίππου τοῦ εὐαγγελιστοῦ,
21:16 συνῆλθον δὲ καὶ τῶν μαθητῶν ἀπὸ **Καισαρείας** σὺν ἡμῖν,
23:23 δύο [τινὰς] τῶν ἑκατονταρχῶν εἶπεν, Ἑτοιμάσατε στρατιώτας διακοσίους, ὅπως πορευθῶσιν ἕως **Καισαρείας,**
23:33 οἵτινες εἰσελθόντες εἰς τὴν **Καισάρειαν** καὶ ἀναδόντες τὴν ἐπιστολὴν τῷ ἡγεμόνι παρέστησαν καὶ τὸν Παῦλον αὐτῷ.
25: 1 Φῆστος οὖν ἐπιβὰς τῇ ἐπαρχείᾳ μετὰ τρεῖς ἡμέρας ἀνέβη εἰς Ἱεροσόλυμα ἀπὸ **Καισαρείας,**

25: 4 ὁ μὲν οὖν Φῆστος ἀπεκρίθη τηρεῖσθαι τὸν Παῦλον εἰς **Καισάρειαν,**
25: 6 καταβὰς εἰς **Καισάρειαν,** τῇ ἐπαύριον καθίσας ἐπὶ τοῦ βήματος ἐκέλευσεν τὸν Παῦλον ἀχθῆναι.
25:13 Ἀγρίππας ὁ βασιλεὺς καὶ Βερνίκη κατήντησαν εἰς **Καισάρειαν** ἀσπασάμενοι τὸν Φῆστον.

2792 καίτοι [2]

√ *2779 + 5520*

Ac 14:17 **καίτοι** οὐκ ἀμάρτυρον αὐτὸν ἀφῆκεν ἀγαθουργῶν, οὐρανόθεν ὑμῖν ὑετοὺς διδοὺς καὶ καιροὺς καρποφόρους,
Heb 4: 3 Εἰ εἰσελεύσονται εἰς τὴν κατάπαυσίν μου, **καίτοι** τῶν ἔργων ἀπὸ καταβολῆς κόσμου γενηθέντων.

2793 καίτοιγε [1]

√ *2779 + 5520 + 1145*

Jn 4: 2 **–καίτοιγε** Ἰησοῦς αὐτὸς οὐκ ἐβάπτιζεν ἀλλ᾽ οἱ μαθηταὶ αὐτοῦ–

2794 καίω [11 / 12]

→ *1706, 2825, 2876, 3008, 3009, 3010, 3011, 3012, 3013, 3014, 3015, 3906*

Mt 5:15 οὐδὲ **καίουσιν** λύχνον καὶ τιθέασιν αὐτὸν ὑπὸ τὸν μόδιον ἀλλ᾽ ἐπὶ τὴν λυχνίαν,
Lk 12:35 Ἔστωσαν ὑμῶν αἱ ὀσφύες περιεζωσμέναι καὶ οἱ λύχνοι **καιόμενοι·**
24:32 Οὐχὶ ἡ καρδία ἡμῶν **καιομένη** ἦν [ἐν ἡμῖν] ὡς ἐλάλει ἡμῖν ἐν τῇ ὁδῷ,
Jn 5:35 ἐκεῖνος ἦν ὁ λύχνος ὁ **καιόμενος** καὶ φαίνων,
15: 6 ἐβλήθη ἔξω ὡς τὸ κλῆμα καὶ ἐξηράνθη καὶ συνάγουσιν αὐτὰ καὶ εἰς τὸ πῦρ βάλλουσιν καὶ **καίεται.**
1Co 13: 3 κἂν ψωμίσω πάντα τὰ ὑπάρχοντά μου καὶ ἐὰν παραδῶ τὸ σῶμά μου ἵνα **καυθήσωμαι,**[NIV; UBS *3016*]
Heb 12:18 Οὐ γὰρ προσεληλύθατε ψηλαφωμένῳ καὶ **κεκαυμένῳ** πυρὶ καὶ γνόφῳ καὶ ζόφῳ καὶ θυέλλῃ
Rev 4: 5 καὶ ἑπτὰ λαμπάδες πυρὸς **καιόμεναι** ἐνώπιον τοῦ θρόνου,
8: 8 καὶ ὡς ὄρος μέγα πυρὶ **καιόμενον** ἐβλήθη εἰς τὴν θάλασσαν,
8:10 καὶ ἔπεσεν ἐκ τοῦ οὐρανοῦ ἀστὴρ μέγας **καιόμενος** ὡς λαμπὰς καὶ ἔπεσεν ἐπὶ τὸ τρίτον τῶν ποταμῶν
19:20 ζῶντες ἐβλήθησαν οἱ δύο εἰς τὴν λίμνην τοῦ πυρὸς τῆς **καιομένης** ἐν θείῳ.
21: 8 καὶ φαρμάκοις καὶ εἰδωλολάτραις καὶ πᾶσιν τοῖς ψευδέσιν τὸ μέρος αὐτῶν ἐν τῇ λίμνῃ τῇ **καιομένῃ** πυρὶ καὶ θείῳ,

2795 κἀκεῖ [10]

√ *2779 + 1695*

Mt 5:23 ἐὰν οὖν προσφέρῃς τὸ δῶρόν σου ἐπὶ τὸ θυσιαστήριον **κἀκεῖ** μνησθῇς ὅτι ὁ ἀδελφός σου ἔχει τι κατὰ σοῦ,
10:11 ἐξετάσατε τίς ἐν αὐτῇ ἄξιός ἐστιν· **κἀκεῖ** μείνατε ἕως ἂν ἐξέλθητε.
28:10 ὑπάγετε ἀπαγγείλατε τοῖς ἀδελφοῖς μου ἵνα ἀπέλθωσιν εἰς τὴν Γαλιλαίαν, **κἀκεῖ** με ὄψονται.
Mk 1:35 Καὶ πρωῒ ἔννυχα λίαν ἀναστὰς ἐξῆλθεν καὶ ἀπῆλθεν εἰς ἔρημον τόπον **κἀκεῖ** προσηύχετο.
Jn 11:54 εἰς Ἐφραὶμ λεγομένην πόλιν, **κἀκεῖ** ἔμεινεν μετὰ τῶν μαθητῶν.
Ac 14: 7 **κἀκεῖ** εὐαγγελιζόμενοι ἦσαν.
17:13 ὅτι καὶ ἐν τῇ Βεροίᾳ κατηγγέλη ὑπὸ τοῦ Παύλου ὁ λόγος τοῦ θεοῦ, ἦλθον **κἀκεῖ** σαλεύοντες καὶ ταράσσοντες τοὺς ὄχλους.
22:10 Ἀναστὰς πορεύου εἰς Δαμασκὸν **κἀκεῖ** σοι λαληθήσεται περὶ πάντων ὧν τέτακταί σοι ποιῆσαι.
25:20 τὴν περὶ τούτων ζήτησιν ἔλεγον εἰ βούλοιτο πορεύεσθαι εἰς Ἱεροσόλυμα **κἀκεῖ** κρίνεσθαι περὶ τούτων.
27: 6 **κἀκεῖ** εὑρὼν ὁ ἑκατοντάρχης πλοῖον Ἀλεξανδρῖνον πλέον εἰς τὴν Ἰταλίαν ἐνεβίβασεν ἡμᾶς εἰς αὐτό.

2796 κἀκεῖθεν [10]

√ *2779 + 1695*

Mk 9:30 **Κἀκεῖθεν** ἐξελθόντες παρεπορεύοντο διὰ τῆς Γαλιλαίας, καὶ οὐκ ἤθελεν ἵνα τις γνοῖ·
Lk 11:53 **Κἀκεῖθεν** ἐξελθόντος αὐτοῦ ἤρξαντο οἱ γραμματεῖς καὶ οἱ Φαρισαῖοι δεινῶς ἐνέχειν καὶ ἀποστοματίζειν αὐτὸν
Ac 7: 4 **κἀκεῖθεν** μετὰ τὸ ἀποθανεῖν τὸν πατέρα αὐτοῦ μετῴκισεν αὐτὸν εἰς τὴν γῆν ταύτην εἰς ἣν ὑμεῖς νῦν κατοικεῖτε,
13:21 **κἀκεῖθεν** ᾐτήσαντο βασιλέα καὶ ἔδωκεν αὐτοῖς ὁ θεὸς τὸν Σαοὺλ υἱὸν Κίς,
14:26 **κἀκεῖθεν** ἀπέπλευσαν εἰς Ἀντιόχειαν, ὅθεν ἦσαν παραδεδομένοι τῇ χάριτι τοῦ θεοῦ εἰς τὸ ἔργον ὃ ἐπλήρωσαν.
16:12 **κἀκεῖθεν** εἰς Φιλίππους, ἥτις ἐστὶν πρώτη[ς] μερίδος τῆς Μακεδονίας πόλις,
20:15 **κἀκεῖθεν** ἀποπλεύσαντες τῇ ἐπιούσῃ κατηντήσαμεν ἄντικρυς Χίου, τῇ δὲ ἑτέρᾳ παρεβάλομεν εἰς Σάμον,
21: 1 τῇ δὲ ἑξῆς εἰς τὴν Ῥόδον **κἀκεῖθεν** εἰς Πάταρα,
27: 4 **κἀκεῖθεν** ἀναχθέντες ὑπεπλεύσαμεν τὴν Κύπρον διὰ τὸ τοὺς ἀνέμους εἶναι ἐναντίους,
28:15 **κἀκεῖθεν** οἱ ἀδελφοὶ ἀκούσαντες τὰ περὶ ἡμῶν ἦλθαν εἰς ἀπάντησιν ἡμῖν ἄχρι Ἀππίου Φόρου καὶ Τριῶν

2797 κἀκεῖνος [22]

√ *2779 + 1695*

Mt 15:18 τὰ δὲ ἐκπορευόμενα ἐκ τοῦ στόματος ἐκ τῆς καρδίας ἐξέρχεται, **κἀκεῖνα** κοινοῖ τὸν ἄνθρωπον.
23:23 τὴν κρίσιν καὶ τὸ ἔλεος καὶ τὴν πίστιν· ταῦτα [δὲ] ἔδει ποιῆσαι **κἀκεῖνα** μὴ ἀφιέναι.
Mk 12: 4 καὶ πάλιν ἀπέστειλεν πρὸς αὐτοὺς ἄλλον δοῦλον· **κἀκεῖνον** ἐκεφαλίωσαν καὶ ἠτίμασαν.
12: 5 **κἀκεῖνον** ἀπέκτειναν, καὶ πολλοὺς ἄλλους, οὓς μὲν δέροντες,
16:11 ⟦**κἀκεῖνοι** ἀκούσαντες ὅτι ζῇ καὶ ἐθεάθη ὑπ᾽ αὐτῆς ἠπίστησαν.⟧
16:13 ⟦**κἀκεῖνοι** ἀπελθόντες ἀπήγγειλαν τοῖς λοιποῖς· οὐδὲ ἐκείνοις ἐπίστευσαν.⟧
Lk 11: 7 **κἀκεῖνος** ἔσωθεν ἀποκριθεὶς εἴπῃ, Μή μοι κόπους πάρεχε·
11:42 ὅτι ἀποδεκατοῦτε τὸ ἡδύοσμον καὶ τὸ πήγανον καὶ πᾶν λάχανον καὶ παρέρχεσθε τὴν κρίσιν καὶ τὴν ἀγάπην τοῦ θεοῦ· ταῦτα δὲ ἔδει ποιῆσαι **κἀκεῖνα** μὴ παρεῖναι.
20:11 οἱ δὲ **κἀκεῖνον** δείραντες καὶ ἀτιμάσαντες ἐξαπέστειλαν κενόν.
22:12 **κἀκεῖνος** ὑμῖν δείξει ἀνάγαιον μέγα ἐστρωμένον· ἐκεῖ ἑτοιμάσατε.
Jn 6:57 καὶ ὁ τρώγων με **κἀκεῖνος** ζήσει δι᾽ ἐμέ.
7:29 ἐγὼ οἶδα αὐτόν, ὅτι παρ᾽ αὐτοῦ εἰμι **κἀκεῖνός** με ἀπέστειλεν.
10:16 **κἀκεῖνα** δεῖ με ἀγαγεῖν καὶ τῆς φωνῆς μου ἀκούσουσιν,
14:12 ὁ πιστεύων εἰς ἐμὲ τὰ ἔργα ἃ ἐγὼ ποιῶ **κἀκεῖνος** ποιήσει καὶ μείζονα τούτων ποιήσει,
17:24 θέλω ἵνα ὅπου εἰμὶ ἐγὼ **κἀκεῖνοι** ὦσιν μετ᾽ ἐμοῦ,
Ac 5:37 **κἀκεῖνος** ἀπώλετο καὶ πάντες ὅσοι ἐπείθοντο αὐτῷ διεσκορπίσθησαν.
15:11 ἀλλὰ διὰ τῆς χάριτος τοῦ κυρίου Ἰησοῦ πιστεύομεν σωθῆναι καθ᾽ ὃν τρόπον **κἀκεῖνοι.**
18:19 κατήντησαν δὲ εἰς Ἔφεσον, **κἀκείνους** κατέλιπεν αὐτοῦ,
Ro 11:23 **κἀκεῖνοι** δέ, ἐὰν μὴ ἐπιμένωσιν τῇ ἀπιστίᾳ, ἐγκεντρισθήσονται·
1Co 10: 6 εἰς τὸ μὴ εἶναι ἡμᾶς ἐπιθυμητὰς κακῶν, καθὼς **κἀκεῖνοι** ἐπεθύμησαν.
2Ti 2:12 εἰ ὑπομένομεν, καὶ συμβασιλεύσομεν· εἰ ἀρνησόμεθα, **κἀκεῖνος** ἀρνήσεται ἡμᾶς·
Heb 4: 2 καὶ γάρ ἐσμεν εὐηγγελισμένοι καθάπερ **κἀκεῖνοι·** ἀλλ᾽ οὐκ ὠφέλησεν ὁ λόγος τῆς ἀκοῆς ἐκείνους μὴ συγκεκερασμένους τῇ πίστει τοῖς ἀκούσασιν.

2798 κακία [11]

√ *2805*

Mt 6:34 ἡ γὰρ αὔριον μεριμνήσει ἑαυτῆς· ἀρκετὸν τῇ ἡμέρᾳ ἡ **κακία** αὐτῆς.
Ac 8:22 μετανόησον οὖν ἀπὸ τῆς **κακίας** σου ταύτης καὶ δεήθητι τοῦ κυρίου,
Ro 1:29 πεπληρωμένους πάσῃ ἀδικίᾳ πονηρίᾳ πλεονεξίᾳ **κακίᾳ,** μεστοὺς φθόνου φόνου ἔριδος δόλου κακοηθείας,
1Co 5: 8 ὥστε ἑορτάζωμεν μὴ ἐν ζύμῃ παλαιᾷ μηδὲ ἐν ζύμῃ **κακίας** καὶ πονηρίας ἀλλ᾽ ἐν ἀζύμοις εἰλικρινείας καὶ ἀληθείας.
14:20 μὴ παιδία γίνεσθε ταῖς φρεσὶν ἀλλὰ τῇ **κακίᾳ** νηπιάζετε,
Eph 4:31 πᾶσα πικρία καὶ θυμὸς καὶ ὀργὴ καὶ κραυγὴ καὶ βλασφημία ἀρθήτω ἀφ᾽ ὑμῶν σὺν πάσῃ **κακίᾳ.**
Col 3: 8 ὀργήν, θυμόν, **κακίαν,** βλασφημίαν, αἰσχρολογίαν ἐκ τοῦ στόματος ὑμῶν·
Tit 3: 3 ἐν **κακίᾳ** καὶ φθόνῳ διάγοντες, στυγητοί, μισοῦντες ἀλλήλους.

Jas 1:21 διὸ ἀποθέμενοι πᾶσαν ῥυπαρίαν καὶ περισσείαν **κακίας** ἐν πραΰτητι,
1Pe 2: 1 Ἀποθέμενοι οὖν πᾶσαν **κακίαν** καὶ πάντα δόλον καὶ ὑποκρίσεις καὶ φθόνους καὶ πάσας καταλαλιάς,
2:16 ὡς ἐλεύθεροι καὶ μὴ ὡς ἐπικάλυμμα ἔχοντες τῆς **κακίας** τὴν ἐλευθερίαν ἀλλ᾽ ὡς θεοῦ δοῦλοι.

2799 κακοήθεια [1]

√ 2805 + 1621

Ro 1:29 πεπληρωμένους πάσῃ ἀδικίᾳ πονηρίᾳ πλεονεξίᾳ κακίᾳ, μεστοὺς φθόνου φόνου ἔριδος δόλου **κακοηθείας,** ψιθυριστὰς

2800 κακολογέω [4]

√ 2805 + 3306

Mt 15: 4 καί, Ὁ **κακολογῶν** πατέρα ἢ μητέρα θανάτῳ τελευτάτω.
Mk 7:10 καί, Ὁ **κακολογῶν** πατέρα ἢ μητέρα θανάτῳ τελευτάτω.
9:39 οὐδεὶς γάρ ἐστιν ὃς ποιήσει δύναμιν ἐπὶ τῷ ὀνόματί μου καὶ δυνήσεται ταχὺ **κακολογῆσαί** με·
Ac 19: 9 ὡς δέ τινες ἐσκληρύνοντο καὶ ἠπείθουν **κακολογοῦντες** τὴν ὁδὸν ἐνώπιον τοῦ πλήθους,

2801 κακοπάθεια [1]

√ 2805 + 4248

Jas 5:10 τῆς **κακοπαθείας** καὶ τῆς μακροθυμίας τοὺς προφήτας οἳ ἐλάλησαν ἐν τῷ ὀνόματι κυρίου.

2802 κακοπαθέω [3]

√ 2805 + 4248

2Ti 2: 9 ἐν ᾧ **κακοπαθῶ** μέχρι δεσμῶν ὡς κακοῦργος, ἀλλὰ ὁ λόγος τοῦ θεοῦ οὐ δέδεται·
4: 5 **κακοπάθησον,** ἔργον ποίησον εὐαγγελιστοῦ, τὴν διακονίαν σου πληροφόρησον.
Jas 5:13 **Κακοπαθεῖ** τις ἐν ὑμῖν, προσευχέσθω· εὐθυμεῖ τις, ψαλλέτω·

2803 κακοποιέω [4]

√ 2805 + 4472

Mk 3: 4 καὶ λέγει αὐτοῖς, Ἔξεστιν τοῖς σάββασιν ἀγαθὸν ποιῆσαι ἢ **κακοποιῆσαι,**
Lk 6: 9 Ἐπερωτῶ ὑμᾶς εἰ ἔξεστιν τῷ σαββάτῳ ἀγαθοποιῆσαι ἢ **κακοποιῆσαι,**
1Pe 3:17 εἰ θέλοι τὸ θέλημα τοῦ θεοῦ, πάσχειν ἢ **κακοποιοῦντας.**
3Jn 1:11 ὁ ἀγαθοποιῶν ἐκ τοῦ θεοῦ ἐστιν· ὁ **κακοποιῶν** οὐχ ἑώρακεν τὸν θεόν.

2804 κακοποιός [3]

√ 2805 + 4472

1Pe 2:12 ἐν ᾧ καταλαλοῦσιν ὑμῶν ὡς **κακοποιῶν** ἐκ τῶν καλῶν ἔργων ἐποπτεύοντες δοξάσωσιν τὸν θεὸν ἐν ἡμέρᾳ ἐπισκοπῆς.
2:14 εἴτε ἡγεμόσιν ὡς δι᾽ αὐτοῦ πεμπομένοις εἰς ἐκδίκησιν **κακοποιῶν** ἔπαινον δὲ ἀγαθοποιῶν·
4:15 μὴ γάρ τις ὑμῶν πασχέτω ὡς φονεὺς ἢ κλέπτης ἢ **κακοποιὸς** ἢ ὡς ἀλλοτριεπίσκοπος·

2805 κακός [50]

→ 179, 452, 1591, 1707, 2798, 2799, 2800, 2801, 2802, 2803, 2804, 2806, 2807, 2808, 2809, 2810, 5155, 5156

κακός ... ἀγαθός [10] Lk 16:25; Ro 3:8; 7:19; 12:21; 13:3,4; 16:19; 1Th 5:15; 1Pe 3:11; 3Jn 1:11

κακός ἀντὶ κακοῦ [3] Ro 12:17; 1Th 5:15; 1Pe 3:9

κακός δοῦλος [1] Mt 24:48

κακός ... καλός [4] Ro 7:21; 12:17; 2Co 13:7; Heb 5:14

πάσχω κακός [1] Ac 28:5

ποιεῖν κακός [9] Mt 27:23; Mk 15:14; Lk 23:22; Jn 18:30; Ac 9:13; Ro 3:8; 13:4; 2Co 13:7; 1Pe 3:12

πράσσω κακός [2] Ac 16:28; Ro 13:4

Mt 21:41 **Κακοὺς** κακῶς ἀπολέσει αὐτοὺς καὶ τὸν ἀμπελῶνα ἐκδώσεται ἄλλοις γεωργοῖς,
24:48 ἐὰν δὲ εἴπῃ ὁ **κακὸς** δοῦλος ἐκεῖνος ἐν τῇ καρδίᾳ αὐτοῦ,
27:23 ὁ δὲ ἔφη, Τί γὰρ **κακὸν** ἐποίησεν; οἱ δὲ περισσῶς ἔκραζον λέγοντες,
Mk 7:21 ἔσωθεν γὰρ ἐκ τῆς καρδίας τῶν ἀνθρώπων οἱ διαλογισμοὶ οἱ **κακοὶ** ἐκπορεύονται,
15:14 ὁ δὲ Πιλᾶτος ἔλεγεν αὐτοῖς, Τί γὰρ ἐποίησεν **κακόν;**
Lk 16:25 μνήσθητι ὅτι ἀπέλαβες τὰ ἀγαθά σου ἐν τῇ ζωῇ σου, καὶ Λάζαρος ὁμοίως τὰ **κακά·**
23:22 ὁ δὲ τρίτον εἶπεν πρὸς αὐτούς, Τί γὰρ **κακὸν** ἐποίησεν οὗτος;
Jn 18:23 ἀπεκρίθη αὐτῷ Ἰησοῦς, Εἰ κακῶς ἐλάλησα, μαρτύρησον περὶ τοῦ **κακοῦ·**
18:30 ἀπεκρίθησαν καὶ εἶπαν αὐτῷ, Εἰ μὴ ἦν οὗτος **κακὸν** ποιῶν,
Ac 9:13 ἤκουσα ἀπὸ πολλῶν περὶ τοῦ ἀνδρὸς τούτου ὅσα **κακὰ** τοῖς ἁγίοις σου ἐποίησεν ἐν Ἰερουσαλήμ·
16:28 Μηδὲν πράξῃς σεαυτῷ **κακόν,** ἅπαντες γάρ ἐσμεν ἐνθάδε.
23: 9 τινὲς τῶν γραμματέων τοῦ μέρους τῶν Φαρισαίων διεμάχοντο λέγοντες, Οὐδὲν **κακὸν** εὑρίσκομεν ἐν τῷ ἀνθρώπῳ τούτῳ·
28: 5 ὁ μὲν οὖν ἀποτινάξας τὸ θηρίον εἰς τὸ πῦρ ἔπαθεν οὐδὲν **κακόν,**
Ro 1:30 καταλάλους θεοστυγεῖς ὑβριστὰς ὑπερηφάνους ἀλαζόνας, ἐφευρετὰς **κακῶν,** γονεῦσιν ἀπειθεῖς,
2: 9 θλῖψις καὶ στενοχωρία ἐπὶ πᾶσαν ψυχὴν ἀνθρώπου τοῦ κατεργαζομένου τὸ **κακόν,**
3: 8 καὶ μὴ καθὼς βλασφημούμεθα καὶ καθώς φασίν τινες ἡμᾶς λέγειν ὅτι Ποιήσωμεν τὰ **κακά,**
7:19 οὐ γὰρ ὃ θέλω ποιῶ ἀγαθόν, ἀλλὰ ὃ οὐ θέλω **κακὸν** τοῦτο πράσσω.
7:21 τῷ θέλοντι ἐμοὶ ποιεῖν τὸ καλόν, ὅτι ἐμοὶ τὸ **κακὸν** παράκειται·
12:17 μηδενὶ **κακὸν** ἀντὶ **κακοῦ** ἀποδιδόντες, προνοούμενοι καλὰ ἐνώπιον πάντων ἀνθρώπων·
12:21 μὴ νικῶ ὑπὸ τοῦ **κακοῦ** ἀλλὰ νίκα ἐν τῷ ἀγαθῷ τὸ **κακόν.**
13: 3 οἱ γὰρ ἄρχοντες οὐκ εἰσὶν φόβος τῷ ἀγαθῷ ἔργῳ ἀλλὰ τῷ **κακῷ.**
13: 4 ἐὰν δὲ τὸ **κακὸν** ποιῇς, φοβοῦ· οὐ γὰρ εἰκῇ τὴν μάχαιραν φορεῖ· θεοῦ γὰρ διάκονός ἐστιν ἔκδικος εἰς ὀργὴν τῷ τὸ **κακὸν** πράσσοντι.
13:10 ἡ ἀγάπη τῷ πλησίον **κακὸν** οὐκ ἐργάζεται· πλήρωμα οὖν νόμου ἡ ἀγάπη.
14:20 ἀλλὰ **κακὸν** τῷ ἀνθρώπῳ τῷ διὰ προσκόμματος ἐσθίοντι.
16:19 θέλω δὲ ὑμᾶς σοφοὺς εἶναι εἰς τὸ ἀγαθόν, ἀκεραίους δὲ εἰς τὸ **κακόν.**
1Co 10: 6 εἰς τὸ μὴ εἶναι ἡμᾶς ἐπιθυμητὰς **κακῶν,** καθὼς κἀκεῖνοι ἐπεθύμησαν.
13: 5 οὐ ζητεῖ τὰ ἑαυτῆς, οὐ παροξύνεται, οὐ λογίζεται τὸ **κακόν,**
15:33 μὴ πλανᾶσθε· Φθείρουσιν ἤθη χρηστὰ ὁμιλίαι **κακαί.**
2Co 13: 7 εὐχόμεθα δὲ πρὸς τὸν θεὸν μὴ ποιῆσαι ὑμᾶς **κακὸν** μηδέν,
Php 3: 2 Βλέπετε τοὺς κύνας, βλέπετε τοὺς **κακοὺς** ἐργάτας, βλέπετε τὴν κατατομήν.
Col 3: 5 πορνείαν ἀκαθαρσίαν πάθος ἐπιθυμίαν **κακήν,** καὶ τὴν πλεονεξίαν,
1Th 5:15 ὁρᾶτε μή τις **κακὸν** ἀντὶ **κακοῦ** τινι ἀποδῷ,
1Ti 6:10 ῥίζα γὰρ πάντων τῶν **κακῶν** ἐστιν ἡ φιλαργυρία,
2Ti 4:14 Ἀλέξανδρος ὁ χαλκεὺς πολλά μοι **κακὰ** ἐνεδείξατο· ἀποδώσει αὐτῷ ὁ κύριος κατὰ τὰ ἔργα αὐτοῦ·
Tit 1:12 εἶπέν τις ἐξ αὐτῶν ἴδιος αὐτῶν προφήτης, Κρῆτες ἀεὶ ψεῦσται, **κακὰ** θηρία, γαστέρες ἀργαί.
Heb 5:14 τῶν διὰ τὴν ἕξιν τὰ αἰσθητήρια γεγυμνασμένα ἐχόντων πρὸς διάκρισιν καλοῦ τε καὶ **κακοῦ.**
Jas 1:13 ὁ γὰρ θεὸς ἀπείραστός ἐστιν **κακῶν,** πειράζει δὲ αὐτὸς οὐδένα.
3: 8 τὴν δὲ γλῶσσαν οὐδεὶς δαμάσαι δύναται ἀνθρώπων, ἀκατάστατον **κακόν,** μεστὴ ἰοῦ θανατηφόρου.
1Pe 3: 9 μὴ ἀποδιδόντες **κακὸν** ἀντὶ **κακοῦ** ἢ λοιδορίαν ἀντὶ λοιδορίας,
3:10 ὁ γὰρ θέλων ζωὴν ἀγαπᾶν καὶ ἰδεῖν ἡμέρας ἀγαθὰς παυσάτω τὴν γλῶσσαν ἀπὸ **κακοῦ** καὶ χείλη τοῦ μὴ λαλῆσαι δόλον,
3:11 ἐκκλινάτω δὲ ἀπὸ **κακοῦ** καὶ ποιησάτω ἀγαθόν, ζητησάτω εἰρήνην καὶ διωξάτω αὐτήν·
3:12 ὅτι ὀφθαλμοὶ κυρίου ἐπὶ δικαίους καὶ ὦτα αὐτοῦ εἰς δέησιν αὐτῶν, πρόσωπον δὲ κυρίου ἐπὶ ποιοῦντας **κακά.**
3Jn 1:11 Ἀγαπητέ, μὴ μιμοῦ τὸ **κακὸν** ἀλλὰ τὸ ἀγαθόν.
Rev 2: 2 Οἶδα τὰ ἔργα σου καὶ τὸν κόπον καὶ τὴν ὑπομονήν σου καὶ ὅτι οὐ δύνῃ βαστάσαι **κακούς,**
16: 2 καὶ ἐγένετο ἕλκος **κακὸν** καὶ πονηρὸν ἐπὶ τοὺς ἀνθρώπους τοὺς ἔχοντας τὸ χάραγμα τοῦ θηρίου καὶ τοὺς προσκυνοῦντας

2806 κακοῦργος [4]

√ 2805 + 2240

Lk 23:32 Ἤγοντο δὲ καὶ ἕτεροι **κακοῦργοι** δύο σὺν αὐτῷ ἀναιρεθῆναι.
23:33 ἐκεῖ ἐσταύρωσαν αὐτὸν καὶ τοὺς **κακούργους,** ὃν μὲν ἐκ δεξιῶν ὃν δὲ ἐξ ἀριστερῶν.
23:39 Εἷς δὲ τῶν κρεμασθέντων **κακούργων** ἐβλασφήμει αὐτὸν λέγων,
2Ti 2: 9 ἐν ᾧ κακοπαθῶ μέχρι δεσμῶν ὡς **κακοῦργος,** ἀλλὰ ὁ λόγος τοῦ θεοῦ οὐ δέδεται·

2807 κακουχέω [2]

√ 2805 + 2400

Heb 11:37 περιῆλθον ἐν μηλωταῖς, ἐν αἰγείοις δέρμασιν, ὑστερούμενοι, θλιβόμενοι, **κακουχούμενοι,**
13: 3 τῶν **κακουχουμένων** ὡς καὶ αὐτοὶ ὄντες ἐν σώματι.

2808 κακόω [6]

√ 2805

Ac 7: 6 ὅτι ἔσται τὸ σπέρμα αὐτοῦ πάροικον ἐν γῇ ἀλλοτρίᾳ καὶ δουλώσουσιν αὐτὸ καὶ **κακώσουσιν** ἔτη τετρακόσια·
7:19 οὗτος κατασοφισάμενος τὸ γένος ἡμῶν **ἐκάκωσεν** τοὺς πατέρας [ἡμῶν] τοῦ ποιεῖν τὰ βρέφη ἔκθετα αὐτῶν
12: 1 Κατ' ἐκεῖνον δὲ τὸν καιρὸν ἐπέβαλεν Ἡρῴδης ὁ βασιλεὺς τὰς χεῖρας **κακῶσαί** τινας τῶν ἀπὸ τῆς ἐκκλησίας.
14: 2 οἱ δὲ ἀπειθήσαντες Ἰουδαῖοι ἐπήγειραν καὶ **ἐκάκωσαν** τὰς ψυχὰς τῶν ἐθνῶν κατὰ τῶν ἀδελφῶν.
18:10 διότι ἐγώ εἰμι μετὰ σοῦ καὶ οὐδεὶς ἐπιθήσεταί σοι τοῦ **κακῶσαί** σε,
1Pe 3:13 Καὶ τίς ὁ **κακώσων** ὑμᾶς ἐὰν τοῦ ἀγαθοῦ ζηλωταὶ γένησθε;

2809 κακῶς [16]

√ 2805

κακῶς ἔχοντας [10] Mt 4:24; 8:16; 9:12; 14:35; Mk 1:32,34; 2:17; 6:55; Lk 5:31; 7:2

κακῶς πάσχει [1] Mt 17:15

Mt 4:24 καὶ προσήνεγκαν αὐτῷ πάντας τοὺς **κακῶς** ἔχοντας ποικίλαις νόσοις καὶ βασάνοις συνεχομένους [καὶ] δαιμονιζομένους
8:16 καὶ ἐξέβαλεν τὰ πνεύματα λόγῳ καὶ πάντας τοὺς **κακῶς** ἔχοντας ἐθεράπευσεν,
9:12 Οὐ χρείαν ἔχουσιν οἱ ἰσχύοντες ἰατροῦ ἀλλ' οἱ **κακῶς** ἔχοντες.
14:35 ἀπέστειλαν εἰς ὅλην τὴν περίχωρον ἐκείνην καὶ προσήνεγκαν αὐτῷ πάντας τοὺς **κακῶς** ἔχοντας
15:22 κύριε υἱὸς Δαυίδ· ἡ θυγάτηρ μου **κακῶς** δαιμονίζεται.
17:15 ἐλέησόν μου τὸν υἱόν, ὅτι σεληνιάζεται καὶ **κακῶς** πάσχει·
21:41 Κακοὺς **κακῶς** ἀπολέσει αὐτοὺς καὶ τὸν ἀμπελῶνα ἐκδώσεται ἄλλοις γεωργοῖς,
Mk 1:32 ἔφερον πρὸς αὐτὸν πάντας τοὺς **κακῶς** ἔχοντας καὶ τοὺς δαιμονιζομένους·
1:34 καὶ ἐθεράπευσεν πολλοὺς **κακῶς** ἔχοντας ποικίλαις νόσοις καὶ δαιμόνια πολλὰ ἐξέβαλεν καὶ οὐκ ἤφιεν λαλεῖν τὰ δαιμόνια,
2:17 καὶ ἀκούσας ὁ Ἰησοῦς λέγει αὐτοῖς [ὅτι] Οὐ χρείαν ἔχουσιν οἱ ἰσχύοντες ἰατροῦ ἀλλ' οἱ **κακῶς** ἔχοντες·
6:55 περιέδραμον ὅλην τὴν χώραν ἐκείνην καὶ ἤρξαντο ἐπὶ τοῖς κραβάττοις τοὺς **κακῶς** ἔχοντας περιφέρειν
Lk 5:31 Οὐ χρείαν ἔχουσιν οἱ ὑγιαίνοντες ἰατροῦ ἀλλὰ οἱ **κακῶς** ἔχοντες·
7: 2 Ἑκατοντάρχου δέ τινος δοῦλος **κακῶς** ἔχων ἤμελλεν τελευτᾶν,
Jn 18:23 ἀπεκρίθη αὐτῷ Ἰησοῦς, Εἰ **κακῶς** ἐλάλησα, μαρτύρησον περὶ τοῦ κακοῦ·
Ac 23: 5 γέγραπται γὰρ ὅτι Ἄρχοντα τοῦ λαοῦ σου οὐκ ἐρεῖς **κακῶς.**
Jas 4: 3 αἰτεῖτε καὶ οὐ λαμβάνετε διότι **κακῶς** αἰτεῖσθε, ἵνα ἐν ταῖς ἡδοναῖς ὑμῶν δαπανήσητε.

2810 κάκωσις [1]

√ 2805

Ac 7:34 ἰδὼν εἶδον τὴν **κάκωσιν** τοῦ λαοῦ μου τοῦ ἐν Αἰγύπτῳ καὶ τοῦ στεναγμοῦ αὐτῶν ἤκουσα,

2811 καλάμη [1]

√ 2812

1Co 3:12 εἰ δέ τις ἐποικοδομεῖ ἐπὶ τὸν θεμέλιον χρυσόν, ἄργυρον, λίθους τιμίους, ξύλα, χόρτον, **καλάμην,**

2812 κάλαμος [12]

→ 2811

Mt 11: 7 Τί ἐξήλθατε εἰς τὴν ἔρημον θεάσασθαι; **κάλαμον** ὑπὸ ἀνέμου σαλευόμενον;
12:20 **κάλαμον** συντετριμμένον οὐ κατεάξει καὶ λίνον τυφόμενον οὐ σβέσει,
27:29 καὶ πλέξαντες στέφανον ἐξ ἀκανθῶν ἐπέθηκαν ἐπὶ τῆς κεφαλῆς αὐτοῦ καὶ **κάλαμον** ἐν τῇ δεξιᾷ αὐτοῦ,
27:30 καὶ ἐμπτύσαντες εἰς αὐτὸν ἔλαβον τὸν **κάλαμον** καὶ ἔτυπτον εἰς τὴν κεφαλὴν αὐτοῦ.
27:48 καὶ εὐθέως δραμὼν εἷς ἐξ αὐτῶν καὶ λαβὼν σπόγγον πλήσας τε ὄξους καὶ περιθεὶς **καλάμῳ** ἐπότιζεν αὐτόν.
Mk 15:19 καὶ ἔτυπτον αὐτοῦ τὴν κεφαλὴν **καλάμῳ** καὶ ἐνέπτυον αὐτῷ καὶ τιθέντες τὰ γόνατα προσεκύνουν αὐτῷ.
15:36 δραμὼν δέ τις [καὶ] γεμίσας σπόγγον ὄξους περιθεὶς **καλάμῳ** ἐπότιζεν αὐτὸν λέγων,
Lk 7:24 Τί ἐξήλθατε εἰς τὴν ἔρημον θεάσασθαι; **κάλαμον** ὑπὸ ἀνέμου σαλευόμενον;
3Jn 1:13 Πολλὰ εἶχον γράψαι σοι ἀλλ' οὐ θέλω διὰ μέλανος καὶ **καλάμου** σοι γράφειν·
Rev 11: 1 Καὶ ἐδόθη μοι **κάλαμος** ὅμοιος ῥάβδῳ, λέγων, Ἔγειρε καὶ μέτρησον τὸν ναὸν τοῦ θεοῦ καὶ τὸ θυσιαστήριον
21:15 Καὶ ὁ λαλῶν μετ' ἐμοῦ εἶχεν μέτρον **κάλαμον** χρυσοῦν,
21:16 καὶ ἐμέτρησεν τὴν πόλιν τῷ **καλάμῳ** ἐπὶ σταδίων δώδεκα χιλιάδων,

2813 καλέω [148 / 147]

→ 440, 441, 511, 1269, 1592, 1598, 1657, 1711, 2126, 3104, 3105, 3559, 4151, 4155, 4156, 4614, 4673, 4678, 5157, 5220

καλέω ... ὄνομα [10] Mt 1:21,23,25; Lk 1:13,31,59,61; 2:21; 19:2; Rev 19:13

Mt 1:21 τέξεται δὲ υἱόν, καὶ **καλέσεις** τὸ ὄνομα αὐτοῦ Ἰησοῦν·
1:23 καὶ **καλέσουσιν** τὸ ὄνομα αὐτοῦ Ἐμμανουήλ, ὅ ἐστιν μεθερμηνευόμενον Μεθ' ἡμῶν ὁ θεός.
1:25 καὶ οὐκ ἐγίνωσκεν αὐτὴν ἕως οὗ ἔτεκεν υἱόν· καὶ **ἐκάλεσεν** τὸ ὄνομα αὐτοῦ Ἰησοῦν.
2: 7 Τότε Ἡρῴδης λάθρᾳ **καλέσας** τοὺς μάγους ἠκρίβωσεν παρ' αὐτῶν τὸν χρόνον τοῦ φαινομένου ἀστέρος,
2:15 ἵνα πληρωθῇ τὸ ῥηθὲν ὑπὸ κυρίου διὰ τοῦ προφήτου λέγοντος, Ἐξ Αἰγύπτου **ἐκάλεσα** τὸν υἱόν μου.
2:23 ὅπως πληρωθῇ τὸ ῥηθὲν διὰ τῶν προφητῶν ὅτι Ναζωραῖος **κληθήσεται.**
4:21 ἐν τῷ πλοίῳ μετὰ Ζεβεδαίου τοῦ πατρὸς αὐτῶν καταρτίζοντας τὰ δίκτυα αὐτῶν, καὶ **ἐκάλεσεν** αὐτούς.
5: 9 μακάριοι οἱ εἰρηνοποιοί, ὅτι αὐτοὶ υἱοὶ θεοῦ **κληθήσονται.**
5:19 ὃς ἐὰν οὖν λύσῃ μίαν τῶν ἐντολῶν τούτων τῶν ἐλαχίστων καὶ διδάξῃ οὕτως τοὺς ἀνθρώπους, ἐλάχιστος **κληθήσεται** ἐν τῇ βασιλείᾳ τῶν οὐρανῶν· ὃς δ' ἂν ποιήσῃ καὶ διδάξῃ, οὗτος μέγας **κληθήσεται** ἐν τῇ βασιλείᾳ τῶν οὐρανῶν.
9:13 Ἔλεος θέλω καὶ οὐ θυσίαν· οὐ γὰρ ἦλθον **καλέσαι** δικαίους ἀλλὰ ἁμαρτωλούς.
20: 8 **Κάλεσον** τοὺς ἐργάτας καὶ ἀπόδος αὐτοῖς τὸν μισθὸν ἀρξάμενος ἀπὸ τῶν ἐσχάτων ἕως τῶν πρώτων.
21:13 καὶ λέγει αὐτοῖς, Γέγραπται, Ὁ οἶκός μου οἶκος προσευχῆς **κληθήσεται,**
22: 3 καὶ ἀπέστειλεν τοὺς δούλους αὐτοῦ **καλέσαι** τοὺς **κεκλημένους** εἰς τοὺς γάμους,
22: 4 Εἴπατε τοῖς **κεκλημένοις,** Ἰδοὺ τὸ ἄριστόν μου ἡτοίμακα,
22: 8 Ὁ μὲν γάμος ἕτοιμός ἐστιν, οἱ δὲ **κεκλημένοι** οὐκ ἦσαν ἄξιοι·
22: 9 πορεύεσθε οὖν ἐπὶ τὰς διεξόδους τῶν ὁδῶν καὶ ὅσους ἐὰν εὕρητε **καλέσατε** εἰς τοὺς γάμους.
22:43 Πῶς οὖν Δαυὶδ ἐν πνεύματι **καλεῖ** αὐτὸν κύριον λέγων,
22:45 εἰ οὖν Δαυὶδ **καλεῖ** αὐτὸν κύριον, πῶς υἱὸς αὐτοῦ ἐστιν;
23: 7 καὶ τοὺς ἀσπασμοὺς ἐν ταῖς ἀγοραῖς καὶ **καλεῖσθαι** ὑπὸ τῶν ἀνθρώπων,
23: 8 ὑμεῖς δὲ μὴ **κληθῆτε,** Ῥαββί· εἷς γάρ ἐστιν ὑμῶν ὁ διδάσκαλος,

23: 9 καὶ πατέρα μὴ **καλέσητε** ὑμῶν ἐπὶ τῆς γῆς,
23:10 μηδὲ **κληθῆτε** καθηγηταί, ὅτι καθηγητὴς ὑμῶν ἐστιν εἷς ὁ Χριστός.
25:14 Ὥσπερ γὰρ ἄνθρωπος ἀποδημῶν **ἐκάλεσεν** τοὺς ἰδίους δούλους καὶ παρέδωκεν αὐτοῖς τὰ ὑπάρχοντα αὐτοῦ,
27: 8 διὸ **ἐκλήθη** ὁ ἀγρὸς ἐκεῖνος Ἀγρὸς Αἵματος ἕως τῆς σήμερον.
Mk 1:20 καὶ εὐθὺς **ἐκάλεσεν** αὐτούς. καὶ ἀφέντες τὸν πατέρα αὐτῶν Ζεβεδαῖον ἐν τῷ πλοίῳ μετὰ τῶν μισθωτῶν ἀπῆλθον ὀπίσω
2:17 [ὅτι] Οὐ χρείαν ἔχουσιν οἱ ἰσχύοντες ἰατροῦ ἀλλ᾽ οἱ κακῶς ἔχοντες· οὐκ ἦλθον **καλέσαι** δικαίους ἀλλὰ ἁμαρτωλούς.
3:31 Καὶ ἔρχεται ἡ μήτηρ αὐτοῦ καὶ οἱ ἀδελφοὶ αὐτοῦ καὶ ἔξω στήκοντες ἀπέστειλαν πρὸς αὐτὸν **καλοῦντες** αὐτόν.
11:17 Οὐ γέγραπται ὅτι Ὁ οἶκός μου οἶκος προσευχῆς **κληθήσεται** πᾶσιν τοῖς ἔθνεσιν;
Lk 1:13 καὶ ἡ γυνή σου Ἐλισάβετ γεννήσει υἱόν σοι καὶ **καλέσεις** τὸ ὄνομα αὐτοῦ Ἰωάννην.
1:31 καὶ ἰδοὺ συλλήμψῃ ἐν γαστρὶ καὶ τέξῃ υἱὸν καὶ **καλέσεις** τὸ ὄνομα αὐτοῦ Ἰησοῦν.
1:32 οὗτος ἔσται μέγας καὶ υἱὸς ὑψίστου **κληθήσεται** καὶ δώσει αὐτῷ κύριος ὁ θεὸς τὸν θρόνον Δαυὶδ τοῦ πατρὸς αὐτοῦ,
1:35 διὸ καὶ τὸ γεννώμενον ἅγιον **κληθήσεται** υἱὸς θεοῦ.
1:36 Ἐλισάβετ ἡ συγγενίς σου καὶ αὐτὴ συνείληφεν υἱὸν ἐν γήρει αὐτῆς καὶ οὗτος μὴν ἕκτος ἐστὶν αὐτῇ τῇ **καλουμένῃ** στείρᾳ·
1:59 ἐν τῇ ἡμέρᾳ τῇ ὀγδόῃ ἦλθον περιτεμεῖν τὸ παιδίον καὶ **ἐκάλουν** αὐτὸ ἐπὶ τῷ ὀνόματι τοῦ πατρὸς αὐτοῦ Ζαχαρίαν.
1:60 καὶ ἀποκριθεῖσα ἡ μήτηρ αὐτοῦ εἶπεν, Οὐχί, ἀλλὰ **κληθήσεται** Ἰωάννης.
1:61 καὶ εἶπαν πρὸς αὐτὴν ὅτι Οὐδείς ἐστιν ἐκ τῆς συγγενείας σου ὃς **καλεῖται** τῷ ὀνόματι τούτῳ.
1:62 ἐνένευον δὲ τῷ πατρὶ αὐτοῦ τὸ τί ἂν θέλοι **καλεῖσθαι** αὐτό.
1:76 Καὶ σὺ δέ, παιδίον, προφήτης ὑψίστου **κληθήσῃ·** προπορεύσῃ γὰρ ἐνώπιον κυρίου ἑτοιμάσαι ὁδοὺς αὐτοῦ,
2: 4 Ἀνέβη δὲ καὶ Ἰωσὴφ ἀπὸ τῆς Γαλιλαίας ἐκ πόλεως Ναζαρὲθ εἰς τὴν Ἰουδαίαν εἰς πόλιν Δαυὶδ ἥτις **καλεῖται** Βηθλέεμ,
2:21 Καὶ ὅτε ἐπλήσθησαν ἡμέραι ὀκτὼ τοῦ περιτεμεῖν αὐτὸν καὶ **ἐκλήθη** τὸ ὄνομα αὐτοῦ Ἰησοῦς, τὸ **κληθὲν** ὑπὸ τοῦ ἀγγέλου πρὸ τοῦ συλλημφθῆναι αὐτὸν ἐν τῇ κοιλίᾳ.
2:23 καθὼς γέγραπται ἐν νόμῳ κυρίου ὅτι Πᾶν ἄρσεν διανοῖγον μήτραν ἅγιον τῷ κυρίῳ **κληθήσεται,**
5:32 οὐκ ἐλήλυθα **καλέσαι** δικαίους ἀλλὰ ἁμαρτωλοὺς εἰς μετάνοιαν.
6:15 καὶ Μαθθαῖον καὶ Θωμᾶν καὶ Ἰάκωβον Ἁλφαίου καὶ Σίμωνα τὸν **καλούμενον** Ζηλωτὴν
6:46 Τί δέ με **καλεῖτε,** Κύριε κύριε, καὶ οὐ ποιεῖτε ἃ λέγω;
7:11 Καὶ ἐγένετο ἐν τῷ ἑξῆς ἐπορεύθη εἰς πόλιν **καλουμένην** Ναΐν καὶ συνεπορεύοντο αὐτῷ οἱ μαθηταὶ αὐτοῦ καὶ ὄχλος πολύς.
7:39 ἰδὼν δὲ ὁ Φαρισαῖος ὁ **καλέσας** αὐτὸν εἶπεν ἐν ἑαυτῷ λέγων,
8: 2 Μαρία ἡ **καλουμένη** Μαγδαληνή, ἀφ᾽ ἧς δαιμόνια ἑπτὰ ἐξεληλύθει,
9:10 καὶ παραλαβὼν αὐτοὺς ὑπεχώρησεν κατ᾽ ἰδίαν εἰς πόλιν **καλουμένην** Βηθσαϊδά.
10:39 τῇδε ἦν ἀδελφὴ **καλουμένη** Μαριάμ, [ἣ] καὶ παρακαθεσθεῖσα πρὸς τοὺς πόδας τοῦ κυρίου ἤκουεν τὸν λόγον αὐτοῦ.
14: 7 Ἔλεγεν δὲ πρὸς τοὺς **κεκλημένους** παραβολήν, ἐπέχων πῶς τὰς πρωτοκλισίας ἐξελέγοντο,
14: 8 Ὅταν **κληθῇς** ὑπό τινος εἰς γάμους, μὴ κατακλιθῇς εἰς τὴν πρωτοκλισίαν, μήποτε ἐντιμότερός σου ᾖ **κεκλημένος** ὑπ᾽ αὐτοῦ,
14: 9 καὶ ἐλθὼν ὁ σὲ καὶ αὐτὸν **καλέσας** ἐρεῖ σοι,
14:10 ἀλλ᾽ ὅταν **κληθῇς,** πορευθεὶς ἀνάπεσε εἰς τὸν ἔσχατον τόπον, ἵνα ὅταν ἔλθῃ ὁ **κεκληκώς** σε ἐρεῖ σοι,
14:12 Ἔλεγεν δὲ καὶ τῷ **κεκληκότι** αὐτόν, Ὅταν ποιῇς ἄριστον ἢ δεῖπνον,
14:13 ἀλλ᾽ ὅταν δοχὴν ποιῇς, **κάλει** πτωχούς, ἀναπείρους, χωλούς, τυφλούς·
14:16 Ἄνθρωπός τις ἐποίει δεῖπνον μέγα, καὶ **ἐκάλεσεν** πολλοὺς
14:17 καὶ ἀπέστειλεν τὸν δοῦλον αὐτοῦ τῇ ὥρᾳ τοῦ δείπνου εἰπεῖν τοῖς **κεκλημένοις,**
14:24 λέγω γὰρ ὑμῖν ὅτι οὐδεὶς τῶν ἀνδρῶν ἐκείνων τῶν **κεκλημένων** γεύσεταί μου τοῦ δείπνου.
15:19 οὐκέτι εἰμὶ ἄξιος **κληθῆναι** υἱός σου· ποίησόν με ὡς ἕνα τῶν μισθίων σου.
15:21 ἥμαρτον εἰς τὸν οὐρανὸν καὶ ἐνώπιόν σου, οὐκέτι εἰμὶ ἄξιος **κληθῆναι** υἱός σου.
19: 2 καὶ ἰδοὺ ἀνὴρ ὀνόματι **καλούμενος**[NIV-] Ζακχαῖος, καὶ αὐτὸς ἦν ἀρχιτελώνης καὶ αὐτὸς πλούσιος·
19:13 **καλέσας** δὲ δέκα δούλους ἑαυτοῦ ἔδωκεν αὐτοῖς δέκα μνᾶς καὶ εἶπεν πρὸς αὐτούς,
19:29 Καὶ ἐγένετο ὡς ἤγγισεν εἰς Βηθφαγὴ καὶ Βηθανία[ν] πρὸς τὸ ὄρος τὸ **καλούμενον** Ἐλαιῶν,
20:44 Δαυὶδ οὖν κύριον αὐτὸν **καλεῖ,** καὶ πῶς αὐτοῦ υἱός ἐστιν;
21:37 τὰς δὲ νύκτας ἐξερχόμενος ηὐλίζετο εἰς τὸ ὄρος τὸ **καλούμενον** Ἐλαιῶν·
22: 3 Εἰσῆλθεν δὲ Σατανᾶς εἰς Ἰούδαν τὸν **καλούμενον** Ἰσκαριώτην,
22:25 Οἱ βασιλεῖς τῶν ἐθνῶν κυριεύουσιν αὐτῶν καὶ οἱ ἐξουσιάζοντες αὐτῶν εὐεργέται **καλοῦνται.**
23:33 καὶ ὅτε ἦλθον ἐπὶ τὸν τόπον τὸν **καλούμενον** Κρανίον,
Jn 1:42 Σὺ εἶ Σίμων ὁ υἱὸς Ἰωάννου, σὺ **κληθήσῃ** Κηφᾶς, ὃ ἑρμηνεύεται Πέτρος.
2: 2 **ἐκλήθη** δὲ καὶ ὁ Ἰησοῦς καὶ οἱ μαθηταὶ αὐτοῦ εἰς τὸν γάμον.
Ac 1:12 Τότε ὑπέστρεψαν εἰς Ἰερουσαλὴμ ἀπὸ ὄρους τοῦ **καλουμένου** Ἐλαιῶνος,
1:19 ὥστε **κληθῆναι** τὸ χωρίον ἐκεῖνο τῇ ἰδίᾳ διαλέκτῳ αὐτῶν Ἁκελδαμάχ,
1:23 Ἰωσὴφ τὸν **καλούμενον** Βαρσαββᾶν ὃς ἐπεκλήθη Ἰοῦστος, καὶ Μαθθίαν.
3:11 Κρατοῦντος δὲ αὐτοῦ τὸν Πέτρον καὶ τὸν Ἰωάννην συνέδραμεν πᾶς ὁ λαὸς πρὸς αὐτοὺς ἐπὶ τῇ στοᾷ τῇ **καλουμένῃ** Σολομῶντος ἔκθαμβοι.
4:18 καὶ **καλέσαντες** αὐτοὺς παρήγγειλαν τὸ καθόλου μὴ φθέγγεσθαι μηδὲ διδάσκειν ἐπὶ τῷ ὀνόματι τοῦ Ἰησοῦ.
7:58 καὶ οἱ μάρτυρες ἀπέθεντο τὰ ἱμάτια αὐτῶν παρὰ τοὺς πόδας νεανίου **καλουμένου** Σαύλου,
8:10 Οὗτός ἐστιν ἡ δύναμις τοῦ θεοῦ ἡ **καλουμένη** Μεγάλη.
9:11 Ἀναστὰς πορεύθητι ἐπὶ τὴν ῥύμην τὴν **καλουμένην** Εὐθεῖαν καὶ ζήτησον ἐν οἰκίᾳ Ἰούδα Σαῦλον ὀνόματι Ταρσέα·
10: 1 Ἀνὴρ δέ τις ἐν Καισαρείᾳ ὀνόματι Κορνήλιος, ἑκατοντάρχης ἐκ σπείρης τῆς **καλουμένης** Ἰταλικῆς,
13: 1 προφῆται καὶ διδάσκαλοι ὅ τε Βαρναβᾶς καὶ Συμεὼν ὁ **καλούμενος** Νίγερ καὶ Λούκιος ὁ Κυρηναῖος,
14:12 **ἐκάλουν** τε τὸν Βαρναβᾶν Δία, τὸν δὲ Παῦλον Ἑρμῆν,
15:22 Ἰούδαν τὸν **καλούμενον** Βαρσαββᾶν καὶ Σιλᾶν, ἄνδρας ἡγουμένους ἐν τοῖς ἀδελφοῖς,
15:37 Βαρναβᾶς δὲ ἐβούλετο συμπαραλαβεῖν καὶ τὸν Ἰωάννην τὸν **καλούμενον** Μᾶρκον·
24: 2 **κληθέντος** δὲ αὐτοῦ ἤρξατο κατηγορεῖν ὁ Τέρτυλλος λέγων,
27: 8 μόλις τε παραλεγόμενοι αὐτὴν ἤλθομεν εἰς τόπον τινὰ **καλούμενον** Καλοὺς λιμένας ᾧ ἐγγὺς πόλις ἦν Λασαία.
27:14 μετ᾽ οὐ πολὺ δὲ ἔβαλεν κατ᾽ αὐτῆς ἄνεμος τυφωνικὸς ὁ **καλούμενος** Εὐρακύλων·
27:16 νησίον δέ τι ὑποδραμόντες **καλούμενον** Καῦδα ἰσχύσαμεν μόλις περικρατεῖς γενέσθαι τῆς σκάφης,
28: 1 Καὶ διασωθέντες τότε ἐπέγνωμεν ὅτι Μελίτη ἡ νῆσος **καλεῖται.**
Ro 4:17 κατέναντι οὗ ἐπίστευσεν θεοῦ τοῦ ζῳοποιοῦντος τοὺς νεκροὺς καὶ **καλοῦντος** τὰ μὴ ὄντα ὡς ὄντα·
8:30 οὓς δὲ προώρισεν, τούτους καὶ **ἐκάλεσεν·** καὶ οὓς **ἐκάλεσεν,** τούτους καὶ ἐδικαίωσεν· οὓς δὲ ἐδικαίωσεν,
9: 7 οὐδ᾽ ὅτι εἰσὶν σπέρμα Ἀβραὰμ πάντες τέκνα, ἀλλ᾽, Ἐν Ἰσαὰκ **κληθήσεταί** σοι σπέρμα.
9:12 οὐκ ἐξ ἔργων ἀλλ᾽ ἐκ τοῦ **καλοῦντος,** ἐρρέθη αὐτῇ ὅτι Ὁ μείζων δουλεύσει τῷ ἐλάσσονι,
9:24 οὓς καὶ **ἐκάλεσεν** ἡμᾶς οὐ μόνον ἐξ Ἰουδαίων ἀλλὰ καὶ ἐξ ἐθνῶν,
9:25 **Καλέσω** τὸν οὐ λαόν μου λαόν μου καὶ τὴν οὐκ ἠγαπημένην ἠγαπημένην·
9:26 Οὐ λαός μου ὑμεῖς, ἐκεῖ **κληθήσονται** υἱοὶ θεοῦ ζῶντος.
1Co 1: 9 δι᾽ οὗ **ἐκλήθητε** εἰς κοινωνίαν τοῦ υἱοῦ αὐτοῦ Ἰησοῦ Χριστοῦ τοῦ κυρίου ἡμῶν.
7:15 οὐ δεδούλωται ὁ ἀδελφὸς ἢ ἡ ἀδελφὴ ἐν τοῖς τοιούτοις· ἐν δὲ εἰρήνῃ **κέκληκεν** ὑμᾶς ὁ θεός.
7:17 Εἰ μὴ ἑκάστῳ ὡς ἐμέρισεν ὁ κύριος, ἕκαστον ὡς **κέκληκεν** ὁ θεός, οὕτως περιπατείτω.
7:18 περιτετμημένος τις **ἐκλήθη,** μὴ ἐπισπάσθω· ἐν ἀκροβυστίᾳ **κέκληταί** τις, μὴ περιτεμνέσθω.
7:20 ἕκαστος ἐν τῇ κλήσει ᾗ **ἐκλήθη,** ἐν ταύτῃ μενέτω.
7:21 δοῦλος **ἐκλήθης,** μή σοι μελέτω· ἀλλ᾽ εἰ καὶ δύνασαι ἐλεύθερος γενέσθαι,
7:22 ὁ γὰρ ἐν κυρίῳ **κληθεὶς** δοῦλος ἀπελεύθερος κυρίου ἐστίν, ὁμοίως ὁ ἐλεύθερος **κληθεὶς** δοῦλός ἐστιν Χριστοῦ.
7:24 ἕκαστος ἐν ᾧ **ἐκλήθη,** ἀδελφοί, ἐν τούτῳ μενέτω παρὰ θεῷ.
10:27 εἴ τις **καλεῖ** ὑμᾶς τῶν ἀπίστων καὶ θέλετε πορεύεσθαι,

15: 9 Ἐγὼ γάρ εἰμι ὁ ἐλάχιστος τῶν ἀποστόλων ὃς οὐκ εἰμὶ ἱκανὸς **καλεῖσθαι** ἀπόστολος,
Gal 1: 6 Θαυμάζω ὅτι οὕτως ταχέως μετατίθεσθε ἀπὸ τοῦ **καλέσαντος** ὑμᾶς ἐν χάριτι [Χριστοῦ] εἰς ἕτερον εὐαγγέλιον,
1:15 ὅτε δὲ εὐδόκησεν [ὁ θεὸς] ὁ ἀφορίσας με ἐκ κοιλίας μητρός μου καὶ **καλέσας** διὰ τῆς χάριτος αὐτοῦ
5: 8 ἡ πεισμονὴ οὐκ ἐκ τοῦ **καλοῦντος** ὑμᾶς.
5:13 Ὑμεῖς γὰρ ἐπ' ἐλευθερίᾳ **ἐκλήθητε,** ἀδελφοί· μόνον μὴ τὴν ἐλευθερίαν εἰς ἀφορμὴν τῇ σαρκί,
Eph 4: 1 Παρακαλῶ οὖν ὑμᾶς ἐγὼ ὁ δέσμιος ἐν κυρίῳ ἀξίως περιπατῆσαι τῆς κλήσεως ἧς **ἐκλήθητε,**
4: 4 καθὼς καὶ **ἐκλήθητε** ἐν μιᾷ ἐλπίδι τῆς κλήσεως ὑμῶν·
Col 3:15 καὶ ἡ εἰρήνη τοῦ Χριστοῦ βραβευέτω ἐν ταῖς καρδίαις ὑμῶν, εἰς ἣν καὶ **ἐκλήθητε** ἐν ἑνὶ σώματι·
1Th 2:12 καὶ μαρτυρόμενοι εἰς τὸ περιπατεῖν ὑμᾶς ἀξίως τοῦ θεοῦ τοῦ **καλοῦντος** ὑμᾶς εἰς τὴν ἑαυτοῦ βασιλείαν καὶ δόξαν.
4: 7 οὐ γὰρ **ἐκάλεσεν** ἡμᾶς ὁ θεὸς ἐπὶ ἀκαθαρσίᾳ ἀλλ' ἐν ἁγιασμῷ.
5:24 πιστὸς ὁ **καλῶν** ὑμᾶς, ὃς καὶ ποιήσει.
2Th 2:14 εἰς ὃ [καὶ] **ἐκάλεσεν** ὑμᾶς διὰ τοῦ εὐαγγελίου ἡμῶν εἰς περιποίησιν δόξης τοῦ κυρίου ἡμῶν Ἰησοῦ Χριστοῦ.
1Ti 6:12 εἰς ἣν **ἐκλήθης** καὶ ὡμολόγησας τὴν καλὴν ὁμολογίαν ἐνώπιον πολλῶν μαρτύρων.
2Ti 1: 9 τοῦ σώσαντος ἡμᾶς καὶ **καλέσαντος** κλήσει ἁγίᾳ, οὐ κατὰ τὰ ἔργα ἡμῶν ἀλλὰ κατὰ ἰδίαν πρόθεσιν καὶ χάριν,
Heb 2:11 δι' ἣν αἰτίαν οὐκ ἐπαισχύνεται ἀδελφοὺς αὐτοὺς **καλεῖν**
3:13 ἀλλὰ παρακαλεῖτε ἑαυτοὺς καθ' ἑκάστην ἡμέραν, ἄχρις οὗ τὸ Σήμερον **καλεῖται,**
5: 4 καὶ οὐχ ἑαυτῷ τις λαμβάνει τὴν τιμὴν ἀλλὰ **καλούμενος** ὑπὸ τοῦ θεοῦ καθώσπερ καὶ Ἀαρών.
9:15 ὅπως θανάτου γενομένου εἰς ἀπολύτρωσιν τῶν ἐπὶ τῇ πρώτῃ διαθήκῃ παραβάσεων τὴν ἐπαγγελίαν λάβωσιν οἱ **κεκλημένοι** τῆς αἰωνίου κληρονομίας.
11: 8 Πίστει **καλούμενος** Ἀβραὰμ ὑπήκουσεν ἐξελθεῖν εἰς τόπον ὃν ἤμελλεν λαμβάνειν εἰς κληρονομίαν,
11:18 πρὸς ὃν ἐλαλήθη ὅτι Ἐν Ἰσαὰκ **κληθήσεταί** σοι σπέρμα,
Jas 2:23 καὶ ἐλογίσθη αὐτῷ εἰς δικαιοσύνην καὶ φίλος θεοῦ **ἐκλήθη.**
1Pe 1:15 ἀλλὰ κατὰ τὸν **καλέσαντα** ὑμᾶς ἅγιον καὶ αὐτοὶ ἅγιοι ἐν πάσῃ ἀναστροφῇ γενήθητε,
2: 9 ὅπως τὰς ἀρετὰς ἐξαγγείλητε τοῦ ἐκ σκότους ὑμᾶς **καλέσαντος** εἰς τὸ θαυμαστὸν αὐτοῦ φῶς·
2:21 εἰς τοῦτο γὰρ **ἐκλήθητε,** ὅτι καὶ Χριστὸς ἔπαθεν ὑπὲρ ὑμῶν ὑμῖν ὑπολιμπάνων ὑπογραμμὸν
3: 6 ὡς Σάρρα ὑπήκουσεν τῷ Ἀβραὰμ κύριον αὐτὸν **καλοῦσα,**
3: 9 τοὐναντίον δὲ εὐλογοῦντες ὅτι εἰς τοῦτο **ἐκλήθητε** ἵνα εὐλογίαν κληρονομήσητε.
5:10 ὁ **καλέσας** ὑμᾶς εἰς τὴν αἰώνιον αὐτοῦ δόξαν ἐν Χριστῷ [Ἰησοῦ,]
2Pe 1: 3 Ὡς πάντα ἡμῖν τῆς θείας δυνάμεως αὐτοῦ τὰ πρὸς ζωὴν καὶ εὐσέβειαν δεδωρημένης διὰ τῆς ἐπιγνώσεως τοῦ **καλέσαντος** ἡμᾶς ἰδίᾳ δόξῃ καὶ ἀρετῇ,
1Jn 3: 1 ἴδετε ποταπὴν ἀγάπην δέδωκεν ἡμῖν ὁ πατήρ, ἵνα τέκνα θεοῦ **κληθῶμεν,** καὶ ἐσμέν.
Rev 1: 9 ἐγενόμην ἐν τῇ νήσῳ τῇ **καλουμένῃ** Πάτμῳ διὰ τὸν λόγον τοῦ θεοῦ καὶ τὴν μαρτυρίαν Ἰησοῦ.
11: 8 ἥτις **καλεῖται** πνευματικῶς Σόδομα καὶ Αἴγυπτος, ὅπου καὶ ὁ κύριος αὐτῶν ἐσταυρώθη.
12: 9 ὁ ὄφις ὁ ἀρχαῖος, ὁ **καλούμενος** Διάβολος καὶ ὁ Σατανᾶς,
16:16 καὶ συνήγαγεν αὐτοὺς εἰς τὸν τόπον τὸν **καλούμενον** Ἑβραϊστὶ Ἁρμαγεδών.
19: 9 Μακάριοι οἱ εἰς τὸ δεῖπνον τοῦ γάμου τοῦ ἀρνίου **κεκλημένοι.**
19:11 καὶ ἰδοὺ ἵππος λευκὸς καὶ ὁ καθήμενος ἐπ' αὐτὸν **[καλούμενος]** πιστὸς καὶ ἀληθινός,
19:13 καὶ **κέκληται** τὸ ὄνομα αὐτοῦ ὁ λόγος τοῦ θεοῦ.

2814 καλλιέλαιος [1]

√ 2819 + 1777

Ro 11:24 εἰ γὰρ σὺ ἐκ τῆς κατὰ φύσιν ἐξεκόπης ἀγριελαίου καὶ παρὰ φύσιν ἐνεκεντρίσθης εἰς **καλλιέλαιον,**

2815 καλοδιδάσκαλος [1]

√ 2819 + 1438

Tit 2: 3 πρεσβύτιδας ὡσαύτως ἐν καταστήματι ἱεροπρεπεῖς, μὴ διαβόλους μηδὲ οἴνῳ πολλῷ δεδουλωμένας, **καλοδιδασκάλους,**

2816 Καλοὶ λιμένες [1]

√ 2819 + 3348

Ac 27: 8 μόλις τε παραλεγόμενοι αὐτὴν ἤλθομεν εἰς τόπον τινὰ καλούμενον **Καλοὺς Λιμένας** ᾧ ἐγγὺς πόλις ἦν Λασαία.

2817 καλοκαγαθία Not used in UBS/NIV

√ 2819 + 2779 + 19

2818 καλοποιέω [1]

√ 2819 + 4472

2Th 3:13 Ὑμεῖς δέ, ἀδελφοί, μὴ ἐγκακήσητε **καλοποιοῦντες.**

2819 καλός [100]

→ 2814, 2815, 2816, 2817, 2818, 2822

δένδρον καλόν [2] Mt 12:33; Lk 6:43

κακός ... καλός [4] Ro 7:21; 12:17; 2Co 13:7; Heb 5:14

καλός ἔργον [15] Mt 5:16; 26:10; Mk 14:6; Jn 10:32,33; 1Ti 3:1; 5:10,25; 6:18; Tit 2:7,14; 3:8,14; Heb 10:24; 1Pe 2:12

καλός καρπός [7] Mt 3:10; 7:17,18,19; 12:33; Lk 3:9; 6:43

καλός ποιεῖν [12] Mt 3:10; 7:17,18,19; 12:33,33; Lk 3:9; 6:43; Ro 7:21; 2Co 13:7; Gal 6:9; Jas 4:17

καλός ... πονηρός [3] Mt 7:17,18; 13:38

καλός ... σαπρός [7] Mt 7:17,18; 12:33,33; 13:48; Lk 6:43,43

καλός συνείδησις [1] Heb 13:18

Mt 3:10 πᾶν οὖν δένδρον μὴ ποιοῦν καρπὸν **καλὸν** ἐκκόπτεται καὶ εἰς πῦρ βάλλεται.
5:16 ὅπως ἴδωσιν ὑμῶν τὰ **καλὰ** ἔργα καὶ δοξάσωσιν τὸν πατέρα ὑμῶν τὸν ἐν τοῖς οὐρανοῖς.
7:17 οὕτως πᾶν δένδρον ἀγαθὸν καρποὺς **καλοὺς** ποιεῖ, τὸ δὲ σαπρὸν δένδρον καρποὺς πονηροὺς ποιεῖ.
7:18 οὐ δύναται δένδρον ἀγαθὸν καρποὺς πονηροὺς ποιεῖν οὐδὲ δένδρον σαπρὸν καρποὺς **καλοὺς** ποιεῖν.
7:19 πᾶν δένδρον μὴ ποιοῦν καρπὸν **καλὸν** ἐκκόπτεται καὶ εἰς πῦρ βάλλεται.
12:33 Ἢ ποιήσατε τὸ δένδρον **καλὸν** καὶ τὸν καρπὸν αὐτοῦ **καλόν,**
13: 8 ἄλλα δὲ ἔπεσεν ἐπὶ τὴν γῆν τὴν **καλὴν** καὶ ἐδίδου καρπόν,
13:23 ὁ δὲ ἐπὶ τὴν **καλὴν** γῆν σπαρείς, οὗτός ἐστιν ὁ τὸν λόγον ἀκούων καὶ συνιείς,
13:24 Ὡμοιώθη ἡ βασιλεία τῶν οὐρανῶν ἀνθρώπῳ σπείραντι **καλὸν** σπέρμα ἐν τῷ ἀγρῷ αὐτοῦ.
13:27 οὐχὶ **καλὸν** σπέρμα ἔσπειρας ἐν τῷ σῷ ἀγρῷ;
13:37 Ὁ σπείρων τὸ **καλὸν** σπέρμα ἐστὶν ὁ υἱὸς τοῦ ἀνθρώπου,
13:38 τὸ δὲ **καλὸν** σπέρμα οὗτοί εἰσιν οἱ υἱοὶ τῆς βασιλείας·
13:45 Πάλιν ὁμοία ἐστὶν ἡ βασιλεία τῶν οὐρανῶν ἀνθρώπῳ ἐμπόρῳ ζητοῦντι **καλοὺς** μαργαρίτας·
13:48 ἣν ὅτε ἐπληρώθη ἀναβιβάσαντες ἐπὶ τὸν αἰγιαλὸν καὶ καθίσαντες συνέλεξαν τὰ **καλὰ** εἰς ἄγγη,
15:26 Οὐκ ἔστιν **καλὸν** λαβεῖν τὸν ἄρτον τῶν τέκνων καὶ βαλεῖν τοῖς κυναρίοις.
17: 4 ἀποκριθεὶς δὲ ὁ Πέτρος εἶπεν τῷ Ἰησοῦ, Κύριε, **καλόν** ἐστιν ἡμᾶς ὧδε εἶναι·
18: 8 **καλόν** σοί ἐστιν εἰσελθεῖν εἰς τὴν ζωὴν κυλλὸν ἢ χωλὸν ἢ δύο χεῖρας ἢ δύο πόδας ἔχοντα βληθῆναι εἰς τὸ πῦρ τὸ αἰώνιον.
18: 9 **καλόν** σοί ἐστιν μονόφθαλμον εἰς τὴν ζωὴν εἰσελθεῖν ἢ δύο ὀφθαλμοὺς ἔχοντα βληθῆναι εἰς τὴν γέενναν τοῦ πυρός.
26:10 Τί κόπους παρέχετε τῇ γυναικί; ἔργον γὰρ **καλὸν** ἠργάσατο εἰς ἐμέ·
26:24 **καλὸν** ἦν αὐτῷ εἰ οὐκ ἐγεννήθη ὁ ἄνθρωπος ἐκεῖνος.
Mk 4: 8 ἔπεσεν εἰς τὴν γῆν τὴν **καλὴν** καὶ ἐδίδου καρπὸν ἀναβαίνοντα καὶ αὐξανόμενα καὶ ἔφερεν ἓν τριάκοντα καὶ ἓν ἑξήκοντα
4:20 καὶ ἐκεῖνοί εἰσιν οἱ ἐπὶ τὴν γῆν τὴν **καλὴν** σπαρέντες,
7:27 οὐ γάρ ἐστιν **καλὸν** λαβεῖν τὸν ἄρτον τῶν τέκνων καὶ τοῖς κυναρίοις βαλεῖν.
9: 5 Ῥαββί, **καλόν** ἐστιν ἡμᾶς ὧδε εἶναι, καὶ ποιήσωμεν τρεῖς σκηνάς,
9:42 **καλόν** ἐστιν αὐτῷ μᾶλλον εἰ περίκειται μύλος ὀνικὸς περὶ τὸν τράχηλον αὐτοῦ καὶ βέβληται εἰς τὴν θάλασσαν.

9:43 **καλόν** ἐστίν σε κυλλὸν εἰσελθεῖν εἰς τὴν ζωὴν ἢ τὰς δύο χεῖρας ἔχοντα ἀπελθεῖν εἰς τὴν γέενναν,
9:45 **καλόν** ἐστίν σε εἰσελθεῖν εἰς τὴν ζωὴν χωλὸν ἢ τοὺς δύο πόδας ἔχοντα βληθῆναι εἰς τὴν γέενναν.
9:47 **καλόν** σέ ἐστιν μονόφθαλμον εἰσελθεῖν εἰς τὴν βασιλείαν τοῦ θεοῦ ἢ δύο ὀφθαλμοὺς ἔχοντα βληθῆναι εἰς τὴν γέενναν,
9:50 **Καλὸν** τὸ ἅλας· ἐὰν δὲ τὸ ἅλας ἄναλον γένηται,
14: 6 τί αὐτῇ κόπους παρέχετε; **καλὸν** ἔργον ἠργάσατο ἐν ἐμοί.
14:21 **καλὸν** αὐτῷ εἰ οὐκ ἐγεννήθη ὁ ἄνθρωπος ἐκεῖνος.
Lk 3: 9 πᾶν οὖν δένδρον μὴ ποιοῦν καρπὸν **καλὸν** ἐκκόπτεται καὶ εἰς πῦρ βάλλεται.
6:38 μέτρον **καλὸν** πεπιεσμένον σεσαλευμένον ὑπερεκχυννόμενον δώσουσιν εἰς τὸν κόλπον ὑμῶν·
6:43 Οὐ γάρ ἐστιν δένδρον **καλὸν** ποιοῦν καρπὸν σαπρόν, οὐδὲ πάλιν δένδρον σαπρὸν ποιοῦν καρπὸν **καλόν.**
8:15 τὸ δὲ ἐν τῇ **καλῇ** γῇ, οὗτοί εἰσιν οἵτινες ἐν καρδίᾳ **καλῇ** καὶ ἀγαθῇ ἀκούσαντες τὸν λόγον κατέχουσιν καὶ καρποφοροῦσιν ἐν ὑπομονῇ.
9:33 Ἐπιστάτα, **καλόν** ἐστιν ἡμᾶς ὧδε εἶναι, καὶ ποιήσωμεν σκηνὰς τρεῖς,
14:34 **Καλὸν** οὖν τὸ ἅλας· ἐὰν δὲ καὶ τὸ ἅλας μωρανθῇ,
21: 5 Καί τινων λεγόντων περὶ τοῦ ἱεροῦ ὅτι λίθοις **καλοῖς** καὶ ἀναθήμασιν κεκόσμηται εἶπεν,
Jn 2:10 Πᾶς ἄνθρωπος πρῶτον τὸν **καλὸν** οἶνον τίθησιν καὶ ὅταν μεθυσθῶσιν τὸν ἐλάσσω· σὺ τετήρηκας τὸν **καλὸν** οἶνον ἕως ἄρτι.
10:11 Ἐγώ εἰμι ὁ ποιμὴν ὁ **καλός.** ὁ ποιμὴν ὁ **καλὸς** τὴν ψυχὴν αὐτοῦ τίθησιν ὑπὲρ τῶν προβάτων·
10:14 Ἐγώ εἰμι ὁ ποιμὴν ὁ **καλὸς** καὶ γινώσκω τὰ ἐμὰ καὶ γινώσκουσί με τὰ ἐμά,
10:32 Πολλὰ ἔργα **καλὰ** ἔδειξα ὑμῖν ἐκ τοῦ πατρός·
10:33 Περὶ **καλοῦ** ἔργου οὐ λιθάζομέν σε ἀλλὰ περὶ βλασφημίας,
Ro 7:16 εἰ δὲ ὃ οὐ θέλω τοῦτο ποιῶ, σύμφημι τῷ νόμῳ ὅτι **καλός.**
7:18 τὸ γὰρ θέλειν παράκειταί μοι, τὸ δὲ κατεργάζεσθαι τὸ **καλὸν** οὔ·
7:21 Εὑρίσκω ἄρα τὸν νόμον, τῷ θέλοντι ἐμοὶ ποιεῖν τὸ **καλόν,**
12:17 μηδενὶ κακὸν ἀντὶ κακοῦ ἀποδιδόντες, προνοούμενοι **καλὰ** ἐνώπιον πάντων ἀνθρώπων·
14:21 **καλὸν** τὸ μὴ φαγεῖν κρέα μηδὲ πιεῖν οἶνον μηδὲ ἐν ᾧ ὁ ἀδελφός σου προσκόπτει.
1Co 5: 6 Οὐ **καλὸν** τὸ καύχημα ὑμῶν. οὐκ οἴδατε ὅτι μικρὰ ζύμη ὅλον τὸ φύραμα ζυμοῖ;
7: 1 Περὶ δὲ ὧν ἐγράψατε, **καλὸν** ἀνθρώπῳ γυναικὸς μὴ ἅπτεσθαι·
7: 8 Λέγω δὲ τοῖς ἀγάμοις καὶ ταῖς χήραις, **καλὸν** αὐτοῖς ἐὰν μείνωσιν ὡς κἀγώ·
7:26 Νομίζω οὖν τοῦτο **καλὸν** ὑπάρχειν διὰ τὴν ἐνεστῶσαν ἀνάγκην, ὅτι **καλὸν** ἀνθρώπῳ τὸ οὕτως εἶναι.
9:15 **καλὸν** γάρ μοι μᾶλλον ἀποθανεῖν ἤ– τὸ καύχημά μου οὐδεὶς κενώσει.
2Co 8:21 προνοοῦμεν γὰρ **καλὰ** οὐ μόνον ἐνώπιον κυρίου ἀλλὰ καὶ ἐνώπιον ἀνθρώπων.
13: 7 ἀλλ' ἵνα ὑμεῖς τὸ **καλὸν** ποιῆτε, ἡμεῖς δὲ ὡς ἀδόκιμοι ὦμεν.
Gal 4:18 **καλὸν** δὲ ζηλοῦσθαι ἐν **καλῷ** πάντοτε καὶ μὴ μόνον ἐν τῷ παρεῖναί με πρὸς ὑμᾶς.
6: 9 τὸ δὲ **καλὸν** ποιοῦντες μὴ ἐγκακῶμεν, καιρῷ γὰρ ἰδίῳ θερίσομεν μὴ ἐκλυόμενοι.
1Th 5:21 πάντα δὲ δοκιμάζετε, τὸ **καλὸν** κατέχετε,
1Ti 1: 8 Οἴδαμεν δὲ ὅτι **καλὸς** ὁ νόμος, ἐάν τις αὐτῷ νομίμως χρῆται,
1:18 κατὰ τὰς προαγούσας ἐπὶ σὲ προφητείας, ἵνα στρατεύῃ ἐν αὐταῖς τὴν **καλὴν** στρατείαν
2: 3 τοῦτο **καλὸν** καὶ ἀπόδεκτον ἐνώπιον τοῦ σωτῆρος ἡμῶν θεοῦ,
3: 1 πιστὸς ὁ λόγος. Εἴ τις ἐπισκοπῆς ὀρέγεται, **καλοῦ** ἔργου ἐπιθυμεῖ.
3: 7 δεῖ δὲ καὶ μαρτυρίαν **καλὴν** ἔχειν ἀπὸ τῶν ἔξωθεν,
3:13 καλῶς διακονήσαντες βαθμὸν ἑαυτοῖς **καλὸν** περιποιοῦνται καὶ πολλὴν παρρησίαν ἐν πίστει τῇ ἐν Χριστῷ Ἰησοῦ.
4: 4 ὅτι πᾶν κτίσμα θεοῦ **καλὸν** καὶ οὐδὲν ἀπόβλητον μετὰ εὐχαριστίας λαμβανόμενον·
4: 6 Ταῦτα ὑποτιθέμενος τοῖς ἀδελφοῖς **καλὸς** ἔσῃ διάκονος Χριστοῦ Ἰησοῦ, ἐντρεφόμενος τοῖς λόγοις τῆς πίστεως καὶ τῆς **καλῆς** διδασκαλίας ᾗ παρηκολούθηκας·
5:10 ἐν ἔργοις **καλοῖς** μαρτυρουμένη, εἰ ἐτεκνοτρόφησεν, εἰ ἐξενοδόχησεν,
5:25 ὡσαύτως καὶ τὰ ἔργα τὰ **καλὰ** πρόδηλα, καὶ τὰ ἄλλως ἔχοντα κρυβῆναι οὐ δύνανται.
6:12 ἀγωνίζου τὸν **καλὸν** ἀγῶνα τῆς πίστεως, ἐπιλαβοῦ τῆς αἰωνίου ζωῆς, εἰς ἣν ἐκλήθης καὶ ὡμολόγησας τὴν **καλὴν** ὁμολογίαν ἐνώπιον πολλῶν μαρτύρων.
6:13 καὶ Χριστοῦ Ἰησοῦ τοῦ μαρτυρήσαντος ἐπὶ Ποντίου Πιλάτου τὴν **καλὴν** ὁμολογίαν,
6:18 ἀγαθοεργεῖν, πλουτεῖν ἐν ἔργοις **καλοῖς,** εὐμεταδότους εἶναι, κοινωνικούς,
6:19 ἀποθησαυρίζοντας ἑαυτοῖς θεμέλιον **καλὸν** εἰς τὸ μέλλον, ἵνα ἐπιλάβωνται τῆς ὄντως ζωῆς.
2Ti 1:14 τὴν **καλὴν** παραθήκην φύλαξον διὰ πνεύματος ἁγίου τοῦ ἐνοικοῦντος ἐν ἡμῖν.
2: 3 συγκακοπάθησον ὡς **καλὸς** στρατιώτης Χριστοῦ Ἰησοῦ.
4: 7 τὸν **καλὸν** ἀγῶνα ἠγώνισμαι, τὸν δρόμον τετέλεκα, τὴν πίστιν τετήρηκα·
Tit 2: 7 περὶ πάντα, σεαυτὸν παρεχόμενος τύπον **καλῶν** ἔργων, ἐν τῇ διδασκαλίᾳ ἀφθορίαν,
2:14 ἵνα λυτρώσηται ἡμᾶς ἀπὸ πάσης ἀνομίας καὶ καθαρίσῃ ἑαυτῷ λαὸν περιούσιον, ζηλωτὴν **καλῶν** ἔργων.
3: 8 ἵνα φροντίζωσιν **καλῶν** ἔργων προΐστασθαι οἱ πεπιστευκότες θεῷ· ταῦτά ἐστιν **καλὰ** καὶ ὠφέλιμα τοῖς ἀνθρώποις.
3:14 μανθανέτωσαν δὲ καὶ οἱ ἡμέτεροι **καλῶν** ἔργων προΐστασθαι εἰς τὰς ἀναγκαίας χρείας,
Heb 5:14 τῶν διὰ τὴν ἕξιν τὰ αἰσθητήρια γεγυμνασμένα ἐχόντων πρὸς διάκρισιν **καλοῦ** τε καὶ κακοῦ.
6: 5 **καλὸν** γευσαμένους θεοῦ ῥῆμα δυνάμεις τε μέλλοντος αἰῶνος
10:24 καὶ κατανοῶμεν ἀλλήλους εἰς παροξυσμὸν ἀγάπης καὶ **καλῶν** ἔργων,
13: 9 **καλὸν** γὰρ χάριτι βεβαιοῦσθαι τὴν καρδίαν, οὐ βρώμασιν ἐν οἷς οὐκ ὠφελήθησαν οἱ περιπατοῦντες.
13:18 πειθόμεθα γὰρ ὅτι **καλὴν** συνείδησιν ἔχομεν, ἐν πᾶσιν καλῶς θέλοντες ἀναστρέφεσθαι.
Jas 2: 7 οὐκ αὐτοὶ βλασφημοῦσιν τὸ **καλὸν** ὄνομα τὸ ἐπικληθὲν ἐφ' ὑμᾶς;
3:13 δειξάτω ἐκ τῆς **καλῆς** ἀναστροφῆς τὰ ἔργα αὐτοῦ ἐν πραΰτητι σοφίας.
4:17 εἰδότι οὖν **καλὸν** ποιεῖν καὶ μὴ ποιοῦντι, ἁμαρτία αὐτῷ ἐστιν.
1Pe 2:12 τὴν ἀναστροφὴν ὑμῶν ἐν τοῖς ἔθνεσιν ἔχοντες **καλήν,** ἵνα, ἐν ᾧ καταλαλοῦσιν ὑμῶν ὡς κακοποιῶν ἐκ τῶν **καλῶν** ἔργων ἐποπτεύοντες δοξάσωσιν τὸν θεὸν ἐν ἡμέρᾳ ἐπισκοπῆς.
4:10 ἕκαστος καθὼς ἔλαβεν χάρισμα εἰς ἑαυτοὺς αὐτὸ διακονοῦντες ὡς **καλοὶ** οἰκονόμοι ποικίλης χάριτος θεοῦ.

2820 κάλυμμα [4]

√ *2821*

2Co 3:13 Μωϋσῆς ἐτίθει **κάλυμμα** ἐπὶ τὸ πρόσωπον αὐτοῦ πρὸς τὸ μὴ ἀτενίσαι τοὺς υἱοὺς Ἰσραὴλ εἰς τὸ τέλος τοῦ καταργουμένου.
3:14 ἄχρι γὰρ τῆς σήμερον ἡμέρας τὸ αὐτὸ **κάλυμμα** ἐπὶ τῇ ἀναγνώσει τῆς παλαιᾶς διαθήκης μένει,
3:15 ἀλλ' ἕως σήμερον ἡνίκα ἂν ἀναγινώσκηται Μωϋσῆς, **κάλυμμα** ἐπὶ τὴν καρδίαν αὐτῶν κεῖται·
3:16 ἡνίκα δὲ ἐὰν ἐπιστρέψῃ πρὸς κύριον, περιαιρεῖται τὸ **κάλυμμα.**

2821 καλύπτω [8]

→ *184, 365, 636, 637, 2127, 2128, 2820, 2877, 4152, 4328, 5158*

Mt 8:24 ὥστε τὸ πλοῖον **καλύπτεσθαι** ὑπὸ τῶν κυμάτων, αὐτὸς δὲ ἐκάθευδεν.
10:26 οὐδὲν γάρ ἐστιν **κεκαλυμμένον** ὃ οὐκ ἀποκαλυφθήσεται καὶ κρυπτὸν ὃ οὐ γνωσθήσεται.
Lk 8:16 Οὐδεὶς δὲ λύχνον ἅψας **καλύπτει** αὐτὸν σκεύει ἢ ὑποκάτω κλίνης τίθησιν,
23:30 Πέσετε ἐφ' ἡμᾶς, καὶ τοῖς βουνοῖς, **Καλύψατε** ἡμᾶς·
2Co 4: 3 εἰ δὲ καὶ ἔστιν **κεκαλυμμένον** τὸ εὐαγγέλιον ἡμῶν, ἐν τοῖς ἀπολλυμένοις ἐστὶν **κεκαλυμμένον,**
Jas 5:20 γινωσκέτω ὅτι ὁ ἐπιστρέψας ἁμαρτωλὸν ἐκ πλάνης ὁδοῦ αὐτοῦ σώσει ψυχὴν αὐτοῦ ἐκ θανάτου καὶ **καλύψει** πλῆθος ἁμαρτιῶν.
1Pe 4: 8 πρὸ πάντων τὴν εἰς ἑαυτοὺς ἀγάπην ἐκτενῆ ἔχοντες, ὅτι ἀγάπη **καλύπτει** πλῆθος ἁμαρτιῶν.

2822 καλῶς [37]

√ *2819*

comparative **κάλλιον** [1] Ac 25:10

καλῶς ἔχειν [1] Mk 16:18

καλῶς ποιεῖν [11] Mt 12:12; Mk 7:37; Lk 6:27; Ac 10:33; 1Co 7:37,38; Php 4:14; Jas 2:8,19; 2Pe 1:19; 3Jn 1:6

Mt 12:12 πόσῳ οὖν διαφέρει ἄνθρωπος προβάτου. ὥστε ἔξεστιν τοῖς σάββασιν **καλῶς** ποιεῖν.
15: 7 ὑποκριταί, **καλῶς** ἐπροφήτευσεν περὶ ὑμῶν Ἠσαΐας λέγων,
Mk 7: 6 ὁ δὲ εἶπεν αὐτοῖς, **Καλῶς** ἐπροφήτευσεν Ἠσαΐας περὶ ὑμῶν τῶν ὑποκριτῶν,
7: 9 Καὶ ἔλεγεν αὐτοῖς, **Καλῶς** ἀθετεῖτε τὴν ἐντολὴν τοῦ θεοῦ,
7:37 καὶ ὑπερπερισσῶς ἐξεπλήσσοντο λέγοντες, **Καλῶς** πάντα πεποίηκεν, καὶ τοὺς κωφοὺς ποιεῖ ἀκούειν
12:28 ἰδὼν ὅτι **καλῶς** ἀπεκρίθη αὐτοῖς ἐπηρώτησεν αὐτόν, Ποία ἐστὶν ἐντολὴ πρώτη πάντων;
12:32 καὶ εἶπεν αὐτῷ ὁ γραμματεύς, **Καλῶς**, διδάσκαλε, ἐπ' ἀληθείας εἶπες ὅτι εἷς ἐστιν καὶ οὐκ ἔστιν ἄλλος πλὴν αὐτοῦ·
16:18 ⟦ὄφεις ἀροῦσιν κἂν θανάσιμόν τι πίωσιν οὐ μὴ αὐτοὺς βλάψῃ, ἐπὶ ἀρρώστους χεῖρας ἐπιθήσουσιν καὶ **καλῶς** ἕξουσιν.⟧
Lk 6:26 οὐαὶ ὅταν ὑμᾶς **καλῶς** εἴπωσιν πάντες οἱ ἄνθρωποι·
6:27 ἀγαπᾶτε τοὺς ἐχθροὺς ὑμῶν, **καλῶς** ποιεῖτε τοῖς μισοῦσιν ὑμᾶς,
6:48 καὶ οὐκ ἴσχυσεν σαλεῦσαι αὐτὴν διὰ τὸ **καλῶς** οἰκοδομῆσθαι αὐτήν.
20:39 ἀποκριθέντες δέ τινες τῶν γραμματέων εἶπαν, Διδάσκαλε, **καλῶς** εἶπας.
Jn 4:17 λέγει αὐτῇ ὁ Ἰησοῦς, **Καλῶς** εἶπας ὅτι Ἄνδρα οὐκ ἔχω·
8:48 Οὐ **καλῶς** λέγομεν ἡμεῖς ὅτι Σαμαρίτης εἶ σὺ καὶ δαιμόνιον ἔχεις;
13:13 ὑμεῖς φωνεῖτέ με Ὁ διδάσκαλος καὶ Ὁ κύριος, καὶ **καλῶς** λέγετε, εἰμὶ γάρ.
18:23 μαρτύρησον περὶ τοῦ κακοῦ· εἰ δὲ **καλῶς,** τί με δέρεις;
Ac 10:33 ἐξαυτῆς οὖν ἔπεμψα πρὸς σέ, σύ τε **καλῶς** ἐποίησας παραγενόμενος.
25:10 Ἰουδαίους οὐδὲν ἠδίκησα ὡς καὶ σὺ **κάλλιον** ἐπιγινώσκεις.
28:25 ὅτι **Καλῶς** τὸ πνεῦμα τὸ ἅγιον ἐλάλησεν διὰ Ἠσαΐου τοῦ προφήτου πρὸς τοὺς πατέρας ὑμῶν
Ro 11:20 **καλῶς·** τῇ ἀπιστίᾳ ἐξεκλάσθησαν, σὺ δὲ τῇ πίστει ἕστηκας.
1Co 7:37 ἐξουσίαν δὲ ἔχει περὶ τοῦ ἰδίου θελήματος καὶ τοῦτο κέκρικεν ἐν τῇ ἰδίᾳ καρδίᾳ, τηρεῖν τὴν ἑαυτοῦ παρθένον, **καλῶς** ποιήσει.
7:38 ὥστε καὶ ὁ γαμίζων τὴν ἑαυτοῦ παρθένον **καλῶς** ποιεῖ καὶ ὁ μὴ γαμίζων κρεῖσσον ποιήσει.
14:17 σὺ μὲν γὰρ **καλῶς** εὐχαριστεῖς ἀλλ' ὁ ἕτερος οὐκ οἰκοδομεῖται.
2Co 11: 4 ἢ εὐαγγέλιον ἕτερον ὃ οὐκ ἐδέξασθε, **καλῶς** ἀνέχεσθε.
Gal 4:17 ζηλοῦσιν ὑμᾶς οὐ **καλῶς,** ἀλλὰ ἐκκλεῖσαι ὑμᾶς θέλουσιν,
5: 7 Ἐτρέχετε **καλῶς·** τίς ὑμᾶς ἐνέκοψεν [τῇ] ἀληθείᾳ μὴ πείθεσθαι;
Php 4:14 πλὴν **καλῶς** ἐποιήσατε συγκοινωνήσαντές μου τῇ θλίψει.
1Ti 3: 4 τοῦ ἰδίου οἴκου **καλῶς** προϊστάμενον, τέκνα ἔχοντα ἐν ὑποταγῇ,
3:12 διάκονοι ἔστωσαν μιᾶς γυναικὸς ἄνδρες, τέκνων **καλῶς** προϊστάμενοι καὶ τῶν ἰδίων οἴκων.
3:13 οἱ γὰρ **καλῶς** διακονήσαντες βαθμὸν ἑαυτοῖς καλὸν περιποιοῦνται καὶ πολλὴν παρρησίαν ἐν πίστει τῇ ἐν Χριστῷ
5:17 Οἱ **καλῶς** προεστῶτες πρεσβύτεροι διπλῆς τιμῆς ἀξιούσθωσαν, μάλιστα οἱ κοπιῶντες ἐν λόγῳ καὶ διδασκαλίᾳ.
Heb 13:18 πειθόμεθα γὰρ ὅτι καλὴν συνείδησιν ἔχομεν, ἐν πᾶσιν **καλῶς** θέλοντες ἀναστρέφεσθαι.
Jas 2: 3 Σὺ κάθου ὧδε **καλῶς,** καὶ τῷ πτωχῷ εἴπητε,
2: 8 Ἀγαπήσεις τὸν πλησίον σου ὡς σεαυτόν, **καλῶς** ποιεῖτε·
2:19 σὺ πιστεύεις ὅτι εἷς ἐστιν ὁ θεός, **καλῶς** ποιεῖς·
2Pe 1:19 ᾧ **καλῶς** ποιεῖτε προσέχοντες ὡς λύχνῳ φαίνοντι ἐν αὐχμηρῷ τόπῳ,
3Jn 1: 6 οἳ ἐμαρτύρησάν σου τῇ ἀγάπῃ ἐνώπιον ἐκκλησίας, οὓς **καλῶς** ποιήσεις προπέμψας ἀξίως τοῦ θεοῦ·

2823 κάμηλος [6]

Mt 3: 4 Αὐτὸς δὲ ὁ Ἰωάννης εἶχεν τὸ ἔνδυμα αὐτοῦ ἀπὸ τριχῶν **καμήλου** καὶ ζώνην δερματίνην περὶ τὴν ὀσφὺν αὐτοῦ,
19:24 εὐκοπώτερόν ἐστιν **κάμηλον** διὰ τρυπήματος ῥαφίδος διελθεῖν ἢ πλούσιον εἰσελθεῖν εἰς τὴν βασιλείαν τοῦ θεοῦ.
23:24 οἱ διϋλίζοντες τὸν κώνωπα, τὴν δὲ **κάμηλον** καταπίνοντες.
Mk 1: 6 καὶ ἦν ὁ Ἰωάννης ἐνδεδυμένος τρίχας **καμήλου** καὶ ζώνην δερματίνην περὶ τὴν ὀσφὺν αὐτοῦ καὶ ἐσθίων ἀκρίδας καὶ μέλι ἄγριον.
10:25 εὐκοπώτερόν ἐστιν **κάμηλον** διὰ [τῆς] τρυμαλιᾶς [τῆς] ῥαφίδος διελθεῖν ἢ πλούσιον εἰς τὴν βασιλείαν τοῦ θεοῦ εἰσελθεῖν.
Lk 18:25 εὐκοπώτερον γάρ ἐστιν **κάμηλον** διὰ τρήματος βελόνης εἰσελθεῖν ἢ πλούσιον εἰς τὴν βασιλείαν τοῦ θεοῦ εἰσελθεῖν.

2824 κάμιλος Not used in UBS/NIV

2825 κάμινος [4]

√ *2794*

κάμινος πῦρ [2] Mt 13:42,50

Mt 13:42 καὶ βαλοῦσιν αὐτοὺς εἰς τὴν **κάμινον** τοῦ πυρός·
13:50 καὶ βαλοῦσιν αὐτοὺς εἰς τὴν **κάμινον** τοῦ πυρός·
Rev 1:15 καὶ οἱ πόδες αὐτοῦ ὅμοιοι χαλκολιβάνῳ ὡς ἐν **καμίνῳ** πεπυρωμένης καὶ ἡ φωνὴ αὐτοῦ ὡς φωνὴ ὑδάτων πολλῶν,
9: 2 καὶ ἀνέβη καπνὸς ἐκ τοῦ φρέατος ὡς καπνὸς **καμίνου** μεγάλης,

2826 καμμύω [2]

Mt 13:15 καὶ τοῖς ὠσὶν βαρέως ἤκουσαν καὶ τοὺς ὀφθαλμοὺς αὐτῶν **ἐκάμμυσαν,**
Ac 28:27 ἐπαχύνθη γὰρ ἡ καρδία τοῦ λαοῦ τούτου καὶ τοῖς ὠσὶν βαρέως ἤκουσαν καὶ τοὺς ὀφθαλμοὺς αὐτῶν **ἐκάμμυσαν·**

2827 κάμνω [2]

Heb 12: 3 ἀναλογίσασθε γὰρ τὸν τοιαύτην ὑπομεμενηκότα ὑπὸ τῶν ἁμαρτωλῶν εἰς ἑαυτὸν ἀντιλογίαν, ἵνα μὴ **κάμητε** ταῖς ψυχαῖς ὑμῶν ἐκλυόμενοι.
Jas 5:15 καὶ ἡ εὐχὴ τῆς πίστεως σώσει τὸν **κάμνοντα** καὶ ἐγερεῖ αὐτὸν ὁ κύριος·

2828 κάμπτω [4]

→ *366, 5159*

Ro 11: 4 Κατέλιπον ἐμαυτῷ ἑπτακισχιλίους ἄνδρας, οἵτινες οὐκ **ἔκαμψαν** γόνυ τῇ Βάαλ.
14:11 ὅτι ἐμοὶ **κάμψει** πᾶν γόνυ καὶ πᾶσα γλῶσσα ἐξομολογήσεται τῷ θεῷ.
Eph 3:14 Τούτου χάριν **κάμπτω** τὰ γόνατά μου πρὸς τὸν πατέρα,
Php 2:10 ἵνα ἐν τῷ ὀνόματι Ἰησοῦ πᾶν γόνυ **κάμψῃ** ἐπουρανίων καὶ ἐπιγείων καὶ καταχθονίων

2829 κἄν [17]

√ *2779 + 1623 + 323*

Mt 21:21 ἀλλὰ **κἂν** τῷ ὄρει τούτῳ εἴπητε, Ἄρθητι καὶ βλήθητι εἰς τὴν θάλασσαν,
26:35 **Κἂν** δέῃ με σὺν σοὶ ἀποθανεῖν, οὐ μή σε ἀπαρνήσομαι.
Mk 5:28 ἔλεγεν γὰρ ὅτι Ἐὰν ἅψωμαι **κἂν** τῶν ἱματίων αὐτοῦ σωθήσομαι.
6:56 ἐν ταῖς ἀγοραῖς ἐτίθεσαν τοὺς ἀσθενοῦντας καὶ παρεκάλουν αὐτὸν ἵνα **κἂν** τοῦ κρασπέδου τοῦ ἱματίου αὐτοῦ ἅψωνται·
16:18 ⟦[καὶ ἐν ταῖς χερσὶν] ὄφεις ἀροῦσιν **κἂν** θανάσιμόν τι πίωσιν οὐ μὴ αὐτοὺς βλάψῃ,⟧
Lk 12:38 **κἂν** ἐν τῇ δευτέρᾳ **κἂν** ἐν τῇ τρίτῃ φυλακῇ ἔλθῃ καὶ εὕρῃ οὕτως,
13: 9 **κἂν** μὲν ποιήσῃ καρπὸν εἰς τὸ μέλλον· εἰ δὲ μή γε,
Jn 8:14 **Κἂν** ἐγὼ μαρτυρῶ περὶ ἐμαυτοῦ, ἀληθής ἐστιν ἡ μαρτυρία μου,
8:55 **κἂν** εἴπω ὅτι οὐκ οἶδα αὐτόν, ἔσομαι ὅμοιος ὑμῖν ψεύστης·
10:38 εἰ δὲ ποιῶ, **κἂν** ἐμοὶ μὴ πιστεύητε, τοῖς ἔργοις πιστεύετε,
11:25 Ἐγώ εἰμι ἡ ἀνάστασις καὶ ἡ ζωή· ὁ πιστεύων εἰς ἐμὲ **κἂν** ἀποθάνῃ ζήσεται,
Ac 5:15 ἵνα ἐρχομένου Πέτρου **κἂν** ἡ σκιὰ ἐπισκιάσῃ τινὶ αὐτῶν.
1Co 13: 3 **κἂν** ψωμίσω πάντα τὰ ὑπάρχοντά μου καὶ ἐὰν παραδῶ τὸ σῶμά μου ἵνα καυχήσωμαι,
2Co 11:16 εἰ δὲ μή γε, **κἂν** ὡς ἄφρονα δέξασθέ με,
Heb 12:20 οὐκ ἔφερον γὰρ τὸ διαστελλόμενον, **Κἂν** θηρίον θίγῃ τοῦ ὄρους, λιθοβοληθήσεται·
Jas 5:15 καὶ ἡ εὐχὴ τῆς πίστεως σώσει τὸν κάμνοντα καὶ ἐγερεῖ αὐτὸν ὁ κύριος· **κἂν** ἁμαρτίας ᾖ πεποιηκώς, ἀφεθήσεται αὐτῷ.

2830 Κανά [4]

→ *2832*

Jn 2: 1 Καὶ τῇ ἡμέρᾳ τῇ τρίτῃ γάμος ἐγένετο ἐν **Κανὰ** τῆς Γαλιλαίας,

2:11 Ταύτην ἐποίησεν ἀρχὴν τῶν σημείων ὁ Ἰησοῦς ἐν **Κανὰ** τῆς Γαλιλαίας καὶ ἐφανέρωσεν τὴν δόξαν αὐτοῦ,
4:46 Ἦλθεν οὖν πάλιν εἰς τὴν **Κανὰ** τῆς Γαλιλαίας,
21: 2 ἦσαν ὁμοῦ Σίμων Πέτρος καὶ Θωμᾶς ὁ λεγόμενος Δίδυμος καὶ Ναθαναὴλ ὁ ἀπὸ **Κανὰ** τῆς Γαλιλαίας καὶ οἱ τοῦ Ζεβεδαίου

2831 Καναναῖος [2]

Mt 10: 4 Σίμων ὁ **Καναναῖος** καὶ Ἰούδας ὁ Ἰσκαριώτης ὁ καὶ παραδοὺς αὐτόν.
Mk 3:18 καὶ Βαρθολομαῖον καὶ Μαθθαῖον καὶ Θωμᾶν καὶ Ἰάκωβον τὸν τοῦ Ἁλφαίου καὶ Θαδδαῖον καὶ Σίμωνα τὸν **Καναναῖον**

2832 Κανανίτης Not used in UBS/NIV

√ *2830*

2833 Κανδάκη [1]

Ac 8:27 καὶ ἰδοὺ ἀνὴρ Αἰθίοψ εὐνοῦχος δυνάστης **Κανδάκης** βασιλίσσης Αἰθιόπων,

2834 κανών [4]

2Co 10:13 ἡμεῖς δὲ οὐκ εἰς τὰ ἄμετρα καυχησόμεθα ἀλλὰ κατὰ τὸ μέτρον τοῦ **κανόνος** οὗ ἐμέρισεν ἡμῖν ὁ θεὸς μέτρου,
10:15 ἐλπίδα δὲ ἔχοντες αὐξανομένης τῆς πίστεως ὑμῶν ἐν ὑμῖν μεγαλυνθῆναι κατὰ τὸν **κανόνα** ἡμῶν εἰς περισσείαν
10:16 οὐκ ἐν ἀλλοτρίῳ **κανόνι** εἰς τὰ ἕτοιμα καυχήσασθαι.
Gal 6:16 καὶ ὅσοι τῷ **κανόνι** τούτῳ στοιχήσουσιν, εἰρήνη ἐπ᾽ αὐτοὺς καὶ ἔλεος καὶ ἐπὶ τὸν Ἰσραὴλ τοῦ θεοῦ.

2835 Καπερναούμ Not used in UBS/NIV

√ *cf. 3019*

2836 καπηλεύω [1]

2Co 2:17 οὐ γάρ ἐσμεν ὡς οἱ πολλοὶ **καπηλεύοντες** τὸν λόγον τοῦ θεοῦ,

2837 καπνός [13]

Ac 2:19 καὶ δώσω τέρατα ἐν τῷ οὐρανῷ ἄνω καὶ σημεῖα ἐπὶ τῆς γῆς κάτω, αἷμα καὶ πῦρ καὶ ἀτμίδα **καπνοῦ·**
Rev 8: 4 καὶ ἀνέβη ὁ **καπνὸς** τῶν θυμιαμάτων ταῖς προσευχαῖς τῶν ἁγίων ἐκ χειρὸς τοῦ ἀγγέλου ἐνώπιον τοῦ θεοῦ.
9: 2 ἀνέβη **καπνὸς** ἐκ τοῦ φρέατος ὡς **καπνὸς** καμίνου μεγάλης, καὶ ἐσκοτώθη ὁ ἥλιος καὶ ὁ ἀὴρ ἐκ τοῦ **καπνοῦ** τοῦ φρέατος.
9: 3 καὶ ἐκ τοῦ **καπνοῦ** ἐξῆλθον ἀκρίδες εἰς τὴν γῆν,
9:17 ἐκ τῶν στομάτων αὐτῶν ἐκπορεύεται πῦρ καὶ **καπνὸς** καὶ θεῖον.
9:18 ἐκ τοῦ πυρὸς καὶ τοῦ **καπνοῦ** καὶ τοῦ θείου τοῦ ἐκπορευομένου ἐκ τῶν στομάτων αὐτῶν.
14:11 ὁ **καπνὸς** τοῦ βασανισμοῦ αὐτῶν εἰς αἰῶνας αἰώνων ἀναβαίνει,
15: 8 καὶ ἐγεμίσθη ὁ ναὸς **καπνοῦ** ἐκ τῆς δόξης τοῦ θεοῦ καὶ ἐκ τῆς δυνάμεως αὐτοῦ,
18: 9 οἱ μετ᾽ αὐτῆς πορνεύσαντες καὶ στρηνιάσαντες, ὅταν βλέπωσιν τὸν **καπνὸν** τῆς πυρώσεως αὐτῆς,
18:18 καὶ ἔκραζον βλέποντες τὸν **καπνὸν** τῆς πυρώσεως αὐτῆς λέγοντες,
19: 3 καὶ ὁ **καπνὸς** αὐτῆς ἀναβαίνει εἰς τοὺς αἰῶνας τῶν αἰώνων.

2838 Καππαδοκία [2]

Ac 2: 9 Ἰουδαίαν τε καὶ **Καππαδοκίαν,** Πόντον καὶ τὴν Ἀσίαν,
1Pe 1: 1 Πέτρος ἀπόστολος Ἰησοῦ Χριστοῦ ἐκλεκτοῖς παρεπιδήμοις διασπορᾶς Πόντου, Γαλατίας, **Καππαδοκίας,** Ἀσίας

2839 καραδοκία Not used in UBS/NIV

√ *3191 + 1312*

2840 καρδία [156 / 157]

→ *2841, 5016*

διαλογίζομαι ἐν ταῖς καρδίαις [4] Mk 2:6,8; Lk 3:15; 5:22

ἐκ καρδίας [10] Mt 15:18,19; Mk 12:30,33; Lk 2:35; 10:27; Ro 6:17; 1Ti 1:5; 2Ti 2:22; 1Pe 1:22

καθαρός καρδία [3] Mt 5:8; 1Ti 1:5; 2Ti 2:22

καρδία τῆς γῆς [1] Mt 12:40

καρδία ... ψυχή ... διάνοια [3] Mt 22:37; Mk 12:30; Lk 10:27

λέγω ἐν καρδίᾳ [4] Mt 24:48; Lk 12:45; Ro 10:6; Rev 18:7

ὅλος καρδία [4] Mt 22:37; Mk 12:30,33; Lk 10:27

πιστεύω [ἐν] καρδίᾳ [2] Ro 10:9,10

πρόσωπον ... καρδία [2] 2Co 5:12; 1Th 2:17

προσώπῳ οὐ [μή] καρδίᾳ [2] 2Co 5:12; 1Th 2:17

πωροῦν καρδία [3] Mk 6:52; 8:17; Jn 12:40

πώρωσις καρδίας [2] Mk 3:5; Eph 4:18

σκληρύνητε καρδίας ὑμῶν [3] Heb 3:8,15; 4:7

συνθρύπτω τὴν καρδίαν [1] Ac 21:13

ταπεινός τῇ καρδίᾳ [1] Mt 11:29

τίθημι ἐν καρδίᾳ [3] Lk 1:66; 21:14; Ac 5:4

Mt 5: 8 μακάριοι οἱ καθαροὶ τῇ **καρδίᾳ,** ὅτι αὐτοὶ τὸν θεὸν ὄψονται.
5:28 ἐγὼ δὲ λέγω ὑμῖν ὅτι πᾶς ὁ βλέπων γυναῖκα πρὸς τὸ ἐπιθυμῆσαι αὐτὴν ἤδη ἐμοίχευσεν αὐτὴν ἐν τῇ **καρδίᾳ** αὐτοῦ.
6:21 ὅπου γάρ ἐστιν ὁ θησαυρός σου, ἐκεῖ ἔσται καὶ ἡ **καρδία** σου.
9: 4 καὶ ἰδὼν ὁ Ἰησοῦς τὰς ἐνθυμήσεις αὐτῶν εἶπεν, Ἱνατί ἐνθυμεῖσθε πονηρὰ ἐν ταῖς **καρδίαις** ὑμῶν;
11:29 ὅτι πραΰς εἰμι καὶ ταπεινὸς τῇ **καρδίᾳ,** καὶ εὑρήσετε ἀνάπαυσιν ταῖς ψυχαῖς ὑμῶν·
12:34 ἐκ γὰρ τοῦ περισσεύματος τῆς **καρδίας** τὸ στόμα λαλεῖ.
12:40 οὕτως ἔσται ὁ υἱὸς τοῦ ἀνθρώπου ἐν τῇ **καρδίᾳ** τῆς γῆς τρεῖς ἡμέρας καὶ τρεῖς νύκτας.
13:15 ἐπαχύνθη γὰρ ἡ **καρδία** τοῦ λαοῦ τούτου, καὶ τοῖς ὠσὶν βαρέως ἤκουσαν καὶ τοὺς ὀφθαλμοὺς αὐτῶν ἐκάμμυσαν, μήποτε ἴδωσιν τοῖς ὀφθαλμοῖς καὶ τοῖς ὠσὶν ἀκούσωσιν καὶ τῇ **καρδίᾳ** συνῶσιν καὶ ἐπιστρέψωσιν καὶ ἰάσομαι αὐτούς.
13:19 ἀκούοντος τὸν λόγον τῆς βασιλείας καὶ μὴ συνιέντος ἔρχεται ὁ πονηρὸς καὶ ἁρπάζει τὸ ἐσπαρμένον ἐν τῇ **καρδίᾳ** αὐτοῦ,
15: 8 ἡ δὲ **καρδία** αὐτῶν πόρρω ἀπέχει ἀπ᾽ ἐμοῦ·
15:18 τὰ δὲ ἐκπορευόμενα ἐκ τοῦ στόματος ἐκ τῆς **καρδίας** ἐξέρχεται,
15:19 ἐκ γὰρ τῆς **καρδίας** ἐξέρχονται διαλογισμοὶ πονηροί, φόνοι,
18:35 ἐὰν μὴ ἀφῆτε ἕκαστος τῷ ἀδελφῷ αὐτοῦ ἀπὸ τῶν **καρδιῶν** ὑμῶν.
22:37 Ἀγαπήσεις κύριον τὸν θεόν σου ἐν ὅλῃ τῇ **καρδίᾳ** σου καὶ ἐν ὅλῃ τῇ ψυχῇ σου καὶ ἐν ὅλῃ τῇ διανοίᾳ σου·
24:48 ἐὰν δὲ εἴπῃ ὁ κακὸς δοῦλος ἐκεῖνος ἐν τῇ **καρδίᾳ** αὐτοῦ,
Mk 2: 6 ἦσαν δέ τινες τῶν γραμματέων ἐκεῖ καθήμενοι καὶ διαλογιζόμενοι ἐν ταῖς **καρδίαις** αὐτῶν,
2: 8 καὶ εὐθὺς ἐπιγνοὺς ὁ Ἰησοῦς τῷ πνεύματι αὐτοῦ ὅτι οὕτως διαλογίζονται ἐν ἑαυτοῖς λέγει αὐτοῖς, Τί ταῦτα διαλογίζεσθε ἐν ταῖς **καρδίαις** ὑμῶν;
3: 5 συλλυπούμενος ἐπὶ τῇ πωρώσει τῆς **καρδίας** αὐτῶν λέγει τῷ ἀνθρώπῳ,
6:52 οὐ γὰρ συνῆκαν ἐπὶ τοῖς ἄρτοις, ἀλλ᾽ ἦν αὐτῶν ἡ **καρδία** πεπωρωμένη.
7: 6 ἡ δὲ **καρδία** αὐτῶν πόρρω ἀπέχει ἀπ᾽ ἐμοῦ·
7:19 ὅτι οὐκ εἰσπορεύεται αὐτοῦ εἰς τὴν **καρδίαν** ἀλλ᾽ εἰς τὴν κοιλίαν,
7:21 ἔσωθεν γὰρ ἐκ τῆς **καρδίας** τῶν ἀνθρώπων οἱ διαλογισμοὶ οἱ κακοὶ ἐκπορεύονται,
8:17 οὔπω νοεῖτε οὐδὲ συνίετε; πεπωρωμένην ἔχετε τὴν **καρδίαν** ὑμῶν;
11:23 καὶ μὴ διακριθῇ ἐν τῇ **καρδίᾳ** αὐτοῦ ἀλλὰ πιστεύῃ ὅτι ὃ λαλεῖ γίνεται,
12:30 καὶ ἀγαπήσεις κύριον τὸν θεόν σου ἐξ ὅλης τῆς **καρδίας** σου καὶ ἐξ ὅλης τῆς ψυχῆς σου καὶ ἐξ ὅλης τῆς διανοίας σου καὶ ἐξ ὅλης τῆς ἰσχύος σου.
12:33 καὶ τὸ ἀγαπᾶν αὐτὸν ἐξ ὅλης τῆς **καρδίας** καὶ ἐξ ὅλης τῆς συνέσεως καὶ ἐξ ὅλης τῆς ἰσχύος καὶ τὸ ἀγαπᾶν τὸν πλησίον ὡς ἑαυτὸν περισσότερόν ἐστιν πάντων τῶν ὁλοκαυτωμάτων
Lk 1:17 ἐπιστρέψαι **καρδίας** πατέρων ἐπὶ τέκνα καὶ ἀπειθεῖς ἐν φρονήσει δικαίων,
1:51 Ἐποίησεν κράτος ἐν βραχίονι αὐτοῦ, διεσκόρπισεν ὑπερηφάνους διανοίᾳ **καρδίας** αὐτῶν·
1:66 καὶ ἔθεντο πάντες οἱ ἀκούσαντες ἐν τῇ **καρδίᾳ** αὐτῶν λέγοντες,

2:19 ἡ δὲ Μαριὰμ πάντα συνετήρει τὰ ῥήματα ταῦτα συμβάλλουσα ἐν τῇ **καρδίᾳ** αὐτῆς.
2:35 –καὶ σοῦ [δὲ] αὐτῆς τὴν ψυχὴν διελεύσεται ῥομφαία–, ὅπως ἂν ἀποκαλυφθῶσιν ἐκ πολλῶν **καρδιῶν** διαλογισμοί.
2:51 καὶ ἡ μήτηρ αὐτοῦ διετήρει πάντα τὰ ῥήματα ἐν τῇ **καρδίᾳ** αὐτῆς.
3:15 Προσδοκῶντος δὲ τοῦ λαοῦ καὶ διαλογιζομένων πάντων ἐν ταῖς **καρδίαις** αὐτῶν περὶ τοῦ Ἰωάννου,
5:22 ἐπιγνοὺς δὲ ὁ Ἰησοῦς τοὺς διαλογισμοὺς αὐτῶν ἀποκριθεὶς εἶπεν πρὸς αὐτούς, Τί διαλογίζεσθε ἐν ταῖς **καρδίαις** ὑμῶν;
6:45 ὁ ἀγαθὸς ἄνθρωπος ἐκ τοῦ ἀγαθοῦ θησαυροῦ τῆς **καρδίας** προφέρει τὸ ἀγαθόν, καὶ ὁ πονηρὸς ἐκ τοῦ πονηροῦ θησαυροῦ τῆς **καρδίας**[UBS-] αὐτοῦ προφέρει τὸ πονηρόν· ἐκ γὰρ περισσεύματος **καρδίας** λαλεῖ τὸ στόμα αὐτοῦ.
8:12 εἶτα ἔρχεται ὁ διάβολος καὶ αἴρει τὸν λόγον ἀπὸ τῆς **καρδίας** αὐτῶν,
8:15 οὗτοί εἰσιν οἵτινες ἐν **καρδίᾳ** καλῇ καὶ ἀγαθῇ ἀκούσαντες τὸν λόγον κατέχουσιν καὶ καρποφοροῦσιν ἐν ὑπομονῇ.
9:47 ὁ δὲ Ἰησοῦς εἰδὼς τὸν διαλογισμὸν τῆς **καρδίας** αὐτῶν,
10:27 Ἀγαπήσεις κύριον τὸν θεόν σου ἐξ ὅλης [τῆς] **καρδίας** σου καὶ ἐν ὅλῃ τῇ ψυχῇ σου καὶ ἐν ὅλῃ τῇ ἰσχύϊ σου καὶ ἐν ὅλῃ τῇ διανοίᾳ σου,
12:34 ὅπου γάρ ἐστιν ὁ θησαυρὸς ὑμῶν, ἐκεῖ καὶ ἡ **καρδία** ὑμῶν ἔσται.
12:45 ἐὰν δὲ εἴπῃ ὁ δοῦλος ἐκεῖνος ἐν τῇ **καρδίᾳ** αὐτοῦ,
16:15 Ὑμεῖς ἐστε οἱ δικαιοῦντες ἑαυτοὺς ἐνώπιον τῶν ἀνθρώπων, ὁ δὲ θεὸς γινώσκει τὰς **καρδίας** ὑμῶν·
21:14 θέτε οὖν ἐν ταῖς **καρδίαις** ὑμῶν μὴ προμελετᾶν ἀπολογηθῆναι·
21:34 μήποτε βαρηθῶσιν ὑμῶν αἱ **καρδίαι** ἐν κραιπάλῃ καὶ μέθῃ καὶ μερίμναις βιωτικαῖς καὶ ἐπιστῇ ἐφ' ὑμᾶς αἰφνίδιος ἡ ἡμέρα
24:25 Ὦ ἀνόητοι καὶ βραδεῖς τῇ **καρδίᾳ** τοῦ πιστεύειν ἐπὶ πᾶσιν οἷς ἐλάλησαν οἱ προφῆται·
24:32 Οὐχὶ ἡ **καρδία** ἡμῶν καιομένη ἦν [ἐν ἡμῖν] ὡς ἐλάλει ἡμῖν ἐν τῇ ὁδῷ,
24:38 Τί τεταραγμένοι ἐστὲ καὶ διὰ τί διαλογισμοὶ ἀναβαίνουσιν ἐν τῇ **καρδίᾳ** ὑμῶν;

Jn 12:40 Τετύφλωκεν αὐτῶν τοὺς ὀφθαλμοὺς καὶ ἐπώρωσεν αὐτῶν τὴν **καρδίαν,** ἵνα μὴ ἴδωσιν τοῖς ὀφθαλμοῖς καὶ νοήσωσιν τῇ **καρδίᾳ** καὶ στραφῶσιν, καὶ ἰάσομαι αὐτούς.
13: 2 τοῦ διαβόλου ἤδη βεβληκότος εἰς τὴν **καρδίαν** ἵνα παραδοῖ αὐτὸν Ἰούδας Σίμωνος Ἰσκαριώτου,
14: 1 Μὴ ταρασσέσθω ὑμῶν ἡ **καρδία**· πιστεύετε εἰς τὸν θεὸν καὶ εἰς ἐμὲ πιστεύετε.
14:27 οὐ καθὼς ὁ κόσμος δίδωσιν ἐγὼ δίδωμι ὑμῖν. μὴ ταρασσέσθω ὑμῶν ἡ **καρδία** μηδὲ δειλιάτω.
16: 6 ἀλλ' ὅτι ταῦτα λελάληκα ὑμῖν ἡ λύπη πεπλήρωκεν ὑμῶν τὴν **καρδίαν.**
16:22 πάλιν δὲ ὄψομαι ὑμᾶς, καὶ χαρήσεται ὑμῶν ἡ **καρδία,**

Ac 2:26 διὰ τοῦτο ηὐφράνθη ἡ **καρδία** μου καὶ ἠγαλλιάσατο ἡ γλῶσσά μου,
2:37 Ἀκούσαντες δὲ κατενύγησαν τὴν **καρδίαν** εἶπόν τε πρὸς τὸν Πέτρον καὶ τοὺς λοιποὺς ἀποστόλους,
2:46 κλῶντές τε κατ' οἶκον ἄρτον, μετελάμβανον τροφῆς ἐν ἀγαλλιάσει καὶ ἀφελότητι **καρδίας**
4:32 Τοῦ δὲ πλήθους τῶν πιστευσάντων ἦν **καρδία** καὶ ψυχὴ μία,
5: 3 διὰ τί ἐπλήρωσεν ὁ Σατανᾶς τὴν **καρδίαν** σου,
5: 4 τί ὅτι ἔθου ἐν τῇ **καρδίᾳ** σου τὸ πρᾶγμα τοῦτο;
7:23 ἀνέβη ἐπὶ τὴν **καρδίαν** αὐτοῦ ἐπισκέψασθαι τοὺς ἀδελφοὺς αὐτοῦ τοὺς υἱοὺς Ἰσραήλ.
7:39 ἀλλὰ ἀπώσαντο καὶ ἐστράφησαν ἐν ταῖς **καρδίαις** αὐτῶν εἰς Αἴγυπτον
7:51 Σκληροτράχηλοι καὶ ἀπερίτμητοι **καρδίαις** καὶ τοῖς ὠσίν, ὑμεῖς ἀεὶ τῷ πνεύματι τῷ ἁγίῳ ἀντιπίπτετε ὡς οἱ πατέρες
7:54 Ἀκούοντες δὲ ταῦτα διεπρίοντο ταῖς **καρδίαις** αὐτῶν καὶ ἔβρυχον τοὺς ὀδόντας ἐπ' αὐτόν.
8:21 ἡ γὰρ **καρδία** σου οὐκ ἔστιν εὐθεῖα ἔναντι τοῦ θεοῦ.
8:22 εἰ ἄρα ἀφεθήσεταί σοι ἡ ἐπίνοια τῆς **καρδίας** σου,
11:23 ἐχάρη καὶ παρεκάλει πάντας τῇ προθέσει τῆς **καρδίας** προσμένειν τῷ κυρίῳ,
13:22 Εὗρον Δαυὶδ τὸν τοῦ Ἰεσσαί, ἄνδρα κατὰ τὴν **καρδίαν** μου,
14:17 οὐρανόθεν ὑμῖν ὑετοὺς διδοὺς καὶ καιροὺς καρποφόρους, ἐμπιπλῶν τροφῆς καὶ εὐφροσύνης τὰς **καρδίας** ὑμῶν.
15: 9 καὶ οὐθὲν διέκρινεν μεταξὺ ἡμῶν τε καὶ αὐτῶν τῇ πίστει καθαρίσας τὰς **καρδίας** αὐτῶν.
16:14 ἧς ὁ κύριος διήνοιξεν τὴν **καρδίαν** προσέχειν τοῖς λαλουμένοις ὑπὸ τοῦ Παύλου.
21:13 Τί ποιεῖτε κλαίοντες καὶ συνθρύπτοντές μου τὴν **καρδίαν;**
28:27 ἐπαχύνθη γὰρ ἡ **καρδία** τοῦ λαοῦ τούτου καὶ τοῖς ὠσὶν βαρέως ἤκουσαν καὶ τοὺς ὀφθαλμοὺς αὐτῶν ἐκάμμυσαν· μήποτε ἴδωσιν τοῖς ὀφθαλμοῖς καὶ τοῖς ὠσὶν ἀκούσωσιν καὶ τῇ **καρδίᾳ** συνῶσιν καὶ ἐπιστρέψωσιν,

Ro 1:21 ἀλλ' ἐματαιώθησαν ἐν τοῖς διαλογισμοῖς αὐτῶν καὶ ἐσκοτίσθη ἡ ἀσύνετος αὐτῶν **καρδία.**
1:24 Διὸ παρέδωκεν αὐτοὺς ὁ θεὸς ἐν ταῖς ἐπιθυμίαις τῶν **καρδιῶν** αὐτῶν εἰς ἀκαθαρσίαν τοῦ ἀτιμάζεσθαι τὰ σώματα αὐτῶν
2: 5 κατὰ δὲ τὴν σκληρότητά σου καὶ ἀμετανόητον **καρδίαν** θησαυρίζεις σεαυτῷ ὀργὴν ἐν ἡμέρᾳ ὀργῆς
2:15 οἵτινες ἐνδείκνυνται τὸ ἔργον τοῦ νόμου γραπτὸν ἐν ταῖς **καρδίαις** αὐτῶν,
2:29 ἀλλ' ὁ ἐν τῷ κρυπτῷ Ἰουδαῖος, καὶ περιτομὴ **καρδίας** ἐν πνεύματι οὐ γράμματι,
5: 5 ὅτι ἡ ἀγάπη τοῦ θεοῦ ἐκκέχυται ἐν ταῖς **καρδίαις** ἡμῶν διὰ πνεύματος ἁγίου τοῦ δοθέντος ἡμῖν.
6:17 χάρις δὲ τῷ θεῷ ὅτι ἦτε δοῦλοι τῆς ἁμαρτίας ὑπηκούσατε δὲ ἐκ **καρδίας** εἰς ὃν παρεδόθητε τύπον διδαχῆς,
8:27 ὁ δὲ ἐραυνῶν τὰς **καρδίας** οἶδεν τί τὸ φρόνημα τοῦ πνεύματος,
9: 2 ὅτι λύπη μοί ἐστιν μεγάλη καὶ ἀδιάλειπτος ὀδύνη τῇ **καρδίᾳ** μου.
10: 1 ἡ μὲν εὐδοκία τῆς ἐμῆς **καρδίας** καὶ ἡ δέησις πρὸς τὸν θεὸν ὑπὲρ αὐτῶν εἰς σωτηρίαν.
10: 6 Μὴ εἴπῃς ἐν τῇ **καρδίᾳ** σου, Τίς ἀναβήσεται εἰς τὸν οὐρανόν;
10: 8 Ἐγγύς σου τὸ ῥῆμά ἐστιν ἐν τῷ στόματί σου καὶ ἐν τῇ **καρδίᾳ** σου,
10: 9 ὅτι ἐὰν ὁμολογήσῃς ἐν τῷ στόματί σου κύριον Ἰησοῦν καὶ πιστεύσῃς ἐν τῇ **καρδίᾳ** σου ὅτι ὁ θεὸς αὐτὸν ἤγειρεν ἐκ νεκρῶν,
10:10 **καρδίᾳ** γὰρ πιστεύεται εἰς δικαιοσύνην, στόματι δὲ ὁμολογεῖται εἰς σωτηρίαν.
16:18 καὶ διὰ τῆς χρηστολογίας καὶ εὐλογίας ἐξαπατῶσιν τὰς **καρδίας** τῶν ἀκάκων.

1Co 2: 9 Ἃ ὀφθαλμὸς οὐκ εἶδεν καὶ οὖς οὐκ ἤκουσεν καὶ ἐπὶ **καρδίαν** ἀνθρώπου οὐκ ἀνέβη,
4: 5 ὃς καὶ φωτίσει τὰ κρυπτὰ τοῦ σκότους καὶ φανερώσει τὰς βουλὰς τῶν **καρδιῶν·**
7:37 ὃς δὲ ἕστηκεν ἐν τῇ **καρδίᾳ** αὐτοῦ ἑδραῖος μὴ ἔχων ἀνάγκην, ἐξουσίαν δὲ ἔχει περὶ τοῦ ἰδίου θελήματος καὶ τοῦτο κέκρικεν ἐν τῇ ἰδίᾳ **καρδίᾳ,**
14:25 τὰ κρυπτὰ τῆς **καρδίας** αὐτοῦ φανερὰ γίνεται, καὶ οὕτως πεσὼν ἐπὶ πρόσωπον προσκυνήσει τῷ θεῷ ἀπαγγέλλων ὅτι Ὄντως ὁ θεὸς ἐν ὑμῖν ἐστιν.

2Co 1:22 ὁ καὶ σφραγισάμενος ἡμᾶς καὶ δοὺς τὸν ἀρραβῶνα τοῦ πνεύματος ἐν ταῖς **καρδίαις** ἡμῶν.
2: 4 ἐκ γὰρ πολλῆς θλίψεως καὶ συνοχῆς **καρδίας** ἔγραψα ὑμῖν διὰ πολλῶν δακρύων,
3: 2 ἡ ἐπιστολὴ ἡμῶν ὑμεῖς ἐστε, ἐγγεγραμμένη ἐν ταῖς **καρδίαις** ἡμῶν,
3: 3 οὐκ ἐν πλαξὶν λιθίναις ἀλλ' ἐν πλαξὶν **καρδίαις** σαρκίναις.
3:15 ἀλλ' ἕως σήμερον ἡνίκα ἂν ἀναγινώσκηται Μωϋσῆς, κάλυμμα ἐπὶ τὴν **καρδίαν** αὐτῶν κεῖται·
4: 6 ὃς ἔλαμψεν ἐν ταῖς **καρδίαις** ἡμῶν πρὸς φωτισμὸν τῆς γνώσεως τῆς δόξης τοῦ θεοῦ ἐν προσώπῳ [Ἰησοῦ] Χριστοῦ.
5:12 ἵνα ἔχητε πρὸς τοὺς ἐν προσώπῳ καυχωμένους καὶ μὴ ἐν **καρδίᾳ.**
6:11 Τὸ στόμα ἡμῶν ἀνέῳγεν πρὸς ὑμᾶς, Κορίνθιοι, ἡ **καρδία** ἡμῶν πεπλάτυνται·
7: 3 προείρηκα γὰρ ὅτι ἐν ταῖς **καρδίαις** ἡμῶν ἐστε εἰς τὸ συναποθανεῖν καὶ συζῆν.
8:16 Χάρις δὲ τῷ θεῷ τῷ δόντι τὴν αὐτὴν σπουδὴν ὑπὲρ ὑμῶν ἐν τῇ **καρδίᾳ** Τίτου,
9: 7 ἕκαστος καθὼς προῄρηται τῇ **καρδίᾳ,** μὴ ἐκ λύπης ἢ ἐξ ἀνάγκης·

Gal 4: 6 ἐξαπέστειλεν ὁ θεὸς τὸ πνεῦμα τοῦ υἱοῦ αὐτοῦ εἰς τὰς **καρδίας** ἡμῶν κρᾶζον,

Eph 1:18 πεφωτισμένους τοὺς ὀφθαλμοὺς τῆς **καρδίας** [ὑμῶν] εἰς τὸ εἰδέναι ὑμᾶς τίς ἐστιν ἡ ἐλπὶς τῆς κλήσεως αὐτοῦ,
3:17 κατοικῆσαι τὸν Χριστὸν διὰ τῆς πίστεως ἐν ταῖς **καρδίαις** ὑμῶν,
4:18 ἀπηλλοτριωμένοι τῆς ζωῆς τοῦ θεοῦ διὰ τὴν ἄγνοιαν τὴν οὖσαν ἐν αὐτοῖς, διὰ τὴν πώρωσιν τῆς **καρδίας** αὐτῶν,
5:19 ᾄδοντες καὶ ψάλλοντες τῇ **καρδίᾳ** ὑμῶν τῷ κυρίῳ,
6: 5 ὑπακούετε τοῖς κατὰ σάρκα κυρίοις μετὰ φόβου καὶ τρόμου ἐν ἁπλότητι τῆς **καρδίας** ὑμῶν ὡς τῷ Χριστῷ,

6:22 ἵνα γνῶτε τὰ περὶ ἡμῶν καὶ παρακαλέσῃ τὰς **καρδίας** ὑμῶν.
Php 1:7 καθώς ἐστιν δίκαιον ἐμοὶ τοῦτο φρονεῖν ὑπὲρ πάντων ὑμῶν διὰ τὸ ἔχειν με ἐν τῇ **καρδίᾳ** ὑμᾶς,
4:7 καὶ ἡ εἰρήνη τοῦ θεοῦ ἡ ὑπερέχουσα πάντα νοῦν φρουρήσει τὰς **καρδίας** ὑμῶν καὶ τὰ νοήματα ὑμῶν ἐν Χριστῷ Ἰησοῦ.
Col 2:2 ἵνα παρακληθῶσιν αἱ **καρδίαι** αὐτῶν συμβιβασθέντες ἐν ἀγάπῃ καὶ εἰς πᾶν πλοῦτος τῆς πληροφορίας τῆς συνέσεως,
3:15 καὶ ἡ εἰρήνη τοῦ Χριστοῦ βραβευέτω ἐν ταῖς **καρδίαις** ὑμῶν,
3:16 ψαλμοῖς ὕμνοις ᾠδαῖς πνευματικαῖς ἐν [τῇ] χάριτι ᾄδοντες ἐν ταῖς **καρδίαις** ὑμῶν τῷ θεῷ·
3:22 μὴ ἐν ὀφθαλμοδουλίᾳ ὡς ἀνθρωπάρεσκοι, ἀλλ' ἐν ἁπλότητι **καρδίας** φοβούμενοι τὸν κύριον.
4:8 ἵνα γνῶτε τὰ περὶ ἡμῶν καὶ παρακαλέσῃ τὰς **καρδίας** ὑμῶν,
1Th 2:4 οὐχ ὡς ἀνθρώποις ἀρέσκοντες ἀλλὰ θεῷ τῷ δοκιμάζοντι τὰς **καρδίας** ἡμῶν.
2:17 ἀπορφανισθέντες ἀφ' ὑμῶν πρὸς καιρὸν ὥρας, προσώπῳ οὐ **καρδίᾳ,**
3:13 εἰς τὸ στηρίξαι ὑμῶν τὰς **καρδίας** ἀμέμπτους ἐν ἁγιωσύνῃ ἔμπροσθεν τοῦ θεοῦ καὶ πατρὸς ἡμῶν ἐν τῇ παρουσίᾳ
2Th 2:17 παρακαλέσαι ὑμῶν τὰς **καρδίας** καὶ στηρίξαι ἐν παντὶ ἔργῳ καὶ λόγῳ ἀγαθῷ.
3:5 Ὁ δὲ κύριος κατευθύναι ὑμῶν τὰς **καρδίας** εἰς τὴν ἀγάπην τοῦ θεοῦ καὶ εἰς τὴν ὑπομονὴν τοῦ Χριστοῦ.
1Ti 1:5 τὸ δὲ τέλος τῆς παραγγελίας ἐστὶν ἀγάπη ἐκ καθαρᾶς **καρδίας** καὶ συνειδήσεως ἀγαθῆς καὶ πίστεως ἀνυποκρίτου,
2Ti 2:22 δίωκε δὲ δικαιοσύνην πίστιν ἀγάπην εἰρήνην μετὰ τῶν ἐπικαλουμένων τὸν κύριον ἐκ καθαρᾶς **καρδίας.**
Heb 3:8 μὴ σκληρύνητε τὰς **καρδίας** ὑμῶν ὡς ἐν τῷ παραπικρασμῷ κατὰ τὴν ἡμέραν τοῦ πειρασμοῦ ἐν τῇ ἐρήμῳ,
3:10 Ἀεὶ πλανῶνται τῇ **καρδίᾳ,** αὐτοὶ δὲ οὐκ ἔγνωσαν τὰς ὁδούς μου,
3:12 μήποτε ἔσται ἔν τινι ὑμῶν **καρδία** πονηρὰ ἀπιστίας ἐν τῷ ἀποστῆναι ἀπὸ θεοῦ ζῶντος,
3:15 Μὴ σκληρύνητε τὰς **καρδίας** ὑμῶν ὡς ἐν τῷ παραπικρασμῷ.
4:7 Σήμερον ἐὰν τῆς φωνῆς αὐτοῦ ἀκούσητε, μὴ σκληρύνητε τὰς **καρδίας** ὑμῶν.
4:12 ἁρμῶν τε καὶ μυελῶν, καὶ κριτικὸς ἐνθυμήσεων καὶ ἐννοιῶν **καρδίας·**
8:10 διδοὺς νόμους μου εἰς τὴν διάνοιαν αὐτῶν καὶ ἐπὶ **καρδίας** αὐτῶν ἐπιγράψω αὐτούς,
10:16 διδοὺς νόμους μου ἐπὶ **καρδίας** αὐτῶν καὶ ἐπὶ τὴν διάνοιαν αὐτῶν ἐπιγράψω αὐτούς,
10:22 προσερχώμεθα μετὰ ἀληθινῆς **καρδίας** ἐν πληροφορίᾳ πίστεως ῥεραντισμένοι τὰς **καρδίας** ἀπὸ συνειδήσεως πονηρᾶς καὶ λελουσμένοι τὸ σῶμα ὕδατι καθαρῷ·
13:9 καλὸν γὰρ χάριτι βεβαιοῦσθαι τὴν **καρδίαν,** οὐ βρώμασιν ἐν οἷς οὐκ ὠφελήθησαν οἱ περιπατοῦντες.
Jas 1:26 Εἴ τις δοκεῖ θρησκὸς εἶναι μὴ χαλιναγωγῶν γλῶσσαν αὐτοῦ ἀλλὰ ἀπατῶν **καρδίαν** αὐτοῦ,
3:14 εἰ δὲ ζῆλον πικρὸν ἔχετε καὶ ἐριθείαν ἐν τῇ **καρδίᾳ** ὑμῶν,
4:8 ἐγγίσατε τῷ θεῷ καὶ ἐγγιεῖ ὑμῖν. καθαρίσατε χεῖρας, ἁμαρτωλοί, καὶ ἁγνίσατε **καρδίας,** δίψυχοι.
5:5 ἐτρυφήσατε ἐπὶ τῆς γῆς καὶ ἐσπαταλήσατε, ἐθρέψατε τὰς **καρδίας** ὑμῶν ἐν ἡμέρᾳ σφαγῆς,
5:8 μακροθυμήσατε καὶ ὑμεῖς, στηρίξατε τὰς **καρδίας** ὑμῶν, ὅτι ἡ παρουσία τοῦ κυρίου ἤγγικεν.
1Pe 1:22 Τὰς ψυχὰς ὑμῶν ἡγνικότες ἐν τῇ ὑπακοῇ τῆς ἀληθείας εἰς φιλαδελφίαν ἀνυπόκριτον, ἐκ [καθαρᾶς] **καρδίας** ἀλλήλους ἀγαπήσατε ἐκτενῶς
3:4 ἀλλ' ὁ κρυπτὸς τῆς **καρδίας** ἄνθρωπος ἐν τῷ ἀφθάρτῳ τοῦ πραέως καὶ ἡσυχίου πνεύματος,
3:15 κύριον δὲ τὸν Χριστὸν ἁγιάσατε ἐν ταῖς **καρδίαις** ὑμῶν,
2Pe 1:19 ἕως οὗ ἡμέρα διαυγάσῃ καὶ φωσφόρος ἀνατείλῃ ἐν ταῖς **καρδίαις** ὑμῶν,
2:14 δελεάζοντες ψυχὰς ἀστηρίκτους, **καρδίαν** γεγυμνασμένην πλεονεξίας ἔχοντες, κατάρας τέκνα·
1Jn 3:19 [Καὶ] ἐν τούτῳ γνωσόμεθα ὅτι ἐκ τῆς ἀληθείας ἐσμέν, καὶ ἔμπροσθεν αὐτοῦ πείσομεν τὴν **καρδίαν** ἡμῶν,
3:20 ὅτι ἐὰν καταγινώσκῃ ἡμῶν ἡ **καρδία,** ὅτι μείζων ἐστὶν ὁ θεὸς τῆς **καρδίας** ἡμῶν καὶ γινώσκει πάντα.
3:21 Ἀγαπητοί, ἐὰν ἡ **καρδία** [ἡμῶν] μὴ καταγινώσκῃ, παρρησίαν ἔχομεν πρὸς τὸν θεὸν
Rev 2:23 καὶ γνώσονται πᾶσαι αἱ ἐκκλησίαι ὅτι ἐγώ εἰμι ὁ ἐραυνῶν νεφροὺς καὶ **καρδίας,**
17:17 ὁ γὰρ θεὸς ἔδωκεν εἰς τὰς **καρδίας** αὐτῶν ποιῆσαι τὴν γνώμην αὐτοῦ καὶ ποιῆσαι μίαν γνώμην καὶ δοῦναι τὴν βασιλείαν
18:7 ὅτι ἐν τῇ **καρδίᾳ** αὐτῆς λέγει ὅτι Κάθημαι βασίλισσα καὶ χήρα οὐκ εἰμὶ καὶ πένθος οὐ μὴ ἴδω.

2841 καρδιογνώστης [2]

√ *2840 + 1182*

Ac 1:24 καὶ προσευξάμενοι εἶπαν, Σὺ κύριε **καρδιογνῶστα** πάντων, ἀνάδειξον ὃν ἐξελέξω ἐκ τούτων τῶν δύο ἕνα
15:8 καὶ ὁ **καρδιογνώστης** θεὸς ἐμαρτύρησεν αὐτοῖς δοὺς τὸ πνεῦμα τὸ ἅγιον καθὼς καὶ ἡμῖν

2842 Κάρπος [1]

√ *2843*

2Ti 4:13 τὸν φαιλόνην ὃν ἀπέλιπον ἐν Τρῳάδι παρὰ **Κάρπῳ** ἐρχόμενος φέρε,

2843 καρπός [66]

→ *182, 2842, 2844, 2845*

ἀγαθός καρπός [1] Jas 3:17

ἐσθίω καρπόν [2] Mk 11:14; 1Co 9:7

ἔχω καρπός [3] Ro 1:13; 6:21,22

καλός καρπός [7] Mt 3:10; 7:17,18,19; 12:33; Lk 3:9; 6:43

καρπὸς δικαιοσύνης [3] Php 1:11; Heb 12:11; Jas 3:18

καρπός κοιλίας [1] Lk 1:42

καρπός ὀσφύος [1] Ac 2:30

καρπός τοῦ πνεύματος [1] Gal 5:22

καρπός χειλέων [1] Heb 13:15

ποιεῖν καρπός [17] Mt 3:8,10; 7:17,17,18,18,19; 12:33; 13:26; 21:43; Lk 3:8,9; 6:43,43; 8:8; 13:9; Rev 22:2

πονηρός καρπός [2] Mt 7:17,18

σαπρός καρπός [2] Mt 12:33; Lk 6:43

φέρω καρπόν [9] Mk 4:8; Jn 12:24; 15:2,2,2,4,5,8,16

Mt 3:8 ποιήσατε οὖν **καρπὸν** ἄξιον τῆς μετανοίας
3:10 πᾶν οὖν δένδρον μὴ ποιοῦν **καρπὸν** καλὸν ἐκκόπτεται καὶ εἰς πῦρ βάλλεται.
7:16 ἀπὸ τῶν **καρπῶν** αὐτῶν ἐπιγνώσεσθε αὐτούς. μήτι συλλέγουσιν ἀπὸ ἀκανθῶν σταφυλὰς ἢ ἀπὸ τριβόλων σῦκα;
7:17 οὕτως πᾶν δένδρον ἀγαθὸν **καρποὺς** καλοὺς ποιεῖ, τὸ δὲ σαπρὸν δένδρον **καρποὺς** πονηροὺς ποιεῖ.
7:18 οὐ δύναται δένδρον ἀγαθὸν **καρποὺς** πονηροὺς ποιεῖν οὐδὲ δένδρον σαπρὸν **καρποὺς** καλοὺς ποιεῖν.
7:19 πᾶν δένδρον μὴ ποιοῦν **καρπὸν** καλὸν ἐκκόπτεται καὶ εἰς πῦρ βάλλεται.
7:20 ἄρα γε ἀπὸ τῶν **καρπῶν** αὐτῶν ἐπιγνώσεσθε αὐτούς.
12:33 Ἢ ποιήσατε τὸ δένδρον καλὸν καὶ τὸν **καρπὸν** αὐτοῦ καλόν, ἢ ποιήσατε τὸ δένδρον σαπρὸν καὶ τὸν **καρπὸν** αὐτοῦ σαπρόν· ἐκ γὰρ τοῦ **καρποῦ** τὸ δένδρον γινώσκεται.
13:8 ἄλλα δὲ ἔπεσεν ἐπὶ τὴν γῆν τὴν καλὴν καὶ ἐδίδου **καρπόν,**
13:26 ὅτε δὲ ἐβλάστησεν ὁ χόρτος καὶ **καρπὸν** ἐποίησεν,
21:19 Μηκέτι ἐκ σοῦ **καρπὸς** γένηται εἰς τὸν αἰῶνα.
21:34 ἤγγισεν ὁ καιρὸς τῶν **καρπῶν,** ἀπέστειλεν τοὺς δούλους αὐτοῦ πρὸς τοὺς γεωργοὺς λαβεῖν τοὺς **καρποὺς** αὐτοῦ.
21:41 οἵτινες ἀποδώσουσιν αὐτῷ τοὺς **καρποὺς** ἐν τοῖς καιροῖς αὐτῶν.
21:43 διὰ τοῦτο λέγω ὑμῖν ὅτι ἀρθήσεται ἀφ' ὑμῶν ἡ βασιλεία τοῦ θεοῦ καὶ δοθήσεται ἔθνει ποιοῦντι τοὺς **καρποὺς** αὐτῆς.
Mk 4:7 καὶ ἀνέβησαν αἱ ἄκανθαι καὶ συνέπνιξαν αὐτό, καὶ **καρπὸν** οὐκ ἔδωκεν.
4:8 ἔπεσεν εἰς τὴν γῆν τὴν καλὴν καὶ ἐδίδου **καρπὸν** ἀναβαίνοντα καὶ αὐξανόμενα καὶ ἔφερεν ἓν τριάκοντα καὶ ἓν ἑξήκοντα
4:29 ὅταν δὲ παραδοῖ ὁ **καρπός,** εὐθὺς ἀποστέλλει τὸ δρέπανον,
11:14 Μηκέτι εἰς τὸν αἰῶνα ἐκ σοῦ μηδεὶς **καρπὸν** φάγοι.
12:2 καὶ ἀπέστειλεν πρὸς τοὺς γεωργοὺς τῷ καιρῷ δοῦλον ἵνα παρὰ τῶν γεωργῶν λάβῃ ἀπὸ τῶν **καρπῶν** τοῦ ἀμπελῶνος·
Lk 1:42 Εὐλογημένη σὺ ἐν γυναιξὶν καὶ εὐλογημένος ὁ **καρπὸς** τῆς κοιλίας σου.

3: 8 ποιήσατε οὖν **καρποὺς** ἀξίους τῆς μετανοίας καὶ μὴ ἄρξησθε λέγειν ἐν ἑαυτοῖς,
3: 9 πᾶν οὖν δένδρον μὴ ποιοῦν **καρπὸν** καλὸν ἐκκόπτεται καὶ εἰς πῦρ βάλλεται.
6:43 Οὐ γάρ ἐστιν δένδρον καλὸν ποιοῦν **καρπὸν** σαπρόν, οὐδὲ πάλιν δένδρον σαπρὸν ποιοῦν **καρπὸν** καλόν.
6:44 ἕκαστον γὰρ δένδρον ἐκ τοῦ ἰδίου **καρποῦ** γινώσκεται·
8: 8 καὶ ἕτερον ἔπεσεν εἰς τὴν γῆν τὴν ἀγαθὴν καὶ φυὲν ἐποίησεν **καρπὸν** ἑκατονταπλασίονα.
12:17 ὅτι οὐκ ἔχω ποῦ συνάξω τοὺς **καρπούς** μου;
13: 6 καὶ ἦλθεν ζητῶν **καρπὸν** ἐν αὐτῇ καὶ οὐχ εὗρεν.
13: 7 Ἰδοὺ τρία ἔτη ἀφ᾽ οὗ ἔρχομαι ζητῶν **καρπὸν** ἐν τῇ συκῇ ταύτῃ καὶ οὐχ εὑρίσκω·
13: 9 κἂν μὲν ποιήσῃ **καρπὸν** εἰς τὸ μέλλον· εἰ δὲ μή γε,
20:10 καὶ καιρῷ ἀπέστειλεν πρὸς τοὺς γεωργοὺς δοῦλον ἵνα ἀπὸ τοῦ **καρποῦ** τοῦ ἀμπελῶνος δώσουσιν αὐτῷ·
Jn 4:36 ὁ θερίζων μισθὸν λαμβάνει καὶ συνάγει **καρπὸν** εἰς ζωὴν αἰώνιον,
12:24 αὐτὸς μόνος μένει· ἐὰν δὲ ἀποθάνῃ, πολὺν **καρπὸν** φέρει.
15: 2 πᾶν κλῆμα ἐν ἐμοὶ μὴ φέρον **καρπὸν** αἴρει αὐτό, καὶ πᾶν τὸ **καρπὸν** φέρον καθαίρει αὐτὸ ἵνα **καρπὸν** πλείονα φέρῃ.
15: 4 καθὼς τὸ κλῆμα οὐ δύναται **καρπὸν** φέρειν ἀφ᾽ ἑαυτοῦ ἐὰν μὴ μένῃ ἐν τῇ ἀμπέλῳ,
15: 5 ὁ μένων ἐν ἐμοὶ κἀγὼ ἐν αὐτῷ οὗτος φέρει **καρπὸν** πολύν,
15: 8 ἵνα **καρπὸν** πολὺν φέρητε καὶ γένησθε ἐμοὶ μαθηταί.
15:16 ἀλλ᾽ ἐγὼ ἐξελεξάμην ὑμᾶς καὶ ἔθηκα ὑμᾶς ἵνα ὑμεῖς ὑπάγητε καὶ **καρπὸν** φέρητε καὶ ὁ **καρπὸς** ὑμῶν μένῃ,
Ac 2:30 καὶ εἰδὼς ὅτι ὅρκῳ ὤμοσεν αὐτῷ ὁ θεὸς ἐκ **καρποῦ** τῆς ὀσφύος αὐτοῦ καθίσαι ἐπὶ τὸν θρόνον αὐτοῦ,
Ro 1:13 ἵνα τινὰ **καρπὸν** σχῶ καὶ ἐν ὑμῖν καθὼς καὶ ἐν τοῖς λοιποῖς ἔθνεσιν.
6:21 τίνα οὖν **καρπὸν** εἴχετε τότε; ἐφ᾽ οἷς νῦν ἐπαισχύνεσθε,
6:22 νυνὶ δὲ ἐλευθερωθέντες ἀπὸ τῆς ἁμαρτίας δουλωθέντες δὲ τῷ θεῷ ἔχετε τὸν **καρπὸν** ὑμῶν εἰς ἁγιασμόν,
15:28 τοῦτο οὖν ἐπιτελέσας καὶ σφραγισάμενος αὐτοῖς τὸν **καρπὸν** τοῦτον,
1Co 9: 7 τίς φυτεύει ἀμπελῶνα καὶ τὸν **καρπὸν** αὐτοῦ οὐκ ἐσθίει;
Gal 5:22 Ὁ δὲ **καρπὸς** τοῦ πνεύματός ἐστιν ἀγάπη χαρὰ εἰρήνη,
Eph 5: 9 –ὁ γὰρ **καρπὸς** τοῦ φωτὸς ἐν πάσῃ ἀγαθωσύνῃ καὶ δικαιοσύνῃ καὶ ἀληθείᾳ–
Php 1:11 πεπληρωμένοι **καρπὸν** δικαιοσύνης τὸν διὰ Ἰησοῦ Χριστοῦ εἰς δόξαν καὶ ἔπαινον θεοῦ.
1:22 τοῦτό μοι **καρπὸς** ἔργου, καὶ τί αἱρήσομαι οὐ γνωρίζω.
4:17 ἀλλὰ ἐπιζητῶ τὸν **καρπὸν** τὸν πλεονάζοντα εἰς λόγον ὑμῶν.
2Ti 2: 6 τὸν κοπιῶντα γεωργὸν δεῖ πρῶτον τῶν **καρπῶν** μεταλαμβάνειν.
Heb 12:11 ὕστερον δὲ **καρπὸν** εἰρηνικὸν τοῖς δι᾽ αὐτῆς γεγυμνασμένοις ἀποδίδωσιν δικαιοσύνης.
13:15 τοῦτ᾽ ἔστιν **καρπὸν** χειλέων ὁμολογούντων τῷ ὀνόματι αὐτοῦ.
Jas 3:17 εὐπειθής, μεστὴ ἐλέους καὶ **καρπῶν** ἀγαθῶν, ἀδιάκριτος, ἀνυπόκριτος.
3:18 **καρπὸς** δὲ δικαιοσύνης ἐν εἰρήνῃ σπείρεται τοῖς ποιοῦσιν εἰρήνην.
5: 7 ἰδοὺ ὁ γεωργὸς ἐκδέχεται τὸν τίμιον **καρπὸν** τῆς γῆς μακροθυμῶν ἐπ᾽ αὐτῷ ἕως λάβῃ πρόϊμον καὶ ὄψιμον.
5:18 καὶ ὁ οὐρανὸς ὑετὸν ἔδωκεν καὶ ἡ γῆ ἐβλάστησεν τὸν **καρπὸν** αὐτῆς.
Rev 22: 2 ἐν μέσῳ τῆς πλατείας αὐτῆς καὶ τοῦ ποταμοῦ ἐντεῦθεν καὶ ἐκεῖθεν ξύλον ζωῆς ποιοῦν **καρποὺς** δώδεκα, κατὰ μῆνα ἕκαστον ἀποδιδοῦν τὸν **καρπὸν** αὐτοῦ, καὶ τὰ φύλλα τοῦ ξύλου εἰς θεραπείαν τῶν ἐθνῶν.

2844 καρποφορέω [8]

√ *2843 + 5770*

Mt 13:23 ὃς δὴ **καρποφορεῖ** καὶ ποιεῖ ὃ μὲν ἑκατόν,
Mk 4:20 οἵτινες ἀκούουσιν τὸν λόγον καὶ παραδέχονται καὶ **καρποφοροῦσιν** ἓν τριάκοντα καὶ ἓν ἑξήκοντα καὶ ἓν ἑκατόν.
4:28 αὐτομάτη ἡ γῆ **καρποφορεῖ,** πρῶτον χόρτον εἶτα στάχυν εἶτα πλήρη[ς] σῖτον ἐν τῷ στάχυϊ.
Lk 8:15 οὗτοί εἰσιν οἵτινες ἐν καρδίᾳ καλῇ καὶ ἀγαθῇ ἀκούσαντες τὸν λόγον κατέχουσιν καὶ **καρποφοροῦσιν** ἐν ὑπομονῇ.
Ro 7: 4 τῷ ἐκ νεκρῶν ἐγερθέντι, ἵνα **καρποφορήσωμεν** τῷ θεῷ.
7: 5 τὰ παθήματα τῶν ἁμαρτιῶν τὰ διὰ τοῦ νόμου ἐνηργεῖτο ἐν τοῖς μέλεσιν ἡμῶν, εἰς τὸ **καρποφορῆσαι** τῷ θανάτῳ·
Col 1: 6 καθὼς καὶ ἐν παντὶ τῷ κόσμῳ ἐστὶν **καρποφορούμενον** καὶ αὐξανόμενον καθὼς καὶ ἐν ὑμῖν,
1:10 ἐν παντὶ ἔργῳ ἀγαθῷ **καρποφοροῦντες** καὶ αὐξανόμενοι τῇ ἐπιγνώσει τοῦ θεοῦ,

2845 καρποφόρος [1]

√ *2843 + 5770*

Ac 14:17 καίτοι οὐκ ἀμάρτυρον αὐτὸν ἀφῆκεν ἀγαθουργῶν, οὐρανόθεν ὑμῖν ὑετοὺς διδοὺς καὶ καιροὺς **καρποφόρους,**

2846 καρτερέω [1]

→ *4674, 4675; cf. 3197*

Heb 11:27 Πίστει κατέλιπεν Αἴγυπτον μὴ φοβηθεὶς τὸν θυμὸν τοῦ βασιλέως· τὸν γὰρ ἀόρατον ὡς ὁρῶν **ἐκαρτέρησεν.**

2847 κάρφος [6]

Mt 7: 3 τί δὲ βλέπεις τὸ **κάρφος** τὸ ἐν τῷ ὀφθαλμῷ τοῦ ἀδελφοῦ σου,
7: 4 Ἄφες ἐκβάλω τὸ **κάρφος** ἐκ τοῦ ὀφθαλμοῦ σου,
7: 5 καὶ τότε διαβλέψεις ἐκβαλεῖν τὸ **κάρφος** ἐκ τοῦ ὀφθαλμοῦ τοῦ ἀδελφοῦ σου.
Lk 6:41 Τί δὲ βλέπεις τὸ **κάρφος** τὸ ἐν τῷ ὀφθαλμῷ τοῦ ἀδελφοῦ σου,
6:42 Ἀδελφέ, ἄφες ἐκβάλω τὸ **κάρφος** τὸ ἐν τῷ ὀφθαλμῷ σου,
6:42 καὶ τότε διαβλέψεις τὸ **κάρφος** τὸ ἐν τῷ ὀφθαλμῷ τοῦ ἀδελφοῦ σου ἐκβαλεῖν.

2848 κατά [473]→ 183, 184, 185, 186, 187, 188, 189, 190, 191, 510, 634, 635, 639, 640, 896, 1352, 1588, 1593, 1594, 2129, 2745, 2746, 2747, 2749, 2750, 2757, 2758, 2759, 2761, 2762, 2763, 2765, 2766, 2768, 2769, 2770, 2771, 2772, 2773, 2774, 2775, 2776, 2777, 2778, 2849, 2850, 2851, 2852, 2853, 2854, 2855, 2856, 2857, 2858, 2859, 2860, 2861, 2863, 2864, 2865, 2866, 2867, 2868, 2869, 2870, 2871, 2872, 2874, 2875, 2876, 2877, 2878, 2879, 2880, 2881, 2882, 2883, 2884, 2885, 2886, 2887, 2888, 2889, 2890, 2891, 2892, 2893, 2894, 2895, 2896, 2897, 2898, 2899, 2900, 2901, 2902, 2903, 2904, 2905, 2906, 2907, 2908, 2909, 2910, 2911, 2912, 2913, 2914, 2915, 2916, 2917, 2918, 2919, 2920, 2921, 2922, 2923, 2924, 2925, 2926, 2927, 2928, 2929, 2930, 2931, 2932, 2933, 2934, 2935, 2936, 2937, 2938, 2939, 2940, 2941, 2942, 2943, 2944, 2945, 2946, 2947, 2948, 2949, 2950, 2951, 2952, 2953, 2954, 2955, 2956, 2957, 2958, 2959, 2960, 2961, 2962, 2963, 2964, 2965, 2966, 2967, 2968, 2969, 2971, 2972, 2973, 2974, 2975, 2976, 2977, 2978, 2979, 2980, 2981, 2982, 2983, 2984, 2985, 2986, 2987, 2988, 2989, 2993, 2994, 2995, 2996, 2997, 2998, 2999, 3000, 3001, 3002, 3003, 3004, 3005, 3006, 4153, 4615, 4616, 4617, 5160, 5161, 5162, 5163, 5164, 5691; cf. 2862

εἷς καθ᾽ εἷς [1] Jn 8:9

ἓν καθ᾽ ἕν [1] Rev 4:8

καθ᾽ εἷς [1] Ro 12:5

καθ᾽ ἕν [1] Jn 21:25

καθ᾽ ἓν ἕκαστος [1] Ac 21:19

καθ᾽ ἕνα [1] 1Co 14:31

καθ᾽ ἕνα ἕκαστος [1] Eph 5:33

καθ᾽ ἡμέραν [18] Mt 26:55; Mk 14:49; Lk 9:23; 11:3; 16:19; 19:47; 22:53; Ac 2:46,47; 3:2; 16:5; 17:11; 19:9; 1Co 15:31; 2Co 11:28; Heb 3:13; 7:27; 10:11

καθ᾽ ὅλης [6] Lk 4:14; 8:39; 23:5; Ac 9:31,42; 10:37

κατ᾽ ἰδίαν [18] Mt 14:13,23; 17:1,19; 20:17; 24:3,3; Mk 4:34; 6:31,32; 7:33; 9:2,28; 13:3; Lk 9:10; 10:23; Ac 23:19; Gal 2:2

κατ᾽ οἶκος, οἴκους [8] Ac 2:46; 5:42; 8:3; 20:20; Ro 16:5; 1Co 16:19; Col 4:15; Phm 1:2

κατὰ ἄνθρωπος [7] Ro 3:5; 1Co 3:3; 9:8; 15:32; Gal 1:11; 3:15; 1Pe 4:6

κατά ... πνεῦμα [5] Ro 1:4; 8:4,5; 1Co 12:8; Gal 4:29

κατά ... σάρκα [21] Jn 8:15; Ro 1:3; 4:1; 8:4,5,12,13; 9:3,5; 1Co 1:26; 10:18; 2Co 1:17; 5:16,16; 10:2,3; 11:18; Gal 4:23,29; Eph 6:5; Col 3:22

accusative object [398] Mt 1:20; 2:12,13,16,19,22; 9:29; 14:13,23; 16:27; 17:1,19; 19:3; 20:17; 23:3; 24:3,7; 25:15; 26:55; 27:15,19; Mk 1:27; 4:10,34; 6:31,32,40,40; 7:5,33; 9:2, 28; 13:3,8; 14:49; 15:6; Lk 1:9,18,38; 2:22,24,27,29,31,39,41, 42; 4:16; 6:23,26; 8:1,4,39; 9:6,10,18,23; 10:4,23,31,32,33; 11:3; 13:22; 15:14; 16:19; 17:30; 19:47; 21:11; 22:22,39,53; 23:56; Jn 2:6; 7:24; 8:15; 10:3; 18:31; 19:7; Ac 2:10,46,46,47; 3:2,13,17,22; 5:42; 7:44; 8:1,3,26,36; 11:1; 12:1; 13:1,22,23,27; 14:1,23; 15:11,21,21,23,36; 16:5,7,25; 17:2,11,17,22,28; 18:4, 14,15; 19:9,20,23; 20:20,23; 21:19,21; 22:3,12,19; 23:3,19,31; 24:5,12,14,14,22; 25:3,14,16,23; 26:3,5,11,13; 27:2,5,7,7,12,12, 25,27,29; 28:16; Ro 1:3,4,15; 2:2,5,6,7,16; 3:2,5; 4:1,4,4,16,18; 5:6; 7:13,22; 8:4,4,5,5,12,13,27,28; 9:3,5,9,11; 10:2; 11:5,21, 24,24,28,28; 12:5,6,6; 14:15,22; 15:5; 16:5,25,25,26; 1Co 1:26; 2:1; 3:3,8,10; 7:6,6,40; 9:8; 10:18; 12:8,31; 14:27,31,40; 15:3,4, 31,32; 16:2,19; 2Co 1:8,17; 4:13,17; 5:16,16; 7:9,10,11; 8:2,3,8, 12; 10:1,2,3,7,13,15; 11:15,17,18,21,28; 13:10; Gal 1:4, 11,13; 2:2,2,11; 3:1,15,29; 4:23,28,29,29; Eph 1:5,7,9,11,11,15,19; 2:2,2; 3:3,7,7,11,16,20; 4:7,16,22,22,24; 5:33; 6:5,6,21; Php 1:12,20; 2:3,3; 3:5,6,6,14,21; 4:11,19; Col 1:11,25,29; 2:8,8,8, 22; 3:10,20,22,22; 4:7,15; 2Th 1:12; 2:3,9; 3:6; 1Ti 1:1,11,18; 5:21; 6:3; 2Ti 1:1,8,9,9; 2:8; 4:3,14; Tit 1:1,1,3,4,5,9; 3:5,7; Phm 1:2,14,14; Heb 1:10; 2:4,17; 3:3,8,13; 4:15,15; 5:6,10; 6:20; 7:5, 11,11,15,16,16,17,20,22,27; 8:4,5,9; 9:5,9,9,19,22,25,27; 10:1,3,8,11; 11:7,13; 12:10; Jas 2:8,17; 3:9; 1Pe 1:2,3,15,17; 3:7; 4:6,6,19; 5:2; 2Pe 3:3,13,15; 1Jn 5:14; 2Jn 1:6; 3Jn 1:14; Jude 1:16,18; Rev 2:23; 4:8; 18:6; 20:12,13; 22:2

genitive object [73] Mt 5:11,23; 8:32; 10:35,35,35; 12:14, 25,25,30,32,32; 20:11; 26:59,63; 27:1; Mk 3:6; 5:13; 9:40; 11:25; 14:55,56,57; Lk 4:14; 8:33; 9:50; 11:23; 23:5,14; Jn 18:29; 19:11; Ac 4:26,26; 6:13; 9:31,42; 10:37; 14:2; 16:22; 19:16; 21:28; 24:1; 25:2,3,15,27; 27:14; Ro 8:31,33; 11:2; 1Co 4:6; 11:4; 15:15; 2Co 10:5; 13:8; Gal 3:21; 5:17,17,23; Col 2:14; 1Ti 5:19; Heb 6:13,13,16; Jas 3:14; 5:9; 1Pe 2:11; 2Pe 2:11; Jude 1:15,15; Rev 2:4,14,20

nominative object [6] Mk 14:19; Jn 8:9; 21:25; Ro 8:26; 2Co 8:12; 1Pe 4:13

Mt 1:20 ταῦτα δὲ αὐτοῦ ἐνθυμηθέντος ἰδοὺ ἄγγελος κυρίου **κατ'** ὄναρ ἐφάνη αὐτῷ λέγων,
2:12 καὶ χρηματισθέντες **κατ'** ὄναρ μὴ ἀνακάμψαι πρὸς Ἡρῴδην,
2:13 Ἀναχωρησάντων δὲ αὐτῶν ἰδοὺ ἄγγελος κυρίου φαίνεται **κατ'** ὄναρ τῷ Ἰωσὴφ λέγων,
2:16 **κατὰ** τὸν χρόνον ὃν ἠκρίβωσεν παρὰ τῶν μάγων.
2:19 Τελευτήσαντος δὲ τοῦ Ἡρῴδου ἰδοὺ ἄγγελος κυρίου φαίνεται **κατ'** ὄναρ τῷ Ἰωσὴφ ἐν Αἰγύπτῳ
2:22 χρηματισθεὶς δὲ **κατ'** ὄναρ ἀνεχώρησεν εἰς τὰ μέρη τῆς Γαλιλαίας,
5:11 μακάριοί ἐστε ὅταν ὀνειδίσωσιν ὑμᾶς καὶ διώξωσιν καὶ εἴπωσιν πᾶν πονηρὸν **καθ'** ὑμῶν ψευδόμενοι ἕνεκεν ἐμοῦ.
5:23 ἐὰν οὖν προσφέρῃς τὸ δῶρόν σου ἐπὶ τὸ θυσιαστήριον κἀκεῖ μνησθῇς ὅτι ὁ ἀδελφός σου ἔχει τι **κατὰ** σοῦ,
8:32 καὶ ἰδοὺ ὥρμησεν πᾶσα ἡ ἀγέλη **κατὰ** τοῦ κρημνοῦ εἰς τὴν θάλασσαν καὶ ἀπέθανον ἐν τοῖς ὕδασιν.
9:29 τότε ἥψατο τῶν ὀφθαλμῶν αὐτῶν λέγων, **Κατὰ** τὴν πίστιν ὑμῶν γενηθήτω ὑμῖν.
10:35 ἦλθον γὰρ διχάσαι ἄνθρωπον **κατὰ** τοῦ πατρὸς αὐτοῦ καὶ θυγατέρα **κατὰ** τῆς μητρὸς αὐτῆς καὶ νύμφην **κατὰ** τῆς πενθερᾶς αὐτῆς,
12:14 ἐξελθόντες δὲ οἱ Φαρισαῖοι συμβούλιον ἔλαβον **κατ'** αὐτοῦ ὅπως αὐτὸν ἀπολέσωσιν.
12:25 Πᾶσα βασιλεία μερισθεῖσα **καθ'** ἑαυτῆς ἐρημοῦται καὶ πᾶσα πόλις ἢ οἰκία μερισθεῖσα **καθ'** ἑαυτῆς οὐ σταθήσεται.
12:30 ὁ μὴ ὢν μετ' ἐμοῦ **κατ'** ἐμοῦ ἐστιν,
12:32 καὶ ὃς ἐὰν εἴπῃ λόγον **κατὰ** τοῦ υἱοῦ τοῦ ἀνθρώπου, ἀφεθήσεται αὐτῷ· ὃς δ' ἂν εἴπῃ **κατὰ** τοῦ πνεύματος τοῦ ἁγίου, οὐκ ἀφεθήσεται αὐτῷ οὔτε ἐν τούτῳ τῷ αἰῶνι
14:13 Ἀκούσας δὲ ὁ Ἰησοῦς ἀνεχώρησεν ἐκεῖθεν ἐν πλοίῳ εἰς ἔρημον τόπον **κατ'** ἰδίαν·
14:23 καὶ ἀπολύσας τοὺς ὄχλους ἀνέβη εἰς τὸ ὄρος **κατ'** ἰδίαν προσεύξασθαι.
16:27 καὶ τότε ἀποδώσει ἑκάστῳ **κατὰ** τὴν πρᾶξιν αὐτοῦ.
17:1 ὁ Ἰησοῦς τὸν Πέτρον καὶ Ἰάκωβον καὶ Ἰωάννην τὸν ἀδελφὸν αὐτοῦ καὶ ἀναφέρει αὐτοὺς εἰς ὄρος ὑψηλὸν **κατ'** ἰδίαν.
17:19 Τότε προσελθόντες οἱ μαθηταὶ τῷ Ἰησοῦ **κατ'** ἰδίαν εἶπον,
19:3 Εἰ ἔξεστιν ἀνθρώπῳ ἀπολῦσαι τὴν γυναῖκα αὐτοῦ **κατὰ** πᾶσαν αἰτίαν;
20:11 λαβόντες δὲ ἐγόγγυζον **κατὰ** τοῦ οἰκοδεσπότου
20:17 Καὶ ἀναβαίνων ὁ Ἰησοῦς εἰς Ἱεροσόλυμα παρέλαβεν τοὺς δώδεκα μαθητὰς **κατ'** ἰδίαν καὶ ἐν τῇ ὁδῷ εἶπεν αὐτοῖς,
23:3 πάντα οὖν ὅσα ἐὰν εἴπωσιν ὑμῖν ποιήσατε καὶ τηρεῖτε, **κατὰ** δὲ τὰ ἔργα αὐτῶν μὴ ποιεῖτε·
24:3 Καθημένου δὲ αὐτοῦ ἐπὶ τοῦ Ὄρους τῶν Ἐλαιῶν προσῆλθον αὐτῷ οἱ μαθηταὶ **κατ'** ἰδίαν λέγοντες,
24:7 ἐγερθήσεται γὰρ ἔθνος ἐπὶ ἔθνος καὶ βασιλεία ἐπὶ βασιλείαν καὶ ἔσονται λιμοὶ καὶ σεισμοὶ **κατὰ** τόπους·
25:15 ᾧ δὲ ἕν, ἑκάστῳ **κατὰ** τὴν ἰδίαν δύναμιν, καὶ ἀπεδήμησεν.
26:55 **καθ'** ἡμέραν ἐν τῷ ἱερῷ ἐκαθεζόμην διδάσκων καὶ οὐκ ἐκρατήσατέ με.
26:59 οἱ δὲ ἀρχιερεῖς καὶ τὸ συνέδριον ὅλον ἐζήτουν ψευδομαρτυρίαν **κατὰ** τοῦ Ἰησοῦ ὅπως αὐτὸν θανατώσωσιν,
26:63 Ἐξορκίζω σε **κατὰ** τοῦ θεοῦ τοῦ ζῶντος ἵνα ἡμῖν εἴπῃς εἰ σὺ εἶ ὁ Χριστὸς ὁ υἱὸς τοῦ θεοῦ.
27:1 Πρωΐας δὲ γενομένης συμβούλιον ἔλαβον πάντες οἱ ἀρχιερεῖς καὶ οἱ πρεσβύτεροι τοῦ λαοῦ **κατὰ** τοῦ Ἰησοῦ ὥστε θανατῶσαι
27:15 **Κατὰ** δὲ ἑορτὴν εἰώθει ὁ ἡγεμὼν ἀπολύειν ἕνα τῷ ὄχλῳ δέσμιον ὃν ἤθελον.
27:19 πολλὰ γὰρ ἔπαθον σήμερον **κατ'** ὄναρ δι' αὐτόν.
Mk 1:27 διδαχὴ καινὴ **κατ'** ἐξουσίαν· καὶ τοῖς πνεύμασι τοῖς ἀκαθάρτοις ἐπιτάσσει,
3:6 καὶ ἐξελθόντες οἱ Φαρισαῖοι εὐθὺς μετὰ τῶν Ἡρῳδιανῶν συμβούλιον ἐδίδουν **κατ'** αὐτοῦ ὅπως αὐτὸν ἀπολέσωσιν.
4:10 Καὶ ὅτε ἐγένετο **κατὰ** μόνας, ἠρώτων αὐτὸν οἱ περὶ αὐτὸν σὺν τοῖς δώδεκα τὰς παραβολάς.
4:34 **κατ'** ἰδίαν δὲ τοῖς ἰδίοις μαθηταῖς ἐπέλυεν πάντα.
5:13 καὶ ὥρμησεν ἡ ἀγέλη **κατὰ** τοῦ κρημνοῦ εἰς τὴν θάλασσαν,
6:31 Δεῦτε ὑμεῖς αὐτοὶ **κατ'** ἰδίαν εἰς ἔρημον τόπον καὶ ἀναπαύσασθε ὀλίγον.
6:32 καὶ ἀπῆλθον ἐν τῷ πλοίῳ εἰς ἔρημον τόπον **κατ'** ἰδίαν.
6:40 ἀνέπεσαν πρασιαὶ πρασιαὶ **κατὰ** ἑκατὸν καὶ **κατὰ** πεντήκοντα.
7:5 Διὰ τί οὐ περιπατοῦσιν οἱ μαθηταί σου **κατὰ** τὴν παράδοσιν τῶν πρεσβυτέρων,
7:33 καὶ ἀπολαβόμενος αὐτὸν ἀπὸ τοῦ ὄχλου **κατ'** ἰδίαν
9:2 ὁ Ἰησοῦς τὸν Πέτρον καὶ τὸν Ἰάκωβον καὶ τὸν Ἰωάννην καὶ ἀναφέρει αὐτοὺς εἰς ὄρος ὑψηλὸν **κατ'** ἰδίαν μόνους.
9:28 καὶ εἰσελθόντος αὐτοῦ εἰς οἶκον οἱ μαθηταὶ αὐτοῦ **κατ'** ἰδίαν ἐπηρώτων αὐτόν,
9:40 ὃς γὰρ οὐκ ἔστιν **καθ'** ἡμῶν, ὑπὲρ ἡμῶν ἐστιν.
11:25 ὅταν στήκετε προσευχόμενοι, ἀφίετε εἴ τι ἔχετε **κατά** τινος,
13:3 εἰς τὸ Ὄρος τῶν Ἐλαιῶν κατέναντι τοῦ ἱεροῦ ἐπηρώτα αὐτὸν **κατ'** ἰδίαν Πέτρος καὶ Ἰάκωβος καὶ Ἰωάννης καὶ Ἀνδρέας,
13:8 ἐγερθήσεται γὰρ ἔθνος ἐπ' ἔθνος καὶ βασιλεία ἐπὶ βασιλείαν, ἔσονται σεισμοὶ **κατὰ** τόπους, ἔσονται λιμοί·
14:19 ἤρξαντο λυπεῖσθαι καὶ λέγειν αὐτῷ εἷς **κατὰ** εἷς,
14:49 **καθ'** ἡμέραν ἤμην πρὸς ὑμᾶς ἐν τῷ ἱερῷ διδάσκων καὶ οὐκ ἐκρατήσατέ με·
14:55 οἱ δὲ ἀρχιερεῖς καὶ ὅλον τὸ συνέδριον ἐζήτουν **κατὰ** τοῦ Ἰησοῦ μαρτυρίαν εἰς τὸ θανατῶσαι αὐτόν,
14:56 πολλοὶ γὰρ ἐψευδομαρτύρουν **κατ'** αὐτοῦ, καὶ ἴσαι αἱ μαρτυρίαι οὐκ ἦσαν.
14:57 καί τινες ἀναστάντες ἐψευδομαρτύρουν **κατ'** αὐτοῦ λέγοντες
15:6 **Κατὰ** δὲ ἑορτὴν ἀπέλυεν αὐτοῖς ἕνα δέσμιον ὃν παρῃτοῦντο.
Lk 1:9 **κατὰ** τὸ ἔθος τῆς ἱερατείας ἔλαχε τοῦ θυμιᾶσαι εἰσελθὼν εἰς τὸν ναὸν τοῦ κυρίου,
1:18 εἶπεν Ζαχαρίας πρὸς τὸν ἄγγελον, **Κατὰ** τί γνώσομαι τοῦτο;
1:38 Ἰδοὺ ἡ δούλη κυρίου· γένοιτό μοι **κατὰ** τὸ ῥῆμά σου.
2:22 Καὶ ὅτε ἐπλήσθησαν αἱ ἡμέραι τοῦ καθαρισμοῦ αὐτῶν **κατὰ** τὸν νόμον Μωϋσέως,
2:24 καὶ τοῦ δοῦναι θυσίαν **κατὰ** τὸ εἰρημένον ἐν τῷ νόμῳ κυρίου,
2:27 καὶ ἐν τῷ εἰσαγαγεῖν τοὺς γονεῖς τὸ παιδίον Ἰησοῦν τοῦ ποιῆσαι αὐτοὺς **κατὰ** τὸ εἰθισμένον τοῦ νόμου περὶ αὐτοῦ
2:29 Νῦν ἀπολύεις τὸν δοῦλόν σου, δέσποτα, **κατὰ** τὸ ῥῆμά σου ἐν εἰρήνῃ·
2:31 ὃ ἡτοίμασας **κατὰ** πρόσωπον πάντων τῶν λαῶν,
2:39 Καὶ ὡς ἐτέλεσαν πάντα τὰ **κατὰ** τὸν νόμον κυρίου,

2:41 Καὶ ἐπορεύοντο οἱ γονεῖς αὐτοῦ **κατ'** ἔτος εἰς Ἰερουσαλὴμ τῇ ἑορτῇ τοῦ πάσχα.
2:42 καὶ ὅτε ἐγένετο ἐτῶν δώδεκα, ἀναβαινόντων αὐτῶν **κατὰ** τὸ ἔθος τῆς ἑορτῆς
4:14 καὶ φήμη ἐξῆλθεν **καθ'** ὅλης τῆς περιχώρου περὶ αὐτοῦ.
4:16 καὶ εἰσῆλθεν **κατὰ** τὸ εἰωθὸς αὐτῷ ἐν τῇ ἡμέρᾳ τῶν σαββάτων εἰς τὴν συναγωγὴν καὶ ἀνέστη ἀναγνῶναι.
6:23 **κατὰ** τὰ αὐτὰ γὰρ ἐποίουν τοῖς προφήταις οἱ πατέρες αὐτῶν.
6:26 **κατὰ** τὰ αὐτὰ γὰρ ἐποίουν τοῖς ψευδοπροφήταις οἱ πατέρες αὐτῶν.
8: 1 Καὶ ἐγένετο ἐν τῷ καθεξῆς καὶ αὐτὸς διώδευεν **κατὰ** πόλιν καὶ κώμην κηρύσσων καὶ εὐαγγελιζόμενος τὴν βασιλείαν τοῦ θεοῦ
8: 4 Συνιόντος δὲ ὄχλου πολλοῦ καὶ τῶν **κατὰ** πόλιν ἐπιπορευομένων πρὸς αὐτὸν εἶπεν διὰ παραβολῆς,
8:33 καὶ ὥρμησεν ἡ ἀγέλη **κατὰ** τοῦ κρημνοῦ εἰς τὴν λίμνην καὶ ἀπεπνίγη.
8:39 καὶ ἀπῆλθεν **καθ'** ὅλην τὴν πόλιν κηρύσσων ὅσα ἐποίησεν αὐτῷ ὁ Ἰησοῦς.
9: 6 ἐξερχόμενοι δὲ διήρχοντο **κατὰ** τὰς κώμας εὐαγγελιζόμενοι καὶ θεραπεύοντες πανταχοῦ.
9:10 καὶ παραλαβὼν αὐτοὺς ὑπεχώρησεν **κατ'** ἰδίαν εἰς πόλιν καλουμένην Βηθσαϊδά.
9:18 Καὶ ἐγένετο ἐν τῷ εἶναι αὐτὸν προσευχόμενον **κατὰ** μόνας συνῆσαν αὐτῷ οἱ μαθηταί,
9:23 ἀρνησάσθω ἑαυτὸν καὶ ἀράτω τὸν σταυρὸν αὐτοῦ **καθ'** ἡμέραν καὶ ἀκολουθείτω μοι.
9:50 ὃς γὰρ οὐκ ἔστιν **καθ'** ὑμῶν, ὑπὲρ ὑμῶν ἐστιν.
10: 4 μὴ ὑποδήματα, καὶ μηδένα **κατὰ** τὴν ὁδὸν ἀσπάσησθε.
10:23 Καὶ στραφεὶς πρὸς τοὺς μαθητὰς **κατ'** ἰδίαν εἶπεν,
10:31 **κατὰ** συγκυρίαν δὲ ἱερεύς τις κατέβαινεν ἐν τῇ ὁδῷ ἐκείνῃ καὶ ἰδὼν αὐτὸν ἀντιπαρῆλθεν·
10:32 ὁμοίως δὲ καὶ Λευίτης γενόμενος **κατὰ** τὸν τόπον ἐλθὼν καὶ ἰδὼν ἀντιπαρῆλθεν.
10:33 Σαμαρίτης δέ τις ὁδεύων ἦλθεν **κατ'** αὐτὸν καὶ ἰδὼν ἐσπλαγχνίσθη,
11: 3 τὸν ἄρτον ἡμῶν τὸν ἐπιούσιον δίδου ἡμῖν τὸ **καθ'** ἡμέραν·
11:23 ὁ μὴ ὢν μετ' ἐμοῦ **κατ'** ἐμοῦ ἐστιν,
13:22 Καὶ διεπορεύετο **κατὰ** πόλεις καὶ κώμας διδάσκων καὶ πορείαν ποιούμενος εἰς Ἱεροσόλυμα.
15:14 δαπανήσαντος δὲ αὐτοῦ πάντα ἐγένετο λιμὸς ἰσχυρὰ **κατὰ** τὴν χώραν ἐκείνην,
16:19 καὶ ἐνεδιδύσκετο πορφύραν καὶ βύσσον εὐφραινόμενος **καθ'** ἡμέραν λαμπρῶς.
17:30 **κατὰ** τὰ αὐτὰ ἔσται ᾗ ἡμέρᾳ ὁ υἱὸς τοῦ ἀνθρώπου ἀποκαλύπτεται.
19:47 Καὶ ἦν διδάσκων τὸ **καθ'** ἡμέραν ἐν τῷ ἱερῷ.
21:11 σεισμοί τε μεγάλοι καὶ **κατὰ** τόπους λιμοὶ καὶ λοιμοὶ ἔσονται,
22:22 ὅτι ὁ υἱὸς μὲν τοῦ ἀνθρώπου **κατὰ** τὸ ὡρισμένον πορεύεται,
22:39 Καὶ ἐξελθὼν ἐπορεύθη **κατὰ** τὸ ἔθος εἰς τὸ Ὄρος τῶν Ἐλαιῶν,
22:53 **καθ'** ἡμέραν ὄντος μου μεθ' ὑμῶν ἐν τῷ ἱερῷ οὐκ ἐξετείνατε τὰς χεῖρας ἐπ' ἐμέ,
23: 5 οἱ δὲ ἐπίσχυον λέγοντες ὅτι Ἀνασείει τὸν λαὸν διδάσκων **καθ'** ὅλης τῆς Ἰουδαίας,
23:14 καὶ ἰδοὺ ἐγὼ ἐνώπιον ὑμῶν ἀνακρίνας οὐθὲν εὗρον ἐν τῷ ἀνθρώπῳ τούτῳ αἴτιον ὧν κατηγορεῖτε **κατ'** αὐτοῦ.
23:56 Καὶ τὸ μὲν σάββατον ἡσύχασαν **κατὰ** τὴν ἐντολήν.
Jn 2: 6 ἦσαν δὲ ἐκεῖ λίθιναι ὑδρίαι ἓξ **κατὰ** τὸν καθαρισμὸν τῶν Ἰουδαίων κείμεναι,
7:24 μὴ κρίνετε **κατ'** ὄψιν, ἀλλὰ τὴν δικαίαν κρίσιν κρίνετε.
8: 9 οἱ δὲ ἀκούσαντες ἐξήρχοντο εἷς **καθ'** εἷς ἀρξάμενοι ἀπὸ τῶν πρεσβυτέρων καὶ κατελείφθη μόνος καὶ ἡ γυνὴ ἐν μέσῳ οὖσα.
8:15 ὑμεῖς **κατὰ** τὴν σάρκα κρίνετε, ἐγὼ οὐ κρίνω οὐδένα.
10: 3 καὶ τὰ πρόβατα τῆς φωνῆς αὐτοῦ ἀκούει καὶ τὰ ἴδια πρόβατα φωνεῖ **κατ'** ὄνομα καὶ ἐξάγει αὐτά.
18:29 ἐξῆλθεν οὖν ὁ Πιλᾶτος ἔξω πρὸς αὐτοὺς καὶ φησίν, Τίνα κατηγορίαν φέρετε **κατὰ** τοῦ ἀνθρώπου τούτου;
18:31 Λάβετε αὐτὸν ὑμεῖς καὶ **κατὰ** τὸν νόμον ὑμῶν κρίνατε αὐτόν.
19: 7 Ἡμεῖς νόμον ἔχομεν καὶ **κατὰ** τὸν νόμον ὀφείλει ἀποθανεῖν,
19:11 Οὐκ εἶχες ἐξουσίαν **κατ'** ἐμοῦ οὐδεμίαν εἰ μὴ ἦν δεδομένον σοι ἄνωθεν·
21:25 ἅτινα ἐὰν γράφηται **καθ'** ἕν, οὐδ' αὐτὸν οἶμαι τὸν κόσμον χωρῆσαι τὰ γραφόμενα βιβλία.
Ac 2:10 Αἴγυπτον καὶ τὰ μέρη τῆς Λιβύης τῆς **κατὰ** Κυρήνην,
2:46 **καθ'** ἡμέραν τε προσκαρτεροῦντες ὁμοθυμαδὸν ἐν τῷ ἱερῷ, κλῶντές τε **κατ'** οἶκον ἄρτον,
2:47 ὁ δὲ κύριος προσετίθει τοὺς σῳζομένους **καθ'** ἡμέραν ἐπὶ τὸ αὐτό.
3: 2 ὃν ἐτίθουν **καθ'** ἡμέραν πρὸς τὴν θύραν τοῦ ἱεροῦ τὴν λεγομένην Ὡραίαν τοῦ αἰτεῖν ἐλεημοσύνην
3:13 ἐδόξασεν τὸν παῖδα αὐτοῦ Ἰησοῦν ὃν ὑμεῖς μὲν παρεδώκατε καὶ ἠρνήσασθε **κατὰ** πρόσωπον Πιλάτου,
3:17 οἶδα ὅτι **κατὰ** ἄγνοιαν ἐπράξατε ὥσπερ καὶ οἱ ἄρχοντες ὑμῶν·
3:22 αὐτοῦ ἀκούσεσθε **κατὰ** πάντα ὅσα ἂν λαλήσῃ πρὸς ὑμᾶς.
4:26 παρέστησαν οἱ βασιλεῖς τῆς γῆς καὶ οἱ ἄρχοντες συνήχθησαν ἐπὶ τὸ αὐτὸ **κατὰ** τοῦ κυρίου καὶ **κατὰ** τοῦ Χριστοῦ αὐτοῦ.
5:42 πᾶσάν τε ἡμέραν ἐν τῷ ἱερῷ καὶ **κατ'** οἶκον οὐκ ἐπαύοντο διδάσκοντες καὶ εὐαγγελιζόμενοι τὸν Χριστὸν Ἰησοῦν.
6:13 Ὁ ἄνθρωπος οὗτος οὐ παύεται λαλῶν ῥήματα **κατὰ** τοῦ τόπου τοῦ ἁγίου τούτου καὶ τοῦ νόμου·
7:44 ἦν τοῖς πατράσιν ἡμῶν ἐν τῇ ἐρήμῳ καθὼς διετάξατο ὁ λαλῶν τῷ Μωϋσῇ ποιῆσαι αὐτὴν **κατὰ** τὸν τύπον ὃν ἑωράκει·
8: 1 πάντες δὲ διεσπάρησαν **κατὰ** τὰς χώρας τῆς Ἰουδαίας καὶ Σαμαρείας πλὴν τῶν ἀποστόλων.
8: 3 Σαῦλος δὲ ἐλυμαίνετο τὴν ἐκκλησίαν **κατὰ** τοὺς οἴκους εἰσπορευόμενος,
8:26 Ἀνάστηθι καὶ πορεύου **κατὰ** μεσημβρίαν ἐπὶ τὴν ὁδὸν τὴν καταβαίνουσαν ἀπὸ Ἰερουσαλὴμ εἰς Γάζαν,
8:36 ὡς δὲ ἐπορεύοντο **κατὰ** τὴν ὁδόν, ἦλθον ἐπί τι ὕδωρ,
9:31 Ἡ μὲν οὖν ἐκκλησία **καθ'** ὅλης τῆς Ἰουδαίας καὶ Γαλιλαίας καὶ Σαμαρείας εἶχεν εἰρήνην οἰκοδομουμένη
9:42 γνωστὸν δὲ ἐγένετο **καθ'** ὅλης τῆς Ἰόππης καὶ ἐπίστευσαν πολλοὶ ἐπὶ τὸν κύριον.
10:37 ὑμεῖς οἴδατε τὸ γενόμενον ῥῆμα **καθ'** ὅλης τῆς Ἰουδαίας,
11: 1 Ἤκουσαν δὲ οἱ ἀπόστολοι καὶ οἱ ἀδελφοὶ οἱ ὄντες **κατὰ** τὴν Ἰουδαίαν ὅτι καὶ τὰ ἔθνη ἐδέξαντο τὸν λόγον τοῦ θεοῦ.
12: 1 **Κατ'** ἐκεῖνον δὲ τὸν καιρὸν ἐπέβαλεν Ἡρῴδης ὁ βασιλεὺς τὰς χεῖρας κακῶσαί τινας τῶν ἀπὸ τῆς ἐκκλησίας.
13: 1 Ἦσαν δὲ ἐν Ἀντιοχείᾳ **κατὰ** τὴν οὖσαν ἐκκλησίαν προφῆται καὶ διδάσκαλοι ὅ τε Βαρναβᾶς καὶ Συμεὼν ὁ καλούμενος Νίγερ
13:22 Εὗρον Δαυὶδ τὸν τοῦ Ἰεσσαί, ἄνδρα **κατὰ** τὴν καρδίαν μου,
13:23 τούτου ὁ θεὸς ἀπὸ τοῦ σπέρματος **κατ'** ἐπαγγελίαν ἤγαγεν τῷ Ἰσραὴλ σωτῆρα Ἰησοῦν,
13:27 ἀγνοήσαντες καὶ τὰς φωνὰς τῶν προφητῶν τὰς **κατὰ** πᾶν σάββατον ἀναγινωσκομένας κρίναντες ἐπλήρωσαν,
14: 1 Ἐγένετο δὲ ἐν Ἰκονίῳ **κατὰ** τὸ αὐτὸ εἰσελθεῖν αὐτοὺς εἰς τὴν συναγωγὴν τῶν Ἰουδαίων καὶ λαλῆσαι οὕτως ὥστε πιστεῦσαι
14: 2 οἱ δὲ ἀπειθήσαντες Ἰουδαῖοι ἐπήγειραν καὶ ἐκάκωσαν τὰς ψυχὰς τῶν ἐθνῶν **κατὰ** τῶν ἀδελφῶν.
14:23 χειροτονήσαντες δὲ αὐτοῖς **κατ'** ἐκκλησίαν πρεσβυτέρους, προσευξάμενοι μετὰ νηστειῶν παρέθεντο αὐτοὺς τῷ κυρίῳ
15:11 ἀλλὰ διὰ τῆς χάριτος τοῦ κυρίου Ἰησοῦ πιστεύομεν σωθῆναι **καθ'** ὃν τρόπον κἀκεῖνοι.
15:21 Μωϋσῆς γὰρ ἐκ γενεῶν ἀρχαίων **κατὰ** πόλιν τοὺς κηρύσσοντας αὐτὸν ἔχει ἐν ταῖς συναγωγαῖς **κατὰ** πᾶν σάββατον ἀναγινωσκόμενος.
15:23 Οἱ ἀπόστολοι καὶ οἱ πρεσβύτεροι ἀδελφοὶ τοῖς **κατὰ** τὴν Ἀντιόχειαν καὶ Συρίαν καὶ Κιλικίαν ἀδελφοῖς τοῖς ἐξ ἐθνῶν
15:36 Ἐπιστρέψαντες δὴ ἐπισκεψώμεθα τοὺς ἀδελφοὺς **κατὰ** πόλιν πᾶσαν ἐν αἷς κατηγγείλαμεν τὸν λόγον τοῦ κυρίου
16: 5 αἱ μὲν οὖν ἐκκλησίαι ἐστερεοῦντο τῇ πίστει καὶ ἐπερίσσευον τῷ ἀριθμῷ **καθ'** ἡμέραν.
16: 7 ἐλθόντες δὲ **κατὰ** τὴν Μυσίαν ἐπείραζον εἰς τὴν Βιθυνίαν πορευθῆναι,
16:22 καὶ συνεπέστη ὁ ὄχλος **κατ'** αὐτῶν καὶ οἱ στρατηγοὶ περιρήξαντες αὐτῶν τὰ ἱμάτια ἐκέλευον ῥαβδίζειν,
16:25 **Κατὰ** δὲ τὸ μεσονύκτιον Παῦλος καὶ Σιλᾶς προσευχόμενοι ὕμνουν τὸν θεόν,
17: 2 **κατὰ** δὲ τὸ εἰωθὸς τῷ Παύλῳ εἰσῆλθεν πρὸς αὐτοὺς καὶ ἐπὶ σάββατα τρία διελέξατο αὐτοῖς ἀπὸ τῶν γραφῶν,
17:11 οἵτινες ἐδέξαντο τὸν λόγον μετὰ πάσης προθυμίας **καθ'** ἡμέραν ἀνακρίνοντες τὰς γραφὰς εἰ ἔχοι ταῦτα οὕτως.
17:17 διελέγετο μὲν οὖν ἐν τῇ συναγωγῇ τοῖς Ἰουδαίοις καὶ τοῖς σεβομένοις καὶ ἐν τῇ ἀγορᾷ **κατὰ** πᾶσαν ἡμέραν
17:22 Ἀθηναῖοι, **κατὰ** πάντα ὡς δεισιδαιμονεστέρους ὑμᾶς θεωρῶ.
17:28 ὡς καί τινες τῶν **καθ'** ὑμᾶς ποιητῶν εἰρήκασιν,
18: 4 διελέγετο δὲ ἐν τῇ συναγωγῇ **κατὰ** πᾶν σάββατον ἔπειθέν τε Ἰουδαίους καὶ Ἕλληνας.
18:14 Εἰ μὲν ἦν ἀδίκημά τι ἢ ῥᾳδιούργημα πονηρόν, ὦ Ἰουδαῖοι, **κατὰ** λόγον ἂν ἀνεσχόμην ὑμῶν,
18:15 εἰ δὲ ζητήματά ἐστιν περὶ λόγου καὶ ὀνομάτων καὶ νόμου τοῦ **καθ'** ὑμᾶς,

19: 9 ἀποστὰς ἀπ᾽ αὐτῶν ἀφώρισεν τοὺς μαθητὰς **καθ᾽** ἡμέραν διαλεγόμενος ἐν τῇ σχολῇ Τυράννου.
19:16 κατακυριεύσας ἀμφοτέρων ἴσχυσεν **κατ᾽** αὐτῶν ὥστε γυμνοὺς καὶ τετραυματισμένους ἐκφυγεῖν ἐκ τοῦ οἴκου ἐκείνου.
19:20 Οὕτως **κατὰ** κράτος τοῦ κυρίου ὁ λόγος ηὔξανεν καὶ ἴσχυεν.
19:23 Ἐγένετο δὲ **κατὰ** τὸν καιρὸν ἐκεῖνον τάραχος οὐκ ὀλίγος περὶ τῆς ὁδοῦ.
20:20 ὡς οὐδὲν ὑπεστειλάμην τῶν συμφερόντων τοῦ μὴ ἀναγγεῖλαι ὑμῖν καὶ διδάξαι ὑμᾶς δημοσίᾳ καὶ **κατ᾽** οἴκους,
20:23 πλὴν ὅτι τὸ πνεῦμα τὸ ἅγιον **κατὰ** πόλιν διαμαρτύρεταί μοι λέγον ὅτι δεσμὰ καὶ θλίψεις με μένουσιν.
21:19 καὶ ἀσπασάμενος αὐτοὺς ἐξηγεῖτο **καθ᾽** ἓν ἕκαστον, ὧν ἐποίησεν ὁ θεὸς ἐν τοῖς ἔθνεσιν διὰ τῆς διακονίας αὐτοῦ.
21:21 ὅτι ἀποστασίαν διδάσκεις ἀπὸ Μωϋσέως τοὺς **κατὰ** τὰ ἔθνη πάντας Ἰουδαίους λέγων μὴ περιτέμνειν αὐτοὺς τὰ τέκνα
21:28 οὗτός ἐστιν ὁ ἄνθρωπος ὁ **κατὰ** τοῦ λαοῦ καὶ τοῦ νόμου καὶ τοῦ τόπου τούτου πάντας πανταχῇ διδάσκων,
22: 3 παρὰ τοὺς πόδας Γαμαλιὴλ πεπαιδευμένος **κατὰ** ἀκρίβειαν τοῦ πατρῴου νόμου,
22:12 Ἀνανίας δέ τις, ἀνὴρ εὐλαβὴς **κατὰ** τὸν νόμον,
22:19 αὐτοὶ ἐπίστανται ὅτι ἐγὼ ἤμην φυλακίζων καὶ δέρων **κατὰ** τὰς συναγωγὰς τοὺς πιστεύοντας ἐπὶ σέ,
23: 3 καὶ σὺ κάθῃ κρίνων με **κατὰ** τὸν νόμον καὶ παρανομῶν κελεύεις με τύπτεσθαι;
23:19 ἐπιλαβόμενος δὲ τῆς χειρὸς αὐτοῦ ὁ χιλίαρχος καὶ ἀναχωρήσας **κατ᾽** ἰδίαν ἐπυνθάνετο,
23:31 Οἱ μὲν οὖν στρατιῶται **κατὰ** τὸ διατεταγμένον αὐτοῖς ἀναλαβόντες τὸν Παῦλον ἤγαγον διὰ νυκτὸς
24: 1 Ἀνανίας μετὰ πρεσβυτέρων τινῶν καὶ ῥήτορος Τερτύλλου τινός, οἵτινες ἐνεφάνισαν τῷ ἡγεμόνι **κατὰ** τοῦ Παύλου.
24: 5 εὑρόντες γὰρ τὸν ἄνδρα τοῦτον λοιμὸν καὶ κινοῦντα στάσεις πᾶσιν τοῖς Ἰουδαίοις τοῖς **κατὰ** τὴν οἰκουμένην πρωτοστάτην
24:12 οὔτε ἐν τῷ ἱερῷ εὗρόν με πρός τινα διαλεγόμενον ἢ ἐπίστασιν ποιοῦντα ὄχλου οὔτε ἐν ταῖς συναγωγαῖς οὔτε **κατὰ** τὴν πόλιν,
24:14 ὁμολογῶ δὲ τοῦτό σοι ὅτι **κατὰ** τὴν ὁδὸν ἣν λέγουσιν αἵρεσιν, οὕτως λατρεύω τῷ πατρῴῳ θεῷ πιστεύων πᾶσι τοῖς **κατὰ** τὸν νόμον καὶ τοῖς ἐν τοῖς προφήταις γεγραμμένοις,
24:22 Ὅταν Λυσίας ὁ χιλίαρχος καταβῇ, διαγνώσομαι τὰ **καθ᾽** ὑμᾶς·
25: 2 ἐνεφάνισάν τε αὐτῷ οἱ ἀρχιερεῖς καὶ οἱ πρῶτοι τῶν Ἰουδαίων **κατὰ** τοῦ Παύλου καὶ παρεκάλουν αὐτὸν
25: 3 αἰτούμενοι χάριν **κατ᾽** αὐτοῦ ὅπως μεταπέμψηται αὐτὸν εἰς Ἰερουσαλήμ, ἐνέδραν ποιοῦντες ἀνελεῖν αὐτὸν **κατὰ** τὴν ὁδόν.
25:14 ὁ Φῆστος τῷ βασιλεῖ ἀνέθετο τὰ **κατὰ** τὸν Παῦλον λέγων,
25:15 εἰς Ἱεροσόλυμα ἐνεφάνισαν οἱ ἀρχιερεῖς καὶ οἱ πρεσβύτεροι τῶν Ἰουδαίων αἰτούμενοι **κατ᾽** αὐτοῦ καταδίκην.
25:16 πρὶν ἢ ὁ κατηγορούμενος **κατὰ** πρόσωπον ἔχοι τοὺς κατηγόρους τόπον τε ἀπολογίας λάβοι περὶ τοῦ ἐγκλήματος.
25:23 σύν τε χιλιάρχοις καὶ ἀνδράσιν τοῖς **κατ᾽** ἐξοχὴν τῆς πόλεως καὶ κελεύσαντος τοῦ Φήστου ἤχθη ὁ Παῦλος.
25:27 ἄλογον γάρ μοι δοκεῖ πέμποντα δέσμιον μὴ καὶ τὰς **κατ᾽** αὐτοῦ αἰτίας σημᾶναι.
26: 3 μάλιστα γνώστην ὄντα σε πάντων τῶν **κατὰ** Ἰουδαίους ἐθῶν τε καὶ ζητημάτων,
26: 5 ὅτι **κατὰ** τὴν ἀκριβεστάτην αἵρεσιν τῆς ἡμετέρας θρησκείας ἔζησα Φαρισαῖος.
26:11 καὶ **κατὰ** πάσας τὰς συναγωγὰς πολλάκις τιμωρῶν αὐτοὺς ἠνάγκαζον βλασφημεῖν περισσῶς τε ἐμμαινόμενος αὐτοῖς
26:13 ἡμέρας μέσης **κατὰ** τὴν ὁδὸν εἶδον, βασιλεῦ, οὐρανόθεν ὑπὲρ τὴν λαμπρότητα τοῦ ἡλίου περιλάμψαν με φῶς
27: 2 ἐπιβάντες δὲ πλοίῳ Ἀδραμυττηνῷ μέλλοντι πλεῖν εἰς τοὺς **κατὰ** τὴν Ἀσίαν τόπους ἀνήχθημεν
27: 5 τό τε πέλαγος τὸ **κατὰ** τὴν Κιλικίαν καὶ Παμφυλίαν διαπλεύσαντες κατήλθομεν εἰς Μύρα τῆς Λυκίας.
27: 7 ἐν ἱκαναῖς δὲ ἡμέραις βραδυπλοοῦντες καὶ μόλις γενόμενοι **κατὰ** τὴν Κνίδον, μὴ προσεῶντος ἡμᾶς τοῦ ἀνέμου ὑπεπλεύσαμεν τὴν Κρήτην **κατὰ** Σαλμώνην,
27:12 εἴ πως δύναιντο καταντήσαντες εἰς Φοίνικα παραχειμάσαι λιμένα τῆς Κρήτης βλέποντα **κατὰ** λίβα καὶ **κατὰ** χῶρον.
27:14 μετ᾽ οὐ πολὺ δὲ ἔβαλεν **κατ᾽** αὐτῆς ἄνεμος τυφωνικὸς ὁ καλούμενος Εὐρακύλων·
27:25 πιστεύω γὰρ τῷ θεῷ ὅτι οὕτως ἔσται **καθ᾽** ὃν τρόπον λελάληταί μοι.
27:27 **κατὰ** μέσον τῆς νυκτὸς ὑπενόουν οἱ ναῦται προσάγειν τινὰ αὐτοῖς χώραν.
27:29 φοβούμενοί τε μή που **κατὰ** τραχεῖς τόπους ἐκπέσωμεν,
28:16 ἐπετράπη τῷ Παύλῳ μένειν **καθ᾽** ἑαυτὸν σὺν τῷ φυλάσσοντι αὐτὸν στρατιώτῃ.

Ro 1: 3 περὶ τοῦ υἱοῦ αὐτοῦ τοῦ γενομένου ἐκ σπέρματος Δαυὶδ **κατὰ** σάρκα,
1: 4 τοῦ ὁρισθέντος υἱοῦ θεοῦ ἐν δυνάμει **κατὰ** πνεῦμα ἁγιωσύνης ἐξ ἀναστάσεως νεκρῶν,
1:15 οὕτως τὸ **κατ᾽** ἐμὲ πρόθυμον καὶ ὑμῖν τοῖς ἐν Ῥώμῃ εὐαγγελίσασθαι.
2: 2 οἴδαμεν δὲ ὅτι τὸ κρίμα τοῦ θεοῦ ἐστιν **κατὰ** ἀλήθειαν ἐπὶ τοὺς τὰ τοιαῦτα πράσσοντας.
2: 5 **κατὰ** δὲ τὴν σκληρότητά σου καὶ ἀμετανόητον καρδίαν θησαυρίζεις σεαυτῷ ὀργὴν ἐν ἡμέρᾳ ὀργῆς
2: 6 ὃς ἀποδώσει ἑκάστῳ **κατὰ** τὰ ἔργα αὐτοῦ·
2: 7 τοῖς μὲν **καθ᾽** ὑπομονὴν ἔργου ἀγαθοῦ δόξαν καὶ τιμὴν καὶ ἀφθαρσίαν ζητοῦσιν ζωὴν αἰώνιον,
2:16 ἐν ἡμέρᾳ ὅτε κρίνει ὁ θεὸς τὰ κρυπτὰ τῶν ἀνθρώπων **κατὰ** τὸ εὐαγγέλιόν μου διὰ Ἰησοῦ.
3: 2 πολὺ **κατὰ** πάντα τρόπον. πρῶτον μὲν γὰρ ὅτι ἐπιστεύθησαν τὰ λόγια τοῦ θεοῦ.
3: 5 μὴ ἄδικος ὁ θεὸς ὁ ἐπιφέρων τὴν ὀργήν; **κατὰ** ἄνθρωπον λέγω.
4: 1 Τί οὖν ἐροῦμεν εὑρηκέναι Ἀβραὰμ τὸν προπάτορα ἡμῶν **κατὰ** σάρκα;
4: 4 τῷ δὲ ἐργαζομένῳ ὁ μισθὸς οὐ λογίζεται **κατὰ** χάριν ἀλλὰ **κατὰ** ὀφείλημα,
4:16 διὰ τοῦτο ἐκ πίστεως, ἵνα **κατὰ** χάριν, εἰς τὸ εἶναι βεβαίαν τὴν ἐπαγγελίαν παντὶ τῷ σπέρματι,
4:18 ὃς παρ᾽ ἐλπίδα ἐπ᾽ ἐλπίδι ἐπίστευσεν εἰς τὸ γενέσθαι αὐτὸν πατέρα πολλῶν ἐθνῶν **κατὰ** τὸ εἰρημένον,
5: 6 ἔτι γὰρ Χριστὸς ὄντων ἡμῶν ἀσθενῶν ἔτι **κατὰ** καιρὸν ὑπὲρ ἀσεβῶν ἀπέθανεν.
7:13 ἵνα γένηται **καθ᾽** ὑπερβολὴν ἁμαρτωλὸς ἡ ἁμαρτία διὰ τῆς ἐντολῆς.
7:22 συνήδομαι γὰρ τῷ νόμῳ τοῦ θεοῦ **κατὰ** τὸν ἔσω ἄνθρωπον,
8: 4 ἵνα τὸ δικαίωμα τοῦ νόμου πληρωθῇ ἐν ἡμῖν τοῖς μὴ **κατὰ** σάρκα περιπατοῦσιν ἀλλὰ **κατὰ** πνεῦμα.
8: 5 οἱ γὰρ **κατὰ** σάρκα ὄντες τὰ τῆς σαρκὸς φρονοῦσιν, οἱ δὲ **κατὰ** πνεῦμα τὰ τοῦ πνεύματος.
8:12 ὀφειλέται ἐσμὲν οὐ τῇ σαρκὶ τοῦ **κατὰ** σάρκα ζῆν,
8:13 εἰ γὰρ **κατὰ** σάρκα ζῆτε, μέλλετε ἀποθνῄσκειν· εἰ δὲ πνεύματι τὰς πράξεις τοῦ σώματος θανατοῦτε,
8:27 ὁ δὲ ἐραυνῶν τὰς καρδίας οἶδεν τί τὸ φρόνημα τοῦ πνεύματος, ὅτι **κατὰ** θεὸν ἐντυγχάνει ὑπὲρ ἁγίων.
8:28 οἴδαμεν δὲ ὅτι τοῖς ἀγαπῶσιν τὸν θεὸν πάντα συνεργεῖ εἰς ἀγαθόν, τοῖς **κατὰ** πρόθεσιν κλητοῖς οὖσιν.
8:31 εἰ ὁ θεὸς ὑπὲρ ἡμῶν, τίς **καθ᾽** ἡμῶν;
8:33 τίς ἐγκαλέσει **κατὰ** ἐκλεκτῶν θεοῦ; θεὸς ὁ δικαιῶν·
9: 3 ηὐχόμην γὰρ ἀνάθεμα εἶναι αὐτὸς ἐγὼ ἀπὸ τοῦ Χριστοῦ ὑπὲρ τῶν ἀδελφῶν μου τῶν συγγενῶν μου **κατὰ** σάρκα,
9: 5 ὧν οἱ πατέρες καὶ ἐξ ὧν ὁ Χριστὸς τὸ **κατὰ** σάρκα,
9: 9 **Κατὰ** τὸν καιρὸν τοῦτον ἐλεύσομαι καὶ ἔσται τῇ Σάρρᾳ υἱός.
9:11 ἵνα ἡ **κατ᾽** ἐκλογὴν πρόθεσις τοῦ θεοῦ μένῃ,
10: 2 ὅτι ζῆλον θεοῦ ἔχουσιν ἀλλ᾽ οὐ **κατ᾽** ἐπίγνωσιν·
11: 2 ἢ οὐκ οἴδατε ἐν Ἠλίᾳ τί λέγει ἡ γραφή, ὡς ἐντυγχάνει τῷ θεῷ **κατὰ** τοῦ Ἰσραήλ;
11: 5 οὕτως οὖν καὶ ἐν τῷ νῦν καιρῷ λεῖμμα **κατ᾽** ἐκλογὴν χάριτος γέγονεν·
11:21 εἰ γὰρ ὁ θεὸς τῶν **κατὰ** φύσιν κλάδων οὐκ ἐφείσατο,
11:24 εἰ γὰρ σὺ ἐκ τῆς **κατὰ** φύσιν ἐξεκόπης ἀγριελαίου καὶ παρὰ φύσιν ἐνεκεντρίσθης εἰς καλλιέλαιον, πόσῳ μᾶλλον οὗτοι οἱ **κατὰ** φύσιν ἐγκεντρισθήσονται τῇ ἰδίᾳ ἐλαίᾳ.
11:28 **κατὰ** μὲν τὸ εὐαγγέλιον ἐχθροὶ δι᾽ ὑμᾶς, **κατὰ** δὲ τὴν ἐκλογὴν ἀγαπητοὶ διὰ τοὺς πατέρας·
12: 5 οὕτως οἱ πολλοὶ ἓν σῶμά ἐσμεν ἐν Χριστῷ, τὸ δὲ **καθ᾽** εἷς ἀλλήλων μέλη.
12: 6 ἔχοντες δὲ χαρίσματα **κατὰ** τὴν χάριν τὴν δοθεῖσαν ἡμῖν διάφορα, εἴτε προφητείαν **κατὰ** τὴν ἀναλογίαν τῆς πίστεως,
14:15 εἰ γὰρ διὰ βρῶμα ὁ ἀδελφός σου λυπεῖται, οὐκέτι **κατὰ** ἀγάπην περιπατεῖς·
14:22 σὺ πίστιν ἣν ἔχεις **κατὰ** σεαυτὸν ἔχε ἐνώπιον τοῦ θεοῦ.
15: 5 ὁ δὲ θεὸς τῆς ὑπομονῆς καὶ τῆς παρακλήσεως δῴη ὑμῖν τὸ αὐτὸ φρονεῖν ἐν ἀλλήλοις **κατὰ** Χριστὸν Ἰησοῦν,
16: 5 καὶ τὴν **κατ᾽** οἶκον αὐτῶν ἐκκλησίαν. ἀσπάσασθε Ἐπαίνετον τὸν ἀγαπητόν μου,
16:25 Τῷ δὲ δυναμένῳ ὑμᾶς στηρίξαι **κατὰ** τὸ εὐαγγέλιόν μου καὶ τὸ κήρυγμα Ἰησοῦ Χριστοῦ, **κατὰ** ἀποκάλυψιν μυστηρίου χρόνοις αἰωνίοις σεσιγημένου,

16:26 φανερωθέντος δὲ νῦν διά τε γραφῶν προφητικῶν **κατ᾽** ἐπιταγὴν τοῦ αἰωνίου θεοῦ εἰς ὑπακοὴν πίστεως

1Co 1:26 ἀδελφοί, ὅτι οὐ πολλοὶ σοφοὶ **κατὰ** σάρκα, οὐ πολλοὶ δυνατοί,

2: 1 ἦλθον οὐ **καθ᾽** ὑπεροχὴν λόγου ἢ σοφίας καταγγέλλων ὑμῖν τὸ μυστήριον τοῦ θεοῦ.

3: 3 ὅπου γὰρ ἐν ὑμῖν ζῆλος καὶ ἔρις, οὐχὶ σαρκικοί ἐστε καὶ **κατὰ** ἄνθρωπον περιπατεῖτε;

3: 8 ἕκαστος δὲ τὸν ἴδιον μισθὸν λήμψεται **κατὰ** τὸν ἴδιον κόπον·

3:10 **Κατὰ** τὴν χάριν τοῦ θεοῦ τὴν δοθεῖσάν μοι ὡς σοφὸς ἀρχιτέκτων θεμέλιον ἔθηκα,

4: 6 ἵνα μὴ εἷς ὑπὲρ τοῦ ἑνὸς φυσιοῦσθε **κατὰ** τοῦ ἑτέρου.

7: 6 τοῦτο δὲ λέγω **κατὰ** συγγνώμην οὐ **κατ᾽** ἐπιταγήν.

7:40 μακαριωτέρα δέ ἐστιν ἐὰν οὕτως μείνῃ, **κατὰ** τὴν ἐμὴν γνώμην·

9: 8 Μὴ **κατὰ** ἄνθρωπον ταῦτα λαλῶ ἢ καὶ ὁ νόμος ταῦτα οὐ λέγει;

10:18 βλέπετε τὸν Ἰσραὴλ **κατὰ** σάρκα· οὐχ οἱ ἐσθίοντες τὰς θυσίας κοινωνοὶ τοῦ θυσιαστηρίου εἰσίν;

11: 4 πᾶς ἀνὴρ προσευχόμενος ἢ προφητεύων **κατὰ** κεφαλῆς ἔχων καταισχύνει τὴν κεφαλὴν αὐτοῦ.

12: 8 ἄλλῳ δὲ λόγος γνώσεως **κατὰ** τὸ αὐτὸ πνεῦμα,

12:31 ζηλοῦτε δὲ τὰ χαρίσματα τὰ μείζονα. Καὶ ἔτι **καθ᾽** ὑπερβολὴν ὁδὸν ὑμῖν δείκνυμι.

14:27 **κατὰ** δύο ἢ τὸ πλεῖστον τρεῖς καὶ ἀνὰ μέρος,

14:31 δύνασθε γὰρ **καθ᾽** ἕνα πάντες προφητεύειν, ἵνα πάντες μανθάνωσιν καὶ πάντες παρακαλῶνται.

14:40 πάντα δὲ εὐσχημόνως καὶ **κατὰ** τάξιν γινέσθω.

15: 3 Χριστὸς ἀπέθανεν ὑπὲρ τῶν ἁμαρτιῶν ἡμῶν **κατὰ** τὰς γραφὰς

15: 4 ἐτάφη καὶ ὅτι ἐγήγερται τῇ ἡμέρᾳ τῇ τρίτῃ **κατὰ** τὰς γραφὰς

15:15 ὅτι ἐμαρτυρήσαμεν **κατὰ** τοῦ θεοῦ ὅτι ἤγειρεν τὸν Χριστόν,

15:31 **καθ᾽** ἡμέραν ἀποθνήσκω, νὴ τὴν ὑμετέραν καύχησιν, ἀδελφοί,

15:32 εἰ **κατὰ** ἄνθρωπον ἐθηριομάχησα ἐν Ἐφέσῳ, τί μοι τὸ ὄφελος;

16: 2 **κατὰ** μίαν σαββάτου ἕκαστος ὑμῶν παρ᾽ ἑαυτῷ τιθέτω θησαυρίζων ὅ τι ἐὰν εὐοδῶται,

16:19 ἀσπάζεται ὑμᾶς ἐν κυρίῳ πολλὰ Ἀκύλας καὶ Πρίσκα σὺν τῇ **κατ᾽** οἶκον αὐτῶν ἐκκλησίᾳ.

2Co 1: 8 ὅτι **καθ᾽** ὑπερβολὴν ὑπὲρ δύναμιν ἐβαρήθημεν ὥστε ἐξαπορηθῆναι ἡμᾶς καὶ τοῦ ζῆν·

1:17 ἢ ἃ βουλεύομαι **κατὰ** σάρκα βουλεύομαι, ἵνα ᾖ παρ᾽ ἐμοὶ τὸ Ναὶ ναὶ καὶ τὸ Οὒ οὔ;

4:13 ἔχοντες δὲ τὸ αὐτὸ πνεῦμα τῆς πίστεως **κατὰ** τὸ γεγραμμένον,

4:17 τὸ γὰρ παραυτίκα ἐλαφρὸν τῆς θλίψεως ἡμῶν **καθ᾽** ὑπερβολὴν εἰς ὑπερβολὴν αἰώνιον βάρος δόξης κατεργάζεται ἡμῖν,

5:16 Ὥστε ἡμεῖς ἀπὸ τοῦ νῦν οὐδένα οἴδαμεν **κατὰ** σάρκα· εἰ καὶ ἐγνώκαμεν **κατὰ** σάρκα Χριστόν, ἀλλὰ νῦν οὐκέτι γινώσκομεν.

7: 9 ἐλυπήθητε γὰρ **κατὰ** θεόν, ἵνα ἐν μηδενὶ ζημιωθῆτε ἐξ ἡμῶν.

7:10 ἡ γὰρ **κατὰ** θεὸν λύπη μετάνοιαν εἰς σωτηρίαν ἀμεταμέλητον ἐργάζεται·

7:11 ἰδοὺ γὰρ αὐτὸ τοῦτο τὸ **κατὰ** θεὸν λυπηθῆναι πόσην κατειργάσατο ὑμῖν σπουδήν,

8: 2 ὅτι ἐν πολλῇ δοκιμῇ θλίψεως ἡ περισσεία τῆς χαρᾶς αὐτῶν καὶ ἡ **κατὰ** βάθους πτωχεία αὐτῶν ἐπερίσσευσεν εἰς τὸ πλοῦτος

8: 3 ὅτι **κατὰ** δύναμιν, μαρτυρῶ, καὶ παρὰ δύναμιν, αὐθαίρετοι

8: 8 Οὐ **κατ᾽** ἐπιταγὴν λέγω ἀλλὰ διὰ τῆς ἑτέρων σπουδῆς καὶ τὸ τῆς ὑμετέρας ἀγάπης γνήσιον δοκιμάζων·

10: 1 ὃς **κατὰ** πρόσωπον μὲν ταπεινὸς ἐν ὑμῖν, ἀπὼν δὲ θαρρῶ εἰς ὑμᾶς·

10: 2 λογίζομαι τολμῆσαι ἐπί τινας τοὺς λογιζομένους ἡμᾶς ὡς **κατὰ** σάρκα περιπατοῦντας.

10: 3 ἐν σαρκὶ γὰρ περιπατοῦντες οὐ **κατὰ** σάρκα στρατευόμεθα,

10: 5 καὶ πᾶν ὕψωμα ἐπαιρόμενον **κατὰ** τῆς γνώσεως τοῦ θεοῦ,

10: 7 Τὰ **κατὰ** πρόσωπον βλέπετε. εἴ τις πέποιθεν ἑαυτῷ Χριστοῦ εἶναι,

10:13 ἡμεῖς δὲ οὐκ εἰς τὰ ἄμετρα καυχησόμεθα ἀλλὰ **κατὰ** τὸ μέτρον τοῦ κανόνος οὗ ἐμέρισεν ἡμῖν ὁ θεὸς μέτρου,

10:15 ἐλπίδα δὲ ἔχοντες αὐξανομένης τῆς πίστεως ὑμῶν ἐν ὑμῖν μεγαλυνθῆναι **κατὰ** τὸν κανόνα ἡμῶν εἰς περισσείαν

11:15 ὧν τὸ τέλος ἔσται **κατὰ** τὰ ἔργα αὐτῶν.

11:17 οὐ **κατὰ** κύριον λαλῶ ἀλλ᾽ ὡς ἐν ἀφροσύνῃ,

11:18 ἐπεὶ πολλοὶ καυχῶνται **κατὰ** σάρκα, κἀγὼ καυχήσομαι.

11:21 **κατὰ** ἀτιμίαν λέγω, ὡς ὅτι ἡμεῖς ἠσθενήκαμεν. ἐν ᾧ δ᾽ ἄν τις τολμᾷ,

11:28 χωρὶς τῶν παρεκτὸς ἡ ἐπίστασίς μοι ἡ **καθ᾽** ἡμέραν,

13: 8 οὐ γὰρ δυνάμεθά τι **κατὰ** τῆς ἀληθείας ἀλλὰ ὑπὲρ τῆς ἀληθείας.

13:10 ἵνα παρὼν μὴ ἀποτόμως χρήσωμαι **κατὰ** τὴν ἐξουσίαν ἣν ὁ κύριος ἔδωκέν μοι εἰς οἰκοδομὴν καὶ οὐκ εἰς καθαίρεσιν.

Gal 1: 4 ὅπως ἐξέληται ἡμᾶς ἐκ τοῦ αἰῶνος τοῦ ἐνεστῶτος πονηροῦ **κατὰ** τὸ θέλημα τοῦ θεοῦ καὶ πατρὸς ἡμῶν,

1:11 τὸ εὐαγγέλιον τὸ εὐαγγελισθὲν ὑπ᾽ ἐμοῦ ὅτι οὐκ ἔστιν **κατὰ** ἄνθρωπον·

1:13 ὅτι **καθ᾽** ὑπερβολὴν ἐδίωκον τὴν ἐκκλησίαν τοῦ θεοῦ καὶ ἐπόρθουν αὐτήν,

2: 2 ἀνέβην δὲ **κατὰ** ἀποκάλυψιν· καὶ ἀνεθέμην αὐτοῖς τὸ εὐαγγέλιον ὃ κηρύσσω ἐν τοῖς ἔθνεσιν, **κατ᾽** ἰδίαν δὲ τοῖς δοκοῦσιν, μή πως εἰς κενὸν τρέχω ἢ ἔδραμον.

2:11 Ὅτε δὲ ἦλθεν Κηφᾶς εἰς Ἀντιόχειαν, **κατὰ** πρόσωπον αὐτῷ ἀντέστην, ὅτι κατεγνωσμένος ἦν.

3: 1 τίς ὑμᾶς ἐβάσκανεν, οἷς **κατ᾽** ὀφθαλμοὺς Ἰησοῦς Χριστὸς προεγράφη ἐσταυρωμένος;

3:15 Ἀδελφοί, **κατὰ** ἄνθρωπον λέγω· ὅμως ἀνθρώπου κεκυρωμένην διαθήκην οὐδεὶς ἀθετεῖ ἢ ἐπιδιατάσσεται.

3:21 Ὁ οὖν νόμος **κατὰ** τῶν ἐπαγγελιῶν τοῦ θεοῦ;

3:29 ἄρα τοῦ Ἀβραὰμ σπέρμα ἐστέ, **κατ᾽** ἐπαγγελίαν κληρονόμοι.

4:23 ἀλλ᾽ ὁ μὲν ἐκ τῆς παιδίσκης **κατὰ** σάρκα γεγέννηται,

4:28 ὑμεῖς δέ, ἀδελφοί, **κατὰ** Ἰσαὰκ ἐπαγγελίας τέκνα ἐστέ.

4:29 ἀλλ᾽ ὥσπερ τότε ὁ **κατὰ** σάρκα γεννηθεὶς ἐδίωκεν τὸν **κατὰ** πνεῦμα,

5:17 ἡ γὰρ σὰρξ ἐπιθυμεῖ **κατὰ** τοῦ πνεύματος, τὸ δὲ πνεῦμα **κατὰ** τῆς σαρκός, ταῦτα γὰρ ἀλλήλοις ἀντίκειται,

5:23 πραΰτης ἐγκράτεια· **κατὰ** τῶν τοιούτων οὐκ ἔστιν νόμος.

Eph 1: 5 προορίσας ἡμᾶς εἰς υἱοθεσίαν διὰ Ἰησοῦ Χριστοῦ εἰς αὐτόν, **κατὰ** τὴν εὐδοκίαν τοῦ θελήματος αὐτοῦ,

1: 7 τὴν ἄφεσιν τῶν παραπτωμάτων, **κατὰ** τὸ πλοῦτος τῆς χάριτος αὐτοῦ

1: 9 **κατὰ** τὴν εὐδοκίαν αὐτοῦ ἣν προέθετο ἐν αὐτῷ

1:11 ἐν ᾧ καὶ ἐκληρώθημεν προορισθέντες **κατὰ** πρόθεσιν τοῦ τὰ πάντα ἐνεργοῦντος **κατὰ** τὴν βουλὴν τοῦ θελήματος αὐτοῦ

1:15 Διὰ τοῦτο κἀγὼ ἀκούσας τὴν **καθ᾽** ὑμᾶς πίστιν ἐν τῷ κυρίῳ Ἰησοῦ καὶ τὴν ἀγάπην τὴν εἰς πάντας τοὺς ἁγίους

1:19 καὶ τί τὸ ὑπερβάλλον μέγεθος τῆς δυνάμεως αὐτοῦ εἰς ἡμᾶς τοὺς πιστεύοντας **κατὰ** τὴν ἐνέργειαν τοῦ κράτους τῆς ἰσχύος

2: 2 ἐν αἷς ποτε περιεπατήσατε **κατὰ** τὸν αἰῶνα τοῦ κόσμου τούτου, **κατὰ** τὸν ἄρχοντα τῆς ἐξουσίας τοῦ ἀέρος, τοῦ πνεύματος τοῦ νῦν ἐνεργοῦντος ἐν τοῖς υἱοῖς τῆς ἀπειθείας·

3: 3 ὅτι **κατὰ** ἀποκάλυψιν ἐγνωρίσθη μοι τὸ μυστήριον, καθὼς προέγραψα ἐν ὀλίγῳ,

3: 7 οὗ ἐγενήθην διάκονος **κατὰ** τὴν δωρεὰν τῆς χάριτος τοῦ θεοῦ τῆς δοθείσης μοι **κατὰ** τὴν ἐνέργειαν τῆς δυνάμεως αὐτοῦ.

3:11 **κατὰ** πρόθεσιν τῶν αἰώνων ἣν ἐποίησεν ἐν τῷ Χριστῷ Ἰησοῦ τῷ κυρίῳ ἡμῶν,

3:16 ἵνα δῷ ὑμῖν **κατὰ** τὸ πλοῦτος τῆς δόξης αὐτοῦ δυνάμει κραταιωθῆναι διὰ τοῦ πνεύματος αὐτοῦ εἰς τὸν ἔσω ἄνθρωπον,

3:20 δυναμένῳ ὑπὲρ πάντα ποιῆσαι ὑπερεκπερισσοῦ ὧν αἰτούμεθα ἢ νοοῦμεν **κατὰ** τὴν δύναμιν τὴν ἐνεργουμένην ἐν ἡμῖν,

4: 7 Ἑνὶ δὲ ἑκάστῳ ἡμῶν ἐδόθη ἡ χάρις **κατὰ** τὸ μέτρον τῆς δωρεᾶς τοῦ Χριστοῦ.

4:16 **κατ᾽** ἐνέργειαν ἐν μέτρῳ ἑνὸς ἑκάστου μέρους τὴν αὔξησιν τοῦ σώματος ποιεῖται εἰς οἰκοδομὴν ἑαυτοῦ ἐν ἀγάπῃ.

4:22 ἀποθέσθαι ὑμᾶς **κατὰ** τὴν προτέραν ἀναστροφὴν τὸν παλαιὸν ἄνθρωπον τὸν φθειρόμενον **κατὰ** τὰς ἐπιθυμίας τῆς ἀπάτης,

4:24 καὶ ἐνδύσασθαι τὸν καινὸν ἄνθρωπον τὸν **κατὰ** θεὸν κτισθέντα ἐν δικαιοσύνῃ καὶ ὁσιότητι τῆς ἀληθείας.

5:33 πλὴν καὶ ὑμεῖς οἱ **καθ᾽** ἕνα, ἕκαστος τὴν ἑαυτοῦ γυναῖκα οὕτως ἀγαπάτω ὡς ἑαυτόν,

6: 5 ὑπακούετε τοῖς **κατὰ** σάρκα κυρίοις μετὰ φόβου καὶ τρόμου ἐν ἁπλότητι τῆς καρδίας ὑμῶν ὡς τῷ Χριστῷ,

6: 6 μὴ **κατ᾽** ὀφθαλμοδουλίαν ὡς ἀνθρωπάρεσκοι ἀλλ᾽ ὡς δοῦλοι Χριστοῦ ποιοῦντες τὸ θέλημα τοῦ θεοῦ ἐκ ψυχῆς,

6:21 Ἵνα δὲ εἰδῆτε καὶ ὑμεῖς τὰ **κατ᾽** ἐμέ,

Php 1:12 ὅτι τὰ **κατ᾽** ἐμὲ μᾶλλον εἰς προκοπὴν τοῦ εὐαγγελίου ἐλήλυθεν,

1:20 **κατὰ** τὴν ἀποκαραδοκίαν καὶ ἐλπίδα μου, ὅτι ἐν οὐδενὶ αἰσχυνθήσομαι ἀλλ᾽ ἐν πάσῃ παρρησίᾳ

2: 3 μηδὲν **κατ᾽** ἐριθείαν μηδὲ **κατὰ** κενοδοξίαν ἀλλὰ τῇ ταπεινοφροσύνῃ ἀλλήλους ἡγούμενοι ὑπερέχοντας ἑαυτῶν,

3: 5 φυλῆς Βενιαμίν, Ἑβραῖος ἐξ Ἑβραίων, **κατὰ** νόμον Φαρισαῖος,

3: 6 **κατὰ** ζῆλος διώκων τὴν ἐκκλησίαν, **κατὰ** δικαιοσύνην τὴν ἐν νόμῳ γενόμενος ἄμεμπτος.

3:14 **κατὰ** σκοπὸν διώκω εἰς τὸ βραβεῖον τῆς ἄνω κλήσεως τοῦ θεοῦ ἐν Χριστῷ Ἰησοῦ.

3:21 ὃς μετασχηματίσει τὸ σῶμα τῆς ταπεινώσεως ἡμῶν σύμμορφον τῷ σώματι τῆς δόξης αὐτοῦ **κατὰ** τὴν ἐνέργειαν τοῦ δύνασθαι αὐτὸν καὶ ὑποτάξαι αὐτῷ τὰ πάντα.

4:11 οὐχ ὅτι **καθ'** ὑστέρησιν λέγω, ἐγὼ γὰρ ἔμαθον ἐν οἷς εἰμι αὐτάρκης εἶναι.
4:19 ὁ δὲ θεός μου πληρώσει πᾶσαν χρείαν ὑμῶν **κατὰ** τὸ πλοῦτος αὐτοῦ ἐν δόξῃ ἐν Χριστῷ Ἰησοῦ.
Col 1:11 ἐν πάσῃ δυνάμει δυναμούμενοι **κατὰ** τὸ κράτος τῆς δόξης αὐτοῦ εἰς πᾶσαν ὑπομονὴν καὶ μακροθυμίαν.
1:25 ἧς ἐγενόμην ἐγὼ διάκονος **κατὰ** τὴν οἰκονομίαν τοῦ θεοῦ τὴν δοθεῖσάν μοι εἰς ὑμᾶς πληρῶσαι τὸν λόγον τοῦ θεοῦ,
1:29 εἰς ὃ καὶ κοπιῶ ἀγωνιζόμενος **κατὰ** τὴν ἐνέργειαν αὐτοῦ τὴν ἐνεργουμένην ἐν ἐμοὶ ἐν δυνάμει.
2: 8 βλέπετε μή τις ὑμᾶς ἔσται ὁ συλαγωγῶν διὰ τῆς φιλοσοφίας καὶ κενῆς ἀπάτης **κατὰ** τὴν παράδοσιν τῶν ἀνθρώπων, **κατὰ** τὰ στοιχεῖα τοῦ κόσμου καὶ οὐ **κατὰ** Χριστόν·
2:14 ἐξαλείψας τὸ **καθ'** ἡμῶν χειρόγραφον τοῖς δόγμασιν ὃ ἦν ὑπεναντίον ἡμῖν,
2:22 ἅ ἐστιν πάντα εἰς φθορὰν τῇ ἀποχρήσει, **κατὰ** τὰ ἐντάλματα καὶ διδασκαλίας τῶν ἀνθρώπων,
3:10 καὶ ἐνδυσάμενοι τὸν νέον τὸν ἀνακαινούμενον εἰς ἐπίγνωσιν **κατ'** εἰκόνα τοῦ κτίσαντος αὐτόν,
3:20 Τὰ τέκνα, ὑπακούετε τοῖς γονεῦσιν **κατὰ** πάντα, τοῦτο γὰρ εὐάρεστόν ἐστιν ἐν κυρίῳ.
3:22 Οἱ δοῦλοι, ὑπακούετε **κατὰ** πάντα τοῖς **κατὰ** σάρκα κυρίοις,
4: 7 Τὰ **κατ'** ἐμὲ πάντα γνωρίσει ὑμῖν Τυχικὸς ὁ ἀγαπητὸς ἀδελφὸς καὶ πιστὸς διάκονος καὶ σύνδουλος ἐν κυρίῳ,
4:15 Ἀσπάσασθε τοὺς ἐν Λαοδικείᾳ ἀδελφοὺς καὶ Νύμφαν καὶ τὴν **κατ'** οἶκον αὐτῆς ἐκκλησίαν.
2Th 1:12 **κατὰ** τὴν χάριν τοῦ θεοῦ ἡμῶν καὶ κυρίου Ἰησοῦ Χριστοῦ.
2: 3 μή τις ὑμᾶς ἐξαπατήσῃ **κατὰ** μηδένα τρόπον. ὅτι ἐὰν μὴ ἔλθῃ ἡ ἀποστασία πρῶτον καὶ ἀποκαλυφθῇ ὁ ἄνθρωπος τῆς ἀνομίας,
2: 9 οὗ ἐστιν ἡ παρουσία **κατ'** ἐνέργειαν τοῦ Σατανᾶ ἐν πάσῃ δυνάμει καὶ σημείοις καὶ τέρασιν ψεύδους
3: 6 στέλλεσθαι ὑμᾶς ἀπὸ παντὸς ἀδελφοῦ ἀτάκτως περιπατοῦντος καὶ μὴ **κατὰ** τὴν παράδοσιν ἣν παρελάβοσαν παρ' ἡμῶν.
1Ti 1: 1 Παῦλος ἀπόστολος Χριστοῦ Ἰησοῦ **κατ'** ἐπιταγὴν θεοῦ σωτῆρος ἡμῶν καὶ Χριστοῦ Ἰησοῦ τῆς ἐλπίδος ἡμῶν
1:11 **κατὰ** τὸ εὐαγγέλιον τῆς δόξης τοῦ μακαρίου θεοῦ,
1:18 τέκνον Τιμόθεε, **κατὰ** τὰς προαγούσας ἐπὶ σὲ προφητείας,
5:19 **κατὰ** πρεσβυτέρου κατηγορίαν μὴ παραδέχου, ἐκτὸς εἰ μὴ ἐπὶ δύο ἢ τριῶν μαρτύρων.
5:21 ἵνα ταῦτα φυλάξῃς χωρὶς προκρίματος, μηδὲν ποιῶν **κατὰ** πρόσκλισιν.
6: 3 καὶ μὴ προσέρχεται ὑγιαίνουσιν λόγοις τοῖς τοῦ κυρίου ἡμῶν Ἰησοῦ Χριστοῦ καὶ τῇ **κατ'** εὐσέβειαν διδασκαλίᾳ,
2Ti 1: 1 Παῦλος ἀπόστολος Χριστοῦ Ἰησοῦ διὰ θελήματος θεοῦ **κατ'** ἐπαγγελίαν ζωῆς τῆς ἐν Χριστῷ Ἰησοῦ
1: 8 μηδὲ ἐμὲ τὸν δέσμιον αὐτοῦ, ἀλλὰ συγκακοπάθησον τῷ εὐαγγελίῳ **κατὰ** δύναμιν θεοῦ,
1: 9 οὐ **κατὰ** τὰ ἔργα ἡμῶν ἀλλὰ **κατὰ** ἰδίαν πρόθεσιν καὶ χάριν,
2: 8 Μνημόνευε Ἰησοῦν Χριστὸν ἐγηγερμένον ἐκ νεκρῶν, ἐκ σπέρματος Δαυίδ, **κατὰ** τὸ εὐαγγέλιόν μου,
4: 3 ἔσται γὰρ καιρὸς ὅτε τῆς ὑγιαινούσης διδασκαλίας οὐκ ἀνέξονται ἀλλὰ **κατὰ** τὰς ἰδίας ἐπιθυμίας ἑαυτοῖς ἐπισωρεύσουσιν διδασκάλους κνηθόμενοι τὴν ἀκοὴν
4:14 ἀποδώσει αὐτῷ ὁ κύριος **κατὰ** τὰ ἔργα αὐτοῦ·
Tit 1: 1 ἀπόστολος δὲ Ἰησοῦ Χριστοῦ **κατὰ** πίστιν ἐκλεκτῶν θεοῦ καὶ ἐπίγνωσιν ἀληθείας τῆς **κατ'** εὐσέβειαν
1: 3 ὃ ἐπιστεύθην ἐγὼ **κατ'** ἐπιταγὴν τοῦ σωτῆρος ἡμῶν θεοῦ,
1: 4 Τίτῳ γνησίῳ τέκνῳ **κατὰ** κοινὴν πίστιν, χάρις καὶ εἰρήνη ἀπὸ θεοῦ πατρὸς καὶ Χριστοῦ Ἰησοῦ τοῦ σωτῆρος ἡμῶν.
1: 5 ἵνα τὰ λείποντα ἐπιδιορθώσῃ καὶ καταστήσῃς **κατὰ** πόλιν πρεσβυτέρους,
1: 9 ἀντεχόμενον τοῦ **κατὰ** τὴν διδαχὴν πιστοῦ λόγου, ἵνα δυνατὸς ᾖ καὶ παρακαλεῖν ἐν τῇ διδασκαλίᾳ τῇ ὑγιαινούσῃ
3: 5 οὐκ ἐξ ἔργων τῶν ἐν δικαιοσύνῃ ἃ ἐποιήσαμεν ἡμεῖς ἀλλὰ **κατὰ** τὸ αὐτοῦ ἔλεος ἔσωσεν ἡμᾶς διὰ λουτροῦ παλιγγενεσίας
3: 7 ἵνα δικαιωθέντες τῇ ἐκείνου χάριτι κληρονόμοι γενηθῶμεν **κατ'** ἐλπίδα ζωῆς αἰωνίου.
Phm 1: 2 καὶ Ἀπφίᾳ τῇ ἀδελφῇ καὶ Ἀρχίππῳ τῷ συστρατιώτῃ ἡμῶν καὶ τῇ **κατ'** οἶκόν σου ἐκκλησίᾳ,
1:14 ἵνα μὴ ὡς **κατὰ** ἀνάγκην τὸ ἀγαθόν σου ᾖ ἀλλὰ **κατὰ** ἑκούσιον.
Heb 1:10 καί, Σὺ **κατ'** ἀρχάς, κύριε, τὴν γῆν ἐθεμελίωσας,
2: 4 σημείοις τε καὶ τέρασιν καὶ ποικίλαις δυνάμεσιν καὶ πνεύματος ἁγίου μερισμοῖς **κατὰ** τὴν αὐτοῦ θέλησιν;
2:17 ὅθεν ὤφειλεν **κατὰ** πάντα τοῖς ἀδελφοῖς ὁμοιωθῆναι, ἵνα ἐλεήμων γένηται καὶ πιστὸς ἀρχιερεὺς τὰ πρὸς τὸν θεὸν εἰς τὸ ἱλάσκεσθαι τὰς ἁμαρτίας τοῦ λαοῦ.
3: 3 **καθ'** ὅσον πλείονα τιμὴν ἔχει τοῦ οἴκου ὁ κατασκευάσας αὐτόν·
3: 8 μὴ σκληρύνητε τὰς καρδίας ὑμῶν ὡς ἐν τῷ παραπικρασμῷ **κατὰ** τὴν ἡμέραν τοῦ πειρασμοῦ ἐν τῇ ἐρήμῳ,
3:13 ἀλλὰ παρακαλεῖτε ἑαυτοὺς **καθ'** ἑκάστην ἡμέραν, ἄχρις οὗ τὸ Σήμερον καλεῖται,
4:15 πεπειρασμένον δὲ **κατὰ** πάντα **καθ'** ὁμοιότητα χωρὶς ἁμαρτίας.
5: 6 Σὺ ἱερεὺς εἰς τὸν αἰῶνα **κατὰ** τὴν τάξιν Μελχισέδεκ,
5:10 προσαγορευθεὶς ὑπὸ τοῦ θεοῦ ἀρχιερεὺς **κατὰ** τὴν τάξιν Μελχισέδεκ.
6:13 ἐπεὶ **κατ'** οὐδενὸς εἶχεν μείζονος ὀμόσαι, ὤμοσεν **καθ'** ἑαυτοῦ
6:16 ἄνθρωποι γὰρ **κατὰ** τοῦ μείζονος ὀμνύουσιν, καὶ πάσης αὐτοῖς ἀντιλογίας πέρας εἰς βεβαίωσιν ὁ ὅρκος·
6:20 **κατὰ** τὴν τάξιν Μελχισέδεκ ἀρχιερεὺς γενόμενος εἰς τὸν αἰῶνα.
7: 5 καὶ οἱ μὲν ἐκ τῶν υἱῶν Λευὶ τὴν ἱερατείαν λαμβάνοντες ἐντολὴν ἔχουσιν ἀποδεκατοῦν τὸν λαὸν **κατὰ** τὸν νόμον,
7:11 τίς ἔτι χρεία **κατὰ** τὴν τάξιν Μελχισέδεκ ἕτερον ἀνίστασθαι ἱερέα καὶ οὐ **κατὰ** τὴν τάξιν Ἀαρὼν λέγεσθαι;
7:15 εἰ **κατὰ** τὴν ὁμοιότητα Μελχισέδεκ ἀνίσταται ἱερεὺς ἕτερος,
7:16 ὃς οὐ **κατὰ** νόμον ἐντολῆς σαρκίνης γέγονεν ἀλλὰ **κατὰ** δύναμιν ζωῆς ἀκαταλύτου.
7:17 μαρτυρεῖται γὰρ ὅτι Σὺ ἱερεὺς εἰς τὸν αἰῶνα **κατὰ** τὴν τάξιν Μελχισέδεκ.
7:20 Καὶ **καθ'** ὅσον οὐ χωρὶς ὁρκωμοσίας· οἱ μὲν γὰρ χωρὶς ὁρκωμοσίας εἰσὶν ἱερεῖς γεγονότες,
7:22 **κατὰ** τοσοῦτο καὶ κρείττονος διαθήκης γέγονεν ἔγγυος Ἰησοῦς.
7:27 ὃς οὐκ ἔχει **καθ'** ἡμέραν ἀνάγκην, ὥσπερ οἱ ἀρχιερεῖς,
8: 4 οὐδ' ἂν ἦν ἱερεύς, ὄντων τῶν προσφερόντων **κατὰ** νόμον τὰ δῶρα·
8: 5 ποιήσεις πάντα **κατὰ** τὸν τύπον τὸν δειχθέντα σοι ἐν τῷ ὄρει·
8: 9 οὐ **κατὰ** τὴν διαθήκην, ἣν ἐποίησα τοῖς πατράσιν αὐτῶν ἐν ἡμέρᾳ ἐπιλαβομένου μου τῆς χειρὸς αὐτῶν ἐξαγαγεῖν αὐτοὺς
9: 5 περὶ ὧν οὐκ ἔστιν νῦν λέγειν **κατὰ** μέρος.
9: 9 **καθ'** ἣν δῶρά τε καὶ θυσίαι προσφέρονται μὴ δυνάμεναι **κατὰ** συνείδησιν τελειῶσαι τὸν λατρεύοντα,
9:19 λαληθείσης γὰρ πάσης ἐντολῆς **κατὰ** τὸν νόμον ὑπὸ Μωϋσέως παντὶ τῷ λαῷ,
9:22 καὶ σχεδὸν ἐν αἵματι πάντα καθαρίζεται **κατὰ** τὸν νόμον καὶ χωρὶς αἱματεκχυσίας οὐ γίνεται ἄφεσις.
9:25 ὥσπερ ὁ ἀρχιερεὺς εἰσέρχεται εἰς τὰ ἅγια **κατ'** ἐνιαυτὸν ἐν αἵματι ἀλλοτρίῳ,
9:27 καὶ **καθ'** ὅσον ἀπόκειται τοῖς ἀνθρώποις ἅπαξ ἀποθανεῖν,
10: 1 **κατ'** ἐνιαυτὸν ταῖς αὐταῖς θυσίαις ἃς προσφέρουσιν εἰς τὸ διηνεκὲς οὐδέποτε δύναται τοὺς προσερχομένους τελειῶσαι·
10: 3 ἀλλ' ἐν αὐταῖς ἀνάμνησις ἁμαρτιῶν **κατ'** ἐνιαυτόν·
10: 8 καὶ προσφορὰς καὶ ὁλοκαυτώματα καὶ περὶ ἁμαρτίας οὐκ ἠθέλησας οὐδὲ εὐδόκησας, αἵτινες **κατὰ** νόμον προσφέρονται,
10:11 Καὶ πᾶς μὲν ἱερεὺς ἕστηκεν **καθ'** ἡμέραν λειτουργῶν καὶ τὰς αὐτὰς πολλάκις προσφέρων θυσίας,
11: 7 κιβωτὸν εἰς σωτηρίαν τοῦ οἴκου αὐτοῦ δι' ἧς κατέκρινεν τὸν κόσμον, καὶ τῆς **κατὰ** πίστιν δικαιοσύνης ἐγένετο κληρονόμος.
11:13 **Κατὰ** πίστιν ἀπέθανον οὗτοι πάντες, μὴ λαβόντες τὰς ἐπαγγελίας ἀλλὰ πόρρωθεν αὐτὰς ἰδόντες καὶ ἀσπασάμενοι
12:10 οἱ μὲν γὰρ πρὸς ὀλίγας ἡμέρας **κατὰ** τὸ δοκοῦν αὐτοῖς ἐπαίδευον,
Jas 2: 8 εἰ μέντοι νόμον τελεῖτε βασιλικὸν **κατὰ** τὴν γραφήν,
2:17 ἐὰν μὴ ἔχῃ ἔργα, νεκρά ἐστιν **καθ'** ἑαυτήν.
3: 9 εὐλογοῦμεν τὸν κύριον καὶ πατέρα καὶ ἐν αὐτῇ καταρώμεθα τοὺς ἀνθρώπους τοὺς **καθ'** ὁμοίωσιν θεοῦ γεγονότας,
3:14 εἰ δὲ ζῆλον πικρὸν ἔχετε καὶ ἐριθείαν ἐν τῇ καρδίᾳ ὑμῶν, μὴ κατακαυχᾶσθε καὶ ψεύδεσθε **κατὰ** τῆς ἀληθείας.
5: 9 μὴ στενάζετε, ἀδελφοί, **κατ'** ἀλλήλων ἵνα μὴ κριθῆτε·
1Pe 1: 2 **κατὰ** πρόγνωσιν θεοῦ πατρὸς ἐν ἁγιασμῷ πνεύματος εἰς ὑπακοὴν καὶ ῥαντισμὸν αἵματος Ἰησοῦ Χριστοῦ,
1: 3 ὁ **κατὰ** τὸ πολὺ αὐτοῦ ἔλεος ἀναγεννήσας ἡμᾶς εἰς ἐλπίδα ζῶσαν δι' ἀναστάσεως Ἰησοῦ Χριστοῦ ἐκ νεκρῶν,
1:15 ἀλλὰ **κατὰ** τὸν καλέσαντα ὑμᾶς ἅγιον καὶ αὐτοὶ ἅγιοι ἐν πάσῃ ἀναστροφῇ γενήθητε,
1:17 Καὶ εἰ πατέρα ἐπικαλεῖσθε τὸν ἀπροσωπολήμπτως κρίνοντα **κατὰ** τὸ ἑκάστου ἔργον,
2:11 παρακαλῶ ὡς παροίκους καὶ παρεπιδήμους ἀπέχεσθαι τῶν σαρκικῶν ἐπιθυμιῶν αἵτινες στρατεύονται **κατὰ** τῆς ψυχῆς·
3: 7 συνοικοῦντες **κατὰ** γνῶσιν ὡς ἀσθενεστέρῳ σκεύει τῷ γυναικείῳ,

4: 6 ἵνα κριθῶσι μὲν **κατὰ** ἀνθρώπους σαρκὶ ζῶσι δὲ **κατὰ** θεὸν πνεύματι.
4: 19 ὥστε καὶ οἱ πάσχοντες **κατὰ** τὸ θέλημα τοῦ θεοῦ πιστῷ κτίστῃ παρατιθέσθωσαν τὰς ψυχὰς αὐτῶν ἐν ἀγαθοποιΐᾳ.
5: 2 ποιμάνατε τὸ ἐν ὑμῖν ποίμνιον τοῦ θεοῦ ἐπισκοποῦντες μὴ ἀναγκαστῶς ἀλλὰ ἑκουσίως **κατὰ** θεόν,
2Pe 2: 11 ὅπου ἄγγελοι ἰσχύϊ καὶ δυνάμει μείζονες ὄντες οὐ φέρουσιν **κατ'** αὐτῶν παρὰ κυρίου βλάσφημον κρίσιν.
3: 3 ὅτι ἐλεύσονται ἐπ' ἐσχάτων τῶν ἡμερῶν ἐν ἐμπαιγμονῇ ἐμπαῖκται **κατὰ** τὰς ἰδίας ἐπιθυμίας αὐτῶν πορευόμενοι
3: 13 καινοὺς δὲ οὐρανοὺς καὶ γῆν καινὴν **κατὰ** τὸ ἐπάγγελμα αὐτοῦ προσδοκῶμεν,
3: 15 καθὼς καὶ ὁ ἀγαπητὸς ἡμῶν ἀδελφὸς Παῦλος **κατὰ** τὴν δοθεῖσαν αὐτῷ σοφίαν ἔγραψεν ὑμῖν,
1Jn 5: 14 καὶ αὕτη ἐστὶν ἡ παρρησία ἣν ἔχομεν πρὸς αὐτὸν ὅτι ἐάν τι αἰτώμεθα **κατὰ** τὸ θέλημα αὐτοῦ ἀκούει ἡμῶν.
2Jn 1: 6 καὶ αὕτη ἐστὶν ἡ ἀγάπη, ἵνα περιπατῶμεν **κατὰ** τὰς ἐντολὰς αὐτοῦ·
3Jn 1: 15 ἀσπάζονταί σε οἱ φίλοι. ἀσπάζου τοὺς φίλους **κατ'** ὄνομα.
Jude 1: 15 ποιῆσαι κρίσιν **κατὰ** πάντων καὶ ἐλέγξαι πᾶσαν ψυχὴν περὶ πάντων τῶν ἔργων ἀσεβείας αὐτῶν ὧν ἠσέβησαν καὶ περὶ πάντων τῶν σκληρῶν ὧν ἐλάλησαν **κατ'** αὐτοῦ ἁμαρτωλοὶ
1: 16 Οὗτοί εἰσιν γογγυσταὶ μεμψίμοιροι **κατὰ** τὰς ἐπιθυμίας ἑαυτῶν πορευόμενοι,
1: 18 ὅτι Ἐπ' ἐσχάτου τοῦ χρόνου ἔσονται ἐμπαῖκται **κατὰ** τὰς ἑαυτῶν ἐπιθυμίας πορευόμενοι τῶν ἀσεβειῶν.
Rev 2: 4 ἀλλὰ ἔχω **κατὰ** σοῦ ὅτι τὴν ἀγάπην σου τὴν πρώτην ἀφῆκες.
2: 14 ἀλλ' ἔχω **κατὰ** σοῦ ὀλίγα ὅτι ἔχεις ἐκεῖ κρατοῦντας τὴν διδαχὴν Βαλαάμ,
2: 20 ἀλλὰ ἔχω **κατὰ** σοῦ ὅτι ἀφεῖς τὴν γυναῖκα Ἰεζάβελ,
2: 23 καὶ δώσω ὑμῖν ἑκάστῳ **κατὰ** τὰ ἔργα ὑμῶν.
4: 8 ἓν **καθ'** ἓν αὐτῶν ἔχων ἀνὰ πτέρυγας ἕξ,
18: 6 ἀπόδοτε αὐτῇ ὡς καὶ αὐτὴ ἀπέδωκεν καὶ διπλώσατε τὰ διπλᾶ **κατὰ** τὰ ἔργα αὐτῆς,
20: 12 καὶ ἐκρίθησαν οἱ νεκροὶ ἐκ τῶν γεγραμμένων ἐν τοῖς βιβλίοις **κατὰ** τὰ ἔργα αὐτῶν.
20: 13 καὶ ἔδωκεν ἡ θάλασσα τοὺς νεκροὺς τοὺς ἐν αὐτῇ καὶ ὁ θάνατος καὶ ὁ ᾅδης ἔδωκαν τοὺς νεκροὺς τοὺς ἐν αὐτοῖς, καὶ ἐκρίθησαν ἕκαστος **κατὰ** τὰ ἔργα αὐτῶν.
22: 2 **κατὰ** μῆνα ἕκαστον ἀποδιδοῦν τὸν καρπὸν αὐτοῦ, καὶ τὰ φύλλα τοῦ ξύλου εἰς θεραπείαν τῶν ἐθνῶν.

2849 καταβαίνω [81]

√ *2848 + 326*

καταβαίνω ἐν [1] Lk 10:31

καταβαίνω ἕως [2] Mt 11:23; Lk 10:15

Mt 3: 16 καὶ εἶδεν [τὸ] πνεῦμα [τοῦ] θεοῦ **καταβαῖνον** ὡσεὶ περιστερὰν [καὶ] ἐρχόμενον ἐπ' αὐτόν·
7: 25 καὶ **κατέβη** ἡ βροχὴ καὶ ἦλθον οἱ ποταμοὶ καὶ ἔπνευσαν οἱ ἄνεμοι καὶ προσέπεσαν τῇ οἰκίᾳ ἐκείνῃ,
7: 27 καὶ **κατέβη** ἡ βροχὴ καὶ ἦλθον οἱ ποταμοὶ καὶ ἔπνευσαν οἱ ἄνεμοι καὶ προσέκοψαν τῇ οἰκίᾳ ἐκείνῃ,
8: 1 **Καταβάντος** δὲ αὐτοῦ ἀπὸ τοῦ ὄρους ἠκολούθησαν αὐτῷ ὄχλοι πολλοί.
11: 23 ἕως ᾅδου **καταβήσῃ**· ὅτι εἰ ἐν Σοδόμοις ἐγενήθησαν αἱ δυνάμεις αἱ γενόμεναι ἐν σοί,
14: 29 καὶ **καταβὰς** ἀπὸ τοῦ πλοίου [ὁ] Πέτρος περιεπάτησεν ἐπὶ τὰ ὕδατα καὶ ἦλθεν πρὸς τὸν Ἰησοῦν.
17: 9 Καὶ **καταβαινόντων** αὐτῶν ἐκ τοῦ ὄρους ἐνετείλατο αὐτοῖς ὁ Ἰησοῦς λέγων,
24: 17 ὁ ἐπὶ τοῦ δώματος μὴ **καταβάτω** ἆραι τὰ ἐκ τῆς οἰκίας αὐτοῦ,
27: 40 εἰ υἱὸς εἶ τοῦ θεοῦ, [καὶ] **κατάβηθι** ἀπὸ τοῦ σταυροῦ.
27: 42 **καταβάτω** νῦν ἀπὸ τοῦ σταυροῦ καὶ πιστεύσομεν ἐπ' αὐτόν.
28: 2 ἄγγελος γὰρ κυρίου **καταβὰς** ἐξ οὐρανοῦ καὶ προσελθὼν ἀπεκύλισεν τὸν λίθον καὶ ἐκάθητο ἐπάνω αὐτοῦ.
Mk 1: 10 καὶ εὐθὺς ἀναβαίνων ἐκ τοῦ ὕδατος εἶδεν σχιζομένους τοὺς οὐρανοὺς καὶ τὸ πνεῦμα ὡς περιστερὰν **καταβαῖνον** εἰς αὐτόν·
3: 22 οἱ ἀπὸ Ἱεροσολύμων **καταβάντες** ἔλεγον ὅτι Βεελζεβοὺλ ἔχει καὶ ὅτι ἐν τῷ ἄρχοντι τῶν δαιμονίων ἐκβάλλει τὰ δαιμόνια.
9: 9 Καὶ **καταβαινόντων** αὐτῶν ἐκ τοῦ ὄρους διεστείλατο αὐτοῖς ἵνα μηδενὶ ἃ εἶδον διηγήσωνται,
13: 15 ὁ [δὲ] ἐπὶ τοῦ δώματος μὴ **καταβάτω** μηδὲ εἰσελθάτω ἆραί τι ἐκ τῆς οἰκίας αὐτοῦ,
15: 30 σῶσον σεαυτὸν **καταβὰς** ἀπὸ τοῦ σταυροῦ.
15: 32 ὁ Χριστὸς ὁ βασιλεὺς Ἰσραὴλ **καταβάτω** νῦν ἀπὸ τοῦ σταυροῦ,
Lk 2: 51 καὶ **κατέβη** μετ' αὐτῶν καὶ ἦλθεν εἰς Ναζαρὲθ καὶ ἦν ὑποτασσόμενος αὐτοῖς.
3: 22 καὶ **καταβῆναι** τὸ πνεῦμα τὸ ἅγιον σωματικῷ εἴδει ὡς περιστερὰν ἐπ' αὐτόν,
6: 17 Καὶ **καταβὰς** μετ' αὐτῶν ἔστη ἐπὶ τόπου πεδινοῦ,
8: 23 καὶ **κατέβη** λαῖλαψ ἀνέμου εἰς τὴν λίμνην καὶ συνεπληροῦντο καὶ ἐκινδύνευον.
9: 54 θέλεις εἴπωμεν πῦρ **καταβῆναι** ἀπὸ τοῦ οὐρανοῦ καὶ ἀναλῶσαι αὐτούς;
10: 15 μὴ ἕως οὐρανοῦ ὑψωθήσῃ; ἕως τοῦ ᾅδου **καταβήσῃ.**
10: 30 Ἄνθρωπός τις **κατέβαινεν** ἀπὸ Ἰερουσαλὴμ εἰς Ἰεριχὼ καὶ λῃσταῖς περιέπεσεν,
10: 31 κατὰ συγκυρίαν δὲ ἱερεύς τις **κατέβαινεν** ἐν τῇ ὁδῷ ἐκείνῃ καὶ ἰδὼν αὐτὸν ἀντιπαρῆλθεν·
17: 31 μὴ **καταβάτω** ἆραι αὐτά, καὶ ὁ ἐν ἀγρῷ ὁμοίως μὴ ἐπιστρεψάτω εἰς τὰ ὀπίσω.
18: 14 **κατέβη** οὗτος δεδικαιωμένος εἰς τὸν οἶκον αὐτοῦ παρ' ἐκεῖνον·
19: 5 ἀναβλέψας ὁ Ἰησοῦς εἶπεν πρὸς αὐτόν, Ζακχαῖε, σπεύσας **κατάβηθι,**
19: 6 καὶ σπεύσας **κατέβη** καὶ ὑπεδέξατο αὐτὸν χαίρων.
22: 44 ⟦καὶ ἐγένετο ὁ ἱδρὼς αὐτοῦ ὡσεὶ θρόμβοι αἵματος **καταβαίνοντες** ἐπὶ τὴν γῆν.⟧
Jn 1: 32 Καὶ ἐμαρτύρησεν Ἰωάννης λέγων ὅτι Τεθέαμαι τὸ πνεῦμα **καταβαῖνον** ὡς περιστερὰν ἐξ οὐρανοῦ καὶ ἔμεινεν ἐπ' αὐτόν.
1: 33 Ἐφ' ὃν ἂν ἴδῃς τὸ πνεῦμα **καταβαῖνον** καὶ μένον ἐπ' αὐτόν,
1: 51 ὄψεσθε τὸν οὐρανὸν ἀνεῳγότα καὶ τοὺς ἀγγέλους τοῦ θεοῦ ἀναβαίνοντας καὶ **καταβαίνοντας** ἐπὶ τὸν υἱὸν τοῦ ἀνθρώπου.
2: 12 Μετὰ τοῦτο **κατέβη** εἰς Καφαρναοὺμ αὐτὸς καὶ ἡ μήτηρ αὐτοῦ καὶ οἱ ἀδελφοὶ [αὐτοῦ] καὶ οἱ μαθηταὶ αὐτοῦ καὶ ἐκεῖ ἔμειναν
3: 13 καὶ οὐδεὶς ἀναβέβηκεν εἰς τὸν οὐρανὸν εἰ μὴ ὁ ἐκ τοῦ οὐρανοῦ **καταβάς,**
4: 47 ὅτι Ἰησοῦς ἥκει ἐκ τῆς Ἰουδαίας εἰς τὴν Γαλιλαίαν ἀπῆλθεν πρὸς αὐτὸν καὶ ἠρώτα ἵνα **καταβῇ** καὶ ἰάσηται αὐτοῦ τὸν υἱόν,
4: 49 λέγει πρὸς αὐτὸν ὁ βασιλικός, Κύριε, **κατάβηθι** πρὶν ἀποθανεῖν τὸ παιδίον μου.
4: 51 ἤδη δὲ αὐτοῦ **καταβαίνοντος** οἱ δοῦλοι αὐτοῦ ὑπήντησαν αὐτῷ λέγοντες ὅτι ὁ παῖς αὐτοῦ ζῇ.
5: 7 ἐν ᾧ δὲ ἔρχομαι ἐγώ, ἄλλος πρὸ ἐμοῦ **καταβαίνει.**
6: 16 Ὡς δὲ ὀψία ἐγένετο **κατέβησαν** οἱ μαθηταὶ αὐτοῦ ἐπὶ τὴν θάλασσαν
6: 33 ὁ γὰρ ἄρτος τοῦ θεοῦ ἐστιν ὁ **καταβαίνων** ἐκ τοῦ οὐρανοῦ καὶ ζωὴν διδοὺς τῷ κόσμῳ.
6: 38 ὅτι **καταβέβηκα** ἀπὸ τοῦ οὐρανοῦ οὐχ ἵνα ποιῶ τὸ θέλημα τὸ ἐμὸν ἀλλὰ τὸ θέλημα τοῦ πέμψαντός με.
6: 41 Ἐγώ εἰμι ὁ ἄρτος ὁ **καταβὰς** ἐκ τοῦ οὐρανοῦ,
6: 42 πῶς νῦν λέγει ὅτι Ἐκ τοῦ οὐρανοῦ **καταβέβηκα;**
6: 50 οὗτός ἐστιν ὁ ἄρτος ὁ ἐκ τοῦ οὐρανοῦ **καταβαίνων,**
6: 51 ἐγώ εἰμι ὁ ἄρτος ὁ ζῶν ὁ ἐκ τοῦ οὐρανοῦ **καταβάς·**
6: 58 οὗτός ἐστιν ὁ ἄρτος ὁ ἐξ οὐρανοῦ **καταβάς,**
Ac 7: 15 καὶ **κατέβη** Ἰακὼβ εἰς Αἴγυπτον καὶ ἐτελεύτησεν αὐτὸς
7: 34 ἰδὼν εἶδον τὴν κάκωσιν τοῦ λαοῦ μου τοῦ ἐν Αἰγύπτῳ καὶ τοῦ στεναγμοῦ αὐτῶν ἤκουσα, καὶ **κατέβην** ἐξελέσθαι αὐτούς·
8: 15 οἵτινες **καταβάντες** προσηύξαντο περὶ αὐτῶν ὅπως λάβωσιν πνεῦμα ἅγιον·
8: 26 Ἀνάστηθι καὶ πορεύου κατὰ μεσημβρίαν ἐπὶ τὴν ὁδὸν τὴν **καταβαίνουσαν** ἀπὸ Ἰερουσαλὴμ εἰς Γάζαν,
8: 38 καὶ ἐκέλευσεν στῆναι τὸ ἅρμα καὶ **κατέβησαν** ἀμφότεροι εἰς τὸ ὕδωρ,
10: 11 καὶ θεωρεῖ τὸν οὐρανὸν ἀνεῳγμένον καὶ **καταβαῖνον** σκεῦός τι ὡς ὀθόνην μεγάλην τέσσαρσιν ἀρχαῖς καθιέμενον ἐπὶ τῆς γῆς,
10: 20 ἀλλὰ ἀναστὰς **κατάβηθι** καὶ πορεύου σὺν αὐτοῖς μηδὲν διακρινόμενος ὅτι ἐγὼ ἀπέσταλκα αὐτούς.
10: 21 **καταβὰς** δὲ Πέτρος πρὸς τοὺς ἄνδρας εἶπεν, Ἰδοὺ ἐγώ εἰμι ὃν ζητεῖτε·
11: 5 **καταβαῖνον** σκεῦός τι ὡς ὀθόνην μεγάλην τέσσαρσιν ἀρχαῖς καθιεμένην ἐκ τοῦ οὐρανοῦ,
14: 11 Οἱ θεοὶ ὁμοιωθέντες ἀνθρώποις **κατέβησαν** πρὸς ἡμᾶς,
14: 25 καὶ λαλήσαντες ἐν Πέργῃ τὸν λόγον **κατέβησαν** εἰς Ἀττάλειαν
16: 8 παρελθόντες δὲ τὴν Μυσίαν **κατέβησαν** εἰς Τρῳάδα.
18: 22 καὶ ἀσπασάμενος τὴν ἐκκλησίαν **κατέβη** εἰς Ἀντιόχειαν.
20: 10 **καταβὰς** δὲ ὁ Παῦλος ἐπέπεσεν αὐτῷ καὶ συμπεριλαβὼν εἶπεν,
23: 10 ἐκέλευσεν τὸ στράτευμα **καταβὰν** ἁρπάσαι αὐτὸν ἐκ μέσου αὐτῶν ἄγειν τε εἰς τὴν παρεμβολήν.

24: 1 Μετὰ δὲ πέντε ἡμέρας **κατέβη** ὁ ἀρχιερεὺς Ἁνανίας μετὰ πρεσβυτέρων τινῶν καὶ ῥήτορος Τερτύλλου τινός,
24:22 Ὅταν Λυσίας ὁ χιλίαρχος **καταβῇ,** διαγνώσομαι τὰ καθ᾽ ὑμᾶς·
25: 6 **καταβὰς** εἰς Καισάρειαν, τῇ ἐπαύριον καθίσας ἐπὶ τοῦ βήματος ἐκέλευσεν τὸν Παῦλον ἀχθῆναι.
25: 7 παραγενομένου δὲ αὐτοῦ περιέστησαν αὐτὸν οἱ ἀπὸ Ἱεροσολύμων **καταβεβηκότες** Ἰουδαῖοι
Ro 10: 7 ἤ, Τίς **καταβήσεται** εἰς τὴν ἄβυσσον; τοῦτ᾽ ἔστιν Χριστὸν ἐκ νεκρῶν ἀναγαγεῖν.
Eph 4: 9 εἰ μὴ ὅτι καὶ **κατέβη** εἰς τὰ κατώτερα [μέρη] τῆς γῆς;
4:10 ὁ **καταβὰς** αὐτός ἐστιν καὶ ὁ ἀναβὰς ὑπεράνω πάντων τῶν οὐρανῶν,
1Th 4:16 **καταβήσεται** ἀπ᾽ οὐρανοῦ καὶ οἱ νεκροὶ ἐν Χριστῷ ἀναστήσονται πρῶτον,
Jas 1:17 πᾶσα δόσις ἀγαθὴ καὶ πᾶν δώρημα τέλειον ἄνωθέν ἐστιν **καταβαῖνον** ἀπὸ τοῦ πατρὸς τῶν φώτων,
Rev 3:12 τῆς καινῆς Ἰερουσαλὴμ ἡ **καταβαίνουσα** ἐκ τοῦ οὐρανοῦ ἀπὸ τοῦ θεοῦ μου,
10: 1 Καὶ εἶδον ἄλλον ἄγγελον ἰσχυρὸν **καταβαίνοντα** ἐκ τοῦ οὐρανοῦ περιβεβλημένον νεφέλην,
12:12 ὅτι **κατέβη** ὁ διάβολος πρὸς ὑμᾶς ἔχων θυμὸν μέγαν,
13:13 ἵνα καὶ πῦρ ποιῇ ἐκ τοῦ οὐρανοῦ **καταβαίνειν** εἰς τὴν γῆν ἐνώπιον τῶν ἀνθρώπων,
16:21 καὶ χάλαζα μεγάλη ὡς ταλαντιαία **καταβαίνει** ἐκ τοῦ οὐρανοῦ ἐπὶ τοὺς ἀνθρώπους,
18: 1 Μετὰ ταῦτα εἶδον ἄλλον ἄγγελον **καταβαίνοντα** ἐκ τοῦ οὐρανοῦ ἔχοντα ἐξουσίαν μεγάλην,
20: 1 Καὶ εἶδον ἄγγελον **καταβαίνοντα** ἐκ τοῦ οὐρανοῦ ἔχοντα τὴν κλεῖν τῆς ἀβύσσου καὶ ἅλυσιν μεγάλην ἐπὶ τὴν χεῖρα αὐτοῦ.
20: 9 καὶ **κατέβη** πῦρ ἐκ τοῦ οὐρανοῦ καὶ κατέφαγεν αὐτούς.
21: 2 τὴν πόλιν τὴν ἁγίαν Ἰερουσαλὴμ καινὴν εἶδον **καταβαίνουσαν** ἐκ τοῦ οὐρανοῦ ἀπὸ τοῦ θεοῦ ἡτοιμασμένην ὡς νύμφην
21:10 καὶ ἔδειξέν μοι τὴν πόλιν τὴν ἁγίαν Ἰερουσαλὴμ **καταβαίνουσαν** ἐκ τοῦ οὐρανοῦ ἀπὸ τοῦ θεοῦ

2850 καταβάλλω [2]

√ 2848 + 965

2Co 4: 9 διωκόμενοι ἀλλ᾽ οὐκ ἐγκαταλειπόμενοι, **καταβαλλόμενοι** ἀλλ᾽ οὐκ ἀπολλύμενοι,
Heb 6: 1 μὴ πάλιν θεμέλιον **καταβαλλόμενοι** μετανοίας ἀπὸ νεκρῶν ἔργων καὶ πίστεως ἐπὶ θεόν,

2851 καταβαρέω [1]

√ 2848 + 983

2Co 12:16 ἔστω δέ, ἐγὼ οὐ **κατεβάρησα** ὑμᾶς· ἀλλὰ ὑπάρχων πανοῦργος δόλῳ ὑμᾶς ἔλαβον.

2852 καταβαρύνω [1]

√ 2848 + 983

Mk 14:40 ἦσαν γὰρ αὐτῶν οἱ ὀφθαλμοὶ **καταβαρυνόμενοι,** καὶ οὐκ ᾔδεισαν τί ἀποκριθῶσιν αὐτῷ.

2853 κατάβασις [1]

√ 2848 + 326

Lk 19:37 Ἐγγίζοντος δὲ αὐτοῦ ἤδη πρὸς τῇ **καταβάσει** τοῦ Ὄρους τῶν Ἐλαιῶν ἤρξαντο ἅπαν τὸ πλῆθος τῶν μαθητῶν χαίροντες

2854 καταβιβάζω Not used in UBS/NIV

√ 2848 + 326

2855 καταβοάω Not used in UBS/NIV

√ 2848 + 1068

2856 καταβολή [11]

√ 2848 + 965

καταβολῆς κόσμου [10] *Mt 13:35; 25:34; Lk 11:50; Jn 17:24; Eph 1:4; Heb 4:3; 9:26; 1Pe 1:20; Rev 13:8; 17:8*

Mt 13:35 Ἀνοίξω ἐν παραβολαῖς τὸ στόμα μου, ἐρεύξομαι κεκρυμμένα ἀπὸ **καταβολῆς** [κόσμου.]
25:34 κληρονομήσατε τὴν ἡτοιμασμένην ὑμῖν βασιλείαν ἀπὸ **καταβολῆς** κόσμου.
Lk 11:50 ἵνα ἐκζητηθῇ τὸ αἷμα πάντων τῶν προφητῶν τὸ ἐκκεχυμένον ἀπὸ **καταβολῆς** κόσμου ἀπὸ τῆς γενεᾶς ταύτης,
Jn 17:24 ἣν δέδωκάς μοι ὅτι ἠγάπησάς με πρὸ **καταβολῆς** κόσμου.
Eph 1: 4 καθὼς ἐξελέξατο ἡμᾶς ἐν αὐτῷ πρὸ **καταβολῆς** κόσμου εἶναι ἡμᾶς ἁγίους καὶ ἀμώμους κατενώπιον αὐτοῦ ἐν ἀγάπῃ,
Heb 4: 3 Εἰ εἰσελεύσονται εἰς τὴν κατάπαυσίν μου, καίτοι τῶν ἔργων ἀπὸ **καταβολῆς** κόσμου γενηθέντων.
9:26 ἐπεὶ ἔδει αὐτὸν πολλάκις παθεῖν ἀπὸ **καταβολῆς** κόσμου·
11:11 Πίστει καὶ αὐτὴ Σάρρα στεῖρα δύναμιν εἰς **καταβολὴν** σπέρματος ἔλαβεν καὶ παρὰ καιρὸν ἡλικίας,
1Pe 1:20 προεγνωσμένου μὲν πρὸ **καταβολῆς** κόσμου φανερωθέντος δὲ ἐπ᾽ ἐσχάτου τῶν χρόνων δι᾽ ὑμᾶς
Rev 13: 8 οὗ οὐ γέγραπται τὸ ὄνομα αὐτοῦ ἐν τῷ βιβλίῳ τῆς ζωῆς τοῦ ἀρνίου τοῦ ἐσφαγμένου ἀπὸ **καταβολῆς** κόσμου.
17: 8 ὧν οὐ γέγραπται τὸ ὄνομα ἐπὶ τὸ βιβλίον τῆς ζωῆς ἀπὸ **καταβολῆς** κόσμου,

2857 καταβραβεύω [1]

√ 2848 + 1093

Col 2:18 μηδεὶς ὑμᾶς **καταβραβευέτω** θέλων ἐν ταπεινοφροσύνῃ καὶ θρησκείᾳ τῶν ἀγγέλων,

2858 καταγγελεύς [1]

√ 2848 + 34

Ac 17:18 οἱ δέ, Ξένων δαιμονίων δοκεῖ **καταγγελεὺς** εἶναι, ὅτι τὸν Ἰησοῦν καὶ τὴν ἀνάστασιν εὐηγγελίζετο.

2859 καταγγέλλω [18]

√ 2848 + 34

Ac 3:24 καὶ πάντες δὲ οἱ προφῆται ἀπὸ Σαμουὴλ καὶ τῶν καθεξῆς ὅσοι ἐλάλησαν καὶ **κατήγγειλαν** τὰς ἡμέρας ταύτας.
4: 2 διαπονούμενοι διὰ τὸ διδάσκειν αὐτοὺς τὸν λαὸν καὶ **καταγγέλλειν** ἐν τῷ Ἰησοῦ τὴν ἀνάστασιν τὴν ἐκ νεκρῶν,
13: 5 καὶ γενόμενοι ἐν Σαλαμῖνι **κατήγγελλον** τὸν λόγον τοῦ θεοῦ ἐν ταῖς συναγωγαῖς τῶν Ἰουδαίων.
13:38 ἄνδρες ἀδελφοί, ὅτι διὰ τούτου ὑμῖν ἄφεσις ἁμαρτιῶν **καταγγέλλεται[,]**
15:36 Ἐπιστρέψαντες δὴ ἐπισκεψώμεθα τοὺς ἀδελφοὺς κατὰ πόλιν πᾶσαν ἐν αἷς **κατηγγείλαμεν** τὸν λόγον τοῦ κυρίου
16:17 Οὗτοι οἱ ἄνθρωποι δοῦλοι τοῦ θεοῦ τοῦ ὑψίστου εἰσίν, οἵτινες **καταγγέλλουσιν** ὑμῖν ὁδὸν σωτηρίας.
16:21 καὶ **καταγγέλλουσιν** ἔθη ἃ οὐκ ἔξεστιν ἡμῖν παραδέχεσθαι οὐδὲ ποιεῖν Ῥωμαίοις οὖσιν.
17: 3 ὅτι τὸν Χριστὸν ἔδει παθεῖν καὶ ἀναστῆναι ἐκ νεκρῶν καὶ ὅτι οὗτός ἐστιν ὁ Χριστὸς [ὁ] Ἰησοῦς ὃν ἐγὼ **καταγγέλλω** ὑμῖν.
17:13 Ὡς δὲ ἔγνωσαν οἱ ἀπὸ τῆς Θεσσαλονίκης Ἰουδαῖοι ὅτι καὶ ἐν τῇ Βεροίᾳ **κατηγγέλη** ὑπὸ τοῦ Παύλου ὁ λόγος τοῦ θεοῦ,
17:23 ὃ οὖν ἀγνοοῦντες εὐσεβεῖτε, τοῦτο ἐγὼ **καταγγέλλω** ὑμῖν.
26:23 εἰ πρῶτος ἐξ ἀναστάσεως νεκρῶν φῶς μέλλει **καταγγέλλειν** τῷ τε λαῷ καὶ τοῖς ἔθνεσιν.
Ro 1: 8 εὐχαριστῶ τῷ θεῷ μου διὰ Ἰησοῦ Χριστοῦ περὶ πάντων ὑμῶν ὅτι ἡ πίστις ὑμῶν **καταγγέλλεται** ἐν ὅλῳ τῷ κόσμῳ.
1Co 2: 1 ἦλθον οὐ καθ᾽ ὑπεροχὴν λόγου ἢ σοφίας **καταγγέλλων** ὑμῖν τὸ μυστήριον τοῦ θεοῦ.
9:14 οὕτως καὶ ὁ κύριος διέταξεν τοῖς τὸ εὐαγγέλιον **καταγγέλλουσιν** ἐκ τοῦ εὐαγγελίου ζῆν.
11:26 τὸν θάνατον τοῦ κυρίου **καταγγέλλετε** ἄχρις οὗ ἔλθῃ.
Php 1:17 οἱ δὲ ἐξ ἐριθείας τὸν Χριστὸν **καταγγέλλουσιν,** οὐχ ἁγνῶς,
1:18 εἴτε προφάσει εἴτε ἀληθείᾳ, Χριστὸς **καταγγέλλεται,** καὶ ἐν τούτῳ χαίρω.
Col 1:28 ὃν ἡμεῖς **καταγγέλλομεν** νουθετοῦντες πάντα ἄνθρωπον καὶ διδάσκοντες πάντα ἄνθρωπον ἐν πάσῃ σοφίᾳ,

2860 καταγελάω [3]

√ 2848 + 1151

Mt 9:24 οὐ γὰρ ἀπέθανεν τὸ κοράσιον ἀλλὰ καθεύδει. καὶ **κατεγέλων** αὐτοῦ.

Mk 5:40 καὶ **κατεγέλων** αὐτοῦ. αὐτὸς δὲ ἐκβαλὼν πάντας παραλαμβάνει τὸν πατέρα τοῦ παιδίου καὶ τὴν μητέρα
Lk 8:53 καὶ **κατεγέλων** αὐτοῦ εἰδότες ὅτι ἀπέθανεν.

2861 καταγινώσκω [3]

√ 2848 + 1182

Gal 2:11 Ὅτε δὲ ἦλθεν Κηφᾶς εἰς Ἀντιόχειαν, κατὰ πρόσωπον αὐτῷ ἀντέστην, ὅτι **κατεγνωσμένος** ἦν.
1Jn 3:20 ὅτι ἐὰν **καταγινώσκῃ** ἡμῶν ἡ καρδία, ὅτι μείζων ἐστὶν ὁ θεὸς τῆς καρδίας ἡμῶν καὶ γινώσκει πάντα.
3:21 Ἀγαπητοί, ἐὰν ἡ καρδία [ἡμῶν] μὴ **καταγινώσκῃ,** παρρησίαν ἔχομεν πρὸς τὸν θεὸν

2862 κατάγνυμι [4]

→ 544, 3728; cf. 2848

Mt 12:20 κάλαμον συντετριμμένον οὐ **κατεάξει** καὶ λίνον τυφόμενον οὐ σβέσει,
Jn 19:31 ἠρώτησαν τὸν Πιλᾶτον ἵνα **κατεαγῶσιν** αὐτῶν τὰ σκέλη καὶ ἀρθῶσιν.
19:32 ἦλθον οὖν οἱ στρατιῶται καὶ τοῦ μὲν πρώτου **κατέαξαν** τὰ σκέλη καὶ τοῦ ἄλλου τοῦ συσταυρωθέντος αὐτῷ·
19:33 ὡς εἶδον ἤδη αὐτὸν τεθνηκότα, οὐ **κατέαξαν** αὐτοῦ τὰ σκέλη,

2863 καταγράφω [1]

√ 2848 + 1211

Jn 8: 6 [[ὁ δὲ Ἰησοῦς κάτω κύψας τῷ δακτύλῳ **κατέγραφεν** εἰς τὴν γῆν.]]

2864 κατάγω [9]

√ 2848 + 72

Lk 5:11 καὶ **καταγαγόντες** τὰ πλοῖα ἐπὶ τὴν γῆν ἀφέντες πάντα ἠκολούθησαν αὐτῷ.
Ac 9:30 ἐπιγνόντες δὲ οἱ ἀδελφοὶ **κατήγαγον** αὐτὸν εἰς Καισάρειαν καὶ ἐξαπέστειλαν αὐτὸν εἰς Ταρσόν.
22:30 ἔλυσεν αὐτὸν καὶ ἐκέλευσεν συνελθεῖν τοὺς ἀρχιερεῖς καὶ πᾶν τὸ συνέδριον, καὶ **καταγαγὼν** τὸν Παῦλον ἔστησεν εἰς αὐτούς.
23:15 νῦν οὖν ὑμεῖς ἐμφανίσατε τῷ χιλιάρχῳ σὺν τῷ συνεδρίῳ ὅπως **καταγάγῃ** αὐτὸν εἰς ὑμᾶς ὡς μέλλοντας διαγινώσκειν ἀκριβέστερον τὰ περὶ αὐτοῦ·
23:20 εἶπεν δὲ ὅτι Οἱ Ἰουδαῖοι συνέθεντο τοῦ ἐρωτῆσαί σε ὅπως αὔριον τὸν Παῦλον **καταγάγῃς** εἰς τὸ συνέδριον ὡς μέλλον τι ἀκριβέστερον πυνθάνεσθαι περὶ αὐτοῦ.
23:28 βουλόμενός τε ἐπιγνῶναι τὴν αἰτίαν δι' ἣν ἐνεκάλουν αὐτῷ, **κατήγαγον** εἰς τὸ συνέδριον αὐτῶν
27: 3 τῇ τε ἑτέρᾳ **κατήχθημεν** εἰς Σιδῶνα, φιλανθρώπως τε ὁ Ἰούλιος τῷ Παύλῳ χρησάμενος ἐπέτρεψεν πρὸς τοὺς φίλους
28:12 καὶ **καταχθέντες** εἰς Συρακούσας ἐπεμείναμεν ἡμέρας τρεῖς,
Ro 10: 6 Τίς ἀναβήσεται εἰς τὸν οὐρανόν; τοῦτ' ἔστιν Χριστὸν **καταγαγεῖν·**

2865 καταγωνίζομαι [1]

√ 2848 + 74

Heb 11:33 οἳ διὰ πίστεως **κατηγωνίσαντο** βασιλείας, εἰργάσαντο δικαιοσύνην, ἐπέτυχον ἐπαγγελιῶν,

2866 καταδέω [1]

√ 2848 + 1313

Lk 10:34 καὶ προσελθὼν **κατέδησεν** τὰ τραύματα αὐτοῦ ἐπιχέων ἔλαιον καὶ οἶνον,

2867 κατάδηλος [1]

√ 2848 + 1316

Heb 7:15 καὶ περισσότερον ἔτι **κατάδηλόν** ἐστιν, εἰ κατὰ τὴν ὁμοιότητα Μελχισέδεκ ἀνίσταται ἱερεὺς ἕτερος,

2868 καταδικάζω [5]

√ 2848 + 1472

Mt 12: 7 Ἔλεος θέλω καὶ οὐ θυσίαν, οὐκ ἂν **κατεδικάσατε** τοὺς ἀναιτίους.
12:37 ἐκ γὰρ τῶν λόγων σου δικαιωθήσῃ, καὶ ἐκ τῶν λόγων σου **καταδικασθήσῃ.**
Lk 6:37 καὶ οὐ μὴ κριθῆτε· καὶ μὴ **καταδικάζετε,** καὶ οὐ μὴ **καταδικασθῆτε.**
Jas 5: 6 **κατεδικάσατε,** ἐφονεύσατε τὸν δίκαιον, οὐκ ἀντιτάσσεται

2869 καταδίκη [1]

√ 2848 + 1472

Ac 25:15 εἰς Ἱεροσόλυμα ἐνεφάνισαν οἱ ἀρχιερεῖς καὶ οἱ πρεσβύτεροι τῶν Ἰουδαίων αἰτούμενοι κατ' αὐτοῦ **καταδίκην.**

2870 καταδιώκω [1]

√ 2848 + 1503

Mk 1:36 καὶ **κατεδίωξεν** αὐτὸν Σίμων καὶ οἱ μετ' αὐτοῦ,

2871 καταδουλόω [2]

√ 2848 + 1528

2Co 11:20 ἀνέχεσθε γὰρ εἴ τις ὑμᾶς **καταδουλοῖ,** εἴ τις κατεσθίει,
Gal 2: 4 οἵτινες παρεισῆλθον κατασκοπῆσαι τὴν ἐλευθερίαν ἡμῶν ἣν ἔχομεν ἐν Χριστῷ Ἰησοῦ, ἵνα ἡμᾶς **καταδουλώσουσιν,**

2872 καταδυναστεύω [2]

√ 2848 + 1538

Ac 10:38 ὃς διῆλθεν εὐεργετῶν καὶ ἰώμενος πάντας τοὺς **καταδυναστευομένους** ὑπὸ τοῦ διαβόλου,
Jas 2: 6 οὐχ οἱ πλούσιοι **καταδυναστεύουσιν** ὑμῶν καὶ αὐτοὶ ἕλκουσιν ὑμᾶς εἰς κριτήρια;

2873 κατάθεμα [1]

√ 2874

Rev 22: 3 καὶ πᾶν **κατάθεμα** οὐκ ἔσται ἔτι. καὶ ὁ θρόνος τοῦ θεοῦ καὶ τοῦ ἀρνίου ἐν αὐτῇ ἔσται,

2874 καταθεματίζω [1]

→ 2873; cf. 2848 + 5502

Mt 26:74 τότε ἤρξατο **καταθεματίζειν** καὶ ὀμνύειν ὅτι Οὐκ οἶδα τὸν ἄνθρωπον.

2875 καταισχύνω [13]

√ 2848 + 156

Lk 13:17 καὶ ταῦτα λέγοντος αὐτοῦ **κατῃσχύνοντο** πάντες οἱ ἀντικείμενοι αὐτῷ,
Ro 5: 5 ἡ δὲ ἐλπὶς οὐ **καταισχύνει,** ὅτι ἡ ἀγάπη τοῦ θεοῦ ἐκκέχυται ἐν ταῖς καρδίαις ἡμῶν διὰ πνεύματος ἁγίου τοῦ δοθέντος ἡμῖν.
9:33 Ἰδοὺ τίθημι ἐν Σιὼν λίθον προσκόμματος καὶ πέτραν σκανδάλου, καὶ ὁ πιστεύων ἐπ' αὐτῷ οὐ **καταισχυνθήσεται.**
10:11 λέγει γὰρ ἡ γραφή, Πᾶς ὁ πιστεύων ἐπ' αὐτῷ οὐ **καταισχυνθήσεται.**
1Co 1:27 ἀλλὰ τὰ μωρὰ τοῦ κόσμου ἐξελέξατο ὁ θεός, ἵνα **καταισχύνῃ** τοὺς σοφούς, καὶ τὰ ἀσθενῆ τοῦ κόσμου ἐξελέξατο ὁ θεός, ἵνα **καταισχύνῃ** τὰ ἰσχυρά,
11: 4 πᾶς ἀνὴρ προσευχόμενος ἢ προφητεύων κατὰ κεφαλῆς ἔχων **καταισχύνει** τὴν κεφαλὴν αὐτοῦ.
11: 5 πᾶσα δὲ γυνὴ προσευχομένη ἢ προφητεύουσα ἀκατακαλύπτῳ τῇ κεφαλῇ **καταισχύνει** τὴν κεφαλὴν αὐτῆς·
11:22 ἢ τῆς ἐκκλησίας τοῦ θεοῦ καταφρονεῖτε, καὶ **καταισχύνετε** τοὺς μὴ ἔχοντας;
2Co 7:14 οὐ **κατῃσχύνθην,** ἀλλ' ὡς πάντα ἐν ἀληθείᾳ ἐλαλήσαμεν ὑμῖν,
9: 4 μή πως ἐὰν ἔλθωσιν σὺν ἐμοὶ Μακεδόνες καὶ εὕρωσιν ὑμᾶς ἀπαρασκευάστους **καταισχυνθῶμεν** ἡμεῖς,
1Pe 2: 6 Ἰδοὺ τίθημι ἐν Σιὼν λίθον ἀκρογωνιαῖον ἐκλεκτὸν ἔντιμον καὶ ὁ πιστεύων ἐπ' αὐτῷ οὐ μὴ **καταισχυνθῇ.**

3:16 ἵνα ἐν ᾧ καταλαλεῖσθε **καταισχυνθῶσιν** οἱ ἐπηρεάζοντες ὑμῶν τὴν ἀγαθὴν ἐν Χριστῷ ἀναστροφήν.

2876 κατακαίω [12]

√ *2848 + 2794*

Mt 3:12 καὶ διακαθαριεῖ τὴν ἅλωνα αὐτοῦ καὶ συνάξει τὸν σῖτον αὐτοῦ εἰς τὴν ἀποθήκην, τὸ δὲ ἄχυρον **κατακαύσει** πυρὶ ἀσβέστῳ.
13:30 Συλλέξατε πρῶτον τὰ ζιζάνια καὶ δήσατε αὐτὰ εἰς δέσμας πρὸς τὸ **κατακαῦσαι** αὐτά,
13:40 ὥσπερ οὖν συλλέγεται τὰ ζιζάνια καὶ πυρὶ **[κατα]καίεται,**
Lk 3:17 διακαθᾶραι τὴν ἅλωνα αὐτοῦ καὶ συναγαγεῖν τὸν σῖτον εἰς τὴν ἀποθήκην αὐτοῦ, τὸ δὲ ἄχυρον **κατακαύσει** πυρὶ ἀσβέστῳ.
Ac 19:19 ἱκανοὶ δὲ τῶν τὰ περίεργα πραξάντων συνενέγκαντες τὰς βίβλους **κατέκαιον** ἐνώπιον πάντων,
1Co 3:15 εἴ τινος τὸ ἔργον **κατακαήσεται,** ζημιωθήσεται, αὐτὸς δὲ σωθήσεται,
Heb 13:11 ὧν γὰρ εἰσφέρεται ζῴων τὸ αἷμα περὶ ἁμαρτίας εἰς τὰ ἅγια διὰ τοῦ ἀρχιερέως, τούτων τὰ σώματα **κατακαίεται** ἔξω τῆς παρεμβολῆς.
Rev 8:7 καὶ τὸ τρίτον τῆς γῆς **κατεκάη** καὶ τὸ τρίτον τῶν δένδρων **κατεκάη** καὶ πᾶς χόρτος χλωρὸς **κατεκάη.**
17:16 καὶ ἠρημωμένην ποιήσουσιν αὐτὴν καὶ γυμνὴν καὶ τὰς σάρκας αὐτῆς φάγονται καὶ αὐτὴν **κατακαύσουσιν** ἐν πυρί.
18:8 θάνατος καὶ πένθος καὶ λιμός, καὶ ἐν πυρὶ **κατακαυθήσεται,**

2877 κατακαλύπτω [3]

√ *2848 + 2821*

1Co 11:6 εἰ γὰρ οὐ **κατακαλύπτεται** γυνή, καὶ κειράσθω· εἰ δὲ αἰσχρὸν γυναικὶ τὸ κείρασθαι ἢ ξυρᾶσθαι, **κατακαλυπτέσθω.**
11:7 ἀνὴρ μὲν γὰρ οὐκ ὀφείλει **κατακαλύπτεσθαι** τὴν κεφαλὴν εἰκὼν καὶ δόξα θεοῦ ὑπάρχων·

2878 κατακαυχάομαι [4]

√ *2848 + 3016*

Ro 11:18 μὴ **κατακαυχῶ** τῶν κλάδων· εἰ δὲ **κατακαυχᾶσαι** οὐ σὺ τὴν ῥίζαν βαστάζεις ἀλλὰ ἡ ῥίζα σέ.
Jas 2:13 ἡ γὰρ κρίσις ἀνέλεος τῷ μὴ ποιήσαντι ἔλεος· **κατακαυχᾶται** ἔλεος κρίσεως.
3:14 εἰ δὲ ζῆλον πικρὸν ἔχετε καὶ ἐριθείαν ἐν τῇ καρδίᾳ ὑμῶν, μὴ **κατακαυχᾶσθε** καὶ ψεύδεσθε κατὰ τῆς ἀληθείας.

2879 κατάκειμαι [12]

√ *2848 + 3023*

Mk 1:30 ἡ δὲ πενθερὰ Σίμωνος **κατέκειτο** πυρέσσουσα, καὶ εὐθὺς λέγουσιν αὐτῷ περὶ αὐτῆς.
2:4 καὶ ἐξορύξαντες χαλῶσι τὸν κράβαττον ὅπου ὁ παραλυτικὸς **κατέκειτο.**
2:15 Καὶ γίνεται **κατακεῖσθαι** αὐτὸν ἐν τῇ οἰκίᾳ αὐτοῦ,
14:3 **κατακειμένου** αὐτοῦ ἦλθεν γυνὴ ἔχουσα ἀλάβαστρον μύρου νάρδου πιστικῆς πολυτελοῦς,
Lk 5:25 καὶ παραχρῆμα ἀναστὰς ἐνώπιον αὐτῶν, ἄρας ἐφ' ὃ **κατέκειτο,**
5:29 καὶ ἦν ὄχλος πολὺς τελωνῶν καὶ ἄλλων οἳ ἦσαν μετ' αὐτῶν **κατακείμενοι.**
7:37 καὶ ἐπιγνοῦσα ὅτι **κατάκειται** ἐν τῇ οἰκίᾳ τοῦ Φαρισαίου,
Jn 5:3 ἐν ταύταις **κατέκειτο** πλῆθος τῶν ἀσθενούντων, τυφλῶν, χωλῶν,
5:6 τοῦτον ἰδὼν ὁ Ἰησοῦς **κατακείμενον** καὶ γνοὺς ὅτι πολὺν ἤδη χρόνον ἔχει,
Ac 9:33 εὗρεν δὲ ἐκεῖ ἄνθρωπόν τινα ὀνόματι Αἰνέαν ἐξ ἐτῶν ὀκτὼ **κατακείμενον** ἐπὶ κραβάττου,
28:8 ἐγένετο δὲ τὸν πατέρα τοῦ Ποπλίου πυρετοῖς καὶ δυσεντερίῳ συνεχόμενον **κατακεῖσθαι,**
1Co 8:10 ἐὰν γάρ τις ἴδῃ σὲ τὸν ἔχοντα γνῶσιν ἐν εἰδωλείῳ **κατακείμενον,**

2880 κατακλάω [2]

√ *2848 + 3089*

Mk 6:41 καὶ λαβὼν τοὺς πέντε ἄρτους καὶ τοὺς δύο ἰχθύας ἀναβλέψας εἰς τὸν οὐρανὸν εὐλόγησεν καὶ **κατέκλασεν** τοὺς ἄρτους
Lk 9:16 λαβὼν δὲ τοὺς πέντε ἄρτους καὶ τοὺς δύο ἰχθύας ἀναβλέψας εἰς τὸν οὐρανὸν εὐλόγησεν αὐτοὺς καὶ **κατέκλασεν** καὶ ἐδίδου

2881 κατακλείω [2]

√ *2848 + 3091*

Lk 3:20 προσέθηκεν καὶ τοῦτο ἐπὶ πᾶσιν [καὶ] **κατέκλεισεν** τὸν Ἰωάννην ἐν φυλακῇ.
Ac 26:10 καὶ πολλούς τε τῶν ἁγίων ἐγὼ ἐν φυλακαῖς **κατέκλεισα** τὴν παρὰ τῶν ἀρχιερέων ἐξουσίαν λαβὼν

2882 κατακληροδοτέω Not used in UBS/NIV

√ *2848 + 3102 + 1443*

2883 κατακληρονομέω [1]

√ *2848 + 3102 + 3795*

Ac 13:19 καὶ καθελὼν ἔθνη ἑπτὰ ἐν γῇ Χανάαν **κατεκληρονόμησεν** τὴν γῆν αὐτῶν

2884 κατακλίνω [5]

√ *2848 + 3111*

Lk 7:36 καὶ εἰσελθὼν εἰς τὸν οἶκον τοῦ Φαρισαίου **κατεκλίθη.**
9:14 εἶπεν δὲ πρὸς τοὺς μαθητὰς αὐτοῦ, **Κατακλίνατε** αὐτοὺς κλισίας [ὡσεὶ] ἀνὰ πεντήκοντα.
9:15 καὶ ἐποίησαν οὕτως καὶ **κατέκλιναν** ἅπαντας.
14:8 Ὅταν κληθῇς ὑπό τινος εἰς γάμους, μὴ **κατακλιθῇς** εἰς τὴν πρωτοκλισίαν,
24:30 καὶ ἐγένετο ἐν τῷ **κατακλιθῆναι** αὐτὸν μετ' αὐτῶν λαβὼν τὸν ἄρτον εὐλόγησεν καὶ κλάσας ἐπεδίδου αὐτοῖς,

2885 κατακλύζω [1]

√ *2848 + 3114*

2Pe 3:6 δι' ὧν ὁ τότε κόσμος ὕδατι **κατακλυσθεὶς** ἀπώλετο·

2886 κατακλυσμός [4]

√ *2848 + 3114*

Mt 24:38 ὡς γὰρ ἦσαν ἐν ταῖς ἡμέραις [ἐκείναις] ταῖς πρὸ τοῦ **κατακλυσμοῦ** τρώγοντες καὶ πίνοντες,
24:39 καὶ οὐκ ἔγνωσαν ἕως ἦλθεν ὁ **κατακλυσμὸς** καὶ ἦρεν ἅπαντας,
Lk 17:27 ἄχρι ἧς ἡμέρας εἰσῆλθεν Νῶε εἰς τὴν κιβωτὸν καὶ ἦλθεν ὁ **κατακλυσμὸς** καὶ ἀπώλεσεν πάντας.
2Pe 2:5 ἀρχαίου κόσμου οὐκ ἐφείσατο ἀλλὰ ὄγδοον Νῶε δικαιοσύνης κήρυκα ἐφύλαξεν **κατακλυσμὸν** κόσμῳ ἀσεβῶν ἐπάξας,

2887 κατακολουθέω [2]

√ *2848 + 199 [1.3]*

Lk 23:55 **Κατακολουθήσασαι** δὲ αἱ γυναῖκες, αἵτινες ἦσαν συνεληλυθυῖαι ἐκ τῆς Γαλιλαίας αὐτῷ,
Ac 16:17 αὕτη **κατακολουθοῦσα** τῷ Παύλῳ καὶ ἡμῖν ἔκραζεν λέγουσα,

2888 κατακόπτω [1]

√ *2848 + 3164*

Mk 5:5 καὶ διὰ παντὸς νυκτὸς καὶ ἡμέρας ἐν τοῖς μνήμασιν καὶ ἐν τοῖς ὄρεσιν ἦν κράζων καὶ **κατακόπτων** ἑαυτὸν λίθοις.

2889 κατακρημνίζω [1]

√ *2848 + 3203*

Lk 4:29 καὶ ἤγαγον αὐτὸν ἕως ὀφρύος τοῦ ὄρους ἐφ' οὗ ἡ πόλις ᾠκοδόμητο αὐτῶν ὥστε **κατακρημνίσαι** αὐτόν·

2890 κατάκριμα [3]

√ *2848 + 3212*

Ro 5:16 τὸ μὲν γὰρ κρίμα ἐξ ἑνὸς εἰς **κατάκριμα,**
5:18 Ἄρα οὖν ὡς δι' ἑνὸς παραπτώματος εἰς πάντας ἀνθρώπους εἰς **κατάκριμα,**
8:1 Οὐδὲν ἄρα νῦν **κατάκριμα** τοῖς ἐν Χριστῷ Ἰησοῦ.

2891 **κατακρίνω** [18]

√ *2848 + 3212*

Mt 12:41 ἄνδρες Νινευῖται ἀναστήσονται ἐν τῇ κρίσει μετὰ τῆς γενεᾶς ταύτης καὶ **κατακρινοῦσιν** αὐτήν,
12:42 βασίλισσα νότου ἐγερθήσεται ἐν τῇ κρίσει μετὰ τῆς γενεᾶς ταύτης καὶ **κατακρινεῖ** αὐτήν,
20:18 καὶ ὁ υἱὸς τοῦ ἀνθρώπου παραδοθήσεται τοῖς ἀρχιερεῦσιν καὶ γραμματεῦσιν, καὶ **κατακρινοῦσιν** αὐτὸν θανάτῳ
27: 3 Τότε ἰδὼν Ἰούδας ὁ παραδιδοὺς αὐτὸν ὅτι **κατεκρίθη,**
Mk 10:33 καὶ **κατακρινοῦσιν** αὐτὸν θανάτῳ καὶ παραδώσουσιν αὐτὸν τοῖς ἔθνεσιν
14:64 οἱ δὲ πάντες **κατέκριναν** αὐτὸν ἔνοχον εἶναι θανάτου.
16:16 ⟦ὁ πιστεύσας καὶ βαπτισθεὶς σωθήσεται, ὁ δὲ ἀπιστήσας **κατακριθήσεται.**⟧
Lk 11:31 βασίλισσα νότου ἐγερθήσεται ἐν τῇ κρίσει μετὰ τῶν ἀνδρῶν τῆς γενεᾶς ταύτης καὶ **κατακρινεῖ** αὐτούς,
11:32 ἄνδρες Νινευῖται ἀναστήσονται ἐν τῇ κρίσει μετὰ τῆς γενεᾶς ταύτης καὶ **κατακρινοῦσιν** αὐτήν·
Jn 8:10 ⟦ἀνακύψας δὲ ὁ Ἰησοῦς εἶπεν αὐτῇ, Γύναι, ποῦ εἰσιν; οὐδείς σε **κατέκρινεν;**⟧
8:11 ⟦εἶπεν δὲ ὁ Ἰησοῦς, Οὐδὲ ἐγώ σε **κατακρίνω·**⟧
Ro 2: 1 σεαυτὸν **κατακρίνεις,** τὰ γὰρ αὐτὰ πράσσεις ὁ κρίνων.
8: 3 ὁ θεὸς τὸν ἑαυτοῦ υἱὸν πέμψας ἐν ὁμοιώματι σαρκὸς ἁμαρτίας καὶ περὶ ἁμαρτίας **κατέκρινεν** τὴν ἁμαρτίαν ἐν τῇ σαρκί,
8:34 τίς ὁ **κατακρινῶν;** Χριστὸς [Ἰησοῦς] ὁ ἀποθανών, μᾶλλον δὲ ἐγερθείς,
14:23 ὁ δὲ διακρινόμενος ἐὰν φάγῃ **κατακέκριται,** ὅτι οὐκ ἐκ πίστεως·
1Co 11:32 κρινόμενοι δὲ ὑπὸ [τοῦ] κυρίου παιδευόμεθα, ἵνα μὴ σὺν τῷ κόσμῳ **κατακριθῶμεν.**
Heb 11: 7 εὐλαβηθεὶς κατεσκεύασεν κιβωτὸν εἰς σωτηρίαν τοῦ οἴκου αὐτοῦ δι᾽ ἧς **κατέκρινεν** τὸν κόσμον,
2Pe 2: 6 καὶ πόλεις Σοδόμων καὶ Γομόρρας τεφρώσας [καταστροφῇ] **κατέκρινεν** ὑπόδειγμα μελλόντων ἀσεβέ[σ]ιν τεθεικώς,

2892 **κατάκρισις** [2]

√ *2848 + 3212*

2Co 3: 9 εἰ γὰρ τῇ διακονίᾳ τῆς **κατακρίσεως** δόξα, πολλῷ μᾶλλον περισσεύει ἡ διακονία τῆς δικαιοσύνης δόξῃ.
7: 3 πρὸς **κατάκρισιν** οὐ λέγω· προείρηκα γὰρ ὅτι ἐν ταῖς καρδίαις ἡμῶν ἐστε εἰς τὸ συναποθανεῖν καὶ συζῆν.

2893 **κατακύπτω** [1]

√ *2848 + 3252*

Jn 8: 8 ⟦καὶ πάλιν **κατακύψας** ἔγραφεν εἰς τὴν γῆν.⟧

2894 **κατακυριεύω** [4]

√ *2848 + 3261*

Mt 20:25 Οἴδατε ὅτι οἱ ἄρχοντες τῶν ἐθνῶν **κατακυριεύουσιν** αὐτῶν καὶ οἱ μεγάλοι κατεξουσιάζουσιν αὐτῶν.
Mk 10:42 Οἴδατε ὅτι οἱ δοκοῦντες ἄρχειν τῶν ἐθνῶν **κατακυριεύουσιν** αὐτῶν καὶ οἱ μεγάλοι αὐτῶν κατεξουσιάζουσιν αὐτῶν.
Ac 19:16 **κατακυριεύσας** ἀμφοτέρων ἴσχυσεν κατ᾽ αὐτῶν ὥστε γυμνοὺς καὶ τετραυματισμένους ἐκφυγεῖν ἐκ τοῦ οἴκου ἐκείνου.
1Pe 5: 3 μηδ᾽ ὡς **κατακυριεύοντες** τῶν κλήρων ἀλλὰ τύποι γινόμενοι τοῦ ποιμνίου·

2895 **καταλαλέω** [5]

√ *2848 + 3281*

Jas 4:11 Μὴ **καταλαλεῖτε** ἀλλήλων, ἀδελφοί. ὁ **καταλαλῶν** ἀδελφοῦ ἢ κρίνων τὸν ἀδελφὸν αὐτοῦ **καταλαλεῖ** νόμου καὶ κρίνει νόμον·
1Pe 2:12 ἐν ᾧ **καταλαλοῦσιν** ὑμῶν ὡς κακοποιῶν ἐκ τῶν καλῶν ἔργων ἐποπτεύοντες δοξάσωσιν τὸν θεὸν ἐν ἡμέρᾳ ἐπισκοπῆς.
3:16 ἵνα ἐν ᾧ **καταλαλεῖσθε** καταισχυνθῶσιν οἱ ἐπηρεάζοντες ὑμῶν τὴν ἀγαθὴν ἐν Χριστῷ ἀναστροφήν.

2896 **καταλαλιά** [2]

√ *2848 + 3281*

2Co 12:20 μή πως ἔρις, ζῆλος, θυμοί, ἐριθεῖαι, **καταλαλιαί,** ψιθυρισμοί, φυσιώσεις, ἀκαταστασίαι·
1Pe 2: 1 Ἀποθέμενοι οὖν πᾶσαν κακίαν καὶ πάντα δόλον καὶ ὑποκρίσεις καὶ φθόνους καὶ πάσας **καταλαλιάς,**

2897 **κατάλαλος** [1]

√ *2848 + 3281*

Ro 1:30 **καταλάλους** θεοστυγεῖς ὑβριστὰς ὑπερηφάνους ἀλαζόνας, ἐφευρετὰς κακῶν, γονεῦσιν ἀπειθεῖς,

2898 **καταλαμβάνω** [15]

√ *2848 + 3284*

Mk 9:18 καὶ ὅπου ἐὰν αὐτὸν **καταλάβῃ** ῥήσσει αὐτόν, καὶ ἀφρίζει καὶ τρίζει τοὺς ὀδόντας καὶ ξηραίνεται·
Jn 1: 5 καὶ τὸ φῶς ἐν τῇ σκοτίᾳ φαίνει, καὶ ἡ σκοτία αὐτὸ οὐ **κατέλαβεν.**
8: 3 ⟦ἄγουσιν δὲ οἱ γραμματεῖς καὶ οἱ Φαρισαῖοι γυναῖκα ἐπὶ μοιχείᾳ **κατειλημμένην** καὶ στήσαντες αὐτὴν ἐν μέσῳ⟧
8: 4 ⟦αὕτη ἡ γυνὴ **κατείληπται** ἐπ᾽ αὐτοφώρῳ μοιχευομένη·⟧
12:35 περιπατεῖτε ὡς τὸ φῶς ἔχετε, ἵνα μὴ σκοτία ὑμᾶς **καταλάβῃ·**
Ac 4:13 Θεωροῦντες δὲ τὴν τοῦ Πέτρου παρρησίαν καὶ Ἰωάννου καὶ **καταλαβόμενοι** ὅτι ἄνθρωποι ἀγράμματοί εἰσιν καὶ ἰδιῶται,
10:34 Ἐπ᾽ ἀληθείας **καταλαμβάνομαι** ὅτι οὐκ ἔστιν προσωπολήμπτης ὁ θεός,
25:25 ἐγὼ δὲ **κατελαβόμην** μηδὲν ἄξιον αὐτὸν θανάτου πεπραχέναι,
Ro 9:30 ὅτι ἔθνη τὰ μὴ διώκοντα δικαιοσύνην **κατέλαβεν** δικαιοσύνην,
1Co 9:24 εἷς δὲ λαμβάνει τὸ βραβεῖον; οὕτως τρέχετε ἵνα **καταλάβητε.**
Eph 3:18 ἵνα ἐξισχύσητε **καταλαβέσθαι** σὺν πᾶσιν τοῖς ἁγίοις τί τὸ πλάτος καὶ μῆκος καὶ ὕψος καὶ βάθος,
Php 3:12 διώκω δὲ εἰ καὶ **καταλάβω,** ἐφ᾽ ᾧ καὶ **κατελήμφθην** ὑπὸ Χριστοῦ [Ἰησοῦ.]
3:13 ἀδελφοί, ἐγὼ ἐμαυτὸν οὐ λογίζομαι **κατειληφέναι·** ἓν δέ,
1Th 5: 4 οὐκ ἐστὲ ἐν σκότει, ἵνα ἡ ἡμέρα ὑμᾶς ὡς κλέπτης **καταλάβῃ·**

2899 **καταλέγω** [1]

√ *2848 + 3306*

1Ti 5: 9 Χήρα **καταλεγέσθω** μὴ ἔλαττον ἐτῶν ἑξήκοντα γεγονυῖα, ἑνὸς ἀνδρὸς γυνή,

2900 **κατάλειμμα** Not used in UBS/NIV

√ *2848 + 3309*

2901 **καταλείπω** [24]

√ *2848 + 3309*

Mt 4:13 καὶ **καταλιπὼν** τὴν Ναζαρὰ ἐλθὼν κατῴκησεν εἰς Καφαρναοὺμ τὴν παραθαλασσίαν ἐν ὁρίοις Ζαβουλὼν καὶ Νεφθαλίμ·
16: 4 καὶ σημεῖον οὐ δοθήσεται αὐτῇ εἰ μὴ τὸ σημεῖον Ἰωνᾶ. καὶ **καταλιπὼν** αὐτοὺς ἀπῆλθεν.
19: 5 Ἕνεκα τούτου **καταλείψει** ἄνθρωπος τὸν πατέρα καὶ τὴν μητέρα καὶ κολληθήσεται τῇ γυναικὶ αὐτοῦ,
21:17 Καὶ **καταλιπὼν** αὐτοὺς ἐξῆλθεν ἔξω τῆς πόλεως εἰς Βηθανίαν καὶ ηὐλίσθη ἐκεῖ.
Mk 10: 7 ἕνεκεν τούτου **καταλείψει** ἄνθρωπος τὸν πατέρα αὐτοῦ καὶ τὴν μητέρα [καὶ προσκολληθήσεται πρὸς τὴν γυναῖκα αὐτοῦ,]
12:19 Μωϋσῆς ἔγραψεν ἡμῖν ὅτι ἐάν τινος ἀδελφὸς ἀποθάνῃ καὶ **καταλίπῃ** γυναῖκα καὶ μὴ ἀφῇ τέκνον,
12:21 ὁ δεύτερος ἔλαβεν αὐτὴν καὶ ἀπέθανεν μὴ **καταλιπὼν** σπέρμα·
14:52 ὁ δὲ **καταλιπὼν** τὴν σινδόνα γυμνὸς ἔφυγεν.
Lk 5:28 καὶ **καταλιπὼν** πάντα ἀναστὰς ἠκολούθει αὐτῷ.
10:40 οὐ μέλει σοι ὅτι ἡ ἀδελφή μου μόνην με **κατέλιπεν** διακονεῖν;
15: 4 Τίς ἄνθρωπος ἐξ ὑμῶν ἔχων ἑκατὸν πρόβατα καὶ ἀπολέσας ἐξ αὐτῶν ἓν οὐ **καταλείπει** τὰ ἐνενήκοντα ἐννέα ἐν τῇ ἐρήμῳ
20:31 ὡσαύτως δὲ καὶ οἱ ἑπτὰ οὐ **κατέλιπον** τέκνα καὶ ἀπέθανον.
Jn 8: 9 ⟦οἱ δὲ ἀκούσαντες ἐξήρχοντο εἷς καθ᾽ εἷς ἀρξάμενοι ἀπὸ τῶν πρεσβυτέρων καὶ **κατελείφθη** μόνος καὶ ἡ γυνὴ ἐν μέσῳ οὖσα.⟧
Ac 6: 2 Οὐκ ἀρεστόν ἐστιν ἡμᾶς **καταλείψαντας** τὸν λόγον τοῦ θεοῦ διακονεῖν τραπέζαις.

18:19 κατήντησαν δὲ εἰς Ἔφεσον, κἀκείνους **κατέλιπεν** αὐτοῦ,
21: 3 ἀναφάναντες δὲ τὴν Κύπρον καὶ **καταλιπόντες** αὐτὴν εὐώνυμον ἐπλέομεν εἰς Συρίαν καὶ κατήλθομεν εἰς Τύρον·
24:27 θέλων τε χάριτα καταθέσθαι τοῖς Ἰουδαίοις ὁ Φῆλιξ **κατέλιπε** τὸν Παῦλον δεδεμένον.
25:14 ὁ Φῆστος τῷ βασιλεῖ ἀνέθετο τὰ κατὰ τὸν Παῦλον λέγων, Ἀνήρ τίς ἐστιν **καταλελειμμένος** ὑπὸ Φήλικος δέσμιος,
Ro 11: 4 **Κατέλιπον** ἐμαυτῷ ἑπτακισχιλίους ἄνδρας, οἵτινες οὐκ ἔκαμψαν γόνυ τῇ Βάαλ.
Eph 5:31 ἀντὶ τούτου **καταλείψει** ἄνθρωπος [τὸν] πατέρα καὶ [τὴν] μητέρα καὶ προσκολληθήσεται πρὸς τὴν γυναῖκα αὐτοῦ,
1Th 3: 1 Διὸ μηκέτι στέγοντες εὐδοκήσαμεν **καταλειφθῆναι** ἐν Ἀθήναις μόνοι
Heb 4: 1 μήποτε **καταλειπομένης** ἐπαγγελίας εἰσελθεῖν εἰς τὴν κατάπαυσιν αὐτοῦ δοκῇ τις ἐξ ὑμῶν ὑστερηκέναι.
11:27 Πίστει **κατέλιπεν** Αἴγυπτον μὴ φοβηθεὶς τὸν θυμὸν τοῦ βασιλέως·
2Pe 2:15 **καταλείποντες** εὐθεῖαν ὁδὸν ἐπλανήθησαν, ἐξακολουθήσαντες τῇ ὁδῷ τοῦ Βαλαὰμ τοῦ Βοσόρ,

2902 καταλιθάζω [1]

√ *2848 + 3345*

Lk 20: 6 ἐὰν δὲ εἴπωμεν, Ἐξ ἀνθρώπων, ὁ λαὸς ἅπας **καταλιθάσει** ἡμᾶς,

2903 καταλλαγή [4]

√ *2848 + 248*

Ro 5:11 ἀλλὰ καὶ καυχώμενοι ἐν τῷ θεῷ διὰ τοῦ κυρίου ἡμῶν Ἰησοῦ Χριστοῦ δι᾽ οὗ νῦν τὴν **καταλλαγὴν** ἐλάβομεν.
11:15 εἰ γὰρ ἡ ἀποβολὴ αὐτῶν **καταλλαγὴ** κόσμου, τίς ἡ πρόσλημψις εἰ μὴ ζωὴ ἐκ νεκρῶν;
2Co 5:18 τὰ δὲ πάντα ἐκ τοῦ θεοῦ τοῦ καταλλάξαντος ἡμᾶς ἑαυτῷ διὰ Χριστοῦ καὶ δόντος ἡμῖν τὴν διακονίαν τῆς **καταλλαγῆς,**
5:19 μὴ λογιζόμενος αὐτοῖς τὰ παραπτώματα αὐτῶν καὶ θέμενος ἐν ἡμῖν τὸν λόγον τῆς **καταλλαγῆς.**

2904 καταλλάσσω [6]

√ *2848 + 248*

Ro 5:10 εἰ γὰρ ἐχθροὶ ὄντες **κατηλλάγημεν** τῷ θεῷ διὰ τοῦ θανάτου τοῦ υἱοῦ αὐτοῦ, πολλῷ μᾶλλον **καταλλαγέντες** σωθησόμεθα ἐν τῇ ζωῇ αὐτοῦ·
1Co 7:11 ἐὰν δὲ καὶ χωρισθῇ, μενέτω ἄγαμος ἢ τῷ ἀνδρὶ **καταλλαγήτω,**
2Co 5:18 τὰ δὲ πάντα ἐκ τοῦ θεοῦ τοῦ **καταλλάξαντος** ἡμᾶς ἑαυτῷ διὰ Χριστοῦ καὶ δόντος ἡμῖν τὴν διακονίαν τῆς καταλλαγῆς,
5:19 ὡς ὅτι θεὸς ἦν ἐν Χριστῷ κόσμον **καταλλάσσων** ἑαυτῷ,
5:20 ὑπὲρ Χριστοῦ οὖν πρεσβεύομεν ὡς τοῦ θεοῦ παρακαλοῦντος δι᾽ ἡμῶν· δεόμεθα ὑπὲρ Χριστοῦ, **καταλλάγητε** τῷ θεῷ.

2905 κατάλοιπος [1]

√ *2848 + 3309*

Ac 15:17 ὅπως ἂν ἐκζητήσωσιν οἱ **κατάλοιποι** τῶν ἀνθρώπων τὸν κύριον καὶ πάντα τὰ ἔθνη ἐφ᾽ οὓς ἐπικέκληται τὸ ὄνομά μου

2906 κατάλυμα [3]

√ *2848 + 3395*

Mk 14:14 Ποῦ ἐστιν τὸ **κατάλυμά** μου ὅπου τὸ πάσχα μετὰ τῶν μαθητῶν μου φάγω;
Lk 2: 7 διότι οὐκ ἦν αὐτοῖς τόπος ἐν τῷ **καταλύματι.**
22:11 Ποῦ ἐστιν τὸ **κατάλυμα** ὅπου τὸ πάσχα μετὰ τῶν μαθητῶν μου φάγω;

2907 καταλύω [17]

√ *2848 + 3395*

Mt 5:17 Μὴ νομίσητε ὅτι ἦλθον **καταλῦσαι** τὸν νόμον ἢ τοὺς προφήτας· οὐκ ἦλθον **καταλῦσαι** ἀλλὰ πληρῶσαι.
24: 2 οὐ μὴ ἀφεθῇ ὧδε λίθος ἐπὶ λίθον ὃς οὐ **καταλυθήσεται.**
26:61 Δύναμαι **καταλῦσαι** τὸν ναὸν τοῦ θεοῦ καὶ διὰ τριῶν ἡμερῶν οἰκοδομῆσαι.
27:40 Ὁ **καταλύων** τὸν ναὸν καὶ ἐν τρισὶν ἡμέραις οἰκοδομῶν,
Mk 13: 2 οὐ μὴ ἀφεθῇ ὧδε λίθος ἐπὶ λίθον ὃς οὐ μὴ **καταλυθῇ.**
14:58 ὅτι Ἡμεῖς ἠκούσαμεν αὐτοῦ λέγοντος ὅτι Ἐγὼ **καταλύσω** τὸν ναὸν τοῦτον τὸν χειροποίητον καὶ διὰ τριῶν ἡμερῶν ἄλλον ἀχειροποίητον οἰκοδομήσω
15:29 Οὐὰ ὁ **καταλύων** τὸν ναὸν καὶ οἰκοδομῶν ἐν τρισὶν ἡμέραις,
Lk 9:12 ἵνα πορευθέντες εἰς τὰς κύκλῳ κώμας καὶ ἀγροὺς **καταλύσωσιν** καὶ εὕρωσιν ἐπισιτισμόν,
19: 7 καὶ ἰδόντες πάντες διεγόγγυζον λέγοντες ὅτι Παρὰ ἁμαρτωλῷ ἀνδρὶ εἰσῆλθεν **καταλῦσαι.**
21: 6 ἐλεύσονται ἡμέραι ἐν αἷς οὐκ ἀφεθήσεται λίθος ἐπὶ λίθῳ ὃς οὐ **καταλυθήσεται.**
Ac 5:38 ὅτι ἐὰν ᾖ ἐξ ἀνθρώπων ἡ βουλὴ αὕτη ἢ τὸ ἔργον τοῦτο, **καταλυθήσεται,**
5:39 οὐ δυνήσεσθε **καταλῦσαι** αὐτούς, μήποτε καὶ θεομάχοι εὑρεθῆτε.
6:14 λέγοντος ὅτι Ἰησοῦς ὁ Ναζωραῖος οὗτος **καταλύσει** τὸν τόπον τοῦτον καὶ ἀλλάξει τὰ ἔθη ἃ παρέδωκεν ἡμῖν Μωϋσῆς.
Ro 14:20 μὴ ἕνεκεν βρώματος **κατάλυε** τὸ ἔργον τοῦ θεοῦ.
2Co 5: 1 Οἴδαμεν γὰρ ὅτι ἐὰν ἡ ἐπίγειος ἡμῶν οἰκία τοῦ σκήνους **καταλυθῇ,**
Gal 2:18 εἰ γὰρ ἃ **κατέλυσα** ταῦτα πάλιν οἰκοδομῶ, παραβάτην ἐμαυτὸν συνιστάνω.

2908 καταμανθάνω [1]

√ *2848 + 3443*

Mt 6:28 **καταμάθετε** τὰ κρίνα τοῦ ἀγροῦ πῶς αὐξάνουσιν· οὐ κοπιῶσιν οὐδὲ νήθουσιν·

2909 καταμαρτυρέω [3]

√ *2848 + 3459*

Mt 26:62 καὶ ἀναστὰς ὁ ἀρχιερεὺς εἶπεν αὐτῷ, Οὐδὲν ἀποκρίνῃ τί οὗτοί σου **καταμαρτυροῦσιν;**
27:13 τότε λέγει αὐτῷ ὁ Πιλᾶτος, Οὐκ ἀκούεις πόσα σου **καταμαρτυροῦσιν;**
Mk 14:60 καὶ ἀναστὰς ὁ ἀρχιερεὺς εἰς μέσον ἐπηρώτησεν τὸν Ἰησοῦν λέγων, Οὐκ ἀποκρίνῃ οὐδὲν τί οὗτοί σου **καταμαρτυροῦσιν;**

2910 καταμένω [1]

√ *2848 + 3531*

Ac 1:13 καὶ ὅτε εἰσῆλθον, εἰς τὸ ὑπερῷον ἀνέβησαν οὗ ἦσαν **καταμένοντες,**

2911 καταμόνας Not used in UBS/NIV

√ *2848 + 3668*

2912 κατανάθεμα Not used in UBS/NIV

√ *2848 + 353*

2913 καταναθεματίζω Not used in UBS/NIV

√ *2848 + 353*

2914 καταναλίσκω [1]

√ *2848 + 324 + 274*

Heb 12:29 καὶ γὰρ ὁ θεὸς ἡμῶν πῦρ **καταναλίσκον.**

2915 καταναρκάω [3]

√ *2848*

2Co 11: 9 καὶ παρὼν πρὸς ὑμᾶς καὶ ὑστερηθεὶς οὐ **κατενάρκησα** οὐθενός·
12:13 εἰ μὴ ὅτι αὐτὸς ἐγὼ οὐ **κατενάρκησα** ὑμῶν;
12:14 Ἰδοὺ τρίτον τοῦτο ἑτοίμως ἔχω ἐλθεῖν πρὸς ὑμᾶς, καὶ οὐ **καταναρκήσω·**

2916 κατανεύω [1]

√ *2848 + 3748*

Lk 5: 7 καὶ **κατένευσαν** τοῖς μετόχοις ἐν τῷ ἑτέρῳ πλοίῳ τοῦ ἐλθόντας συλλαβέσθαι αὐτοῖς·

2917 κατανοέω [14]

√ 2848 + 3808

Mt 7: 3 τὴν δὲ ἐν τῷ σῷ ὀφθαλμῷ δοκὸν οὐ **κατανοεῖς;**
Lk 6:41 τὴν δὲ δοκὸν τὴν ἐν τῷ ἰδίῳ ὀφθαλμῷ οὐ **κατανοεῖς;**
12:24 **κατανοήσατε** τοὺς κόρακας ὅτι οὐ σπείρουσιν οὐδὲ θερίζουσιν,
12:27 **κατανοήσατε** τὰ κρίνα πῶς αὐξάνει· οὐ κοπιᾷ οὐδὲ νήθει·
20:23 **κατανοήσας** δὲ αὐτῶν τὴν πανουργίαν εἶπεν πρὸς αὐτούς,
Ac 7:31 ὁ δὲ Μωϋσῆς ἰδὼν ἐθαύμαζεν τὸ ὅραμα, προσερχομένου δὲ αὐτοῦ **κατανοῆσαι** ἐγένετο φωνὴ κυρίου,
7:32 ὁ θεὸς Ἀβραὰμ καὶ Ἰσαὰκ καὶ Ἰακώβ. ἔντρομος δὲ γενόμενος Μωϋσῆς οὐκ ἐτόλμα **κατανοῆσαι.**
11: 6 εἰς ἣν ἀτενίσας **κατενόουν** καὶ εἶδον τὰ τετράποδα τῆς γῆς καὶ τὰ θηρία καὶ τὰ ἑρπετὰ καὶ τὰ πετεινὰ τοῦ οὐρανοῦ.
27:39 κόλπον δέ τινα **κατενόουν** ἔχοντα αἰγιαλὸν εἰς ὃν ἐβουλεύοντο εἰ δύναιντο ἐξῶσαι τὸ πλοῖον.
Ro 4:19 καὶ μὴ ἀσθενήσας τῇ πίστει **κατενόησεν** τὸ ἑαυτοῦ σῶμα [ἤδη] νενεκρωμένον,
Heb 3: 1 **κατανοήσατε** τὸν ἀπόστολον καὶ ἀρχιερέα τῆς ὁμολογίας ἡμῶν Ἰησοῦν,
10:24 καὶ **κατανοῶμεν** ἀλλήλους εἰς παροξυσμὸν ἀγάπης καὶ καλῶν ἔργων,
Jas 1:23 οὗτος ἔοικεν ἀνδρὶ **κατανοοῦντι** τὸ πρόσωπον τῆς γενέσεως αὐτοῦ ἐν ἐσόπτρῳ·
1:24 **κατενόησεν** γὰρ ἑαυτὸν καὶ ἀπελήλυθεν καὶ εὐθέως ἐπελάθετο ὁποῖος ἦν.

2918 καταντάω [13]

√ 2848 + 505

Ac 16: 1 **Κατήντησεν** δὲ [καὶ] εἰς Δέρβην καὶ εἰς Λύστραν.
18:19 **κατήντησαν** δὲ εἰς Ἔφεσον, κἀκείνους κατέλιπεν αὐτοῦ, αὐτὸς δὲ εἰσελθὼν εἰς τὴν συναγωγὴν διελέξατο
18:24 Ἀλεξανδρεὺς τῷ γένει, ἀνὴρ λόγιος, **κατήντησεν** εἰς Ἔφεσον,
20:15 κἀκεῖθεν ἀποπλεύσαντες τῇ ἐπιούσῃ **κατηντήσαμεν** ἄντικρυς Χίου, τῇ δὲ ἑτέρᾳ παρεβάλομεν εἰς Σάμον,
21: 7 Ἡμεῖς δὲ τὸν πλοῦν διανύσαντες ἀπὸ Τύρου **κατηντήσαμεν** εἰς Πτολεμαΐδα καὶ ἀσπασάμενοι τοὺς ἀδελφοὺς ἐμείναμεν
25:13 Ἀγρίππας ὁ βασιλεὺς καὶ Βερνίκη **κατήντησαν** εἰς Καισάρειαν ἀσπασάμενοι τὸν Φῆστον.
26: 7 εἰς ἣν τὸ δωδεκάφυλον ἡμῶν ἐν ἐκτενείᾳ νύκτα καὶ ἡμέραν λατρεῦον ἐλπίζει **καταντῆσαι,**
27:12 εἴ πως δύναιντο **καταντήσαντες** εἰς Φοίνικα παραχειμάσαι λιμένα τῆς Κρήτης βλέποντα κατὰ λίβα καὶ κατὰ χῶρον.
28:13 ὅθεν περιελόντες **κατηντήσαμεν** εἰς Ῥήγιον. καὶ μετὰ μίαν ἡμέραν ἐπιγενομένου νότου δευτεραῖοι ἤλθομεν εἰς Ποτιόλους,
1Co 10:11 ἐγράφη δὲ πρὸς νουθεσίαν ἡμῶν, εἰς οὓς τὰ τέλη τῶν αἰώνων **κατήντηκεν.**
14:36 ἢ ἀφ' ὑμῶν ὁ λόγος τοῦ θεοῦ ἐξῆλθεν, ἢ εἰς ὑμᾶς μόνους **κατήντησεν;**
Eph 4:13 μέχρι **καταντήσωμεν** οἱ πάντες εἰς τὴν ἑνότητα τῆς πίστεως καὶ τῆς ἐπιγνώσεως τοῦ υἱοῦ τοῦ θεοῦ,
Php 3:11 εἴ πως **καταντήσω** εἰς τὴν ἐξανάστασιν τὴν ἐκ νεκρῶν.

2919 κατάνυξις [1]

√ 2848 + 3817

Ro 11: 8 καθὼς γέγραπται, Ἔδωκεν αὐτοῖς ὁ θεὸς πνεῦμα **κατανύξεως,**

2920 κατανύσσομαι [1]

√ 2848 + 3817

Ac 2:37 Ἀκούσαντες δὲ **κατενύγησαν** τὴν καρδίαν εἶπόν τε πρὸς τὸν Πέτρον καὶ τοὺς λοιποὺς ἀποστόλους,

2921 καταξιόω [3]

√ 2848 + 545

Lk 20:35 οἱ δὲ **καταξιωθέντες** τοῦ αἰῶνος ἐκείνου τυχεῖν καὶ τῆς ἀναστάσεως τῆς ἐκ νεκρῶν οὔτε γαμοῦσιν οὔτε γαμίζονται·
Ac 5:41 Οἱ μὲν οὖν ἐπορεύοντο χαίροντες ἀπὸ προσώπου τοῦ συνεδρίου, ὅτι **κατηξιώθησαν** ὑπὲρ τοῦ ὀνόματος ἀτιμασθῆναι,
2Th 1: 5 ἔνδειγμα τῆς δικαίας κρίσεως τοῦ θεοῦ εἰς τὸ **καταξιωθῆναι** ὑμᾶς τῆς βασιλείας τοῦ θεοῦ,

2922 καταπατέω [5]

√ 2848 + 4251

Mt 5:13 εἰς οὐδὲν ἰσχύει ἔτι εἰ μὴ βληθὲν ἔξω **καταπατεῖσθαι** ὑπὸ τῶν ἀνθρώπων.
7: 6 μήποτε **καταπατήσουσιν** αὐτοὺς ἐν τοῖς ποσὶν αὐτῶν καὶ στραφέντες ῥήξωσιν ὑμᾶς.
Lk 8: 5 καὶ ἐν τῷ σπείρειν αὐτὸν ὃ μὲν ἔπεσεν παρὰ τὴν ὁδὸν καὶ **κατεπατήθη,**
12: 1 ὥστε **καταπατεῖν** ἀλλήλους, ἤρξατο λέγειν πρὸς τοὺς μαθητὰς αὐτοῦ πρῶτον,
Heb 10:29 πόσῳ δοκεῖτε χείρονος ἀξιωθήσεται τιμωρίας ὁ τὸν υἱὸν τοῦ θεοῦ **καταπατήσας** καὶ τὸ αἷμα τῆς διαθήκης κοινὸν ἡγησάμενος,

2923 κατάπαυσις [9]

√ 2848 + 4264

Ac 7:49 λέγει κύριος, ἢ τίς τόπος τῆς **καταπαύσεώς** μου;
Heb 3:11 ὡς ὤμοσα ἐν τῇ ὀργῇ μου· Εἰ εἰσελεύσονται εἰς τὴν **κατάπαυσίν** μου.
3:18 μὴ εἰσελεύσεσθαι εἰς τὴν **κατάπαυσιν** αὐτοῦ εἰ μὴ τοῖς ἀπειθήσασιν;
4: 1 μήποτε καταλειπομένης ἐπαγγελίας εἰσελθεῖν εἰς τὴν **κατάπαυσιν** αὐτοῦ δοκῇ τις ἐξ ὑμῶν ὑστερηκέναι.
4: 3 εἰσερχόμεθα γὰρ εἰς [τὴν] **κατάπαυσιν** οἱ πιστεύσαντες, καθὼς εἴρηκεν, Ὡς ὤμοσα ἐν τῇ ὀργῇ μου, Εἰ εἰσελεύσονται εἰς τὴν **κατάπαυσίν** μου,
4: 5 καὶ ἐν τούτῳ πάλιν, Εἰ εἰσελεύσονται εἰς τὴν **κατάπαυσίν** μου.
4:10 ὁ γὰρ εἰσελθὼν εἰς τὴν **κατάπαυσιν** αὐτοῦ καὶ αὐτὸς κατέπαυσεν ἀπὸ τῶν ἔργων αὐτοῦ ὥσπερ ἀπὸ τῶν ἰδίων ὁ θεός.
4:11 σπουδάσωμεν οὖν εἰσελθεῖν εἰς ἐκείνην τὴν **κατάπαυσιν,** ἵνα μὴ ἐν τῷ αὐτῷ τις ὑποδείγματι πέσῃ τῆς ἀπειθείας.

2924 καταπαύω [4]

√ 2848 + 4264

Ac 14:18 καὶ ταῦτα λέγοντες μόλις **κατέπαυσαν** τοὺς ὄχλους τοῦ μὴ θύειν αὐτοῖς.
Heb 4: 4 Καὶ **κατέπαυσεν** ὁ θεὸς ἐν τῇ ἡμέρᾳ τῇ ἑβδόμῃ ἀπὸ πάντων τῶν ἔργων αὐτοῦ,
4: 8 εἰ γὰρ αὐτοὺς Ἰησοῦς **κατέπαυσεν,** οὐκ ἂν περὶ ἄλλης ἐλάλει μετὰ ταῦτα ἡμέρας.
4:10 ὁ γὰρ εἰσελθὼν εἰς τὴν κατάπαυσιν αὐτοῦ καὶ αὐτὸς **κατέπαυσεν** ἀπὸ τῶν ἔργων αὐτοῦ ὥσπερ ἀπὸ τῶν ἰδίων ὁ θεός.

2925 καταπέτασμα [6]

√ 2848 + 4375

Mt 27:51 Καὶ ἰδοὺ τὸ **καταπέτασμα** τοῦ ναοῦ ἐσχίσθη ἀπ' ἄνωθεν ἕως κάτω εἰς δύο καὶ ἡ γῆ ἐσείσθη καὶ αἱ πέτραι ἐσχίσθησαν,
Mk 15:38 Καὶ τὸ **καταπέτασμα** τοῦ ναοῦ ἐσχίσθη εἰς δύο ἀπ' ἄνωθεν ἕως κάτω.
Lk 23:45 τοῦ ἡλίου ἐκλιπόντος, ἐσχίσθη δὲ τὸ **καταπέτασμα** τοῦ ναοῦ μέσον.
Heb 6:19 ἣν ὡς ἄγκυραν ἔχομεν τῆς ψυχῆς ἀσφαλῆ τε καὶ βεβαίαν καὶ εἰσερχομένην εἰς τὸ ἐσώτερον τοῦ **καταπετάσματος,**
9: 3 μετὰ δὲ τὸ δεύτερον **καταπέτασμα** σκηνὴ ἡ λεγομένη Ἅγια Ἁγίων,
10:20 ἣν ἐνεκαίνισεν ἡμῖν ὁδὸν πρόσφατον καὶ ζῶσαν διὰ τοῦ **καταπετάσματος,**

2926 καταπίμπρημι Not used in UBS/NIV

√ 2848 + 4399

2927 καταπίνω [7]

√ 2848 + 4403

Mt 23:24 οἱ διϋλίζοντες τὸν κώνωπα, τὴν δὲ κάμηλον **καταπίνοντες.**
1Co 15:54 τότε γενήσεται ὁ λόγος ὁ γεγραμμένος, **Κατεπόθη** ὁ θάνατος εἰς νῖκος.
2Co 2: 7 μή πως τῇ περισσοτέρᾳ λύπῃ **καταποθῇ** ὁ τοιοῦτος.
5: 4 ἐφ' ᾧ οὐ θέλομεν ἐκδύσασθαι ἀλλ' ἐπενδύσασθαι, ἵνα **καταποθῇ** τὸ θνητὸν ὑπὸ τῆς ζωῆς.

Heb 11:29 Πίστει διέβησαν τὴν Ἐρυθρὰν Θάλασσαν ὡς διὰ ξηρᾶς γῆς, ἧς πεῖραν λαβόντες οἱ Αἰγύπτιοι **κατεπόθησαν.**
1Pe 5: 8 ὁ ἀντίδικος ὑμῶν διάβολος ὡς λέων ὠρυόμενος περιπατεῖ ζητῶν [τινα] **καταπιεῖν·**
Rev 12:16 καὶ ἐβοήθησεν ἡ γῆ τῇ γυναικὶ καὶ ἤνοιξεν ἡ γῆ τὸ στόμα αὐτῆς καὶ **κατέπιεν** τὸν ποταμὸν ὃν ἔβαλεν ὁ δράκων ἐκ τοῦ στόματος αὐτοῦ.

2928 καταπίπτω [3]

√ *2848 + 4406*

Lk 8: 6 καὶ ἕτερον **κατέπεσεν** ἐπὶ τὴν πέτραν, καὶ φυὲν ἐξηράνθη διὰ τὸ μὴ ἔχειν ἰκμάδα.
Ac 26:14 πάντων τε **καταπεσόντων** ἡμῶν εἰς τὴν γῆν ἤκουσα φωνὴν λέγουσαν πρός με τῇ Ἑβραΐδι διαλέκτῳ,
28: 6 οἱ δὲ προσεδόκων αὐτὸν μέλλειν πίμπρασθαι ἢ **καταπίπτειν** ἄφνω νεκρόν.

2929 καταπλέω [1]

√ *2848 + 4434*

Lk 8:26 Καὶ **κατέπλευσαν** εἰς τὴν χώραν τῶν Γερασηνῶν, ἥτις ἐστὶν ἀντιπέρα τῆς Γαλιλαίας.

2930 καταπονέω [2]

√ *2848 + 4506*

Ac 7:24 καὶ ἰδών τινα ἀδικούμενον ἠμύνατο καὶ ἐποίησεν ἐκδίκησιν τῷ **καταπονουμένῳ** πατάξας τὸν Αἰγύπτιον.
2Pe 2: 7 καὶ δίκαιον Λὼτ **καταπονούμενον** ὑπὸ τῆς τῶν ἀθέσμων ἐν ἀσελγείᾳ ἀναστροφῆς ἐρρύσατο·

2931 καταποντίζω [2]

√ *2848 + 4509*

Mt 14:30 ἀρξάμενος **καταποντίζεσθαι** ἔκραξεν λέγων, Κύριε, σῶσόν με.
18: 6 συμφέρει αὐτῷ ἵνα κρεμασθῇ μύλος ὀνικὸς περὶ τὸν τράχηλον αὐτοῦ καὶ **καταποντισθῇ** ἐν τῷ πελάγει τῆς θαλάσσης.

2932 κατάρα [6]

√ *2848 + 725*

Gal 3:10 ὅσοι γὰρ ἐξ ἔργων νόμου εἰσίν, ὑπὸ **κατάραν** εἰσίν·
3:13 Χριστὸς ἡμᾶς ἐξηγόρασεν ἐκ τῆς **κατάρας** τοῦ νόμου γενόμενος ὑπὲρ ἡμῶν **κατάρα,**
Heb 6: 8 ἀδόκιμος καὶ **κατάρας** ἐγγύς, ἧς τὸ τέλος εἰς καῦσιν.
Jas 3:10 ἐκ τοῦ αὐτοῦ στόματος ἐξέρχεται εὐλογία καὶ **κατάρα.**
2Pe 2:14 δελεάζοντες ψυχὰς ἀστηρίκτους, καρδίαν γεγυμνασμένην πλεονεξίας ἔχοντες, **κατάρας** τέκνα·

2933 καταράομαι [5]

√ *2848 + 725*

Mt 25:41 Πορεύεσθε ἀπ' ἐμοῦ [οἱ] **κατηραμένοι** εἰς τὸ πῦρ τὸ αἰώνιον τὸ ἡτοιμασμένον τῷ διαβόλῳ καὶ τοῖς ἀγγέλοις αὐτοῦ.
Mk 11:21 καὶ ἀναμνησθεὶς ὁ Πέτρος λέγει αὐτῷ, Ῥαββί, ἴδε ἡ συκῆ ἣν **κατηράσω** ἐξήρανται.
Lk 6:28 εὐλογεῖτε τοὺς **καταρωμένους** ὑμᾶς, προσεύχεσθε περὶ τῶν ἐπηρεαζόντων ὑμᾶς.
Ro 12:14 εὐλογεῖτε τοὺς διώκοντας [ὑμᾶς,] εὐλογεῖτε καὶ μὴ **καταρᾶσθε.**
Jas 3: 9 εὐλογοῦμεν τὸν κύριον καὶ πατέρα καὶ ἐν αὐτῇ **καταρώμεθα** τοὺς ἀνθρώπους τοὺς καθ' ὁμοίωσιν θεοῦ γεγονότας,

2934 καταργέω [27]

√ *2848 + 1.1 + 2240*

καταργέω ἀπό [3] Ro 7:2,6; Gal 5:4

καταργέω εἰς [8] Lk 4:31; Ac 8:5; 13:4; 15:30; 18:22; 19:1; 21:3; 27:5

Lk 13: 7 ἔκκοψον [οὖν] αὐτήν, ἱνατί καὶ τὴν γῆν **καταργεῖ;**
Ro 3: 3 μὴ ἡ ἀπιστία αὐτῶν τὴν πίστιν τοῦ θεοῦ **καταργήσει;**
3:31 νόμον οὖν **καταργοῦμεν** διὰ τῆς πίστεως; μὴ γένοιτο·
4:14 εἰ γὰρ οἱ ἐκ νόμου κληρονόμοι, κεκένωται ἡ πίστις καὶ **κατήργηται** ἡ ἐπαγγελία·
6: 6 ἵνα **καταργηθῇ** τὸ σῶμα τῆς ἁμαρτίας, τοῦ μηκέτι δουλεύειν ἡμᾶς τῇ ἁμαρτίᾳ·
7: 2 ἐὰν δὲ ἀποθάνῃ ὁ ἀνήρ, **κατήργηται** ἀπὸ τοῦ νόμου τοῦ ἀνδρός.
7: 6 νυνὶ δὲ **κατηργήθημεν** ἀπὸ τοῦ νόμου ἀποθανόντες ἐν ᾧ κατειχόμεθα,
1Co 1:28 καὶ τὰ ἀγενῆ τοῦ κόσμου καὶ τὰ ἐξουθενημένα ἐξελέξατο ὁ θεός, τὰ μὴ ὄντα, ἵνα τὰ ὄντα **καταργήσῃ,**
2: 6 σοφίαν δὲ οὐ τοῦ αἰῶνος τούτου οὐδὲ τῶν ἀρχόντων τοῦ αἰῶνος τούτου τῶν **καταργουμένων·**
6:13 ὁ δὲ θεὸς καὶ ταύτην καὶ ταῦτα **καταργήσει.**
13: 8 εἴτε δὲ προφητεῖαι, **καταργηθήσονται·** εἴτε γλῶσσαι, παύσονται· εἴτε γνῶσις, **καταργηθήσεται.**
13:10 ὅταν δὲ ἔλθῃ τὸ τέλειον, τὸ ἐκ μέρους **καταργηθήσεται.**
13:11 ὅτε γέγονα ἀνήρ, **κατήργηκα** τὰ τοῦ νηπίου.
15:24 ὅταν **καταργήσῃ** πᾶσαν ἀρχὴν καὶ πᾶσαν ἐξουσίαν καὶ δύναμιν.
15:26 ἔσχατος ἐχθρὸς **καταργεῖται** ὁ θάνατος·
2Co 3: 7 ἀτενίσαι τοὺς υἱοὺς Ἰσραὴλ εἰς τὸ πρόσωπον Μωϋσέως διὰ τὴν δόξαν τοῦ προσώπου αὐτοῦ τὴν **καταργουμένην,**
3:11 εἰ γὰρ τὸ **καταργούμενον** διὰ δόξης, πολλῷ μᾶλλον τὸ μένον ἐν δόξῃ.
3:13 Μωϋσῆς ἐτίθει κάλυμμα ἐπὶ τὸ πρόσωπον αὐτοῦ πρὸς τὸ μὴ ἀτενίσαι τοὺς υἱοὺς Ἰσραὴλ εἰς τὸ τέλος τοῦ **καταργουμένου.**
3:14 τὸ αὐτὸ κάλυμμα ἐπὶ τῇ ἀναγνώσει τῆς παλαιᾶς διαθήκης μένει, μὴ ἀνακαλυπτόμενον ὅτι ἐν Χριστῷ **καταργεῖται·**
Gal 3:17 διαθήκην προκεκυρωμένην ὑπὸ τοῦ θεοῦ ὁ μετὰ τετρακόσια καὶ τριάκοντα ἔτη γεγονὼς νόμος οὐκ ἀκυροῖ εἰς τὸ **καταργῆσαι** τὴν ἐπαγγελίαν.
5: 4 **κατηργήθητε** ἀπὸ Χριστοῦ, οἵτινες ἐν νόμῳ δικαιοῦσθε, τῆς χάριτος ἐξεπέσατε.
5:11 τί ἔτι διώκομαι; ἄρα **κατήργηται** τὸ σκάνδαλον τοῦ σταυροῦ.
Eph 2:15 τὸν νόμον τῶν ἐντολῶν ἐν δόγμασιν **καταργήσας,** ἵνα τοὺς δύο κτίσῃ ἐν αὐτῷ εἰς ἕνα καινὸν ἄνθρωπον ποιῶν εἰρήνην
2Th 2: 8 ὃν ὁ κύριος [Ἰησοῦς] ἀνελεῖ τῷ πνεύματι τοῦ στόματος αὐτοῦ καὶ **καταργήσει** τῇ ἐπιφανείᾳ τῆς παρουσίας αὐτοῦ,
2Ti 1:10 **καταργήσαντος** μὲν τὸν θάνατον φωτίσαντος δὲ ζωὴν καὶ ἀφθαρσίαν διὰ τοῦ εὐαγγελίου
Heb 2:14 ἵνα διὰ τοῦ θανάτου **καταργήσῃ** τὸν τὸ κράτος ἔχοντα τοῦ θανάτου,

2935 καταριθμέω [1]

√ *2848 + 750*

Ac 1:17 ὅτι **κατηριθμημένος** ἦν ἐν ἡμῖν καὶ ἔλαχεν τὸν κλῆρον τῆς διακονίας ταύτης.

2936 καταρτίζω [13]

√ *2848 + 785*

Mt 4:21 ἐν τῷ πλοίῳ μετὰ Ζεβεδαίου τοῦ πατρὸς αὐτῶν **καταρτίζοντας** τὰ δίκτυα αὐτῶν,
21:16 οὐδέποτε ἀνέγνωτε ὅτι Ἐκ στόματος νηπίων καὶ θηλαζόντων **κατηρτίσω** αἶνον;
Mk 1:19 εἶδεν Ἰάκωβον τὸν τοῦ Ζεβεδαίου καὶ Ἰωάννην τὸν ἀδελφὸν αὐτοῦ καὶ αὐτοὺς ἐν τῷ πλοίῳ **καταρτίζοντας** τὰ δίκτυα,
Lk 6:40 **κατηρτισμένος** δὲ πᾶς ἔσται ὡς ὁ διδάσκαλος αὐτοῦ.
Ro 9:22 εἰ δὲ θέλων ὁ θεὸς ἐνδείξασθαι τὴν ὀργὴν καὶ γνωρίσαι τὸ δυνατὸν αὐτοῦ ἤνεγκεν ἐν πολλῇ μακροθυμίᾳ σκεύη ὀργῆς **κατηρτισμένα** εἰς ἀπώλειαν,
1Co 1:10 ἦτε δὲ **κατηρτισμένοι** ἐν τῷ αὐτῷ νοῒ καὶ ἐν τῇ αὐτῇ γνώμῃ.
2Co 13:11 Λοιπόν, ἀδελφοί, χαίρετε, **καταρτίζεσθε,** παρακαλεῖσθε, τὸ αὐτὸ φρονεῖτε,
Gal 6: 1 ὑμεῖς οἱ πνευματικοὶ **καταρτίζετε** τὸν τοιοῦτον ἐν πνεύματι πραΰτητος,
1Th 3:10 ὑπερεκπερισσοῦ δεόμενοι εἰς τὸ ἰδεῖν ὑμῶν τὸ πρόσωπον καὶ **καταρτίσαι** τὰ ὑστερήματα τῆς πίστεως ὑμῶν;
Heb 10: 5 Θυσίαν καὶ προσφορὰν οὐκ ἠθέλησας, σῶμα δὲ **κατηρτίσω** μοι·
11: 3 Πίστει νοοῦμεν **κατηρτίσθαι** τοὺς αἰῶνας ῥήματι θεοῦ, εἰς τὸ μὴ ἐκ φαινομένων τὸ βλεπόμενον γεγονέναι.
13:21 **καταρτίσαι** ὑμᾶς ἐν παντὶ ἀγαθῷ εἰς τὸ ποιῆσαι τὸ θέλημα αὐτοῦ,
1Pe 5:10 ὁ καλέσας ὑμᾶς εἰς τὴν αἰώνιον αὐτοῦ δόξαν ἐν Χριστῷ [Ἰησοῦ,] ὀλίγον παθόντας αὐτὸς **καταρτίσει,** στηρίξει,

2937 κατάρτισις [1]

√ 2848 + 785

2Co 13: 9 δυνατοὶ ἦτε· τοῦτο καὶ εὐχόμεθα, τὴν ὑμῶν **κατάρτισιν.**

2938 καταρτισμός [1]

√ 2848 + 785

Eph 4:12 πρὸς τὸν **καταρτισμὸν** τῶν ἁγίων εἰς ἔργον διακονίας,

2939 κατασείω [4]

√ 2848 + 4940

Ac 12:17 **κατασείσας** δὲ αὐτοῖς τῇ χειρὶ σιγᾶν διηγήσατο [αὐτοῖς] πῶς ὁ κύριος αὐτὸν ἐξήγαγεν ἐκ τῆς φυλακῆς εἶπέν τε,
13:16 ἀναστὰς δὲ Παῦλος καὶ **κατασείσας** τῇ χειρὶ εἶπεν·
19:33 ὁ δὲ Ἀλέξανδρος **κατασείσας** τὴν χεῖρα ἤθελεν ἀπολογεῖσθαι
21:40 ἐπιτρέψαντος δὲ αὐτοῦ ὁ Παῦλος ἑστὼς ἐπὶ τῶν ἀναβαθμῶν **κατέσεισεν** τῇ χειρὶ τῷ λαῷ.

2940 κατασκάπτω [2]

√ 2848 + 4999

Ac 15:16 Μετὰ ταῦτα ἀναστρέψω καὶ ἀνοικοδομήσω τὴν σκηνὴν Δαυὶδ τὴν πεπτωκυῖαν καὶ τὰ **κατεσκαμμένα** αὐτῆς ἀνοικοδομήσω
Ro 11: 3 προφήτας σου ἀπέκτειναν, τὰ θυσιαστήριά σου **κατέσκαψαν,**

2941 κατασκευάζω [11]

√ 2848 + 5007

Mt 11:10 Ἰδοὺ ἐγὼ ἀποστέλλω τὸν ἄγγελόν μου πρὸ προσώπου σου, ὃς **κατασκευάσει** τὴν ὁδόν σου ἔμπροσθέν σου.
Mk 1: 2 Ἰδοὺ ἀποστέλλω τὸν ἄγγελόν μου πρὸ προσώπου σου, ὃς **κατασκευάσει** τὴν ὁδόν σου·
Lk 1:17 ἐπιστρέψαι καρδίας πατέρων ἐπὶ τέκνα καὶ ἀπειθεῖς ἐν φρονήσει δικαίων, ἑτοιμάσαι κυρίῳ λαὸν **κατεσκευασμένον.**
7:27 Ἰδοὺ ἀποστέλλω τὸν ἄγγελόν μου πρὸ προσώπου σου, ὃς **κατασκευάσει** τὴν ὁδόν σου ἔμπροσθέν σου.
Heb 3: 3 καθ' ὅσον πλείονα τιμὴν ἔχει τοῦ οἴκου ὁ **κατασκευάσας** αὐτόν·
3: 4 πᾶς γὰρ οἶκος **κατασκευάζεται** ὑπό τινος, ὁ δὲ πάντα **κατασκευάσας** θεός.
9: 2 σκηνὴ γὰρ **κατεσκευάσθη** ἡ πρώτη ἐν ᾗ ἥ τε λυχνία καὶ ἡ τράπεζα καὶ ἡ πρόθεσις τῶν ἄρτων,
9: 6 οὕτως **κατεσκευασμένων** εἰς μὲν τὴν πρώτην σκηνὴν διὰ παντὸς εἰσίασιν οἱ ἱερεῖς τὰς λατρείας ἐπιτελοῦντες,
11: 7 εὐλαβηθεὶς **κατεσκεύασεν** κιβωτὸν εἰς σωτηρίαν τοῦ οἴκου αὐτοῦ δι' ἧς κατέκρινεν τὸν κόσμον,
1Pe 3:20 ἀπειθήσασίν ποτε ὅτε ἀπεξεδέχετο ἡ τοῦ θεοῦ μακροθυμία ἐν ἡμέραις Νῶε **κατασκευαζομένης** κιβωτοῦ εἰς ἣν ὀλίγοι,

2942 κατασκηνόω [4]

√ 2848 + 5008

Mt 13:32 ὥστε ἐλθεῖν τὰ πετεινὰ τοῦ οὐρανοῦ καὶ **κατασκηνοῦν** ἐν τοῖς κλάδοις αὐτοῦ.
Mk 4:32 ὥστε δύνασθαι ὑπὸ τὴν σκιὰν αὐτοῦ τὰ πετεινὰ τοῦ οὐρανοῦ **κατασκηνοῦν.**
Lk 13:19 τὰ πετεινὰ τοῦ οὐρανοῦ **κατεσκήνωσεν** ἐν τοῖς κλάδοις αὐτοῦ.
Ac 2:26 ἔτι δὲ καὶ ἡ σάρξ μου **κατασκηνώσει** ἐπ' ἐλπίδι,

2943 κατασκήνωσις [2]

√ 2848 + 5008

Mt 8:20 Αἱ ἀλώπεκες φωλεοὺς ἔχουσιν καὶ τὰ πετεινὰ τοῦ οὐρανοῦ **κατασκηνώσεις,**
Lk 9:58 Αἱ ἀλώπεκες φωλεοὺς ἔχουσιν καὶ τὰ πετεινὰ τοῦ οὐρανοῦ **κατασκηνώσεις,**

2944 κατασκιάζω [1]

√ 2848 + 5014

Heb 9: 5 ὑπεράνω δὲ αὐτῆς Χερουβὶν δόξης **κατασκιάζοντα** τὸ ἱλαστήριον·

2945 κατασκοπέω [1]

√ 2848 + 5023

Gal 2: 4 οἵτινες παρεισῆλθον **κατασκοπῆσαι** τὴν ἐλευθερίαν ἡμῶν ἣν ἔχομεν ἐν Χριστῷ Ἰησοῦ,

2946 κατάσκοπος [1]

√ 2848 + 5023

Heb 11:31 Πίστει Ῥαὰβ ἡ πόρνη οὐ συναπώλετο τοῖς ἀπειθήσασιν δεξαμένη τοὺς **κατασκόπους** μετ' εἰρήνης.

2947 κατασοφίζομαι [1]

√ 2848 + 5055

Ac 7:19 οὗτος **κατασοφισάμενος** τὸ γένος ἡμῶν ἐκάκωσεν τοὺς πατέρας [ἡμῶν] τοῦ ποιεῖν τὰ βρέφη ἔκθετα αὐτῶν εἰς τὸ μὴ ζῳογονεῖσθαι.

2948 καταστέλλω [2]

√ 2848 + 5097

Ac 19:35 **καταστείλας** δὲ ὁ γραμματεὺς τὸν ὄχλον φησίν, Ἄνδρες Ἐφέσιοι,
19:36 ἀναντιρρήτων οὖν ὄντων τούτων δέον ἐστὶν ὑμᾶς **κατεσταλμένους** ὑπάρχειν καὶ μηδὲν προπετὲς πράσσειν.

2949 κατάστημα [1]

√ 2848 + 2705

Tit 2: 3 πρεσβύτιδας ὡσαύτως ἐν **καταστήματι** ἱεροπρεπεῖς, μὴ διαβόλους μηδὲ οἴνῳ πολλῷ δεδουλωμένας,

2950 καταστολή [1]

√ 2848 + 5097

1Ti 2: 9 ὡσαύτως [καὶ] γυναῖκας ἐν **καταστολῇ** κοσμίῳ μετὰ αἰδοῦς καὶ σωφροσύνης κοσμεῖν ἑαυτάς,

2951 καταστρέφω [2]

√ 2848 + 5138

Mt 21:12 καὶ τὰς τραπέζας τῶν κολλυβιστῶν **κατέστρεψεν** καὶ τὰς καθέδρας τῶν πωλούντων τὰς περιστεράς,
Mk 11:15 καὶ τὰς τραπέζας τῶν κολλυβιστῶν καὶ τὰς καθέδρας τῶν πωλούντων τὰς περιστερὰς **κατέστρεψεν,**

2952 καταστρηνιάω [1]

√ 2848 + 5140

1Ti 5:11 νεωτέρας δὲ χήρας παραιτοῦ· ὅταν γὰρ **καταστρηνιάσωσιν** τοῦ Χριστοῦ, γαμεῖν θέλουσιν

2953 καταστροφή [2 / 1]

√ 2848 + 5138

2Ti 2:14 Ταῦτα ὑπομίμνῃσκε διαμαρτυρόμενος ἐνώπιον τοῦ θεοῦ μὴ λογομαχεῖν, ἐπ' οὐδὲν χρήσιμον, ἐπὶ **καταστροφῇ** τῶν ἀκουόντων.
2Pe 2: 6 πόλεις Σοδόμων καὶ Γομόρρας τεφρώσας **[καταστροφῇ]**[NIV-] κατέκρινεν ὑπόδειγμα μελλόντων ἀσεβέ[σ]ιν τεθεικώς,

2954 καταστρώννυμι [1]

√ 2848 + 5143

1Co 10: 5 ἀλλ' οὐκ ἐν τοῖς πλείοσιν αὐτῶν εὐδόκησεν ὁ θεός, **κατεστρώθησαν** γὰρ ἐν τῇ ἐρήμῳ.

2955 κατασύρω [1]

√ 2848 + 5359

Lk 12:58 μήποτε **κατασύρῃ** σε πρὸς τὸν κριτήν, καὶ ὁ κριτής σε παραδώσει τῷ πράκτορι,

2956 κατασφάζω [1]

√ 2848 + 5377

Lk 19:27 πλὴν τοὺς ἐχθρούς μου τούτους τοὺς μὴ θελήσαντάς με βασιλεῦσαι ἐπ᾽ αὐτοὺς ἀγάγετε ὧδε καὶ **κατασφάξατε** αὐτοὺς

2957 κατασφάττω Not used in UBS/NIV

√ 2848 + 5377

2958 κατασφραγίζω [1]

√ 2848 + 5382

Rev 5: 1 Καὶ εἶδον ἐπὶ τὴν δεξιὰν τοῦ καθημένου ἐπὶ τοῦ θρόνου βιβλίον γεγραμμένον ἔσωθεν καὶ ὄπισθεν **κατεσφραγισμένον** σφραγῖσιν ἑπτά.

2959 κατάσχεσις [2]

√ 2848 + 2400

Ac 7: 5 καὶ οὐκ ἔδωκεν αὐτῷ κληρονομίαν ἐν αὐτῇ οὐδὲ βῆμα ποδὸς καὶ ἐπηγγείλατο δοῦναι αὐτῷ εἰς **κατάσχεσιν** αὐτὴν

7:45 ἣν καὶ εἰσήγαγον διαδεξάμενοι οἱ πατέρες ἡμῶν μετὰ Ἰησοῦ ἐν τῇ **κατασχέσει** τῶν ἐθνῶν,

2960 κατατίθημι [2]

√ 2848 + 5502

Ac 24:27 θέλων τε χάριτα **καταθέσθαι** τοῖς Ἰουδαίοις ὁ Φῆλιξ κατέλιπε τὸν Παῦλον δεδεμένον.

25: 9 ὁ Φῆστος δὲ θέλων τοῖς Ἰουδαίοις χάριν **καταθέσθαι** ἀποκριθεὶς τῷ Παύλῳ εἶπεν,

2961 κατατομή [1]

√ 2848 + 5533

Php 3: 2 Βλέπετε τοὺς κύνας, βλέπετε τοὺς κακοὺς ἐργάτας, βλέπετε τὴν **κατατομήν.**

2962 κατατοξεύω Not used in UBS/NIV

√ 2848 + 5534

2963 κατατρέχω [1]

√ 2848 + 5556

Ac 21:32 ὃς ἐξαυτῆς παραλαβὼν στρατιώτας καὶ ἑκατοντάρχας **κατέδραμεν** ἐπ᾽ αὐτούς,

2964 καταυγάζω Not used in UBS/NIV

√ 2848 + 879

2965 καταφέρω [4]

√ 2848 + 5770

Ac 20: 9 **καταφερόμενος** ὕπνῳ βαθεῖ διαλεγομένου τοῦ Παύλου ἐπὶ πλεῖον, **κατενεχθεὶς** ἀπὸ τοῦ ὕπνου ἔπεσεν ἀπὸ τοῦ τριστέγου κάτω καὶ ἤρθη νεκρός.

25: 7 οἱ ἀπὸ Ἱεροσολύμων καταβεβηκότες Ἰουδαῖοι πολλὰ καὶ βαρέα αἰτιώματα **καταφέροντες** ἃ οὐκ ἴσχυον ἀποδεῖξαι,

26:10 καὶ πολλούς τε τῶν ἁγίων ἐγὼ ἐν φυλακαῖς κατέκλεισα τὴν παρὰ τῶν ἀρχιερέων ἐξουσίαν λαβὼν ἀναιρουμένων τε αὐτῶν **κατήνεγκα** ψῆφον.

2966 καταφεύγω [2]

√ 2848 + 5771

Ac 14: 6 συνιδόντες **κατέφυγον** εἰς τὰς πόλεις τῆς Λυκαονίας Λύστραν καὶ Δέρβην καὶ τὴν περίχωρον,

Heb 6:18 ἰσχυρὰν παράκλησιν ἔχωμεν οἱ **καταφυγόντες** κρατῆσαι τῆς προκειμένης ἐλπίδος·

2967 καταφθείρω [1]

√ 2848 + 5780

2Ti 3: 8 ἄνθρωποι **κατεφθαρμένοι** τὸν νοῦν, ἀδόκιμοι περὶ τὴν πίστιν.

2968 καταφιλέω [6]

√ 2848 + 5813

Mt 26:49 καὶ εὐθέως προσελθὼν τῷ Ἰησοῦ εἶπεν, Χαῖρε, ῥαββί, καὶ **κατεφίλησεν** αὐτόν.

Mk 14:45 καὶ ἐλθὼν εὐθὺς προσελθὼν αὐτῷ λέγει, Ῥαββί, καὶ **κατεφίλησεν** αὐτόν·

Lk 7:38 καὶ ταῖς θριξὶν τῆς κεφαλῆς αὐτῆς ἐξέμασσεν καὶ **κατεφίλει** τοὺς πόδας αὐτοῦ καὶ ἤλειφεν τῷ μύρῳ.

7:45 αὕτη δὲ ἀφ᾽ ἧς εἰσῆλθον οὐ διέλιπεν **καταφιλοῦσά** μου τοὺς πόδας.

15:20 εἶδεν αὐτὸν ὁ πατὴρ αὐτοῦ καὶ ἐσπλαγχνίσθη καὶ δραμὼν ἐπέπεσεν ἐπὶ τὸν τράχηλον αὐτοῦ καὶ **κατεφίλησεν** αὐτόν.

Ac 20:37 ἱκανὸς δὲ κλαυθμὸς ἐγένετο πάντων καὶ ἐπιπεσόντες ἐπὶ τὸν τράχηλον τοῦ Παύλου **κατεφίλουν** αὐτόν,

2969 καταφρονέω [9]

→ 2970; cf. 2848 + 5856

Mt 6:24 ἢ γὰρ τὸν ἕνα μισήσει καὶ τὸν ἕτερον ἀγαπήσει, ἢ ἑνὸς ἀνθέξεται καὶ τοῦ ἑτέρου **καταφρονήσει.**

18:10 Ὁρᾶτε μὴ **καταφρονήσητε** ἑνὸς τῶν μικρῶν τούτων· λέγω γὰρ ὑμῖν ὅτι οἱ ἄγγελοι αὐτῶν ἐν οὐρανοῖς διὰ παντὸς βλέπουσι τὸ πρόσωπον τοῦ πατρός μου τοῦ ἐν οὐρανοῖς.

Lk 16:13 ἢ γὰρ τὸν ἕνα μισήσει καὶ τὸν ἕτερον ἀγαπήσει, ἢ ἑνὸς ἀνθέξεται καὶ τοῦ ἑτέρου **καταφρονήσει.**

Ro 2: 4 ἢ τοῦ πλούτου τῆς χρηστότητος αὐτοῦ καὶ τῆς ἀνοχῆς καὶ τῆς μακροθυμίας **καταφρονεῖς,**

1Co 11:22 ἢ τῆς ἐκκλησίας τοῦ θεοῦ **καταφρονεῖτε,** καὶ καταισχύνετε τοὺς μὴ ἔχοντας;

1Ti 4:12 μηδείς σου τῆς νεότητος **καταφρονείτω,** ἀλλὰ τύπος γίνου τῶν πιστῶν ἐν λόγῳ,

6: 2 οἱ δὲ πιστοὺς ἔχοντες δεσπότας μὴ **καταφρονείτωσαν,** ὅτι ἀδελφοί εἰσιν,

Heb 12: 2 ὃς ἀντὶ τῆς προκειμένης αὐτῷ χαρᾶς ὑπέμεινεν σταυρὸν αἰσχύνης **καταφρονήσας** ἐν δεξιᾷ τε τοῦ θρόνου τοῦ θεοῦ κεκάθικεν.

2Pe 2:10 μάλιστα δὲ τοὺς ὀπίσω σαρκὸς ἐν ἐπιθυμίᾳ μιασμοῦ πορευομένους καὶ κυριότητος **καταφρονοῦντας.**

2970 καταφρονητής [1]

√ 2969

Ac 13:41 Ἴδετε, οἱ **καταφρονηταί,** καὶ θαυμάσατε καὶ ἀφανίσθητε, ὅτι ἔργον ἐργάζομαι ἐγὼ ἐν ταῖς ἡμέραις ὑμῶν,

2971 καταφωνέω Not used in UBS/NIV

√ 2848 + 5889

2972 καταχέω [2]

√ 1772; cf. 2848

Mt 26: 7 προσῆλθεν αὐτῷ γυνὴ ἔχουσα ἀλάβαστρον μύρου βαρυτίμου καὶ **κατέχεεν** ἐπὶ τῆς κεφαλῆς αὐτοῦ ἀνακειμένου.

Mk 14: 3 γυνὴ ἔχουσα ἀλάβαστρον μύρου νάρδου πιστικῆς πολυτελοῦς, συντρίψασα τὴν ἀλάβαστρον **κατέχεεν** αὐτοῦ τῆς κεφαλῆς.

2973 καταχθόνιος [1]

√ 2848

Php 2:10 ἵνα ἐν τῷ ὀνόματι Ἰησοῦ πᾶν γόνυ κάμψῃ ἐπουρανίων καὶ ἐπιγείων καὶ **καταχθονίων**

2974 καταχράομαι [2]

√ 2848 + 5968

1Co 7:31 καὶ οἱ χρώμενοι τὸν κόσμον ὡς μὴ **καταχρώμενοι·**

9:18 ἵνα εὐαγγελιζόμενος ἀδάπανον θήσω τὸ εὐαγγέλιον εἰς τὸ μὴ **καταχρήσασθαι** τῇ ἐξουσίᾳ μου ἐν τῷ εὐαγγελίῳ.

2975 καταψηφίζομαι Not used in UBS/NIV

√ 2848 + 6029

2976 καταψύχω [1]

√ 2848 + 6038

Lk 16:24 ἐλέησόν με καὶ πέμψον Λάζαρον ἵνα βάψῃ τὸ ἄκρον τοῦ δακτύλου αὐτοῦ ὕδατος καὶ **καταψύξῃ** τὴν γλῶσσάν μου,

2977 κατείδωλος [1]

√ 2848 + 1631

Ac 17:16 Ἐν δὲ ταῖς Ἀθήναις ἐκδεχομένου αὐτοὺς τοῦ Παύλου παρωξύνετο τὸ πνεῦμα αὐτοῦ ἐν αὐτῷ θεωροῦντος **κατείδωλον**

2978 κατέναντι [8]

√ 2848 + 1882

Mt 21: 2 λέγων αὐτοῖς, Πορεύεσθε εἰς τὴν κώμην τὴν **κατέναντι** ὑμῶν,
Mk 11: 2 καὶ λέγει αὐτοῖς, Ὑπάγετε εἰς τὴν κώμην τὴν **κατέναντι** ὑμῶν,
12:41 Καὶ καθίσας **κατέναντι** τοῦ γαζοφυλακίου ἐθεώρει πῶς ὁ ὄχλος βάλλει χαλκὸν εἰς τὸ γαζοφυλάκιον.
13: 3 Καὶ καθημένου αὐτοῦ εἰς τὸ Ὄρος τῶν Ἐλαιῶν **κατέναντι** τοῦ ἱεροῦ ἐπηρώτα αὐτὸν κατ' ἰδίαν Πέτρος καὶ Ἰάκωβος
Lk 19:30 λέγων, Ὑπάγετε εἰς τὴν **κατέναντι** κώμην, ἐν ᾗ εἰσπορευόμενοι εὑρήσετε πῶλον δεδεμένον,
Ro 4:17 **κατέναντι** οὗ ἐπίστευσεν θεοῦ τοῦ ζῳοποιοῦντος τοὺς νεκροὺς καὶ καλοῦντος τὰ μὴ ὄντα ὡς ὄντα·
2Co 2:17 ἀλλ' ὡς ἐκ θεοῦ **κατέναντι** θεοῦ ἐν Χριστῷ λαλοῦμεν.
12:19 **κατέναντι** θεοῦ ἐν Χριστῷ λαλοῦμεν· τὰ δὲ πάντα,

2979 κατενώπιον [3]

√ 2848 + 1877 + 3972

Eph 1: 4 καθὼς ἐξελέξατο ἡμᾶς ἐν αὐτῷ πρὸ καταβολῆς κόσμου εἶναι ἡμᾶς ἁγίους καὶ ἀμώμους **κατενώπιον** αὐτοῦ ἐν ἀγάπῃ,
Col 1:22 νυνὶ δὲ ἀποκατήλλαξεν ἐν τῷ σώματι τῆς σαρκὸς αὐτοῦ διὰ τοῦ θανάτου παραστῆσαι ὑμᾶς ἁγίους καὶ ἀμώμους καὶ ἀνεγκλήτους **κατενώπιον** αὐτοῦ,
Jude 1:24 Τῷ δὲ δυναμένῳ φυλάξαι ὑμᾶς ἀπταίστους καὶ στῆσαι **κατενώπιον** τῆς δόξης αὐτοῦ ἀμώμους ἐν ἀγαλλιάσει,

2980 κατεξουσιάζω [2]

√ 2026; cf. 2848

Mt 20:25 Οἴδατε ὅτι οἱ ἄρχοντες τῶν ἐθνῶν κατακυριεύουσιν αὐτῶν καὶ οἱ μεγάλοι **κατεξουσιάζουσιν** αὐτῶν.
Mk 10:42 Οἴδατε ὅτι οἱ δοκοῦντες ἄρχειν τῶν ἐθνῶν κατακυριεύουσιν αὐτῶν καὶ οἱ μεγάλοι αὐτῶν **κατεξουσιάζουσιν** αὐτῶν.

2981 κατεργάζομαι [22]

√ 2848 + 2240

Ro 1:27 ἄρσενες ἐν ἄρσεσιν τὴν ἀσχημοσύνην **κατεργαζόμενοι** καὶ τὴν ἀντιμισθίαν ἣν ἔδει τῆς πλάνης αὐτῶν ἐν ἑαυτοῖς
2: 9 θλῖψις καὶ στενοχωρία ἐπὶ πᾶσαν ψυχὴν ἀνθρώπου τοῦ **κατεργαζομένου** τὸ κακόν,
4:15 ὁ γὰρ νόμος ὀργὴν **κατεργάζεται**· οὗ δὲ οὐκ ἔστιν νόμος οὐδὲ παράβασις.
5: 3 ἀλλὰ καὶ καυχώμεθα ἐν ταῖς θλίψεσιν, εἰδότες ὅτι ἡ θλῖψις ὑπομονὴν **κατεργάζεται,**
7: 8 ἀφορμὴν δὲ λαβοῦσα ἡ ἁμαρτία διὰ τῆς ἐντολῆς **κατειργάσατο** ἐν ἐμοὶ πᾶσαν ἐπιθυμίαν·
7:13 ἵνα φανῇ ἁμαρτία, διὰ τοῦ ἀγαθοῦ μοι **κατεργαζομένη** θάνατον,
7:15 ὃ γὰρ **κατεργάζομαι** οὐ γινώσκω· οὐ γὰρ ὃ θέλω τοῦτο πράσσω,
7:17 νυνὶ δὲ οὐκέτι ἐγὼ **κατεργάζομαι** αὐτὸ ἀλλὰ ἡ οἰκοῦσα ἐν ἐμοὶ ἁμαρτία.
7:18 τὸ γὰρ θέλειν παράκειταί μοι, τὸ δὲ **κατεργάζεσθαι** τὸ καλὸν οὔ·
7:20 οὐκέτι ἐγὼ **κατεργάζομαι** αὐτὸ ἀλλὰ ἡ οἰκοῦσα ἐν ἐμοὶ ἁμαρτία.
15:18 οὐ γὰρ τολμήσω τι λαλεῖν ὧν οὐ **κατειργάσατο** Χριστὸς δι' ἐμοῦ εἰς ὑπακοὴν ἐθνῶν,
1Co 5: 3 ἤδη κέκρικα ὡς παρὼν τὸν οὕτως τοῦτο **κατεργασάμενον·**
2Co 4:17 τὸ γὰρ παραυτίκα ἐλαφρὸν τῆς θλίψεως ἡμῶν καθ' ὑπερβολὴν εἰς ὑπερβολὴν αἰώνιον βάρος δόξης **κατεργάζεται** ἡμῖν,
5: 5 ὁ δὲ **κατεργασάμενος** ἡμᾶς εἰς αὐτὸ τοῦτο θεός,
7:10 ἡ γὰρ κατὰ θεὸν λύπη μετάνοιαν εἰς σωτηρίαν ἀμεταμέλητον ἐργάζεται· ἡ δὲ τοῦ κόσμου λύπη θάνατον **κατεργάζεται.**
7:11 ἰδοὺ γὰρ αὐτὸ τοῦτο τὸ κατὰ θεὸν λυπηθῆναι πόσην **κατειργάσατο** ὑμῖν σπουδήν,
9:11 ἐν παντὶ πλουτιζόμενοι εἰς πᾶσαν ἁπλότητα, ἥτις **κατεργάζεται** δι' ἡμῶν εὐχαριστίαν τῷ θεῷ·
12:12 τὰ μὲν σημεῖα τοῦ ἀποστόλου **κατειργάσθη** ἐν ὑμῖν ἐν πάσῃ ὑπομονῇ,
Eph 6:13 ἵνα δυνηθῆτε ἀντιστῆναι ἐν τῇ ἡμέρᾳ τῇ πονηρᾷ καὶ ἅπαντα **κατεργασάμενοι** στῆναι.
Php 2:12 μετὰ φόβου καὶ τρόμου τὴν ἑαυτῶν σωτηρίαν **κατεργάζεσθε·**
Jas 1: 3 γινώσκοντες ὅτι τὸ δοκίμιον ὑμῶν τῆς πίστεως **κατεργάζεται** ὑπομονήν.
1Pe 4: 3 ἀρκετὸς γὰρ ὁ παρεληλυθὼς χρόνος τὸ βούλημα τῶν ἐθνῶν **κατειργάσθαι** πεπορευμένους ἐν ἀσελγείαις,

2982 κατέρχομαι [16]

√ 2848 + 2262

κατέρχομαι ἀπό [6] Lk 9:37; Ac 11:27; 12:19; 15:1; 18:5; 21:10

Lk 4:31 Καὶ **κατῆλθεν** εἰς Καφαρναοὺμ πόλιν τῆς Γαλιλαίας. καὶ ἦν διδάσκων αὐτοὺς ἐν τοῖς σάββασιν·
9:37 Ἐγένετο δὲ τῇ ἑξῆς ἡμέρᾳ **κατελθόντων** αὐτῶν ἀπὸ τοῦ ὄρους συνήντησεν αὐτῷ ὄχλος πολύς.
Ac 8: 5 Φίλιππος δὲ **κατελθὼν** εἰς [τὴν] πόλιν τῆς Σαμαρείας ἐκήρυσσεν αὐτοῖς τὸν Χριστόν.
9:32 Ἐγένετο δὲ Πέτρον διερχόμενον διὰ πάντων **κατελθεῖν** καὶ πρὸς τοὺς ἁγίους τοὺς κατοικοῦντας Λύδδα.
11:27 Ἐν ταύταις δὲ ταῖς ἡμέραις **κατῆλθον** ἀπὸ Ἱεροσολύμων προφῆται εἰς Ἀντιόχειαν.
12:19 καὶ **κατελθὼν** ἀπὸ τῆς Ἰουδαίας εἰς Καισάρειαν διέτριβεν.
13: 4 Αὐτοὶ μὲν οὖν ἐκπεμφθέντες ὑπὸ τοῦ ἁγίου πνεύματος **κατῆλθον** εἰς Σελεύκειαν,
15: 1 Καί τινες **κατελθόντες** ἀπὸ τῆς Ἰουδαίας ἐδίδασκον τοὺς ἀδελφοὺς ὅτι Ἐὰν μὴ περιτμηθῆτε τῷ ἔθει τῷ Μωϋσέως,
15:30 Οἱ μὲν οὖν ἀπολυθέντες **κατῆλθον** εἰς Ἀντιόχειαν, καὶ συναγαγόντες τὸ πλῆθος ἐπέδωκαν τὴν ἐπιστολήν.
18: 5 Ὡς δὲ **κατῆλθον** ἀπὸ τῆς Μακεδονίας ὅ τε Σιλᾶς καὶ ὁ Τιμόθεος,
18:22 καὶ **κατελθὼν** εἰς Καισάρειαν, ἀναβὰς καὶ ἀσπασάμενος τὴν ἐκκλησίαν κατέβη εἰς Ἀντιόχειαν.
19: 1 Παῦλον διελθόντα τὰ ἀνωτερικὰ μέρη **[κατ]ελθεῖν** εἰς Ἔφεσον καὶ εὑρεῖν τινας μαθητὰς
21: 3 ἀναφάναντες δὲ τὴν Κύπρον καὶ καταλιπόντες αὐτὴν εὐώνυμον ἐπλέομεν εἰς Συρίαν καὶ **κατήλθομεν** εἰς Τύρον·
21:10 ἐπιμενόντων δὲ ἡμέρας πλείους **κατῆλθέν** τις ἀπὸ τῆς Ἰουδαίας προφήτης ὀνόματι Ἅγαβος,
27: 5 τό τε πέλαγος τὸ κατὰ τὴν Κιλικίαν καὶ Παμφυλίαν διαπλεύσαντες **κατήλθομεν** εἰς Μύρα τῆς Λυκίας.
Jas 3:15 οὐκ ἔστιν αὕτη ἡ σοφία ἄνωθεν **κατερχομένη** ἀλλὰ ἐπίγειος,

2983 κατεσθίω [14]

√ 2848 + 2266

Mt 13: 4 καὶ ἐν τῷ σπείρειν αὐτὸν ἃ μὲν ἔπεσεν παρὰ τὴν ὁδόν, καὶ ἐλθόντα τὰ πετεινὰ **κατέφαγεν** αὐτά.
Mk 4: 4 καὶ ἐγένετο ἐν τῷ σπείρειν ὃ μὲν ἔπεσεν παρὰ τὴν ὁδόν, καὶ ἦλθεν τὰ πετεινὰ καὶ **κατέφαγεν** αὐτό.
12:40 οἱ **κατεσθίοντες** τὰς οἰκίας τῶν χηρῶν καὶ προφάσει μακρὰ προσευχόμενοι·
Lk 8: 5 καὶ ἐν τῷ σπείρειν αὐτὸν ὃ μὲν ἔπεσεν παρὰ τὴν ὁδὸν καὶ κατεπατήθη, καὶ τὰ πετεινὰ τοῦ οὐρανοῦ **κατέφαγεν** αὐτό.
15:30 ὅτε δὲ ὁ υἱός σου οὗτος ὁ **καταφαγών** σου τὸν βίον μετὰ πορνῶν ἦλθεν,
20:47 οἳ **κατεσθίουσιν** τὰς οἰκίας τῶν χηρῶν καὶ προφάσει μακρὰ προσεύχονται·
Jn 2:17 Ἐμνήσθησαν οἱ μαθηταὶ αὐτοῦ ὅτι γεγραμμένον ἐστίν, Ὁ ζῆλος τοῦ οἴκου σου **καταφάγεταί** με.
2Co 11:20 εἴ τις **κατεσθίει,** εἴ τις λαμβάνει, εἴ τις ἐπαίρεται,

Gal 5:15 εἰ δὲ ἀλλήλους δάκνετε καὶ **κατεσθίετε,** βλέπετε μὴ ὑπ' ἀλλήλων ἀναλωθῆτε.
Rev 10: 9 καὶ λέγει μοι, Λάβε καὶ **κατάφαγε** αὐτό, καὶ πικρανεῖ σου τὴν κοιλίαν,
10:10 καὶ ἔλαβον τὸ βιβλαρίδιον ἐκ τῆς χειρὸς τοῦ ἀγγέλου καὶ **κατέφαγον** αὐτό,
11: 5 καὶ εἴ τις αὐτοὺς θέλει ἀδικῆσαι πῦρ ἐκπορεύεται ἐκ τοῦ στόματος αὐτῶν καὶ **κατεσθίει** τοὺς ἐχθροὺς αὐτῶν·
12: 4 καὶ ὁ δράκων ἕστηκεν ἐνώπιον τῆς γυναικὸς τῆς μελλούσης τεκεῖν, ἵνα ὅταν τέκῃ τὸ τέκνον αὐτῆς **καταφάγῃ.**
20: 9 καὶ κατέβη πῦρ ἐκ τοῦ οὐρανοῦ καὶ **κατέφαγεν** αὐτούς.

2984 κατέσθω Not used in UBS/NIV

√ *2848 + 2266*

2985 κατευθύνω [3]

√ *2848 + 2317*

Lk 1:79 τοῦ **κατευθῦναι** τοὺς πόδας ἡμῶν εἰς ὁδὸν εἰρήνης.
1Th 3:11 Αὐτὸς δὲ ὁ θεὸς καὶ πατὴρ ἡμῶν καὶ ὁ κύριος ἡμῶν Ἰησοῦς **κατευθύναι** τὴν ὁδὸν ἡμῶν πρὸς ὑμᾶς·
2Th 3: 5 Ὁ δὲ κύριος **κατευθύναι** ὑμῶν τὰς καρδίας εἰς τὴν ἀγάπην τοῦ θεοῦ καὶ εἰς τὴν ὑπομονὴν τοῦ Χριστοῦ.

2986 κατευλογέω [1]

√ *2848 + 2292 + 3306*

Mk 10:16 καὶ ἐναγκαλισάμενος αὐτὰ **κατευλόγει** τιθεὶς τὰς χεῖρας ἐπ' αὐτά.

2987 κατεφίσταμαι [1]

√ *2848 + 2093 + 2705*

Ac 18:12 Γαλλίωνος δὲ ἀνθυπάτου ὄντος τῆς Ἀχαΐας **κατεπέστησαν** ὁμοθυμαδὸν οἱ Ἰουδαῖοι τῷ Παύλῳ καὶ ἤγαγον αὐτὸν ἐπὶ τὸ βῆμα

2988 κατέχω [17]

√ *2848 + 2400*

κατέχω τόπος [1] Lk 14:9

Lk 4:42 καὶ οἱ ὄχλοι ἐπεζήτουν αὐτὸν καὶ ἦλθον ἕως αὐτοῦ καὶ **κατεῖχον** αὐτὸν τοῦ μὴ πορεύεσθαι ἀπ' αὐτῶν.
8:15 οὗτοί εἰσιν οἵτινες ἐν καρδίᾳ καλῇ καὶ ἀγαθῇ ἀκούσαντες τὸν λόγον **κατέχουσιν** καὶ καρποφοροῦσιν ἐν ὑπομονῇ.
14: 9 καὶ τότε ἄρξῃ μετὰ αἰσχύνης τὸν ἔσχατον τόπον **κατέχειν.**
Ac 27:40 ἅμα ἀνέντες τὰς ζευκτηρίας τῶν πηδαλίων καὶ ἐπάραντες τὸν ἀρτέμωνα τῇ πνεούσῃ **κατεῖχον** εἰς τὸν αἰγιαλόν.
Ro 1:18 Ἀποκαλύπτεται γὰρ ὀργὴ θεοῦ ἀπ' οὐρανοῦ ἐπὶ πᾶσαν ἀσέβειαν καὶ ἀδικίαν ἀνθρώπων τῶν τὴν ἀλήθειαν ἐν ἀδικίᾳ **κατεχόντων,**
7: 6 νυνὶ δὲ κατηργήθημεν ἀπὸ τοῦ νόμου ἀποθανόντες ἐν ᾧ **κατειχόμεθα,**
1Co 7:30 καὶ οἱ κλαίοντες ὡς μὴ κλαίοντες καὶ οἱ χαίροντες ὡς μὴ χαίροντες καὶ οἱ ἀγοράζοντες ὡς μὴ **κατέχοντες,**
11: 2 Ἐπαινῶ δὲ ὑμᾶς ὅτι πάντα μου μέμνησθε καί, καθὼς παρέδωκα ὑμῖν, τὰς παραδόσεις **κατέχετε.**
15: 2 δι' οὗ καὶ σῴζεσθε, τίνι λόγῳ εὐηγγελισάμην ὑμῖν εἰ **κατέχετε,**
2Co 6:10 ὡς πτωχοὶ πολλοὺς δὲ πλουτίζοντες, ὡς μηδὲν ἔχοντες καὶ πάντα **κατέχοντες.**
1Th 5:21 πάντα δὲ δοκιμάζετε, τὸ καλὸν **κατέχετε,**
2Th 2: 6 καὶ νῦν τὸ **κατέχον** οἴδατε εἰς τὸ ἀποκαλυφθῆναι αὐτὸν ἐν τῷ ἑαυτοῦ καιρῷ.
2: 7 μόνον ὁ **κατέχων** ἄρτι ἕως ἐκ μέσου γένηται.
Phm 1:13 ὃν ἐγὼ ἐβουλόμην πρὸς ἐμαυτὸν **κατέχειν,** ἵνα ὑπὲρ σοῦ μοι διακονῇ ἐν τοῖς δεσμοῖς τοῦ εὐαγγελίου,
Heb 3: 6 ἐάν[περ] τὴν παρρησίαν καὶ τὸ καύχημα τῆς ἐλπίδος **κατάσχωμεν.**
3:14 ἐάνπερ τὴν ἀρχὴν τῆς ὑποστάσεως μέχρι τέλους βεβαίαν **κατάσχωμεν–**
10:23 **κατέχωμεν** τὴν ὁμολογίαν τῆς ἐλπίδος ἀκλινῆ, πιστὸς γὰρ ὁ ἐπαγγειλάμενος,

2989 κατηγορέω [23]

→ *2990, 2991, 2992; cf. 2848 + 72*

Mt 12:10 Εἰ ἔξεστιν τοῖς σάββασιν θεραπεῦσαι; ἵνα **κατηγορήσωσιν** αὐτοῦ.
27:12 καὶ ἐν τῷ **κατηγορεῖσθαι** αὐτὸν ὑπὸ τῶν ἀρχιερέων καὶ πρεσβυτέρων οὐδὲν ἀπεκρίνατο.
Mk 3: 2 καὶ παρετήρουν αὐτὸν εἰ τοῖς σάββασιν θεραπεύσει αὐτόν, ἵνα **κατηγορήσωσιν** αὐτοῦ.
15: 3 καὶ **κατηγόρουν** αὐτοῦ οἱ ἀρχιερεῖς πολλά.
15: 4 ὁ δὲ Πιλᾶτος πάλιν ἐπηρώτα αὐτὸν λέγων, Οὐκ ἀποκρίνῃ οὐδέν; ἴδε πόσα σου **κατηγοροῦσιν.**
Lk 6: 7 παρετηροῦντο δὲ αὐτὸν οἱ γραμματεῖς καὶ οἱ Φαρισαῖοι εἰ ἐν τῷ σαββάτῳ θεραπεύει, ἵνα εὕρωσιν **κατηγορεῖν** αὐτοῦ.
23: 2 ἤρξαντο δὲ **κατηγορεῖν** αὐτοῦ λέγοντες, Τοῦτον εὕραμεν διαστρέφοντα τὸ ἔθνος ἡμῶν καὶ κωλύοντα φόρους Καίσαρι
23:10 εἱστήκεισαν δὲ οἱ ἀρχιερεῖς καὶ οἱ γραμματεῖς εὐτόνως **κατηγοροῦντες** αὐτοῦ.
23:14 καὶ ἰδοὺ ἐγὼ ἐνώπιον ὑμῶν ἀνακρίνας οὐθὲν εὗρον ἐν τῷ ἀνθρώπῳ τούτῳ αἴτιον ὧν **κατηγορεῖτε** κατ' αὐτοῦ.
Jn 5:45 μὴ δοκεῖτε ὅτι ἐγὼ **κατηγορήσω** ὑμῶν πρὸς τὸν πατέρα· ἔστιν ὁ **κατηγορῶν** ὑμῶν Μωϋσῆς, εἰς ὃν ὑμεῖς ἠλπίκατε.
8: 6 ⟦τοῦτο δὲ ἔλεγον πειράζοντες αὐτόν, ἵνα ἔχωσιν **κατηγορεῖν** αὐτοῦ.⟧
Ac 22:30 Τῇ δὲ ἐπαύριον βουλόμενος γνῶναι τὸ ἀσφαλές, τὸ τί **κατηγορεῖται** ὑπὸ τῶν Ἰουδαίων,
24: 2 κληθέντος δὲ αὐτοῦ ἤρξατο **κατηγορεῖν** ὁ Τέρτυλλος λέγων,
24: 8 παρ' οὗ δυνήσῃ αὐτὸς ἀνακρίνας περὶ πάντων τούτων ἐπιγνῶναι ὧν ἡμεῖς **κατηγοροῦμεν** αὐτοῦ.
24:13 οὐδὲ παραστῆσαι δύνανταί σοι περὶ ὧν νυνὶ **κατηγοροῦσίν** μου.
24:19 οὓς ἔδει ἐπὶ σοῦ παρεῖναι καὶ **κατηγορεῖν** εἴ τι ἔχοιεν πρὸς ἐμέ.
25: 5 δυνατοὶ συγκαταβάντες εἴ τί ἐστιν ἐν τῷ ἀνδρὶ ἄτοπον **κατηγορείτωσαν** αὐτοῦ.
25:11 εἰ δὲ οὐδέν ἐστιν ὧν οὗτοι **κατηγοροῦσίν** μου,
25:16 ὅτι οὐκ ἔστιν ἔθος Ῥωμαίοις χαρίζεσθαί τινα ἄνθρωπον πρὶν ἢ ὁ **κατηγορούμενος** κατὰ πρόσωπον ἔχοι τοὺς κατηγόρους τόπον τε ἀπολογίας λάβοι περὶ τοῦ ἐγκλήματος.
28:19 ἀντιλεγόντων δὲ τῶν Ἰουδαίων ἠναγκάσθην ἐπικαλέσασθαι Καίσαρα οὐχ ὡς τοῦ ἔθνους μου ἔχων τι **κατηγορεῖν.**
Ro 2:15 συμμαρτυρούσης αὐτῶν τῆς συνειδήσεως καὶ μεταξὺ ἀλλήλων τῶν λογισμῶν **κατηγορούντων** ἢ καὶ ἀπολογουμένων,
Rev 12:10 ὁ **κατηγορῶν** αὐτοὺς ἐνώπιον τοῦ θεοῦ ἡμῶν ἡμέρας καὶ νυκτός.

2990 κατηγορία [3]

√ *2989*

Jn 18:29 ἐξῆλθεν οὖν ὁ Πιλᾶτος ἔξω πρὸς αὐτοὺς καὶ φησίν, Τίνα **κατηγορίαν** φέρετε [κατὰ] τοῦ ἀνθρώπου τούτου;
1Ti 5:19 κατὰ πρεσβυτέρου **κατηγορίαν** μὴ παραδέχου, ἐκτὸς εἰ μὴ ἐπὶ δύο ἢ τριῶν μαρτύρων.
Tit 1: 6 τέκνα ἔχων πιστά, μὴ ἐν **κατηγορίᾳ** ἀσωτίας ἢ ἀνυπότακτα.

2991 κατήγορος [4]

√ *2989*

Ac 23:30 μηνυθείσης δέ μοι ἐπιβουλῆς εἰς τὸν ἄνδρα ἔσεσθαι ἐξαυτῆς ἔπεμψα πρὸς σὲ παραγγείλας καὶ τοῖς **κατηγόροις** λέγειν [τὰ] πρὸς αὐτὸν ἐπὶ σοῦ.
23:35 Διακούσομαί σου, ἔφη, ὅταν καὶ οἱ **κατήγοροί** σου παραγένωνται·
25:16 ὅτι οὐκ ἔστιν ἔθος Ῥωμαίοις χαρίζεσθαί τινα ἄνθρωπον πρὶν ἢ ὁ κατηγορούμενος κατὰ πρόσωπον ἔχοι τοὺς **κατηγόρους** τόπον τε ἀπολογίας λάβοι περὶ τοῦ ἐγκλήματος.
25:18 περὶ οὗ σταθέντες οἱ **κατήγοροι** οὐδεμίαν αἰτίαν ἔφερον ὧν ἐγὼ ὑπενόουν πονηρῶν,

2992 κατήγωρ [1]

√ *2989*

Rev 12:10 ὅτι ἐβλήθη ὁ **κατήγωρ** τῶν ἀδελφῶν ἡμῶν, ὁ κατηγορῶν αὐτοὺς ἐνώπιον τοῦ θεοῦ ἡμῶν ἡμέρας καὶ νυκτός.

2993 κατήφεια [1]

√ 2848 + 5743

Jas 4: 9 ὁ γέλως ὑμῶν εἰς πένθος μετατραπήτω καὶ ἡ χαρὰ εἰς **κατήφειαν.**

2994 κατηχέω [8]

√ 2848 + 2491

Lk 1: 4 ἵνα ἐπιγνῷς περὶ ὧν **κατηχήθης** λόγων τὴν ἀσφάλειαν.
Ac 18:25 οὗτος ἦν **κατηχημένος** τὴν ὁδὸν τοῦ κυρίου καὶ ζέων τῷ πνεύματι ἐλάλει καὶ ἐδίδασκεν ἀκριβῶς τὰ περὶ τοῦ Ἰησοῦ,
21:21 **κατηχήθησαν** δὲ περὶ σοῦ ὅτι ἀποστασίαν διδάσκεις ἀπὸ Μωϋσέως τοὺς κατὰ τὰ ἔθνη πάντας Ἰουδαίους λέγων μὴ περιτέμνειν αὐτοὺς τὰ τέκνα μηδὲ τοῖς ἔθεσιν περιπατεῖν.
21:24 καὶ γνώσονται πάντες ὅτι ὧν **κατήχηνται** περὶ σοῦ οὐδέν ἐστιν ἀλλὰ στοιχεῖς καὶ αὐτὸς φυλάσσων τὸν νόμον.
Ro 2:18 καὶ γινώσκεις τὸ θέλημα καὶ δοκιμάζεις τὰ διαφέροντα **κατηχούμενος** ἐκ τοῦ νόμου,
1Co 14:19 ἵνα καὶ ἄλλους **κατηχήσω,** ἢ μυρίους λόγους ἐν γλώσσῃ.
Gal 6: 6 Κοινωνείτω δὲ ὁ **κατηχούμενος** τὸν λόγον τῷ **κατηχοῦντι** ἐν πᾶσιν ἀγαθοῖς.

2995 κατιόω [1]

√ 2848 + 2675

Jas 5: 3 ὁ χρυσὸς ὑμῶν καὶ ὁ ἄργυρος **κατίωται** καὶ ὁ ἰὸς αὐτῶν εἰς μαρτύριον ὑμῖν ἔσται καὶ φάγεται τὰς σάρκας ὑμῶν ὡς πῦρ.

2996 κατισχύω [3]

√ 2848 + 2709

Mt 16:18 καὶ ἐπὶ ταύτῃ τῇ πέτρᾳ οἰκοδομήσω μου τὴν ἐκκλησίαν καὶ πύλαι ᾅδου οὐ **κατισχύσουσιν** αὐτῆς.
Lk 21:36 ἀγρυπνεῖτε δὲ ἐν παντὶ καιρῷ δεόμενοι ἵνα **κατισχύσητε** ἐκφυγεῖν ταῦτα πάντα τὰ μέλλοντα γίνεσθαι καὶ σταθῆναι
23:23 οἱ δὲ ἐπέκειντο φωναῖς μεγάλαις αἰτούμενοι αὐτὸν σταυρωθῆναι, καὶ **κατίσχυον** αἱ φωναὶ αὐτῶν.

2997 κατοικέω [44]

√ 2848 + 3875

κατοικέω εἰς [3] Mt 2:23; 4:13; Ac 2:5

Mt 2:23 καὶ ἐλθὼν **κατῴκησεν** εἰς πόλιν λεγομένην Ναζαρέτ· ὅπως πληρωθῇ τὸ ῥηθὲν διὰ τῶν προφητῶν ὅτι Ναζωραῖος κληθήσεται.
4:13 καὶ καταλιπὼν τὴν Ναζαρὰ ἐλθὼν **κατῴκησεν** εἰς Καφαρναοὺμ τὴν παραθαλασσίαν ἐν ὁρίοις Ζαβουλὼν καὶ Νεφθαλίμ·
12:45 τότε πορεύεται καὶ παραλαμβάνει μεθ' ἑαυτοῦ ἑπτὰ ἕτερα πνεύματα πονηρότερα ἑαυτοῦ καὶ εἰσελθόντα **κατοικεῖ** ἐκεῖ·
23:21 καὶ ὁ ὀμόσας ἐν τῷ ναῷ ὀμνύει ἐν αὐτῷ καὶ ἐν τῷ **κατοικοῦντι** αὐτόν,
Lk 11:26 τότε πορεύεται καὶ παραλαμβάνει ἕτερα πνεύματα πονηρότερα ἑαυτοῦ ἑπτὰ καὶ εἰσελθόντα **κατοικεῖ** ἐκεῖ·
13: 4 δοκεῖτε ὅτι αὐτοὶ ὀφειλέται ἐγένοντο παρὰ πάντας τοὺς ἀνθρώπους τοὺς **κατοικοῦντας** Ἰερουσαλήμ;
Ac 1:19 καὶ γνωστὸν ἐγένετο πᾶσι τοῖς **κατοικοῦσιν** Ἰερουσαλήμ, ὥστε κληθῆναι τὸ χωρίον ἐκεῖνο τῇ ἰδίᾳ διαλέκτῳ αὐτῶν Ἁκελδαμάχ,
1:20 Γενηθήτω ἡ ἔπαυλις αὐτοῦ ἔρημος καὶ μὴ ἔστω ὁ **κατοικῶν** ἐν αὐτῇ,
2: 5 Ἦσαν δὲ εἰς Ἰερουσαλὴμ **κατοικοῦντες** Ἰουδαῖοι, ἄνδρες εὐλαβεῖς ἀπὸ παντὸς ἔθνους τῶν ὑπὸ τὸν οὐρανόν.
2: 9 Πάρθοι καὶ Μῆδοι καὶ Ἐλαμῖται καὶ οἱ **κατοικοῦντες** τὴν Μεσοποταμίαν,
2:14 Ἄνδρες Ἰουδαῖοι καὶ οἱ **κατοικοῦντες** Ἰερουσαλὴμ πάντες, τοῦτο ὑμῖν γνωστὸν ἔστω καὶ ἐνωτίσασθε τὰ ῥήματά μου.
4:16 ὅτι μὲν γὰρ γνωστὸν σημεῖον γέγονεν δι' αὐτῶν πᾶσιν τοῖς **κατοικοῦσιν** Ἰερουσαλὴμ φανερὸν καὶ οὐ δυνάμεθα ἀρνεῖσθαι·
7: 2 Ὁ θεὸς τῆς δόξης ὤφθη τῷ πατρὶ ἡμῶν Ἀβραὰμ ὄντι ἐν τῇ Μεσοποταμίᾳ πρὶν ἢ **κατοικῆσαι** αὐτὸν ἐν Χαρρὰν
7: 4 τότε ἐξελθὼν ἐκ γῆς Χαλδαίων **κατῴκησεν** ἐν Χαρράν. κἀκεῖθεν μετὰ τὸ ἀποθανεῖν τὸν πατέρα αὐτοῦ μετῴκισεν αὐτὸν εἰς τὴν γῆν ταύτην εἰς ἣν ὑμεῖς νῦν **κατοικεῖτε,**
7:48 ἀλλ' οὐχ ὁ ὕψιστος ἐν χειροποιήτοις **κατοικεῖ,** καθὼς ὁ προφήτης λέγει,
9:22 Σαῦλος δὲ μᾶλλον ἐνεδυναμοῦτο καὶ συνέχυννεν [τοὺς] Ἰουδαίους τοὺς **κατοικοῦντας** ἐν Δαμασκῷ συμβιβάζων
9:32 Ἐγένετο δὲ Πέτρον διερχόμενον διὰ πάντων κατελθεῖν καὶ πρὸς τοὺς ἁγίους τοὺς **κατοικοῦντας** Λύδδα.
9:35 καὶ εἶδαν αὐτὸν πάντες οἱ **κατοικοῦντες** Λύδδα καὶ τὸν Σαρῶνα,
11:29 καθὼς εὐπορεῖτό τις ὥρισαν ἕκαστος αὐτῶν εἰς διακονίαν πέμψαι τοῖς **κατοικοῦσιν** ἐν τῇ Ἰουδαίᾳ ἀδελφοῖς·
13:27 οἱ γὰρ **κατοικοῦντες** ἐν Ἰερουσαλὴμ καὶ οἱ ἄρχοντες αὐτῶν τοῦτον ἀγνοήσαντες καὶ τὰς φωνὰς τῶν προφητῶν
17:24 οὗτος οὐρανοῦ καὶ γῆς ὑπάρχων κύριος οὐκ ἐν χειροποιήτοις ναοῖς **κατοικεῖ**
17:26 ἐποίησέν τε ἐξ ἑνὸς πᾶν ἔθνος ἀνθρώπων **κατοικεῖν** ἐπὶ παντὸς προσώπου τῆς γῆς,
19:10 ὥστε πάντας τοὺς **κατοικοῦντας** τὴν Ἀσίαν ἀκοῦσαι τὸν λόγον τοῦ κυρίου,
19:17 τοῦτο δὲ ἐγένετο γνωστὸν πᾶσιν Ἰουδαίοις τε καὶ Ἕλλησιν τοῖς **κατοικοῦσιν** τὴν Ἔφεσον καὶ ἐπέπεσεν φόβος
22:12 ἀνὴρ εὐλαβὴς κατὰ τὸν νόμον, μαρτυρούμενος ὑπὸ πάντων τῶν **κατοικούντων** Ἰουδαίων,
Eph 3:17 **κατοικῆσαι** τὸν Χριστὸν διὰ τῆς πίστεως ἐν ταῖς καρδίαις ὑμῶν,
Col 1:19 ὅτι ἐν αὐτῷ εὐδόκησεν πᾶν τὸ πλήρωμα **κατοικῆσαι**
2: 9 ὅτι ἐν αὐτῷ **κατοικεῖ** πᾶν τὸ πλήρωμα τῆς θεότητος σωματικῶς,
Heb 11: 9 Πίστει παρῴκησεν εἰς γῆν τῆς ἐπαγγελίας ὡς ἀλλοτρίαν ἐν σκηναῖς **κατοικήσας** μετὰ Ἰσαὰκ καὶ Ἰακὼβ τῶν συγκληρονόμων τῆς ἐπαγγελίας τῆς αὐτῆς·
2Pe 3:13 καινοὺς δὲ οὐρανοὺς καὶ γῆν καινὴν κατὰ τὸ ἐπάγγελμα αὐτοῦ προσδοκῶμεν, ἐν οἷς δικαιοσύνη **κατοικεῖ.**
Rev 2:13 Οἶδα ποῦ **κατοικεῖς,** ὅπου ὁ θρόνος τοῦ Σατανᾶ, καὶ κρατεῖς τὸ ὄνομά μου καὶ οὐκ ἠρνήσω τὴν πίστιν μου καὶ ἐν ταῖς ἡμέραις Ἀντιπᾶς ὁ μάρτυς μου ὁ πιστός μου, ὃς ἀπεκτάνθη παρ' ὑμῖν, ὅπου ὁ Σατανᾶς **κατοικεῖ.**
3:10 κἀγώ σε τηρήσω ἐκ τῆς ὥρας τοῦ πειρασμοῦ τῆς μελλούσης ἔρχεσθαι ἐπὶ τῆς οἰκουμένης ὅλης πειράσαι τοὺς **κατοικοῦντας** ἐπὶ τῆς γῆς.
6:10 οὐ κρίνεις καὶ ἐκδικεῖς τὸ αἷμα ἡμῶν ἐκ τῶν **κατοικούντων** ἐπὶ τῆς γῆς;
8:13 Οὐαὶ οὐαὶ οὐαὶ τοὺς **κατοικοῦντας** ἐπὶ τῆς γῆς ἐκ τῶν λοιπῶν φωνῶν τῆς σάλπιγγος τῶν τριῶν ἀγγέλων τῶν μελλόντων σαλπίζειν.
11:10 καὶ οἱ **κατοικοῦντες** ἐπὶ τῆς γῆς χαίρουσιν ἐπ' αὐτοῖς καὶ εὐφραίνονται καὶ δῶρα πέμψουσιν ἀλλήλοις, ὅτι οὗτοι οἱ δύο προφῆται ἐβασάνισαν τοὺς **κατοικοῦντας** ἐπὶ τῆς γῆς.
13: 8 προσκυνήσουσιν αὐτὸν πάντες οἱ **κατοικοῦντες** ἐπὶ τῆς γῆς,
13:12 καὶ ποιεῖ τὴν γῆν καὶ τοὺς ἐν αὐτῇ **κατοικοῦντας** ἵνα προσκυνήσουσιν τὸ θηρίον τὸ πρῶτον,
13:14 καὶ πλανᾷ τοὺς **κατοικοῦντας** ἐπὶ τῆς γῆς διὰ τὰ σημεῖα ἃ ἐδόθη αὐτῷ ποιῆσαι ἐνώπιον τοῦ θηρίου, λέγων τοῖς **κατοικοῦσιν** ἐπὶ τῆς γῆς ποιῆσαι εἰκόνα τῷ θηρίῳ,
17: 2 μεθ' ἧς ἐπόρνευσαν οἱ βασιλεῖς τῆς γῆς καὶ ἐμεθύσθησαν οἱ **κατοικοῦντες** τὴν γῆν ἐκ τοῦ οἴνου τῆς πορνείας αὐτῆς
17: 8 καὶ θαυμασθήσονται οἱ **κατοικοῦντες** ἐπὶ τῆς γῆς, ὧν οὐ γέγραπται τὸ ὄνομα ἐπὶ τὸ βιβλίον τῆς ζωῆς ἀπὸ καταβολῆς κόσμου,

2998 κατοίκησις [1]

√ 2848 + 3875

Mk 5: 3 ὃς τὴν **κατοίκησιν** εἶχεν ἐν τοῖς μνήμασιν, καὶ οὐδὲ ἁλύσει οὐκέτι οὐδεὶς ἐδύνατο αὐτὸν δῆσαι

2999 κατοικητήριον [2]

√ 2848 + 3875

Eph 2:22 ἐν ᾧ καὶ ὑμεῖς συνοικοδομεῖσθε εἰς **κατοικητήριον** τοῦ θεοῦ ἐν πνεύματι.
Rev 18: 2 καὶ ἐγένετο **κατοικητήριον** δαιμονίων καὶ φυλακὴ παντὸς πνεύματος ἀκαθάρτου καὶ φυλακὴ παντὸς ὀρνέου ἀκαθάρτου

3000 **κατοικία** [1]

√ *2848 + 3875*

Ac 17:26 ὁρίσας προστεταγμένους καιροὺς καὶ τὰς ὁροθεσίας τῆς **κατοικίας** αὐτῶν

3001 **κατοικίζω** [1]

√ *2848 + 3875*

Jas 4: 5 Πρὸς φθόνον ἐπιποθεῖ τὸ πνεῦμα ὃ **κατῴκισεν** ἐν ἡμῖν,

3002 **κατοπτρίζω** [1]

√ *2848 + 3972*

2Co 3:18 ἡμεῖς δὲ πάντες ἀνακεκαλυμμένῳ προσώπῳ τὴν δόξαν κυρίου **κατοπτριζόμενοι** τὴν αὐτὴν εἰκόνα μεταμορφούμεθα ἀπὸ δόξης εἰς δόξαν καθάπερ ἀπὸ κυρίου πνεύματος.

3003 **κατόρθωμα** Not used in UBS/NIV

√ *2848 + 3981*

3004 **κάτω** [9]

√ *2848*

ἕως κάτω [2] Mt 27:51; Mk 15:38

Mt 4: 6 Εἰ υἱὸς εἶ τοῦ θεοῦ, βάλε σεαυτὸν **κάτω**·
27:51 Καὶ ἰδοὺ τὸ καταπέτασμα τοῦ ναοῦ ἐσχίσθη ἀπ' ἄνωθεν ἕως **κάτω** εἰς δύο καὶ ἡ γῆ ἐσείσθη καὶ αἱ πέτραι ἐσχίσθησαν,
Mk 14:66 Καὶ ὄντος τοῦ Πέτρου **κάτω** ἐν τῇ αὐλῇ ἔρχεται μία τῶν παιδισκῶν τοῦ ἀρχιερέως
15:38 Καὶ τὸ καταπέτασμα τοῦ ναοῦ ἐσχίσθη εἰς δύο ἀπ' ἄνωθεν ἕως **κάτω.**
Lk 4: 9 Εἰ υἱὸς εἶ τοῦ θεοῦ, βάλε σεαυτὸν ἐντεῦθεν **κάτω**·
Jn 8: 6 ⟦ὁ δὲ Ἰησοῦς **κάτω** κύψας τῷ δακτύλῳ κατέγραφεν εἰς τὴν γῆν.⟧
8:23 καὶ ἔλεγεν αὐτοῖς, Ὑμεῖς ἐκ τῶν **κάτω** ἐστέ,
Ac 2:19 καὶ δώσω τέρατα ἐν τῷ οὐρανῷ ἄνω καὶ σημεῖα ἐπὶ τῆς γῆς **κάτω,**
20: 9 κατενεχθεὶς ἀπὸ τοῦ ὕπνου ἔπεσεν ἀπὸ τοῦ τριστέγου **κάτω** καὶ ἤρθη νεκρός.

3005 **κατώτερος** [1]

√ *2848*

Eph 4: 9 εἰ μὴ ὅτι καὶ κατέβη εἰς τὰ **κατώτερα** [μέρη] τῆς γῆς;

3006 **κατωτέρω** [1]

√ *2848*

Mt 2:16 καὶ ἀποστείλας ἀνεῖλεν πάντας τοὺς παῖδας τοὺς ἐν Βηθλέεμ καὶ ἐν πᾶσι τοῖς ὁρίοις αὐτῆς ἀπὸ διετοῦς καὶ **κατωτέρω,**

3007 **Καῦδα** [1]

√ *cf. 1144, 3084, 3085*

Ac 27:16 νησίον δέ τι ὑποδραμόντες καλούμενον **Καῦδα** ἰσχύσαμεν μόλις περικρατεῖς γενέσθαι τῆς σκάφης,

3008 **καῦμα** [2]

√ *2794*

Rev 7:16 οὐ πεινάσουσιν ἔτι οὐδὲ διψήσουσιν ἔτι οὐδὲ μὴ πέσῃ ἐπ' αὐτοὺς ὁ ἥλιος οὐδὲ πᾶν **καῦμα,**
16: 9 καὶ ἐκαυματίσθησαν οἱ ἄνθρωποι **καῦμα** μέγα καὶ ἐβλασφήμησαν τὸ ὄνομα τοῦ θεοῦ τοῦ ἔχοντος τὴν ἐξουσίαν

3009 **καυματίζω** [4]

√ *2794*

Mt 13: 6 ἡλίου δὲ ἀνατείλαντος **ἐκαυματίσθη** καὶ διὰ τὸ μὴ ἔχειν ῥίζαν ἐξηράνθη.
Mk 4: 6 καὶ ὅτε ἀνέτειλεν ὁ ἥλιος **ἐκαυματίσθη** [UBS; NIV **ἐκαυματίσθησαν**] καὶ διὰ τὸ μὴ ἔχειν ῥίζαν ἐξηράνθη.
Rev 16: 8 καὶ ἐδόθη αὐτῷ **καυματίσαι** τοὺς ἀνθρώπους ἐν πυρί.
16: 9 καὶ **ἐκαυματίσθησαν** οἱ ἄνθρωποι καῦμα μέγα καὶ ἐβλασφήμησαν τὸ ὄνομα τοῦ θεοῦ τοῦ ἔχοντος τὴν ἐξουσίαν

3010 **καυματόω** Not used in UBS/NIV

√ *2794*

3011 **καῦσις** [1]

√ *2794*

Heb 6: 8 ἀδόκιμος καὶ κατάρας ἐγγύς, ἧς τὸ τέλος εἰς **καῦσιν.**

3012 **καυσόω** [2]

√ *2794*

2Pe 3:10 οἱ οὐρανοὶ ῥοιζηδὸν παρελεύσονται στοιχεῖα δὲ **καυσούμενα** λυθήσεται καὶ γῆ καὶ τὰ ἐν αὐτῇ ἔργα εὑρεθήσεται.
3:12 σπεύδοντας τὴν παρουσίαν τῆς τοῦ θεοῦ ἡμέρας δι' ἣν οὐρανοὶ πυρούμενοι λυθήσονται καὶ στοιχεῖα **καυσούμενα** τήκεται.

3013 **καυστηριάζω** [1]

√ *2794*

1Ti 4: 2 ἐν ὑποκρίσει ψευδολόγων, **κεκαυστηριασμένων** τὴν ἰδίαν συνείδησιν,

3014 **καύσων** [3]

√ *2794*

Mt 20:12 καὶ ἴσους ἡμῖν αὐτοὺς ἐποίησας τοῖς βαστάσασι τὸ βάρος τῆς ἡμέρας καὶ τὸν **καύσωνα.**
Lk 12:55 καὶ ὅταν νότον πνέοντα, λέγετε ὅτι **Καύσων** ἔσται, καὶ γίνεται.
Jas 1:11 ἀνέτειλεν γὰρ ὁ ἥλιος σὺν τῷ **καύσωνι** καὶ ἐξήρανεν τὸν χόρτον καὶ τὸ ἄνθος αὐτοῦ ἐξέπεσεν

3015 **καυτηριάζω** Not used in UBS/NIV

√ *2794*

3016 **καυχάομαι** [37 / 36]

→ *1595, 2878, 3017, 3018*

καυχάομαι ἐν θεῷ [2] Ro 2:17; 5:11; 1Co 1:29

καυχάομαι ἐν κυρίῳ [2] 1Co 1:31; 2Co 10:17

καυχάομαι ἐν Χριστῷ [1] Php 3:3

καυχάομαι ἐπί [1] Ro 5:2

Ro 2:17 Εἰ δὲ σὺ Ἰουδαῖος ἐπονομάζῃ καὶ ἐπαναπαύῃ νόμῳ καὶ **καυχᾶσαι** ἐν θεῷ
2:23 ὃς ἐν νόμῳ **καυχᾶσαι,** διὰ τῆς παραβάσεως τοῦ νόμου τὸν θεὸν ἀτιμάζεις·
5: 2 τὴν προσαγωγὴν ἐσχήκαμεν [τῇ πίστει] εἰς τὴν χάριν ταύτην ἐν ᾗ ἑστήκαμεν καὶ **καυχώμεθα** ἐπ' ἐλπίδι τῆς δόξης τοῦ θεοῦ.
5: 3 οὐ μόνον δέ, ἀλλὰ καὶ **καυχώμεθα** ἐν ταῖς θλίψεσιν,
5:11 ἀλλὰ καὶ **καυχώμενοι** ἐν τῷ θεῷ διὰ τοῦ κυρίου ἡμῶν Ἰησοῦ Χριστοῦ δι' οὗ νῦν τὴν καταλλαγὴν ἐλάβομεν.
1Co 1:29 ὅπως μὴ **καυχήσηται** πᾶσα σὰρξ ἐνώπιον τοῦ θεοῦ.
1:31 ἵνα καθὼς γέγραπται, Ὁ **καυχώμενος** ἐν κυρίῳ **καυχάσθω.**
3:21 ὥστε μηδεὶς **καυχάσθω** ἐν ἀνθρώποις· πάντα γὰρ ὑμῶν ἐστιν,
4: 7 εἰ δὲ καὶ ἔλαβες, τί **καυχᾶσαι** ὡς μὴ λαβών;
13: 3 κἂν ψωμίσω πάντα τὰ ὑπάρχοντά μου καὶ ἐὰν παραδῶ τὸ σῶμά μου ἵνα **καυχήσωμαι,**[UBS; NIV *2794*]
2Co 5:12 ἵνα ἔχητε πρὸς τοὺς ἐν προσώπῳ **καυχωμένους** καὶ μὴ ἐν καρδίᾳ.
7:14 ὅτι εἴ τι αὐτῷ ὑπὲρ ὑμῶν **κεκαύχημαι,** οὐ κατῃσχύνθην,
9: 2 οἶδα γὰρ τὴν προθυμίαν ὑμῶν ἣν ὑπὲρ ὑμῶν **καυχῶμαι** Μακεδόσιν,
10: 8 ἐάν [τε] γὰρ περισσότερόν τι **καυχήσωμαι** περὶ τῆς ἐξουσίας ἡμῶν ἧς ἔδωκεν ὁ κύριος εἰς οἰκοδομὴν καὶ οὐκ εἰς καθαίρεσιν
10:13 ἡμεῖς δὲ οὐκ εἰς τὰ ἄμετρα **καυχησόμεθα** ἀλλὰ κατὰ τὸ μέτρον τοῦ κανόνος οὗ ἐμέρισεν ἡμῖν ὁ θεὸς μέτρου,
10:15 οὐκ εἰς τὰ ἄμετρα **καυχώμενοι** ἐν ἀλλοτρίοις κόποις,
10:16 οὐκ ἐν ἀλλοτρίῳ κανόνι εἰς τὰ ἕτοιμα **καυχήσασθαι.**

10:17 Ὁ δὲ **καυχώμενος** ἐν κυρίῳ **καυχάσθω·**
11:12 ἵνα ἐν ᾧ **καυχῶνται** εὑρεθῶσιν καθὼς καὶ ἡμεῖς.
11:16 κἂν ὡς ἄφρονα δέξασθέ με, ἵνα κἀγὼ μικρόν τι **καυχήσωμαι.**
11:18 ἐπεὶ πολλοὶ **καυχῶνται** κατὰ σάρκα, κἀγὼ **καυχήσομαι.**
11:30 Εἰ **καυχᾶσθαι** δεῖ, τὰ τῆς ἀσθενείας μου **καυχήσομαι.**
12: 1 **Καυχᾶσθαι** δεῖ, οὐ συμφέρον μέν, ἐλεύσομαι δὲ εἰς ὀπτασίας καὶ ἀποκαλύψεις κυρίου.
12: 5 ὑπὲρ τοῦ τοιούτου **καυχήσομαι,** ὑπὲρ δὲ ἐμαυτοῦ οὐ **καυχήσομαι** εἰ μὴ ἐν ταῖς ἀσθενείαις.
12: 6 ἐὰν γὰρ θελήσω **καυχήσασθαι,** οὐκ ἔσομαι ἄφρων, ἀλήθειαν γὰρ ἐρῶ·
12: 9 ἥδιστα οὖν μᾶλλον **καυχήσομαι** ἐν ταῖς ἀσθενείαις μου,
Gal 6:13 οὐδὲ γὰρ οἱ περιτεμνόμενοι αὐτοὶ νόμον φυλάσσουσιν ἀλλὰ θέλουσιν ὑμᾶς περιτέμνεσθαι, ἵνα ἐν τῇ ὑμετέρᾳ σαρκὶ **καυχήσωνται.**
6:14 ἐμοὶ δὲ μὴ γένοιτο **καυχᾶσθαι** εἰ μὴ ἐν τῷ σταυρῷ τοῦ κυρίου ἡμῶν Ἰησοῦ Χριστοῦ,
Eph 2: 9 οὐκ ἐξ ἔργων, ἵνα μή τις **καυχήσηται.**
Php 3: 3 οἱ πνεύματι θεοῦ λατρεύοντες καὶ **καυχώμενοι** ἐν Χριστῷ Ἰησοῦ καὶ οὐκ ἐν σαρκὶ πεποιθότες,
Jas 1: 9 **Καυχάσθω** δὲ ὁ ἀδελφὸς ὁ ταπεινὸς ἐν τῷ ὕψει αὐτοῦ,
4:16 νῦν δὲ **καυχᾶσθε** ἐν ταῖς ἀλαζονείαις ὑμῶν· πᾶσα καύχησις τοιαύτη πονηρά ἐστιν.

3017 καύχημα [11]

√ *3016*

Ro 4: 2 εἰ γὰρ Ἀβραὰμ ἐξ ἔργων ἐδικαιώθη, ἔχει **καύχημα,** ἀλλ' οὐ πρὸς θεόν.
1Co 5: 6 Οὐ καλὸν τὸ **καύχημα** ὑμῶν. οὐκ οἴδατε ὅτι μικρὰ ζύμη ὅλον τὸ φύραμα ζυμοῖ;
9:15 καλὸν γάρ μοι μᾶλλον ἀποθανεῖν ἤ– τὸ **καύχημά** μου οὐδεὶς κενώσει.
9:16 ἐὰν γὰρ εὐαγγελίζωμαι, οὐκ ἔστιν μοι **καύχημα·** ἀνάγκη γάρ μοι ἐπίκειται·
2Co 1:14 ὅτι **καύχημα** ὑμῶν ἐσμεν καθάπερ καὶ ὑμεῖς ἡμῶν ἐν τῇ ἡμέρᾳ τοῦ κυρίου [ἡμῶν] Ἰησοῦ.
5:12 οὐ πάλιν ἑαυτοὺς συνιστάνομεν ὑμῖν ἀλλὰ ἀφορμὴν διδόντες ὑμῖν **καυχήματος** ὑπὲρ ἡμῶν,
9: 3 ἵνα μὴ τὸ **καύχημα** ἡμῶν τὸ ὑπὲρ ὑμῶν κενωθῇ ἐν τῷ μέρει τούτῳ,
Gal 6: 4 καὶ τότε εἰς ἑαυτὸν μόνον τὸ **καύχημα** ἕξει καὶ οὐκ εἰς τὸν ἕτερον·
Php 1:26 ἵνα τὸ **καύχημα** ὑμῶν περισσεύῃ ἐν Χριστῷ Ἰησοῦ ἐν ἐμοὶ διὰ τῆς ἐμῆς παρουσίας πάλιν πρὸς ὑμᾶς.
2:16 λόγον ζωῆς ἐπέχοντες, εἰς **καύχημα** ἐμοὶ εἰς ἡμέραν Χριστοῦ,
Heb 3: 6 ἐάν[περ] τὴν παρρησίαν καὶ τὸ **καύχημα** τῆς ἐλπίδος κατάσχωμεν.

3018 καύχησις [11]

√ *3016*

Ro 3:27 Ποῦ οὖν ἡ **καύχησις;** ἐξεκλείσθη. διὰ ποίου νόμου;
15:17 ἔχω οὖν [τὴν] **καύχησιν** ἐν Χριστῷ Ἰησοῦ τὰ πρὸς τὸν θεόν·
1Co 15:31 καθ' ἡμέραν ἀποθνῄσκω, νὴ τὴν ὑμετέραν **καύχησιν,** [ἀδελφοί,]
2Co 1:12 Ἡ γὰρ **καύχησις** ἡμῶν αὕτη ἐστίν, τὸ μαρτύριον τῆς συνειδήσεως ἡμῶν,
7: 4 πολλή μοι παρρησία πρὸς ὑμᾶς, πολλή μοι **καύχησις** ὑπὲρ ὑμῶν·
7:14 οὕτως καὶ ἡ **καύχησις** ἡμῶν ἡ ἐπὶ Τίτου ἀλήθεια ἐγενήθη.
8:24 τὴν οὖν ἔνδειξιν τῆς ἀγάπης ὑμῶν καὶ ἡμῶν **καυχήσεως** ὑπὲρ ὑμῶν εἰς αὐτοὺς ἐνδεικνύμενοι εἰς πρόσωπον τῶν ἐκκλησιῶν.
11:10 ἔστιν ἀλήθεια Χριστοῦ ἐν ἐμοὶ ὅτι ἡ **καύχησις** αὕτη οὐ φραγήσεται εἰς ἐμὲ ἐν τοῖς κλίμασιν τῆς Ἀχαΐας.
11:17 οὐ κατὰ κύριον λαλῶ ἀλλ' ὡς ἐν ἀφροσύνῃ, ἐν ταύτῃ τῇ ὑποστάσει τῆς **καυχήσεως.**
1Th 2:19 τίς γὰρ ἡμῶν ἐλπὶς ἢ χαρὰ ἢ στέφανος **καυχήσεως–**
Jas 4:16 νῦν δὲ καυχᾶσθε ἐν ταῖς ἀλαζονείαις ὑμῶν· πᾶσα **καύχησις** τοιαύτη πονηρά ἐστιν.

3019 Καφαρναούμ [16]

√ *cf. 2835*

Mt 4:13 καὶ καταλιπὼν τὴν Ναζαρὰ ἐλθὼν κατῴκησεν εἰς **Καφαρναοὺμ** τὴν παραθαλασσίαν ἐν ὁρίοις Ζαβουλὼν καὶ Νεφθαλίμ·
8: 5 Εἰσελθόντος δὲ αὐτοῦ εἰς **Καφαρναοὺμ** προσῆλθεν αὐτῷ ἑκατόνταρχος παρακαλῶν αὐτὸν
11:23 καὶ σύ, **Καφαρναούμ,** μὴ ἕως οὐρανοῦ ὑψωθήσῃ; ἕως ᾅδου καταβήσῃ·
17:24 Ἐλθόντων δὲ αὐτῶν εἰς **Καφαρναοὺμ** προσῆλθον οἱ τὰ δίδραχμα λαμβάνοντες τῷ Πέτρῳ καὶ εἶπαν,
Mk 1:21 Καὶ εἰσπορεύονται εἰς **Καφαρναούμ·** καὶ εὐθὺς τοῖς σάββασιν εἰσελθὼν εἰς τὴν συναγωγὴν ἐδίδασκεν.
2: 1 Καὶ εἰσελθὼν πάλιν εἰς **Καφαρναοὺμ** δι' ἡμερῶν ἠκούσθη ὅτι ἐν οἴκῳ ἐστίν.
9:33 Καὶ ἦλθον εἰς **Καφαρναούμ.** καὶ ἐν τῇ οἰκίᾳ γενόμενος ἐπηρώτα αὐτούς,
Lk 4:23 ὅσα ἠκούσαμεν γενόμενα εἰς τὴν **Καφαρναοὺμ** ποίησον καὶ ὧδε ἐν τῇ πατρίδι σου.
4:31 Καὶ κατῆλθεν εἰς **Καφαρναοὺμ** πόλιν τῆς Γαλιλαίας. καὶ ἦν διδάσκων αὐτοὺς ἐν τοῖς σάββασιν·
7: 1 Ἐπειδὴ ἐπλήρωσεν πάντα τὰ ῥήματα αὐτοῦ εἰς τὰς ἀκοὰς τοῦ λαοῦ, εἰσῆλθεν εἰς **Καφαρναούμ.**
10:15 καὶ σύ, **Καφαρναούμ,** μὴ ἕως οὐρανοῦ ὑψωθήσῃ; ἕως τοῦ ᾅδου καταβήσῃ.
Jn 2:12 Μετὰ τοῦτο κατέβη εἰς **Καφαρναοὺμ** αὐτὸς καὶ ἡ μήτηρ αὐτοῦ καὶ οἱ ἀδελφοὶ [αὐτοῦ] καὶ οἱ μαθηταὶ αὐτοῦ καὶ ἐκεῖ ἔμειναν
4:46 καὶ ἦν τις βασιλικὸς οὗ ὁ υἱὸς ἠσθένει ἐν **Καφαρναούμ.**
6:17 καὶ ἐμβάντες εἰς πλοῖον ἤρχοντο πέραν τῆς θαλάσσης εἰς **Καφαρναούμ.**
6:24 ἐνέβησαν αὐτοὶ εἰς τὰ πλοιάρια καὶ ἦλθον εἰς **Καφαρναοὺμ** ζητοῦντες τὸν Ἰησοῦν.
6:59 Ταῦτα εἶπεν ἐν συναγωγῇ διδάσκων ἐν **Καφαρναούμ.**

3020 Κεγχρεαί [2]

Ac 18:18 κειράμενος ἐν **Κεγχρεαῖς** τὴν κεφαλήν, εἶχεν γὰρ εὐχήν.
Ro 16: 1 οὖσαν [καὶ] διάκονον τῆς ἐκκλησίας τῆς ἐν **Κεγχρεαῖς,**

3021 κέδρος Not used in UBS/NIV

3022 Κεδρών [1]

Jn 18: 1 Ταῦτα εἰπὼν Ἰησοῦς ἐξῆλθεν σὺν τοῖς μαθηταῖς αὐτοῦ πέραν τοῦ χειμάρρου τοῦ **Κεδρὼν** ὅπου ἦν κῆπος,

3023 κεῖμαι [24]

→ *367, 512, 641, 780, 2130, 2879, 3121, 3122, 3130, 3131, 4154, 4329, 4618, 5165, 5263, 5692*

Mt 3:10 ἤδη δὲ ἡ ἀξίνη πρὸς τὴν ῥίζαν τῶν δένδρων **κεῖται·**
5:14 Ὑμεῖς ἐστε τὸ φῶς τοῦ κόσμου. οὐ δύναται πόλις κρυβῆναι ἐπάνω ὄρους **κειμένη·**
28: 6 ἠγέρθη γὰρ καθὼς εἶπεν· δεῦτε ἴδετε τὸν τόπον ὅπου **ἔκειτο.**
Lk 2:12 καὶ τοῦτο ὑμῖν τὸ σημεῖον, εὑρήσετε βρέφος ἐσπαργανωμένον καὶ **κείμενον** ἐν φάτνῃ.
2:16 καὶ ἦλθαν σπεύσαντες καὶ ἀνεῦραν τήν τε Μαριὰμ καὶ τὸν Ἰωσὴφ καὶ τὸ βρέφος **κείμενον** ἐν τῇ φάτνῃ·
2:34 Ἰδοὺ οὗτος **κεῖται** εἰς πτῶσιν καὶ ἀνάστασιν πολλῶν ἐν τῷ Ἰσραὴλ καὶ εἰς σημεῖον ἀντιλεγόμενον
3: 9 ἤδη δὲ καὶ ἡ ἀξίνη πρὸς τὴν ῥίζαν τῶν δένδρων **κεῖται·**
12:19 Ψυχή, ἔχεις πολλὰ ἀγαθὰ **κείμενα** εἰς ἔτη πολλά·
23:53 καὶ καθελὼν ἐνετύλιξεν αὐτὸ σινδόνι καὶ ἔθηκεν αὐτὸν ἐν μνήματι λαξευτῷ οὗ οὐκ ἦν οὐδεὶς οὔπω **κείμενος.**
Jn 2: 6 ἦσαν δὲ ἐκεῖ λίθιναι ὑδρίαι ἓξ κατὰ τὸν καθαρισμὸν τῶν Ἰουδαίων **κείμεναι,**
19:29 σκεῦος **ἔκειτο** ὄξους μεστόν· σπόγγον οὖν μεστὸν τοῦ ὄξους ὑσσώπῳ περιθέντες προσήνεγκαν αὐτοῦ τῷ στόματι.
20: 5 καὶ παρακύψας βλέπει **κείμενα** τὰ ὀθόνια, οὐ μέντοι εἰσῆλθεν.
20: 6 ἔρχεται οὖν καὶ Σίμων Πέτρος ἀκολουθῶν αὐτῷ καὶ εἰσῆλθεν εἰς τὸ μνημεῖον, καὶ θεωρεῖ τὰ ὀθόνια **κείμενα,**
20: 7 οὐ μετὰ τῶν ὀθονίων **κείμενον** ἀλλὰ χωρὶς ἐντετυλιγμένον εἰς ἕνα τόπον.
20:12 ἕνα πρὸς τῇ κεφαλῇ καὶ ἕνα πρὸς τοῖς ποσίν, ὅπου **ἔκειτο** τὸ σῶμα τοῦ Ἰησοῦ.
21: 9 ὡς οὖν ἀπέβησαν εἰς τὴν γῆν βλέπουσιν ἀνθρακιὰν **κειμένην** καὶ ὀψάριον ἐπικείμενον καὶ ἄρτον.
1Co 3:11 θεμέλιον γὰρ ἄλλον οὐδεὶς δύναται θεῖναι παρὰ τὸν **κείμενον,**
2Co 3:15 ἀλλ' ἕως σήμερον ἡνίκα ἂν ἀναγινώσκηται Μωϋσῆς, κάλυμμα ἐπὶ τὴν καρδίαν αὐτῶν **κεῖται·**
Php 1:16 οἱ μὲν ἐξ ἀγάπης, εἰδότες ὅτι εἰς ἀπολογίαν τοῦ εὐαγγελίου **κεῖμαι,**

1Th 3: 3 τὸ μηδένα σαίνεσθαι ἐν ταῖς θλίψεσιν ταύταις. αὐτοὶ γὰρ οἴδατε ὅτι εἰς τοῦτο **κείμεθα·**
1Ti 1: 9 εἰδὼς τοῦτο, ὅτι δικαίῳ νόμος οὐ **κεῖται,** ἀνόμοις δὲ καὶ ἀνυποτάκτοις,
1Jn 5: 19 οἴδαμεν ὅτι ἐκ τοῦ θεοῦ ἐσμεν καὶ ὁ κόσμος ὅλος ἐν τῷ πονηρῷ **κεῖται.**
Rev 4: 2 εὐθέως ἐγενόμην ἐν πνεύματι, καὶ ἰδοὺ θρόνος **ἔκειτο** ἐν τῷ οὐρανῷ,
21: 16 καὶ ἡ πόλις τετράγωνος **κεῖται** καὶ τὸ μῆκος αὐτῆς ὅσον [καὶ] τὸ πλάτος.

3024 κειρία [1]

√ *3025*

Jn 11: 44 ἐξῆλθεν ὁ τεθνηκὼς δεδεμένος τοὺς πόδας καὶ τὰς χεῖρας **κειρίαις** καὶ ἡ ὄψις αὐτοῦ σουδαρίῳ περιεδέδετο.

3025 κείρω [4]

→ *1483, 2134, 2135, 3024, 3047, 3048, 3166*

Ac 8: 32 Ὡς πρόβατον ἐπὶ σφαγὴν ἤχθη καὶ ὡς ἀμνὸς ἐναντίον τοῦ **κείραντος** αὐτὸν ἄφωνος,
18: 18 **κειράμενος** ἐν Κεγχρεαῖς τὴν κεφαλήν, εἶχεν γὰρ εὐχήν.
1Co 11: 6 εἰ γὰρ οὐ κατακαλύπτεται γυνή, καὶ **κειράσθω·** εἰ δὲ αἰσχρὸν γυναικὶ τὸ **κείρασθαι** ἢ ξυρᾶσθαι,

3026 κέλευσμα [1]

√ *3027*

1Th 4: 16 ὅτι αὐτὸς ὁ κύριος ἐν **κελεύσματι,** ἐν φωνῇ ἀρχαγγέλου καὶ ἐν σάλπιγγι θεοῦ,

3027 κελεύω [25]

→ *1353, 2131, 2225, 3026*

Mt 8: 18 Ἰδὼν δὲ ὁ Ἰησοῦς ὄχλον περὶ αὐτὸν **ἐκέλευσεν** ἀπελθεῖν εἰς τὸ πέραν.
14: 9 καὶ λυπηθεὶς ὁ βασιλεὺς διὰ τοὺς ὅρκους καὶ τοὺς συνανακειμένους **ἐκέλευσεν** δοθῆναι,
14: 19 καὶ **κελεύσας** τοὺς ὄχλους ἀνακλιθῆναι ἐπὶ τοῦ χόρτου,
14: 28 **κέλευσόν** με ἐλθεῖν πρὸς σὲ ἐπὶ τὰ ὕδατα.
18: 25 μὴ ἔχοντος δὲ αὐτοῦ ἀποδοῦναι **ἐκέλευσεν** αὐτὸν ὁ κύριος πραθῆναι καὶ τὴν γυναῖκα καὶ τὰ τέκνα καὶ πάντα ὅσα ἔχει,
27: 58 οὗτος προσελθὼν τῷ Πιλάτῳ ᾐτήσατο τὸ σῶμα τοῦ Ἰησοῦ. τότε ὁ Πιλᾶτος **ἐκέλευσεν** ἀποδοθῆναι.
27: 64 **κέλευσον** οὖν ἀσφαλισθῆναι τὸν τάφον ἕως τῆς τρίτης ἡμέρας,
Lk 18: 40 σταθεὶς δὲ ὁ Ἰησοῦς **ἐκέλευσεν** αὐτὸν ἀχθῆναι πρὸς αὐτόν.
Ac 4: 15 **κελεύσαντες** δὲ αὐτοὺς ἔξω τοῦ συνεδρίου ἀπελθεῖν συνέβαλλον πρὸς ἀλλήλους
5: 34 νομοδιδάσκαλος τίμιος παντὶ τῷ λαῷ, **ἐκέλευσεν** ἔξω βραχὺ τοὺς ἀνθρώπους ποιῆσαι
8: 38 καὶ **ἐκέλευσεν** στῆναι τὸ ἅρμα καὶ κατέβησαν ἀμφότεροι εἰς τὸ ὕδωρ,
12: 19 Ἡρῴδης δὲ ἐπιζητήσας αὐτὸν καὶ μὴ εὑρών, ἀνακρίνας τοὺς φύλακας **ἐκέλευσεν** ἀπαχθῆναι,
16: 22 καὶ συνεπέστη ὁ ὄχλος κατ᾽ αὐτῶν καὶ οἱ στρατηγοὶ περιρήξαντες αὐτῶν τὰ ἱμάτια **ἐκέλευον** ῥαβδίζειν,
21: 33 τότε ἐγγίσας ὁ χιλίαρχος ἐπελάβετο αὐτοῦ καὶ **ἐκέλευσεν** δεθῆναι ἁλύσεσι δυσί,
21: 34 μὴ δυναμένου δὲ αὐτοῦ γνῶναι τὸ ἀσφαλὲς διὰ τὸν θόρυβον **ἐκέλευσεν** ἄγεσθαι αὐτὸν εἰς τὴν παρεμβολήν.
22: 24 **ἐκέλευσεν** ὁ χιλίαρχος εἰσάγεσθαι αὐτὸν εἰς τὴν παρεμβολήν,
22: 30 ἔλυσεν αὐτὸν καὶ **ἐκέλευσεν** συνελθεῖν τοὺς ἀρχιερεῖς καὶ πᾶν τὸ συνέδριον,
23: 3 καὶ σὺ κάθῃ κρίνων με κατὰ τὸν νόμον καὶ παρανομῶν **κελεύεις** με τύπτεσθαι;
23: 10 φοβηθεὶς ὁ χιλίαρχος μὴ διασπασθῇ ὁ Παῦλος ὑπ᾽ αὐτῶν **ἐκέλευσεν** τὸ στράτευμα καταβὰν ἁρπάσαι αὐτὸν ἐκ μέσου
23: 35 **κελεύσας** ἐν τῷ πραιτωρίῳ τοῦ Ἡρῴδου φυλάσσεσθαι αὐτόν.
25: 6 τῇ ἐπαύριον καθίσας ἐπὶ τοῦ βήματος **ἐκέλευσεν** τὸν Παῦλον ἀχθῆναι.
25: 17 ἀναβολὴν μηδεμίαν ποιησάμενος τῇ ἑξῆς καθίσας ἐπὶ τοῦ βήματος **ἐκέλευσα** ἀχθῆναι τὸν ἄνδρα·
25: 21 **ἐκέλευσα** τηρεῖσθαι αὐτὸν ἕως οὗ ἀναπέμψω αὐτὸν πρὸς Καίσαρα.
25: 23 σύν τε χιλιάρχοις καὶ ἀνδράσιν τοῖς κατ᾽ ἐξοχὴν τῆς πόλεως καὶ **κελεύσαντος** τοῦ Φήστου ἤχθη ὁ Παῦλος.
27: 43 **ἐκέλευσέν** τε τοὺς δυναμένους κολυμβᾶν ἀπορίψαντας πρώτους ἐπὶ τὴν γῆν ἐξιέναι

3028 κενεμβατεύω Not used in UBS/NIV

√ *3031 + 1877 + 326*

3029 κενοδοξία [1]

√ *3031 + 1518*

Php 2: 3 μηδὲν κατ᾽ ἐριθείαν μηδὲ κατὰ **κενοδοξίαν** ἀλλὰ τῇ ταπεινοφροσύνῃ ἀλλήλους ἡγούμενοι ὑπερέχοντας ἑαυτῶν,

3030 κενόδοξος [1]

√ *3031 + 1518*

Gal 5: 26 μὴ γινώμεθα **κενόδοξοι,** ἀλλήλους προκαλούμενοι, ἀλλήλοις φθονοῦντες.

3031 κενός [18]

→ *3028, 3029, 3030, 3032, 3033, 3036*

Mk 12: 3 καὶ λαβόντες αὐτὸν ἔδειραν καὶ ἀπέστειλαν **κενόν.**
Lk 1: 53 πεινῶντας ἐνέπλησεν ἀγαθῶν καὶ πλουτοῦντας ἐξαπέστειλεν **κενούς.**
20: 10 ἵνα ἀπὸ τοῦ καρποῦ τοῦ ἀμπελῶνος δώσουσιν αὐτῷ· οἱ δὲ γεωργοὶ ἐξαπέστειλαν αὐτὸν δείραντες **κενόν.**
20: 11 οἱ δὲ κἀκεῖνον δείραντες καὶ ἀτιμάσαντες ἐξαπέστειλαν **κενόν.**
Ac 4: 25 πατρὸς ἡμῶν διὰ πνεύματος ἁγίου στόματος Δαυὶδ παιδός σου εἰπών, Ἱνατί ἐφρύαξαν ἔθνη καὶ λαοὶ ἐμελέτησαν **κενά;**
1Co 15: 10 καὶ ἡ χάρις αὐτοῦ ἡ εἰς ἐμὲ οὐ **κενὴ** ἐγενήθη,
15: 14 **κενὸν** ἄρα [καὶ] τὸ κήρυγμα ἡμῶν, **κενὴ** καὶ ἡ πίστις ὑμῶν·
15: 58 εἰδότες ὅτι ὁ κόπος ὑμῶν οὐκ ἔστιν **κενὸς** ἐν κυρίῳ.
2Co 6: 1 Συνεργοῦντες δὲ καὶ παρακαλοῦμεν μὴ εἰς **κενὸν** τὴν χάριν τοῦ θεοῦ δέξασθαι ὑμᾶς·
Gal 2: 2 κατ᾽ ἰδίαν δὲ τοῖς δοκοῦσιν, μή πως εἰς **κενὸν** τρέχω ἢ ἔδραμον.
Eph 5: 6 Μηδεὶς ὑμᾶς ἀπατάτω **κενοῖς** λόγοις· διὰ ταῦτα γὰρ ἔρχεται ἡ ὀργὴ τοῦ θεοῦ ἐπὶ τοὺς υἱοὺς τῆς ἀπειθείας.
Php 2: 16 ὅτι οὐκ εἰς **κενὸν** ἔδραμον οὐδὲ εἰς **κενὸν** ἐκοπίασα.
Col 2: 8 βλέπετε μή τις ὑμᾶς ἔσται ὁ συλαγωγῶν διὰ τῆς φιλοσοφίας καὶ **κενῆς** ἀπάτης κατὰ τὴν παράδοσιν τῶν ἀνθρώπων,
1Th 2: 1 τὴν εἴσοδον ἡμῶν τὴν πρὸς ὑμᾶς ὅτι οὐ **κενὴ** γέγονεν,
3: 5 μή πως ἐπείρασεν ὑμᾶς ὁ πειράζων καὶ εἰς **κενὸν** γένηται ὁ κόπος ἡμῶν.
Jas 2: 20 θέλεις δὲ γνῶναι, ὦ ἄνθρωπε **κενέ,** ὅτι ἡ πίστις χωρὶς τῶν ἔργων ἀργή ἐστιν;

3032 κενοφωνία [2]

√ *3031 + 5889*

1Ti 6: 20 τὴν παραθήκην φύλαξον ἐκτρεπόμενος τὰς βεβήλους **κενοφωνίας** καὶ ἀντιθέσεις τῆς ψευδωνύμου γνώσεως,
2Ti 2: 16 τὰς δὲ βεβήλους **κενοφωνίας** περιΐστασο· ἐπὶ πλεῖον γὰρ προκόψουσιν ἀσεβείας

3033 κενόω [5]

√ *3031*

Ro 4: 14 εἰ γὰρ οἱ ἐκ νόμου κληρονόμοι, **κεκένωται** ἡ πίστις καὶ κατήργηται ἡ ἐπαγγελία·
1Co 1: 17 οὐκ ἐν σοφίᾳ λόγου, ἵνα μὴ **κενωθῇ** ὁ σταυρὸς τοῦ Χριστοῦ.
9: 15 καλὸν γάρ μοι μᾶλλον ἀποθανεῖν ἤ– τὸ καύχημά μου οὐδεὶς **κενώσει.**
2Co 9: 3 ἵνα μὴ τὸ καύχημα ἡμῶν τὸ ὑπὲρ ὑμῶν **κενωθῇ** ἐν τῷ μέρει τούτῳ,
Php 2: 7 ἀλλὰ ἑαυτὸν **ἐκένωσεν** μορφὴν δούλου λαβών, ἐν ὁμοιώματι ἀνθρώπων γενόμενος·

3034 κέντρον [4]

→ 1596, 1708

Ac 26:14 τί με διώκεις; σκληρόν σοι πρὸς **κέντρα** λακτίζειν.
1Co 15:55 θάνατε, τὸ νῖκος; ποῦ σου, θάνατε, τὸ **κέντρον;**
15:56 τὸ δὲ **κέντρον** τοῦ θανάτου ἡ ἁμαρτία, ἡ δὲ δύναμις τῆς ἁμαρτίας ὁ νόμος·
Rev 9:10 καὶ ἔχουσιν οὐρὰς ὁμοίας σκορπίοις καὶ **κέντρα,** καὶ ἐν ταῖς οὐραῖς αὐτῶν ἡ ἐξουσία αὐτῶν ἀδικῆσαι τοὺς ἀνθρώπους

3035 κεντυρίων [3]

Mk 15:39 Ἰδὼν δὲ ὁ **κεντυρίων** ὁ παρεστηκὼς ἐξ ἐναντίας αὐτοῦ ὅτι οὕτως ἐξέπνευσεν εἶπεν,
15:44 ὁ δὲ Πιλᾶτος ἐθαύμασεν εἰ ἤδη τέθνηκεν καὶ προσκαλεσάμενος τὸν **κεντυρίωνα** ἐπηρώτησεν αὐτὸν εἰ πάλαι ἀπέθανεν·
15:45 καὶ γνοὺς ἀπὸ τοῦ **κεντυρίωνος** ἐδωρήσατο τὸ πτῶμα τῷ Ἰωσήφ.

3036 κενῶς [1]

√ 3031

Jas 4:5 ἢ δοκεῖτε ὅτι **κενῶς** ἡ γραφὴ λέγει, Πρὸς φθόνον ἐπιποθεῖ τὸ πνεῦμα ὃ κατῴκισεν ἐν ἡμῖν,

3037 κεραία [2]

√ 3043

Mt 5:18 ἰῶτα ἓν ἢ μία **κεραία** οὐ μὴ παρέλθῃ ἀπὸ τοῦ νόμου,
Lk 16:17 Εὐκοπώτερον δέ ἐστιν τὸν οὐρανὸν καὶ τὴν γῆν παρελθεῖν ἢ τοῦ νόμου μίαν **κεραίαν** πεσεῖν.

3038 κεραμεύς [3]

√ 3041

Mt 27:7 συμβούλιον δὲ λαβόντες ἠγόρασαν ἐξ αὐτῶν τὸν Ἀγρὸν τοῦ **Κεραμέως** εἰς ταφὴν τοῖς ξένοις.
27:10 καὶ ἔδωκαν αὐτὰ εἰς τὸν ἀγρὸν τοῦ **κεραμέως,**
Ro 9:21 ἢ οὐκ ἔχει ἐξουσίαν ὁ **κεραμεὺς** τοῦ πηλοῦ ἐκ τοῦ αὐτοῦ φυράματος ποιῆσαι ὃ μὲν εἰς τιμὴν σκεῦος ὃ δὲ εἰς ἀτιμίαν;

3039 κεραμικός [1]

√ 3041

Rev 2:27 καὶ ποιμανεῖ αὐτοὺς ἐν ῥάβδῳ σιδηρᾷ ὡς τὰ σκεύη τὰ **κεραμικὰ** συντρίβεται,

3040 κεράμιον [2]

√ 3041

Mk 14:13 Ὑπάγετε εἰς τὴν πόλιν, καὶ ἀπαντήσει ὑμῖν ἄνθρωπος **κεράμιον** ὕδατος βαστάζων·
Lk 22:10 Ἰδοὺ εἰσελθόντων ὑμῶν εἰς τὴν πόλιν συναντήσει ὑμῖν ἄνθρωπος **κεράμιον** ὕδατος βαστάζων·

3041 κέραμος [1]

→ 3038, 3039, 3040

Lk 5:19 ἀναβάντες ἐπὶ τὸ δῶμα διὰ τῶν **κεράμων** καθῆκαν αὐτὸν σὺν τῷ κλινιδίῳ εἰς τὸ μέσον ἔμπροσθεν τοῦ Ἰησοῦ.

3042 κεράννυμι [3]

→ 193, 204, 5166

Rev 14:10 καὶ αὐτὸς πίεται ἐκ τοῦ οἴνου τοῦ θυμοῦ τοῦ θεοῦ τοῦ **κεκερασμένου** ἀκράτου ἐν τῷ ποτηρίῳ τῆς ὀργῆς αὐτοῦ
18:6 ἐν τῷ ποτηρίῳ ᾧ **ἐκέρασεν κεράσατε** αὐτῇ διπλοῦν,

3043 κέρας [11]

→ 3037, 3044

κέρας σωτηρίας [1] Lk 1:69

Lk 1:69 καὶ ἤγειρεν **κέρας** σωτηρίας ἡμῖν ἐν οἴκῳ Δαυὶδ παιδὸς αὐτοῦ,
Rev 5:6 ἀρνίον ἑστηκὸς ὡς ἐσφαγμένον ἔχων **κέρατα** ἑπτὰ καὶ ὀφθαλμοὺς ἑπτὰ οἵ εἰσιν τὰ [ἑπτὰ] πνεύματα τοῦ θεοῦ
9:13 καὶ ἤκουσα φωνὴν μίαν ἐκ τῶν [τεσσάρων] **κεράτων** τοῦ θυσιαστηρίου τοῦ χρυσοῦ τοῦ ἐνώπιον τοῦ θεοῦ,
12:3 καὶ ἰδοὺ δράκων μέγας πυρρὸς ἔχων κεφαλὰς ἑπτὰ καὶ **κέρατα** δέκα καὶ ἐπὶ τὰς κεφαλὰς αὐτοῦ ἑπτὰ διαδήματα,
13:1 ἔχον **κέρατα** δέκα καὶ κεφαλὰς ἑπτὰ καὶ ἐπὶ τῶν **κεράτων** αὐτοῦ δέκα διαδήματα καὶ ἐπὶ τὰς κεφαλὰς αὐτοῦ ὀνόμα[τα] βλασφημίας.
13:11 καὶ εἶχεν **κέρατα** δύο ὅμοια ἀρνίῳ καὶ ἐλάλει ὡς δράκων.
17:3 γέμον[τα] ὀνόματα βλασφημίας, ἔχων κεφαλὰς ἑπτὰ καὶ **κέρατα** δέκα.
17:7 τὸ μυστήριον τῆς γυναικὸς καὶ τοῦ θηρίου τοῦ βαστάζοντος αὐτὴν τοῦ ἔχοντος τὰς ἑπτὰ κεφαλὰς καὶ τὰ δέκα **κέρατα.**
17:12 καὶ τὰ δέκα **κέρατα** ἃ εἶδες δέκα βασιλεῖς εἰσιν,
17:16 καὶ τὰ δέκα **κέρατα** ἃ εἶδες καὶ τὸ θηρίον οὗτοι μισήσουσιν τὴν πόρνην καὶ ἠρημωμένην ποιήσουσιν αὐτὴν καὶ γυμνὴν

3044 κεράτιον [1]

√ 3043

Lk 15:16 ἐπεθύμει χορτασθῆναι ἐκ τῶν **κερατίων** ὧν ἤσθιον οἱ χοῖροι,

3045 κερδαίνω [17]

√ 3046

Mt 16:26 τί γὰρ ὠφεληθήσεται ἄνθρωπος ἐὰν τὸν κόσμον ὅλον **κερδήσῃ** τὴν δὲ ψυχὴν αὐτοῦ ζημιωθῇ;
18:15 ὕπαγε ἔλεγξον αὐτὸν μεταξὺ σοῦ καὶ αὐτοῦ μόνου. ἐάν σου ἀκούσῃ, **ἐκέρδησας** τὸν ἀδελφόν σου·
25:16 πορευθεὶς ὁ τὰ πέντε τάλαντα λαβὼν ἠργάσατο ἐν αὐτοῖς καὶ **ἐκέρδησεν** ἄλλα πέντε·
25:17 ὡσαύτως ὁ τὰ δύο **ἐκέρδησεν** ἄλλα δύο.
25:20 πέντε τάλαντά μοι παρέδωκας· ἴδε ἄλλα πέντε τάλαντα **ἐκέρδησα.**
25:22 δύο τάλαντά μοι παρέδωκας· ἴδε ἄλλα δύο τάλαντα **ἐκέρδησα.**
Mk 8:36 τί γὰρ ὠφελεῖ ἄνθρωπον **κερδῆσαι** τὸν κόσμον ὅλον καὶ ζημιωθῆναι τὴν ψυχὴν αὐτοῦ;
Lk 9:25 τί γὰρ ὠφελεῖται ἄνθρωπος **κερδήσας** τὸν κόσμον ὅλον ἑαυτὸν δὲ ἀπολέσας ἢ ζημιωθείς;
Ac 27:21 πειθαρχήσαντάς μοι μὴ ἀνάγεσθαι ἀπὸ τῆς Κρήτης **κερδῆσαί** τε τὴν ὕβριν ταύτην καὶ τὴν ζημίαν.
1Co 9:19 Ἐλεύθερος γὰρ ὢν ἐκ πάντων πᾶσιν ἐμαυτὸν ἐδούλωσα, ἵνα τοὺς πλείονας **κερδήσω·**
9:20 καὶ ἐγενόμην τοῖς Ἰουδαίοις ὡς Ἰουδαῖος, ἵνα Ἰουδαίους **κερδήσω·** τοῖς ὑπὸ νόμον ὡς ὑπὸ νόμον, μὴ ὢν αὐτὸς ὑπὸ νόμον, ἵνα τοὺς ὑπὸ νόμον **κερδήσω·**
9:21 μὴ ὢν ἄνομος θεοῦ ἀλλ' ἔννομος Χριστοῦ, ἵνα **κερδάνω** τοὺς ἀνόμους·
9:22 ἐγενόμην τοῖς ἀσθενέσιν ἀσθενής, ἵνα τοὺς ἀσθενεῖς **κερδήσω·**
Php 3:8 δι' ὃν τὰ πάντα ἐζημιώθην, καὶ ἡγοῦμαι σκύβαλα, ἵνα Χριστὸν **κερδήσω**
Jas 4:13 Σήμερον ἢ αὔριον πορευσόμεθα εἰς τήνδε τὴν πόλιν καὶ ποιήσομεν ἐκεῖ ἐνιαυτὸν καὶ ἐμπορευσόμεθα καὶ **κερδήσομεν·**
1Pe 3:1 διὰ τῆς τῶν γυναικῶν ἀναστροφῆς ἄνευ λόγου **κερδηθήσονται,**

3046 κέρδος [3]

→ 153, 154, 2132, 3045

Php 1:21 ἐμοὶ γὰρ τὸ ζῆν Χριστὸς καὶ τὸ ἀποθανεῖν **κέρδος.**
3:7 ἅτινα ἦν μοι **κέρδη,** ταῦτα ἥγημαι διὰ τὸν Χριστὸν ζημίαν.
Tit 1:11 οἵτινες ὅλους οἴκους ἀνατρέπουσιν διδάσκοντες ἃ μὴ δεῖ αἰσχροῦ **κέρδους** χάριν.

3047 κέρμα [1]

√ 3025

Jn 2:15 καὶ τῶν κολλυβιστῶν ἐξέχεεν τὸ **κέρμα** καὶ τὰς τραπέζας ἀνέτρεψεν,

3048 κερματιστής [1]

√ 3025

Jn 2:14 καὶ εὗρεν ἐν τῷ ἱερῷ τοὺς πωλοῦντας βόας καὶ πρόβατα καὶ περιστερὰς καὶ τοὺς **κερματιστὰς** καθημένους,

3049 κεφάλαιον [2]

√ *3051*

Ac 22:28 ἀπεκρίθη δὲ ὁ χιλίαρχος, Ἐγὼ πολλοῦ **κεφαλαίου** τὴν πολιτείαν ταύτην ἐκτησάμην.
Heb 8: 1 **Κεφάλαιον** δὲ ἐπὶ τοῖς λεγομένοις, τοιοῦτον ἔχομεν ἀρχιερέα,

3050 κεφαλαιόω Not used in UBS/NIV

√ *3051*

3051 κεφαλή [75]

→ *368, 642, 2133, 3049, 3050, 3052, 3053, 4330, 4676*

figurative: authority, source [11] 1Co 11:3,3,3,10; Eph 1:22; 4:15; 5:23,23; Col 1:18; 2:10,19

αἷμα ἐπὶ κεφαλή [1] Ac 18:6

ἄνθραξ ἐπὶ κεφαλή [1] Ro 12:20

κεφαλὴ γωνίας [5] Mt 21:42; Mk 12:10; Lk 20:17; Ac 4:11; 1Pe 2:7

Mt 5:36 μήτε ἐν τῇ **κεφαλῇ** σου ὀμόσῃς, ὅτι οὐ δύνασαι μίαν τρίχα λευκὴν ποιῆσαι ἢ μέλαιναν.
6:17 σὺ δὲ νηστεύων ἄλειψαί σου τὴν **κεφαλὴν** καὶ τὸ πρόσωπόν σου νίψαι,
8:20 ὁ δὲ υἱὸς τοῦ ἀνθρώπου οὐκ ἔχει ποῦ τὴν **κεφαλὴν** κλίνῃ.
10:30 ὑμῶν δὲ καὶ αἱ τρίχες τῆς **κεφαλῆς** πᾶσαι ἠριθμημέναι εἰσίν.
14: 8 ὧδε ἐπὶ πίνακι τὴν **κεφαλὴν** Ἰωάννου τοῦ βαπτιστοῦ.
14:11 καὶ ἠνέχθη ἡ **κεφαλὴ** αὐτοῦ ἐπὶ πίνακι καὶ ἐδόθη τῷ κορασίῳ,
21:42 Λίθον ὃν ἀπεδοκίμασαν οἱ οἰκοδομοῦντες, οὗτος ἐγενήθη εἰς **κεφαλὴν** γωνίας·
26: 7 προσῆλθεν αὐτῷ γυνὴ ἔχουσα ἀλάβαστρον μύρου βαρυτίμου καὶ κατέχεεν ἐπὶ τῆς **κεφαλῆς** αὐτοῦ ἀνακειμένου.
27:29 καὶ πλέξαντες στέφανον ἐξ ἀκανθῶν ἐπέθηκαν ἐπὶ τῆς **κεφαλῆς** αὐτοῦ καὶ κάλαμον ἐν τῇ δεξιᾷ αὐτοῦ,
27:30 καὶ ἐμπτύσαντες εἰς αὐτὸν ἔλαβον τὸν κάλαμον καὶ ἔτυπτον εἰς τὴν **κεφαλὴν** αὐτοῦ.
27:37 καὶ ἐπέθηκαν ἐπάνω τῆς **κεφαλῆς** αὐτοῦ τὴν αἰτίαν αὐτοῦ γεγραμμένην·
27:39 Οἱ δὲ παραπορευόμενοι ἐβλασφήμουν αὐτὸν κινοῦντες τὰς **κεφαλὰς** αὐτῶν
Mk 6:24 ἡ δὲ εἶπεν, Τὴν **κεφαλὴν** Ἰωάννου τοῦ βαπτίζοντος.
6:25 Θέλω ἵνα ἐξαυτῆς δῷς μοι ἐπὶ πίνακι τὴν **κεφαλὴν** Ἰωάννου τοῦ βαπτιστοῦ.
6:27 καὶ εὐθὺς ἀποστείλας ὁ βασιλεὺς σπεκουλάτορα ἐπέταξεν ἐνέγκαι τὴν **κεφαλὴν** αὐτοῦ.
6:28 καὶ ἤνεγκεν τὴν **κεφαλὴν** αὐτοῦ ἐπὶ πίνακι καὶ ἔδωκεν αὐτὴν τῷ κορασίῳ,
12:10 Λίθον ὃν ἀπεδοκίμασαν οἱ οἰκοδομοῦντες, οὗτος ἐγενήθη εἰς **κεφαλὴν** γωνίας·
14: 3 γυνὴ ἔχουσα ἀλάβαστρον μύρου νάρδου πιστικῆς πολυτελοῦς, συντρίψασα τὴν ἀλάβαστρον κατέχεεν αὐτοῦ τῆς **κεφαλῆς.**
15:19 καὶ ἔτυπτον αὐτοῦ τὴν **κεφαλὴν** καλάμῳ καὶ ἐνέπτυον αὐτῷ καὶ τιθέντες τὰ γόνατα προσεκύνουν αὐτῷ.
15:29 Καὶ οἱ παραπορευόμενοι ἐβλασφήμουν αὐτὸν κινοῦντες τὰς **κεφαλὰς** αὐτῶν καὶ λέγοντες,
Lk 7:38 κλαίουσα τοῖς δάκρυσιν ἤρξατο βρέχειν τοὺς πόδας αὐτοῦ καὶ ταῖς θριξὶν τῆς **κεφαλῆς** αὐτῆς ἐξέμασσεν
7:46 ἐλαίῳ τὴν **κεφαλήν** μου οὐκ ἤλειψας· αὕτη δὲ μύρῳ ἤλειψεν τοὺς πόδας μου.
9:58 ὁ δὲ υἱὸς τοῦ ἀνθρώπου οὐκ ἔχει ποῦ τὴν **κεφαλὴν** κλίνῃ.
12: 7 ἀλλὰ καὶ αἱ τρίχες τῆς **κεφαλῆς** ὑμῶν πᾶσαι ἠρίθμηνται.
20:17 Λίθον ὃν ἀπεδοκίμασαν οἱ οἰκοδομοῦντες, οὗτος ἐγενήθη εἰς **κεφαλὴν** γωνίας;
21:18 καὶ θρὶξ ἐκ τῆς **κεφαλῆς** ὑμῶν οὐ μὴ ἀπόληται.
21:28 ἀρχομένων δὲ τούτων γίνεσθαι ἀνακύψατε καὶ ἐπάρατε τὰς **κεφαλὰς** ὑμῶν,
Jn 13: 9 μὴ τοὺς πόδας μου μόνον ἀλλὰ καὶ τὰς χεῖρας καὶ τὴν **κεφαλήν.**
19: 2 καὶ οἱ στρατιῶται πλέξαντες στέφανον ἐξ ἀκανθῶν ἐπέθηκαν αὐτοῦ τῇ **κεφαλῇ** καὶ ἱμάτιον πορφυροῦν περιέβαλον αὐτὸν
19:30 Τετέλεσται, καὶ κλίνας τὴν **κεφαλὴν** παρέδωκεν τὸ πνεῦμα.
20: 7 καὶ τὸ σουδάριον, ὃ ἦν ἐπὶ τῆς **κεφαλῆς** αὐτοῦ,
20:12 ἕνα πρὸς τῇ **κεφαλῇ** καὶ ἕνα πρὸς τοῖς ποσίν,
Ac 4:11 ὁ ἐξουθενηθεὶς ὑφ᾽ ὑμῶν τῶν οἰκοδόμων, ὁ γενόμενος εἰς **κεφαλὴν** γωνίας.
18: 6 καὶ βλασφημούντων ἐκτιναξάμενος τὰ ἱμάτια εἶπεν πρὸς αὐτούς, Τὸ αἷμα ὑμῶν ἐπὶ τὴν **κεφαλὴν** ὑμῶν·
18:18 κειράμενος ἐν Κεγχρεαῖς τὴν **κεφαλήν,** εἶχεν γὰρ εὐχήν.
21:24 τούτους παραλαβὼν ἁγνίσθητι σὺν αὐτοῖς καὶ δαπάνησον ἐπ᾽ αὐτοῖς ἵνα ξυρήσονται τὴν **κεφαλήν,**
27:34 οὐδενὸς γὰρ ὑμῶν θρὶξ ἀπὸ τῆς **κεφαλῆς** ἀπολεῖται.
Ro 12:20 τοῦτο γὰρ ποιῶν ἄνθρακας πυρὸς σωρεύσεις ἐπὶ τὴν **κεφαλὴν** αὐτοῦ.
1Co 11: 3 θέλω δὲ ὑμᾶς εἰδέναι ὅτι παντὸς ἀνδρὸς ἡ **κεφαλὴ** ὁ Χριστός ἐστιν, **κεφαλὴ** δὲ γυναικὸς ὁ ἀνήρ, **κεφαλὴ** δὲ τοῦ Χριστοῦ ὁ θεός.
11: 4 πᾶς ἀνὴρ προσευχόμενος ἢ προφητεύων κατὰ **κεφαλῆς** ἔχων καταισχύνει τὴν **κεφαλὴν** αὐτοῦ.
11: 5 πᾶσα δὲ γυνὴ προσευχομένη ἢ προφητεύουσα ἀκατακαλύπτῳ τῇ **κεφαλῇ** καταισχύνει τὴν **κεφαλὴν** αὐτῆς·
11: 7 ἀνὴρ μὲν γὰρ οὐκ ὀφείλει κατακαλύπτεσθαι τὴν **κεφαλὴν** εἰκὼν καὶ δόξα θεοῦ ὑπάρχων·
11:10 διὰ τοῦτο ὀφείλει ἡ γυνὴ ἐξουσίαν ἔχειν ἐπὶ τῆς **κεφαλῆς** διὰ τοὺς ἀγγέλους.
12:21 ἢ πάλιν ἡ **κεφαλὴ** τοῖς ποσίν, Χρείαν ὑμῶν οὐκ ἔχω·
Eph 1:22 καὶ πάντα ὑπέταξεν ὑπὸ τοὺς πόδας αὐτοῦ καὶ αὐτὸν ἔδωκεν **κεφαλὴν** ὑπὲρ πάντα τῇ ἐκκλησίᾳ,
4:15 ἀληθεύοντες δὲ ἐν ἀγάπῃ αὐξήσωμεν εἰς αὐτὸν τὰ πάντα, ὅς ἐστιν ἡ **κεφαλή,** Χριστός,
5:23 ὅτι ἀνήρ ἐστιν **κεφαλὴ** τῆς γυναικὸς ὡς καὶ ὁ Χριστὸς **κεφαλὴ** τῆς ἐκκλησίας,
Col 1:18 καὶ αὐτός ἐστιν ἡ **κεφαλὴ** τοῦ σώματος τῆς ἐκκλησίας·
2:10 ὅς ἐστιν ἡ **κεφαλὴ** πάσης ἀρχῆς καὶ ἐξουσίας.
2:19 καὶ οὐ κρατῶν τὴν **κεφαλήν,** ἐξ οὗ πᾶν τὸ σῶμα διὰ τῶν ἀφῶν καὶ συνδέσμων ἐπιχορηγούμενον καὶ συμβιβαζόμενον αὔξει
1Pe 2: 7 ἀπιστοῦσιν δὲ λίθος ὃν ἀπεδοκίμασαν οἱ οἰκοδομοῦντες, οὗτος ἐγενήθη εἰς **κεφαλὴν** γωνίας
Rev 1:14 ἡ δὲ **κεφαλὴ** αὐτοῦ καὶ αἱ τρίχες λευκαὶ ὡς ἔριον λευκὸν ὡς χιὼν καὶ οἱ ὀφθαλμοὶ αὐτοῦ ὡς φλὸξ πυρὸς
4: 4 πρεσβυτέρους καθημένους περιβεβλημένους ἐν ἱματίοις λευκοῖς καὶ ἐπὶ τὰς **κεφαλὰς** αὐτῶν στεφάνους χρυσοῦς.
9: 7 καὶ ἐπὶ τὰς **κεφαλὰς** αὐτῶν ὡς στέφανοι ὅμοιοι χρυσῷ,
9:17 καὶ αἱ **κεφαλαὶ** τῶν ἵππων ὡς **κεφαλαὶ** λεόντων,
9:19 αἱ γὰρ οὐραὶ αὐτῶν ὅμοιαι ὄφεσιν, ἔχουσαι **κεφαλὰς** καὶ ἐν αὐταῖς ἀδικοῦσιν.
10: 1 καὶ ἡ ἶρις ἐπὶ τῆς **κεφαλῆς** αὐτοῦ καὶ τὸ πρόσωπον αὐτοῦ ὡς ὁ ἥλιος καὶ οἱ πόδες αὐτοῦ ὡς στῦλοι πυρός,
12: 1 καὶ ἡ σελήνη ὑποκάτω τῶν ποδῶν αὐτῆς καὶ ἐπὶ τῆς **κεφαλῆς** αὐτῆς στέφανος ἀστέρων δώδεκα,
12: 3 καὶ ἰδοὺ δράκων μέγας πυρρὸς ἔχων **κεφαλὰς** ἑπτὰ καὶ κέρατα δέκα καὶ ἐπὶ τὰς **κεφαλὰς** αὐτοῦ ἑπτὰ διαδήματα,
13: 1 ἔχον κέρατα δέκα καὶ **κεφαλὰς** ἑπτὰ καὶ ἐπὶ τῶν κεράτων αὐτοῦ δέκα διαδήματα καὶ ἐπὶ τὰς **κεφαλὰς** αὐτοῦ ὀνόμα[τα] βλασφημίας.
13: 3 καὶ μίαν ἐκ τῶν **κεφαλῶν** αὐτοῦ ὡς ἐσφαγμένην εἰς θάνατον,
14:14 ἔχων ἐπὶ τῆς **κεφαλῆς** αὐτοῦ στέφανον χρυσοῦν καὶ ἐν τῇ χειρὶ αὐτοῦ δρέπανον ὀξύ.
17: 3 γέμον[τα] ὀνόματα βλασφημίας, ἔχων **κεφαλὰς** ἑπτὰ καὶ κέρατα δέκα.
17: 7 τὸ μυστήριον τῆς γυναικὸς καὶ τοῦ θηρίου τοῦ βαστάζοντος αὐτὴν τοῦ ἔχοντος τὰς ἑπτὰ **κεφαλὰς** καὶ τὰ δέκα κέρατα.
17: 9 αἱ ἑπτὰ **κεφαλαὶ** ἑπτὰ ὄρη εἰσίν, ὅπου ἡ γυνὴ κάθηται ἐπ᾽ αὐτῶν.
18:19 καὶ ἔβαλον χοῦν ἐπὶ τὰς **κεφαλὰς** αὐτῶν καὶ ἔκραζον κλαίοντες καὶ πενθοῦντες λέγοντες,
19:12 οἱ δὲ ὀφθαλμοὶ αὐτοῦ [ὡς] φλὸξ πυρός, καὶ ἐπὶ τὴν **κεφαλὴν** αὐτοῦ διαδήματα πολλά,

3052 κεφαλιόω [1]

√ *3051*

Mk 12: 4 καὶ πάλιν ἀπέστειλεν πρὸς αὐτοὺς ἄλλον δοῦλον· κἀκεῖνον **ἐκεφαλίωσαν** καὶ ἠτίμασαν.

3053 κεφαλίς [1]

√ *3051*

Heb 10: 7 Ἰδοὺ ἥκω, ἐν **κεφαλίδι** βιβλίου γέγραπται περὶ ἐμοῦ,

3054 κηδεύω Not used in UBS/NIV

3055 κημόω [1]

1Co 9: 9 ἐν γὰρ τῷ Μωϋσέως νόμῳ γέγραπται, Οὐ **κημώσεις** βοῦν ἀλοῶντα.

3056 κῆνσος [4]

Mt 17:25 οἱ βασιλεῖς τῆς γῆς ἀπὸ τίνων λαμβάνουσιν τέλη ἢ **κῆνσον;**
22:17 εἰπὲ οὖν ἡμῖν τί σοι δοκεῖ· ἔξεστιν δοῦναι **κῆνσον** Καίσαρι ἢ οὔ;
22:19 ἐπιδείξατέ μοι τὸ νόμισμα τοῦ **κήνσου.** οἱ δὲ προσήνεγκαν αὐτῷ δηνάριον.
Mk 12:14 ἀλλ' ἐπ' ἀληθείας τὴν ὁδὸν τοῦ θεοῦ διδάσκεις· ἔξεστιν δοῦναι **κῆνσον** Καίσαρι ἢ οὔ;

3057 κῆπος [5]

→ *3058*

Lk 13:19 ὁμοία ἐστὶν κόκκῳ σινάπεως, ὃν λαβὼν ἄνθρωπος ἔβαλεν εἰς **κῆπον** ἑαυτοῦ,
Jn 18: 1 Ταῦτα εἰπὼν Ἰησοῦς ἐξῆλθεν σὺν τοῖς μαθηταῖς αὐτοῦ πέραν τοῦ χειμάρρου τοῦ Κεδρὼν ὅπου ἦν **κῆπος,**
18:26 Οὐκ ἐγώ σε εἶδον ἐν τῷ **κήπῳ** μετ' αὐτοῦ;
19:41 ἦν δὲ ἐν τῷ τόπῳ ὅπου ἐσταυρώθη **κῆπος,** καὶ ἐν τῷ **κήπῳ** μνημεῖον καινὸν ἐν ᾧ οὐδέπω οὐδεὶς ἦν τεθειμένος·

3058 κηπουρός [1]

√ *3057*

Jn 20:15 ἐκείνη δοκοῦσα ὅτι ὁ **κηπουρός** ἐστιν λέγει αὐτῷ,

3059 κηρίον Not used in UBS/NIV

3060 κήρυγμα [9 / 8]

√ *3061*

Mt 12:41 μετενόησαν εἰς τὸ **κήρυγμα** Ἰωνᾶ, καὶ ἰδοὺ πλεῖον Ἰωνᾶ ὧδε.
Mk 16: S ⟦ἀπὸ ἀνατολῆς καὶ ἄχρι δύσεως ἐξαπέστειλεν δι' αὐτῶν τὸ ἱερὸν καὶ ἄφθαρτον **κήρυγμα**[NIV-] τῆς αἰωνίου σωτηρίας.⟧
Lk 11:32 μετενόησαν εἰς τὸ **κήρυγμα** Ἰωνᾶ, καὶ ἰδοὺ πλεῖον Ἰωνᾶ ὧδε.
Ro 16:25 [Τῷ δὲ δυναμένῳ ὑμᾶς στηρίξαι κατὰ τὸ εὐαγγέλιόν μου καὶ τὸ **κήρυγμα** Ἰησοῦ Χριστοῦ,]
1Co 1:21 εὐδόκησεν ὁ θεὸς διὰ τῆς μωρίας τοῦ **κηρύγματος** σῶσαι τοὺς πιστεύοντας·
2: 4 καὶ ὁ λόγος μου καὶ τὸ **κήρυγμά** μου οὐκ ἐν πειθο[ῖ]ς σοφίας [λόγοις] ἀλλ' ἐν ἀποδείξει πνεύματος καὶ δυνάμεως,
15:14 κενὸν ἄρα [καὶ] τὸ **κήρυγμα** ἡμῶν, κενὴ καὶ ἡ πίστις ὑμῶν·
2Ti 4:17 ἵνα δι' ἐμοῦ τὸ **κήρυγμα** πληροφορηθῇ καὶ ἀκούσωσιν πάντα τὰ ἔθνη,
Tit 1: 3 ἐφανέρωσεν δὲ καιροῖς ἰδίοις τὸν λόγον αὐτοῦ ἐν **κηρύγματι,**

3061 κῆρυξ [3]

→ *3060, 3062, 4619*

1Ti 2: 7 εἰς ὃ ἐτέθην ἐγὼ **κῆρυξ** καὶ ἀπόστολος, ἀλήθειαν λέγω οὐ ψεύδομαι,
2Ti 1:11 εἰς ὃ ἐτέθην ἐγὼ **κῆρυξ** καὶ ἀπόστολος καὶ διδάσκαλος,
2Pe 2: 5 ἀρχαίου κόσμου οὐκ ἐφείσατο ἀλλὰ ὄγδοον Νῶε δικαιοσύνης **κήρυκα** ἐφύλαξεν κατακλυσμὸν κόσμῳ ἀσεβῶν ἐπάξας,

3062 κηρύσσω [61]

√ *3061*

διδάσκω ... κηρύσσω [5] Mt 4:23; 9:35; 11:1; Ac 28:31; Ro 2:21

κηρύσσω εὐαγγέλιον [11] Mt 4:23; 9:35; 24:14; 26:13; Mk 1:14; 13:10; 14:9; 16:15; Gal 2:2; Col 1:23; 1Th 2:9

κηρύσσω ἵνα [1] Mk 6:12

κηρύσσω ὅτι [4] Mt 10:7; Ac 9:20; 10:42; 1Co 15:12

κηρύσσω [Ἰησοῦν] Χριστόν [7] Ac 8:5; 1Co 1:19,23; 15:12; 2Co 4:5; 11:4; Php 1:15

Mt 3: 1 Ἐν δὲ ταῖς ἡμέραις ἐκείναις παραγίνεται Ἰωάννης ὁ βαπτιστὴς **κηρύσσων** ἐν τῇ ἐρήμῳ τῆς Ἰουδαίας
4:17 Ἀπὸ τότε ἤρξατο ὁ Ἰησοῦς **κηρύσσειν** καὶ λέγειν,
4:23 Καὶ περιῆγεν ἐν ὅλῃ τῇ Γαλιλαίᾳ διδάσκων ἐν ταῖς συναγωγαῖς αὐτῶν καὶ **κηρύσσων** τὸ εὐαγγέλιον τῆς βασιλείας
9:35 διδάσκων ἐν ταῖς συναγωγαῖς αὐτῶν καὶ **κηρύσσων** τὸ εὐαγγέλιον τῆς βασιλείας καὶ θεραπεύων πᾶσαν νόσον
10: 7 πορευόμενοι δὲ **κηρύσσετε** λέγοντες ὅτι Ἤγγικεν ἡ βασιλεία τῶν οὐρανῶν.
10:27 καὶ ὃ εἰς τὸ οὖς ἀκούετε **κηρύξατε** ἐπὶ τῶν δωμάτων.
11: 1 μετέβη ἐκεῖθεν τοῦ διδάσκειν καὶ **κηρύσσειν** ἐν ταῖς πόλεσιν αὐτῶν.
24:14 καὶ **κηρυχθήσεται** τοῦτο τὸ εὐαγγέλιον τῆς βασιλείας ἐν ὅλῃ τῇ οἰκουμένῃ εἰς μαρτύριον πᾶσιν τοῖς ἔθνεσιν,
26:13 ὅπου ἐὰν **κηρυχθῇ** τὸ εὐαγγέλιον τοῦτο ἐν ὅλῳ τῷ κόσμῳ,
Mk 1: 4 ἐγένετο Ἰωάννης [ὁ] βαπτίζων ἐν τῇ ἐρήμῳ καὶ **κηρύσσων** βάπτισμα μετανοίας εἰς ἄφεσιν ἁμαρτιῶν.
1: 7 καὶ **ἐκήρυσσεν** λέγων, Ἔρχεται ὁ ἰσχυρότερός μου ὀπίσω μου,
1:14 Μετὰ δὲ τὸ παραδοθῆναι τὸν Ἰωάννην ἦλθεν ὁ Ἰησοῦς εἰς τὴν Γαλιλαίαν **κηρύσσων** τὸ εὐαγγέλιον τοῦ θεοῦ
1:38 Ἄγωμεν ἀλλαχοῦ εἰς τὰς ἐχομένας κωμοπόλεις, ἵνα καὶ ἐκεῖ **κηρύξω·**
1:39 καὶ ἦλθεν **κηρύσσων** εἰς τὰς συναγωγὰς αὐτῶν εἰς ὅλην τὴν Γαλιλαίαν καὶ τὰ δαιμόνια ἐκβάλλων.
1:45 ὁ δὲ ἐξελθὼν ἤρξατο **κηρύσσειν** πολλὰ καὶ διαφημίζειν τὸν λόγον,
3:14 καὶ ἐποίησεν δώδεκα [οὓς καὶ ἀποστόλους ὠνόμασεν] ἵνα ὦσιν μετ' αὐτοῦ καὶ ἵνα ἀποστέλλῃ αὐτοὺς **κηρύσσειν**
5:20 καὶ ἀπῆλθεν καὶ ἤρξατο **κηρύσσειν** ἐν τῇ Δεκαπόλει ὅσα ἐποίησεν αὐτῷ ὁ Ἰησοῦς,
6:12 Καὶ ἐξελθόντες **ἐκήρυξαν** ἵνα μετανοῶσιν,
7:36 ὅσον δὲ αὐτοῖς διεστέλλετο, αὐτοὶ μᾶλλον περισσότερον **ἐκήρυσσον.**
13:10 καὶ εἰς πάντα τὰ ἔθνη πρῶτον δεῖ **κηρυχθῆναι** τὸ εὐαγγέλιον.
14: 9 ὅπου ἐὰν **κηρυχθῇ** τὸ εὐαγγέλιον εἰς ὅλον τὸν κόσμον,
16:15 ⟦Πορευθέντες εἰς τὸν κόσμον ἅπαντα **κηρύξατε** τὸ εὐαγγέλιον πάσῃ τῇ κτίσει.⟧
16:20 ⟦ἐκεῖνοι δὲ ἐξελθόντες **ἐκήρυξαν** πανταχοῦ, τοῦ κυρίου συνεργοῦντος καὶ τὸν λόγον βεβαιοῦντος διὰ τῶν ἐπακολουθούντων σημείων.⟧
Lk 3: 3 καὶ ἦλθεν εἰς πᾶσαν [τὴν] περίχωρον τοῦ Ἰορδάνου **κηρύσσων** βάπτισμα μετανοίας εἰς ἄφεσιν ἁμαρτιῶν,
4:18 ἀπέσταλκέν με, **κηρύξαι** αἰχμαλώτοις ἄφεσιν καὶ τυφλοῖς ἀνάβλεψιν,
4:19 **κηρύξαι** ἐνιαυτὸν κυρίου δεκτόν.
4:44 καὶ ἦν **κηρύσσων** εἰς τὰς συναγωγὰς τῆς Ἰουδαίας.
8: 1 Καὶ ἐγένετο ἐν τῷ καθεξῆς καὶ αὐτὸς διώδευεν κατὰ πόλιν καὶ κώμην **κηρύσσων** καὶ εὐαγγελιζόμενος τὴν βασιλείαν τοῦ θεοῦ
8:39 καὶ ἀπῆλθεν καθ' ὅλην τὴν πόλιν **κηρύσσων** ὅσα ἐποίησεν αὐτῷ ὁ Ἰησοῦς.
9: 2 καὶ ἀπέστειλεν αὐτοὺς **κηρύσσειν** τὴν βασιλείαν τοῦ θεοῦ καὶ ἰᾶσθαι [τοὺς ἀσθενεῖς,]
12: 3 καὶ ὃ πρὸς τὸ οὖς ἐλαλήσατε ἐν τοῖς ταμείοις **κηρυχθήσεται** ἐπὶ τῶν δωμάτων.
24:47 καὶ **κηρυχθῆναι** ἐπὶ τῷ ὀνόματι αὐτοῦ μετάνοιαν εἰς ἄφεσιν ἁμαρτιῶν εἰς πάντα τὰ ἔθνη.
Ac 8: 5 Φίλιππος δὲ κατελθὼν εἰς [τὴν] πόλιν τῆς Σαμαρείας **ἐκήρυσσεν** αὐτοῖς τὸν Χριστόν.
9:20 καὶ εὐθέως ἐν ταῖς συναγωγαῖς **ἐκήρυσσεν** τὸν Ἰησοῦν ὅτι οὗτός ἐστιν ὁ υἱὸς τοῦ θεοῦ.
10:37 ἀρξάμενος ἀπὸ τῆς Γαλιλαίας μετὰ τὸ βάπτισμα ὃ **ἐκήρυξεν** Ἰωάννης,
10:42 καὶ παρήγγειλεν ἡμῖν **κηρύξαι** τῷ λαῷ καὶ διαμαρτύρασθαι ὅτι οὗτός ἐστιν ὁ ὡρισμένος ὑπὸ τοῦ θεοῦ κριτὴς ζώντων καὶ νεκρῶν.
15:21 Μωϋσῆς γὰρ ἐκ γενεῶν ἀρχαίων κατὰ πόλιν τοὺς **κηρύσσοντας** αὐτὸν ἔχει ἐν ταῖς συναγωγαῖς
19:13 λέγοντες, Ὁρκίζω ὑμᾶς τὸν Ἰησοῦν ὃν Παῦλος **κηρύσσει.**
20:25 Καὶ νῦν ἰδοὺ ἐγὼ οἶδα ὅτι οὐκέτι ὄψεσθε τὸ πρόσωπόν μου ὑμεῖς πάντες ἐν οἷς διῆλθον **κηρύσσων** τὴν βασιλείαν.
28:31 **κηρύσσων** τὴν βασιλείαν τοῦ θεοῦ καὶ διδάσκων τὰ περὶ τοῦ κυρίου Ἰησοῦ Χριστοῦ μετὰ πάσης παρρησίας ἀκωλύτως.
Ro 2:21 ὁ οὖν διδάσκων ἕτερον σεαυτὸν οὐ διδάσκεις; ὁ **κηρύσσων** μὴ κλέπτειν κλέπτεις;
10: 8 τοῦτ' ἔστιν τὸ ῥῆμα τῆς πίστεως ὃ **κηρύσσομεν.**

10:14 πῶς δὲ πιστεύσωσιν οὗ οὐκ ἤκουσαν; πῶς δὲ ἀκούσωσιν χωρὶς **κηρύσσοντος;**
10:15 πῶς δὲ **κηρύξωσιν** ἐὰν μὴ ἀποσταλῶσιν; καθὼς γέγραπται,
1Co 1:23 ἡμεῖς δὲ **κηρύσσομεν** Χριστὸν ἐσταυρωμένον, Ἰουδαίοις μὲν σκάνδαλον,
9:27 ἀλλὰ ὑπωπιάζω μου τὸ σῶμα καὶ δουλαγωγῶ, μή πως ἄλλοις **κηρύξας** αὐτὸς ἀδόκιμος γένωμαι.
15:11 εἴτε οὖν ἐγὼ εἴτε ἐκεῖνοι, οὕτως **κηρύσσομεν** καὶ οὕτως ἐπιστεύσατε.
15:12 Εἰ δὲ Χριστὸς **κηρύσσεται** ὅτι ἐκ νεκρῶν ἐγήγερται,
2Co 1:19 ὁ τοῦ θεοῦ γὰρ υἱὸς Ἰησοῦς Χριστὸς ὁ ἐν ὑμῖν δι' ἡμῶν **κηρυχθείς,**
4:5 οὐ γὰρ ἑαυτοὺς **κηρύσσομεν** ἀλλὰ Ἰησοῦν Χριστὸν κύριον,
11:4 εἰ μὲν γὰρ ὁ ἐρχόμενος ἄλλον Ἰησοῦν **κηρύσσει** ὃν οὐκ **ἐκηρύξαμεν,**
Gal 2:2 καὶ ἀνεθέμην αὐτοῖς τὸ εὐαγγέλιον ὃ **κηρύσσω** ἐν τοῖς ἔθνεσιν,
5:11 ἐγὼ δέ, ἀδελφοί, εἰ περιτομὴν ἔτι **κηρύσσω,** τί ἔτι διώκομαι;
Php 1:15 τινὲς δὲ καὶ δι' εὐδοκίαν τὸν Χριστὸν **κηρύσσουσιν·**
Col 1:23 τοῦ **κηρυχθέντος** ἐν πάσῃ κτίσει τῇ ὑπὸ τὸν οὐρανόν,
1Th 2:9 νυκτὸς καὶ ἡμέρας ἐργαζόμενοι πρὸς τὸ μὴ ἐπιβαρῆσαί τινα ὑμῶν **ἐκηρύξαμεν** εἰς ὑμᾶς τὸ εὐαγγέλιον τοῦ θεοῦ.
1Ti 3:16 ὤφθη ἀγγέλοις, **ἐκηρύχθη** ἐν ἔθνεσιν, ἐπιστεύθη ἐν κόσμῳ,
2Ti 4:2 **κήρυξον** τὸν λόγον, ἐπίστηθι εὐκαίρως ἀκαίρως, ἔλεγξον, ἐπιτίμησον,
1Pe 3:19 ἐν ᾧ καὶ τοῖς ἐν φυλακῇ πνεύμασιν πορευθεὶς **ἐκήρυξεν,**
Rev 5:2 καὶ εἶδον ἄγγελον ἰσχυρὸν **κηρύσσοντα** ἐν φωνῇ μεγάλῃ,

3063 κῆτος [1]

Mt 12:40 ὥσπερ γὰρ ἦν Ἰωνᾶς ἐν τῇ κοιλίᾳ τοῦ **κήτους** τρεῖς ἡμέρας καὶ τρεῖς νύκτας,

3064 Κηφᾶς [9]

Πέτρος ... κηφᾶς [1] Jn 1:42

Jn 1:42 Σὺ εἶ Σίμων ὁ υἱὸς Ἰωάννου, σὺ κληθήσῃ **Κηφᾶς,** ὃ ἑρμηνεύεται Πέτρος.
1Co 1:12 Ἐγὼ δὲ Ἀπολλῶ, Ἐγὼ δὲ **Κηφᾶ,** Ἐγὼ δὲ Χριστοῦ.
3:22 εἴτε Παῦλος εἴτε Ἀπολλῶς εἴτε **Κηφᾶς,** εἴτε κόσμος εἴτε ζωὴ εἴτε θάνατος,
9:5 μὴ οὐκ ἔχομεν ἐξουσίαν ἀδελφὴν γυναῖκα περιάγειν ὡς καὶ οἱ λοιποὶ ἀπόστολοι καὶ οἱ ἀδελφοὶ τοῦ κυρίου καὶ **Κηφᾶς;**
15:5 καὶ ὅτι ὤφθη **Κηφᾷ** εἶτα τοῖς δώδεκα·
Gal 1:18 Ἔπειτα μετὰ ἔτη τρία ἀνῆλθον εἰς Ἱεροσόλυμα ἱστορῆσαι **Κηφᾶν** καὶ ἐπέμεινα πρὸς αὐτὸν ἡμέρας δεκαπέντε,
2:9 Ἰάκωβος καὶ **Κηφᾶς** καὶ Ἰωάννης, οἱ δοκοῦντες στῦλοι εἶναι,
2:11 Ὅτε δὲ ἦλθεν **Κηφᾶς** εἰς Ἀντιόχειαν, κατὰ πρόσωπον αὐτῷ ἀντέστην,
2:14 εἶπον τῷ **Κηφᾷ** ἔμπροσθεν πάντων, Εἰ σὺ Ἰουδαῖος ὑπάρχων ἐθνικῶς καὶ οὐχὶ Ἰουδαϊκῶς ζῇς,

3065 κιβώριον Not used in UBS/NIV

3066 κιβωτός [6]

Mt 24:38 ἄχρι ἧς ἡμέρας εἰσῆλθεν Νῶε εἰς τὴν **κιβωτόν,**
Lk 17:27 ἄχρι ἧς ἡμέρας εἰσῆλθεν Νῶε εἰς τὴν **κιβωτὸν** καὶ ἦλθεν ὁ κατακλυσμὸς καὶ ἀπώλεσεν πάντας.
Heb 9:4 χρυσοῦν ἔχουσα θυμιατήριον καὶ τὴν **κιβωτὸν** τῆς διαθήκης περικεκαλυμμένην πάντοθεν χρυσίῳ,
11:7 εὐλαβηθεὶς κατεσκεύασεν **κιβωτὸν** εἰς σωτηρίαν τοῦ οἴκου αὐτοῦ δι' ἧς κατέκρινεν τὸν κόσμον,
1Pe 3:20 ἀπειθήσασίν ποτε ὅτε ἀπεξεδέχετο ἡ τοῦ θεοῦ μακροθυμία ἐν ἡμέραις Νῶε κατασκευαζομένης **κιβωτοῦ** εἰς ἣν ὀλίγοι,
Rev 11:19 καὶ ἠνοίγη ὁ ναὸς τοῦ θεοῦ ὁ ἐν τῷ οὐρανῷ καὶ ὤφθη ἡ **κιβωτὸς** τῆς διαθήκης αὐτοῦ ἐν τῷ ναῷ αὐτοῦ,

3067 κιθάρα [4]

→ *3068, 3069*

1Co 14:7 ὅμως τὰ ἄψυχα φωνὴν διδόντα, εἴτε αὐλὸς εἴτε **κιθάρα,**
Rev 5:8 τὰ τέσσαρα ζῷα καὶ οἱ εἴκοσι τέσσαρες πρεσβύτεροι ἔπεσαν ἐνώπιον τοῦ ἀρνίου ἔχοντες ἕκαστος **κιθάραν** καὶ φιάλας
14:2 καὶ ἡ φωνὴ ἣν ἤκουσα ὡς κιθαρῳδῶν κιθαριζόντων ἐν ταῖς **κιθάραις** αὐτῶν.
15:2 ἑστῶτας ἐπὶ τὴν θάλασσαν τὴν ὑαλίνην ἔχοντας **κιθάρας** τοῦ θεοῦ.

3068 κιθαρίζω [2]

√ *3067*

1Co 14:7 ἐὰν διαστολὴν τοῖς φθόγγοις μὴ δῷ, πῶς γνωσθήσεται τὸ αὐλούμενον ἢ τὸ **κιθαριζόμενον;**
Rev 14:2 καὶ ἡ φωνὴ ἣν ἤκουσα ὡς κιθαρῳδῶν **κιθαριζόντων** ἐν ταῖς κιθάραις αὐτῶν.

3069 κιθαρῳδός [2]

√ *3067 + 6046*

Rev 14:2 καὶ ἡ φωνὴ ἣν ἤκουσα ὡς **κιθαρῳδῶν** κιθαριζόντων ἐν ταῖς κιθάραις αὐτῶν.
18:22 καὶ φωνὴ **κιθαρῳδῶν** καὶ μουσικῶν καὶ αὐλητῶν καὶ σαλπιστῶν οὐ μὴ ἀκουσθῇ ἐν σοὶ ἔτι,

3070 Κιλικία [8]

√ *3071*

Ac 6:9 καὶ Κυρηναίων καὶ Ἀλεξανδρέων καὶ τῶν ἀπὸ **Κιλικίας** καὶ Ἀσίας συζητοῦντες τῷ Στεφάνῳ,
15:23 Οἱ ἀπόστολοι καὶ οἱ πρεσβύτεροι ἀδελφοὶ τοῖς κατὰ τὴν Ἀντιόχειαν καὶ Συρίαν καὶ **Κιλικίαν** ἀδελφοῖς τοῖς ἐξ ἐθνῶν
15:41 διήρχετο δὲ τὴν Συρίαν καὶ [τὴν] **Κιλικίαν** ἐπιστηρίζων τὰς ἐκκλησίας.
21:39 Ἐγὼ ἄνθρωπος μέν εἰμι Ἰουδαῖος, Ταρσεὺς τῆς **Κιλικίας,** οὐκ ἀσήμου πόλεως πολίτης·
22:3 Ἐγώ εἰμι ἀνὴρ Ἰουδαῖος, γεγεννημένος ἐν Ταρσῷ τῆς **Κιλικίας,**
23:34 ἀναγνοὺς δὲ καὶ ἐπερωτήσας ἐκ ποίας ἐπαρχείας ἐστίν, καὶ πυθόμενος ὅτι ἀπὸ **Κιλικίας,**
27:5 τό τε πέλαγος τὸ κατὰ τὴν **Κιλικίαν** καὶ Παμφυλίαν διαπλεύσαντες κατήλθομεν εἰς Μύρα τῆς Λυκίας.
Gal 1:21 ἔπειτα ἦλθον εἰς τὰ κλίματα τῆς Συρίας καὶ τῆς **Κιλικίας·**

3071 Κίλιξ Not used in UBS/NIV

→ *3070*

3072 κινάμωμον Not used in UBS/NIV

√ *3077*

3073 κινδυνεύω [4]

√ *3074*

Lk 8:23 καὶ κατέβη λαῖλαψ ἀνέμου εἰς τὴν λίμνην καὶ συνεπληροῦντο καὶ **ἐκινδύνευον.**
Ac 19:27 οὐ μόνον δὲ τοῦτο **κινδυνεύει** ἡμῖν τὸ μέρος εἰς ἀπελεγμὸν ἐλθεῖν ἀλλὰ καὶ τὸ τῆς μεγάλης θεᾶς Ἀρτέμιδος ἱερὸν
19:40 καὶ γὰρ **κινδυνεύομεν** ἐγκαλεῖσθαι στάσεως περὶ τῆς σήμερον,
1Co 15:30 τί καὶ ἡμεῖς **κινδυνεύομεν** πᾶσαν ὥραν;

3074 κίνδυνος [9]

→ *3073*

Ro 8:35 θλῖψις ἢ στενοχωρία ἢ διωγμὸς ἢ λιμὸς ἢ γυμνότης ἢ **κίνδυνος** ἢ μάχαιρα;
2Co 11:26 ὁδοιπορίαις πολλάκις, **κινδύνοις** ποταμῶν, **κινδύνοις** λῃστῶν, **κινδύνοις** ἐκ γένους, **κινδύνοις** ἐξ ἐθνῶν, **κινδύνοις** ἐν πόλει, **κινδύνοις** ἐν ἐρημίᾳ, **κινδύνοις** ἐν θαλάσσῃ, **κινδύνοις** ἐν ψευδαδέλφοις,

3075 κινέω [8]

→ *293, 3076, 3560, 5167*

Mt 23:4 αὐτοὶ δὲ τῷ δακτύλῳ αὐτῶν οὐ θέλουσιν **κινῆσαι** αὐτά.
27:39 Οἱ δὲ παραπορευόμενοι ἐβλασφήμουν αὐτὸν **κινοῦντες** τὰς κεφαλὰς αὐτῶν
Mk 15:29 Καὶ οἱ παραπορευόμενοι ἐβλασφήμουν αὐτὸν **κινοῦντες** τὰς κεφαλὰς αὐτῶν καὶ λέγοντες,
Ac 17:28 Ἐν αὐτῷ γὰρ ζῶμεν καὶ **κινούμεθα** καὶ ἐσμέν,
21:30 **ἐκινήθη** τε ἡ πόλις ὅλη καὶ ἐγένετο συνδρομὴ τοῦ λαοῦ,
24:5 εὑρόντες γὰρ τὸν ἄνδρα τοῦτον λοιμὸν καὶ **κινοῦντα** στάσεις πᾶσιν τοῖς Ἰουδαίοις τοῖς κατὰ τὴν οἰκουμένην πρωτοστάτην

Rev 2: 5 ἔρχομαί σοι καὶ **κινήσω** τὴν λυχνίαν σου ἐκ τοῦ τόπου αὐτῆς,

6:14 καὶ ὁ οὐρανὸς ἀπεχωρίσθη ὡς βιβλίον ἑλισσόμενον καὶ πᾶν ὄρος καὶ νῆσος ἐκ τῶν τόπων αὐτῶν **ἐκινήθησαν.**

3076 κίνησις Not used in UBS/NIV

√ *3075*

3077 κιννάμωμον [1]

→ *3072*

Rev 18:13 καὶ **κιννάμωμον** καὶ ἄμωμον καὶ θυμιάματα καὶ μύρον καὶ λίβανον καὶ οἶνον καὶ ἔλαιον καὶ σεμίδαλιν καὶ σῖτον καὶ κτήνη

3078 Κίς [1]

Ac 13:21 κἀκεῖθεν ᾐτήσαντο βασιλέα καὶ ἔδωκεν αὐτοῖς ὁ θεὸς τὸν Σαοὺλ υἱὸν **Κίς,**

3079 κίχρημι [1]

√ *cf. 5968, 5969*

Lk 11: 5 Τίς ἐξ ὑμῶν ἕξει φίλον καὶ πορεύσεται πρὸς αὐτὸν μεσονυκτίου καὶ εἴπῃ αὐτῷ, Φίλε, **χρῆσόν** μοι τρεῖς ἄρτους,

3080 κλάδος [11]

√ *3089*

Mt 13:32 ὥστε ἐλθεῖν τὰ πετεινὰ τοῦ οὐρανοῦ καὶ κατασκηνοῦν ἐν τοῖς **κλάδοις** αὐτοῦ.

21: 8 ἄλλοι δὲ ἔκοπτον **κλάδους** ἀπὸ τῶν δένδρων καὶ ἐστρώννυον ἐν τῇ ὁδῷ.

24:32 ὅταν ἤδη ὁ **κλάδος** αὐτῆς γένηται ἁπαλὸς καὶ τὰ φύλλα ἐκφύῃ,

Mk 4:32 ἀναβαίνει καὶ γίνεται μεῖζον πάντων τῶν λαχάνων καὶ ποιεῖ **κλάδους** μεγάλους,

13:28 ὅταν ἤδη ὁ **κλάδος** αὐτῆς ἁπαλὸς γένηται καὶ ἐκφύῃ τὰ φύλλα,

Lk 13:19 τὰ πετεινὰ τοῦ οὐρανοῦ κατεσκήνωσεν ἐν τοῖς **κλάδοις** αὐτοῦ.

Ro 11:16 καὶ εἰ ἡ ῥίζα ἁγία, καὶ οἱ **κλάδοι.**

11:17 Εἰ δέ τινες τῶν **κλάδων** ἐξεκλάσθησαν, σὺ δὲ ἀγριέλαιος ὢν ἐνεκεντρίσθης ἐν αὐτοῖς καὶ συγκοινωνὸς τῆς ῥίζης

11:18 μὴ κατακαυχῶ τῶν **κλάδων·** εἰ δὲ κατακαυχᾶσαι οὐ σὺ τὴν ῥίζαν βαστάζεις ἀλλὰ ἡ ῥίζα σέ.

11:19 ἐρεῖς οὖν, Ἐξεκλάσθησαν **κλάδοι** ἵνα ἐγὼ ἐγκεντρισθῶ.

11:21 εἰ γὰρ ὁ θεὸς τῶν κατὰ φύσιν **κλάδων** οὐκ ἐφείσατο,

3081 κλαίω [40]

→ *3088*

κλαίω ἐπί [6] Lk 19:41; 23:28,28; Jas 5:1; Rev 18:9,11

Mt 2:18 Ῥαχὴλ **κλαίουσα** τὰ τέκνα αὐτῆς, καὶ οὐκ ἤθελεν παρακληθῆναι,

26:75 καὶ ἐμνήσθη ὁ Πέτρος τοῦ ῥήματος Ἰησοῦ εἰρηκότος ὅτι Πρὶν ἀλέκτορα φωνῆσαι τρὶς ἀπαρνήσῃ με· καὶ ἐξελθὼν ἔξω **ἔκλαυσεν** πικρῶς.

Mk 5:38 καὶ θεωρεῖ θόρυβον καὶ **κλαίοντας** καὶ ἀλαλάζοντας πολλά,

5:39 καὶ εἰσελθὼν λέγει αὐτοῖς, Τί θορυβεῖσθε καὶ **κλαίετε;**

14:72 καὶ ἀνεμνήσθη ὁ Πέτρος τὸ ῥῆμα ὡς εἶπεν αὐτῷ ὁ Ἰησοῦς ὅτι Πρὶν ἀλέκτορα φωνῆσαι δὶς τρίς με ἀπαρνήσῃ· καὶ ἐπιβαλὼν **ἔκλαιεν.**

16:10 ⟦ἐκείνη πορευθεῖσα ἀπήγγειλεν τοῖς μετ᾽ αὐτοῦ γενομένοις πενθοῦσι καὶ **κλαίουσιν·**⟧

Lk 6:21 ὅτι χορτασθήσεσθε. μακάριοι οἱ **κλαίοντες** νῦν, ὅτι γελάσετε.

6:25 οὐαί, οἱ γελῶντες νῦν, ὅτι πενθήσετε καὶ **κλαύσετε.**

7:13 καὶ ἰδὼν αὐτὴν ὁ κύριος ἐσπλαγχνίσθη ἐπ᾽ αὐτῇ καὶ εἶπεν αὐτῇ, Μὴ **κλαῖε.**

7:32 Ηὐλήσαμεν ὑμῖν καὶ οὐκ ὠρχήσασθε, ἐθρηνήσαμεν καὶ οὐκ **ἐκλαύσατε.**

7:38 καὶ στᾶσα ὀπίσω παρὰ τοὺς πόδας αὐτοῦ **κλαίουσα** τοῖς δάκρυσιν ἤρξατο βρέχειν τοὺς πόδας αὐτοῦ καὶ ταῖς θριξὶν

8:52 **ἔκλαιον** δὲ πάντες καὶ ἐκόπτοντο αὐτήν. ὁ δὲ εἶπεν, Μὴ **κλαίετε,** οὐ γὰρ ἀπέθανεν ἀλλὰ καθεύδει.

19:41 Καὶ ὡς ἤγγισεν ἰδὼν τὴν πόλιν **ἔκλαυσεν** ἐπ᾽ αὐτήν

22:62 καὶ ἐξελθὼν ἔξω **ἔκλαυσεν** πικρῶς.

23:28 στραφεὶς δὲ πρὸς αὐτὰς [ὁ] Ἰησοῦς εἶπεν, Θυγατέρες Ἰερουσαλήμ, μὴ **κλαίετε** ἐπ᾽ ἐμέ· πλὴν ἐφ᾽ ἑαυτὰς **κλαίετε** καὶ ἐπὶ τὰ τέκνα ὑμῶν,

Jn 11:31 ἠκολούθησαν αὐτῇ δόξαντες ὅτι ὑπάγει εἰς τὸ μνημεῖον ἵνα **κλαύσῃ** ἐκεῖ.

11:33 Ἰησοῦς οὖν ὡς εἶδεν αὐτὴν **κλαίουσαν** καὶ τοὺς συνελθόντας αὐτῇ Ἰουδαίους **κλαίοντας,**

16:20 ἀμὴν ἀμὴν λέγω ὑμῖν ὅτι **κλαύσετε** καὶ θρηνήσετε ὑμεῖς,

20:11 Μαρία δὲ εἱστήκει πρὸς τῷ μνημείῳ ἔξω **κλαίουσα.** ὡς οὖν **ἔκλαιεν,** παρέκυψεν εἰς τὸ μνημεῖον

20:13 καὶ λέγουσιν αὐτῇ ἐκεῖνοι, Γύναι, τί **κλαίεις;** λέγει αὐτοῖς ὅτι Ἦραν τὸν κύριόν μου,

20:15 λέγει αὐτῇ Ἰησοῦς, Γύναι, τί **κλαίεις;** τίνα ζητεῖς;

Ac 9:39 ὃν παραγενόμενον ἀνήγαγον εἰς τὸ ὑπερῷον καὶ παρέστησαν αὐτῷ πᾶσαι αἱ χῆραι **κλαίουσαι** καὶ ἐπιδεικνύμεναι χιτῶνας

21:13 Τί ποιεῖτε **κλαίοντες** καὶ συνθρύπτοντές μου τὴν καρδίαν;

Ro 12:15 χαίρειν μετὰ χαιρόντων, **κλαίειν** μετὰ **κλαιόντων.**

1Co 7:30 καὶ οἱ **κλαίοντες** ὡς μὴ **κλαίοντες** καὶ οἱ χαίροντες ὡς μὴ χαίροντες καὶ οἱ ἀγοράζοντες ὡς μὴ κατέχοντες,

Php 3:18 καὶ **κλαίων** λέγω, τοὺς ἐχθροὺς τοῦ σταυροῦ τοῦ Χριστοῦ,

Jas 4: 9 ταλαιπωρήσατε καὶ πενθήσατε καὶ **κλαύσατε.** ὁ γέλως ὑμῶν εἰς πένθος μετατραπήτω καὶ ἡ χαρὰ εἰς κατήφειαν.

5: 1 **κλαύσατε** ὀλολύζοντες ἐπὶ ταῖς ταλαιπωρίαις ὑμῶν ταῖς ἐπερχομέναις.

Rev 5: 4 καὶ **ἔκλαιον** πολύ, ὅτι οὐδεὶς ἄξιος εὑρέθη ἀνοῖξαι τὸ βιβλίον οὔτε βλέπειν αὐτό.

5: 5 καὶ εἷς ἐκ τῶν πρεσβυτέρων λέγει μοι, Μὴ **κλαῖε,**

18: 9 Καὶ **κλαύσουσιν** καὶ κόψονται ἐπ᾽ αὐτὴν οἱ βασιλεῖς τῆς γῆς οἱ μετ᾽ αὐτῆς πορνεύσαντες καὶ στρηνιάσαντες,

18:11 Καὶ οἱ ἔμποροι τῆς γῆς **κλαίουσιν** καὶ πενθοῦσιν ἐπ᾽ αὐτήν,

18:15 οἱ πλουτήσαντες ἀπ᾽ αὐτῆς ἀπὸ μακρόθεν στήσονται διὰ τὸν φόβον τοῦ βασανισμοῦ αὐτῆς **κλαίοντες** καὶ πενθοῦντες

18:19 καὶ ἔβαλον χοῦν ἐπὶ τὰς κεφαλὰς αὐτῶν καὶ ἔκραζον **κλαίοντες** καὶ πενθοῦντες λέγοντες,

3082 κλάσις [2]

√ *3089*

Lk 24:35 καὶ αὐτοὶ ἐξηγοῦντο τὰ ἐν τῇ ὁδῷ καὶ ὡς ἐγνώσθη αὐτοῖς ἐν τῇ **κλάσει** τοῦ ἄρτου.

Ac 2:42 ἦσαν δὲ προσκαρτεροῦντες τῇ διδαχῇ τῶν ἀποστόλων καὶ τῇ κοινωνίᾳ, τῇ **κλάσει** τοῦ ἄρτου καὶ ταῖς προσευχαῖς.

3083 κλάσμα [9]

√ *3089*

Mt 14:20 ἦραν τὸ περισσεῦον τῶν **κλασμάτων** δώδεκα κοφίνους πλήρεις.

15:37 τὸ περισσεῦον τῶν **κλασμάτων** ἦραν ἑπτὰ σπυρίδας πλήρεις.

Mk 6:43 καὶ ἦραν **κλάσματα** δώδεκα κοφίνων πληρώματα καὶ ἀπὸ τῶν ἰχθύων.

8: 8 καὶ ἔφαγον καὶ ἐχορτάσθησαν, καὶ ἦραν περισσεύματα **κλασμάτων** ἑπτὰ σπυρίδας.

8:19 ὅτε τοὺς πέντε ἄρτους ἔκλασα εἰς τοὺς πεντακισχιλίους, πόσους κοφίνους **κλασμάτων** πλήρεις ἤρατε;

8:20 Ὅτε τοὺς ἑπτὰ εἰς τοὺς τετρακισχιλίους, πόσων σπυρίδων πληρώματα **κλασμάτων** ἤρατε;

Lk 9:17 καὶ ἤρθη τὸ περισσεῦσαν αὐτοῖς **κλασμάτων** κόφινοι δώδεκα.

Jn 6:12 Συναγάγετε τὰ περισσεύσαντα **κλάσματα,** ἵνα μή τι ἀπόληται.

6:13 καὶ ἐγέμισαν δώδεκα κοφίνους **κλασμάτων** ἐκ τῶν πέντε ἄρτων τῶν κριθίνων ἃ ἐπερίσσευσαν τοῖς βεβρωκόσιν.

3084 Κλαῦδα Not used in UBS/NIV

√ *cf. 3007*

3085 Κλαύδη Not used in UBS/NIV

√ *cf. 3007*

3086 Κλαυδία [1]

→ *3087*

2Ti 4:21 Ἀσπάζεταί σε Εὔβουλος καὶ Πούδης καὶ Λίνος καὶ **Κλαυδία** καὶ οἱ ἀδελφοὶ πάντες.

3087 Κλαύδιος [3]

√ 3086

Ac 11:28 Ἅγαβος ἐσήμανεν διὰ τοῦ πνεύματος λιμὸν μεγάλην μέλλειν ἔσεσθαι ἐφ᾽ ὅλην τὴν οἰκουμένην, ἥτις ἐγένετο ἐπὶ **Κλαυδίου.**
18: 2 διὰ τὸ διατεταχέναι **Κλαύδιον** χωρίζεσθαι πάντας τοὺς Ἰουδαίους ἀπὸ τῆς Ῥώμης,
23:26 **Κλαύδιος** Λυσίας τῷ κρατίστῳ ἡγεμόνι Φήλικι χαίρειν.

3088 κλαυθμός [9]

√ 3081

Mt 2:18 Φωνὴ ἐν Ῥαμὰ ἠκούσθη, **κλαυθμὸς** καὶ ὀδυρμὸς πολύς·
8:12 ἐκεῖ ἔσται ὁ **κλαυθμὸς** καὶ ὁ βρυγμὸς τῶν ὀδόντων.
13:42 ἐκεῖ ἔσται ὁ **κλαυθμὸς** καὶ ὁ βρυγμὸς τῶν ὀδόντων.
13:50 ἐκεῖ ἔσται ὁ **κλαυθμὸς** καὶ ὁ βρυγμὸς τῶν ὀδόντων.
22:13 ἐκεῖ ἔσται ὁ **κλαυθμὸς** καὶ ὁ βρυγμὸς τῶν ὀδόντων.
24:51 ἐκεῖ ἔσται ὁ **κλαυθμὸς** καὶ ὁ βρυγμὸς τῶν ὀδόντων.
25:30 ἐκεῖ ἔσται ὁ **κλαυθμὸς** καὶ ὁ βρυγμὸς τῶν ὀδόντων.
Lk 13:28 ἐκεῖ ἔσται ὁ **κλαυθμὸς** καὶ ὁ βρυγμὸς τῶν ὀδόντων,
Ac 20:37 ἱκανὸς δὲ **κλαυθμὸς** ἐγένετο πάντων καὶ ἐπιπεσόντες ἐπὶ τὸν τράχηλον τοῦ Παύλου κατεφίλουν αὐτόν,

3089 κλάω [14]

→ *1709, 2880, 3080, 3082, 3083, 3097*

with **εὐλογέω** [5] Mt 14:19; 26:26; Mk 14:22; Lk 24:30; 1Co 10:16

Mt 14:19 ἀναβλέψας εἰς τὸν οὐρανὸν εὐλόγησεν καὶ **κλάσας** ἔδωκεν τοῖς μαθηταῖς τοὺς ἄρτους,
15:36 ἔλαβεν τοὺς ἑπτὰ ἄρτους καὶ τοὺς ἰχθύας καὶ εὐχαριστήσας **ἔκλασεν** καὶ ἐδίδου τοῖς μαθηταῖς,
26:26 Ἐσθιόντων δὲ αὐτῶν λαβὼν ὁ Ἰησοῦς ἄρτον καὶ εὐλογήσας **ἔκλασεν** καὶ δοὺς τοῖς μαθηταῖς εἶπεν,
Mk 8: 6 καὶ λαβὼν τοὺς ἑπτὰ ἄρτους εὐχαριστήσας **ἔκλασεν** καὶ ἐδίδου τοῖς μαθηταῖς αὐτοῦ ἵνα παρατιθῶσιν,
8:19 ὅτε τοὺς πέντε ἄρτους **ἔκλασα** εἰς τοὺς πεντακισχιλίους,
14:22 Καὶ ἐσθιόντων αὐτῶν λαβὼν ἄρτον εὐλογήσας **ἔκλασεν** καὶ ἔδωκεν αὐτοῖς καὶ εἶπεν,
Lk 22:19 λαβὼν ἄρτον εὐχαριστήσας **ἔκλασεν** καὶ ἔδωκεν αὐτοῖς λέγων,
24:30 καὶ ἐγένετο ἐν τῷ κατακλιθῆναι αὐτὸν μετ᾽ αὐτῶν λαβὼν τὸν ἄρτον εὐλόγησεν καὶ **κλάσας** ἐπεδίδου αὐτοῖς,
Ac 2:46 **κλῶντές** τε κατ᾽ οἶκον ἄρτον, μετελάμβανον τροφῆς ἐν ἀγαλλιάσει καὶ ἀφελότητι καρδίας
20: 7 Ἐν δὲ τῇ μιᾷ τῶν σαββάτων συνηγμένων ἡμῶν **κλάσαι** ἄρτον,
20:11 ἀναβὰς δὲ καὶ **κλάσας** τὸν ἄρτον καὶ γευσάμενος ἐφ᾽ ἱκανόν τε ὁμιλήσας ἄχρι αὐγῆς,
27:35 εἴπας δὲ ταῦτα καὶ λαβὼν ἄρτον εὐχαρίστησεν τῷ θεῷ ἐνώπιον πάντων καὶ **κλάσας** ἤρξατο ἐσθίειν.
1Co 10:16 τὸν ἄρτον ὃν **κλῶμεν,** οὐχὶ κοινωνία τοῦ σώματος τοῦ Χριστοῦ ἐστιν;
11:24 καὶ εὐχαριστήσας **ἔκλασεν** καὶ εἶπεν, Τοῦτό μού ἐστιν τὸ σῶμα τὸ ὑπὲρ ὑμῶν·

3090 κλείς [6]

√ 3091

Mt 16:19 δώσω σοι τὰς **κλεῖδας** τῆς βασιλείας τῶν οὐρανῶν,
Lk 11:52 οὐαὶ ὑμῖν τοῖς νομικοῖς, ὅτι ἤρατε τὴν **κλεῖδα** τῆς γνώσεως·
Rev 1:18 καὶ ἐγενόμην νεκρὸς καὶ ἰδοὺ ζῶν εἰμι εἰς τοὺς αἰῶνας τῶν αἰώνων καὶ ἔχω τὰς **κλεῖς** τοῦ θανάτου καὶ τοῦ ᾅδου.
3: 7 Τάδε λέγει ὁ ἅγιος, ὁ ἀληθινός, ὁ ἔχων τὴν **κλεῖν** Δαυίδ,
9: 1 καὶ ἐδόθη αὐτῷ ἡ **κλεὶς** τοῦ φρέατος τῆς ἀβύσσου
20: 1 Καὶ εἶδον ἄγγελον καταβαίνοντα ἐκ τοῦ οὐρανοῦ ἔχοντα τὴν **κλεῖν** τῆς ἀβύσσου καὶ ἅλυσιν μεγάλην ἐπὶ τὴν χεῖρα αὐτοῦ.

3091 κλείω [16]

→ *643, 1597, 1710, 2881, 3090, 5168*

κλείω τὰ σπλάγχνα [1] 1Jn 3:17

Mt 6: 6 εἴσελθε εἰς τὸ ταμεῖόν σου καὶ **κλείσας** τὴν θύραν σου πρόσευξαι τῷ πατρί σου τῷ ἐν τῷ κρυπτῷ·
23:13 ὅτι **κλείετε** τὴν βασιλείαν τῶν οὐρανῶν ἔμπροσθεν τῶν ἀνθρώπων·
25:10 καὶ αἱ ἕτοιμοι εἰσῆλθον μετ᾽ αὐτοῦ εἰς τοὺς γάμους καὶ **ἐκλείσθη** ἡ θύρα.
Lk 4:25 ὅτε **ἐκλείσθη** ὁ οὐρανὸς ἐπὶ ἔτη τρία καὶ μῆνας ἕξ,
11: 7 ἤδη ἡ θύρα **κέκλεισται** καὶ τὰ παιδία μου μετ᾽ ἐμοῦ εἰς τὴν κοίτην εἰσίν·
Jn 20:19 Οὔσης οὖν ὀψίας τῇ ἡμέρᾳ ἐκείνῃ τῇ μιᾷ σαββάτων καὶ τῶν θυρῶν **κεκλεισμένων** ὅπου ἦσαν οἱ μαθηταὶ διὰ τὸν φόβον
20:26 ἔρχεται ὁ Ἰησοῦς τῶν θυρῶν **κεκλεισμένων** καὶ ἔστη εἰς τὸ μέσον καὶ εἶπεν,
Ac 5:23 λέγοντες ὅτι Τὸ δεσμωτήριον εὕρομεν **κεκλεισμένον** ἐν πάσῃ ἀσφαλείᾳ καὶ τοὺς φύλακας ἑστῶτας ἐπὶ τῶν θυρῶν,
21:30 καὶ ἐπιλαβόμενοι τοῦ Παύλου εἷλκον αὐτὸν ἔξω τοῦ ἱεροῦ καὶ εὐθέως **ἐκλείσθησαν** αἱ θύραι.
1Jn 3:17 ὃς δ᾽ ἂν ἔχῃ τὸν βίον τοῦ κόσμου καὶ θεωρῇ τὸν ἀδελφὸν αὐτοῦ χρείαν ἔχοντα καὶ **κλείσῃ** τὰ σπλάγχνα αὐτοῦ ἀπ᾽ αὐτοῦ,
Rev 3: 7 ὁ ἀνοίγων καὶ οὐδεὶς **κλείσει** καὶ **κλείων** καὶ οὐδεὶς ἀνοίγει·
3: 8 ἰδοὺ δέδωκα ἐνώπιόν σου θύραν ἠνεῳγμένην, ἣν οὐδεὶς δύναται **κλεῖσαι** αὐτήν,
11: 6 οὗτοι ἔχουσιν τὴν ἐξουσίαν **κλεῖσαι** τὸν οὐρανόν, ἵνα μὴ ὑετὸς βρέχῃ τὰς ἡμέρας τῆς προφητείας αὐτῶν,
20: 3 καὶ ἔβαλεν αὐτὸν εἰς τὴν ἄβυσσον καὶ **ἔκλεισεν** καὶ ἐσφράγισεν ἐπάνω αὐτοῦ,
21:25 καὶ οἱ πυλῶνες αὐτῆς οὐ μὴ **κλεισθῶσιν** ἡμέρας,

3092 κλέμμα [1]

√ 3096

Rev 9:21 καὶ οὐ μετενόησαν ἐκ τῶν φόνων αὐτῶν οὔτε ἐκ τῶν φαρμάκων αὐτῶν οὔτε ἐκ τῆς πορνείας αὐτῶν οὔτε ἐκ τῶν **κλεμμάτων**

3093 Κλεοπᾶς [1]

√ 3094 + 4252

Lk 24:18 ἀποκριθεὶς δὲ εἷς ὀνόματι **Κλεοπᾶς** εἶπεν πρὸς αὐτόν,

3094 κλέος [1]

→ *3093*

1Pe 2:20 ποῖον γὰρ **κλέος** εἰ ἁμαρτάνοντες καὶ κολαφιζόμενοι ὑπομενεῖτε;

3095 κλέπτης [16]

√ 3096

Mt 6:19 ὅπου σὴς καὶ βρῶσις ἀφανίζει καὶ ὅπου **κλέπται** διορύσσουσιν καὶ κλέπτουσιν·
6:20 ὅπου οὔτε σὴς οὔτε βρῶσις ἀφανίζει καὶ ὅπου **κλέπται** οὐ διορύσσουσιν οὐδὲ κλέπτουσιν·
24:43 ἐκεῖνο δὲ γινώσκετε ὅτι εἰ ᾔδει ὁ οἰκοδεσπότης ποίᾳ φυλακῇ ὁ **κλέπτης** ἔρχεται,
Lk 12:33 θησαυρὸν ἀνέκλειπτον ἐν τοῖς οὐρανοῖς, ὅπου **κλέπτης** οὐκ ἐγγίζει οὐδὲ σὴς διαφθείρει·
12:39 τοῦτο δὲ γινώσκετε ὅτι εἰ ᾔδει ὁ οἰκοδεσπότης ποίᾳ ὥρᾳ ὁ **κλέπτης** ἔρχεται,
Jn 10: 1 ὁ μὴ εἰσερχόμενος διὰ τῆς θύρας εἰς τὴν αὐλὴν τῶν προβάτων ἀλλὰ ἀναβαίνων ἀλλαχόθεν ἐκεῖνος **κλέπτης** ἐστὶν καὶ λῃστής·
10: 8 πάντες ὅσοι ἦλθον [πρὸ ἐμοῦ] **κλέπται** εἰσὶν καὶ λῃσταί,
10:10 ὁ **κλέπτης** οὐκ ἔρχεται εἰ μὴ ἵνα κλέψῃ καὶ θύσῃ καὶ ἀπολέσῃ·
12: 6 ἀλλ᾽ ὅτι **κλέπτης** ἦν καὶ τὸ γλωσσόκομον ἔχων τὰ βαλλόμενα ἐβάσταζεν.
1Co 6:10 οὔτε **κλέπται** οὔτε πλεονέκται, οὐ μέθυσοι, οὐ λοίδοροι,
1Th 5: 2 αὐτοὶ γὰρ ἀκριβῶς οἴδατε ὅτι ἡμέρα κυρίου ὡς **κλέπτης** ἐν νυκτὶ οὕτως ἔρχεται.
5: 4 οὐκ ἐστὲ ἐν σκότει, ἵνα ἡ ἡμέρα ὑμᾶς ὡς **κλέπτης** καταλάβῃ·
1Pe 4:15 μὴ γάρ τις ὑμῶν πασχέτω ὡς φονεὺς ἢ **κλέπτης** ἢ κακοποιὸς ἢ ὡς ἀλλοτριεπίσκοπος·
2Pe 3:10 Ἥξει δὲ ἡμέρα κυρίου ὡς **κλέπτης,** ἐν ᾗ οἱ οὐρανοὶ ῥοιζηδὸν παρελεύσονται στοιχεῖα δὲ καυσούμενα λυθήσεται καὶ γῆ καὶ τὰ ἐν αὐτῇ ἔργα εὑρεθήσεται.
Rev 3: 3 ἐὰν οὖν μὴ γρηγορήσῃς, ἥξω ὡς **κλέπτης,** καὶ οὐ μὴ γνῷς ποίαν ὥραν ἥξω ἐπὶ σέ.
16:15 Ἰδοὺ ἔρχομαι ὡς **κλέπτης.** μακάριος ὁ γρηγορῶν καὶ τηρῶν τὰ ἱμάτια αὐτοῦ,

3096 κλέπτω [13]

→ *3092, 3095, 3113*

Mt 6:19 ὅπου σὴς καὶ βρῶσις ἀφανίζει καὶ ὅπου κλέπται διορύσσουσιν καὶ **κλέπτουσιν·**
6:20 ὅπου οὔτε σὴς οὔτε βρῶσις ἀφανίζει καὶ ὅπου κλέπται οὐ διορύσσουσιν οὐδὲ **κλέπτουσιν·**
19:18 Τὸ Οὐ φονεύσεις, Οὐ μοιχεύσεις, Οὐ **κλέψεις,** Οὐ ψευδομαρτυρήσεις,
27:64 μήποτε ἐλθόντες οἱ μαθηταὶ αὐτοῦ **κλέψωσιν** αὐτὸν καὶ εἴπωσιν τῷ λαῷ,
28:13 Εἴπατε ὅτι Οἱ μαθηταὶ αὐτοῦ νυκτὸς ἐλθόντες **ἔκλεψαν** αὐτὸν ἡμῶν κοιμωμένων.
Mk 10:19 Μὴ μοιχεύσῃς, Μὴ **κλέψῃς,** Μὴ ψευδομαρτυρήσῃς, Μὴ ἀποστερήσῃς,
Lk 18:20 Μὴ μοιχεύσῃς, Μὴ φονεύσῃς, Μὴ **κλέψῃς,** Μὴ ψευδομαρτυρήσῃς,
Jn 10:10 ὁ κλέπτης οὐκ ἔρχεται εἰ μὴ ἵνα **κλέψῃ** καὶ θύσῃ καὶ ἀπολέσῃ·
Ro 2:21 ὁ οὖν διδάσκων ἕτερον σεαυτὸν οὐ διδάσκεις; ὁ κηρύσσων μὴ **κλέπτειν κλέπτεις;**
13:9 τὸ γὰρ Οὐ μοιχεύσεις, Οὐ φονεύσεις, Οὐ **κλέψεις,** Οὐκ ἐπιθυμήσεις,
Eph 4:28 ὁ **κλέπτων** μηκέτι **κλεπτέτω,** μᾶλλον δὲ κοπιάτω ἐργαζόμενος ταῖς [ἰδίαις] χερσὶν τὸ ἀγαθόν,

3097 κλῆμα [4]

√ *3089*

Jn 15:2 πᾶν **κλῆμα** ἐν ἐμοὶ μὴ φέρον καρπὸν αἴρει αὐτό,
15:4 καθὼς τὸ **κλῆμα** οὐ δύναται καρπὸν φέρειν ἀφ' ἑαυτοῦ ἐὰν μὴ μένῃ ἐν τῇ ἀμπέλῳ,
15:5 ἐγώ εἰμι ἡ ἄμπελος, ὑμεῖς τὰ **κλήματα.** ὁ μένων ἐν ἐμοὶ κἀγὼ ἐν αὐτῷ οὗτος φέρει καρπὸν πολύν,
15:6 ἐβλήθη ἔξω ὡς τὸ **κλῆμα** καὶ ἐξηράνθη καὶ συνάγουσιν αὐτὰ καὶ εἰς τὸ πῦρ βάλλουσιν καὶ καίεται.

3098 Κλήμης [1]

Php 4:3 αἵτινες ἐν τῷ εὐαγγελίῳ συνήθλησάν μοι μετὰ καὶ **Κλήμεντος** καὶ τῶν λοιπῶν συνεργῶν μου,

3099 κληρονομέω [18]

√ *3102 + 3795*

Mt 5:5 μακάριοι οἱ πραεῖς, ὅτι αὐτοὶ **κληρονομήσουσιν** τὴν γῆν.
19:29 καὶ πᾶς ὅστις ἀφῆκεν οἰκίας ἢ ἀδελφοὺς ἢ ἀδελφὰς ἢ πατέρα ἢ μητέρα ἢ τέκνα ἢ ἀγροὺς ἕνεκεν τοῦ ὀνόματός μου, ἑκατονταπλασίονα λήμψεται καὶ ζωὴν αἰώνιον **κληρονομήσει.**
25:34 **κληρονομήσατε** τὴν ἡτοιμασμένην ὑμῖν βασιλείαν ἀπὸ καταβολῆς κόσμου.
Mk 10:17 Διδάσκαλε ἀγαθέ, τί ποιήσω ἵνα ζωὴν αἰώνιον **κληρονομήσω;**
Lk 10:25 Καὶ ἰδοὺ νομικός τις ἀνέστη ἐκπειράζων αὐτὸν λέγων, Διδάσκαλε, τί ποιήσας ζωὴν αἰώνιον **κληρονομήσω;**
18:18 Καὶ ἐπηρώτησέν τις αὐτὸν ἄρχων λέγων, Διδάσκαλε ἀγαθέ, τί ποιήσας ζωὴν αἰώνιον **κληρονομήσω;**
1Co 6:9 ἢ οὐκ οἴδατε ὅτι ἄδικοι θεοῦ βασιλείαν οὐ **κληρονομήσουσιν;**
6:10 οὐ μέθυσοι, οὐ λοίδοροι, οὐχ ἅρπαγες βασιλείαν θεοῦ **κληρονομήσουσιν.**
15:50 ὅτι σὰρξ καὶ αἷμα βασιλείαν θεοῦ **κληρονομῆσαι** οὐ δύναται οὐδὲ ἡ φθορὰ τὴν ἀφθαρσίαν **κληρονομεῖ.**
Gal 4:30 οὐ γὰρ μὴ **κληρονομήσει** ὁ υἱὸς τῆς παιδίσκης μετὰ τοῦ υἱοῦ τῆς ἐλευθέρας.
5:21 ἃ προλέγω ὑμῖν καθὼς προεῖπον ὅτι οἱ τὰ τοιαῦτα πράσσοντες βασιλείαν θεοῦ οὐ **κληρονομήσουσιν.**
Heb 1:4 τοσούτῳ κρείττων γενόμενος τῶν ἀγγέλων ὅσῳ διαφορώτερον παρ' αὐτοὺς **κεκληρονόμηκεν** ὄνομα.
1:14 οὐχὶ πάντες εἰσὶν λειτουργικὰ πνεύματα εἰς διακονίαν ἀποστελλόμενα διὰ τοὺς μέλλοντας **κληρονομεῖν** σωτηρίαν;
6:12 μιμηταὶ δὲ τῶν διὰ πίστεως καὶ μακροθυμίας **κληρονομούντων** τὰς ἐπαγγελίας.
12:17 ἴστε γὰρ ὅτι καὶ μετέπειτα θέλων **κληρονομῆσαι** τὴν εὐλογίαν ἀπεδοκιμάσθη,
1Pe 3:9 τοὐναντίον δὲ εὐλογοῦντες ὅτι εἰς τοῦτο ἐκλήθητε ἵνα εὐλογίαν **κληρονομήσητε.**
Rev 21:7 ὁ νικῶν **κληρονομήσει** ταῦτα καὶ ἔσομαι αὐτῷ θεὸς καὶ αὐτὸς ἔσται μοι υἱός.

3100 κληρονομία [14]

√ *3102 + 3795*

Mt 21:38 δεῦτε ἀποκτείνωμεν αὐτὸν καὶ σχῶμεν τὴν **κληρονομίαν** αὐτοῦ,
Mk 12:7 δεῦτε ἀποκτείνωμεν αὐτόν, καὶ ἡμῶν ἔσται ἡ **κληρονομία.**
Lk 12:13 εἰπὲ τῷ ἀδελφῷ μου μερίσασθαι μετ' ἐμοῦ τὴν **κληρονομίαν.**
20:14 Οὗτός ἐστιν ὁ κληρονόμος· ἀποκτείνωμεν αὐτόν, ἵνα ἡμῶν γένηται ἡ **κληρονομία.**
Ac 7:5 καὶ οὐκ ἔδωκεν αὐτῷ **κληρονομίαν** ἐν αὐτῇ οὐδὲ βῆμα ποδὸς καὶ ἐπηγγείλατο δοῦναι αὐτῷ εἰς κατάσχεσιν αὐτὴν
20:32 τῷ δυναμένῳ οἰκοδομῆσαι καὶ δοῦναι τὴν **κληρονομίαν** ἐν τοῖς ἡγιασμένοις πᾶσιν.
Gal 3:18 εἰ γὰρ ἐκ νόμου ἡ **κληρονομία,** οὐκέτι ἐξ ἐπαγγελίας·
Eph 1:14 ὅ ἐστιν ἀρραβὼν τῆς **κληρονομίας** ἡμῶν, εἰς ἀπολύτρωσιν τῆς περιποιήσεως,
1:18 τίς ὁ πλοῦτος τῆς δόξης τῆς **κληρονομίας** αὐτοῦ ἐν τοῖς ἁγίοις,
5:5 οὐκ ἔχει **κληρονομίαν** ἐν τῇ βασιλείᾳ τοῦ Χριστοῦ καὶ θεοῦ.
Col 3:24 εἰδότες ὅτι ἀπὸ κυρίου ἀπολήμψεσθε τὴν ἀνταπόδοσιν τῆς **κληρονομίας.**
Heb 9:15 ὅπως θανάτου γενομένου εἰς ἀπολύτρωσιν τῶν ἐπὶ τῇ πρώτῃ διαθήκῃ παραβάσεων τὴν ἐπαγγελίαν λάβωσιν οἱ κεκλημένοι τῆς αἰωνίου **κληρονομίας.**
11:8 Πίστει καλούμενος Ἀβραὰμ ὑπήκουσεν ἐξελθεῖν εἰς τόπον ὃν ἤμελλεν λαμβάνειν εἰς **κληρονομίαν,**
1Pe 1:4 εἰς **κληρονομίαν** ἄφθαρτον καὶ ἀμίαντον καὶ ἀμάραντον, τετηρημένην ἐν οὐρανοῖς εἰς ὑμᾶς

3101 κληρονόμος [15]

√ *3102 + 3795*

Mt 21:38 οἱ δὲ γεωργοὶ ἰδόντες τὸν υἱὸν εἶπον ἐν ἑαυτοῖς, Οὗτός ἐστιν ὁ **κληρονόμος·**
Mk 12:7 ἐκεῖνοι δὲ οἱ γεωργοὶ πρὸς ἑαυτοὺς εἶπαν ὅτι Οὗτός ἐστιν ὁ **κληρονόμος·**
Lk 20:14 ἰδόντες δὲ αὐτὸν οἱ γεωργοὶ διελογίζοντο πρὸς ἀλλήλους λέγοντες, Οὗτός ἐστιν ὁ **κληρονόμος·**
Ro 4:13 τὸ **κληρονόμον** αὐτὸν εἶναι κόσμου, ἀλλὰ διὰ δικαιοσύνης πίστεως.
4:14 εἰ γὰρ οἱ ἐκ νόμου **κληρονόμοι,** κεκένωται ἡ πίστις καὶ κατήργηται ἡ ἐπαγγελία·
8:17 εἰ δὲ τέκνα, καὶ **κληρονόμοι· κληρονόμοι** μὲν θεοῦ, συγκληρονόμοι δὲ Χριστοῦ, εἴπερ συμπάσχομεν ἵνα καὶ συνδοξασθῶμεν.
Gal 3:29 ἄρα τοῦ Ἀβραὰμ σπέρμα ἐστέ, κατ' ἐπαγγελίαν **κληρονόμοι.**
4:1 Λέγω δέ, ἐφ' ὅσον χρόνον ὁ **κληρονόμος** νήπιός ἐστιν,
4:7 ὥστε οὐκέτι εἶ δοῦλος ἀλλὰ υἱός· εἰ δὲ υἱός, καὶ **κληρονόμος** διὰ θεοῦ.
Tit 3:7 ἵνα δικαιωθέντες τῇ ἐκείνου χάριτι **κληρονόμοι** γενηθῶμεν κατ' ἐλπίδα ζωῆς αἰωνίου.
Heb 1:2 ὃν ἔθηκεν **κληρονόμον** πάντων, δι' οὗ καὶ ἐποίησεν τοὺς αἰῶνας·
6:17 ἐν ᾧ περισσότερον βουλόμενος ὁ θεὸς ἐπιδεῖξαι τοῖς **κληρονόμοις** τῆς ἐπαγγελίας τὸ ἀμετάθετον τῆς βουλῆς αὐτοῦ ἐμεσίτευσεν ὅρκῳ,
11:7 κιβωτὸν εἰς σωτηρίαν τοῦ οἴκου αὐτοῦ δι' ἧς κατέκρινεν τὸν κόσμον, καὶ τῆς κατὰ πίστιν δικαιοσύνης ἐγένετο **κληρονόμος.**
Jas 2:5 οὐχ ὁ θεὸς ἐξελέξατο τοὺς πτωχοὺς τῷ κόσμῳ πλουσίους ἐν πίστει καὶ **κληρονόμους** τῆς βασιλείας ἧς ἐπηγγείλατο

3102 κλῆρος [11]

→ *2882, 2883, 3099, 3100, 3101, 3103, 3729, 3907, 3908, 4677, 5169*

βάλλω κλῆρος [4] Mt 27:35; Mk 15:24; Lk 23:34; Jn 19:24

Mt 27:35 σταυρώσαντες δὲ αὐτὸν διεμερίσαντο τὰ ἱμάτια αὐτοῦ βάλλοντες **κλῆρον,**
Mk 15:24 καὶ σταυροῦσιν αὐτὸν καὶ διαμερίζονται τὰ ἱμάτια αὐτοῦ, βάλλοντες **κλῆρον** ἐπ' αὐτὰ τίς τί ἄρῃ.
Lk 23:34 διαμεριζόμενοι δὲ τὰ ἱμάτια αὐτοῦ ἔβαλον **κλήρους.**
Jn 19:24 Διεμερίσαντο τὰ ἱμάτιά μου ἑαυτοῖς καὶ ἐπὶ τὸν ἱματισμόν μου ἔβαλον **κλῆρον.**

Ac 1:17 ὅτι κατηριθμημένος ἦν ἐν ἡμῖν καὶ ἔλαχεν τὸν **κλῆρον** τῆς διακονίας ταύτης.
1:26 καὶ ἔδωκαν **κλήρους** αὐτοῖς καὶ ἔπεσεν ὁ **κλῆρος** ἐπὶ Μαθθίαν καὶ συγκατεψηφίσθη μετὰ τῶν ἕνδεκα ἀποστόλων.
8:21 οὐκ ἔστιν σοι μερὶς οὐδὲ **κλῆρος** ἐν τῷ λόγῳ τούτῳ,
26:18 τοῦ λαβεῖν αὐτοὺς ἄφεσιν ἁμαρτιῶν καὶ **κλῆρον** ἐν τοῖς ἡγιασμένοις πίστει τῇ εἰς ἐμέ.
Col 1:12 εὐχαριστοῦντες τῷ πατρὶ τῷ ἱκανώσαντι ὑμᾶς εἰς τὴν μερίδα τοῦ **κλήρου** τῶν ἁγίων ἐν τῷ φωτί·
1Pe 5:3 μηδ᾽ ὡς κατακυριεύοντες τῶν **κλήρων** ἀλλὰ τύποι γινόμενοι τοῦ ποιμνίου·

3103 κληρόω [1]

√ 3102

Eph 1:11 ἐν ᾧ καὶ **ἐκληρώθημεν** προορισθέντες κατὰ πρόθεσιν τοῦ τὰ πάντα ἐνεργοῦντος κατὰ τὴν βουλὴν τοῦ θελήματος αὐτοῦ

3104 κλῆσις [11]

√ 2813

Ro 11:29 ἀμεταμέλητα γὰρ τὰ χαρίσματα καὶ ἡ **κλῆσις** τοῦ θεοῦ.
1Co 1:26 Βλέπετε γὰρ τὴν **κλῆσιν** ὑμῶν, ἀδελφοί, ὅτι οὐ πολλοὶ σοφοὶ κατὰ σάρκα,
7:20 ἕκαστος ἐν τῇ **κλήσει** ᾗ ἐκλήθη, ἐν ταύτῃ μενέτω.
Eph 1:18 πεφωτισμένους τοὺς ὀφθαλμοὺς τῆς καρδίας [ὑμῶν] εἰς τὸ εἰδέναι ὑμᾶς τίς ἐστιν ἡ ἐλπὶς τῆς **κλήσεως** αὐτοῦ,
4:1 Παρακαλῶ οὖν ὑμᾶς ἐγὼ ὁ δέσμιος ἐν κυρίῳ ἀξίως περιπατῆσαι τῆς **κλήσεως** ἧς ἐκλήθητε,
4:4 καθὼς καὶ ἐκλήθητε ἐν μιᾷ ἐλπίδι τῆς **κλήσεως** ὑμῶν·
Php 3:14 κατὰ σκοπὸν διώκω εἰς τὸ βραβεῖον τῆς ἄνω **κλήσεως** τοῦ θεοῦ ἐν Χριστῷ Ἰησοῦ.
2Th 1:11 ἵνα ὑμᾶς ἀξιώσῃ τῆς **κλήσεως** ὁ θεὸς ἡμῶν καὶ πληρώσῃ πᾶσαν εὐδοκίαν ἀγαθωσύνης καὶ ἔργον πίστεως ἐν δυνάμει,
2Ti 1:9 τοῦ σώσαντος ἡμᾶς καὶ καλέσαντος **κλήσει** ἁγίᾳ, οὐ κατὰ τὰ ἔργα ἡμῶν ἀλλὰ κατὰ ἰδίαν πρόθεσιν καὶ χάριν,
Heb 3:1 ἀδελφοὶ ἅγιοι, **κλήσεως** ἐπουρανίου μέτοχοι, κατανοήσατε τὸν ἀπόστολον καὶ ἀρχιερέα τῆς ὁμολογίας ἡμῶν Ἰησοῦν,
2Pe 1:10 σπουδάσατε βεβαίαν ὑμῶν τὴν **κλῆσιν** καὶ ἐκλογὴν ποιεῖσθαι·

3105 κλητός [10]

√ 2813

Mt 22:14 πολλοὶ γάρ εἰσιν **κλητοί,** ὀλίγοι δὲ ἐκλεκτοί.
Ro 1:1 Παῦλος δοῦλος Χριστοῦ Ἰησοῦ, **κλητὸς** ἀπόστολος ἀφωρισμένος εἰς εὐαγγέλιον θεοῦ,
1:6 ἐν οἷς ἐστε καὶ ὑμεῖς **κλητοὶ** Ἰησοῦ Χριστοῦ,
1:7 πᾶσιν τοῖς οὖσιν ἐν Ῥώμῃ ἀγαπητοῖς θεοῦ, **κλητοῖς** ἁγίοις,
8:28 οἴδαμεν δὲ ὅτι τοῖς ἀγαπῶσιν τὸν θεὸν πάντα συνεργεῖ εἰς ἀγαθόν, τοῖς κατὰ πρόθεσιν **κλητοῖς** οὖσιν.
1Co 1:1 Παῦλος **κλητὸς** ἀπόστολος Χριστοῦ Ἰησοῦ διὰ θελήματος θεοῦ καὶ Σωσθένης ὁ ἀδελφὸς
1:2 τῇ ἐκκλησίᾳ τοῦ θεοῦ τῇ οὔσῃ ἐν Κορίνθῳ, ἡγιασμένοις ἐν Χριστῷ Ἰησοῦ, **κλητοῖς** ἁγίοις,
1:24 αὐτοῖς δὲ τοῖς **κλητοῖς,** Ἰουδαίοις τε καὶ Ἕλλησιν,
Jude 1:1 τοῖς ἐν θεῷ πατρὶ ἠγαπημένοις καὶ Ἰησοῦ Χριστῷ τετηρημένοις **κλητοῖς·**
Rev 17:14 ὅτι κύριος κυρίων ἐστὶν καὶ βασιλεὺς βασιλέων καὶ οἱ μετ᾽ αὐτοῦ **κλητοὶ** καὶ ἐκλεκτοὶ καὶ πιστοί.

3106 κλίβανος [2]

Mt 6:30 εἰ δὲ τὸν χόρτον τοῦ ἀγροῦ σήμερον ὄντα καὶ αὔριον εἰς **κλίβανον** βαλλόμενον ὁ θεὸς οὕτως ἀμφιέννυσιν,
Lk 12:28 εἰ δὲ ἐν ἀγρῷ τὸν χόρτον ὄντα σήμερον καὶ αὔριον εἰς **κλίβανον** βαλλόμενον ὁ θεὸς οὕτως ἀμφιέζει,

3107 κλίμα [3]

√ 3111

Ro 15:23 νυνὶ δὲ μηκέτι τόπον ἔχων ἐν τοῖς **κλίμασι** τούτοις,
2Co 11:10 ἔστιν ἀλήθεια Χριστοῦ ἐν ἐμοὶ ὅτι ἡ καύχησις αὕτη οὐ φραγήσεται εἰς ἐμὲ ἐν τοῖς **κλίμασιν** τῆς Ἀχαΐας.
Gal 1:21 ἔπειτα ἦλθον εἰς τὰ **κλίματα** τῆς Συρίας καὶ τῆς Κιλικίας·

3108 κλινάριον [1]

√ 3111

Ac 5:15 ὥστε καὶ εἰς τὰς πλατείας ἐκφέρειν τοὺς ἀσθενεῖς καὶ τιθέναι ἐπὶ **κλιναρίων** καὶ κραβάττων,

3109 κλίνη [9 / 8]

√ 3111

Mt 9:2 καὶ ἰδοὺ προσέφερον αὐτῷ παραλυτικὸν ἐπὶ **κλίνης** βεβλημένον.
9:6 Ἐγερθεὶς ἆρόν σου τὴν **κλίνην** καὶ ὕπαγε εἰς τὸν οἶκόν σου.
Mk 4:21 Μήτι ἔρχεται ὁ λύχνος ἵνα ὑπὸ τὸν μόδιον τεθῇ ἢ ὑπὸ τὴν **κλίνην;**
7:4 βαπτισμοὺς ποτηρίων καὶ ξεστῶν καὶ χαλκίων [καὶ **κλινῶν**–[NIV-]]
7:30 καὶ ἀπελθοῦσα εἰς τὸν οἶκον αὐτῆς εὗρεν τὸ παιδίον βεβλημένον ἐπὶ τὴν **κλίνην** καὶ τὸ δαιμόνιον ἐξεληλυθός.
Lk 5:18 καὶ ἰδοὺ ἄνδρες φέροντες ἐπὶ **κλίνης** ἄνθρωπον ὃς ἦν παραλελυμένος καὶ ἐζήτουν αὐτὸν εἰσενεγκεῖν καὶ θεῖναι [αὐτὸν] ἐνώπιον αὐτοῦ.
8:16 Οὐδεὶς δὲ λύχνον ἅψας καλύπτει αὐτὸν σκεύει ἢ ὑποκάτω **κλίνης** τίθησιν,
17:34 ταύτῃ τῇ νυκτὶ ἔσονται δύο ἐπὶ **κλίνης** μιᾶς,
Rev 2:22 ἰδοὺ βάλλω αὐτὴν εἰς **κλίνην** καὶ τοὺς μοιχεύοντας μετ᾽ αὐτῆς εἰς θλῖψιν μεγάλην,

3110 κλινίδιον [2]

√ 3111

Lk 5:19 ἀναβάντες ἐπὶ τὸ δῶμα διὰ τῶν κεράμων καθῆκαν αὐτὸν σὺν τῷ **κλινιδίῳ** εἰς τὸ μέσον ἔμπροσθεν τοῦ Ἰησοῦ.
5:24 ἔγειρε καὶ ἄρας τὸ **κλινίδιόν** σου πορεύου εἰς τὸν οἶκόν σου.

3111 κλίνω [7]

→ *195, 369, 804, 1712, 2884, 3107, 3108, 3109, 3110, 3112, 4679, 4680, 4752*

ἡμέρα ... κλίνω [2] Lk 9:12; 24:29

Mt 8:20 ὁ δὲ υἱὸς τοῦ ἀνθρώπου οὐκ ἔχει ποῦ τὴν κεφαλὴν **κλίνῃ.**
Lk 9:12 Ἡ δὲ ἡμέρα ἤρξατο **κλίνειν·** προσελθόντες δὲ οἱ δώδεκα εἶπαν αὐτῷ,
9:58 ὁ δὲ υἱὸς τοῦ ἀνθρώπου οὐκ ἔχει ποῦ τὴν κεφαλὴν **κλίνῃ.**
24:5 ἐμφόβων δὲ γενομένων αὐτῶν καὶ **κλινουσῶν** τὰ πρόσωπα εἰς τὴν γῆν εἶπαν πρὸς αὐτάς,
24:29 ὅτι πρὸς ἑσπέραν ἐστὶν καὶ **κέκλικεν** ἤδη ἡ ἡμέρα.
Jn 19:30 Τετέλεσται, καὶ **κλίνας** τὴν κεφαλὴν παρέδωκεν τὸ πνεῦμα.
Heb 11:34 ἐδυναμώθησαν ἀπὸ ἀσθενείας, ἐγενήθησαν ἰσχυροὶ ἐν πολέμῳ, παρεμβολὰς **ἔκλιναν** ἀλλοτρίων.

3112 κλισία [1]

√ 3111

Lk 9:14 εἶπεν δὲ πρὸς τοὺς μαθητὰς αὐτοῦ, Κατακλίνατε αὐτοὺς **κλισίας** [ὡσεὶ] ἀνὰ πεντήκοντα.

3113 κλοπή [2]

√ 3096

Mt 15:19 ἐκ γὰρ τῆς καρδίας ἐξέρχονται διαλογισμοὶ πονηροί, φόνοι, μοιχεῖαι, πορνεῖαι, **κλοπαί,** ψευδομαρτυρίαι, βλασφημίαι.
Mk 7:21 ἔσωθεν γὰρ ἐκ τῆς καρδίας τῶν ἀνθρώπων οἱ διαλογισμοὶ οἱ κακοὶ ἐκπορεύονται, πορνεῖαι, **κλοπαί,** φόνοι,

3114 κλύδων [2]

→ *2352, 2885, 2886, 3115*

Lk 8:24 ὁ δὲ διεγερθεὶς ἐπετίμησεν τῷ ἀνέμῳ καὶ τῷ **κλύδωνι** τοῦ ὕδατος·
Jas 1:6 ὁ γὰρ διακρινόμενος ἔοικεν **κλύδωνι** θαλάσσης ἀνεμιζομένῳ καὶ ῥιπιζομένῳ.

3115 κλυδωνίζομαι [1]

√ 3114

Eph 4:14 **κλυδωνιζόμενοι** καὶ περιφερόμενοι παντὶ ἀνέμῳ τῆς διδασκαλίας ἐν τῇ κυβείᾳ τῶν ἀνθρώπων,

3116 Κλωπᾶς [1]

Jn 19:25 Μαρία ἡ τοῦ **Κλωπᾶ** καὶ Μαρία ἡ Μαγδαληνή.

3117 κνήθω [1]

√ *cf.* 1187

2Ti 4: 3 ἔσται γὰρ καιρὸς ὅτε τῆς ὑγιαινούσης διδασκαλίας οὐκ ἀνέξονται ἀλλὰ κατὰ τὰς ἰδίας ἐπιθυμίας ἑαυτοῖς ἐπισωρεύσουσιν διδασκάλους **κνηθόμενοι** τὴν ἀκοὴν

3118 Κνίδος [1]

Ac 27: 7 ἐν ἱκαναῖς δὲ ἡμέραις βραδυπλοοῦντες καὶ μόλις γενόμενοι κατὰ τὴν **Κνίδον,**

3119 κοδράντης [2]

Mt 5:26 οὐ μὴ ἐξέλθῃς ἐκεῖθεν, ἕως ἂν ἀποδῷς τὸν ἔσχατον **κοδράντην.**
Mk 12:42 ἐλθοῦσα μία χήρα πτωχὴ ἔβαλεν λεπτὰ δύο, ὅ ἐστιν **κοδράντης.**

3120 κοιλία [22 / 23]

εἰς τὴν κοιλίαν τῆς μητρὸς [1] Jn 3:4

ἐκ κοιλίας μητρός [5] Mt 19:12; Lk 1:15; Ac 3:2; 14:8; Gal 1:15

καρπός κοιλίας [1] Lk 1:42

μακάριος κοιλία [1] Lk 11:27

συλλαμβάνω ἐν τῇ κοιλίᾳ [1] Lk 2:21

Mt 12:40 ὥσπερ γὰρ ἦν Ἰωνᾶς ἐν τῇ **κοιλίᾳ** τοῦ κήτους τρεῖς ἡμέρας καὶ τρεῖς νύκτας,
15:17 οὐ νοεῖτε ὅτι πᾶν τὸ εἰσπορευόμενον εἰς τὸ στόμα εἰς τὴν **κοιλίαν** χωρεῖ καὶ εἰς ἀφεδρῶνα ἐκβάλλεται;
19:12 εἰσὶν γὰρ εὐνοῦχοι οἵτινες ἐκ **κοιλίας** μητρὸς ἐγεννήθησαν οὕτως,
Mk 7:19 οὐκ εἰσπορεύεται αὐτοῦ εἰς τὴν καρδίαν ἀλλ' εἰς τὴν **κοιλίαν,**
Lk 1:15 πνεύματος ἁγίου πλησθήσεται ἔτι ἐκ **κοιλίας** μητρὸς αὐτοῦ,
1:41 ἐσκίρτησεν τὸ βρέφος ἐν τῇ **κοιλίᾳ** αὐτῆς, καὶ ἐπλήσθη πνεύματος ἁγίου ἡ Ἐλισάβετ,
1:42 Εὐλογημένη σὺ ἐν γυναιξὶν καὶ εὐλογημένος ὁ καρπὸς τῆς **κοιλίας** σου.
1:44 ἐσκίρτησεν ἐν ἀγαλλιάσει τὸ βρέφος ἐν τῇ **κοιλίᾳ** μου.
2:21 τὸ κληθὲν ὑπὸ τοῦ ἀγγέλου πρὸ τοῦ συλλημφθῆναι αὐτὸν ἐν τῇ **κοιλίᾳ.**
11:27 Μακαρία ἡ **κοιλία** ἡ βαστάσασά σε καὶ μαστοὶ οὓς ἐθήλασας.
15:16 καὶ ἐπεθύμει γεμίσαι τὴν **κοιλίαν**[UBS-] αὐτοῦ ἀπὸ τῶν κερατίων ὧν ἤσθιον οἱ χοῖροι,
23:29 Μακάριαι αἱ στεῖραι καὶ αἱ **κοιλίαι** αἳ οὐκ ἐγέννησαν καὶ μαστοὶ οἳ οὐκ ἔθρεψαν.
Jn 3: 4 μὴ δύναται εἰς τὴν **κοιλίαν** τῆς μητρὸς αὐτοῦ δεύτερον εἰσελθεῖν καὶ γεννηθῆναι;
7:38 ποταμοὶ ἐκ τῆς **κοιλίας** αὐτοῦ ῥεύσουσιν ὕδατος ζῶντος.
Ac 3: 2 καί τις ἀνὴρ χωλὸς ἐκ **κοιλίας** μητρὸς αὐτοῦ ὑπάρχων ἐβαστάζετο,
14: 8 χωλὸς ἐκ **κοιλίας** μητρὸς αὐτοῦ ὃς οὐδέποτε περιεπάτησεν.
Ro 16:18 οἱ γὰρ τοιοῦτοι τῷ κυρίῳ ἡμῶν Χριστῷ οὐ δουλεύουσιν ἀλλὰ τῇ ἑαυτῶν **κοιλίᾳ,**
1Co 6:13 τὰ βρώματα τῇ **κοιλίᾳ** καὶ ἡ **κοιλία** τοῖς βρώμασιν,
Gal 1:15 ὅτε δὲ εὐδόκησεν [ὁ θεὸς] ὁ ἀφορίσας με ἐκ **κοιλίας** μητρός μου καὶ καλέσας διὰ τῆς χάριτος αὐτοῦ
Php 3:19 ὧν ὁ θεὸς ἡ **κοιλία** καὶ ἡ δόξα ἐν τῇ αἰσχύνῃ αὐτῶν,
Rev 10: 9 Λάβε καὶ κατάφαγε αὐτό, καὶ πικρανεῖ σου τὴν **κοιλίαν,**
10:10 καὶ ἦν ἐν τῷ στόματί μου ὡς μέλι γλυκὺ καὶ ὅτε ἔφαγον αὐτό, ἐπικράνθη ἡ **κοιλία** μου.

3121 κοιμάω [18]

√ 3023

Mt 27:52 καὶ τὰ μνημεῖα ἀνεῴχθησαν καὶ πολλὰ σώματα τῶν **κεκοιμημένων** ἁγίων ἠγέρθησαν,
28:13 Εἴπατε ὅτι Οἱ μαθηταὶ αὐτοῦ νυκτὸς ἐλθόντες ἔκλεψαν αὐτὸν ἡμῶν **κοιμωμένων.**
Lk 22:45 καὶ ἀναστὰς ἀπὸ τῆς προσευχῆς ἐλθὼν πρὸς τοὺς μαθητὰς εὗρεν **κοιμωμένους** αὐτοὺς ἀπὸ τῆς λύπης,
Jn 11:11 καὶ μετὰ τοῦτο λέγει αὐτοῖς, Λάζαρος ὁ φίλος ἡμῶν **κεκοίμηται·**
11:12 εἶπαν οὖν οἱ μαθηταὶ αὐτῷ, Κύριε, εἰ **κεκοίμηται** σωθήσεται.
Ac 7:60 μὴ στήσῃς αὐτοῖς ταύτην τὴν ἁμαρτίαν. καὶ τοῦτο εἰπὼν **ἐκοιμήθη.**
12: 6 τῇ νυκτὶ ἐκείνῃ ἦν ὁ Πέτρος **κοιμώμενος** μεταξὺ δύο στρατιωτῶν δεδεμένος ἁλύσεσιν δυσὶν φύλακές
13:36 Δαυὶδ μὲν γὰρ ἰδίᾳ γενεᾷ ὑπηρετήσας τῇ τοῦ θεοῦ βουλῇ **ἐκοιμήθη** καὶ προσετέθη πρὸς τοὺς πατέρας αὐτοῦ
1Co 7:39 ἐὰν δὲ **κοιμηθῇ** ὁ ἀνήρ, ἐλευθέρα ἐστὶν ᾧ θέλει γαμηθῆναι,
11:30 διὰ τοῦτο ἐν ὑμῖν πολλοὶ ἀσθενεῖς καὶ ἄρρωστοι καὶ **κοιμῶνται** ἱκανοί.
15: 6 ἐξ ὧν οἱ πλείονες μένουσιν ἕως ἄρτι, τινὲς δὲ **ἐκοιμήθησαν·**
15:18 ἄρα καὶ οἱ **κοιμηθέντες** ἐν Χριστῷ ἀπώλοντο.
15:20 Νυνὶ δὲ Χριστὸς ἐγήγερται ἐκ νεκρῶν ἀπαρχὴ τῶν **κεκοιμημένων.**
15:51 ἰδοὺ μυστήριον ὑμῖν λέγω· πάντες οὐ **κοιμηθησόμεθα,** πάντες δὲ ἀλλαγησόμεθα,
1Th 4:13 Οὐ θέλομεν δὲ ὑμᾶς ἀγνοεῖν, ἀδελφοί, περὶ τῶν **κοιμωμένων,**
4:14 οὕτως καὶ ὁ θεὸς τοὺς **κοιμηθέντας** διὰ τοῦ Ἰησοῦ ἄξει σὺν αὐτῷ.
4:15 ὅτι ἡμεῖς οἱ ζῶντες οἱ περιλειπόμενοι εἰς τὴν παρουσίαν τοῦ κυρίου οὐ μὴ φθάσωμεν τοὺς **κοιμηθέντας·**
2Pe 3: 4 ἀφ' ἧς γὰρ οἱ πατέρες **ἐκοιμήθησαν,** πάντα οὕτως διαμένει ἀπ' ἀρχῆς κτίσεως.

3122 κοίμησις [1]

√ 3023

Jn 11:13 ἐκεῖνοι δὲ ἔδοξαν ὅτι περὶ τῆς **κοιμήσεως** τοῦ ὕπνου λέγει.

3123 κοινός [14]

→ 3124, 3125, 3126, 3127, 3128, 3129, 5170, 5171

Mk 7: 2 καὶ ἰδόντες τινὰς τῶν μαθητῶν αὐτοῦ ὅτι **κοιναῖς** χερσίν,
7: 5 Διὰ τί οὐ περιπατοῦσιν οἱ μαθηταί σου κατὰ τὴν παράδοσιν τῶν πρεσβυτέρων, ἀλλὰ **κοιναῖς** χερσὶν ἐσθίουσιν τὸν ἄρτον;
Ac 2:44 πάντες δὲ οἱ πιστεύοντες ἦσαν ἐπὶ τὸ αὐτὸ καὶ εἶχον ἅπαντα **κοινὰ**
4:32 καὶ οὐδὲ εἷς τι τῶν ὑπαρχόντων αὐτῷ ἔλεγεν ἴδιον εἶναι ἀλλ' ἦν αὐτοῖς ἅπαντα **κοινά.**
10:14 κύριε, ὅτι οὐδέποτε ἔφαγον πᾶν **κοινὸν** καὶ ἀκάθαρτον.
10:28 κἀμοὶ ὁ θεὸς ἔδειξεν μηδένα **κοινὸν** ἢ ἀκάθαρτον λέγειν ἄνθρωπον·
11: 8 ὅτι **κοινὸν** ἢ ἀκάθαρτον οὐδέποτε εἰσῆλθεν εἰς τὸ στόμα μου.
Ro 14:14 οἶδα καὶ πέπεισμαι ἐν κυρίῳ Ἰησοῦ ὅτι οὐδὲν **κοινὸν** δι' ἑαυτοῦ, εἰ μὴ τῷ λογιζομένῳ τι **κοινὸν** εἶναι, ἐκείνῳ **κοινόν.**
Tit 1: 4 Τίτῳ γνησίῳ τέκνῳ κατὰ **κοινὴν** πίστιν, χάρις καὶ εἰρήνη ἀπὸ θεοῦ πατρὸς καὶ Χριστοῦ Ἰησοῦ τοῦ σωτῆρος ἡμῶν.
Heb 10:29 πόσῳ δοκεῖτε χείρονος ἀξιωθήσεται τιμωρίας ὁ τὸν υἱὸν τοῦ θεοῦ καταπατήσας καὶ τὸ αἷμα τῆς διαθήκης **κοινὸν** ἡγησάμενος,
Jude 1: 3 πᾶσαν σπουδὴν ποιούμενος γράφειν ὑμῖν περὶ τῆς **κοινῆς** ἡμῶν σωτηρίας ἀνάγκην ἔσχον γράψαι ὑμῖν
Rev 21:27 καὶ οὐ μὴ εἰσέλθῃ εἰς αὐτὴν πᾶν **κοινὸν** καὶ [ὁ] ποιῶν βδέλυγμα καὶ ψεῦδος εἰ μὴ οἱ γεγραμμένοι ἐν τῷ βιβλίῳ

3124 κοινόω [14]

√ 3123

Mt 15:11 οὐ τὸ εἰσερχόμενον εἰς τὸ στόμα **κοινοῖ** τὸν ἄνθρωπον, ἀλλὰ τὸ ἐκπορευόμενον ἐκ τοῦ στόματος τοῦτο **κοινοῖ** τὸν ἄνθρωπον.
15:18 τὰ δὲ ἐκπορευόμενα ἐκ τοῦ στόματος ἐκ τῆς καρδίας ἐξέρχεται, κἀκεῖνα **κοινοῖ** τὸν ἄνθρωπον.
15:20 ταῦτά ἐστιν τὰ **κοινοῦντα** τὸν ἄνθρωπον, τὸ δὲ ἀνίπτοις χερσὶν φαγεῖν οὐ **κοινοῖ** τὸν ἄνθρωπον.

Mk 7:15 οὐδέν ἐστιν ἔξωθεν τοῦ ἀνθρώπου εἰσπορευόμενον εἰς αὐτὸν ὃ δύναται **κοινῶσαι** αὐτόν, ἀλλὰ τὰ ἐκ τοῦ ἀνθρώπου ἐκπορευόμενά ἐστιν τὰ **κοινοῦντα** τὸν ἄνθρωπον.
7:18 οὐ νοεῖτε ὅτι πᾶν τὸ ἔξωθεν εἰσπορευόμενον εἰς τὸν ἄνθρωπον οὐ δύναται αὐτὸν **κοινῶσαι**
7:20 ἔλεγεν δὲ ὅτι Τὸ ἐκ τοῦ ἀνθρώπου ἐκπορευόμενον, ἐκεῖνο **κοινοῖ** τὸν ἄνθρωπον.
7:23 πάντα ταῦτα τὰ πονηρὰ ἔσωθεν ἐκπορεύεται καὶ **κοινοῖ** τὸν ἄνθρωπον.
Ac 10:15 καὶ φωνὴ πάλιν ἐκ δευτέρου πρὸς αὐτόν, Ἃ ὁ θεὸς ἐκαθάρισεν, σὺ μὴ **κοίνου.**
11: 9 ἀπεκρίθη δὲ φωνὴ ἐκ δευτέρου ἐκ τοῦ οὐρανοῦ, Ἃ ὁ θεὸς ἐκαθάρισεν, σὺ μὴ **κοίνου.**
21:28 ἔτι τε καὶ Ἕλληνας εἰσήγαγεν εἰς τὸ ἱερὸν καὶ **κεκοίνωκεν** τὸν ἅγιον τόπον τοῦτον.
Heb 9:13 εἰ γὰρ τὸ αἷμα τράγων καὶ ταύρων καὶ σποδὸς δαμάλεως ῥαντίζουσα τοὺς **κεκοινωμένους** ἁγιάζει πρὸς τὴν τῆς σαρκὸς καθαρότητα,

3125 κοινωνέω [8]

√ 3123

Ro 12:13 ταῖς χρείαις τῶν ἁγίων **κοινωνοῦντες,** τὴν φιλοξενίαν διώκοντες.
15:27 εἰ γὰρ τοῖς πνευματικοῖς αὐτῶν **ἐκοινώνησαν** τὰ ἔθνη,
Gal 6: 6 **Κοινωνείτω** δὲ ὁ κατηχούμενος τὸν λόγον τῷ κατηχοῦντι ἐν πᾶσιν ἀγαθοῖς.
Php 4:15 οὐδεμία μοι ἐκκλησία **ἐκοινώνησεν** εἰς λόγον δόσεως καὶ λήμψεως εἰ μὴ ὑμεῖς μόνοι,
1Ti 5:22 Χεῖρας ταχέως μηδενὶ ἐπιτίθει μηδὲ **κοινώνει** ἁμαρτίαις ἀλλοτρίαις·
Heb 2:14 ἐπεὶ οὖν τὰ παιδία **κεκοινώνηκεν** αἵματος καὶ σαρκός,
1Pe 4:13 ἀλλὰ καθὸ **κοινωνεῖτε** τοῖς τοῦ Χριστοῦ παθήμασιν χαίρετε,
2Jn 1:11 ὁ λέγων γὰρ αὐτῷ χαίρειν **κοινωνεῖ** τοῖς ἔργοις αὐτοῦ τοῖς πονηροῖς.

3126 κοινωνία [19]

√ 3123

κοινωνία πίστεως [1] Phm 1:6

κοινωνία πνεύματος [2] 2Co 13:13; Php 2:1

Ac 2:42 ἦσαν δὲ προσκαρτεροῦντες τῇ διδαχῇ τῶν ἀποστόλων καὶ τῇ **κοινωνίᾳ,**
Ro 15:26 εὐδόκησαν γὰρ Μακεδονία καὶ Ἀχαΐα **κοινωνίαν** τινὰ ποιήσασθαι εἰς τοὺς πτωχοὺς τῶν ἁγίων τῶν ἐν Ἰερουσαλήμ.
1Co 1: 9 δι᾽ οὗ ἐκλήθητε εἰς **κοινωνίαν** τοῦ υἱοῦ αὐτοῦ Ἰησοῦ Χριστοῦ τοῦ κυρίου ἡμῶν.
10:16 τὸ ποτήριον τῆς εὐλογίας ὃ εὐλογοῦμεν, οὐχὶ **κοινωνία** ἐστὶν τοῦ αἵματος τοῦ Χριστοῦ; τὸν ἄρτον ὃν κλῶμεν, οὐχὶ **κοινωνία** τοῦ σώματος τοῦ Χριστοῦ ἐστιν;
2Co 6:14 τίς γὰρ μετοχὴ δικαιοσύνῃ καὶ ἀνομίᾳ ἢ τίς **κοινωνία** φωτὶ πρὸς σκότος;
8: 4 μετὰ πολλῆς παρακλήσεως δεόμενοι ἡμῶν τὴν χάριν καὶ τὴν **κοινωνίαν** τῆς διακονίας τῆς εἰς τοὺς ἁγίους,
9:13 καὶ ἁπλότητι τῆς **κοινωνίας** εἰς αὐτοὺς καὶ εἰς πάντας,
13:13 Ἡ χάρις τοῦ κυρίου Ἰησοῦ Χριστοῦ καὶ ἡ ἀγάπη τοῦ θεοῦ καὶ ἡ **κοινωνία** τοῦ ἁγίου πνεύματος μετὰ πάντων ὑμῶν.
Gal 2: 9 οἱ δοκοῦντες στῦλοι εἶναι, δεξιὰς ἔδωκαν ἐμοὶ καὶ Βαρναβᾷ **κοινωνίας,**
Php 1: 5 ἐπὶ τῇ **κοινωνίᾳ** ὑμῶν εἰς τὸ εὐαγγέλιον ἀπὸ τῆς πρώτης ἡμέρας ἄχρι τοῦ νῦν,
2: 1 εἴ τι παραμύθιον ἀγάπης, εἴ τις **κοινωνία** πνεύματος,
3:10 τοῦ γνῶναι αὐτὸν καὶ τὴν δύναμιν τῆς ἀναστάσεως αὐτοῦ καὶ [τὴν] **κοινωνίαν** [τῶν] παθημάτων αὐτοῦ,
Phm 1: 6 ὅπως ἡ **κοινωνία** τῆς πίστεώς σου ἐνεργὴς γένηται ἐν ἐπιγνώσει παντὸς ἀγαθοῦ τοῦ ἐν ἡμῖν εἰς Χριστόν.
Heb 13:16 τῆς δὲ εὐποιΐας καὶ **κοινωνίας** μὴ ἐπιλανθάνεσθε· τοιαύταις γὰρ θυσίαις εὐαρεστεῖται ὁ θεός.
1Jn 1: 3 ἀπαγγέλλομεν καὶ ὑμῖν, ἵνα καὶ ὑμεῖς **κοινωνίαν** ἔχητε μεθ᾽ ἡμῶν. καὶ ἡ **κοινωνία** δὲ ἡ ἡμετέρα μετὰ τοῦ πατρὸς καὶ μετὰ τοῦ υἱοῦ αὐτοῦ Ἰησοῦ Χριστοῦ.
1: 6 Ἐὰν εἴπωμεν ὅτι **κοινωνίαν** ἔχομεν μετ᾽ αὐτοῦ καὶ ἐν τῷ σκότει περιπατῶμεν,
1: 7 **κοινωνίαν** ἔχομεν μετ᾽ ἀλλήλων καὶ τὸ αἷμα Ἰησοῦ τοῦ υἱοῦ αὐτοῦ καθαρίζει ἡμᾶς ἀπὸ πάσης ἁμαρτίας.

3127 κοινωνικός [1]

√ 3123

1Ti 6:18 ἀγαθοεργεῖν, πλουτεῖν ἐν ἔργοις καλοῖς, εὐμεταδότους εἶναι, **κοινωνικούς,**

3128 κοινωνός [10]

√ 3123

Mt 23:30 οὐκ ἂν ἤμεθα αὐτῶν **κοινωνοὶ** ἐν τῷ αἵματι τῶν προφητῶν.
Lk 5:10 ὁμοίως δὲ καὶ Ἰάκωβον καὶ Ἰωάννην υἱοὺς Ζεβεδαίου, οἳ ἦσαν **κοινωνοὶ** τῷ Σίμωνι.
1Co 10:18 οὐχ οἱ ἐσθίοντες τὰς θυσίας **κοινωνοὶ** τοῦ θυσιαστηρίου εἰσίν;
10:20 οὐ θέλω δὲ ὑμᾶς **κοινωνοὺς** τῶν δαιμονίων γίνεσθαι.
2Co 1: 7 καὶ ἡ ἐλπὶς ἡμῶν βεβαία ὑπὲρ ὑμῶν εἰδότες ὅτι ὡς **κοινωνοί** ἐστε τῶν παθημάτων,
8:23 εἴτε ὑπὲρ Τίτου, **κοινωνὸς** ἐμὸς καὶ εἰς ὑμᾶς συνεργός·
Phm 1:17 Εἰ οὖν με ἔχεις **κοινωνόν,** προσλαβοῦ αὐτὸν ὡς ἐμέ.
Heb 10:33 τοῦτο μὲν ὀνειδισμοῖς τε καὶ θλίψεσιν θεατριζόμενοι, τοῦτο δὲ **κοινωνοὶ** τῶν οὕτως ἀναστρεφομένων γενηθέντες.
1Pe 5: 1 ὁ συμπρεσβύτερος καὶ μάρτυς τῶν τοῦ Χριστοῦ παθημάτων, ὁ καὶ τῆς μελλούσης ἀποκαλύπτεσθαι δόξης **κοινωνός·**
2Pe 1: 4 ἵνα διὰ τούτων γένησθε θείας **κοινωνοὶ** φύσεως ἀποφυγόντες τῆς ἐν τῷ κόσμῳ ἐν ἐπιθυμίᾳ φθορᾶς.

3129 κοινῶς Not used in UBS/NIV

√ 3123

3130 κοίτη [4]

√ 3023

Lk 11: 7 ἤδη ἡ θύρα κέκλεισται καὶ τὰ παιδία μου μετ᾽ ἐμοῦ εἰς τὴν **κοίτην** εἰσίν·
Ro 9:10 οὐ μόνον δέ, ἀλλὰ καὶ Ῥεβέκκα ἐξ ἑνὸς **κοίτην** ἔχουσα,
13:13 μὴ **κοίταις** καὶ ἀσελγείαις, μὴ ἔριδι καὶ ζήλῳ,
Heb 13: 4 Τίμιος ὁ γάμος ἐν πᾶσιν καὶ ἡ **κοίτη** ἀμίαντος,

3131 κοιτών [1]

√ 3023

Ac 12:20 ὁμοθυμαδὸν δὲ παρῆσαν πρὸς αὐτὸν καὶ πείσαντες Βλάστον, τὸν ἐπὶ τοῦ **κοιτῶνος** τοῦ βασιλέως,

3132 κόκκινος [6]

√ 3133

Mt 27:28 καὶ ἐκδύσαντες αὐτὸν χλαμύδα **κοκκίνην** περιέθηκαν αὐτῷ,
Heb 9:19 λαβὼν τὸ αἷμα τῶν μόσχων [καὶ τῶν τράγων] μετὰ ὕδατος καὶ ἐρίου **κοκκίνου** καὶ ὑσσώπου αὐτό τε τὸ βιβλίον
Rev 17: 3 καὶ εἶδον γυναῖκα καθημένην ἐπὶ θηρίον **κόκκινον,** γέμον[τα] ὀνόματα βλασφημίας,
17: 4 καὶ ἡ γυνὴ ἦν περιβεβλημένη πορφυροῦν καὶ **κόκκινον** καὶ κεχρυσωμένη χρυσίῳ καὶ λίθῳ τιμίῳ καὶ μαργαρίταις,
18:12 γόμον χρυσοῦ καὶ ἀργύρου καὶ λίθου τιμίου καὶ μαργαριτῶν καὶ βυσσίνου καὶ πορφύρας καὶ σιρικοῦ καὶ **κοκκίνου,**
18:16 ἡ περιβεβλημένη βύσσινον καὶ πορφυροῦν καὶ **κόκκινον** καὶ κεχρυσωμένη [ἐν] χρυσίῳ καὶ λίθῳ τιμίῳ καὶ μαργαρίτῃ,

3133 κόκκος [7]

→ 3132

Mt 13:31 Ὁμοία ἐστὶν ἡ βασιλεία τῶν οὐρανῶν **κόκκῳ** σινάπεως,
17:20 ἐὰν ἔχητε πίστιν ὡς **κόκκον** σινάπεως, ἐρεῖτε τῷ ὄρει τούτῳ,
Mk 4:31 ὡς **κόκκῳ** σινάπεως, ὃς ὅταν σπαρῇ ἐπὶ τῆς γῆς,
Lk 13:19 ὁμοία ἐστὶν **κόκκῳ** σινάπεως, ὃν λαβὼν ἄνθρωπος ἔβαλεν εἰς κῆπον ἑαυτοῦ,
17: 6 εἶπεν δὲ ὁ κύριος, Εἰ ἔχετε πίστιν ὡς **κόκκον** σινάπεως,
Jn 12:24 ἐὰν μὴ ὁ **κόκκος** τοῦ σίτου πεσὼν εἰς τὴν γῆν ἀποθάνῃ,
1Co 15:37 οὐ τὸ σῶμα τὸ γενησόμενον σπείρεις ἀλλὰ γυμνὸν **κόκκον** εἰ τύχοι σίτου ἤ τινος τῶν λοιπῶν·

3134 κολάζω [2]

√ 3266

Ac 4:21 μηδὲν εὑρίσκοντες τὸ πῶς **κολάσωνται** αὐτούς, διὰ τὸν λαόν,
2Pe 2:9 οἶδεν κύριος εὐσεβεῖς ἐκ πειρασμοῦ ῥύεσθαι, ἀδίκους δὲ εἰς ἡμέραν κρίσεως **κολαζομένους** τηρεῖν,

3135 κολακεία [1]

1Th 2:5 οὔτε γάρ ποτε ἐν λόγῳ **κολακείας** ἐγενήθημεν, καθὼς οἴδατε,

3136 κόλασις [2]

√ 3266

Mt 25:46 καὶ ἀπελεύσονται οὗτοι εἰς **κόλασιν** αἰώνιον, οἱ δὲ δίκαιοι εἰς ζωὴν αἰώνιον.
1Jn 4:18 ὅτι ὁ φόβος **κόλασιν** ἔχει, ὁ δὲ φοβούμενος οὐ τετελείωται ἐν τῇ ἀγάπῃ.

3137 Κολασσαεύς Not used in UBS/NIV

√ 3145

3138 Κολασσαί Not used in UBS/NIV

√ 3145

3139 κολαφίζω [5]

Mt 26:67 Τότε ἐνέπτυσαν εἰς τὸ πρόσωπον αὐτοῦ καὶ **ἐκολάφισαν** αὐτόν,
Mk 14:65 Καὶ ἤρξαντό τινες ἐμπτύειν αὐτῷ καὶ περικαλύπτειν αὐτοῦ τὸ πρόσωπον καὶ **κολαφίζειν** αὐτὸν καὶ λέγειν αὐτῷ,
1Co 4:11 ἄχρι τῆς ἄρτι ὥρας καὶ πεινῶμεν καὶ διψῶμεν καὶ γυμνιτεύομεν καὶ **κολαφιζόμεθα** καὶ ἀστατοῦμεν
2Co 12:7 ἄγγελος Σατανᾶ, ἵνα με **κολαφίζῃ**, ἵνα μὴ ὑπεραίρωμαι.
1Pe 2:20 ποῖον γὰρ κλέος εἰ ἁμαρτάνοντες καὶ **κολαφιζόμενοι** ὑπομενεῖτε;

3140 κολλάω [12]

→ 4681

Mt 19:5 Ἕνεκα τούτου καταλείψει ἄνθρωπος τὸν πατέρα καὶ τὴν μητέρα καὶ **κολληθήσεται** τῇ γυναικὶ αὐτοῦ,
Lk 10:11 Καὶ τὸν κονιορτὸν τὸν **κολληθέντα** ἡμῖν ἐκ τῆς πόλεως ὑμῶν εἰς τοὺς πόδας ἀπομασσόμεθα ὑμῖν·
15:15 καὶ πορευθεὶς **ἐκολλήθη** ἑνὶ τῶν πολιτῶν τῆς χώρας ἐκείνης,
Ac 5:13 τῶν δὲ λοιπῶν οὐδεὶς ἐτόλμα **κολλᾶσθαι** αὐτοῖς, ἀλλ' ἐμεγάλυνεν αὐτοὺς ὁ λαός.
8:29 εἶπεν δὲ τὸ πνεῦμα τῷ Φιλίππῳ, Πρόσελθε καὶ **κολλήθητι** τῷ ἅρματι τούτῳ.
9:26 Παραγενόμενος δὲ εἰς Ἰερουσαλὴμ ἐπείραζεν **κολλᾶσθαι** τοῖς μαθηταῖς,
10:28 Ὑμεῖς ἐπίστασθε ὡς ἀθέμιτόν ἐστιν ἀνδρὶ Ἰουδαίῳ **κολλᾶσθαι** ἢ προσέρχεσθαι ἀλλοφύλῳ·
17:34 τινὲς δὲ ἄνδρες **κολληθέντες** αὐτῷ ἐπίστευσαν, ἐν οἷς καὶ Διονύσιος ὁ Ἀρεοπαγίτης καὶ γυνὴ ὀνόματι Δάμαρις
Ro 12:9 Ἡ ἀγάπη ἀνυπόκριτος. ἀποστυγοῦντες τὸ πονηρόν, **κολλώμενοι** τῷ ἀγαθῷ,
1Co 6:16 [ἢ] οὐκ οἴδατε ὅτι ὁ **κολλώμενος** τῇ πόρνῃ ἓν σῶμά ἐστιν;
6:17 ὁ δὲ **κολλώμενος** τῷ κυρίῳ ἓν πνεῦμά ἐστιν.
Rev 18:5 ὅτι **ἐκολλήθησαν** αὐτῆς αἱ ἁμαρτίαι ἄχρι τοῦ οὐρανοῦ καὶ ἐμνημόνευσεν ὁ θεὸς τὰ ἀδικήματα αὐτῆς.

3141 κολλούριον [1]

Rev 3:18 καὶ **κολλ[ο]ύριον** ἐγχρῖσαι τοὺς ὀφθαλμούς σου ἵνα βλέπῃς.

3142 κολλυβιστής [3]

Mt 21:12 καὶ τὰς τραπέζας τῶν **κολλυβιστῶν** κατέστρεψεν καὶ τὰς καθέδρας τῶν πωλούντων τὰς περιστεράς,
Mk 11:15 καὶ τὰς τραπέζας τῶν **κολλυβιστῶν** καὶ τὰς καθέδρας τῶν πωλούντων τὰς περιστερὰς κατέστρεψεν,
Jn 2:15 καὶ τῶν **κολλυβιστῶν** ἐξέχεεν τὸ κέρμα καὶ τὰς τραπέζας ἀνέτρεψεν,

3143 κολοβόω [4]

√ 3266

Mt 24:22 καὶ εἰ μὴ **ἐκολοβώθησαν** αἱ ἡμέραι ἐκεῖναι, οὐκ ἂν ἐσώθη πᾶσα σάρξ· διὰ δὲ τοὺς ἐκλεκτοὺς **κολοβωθήσονται** αἱ ἡμέραι ἐκεῖναι.
Mk 13:20 καὶ εἰ μὴ **ἐκολόβωσεν** κύριος τὰς ἡμέρας, οὐκ ἂν ἐσώθη πᾶσα σάρξ· ἀλλὰ διὰ τοὺς ἐκλεκτοὺς οὓς ἐξελέξατο **ἐκολόβωσεν** τὰς ἡμέρας.

3144 Κολοσσαεύς Not used in UBS/NIV

√ 3145

3145 Κολοσσαί [1]

→ 3137, 3138, 3144

Col 1:2 τοῖς ἐν **Κολοσσαῖς** ἁγίοις καὶ πιστοῖς ἀδελφοῖς ἐν Χριστῷ,

3146 κόλπος [6]

Lk 6:38 μέτρον καλὸν πεπιεσμένον σεσαλευμένον ὑπερεκχυννόμενον δώσουσιν εἰς τὸν **κόλπον** ὑμῶν·
16:22 ἐγένετο δὲ ἀποθανεῖν τὸν πτωχὸν καὶ ἀπενεχθῆναι αὐτὸν ὑπὸ τῶν ἀγγέλων εἰς τὸν **κόλπον** Ἀβραάμ·
16:23 ὁρᾷ Ἀβραὰμ ἀπὸ μακρόθεν καὶ Λάζαρον ἐν τοῖς **κόλποις** αὐτοῦ.
Jn 1:18 μονογενὴς θεὸς ὁ ὢν εἰς τὸν **κόλπον** τοῦ πατρὸς ἐκεῖνος ἐξηγήσατο.
13:23 ἦν ἀνακείμενος εἷς ἐκ τῶν μαθητῶν αὐτοῦ ἐν τῷ **κόλπῳ** τοῦ Ἰησοῦ,
Ac 27:39 **κόλπον** δέ τινα κατενόουν ἔχοντα αἰγιαλὸν εἰς ὃν ἐβουλεύοντο εἰ δύναιντο ἐξῶσαι τὸ πλοῖον.

3147 κολυμβάω [1]

→ 1713, 3148

Ac 27:43 ἐκέλευσέν τε τοὺς δυναμένους **κολυμβᾶν** ἀπορίψαντας πρώτους ἐπὶ τὴν γῆν ἐξιέναι

3148 κολυμβήθρα [3]

√ 3147

Jn 5:2 ἔστιν δὲ ἐν τοῖς Ἱεροσολύμοις ἐπὶ τῇ προβατικῇ **κολυμβήθρα** ἡ ἐπιλεγομένη Ἑβραϊστὶ Βηθζαθὰ πέντε στοὰς ἔχουσα.
5:7 ἄνθρωπον οὐκ ἔχω ἵνα ὅταν ταραχθῇ τὸ ὕδωρ βάλῃ με εἰς τὴν **κολυμβήθραν**·
9:7 Ὕπαγε νίψαι εἰς τὴν **κολυμβήθραν** τοῦ Σιλωάμ (ὃ ἑρμηνεύεται Ἀπεσταλμένος).

3149 κολωνία [1]

Ac 16:12 ἥτις ἐστὶν πρώτη[ς] μερίδος τῆς Μακεδονίας πόλις, **κολωνία.**

3150 κομάω [2]

√ 3151

1Co 11:14 οὐδὲ ἡ φύσις αὐτὴ διδάσκει ὑμᾶς ὅτι ἀνὴρ μὲν ἐὰν **κομᾷ** ἀτιμία αὐτῷ ἐστιν,
11:15 γυνὴ δὲ ἐὰν **κομᾷ** δόξα αὐτῇ ἐστιν; ὅτι ἡ κόμη ἀντὶ περιβολαίου δέδοται [αὐτῇ.]

3151 κόμη [1]

→ 3150

1Co 11:15 γυνὴ δὲ ἐὰν κομᾷ δόξα αὐτῇ ἐστιν; ὅτι ἡ **κόμη** ἀντὶ περιβολαίου δέδοται [αὐτῇ.]

3152 κομίζω [10]

√ 3180

Mt 25:27 καὶ ἐλθὼν ἐγὼ **ἐκομισάμην** ἂν τὸ ἐμὸν σὺν τόκῳ.
Lk 7:37 καὶ ἐπιγνοῦσα ὅτι κατάκειται ἐν τῇ οἰκίᾳ τοῦ Φαρισαίου, **κομίσασα** ἀλάβαστρον μύρου
2Co 5:10 ἵνα **κομίσηται** ἕκαστος τὰ διὰ τοῦ σώματος πρὸς ἃ ἔπραξεν,
Eph 6:8 τοῦτο **κομίσεται** παρὰ κυρίου εἴτε δοῦλος εἴτε ἐλεύθερος.

Col 3:25 ὁ γὰρ ἀδικῶν **κομίσεται** ὃ ἠδίκησεν, καὶ οὐκ ἔστιν προσωπολημψία.
Heb 10:36 ὑπομονῆς γὰρ ἔχετε χρείαν ἵνα τὸ θέλημα τοῦ θεοῦ ποιήσαντες **κομίσησθε** τὴν ἐπαγγελίαν.
11:19 λογισάμενος ὅτι καὶ ἐκ νεκρῶν ἐγείρειν δυνατὸς ὁ θεός, ὅθεν αὐτὸν καὶ ἐν παραβολῇ **ἐκομίσατο.**
11:39 Καὶ οὗτοι πάντες μαρτυρηθέντες διὰ τῆς πίστεως οὐκ **ἐκομίσαντο** τὴν ἐπαγγελίαν,
1Pe 1: 9 **κομιζόμενοι** τὸ τέλος τῆς πίστεως [ὑμῶν] σωτηρίαν ψυχῶν.
5: 4 καὶ φανερωθέντος τοῦ ἀρχιποίμενος **κομιεῖσθε** τὸν ἀμαράντινον τῆς δόξης στέφανον.

3153 κομψότερον [1]

√ *3180*

Jn 4:52 ἐπύθετο οὖν τὴν ὥραν παρ' αὐτῶν ἐν ᾗ **κομψότερον** ἔσχεν·

3154 κονιάω [2]

→ *3155*

Mt 23:27 γραμματεῖς καὶ Φαρισαῖοι ὑποκριταί, ὅτι παρομοιάζετε τάφοις **κεκονιαμένοις,**
Ac 23: 3 τότε ὁ Παῦλος πρὸς αὐτὸν εἶπεν, Τύπτειν σε μέλλει ὁ θεός, τοῖχε **κεκονιαμένε·**

3155 κονιορτός [5]

√ *3154 + 3995*

Mt 10:14 ἐξερχόμενοι ἔξω τῆς οἰκίας ἢ τῆς πόλεως ἐκείνης ἐκτινάξατε τὸν **κονιορτὸν** τῶν ποδῶν ὑμῶν.
Lk 9: 5 ἐξερχόμενοι ἀπὸ τῆς πόλεως ἐκείνης τὸν **κονιορτὸν** ἀπὸ τῶν ποδῶν ὑμῶν ἀποτινάσσετε εἰς μαρτύριον ἐπ' αὐτούς.
10:11 Καὶ τὸν **κονιορτὸν** τὸν κολληθέντα ἡμῖν ἐκ τῆς πόλεως ὑμῶν εἰς τοὺς πόδας ἀπομασσόμεθα ὑμῖν·
Ac 13:51 οἱ δὲ ἐκτιναξάμενοι τὸν **κονιορτὸν** τῶν ποδῶν ἐπ' αὐτοὺς ἦλθον εἰς Ἰκόνιον,
22:23 κραυγαζόντων τε αὐτῶν καὶ ῥιπτούντων τὰ ἱμάτια καὶ **κονιορτὸν** βαλλόντων εἰς τὸν ἀέρα,

3156 κοπάζω [3]

√ *3164*

Mt 14:32 καὶ ἀναβάντων αὐτῶν εἰς τὸ πλοῖον **ἐκόπασεν** ὁ ἄνεμος.
Mk 4:39 καὶ **ἐκόπασεν** ὁ ἄνεμος καὶ ἐγένετο γαλήνη μεγάλη.
6:51 καὶ ἀνέβη πρὸς αὐτοὺς εἰς τὸ πλοῖον καὶ **ἐκόπασεν** ὁ ἄνεμος,

3157 κοπετός [1]

√ *3164*

Ac 8: 2 συνεκόμισαν δὲ τὸν Στέφανον ἄνδρες εὐλαβεῖς καὶ ἐποίησαν **κοπετὸν** μέγαν ἐπ' αὐτῷ.

3158 κοπή [1]

√ *3164*

Heb 7: 1 ὁ συναντήσας Ἀβραὰμ ὑποστρέφοντι ἀπὸ τῆς **κοπῆς** τῶν βασιλέων καὶ εὐλογήσας αὐτόν,

3159 κοπιάω [23]

√ *3164*

κοπιάω εἰς [5] Ro 16:6; Gal 4:11; Php 2:16; Col 1:29; 1Ti 4:10

κοπιάω ἐκ [1] Jn 4:6

Mt 6:28 καταμάθετε τὰ κρίνα τοῦ ἀγροῦ πῶς αὐξάνουσιν· οὐ **κοπιῶσιν** οὐδὲ νήθουσιν·
11:28 Δεῦτε πρός με πάντες οἱ **κοπιῶντες** καὶ πεφορτισμένοι,
Lk 5: 5 καὶ ἀποκριθεὶς Σίμων εἶπεν, Ἐπιστάτα, δι' ὅλης νυκτὸς **κοπιάσαντες** οὐδὲν ἐλάβομεν·
12:27 οὐ **κοπιᾷ** οὐδὲ νήθει· λέγω δὲ ὑμῖν, οὐδὲ Σολομὼν ἐν πάσῃ τῇ δόξῃ αὐτοῦ περιεβάλετο ὡς ἓν τούτων.
Jn 4: 6 ὁ οὖν Ἰησοῦς **κεκοπιακὼς** ἐκ τῆς ὁδοιπορίας ἐκαθέζετο οὕτως ἐπὶ τῇ πηγῇ·
4:38 ἐγὼ ἀπέστειλα ὑμᾶς θερίζειν ὃ οὐχ ὑμεῖς **κεκοπιάκατε·** ἄλλοι **κεκοπιάκασιν** καὶ ὑμεῖς εἰς τὸν κόπον αὐτῶν εἰσεληλύθατε.
Ac 20:35 πάντα ὑπέδειξα ὑμῖν ὅτι οὕτως **κοπιῶντας** δεῖ ἀντιλαμβάνεσθαι τῶν ἀσθενούντων,
Ro 16: 6 ἀσπάσασθε Μαρίαν, ἥτις πολλὰ **ἐκοπίασεν** εἰς ὑμᾶς.
16:12 ἀσπάσασθε Τρύφαιναν καὶ Τρυφῶσαν τὰς **κοπιώσας** ἐν κυρίῳ. ἀσπάσασθε Περσίδα τὴν ἀγαπητήν, ἥτις πολλὰ **ἐκοπίασεν** ἐν κυρίῳ.
1Co 4:12 καὶ **κοπιῶμεν** ἐργαζόμενοι ταῖς ἰδίαις χερσίν· λοιδορούμενοι εὐλογοῦμεν,
15:10 καὶ ἡ χάρις αὐτοῦ ἡ εἰς ἐμὲ οὐ κενὴ ἐγενήθη, ἀλλὰ περισσότερον αὐτῶν πάντων **ἐκοπίασα,**
16:16 ἵνα καὶ ὑμεῖς ὑποτάσσησθε τοῖς τοιούτοις καὶ παντὶ τῷ συνεργοῦντι καὶ **κοπιῶντι.**
Gal 4:11 φοβοῦμαι ὑμᾶς μή πως εἰκῇ **κεκοπίακα** εἰς ὑμᾶς.
Eph 4:28 μᾶλλον δὲ **κοπιάτω** ἐργαζόμενος ταῖς [ἰδίαις] χερσὶν τὸ ἀγαθόν,
Php 2:16 ὅτι οὐκ εἰς κενὸν ἔδραμον οὐδὲ εἰς κενὸν **ἐκοπίασα.**
Col 1:29 εἰς ὃ καὶ **κοπιῶ** ἀγωνιζόμενος κατὰ τὴν ἐνέργειαν αὐτοῦ τὴν ἐνεργουμένην ἐν ἐμοὶ ἐν δυνάμει.
1Th 5:12 εἰδέναι τοὺς **κοπιῶντας** ἐν ὑμῖν καὶ προϊσταμένους ὑμῶν ἐν κυρίῳ καὶ νουθετοῦντας ὑμᾶς
1Ti 4:10 εἰς τοῦτο γὰρ **κοπιῶμεν** καὶ ἀγωνιζόμεθα, ὅτι ἠλπίκαμεν ἐπὶ θεῷ ζῶντι,
5:17 Οἱ καλῶς προεστῶτες πρεσβύτεροι διπλῆς τιμῆς ἀξιούσθωσαν, μάλιστα οἱ **κοπιῶντες** ἐν λόγῳ καὶ διδασκαλίᾳ.
2Ti 2: 6 τὸν **κοπιῶντα** γεωργὸν δεῖ πρῶτον τῶν καρπῶν μεταλαμβάνειν.
Rev 2: 3 καὶ ὑπομονὴν ἔχεις καὶ ἐβάστασας διὰ τὸ ὄνομά μου καὶ οὐ **κεκοπίακες.**

3160 κόπος [18]

√ *3164*

κόπος καὶ μόχθος [3] 2Co 11:27; 1Th 2:9; 2Th 3:8

Mt 26:10 γνοὺς δὲ ὁ Ἰησοῦς εἶπεν αὐτοῖς, Τί **κόπους** παρέχετε τῇ γυναικί;
Mk 14: 6 ὁ δὲ Ἰησοῦς εἶπεν, Ἄφετε αὐτήν· τί αὐτῇ **κόπους** παρέχετε;
Lk 11: 7 κἀκεῖνος ἔσωθεν ἀποκριθεὶς εἴπῃ, Μή μοι **κόπους** πάρεχε·
18: 5 διά γε τὸ παρέχειν μοι **κόπον** τὴν χήραν ταύτην ἐκδικήσω αὐτήν,
Jn 4:38 ἄλλοι κεκοπιάκασιν καὶ ὑμεῖς εἰς τὸν **κόπον** αὐτῶν εἰσεληλύθατε.
1Co 3: 8 ἕκαστος δὲ τὸν ἴδιον μισθὸν λήμψεται κατὰ τὸν ἴδιον **κόπον·**
15:58 εἰδότες ὅτι ὁ **κόπος** ὑμῶν οὐκ ἔστιν κενὸς ἐν κυρίῳ.
2Co 6: 5 ἐν ἀκαταστασίαις, ἐν **κόποις,** ἐν ἀγρυπνίαις, ἐν νηστείαις,
10:15 οὐκ εἰς τὰ ἄμετρα καυχώμενοι ἐν ἀλλοτρίοις **κόποις,**
11:23 ἐν **κόποις** περισσοτέρως, ἐν φυλακαῖς περισσοτέρως, ἐν πληγαῖς ὑπερβαλλόντως,
11:27 **κόπῳ** καὶ μόχθῳ, ἐν ἀγρυπνίαις πολλάκις, ἐν λιμῷ καὶ δίψει,
Gal 6:17 Τοῦ λοιποῦ **κόπους** μοι μηδεὶς παρεχέτω· ἐγὼ γὰρ τὰ στίγματα τοῦ Ἰησοῦ ἐν τῷ σώματί μου βαστάζω.
1Th 1: 3 μνημονεύοντες ὑμῶν τοῦ ἔργου τῆς πίστεως καὶ τοῦ **κόπου** τῆς ἀγάπης καὶ τῆς ὑπομονῆς τῆς ἐλπίδος τοῦ κυρίου ἡμῶν
2: 9 μνημονεύετε γάρ, ἀδελφοί, τὸν **κόπον** ἡμῶν καὶ τὸν μόχθον·
3: 5 μή πως ἐπείρασεν ὑμᾶς ὁ πειράζων καὶ εἰς κενὸν γένηται ὁ **κόπος** ἡμῶν.
2Th 3: 8 ἀλλ' ἐν **κόπῳ** καὶ μόχθῳ νυκτὸς καὶ ἡμέρας ἐργαζόμενοι πρὸς τὸ μὴ ἐπιβαρῆσαί τινα ὑμῶν·
Rev 2: 2 Οἶδα τὰ ἔργα σου καὶ τὸν **κόπον** καὶ τὴν ὑπομονήν σου καὶ ὅτι οὐ δύνῃ βαστάσαι κακούς,
14:13 λέγει τὸ πνεῦμα, ἵνα ἀναπαήσονται ἐκ τῶν **κόπων** αὐτῶν,

3161 κοπρία [1]

→ *3162, 3163*

Lk 14:35 οὔτε εἰς γῆν οὔτε εἰς **κοπρίαν** εὔθετόν ἐστιν,

3162 κόπριον [1]

√ *3161*

Lk 13: 8 ἕως ὅτου σκάψω περὶ αὐτὴν καὶ βάλω **κόπρια,**

3163 κόπρος Not used in UBS/NIV

√ *3161*

3164 κόπτω [8]

→ *370, 644, 718, 737, 1600, 1601, 1715, 1716, 2324, 2888, 3156, 3157, 3158, 3159, 3160, 3273, 4620, 4621, 4682, 4683, 4684*

Mt 11:17 Ηὐλήσαμεν ὑμῖν καὶ οὐκ ὠρχήσασθε, ἐθρηνήσαμεν καὶ οὐκ **ἐκόψασθε.**
21: 8 ἄλλοι δὲ **ἔκοπτον** κλάδους ἀπὸ τῶν δένδρων καὶ ἐστρώννυον ἐν τῇ ὁδῷ.
24:30 καὶ τότε **κόψονται** πᾶσαι αἱ φυλαὶ τῆς γῆς καὶ ὄψονται τὸν υἱὸν τοῦ ἀνθρώπου ἐρχόμενον ἐπὶ τῶν νεφελῶν τοῦ οὐρανοῦ
Mk 11: 8 καὶ πολλοὶ τὰ ἱμάτια αὐτῶν ἔστρωσαν εἰς τὴν ὁδόν, ἄλλοι δὲ στιβάδας **κόψαντες** ἐκ τῶν ἀγρῶν.
Lk 8:52 ἔκλαιον δὲ πάντες καὶ **ἐκόπτοντο** αὐτήν. ὁ δὲ εἶπεν,
23:27 Ἠκολούθει δὲ αὐτῷ πολὺ πλῆθος τοῦ λαοῦ καὶ γυναικῶν αἳ **ἐκόπτοντο** καὶ ἐθρήνουν αὐτόν.
Rev 1: 7 καὶ **κόψονται** ἐπ᾽ αὐτὸν πᾶσαι αἱ φυλαὶ τῆς γῆς.
18: 9 Καὶ κλαύσουσιν καὶ **κόψονται** ἐπ᾽ αὐτὴν οἱ βασιλεῖς τῆς γῆς οἱ μετ᾽ αὐτῆς πορνεύσαντες καὶ στρηνιάσαντες,

3165 κόραξ [1]

Lk 12:24 κατανοήσατε τοὺς **κόρακας** ὅτι οὐ σπείρουσιν οὐδὲ θερίζουσιν,

3166 κοράσιον [8]

√ *3025*

Mt 9:24 Ἀναχωρεῖτε, οὐ γὰρ ἀπέθανεν τὸ **κοράσιον** ἀλλὰ καθεύδει.
9:25 ὅτε δὲ ἐξεβλήθη ὁ ὄχλος εἰσελθὼν ἐκράτησεν τῆς χειρὸς αὐτῆς, καὶ ἠγέρθη τὸ **κοράσιον.**
14:11 καὶ ἠνέχθη ἡ κεφαλὴ αὐτοῦ ἐπὶ πίνακι καὶ ἐδόθη τῷ **κορασίῳ,**
Mk 5:41 ὅ ἐστιν μεθερμηνευόμενον Τὸ **κοράσιον,** σοὶ λέγω, ἔγειρε.
5:42 καὶ εὐθὺς ἀνέστη τὸ **κοράσιον** καὶ περιεπάτει· ἦν γὰρ ἐτῶν δώδεκα.
6:22 εἶπεν ὁ βασιλεὺς τῷ **κορασίῳ,** Αἴτησόν με ὃ ἐὰν θέλῃς,
6:28 καὶ ἤνεγκεν τὴν κεφαλὴν αὐτοῦ ἐπὶ πίνακι καὶ ἔδωκεν αὐτὴν τῷ **κορασίῳ,** καὶ τὸ **κοράσιον** ἔδωκεν αὐτὴν τῇ μητρὶ αὐτῆς.

3167 κορβᾶν [1]

→ *3168*

Mk 7:11 **Κορβᾶν,** ὅ ἐστιν, Δῶρον, ὃ ἐὰν ἐξ ἐμοῦ ὠφεληθῇς,

3168 κορβανᾶς [1]

√ *3167*

Mt 27: 6 Οὐκ ἔξεστιν βαλεῖν αὐτὰ εἰς τὸν **κορβανᾶν,** ἐπεὶ τιμὴ αἵματός ἐστιν.

3169 Κόρε [1]

Jude 1:11 ὅτι τῇ ὁδῷ τοῦ Κάϊν ἐπορεύθησαν καὶ τῇ πλάνῃ τοῦ Βαλαὰμ μισθοῦ ἐξεχύθησαν καὶ τῇ ἀντιλογίᾳ τοῦ **Κόρε** ἀπώλοντο.

3170 κορέννυμι [2]

Ac 27:38 **κορεσθέντες** δὲ τροφῆς ἐκούφιζον τὸ πλοῖον ἐκβαλλόμενοι τὸν σῖτον εἰς τὴν θάλασσαν.
1Co 4: 8 ἤδη **κεκορεσμένοι** ἐστέ, ἤδη ἐπλουτήσατε, χωρὶς ἡμῶν ἐβασιλεύσατε·

3171 Κορίνθιος [2]

√ *3172*

Ac 18: 8 καὶ πολλοὶ τῶν **Κορινθίων** ἀκούοντες ἐπίστευον καὶ ἐβαπτίζοντο.
2Co 6:11 Τὸ στόμα ἡμῶν ἀνέῳγεν πρὸς ὑμᾶς, **Κορίνθιοι,** ἡ καρδία ἡμῶν πεπλάτυνται·

3172 Κόρινθος [6]

→ *3171*

Ac 18: 1 Μετὰ ταῦτα χωρισθεὶς ἐκ τῶν Ἀθηνῶν ἦλθεν εἰς **Κόρινθον.**
19: 1 Ἐγένετο δὲ ἐν τῷ τὸν Ἀπολλῶ εἶναι ἐν **Κορίνθῳ** Παῦλον διελθόντα τὰ ἀνωτερικὰ μέρη [κατ]ελθεῖν εἰς Ἔφεσον
1Co 1: 2 τῇ ἐκκλησίᾳ τοῦ θεοῦ τῇ οὔσῃ ἐν **Κορίνθῳ,**
2Co 1: 1 τῇ ἐκκλησίᾳ τοῦ θεοῦ τῇ οὔσῃ ἐν **Κορίνθῳ** σὺν τοῖς ἁγίοις πᾶσιν τοῖς οὖσιν ἐν ὅλῃ τῇ Ἀχαΐᾳ,
1:23 Ἐγὼ δὲ μάρτυρα τὸν θεὸν ἐπικαλοῦμαι ἐπὶ τὴν ἐμὴν ψυχήν, ὅτι φειδόμενος ὑμῶν οὐκέτι ἦλθον εἰς **Κόρινθον.**
2Ti 4:20 Ἔραστος ἔμεινεν ἐν **Κορίνθῳ,** Τρόφιμον δὲ ἀπέλιπον ἐν Μιλήτῳ ἀσθενοῦντα.

3173 Κορνήλιος [8]

Ac 10: 1 Ἀνὴρ δέ τις ἐν Καισαρείᾳ ὀνόματι **Κορνήλιος,** ἑκατοντάρχης ἐκ σπείρης τῆς καλουμένης Ἰταλικῆς,
10: 3 φανερῶς ὡσεὶ περὶ ὥραν ἐνάτην τῆς ἡμέρας ἄγγελον τοῦ θεοῦ εἰσελθόντα πρὸς αὐτὸν καὶ εἰπόντα αὐτῷ, **Κορνήλιε.**
10:17 οἱ ἄνδρες οἱ ἀπεσταλμένοι ὑπὸ τοῦ **Κορνηλίου** διερωτήσαντες τὴν οἰκίαν τοῦ Σίμωνος ἐπέστησαν ἐπὶ τὸν πυλῶνα,
10:22 οἱ δὲ εἶπαν, **Κορνήλιος** ἑκατοντάρχης, ἀνὴρ δίκαιος καὶ φοβούμενος τὸν θεόν,
10:24 ὁ δὲ **Κορνήλιος** ἦν προσδοκῶν αὐτοὺς συγκαλεσάμενος τοὺς συγγενεῖς αὐτοῦ καὶ τοὺς ἀναγκαίους φίλους.
10:25 συναντήσας αὐτῷ ὁ **Κορνήλιος** πεσὼν ἐπὶ τοὺς πόδας προσεκύνησεν.
10:30 καὶ ὁ **Κορνήλιος** ἔφη, Ἀπὸ τετάρτης ἡμέρας μέχρι ταύτης τῆς ὥρας ἤμην τὴν ἐνάτην προσευχόμενος ἐν τῷ οἴκῳ μου,
10:31 καὶ φησίν, **Κορνήλιε,** εἰσηκούσθη σου ἡ προσευχὴ καὶ αἱ ἐλεημοσύναι σου ἐμνήσθησαν ἐνώπιον τοῦ θεοῦ.

3174 κόρος [1]

Lk 16: 7 ὁ δὲ εἶπεν, Ἑκατὸν **κόρους** σίτου. λέγει αὐτῷ,

3175 κοσμέω [10]

√ *3180*

Mt 12:44 Εἰς τὸν οἶκόν μου ἐπιστρέψω ὅθεν ἐξῆλθον· καὶ ἐλθὸν εὑρίσκει σχολάζοντα σεσαρωμένον καὶ **κεκοσμημένον.**
23:29 ὅτι οἰκοδομεῖτε τοὺς τάφους τῶν προφητῶν καὶ **κοσμεῖτε** τὰ μνημεῖα τῶν δικαίων,
25: 7 τότε ἠγέρθησαν πᾶσαι αἱ παρθένοι ἐκεῖναι καὶ **ἐκόσμησαν** τὰς λαμπάδας ἑαυτῶν.
Lk 11:25 καὶ ἐλθὸν εὑρίσκει σεσαρωμένον καὶ **κεκοσμημένον.**
21: 5 Καί τινων λεγόντων περὶ τοῦ ἱεροῦ ὅτι λίθοις καλοῖς καὶ ἀναθήμασιν **κεκόσμηται** εἶπεν,
1Ti 2: 9 ὡσαύτως [καὶ] γυναῖκας ἐν καταστολῇ κοσμίῳ μετὰ αἰδοῦς καὶ σωφροσύνης **κοσμεῖν** ἑαυτάς,
Tit 2:10 ἵνα τὴν διδασκαλίαν τὴν τοῦ σωτῆρος ἡμῶν θεοῦ **κοσμῶσιν** ἐν πᾶσιν.
1Pe 3: 5 οὕτως γάρ ποτε καὶ αἱ ἅγιαι γυναῖκες αἱ ἐλπίζουσαι εἰς θεὸν **ἐκόσμουν** ἑαυτὰς ὑποτασσόμεναι τοῖς ἰδίοις ἀνδράσιν,
Rev 21: 2 καὶ τὴν πόλιν τὴν ἁγίαν Ἰερουσαλὴμ καινὴν εἶδον καταβαίνουσαν ἐκ τοῦ οὐρανοῦ ἀπὸ τοῦ θεοῦ ἡτοιμασμένην ὡς νύμφην **κεκοσμημένην** τῷ ἀνδρὶ αὐτῆς.
21:19 οἱ θεμέλιοι τοῦ τείχους τῆς πόλεως παντὶ λίθῳ τιμίῳ **κεκοσμημένοι·**

3176 κοσμικός [2]

√ *3180*

Tit 2:12 ἵνα ἀρνησάμενοι τὴν ἀσέβειαν καὶ τὰς **κοσμικὰς** ἐπιθυμίας σωφρόνως καὶ δικαίως καὶ εὐσεβῶς ζήσωμεν ἐν τῷ νῦν αἰῶνι,
Heb 9: 1 Εἶχε μὲν οὖν [καὶ] ἡ πρώτη δικαιώματα λατρείας τό τε ἅγιον **κοσμικόν.**

3177 κόσμιος [2]

√ *3180*

1Ti 2: 9 ὡσαύτως [καὶ] γυναῖκας ἐν καταστολῇ **κοσμίῳ** μετὰ αἰδοῦς καὶ σωφροσύνης κοσμεῖν ἑαυτάς,
3: 2 μιᾶς γυναικὸς ἄνδρα, νηφάλιον σώφρονα **κόσμιον** φιλόξενον διδακτικόν,

3178 κοσμίως Not used in UBS/NIV

√ *3180*

3179 κοσμοκράτωρ [1]

√ 3180 + 3197

Eph 6:12 πρὸς τὰς ἐξουσίας, πρὸς τοὺς **κοσμοκράτορας** τοῦ σκότους τούτου,

3180 κόσμος [186]

→ 1186, 1714, 3152, 3153, 3175, 3176, 3177, 3178, 3179, 5172

ἀρχαῖος κόσμος [1] 2Pe 2:5

ἄρχων κόσμου [3] Jn 12:31; 14:30; 16:11

ἡ [τάς] βασιλεία[ς] τοῦ κόσμοῦ [3] Mt 4:8; Jn 18:36; Rev 11:15

βίον τοῦ κόσμου [1] 1Jn 3:17

ἐσταύρωται κόσμῳ [1] Gal 6:14

καταβολῆς κόσμου [10] Mt 13:35; 25:34; Lk 11:50; Jn 17:24; Eph 1:4; Heb 4:3; 9:26; 1Pe 1:20; Rev 13:8; 17:8

κρίνω τὸν κόσμον [6] Jn 3:17; 12:47,48; Ro 3:6; 1Co 6:2,2

κτίσεως κόσμου [1] Ro 1:20

ὅλος κόσμος [8] Mt 16:26; 26:13; Mk 8:36; 14:9; Lk 9:25; Jn 12:19[NIV]; Ro 1:8; 1Jn 2:2; 5:19

οὗτος κόσμος [16] Jn 8:23,23; 9:39; 11:9; 12:25,31,31; 13:1; 16:11; 18:36,36; 1Co 3:19; 5:10; 7:31; Eph 2:2; 1Jn 4:17

πᾶς κόσμος [1] Ro 3:19

πνεῦμα κόσμου [1] 1Co 2:12

σοφία κοσμοῦ [3] 1Co 1:20,21; 3:19

στοιχεῖον κόσμου [3] Gal 4:3; Col 2:8,20

σωτήρ τοῦ κόσμου [2] Jn 4:42; 1Jn 4:14

τὰ τοῦ κόσμου [2] 1Co 7:33,34

τότε κόσμος [1] 2Pe 3:6

φῶς τοῦ κόσμου [5] Mt 5:14; Jn 8:12; 9:5; 11:9; 12:46

Mt 4: 8 Πάλιν παραλαμβάνει αὐτὸν ὁ διάβολος εἰς ὄρος ὑψηλὸν λίαν καὶ δείκνυσιν αὐτῷ πάσας τὰς βασιλείας τοῦ **κόσμου** καὶ τὴν δόξαν αὐτῶν
5:14 Ὑμεῖς ἐστε τὸ φῶς τοῦ **κόσμου.** οὐ δύναται πόλις κρυβῆναι ἐπάνω ὄρους κειμένη·
13:35 Ἀνοίξω ἐν παραβολαῖς τὸ στόμα μου, ἐρεύξομαι κεκρυμμένα ἀπὸ καταβολῆς **[κόσμου.]**
13:38 ὁ δὲ ἀγρός ἐστιν ὁ **κόσμος,** τὸ δὲ καλὸν σπέρμα οὗτοί εἰσιν οἱ υἱοὶ τῆς βασιλείας·
16:26 τί γὰρ ὠφεληθήσεται ἄνθρωπος ἐὰν τὸν **κόσμον** ὅλον κερδήσῃ τὴν δὲ ψυχὴν αὐτοῦ ζημιωθῇ;
18: 7 οὐαὶ τῷ **κόσμῳ** ἀπὸ τῶν σκανδάλων· ἀνάγκη γὰρ ἐλθεῖν τὰ σκάνδαλα,
24:21 ἔσται γὰρ τότε θλῖψις μεγάλη οἵα οὐ γέγονεν ἀπ' ἀρχῆς **κόσμου** ἕως τοῦ νῦν οὐδ' οὐ μὴ γένηται.
25:34 κληρονομήσατε τὴν ἡτοιμασμένην ὑμῖν βασιλείαν ἀπὸ καταβολῆς **κόσμου.**
26:13 ὅπου ἐὰν κηρυχθῇ τὸ εὐαγγέλιον τοῦτο ἐν ὅλῳ τῷ **κόσμῳ,**
Mk 8:36 τί γὰρ ὠφελεῖ ἄνθρωπον κερδῆσαι τὸν **κόσμον** ὅλον καὶ ζημιωθῆναι τὴν ψυχὴν αὐτοῦ;
14: 9 ὅπου ἐὰν κηρυχθῇ τὸ εὐαγγέλιον εἰς ὅλον τὸν **κόσμον,**
16:15 ⟦Πορευθέντες εἰς τὸν **κόσμον** ἅπαντα κηρύξατε τὸ εὐαγγέλιον πάσῃ τῇ κτίσει.⟧
Lk 9:25 τί γὰρ ὠφελεῖται ἄνθρωπος κερδήσας τὸν **κόσμον** ὅλον ἑαυτὸν δὲ ἀπολέσας ἢ ζημιωθείς;
11:50 ἵνα ἐκζητηθῇ τὸ αἷμα πάντων τῶν προφητῶν τὸ ἐκκεχυμένον ἀπὸ καταβολῆς **κόσμου** ἀπὸ τῆς γενεᾶς ταύτης,
12:30 ταῦτα γὰρ πάντα τὰ ἔθνη τοῦ **κόσμου** ἐπιζητοῦσιν,
Jn 1: 9 ὃ φωτίζει πάντα ἄνθρωπον, ἐρχόμενον εἰς τὸν **κόσμον.**
1:10 ἐν τῷ **κόσμῳ** ἦν, καὶ ὁ **κόσμος** δι' αὐτοῦ ἐγένετο, καὶ ὁ **κόσμος** αὐτὸν οὐκ ἔγνω.
1:29 Ἴδε ὁ ἀμνὸς τοῦ θεοῦ ὁ αἴρων τὴν ἁμαρτίαν τοῦ **κόσμου.**
3:16 Οὕτως γὰρ ἠγάπησεν ὁ θεὸς τὸν **κόσμον,** ὥστε τὸν υἱὸν τὸν μονογενῆ ἔδωκεν,
3:17 οὐ γὰρ ἀπέστειλεν ὁ θεὸς τὸν υἱὸν εἰς τὸν **κόσμον** ἵνα κρίνῃ τὸν **κόσμον,** ἀλλ' ἵνα σωθῇ ὁ **κόσμος** δι' αὐτοῦ.
3:19 αὕτη δέ ἐστιν ἡ κρίσις ὅτι τὸ φῶς ἐλήλυθεν εἰς τὸν **κόσμον** καὶ ἠγάπησαν οἱ ἄνθρωποι μᾶλλον τὸ σκότος ἢ τὸ φῶς·
4:42 αὐτοὶ γὰρ ἀκηκόαμεν καὶ οἴδαμεν ὅτι οὗτός ἐστιν ἀληθῶς ὁ σωτὴρ τοῦ **κόσμου.**
6:14 Οἱ οὖν ἄνθρωποι ἰδόντες ὃ ἐποίησεν σημεῖον ἔλεγον ὅτι Οὗτός ἐστιν ἀληθῶς ὁ προφήτης ὁ ἐρχόμενος εἰς τὸν **κόσμον.**
6:33 ὁ γὰρ ἄρτος τοῦ θεοῦ ἐστιν ὁ καταβαίνων ἐκ τοῦ οὐρανοῦ καὶ ζωὴν διδοὺς τῷ **κόσμῳ.**
6:51 καὶ ὁ ἄρτος δὲ ὃν ἐγὼ δώσω ἡ σάρξ μού ἐστιν ὑπὲρ τῆς τοῦ **κόσμου** ζωῆς.
7: 4 οὐδεὶς γάρ τι ἐν κρυπτῷ ποιεῖ καὶ ζητεῖ αὐτὸς ἐν παρρησίᾳ εἶναι. εἰ ταῦτα ποιεῖς, φανέρωσον σεαυτὸν τῷ **κόσμῳ.**
7: 7 οὐ δύναται ὁ **κόσμος** μισεῖν ὑμᾶς, ἐμὲ δὲ μισεῖ,
8:12 Πάλιν οὖν αὐτοῖς ἐλάλησεν ὁ Ἰησοῦς λέγων, Ἐγώ εἰμι τὸ φῶς τοῦ **κόσμου·**
8:23 ὑμεῖς ἐκ τούτου τοῦ **κόσμου** ἐστέ, ἐγὼ οὐκ εἰμὶ ἐκ τοῦ **κόσμου** τούτου.
8:26 κἀγὼ ἃ ἤκουσα παρ' αὐτοῦ ταῦτα λαλῶ εἰς τὸν **κόσμον.**
9: 5 ὅταν ἐν τῷ **κόσμῳ** ὦ, φῶς εἰμι τοῦ **κόσμου.**
9:39 Εἰς κρίμα ἐγὼ εἰς τὸν **κόσμον** τοῦτον ἦλθον,
10:36 ὃν ὁ πατὴρ ἡγίασεν καὶ ἀπέστειλεν εἰς τὸν **κόσμον** ὑμεῖς λέγετε ὅτι Βλασφημεῖς,
11: 9 οὐ προσκόπτει, ὅτι τὸ φῶς τοῦ **κόσμου** τούτου βλέπει·
11:27 ἐγὼ πεπίστευκα ὅτι σὺ εἶ ὁ Χριστὸς ὁ υἱὸς τοῦ θεοῦ ὁ εἰς τὸν **κόσμον** ἐρχόμενος.
12:19 Θεωρεῖτε ὅτι οὐκ ὠφελεῖτε οὐδέν· ἴδε ὁ **κόσμος** ὀπίσω αὐτοῦ ἀπῆλθεν.
12:25 καὶ ὁ μισῶν τὴν ψυχὴν αὐτοῦ ἐν τῷ **κόσμῳ** τούτῳ εἰς ζωὴν αἰώνιον φυλάξει αὐτήν.
12:31 νῦν κρίσις ἐστὶν τοῦ **κόσμου** τούτου, νῦν ὁ ἄρχων τοῦ **κόσμου** τούτου ἐκβληθήσεται ἔξω·
12:46 ἐγὼ φῶς εἰς τὸν **κόσμον** ἐλήλυθα, ἵνα πᾶς ὁ πιστεύων εἰς ἐμὲ ἐν τῇ σκοτίᾳ μὴ μείνῃ.
12:47 οὐ γὰρ ἦλθον ἵνα κρίνω τὸν **κόσμον,** ἀλλ' ἵνα σώσω τὸν **κόσμον.**
13: 1 εἰδὼς ὁ Ἰησοῦς ὅτι ἦλθεν αὐτοῦ ἡ ὥρα ἵνα μεταβῇ ἐκ τοῦ **κόσμου** τούτου πρὸς τὸν πατέρα, ἀγαπήσας τοὺς ἰδίους τοὺς ἐν τῷ **κόσμῳ** εἰς τέλος ἠγάπησεν αὐτούς.
14:17 τὸ πνεῦμα τῆς ἀληθείας, ὃ ὁ **κόσμος** οὐ δύναται λαβεῖν,
14:19 ἔτι μικρὸν καὶ ὁ **κόσμος** με οὐκέτι θεωρεῖ,
14:22 [καὶ] τί γέγονεν ὅτι ἡμῖν μέλλεις ἐμφανίζειν σεαυτὸν καὶ οὐχὶ τῷ **κόσμῳ;**
14:27 οὐ καθὼς ὁ **κόσμος** δίδωσιν ἐγὼ δίδωμι ὑμῖν.
14:30 οὐκέτι πολλὰ λαλήσω μεθ' ὑμῶν, ἔρχεται γὰρ ὁ τοῦ **κόσμου** ἄρχων·
14:31 ἀλλ' ἵνα γνῷ ὁ **κόσμος** ὅτι ἀγαπῶ τὸν πατέρα,
15:18 Εἰ ὁ **κόσμος** ὑμᾶς μισεῖ, γινώσκετε ὅτι ἐμὲ πρῶτον ὑμῶν μεμίσηκεν.
15:19 εἰ ἐκ τοῦ **κόσμου** ἦτε, ὁ **κόσμος** ἂν τὸ ἴδιον ἐφίλει· ὅτι δὲ ἐκ τοῦ **κόσμου** οὐκ ἐστέ, ἀλλ' ἐγὼ ἐξελεξάμην ὑμᾶς ἐκ τοῦ **κόσμου,** διὰ τοῦτο μισεῖ ὑμᾶς ὁ **κόσμος.**
16: 8 καὶ ἐλθὼν ἐκεῖνος ἐλέγξει τὸν **κόσμον** περὶ ἁμαρτίας καὶ περὶ δικαιοσύνης καὶ περὶ κρίσεως·
16:11 περὶ δὲ κρίσεως, ὅτι ὁ ἄρχων τοῦ **κόσμου** τούτου κέκριται.
16:20 ἀμὴν ἀμὴν λέγω ὑμῖν ὅτι κλαύσετε καὶ θρηνήσετε ὑμεῖς, ὁ δὲ **κόσμος** χαρήσεται·
16:21 οὐκέτι μνημονεύει τῆς θλίψεως διὰ τὴν χαρὰν ὅτι ἐγεννήθη ἄνθρωπος εἰς τὸν **κόσμον.**
16:28 ἐξῆλθον παρὰ τοῦ πατρὸς καὶ ἐλήλυθα εἰς τὸν **κόσμον·** πάλιν ἀφίημι τὸν **κόσμον** καὶ πορεύομαι πρὸς τὸν πατέρα.
16:33 ἐν τῷ **κόσμῳ** θλῖψιν ἔχετε· ἀλλὰ θαρσεῖτε, ἐγὼ νενίκηκα τὸν **κόσμον.**
17: 5 παρὰ σεαυτῷ τῇ δόξῃ ᾗ εἶχον πρὸ τοῦ τὸν **κόσμον** εἶναι παρὰ σοί.
17: 6 Ἐφανέρωσά σου τὸ ὄνομα τοῖς ἀνθρώποις οὓς ἔδωκάς μοι ἐκ τοῦ **κόσμου.**
17: 9 οὐ περὶ τοῦ **κόσμου** ἐρωτῶ ἀλλὰ περὶ ὧν δέδωκάς μοι,
17:11 καὶ οὐκέτι εἰμὶ ἐν τῷ **κόσμῳ,** καὶ αὐτοὶ ἐν τῷ **κόσμῳ** εἰσίν, κἀγὼ πρὸς σὲ ἔρχομαι.
17:13 νῦν δὲ πρὸς σὲ ἔρχομαι καὶ ταῦτα λαλῶ ἐν τῷ **κόσμῳ** ἵνα ἔχωσιν τὴν χαρὰν τὴν ἐμὴν πεπληρωμένην ἐν ἑαυτοῖς.
17:14 ἐγὼ δέδωκα αὐτοῖς τὸν λόγον σου καὶ ὁ **κόσμος** ἐμίσησεν αὐτούς, ὅτι οὐκ εἰσὶν ἐκ τοῦ **κόσμου** καθὼς ἐγὼ οὐκ εἰμὶ ἐκ τοῦ **κόσμου.**
17:15 οὐκ ἐρωτῶ ἵνα ἄρῃς αὐτοὺς ἐκ τοῦ **κόσμου,**

17:16 ἐκ τοῦ **κόσμου** οὐκ εἰσὶν καθὼς ἐγὼ οὐκ εἰμὶ ἐκ τοῦ **κόσμου.**
17:18 καθὼς ἐμὲ ἀπέστειλας εἰς τὸν **κόσμον,** κἀγὼ ἀπέστειλα αὐτοὺς εἰς τὸν **κόσμον·**
17:21 ἵνα ὁ **κόσμος** πιστεύῃ ὅτι σύ με ἀπέστειλας.
17:23 ἵνα γινώσκῃ ὁ **κόσμος** ὅτι σύ με ἀπέστειλας καὶ ἠγάπησας αὐτοὺς καθὼς ἐμὲ ἠγάπησας.
17:24 ἣν δέδωκάς μοι ὅτι ἠγάπησάς με πρὸ καταβολῆς **κόσμου.**
17:25 πάτερ δίκαιε, καὶ ὁ **κόσμος** σε οὐκ ἔγνω,
18:20 ἀπεκρίθη αὐτῷ Ἰησοῦς, Ἐγὼ παρρησίᾳ λελάληκα τῷ **κόσμῳ,**
18:36 Ἡ βασιλεία ἡ ἐμὴ οὐκ ἔστιν ἐκ τοῦ **κόσμου** τούτου· εἰ ἐκ τοῦ **κόσμου** τούτου ἦν ἡ βασιλεία ἡ ἐμή,
18:37 ἐγὼ εἰς τοῦτο γεγέννημαι καὶ εἰς τοῦτο ἐλήλυθα εἰς τὸν **κόσμον,**
21:25 οὐδ᾽ αὐτὸν οἶμαι τὸν **κόσμον** χωρῆσαι τὰ γραφόμενα βιβλία.
Ac 17:24 ὁ θεὸς ὁ ποιήσας τὸν **κόσμον** καὶ πάντα τὰ ἐν αὐτῷ,
Ro 1: 8 εὐχαριστῶ τῷ θεῷ μου διὰ Ἰησοῦ Χριστοῦ περὶ πάντων ὑμῶν ὅτι ἡ πίστις ὑμῶν καταγγέλλεται ἐν ὅλῳ τῷ **κόσμῳ.**
1:20 τὰ γὰρ ἀόρατα αὐτοῦ ἀπὸ κτίσεως **κόσμου** τοῖς ποιήμασιν νοούμενα καθορᾶται,
3: 6 μὴ γένοιτο· ἐπεὶ πῶς κρινεῖ ὁ θεὸς τὸν **κόσμον;**
3:19 πᾶν στόμα φραγῇ καὶ ὑπόδικος γένηται πᾶς ὁ **κόσμος** τῷ θεῷ·
4:13 τὸ κληρονόμον αὐτὸν εἶναι **κόσμου,** ἀλλὰ διὰ δικαιοσύνης πίστεως.
5:12 Διὰ τοῦτο ὥσπερ δι᾽ ἑνὸς ἀνθρώπου ἡ ἁμαρτία εἰς τὸν **κόσμον** εἰσῆλθεν καὶ διὰ τῆς ἁμαρτίας ὁ θάνατος,
5:13 ἄχρι γὰρ νόμου ἁμαρτία ἦν ἐν **κόσμῳ,** ἁμαρτία δὲ οὐκ ἐλλογεῖται μὴ ὄντος νόμου,
11:12 εἰ δὲ τὸ παράπτωμα αὐτῶν πλοῦτος **κόσμου** καὶ τὸ ἥττημα αὐτῶν πλοῦτος ἐθνῶν,
11:15 εἰ γὰρ ἡ ἀποβολὴ αὐτῶν καταλλαγὴ **κόσμου,** τίς ἡ πρόσλημψις εἰ μὴ ζωὴ ἐκ νεκρῶν;
1Co 1:20 οὐχὶ ἐμώρανεν ὁ θεὸς τὴν σοφίαν τοῦ **κόσμου;**
1:21 ἐπειδὴ γὰρ ἐν τῇ σοφίᾳ τοῦ θεοῦ οὐκ ἔγνω ὁ **κόσμος** διὰ τῆς σοφίας τὸν θεόν,
1:27 ἀλλὰ τὰ μωρὰ τοῦ **κόσμου** ἐξελέξατο ὁ θεός, ἵνα καταισχύνῃ τοὺς σοφούς, καὶ τὰ ἀσθενῆ τοῦ **κόσμου** ἐξελέξατο ὁ θεός, ἵνα καταισχύνῃ τὰ ἰσχυρά,
1:28 καὶ τὰ ἀγενῆ τοῦ **κόσμου** καὶ τὰ ἐξουθενημένα ἐξελέξατο ὁ θεός,
2:12 ἡμεῖς δὲ οὐ τὸ πνεῦμα τοῦ **κόσμου** ἐλάβομεν ἀλλὰ τὸ πνεῦμα τὸ ἐκ τοῦ θεοῦ,
3:19 ἡ γὰρ σοφία τοῦ **κόσμου** τούτου μωρία παρὰ τῷ θεῷ ἐστιν.
3:22 εἴτε **κόσμος** εἴτε ζωὴ εἴτε θάνατος, εἴτε ἐνεστῶτα εἴτε μέλλοντα·
4: 9 ὅτι θέατρον ἐγενήθημεν τῷ **κόσμῳ** καὶ ἀγγέλοις καὶ ἀνθρώποις.
4:13 ὡς περικαθάρματα τοῦ **κόσμου** ἐγενήθημεν, πάντων περίψημα ἕως ἄρτι.
5:10 οὐ πάντως τοῖς πόρνοις τοῦ **κόσμου** τούτου ἢ τοῖς πλεονέκταις καὶ ἅρπαξιν ἢ εἰδωλολάτραις, ἐπεὶ ὠφείλετε ἄρα ἐκ τοῦ **κόσμου** ἐξελθεῖν.
6: 2 ἢ οὐκ οἴδατε ὅτι οἱ ἅγιοι τὸν **κόσμον** κρινοῦσιν; καὶ εἰ ἐν ὑμῖν κρίνεται ὁ **κόσμος,** ἀνάξιοί ἐστε κριτηρίων ἐλαχίστων;
7:31 καὶ οἱ χρώμενοι τὸν **κόσμον** ὡς μὴ καταχρώμενοι· παράγει γὰρ τὸ σχῆμα τοῦ **κόσμου** τούτου.
7:33 ὁ δὲ γαμήσας μεριμνᾷ τὰ τοῦ **κόσμου,** πῶς ἀρέσῃ τῇ γυναικί,
7:34 ἡ δὲ γαμήσασα μεριμνᾷ τὰ τοῦ **κόσμου,** πῶς ἀρέσῃ τῷ ἀνδρί.
8: 4 οἴδαμεν ὅτι οὐδὲν εἴδωλον ἐν **κόσμῳ** καὶ ὅτι οὐδεὶς θεὸς εἰ μὴ εἷς.
11:32 κρινόμενοι δὲ ὑπὸ [τοῦ] κυρίου παιδευόμεθα, ἵνα μὴ σὺν τῷ **κόσμῳ** κατακριθῶμεν.
14:10 τοσαῦτα εἰ τύχοι γένη φωνῶν εἰσιν ἐν **κόσμῳ** καὶ οὐδὲν ἄφωνον·
2Co 1:12 ἀνεστράφημεν ἐν τῷ **κόσμῳ,** περισσοτέρως δὲ πρὸς ὑμᾶς.
5:19 ὡς ὅτι θεὸς ἦν ἐν Χριστῷ **κόσμον** καταλλάσσων ἑαυτῷ,
7:10 ἡ γὰρ κατὰ θεὸν λύπη μετάνοιαν εἰς σωτηρίαν ἀμεταμέλητον ἐργάζεται· ἡ δὲ τοῦ **κόσμου** λύπη θάνατον κατεργάζεται.
Gal 4: 3 ὅτε ἦμεν νήπιοι, ὑπὸ τὰ στοιχεῖα τοῦ **κόσμου** ἤμεθα δεδουλωμένοι·
6:14 ἐμοὶ δὲ μὴ γένοιτο καυχᾶσθαι εἰ μὴ ἐν τῷ σταυρῷ τοῦ κυρίου ἡμῶν Ἰησοῦ Χριστοῦ, δι᾽ οὗ ἐμοὶ **κόσμος** ἐσταύρωται κἀγὼ **κόσμῳ.**
Eph 1: 4 καθὼς ἐξελέξατο ἡμᾶς ἐν αὐτῷ πρὸ καταβολῆς **κόσμου** εἶναι ἡμᾶς ἁγίους καὶ ἀμώμους κατενώπιον αὐτοῦ ἐν ἀγάπῃ,
2: 2 ἐν αἷς ποτε περιεπατήσατε κατὰ τὸν αἰῶνα τοῦ **κόσμου** τούτου,
2:12 ἐλπίδα μὴ ἔχοντες καὶ ἄθεοι ἐν τῷ **κόσμῳ.**
Php 2:15 τέκνα θεοῦ ἄμωμα μέσον γενεᾶς σκολιᾶς καὶ διεστραμμένης, ἐν οἷς φαίνεσθε ὡς φωστῆρες ἐν **κόσμῳ,**
Col 1: 6 καθὼς καὶ ἐν παντὶ τῷ **κόσμῳ** ἐστὶν καρποφορούμενον καὶ αὐξανόμενον καθὼς καὶ ἐν ὑμῖν,
2: 8 κατὰ τὰ στοιχεῖα τοῦ **κόσμου** καὶ οὐ κατὰ Χριστόν·
2:20 Εἰ ἀπεθάνετε σὺν Χριστῷ ἀπὸ τῶν στοιχείων τοῦ **κόσμου,** τί ὡς ζῶντες ἐν **κόσμῳ** δογματίζεσθε;
1Ti 1:15 ὅτι Χριστὸς Ἰησοῦς ἦλθεν εἰς τὸν **κόσμον** ἁμαρτωλοὺς σῶσαι,
3:16 ἐκηρύχθη ἐν ἔθνεσιν, ἐπιστεύθη ἐν **κόσμῳ,** ἀνελήμφθη ἐν δόξῃ.
6: 7 οὐδὲν γὰρ εἰσηνέγκαμεν εἰς τὸν **κόσμον,** ὅτι οὐδὲ ἐξενεγκεῖν τι δυνάμεθα·
Heb 4: 3 Εἰ εἰσελεύσονται εἰς τὴν κατάπαυσίν μου, καίτοι τῶν ἔργων ἀπὸ καταβολῆς **κόσμου** γενηθέντων.
9:26 ἐπεὶ ἔδει αὐτὸν πολλάκις παθεῖν ἀπὸ καταβολῆς **κόσμου·**
10: 5 Διὸ εἰσερχόμενος εἰς τὸν **κόσμον** λέγει, Θυσίαν καὶ προσφορὰν οὐκ ἠθέλησας,
11: 7 εὐλαβηθεὶς κατεσκεύασεν κιβωτὸν εἰς σωτηρίαν τοῦ οἴκου αὐτοῦ δι᾽ ἧς κατέκρινεν τὸν **κόσμον,**
11:38 ὧν οὐκ ἦν ἄξιος ὁ **κόσμος,** ἐπὶ ἐρημίαις πλανώμενοι καὶ ὄρεσιν καὶ σπηλαίοις καὶ ταῖς ὀπαῖς τῆς γῆς.
Jas 1:27 ἐπισκέπτεσθαι ὀρφανοὺς καὶ χήρας ἐν τῇ θλίψει αὐτῶν, ἄσπιλον ἑαυτὸν τηρεῖν ἀπὸ τοῦ **κόσμου.**
2: 5 οὐχ ὁ θεὸς ἐξελέξατο τοὺς πτωχοὺς τῷ **κόσμῳ** πλουσίους ἐν πίστει καὶ κληρονόμους τῆς βασιλείας ἧς ἐπηγγείλατο
3: 6 ὁ **κόσμος** τῆς ἀδικίας ἡ γλῶσσα καθίσταται ἐν τοῖς μέλεσιν ἡμῶν,
4: 4 ὅτι ἡ φιλία τοῦ **κόσμου** ἔχθρα τοῦ θεοῦ ἐστιν; ὃς ἐὰν οὖν βουληθῇ φίλος εἶναι τοῦ **κόσμου,** ἐχθρὸς τοῦ θεοῦ καθίσταται.
1Pe 1:20 προεγνωσμένου μὲν πρὸ καταβολῆς **κόσμου** φανερωθέντος δὲ ἐπ᾽ ἐσχάτου τῶν χρόνων δι᾽ ὑμᾶς
3: 3 ὧν ἔστω οὐχ ὁ ἔξωθεν ἐμπλοκῆς τριχῶν καὶ περιθέσεως χρυσίων ἢ ἐνδύσεως ἱματίων **κόσμος**
5: 9 ᾧ ἀντίστητε στερεοὶ τῇ πίστει εἰδότες τὰ αὐτὰ τῶν παθημάτων τῇ ἐν [τῷ] **κόσμῳ** ὑμῶν ἀδελφότητι ἐπιτελεῖσθαι.
2Pe 1: 4 ἵνα διὰ τούτων γένησθε θείας κοινωνοὶ φύσεως ἀποφυγόντες τῆς ἐν τῷ **κόσμῳ** ἐν ἐπιθυμίᾳ φθορᾶς.
2: 5 ἀρχαίου **κόσμου** οὐκ ἐφείσατο ἀλλὰ ὄγδοον Νῶε δικαιοσύνης κήρυκα ἐφύλαξεν κατακλυσμὸν **κόσμῳ** ἀσεβῶν ἐπάξας,
2:20 εἰ γὰρ ἀποφυγόντες τὰ μιάσματα τοῦ **κόσμου** ἐν ἐπιγνώσει τοῦ κυρίου [ἡμῶν] καὶ σωτῆρος Ἰησοῦ Χριστοῦ,
3: 6 δι᾽ ὧν ὁ τότε **κόσμος** ὕδατι κατακλυσθεὶς ἀπώλετο·
1Jn 2: 2 οὐ περὶ τῶν ἡμετέρων δὲ μόνον ἀλλὰ καὶ περὶ ὅλου τοῦ **κόσμου.**
2:15 Μὴ ἀγαπᾶτε τὸν **κόσμον** μηδὲ τὰ ἐν τῷ **κόσμῳ.** ἐάν τις ἀγαπᾷ τὸν **κόσμον,** οὐκ ἔστιν ἡ ἀγάπη τοῦ πατρὸς ἐν αὐτῷ·
2:16 ὅτι πᾶν τὸ ἐν τῷ **κόσμῳ,** ἡ ἐπιθυμία τῆς σαρκὸς καὶ ἡ ἐπιθυμία τῶν ὀφθαλμῶν καὶ ἡ ἀλαζονεία τοῦ βίου, οὐκ ἔστιν ἐκ τοῦ πατρὸς ἀλλ᾽ ἐκ τοῦ **κόσμου** ἐστίν.
2:17 καὶ ὁ **κόσμος** παράγεται καὶ ἡ ἐπιθυμία αὐτοῦ,
3: 1 διὰ τοῦτο ὁ **κόσμος** οὐ γινώσκει ἡμᾶς, ὅτι οὐκ ἔγνω αὐτόν.
3:13 [καὶ] μὴ θαυμάζετε, ἀδελφοί, εἰ μισεῖ ὑμᾶς ὁ **κόσμος.**
3:17 ὃς δ᾽ ἂν ἔχῃ τὸν βίον τοῦ **κόσμου** καὶ θεωρῇ τὸν ἀδελφὸν αὐτοῦ χρείαν ἔχοντα καὶ κλείσῃ τὰ σπλάγχνα αὐτοῦ ἀπ᾽ αὐτοῦ,
4: 1 ἀλλὰ δοκιμάζετε τὰ πνεύματα εἰ ἐκ τοῦ θεοῦ ἐστιν, ὅτι πολλοὶ ψευδοπροφῆται ἐξεληλύθασιν εἰς τὸν **κόσμον.**
4: 3 ὃ ἀκηκόατε ὅτι ἔρχεται, καὶ νῦν ἐν τῷ **κόσμῳ** ἐστὶν ἤδη.
4: 4 ὅτι μείζων ἐστὶν ὁ ἐν ὑμῖν ἢ ὁ ἐν τῷ **κόσμῳ.**
4: 5 αὐτοὶ ἐκ τοῦ **κόσμου** εἰσίν, διὰ τοῦτο ἐκ τοῦ **κόσμου** λαλοῦσιν καὶ ὁ **κόσμος** αὐτῶν ἀκούει.
4: 9 ὅτι τὸν υἱὸν αὐτοῦ τὸν μονογενῆ ἀπέσταλκεν ὁ θεὸς εἰς τὸν **κόσμον** ἵνα ζήσωμεν δι᾽ αὐτοῦ.
4:14 καὶ ἡμεῖς τεθεάμεθα καὶ μαρτυροῦμεν ὅτι ὁ πατὴρ ἀπέσταλκεν τὸν υἱὸν σωτῆρα τοῦ **κόσμου.**
4:17 ὅτι καθὼς ἐκεῖνός ἐστιν καὶ ἡμεῖς ἐσμεν ἐν τῷ **κόσμῳ** τούτῳ.
5: 4 ὅτι πᾶν τὸ γεγεννημένον ἐκ τοῦ θεοῦ νικᾷ τὸν **κόσμον·** καὶ αὕτη ἐστὶν ἡ νίκη ἡ νικήσασα τὸν **κόσμον,** ἡ πίστις ἡμῶν.
5: 5 τίς [δέ] ἐστιν ὁ νικῶν τὸν **κόσμον** εἰ μὴ ὁ πιστεύων ὅτι Ἰησοῦς ἐστιν ὁ υἱὸς τοῦ θεοῦ;
5:19 οἴδαμεν ὅτι ἐκ τοῦ θεοῦ ἐσμεν καὶ ὁ **κόσμος** ὅλος ἐν τῷ πονηρῷ κεῖται.
2Jn 1: 7 ὅτι πολλοὶ πλάνοι ἐξῆλθον εἰς τὸν **κόσμον,** οἱ μὴ ὁμολογοῦντες Ἰησοῦν Χριστὸν ἐρχόμενον ἐν σαρκί·
Rev 11:15 Ἐγένετο ἡ βασιλεία τοῦ **κόσμου** τοῦ κυρίου ἡμῶν καὶ τοῦ Χριστοῦ αὐτοῦ,
13: 8 οὗ οὐ γέγραπται τὸ ὄνομα αὐτοῦ ἐν τῷ βιβλίῳ τῆς ζωῆς τοῦ ἀρνίου τοῦ ἐσφαγμένου ἀπὸ καταβολῆς **κόσμου.**

17: 8 ὧν οὐ γέγραπται τὸ ὄνομα ἐπὶ τὸ βιβλίον τῆς ζωῆς ἀπὸ καταβολῆς **κόσμου,**

3181 Κούαρτος [1]

Ro 16:23 ἀσπάζεται ὑμᾶς Ἔραστος ὁ οἰκονόμος τῆς πόλεως καὶ **Κούαρτος** ὁ ἀδελφός.

3182 κοῦμ [1]

→ *3183*

Mk 5:41 Ταλιθα **κουμ,** ὅ ἐστιν μεθερμηνευόμενον Τὸ κοράσιον, σοὶ λέγω,

3183 κοῦμι Not used in UBS/NIV

√ *3182*

3184 κουστωδία [3]

Mt 27:65 ἔφη αὐτοῖς ὁ Πιλᾶτος, Ἔχετε **κουστωδίαν·** ὑπάγετε ἀσφαλίσασθε ὡς οἴδατε.
27:66 οἱ δὲ πορευθέντες ἠσφαλίσαντο τὸν τάφον σφραγίσαντες τὸν λίθον μετὰ τῆς **κουστωδίας.**
28:11 ἰδού τινες τῆς **κουστωδίας** ἐλθόντες εἰς τὴν πόλιν ἀπήγγειλαν τοῖς ἀρχιερεῦσιν ἅπαντα τὰ γενόμενα.

3185 κουφίζω [1]

Ac 27:38 κορεσθέντες δὲ τροφῆς **ἐκούφιζον** τὸ πλοῖον ἐκβαλλόμενοι τὸν σῖτον εἰς τὴν θάλασσαν.

3186 κόφινος [6]

Mt 14:20 καὶ ἦραν τὸ περισσεῦον τῶν κλασμάτων δώδεκα **κοφίνους** πλήρεις.
16: 9 οὐδὲ μνημονεύετε τοὺς πέντε ἄρτους τῶν πεντακισχιλίων καὶ πόσους **κοφίνους** ἐλάβετε;
Mk 6:43 καὶ ἦραν κλάσματα δώδεκα **κοφίνων** πληρώματα καὶ ἀπὸ τῶν ἰχθύων.
8:19 ὅτε τοὺς πέντε ἄρτους ἔκλασα εἰς τοὺς πεντακισχιλίους, πόσους **κοφίνους** κλασμάτων πλήρεις ἤρατε;
Lk 9:17 καὶ ἤρθη τὸ περισσεῦσαν αὐτοῖς κλασμάτων **κόφινοι** δώδεκα.
Jn 6:13 καὶ ἐγέμισαν δώδεκα **κοφίνους** κλασμάτων ἐκ τῶν πέντε ἄρτων τῶν κριθίνων ἃ ἐπερίσσευσαν τοῖς βεβρωκόσιν.

3187 κράβαττος [11]

→ *3188*

Mk 2: 4 καὶ ἐξορύξαντες χαλῶσι τὸν **κράβαττον** ὅπου ὁ παραλυτικὸς κατέκειτο.
2: 9 Ἔγειρε καὶ ἆρον τὸν **κράβαττόν** σου καὶ περιπάτει;
2:11 ἔγειρε ἆρον τὸν **κράβαττόν** σου καὶ ὕπαγε εἰς τὸν οἶκόν σου.
2:12 καὶ ἠγέρθη καὶ εὐθὺς ἄρας τὸν **κράβαττον** ἐξῆλθεν ἔμπροσθεν πάντων,
6:55 ὅλην τὴν χώραν ἐκείνην καὶ ἤρξαντο ἐπὶ τοῖς **κραβάττοις** τοὺς κακῶς ἔχοντας περιφέρειν ὅπου ἤκουον ὅτι ἐστίν.
Jn 5: 8 λέγει αὐτῷ ὁ Ἰησοῦς, Ἔγειρε ἆρον τὸν **κράβαττόν** σου καὶ περιπάτει.
5: 9 καὶ εὐθέως ἐγένετο ὑγιὴς ὁ ἄνθρωπος καὶ ἦρεν τὸν **κράβαττον** αὐτοῦ καὶ περιεπάτει.
5:10 καὶ οὐκ ἔξεστίν σοι ἆραι τὸν **κράβαττόν** σου.
5:11 Ὁ ποιήσας με ὑγιῆ ἐκεῖνός μοι εἶπεν, Ἆρον τὸν **κράβαττόν** σου καὶ περιπάτει.
Ac 5:15 ὥστε καὶ εἰς τὰς πλατείας ἐκφέρειν τοὺς ἀσθενεῖς καὶ τιθέναι ἐπὶ κλιναρίων καὶ **κραβάττων,**
9:33 εὗρεν δὲ ἐκεῖ ἄνθρωπόν τινα ὀνόματι Αἰνέαν ἐξ ἐτῶν ὀκτὼ κατακείμενον ἐπὶ **κραβάττου,**

3188 κράββατος Not used in UBS/NIV

√ *3187*

3189 κράζω [55 / 56]

→ *371, 372, 2136, 3198, 3199*

ἐκέκραξα [1] Ac 24:21

φωνή ... κράζω [14] Mt 27:50; Mk 5:7; Ac 7:57,60; 19:34; 24:21; Rev 6:10; 7:2,10; 10:3,3; 14:15; 18:2; 19:17

Mt 8:29 καὶ ἰδοὺ **ἔκραξαν** λέγοντες, Τί ἡμῖν καὶ σοί,
9:27 Καὶ παράγοντι ἐκεῖθεν τῷ Ἰησοῦ ἠκολούθησαν [αὐτῷ] δύο τυφλοὶ **κράζοντες** καὶ λέγοντες,
14:26 ἰδόντες αὐτὸν ἐπὶ τῆς θαλάσσης περιπατοῦντα ἐταράχθησαν λέγοντες ὅτι Φάντασμά ἐστιν, καὶ ἀπὸ τοῦ φόβου **ἔκραξαν.**
14:30 ἀρξάμενος καταποντίζεσθαι **ἔκραξεν** λέγων, Κύριε, σῶσόν με.
15:22 καὶ ἰδοὺ γυνὴ Χαναναία ἀπὸ τῶν ὁρίων ἐκείνων ἐξελθοῦσα **ἔκραζεν** λέγουσα,
15:23 καὶ προσελθόντες οἱ μαθηταὶ αὐτοῦ ἠρώτουν αὐτὸν λέγοντες, Ἀπόλυσον αὐτήν, ὅτι **κράζει** ὄπισθεν ἡμῶν.
20:30 καὶ ἰδοὺ δύο τυφλοὶ καθήμενοι παρὰ τὴν ὁδὸν ἀκούσαντες ὅτι Ἰησοῦς παράγει, **ἔκραξαν** λέγοντες, Ἐλέησον ἡμᾶς, [κύριε,] υἱὸς Δαυίδ.
20:31 οἱ δὲ μεῖζον **ἔκραξαν** λέγοντες, Ἐλέησον ἡμᾶς, κύριε, υἱὸς Δαυίδ.
21: 9 οἱ δὲ ὄχλοι οἱ προάγοντες αὐτὸν καὶ οἱ ἀκολουθοῦντες **ἔκραζον** λέγοντες,
21:15 ἰδόντες δὲ οἱ ἀρχιερεῖς καὶ οἱ γραμματεῖς τὰ θαυμάσια ἃ ἐποίησεν καὶ τοὺς παῖδας τοὺς **κράζοντας** ἐν τῷ ἱερῷ
27:23 Τί γὰρ κακὸν ἐποίησεν; οἱ δὲ περισσῶς **ἔκραζον** λέγοντες, Σταυρωθήτω.
27:50 ὁ δὲ Ἰησοῦς πάλιν **κράξας** φωνῇ μεγάλῃ ἀφῆκεν τὸ πνεῦμα.
Mk 3:11 προσέπιπτον αὐτῷ καὶ **ἔκραζον** λέγοντες ὅτι Σὺ εἶ ὁ υἱὸς τοῦ θεοῦ.
5: 5 καὶ διὰ παντὸς νυκτὸς καὶ ἡμέρας ἐν τοῖς μνήμασιν καὶ ἐν τοῖς ὄρεσιν ἦν **κράζων** καὶ κατακόπτων ἑαυτὸν λίθοις.
5: 7 καὶ **κράξας** φωνῇ μεγάλῃ λέγει, Τί ἐμοὶ καὶ σοί,
9:24 εὐθὺς **κράξας** ὁ πατὴρ τοῦ παιδίου ἔλεγεν, Πιστεύω·
9:26 καὶ **κράξας** καὶ πολλὰ σπαράξας ἐξῆλθεν· καὶ ἐγένετο ὡσεὶ νεκρός,
10:47 καὶ ἀκούσας ὅτι Ἰησοῦς ὁ Ναζαρηνός ἐστιν ἤρξατο **κράζειν** καὶ λέγειν,
10:48 ὁ δὲ πολλῷ μᾶλλον **ἔκραζεν,** Υἱὲ Δαυίδ, ἐλέησόν με.
11: 9 καὶ οἱ προάγοντες καὶ οἱ ἀκολουθοῦντες **ἔκραζον,** Ὡσαννά·
15:13 οἱ δὲ πάλιν **ἔκραξαν,** Σταύρωσον αὐτόν.
15:14 Τί γὰρ ἐποίησεν κακόν; οἱ δὲ περισσῶς **ἔκραξαν,** Σταύρωσον αὐτόν.
15:39 Ἰδὼν δὲ ὁ κεντυρίων ὁ παρεστηκὼς ἐξ ἐναντίας αὐτοῦ ὅτι οὕτως **κράξας**[UBS-] ἐξέπνευσεν εἶπεν,
Lk 9:39 καὶ ἰδοὺ πνεῦμα λαμβάνει αὐτὸν καὶ ἐξαίφνης **κράζει** καὶ σπαράσσει αὐτὸν μετὰ ἀφροῦ καὶ μόγις
18:39 αὐτὸς δὲ πολλῷ μᾶλλον **ἔκραζεν,** Υἱὲ Δαυίδ, ἐλέησόν με.
19:40 Λέγω ὑμῖν, ἐὰν οὗτοι σιωπήσουσιν, οἱ λίθοι **κράξουσιν.**
Jn 1:15 Ἰωάννης μαρτυρεῖ περὶ αὐτοῦ καὶ **κέκραγεν** λέγων, Οὗτος ἦν ὃν εἶπον,
7:28 **ἔκραξεν** οὖν ἐν τῷ ἱερῷ διδάσκων ὁ Ἰησοῦς καὶ λέγων,
7:37 Ἐν δὲ τῇ ἐσχάτῃ ἡμέρᾳ τῇ μεγάλῃ τῆς ἑορτῆς εἱστήκει ὁ Ἰησοῦς καὶ **ἔκραξεν** λέγων,
12:44 Ἰησοῦς δὲ **ἔκραξεν** καὶ εἶπεν, Ὁ πιστεύων εἰς ἐμὲ οὐ πιστεύει εἰς ἐμὲ ἀλλὰ εἰς τὸν πέμψαντά με,
Ac 7:57 **κράξαντες** δὲ φωνῇ μεγάλῃ συνέσχον τὰ ὦτα αὐτῶν καὶ ὥρμησαν ὁμοθυμαδὸν ἐπ' αὐτὸν
7:60 θεὶς δὲ τὰ γόνατα **ἔκραξεν** φωνῇ μεγάλῃ, Κύριε,
14:14 οἱ ἀπόστολοι Βαρναβᾶς καὶ Παῦλος διαρρήξαντες τὰ ἱμάτια αὐτῶν ἐξεπήδησαν εἰς τὸν ὄχλον **κράζοντες**
16:17 αὕτη κατακολουθοῦσα τῷ Παύλῳ καὶ ἡμῖν **ἔκραζεν** λέγουσα,
19:28 Ἀκούσαντες δὲ καὶ γενόμενοι πλήρεις θυμοῦ **ἔκραζον** λέγοντες,
19:32 ἄλλοι μὲν οὖν ἄλλο τι **ἔκραζον·** ἦν γὰρ ἡ ἐκκλησία συγκεχυμένη
19:34 φωνὴ ἐγένετο μία ἐκ πάντων ὡς ἐπὶ ὥρας δύο **κραζόντων,**
21:28 **κράζοντες,** Ἄνδρες Ἰσραηλῖται, βοηθεῖτε· οὗτός ἐστιν ὁ ἄνθρωπος ὁ κατὰ τοῦ λαοῦ καὶ τοῦ νόμου καὶ τοῦ τόπου τούτου
21:36 ἠκολούθει γὰρ τὸ πλῆθος τοῦ λαοῦ **κράζοντες,** Αἶρε αὐτόν.
23: 6 Γνοὺς δὲ ὁ Παῦλος ὅτι τὸ ἓν μέρος ἐστὶν Σαδδουκαίων τὸ δὲ ἕτερον Φαρισαίων **ἔκραζεν** ἐν τῷ συνεδρίῳ,
24:21 ἢ περὶ μιᾶς ταύτης φωνῆς ἧς **ἐκέκραξα** ἐν αὐτοῖς ἑστὼς ὅτι Περὶ ἀναστάσεως νεκρῶν ἐγὼ κρίνομαι σήμερον ἐφ' ὑμῶν.
Ro 8:15 οὐ γὰρ ἐλάβετε πνεῦμα δουλείας πάλιν εἰς φόβον ἀλλὰ ἐλάβετε πνεῦμα υἱοθεσίας ἐν ᾧ **κράζομεν,**
9:27 Ἠσαΐας δὲ **κράζει** ὑπὲρ τοῦ Ἰσραήλ, Ἐὰν ᾖ ὁ ἀριθμὸς τῶν υἱῶν Ἰσραὴλ ὡς ἡ ἄμμος τῆς θαλάσσης,
Gal 4: 6 ἐξαπέστειλεν ὁ θεὸς τὸ πνεῦμα τοῦ υἱοῦ αὐτοῦ εἰς τὰς καρδίας ἡμῶν **κρᾶζον,**
Jas 5: 4 ἰδοὺ ὁ μισθὸς τῶν ἐργατῶν τῶν ἀμησάντων τὰς χώρας ὑμῶν ὁ ἀπεστερημένος ἀφ' ὑμῶν **κράζει,**

Rev 6:10 καὶ **ἔκραξαν** φωνῇ μεγάλῃ λέγοντες, Ἕως πότε, ὁ δεσπότης ὁ ἅγιος καὶ ἀληθινός,
7: 2 καὶ **ἔκραξεν** φωνῇ μεγάλῃ τοῖς τέσσαρσιν ἀγγέλοις οἷς ἐδόθη αὐτοῖς ἀδικῆσαι τὴν γῆν καὶ τὴν θάλασσαν
7:10 καὶ **κράζουσιν** φωνῇ μεγάλῃ λέγοντες, Ἡ σωτηρία τῷ θεῷ ἡμῶν τῷ καθημένῳ ἐπὶ τῷ θρόνῳ καὶ τῷ ἀρνίῳ.
10: 3 καὶ **ἔκραξεν** φωνῇ μεγάλῃ ὥσπερ λέων μυκᾶται. καὶ ὅτε **ἔκραξεν,** ἐλάλησαν αἱ ἑπτὰ βρονταὶ τὰς ἑαυτῶν φωνάς.
12: 2 καὶ ἐν γαστρὶ ἔχουσα, καὶ **κράζει** ὠδίνουσα καὶ βασανιζομένη τεκεῖν.
14:15 καὶ ἄλλος ἄγγελος ἐξῆλθεν ἐκ τοῦ ναοῦ **κράζων** ἐν φωνῇ μεγάλῃ τῷ καθημένῳ ἐπὶ τῆς νεφέλης,
18: 2 καὶ **ἔκραξεν** ἐν ἰσχυρᾷ φωνῇ λέγων, Ἔπεσεν ἔπεσεν Βαβυλὼν ἡ μεγάλη,
18:18 καὶ **ἔκραζον** βλέποντες τὸν καπνὸν τῆς πυρώσεως αὐτῆς λέγοντες,
18:19 καὶ ἔβαλον χοῦν ἐπὶ τὰς κεφαλὰς αὐτῶν καὶ **ἔκραζον** κλαίοντες καὶ πενθοῦντες λέγοντες,
19:17 Καὶ εἶδον ἕνα ἄγγελον ἑστῶτα ἐν τῷ ἡλίῳ καὶ **ἔκραξεν** [ἐν] φωνῇ μεγάλῃ λέγων πᾶσιν τοῖς ὀρνέοις τοῖς πετομένοις

3190 κραιπάλη [1]

Lk 21:34 Προσέχετε δὲ ἑαυτοῖς μήποτε βαρηθῶσιν ὑμῶν αἱ καρδίαι ἐν **κραιπάλῃ** καὶ μέθῃ καὶ μερίμναις βιωτικαῖς καὶ ἐπιστῇ ἐφ' ὑμᾶς αἰφνίδιος ἡ ἡμέρα ἐκείνη

3191 κρανίον [4]

→ 638, 2839

Mt 27:33 Καὶ ἐλθόντες εἰς τόπον λεγόμενον Γολγοθᾶ, ὅ ἐστιν **Κρανίου** Τόπος λεγόμενος,
Mk 15:22 καὶ φέρουσιν αὐτὸν ἐπὶ τὸν Γολγοθᾶν τόπον, ὅ ἐστιν μεθερμηνευόμενον **Κρανίου** Τόπος.
Lk 23:33 καὶ ὅτε ἦλθον ἐπὶ τὸν τόπον τὸν καλούμενον **Κρανίον,**
Jn 19:17 καὶ βαστάζων ἑαυτῷ τὸν σταυρὸν ἐξῆλθεν εἰς τὸν λεγόμενον **Κρανίου** Τόπον,

3192 κράσπεδον [5]

Mt 9:20 Καὶ ἰδοὺ γυνὴ αἱμορροοῦσα δώδεκα ἔτη προσελθοῦσα ὄπισθεν ἥψατο τοῦ **κρασπέδου** τοῦ ἱματίου αὐτοῦ·
14:36 καὶ παρεκάλουν αὐτὸν ἵνα μόνον ἅψωνται τοῦ **κρασπέδου** τοῦ ἱματίου αὐτοῦ·
23: 5 πλατύνουσιν γὰρ τὰ φυλακτήρια αὐτῶν καὶ μεγαλύνουσιν τὰ **κράσπεδα,** [UBS; NIV **κράσπεδα τῶν ἱματίων αὐτῶν,**]
Mk 6:56 ἐν ταῖς ἀγοραῖς ἐτίθεσαν τοὺς ἀσθενοῦντας καὶ παρεκάλουν αὐτὸν ἵνα κἂν τοῦ **κρασπέδου** τοῦ ἱματίου αὐτοῦ ἅψωνται·
Lk 8:44 προσελθοῦσα ὄπισθεν ἥψατο τοῦ **κρασπέδου** τοῦ ἱματίου αὐτοῦ καὶ παραχρῆμα ἔστη ἡ ῥύσις τοῦ αἵματος αὐτῆς.

3193 κραταιός [1]

√ 3197

1Pe 5: 6 Ταπεινώθητε οὖν ὑπὸ τὴν **κραταιὰν** χεῖρα τοῦ θεοῦ,

3194 κραταιόω [4]

√ 3197

Lk 1:80 Τὸ δὲ παιδίον ηὔξανεν καὶ **ἐκραταιοῦτο** πνεύματι, καὶ ἦν ἐν ταῖς ἐρήμοις ἕως ἡμέρας ἀναδείξεως αὐτοῦ πρὸς τὸν Ἰσραήλ.
2:40 Τὸ δὲ παιδίον ηὔξανεν καὶ **ἐκραταιοῦτο** πληρούμενον σοφίᾳ,
1Co 16:13 Γρηγορεῖτε, στήκετε ἐν τῇ πίστει, ἀνδρίζεσθε, **κραταιοῦσθε.**
Eph 3:16 ἵνα δῷ ὑμῖν κατὰ τὸ πλοῦτος τῆς δόξης αὐτοῦ δυνάμει **κραταιωθῆναι** διὰ τοῦ πνεύματος αὐτοῦ εἰς τὸν ἔσω ἄνθρωπον,

3195 κρατέω [47]

√ 3197

κρατέω τὴν διδαχὴν [2] Rev 2:14,15

κρατέω τὸν λόγον [1] Mk 9:10

κρατέω τῆς ὁμολογίας [1] Heb 4:14

with **ὀφθαλμός** [1] Lk 24:16

κρατέω παράδοσιν [3] Mk 7:3,8; 2Th 2:15

Mt 9:25 ὅτε δὲ ἐξεβλήθη ὁ ὄχλος εἰσελθὼν **ἐκράτησεν** τῆς χειρὸς αὐτῆς,
12:11 ἄνθρωπος ὃς ἕξει πρόβατον ἓν καὶ ἐὰν ἐμπέσῃ τοῦτο τοῖς σάββασιν εἰς βόθυνον, οὐχὶ **κρατήσει** αὐτὸ καὶ ἐγερεῖ;
14: 3 Ὁ γὰρ Ἡρῴδης **κρατήσας** τὸν Ἰωάννην ἔδησεν [αὐτὸν] καὶ ἐν φυλακῇ ἀπέθετο διὰ Ἡρῳδιάδα τὴν γυναῖκα Φιλίππου
18:28 καὶ **κρατήσας** αὐτὸν ἔπνιγεν λέγων, Ἀπόδος εἴ τι ὀφείλεις.
21:46 καὶ ζητοῦντες αὐτὸν **κρατῆσαι** ἐφοβήθησαν τοὺς ὄχλους, ἐπεὶ εἰς προφήτην αὐτὸν εἶχον.
22: 6 οἱ δὲ λοιποὶ **κρατήσαντες** τοὺς δούλους αὐτοῦ ὕβρισαν καὶ ἀπέκτειναν.
26: 4 καὶ συνεβουλεύσαντο ἵνα τὸν Ἰησοῦν δόλῳ **κρατήσωσιν** καὶ ἀποκτείνωσιν·
26:48 ὁ δὲ παραδιδοὺς αὐτὸν ἔδωκεν αὐτοῖς σημεῖον λέγων, Ὃν ἂν φιλήσω αὐτός ἐστιν, **κρατήσατε** αὐτόν.
26:50 τότε προσελθόντες ἐπέβαλον τὰς χεῖρας ἐπὶ τὸν Ἰησοῦν καὶ **ἐκράτησαν** αὐτόν.
26:55 καθ' ἡμέραν ἐν τῷ ἱερῷ ἐκαθεζόμην διδάσκων καὶ οὐκ **ἐκρατήσατέ** με.
26:57 Οἱ δὲ **κρατήσαντες** τὸν Ἰησοῦν ἀπήγαγον πρὸς Καϊάφαν τὸν ἀρχιερέα,
28: 9 αἱ δὲ προσελθοῦσαι **ἐκράτησαν** αὐτοῦ τοὺς πόδας καὶ προσεκύνησαν αὐτῷ.
Mk 1:31 καὶ προσελθὼν ἤγειρεν αὐτὴν **κρατήσας** τῆς χειρός· καὶ ἀφῆκεν αὐτὴν ὁ πυρετός,
3:21 καὶ ἀκούσαντες οἱ παρ' αὐτοῦ ἐξῆλθον **κρατῆσαι** αὐτόν·
5:41 καὶ **κρατήσας** τῆς χειρὸς τοῦ παιδίου λέγει αὐτῇ,
6:17 Αὐτὸς γὰρ ὁ Ἡρῴδης ἀποστείλας **ἐκράτησεν** τὸν Ἰωάννην καὶ ἔδησεν αὐτὸν ἐν φυλακῇ διὰ Ἡρῳδιάδα τὴν γυναῖκα Φιλίππου
7: 3 –οἱ γὰρ Φαρισαῖοι καὶ πάντες οἱ Ἰουδαῖοι ἐὰν μὴ πυγμῇ νίψωνται τὰς χεῖρας οὐκ ἐσθίουσιν, **κρατοῦντες** τὴν παράδοσιν τῶν πρεσβυτέρων,
7: 4 καὶ ἄλλα πολλά ἐστιν ἃ παρέλαβον **κρατεῖν,** βαπτισμοὺς ποτηρίων καὶ ξεστῶν καὶ χαλκίων [καὶ κλινῶν–]
7: 8 ἀφέντες τὴν ἐντολὴν τοῦ θεοῦ **κρατεῖτε** τὴν παράδοσιν τῶν ἀνθρώπων.
9:10 καὶ τὸν λόγον **ἐκράτησαν** πρὸς ἑαυτοὺς συζητοῦντες τί ἐστιν τὸ ἐκ νεκρῶν ἀναστῆναι.
9:27 ὁ δὲ Ἰησοῦς **κρατήσας** τῆς χειρὸς αὐτοῦ ἤγειρεν αὐτόν,
12:12 Καὶ ἐζήτουν αὐτὸν **κρατῆσαι,** καὶ ἐφοβήθησαν τὸν ὄχλον,
14: 1 καὶ ἐζήτουν οἱ ἀρχιερεῖς καὶ οἱ γραμματεῖς πῶς αὐτὸν ἐν δόλῳ **κρατήσαντες** ἀποκτείνωσιν·
14:44 Ὃν ἂν φιλήσω αὐτός ἐστιν, **κρατήσατε** αὐτὸν καὶ ἀπάγετε ἀσφαλῶς.
14:46 οἱ δὲ ἐπέβαλον τὰς χεῖρας αὐτῷ καὶ **ἐκράτησαν** αὐτόν.
14:49 καθ' ἡμέραν ἤμην πρὸς ὑμᾶς ἐν τῷ ἱερῷ διδάσκων καὶ οὐκ **ἐκρατήσατέ** με·
14:51 Καὶ νεανίσκος τις συνηκολούθει αὐτῷ περιβεβλημένος σινδόνα ἐπὶ γυμνοῦ, καὶ **κρατοῦσιν** αὐτόν·
Lk 8:54 αὐτὸς δὲ **κρατήσας** τῆς χειρὸς αὐτῆς ἐφώνησεν λέγων,
24:16 οἱ δὲ ὀφθαλμοὶ αὐτῶν **ἐκρατοῦντο** τοῦ μὴ ἐπιγνῶναι αὐτόν.
Jn 20:23 ἄν τινων ἀφῆτε τὰς ἁμαρτίας ἀφέωνται αὐτοῖς, ἄν τινων **κρατῆτε κεκράτηνται.**
Ac 2:24 καθότι οὐκ ἦν δυνατὸν **κρατεῖσθαι** αὐτὸν ὑπ' αὐτοῦ.
3:11 **Κρατοῦντος** δὲ αὐτοῦ τὸν Πέτρον καὶ τὸν Ἰωάννην συνέδραμεν πᾶς ὁ λαὸς πρὸς αὐτοὺς ἐπὶ τῇ στοᾷ
24: 6 ὃς καὶ τὸ ἱερὸν ἐπείρασεν βεβηλῶσαι ὃν καὶ **ἐκρατήσαμεν,**
27:13 Ὑποπνεύσαντος δὲ νότου δόξαντες τῆς προθέσεως **κεκρατηκέναι,** ἄραντες ἆσσον παρελέγοντο τὴν Κρήτην.
Col 2:19 καὶ οὐ **κρατῶν** τὴν κεφαλήν, ἐξ οὗ πᾶν τὸ σῶμα διὰ τῶν ἁφῶν καὶ συνδέσμων ἐπιχορηγούμενον καὶ συμβιβαζόμενον αὔξει
2Th 2:15 καὶ **κρατεῖτε** τὰς παραδόσεις ἃς ἐδιδάχθητε εἴτε διὰ λόγου εἴτε δι' ἐπιστολῆς ἡμῶν.
Heb 4:14 Ἰησοῦν τὸν υἱὸν τοῦ θεοῦ, **κρατῶμεν** τῆς ὁμολογίας.
6:18 ἰσχυρὰν παράκλησιν ἔχωμεν οἱ καταφυγόντες **κρατῆσαι** τῆς προκειμένης ἐλπίδος·
Rev 2: 1 Τάδε λέγει ὁ **κρατῶν** τοὺς ἑπτὰ ἀστέρας ἐν τῇ δεξιᾷ αὐτοῦ,
2:13 καὶ **κρατεῖς** τὸ ὄνομά μου καὶ οὐκ ἠρνήσω τὴν πίστιν μου καὶ ἐν ταῖς ἡμέραις Ἀντιπᾶς ὁ μάρτυς μου ὁ πιστός μου,
2:14 ἀλλ' ἔχω κατὰ σοῦ ὀλίγα ὅτι ἔχεις ἐκεῖ **κρατοῦντας** τὴν διδαχὴν Βαλαάμ,
2:15 οὕτως ἔχεις καὶ σὺ **κρατοῦντας** τὴν διδαχὴν [τῶν] Νικολαϊτῶν ὁμοίως.
2:25 πλὴν ὃ ἔχετε **κρατήσατε** ἄχρι[ς] οὗ ἂν ἥξω.
3:11 **κράτει** ὃ ἔχεις, ἵνα μηδεὶς λάβῃ τὸν στέφανόν σου.

7: 1 **κρατοῦντας** τοὺς τέσσαρας ἀνέμους τῆς γῆς ἵνα μὴ πνέῃ ἄνεμος ἐπὶ τῆς γῆς μήτε ἐπὶ τῆς θαλάσσης
20: 2 καὶ **ἐκράτησεν** τὸν δράκοντα, ὁ ὄφις ὁ ἀρχαῖος,

3196 κράτιστος [4]

√ *3197*

Lk 1: 3 ἔδοξε κἀμοὶ παρηκολουθηκότι ἄνωθεν πᾶσιν ἀκριβῶς καθεξῆς σοι γράψαι, **κράτιστε** Θεόφιλε,
Ac 23:26 Κλαύδιος Λυσίας τῷ **κρατίστῳ** ἡγεμόνι Φήλικι χαίρειν.
24: 3 πάντῃ τε καὶ πανταχοῦ ἀποδεχόμεθα, **κράτιστε** Φῆλιξ, μετὰ πάσης εὐχαριστίας.
26:25 ὁ δὲ Παῦλος, Οὐ μαίνομαι, φησίν, **κράτιστε** Φῆστε,

3197 κράτος [12]

→ *202, 203, 1602, 1603, 1604, 3179, 3193, 3194, 3195, 3196, 3201, 3202, 4120, 4331; cf. 2846*

Lk 1:51 Ἐποίησεν **κράτος** ἐν βραχίονι αὐτοῦ, διεσκόρπισεν ὑπερηφάνους διανοίᾳ καρδίας αὐτῶν·
Ac 19:20 Οὕτως κατὰ **κράτος** τοῦ κυρίου ὁ λόγος ηὔξανεν καὶ ἴσχυεν.
Eph 1:19 τί τὸ ὑπερβάλλον μέγεθος τῆς δυνάμεως αὐτοῦ εἰς ἡμᾶς τοὺς πιστεύοντας κατὰ τὴν ἐνέργειαν τοῦ **κράτους** τῆς ἰσχύος
6:10 ἐνδυναμοῦσθε ἐν κυρίῳ καὶ ἐν τῷ **κράτει** τῆς ἰσχύος αὐτοῦ.
Col 1:11 ἐν πάσῃ δυνάμει δυναμούμενοι κατὰ τὸ **κράτος** τῆς δόξης αὐτοῦ εἰς πᾶσαν ὑπομονὴν καὶ μακροθυμίαν.
1Ti 6:16 ὃν εἶδεν οὐδεὶς ἀνθρώπων οὐδὲ ἰδεῖν δύναται· ᾧ τιμὴ καὶ **κράτος** αἰώνιον, ἀμήν.
Heb 2:14 ἵνα διὰ τοῦ θανάτου καταργήσῃ τὸν τὸ **κράτος** ἔχοντα τοῦ θανάτου,
1Pe 4:11 ᾧ ἐστιν ἡ δόξα καὶ τὸ **κράτος** εἰς τοὺς αἰῶνας τῶν αἰώνων,
5:11 αὐτῷ τὸ **κράτος** εἰς τοὺς αἰῶνας, ἀμήν.
Jude 1:25 μόνῳ θεῷ σωτῆρι ἡμῶν διὰ Ἰησοῦ Χριστοῦ τοῦ κυρίου ἡμῶν δόξα μεγαλωσύνη **κράτος** καὶ ἐξουσία πρὸ παντὸς τοῦ αἰῶνος
Rev 1: 6 αὐτῷ ἡ δόξα καὶ τὸ **κράτος** εἰς τοὺς αἰῶνας [τῶν αἰώνων·]
5:13 Τῷ καθημένῳ ἐπὶ τῷ θρόνῳ καὶ τῷ ἀρνίῳ ἡ εὐλογία καὶ ἡ τιμὴ καὶ ἡ δόξα καὶ τὸ **κράτος** εἰς τοὺς αἰῶνας τῶν αἰώνων.

3198 κραυγάζω [9]

√ *3189*

Mt 12:19 οὐκ ἐρίσει οὐδὲ **κραυγάσει,** οὐδὲ ἀκούσει τις ἐν ταῖς πλατείαις τὴν φωνὴν αὐτοῦ.
Lk 4:41 ἐξήρχετο δὲ καὶ δαιμόνια ἀπὸ πολλῶν **κρ[αυγ]άζοντα** καὶ λέγοντα ὅτι Σὺ εἶ ὁ υἱὸς τοῦ θεοῦ.
Jn 11:43 καὶ ταῦτα εἰπὼν φωνῇ μεγάλῃ **ἐκραύγασεν,** Λάζαρε, δεῦρο ἔξω.
12:13 ἔλαβον τὰ βαΐα τῶν φοινίκων καὶ ἐξῆλθον εἰς ὑπάντησιν αὐτῷ καὶ **ἐκραύγαζον,**
18:40 **ἐκραύγασαν** οὖν πάλιν λέγοντες, Μὴ τοῦτον ἀλλὰ τὸν Βαραββᾶν.
19: 6 ὅτε οὖν εἶδον αὐτὸν οἱ ἀρχιερεῖς καὶ οἱ ὑπηρέται **ἐκραύγασαν** λέγοντες,
19:12 οἱ δὲ Ἰουδαῖοι **ἐκραύγασαν** λέγοντες, Ἐὰν τοῦτον ἀπολύσῃς,
19:15 **ἐκραύγασαν** οὖν ἐκεῖνοι, Ἆρον ἆρον, σταύρωσον αὐτόν. λέγει αὐτοῖς ὁ Πιλᾶτος,
Ac 22:23 **κραυγαζόντων** τε αὐτῶν καὶ ῥιπτούντων τὰ ἱμάτια καὶ κονιορτὸν βαλλόντων εἰς τὸν ἀέρα,

3199 κραυγή [6]

√ *3189*

μέγας κραυγή [2] Lk 1:42; Ac 23:9

Mt 25: 6 μέσης δὲ νυκτὸς **κραυγὴ** γέγονεν, Ἰδοὺ ὁ νυμφίος,
Lk 1:42 καὶ ἀνεφώνησεν **κραυγῇ** μεγάλῃ καὶ εἶπεν, Εὐλογημένη σὺ ἐν γυναιξὶν καὶ εὐλογημένος ὁ καρπὸς τῆς κοιλίας σου.
Ac 23: 9 ἐγένετο δὲ **κραυγὴ** μεγάλη, καὶ ἀναστάντες τινὲς τῶν γραμματέων τοῦ μέρους τῶν Φαρισαίων διεμάχοντο λέγοντες,
Eph 4:31 πᾶσα πικρία καὶ θυμὸς καὶ ὀργὴ καὶ **κραυγὴ** καὶ βλασφημία ἀρθήτω ἀφ᾽ ὑμῶν σὺν πάσῃ κακίᾳ.
Heb 5: 7 δεήσεις τε καὶ ἱκετηρίας πρὸς τὸν δυνάμενον σῴζειν αὐτὸν ἐκ θανάτου μετὰ **κραυγῆς** ἰσχυρᾶς καὶ δακρύων προσενέγκας καὶ εἰσακουσθεὶς ἀπὸ τῆς εὐλαβείας,
Rev 21: 4 καὶ ὁ θάνατος οὐκ ἔσται ἔτι οὔτε πένθος οὔτε **κραυγὴ** οὔτε πόνος οὐκ ἔσται ἔτι,

3200 κρέας [2]

Ro 14:21 καλὸν τὸ μὴ φαγεῖν **κρέα** μηδὲ πιεῖν οἶνον μηδὲ ἐν ᾧ ὁ ἀδελφός σου προσκόπτει.
1Co 8:13 οὐ μὴ φάγω **κρέα** εἰς τὸν αἰῶνα, ἵνα μὴ τὸν ἀδελφόν μου σκανδαλίσω.

3201 κρείσσων Not used in UBS/NIV

√ *3197*

3202 κρείττων [19]

√ *3197*

κρείττων διαθήκη [2] Heb 7:22; 8:6

1Co 7: 9 εἰ δὲ οὐκ ἐγκρατεύονται, γαμησάτωσαν, **κρεῖττον** γάρ ἐστιν γαμῆσαι ἢ πυροῦσθαι.
7:38 ὥστε καὶ ὁ γαμίζων τὴν ἑαυτοῦ παρθένον καλῶς ποιεῖ καὶ ὁ μὴ γαμίζων **κρεῖσσον** ποιήσει.
11:17 Τοῦτο δὲ παραγγέλλων οὐκ ἐπαινῶ ὅτι οὐκ εἰς τὸ **κρεῖσσον** ἀλλὰ εἰς τὸ ἧσσον συνέρχεσθε.
Php 1:23 τὴν ἐπιθυμίαν ἔχων εἰς τὸ ἀναλῦσαι καὶ σὺν Χριστῷ εἶναι, πολλῷ [γὰρ] μᾶλλον **κρεῖσσον·**
Heb 1: 4 τοσούτῳ **κρείττων** γενόμενος τῶν ἀγγέλων ὅσῳ διαφορώτερον παρ᾽ αὐτοὺς κεκληρονόμηκεν ὄνομα.
6: 9 ἀγαπητοί, τὰ **κρείσσονα** καὶ ἐχόμενα σωτηρίας, εἰ καὶ οὕτως λαλοῦμεν.
7: 7 χωρὶς δὲ πάσης ἀντιλογίας τὸ ἔλαττον ὑπὸ τοῦ **κρείττονος** εὐλογεῖται.
7:19 ἐπεισαγωγὴ δὲ **κρείττονος** ἐλπίδος δι᾽ ἧς ἐγγίζομεν τῷ θεῷ.
7:22 κατὰ τοσοῦτο [καὶ] **κρείττονος** διαθήκης γέγονεν ἔγγυος Ἰησοῦς.
8: 6 ὅσῳ καὶ **κρείττονός** ἐστιν διαθήκης μεσίτης, ἥτις ἐπὶ **κρείττοσιν** ἐπαγγελίαις νενομοθέτηται.
9:23 αὐτὰ δὲ τὰ ἐπουράνια **κρείττοσιν** θυσίαις παρὰ ταύτας.
10:34 τὴν ἁρπαγὴν τῶν ὑπαρχόντων ὑμῶν μετὰ χαρᾶς προσεδέξασθε γινώσκοντες ἔχειν ἑαυτοὺς **κρείττονα** ὕπαρξιν καὶ μένουσαν.
11:16 νῦν δὲ **κρείττονος** ὀρέγονται, τοῦτ᾽ ἔστιν ἐπουρανίου. διὸ οὐκ ἐπαισχύνεται αὐτοὺς ὁ θεὸς θεὸς ἐπικαλεῖσθαι αὐτῶν·
11:35 ἄλλοι δὲ ἐτυμπανίσθησαν οὐ προσδεξάμενοι τὴν ἀπολύτρωσιν, ἵνα **κρείττονος** ἀναστάσεως τύχωσιν·
11:40 τοῦ θεοῦ περὶ ἡμῶν **κρεῖττόν** τι προβλεψαμένου, ἵνα μὴ χωρὶς ἡμῶν τελειωθῶσιν.
12:24 καὶ διαθήκης νέας μεσίτῃ Ἰησοῦ καὶ αἵματι ῥαντισμοῦ **κρεῖττον** λαλοῦντι παρὰ τὸν Ἅβελ.
1Pe 3:17 **κρεῖττον** γὰρ ἀγαθοποιοῦντας, εἰ θέλοι τὸ θέλημα τοῦ θεοῦ,
2Pe 2:21 **κρεῖττον** γὰρ ἦν αὐτοῖς μὴ ἐπεγνωκέναι τὴν ὁδὸν τῆς δικαιοσύνης ἢ ἐπιγνοῦσιν ὑποστρέψαι ἐκ τῆς παραδοθείσης αὐτοῖς ἁγίας ἐντολῆς.

3203 κρεμάννυμι [7]

→ *1717, 2889, 3204*

Mt 18: 6 συμφέρει αὐτῷ ἵνα **κρεμασθῇ** μύλος ὀνικὸς περὶ τὸν τράχηλον αὐτοῦ καὶ καταποντισθῇ ἐν τῷ πελάγει τῆς θαλάσσης.
22:40 ἐν ταύταις ταῖς δυσὶν ἐντολαῖς ὅλος ὁ νόμος **κρέμαται** καὶ οἱ προφῆται.
Lk 23:39 Εἷς δὲ τῶν **κρεμασθέντων** κακούργων ἐβλασφήμει αὐτὸν λέγων,
Ac 5:30 ὁ θεὸς τῶν πατέρων ἡμῶν ἤγειρεν Ἰησοῦν ὃν ὑμεῖς διεχειρίσασθε **κρεμάσαντες** ἐπὶ ξύλου·
10:39 καὶ ἡμεῖς μάρτυρες πάντων ὧν ἐποίησεν ἔν τε τῇ χώρᾳ τῶν Ἰουδαίων καὶ [ἐν] Ἰερουσαλήμ. ὃν καὶ ἀνεῖλαν **κρεμάσαντες** ἐπὶ ξύλου,
28: 4 ὡς δὲ εἶδον οἱ βάρβαροι **κρεμάμενον** τὸ θηρίον ἐκ τῆς χειρὸς αὐτοῦ,
Gal 3:13 ὅτι γέγραπται, Ἐπικατάρατος πᾶς ὁ **κρεμάμενος** ἐπὶ ξύλου,

3204 κρημνός [3]

√ *3203*

Mt 8:32 καὶ ἰδοὺ ὥρμησεν πᾶσα ἡ ἀγέλη κατὰ τοῦ **κρημνοῦ** εἰς τὴν θάλασσαν καὶ ἀπέθανον ἐν τοῖς ὕδασιν.
Mk 5:13 καὶ ὥρμησεν ἡ ἀγέλη κατὰ τοῦ **κρημνοῦ** εἰς τὴν θάλασσαν,
Lk 8:33 καὶ ὥρμησεν ἡ ἀγέλη κατὰ τοῦ **κρημνοῦ** εἰς τὴν λίμνην καὶ ἀπεπνίγη.

3205 Κρής [2]

→ 3207

Ac 2:11 Ἰουδαῖοί τε καὶ προσήλυτοι, **Κρῆτες** καὶ Ἄραβες, ἀκούομεν λαλούντων αὐτῶν ταῖς ἡμετέραις γλώσσαις τὰ μεγαλεῖα
Tit 1:12 εἶπέν τις ἐξ αὐτῶν ἴδιος αὐτῶν προφήτης, **Κρῆτες** ἀεὶ ψεῦσται, κακὰ θηρία, γαστέρες ἀργαί.

3206 Κρήσκης [1]

2Ti 4:10 Δημᾶς γάρ με ἐγκατέλιπεν ἀγαπήσας τὸν νῦν αἰῶνα καὶ ἐπορεύθη εἰς Θεσσαλονίκην, **Κρήσκης** εἰς Γαλατίαν,

3207 Κρήτη [5]

√ 3205

Ac 27:7 μὴ προσεῶντος ἡμᾶς τοῦ ἀνέμου ὑπεπλεύσαμεν τὴν **Κρήτην** κατὰ Σαλμώνην,
27:12 εἴ πως δύναιντο καταντήσαντες εἰς Φοίνικα παραχειμάσαι λιμένα τῆς **Κρήτης** βλέποντα κατὰ λίβα καὶ κατὰ χῶρον.
27:13 Ὑποπνεύσαντος δὲ νότου δόξαντες τῆς προθέσεως κεκρατηκέναι, ἄραντες ἆσσον παρελέγοντο τὴν **Κρήτην.**
27:21 πειθαρχήσαντάς μοι μὴ ἀνάγεσθαι ἀπὸ τῆς **Κρήτης** κερδῆσαί τε τὴν ὕβριν ταύτην καὶ τὴν ζημίαν.
Tit 1:5 Τούτου χάριν ἀπέλιπόν σε ἐν **Κρήτῃ,** ἵνα τὰ λείποντα ἐπιδιορθώσῃ καὶ καταστήσῃς κατὰ πόλιν πρεσβυτέρους,

3208 κριθή [1]

→ 3209

Rev 6:6 Χοῖνιξ σίτου δηναρίου καὶ τρεῖς χοίνικες **κριθῶν** δηναρίου,

3209 κρίθινος [2]

√ 3208

Jn 6:9 Ἔστιν παιδάριον ὧδε ὃς ἔχει πέντε ἄρτους **κριθίνους** καὶ δύο ὀψάρια·
6:13 καὶ ἐγέμισαν δώδεκα κοφίνους κλασμάτων ἐκ τῶν πέντε ἄρτων τῶν **κριθίνων** ἃ ἐπερίσσευσαν τοῖς βεβρωκόσιν.

3210 κρίμα [27]

√ 3212

κρίμα αἰώνιος [1] Heb 6:2

κρίμα θανάτου [1] Lk 24:20

κρίμα ... κρίνω [2] Mt 7:2; Rev 18:20

κρίμα τοῦ μέλλοντος [1] Ac 24:25

κρίματα [2] Ro 11:33; 1Co 6:7

λαμβάνω κρίμα [4] Mk 12:40; Lk 20:47; Ro 13:2; Jas 3:1

Mt 7:2 ἐν ᾧ γὰρ **κρίματι** κρίνετε κριθήσεσθε, καὶ ἐν ᾧ μέτρῳ μετρεῖτε μετρηθήσεται ὑμῖν.
Mk 12:40 οἱ κατεσθίοντες τὰς οἰκίας τῶν χηρῶν καὶ προφάσει μακρὰ προσευχόμενοι· οὗτοι λήμψονται περισσότερον **κρίμα.**
Lk 20:47 οἳ κατεσθίουσιν τὰς οἰκίας τῶν χηρῶν καὶ προφάσει μακρὰ προσεύχονται· οὗτοι λήμψονται περισσότερον **κρίμα.**
23:40 Οὐδὲ φοβῇ σὺ τὸν θεόν, ὅτι ἐν τῷ αὐτῷ **κρίματι** εἶ;
24:20 ὅπως τε παρέδωκαν αὐτὸν οἱ ἀρχιερεῖς καὶ οἱ ἄρχοντες ἡμῶν εἰς **κρίμα** θανάτου καὶ ἐσταύρωσαν αὐτόν.
Jn 9:39 Εἰς **κρίμα** ἐγὼ εἰς τὸν κόσμον τοῦτον ἦλθον,
Ac 24:25 διαλεγομένου δὲ αὐτοῦ περὶ δικαιοσύνης καὶ ἐγκρατείας καὶ τοῦ **κρίματος** τοῦ μέλλοντος,
Ro 2:2 οἴδαμεν δὲ ὅτι τὸ **κρίμα** τοῦ θεοῦ ἐστιν κατὰ ἀλήθειαν ἐπὶ τοὺς τὰ τοιαῦτα πράσσοντας.
2:3 ὦ ἄνθρωπε ὁ κρίνων τοὺς τὰ τοιαῦτα πράσσοντας καὶ ποιῶν αὐτά, ὅτι σὺ ἐκφεύξῃ τὸ **κρίμα** τοῦ θεοῦ;
3:8 ἵνα ἔλθῃ τὰ ἀγαθά; ὧν τὸ **κρίμα** ἔνδικόν ἐστιν.
5:16 τὸ μὲν γὰρ **κρίμα** ἐξ ἑνὸς εἰς κατάκριμα,
11:33 ὡς ἀνεξεραύνητα τὰ **κρίματα** αὐτοῦ καὶ ἀνεξιχνίαστοι αἱ ὁδοὶ αὐτοῦ.
13:2 ὥστε ὁ ἀντιτασσόμενος τῇ ἐξουσίᾳ τῇ τοῦ θεοῦ διαταγῇ ἀνθέστηκεν, οἱ δὲ ἀνθεστηκότες ἑαυτοῖς **κρίμα** λήμψονται.
1Co 6:7 ἤδη μὲν [οὖν] ὅλως ἥττημα ὑμῖν ἐστιν ὅτι **κρίματα** ἔχετε μεθ' ἑαυτῶν.
11:29 ὁ γὰρ ἐσθίων καὶ πίνων **κρίμα** ἑαυτῷ ἐσθίει καὶ πίνει μὴ διακρίνων τὸ σῶμα.
11:34 ἐν οἴκῳ ἐσθιέτω, ἵνα μὴ εἰς **κρίμα** συνέρχησθε.
Gal 5:10 ὁ δὲ ταράσσων ὑμᾶς βαστάσει τὸ **κρίμα,** ὅστις ἐὰν ᾖ.
1Ti 3:6 ἵνα μὴ τυφωθεὶς εἰς **κρίμα** ἐμπέσῃ τοῦ διαβόλου.
5:12 ἔχουσαι **κρίμα** ὅτι τὴν πρώτην πίστιν ἠθέτησαν·
Heb 6:2 βαπτισμῶν διδαχῆς ἐπιθέσεώς τε χειρῶν, ἀναστάσεώς τε νεκρῶν καὶ **κρίματος** αἰωνίου.
Jas 3:1 Μὴ πολλοὶ διδάσκαλοι γίνεσθε, ἀδελφοί μου, εἰδότες ὅτι μεῖζον **κρίμα** λημψόμεθα.
1Pe 4:17 ὅτι [ὁ] καιρὸς τοῦ ἄρξασθαι τὸ **κρίμα** ἀπὸ τοῦ οἴκου τοῦ θεοῦ·
2Pe 2:3 οἷς τὸ **κρίμα** ἔκπαλαι οὐκ ἀργεῖ καὶ ἡ ἀπώλεια αὐτῶν οὐ νυστάζει.
Jude 1:4 οἱ πάλαι προγεγραμμένοι εἰς τοῦτο τὸ **κρίμα,** ἀσεβεῖς,
Rev 17:1 δείξω σοι τὸ **κρίμα** τῆς πόρνης τῆς μεγάλης τῆς καθημένης ἐπὶ ὑδάτων πολλῶν,
18:20 ὅτι ἔκρινεν ὁ θεὸς τὸ **κρίμα** ὑμῶν ἐξ αὐτῆς.
20:4 εἶδον θρόνους καὶ ἐκάθισαν ἐπ' αὐτοὺς καὶ **κρίμα** ἐδόθη αὐτοῖς,

3211 κρίνον [2]

Mt 6:28 καταμάθετε τὰ **κρίνα** τοῦ ἀγροῦ πῶς αὐξάνουσιν· οὐ κοπιῶσιν οὐδὲ νήθουσιν·
Lk 12:27 κατανοήσατε τὰ **κρίνα** πῶς αὐξάνει· οὐ κοπιᾷ οὐδὲ νήθει·

3212 κρίνω [114]

→ 88, 95, 185, 373, 374, 503, 537, 645, 646, 647, 850, 896, 1359, 1360, 1464, 1605, 1637, 2137, 2890, 2891, 2892, 3210, 3213, 3215, 3216, 3217, 4622, 5173, 5347, 5693, 5694, 5695; cf. 1637

κρίμα ... κρίνω [2] Mt 7:2; Rev 18:20

κρίνω κατὰ ἀνθρώπους [1] 1Pe 4:6

κρίνω κατ' ὄψιν [1] Jn 7:24

κρίνω κατὰ τὴν σάρκα [1] Jn 8:15

κρίνω τὸν κόσμον [6] Jn 3:17; 12:47,48; Ro 3:6; 1Co 6:2,2

κρίνω οἰκουμένην [1] Ac 17:31

κρίσις ... κρίνω [5] Jn 5:22,30; 7:24; 8:16; Rev 19:2

Mt 5:40 καὶ τῷ θέλοντί σοι **κριθῆναι** καὶ τὸν χιτῶνά σου λαβεῖν,
7:1 Μὴ **κρίνετε,** ἵνα μὴ **κριθῆτε·**
7:2 ἐν ᾧ γὰρ κρίματι **κρίνετε κριθήσεσθε,** καὶ ἐν ᾧ μέτρῳ μετρεῖτε μετρηθήσεται ὑμῖν.
19:28 καθήσεσθε καὶ ὑμεῖς ἐπὶ δώδεκα θρόνους **κρίνοντες** τὰς δώδεκα φυλὰς τοῦ Ἰσραήλ.
Lk 6:37 Καὶ μὴ **κρίνετε,** καὶ οὐ μὴ **κριθῆτε·** καὶ μὴ καταδικάζετε,
7:43 Ὑπολαμβάνω ὅτι ᾧ τὸ πλεῖον ἐχαρίσατο. ὁ δὲ εἶπεν αὐτῷ, Ὀρθῶς **ἔκρινας.**
12:57 Τί δὲ καὶ ἀφ' ἑαυτῶν οὐ **κρίνετε** τὸ δίκαιον;
19:22 Ἐκ τοῦ στόματός σου **κρίνω** σε, πονηρὲ δοῦλε.
22:30 καὶ καθήσεσθε ἐπὶ θρόνων τὰς δώδεκα φυλὰς **κρίνοντες** τοῦ Ἰσραήλ.
Jn 3:17 οὐ γὰρ ἀπέστειλεν ὁ θεὸς τὸν υἱὸν εἰς τὸν κόσμον ἵνα **κρίνῃ** τὸν κόσμον,
3:18 ὁ πιστεύων εἰς αὐτὸν οὐ **κρίνεται·** ὁ δὲ μὴ πιστεύων ἤδη **κέκριται,** ὅτι μὴ πεπίστευκεν εἰς τὸ ὄνομα τοῦ μονογενοῦς υἱοῦ τοῦ θεοῦ.
5:22 οὐδὲ γὰρ ὁ πατὴρ **κρίνει** οὐδένα, ἀλλὰ τὴν κρίσιν πᾶσαν δέδωκεν τῷ υἱῷ,
5:30 καθὼς ἀκούω **κρίνω,** καὶ ἡ κρίσις ἡ ἐμὴ δικαία ἐστίν,
7:24 μὴ **κρίνετε** κατ' ὄψιν, ἀλλὰ τὴν δικαίαν κρίσιν **κρίνετε.**
7:51 Μὴ ὁ νόμος ἡμῶν **κρίνει** τὸν ἄνθρωπον ἐὰν μὴ ἀκούσῃ πρῶτον παρ' αὐτοῦ καὶ γνῷ τί ποιεῖ;
8:15 ὑμεῖς κατὰ τὴν σάρκα **κρίνετε,** ἐγὼ οὐ **κρίνω** οὐδένα.
8:16 καὶ ἐὰν **κρίνω** δὲ ἐγώ, ἡ κρίσις ἡ ἐμὴ ἀληθινή ἐστιν,
8:26 πολλὰ ἔχω περὶ ὑμῶν λαλεῖν καὶ **κρίνειν,** ἀλλ' ὁ πέμψας με ἀληθής ἐστιν,
8:50 ἐγὼ δὲ οὐ ζητῶ τὴν δόξαν μου· ἔστιν ὁ ζητῶν καὶ **κρίνων.**
12:47 καὶ ἐάν τίς μου ἀκούσῃ τῶν ῥημάτων καὶ μὴ φυλάξῃ, ἐγὼ οὐ **κρίνω** αὐτόν· οὐ γὰρ ἦλθον ἵνα **κρίνω** τὸν κόσμον, ἀλλ' ἵνα σώσω τὸν κόσμον.

12:48 ὁ ἀθετῶν ἐμὲ καὶ μὴ λαμβάνων τὰ ῥήματά μου ἔχει τὸν **κρίνοντα** αὐτόν· ὁ λόγος ὃν ἐλάλησα ἐκεῖνος **κρινεῖ** αὐτὸν ἐν τῇ ἐσχάτῃ ἡμέρᾳ.
16:11 περὶ δὲ κρίσεως, ὅτι ὁ ἄρχων τοῦ κόσμου τούτου **κέκριται.**
18:31 Λάβετε αὐτὸν ὑμεῖς καὶ κατὰ τὸν νόμον ὑμῶν **κρίνατε** αὐτόν.
Ac 3:13 παῖδα αὐτοῦ Ἰησοῦν ὃν ὑμεῖς μὲν παρεδώκατε καὶ ἠρνήσασθε κατὰ πρόσωπον Πιλάτου, **κρίναντος** ἐκείνου ἀπολύειν·
4:19 Εἰ δίκαιόν ἐστιν ἐνώπιον τοῦ θεοῦ ὑμῶν ἀκούειν μᾶλλον ἢ τοῦ θεοῦ, **κρίνατε·**
7: 7 καὶ τὸ ἔθνος ᾧ ἐὰν δουλεύσουσιν **κρινῶ** ἐγώ,
13:27 τοῦτον ἀγνοήσαντες καὶ τὰς φωνὰς τῶν προφητῶν τὰς κατὰ πᾶν σάββατον ἀναγινωσκομένας **κρίναντες** ἐπλήρωσαν,
13:46 ἐπειδὴ ἀπωθεῖσθε αὐτὸν καὶ οὐκ ἀξίους **κρίνετε** ἑαυτοὺς τῆς αἰωνίου ζωῆς,
15:19 διὸ ἐγὼ **κρίνω** μὴ παρενοχλεῖν τοῖς ἀπὸ τῶν ἐθνῶν ἐπιστρέφουσιν ἐπὶ τὸν θεόν,
16: 4 παρεδίδοσαν αὐτοῖς φυλάσσειν τὰ δόγματα τὰ **κεκριμένα** ὑπὸ τῶν ἀποστόλων καὶ πρεσβυτέρων τῶν ἐν Ἱεροσολύμοις.
16:15 παρεκάλεσεν λέγουσα, Εἰ **κεκρίκατέ** με πιστὴν τῷ κυρίῳ εἶναι,
17:31 καθότι ἔστησεν ἡμέραν ἐν ᾗ μέλλει **κρίνειν** τὴν οἰκουμένην ἐν δικαιοσύνῃ ἐν ἀνδρὶ ᾧ ὥρισεν,
20:16 **κεκρίκει** γὰρ ὁ Παῦλος παραπλεῦσαι τὴν Ἔφεσον, ὅπως μὴ γένηται αὐτῷ χρονοτριβῆσαι ἐν τῇ Ἀσίᾳ·
21:25 περὶ δὲ τῶν πεπιστευκότων ἐθνῶν ἡμεῖς ἐπεστείλαμεν **κρίναντες** φυλάσσεσθαι αὐτοὺς τό τε εἰδωλόθυτον καὶ αἷμα καὶ πνικτὸν καὶ πορνείαν.
23: 3 καὶ σὺ κάθῃ **κρίνων** με κατὰ τὸν νόμον καὶ παρανομῶν κελεύεις με τύπτεσθαι;
23: 6 υἱὸς Φαρισαίων, περὶ ἐλπίδος καὶ ἀναστάσεως νεκρῶν [ἐγὼ] **κρίνομαι.**
24:21 ἢ περὶ μιᾶς ταύτης φωνῆς ἧς ἐκέκραξα ἐν αὐτοῖς ἑστὼς ὅτι Περὶ ἀναστάσεως νεκρῶν ἐγὼ **κρίνομαι** σήμερον ἐφ᾽ ὑμῶν.
25: 9 Θέλεις εἰς Ἱεροσόλυμα ἀναβὰς ἐκεῖ περὶ τούτων **κριθῆναι** ἐπ᾽ ἐμοῦ;
25:10 Ἐπὶ τοῦ βήματος Καίσαρος ἑστώς εἰμι, οὗ με δεῖ **κρίνεσθαι.**
25:20 τὴν περὶ τούτων ζήτησιν ἔλεγον εἰ βούλοιτο πορεύεσθαι εἰς Ἱεροσόλυμα κἀκεῖ **κρίνεσθαι** περὶ τούτων.
25:25 αὐτοῦ δὲ τούτου ἐπικαλεσαμένου τὸν Σεβαστὸν **ἔκρινα** πέμπειν.
26: 6 καὶ νῦν ἐπ᾽ ἐλπίδι τῆς εἰς τοὺς πατέρας ἡμῶν ἐπαγγελίας γενομένης ὑπὸ τοῦ θεοῦ ἕστηκα **κρινόμενος,**
26: 8 τί ἄπιστον **κρίνεται** παρ᾽ ὑμῖν εἰ ὁ θεὸς νεκροὺς ἐγείρει;
27: 1 Ὡς δὲ **ἐκρίθη** τοῦ ἀποπλεῖν ἡμᾶς εἰς τὴν Ἰταλίαν,
Ro 2: 1 Διὸ ἀναπολόγητος εἶ, ὦ ἄνθρωπε πᾶς ὁ **κρίνων·** ἐν ᾧ γὰρ **κρίνεις** τὸν ἕτερον, σεαυτὸν κατακρίνεις, τὰ γὰρ αὐτὰ πράσσεις ὁ **κρίνων.**
2: 3 ὦ ἄνθρωπε ὁ **κρίνων** τοὺς τὰ τοιαῦτα πράσσοντας καὶ ποιῶν αὐτά,
2:12 καὶ ὅσοι ἐν νόμῳ ἥμαρτον, διὰ νόμου **κριθήσονται·**
2:16 ἐν ἡμέρᾳ ὅτε **κρίνει** ὁ θεὸς τὰ κρυπτὰ τῶν ἀνθρώπων κατὰ τὸ εὐαγγέλιόν μου διὰ Χριστοῦ Ἰησοῦ.
2:27 καὶ **κρινεῖ** ἡ ἐκ φύσεως ἀκροβυστία τὸν νόμον τελοῦσα σὲ τὸν διὰ γράμματος καὶ περιτομῆς παραβάτην νόμου.
3: 4 Ὅπως ἂν δικαιωθῇς ἐν τοῖς λόγοις σου καὶ νικήσεις ἐν τῷ **κρίνεσθαί** σε.
3: 6 μὴ γένοιτο· ἐπεὶ πῶς **κρινεῖ** ὁ θεὸς τὸν κόσμον;
3: 7 εἰ δὲ ἡ ἀλήθεια τοῦ θεοῦ ἐν τῷ ἐμῷ ψεύσματι ἐπερίσσευσεν εἰς τὴν δόξαν αὐτοῦ, τί ἔτι κἀγὼ ὡς ἁμαρτωλὸς **κρίνομαι;**
14: 3 ὁ δὲ μὴ ἐσθίων τὸν ἐσθίοντα μὴ **κρινέτω,**
14: 4 σὺ τίς εἶ ὁ **κρίνων** ἀλλότριον οἰκέτην; τῷ ἰδίῳ κυρίῳ στήκει ἢ πίπτει·
14: 5 ὃς μὲν [γὰρ] **κρίνει** ἡμέραν παρ᾽ ἡμέραν, ὃς δὲ **κρίνει** πᾶσαν ἡμέραν·
14:10 σὺ δὲ τί **κρίνεις** τὸν ἀδελφόν σου; ἢ καὶ σὺ τί ἐξουθενεῖς τὸν ἀδελφόν σου;
14:13 Μηκέτι οὖν ἀλλήλους **κρίνωμεν·** ἀλλὰ τοῦτο **κρίνατε** μᾶλλον, τὸ μὴ τιθέναι πρόσκομμα τῷ ἀδελφῷ ἢ σκάνδαλον.
14:22 μακάριος ὁ μὴ **κρίνων** ἑαυτὸν ἐν ᾧ δοκιμάζει·
1Co 2: 2 οὐ γὰρ **ἔκρινά** τι εἰδέναι ἐν ὑμῖν εἰ μὴ Ἰησοῦν Χριστὸν καὶ τοῦτον ἐσταυρωμένον.
4: 5 ὥστε μὴ πρὸ καιροῦ τι **κρίνετε** ἕως ἂν ἔλθῃ ὁ κύριος,
5: 3 ἤδη **κέκρικα** ὡς παρὼν τὸν οὕτως τοῦτο κατεργασάμενον·
5:12 τί γάρ μοι τοὺς ἔξω **κρίνειν;** οὐχὶ τοὺς ἔσω ὑμεῖς **κρίνετε;**
5:13 τοὺς δὲ ἔξω ὁ θεὸς **κρινεῖ.** ἐξάρατε τὸν πονηρὸν ἐξ ὑμῶν αὐτῶν.
6: 1 Τολμᾷ τις ὑμῶν πρᾶγμα ἔχων πρὸς τὸν ἕτερον **κρίνεσθαι** ἐπὶ τῶν ἀδίκων καὶ οὐχὶ ἐπὶ τῶν ἁγίων;
6: 2 ἢ οὐκ οἴδατε ὅτι οἱ ἅγιοι τὸν κόσμον **κρινοῦσιν;** καὶ εἰ ἐν ὑμῖν **κρίνεται** ὁ κόσμος, ἀνάξιοί ἐστε κριτηρίων ἐλαχίστων;
6: 3 οὐκ οἴδατε ὅτι ἀγγέλους **κρινοῦμεν,** μήτιγε βιωτικά;
6: 6 ἀλλὰ ἀδελφὸς μετὰ ἀδελφοῦ **κρίνεται** καὶ τοῦτο ἐπὶ ἀπίστων;
7:37 ἐξουσίαν δὲ ἔχει περὶ τοῦ ἰδίου θελήματος καὶ τοῦτο **κέκρικεν** ἐν τῇ ἰδίᾳ καρδίᾳ,
10:15 ὡς φρονίμοις λέγω· **κρίνατε** ὑμεῖς ὅ φημι.
10:29 ἱνατί γὰρ ἡ ἐλευθερία μου **κρίνεται** ὑπὸ ἄλλης συνειδήσεως;
11:13 ἐν ὑμῖν αὐτοῖς **κρίνατε·** πρέπον ἐστὶν γυναῖκα ἀκατακάλυπτον τῷ θεῷ προσεύχεσθαι;
11:31 εἰ δὲ ἑαυτοὺς διεκρίνομεν, οὐκ ἂν **ἐκρινόμεθα·**
11:32 **κρινόμενοι** δὲ ὑπὸ [τοῦ] κυρίου παιδευόμεθα, ἵνα μὴ σὺν τῷ κόσμῳ κατακριθῶμεν.
2Co 2: 1 **ἔκρινα** γὰρ ἐμαυτῷ τοῦτο τὸ μὴ πάλιν ἐν λύπῃ πρὸς ὑμᾶς ἐλθεῖν.
5:14 **κρίναντας** τοῦτο, ὅτι εἷς ὑπὲρ πάντων ἀπέθανεν, ἄρα οἱ πάντες ἀπέθανον·
Col 2:16 Μὴ οὖν τις ὑμᾶς **κρινέτω** ἐν βρώσει καὶ ἐν πόσει ἢ ἐν μέρει ἑορτῆς ἢ νεομηνίας ἢ σαββάτων·
2Th 2:12 ἵνα **κριθῶσιν** πάντες οἱ μὴ πιστεύσαντες τῇ ἀληθείᾳ ἀλλὰ εὐδοκήσαντες τῇ ἀδικίᾳ.
2Ti 4: 1 Διαμαρτύρομαι ἐνώπιον τοῦ θεοῦ καὶ Χριστοῦ Ἰησοῦ τοῦ μέλλοντος **κρίνειν** ζῶντας καὶ νεκρούς,
Tit 3:12 σπούδασον ἐλθεῖν πρός με εἰς Νικόπολιν, ἐκεῖ γὰρ **κέκρικα** παραχειμάσαι.
Heb 10:30 ἐγὼ ἀνταποδώσω. καὶ πάλιν, **Κρινεῖ** κύριος τὸν λαὸν αὐτοῦ.
13: 4 Τίμιος ὁ γάμος ἐν πᾶσιν καὶ ἡ κοίτη ἀμίαντος, πόρνους γὰρ καὶ μοιχοὺς **κρινεῖ** ὁ θεός.
Jas 2:12 οὕτως λαλεῖτε καὶ οὕτως ποιεῖτε ὡς διὰ νόμου ἐλευθερίας μέλλοντες **κρίνεσθαι.**
4:11 ὁ καταλαλῶν ἀδελφοῦ ἢ **κρίνων** τὸν ἀδελφὸν αὐτοῦ καταλαλεῖ νόμου καὶ **κρίνει** νόμον· εἰ δὲ νόμον **κρίνεις,** οὐκ εἶ ποιητὴς νόμου ἀλλὰ κριτής.
4:12 σὺ δὲ τίς εἶ ὁ **κρίνων** τὸν πλησίον;
5: 9 μὴ στενάζετε, ἀδελφοί, κατ᾽ ἀλλήλων ἵνα μὴ **κριθῆτε·**
1Pe 1:17 Καὶ εἰ πατέρα ἐπικαλεῖσθε τὸν ἀπροσωπολήμπτως **κρίνοντα** κατὰ τὸ ἑκάστου ἔργον,
2:23 ὃς λοιδορούμενος οὐκ ἀντελοιδόρει πάσχων οὐκ ἠπείλει, παρεδίδου δὲ τῷ **κρίνοντι** δικαίως·
4: 5 οἳ ἀποδώσουσιν λόγον τῷ ἑτοίμως ἔχοντι **κρῖναι** ζῶντας καὶ νεκρούς.
4: 6 ἵνα **κριθῶσι** μὲν κατὰ ἀνθρώπους σαρκὶ ζῶσι δὲ κατὰ θεὸν πνεύματι.
Rev 6:10 οὐ **κρίνεις** καὶ ἐκδικεῖς τὸ αἷμα ἡμῶν ἐκ τῶν κατοικούντων ἐπὶ τῆς γῆς;
11:18 καὶ ἦλθεν ἡ ὀργή σου καὶ ὁ καιρὸς τῶν νεκρῶν **κριθῆναι** καὶ δοῦναι τὸν μισθὸν τοῖς δούλοις σου τοῖς προφήταις
16: 5 ὁ ὢν καὶ ὁ ἦν, ὁ ὅσιος, ὅτι ταῦτα **ἔκρινας,**
18: 8 ὅτι ἰσχυρὸς κύριος ὁ θεὸς ὁ **κρίνας** αὐτήν.
18:20 ὅτι **ἔκρινεν** ὁ θεὸς τὸ κρίμα ὑμῶν ἐξ αὐτῆς.
19: 2 ὅτι **ἔκρινεν** τὴν πόρνην τὴν μεγάλην ἥτις ἔφθειρεν τὴν γῆν ἐν τῇ πορνείᾳ αὐτῆς,
19:11 καὶ ἰδοὺ ἵππος λευκὸς καὶ ὁ καθήμενος ἐπ᾽ αὐτὸν [καλούμενος] πιστὸς καὶ ἀληθινός, καὶ ἐν δικαιοσύνῃ **κρίνει** καὶ πολεμεῖ.
20:12 καὶ **ἐκρίθησαν** οἱ νεκροὶ ἐκ τῶν γεγραμμένων ἐν τοῖς βιβλίοις κατὰ τὰ ἔργα αὐτῶν.
20:13 καὶ ὁ θάνατος καὶ ὁ ᾅδης ἔδωκαν τοὺς νεκροὺς τοὺς ἐν αὐτοῖς, καὶ **ἐκρίθησαν** ἕκαστος κατὰ τὰ ἔργα αὐτῶν.

3213 κρίσις [47]

√ *3212*

ἡμέρα κρίσεως [7] Mt 10:15; 11:22,24; 12:36; 2Pe 2:9; 3:7; 1Jn 4:17

κρίσις γεέννης [1] Mt 23:33

κρίσις θεοῦ [2] Lk 11:42; 2Th 1:5; cf. Rev 14:7

κρίσις ... κρίνω [5] Jn 5:22,30; 7:24; 8:16; Rev 19:2

κρίσις ποιεῖν [2] Jn 5:27; Jude 1:15

ὥρα κρίσεως [1] Rev 14:7

Mt 5:21 ὃς δ᾽ ἂν φονεύσῃ, ἔνοχος ἔσται τῇ **κρίσει.**

5:22 ἐγὼ δὲ λέγω ὑμῖν ὅτι πᾶς ὁ ὀργιζόμενος τῷ ἀδελφῷ αὐτοῦ ἔνοχος ἔσται τῇ **κρίσει·**
10:15 ἀνεκτότερον ἔσται γῇ Σοδόμων καὶ Γομόρρων ἐν ἡμέρᾳ **κρίσεως** ἢ τῇ πόλει ἐκείνῃ.
11:22 Τύρῳ καὶ Σιδῶνι ἀνεκτότερον ἔσται ἐν ἡμέρᾳ **κρίσεως** ἢ ὑμῖν.
11:24 πλὴν λέγω ὑμῖν ὅτι γῇ Σοδόμων ἀνεκτότερον ἔσται ἐν ἡμέρᾳ **κρίσεως** ἢ σοί.
12:18 θήσω τὸ πνεῦμά μου ἐπ' αὐτόν, καὶ **κρίσιν** τοῖς ἔθνεσιν ἀπαγγελεῖ.
12:20 κάλαμον συντετριμμένον οὐ κατεάξει καὶ λίνον τυφόμενον οὐ σβέσει, ἕως ἂν ἐκβάλῃ εἰς νῖκος τὴν **κρίσιν.**
12:36 λέγω δὲ ὑμῖν ὅτι πᾶν ῥῆμα ἀργὸν ὃ λαλήσουσιν οἱ ἄνθρωποι ἀποδώσουσιν περὶ αὐτοῦ λόγον ἐν ἡμέρᾳ **κρίσεως·**
12:41 ἄνδρες Νινευῖται ἀναστήσονται ἐν τῇ **κρίσει** μετὰ τῆς γενεᾶς ταύτης καὶ κατακρινοῦσιν αὐτήν,
12:42 βασίλισσα νότου ἐγερθήσεται ἐν τῇ **κρίσει** μετὰ τῆς γενεᾶς ταύτης καὶ κατακρινεῖ αὐτήν,
23:23 τὴν **κρίσιν** καὶ τὸ ἔλεος καὶ τὴν πίστιν·
23:33 γεννήματα ἐχιδνῶν, πῶς φύγητε ἀπὸ τῆς **κρίσεως** τῆς γεέννης;
Lk 10:14 πλὴν Τύρῳ καὶ Σιδῶνι ἀνεκτότερον ἔσται ἐν τῇ **κρίσει** ἢ ὑμῖν.
11:31 βασίλισσα νότου ἐγερθήσεται ἐν τῇ **κρίσει** μετὰ τῶν ἀνδρῶν τῆς γενεᾶς ταύτης καὶ κατακρινεῖ αὐτούς,
11:32 ἄνδρες Νινευῖται ἀναστήσονται ἐν τῇ **κρίσει** μετὰ τῆς γενεᾶς ταύτης καὶ κατακρινοῦσιν αὐτήν·
11:42 ὅτι ἀποδεκατοῦτε τὸ ἡδύοσμον καὶ τὸ πήγανον καὶ πᾶν λάχανον καὶ παρέρχεσθε τὴν **κρίσιν** καὶ τὴν ἀγάπην τοῦ θεοῦ·
Jn 3:19 αὕτη δέ ἐστιν ἡ **κρίσις** ὅτι τὸ φῶς ἐλήλυθεν εἰς τὸν κόσμον καὶ ἠγάπησαν οἱ ἄνθρωποι μᾶλλον τὸ σκότος ἢ τὸ φῶς·
5:22 οὐδὲ γὰρ ὁ πατὴρ κρίνει οὐδένα, ἀλλὰ τὴν **κρίσιν** πᾶσαν δέδωκεν τῷ υἱῷ,
5:24 ὅτι ὁ τὸν λόγον μου ἀκούων καὶ πιστεύων τῷ πέμψαντί με ἔχει ζωὴν αἰώνιον καὶ εἰς **κρίσιν** οὐκ ἔρχεται,
5:27 καὶ ἐξουσίαν ἔδωκεν αὐτῷ **κρίσιν** ποιεῖν, ὅτι υἱὸς ἀνθρώπου ἐστίν.
5:29 οἱ δὲ τὰ φαῦλα πράξαντες εἰς ἀνάστασιν **κρίσεως.**
5:30 καθὼς ἀκούω κρίνω, καὶ ἡ **κρίσις** ἡ ἐμὴ δικαία ἐστίν,
7:24 μὴ κρίνετε κατ' ὄψιν, ἀλλὰ τὴν δικαίαν **κρίσιν** κρίνετε.
8:16 ἡ **κρίσις** ἡ ἐμὴ ἀληθινή ἐστιν, ὅτι μόνος οὐκ εἰμί,
12:31 νῦν **κρίσις** ἐστὶν τοῦ κόσμου τούτου, νῦν ὁ ἄρχων τοῦ κόσμου τούτου ἐκβληθήσεται ἔξω·
16:8 καὶ ἐλθὼν ἐκεῖνος ἐλέγξει τὸν κόσμον περὶ ἁμαρτίας καὶ περὶ δικαιοσύνης καὶ περὶ **κρίσεως·**
16:11 περὶ δὲ **κρίσεως,** ὅτι ὁ ἄρχων τοῦ κόσμου τούτου κέκριται.
Ac 8:33 Ἐν τῇ ταπεινώσει [αὐτοῦ] ἡ **κρίσις** αὐτοῦ ἤρθη·
2Th 1:5 ἔνδειγμα τῆς δικαίας **κρίσεως** τοῦ θεοῦ εἰς τὸ καταξιωθῆναι ὑμᾶς τῆς βασιλείας τοῦ θεοῦ,
1Ti 5:24 Τινῶν ἀνθρώπων αἱ ἁμαρτίαι πρόδηλοί εἰσιν προάγουσαι εἰς **κρίσιν,**
Heb 9:27 καὶ καθ' ὅσον ἀπόκειται τοῖς ἀνθρώποις ἅπαξ ἀποθανεῖν, μετὰ δὲ τοῦτο **κρίσις,**
10:27 φοβερὰ δέ τις ἐκδοχὴ **κρίσεως** καὶ πυρὸς ζῆλος ἐσθίειν μέλλοντος τοὺς ὑπεναντίους.
Jas 2:13 ἡ γὰρ **κρίσις** ἀνέλεος τῷ μὴ ποιήσαντι ἔλεος· κατακαυχᾶται ἔλεος **κρίσεως.**
5:12 ἤτω δὲ ὑμῶν τὸ Ναὶ ναὶ καὶ τὸ Οὒ οὔ, ἵνα μὴ ὑπὸ **κρίσιν** πέσητε.
2Pe 2:4 Εἰ γὰρ ὁ θεὸς ἀγγέλων ἁμαρτησάντων οὐκ ἐφείσατο ἀλλὰ σειραῖς ζόφου ταρταρώσας παρέδωκεν εἰς **κρίσιν** τηρουμένους,
2:9 οἶδεν κύριος εὐσεβεῖς ἐκ πειρασμοῦ ῥύεσθαι, ἀδίκους δὲ εἰς ἡμέραν **κρίσεως** κολαζομένους τηρεῖν,
2:11 ὅπου ἄγγελοι ἰσχύϊ καὶ δυνάμει μείζονες ὄντες οὐ φέρουσιν κατ' αὐτῶν παρὰ κυρίου βλάσφημον **κρίσιν.**
3:7 οἱ δὲ νῦν οὐρανοὶ καὶ ἡ γῆ τῷ αὐτῷ λόγῳ τεθησαυρισμένοι εἰσὶν πυρὶ τηρούμενοι εἰς ἡμέραν **κρίσεως** καὶ ἀπωλείας
1Jn 4:17 ἵνα παρρησίαν ἔχωμεν ἐν τῇ ἡμέρᾳ τῆς **κρίσεως,**
Jude 1:6 ἀγγέλους τε τοὺς μὴ τηρήσαντας τὴν ἑαυτῶν ἀρχὴν ἀλλὰ ἀπολιπόντας τὸ ἴδιον οἰκητήριον εἰς **κρίσιν** μεγάλης ἡμέρας
1:9 οὐκ ἐτόλμησεν **κρίσιν** ἐπενεγκεῖν βλασφημίας ἀλλὰ εἶπεν, Ἐπιτιμήσαι σοι κύριος.
1:15 ποιῆσαι **κρίσιν** κατὰ πάντων καὶ ἐλέγξαι πᾶσαν ψυχὴν περὶ πάντων τῶν ἔργων ἀσεβείας αὐτῶν ὧν ἠσέβησαν
Rev 14:7 Φοβήθητε τὸν θεὸν καὶ δότε αὐτῷ δόξαν, ὅτι ἦλθεν ἡ ὥρα τῆς **κρίσεως** αὐτοῦ,
16:7 Ναὶ κύριε ὁ θεὸς ὁ παντοκράτωρ, ἀληθιναὶ καὶ δίκαιαι αἱ **κρίσεις** σου.
18:10 Βαβυλὼν ἡ πόλις ἡ ἰσχυρά, ὅτι μιᾷ ὥρᾳ ἦλθεν ἡ **κρίσις** σου.
19:2 ἀληθιναὶ καὶ δίκαιαι αἱ **κρίσεις** αὐτοῦ· ὅτι ἔκρινεν τὴν πόρνην τὴν μεγάλην ἥτις ἔφθειρεν τὴν γῆν ἐν τῇ πορνείᾳ αὐτῆς,

3214 Κρίσπος [2]

Ac 18:8 **Κρίσπος** δὲ ὁ ἀρχισυνάγωγος ἐπίστευσεν τῷ κυρίῳ σὺν ὅλῳ τῷ οἴκῳ αὐτοῦ,
1Co 1:14 εὐχαριστῶ [τῷ θεῷ] ὅτι οὐδένα ὑμῶν ἐβάπτισα εἰ μὴ **Κρίσπον** καὶ Γάϊον,

3215 κριτήριον [3]

√ *3212*

1Co 6:2 καὶ εἰ ἐν ὑμῖν κρίνεται ὁ κόσμος, ἀνάξιοί ἐστε **κριτηρίων** ἐλαχίστων;
6:4 βιωτικὰ μὲν οὖν **κριτήρια** ἐὰν ἔχητε, τοὺς ἐξουθενημένους ἐν τῇ ἐκκλησίᾳ,
Jas 2:6 οὐχ οἱ πλούσιοι καταδυναστεύουσιν ὑμῶν καὶ αὐτοὶ ἕλκουσιν ὑμᾶς εἰς **κριτήρια;**

3216 κριτής [19]

√ *3212*

Mt 5:25 μήποτέ σε παραδῷ ὁ ἀντίδικος τῷ **κριτῇ** καὶ ὁ **κριτὴς** τῷ ὑπηρέτῃ καὶ εἰς φυλακὴν βληθήσῃ·
12:27 οἱ υἱοὶ ὑμῶν ἐν τίνι ἐκβάλλουσιν; διὰ τοῦτο αὐτοὶ **κριταὶ** ἔσονται ὑμῶν.
Lk 11:19 οἱ υἱοὶ ὑμῶν ἐν τίνι ἐκβάλλουσιν; διὰ τοῦτο αὐτοὶ ὑμῶν **κριταὶ** ἔσονται.
12:14 τίς με κατέστησεν **κριτὴν** ἢ μεριστὴν ἐφ' ὑμᾶς;
12:58 μήποτε κατασύρῃ σε πρὸς τὸν **κριτήν,** καὶ ὁ **κριτής** σε παραδώσει τῷ πράκτορι,
18:2 **Κριτής** τις ἦν ἔν τινι πόλει τὸν θεὸν μὴ φοβούμενος καὶ ἄνθρωπον μὴ ἐντρεπόμενος.
18:6 Εἶπεν δὲ ὁ κύριος, Ἀκούσατε τί ὁ **κριτὴς** τῆς ἀδικίας λέγει·
Ac 10:42 κηρύξαι τῷ λαῷ καὶ διαμαρτύρασθαι ὅτι οὗτός ἐστιν ὁ ὡρισμένος ὑπὸ τοῦ θεοῦ **κριτὴς** ζώντων καὶ νεκρῶν.
13:20 καὶ μετὰ ταῦτα ἔδωκεν **κριτὰς** ἕως Σαμουὴλ [τοῦ] προφήτου.
18:15 ὄψεσθε αὐτοί· **κριτὴς** ἐγὼ τούτων οὐ βούλομαι εἶναι.
24:10 Ἐκ πολλῶν ἐτῶν ὄντα σε **κριτὴν** τῷ ἔθνει τούτῳ ἐπιστάμενος εὐθύμως τὰ περὶ ἐμαυτοῦ ἀπολογοῦμαι,
2Ti 4:8 ὃν ἀποδώσει μοι ὁ κύριος ἐν ἐκείνῃ τῇ ἡμέρᾳ, ὁ δίκαιος **κριτής,**
Heb 12:23 καὶ ἐκκλησίᾳ πρωτοτόκων ἀπογεγραμμένων ἐν οὐρανοῖς καὶ **κριτῇ** θεῷ πάντων καὶ πνεύμασι δικαίων τετελειωμένων
Jas 2:4 οὐ διεκρίθητε ἐν ἑαυτοῖς καὶ ἐγένεσθε **κριταὶ** διαλογισμῶν πονηρῶν;
4:11 εἰ δὲ νόμον κρίνεις, οὐκ εἶ ποιητὴς νόμου ἀλλὰ **κριτής.**
4:12 εἷς ἐστιν [ὁ] νομοθέτης καὶ **κριτὴς** ὁ δυνάμενος σῶσαι καὶ ἀπολέσαι·
5:9 κατ' ἀλλήλων ἵνα μὴ κριθῆτε· ἰδοὺ ὁ **κριτὴς** πρὸ τῶν θυρῶν ἕστηκεν.

3217 κριτικός [1]

√ *3212*

Heb 4:12 ἁρμῶν τε καὶ μυελῶν, καὶ **κριτικὸς** ἐνθυμήσεων καὶ ἐννοιῶν καρδίας·

3218 κρούω [9]

Mt 7:7 Αἰτεῖτε καὶ δοθήσεται ὑμῖν, ζητεῖτε καὶ εὑρήσετε, **κρούετε** καὶ ἀνοιγήσεται ὑμῖν·
7:8 πᾶς γὰρ ὁ αἰτῶν λαμβάνει καὶ ὁ ζητῶν εὑρίσκει καὶ τῷ **κρούοντι** ἀνοιγήσεται.
Lk 11:9 αἰτεῖτε καὶ δοθήσεται ὑμῖν, ζητεῖτε καὶ εὑρήσετε, **κρούετε** καὶ ἀνοιγήσεται ὑμῖν·
11:10 πᾶς γὰρ ὁ αἰτῶν λαμβάνει καὶ ὁ ζητῶν εὑρίσκει καὶ τῷ **κρούοντι** ἀνοιγ[ήσ]εται.
12:36 προσδεχομένοις τὸν κύριον ἑαυτῶν πότε ἀναλύσῃ ἐκ τῶν γάμων, ἵνα ἐλθόντος καὶ **κρούσαντος** εὐθέως ἀνοίξωσιν αὐτῷ.
13:25 ἀφ' οὗ ἂν ἐγερθῇ ὁ οἰκοδεσπότης καὶ ἀποκλείσῃ τὴν θύραν καὶ ἄρξησθε ἔξω ἑστάναι καὶ **κρούειν** τὴν θύραν λέγοντες,
Ac 12:13 **κρούσαντος** δὲ αὐτοῦ τὴν θύραν τοῦ πυλῶνος προσῆλθεν παιδίσκη ὑπακοῦσαι ὀνόματι Ῥόδη,
12:16 ὁ δὲ Πέτρος ἐπέμενεν **κρούων·** ἀνοίξαντες δὲ εἶδαν αὐτὸν καὶ ἐξέστησαν.

Rev 3:20 ἰδοὺ ἕστηκα ἐπὶ τὴν θύραν καὶ **κρούω·** ἐάν τις ἀκούσῃ τῆς φωνῆς μου καὶ ἀνοίξῃ τὴν θύραν,

3219 κρύπτη [1]

√ *3221*

Lk 11:33 Οὐδεὶς λύχνον ἅψας εἰς **κρύπτην** τίθησιν [οὐδὲ ὑπὸ τὸν μόδιον] ἀλλ' ἐπὶ τὴν λυχνίαν,

3220 κρυπτός [17]

√ *3221*

Mt 6: 4 ὅπως ᾖ σου ἡ ἐλεημοσύνη ἐν τῷ **κρυπτῷ·** καὶ ὁ πατήρ σου ὁ βλέπων ἐν τῷ **κρυπτῷ** ἀποδώσει σοι.
6: 6 εἴσελθε εἰς τὸ ταμεῖόν σου καὶ κλείσας τὴν θύραν σου πρόσευξαι τῷ πατρί σου τῷ ἐν τῷ **κρυπτῷ·** καὶ ὁ πατήρ σου ὁ βλέπων ἐν τῷ **κρυπτῷ** ἀποδώσει σοι.
10:26 οὐδὲν γάρ ἐστιν κεκαλυμμένον ὃ οὐκ ἀποκαλυφθήσεται καὶ **κρυπτὸν** ὃ οὐ γνωσθήσεται.
Mk 4:22 οὐ γάρ ἐστιν **κρυπτὸν** ἐὰν μὴ ἵνα φανερωθῇ,
Lk 8:17 οὐ γάρ ἐστιν **κρυπτὸν** ὃ οὐ φανερὸν γενήσεται οὐδὲ ἀπόκρυφον ὃ οὐ μὴ γνωσθῇ καὶ εἰς φανερὸν ἔλθῃ.
12: 2 οὐδὲν δὲ συγκεκαλυμμένον ἐστὶν ὃ οὐκ ἀποκαλυφθήσεται καὶ **κρυπτὸν** ὃ οὐ γνωσθήσεται.
Jn 7: 4 οὐδεὶς γάρ τι ἐν **κρυπτῷ** ποιεῖ καὶ ζητεῖ αὐτὸς ἐν παρρησίᾳ εἶναι.
7:10 τότε καὶ αὐτὸς ἀνέβη οὐ φανερῶς ἀλλὰ [ὡς] ἐν **κρυπτῷ.**
18:20 ὅπου πάντες οἱ Ἰουδαῖοι συνέρχονται, καὶ ἐν **κρυπτῷ** ἐλάλησα οὐδέν.
Ro 2:16 ἐν ἡμέρᾳ ὅτε κρίνει ὁ θεὸς τὰ **κρυπτὰ** τῶν ἀνθρώπων κατὰ τὸ εὐαγγέλιόν μου διὰ Χριστοῦ Ἰησοῦ.
2:29 ἀλλ' ὁ ἐν τῷ **κρυπτῷ** Ἰουδαῖος, καὶ περιτομὴ καρδίας ἐν πνεύματι οὐ γράμματι,
1Co 4: 5 ὃς καὶ φωτίσει τὰ **κρυπτὰ** τοῦ σκότους καὶ φανερώσει τὰς βουλὰς τῶν καρδιῶν·
14:25 τὰ **κρυπτὰ** τῆς καρδίας αὐτοῦ φανερὰ γίνεται, καὶ οὕτως πεσὼν ἐπὶ πρόσωπον προσκυνήσει τῷ θεῷ
2Co 4: 2 ἀλλὰ ἀπειπάμεθα τὰ **κρυπτὰ** τῆς αἰσχύνης, μὴ περιπατοῦντες ἐν πανουργίᾳ μηδὲ δολοῦντες τὸν λόγον τοῦ θεοῦ
1Pe 3: 4 ἀλλ' ὁ **κρυπτὸς** τῆς καρδίας ἄνθρωπος ἐν τῷ ἀφθάρτῳ τοῦ πραέως καὶ ἡσυχίου πνεύματος,

3221 κρύπτω [18]

→ *648, 649, 1606, 3219, 3220, 3224, 3225, 3226, 4332*

Mt 5:14 Ὑμεῖς ἐστε τὸ φῶς τοῦ κόσμου. οὐ δύναται πόλις **κρυβῆναι** ἐπάνω ὄρους κειμένη·
11:25 ὅτι **ἔκρυψας** ταῦτα ἀπὸ σοφῶν καὶ συνετῶν καὶ ἀπεκάλυψας αὐτὰ νηπίοις·
13:35 Ἀνοίξω ἐν παραβολαῖς τὸ στόμα μου, ἐρεύξομαι **κεκρυμμένα** ἀπὸ καταβολῆς [κόσμου.]
13:44 Ὁμοία ἐστὶν ἡ βασιλεία τῶν οὐρανῶν θησαυρῷ **κεκρυμμένῳ** ἐν τῷ ἀγρῷ, ὃν εὑρὼν ἄνθρωπος **ἔκρυψεν,**
25:18 ὁ δὲ τὸ ἓν λαβὼν ἀπελθὼν ὤρυξεν γῆν καὶ **ἔκρυψεν** τὸ ἀργύριον τοῦ κυρίου αὐτοῦ.
25:25 καὶ φοβηθεὶς ἀπελθὼν **ἔκρυψα** τὸ τάλαντόν σου ἐν τῇ γῇ·
Lk 18:34 καὶ αὐτοὶ οὐδὲν τούτων συνῆκαν καὶ ἦν τὸ ῥῆμα τοῦτο **κεκρυμμένον** ἀπ' αὐτῶν καὶ οὐκ ἐγίνωσκον τὰ λεγόμενα.
19:42 λέγων ὅτι Εἰ ἔγνως ἐν τῇ ἡμέρᾳ ταύτῃ καὶ σὺ τὰ πρὸς εἰρήνην· νῦν δὲ **ἐκρύβη** ἀπὸ ὀφθαλμῶν σου.
Jn 8:59 Ἰησοῦς δὲ **ἐκρύβη** καὶ ἐξῆλθεν ἐκ τοῦ ἱεροῦ.
12:36 Ταῦτα ἐλάλησεν Ἰησοῦς, καὶ ἀπελθὼν **ἐκρύβη** ἀπ' αὐτῶν.
19:38 ὢν μαθητὴς τοῦ Ἰησοῦ **κεκρυμμένος** δὲ διὰ τὸν φόβον τῶν Ἰουδαίων,
Col 3: 3 ἀπεθάνετε γὰρ καὶ ἡ ζωὴ ὑμῶν **κέκρυπται** σὺν τῷ Χριστῷ ἐν τῷ θεῷ·
1Ti 5:25 ὡσαύτως καὶ τὰ ἔργα τὰ καλὰ πρόδηλα, καὶ τὰ ἄλλως ἔχοντα **κρυβῆναι** οὐ δύνανται.
Heb 11:23 Πίστει Μωϋσῆς γεννηθεὶς **ἐκρύβη** τρίμηνον ὑπὸ τῶν πατέρων αὐτοῦ,
Rev 2:17 τῷ νικῶντι δώσω αὐτῷ τοῦ μάννα τοῦ **κεκρυμμένου** καὶ δώσω αὐτῷ ψῆφον λευκήν,
6:15 καὶ οἱ μεγιστᾶνες καὶ οἱ χιλίαρχοι καὶ οἱ πλούσιοι καὶ οἱ ἰσχυροὶ καὶ πᾶς δοῦλος καὶ ἐλεύθερος **ἔκρυψαν** ἑαυτοὺς εἰς τὰ σπήλαια καὶ εἰς τὰς πέτρας τῶν ὀρέων
6:16 Πέσετε ἐφ' ἡμᾶς καὶ **κρύψατε** ἡμᾶς ἀπὸ προσώπου τοῦ καθημένου ἐπὶ τοῦ θρόνου καὶ ἀπὸ τῆς ὀργῆς τοῦ ἀρνίου,

3222 κρυσταλλίζω [1]

√ *3223*

Rev 21:11 ὁ φωστὴρ αὐτῆς ὅμοιος λίθῳ τιμιωτάτῳ ὡς λίθῳ ἰάσπιδι **κρυσταλλίζοντι.**

3223 κρύσταλλος [2]

→ *3222*

Rev 4: 6 καὶ ἐνώπιον τοῦ θρόνου ὡς θάλασσα ὑαλίνη ὁμοία **κρυστάλλῳ.**
22: 1 ἔδειξέν μοι ποταμὸν ὕδατος ζωῆς λαμπρὸν ὡς **κρύσταλλον,**

3224 κρυφαῖος [2]

√ *3221*

Mt 6:18 ὅπως μὴ φανῇς τοῖς ἀνθρώποις νηστεύων ἀλλὰ τῷ πατρί σου τῷ ἐν τῷ **κρυφαίῳ·** καὶ ὁ πατήρ σου ὁ βλέπων ἐν τῷ **κρυφαίῳ** ἀποδώσει σοι.

3225 κρυφῇ [1]

√ *3221*

Eph 5:12 τὰ γὰρ **κρυφῇ** γινόμενα ὑπ' αὐτῶν αἰσχρόν ἐστιν καὶ λέγειν,

3226 κρύφιος Not used in UBS/NIV

√ *3221*

3227 κτάομαι [7]

→ *3228, 3229, 3230*

Mt 10: 9 Μὴ **κτήσησθε** χρυσὸν μηδὲ ἄργυρον μηδὲ χαλκὸν εἰς τὰς ζώνας ὑμῶν,
Lk 18:12 νηστεύω δὶς τοῦ σαββάτου, ἀποδεκατῶ πάντα ὅσα **κτῶμαι.**
21:19 ἐν τῇ ὑπομονῇ ὑμῶν **κτήσασθε** τὰς ψυχὰς ὑμῶν.
Ac 1:18 Οὗτος μὲν οὖν **ἐκτήσατο** χωρίον ἐκ μισθοῦ τῆς ἀδικίας καὶ πρηνὴς γενόμενος ἐλάκησεν μέσος καὶ ἐξεχύθη πάντα
8:20 Τὸ ἀργύριόν σου σὺν σοὶ εἴη εἰς ἀπώλειαν ὅτι τὴν δωρεὰν τοῦ θεοῦ ἐνόμισας διὰ χρημάτων **κτᾶσθαι.**
22:28 ἀπεκρίθη δὲ ὁ χιλίαρχος, Ἐγὼ πολλοῦ κεφαλαίου τὴν πολιτείαν ταύτην **ἐκτησάμην.**
1Th 4: 4 εἰδέναι ἕκαστον ὑμῶν τὸ ἑαυτοῦ σκεῦος **κτᾶσθαι** ἐν ἁγιασμῷ καὶ τιμῇ,

3228 κτῆμα [4]

√ *3227*

Mt 19:22 ἀκούσας δὲ ὁ νεανίσκος τὸν λόγον ἀπῆλθεν λυπούμενος· ἦν γὰρ ἔχων **κτήματα** πολλά.
Mk 10:22 ὁ δὲ στυγνάσας ἐπὶ τῷ λόγῳ ἀπῆλθεν λυπούμενος· ἦν γὰρ ἔχων **κτήματα** πολλά.
Ac 2:45 καὶ τὰ **κτήματα** καὶ τὰς ὑπάρξεις ἐπίπρασκον καὶ διεμέριζον αὐτὰ πᾶσιν καθότι ἄν τις χρείαν εἶχεν·
5: 1 Ἀνὴρ δέ τις Ἁνανίας ὀνόματι σὺν Σαπφίρῃ τῇ γυναικὶ αὐτοῦ ἐπώλησεν **κτῆμα**

3229 κτῆνος [4]

√ *3227*

Lk 10:34 ἐπιβιβάσας δὲ αὐτὸν ἐπὶ τὸ ἴδιον **κτῆνος** ἤγαγεν αὐτὸν εἰς πανδοχεῖον καὶ ἐπεμελήθη αὐτοῦ.
Ac 23:24 **κτήνη** τε παραστῆσαι ἵνα ἐπιβιβάσαντες τὸν Παῦλον διασώσωσι πρὸς **Φήλικα** τὸν ἡγεμόνα,
1Co 15:39 ἄλλη δὲ σὰρξ **κτηνῶν,** ἄλλη δὲ σὰρξ πτηνῶν,
Rev 18:13 καὶ ἄμωμον καὶ θυμιάματα καὶ μύρον καὶ λίβανον καὶ οἶνον καὶ ἔλαιον καὶ σεμίδαλιν καὶ σῖτον καὶ **κτήνη** καὶ πρόβατα,

3230 κτήτωρ [1]

√ *3227*

Ac 4:34 ὅσοι γὰρ **κτήτορες** χωρίων ἢ οἰκιῶν ὑπῆρχον, πωλοῦντες ἔφερον τὰς τιμὰς τῶν πιπρασκομένων

3231 κτίζω [15]

→ 3232, 3233, 3234

Mt 19: 4 Οὐκ ἀνέγνωτε ὅτι ὁ **κτίσας** ἀπ᾽ ἀρχῆς ἄρσεν καὶ θῆλυ ἐποίησεν αὐτούς;
Mk 13:19 αἱ ἡμέραι ἐκεῖναι θλῖψις οἵα οὐ γέγονεν τοιαύτη ἀπ᾽ ἀρχῆς κτίσεως ἣν **ἔκτισεν** ὁ θεὸς ἕως τοῦ νῦν καὶ οὐ μὴ γένηται.
Ro 1:25 οἵτινες μετήλλαξαν τὴν ἀλήθειαν τοῦ θεοῦ ἐν τῷ ψεύδει καὶ ἐσεβάσθησαν καὶ ἐλάτρευσαν τῇ κτίσει παρὰ τὸν **κτίσαντα,**
1Co 11: 9 καὶ γὰρ οὐκ **ἐκτίσθη** ἀνὴρ διὰ τὴν γυναῖκα,
Eph 2:10 **κτισθέντες** ἐν Χριστῷ Ἰησοῦ ἐπὶ ἔργοις ἀγαθοῖς οἷς προητοίμασεν ὁ θεός,
2:15 ἵνα τοὺς δύο **κτίσῃ** ἐν αὐτῷ εἰς ἕνα καινὸν ἄνθρωπον ποιῶν εἰρήνην
3: 9 καὶ φωτίσαι [πάντας] τίς ἡ οἰκονομία τοῦ μυστηρίου τοῦ ἀποκεκρυμμένου ἀπὸ τῶν αἰώνων ἐν τῷ θεῷ τῷ τὰ πάντα **κτίσαντι,**
4:24 καὶ ἐνδύσασθαι τὸν καινὸν ἄνθρωπον τὸν κατὰ θεὸν **κτισθέντα** ἐν δικαιοσύνῃ καὶ ὁσιότητι τῆς ἀληθείας.
Col 1:16 ὅτι ἐν αὐτῷ **ἐκτίσθη** τὰ πάντα ἐν τοῖς οὐρανοῖς καὶ ἐπὶ τῆς γῆς, τὰ ὁρατὰ καὶ τὰ ἀόρατα, εἴτε θρόνοι εἴτε κυριότητες εἴτε ἀρχαὶ εἴτε ἐξουσίαι· τὰ πάντα δι᾽ αὐτοῦ καὶ εἰς αὐτὸν **ἔκτισται·**
3:10 καὶ ἐνδυσάμενοι τὸν νέον τὸν ἀνακαινούμενον εἰς ἐπίγνωσιν κατ᾽ εἰκόνα τοῦ **κτίσαντος** αὐτόν,
1Ti 4: 3 ἃ ὁ θεὸς **ἔκτισεν** εἰς μετάλημψιν μετὰ εὐχαριστίας τοῖς πιστοῖς καὶ ἐπεγνωκόσι τὴν ἀλήθειαν.
Rev 4:11 ὅτι σὺ **ἔκτισας** τὰ πάντα καὶ διὰ τὸ θέλημά σου ἦσαν καὶ **ἐκτίσθησαν.**
10: 6 ὃς **ἔκτισεν** τὸν οὐρανὸν καὶ τὰ ἐν αὐτῷ καὶ τὴν γῆν καὶ τὰ ἐν αὐτῇ καὶ τὴν θάλασσαν καὶ τὰ ἐν αὐτῇ,

3232 κτίσις [19]

√ 3231

κτίσεως κόσμου [1] Ro 1:20

Mk 10: 6 ἀπὸ δὲ ἀρχῆς **κτίσεως** ἄρσεν καὶ θῆλυ ἐποίησεν αὐτούς·
13:19 αἱ ἡμέραι ἐκεῖναι θλῖψις οἵα οὐ γέγονεν τοιαύτη ἀπ᾽ ἀρχῆς **κτίσεως** ἣν ἔκτισεν ὁ θεὸς ἕως τοῦ νῦν καὶ οὐ μὴ γένηται.
16:15 ⟦Πορευθέντες εἰς τὸν κόσμον ἅπαντα κηρύξατε τὸ εὐαγγέλιον πάσῃ τῇ **κτίσει.**⟧
Ro 1:20 τὰ γὰρ ἀόρατα αὐτοῦ ἀπὸ **κτίσεως** κόσμου τοῖς ποιήμασιν νοούμενα καθορᾶται,
1:25 οἵτινες μετήλλαξαν τὴν ἀλήθειαν τοῦ θεοῦ ἐν τῷ ψεύδει καὶ ἐσεβάσθησαν καὶ ἐλάτρευσαν τῇ **κτίσει** παρὰ τὸν κτίσαντα,
8:19 ἡ γὰρ ἀποκαραδοκία τῆς **κτίσεως** τὴν ἀποκάλυψιν τῶν υἱῶν τοῦ θεοῦ ἀπεκδέχεται.
8:20 τῇ γὰρ ματαιότητι ἡ **κτίσις** ὑπετάγη, οὐχ ἑκοῦσα ἀλλὰ διὰ τὸν ὑποτάξαντα,
8:21 ὅτι καὶ αὐτὴ ἡ **κτίσις** ἐλευθερωθήσεται ἀπὸ τῆς δουλείας τῆς φθορᾶς εἰς τὴν ἐλευθερίαν τῆς δόξης τῶν τέκνων τοῦ θεοῦ.
8:22 οἴδαμεν γὰρ ὅτι πᾶσα ἡ **κτίσις** συστενάζει καὶ συνωδίνει ἄχρι τοῦ νῦν·
8:39 οὔτε ὕψωμα οὔτε βάθος οὔτε τις **κτίσις** ἑτέρα δυνήσεται ἡμᾶς χωρίσαι ἀπὸ τῆς ἀγάπης τοῦ θεοῦ τῆς ἐν Χριστῷ Ἰησοῦ τῷ κυρίῳ ἡμῶν.
2Co 5:17 ὥστε εἴ τις ἐν Χριστῷ, καινὴ **κτίσις·** τὰ ἀρχαῖα παρῆλθεν,
Gal 6:15 οὔτε γὰρ περιτομή τί ἐστιν οὔτε ἀκροβυστία ἀλλὰ καινὴ **κτίσις.**
Col 1:15 ὅς ἐστιν εἰκὼν τοῦ θεοῦ τοῦ ἀοράτου, πρωτότοκος πάσης **κτίσεως,**
1:23 τοῦ κηρυχθέντος ἐν πάσῃ **κτίσει** τῇ ὑπὸ τὸν οὐρανόν,
Heb 4:13 καὶ οὐκ ἔστιν **κτίσις** ἀφανὴς ἐνώπιον αὐτοῦ, πάντα δὲ γυμνὰ καὶ τετραχηλισμένα τοῖς ὀφθαλμοῖς αὐτοῦ,
9:11 Χριστὸς δὲ παραγενόμενος ἀρχιερεὺς τῶν γενομένων ἀγαθῶν διὰ τῆς μείζονος καὶ τελειοτέρας σκηνῆς οὐ χειροποιήτου, τοῦτ᾽ ἔστιν οὐ ταύτης τῆς **κτίσεως,**
1Pe 2:13 Ὑποτάγητε πάσῃ ἀνθρωπίνῃ **κτίσει** διὰ τὸν κύριον, εἴτε βασιλεῖ ὡς ὑπερέχοντι,
2Pe 3: 4 ἀφ᾽ ἧς γὰρ οἱ πατέρες ἐκοιμήθησαν, πάντα οὕτως διαμένει ἀπ᾽ ἀρχῆς **κτίσεως.**
Rev 3:14 ὁ μάρτυς ὁ πιστὸς καὶ ἀληθινός, ἡ ἀρχὴ τῆς **κτίσεως** τοῦ θεοῦ·

3233 κτίσμα [4]

√ 3231

1Ti 4: 4 ὅτι πᾶν **κτίσμα** θεοῦ καλὸν καὶ οὐδὲν ἀπόβλητον μετὰ εὐχαριστίας λαμβανόμενον·
Jas 1:18 βουληθεὶς ἀπεκύησεν ἡμᾶς λόγῳ ἀληθείας εἰς τὸ εἶναι ἡμᾶς ἀπαρχήν τινα τῶν αὐτοῦ **κτισμάτων.**
Rev 5:13 καὶ πᾶν **κτίσμα** ὃ ἐν τῷ οὐρανῷ καὶ ἐπὶ τῆς γῆς καὶ ὑποκάτω τῆς γῆς καὶ ἐπὶ τῆς θαλάσσης καὶ τὰ ἐν αὐτοῖς πάντα ἤκουσα
8: 9 καὶ ἀπέθανεν τὸ τρίτον τῶν **κτισμάτων** τῶν ἐν τῇ θαλάσσῃ τὰ ἔχοντα ψυχὰς καὶ τὸ τρίτον τῶν πλοίων διεφθάρησαν.

3234 κτίστης [1]

√ 3231

1Pe 4:19 ὥστε καὶ οἱ πάσχοντες κατὰ τὸ θέλημα τοῦ θεοῦ πιστῷ **κτίστῃ** παρατιθέσθωσαν τὰς ψυχὰς αὐτῶν ἐν ἀγαθοποιΐᾳ.

3235 κυβεία [1]

Eph 4:14 κλυδωνιζόμενοι καὶ περιφερόμενοι παντὶ ἀνέμῳ τῆς διδασκαλίας ἐν τῇ **κυβείᾳ** τῶν ἀνθρώπων,

3236 κυβέρνησις [1]

→ 3237

1Co 12:28 ἔπειτα δυνάμεις, ἔπειτα χαρίσματα ἰαμάτων, ἀντιλήμψεις, **κυβερνήσεις,** γένη γλωσσῶν.

3237 κυβερνήτης [2]

√ 3236

Ac 27:11 ὁ δὲ ἑκατοντάρχης τῷ **κυβερνήτῃ** καὶ τῷ ναυκλήρῳ μᾶλλον ἐπείθετο ἢ τοῖς ὑπὸ Παύλου λεγομένοις.
Rev 18:17 Καὶ πᾶς **κυβερνήτης** καὶ πᾶς ὁ ἐπὶ τόπον πλέων καὶ ναῦται καὶ ὅσοι τὴν θάλασσαν ἐργάζονται,

3238 κυκλεύω [1]

√ 3241

Rev 20: 9 καὶ ἀνέβησαν ἐπὶ τὸ πλάτος τῆς γῆς καὶ **ἐκύκλευσαν** τὴν παρεμβολὴν τῶν ἁγίων καὶ τὴν πόλιν τὴν ἠγαπημένην,

3239 κυκλόθεν [3]

√ 3241

Rev 4: 3 καὶ ἶρις **κυκλόθεν** τοῦ θρόνου ὅμοιος ὁράσει σμαραγδίνῳ.
4: 4 καὶ **κυκλόθεν** τοῦ θρόνου θρόνους εἴκοσι τέσσαρες, καὶ ἐπὶ τοὺς θρόνους εἴκοσι τέσσαρας πρεσβυτέρους καθημένους
4: 8 **κυκλόθεν** καὶ ἔσωθεν γέμουσιν ὀφθαλμῶν, καὶ ἀνάπαυσιν οὐκ ἔχουσιν ἡμέρας καὶ νυκτὸς λέγοντες,

3240 κυκλόω [4]

√ 3241

Lk 21:20 Ὅταν δὲ ἴδητε **κυκλουμένην** ὑπὸ στρατοπέδων Ἰερουσαλήμ, τότε γνῶτε ὅτι ἤγγικεν ἡ ἐρήμωσις αὐτῆς.
Jn 10:24 **ἐκύκλωσαν** οὖν αὐτὸν οἱ Ἰουδαῖοι καὶ ἔλεγον αὐτῷ,
Ac 14:20 **κυκλωσάντων** δὲ τῶν μαθητῶν αὐτὸν ἀναστὰς εἰσῆλθεν εἰς τὴν πόλιν.
Heb 11:30 Πίστει τὰ τείχη Ἰεριχὼ ἔπεσαν **κυκλωθέντα** ἐπὶ ἑπτὰ ἡμέρας.

3241 κύκλῳ [8]

→ 3238, 3239, 3240, 4333

Mk 3:34 καὶ περιβλεψάμενος τοὺς περὶ αὐτὸν **κύκλῳ** καθημένους λέγει,
6: 6 καὶ ἐθαύμαζεν διὰ τὴν ἀπιστίαν αὐτῶν. Καὶ περιῆγεν τὰς κώμας **κύκλῳ** διδάσκων.
6:36 ἵνα ἀπελθόντες εἰς τοὺς **κύκλῳ** ἀγροὺς καὶ κώμας ἀγοράσωσιν ἑαυτοῖς τί φάγωσιν.
Lk 9:12 ἵνα πορευθέντες εἰς τὰς **κύκλῳ** κώμας καὶ ἀγροὺς καταλύσωσιν καὶ εὕρωσιν ἐπισιτισμόν,
Ro 15:19 ὥστε με ἀπὸ Ἰερουσαλὴμ καὶ **κύκλῳ** μέχρι τοῦ Ἰλλυρικοῦ πεπληρωκέναι τὸ εὐαγγέλιον τοῦ Χριστοῦ,

Rev 4: 6 Καὶ ἐν μέσῳ τοῦ θρόνου καὶ **κύκλῳ** τοῦ θρόνου τέσσαρα ζῷα γέμοντα ὀφθαλμῶν ἔμπροσθεν καὶ ὄπισθεν.
5:11 καὶ ἤκουσα φωνὴν ἀγγέλων πολλῶν **κύκλῳ** τοῦ θρόνου καὶ τῶν ζῴων καὶ τῶν πρεσβυτέρων,
7:11 καὶ πάντες οἱ ἄγγελοι εἱστήκεισαν **κύκλῳ** τοῦ θρόνου καὶ τῶν πρεσβυτέρων καὶ τῶν τεσσάρων ζῴων

3242 κύλισμα Not used in UBS/NIV

√ 3244

3243 κυλισμός [1]

√ 3244

2Pe 2:22 Κύων ἐπιστρέψας ἐπὶ τὸ ἴδιον ἐξέραμα, καί, Ὗς λουσαμένη εἰς **κυλισμὸν** βορβόρου.

3244 κυλίω [1]

→ 375, 653, 3242, 3243, 4685

Mk 9:20 καὶ ἰδὼν αὐτὸν τὸ πνεῦμα εὐθὺς συνεσπάραξεν αὐτόν, καὶ πεσὼν ἐπὶ τῆς γῆς **ἐκυλίετο** ἀφρίζων.

3245 κυλλός [4]

Mt 15:30 καὶ προσῆλθον αὐτῷ ὄχλοι πολλοὶ ἔχοντες μεθ' ἑαυτῶν χωλούς, τυφλούς, **κυλλούς,** κωφούς,
15:31 **κυλλοὺς** ὑγιεῖς καὶ χωλοὺς περιπατοῦντας καὶ τυφλοὺς βλέποντας·
18: 8 καλόν σοί ἐστιν εἰσελθεῖν εἰς τὴν ζωὴν **κυλλὸν** ἢ χωλὸν ἢ δύο χεῖρας ἢ δύο πόδας ἔχοντα βληθῆναι εἰς τὸ πῦρ τὸ αἰώνιον.
Mk 9:43 καλόν ἐστίν σε **κυλλὸν** εἰσελθεῖν εἰς τὴν ζωὴν ἢ τὰς δύο χεῖρας ἔχοντα ἀπελθεῖν εἰς τὴν γέενναν,

3246 κῦμα [5]

→ 652, 1607

Mt 8:24 ὥστε τὸ πλοῖον καλύπτεσθαι ὑπὸ τῶν **κυμάτων,** αὐτὸς δὲ ἐκάθευδεν.
14:24 τὸ δὲ πλοῖον ἤδη σταδίους πολλοὺς ἀπὸ τῆς γῆς ἀπεῖχεν βασανιζόμενον ὑπὸ τῶν **κυμάτων,**
Mk 4:37 καὶ γίνεται λαῖλαψ μεγάλη ἀνέμου καὶ τὰ **κύματα** ἐπέβαλλεν εἰς τὸ πλοῖον,
Ac 27:41 ἡ δὲ πρύμνα ἐλύετο ὑπὸ τῆς βίας [τῶν **κυμάτων.]**
Jude 1:13 **κύματα** ἄγρια θαλάσσης ἐπαφρίζοντα τὰς ἑαυτῶν αἰσχύνας,

3247 κύμβαλον [1]

1Co 13: 1 ἀγάπην δὲ μὴ ἔχω, γέγονα χαλκὸς ἠχῶν ἢ **κύμβαλον** ἀλαλάζον.

3248 κύμινον [1]

Mt 23:23 ὅτι ἀποδεκατοῦτε τὸ ἡδύοσμον καὶ τὸ ἄνηθον καὶ τὸ **κύμινον** καὶ ἀφήκατε τὰ βαρύτερα τοῦ νόμου,

3249 κυνάριον [4]

√ 3264

Mt 15:26 Οὐκ ἔστιν καλὸν λαβεῖν τὸν ἄρτον τῶν τέκνων καὶ βαλεῖν τοῖς **κυναρίοις.**
15:27 καὶ γὰρ τὰ **κυνάρια** ἐσθίει ἀπὸ τῶν ψιχίων τῶν πιπτόντων ἀπὸ τῆς τραπέζης τῶν κυρίων αὐτῶν.
Mk 7:27 οὐ γάρ ἐστιν καλὸν λαβεῖν τὸν ἄρτον τῶν τέκνων καὶ τοῖς **κυναρίοις** βαλεῖν.
7:28 καὶ τὰ **κυνάρια** ὑποκάτω τῆς τραπέζης ἐσθίουσιν ἀπὸ τῶν ψιχίων τῶν παιδίων.

3250 Κύπριος [3]

√ 3251

Ac 4:36 ὅ ἐστιν μεθερμηνευόμενον υἱὸς παρακλήσεως, Λευίτης, **Κύπριος** τῷ γένει,
11:20 ἦσαν δέ τινες ἐξ αὐτῶν ἄνδρες **Κύπριοι** καὶ Κυρηναῖοι,
21:16 ἄγοντες παρ' ᾧ ξενισθῶμεν Μνάσωνί τινι **Κυπρίῳ,** ἀρχαίῳ μαθητῇ.

3251 Κύπρος [5]

→ 3250

Ac 11:19 Οἱ μὲν οὖν διασπαρέντες ἀπὸ τῆς θλίψεως τῆς γενομένης ἐπὶ Στεφάνῳ διῆλθον ἕως Φοινίκης καὶ **Κύπρου** καὶ Ἀντιοχείας
13: 4 Αὐτοὶ μὲν οὖν ἐκπεμφθέντες ὑπὸ τοῦ ἁγίου πνεύματος κατῆλθον εἰς Σελεύκειαν, ἐκεῖθέν τε ἀπέπλευσαν εἰς **Κύπρον**
15:39 τόν τε Βαρναβᾶν παραλαβόντα τὸν Μᾶρκον ἐκπλεῦσαι εἰς **Κύπρον,**
21: 3 ἀναφάναντες δὲ τὴν **Κύπρον** καὶ καταλιπόντες αὐτὴν εὐώνυμον ἐπλέομεν εἰς Συρίαν καὶ κατήλθομεν εἰς Τύρον·
27: 4 κἀκεῖθεν ἀναχθέντες ὑπεπλεύσαμεν τὴν **Κύπρον** διὰ τὸ τοὺς ἀνέμους εἶναι ἐναντίους,

3252 κύπτω [2]

→ 376, 2893, 4160, 5174

Mk 1: 7 οὗ οὐκ εἰμὶ ἱκανὸς **κύψας** λῦσαι τὸν ἱμάντα τῶν ὑποδημάτων αὐτοῦ.
Jn 8: 6 ⟦ὁ δὲ Ἰησοῦς κάτω **κύψας** τῷ δακτύλῳ κατέγραφεν εἰς τὴν γῆν.⟧

3253 Κυρεῖνος Not used in UBS/NIV

√ 3256

3254 Κυρηναῖος [6]

√ 3255

Mt 27:32 Ἐξερχόμενοι δὲ εὗρον ἄνθρωπον **Κυρηναῖον** ὀνόματι Σίμωνα, τοῦτον ἠγγάρευσαν ἵνα ἄρῃ τὸν σταυρὸν αὐτοῦ.
Mk 15:21 Καὶ ἀγγαρεύουσιν παράγοντά τινα Σίμωνα **Κυρηναῖον** ἐρχόμενον ἀπ' ἀγροῦ,
Lk 23:26 ἐπιλαβόμενοι Σίμωνά τινα **Κυρηναῖον** ἐρχόμενον ἀπ' ἀγροῦ ἐπέθηκαν αὐτῷ τὸν σταυρὸν φέρειν ὄπισθεν τοῦ Ἰησοῦ.
Ac 6: 9 ἀνέστησαν δέ τινες τῶν ἐκ τῆς συναγωγῆς τῆς λεγομένης Λιβερτίνων καὶ **Κυρηναίων** καὶ Ἀλεξανδρέων καὶ τῶν ἀπὸ Κιλικίας καὶ Ἀσίας συζητοῦντες τῷ Στεφάνῳ,
11:20 ἦσαν δέ τινες ἐξ αὐτῶν ἄνδρες Κύπριοι καὶ **Κυρηναῖοι,**
13: 1 προφῆται καὶ διδάσκαλοι ὅ τε Βαρναβᾶς καὶ Συμεὼν ὁ καλούμενος Νίγερ καὶ Λούκιος ὁ **Κυρηναῖος,**

3255 Κυρήνη [1]

→ 3254

Ac 2:10 Αἴγυπτον καὶ τὰ μέρη τῆς Λιβύης τῆς κατὰ **Κυρήνην,**

3256 Κυρήνιος [1]

→ 3253, 3260

Lk 2: 2 αὕτη ἀπογραφὴ πρώτη ἐγένετο ἡγεμονεύοντος τῆς Συρίας **Κυρηνίου.**

3257 κυρία [2]

√ 3261

2Jn 1: 1 Ὁ πρεσβύτερος ἐκλεκτῇ **κυρίᾳ** καὶ τοῖς τέκνοις αὐτῆς,
1: 5 καὶ νῦν ἐρωτῶ σε, **κυρία,** οὐχ ὡς ἐντολὴν καινὴν γράφων σοι ἀλλὰ ἣν εἴχομεν ἀπ' ἀρχῆς,

3258 κυριακός [2]

√ 3261

1Co 11:20 Συνερχομένων οὖν ὑμῶν ἐπὶ τὸ αὐτὸ οὐκ ἔστιν **κυριακὸν** δεῖπνον φαγεῖν·
Rev 1:10 ἐγενόμην ἐν πνεύματι ἐν τῇ **κυριακῇ** ἡμέρᾳ καὶ ἤκουσα ὀπίσω μου φωνὴν μεγάλην ὡς σάλπιγγος

3259 κυριεύω [7]

√ 3261

Lk 22:25 Οἱ βασιλεῖς τῶν ἐθνῶν **κυριεύουσιν** αὐτῶν καὶ οἱ ἐξουσιάζοντες αὐτῶν εὐεργέται καλοῦνται.
Ro 6: 9 εἰδότες ὅτι Χριστὸς ἐγερθεὶς ἐκ νεκρῶν οὐκέτι ἀποθνῄσκει, θάνατος αὐτοῦ οὐκέτι **κυριεύει.**

6:14 ἁμαρτία γὰρ ὑμῶν οὐ **κυριεύσει**· οὐ γάρ ἐστε ὑπὸ νόμον ἀλλὰ ὑπὸ χάριν.

7: 1 ὅτι ὁ νόμος **κυριεύει** τοῦ ἀνθρώπου ἐφ᾽ ὅσον χρόνον ζῇ;

14: 9 εἰς τοῦτο γὰρ Χριστὸς ἀπέθανεν καὶ ἔζησεν, ἵνα καὶ νεκρῶν καὶ ζώντων **κυριεύσῃ.**

2Co 1:24 οὐχ ὅτι **κυριεύομεν** ὑμῶν τῆς πίστεως ἀλλὰ συνεργοί ἐσμεν τῆς χαρᾶς ὑμῶν·

1Ti 6:15 ὁ βασιλεὺς τῶν βασιλευόντων καὶ κύριος τῶν **κυριευόντων,**

3260 Κυρίνιος Not used in UBS/NIV

√ *3256*

3261 κύριος [717 / 720]

→ *2894, 3257, 3258, 3259, 3262; cf. 3263*

nom. s. **κύριος** [178] Mt 10:25; 12:8; 18:25,27,32,34; 20:8; 21:3,40; 22:44; 24:42,45,46,48,50; 25:19,21,23,26; 27:10; Mk 2:28; 5:19; 11:3; 12:9,29,29,36; 13:20,35; 16:19; Lk 1:25,28,32,58,68; 2:11,15; 6:5; 7:13; 10:1,41; 11:39; 12:37,42,42,43,45,46; 13:15; 14:23; 16:3,8; 17:6; 18:6; 19:31,34; 20:13,15,42; 22:61; 24:34; Jn 4:1; 13:13,14; 15:15; 20:28; 21:7,7,12; Ac 1:21; 2:34,39,47; 3:22; 7:33,49; 9:10,11,15,17; 10:36; 12:11,17; 13:47; 15:17; 16:14; 17:24; 18:9; 22:10; 23:11; 26:15; Ro 4:8; 9:28,29; 10:12; 12:19; 14:4,11; 1Co 3:5,20; 4:4,5,19; 6:13; 7:10,12,17; 8:6; 9:14; 11:23; 12:3,5; 14:21; 16:7; 2Co 3:17; 6:17,18; 10:8,18; 13:10; Gal 4:1; Eph 4:5; 6:9; Php 2:11; 4:5; Col 3:13; 1Th 3:11,12; 4:6,16; 2Th 2:8,16; 3:3,5,16,16; 1Ti 6:15; 2Ti 1:16,18; 2:7,19; 3:11; 4:8,14,17,18,22; Heb 7:14,21; 8:2,8,9,10; 10:16,30; 12:6; 13:6; Jas 4:15; 5:11,15; 1Pe 2:3; 2Pe 1:14; 2:9; 3:9; Jude 1:5,9,14; Rev 1:8; 4:8,11; 11:8; 17:14; 18:8; 19:6,16; 21:22; 22:5,6

gen. s. **κυρίου** [241] Mt 1:20,22,24; 2:13,15,19; 3:3; 9:38; 21:9,42; 23:39; 25:18,21,23; 28:2; Mk 1:3; 11:9; 12:11; 16:20; Lk 1:6,9,11,15,38,43,45,66,76; 2:9,9,23,24,26,39; 3:4; 4:18,19; 5:17; 10:2,39; 12:47; 13:35; 16:5; 19:38; 22:61; 24:3; Jn 1:23; 6:23; 12:13,38; 13:16; 15:20; Ac 2:20,21; 3:20; 4:26,33; 5:9,19; 7:31; 8:16,22,25,26,39; 9:1,28,31; 10:33; 11:16,21; 12:7,23; 13:10,11,12,44,48,49; 15:11,26,35,36,40; 16:32; 18:25; 19:5,10,13,17,20; 20:24,35; 21:13,14; 28:31; Ro 1:4,7; 5:1,11,21; 7:25; 10:13; 11:34; 14:8; 15:6,30; 16:20; 1Co 1:2,3,7,8,9,10; 2:16; 5:4,4,5; 6:11; 7:22,25,25,32,34; 9:5; 10:21,21,26; 11:23,26,27,27,29,32; 14:37; 15:57,58; 16:10,23; 2Co 1:2,3,14; 3:17,18,18; 5:6,11; 8:9,19,21; 11:31; 12:1; 13:13; Gal 1:3,19; 6:14,18; Eph 1:2,3,17; 5:17,20; 6:4,8,23; Php 1:2; 3:8; 4:23; Col 1:3,10; 3:17,24; 1Th 1:3,6,8; 2:19; 3:13; 4:2,15,15,17; 5:2,9,23,28; 2Th 1:2,7,8,9,12,12; 2:1,2,13,14; 3:1,6,18; 1Ti 1:2,14; 6:3,14; 2Ti 1:2,8,18; 2:19,24; Phm 1:3,25; Heb 2:3; 12:5; Jas 1:1,7; 2:1; 4:10; 5:4,7,8,10,11,14; 1Pe 1:3,25; 3:12,12; 2Pe 1:2,8,11,16; 2:11,20; 3:2,10,15,18; Jude 1:17,21,25; Rev 11:4,15; 22:21

dat. s. **κυρίῳ** [99] Mt 5:33; 18:31; 22:44; Mk 12:36; Lk 1:17; 2:22,23; 14:21; 16:5; 17:5, [illegible]42; Ac 2:34; 5:14; 11:23,24; 13:2; 14:3,23; 16:15; 18:8; 20:19; 2[illegible]26; Ro 6:23; 8:39; 12:11; 14:4,6,6,6,8,8,14; 16:2,8,11,12,12,13,18,22; 1Co 1:31; 4:17; 6:13,17; 7:22,32,35,39; 9:1,2; 11:11; 15:31,58; 16:19; 2Co 2:12; 8:5; 10:17; Gal 5:10; Eph 1:15; 2:21; 3:11; 4:1,17; 5:8,10,19,22; 6:1,7,10,21; Php 1:14; 2:19,24,29; 3:1; 4:1,2,4,10; Col 3:18,20,23,24; 4:7,17; 1Th 1:1; 3:8; 4:1,17; 5:12; 2Th 1:1; 3:4,12; 1Ti 1:12; Phm 1:16,20; 2Pe 3:8; Rev 14:13

acc. s. **κύριον** [69] Mt 4:7,10; 10:24; 22:37,43,45; Mk 12:30,37; Lk 1:16,46; 4:8,12; 7:19; 10:27; 12:36; 19:8; 20:37,44; Jn 11:2; 20:2,13,18,20,25; Ac 2:25,36; 8:24; 9:27,35,42; 11:17,20,21; 15:17; 16:31; 20:21; Ro 4:24; 10:9; 13:14; 15:11; 1Co 2:8; 6:14; 9:1; 10:9,22; 16:22; 2Co 3:16; 4:5,14; 5:8; 11:17; 12:8; Eph 6:24; Php 3:20; Col 2:6; 3:22; 4:1; 1Th 2:15; 5:27; 2Ti 2:22; Phm 1:5; Heb 8:11; 12:14; 13:20; Jas 3:9; 1Pe 2:13; 3:6,15; Jude 1:4

vocative **κύριε, κύριος** [as vocative] [120] Mt 7:21,21,22,22; 8:2,6,8,21,25; 9:28; 11:25; 13:27; 14:28,30; 15:22,25,27; 16:22; 17:4,15; 18:21; 20:30,31,33; 21:30; 25:11,11,20,22,24,37,44; 26:22; 27:63; Mk 7:28; Lk 1:68; 5:8,12; 6:46,46; 7:6; 9:54,59,61; 10:17,21,40; 11:1; 12:41; 13:8,23,25; 14:22; 17:37; 18:41; 19:8,16,18,20,25; 22:33,38,49; Jn 4:11,15,19,49; 5:7; 6:34,68; 8:11; 9:36,38; 11:3,12,21,27,32,34,39; 12:21,38; 13:6,9,25,36,37; 14:5,8,22; 20:15; 21:15,16,17,20,21; Ac 1:6,24; 4:29; 7:59,60; 9:5,10,13; 10:4,14; 11:8; 22:8,10,19; 26:15; Ro 10:16; 11:3; Heb 1:10; Rev 7:14; 11:17; 15:3,4; 16:7; 22:20

double vocative **κύριε κύριε** [4] Mt 7:21,22; 25:11; Lk 6:46

plural **κύριοι** [14] Mt 6:24; 15:27; Lk 16:13; 19:33; Ac 16:16,19,30; 1Co 8:5; Eph 6:5,9; Col 3:22; 4:1; Rev 17:14; 19:16

ἄγγελος κυρίου [11] Mt 1:20,24; 2:13,19; 28:2; Lk 1:11; 2:9; Ac 5:19; 8:26; 12:7,23; cf. Ac 12:11

ἀρέσκω κυρίῳ [1] 1Co 7:32

βασιλεία τοῦ κυριοῦ [2] 2Pe 1:11; Rev 11:15

δέσμιος ἐν κυρίῳ [1] Eph 4:1

δόξα [τοῦ] κυρίου [5] Lk 2:9; 2Co 3:18; 8:19; 2Th 2:14; Jas 2:1

δοῦλος κυρίου [2] 2Ti 2:24; Jas 1:1

δύναμις [τοῦ] κυρίου [3] Lk 5:17; 1Co 5:4; 2Pe 1:16

ἐντολή [τοῦ] κυρίου [3] Lk 1:6; 1Co 14:37; 2Pe 3:2

ἐνώπιον [τοῦ] κυρίου [5] Lk 1:15,76; 2Co 8:21; Jas 4:10; Rev 11:4

ἔργον κυρίου [2] 1Co 15:58; 16:10

εὐαγγέλιον τοῦ κυρίου [1] 2Th 1:8

ἡμέρα κυρίου [7] Ac 2:20; 1Co 1:8; 5:5; 2Co 1:14; 1Th 5:2; 2Th 2:2; 2Pe 3:10

καυχάομαι ἐν κυρίῳ [2] 1Co 1:31; 2Co 10:17

κύριος [τῆς] εἰρήνης [1] 2Th 3:16

κύριος Ἰησοῦς [100] Mk 16:19; Lk 24:3; Ac 1:21; 4:33; 8:16; 11:17,20; 15:11,26; 16:31; 19:5,13,17; 20:21,24,35; 21:13; 28:31; Ro 1:7; 5:1,11; 13:14; 14:14; 15:6,30; 16:20; 1Co 1:2,3,7,8,10; 5:4,4; 6:11; 8:6; 11:23; 15:57; 16:23; 2Co 1:2,3; 4:14; 8:9; 11:31; 13:14; Gal 1:3; 6:14,18; Eph 1:2,3,15,17; 5:20; 6:23,24; Php 1:2; 2:19; 3:20; 4:23; Col 1:3; 3:17; 1Th 1:1,3; 2:15,19; 3:11,13; 4:1,2; 5:9,23,28; 2Th 1:1,2,7,8,12,12; 2:1,8,14,16; 3:6,12,18; 1Ti 6:3,14; Phm 1:3,5,25; Heb 13:20; Jas 1:1; 2:1; 1Pe 1:3; 2Pe 1:8,14,16; Jude 1:17,21; Rev 22:20,21

κύριος ὁ θεός [14] Mk 12:29; Lk 1:32,68; Ac 3:22; Rev 1:8; 4:8; 11:17; 15:3; 16:7; 18:8; 19:6; 21:22; 22:5,6

κύριος τὸν θεὸν [σοῦ] [9] Mt 4:7,10; 22:37; Mk 12:30; Lk 1:16; 4:8,12; 10:27; 20:37

κύριος καὶ Χριστός [1] Ac 2:36

κύριος κυρίων [2] Rev 17:14; 19:16

κύριος μοῦ [11] Mt 22:44; 24:48; Mk 12:36; Lk 1:43; 12:45; 16:3; 20:42; Jn 20:13,28; Ac 2:34; Php 3:8

κύριος Σαβαώθ [2] Ro 9:29; Jas 5:4

κύριος σαββάτου [3] Mt 12:8; Mk 2:28; Lk 6:5

κύριος Χριστός [4] Lk 2:11; Ro 16:18; Col 3:24; 1Pe 3:15

λόγος κυρίου [13] Ac 8:25; 13:44,48,49; 15:35,36; 16:32; 19:10,20; 20:35; 1Th 1:8; 4:15; 2Th 3:1

μαθηταὶ κυρίου [1] Ac 9:1

ναός κυρίου [1] Lk 1:9

νόμος κυρίου [3] Lk 2:23,24,39

νοῦς κυρίου [2] Ro 11:34; 1Co 2:16

ὁδός κυρίου [7] Mt 3:3; Mk 1:3; Lk 1:76; 3:4; Jn 1:23; Ac 13:10; 18:25

ὄνομα κυρίου [21] Mt 21:9; 23:39; Mk 11:9; Lk 13:35; 19:38; Jn 12:13; Ac 2:21; 8:16; 9:28; 19:5,13,17; 21:13; Ro 10:13; 1Co 6:11; Col 3:17; 2Th 1:12; 3:6; 2Ti 2:19; Jas 5:10,14

ὁράω τὸν κύριον [5] Jn 20:18,20,25; Ac 9:27; Heb 12:14

παρὰ κυρίου [8] Mt 21:42; Mk 12:11; Lk 1:45; Ac 20:24; Eph 6:8; 2Ti 1:18; Jas 1:7; 2Pe 2:11

πνεῦμα κυρίου [5] Lk 4:18; Ac 5:9; 8:39; 2Co 3:17,18

ποτήριον κυρίου [2] 1Co 10:21; 11:27

πρόσωπον κυρίου [3] Ac 3:19; 2Th 1:9; 1Pe 3:12

ῥῆμα κυρίου [3] Lk 22:61; Ac 11:16; 1Pe 1:25

τὰ τοῦ κυρίου [2] 1Co 7:32,34

φόβος κυρίου [2] Ac 9:31; 2Co 5:11

φωνὴ κυρίου [1] Ac 7:31

χάρις κυρίου [15] Ac 15:11,40; Ro 16:20; 1Co 16:23; 2Co 8:9; 13:14; Gal 6:18; Php 4:23; 1Th 5:28; 2Th 1:12; 3:18; 1Ti 1:14; Phm 1:25; 2Pe 3:18; Rev 22:21

χεὶρ κυρίου [3] Lk 1:66; Ac 11:21; 13:11; cf. Heb 1:10; 8:9

Χριστός κυρίου [1] Lk 2:26

Mt 1:20 ταῦτα δὲ αὐτοῦ ἐνθυμηθέντος ἰδοὺ ἄγγελος **κυρίου** κατ᾽ ὄναρ ἐφάνη αὐτῷ λέγων,
1:22 Τοῦτο δὲ ὅλον γέγονεν ἵνα πληρωθῇ τὸ ῥηθὲν ὑπὸ **κυρίου** διὰ τοῦ προφήτου λέγοντος,
1:24 ἐγερθεὶς δὲ ὁ Ἰωσὴφ ἀπὸ τοῦ ὕπνου ἐποίησεν ὡς προσέταξεν αὐτῷ ὁ ἄγγελος **κυρίου** καὶ παρέλαβεν τὴν γυναῖκα αὐτοῦ,
2:13 Ἀναχωρησάντων δὲ αὐτῶν ἰδοὺ ἄγγελος **κυρίου** φαίνεται κατ᾽ ὄναρ τῷ Ἰωσὴφ λέγων,
2:15 ἵνα πληρωθῇ τὸ ῥηθὲν ὑπὸ **κυρίου** διὰ τοῦ προφήτου λέγοντος,
2:19 Τελευτήσαντος δὲ τοῦ Ἡρῴδου ἰδοὺ ἄγγελος **κυρίου** φαίνεται κατ᾽ ὄναρ τῷ Ἰωσὴφ ἐν Αἰγύπτῳ
3:3 Ἑτοιμάσατε τὴν ὁδὸν **κυρίου,** εὐθείας ποιεῖτε τὰς τρίβους αὐτοῦ.
4:7 Πάλιν γέγραπται, Οὐκ ἐκπειράσεις **κύριον** τὸν θεόν σου.
4:10 **Κύριον** τὸν θεόν σου προσκυνήσεις καὶ αὐτῷ μόνῳ λατρεύσεις.
5:33 Οὐκ ἐπιορκήσεις, ἀποδώσεις δὲ τῷ **κυρίῳ** τοὺς ὅρκους σου.
6:24 Οὐδεὶς δύναται δυσὶ **κυρίοις** δουλεύειν· ἢ γὰρ τὸν ἕνα μισήσει καὶ τὸν ἕτερον ἀγαπήσει,
7:21 Οὐ πᾶς ὁ λέγων μοι, **Κύριε κύριε,** εἰσελεύσεται εἰς τὴν βασιλείαν τῶν οὐρανῶν,
7:22 **Κύριε κύριε,** οὐ τῷ σῷ ὀνόματι ἐπροφητεύσαμεν, καὶ τῷ σῷ ὀνόματι δαιμόνια ἐξεβάλομεν,
8:2 καὶ ἰδοὺ λεπρὸς προσελθὼν προσεκύνει αὐτῷ λέγων, **Κύριε,** ἐὰν θέλῃς δύνασαί με καθαρίσαι.
8:6 καὶ λέγων, **Κύριε,** ὁ παῖς μου βέβληται ἐν τῇ οἰκίᾳ παραλυτικός,
8:8 καὶ ἀποκριθεὶς ὁ ἑκατόνταρχος ἔφη, **Κύριε,** οὐκ εἰμὶ ἱκανὸς ἵνα μου ὑπὸ τὴν στέγην εἰσέλθῃς,
8:21 ἕτερος δὲ τῶν μαθητῶν [αὐτοῦ] εἶπεν αὐτῷ, **Κύριε,**
8:25 καὶ προσελθόντες ἤγειραν αὐτὸν λέγοντες, **Κύριε,** σῶσον, ἀπολλύμεθα.
9:28 Πιστεύετε ὅτι δύναμαι τοῦτο ποιῆσαι; λέγουσιν αὐτῷ, Ναὶ **κύριε.**
9:38 δεήθητε οὖν τοῦ **κυρίου** τοῦ θερισμοῦ ὅπως ἐκβάλῃ ἐργάτας εἰς τὸν θερισμὸν αὐτοῦ.
10:24 Οὐκ ἔστιν μαθητὴς ὑπὲρ τὸν διδάσκαλον οὐδὲ δοῦλος ὑπὲρ τὸν **κύριον** αὐτοῦ.
10:25 ἀρκετὸν τῷ μαθητῇ ἵνα γένηται ὡς ὁ διδάσκαλος αὐτοῦ καὶ ὁ δοῦλος ὡς ὁ **κύριος** αὐτοῦ.
11:25 Ἐξομολογοῦμαί σοι, πάτερ, **κύριε** τοῦ οὐρανοῦ καὶ τῆς γῆς,
12:8 **κύριος** γάρ ἐστιν τοῦ σαββάτου ὁ υἱὸς τοῦ ἀνθρώπου.
13:27 **Κύριε,** οὐχὶ καλὸν σπέρμα ἔσπειρας ἐν τῷ σῷ ἀγρῷ;
14:28 ἀποκριθεὶς δὲ αὐτῷ ὁ Πέτρος εἶπεν, **Κύριε,** εἰ σὺ εἶ,
14:30 καὶ ἀρξάμενος καταποντίζεσθαι ἔκραξεν λέγων, **Κύριε,** σῶσόν με.
15:22 καὶ ἰδοὺ γυνὴ Χαναναία ἀπὸ τῶν ὁρίων ἐκείνων ἐξελθοῦσα ἔκραζεν λέγουσα, Ἐλέησόν με, **κύριε** υἱὸς Δαυίδ·
15:25 ἡ δὲ ἐλθοῦσα προσεκύνει αὐτῷ λέγουσα, **Κύριε,** βοήθει μοι.
15:27 ἡ δὲ εἶπεν, Ναὶ **κύριε,** καὶ γὰρ τὰ κυνάρια ἐσθίει ἀπὸ τῶν ψιχίων τῶν πιπτόντων ἀπὸ τῆς τραπέζης τῶν **κυρίων** αὐτῶν.
16:22 καὶ προσλαβόμενος αὐτὸν ὁ Πέτρος ἤρξατο ἐπιτιμᾶν αὐτῷ λέγων, Ἵλεώς σοι, **κύριε·**
17:4 ἀποκριθεὶς δὲ ὁ Πέτρος εἶπεν τῷ Ἰησοῦ, **Κύριε,** καλόν ἐστιν ἡμᾶς ὧδε εἶναι·
17:15 καὶ λέγων, **Κύριε,** ἐλέησόν μου τὸν υἱόν, ὅτι σεληνιάζεται καὶ κακῶς πάσχει·
18:21 Τότε προσελθὼν ὁ Πέτρος εἶπεν αὐτῷ, **Κύριε,** ποσάκις ἁμαρτήσει εἰς ἐμὲ ὁ ἀδελφός μου καὶ ἀφήσω αὐτῷ;
18:25 μὴ ἔχοντος δὲ αὐτοῦ ἀποδοῦναι ἐκέλευσεν αὐτὸν ὁ **κύριος** πραθῆναι καὶ τὴν γυναῖκα καὶ τὰ τέκνα καὶ πάντα ὅσα ἔχει,
18:27 σπλαγχνισθεὶς δὲ ὁ **κύριος** τοῦ δούλου ἐκείνου ἀπέλυσεν αὐτὸν καὶ τὸ δάνειον ἀφῆκεν αὐτῷ.
18:31 ἐλυπήθησαν σφόδρα καὶ ἐλθόντες διεσάφησαν τῷ **κυρίῳ** ἑαυτῶν πάντα τὰ γενόμενα.
18:32 τότε προσκαλεσάμενος αὐτὸν ὁ **κύριος** αὐτοῦ λέγει αὐτῷ,
18:34 καὶ ὀργισθεὶς ὁ **κύριος** αὐτοῦ παρέδωκεν αὐτὸν τοῖς βασανισταῖς ἕως οὗ ἀποδῷ πᾶν τὸ ὀφειλόμενον.
20:8 ὀψίας δὲ γενομένης λέγει ὁ **κύριος** τοῦ ἀμπελῶνος τῷ ἐπιτρόπῳ αὐτοῦ,
20:30 καὶ ἰδοὺ δύο τυφλοὶ καθήμενοι παρὰ τὴν ὁδὸν ἀκούσαντες ὅτι Ἰησοῦς παράγει, ἔκραξαν λέγοντες, Ἐλέησον ἡμᾶς, **[κύριε,]** υἱὸς Δαυίδ.
20:31 οἱ δὲ μεῖζον ἔκραξαν λέγοντες, Ἐλέησον ἡμᾶς, **κύριε,** [UBS; NIV **Κύριε,** ἐλέησον ἡμᾶς,] υἱὸς Δαυίδ.
20:33 λέγουσιν αὐτῷ, **Κύριε,** ἵνα ἀνοιγῶσιν οἱ ὀφθαλμοὶ ἡμῶν.
21:3 ἐάν τις ὑμῖν εἴπῃ τι, ἐρεῖτε ὅτι Ὁ **κύριος** αὐτῶν χρείαν ἔχει·
21:9 Εὐλογημένος ὁ ἐρχόμενος ἐν ὀνόματι **κυρίου·** Ὡσαννὰ ἐν τοῖς ὑψίστοις.
21:30 ὁ δὲ ἀποκριθεὶς εἶπεν, Ἐγώ, **κύριε,** καὶ οὐκ ἀπῆλθεν.
21:40 ὅταν οὖν ἔλθῃ ὁ **κύριος** τοῦ ἀμπελῶνος, τί ποιήσει τοῖς γεωργοῖς ἐκείνοις;
21:42 παρὰ **κυρίου** ἐγένετο αὕτη καὶ ἔστιν θαυμαστὴ ἐν ὀφθαλμοῖς ἡμῶν;
22:37 Ἀγαπήσεις **κύριον** τὸν θεόν σου ἐν ὅλῃ τῇ καρδίᾳ σου καὶ ἐν ὅλῃ τῇ ψυχῇ σου καὶ ἐν ὅλῃ τῇ διανοίᾳ σου·
22:43 Πῶς οὖν Δαυὶδ ἐν πνεύματι καλεῖ αὐτὸν **κύριον** λέγων,
22:44 Εἶπεν **κύριος** τῷ **κυρίῳ** μου, Κάθου ἐκ δεξιῶν μου,
22:45 εἰ οὖν Δαυὶδ καλεῖ αὐτὸν **κύριον,** πῶς υἱὸς αὐτοῦ ἐστιν;
23:39 οὐ μή με ἴδητε ἀπ᾽ ἄρτι ἕως ἂν εἴπητε, Εὐλογημένος ὁ ἐρχόμενος ἐν ὀνόματι **κυρίου.**
24:42 ὅτι οὐκ οἴδατε ποίᾳ ἡμέρᾳ ὁ **κύριος** ὑμῶν ἔρχεται.
24:45 Τίς ἄρα ἐστὶν ὁ πιστὸς δοῦλος καὶ φρόνιμος ὃν κατέστησεν ὁ **κύριος** ἐπὶ τῆς οἰκετείας αὐτοῦ τοῦ δοῦναι αὐτοῖς τὴν τροφὴν ἐν καιρῷ;
24:46 μακάριος ὁ δοῦλος ἐκεῖνος ὃν ἐλθὼν ὁ **κύριος** αὐτοῦ εὑρήσει οὕτως ποιοῦντα·
24:48 ἐὰν δὲ εἴπῃ ὁ κακὸς δοῦλος ἐκεῖνος ἐν τῇ καρδίᾳ αὐτοῦ, Χρονίζει μου ὁ **κύριος,**
24:50 ἥξει ὁ **κύριος** τοῦ δούλου ἐκείνου ἐν ἡμέρᾳ ᾗ οὐ προσδοκᾷ καὶ ἐν ὥρᾳ ᾗ οὐ γινώσκει,
25:11 ὕστερον δὲ ἔρχονται καὶ αἱ λοιπαὶ παρθένοι λέγουσαι, **Κύριε κύριε,** ἄνοιξον ἡμῖν.
25:18 ὁ δὲ τὸ ἓν λαβὼν ἀπελθὼν ὤρυξεν γῆν καὶ ἔκρυψεν τὸ ἀργύριον τοῦ **κυρίου** αὐτοῦ.
25:19 μετὰ δὲ πολὺν χρόνον ἔρχεται ὁ **κύριος** τῶν δούλων ἐκείνων καὶ συναίρει λόγον μετ᾽ αὐτῶν.
25:20 καὶ προσελθὼν ὁ τὰ πέντε τάλαντα λαβὼν προσήνεγκεν ἄλλα πέντε τάλαντα λέγων, **Κύριε,** πέντε τάλαντά μοι παρέδωκας·
25:21 ἔφη αὐτῷ ὁ **κύριος** αὐτοῦ, Εὖ, δοῦλε ἀγαθὲ καὶ πιστέ, ἐπὶ ὀλίγα ἦς πιστός, ἐπὶ πολλῶν σε καταστήσω· εἴσελθε εἰς τὴν χαρὰν τοῦ **κυρίου** σου.
25:22 προσελθὼν [δὲ] καὶ ὁ τὰ δύο τάλαντα εἶπεν, **Κύριε,** δύο τάλαντά μοι παρέδωκας·
25:23 ἔφη αὐτῷ ὁ **κύριος** αὐτοῦ, Εὖ, δοῦλε ἀγαθὲ καὶ πιστέ, ἐπὶ ὀλίγα ἦς πιστός, ἐπὶ πολλῶν σε καταστήσω· εἴσελθε εἰς τὴν χαρὰν τοῦ **κυρίου** σου.
25:24 **Κύριε,** ἔγνων σε ὅτι σκληρὸς εἶ ἄνθρωπος, θερίζων ὅπου οὐκ ἔσπειρας καὶ συνάγων ὅθεν οὐ διεσκόρπισας,
25:26 ἀποκριθεὶς δὲ ὁ **κύριος** αὐτοῦ εἶπεν αὐτῷ, Πονηρὲ δοῦλε καὶ ὀκνηρέ,
25:37 **Κύριε,** πότε σε εἴδομεν πεινῶντα καὶ ἐθρέψαμεν, ἢ διψῶντα καὶ ἐποτίσαμεν;
25:44 τότε ἀποκριθήσονται καὶ αὐτοὶ λέγοντες, **Κύριε,** πότε σε εἴδομεν πεινῶντα ἢ διψῶντα ἢ ξένον ἢ γυμνὸν ἢ ἀσθενῆ
26:22 καὶ λυπούμενοι σφόδρα ἤρξαντο λέγειν αὐτῷ εἷς ἕκαστος, Μήτι ἐγώ εἰμι, **κύριε;**

27:10 καὶ ἔδωκαν αὐτὰ εἰς τὸν ἀγρὸν τοῦ κεραμέως, καθὰ συνέταξέν μοι **κύριος.**
27:63 **Κύριε,** ἐμνήσθημεν ὅτι ἐκεῖνος ὁ πλάνος εἶπεν ἔτι ζῶν,
28: 2 ἄγγελος γὰρ **κυρίου** καταβὰς ἐξ οὐρανοῦ καὶ προσελθὼν ἀπεκύλισεν τὸν λίθον καὶ ἐκάθητο ἐπάνω αὐτοῦ.
Mk 1: 3 Ἑτοιμάσατε τὴν ὁδὸν **κυρίου,** εὐθείας ποιεῖτε τὰς τρίβους αὐτοῦ,
2:28 ὥστε **κύριός** ἐστιν ὁ υἱὸς τοῦ ἀνθρώπου καὶ τοῦ σαββάτου.
5:19 Ὕπαγε εἰς τὸν οἶκόν σου πρὸς τοὺς σοὺς καὶ ἀπάγγειλον αὐτοῖς ὅσα ὁ **κύριός** σοι πεποίηκεν καὶ ἠλέησέν σε.
7:28 ἡ δὲ ἀπεκρίθη καὶ λέγει αὐτῷ, **Κύριε·** καὶ τὰ κυνάρια ὑποκάτω τῆς τραπέζης ἐσθίουσιν ἀπὸ τῶν ψιχίων τῶν παιδίων.
11: 3 εἴπατε, Ὁ **κύριος** αὐτοῦ χρείαν ἔχει, καὶ εὐθὺς αὐτὸν ἀποστέλλει πάλιν ὧδε.
11: 9 καὶ οἱ προάγοντες καὶ οἱ ἀκολουθοῦντες ἔκραζον, Ὡσαννά· Εὐλογημένος ὁ ἐρχόμενος ἐν ὀνόματι **κυρίου·**
12: 9 τί [οὖν] ποιήσει ὁ **κύριος** τοῦ ἀμπελῶνος; ἐλεύσεται καὶ ἀπολέσει τοὺς γεωργοὺς καὶ δώσει τὸν ἀμπελῶνα ἄλλοις.
12:11 παρὰ **κυρίου** ἐγένετο αὕτη καὶ ἔστιν θαυμαστὴ ἐν ὀφθαλμοῖς ἡμῶν;
12:29 Ἰσραήλ, **κύριος** ὁ θεὸς ἡμῶν **κύριος** εἷς ἐστιν,
12:30 καὶ ἀγαπήσεις **κύριον** τὸν θεόν σου ἐξ ὅλης τῆς καρδίας σου καὶ ἐξ ὅλης τῆς ψυχῆς σου καὶ ἐξ ὅλης τῆς διανοίας σου καὶ ἐξ ὅλης τῆς ἰσχύος σου.
12:36 Εἶπεν **κύριος** τῷ **κυρίῳ** μου, Κάθου ἐκ δεξιῶν μου,
12:37 αὐτὸς Δαυὶδ λέγει αὐτὸν **κύριον,** καὶ πόθεν αὐτοῦ ἐστιν υἱός;
13:20 εἰ μὴ ἐκολόβωσεν **κύριος** τὰς ἡμέρας, οὐκ ἂν ἐσώθη πᾶσα σάρξ·
13:35 οὐκ οἴδατε γὰρ πότε ὁ **κύριος** τῆς οἰκίας ἔρχεται,
16:19 ⟦Ὁ μὲν οὖν **κύριος** Ἰησοῦς μετὰ τὸ λαλῆσαι αὐτοῖς ἀνελήμφθη εἰς τὸν οὐρανὸν καὶ ἐκάθισεν ἐκ δεξιῶν τοῦ θεοῦ.⟧
16:20 ⟦τοῦ **κυρίου** συνεργοῦντος καὶ τὸν λόγον βεβαιοῦντος διὰ τῶν ἐπακολουθούντων σημείων.⟧
Lk 1: 6 πορευόμενοι ἐν πάσαις ταῖς ἐντολαῖς καὶ δικαιώμασιν τοῦ **κυρίου** ἄμεμπτοι.
1: 9 κατὰ τὸ ἔθος τῆς ἱερατείας ἔλαχε τοῦ θυμιᾶσαι εἰσελθὼν εἰς τὸν ναὸν τοῦ **κυρίου,**
1:11 ὤφθη δὲ αὐτῷ ἄγγελος **κυρίου** ἑστὼς ἐκ δεξιῶν τοῦ θυσιαστηρίου τοῦ θυμιάματος.
1:15 ἔσται γὰρ μέγας ἐνώπιον [τοῦ] **κυρίου,** καὶ οἶνον καὶ σίκερα οὐ μὴ πίῃ,
1:16 καὶ πολλοὺς τῶν υἱῶν Ἰσραὴλ ἐπιστρέψει ἐπὶ **κύριον** τὸν θεὸν αὐτῶν.
1:17 ἐπιστρέψαι καρδίας πατέρων ἐπὶ τέκνα καὶ ἀπειθεῖς ἐν φρονήσει δικαίων, ἑτοιμάσαι **κυρίῳ** λαὸν κατεσκευασμένον.
1:25 ὅτι Οὕτως μοι πεποίηκεν **κύριος** ἐν ἡμέραις αἷς ἐπεῖδεν ἀφελεῖν ὄνειδός μου ἐν ἀνθρώποις.
1:28 καὶ εἰσελθὼν πρὸς αὐτὴν εἶπεν, Χαῖρε, κεχαριτωμένη, ὁ **κύριος** μετὰ σοῦ.
1:32 οὗτος ἔσται μέγας καὶ υἱὸς ὑψίστου κληθήσεται καὶ δώσει αὐτῷ **κύριος** ὁ θεὸς τὸν θρόνον Δαυὶδ τοῦ πατρὸς αὐτοῦ,
1:38 εἶπεν δὲ Μαριάμ, Ἰδοὺ ἡ δούλη **κυρίου·** γένοιτό μοι κατὰ τὸ ῥῆμά σου.
1:43 καὶ πόθεν μοι τοῦτο ἵνα ἔλθῃ ἡ μήτηρ τοῦ **κυρίου** μου πρὸς ἐμέ;
1:45 καὶ μακαρία ἡ πιστεύσασα ὅτι ἔσται τελείωσις τοῖς λελαλημένοις αὐτῇ παρὰ **κυρίου.**
1:46 Καὶ εἶπεν Μαριάμ, Μεγαλύνει ἡ ψυχή μου τὸν **κύριον,**
1:58 ἤκουσαν οἱ περίοικοι καὶ οἱ συγγενεῖς αὐτῆς ὅτι ἐμεγάλυνεν **κύριος** τὸ ἔλεος αὐτοῦ μετ' αὐτῆς καὶ συνέχαιρον αὐτῇ.
1:66 Τί ἄρα τὸ παιδίον τοῦτο ἔσται; καὶ γὰρ χεὶρ **κυρίου** ἦν μετ' αὐτοῦ.
1:68 Εὐλογητὸς **κύριος** ὁ θεὸς τοῦ Ἰσραήλ, ὅτι ἐπεσκέψατο καὶ ἐποίησεν λύτρωσιν τῷ λαῷ αὐτοῦ,
1:76 προφήτης ὑψίστου κληθήσῃ· προπορεύσῃ γὰρ ἐνώπιον **κυρίου** ἑτοιμάσαι ὁδοὺς αὐτοῦ,
2: 9 καὶ ἄγγελος **κυρίου** ἐπέστη αὐτοῖς καὶ δόξα **κυρίου** περιέλαμψεν αὐτούς,
2:11 ὅτι ἐτέχθη ὑμῖν σήμερον σωτὴρ ὅς ἐστιν Χριστὸς **κύριος** ἐν πόλει Δαυίδ.
2:15 Διέλθωμεν δὴ ἕως Βηθλέεμ καὶ ἴδωμεν τὸ ῥῆμα τοῦτο τὸ γεγονὸς ὃ ὁ **κύριος** ἐγνώρισεν ἡμῖν.
2:22 ἀνήγαγον αὐτὸν εἰς Ἱεροσόλυμα παραστῆσαι τῷ **κυρίῳ,**
2:23 καθὼς γέγραπται ἐν νόμῳ **κυρίου** ὅτι Πᾶν ἄρσεν διανοῖγον μήτραν ἅγιον τῷ **κυρίῳ** κληθήσεται,
2:24 καὶ τοῦ δοῦναι θυσίαν κατὰ τὸ εἰρημένον ἐν τῷ νόμῳ **κυρίου,**
2:26 καὶ ἦν αὐτῷ κεχρηματισμένον ὑπὸ τοῦ πνεύματος τοῦ ἁγίου μὴ ἰδεῖν θάνατον πρὶν [ἢ] ἂν ἴδῃ τὸν Χριστὸν **κυρίου.**
2:39 Καὶ ὡς ἐτέλεσαν πάντα τὰ κατὰ τὸν νόμον **κυρίου,**
3: 4 Ἑτοιμάσατε τὴν ὁδὸν **κυρίου,** εὐθείας ποιεῖτε τὰς τρίβους αὐτοῦ·
4: 8 **Κύριον** τὸν θεόν σου προσκυνήσεις καὶ αὐτῷ μόνῳ λατρεύσεις.
4:12 καὶ ἀποκριθεὶς εἶπεν αὐτῷ ὁ Ἰησοῦς ὅτι Εἴρηται, Οὐκ ἐκπειράσεις **κύριον** τὸν θεόν σου.
4:18 Πνεῦμα **κυρίου** ἐπ' ἐμὲ οὗ εἵνεκεν ἔχρισέν με εὐαγγελίσασθαι πτωχοῖς,
4:19 κηρύξαι ἐνιαυτὸν **κυρίου** δεκτόν.
5: 8 Ἔξελθε ἀπ' ἐμοῦ, ὅτι ἀνὴρ ἁμαρτωλός εἰμι, **κύριε.**
5:12 πεσὼν ἐπὶ πρόσωπον ἐδεήθη αὐτοῦ λέγων, **Κύριε,** ἐὰν θέλῃς δύνασαί με καθαρίσαι.
5:17 καὶ δύναμις **κυρίου** ἦν εἰς τὸ ἰᾶσθαι αὐτόν.
6: 5 **Κύριός** ἐστιν τοῦ σαββάτου ὁ υἱὸς τοῦ ἀνθρώπου.
6:46 Τί δέ με καλεῖτε, **Κύριε κύριε,** καὶ οὐ ποιεῖτε ἃ λέγω;
7: 6 **Κύριε,** μὴ σκύλλου, οὐ γὰρ ἱκανός εἰμι ἵνα ὑπὸ τὴν στέγην μου εἰσέλθῃς·
7:13 ἰδὼν αὐτὴν ὁ **κύριος** ἐσπλαγχνίσθη ἐπ' αὐτῇ καὶ εἶπεν αὐτῇ,
7:19 ἔπεμψεν πρὸς τὸν **κύριον** λέγων, Σὺ εἶ ὁ ἐρχόμενος ἢ ἄλλον προσδοκῶμεν;
9:54 ἰδόντες δὲ οἱ μαθηταὶ Ἰάκωβος καὶ Ἰωάννης εἶπαν, **Κύριε,**
9:59 ὁ δὲ εἶπεν, **[Κύριε,]** ἐπίτρεψόν μοι ἀπελθόντι πρῶτον θάψαι τὸν πατέρα μου.
9:61 Εἶπεν δὲ καὶ ἕτερος, Ἀκολουθήσω σοι, **κύριε·** πρῶτον δὲ ἐπίτρεψόν μοι ἀποτάξασθαι τοῖς εἰς τὸν οἶκόν μου.
10: 1 Μετὰ δὲ ταῦτα ἀνέδειξεν ὁ **κύριος** ἑτέρους ἑβδομήκοντα [δύο,]
10: 2 δεήθητε οὖν τοῦ **κυρίου** τοῦ θερισμοῦ ὅπως ἐργάτας ἐκβάλῃ εἰς τὸν θερισμὸν αὐτοῦ.
10:17 Ὑπέστρεψαν δὲ οἱ ἑβδομήκοντα [δύο] μετὰ χαρᾶς λέγοντες, **Κύριε,**
10:21 Ἐξομολογοῦμαί σοι, πάτερ, **κύριε** τοῦ οὐρανοῦ καὶ τῆς γῆς,
10:27 Ἀγαπήσεις **κύριον** τὸν θεόν σου ἐξ ὅλης [τῆς] καρδίας σου καὶ ἐν ὅλῃ τῇ ψυχῇ σου καὶ ἐν ὅλῃ τῇ ἰσχύϊ σου καὶ ἐν ὅλῃ τῇ διανοίᾳ σου,
10:39 [ἣ] καὶ παρακαθεσθεῖσα πρὸς τοὺς πόδας τοῦ **κυρίου** ἤκουεν τὸν λόγον αὐτοῦ.
10:40 ἐπιστᾶσα δὲ εἶπεν, **Κύριε,** οὐ μέλει σοι ὅτι ἡ ἀδελφή μου μόνην με κατέλιπεν διακονεῖν;
10:41 ἀποκριθεὶς δὲ εἶπεν αὐτῇ ὁ **κύριος,** Μάρθα Μάρθα,
11: 1 **Κύριε,** δίδαξον ἡμᾶς προσεύχεσθαι, καθὼς καὶ Ἰωάννης ἐδίδαξεν τοὺς μαθητὰς αὐτοῦ.
11:39 εἶπεν δὲ ὁ **κύριος** πρὸς αὐτόν, Νῦν ὑμεῖς οἱ Φαρισαῖοι τὸ ἔξωθεν τοῦ ποτηρίου καὶ τοῦ πίνακος καθαρίζετε,
12:36 καὶ ὑμεῖς ὅμοιοι ἀνθρώποις προσδεχομένοις τὸν **κύριον** ἑαυτῶν πότε ἀναλύσῃ ἐκ τῶν γάμων,
12:37 μακάριοι οἱ δοῦλοι ἐκεῖνοι, οὓς ἐλθὼν ὁ **κύριος** εὑρήσει γρηγοροῦντας·
12:41 Εἶπεν δὲ ὁ Πέτρος, **Κύριε,** πρὸς ἡμᾶς τὴν παραβολὴν ταύτην λέγεις ἢ καὶ πρὸς πάντας;
12:42 καὶ εἶπεν ὁ **κύριος,** Τίς ἄρα ἐστὶν ὁ πιστὸς οἰκονόμος ὁ φρόνιμος, ὃν καταστήσει ὁ **κύριος** ἐπὶ τῆς θεραπείας αὐτοῦ τοῦ διδόναι ἐν καιρῷ [τὸ] σιτομέτριον;
12:43 ὃν ἐλθὼν ὁ **κύριος** αὐτοῦ εὑρήσει ποιοῦντα οὕτως.
12:45 Χρονίζει ὁ **κύριός** μου ἔρχεσθαι, καὶ ἄρξηται τύπτειν τοὺς παῖδας καὶ τὰς παιδίσκας,
12:46 ἥξει ὁ **κύριος** τοῦ δούλου ἐκείνου ἐν ἡμέρᾳ ᾗ οὐ προσδοκᾷ καὶ ἐν ὥρᾳ ᾗ οὐ γινώσκει,
12:47 ὁ δοῦλος ὁ γνοὺς τὸ θέλημα τοῦ **κυρίου** αὐτοῦ καὶ μὴ ἑτοιμάσας ἢ ποιήσας πρὸς τὸ θέλημα αὐτοῦ δαρήσεται πολλάς·
13: 8 ὁ δὲ ἀποκριθεὶς λέγει αὐτῷ, **Κύριε,** ἄφες αὐτὴν καὶ τοῦτο τὸ ἔτος,
13:15 ἀπεκρίθη δὲ αὐτῷ ὁ **κύριος** καὶ εἶπεν, Ὑποκριταί,
13:23 εἶπεν δέ τις αὐτῷ, **Κύριε,** εἰ ὀλίγοι οἱ σῳζόμενοι;
13:25 **Κύριε,** ἄνοιξον ἡμῖν, καὶ ἀποκριθεὶς ἐρεῖ ὑμῖν, Οὐκ οἶδα ὑμᾶς πόθεν ἐστέ.
13:35 οὐ μὴ ἴδητέ με ἕως [ἥξει ὅτε] εἴπητε, Εὐλογημένος ὁ ἐρχόμενος ἐν ὀνόματι **κυρίου.**
14:21 παραγενόμενος ὁ δοῦλος ἀπήγγειλεν τῷ **κυρίῳ** αὐτοῦ ταῦτα.
14:22 **Κύριε,** γέγονεν ὃ ἐπέταξας, καὶ ἔτι τόπος ἐστίν.
14:23 καὶ εἶπεν ὁ **κύριος** πρὸς τὸν δοῦλον, Ἔξελθε εἰς τὰς ὁδοὺς καὶ φραγμοὺς καὶ ἀνάγκασον εἰσελθεῖν,
16: 3 ὅτι ὁ **κύριός** μου ἀφαιρεῖται τὴν οἰκονομίαν ἀπ' ἐμοῦ;
16: 5 καὶ προσκαλεσάμενος ἕνα ἕκαστον τῶν χρεοφειλετῶν τοῦ **κυρίου** ἑαυτοῦ ἔλεγεν τῷ πρώτῳ, Πόσον ὀφείλεις τῷ **κυρίῳ** μου;
16: 8 καὶ ἐπῄνεσεν ὁ **κύριος** τὸν οἰκονόμον τῆς ἀδικίας ὅτι φρονίμως ἐποίησεν·

16:13 Οὐδεὶς οἰκέτης δύναται δυσὶ **κυρίοις** δουλεύειν· ἢ γὰρ τὸν ἕνα μισήσει καὶ τὸν ἕτερον ἀγαπήσει,
17: 5 Καὶ εἶπαν οἱ ἀπόστολοι τῷ **κυρίῳ,** Πρόσθες ἡμῖν πίστιν.
17: 6 εἶπεν δὲ ὁ **κύριος,** Εἰ ἔχετε πίστιν ὡς κόκκον σινάπεως,
17:37 καὶ ἀποκριθέντες λέγουσιν αὐτῷ, Ποῦ, **κύριε;** ὁ δὲ εἶπεν αὐτοῖς,
18: 6 Εἶπεν δὲ ὁ **κύριος,** Ἀκούσατε τί ὁ κριτὴς τῆς ἀδικίας λέγει·
18:41 Τί σοι θέλεις ποιήσω; ὁ δὲ εἶπεν, **Κύριε,** ἵνα ἀναβλέψω.
19: 8 σταθεὶς δὲ Ζακχαῖος εἶπεν πρὸς τὸν **κύριον,** Ἰδοὺ τὰ ἡμίσιά μου τῶν ὑπαρχόντων, **κύριε,** τοῖς πτωχοῖς δίδωμι,
19:16 παρεγένετο δὲ ὁ πρῶτος λέγων, **Κύριε,** ἡ μνᾶ σου δέκα προσηργάσατο μνᾶς.
19:18 καὶ ἦλθεν ὁ δεύτερος λέγων, Ἡ μνᾶ σου, **κύριε,** ἐποίησεν πέντε μνᾶς.
19:20 καὶ ὁ ἕτερος ἦλθεν λέγων, **Κύριε,** ἰδοὺ ἡ μνᾶ σου ἣν εἶχον ἀποκειμένην ἐν σουδαρίῳ·
19:25 –καὶ εἶπαν αὐτῷ, **Κύριε,** ἔχει δέκα μνᾶς–
19:31 οὕτως ἐρεῖτε ὅτι Ὁ **κύριος** αὐτοῦ χρείαν ἔχει.
19:33 λυόντων δὲ αὐτῶν τὸν πῶλον εἶπαν οἱ **κύριοι** αὐτοῦ πρὸς αὐτούς,
19:34 οἱ δὲ εἶπαν ὅτι Ὁ **κύριος** αὐτοῦ χρείαν ἔχει.
19:38 Εὐλογημένος ὁ ἐρχόμενος, ὁ βασιλεὺς ἐν ὀνόματι **κυρίου·**
20:13 εἶπεν δὲ ὁ **κύριος** τοῦ ἀμπελῶνος, Τί ποιήσω;
20:15 τί οὖν ποιήσει αὐτοῖς ὁ **κύριος** τοῦ ἀμπελῶνος;
20:37 ὡς λέγει **κύριον** τὸν θεὸν Ἀβραὰμ καὶ θεὸν Ἰσαὰκ καὶ θεὸν Ἰακώβ.
20:42 Εἶπεν **κύριος** τῷ **κυρίῳ** μου, Κάθου ἐκ δεξιῶν μου,
20:44 Δαυὶδ οὖν **κύριον** αὐτὸν καλεῖ, καὶ πῶς αὐτοῦ υἱός ἐστιν;
22:33 ὁ δὲ εἶπεν αὐτῷ, **Κύριε,** μετὰ σοῦ ἕτοιμός εἰμι καὶ εἰς φυλακὴν καὶ εἰς θάνατον πορεύεσθαι.
22:38 οἱ δὲ εἶπαν, **Κύριε,** ἰδοὺ μάχαιραι ὧδε δύο.
22:49 ἰδόντες δὲ οἱ περὶ αὐτὸν τὸ ἐσόμενον εἶπαν, **Κύριε,** εἰ πατάξομεν ἐν μαχαίρῃ;
22:61 καὶ στραφεὶς ὁ **κύριος** ἐνέβλεψεν τῷ Πέτρῳ, καὶ ὑπεμνήσθη ὁ Πέτρος τοῦ ῥήματος τοῦ **κυρίου** ὡς εἶπεν αὐτῷ ὅτι Πρὶν ἀλέκτορα φωνῆσαι σήμερον ἀπαρνήσῃ με τρίς.
24: 3 εἰσελθοῦσαι δὲ οὐχ εὗρον τὸ σῶμα τοῦ **κυρίου** Ἰησοῦ.
24:34 λέγοντας ὅτι ὄντως ἠγέρθη ὁ **κύριος** καὶ ὤφθη Σίμωνι.
Jn 1:23 Εὐθύνατε τὴν ὁδὸν **κυρίου,** καθὼς εἶπεν Ἠσαΐας ὁ προφήτης.
4: 1 Ὡς οὖν ἔγνω ὁ **κύριος**[NIV; UBS *2652*] ὅτι ἤκουσαν οἱ Φαρισαῖοι ὅτι Ἰησοῦς πλείονας μαθητὰς ποιεῖ καὶ βαπτίζει ἢ Ἰωάννης
4:11 λέγει αὐτῷ [ἡ γυνή,] **Κύριε,** οὔτε ἄντλημα ἔχεις καὶ τὸ φρέαρ ἐστὶν βαθύ·
4:15 λέγει πρὸς αὐτὸν ἡ γυνή, **Κύριε,** δός μοι τοῦτο τὸ ὕδωρ,
4:19 λέγει αὐτῷ ἡ γυνή, **Κύριε,** θεωρῶ ὅτι προφήτης εἶ σύ.
4:49 λέγει πρὸς αὐτὸν ὁ βασιλικός, **Κύριε,** κατάβηθι πρὶν ἀποθανεῖν τὸ παιδίον μου.
5: 7 ἀπεκρίθη αὐτῷ ὁ ἀσθενῶν, **Κύριε,** ἄνθρωπον οὐκ ἔχω ἵνα ὅταν ταραχθῇ τὸ ὕδωρ βάλῃ με εἰς τὴν κολυμβήθραν·
6:23 ἄλλα ἦλθεν πλοιά[ρια] ἐκ Τιβεριάδος ἐγγὺς τοῦ τόπου ὅπου ἔφαγον τὸν ἄρτον εὐχαριστήσαντος τοῦ **κυρίου.**
6:34 Εἶπον οὖν πρὸς αὐτόν, **Κύριε,** πάντοτε δὸς ἡμῖν τὸν ἄρτον τοῦτον.
6:68 ἀπεκρίθη αὐτῷ Σίμων Πέτρος, **Κύριε,** πρὸς τίνα ἀπελευσόμεθα;
8:11 ⟦ἡ δὲ εἶπεν, Οὐδείς, **κύριε.** εἶπεν δὲ ὁ Ἰησοῦς,⟧
9:36 Καὶ τίς ἐστιν, **κύριε,** ἵνα πιστεύσω εἰς αὐτόν;
9:38 ὁ δὲ ἔφη, Πιστεύω, **κύριε·** καὶ προσεκύνησεν αὐτῷ.
11: 2 ἦν δὲ Μαριὰμ ἡ ἀλείψασα τὸν **κύριον** μύρῳ καὶ ἐκμάξασα τοὺς πόδας αὐτοῦ ταῖς θριξὶν αὐτῆς,
11: 3 ἀπέστειλαν οὖν αἱ ἀδελφαὶ πρὸς αὐτὸν λέγουσαι, **Κύριε,** ἴδε ὃν φιλεῖς ἀσθενεῖ.
11:12 εἶπαν οὖν οἱ μαθηταὶ αὐτῷ, **Κύριε,** εἰ κεκοίμηται σωθήσεται.
11:21 εἶπεν οὖν ἡ Μάρθα πρὸς τὸν Ἰησοῦν, **Κύριε,**
11:27 λέγει αὐτῷ, Ναὶ **κύριε,** ἐγὼ πεπίστευκα ὅτι σὺ εἶ ὁ Χριστὸς ὁ υἱὸς τοῦ θεοῦ ὁ εἰς τὸν κόσμον ἐρχόμενος.
11:32 **Κύριε,** εἰ ἦς ὧδε οὐκ ἄν μου ἀπέθανεν ὁ ἀδελφός.
11:34 Ποῦ τεθείκατε αὐτόν; λέγουσιν αὐτῷ, **Κύριε,** ἔρχου καὶ ἴδε.
11:39 λέγει αὐτῷ ἡ ἀδελφὴ τοῦ τετελευτηκότος Μάρθα, **Κύριε,** ἤδη ὄζει, τεταρταῖος γάρ ἐστιν.
12:13 εὐλογημένος ὁ ἐρχόμενος ἐν ὀνόματι **κυρίου,** [καὶ] ὁ βασιλεὺς τοῦ Ἰσραήλ.
12:21 οὗτοι οὖν προσῆλθον Φιλίππῳ τῷ ἀπὸ Βηθσαϊδὰ τῆς Γαλιλαίας καὶ ἠρώτων αὐτὸν λέγοντες, **Κύριε,** θέλομεν τὸν Ἰησοῦν ἰδεῖν.
12:38 ἵνα ὁ λόγος Ἠσαΐου τοῦ προφήτου πληρωθῇ ὃν εἶπεν, **Κύριε,** τίς ἐπίστευσεν τῇ ἀκοῇ ἡμῶν; καὶ ὁ βραχίων **κυρίου** τίνι ἀπεκαλύφθη;
13: 6 λέγει αὐτῷ, **Κύριε,** σύ μου νίπτεις τοὺς πόδας;
13: 9 λέγει αὐτῷ Σίμων Πέτρος, **Κύριε,** μὴ τοὺς πόδας μου μόνον ἀλλὰ καὶ τὰς χεῖρας καὶ τὴν κεφαλήν.
13:13 ὑμεῖς φωνεῖτέ με Ὁ διδάσκαλος καὶ Ὁ **κύριος,**
13:14 εἰ οὖν ἐγὼ ἔνιψα ὑμῶν τοὺς πόδας ὁ **κύριος** καὶ ὁ διδάσκαλος,
13:16 οὐκ ἔστιν δοῦλος μείζων τοῦ **κυρίου** αὐτοῦ οὐδὲ ἀπόστολος μείζων τοῦ πέμψαντος αὐτόν.
13:25 ἀναπεσὼν οὖν ἐκεῖνος οὕτως ἐπὶ τὸ στῆθος τοῦ Ἰησοῦ λέγει αὐτῷ, **Κύριε,** τίς ἐστιν;
13:36 Λέγει αὐτῷ Σίμων Πέτρος, **Κύριε,** ποῦ ὑπάγεις; ἀπεκρίθη [αὐτῷ] Ἰησοῦς,
13:37 λέγει αὐτῷ ὁ Πέτρος, **Κύριε,** διὰ τί οὐ δύναμαί σοι ἀκολουθῆσαι ἄρτι;
14: 5 Λέγει αὐτῷ Θωμᾶς, **Κύριε,** οὐκ οἴδαμεν ποῦ ὑπάγεις·
14: 8 λέγει αὐτῷ Φίλιππος, **Κύριε,** δεῖξον ἡμῖν τὸν πατέρα,
14:22 Λέγει αὐτῷ Ἰούδας, οὐχ ὁ Ἰσκαριώτης, **Κύριε,** [καὶ] τί γέγονεν ὅτι ἡμῖν μέλλεις ἐμφανίζειν σεαυτὸν
15:15 ὅτι ὁ δοῦλος οὐκ οἶδεν τί ποιεῖ αὐτοῦ ὁ **κύριος·**
15:20 μνημονεύετε τοῦ λόγου οὗ ἐγὼ εἶπον ὑμῖν, Οὐκ ἔστιν δοῦλος μείζων τοῦ **κυρίου** αὐτοῦ.
20: 2 Ἦραν τὸν **κύριον** ἐκ τοῦ μνημείου καὶ οὐκ οἴδαμεν ποῦ ἔθηκαν αὐτόν.
20:13 λέγει αὐτοῖς ὅτι Ἦραν τὸν **κύριόν** μου, καὶ οὐκ οἶδα ποῦ ἔθηκαν αὐτόν.
20:15 **Κύριε,** εἰ σὺ ἐβάστασας αὐτόν, εἰπέ μοι ποῦ ἔθηκας αὐτόν,
20:18 ἔρχεται Μαριὰμ ἡ Μαγδαληνὴ ἀγγέλλουσα τοῖς μαθηταῖς ὅτι Ἑώρακα τὸν **κύριον,**
20:20 καὶ τοῦτο εἰπὼν ἔδειξεν τὰς χεῖρας καὶ τὴν πλευρὰν αὐτοῖς. ἐχάρησαν οὖν οἱ μαθηταὶ ἰδόντες τὸν **κύριον.**
20:25 ἔλεγον οὖν αὐτῷ οἱ ἄλλοι μαθηταί, Ἑωράκαμεν τὸν **κύριον.**
20:28 ἀπεκρίθη Θωμᾶς καὶ εἶπεν αὐτῷ, Ὁ **κύριός** μου καὶ ὁ θεός μου.
21: 7 λέγει οὖν ὁ μαθητὴς ἐκεῖνος ὃν ἠγάπα ὁ Ἰησοῦς τῷ Πέτρῳ, Ὁ **κύριός** ἐστιν. Σίμων οὖν Πέτρος ἀκούσας ὅτι ὁ **κύριός** ἐστιν τὸν ἐπενδύτην διεζώσατο,
21:12 Σὺ τίς εἶ; εἰδότες ὅτι ὁ **κύριός** ἐστιν.
21:15 λέγει αὐτῷ, Ναὶ **κύριε,** σὺ οἶδας ὅτι φιλῶ σε.
21:16 λέγει αὐτῷ, Ναὶ **κύριε,** σὺ οἶδας ὅτι φιλῶ σε.
21:17 καὶ λέγει αὐτῷ, **Κύριε,** πάντα σὺ οἶδας, σὺ γινώσκεις ὅτι φιλῶ σε.
21:20 ὃς καὶ ἀνέπεσεν ἐν τῷ δείπνῳ ἐπὶ τὸ στῆθος αὐτοῦ καὶ εἶπεν, **Κύριε,** τίς ἐστιν ὁ παραδιδούς σε;
21:21 τοῦτον οὖν ἰδὼν ὁ Πέτρος λέγει τῷ Ἰησοῦ, **Κύριε,** οὗτος δὲ τί;
Ac 1: 6 Οἱ μὲν οὖν συνελθόντες ἠρώτων αὐτὸν λέγοντες, **Κύριε,**
1:21 δεῖ οὖν τῶν συνελθόντων ἡμῖν ἀνδρῶν ἐν παντὶ χρόνῳ ᾧ εἰσῆλθεν καὶ ἐξῆλθεν ἐφ' ἡμᾶς ὁ **κύριος** Ἰησοῦς,
1:24 καὶ προσευξάμενοι εἶπαν, Σὺ **κύριε** καρδιογνῶστα πάντων, ἀνάδειξον ὃν ἐξελέξω ἐκ τούτων τῶν δύο ἕνα
2:20 πρὶν ἐλθεῖν ἡμέραν **κυρίου** τὴν μεγάλην καὶ ἐπιφανῆ.
2:21 καὶ ἔσται πᾶς ὃς ἂν ἐπικαλέσηται τὸ ὄνομα **κυρίου** σωθήσεται.
2:25 Δαυὶδ γὰρ λέγει εἰς αὐτόν, Προορώμην τὸν **κύριον** ἐνώπιόν μου διὰ παντός,
2:34 λέγει δὲ αὐτός, Εἶπεν [ὁ] **κύριος** τῷ **κυρίῳ** μου,
2:36 ἀσφαλῶς οὖν γινωσκέτω πᾶς οἶκος Ἰσραὴλ ὅτι καὶ **κύριον** αὐτὸν καὶ Χριστὸν ἐποίησεν ὁ θεός,
2:39 ὑμῖν γάρ ἐστιν ἡ ἐπαγγελία καὶ τοῖς τέκνοις ὑμῶν καὶ πᾶσιν τοῖς εἰς μακράν, ὅσους ἂν προσκαλέσηται **κύριος** ὁ θεὸς ἡμῶν.
2:47 ὁ δὲ **κύριος** προσετίθει τοὺς σῳζομένους καθ' ἡμέραν ἐπὶ τὸ αὐτό.
3:20 ὅπως ἂν ἔλθωσιν καιροὶ ἀναψύξεως ἀπὸ προσώπου τοῦ **κυρίου** καὶ ἀποστείλῃ τὸν προκεχειρισμένον ὑμῖν Χριστὸν Ἰησοῦν,
3:22 Μωϋσῆς μὲν εἶπεν ὅτι Προφήτην ὑμῖν ἀναστήσει **κύριος** ὁ θεὸς ὑμῶν ἐκ τῶν ἀδελφῶν ὑμῶν ὡς ἐμέ·
4:26 παρέστησαν οἱ βασιλεῖς τῆς γῆς καὶ οἱ ἄρχοντες συνήχθησαν ἐπὶ τὸ αὐτὸ κατὰ τοῦ **κυρίου** καὶ κατὰ τοῦ Χριστοῦ αὐτοῦ.
4:29 καὶ τὰ νῦν, **κύριε,** ἔπιδε ἐπὶ τὰς ἀπειλὰς αὐτῶν καὶ δὸς τοῖς δούλοις σου μετὰ παρρησίας πάσης λαλεῖν τὸν λόγον σου,
4:33 καὶ δυνάμει μεγάλῃ ἀπεδίδουν τὸ μαρτύριον οἱ ἀπόστολοι τῆς ἀναστάσεως τοῦ **κυρίου** Ἰησοῦ,
5: 9 Τί ὅτι συνεφωνήθη ὑμῖν πειράσαι τὸ πνεῦμα **κυρίου;**
5:14 μᾶλλον δὲ προσετίθεντο πιστεύοντες τῷ **κυρίῳ,** πλήθη ἀνδρῶν τε καὶ γυναικῶν,
5:19 ἄγγελος δὲ **κυρίου** διὰ νυκτὸς ἀνοίξας τὰς θύρας τῆς φυλακῆς ἐξαγαγών τε αὐτοὺς εἶπεν,
7:31 ὁ δὲ Μωϋσῆς ἰδὼν ἐθαύμαζεν τὸ ὅραμα, προσερχομένου δὲ αὐτοῦ κατανοῆσαι ἐγένετο φωνὴ **κυρίου,**
7:33 εἶπεν δὲ αὐτῷ ὁ **κύριος,** Λῦσον τὸ ὑπόδημα τῶν ποδῶν σου,

7:49 ποῖον οἶκον οἰκοδομήσετέ μοι, λέγει **κύριος,** ἢ τίς τόπος τῆς καταπαύσεώς μου;
7:59 καὶ ἐλιθοβόλουν τὸν Στέφανον ἐπικαλούμενον καὶ λέγοντα, **Κύριε** Ἰησοῦ, δέξαι τὸ πνεῦμά μου.
7:60 θεὶς δὲ τὰ γόνατα ἔκραξεν φωνῇ μεγάλῃ, **Κύριε,** μὴ στήσῃς αὐτοῖς ταύτην τὴν ἁμαρτίαν.
8:16 μόνον δὲ βεβαπτισμένοι ὑπῆρχον εἰς τὸ ὄνομα τοῦ **κυρίου** Ἰησοῦ.
8:22 μετανόησον οὖν ἀπὸ τῆς κακίας σου ταύτης καὶ δεήθητι τοῦ **κυρίου,**
8:24 Δεήθητε ὑμεῖς ὑπὲρ ἐμοῦ πρὸς τὸν **κύριον** ὅπως μηδὲν ἐπέλθῃ ἐπ᾽ ἐμὲ ὧν εἰρήκατε.
8:25 Οἱ μὲν οὖν διαμαρτυράμενοι καὶ λαλήσαντες τὸν λόγον τοῦ **κυρίου** ὑπέστρεφον εἰς Ἱεροσόλυμα,
8:26 Ἄγγελος δὲ **κυρίου** ἐλάλησεν πρὸς Φίλιππον λέγων, Ἀνάστηθι καὶ πορεύου κατὰ μεσημβρίαν ἐπὶ τὴν ὁδὸν τὴν καταβαίνουσαν
8:39 πνεῦμα **κυρίου** ἥρπασεν τὸν Φίλιππον καὶ οὐκ εἶδεν αὐτὸν οὐκέτι ὁ εὐνοῦχος,
9: 1 Ὁ δὲ Σαῦλος ἔτι ἐμπνέων ἀπειλῆς καὶ φόνου εἰς τοὺς μαθητὰς τοῦ **κυρίου,**
9: 5 εἶπεν δέ, Τίς εἶ, **κύριε;** ὁ δέ, Ἐγώ εἰμι Ἰησοῦς ὃν σὺ διώκεις·
9:10 καὶ εἶπεν πρὸς αὐτὸν ἐν ὁράματι ὁ **κύριος,** Ἁνανία. ὁ δὲ εἶπεν, Ἰδοὺ ἐγώ, **κύριε.**
9:11 ὁ δὲ **κύριος** πρὸς αὐτόν, Ἀναστὰς πορεύθητι ἐπὶ τὴν ῥύμην τὴν καλουμένην Εὐθεῖαν καὶ ζήτησον ἐν οἰκίᾳ Ἰούδα Σαῦλον
9:13 ἀπεκρίθη δὲ Ἁνανίας, **Κύριε,** ἤκουσα ἀπὸ πολλῶν περὶ τοῦ ἀνδρὸς τούτου ὅσα κακὰ τοῖς ἁγίοις σου ἐποίησεν
9:15 εἶπεν δὲ πρὸς αὐτὸν ὁ **κύριος,** Πορεύου, ὅτι σκεῦος ἐκλογῆς ἐστίν μοι οὗτος τοῦ βαστάσαι τὸ ὄνομά μου ἐνώπιον ἐθνῶν
9:17 Σαοὺλ ἀδελφέ, ὁ **κύριος** ἀπέσταλκέν με, Ἰησοῦς ὁ ὀφθείς σοι ἐν τῇ ὁδῷ ᾗ ἤρχου,
9:27 καὶ διηγήσατο αὐτοῖς πῶς ἐν τῇ ὁδῷ εἶδεν τὸν **κύριον** καὶ ὅτι ἐλάλησεν αὐτῷ καὶ πῶς ἐν Δαμασκῷ ἐπαρρησιάσατο
9:28 καὶ ἦν μετ᾽ αὐτῶν εἰσπορευόμενος καὶ ἐκπορευόμενος εἰς Ἰερουσαλήμ, παρρησιαζόμενος ἐν τῷ ὀνόματι τοῦ **κυρίου,**
9:31 εἶχεν εἰρήνην οἰκοδομουμένη καὶ πορευομένη τῷ φόβῳ τοῦ **κυρίου** καὶ τῇ παρακλήσει τοῦ ἁγίου πνεύματος ἐπληθύνετο.
9:35 καὶ εἶδαν αὐτὸν πάντες οἱ κατοικοῦντες Λύδδα καὶ τὸν Σαρῶνα, οἵτινες ἐπέστρεψαν ἐπὶ τὸν **κύριον.**
9:42 γνωστὸν δὲ ἐγένετο καθ᾽ ὅλης τῆς Ἰόππης καὶ ἐπίστευσαν πολλοὶ ἐπὶ τὸν **κύριον.**
10: 4 ὁ δὲ ἀτενίσας αὐτῷ καὶ ἔμφοβος γενόμενος εἶπεν, Τί ἐστιν, **κύριε;**
10:14 ὁ δὲ Πέτρος εἶπεν, Μηδαμῶς, **κύριε,** ὅτι οὐδέποτε ἔφαγον πᾶν κοινὸν καὶ ἀκάθαρτον.
10:33 νῦν οὖν πάντες ἡμεῖς ἐνώπιον τοῦ θεοῦ πάρεσμεν ἀκοῦσαι πάντα τὰ προστεταγμένα σοι ὑπὸ τοῦ **κυρίου.**
10:36 τὸν λόγον [ὃν] ἀπέστειλεν τοῖς υἱοῖς Ἰσραὴλ εὐαγγελιζόμενος εἰρήνην διὰ Ἰησοῦ Χριστοῦ, οὗτός ἐστιν πάντων **κύριος,**
11: 8 εἶπον δέ, Μηδαμῶς, **κύριε,** ὅτι κοινὸν ἢ ἀκάθαρτον οὐδέποτε εἰσῆλθεν εἰς τὸ στόμα μου.
11:16 ἐμνήσθην δὲ τοῦ ῥήματος τοῦ **κυρίου** ὡς ἔλεγεν,
11:17 εἰ οὖν τὴν ἴσην δωρεὰν ἔδωκεν αὐτοῖς ὁ θεὸς ὡς καὶ ἡμῖν πιστεύσασιν ἐπὶ τὸν **κύριον** Ἰησοῦν Χριστόν,
11:20 οἵτινες ἐλθόντες εἰς Ἀντιόχειαν ἐλάλουν καὶ πρὸς τοὺς Ἑλληνιστὰς εὐαγγελιζόμενοι τὸν **κύριον** Ἰησοῦν.
11:21 καὶ ἦν χεὶρ **κυρίου** μετ᾽ αὐτῶν, πολύς τε ἀριθμὸς ὁ πιστεύσας ἐπέστρεψεν ἐπὶ τὸν **κύριον.**
11:23 ἐχάρη καὶ παρεκάλει πάντας τῇ προθέσει τῆς καρδίας προσμένειν τῷ **κυρίῳ,**
11:24 ὅτι ἦν ἀνὴρ ἀγαθὸς καὶ πλήρης πνεύματος ἁγίου καὶ πίστεως. καὶ προσετέθη ὄχλος ἱκανὸς τῷ **κυρίῳ.**
12: 7 καὶ ἰδοὺ ἄγγελος **κυρίου** ἐπέστη καὶ φῶς ἔλαμψεν ἐν τῷ οἰκήματι·
12:11 Νῦν οἶδα ἀληθῶς ὅτι ἐξαπέστειλεν [ὁ] **κύριος** τὸν ἄγγελον αὐτοῦ καὶ ἐξείλατό με ἐκ χειρὸς Ἡρῴδου
12:17 κατασείσας δὲ αὐτοῖς τῇ χειρὶ σιγᾶν διηγήσατο [αὐτοῖς] πῶς ὁ **κύριος** αὐτὸν ἐξήγαγεν ἐκ τῆς φυλακῆς εἶπέν τε,
12:23 παραχρῆμα δὲ ἐπάταξεν αὐτὸν ἄγγελος **κυρίου** ἀνθ᾽ ὧν οὐκ ἔδωκεν τὴν δόξαν τῷ θεῷ,
13: 2 λειτουργούντων δὲ αὐτῶν τῷ **κυρίῳ** καὶ νηστευόντων εἶπεν τὸ πνεῦμα τὸ ἅγιον,
13:10 οὐ παύσῃ διαστρέφων τὰς ὁδοὺς [τοῦ] **κυρίου** τὰς εὐθείας;
13:11 καὶ νῦν ἰδοὺ χεὶρ **κυρίου** ἐπὶ σὲ καὶ ἔσῃ τυφλὸς μὴ βλέπων τὸν ἥλιον ἄχρι καιροῦ.
13:12 τότε ἰδὼν ὁ ἀνθύπατος τὸ γεγονὸς ἐπίστευσεν ἐκπλησσόμενος ἐπὶ τῇ διδαχῇ τοῦ **κυρίου.**
13:44 Τῷ δὲ ἐρχομένῳ σαββάτῳ σχεδὸν πᾶσα ἡ πόλις συνήχθη ἀκοῦσαι τὸν λόγον τοῦ **κυρίου.**
13:47 οὕτως γὰρ ἐντέταλται ἡμῖν ὁ **κύριος,** Τέθεικά σε εἰς φῶς ἐθνῶν τοῦ εἶναί σε εἰς σωτηρίαν ἕως ἐσχάτου τῆς γῆς.
13:48 ἀκούοντα δὲ τὰ ἔθνη ἔχαιρον καὶ ἐδόξαζον τὸν λόγον τοῦ **κυρίου** καὶ ἐπίστευσαν ὅσοι ἦσαν τεταγμένοι εἰς ζωὴν αἰώνιον·
13:49 διεφέρετο δὲ ὁ λόγος τοῦ **κυρίου** δι᾽ ὅλης τῆς χώρας.
14: 3 ἱκανὸν μὲν οὖν χρόνον διέτριψαν παρρησιαζόμενοι ἐπὶ τῷ **κυρίῳ** τῷ μαρτυροῦντι [ἐπὶ] τῷ λόγῳ τῆς χάριτος αὐτοῦ,
14:23 προσευξάμενοι μετὰ νηστειῶν παρέθεντο αὐτοὺς τῷ **κυρίῳ** εἰς ὃν πεπιστεύκεισαν.
15:11 ἀλλὰ διὰ τῆς χάριτος τοῦ **κυρίου** Ἰησοῦ πιστεύομεν σωθῆναι καθ᾽ ὃν τρόπον κἀκεῖνοι.
15:17 ὅπως ἂν ἐκζητήσωσιν οἱ κατάλοιποι τῶν ἀνθρώπων τὸν **κύριον** καὶ πάντα τὰ ἔθνη ἐφ᾽ οὓς ἐπικέκληται τὸ ὄνομά μου ἐπ᾽ αὐτούς, λέγει **κύριος** ποιῶν ταῦτα
15:26 ἀνθρώποις παραδεδωκόσι τὰς ψυχὰς αὐτῶν ὑπὲρ τοῦ ὀνόματος τοῦ **κυρίου** ἡμῶν Ἰησοῦ Χριστοῦ.
15:35 καὶ Βαρναβᾶς διέτριβον ἐν Ἀντιοχείᾳ διδάσκοντες καὶ εὐαγγελιζόμενοι μετὰ καὶ ἑτέρων πολλῶν τὸν λόγον τοῦ **κυρίου.**
15:36 Ἐπιστρέψαντες δὴ ἐπισκεψώμεθα τοὺς ἀδελφοὺς κατὰ πόλιν πᾶσαν ἐν αἷς κατηγγείλαμεν τὸν λόγον τοῦ **κυρίου**
15:40 Παῦλος δὲ ἐπιλεξάμενος Σιλᾶν ἐξῆλθεν παραδοθεὶς τῇ χάριτι τοῦ **κυρίου** ὑπὸ τῶν ἀδελφῶν.
16:14 ἧς ὁ **κύριος** διήνοιξεν τὴν καρδίαν προσέχειν τοῖς λαλουμένοις ὑπὸ τοῦ Παύλου.
16:15 παρεκάλεσεν λέγουσα, Εἰ κεκρίκατέ με πιστὴν τῷ **κυρίῳ** εἶναι,
16:16 ἥτις ἐργασίαν πολλὴν παρεῖχεν τοῖς **κυρίοις** αὐτῆς μαντευομένη.
16:19 ἰδόντες δὲ οἱ **κύριοι** αὐτῆς ὅτι ἐξῆλθεν ἡ ἐλπὶς τῆς ἐργασίας αὐτῶν,
16:30 καὶ προαγαγὼν αὐτοὺς ἔξω ἔφη, **Κύριοι,** τί με δεῖ ποιεῖν ἵνα σωθῶ;
16:31 Πίστευσον ἐπὶ τὸν **κύριον** Ἰησοῦν καὶ σωθήσῃ σὺ καὶ ὁ οἶκός σου.
16:32 καὶ ἐλάλησαν αὐτῷ τὸν λόγον τοῦ **κυρίου** σὺν πᾶσιν τοῖς ἐν τῇ οἰκίᾳ αὐτοῦ.
17:24 οὗτος οὐρανοῦ καὶ γῆς ὑπάρχων **κύριος** οὐκ ἐν χειροποιήτοις ναοῖς κατοικεῖ
18: 8 Κρίσπος δὲ ὁ ἀρχισυνάγωγος ἐπίστευσεν τῷ **κυρίῳ** σὺν ὅλῳ τῷ οἴκῳ αὐτοῦ,
18: 9 εἶπεν δὲ ὁ **κύριος** ἐν νυκτὶ δι᾽ ὁράματος τῷ Παύλῳ,
18:25 οὗτος ἦν κατηχημένος τὴν ὁδὸν τοῦ **κυρίου** καὶ ζέων τῷ πνεύματι ἐλάλει καὶ ἐδίδασκεν ἀκριβῶς τὰ περὶ τοῦ Ἰησοῦ,
19: 5 ἀκούσαντες δὲ ἐβαπτίσθησαν εἰς τὸ ὄνομα τοῦ **κυρίου** Ἰησοῦ,
19:10 ὥστε πάντας τοὺς κατοικοῦντας τὴν Ἀσίαν ἀκοῦσαι τὸν λόγον τοῦ **κυρίου,**
19:13 Ἰουδαίων ἐξορκιστῶν ὀνομάζειν ἐπὶ τοὺς ἔχοντας τὰ πνεύματα τὰ πονηρὰ τὸ ὄνομα τοῦ **κυρίου** Ἰησοῦ λέγοντες,
19:17 τοῖς κατοικοῦσιν τὴν Ἔφεσον καὶ ἐπέπεσεν φόβος ἐπὶ πάντας αὐτοὺς καὶ ἐμεγαλύνετο τὸ ὄνομα τοῦ **κυρίου** Ἰησοῦ.
19:20 Οὕτως κατὰ κράτος τοῦ **κυρίου** ὁ λόγος ηὔξανεν καὶ ἴσχυεν.
20:19 δουλεύων τῷ **κυρίῳ** μετὰ πάσης ταπεινοφροσύνης καὶ δακρύων καὶ πειρασμῶν τῶν συμβάντων μοι ἐν ταῖς ἐπιβουλαῖς
20:21 διαμαρτυρόμενος Ἰουδαίοις τε καὶ Ἕλλησιν τὴν εἰς θεὸν μετάνοιαν καὶ πίστιν εἰς τὸν **κύριον** ἡμῶν Ἰησοῦν.
20:24 ἀλλ᾽ οὐδενὸς λόγου ποιοῦμαι τὴν ψυχὴν τιμίαν ἐμαυτῷ ὡς τελειῶσαι τὸν δρόμον μου καὶ τὴν διακονίαν ἣν ἔλαβον παρὰ τοῦ **κυρίου** Ἰησοῦ,
20:35 μνημονεύειν τε τῶν λόγων τοῦ **κυρίου** Ἰησοῦ ὅτι αὐτὸς εἶπεν,
21:13 ἐγὼ γὰρ οὐ μόνον δεθῆναι ἀλλὰ καὶ ἀποθανεῖν εἰς Ἰερουσαλὴμ ἑτοίμως ἔχω ὑπὲρ τοῦ ὀνόματος τοῦ **κυρίου** Ἰησοῦ.
21:14 μὴ πειθομένου δὲ αὐτοῦ ἡσυχάσαμεν εἰπόντες, Τοῦ **κυρίου** τὸ θέλημα γινέσθω.
22: 8 ἐγὼ δὲ ἀπεκρίθην, Τίς εἶ, **κύριε;** εἶπέν τε πρός με,
22:10 εἶπον δέ, Τί ποιήσω, **κύριε;** ὁ δὲ **κύριος** εἶπεν πρός με, Ἀναστὰς πορεύου εἰς Δαμασκὸν κἀκεῖ σοι λαληθήσεται περὶ πάντων ὧν τέτακταί σοι ποιῆσαι.
22:19 κἀγὼ εἶπον, **Κύριε,** αὐτοὶ ἐπίστανται ὅτι ἐγὼ ἤμην φυλακίζων καὶ δέρων κατὰ τὰς συναγωγὰς τοὺς πιστεύοντας ἐπὶ σέ,
23:11 Τῇ δὲ ἐπιούσῃ νυκτὶ ἐπιστὰς αὐτῷ ὁ **κύριος** εἶπεν,
25:26 περὶ οὗ ἀσφαλές τι γράψαι τῷ **κυρίῳ** οὐκ ἔχω,
26:15 ἐγὼ δὲ εἶπα, Τίς εἶ, **κύριε;** ὁ δὲ **κύριος** εἶπεν, Ἐγώ εἰμι Ἰησοῦς ὃν σὺ διώκεις.

28:31 κηρύσσων τὴν βασιλείαν τοῦ θεοῦ καὶ διδάσκων τὰ περὶ τοῦ **κυρίου** Ἰησοῦ Χριστοῦ μετὰ πάσης παρρησίας ἀκωλύτως.

Ro 1: 4 τοῦ ὁρισθέντος υἱοῦ θεοῦ ἐν δυνάμει κατὰ πνεῦμα ἁγιωσύνης ἐξ ἀναστάσεως νεκρῶν, Ἰησοῦ Χριστοῦ τοῦ **κυρίου** ἡμῶν,

1: 7 χάρις ὑμῖν καὶ εἰρήνη ἀπὸ θεοῦ πατρὸς ἡμῶν καὶ **κυρίου** Ἰησοῦ Χριστοῦ.

4: 8 μακάριος ἀνὴρ οὗ οὐ μὴ λογίσηται **κύριος** ἁμαρτίαν.

4:24 τοῖς πιστεύουσιν ἐπὶ τὸν ἐγείραντα Ἰησοῦν τὸν **κύριον** ἡμῶν ἐκ νεκρῶν,

5: 1 Δικαιωθέντες οὖν ἐκ πίστεως εἰρήνην ἔχομεν πρὸς τὸν θεὸν διὰ τοῦ **κυρίου** ἡμῶν Ἰησοῦ Χριστοῦ

5:11 ἀλλὰ καὶ καυχώμενοι ἐν τῷ θεῷ διὰ τοῦ **κυρίου** ἡμῶν Ἰησοῦ Χριστοῦ δι᾿ οὗ νῦν τὴν καταλλαγὴν ἐλάβομεν.

5:21 οὕτως καὶ ἡ χάρις βασιλεύσῃ διὰ δικαιοσύνης εἰς ζωὴν αἰώνιον διὰ Ἰησοῦ Χριστοῦ τοῦ **κυρίου** ἡμῶν.

6:23 τὸ δὲ χάρισμα τοῦ θεοῦ ζωὴ αἰώνιος ἐν Χριστῷ Ἰησοῦ τῷ **κυρίῳ** ἡμῶν.

7:25 χάρις δὲ τῷ θεῷ διὰ Ἰησοῦ Χριστοῦ τοῦ **κυρίου** ἡμῶν.

8:39 οὔτε βάθος οὔτε τις κτίσις ἑτέρα δυνήσεται ἡμᾶς χωρίσαι ἀπὸ τῆς ἀγάπης τοῦ θεοῦ τῆς ἐν Χριστῷ Ἰησοῦ τῷ **κυρίῳ** ἡμῶν.

9:28 λόγον γὰρ συντελῶν καὶ συντέμνων ποιήσει **κύριος** ἐπὶ τῆς γῆς.

9:29 καὶ καθὼς προείρηκεν Ἠσαΐας, Εἰ μὴ **κύριος** Σαβαὼθ ἐγκατέλιπεν ἡμῖν σπέρμα,

10: 9 ὅτι ἐὰν ὁμολογήσῃς ἐν τῷ στόματί σου **κύριον** Ἰησοῦν καὶ πιστεύσῃς ἐν τῇ καρδίᾳ σου ὅτι ὁ θεὸς αὐτὸν ἤγειρεν ἐκ νεκρῶν,

10:12 ὁ γὰρ αὐτὸς **κύριος** πάντων, πλουτῶν εἰς πάντας τοὺς ἐπικαλουμένους αὐτόν·

10:13 Πᾶς γὰρ ὃς ἂν ἐπικαλέσηται τὸ ὄνομα **κυρίου** σωθήσεται.

10:16 Ἠσαΐας γὰρ λέγει, **Κύριε,** τίς ἐπίστευσεν τῇ ἀκοῇ ἡμῶν;

11: 3 **Κύριε,** τοὺς προφήτας σου ἀπέκτειναν, τὰ θυσιαστήριά σου κατέσκαψαν,

11:34 Τίς γὰρ ἔγνω νοῦν **κυρίου;** ἢ τίς σύμβουλος αὐτοῦ ἐγένετο;

12:11 τῇ σπουδῇ μὴ ὀκνηροί, τῷ πνεύματι ζέοντες, τῷ **κυρίῳ** δουλεύοντες,

12:19 γέγραπται γάρ, Ἐμοὶ ἐκδίκησις, ἐγὼ ἀνταποδώσω, λέγει **κύριος.**

13:14 ἀλλὰ ἐνδύσασθε τὸν **κύριον** Ἰησοῦν Χριστὸν καὶ τῆς σαρκὸς πρόνοιαν μὴ ποιεῖσθε εἰς ἐπιθυμίας.

14: 4 τῷ ἰδίῳ **κυρίῳ** στήκει ἢ πίπτει· σταθήσεται δέ, δυνατεῖ γὰρ ὁ **κύριος** στῆσαι αὐτόν.

14: 6 ὁ φρονῶν τὴν ἡμέραν **κυρίῳ** φρονεῖ· καὶ ὁ ἐσθίων **κυρίῳ** ἐσθίει, εὐχαριστεῖ γὰρ τῷ θεῷ· καὶ ὁ μὴ ἐσθίων **κυρίῳ** οὐκ ἐσθίει καὶ εὐχαριστεῖ τῷ θεῷ.

14: 8 ἐάν τε γὰρ ζῶμεν, τῷ **κυρίῳ** ζῶμεν, ἐάν τε ἀποθνήσκωμεν, τῷ **κυρίῳ** ἀποθνήσκομεν. ἐάν τε οὖν ζῶμεν ἐάν τε ἀποθνήσκωμεν, τοῦ **κυρίου** ἐσμέν.

14:11 γέγραπται γάρ, Ζῶ ἐγώ, λέγει **κύριος,** ὅτι ἐμοὶ κάμψει πᾶν γόνυ καὶ πᾶσα γλῶσσα ἐξομολογήσεται τῷ θεῷ.

14:14 οἶδα καὶ πέπεισμαι ἐν **κυρίῳ** Ἰησοῦ ὅτι οὐδὲν κοινὸν δι᾿ ἑαυτοῦ,

15: 6 ἵνα ὁμοθυμαδὸν ἐν ἑνὶ στόματι δοξάζητε τὸν θεὸν καὶ πατέρα τοῦ **κυρίου** ἡμῶν Ἰησοῦ Χριστοῦ.

15:11 τὸν **κύριον** καὶ ἐπαινεσάτωσαν αὐτὸν πάντες οἱ λαοί.

15:30 διὰ τοῦ **κυρίου** ἡμῶν Ἰησοῦ Χριστοῦ καὶ διὰ τῆς ἀγάπης τοῦ πνεύματος συναγωνίσασθαί μοι ἐν ταῖς προσευχαῖς ὑπὲρ ἐμοῦ πρὸς τὸν θεόν,

16: 2 ἵνα αὐτὴν προσδέξησθε ἐν **κυρίῳ** ἀξίως τῶν ἁγίων καὶ παραστῆτε αὐτῇ ἐν ᾧ ἂν ὑμῶν χρῄζῃ πράγματι·

16: 8 ἀσπάσασθε Ἀμπλιᾶτον τὸν ἀγαπητόν μου ἐν **κυρίῳ.**

16:11 ἀσπάσασθε τοὺς ἐκ τῶν Ναρκίσσου τοὺς ὄντας ἐν **κυρίῳ.**

16:12 ἀσπάσασθε Τρύφαιναν καὶ Τρυφῶσαν τὰς κοπιώσας ἐν **κυρίῳ.** ἀσπάσασθε Περσίδα τὴν ἀγαπητήν, ἥτις πολλὰ ἐκοπίασεν ἐν **κυρίῳ.**

16:13 ἀσπάσασθε Ῥοῦφον τὸν ἐκλεκτὸν ἐν **κυρίῳ** καὶ τὴν μητέρα αὐτοῦ καὶ ἐμοῦ.

16:18 οἱ γὰρ τοιοῦτοι τῷ **κυρίῳ** ἡμῶν Χριστῷ οὐ δουλεύουσιν ἀλλὰ τῇ ἑαυτῶν κοιλίᾳ,

16:20 ἡ χάρις τοῦ **κυρίου** ἡμῶν Ἰησοῦ μεθ᾿ ὑμῶν.

16:22 ἀσπάζομαι ὑμᾶς ἐγὼ Τέρτιος ὁ γράψας τὴν ἐπιστολὴν ἐν **κυρίῳ.**

1Co 1: 2 σὺν πᾶσιν τοῖς ἐπικαλουμένοις τὸ ὄνομα τοῦ **κυρίου** ἡμῶν Ἰησοῦ Χριστοῦ ἐν παντὶ τόπῳ,

1: 3 χάρις ὑμῖν καὶ εἰρήνη ἀπὸ θεοῦ πατρὸς ἡμῶν καὶ **κυρίου** Ἰησοῦ Χριστοῦ.

1: 7 μὴ ὑστερεῖσθαι ἐν μηδενὶ χαρίσματι ἀπεκδεχομένους τὴν ἀποκάλυψιν τοῦ **κυρίου** ἡμῶν Ἰησοῦ Χριστοῦ·

1: 8 ὃς καὶ βεβαιώσει ὑμᾶς ἕως τέλους ἀνεγκλήτους ἐν τῇ ἡμέρᾳ τοῦ **κυρίου** ἡμῶν Ἰησοῦ [Χριστοῦ.]

1: 9 δι᾿ οὗ ἐκλήθητε εἰς κοινωνίαν τοῦ υἱοῦ αὐτοῦ Ἰησοῦ Χριστοῦ τοῦ **κυρίου** ἡμῶν.

1:10 διὰ τοῦ ὀνόματος τοῦ **κυρίου** ἡμῶν Ἰησοῦ Χριστοῦ,

1:31 ἵνα καθὼς γέγραπται, Ὁ καυχώμενος ἐν **κυρίῳ** καυχάσθω.

2: 8 εἰ γὰρ ἔγνωσαν, οὐκ ἂν τὸν **κύριον** τῆς δόξης ἐσταύρωσαν.

2:16 τίς γὰρ ἔγνω νοῦν **κυρίου,** ὃς συμβιβάσει αὐτόν;

3: 5 διάκονοι δι᾿ ὧν ἐπιστεύσατε, καὶ ἑκάστῳ ὡς ὁ **κύριος** ἔδωκεν.

3:20 **Κύριος** γινώσκει τοὺς διαλογισμοὺς τῶν σοφῶν ὅτι εἰσὶν μάταιοι.

4: 4 οὐκ ἐν τούτῳ δεδικαίωμαι, ὁ δὲ ἀνακρίνων με **κύριός** ἐστιν.

4: 5 ὥστε μὴ πρὸ καιροῦ τι κρίνετε ἕως ἂν ἔλθῃ ὁ **κύριος,**

4:17 ὅς ἐστίν μου τέκνον ἀγαπητὸν καὶ πιστὸν ἐν **κυρίῳ,**

4:19 ἐλεύσομαι δὲ ταχέως πρὸς ὑμᾶς ἐὰν ὁ **κύριος** θελήσῃ,

5: 4 ἐν τῷ ὀνόματι τοῦ **κυρίου** [ἡμῶν] Ἰησοῦ συναχθέντων ὑμῶν καὶ τοῦ ἐμοῦ πνεύματος σὺν τῇ δυνάμει τοῦ **κυρίου** ἡμῶν Ἰησοῦ,

5: 5 ἵνα τὸ πνεῦμα σωθῇ ἐν τῇ ἡμέρᾳ τοῦ **κυρίου.**

6:11 ἀλλὰ ἐδικαιώθητε ἐν τῷ ὀνόματι τοῦ **κυρίου** Ἰησοῦ Χριστοῦ καὶ ἐν τῷ πνεύματι τοῦ θεοῦ ἡμῶν.

6:13 τὸ δὲ σῶμα οὐ τῇ πορνείᾳ ἀλλὰ τῷ **κυρίῳ,** καὶ ὁ **κύριος** τῷ σώματι·

6:14 ὁ δὲ θεὸς καὶ τὸν **κύριον** ἤγειρεν καὶ ἡμᾶς ἐξεγερεῖ διὰ τῆς δυνάμεως αὐτοῦ.

6:17 ὁ δὲ κολλώμενος τῷ **κυρίῳ** ἓν πνεῦμά ἐστιν.

7:10 τοῖς δὲ γεγαμηκόσιν παραγγέλλω, οὐκ ἐγὼ ἀλλὰ ὁ **κύριος,**

7:12 Τοῖς δὲ λοιποῖς λέγω ἐγὼ οὐχ ὁ **κύριος·**

7:17 Εἰ μὴ ἑκάστῳ ὡς ἐμέρισεν ὁ **κύριος,** ἕκαστον ὡς κέκληκεν ὁ θεός,

7:22 ὁ γὰρ ἐν **κυρίῳ** κληθεὶς δοῦλος ἀπελεύθερος **κυρίου** ἐστίν,

7:25 Περὶ δὲ τῶν παρθένων ἐπιταγὴν **κυρίου** οὐκ ἔχω, γνώμην δὲ δίδωμι ὡς ἠλεημένος ὑπὸ **κυρίου** πιστὸς εἶναι.

7:32 ὁ ἄγαμος μεριμνᾷ τὰ τοῦ **κυρίου,** πῶς ἀρέσῃ τῷ **κυρίῳ·**

7:34 καὶ ἡ γυνὴ ἡ ἄγαμος καὶ ἡ παρθένος μεριμνᾷ τὰ τοῦ **κυρίου,**

7:35 οὐχ ἵνα βρόχον ὑμῖν ἐπιβάλω ἀλλὰ πρὸς τὸ εὔσχημον καὶ εὐπάρεδρον τῷ **κυρίῳ** ἀπερισπάστως.

7:39 ἐλευθέρα ἐστὶν ᾧ θέλει γαμηθῆναι, μόνον ἐν **κυρίῳ.**

8: 5 καὶ γὰρ εἴπερ εἰσὶν λεγόμενοι θεοὶ εἴτε ἐν οὐρανῷ εἴτε ἐπὶ γῆς, ὥσπερ εἰσὶν θεοὶ πολλοὶ καὶ **κύριοι** πολλοί,

8: 6 καὶ εἷς **κύριος** Ἰησοῦς Χριστὸς δι᾿ οὗ τὰ πάντα καὶ ἡμεῖς δι᾿ αὐτοῦ.

9: 1 οὐκ εἰμὶ ἀπόστολος; οὐχὶ Ἰησοῦν τὸν **κύριον** ἡμῶν ἑόρακα; οὐ τὸ ἔργον μου ὑμεῖς ἐστε ἐν **κυρίῳ;**

9: 2 ἡ γὰρ σφραγίς μου τῆς ἀποστολῆς ὑμεῖς ἐστε ἐν **κυρίῳ.**

9: 5 μὴ οὐκ ἔχομεν ἐξουσίαν ἀδελφὴν γυναῖκα περιάγειν ὡς καὶ οἱ λοιποὶ ἀπόστολοι καὶ οἱ ἀδελφοὶ τοῦ **κυρίου** καὶ Κηφᾶς;

9:14 οὕτως καὶ ὁ **κύριος** διέταξεν τοῖς τὸ εὐαγγέλιον καταγγέλλουσιν ἐκ τοῦ εὐαγγελίου ζῆν.

10: 9 μηδὲ ἐκπειράζωμεν τὸν **κύριον,**[NIV; UBS *5986*] καθώς τινες αὐτῶν ἐπείρασαν καὶ ὑπὸ τῶν ὄφεων ἀπώλλυντο.

10:21 οὐ δύνασθε ποτήριον **κυρίου** πίνειν καὶ ποτήριον δαιμονίων, οὐ δύνασθε τραπέζης **κυρίου** μετέχειν καὶ τραπέζης δαιμονίων.

10:22 ἢ παραζηλοῦμεν τὸν **κύριον;** μὴ ἰσχυρότεροι αὐτοῦ ἐσμεν;

10:26 τοῦ **κυρίου** γὰρ ἡ γῆ καὶ τὸ πλήρωμα αὐτῆς.

11:11 πλὴν οὔτε γυνὴ χωρὶς ἀνδρὸς οὔτε ἀνὴρ χωρὶς γυναικὸς ἐν **κυρίῳ·**

11:23 Ἐγὼ γὰρ παρέλαβον ἀπὸ τοῦ **κυρίου,** ὃ καὶ παρέδωκα ὑμῖν, ὅτι ὁ **κύριος** Ἰησοῦς ἐν τῇ νυκτὶ ᾗ παρεδίδετο ἔλαβεν ἄρτον

11:26 τὸν θάνατον τοῦ **κυρίου** καταγγέλλετε ἄχρις οὗ ἔλθῃ.

11:27 ὃς ἂν ἐσθίῃ τὸν ἄρτον ἢ πίνῃ τὸ ποτήριον τοῦ **κυρίου** ἀναξίως, ἔνοχος ἔσται τοῦ σώματος καὶ τοῦ αἵματος τοῦ **κυρίου.**

11:29 ὁ γὰρ ἐσθίων καὶ πίνων κρίμα ἑαυτῷ ἐσθίει καὶ πίνει μὴ διακρίνων τὸ σῶμα τοῦ **κυρίου**[UBS-]

11:32 κρινόμενοι δὲ ὑπὸ [τοῦ] **κυρίου** παιδευόμεθα, ἵνα μὴ σὺν τῷ κόσμῳ κατακριθῶμεν.

12: 3 Ἀνάθεμα Ἰησοῦς, καὶ οὐδεὶς δύναται εἰπεῖν, **Κύριος** Ἰησοῦς,

12: 5 καὶ διαιρέσεις διακονιῶν εἰσιν, καὶ ὁ αὐτὸς **κύριος·**

14:21 ὅτι Ἐν ἑτερογλώσσοις καὶ ἐν χείλεσιν ἑτέρων λαλήσω τῷ λαῷ τούτῳ καὶ οὐδ᾿ οὕτως εἰσακούσονταί μου, λέγει **κύριος.**

14:37 ἐπιγινωσκέτω ἃ γράφω ὑμῖν ὅτι **κυρίου** ἐστὶν ἐντολή·

15:31 ἣν ἔχω ἐν Χριστῷ Ἰησοῦ τῷ **κυρίῳ** ἡμῶν.

15:57 τῷ δὲ θεῷ χάρις τῷ διδόντι ἡμῖν τὸ νῖκος διὰ τοῦ **κυρίου** ἡμῶν Ἰησοῦ Χριστοῦ.

15:58 ἀμετακίνητοι, περισσεύοντες ἐν τῷ ἔργῳ τοῦ **κυρίου** πάντοτε, εἰδότες ὅτι ὁ κόπος ὑμῶν οὐκ ἔστιν κενὸς ἐν **κυρίῳ.**
16: 7 ἐλπίζω γὰρ χρόνον τινὰ ἐπιμεῖναι πρὸς ὑμᾶς ἐὰν ὁ **κύριος** ἐπιτρέψῃ.
16:10 ἵνα ἀφόβως γένηται πρὸς ὑμᾶς· τὸ γὰρ ἔργον **κυρίου** ἐργάζεται ὡς κἀγώ·
16:19 ἀσπάζεται ὑμᾶς ἐν **κυρίῳ** πολλὰ Ἀκύλας καὶ Πρίσκα σὺν τῇ κατ' οἶκον αὐτῶν ἐκκλησίᾳ.
16:22 εἴ τις οὐ φιλεῖ τὸν **κύριον,** ἤτω ἀνάθεμα.
16:23 ἡ χάρις τοῦ **κυρίου** Ἰησοῦ μεθ' ὑμῶν.

2Co 1: 2 χάρις ὑμῖν καὶ εἰρήνη ἀπὸ θεοῦ πατρὸς ἡμῶν καὶ **κυρίου** Ἰησοῦ Χριστοῦ.
1: 3 Εὐλογητὸς ὁ θεὸς καὶ πατὴρ τοῦ **κυρίου** ἡμῶν Ἰησοῦ Χριστοῦ,
1:14 ὅτι καύχημα ὑμῶν ἐσμεν καθάπερ καὶ ὑμεῖς ἡμῶν ἐν τῇ ἡμέρᾳ τοῦ **κυρίου** [ἡμῶν] Ἰησοῦ.
2:12 Ἐλθὼν δὲ εἰς τὴν Τρῳάδα εἰς τὸ εὐαγγέλιον τοῦ Χριστοῦ καὶ θύρας μοι ἀνεῳγμένης ἐν **κυρίῳ,**
3:16 ἡνίκα δὲ ἐὰν ἐπιστρέψῃ πρὸς **κύριον,** περιαιρεῖται τὸ κάλυμμα.
3:17 ὁ δὲ **κύριος** τὸ πνεῦμά ἐστιν· οὗ δὲ τὸ πνεῦμα **κυρίου,** ἐλευθερία.
3:18 ἡμεῖς δὲ πάντες ἀνακεκαλυμμένῳ προσώπῳ τὴν δόξαν **κυρίου** κατοπτριζόμενοι τὴν αὐτὴν εἰκόνα μεταμορφούμεθα ἀπὸ δόξης εἰς δόξαν καθάπερ ἀπὸ **κυρίου** πνεύματος.
4: 5 οὐ γὰρ ἑαυτοὺς κηρύσσομεν ἀλλὰ Ἰησοῦν Χριστὸν **κύριον,**
4:14 εἰδότες ὅτι ὁ ἐγείρας τὸν **κύριον** Ἰησοῦν καὶ ἡμᾶς σὺν Ἰησοῦ ἐγερεῖ καὶ παραστήσει σὺν ὑμῖν.
5: 6 Θαρροῦντες οὖν πάντοτε καὶ εἰδότες ὅτι ἐνδημοῦντες ἐν τῷ σώματι ἐκδημοῦμεν ἀπὸ τοῦ **κυρίου·**
5: 8 θαρροῦμεν δὲ καὶ εὐδοκοῦμεν μᾶλλον ἐκδημῆσαι ἐκ τοῦ σώματος καὶ ἐνδημῆσαι πρὸς τὸν **κύριον.**
5:11 Εἰδότες οὖν τὸν φόβον τοῦ **κυρίου** ἀνθρώπους πείθομεν,
6:17 διὸ ἐξέλθατε ἐκ μέσου αὐτῶν καὶ ἀφορίσθητε, λέγει **κύριος,** καὶ ἀκαθάρτου μὴ ἅπτεσθε·
6:18 καὶ ἔσομαι ὑμῖν εἰς πατέρα καὶ ὑμεῖς ἔσεσθέ μοι εἰς υἱοὺς καὶ θυγατέρας, λέγει **κύριος** παντοκράτωρ.
8: 5 καὶ οὐ καθὼς ἠλπίσαμεν ἀλλ' ἑαυτοὺς ἔδωκαν πρῶτον τῷ **κυρίῳ** καὶ ἡμῖν διὰ θελήματος θεοῦ
8: 9 γινώσκετε γὰρ τὴν χάριν τοῦ **κυρίου** ἡμῶν Ἰησοῦ Χριστοῦ,
8:19 σὺν τῇ χάριτι ταύτῃ τῇ διακονουμένῃ ὑφ' ἡμῶν πρὸς τὴν [αὐτοῦ] τοῦ **κυρίου** δόξαν καὶ προθυμίαν ἡμῶν,
8:21 προνοοῦμεν γὰρ καλὰ οὐ μόνον ἐνώπιον **κυρίου** ἀλλὰ καὶ ἐνώπιον ἀνθρώπων.
10: 8 ἐάν [τε] γὰρ περισσότερόν τι καυχήσωμαι περὶ τῆς ἐξουσίας ἡμῶν ἧς ἔδωκεν ὁ **κύριος** εἰς οἰκοδομὴν καὶ οὐκ εἰς καθαίρεσιν
10:17 Ὁ δὲ καυχώμενος ἐν **κυρίῳ** καυχάσθω·
10:18 ἐκεῖνός ἐστιν δόκιμος, ἀλλὰ ὃν ὁ **κύριος** συνίστησιν.
11:17 οὐ κατὰ **κύριον** λαλῶ ἀλλ' ὡς ἐν ἀφροσύνῃ,
11:31 ὁ θεὸς καὶ πατὴρ τοῦ **κυρίου** Ἰησοῦ οἶδεν,
12: 1 οὐ συμφέρον μέν, ἐλεύσομαι δὲ εἰς ὀπτασίας καὶ ἀποκαλύψεις **κυρίου.**
12: 8 ὑπὲρ τούτου τρὶς τὸν **κύριον** παρεκάλεσα ἵνα ἀποστῇ ἀπ' ἐμοῦ.
13:10 ἵνα παρὼν μὴ ἀποτόμως χρήσωμαι κατὰ τὴν ἐξουσίαν ἣν ὁ **κύριος** ἔδωκέν μοι εἰς οἰκοδομὴν καὶ οὐκ εἰς καθαίρεσιν.
13:13 Ἡ χάρις τοῦ **κυρίου** Ἰησοῦ Χριστοῦ καὶ ἡ ἀγάπη τοῦ θεοῦ καὶ ἡ κοινωνία τοῦ ἁγίου πνεύματος μετὰ πάντων ὑμῶν.

Gal 1: 3 χάρις ὑμῖν καὶ εἰρήνη ἀπὸ θεοῦ πατρὸς ἡμῶν καὶ **κυρίου** Ἰησοῦ Χριστοῦ
1:19 ἕτερον δὲ τῶν ἀποστόλων οὐκ εἶδον εἰ μὴ Ἰάκωβον τὸν ἀδελφὸν τοῦ **κυρίου.**
4: 1 ἐφ' ὅσον χρόνον ὁ κληρονόμος νήπιός ἐστιν, οὐδὲν διαφέρει δούλου **κύριος** πάντων ὤν,
5:10 ἐγὼ πέποιθα εἰς ὑμᾶς ἐν **κυρίῳ** ὅτι οὐδὲν ἄλλο φρονήσετε·
6:14 ἐμοὶ δὲ μὴ γένοιτο καυχᾶσθαι εἰ μὴ ἐν τῷ σταυρῷ τοῦ **κυρίου** ἡμῶν Ἰησοῦ Χριστοῦ,
6:18 Ἡ χάρις τοῦ **κυρίου** ἡμῶν Ἰησοῦ Χριστοῦ μετὰ τοῦ πνεύματος ὑμῶν,

Eph 1: 2 χάρις ὑμῖν καὶ εἰρήνη ἀπὸ θεοῦ πατρὸς ἡμῶν καὶ **κυρίου** Ἰησοῦ Χριστοῦ.
1: 3 Εὐλογητὸς ὁ θεὸς καὶ πατὴρ τοῦ **κυρίου** ἡμῶν Ἰησοῦ Χριστοῦ,
1:15 Διὰ τοῦτο κἀγὼ ἀκούσας τὴν καθ' ὑμᾶς πίστιν ἐν τῷ **κυρίῳ** Ἰησοῦ καὶ τὴν ἀγάπην τὴν εἰς πάντας τοὺς ἁγίους
1:17 ἵνα ὁ θεὸς τοῦ **κυρίου** ἡμῶν Ἰησοῦ Χριστοῦ,
2:21 ἐν ᾧ πᾶσα οἰκοδομὴ συναρμολογουμένη αὔξει εἰς ναὸν ἅγιον ἐν **κυρίῳ,**
3:11 κατὰ πρόθεσιν τῶν αἰώνων ἣν ἐποίησεν ἐν τῷ Χριστῷ Ἰησοῦ τῷ **κυρίῳ** ἡμῶν,
4: 1 Παρακαλῶ οὖν ὑμᾶς ἐγὼ ὁ δέσμιος ἐν **κυρίῳ** ἀξίως περιπατῆσαι τῆς κλήσεως ἧς ἐκλήθητε,
4: 5 εἷς **κύριος,** μία πίστις, ἓν βάπτισμα,
4:17 Τοῦτο οὖν λέγω καὶ μαρτύρομαι ἐν **κυρίῳ,** μηκέτι ὑμᾶς περιπατεῖν,
5: 8 ἦτε γάρ ποτε σκότος, νῦν δὲ φῶς ἐν **κυρίῳ·**
5:10 δοκιμάζοντες τί ἐστιν εὐάρεστον τῷ **κυρίῳ,**
5:17 διὰ τοῦτο μὴ γίνεσθε ἄφρονες, ἀλλὰ συνίετε τί τὸ θέλημα τοῦ **κυρίου.**
5:19 ᾄδοντες καὶ ψάλλοντες τῇ καρδίᾳ ὑμῶν τῷ **κυρίῳ,**
5:20 εὐχαριστοῦντες πάντοτε ὑπὲρ πάντων ἐν ὀνόματι τοῦ **κυρίου** ἡμῶν Ἰησοῦ Χριστοῦ τῷ θεῷ καὶ πατρί.
5:22 Αἱ γυναῖκες τοῖς ἰδίοις ἀνδράσιν ὡς τῷ **κυρίῳ,**
6: 1 Τὰ τέκνα, ὑπακούετε τοῖς γονεῦσιν ὑμῶν [ἐν **κυρίῳ·**]
6: 4 μὴ παροργίζετε τὰ τέκνα ὑμῶν ἀλλὰ ἐκτρέφετε αὐτὰ ἐν παιδείᾳ καὶ νουθεσίᾳ **κυρίου.**
6: 5 ὑπακούετε τοῖς κατὰ σάρκα **κυρίοις** μετὰ φόβου καὶ τρόμου ἐν ἁπλότητι τῆς καρδίας ὑμῶν ὡς τῷ Χριστῷ,
6: 7 μετ' εὐνοίας δουλεύοντες ὡς τῷ **κυρίῳ** καὶ οὐκ ἀνθρώποις,
6: 8 τοῦτο κομίσεται παρὰ **κυρίου** εἴτε δοῦλος εἴτε ἐλεύθερος.
6: 9 Καὶ οἱ **κύριοι,** τὰ αὐτὰ ποιεῖτε πρὸς αὐτούς, ἀνιέντες τὴν ἀπειλήν, εἰδότες ὅτι καὶ αὐτῶν καὶ ὑμῶν ὁ **κύριός** ἐστιν ἐν οὐρανοῖς καὶ προσωπολημψία οὐκ ἔστιν παρ' αὐτῷ.
6:10 ἐνδυναμοῦσθε ἐν **κυρίῳ** καὶ ἐν τῷ κράτει τῆς ἰσχύος αὐτοῦ.
6:21 πάντα γνωρίσει ὑμῖν Τυχικὸς ὁ ἀγαπητὸς ἀδελφὸς καὶ πιστὸς διάκονος ἐν **κυρίῳ,**
6:23 Εἰρήνη τοῖς ἀδελφοῖς καὶ ἀγάπη μετὰ πίστεως ἀπὸ θεοῦ πατρὸς καὶ **κυρίου** Ἰησοῦ Χριστοῦ.
6:24 ἡ χάρις μετὰ πάντων τῶν ἀγαπώντων τὸν **κύριον** ἡμῶν Ἰησοῦν Χριστὸν ἐν ἀφθαρσίᾳ.

Php 1: 2 χάρις ὑμῖν καὶ εἰρήνη ἀπὸ θεοῦ πατρὸς ἡμῶν καὶ **κυρίου** Ἰησοῦ Χριστοῦ.
1:14 καὶ τοὺς πλείονας τῶν ἀδελφῶν ἐν **κυρίῳ** πεποιθότας τοῖς δεσμοῖς μου περισσοτέρως τολμᾶν ἀφόβως τὸν λόγον λαλεῖν.
2:11 καὶ πᾶσα γλῶσσα ἐξομολογήσηται ὅτι **κύριος** Ἰησοῦς Χριστὸς εἰς δόξαν θεοῦ πατρός.
2:19 Ἐλπίζω δὲ ἐν **κυρίῳ** Ἰησοῦ Τιμόθεον ταχέως πέμψαι ὑμῖν,
2:24 πέποιθα δὲ ἐν **κυρίῳ** ὅτι καὶ αὐτὸς ταχέως ἐλεύσομαι.
2:29 προσδέχεσθε οὖν αὐτὸν ἐν **κυρίῳ** μετὰ πάσης χαρᾶς καὶ τοὺς τοιούτους ἐντίμους ἔχετε,
3: 1 Τὸ λοιπόν, ἀδελφοί μου, χαίρετε ἐν **κυρίῳ.** τὰ αὐτὰ γράφειν ὑμῖν ἐμοὶ μὲν οὐκ ὀκνηρόν,
3: 8 ἀλλὰ μενοῦνγε καὶ ἡγοῦμαι πάντα ζημίαν εἶναι διὰ τὸ ὑπερέχον τῆς γνώσεως Χριστοῦ Ἰησοῦ τοῦ **κυρίου** μου,
3:20 ἐξ οὗ καὶ σωτῆρα ἀπεκδεχόμεθα **κύριον** Ἰησοῦν Χριστόν,
4: 1 χαρὰ καὶ στέφανός μου, οὕτως στήκετε ἐν **κυρίῳ,** ἀγαπητοί.
4: 2 Εὐοδίαν παρακαλῶ καὶ Συντύχην παρακαλῶ τὸ αὐτὸ φρονεῖν ἐν **κυρίῳ.**
4: 4 Χαίρετε ἐν **κυρίῳ** πάντοτε· πάλιν ἐρῶ, χαίρετε.
4: 5 τὸ ἐπιεικὲς ὑμῶν γνωσθήτω πᾶσιν ἀνθρώποις. ὁ **κύριος** ἐγγύς.
4:10 Ἐχάρην δὲ ἐν **κυρίῳ** μεγάλως ὅτι ἤδη ποτὲ ἀνεθάλετε τὸ ὑπὲρ ἐμοῦ φρονεῖν,
4:23 ἡ χάρις τοῦ **κυρίου** Ἰησοῦ Χριστοῦ μετὰ τοῦ πνεύματος ὑμῶν.

Col 1: 3 Εὐχαριστοῦμεν τῷ θεῷ πατρὶ τοῦ **κυρίου** ἡμῶν Ἰησοῦ Χριστοῦ πάντοτε περὶ ὑμῶν προσευχόμενοι,
1:10 περιπατῆσαι ἀξίως τοῦ **κυρίου** εἰς πᾶσαν ἀρεσκείαν, ἐν παντὶ ἔργῳ ἀγαθῷ καρποφοροῦντες καὶ αὐξανόμενοι τῇ ἐπιγνώσει τοῦ θεοῦ,
2: 6 Ὡς οὖν παρελάβετε τὸν Χριστὸν Ἰησοῦν τὸν **κύριον,**
3:13 καθὼς καὶ ὁ **κύριος** ἐχαρίσατο ὑμῖν, οὕτως καὶ ὑμεῖς·
3:17 πάντα ἐν ὀνόματι **κυρίου** Ἰησοῦ, εὐχαριστοῦντες τῷ θεῷ πατρὶ δι' αὐτοῦ.
3:18 Αἱ γυναῖκες, ὑποτάσσεσθε τοῖς ἀνδράσιν ὡς ἀνῆκεν ἐν **κυρίῳ.**
3:20 ὑπακούετε τοῖς γονεῦσιν κατὰ πάντα, τοῦτο γὰρ εὐάρεστόν ἐστιν ἐν **κυρίῳ.**
3:22 Οἱ δοῦλοι, ὑπακούετε κατὰ πάντα τοῖς κατὰ σάρκα **κυρίοις,** μὴ ἐν ὀφθαλμοδουλίᾳ ὡς ἀνθρωπάρεσκοι, ἀλλ' ἐν ἁπλότητι καρδίας φοβούμενοι τὸν **κύριον.**
3:23 ἐκ ψυχῆς ἐργάζεσθε ὡς τῷ **κυρίῳ** καὶ οὐκ ἀνθρώποις,
3:24 εἰδότες ὅτι ἀπὸ **κυρίου** ἀπολήμψεσθε τὴν ἀνταπόδοσιν τῆς κληρονομίας. τῷ **κυρίῳ** Χριστῷ δουλεύετε·
4: 1 Οἱ **κύριοι,** τὸ δίκαιον καὶ τὴν ἰσότητα τοῖς δούλοις παρέχεσθε, εἰδότες ὅτι καὶ ὑμεῖς ἔχετε **κύριον** ἐν οὐρανῷ.
4: 7 Τὰ κατ' ἐμὲ πάντα γνωρίσει ὑμῖν Τυχικὸς ὁ ἀγαπητὸς ἀδελφὸς καὶ πιστὸς διάκονος καὶ σύνδουλος ἐν **κυρίῳ,**

4: 17 Βλέπε τὴν διακονίαν ἣν παρέλαβες ἐν **κυρίῳ,** ἵνα αὐτὴν πληροῖς.
1Th 1: 1 Παῦλος καὶ Σιλουανὸς καὶ Τιμόθεος τῇ ἐκκλησίᾳ Θεσσαλονικέων ἐν θεῷ πατρὶ καὶ **κυρίῳ** Ἰησοῦ Χριστῷ,
1: 3 κόπου τῆς ἀγάπης καὶ τῆς ὑπομονῆς τῆς ἐλπίδος τοῦ **κυρίου** ἡμῶν Ἰησοῦ Χριστοῦ ἔμπροσθεν τοῦ θεοῦ καὶ πατρὸς ἡμῶν,
1: 6 καὶ ὑμεῖς μιμηταὶ ἡμῶν ἐγενήθητε καὶ τοῦ **κυρίου,**
1: 8 ἀφ' ὑμῶν γὰρ ἐξήχηται ὁ λόγος τοῦ **κυρίου** οὐ μόνον ἐν τῇ Μακεδονίᾳ καὶ [ἐν τῇ] Ἀχαΐᾳ,
2: 15 τῶν καὶ τὸν **κύριον** ἀποκτεινάντων Ἰησοῦν καὶ τοὺς προφήτας καὶ ἡμᾶς ἐκδιωξάντων καὶ θεῷ μὴ ἀρεσκόντων
2: 19 ἔμπροσθεν τοῦ **κυρίου** ἡμῶν Ἰησοῦ ἐν τῇ αὐτοῦ παρουσίᾳ;
3: 8 ὅτι νῦν ζῶμεν ἐὰν ὑμεῖς στήκετε ἐν **κυρίῳ.**
3: 11 Αὐτὸς δὲ ὁ θεὸς καὶ πατὴρ ἡμῶν καὶ ὁ **κύριος** ἡμῶν Ἰησοῦς κατευθύναι τὴν ὁδὸν ἡμῶν πρὸς ὑμᾶς·
3: 12 ὑμᾶς δὲ ὁ **κύριος** πλεονάσαι καὶ περισσεύσαι τῇ ἀγάπῃ εἰς ἀλλήλους καὶ εἰς πάντας καθάπερ καὶ ἡμεῖς εἰς ὑμᾶς,
3: 13 εἰς τὸ στηρίξαι ὑμῶν τὰς καρδίας ἀμέμπτους ἐν ἁγιωσύνῃ ἔμπροσθεν τοῦ θεοῦ καὶ πατρὸς ἡμῶν ἐν τῇ παρουσίᾳ τοῦ **κυρίου** ἡμῶν Ἰησοῦ μετὰ πάντων τῶν ἁγίων αὐτοῦ[, ἀμήν].
4: 1 ἀδελφοί, ἐρωτῶμεν ὑμᾶς καὶ παρακαλοῦμεν ἐν **κυρίῳ** Ἰησοῦ,
4: 2 οἴδατε γὰρ τίνας παραγγελίας ἐδώκαμεν ὑμῖν διὰ τοῦ **κυρίου** Ἰησοῦ.
4: 6 διότι ἔκδικος **κύριος** περὶ πάντων τούτων, καθὼς καὶ προείπαμεν ὑμῖν καὶ διεμαρτυράμεθα.
4: 15 Τοῦτο γὰρ ὑμῖν λέγομεν ἐν λόγῳ **κυρίου,** ὅτι ἡμεῖς οἱ ζῶντες οἱ περιλειπόμενοι εἰς τὴν παρουσίαν τοῦ **κυρίου** οὐ μὴ φθάσωμεν τοὺς κοιμηθέντας·
4: 16 ὅτι αὐτὸς ὁ **κύριος** ἐν κελεύσματι, ἐν φωνῇ ἀρχαγγέλου καὶ ἐν σάλπιγγι θεοῦ,
4: 17 ἔπειτα ἡμεῖς οἱ ζῶντες οἱ περιλειπόμενοι ἅμα σὺν αὐτοῖς ἁρπαγησόμεθα ἐν νεφέλαις εἰς ἀπάντησιν τοῦ **κυρίου** εἰς ἀέρα· καὶ οὕτως πάντοτε σὺν **κυρίῳ** ἐσόμεθα.
5: 2 αὐτοὶ γὰρ ἀκριβῶς οἴδατε ὅτι ἡμέρα **κυρίου** ὡς κλέπτης ἐν νυκτὶ οὕτως ἔρχεται.
5: 9 ὅτι οὐκ ἔθετο ἡμᾶς ὁ θεὸς εἰς ὀργὴν ἀλλὰ εἰς περιποίησιν σωτηρίας διὰ τοῦ **κυρίου** ἡμῶν Ἰησοῦ Χριστοῦ
5: 12 εἰδέναι τοὺς κοπιῶντας ἐν ὑμῖν καὶ προϊσταμένους ὑμῶν ἐν **κυρίῳ** καὶ νουθετοῦντας ὑμᾶς
5: 23 ὁλόκληρον ὑμῶν τὸ πνεῦμα καὶ ἡ ψυχὴ καὶ τὸ σῶμα ἀμέμπτως ἐν τῇ παρουσίᾳ τοῦ **κυρίου** ἡμῶν Ἰησοῦ Χριστοῦ τηρηθείη.
5: 27 Ἐνορκίζω ὑμᾶς τὸν **κύριον** ἀναγνωσθῆναι τὴν ἐπιστολὴν πᾶσιν τοῖς ἀδελφοῖς.
5: 28 Ἡ χάρις τοῦ **κυρίου** ἡμῶν Ἰησοῦ Χριστοῦ μεθ' ὑμῶν.
2Th 1: 1 Παῦλος καὶ Σιλουανὸς καὶ Τιμόθεος τῇ ἐκκλησίᾳ Θεσσαλονικέων ἐν θεῷ πατρὶ ἡμῶν καὶ **κυρίῳ** Ἰησοῦ Χριστῷ,
1: 2 χάρις ὑμῖν καὶ εἰρήνη ἀπὸ θεοῦ πατρὸς [ἡμῶν] καὶ **κυρίου** Ἰησοῦ Χριστοῦ.
1: 7 ἐν τῇ ἀποκαλύψει τοῦ **κυρίου** Ἰησοῦ ἀπ' οὐρανοῦ μετ' ἀγγέλων δυνάμεως αὐτοῦ
1: 8 διδόντος ἐκδίκησιν τοῖς μὴ εἰδόσιν θεὸν καὶ τοῖς μὴ ὑπακούουσιν τῷ εὐαγγελίῳ τοῦ **κυρίου** ἡμῶν Ἰησοῦ,
1: 9 οἵτινες δίκην τίσουσιν ὄλεθρον αἰώνιον ἀπὸ προσώπου τοῦ **κυρίου** καὶ ἀπὸ τῆς δόξης τῆς ἰσχύος αὐτοῦ,
1: 12 ὅπως ἐνδοξασθῇ τὸ ὄνομα τοῦ **κυρίου** ἡμῶν Ἰησοῦ ἐν ὑμῖν, καὶ ὑμεῖς ἐν αὐτῷ, κατὰ τὴν χάριν τοῦ θεοῦ ἡμῶν καὶ **κυρίου** Ἰησοῦ Χριστοῦ.
2: 1 ὑπὲρ τῆς παρουσίας τοῦ **κυρίου** ἡμῶν Ἰησοῦ Χριστοῦ καὶ ἡμῶν ἐπισυναγωγῆς ἐπ' αὐτὸν
2: 2 μήτε διὰ πνεύματος μήτε διὰ λόγου μήτε δι' ἐπιστολῆς ὡς δι' ἡμῶν, ὡς ὅτι ἐνέστηκεν ἡ ἡμέρα τοῦ **κυρίου·**
2: 8 ὃν ὁ **κύριος** [Ἰησοῦς] ἀνελεῖ τῷ πνεύματι τοῦ στόματος αὐτοῦ καὶ καταργήσει τῇ ἐπιφανείᾳ τῆς παρουσίας αὐτοῦ,
2: 13 Ἡμεῖς δὲ ὀφείλομεν εὐχαριστεῖν τῷ θεῷ πάντοτε περὶ ὑμῶν, ἀδελφοὶ ἠγαπημένοι ὑπὸ **κυρίου,**
2: 14 εἰς ὃ [καὶ] ἐκάλεσεν ὑμᾶς διὰ τοῦ εὐαγγελίου ἡμῶν εἰς περιποίησιν δόξης τοῦ **κυρίου** ἡμῶν Ἰησοῦ Χριστοῦ.
2: 16 Αὐτὸς δὲ ὁ **κύριος** ἡμῶν Ἰησοῦς Χριστὸς καὶ [ὁ] θεὸς ὁ πατὴρ ἡμῶν ὁ ἀγαπήσας ἡμᾶς καὶ δοὺς παράκλησιν αἰωνίαν καὶ ἐλπίδα ἀγαθὴν ἐν χάριτι,
3: 1 ἵνα ὁ λόγος τοῦ **κυρίου** τρέχῃ καὶ δοξάζηται καθὼς καὶ πρὸς ὑμᾶς,
3: 3 πιστὸς δέ ἐστιν ὁ **κύριος,** ὃς στηρίξει ὑμᾶς καὶ φυλάξει ἀπὸ τοῦ πονηροῦ.
3: 4 πεποίθαμεν δὲ ἐν **κυρίῳ** ἐφ' ὑμᾶς, ὅτι ἃ παραγγέλλομεν [καὶ] ποιεῖτε καὶ ποιήσετε.
3: 5 Ὁ δὲ **κύριος** κατευθύναι ὑμῶν τὰς καρδίας εἰς τὴν ἀγάπην τοῦ θεοῦ καὶ εἰς τὴν ὑπομονὴν τοῦ Χριστοῦ.
3: 6 ἐν ὀνόματι τοῦ **κυρίου** [ἡμῶν] Ἰησοῦ Χριστοῦ στέλλεσθαι ὑμᾶς ἀπὸ παντὸς ἀδελφοῦ ἀτάκτως περιπατοῦντος καὶ μὴ κατὰ τὴν παράδοσιν ἣν παρελάβοσαν παρ' ἡμῶν.
3: 12 τοῖς δὲ τοιούτοις παραγγέλλομεν καὶ παρακαλοῦμεν ἐν **κυρίῳ** Ἰησοῦ Χριστῷ,
3: 16 Αὐτὸς δὲ ὁ **κύριος** τῆς εἰρήνης δῴη ὑμῖν τὴν εἰρήνην διὰ παντὸς ἐν παντὶ τρόπῳ. ὁ **κύριος** μετὰ πάντων ὑμῶν.
3: 18 ἡ χάρις τοῦ **κυρίου** ἡμῶν Ἰησοῦ Χριστοῦ μετὰ πάντων ὑμῶν.
1Ti 1: 2 χάρις ἔλεος εἰρήνη ἀπὸ θεοῦ πατρὸς καὶ Χριστοῦ Ἰησοῦ τοῦ **κυρίου** ἡμῶν.
1: 12 Χάριν ἔχω τῷ ἐνδυναμώσαντί με Χριστῷ Ἰησοῦ τῷ **κυρίῳ** ἡμῶν,
1: 14 ὑπερεπλεόνασεν δὲ ἡ χάρις τοῦ **κυρίου** ἡμῶν μετὰ πίστεως καὶ ἀγάπης τῆς ἐν Χριστῷ Ἰησοῦ.
6: 3 καὶ μὴ προσέρχεται ὑγιαίνουσιν λόγοις τοῖς τοῦ **κυρίου** ἡμῶν Ἰησοῦ Χριστοῦ καὶ τῇ κατ' εὐσέβειαν διδασκαλίᾳ,
6: 14 τηρῆσαί σε τὴν ἐντολὴν ἄσπιλον ἀνεπίλημπτον μέχρι τῆς ἐπιφανείας τοῦ **κυρίου** ἡμῶν Ἰησοῦ Χριστοῦ,
6: 15 ὁ βασιλεὺς τῶν βασιλευόντων καὶ **κύριος** τῶν κυριευόντων,
2Ti 1: 2 χάρις ἔλεος εἰρήνη ἀπὸ θεοῦ πατρὸς καὶ Χριστοῦ Ἰησοῦ τοῦ **κυρίου** ἡμῶν.
1: 8 μὴ οὖν ἐπαισχυνθῇς τὸ μαρτύριον τοῦ **κυρίου** ἡμῶν μηδὲ ἐμὲ τὸν δέσμιον αὐτοῦ,
1: 16 δῴη ἔλεος ὁ **κύριος** τῷ Ὀνησιφόρου οἴκῳ, ὅτι πολλάκις με ἀνέψυξεν καὶ τὴν ἅλυσίν μου οὐκ ἐπαισχύνθη,
1: 18 δῴη αὐτῷ ὁ **κύριος** εὑρεῖν ἔλεος παρὰ **κυρίου** ἐν ἐκείνῃ τῇ ἡμέρᾳ.
2: 7 δώσει γάρ σοι ὁ **κύριος** σύνεσιν ἐν πᾶσιν.
2: 19 Ἔγνω **κύριος** τοὺς ὄντας αὐτοῦ, καί, Ἀποστήτω ἀπὸ ἀδικίας πᾶς ὁ ὀνομάζων τὸ ὄνομα **κυρίου.**
2: 22 δίωκε δὲ δικαιοσύνην πίστιν ἀγάπην εἰρήνην μετὰ τῶν ἐπικαλουμένων τὸν **κύριον** ἐκ καθαρᾶς καρδίας.
2: 24 δοῦλον δὲ **κυρίου** οὐ δεῖ μάχεσθαι ἀλλὰ ἤπιον εἶναι πρὸς πάντας,
3: 11 οἵους διωγμοὺς ὑπήνεγκα καὶ ἐκ πάντων με ἐρρύσατο ὁ **κύριος.**
4: 8 ὃν ἀποδώσει μοι ὁ **κύριος** ἐν ἐκείνῃ τῇ ἡμέρᾳ,
4: 14 ἀποδώσει αὐτῷ ὁ **κύριος** κατὰ τὰ ἔργα αὐτοῦ·
4: 17 ὁ δὲ **κύριός** μοι παρέστη καὶ ἐνεδυνάμωσέν με,
4: 18 ῥύσεταί με ὁ **κύριος** ἀπὸ παντὸς ἔργου πονηροῦ καὶ σώσει εἰς τὴν βασιλείαν αὐτοῦ τὴν ἐπουράνιον·
4: 22 Ὁ **κύριος** μετὰ τοῦ πνεύματός σου. ἡ χάρις μεθ' ὑμῶν.
Phm 1: 3 χάρις ὑμῖν καὶ εἰρήνη ἀπὸ θεοῦ πατρὸς ἡμῶν καὶ **κυρίου** Ἰησοῦ Χριστοῦ.
1: 5 ἣν ἔχεις πρὸς τὸν **κύριον** Ἰησοῦν καὶ εἰς πάντας τοὺς ἁγίους,
1: 16 πόσῳ δὲ μᾶλλον σοὶ καὶ ἐν σαρκὶ καὶ ἐν **κυρίῳ.**
1: 20 ναὶ ἀδελφέ, ἐγώ σου ὀναίμην ἐν **κυρίῳ·** ἀνάπαυσόν μου τὰ σπλάγχνα ἐν Χριστῷ.
1: 25 Ἡ χάρις τοῦ **κυρίου** Ἰησοῦ Χριστοῦ μετὰ τοῦ πνεύματος ὑμῶν.
Heb 1: 10 καί, Σὺ κατ' ἀρχάς, **κύριε,** τὴν γῆν ἐθεμελίωσας,
2: 3 ἥτις ἀρχὴν λαβοῦσα λαλεῖσθαι διὰ τοῦ **κυρίου** ὑπὸ τῶν ἀκουσάντων εἰς ἡμᾶς ἐβεβαιώθη,
7: 14 πρόδηλον γὰρ ὅτι ἐξ Ἰούδα ἀνατέταλκεν ὁ **κύριος** ἡμῶν,
7: 21 Ὤμοσεν **κύριος** καὶ οὐ μεταμεληθήσεται, Σὺ ἱερεὺς εἰς τὸν αἰῶνα.
8: 2 τῶν ἁγίων λειτουργὸς καὶ τῆς σκηνῆς τῆς ἀληθινῆς, ἣν ἔπηξεν ὁ **κύριος,** οὐκ ἄνθρωπος.
8: 8 μεμφόμενος γὰρ αὐτοὺς λέγει, Ἰδοὺ ἡμέραι ἔρχονται, λέγει **κύριος,**
8: 9 ὅτι αὐτοὶ οὐκ ἐνέμειναν ἐν τῇ διαθήκῃ μου, κἀγὼ ἠμέλησα αὐτῶν, λέγει **κύριος·**
8: 10 ἣν διαθήσομαι τῷ οἴκῳ Ἰσραὴλ μετὰ τὰς ἡμέρας ἐκείνας, λέγει **κύριος·**
8: 11 Γνῶθι τὸν **κύριον,** ὅτι πάντες εἰδήσουσίν με ἀπὸ μικροῦ ἕως μεγάλου αὐτῶν,
10: 16 Αὕτη ἡ διαθήκη ἣν διαθήσομαι πρὸς αὐτοὺς μετὰ τὰς ἡμέρας ἐκείνας, λέγει **κύριος·**
10: 30 ἐγὼ ἀνταποδώσω. καὶ πάλιν, Κρινεῖ **κύριος** τὸν λαὸν αὐτοῦ.
12: 5 μὴ ὀλιγώρει παιδείας **κυρίου** μηδὲ ἐκλύου ὑπ' αὐτοῦ ἐλεγχόμενος·
12: 6 ὃν γὰρ ἀγαπᾷ **κύριος** παιδεύει, μαστιγοῖ δὲ πάντα υἱὸν ὃν παραδέχεται.
12: 14 Εἰρήνην διώκετε μετὰ πάντων καὶ τὸν ἁγιασμόν, οὗ χωρὶς οὐδεὶς ὄψεται τὸν **κύριον,**
13: 6 **Κύριος** ἐμοὶ βοηθός, [καὶ] οὐ φοβηθήσομαι, τί ποιήσει μοι ἄνθρωπος;

13:20 ὁ ἀναγαγὼν ἐκ νεκρῶν τὸν ποιμένα τῶν προβάτων τὸν μέγαν ἐν αἵματι διαθήκης αἰωνίου, τὸν **κύριον** ἡμῶν Ἰησοῦν,

Jas 1: 1 Ἰάκωβος θεοῦ καὶ **κυρίου** Ἰησοῦ Χριστοῦ δοῦλος ταῖς δώδεκα φυλαῖς ταῖς ἐν τῇ διασπορᾷ χαίρειν.

1: 7 μὴ γὰρ οἰέσθω ὁ ἄνθρωπος ἐκεῖνος ὅτι λήμψεταί τι παρὰ τοῦ **κυρίου,**

2: 1 μὴ ἐν προσωπολημψίαις ἔχετε τὴν πίστιν τοῦ **κυρίου** ἡμῶν Ἰησοῦ Χριστοῦ τῆς δόξης.

3: 9 ἐν αὐτῇ εὐλογοῦμεν τὸν **κύριον** καὶ πατέρα καὶ ἐν αὐτῇ καταρώμεθα τοὺς ἀνθρώπους τοὺς καθ᾽ ὁμοίωσιν θεοῦ

4:10 ταπεινώθητε ἐνώπιον **κυρίου** καὶ ὑψώσει ὑμᾶς.

4:15 Ἐὰν ὁ **κύριος** θελήσῃ καὶ ζήσομεν καὶ ποιήσομεν τοῦτο ἢ ἐκεῖνο.

5: 4 καὶ αἱ βοαὶ τῶν θερισάντων εἰς τὰ ὦτα **κυρίου** Σαβαὼθ εἰσεληλύθασιν.

5: 7 Μακροθυμήσατε οὖν, ἀδελφοί, ἕως τῆς παρουσίας τοῦ **κυρίου.**

5: 8 στηρίξατε τὰς καρδίας ὑμῶν, ὅτι ἡ παρουσία τοῦ **κυρίου** ἤγγικεν.

5:10 τῆς κακοπαθείας καὶ τῆς μακροθυμίας τοὺς προφήτας οἳ ἐλάλησαν ἐν τῷ ὀνόματι **κυρίου.**

5:11 τὴν ὑπομονὴν Ἰὼβ ἠκούσατε καὶ τὸ τέλος **κυρίου** εἴδετε, ὅτι πολύσπλαγχνός ἐστιν ὁ **κύριος** καὶ οἰκτίρμων.

5:14 προσκαλεσάσθω τοὺς πρεσβυτέρους τῆς ἐκκλησίας καὶ προσευξάσθωσαν ἐπ᾽ αὐτὸν ἀλείψαντες [αὐτὸν] ἐλαίῳ ἐν τῷ ὀνόματι τοῦ **κυρίου.**

5:15 καὶ ἡ εὐχὴ τῆς πίστεως σώσει τὸν κάμνοντα καὶ ἐγερεῖ αὐτὸν ὁ **κύριος·**

1Pe 1: 3 Εὐλογητὸς ὁ θεὸς καὶ πατὴρ τοῦ **κυρίου** ἡμῶν Ἰησοῦ Χριστοῦ,

1:25 τὸ δὲ ῥῆμα **κυρίου** μένει εἰς τὸν αἰῶνα.

2: 3 εἰ ἐγεύσασθε ὅτι χρηστὸς ὁ **κύριος.**

2:13 Ὑποτάγητε πάσῃ ἀνθρωπίνῃ κτίσει διὰ τὸν **κύριον,** εἴτε βασιλεῖ ὡς ὑπερέχοντι,

3: 6 ὡς Σάρρα ὑπήκουσεν τῷ Ἀβραάμ **κύριον** αὐτὸν καλοῦσα,

3:12 ὅτι ὀφθαλμοὶ **κυρίου** ἐπὶ δικαίους καὶ ὦτα αὐτοῦ εἰς δέησιν αὐτῶν, πρόσωπον δὲ **κυρίου** ἐπὶ ποιοῦντας κακά.

3:15 **κύριον** δὲ τὸν Χριστὸν ἁγιάσατε ἐν ταῖς καρδίαις ὑμῶν,

2Pe 1: 2 χάρις ὑμῖν καὶ εἰρήνη πληθυνθείη ἐν ἐπιγνώσει τοῦ θεοῦ καὶ Ἰησοῦ τοῦ **κυρίου** ἡμῶν.

1: 8 ὑμῖν ὑπάρχοντα καὶ πλεονάζοντα οὐκ ἀργοὺς οὐδὲ ἀκάρπους καθίστησιν εἰς τὴν τοῦ **κυρίου** ἡμῶν Ἰησοῦ Χριστοῦ ἐπίγνωσιν·

1:11 πλουσίως ἐπιχορηγηθήσεται ὑμῖν ἡ εἴσοδος εἰς τὴν αἰώνιον βασιλείαν τοῦ **κυρίου** ἡμῶν καὶ σωτῆρος Ἰησοῦ Χριστοῦ.

1:14 εἰδὼς ὅτι ταχινή ἐστιν ἡ ἀπόθεσις τοῦ σκηνώματός μου καθὼς καὶ ὁ **κύριος** ἡμῶν Ἰησοῦς Χριστὸς ἐδήλωσέν μοι,

1:16 Οὐ γὰρ σεσοφισμένοις μύθοις ἐξακολουθήσαντες ἐγνωρίσαμεν ὑμῖν τὴν τοῦ **κυρίου** ἡμῶν Ἰησοῦ Χριστοῦ δύναμιν

2: 9 οἶδεν **κύριος** εὐσεβεῖς ἐκ πειρασμοῦ ῥύεσθαι, ἀδίκους δὲ εἰς ἡμέραν κρίσεως κολαζομένους τηρεῖν,

2:11 ὅπου ἄγγελοι ἰσχύϊ καὶ δυνάμει μείζονες ὄντες οὐ φέρουσιν κατ᾽ αὐτῶν παρὰ **κυρίου** βλάσφημον κρίσιν.

2:20 εἰ γὰρ ἀποφυγόντες τὰ μιάσματα τοῦ κόσμου ἐν ἐπιγνώσει τοῦ **κυρίου** [ἡμῶν] καὶ σωτῆρος Ἰησοῦ Χριστοῦ,

3: 2 τῶν προειρημένων ῥημάτων ὑπὸ τῶν ἁγίων προφητῶν καὶ τῆς τῶν ἀποστόλων ὑμῶν ἐντολῆς τοῦ **κυρίου** καὶ σωτῆρος.

3: 8 ὅτι μία ἡμέρα παρὰ **κυρίῳ** ὡς χίλια ἔτη καὶ χίλια ἔτη ὡς ἡμέρα μία.

3: 9 οὐ βραδύνει **κύριος** τῆς ἐπαγγελίας, ὥς τινες βραδύτητα ἡγοῦνται,

3:10 Ἥξει δὲ ἡμέρα **κυρίου** ὡς κλέπτης, ἐν ᾗ οἱ οὐρανοὶ ῥοιζηδὸν παρελεύσονται στοιχεῖα δὲ καυσούμενα λυθήσεται

3:15 καὶ τὴν τοῦ **κυρίου** ἡμῶν μακροθυμίαν σωτηρίαν ἡγεῖσθε,

3:18 αὐξάνετε δὲ ἐν χάριτι καὶ γνώσει τοῦ **κυρίου** ἡμῶν καὶ σωτῆρος Ἰησοῦ Χριστοῦ.

Jude 1: 4 τὴν τοῦ θεοῦ ἡμῶν χάριτα μετατιθέντες εἰς ἀσέλγειαν καὶ τὸν μόνον δεσπότην καὶ **κύριον** ἡμῶν Ἰησοῦν Χριστὸν ἀρνούμενοι.

1: 5 εἰδότας [ὑμᾶς] πάντα ὅτι [ὁ] **κύριος** ἅπαξ λαὸν ἐκ γῆς Αἰγύπτου σώσας τὸ δεύτερον τοὺς μὴ πιστεύσαντας ἀπώλεσεν,

1: 9 οὐκ ἐτόλμησεν κρίσιν ἐπενεγκεῖν βλασφημίας ἀλλὰ εἶπεν, Ἐπιτιμήσαι σοι **κύριος.**

1:14 Προεφήτευσεν δὲ καὶ τούτοις ἕβδομος ἀπὸ Ἀδὰμ Ἑνὼχ λέγων, Ἰδοὺ ἦλθεν **κύριος** ἐν ἁγίαις μυριάσιν αὐτοῦ

1:17 μνήσθητε τῶν ῥημάτων τῶν προειρημένων ὑπὸ τῶν ἀποστόλων τοῦ **κυρίου** ἡμῶν Ἰησοῦ Χριστοῦ

1:21 ἑαυτοὺς ἐν ἀγάπῃ θεοῦ τηρήσατε προσδεχόμενοι τὸ ἔλεος τοῦ **κυρίου** ἡμῶν Ἰησοῦ Χριστοῦ εἰς ζωὴν αἰώνιον.

1:25 μόνῳ θεῷ σωτῆρι ἡμῶν διὰ Ἰησοῦ Χριστοῦ τοῦ **κυρίου** ἡμῶν δόξα μεγαλωσύνη κράτος καὶ ἐξουσία πρὸ παντὸς τοῦ αἰῶνος

Rev 1: 8 Ἐγώ εἰμι τὸ Ἄλφα καὶ τὸ Ὦ, λέγει **κύριος** ὁ θεός,

4: 8 Ἅγιος ἅγιος ἅγιος **κύριος** ὁ θεὸς ὁ παντοκράτωρ,

4:11 Ἄξιος εἶ, ὁ **κύριος** καὶ ὁ θεὸς ἡμῶν,

7:14 καὶ εἴρηκα αὐτῷ, **Κύριέ** μου, σὺ οἶδας. καὶ εἶπέν μοι,

11: 4 οὗτοί εἰσιν αἱ δύο ἐλαῖαι καὶ αἱ δύο λυχνίαι αἱ ἐνώπιον τοῦ **κυρίου** τῆς γῆς ἑστῶτες.

11: 8 ἥτις καλεῖται πνευματικῶς Σόδομα καὶ Αἴγυπτος, ὅπου καὶ ὁ **κύριος** αὐτῶν ἐσταυρώθη.

11:15 Ἐγένετο ἡ βασιλεία τοῦ κόσμου τοῦ **κυρίου** ἡμῶν καὶ τοῦ Χριστοῦ αὐτοῦ,

11:17 λέγοντες, Εὐχαριστοῦμέν σοι, **κύριε** ὁ θεὸς ὁ παντοκράτωρ,

14:13 Μακάριοι οἱ νεκροὶ οἱ ἐν **κυρίῳ** ἀποθνήσκοντες ἀπ᾽ ἄρτι.

15: 3 Μεγάλα καὶ θαυμαστὰ τὰ ἔργα σου, **κύριε** ὁ θεὸς ὁ παντοκράτωρ·

15: 4 τίς οὐ μὴ φοβηθῇ, **κύριε,** καὶ δοξάσει τὸ ὄνομά σου;

16: 7 καὶ ἤκουσα τοῦ θυσιαστηρίου λέγοντος, Ναὶ **κύριε** ὁ θεὸς ὁ παντοκράτωρ,

17:14 ὅτι **κύριος κυρίων** ἐστὶν καὶ βασιλεὺς βασιλέων καὶ οἱ μετ᾽ αὐτοῦ κλητοὶ καὶ ἐκλεκτοὶ καὶ πιστοί.

18: 8 ὅτι ἰσχυρὸς **κύριος** ὁ θεὸς ὁ κρίνας αὐτήν.

19: 6 ὅτι ἐβασίλευσεν **κύριος** ὁ θεὸς [ἡμῶν] ὁ παντοκράτωρ.

19:16 καὶ ἔχει ἐπὶ τὸ ἱμάτιον καὶ ἐπὶ τὸν μηρὸν αὐτοῦ ὄνομα γεγραμμένον· Βασιλεὺς βασιλέων καὶ **κύριος κυρίων.**

21:22 ὁ γὰρ **κύριος** ὁ θεὸς ὁ παντοκράτωρ ναὸς αὐτῆς ἐστιν καὶ τὸ ἀρνίον.

22: 5 ὅτι **κύριος** ὁ θεὸς φωτίσει ἐπ᾽ αὐτούς, καὶ βασιλεύσουσιν εἰς τοὺς αἰῶνας τῶν αἰώνων.

22: 6 καὶ ὁ **κύριος** ὁ θεὸς τῶν πνευμάτων τῶν προφητῶν ἀπέστειλεν τὸν ἄγγελον αὐτοῦ δεῖξαι τοῖς δούλοις αὐτοῦ ἃ δεῖ γενέσθαι ἐν τάχει.

22:20 Λέγει ὁ μαρτυρῶν ταῦτα, Ναί, ἔρχομαι ταχύ. Ἀμήν, ἔρχου **κύριε** Ἰησοῦ.

22:21 Ἡ χάρις τοῦ **κυρίου** Ἰησοῦ μετὰ πάντων.

3262 κυριότης [4]

√ 3261

Eph 1:21 ὑπεράνω πάσης ἀρχῆς καὶ ἐξουσίας καὶ δυνάμεως καὶ **κυριότητος** καὶ παντὸς ὀνόματος ὀνομαζομένου,

Col 1:16 εἴτε θρόνοι εἴτε **κυριότητες** εἴτε ἀρχαὶ εἴτε ἐξουσίαι·

2Pe 2:10 μάλιστα δὲ τοὺς ὀπίσω σαρκὸς ἐν ἐπιθυμίᾳ μιασμοῦ πορευομένους καὶ **κυριότητος** καταφρονοῦντας.

Jude 1: 8 Ὁμοίως μέντοι καὶ οὗτοι ἐνυπνιαζόμενοι σάρκα μὲν μιαίνουσιν **κυριότητα** δὲ ἀθετοῦσιν δόξας δὲ βλασφημοῦσιν.

3263 κυρόω [2]

→ 218, 4623; cf. 3261

2Co 2: 8 διὸ παρακαλῶ ὑμᾶς **κυρῶσαι** εἰς αὐτὸν ἀγάπην·

Gal 3:15 ὅμως ἀνθρώπου **κεκυρωμένην** διαθήκην οὐδεὶς ἀθετεῖ ἢ ἐπιδιατάσσεται.

3264 κύων [5]

→ 3249

Mt 7: 6 Μὴ δῶτε τὸ ἅγιον τοῖς **κυσὶν** μηδὲ βάλητε τοὺς μαργαρίτας ὑμῶν ἔμπροσθεν τῶν χοίρων,

Lk 16:21 ἀλλὰ καὶ οἱ **κύνες** ἐρχόμενοι ἐπέλειχον τὰ ἕλκη αὐτοῦ.

Php 3: 2 Βλέπετε τοὺς **κύνας,** βλέπετε τοὺς κακοὺς ἐργάτας, βλέπετε τὴν κατατομήν.

2Pe 2:22 **Κύων** ἐπιστρέψας ἐπὶ τὸ ἴδιον ἐξέραμα, καί, Ὗς λουσαμένη εἰς κυλισμὸν βορβόρου.

Rev 22:15 ἔξω οἱ **κύνες** καὶ οἱ φάρμακοι καὶ οἱ πόρνοι καὶ οἱ φονεῖς καὶ οἱ εἰδωλολάτραι καὶ πᾶς φιλῶν καὶ ποιῶν ψεῦδος.

3265 κῶλον [1]

Heb 3:17 οὐχὶ τοῖς ἁμαρτήσασιν, ὧν τὰ **κῶλα** ἔπεσεν ἐν τῇ ἐρήμῳ;

3266 κωλύω [23]

→ 219, 1361, 3134, 3136, 3143; cf. 1551

Mt 19:14 Ἄφετε τὰ παιδία καὶ μὴ **κωλύετε** αὐτὰ ἐλθεῖν πρός με,

Mk 9:38 εἴδομέν τινα ἐν τῷ ὀνόματί σου ἐκβάλλοντα δαιμόνια καὶ **ἐκωλύομεν** αὐτόν,
9:39 ὁ δὲ Ἰησοῦς εἶπεν, Μὴ **κωλύετε** αὐτόν. οὐδεὶς γάρ ἐστιν ὃς ποιήσει δύναμιν ἐπὶ τῷ ὀνόματί μου καὶ δυνήσεται ταχὺ κακολογῆσαί με·
10:14 Ἄφετε τὰ παιδία ἔρχεσθαι πρός με, μὴ **κωλύετε** αὐτά,
Lk 6:29 καὶ ἀπὸ τοῦ αἴροντός σου τὸ ἱμάτιον καὶ τὸν χιτῶνα μὴ **κωλύσῃς.**
9:49 εἴδομέν τινα ἐν τῷ ὀνόματί σου ἐκβάλλοντα δαιμόνια καὶ **ἐκωλύομεν** αὐτόν,
9:50 εἶπεν δὲ πρὸς αὐτὸν ὁ Ἰησοῦς, Μὴ **κωλύετε·**
11:52 ὅτι ἤρατε τὴν κλεῖδα τῆς γνώσεως· αὐτοὶ οὐκ εἰσήλθατε καὶ τοὺς εἰσερχομένους **ἐκωλύσατε.**
18:16 Ἄφετε τὰ παιδία ἔρχεσθαι πρός με καὶ μὴ **κωλύετε** αὐτά,
23: 2 Τοῦτον εὕραμεν διαστρέφοντα τὸ ἔθνος ἡμῶν καὶ **κωλύοντα** φόρους Καίσαρι διδόναι καὶ λέγοντα ἑαυτὸν Χριστὸν βασιλέα
Ac 8:36 καί φησιν ὁ εὐνοῦχος, Ἰδοὺ ὕδωρ, τί **κωλύει** με βαπτισθῆναι;
10:47 Μήτι τὸ ὕδωρ δύναται **κωλῦσαί** τις τοῦ μὴ βαπτισθῆναι τούτους,
11:17 εἰ οὖν τὴν ἴσην δωρεὰν ἔδωκεν αὐτοῖς ὁ θεὸς ὡς καὶ ἡμῖν πιστεύσασιν ἐπὶ τὸν κύριον Ἰησοῦν Χριστόν, ἐγὼ τίς ἤμην δυνατὸς **κωλῦσαι** τὸν θεόν;
16: 6 Διῆλθον δὲ τὴν Φρυγίαν καὶ Γαλατικὴν χώραν **κωλυθέντες** ὑπὸ τοῦ ἁγίου πνεύματος λαλῆσαι τὸν λόγον ἐν τῇ Ἀσίᾳ·
24:23 διαταξάμενος τῷ ἑκατοντάρχῃ τηρεῖσθαι αὐτὸν ἔχειν τε ἄνεσιν καὶ μηδένα **κωλύειν** τῶν ἰδίων αὐτοῦ ὑπηρετεῖν αὐτῷ.
27:43 ὁ δὲ ἑκατοντάρχης βουλόμενος διασῶσαι τὸν Παῦλον **ἐκώλυσεν** αὐτοὺς τοῦ βουλήματος,
Ro 1:13 ὅτι πολλάκις προεθέμην ἐλθεῖν πρὸς ὑμᾶς, καὶ **ἐκωλύθην** ἄχρι τοῦ δεῦρο,
1Co 14:39 ζηλοῦτε τὸ προφητεύειν καὶ τὸ λαλεῖν μὴ **κωλύετε** γλώσσαις·
1Th 2:16 **κωλυόντων** ἡμᾶς τοῖς ἔθνεσιν λαλῆσαι ἵνα σωθῶσιν, εἰς τὸ ἀναπληρῶσαι αὐτῶν τὰς ἁμαρτίας πάντοτε.
1Ti 4: 3 **κωλυόντων** γαμεῖν, ἀπέχεσθαι βρωμάτων, ἃ ὁ θεὸς ἔκτισεν εἰς μετάλημψιν μετὰ εὐχαριστίας τοῖς πιστοῖς
Heb 7:23 καὶ οἱ μὲν πλείονές εἰσιν γεγονότες ἱερεῖς διὰ τὸ θανάτῳ **κωλύεσθαι** παραμένειν·
2Pe 2:16 ὑποζύγιον ἄφωνον ἐν ἀνθρώπου φωνῇ φθεγξάμενον **ἐκώλυσεν** τὴν τοῦ προφήτου παραφρονίαν.
3Jn 1:10 οὔτε αὐτὸς ἐπιδέχεται τοὺς ἀδελφοὺς καὶ τοὺς βουλομένους **κωλύει** καὶ ἐκ τῆς ἐκκλησίας ἐκβάλλει.

3267 κώμη [27]

→ *3268, 3269*

Mt 9:35 Καὶ περιῆγεν ὁ Ἰησοῦς τὰς πόλεις πάσας καὶ τὰς **κώμας** διδάσκων ἐν ταῖς συναγωγαῖς αὐτῶν καὶ κηρύσσων
10:11 εἰς ἣν δ' ἂν πόλιν ἢ **κώμην** εἰσέλθητε,
14:15 ἵνα ἀπελθόντες εἰς τὰς **κώμας** ἀγοράσωσιν ἑαυτοῖς βρώματα.
21: 2 λέγων αὐτοῖς, Πορεύεσθε εἰς τὴν **κώμην** τὴν κατέναντι ὑμῶν,
Mk 6: 6 καὶ ἐθαύμαζεν διὰ τὴν ἀπιστίαν αὐτῶν. Καὶ περιῆγεν τὰς **κώμας** κύκλῳ διδάσκων.
6:36 ἵνα ἀπελθόντες εἰς τοὺς κύκλῳ ἀγροὺς καὶ **κώμας** ἀγοράσωσιν ἑαυτοῖς τί φάγωσιν.
6:56 καὶ ὅπου ἂν εἰσεπορεύετο εἰς **κώμας** ἢ εἰς πόλεις ἢ εἰς ἀγρούς,
8:23 καὶ ἐπιλαβόμενος τῆς χειρὸς τοῦ τυφλοῦ ἐξήνεγκεν αὐτὸν ἔξω τῆς **κώμης** καὶ πτύσας εἰς τὰ ὄμματα αὐτοῦ,
8:26 καὶ ἀπέστειλεν αὐτὸν εἰς οἶκον αὐτοῦ λέγων, Μηδὲ εἰς τὴν **κώμην** εἰσέλθῃς.
8:27 Καὶ ἐξῆλθεν ὁ Ἰησοῦς καὶ οἱ μαθηταὶ αὐτοῦ εἰς τὰς **κώμας** Καισαρείας τῆς Φιλίππου·
11: 2 καὶ λέγει αὐτοῖς, Ὑπάγετε εἰς τὴν **κώμην** τὴν κατέναντι ὑμῶν,
Lk 5:17 Φαρισαῖοι καὶ νομοδιδάσκαλοι οἳ ἦσαν ἐληλυθότες ἐκ πάσης **κώμης** τῆς Γαλιλαίας καὶ Ἰουδαίας καὶ Ἰερουσαλήμ·
8: 1 Καὶ ἐγένετο ἐν τῷ καθεξῆς καὶ αὐτὸς διώδευεν κατὰ πόλιν καὶ **κώμην** κηρύσσων καὶ εὐαγγελιζόμενος τὴν βασιλείαν τοῦ θεοῦ
9: 6 ἐξερχόμενοι δὲ διήρχοντο κατὰ τὰς **κώμας** εὐαγγελιζόμενοι καὶ θεραπεύοντες πανταχοῦ.
9:12 ἵνα πορευθέντες εἰς τὰς κύκλῳ **κώμας** καὶ ἀγροὺς καταλύσωσιν καὶ εὕρωσιν ἐπισιτισμόν,
9:52 καὶ πορευθέντες εἰσῆλθον εἰς **κώμην** Σαμαριτῶν ὡς ἑτοιμάσαι αὐτῷ·
9:56 καὶ ἐπορεύθησαν εἰς ἑτέραν **κώμην.**
10:38 Ἐν δὲ τῷ πορεύεσθαι αὐτοὺς αὐτὸς εἰσῆλθεν εἰς **κώμην** τινά·
13:22 Καὶ διεπορεύετο κατὰ πόλεις καὶ **κώμας** διδάσκων καὶ πορείαν ποιούμενος εἰς Ἱεροσόλυμα.
17:12 καὶ εἰσερχομένου αὐτοῦ εἴς τινα **κώμην** ἀπήντησαν [αὐτῷ] δέκα λεπροὶ ἄνδρες,
19:30 λέγων, Ὑπάγετε εἰς τὴν κατέναντι **κώμην,** ἐν ᾗ εἰσπορευόμενοι εὑρήσετε πῶλον δεδεμένον,
24:13 Καὶ ἰδοὺ δύο ἐξ αὐτῶν ἐν αὐτῇ τῇ ἡμέρᾳ ἦσαν πορευόμενοι εἰς **κώμην** ἀπέχουσαν σταδίους ἑξήκοντα ἀπὸ Ἰερουσαλήμ,
24:28 Καὶ ἤγγισαν εἰς τὴν **κώμην** οὗ ἐπορεύοντο, καὶ αὐτὸς προσεποιήσατο πορρώτερον πορεύεσθαι.
Jn 7:42 οὐχ ἡ γραφὴ εἶπεν ὅτι ἐκ τοῦ σπέρματος Δαυὶδ καὶ ἀπὸ Βηθλέεμ τῆς **κώμης** ὅπου ἦν Δαυὶδ ἔρχεται ὁ Χριστός;
11: 1 ἐκ τῆς **κώμης** Μαρίας καὶ Μάρθας τῆς ἀδελφῆς αὐτῆς.
11:30 οὔπω δὲ ἐληλύθει ὁ Ἰησοῦς εἰς τὴν **κώμην,**
Ac 8:25 καὶ λαλήσαντες τὸν λόγον τοῦ κυρίου ὑπέστρεφον εἰς Ἱεροσόλυμα, πολλάς τε **κώμας** τῶν Σαμαριτῶν εὐηγγελίζοντο.

3268 κωμόπολις [1]

√ *3267 + 4484*

Mk 1:38 καὶ λέγει αὐτοῖς, Ἄγωμεν ἀλλαχοῦ εἰς τὰς ἐχομένας **κωμοπόλεις,**

3269 κῶμος [3]

√ *3267*

Ro 13:13 μὴ **κώμοις** καὶ μέθαις, μὴ κοίταις καὶ ἀσελγείαις,
Gal 5:21 φθόνοι, μέθαι, **κῶμοι** καὶ τὰ ὅμοια τούτοις, ἃ προλέγω ὑμῖν καθὼς προεῖπον ὅτι οἱ τὰ τοιαῦτα πράσσοντες βασιλείαν θεοῦ οὐ κληρονομήσουσιν.
1Pe 4: 3 ἀρκετὸς γὰρ ὁ παρεληλυθὼς χρόνος τὸ βούλημα τῶν ἐθνῶν κατειργάσθαι πεπορευμένους ἐν ἀσελγείαις, ἐπιθυμίαις, οἰνοφλυγίαις, **κώμοις,** πότοις καὶ ἀθεμίτοις εἰδωλολατρίαις.

3270 κώνωψ [1]

Mt 23:24 ὁδηγοὶ τυφλοί, οἱ διϋλίζοντες τὸν **κώνωπα,** τὴν δὲ κάμηλον καταπίνοντες.

3271 Κῶς [1]

Ac 21: 1 Ὡς δὲ ἐγένετο ἀναχθῆναι ἡμᾶς ἀποσπασθέντας ἀπ' αὐτῶν, εὐθυδρομήσαντες ἤλθομεν εἰς τὴν **Κῶ,**

3272 Κωσάμ [1]

Lk 3:28 τοῦ Μελχὶ τοῦ Ἀδδὶ τοῦ **Κωσὰμ** τοῦ Ἐλμαδὰμ τοῦ Ἤρ

3273 κωφός [14]

√ *3164*

Mt 9:32 Αὐτῶν δὲ ἐξερχομένων ἰδοὺ προσήνεγκαν αὐτῷ ἄνθρωπον **κωφὸν** δαιμονιζόμενον.
9:33 καὶ ἐκβληθέντος τοῦ δαιμονίου ἐλάλησεν ὁ **κωφός.** καὶ ἐθαύμασαν οἱ ὄχλοι λέγοντες,
11: 5 τυφλοὶ ἀναβλέπουσιν καὶ χωλοὶ περιπατοῦσιν, λεπροὶ καθαρίζονται καὶ **κωφοὶ** ἀκούουσιν,
12:22 Τότε προσηνέχθη αὐτῷ δαιμονιζόμενος τυφλὸς καὶ **κωφός,** [UBS; NIV προσήνεγκαν αὐτῷ δαιμονιζόμενον τυφλὸν καὶ **κωφόν,**] καὶ ἐθεράπευσεν αὐτόν, ὥστε τὸν **κωφὸν** λαλεῖν καὶ βλέπειν.
15:30 καὶ προσῆλθον αὐτῷ ὄχλοι πολλοὶ ἔχοντες μεθ' ἑαυτῶν χωλούς, τυφλούς, κυλλούς, **κωφούς,**
15:31 ὥστε τὸν ὄχλον θαυμάσαι βλέποντας **κωφοὺς** λαλοῦντας, κυλλοὺς ὑγιεῖς καὶ χωλοὺς περιπατοῦντας καὶ τυφλοὺς βλέποντας·
Mk 7:32 καὶ φέρουσιν αὐτῷ **κωφὸν** καὶ μογιλάλον καὶ παρακαλοῦσιν αὐτὸν ἵνα ἐπιθῇ αὐτῷ τὴν χεῖρα.
7:37 καὶ τοὺς **κωφοὺς** ποιεῖ ἀκούειν καὶ [τοὺς] ἀλάλους λαλεῖν.
9:25 Τὸ ἄλαλον καὶ **κωφὸν** πνεῦμα, ἐγὼ ἐπιτάσσω σοι,
Lk 1:22 καὶ αὐτὸς ἦν διανεύων αὐτοῖς καὶ διέμενεν **κωφός.**
7:22 λεπροὶ καθαρίζονται καὶ **κωφοὶ** ἀκούουσιν, νεκροὶ ἐγείρονται, πτωχοὶ εὐαγγελίζονται·
11:14 Καὶ ἦν ἐκβάλλων δαιμόνιον [καὶ αὐτὸ ἦν] **κωφόν·** ἐγένετο δὲ τοῦ δαιμονίου ἐξελθόντος ἐλάλησεν ὁ **κωφὸς** καὶ ἐθαύμασαν οἱ ὄχλοι.

Λ, λ

3274 λ Not used in UBS/NIV

3275 λαγχάνω [4]

Lk 1: 9 κατὰ τὸ ἔθος τῆς ἱερατείας **ἔλαχε** τοῦ θυμιᾶσαι εἰσελθὼν εἰς τὸν ναὸν τοῦ κυρίου,
Jn 19:24 Μὴ σχίσωμεν αὐτόν, ἀλλὰ **λάχωμεν** περὶ αὐτοῦ τίνος ἔσται·
Ac 1:17 ὅτι κατηριθμημένος ἦν ἐν ἡμῖν καὶ **ἔλαχεν** τὸν κλῆρον τῆς διακονίας ταύτης.
2Pe 1: 1 τοῖς ἰσότιμον ἡμῖν **λαχοῦσιν** πίστιν ἐν δικαιοσύνῃ τοῦ θεοῦ ἡμῶν καὶ σωτῆρος Ἰησοῦ Χριστοῦ,

3276 Λάζαρος [15]

Lk 16:20 πτωχὸς δέ τις ὀνόματι **Λάζαρος** ἐβέβλητο πρὸς τὸν πυλῶνα αὐτοῦ εἱλκωμένος
16:23 ὁρᾷ Ἀβραὰμ ἀπὸ μακρόθεν καὶ **Λάζαρον** ἐν τοῖς κόλποις αὐτοῦ.
16:24 ἐλέησόν με καὶ πέμψον **Λάζαρον** ἵνα βάψῃ τὸ ἄκρον τοῦ δακτύλου αὐτοῦ ὕδατος καὶ καταψύξῃ τὴν γλῶσσάν μου,
16:25 μνήσθητι ὅτι ἀπέλαβες τὰ ἀγαθά σου ἐν τῇ ζωῇ σου, καὶ **Λάζαρος** ὁμοίως τὰ κακά·
Jn 11: 1 Ἦν δέ τις ἀσθενῶν, **Λάζαρος** ἀπὸ Βηθανίας, ἐκ τῆς κώμης Μαρίας καὶ Μάρθας τῆς ἀδελφῆς αὐτῆς.
11: 2 Μαριὰμ ἡ ἀλείψασα τὸν κύριον μύρῳ καὶ ἐκμάξασα τοὺς πόδας αὐτοῦ ταῖς θριξὶν αὐτῆς, ἧς ὁ ἀδελφὸς **Λάζαρος** ἠσθένει.
11: 5 ἠγάπα δὲ ὁ Ἰησοῦς τὴν Μάρθαν καὶ τὴν ἀδελφὴν αὐτῆς καὶ τὸν **Λάζαρον.**
11:11 καὶ μετὰ τοῦτο λέγει αὐτοῖς, **Λάζαρος** ὁ φίλος ἡμῶν κεκοίμηται·
11:14 τότε οὖν εἶπεν αὐτοῖς ὁ Ἰησοῦς παρρησίᾳ, **Λάζαρος** ἀπέθανεν,
11:43 καὶ ταῦτα εἰπὼν φωνῇ μεγάλῃ ἐκραύγασεν, **Λάζαρε,** δεῦρο ἔξω.
12: 1 ὅπου ἦν **Λάζαρος,** ὃν ἤγειρεν ἐκ νεκρῶν Ἰησοῦς.
12: 2 ὁ δὲ **Λάζαρος** εἷς ἦν ἐκ τῶν ἀνακειμένων σὺν αὐτῷ.
12: 9 ἀλλ' ἵνα καὶ τὸν **Λάζαρον** ἴδωσιν ὃν ἤγειρεν ἐκ νεκρῶν.
12:10 ἐβουλεύσαντο δὲ οἱ ἀρχιερεῖς ἵνα καὶ τὸν **Λάζαρον** ἀποκτείνωσιν,
12:17 ἐμαρτύρει οὖν ὁ ὄχλος ὁ ὢν μετ' αὐτοῦ ὅτε τὸν **Λάζαρον** ἐφώνησεν ἐκ τοῦ μνημείου καὶ ἤγειρεν αὐτὸν ἐκ νεκρῶν.

3277 λάθρᾳ [4]

√ 3291

Mt 1:19 δίκαιος ὢν καὶ μὴ θέλων αὐτὴν δειγματίσαι, ἐβουλήθη **λάθρᾳ** ἀπολῦσαι αὐτήν.
2: 7 Τότε Ἡρῴδης **λάθρᾳ** καλέσας τοὺς μάγους ἠκρίβωσεν παρ' αὐτῶν τὸν χρόνον τοῦ φαινομένου ἀστέρος,
Jn 11:28 Καὶ τοῦτο εἰποῦσα ἀπῆλθεν καὶ ἐφώνησεν Μαριὰμ τὴν ἀδελφὴν αὐτῆς **λάθρᾳ** εἰποῦσα,
Ac 16:37 ἔβαλαν εἰς φυλακήν, καὶ νῦν **λάθρᾳ** ἡμᾶς ἐκβάλλουσιν;

3278 λαῖλαψ [3]

Mk 4:37 καὶ γίνεται **λαῖλαψ** μεγάλη ἀνέμου καὶ τὰ κύματα ἐπέβαλλεν εἰς τὸ πλοῖον,
Lk 8:23 καὶ κατέβη **λαῖλαψ** ἀνέμου εἰς τὴν λίμνην καὶ συνεπληροῦντο καὶ ἐκινδύνευον.
2Pe 2:17 Οὗτοί εἰσιν πηγαὶ ἄνυδροι καὶ ὁμίχλαι ὑπὸ **λαίλαπος** ἐλαυνόμεναι,

3279 λακάω [1]

√ cf. 3299

Ac 1:18 Οὗτος μὲν οὖν ἐκτήσατο χωρίον ἐκ μισθοῦ τῆς ἀδικίας καὶ πρηνὴς γενόμενος **ἐλάκησεν** μέσος καὶ ἐξεχύθη πάντα τὰ σπλάγχνα αὐτοῦ·

3280 λακτίζω [1]

Ac 26:14 τί με διώκεις; σκληρόν σοι πρὸς κέντρα **λακτίζειν.**

3281 λαλέω [296]

→ 227, 228, 443, 654, 1362, 1718, 2895, 2896, 2897, 3282, 3651, 3652, 4493, 4688, 5196

λαλέω ἀλήθειαν [3] Jn 8:40; 2Co 7:14; Eph 4:25

λαλεῖν γλῶσσαι [17] Mk 16:17; Ac 2:4,11; 10:46; 19:6; 1Co 12:30; 13:1; 14:2,4,5,5,6,13,18,23,27,39

λαλέω διά [3] Lk 1:70; Heb 2:2,3

λαλέω εἰς [3] Mk 14:9; Jn 8:26; 1Co 14:9

λαλέω ἐκ [5] Jn 3:31; 8:44; 12:49; 1Jn 4:5; Rev 10:8

λαλέω μετά [11] Mk 6:50; Jn 4:27,27; 9:37; 14:30; Rev 1:12; 4:1; 10:8; 17:1; 21:9,15

λαλέω πρός [17] Lk 1:19,55; 2:15,18; 5:4; 12:3; 24:44; Ac 3:22; 4:1; 8:26; 11:14,20; 21:39; 1Co 15:34; 1Th 2:2; Heb 5:5; 11:18

λαλέω ὑπό [11] Lk 2:18; Jn 7:17,18; 8:28; 14:10; 16:13,13; Ac 13:45; 17:19; Heb 9:19; 2Pe 1:21

Mt 9:18 Ταῦτα αὐτοῦ **λαλοῦντος** αὐτοῖς ἰδοὺ ἄρχων εἷς ἐλθὼν προσεκύνει αὐτῷ λέγων ὅτι Ἡ θυγάτηρ μου ἄρτι ἐτελεύτησεν·
9:33 καὶ ἐκβληθέντος τοῦ δαιμονίου **ἐλάλησεν** ὁ κωφός. καὶ ἐθαύμασαν οἱ ὄχλοι λέγοντες,
10:19 ὅταν δὲ παραδῶσιν ὑμᾶς, μὴ μεριμνήσητε πῶς ἢ τί **λαλήσητε·** δοθήσεται γὰρ ὑμῖν ἐν ἐκείνῃ τῇ ὥρᾳ τί **λαλήσητε·**
10:20 οὐ γὰρ ὑμεῖς ἐστε οἱ **λαλοῦντες** ἀλλὰ τὸ πνεῦμα τοῦ πατρὸς ὑμῶν τὸ **λαλοῦν** ἐν ὑμῖν.
12:22 καὶ ἐθεράπευσεν αὐτόν, ὥστε τὸν κωφὸν **λαλεῖν** καὶ βλέπειν.
12:34 γεννήματα ἐχιδνῶν, πῶς δύνασθε ἀγαθὰ **λαλεῖν** πονηροὶ ὄντες; ἐκ γὰρ τοῦ περισσεύματος τῆς καρδίας τὸ στόμα **λαλεῖ.**
12:36 λέγω δὲ ὑμῖν ὅτι πᾶν ῥῆμα ἀργὸν ὃ **λαλήσουσιν** οἱ ἄνθρωποι ἀποδώσουσιν περὶ αὐτοῦ λόγον ἐν ἡμέρᾳ κρίσεως·
12:46 Ἔτι αὐτοῦ **λαλοῦντος** τοῖς ὄχλοις ἰδοὺ ἡ μήτηρ καὶ οἱ ἀδελφοὶ αὐτοῦ εἱστήκεισαν ἔξω ζητοῦντες αὐτῷ **λαλῆσαι.**
12:47 [Ἰδοὺ ἡ μήτηρ σου καὶ οἱ ἀδελφοί σου ἔξω ἑστήκασιν ζητοῦντές σοι **λαλῆσαι.**]
13: 3 καὶ **ἐλάλησεν** αὐτοῖς πολλὰ ἐν παραβολαῖς λέγων, Ἰδοὺ ἐξῆλθεν ὁ σπείρων τοῦ σπείρειν.
13:10 Καὶ προσελθόντες οἱ μαθηταὶ εἶπαν αὐτῷ, Διὰ τί ἐν παραβολαῖς **λαλεῖς** αὐτοῖς;
13:13 διὰ τοῦτο ἐν παραβολαῖς αὐτοῖς **λαλῶ,** ὅτι βλέποντες οὐ βλέπουσιν καὶ ἀκούοντες οὐκ ἀκούουσιν οὐδὲ συνίουσιν,
13:33 Ἄλλην παραβολὴν **ἐλάλησεν** αὐτοῖς· Ὁμοία ἐστὶν ἡ βασιλεία τῶν οὐρανῶν ζύμῃ,
13:34 Ταῦτα πάντα **ἐλάλησεν** ὁ Ἰησοῦς ἐν παραβολαῖς τοῖς ὄχλοις καὶ χωρὶς παραβολῆς οὐδὲν **ἐλάλει** αὐτοῖς,
14:27 εὐθὺς δὲ **ἐλάλησεν** [ὁ Ἰησοῦς] αὐτοῖς λέγων, Θαρσεῖτε,
15:31 τὸν ὄχλον θαυμάσαι βλέποντας κωφοὺς **λαλοῦντας,** κυλλοὺς ὑγιεῖς καὶ χωλοὺς περιπατοῦντας καὶ τυφλοὺς βλέποντας·
17: 5 ἔτι αὐτοῦ **λαλοῦντος** ἰδοὺ νεφέλη φωτεινὴ ἐπεσκίασεν αὐτούς,
23: 1 Τότε ὁ Ἰησοῦς **ἐλάλησεν** τοῖς ὄχλοις καὶ τοῖς μαθηταῖς αὐτοῦ
26:13 **λαληθήσεται** καὶ ὃ ἐποίησεν αὕτη εἰς μνημόσυνον αὐτῆς.
26:47 Καὶ ἔτι αὐτοῦ **λαλοῦντος** ἰδοὺ Ἰούδας εἷς τῶν δώδεκα ἦλθεν καὶ μετ' αὐτοῦ ὄχλος πολὺς μετὰ μαχαιρῶν καὶ ξύλων
28:18 καὶ προσελθὼν ὁ Ἰησοῦς **ἐλάλησεν** αὐτοῖς λέγων, Ἐδόθη μοι πᾶσα ἐξουσία ἐν οὐρανῷ καὶ ἐπὶ [τῆς] γῆς.
Mk 1:34 καὶ ἐθεράπευσεν πολλοὺς κακῶς ἔχοντας ποικίλαις νόσοις καὶ δαιμόνια πολλὰ ἐξέβαλεν καὶ οὐκ ἤφιεν **λαλεῖν** τὰ δαιμόνια,
2: 2 καὶ συνήχθησαν πολλοὶ ὥστε μηκέτι χωρεῖν μηδὲ τὰ πρὸς τὴν θύραν, καὶ **ἐλάλει** αὐτοῖς τὸν λόγον.
2: 7 Τί οὗτος οὕτως **λαλεῖ;** βλασφημεῖ· τίς δύναται ἀφιέναι ἁμαρτίας εἰ μὴ εἷς ὁ θεός;
4:33 Καὶ τοιαύταις παραβολαῖς πολλαῖς **ἐλάλει** αὐτοῖς τὸν λόγον καθὼς ἠδύναντο ἀκούειν·
4:34 χωρὶς δὲ παραβολῆς οὐκ **ἐλάλει** αὐτοῖς, κατ' ἰδίαν δὲ τοῖς ἰδίοις μαθηταῖς ἐπέλυεν πάντα.
5:35 Ἔτι αὐτοῦ **λαλοῦντος** ἔρχονται ἀπὸ τοῦ ἀρχισυναγώγου λέγοντες ὅτι Ἡ θυγάτηρ σου ἀπέθανεν·
5:36 ὁ δὲ Ἰησοῦς παρακούσας τὸν λόγον **λαλούμενον** λέγει τῷ ἀρχισυναγώγῳ,
6:50 ὁ δὲ εὐθὺς **ἐλάλησεν** μετ' αὐτῶν, καὶ λέγει αὐτοῖς,
7:35 καὶ ἐλύθη ὁ δεσμὸς τῆς γλώσσης αὐτοῦ καὶ **ἐλάλει** ὀρθῶς.
7:37 καὶ τοὺς κωφοὺς ποιεῖ ἀκούειν καὶ [τοὺς] ἀλάλους **λαλεῖν.**

8:32 καὶ παρρησίᾳ τὸν λόγον **ἐλάλει.** καὶ προσλαβόμενος ὁ Πέτρος αὐτὸν ἤρξατο ἐπιτιμᾶν αὐτῷ.
11:23 καὶ μὴ διακριθῇ ἐν τῇ καρδίᾳ αὐτοῦ ἀλλὰ πιστεύῃ ὅτι ὃ **λαλεῖ** γίνεται,
12: 1 Καὶ ἤρξατο αὐτοῖς ἐν παραβολαῖς **λαλεῖν,** Ἀμπελῶνα ἄνθρωπος ἐφύτευσεν καὶ περιέθηκεν φραγμὸν
13:11 ἄγωσιν ὑμᾶς παραδιδόντες, μὴ προμεριμνᾶτε τί **λαλήσητε,** ἀλλ᾽ ὃ ἐὰν δοθῇ ὑμῖν ἐν ἐκείνῃ τῇ ὥρᾳ τοῦτο **λαλεῖτε·** οὐ γάρ ἐστε ὑμεῖς οἱ **λαλοῦντες** ἀλλὰ τὸ πνεῦμα τὸ ἅγιον.
14: 9 καὶ ὃ ἐποίησεν αὕτη **λαληθήσεται** εἰς μνημόσυνον αὐτῆς.
14:31 ὁ δὲ ἐκπερισσῶς **ἐλάλει,** Ἐὰν δέῃ με συναποθανεῖν σοι,
14:43 Καὶ εὐθὺς ἔτι αὐτοῦ **λαλοῦντος** παραγίνεται Ἰούδας εἷς τῶν δώδεκα καὶ μετ᾽ αὐτοῦ ὄχλος μετὰ μαχαιρῶν καὶ ξύλων παρὰ τῶν ἀρχιερέων καὶ τῶν γραμματέων καὶ τῶν πρεσβυτέρων.
16:17 ⟦ἐν τῷ ὀνόματί μου δαιμόνια ἐκβαλοῦσιν, γλώσσαις **λαλήσουσιν** καιναῖς,⟧
16:19 ⟦Ὁ μὲν οὖν κύριος Ἰησοῦς μετὰ τὸ **λαλῆσαι** αὐτοῖς ἀνελήμφθη εἰς τὸν οὐρανὸν καὶ ἐκάθισεν ἐκ δεξιῶν τοῦ θεοῦ.⟧
Lk 1:19 Ἐγώ εἰμι Γαβριὴλ ὁ παρεστηκὼς ἐνώπιον τοῦ θεοῦ καὶ ἀπεστάλην **λαλῆσαι** πρὸς σὲ καὶ εὐαγγελίσασθαί σοι ταῦτα·
1:20 καὶ ἰδοὺ ἔσῃ σιωπῶν καὶ μὴ δυνάμενος **λαλῆσαι** ἄχρι ἧς ἡμέρας γένηται ταῦτα,
1:22 ἐξελθὼν δὲ οὐκ ἐδύνατο **λαλῆσαι** αὐτοῖς, καὶ ἐπέγνωσαν ὅτι ὀπτασίαν ἑώρακεν ἐν τῷ ναῷ·
1:45 καὶ μακαρία ἡ πιστεύσασα ὅτι ἔσται τελείωσις τοῖς **λελαλημένοις** αὐτῇ παρὰ κυρίου.
1:55 καθὼς **ἐλάλησεν** πρὸς τοὺς πατέρας ἡμῶν, τῷ Ἀβραὰμ καὶ τῷ σπέρματι αὐτοῦ εἰς τὸν αἰῶνα.
1:64 ἀνεῴχθη δὲ τὸ στόμα αὐτοῦ παραχρῆμα καὶ ἡ γλῶσσα αὐτοῦ, καὶ **ἐλάλει** εὐλογῶν τὸν θεόν.
1:70 καθὼς **ἐλάλησεν** διὰ στόματος τῶν ἁγίων ἀπ᾽ αἰῶνος προφητῶν αὐτοῦ,
2:15 Καὶ ἐγένετο ὡς ἀπῆλθον ἀπ᾽ αὐτῶν εἰς τὸν οὐρανὸν οἱ ἄγγελοι, οἱ ποιμένες **ἐλάλουν** πρὸς ἀλλήλους,
2:17 ἰδόντες δὲ ἐγνώρισαν περὶ τοῦ ῥήματος τοῦ **λαληθέντος** αὐτοῖς περὶ τοῦ παιδίου τούτου.
2:18 καὶ πάντες οἱ ἀκούσαντες ἐθαύμασαν περὶ τῶν **λαληθέντων** ὑπὸ τῶν ποιμένων πρὸς αὐτούς·
2:20 ὑπέστρεψαν οἱ ποιμένες δοξάζοντες καὶ αἰνοῦντες τὸν θεὸν ἐπὶ πᾶσιν οἷς ἤκουσαν καὶ εἶδον καθὼς **ἐλαλήθη** πρὸς αὐτούς.
2:33 καὶ ἦν ὁ πατὴρ αὐτοῦ καὶ ἡ μήτηρ θαυμάζοντες ἐπὶ τοῖς **λαλουμένοις** περὶ αὐτοῦ.
2:38 καὶ αὐτῇ τῇ ὥρᾳ ἐπιστᾶσα ἀνθωμολογεῖτο τῷ θεῷ καὶ **ἐλάλει** περὶ αὐτοῦ πᾶσιν τοῖς προσδεχομένοις λύτρωσιν Ἰερουσαλήμ.
2:50 καὶ αὐτοὶ οὐ συνῆκαν τὸ ῥῆμα ὃ **ἐλάλησεν** αὐτοῖς.
4:41 καὶ ἐπιτιμῶν οὐκ εἴα αὐτὰ **λαλεῖν,** ὅτι ᾔδεισαν τὸν Χριστὸν αὐτὸν εἶναι.
5: 4 ὡς δὲ ἐπαύσατο **λαλῶν,** εἶπεν πρὸς τὸν Σίμωνα,
5:21 καὶ ἤρξαντο διαλογίζεσθαι οἱ γραμματεῖς καὶ οἱ Φαρισαῖοι λέγοντες, Τίς ἐστιν οὗτος ὃς **λαλεῖ** βλασφημίας;
6:45 ἐκ γὰρ περισσεύματος καρδίας **λαλεῖ** τὸ στόμα αὐτοῦ.
7:15 καὶ ἀνεκάθισεν ὁ νεκρὸς καὶ ἤρξατο **λαλεῖν,** καὶ ἔδωκεν αὐτὸν τῇ μητρὶ αὐτοῦ.
8:49 Ἔτι αὐτοῦ **λαλοῦντος** ἔρχεταί τις παρὰ τοῦ ἀρχισυναγώγου λέγων ὅτι Τέθνηκεν ἡ θυγάτηρ σου·
9:11 καὶ ἀποδεξάμενος αὐτοὺς **ἐλάλει** αὐτοῖς περὶ τῆς βασιλείας τοῦ θεοῦ,
11:14 ἐγένετο δὲ τοῦ δαιμονίου ἐξελθόντος **ἐλάλησεν** ὁ κωφὸς καὶ ἐθαύμασαν οἱ ὄχλοι.
11:37 Ἐν δὲ τῷ **λαλῆσαι** ἐρωτᾷ αὐτὸν Φαρισαῖος ὅπως ἀριστήσῃ παρ᾽ αὐτῷ·
12: 3 καὶ ὃ πρὸς τὸ οὖς **ἐλαλήσατε** ἐν τοῖς ταμείοις κηρυχθήσεται ἐπὶ τῶν δωμάτων.
22:47 Ἔτι αὐτοῦ **λαλοῦντος** ἰδοὺ ὄχλος, καὶ ὁ λεγόμενος Ἰούδας εἷς τῶν δώδεκα προήρχετο αὐτοὺς καὶ ἤγγισεν τῷ Ἰησοῦ φιλῆσαι
22:60 οὐκ οἶδα ὃ λέγεις. καὶ παραχρῆμα ἔτι **λαλοῦντος** αὐτοῦ ἐφώνησεν ἀλέκτωρ.
24: 6 μνήσθητε ὡς **ἐλάλησεν** ὑμῖν ἔτι ὢν ἐν τῇ Γαλιλαίᾳ
24:25 Ὦ ἀνόητοι καὶ βραδεῖς τῇ καρδίᾳ τοῦ πιστεύειν ἐπὶ πᾶσιν οἷς **ἐλάλησαν** οἱ προφῆται·
24:32 Οὐχὶ ἡ καρδία ἡμῶν καιομένη ἦν [ἐν ἡμῖν] ὡς **ἐλάλει** ἡμῖν ἐν τῇ ὁδῷ,
24:36 Ταῦτα δὲ αὐτῶν **λαλούντων** αὐτὸς ἔστη ἐν μέσῳ αὐτῶν καὶ λέγει αὐτοῖς,
24:44 Οὗτοι οἱ λόγοι μου οὓς **ἐλάλησα** πρὸς ὑμᾶς ἔτι ὢν σὺν ὑμῖν,
Jn 1:37 καὶ ἤκουσαν οἱ δύο μαθηταὶ αὐτοῦ **λαλοῦντος** καὶ ἠκολούθησαν τῷ Ἰησοῦ.
3:11 ἀμὴν ἀμὴν λέγω σοι ὅτι ὃ οἴδαμεν **λαλοῦμεν** καὶ ὃ ἑωράκαμεν μαρτυροῦμεν,
3:31 ὁ ὢν ἐκ τῆς γῆς ἐκ τῆς γῆς ἐστιν καὶ ἐκ τῆς γῆς **λαλεῖ.**
3:34 ὃν γὰρ ἀπέστειλεν ὁ θεὸς τὰ ῥήματα τοῦ θεοῦ **λαλεῖ,**
4:26 λέγει αὐτῇ ὁ Ἰησοῦς, Ἐγώ εἰμι, ὁ **λαλῶν** σοι.
4:27 Καὶ ἐπὶ τούτῳ ἦλθαν οἱ μαθηταὶ αὐτοῦ καὶ ἐθαύμαζον ὅτι μετὰ γυναικὸς **ἐλάλει·** οὐδεὶς μέντοι εἶπεν, Τί ζητεῖς ἢ τί **λαλεῖς** μετ᾽ αὐτῆς;
6:63 τὰ ῥήματα ἃ ἐγὼ **λελάληκα** ὑμῖν πνεῦμά ἐστιν καὶ ζωή ἐστιν.
7:13 οὐδεὶς μέντοι παρρησίᾳ **ἐλάλει** περὶ αὐτοῦ διὰ τὸν φόβον τῶν Ἰουδαίων.
7:17 γνώσεται περὶ τῆς διδαχῆς πότερον ἐκ τοῦ θεοῦ ἐστιν ἢ ἐγὼ ἀπ᾽ ἐμαυτοῦ **λαλῶ.**
7:18 ὁ ἀφ᾽ ἑαυτοῦ **λαλῶν** τὴν δόξαν τὴν ἰδίαν ζητεῖ·
7:26 καὶ ἴδε παρρησίᾳ **λαλεῖ** καὶ οὐδὲν αὐτῷ λέγουσιν.
7:46 ἀπεκρίθησαν οἱ ὑπηρέται, Οὐδέποτε **ἐλάλησεν** οὕτως ἄνθρωπος.
8:12 Πάλιν οὖν αὐτοῖς **ἐλάλησεν** ὁ Ἰησοῦς λέγων, Ἐγώ εἰμι τὸ φῶς τοῦ κόσμου·
8:20 Ταῦτα τὰ ῥήματα **ἐλάλησεν** ἐν τῷ γαζοφυλακίῳ διδάσκων ἐν τῷ ἱερῷ·
8:25 εἶπεν αὐτοῖς ὁ Ἰησοῦς, Τὴν ἀρχὴν ὅ τι καὶ **λαλῶ** ὑμῖν;
8:26 πολλὰ ἔχω περὶ ὑμῶν **λαλεῖν** καὶ κρίνειν, ἀλλ᾽ ὁ πέμψας με ἀληθής ἐστιν, κἀγὼ ἃ ἤκουσα παρ᾽ αὐτοῦ ταῦτα **λαλῶ** εἰς τὸν κόσμον.
8:28 ἀλλὰ καθὼς ἐδίδαξέν με ὁ πατὴρ ταῦτα **λαλῶ.**
8:30 Ταῦτα αὐτοῦ **λαλοῦντος** πολλοὶ ἐπίστευσαν εἰς αὐτόν.
8:38 ἃ ἐγὼ ἑώρακα παρὰ τῷ πατρὶ **λαλῶ·** καὶ ὑμεῖς οὖν ἃ ἠκούσατε παρὰ τοῦ πατρὸς ποιεῖτε.
8:40 νῦν δὲ ζητεῖτέ με ἀποκτεῖναι ἄνθρωπον ὃς τὴν ἀλήθειαν ὑμῖν **λελάληκα** ἣν ἤκουσα παρὰ τοῦ θεοῦ·
8:44 ὅταν **λαλῇ** τὸ ψεῦδος, ἐκ τῶν ἰδίων **λαλεῖ,**
9:21 αὐτὸν ἐρωτήσατε, ἡλικίαν ἔχει, αὐτὸς περὶ ἑαυτοῦ **λαλήσει.**
9:29 ἡμεῖς οἴδαμεν ὅτι Μωϋσεῖ **λελάληκεν** ὁ θεός, τοῦτον δὲ οὐκ οἴδαμεν πόθεν ἐστίν.
9:37 Καὶ ἑώρακας αὐτὸν καὶ ὁ **λαλῶν** μετὰ σοῦ ἐκεῖνός ἐστιν.
10: 6 ἐκεῖνοι δὲ οὐκ ἔγνωσαν τίνα ἦν ἃ **ἐλάλει** αὐτοῖς.
12:29 ὁ οὖν ὄχλος ὁ ἑστὼς καὶ ἀκούσας ἔλεγεν βροντὴν γεγονέναι, ἄλλοι ἔλεγον, Ἄγγελος αὐτῷ **λελάληκεν.**
12:36 Ταῦτα **ἐλάλησεν** Ἰησοῦς, καὶ ἀπελθὼν ἐκρύβη ἀπ᾽ αὐτῶν.
12:41 ταῦτα εἶπεν Ἠσαΐας ὅτι εἶδεν τὴν δόξαν αὐτοῦ, καὶ **ἐλάλησεν** περὶ αὐτοῦ.
12:48 ὁ λόγος ὃν **ἐλάλησα** ἐκεῖνος κρινεῖ αὐτὸν ἐν τῇ ἐσχάτῃ ἡμέρᾳ.
12:49 ὅτι ἐγὼ ἐξ ἐμαυτοῦ οὐκ **ἐλάλησα,** ἀλλ᾽ ὁ πέμψας με πατὴρ αὐτός μοι ἐντολὴν δέδωκεν τί εἴπω καὶ τί **λαλήσω.**
12:50 ἃ οὖν ἐγὼ **λαλῶ,** καθὼς εἴρηκέν μοι ὁ πατήρ, οὕτως **λαλῶ.**
14:10 τὰ ῥήματα ἃ ἐγὼ λέγω ὑμῖν ἀπ᾽ ἐμαυτοῦ οὐ **λαλῶ,**
14:25 Ταῦτα **λελάληκα** ὑμῖν παρ᾽ ὑμῖν μένων·
14:30 οὐκέτι πολλὰ **λαλήσω** μεθ᾽ ὑμῶν, ἔρχεται γὰρ ὁ τοῦ κόσμου ἄρχων·
15: 3 ἤδη ὑμεῖς καθαροί ἐστε διὰ τὸν λόγον ὃν **λελάληκα** ὑμῖν·
15:11 Ταῦτα **λελάληκα** ὑμῖν ἵνα ἡ χαρὰ ἡ ἐμὴ ἐν ὑμῖν ᾖ καὶ ἡ χαρὰ ὑμῶν πληρωθῇ.
15:22 εἰ μὴ ἦλθον καὶ **ἐλάλησα** αὐτοῖς, ἁμαρτίαν οὐκ εἴχοσαν·
16: 1 Ταῦτα **λελάληκα** ὑμῖν ἵνα μὴ σκανδαλισθῆτε.
16: 4 ἀλλὰ ταῦτα **λελάληκα** ὑμῖν ἵνα ὅταν ἔλθῃ ἡ ὥρα αὐτῶν μνημονεύητε αὐτῶν ὅτι ἐγὼ εἶπον ὑμῖν.
16: 6 ἀλλ᾽ ὅτι ταῦτα **λελάληκα** ὑμῖν ἡ λύπη πεπλήρωκεν ὑμῶν τὴν καρδίαν.
16:13 οὐ γὰρ **λαλήσει** ἀφ᾽ ἑαυτοῦ, ἀλλ᾽ ὅσα ἀκούσει **λαλήσει** καὶ τὰ ἐρχόμενα ἀναγγελεῖ ὑμῖν.
16:18 Τί ἐστιν τοῦτο [ὃ λέγει,] τὸ μικρόν; οὐκ οἴδαμεν τί **λαλεῖ.**
16:25 Ταῦτα ἐν παροιμίαις **λελάληκα** ὑμῖν· ἔρχεται ὥρα ὅτε οὐκέτι ἐν παροιμίαις **λαλήσω** ὑμῖν,
16:29 Ἴδε νῦν ἐν παρρησίᾳ **λαλεῖς** καὶ παροιμίαν οὐδεμίαν λέγεις.
16:33 ταῦτα **λελάληκα** ὑμῖν ἵνα ἐν ἐμοὶ εἰρήνην ἔχητε·
17: 1 Ταῦτα **ἐλάλησεν** Ἰησοῦς καὶ ἐπάρας τοὺς ὀφθαλμοὺς αὐτοῦ εἰς τὸν οὐρανὸν εἶπεν,
17:13 νῦν δὲ πρὸς σὲ ἔρχομαι καὶ ταῦτα **λαλῶ** ἐν τῷ κόσμῳ ἵνα ἔχωσιν τὴν χαρὰν τὴν ἐμὴν πεπληρωμένην ἐν ἑαυτοῖς.
18:20 ἀπεκρίθη αὐτῷ Ἰησοῦς, Ἐγὼ παρρησίᾳ **λελάληκα** τῷ κόσμῳ, ἐγὼ πάντοτε ἐδίδαξα ἐν συναγωγῇ καὶ ἐν τῷ ἱερῷ, ὅπου πάντες οἱ Ἰουδαῖοι συνέρχονται, καὶ ἐν κρυπτῷ **ἐλάλησα** οὐδέν.

18:21 ἐρώτησον τοὺς ἀκηκοότας τί **ἐλάλησα** αὐτοῖς· ἴδε οὗτοι οἴδασιν ἃ εἶπον ἐγώ.
18:23 ἀπεκρίθη αὐτῷ Ἰησοῦς, Εἰ κακῶς **ἐλάλησα,** μαρτύρησον περὶ τοῦ κακοῦ·
19:10 λέγει οὖν αὐτῷ ὁ Πιλᾶτος, Ἐμοὶ οὐ **λαλεῖς;**
Ac 2: 4 καὶ ἐπλήσθησαν πάντες πνεύματος ἁγίου καὶ ἤρξαντο **λαλεῖν** ἑτέραις γλώσσαις καθὼς τὸ πνεῦμα ἐδίδου ἀποφθέγγεσθαι
2: 6 ὅτι ἤκουον εἷς ἕκαστος τῇ ἰδίᾳ διαλέκτῳ **λαλούντων** αὐτῶν.
2: 7 Οὐχ ἰδοὺ ἅπαντες οὗτοί εἰσιν οἱ **λαλοῦντες** Γαλιλαῖοι;
2:11 ἀκούομεν **λαλούντων** αὐτῶν ταῖς ἡμετέραις γλώσσαις τὰ μεγαλεῖα τοῦ θεοῦ.
2:31 προϊδὼν **ἐλάλησεν** περὶ τῆς ἀναστάσεως τοῦ Χριστοῦ ὅτι οὔτε ἐγκατελείφθη εἰς ᾅδην οὔτε ἡ σὰρξ αὐτοῦ εἶδεν διαφθοράν.
3:21 ὃν δεῖ οὐρανὸν μὲν δέξασθαι ἄχρι χρόνων ἀποκαταστάσεως πάντων ὧν **ἐλάλησεν** ὁ θεὸς διὰ στόματος τῶν ἁγίων
3:22 αὐτοῦ ἀκούσεσθε κατὰ πάντα ὅσα ἂν **λαλήσῃ** πρὸς ὑμᾶς.
3:24 καὶ πάντες δὲ οἱ προφῆται ἀπὸ Σαμουὴλ καὶ τῶν καθεξῆς ὅσοι **ἐλάλησαν** καὶ κατήγγειλαν τὰς ἡμέρας ταύτας.
4: 1 **Λαλούντων** δὲ αὐτῶν πρὸς τὸν λαὸν ἐπέστησαν αὐτοῖς οἱ ἱερεῖς καὶ ὁ στρατηγὸς τοῦ ἱεροῦ καὶ οἱ Σαδδουκαῖοι,
4:17 ἀλλ' ἵνα μὴ ἐπὶ πλεῖον διανεμηθῇ εἰς τὸν λαὸν ἀπειλησώμεθα αὐτοῖς μηκέτι **λαλεῖν** ἐπὶ τῷ ὀνόματι τούτῳ μηδενὶ ἀνθρώπων.
4:20 οὐ δυνάμεθα γὰρ ἡμεῖς ἃ εἴδαμεν καὶ ἠκούσαμεν μὴ **λαλεῖν.**
4:29 ἔπιδε ἐπὶ τὰς ἀπειλὰς αὐτῶν καὶ δὸς τοῖς δούλοις σου μετὰ παρρησίας πάσης **λαλεῖν** τὸν λόγον σου,
4:31 καὶ ἐπλήσθησαν ἅπαντες τοῦ ἁγίου πνεύματος καὶ **ἐλάλουν** τὸν λόγον τοῦ θεοῦ μετὰ παρρησίας.
5:20 Πορεύεσθε καὶ σταθέντες **λαλεῖτε** ἐν τῷ ἱερῷ τῷ λαῷ πάντα τὰ ῥήματα τῆς ζωῆς ταύτης.
5:40 καὶ προσκαλεσάμενοι τοὺς ἀποστόλους δείραντες παρήγγειλαν μὴ **λαλεῖν** ἐπὶ τῷ ὀνόματι τοῦ Ἰησοῦ καὶ ἀπέλυσαν.
6:10 καὶ οὐκ ἴσχυον ἀντιστῆναι τῇ σοφίᾳ καὶ τῷ πνεύματι ᾧ **ἐλάλει.**
6:11 τότε ὑπέβαλον ἄνδρας λέγοντας ὅτι Ἀκηκόαμεν αὐτοῦ **λαλοῦντος** ῥήματα βλάσφημα εἰς Μωϋσῆν καὶ τὸν θεόν·
6:13 Ὁ ἄνθρωπος οὗτος οὐ παύεται **λαλῶν** ῥήματα κατὰ τοῦ τόπου τοῦ ἁγίου [τούτου] καὶ τοῦ νόμου·
7: 6 **ἐλάλησεν** δὲ οὕτως ὁ θεὸς ὅτι ἔσται τὸ σπέρμα αὐτοῦ πάροικον ἐν γῇ ἀλλοτρίᾳ καὶ δουλώσουσιν αὐτὸ καὶ κακώσουσιν
7:38 οὗτός ἐστιν ὁ γενόμενος ἐν τῇ ἐκκλησίᾳ ἐν τῇ ἐρήμῳ μετὰ τοῦ ἀγγέλου τοῦ **λαλοῦντος** αὐτῷ ἐν τῷ ὄρει Σινᾶ καὶ τῶν πατέρων
7:44 Ἡ σκηνὴ τοῦ μαρτυρίου ἦν τοῖς πατράσιν ἡμῶν ἐν τῇ ἐρήμῳ καθὼς διετάξατο ὁ **λαλῶν** τῷ Μωϋσῇ ποιῆσαι αὐτὴν
8:25 Οἱ μὲν οὖν διαμαρτυράμενοι καὶ **λαλήσαντες** τὸν λόγον τοῦ κυρίου ὑπέστρεφον εἰς Ἱεροσόλυμα,
8:26 Ἄγγελος δὲ κυρίου **ἐλάλησεν** πρὸς Φίλιππον λέγων, Ἀνάστηθι καὶ πορεύου κατὰ μεσημβρίαν ἐπὶ τὴν ὁδὸν τὴν καταβαίνουσαν
9: 6 ἀλλὰ ἀνάστηθι καὶ εἴσελθε εἰς τὴν πόλιν καὶ **λαληθήσεταί** σοι ὅ τί σε δεῖ ποιεῖν.
9:27 καὶ διηγήσατο αὐτοῖς πῶς ἐν τῇ ὁδῷ εἶδεν τὸν κύριον καὶ ὅτι **ἐλάλησεν** αὐτῷ καὶ πῶς ἐν Δαμασκῷ ἐπαρρησιάσατο
9:29 **ἐλάλει** τε καὶ συνεζήτει πρὸς τοὺς Ἑλληνιστάς, οἱ δὲ ἐπεχείρουν ἀνελεῖν αὐτόν.
10: 7 ὡς δὲ ἀπῆλθεν ὁ ἄγγελος ὁ **λαλῶν** αὐτῷ,
10:44 Ἔτι **λαλοῦντος** τοῦ Πέτρου τὰ ῥήματα ταῦτα ἐπέπεσεν τὸ πνεῦμα τὸ ἅγιον ἐπὶ πάντας τοὺς ἀκούοντας τὸν λόγον.
10:46 ἤκουον γὰρ αὐτῶν **λαλούντων** γλώσσαις καὶ μεγαλυνόντων τὸν θεόν.
11:14 ὃς **λαλήσει** ῥήματα πρὸς σὲ ἐν οἷς σωθήσῃ σὺ καὶ πᾶς ὁ οἶκός σου.
11:15 ἐν δὲ τῷ ἄρξασθαί με **λαλεῖν** ἐπέπεσεν τὸ πνεῦμα τὸ ἅγιον ἐπ' αὐτοὺς ὥσπερ καὶ ἐφ' ἡμᾶς ἐν ἀρχῇ.
11:19 διῆλθον ἕως Φοινίκης καὶ Κύπρου καὶ Ἀντιοχείας μηδενὶ **λαλοῦντες** τὸν λόγον εἰ μὴ μόνον Ἰουδαίοις.
11:20 οἵτινες ἐλθόντες εἰς Ἀντιόχειαν **ἐλάλουν** καὶ πρὸς τοὺς Ἑλληνιστὰς εὐαγγελιζόμενοι τὸν κύριον Ἰησοῦν.
13:42 Ἐξιόντων δὲ αὐτῶν παρεκάλουν εἰς τὸ μεταξὺ σάββατον **λαληθῆναι** αὐτοῖς τὰ ῥήματα ταῦτα.
13:45 ἰδόντες δὲ οἱ Ἰουδαῖοι τοὺς ὄχλους ἐπλήσθησαν ζήλου καὶ ἀντέλεγον τοῖς ὑπὸ Παύλου **λαλουμένοις** βλασφημοῦντες.
13:46 Ὑμῖν ἦν ἀναγκαῖον πρῶτον **λαληθῆναι** τὸν λόγον τοῦ θεοῦ·
14: 1 εἰσελθεῖν αὐτοὺς εἰς τὴν συναγωγὴν τῶν Ἰουδαίων καὶ **λαλῆσαι** οὕτως ὥστε πιστεῦσαι Ἰουδαίων τε καὶ Ἑλλήνων
14: 9 οὗτος ἤκουσεν τοῦ Παύλου **λαλοῦντος·** ὃς ἀτενίσας αὐτῷ καὶ ἰδὼν ὅτι ἔχει πίστιν τοῦ σωθῆναι,
14:25 καὶ **λαλήσαντες** ἐν Πέργῃ τὸν λόγον κατέβησαν εἰς Ἀττάλειαν
16: 6 Διῆλθον δὲ τὴν Φρυγίαν καὶ Γαλατικὴν χώραν κωλυθέντες ὑπὸ τοῦ ἁγίου πνεύματος **λαλῆσαι** τὸν λόγον ἐν τῇ Ἀσίᾳ·
16:13 ἔξω τῆς πύλης παρὰ ποταμὸν οὗ ἐνομίζομεν προσευχὴν εἶναι, καὶ καθίσαντες **ἐλαλοῦμεν** ταῖς συνελθούσαις γυναιξίν.
16:14 ἧς ὁ κύριος διήνοιξεν τὴν καρδίαν προσέχειν τοῖς **λαλουμένοις** ὑπὸ τοῦ Παύλου.
16:32 καὶ **ἐλάλησαν** αὐτῷ τὸν λόγον τοῦ κυρίου σὺν πᾶσιν τοῖς ἐν τῇ οἰκίᾳ αὐτοῦ.
17:19 Δυνάμεθα γνῶναι τίς ἡ καινὴ αὕτη ἡ ὑπὸ σοῦ **λαλουμένη** διδαχή;
18: 9 εἶπεν δὲ ὁ κύριος ἐν νυκτὶ δι' ὁράματος τῷ Παύλῳ, Μὴ φοβοῦ, ἀλλὰ **λάλει** καὶ μὴ σιωπήσῃς,
18:25 οὗτος ἦν κατηχημένος τὴν ὁδὸν τοῦ κυρίου καὶ ζέων τῷ πνεύματι **ἐλάλει** καὶ ἐδίδασκεν ἀκριβῶς τὰ περὶ τοῦ Ἰησοῦ,
19: 6 καὶ ἐπιθέντος αὐτοῖς τοῦ Παύλου [τὰς] χεῖρας ἦλθε τὸ πνεῦμα τὸ ἅγιον ἐπ' αὐτούς, **ἐλάλουν** τε γλώσσαις καὶ ἐπροφήτευον.
20:30 καὶ ἐξ ὑμῶν αὐτῶν ἀναστήσονται ἄνδρες **λαλοῦντες** διεστραμμένα τοῦ ἀποσπᾶν τοὺς μαθητὰς ὀπίσω αὐτῶν.
21:39 δέομαι δέ σου, ἐπίτρεψόν μοι **λαλῆσαι** πρὸς τὸν λαόν.
22: 9 οἱ δὲ σὺν ἐμοὶ ὄντες τὸ μὲν φῶς ἐθεάσαντο τὴν δὲ φωνὴν οὐκ ἤκουσαν τοῦ **λαλοῦντός** μοι.
22:10 Ἀναστὰς πορεύου εἰς Δαμασκὸν κἀκεῖ σοι **λαληθήσεται** περὶ πάντων ὧν τέτακταί σοι ποιῆσαι.
23: 9 Οὐδὲν κακὸν εὑρίσκομεν ἐν τῷ ἀνθρώπῳ τούτῳ· εἰ δὲ πνεῦμα **ἐλάλησεν** αὐτῷ ἢ ἄγγελος;
23:18 Ὁ δέσμιος Παῦλος προσκαλεσάμενός με ἠρώτησεν τοῦτον τὸν νεανίσκον ἀγαγεῖν πρὸς σὲ ἔχοντά τι **λαλῆσαί** σοι.
26:22 ἕστηκα μαρτυρόμενος μικρῷ τε καὶ μεγάλῳ οὐδὲν ἐκτὸς λέγων ὧν τε οἱ προφῆται **ἐλάλησαν** μελλόντων γίνεσθαι καὶ Μωϋσῆς,
26:26 ἐπίσταται γὰρ περὶ τούτων ὁ βασιλεὺς πρὸς ὃν καὶ παρρησιαζόμενος **λαλῶ,**
26:31 καὶ ἀναχωρήσαντες **ἐλάλουν** πρὸς ἀλλήλους λέγοντες ὅτι Οὐδὲν θανάτου ἢ δεσμῶν ἄξιον [τι] πράσσει ὁ ἄνθρωπος οὗτος.
27:25 πιστεύω γὰρ τῷ θεῷ ὅτι οὕτως ἔσται καθ' ὃν τρόπον **λελάληταί** μοι.
28:21 οὔτε παραγενόμενός τις τῶν ἀδελφῶν ἀπήγγειλεν ἢ **ἐλάλησέν** τι περὶ σοῦ πονηρόν.
28:25 ὅτι Καλῶς τὸ πνεῦμα τὸ ἅγιον **ἐλάλησεν** διὰ Ἠσαΐου τοῦ προφήτου πρὸς τοὺς πατέρας ὑμῶν
Ro 3:19 Οἴδαμεν δὲ ὅτι ὅσα ὁ νόμος λέγει τοῖς ἐν τῷ νόμῳ **λαλεῖ,**
7: 1 Ἢ ἀγνοεῖτε, ἀδελφοί, γινώσκουσιν γὰρ νόμον **λαλῶ,** ὅτι ὁ νόμος κυριεύει τοῦ ἀνθρώπου ἐφ' ὅσον χρόνον ζῇ;
15:18 οὐ γὰρ τολμήσω τι **λαλεῖν** ὧν οὐ κατειργάσατο Χριστὸς δι' ἐμοῦ εἰς ὑπακοὴν ἐθνῶν,
1Co 2: 6 Σοφίαν δὲ **λαλοῦμεν** ἐν τοῖς τελείοις, σοφίαν δὲ οὐ τοῦ αἰῶνος τούτου οὐδὲ τῶν ἀρχόντων τοῦ αἰῶνος τούτου τῶν καταργουμένων·
2: 7 ἀλλὰ **λαλοῦμεν** θεοῦ σοφίαν ἐν μυστηρίῳ τὴν ἀποκεκρυμμένην,
2:13 ἃ καὶ **λαλοῦμεν** οὐκ ἐν διδακτοῖς ἀνθρωπίνης σοφίας λόγοις ἀλλ' ἐν διδακτοῖς πνεύματος,
3: 1 οὐκ ἠδυνήθην **λαλῆσαι** ὑμῖν ὡς πνευματικοῖς ἀλλ' ὡς σαρκίνοις,
9: 8 Μὴ κατὰ ἄνθρωπον ταῦτα **λαλῶ** ἢ καὶ ὁ νόμος ταῦτα οὐ λέγει;
12: 3 διὸ γνωρίζω ὑμῖν ὅτι οὐδεὶς ἐν πνεύματι θεοῦ **λαλῶν** λέγει,
12:30 μὴ πάντες χαρίσματα ἔχουσιν ἰαμάτων; μὴ πάντες γλώσσαις **λαλοῦσιν**; μὴ πάντες διερμηνεύουσιν;
13: 1 Ἐὰν ταῖς γλώσσαις τῶν ἀνθρώπων **λαλῶ** καὶ τῶν ἀγγέλων,
13:11 **ἐλάλουν** ὡς νήπιος, ἐφρόνουν ὡς νήπιος, ἐλογιζόμην ὡς νήπιος·
14: 2 ὁ γὰρ **λαλῶν** γλώσσῃ οὐκ ἀνθρώποις **λαλεῖ** ἀλλὰ θεῷ· οὐδεὶς γὰρ ἀκούει, πνεύματι δὲ **λαλεῖ** μυστήρια·
14: 3 ὁ δὲ προφητεύων ἀνθρώποις **λαλεῖ** οἰκοδομὴν καὶ παράκλησιν καὶ παραμυθίαν.
14: 4 ὁ **λαλῶν** γλώσσῃ ἑαυτὸν οἰκοδομεῖ· ὁ δὲ προφητεύων ἐκκλησίαν οἰκοδομεῖ.
14: 5 θέλω δὲ πάντας ὑμᾶς **λαλεῖν** γλώσσαις, μᾶλλον δὲ ἵνα προφητεύητε· μείζων δὲ ὁ προφητεύων ἢ ὁ **λαλῶν** γλώσσαις ἐκτὸς εἰ μὴ διερμηνεύῃ,
14: 6 Νῦν δέ, ἀδελφοί, ἐὰν ἔλθω πρὸς ὑμᾶς γλώσσαις **λαλῶν,** τί ὑμᾶς ὠφελήσω ἐὰν μὴ ὑμῖν **λαλήσω** ἢ ἐν ἀποκαλύψει ἢ ἐν γνώσει ἢ ἐν προφητείᾳ ἢ [ἐν] διδαχῇ;
14: 9 οὕτως καὶ ὑμεῖς διὰ τῆς γλώσσης ἐὰν μὴ εὔσημον λόγον δῶτε, πῶς γνωσθήσεται τὸ **λαλούμενον**; ἔσεσθε γὰρ εἰς ἀέρα **λαλοῦντες.**
14:11 ἔσομαι τῷ **λαλοῦντι** βάρβαρος καὶ ὁ **λαλῶν** ἐν ἐμοὶ βάρβαρος.
14:13 διὸ ὁ **λαλῶν** γλώσσῃ προσευχέσθω ἵνα διερμηνεύῃ.
14:18 εὐχαριστῶ τῷ θεῷ, πάντων ὑμῶν μᾶλλον γλώσσαις **λαλῶ·**
14:19 ἀλλὰ ἐν ἐκκλησίᾳ θέλω πέντε λόγους τῷ νοΐ μου **λαλῆσαι,**

14:21 γέγραπται ὅτι Ἐν ἑτερογλώσσοις καὶ ἐν χείλεσιν ἑτέρων **λαλήσω** τῷ λαῷ τούτῳ καὶ οὐδ᾽ οὕτως εἰσακούσονταί μου,
14:23 Ἐὰν οὖν συνέλθῃ ἡ ἐκκλησία ὅλη ἐπὶ τὸ αὐτὸ καὶ πάντες **λαλῶσιν** γλώσσαις,
14:27 εἴτε γλώσσῃ τις **λαλεῖ,** κατὰ δύο ἢ τὸ πλεῖστον τρεῖς καὶ ἀνὰ μέρος,
14:28 σιγάτω ἐν ἐκκλησίᾳ, ἑαυτῷ δὲ **λαλείτω** καὶ τῷ θεῷ.
14:29 προφῆται δὲ δύο ἢ τρεῖς **λαλείτωσαν** καὶ οἱ ἄλλοι διακρινέτωσαν·
14:34 οὐ γὰρ ἐπιτρέπεται αὐταῖς **λαλεῖν,** ἀλλὰ ὑποτασσέσθωσαν, καθὼς καὶ ὁ νόμος λέγει.
14:35 ἐν οἴκῳ τοὺς ἰδίους ἄνδρας ἐπερωτάτωσαν· αἰσχρὸν γάρ ἐστιν γυναικὶ **λαλεῖν** ἐν ἐκκλησίᾳ.
14:39 ζηλοῦτε τὸ προφητεύειν καὶ τὸ **λαλεῖν** μὴ κωλύετε γλώσσαις·
15:34 ἀγνωσίαν γὰρ θεοῦ τινες ἔχουσιν, πρὸς ἐντροπὴν ὑμῖν **λαλῶ.**
2Co 2:17 ἀλλ᾽ ὡς ἐκ θεοῦ κατέναντι θεοῦ ἐν Χριστῷ **λαλοῦμεν.**
4:13 Ἐπίστευσα, διὸ **ἐλάλησα,** καὶ ἡμεῖς πιστεύομεν, διὸ καὶ **λαλοῦμεν,**
7:14 οὐ κατῃσχύνθην, ἀλλ᾽ ὡς πάντα ἐν ἀληθείᾳ **ἐλαλήσαμεν** ὑμῖν,
11:17 ὃ **λαλῶ,** οὐ κατὰ κύριον **λαλῶ** ἀλλ᾽ ὡς ἐν ἀφροσύνῃ,
11:23 παραφρονῶν **λαλῶ,** ὑπὲρ ἐγώ· ἐν κόποις περισσοτέρως, ἐν φυλακαῖς περισσοτέρως,
12: 4 ὅτι ἡρπάγη εἰς τὸν παράδεισον καὶ ἤκουσεν ἄρρητα ῥήματα ἃ οὐκ ἐξὸν ἀνθρώπῳ **λαλῆσαι.**
12:19 κατέναντι θεοῦ ἐν Χριστῷ **λαλοῦμεν·** τὰ δὲ πάντα,
13: 3 ἐπεὶ δοκιμὴν ζητεῖτε τοῦ ἐν ἐμοὶ **λαλοῦντος** Χριστοῦ,
Eph 4:25 Διὸ ἀποθέμενοι τὸ ψεῦδος **λαλεῖτε** ἀλήθειαν ἕκαστος μετὰ τοῦ πλησίον αὐτοῦ,
5:19 **λαλοῦντες** ἑαυτοῖς [ἐν] ψαλμοῖς καὶ ὕμνοις καὶ ᾠδαῖς πνευματικαῖς,
6:20 ἵνα ἐν αὐτῷ παρρησιάσωμαι ὡς δεῖ με **λαλῆσαι.**
Php 1:14 καὶ τοὺς πλείονας τῶν ἀδελφῶν ἐν κυρίῳ πεποιθότας τοῖς δεσμοῖς μου περισσοτέρως τολμᾶν ἀφόβως τὸν λόγον **λαλεῖν.**
Col 4: 3 ἵνα ὁ θεὸς ἀνοίξῃ ἡμῖν θύραν τοῦ λόγου **λαλῆσαι** τὸ μυστήριον τοῦ Χριστοῦ,
4: 4 ἵνα φανερώσω αὐτὸ ὡς δεῖ με **λαλῆσαι.**
1Th 1: 8 ἀλλ᾽ ἐν παντὶ τόπῳ ἡ πίστις ὑμῶν ἡ πρὸς τὸν θεὸν ἐξελήλυθεν, ὥστε μὴ χρείαν ἔχειν ἡμᾶς **λαλεῖν** τι.
2: 2 ἐν **Φ**ιλίπποις ἐπαρρησιασάμεθα ἐν τῷ θεῷ ἡμῶν **λαλῆσαι** πρὸς ὑμᾶς τὸ εὐαγγέλιον τοῦ θεοῦ ἐν πολλῷ ἀγῶνι.
2: 4 ἀλλὰ καθὼς δεδοκιμάσμεθα ὑπὸ τοῦ θεοῦ πιστευθῆναι τὸ εὐαγγέλιον, οὕτως **λαλοῦμεν,**
2:16 κωλυόντων ἡμᾶς τοῖς ἔθνεσιν **λαλῆσαι** ἵνα σωθῶσιν, εἰς τὸ ἀναπληρῶσαι αὐτῶν τὰς ἁμαρτίας πάντοτε.
1Ti 5:13 οὐ μόνον δὲ ἀργαὶ ἀλλὰ καὶ φλύαροι καὶ περίεργοι, **λαλοῦσαι** τὰ μὴ δέοντα.
Tit 2: 1 Σὺ δὲ **λάλει** ἃ πρέπει τῇ ὑγιαινούσῃ διδασκαλίᾳ.
2:15 Ταῦτα **λάλει** καὶ παρακάλει καὶ ἔλεγχε μετὰ πάσης ἐπιταγῆς·
Heb 1: 1 Πολυμερῶς καὶ πολυτρόπως πάλαι ὁ θεὸς **λαλήσας** τοῖς πατράσιν ἐν τοῖς προφήταις
1: 2 ἐπ᾽ ἐσχάτου τῶν ἡμερῶν τούτων **ἐλάλησεν** ἡμῖν ἐν υἱῷ,
2: 2 εἰ γὰρ ὁ δι᾽ ἀγγέλων **λαληθεὶς** λόγος ἐγένετο βέβαιος καὶ πᾶσα παράβασις καὶ παρακοὴ ἔλαβεν ἔνδικον μισθαποδοσίαν,
2: 3 ἥτις ἀρχὴν λαβοῦσα **λαλεῖσθαι** διὰ τοῦ κυρίου ὑπὸ τῶν ἀκουσάντων εἰς ἡμᾶς ἐβεβαιώθη,
2: 5 Οὐ γὰρ ἀγγέλοις ὑπέταξεν τὴν οἰκουμένην τὴν μέλλουσαν, περὶ ἧς **λαλοῦμεν.**
3: 5 καὶ Μωϋσῆς μὲν πιστὸς ἐν ὅλῳ τῷ οἴκῳ αὐτοῦ ὡς θεράπων εἰς μαρτύριον τῶν **λαληθησομένων,**
4: 8 οὐκ ἂν περὶ ἄλλης **ἐλάλει** μετὰ ταῦτα ἡμέρας.
5: 5 Οὕτως καὶ ὁ Χριστὸς οὐχ ἑαυτὸν ἐδόξασεν γενηθῆναι ἀρχιερέα ἀλλ᾽ ὁ **λαλήσας** πρὸς αὐτόν,
6: 9 τὰ κρείσσονα καὶ ἐχόμενα σωτηρίας, εἰ καὶ οὕτως **λαλοῦμεν.**
7:14 εἰς ἣν φυλὴν περὶ ἱερέων οὐδὲν Μωϋσῆς **ἐλάλησεν.**
9:19 **λαληθείσης** γὰρ πάσης ἐντολῆς κατὰ τὸν νόμον ὑπὸ Μωϋσέως παντὶ τῷ λαῷ,
11: 4 μαρτυροῦντος ἐπὶ τοῖς δώροις αὐτοῦ τοῦ θεοῦ, καὶ δι᾽ αὐτῆς ἀποθανὼν ἔτι **λαλεῖ.**
11:18 πρὸς ὃν **ἐλαλήθη** ὅτι Ἐν Ἰσαὰκ κληθήσεταί σοι σπέρμα,
12:24 καὶ διαθήκης νέας μεσίτῃ Ἰησοῦ καὶ αἵματι ῥαντισμοῦ κρεῖττον **λαλοῦντι** παρὰ τὸν Ἅβελ.
12:25 Βλέπετε μὴ παραιτήσησθε τὸν **λαλοῦντα·** εἰ γὰρ ἐκεῖνοι οὐκ ἐξέφυγον ἐπὶ γῆς παραιτησάμενοι τὸν χρηματίζοντα,
13: 7 Μνημονεύετε τῶν ἡγουμένων ὑμῶν, οἵτινες **ἐλάλησαν** ὑμῖν τὸν λόγον τοῦ θεοῦ,
Jas 1:19 ἔστω δὲ πᾶς ἄνθρωπος ταχὺς εἰς τὸ ἀκοῦσαι, βραδὺς εἰς τὸ **λαλῆσαι,** βραδὺς εἰς ὀργήν·
2:12 οὕτως **λαλεῖτε** καὶ οὕτως ποιεῖτε ὡς διὰ νόμου ἐλευθερίας μέλλοντες κρίνεσθαι.
5:10 τῆς κακοπαθείας καὶ τῆς μακροθυμίας τοὺς προφήτας οἳ **ἐλάλησαν** ἐν τῷ ὀνόματι κυρίου.
1Pe 3:10 ὁ γὰρ θέλων ζωὴν ἀγαπᾶν καὶ ἰδεῖν ἡμέρας ἀγαθὰς παυσάτω τὴν γλῶσσαν ἀπὸ κακοῦ καὶ χείλη τοῦ μὴ **λαλῆσαι** δόλον,
4:11 εἴ τις **λαλεῖ,** ὡς λόγια θεοῦ· εἴ τις διακονεῖ,
2Pe 1:21 ἀλλὰ ὑπὸ πνεύματος ἁγίου φερόμενοι **ἐλάλησαν** ἀπὸ θεοῦ ἄνθρωποι.
3:16 ὡς καὶ ἐν πάσαις ἐπιστολαῖς **λαλῶν** ἐν αὐταῖς περὶ τούτων,
1Jn 4: 5 διὰ τοῦτο ἐκ τοῦ κόσμου **λαλοῦσιν** καὶ ὁ κόσμος αὐτῶν ἀκούει.
2Jn 1:12 ἀλλὰ ἐλπίζω γενέσθαι πρὸς ὑμᾶς καὶ στόμα πρὸς στόμα **λαλῆσαι,**
3Jn 1:14 ἐλπίζω δὲ εὐθέως σε ἰδεῖν, καὶ στόμα πρὸς στόμα **λαλήσομεν.**
Jude 1:15 καὶ περὶ πάντων τῶν σκληρῶν ὧν **ἐλάλησαν** κατ᾽ αὐτοῦ ἁμαρτωλοὶ ἀσεβεῖς.
1:16 καὶ τὸ στόμα αὐτῶν **λαλεῖ** ὑπέρογκα, θαυμάζοντες πρόσωπα ὠφελείας χάριν.
Rev 1:12 Καὶ ἐπέστρεψα βλέπειν τὴν φωνὴν ἥτις **ἐλάλει** μετ᾽ ἐμοῦ,
4: 1 καὶ ἡ φωνὴ ἡ πρώτη ἣν ἤκουσα ὡς σάλπιγγος **λαλούσης** μετ᾽ ἐμοῦ λέγων,
10: 3 καὶ ὅτε ἔκραξεν, **ἐλάλησαν** αἱ ἑπτὰ βρονταὶ τὰς ἑαυτῶν φωνάς.
10: 4 καὶ ὅτε **ἐλάλησαν** αἱ ἑπτὰ βρονταί, ἤμελλον γράφειν, καὶ ἤκουσα φωνὴν ἐκ τοῦ οὐρανοῦ λέγουσαν, Σφράγισον ἃ **ἐλάλησαν** αἱ ἑπτὰ βρονταί, καὶ μὴ αὐτὰ γράψῃς.
10: 8 Καὶ ἡ φωνὴ ἣν ἤκουσα ἐκ τοῦ οὐρανοῦ πάλιν **λαλοῦσαν** μετ᾽ ἐμοῦ καὶ λέγουσαν,
13: 5 Καὶ ἐδόθη αὐτῷ στόμα **λαλοῦν** μεγάλα καὶ βλασφημίας καὶ ἐδόθη αὐτῷ ἐξουσία ποιῆσαι μῆνας τεσσεράκοντα [καὶ] δύο.
13:11 καὶ εἶχεν κέρατα δύο ὅμοια ἀρνίῳ καὶ **ἐλάλει** ὡς δράκων.
13:15 ἵνα καὶ **λαλήσῃ** ἡ εἰκὼν τοῦ θηρίου καὶ ποιήσῃ [ἵνα] ὅσοι ἐὰν μὴ προσκυνήσωσιν τῇ εἰκόνι τοῦ θηρίου ἀποκτανθῶσιν.
17: 1 Καὶ ἦλθεν εἷς ἐκ τῶν ἑπτὰ ἀγγέλων τῶν ἐχόντων τὰς ἑπτὰ φιάλας καὶ **ἐλάλησεν** μετ᾽ ἐμοῦ λέγων,
21: 9 Καὶ ἦλθεν εἷς ἐκ τῶν ἑπτὰ ἀγγέλων τῶν ἐχόντων τὰς ἑπτὰ φιάλας τῶν γεμόντων τῶν ἑπτὰ πληγῶν τῶν ἐσχάτων καὶ **ἐλάλησεν** μετ᾽ ἐμοῦ λέγων,
21:15 Καὶ ὁ **λαλῶν** μετ᾽ ἐμοῦ εἶχεν μέτρον κάλαμον χρυσοῦν,

3282 λαλιά [3]

√ *3281*

Mt 26:73 καὶ γὰρ ἡ **λαλιά** σου δῆλόν σε ποιεῖ.
Jn 4:42 τῇ τε γυναικὶ ἔλεγον ὅτι Οὐκέτι διὰ τὴν σὴν **λαλιὰν** πιστεύομεν,
8:43 διὰ τί τὴν **λαλιὰν** τὴν ἐμὴν οὐ γινώσκετε;

3283 λαμά Not used in UBS/NIV

→ *3316*

3284 λαμβάνω [258 / 257]

→ *377, 378, 455, 514, 516, 655, 719, 1287, 2138, 2325, 2326, 2327, 2898, 3331, 3335, 3561, 3562, 4161, 4624, 4647, 4689, 4691, 4692, 4719, 4720, 4721, 4722, 4723, 4724, 5197, 5221, 5227, 5269, 5696*

λαμβάνω ἀπό [2] 1Jn 2:27; 3:22

λαμβάνω ἄρτος [20] Mt 14:19; 15:26,36; 16:5,7; 26:26; Mk 6:41; 7:27; 8:6,14,14; 14:22; Lk 6:4; 9:16; 22:19; 24:30; Jn 6:11; 21:13; Ac 27:35; 1Co 11:23

λαμβάνω γυναῖκα [αὐτήν] [5] Mk 12:19,20,21; Lk 20:28,29,31

λαμβάνω ἐκ [5] Jn 16:14,15; Ac 15:14; Heb 5:1; Rev 5:7

λαμβάνω ἐξουσία [2] Ac 26:10; Rev 17:12

λαμβάνω κρίμα [4] Mk 12:40; Lk 20:47; Ro 13:2; Jas 3:1

λαμβάνω παρά [10] Mk 12:2; Jn 5:34,41,44; 10:18; Ac 2:33; 3:5; Jas 1:7; 2Jn 1:4; Rev 2:28

λαμβάνω πρόσωπον [2] Lk 20:21; Gal 2:6

λαμβάνω ῥήματα [1] Jn 12:48; cf. Jn 17:8

λαμβάνω τόπος [2] Ac 1:25; 25:16

Mt 5:40 καὶ τῷ θέλοντί σοι κριθῆναι καὶ τὸν χιτῶνά σου **λαβεῖν,**
7: 8 πᾶς γὰρ ὁ αἰτῶν **λαμβάνει** καὶ ὁ ζητῶν εὑρίσκει καὶ τῷ κρούοντι ἀνοιγήσεται.
8:17 Αὐτὸς τὰς ἀσθενείας ἡμῶν **ἔλαβεν** καὶ τὰς νόσους ἐβάστασεν.
10: 8 λεπροὺς καθαρίζετε, δαιμόνια ἐκβάλλετε· δωρεὰν **ἐλάβετε,** δωρεὰν δότε.
10:38 καὶ ὃς οὐ **λαμβάνει** τὸν σταυρὸν αὐτοῦ καὶ ἀκολουθεῖ ὀπίσω μου,
10:41 ὁ δεχόμενος προφήτην εἰς ὄνομα προφήτου μισθὸν προφήτου **λήμψεται,** καὶ ὁ δεχόμενος δίκαιον εἰς ὄνομα δικαίου μισθὸν δικαίου **λήμψεται.**
12:14 ἐξελθόντες δὲ οἱ Φαρισαῖοι συμβούλιον **ἔλαβον** κατ᾽ αὐτοῦ ὅπως αὐτὸν ἀπολέσωσιν.
13:20 οὗτός ἐστιν ὁ τὸν λόγον ἀκούων καὶ εὐθὺς μετὰ χαρᾶς **λαμβάνων** αὐτόν,
13:31 ὃν **λαβὼν** ἄνθρωπος ἔσπειρεν ἐν τῷ ἀγρῷ αὐτοῦ·
13:33 ἣν **λαβοῦσα** γυνὴ ἐνέκρυψεν εἰς ἀλεύρου σάτα τρία ἕως οὗ ἐζυμώθη ὅλον.
14:19 **λαβὼν** τοὺς πέντε ἄρτους καὶ τοὺς δύο ἰχθύας,
15:26 Οὐκ ἔστιν καλὸν **λαβεῖν** τὸν ἄρτον τῶν τέκνων καὶ βαλεῖν τοῖς κυναρίοις.
15:36 **ἔλαβεν** τοὺς ἑπτὰ ἄρτους καὶ τοὺς ἰχθύας καὶ εὐχαριστήσας ἔκλασεν καὶ ἐδίδου τοῖς μαθηταῖς,
16: 5 Καὶ ἐλθόντες οἱ μαθηταὶ εἰς τὸ πέραν ἐπελάθοντο ἄρτους **λαβεῖν.**
16: 7 οἱ δὲ διελογίζοντο ἐν ἑαυτοῖς λέγοντες ὅτι Ἄρτους οὐκ **ἐλάβομεν.**
16: 9 οὐδὲ μνημονεύετε τοὺς πέντε ἄρτους τῶν πεντακισχιλίων καὶ πόσους κοφίνους **ἐλάβετε;**
16:10 οὐδὲ τοὺς ἑπτὰ ἄρτους τῶν τετρακισχιλίων καὶ πόσας σπυρίδας **ἐλάβετε;**
17:24 Ἐλθόντων δὲ αὐτῶν εἰς Καφαρναοὺμ προσῆλθον οἱ τὰ δίδραχμα **λαμβάνοντες** τῷ Πέτρῳ καὶ εἶπαν,
17:25 οἱ βασιλεῖς τῆς γῆς ἀπὸ τίνων **λαμβάνουσιν** τέλη ἢ κῆνσον;
17:27 ἐκεῖνον **λαβὼν** δὸς αὐτοῖς ἀντὶ ἐμοῦ καὶ σοῦ.
19:29 καὶ πᾶς ὅστις ἀφῆκεν οἰκίας ἢ ἀδελφοὺς ἢ ἀδελφὰς ἢ πατέρα ἢ μητέρα ἢ τέκνα ἢ ἀγροὺς ἕνεκεν τοῦ ὀνόματός μου, ἑκατονταπλασίονα **λήμψεται** καὶ ζωὴν αἰώνιον κληρονομήσει.
20: 9 καὶ ἐλθόντες οἱ περὶ τὴν ἑνδεκάτην ὥραν **ἔλαβον** ἀνὰ δηνάριον.
20:10 καὶ ἐλθόντες οἱ πρῶτοι ἐνόμισαν ὅτι πλεῖον **λήμψονται·** καὶ **ἔλαβον** [τὸ] ἀνὰ δηνάριον καὶ αὐτοί.
20:11 **λαβόντες** δὲ ἐγόγγυζον κατὰ τοῦ οἰκοδεσπότου
21:22 καὶ πάντα ὅσα ἂν αἰτήσητε ἐν τῇ προσευχῇ πιστεύοντες **λήμψεσθε.**
21:34 ἀπέστειλεν τοὺς δούλους αὐτοῦ πρὸς τοὺς γεωργοὺς **λαβεῖν** τοὺς καρποὺς αὐτοῦ.
21:35 καὶ **λαβόντες** οἱ γεωργοὶ τοὺς δούλους αὐτοῦ ὃν μὲν ἔδειραν,
21:39 καὶ **λαβόντες** αὐτὸν ἐξέβαλον ἔξω τοῦ ἀμπελῶνος καὶ ἀπέκτειναν.
22:15 Τότε πορευθέντες οἱ Φαρισαῖοι συμβούλιον **ἔλαβον** ὅπως αὐτὸν παγιδεύσωσιν ἐν λόγῳ.
25: 1 αἵτινες **λαβοῦσαι** τὰς λαμπάδας ἑαυτῶν ἐξῆλθον εἰς ὑπάντησιν τοῦ νυμφίου.
25: 3 αἱ γὰρ μωραὶ **λαβοῦσαι** τὰς λαμπάδας αὐτῶν οὐκ **ἔλαβον** μεθ᾽ ἑαυτῶν ἔλαιον.
25: 4 αἱ δὲ φρόνιμοι **ἔλαβον** ἔλαιον ἐν τοῖς ἀγγείοις μετὰ τῶν λαμπάδων ἑαυτῶν.
25:16 πορευθεὶς ὁ τὰ πέντε τάλαντα **λαβὼν** ἠργάσατο ἐν αὐτοῖς καὶ ἐκέρδησεν ἄλλα πέντε·
25:18 ὁ δὲ τὸ ἓν **λαβὼν** ἀπελθὼν ὤρυξεν γῆν καὶ ἔκρυψεν τὸ ἀργύριον τοῦ κυρίου αὐτοῦ.
25:20 καὶ προσελθὼν ὁ τὰ πέντε τάλαντα **λαβὼν** προσήνεγκεν ἄλλα πέντε τάλαντα λέγων,
25:24 προσελθὼν δὲ καὶ ὁ τὸ ἓν τάλαντον **εἰληφὼς** εἶπεν,
26:26 Ἐσθιόντων δὲ αὐτῶν **λαβὼν** ὁ Ἰησοῦς ἄρτον καὶ εὐλογήσας ἔκλασεν καὶ δοὺς τοῖς μαθηταῖς εἶπεν, **Λάβετε** φάγετε, τοῦτό ἐστιν τὸ σῶμά μου.
26:27 καὶ **λαβὼν** ποτήριον καὶ εὐχαριστήσας ἔδωκεν αὐτοῖς λέγων,
26:52 πάντες γὰρ οἱ **λαβόντες** μάχαιραν ἐν μαχαίρῃ ἀπολοῦνται.
27: 1 Πρωΐας δὲ γενομένης συμβούλιον **ἔλαβον** πάντες οἱ ἀρχιερεῖς καὶ οἱ πρεσβύτεροι τοῦ λαοῦ κατὰ τοῦ Ἰησοῦ ὥστε θανατῶσαι
27: 6 οἱ δὲ ἀρχιερεῖς **λαβόντες** τὰ ἀργύρια εἶπαν, Οὐκ ἔξεστιν βαλεῖν αὐτὰ εἰς τὸν κορβανᾶν,
27: 7 συμβούλιον δὲ **λαβόντες** ἠγόρασαν ἐξ αὐτῶν τὸν Ἀγρὸν τοῦ Κεραμέως εἰς ταφὴν τοῖς ξένοις.
27: 9 Καὶ **ἔλαβον** τὰ τριάκοντα ἀργύρια, τὴν τιμὴν τοῦ τετιμημένου ὃν ἐτιμήσαντο ἀπὸ υἱῶν Ἰσραήλ,
27:24 **λαβὼν** ὕδωρ ἀπενίψατο τὰς χεῖρας ἀπέναντι τοῦ ὄχλου λέγων,
27:30 καὶ ἐμπτύσαντες εἰς αὐτὸν **ἔλαβον** τὸν κάλαμον καὶ ἔτυπτον εἰς τὴν κεφαλὴν αὐτοῦ.
27:48 καὶ εὐθέως δραμὼν εἷς ἐξ αὐτῶν καὶ **λαβὼν** σπόγγον πλήσας τε ὄξους καὶ περιθεὶς καλάμῳ ἐπότιζεν αὐτόν.
27:59 καὶ **λαβὼν** τὸ σῶμα ὁ Ἰωσὴφ ἐνετύλιξεν αὐτὸ [ἐν] σινδόνι καθαρᾷ
28:12 καὶ συναχθέντες μετὰ τῶν πρεσβυτέρων συμβούλιόν τε **λαβόντες** ἀργύρια ἱκανὰ ἔδωκαν τοῖς στρατιώταις
28:15 οἱ δὲ **λαβόντες** τὰ ἀργύρια ἐποίησαν ὡς ἐδιδάχθησαν.

Mk 4:16 οἳ ὅταν ἀκούσωσιν τὸν λόγον εὐθὺς μετὰ χαρᾶς **λαμβάνουσιν** αὐτόν,
6:41 καὶ **λαβὼν** τοὺς πέντε ἄρτους καὶ τοὺς δύο ἰχθύας ἀναβλέψας εἰς τὸν οὐρανὸν εὐλόγησεν καὶ κατέκλασεν τοὺς ἄρτους
7:27 οὐ γάρ ἐστιν καλὸν **λαβεῖν** τὸν ἄρτον τῶν τέκνων καὶ τοῖς κυναρίοις βαλεῖν.
8: 6 καὶ **λαβὼν** τοὺς ἑπτὰ ἄρτους εὐχαριστήσας ἔκλασεν καὶ ἐδίδου τοῖς μαθηταῖς αὐτοῦ ἵνα παρατιθῶσιν,
8:14 Καὶ ἐπελάθοντο **λαβεῖν** ἄρτους καὶ εἰ μὴ ἕνα ἄρτον οὐκ εἶχον μεθ᾽ ἑαυτῶν ἐν τῷ πλοίῳ.
9:36 καὶ **λαβὼν** παιδίον ἔστησεν αὐτὸ ἐν μέσῳ αὐτῶν καὶ ἐναγκαλισάμενος αὐτὸ εἶπεν αὐτοῖς,
10:30 ἐὰν μὴ **λάβῃ** ἑκατονταπλασίονα νῦν ἐν τῷ καιρῷ τούτῳ οἰκίας καὶ ἀδελφοὺς καὶ ἀδελφὰς καὶ μητέρας καὶ τέκνα καὶ ἀγροὺς μετὰ διωγμῶν,
11:24 πάντα ὅσα προσεύχεσθε καὶ αἰτεῖσθε, πιστεύετε ὅτι **ἐλάβετε,** καὶ ἔσται ὑμῖν.
12: 2 καὶ ἀπέστειλεν πρὸς τοὺς γεωργοὺς τῷ καιρῷ δοῦλον ἵνα παρὰ τῶν γεωργῶν **λάβῃ** ἀπὸ τῶν καρπῶν τοῦ ἀμπελῶνος·
12: 3 καὶ **λαβόντες** αὐτὸν ἔδειραν καὶ ἀπέστειλαν κενόν.
12: 8 καὶ **λαβόντες** ἀπέκτειναν αὐτὸν καὶ ἐξέβαλον αὐτὸν ἔξω τοῦ ἀμπελῶνος.
12:19 ἵνα **λάβῃ** ὁ ἀδελφὸς αὐτοῦ τὴν γυναῖκα καὶ ἐξαναστήσῃ σπέρμα τῷ ἀδελφῷ αὐτοῦ.
12:20 ὁ πρῶτος **ἔλαβεν** γυναῖκα καὶ ἀποθνῄσκων οὐκ ἀφῆκεν σπέρμα·
12:21 ὁ δεύτερος **ἔλαβεν** αὐτὴν καὶ ἀπέθανεν μὴ καταλιπὼν σπέρμα·
12:40 οἱ κατεσθίοντες τὰς οἰκίας τῶν χηρῶν καὶ προφάσει μακρὰ προσευχόμενοι· οὗτοι **λήμψονται** περισσότερον κρίμα.
14:22 Καὶ ἐσθιόντων αὐτῶν **λαβὼν** ἄρτον εὐλογήσας ἔκλασεν καὶ ἔδωκεν αὐτοῖς καὶ εἶπεν, **Λάβετε,** τοῦτό ἐστιν τὸ σῶμά μου.
14:23 καὶ **λαβὼν** ποτήριον εὐχαριστήσας ἔδωκεν αὐτοῖς, καὶ ἔπιον ἐξ αὐτοῦ πάντες.
14:65 καὶ κολαφίζειν αὐτὸν καὶ λέγειν αὐτῷ, Προφήτευσον, καὶ οἱ ὑπηρέται ῥαπίσμασιν αὐτὸν **ἔλαβον.**
15:23 καὶ ἐδίδουν αὐτῷ ἐσμυρνισμένον οἶνον· ὃς δὲ οὐκ **ἔλαβεν.**

Lk 5: 5 καὶ ἀποκριθεὶς Σίμων εἶπεν, Ἐπιστάτα, δι᾽ ὅλης νυκτὸς κοπιάσαντες οὐδὲν **ἐλάβομεν·**
5:26 καὶ ἔκστασις **ἔλαβεν** ἅπαντας καὶ ἐδόξαζον τὸν θεὸν καὶ ἐπλήσθησαν φόβου λέγοντες ὅτι Εἴδομεν παράδοξα σήμερον.
6: 4 [ὡς] εἰσῆλθεν εἰς τὸν οἶκον τοῦ θεοῦ καὶ τοὺς ἄρτους τῆς προθέσεως **λαβὼν** ἔφαγεν καὶ ἔδωκεν τοῖς μετ᾽ αὐτοῦ,
6:34 καὶ ἐὰν δανίσητε παρ᾽ ὧν ἐλπίζετε **λαβεῖν,** ποία ὑμῖν χάρις [ἐστίν;]
7:16 **ἔλαβεν** δὲ φόβος πάντας καὶ ἐδόξαζον τὸν θεὸν λέγοντες ὅτι Προφήτης μέγας ἠγέρθη ἐν ἡμῖν καὶ ὅτι Ἐπεσκέψατο ὁ θεὸς
9:16 **λαβὼν** δὲ τοὺς πέντε ἄρτους καὶ τοὺς δύο ἰχθύας ἀναβλέψας εἰς τὸν οὐρανὸν εὐλόγησεν αὐτοὺς καὶ κατέκλασεν
9:39 καὶ ἰδοὺ πνεῦμα **λαμβάνει** αὐτὸν καὶ ἐξαίφνης κράζει καὶ σπαράσσει αὐτὸν μετὰ ἀφροῦ καὶ μόγις ἀποχωρεῖ ἀπ᾽ αὐτοῦ
11:10 πᾶς γὰρ ὁ αἰτῶν **λαμβάνει** καὶ ὁ ζητῶν εὑρίσκει καὶ τῷ κρούοντι ἀνοιγ[ήσ]εται.
13:19 ὁμοία ἐστὶν κόκκῳ σινάπεως, ὃν **λαβὼν** ἄνθρωπος ἔβαλεν εἰς κῆπον ἑαυτοῦ,
13:21 ἣν **λαβοῦσα** γυνὴ [ἐν]έκρυψεν εἰς ἀλεύρου σάτα τρία ἕως οὗ ἐζυμώθη ὅλον.
19:12 Ἄνθρωπός τις εὐγενὴς ἐπορεύθη εἰς χώραν μακρὰν **λαβεῖν** ἑαυτῷ βασιλείαν καὶ ὑποστρέψαι.
19:15 Καὶ ἐγένετο ἐν τῷ ἐπανελθεῖν αὐτὸν **λαβόντα** τὴν βασιλείαν καὶ εἶπεν φωνηθῆναι αὐτῷ τοὺς δούλους τούτους
20:21 οἴδαμεν ὅτι ὀρθῶς λέγεις καὶ διδάσκεις καὶ οὐ **λαμβάνεις** πρόσωπον,

20:28 ἵνα **λάβῃ** ὁ ἀδελφὸς αὐτοῦ τὴν γυναῖκα καὶ ἐξαναστήσῃ σπέρμα τῷ ἀδελφῷ αὐτοῦ.
20:29 ἑπτὰ οὖν ἀδελφοὶ ἦσαν· καὶ ὁ πρῶτος **λαβὼν** γυναῖκα ἀπέθανεν ἄτεκνος·
20:31 καὶ ὁ τρίτος **ἔλαβεν** αὐτήν, ὡσαύτως δὲ καὶ οἱ ἑπτὰ οὐ κατέλιπον τέκνα καὶ ἀπέθανον.
20:47 οἳ κατεσθίουσιν τὰς οἰκίας τῶν χηρῶν καὶ προφάσει μακρὰ προσεύχονται· οὗτοι **λήμψονται** περισσότερον κρίμα.
22:17 καὶ δεξάμενος ποτήριον εὐχαριστήσας εἶπεν, **Λάβετε** τοῦτο καὶ διαμερίσατε εἰς ἑαυτούς·
22:19 καὶ **λαβὼν** ἄρτον εὐχαριστήσας ἔκλασεν καὶ ἔδωκεν αὐτοῖς λέγων,
24:30 καὶ ἐγένετο ἐν τῷ κατακλιθῆναι αὐτὸν μετ' αὐτῶν **λαβὼν** τὸν ἄρτον εὐλόγησεν καὶ κλάσας ἐπεδίδου αὐτοῖς,
24:43 καὶ **λαβὼν** ἐνώπιον αὐτῶν ἔφαγεν.

Jn 1:12 ὅσοι δὲ **ἔλαβον** αὐτόν, ἔδωκεν αὐτοῖς ἐξουσίαν τέκνα θεοῦ γενέσθαι,
1:16 ὅτι ἐκ τοῦ πληρώματος αὐτοῦ ἡμεῖς πάντες **ἐλάβομεν** καὶ χάριν ἀντὶ χάριτος·
3:11 ἀμὴν ἀμὴν λέγω σοι ὅτι ὃ οἴδαμεν λαλοῦμεν καὶ ὃ ἑωράκαμεν μαρτυροῦμεν, καὶ τὴν μαρτυρίαν ἡμῶν οὐ **λαμβάνετε.**
3:27 Οὐ δύναται ἄνθρωπος **λαμβάνειν** οὐδὲ ἓν ἐὰν μὴ ᾖ δεδομένον αὐτῷ ἐκ τοῦ οὐρανοῦ.
3:32 ὃ ἑώρακεν καὶ ἤκουσεν τοῦτο μαρτυρεῖ, καὶ τὴν μαρτυρίαν αὐτοῦ οὐδεὶς **λαμβάνει.**
3:33 ὁ **λαβὼν** αὐτοῦ τὴν μαρτυρίαν ἐσφράγισεν ὅτι ὁ θεὸς ἀληθής ἐστιν.
4:36 ὁ θερίζων μισθὸν **λαμβάνει** καὶ συνάγει καρπὸν εἰς ζωὴν αἰώνιον,
5:34 ἐγὼ δὲ οὐ παρὰ ἀνθρώπου τὴν μαρτυρίαν **λαμβάνω,**
5:41 Δόξαν παρὰ ἀνθρώπων οὐ **λαμβάνω,**
5:43 ἐγὼ ἐλήλυθα ἐν τῷ ὀνόματι τοῦ πατρός μου, καὶ οὐ **λαμβάνετέ** με· ἐὰν ἄλλος ἔλθῃ ἐν τῷ ὀνόματι τῷ ἰδίῳ, ἐκεῖνον **λήμψεσθε.**
5:44 πῶς δύνασθε ὑμεῖς πιστεῦσαι δόξαν παρὰ ἀλλήλων **λαμβάνοντες,**
6: 7 Διακοσίων δηναρίων ἄρτοι οὐκ ἀρκοῦσιν αὐτοῖς ἵνα ἕκαστος βραχύ [τι] **λάβῃ.**
6:11 **ἔλαβεν** οὖν τοὺς ἄρτους ὁ Ἰησοῦς καὶ εὐχαριστήσας διέδωκεν τοῖς ἀνακειμένοις ὁμοίως καὶ ἐκ τῶν ὀψαρίων ὅσον ἤθελον.
6:21 ἤθελον οὖν **λαβεῖν** αὐτὸν εἰς τὸ πλοῖον, καὶ εὐθέως ἐγένετο τὸ πλοῖον ἐπὶ τῆς γῆς εἰς ἣν ὑπῆγον.
7:23 εἰ περιτομὴν **λαμβάνει** ἄνθρωπος ἐν σαββάτῳ ἵνα μὴ λυθῇ ὁ νόμος Μωϋσέως,
7:39 τοῦτο δὲ εἶπεν περὶ τοῦ πνεύματος ὃ ἔμελλον **λαμβάνειν** οἱ πιστεύσαντες εἰς αὐτόν·
10:17 διὰ τοῦτό με ὁ πατὴρ ἀγαπᾷ ὅτι ἐγὼ τίθημι τὴν ψυχήν μου, ἵνα πάλιν **λάβω** αὐτήν.
10:18 ἐξουσίαν ἔχω θεῖναι αὐτήν, καὶ ἐξουσίαν ἔχω πάλιν **λαβεῖν** αὐτήν· ταύτην τὴν ἐντολὴν **ἔλαβον** παρὰ τοῦ πατρός μου.
12: 3 ἡ οὖν Μαριὰμ **λαβοῦσα** λίτραν μύρου νάρδου πιστικῆς πολυτίμου ἤλειψεν τοὺς πόδας τοῦ Ἰησοῦ
12:13 **ἔλαβον** τὰ βαΐα τῶν φοινίκων καὶ ἐξῆλθον εἰς ὑπάντησιν αὐτῷ καὶ ἐκραύγαζον,
12:48 ὁ ἀθετῶν ἐμὲ καὶ μὴ **λαμβάνων** τὰ ῥήματά μου ἔχει τὸν κρίνοντα αὐτόν·
13: 4 ἐγείρεται ἐκ τοῦ δείπνου καὶ τίθησιν τὰ ἱμάτια καὶ **λαβὼν** λέντιον διέζωσεν ἑαυτόν·
13:12 Ὅτε οὖν ἔνιψεν τοὺς πόδας αὐτῶν [καὶ] **ἔλαβεν** τὰ ἱμάτια αὐτοῦ καὶ ἀνέπεσεν πάλιν,
13:20 ἀμὴν ἀμὴν λέγω ὑμῖν, ὁ **λαμβάνων** ἄν τινα πέμψω ἐμὲ **λαμβάνει,** ὁ δὲ ἐμὲ **λαμβάνων λαμβάνει** τὸν πέμψαντά με.
13:26 βάψας οὖν τὸ ψωμίον [**λαμβάνει**[NIV-] καὶ] δίδωσιν Ἰούδᾳ Σίμωνος Ἰσκαριώτου.
13:30 **λαβὼν** οὖν τὸ ψωμίον ἐκεῖνος ἐξῆλθεν εὐθύς. ἦν δὲ νύξ.
14:17 τὸ πνεῦμα τῆς ἀληθείας, ὃ ὁ κόσμος οὐ δύναται **λαβεῖν,**
16:14 ὅτι ἐκ τοῦ ἐμοῦ **λήμψεται** καὶ ἀναγγελεῖ ὑμῖν.
16:15 διὰ τοῦτο εἶπον ὅτι ἐκ τοῦ ἐμοῦ **λαμβάνει** καὶ ἀναγγελεῖ ὑμῖν.
16:24 αἰτεῖτε καὶ **λήμψεσθε,** ἵνα ἡ χαρὰ ὑμῶν ᾖ πεπληρωμένη.
17: 8 καὶ αὐτοὶ **ἔλαβον** καὶ ἔγνωσαν ἀληθῶς ὅτι παρὰ σοῦ ἐξῆλθον,
18: 3 ὁ οὖν Ἰούδας **λαβὼν** τὴν σπεῖραν καὶ ἐκ τῶν ἀρχιερέων καὶ ἐκ τῶν Φαρισαίων ὑπηρέτας ἔρχεται ἐκεῖ μετὰ φανῶν
18:31 **Λάβετε** αὐτὸν ὑμεῖς καὶ κατὰ τὸν νόμον ὑμῶν κρίνατε αὐτόν.
19: 1 Τότε οὖν **ἔλαβεν** ὁ Πιλᾶτος τὸν Ἰησοῦν καὶ ἐμαστίγωσεν.
19: 6 λέγει αὐτοῖς ὁ Πιλᾶτος, **Λάβετε** αὐτὸν ὑμεῖς καὶ σταυρώσατε·
19:23 **ἔλαβον** τὰ ἱμάτια αὐτοῦ καὶ ἐποίησαν τέσσαρα μέρη,
19:27 καὶ ἀπ' ἐκείνης τῆς ὥρας **ἔλαβεν** ὁ μαθητὴς αὐτὴν εἰς τὰ ἴδια.
19:30 ὅτε οὖν **ἔλαβεν** τὸ ὄξος [ὁ] Ἰησοῦς εἶπεν,
19:40 **ἔλαβον** οὖν τὸ σῶμα τοῦ Ἰησοῦ καὶ ἔδησαν αὐτὸ ὀθονίοις μετὰ τῶν ἀρωμάτων,
20:22 καὶ τοῦτο εἰπὼν ἐνεφύσησεν καὶ λέγει αὐτοῖς, **Λάβετε** πνεῦμα ἅγιον·
21:13 ἔρχεται Ἰησοῦς καὶ **λαμβάνει** τὸν ἄρτον καὶ δίδωσιν αὐτοῖς,

Ac 1: 8 ἀλλὰ **λήμψεσθε** δύναμιν ἐπελθόντος τοῦ ἁγίου πνεύματος ἐφ' ὑμᾶς καὶ ἔσεσθέ μου μάρτυρες ἔν τε Ἰερουσαλὴμ
1:20 Γενηθήτω ἡ ἔπαυλις αὐτοῦ ἔρημος καὶ μὴ ἔστω ὁ κατοικῶν ἐν αὐτῇ, καί, Τὴν ἐπισκοπὴν αὐτοῦ **λαβέτω** ἕτερος.
1:25 **λαβεῖν** τὸν τόπον τῆς διακονίας ταύτης καὶ ἀποστολῆς ἀφ' ἧς παρέβη Ἰούδας πορευθῆναι εἰς τὸν τόπον τὸν ἴδιον.
2:33 τήν τε ἐπαγγελίαν τοῦ πνεύματος τοῦ ἁγίου **λαβὼν** παρὰ τοῦ πατρός,
2:38 καὶ βαπτισθήτω ἕκαστος ὑμῶν ἐπὶ τῷ ὀνόματι Ἰησοῦ Χριστοῦ εἰς ἄφεσιν τῶν ἁμαρτιῶν ὑμῶν καὶ **λήμψεσθε** τὴν δωρεὰν τοῦ ἁγίου πνεύματος.
3: 3 ὃς ἰδὼν Πέτρον καὶ Ἰωάννην μέλλοντας εἰσιέναι εἰς τὸ ἱερόν, ἠρώτα ἐλεημοσύνην **λαβεῖν.**
3: 5 ὁ δὲ ἐπεῖχεν αὐτοῖς προσδοκῶν τι παρ' αὐτῶν **λαβεῖν.**
7:53 οἵτινες **ἐλάβετε** τὸν νόμον εἰς διαταγὰς ἀγγέλων καὶ οὐκ ἐφυλάξατε.
8:15 οἵτινες καταβάντες προσηύξαντο περὶ αὐτῶν ὅπως **λάβωσιν** πνεῦμα ἅγιον·
8:17 τότε ἐπετίθεσαν τὰς χεῖρας ἐπ' αὐτοὺς καὶ **ἐλάμβανον** πνεῦμα ἅγιον.
8:19 Δότε κἀμοὶ τὴν ἐξουσίαν ταύτην ἵνα ᾧ ἐὰν ἐπιθῶ τὰς χεῖρας **λαμβάνῃ** πνεῦμα ἅγιον.
9:19 καὶ **λαβὼν** τροφὴν ἐνίσχυσεν. Ἐγένετο δὲ μετὰ τῶν ἐν Δαμασκῷ μαθητῶν ἡμέρας τινὰς
9:25 **λαβόντες** δὲ οἱ μαθηταὶ αὐτοῦ νυκτὸς διὰ τοῦ τείχους καθῆκαν αὐτὸν χαλάσαντες ἐν σπυρίδι.
10:43 πάντες οἱ προφῆται μαρτυροῦσιν ἄφεσιν ἁμαρτιῶν **λαβεῖν** διὰ τοῦ ὀνόματος αὐτοῦ πάντα τὸν πιστεύοντα εἰς αὐτόν.
10:47 οἵτινες τὸ πνεῦμα τὸ ἅγιον **ἔλαβον** ὡς καὶ ἡμεῖς;
15:14 Συμεὼν ἐξηγήσατο καθὼς πρῶτον ὁ θεὸς ἐπεσκέψατο **λαβεῖν** ἐξ ἐθνῶν λαὸν τῷ ὀνόματι αὐτοῦ.
16: 3 καὶ **λαβὼν** περιέτεμεν αὐτὸν διὰ τοὺς Ἰουδαίους τοὺς ὄντας ἐν τοῖς τόποις ἐκείνοις·
16:24 ὃς παραγγελίαν τοιαύτην **λαβὼν** ἔβαλεν αὐτοὺς εἰς τὴν ἐσωτέραν φυλακὴν καὶ τοὺς πόδας ἠσφαλίσατο αὐτῶν
17: 9 καὶ **λαβόντες** τὸ ἱκανὸν παρὰ τοῦ Ἰάσονος καὶ τῶν λοιπῶν ἀπέλυσαν αὐτούς.
17:15 καὶ **λαβόντες** ἐντολὴν πρὸς τὸν Σιλᾶν καὶ τὸν Τιμόθεον ἵνα ὡς τάχιστα ἔλθωσιν πρὸς αὐτὸν ἐξῄεσαν.
19: 2 εἶπέν τε πρὸς αὐτούς, Εἰ πνεῦμα ἅγιον **ἐλάβετε** πιστεύσαντες;
20:24 ὡς τελειῶσαι τὸν δρόμον μου καὶ τὴν διακονίαν ἣν **ἔλαβον** παρὰ τοῦ κυρίου Ἰησοῦ,
20:35 μνημονεύειν τε τῶν λόγων τοῦ κυρίου Ἰησοῦ ὅτι αὐτὸς εἶπεν, Μακάριόν ἐστιν μᾶλλον διδόναι ἢ **λαμβάνειν.**
24:27 Διετίας δὲ πληρωθείσης **ἔλαβεν** διάδοχον ὁ Φῆλιξ Πόρκιον Φῆστον,
25:16 πρὶν ἢ ὁ κατηγορούμενος κατὰ πρόσωπον ἔχοι τοὺς κατηγόρους τόπον τε ἀπολογίας **λάβοι** περὶ τοῦ ἐγκλήματος.
26:10 καὶ πολλούς τε τῶν ἁγίων ἐγὼ ἐν φυλακαῖς κατέκλεισα τὴν παρὰ τῶν ἀρχιερέων ἐξουσίαν **λαβὼν** ἀναιρουμένων τε αὐτῶν κατήνεγκα ψῆφον.
26:18 τοῦ **λαβεῖν** αὐτοὺς ἄφεσιν ἁμαρτιῶν καὶ κλῆρον ἐν τοῖς ἡγιασμένοις πίστει τῇ εἰς ἐμέ.
27:35 εἴπας δὲ ταῦτα καὶ **λαβὼν** ἄρτον εὐχαρίστησεν τῷ θεῷ ἐνώπιον πάντων καὶ κλάσας ἤρξατο ἐσθίειν.
28:15 ἦλθαν εἰς ἀπάντησιν ἡμῖν ἄχρι Ἀππίου Φόρου καὶ Τριῶν Ταβερνῶν, οὓς ἰδὼν ὁ Παῦλος εὐχαριστήσας τῷ θεῷ **ἔλαβε** θάρσος.

Ro 1: 5 δι' οὗ **ἐλάβομεν** χάριν καὶ ἀποστολὴν εἰς ὑπακοὴν πίστεως ἐν πᾶσιν τοῖς ἔθνεσιν ὑπὲρ τοῦ ὀνόματος αὐτοῦ,
4:11 καὶ σημεῖον **ἔλαβεν** περιτομῆς σφραγῖδα τῆς δικαιοσύνης τῆς πίστεως τῆς ἐν τῇ ἀκροβυστίᾳ,
5:11 ἀλλὰ καὶ καυχώμενοι ἐν τῷ θεῷ διὰ τοῦ κυρίου ἡμῶν Ἰησοῦ Χριστοῦ δι' οὗ νῦν τὴν καταλλαγὴν **ἐλάβομεν.**
5:17 πολλῷ μᾶλλον οἱ τὴν περισσείαν τῆς χάριτος καὶ τῆς δωρεᾶς τῆς δικαιοσύνης **λαμβάνοντες** ἐν ζωῇ βασιλεύσουσιν διὰ τοῦ ἑνὸς Ἰησοῦ Χριστοῦ.
7: 8 ἀφορμὴν δὲ **λαβοῦσα** ἡ ἁμαρτία διὰ τῆς ἐντολῆς κατειργάσατο ἐν ἐμοὶ πᾶσαν ἐπιθυμίαν·
7:11 ἡ γὰρ ἁμαρτία ἀφορμὴν **λαβοῦσα** διὰ τῆς ἐντολῆς ἐξηπάτησέν με καὶ δι' αὐτῆς ἀπέκτεινεν.

8:15 οὐ γὰρ **ἐλάβετε** πνεῦμα δουλείας πάλιν εἰς φόβον ἀλλὰ **ἐλάβετε** πνεῦμα υἱοθεσίας ἐν ᾧ κράζομεν,
13: 2 ὥστε ὁ ἀντιτασσόμενος τῇ ἐξουσίᾳ τῇ τοῦ θεοῦ διαταγῇ ἀνθέστηκεν, οἱ δὲ ἀνθεστηκότες ἑαυτοῖς κρίμα **λήμψονται.**
1Co 2:12 ἡμεῖς δὲ οὐ τὸ πνεῦμα τοῦ κόσμου **ἐλάβομεν** ἀλλὰ τὸ πνεῦμα τὸ ἐκ τοῦ θεοῦ,
3: 8 ἕκαστος δὲ τὸν ἴδιον μισθὸν **λήμψεται** κατὰ τὸν ἴδιον κόπον·
3:14 εἴ τινος τὸ ἔργον μενεῖ ὃ ἐποικοδόμησεν, μισθὸν **λήμψεται·**
4: 7 τί δὲ ἔχεις ὃ οὐκ **ἔλαβες;** εἰ δὲ καὶ **ἔλαβες,** τί καυχᾶσαι ὡς μὴ **λαβών;**
9:24 Οὐκ οἴδατε ὅτι οἱ ἐν σταδίῳ τρέχοντες πάντες μὲν τρέχουσιν, εἷς δὲ **λαμβάνει** τὸ βραβεῖον;
9:25 ἐκεῖνοι μὲν οὖν ἵνα φθαρτὸν στέφανον **λάβωσιν,** ἡμεῖς δὲ ἄφθαρτον.
10:13 πειρασμὸς ὑμᾶς οὐκ **εἴληφεν** εἰ μὴ ἀνθρώπινος· πιστὸς δὲ ὁ θεός,
11:23 ὅτι ὁ κύριος Ἰησοῦς ἐν τῇ νυκτὶ ᾗ παρεδίδετο **ἔλαβεν** ἄρτον
14: 5 μείζων δὲ ὁ προφητεύων ἢ ὁ λαλῶν γλώσσαις ἐκτὸς εἰ μὴ διερμηνεύῃ, ἵνα ἡ ἐκκλησία οἰκοδομὴν **λάβῃ.**
2Co 11: 4 ἢ πνεῦμα ἕτερον **λαμβάνετε** ὃ οὐκ **ἐλάβετε,** ἢ εὐαγγέλιον ἕτερον ὃ οὐκ ἐδέξασθε,
11: 8 ἄλλας ἐκκλησίας ἐσύλησα **λαβὼν** ὀψώνιον πρὸς τὴν ὑμῶν διακονίαν,
11:20 εἴ τις κατεσθίει, εἴ τις **λαμβάνει,** εἴ τις ἐπαίρεται,
11:24 ὑπὸ Ἰουδαίων πεντάκις τεσσεράκοντα παρὰ μίαν **ἔλαβον,**
12:16 ἐγὼ οὐ κατεβάρησα ὑμᾶς· ἀλλὰ ὑπάρχων πανοῦργος δόλῳ ὑμᾶς **ἔλαβον.**
Gal 2: 6 πρόσωπον [ὁ] θεὸς ἀνθρώπου οὐ **λαμβάνει**– ἐμοὶ γὰρ οἱ δοκοῦντες οὐδὲν προσανέθεντο,
3: 2 ἐξ ἔργων νόμου τὸ πνεῦμα **ἐλάβετε** ἢ ἐξ ἀκοῆς πίστεως;
3:14 ἵνα τὴν ἐπαγγελίαν τοῦ πνεύματος **λάβωμεν** διὰ τῆς πίστεως.
Php 2: 7 ἀλλὰ ἑαυτὸν ἐκένωσεν μορφὴν δούλου **λαβών,** ἐν ὁμοιώματι ἀνθρώπων γενόμενος·
3:12 Οὐχ ὅτι ἤδη **ἔλαβον** ἢ ἤδη τετελείωμαι, διώκω δὲ εἰ καὶ καταλάβω,
Col 4:10 Ἀσπάζεται ὑμᾶς Ἀρίσταρχος ὁ συναιχμάλωτός μου καὶ Μᾶρκος ὁ ἀνεψιὸς Βαρναβᾶ (περὶ οὗ **ἐλάβετε** ἐντολάς,
1Ti 4: 4 ὅτι πᾶν κτίσμα θεοῦ καλὸν καὶ οὐδὲν ἀπόβλητον μετὰ εὐχαριστίας **λαμβανόμενον·**
2Ti 1: 5 ὑπόμνησιν **λαβὼν** τῆς ἐν σοὶ ἀνυποκρίτου πίστεως, ἥτις ἐνῴκησεν πρῶτον ἐν τῇ μάμμῃ σου Λωΐδι καὶ τῇ μητρί σου
Heb 2: 2 εἰ γὰρ ὁ δι' ἀγγέλων λαληθεὶς λόγος ἐγένετο βέβαιος καὶ πᾶσα παράβασις καὶ παρακοὴ **ἔλαβεν** ἔνδικον μισθαποδοσίαν,
2: 3 ἥτις ἀρχὴν **λαβοῦσα** λαλεῖσθαι διὰ τοῦ κυρίου ὑπὸ τῶν ἀκουσάντων εἰς ἡμᾶς ἐβεβαιώθη,
4:16 ἵνα **λάβωμεν** ἔλεος καὶ χάριν εὕρωμεν εἰς εὔκαιρον βοήθειαν.
5: 1 Πᾶς γὰρ ἀρχιερεὺς ἐξ ἀνθρώπων **λαμβανόμενος** ὑπὲρ ἀνθρώπων καθίσταται τὰ πρὸς τὸν θεόν,
5: 4 καὶ οὐχ ἑαυτῷ τις **λαμβάνει** τὴν τιμὴν ἀλλὰ καλούμενος ὑπὸ τοῦ θεοῦ καθώσπερ καὶ Ἀαρών.
7: 5 καὶ οἱ μὲν ἐκ τῶν υἱῶν Λευὶ τὴν ἱερατείαν **λαμβάνοντες** ἐντολὴν ἔχουσιν ἀποδεκατοῦν τὸν λαὸν κατὰ τὸν νόμον,
7: 8 καὶ ὧδε μὲν δεκάτας ἀποθνῄσκοντες ἄνθρωποι **λαμβάνουσιν,** ἐκεῖ δὲ μαρτυρούμενος ὅτι ζῇ.
7: 9 δι' Ἀβραὰμ καὶ Λευὶ ὁ δεκάτας **λαμβάνων** δεδεκάτωται·
9:15 ὅπως θανάτου γενομένου εἰς ἀπολύτρωσιν τῶν ἐπὶ τῇ πρώτῃ διαθήκῃ παραβάσεων τὴν ἐπαγγελίαν **λάβωσιν** οἱ κεκλημένοι τῆς αἰωνίου κληρονομίας.
9:19 **λαβὼν** τὸ αἷμα τῶν μόσχων [καὶ τῶν τράγων] μετὰ ὕδατος καὶ ἐρίου κοκκίνου καὶ ὑσσώπου αὐτό τε τὸ βιβλίον καὶ πάντα τὸν λαὸν ἐράντισεν
10:26 Ἑκουσίως γὰρ ἁμαρτανόντων ἡμῶν μετὰ τὸ **λαβεῖν** τὴν ἐπίγνωσιν τῆς ἀληθείας,
11: 8 Πίστει καλούμενος Ἀβραὰμ ὑπήκουσεν ἐξελθεῖν εἰς τόπον ὃν ἤμελλεν **λαμβάνειν** εἰς κληρονομίαν,
11:11 Πίστει καὶ αὐτὴ Σάρρα στεῖρα δύναμιν εἰς καταβολὴν σπέρματος **ἔλαβεν** καὶ παρὰ καιρὸν ἡλικίας,
11:13 μὴ **λαβόντες** τὰς ἐπαγγελίας ἀλλὰ πόρρωθεν αὐτὰς ἰδόντες καὶ ἀσπασάμενοι καὶ ὁμολογήσαντες ὅτι ξένοι
11:29 Πίστει διέβησαν τὴν Ἐρυθρὰν Θάλασσαν ὡς διὰ ξηρᾶς γῆς, ἧς πεῖραν **λαβόντες** οἱ Αἰγύπτιοι κατεπόθησαν.
11:35 **ἔλαβον** γυναῖκες ἐξ ἀναστάσεως τοὺς νεκροὺς αὐτῶν· ἄλλοι δὲ ἐτυμπανίσθησαν οὐ προσδεξάμενοι τὴν ἀπολύτρωσιν,
11:36 ἕτεροι δὲ ἐμπαιγμῶν καὶ μαστίγων πεῖραν **ἔλαβον,** ἔτι δὲ δεσμῶν καὶ φυλακῆς·
Jas 1: 7 μὴ γὰρ οἰέσθω ὁ ἄνθρωπος ἐκεῖνος ὅτι **λήμψεταί** τι παρὰ τοῦ κυρίου,
1:12 ὅτι δόκιμος γενόμενος **λήμψεται** τὸν στέφανον τῆς ζωῆς ὃν ἐπηγγείλατο τοῖς ἀγαπῶσιν αὐτόν.
3: 1 Μὴ πολλοὶ διδάσκαλοι γίνεσθε, ἀδελφοί μου, εἰδότες ὅτι μεῖζον κρίμα **λημψόμεθα.**
4: 3 αἰτεῖτε καὶ οὐ **λαμβάνετε** διότι κακῶς αἰτεῖσθε, ἵνα ἐν ταῖς ἡδοναῖς ὑμῶν δαπανήσητε.
5: 7 ἰδοὺ ὁ γεωργὸς ἐκδέχεται τὸν τίμιον καρπὸν τῆς γῆς μακροθυμῶν ἐπ' αὐτῷ ἕως **λάβῃ** πρόϊμον καὶ ὄψιμον.
5:10 ὑπόδειγμα **λάβετε,** ἀδελφοί, τῆς κακοπαθείας καὶ τῆς μακροθυμίας τοὺς προφήτας οἳ ἐλάλησαν ἐν τῷ ὀνόματι κυρίου.
1Pe 4:10 ἕκαστος καθὼς **ἔλαβεν** χάρισμα εἰς ἑαυτοὺς αὐτὸ διακονοῦντες ὡς καλοὶ οἰκονόμοι ποικίλης χάριτος θεοῦ.
2Pe 1: 9 λήθην **λαβὼν** τοῦ καθαρισμοῦ τῶν πάλαι αὐτοῦ ἁμαρτιῶν.
1:17 **λαβὼν** γὰρ παρὰ θεοῦ πατρὸς τιμὴν καὶ δόξαν φωνῆς ἐνεχθείσης αὐτῷ τοιᾶσδε ὑπὸ τῆς μεγαλοπρεποῦς δόξης,
1Jn 2:27 καὶ ὑμεῖς τὸ χρῖσμα ὃ **ἐλάβετε** ἀπ' αὐτοῦ,
3:22 καὶ ὃ ἐὰν αἰτῶμεν **λαμβάνομεν** ἀπ' αὐτοῦ, ὅτι τὰς ἐντολὰς αὐτοῦ τηροῦμεν καὶ τὰ ἀρεστὰ ἐνώπιον αὐτοῦ ποιοῦμεν.
5: 9 εἰ τὴν μαρτυρίαν τῶν ἀνθρώπων **λαμβάνομεν,** ἡ μαρτυρία τοῦ θεοῦ μείζων ἐστίν·
2Jn 1: 4 Ἐχάρην λίαν ὅτι εὕρηκα ἐκ τῶν τέκνων σου περιπατοῦντας ἐν ἀληθείᾳ, καθὼς ἐντολὴν **ἐλάβομεν** παρὰ τοῦ πατρός.
1:10 μὴ **λαμβάνετε** αὐτὸν εἰς οἰκίαν καὶ χαίρειν αὐτῷ μὴ λέγετε·
3Jn 1: 7 ὑπὲρ γὰρ τοῦ ὀνόματος ἐξῆλθον μηδὲν **λαμβάνοντες** ἀπὸ τῶν ἐθνικῶν.
Rev 2:17 καὶ ἐπὶ τὴν ψῆφον ὄνομα καινὸν γεγραμμένον ὃ οὐδεὶς οἶδεν εἰ μὴ ὁ **λαμβάνων.**
2:28 ὡς κἀγὼ **εἴληφα** παρὰ τοῦ πατρός μου, καὶ δώσω αὐτῷ τὸν ἀστέρα τὸν πρωϊνόν.
3: 3 μνημόνευε οὖν πῶς **εἴληφας** καὶ ἤκουσας καὶ τήρει καὶ μετανόησον.
3:11 κράτει ὃ ἔχεις, ἵνα μηδεὶς **λάβῃ** τὸν στέφανόν σου.
4:11 **λαβεῖν** τὴν δόξαν καὶ τὴν τιμὴν καὶ τὴν δύναμιν,
5: 7 καὶ ἦλθεν καὶ **εἴληφεν** ἐκ τῆς δεξιᾶς τοῦ καθημένου ἐπὶ τοῦ θρόνου.
5: 8 καὶ ὅτε **ἔλαβεν** τὸ βιβλίον, τὰ τέσσαρα ζῷα καὶ οἱ εἴκοσι τέσσαρες πρεσβύτεροι ἔπεσαν ἐνώπιον τοῦ ἀρνίου
5: 9 Ἄξιος εἶ **λαβεῖν** τὸ βιβλίον καὶ ἀνοῖξαι τὰς σφραγῖδας αὐτοῦ,
5:12 Ἄξιόν ἐστιν τὸ ἀρνίον τὸ ἐσφαγμένον **λαβεῖν** τὴν δύναμιν καὶ πλοῦτον καὶ σοφίαν καὶ ἰσχὺν καὶ τιμὴν καὶ δόξαν καὶ εὐλογίαν.
6: 4 καὶ τῷ καθημένῳ ἐπ' αὐτὸν ἐδόθη αὐτῷ **λαβεῖν** τὴν εἰρήνην ἐκ τῆς γῆς καὶ ἵνα ἀλλήλους σφάξουσιν καὶ ἐδόθη αὐτῷ μάχαιρα
8: 5 καὶ **εἴληφεν** ὁ ἄγγελος τὸν λιβανωτὸν καὶ ἐγέμισεν αὐτὸν ἐκ τοῦ πυρὸς τοῦ θυσιαστηρίου καὶ ἔβαλεν εἰς τὴν γῆν,
10: 8 Ὕπαγε **λάβε** τὸ βιβλίον τὸ ἠνεῳγμένον ἐν τῇ χειρὶ τοῦ ἀγγέλου τοῦ ἑστῶτος ἐπὶ τῆς θαλάσσης καὶ ἐπὶ τῆς γῆς.
10: 9 καὶ λέγει μοι, **Λάβε** καὶ κατάφαγε αὐτό, καὶ πικρανεῖ σου τὴν κοιλίαν,
10:10 καὶ **ἔλαβον** τὸ βιβλαρίδιον ἐκ τῆς χειρὸς τοῦ ἀγγέλου καὶ κατέφαγον αὐτό,
11:17 ὅτι **εἴληφας** τὴν δύναμίν σου τὴν μεγάλην καὶ ἐβασίλευσας.
14: 9 Εἴ τις προσκυνεῖ τὸ θηρίον καὶ τὴν εἰκόνα αὐτοῦ καὶ **λαμβάνει** χάραγμα ἐπὶ τοῦ μετώπου αὐτοῦ ἢ ἐπὶ τὴν χεῖρα αὐτοῦ,
14:11 οἱ προσκυνοῦντες τὸ θηρίον καὶ τὴν εἰκόνα αὐτοῦ καὶ εἴ τις **λαμβάνει** τὸ χάραγμα τοῦ ὀνόματος αὐτοῦ.
17:12 καὶ τὰ δέκα κέρατα ἃ εἶδες δέκα βασιλεῖς εἰσιν, οἵτινες βασιλείαν οὔπω **ἔλαβον,** ἀλλὰ ἐξουσίαν ὡς βασιλεῖς μίαν ὥραν **λαμβάνουσιν** μετὰ τοῦ θηρίου.
18: 4 καὶ ἐκ τῶν πληγῶν αὐτῆς ἵνα μὴ **λάβητε,**
19:20 ἐν οἷς ἐπλάνησεν τοὺς **λαβόντας** τὸ χάραγμα τοῦ θηρίου καὶ τοὺς προσκυνοῦντας τῇ εἰκόνι αὐτοῦ·
20: 4 οὐ προσεκύνησαν τὸ θηρίον οὐδὲ τὴν εἰκόνα αὐτοῦ καὶ οὐκ **ἔλαβον** τὸ χάραγμα ἐπὶ τὸ μέτωπον καὶ ἐπὶ τὴν χεῖρα αὐτῶν.
22:17 καὶ ὁ διψῶν ἐρχέσθω, ὁ θέλων **λαβέτω** ὕδωρ ζωῆς δωρεάν.

3285 Λάμεχ [1]

Lk 3:36 τοῦ Καϊνὰμ τοῦ Ἀρφαξὰδ τοῦ Σὴμ τοῦ Νῶε τοῦ **Λάμεχ**

3286 λαμπάς [9]

√ *3290*

Mt 25: 1 αἵτινες λαβοῦσαι τὰς **λαμπάδας** ἑαυτῶν ἐξῆλθον εἰς ὑπάντησιν τοῦ νυμφίου.
25: 3 αἱ γὰρ μωραὶ λαβοῦσαι τὰς **λαμπάδας** αὐτῶν οὐκ ἔλαβον μεθ' ἑαυτῶν ἔλαιον.
25: 4 αἱ δὲ φρόνιμοι ἔλαβον ἔλαιον ἐν τοῖς ἀγγείοις μετὰ τῶν **λαμπάδων** ἑαυτῶν.
25: 7 τότε ἠγέρθησαν πᾶσαι αἱ παρθένοι ἐκεῖναι καὶ ἐκόσμησαν τὰς **λαμπάδας** ἑαυτῶν.
25: 8 Δότε ἡμῖν ἐκ τοῦ ἐλαίου ὑμῶν, ὅτι αἱ **λαμπάδες** ἡμῶν σβέννυνται.
Jn 18: 3 καὶ ἐκ τῶν ἀρχιερέων καὶ ἐκ τῶν Φαρισαίων ὑπηρέτας ἔρχεται ἐκεῖ μετὰ φανῶν καὶ **λαμπάδων** καὶ ὅπλων.
Ac 20: 8 ἦσαν δὲ **λαμπάδες** ἱκαναὶ ἐν τῷ ὑπερῴῳ οὗ ἦμεν συνηγμένοι.
Rev 4: 5 καὶ ἑπτὰ **λαμπάδες** πυρὸς καιόμεναι ἐνώπιον τοῦ θρόνου,
8: 10 καὶ ἔπεσεν ἐκ τοῦ οὐρανοῦ ἀστὴρ μέγας καιόμενος ὡς **λαμπὰς** καὶ ἔπεσεν ἐπὶ τὸ τρίτον τῶν ποταμῶν καὶ ἐπὶ τὰς πηγὰς

3287 λαμπρός [9]

√ *3290*

Lk 23: 11 ἐξουθενήσας δὲ αὐτὸν [καὶ] ὁ Ἡρῴδης σὺν τοῖς στρατεύμασιν αὐτοῦ καὶ ἐμπαίξας περιβαλὼν ἐσθῆτα **λαμπρὰν**
Ac 10: 30 καὶ ἰδοὺ ἀνὴρ ἔστη ἐνώπιόν μου ἐν ἐσθῆτι **λαμπρᾷ**
Jas 2: 2 ἐὰν γὰρ εἰσέλθῃ εἰς συναγωγὴν ὑμῶν ἀνὴρ χρυσοδακτύλιος ἐν ἐσθῆτι **λαμπρᾷ,**
2: 3 ἐπιβλέψητε δὲ ἐπὶ τὸν φοροῦντα τὴν ἐσθῆτα τὴν **λαμπρὰν** καὶ εἴπητε,
Rev 15: 6 καὶ ἐξῆλθον οἱ ἑπτὰ ἄγγελοι [οἱ] ἔχοντες τὰς ἑπτὰ πληγὰς ἐκ τοῦ ναοῦ ἐνδεδυμένοι λίνον καθαρὸν **λαμπρὸν**
18: 14 καὶ πάντα τὰ λιπαρὰ καὶ τὰ **λαμπρὰ** ἀπώλετο ἀπὸ σοῦ καὶ οὐκέτι οὐ μὴ αὐτὰ εὑρήσουσιν.
19: 8 καὶ ἐδόθη αὐτῇ ἵνα περιβάληται βύσσινον **λαμπρὸν** καθαρόν·
22: 1 Καὶ ἔδειξέν μοι ποταμὸν ὕδατος ζωῆς **λαμπρὸν** ὡς κρύσταλλον,
22: 16 ἐγώ εἰμι ἡ ῥίζα καὶ τὸ γένος Δαυίδ, ὁ ἀστὴρ ὁ **λαμπρὸς** ὁ πρωϊνός.

3288 λαμπρότης [1]

√ *3290*

Ac 26: 13 οὐρανόθεν ὑπὲρ τὴν **λαμπρότητα** τοῦ ἡλίου περιλάμψαν με φῶς καὶ τοὺς σὺν ἐμοὶ πορευομένους.

3289 λαμπρῶς [1]

√ *3290*

Lk 16: 19 καὶ ἐνεδιδύσκετο πορφύραν καὶ βύσσον εὐφραινόμενος καθ' ἡμέραν **λαμπρῶς.**

3290 λάμπω [7]

→ *1719, 2139, 3286, 3287, 3288, 3289, 4334, 5697*

Mt 5: 15 οὐδὲ καίουσιν λύχνον καὶ τιθέασιν αὐτὸν ὑπὸ τὸν μόδιον ἀλλ' ἐπὶ τὴν λυχνίαν, καὶ **λάμπει** πᾶσιν τοῖς ἐν τῇ οἰκίᾳ.
5: 16 οὕτως **λαμψάτω** τὸ φῶς ὑμῶν ἔμπροσθεν τῶν ἀνθρώπων,
17: 2 καὶ **ἔλαμψεν** τὸ πρόσωπον αὐτοῦ ὡς ὁ ἥλιος,
Lk 17: 24 ὥσπερ γὰρ ἡ ἀστραπὴ ἀστράπτουσα ἐκ τῆς ὑπὸ τὸν οὐρανὸν εἰς τὴν ὑπ' οὐρανὸν **λάμπει,**
Ac 12: 7 καὶ ἰδοὺ ἄγγελος κυρίου ἐπέστη καὶ φῶς **ἔλαμψεν** ἐν τῷ οἰκήματι·
2Co 4: 6 ὅτι ὁ θεὸς ὁ εἰπών, Ἐκ σκότους φῶς **λάμψει,** ὃς **ἔλαμψεν** ἐν ταῖς καρδίαις ἡμῶν πρὸς φωτισμὸν τῆς γνώσεως τῆς δόξης τοῦ θεοῦ ἐν προσώπῳ [Ἰησοῦ] Χριστοῦ.

3291 λανθάνω [6]

→ *237, 238, 239, 240, 242, 1720, 2140, 2144, 3277, 3330*

Mk 7: 24 καὶ εἰσελθὼν εἰς οἰκίαν οὐδένα ἤθελεν γνῶναι, καὶ οὐκ ἠδυνήθη **λαθεῖν·**
Lk 8: 47 ἰδοῦσα δὲ ἡ γυνὴ ὅτι οὐκ **ἔλαθεν,** τρέμουσα ἦλθεν καὶ προσπεσοῦσα αὐτῷ δι' ἣν αἰτίαν ἥψατο αὐτοῦ ἀπήγγειλεν
Ac 26: 26 **λανθάνειν** γὰρ αὐτὸν [τι] τούτων οὐ πείθομαι οὐθέν·
Heb 13: 2 τῆς φιλοξενίας μὴ ἐπιλανθάνεσθε, διὰ ταύτης γὰρ **ἔλαθόν** τινες ξενίσαντες ἀγγέλους.
2Pe 3: 5 **λανθάνει** γὰρ αὐτοὺς τοῦτο θέλοντας ὅτι οὐρανοὶ ἦσαν ἔκπαλαι καὶ γῆ ἐξ ὕδατος καὶ δι' ὕδατος συνεστῶσα
3: 8 Ἓν δὲ τοῦτο μὴ **λανθανέτω** ὑμᾶς, ἀγαπητοί, ὅτι μία ἡμέρα παρὰ κυρίῳ ὡς χίλια ἔτη καὶ χίλια ἔτη ὡς ἡμέρα μία.

3292 λαξευτός [1]

Lk 23: 53 καὶ καθελὼν ἐνετύλιξεν αὐτὸ σινδόνι καὶ ἔθηκεν αὐτὸν ἐν μνήματι **λαξευτῷ** οὗ οὐκ ἦν οὐδεὶς οὔπω κείμενος.

3293 Λαοδίκεια [6]

√ *3295 + 1472*

Col 2: 1 Θέλω γὰρ ὑμᾶς εἰδέναι ἡλίκον ἀγῶνα ἔχω ὑπὲρ ὑμῶν καὶ τῶν ἐν **Λαοδικείᾳ** καὶ ὅσοι οὐχ ἑόρακαν τὸ πρόσωπόν μου ἐν σαρκί,
4: 13 μαρτυρῶ γὰρ αὐτῷ ὅτι ἔχει πολὺν πόνον ὑπὲρ ὑμῶν καὶ τῶν ἐν **Λαοδικείᾳ** καὶ τῶν ἐν Ἱεραπόλει.
4: 15 Ἀσπάσασθε τοὺς ἐν **Λαοδικείᾳ** ἀδελφοὺς καὶ Νύμφαν καὶ τὴν κατ' οἶκον αὐτῆς ἐκκλησίαν.
4: 16 καὶ τὴν ἐκ **Λαοδικείας** ἵνα καὶ ὑμεῖς ἀναγνῶτε.
Rev 1: 11 καὶ εἰς Σμύρναν καὶ εἰς Πέργαμον καὶ εἰς Θυάτειρα καὶ εἰς Σάρδεις καὶ εἰς Φιλαδέλφειαν καὶ εἰς **Λαοδίκειαν.**
3: 14 Καὶ τῷ ἀγγέλῳ τῆς ἐν **Λαοδικείᾳ** ἐκκλησίας γράψον·

3294 Λαοδικεύς [1]

√ *3295 + 1472*

Col 4: 16 ποιήσατε ἵνα καὶ ἐν τῇ **Λαοδικέων** ἐκκλησίᾳ ἀναγνωσθῇ,

3295 λαός [142]

→ *793, 3293, 3294, 3310, 3311, 3312, 3313, 3774, 3775*

λαοί [8] Lk 2:31; Ac 4:25,27; Ro 15:11; Rev 7:9; 10:11; 11:9; 17:15; 21:3

λαός αὐτοῦ [9] Mt 1:21; Lk 1:68,77; 7:16; Ro 11:1,2; 15:10; Heb 10:30; Rev 21:3

λαός θεοῦ [5] Ro 9:26; 2Co 6:16; Heb 4:9; 11:25; 1Pe 2:10

λαὸς Ἰουδαιών [1] Ac 12:11

λαὸς Ἰσραήλ [6] Mt 2:6; Lk 2:32; Ac 4:10,27; 13:17,24

λαός ... πρεσβύτεροι [2] Lk 20:1; Ac 6:12

λαός μοῦ [8] Mt 2:6; Ac 7:34; Ro 9:25,25,26; 2Co 6:16; Heb 8:10; Rev 18:4

πρεσβύτεροι τοῦ λαοῦ [5] Mt 21:23; 26:3,47; 27:1; Ac 4:8

πρῶτοι λαοῦ [1] Lk 19:47

Mt 1: 21 αὐτὸς γὰρ σώσει τὸν **λαὸν** αὐτοῦ ἀπὸ τῶν ἁμαρτιῶν αὐτῶν.
2: 4 καὶ συναγαγὼν πάντας τοὺς ἀρχιερεῖς καὶ γραμματεῖς τοῦ **λαοῦ** ἐπυνθάνετο παρ' αὐτῶν ποῦ ὁ Χριστὸς γεννᾶται.
2: 6 ἐκ σοῦ γὰρ ἐξελεύσεται ἡγούμενος, ὅστις ποιμανεῖ τὸν **λαόν** μου τὸν Ἰσραήλ.
4: 16 ὁ **λαὸς** ὁ καθήμενος ἐν σκότει φῶς εἶδεν μέγα,
4: 23 καὶ κηρύσσων τὸ εὐαγγέλιον τῆς βασιλείας καὶ θεραπεύων πᾶσαν νόσον καὶ πᾶσαν μαλακίαν ἐν τῷ **λαῷ.**
13: 15 ἐπαχύνθη γὰρ ἡ καρδία τοῦ **λαοῦ** τούτου, καὶ τοῖς ὠσὶν βαρέως ἤκουσαν καὶ τοὺς ὀφθαλμοὺς αὐτῶν ἐκάμμυσαν,
15: 8 Ὁ **λαὸς** οὗτος τοῖς χείλεσίν με τιμᾷ, ἡ δὲ καρδία αὐτῶν πόρρω ἀπέχει ἀπ' ἐμοῦ·
21: 23 Καὶ ἐλθόντος αὐτοῦ εἰς τὸ ἱερὸν προσῆλθον αὐτῷ διδάσκοντι οἱ ἀρχιερεῖς καὶ οἱ πρεσβύτεροι τοῦ **λαοῦ** λέγοντες,
26: 3 Τότε συνήχθησαν οἱ ἀρχιερεῖς καὶ οἱ πρεσβύτεροι τοῦ **λαοῦ** εἰς τὴν αὐλὴν τοῦ ἀρχιερέως τοῦ λεγομένου Καϊάφα
26: 5 Μὴ ἐν τῇ ἑορτῇ, ἵνα μὴ θόρυβος γένηται ἐν τῷ **λαῷ.**
26: 47 ἦλθεν καὶ μετ' αὐτοῦ ὄχλος πολὺς μετὰ μαχαιρῶν καὶ ξύλων ἀπὸ τῶν ἀρχιερέων καὶ πρεσβυτέρων τοῦ **λαοῦ.**
27: 1 συμβούλιον ἔλαβον πάντες οἱ ἀρχιερεῖς καὶ οἱ πρεσβύτεροι τοῦ **λαοῦ** κατὰ τοῦ Ἰησοῦ ὥστε θανατῶσαι αὐτόν·
27: 25 καὶ ἀποκριθεὶς πᾶς ὁ **λαὸς** εἶπεν, Τὸ αἷμα αὐτοῦ ἐφ' ἡμᾶς καὶ ἐπὶ τὰ τέκνα ἡμῶν.
27: 64 μήποτε ἐλθόντες οἱ μαθηταὶ αὐτοῦ κλέψωσιν αὐτὸν καὶ εἴπωσιν τῷ **λαῷ,**

Mk 7: 6 ὡς γέγραπται [ὅτι] Οὗτος ὁ **λαὸς** τοῖς χείλεσίν με τιμᾷ,
14: 2 Μὴ ἐν τῇ ἑορτῇ, μήποτε ἔσται θόρυβος τοῦ **λαοῦ.**
Lk 1: 10 καὶ πᾶν τὸ πλῆθος ἦν τοῦ **λαοῦ** προσευχόμενον ἔξω τῇ ὥρᾳ τοῦ θυμιάματος.
1: 17 ἐπιστρέψαι καρδίας πατέρων ἐπὶ τέκνα καὶ ἀπειθεῖς ἐν φρονήσει δικαίων, ἑτοιμάσαι κυρίῳ **λαὸν** κατεσκευασμένον.
1: 21 Καὶ ἦν ὁ **λαὸς** προσδοκῶν τὸν Ζαχαρίαν καὶ ἐθαύμαζον ἐν τῷ χρονίζειν ἐν τῷ ναῷ αὐτόν.
1: 68 ὅτι ἐπεσκέψατο καὶ ἐποίησεν λύτρωσιν τῷ **λαῷ** αὐτοῦ,
1: 77 τοῦ δοῦναι γνῶσιν σωτηρίας τῷ **λαῷ** αὐτοῦ ἐν ἀφέσει ἁμαρτιῶν αὐτῶν,
2: 10 ἰδοὺ γὰρ εὐαγγελίζομαι ὑμῖν χαρὰν μεγάλην ἥτις ἔσται παντὶ τῷ **λαῷ,**
2: 31 ὃ ἡτοίμασας κατὰ πρόσωπον πάντων τῶν **λαῶν,**
2: 32 φῶς εἰς ἀποκάλυψιν ἐθνῶν καὶ δόξαν **λαοῦ** σου Ἰσραήλ.
3: 15 Προσδοκῶντος δὲ τοῦ **λαοῦ** καὶ διαλογιζομένων πάντων ἐν ταῖς καρδίαις αὐτῶν περὶ τοῦ Ἰωάννου,
3: 18 Πολλὰ μὲν οὖν καὶ ἕτερα παρακαλῶν εὐηγγελίζετο τὸν **λαόν.**
3: 21 Ἐγένετο δὲ ἐν τῷ βαπτισθῆναι ἅπαντα τὸν **λαὸν** καὶ Ἰησοῦ βαπτισθέντος καὶ προσευχομένου ἀνεῳχθῆναι τὸν οὐρανὸν
6: 17 καὶ πλῆθος πολὺ τοῦ **λαοῦ** ἀπὸ πάσης τῆς Ἰουδαίας καὶ Ἰερουσαλὴμ καὶ τῆς παραλίου Τύρου καὶ Σιδῶνος,
7: 1 Ἐπειδὴ ἐπλήρωσεν πάντα τὰ ῥήματα αὐτοῦ εἰς τὰς ἀκοὰς τοῦ **λαοῦ,**
7: 16 καὶ ἐδόξαζον τὸν θεὸν λέγοντες ὅτι Προφήτης μέγας ἠγέρθη ἐν ἡμῖν καὶ ὅτι Ἐπεσκέψατο ὁ θεὸς τὸν **λαὸν** αὐτοῦ.
7: 29 Καὶ πᾶς ὁ **λαὸς** ἀκούσας καὶ οἱ τελῶναι ἐδικαίωσαν τὸν θεὸν βαπτισθέντες τὸ βάπτισμα Ἰωάννου·
8: 47 ἦλθεν καὶ προσπεσοῦσα αὐτῷ δι' ἣν αἰτίαν ἥψατο αὐτοῦ ἀπήγγειλεν ἐνώπιον παντὸς τοῦ **λαοῦ** καὶ ὡς ἰάθη παραχρῆμα.
9: 13 εἰ μήτι πορευθέντες ἡμεῖς ἀγοράσωμεν εἰς πάντα τὸν **λαὸν** τοῦτον βρώματα.
18: 43 καὶ πᾶς ὁ **λαὸς** ἰδὼν ἔδωκεν αἶνον τῷ θεῷ.
19: 47 οἱ δὲ ἀρχιερεῖς καὶ οἱ γραμματεῖς ἐζήτουν αὐτὸν ἀπολέσαι καὶ οἱ πρῶτοι τοῦ **λαοῦ,**
19: 48 καὶ οὐχ εὕρισκον τὸ τί ποιήσωσιν, ὁ **λαὸς** γὰρ ἅπας ἐξεκρέματο αὐτοῦ ἀκούων.
20: 1 Καὶ ἐγένετο ἐν μιᾷ τῶν ἡμερῶν διδάσκοντος αὐτοῦ τὸν **λαὸν** ἐν τῷ ἱερῷ καὶ εὐαγγελιζομένου ἐπέστησαν οἱ ἀρχιερεῖς
20: 6 ἐὰν δὲ εἴπωμεν, Ἐξ ἀνθρώπων, ὁ **λαὸς** ἅπας καταλιθάσει ἡμᾶς,
20: 9 Ἤρξατο δὲ πρὸς τὸν **λαὸν** λέγειν τὴν παραβολὴν ταύτην·
20: 19 καὶ ἐφοβήθησαν τὸν **λαόν,** ἔγνωσαν γὰρ ὅτι πρὸς αὐτοὺς εἶπεν τὴν παραβολὴν ταύτην.
20: 26 καὶ οὐκ ἴσχυσαν ἐπιλαβέσθαι αὐτοῦ ῥήματος ἐναντίον τοῦ **λαοῦ** καὶ θαυμάσαντες ἐπὶ τῇ ἀποκρίσει αὐτοῦ ἐσίγησαν.
20: 45 Ἀκούοντος δὲ παντὸς τοῦ **λαοῦ** εἶπεν τοῖς μαθηταῖς [αὐτοῦ,]
21: 23 ἔσται γὰρ ἀνάγκη μεγάλη ἐπὶ τῆς γῆς καὶ ὀργὴ τῷ **λαῷ** τούτῳ,
21: 38 καὶ πᾶς ὁ **λαὸς** ὤρθριζεν πρὸς αὐτὸν ἐν τῷ ἱερῷ ἀκούειν αὐτοῦ.
22: 2 καὶ ἐζήτουν οἱ ἀρχιερεῖς καὶ οἱ γραμματεῖς τὸ πῶς ἀνέλωσιν αὐτόν, ἐφοβοῦντο γὰρ τὸν **λαόν.**
22: 66 συνήχθη τὸ πρεσβυτέριον τοῦ **λαοῦ,** ἀρχιερεῖς τε καὶ γραμματεῖς,
23: 5 οἱ δὲ ἐπίσχυον λέγοντες ὅτι Ἀνασείει τὸν **λαὸν** διδάσκων καθ' ὅλης τῆς Ἰουδαίας,
23: 13 Πιλᾶτος δὲ συγκαλεσάμενος τοὺς ἀρχιερεῖς καὶ τοὺς ἄρχοντας καὶ τὸν **λαὸν**
23: 14 Προσηνέγκατέ μοι τὸν ἄνθρωπον τοῦτον ὡς ἀποστρέφοντα τὸν **λαόν,**
23: 27 Ἠκολούθει δὲ αὐτῷ πολὺ πλῆθος τοῦ **λαοῦ** καὶ γυναικῶν αἳ ἐκόπτοντο καὶ ἐθρήνουν αὐτόν.
23: 35 καὶ εἱστήκει ὁ **λαὸς** θεωρῶν. ἐξεμυκτήριζον δὲ καὶ οἱ ἄρχοντες λέγοντες,
24: 19 ὃς ἐγένετο ἀνὴρ προφήτης δυνατὸς ἐν ἔργῳ καὶ λόγῳ ἐναντίον τοῦ θεοῦ καὶ παντὸς τοῦ **λαοῦ,**
Jn 8: 2 [[Ὄρθρου δὲ πάλιν παρεγένετο εἰς τὸ ἱερὸν καὶ πᾶς ὁ **λαὸς** ἤρχετο πρὸς αὐτόν,]]
11: 50 οὐδὲ λογίζεσθε ὅτι συμφέρει ὑμῖν ἵνα εἷς ἄνθρωπος ἀποθάνῃ ὑπὲρ τοῦ **λαοῦ** καὶ μὴ ὅλον τὸ ἔθνος ἀπόληται.
18: 14 ἦν δὲ Καϊάφας ὁ συμβουλεύσας τοῖς Ἰουδαίοις ὅτι συμφέρει ἕνα ἄνθρωπον ἀποθανεῖν ὑπὲρ τοῦ **λαοῦ.**
Ac 2: 47 αἰνοῦντες τὸν θεὸν καὶ ἔχοντες χάριν πρὸς ὅλον τὸν **λαόν.**
3: 9 εἶδεν πᾶς ὁ **λαὸς** αὐτὸν περιπατοῦντα καὶ αἰνοῦντα τὸν θεόν·
3: 11 Κρατοῦντος δὲ αὐτοῦ τὸν Πέτρον καὶ τὸν Ἰωάννην συνέδραμεν πᾶς ὁ **λαὸς** πρὸς αὐτοὺς ἐπὶ τῇ στοᾷ
3: 12 ἰδὼν δὲ ὁ Πέτρος ἀπεκρίνατο πρὸς τὸν **λαόν,**
3: 23 ἔσται δὲ πᾶσα ψυχὴ ἥτις ἐὰν μὴ ἀκούσῃ τοῦ προφήτου ἐκείνου ἐξολεθρευθήσεται ἐκ τοῦ **λαοῦ.**
4: 1 Λαλούντων δὲ αὐτῶν πρὸς τὸν **λαὸν** ἐπέστησαν αὐτοῖς οἱ ἱερεῖς καὶ ὁ στρατηγὸς τοῦ ἱεροῦ καὶ οἱ Σαδδουκαῖοι,
4: 2 διαπονούμενοι διὰ τὸ διδάσκειν αὐτοὺς τὸν **λαὸν** καὶ καταγγέλλειν ἐν τῷ Ἰησοῦ τὴν ἀνάστασιν τὴν ἐκ νεκρῶν,
4: 8 τότε Πέτρος πλησθεὶς πνεύματος ἁγίου εἶπεν πρὸς αὐτούς, Ἄρχοντες τοῦ **λαοῦ** καὶ πρεσβύτεροι,
4: 10 γνωστὸν ἔστω πᾶσιν ὑμῖν καὶ παντὶ τῷ **λαῷ** Ἰσραὴλ ὅτι ἐν τῷ ὀνόματι Ἰησοῦ Χριστοῦ τοῦ Ναζωραίου ὃν ὑμεῖς ἐσταυρώσατε,
4: 17 ἀλλ' ἵνα μὴ ἐπὶ πλεῖον διανεμηθῇ εἰς τὸν **λαὸν** ἀπειλησώμεθα αὐτοῖς μηκέτι λαλεῖν ἐπὶ τῷ ὀνόματι τούτῳ μηδενὶ ἀνθρώπων.
4: 21 μηδὲν εὑρίσκοντες τὸ πῶς κολάσωνται αὐτούς, διὰ τὸν **λαόν,**
4: 25 πατρὸς ἡμῶν διὰ πνεύματος ἁγίου στόματος Δαυὶδ παιδός σου εἰπών, Ἱνατί ἐφρύαξαν ἔθνη καὶ **λαοὶ** ἐμελέτησαν κενά;
4: 27 Ἡρῴδης τε καὶ Πόντιος Πιλᾶτος σὺν ἔθνεσιν καὶ **λαοῖς** Ἰσραήλ,
5: 12 Διὰ δὲ τῶν χειρῶν τῶν ἀποστόλων ἐγίνετο σημεῖα καὶ τέρατα πολλὰ ἐν τῷ **λαῷ.**
5: 13 τῶν δὲ λοιπῶν οὐδεὶς ἐτόλμα κολλᾶσθαι αὐτοῖς, ἀλλ' ἐμεγάλυνεν αὐτοὺς ὁ **λαός.**
5: 20 Πορεύεσθε καὶ σταθέντες λαλεῖτε ἐν τῷ ἱερῷ τῷ **λαῷ** πάντα τὰ ῥήματα τῆς ζωῆς ταύτης.
5: 25 ἀπήγγειλεν αὐτοῖς ὅτι Ἰδοὺ οἱ ἄνδρες οὓς ἔθεσθε ἐν τῇ φυλακῇ εἰσὶν ἐν τῷ ἱερῷ ἑστῶτες καὶ διδάσκοντες τὸν **λαόν.**
5: 26 τότε ἀπελθὼν ὁ στρατηγὸς σὺν τοῖς ὑπηρέταις ἦγεν αὐτοὺς οὐ μετὰ βίας, ἐφοβοῦντο γὰρ τὸν **λαὸν** μὴ λιθασθῶσιν.
5: 34 νομοδιδάσκαλος τίμιος παντὶ τῷ **λαῷ,** ἐκέλευσεν ἔξω βραχὺ τοὺς ἀνθρώπους ποιῆσαι
5: 37 μετὰ τοῦτον ἀνέστη Ἰούδας ὁ Γαλιλαῖος ἐν ταῖς ἡμέραις τῆς ἀπογραφῆς καὶ ἀπέστησεν **λαὸν** ὀπίσω αὐτοῦ·
6: 8 Στέφανος δὲ πλήρης χάριτος καὶ δυνάμεως ἐποίει τέρατα καὶ σημεῖα μεγάλα ἐν τῷ **λαῷ.**
6: 12 συνεκίνησάν τε τὸν **λαὸν** καὶ τοὺς πρεσβυτέρους καὶ τοὺς γραμματεῖς καὶ ἐπιστάντες συνήρπασαν αὐτὸν καὶ ἤγαγον
7: 17 Καθὼς δὲ ἤγγιζεν ὁ χρόνος τῆς ἐπαγγελίας ἧς ὡμολόγησεν ὁ θεὸς τῷ Ἀβραάμ, ηὔξησεν ὁ **λαὸς** καὶ ἐπληθύνθη ἐν Αἰγύπτῳ
7: 34 ἰδὼν εἶδον τὴν κάκωσιν τοῦ **λαοῦ** μου τοῦ ἐν Αἰγύπτῳ καὶ τοῦ στεναγμοῦ αὐτῶν ἤκουσα,
10: 2 ποιῶν ἐλεημοσύνας πολλὰς τῷ **λαῷ** καὶ δεόμενος τοῦ θεοῦ διὰ παντός,
10: 41 οὐ παντὶ τῷ **λαῷ** ἀλλὰ μάρτυσιν τοῖς προκεχειροτονημένοις ὑπὸ τοῦ θεοῦ,
10: 42 κηρύξαι τῷ **λαῷ** καὶ διαμαρτύρασθαι ὅτι οὗτός ἐστιν ὁ ὡρισμένος ὑπὸ τοῦ θεοῦ κριτὴς ζώντων καὶ νεκρῶν.
12: 4 βουλόμενος μετὰ τὸ πάσχα ἀναγαγεῖν αὐτὸν τῷ **λαῷ.**
12: 11 καὶ ἐξείλατό με ἐκ χειρὸς Ἡρῴδου καὶ πάσης τῆς προσδοκίας τοῦ **λαοῦ** τῶν Ἰουδαίων.
13: 15 εἴ τίς ἐστιν ἐν ὑμῖν λόγος παρακλήσεως πρὸς τὸν **λαόν,**
13: 17 ὁ θεὸς τοῦ **λαοῦ** τούτου Ἰσραὴλ ἐξελέξατο τοὺς πατέρας ἡμῶν καὶ τὸν **λαὸν** ὕψωσεν ἐν τῇ παροικίᾳ ἐν γῇ Αἰγύπτου
13: 24 προκηρύξαντος Ἰωάννου πρὸ προσώπου τῆς εἰσόδου αὐτοῦ βάπτισμα μετανοίας παντὶ τῷ **λαῷ** Ἰσραήλ.
13: 31 οἵτινες [νῦν] εἰσιν μάρτυρες αὐτοῦ πρὸς τὸν **λαόν.**
15: 14 Συμεὼν ἐξηγήσατο καθὼς πρῶτον ὁ θεὸς ἐπεσκέψατο λαβεῖν ἐξ ἐθνῶν **λαὸν** τῷ ὀνόματι αὐτοῦ.
18: 10 διότι **λαός** ἐστί μοι πολὺς ἐν τῇ πόλει ταύτῃ.
19: 4 Ἰωάννης ἐβάπτισεν βάπτισμα μετανοίας τῷ **λαῷ** λέγων εἰς τὸν ἐρχόμενον μετ' αὐτὸν ἵνα πιστεύσωσιν,
21: 28 οὗτός ἐστιν ὁ ἄνθρωπος ὁ κατὰ τοῦ **λαοῦ** καὶ τοῦ νόμου καὶ τοῦ τόπου τούτου πάντας πανταχῇ διδάσκων,
21: 30 ἐκινήθη τε ἡ πόλις ὅλη καὶ ἐγένετο συνδρομὴ τοῦ **λαοῦ,**
21: 36 ἠκολούθει γὰρ τὸ πλῆθος τοῦ **λαοῦ** κράζοντες, Αἶρε αὐτόν.
21: 39 δέομαι δέ σου, ἐπίτρεψόν μοι λαλῆσαι πρὸς τὸν **λαόν.**
21: 40 ἐπιτρέψαντος δὲ αὐτοῦ ὁ Παῦλος ἑστὼς ἐπὶ τῶν ἀναβαθμῶν κατέσεισεν τῇ χειρὶ τῷ **λαῷ.**
23: 5 γέγραπται γὰρ ὅτι Ἄρχοντα τοῦ **λαοῦ** σου οὐκ ἐρεῖς κακῶς.
26: 17 ἐξαιρούμενός σε ἐκ τοῦ **λαοῦ** καὶ ἐκ τῶν ἐθνῶν εἰς οὓς ἐγὼ ἀποστέλλω σε
26: 23 εἰ πρῶτος ἐξ ἀναστάσεως νεκρῶν φῶς μέλλει καταγγέλλειν τῷ τε **λαῷ** καὶ τοῖς ἔθνεσιν.
28: 17 οὐδὲν ἐναντίον ποιήσας τῷ **λαῷ** ἢ τοῖς ἔθεσι τοῖς πατρῴοις δέσμιος ἐξ Ἱεροσολύμων παρεδόθην εἰς τὰς χεῖρας τῶν Ῥωμαίων,
28: 26 λέγων, Πορεύθητι πρὸς τὸν **λαὸν** τοῦτον καὶ εἰπόν,

28:27 ἐπαχύνθη γὰρ ἡ καρδία τοῦ **λαοῦ** τούτου καὶ τοῖς ὠσὶν βαρέως ἤκουσαν καὶ τοὺς ὀφθαλμοὺς αὐτῶν ἐκάμμυσαν·
Ro 9:25 Καλέσω τὸν οὐ **λαόν** μου **λαόν** μου καὶ τὴν οὐκ ἠγαπημένην ἠγαπημένην·
9:26 Οὐ **λαός** μου ὑμεῖς, ἐκεῖ κληθήσονται υἱοὶ θεοῦ ζῶντος.
10:21 Ὅλην τὴν ἡμέραν ἐξεπέτασα τὰς χεῖράς μου πρὸς **λαὸν** ἀπειθοῦντα καὶ ἀντιλέγοντα.
11: 1 Λέγω οὖν, μὴ ἀπώσατο ὁ θεὸς τὸν **λαὸν** αὐτοῦ;
11: 2 οὐκ ἀπώσατο ὁ θεὸς τὸν **λαὸν** αὐτοῦ ὃν προέγνω.
15:10 καὶ πάλιν λέγει, Εὐφράνθητε, ἔθνη, μετὰ τοῦ **λαοῦ** αὐτοῦ.
15:11 τὸν κύριον καὶ ἐπαινεσάτωσαν αὐτὸν πάντες οἱ **λαοί.**
1Co 10: 7 Ἐκάθισεν ὁ **λαὸς** φαγεῖν καὶ πεῖν καὶ ἀνέστησαν παίζειν.
14:21 γέγραπται ὅτι Ἐν ἑτερογλώσσοις καὶ ἐν χείλεσιν ἑτέρων λαλήσω τῷ **λαῷ** τούτῳ καὶ οὐδ᾽ οὕτως εἰσακούσονταί μου,
2Co 6:16 καθὼς εἶπεν ὁ θεὸς ὅτι Ἐνοικήσω ἐν αὐτοῖς καὶ ἐμπεριπατήσω καὶ ἔσομαι αὐτῶν θεὸς καὶ αὐτοὶ ἔσονταί μου **λαός.**
Tit 2:14 ἵνα λυτρώσηται ἡμᾶς ἀπὸ πάσης ἀνομίας καὶ καθαρίσῃ ἑαυτῷ **λαὸν** περιούσιον,
Heb 2:17 ἵνα ἐλεήμων γένηται καὶ πιστὸς ἀρχιερεὺς τὰ πρὸς τὸν θεὸν εἰς τὸ ἱλάσκεσθαι τὰς ἁμαρτίας τοῦ **λαοῦ.**
4: 9 ἄρα ἀπολείπεται σαββατισμὸς τῷ **λαῷ** τοῦ θεοῦ.
5: 3 καὶ δι᾽ αὐτὴν ὀφείλει, καθὼς περὶ τοῦ **λαοῦ,**
7: 5 καὶ οἱ μὲν ἐκ τῶν υἱῶν Λευὶ τὴν ἱερατείαν λαμβάνοντες ἐντολὴν ἔχουσιν ἀποδεκατοῦν τὸν **λαὸν** κατὰ τὸν νόμον,
7:11 Εἰ μὲν οὖν τελείωσις διὰ τῆς Λευιτικῆς ἱερωσύνης ἦν, ὁ **λαὸς** γὰρ ἐπ᾽ αὐτῆς νενομοθέτηται,
7:27 πρότερον ὑπὲρ τῶν ἰδίων ἁμαρτιῶν θυσίας ἀναφέρειν ἔπειτα τῶν τοῦ **λαοῦ·**
8:10 καὶ ἔσομαι αὐτοῖς εἰς θεόν, καὶ αὐτοὶ ἔσονταί μοι εἰς **λαόν·**
9: 7 οὐ χωρὶς αἵματος ὃ προσφέρει ὑπὲρ ἑαυτοῦ καὶ τῶν τοῦ **λαοῦ** ἀγνοημάτων,
9:19 λαληθείσης γὰρ πάσης ἐντολῆς κατὰ τὸν νόμον ὑπὸ Μωϋσέως παντὶ τῷ **λαῷ,** λαβὼν τὸ αἷμα τῶν μόσχων [καὶ τῶν τράγων] μετὰ ὕδατος καὶ ἐρίου κοκκίνου καὶ ὑσσώπου αὐτό τε τὸ βιβλίον καὶ πάντα τὸν **λαὸν** ἐράντισεν
10:30 ἐγὼ ἀνταποδώσω. καὶ πάλιν, Κρινεῖ κύριος τὸν **λαὸν** αὐτοῦ.
11:25 μᾶλλον ἑλόμενος συγκακουχεῖσθαι τῷ **λαῷ** τοῦ θεοῦ ἢ πρόσκαιρον ἔχειν ἁμαρτίας ἀπόλαυσιν,
13:12 ἵνα ἁγιάσῃ διὰ τοῦ ἰδίου αἵματος τὸν **λαόν,**
1Pe 2: 9 Ὑμεῖς δὲ γένος ἐκλεκτόν, βασίλειον ἱεράτευμα, ἔθνος ἅγιον, **λαὸς** εἰς περιποίησιν,
2:10 οἵ ποτε οὐ **λαὸς** νῦν δὲ **λαὸς** θεοῦ,
2Pe 2: 1 Ἐγένοντο δὲ καὶ ψευδοπροφῆται ἐν τῷ **λαῷ,** ὡς καὶ ἐν ὑμῖν ἔσονται ψευδοδιδάσκαλοι,
Jude 1: 5 εἰδότας [ὑμᾶς] πάντα ὅτι [ὁ] κύριος ἅπαξ **λαὸν** ἐκ γῆς Αἰγύπτου σώσας τὸ δεύτερον τοὺς μὴ πιστεύσαντας ἀπώλεσεν,
Rev 5: 9 ὅτι ἐσφάγης καὶ ἠγόρασας τῷ θεῷ ἐν τῷ αἵματί σου ἐκ πάσης φυλῆς καὶ γλώσσης καὶ **λαοῦ** καὶ ἔθνους
7: 9 ἐκ παντὸς ἔθνους καὶ φυλῶν καὶ **λαῶν** καὶ γλωσσῶν ἑστῶτες ἐνώπιον τοῦ θρόνου καὶ ἐνώπιον τοῦ ἀρνίου
10:11 Δεῖ σε πάλιν προφητεῦσαι ἐπὶ **λαοῖς** καὶ ἔθνεσιν καὶ γλώσσαις καὶ βασιλεῦσιν πολλοῖς.
11: 9 καὶ βλέπουσιν ἐκ τῶν **λαῶν** καὶ φυλῶν καὶ γλωσσῶν καὶ ἐθνῶν τὸ πτῶμα αὐτῶν ἡμέρας τρεῖς καὶ ἥμισυ
13: 7 καὶ ἐδόθη αὐτῷ ἐξουσία ἐπὶ πᾶσαν φυλὴν καὶ **λαὸν** καὶ γλῶσσαν καὶ ἔθνος.
14: 6 εὐαγγέλιον αἰώνιον εὐαγγελίσαι ἐπὶ τοὺς καθημένους ἐπὶ τῆς γῆς καὶ ἐπὶ πᾶν ἔθνος καὶ φυλὴν καὶ γλῶσσαν καὶ **λαόν,**
17:15 **λαοὶ** καὶ ὄχλοι εἰσὶν καὶ ἔθνη καὶ γλῶσσαι.
18: 4 Ἐξέλθατε ὁ **λαός** μου ἐξ αὐτῆς ἵνα μὴ συγκοινωνήσητε ταῖς ἁμαρτίαις αὐτῆς,
21: 3 καὶ σκηνώσει μετ᾽ αὐτῶν, καὶ αὐτοὶ **λαοὶ** αὐτοῦ ἔσονται,

3296 λάρυγξ [1]

Ro 3:13 τάφος ἀνεῳγμένος ὁ **λάρυγξ** αὐτῶν, ταῖς γλώσσαις αὐτῶν ἐδολιοῦσαν,

3297 Λασαία [1]

→ *3298*

Ac 27: 8 εἰς τόπον τινὰ καλούμενον Καλοὺς λιμένας ᾧ ἐγγὺς πόλις ἦν **Λασαία.**

3298 Λασέα Not used in UBS/NIV

√ *3297*

3299 λάσκω Not used in UBS/NIV

√ *cf. 3279*

3300 λατομέω [2]

Mt 27:60 καὶ ἔθηκεν αὐτὸ ἐν τῷ καινῷ αὐτοῦ μνημείῳ ὃ **ἐλατόμησεν** ἐν τῇ πέτρᾳ καὶ προσκυλίσας λίθον μέγαν τῇ θύρᾳ τοῦ μνημείου
Mk 15:46 καὶ ἀγοράσας σινδόνα καθελὼν αὐτὸν ἐνείλησεν τῇ σινδόνι καὶ ἔθηκεν αὐτὸν ἐν μνημείῳ ὃ ἦν **λελατομημένον** ἐκ πέτρας

3301 λατρεία [5]

→ *1629, 1630, 3302*

προσφέρω λατρείαν [1] Jn 16:2

Jn 16: 2 ἀλλ᾽ ἔρχεται ὥρα ἵνα πᾶς ὁ ἀποκτείνας ὑμᾶς δόξῃ **λατρείαν** προσφέρειν τῷ θεῷ.
Ro 9: 4 ὧν ἡ υἱοθεσία καὶ ἡ δόξα καὶ αἱ διαθῆκαι καὶ ἡ νομοθεσία καὶ ἡ **λατρεία** καὶ αἱ ἐπαγγελίαι,
12: 1 παραστῆσαι τὰ σώματα ὑμῶν θυσίαν ζῶσαν ἁγίαν εὐάρεστον τῷ θεῷ, τὴν λογικὴν **λατρείαν** ὑμῶν·
Heb 9: 1 Εἶχε μὲν οὖν [καὶ] ἡ πρώτη δικαιώματα **λατρείας** τό τε ἅγιον κοσμικόν.
9: 6 οὕτως κατεσκευασμένων εἰς μὲν τὴν πρώτην σκηνὴν διὰ παντὸς εἰσίασιν οἱ ἱερεῖς τὰς **λατρείας** ἐπιτελοῦντες,

3302 λατρεύω [21]

√ *3301*

Mt 4:10 Κύριον τὸν θεόν σου προσκυνήσεις καὶ αὐτῷ μόνῳ **λατρεύσεις.**
Lk 1:74 ἀφόβως ἐκ χειρὸς ἐχθρῶν ῥυσθέντας **λατρεύειν** αὐτῷ
2:37 ἣ οὐκ ἀφίστατο τοῦ ἱεροῦ νηστείαις καὶ δεήσεσιν **λατρεύουσα** νύκτα καὶ ἡμέραν.
4: 8 Κύριον τὸν θεόν σου προσκυνήσεις καὶ αὐτῷ μόνῳ **λατρεύσεις.**
Ac 7: 7 καὶ μετὰ ταῦτα ἐξελεύσονται καὶ **λατρεύσουσίν** μοι ἐν τῷ τόπῳ τούτῳ.
7:42 ἔστρεψεν δὲ ὁ θεὸς καὶ παρέδωκεν αὐτοὺς **λατρεύειν** τῇ στρατιᾷ τοῦ οὐρανοῦ καθὼς γέγραπται ἐν βίβλῳ τῶν προφητῶν,
24:14 οὕτως **λατρεύω** τῷ πατρῴῳ θεῷ πιστεύων πᾶσι τοῖς κατὰ τὸν νόμον καὶ τοῖς ἐν τοῖς προφήταις γεγραμμένοις,
26: 7 εἰς ἣν τὸ δωδεκάφυλον ἡμῶν ἐν ἐκτενείᾳ νύκτα καὶ ἡμέραν **λατρεῦον** ἐλπίζει καταντῆσαι,
27:23 παρέστη γάρ μοι ταύτῃ τῇ νυκτὶ τοῦ θεοῦ, οὗ εἰμι [ἐγὼ] ᾧ καὶ **λατρεύω,** ἄγγελος
Ro 1: 9 ᾧ **λατρεύω** ἐν τῷ πνεύματί μου ἐν τῷ εὐαγγελίῳ τοῦ υἱοῦ αὐτοῦ,
1:25 οἵτινες μετήλλαξαν τὴν ἀλήθειαν τοῦ θεοῦ ἐν τῷ ψεύδει καὶ ἐσεβάσθησαν καὶ **ἐλάτρευσαν** τῇ κτίσει παρὰ τὸν κτίσαντα,
Php 3: 3 οἱ πνεύματι θεοῦ **λατρεύοντες** καὶ καυχώμενοι ἐν Χριστῷ Ἰησοῦ καὶ οὐκ ἐν σαρκὶ πεποιθότες,
2Ti 1: 3 Χάριν ἔχω τῷ θεῷ, ᾧ **λατρεύω** ἀπὸ προγόνων ἐν καθαρᾷ συνειδήσει,
Heb 8: 5 οἵτινες ὑποδείγματι καὶ σκιᾷ **λατρεύουσιν** τῶν ἐπουρανίων, καθὼς κεχρημάτισται Μωϋσῆς μέλλων ἐπιτελεῖν τὴν σκηνήν,
9: 9 καθ᾽ ἣν δῶρά τε καὶ θυσίαι προσφέρονται μὴ δυνάμεναι κατὰ συνείδησιν τελειῶσαι τὸν **λατρεύοντα,**
9:14 καθαριεῖ τὴν συνείδησιν ἡμῶν ἀπὸ νεκρῶν ἔργων εἰς τὸ **λατρεύειν** θεῷ ζῶντι.
10: 2 ἐπεὶ οὐκ ἂν ἐπαύσαντο προσφερόμεναι διὰ τὸ μηδεμίαν ἔχειν ἔτι συνείδησιν ἁμαρτιῶν τοὺς **λατρεύοντας** ἅπαξ κεκαθαρισμένους;
12:28 δι᾽ ἧς **λατρεύωμεν** εὐαρέστως τῷ θεῷ μετὰ εὐλαβείας καὶ δέους·
13:10 ἔχομεν θυσιαστήριον ἐξ οὗ φαγεῖν οὐκ ἔχουσιν ἐξουσίαν οἱ τῇ σκηνῇ **λατρεύοντες.**
Rev 7:15 διὰ τοῦτό εἰσιν ἐνώπιον τοῦ θρόνου τοῦ θεοῦ καὶ **λατρεύουσιν** αὐτῷ ἡμέρας καὶ νυκτὸς ἐν τῷ ναῷ αὐτοῦ,
22: 3 καὶ ὁ θρόνος τοῦ θεοῦ καὶ τοῦ ἀρνίου ἐν αὐτῇ ἔσται, καὶ οἱ δοῦλοι αὐτοῦ **λατρεύσουσιν** αὐτῷ

3303 λάχανον [4]

Mt 13:32 ὅταν δὲ αὐξηθῇ μεῖζον τῶν **λαχάνων** ἐστὶν καὶ γίνεται δένδρον,
Mk 4:32 ἀναβαίνει καὶ γίνεται μεῖζον πάντων τῶν **λαχάνων** καὶ ποιεῖ κλάδους μεγάλους,

Lk 11:42 ὅτι ἀποδεκατοῦτε τὸ ἡδύοσμον καὶ τὸ πήγανον καὶ πᾶν **λάχανον** καὶ παρέρχεσθε τὴν κρίσιν καὶ τὴν ἀγάπην τοῦ θεοῦ·
Ro 14: 2 ὃς μὲν πιστεύει φαγεῖν πάντα, ὁ δὲ ἀσθενῶν **λάχανα** ἐσθίει.

3304 Λεββαῖος Not used in UBS/NIV

√ *cf. 2497*

3305 λεγιών [4]

ἔχω Λεγιών [1] Mk 5:15

Mt 26:53 καὶ παραστήσει μοι ἄρτι πλείω δώδεκα **λεγιῶνας** ἀγγέλων;
Mk 5: 9 καὶ λέγει αὐτῷ, **Λεγιὼν** ὄνομά μοι, ὅτι πολλοί ἐσμεν.
5:15 καὶ θεωροῦσιν τὸν δαιμονιζόμενον καθήμενον ἱματισμένον καὶ σωφρονοῦντα, τὸν ἐσχηκότα τὸν **λεγιῶνα,** καὶ ἐφοβήθησαν.
Lk 8:30 ὁ δὲ εἶπεν, **Λεγιών,** ὅτι εἰσῆλθεν δαιμόνια πολλὰ εἰς αὐτόν.

3306 λέγω [2353 / 2356]

→ *37, 155, 263, 381, 382, 406, 515, 517, 584, 664, 665, 1006, 1156, 1157, 1363, 1365, 1368, 1369, 1474, 1721, 1723, 1724, 1823, 1824, 1922, 2141, 2328, 2329, 2330, 2532, 2800, 2899, 2986, 3315, 3356, 3357, 3358, 3359, 3360, 3361, 3362, 3363, 3364, 3467, 3468, 3703, 3933, 4162, 4165, 4391, 4494, 4597, 4625, 4690, 5066, 5133, 5198, 5199, 5274, 5293, 5807, 5981, 6016; cf. 3933*

ἀπεκρίθη καὶ εἶπεν [25] Mk 12:34; Lk 13:15; 17:20; Jn 1:48,50; 2:19; 3:3,9,10,27; 4:10,13,17; 6:26,29,43; 7:16,21; 8:14; 9:30,36; 12:30; 13:7; 14:23; 20:28

ἀποκριθεὶς εἶπεν [69] Mt 3:15; 4:4; 11:4,25; 12:39,48; 13:11, 37; 15:3,13,24,26,28; 16:2,16; 17:4,11,17; 19:4,27; 20:13,22; 21:21,24,29,30; 22:1,29; 24:2,4; 25:12,26; 26:23,25,33; 27:21,25; 28:5; Mk 6:37; 10:3,51; 11:14; 14:48; Lk 1:19,35; 4:8,12; 5:5,22,31; 6:3; 7:22,40,43; 8:21; 9:20,41; 10:27,41; 13:2; 14:3; 15:29; 17:17; 19:40; 20:3; 22:51; 24:18; Ac 8:24; 25:9

λέγω ἀλήθειαν [7] Mk 5:33; Jn 8:45,46; 16:7; Ro 9:1; 2Co 12:6; 1Ti 2:7

λέγω εἰς [2] Ac 2:25; Eph 5:32

λέγειν ἐν ἑαυτοῦ [11] Mt 3:9; 9:3,21; 21:38; Lk 3:8; 7:39,39,49; 16:3; 18:4; Ac 12:11

λέγω ἐν καρδίᾳ [4] Mt 24:48; Lk 12:45; Ro 10:6; Rev 18:7

λέγω μετά [2] Mt 27:63; Jn 11:56

λέγω πρός [120] Mk 4:41; 12:7; 16:3; Lk 1:13,18,34,61; 2:34,48,49; 3:12; 4:21,23,43; 5:4,10,22,31,33,34,36; 6:3,9; 7:24,40,50; 8:21,22; 9:13,14,23,33,43,50,57,59; 10:26,29; 11:1,5,39; 12:15,16,22; 13:7,23; 14:5,7,7,23; 15:3,22; 17:1,22; 18:31; 19:5,8,9,13,33,39; 20:3,9,23,25,41; 22:15,52; 23:4,14,22,28; 24:5,17,18,25,32,44; Jn 2:3; 3:4; 4:15,33,48,49; 6:5,28,34; 7:3,35,50; 8:57; 11:21; 12:19; 16:17; 19:24; Ac 1:7; 2:29,37; 3:25; 4:8,23; 5:35; 7:3; 8:20; 9:10,15; 10:21; 12:8,15; 15:36; 18:6,14; 19:2; 22:8,10,21,25; 23:3; 28:17,21

λέγω τῷ ὄρει [5] Mt 17:20; 21:21; Mk 11:23; Lk 23:30; Rev 6:16

ῥηθέν, ῥηθεὶς [13] Mt 1:22; 2:15,17,23; 3:3; 4:14; 8:17; 12:17; 13:35; 21:4; 22:31; 24:15; 27:9

ὡς ἔπος εἰπεῖν [1] Heb 7:9

Mt 1:16 Ἰακὼβ δὲ ἐγέννησεν τὸν Ἰωσὴφ τὸν ἄνδρα Μαρίας, ἐξ ἧς ἐγεννήθη Ἰησοῦς ὁ **λεγόμενος** Χριστός.
1:20 ταῦτα δὲ αὐτοῦ ἐνθυμηθέντος ἰδοὺ ἄγγελος κυρίου κατ᾽ ὄναρ ἐφάνη αὐτῷ **λέγων,**
1:22 Τοῦτο δὲ ὅλον γέγονεν ἵνα πληρωθῇ τὸ ῥηθὲν ὑπὸ κυρίου διὰ τοῦ προφήτου **λέγοντος,**
2: 2 **λέγοντες,** Ποῦ ἐστιν ὁ τεχθεὶς βασιλεὺς τῶν Ἰουδαίων;
2: 5 οἱ δὲ **εἶπαν** αὐτῷ, Ἐν Βηθλέεμ τῆς Ἰουδαίας·
2: 8 καὶ πέμψας αὐτοὺς εἰς Βηθλέεμ **εἶπεν,** Πορευθέντες ἐξετάσατε ἀκριβῶς περὶ τοῦ παιδίου·
2:13 ἰδοὺ ἄγγελος κυρίου φαίνεται κατ᾽ ὄναρ τῷ Ἰωσὴφ **λέγων,** Ἐγερθεὶς παράλαβε τὸ παιδίον καὶ τὴν μητέρα αὐτοῦ καὶ φεῦγε εἰς Αἴγυπτον καὶ ἴσθι ἐκεῖ ἕως ἂν **εἴπω** σοι·
2:15 ἵνα πληρωθῇ τὸ **ῥηθὲν** ὑπὸ κυρίου διὰ τοῦ προφήτου **λέγοντος,**
2:17 τότε ἐπληρώθη τὸ **ῥηθὲν** διὰ Ἰερεμίου τοῦ προφήτου **λέγοντος,**
2:20 **λέγων,** Ἐγερθεὶς παράλαβε τὸ παιδίον καὶ τὴν μητέρα αὐτοῦ καὶ πορεύου εἰς γῆν Ἰσραήλ·
2:23 καὶ ἐλθὼν κατῴκησεν εἰς πόλιν **λεγομένην** Ναζαρέτ· ὅπως πληρωθῇ τὸ **ῥηθὲν** διὰ τῶν προφητῶν ὅτι Ναζωραῖος κληθήσεται.
3: 2 [καὶ] **λέγων,** Μετανοεῖτε· ἤγγικεν γὰρ ἡ βασιλεία τῶν οὐρανῶν.
3: 3 οὗτος γάρ ἐστιν ὁ **ῥηθεὶς** διὰ Ἠσαΐου τοῦ προφήτου **λέγοντος,**
3: 7 Ἰδὼν δὲ πολλοὺς τῶν Φαρισαίων καὶ Σαδδουκαίων ἐρχομένους ἐπὶ τὸ βάπτισμα αὐτοῦ **εἶπεν** αὐτοῖς,
3: 9 καὶ μὴ δόξητε **λέγειν** ἐν ἑαυτοῖς, Πατέρα ἔχομεν τὸν Ἀβραάμ. **λέγω** γὰρ ὑμῖν ὅτι δύναται ὁ θεὸς ἐκ τῶν λίθων τούτων ἐγεῖραι τέκνα τῷ Ἀβραάμ.
3:14 ὁ δὲ Ἰωάννης διεκώλυεν αὐτὸν **λέγων,** Ἐγὼ χρείαν ἔχω ὑπὸ σοῦ βαπτισθῆναι,
3:15 ἀποκριθεὶς δὲ ὁ Ἰησοῦς **εἶπεν** πρὸς αὐτόν, Ἄφες ἄρτι,
3:17 καὶ ἰδοὺ φωνὴ ἐκ τῶν οὐρανῶν **λέγουσα,** Οὗτός ἐστιν ὁ υἱός μου ὁ ἀγαπητός,
4: 3 Καὶ προσελθὼν ὁ πειράζων **εἶπεν** αὐτῷ, Εἰ υἱὸς εἶ τοῦ θεοῦ, **εἰπὲ** ἵνα οἱ λίθοι οὗτοι ἄρτοι γένωνται.
4: 4 ὁ δὲ ἀποκριθεὶς **εἶπεν,** Γέγραπται, Οὐκ ἐπ᾽ ἄρτῳ μόνῳ ζήσεται ὁ ἄνθρωπος,
4: 6 καὶ **λέγει** αὐτῷ, Εἰ υἱὸς εἶ τοῦ θεοῦ,
4: 9 καὶ **εἶπεν** αὐτῷ, Ταῦτά σοι πάντα δώσω, ἐὰν πεσὼν προσκυνήσῃς μοι.
4:10 τότε **λέγει** αὐτῷ ὁ Ἰησοῦς, Ὕπαγε, Σατανᾶ· γέγραπται γάρ,
4:14 ἵνα πληρωθῇ τὸ **ῥηθὲν** διὰ Ἠσαΐου τοῦ προφήτου **λέγοντος,**
4:17 Ἀπὸ τότε ἤρξατο ὁ Ἰησοῦς κηρύσσειν καὶ **λέγειν,**
4:18 Σίμωνα τὸν **λεγόμενον** Πέτρον καὶ Ἀνδρέαν τὸν ἀδελφὸν αὐτοῦ,
4:19 καὶ **λέγει** αὐτοῖς, Δεῦτε ὀπίσω μου, καὶ ποιήσω ὑμᾶς ἁλιεῖς ἀνθρώπων.
5: 2 καὶ ἀνοίξας τὸ στόμα αὐτοῦ ἐδίδασκεν αὐτοὺς **λέγων,**
5:11 μακάριοί ἐστε ὅταν ὀνειδίσωσιν ὑμᾶς καὶ διώξωσιν καὶ **εἴπωσιν** πᾶν πονηρὸν καθ᾽ ὑμῶν [ψευδόμενοι] ἕνεκεν ἐμοῦ.
5:18 ἀμὴν γὰρ **λέγω** ὑμῖν· ἕως ἂν παρέλθῃ ὁ οὐρανὸς καὶ ἡ γῆ,
5:20 **λέγω** γὰρ ὑμῖν ὅτι ἐὰν μὴ περισσεύσῃ ὑμῶν ἡ δικαιοσύνη πλεῖον τῶν γραμματέων καὶ Φαρισαίων,
5:21 Ἠκούσατε ὅτι **ἐρρέθη** τοῖς ἀρχαίοις, Οὐ φονεύσεις· ὃς δ᾽ ἂν φονεύσῃ,
5:22 ἐγὼ δὲ **λέγω** ὑμῖν ὅτι πᾶς ὁ ὀργιζόμενος τῷ ἀδελφῷ αὐτοῦ ἔνοχος ἔσται τῇ κρίσει· ἔνοχος ἔσται τῷ συνεδρίῳ· ὃς δ᾽ ἂν **εἴπῃ** τῷ ἀδελφῷ αὐτοῦ, Ῥακά, ὃς δ᾽ ἂν **εἴπῃ,** Μωρέ, ἔνοχος ἔσται εἰς τὴν γέενναν τοῦ πυρός.
5:26 ἀμὴν **λέγω** σοι, οὐ μὴ ἐξέλθῃς ἐκεῖθεν, ἕως ἂν ἀποδῷς τὸν ἔσχατον κοδράντην.
5:27 Ἠκούσατε ὅτι **ἐρρέθη,** Οὐ μοιχεύσεις.
5:28 ἐγὼ δὲ **λέγω** ὑμῖν ὅτι πᾶς ὁ βλέπων γυναῖκα πρὸς τὸ ἐπιθυμῆσαι αὐτὴν ἤδη ἐμοίχευσεν αὐτὴν ἐν τῇ καρδίᾳ αὐτοῦ.
5:31 **Ἐρρέθη** δέ, Ὃς ἂν ἀπολύσῃ τὴν γυναῖκα αὐτοῦ,
5:32 ἐγὼ δὲ **λέγω** ὑμῖν ὅτι πᾶς ὁ ἀπολύων τὴν γυναῖκα αὐτοῦ παρεκτὸς λόγου πορνείας ποιεῖ αὐτὴν μοιχευθῆναι,
5:33 Πάλιν ἠκούσατε ὅτι **ἐρρέθη** τοῖς ἀρχαίοις, Οὐκ ἐπιορκήσεις,
5:34 ἐγὼ δὲ **λέγω** ὑμῖν μὴ ὀμόσαι ὅλως· μήτε ἐν τῷ οὐρανῷ,
5:38 Ἠκούσατε ὅτι **ἐρρέθη,** Ὀφθαλμὸν ἀντὶ ὀφθαλμοῦ καὶ ὀδόντα ἀντὶ ὀδόντος.
5:39 ἐγὼ δὲ **λέγω** ὑμῖν μὴ ἀντιστῆναι τῷ πονηρῷ·
5:43 Ἠκούσατε ὅτι **ἐρρέθη,** Ἀγαπήσεις τὸν πλησίον σου καὶ μισήσεις τὸν ἐχθρόν σου.
5:44 ἐγὼ δὲ **λέγω** ὑμῖν, ἀγαπᾶτε τοὺς ἐχθροὺς ὑμῶν καὶ προσεύχεσθε ὑπὲρ τῶν διωκόντων ὑμᾶς,
6: 2 ὅπως δοξασθῶσιν ὑπὸ τῶν ἀνθρώπων· ἀμὴν **λέγω** ὑμῖν, ἀπέχουσιν τὸν μισθὸν αὐτῶν.
6: 5 ὅπως φανῶσιν τοῖς ἀνθρώποις· ἀμὴν **λέγω** ὑμῖν, ἀπέχουσιν τὸν μισθὸν αὐτῶν.
6:16 ὅπως φανῶσιν τοῖς ἀνθρώποις νηστεύοντες· ἀμὴν **λέγω** ὑμῖν, ἀπέχουσιν τὸν μισθὸν αὐτῶν.
6:25 Διὰ τοῦτο **λέγω** ὑμῖν, μὴ μεριμνᾶτε τῇ ψυχῇ ὑμῶν τί φάγητε
6:29 **λέγω** δὲ ὑμῖν ὅτι οὐδὲ Σολομὼν ἐν πάσῃ τῇ δόξῃ αὐτοῦ περιεβάλετο ὡς ἓν τούτων.
6:31 μὴ οὖν μεριμνήσητε **λέγοντες,** Τί φάγωμεν; ἤ, Τί πίωμεν;
7: 4 ἢ πῶς **ἐρεῖς** τῷ ἀδελφῷ σου, Ἄφες ἐκβάλω τὸ κάρφος ἐκ τοῦ ὀφθαλμοῦ σου,
7:21 Οὐ πᾶς ὁ **λέγων** μοι, Κύριε κύριε, εἰσελεύσεται εἰς τὴν βασιλείαν τῶν οὐρανῶν,

7:22 πολλοὶ **ἐροῦσίν** μοι ἐν ἐκείνῃ τῇ ἡμέρᾳ, Κύριε κύριε,
8: 2 καὶ ἰδοὺ λεπρὸς προσελθὼν προσεκύνει αὐτῷ **λέγων,** Κύριε,
8: 3 καὶ ἐκτείνας τὴν χεῖρα ἥψατο αὐτοῦ **λέγων,** Θέλω,
8: 4 καὶ **λέγει** αὐτῷ ὁ Ἰησοῦς, Ὅρα μηδενὶ **εἴπῃς,**
8: 6 καὶ **λέγων,** Κύριε, ὁ παῖς μου βέβληται ἐν τῇ οἰκίᾳ παραλυτικός,
8: 7 καὶ **λέγει** αὐτῷ, Ἐγὼ ἐλθὼν θεραπεύσω αὐτόν.
8: 8 ἀλλὰ μόνον **εἰπὲ** λόγῳ, καὶ ἰαθήσεται ὁ παῖς μου.
8: 9 καὶ **λέγω** τούτῳ, Πορεύθητι, καὶ πορεύεται, καὶ ἄλλῳ,
8:10 ὁ Ἰησοῦς ἐθαύμασεν καὶ **εἶπεν** τοῖς ἀκολουθοῦσιν, Ἀμὴν **λέγω** ὑμῖν, παρ᾽ οὐδενὶ τοσαύτην πίστιν ἐν τῷ Ἰσραὴλ εὗρον.
8:11 **λέγω** δὲ ὑμῖν ὅτι πολλοὶ ἀπὸ ἀνατολῶν καὶ δυσμῶν ἥξουσιν καὶ ἀνακλιθήσονται μετὰ Ἀβραὰμ καὶ Ἰσαὰκ καὶ Ἰακὼβ
8:13 καὶ **εἶπεν** ὁ Ἰησοῦς τῷ ἑκατοντάρχῃ, Ὕπαγε, ὡς ἐπίστευσας γενηθήτω σοι.
8:17 ὅπως πληρωθῇ τὸ **ῥηθὲν** διὰ Ἠσαΐου τοῦ προφήτου **λέγοντος,**
8:19 καὶ προσελθὼν εἷς γραμματεὺς **εἶπεν** αὐτῷ, Διδάσκαλε, ἀκολουθήσω σοι ὅπου ἐὰν ἀπέρχῃ.
8:20 καὶ **λέγει** αὐτῷ ὁ Ἰησοῦς, Αἱ ἀλώπεκες φωλεοὺς ἔχουσιν καὶ τὰ πετεινὰ τοῦ οὐρανοῦ κατασκηνώσεις,
8:21 ἕτερος δὲ τῶν μαθητῶν [αὐτοῦ] **εἶπεν** αὐτῷ, Κύριε,
8:22 ὁ δὲ Ἰησοῦς **λέγει** αὐτῷ, Ἀκολούθει μοι καὶ ἄφες τοὺς νεκροὺς θάψαι τοὺς ἑαυτῶν νεκρούς.
8:25 καὶ προσελθόντες ἤγειραν αὐτὸν **λέγοντες,** Κύριε, σῶσον, ἀπολλύμεθα.
8:26 καὶ **λέγει** αὐτοῖς, Τί δειλοί ἐστε, ὀλιγόπιστοι; τότε ἐγερθεὶς ἐπετίμησεν τοῖς ἀνέμοις καὶ τῇ θαλάσσῃ,
8:27 οἱ δὲ ἄνθρωποι ἐθαύμασαν **λέγοντες,** Ποταπός ἐστιν οὗτος ὅτι καὶ οἱ ἄνεμοι καὶ ἡ θάλασσα αὐτῷ ὑπακούουσιν;
8:29 καὶ ἰδοὺ ἔκραξαν **λέγοντες,** Τί ἡμῖν καὶ σοί,
8:31 οἱ δὲ δαίμονες παρεκάλουν αὐτὸν **λέγοντες,** Εἰ ἐκβάλλεις ἡμᾶς,
8:32 καὶ **εἶπεν** αὐτοῖς, Ὑπάγετε. οἱ δὲ ἐξελθόντες ἀπῆλθον εἰς τοὺς χοίρους·
9: 2 καὶ ἰδὼν ὁ Ἰησοῦς τὴν πίστιν αὐτῶν **εἶπεν** τῷ παραλυτικῷ,
9: 3 καὶ ἰδού τινες τῶν γραμματέων **εἶπαν** ἐν ἑαυτοῖς,
9: 4 καὶ ἰδὼν ὁ Ἰησοῦς τὰς ἐνθυμήσεις αὐτῶν **εἶπεν,**
9: 5 τί γάρ ἐστιν εὐκοπώτερον, **εἰπεῖν,** Ἀφίενταί σου αἱ ἁμαρτίαι, ἢ **εἰπεῖν,** Ἔγειρε καὶ περιπάτει;
9: 6 τότε **λέγει** τῷ παραλυτικῷ, Ἐγερθεὶς ἆρόν σου τὴν κλίνην καὶ ὕπαγε εἰς τὸν οἶκόν σου.
9: 9 ὁ Ἰησοῦς ἐκεῖθεν εἶδεν ἄνθρωπον καθήμενον ἐπὶ τὸ τελώνιον, Μαθθαῖον **λεγόμενον,** καὶ **λέγει** αὐτῷ, Ἀκολούθει μοι.
9:11 καὶ ἰδόντες οἱ Φαρισαῖοι **ἔλεγον** τοῖς μαθηταῖς αὐτοῦ,
9:12 ὁ δὲ ἀκούσας **εἶπεν,** Οὐ χρείαν ἔχουσιν οἱ ἰσχύοντες ἰατροῦ ἀλλ᾽ οἱ κακῶς ἔχοντες.
9:14 Τότε προσέρχονται αὐτῷ οἱ μαθηταὶ Ἰωάννου **λέγοντες,** Διὰ τί ἡμεῖς καὶ οἱ Φαρισαῖοι νηστεύομεν [πολλά,]
9:15 καὶ **εἶπεν** αὐτοῖς ὁ Ἰησοῦς, Μὴ δύνανται οἱ υἱοὶ τοῦ νυμφῶνος πενθεῖν ἐφ᾽ ὅσον μετ᾽ αὐτῶν ἐστιν ὁ νυμφίος;
9:18 Ταῦτα αὐτοῦ λαλοῦντος αὐτοῖς ἰδοὺ ἄρχων εἷς ἐλθὼν προσεκύνει αὐτῷ **λέγων** ὅτι Ἡ θυγάτηρ μου ἄρτι ἐτελεύτησεν·
9:21 **ἔλεγεν** γὰρ ἐν ἑαυτῇ, Ἐὰν μόνον ἅψωμαι τοῦ ἱματίου αὐτοῦ σωθήσομαι.
9:22 ὁ δὲ Ἰησοῦς στραφεὶς καὶ ἰδὼν αὐτὴν **εἶπεν,**
9:24 **ἔλεγεν,** Ἀναχωρεῖτε, οὐ γὰρ ἀπέθανεν τὸ κοράσιον ἀλλὰ καθεύδει.
9:27 Καὶ παράγοντι ἐκεῖθεν τῷ Ἰησοῦ ἠκολούθησαν [αὐτῷ] δύο τυφλοὶ κράζοντες καὶ **λέγοντες,**
9:28 καὶ **λέγει** αὐτοῖς ὁ Ἰησοῦς, Πιστεύετε ὅτι δύναμαι τοῦτο ποιῆσαι; **λέγουσιν** αὐτῷ, Ναὶ κύριε.
9:29 τότε ἥψατο τῶν ὀφθαλμῶν αὐτῶν **λέγων,** Κατὰ τὴν πίστιν ὑμῶν γενηθήτω ὑμῖν.
9:30 καὶ ἐνεβριμήθη αὐτοῖς ὁ Ἰησοῦς **λέγων,** Ὁρᾶτε μηδεὶς γινωσκέτω.
9:33 καὶ ἐθαύμασαν οἱ ὄχλοι **λέγοντες,** Οὐδέποτε ἐφάνη οὕτως ἐν τῷ Ἰσραήλ.
9:34 οἱ δὲ Φαρισαῖοι **ἔλεγον,** Ἐν τῷ ἄρχοντι τῶν δαιμονίων ἐκβάλλει τὰ δαιμόνια.
9:37 τότε **λέγει** τοῖς μαθηταῖς αὐτοῦ, Ὁ μὲν θερισμὸς πολύς,
10: 2 πρῶτος Σίμων ὁ **λεγόμενος** Πέτρος καὶ Ἀνδρέας ὁ ἀδελφὸς αὐτοῦ,
10: 5 Τούτους τοὺς δώδεκα ἀπέστειλεν ὁ Ἰησοῦς παραγγείλας αὐτοῖς **λέγων,**
10: 7 πορευόμενοι δὲ κηρύσσετε **λέγοντες** ὅτι Ἤγγικεν ἡ βασιλεία τῶν οὐρανῶν.
10:15 ἀμὴν **λέγω** ὑμῖν, ἀνεκτότερον ἔσται γῇ Σοδόμων καὶ Γομόρρων ἐν ἡμέρᾳ κρίσεως ἢ τῇ πόλει ἐκείνῃ.
10:23 ἀμὴν γὰρ **λέγω** ὑμῖν, οὐ μὴ τελέσητε τὰς πόλεις τοῦ Ἰσραὴλ ἕως ἂν ἔλθῃ ὁ υἱὸς τοῦ ἀνθρώπου.
10:27 ὃ **λέγω** ὑμῖν ἐν τῇ σκοτίᾳ **εἴπατε** ἐν τῷ φωτί,
10:42 ἀμὴν **λέγω** ὑμῖν, οὐ μὴ ἀπολέσῃ τὸν μισθὸν αὐτοῦ.
11: 3 **εἶπεν** αὐτῷ, Σὺ εἶ ὁ ἐρχόμενος ἢ ἕτερον προσδοκῶμεν;
11: 4 καὶ ἀποκριθεὶς ὁ Ἰησοῦς **εἶπεν** αὐτοῖς, Πορευθέντες ἀπαγγείλατε Ἰωάννῃ ἃ ἀκούετε καὶ βλέπετε·
11: 7 Τούτων δὲ πορευομένων ἤρξατο ὁ Ἰησοῦς **λέγειν** τοῖς ὄχλοις περὶ Ἰωάννου,
11: 9 ἀλλὰ τί ἐξήλθατε ἰδεῖν; προφήτην; ναὶ **λέγω** ὑμῖν, καὶ περισσότερον προφήτου.
11:11 ἀμὴν **λέγω** ὑμῖν· οὐκ ἐγήγερται ἐν γεννητοῖς γυναικῶν μείζων Ἰωάννου τοῦ βαπτιστοῦ·
11:17 **λέγουσιν,** Ηὐλήσαμεν ὑμῖν καὶ οὐκ ὠρχήσασθε, ἐθρηνήσαμεν καὶ οὐκ ἐκόψασθε.
11:18 ἦλθεν γὰρ Ἰωάννης μήτε ἐσθίων μήτε πίνων, καὶ **λέγουσιν,** Δαιμόνιον ἔχει.
11:19 καὶ **λέγουσιν,** Ἰδοὺ ἄνθρωπος φάγος καὶ οἰνοπότης, τελωνῶν φίλος καὶ ἁμαρτωλῶν.
11:22 πλὴν **λέγω** ὑμῖν, Τύρῳ καὶ Σιδῶνι ἀνεκτότερον ἔσται ἐν ἡμέρᾳ κρίσεως ἢ ὑμῖν.
11:24 πλὴν **λέγω** ὑμῖν ὅτι γῇ Σοδόμων ἀνεκτότερον ἔσται ἐν ἡμέρᾳ κρίσεως ἢ σοί.
11:25 Ἐν ἐκείνῳ τῷ καιρῷ ἀποκριθεὶς ὁ Ἰησοῦς **εἶπεν,**
12: 2 οἱ δὲ Φαρισαῖοι ἰδόντες **εἶπαν** αὐτῷ, Ἰδοὺ οἱ μαθηταί σου ποιοῦσιν ὃ οὐκ ἔξεστιν ποιεῖν ἐν σαββάτῳ.
12: 3 ὁ δὲ **εἶπεν** αὐτοῖς, Οὐκ ἀνέγνωτε τί ἐποίησεν Δαυὶδ ὅτε ἐπείνασεν καὶ οἱ μετ᾽ αὐτοῦ,
12: 6 **λέγω** δὲ ὑμῖν ὅτι τοῦ ἱεροῦ μεῖζόν ἐστιν ὧδε.
12:10 καὶ ἐπηρώτησαν αὐτὸν **λέγοντες,** Εἰ ἔξεστιν τοῖς σάββασιν θεραπεῦσαι;
12:11 ὁ δὲ **εἶπεν** αὐτοῖς, Τίς ἔσται ἐξ ὑμῶν ἄνθρωπος ὃς ἕξει πρόβατον ἓν καὶ ἐὰν ἐμπέσῃ τοῦτο τοῖς σάββασιν εἰς βόθυνον,
12:13 τότε **λέγει** τῷ ἀνθρώπῳ, Ἔκτεινόν σου τὴν χεῖρα.
12:17 ἵνα πληρωθῇ τὸ **ῥηθὲν** διὰ Ἠσαΐου τοῦ προφήτου **λέγοντος,**
12:23 καὶ ἐξίσταντο πάντες οἱ ὄχλοι καὶ **ἔλεγον,** Μήτι οὗτός ἐστιν ὁ υἱὸς Δαυίδ;
12:24 οἱ δὲ Φαρισαῖοι ἀκούσαντες **εἶπον,** Οὗτος οὐκ ἐκβάλλει τὰ δαιμόνια εἰ μὴ ἐν τῷ Βεελζεβοὺλ ἄρχοντι τῶν δαιμονίων.
12:25 εἰδὼς δὲ τὰς ἐνθυμήσεις αὐτῶν **εἶπεν** αὐτοῖς, Πᾶσα βασιλεία μερισθεῖσα καθ᾽ ἑαυτῆς ἐρημοῦται καὶ πᾶσα πόλις ἢ οἰκία
12:31 Διὰ τοῦτο **λέγω** ὑμῖν, πᾶσα ἁμαρτία καὶ βλασφημία ἀφεθήσεται τοῖς ἀνθρώποις,
12:32 ὃς ἐὰν **εἴπῃ** λόγον κατὰ τοῦ υἱοῦ τοῦ ἀνθρώπου, ἀφεθήσεται αὐτῷ· ὃς δ᾽ ἂν **εἴπῃ** κατὰ τοῦ πνεύματος τοῦ ἁγίου, οὐκ ἀφεθήσεται αὐτῷ οὔτε ἐν τούτῳ τῷ αἰῶνι οὔτε ἐν τῷ μέλλοντι.
12:36 **λέγω** δὲ ὑμῖν ὅτι πᾶν ῥῆμα ἀργὸν ὃ λαλήσουσιν οἱ ἄνθρωποι ἀποδώσουσιν περὶ αὐτοῦ λόγον ἐν ἡμέρᾳ κρίσεως·
12:38 Τότε ἀπεκρίθησαν αὐτῷ τινες τῶν γραμματέων καὶ Φαρισαίων **λέγοντες,**
12:39 ὁ δὲ ἀποκριθεὶς **εἶπεν** αὐτοῖς, Γενεὰ πονηρὰ καὶ μοιχαλὶς σημεῖον ἐπιζητεῖ,
12:44 τότε **λέγει,** Εἰς τὸν οἶκόν μου ἐπιστρέψω ὅθεν ἐξῆλθον·
12:47 [**εἶπεν** δέ τις αὐτῷ, Ἰδοὺ ἡ μήτηρ σου καὶ οἱ ἀδελφοί σου ἔξω ἑστήκασιν ζητοῦντές σοι λαλῆσαι.]
12:48 ὁ δὲ ἀποκριθεὶς **εἶπεν** τῷ **λέγοντι** αὐτῷ, Τίς ἐστιν ἡ μήτηρ μου καὶ τίνες εἰσὶν οἱ ἀδελφοί μου;
12:49 καὶ ἐκτείνας τὴν χεῖρα αὐτοῦ ἐπὶ τοὺς μαθητὰς αὐτοῦ **εἶπεν,**
13: 3 καὶ ἐλάλησεν αὐτοῖς πολλὰ ἐν παραβολαῖς **λέγων,** Ἰδοὺ ἐξῆλθεν ὁ σπείρων τοῦ σπείρειν.
13:10 Καὶ προσελθόντες οἱ μαθηταὶ **εἶπαν** αὐτῷ, Διὰ τί ἐν παραβολαῖς λαλεῖς αὐτοῖς;
13:11 ὁ δὲ ἀποκριθεὶς **εἶπεν** αὐτοῖς, Ὅτι ὑμῖν δέδοται γνῶναι τὰ μυστήρια τῆς βασιλείας τῶν οὐρανῶν,
13:14 καὶ ἀναπληροῦται αὐτοῖς ἡ προφητεία Ἠσαΐου ἡ **λέγουσα,**
13:17 ἀμὴν γὰρ **λέγω** ὑμῖν ὅτι πολλοὶ προφῆται καὶ δίκαιοι ἐπεθύμησαν ἰδεῖν ἃ βλέπετε καὶ οὐκ εἶδαν,
13:24 Ἄλλην παραβολὴν παρέθηκεν αὐτοῖς **λέγων,** Ὡμοιώθη ἡ βασιλεία τῶν οὐρανῶν ἀνθρώπῳ σπείραντι καλὸν σπέρμα
13:27 προσελθόντες δὲ οἱ δοῦλοι τοῦ οἰκοδεσπότου **εἶπον** αὐτῷ,
13:28 οἱ δὲ δοῦλοι **λέγουσιν** αὐτῷ, Θέλεις οὖν ἀπελθόντες συλλέξωμεν αὐτά;
13:30 καὶ ἐν καιρῷ τοῦ θερισμοῦ **ἐρῶ** τοῖς θερισταῖς,

13:31 Ἄλλην παραβολὴν παρέθηκεν αὐτοῖς **λέγων,** Ὁμοία ἐστὶν ἡ βασιλεία τῶν οὐρανῶν κόκκῳ σινάπεως,
13:35 ὅπως πληρωθῇ τὸ **ῥηθὲν** διὰ τοῦ προφήτου **λέγοντος,**
13:36 καὶ προσῆλθον αὐτῷ οἱ μαθηταὶ αὐτοῦ **λέγοντες,** Διασάφησον ἡμῖν τὴν παραβολὴν τῶν ζιζανίων τοῦ ἀγροῦ.
13:37 ὁ δὲ ἀποκριθεὶς **εἶπεν,** Ὁ σπείρων τὸ καλὸν σπέρμα ἐστὶν ὁ υἱὸς τοῦ ἀνθρώπου,
13:51 **Λέγει**[UBS-] αὐτοῖς ὁ Ἰησοῦς, Συνήκατε ταῦτα πάντα; **λέγουσιν** αὐτῷ, Ναί.
13:52 ὁ δὲ **εἶπεν** αὐτοῖς, Διὰ τοῦτο πᾶς γραμματεὺς μαθητευθεὶς τῇ βασιλείᾳ τῶν οὐρανῶν ὅμοιός ἐστιν ἀνθρώπῳ οἰκοδεσπότῃ,
13:54 ὥστε ἐκπλήσσεσθαι αὐτοὺς καὶ **λέγειν,** Πόθεν τούτῳ ἡ σοφία αὕτη καὶ αἱ δυνάμεις;
13:55 οὐχ ἡ μήτηρ αὐτοῦ **λέγεται** Μαριὰμ καὶ οἱ ἀδελφοὶ αὐτοῦ Ἰάκωβος καὶ Ἰωσὴφ καὶ Σίμων καὶ Ἰούδας;
13:57 ὁ δὲ Ἰησοῦς **εἶπεν** αὐτοῖς, Οὐκ ἔστιν προφήτης ἄτιμος εἰ μὴ ἐν τῇ πατρίδι καὶ ἐν τῇ οἰκίᾳ αὐτοῦ.
14: 2 καὶ **εἶπεν** τοῖς παισὶν αὐτοῦ, Οὗτός ἐστιν Ἰωάννης ὁ βαπτιστής·
14: 4 **ἔλεγεν** γὰρ ὁ Ἰωάννης αὐτῷ, Οὐκ ἔξεστίν σοι ἔχειν αὐτήν.
14:15 ὀψίας δὲ γενομένης προσῆλθον αὐτῷ οἱ μαθηταὶ **λέγοντες,**
14:16 ὁ δὲ [Ἰησοῦς] **εἶπεν** αὐτοῖς, Οὐ χρείαν ἔχουσιν ἀπελθεῖν,
14:17 οἱ δὲ **λέγουσιν** αὐτῷ, Οὐκ ἔχομεν ὧδε εἰ μὴ πέντε ἄρτους καὶ δύο ἰχθύας.
14:18 ὁ δὲ **εἶπεν,** Φέρετέ μοι ὧδε αὐτούς.
14:26 οἱ δὲ μαθηταὶ ἰδόντες αὐτὸν ἐπὶ τῆς θαλάσσης περιπατοῦντα ἐταράχθησαν **λέγοντες** ὅτι Φάντασμά ἐστιν,
14:27 εὐθὺς δὲ ἐλάλησεν [ὁ Ἰησοῦς] αὐτοῖς **λέγων,** Θαρσεῖτε,
14:28 ἀποκριθεὶς δὲ αὐτῷ ὁ Πέτρος **εἶπεν,** Κύριε, εἰ σὺ εἶ,
14:29 ὁ δὲ **εἶπεν,** Ἐλθέ. καὶ καταβὰς ἀπὸ τοῦ πλοίου [ὁ] Πέτρος περιεπάτησεν ἐπὶ τὰ ὕδατα καὶ ἦλθεν πρὸς τὸν Ἰησοῦν.
14:30 ἀρξάμενος καταποντίζεσθαι ἔκραξεν **λέγων,** Κύριε, σῶσόν με.
14:31 εὐθέως δὲ ὁ Ἰησοῦς ἐκτείνας τὴν χεῖρα ἐπελάβετο αὐτοῦ καὶ **λέγει** αὐτῷ,
14:33 οἱ δὲ ἐν τῷ πλοίῳ προσεκύνησαν αὐτῷ **λέγοντες,**
15: 1 Τότε προσέρχονται τῷ Ἰησοῦ ἀπὸ Ἱεροσολύμων Φαρισαῖοι καὶ γραμματεῖς **λέγοντες,**
15: 3 ὁ δὲ ἀποκριθεὶς **εἶπεν** αὐτοῖς, Διὰ τί καὶ ὑμεῖς παραβαίνετε τὴν ἐντολὴν τοῦ θεοῦ διὰ τὴν παράδοσιν ὑμῶν;
15: 4 ὁ γὰρ θεὸς **εἶπεν,** Τίμα τὸν πατέρα καὶ τὴν μητέρα,
15: 5 ὑμεῖς δὲ **λέγετε,** Ὃς ἂν **εἴπῃ** τῷ πατρὶ ἢ τῇ μητρί,
15: 7 ὑποκριταί, καλῶς ἐπροφήτευσεν περὶ ὑμῶν Ἠσαΐας **λέγων,**
15:10 Καὶ προσκαλεσάμενος τὸν ὄχλον **εἶπεν** αὐτοῖς, Ἀκούετε καὶ συνίετε·
15:12 Τότε προσελθόντες οἱ μαθηταὶ **λέγουσιν** αὐτῷ, Οἶδας ὅτι οἱ Φαρισαῖοι ἀκούσαντες τὸν λόγον ἐσκανδαλίσθησαν;
15:13 ὁ δὲ ἀποκριθεὶς **εἶπεν,** Πᾶσα φυτεία ἣν οὐκ ἐφύτευσεν ὁ πατήρ μου ὁ οὐράνιος ἐκριζωθήσεται.
15:15 Ἀποκριθεὶς δὲ ὁ Πέτρος **εἶπεν** αὐτῷ, Φράσον ἡμῖν τὴν παραβολήν [ταύτην.]
15:16 ὁ δὲ **εἶπεν,** Ἀκμὴν καὶ ὑμεῖς ἀσύνετοί ἐστε;
15:22 καὶ ἰδοὺ γυνὴ Χαναναία ἀπὸ τῶν ὁρίων ἐκείνων ἐξελθοῦσα ἔκραζεν **λέγουσα,**
15:23 καὶ προσελθόντες οἱ μαθηταὶ αὐτοῦ ἠρώτουν αὐτὸν **λέγοντες,**
15:24 ὁ δὲ ἀποκριθεὶς **εἶπεν,** Οὐκ ἀπεστάλην εἰ μὴ εἰς τὰ πρόβατα τὰ ἀπολωλότα οἴκου Ἰσραήλ.
15:25 ἡ δὲ ἐλθοῦσα προσεκύνει αὐτῷ **λέγουσα,** Κύριε, βοήθει μοι.
15:26 ὁ δὲ ἀποκριθεὶς **εἶπεν,** Οὐκ ἔστιν καλὸν λαβεῖν τὸν ἄρτον τῶν τέκνων καὶ βαλεῖν τοῖς κυναρίοις.
15:27 ἡ δὲ **εἶπεν,** Ναὶ κύριε, καὶ γὰρ τὰ κυνάρια ἐσθίει ἀπὸ τῶν ψιχίων τῶν πιπτόντων ἀπὸ τῆς τραπέζης τῶν κυρίων αὐτῶν.
15:28 τότε ἀποκριθεὶς ὁ Ἰησοῦς **εἶπεν** αὐτῇ, Ὦ γύναι,
15:32 Ὁ δὲ Ἰησοῦς προσκαλεσάμενος τοὺς μαθητὰς αὐτοῦ **εἶπεν,**
15:33 καὶ **λέγουσιν** αὐτῷ οἱ μαθηταί, Πόθεν ἡμῖν ἐν ἐρημίᾳ ἄρτοι τοσοῦτοι ὥστε χορτάσαι ὄχλον τοσοῦτον;
15:34 καὶ **λέγει** αὐτοῖς ὁ Ἰησοῦς, Πόσους ἄρτους ἔχετε; οἱ δὲ **εἶπαν,** Ἑπτὰ καὶ ὀλίγα ἰχθύδια.
16: 2 ὁ δὲ ἀποκριθεὶς **εἶπεν** αὐτοῖς, [Ὀψίας γενομένης **λέγετε,** Εὐδία, πυρράζει γὰρ ὁ οὐρανός·]
16: 6 ὁ δὲ Ἰησοῦς **εἶπεν** αὐτοῖς, Ὁρᾶτε καὶ προσέχετε ἀπὸ τῆς ζύμης τῶν Φαρισαίων καὶ Σαδδουκαίων.
16: 7 οἱ δὲ διελογίζοντο ἐν ἑαυτοῖς **λέγοντες** ὅτι Ἄρτους οὐκ ἐλάβομεν.
16: 8 γνοὺς δὲ ὁ Ἰησοῦς **εἶπεν,** Τί διαλογίζεσθε ἐν ἑαυτοῖς,
16:11 πῶς οὐ νοεῖτε ὅτι οὐ περὶ ἄρτων **εἶπον** ὑμῖν;
16:12 τότε συνῆκαν ὅτι οὐκ **εἶπεν** προσέχειν ἀπὸ τῆς ζύμης τῶν ἄρτων ἀλλὰ ἀπὸ τῆς διδαχῆς τῶν Φαρισαίων καὶ Σαδδουκαίων.
16:13 Ἐλθὼν δὲ ὁ Ἰησοῦς εἰς τὰ μέρη Καισαρείας τῆς Φιλίππου ἠρώτα τοὺς μαθητὰς αὐτοῦ **λέγων,** Τίνα **λέγουσιν** οἱ ἄνθρωποι εἶναι τὸν υἱὸν τοῦ ἀνθρώπου;
16:14 οἱ δὲ **εἶπαν,** Οἱ μὲν Ἰωάννην τὸν βαπτιστήν,
16:15 **λέγει** αὐτοῖς, Ὑμεῖς δὲ τίνα με **λέγετε** εἶναι;
16:16 ἀποκριθεὶς δὲ Σίμων Πέτρος **εἶπεν,** Σὺ εἶ ὁ Χριστὸς ὁ υἱὸς τοῦ θεοῦ τοῦ ζῶντος.
16:17 ἀποκριθεὶς δὲ ὁ Ἰησοῦς **εἶπεν** αὐτῷ, Μακάριος εἶ,
16:18 κἀγὼ δέ σοι **λέγω** ὅτι σὺ εἶ Πέτρος,
16:20 τότε διεστείλατο τοῖς μαθηταῖς ἵνα μηδενὶ **εἴπωσιν** ὅτι αὐτός ἐστιν ὁ Χριστός.
16:22 καὶ προσλαβόμενος αὐτὸν ὁ Πέτρος ἤρξατο ἐπιτιμᾶν αὐτῷ **λέγων,**
16:23 ὁ δὲ στραφεὶς **εἶπεν** τῷ Πέτρῳ, Ὕπαγε ὀπίσω μου,
16:24 Τότε ὁ Ἰησοῦς **εἶπεν** τοῖς μαθηταῖς αὐτοῦ, Εἴ τις θέλει ὀπίσω μου ἐλθεῖν,
16:28 ἀμὴν **λέγω** ὑμῖν ὅτι εἰσίν τινες τῶν ὧδε ἑστώτων οἵτινες οὐ μὴ γεύσωνται θανάτου ἕως ἂν ἴδωσιν τὸν υἱὸν τοῦ ἀνθρώπου
17: 4 ἀποκριθεὶς δὲ ὁ Πέτρος **εἶπεν** τῷ Ἰησοῦ, Κύριε,
17: 5 καὶ ἰδοὺ φωνὴ ἐκ τῆς νεφέλης **λέγουσα,** Οὗτός ἐστιν ὁ υἱός μου ὁ ἀγαπητός,
17: 7 καὶ προσῆλθεν ὁ Ἰησοῦς καὶ ἁψάμενος αὐτῶν **εἶπεν,**
17: 9 Καὶ καταβαινόντων αὐτῶν ἐκ τοῦ ὄρους ἐνετείλατο αὐτοῖς ὁ Ἰησοῦς **λέγων,** Μηδενὶ **εἴπητε** τὸ ὅραμα ἕως οὗ ὁ υἱὸς τοῦ ἀνθρώπου ἐκ νεκρῶν ἐγερθῇ.
17:10 καὶ ἐπηρώτησαν αὐτὸν οἱ μαθηταὶ **λέγοντες,** Τί οὖν οἱ γραμματεῖς **λέγουσιν** ὅτι Ἠλίαν δεῖ ἐλθεῖν πρῶτον;
17:11 ὁ δὲ ἀποκριθεὶς **εἶπεν,** Ἠλίας μὲν ἔρχεται καὶ ἀποκαταστήσει πάντα·
17:12 **λέγω** δὲ ὑμῖν ὅτι Ἠλίας ἤδη ἦλθεν, καὶ οὐκ ἐπέγνωσαν αὐτὸν ἀλλὰ ἐποίησαν ἐν αὐτῷ ὅσα ἠθέλησαν·
17:13 τότε συνῆκαν οἱ μαθηταὶ ὅτι περὶ Ἰωάννου τοῦ βαπτιστοῦ **εἶπεν** αὐτοῖς.
17:15 καὶ **λέγων,** Κύριε, ἐλέησόν μου τὸν υἱόν, ὅτι σεληνιάζεται καὶ κακῶς πάσχει·
17:17 ἀποκριθεὶς δὲ ὁ Ἰησοῦς **εἶπεν,** Ὦ γενεὰ ἄπιστος καὶ διεστραμμένη,
17:19 Τότε προσελθόντες οἱ μαθηταὶ τῷ Ἰησοῦ κατ᾽ ἰδίαν **εἶπον,**
17:20 ὁ δὲ **λέγει** αὐτοῖς, Διὰ τὴν ὀλιγοπιστίαν ὑμῶν· ἀμὴν γὰρ **λέγω** ὑμῖν, ἐὰν ἔχητε πίστιν ὡς κόκκον σινάπεως, **ἐρεῖτε** τῷ ὄρει τούτῳ, Μετάβα ἔνθεν ἐκεῖ, καὶ μεταβήσεται·
17:22 Συστρεφομένων δὲ αὐτῶν ἐν τῇ Γαλιλαίᾳ **εἶπεν** αὐτοῖς ὁ Ἰησοῦς,
17:24 Ἐλθόντων δὲ αὐτῶν εἰς Καφαρναοὺμ προσῆλθον οἱ τὰ δίδραχμα λαμβάνοντες τῷ Πέτρῳ καὶ **εἶπαν,**
17:25 **λέγει,** Ναί. καὶ ἐλθόντα εἰς τὴν οἰκίαν προέφθασεν αὐτὸν ὁ Ἰησοῦς **λέγων,**
17:26 **εἰπόντος** δέ, Ἀπὸ τῶν ἀλλοτρίων, ἔφη αὐτῷ ὁ Ἰησοῦς,
18: 1 Ἐν ἐκείνῃ τῇ ὥρᾳ προσῆλθον οἱ μαθηταὶ τῷ Ἰησοῦ **λέγοντες,**
18: 3 καὶ **εἶπεν,** Ἀμὴν **λέγω** ὑμῖν, ἐὰν μὴ στραφῆτε καὶ γένησθε ὡς τὰ παιδία,
18:10 **λέγω** γὰρ ὑμῖν ὅτι οἱ ἄγγελοι αὐτῶν ἐν οὐρανοῖς διὰ παντὸς βλέπουσι τὸ πρόσωπον τοῦ πατρός μου τοῦ ἐν οὐρανοῖς.
18:13 ἀμὴν **λέγω** ὑμῖν ὅτι χαίρει ἐπ᾽ αὐτῷ μᾶλλον ἢ ἐπὶ τοῖς ἐνενήκοντα ἐννέα τοῖς μὴ πεπλανημένοις.
18:17 ἐὰν δὲ παρακούσῃ αὐτῶν, **εἰπὲ** τῇ ἐκκλησίᾳ· ἐὰν δὲ καὶ τῆς ἐκκλησίας παρακούσῃ,
18:18 Ἀμὴν **λέγω** ὑμῖν· ὅσα ἐὰν δήσητε ἐπὶ τῆς γῆς ἔσται δεδεμένα ἐν οὐρανῷ,
18:19 Πάλιν [ἀμὴν] **λέγω** ὑμῖν ὅτι ἐὰν δύο συμφωνήσωσιν ἐξ ὑμῶν ἐπὶ τῆς γῆς περὶ παντὸς πράγματος οὗ ἐὰν αἰτήσωνται,
18:21 Τότε προσελθὼν ὁ Πέτρος **εἶπεν** αὐτῷ, Κύριε, ποσάκις ἁμαρτήσει εἰς ἐμὲ ὁ ἀδελφός μου καὶ ἀφήσω αὐτῷ;
18:22 **λέγει** αὐτῷ ὁ Ἰησοῦς, Οὐ **λέγω** σοι ἕως ἑπτάκις ἀλλὰ ἕως ἑβδομηκοντάκις ἑπτά.
18:26 πεσὼν οὖν ὁ δοῦλος προσεκύνει αὐτῷ **λέγων,** Μακροθύμησον ἐπ᾽ ἐμοί,
18:28 καὶ κρατήσας αὐτὸν ἔπνιγεν **λέγων,** Ἀπόδος εἴ τι ὀφείλεις.
18:29 πεσὼν οὖν ὁ σύνδουλος αὐτοῦ παρεκάλει αὐτὸν **λέγων,**
18:32 τότε προσκαλεσάμενος αὐτὸν ὁ κύριος αὐτοῦ **λέγει** αὐτῷ,
19: 3 Καὶ προσῆλθον αὐτῷ Φαρισαῖοι πειράζοντες αὐτὸν καὶ **λέγοντες,**
19: 4 ὁ δὲ ἀποκριθεὶς **εἶπεν,** Οὐκ ἀνέγνωτε ὅτι ὁ κτίσας ἀπ᾽ ἀρχῆς ἄρσεν καὶ θῆλυ ἐποίησεν αὐτούς;

19: 5 καὶ **εἶπεν,** Ἕνεκα τούτου καταλείψει ἄνθρωπος τὸν πατέρα καὶ τὴν μητέρα καὶ κολληθήσεται τῇ γυναικὶ αὐτοῦ,
19: 7 **λέγουσιν** αὐτῷ, Τί οὖν Μωϋσῆς ἐνετείλατο δοῦναι βιβλίον ἀποστασίου καὶ ἀπολῦσαι [αὐτήν;]
19: 8 **λέγει** αὐτοῖς ὅτι Μωϋσῆς πρὸς τὴν σκληροκαρδίαν ὑμῶν ἐπέτρεψεν ὑμῖν ἀπολῦσαι τὰς γυναῖκας ὑμῶν,
19: 9 **λέγω** δὲ ὑμῖν ὅτι ὃς ἂν ἀπολύσῃ τὴν γυναῖκα αὐτοῦ μὴ ἐπὶ πορνείᾳ καὶ γαμήσῃ ἄλλην μοιχᾶται.
19:10 **λέγουσιν** αὐτῷ οἱ μαθηταὶ [αὐτοῦ,] Εἰ οὕτως ἐστὶν ἡ αἰτία τοῦ ἀνθρώπου μετὰ τῆς γυναικός,
19:11 ὁ δὲ **εἶπεν** αὐτοῖς, Οὐ πάντες χωροῦσιν τὸν λόγον [τοῦτον] ἀλλ' οἷς δέδοται.
19:14 ὁ δὲ Ἰησοῦς **εἶπεν,** Ἄφετε τὰ παιδία καὶ μὴ κωλύετε αὐτὰ ἐλθεῖν πρός με,
19:16 Καὶ ἰδοὺ εἷς προσελθὼν αὐτῷ **εἶπεν,** Διδάσκαλε, τί ἀγαθὸν ποιήσω ἵνα σχῶ ζωὴν αἰώνιον;
19:17 ὁ δὲ **εἶπεν** αὐτῷ, Τί με ἐρωτᾷς περὶ τοῦ ἀγαθοῦ;
19:18 **λέγει** αὐτῷ, Ποίας; ὁ δὲ Ἰησοῦς **εἶπεν,** Τὸ Οὐ φονεύσεις, Οὐ μοιχεύσεις,
19:20 **λέγει** αὐτῷ ὁ νεανίσκος, Πάντα ταῦτα ἐφύλαξα· τί ἔτι ὑστερῶ;
19:23 Ὁ δὲ Ἰησοῦς **εἶπεν** τοῖς μαθηταῖς αὐτοῦ, Ἀμὴν **λέγω** ὑμῖν ὅτι πλούσιος δυσκόλως εἰσελεύσεται εἰς τὴν βασιλείαν τῶν οὐρανῶν.
19:24 πάλιν δὲ **λέγω** ὑμῖν, εὐκοπώτερόν ἐστιν κάμηλον διὰ τρυπήματος ῥαφίδος διελθεῖν ἢ πλούσιον εἰσελθεῖν εἰς τὴν βασιλείαν τοῦ θεοῦ.
19:25 ἀκούσαντες δὲ οἱ μαθηταὶ ἐξεπλήσσοντο σφόδρα **λέγοντες,** Τίς ἄρα δύναται σωθῆναι;
19:26 ἐμβλέψας δὲ ὁ Ἰησοῦς **εἶπεν** αὐτοῖς, Παρὰ ἀνθρώποις τοῦτο ἀδύνατόν ἐστιν,
19:27 Τότε ἀποκριθεὶς ὁ Πέτρος **εἶπεν** αὐτῷ, Ἰδοὺ ἡμεῖς ἀφήκαμεν πάντα καὶ ἠκολουθήσαμέν σοι·
19:28 ὁ δὲ Ἰησοῦς **εἶπεν** αὐτοῖς, Ἀμὴν **λέγω** ὑμῖν ὅτι ὑμεῖς οἱ ἀκολουθήσαντές μοι ἐν τῇ παλιγγενεσίᾳ,
20: 4 καὶ ἐκείνοις **εἶπεν,** Ὑπάγετε καὶ ὑμεῖς εἰς τὸν ἀμπελῶνα,
20: 6 περὶ δὲ τὴν ἑνδεκάτην ἐξελθὼν εὗρεν ἄλλους ἑστῶτας καὶ **λέγει** αὐτοῖς,
20: 7 **λέγουσιν** αὐτῷ, Ὅτι οὐδεὶς ἡμᾶς ἐμισθώσατο. **λέγει** αὐτοῖς, Ὑπάγετε καὶ ὑμεῖς εἰς τὸν ἀμπελῶνα.
20: 8 ὀψίας δὲ γενομένης **λέγει** ὁ κύριος τοῦ ἀμπελῶνος τῷ ἐπιτρόπῳ αὐτοῦ,
20:12 **λέγοντες,** Οὗτοι οἱ ἔσχατοι μίαν ὥραν ἐποίησαν, καὶ ἴσους ἡμῖν αὐτοὺς ἐποίησας τοῖς βαστάσασι τὸ βάρος τῆς ἡμέρας
20:13 ὁ δὲ ἀποκριθεὶς ἑνὶ αὐτῶν **εἶπεν,** Ἑταῖρε, οὐκ ἀδικῶ σε·
20:17 Καὶ ἀναβαίνων ὁ Ἰησοῦς εἰς Ἱεροσόλυμα παρέλαβεν τοὺς δώδεκα [μαθητὰς] κατ' ἰδίαν καὶ ἐν τῇ ὁδῷ **εἶπεν** αὐτοῖς,
20:21 ὁ δὲ **εἶπεν** αὐτῇ, Τί θέλεις; **λέγει** αὐτῷ, **Εἰπὲ** ἵνα καθίσωσιν οὗτοι οἱ δύο υἱοί μου εἷς ἐκ δεξιῶν σου καὶ εἷς ἐξ εὐωνύμων σου ἐν τῇ βασιλείᾳ σου.
20:22 ἀποκριθεὶς δὲ ὁ Ἰησοῦς **εἶπεν,** Οὐκ οἴδατε τί αἰτεῖσθε. δύνασθε πιεῖν τὸ ποτήριον ὃ ἐγὼ μέλλω πίνειν; **λέγουσιν** αὐτῷ, Δυνάμεθα.
20:23 **λέγει** αὐτοῖς, Τὸ μὲν ποτήριόν μου πίεσθε, τὸ δὲ καθίσαι ἐκ δεξιῶν μου καὶ ἐξ εὐωνύμων οὐκ ἔστιν ἐμὸν [τοῦτο] δοῦναι,
20:25 ὁ δὲ Ἰησοῦς προσκαλεσάμενος αὐτοὺς **εἶπεν,** Οἴδατε ὅτι οἱ ἄρχοντες τῶν ἐθνῶν κατακυριεύουσιν αὐτῶν
20:30 καὶ ἰδοὺ δύο τυφλοὶ καθήμενοι παρὰ τὴν ὁδὸν ἀκούσαντες ὅτι Ἰησοῦς παράγει, ἔκραξαν **λέγοντες,** Ἐλέησον ἡμᾶς, [κύριε,]
20:31 οἱ δὲ μεῖζον ἔκραξαν **λέγοντες,** Ἐλέησον ἡμᾶς, κύριε, υἱὸς Δαυίδ.
20:32 καὶ στὰς ὁ Ἰησοῦς ἐφώνησεν αὐτοὺς καὶ **εἶπεν,**
20:33 **λέγουσιν** αὐτῷ, Κύριε, ἵνα ἀνοιγῶσιν οἱ ὀφθαλμοὶ ἡμῶν.
21: 2 **λέγων** αὐτοῖς, Πορεύεσθε εἰς τὴν κώμην τὴν κατέναντι ὑμῶν,
21: 3 καὶ ἐάν τις ὑμῖν **εἴπῃ** τι, **ἐρεῖτε** ὅτι Ὁ κύριος αὐτῶν χρείαν ἔχει·
21: 4 Τοῦτο δὲ γέγονεν ἵνα πληρωθῇ τὸ **ῥηθὲν** διὰ τοῦ προφήτου **λέγοντος,**
21: 5 **Εἴπατε** τῇ θυγατρὶ Σιών, Ἰδοὺ ὁ βασιλεύς σου ἔρχεταί σοι πραῢς καὶ ἐπιβεβηκὼς ἐπὶ ὄνον καὶ ἐπὶ πῶλον υἱὸν ὑποζυγίου.
21: 9 οἱ δὲ ὄχλοι οἱ προάγοντες αὐτὸν καὶ οἱ ἀκολουθοῦντες ἔκραζον **λέγοντες,**
21:10 καὶ εἰσελθόντος αὐτοῦ εἰς Ἱεροσόλυμα ἐσείσθη πᾶσα ἡ πόλις **λέγουσα,**
21:11 οἱ δὲ ὄχλοι **ἔλεγον,** Οὗτός ἐστιν ὁ προφήτης Ἰησοῦς ὁ ἀπὸ Ναζαρὲθ τῆς Γαλιλαίας.
21:13 καὶ **λέγει** αὐτοῖς, Γέγραπται, Ὁ οἶκός μου οἶκος προσευχῆς κληθήσεται,
21:15 οἱ ἀρχιερεῖς καὶ οἱ γραμματεῖς τὰ θαυμάσια ἃ ἐποίησεν καὶ τοὺς παῖδας τοὺς κράζοντας ἐν τῷ ἱερῷ καὶ **λέγοντας,**
21:16 καὶ **εἶπαν** αὐτῷ, Ἀκούεις τί οὗτοι **λέγουσιν;** ὁ δὲ Ἰησοῦς **λέγει** αὐτοῖς, Ναί.
21:19 καὶ **λέγει** αὐτῇ, Μηκέτι ἐκ σοῦ καρπὸς γένηται εἰς τὸν αἰῶνα.
21:20 καὶ ἰδόντες οἱ μαθηταὶ ἐθαύμασαν **λέγοντες,** Πῶς παραχρῆμα ἐξηράνθη ἡ συκῆ;
21:21 ἀποκριθεὶς δὲ ὁ Ἰησοῦς **εἶπεν** αὐτοῖς, Ἀμὴν **λέγω** ὑμῖν, ἐὰν ἔχητε πίστιν καὶ μὴ διακριθῆτε, οὐ μόνον τὸ τῆς συκῆς ποιήσετε, ἀλλὰ κἂν τῷ ὄρει τούτῳ **εἴπητε,** Ἄρθητι καὶ βλήθητι εἰς τὴν θάλασσαν,
21:23 Καὶ ἐλθόντος αὐτοῦ εἰς τὸ ἱερὸν προσῆλθον αὐτῷ διδάσκοντι οἱ ἀρχιερεῖς καὶ οἱ πρεσβύτεροι τοῦ λαοῦ **λέγοντες,**
21:24 ἀποκριθεὶς δὲ ὁ Ἰησοῦς **εἶπεν** αὐτοῖς, Ἐρωτήσω ὑμᾶς κἀγὼ λόγον ἕνα, ὃν ἐὰν **εἴπητέ** μοι κἀγὼ ὑμῖν **ἐρῶ** ἐν ποίᾳ ἐξουσίᾳ ταῦτα ποιῶ·
21:25 οἱ δὲ διελογίζοντο ἐν ἑαυτοῖς **λέγοντες,** Ἐὰν **εἴπωμεν,** Ἐξ οὐρανοῦ, **ἐρεῖ** ἡμῖν, Διὰ τί οὖν οὐκ ἐπιστεύσατε αὐτῷ;
21:26 ἐὰν δὲ **εἴπωμεν,** Ἐξ ἀνθρώπων, φοβούμεθα τὸν ὄχλον,
21:27 καὶ ἀποκριθέντες τῷ Ἰησοῦ **εἶπαν,** Οὐκ οἴδαμεν. ἔφη αὐτοῖς καὶ αὐτός, Οὐδὲ ἐγὼ **λέγω** ὑμῖν ἐν ποίᾳ ἐξουσίᾳ ταῦτα ποιῶ.
21:28 καὶ προσελθὼν τῷ πρώτῳ **εἶπεν,** Τέκνον, ὕπαγε σήμερον ἐργάζου ἐν τῷ ἀμπελῶνι.
21:29 ὁ δὲ ἀποκριθεὶς **εἶπεν,** Οὐ θέλω, ὕστερον δὲ μεταμεληθεὶς ἀπῆλθεν.
21:30 προσελθὼν δὲ τῷ ἑτέρῳ **εἶπεν** ὡσαύτως. ὁ δὲ ἀποκριθεὶς **εἶπεν,** Ἐγώ, κύριε, καὶ οὐκ ἀπῆλθεν.
21:31 **λέγουσιν,** Ὁ πρῶτος. **λέγει** αὐτοῖς ὁ Ἰησοῦς, Ἀμὴν **λέγω** ὑμῖν ὅτι οἱ τελῶναι καὶ αἱ πόρναι προάγουσιν ὑμᾶς εἰς τὴν βασιλείαν τοῦ θεοῦ.
21:37 ὕστερον δὲ ἀπέστειλεν πρὸς αὐτοὺς τὸν υἱὸν αὐτοῦ **λέγων,**
21:38 οἱ δὲ γεωργοὶ ἰδόντες τὸν υἱὸν **εἶπον** ἐν ἑαυτοῖς,
21:41 **λέγουσιν** αὐτῷ, Κακοὺς κακῶς ἀπολέσει αὐτοὺς καὶ τὸν ἀμπελῶνα ἐκδώσεται ἄλλοις γεωργοῖς,
21:42 **λέγει** αὐτοῖς ὁ Ἰησοῦς, Οὐδέποτε ἀνέγνωτε ἐν ταῖς γραφαῖς,
21:43 διὰ τοῦτο **λέγω** ὑμῖν ὅτι ἀρθήσεται ἀφ' ὑμῶν ἡ βασιλεία τοῦ θεοῦ καὶ δοθήσεται ἔθνει ποιοῦντι τοὺς καρποὺς αὐτῆς.
21:45 Καὶ ἀκούσαντες οἱ ἀρχιερεῖς καὶ οἱ Φαρισαῖοι τὰς παραβολὰς αὐτοῦ ἔγνωσαν ὅτι περὶ αὐτῶν **λέγει·**
22: 1 Καὶ ἀποκριθεὶς ὁ Ἰησοῦς πάλιν **εἶπεν** ἐν παραβολαῖς αὐτοῖς **λέγων,**
22: 4 πάλιν ἀπέστειλεν ἄλλους δούλους **λέγων,** **Εἴπατε** τοῖς κεκλημένοις, Ἰδοὺ τὸ ἄριστόν μου ἡτοίμακα,
22: 8 τότε **λέγει** τοῖς δούλοις αὐτοῦ, Ὁ μὲν γάμος ἕτοιμός ἐστιν,
22:12 καὶ **λέγει** αὐτῷ, Ἑταῖρε, πῶς εἰσῆλθες ὧδε μὴ ἔχων ἔνδυμα γάμου;
22:13 τότε ὁ βασιλεὺς **εἶπεν** τοῖς διακόνοις, Δήσαντες αὐτοῦ πόδας καὶ χεῖρας ἐκβάλετε αὐτὸν εἰς τὸ σκότος τὸ ἐξώτερον·
22:16 καὶ ἀποστέλλουσιν αὐτῷ τοὺς μαθητὰς αὐτῶν μετὰ τῶν Ἡρῳδιανῶν **λέγοντες,**
22:17 **εἰπὲ** οὖν ἡμῖν τί σοι δοκεῖ· ἔξεστιν δοῦναι κῆνσον Καίσαρι ἢ οὔ;
22:18 γνοὺς δὲ ὁ Ἰησοῦς τὴν πονηρίαν αὐτῶν **εἶπεν,**
22:20 καὶ **λέγει** αὐτοῖς, Τίνος ἡ εἰκὼν αὕτη καὶ ἡ ἐπιγραφή;
22:21 **λέγουσιν** αὐτῷ, Καίσαρος. τότε **λέγει** αὐτοῖς, Ἀπόδοτε οὖν τὰ Καίσαρος Καίσαρι καὶ τὰ τοῦ θεοῦ τῷ θεῷ.
22:23 Ἐν ἐκείνῃ τῇ ἡμέρᾳ προσῆλθον αὐτῷ Σαδδουκαῖοι, **λέγοντες** μὴ εἶναι ἀνάστασιν, καὶ ἐπηρώτησαν αὐτὸν
22:24 **λέγοντες,** Διδάσκαλε, Μωϋσῆς **εἶπεν,** Ἐάν τις ἀποθάνῃ μὴ ἔχων τέκνα,
22:29 ἀποκριθεὶς δὲ ὁ Ἰησοῦς **εἶπεν** αὐτοῖς, Πλανᾶσθε μὴ εἰδότες τὰς γραφὰς μηδὲ τὴν δύναμιν τοῦ θεοῦ·
22:31 περὶ δὲ τῆς ἀναστάσεως τῶν νεκρῶν οὐκ ἀνέγνωτε τὸ **ῥηθὲν** ὑμῖν ὑπὸ τοῦ θεοῦ **λέγοντος,**
22:42 **λέγων,** Τί ὑμῖν δοκεῖ περὶ τοῦ Χριστοῦ; τίνος υἱός ἐστιν; **λέγουσιν** αὐτῷ, Τοῦ Δαυίδ.
22:43 **λέγει** αὐτοῖς, Πῶς οὖν Δαυὶδ ἐν πνεύματι καλεῖ αὐτὸν κύριον **λέγων,**
22:44 **Εἶπεν** κύριος τῷ κυρίῳ μου, Κάθου ἐκ δεξιῶν μου,
23: 2 **λέγων,** Ἐπὶ τῆς Μωϋσέως καθέδρας ἐκάθισαν οἱ γραμματεῖς καὶ οἱ Φαρισαῖοι.
23: 3 πάντα οὖν ὅσα ἐὰν **εἴπωσιν** ὑμῖν ποιήσατε καὶ τηρεῖτε, κατὰ δὲ τὰ ἔργα αὐτῶν μὴ ποιεῖτε· **λέγουσιν** γὰρ καὶ οὐ ποιοῦσιν.

23:16 Οὐαὶ ὑμῖν, ὁδηγοὶ τυφλοὶ οἱ **λέγοντες,** Ὃς ἂν ὀμόσῃ ἐν τῷ ναῷ,
23:30 καὶ **λέγετε,** Εἰ ἤμεθα ἐν ταῖς ἡμέραις τῶν πατέρων ἡμῶν,
23:36 ἀμὴν **λέγω** ὑμῖν, ἥξει ταῦτα πάντα ἐπὶ τὴν γενεὰν ταύτην.
23:39 **λέγω** γὰρ ὑμῖν, οὐ μή με ἴδητε ἀπ᾽ ἄρτι ἕως ἂν **εἴπητε,**
24: 2 ὁ δὲ ἀποκριθεὶς **εἶπεν** αὐτοῖς, Οὐ βλέπετε ταῦτα πάντα; ἀμὴν **λέγω** ὑμῖν, οὐ μὴ ἀφεθῇ ὧδε λίθος ἐπὶ λίθον ὃς οὐ καταλυθήσεται.
24: 3 ἐπὶ τοῦ Ὄρους τῶν Ἐλαιῶν προσῆλθον αὐτῷ οἱ μαθηταὶ κατ᾽ ἰδίαν **λέγοντες, Εἰπὲ** ἡμῖν πότε ταῦτα ἔσται καὶ τί τὸ σημεῖον τῆς σῆς παρουσίας καὶ συντελείας τοῦ αἰῶνος;
24: 4 καὶ ἀποκριθεὶς ὁ Ἰησοῦς **εἶπεν** αὐτοῖς, Βλέπετε μή τις ὑμᾶς πλανήσῃ·
24: 5 πολλοὶ γὰρ ἐλεύσονται ἐπὶ τῷ ὀνόματί μου **λέγοντες,**
24:15 Ὅταν οὖν ἴδητε τὸ βδέλυγμα τῆς ἐρημώσεως τὸ **ῥηθὲν** διὰ Δανιὴλ τοῦ προφήτου ἑστὸς ἐν τόπῳ ἁγίῳ,
24:23 τότε ἐάν τις ὑμῖν **εἴπῃ,** Ἰδοὺ ὧδε ὁ Χριστός,
24:26 ἐὰν οὖν **εἴπωσιν** ὑμῖν, Ἰδοὺ ἐν τῇ ἐρήμῳ ἐστίν,
24:34 ἀμὴν **λέγω** ὑμῖν ὅτι οὐ μὴ παρέλθῃ ἡ γενεὰ αὕτη ἕως ἂν πάντα ταῦτα γένηται.
24:47 ἀμὴν **λέγω** ὑμῖν ὅτι ἐπὶ πᾶσιν τοῖς ὑπάρχουσιν αὐτοῦ καταστήσει αὐτόν.
24:48 ἐὰν δὲ **εἴπῃ** ὁ κακὸς δοῦλος ἐκεῖνος ἐν τῇ καρδίᾳ αὐτοῦ,
25: 8 αἱ δὲ μωραὶ ταῖς φρονίμοις **εἶπαν,** Δότε ἡμῖν ἐκ τοῦ ἐλαίου ὑμῶν,
25: 9 ἀπεκρίθησαν δὲ αἱ φρόνιμοι **λέγουσαι,** Μήποτε οὐ μὴ ἀρκέσῃ ἡμῖν καὶ ὑμῖν·
25:11 ὕστερον δὲ ἔρχονται καὶ αἱ λοιπαὶ παρθένοι **λέγουσαι,**
25:12 ὁ δὲ ἀποκριθεὶς **εἶπεν,** Ἀμὴν **λέγω** ὑμῖν, οὐκ οἶδα ὑμᾶς.
25:20 καὶ προσελθὼν ὁ τὰ πέντε τάλαντα λαβὼν προσήνεγκεν ἄλλα πέντε τάλαντα **λέγων,**
25:22 προσελθὼν [δὲ] καὶ ὁ τὰ δύο τάλαντα **εἶπεν,**
25:24 προσελθὼν δὲ καὶ ὁ τὸ ἓν τάλαντον εἰληφὼς **εἶπεν,**
25:26 ἀποκριθεὶς δὲ ὁ κύριος αὐτοῦ **εἶπεν** αὐτῷ, Πονηρὲ δοῦλε καὶ ὀκνηρέ,
25:34 τότε **ἐρεῖ** ὁ βασιλεὺς τοῖς ἐκ δεξιῶν αὐτοῦ,
25:37 τότε ἀποκριθήσονται αὐτῷ οἱ δίκαιοι **λέγοντες,** Κύριε, πότε σε εἴδομεν πεινῶντα καὶ ἐθρέψαμεν,
25:40 καὶ ἀποκριθεὶς ὁ βασιλεὺς **ἐρεῖ** αὐτοῖς, Ἀμὴν **λέγω** ὑμῖν,
25:41 Τότε **ἐρεῖ** καὶ τοῖς ἐξ εὐωνύμων, Πορεύεσθε ἀπ᾽ ἐμοῦ [οἱ] κατηραμένοι εἰς τὸ πῦρ τὸ αἰώνιον τὸ ἡτοιμασμένον
25:44 τότε ἀποκριθήσονται καὶ αὐτοὶ **λέγοντες,** Κύριε, πότε σε εἴδομεν πεινῶντα ἢ διψῶντα ἢ ξένον ἢ γυμνὸν ἢ ἀσθενῆ
25:45 τότε ἀποκριθήσεται αὐτοῖς **λέγων,** Ἀμὴν **λέγω** ὑμῖν, ἐφ᾽ ὅσον οὐκ ἐποιήσατε ἑνὶ τούτων τῶν ἐλαχίστων,
26: 1 Καὶ ἐγένετο ὅτε ἐτέλεσεν ὁ Ἰησοῦς πάντας τοὺς λόγους τούτους, **εἶπεν** τοῖς μαθηταῖς αὐτοῦ,
26: 3 Τότε συνήχθησαν οἱ ἀρχιερεῖς καὶ οἱ πρεσβύτεροι τοῦ λαοῦ εἰς τὴν αὐλὴν τοῦ ἀρχιερέως τοῦ **λεγομένου** Καϊάφα
26: 5 **ἔλεγον** δέ, Μὴ ἐν τῇ ἑορτῇ, ἵνα μὴ θόρυβος γένηται ἐν τῷ λαῷ.
26: 8 ἰδόντες δὲ οἱ μαθηταὶ ἠγανάκτησαν **λέγοντες,** Εἰς τί ἡ ἀπώλεια αὕτη;
26:10 γνοὺς δὲ ὁ Ἰησοῦς **εἶπεν** αὐτοῖς, Τί κόπους παρέχετε τῇ γυναικί;
26:13 ἀμὴν **λέγω** ὑμῖν, ὅπου ἐὰν κηρυχθῇ τὸ εὐαγγέλιον τοῦτο ἐν ὅλῳ τῷ κόσμῳ,
26:14 Τότε πορευθεὶς εἷς τῶν δώδεκα, ὁ **λεγόμενος** Ἰούδας Ἰσκαριώτης, πρὸς τοὺς ἀρχιερεῖς
26:15 **εἶπεν,** Τί θέλετέ μοι δοῦναι, κἀγὼ ὑμῖν παραδώσω αὐτόν;
26:17 Τῇ δὲ πρώτῃ τῶν ἀζύμων προσῆλθον οἱ μαθηταὶ τῷ Ἰησοῦ **λέγοντες,**
26:18 ὁ δὲ **εἶπεν,** Ὑπάγετε εἰς τὴν πόλιν πρὸς τὸν δεῖνα καὶ **εἴπατε** αὐτῷ, Ὁ διδάσκαλος **λέγει,** Ὁ καιρός μου ἐγγύς ἐστιν,
26:21 καὶ ἐσθιόντων αὐτῶν **εἶπεν,** Ἀμὴν **λέγω** ὑμῖν ὅτι εἷς ἐξ ὑμῶν παραδώσει με.
26:22 καὶ λυπούμενοι σφόδρα ἤρξαντο **λέγειν** αὐτῷ εἷς ἕκαστος,
26:23 ὁ δὲ ἀποκριθεὶς **εἶπεν,** Ὁ ἐμβάψας μετ᾽ ἐμοῦ τὴν χεῖρα ἐν τῷ τρυβλίῳ οὗτός με παραδώσει.
26:25 ἀποκριθεὶς δὲ Ἰούδας ὁ παραδιδοὺς αὐτὸν **εἶπεν,** Μήτι ἐγώ εἰμι, ῥαββί; **λέγει** αὐτῷ, Σὺ **εἶπας.**
26:26 Ἐσθιόντων δὲ αὐτῶν λαβὼν ὁ Ἰησοῦς ἄρτον καὶ εὐλογήσας ἔκλασεν καὶ δοὺς τοῖς μαθηταῖς **εἶπεν,**
26:27 καὶ λαβὼν ποτήριον καὶ εὐχαριστήσας ἔδωκεν αὐτοῖς **λέγων,**
26:29 **λέγω** δὲ ὑμῖν, οὐ μὴ πίω ἀπ᾽ ἄρτι ἐκ τούτου τοῦ γενήματος τῆς ἀμπέλου ἕως τῆς ἡμέρας ἐκείνης ὅταν αὐτὸ πίνω μεθ᾽ ὑμῶν καινὸν ἐν τῇ βασιλείᾳ τοῦ πατρός μου.
26:31 Τότε **λέγει** αὐτοῖς ὁ Ἰησοῦς, Πάντες ὑμεῖς σκανδαλισθήσεσθε ἐν ἐμοὶ ἐν τῇ νυκτὶ ταύτῃ,
26:33 ἀποκριθεὶς δὲ ὁ Πέτρος **εἶπεν** αὐτῷ, Εἰ πάντες σκανδαλισθήσονται ἐν σοί,
26:34 Ἀμὴν **λέγω** σοι ὅτι ἐν ταύτῃ τῇ νυκτὶ πρὶν ἀλέκτορα φωνῆσαι τρὶς ἀπαρνήσῃ με.
26:35 **λέγει** αὐτῷ ὁ Πέτρος, Κἂν δέῃ με σὺν σοὶ ἀποθανεῖν, οὐ μή σε ἀπαρνήσομαι. ὁμοίως καὶ πάντες οἱ μαθηταὶ **εἶπαν.**
26:36 Τότε ἔρχεται μετ᾽ αὐτῶν ὁ Ἰησοῦς εἰς χωρίον **λεγόμενον** Γεθσημανὶ καὶ **λέγει** τοῖς μαθηταῖς,
26:38 τότε **λέγει** αὐτοῖς, Περίλυπός ἐστιν ἡ ψυχή μου ἕως θανάτου·
26:39 καὶ προελθὼν μικρὸν ἔπεσεν ἐπὶ πρόσωπον αὐτοῦ προσευχόμενος καὶ **λέγων,**
26:40 καὶ **λέγει** τῷ Πέτρῳ, Οὕτως οὐκ ἰσχύσατε μίαν ὥραν γρηγορῆσαι μετ᾽ ἐμοῦ;
26:42 πάλιν ἐκ δευτέρου ἀπελθὼν προσηύξατο **λέγων,** Πάτερ μου,
26:44 καὶ ἀφεὶς αὐτοὺς πάλιν ἀπελθὼν προσηύξατο ἐκ τρίτου τὸν αὐτὸν λόγον **εἰπὼν** πάλιν.
26:45 τότε ἔρχεται πρὸς τοὺς μαθητὰς καὶ **λέγει** αὐτοῖς,
26:48 ὁ δὲ παραδιδοὺς αὐτὸν ἔδωκεν αὐτοῖς σημεῖον **λέγων,**
26:49 καὶ εὐθέως προσελθὼν τῷ Ἰησοῦ **εἶπεν,** Χαῖρε, ῥαββί,
26:50 ὁ δὲ Ἰησοῦς **εἶπεν** αὐτῷ, Ἑταῖρε, ἐφ᾽ ὃ πάρει.
26:52 τότε **λέγει** αὐτῷ ὁ Ἰησοῦς, Ἀπόστρεψον τὴν μάχαιράν σου εἰς τὸν τόπον αὐτῆς·
26:55 Ἐν ἐκείνῃ τῇ ὥρᾳ **εἶπεν** ὁ Ἰησοῦς τοῖς ὄχλοις,
26:61 **εἶπαν,** Οὗτος ἔφη, Δύναμαι καταλῦσαι τὸν ναὸν τοῦ θεοῦ καὶ διὰ τριῶν ἡμερῶν οἰκοδομῆσαι.
26:62 καὶ ἀναστὰς ὁ ἀρχιερεὺς **εἶπεν** αὐτῷ, Οὐδὲν ἀποκρίνῃ τί οὗτοί σου καταμαρτυροῦσιν;
26:63 καὶ ὁ ἀρχιερεὺς **εἶπεν** αὐτῷ, Ἐξορκίζω σε κατὰ τοῦ θεοῦ τοῦ ζῶντος ἵνα ἡμῖν **εἴπῃς** εἰ σὺ εἶ ὁ Χριστὸς ὁ υἱὸς τοῦ θεοῦ.
26:64 **λέγει** αὐτῷ ὁ Ἰησοῦς, Σὺ **εἶπας·** πλὴν **λέγω** ὑμῖν, ἀπ᾽ ἄρτι ὄψεσθε τὸν υἱὸν τοῦ ἀνθρώπου καθήμενον ἐκ δεξιῶν
26:65 τότε ὁ ἀρχιερεὺς διέρρηξεν τὰ ἱμάτια αὐτοῦ **λέγων,**
26:66 οἱ δὲ ἀποκριθέντες **εἶπαν,** Ἔνοχος θανάτου ἐστίν.
26:68 **λέγοντες,** Προφήτευσον ἡμῖν, Χριστέ, τίς ἐστιν ὁ παίσας σε;
26:69 καὶ προσῆλθεν αὐτῷ μία παιδίσκη **λέγουσα,** Καὶ σὺ ἦσθα μετὰ Ἰησοῦ τοῦ Γαλιλαίου.
26:70 ὁ δὲ ἠρνήσατο ἔμπροσθεν πάντων **λέγων,** Οὐκ οἶδα τί **λέγεις.**
26:71 ἐξελθόντα δὲ εἰς τὸν πυλῶνα εἶδεν αὐτὸν ἄλλη καὶ **λέγει** τοῖς ἐκεῖ,
26:73 μετὰ μικρὸν δὲ προσελθόντες οἱ ἑστῶτες **εἶπον** τῷ Πέτρῳ,
26:75 καὶ ἐμνήσθη ὁ Πέτρος τοῦ ῥήματος Ἰησοῦ **εἰρηκότος** ὅτι Πρὶν ἀλέκτορα φωνῆσαι τρὶς ἀπαρνήσῃ με·
27: 4 **λέγων,** Ἥμαρτον παραδοὺς αἷμα ἀθῷον. οἱ δὲ **εἶπαν,** Τί πρὸς ἡμᾶς; σὺ ὄψῃ.
27: 6 οἱ δὲ ἀρχιερεῖς λαβόντες τὰ ἀργύρια **εἶπαν,** Οὐκ ἔξεστιν βαλεῖν αὐτὰ εἰς τὸν κορβανᾶν,
27: 9 τότε ἐπληρώθη τὸ **ῥηθὲν** διὰ Ἰερεμίου τοῦ προφήτου **λέγοντος,**
27:11 καὶ ἐπηρώτησεν αὐτὸν ὁ ἡγεμὼν **λέγων,** Σὺ εἶ ὁ βασιλεὺς τῶν Ἰουδαίων; ὁ δὲ Ἰησοῦς ἔφη, Σὺ **λέγεις.**
27:13 τότε **λέγει** αὐτῷ ὁ Πιλᾶτος, Οὐκ ἀκούεις πόσα σου καταμαρτυροῦσιν;
27:16 εἶχον δὲ τότε δέσμιον ἐπίσημον **λεγόμενον** [Ἰησοῦν] Βαραββᾶν.
27:17 συνηγμένων οὖν αὐτῶν **εἶπεν** αὐτοῖς ὁ Πιλᾶτος, Τίνα θέλετε ἀπολύσω ὑμῖν, [Ἰησοῦν τὸν] Βαραββᾶν ἢ Ἰησοῦν τὸν **λεγόμενον** Χριστόν;
27:19 Καθημένου δὲ αὐτοῦ ἐπὶ τοῦ βήματος ἀπέστειλεν πρὸς αὐτὸν ἡ γυνὴ αὐτοῦ **λέγουσα,**
27:21 ἀποκριθεὶς δὲ ὁ ἡγεμὼν **εἶπεν** αὐτοῖς, Τίνα θέλετε ἀπὸ τῶν δύο ἀπολύσω ὑμῖν; οἱ δὲ **εἶπαν,** Τὸν Βαραββᾶν.
27:22 **λέγει** αὐτοῖς ὁ Πιλᾶτος, Τί οὖν ποιήσω Ἰησοῦν τὸν **λεγόμενον** Χριστόν; **λέγουσιν** πάντες, Σταυρωθήτω.
27:23 Τί γὰρ κακὸν ἐποίησεν; οἱ δὲ περισσῶς ἔκραζον **λέγοντες,** Σταυρωθήτω.
27:24 λαβὼν ὕδωρ ἀπενίψατο τὰς χεῖρας ἀπέναντι τοῦ ὄχλου **λέγων,**
27:25 καὶ ἀποκριθεὶς πᾶς ὁ λαὸς **εἶπεν,** Τὸ αἷμα αὐτοῦ ἐφ᾽ ἡμᾶς καὶ ἐπὶ τὰ τέκνα ἡμῶν.
27:29 καὶ γονυπετήσαντες ἔμπροσθεν αὐτοῦ ἐνέπαιξαν αὐτῷ **λέγοντες,** Χαῖρε,
27:33 Καὶ ἐλθόντες εἰς τόπον **λεγόμενον** Γολγοθᾶ, ὅ ἐστιν Κρανίου Τόπος **λεγόμενος,**
27:40 καὶ **λέγοντες,** Ὁ καταλύων τὸν ναὸν καὶ ἐν τρισὶν ἡμέραις οἰκοδομῶν,

27:41 ὁμοίως καὶ οἱ ἀρχιερεῖς ἐμπαίζοντες μετὰ τῶν γραμματέων καὶ πρεσβυτέρων **ἔλεγον,**
27:43 ῥυσάσθω νῦν εἰ θέλει αὐτόν· **εἶπεν** γὰρ ὅτι Θεοῦ εἰμι υἱός.
27:46 περὶ δὲ τὴν ἐνάτην ὥραν ἀνεβόησεν ὁ Ἰησοῦς φωνῇ μεγάλῃ **λέγων,**
27:47 τινὲς δὲ τῶν ἐκεῖ ἑστηκότων ἀκούσαντες **ἔλεγον** ὅτι Ἠλίαν φωνεῖ οὗτος.
27:49 οἱ δὲ λοιποὶ **ἔλεγον,** Ἄφες ἴδωμεν εἰ ἔρχεται Ἠλίας σώσων αὐτόν.
27:54 ἰδόντες τὸν σεισμὸν καὶ τὰ γενόμενα ἐφοβήθησαν σφόδρα, **λέγοντες,** Ἀληθῶς θεοῦ υἱὸς ἦν οὗτος.
27:63 **λέγοντες,** Κύριε, ἐμνήσθημεν ὅτι ἐκεῖνος ὁ πλάνος **εἶπεν** ἔτι ζῶν,
27:64 μήποτε ἐλθόντες οἱ μαθηταὶ αὐτοῦ κλέψωσιν αὐτὸν καὶ **εἴπωσιν** τῷ λαῷ,
28: 5 ἀποκριθεὶς δὲ ὁ ἄγγελος **εἶπεν** ταῖς γυναιξίν, Μὴ φοβεῖσθε ὑμεῖς,
28: 6 οὐκ ἔστιν ὧδε, ἠγέρθη γὰρ καθὼς **εἶπεν·** δεῦτε ἴδετε τὸν τόπον ὅπου ἔκειτο.
28: 7 καὶ ταχὺ πορευθεῖσαι **εἴπατε** τοῖς μαθηταῖς αὐτοῦ ὅτι Ἠγέρθη ἀπὸ τῶν νεκρῶν, καὶ ἰδοὺ προάγει ὑμᾶς εἰς τὴν Γαλιλαίαν, ἐκεῖ αὐτὸν ὄψεσθε· ἰδοὺ **εἶπον** ὑμῖν.
28: 9 καὶ ἰδοὺ Ἰησοῦς ὑπήντησεν αὐταῖς **λέγων,** Χαίρετε. αἱ δὲ προσελθοῦσαι ἐκράτησαν αὐτοῦ τοὺς πόδας καὶ προσεκύνησαν
28:10 τότε **λέγει** αὐταῖς ὁ Ἰησοῦς, Μὴ φοβεῖσθε· ὑπάγετε ἀπαγγείλατε τοῖς ἀδελφοῖς μου
28:13 **λέγοντες, Εἴπατε** ὅτι Οἱ μαθηταὶ αὐτοῦ νυκτὸς ἐλθόντες ἔκλεψαν αὐτὸν ἡμῶν κοιμωμένων.
28:18 καὶ προσελθὼν ὁ Ἰησοῦς ἐλάλησεν αὐτοῖς **λέγων,** Ἐδόθη μοι πᾶσα ἐξουσία ἐν οὐρανῷ καὶ ἐπὶ [τῆς] γῆς.
Mk 1: 7 καὶ ἐκήρυσσεν **λέγων,** Ἔρχεται ὁ ἰσχυρότερός μου ὀπίσω μου,
1:15 καὶ **λέγων** ὅτι Πεπλήρωται ὁ καιρὸς καὶ ἤγγικεν ἡ βασιλεία τοῦ θεοῦ·
1:17 καὶ **εἶπεν** αὐτοῖς ὁ Ἰησοῦς, Δεῦτε ὀπίσω μου,
1:24 **λέγων,** Τί ἡμῖν καὶ σοί, Ἰησοῦ Ναζαρηνέ;
1:25 καὶ ἐπετίμησεν αὐτῷ ὁ Ἰησοῦς **λέγων,** Φιμώθητι καὶ ἔξελθε ἐξ αὐτοῦ.
1:27 ἐθαμβήθησαν ἅπαντες ὥστε συζητεῖν πρὸς ἑαυτοὺς **λέγοντας,**
1:30 ἡ δὲ πενθερὰ Σίμωνος κατέκειτο πυρέσσουσα, καὶ εὐθὺς **λέγουσιν** αὐτῷ περὶ αὐτῆς.
1:37 καὶ εὗρον αὐτὸν καὶ **λέγουσιν** αὐτῷ ὅτι Πάντες ζητοῦσίν σε.
1:38 καὶ **λέγει** αὐτοῖς, Ἄγωμεν ἀλλαχοῦ εἰς τὰς ἐχομένας κωμοπόλεις,
1:40 ἔρχεται πρὸς αὐτὸν λεπρὸς παρακαλῶν αὐτὸν [καὶ γονυπετῶν] καὶ **λέγων** αὐτῷ ὅτι Ἐὰν θέλῃς δύνασαί με καθαρίσαι.
1:41 καὶ σπλαγχνισθεὶς ἐκτείνας τὴν χεῖρα αὐτοῦ ἥψατο καὶ **λέγει** αὐτῷ,
1:44 καὶ **λέγει** αὐτῷ, Ὅρα μηδενὶ μηδὲν **εἴπῃς,** ἀλλὰ ὕπαγε σεαυτὸν δεῖξον τῷ ἱερεῖ καὶ προσένεγκε περὶ τοῦ καθαρισμοῦ σου ἃ προσέταξεν Μωϋσῆς,
2: 5 καὶ ἰδὼν ὁ Ἰησοῦς τὴν πίστιν αὐτῶν **λέγει** τῷ παραλυτικῷ,
2: 8 καὶ εὐθὺς ἐπιγνοὺς ὁ Ἰησοῦς τῷ πνεύματι αὐτοῦ ὅτι οὕτως διαλογίζονται ἐν ἑαυτοῖς **λέγει** αὐτοῖς,
2: 9 τί ἐστιν εὐκοπώτερον, **εἰπεῖν** τῷ παραλυτικῷ, Ἀφίενταί σου αἱ ἁμαρτίαι, ἢ **εἰπεῖν,**
2:10 ἵνα δὲ εἰδῆτε ὅτι ἐξουσίαν ἔχει ὁ υἱὸς τοῦ ἀνθρώπου ἀφιέναι ἁμαρτίας ἐπὶ τῆς γῆς– **λέγει** τῷ παραλυτικῷ,
2:11 Σοὶ **λέγω,** ἔγειρε ἆρον τὸν κράβαττόν σου καὶ ὕπαγε εἰς τὸν οἶκόν σου.
2:12 ὥστε ἐξίστασθαι πάντας καὶ δοξάζειν τὸν θεὸν **λέγοντας** ὅτι Οὕτως οὐδέποτε εἴδομεν.
2:14 καὶ παράγων εἶδεν Λευὶν τὸν τοῦ Ἁλφαίου καθήμενον ἐπὶ τὸ τελώνιον, καὶ **λέγει** αὐτῷ, Ἀκολούθει μοι.
2:16 καὶ οἱ γραμματεῖς τῶν Φαρισαίων ἰδόντες ὅτι ἐσθίει μετὰ τῶν ἁμαρτωλῶν καὶ τελωνῶν **ἔλεγον** τοῖς μαθηταῖς αὐτοῦ,
2:17 καὶ ἀκούσας ὁ Ἰησοῦς **λέγει** αὐτοῖς [ὅτι] Οὐ χρείαν ἔχουσιν οἱ ἰσχύοντες ἰατροῦ ἀλλ' οἱ κακῶς ἔχοντες·
2:18 καὶ ἔρχονται καὶ **λέγουσιν** αὐτῷ, Διὰ τί οἱ μαθηταὶ Ἰωάννου καὶ οἱ μαθηταὶ τῶν Φαρισαίων νηστεύουσιν,
2:19 καὶ **εἶπεν** αὐτοῖς ὁ Ἰησοῦς, Μὴ δύνανται οἱ υἱοὶ τοῦ νυμφῶνος ἐν ᾧ ὁ νυμφίος μετ' αὐτῶν ἐστιν νηστεύειν;
2:24 καὶ οἱ Φαρισαῖοι **ἔλεγον** αὐτῷ, Ἴδε τί ποιοῦσιν τοῖς σάββασιν ὃ οὐκ ἔξεστιν;
2:25 καὶ **λέγει** αὐτοῖς, Οὐδέποτε ἀνέγνωτε τί ἐποίησεν Δαυὶδ ὅτε χρείαν ἔσχεν καὶ ἐπείνασεν αὐτὸς καὶ οἱ μετ' αὐτοῦ,
2:27 καὶ **ἔλεγεν** αὐτοῖς, Τὸ σάββατον διὰ τὸν ἄνθρωπον ἐγένετο καὶ οὐχ ὁ ἄνθρωπος διὰ τὸ σάββατον·
3: 3 καὶ **λέγει** τῷ ἀνθρώπῳ τῷ τὴν ξηρὰν χεῖρα ἔχοντι,
3: 4 καὶ **λέγει** αὐτοῖς, Ἔξεστιν τοῖς σάββασιν ἀγαθὸν ποιῆσαι ἢ κακοποιῆσαι,
3: 5 συλλυπούμενος ἐπὶ τῇ πωρώσει τῆς καρδίας αὐτῶν **λέγει** τῷ ἀνθρώπῳ,
3: 9 καὶ **εἶπεν** τοῖς μαθηταῖς αὐτοῦ ἵνα πλοιάριον προσκαρτερῇ αὐτῷ διὰ τὸν ὄχλον ἵνα μὴ θλίβωσιν αὐτόν·
3:11 προσέπιπτον αὐτῷ καὶ ἔκραζον **λέγοντες** ὅτι Σὺ εἶ ὁ υἱὸς τοῦ θεοῦ.
3:21 καὶ ἀκούσαντες οἱ παρ' αὐτοῦ ἐξῆλθον κρατῆσαι αὐτόν· **ἔλεγον** γὰρ ὅτι ἐξέστη.
3:22 οἱ ἀπὸ Ἱεροσολύμων καταβάντες **ἔλεγον** ὅτι Βεελζεβοὺλ ἔχει καὶ ὅτι ἐν τῷ ἄρχοντι τῶν δαιμονίων ἐκβάλλει τὰ δαιμόνια.
3:23 καὶ προσκαλεσάμενος αὐτοὺς ἐν παραβολαῖς **ἔλεγεν** αὐτοῖς, Πῶς δύναται Σατανᾶς Σατανᾶν ἐκβάλλειν;
3:28 Ἀμὴν **λέγω** ὑμῖν ὅτι πάντα ἀφεθήσεται τοῖς υἱοῖς τῶν ἀνθρώπων τὰ ἁμαρτήματα καὶ αἱ βλασφημίαι
3:30 ὅτι **ἔλεγον,** Πνεῦμα ἀκάθαρτον ἔχει.
3:32 καὶ ἐκάθητο περὶ αὐτὸν ὄχλος, καὶ **λέγουσιν** αὐτῷ,
3:33 καὶ ἀποκριθεὶς αὐτοῖς **λέγει,** Τίς ἐστιν ἡ μήτηρ μου καὶ οἱ ἀδελφοί [μου;]
3:34 καὶ περιβλεψάμενος τοὺς περὶ αὐτὸν κύκλῳ καθημένους **λέγει,**
4: 2 καὶ ἐδίδασκεν αὐτοὺς ἐν παραβολαῖς πολλὰ καὶ **ἔλεγεν** αὐτοῖς ἐν τῇ διδαχῇ αὐτοῦ,
4: 9 καὶ **ἔλεγεν,** Ὃς ἔχει ὦτα ἀκούειν ἀκουέτω.
4:11 καὶ **ἔλεγεν** αὐτοῖς, Ὑμῖν τὸ μυστήριον δέδοται τῆς βασιλείας τοῦ θεοῦ·
4:13 Καὶ **λέγει** αὐτοῖς, Οὐκ οἴδατε τὴν παραβολὴν ταύτην,
4:21 Καὶ **ἔλεγεν** αὐτοῖς, Μήτι ἔρχεται ὁ λύχνος ἵνα ὑπὸ τὸν μόδιον τεθῇ ἢ ὑπὸ τὴν κλίνην;
4:24 Καὶ **ἔλεγεν** αὐτοῖς, Βλέπετε τί ἀκούετε. ἐν ᾧ μέτρῳ μετρεῖτε μετρηθήσεται ὑμῖν καὶ προστεθήσεται ὑμῖν.
4:26 Καὶ **ἔλεγεν,** Οὕτως ἐστὶν ἡ βασιλεία τοῦ θεοῦ ὡς ἄνθρωπος βάλῃ τὸν σπόρον ἐπὶ τῆς γῆς
4:30 Καὶ **ἔλεγεν,** Πῶς ὁμοιώσωμεν τὴν βασιλείαν τοῦ θεοῦ ἢ ἐν τίνι αὐτὴν παραβολῇ θῶμεν;
4:35 Καὶ **λέγει** αὐτοῖς ἐν ἐκείνῃ τῇ ἡμέρᾳ ὀψίας γενομένης,
4:38 καὶ ἐγείρουσιν αὐτὸν καὶ **λέγουσιν** αὐτῷ, Διδάσκαλε, οὐ μέλει σοι ὅτι ἀπολλύμεθα;
4:39 καὶ διεγερθεὶς ἐπετίμησεν τῷ ἀνέμῳ καὶ **εἶπεν** τῇ θαλάσσῃ,
4:40 καὶ **εἶπεν** αὐτοῖς, Τί δειλοί ἐστε; οὔπω ἔχετε πίστιν;
4:41 καὶ ἐφοβήθησαν φόβον μέγαν καὶ **ἔλεγον** πρὸς ἀλλήλους,
5: 7 καὶ κράξας φωνῇ μεγάλῃ **λέγει,** Τί ἐμοὶ καὶ σοί,
5: 8 **ἔλεγεν** γὰρ αὐτῷ, Ἔξελθε τὸ πνεῦμα τὸ ἀκάθαρτον ἐκ τοῦ ἀνθρώπου.
5: 9 καὶ **λέγει** αὐτῷ, Λεγιὼν ὄνομά μοι, ὅτι πολλοί ἐσμεν.
5:12 καὶ παρεκάλεσαν αὐτὸν **λέγοντες,** Πέμψον ἡμᾶς εἰς τοὺς χοίρους,
5:19 καὶ οὐκ ἀφῆκεν αὐτόν, ἀλλὰ **λέγει** αὐτῷ, Ὕπαγε εἰς τὸν οἶκόν σου πρὸς τοὺς σοὺς καὶ ἀπάγγειλον αὐτοῖς
5:23 καὶ παρακαλεῖ αὐτὸν πολλὰ **λέγων** ὅτι Τὸ θυγάτριόν μου ἐσχάτως ἔχει,
5:28 **ἔλεγεν** γὰρ ὅτι Ἐὰν ἅψωμαι κἂν τῶν ἱματίων αὐτοῦ σωθήσομαι.
5:30 καὶ εὐθὺς ὁ Ἰησοῦς ἐπιγνοὺς ἐν ἑαυτῷ τὴν ἐξ αὐτοῦ δύναμιν ἐξελθοῦσαν ἐπιστραφεὶς ἐν τῷ ὄχλῳ **ἔλεγεν,**
5:31 καὶ **ἔλεγον** αὐτῷ οἱ μαθηταὶ αὐτοῦ, Βλέπεις τὸν ὄχλον συνθλίβοντά σε καὶ **λέγεις,** Τίς μου ἥψατο;
5:33 ἦλθεν καὶ προσέπεσεν αὐτῷ καὶ **εἶπεν** αὐτῷ πᾶσαν τὴν ἀλήθειαν.
5:34 ὁ δὲ **εἶπεν** αὐτῇ, Θυγάτηρ, ἡ πίστις σου σέσωκέν σε·
5:35 Ἔτι αὐτοῦ λαλοῦντος ἔρχονται ἀπὸ τοῦ ἀρχισυναγώγου **λέγοντες** ὅτι Ἡ θυγάτηρ σου ἀπέθανεν·
5:36 ὁ δὲ Ἰησοῦς παρακούσας τὸν λόγον λαλούμενον **λέγει** τῷ ἀρχισυναγώγῳ,
5:39 καὶ εἰσελθὼν **λέγει** αὐτοῖς, Τί θορυβεῖσθε καὶ κλαίετε;
5:41 καὶ κρατήσας τῆς χειρὸς τοῦ παιδίου **λέγει** αὐτῇ, Ταλιθα κουμ, ὅ ἐστιν μεθερμηνευόμενον Τὸ κοράσιον, σοὶ **λέγω,** ἔγειρε.
5:43 καὶ διεστείλατο αὐτοῖς πολλὰ ἵνα μηδεὶς γνοῖ τοῦτο, καὶ **εἶπεν** δοθῆναι αὐτῇ φαγεῖν.
6: 2 καὶ πολλοὶ ἀκούοντες ἐξεπλήσσοντο **λέγοντες,** Πόθεν τούτῳ ταῦτα,
6: 4 καὶ **ἔλεγεν** αὐτοῖς ὁ Ἰησοῦς ὅτι Οὐκ ἔστιν προφήτης ἄτιμος εἰ μὴ ἐν τῇ πατρίδι αὐτοῦ καὶ ἐν τοῖς συγγενεῦσιν αὐτοῦ

6:10 καὶ **ἔλεγεν** αὐτοῖς, Ὅπου ἐὰν εἰσέλθητε εἰς οἰκίαν,
6:14 καὶ **ἔλεγον** ὅτι Ἰωάννης ὁ βαπτίζων ἐγήγερται ἐκ νεκρῶν καὶ διὰ τοῦτο ἐνεργοῦσιν αἱ δυνάμεις ἐν αὐτῷ.
6:15 ἄλλοι δὲ **ἔλεγον** ὅτι Ἠλίας ἐστίν· ἄλλοι δὲ **ἔλεγον** ὅτι προφήτης ὡς εἷς τῶν προφητῶν.
6:16 ἀκούσας δὲ ὁ Ἡρῴδης **ἔλεγεν,** Ὃν ἐγὼ ἀπεκεφάλισα Ἰωάννην,
6:18 **ἔλεγεν** γὰρ ὁ Ἰωάννης τῷ Ἡρῴδῃ ὅτι Οὐκ ἔξεστίν σοι ἔχειν τὴν γυναῖκα τοῦ ἀδελφοῦ σου.
6:22 **εἶπεν** ὁ βασιλεὺς τῷ κορασίῳ, Αἴτησόν με ὃ ἐὰν θέλῃς,
6:24 καὶ ἐξελθοῦσα **εἶπεν** τῇ μητρὶ αὐτῆς, Τί αἰτήσωμαι; ἡ δὲ **εἶπεν,** Τὴν κεφαλὴν Ἰωάννου τοῦ βαπτίζοντος.
6:25 καὶ εἰσελθοῦσα εὐθὺς μετὰ σπουδῆς πρὸς τὸν βασιλέα ᾐτήσατο **λέγουσα,**
6:31 καὶ **λέγει** αὐτοῖς, Δεῦτε ὑμεῖς αὐτοὶ κατ' ἰδίαν εἰς ἔρημον τόπον καὶ ἀναπαύσασθε ὀλίγον.
6:35 Καὶ ἤδη ὥρας πολλῆς γενομένης προσελθόντες αὐτῷ οἱ μαθηταὶ αὐτοῦ **ἔλεγον** ὅτι Ἔρημός ἐστιν ὁ τόπος καὶ ἤδη ὥρα πολλή·
6:37 ὁ δὲ ἀποκριθεὶς **εἶπεν** αὐτοῖς, Δότε αὐτοῖς ὑμεῖς φαγεῖν. καὶ **λέγουσιν** αὐτῷ, Ἀπελθόντες ἀγοράσωμεν δηναρίων διακοσίων ἄρτους καὶ δώσομεν αὐτοῖς φαγεῖν;
6:38 ὁ δὲ **λέγει** αὐτοῖς, Πόσους ἄρτους ἔχετε; ὑπάγετε ἴδετε. καὶ γνόντες **λέγουσιν,** Πέντε, καὶ δύο ἰχθύας.
6:50 ὁ δὲ εὐθὺς ἐλάλησεν μετ' αὐτῶν, καὶ **λέγει** αὐτοῖς, Θαρσεῖτε, ἐγώ εἰμι·
7: 6 ὁ δὲ **εἶπεν** αὐτοῖς, Καλῶς ἐπροφήτευσεν Ἠσαΐας περὶ ὑμῶν τῶν ὑποκριτῶν,
7: 9 Καὶ **ἔλεγεν** αὐτοῖς, Καλῶς ἀθετεῖτε τὴν ἐντολὴν τοῦ θεοῦ,
7:10 Μωϋσῆς γὰρ **εἶπεν,** Τίμα τὸν πατέρα σου καὶ τὴν μητέρα σου,
7:11 ὑμεῖς δὲ **λέγετε,** Ἐὰν **εἴπῃ** ἄνθρωπος τῷ πατρὶ ἢ τῇ μητρί,
7:14 Καὶ προσκαλεσάμενος πάλιν τὸν ὄχλον **ἔλεγεν** αὐτοῖς, Ἀκούσατέ μου πάντες καὶ σύνετε.
7:18 καὶ **λέγει** αὐτοῖς, Οὕτως καὶ ὑμεῖς ἀσύνετοί ἐστε;
7:20 **ἔλεγεν** δὲ ὅτι Τὸ ἐκ τοῦ ἀνθρώπου ἐκπορευόμενον,
7:27 καὶ **ἔλεγεν** αὐτῇ, Ἄφες πρῶτον χορτασθῆναι τὰ τέκνα,
7:28 ἡ δὲ ἀπεκρίθη καὶ **λέγει** αὐτῷ, Κύριε· καὶ τὰ κυνάρια ὑποκάτω τῆς τραπέζης ἐσθίουσιν ἀπὸ τῶν ψιχίων τῶν παιδίων.
7:29 καὶ **εἶπεν** αὐτῇ, Διὰ τοῦτον τὸν λόγον ὕπαγε,
7:34 καὶ ἀναβλέψας εἰς τὸν οὐρανὸν ἐστέναξεν καὶ **λέγει** αὐτῷ,
7:36 καὶ διεστείλατο αὐτοῖς ἵνα μηδενὶ **λέγωσιν·** ὅσον δὲ αὐτοῖς διεστέλλετο,
7:37 καὶ ὑπερπερισσῶς ἐξεπλήσσοντο **λέγοντες,** Καλῶς πάντα πεποίηκεν, καὶ τοὺς κωφοὺς ποιεῖ ἀκούειν
8: 1 πάλιν πολλοῦ ὄχλου ὄντος καὶ μὴ ἐχόντων τί φάγωσιν, προσκαλεσάμενος τοὺς μαθητὰς **λέγει** αὐτοῖς,
8: 5 καὶ ἠρώτα αὐτούς, Πόσους ἔχετε ἄρτους; οἱ δὲ **εἶπαν,** Ἑπτά.
8: 7 καὶ εἶχον ἰχθύδια ὀλίγα· καὶ εὐλογήσας αὐτὰ **εἶπεν** καὶ ταῦτα παρατιθέναι.
8:12 καὶ ἀναστενάξας τῷ πνεύματι αὐτοῦ **λέγει,** Τί ἡ γενεὰ αὕτη ζητεῖ σημεῖον; ἀμὴν **λέγω** ὑμῖν, εἰ δοθήσεται τῇ γενεᾷ ταύτῃ σημεῖον.
8:15 καὶ διεστέλλετο αὐτοῖς **λέγων,** Ὁρᾶτε, βλέπετε ἀπὸ τῆς ζύμης τῶν Φαρισαίων καὶ τῆς ζύμης Ἡρῴδου.
8:16 καὶ διελογίζοντο πρὸς ἀλλήλους **λέγοντες**[UBS-] ὅτι Ἄρτους οὐκ ἔχομεν.
8:17 καὶ γνοὺς **λέγει** αὐτοῖς, Τί διαλογίζεσθε ὅτι ἄρτους οὐκ ἔχετε;
8:19 πόσους κοφίνους κλασμάτων πλήρεις ἤρατε; **λέγουσιν** αὐτῷ, Δώδεκα.
8:20 πόσων σπυρίδων πληρώματα κλασμάτων ἤρατε; καὶ **λέγουσιν** [αὐτῷ,] Ἑπτά.
8:21 καὶ **ἔλεγεν** αὐτοῖς, Οὔπω συνίετε;
8:24 καὶ ἀναβλέψας **ἔλεγεν,** Βλέπω τοὺς ἀνθρώπους ὅτι ὡς δένδρα ὁρῶ περιπατοῦντας.
8:26 καὶ ἀπέστειλεν αὐτὸν εἰς οἶκον αὐτοῦ **λέγων,** Μηδὲ εἰς τὴν κώμην εἰσέλθῃς.
8:27 καὶ ἐν τῇ ὁδῷ ἐπηρώτα τοὺς μαθητὰς αὐτοῦ **λέγων** αὐτοῖς, Τίνα με **λέγουσιν** οἱ ἄνθρωποι εἶναι;
8:28 οἱ δὲ **εἶπαν** αὐτῷ **λέγοντες** [ὅτι] Ἰωάννην τὸν βαπτιστήν,
8:29 καὶ αὐτὸς ἐπηρώτα αὐτούς, Ὑμεῖς δὲ τίνα με **λέγετε** εἶναι; ἀποκριθεὶς ὁ Πέτρος **λέγει** αὐτῷ, Σὺ εἶ ὁ Χριστός.
8:30 καὶ ἐπετίμησεν αὐτοῖς ἵνα μηδενὶ **λέγωσιν** περὶ αὐτοῦ.
8:33 ὁ δὲ ἐπιστραφεὶς καὶ ἰδὼν τοὺς μαθητὰς αὐτοῦ ἐπετίμησεν Πέτρῳ καὶ **λέγει,**
8:34 Καὶ προσκαλεσάμενος τὸν ὄχλον σὺν τοῖς μαθηταῖς αὐτοῦ **εἶπεν** αὐτοῖς,
9: 1 Καὶ **ἔλεγεν** αὐτοῖς, Ἀμὴν **λέγω** ὑμῖν ὅτι εἰσίν τινες ὧδε τῶν ἑστηκότων οἵτινες οὐ μὴ γεύσωνται θανάτου ἕως ἂν ἴδωσιν
9: 5 καὶ ἀποκριθεὶς ὁ Πέτρος **λέγει** τῷ Ἰησοῦ, Ῥαββί,
9:11 καὶ ἐπηρώτων αὐτὸν **λέγοντες,** Ὅτι **λέγουσιν** οἱ γραμματεῖς ὅτι Ἠλίαν δεῖ ἐλθεῖν πρῶτον;
9:13 ἀλλὰ **λέγω** ὑμῖν ὅτι καὶ Ἠλίας ἐλήλυθεν, καὶ ἐποίησαν αὐτῷ ὅσα ἤθελον,
9:18 καὶ **εἶπα** τοῖς μαθηταῖς σου ἵνα αὐτὸ ἐκβάλωσιν,
9:19 ὁ δὲ ἀποκριθεὶς αὐτοῖς **λέγει,** Ὦ γενεὰ ἄπιστος,
9:21 Πόσος χρόνος ἐστὶν ὡς τοῦτο γέγονεν αὐτῷ; ὁ δὲ **εἶπεν,** Ἐκ παιδιόθεν·
9:23 ὁ δὲ Ἰησοῦς **εἶπεν** αὐτῷ, Τὸ Εἰ δύνῃ,
9:24 εὐθὺς κράξας ὁ πατὴρ τοῦ παιδίου **ἔλεγεν,** Πιστεύω·
9:25 ἐπετίμησεν τῷ πνεύματι τῷ ἀκαθάρτῳ **λέγων** αὐτῷ, Τὸ ἄλαλον καὶ κωφὸν πνεῦμα,
9:26 καὶ ἐγένετο ὡσεὶ νεκρός, ὥστε τοὺς πολλοὺς **λέγειν** ὅτι ἀπέθανεν.
9:29 καὶ **εἶπεν** αὐτοῖς, Τοῦτο τὸ γένος ἐν οὐδενὶ δύναται ἐξελθεῖν εἰ μὴ ἐν προσευχῇ.
9:31 ἐδίδασκεν γὰρ τοὺς μαθητὰς αὐτοῦ καὶ **ἔλεγεν** αὐτοῖς ὅτι Ὁ υἱὸς τοῦ ἀνθρώπου παραδίδοται εἰς χεῖρας ἀνθρώπων,
9:35 καὶ καθίσας ἐφώνησεν τοὺς δώδεκα καὶ **λέγει** αὐτοῖς,
9:36 καὶ λαβὼν παιδίον ἔστησεν αὐτὸ ἐν μέσῳ αὐτῶν καὶ ἐναγκαλισάμενος αὐτὸ **εἶπεν** αὐτοῖς,
9:39 ὁ δὲ Ἰησοῦς **εἶπεν,** Μὴ κωλύετε αὐτόν. οὐδεὶς γάρ ἐστιν ὃς ποιήσει δύναμιν ἐπὶ τῷ ὀνόματί μου καὶ δυνήσεται ταχὺ κακολογῆσαί με·
9:41 ἀμὴν **λέγω** ὑμῖν ὅτι οὐ μὴ ἀπολέσῃ τὸν μισθὸν αὐτοῦ.
10: 3 ὁ δὲ ἀποκριθεὶς **εἶπεν** αὐτοῖς, Τί ὑμῖν ἐνετείλατο Μωϋσῆς;
10: 4 οἱ δὲ **εἶπαν,** Ἐπέτρεψεν Μωϋσῆς βιβλίον ἀποστασίου γράψαι καὶ ἀπολῦσαι.
10: 5 ὁ δὲ Ἰησοῦς **εἶπεν** αὐτοῖς, Πρὸς τὴν σκληροκαρδίαν ὑμῶν ἔγραψεν ὑμῖν τὴν ἐντολὴν ταύτην.
10:11 καὶ **λέγει** αὐτοῖς, Ὃς ἂν ἀπολύσῃ τὴν γυναῖκα αὐτοῦ καὶ γαμήσῃ ἄλλην μοιχᾶται ἐπ' αὐτήν·
10:14 ἰδὼν δὲ ὁ Ἰησοῦς ἠγανάκτησεν καὶ **εἶπεν** αὐτοῖς,
10:15 ἀμὴν **λέγω** ὑμῖν, ὃς ἂν μὴ δέξηται τὴν βασιλείαν τοῦ θεοῦ ὡς παιδίον,
10:18 ὁ δὲ Ἰησοῦς **εἶπεν** αὐτῷ, Τί με **λέγεις** ἀγαθόν;
10:21 ὁ δὲ Ἰησοῦς ἐμβλέψας αὐτῷ ἠγάπησεν αὐτὸν καὶ **εἶπεν** αὐτῷ,
10:23 Καὶ περιβλεψάμενος ὁ Ἰησοῦς **λέγει** τοῖς μαθηταῖς αὐτοῦ,
10:24 ὁ δὲ Ἰησοῦς πάλιν ἀποκριθεὶς **λέγει** αὐτοῖς, Τέκνα,
10:26 οἱ δὲ περισσῶς ἐξεπλήσσοντο **λέγοντες** πρὸς ἑαυτούς, Καὶ τίς δύναται σωθῆναι;
10:27 ἐμβλέψας αὐτοῖς ὁ Ἰησοῦς **λέγει,** Παρὰ ἀνθρώποις ἀδύνατον,
10:28 Ἤρξατο **λέγειν** ὁ Πέτρος αὐτῷ, Ἰδοὺ ἡμεῖς ἀφήκαμεν πάντα καὶ ἠκολουθήκαμέν σοι.
10:29 ἔφη ὁ Ἰησοῦς, Ἀμὴν **λέγω** ὑμῖν, οὐδείς ἐστιν ὃς ἀφῆκεν οἰκίαν ἢ ἀδελφοὺς ἢ ἀδελφὰς ἢ μητέρα ἢ πατέρα ἢ τέκνα ἢ ἀγροὺς
10:32 καὶ παραλαβὼν πάλιν τοὺς δώδεκα ἤρξατο αὐτοῖς **λέγειν** τὰ μέλλοντα αὐτῷ συμβαίνειν
10:35 Καὶ προσπορεύονται αὐτῷ Ἰάκωβος καὶ Ἰωάννης οἱ υἱοὶ Ζεβεδαίου **λέγοντες** αὐτῷ,
10:36 ὁ δὲ **εἶπεν** αὐτοῖς, Τί θέλετέ [με] ποιήσω ὑμῖν;
10:37 οἱ δὲ **εἶπαν** αὐτῷ, Δὸς ἡμῖν ἵνα εἷς σου ἐκ δεξιῶν καὶ εἷς ἐξ ἀριστερῶν καθίσωμεν ἐν τῇ δόξῃ σου.
10:38 ὁ δὲ Ἰησοῦς **εἶπεν** αὐτοῖς, Οὐκ οἴδατε τί αἰτεῖσθε.
10:39 οἱ δὲ **εἶπαν** αὐτῷ, Δυνάμεθα. ὁ δὲ Ἰησοῦς **εἶπεν** αὐτοῖς, Τὸ ποτήριον ὃ ἐγὼ πίνω πίεσθε καὶ τὸ βάπτισμα ὃ ἐγὼ βαπτίζομαι βαπτισθήσεσθε,
10:42 καὶ προσκαλεσάμενος αὐτοὺς ὁ Ἰησοῦς **λέγει** αὐτοῖς, Οἴδατε ὅτι οἱ δοκοῦντες ἄρχειν τῶν ἐθνῶν κατακυριεύουσιν αὐτῶν
10:47 καὶ ἀκούσας ὅτι Ἰησοῦς ὁ Ναζαρηνός ἐστιν ἤρξατο κράζειν καὶ **λέγειν,**
10:49 καὶ στὰς ὁ Ἰησοῦς **εἶπεν,** Φωνήσατε αὐτόν. καὶ φωνοῦσιν τὸν τυφλὸν **λέγοντες** αὐτῷ, Θάρσει, ἔγειρε,
10:51 καὶ ἀποκριθεὶς αὐτῷ ὁ Ἰησοῦς **εἶπεν,** Τί σοι θέλεις ποιήσω; ὁ δὲ τυφλὸς **εἶπεν** αὐτῷ, Ραββουνι, ἵνα ἀναβλέψω.
10:52 καὶ ὁ Ἰησοῦς **εἶπεν** αὐτῷ, Ὕπαγε, ἡ πίστις σου σέσωκέν σε.
11: 2 καὶ **λέγει** αὐτοῖς, Ὑπάγετε εἰς τὴν κώμην τὴν κατέναντι ὑμῶν,
11: 3 καὶ ἐάν τις ὑμῖν **εἴπῃ,** Τί ποιεῖτε τοῦτο; **εἴπατε,** Ὁ κύριος αὐτοῦ χρείαν ἔχει, καὶ εὐθὺς αὐτὸν ἀποστέλλει πάλιν ὧδε.
11: 5 καί τινες τῶν ἐκεῖ ἑστηκότων **ἔλεγον** αὐτοῖς, Τί ποιεῖτε λύοντες τὸν πῶλον;
11: 6 οἱ δὲ **εἶπαν** αὐτοῖς καθὼς **εἶπεν** ὁ Ἰησοῦς, καὶ ἀφῆκαν αὐτούς.

11:14 καὶ ἀποκριθεὶς **εἶπεν** αὐτῇ, Μηκέτι εἰς τὸν αἰῶνα ἐκ σοῦ μηδεὶς καρπὸν φάγοι.

11:17 καὶ ἐδίδασκεν καὶ **ἔλεγεν** αὐτοῖς, Οὐ γέγραπται ὅτι Ὁ οἶκός μου οἶκος προσευχῆς κληθήσεται πᾶσιν τοῖς ἔθνεσιν;

11:21 καὶ ἀναμνησθεὶς ὁ Πέτρος **λέγει** αὐτῷ, Ῥαββί, ἴδε ἡ συκῆ ἣν κατηράσω ἐξήρανται.

11:22 καὶ ἀποκριθεὶς ὁ Ἰησοῦς **λέγει** αὐτοῖς, Ἔχετε πίστιν θεοῦ.

11:23 ἀμὴν **λέγω** ὑμῖν ὅτι ὃς ἂν **εἴπῃ** τῷ ὄρει τούτῳ,

11:24 διὰ τοῦτο **λέγω** ὑμῖν, πάντα ὅσα προσεύχεσθε καὶ αἰτεῖσθε,

11:28 καὶ **ἔλεγον** αὐτῷ, Ἐν ποίᾳ ἐξουσίᾳ ταῦτα ποιεῖς;

11:29 ὁ δὲ Ἰησοῦς **εἶπεν** αὐτοῖς, Ἐπερωτήσω ὑμᾶς ἕνα λόγον, καὶ ἀποκρίθητέ μοι καὶ **ἐρῶ** ὑμῖν ἐν ποίᾳ ἐξουσίᾳ ταῦτα ποιῶ·

11:31 καὶ διελογίζοντο πρὸς ἑαυτοὺς **λέγοντες,** Ἐὰν **εἴπωμεν,** Ἐξ οὐρανοῦ, **ἐρεῖ,** Διὰ τί [οὖν] οὐκ ἐπιστεύσατε αὐτῷ;

11:32 ἀλλὰ **εἴπωμεν,** Ἐξ ἀνθρώπων;– ἐφοβοῦντο τὸν ὄχλον· ἅπαντες γὰρ εἶχον τὸν Ἰωάννην ὄντως ὅτι προφήτης ἦν.

11:33 καὶ ἀποκριθέντες τῷ Ἰησοῦ **λέγουσιν,** Οὐκ οἴδαμεν. καὶ ὁ Ἰησοῦς **λέγει** αὐτοῖς, Οὐδὲ ἐγὼ **λέγω** ὑμῖν ἐν ποίᾳ ἐξουσίᾳ ταῦτα ποιῶ.

12: 6 ἀπέστειλεν αὐτὸν ἔσχατον πρὸς αὐτοὺς **λέγων** ὅτι Ἐντραπήσονται τὸν υἱόν μου.

12: 7 ἐκεῖνοι δὲ οἱ γεωργοὶ πρὸς ἑαυτοὺς **εἶπαν** ὅτι Οὗτός ἐστιν ὁ κληρονόμος·

12:12 ἔγνωσαν γὰρ ὅτι πρὸς αὐτοὺς τὴν παραβολὴν **εἶπεν.**

12:14 καὶ ἐλθόντες **λέγουσιν** αὐτῷ, Διδάσκαλε, οἴδαμεν ὅτι ἀληθὴς εἶ καὶ οὐ μέλει σοι περὶ οὐδενός·

12:15 ὁ δὲ εἰδὼς αὐτῶν τὴν ὑπόκρισιν **εἶπεν** αὐτοῖς,

12:16 καὶ **λέγει** αὐτοῖς, Τίνος ἡ εἰκὼν αὕτη καὶ ἡ ἐπιγραφή; οἱ δὲ **εἶπαν** αὐτῷ, Καίσαρος.

12:17 ὁ δὲ Ἰησοῦς **εἶπεν** αὐτοῖς, Τὰ Καίσαρος ἀπόδοτε Καίσαρι καὶ τὰ τοῦ θεοῦ τῷ θεῷ.

12:18 οἵτινες **λέγουσιν** ἀνάστασιν μὴ εἶναι, καὶ ἐπηρώτων αὐτὸν **λέγοντες,**

12:26 περὶ δὲ τῶν νεκρῶν ὅτι ἐγείρονται οὐκ ἀνέγνωτε ἐν τῇ βίβλῳ Μωϋσέως ἐπὶ τοῦ βάτου πῶς εἶπεν αὐτῷ ὁ θεὸς **λέγων,**

12:32 καὶ **εἶπεν** αὐτῷ ὁ γραμματεύς, Καλῶς, διδάσκαλε, ἐπ᾽ ἀληθείας **εἶπες** ὅτι εἷς ἐστιν καὶ οὐκ ἔστιν ἄλλος πλὴν αὐτοῦ·

12:34 καὶ ὁ Ἰησοῦς ἰδὼν [αὐτὸν] ὅτι νουνεχῶς ἀπεκρίθη **εἶπεν** αὐτῷ,

12:35 Καὶ ἀποκριθεὶς ὁ Ἰησοῦς **ἔλεγεν** διδάσκων ἐν τῷ ἱερῷ, Πῶς **λέγουσιν** οἱ γραμματεῖς ὅτι ὁ Χριστὸς υἱὸς Δαυίδ ἐστιν;

12:36 αὐτὸς Δαυὶδ **εἶπεν** ἐν τῷ πνεύματι τῷ ἁγίῳ, **Εἶπεν** κύριος τῷ κυρίῳ μου, Κάθου ἐκ δεξιῶν μου,

12:37 αὐτὸς Δαυὶδ **λέγει** αὐτὸν κύριον, καὶ πόθεν αὐτοῦ ἐστιν υἱός;

12:38 Καὶ ἐν τῇ διδαχῇ αὐτοῦ **ἔλεγεν,** Βλέπετε ἀπὸ τῶν γραμματέων τῶν θελόντων ἐν στολαῖς περιπατεῖν

12:43 καὶ προσκαλεσάμενος τοὺς μαθητὰς αὐτοῦ **εἶπεν** αὐτοῖς, Ἀμὴν **λέγω** ὑμῖν ὅτι ἡ χήρα αὕτη ἡ πτωχὴ πλεῖον πάντων ἔβαλεν τῶν βαλλόντων εἰς τὸ γαζοφυλάκιον·

13: 1 Καὶ ἐκπορευομένου αὐτοῦ ἐκ τοῦ ἱεροῦ **λέγει** αὐτῷ εἷς τῶν μαθητῶν αὐτοῦ,

13: 2 ὁ Ἰησοῦς **εἶπεν** αὐτῷ, Βλέπεις ταύτας τὰς μεγάλας οἰκοδομάς;

13: 4 **Εἰπὸν** ἡμῖν, πότε ταῦτα ἔσται καὶ τί τὸ σημεῖον ὅταν μέλλῃ ταῦτα συντελεῖσθαι πάντα;

13: 5 ὁ δὲ Ἰησοῦς ἤρξατο **λέγειν** αὐτοῖς, Βλέπετε μή τις ὑμᾶς πλανήσῃ·

13: 6 πολλοὶ ἐλεύσονται ἐπὶ τῷ ὀνόματί μου **λέγοντες** ὅτι Ἐγώ εἰμι,

13:21 καὶ τότε ἐάν τις ὑμῖν **εἴπῃ,** Ἴδε ὧδε ὁ Χριστός,

13:30 ἀμὴν **λέγω** ὑμῖν ὅτι οὐ μὴ παρέλθῃ ἡ γενεὰ αὕτη μέχρις οὗ ταῦτα πάντα γένηται.

13:37 ὃ δὲ ὑμῖν **λέγω** πᾶσιν **λέγω,** γρηγορεῖτε.

14: 2 **ἔλεγον** γάρ, Μὴ ἐν τῇ ἑορτῇ, μήποτε ἔσται θόρυβος τοῦ λαοῦ.

14: 6 ὁ δὲ Ἰησοῦς **εἶπεν,** Ἄφετε αὐτήν· τί αὐτῇ κόπους παρέχετε;

14: 9 ἀμὴν δὲ **λέγω** ὑμῖν, ὅπου ἐὰν κηρυχθῇ τὸ εὐαγγέλιον εἰς ὅλον τὸν κόσμον,

14:12 ὅτε τὸ πάσχα ἔθυον, **λέγουσιν** αὐτῷ οἱ μαθηταὶ αὐτοῦ,

14:13 καὶ ἀποστέλλει δύο τῶν μαθητῶν αὐτοῦ καὶ **λέγει** αὐτοῖς,

14:14 καὶ ὅπου ἐὰν εἰσέλθῃ **εἴπατε** τῷ οἰκοδεσπότῃ ὅτι Ὁ διδάσκαλος **λέγει,**

14:16 καὶ ἐξῆλθον οἱ μαθηταὶ καὶ ἦλθον εἰς τὴν πόλιν καὶ εὗρον καθὼς **εἶπεν** αὐτοῖς καὶ ἡτοίμασαν τὸ πάσχα.

14:18 καὶ ἀνακειμένων αὐτῶν καὶ ἐσθιόντων ὁ Ἰησοῦς **εἶπεν,** Ἀμὴν **λέγω** ὑμῖν ὅτι εἷς ἐξ ὑμῶν παραδώσει με ὁ ἐσθίων μετ᾽ ἐμοῦ.

14:19 ἤρξαντο λυπεῖσθαι καὶ **λέγειν** αὐτῷ εἷς κατὰ εἷς,

14:20 ὁ δὲ **εἶπεν** αὐτοῖς, Εἷς τῶν δώδεκα, ὁ ἐμβαπτόμενος μετ᾽ ἐμοῦ εἰς τὸ τρύβλιον.

14:22 Καὶ ἐσθιόντων αὐτῶν λαβὼν ἄρτον εὐλογήσας ἔκλασεν καὶ ἔδωκεν αὐτοῖς καὶ **εἶπεν,**

14:24 καὶ **εἶπεν** αὐτοῖς, Τοῦτό ἐστιν τὸ αἷμά μου τῆς διαθήκης τὸ ἐκχυννόμενον ὑπὲρ πολλῶν.

14:25 ἀμὴν **λέγω** ὑμῖν ὅτι οὐκέτι οὐ μὴ πίω ἐκ τοῦ γενήματος τῆς ἀμπέλου ἕως τῆς ἡμέρας ἐκείνης ὅταν αὐτὸ πίνω καινὸν ἐν τῇ βασιλείᾳ τοῦ θεοῦ.

14:27 Καὶ **λέγει** αὐτοῖς ὁ Ἰησοῦς ὅτι Πάντες σκανδαλισθήσεσθε,

14:30 καὶ **λέγει** αὐτῷ ὁ Ἰησοῦς, Ἀμὴν **λέγω** σοι ὅτι σὺ σήμερον ταύτῃ τῇ νυκτὶ πρὶν ἢ δὶς ἀλέκτορα φωνῆσαι τρίς με ἀπαρνήσῃ.

14:31 οὐ μή σε ἀπαρνήσομαι. ὡσαύτως δὲ καὶ πάντες **ἔλεγον.**

14:32 Καὶ ἔρχονται εἰς χωρίον οὗ τὸ ὄνομα Γεθσημανὶ καὶ **λέγει** τοῖς μαθηταῖς αὐτοῦ,

14:34 καὶ **λέγει** αὐτοῖς, Περίλυπός ἐστιν ἡ ψυχή μου ἕως θανάτου·

14:36 καὶ **ἔλεγεν,** Αββα ὁ πατήρ, πάντα δυνατά σοι·

14:37 καὶ ἔρχεται καὶ εὑρίσκει αὐτοὺς καθεύδοντας, καὶ **λέγει** τῷ Πέτρῳ, Σίμων, καθεύδεις;

14:39 καὶ πάλιν ἀπελθὼν προσηύξατο τὸν αὐτὸν λόγον **εἰπών.**

14:41 καὶ ἔρχεται τὸ τρίτον καὶ **λέγει** αὐτοῖς, Καθεύδετε τὸ λοιπὸν καὶ ἀναπαύεσθε·

14:44 δεδώκει δὲ ὁ παραδιδοὺς αὐτὸν σύσσημον αὐτοῖς **λέγων,**

14:45 καὶ ἐλθὼν εὐθὺς προσελθὼν αὐτῷ **λέγει,** Ῥαββί, καὶ κατεφίλησεν αὐτόν·

14:48 καὶ ἀποκριθεὶς ὁ Ἰησοῦς **εἶπεν** αὐτοῖς, Ὡς ἐπὶ λῃστὴν ἐξήλθατε μετὰ μαχαιρῶν καὶ ξύλων συλλαβεῖν με;

14:57 καί τινες ἀναστάντες ἐψευδομαρτύρουν κατ᾽ αὐτοῦ **λέγοντες**

14:58 ὅτι Ἡμεῖς ἠκούσαμεν αὐτοῦ **λέγοντος** ὅτι Ἐγὼ καταλύσω τὸν ναὸν τοῦτον τὸν χειροποίητον καὶ διὰ τριῶν ἡμερῶν ἄλλον ἀχειροποίητον οἰκοδομήσω

14:60 ἀναστὰς ὁ ἀρχιερεὺς εἰς μέσον ἐπηρώτησεν τὸν Ἰησοῦν **λέγων,**

14:61 πάλιν ὁ ἀρχιερεὺς ἐπηρώτα αὐτὸν καὶ **λέγει** αὐτῷ,

14:62 ὁ δὲ Ἰησοῦς **εἶπεν,** Ἐγώ εἰμι, καὶ ὄψεσθε τὸν υἱὸν τοῦ ἀνθρώπου ἐκ δεξιῶν καθήμενον τῆς δυνάμεως καὶ ἐρχόμενον

14:63 ὁ δὲ ἀρχιερεὺς διαρρήξας τοὺς χιτῶνας αὐτοῦ **λέγει,**

14:65 Καὶ ἤρξαντό τινες ἐμπτύειν αὐτῷ καὶ περικαλύπτειν αὐτοῦ τὸ πρόσωπον καὶ κολαφίζειν αὐτὸν καὶ **λέγειν** αὐτῷ,

14:67 καὶ ἰδοῦσα τὸν Πέτρον θερμαινόμενον ἐμβλέψασα αὐτῷ **λέγει,**

14:68 ὁ δὲ ἠρνήσατο **λέγων,** Οὔτε οἶδα οὔτε ἐπίσταμαι σὺ τί **λέγεις.**

14:69 καὶ ἡ παιδίσκη ἰδοῦσα αὐτὸν ἤρξατο πάλιν **λέγειν** τοῖς παρεστῶσιν ὅτι Οὗτος ἐξ αὐτῶν ἐστιν.

14:70 καὶ μετὰ μικρὸν πάλιν οἱ παρεστῶτες **ἔλεγον** τῷ Πέτρῳ,

14:71 ὁ δὲ ἤρξατο ἀναθεματίζειν καὶ ὀμνύναι ὅτι Οὐκ οἶδα τὸν ἄνθρωπον τοῦτον ὃν **λέγετε.**

14:72 καὶ ἀνεμνήσθη ὁ Πέτρος τὸ ῥῆμα ὡς **εἶπεν** αὐτῷ ὁ Ἰησοῦς ὅτι Πρὶν ἀλέκτορα φωνῆσαι δὶς τρίς με ἀπαρνήσῃ·

15: 2 Σὺ εἶ ὁ βασιλεὺς τῶν Ἰουδαίων; ὁ δὲ ἀποκριθεὶς αὐτῷ **λέγει,** Σὺ **λέγεις.**

15: 4 ὁ δὲ Πιλᾶτος πάλιν ἐπηρώτα αὐτὸν **λέγων,** Οὐκ ἀποκρίνῃ οὐδέν;

15: 7 ἦν δὲ ὁ **λεγόμενος** Βαραββᾶς μετὰ τῶν στασιαστῶν δεδεμένος οἵτινες ἐν τῇ στάσει φόνον πεποιήκεισαν.

15: 9 ὁ δὲ Πιλᾶτος ἀπεκρίθη αὐτοῖς **λέγων,** Θέλετε ἀπολύσω ὑμῖν τὸν βασιλέα τῶν Ἰουδαίων;

15:12 ὁ δὲ Πιλᾶτος πάλιν ἀποκριθεὶς **ἔλεγεν** αὐτοῖς, Τί οὖν [θέλετε] ποιήσω [ὃν **λέγετε**] τὸν βασιλέα τῶν Ἰουδαίων;

15:14 ὁ δὲ Πιλᾶτος **ἔλεγεν** αὐτοῖς, Τί γὰρ ἐποίησεν κακόν;

15:29 Καὶ οἱ παραπορευόμενοι ἐβλασφήμουν αὐτὸν κινοῦντες τὰς κεφαλὰς αὐτῶν καὶ **λέγοντες,**

15:31 ὁμοίως καὶ οἱ ἀρχιερεῖς ἐμπαίζοντες πρὸς ἀλλήλους μετὰ τῶν γραμματέων **ἔλεγον,**

15:35 καί τινες τῶν παρεστηκότων ἀκούσαντες **ἔλεγον,** Ἴδε Ἠλίαν φωνεῖ.

15:36 δραμὼν δέ τις [καὶ] γεμίσας σπόγγον ὄξους περιθεὶς καλάμῳ ἐπότιζεν αὐτὸν **λέγων,**

15:39 Ἰδὼν δὲ ὁ κεντυρίων ὁ παρεστηκὼς ἐξ ἐναντίας αὐτοῦ ὅτι οὕτως ἐξέπνευσεν **εἶπεν,**

16: 3 καὶ **ἔλεγον** πρὸς ἑαυτάς, Τίς ἀποκυλίσει ἡμῖν τὸν λίθον ἐκ τῆς θύρας τοῦ μνημείου;

16: 6 ὁ δὲ **λέγει** αὐταῖς, Μὴ ἐκθαμβεῖσθε· Ἰησοῦν ζητεῖτε τὸν Ναζαρηνὸν τὸν ἐσταυρωμένον·

16: 7 ἀλλὰ ὑπάγετε **εἴπατε** τοῖς μαθηταῖς αὐτοῦ καὶ τῷ Πέτρῳ ὅτι Προάγει ὑμᾶς εἰς τὴν Γαλιλαίαν· ἐκεῖ αὐτὸν ὄψεσθε, καθὼς **εἶπεν** ὑμῖν.

16: 8 εἶχεν γὰρ αὐτὰς τρόμος καὶ ἔκστασις· καὶ οὐδενὶ οὐδὲν **εἶπαν·** ἐφοβοῦντο γάρ.

16:15 ⟦καὶ **εἶπεν** αὐτοῖς, Πορευθέντες εἰς τὸν κόσμον ἅπαντα κηρύξατε τὸ εὐαγγέλιον πάσῃ τῇ κτίσει.⟧

Lk 1:13 **εἶπεν** δὲ πρὸς αὐτὸν ὁ ἄγγελος, Μὴ φοβοῦ,

1:18 Καὶ **εἶπεν** Ζαχαρίας πρὸς τὸν ἄγγελον, Κατὰ τί γνώσομαι τοῦτο;

1:19 καὶ ἀποκριθεὶς ὁ ἄγγελος **εἶπεν** αὐτῷ, Ἐγώ εἰμι Γαβριὴλ ὁ παρεστηκὼς ἐνώπιον τοῦ θεοῦ καὶ ἀπεστάλην λαλῆσαι πρὸς σὲ

1:24 Μετὰ δὲ ταύτας τὰς ἡμέρας συνέλαβεν Ἐλισάβετ ἡ γυνὴ αὐτοῦ καὶ περιέκρυβεν ἑαυτὴν μῆνας πέντε **λέγουσα**

1:28 καὶ εἰσελθὼν πρὸς αὐτὴν **εἶπεν,** Χαῖρε, κεχαριτωμένη, ὁ κύριος μετὰ σοῦ.

1:30 καὶ **εἶπεν** ὁ ἄγγελος αὐτῇ, Μὴ φοβοῦ, Μαριάμ,

1:34 **εἶπεν** δὲ Μαριὰμ πρὸς τὸν ἄγγελον, Πῶς ἔσται τοῦτο,

1:35 καὶ ἀποκριθεὶς ὁ ἄγγελος **εἶπεν** αὐτῇ, Πνεῦμα ἅγιον ἐπελεύσεται ἐπὶ σὲ καὶ δύναμις ὑψίστου ἐπισκιάσει σοι·

1:38 **εἶπεν** δὲ Μαριάμ, Ἰδοὺ ἡ δούλη κυρίου· γένοιτό μοι κατὰ τὸ ῥῆμά σου.

1:42 καὶ ἀνεφώνησεν κραυγῇ μεγάλῃ καὶ **εἶπεν,** Εὐλογημένη σὺ ἐν γυναιξὶν καὶ εὐλογημένος ὁ καρπὸς τῆς κοιλίας σου.

1:46 Καὶ **εἶπεν** Μαριάμ, Μεγαλύνει ἡ ψυχή μου τὸν κύριον,

1:60 καὶ ἀποκριθεῖσα ἡ μήτηρ αὐτοῦ **εἶπεν,** Οὐχί, ἀλλὰ κληθήσεται Ἰωάννης.

1:61 καὶ **εἶπαν** πρὸς αὐτὴν ὅτι Οὐδείς ἐστιν ἐκ τῆς συγγενείας σου ὃς καλεῖται τῷ ὀνόματι τούτῳ.

1:63 καὶ αἰτήσας πινακίδιον ἔγραψεν **λέγων,** Ἰωάννης ἐστὶν ὄνομα αὐτοῦ.

1:66 ἔθεντο πάντες οἱ ἀκούσαντες ἐν τῇ καρδίᾳ αὐτῶν **λέγοντες,**

1:67 Καὶ Ζαχαρίας ὁ πατὴρ αὐτοῦ ἐπλήσθη πνεύματος ἁγίου καὶ ἐπροφήτευσεν **λέγων,**

2:10 καὶ **εἶπεν** αὐτοῖς ὁ ἄγγελος, Μὴ φοβεῖσθε, ἰδοὺ γὰρ εὐαγγελίζομαι ὑμῖν χαρὰν μεγάλην ἥτις ἔσται παντὶ τῷ λαῷ,

2:13 καὶ ἐξαίφνης ἐγένετο σὺν τῷ ἀγγέλῳ πλῆθος στρατιᾶς οὐρανίου αἰνούντων τὸν θεὸν καὶ **λεγόντων,**

2:24 καὶ τοῦ δοῦναι θυσίαν κατὰ τὸ **εἰρημένον** ἐν τῷ νόμῳ κυρίου,

2:28 καὶ αὐτὸς ἐδέξατο αὐτὸ εἰς τὰς ἀγκάλας καὶ εὐλόγησεν τὸν θεὸν καὶ **εἶπεν,**

2:34 καὶ εὐλόγησεν αὐτοὺς Συμεὼν καὶ **εἶπεν** πρὸς Μαριὰμ τὴν μητέρα αὐτοῦ,

2:48 καὶ **εἶπεν** πρὸς αὐτὸν ἡ μήτηρ αὐτοῦ, Τέκνον,

2:49 καὶ **εἶπεν** πρὸς αὐτούς, Τί ὅτι ἐζητεῖτέ με;

3: 7 **Ἔλεγεν** οὖν τοῖς ἐκπορευομένοις ὄχλοις βαπτισθῆναι ὑπ' αὐτοῦ,

3: 8 καρποὺς ἀξίους τῆς μετανοίας καὶ μὴ ἄρξησθε **λέγειν** ἐν ἑαυτοῖς, Πατέρα ἔχομεν τὸν Ἀβραάμ. **λέγω** γὰρ ὑμῖν ὅτι δύναται ὁ θεὸς ἐκ τῶν λίθων τούτων ἐγεῖραι τέκνα τῷ Ἀβραάμ.

3:10 Καὶ ἐπηρώτων αὐτὸν οἱ ὄχλοι **λέγοντες,** Τί οὖν ποιήσωμεν;

3:11 ἀποκριθεὶς δὲ **ἔλεγεν** αὐτοῖς, Ὁ ἔχων δύο χιτῶνας μεταδότω τῷ μὴ ἔχοντι,

3:12 ἦλθον δὲ καὶ τελῶναι βαπτισθῆναι καὶ **εἶπαν** πρὸς αὐτόν,

3:13 ὁ δὲ **εἶπεν** πρὸς αὐτούς, Μηδὲν πλέον παρὰ τὸ διατεταγμένον ὑμῖν πράσσετε.

3:14 ἐπηρώτων δὲ αὐτὸν καὶ στρατευόμενοι **λέγοντες,** Τί ποιήσωμεν καὶ ἡμεῖς; καὶ **εἶπεν** αὐτοῖς, Μηδένα διασείσητε μηδὲ συκοφαντήσητε καὶ ἀρκεῖσθε τοῖς ὀψωνίοις ὑμῶν.

3:16 ἀπεκρίνατο **λέγων** πᾶσιν ὁ Ἰωάννης, Ἐγὼ μὲν ὕδατι βαπτίζω ὑμᾶς·

4: 3 **Εἶπεν** δὲ αὐτῷ ὁ διάβολος, Εἰ υἱὸς εἶ τοῦ θεοῦ, **εἰπὲ** τῷ λίθῳ τούτῳ ἵνα γένηται ἄρτος.

4: 6 καὶ **εἶπεν** αὐτῷ ὁ διάβολος, Σοὶ δώσω τὴν ἐξουσίαν ταύτην ἅπασαν καὶ τὴν δόξαν αὐτῶν,

4: 8 καὶ ἀποκριθεὶς ὁ Ἰησοῦς **εἶπεν** αὐτῷ, Γέγραπται, Κύριον τὸν θεόν σου προσκυνήσεις καὶ αὐτῷ μόνῳ λατρεύσεις.

4: 9 Ἤγαγεν δὲ αὐτὸν εἰς Ἰερουσαλὴμ καὶ ἔστησεν ἐπὶ τὸ πτερύγιον τοῦ ἱεροῦ καὶ **εἶπεν** αὐτῷ,

4:12 καὶ ἀποκριθεὶς **εἶπεν** αὐτῷ ὁ Ἰησοῦς ὅτι **Εἴρηται,**

4:21 ἤρξατο δὲ **λέγειν** πρὸς αὐτοὺς ὅτι Σήμερον πεπλήρωται ἡ γραφὴ αὕτη ἐν τοῖς ὠσὶν ὑμῶν.

4:22 καὶ ἐθαύμαζον ἐπὶ τοῖς λόγοις τῆς χάριτος τοῖς ἐκπορευομένοις ἐκ τοῦ στόματος αὐτοῦ καὶ **ἔλεγον,**

4:23 καὶ **εἶπεν** πρὸς αὐτούς, Πάντως **ἐρεῖτέ** μοι τὴν παραβολὴν ταύτην·

4:24 **εἶπεν** δέ, Ἀμὴν **λέγω** ὑμῖν ὅτι οὐδεὶς προφήτης δεκτός ἐστιν ἐν τῇ πατρίδι αὐτοῦ.

4:25 ἐπ' ἀληθείας δὲ **λέγω** ὑμῖν, πολλαὶ χῆραι ἦσαν ἐν ταῖς ἡμέραις Ἠλίου ἐν τῷ Ἰσραήλ,

4:35 καὶ ἐπετίμησεν αὐτῷ ὁ Ἰησοῦς **λέγων,** Φιμώθητι καὶ ἔξελθε ἀπ' αὐτοῦ.

4:36 καὶ ἐγένετο θάμβος ἐπὶ πάντας καὶ συνελάλουν πρὸς ἀλλήλους **λέγοντες,**

4:41 ἐξήρχετο δὲ καὶ δαιμόνια ἀπὸ πολλῶν κρ[αυγ]άζοντα καὶ **λέγοντα** ὅτι Σὺ εἶ ὁ υἱὸς τοῦ θεοῦ.

4:43 ὁ δὲ **εἶπεν** πρὸς αὐτοὺς ὅτι Καὶ ταῖς ἑτέραις πόλεσιν εὐαγγελίσασθαί με δεῖ τὴν βασιλείαν τοῦ θεοῦ,

5: 4 ὡς δὲ ἐπαύσατο λαλῶν, **εἶπεν** πρὸς τὸν Σίμωνα,

5: 5 καὶ ἀποκριθεὶς Σίμων **εἶπεν,** Ἐπιστάτα, δι' ὅλης νυκτὸς κοπιάσαντες οὐδὲν ἐλάβομεν·

5: 8 ἰδὼν δὲ Σίμων Πέτρος προσέπεσεν τοῖς γόνασιν Ἰησοῦ **λέγων,**

5:10 καὶ **εἶπεν** πρὸς τὸν Σίμωνα ὁ Ἰησοῦς, Μὴ φοβοῦ·

5:12 ἰδὼν δὲ τὸν Ἰησοῦν, πεσὼν ἐπὶ πρόσωπον ἐδεήθη αὐτοῦ **λέγων,** Κύριε,

5:13 καὶ ἐκτείνας τὴν χεῖρα ἥψατο αὐτοῦ **λέγων,** Θέλω,

5:14 καὶ αὐτὸς παρήγγειλεν αὐτῷ μηδενὶ **εἰπεῖν,** ἀλλὰ ἀπελθὼν δεῖξον σεαυτὸν τῷ ἱερεῖ καὶ προσένεγκε περὶ τοῦ καθαρισμοῦ

5:20 καὶ ἰδὼν τὴν πίστιν αὐτῶν **εἶπεν,** Ἄνθρωπε, ἀφέωνταί σοι αἱ ἁμαρτίαι σου.

5:21 καὶ ἤρξαντο διαλογίζεσθαι οἱ γραμματεῖς καὶ οἱ Φαρισαῖοι **λέγοντες,**

5:22 ἐπιγνοὺς δὲ ὁ Ἰησοῦς τοὺς διαλογισμοὺς αὐτῶν ἀποκριθεὶς **εἶπεν** πρὸς αὐτούς,

5:23 τί ἐστιν εὐκοπώτερον, **εἰπεῖν,** Ἀφέωνταί σοι αἱ ἁμαρτίαι σου, ἢ **εἰπεῖν,** Ἔγειρε καὶ περιπάτει;

5:24 **εἶπεν** τῷ παραλελυμένῳ, Σοὶ **λέγω,** ἔγειρε καὶ ἄρας τὸ κλινίδιόν σου πορεύου εἰς τὸν οἶκόν σου.

5:26 καὶ ἔκστασις ἔλαβεν ἅπαντας καὶ ἐδόξαζον τὸν θεὸν καὶ ἐπλήσθησαν φόβου **λέγοντες** ὅτι Εἴδομεν παράδοξα σήμερον.

5:27 Καὶ μετὰ ταῦτα ἐξῆλθεν καὶ ἐθεάσατο τελώνην ὀνόματι Λευὶν καθήμενον ἐπὶ τὸ τελώνιον, καὶ **εἶπεν** αὐτῷ, Ἀκολούθει μοι.

5:30 καὶ ἐγόγγυζον οἱ Φαρισαῖοι καὶ οἱ γραμματεῖς αὐτῶν πρὸς τοὺς μαθητὰς αὐτοῦ **λέγοντες,**

5:31 καὶ ἀποκριθεὶς ὁ Ἰησοῦς **εἶπεν** πρὸς αὐτούς, Οὐ χρείαν ἔχουσιν οἱ ὑγιαίνοντες ἰατροῦ ἀλλὰ οἱ κακῶς ἔχοντες·

5:33 Οἱ δὲ **εἶπαν** πρὸς αὐτόν, Οἱ μαθηταὶ Ἰωάννου νηστεύουσιν πυκνὰ καὶ δεήσεις ποιοῦνται ὁμοίως καὶ οἱ τῶν Φαρισαίων,

5:34 ὁ δὲ Ἰησοῦς **εἶπεν** πρὸς αὐτούς, Μὴ δύνασθε τοὺς υἱοὺς τοῦ νυμφῶνος ἐν ᾧ ὁ νυμφίος μετ' αὐτῶν ἐστιν ποιῆσαι νηστεῦσαι;

5:36 **Ἔλεγεν** δὲ καὶ παραβολὴν πρὸς αὐτοὺς ὅτι Οὐδεὶς ἐπίβλημα ἀπὸ ἱματίου καινοῦ σχίσας ἐπιβάλλει ἐπὶ ἱμάτιον παλαιόν·

5:39 [καὶ] οὐδεὶς πιὼν παλαιὸν θέλει νέον· **λέγει** γάρ, Ὁ παλαιὸς χρηστός ἐστιν.

6: 2 τινὲς δὲ τῶν Φαρισαίων **εἶπαν,** Τί ποιεῖτε ὃ οὐκ ἔξεστιν τοῖς σάββασιν;

6: 3 καὶ ἀποκριθεὶς πρὸς αὐτοὺς **εἶπεν** ὁ Ἰησοῦς, Οὐδὲ τοῦτο ἀνέγνωτε ὃ ἐποίησεν Δαυὶδ ὅτε ἐπείνασεν αὐτὸς

6: 5 καὶ **ἔλεγεν** αὐτοῖς, Κύριός ἐστιν τοῦ σαββάτου ὁ υἱὸς τοῦ ἀνθρώπου.

6: 8 **εἶπεν** δὲ τῷ ἀνδρὶ τῷ ξηρὰν ἔχοντι τὴν χεῖρα,

6: 9 **εἶπεν** δὲ ὁ Ἰησοῦς πρὸς αὐτούς, Ἐπερωτῶ ὑμᾶς εἰ ἔξεστιν τῷ σαββάτῳ ἀγαθοποιῆσαι ἢ κακοποιῆσαι,

6:10 καὶ περιβλεψάμενος πάντας αὐτοὺς **εἶπεν** αὐτῷ, Ἔκτεινον τὴν χεῖρά σου.

6:20 Καὶ αὐτὸς ἐπάρας τοὺς ὀφθαλμοὺς αὐτοῦ εἰς τοὺς μαθητὰς αὐτοῦ **ἔλεγεν,**

6:26 οὐαὶ ὅταν ὑμᾶς καλῶς **εἴπωσιν** πάντες οἱ ἄνθρωποι·

6:27 Ἀλλὰ ὑμῖν **λέγω** τοῖς ἀκούουσιν, ἀγαπᾶτε τοὺς ἐχθροὺς ὑμῶν,

6:39 **Εἶπεν** δὲ καὶ παραβολὴν αὐτοῖς· Μήτι δύναται τυφλὸς τυφλὸν ὁδηγεῖν;

6:42 πῶς δύνασαι **λέγειν** τῷ ἀδελφῷ σου, Ἀδελφέ, ἄφες ἐκβάλω τὸ κάρφος τὸ ἐν τῷ ὀφθαλμῷ σου,

6:46 Τί δέ με καλεῖτε, Κύριε κύριε, καὶ οὐ ποιεῖτε ἃ **λέγω;**

7: 4 οἱ δὲ παραγενόμενοι πρὸς τὸν Ἰησοῦν παρεκάλουν αὐτὸν σπουδαίως **λέγοντες** ὅτι Ἄξιός ἐστιν ᾧ παρέξῃ τοῦτο·

7: 6 ἤδη δὲ αὐτοῦ οὐ μακρὰν ἀπέχοντος ἀπὸ τῆς οἰκίας ἔπεμψεν φίλους ὁ ἑκατοντάρχης **λέγων** αὐτῷ,

7: 7 ἀλλὰ **εἰπὲ** λόγῳ, καὶ ἰαθήτω ὁ παῖς μου.

7: 8 καὶ **λέγω** τούτῳ, Πορεύθητι, καὶ πορεύεται, καὶ ἄλλῳ,

7: 9 ἀκούσας δὲ ταῦτα ὁ Ἰησοῦς ἐθαύμασεν αὐτὸν καὶ στραφεὶς τῷ ἀκολουθοῦντι αὐτῷ ὄχλῳ **εἶπεν,** **Λέγω** ὑμῖν, οὐδὲ ἐν τῷ Ἰσραὴλ τοσαύτην πίστιν εὗρον.

7:13 ἰδὼν αὐτὴν ὁ κύριος ἐσπλαγχνίσθη ἐπ' αὐτῇ καὶ **εἶπεν** αὐτῇ,

7:14 οἱ δὲ βαστάζοντες ἔστησαν, καὶ **εἶπεν,** Νεανίσκε, σοὶ **λέγω,** ἐγέρθητι.

7:16 καὶ ἐδόξαζον τὸν θεὸν **λέγοντες** ὅτι Προφήτης μέγας ἠγέρθη ἐν ἡμῖν καὶ ὅτι Ἐπεσκέψατο ὁ θεὸς τὸν λαὸν αὐτοῦ.
7:19 ἔπεμψεν πρὸς τὸν κύριον **λέγων,** Σὺ εἶ ὁ ἐρχόμενος ἢ ἄλλον προσδοκῶμεν;
7:20 παραγενόμενοι δὲ πρὸς αὐτὸν οἱ ἄνδρες **εἶπαν,** Ἰωάννης ὁ βαπτιστὴς ἀπέστειλεν ἡμᾶς πρὸς σὲ **λέγων,**
7:22 καὶ ἀποκριθεὶς **εἶπεν** αὐτοῖς, Πορευθέντες ἀπαγγείλατε Ἰωάννῃ ἃ εἴδετε καὶ ἠκούσατε·
7:24 Ἀπελθόντων δὲ τῶν ἀγγέλων Ἰωάννου ἤρξατο **λέγειν** πρὸς τοὺς ὄχλους περὶ Ἰωάννου,
7:26 ἀλλὰ τί ἐξήλθατε ἰδεῖν; προφήτην; ναί **λέγω** ὑμῖν, καὶ περισσότερον προφήτου.
7:28 **λέγω** ὑμῖν, μείζων ἐν γεννητοῖς γυναικῶν Ἰωάννου οὐδείς ἐστιν·
7:32 ὅμοιοί εἰσιν παιδίοις τοῖς ἐν ἀγορᾷ καθημένοις καὶ προσφωνοῦσιν ἀλλήλοις ἃ **λέγει,**
7:33 ἐλήλυθεν γὰρ Ἰωάννης ὁ βαπτιστὴς μὴ ἐσθίων ἄρτον μήτε πίνων οἶνον, καὶ **λέγετε,** Δαιμόνιον ἔχει.
7:34 καὶ **λέγετε,** Ἰδοὺ ἄνθρωπος φάγος καὶ οἰνοπότης, φίλος τελωνῶν καὶ ἁμαρτωλῶν.
7:39 ἰδὼν δὲ ὁ Φαρισαῖος ὁ καλέσας αὐτὸν **εἶπεν** ἐν ἑαυτῷ **λέγων,**
7:40 καὶ ἀποκριθεὶς ὁ Ἰησοῦς **εἶπεν** πρὸς αὐτόν, Σίμων, ἔχω σοί τι **εἰπεῖν.** ὁ δέ, Διδάσκαλε, **εἰπέ,** φησίν.
7:43 ἀποκριθεὶς Σίμων **εἶπεν,** Ὑπολαμβάνω ὅτι ᾧ τὸ πλεῖον ἐχαρίσατο. ὁ δὲ **εἶπεν** αὐτῷ, Ὀρθῶς ἔκρινας.
7:47 οὗ χάριν **λέγω** σοι, ἀφέωνται αἱ ἁμαρτίαι αὐτῆς αἱ πολλαί,
7:48 **εἶπεν** δὲ αὐτῇ, Ἀφέωνταί σου αἱ ἁμαρτίαι.
7:49 καὶ ἤρξαντο οἱ συνανακείμενοι **λέγειν** ἐν ἑαυτοῖς, Τίς οὗτός ἐστιν ὃς καὶ ἁμαρτίας ἀφίησιν;
7:50 **εἶπεν** δὲ πρὸς τὴν γυναῖκα, Ἡ πίστις σου σέσωκέν σε·
8: 4 Συνιόντος δὲ ὄχλου πολλοῦ καὶ τῶν κατὰ πόλιν ἐπιπορευομένων πρὸς αὐτὸν **εἶπεν** διὰ παραβολῆς,
8: 8 ταῦτα **λέγων** ἐφώνει, Ὁ ἔχων ὦτα ἀκούειν ἀκουέτω.
8:10 ὁ δὲ **εἶπεν,** Ὑμῖν δέδοται γνῶναι τὰ μυστήρια τῆς βασιλείας τοῦ θεοῦ,
8:21 ὁ δὲ ἀποκριθεὶς **εἶπεν** πρὸς αὐτούς, Μήτηρ μου καὶ ἀδελφοί μου οὗτοί εἰσιν οἱ τὸν λόγον τοῦ θεοῦ ἀκούοντες καὶ ποιοῦντες.
8:22 Ἐγένετο δὲ ἐν μιᾷ τῶν ἡμερῶν καὶ αὐτὸς ἐνέβη εἰς πλοῖον καὶ οἱ μαθηταὶ αὐτοῦ καὶ **εἶπεν** πρὸς αὐτούς,
8:24 προσελθόντες δὲ διήγειραν αὐτὸν **λέγοντες,** Ἐπιστάτα ἐπιστάτα, ἀπολλύμεθα.
8:25 **εἶπεν** δὲ αὐτοῖς, Ποῦ ἡ πίστις ὑμῶν; φοβηθέντες δὲ ἐθαύμασαν **λέγοντες** πρὸς ἀλλήλους, Τίς ἄρα οὗτός ἐστιν
8:28 ἰδὼν δὲ τὸν Ἰησοῦν ἀνακράξας προσέπεσεν αὐτῷ καὶ φωνῇ μεγάλῃ **εἶπεν,**
8:30 ὁ δὲ **εἶπεν,** Λεγιών, ὅτι εἰσῆλθεν δαιμόνια πολλὰ εἰς αὐτόν.
8:38 ἐδεῖτο δὲ αὐτοῦ ὁ ἀνὴρ ἀφ' οὗ ἐξεληλύθει τὰ δαιμόνια εἶναι σὺν αὐτῷ· ἀπέλυσεν δὲ αὐτὸν **λέγων,**
8:45 καὶ **εἶπεν** ὁ Ἰησοῦς, Τίς ὁ ἁψάμενός μου; ἀρνουμένων δὲ πάντων **εἶπεν** ὁ Πέτρος, Ἐπιστάτα, οἱ ὄχλοι συνέχουσίν σε
8:46 ὁ δὲ Ἰησοῦς **εἶπεν,** Ἥψατό μού τις, ἐγὼ γὰρ ἔγνων δύναμιν ἐξεληλυθυῖαν ἀπ' ἐμοῦ.
8:48 ὁ δὲ **εἶπεν** αὐτῇ, Θυγάτηρ, ἡ πίστις σου σέσωκέν σε·
8:49 Ἔτι αὐτοῦ λαλοῦντος ἔρχεταί τις παρὰ τοῦ ἀρχισυναγώγου **λέγων** ὅτι Τέθνηκεν ἡ θυγάτηρ σου·
8:52 ὁ δὲ **εἶπεν,** Μὴ κλαίετε, οὐ γὰρ ἀπέθανεν ἀλλὰ καθεύδει.
8:54 αὐτὸς δὲ κρατήσας τῆς χειρὸς αὐτῆς ἐφώνησεν **λέγων,**
8:56 ὁ δὲ παρήγγειλεν αὐτοῖς μηδενὶ **εἰπεῖν** τὸ γεγονός.
9: 3 καὶ **εἶπεν** πρὸς αὐτούς, Μηδὲν αἴρετε εἰς τὴν ὁδόν,
9: 7 Ἤκουσεν δὲ Ἡρῴδης ὁ τετραάρχης τὰ γινόμενα πάντα καὶ διηπόρει διὰ τὸ **λέγεσθαι** ὑπό τινων ὅτι Ἰωάννης ἠγέρθη ἐκ νεκρῶν,
9: 9 **εἶπεν** δὲ Ἡρῴδης, Ἰωάννην ἐγὼ ἀπεκεφάλισα· τίς δέ ἐστιν οὗτος περὶ οὗ ἀκούω τοιαῦτα;
9:12 προσελθόντες δὲ οἱ δώδεκα **εἶπαν** αὐτῷ, Ἀπόλυσον τὸν ὄχλον,
9:13 **εἶπεν** δὲ πρὸς αὐτούς, Δότε αὐτοῖς ὑμεῖς φαγεῖν. οἱ δὲ **εἶπαν,** Οὐκ εἰσὶν ἡμῖν πλεῖον ἢ ἄρτοι πέντε καὶ ἰχθύες δύο,
9:14 **εἶπεν** δὲ πρὸς τοὺς μαθητὰς αὐτοῦ, Κατακλίνατε αὐτοὺς κλισίας [ὡσεὶ] ἀνὰ πεντήκοντα.
9:18 ἐπηρώτησεν αὐτοὺς **λέγων,** Τίνα με **λέγουσιν** οἱ ὄχλοι εἶναι;
9:19 οἱ δὲ ἀποκριθέντες **εἶπαν,** Ἰωάννην τὸν βαπτιστήν, ἄλλοι δὲ Ἠλίαν,
9:20 **εἶπεν** δὲ αὐτοῖς, Ὑμεῖς δὲ τίνα με **λέγετε** εἶναι; Πέτρος δὲ ἀποκριθεὶς **εἶπεν,** Τὸν Χριστὸν τοῦ θεοῦ.
9:21 Ὁ δὲ ἐπιτιμήσας αὐτοῖς παρήγγειλεν μηδενὶ **λέγειν** τοῦτο
9:22 **εἰπὼν** ὅτι Δεῖ τὸν υἱὸν τοῦ ἀνθρώπου πολλὰ παθεῖν καὶ ἀποδοκιμασθῆναι ἀπὸ τῶν πρεσβυτέρων καὶ ἀρχιερέων
9:23 **Ἔλεγεν** δὲ πρὸς πάντας, Εἴ τις θέλει ὀπίσω μου ἔρχεσθαι,
9:27 **λέγω** δὲ ὑμῖν ἀληθῶς, εἰσίν τινες τῶν αὐτοῦ ἑστηκότων οἳ οὐ μὴ γεύσωνται θανάτου ἕως ἂν ἴδωσιν τὴν βασιλείαν τοῦ θεοῦ.
9:31 οἳ ὀφθέντες ἐν δόξῃ **ἔλεγον** τὴν ἔξοδον αὐτοῦ,
9:33 καὶ ἐγένετο ἐν τῷ διαχωρίζεσθαι αὐτοὺς ἀπ' αὐτοῦ **εἶπεν** ὁ Πέτρος πρὸς τὸν Ἰησοῦν, Ἐπιστάτα, καλόν ἐστιν ἡμᾶς ὧδε εἶναι, καὶ ποιήσωμεν σκηνὰς τρεῖς, μίαν σοὶ καὶ μίαν Μωϋσεῖ καὶ μίαν Ἠλίᾳ, μὴ εἰδὼς ὃ **λέγει.**
9:34 ταῦτα δὲ αὐτοῦ **λέγοντος** ἐγένετο νεφέλη καὶ ἐπεσκίαζεν αὐτούς·
9:35 καὶ φωνὴ ἐγένετο ἐκ τῆς νεφέλης **λέγουσα,** Οὗτός ἐστιν ὁ υἱός μου ὁ ἐκλελεγμένος,
9:38 καὶ ἰδοὺ ἀνὴρ ἀπὸ τοῦ ὄχλου ἐβόησεν **λέγων,**
9:41 ἀποκριθεὶς δὲ ὁ Ἰησοῦς **εἶπεν,** Ὦ γενεὰ ἄπιστος καὶ διεστραμμένη,
9:43 Πάντων δὲ θαυμαζόντων ἐπὶ πᾶσιν οἷς ἐποίει **εἶπεν** πρὸς τοὺς μαθητὰς αὐτοῦ,
9:48 καὶ **εἶπεν** αὐτοῖς, Ὃς ἐὰν δέξηται τοῦτο τὸ παιδίον ἐπὶ τῷ ὀνόματί μου,
9:49 Ἀποκριθεὶς δὲ Ἰωάννης **εἶπεν,** Ἐπιστάτα, εἴδομέν τινα ἐν τῷ ὀνόματί σου ἐκβάλλοντα δαιμόνια καὶ ἐκωλύομεν αὐτόν,
9:50 **εἶπεν** δὲ πρὸς αὐτὸν ὁ Ἰησοῦς, Μὴ κωλύετε·
9:54 ἰδόντες δὲ οἱ μαθηταὶ Ἰάκωβος καὶ Ἰωάννης **εἶπαν,** Κύριε, θέλεις **εἴπωμεν** πῦρ καταβῆναι ἀπὸ τοῦ οὐρανοῦ καὶ ἀναλῶσαι αὐτούς;
9:57 Καὶ πορευομένων αὐτῶν ἐν τῇ ὁδῷ **εἶπέν** τις πρὸς αὐτόν,
9:58 καὶ **εἶπεν** αὐτῷ ὁ Ἰησοῦς, Αἱ ἀλώπεκες φωλεοὺς ἔχουσιν καὶ τὰ πετεινὰ τοῦ οὐρανοῦ κατασκηνώσεις,
9:59 **Εἶπεν** δὲ πρὸς ἕτερον, Ἀκολούθει μοι. ὁ δὲ **εἶπεν,** [Κύριε,] ἐπίτρεψόν μοι ἀπελθόντι πρῶτον θάψαι τὸν πατέρα μου.
9:60 **εἶπεν** δὲ αὐτῷ, Ἄφες τοὺς νεκροὺς θάψαι τοὺς ἑαυτῶν νεκρούς,
9:61 **Εἶπεν** δὲ καὶ ἕτερος, Ἀκολουθήσω σοι, κύριε· πρῶτον δὲ ἐπίτρεψόν μοι ἀποτάξασθαι τοῖς εἰς τὸν οἶκόν μου.
9:62 **εἶπεν** δὲ [πρὸς αὐτὸν] ὁ Ἰησοῦς, Οὐδεὶς ἐπιβαλὼν τὴν χεῖρα ἐπ' ἄροτρον καὶ βλέπων εἰς τὰ ὀπίσω εὔθετός ἐστιν τῇ βασιλείᾳ τοῦ θεοῦ.
10: 2 **ἔλεγεν** δὲ πρὸς αὐτούς, Ὁ μὲν θερισμὸς πολύς,
10: 5 εἰς ἣν δ' ἂν εἰσέλθητε οἰκίαν, πρῶτον **λέγετε,** Εἰρήνη τῷ οἴκῳ τούτῳ.
10: 9 καὶ θεραπεύετε τοὺς ἐν αὐτῇ ἀσθενεῖς καὶ **λέγετε** αὐτοῖς,
10:10 εἰς ἣν δ' ἂν πόλιν εἰσέλθητε καὶ μὴ δέχωνται ὑμᾶς, ἐξελθόντες εἰς τὰς πλατείας αὐτῆς **εἴπατε,**
10:12 **λέγω** ὑμῖν ὅτι Σοδόμοις ἐν τῇ ἡμέρᾳ ἐκείνῃ ἀνεκτότερον ἔσται ἢ τῇ πόλει ἐκείνῃ.
10:17 Ὑπέστρεψαν δὲ οἱ ἑβδομήκοντα [δύο] μετὰ χαρᾶς **λέγοντες,**
10:18 **εἶπεν** δὲ αὐτοῖς, Ἐθεώρουν τὸν Σατανᾶν ὡς ἀστραπὴν ἐκ τοῦ οὐρανοῦ πεσόντα.
10:21 Ἐν αὐτῇ τῇ ὥρᾳ ἠγαλλιάσατο [ἐν] τῷ πνεύματι τῷ ἁγίῳ καὶ **εἶπεν,**
10:23 Καὶ στραφεὶς πρὸς τοὺς μαθητὰς κατ' ἰδίαν **εἶπεν,**
10:24 **λέγω** γὰρ ὑμῖν ὅτι πολλοὶ προφῆται καὶ βασιλεῖς ἠθέλησαν ἰδεῖν ἃ ὑμεῖς βλέπετε καὶ οὐκ εἶδαν,
10:25 Καὶ ἰδοὺ νομικός τις ἀνέστη ἐκπειράζων αὐτὸν **λέγων,**
10:26 ὁ δὲ **εἶπεν** πρὸς αὐτόν, Ἐν τῷ νόμῳ τί γέγραπται;
10:27 ὁ δὲ ἀποκριθεὶς **εἶπεν,** Ἀγαπήσεις κύριον τὸν θεόν σου ἐξ ὅλης [τῆς] καρδίας σου καὶ ἐν ὅλῃ τῇ ψυχῇ σου καὶ ἐν ὅλῃ τῇ ἰσχύϊ σου καὶ ἐν ὅλῃ τῇ διανοίᾳ σου,
10:28 **εἶπεν** δὲ αὐτῷ, Ὀρθῶς ἀπεκρίθης· τοῦτο ποίει καὶ ζήσῃ.
10:29 ὁ δὲ θέλων δικαιῶσαι ἑαυτὸν **εἶπεν** πρὸς τὸν Ἰησοῦν,
10:30 ὑπολαβὼν ὁ Ἰησοῦς **εἶπεν,** Ἄνθρωπός τις κατέβαινεν ἀπὸ Ἰερουσαλὴμ εἰς Ἰεριχὼ καὶ λῃσταῖς περιέπεσεν,
10:35 καὶ ἐπὶ τὴν αὔριον ἐκβαλὼν ἔδωκεν δύο δηνάρια τῷ πανδοχεῖ καὶ **εἶπεν,**
10:37 ὁ δὲ **εἶπεν,** Ὁ ποιήσας τὸ ἔλεος μετ' αὐτοῦ. **εἶπεν** δὲ αὐτῷ ὁ Ἰησοῦς, Πορεύου καὶ σὺ ποίει ὁμοίως.
10:40 ἐπιστᾶσα δὲ **εἶπεν,** Κύριε, οὐ μέλει σοι ὅτι ἡ ἀδελφή μου μόνην με κατέλιπεν διακονεῖν; **εἰπὲ** οὖν αὐτῇ ἵνα μοι συναντιλάβηται.
10:41 ἀποκριθεὶς δὲ **εἶπεν** αὐτῇ ὁ κύριος, Μάρθα Μάρθα,
11: 1 **εἶπέν** τις τῶν μαθητῶν αὐτοῦ πρὸς αὐτόν, Κύριε,
11: 2 **εἶπεν** δὲ αὐτοῖς, Ὅταν προσεύχησθε **λέγετε,** Πάτερ, ἁγιασθήτω τὸ ὄνομά σου·

11: 5 Καὶ **εἶπεν** πρὸς αὐτούς, Τίς ἐξ ὑμῶν ἕξει φίλον καὶ πορεύσεται πρὸς αὐτὸν μεσονυκτίου καὶ **εἴπῃ** αὐτῷ,
11: 7 κἀκεῖνος ἔσωθεν ἀποκριθεὶς **εἴπῃ,** Μή μοι κόπους πάρεχε·
11: 8 **λέγω** ὑμῖν, εἰ καὶ οὐ δώσει αὐτῷ ἀναστὰς διὰ τὸ εἶναι φίλον αὐτοῦ,
11: 9 κἀγὼ ὑμῖν **λέγω,** αἰτεῖτε καὶ δοθήσεται ὑμῖν, ζητεῖτε καὶ εὑρήσετε,
11:15 τινὲς δὲ ἐξ αὐτῶν **εἶπον,** Ἐν Βεελζεβοὺλ τῷ ἄρχοντι τῶν δαιμονίων ἐκβάλλει τὰ δαιμόνια·
11:17 αὐτὸς δὲ εἰδὼς αὐτῶν τὰ διανοήματα **εἶπεν** αὐτοῖς,
11:18 ὅτι **λέγετε** ἐν Βεελζεβοὺλ ἐκβάλλειν με τὰ δαιμόνια.
11:24 [τότε] **λέγει,** Ὑποστρέψω εἰς τὸν οἶκόν μου ὅθεν ἐξῆλθον·
11:27 Ἐγένετο δὲ ἐν τῷ **λέγειν** αὐτὸν ταῦτα ἐπάρασά τις φωνὴν γυνὴ ἐκ τοῦ ὄχλου **εἶπεν** αὐτῷ,
11:28 αὐτὸς δὲ **εἶπεν,** Μενοῦν μακάριοι οἱ ἀκούοντες τὸν λόγον τοῦ θεοῦ καὶ φυλάσσοντες.
11:29 Τῶν δὲ ὄχλων ἐπαθροιζομένων ἤρξατο **λέγειν,** Ἡ γενεὰ αὕτη γενεὰ πονηρά ἐστιν·
11:39 **εἶπεν** δὲ ὁ κύριος πρὸς αὐτόν, Νῦν ὑμεῖς οἱ Φαρισαῖοι τὸ ἔξωθεν τοῦ ποτηρίου καὶ τοῦ πίνακος καθαρίζετε,
11:45 Ἀποκριθεὶς δέ τις τῶν νομικῶν **λέγει** αὐτῷ, Διδάσκαλε, ταῦτα **λέγων** καὶ ἡμᾶς ὑβρίζεις.
11:46 ὁ δὲ **εἶπεν,** Καὶ ὑμῖν τοῖς νομικοῖς οὐαί,
11:49 διὰ τοῦτο καὶ ἡ σοφία τοῦ θεοῦ **εἶπεν,**
11:51 ναὶ **λέγω** ὑμῖν, ἐκζητηθήσεται ἀπὸ τῆς γενεᾶς ταύτης.
12: 1 ὥστε καταπατεῖν ἀλλήλους, ἤρξατο **λέγειν** πρὸς τοὺς μαθητὰς αὐτοῦ πρῶτον,
12: 3 ἀνθ' ὧν ὅσα ἐν τῇ σκοτίᾳ **εἴπατε** ἐν τῷ φωτὶ ἀκουσθήσεται,
12: 4 **Λέγω** δὲ ὑμῖν τοῖς φίλοις μου, μὴ φοβηθῆτε ἀπὸ τῶν ἀποκτεινόντων τὸ σῶμα
12: 5 φοβήθητε τὸν μετὰ τὸ ἀποκτεῖναι ἔχοντα ἐξουσίαν ἐμβαλεῖν εἰς τὴν γέενναν. ναὶ **λέγω** ὑμῖν, τοῦτον φοβήθητε.
12: 8 **Λέγω** δὲ ὑμῖν, πᾶς ὃς ἂν ὁμολογήσῃ ἐν ἐμοὶ ἔμπροσθεν τῶν ἀνθρώπων,
12:10 καὶ πᾶς ὃς **ἐρεῖ** λόγον εἰς τὸν υἱὸν τοῦ ἀνθρώπου,
12:11 μὴ μεριμνήσητε πῶς ἢ τί ἀπολογήσησθε ἢ τί **εἴπητε·**
12:12 τὸ γὰρ ἅγιον πνεῦμα διδάξει ὑμᾶς ἐν αὐτῇ τῇ ὥρᾳ ἃ δεῖ **εἰπεῖν.**
12:13 **Εἶπεν** δέ τις ἐκ τοῦ ὄχλου αὐτῷ, Διδάσκαλε, **εἰπὲ** τῷ ἀδελφῷ μου μερίσασθαι μετ' ἐμοῦ τὴν κληρονομίαν.
12:14 ὁ δὲ **εἶπεν** αὐτῷ, Ἄνθρωπε, τίς με κατέστησεν κριτὴν ἢ μεριστὴν ἐφ' ὑμᾶς;
12:15 **εἶπεν** δὲ πρὸς αὐτούς, Ὁρᾶτε καὶ φυλάσσεσθε ἀπὸ πάσης πλεονεξίας,
12:16 **Εἶπεν** δὲ παραβολὴν πρὸς αὐτοὺς **λέγων,** Ἀνθρώπου τινὸς πλουσίου εὐφόρησεν ἡ χώρα.
12:17 καὶ διελογίζετο ἐν ἑαυτῷ **λέγων,** Τί ποιήσω, ὅτι οὐκ ἔχω ποῦ συνάξω τοὺς καρπούς μου;
12:18 καὶ **εἶπεν,** Τοῦτο ποιήσω, καθελῶ μου τὰς ἀποθήκας καὶ μείζονας οἰκοδομήσω καὶ συνάξω ἐκεῖ πάντα τὸν σῖτον
12:19 καὶ **ἐρῶ** τῇ ψυχῇ μου, Ψυχή, ἔχεις πολλὰ ἀγαθὰ κείμενα εἰς ἔτη πολλά·
12:20 **εἶπεν** δὲ αὐτῷ ὁ θεός, Ἄφρων, ταύτῃ τῇ νυκτὶ τὴν ψυχήν σου ἀπαιτοῦσιν ἀπὸ σοῦ·
12:22 **Εἶπεν** δὲ πρὸς τοὺς μαθητάς [αὐτοῦ,] Διὰ τοῦτο **λέγω** ὑμῖν·
12:27 **λέγω** δὲ ὑμῖν, οὐδὲ Σολομὼν ἐν πάσῃ τῇ δόξῃ αὐτοῦ περιεβάλετο ὡς ἓν τούτων.
12:37 ἀμὴν **λέγω** ὑμῖν ὅτι περιζώσεται καὶ ἀνακλινεῖ αὐτοὺς καὶ παρελθὼν διακονήσει αὐτοῖς.
12:41 **Εἶπεν** δὲ ὁ Πέτρος, Κύριε, πρὸς ἡμᾶς τὴν παραβολὴν ταύτην **λέγεις** ἢ καὶ πρὸς πάντας;
12:42 καὶ **εἶπεν** ὁ κύριος, Τίς ἄρα ἐστὶν ὁ πιστὸς οἰκονόμος ὁ φρόνιμος,
12:44 ἀληθῶς **λέγω** ὑμῖν ὅτι ἐπὶ πᾶσιν τοῖς ὑπάρχουσιν αὐτοῦ καταστήσει αὐτόν.
12:45 ἐὰν δὲ **εἴπῃ** ὁ δοῦλος ἐκεῖνος ἐν τῇ καρδίᾳ αὐτοῦ,
12:51 δοκεῖτε ὅτι εἰρήνην παρεγενόμην δοῦναι ἐν τῇ γῇ; οὐχί, **λέγω** ὑμῖν, ἀλλ' ἢ διαμερισμόν.
12:54 **Ἔλεγεν** δὲ καὶ τοῖς ὄχλοις, Ὅταν ἴδητε [τὴν] νεφέλην ἀνατέλλουσαν ἐπὶ δυσμῶν, εὐθέως **λέγετε** ὅτι Ὄμβρος ἔρχεται, καὶ γίνεται οὕτως·
12:55 ὅταν νότον πνέοντα, **λέγετε** ὅτι Καύσων ἔσται, καὶ γίνεται.
12:59 **λέγω** σοι, οὐ μὴ ἐξέλθῃς ἐκεῖθεν, ἕως καὶ τὸ ἔσχατον λεπτὸν ἀποδῷς.
13: 2 καὶ ἀποκριθεὶς **εἶπεν** αὐτοῖς, Δοκεῖτε ὅτι οἱ Γαλιλαῖοι οὗτοι ἁμαρτωλοὶ παρὰ πάντας τοὺς Γαλιλαίους ἐγένοντο,
13: 3 οὐχί, **λέγω** ὑμῖν, ἀλλ' ἐὰν μὴ μετανοῆτε πάντες ὁμοίως ἀπολεῖσθε.
13: 5 οὐχί, **λέγω** ὑμῖν, ἀλλ' ἐὰν μὴ μετανοῆτε πάντες ὡσαύτως ἀπολεῖσθε.
13: 6 **Ἔλεγεν** δὲ ταύτην τὴν παραβολήν· Συκῆν εἶχέν τις πεφυτευμένην ἐν τῷ ἀμπελῶνι αὐτοῦ,
13: 7 **εἶπεν** δὲ πρὸς τὸν ἀμπελουργόν, Ἰδοὺ τρία ἔτη ἀφ' οὗ ἔρχομαι ζητῶν καρπὸν ἐν τῇ συκῇ ταύτῃ καὶ οὐχ εὑρίσκω·
13: 8 ὁ δὲ ἀποκριθεὶς **λέγει** αὐτῷ, Κύριε, ἄφες αὐτὴν καὶ τοῦτο τὸ ἔτος,
13:12 ἰδὼν δὲ αὐτὴν ὁ Ἰησοῦς προσεφώνησεν καὶ **εἶπεν** αὐτῇ,
13:14 **ἔλεγεν** τῷ ὄχλῳ ὅτι Ἓξ ἡμέραι εἰσὶν ἐν αἷς δεῖ ἐργάζεσθαι·
13:15 ἀπεκρίθη δὲ αὐτῷ ὁ κύριος καὶ **εἶπεν,** Ὑποκριταί,
13:17 καὶ ταῦτα **λέγοντος** αὐτοῦ κατῃσχύνοντο πάντες οἱ ἀντικείμενοι αὐτῷ,
13:18 **Ἔλεγεν** οὖν, Τίνι ὁμοία ἐστὶν ἡ βασιλεία τοῦ θεοῦ καὶ τίνι ὁμοιώσω αὐτήν;
13:20 Καὶ πάλιν **εἶπεν,** Τίνι ὁμοιώσω τὴν βασιλείαν τοῦ θεοῦ;
13:23 **εἶπεν** δέ τις αὐτῷ, Κύριε, εἰ ὀλίγοι οἱ σῳζόμενοι; ὁ δὲ **εἶπεν** πρὸς αὐτούς,
13:24 ὅτι πολλοί, **λέγω** ὑμῖν, ζητήσουσιν εἰσελθεῖν καὶ οὐκ ἰσχύσουσιν.
13:25 ἀφ' οὗ ἂν ἐγερθῇ ὁ οἰκοδεσπότης καὶ ἀποκλείσῃ τὴν θύραν καὶ ἄρξησθε ἔξω ἑστάναι καὶ κρούειν τὴν θύραν **λέγοντες,** Κύριε, ἄνοιξον ἡμῖν, καὶ ἀποκριθεὶς **ἐρεῖ** ὑμῖν, Οὐκ οἶδα ὑμᾶς πόθεν
13:26 τότε ἄρξεσθε **λέγειν,** Ἐφάγομεν ἐνώπιόν σου καὶ ἐπίομεν καὶ ἐν ταῖς πλατείαις ἡμῶν ἐδίδαξας·
13:27 καὶ **ἐρεῖ λέγων** ὑμῖν, Οὐκ οἶδα [ὑμᾶς] πόθεν ἐστέ·
13:31 Ἐν αὐτῇ τῇ ὥρᾳ προσῆλθάν τινες Φαρισαῖοι **λέγοντες** αὐτῷ,
13:32 καὶ **εἶπεν** αὐτοῖς, Πορευθέντες **εἴπατε** τῇ ἀλώπεκι ταύτῃ,
13:35 **λέγω** [δὲ] ὑμῖν, οὐ μὴ ἴδητέ με ἕως [ἥξει ὅτε] **εἴπητε,**
14: 3 καὶ ἀποκριθεὶς ὁ Ἰησοῦς **εἶπεν** πρὸς τοὺς νομικοὺς καὶ Φαρισαίους **λέγων,**
14: 5 καὶ πρὸς αὐτοὺς **εἶπεν,** Τίνος ὑμῶν υἱὸς ἢ βοῦς εἰς φρέαρ πεσεῖται,
14: 7 **Ἔλεγεν** δὲ πρὸς τοὺς κεκλημένους παραβολήν, ἐπέχων πῶς τὰς πρωτοκλισίας ἐξελέγοντο, **λέγων** πρὸς αὐτούς,
14: 9 καὶ ἐλθὼν ὁ σὲ καὶ αὐτὸν καλέσας **ἐρεῖ** σοι,
14:10 ἵνα ὅταν ἔλθῃ ὁ κεκληκώς σε **ἐρεῖ** σοι,
14:12 **Ἔλεγεν** δὲ καὶ τῷ κεκληκότι αὐτόν, Ὅταν ποιῇς ἄριστον ἢ δεῖπνον,
14:15 Ἀκούσας δέ τις τῶν συνανακειμένων ταῦτα **εἶπεν** αὐτῷ,
14:16 ὁ δὲ **εἶπεν** αὐτῷ, Ἄνθρωπός τις ἐποίει δεῖπνον μέγα,
14:17 καὶ ἀπέστειλεν τὸν δοῦλον αὐτοῦ τῇ ὥρᾳ τοῦ δείπνου **εἰπεῖν** τοῖς κεκλημένοις,
14:18 ὁ πρῶτος **εἶπεν** αὐτῷ, Ἀγρὸν ἠγόρασα καὶ ἔχω ἀνάγκην ἐξελθὼν ἰδεῖν αὐτόν·
14:19 καὶ ἕτερος **εἶπεν,** Ζεύγη βοῶν ἠγόρασα πέντε καὶ πορεύομαι δοκιμάσαι αὐτά·
14:20 καὶ ἕτερος **εἶπεν,** Γυναῖκα ἔγημα καὶ διὰ τοῦτο οὐ δύναμαι ἐλθεῖν.
14:21 τότε ὀργισθεὶς ὁ οἰκοδεσπότης **εἶπεν** τῷ δούλῳ αὐτοῦ,
14:22 καὶ **εἶπεν** ὁ δοῦλος, Κύριε, γέγονεν ὃ ἐπέταξας,
14:23 καὶ **εἶπεν** ὁ κύριος πρὸς τὸν δοῦλον, Ἔξελθε εἰς τὰς ὁδοὺς καὶ φραγμοὺς καὶ ἀνάγκασον εἰσελθεῖν,
14:24 **λέγω** γὰρ ὑμῖν ὅτι οὐδεὶς τῶν ἀνδρῶν ἐκείνων τῶν κεκλημένων γεύσεταί μου τοῦ δείπνου.
14:25 Συνεπορεύοντο δὲ αὐτῷ ὄχλοι πολλοί, καὶ στραφεὶς **εἶπεν** πρὸς αὐτούς,
14:30 **λέγοντες** ὅτι Οὗτος ὁ ἄνθρωπος ἤρξατο οἰκοδομεῖν καὶ οὐκ ἴσχυσεν ἐκτελέσαι.
15: 2 καὶ διεγόγγυζον οἵ τε Φαρισαῖοι καὶ οἱ γραμματεῖς **λέγοντες** ὅτι Οὗτος ἁμαρτωλοὺς προσδέχεται καὶ συνεσθίει αὐτοῖς.
15: 3 **εἶπεν** δὲ πρὸς αὐτοὺς τὴν παραβολὴν ταύτην **λέγων,**
15: 6 καὶ ἐλθὼν εἰς τὸν οἶκον συγκαλεῖ τοὺς φίλους καὶ τοὺς γείτονας **λέγων** αὐτοῖς,
15: 7 **λέγω** ὑμῖν ὅτι οὕτως χαρὰ ἐν τῷ οὐρανῷ ἔσται ἐπὶ ἑνὶ ἁμαρτωλῷ μετανοοῦντι ἢ ἐπὶ ἐνενήκοντα ἐννέα δικαίοις
15: 9 καὶ εὑροῦσα συγκαλεῖ τὰς φίλας καὶ γείτονας **λέγουσα,**
15:10 οὕτως, **λέγω** ὑμῖν, γίνεται χαρὰ ἐνώπιον τῶν ἀγγέλων τοῦ θεοῦ ἐπὶ ἑνὶ ἁμαρτωλῷ μετανοοῦντι.
15:11 **Εἶπεν** δέ, Ἄνθρωπός τις εἶχεν δύο υἱούς.
15:12 καὶ **εἶπεν** ὁ νεώτερος αὐτῶν τῷ πατρί, Πάτερ,
15:18 ἀναστὰς πορεύσομαι πρὸς τὸν πατέρα μου καὶ **ἐρῶ** αὐτῷ,
15:21 **εἶπεν** δὲ ὁ υἱὸς αὐτῷ, Πάτερ, ἥμαρτον εἰς τὸν οὐρανὸν καὶ ἐνώπιόν σου,

15:22 **εἶπεν** δὲ ὁ πατὴρ πρὸς τοὺς δούλους αὐτοῦ,
15:27 ὁ δὲ **εἶπεν** αὐτῷ ὅτι Ὁ ἀδελφός σου ἥκει,
15:29 ὁ δὲ ἀποκριθεὶς **εἶπεν** τῷ πατρὶ αὐτοῦ, Ἰδοὺ τοσαῦτα ἔτη δουλεύω σοι καὶ οὐδέποτε ἐντολήν σου παρῆλθον,
15:31 ὁ δὲ **εἶπεν** αὐτῷ, Τέκνον, σὺ πάντοτε μετ' ἐμοῦ εἶ,
16: 1 **Ἔλεγεν** δὲ καὶ πρὸς τοὺς μαθητάς, Ἄνθρωπός τις ἦν πλούσιος ὃς εἶχεν οἰκονόμον,
16: 2 καὶ φωνήσας αὐτὸν **εἶπεν** αὐτῷ, Τί τοῦτο ἀκούω περὶ σοῦ;
16: 3 **εἶπεν** δὲ ἐν ἑαυτῷ ὁ οἰκονόμος, Τί ποιήσω,
16: 5 καὶ προσκαλεσάμενος ἕνα ἕκαστον τῶν χρεοφειλετῶν τοῦ κυρίου ἑαυτοῦ **ἔλεγεν** τῷ πρώτῳ,
16: 6 ὁ δὲ **εἶπεν,** Ἑκατὸν βάτους ἐλαίου. ὁ δὲ **εἶπεν** αὐτῷ, Δέξαι σου τὰ γράμματα καὶ καθίσας ταχέως γράψον πεντήκοντα.
16: 7 ἔπειτα ἑτέρῳ **εἶπεν,** Σὺ δὲ πόσον ὀφείλεις; ὁ δὲ **εἶπεν,** Ἑκατὸν κόρους σίτου. **λέγει** αὐτῷ, Δέξαι σου τὰ γράμματα
16: 9 Καὶ ἐγὼ ὑμῖν **λέγω,** ἑαυτοῖς ποιήσατε φίλους ἐκ τοῦ μαμωνᾶ τῆς ἀδικίας,
16:15 καὶ **εἶπεν** αὐτοῖς, Ὑμεῖς ἐστε οἱ δικαιοῦντες ἑαυτοὺς ἐνώπιον τῶν ἀνθρώπων,
16:24 καὶ αὐτὸς φωνήσας **εἶπεν,** Πάτερ Ἀβραάμ, ἐλέησόν με καὶ πέμψον Λάζαρον ἵνα βάψῃ τὸ ἄκρον τοῦ δακτύλου αὐτοῦ ὕδατος καὶ καταψύξῃ τὴν γλῶσσάν μου,
16:25 **εἶπεν** δὲ Ἀβραάμ, Τέκνον, μνήσθητι ὅτι ἀπέλαβες τὰ ἀγαθά σου ἐν τῇ ζωῇ σου,
16:27 **εἶπεν** δέ, Ἐρωτῶ σε οὖν, πάτερ, ἵνα πέμψῃς αὐτὸν εἰς τὸν οἶκον τοῦ πατρός μου,
16:29 **λέγει** δὲ Ἀβραάμ, Ἔχουσι Μωϋσέα καὶ τοὺς προφήτας·
16:30 ὁ δὲ **εἶπεν,** Οὐχί, πάτερ Ἀβραάμ, ἀλλ' ἐάν τις ἀπὸ νεκρῶν πορευθῇ πρὸς αὐτοὺς μετανοήσουσιν.
16:31 **εἶπεν** δὲ αὐτῷ, Εἰ Μωϋσέως καὶ τῶν προφητῶν οὐκ ἀκούουσιν,
17: 1 **Εἶπεν** δὲ πρὸς τοὺς μαθητὰς αὐτοῦ, Ἀνένδεκτόν ἐστιν τοῦ τὰ σκάνδαλα μὴ ἐλθεῖν,
17: 4 καὶ ἐὰν ἑπτάκις τῆς ἡμέρας ἁμαρτήσῃ εἰς σὲ καὶ ἑπτάκις ἐπιστρέψῃ πρὸς σὲ **λέγων,**
17: 5 Καὶ **εἶπαν** οἱ ἀπόστολοι τῷ κυρίῳ, Πρόσθες ἡμῖν πίστιν.
17: 6 **εἶπεν** δὲ ὁ κύριος, Εἰ ἔχετε πίστιν ὡς κόκκον σινάπεως, **ἐλέγετε** ἂν τῇ συκαμίνῳ [ταύτῃ,] Ἐκριζώθητι καὶ φυτεύθητι ἐν τῇ θαλάσσῃ·
17: 7 ὃς εἰσελθόντι ἐκ τοῦ ἀγροῦ **ἐρεῖ** αὐτῷ, Εὐθέως παρελθὼν ἀνάπεσε,
17: 8 ἀλλ' οὐχὶ **ἐρεῖ** αὐτῷ, Ἑτοίμασον τί δειπνήσω καὶ περιζωσάμενος διακόνει μοι ἕως φάγω καὶ πίω,
17:10 **λέγετε** ὅτι Δοῦλοι ἀχρεῖοί ἐσμεν, ὃ ὠφείλομεν ποιῆσαι πεποιήκαμεν.
17:13 αὐτοὶ ἦραν φωνὴν **λέγοντες,** Ἰησοῦ ἐπιστάτα, ἐλέησον ἡμᾶς.
17:14 καὶ ἰδὼν **εἶπεν** αὐτοῖς, Πορευθέντες ἐπιδείξατε ἑαυτοὺς τοῖς ἱερεῦσιν.
17:17 ἀποκριθεὶς δὲ ὁ Ἰησοῦς **εἶπεν,** Οὐχὶ οἱ δέκα ἐκαθαρίσθησαν;
17:19 καὶ **εἶπεν** αὐτῷ, Ἀναστὰς πορεύου· ἡ πίστις σου σέσωκέν σε.
17:20 Ἐπερωτηθεὶς δὲ ὑπὸ τῶν Φαρισαίων πότε ἔρχεται ἡ βασιλεία τοῦ θεοῦ ἀπεκρίθη αὐτοῖς καὶ **εἶπεν,**
17:21 οὐδὲ **ἐροῦσιν,** Ἰδοὺ ὧδε ἤ, Ἐκεῖ, ἰδοὺ γὰρ ἡ βασιλεία τοῦ θεοῦ ἐντὸς ὑμῶν ἐστιν.
17:22 **Εἶπεν** δὲ πρὸς τοὺς μαθητάς, Ἐλεύσονται ἡμέραι ὅτε ἐπιθυμήσετε μίαν τῶν ἡμερῶν τοῦ υἱοῦ τοῦ ἀνθρώπου ἰδεῖν καὶ οὐκ ὄψεσθε.
17:23 καὶ **ἐροῦσιν** ὑμῖν, Ἰδοὺ ἐκεῖ, [ἤ,] Ἰδοὺ ὧδε·
17:34 **λέγω** ὑμῖν, ταύτῃ τῇ νυκτὶ ἔσονται δύο ἐπὶ κλίνης μιᾶς,
17:37 καὶ ἀποκριθέντες **λέγουσιν** αὐτῷ, Ποῦ, κύριε; ὁ δὲ **εἶπεν** αὐτοῖς, Ὅπου τὸ σῶμα, ἐκεῖ καὶ οἱ ἀετοὶ ἐπισυναχθήσονται.
18: 1 **Ἔλεγεν** δὲ παραβολὴν αὐτοῖς πρὸς τὸ δεῖν πάντοτε προσεύχεσθαι αὐτοὺς καὶ μὴ ἐγκακεῖν,
18: 2 **λέγων,** Κριτής τις ἦν ἔν τινι πόλει τὸν θεὸν μὴ φοβούμενος καὶ ἄνθρωπον μὴ ἐντρεπόμενος.
18: 3 χήρα δὲ ἦν ἐν τῇ πόλει ἐκείνῃ καὶ ἤρχετο πρὸς αὐτὸν **λέγουσα,**
18: 4 μετὰ δὲ ταῦτα **εἶπεν** ἐν ἑαυτῷ, Εἰ καὶ τὸν θεὸν οὐ φοβοῦμαι οὐδὲ ἄνθρωπον ἐντρέπομαι,
18: 6 **Εἶπεν** δὲ ὁ κύριος, Ἀκούσατε τί ὁ κριτὴς τῆς ἀδικίας **λέγει·**
18: 8 **λέγω** ὑμῖν ὅτι ποιήσει τὴν ἐκδίκησιν αὐτῶν ἐν τάχει.
18: 9 **Εἶπεν** δὲ καὶ πρός τινας τοὺς πεποιθότας ἐφ' ἑαυτοῖς ὅτι εἰσὶν δίκαιοι καὶ ἐξουθενοῦντας τοὺς λοιποὺς τὴν παραβολὴν
18:13 ἀλλ' ἔτυπτεν τὸ στῆθος αὐτοῦ **λέγων,** Ὁ θεός,
18:14 **λέγω** ὑμῖν, κατέβη οὗτος δεδικαιωμένος εἰς τὸν οἶκον αὐτοῦ παρ' ἐκεῖνον·
18:16 ὁ δὲ Ἰησοῦς προσεκαλέσατο αὐτὰ **λέγων,** Ἄφετε τὰ παιδία ἔρχεσθαι πρός με καὶ μὴ κωλύετε αὐτά,
18:17 ἀμὴν **λέγω** ὑμῖν, ὃς ἂν μὴ δέξηται τὴν βασιλείαν τοῦ θεοῦ ὡς παιδίον,
18:18 Καὶ ἐπηρώτησέν τις αὐτὸν ἄρχων **λέγων,** Διδάσκαλε ἀγαθέ,
18:19 **εἶπεν** δὲ αὐτῷ ὁ Ἰησοῦς, Τί με **λέγεις** ἀγαθόν;
18:21 ὁ δὲ **εἶπεν,** Ταῦτα πάντα ἐφύλαξα ἐκ νεότητος.
18:22 ἀκούσας δὲ ὁ Ἰησοῦς **εἶπεν** αὐτῷ, Ἔτι ἕν σοι λείπει·
18:24 Ἰδὼν δὲ αὐτὸν ὁ Ἰησοῦς [περίλυπον γενόμενον] **εἶπεν,**
18:26 **εἶπαν** δὲ οἱ ἀκούσαντες, Καὶ τίς δύναται σωθῆναι;
18:27 ὁ δὲ **εἶπεν,** Τὰ ἀδύνατα παρὰ ἀνθρώποις δυνατὰ παρὰ τῷ θεῷ ἐστιν.
18:28 **Εἶπεν** δὲ ὁ Πέτρος, Ἰδοὺ ἡμεῖς ἀφέντες τὰ ἴδια ἠκολουθήσαμέν σοι.
18:29 ὁ δὲ **εἶπεν** αὐτοῖς, Ἀμὴν **λέγω** ὑμῖν ὅτι οὐδείς ἐστιν ὃς ἀφῆκεν οἰκίαν ἢ γυναῖκα ἢ ἀδελφοὺς ἢ γονεῖς ἢ τέκνα
18:31 Παραλαβὼν δὲ τοὺς δώδεκα **εἶπεν** πρὸς αὐτούς, Ἰδοὺ ἀναβαίνομεν εἰς Ἰερουσαλήμ,
18:34 καὶ αὐτοὶ οὐδὲν τούτων συνῆκαν καὶ ἦν τὸ ῥῆμα τοῦτο κεκρυμμένον ἀπ' αὐτῶν καὶ οὐκ ἐγίνωσκον τὰ **λεγόμενα.**
18:38 καὶ ἐβόησεν **λέγων,** Ἰησοῦ υἱὲ Δαυίδ, ἐλέησόν με.
18:41 Τί σοι θέλεις ποιήσω; ὁ δὲ **εἶπεν,** Κύριε, ἵνα ἀναβλέψω.
18:42 ὁ Ἰησοῦς **εἶπεν** αὐτῷ, Ἀνάβλεψον· ἡ πίστις σου σέσωκέν σε.
19: 5 ἀναβλέψας ὁ Ἰησοῦς **εἶπεν** πρὸς αὐτόν, Ζακχαῖε, σπεύσας κατάβηθι,
19: 7 καὶ ἰδόντες πάντες διεγόγγυζον **λέγοντες** ὅτι Παρὰ ἁμαρτωλῷ ἀνδρὶ εἰσῆλθεν καταλῦσαι.
19: 8 σταθεὶς δὲ Ζακχαῖος **εἶπεν** πρὸς τὸν κύριον, Ἰδοὺ τὰ ἡμίσιά μου τῶν ὑπαρχόντων,
19: 9 **εἶπεν** δὲ πρὸς αὐτὸν ὁ Ἰησοῦς ὅτι Σήμερον σωτηρία τῷ οἴκῳ τούτῳ ἐγένετο,
19:11 Ἀκουόντων δὲ αὐτῶν ταῦτα προσθεὶς **εἶπεν** παραβολὴν διὰ τὸ ἐγγὺς εἶναι Ἰερουσαλὴμ αὐτὸν καὶ δοκεῖν αὐτοὺς
19:12 **εἶπεν** οὖν, Ἄνθρωπός τις εὐγενὴς ἐπορεύθη εἰς χώραν μακρὰν λαβεῖν ἑαυτῷ βασιλείαν καὶ ὑποστρέψαι.
19:13 καλέσας δὲ δέκα δούλους ἑαυτοῦ ἔδωκεν αὐτοῖς δέκα μνᾶς καὶ **εἶπεν** πρὸς αὐτούς,
19:14 οἱ δὲ πολῖται αὐτοῦ ἐμίσουν αὐτὸν καὶ ἀπέστειλαν πρεσβείαν ὀπίσω αὐτοῦ **λέγοντες,**
19:15 ἐν τῷ ἐπανελθεῖν αὐτὸν λαβόντα τὴν βασιλείαν καὶ **εἶπεν** φωνηθῆναι αὐτῷ τοὺς δούλους τούτους οἷς δεδώκει τὸ ἀργύριον,
19:16 παρεγένετο δὲ ὁ πρῶτος **λέγων,** Κύριε, ἡ μνᾶ σου δέκα προσηργάσατο μνᾶς.
19:17 καὶ **εἶπεν** αὐτῷ, Εὖγε, ἀγαθὲ δοῦλε, ὅτι ἐν ἐλαχίστῳ πιστὸς ἐγένου,
19:18 καὶ ἦλθεν ὁ δεύτερος **λέγων,** Ἡ μνᾶ σου,
19:19 **εἶπεν** δὲ καὶ τούτῳ, Καὶ σὺ ἐπάνω γίνου πέντε πόλεων.
19:20 καὶ ὁ ἕτερος ἦλθεν **λέγων,** Κύριε, ἰδοὺ ἡ μνᾶ σου ἣν εἶχον ἀποκειμένην ἐν σουδαρίῳ·
19:22 **λέγει** αὐτῷ, Ἐκ τοῦ στόματός σου κρίνω σε,
19:24 καὶ τοῖς παρεστῶσιν **εἶπεν,** Ἄρατε ἀπ' αὐτοῦ τὴν μνᾶν καὶ δότε τῷ τὰς δέκα μνᾶς ἔχοντι
19:25 –καὶ **εἶπαν** αὐτῷ, Κύριε, ἔχει δέκα μνᾶς–
19:26 **λέγω** ὑμῖν ὅτι παντὶ τῷ ἔχοντι δοθήσεται, ἀπὸ δὲ τοῦ μὴ ἔχοντος καὶ ὃ ἔχει ἀρθήσεται.
19:28 Καὶ **εἰπὼν** ταῦτα ἐπορεύετο ἔμπροσθεν ἀναβαίνων εἰς Ἱεροσόλυμα.
19:30 **λέγων,** Ὑπάγετε εἰς τὴν κατέναντι κώμην, ἐν ᾗ εἰσπορευόμενοι εὑρήσετε πῶλον δεδεμένον,
19:31 οὕτως **ἐρεῖτε** ὅτι Ὁ κύριος αὐτοῦ χρείαν ἔχει.
19:32 ἀπελθόντες δὲ οἱ ἀπεσταλμένοι εὗρον καθὼς **εἶπεν** αὐτοῖς.
19:33 λυόντων δὲ αὐτῶν τὸν πῶλον **εἶπαν** οἱ κύριοι αὐτοῦ πρὸς αὐτούς,
19:34 οἱ δὲ **εἶπαν** ὅτι Ὁ κύριος αὐτοῦ χρείαν ἔχει.
19:38 **λέγοντες,** Εὐλογημένος ὁ ἐρχόμενος, ὁ βασιλεὺς ἐν ὀνόματι κυρίου·
19:39 καί τινες τῶν Φαρισαίων ἀπὸ τοῦ ὄχλου **εἶπαν** πρὸς αὐτόν,
19:40 καὶ ἀποκριθεὶς **εἶπεν, Λέγω** ὑμῖν, ἐὰν οὗτοι σιωπήσουσιν, οἱ λίθοι κράξουσιν.
19:42 **λέγων** ὅτι Εἰ ἔγνως ἐν τῇ ἡμέρᾳ ταύτῃ καὶ σὺ τὰ πρὸς εἰρήνην·
19:46 **λέγων** αὐτοῖς, Γέγραπται, Καὶ ἔσται ὁ οἶκός μου οἶκος προσευχῆς,
20: 2 καὶ **εἶπαν λέγοντες** πρὸς αὐτόν, **Εἰπὸν** ἡμῖν ἐν ποίᾳ ἐξουσίᾳ ταῦτα ποιεῖς,
20: 3 ἀποκριθεὶς δὲ **εἶπεν** πρὸς αὐτούς, Ἐρωτήσω ὑμᾶς κἀγὼ λόγον, καὶ **εἴπατέ** μοι·
20: 5 οἱ δὲ συνελογίσαντο πρὸς ἑαυτοὺς **λέγοντες** ὅτι Ἐὰν **εἴπωμεν,** Ἐξ οὐρανοῦ, **ἐρεῖ,** Διὰ τί οὐκ ἐπιστεύσατε αὐτῷ;

20: 6 ἐὰν δὲ **εἴπωμεν,** Ἐξ ἀνθρώπων, ὁ λαὸς ἅπας καταλιθάσει ἡμᾶς,
20: 8 καὶ ὁ Ἰησοῦς **εἶπεν** αὐτοῖς, Οὐδὲ ἐγὼ **λέγω** ὑμῖν ἐν ποίᾳ ἐξουσίᾳ ταῦτα ποιῶ.
20: 9 Ἤρξατο δὲ πρὸς τὸν λαὸν **λέγειν** τὴν παραβολὴν ταύτην·
20: 13 **εἶπεν** δὲ ὁ κύριος τοῦ ἀμπελῶνος, Τί ποιήσω;
20: 14 ἰδόντες δὲ αὐτὸν οἱ γεωργοὶ διελογίζοντο πρὸς ἀλλήλους **λέγοντες,**
20: 16 ἐλεύσεται καὶ ἀπολέσει τοὺς γεωργοὺς τούτους καὶ δώσει τὸν ἀμπελῶνα ἄλλοις. ἀκούσαντες δὲ **εἶπαν,** Μὴ γένοιτο.
20: 17 ὁ δὲ ἐμβλέψας αὐτοῖς **εἶπεν,** Τί οὖν ἐστιν τὸ γεγραμμένον τοῦτο·
20: 19 ἔγνωσαν γὰρ ὅτι πρὸς αὐτοὺς **εἶπεν** τὴν παραβολὴν ταύτην.
20: 21 καὶ ἐπηρώτησαν αὐτὸν **λέγοντες,** Διδάσκαλε, οἴδαμεν ὅτι ὀρθῶς **λέγεις** καὶ διδάσκεις καὶ οὐ λαμβάνεις πρόσωπον,
20: 23 κατανοήσας δὲ αὐτῶν τὴν πανουργίαν **εἶπεν** πρὸς αὐτούς,
20: 24 τίνος ἔχει εἰκόνα καὶ ἐπιγραφήν; οἱ δὲ **εἶπαν,** Καίσαρος.
20: 25 ὁ δὲ **εἶπεν** πρὸς αὐτούς, Τοίνυν ἀπόδοτε τὰ Καίσαρος Καίσαρι καὶ τὰ τοῦ θεοῦ τῷ θεῷ.
20: 28 **λέγοντες,** Διδάσκαλε, Μωϋσῆς ἔγραψεν ἡμῖν, ἐάν τινος ἀδελφὸς ἀποθάνῃ ἔχων γυναῖκα,
20: 34 καὶ **εἶπεν** αὐτοῖς ὁ Ἰησοῦς, Οἱ υἱοὶ τοῦ αἰῶνος τούτου γαμοῦσιν καὶ γαμίσκονται,
20: 37 ὡς **λέγει** κύριον τὸν θεὸν Ἀβραὰμ καὶ θεὸν Ἰσαὰκ καὶ θεὸν Ἰακώβ.
20: 39 ἀποκριθέντες δέ τινες τῶν γραμματέων **εἶπαν,** Διδάσκαλε, καλῶς **εἶπας.**
20: 41 **Εἶπεν** δὲ πρὸς αὐτούς, Πῶς **λέγουσιν** τὸν Χριστὸν εἶναι Δαυὶδ υἱόν;
αὐτὸς γὰρ Δαυὶδ **λέγει** ἐν βίβλῳ ψαλμῶν, **Εἶπεν** κύριος τῷ
20: 42 κυρίῳ μου, Κάθου ἐκ δεξιῶν μου,
20: 45 Ἀκούοντος δὲ παντὸς τοῦ λαοῦ **εἶπεν** τοῖς μαθηταῖς [αὐτοῦ,]
21: 3 καὶ **εἶπεν,** Ἀληθῶς **λέγω** ὑμῖν ὅτι ἡ χήρα αὕτη ἡ πτωχὴ πλεῖον πάντων ἔβαλεν·
21: 5 Καί τινων **λεγόντων** περὶ τοῦ ἱεροῦ ὅτι λίθοις καλοῖς καὶ ἀναθήμασιν κεκόσμηται **εἶπεν,**
21: 7 Ἐπηρώτησαν δὲ αὐτὸν **λέγοντες,** Διδάσκαλε, πότε οὖν ταῦτα ἔσται καὶ τί τὸ σημεῖον ὅταν μέλλῃ ταῦτα γίνεσθαι;
21: 8 ὁ δὲ **εἶπεν,** Βλέπετε μὴ πλανηθῆτε· πολλοὶ γὰρ ἐλεύσονται ἐπὶ τῷ ὀνόματί μου **λέγοντες,**
21: 10 Τότε **ἔλεγεν** αὐτοῖς, Ἐγερθήσεται ἔθνος ἐπ' ἔθνος καὶ βασιλεία ἐπὶ βασιλείαν,
21: 29 Καὶ **εἶπεν** παραβολὴν αὐτοῖς· Ἴδετε τὴν συκῆν καὶ πάντα τὰ δένδρα·
21: 32 ἀμὴν **λέγω** ὑμῖν ὅτι οὐ μὴ παρέλθῃ ἡ γενεὰ αὕτη ἕως ἂν πάντα γένηται.
22: 1 Ἤγγιζεν δὲ ἡ ἑορτὴ τῶν ἀζύμων ἡ **λεγομένη** πάσχα.
22: 8 καὶ ἀπέστειλεν Πέτρον καὶ Ἰωάννην **εἰπών,** Πορευθέντες ἑτοιμάσατε ἡμῖν τὸ πάσχα ἵνα φάγωμεν.
22: 9 οἱ δὲ **εἶπαν** αὐτῷ, Ποῦ θέλεις ἑτοιμάσωμεν;
22: 10 ὁ δὲ **εἶπεν** αὐτοῖς, Ἰδοὺ εἰσελθόντων ὑμῶν εἰς τὴν πόλιν συναντήσει ὑμῖν ἄνθρωπος κεράμιον ὕδατος βαστάζων·
22: 11 καὶ **ἐρεῖτε** τῷ οἰκοδεσπότῃ τῆς οἰκίας, **Λέγει** σοι ὁ διδάσκαλος,
22: 13 ἀπελθόντες δὲ εὗρον καθὼς **εἰρήκει** αὐτοῖς καὶ ἡτοίμασαν τὸ πάσχα.
22: 15 καὶ **εἶπεν** πρὸς αὐτούς, Ἐπιθυμίᾳ ἐπεθύμησα τοῦτο τὸ πάσχα φαγεῖν μεθ' ὑμῶν πρὸ τοῦ με παθεῖν·
22: 16 **λέγω** γὰρ ὑμῖν ὅτι οὐ μὴ φάγω αὐτὸ ἕως ὅτου πληρωθῇ ἐν τῇ βασιλείᾳ τοῦ θεοῦ.
22: 17 καὶ δεξάμενος ποτήριον εὐχαριστήσας **εἶπεν,** Λάβετε τοῦτο καὶ διαμερίσατε εἰς ἑαυτούς·
22: 18 **λέγω** γὰρ ὑμῖν, [ὅτι] οὐ μὴ πίω ἀπὸ τοῦ νῦν ἀπὸ τοῦ γενήματος τῆς ἀμπέλου ἕως οὗ ἡ βασιλεία τοῦ θεοῦ ἔλθῃ.
22: 19 καὶ λαβὼν ἄρτον εὐχαριστήσας ἔκλασεν καὶ ἔδωκεν αὐτοῖς **λέγων,**
22: 20 καὶ τὸ ποτήριον ὡσαύτως μετὰ τὸ δειπνῆσαι, **λέγων,**
22: 25 ὁ δὲ **εἶπεν** αὐτοῖς, Οἱ βασιλεῖς τῶν ἐθνῶν κυριεύουσιν αὐτῶν καὶ οἱ ἐξουσιάζοντες αὐτῶν εὐεργέται καλοῦνται.
22: 33 ὁ δὲ **εἶπεν** αὐτῷ, Κύριε, μετὰ σοῦ ἕτοιμός εἰμι καὶ εἰς φυλακὴν καὶ εἰς θάνατον πορεύεσθαι.
22: 34 ὁ δὲ **εἶπεν,** **Λέγω** σοι, Πέτρε, οὐ φωνήσει σήμερον ἀλέκτωρ ἕως τρίς με ἀπαρνήσῃ εἰδέναι.
22: 35 Καὶ **εἶπεν** αὐτοῖς, Ὅτε ἀπέστειλα ὑμᾶς ἄτερ βαλλαντίου καὶ πήρας καὶ ὑποδημάτων, μή τινος ὑστερήσατε; οἱ δὲ **εἶπαν,** Οὐθενός.
22: 36 **εἶπεν** δὲ αὐτοῖς, Ἀλλὰ νῦν ὁ ἔχων βαλλάντιον ἀράτω,
22: 37 **λέγω** γὰρ ὑμῖν ὅτι τοῦτο τὸ γεγραμμένον δεῖ τελεσθῆναι ἐν ἐμοί,
22: 38 οἱ δὲ **εἶπαν,** Κύριε, ἰδοὺ μάχαιραι ὧδε δύο. ὁ δὲ **εἶπεν** αὐτοῖς, Ἱκανόν ἐστιν.
22: 40 γενόμενος δὲ ἐπὶ τοῦ τόπου **εἶπεν** αὐτοῖς, Προσεύχεσθε μὴ εἰσελθεῖν εἰς πειρασμόν.
22: 42 **λέγων,** Πάτερ, εἰ βούλει παρένεγκε τοῦτο τὸ ποτήριον ἀπ' ἐμοῦ·
22: 46 καὶ **εἶπεν** αὐτοῖς, Τί καθεύδετε; ἀναστάντες προσεύχεσθε, ἵνα μὴ εἰσέλθητε εἰς πειρασμόν.
22: 47 καὶ ὁ **λεγόμενος** Ἰούδας εἷς τῶν δώδεκα προήρχετο αὐτοὺς καὶ ἤγγισεν τῷ Ἰησοῦ φιλῆσαι αὐτόν.
22: 48 Ἰησοῦς δὲ **εἶπεν** αὐτῷ, Ἰούδα, φιλήματι τὸν υἱὸν τοῦ ἀνθρώπου παραδίδως;
22: 49 ἰδόντες δὲ οἱ περὶ αὐτὸν τὸ ἐσόμενον **εἶπαν,**
22: 51 ἀποκριθεὶς δὲ ὁ Ἰησοῦς **εἶπεν,** Ἐᾶτε ἕως τούτου·
22: 52 **εἶπεν** δὲ Ἰησοῦς πρὸς τοὺς παραγενομένους ἐπ' αὐτὸν ἀρχιερεῖς καὶ στρατηγοὺς τοῦ ἱεροῦ καὶ πρεσβυτέρους,
22: 56 ἰδοῦσα δὲ αὐτὸν παιδίσκη τις καθήμενον πρὸς τὸ φῶς καὶ ἀτενίσασα αὐτῷ **εἶπεν,**
22: 57 ὁ δὲ ἠρνήσατο **λέγων,** Οὐκ οἶδα αὐτόν, γύναι.
22: 59 καὶ διαστάσης ὡσεὶ ὥρας μιᾶς ἄλλος τις διϊσχυρίζετο **λέγων,**
22: 60 **εἶπεν** δὲ ὁ Πέτρος, Ἄνθρωπε, οὐκ οἶδα ὃ **λέγεις.**
22: 61 καὶ ὑπεμνήσθη ὁ Πέτρος τοῦ ῥήματος τοῦ κυρίου ὡς **εἶπεν** αὐτῷ ὅτι Πρὶν ἀλέκτορα φωνῆσαι σήμερον ἀπαρνήσῃ με τρίς.
22: 64 καὶ περικαλύψαντες αὐτὸν ἐπηρώτων **λέγοντες,** Προφήτευσον, τίς ἐστιν ὁ παίσας σε;
22: 65 καὶ ἕτερα πολλὰ βλασφημοῦντες **ἔλεγον** εἰς αὐτόν.
22: 67 **λέγοντες,** Εἰ σὺ εἶ ὁ Χριστός, **εἰπὸν** ἡμῖν. **εἶπεν** δὲ αὐτοῖς, Ἐὰν ὑμῖν **εἴπω,** οὐ μὴ πιστεύσητε·
22: 70 **εἶπαν** δὲ πάντες, Σὺ οὖν εἶ ὁ υἱὸς τοῦ θεοῦ; ὁ δὲ πρὸς αὐτοὺς ἔφη, Ὑμεῖς **λέγετε** ὅτι ἐγώ εἰμι.
22: 71 οἱ δὲ **εἶπαν,** Τί ἔτι ἔχομεν μαρτυρίας χρείαν;
23: 2 ἤρξαντο δὲ κατηγορεῖν αὐτοῦ **λέγοντες,** Τοῦτον εὕραμεν διαστρέφοντα τὸ ἔθνος ἡμῶν καὶ κωλύοντα φόρους Καίσαρι διδόναι καὶ **λέγοντα** ἑαυτὸν Χριστὸν βασιλέα εἶναι.
23: 3 ὁ δὲ Πιλᾶτος ἠρώτησεν αὐτὸν **λέγων,** Σὺ εἶ ὁ βασιλεὺς τῶν Ἰουδαίων; ὁ δὲ ἀποκριθεὶς αὐτῷ ἔφη, Σὺ **λέγεις.**
23: 4 ὁ δὲ Πιλᾶτος **εἶπεν** πρὸς τοὺς ἀρχιερεῖς καὶ τοὺς ὄχλους,
23: 5 οἱ δὲ ἐπίσχυον **λέγοντες** ὅτι Ἀνασείει τὸν λαὸν διδάσκων καθ' ὅλης τῆς Ἰουδαίας,
23: 14 **εἶπεν** πρὸς αὐτούς, Προσηνέγκατέ μοι τὸν ἄνθρωπον τοῦτον ὡς ἀποστρέφοντα τὸν λαόν,
23: 18 ἀνέκραγον δὲ παμπληθεὶ **λέγοντες,** Αἶρε τοῦτον, ἀπόλυσον δὲ ἡμῖν τὸν Βαραββᾶν·
23: 21 οἱ δὲ ἐπεφώνουν **λέγοντες,** Σταύρου σταύρου αὐτόν.
23: 22 ὁ δὲ τρίτον **εἶπεν** πρὸς αὐτούς, Τί γὰρ κακὸν ἐποίησεν οὗτος;
23: 28 στραφεὶς δὲ πρὸς αὐτὰς [ὁ] Ἰησοῦς **εἶπεν,** Θυγατέρες Ἰερουσαλήμ,
23: 29 ὅτι ἰδοὺ ἔρχονται ἡμέραι ἐν αἷς **ἐροῦσιν,** Μακάριαι αἱ στεῖραι καὶ αἱ κοιλίαι αἳ οὐκ ἐγέννησαν καὶ μαστοὶ οἳ οὐκ ἔθρεψαν.
23: 30 τότε ἄρξονται **λέγειν** τοῖς ὄρεσιν, Πέσετε ἐφ' ἡμᾶς,
23: 34 ⟦ὁ δὲ Ἰησοῦς **ἔλεγεν,** Πάτερ, ἄφες αὐτοῖς, οὐ γὰρ οἴδασιν τί ποιοῦσιν.⟧
23: 35 ἐξεμυκτήριζον δὲ καὶ οἱ ἄρχοντες **λέγοντες,** Ἄλλους ἔσωσεν,
23: 37 καὶ **λέγοντες,** Εἰ σὺ εἶ ὁ βασιλεὺς τῶν Ἰουδαίων,
23: 39 Εἷς δὲ τῶν κρεμασθέντων κακούργων ἐβλασφήμει αὐτὸν **λέγων,**
23: 42 καὶ **ἔλεγεν,** Ἰησοῦ, μνήσθητί μου ὅταν ἔλθῃς εἰς τὴν βασιλείαν σου.
23: 43 καὶ **εἶπεν** αὐτῷ, Ἀμήν σοι **λέγω,** σήμερον μετ' ἐμοῦ ἔσῃ ἐν τῷ παραδείσῳ.
23: 46 καὶ φωνήσας φωνῇ μεγάλῃ ὁ Ἰησοῦς **εἶπεν,** Πάτερ, εἰς χεῖράς σου παρατίθεμαι τὸ πνεῦμά μου. τοῦτο δὲ **εἰπὼν** ἐξέπνευσεν.
23: 47 Ἰδὼν δὲ ὁ ἑκατοντάρχης τὸ γενόμενον ἐδόξαζεν τὸν θεὸν **λέγων,**
24: 5 ἐμφόβων δὲ γενομένων αὐτῶν καὶ κλινουσῶν τὰ πρόσωπα εἰς τὴν γῆν **εἶπαν** πρὸς αὐτάς,
24: 7 **λέγων** τὸν υἱὸν τοῦ ἀνθρώπου ὅτι δεῖ παραδοθῆναι εἰς χεῖρας ἀνθρώπων ἁμαρτωλῶν καὶ σταυρωθῆναι καὶ τῇ τρίτῃ ἡμέρᾳ ἀναστῆναι.
24: 10 ἡ Μαγδαληνὴ Μαρία καὶ Ἰωάννα καὶ Μαρία ἡ Ἰακώβου καὶ αἱ λοιπαὶ σὺν αὐταῖς. **ἔλεγον** πρὸς τοὺς ἀποστόλους ταῦτα,
24: 17 **εἶπεν** δὲ πρὸς αὐτούς, Τίνες οἱ λόγοι οὗτοι οὓς ἀντιβάλλετε πρὸς ἀλλήλους περιπατοῦντες;
24: 18 ἀποκριθεὶς δὲ εἷς ὀνόματι Κλεοπᾶς **εἶπεν** πρὸς αὐτόν,

24:19 καὶ **εἶπεν** αὐτοῖς, Ποῖα; οἱ δὲ **εἶπαν** αὐτῷ, Τὰ περὶ Ἰησοῦ τοῦ Ναζαρηνοῦ,
24:23 καὶ μὴ εὑροῦσαι τὸ σῶμα αὐτοῦ ἦλθον **λέγουσαι** καὶ ὀπτασίαν ἀγγέλων ἑωρακέναι, οἳ **λέγουσιν** αὐτὸν ζῆν.
24:24 καὶ ἀπῆλθόν τινες τῶν σὺν ἡμῖν ἐπὶ τὸ μνημεῖον καὶ εὗρον οὕτως καθὼς καὶ αἱ γυναῖκες **εἶπον,**
24:25 καὶ αὐτὸς **εἶπεν** πρὸς αὐτούς, Ὦ ἀνόητοι καὶ βραδεῖς τῇ καρδίᾳ τοῦ πιστεύειν ἐπὶ πᾶσιν οἷς ἐλάλησαν οἱ προφῆται·
24:29 καὶ παρεβιάσαντο αὐτὸν **λέγοντες,** Μεῖνον μεθ' ἡμῶν, ὅτι πρὸς ἑσπέραν ἐστὶν καὶ κέκλικεν ἤδη ἡ ἡμέρα.
24:32 καὶ **εἶπαν** πρὸς ἀλλήλους, Οὐχὶ ἡ καρδία ἡμῶν καιομένη ἦν [ἐν ἡμῖν] ὡς ἐλάλει ἡμῖν ἐν τῇ ὁδῷ,
24:34 **λέγοντας** ὅτι ὄντως ἠγέρθη ὁ κύριος καὶ ὤφθη Σίμωνι.
24:36 Ταῦτα δὲ αὐτῶν λαλούντων αὐτὸς ἔστη ἐν μέσῳ αὐτῶν καὶ **λέγει** αὐτοῖς,
24:38 καὶ **εἶπεν** αὐτοῖς, Τί τεταραγμένοι ἐστὲ καὶ διὰ τί διαλογισμοὶ ἀναβαίνουσιν ἐν τῇ καρδίᾳ ὑμῶν;
24:40 καὶ τοῦτο **εἰπὼν** ἔδειξεν αὐτοῖς τὰς χεῖρας καὶ τοὺς πόδας.
24:41 ἔτι δὲ ἀπιστούντων αὐτῶν ἀπὸ τῆς χαρᾶς καὶ θαυμαζόντων **εἶπεν** αὐτοῖς,
24:44 **Εἶπεν** δὲ πρὸς αὐτούς, Οὗτοι οἱ λόγοι μου οὓς ἐλάλησα πρὸς ὑμᾶς ἔτι ὢν σὺν ὑμῖν,
24:46 καὶ **εἶπεν** αὐτοῖς ὅτι Οὕτως γέγραπται παθεῖν τὸν Χριστὸν καὶ ἀναστῆναι ἐκ νεκρῶν τῇ τρίτῃ ἡμέρᾳ,
Jn 1:15 Ἰωάννης μαρτυρεῖ περὶ αὐτοῦ καὶ κέκραγεν **λέγων,** Οὗτος ἦν ὃν **εἶπον,** Ὁ ὀπίσω μου ἐρχόμενος ἔμπροσθέν μου γέγονεν,
1:21 Τί οὖν; Σὺ Ἠλίας εἶ; καὶ **λέγει,** Οὐκ εἰμί.
1:22 **εἶπαν** οὖν αὐτῷ, Τίς εἶ; ἵνα ἀπόκρισιν δῶμεν τοῖς πέμψασιν ἡμᾶς· τί **λέγεις** περὶ σεαυτοῦ;
1:23 Εὐθύνατε τὴν ὁδὸν κυρίου, καθὼς **εἶπεν** Ἠσαΐας ὁ προφήτης.
1:25 καὶ ἠρώτησαν αὐτὸν καὶ **εἶπαν** αὐτῷ, Τί οὖν βαπτίζεις εἰ σὺ οὐκ εἶ ὁ Χριστὸς οὐδὲ Ἠλίας οὐδὲ ὁ προφήτης;
1:26 ἀπεκρίθη αὐτοῖς ὁ Ἰωάννης **λέγων,** Ἐγὼ βαπτίζω ἐν ὕδατι·
1:29 Τῇ ἐπαύριον βλέπει τὸν Ἰησοῦν ἐρχόμενον πρὸς αὐτὸν καὶ **λέγει,**
1:30 οὗτός ἐστιν ὑπὲρ οὗ ἐγὼ **εἶπον,** Ὀπίσω μου ἔρχεται ἀνὴρ ὃς ἔμπροσθέν μου γέγονεν,
1:32 Καὶ ἐμαρτύρησεν Ἰωάννης **λέγων** ὅτι Τεθέαμαι τὸ πνεῦμα καταβαῖνον ὡς περιστερὰν ἐξ οὐρανοῦ καὶ ἔμεινεν ἐπ' αὐτόν.
1:33 ἀλλ' ὁ πέμψας με βαπτίζειν ἐν ὕδατι ἐκεῖνός μοι **εἶπεν,**
1:36 καὶ ἐμβλέψας τῷ Ἰησοῦ περιπατοῦντι **λέγει,** Ἴδε ὁ ἀμνὸς τοῦ θεοῦ.
1:38 στραφεὶς δὲ ὁ Ἰησοῦς καὶ θεασάμενος αὐτοὺς ἀκολουθοῦντας **λέγει** αὐτοῖς, Τί ζητεῖτε; οἱ δὲ **εἶπαν** αὐτῷ, Ῥαββί, ὃ **λέγεται** μεθερμηνευόμενον Διδάσκαλε, ποῦ μένεις;
1:39 **λέγει** αὐτοῖς, Ἔρχεσθε καὶ ὄψεσθε. ἦλθαν οὖν καὶ εἶδαν ποῦ μένει καὶ παρ' αὐτῷ ἔμειναν τὴν ἡμέραν ἐκείνην·
1:41 εὑρίσκει οὗτος πρῶτον τὸν ἀδελφὸν τὸν ἴδιον Σίμωνα καὶ **λέγει** αὐτῷ,
1:42 ἐμβλέψας αὐτῷ ὁ Ἰησοῦς **εἶπεν,** Σὺ εἶ Σίμων ὁ υἱὸς Ἰωάννου,
1:43 Τῇ ἐπαύριον ἠθέλησεν ἐξελθεῖν εἰς τὴν Γαλιλαίαν καὶ εὑρίσκει Φίλιππον. καὶ **λέγει** αὐτῷ ὁ Ἰησοῦς, Ἀκολούθει μοι.
1:45 εὑρίσκει Φίλιππος τὸν Ναθαναὴλ καὶ **λέγει** αὐτῷ, Ὃν ἔγραψεν Μωϋσῆς ἐν τῷ νόμῳ καὶ οἱ προφῆται εὑρήκαμεν,
1:46 καὶ **εἶπεν** αὐτῷ Ναθαναήλ, Ἐκ Ναζαρὲτ δύναταί τι ἀγαθὸν εἶναι; **λέγει** αὐτῷ [ὁ] Φίλιππος, Ἔρχου καὶ ἴδε.
1:47 εἶδεν ὁ Ἰησοῦς τὸν Ναθαναὴλ ἐρχόμενον πρὸς αὐτὸν καὶ **λέγει** περὶ αὐτοῦ,
1:48 **λέγει** αὐτῷ Ναθαναήλ, Πόθεν με γινώσκεις; ἀπεκρίθη Ἰησοῦς καὶ **εἶπεν** αὐτῷ, Πρὸ τοῦ σε Φίλιππον φωνῆσαι ὄντα ὑπὸ τὴν συκῆν εἶδόν σε.
1:50 ἀπεκρίθη Ἰησοῦς καὶ **εἶπεν** αὐτῷ, Ὅτι **εἶπόν** σοι ὅτι εἶδόν σε ὑποκάτω τῆς συκῆς,
1:51 καὶ **λέγει** αὐτῷ, Ἀμὴν ἀμὴν **λέγω** ὑμῖν, ὄψεσθε τὸν οὐρανὸν ἀνεῳγότα καὶ τοὺς ἀγγέλους τοῦ θεοῦ ἀναβαίνοντας
2: 3 καὶ ὑστερήσαντος οἴνου **λέγει** ἡ μήτηρ τοῦ Ἰησοῦ πρὸς αὐτόν,
2: 4 [καὶ] **λέγει** αὐτῇ ὁ Ἰησοῦς, Τί ἐμοὶ καὶ σοί,
2: 5 **λέγει** ἡ μήτηρ αὐτοῦ τοῖς διακόνοις, Ὅ τι ἂν **λέγῃ** ὑμῖν ποιήσατε.
2: 7 **λέγει** αὐτοῖς ὁ Ἰησοῦς, Γεμίσατε τὰς ὑδρίας ὕδατος.
2: 8 καὶ **λέγει** αὐτοῖς, Ἀντλήσατε νῦν καὶ φέρετε τῷ ἀρχιτρικλίνῳ·
2:10 καὶ **λέγει** αὐτῷ, Πᾶς ἄνθρωπος πρῶτον τὸν καλὸν οἶνον τίθησιν καὶ ὅταν μεθυσθῶσιν τὸν ἐλάσσω·
2:16 τοῖς τὰς περιστερὰς πωλοῦσιν **εἶπεν,** Ἄρατε ταῦτα ἐντεῦθεν,
2:18 ἀπεκρίθησαν οὖν οἱ Ἰουδαῖοι καὶ **εἶπαν** αὐτῷ, Τί σημεῖον δεικνύεις ἡμῖν ὅτι ταῦτα ποιεῖς;
2:19 ἀπεκρίθη Ἰησοῦς καὶ **εἶπεν** αὐτοῖς, Λύσατε τὸν ναὸν τοῦτον καὶ ἐν τρισὶν ἡμέραις ἐγερῶ αὐτόν.
2:20 **εἶπαν** οὖν οἱ Ἰουδαῖοι, Τεσσεράκοντα καὶ ἓξ ἔτεσιν οἰκοδομήθη ὁ ναὸς οὗτος,
2:21 ἐκεῖνος δὲ **ἔλεγεν** περὶ τοῦ ναοῦ τοῦ σώματος αὐτοῦ.
2:22 ὅτε οὖν ἠγέρθη ἐκ νεκρῶν, ἐμνήσθησαν οἱ μαθηταὶ αὐτοῦ ὅτι τοῦτο **ἔλεγεν,** καὶ ἐπίστευσαν τῇ γραφῇ καὶ τῷ λόγῳ ὃν **εἶπεν** ὁ Ἰησοῦς.
3: 2 οὗτος ἦλθεν πρὸς αὐτὸν νυκτὸς καὶ **εἶπεν** αὐτῷ,
3: 3 ἀπεκρίθη Ἰησοῦς καὶ **εἶπεν** αὐτῷ, Ἀμὴν ἀμὴν **λέγω** σοι, ἐὰν μή τις γεννηθῇ ἄνωθεν,
3: 4 **λέγει** πρὸς αὐτὸν [ὁ] Νικόδημος, Πῶς δύναται ἄνθρωπος γεννηθῆναι γέρων ὤν;
3: 5 ἀπεκρίθη Ἰησοῦς, Ἀμὴν ἀμὴν **λέγω** σοι, ἐὰν μή τις γεννηθῇ ἐξ ὕδατος καὶ πνεύματος,
3: 7 μὴ θαυμάσῃς ὅτι **εἶπόν** σοι, Δεῖ ὑμᾶς γεννηθῆναι ἄνωθεν.
3: 9 ἀπεκρίθη Νικόδημος καὶ **εἶπεν** αὐτῷ, Πῶς δύναται ταῦτα γενέσθαι;
3:10 ἀπεκρίθη Ἰησοῦς καὶ **εἶπεν** αὐτῷ, Σὺ εἶ ὁ διδάσκαλος τοῦ Ἰσραὴλ καὶ ταῦτα οὐ γινώσκεις;
3:11 ἀμὴν ἀμὴν **λέγω** σοι ὅτι ὃ οἴδαμεν λαλοῦμεν καὶ ὃ ἑωράκαμεν μαρτυροῦμεν,
3:12 εἰ τὰ ἐπίγεια **εἶπον** ὑμῖν καὶ οὐ πιστεύετε, πῶς ἐὰν **εἴπω** ὑμῖν τὰ ἐπουράνια πιστεύσετε;
3:26 καὶ ἦλθον πρὸς τὸν Ἰωάννην καὶ **εἶπαν** αὐτῷ,
3:27 ἀπεκρίθη Ἰωάννης καὶ **εἶπεν,** Οὐ δύναται ἄνθρωπος λαμβάνειν οὐδὲ ἓν ἐὰν μὴ ᾖ δεδομένον αὐτῷ ἐκ τοῦ οὐρανοῦ.
3:28 αὐτοὶ ὑμεῖς μοι μαρτυρεῖτε ὅτι **εἶπον** [ὅτι] Οὐκ εἰμὶ ἐγὼ ὁ Χριστός,
4: 5 ἔρχεται οὖν εἰς πόλιν τῆς Σαμαρείας **λεγομένην** Συχὰρ πλησίον τοῦ χωρίου ὃ ἔδωκεν Ἰακὼβ [τῷ] Ἰωσὴφ τῷ υἱῷ αὐτοῦ·
4: 7 Ἔρχεται γυνὴ ἐκ τῆς Σαμαρείας ἀντλῆσαι ὕδωρ. **λέγει** αὐτῇ ὁ Ἰησοῦς, Δός μοι πεῖν·
4: 9 **λέγει** οὖν αὐτῷ ἡ γυνὴ ἡ Σαμαρῖτις, Πῶς σὺ Ἰουδαῖος ὢν παρ' ἐμοῦ πεῖν αἰτεῖς γυναικὸς Σαμαρίτιδος οὔσης;
4:10 ἀπεκρίθη Ἰησοῦς καὶ **εἶπεν** αὐτῇ, Εἰ ᾔδεις τὴν δωρεὰν τοῦ θεοῦ καὶ τίς ἐστιν ὁ **λέγων** σοι,
4:11 **λέγει** αὐτῷ [ἡ γυνή,] Κύριε, οὔτε ἄντλημα ἔχεις καὶ τὸ φρέαρ ἐστὶν βαθύ·
4:13 ἀπεκρίθη Ἰησοῦς καὶ **εἶπεν** αὐτῇ, Πᾶς ὁ πίνων ἐκ τοῦ ὕδατος τούτου διψήσει πάλιν·
4:15 **λέγει** πρὸς αὐτὸν ἡ γυνή, Κύριε, δός μοι τοῦτο τὸ ὕδωρ,
4:16 **Λέγει** αὐτῇ, Ὕπαγε φώνησον τὸν ἄνδρα σου καὶ ἐλθὲ ἐνθάδε.
4:17 ἀπεκρίθη ἡ γυνὴ καὶ **εἶπεν** αὐτῷ, Οὐκ ἔχω ἄνδρα. **λέγει** αὐτῇ ὁ Ἰησοῦς, Καλῶς **εἶπας** ὅτι Ἄνδρα οὐκ ἔχω·
4:18 πέντε γὰρ ἄνδρας ἔσχες καὶ νῦν ὃν ἔχεις οὐκ ἔστιν σου ἀνήρ· τοῦτο ἀληθὲς **εἴρηκας.**
4:19 **λέγει** αὐτῷ ἡ γυνή, Κύριε, θεωρῶ ὅτι προφήτης εἶ σύ.
4:20 καὶ ὑμεῖς **λέγετε** ὅτι ἐν Ἱεροσολύμοις ἐστὶν ὁ τόπος ὅπου προσκυνεῖν δεῖ.
4:21 **λέγει** αὐτῇ ὁ Ἰησοῦς, Πίστευέ μοι, γύναι, ὅτι ἔρχεται ὥρα ὅτε οὔτε ἐν τῷ ὄρει τούτῳ οὔτε ἐν Ἱεροσολύμοις προσκυνήσετε τῷ πατρί.
4:25 **λέγει** αὐτῷ ἡ γυνή, Οἶδα ὅτι Μεσσίας ἔρχεται ὁ **λεγόμενος** Χριστός·
4:26 **λέγει** αὐτῇ ὁ Ἰησοῦς, Ἐγώ εἰμι, ὁ λαλῶν σοι.
4:27 οὐδεὶς μέντοι **εἶπεν,** Τί ζητεῖς ἢ τί λαλεῖς μετ' αὐτῆς;
4:28 ἀφῆκεν οὖν τὴν ὑδρίαν αὐτῆς ἡ γυνὴ καὶ ἀπῆλθεν εἰς τὴν πόλιν καὶ **λέγει** τοῖς ἀνθρώποις,
4:29 Δεῦτε ἴδετε ἄνθρωπον ὃς **εἶπέν** μοι πάντα ὅσα ἐποίησα,
4:31 Ἐν τῷ μεταξὺ ἠρώτων αὐτὸν οἱ μαθηταὶ **λέγοντες,**
4:32 ὁ δὲ **εἶπεν** αὐτοῖς, Ἐγὼ βρῶσιν ἔχω φαγεῖν ἣν ὑμεῖς οὐκ οἴδατε.
4:33 **ἔλεγον** οὖν οἱ μαθηταὶ πρὸς ἀλλήλους, Μή τις ἤνεγκεν αὐτῷ φαγεῖν;
4:34 **λέγει** αὐτοῖς ὁ Ἰησοῦς, Ἐμὸν βρῶμά ἐστιν ἵνα ποιήσω τὸ θέλημα τοῦ πέμψαντός με καὶ τελειώσω αὐτοῦ τὸ ἔργον.
4:35 οὐχ ὑμεῖς **λέγετε** ὅτι Ἔτι τετράμηνός ἐστιν καὶ ὁ θερισμὸς ἔρχεται; ἰδοὺ **λέγω** ὑμῖν, ἐπάρατε τοὺς ὀφθαλμοὺς ὑμῶν καὶ θεάσασθε τὰς χώρας ὅτι λευκαί εἰσιν πρὸς θερισμόν.
4:39 πολλοὶ ἐπίστευσαν εἰς αὐτὸν τῶν Σαμαριτῶν διὰ τὸν λόγον τῆς γυναικὸς μαρτυρούσης ὅτι **Εἶπέν** μοι πάντα ἃ ἐποίησα
4:42 τῇ τε γυναικὶ **ἔλεγον** ὅτι Οὐκέτι διὰ τὴν σὴν λαλιὰν πιστεύομεν,
4:48 **εἶπεν** οὖν ὁ Ἰησοῦς πρὸς αὐτόν, Ἐὰν μὴ σημεῖα καὶ τέρατα ἴδητε,

4:49 **λέγει** πρὸς αὐτὸν ὁ βασιλικός, Κύριε, κατάβηθι πρὶν ἀποθανεῖν τὸ παιδίον μου.
4:50 **λέγει** αὐτῷ ὁ Ἰησοῦς, Πορεύου, ὁ υἱός σου ζῇ. ἐπίστευσεν ὁ ἄνθρωπος τῷ λόγῳ ὃν **εἶπεν** αὐτῷ ὁ Ἰησοῦς καὶ ἐπορεύετο.
4:51 ἤδη δὲ αὐτοῦ καταβαίνοντος οἱ δοῦλοι αὐτοῦ ὑπήντησαν αὐτῷ **λέγοντες** ὅτι ὁ παῖς αὐτοῦ ζῇ.
4:52 **εἶπαν** οὖν αὐτῷ ὅτι Ἐχθὲς ὥραν ἑβδόμην ἀφῆκεν αὐτὸν ὁ πυρετός.
4:53 ἔγνω οὖν ὁ πατὴρ ὅτι [ἐν] ἐκείνῃ τῇ ὥρᾳ ἐν ᾗ **εἶπεν** αὐτῷ ὁ Ἰησοῦς,
5: 6 τοῦτον ἰδὼν ὁ Ἰησοῦς κατακείμενον καὶ γνοὺς ὅτι πολὺν ἤδη χρόνον ἔχει, **λέγει** αὐτῷ, Θέλεις ὑγιὴς γενέσθαι;
5: 8 **λέγει** αὐτῷ ὁ Ἰησοῦς, Ἔγειρε ἆρον τὸν κράβαττόν σου καὶ περιπάτει.
5:10 **ἔλεγον** οὖν οἱ Ἰουδαῖοι τῷ τεθεραπευμένῳ, Σάββατόν ἐστιν,
5:11 ὁ δὲ ἀπεκρίθη αὐτοῖς, Ὁ ποιήσας με ὑγιῆ ἐκεῖνός μοι **εἶπεν,**
5:12 ἠρώτησαν αὐτόν, Τίς ἐστιν ὁ ἄνθρωπος ὁ **εἰπών** σοι,
5:14 μετὰ ταῦτα εὑρίσκει αὐτὸν ὁ Ἰησοῦς ἐν τῷ ἱερῷ καὶ **εἶπεν** αὐτῷ,
5:18 ἀλλὰ καὶ πατέρα ἴδιον **ἔλεγεν** τὸν θεὸν ἴσον ἑαυτὸν ποιῶν τῷ θεῷ.
5:19 Ἀπεκρίνατο οὖν ὁ Ἰησοῦς καὶ **ἔλεγεν** αὐτοῖς, Ἀμὴν ἀμὴν **λέγω** ὑμῖν,
5:24 Ἀμὴν ἀμὴν **λέγω** ὑμῖν ὅτι ὁ τὸν λόγον μου ἀκούων καὶ πιστεύων τῷ πέμψαντί με ἔχει ζωὴν αἰώνιον
5:25 ἀμὴν ἀμὴν **λέγω** ὑμῖν ὅτι ἔρχεται ὥρα καὶ νῦν ἐστιν ὅτε οἱ νεκροὶ ἀκούσουσιν τῆς φωνῆς τοῦ υἱοῦ τοῦ θεοῦ
5:34 ἐγὼ δὲ οὐ παρὰ ἀνθρώπου τὴν μαρτυρίαν λαμβάνω, ἀλλὰ ταῦτα **λέγω** ἵνα ὑμεῖς σωθῆτε.
6: 5 ἐπάρας οὖν τοὺς ὀφθαλμοὺς ὁ Ἰησοῦς καὶ θεασάμενος ὅτι πολὺς ὄχλος ἔρχεται πρὸς αὐτὸν **λέγει** πρὸς Φίλιππον,
6: 6 τοῦτο δὲ **ἔλεγεν** πειράζων αὐτόν· αὐτὸς γὰρ ᾔδει τί ἔμελλεν ποιεῖν.
6: 8 **λέγει** αὐτῷ εἷς ἐκ τῶν μαθητῶν αὐτοῦ, Ἀνδρέας ὁ ἀδελφὸς Σίμωνος Πέτρου,
6:10 **εἶπεν** ὁ Ἰησοῦς, Ποιήσατε τοὺς ἀνθρώπους ἀναπεσεῖν. ἦν δὲ χόρτος πολὺς ἐν τῷ τόπῳ.
6:12 ὡς δὲ ἐνεπλήσθησαν, **λέγει** τοῖς μαθηταῖς αὐτοῦ, Συναγάγετε τὰ περισσεύσαντα κλάσματα,
6:14 Οἱ οὖν ἄνθρωποι ἰδόντες ὃ ἐποίησεν σημεῖον **ἔλεγον** ὅτι Οὗτός ἐστιν ἀληθῶς ὁ προφήτης ὁ ἐρχόμενος εἰς τὸν κόσμον.
6:20 ὁ δὲ **λέγει** αὐτοῖς, Ἐγώ εἰμι· μὴ φοβεῖσθε.
6:25 καὶ εὑρόντες αὐτὸν πέραν τῆς θαλάσσης **εἶπον** αὐτῷ,
6:26 ἀπεκρίθη αὐτοῖς ὁ Ἰησοῦς καὶ **εἶπεν,** Ἀμὴν ἀμὴν **λέγω** ὑμῖν, ζητεῖτέ με οὐχ ὅτι εἴδετε σημεῖα,
6:28 **εἶπον** οὖν πρὸς αὐτόν, Τί ποιῶμεν ἵνα ἐργαζώμεθα τὰ ἔργα τοῦ θεοῦ;
6:29 ἀπεκρίθη [ὁ] Ἰησοῦς καὶ **εἶπεν** αὐτοῖς, Τοῦτό ἐστιν τὸ ἔργον τοῦ θεοῦ,
6:30 **εἶπον** οὖν αὐτῷ, Τί οὖν ποιεῖς σὺ σημεῖον,
6:32 **εἶπεν** οὖν αὐτοῖς ὁ Ἰησοῦς, Ἀμὴν ἀμὴν **λέγω** ὑμῖν,
6:34 **Εἶπον** οὖν πρὸς αὐτόν, Κύριε, πάντοτε δὸς ἡμῖν τὸν ἄρτον τοῦτον.
6:35 **εἶπεν** αὐτοῖς ὁ Ἰησοῦς, Ἐγώ εἰμι ὁ ἄρτος τῆς ζωῆς·
6:36 ἀλλ' **εἶπον** ὑμῖν ὅτι καὶ ἑωράκατέ [με] καὶ οὐ πιστεύετε.
6:41 Ἐγόγγυζον οὖν οἱ Ἰουδαῖοι περὶ αὐτοῦ ὅτι **εἶπεν,**
6:42 καὶ **ἔλεγον,** Οὐχ οὗτός ἐστιν Ἰησοῦς ὁ υἱὸς Ἰωσήφ, οὗ ἡμεῖς οἴδαμεν τὸν πατέρα καὶ τὴν μητέρα; πῶς νῦν **λέγει** ὅτι Ἐκ τοῦ οὐρανοῦ καταβέβηκα;
6:43 ἀπεκρίθη Ἰησοῦς καὶ **εἶπεν** αὐτοῖς, Μὴ γογγύζετε μετ' ἀλλήλων.
6:47 ἀμὴν ἀμὴν **λέγω** ὑμῖν, ὁ πιστεύων ἔχει ζωὴν αἰώνιον.
6:52 Ἐμάχοντο οὖν πρὸς ἀλλήλους οἱ Ἰουδαῖοι **λέγοντες,** Πῶς δύναται οὗτος ἡμῖν δοῦναι τὴν σάρκα [αὐτοῦ] φαγεῖν;
6:53 **εἶπεν** οὖν αὐτοῖς ὁ Ἰησοῦς, Ἀμὴν ἀμὴν **λέγω** ὑμῖν,
6:59 Ταῦτα **εἶπεν** ἐν συναγωγῇ διδάσκων ἐν Καφαρναούμ.
6:60 Πολλοὶ οὖν ἀκούσαντες ἐκ τῶν μαθητῶν αὐτοῦ **εἶπαν,**
6:61 εἰδὼς δὲ ὁ Ἰησοῦς ἐν ἑαυτῷ ὅτι γογγύζουσιν περὶ τούτου οἱ μαθηταὶ αὐτοῦ **εἶπεν** αὐτοῖς,
6:65 καὶ **ἔλεγεν,** Διὰ τοῦτο **εἴρηκα** ὑμῖν ὅτι οὐδεὶς δύναται ἐλθεῖν πρός με ἐὰν μὴ ᾖ δεδομένον αὐτῷ ἐκ τοῦ πατρός.
6:67 **εἶπεν** οὖν ὁ Ἰησοῦς τοῖς δώδεκα, Μὴ καὶ ὑμεῖς θέλετε ὑπάγειν;
6:71 **ἔλεγεν** δὲ τὸν Ἰούδαν Σίμωνος Ἰσκαριώτου· οὗτος γὰρ ἔμελλεν παραδιδόναι αὐτόν,
7: 3 **εἶπον** οὖν πρὸς αὐτὸν οἱ ἀδελφοὶ αὐτοῦ, Μετάβηθι ἐντεῦθεν καὶ ὕπαγε εἰς τὴν Ἰουδαίαν,
7: 6 **λέγει** οὖν αὐτοῖς ὁ Ἰησοῦς, Ὁ καιρὸς ὁ ἐμὸς οὔπω πάρεστιν,
7: 9 ταῦτα δὲ **εἰπὼν** αὐτὸς ἔμεινεν ἐν τῇ Γαλιλαίᾳ.
7:11 οἱ οὖν Ἰουδαῖοι ἐζήτουν αὐτὸν ἐν τῇ ἑορτῇ καὶ **ἔλεγον,**
7:12 οἱ μὲν **ἔλεγον** ὅτι Ἀγαθός ἐστιν, ἄλλοι [δὲ] **ἔλεγον,** Οὔ, ἀλλὰ πλανᾷ τὸν ὄχλον.
7:15 ἐθαύμαζον οὖν οἱ Ἰουδαῖοι **λέγοντες,** Πῶς οὗτος γράμματα οἶδεν μὴ μεμαθηκώς;
7:16 ἀπεκρίθη οὖν αὐτοῖς [ὁ] Ἰησοῦς καὶ **εἶπεν,** Ἡ ἐμὴ διδαχὴ οὐκ ἔστιν ἐμὴ ἀλλὰ τοῦ πέμψαντός με·
7:21 ἀπεκρίθη Ἰησοῦς καὶ **εἶπεν** αὐτοῖς, Ἓν ἔργον ἐποίησα καὶ πάντες θαυμάζετε.
7:25 **Ἔλεγον** οὖν τινες ἐκ τῶν Ἱεροσολυμιτῶν, Οὐχ οὗτός ἐστιν ὃν ζητοῦσιν ἀποκτεῖναι;
7:26 καὶ ἴδε παρρησίᾳ λαλεῖ καὶ οὐδὲν αὐτῷ **λέγουσιν.**
7:28 ἔκραξεν οὖν ἐν τῷ ἱερῷ διδάσκων ὁ Ἰησοῦς καὶ **λέγων,**
7:31 Ἐκ τοῦ ὄχλου δὲ πολλοὶ ἐπίστευσαν εἰς αὐτὸν καὶ **ἔλεγον,**
7:33 **εἶπεν** οὖν ὁ Ἰησοῦς, Ἔτι χρόνον μικρὸν μεθ' ὑμῶν εἰμι καὶ ὑπάγω πρὸς τὸν πέμψαντά με.
7:35 **εἶπον** οὖν οἱ Ἰουδαῖοι πρὸς ἑαυτούς, Ποῦ οὗτος μέλλει πορεύεσθαι ὅτι ἡμεῖς οὐχ εὑρήσομεν αὐτόν;
7:36 τίς ἐστιν ὁ λόγος οὗτος ὃν **εἶπεν,** Ζητήσετέ με καὶ οὐχ εὑρήσετέ [με,]
7:37 Ἐν δὲ τῇ ἐσχάτῃ ἡμέρᾳ τῇ μεγάλῃ τῆς ἑορτῆς εἱστήκει ὁ Ἰησοῦς καὶ ἔκραξεν **λέγων,**
7:38 ὁ πιστεύων εἰς ἐμέ, καθὼς **εἶπεν** ἡ γραφή,
7:39 τοῦτο δὲ **εἶπεν** περὶ τοῦ πνεύματος ὃ ἔμελλον λαμβάνειν οἱ πιστεύσαντες εἰς αὐτόν·
7:40 Ἐκ τοῦ ὄχλου οὖν ἀκούσαντες τῶν λόγων τούτων **ἔλεγον,**
7:41 ἄλλοι **ἔλεγον,** Οὗτός ἐστιν ὁ Χριστός, οἱ δὲ **ἔλεγον,**
7:42 οὐχ ἡ γραφὴ **εἶπεν** ὅτι ἐκ τοῦ σπέρματος Δαυὶδ καὶ ἀπὸ Βηθλέεμ τῆς κώμης ὅπου ἦν Δαυὶδ ἔρχεται ὁ Χριστός;
7:45 καὶ **εἶπον** αὐτοῖς ἐκεῖνοι, Διὰ τί οὐκ ἠγάγετε αὐτόν;
7:50 **λέγει** Νικόδημος πρὸς αὐτούς, ὁ ἐλθὼν πρὸς αὐτὸν [τὸ] πρότερον,
7:52 ἀπεκρίθησαν καὶ **εἶπαν** αὐτῷ, Μὴ καὶ σὺ ἐκ τῆς Γαλιλαίας εἶ;
8: 4 [[**λέγουσιν** αὐτῷ, Διδάσκαλε, αὕτη ἡ γυνὴ κατείληπται ἐπ' αὐτοφώρῳ μοιχευομένη·]]
8: 5 [[ἐν δὲ τῷ νόμῳ ἡμῖν Μωϋσῆς ἐνετείλατο τὰς τοιαύτας λιθάζειν. σὺ οὖν τί **λέγεις;**]]
8: 6 [[τοῦτο δὲ **ἔλεγον** πειράζοντες αὐτόν, ἵνα ἔχωσιν κατηγορεῖν αὐτοῦ.]]
8: 7 [[ὡς δὲ ἐπέμενον ἐρωτῶντες αὐτόν, ἀνέκυψεν καὶ **εἶπεν** αὐτοῖς,]]
8:10 [[ἀνακύψας δὲ ὁ Ἰησοῦς **εἶπεν** αὐτῇ, Γύναι, ποῦ εἰσιν;]]
8:11 [[ἡ δὲ **εἶπεν,** Οὐδείς, κύριε. **εἶπεν** δὲ ὁ Ἰησοῦς, Οὐδὲ ἐγώ σε κατακρίνω·]]
8:12 Πάλιν οὖν αὐτοῖς ἐλάλησεν ὁ Ἰησοῦς **λέγων,** Ἐγώ εἰμι τὸ φῶς τοῦ κόσμου·
8:13 **εἶπον** οὖν αὐτῷ οἱ Φαρισαῖοι, Σὺ περὶ σεαυτοῦ μαρτυρεῖς·
8:14 ἀπεκρίθη Ἰησοῦς καὶ **εἶπεν** αὐτοῖς, Κἂν ἐγὼ μαρτυρῶ περὶ ἐμαυτοῦ,
8:19 **ἔλεγον** οὖν αὐτῷ, Ποῦ ἐστιν ὁ πατήρ σου;
8:21 **Εἶπεν** οὖν πάλιν αὐτοῖς, Ἐγὼ ὑπάγω καὶ ζητήσετέ με,
8:22 **ἔλεγον** οὖν οἱ Ἰουδαῖοι, Μήτι ἀποκτενεῖ ἑαυτόν, ὅτι **λέγει,**
8:23 καὶ **ἔλεγεν** αὐτοῖς, Ὑμεῖς ἐκ τῶν κάτω ἐστέ,
8:24 **εἶπον** οὖν ὑμῖν ὅτι ἀποθανεῖσθε ἐν ταῖς ἁμαρτίαις ὑμῶν·
8:25 **ἔλεγον** οὖν αὐτῷ, Σὺ τίς εἶ; **εἶπεν** αὐτοῖς ὁ Ἰησοῦς, Τὴν ἀρχὴν ὅ τι καὶ λαλῶ ὑμῖν;
8:27 οὐκ ἔγνωσαν ὅτι τὸν πατέρα αὐτοῖς **ἔλεγεν.**
8:28 **εἶπεν** οὖν [αὐτοῖς] ὁ Ἰησοῦς, Ὅταν ὑψώσητε τὸν υἱὸν τοῦ ἀνθρώπου,
8:31 **Ἔλεγεν** οὖν ὁ Ἰησοῦς πρὸς τοὺς πεπιστευκότας αὐτῷ Ἰουδαίους,
8:33 Σπέρμα Ἀβραάμ ἐσμεν καὶ οὐδενὶ δεδουλεύκαμεν πώποτε· πῶς σὺ **λέγεις** ὅτι Ἐλεύθεροι γενήσεσθε;
8:34 Ἀμὴν ἀμὴν **λέγω** ὑμῖν ὅτι πᾶς ὁ ποιῶν τὴν ἁμαρτίαν δοῦλός ἐστιν τῆς ἁμαρτίας.
8:39 Ἀπεκρίθησαν καὶ **εἶπαν** αὐτῷ, Ὁ πατὴρ ἡμῶν Ἀβραάμ ἐστιν. **λέγει** αὐτοῖς ὁ Ἰησοῦς, Εἰ τέκνα τοῦ Ἀβραάμ ἐστε,
8:41 **εἶπαν** [οὖν] αὐτῷ, Ἡμεῖς ἐκ πορνείας οὐ γεγεννήμεθα·
8:42 **εἶπεν** αὐτοῖς ὁ Ἰησοῦς, Εἰ ὁ θεὸς πατὴρ ὑμῶν ἦν ἠγαπᾶτε ἂν ἐμέ,
8:45 ἐγὼ δὲ ὅτι τὴν ἀλήθειαν **λέγω,** οὐ πιστεύετέ μοι.
8:46 εἰ ἀλήθειαν **λέγω,** διὰ τί ὑμεῖς οὐ πιστεύετέ μοι;
8:48 Ἀπεκρίθησαν οἱ Ἰουδαῖοι καὶ **εἶπαν** αὐτῷ, Οὐ καλῶς **λέγομεν** ἡμεῖς ὅτι Σαμαρίτης εἶ σὺ καὶ δαιμόνιον ἔχεις;
8:51 ἀμὴν ἀμὴν **λέγω** ὑμῖν, ἐάν τις τὸν ἐμὸν λόγον τηρήσῃ,

8:52 **εἶπον** [οὖν] αὐτῷ οἱ Ἰουδαῖοι, Νῦν ἐγνώκαμεν ὅτι δαιμόνιον ἔχεις. Ἀβραὰμ ἀπέθανεν καὶ οἱ προφῆται, καὶ σὺ **λέγεις,**
8:54 ἔστιν ὁ πατήρ μου ὁ δοξάζων με, ὃν ὑμεῖς **λέγετε** ὅτι θεὸς ἡμῶν ἐστιν,
8:55 κἂν **εἴπω** ὅτι οὐκ οἶδα αὐτόν, ἔσομαι ὅμοιος ὑμῖν ψεύστης·
8:57 **εἶπον** οὖν οἱ Ἰουδαῖοι πρὸς αὐτόν, Πεντήκοντα ἔτη οὔπω ἔχεις καὶ Ἀβραὰμ ἑώρακας;
8:58 **εἶπεν** αὐτοῖς Ἰησοῦς, Ἀμὴν ἀμὴν **λέγω** ὑμῖν, πρὶν Ἀβραὰμ γενέσθαι ἐγὼ εἰμί.
9: 2 καὶ ἠρώτησαν αὐτὸν οἱ μαθηταὶ αὐτοῦ **λέγοντες,** Ῥαββί,
9: 6 ταῦτα **εἰπὼν** ἔπτυσεν χαμαὶ καὶ ἐποίησεν πηλὸν ἐκ τοῦ πτύσματος καὶ ἐπέχρισεν αὐτοῦ τὸν πηλὸν ἐπὶ τοὺς ὀφθαλμοὺς
9: 7 καὶ **εἶπεν** αὐτῷ, Ὕπαγε νίψαι εἰς τὴν κολυμβήθραν τοῦ Σιλωάμ (ὃ ἑρμηνεύεται Ἀπεσταλμένος).
9: 8 Οἱ οὖν γείτονες καὶ οἱ θεωροῦντες αὐτὸν τὸ πρότερον ὅτι προσαίτης ἦν **ἔλεγον,**
9: 9 ἄλλοι **ἔλεγον** ὅτι Οὗτός ἐστιν, ἄλλοι **ἔλεγον,** Οὐχί, ἀλλὰ ὅμοιος αὐτῷ ἐστιν. ἐκεῖνος **ἔλεγεν** ὅτι Ἐγώ εἰμι.
9:10 **ἔλεγον** οὖν αὐτῷ, Πῶς [οὖν] ἠνεῴχθησάν σου οἱ ὀφθαλμοί;
9:11 Ὁ ἄνθρωπος ὁ **λεγόμενος** Ἰησοῦς πηλὸν ἐποίησεν καὶ ἐπέχρισέν μου τοὺς ὀφθαλμοὺς καὶ **εἶπέν** μοι ὅτι Ὕπαγε εἰς τὸν Σιλωὰμ καὶ νίψαι·
9:12 καὶ **εἶπαν** αὐτῷ, Ποῦ ἐστιν ἐκεῖνος; **λέγει,** Οὐκ οἶδα.
9:15 ὁ δὲ **εἶπεν** αὐτοῖς, Πηλὸν ἐπέθηκέν μου ἐπὶ τοὺς ὀφθαλμούς,
9:16 **ἔλεγον** οὖν ἐκ τῶν Φαρισαίων τινές, Οὐκ ἔστιν οὗτος παρὰ θεοῦ ὁ ἄνθρωπος, ὅτι τὸ σάββατον οὐ τηρεῖ. ἄλλοι [δὲ] **ἔλεγον,** Πῶς δύναται ἄνθρωπος ἁμαρτωλὸς τοιαῦτα σημεῖα ποιεῖν;
9:17 **λέγουσιν** οὖν τῷ τυφλῷ πάλιν, Τί σὺ **λέγεις** περὶ αὐτοῦ, ὅτι ἠνέῳξέν σου τοὺς ὀφθαλμούς; ὁ δὲ **εἶπεν** ὅτι Προφήτης ἐστίν.
9:19 καὶ ἠρώτησαν αὐτοὺς **λέγοντες,** Οὗτός ἐστιν ὁ υἱὸς ὑμῶν, ὃν ὑμεῖς **λέγετε** ὅτι τυφλὸς ἐγεννήθη;
9:20 ἀπεκρίθησαν οὖν οἱ γονεῖς αὐτοῦ καὶ **εἶπαν,** Οἴδαμεν ὅτι οὗτός ἐστιν ὁ υἱὸς ἡμῶν καὶ ὅτι τυφλὸς ἐγεννήθη·
9:22 ταῦτα **εἶπαν** οἱ γονεῖς αὐτοῦ ὅτι ἐφοβοῦντο τοὺς Ἰουδαίους·
9:23 διὰ τοῦτο οἱ γονεῖς αὐτοῦ **εἶπαν** ὅτι Ἡλικίαν ἔχει,
9:24 Ἐφώνησαν οὖν τὸν ἄνθρωπον ἐκ δευτέρου ὃς ἦν τυφλὸς καὶ **εἶπαν** αὐτῷ,
9:26 **εἶπον** οὖν αὐτῷ, Τί ἐποίησέν σοι; πῶς ἤνοιξέν σου τοὺς ὀφθαλμούς;
9:27 ἀπεκρίθη αὐτοῖς, **Εἶπον** ὑμῖν ἤδη καὶ οὐκ ἠκούσατε·
9:28 καὶ ἐλοιδόρησαν αὐτὸν καὶ **εἶπον,** Σὺ μαθητὴς εἶ ἐκείνου,
9:30 ἀπεκρίθη ὁ ἄνθρωπος καὶ **εἶπεν** αὐτοῖς, Ἐν τούτῳ γὰρ τὸ θαυμαστόν ἐστιν,
9:34 ἀπεκρίθησαν καὶ **εἶπαν** αὐτῷ, Ἐν ἁμαρτίαις σὺ ἐγεννήθης ὅλος καὶ σὺ διδάσκεις ἡμᾶς;
9:35 Ἤκουσεν Ἰησοῦς ὅτι ἐξέβαλον αὐτὸν ἔξω καὶ εὑρὼν αὐτὸν **εἶπεν,**
9:36 ἀπεκρίθη ἐκεῖνος καὶ **εἶπεν,** Καὶ τίς ἐστιν, κύριε,
9:37 **εἶπεν** αὐτῷ ὁ Ἰησοῦς, Καὶ ἑώρακας αὐτὸν καὶ ὁ λαλῶν μετὰ σοῦ ἐκεῖνός ἐστιν.
9:39 καὶ **εἶπεν** ὁ Ἰησοῦς, Εἰς κρίμα ἐγὼ εἰς τὸν κόσμον τοῦτον ἦλθον,
9:40 Ἤκουσαν ἐκ τῶν Φαρισαίων ταῦτα οἱ μετ' αὐτοῦ ὄντες καὶ **εἶπον** αὐτῷ,
9:41 **εἶπεν** αὐτοῖς ὁ Ἰησοῦς, Εἰ τυφλοὶ ἦτε, οὐκ ἂν εἴχετε ἁμαρτίαν· νῦν δὲ **λέγετε** ὅτι Βλέπομεν, ἡ ἁμαρτία ὑμῶν μένει.
10: 1 Ἀμὴν ἀμὴν **λέγω** ὑμῖν, ὁ μὴ εἰσερχόμενος διὰ τῆς θύρας εἰς τὴν αὐλὴν τῶν προβάτων ἀλλὰ ἀναβαίνων ἀλλαχόθεν
10: 6 Ταύτην τὴν παροιμίαν **εἶπεν** αὐτοῖς ὁ Ἰησοῦς, ἐκεῖνοι δὲ οὐκ ἔγνωσαν τίνα ἦν ἃ ἐλάλει αὐτοῖς.
10: 7 **Εἶπεν** οὖν πάλιν ὁ Ἰησοῦς, Ἀμὴν ἀμὴν **λέγω** ὑμῖν ὅτι ἐγώ εἰμι ἡ θύρα τῶν προβάτων.
10:20 **ἔλεγον** δὲ πολλοὶ ἐξ αὐτῶν, Δαιμόνιον ἔχει καὶ μαίνεται·
10:21 ἄλλοι **ἔλεγον,** Ταῦτα τὰ ῥήματα οὐκ ἔστιν δαιμονιζομένου·
10:24 ἐκύκλωσαν οὖν αὐτὸν οἱ Ἰουδαῖοι καὶ **ἔλεγον** αὐτῷ, Ἕως πότε τὴν ψυχὴν ἡμῶν αἴρεις; εἰ σὺ εἶ ὁ Χριστός, **εἰπὲ** ἡμῖν παρρησίᾳ.
10:25 ἀπεκρίθη αὐτοῖς ὁ Ἰησοῦς, **Εἶπον** ὑμῖν καὶ οὐ πιστεύετε·
10:34 Οὐκ ἔστιν γεγραμμένον ἐν τῷ νόμῳ ὑμῶν ὅτι Ἐγὼ **εἶπα,**
10:35 εἰ ἐκείνους **εἶπεν** θεοὺς πρὸς οὓς ὁ λόγος τοῦ θεοῦ ἐγένετο,
10:36 ὃν ὁ πατὴρ ἡγίασεν καὶ ἀπέστειλεν εἰς τὸν κόσμον ὑμεῖς **λέγετε** ὅτι Βλασφημεῖς, ὅτι **εἶπον,** Υἱὸς τοῦ θεοῦ εἰμι;
10:41 καὶ πολλοὶ ἦλθον πρὸς αὐτὸν καὶ **ἔλεγον** ὅτι Ἰωάννης μὲν σημεῖον ἐποίησεν οὐδέν, πάντα δὲ ὅσα **εἶπεν** Ἰωάννης περὶ τούτου ἀληθῆ ἦν.
11: 3 ἀπέστειλαν οὖν αἱ ἀδελφαὶ πρὸς αὐτὸν **λέγουσαι,** Κύριε,
11: 4 ἀκούσας δὲ ὁ Ἰησοῦς **εἶπεν,** Αὕτη ἡ ἀσθένεια οὐκ ἔστιν πρὸς θάνατον ἀλλ' ὑπὲρ τῆς δόξης τοῦ θεοῦ,
11: 7 ἔπειτα μετὰ τοῦτο **λέγει** τοῖς μαθηταῖς, Ἄγωμεν εἰς τὴν Ἰουδαίαν πάλιν.
11: 8 **λέγουσιν** αὐτῷ οἱ μαθηταί, Ῥαββί, νῦν ἐζήτουν σε λιθάσαι οἱ Ἰουδαῖοι,
11:11 ταῦτα **εἶπεν,** καὶ μετὰ τοῦτο **λέγει** αὐτοῖς, Λάζαρος ὁ φίλος ἡμῶν κεκοίμηται·
11:12 **εἶπαν** οὖν οἱ μαθηταὶ αὐτῷ, Κύριε, εἰ κεκοίμηται σωθήσεται.
11:13 **εἰρήκει** δὲ ὁ Ἰησοῦς περὶ τοῦ θανάτου αὐτοῦ, ἐκεῖνοι δὲ ἔδοξαν ὅτι περὶ τῆς κοιμήσεως τοῦ ὕπνου **λέγει.**
11:14 τότε οὖν **εἶπεν** αὐτοῖς ὁ Ἰησοῦς παρρησίᾳ, Λάζαρος ἀπέθανεν,
11:16 **εἶπεν** οὖν Θωμᾶς ὁ **λεγόμενος** Δίδυμος τοῖς συμμαθηταῖς,
11:21 **εἶπεν** οὖν ἡ Μάρθα πρὸς τὸν Ἰησοῦν, Κύριε,
11:23 **λέγει** αὐτῇ ὁ Ἰησοῦς, Ἀναστήσεται ὁ ἀδελφός σου.
11:24 **λέγει** αὐτῷ ἡ Μάρθα, Οἶδα ὅτι ἀναστήσεται ἐν τῇ ἀναστάσει ἐν τῇ ἐσχάτῃ ἡμέρᾳ.
11:25 **εἶπεν** αὐτῇ ὁ Ἰησοῦς, Ἐγώ εἰμι ἡ ἀνάστασις καὶ ἡ ζωή·
11:27 **λέγει** αὐτῷ, Ναὶ κύριε, ἐγὼ πεπίστευκα ὅτι σὺ εἶ ὁ Χριστὸς ὁ υἱὸς τοῦ θεοῦ ὁ εἰς τὸν κόσμον ἐρχόμενος.
11:28 Καὶ τοῦτο **εἰποῦσα** ἀπῆλθεν καὶ ἐφώνησεν Μαριὰμ τὴν ἀδελφὴν αὐτῆς λάθρᾳ **εἰποῦσα,**
11:32 ἡ οὖν Μαριὰμ ὡς ἦλθεν ὅπου ἦν Ἰησοῦς ἰδοῦσα αὐτὸν ἔπεσεν αὐτοῦ πρὸς τοὺς πόδας **λέγουσα** αὐτῷ,
11:34 καὶ **εἶπεν,** Ποῦ τεθείκατε αὐτόν; **λέγουσιν** αὐτῷ, Κύριε, ἔρχου καὶ ἴδε.
11:36 **ἔλεγον** οὖν οἱ Ἰουδαῖοι, Ἴδε πῶς ἐφίλει αὐτόν.
11:37 τινὲς δὲ ἐξ αὐτῶν **εἶπαν,** Οὐκ ἐδύνατο οὗτος ὁ ἀνοίξας τοὺς ὀφθαλμοὺς τοῦ τυφλοῦ ποιῆσαι ἵνα καὶ οὗτος μὴ ἀποθάνῃ;
11:39 **λέγει** ὁ Ἰησοῦς, Ἄρατε τὸν λίθον. **λέγει** αὐτῷ ἡ ἀδελφὴ τοῦ τετελευτηκότος Μάρθα, Κύριε,
11:40 **λέγει** αὐτῇ ὁ Ἰησοῦς, Οὐκ **εἶπόν** σοι ὅτι ἐὰν πιστεύσῃς ὄψῃ τὴν δόξαν τοῦ θεοῦ;
11:41 ὁ δὲ Ἰησοῦς ἦρεν τοὺς ὀφθαλμοὺς ἄνω καὶ **εἶπεν,**
11:42 ἀλλὰ διὰ τὸν ὄχλον τὸν περιεστῶτα **εἶπον,** ἵνα πιστεύσωσιν ὅτι σύ με ἀπέστειλας.
11:43 καὶ ταῦτα **εἰπὼν** φωνῇ μεγάλῃ ἐκραύγασεν, Λάζαρε, δεῦρο ἔξω.
11:44 **λέγει** αὐτοῖς ὁ Ἰησοῦς, Λύσατε αὐτὸν καὶ ἄφετε αὐτὸν ὑπάγειν.
11:46 τινὲς δὲ ἐξ αὐτῶν ἀπῆλθον πρὸς τοὺς Φαρισαίους καὶ **εἶπαν** αὐτοῖς ἃ ἐποίησεν Ἰησοῦς.
11:47 συνήγαγον οὖν οἱ ἀρχιερεῖς καὶ οἱ Φαρισαῖοι συνέδριον καὶ **ἔλεγον,**
11:49 ἀρχιερεὺς ὢν τοῦ ἐνιαυτοῦ ἐκείνου, **εἶπεν** αὐτοῖς, Ὑμεῖς οὐκ οἴδατε οὐδέν,
11:51 τοῦτο δὲ ἀφ' ἑαυτοῦ οὐκ **εἶπεν,** ἀλλὰ ἀρχιερεὺς ὢν τοῦ ἐνιαυτοῦ ἐκείνου ἐπροφήτευσεν
11:54 εἰς Ἐφραὶμ **λεγομένην** πόλιν, κἀκεῖ ἔμεινεν μετὰ τῶν μαθητῶν.
11:56 ἐζήτουν οὖν τὸν Ἰησοῦν καὶ **ἔλεγον** μετ' ἀλλήλων ἐν τῷ ἱερῷ ἑστηκότες,
12: 4 **λέγει** δὲ Ἰούδας ὁ Ἰσκαριώτης εἷς [ἐκ] τῶν μαθητῶν αὐτοῦ,
12: 6 **εἶπεν** δὲ τοῦτο οὐχ ὅτι περὶ τῶν πτωχῶν ἔμελεν αὐτῷ,
12: 7 **εἶπεν** οὖν ὁ Ἰησοῦς, Ἄφες αὐτήν, ἵνα εἰς τὴν ἡμέραν τοῦ ἐνταφιασμοῦ μου τηρήσῃ αὐτό·
12:19 οἱ οὖν Φαρισαῖοι **εἶπαν** πρὸς ἑαυτούς, Θεωρεῖτε ὅτι οὐκ ὠφελεῖτε οὐδέν·
12:21 οὗτοι οὖν προσῆλθον Φιλίππῳ τῷ ἀπὸ Βηθσαϊδὰ τῆς Γαλιλαίας καὶ ἠρώτων αὐτὸν **λέγοντες,**
12:22 ἔρχεται ὁ Φίλιππος καὶ **λέγει** τῷ Ἀνδρέᾳ, ἔρχεται Ἀνδρέας καὶ Φίλιππος καὶ **λέγουσιν** τῷ Ἰησοῦ.
12:23 ὁ δὲ Ἰησοῦς ἀποκρίνεται αὐτοῖς **λέγων,** Ἐλήλυθεν ἡ ὥρα ἵνα δοξασθῇ ὁ υἱὸς τοῦ ἀνθρώπου.
12:24 ἀμὴν ἀμὴν **λέγω** ὑμῖν, ἐὰν μὴ ὁ κόκκος τοῦ σίτου πεσὼν εἰς τὴν γῆν ἀποθάνῃ,
12:27 Νῦν ἡ ψυχή μου τετάρακται, καὶ τί **εἴπω;**
12:29 ὁ οὖν ὄχλος ὁ ἑστὼς καὶ ἀκούσας **ἔλεγεν** βροντὴν γεγονέναι, ἄλλοι **ἔλεγον,** Ἄγγελος αὐτῷ λελάληκεν.
12:30 ἀπεκρίθη Ἰησοῦς καὶ **εἶπεν,** Οὐ δι' ἐμὲ ἡ φωνὴ αὕτη γέγονεν ἀλλὰ δι' ὑμᾶς.
12:33 τοῦτο δὲ **ἔλεγεν** σημαίνων ποίῳ θανάτῳ ἤμελλεν ἀποθνῄσκειν.
12:34 καὶ πῶς **λέγεις** σὺ ὅτι δεῖ ὑψωθῆναι τὸν υἱὸν τοῦ ἀνθρώπου;
12:35 **εἶπεν** οὖν αὐτοῖς ὁ Ἰησοῦς, Ἔτι μικρὸν χρόνον τὸ φῶς ἐν ὑμῖν ἐστιν.
12:38 ἵνα ὁ λόγος Ἠσαΐου τοῦ προφήτου πληρωθῇ ὃν **εἶπεν,**
12:39 διὰ τοῦτο οὐκ ἠδύναντο πιστεύειν, ὅτι πάλιν **εἶπεν** Ἠσαΐας,

12:41 ταῦτα **εἶπεν** Ἠσαΐας ὅτι εἶδεν τὴν δόξαν αὐτοῦ,
12:44 Ἰησοῦς δὲ ἔκραξεν καὶ **εἶπεν,** Ὁ πιστεύων εἰς ἐμὲ οὐ πιστεύει εἰς ἐμὲ ἀλλὰ εἰς τὸν πέμψαντά με,
12:49 ἀλλ᾽ ὁ πέμψας με πατὴρ αὐτός μοι ἐντολὴν δέδωκεν τί **εἴπω** καὶ τί λαλήσω.
12:50 ἃ οὖν ἐγὼ λαλῶ, καθὼς **εἴρηκέν** μοι ὁ πατήρ, οὕτως λαλῶ.
13: 6 **λέγει** αὐτῷ, Κύριε, σύ μου νίπτεις τοὺς πόδας;
13: 7 ἀπεκρίθη Ἰησοῦς καὶ **εἶπεν** αὐτῷ, Ὃ ἐγὼ ποιῶ σὺ οὐκ οἶδας ἄρτι,
13: 8 **λέγει** αὐτῷ Πέτρος, Οὐ μὴ νίψῃς μου τοὺς πόδας εἰς τὸν αἰῶνα.
13: 9 **λέγει** αὐτῷ Σίμων Πέτρος, Κύριε, μὴ τοὺς πόδας μου μόνον ἀλλὰ καὶ τὰς χεῖρας καὶ τὴν κεφαλήν.
13:10 **λέγει** αὐτῷ ὁ Ἰησοῦς, Ὁ λελουμένος οὐκ ἔχει χρείαν εἰ μὴ τοὺς πόδας νίψασθαι,
13:11 διὰ τοῦτο **εἶπεν** ὅτι Οὐχὶ πάντες καθαροί ἐστε.
13:12 [καὶ] ἔλαβεν τὰ ἱμάτια αὐτοῦ καὶ ἀνέπεσεν πάλιν, **εἶπεν** αὐτοῖς, Γινώσκετε τί πεποίηκα ὑμῖν;
13:13 ὑμεῖς φωνεῖτέ με Ὁ διδάσκαλος καὶ Ὁ κύριος, καὶ καλῶς **λέγετε,** εἰμὶ γάρ.
13:16 ἀμὴν ἀμὴν **λέγω** ὑμῖν, οὐκ ἔστιν δοῦλος μείζων τοῦ κυρίου αὐτοῦ οὐδὲ ἀπόστολος μείζων τοῦ πέμψαντος αὐτόν.
13:18 οὐ περὶ πάντων ὑμῶν **λέγω·** ἐγὼ οἶδα τίνας ἐξελεξάμην·
13:19 ἀπ᾽ ἄρτι **λέγω** ὑμῖν πρὸ τοῦ γενέσθαι, ἵνα πιστεύσητε ὅταν γένηται ὅτι ἐγώ εἰμι.
13:20 ἀμὴν ἀμὴν **λέγω** ὑμῖν, ὁ λαμβάνων ἄν τινα πέμψω ἐμὲ λαμβάνει,
13:21 Ταῦτα **εἰπὼν** [ὁ] Ἰησοῦς ἐταράχθη τῷ πνεύματι καὶ ἐμαρτύρησεν καὶ **εἶπεν,** Ἀμὴν ἀμὴν **λέγω** ὑμῖν ὅτι εἷς ἐξ ὑμῶν παραδώσει με.
13:22 ἔβλεπον εἰς ἀλλήλους οἱ μαθηταὶ ἀπορούμενοι περὶ τίνος **λέγει.**
13:24 νεύει οὖν τούτῳ Σίμων Πέτρος πυθέσθαι τίς ἂν εἴη περὶ οὗ **λέγει.**
13:25 ἀναπεσὼν οὖν ἐκεῖνος οὕτως ἐπὶ τὸ στῆθος τοῦ Ἰησοῦ **λέγει** αὐτῷ,
13:27 **λέγει** οὖν αὐτῷ ὁ Ἰησοῦς, Ὃ ποιεῖς ποίησον τάχιον.
13:28 τοῦτο [δὲ] οὐδεὶς ἔγνω τῶν ἀνακειμένων πρὸς τί **εἶπεν** αὐτῷ·
13:29 ἐπεὶ τὸ γλωσσόκομον εἶχεν Ἰούδας, ὅτι **λέγει** αὐτῷ [ὁ] Ἰησοῦς,
13:31 Ὅτε οὖν ἐξῆλθεν, **λέγει** Ἰησοῦς, Νῦν ἐδοξάσθη ὁ υἱὸς τοῦ ἀνθρώπου,
13:33 καὶ καθὼς **εἶπον** τοῖς Ἰουδαίοις ὅτι Ὅπου ἐγὼ ὑπάγω ὑμεῖς οὐ δύνασθε ἐλθεῖν, καὶ ὑμῖν **λέγω** ἄρτι.
13:36 **Λέγει** αὐτῷ Σίμων Πέτρος, Κύριε, ποῦ ὑπάγεις; ἀπεκρίθη [αὐτῷ] Ἰησοῦς,
13:37 **λέγει** αὐτῷ ὁ Πέτρος, Κύριε, διὰ τί οὐ δύναμαί σοι ἀκολουθῆσαι ἄρτι;
13:38 ἀμὴν ἀμὴν **λέγω** σοι, οὐ μὴ ἀλέκτωρ φωνήσῃ ἕως οὗ ἀρνήσῃ με τρίς.
14: 2 **εἶπον** ἂν ὑμῖν ὅτι πορεύομαι ἑτοιμάσαι τόπον ὑμῖν;
14: 5 **Λέγει** αὐτῷ Θωμᾶς, Κύριε, οὐκ οἴδαμεν ποῦ ὑπάγεις·
14: 6 **λέγει** αὐτῷ [ὁ] Ἰησοῦς, Ἐγώ εἰμι ἡ ὁδὸς καὶ ἡ ἀλήθεια καὶ ἡ ζωή·
14: 8 **λέγει** αὐτῷ **Φίλιππος,** Κύριε, δεῖξον ἡμῖν τὸν πατέρα,
14: 9 **λέγει** αὐτῷ ὁ Ἰησοῦς, Τοσούτῳ χρόνῳ μεθ᾽ ὑμῶν εἰμι καὶ οὐκ ἔγνωκάς με, **Φίλιππε;** ὁ ἑωρακὼς ἐμὲ ἑώρακεν τὸν πατέρα· πῶς σὺ **λέγεις,** **Δεῖξον** ἡμῖν τὸν πατέρα;
14:10 τὰ ῥήματα ἃ ἐγὼ **λέγω** ὑμῖν ἀπ᾽ ἐμαυτοῦ οὐ λαλῶ,
14:12 ἀμὴν ἀμὴν **λέγω** ὑμῖν, ὁ πιστεύων εἰς ἐμὲ τὰ ἔργα ἃ ἐγὼ ποιῶ κἀκεῖνος ποιήσει καὶ μείζονα τούτων ποιήσει,
14:22 **Λέγει** αὐτῷ Ἰούδας, οὐχ ὁ Ἰσκαριώτης, Κύριε, [καὶ] τί γέγονεν ὅτι ἡμῖν μέλλεις ἐμφανίζειν σεαυτὸν
14:23 ἀπεκρίθη Ἰησοῦς καὶ **εἶπεν** αὐτῷ, Ἐάν τις ἀγαπᾷ με τὸν λόγον μου τηρήσει,
14:26 ἐκεῖνος ὑμᾶς διδάξει πάντα καὶ ὑπομνήσει ὑμᾶς πάντα ἃ **εἶπον** ὑμῖν [ἐγώ.]
14:28 ἠκούσατε ὅτι ἐγὼ **εἶπον** ὑμῖν, Ὑπάγω καὶ ἔρχομαι πρὸς ὑμᾶς.
14:29 καὶ νῦν **εἴρηκα** ὑμῖν πρὶν γενέσθαι, ἵνα ὅταν γένηται πιστεύσητε.
15:15 οὐκέτι **λέγω** ὑμᾶς δούλους, ὅτι ὁ δοῦλος οὐκ οἶδεν τί ποιεῖ αὐτοῦ ὁ κύριος· ὑμᾶς δὲ **εἴρηκα** φίλους, ὅτι πάντα ἃ ἤκουσα παρὰ τοῦ πατρός μου ἐγνώρισα ὑμῖν.
15:20 μνημονεύετε τοῦ λόγου οὗ ἐγὼ **εἶπον** ὑμῖν, Οὐκ ἔστιν δοῦλος μείζων τοῦ κυρίου αὐτοῦ.
16: 4 ἀλλὰ ταῦτα λελάληκα ὑμῖν ἵνα ὅταν ἔλθῃ ἡ ὥρα αὐτῶν μνημονεύητε αὐτῶν ὅτι ἐγὼ **εἶπον** ὑμῖν. Ταῦτα δὲ ὑμῖν ἐξ ἀρχῆς οὐκ **εἶπον,** ὅτι μεθ᾽ ὑμῶν ἤμην.
16: 7 ἀλλ᾽ ἐγὼ τὴν ἀλήθειαν **λέγω** ὑμῖν, συμφέρει ὑμῖν ἵνα ἐγὼ ἀπέλθω.
16:12 Ἔτι πολλὰ ἔχω ὑμῖν **λέγειν,** ἀλλ᾽ οὐ δύνασθε βαστάζειν ἄρτι·
16:15 διὰ τοῦτο **εἶπον** ὅτι ἐκ τοῦ ἐμοῦ λαμβάνει καὶ ἀναγγελεῖ ὑμῖν.
16:17 **εἶπαν** οὖν ἐκ τῶν μαθητῶν αὐτοῦ πρὸς ἀλλήλους, Τί ἐστιν τοῦτο ὃ **λέγει** ἡμῖν, Μικρὸν καὶ οὐ θεωρεῖτέ με,
16:18 **ἔλεγον** οὖν, Τί ἐστιν τοῦτο [ὃ **λέγει,**] τὸ μικρόν;
16:19 καὶ **εἶπεν** αὐτοῖς, Περὶ τούτου ζητεῖτε μετ᾽ ἀλλήλων ὅτι **εἶπον,**
16:20 ἀμὴν ἀμὴν **λέγω** ὑμῖν ὅτι κλαύσετε καὶ θρηνήσετε ὑμεῖς,
16:23 ἀμὴν ἀμὴν **λέγω** ὑμῖν, ἄν τι αἰτήσητε τὸν πατέρα ἐν τῷ ὀνόματί μου δώσει ὑμῖν.
16:26 καὶ οὐ **λέγω** ὑμῖν ὅτι ἐγὼ ἐρωτήσω τὸν πατέρα περὶ ὑμῶν·
16:29 **Λέγουσιν** οἱ μαθηταὶ αὐτοῦ, Ἴδε νῦν ἐν παρρησίᾳ λαλεῖς καὶ παροιμίαν οὐδεμίαν **λέγεις.**
17: 1 Ταῦτα ἐλάλησεν Ἰησοῦς καὶ ἐπάρας τοὺς ὀφθαλμοὺς αὐτοῦ εἰς τὸν οὐρανὸν **εἶπεν,**
18: 1 Ταῦτα **εἰπὼν** Ἰησοῦς ἐξῆλθεν σὺν τοῖς μαθηταῖς αὐτοῦ πέραν τοῦ χειμάρρου τοῦ Κεδρὼν ὅπου ἦν κῆπος,
18: 4 Ἰησοῦς οὖν εἰδὼς πάντα τὰ ἐρχόμενα ἐπ᾽ αὐτὸν ἐξῆλθεν καὶ **λέγει** αὐτοῖς,
18: 5 Ἰησοῦν τὸν Ναζωραῖον. **λέγει** αὐτοῖς, Ἐγώ εἰμι.
18: 6 ὡς οὖν **εἶπεν** αὐτοῖς, Ἐγώ εἰμι, ἀπῆλθον εἰς τὰ ὀπίσω καὶ ἔπεσαν χαμαί.
18: 7 Τίνα ζητεῖτε; οἱ δὲ **εἶπαν,** Ἰησοῦν τὸν Ναζωραῖον.
18: 8 ἀπεκρίθη Ἰησοῦς, **Εἶπον** ὑμῖν ὅτι ἐγώ εἰμι. εἰ οὖν ἐμὲ ζητεῖτε,
18: 9 ἵνα πληρωθῇ ὁ λόγος ὃν **εἶπεν** ὅτι Οὓς δέδωκάς μοι οὐκ ἀπώλεσα ἐξ αὐτῶν οὐδένα.
18:11 **εἶπεν** οὖν ὁ Ἰησοῦς τῷ Πέτρῳ, Βάλε τὴν μάχαιραν εἰς τὴν θήκην·
18:16 ἐξῆλθεν οὖν ὁ μαθητὴς ὁ ἄλλος ὁ γνωστὸς τοῦ ἀρχιερέως καὶ **εἶπεν** τῇ θυρωρῷ καὶ εἰσήγαγεν τὸν Πέτρον.
18:17 **λέγει** οὖν τῷ Πέτρῳ ἡ παιδίσκη ἡ θυρωρός, Μὴ καὶ σὺ ἐκ τῶν μαθητῶν εἶ τοῦ ἀνθρώπου τούτου; **λέγει** ἐκεῖνος, Οὐκ εἰμί.
18:21 ἐρώτησον τοὺς ἀκηκοότας τί ἐλάλησα αὐτοῖς· ἴδε οὗτοι οἴδασιν ἃ **εἶπον** ἐγώ.
18:22 ταῦτα δὲ αὐτοῦ **εἰπόντος** εἷς παρεστηκὼς τῶν ὑπηρετῶν ἔδωκεν ῥάπισμα τῷ Ἰησοῦ **εἰπών,**
18:25 **εἶπον** οὖν αὐτῷ, Μὴ καὶ σὺ ἐκ τῶν μαθητῶν αὐτοῦ εἶ; ἠρνήσατο ἐκεῖνος καὶ **εἶπεν,** Οὐκ εἰμί.
18:26 **λέγει** εἷς ἐκ τῶν δούλων τοῦ ἀρχιερέως, συγγενὴς ὢν οὗ ἀπέκοψεν Πέτρος τὸ ὠτίον,
18:30 ἀπεκρίθησαν καὶ **εἶπαν** αὐτῷ, Εἰ μὴ ἦν οὗτος κακὸν ποιῶν,
18:31 **εἶπεν** οὖν αὐτοῖς ὁ Πιλᾶτος, Λάβετε αὐτὸν ὑμεῖς καὶ κατὰ τὸν νόμον ὑμῶν κρίνατε αὐτόν. **εἶπον** αὐτῷ οἱ Ἰουδαῖοι, Ἡμῖν οὐκ ἔξεστιν ἀποκτεῖναι οὐδένα·
18:32 ἵνα ὁ λόγος τοῦ Ἰησοῦ πληρωθῇ ὃν **εἶπεν** σημαίνων ποίῳ θανάτῳ ἤμελλεν ἀποθνῄσκειν.
18:33 Εἰσῆλθεν οὖν πάλιν εἰς τὸ πραιτώριον ὁ Πιλᾶτος καὶ ἐφώνησεν τὸν Ἰησοῦν καὶ **εἶπεν** αὐτῷ,
18:34 Ἀπὸ σεαυτοῦ σὺ τοῦτο **λέγεις** ἢ ἄλλοι **εἶπόν** σοι περὶ ἐμοῦ;
18:37 **εἶπεν** οὖν αὐτῷ ὁ Πιλᾶτος, Οὐκοῦν βασιλεὺς εἶ σύ; ἀπεκρίθη ὁ Ἰησοῦς, Σὺ **λέγεις** ὅτι βασιλεύς εἰμι.
18:38 **λέγει** αὐτῷ ὁ Πιλᾶτος, Τί ἐστιν ἀλήθεια; Καὶ τοῦτο **εἰπὼν** πάλιν ἐξῆλθεν πρὸς τοὺς Ἰουδαίους καὶ **λέγει** αὐτοῖς,
18:40 ἐκραύγασαν οὖν πάλιν **λέγοντες,** Μὴ τοῦτον ἀλλὰ τὸν Βαραββᾶν.
19: 3 καὶ ἤρχοντο πρὸς αὐτὸν καὶ **ἔλεγον,** Χαῖρε ὁ βασιλεὺς τῶν Ἰουδαίων·
19: 4 Καὶ ἐξῆλθεν πάλιν ἔξω ὁ Πιλᾶτος καὶ **λέγει** αὐτοῖς,
19: 5 φορῶν τὸν ἀκάνθινον στέφανον καὶ τὸ πορφυροῦν ἱμάτιον. καὶ **λέγει** αὐτοῖς, Ἰδοὺ ὁ ἄνθρωπος.
19: 6 ὅτε οὖν εἶδον αὐτὸν οἱ ἀρχιερεῖς καὶ οἱ ὑπηρέται ἐκραύγασαν **λέγοντες,** Σταύρωσον σταύρωσον. **λέγει** αὐτοῖς ὁ Πιλᾶτος, Λάβετε αὐτὸν ὑμεῖς καὶ σταυρώσατε·
19: 9 καὶ εἰσῆλθεν εἰς τὸ πραιτώριον πάλιν καὶ **λέγει** τῷ Ἰησοῦ,
19:10 **λέγει** οὖν αὐτῷ ὁ Πιλᾶτος, Ἐμοὶ οὐ λαλεῖς;
19:12 οἱ δὲ Ἰουδαῖοι ἐκραύγασαν **λέγοντες,** Ἐὰν τοῦτον ἀπολύσῃς,
19:13 Πιλᾶτος ἀκούσας τῶν λόγων τούτων ἤγαγεν ἔξω τὸν Ἰησοῦν καὶ ἐκάθισεν ἐπὶ βήματος εἰς τόπον **λεγόμενον** Λιθόστρωτον,
19:14 καὶ **λέγει** τοῖς Ἰουδαίοις, Ἴδε ὁ βασιλεὺς ὑμῶν.
19:15 **λέγει** αὐτοῖς ὁ Πιλᾶτος, Τὸν βασιλέα ὑμῶν σταυρώσω;
19:17 καὶ βαστάζων ἑαυτῷ τὸν σταυρὸν ἐξῆλθεν εἰς τὸν **λεγόμενον** Κρανίου Τόπον, ὃ **λέγεται** Ἑβραϊστὶ Γολγοθα,
19:21 **ἔλεγον** οὖν τῷ Πιλάτῳ οἱ ἀρχιερεῖς τῶν Ἰουδαίων, Μὴ γράφε· Ὁ βασιλεὺς τῶν Ἰουδαίων, ἀλλ᾽ ὅτι ἐκεῖνος **εἶπεν,** Βασιλεύς εἰμι τῶν Ἰουδαίων.

19:24 **εἶπαν** οὖν πρὸς ἀλλήλους, Μὴ σχίσωμεν αὐτόν, ἀλλὰ λάχωμεν περὶ αὐτοῦ τίνος ἔσται· ἵνα ἡ γραφὴ πληρωθῇ [ἡ **λέγουσα,**] Διεμερίσαντο τὰ ἱμάτιά μου ἑαυτοῖς
19:26 **λέγει** τῇ μητρί, Γύναι, ἴδε ὁ υἱός σου.
19:27 εἶτα **λέγει** τῷ μαθητῇ, Ἴδε ἡ μήτηρ σου.
19:28 Μετὰ τοῦτο εἰδὼς ὁ Ἰησοῦς ὅτι ἤδη πάντα τετέλεσται, ἵνα τελειωθῇ ἡ γραφή, **λέγει**, Διψῶ.
19:30 ὅτε οὖν ἔλαβεν τὸ ὄξος [ὁ] Ἰησοῦς **εἶπεν,**
19:35 καὶ ἐκεῖνος οἶδεν ὅτι ἀληθῆ **λέγει,** ἵνα καὶ ὑμεῖς πιστεύ[σ]ητε.
19:37 καὶ πάλιν ἑτέρα γραφὴ **λέγει,** Ὄψονται εἰς ὃν ἐξεκέντησαν.
20: 2 τρέχει οὖν καὶ ἔρχεται πρὸς Σίμωνα Πέτρον καὶ πρὸς τὸν ἄλλον μαθητὴν ὃν ἐφίλει ὁ Ἰησοῦς καὶ **λέγει** αὐτοῖς,
20:13 καὶ **λέγουσιν** αὐτῇ ἐκεῖνοι, Γύναι, τί κλαίεις; **λέγει** αὐτοῖς ὅτι Ἦραν τὸν κύριόν μου, καὶ οὐκ οἶδα ποῦ ἔθηκαν αὐτόν.
20:14 ταῦτα **εἰποῦσα** ἐστράφη εἰς τὰ ὀπίσω καὶ θεωρεῖ τὸν Ἰησοῦν ἑστῶτα καὶ οὐκ ᾔδει ὅτι Ἰησοῦς ἐστιν.
20:15 **λέγει** αὐτῇ Ἰησοῦς, Γύναι, τί κλαίεις; τίνα ζητεῖς; ἐκείνη δοκοῦσα ὅτι ὁ κηπουρός ἐστιν **λέγει** αὐτῷ, Κύριε, εἰ σὺ ἐβάστασας αὐτόν, **εἰπέ** μοι ποῦ ἔθηκας αὐτόν, κἀγὼ αὐτὸν ἀρῶ.
20:16 **λέγει** αὐτῇ Ἰησοῦς, Μαριάμ. στραφεῖσα ἐκείνη **λέγει** αὐτῷ Ἑβραϊστί, Ραββουνι (ὃ **λέγεται** Διδάσκαλε).
20:17 **λέγει** αὐτῇ Ἰησοῦς, Μή μου ἅπτου, οὔπω γὰρ ἀναβέβηκα πρὸς τὸν πατέρα· πορεύου δὲ πρὸς τοὺς ἀδελφούς μου καὶ **εἰπὲ** αὐτοῖς,
20:18 ἔρχεται Μαριὰμ ἡ Μαγδαληνὴ ἀγγέλλουσα τοῖς μαθηταῖς ὅτι Ἑώρακα τὸν κύριον, καὶ ταῦτα **εἶπεν** αὐτῇ.
20:19 ἦλθεν ὁ Ἰησοῦς καὶ ἔστη εἰς τὸ μέσον καὶ **λέγει** αὐτοῖς,
20:20 καὶ τοῦτο **εἰπὼν** ἔδειξεν τὰς χεῖρας καὶ τὴν πλευρὰν αὐτοῖς.
20:21 **εἶπεν** οὖν αὐτοῖς [ὁ Ἰησοῦς] πάλιν, Εἰρήνη ὑμῖν·
20:22 καὶ τοῦτο **εἰπὼν** ἐνεφύσησεν καὶ **λέγει** αὐτοῖς, Λάβετε πνεῦμα ἅγιον·
20:24 Θωμᾶς δὲ εἷς ἐκ τῶν δώδεκα, ὁ **λεγόμενος** Δίδυμος,
20:25 **ἔλεγον** οὖν αὐτῷ οἱ ἄλλοι μαθηταί, Ἑωράκαμεν τὸν κύριον. ὁ δὲ **εἶπεν** αὐτοῖς, Ἐὰν μὴ ἴδω ἐν ταῖς χερσὶν αὐτοῦ τὸν τύπον
20:26 ἔρχεται ὁ Ἰησοῦς τῶν θυρῶν κεκλεισμένων καὶ ἔστη εἰς τὸ μέσον καὶ **εἶπεν,**
20:27 εἶτα **λέγει** τῷ Θωμᾷ, Φέρε τὸν δάκτυλόν σου ὧδε καὶ ἴδε τὰς χεῖράς μου καὶ φέρε τὴν χεῖρά σου καὶ βάλε εἰς τὴν πλευράν
20:28 ἀπεκρίθη Θωμᾶς καὶ **εἶπεν** αὐτῷ, Ὁ κύριός μου καὶ ὁ θεός μου.
20:29 **λέγει** αὐτῷ ὁ Ἰησοῦς, Ὅτι ἑώρακάς με πεπίστευκας;
21: 2 ἦσαν ὁμοῦ Σίμων Πέτρος καὶ Θωμᾶς ὁ **λεγόμενος** Δίδυμος καὶ Ναθαναὴλ ὁ ἀπὸ Κανὰ τῆς Γαλιλαίας καὶ οἱ τοῦ Ζεβεδαίου
21: 3 **λέγει** αὐτοῖς Σίμων Πέτρος, Ὑπάγω ἁλιεύειν. **λέγουσιν** αὐτῷ, Ἐρχόμεθα καὶ ἡμεῖς σὺν σοί.
21: 5 **λέγει** οὖν αὐτοῖς [ὁ] Ἰησοῦς, Παιδία, μή τι προσφάγιον ἔχετε;
21: 6 ὁ δὲ **εἶπεν** αὐτοῖς, Βάλετε εἰς τὰ δεξιὰ μέρη τοῦ πλοίου τὸ δίκτυον,
21: 7 **λέγει** οὖν ὁ μαθητὴς ἐκεῖνος ὃν ἠγάπα ὁ Ἰησοῦς τῷ Πέτρῳ,
21:10 **λέγει** αὐτοῖς ὁ Ἰησοῦς, Ἐνέγκατε ἀπὸ τῶν ὀψαρίων ὧν ἐπιάσατε νῦν.
21:12 **λέγει** αὐτοῖς ὁ Ἰησοῦς, Δεῦτε ἀριστήσατε. οὐδεὶς δὲ ἐτόλμα τῶν μαθητῶν ἐξετάσαι αὐτόν,
21:15 Ὅτε οὖν ἠρίστησαν **λέγει** τῷ Σίμωνι Πέτρῳ ὁ Ἰησοῦς, Σίμων Ἰωάννου, ἀγαπᾷς με πλέον τούτων; **λέγει** αὐτῷ, Ναὶ κύριε, σὺ οἶδας ὅτι φιλῶ σε. **λέγει** αὐτῷ, Βόσκε τὰ ἀρνία μου.
21:16 **λέγει** αὐτῷ πάλιν δεύτερον, Σίμων Ἰωάννου, ἀγαπᾷς με; **λέγει** αὐτῷ, Ναὶ κύριε, σὺ οἶδας ὅτι φιλῶ σε. **λέγει** αὐτῷ, Ποίμαινε τὰ πρόβατά μου.
21:17 **λέγει** αὐτῷ τὸ τρίτον, Σίμων Ἰωάννου, φιλεῖς με; ἐλυπήθη ὁ Πέτρος ὅτι **εἶπεν** αὐτῷ τὸ τρίτον, Φιλεῖς με; καὶ **λέγει** αὐτῷ, Κύριε, πάντα σὺ οἶδας, σὺ γινώσκεις ὅτι φιλῶ σε. **λέγει** αὐτῷ [ὁ Ἰησοῦς,] Βόσκε τὰ πρόβατά μου.
21:18 ἀμὴν ἀμὴν **λέγω** σοι, ὅτε ἦς νεώτερος, ἐζώννυες σεαυτὸν καὶ περιεπάτεις ὅπου ἤθελες·
21:19 τοῦτο δὲ **εἶπεν** σημαίνων ποίῳ θανάτῳ δοξάσει τὸν θεόν. καὶ τοῦτο **εἰπὼν λέγει** αὐτῷ, Ἀκολούθει μοι.
21:20 ὃς καὶ ἀνέπεσεν ἐν τῷ δείπνῳ ἐπὶ τὸ στῆθος αὐτοῦ καὶ **εἶπεν,**
21:21 τοῦτον οὖν ἰδὼν ὁ Πέτρος **λέγει** τῷ Ἰησοῦ,
21:22 **λέγει** αὐτῷ ὁ Ἰησοῦς, Ἐὰν αὐτὸν θέλω μένειν ἕως ἔρχομαι,
21:23 οὐκ **εἶπεν** δὲ αὐτῷ ὁ Ἰησοῦς ὅτι οὐκ ἀποθνῄσκει ἀλλ',
Ac 1: 3 δι' ἡμερῶν τεσσεράκοντα ὀπτανόμενος αὐτοῖς καὶ **λέγων** τὰ περὶ τῆς βασιλείας τοῦ θεοῦ·
1: 6 Οἱ μὲν οὖν συνελθόντες ἠρώτων αὐτὸν **λέγοντες,** Κύριε,
1: 7 **εἶπεν** δὲ πρὸς αὐτούς, Οὐχ ὑμῶν ἐστιν γνῶναι χρόνους ἢ καιροὺς οὓς ὁ πατὴρ ἔθετο ἐν τῇ ἰδίᾳ ἐξουσίᾳ,
1: 9 καὶ ταῦτα **εἰπὼν** βλεπόντων αὐτῶν ἐπήρθη καὶ νεφέλη ὑπέλαβεν αὐτὸν ἀπὸ τῶν ὀφθαλμῶν αὐτῶν.
1:11 οἳ καὶ **εἶπαν,** Ἄνδρες Γαλιλαῖοι, τί ἑστήκατε [ἐμ]βλέποντες εἰς τὸν οὐρανόν;
1:15 Καὶ ἐν ταῖς ἡμέραις ταύταις ἀναστὰς Πέτρος ἐν μέσῳ τῶν ἀδελφῶν **εἶπεν·**
1:24 καὶ προσευξάμενοι **εἶπαν,** Σὺ κύριε καρδιογνῶστα πάντων, ἀνάδειξον ὃν ἐξελέξω ἐκ τούτων τῶν δύο ἕνα
2: 7 ἐξίσταντο δὲ καὶ ἐθαύμαζον **λέγοντες,** Οὐχ ἰδοὺ ἅπαντες οὗτοί εἰσιν οἱ λαλοῦντες Γαλιλαῖοι;
2:12 ἄλλος πρὸς ἄλλον **λέγοντες,** Τί θέλει τοῦτο εἶναι;
2:13 ἕτεροι δὲ διαχλευάζοντες **ἔλεγον** ὅτι Γλεύκους μεμεστωμένοι εἰσίν.
2:16 ἀλλὰ τοῦτό ἐστιν τὸ **εἰρημένον** διὰ τοῦ προφήτου Ἰωήλ,
2:17 Καὶ ἔσται ἐν ταῖς ἐσχάταις ἡμέραις, **λέγει** ὁ θεός,
2:25 Δαυὶδ γὰρ **λέγει** εἰς αὐτόν, Προορώμην τὸν κύριον ἐνώπιόν μου διὰ παντός,
2:29 ἐξὸν **εἰπεῖν** μετὰ παρρησίας πρὸς ὑμᾶς περὶ τοῦ πατριάρχου Δαυὶδ ὅτι καὶ ἐτελεύτησεν καὶ ἐτάφη,
2:34 **λέγει** δὲ αὐτός, **Εἶπεν** [ὁ] κύριος τῷ κυρίῳ μου,
2:37 Ἀκούσαντες δὲ κατενύγησαν τὴν καρδίαν **εἶπόν** τε πρὸς τὸν Πέτρον καὶ τοὺς λοιποὺς ἀποστόλους,
2:40 ἑτέροις τε λόγοις πλείοσιν διεμαρτύρατο καὶ παρεκάλει αὐτοὺς **λέγων,**
3: 2 ὃν ἐτίθουν καθ' ἡμέραν πρὸς τὴν θύραν τοῦ ἱεροῦ τὴν **λεγομένην** Ὡραίαν τοῦ αἰτεῖν ἐλεημοσύνην
3: 4 ἀτενίσας δὲ Πέτρος εἰς αὐτὸν σὺν τῷ Ἰωάννῃ **εἶπεν,**
3: 6 **εἶπεν** δὲ Πέτρος, Ἀργύριον καὶ χρυσίον οὐχ ὑπάρχει μοι,
3:22 Μωϋσῆς μὲν **εἶπεν** ὅτι Προφήτην ὑμῖν ἀναστήσει κύριος ὁ θεὸς ὑμῶν ἐκ τῶν ἀδελφῶν ὑμῶν ὡς ἐμέ·
3:25 ὑμεῖς ἐστε οἱ υἱοὶ τῶν προφητῶν καὶ τῆς διαθήκης ἧς διέθετο ὁ θεὸς πρὸς τοὺς πατέρας ὑμῶν **λέγων** πρὸς Ἀβραάμ,
4: 8 τότε Πέτρος πλησθεὶς πνεύματος ἁγίου **εἶπεν** πρὸς αὐτούς,
4:16 **λέγοντες,** Τί ποιήσωμεν τοῖς ἀνθρώποις τούτοις; ὅτι μὲν γὰρ γνωστὸν σημεῖον γέγονεν δι' αὐτῶν πᾶσιν τοῖς κατοικοῦσιν
4:19 ὁ δὲ Πέτρος καὶ Ἰωάννης ἀποκριθέντες **εἶπον** πρὸς αὐτούς,
4:23 Ἀπολυθέντες δὲ ἦλθον πρὸς τοὺς ἰδίους καὶ ἀπήγγειλαν ὅσα πρὸς αὐτοὺς οἱ ἀρχιερεῖς καὶ οἱ πρεσβύτεροι **εἶπαν.**
4:24 οἱ δὲ ἀκούσαντες ὁμοθυμαδὸν ἦραν φωνὴν πρὸς τὸν θεὸν καὶ **εἶπαν,**
4:25 ὁ τοῦ πατρὸς ἡμῶν διὰ πνεύματος ἁγίου στόματος Δαυὶδ παιδός σου **εἰπών,**
4:32 καὶ οὐδὲ εἷς τι τῶν ὑπαρχόντων αὐτῷ **ἔλεγεν** ἴδιον εἶναι ἀλλ' ἦν αὐτοῖς ἅπαντα κοινά.
5: 3 **εἶπεν** δὲ ὁ Πέτρος, Ἀνανία, διὰ τί ἐπλήρωσεν ὁ Σατανᾶς τὴν καρδίαν σου,
5: 8 ἀπεκρίθη δὲ πρὸς αὐτὴν Πέτρος, **Εἰπέ** μοι, εἰ τοσούτου τὸ χωρίον ἀπέδοσθε; ἡ δὲ **εἶπεν,** Ναί, τοσούτου.
5:19 ἄγγελος δὲ κυρίου διὰ νυκτὸς ἀνοίξας τὰς θύρας τῆς φυλακῆς ἐξαγαγών τε αὐτοὺς **εἶπεν,**
5:23 **λέγοντες** ὅτι Τὸ δεσμωτήριον εὕρομεν κεκλεισμένον ἐν πάσῃ ἀσφαλείᾳ καὶ τοὺς φύλακας ἑστῶτας ἐπὶ τῶν θυρῶν,
5:28 **λέγων,** [Οὐ] παραγγελίᾳ παρηγγείλαμεν ὑμῖν μὴ διδάσκειν ἐπὶ τῷ ὀνόματι τούτῳ,
5:29 ἀποκριθεὶς δὲ Πέτρος καὶ οἱ ἀπόστολοι **εἶπαν,** Πειθαρχεῖν δεῖ θεῷ μᾶλλον ἢ ἀνθρώποις.
5:35 **εἶπέν** τε πρὸς αὐτούς, Ἄνδρες Ἰσραηλῖται, προσέχετε ἑαυτοῖς ἐπὶ τοῖς ἀνθρώποις τούτοις τί μέλλετε πράσσειν.
5:36 πρὸ γὰρ τούτων τῶν ἡμερῶν ἀνέστη Θευδᾶς **λέγων** εἶναί τινα ἑαυτόν,
5:38 καὶ τὰ νῦν **λέγω** ὑμῖν, ἀπόστητε ἀπὸ τῶν ἀνθρώπων τούτων καὶ ἄφετε αὐτούς·
6: 2 προσκαλεσάμενοι δὲ οἱ δώδεκα τὸ πλῆθος τῶν μαθητῶν **εἶπαν,**
6: 9 ἀνέστησαν δέ τινες τῶν ἐκ τῆς συναγωγῆς τῆς **λεγομένης** Λιβερτίνων καὶ Κυρηναίων καὶ Ἀλεξανδρέων
6:11 τότε ὑπέβαλον ἄνδρας **λέγοντας** ὅτι Ἀκηκόαμεν αὐτοῦ λαλοῦντος ῥήματα βλάσφημα εἰς Μωϋσῆν καὶ τὸν θεόν·
6:13 ἔστησάν τε μάρτυρας ψευδεῖς **λέγοντας,** Ὁ ἄνθρωπος οὗτος οὐ παύεται λαλῶν ῥήματα κατὰ τοῦ τόπου τοῦ ἁγίου [τούτου]
6:14 ἀκηκόαμεν γὰρ αὐτοῦ **λέγοντος** ὅτι Ἰησοῦς ὁ Ναζωραῖος οὗτος καταλύσει τὸν τόπον τοῦτον καὶ ἀλλάξει τὰ ἔθη ἃ παρέδωκεν ἡμῖν Μωϋσῆς.
7: 1 **Εἶπεν** δὲ ὁ ἀρχιερεύς, Εἰ ταῦτα οὕτως ἔχει;
7: 3 καὶ **εἶπεν** πρὸς αὐτόν, Ἔξελθε ἐκ τῆς γῆς σου καὶ [ἐκ] τῆς συγγενείας σου,
7: 7 καὶ τὸ ἔθνος ᾧ ἐὰν δουλεύσουσιν κρινῶ ἐγώ, ὁ θεὸς **εἶπεν,**

7:26 τῇ τε ἐπιούσῃ ἡμέρᾳ ὤφθη αὐτοῖς μαχομένοις καὶ συνήλλασσεν αὐτοὺς εἰς εἰρήνην **εἰπών,**
7:27 ὁ δὲ ἀδικῶν τὸν πλησίον ἀπώσατο αὐτὸν **εἰπών,**
7:33 **εἶπεν** δὲ αὐτῷ ὁ κύριος, Λῦσον τὸ ὑπόδημα τῶν ποδῶν σου,
7:35 Τοῦτον τὸν Μωϋσῆν, ὃν ἠρνήσαντο **εἰπόντες,** Τίς σε κατέστησεν ἄρχοντα καὶ δικαστήν;
7:37 οὗτός ἐστιν ὁ Μωϋσῆς ὁ **εἴπας** τοῖς υἱοῖς Ἰσραήλ,
7:40 **εἰπόντες** τῷ Ἀαρών, Ποίησον ἡμῖν θεοὺς οἳ προπορεύσονται ἡμῶν·
7:48 ἀλλ' οὐχ ὁ ὕψιστος ἐν χειροποιήτοις κατοικεῖ, καθὼς ὁ προφήτης **λέγει,**
7:49 ποῖον οἶκον οἰκοδομήσετέ μοι, **λέγει** κύριος, ἢ τίς τόπος τῆς καταπαύσεώς μου;
7:56 καὶ **εἶπεν,** Ἰδοὺ θεωρῶ τοὺς οὐρανοὺς διηνοιγμένους καὶ τὸν υἱὸν τοῦ ἀνθρώπου ἐκ δεξιῶν ἑστῶτα τοῦ θεοῦ.
7:59 καὶ ἐλιθοβόλουν τὸν Στέφανον ἐπικαλούμενον καὶ **λέγοντα,** Κύριε Ἰησοῦ,
7:60 μὴ στήσῃς αὐτοῖς ταύτην τὴν ἁμαρτίαν. καὶ τοῦτο **εἰπὼν** ἐκοιμήθη.
8: 6 προσεῖχον δὲ οἱ ὄχλοι τοῖς **λεγομένοις** ὑπὸ τοῦ Φιλίππου ὁμοθυμαδὸν ἐν τῷ ἀκούειν αὐτοὺς καὶ βλέπειν τὰ σημεῖα
8: 9 Σίμων προϋπῆρχεν ἐν τῇ πόλει μαγεύων καὶ ἐξιστάνων τὸ ἔθνος τῆς Σαμαρείας, **λέγων** εἶναί τινα ἑαυτὸν μέγαν,
8:10 ᾧ προσεῖχον πάντες ἀπὸ μικροῦ ἕως μεγάλου **λέγοντες,**
8:19 **λέγων,** Δότε κἀμοὶ τὴν ἐξουσίαν ταύτην ἵνα ᾧ ἐὰν ἐπιθῶ τὰς χεῖρας λαμβάνῃ πνεῦμα ἅγιον.
8:20 Πέτρος δὲ **εἶπεν** πρὸς αὐτόν, Τὸ ἀργύριόν σου σὺν σοὶ εἴη εἰς ἀπώλειαν ὅτι τὴν δωρεὰν τοῦ θεοῦ ἐνόμισας διὰ χρημάτων κτᾶσθαι.
8:24 ἀποκριθεὶς δὲ ὁ Σίμων **εἶπεν,** Δεήθητε ὑμεῖς ὑπὲρ ἐμοῦ πρὸς τὸν κύριον ὅπως μηδὲν ἐπέλθῃ ἐπ' ἐμὲ ὧν **εἰρήκατε.**
8:26 Ἄγγελος δὲ κυρίου ἐλάλησεν πρὸς Φίλιππον **λέγων,** Ἀνάστηθι καὶ πορεύου κατὰ μεσημβρίαν ἐπὶ τὴν ὁδὸν τὴν καταβαίνουσαν
8:29 **εἶπεν** δὲ τὸ πνεῦμα τῷ Φιλίππῳ, Πρόσελθε καὶ κολλήθητι τῷ ἅρματι τούτῳ.
8:30 προσδραμὼν δὲ ὁ Φίλιππος ἤκουσεν αὐτοῦ ἀναγινώσκοντος Ἠσαΐαν τὸν προφήτην καὶ **εἶπεν,**
8:31 ὁ δὲ **εἶπεν,** Πῶς γὰρ ἂν δυναίμην ἐὰν μή τις ὁδηγήσει με;
8:34 Ἀποκριθεὶς δὲ ὁ εὐνοῦχος τῷ Φιλίππῳ **εἶπεν,** Δέομαί σου, περὶ τίνος ὁ προφήτης **λέγει** τοῦτο;
9: 4 καὶ πεσὼν ἐπὶ τὴν γῆν ἤκουσεν φωνὴν **λέγουσαν** αὐτῷ,
9: 5 **εἶπεν** δέ, Τίς εἶ, κύριε; ὁ δέ, Ἐγώ εἰμι Ἰησοῦς ὃν σὺ διώκεις·
9:10 καὶ **εἶπεν** πρὸς αὐτὸν ἐν ὁράματι ὁ κύριος, Ἁνανία. ὁ δὲ **εἶπεν,** Ἰδοὺ ἐγώ, κύριε.
9:15 **εἶπεν** δὲ πρὸς αὐτὸν ὁ κύριος, Πορεύου, ὅτι σκεῦος ἐκλογῆς ἐστίν μοι οὗτος τοῦ βαστάσαι τὸ ὄνομά μου ἐνώπιον ἐθνῶν
9:17 Ἀπῆλθεν δὲ Ἁνανίας καὶ εἰσῆλθεν εἰς τὴν οἰκίαν καὶ ἐπιθεὶς ἐπ' αὐτὸν τὰς χεῖρας **εἶπεν,**
9:21 καὶ **ἔλεγον,** Οὐχ οὗτός ἐστιν ὁ πορθήσας εἰς Ἰερουσαλὴμ τοὺς ἐπικαλουμένους τὸ ὄνομα τοῦτο,
9:34 καὶ **εἶπεν** αὐτῷ ὁ Πέτρος, Αἰνέα, ἰᾶταί σε Ἰησοῦς Χριστός·
9:36 Ἐν Ἰόππῃ δέ τις ἦν μαθήτρια ὀνόματι Ταβιθά, ἣ διερμηνευομένη **λέγεται** Δορκάς·
9:40 ἐκβαλὼν δὲ ἔξω πάντας ὁ Πέτρος καὶ θεὶς τὰ γόνατα προσηύξατο καὶ ἐπιστρέψας πρὸς τὸ σῶμα **εἶπεν,**
10: 3 εἶδεν ἐν ὁράματι φανερῶς ὡσεὶ περὶ ὥραν ἐνάτην τῆς ἡμέρας ἄγγελον τοῦ θεοῦ εἰσελθόντα πρὸς αὐτὸν καὶ **εἰπόντα** αὐτῷ,
10: 4 ὁ δὲ ἀτενίσας αὐτῷ καὶ ἔμφοβος γενόμενος **εἶπεν,** Τί ἐστιν, κύριε; **εἶπεν** δὲ αὐτῷ, Αἱ προσευχαί σου καὶ αἱ ἐλεημοσύναι σου ἀνέβησαν εἰς μνημόσυνον ἔμπροσθεν τοῦ θεοῦ.
10:14 ὁ δὲ Πέτρος **εἶπεν,** Μηδαμῶς, κύριε, ὅτι οὐδέποτε ἔφαγον πᾶν κοινὸν καὶ ἀκάθαρτον.
10:19 τοῦ δὲ Πέτρου διενθυμουμένου περὶ τοῦ ὁράματος **εἶπεν** [αὐτῷ] τὸ πνεῦμα,
10:21 καταβὰς δὲ Πέτρος πρὸς τοὺς ἄνδρας **εἶπεν,** Ἰδοὺ ἐγώ εἰμι ὃν ζητεῖτε·
10:22 οἱ δὲ **εἶπαν,** Κορνήλιος ἑκατοντάρχης, ἀνὴρ δίκαιος καὶ φοβούμενος τὸν θεόν,
10:26 ὁ δὲ Πέτρος ἤγειρεν αὐτὸν **λέγων,** Ἀνάστηθι· καὶ ἐγὼ αὐτὸς ἄνθρωπός εἰμι.
10:28 κἀμοὶ ὁ θεὸς ἔδειξεν μηδένα κοινὸν ἢ ἀκάθαρτον **λέγειν** ἄνθρωπον·
10:34 Ἀνοίξας δὲ Πέτρος τὸ στόμα **εἶπεν,** Ἐπ' ἀληθείας καταλαμβάνομαι ὅτι οὐκ ἔστιν προσωπολήμπτης ὁ θεός,
11: 3 **λέγοντες** ὅτι Εἰσῆλθες πρὸς ἄνδρας ἀκροβυστίαν ἔχοντας καὶ συνέφαγες αὐτοῖς.
11: 4 ἀρξάμενος δὲ Πέτρος ἐξετίθετο αὐτοῖς καθεξῆς **λέγων,**
11: 7 ἤκουσα δὲ καὶ φωνῆς **λεγούσης** μοι, Ἀναστάς, Πέτρε,
11: 8 **εἶπον** δέ, Μηδαμῶς, κύριε, ὅτι κοινὸν ἢ ἀκάθαρτον οὐδέποτε εἰσῆλθεν εἰς τὸ στόμα μου.
11:12 **εἶπεν** δὲ τὸ πνεῦμά μοι συνελθεῖν αὐτοῖς μηδὲν διακρίναντα.
11:13 ἀπήγγειλεν δὲ ἡμῖν πῶς εἶδεν [τὸν] ἄγγελον ἐν τῷ οἴκῳ αὐτοῦ σταθέντα καὶ **εἰπόντα,**
11:16 ἐμνήσθην δὲ τοῦ ῥήματος τοῦ κυρίου ὡς **ἔλεγεν,**
11:18 ἀκούσαντες δὲ ταῦτα ἡσύχασαν καὶ ἐδόξασαν τὸν θεὸν **λέγοντες,**
12: 7 πατάξας δὲ τὴν πλευρὰν τοῦ Πέτρου ἤγειρεν αὐτὸν **λέγων,**
12: 8 **εἶπεν** δὲ ὁ ἄγγελος πρὸς αὐτόν, Ζῶσαι καὶ ὑπόδησαι τὰ σανδάλιά σου. ἐποίησεν δὲ οὕτως. καὶ **λέγει** αὐτῷ, Περιβαλοῦ τὸ ἱμάτιόν σου καὶ ἀκολούθει μοι.
12:11 καὶ ὁ Πέτρος ἐν ἑαυτῷ γενόμενος **εἶπεν,** Νῦν οἶδα ἀληθῶς ὅτι ἐξαπέστειλεν [ὁ] κύριος τὸν ἄγγελον αὐτοῦ καὶ ἐξείλατό με
12:15 οἱ δὲ πρὸς αὐτὴν **εἶπαν,** Μαίνῃ. ἡ δὲ διϊσχυρίζετο οὕτως ἔχειν. οἱ δὲ **ἔλεγον,** Ὁ ἄγγελός ἐστιν αὐτοῦ.
12:17 κατασείσας δὲ αὐτοῖς τῇ χειρὶ σιγᾶν διηγήσατο [αὐτοῖς] πῶς ὁ κύριος αὐτὸν ἐξήγαγεν ἐκ τῆς φυλακῆς **εἶπέν** τε,
13: 2 λειτουργούντων δὲ αὐτῶν τῷ κυρίῳ καὶ νηστευόντων **εἶπεν** τὸ πνεῦμα τὸ ἅγιον,
13:10 **εἶπεν,** Ὦ πλήρης παντὸς δόλου καὶ πάσης ῥᾳδιουργίας,
13:15 ἀπέστειλαν οἱ ἀρχισυνάγωγοι πρὸς αὐτοὺς **λέγοντες,** Ἄνδρες ἀδελφοί, εἴ τίς ἐστιν ἐν ὑμῖν λόγος παρακλήσεως πρὸς τὸν λαόν, **λέγετε.**
13:16 ἀναστὰς δὲ Παῦλος καὶ κατασείσας τῇ χειρὶ **εἶπεν·**
13:22 καὶ μεταστήσας αὐτὸν ἤγειρεν τὸν Δαυὶδ αὐτοῖς εἰς βασιλέα ᾧ καὶ **εἶπεν** μαρτυρήσας,
13:25 ὡς δὲ ἐπλήρου Ἰωάννης τὸν δρόμον, **ἔλεγεν,** Τί ἐμὲ ὑπονοεῖτε εἶναι;
13:34 οὕτως **εἴρηκεν** ὅτι Δώσω ὑμῖν τὰ ὅσια Δαυὶδ τὰ πιστά.
13:35 διότι καὶ ἐν ἑτέρῳ **λέγει,** Οὐ δώσεις τὸν ὅσιόν σου ἰδεῖν διαφθοράν.
13:40 βλέπετε οὖν μὴ ἐπέλθῃ τὸ **εἰρημένον** ἐν τοῖς προφήταις,
13:46 παρρησιασάμενοί τε ὁ Παῦλος καὶ ὁ Βαρναβᾶς **εἶπαν,**
14:10 **εἶπεν** μεγάλῃ φωνῇ, Ἀνάστηθι ἐπὶ τοὺς πόδας σου ὀρθός.
14:11 οἵ τε ὄχλοι ἰδόντες ὃ ἐποίησεν Παῦλος ἐπῆραν τὴν φωνὴν αὐτῶν Λυκαονιστὶ **λέγοντες,**
14:15 καὶ **λέγοντες,** Ἄνδρες, τί ταῦτα ποιεῖτε; καὶ ἡμεῖς ὁμοιοπαθεῖς ἐσμεν ὑμῖν ἄνθρωποι εὐαγγελιζόμενοι ὑμᾶς
14:18 καὶ ταῦτα **λέγοντες** μόλις κατέπαυσαν τοὺς ὄχλους τοῦ μὴ θύειν αὐτοῖς.
15: 5 ἐξανέστησαν δέ τινες τῶν ἀπὸ τῆς αἱρέσεως τῶν Φαρισαίων πεπιστευκότες **λέγοντες** ὅτι δεῖ περιτέμνειν αὐτοὺς
15: 7 πολλῆς δὲ ζητήσεως γενομένης ἀναστὰς Πέτρος **εἶπεν** πρὸς αὐτούς,
15:13 Μετὰ δὲ τὸ σιγῆσαι αὐτοὺς ἀπεκρίθη Ἰάκωβος **λέγων,**
15:17 καὶ πάντα τὰ ἔθνη ἐφ' οὓς ἐπικέκληται τὸ ὄνομά μου ἐπ' αὐτούς, **λέγει** κύριος ποιῶν ταῦτα
15:36 Μετὰ δέ τινας ἡμέρας **εἶπεν** πρὸς Βαρναβᾶν Παῦλος,
16: 9 ἀνὴρ Μακεδών τις ἦν ἑστὼς καὶ παρακαλῶν αὐτὸν καὶ **λέγων,**
16:15 παρεκάλεσεν **λέγουσα,** Εἰ κεκρίκατέ με πιστὴν τῷ κυρίῳ εἶναι,
16:17 αὕτη κατακολουθοῦσα τῷ Παύλῳ καὶ ἡμῖν ἔκραζεν **λέγουσα,**
16:18 διαπονηθεὶς δὲ Παῦλος καὶ ἐπιστρέψας τῷ πνεύματι **εἶπεν,**
16:20 καὶ προσαγαγόντες αὐτοὺς τοῖς στρατηγοῖς **εἶπαν,** Οὗτοι οἱ ἄνθρωποι ἐκταράσσουσιν ἡμῶν τὴν πόλιν,
16:28 ἐφώνησεν δὲ μεγάλῃ φωνῇ [ὁ] Παῦλος **λέγων,** Μηδὲν πράξῃς σεαυτῷ κακόν,
16:31 οἱ δὲ **εἶπαν,** Πίστευσον ἐπὶ τὸν κύριον Ἰησοῦν καὶ σωθήσῃ σὺ καὶ ὁ οἶκός σου.
16:35 Ἡμέρας δὲ γενομένης ἀπέστειλαν οἱ στρατηγοὶ τοὺς ῥαβδούχους **λέγοντες,**
17: 7 καὶ οὗτοι πάντες ἀπέναντι τῶν δογμάτων Καίσαρος πράσσουσι βασιλέα ἕτερον **λέγοντες** εἶναι Ἰησοῦν.
17:18 καί τινες **ἔλεγον,** Τί ἂν θέλοι ὁ σπερμολόγος οὗτος **λέγειν;**
17:19 ἐπιλαβόμενοί τε αὐτοῦ ἐπὶ τὸν Ἄρειον πάγον ἤγαγον **λέγοντες,**
17:21 Ἀθηναῖοι δὲ πάντες καὶ οἱ ἐπιδημοῦντες ξένοι εἰς οὐδὲν ἕτερον ηὐκαίρουν ἢ **λέγειν** τι ἢ ἀκούειν τι καινότερον.
17:28 ὡς καί τινες τῶν καθ' ὑμᾶς ποιητῶν **εἰρήκασιν,**
17:32 οἱ δὲ **εἶπαν,** Ἀκουσόμεθά σου περὶ τούτου καὶ πάλιν.
18: 6 ἀντιτασσομένων δὲ αὐτῶν καὶ βλασφημούντων ἐκτιναξάμενος τὰ ἱμάτια **εἶπεν** πρὸς αὐτούς,
18: 9 **εἶπεν** δὲ ὁ κύριος ἐν νυκτὶ δι' ὁράματος τῷ Παύλῳ,
18:13 **λέγοντες** ὅτι Παρὰ τὸν νόμον ἀναπείθει οὗτος τοὺς ἀνθρώπους σέβεσθαι τὸν θεόν.

18:14 μέλλοντος δὲ τοῦ Παύλου ἀνοίγειν τὸ στόμα **εἶπεν** ὁ Γαλλίων πρὸς τοὺς Ἰουδαίους,
18:21 ἀλλὰ ἀποταξάμενος καὶ **εἰπών,** Πάλιν ἀνακάμψω πρὸς ὑμᾶς τοῦ θεοῦ θέλοντος,
19: 2 **εἶπέν** τε πρὸς αὐτούς, Εἰ πνεῦμα ἅγιον ἐλάβετε πιστεύσαντες;
19: 3 **εἶπέν** τε, Εἰς τί οὖν ἐβαπτίσθητε; οἱ δὲ **εἶπαν,** Εἰς τὸ Ἰωάννου βάπτισμα.
19: 4 **εἶπεν** δὲ Παῦλος, Ἰωάννης ἐβάπτισεν βάπτισμα μετανοίας τῷ λαῷ **λέγων** εἰς τὸν ἐρχόμενον μετ' αὐτὸν ἵνα πιστεύσωσιν,
19:13 Ἰουδαίων ἐξορκιστῶν ὀνομάζειν ἐπὶ τοὺς ἔχοντας τὰ πνεύματα τὰ πονηρὰ τὸ ὄνομα τοῦ κυρίου Ἰησοῦ **λέγοντες,**
19:15 ἀποκριθὲν δὲ τὸ πνεῦμα τὸ πονηρὸν **εἶπεν** αὐτοῖς,
19:21 πορεύεσθαι εἰς Ἱεροσόλυμα **εἰπὼν** ὅτι Μετὰ τὸ γενέσθαι με ἐκεῖ δεῖ με καὶ Ῥώμην ἰδεῖν.
19:25 οὓς συναθροίσας καὶ τοὺς περὶ τὰ τοιαῦτα ἐργάτας **εἶπεν,**
19:26 ὁ Παῦλος οὗτος πείσας μετέστησεν ἱκανὸν ὄχλον **λέγων** ὅτι οὐκ εἰσὶν θεοὶ οἱ διὰ χειρῶν γινόμενοι.
19:28 Ἀκούσαντες δὲ καὶ γενόμενοι πλήρεις θυμοῦ ἔκραζον **λέγοντες,**
19:40 καὶ ταῦτα **εἰπὼν** ἀπέλυσεν τὴν ἐκκλησίαν.
20:10 καταβὰς δὲ ὁ Παῦλος ἐπέπεσεν αὐτῷ καὶ συμπεριλαβὼν **εἶπεν,**
20:18 ὡς δὲ παρεγένοντο πρὸς αὐτὸν **εἶπεν** αὐτοῖς, Ὑμεῖς ἐπίστασθε,
20:23 πλὴν ὅτι τὸ πνεῦμα τὸ ἅγιον κατὰ πόλιν διαμαρτύρεταί μοι **λέγον** ὅτι δεσμὰ καὶ θλίψεις με μένουσιν.
20:35 μνημονεύειν τε τῶν λόγων τοῦ κυρίου Ἰησοῦ ὅτι αὐτὸς **εἶπεν,**
20:36 Καὶ ταῦτα **εἰπὼν** θεὶς τὰ γόνατα αὐτοῦ σὺν πᾶσιν αὐτοῖς προσηύξατο.
20:38 ὀδυνώμενοι μάλιστα ἐπὶ τῷ λόγῳ ᾧ **εἰρήκει,** ὅτι οὐκέτι μέλλουσιν τὸ πρόσωπον αὐτοῦ θεωρεῖν.
21: 4 οἵτινες τῷ Παύλῳ **ἔλεγον** διὰ τοῦ πνεύματος μὴ ἐπιβαίνειν εἰς Ἱεροσόλυμα.
21:11 δήσας ἑαυτοῦ τοὺς πόδας καὶ τὰς χεῖρας **εἶπεν,** Τάδε **λέγει** τὸ πνεῦμα τὸ ἅγιον, Τὸν ἄνδρα οὗ ἐστιν ἡ ζώνη αὕτη,
21:14 μὴ πειθομένου δὲ αὐτοῦ ἡσυχάσαμεν **εἰπόντες,** Τοῦ κυρίου τὸ θέλημα γινέσθω.
21:20 οἱ δὲ ἀκούσαντες ἐδόξαζον τὸν θεὸν **εἰπόν** τε αὐτῷ,
21:21 κατηχήθησαν δὲ περὶ σοῦ ὅτι ἀποστασίαν διδάσκεις ἀπὸ Μωϋσέως τοὺς κατὰ τὰ ἔθνη πάντας Ἰουδαίους **λέγων** μὴ περιτέμνειν αὐτοὺς τὰ τέκνα μηδὲ τοῖς ἔθεσιν περιπατεῖν.
21:23 τοῦτο οὖν ποίησον ὅ σοι **λέγομεν·** εἰσὶν ἡμῖν ἄνδρες τέσσαρες εὐχὴν ἔχοντες ἐφ' ἑαυτῶν.
21:37 Μέλλων τε εἰσάγεσθαι εἰς τὴν παρεμβολὴν ὁ Παῦλος **λέγει** τῷ χιλιάρχῳ, Εἰ ἔξεστίν μοι **εἰπεῖν** τι πρὸς σέ;
21:39 **εἶπεν** δὲ ὁ Παῦλος, Ἐγὼ ἄνθρωπος μέν εἰμι Ἰουδαῖος,
21:40 πολλῆς δὲ σιγῆς γενομένης προσεφώνησεν τῇ Ἑβραΐδι διαλέκτῳ **λέγων,**
22: 7 ἔπεσά τε εἰς τὸ ἔδαφος καὶ ἤκουσα φωνῆς **λεγούσης** μοι,
22: 8 **εἶπέν** τε πρός με, Ἐγώ εἰμι Ἰησοῦς ὁ Ναζωραῖος,
22:10 **εἶπον** δέ, Τί ποιήσω, κύριε; ὁ δὲ κύριος **εἶπεν** πρός με, Ἀναστὰς πορεύου εἰς Δαμασκὸν κἀκεῖ σοι λαληθήσεται
22:13 ἐλθὼν πρός με καὶ ἐπιστὰς **εἶπέν** μοι, Σαοὺλ ἀδελφέ,
22:14 ὁ δὲ **εἶπεν,** Ὁ θεὸς τῶν πατέρων ἡμῶν προεχειρίσατό σε γνῶναι τὸ θέλημα αὐτοῦ καὶ ἰδεῖν τὸν δίκαιον
22:18 καὶ ἰδεῖν αὐτὸν **λέγοντά** μοι, Σπεῦσον καὶ ἔξελθε ἐν τάχει ἐξ Ἰερουσαλήμ,
22:19 κἀγὼ **εἶπον,** Κύριε, αὐτοὶ ἐπίστανται ὅτι ἐγὼ ἤμην φυλακίζων καὶ δέρων κατὰ τὰς συναγωγὰς τοὺς πιστεύοντας ἐπὶ σέ,
22:21 καὶ **εἶπεν** πρός με, Πορεύου, ὅτι ἐγὼ εἰς ἔθνη μακρὰν ἐξαποστελῶ σε.
22:22 Ἤκουον δὲ αὐτοῦ ἄχρι τούτου τοῦ λόγου καὶ ἐπῆραν τὴν φωνὴν αὐτῶν **λέγοντες,**
22:24 **εἴπας** μάστιξιν ἀνετάζεσθαι αὐτὸν ἵνα ἐπιγνῷ δι' ἣν αἰτίαν οὕτως ἐπεφώνουν αὐτῷ.
22:25 ὡς δὲ προέτειναν αὐτὸν τοῖς ἱμᾶσιν, **εἶπεν** πρὸς τὸν ἑστῶτα ἑκατόνταρχον ὁ Παῦλος,
22:26 ἀκούσας δὲ ὁ ἑκατοντάρχης προσελθὼν τῷ χιλιάρχῳ ἀπήγγειλεν **λέγων,**
22:27 προσελθὼν δὲ ὁ χιλίαρχος **εἶπεν** αὐτῷ, **Λέγε** μοι, σὺ Ῥωμαῖος εἶ;
23: 1 ἀτενίσας δὲ ὁ Παῦλος τῷ συνεδρίῳ **εἶπεν,** Ἄνδρες ἀδελφοί,
23: 3 τότε ὁ Παῦλος πρὸς αὐτὸν **εἶπεν,** Τύπτειν σε μέλλει ὁ θεός,
23: 4 οἱ δὲ παρεστῶτες **εἶπαν,** Τὸν ἀρχιερέα τοῦ θεοῦ λοιδορεῖς;
23: 5 γέγραπται γὰρ ὅτι Ἄρχοντα τοῦ λαοῦ σου οὐκ **ἐρεῖς** κακῶς.
23: 7 τοῦτο δὲ αὐτοῦ **εἰπόντος** ἐγένετο στάσις τῶν Φαρισαίων καὶ Σαδδουκαίων καὶ ἐσχίσθη τὸ πλῆθος.
23: 8 Σαδδουκαῖοι μὲν γὰρ **λέγουσιν** μὴ εἶναι ἀνάστασιν μήτε ἄγγελον μήτε πνεῦμα,
23: 9 καὶ ἀναστάντες τινὲς τῶν γραμματέων τοῦ μέρους τῶν Φαρισαίων διεμάχοντο **λέγοντες,**
23:11 Τῇ δὲ ἐπιούσῃ νυκτὶ ἐπιστὰς αὐτῷ ὁ κύριος **εἶπεν,**
23:12 ἀνεθεμάτισαν ἑαυτοὺς **λέγοντες** μήτε φαγεῖν μήτε πιεῖν ἕως οὗ ἀποκτείνωσιν τὸν Παῦλον.
23:14 οἵτινες προσελθόντες τοῖς ἀρχιερεῦσιν καὶ τοῖς πρεσβυτέροις **εἶπαν,**
23:20 **εἶπεν** δὲ ὅτι Οἱ Ἰουδαῖοι συνέθεντο τοῦ ἐρωτῆσαί σε ὅπως αὔριον τὸν Παῦλον καταγάγῃς εἰς τὸ συνέδριον
23:23 Καὶ προσκαλεσάμενος δύο [τινὰς] τῶν ἑκατονταρχῶν **εἶπεν,** Ἑτοιμάσατε στρατιώτας διακοσίους,
23:30 ἐξαυτῆς ἔπεμψα πρὸς σὲ παραγγείλας καὶ τοῖς κατηγόροις **λέγειν** [τὰ] πρὸς αὐτὸν ἐπὶ σοῦ.
24: 2 κληθέντος δὲ αὐτοῦ ἤρξατο κατηγορεῖν ὁ Τέρτυλλος **λέγων,**
24:10 Ἀπεκρίθη τε ὁ Παῦλος νεύσαντος αὐτῷ τοῦ ἡγεμόνος **λέγειν,**
24:14 ὁμολογῶ δὲ τοῦτό σοι ὅτι κατὰ τὴν ὁδὸν ἣν **λέγουσιν** αἵρεσιν,
24:20 ἢ αὐτοὶ οὗτοι **εἰπάτωσαν** τί εὗρον ἀδίκημα στάντος μου ἐπὶ τοῦ συνεδρίου,
24:22 ἀκριβέστερον εἰδὼς τὰ περὶ τῆς ὁδοῦ **εἴπας,** Ὅταν Λυσίας ὁ χιλίαρχος καταβῇ,
25: 9 ὁ Φῆστος δὲ θέλων τοῖς Ἰουδαίοις χάριν καταθέσθαι ἀποκριθεὶς τῷ Παύλῳ **εἶπεν,**
25:10 **εἶπεν** δὲ ὁ Παῦλος, Ἐπὶ τοῦ βήματος Καίσαρος ἑστώς εἰμι,
25:14 ὁ Φῆστος τῷ βασιλεῖ ἀνέθετο τὰ κατὰ τὸν Παῦλον **λέγων,**
25:20 ἀπορούμενος δὲ ἐγὼ τὴν περὶ τούτων ζήτησιν **ἔλεγον** εἰ βούλοιτο πορεύεσθαι εἰς Ἱεροσόλυμα κἀκεῖ κρίνεσθαι
26: 1 Ἀγρίππας δὲ πρὸς τὸν Παῦλον ἔφη, Ἐπιτρέπεταί σοι περὶ σεαυτοῦ **λέγειν.**
26:14 πάντων τε καταπεσόντων ἡμῶν εἰς τὴν γῆν ἤκουσα φωνὴν **λέγουσαν** πρός με τῇ Ἑβραΐδι διαλέκτῳ,
26:15 ἐγὼ δὲ **εἶπα,** Τίς εἶ, κύριε; ὁ δὲ κύριος **εἶπεν,** Ἐγώ εἰμι Ἰησοῦς ὃν σὺ διώκεις.
26:22 ἕστηκα μαρτυρόμενος μικρῷ τε καὶ μεγάλῳ οὐδὲν ἐκτὸς **λέγων** ὧν τε οἱ προφῆται ἐλάλησαν μελλόντων γίνεσθαι καὶ Μωϋσῆς,
26:31 καὶ ἀναχωρήσαντες ἐλάλουν πρὸς ἀλλήλους **λέγοντες** ὅτι Οὐδὲν θανάτου ἢ δεσμῶν ἄξιον [τι] πράσσει ὁ ἄνθρωπος οὗτος.
27:10 **λέγων** αὐτοῖς, Ἄνδρες, θεωρῶ ὅτι μετὰ ὕβρεως καὶ πολλῆς ζημίας οὐ μόνον τοῦ φορτίου καὶ τοῦ πλοίου
27:11 ὁ δὲ ἑκατοντάρχης τῷ κυβερνήτῃ καὶ τῷ ναυκλήρῳ μᾶλλον ἐπείθετο ἢ τοῖς ὑπὸ Παύλου **λεγομένοις.**
27:21 Πολλῆς τε ἀσιτίας ὑπαρχούσης τότε σταθεὶς ὁ Παῦλος ἐν μέσῳ αὐτῶν **εἶπεν,**
27:24 **λέγων,** Μὴ φοβοῦ, Παῦλε, Καίσαρί σε δεῖ παραστῆναι,
27:31 **εἶπεν** ὁ Παῦλος τῷ ἑκατοντάρχῃ καὶ τοῖς στρατιώταις,
27:33 Ἄχρι δὲ οὗ ἡμέρα ἤμελλεν γίνεσθαι, παρεκάλει ὁ Παῦλος ἅπαντας μεταλαβεῖν τροφῆς **λέγων,**
27:35 **εἴπας** δὲ ταῦτα καὶ λαβὼν ἄρτον εὐχαρίστησεν τῷ θεῷ ἐνώπιον πάντων καὶ κλάσας ἤρξατο ἐσθίειν.
28: 4 ὡς δὲ εἶδον οἱ βάρβαροι κρεμάμενον τὸ θηρίον ἐκ τῆς χειρὸς αὐτοῦ, πρὸς ἀλλήλους **ἔλεγον,**
28: 6 αὐτῶν προσδοκώντων καὶ θεωρούντων μηδὲν ἄτοπον εἰς αὐτὸν γινόμενον μεταβαλόμενοι **ἔλεγον** αὐτὸν εἶναι θεόν.
28:17 συνελθόντων δὲ αὐτῶν **ἔλεγεν** πρὸς αὐτούς, Ἐγώ, ἄνδρες ἀδελφοί,
28:21 οἱ δὲ πρὸς αὐτὸν **εἶπαν,** Ἡμεῖς οὔτε γράμματα περὶ σοῦ ἐδεξάμεθα ἀπὸ τῆς Ἰουδαίας οὔτε παραγενόμενός τις τῶν ἀδελφῶν ἀπήγγειλεν ἢ ἐλάλησέν τι περὶ σοῦ πονηρόν.
28:24 καὶ οἱ μὲν ἐπείθοντο τοῖς **λεγομένοις,** οἱ δὲ ἠπίστουν·
28:25 ἀσύμφωνοι δὲ ὄντες πρὸς ἀλλήλους ἀπελύοντο **εἰπόντος** τοῦ Παύλου ῥῆμα ἕν,
28:26 **λέγων,** Πορεύθητι πρὸς τὸν λαὸν τοῦτον καὶ **εἰπόν,**

Ro 2:22 ὁ **λέγων** μὴ μοιχεύειν μοιχεύεις; ὁ βδελυσσόμενος τὰ εἴδωλα ἱεροσυλεῖς;
3: 5 εἰ δὲ ἡ ἀδικία ἡμῶν θεοῦ δικαιοσύνην συνίστησιν, τί **ἐροῦμεν;** μὴ ἄδικος ὁ θεὸς ὁ ἐπιφέρων τὴν ὀργήν; κατὰ ἄνθρωπον **λέγω.**
3: 8 καὶ μὴ καθὼς βλασφημούμεθα καὶ καθώς φασίν τινες ἡμᾶς **λέγειν** ὅτι Ποιήσωμεν τὰ κακά,
3:19 Οἴδαμεν δὲ ὅτι ὅσα ὁ νόμος **λέγει** τοῖς ἐν τῷ νόμῳ λαλεῖ,
4: 1 Τί οὖν **ἐροῦμεν** εὑρηκέναι Ἀβραὰμ τὸν προπάτορα ἡμῶν κατὰ σάρκα;
4: 3 τί γὰρ ἡ γραφὴ **λέγει;** Ἐπίστευσεν δὲ Ἀβραὰμ τῷ θεῷ καὶ ἐλογίσθη αὐτῷ εἰς δικαιοσύνην.
4: 6 **καθάπερ** καὶ Δαυὶδ **λέγει** τὸν μακαρισμὸν τοῦ ἀνθρώπου ᾧ ὁ θεὸς λογίζεται δικαιοσύνην χωρὶς ἔργων,

4: 9 **λέγομεν** γάρ, Ἐλογίσθη τῷ Ἀβραὰμ ἡ πίστις εἰς δικαιοσύνην.
4:18 ὃς παρ' ἐλπίδα ἐπ' ἐλπίδι ἐπίστευσεν εἰς τὸ γενέσθαι αὐτὸν πατέρα πολλῶν ἐθνῶν κατὰ τὸ **εἰρημένον,**
6: 1 Τί οὖν **ἐροῦμεν;** ἐπιμένωμεν τῇ ἁμαρτίᾳ, ἵνα ἡ χάρις πλεονάσῃ;
6:19 ἀνθρώπινον **λέγω** διὰ τὴν ἀσθένειαν τῆς σαρκὸς ὑμῶν.
7: 7 Τί οὖν **ἐροῦμεν;** ὁ νόμος ἁμαρτία; μὴ γένοιτο· ἀλλὰ τὴν ἁμαρτίαν οὐκ ἔγνων εἰ μὴ διὰ νόμου· τήν τε γὰρ ἐπιθυμίαν οὐκ ᾔδειν εἰ μὴ ὁ νόμος **ἔλεγεν,** Οὐκ ἐπιθυμήσεις.
8:31 Τί οὖν **ἐροῦμεν** πρὸς ταῦτα; εἰ ὁ θεὸς ὑπὲρ ἡμῶν,
9: 1 Ἀλήθειαν **λέγω** ἐν Χριστῷ, οὐ ψεύδομαι, συμμαρτυρούσης μοι τῆς συνειδήσεώς μου ἐν πνεύματι ἁγίῳ,
9:12 **ἐρρέθη** αὐτῇ ὅτι Ὁ μείζων δουλεύσει τῷ ἐλάσσονι,
9:14 Τί οὖν **ἐροῦμεν;** μὴ ἀδικία παρὰ τῷ θεῷ;
9:15 τῷ Μωϋσεῖ γὰρ **λέγει,** Ἐλεήσω ὃν ἂν ἐλεῶ καὶ οἰκτιρήσω ὃν ἂν οἰκτίρω.
9:17 **λέγει** γὰρ ἡ γραφὴ τῷ Φαραὼ ὅτι Εἰς αὐτὸ τοῦτο ἐξήγειρά σε ὅπως ἐνδείξωμαι ἐν σοὶ τὴν δύναμίν μου
9:19 **Ἐρεῖς** μοι οὖν, Τί [οὖν] ἔτι μέμφεται; τῷ γὰρ βουλήματι αὐτοῦ τίς ἀνθέστηκεν;
9:20 μὴ **ἐρεῖ** τὸ πλάσμα τῷ πλάσαντι, Τί με ἐποίησας οὕτως;
9:25 ὡς καὶ ἐν τῷ Ὡσηὲ **λέγει,** Καλέσω τὸν οὐ λαόν μου λαόν μου καὶ τὴν οὐκ ἠγαπημένην ἠγαπημένην·
9:26 καὶ ἔσται ἐν τῷ τόπῳ οὗ **ἐρρέθη** αὐτοῖς,
9:30 Τί οὖν **ἐροῦμεν;** ὅτι ἔθνη τὰ μὴ διώκοντα δικαιοσύνην κατέλαβεν δικαιοσύνην,
10: 6 ἡ δὲ ἐκ πίστεως δικαιοσύνη οὕτως **λέγει,** Μὴ **εἴπῃς** ἐν τῇ καρδίᾳ σου, Τίς ἀναβήσεται εἰς τὸν οὐρανόν;
10: 8 ἀλλὰ τί **λέγει;** Ἐγγύς σου τὸ ῥῆμά ἐστιν ἐν τῷ στόματί σου καὶ ἐν τῇ καρδίᾳ σου,
10:11 **λέγει** γὰρ ἡ γραφή, Πᾶς ὁ πιστεύων ἐπ' αὐτῷ οὐ καταισχυνθήσεται.
10:16 Ἠσαΐας γὰρ **λέγει,** Κύριε, τίς ἐπίστευσεν τῇ ἀκοῇ ἡμῶν;
10:18 ἀλλὰ **λέγω,** μὴ οὐκ ἤκουσαν; μενοῦνγε, Εἰς πᾶσαν τὴν γῆν ἐξῆλθεν ὁ φθόγγος αὐτῶν καὶ εἰς τὰ πέρατα τῆς οἰκουμένης
10:19 ἀλλὰ **λέγω,** μὴ Ἰσραὴλ οὐκ ἔγνω; πρῶτος Μωϋσῆς **λέγει,** Ἐγὼ παραζηλώσω ὑμᾶς ἐπ' οὐκ ἔθνει,
10:20 Ἠσαΐας δὲ ἀποτολμᾷ καὶ **λέγει,** Εὑρέθην [ἐν] τοῖς ἐμὲ μὴ ζητοῦσιν,
10:21 πρὸς δὲ τὸν Ἰσραὴλ **λέγει,** Ὅλην τὴν ἡμέραν ἐξεπέτασα τὰς χεῖράς μου πρὸς λαὸν ἀπειθοῦντα καὶ ἀντιλέγοντα.
11: 1 **Λέγω** οὖν, μὴ ἀπώσατο ὁ θεὸς τὸν λαὸν αὐτοῦ;
11: 2 ἢ οὐκ οἴδατε ἐν Ἠλίᾳ τί **λέγει** ἡ γραφή,
11: 4 ἀλλὰ τί **λέγει** αὐτῷ ὁ χρηματισμός; Κατέλιπον ἐμαυτῷ ἑπτακισχιλίους ἄνδρας,
11: 9 καὶ Δαυὶδ **λέγει,** Γενηθήτω ἡ τράπεζα αὐτῶν εἰς παγίδα καὶ εἰς θήραν καὶ εἰς σκάνδαλον καὶ εἰς ἀνταπόδομα αὐτοῖς,
11:11 **Λέγω** οὖν, μὴ ἔπταισαν ἵνα πέσωσιν; μὴ γένοιτο·
11:13 Ὑμῖν δὲ **λέγω** τοῖς ἔθνεσιν· ἐφ' ὅσον μὲν οὖν εἰμι ἐγὼ ἐθνῶν ἀπόστολος,
11:19 **ἐρεῖς** οὖν, Ἐξεκλάσθησαν κλάδοι ἵνα ἐγὼ ἐγκεντρισθῶ.
12: 3 **Λέγω** γὰρ διὰ τῆς χάριτος τῆς δοθείσης μοι παντὶ τῷ ὄντι ἐν ὑμῖν μὴ ὑπερφρονεῖν παρ' ὃ δεῖ φρονεῖν ἀλλὰ φρονεῖν εἰς τὸ σωφρονεῖν,
12:19 γέγραπται γάρ, Ἐμοὶ ἐκδίκησις, ἐγὼ ἀνταποδώσω, **λέγει** κύριος.
14:11 γέγραπται γάρ, Ζῶ ἐγώ, **λέγει** κύριος, ὅτι ἐμοὶ κάμψει πᾶν γόνυ καὶ πᾶσα γλῶσσα ἐξομολογήσεται τῷ θεῷ.
15: 8 **λέγω** γὰρ Χριστὸν διάκονον γεγενῆσθαι περιτομῆς ὑπὲρ ἀληθείας θεοῦ,
15:10 καὶ πάλιν **λέγει,** Εὐφράνθητε, ἔθνη, μετὰ τοῦ λαοῦ αὐτοῦ.
15:12 καὶ πάλιν Ἠσαΐας **λέγει,** Ἔσται ἡ ῥίζα τοῦ Ἰεσσαὶ καὶ ὁ ἀνιστάμενος ἄρχειν ἐθνῶν,
1Co 1:10 ἵνα τὸ αὐτὸ **λέγητε** πάντες καὶ μὴ ᾖ ἐν ὑμῖν σχίσματα,
1:12 **λέγω** δὲ τοῦτο ὅτι ἕκαστος ὑμῶν **λέγει,** Ἐγὼ μέν εἰμι Παύλου,
1:15 ἵνα μή τις **εἴπῃ** ὅτι εἰς τὸ ἐμὸν ὄνομα ἐβαπτίσθητε.
3: 4 ὅταν γὰρ **λέγῃ** τις, Ἐγὼ μέν εἰμι Παύλου,
6: 5 πρὸς ἐντροπὴν ὑμῖν **λέγω.** οὕτως οὐκ ἔνι ἐν ὑμῖν οὐδεὶς σοφός,
7: 6 τοῦτο δὲ **λέγω** κατὰ συγγνώμην οὐ κατ' ἐπιταγήν.
7: 8 **Λέγω** δὲ τοῖς ἀγάμοις καὶ ταῖς χήραις, καλὸν αὐτοῖς ἐὰν μείνωσιν ὡς κἀγώ·
7:12 Τοῖς δὲ λοιποῖς **λέγω** ἐγὼ οὐχ ὁ κύριος·
7:35 τοῦτο δὲ πρὸς τὸ ὑμῶν αὐτῶν σύμφορον **λέγω,**
8: 5 καὶ γὰρ εἴπερ εἰσὶν **λεγόμενοι** θεοὶ εἴτε ἐν οὐρανῷ εἴτε ἐπὶ γῆς,
9: 8 Μὴ κατὰ ἄνθρωπον ταῦτα λαλῶ ἢ καὶ ὁ νόμος ταῦτα οὐ **λέγει;**
9:10 ἢ δι' ἡμᾶς πάντως **λέγει;** δι' ἡμᾶς γὰρ ἐγράφη ὅτι ὀφείλει ἐπ' ἐλπίδι ὁ ἀροτριῶν ἀροτριᾶν
10:15 ὡς φρονίμοις **λέγω·** κρίνατε ὑμεῖς ὅ φημι.
10:28 ἐὰν δέ τις ὑμῖν **εἴπῃ,** Τοῦτο ἱερόθυτόν ἐστιν,
10:29 συνείδησιν δὲ **λέγω** οὐχὶ τὴν ἑαυτοῦ ἀλλὰ τὴν τοῦ ἑτέρου.
11:22 τί **εἴπω** ὑμῖν; ἐπαινέσω ὑμᾶς; ἐν τούτῳ οὐκ ἐπαινῶ.
11:24 καὶ εὐχαριστήσας ἔκλασεν καὶ **εἶπεν,** Τοῦτό μού ἐστιν τὸ σῶμα τὸ ὑπὲρ ὑμῶν·
11:25 ὡσαύτως καὶ τὸ ποτήριον μετὰ τὸ δειπνῆσαι **λέγων,**
12: 3 διὸ γνωρίζω ὑμῖν ὅτι οὐδεὶς ἐν πνεύματι θεοῦ λαλῶν **λέγει,** Ἀνάθεμα Ἰησοῦς, καὶ οὐδεὶς δύναται **εἰπεῖν,** Κύριος Ἰησοῦς,
12:15 ἐὰν **εἴπῃ** ὁ πούς, Ὅτι οὐκ εἰμὶ χείρ,
12:16 καὶ ἐὰν **εἴπῃ** τὸ οὖς, Ὅτι οὐκ εἰμὶ ὀφθαλμός,
12:21 οὐ δύναται δὲ ὁ ὀφθαλμὸς **εἰπεῖν** τῇ χειρί,
14:16 ὁ ἀναπληρῶν τὸν τόπον τοῦ ἰδιώτου πῶς **ἐρεῖ** τὸ Ἀμήν ἐπὶ τῇ σῇ εὐχαριστίᾳ; ἐπειδὴ τί **λέγεις** οὐκ οἶδεν·
14:21 ὅτι Ἐν ἑτερογλώσσοις καὶ ἐν χείλεσιν ἑτέρων λαλήσω τῷ λαῷ τούτῳ καὶ οὐδ' οὕτως εἰσακούσονταί μου, **λέγει** κύριος.
14:23 εἰσέλθωσιν δὲ ἰδιῶται ἢ ἄπιστοι, οὐκ **ἐροῦσιν** ὅτι μαίνεσθε;
14:34 οὐ γὰρ ἐπιτρέπεται αὐταῖς λαλεῖν, ἀλλὰ ὑποτασσέσθωσαν, καθὼς καὶ ὁ νόμος **λέγει.**
15:12 πῶς **λέγουσιν** ἐν ὑμῖν τινες ὅτι ἀνάστασις νεκρῶν οὐκ ἔστιν;
15:27 ὅταν δὲ **εἴπῃ** ὅτι πάντα ὑποτέτακται, δῆλον ὅτι ἐκτὸς τοῦ ὑποτάξαντος αὐτῷ τὰ πάντα.
15:35 Ἀλλὰ **ἐρεῖ** τις, Πῶς ἐγείρονται οἱ νεκροί; ποίῳ δὲ σώματι ἔρχονται;
15:51 ἰδοὺ μυστήριον ὑμῖν **λέγω·** πάντες οὐ κοιμηθησόμεθα, πάντες δὲ ἀλλαγησόμεθα,
2Co 4: 6 ὅτι ὁ θεὸς ὁ **εἰπών,** Ἐκ σκότους φῶς λάμψει,
6: 2 **λέγει** γάρ, Καιρῷ δεκτῷ ἐπήκουσά σου καὶ ἐν ἡμέρᾳ σωτηρίας ἐβοήθησά σοι.
6:13 τὴν δὲ αὐτὴν ἀντιμισθίαν, ὡς τέκνοις **λέγω,** πλατύνθητε καὶ ὑμεῖς.
6:16 καθὼς **εἶπεν** ὁ θεὸς ὅτι Ἐνοικήσω ἐν αὐτοῖς καὶ ἐμπεριπατήσω καὶ ἔσομαι αὐτῶν θεὸς καὶ αὐτοὶ ἔσονταί μου λαός.
6:17 διὸ ἐξέλθατε ἐκ μέσου αὐτῶν καὶ ἀφορίσθητε, **λέγει** κύριος, καὶ ἀκαθάρτου μὴ ἅπτεσθε·
6:18 καὶ ἔσομαι ὑμῖν εἰς πατέρα καὶ ὑμεῖς ἔσεσθέ μοι εἰς υἱοὺς καὶ θυγατέρας, **λέγει** κύριος παντοκράτωρ.
7: 3 πρὸς κατάκρισιν οὐ **λέγω·** προείρηκα γὰρ ὅτι ἐν ταῖς καρδίαις ἡμῶν ἐστε εἰς τὸ συναποθανεῖν καὶ συζῆν.
8: 8 Οὐ κατ' ἐπιταγὴν **λέγω** ἀλλὰ διὰ τῆς ἑτέρων σπουδῆς καὶ τὸ τῆς ὑμετέρας ἀγάπης γνήσιον δοκιμάζων·
9: 3 ἵνα μὴ τὸ καύχημα ἡμῶν τὸ ὑπὲρ ὑμῶν κενωθῇ ἐν τῷ μέρει τούτῳ, ἵνα καθὼς **ἔλεγον** παρεσκευασμένοι ἦτε,
9: 4 ἵνα μὴ **λέγω** ὑμεῖς, ἐν τῇ ὑποστάσει ταύτῃ.
11:16 Πάλιν **λέγω,** μή τίς με δόξῃ ἄφρονα εἶναι·
11:21 κατὰ ἀτιμίαν **λέγω,** ὡς ὅτι ἡμεῖς ἠσθενήκαμεν. ἐν ᾧ δ' ἄν τις τολμᾷ, ἐν ἀφροσύνῃ **λέγω,** τολμῶ κἀγώ.
12: 6 ἐὰν γὰρ θελήσω καυχήσασθαι, οὐκ ἔσομαι ἄφρων, ἀλήθειαν γὰρ **ἐρῶ·**
12: 9 καὶ **εἴρηκέν** μοι, Ἀρκεῖ σοι ἡ χάρις μου,
Gal 1: 9 ὡς προειρήκαμεν καὶ ἄρτι πάλιν **λέγω,** εἴ τις ὑμᾶς εὐαγγελίζεται παρ' ὃ παρελάβετε,
2:14 **εἶπον** τῷ Κηφᾷ ἔμπροσθεν πάντων, Εἰ σὺ Ἰουδαῖος ὑπάρχων ἐθνικῶς καὶ οὐχὶ Ἰουδαϊκῶς ζῇς,
3:15 Ἀδελφοί, κατὰ ἄνθρωπον **λέγω·** ὅμως ἀνθρώπου κεκυρωμένην διαθήκην οὐδεὶς ἀθετεῖ ἢ ἐπιδιατάσσεται.
3:16 τῷ δὲ Ἀβραὰμ **ἐρρέθησαν** αἱ ἐπαγγελίαι καὶ τῷ σπέρματι αὐτοῦ. οὐ **λέγει,** Καὶ τοῖς σπέρμασιν, ὡς ἐπὶ πολλῶν ἀλλ' ὡς ἐφ' ἑνός,
3:17 τοῦτο δὲ **λέγω·** διαθήκην προκεκυρωμένην ὑπὸ τοῦ θεοῦ ὁ μετὰ τετρακόσια καὶ τριάκοντα ἔτη γεγονὼς νόμος οὐκ ἀκυροῖ
4: 1 **Λέγω** δέ, ἐφ' ὅσον χρόνον ὁ κληρονόμος νήπιός ἐστιν,
4:21 **Λέγετέ** μοι, οἱ ὑπὸ νόμον θέλοντες εἶναι, τὸν νόμον οὐκ ἀκούετε;
4:30 ἀλλὰ τί **λέγει** ἡ γραφή; Ἔκβαλε τὴν παιδίσκην καὶ τὸν υἱὸν αὐτῆς·
5: 2 Ἴδε ἐγὼ Παῦλος **λέγω** ὑμῖν ὅτι ἐὰν περιτέμνησθε,
5:16 **Λέγω** δέ, πνεύματι περιπατεῖτε καὶ ἐπιθυμίαν σαρκὸς οὐ μὴ τελέσητε.
Eph 2:11 οἱ **λεγόμενοι** ἀκροβυστία ὑπὸ τῆς **λεγομένης** περιτομῆς ἐν σαρκὶ χειροποιήτου,
4: 8 διὸ **λέγει,** Ἀναβὰς εἰς ὕψος ᾐχμαλώτευσεν αἰχμαλωσίαν, ἔδωκεν δόματα τοῖς ἀνθρώποις.

4:17 Τοῦτο οὖν **λέγω** καὶ μαρτύρομαι ἐν κυρίῳ, μηκέτι ὑμᾶς περιπατεῖν,
5:12 τὰ γὰρ κρυφῇ γινόμενα ὑπ' αὐτῶν αἰσχρόν ἐστιν καὶ **λέγειν,**
5:14 διὸ **λέγει,** Ἔγειρε, ὁ καθεύδων, καὶ ἀνάστα ἐκ τῶν νεκρῶν,
5:32 ἐγὼ δὲ **λέγω** εἰς Χριστὸν καὶ εἰς τὴν ἐκκλησίαν.
Php 3:18 πολλοὶ γὰρ περιπατοῦσιν οὓς πολλάκις **ἔλεγον** ὑμῖν, νῦν δὲ καὶ κλαίων **λέγω,** τοὺς ἐχθροὺς τοῦ σταυροῦ τοῦ Χριστοῦ,
4: 4 Χαίρετε ἐν κυρίῳ πάντοτε· πάλιν **ἐρῶ,** χαίρετε.
4:11 οὐχ ὅτι καθ' ὑστέρησιν **λέγω,** ἐγὼ γὰρ ἔμαθον ἐν οἷς εἰμι αὐτάρκης εἶναι.
Col 2: 4 Τοῦτο **λέγω,** ἵνα μηδεὶς ὑμᾶς παραλογίζηται ἐν πιθανολογίᾳ.
4:11 καὶ Ἰησοῦς ὁ **λεγόμενος** Ἰοῦστος, οἱ ὄντες ἐκ περιτομῆς,
4:17 καὶ **εἴπατε** Ἀρχίππῳ, Βλέπε τὴν διακονίαν ἣν παρέλαβες ἐν κυρίῳ,
1Th 4:15 Τοῦτο γὰρ ὑμῖν **λέγομεν** ἐν λόγῳ κυρίου, ὅτι ἡμεῖς οἱ ζῶντες οἱ περιλειπόμενοι εἰς τὴν παρουσίαν τοῦ κυρίου
5: 3 ὅταν **λέγωσιν,** Εἰρήνη καὶ ἀσφάλεια, τότε αἰφνίδιος αὐτοῖς ἐφίσταται ὄλεθρος ὥσπερ ἡ ὠδὶν τῇ ἐν γαστρὶ ἐχούσῃ,
2Th 2: 4 ὁ ἀντικείμενος καὶ ὑπεραιρόμενος ἐπὶ πάντα **λεγόμενον** θεὸν ἢ σέβασμα,
2: 5 Οὐ μνημονεύετε ὅτι ἔτι ὢν πρὸς ὑμᾶς ταῦτα **ἔλεγον** ὑμῖν;
1Ti 1: 7 μὴ νοοῦντες μήτε ἃ **λέγουσιν** μήτε περὶ τίνων διαβεβαιοῦνται.
2: 7 ἀλήθειαν **λέγω** οὐ ψεύδομαι, διδάσκαλος ἐθνῶν ἐν πίστει καὶ ἀληθείᾳ.
4: 1 Τὸ δὲ πνεῦμα ῥητῶς **λέγει** ὅτι ἐν ὑστέροις καιροῖς ἀποστήσονταί τινες τῆς πίστεως προσέχοντες πνεύμασιν πλάνοις καὶ διδασκαλίαις δαιμονίων,
5:18 **λέγει** γὰρ ἡ γραφή, Βοῦν ἀλοῶντα οὐ φιμώσεις,
2Ti 2: 7 νόει ὃ **λέγω·** δώσει γάρ σοι ὁ κύριος σύνεσιν ἐν πᾶσιν.
2:18 **λέγοντες** [τὴν] ἀνάστασιν ἤδη γεγονέναι, καὶ ἀνατρέπουσιν τήν τινων πίστιν.
Tit 1:12 **εἶπέν** τις ἐξ αὐτῶν ἴδιος αὐτῶν προφήτης, Κρῆτες ἀεὶ ψεῦσται,
2: 8 ἵνα ὁ ἐξ ἐναντίας ἐντραπῇ μηδὲν ἔχων **λέγειν** περὶ ἡμῶν φαῦλον.
Phm 1:19 ἵνα μὴ **λέγω** σοι ὅτι καὶ σεαυτόν μοι προσοφείλεις.
1:21 Πεποιθὼς τῇ ὑπακοῇ σου ἔγραψά σοι, εἰδὼς ὅτι καὶ ὑπὲρ ἃ **λέγω** ποιήσεις.
Heb 1: 5 Τίνι γὰρ **εἶπέν** ποτε τῶν ἀγγέλων, Υἱός μου εἶ σύ,
1: 6 ὅταν δὲ πάλιν εἰσαγάγῃ τὸν πρωτότοκον εἰς τὴν οἰκουμένην, **λέγει,** Καὶ προσκυνησάτωσαν αὐτῷ πάντες ἄγγελοι θεοῦ.
1: 7 καὶ πρὸς μὲν τοὺς ἀγγέλους **λέγει,** Ὁ ποιῶν τοὺς ἀγγέλους αὐτοῦ πνεύματα καὶ τοὺς λειτουργοὺς αὐτοῦ πυρὸς φλόγα,
1:13 πρὸς τίνα δὲ τῶν ἀγγέλων **εἴρηκέν** ποτε, Κάθου ἐκ δεξιῶν μου,
2: 6 διεμαρτύρατο δέ πού τις **λέγων,** Τί ἐστιν ἄνθρωπος ὅτι μιμνῄσκῃ αὐτοῦ,
2:12 **λέγων,** Ἀπαγγελῶ τὸ ὄνομά σου τοῖς ἀδελφοῖς μου,
3: 7 Διό, καθὼς **λέγει** τὸ πνεῦμα τὸ ἅγιον, Σήμερον ἐὰν τῆς φωνῆς αὐτοῦ ἀκούσητε,
3:10 διὸ προσώχθισα τῇ γενεᾷ ταύτῃ καὶ **εἶπον,** Ἀεὶ πλανῶνται τῇ καρδίᾳ,
3:15 ἐν τῷ **λέγεσθαι,** Σήμερον ἐὰν τῆς φωνῆς αὐτοῦ ἀκούσητε,
4: 3 καθὼς **εἴρηκεν,** Ὡς ὤμοσα ἐν τῇ ὀργῇ μου,
4: 4 **εἴρηκεν** γάρ που περὶ τῆς ἑβδόμης οὕτως, Καὶ κατέπαυσεν ὁ θεὸς ἐν τῇ ἡμέρᾳ τῇ ἑβδόμῃ ἀπὸ πάντων τῶν ἔργων αὐτοῦ,
4: 7 Σήμερον, ἐν Δαυὶδ **λέγων** μετὰ τοσοῦτον χρόνον, καθὼς προείρηται,
5: 6 καθὼς καὶ ἐν ἑτέρῳ **λέγει,** Σὺ ἱερεὺς εἰς τὸν αἰῶνα κατὰ τὴν τάξιν Μελχισέδεκ,
5:11 Περὶ οὗ πολὺς ἡμῖν ὁ λόγος καὶ δυσερμήνευτος **λέγειν,**
6:14 **λέγων,** Εἰ μὴν εὐλογῶν εὐλογήσω σε καὶ πληθύνων πληθυνῶ σε·
7: 9 καὶ ὡς ἔπος **εἰπεῖν,** δι' Ἀβραὰμ καὶ Λευὶ ὁ δεκάτας λαμβάνων δεδεκάτωται·
7:11 τίς ἔτι χρεία κατὰ τὴν τάξιν Μελχισέδεκ ἕτερον ἀνίστασθαι ἱερέα καὶ οὐ κατὰ τὴν τάξιν Ἀαρὼν **λέγεσθαι;**
7:13 ἐφ' ὃν γὰρ **λέγεται** ταῦτα, φυλῆς ἑτέρας μετέσχηκεν,
7:21 ὁ δὲ μετὰ ὁρκωμοσίας διὰ τοῦ **λέγοντος** πρὸς αὐτόν,
8: 1 Κεφάλαιον δὲ ἐπὶ τοῖς **λεγομένοις,** τοιοῦτον ἔχομεν ἀρχιερέα,
8: 8 μεμφόμενος γὰρ αὐτοὺς **λέγει,** Ἰδοὺ ἡμέραι ἔρχονται, **λέγει** κύριος,
8: 9 ὅτι αὐτοὶ οὐκ ἐνέμειναν ἐν τῇ διαθήκῃ μου, κἀγὼ ἠμέλησα αὐτῶν, **λέγει** κύριος·
8:10 ἣν διαθήσομαι τῷ οἴκῳ Ἰσραὴλ μετὰ τὰς ἡμέρας ἐκείνας, **λέγει** κύριος·
8:11 καὶ οὐ μὴ διδάξωσιν ἕκαστος τὸν πολίτην αὐτοῦ καὶ ἕκαστος τὸν ἀδελφὸν αὐτοῦ **λέγων,**
8:13 ἐν τῷ **λέγειν** Καινὴν πεπαλαίωκεν τὴν πρώτην· τὸ δὲ παλαιούμενον καὶ γηράσκον ἐγγὺς ἀφανισμοῦ.
9: 2 σκηνὴ γὰρ κατεσκευάσθη ἡ πρώτη ἐν ᾗ ἥ τε λυχνία καὶ ἡ τράπεζα καὶ ἡ πρόθεσις τῶν ἄρτων, ἥτις **λέγεται** Ἅγια·
9: 3 μετὰ δὲ τὸ δεύτερον καταπέτασμα σκηνὴ ἡ **λεγομένη** Ἅγια Ἁγίων,
9: 5 περὶ ὧν οὐκ ἔστιν νῦν **λέγειν** κατὰ μέρος.
9:20 **λέγων,** Τοῦτο τὸ αἷμα τῆς διαθήκης ἧς ἐνετείλατο πρὸς ὑμᾶς ὁ θεός.
10: 5 Διὸ εἰσερχόμενος εἰς τὸν κόσμον **λέγει,** Θυσίαν καὶ προσφορὰν οὐκ ἠθέλησας,
10: 7 τότε **εἶπον,** Ἰδοὺ ἥκω, ἐν κεφαλίδι βιβλίου γέγραπται περὶ ἐμοῦ,
10: 8 ἀνώτερον **λέγων** ὅτι Θυσίας καὶ προσφορὰς καὶ ὁλοκαυτώματα καὶ περὶ ἁμαρτίας οὐκ ἠθέλησας οὐδὲ εὐδόκησας,
10: 9 τότε **εἴρηκεν,** Ἰδοὺ ἥκω τοῦ ποιῆσαι τὸ θέλημά σου.
10:15 Μαρτυρεῖ δὲ ἡμῖν καὶ τὸ πνεῦμα τὸ ἅγιον· μετὰ γὰρ τὸ **εἰρηκέναι,**
10:16 Αὕτη ἡ διαθήκη ἣν διαθήσομαι πρὸς αὐτοὺς μετὰ τὰς ἡμέρας ἐκείνας, **λέγει** κύριος·
10:17 ὕστερον **λέγει**[UBS-] καὶ τῶν ἁμαρτιῶν αὐτῶν καὶ τῶν ἀνομιῶν αὐτῶν οὐ μὴ μνησθήσομαι ἔτι.
10:30 οἴδαμεν γὰρ τὸν **εἰπόντα,** Ἐμοὶ ἐκδίκησις, ἐγὼ ἀνταποδώσω.
11:14 οἱ γὰρ τοιαῦτα **λέγοντες** ἐμφανίζουσιν ὅτι πατρίδα ἐπιζητοῦσιν.
11:24 Πίστει Μωϋσῆς μέγας γενόμενος ἠρνήσατο **λέγεσθαι** υἱὸς θυγατρὸς Φαραώ,
11:32 Καὶ τί ἔτι **λέγω;** ἐπιλείψει με γὰρ διηγούμενον ὁ χρόνος περὶ Γεδεών,
12:21 οὕτω φοβερὸν ἦν τὸ φανταζόμενον, Μωϋσῆς **εἶπεν,** Ἔκφοβός εἰμι καὶ ἔντρομος.
12:26 οὗ ἡ φωνὴ τὴν γῆν ἐσάλευσεν τότε, νῦν δὲ ἐπήγγελται **λέγων,**
13: 5 αὐτὸς γὰρ **εἴρηκεν,** Οὐ μή σε ἀνῶ οὐδ' οὐ μή σε ἐγκαταλίπω,
13: 6 ὥστε θαρροῦντας ἡμᾶς **λέγειν,** Κύριος ἐμοὶ βοηθός, [καὶ] οὐ φοβηθήσομαι,
Jas 1:13 μηδεὶς πειραζόμενος **λεγέτω** ὅτι Ἀπὸ θεοῦ πειράζομαι· ὁ γὰρ θεὸς ἀπείραστός ἐστιν κακῶν,
2: 3 ἐπιβλέψητε δὲ ἐπὶ τὸν φοροῦντα τὴν ἐσθῆτα τὴν λαμπρὰν καὶ **εἴπητε,** Σὺ κάθου ὧδε καλῶς, καὶ τῷ πτωχῷ **εἴπητε,**
2:11 ὁ γὰρ **εἰπών,** Μὴ μοιχεύσῃς, **εἶπεν** καί, Μὴ φονεύσῃς·
2:14 ἐὰν πίστιν **λέγῃ** τις ἔχειν ἔργα δὲ μὴ ἔχῃ;
2:16 **εἴπῃ** δέ τις αὐτοῖς ἐξ ὑμῶν, Ὑπάγετε ἐν εἰρήνῃ,
2:18 Ἀλλ' **ἐρεῖ** τις, Σὺ πίστιν ἔχεις, κἀγὼ ἔργα ἔχω·
2:23 ἐπληρώθη ἡ γραφὴ ἡ **λέγουσα,** Ἐπίστευσεν δὲ Ἀβραὰμ τῷ θεῷ,
4: 5 ἢ δοκεῖτε ὅτι κενῶς ἡ γραφὴ **λέγει,** Πρὸς φθόνον ἐπιποθεῖ τὸ πνεῦμα ὃ κατῴκισεν ἐν ἡμῖν,
4: 6 διὸ **λέγει,** Ὁ θεὸς ὑπερηφάνοις ἀντιτάσσεται, ταπεινοῖς δὲ δίδωσιν χάριν.
4:13 Ἄγε νῦν οἱ **λέγοντες,** Σήμερον ἢ αὔριον πορευσόμεθα εἰς τήνδε τὴν πόλιν καὶ ποιήσομεν ἐκεῖ ἐνιαυτὸν
4:15 ἀντὶ τοῦ **λέγειν** ὑμᾶς, Ἐὰν ὁ κύριος θελήσῃ καὶ ζήσομεν καὶ ποιήσομεν τοῦτο ἢ ἐκεῖνο.
2Pe 3: 4 καὶ **λέγοντες,** Ποῦ ἐστιν ἡ ἐπαγγελία τῆς παρουσίας αὐτοῦ;
1Jn 1: 6 Ἐὰν **εἴπωμεν** ὅτι κοινωνίαν ἔχομεν μετ' αὐτοῦ καὶ ἐν τῷ σκότει περιπατῶμεν,
1: 8 ἐὰν **εἴπωμεν** ὅτι ἁμαρτίαν οὐκ ἔχομεν, ἑαυτοὺς πλανῶμεν καὶ ἡ ἀλήθεια οὐκ ἔστιν ἐν ἡμῖν.
1:10 ἐὰν **εἴπωμεν** ὅτι οὐχ ἡμαρτήκαμεν, ψεύστην ποιοῦμεν αὐτὸν καὶ ὁ λόγος αὐτοῦ οὐκ ἔστιν ἐν ἡμῖν.
2: 4 ὁ **λέγων** ὅτι Ἔγνωκα αὐτόν καὶ τὰς ἐντολὰς αὐτοῦ μὴ τηρῶν,
2: 6 ὁ **λέγων** ἐν αὐτῷ μένειν ὀφείλει καθὼς ἐκεῖνος περιεπάτησεν καὶ αὐτὸς [οὕτως] περιπατεῖν.
2: 9 ὁ **λέγων** ἐν τῷ φωτὶ εἶναι καὶ τὸν ἀδελφὸν αὐτοῦ μισῶν ἐν τῇ σκοτίᾳ ἐστὶν ἕως ἄρτι.
4:20 ἐάν τις **εἴπῃ** ὅτι Ἀγαπῶ τὸν θεὸν καὶ τὸν ἀδελφὸν αὐτοῦ μισῇ,
5:16 ἔστιν ἁμαρτία πρὸς θάνατον· οὐ περὶ ἐκείνης **λέγω** ἵνα ἐρωτήσῃ.
2Jn 1:10 μὴ λαμβάνετε αὐτὸν εἰς οἰκίαν καὶ χαίρειν αὐτῷ μὴ **λέγετε·**
1:11 ὁ **λέγων** γὰρ αὐτῷ χαίρειν κοινωνεῖ τοῖς ἔργοις αὐτοῦ τοῖς πονηροῖς.
Jude 1: 9 οὐκ ἐτόλμησεν κρίσιν ἐπενεγκεῖν βλασφημίας ἀλλὰ **εἶπεν,** Ἐπιτιμήσαι σοι κύριος.
1:14 Προεφήτευσεν δὲ καὶ τούτοις ἕβδομος ἀπὸ Ἀδὰμ Ἑνὼχ **λέγων,**
1:18 ὅτι **ἔλεγον** ὑμῖν [ὅτι] Ἐπ' ἐσχάτου [τοῦ] χρόνου ἔσονται ἐμπαῖκται κατὰ τὰς ἑαυτῶν ἐπιθυμίας πορευόμενοι
Rev 1: 8 Ἐγώ εἰμι τὸ Ἄλφα καὶ τὸ Ὦ, **λέγει** κύριος ὁ θεός,

1:11 **λεγούσης,** Ὃ βλέπεις γράψον εἰς βιβλίον καὶ πέμψον ταῖς ἑπτὰ ἐκκλησίαις,
1:17 καὶ ἔθηκεν τὴν δεξιὰν αὐτοῦ ἐπ᾽ ἐμὲ **λέγων,**
2: 1 Τάδε **λέγει** ὁ κρατῶν τοὺς ἑπτὰ ἀστέρας ἐν τῇ δεξιᾷ αὐτοῦ,
2: 2 καὶ ἐπείρασας τοὺς **λέγοντας** ἑαυτοὺς ἀποστόλους καὶ οὐκ εἰσὶν καὶ εὗρες αὐτοὺς ψευδεῖς,
2: 7 ὁ ἔχων οὖς ἀκουσάτω τί τὸ πνεῦμα **λέγει** ταῖς ἐκκλησίαις.
2: 8 Τάδε **λέγει** ὁ πρῶτος καὶ ὁ ἔσχατος, ὃς ἐγένετο νεκρὸς καὶ ἔζησεν·
2: 9 καὶ τὴν βλασφημίαν ἐκ τῶν **λεγόντων** Ἰουδαίους εἶναι ἑαυτοὺς καὶ οὐκ εἰσὶν ἀλλὰ συναγωγὴ τοῦ Σατανᾶ.
2:11 ὁ ἔχων οὖς ἀκουσάτω τί τὸ πνεῦμα **λέγει** ταῖς ἐκκλησίαις.
2:12 Τάδε **λέγει** ὁ ἔχων τὴν ῥομφαίαν τὴν δίστομον τὴν ὀξεῖαν·
2:17 ὁ ἔχων οὖς ἀκουσάτω τί τὸ πνεῦμα **λέγει** ταῖς ἐκκλησίαις.
2:18 Τάδε **λέγει** ὁ υἱὸς τοῦ θεοῦ, ὁ ἔχων τοὺς ὀφθαλμοὺς αὐτοῦ ὡς φλόγα πυρὸς καὶ οἱ πόδες αὐτοῦ ὅμοιοι χαλκολιβάνῳ·
2:20 ἡ **λέγουσα** ἑαυτὴν προφῆτιν καὶ διδάσκει καὶ πλανᾷ τοὺς ἐμοὺς δούλους πορνεῦσαι καὶ φαγεῖν εἰδωλόθυτα.
2:24 ὑμῖν δὲ **λέγω** τοῖς λοιποῖς τοῖς ἐν Θυατείροις, ὅσοι οὐκ ἔχουσιν τὴν διδαχὴν ταύτην, οἵτινες οὐκ ἔγνωσαν τὰ βαθέα τοῦ Σατανᾶ ὡς **λέγουσιν·**
2:29 ὁ ἔχων οὖς ἀκουσάτω τί τὸ πνεῦμα **λέγει** ταῖς ἐκκλησίαις.
3: 1 Τάδε **λέγει** ὁ ἔχων τὰ ἑπτὰ πνεύματα τοῦ θεοῦ καὶ τοὺς ἑπτὰ ἀστέρας·
3: 6 ὁ ἔχων οὖς ἀκουσάτω τί τὸ πνεῦμα **λέγει** ταῖς ἐκκλησίαις.
3: 7 Τάδε **λέγει** ὁ ἅγιος, ὁ ἀληθινός, ὁ ἔχων τὴν κλεῖν Δαυίδ,
3: 9 ἰδοὺ διδῶ ἐκ τῆς συναγωγῆς τοῦ Σατανᾶ τῶν **λεγόντων** ἑαυτοὺς Ἰουδαίους εἶναι,
3:13 ὁ ἔχων οὖς ἀκουσάτω τί τὸ πνεῦμα **λέγει** ταῖς ἐκκλησίαις.
3:14 Τάδε **λέγει** ὁ Ἀμήν, ὁ μάρτυς ὁ πιστὸς καὶ ἀληθινός,
3:17 ὅτι **λέγεις** ὅτι Πλούσιός εἰμι καὶ πεπλούτηκα καὶ οὐδὲν χρείαν ἔχω,
3:22 ὁ ἔχων οὖς ἀκουσάτω τί τὸ πνεῦμα **λέγει** ταῖς ἐκκλησίαις.
4: 1 καὶ ἡ φωνὴ ἡ πρώτη ἣν ἤκουσα ὡς σάλπιγγος λαλούσης μετ᾽ ἐμοῦ **λέγων,**
4: 8 καὶ ἀνάπαυσιν οὐκ ἔχουσιν ἡμέρας καὶ νυκτὸς **λέγοντες,**
4:10 καὶ προσκυνήσουσιν τῷ ζῶντι εἰς τοὺς αἰῶνας τῶν αἰώνων καὶ βαλοῦσιν τοὺς στεφάνους αὐτῶν ἐνώπιον τοῦ θρόνου **λέγοντες,**
5: 5 καὶ εἷς ἐκ τῶν πρεσβυτέρων **λέγει** μοι, Μὴ κλαῖε,
5: 9 καὶ ᾄδουσιν ᾠδὴν καινὴν **λέγοντες,** Ἄξιος εἶ λαβεῖν τὸ βιβλίον καὶ ἀνοῖξαι τὰς σφραγῖδας αὐτοῦ,
5:12 **λέγοντες** φωνῇ μεγάλῃ, Ἄξιόν ἐστιν τὸ ἀρνίον τὸ ἐσφαγμένον λαβεῖν τὴν δύναμιν καὶ πλοῦτον καὶ σοφίαν καὶ ἰσχὺν καὶ τιμὴν καὶ δόξαν καὶ εὐλογίαν.
5:13 καὶ ἐπὶ τῆς γῆς καὶ ὑποκάτω τῆς γῆς καὶ ἐπὶ τῆς θαλάσσης καὶ τὰ ἐν αὐτοῖς πάντα ἤκουσα **λέγοντας,**
5:14 καὶ τὰ τέσσαρα ζῷα **ἔλεγον,** Ἀμήν. καὶ οἱ πρεσβύτεροι ἔπεσαν καὶ προσεκύνησαν.
6: 1 καὶ ἤκουσα ἑνὸς ἐκ τῶν τεσσάρων ζῴων **λέγοντος** ὡς φωνὴ βροντῆς,
6: 3 Καὶ ὅτε ἤνοιξεν τὴν σφραγῖδα τὴν δευτέραν, ἤκουσα τοῦ δευτέρου ζῴου **λέγοντος,** Ἔρχου.
6: 5 Καὶ ὅτε ἤνοιξεν τὴν σφραγῖδα τὴν τρίτην, ἤκουσα τοῦ τρίτου ζῴου **λέγοντος,** Ἔρχου.
6: 6 καὶ ἤκουσα ὡς φωνὴν ἐν μέσῳ τῶν τεσσάρων ζῴων **λέγουσαν,**
6: 7 Καὶ ὅτε ἤνοιξεν τὴν σφραγῖδα τὴν τετάρτην, ἤκουσα φωνὴν τοῦ τετάρτου ζῴου **λέγοντος,** Ἔρχου.
6:10 καὶ ἔκραξαν φωνῇ μεγάλῃ **λέγοντες,** Ἕως πότε, ὁ δεσπότης ὁ ἅγιος καὶ ἀληθινός,
6:11 καὶ ἐδόθη αὐτοῖς ἑκάστῳ στολὴ λευκὴ καὶ **ἐρρέθη** αὐτοῖς ἵνα ἀναπαύσονται ἔτι χρόνον μικρόν,
6:16 καὶ **λέγουσιν** τοῖς ὄρεσιν καὶ ταῖς πέτραις, Πέσετε ἐφ᾽ ἡμᾶς καὶ κρύψατε ἡμᾶς ἀπὸ προσώπου τοῦ καθημένου ἐπὶ τοῦ θρόνου
7: 3 **λέγων,** Μὴ ἀδικήσητε τὴν γῆν μήτε τὴν θάλασσαν μήτε τὰ δένδρα,
7:10 καὶ κράζουσιν φωνῇ μεγάλῃ **λέγοντες,** Ἡ σωτηρία τῷ θεῷ ἡμῶν τῷ καθημένῳ ἐπὶ τῷ θρόνῳ καὶ τῷ ἀρνίῳ.
7:12 **λέγοντες,** Ἀμήν, ἡ εὐλογία καὶ ἡ δόξα καὶ ἡ σοφία καὶ ἡ εὐχαριστία καὶ ἡ τιμὴ καὶ ἡ δύναμις καὶ ἡ ἰσχὺς τῷ θεῷ ἡμῶν
7:13 Καὶ ἀπεκρίθη εἷς ἐκ τῶν πρεσβυτέρων **λέγων** μοι,
7:14 καὶ **εἴρηκα** αὐτῷ, Κύριέ μου, σὺ οἶδας. καὶ **εἶπέν** μοι, Οὗτοί εἰσιν οἱ ἐρχόμενοι ἐκ τῆς θλίψεως τῆς μεγάλης
8:11 καὶ τὸ ὄνομα τοῦ ἀστέρος **λέγεται** ὁ Ἄψινθος,
8:13 καὶ ἤκουσα ἑνὸς ἀετοῦ πετομένου ἐν μεσουρανήματι **λέγοντος** φωνῇ μεγάλῃ,
9: 4 καὶ **ἐρρέθη** αὐταῖς ἵνα μὴ ἀδικήσουσιν τὸν χόρτον τῆς γῆς οὐδὲ πᾶν χλωρὸν οὐδὲ πᾶν δένδρον,
9:14 **λέγοντα** τῷ ἕκτῳ ἀγγέλῳ, ὁ ἔχων τὴν σάλπιγγα,
10: 4 ἤμελλον γράφειν, καὶ ἤκουσα φωνὴν ἐκ τοῦ οὐρανοῦ **λέγουσαν,**
10: 8 Καὶ ἡ φωνὴ ἣν ἤκουσα ἐκ τοῦ οὐρανοῦ πάλιν λαλοῦσαν μετ᾽ ἐμοῦ καὶ **λέγουσαν,**
10: 9 καὶ ἀπῆλθα πρὸς τὸν ἄγγελον **λέγων** αὐτῷ δοῦναί μοι τὸ βιβλαρίδιον. καὶ **λέγει** μοι, Λάβε καὶ κατάφαγε αὐτό, καὶ πικρανεῖ σου τὴν κοιλίαν,
10:11 καὶ **λέγουσίν** μοι, Δεῖ σε πάλιν προφητεῦσαι ἐπὶ λαοῖς καὶ ἔθνεσιν καὶ γλώσσαις καὶ βασιλεῦσιν πολλοῖς.
11: 1 Καὶ ἐδόθη μοι κάλαμος ὅμοιος ῥάβδῳ, **λέγων,** Ἔγειρε καὶ μέτρησον τὸν ναὸν τοῦ θεοῦ καὶ τὸ θυσιαστήριον
11:12 καὶ ἤκουσαν φωνῆς μεγάλης ἐκ τοῦ οὐρανοῦ **λεγούσης** αὐτοῖς,
11:15 καὶ ἐγένοντο φωναὶ μεγάλαι ἐν τῷ οὐρανῷ **λέγοντες,**
11:17 **λέγοντες,** Εὐχαριστοῦμέν σοι, κύριε ὁ θεὸς ὁ παντοκράτωρ,
12:10 καὶ ἤκουσα φωνὴν μεγάλην ἐν τῷ οὐρανῷ **λέγουσαν,**
13: 4 ὅτι ἔδωκεν τὴν ἐξουσίαν τῷ θηρίῳ, καὶ προσεκύνησαν τῷ θηρίῳ **λέγοντες,**
13:14 **λέγων** τοῖς κατοικοῦσιν ἐπὶ τῆς γῆς ποιῆσαι εἰκόνα τῷ θηρίῳ,
14: 7 **λέγων** ἐν φωνῇ μεγάλῃ, Φοβήθητε τὸν θεὸν καὶ δότε αὐτῷ δόξαν,
14: 8 Καὶ ἄλλος ἄγγελος δεύτερος ἠκολούθησεν **λέγων,** Ἔπεσεν ἔπεσεν Βαβυλὼν ἡ μεγάλη ἣ ἐκ τοῦ οἴνου τοῦ θυμοῦ
14: 9 Καὶ ἄλλος ἄγγελος τρίτος ἠκολούθησεν αὐτοῖς **λέγων** ἐν φωνῇ μεγάλῃ,
14:13 Καὶ ἤκουσα φωνῆς ἐκ τοῦ οὐρανοῦ **λεγούσης,** Γράψον· Μακάριοι οἱ νεκροὶ οἱ ἐν κυρίῳ ἀποθνῄσκοντες ἀπ᾽ ἄρτι. ναί, **λέγει** τὸ πνεῦμα, ἵνα ἀναπαήσονται ἐκ τῶν κόπων αὐτῶν,
14:18 ἐφώνησεν φωνῇ μεγάλῃ τῷ ἔχοντι τὸ δρέπανον τὸ ὀξὺ **λέγων,**
15: 3 καὶ ᾄδουσιν τὴν ᾠδὴν Μωϋσέως τοῦ δούλου τοῦ θεοῦ καὶ τὴν ᾠδὴν τοῦ ἀρνίου **λέγοντες,**
16: 1 Καὶ ἤκουσα μεγάλης φωνῆς ἐκ τοῦ ναοῦ **λεγούσης** τοῖς ἑπτὰ ἀγγέλοις,
16: 5 καὶ ἤκουσα τοῦ ἀγγέλου τῶν ὑδάτων **λέγοντος,** Δίκαιος εἶ,
16: 7 καὶ ἤκουσα τοῦ θυσιαστηρίου **λέγοντος,** Ναὶ κύριε ὁ θεὸς ὁ παντοκράτωρ,
16:17 καὶ ἐξῆλθεν φωνὴ μεγάλη ἐκ τοῦ ναοῦ ἀπὸ τοῦ θρόνου **λέγουσα,**
17: 1 Καὶ ἦλθεν εἷς ἐκ τῶν ἑπτὰ ἀγγέλων τῶν ἐχόντων τὰς ἑπτὰ φιάλας καὶ ἐλάλησεν μετ᾽ ἐμοῦ **λέγων,**
17: 7 καὶ **εἶπέν** μοι ὁ ἄγγελος, Διὰ τί ἐθαύμασας; ἐγὼ **ἐρῶ** σοι τὸ μυστήριον τῆς γυναικὸς καὶ τοῦ θηρίου τοῦ βαστάζοντος αὐτὴν τοῦ ἔχοντος τὰς ἑπτὰ κεφαλὰς καὶ τὰ δέκα κέρατα.
17:15 Καὶ **λέγει** μοι, Τὰ ὕδατα ἃ εἶδες οὗ ἡ πόρνη κάθηται,
18: 2 καὶ ἔκραξεν ἐν ἰσχυρᾷ φωνῇ **λέγων,** Ἔπεσεν ἔπεσεν Βαβυλὼν ἡ μεγάλη,
18: 4 Καὶ ἤκουσα ἄλλην φωνὴν ἐκ τοῦ οὐρανοῦ **λέγουσαν,**
18: 7 ὅτι ἐν τῇ καρδίᾳ αὐτῆς **λέγει** ὅτι Κάθημαι βασίλισσα καὶ χήρα οὐκ εἰμὶ καὶ πένθος οὐ μὴ ἴδω.
18:10 ἀπὸ μακρόθεν ἑστηκότες διὰ τὸν φόβον τοῦ βασανισμοῦ αὐτῆς **λέγοντες,**
18:16 **λέγοντες,** Οὐαὶ οὐαί, ἡ πόλις ἡ μεγάλη, ἡ περιβεβλημένη βύσσινον καὶ πορφυροῦν καὶ κόκκινον καὶ κεχρυσωμένη [ἐν] χρυσίῳ καὶ λίθῳ τιμίῳ καὶ μαργαρίτῃ,
18:18 καὶ ἔκραζον βλέποντες τὸν καπνὸν τῆς πυρώσεως αὐτῆς **λέγοντες,**
18:19 καὶ ἔβαλον χοῦν ἐπὶ τὰς κεφαλὰς αὐτῶν καὶ ἔκραζον κλαίοντες καὶ πενθοῦντες **λέγοντες,**
18:21 Καὶ ἦρεν εἷς ἄγγελος ἰσχυρὸς λίθον ὡς μύλινον μέγαν καὶ ἔβαλεν εἰς τὴν θάλασσαν **λέγων,**
19: 1 Μετὰ ταῦτα ἤκουσα ὡς φωνὴν μεγάλην ὄχλου πολλοῦ ἐν τῷ οὐρανῷ **λεγόντων,**
19: 3 καὶ δεύτερον **εἴρηκαν,** Ἁλληλουϊά· καὶ ὁ καπνὸς αὐτῆς ἀναβαίνει εἰς τοὺς αἰῶνας τῶν αἰώνων.
19: 4 καὶ ἔπεσαν οἱ πρεσβύτεροι οἱ εἴκοσι τέσσαρες καὶ τὰ τέσσαρα ζῷα καὶ προσεκύνησαν τῷ θεῷ τῷ καθημένῳ ἐπὶ τῷ θρόνῳ **λέγοντες,**
19: 5 Καὶ φωνὴ ἀπὸ τοῦ θρόνου ἐξῆλθεν **λέγουσα,** Αἰνεῖτε τῷ θεῷ ἡμῶν πάντες οἱ δοῦλοι αὐτοῦ [καὶ] οἱ φοβούμενοι αὐτόν,
19: 6 καὶ ἤκουσα ὡς φωνὴν ὄχλου πολλοῦ καὶ ὡς φωνὴν ὑδάτων πολλῶν καὶ ὡς φωνὴν βροντῶν ἰσχυρῶν **λεγόντων,**
19: 9 Καὶ **λέγει** μοι, Γράψον· Μακάριοι οἱ εἰς τὸ δεῖπνον τοῦ γάμου τοῦ ἀρνίου κεκλημένοι. καὶ **λέγει** μοι, Οὗτοι οἱ λόγοι ἀληθινοὶ τοῦ θεοῦ εἰσιν.
19:10 καὶ **λέγει** μοι, Ὅρα μή· σύνδουλός σού εἰμι καὶ τῶν ἀδελφῶν σου τῶν ἐχόντων τὴν μαρτυρίαν Ἰησοῦ·

19:17 Καὶ εἶδον ἕνα ἄγγελον ἑστῶτα ἐν τῷ ἡλίῳ καὶ ἔκραξεν [ἐν] φωνῇ μεγάλῃ **λέγων** πᾶσιν τοῖς ὀρνέοις τοῖς πετομένοις
21: 3 καὶ ἤκουσα φωνῆς μεγάλης ἐκ τοῦ θρόνου **λεγούσης,**
21: 5 Καὶ **εἶπεν** ὁ καθήμενος ἐπὶ τῷ θρόνῳ, Ἰδοὺ καινὰ ποιῶ πάντα, καὶ **λέγει,** Γράψον,
21: 6 καὶ **εἶπέν** μοι, Γέγοναν. ἐγώ [εἰμι] τὸ Ἄλφα καὶ τὸ Ὦ,
21: 9 ἀγγέλων τῶν ἐχόντων τὰς ἑπτὰ φιάλας τῶν γεμόντων τῶν ἑπτὰ πληγῶν τῶν ἐσχάτων καὶ ἐλάλησεν μετ' ἐμοῦ **λέγων,**
22: 6 Καὶ **εἶπέν** μοι, Οὗτοι οἱ λόγοι πιστοὶ καὶ ἀληθινοί,
22: 9 καὶ **λέγει** μοι, Ὅρα μή· σύνδουλός σού εἰμι καὶ τῶν ἀδελφῶν σου τῶν προφητῶν καὶ τῶν τηρούντων τοὺς λόγους τοῦ βιβλίου
22:10 καὶ **λέγει** μοι, Μὴ σφραγίσῃς τοὺς λόγους τῆς προφητείας τοῦ βιβλίου τούτου,
22:17 Καὶ τὸ πνεῦμα καὶ ἡ νύμφη **λέγουσιν,** Ἔρχου. καὶ ὁ ἀκούων **εἰπάτω,** Ἔρχου.
22:20 **Λέγει** ὁ μαρτυρῶν ταῦτα, Ναί, ἔρχομαι ταχύ.

3307 λεῖμμα [1]

√ *3309*

Ro 11: 5 οὕτως οὖν καὶ ἐν τῷ νῦν καιρῷ **λεῖμμα** κατ' ἐκλογὴν χάριτος γέγονεν·

3308 λεῖος [1]

Lk 3: 5 ἔσται τὰ σκολιὰ εἰς εὐθείαν καὶ αἱ τραχεῖαι εἰς ὁδοὺς **λείας·**

3309 λείπω [6]

→ *89, 90, 444, 657, 659, 1364, 1366, 1593, 1722, 2142, 2145, 2900, 2901, 2905, 3307, 3370, 4335, 5698, 5699, 5701*

Lk 18:22 ἀκούσας δὲ ὁ Ἰησοῦς εἶπεν αὐτῷ, Ἔτι ἕν σοι **λείπει·**
Tit 1: 5 ἵνα τὰ **λείποντα** ἐπιδιορθώσῃ καὶ καταστήσῃς κατὰ πόλιν πρεσβυτέρους,
3:13 Ζηνᾶν τὸν νομικὸν καὶ Ἀπολλῶν σπουδαίως πρόπεμψον, ἵνα μηδὲν αὐτοῖς **λείπῃ.**
Jas 1: 4 ἵνα ἦτε τέλειοι καὶ ὁλόκληροι ἐν μηδενὶ **λειπόμενοι.**
1: 5 Εἰ δέ τις ὑμῶν **λείπεται** σοφίας, αἰτείτω παρὰ τοῦ διδόντος θεοῦ πᾶσιν ἁπλῶς καὶ μὴ ὀνειδίζοντος καὶ δοθήσεται αὐτῷ.
2:15 ἐὰν ἀδελφὸς ἢ ἀδελφὴ γυμνοὶ ὑπάρχωσιν καὶ **λειπόμενοι** τῆς ἐφημέρου τροφῆς

3310 λειτουργέω [3]

√ *3295 + 2240*

Ac 13: 2 **λειτουργούντων** δὲ αὐτῶν τῷ κυρίῳ καὶ νηστευόντων εἶπεν τὸ πνεῦμα τὸ ἅγιον,
Ro 15:27 εἰ γὰρ τοῖς πνευματικοῖς αὐτῶν ἐκοινώνησαν τὰ ἔθνη, ὀφείλουσιν καὶ ἐν τοῖς σαρκικοῖς **λειτουργῆσαι** αὐτοῖς.
Heb 10:11 Καὶ πᾶς μὲν ἱερεὺς ἕστηκεν καθ' ἡμέραν **λειτουργῶν** καὶ τὰς αὐτὰς πολλάκις προσφέρων θυσίας,

3311 λειτουργία [6]

√ *3295 + 2240*

Lk 1:23 καὶ ἐγένετο ὡς ἐπλήσθησαν αἱ ἡμέραι τῆς **λειτουργίας** αὐτοῦ,
2Co 9:12 ὅτι ἡ διακονία τῆς **λειτουργίας** ταύτης οὐ μόνον ἐστὶν προσαναπληροῦσα τὰ ὑστερήματα τῶν ἁγίων,
Php 2:17 ἀλλὰ εἰ καὶ σπένδομαι ἐπὶ τῇ θυσίᾳ καὶ **λειτουργίᾳ** τῆς πίστεως ὑμῶν,
2:30 ἵνα ἀναπληρώσῃ τὸ ὑμῶν ὑστέρημα τῆς πρός με **λειτουργίας.**
Heb 8: 6 νυν[ὶ] δὲ διαφορωτέρας τέτυχεν **λειτουργίας,** ὅσῳ καὶ κρείττονός ἐστιν διαθήκης μεσίτης,
9:21 καὶ τὴν σκηνὴν δὲ καὶ πάντα τὰ σκεύη τῆς **λειτουργίας** τῷ αἵματι ὁμοίως ἐράντισεν.

3312 λειτουργικός [1]

√ *3295 + 2240*

Heb 1:14 οὐχὶ πάντες εἰσὶν **λειτουργικὰ** πνεύματα εἰς διακονίαν ἀποστελλόμενα διὰ τοὺς μέλλοντας κληρονομεῖν σωτηρίαν;

3313 λειτουργός [5]

√ *3295 + 2240*

Ro 13: 6 **λειτουργοὶ** γὰρ θεοῦ εἰσιν εἰς αὐτὸ τοῦτο προσκαρτεροῦντες.
15:16 εἰς τὸ εἶναί με **λειτουργὸν** Χριστοῦ Ἰησοῦ εἰς τὰ ἔθνη,
Php 2:25 ὑμῶν δὲ ἀπόστολον καὶ **λειτουργὸν** τῆς χρείας μου,
Heb 1: 7 Ὁ ποιῶν τοὺς ἀγγέλους αὐτοῦ πνεύματα καὶ τοὺς **λειτουργοὺς** αὐτοῦ πυρὸς φλόγα,
8: 2 τῶν ἁγίων **λειτουργὸς** καὶ τῆς σκηνῆς τῆς ἀληθινῆς,

3314 λείχω Not used in UBS/NIV

→ *658, 2143, 4336*

3315 Λέκτρα Not used in UBS/NIV

√ *3306*

3316 λεμά [2]

√ *3283*

Mt 27:46 περὶ δὲ τὴν ἐνάτην ὥραν ἀνεβόησεν ὁ Ἰησοῦς φωνῇ μεγάλῃ λέγων, Ηλι ηλι **λεμα** σαβαχθανι;
Mk 15:34 καὶ τῇ ἐνάτῃ ὥρᾳ ἐβόησεν ὁ Ἰησοῦς φωνῇ μεγάλῃ, Ελωι ελωι **λεμα** σαβαχθανι;

3317 λέντιον [2]

Jn 13: 4 ἐγείρεται ἐκ τοῦ δείπνου καὶ τίθησιν τὰ ἱμάτια καὶ λαβὼν **λέντιον** διέζωσεν ἑαυτόν·
13: 5 καὶ ἤρξατο νίπτειν τοὺς πόδας τῶν μαθητῶν καὶ ἐκμάσσειν τῷ **λεντίῳ** ᾧ ἦν διεζωσμένος.

3318 λεπίς [1]

→ *3319, 3320, 3321*

Ac 9:18 καὶ εὐθέως ἀπέπεσαν αὐτοῦ ἀπὸ τῶν ὀφθαλμῶν ὡς **λεπίδες,**

3319 λέπρα [4]

√ *3318*

Mt 8: 3 Θέλω, καθαρίσθητι· καὶ εὐθέως ἐκαθαρίσθη αὐτοῦ ἡ **λέπρα.**
Mk 1:42 καὶ εὐθὺς ἀπῆλθεν ἀπ' αὐτοῦ ἡ **λέπρα,** καὶ ἐκαθαρίσθη.
Lk 5:12 Καὶ ἐγένετο ἐν τῷ εἶναι αὐτὸν ἐν μιᾷ τῶν πόλεων καὶ ἰδοὺ ἀνὴρ πλήρης **λέπρας·**
5:13 καθαρίσθητι· καὶ εὐθέως ἡ **λέπρα** ἀπῆλθεν ἀπ' αὐτοῦ.

3320 λεπρός [9]

√ *3318*

Mt 8: 2 καὶ ἰδοὺ **λεπρὸς** προσελθὼν προσεκύνει αὐτῷ λέγων, Κύριε,
10: 8 ἀσθενοῦντας θεραπεύετε, νεκροὺς ἐγείρετε, **λεπροὺς** καθαρίζετε, δαιμόνια ἐκβάλλετε·
11: 5 τυφλοὶ ἀναβλέπουσιν καὶ χωλοὶ περιπατοῦσιν, **λεπροὶ** καθαρίζονται καὶ κωφοὶ ἀκούουσιν,
26: 6 Τοῦ δὲ Ἰησοῦ γενομένου ἐν Βηθανίᾳ ἐν οἰκίᾳ Σίμωνος τοῦ **λεπροῦ,**
Mk 1:40 ἔρχεται πρὸς αὐτὸν **λεπρὸς** παρακαλῶν αὐτὸν [καὶ γονυπετῶν] καὶ λέγων αὐτῷ ὅτι Ἐὰν θέλῃς δύνασαί με καθαρίσαι.
14: 3 Καὶ ὄντος αὐτοῦ ἐν Βηθανίᾳ ἐν τῇ οἰκίᾳ Σίμωνος τοῦ **λεπροῦ,**
Lk 4:27 καὶ πολλοὶ **λεπροὶ** ἦσαν ἐν τῷ Ἰσραὴλ ἐπὶ Ἐλισαίου τοῦ προφήτου,
7:22 **λεπροὶ** καθαρίζονται καὶ κωφοὶ ἀκούουσιν, νεκροὶ ἐγείρονται, πτωχοὶ εὐαγγελίζονται·
17:12 καὶ εἰσερχομένου αὐτοῦ εἴς τινα κώμην ἀπήντησαν [αὐτῷ] δέκα **λεπροὶ** ἄνδρες,

3321 λεπτός [3]

√ *3318*

Mk 12:42 καὶ ἐλθοῦσα μία χήρα πτωχὴ ἔβαλεν **λεπτὰ** δύο,
Lk 12:59 οὐ μὴ ἐξέλθῃς ἐκεῖθεν, ἕως καὶ τὸ ἔσχατον **λεπτὸν** ἀποδῷς.
21: 2 εἶδεν δέ τινα χήραν πενιχρὰν βάλλουσαν ἐκεῖ **λεπτὰ** δύο,

3322 Λευί [8]

→ 3323, 3324, 3325

υἱῶν Λευὶ [1] Heb 7:5

Mk 2:14 καὶ παράγων εἶδεν **Λευὶν** τὸν τοῦ Ἀλφαίου καθήμενον ἐπὶ τὸ τελώνιον,
Lk 3:24 τοῦ Μαθθὰτ τοῦ **Λευὶ** τοῦ Μελχὶ τοῦ Ἰανναὶ τοῦ Ἰωσὴφ
3:29 τοῦ Ἰησοῦ τοῦ Ἐλιέζερ τοῦ Ἰωρὶμ τοῦ Μαθθὰτ τοῦ **Λευὶ**
5:27 Καὶ μετὰ ταῦτα ἐξῆλθεν καὶ ἐθεάσατο τελώνην ὀνόματι **Λευὶν** καθήμενον ἐπὶ τὸ τελώνιον,
5:29 Καὶ ἐποίησεν δοχὴν μεγάλην **Λευὶς** αὐτῷ ἐν τῇ οἰκίᾳ αὐτοῦ,
Heb 7: 5 καὶ οἱ μὲν ἐκ τῶν υἱῶν **Λευὶ** τὴν ἱερατείαν λαμβάνοντες ἐντολὴν ἔχουσιν ἀποδεκατοῦν τὸν λαὸν κατὰ τὸν νόμον,
7: 9 δι' Ἀβραὰμ καὶ **Λευὶ** ὁ δεκάτας λαμβάνων δεδεκάτωται·
Rev 7: 7 ἐκ φυλῆς **Λευὶ** δώδεκα χιλιάδες, ἐκ φυλῆς Ἰσσαχὰρ δώδεκα χιλιάδες,

3323 Λευίς Not used in UBS/NIV

√ 3322

3324 Λευίτης [3]

√ 3322

Lk 10:32 ὁμοίως δὲ καὶ **Λευίτης** [γενόμενος] κατὰ τὸν τόπον ἐλθὼν καὶ ἰδὼν ἀντιπαρῆλθεν.
Jn 1:19 ὅτε ἀπέστειλαν [πρὸς αὐτὸν] οἱ Ἰουδαῖοι ἐξ Ἱεροσολύμων ἱερεῖς καὶ **Λευίτας** ἵνα ἐρωτήσωσιν αὐτόν,
Ac 4:36 ὅ ἐστιν μεθερμηνευόμενον υἱὸς παρακλήσεως, **Λευίτης,** Κύπριος τῷ γένει,

3325 Λευιτικός [1]

√ 3322

Heb 7:11 Εἰ μὲν οὖν τελείωσις διὰ τῆς **Λευιτικῆς** ἱερωσύνης ἦν,

3326 λευκαίνω [2]

√ 3328

Mk 9: 3 οἷα γναφεὺς ἐπὶ τῆς γῆς οὐ δύναται οὕτως **λευκᾶναι.**
Rev 7:14 οἱ ἐρχόμενοι ἐκ τῆς θλίψεως τῆς μεγάλης καὶ ἔπλυναν τὰς στολὰς αὐτῶν καὶ **ἐλεύκαναν** αὐτὰς ἐν τῷ αἵματι τοῦ ἀρνίου.

3327 λευκοβύσσινος Not used in UBS/NIV

√ 3328 + 1116

3328 λευκός [25]

→ 3326, 3327

Mt 5:36 ὅτι οὐ δύνασαι μίαν τρίχα **λευκὴν** ποιῆσαι ἢ μέλαιναν.
17: 2 τὰ δὲ ἱμάτια αὐτοῦ ἐγένετο **λευκὰ** ὡς τὸ φῶς.
28: 3 ἦν δὲ ἡ εἰδέα αὐτοῦ ὡς ἀστραπὴ καὶ τὸ ἔνδυμα αὐτοῦ **λευκὸν** ὡς χιών.
Mk 9: 3 καὶ τὰ ἱμάτια αὐτοῦ ἐγένετο στίλβοντα **λευκὰ** λίαν,
16: 5 καὶ εἰσελθοῦσαι εἰς τὸ μνημεῖον εἶδον νεανίσκον καθήμενον ἐν τοῖς δεξιοῖς περιβεβλημένον στολὴν **λευκήν,**
Lk 9:29 καὶ ἐγένετο ἐν τῷ προσεύχεσθαι αὐτὸν τὸ εἶδος τοῦ προσώπου αὐτοῦ ἕτερον καὶ ὁ ἱματισμὸς αὐτοῦ **λευκὸς** ἐξαστράπτων.
Jn 4:35 ἐπάρατε τοὺς ὀφθαλμοὺς ὑμῶν καὶ θεάσασθε τὰς χώρας ὅτι **λευκαί** εἰσιν πρὸς θερισμόν.
20:12 καὶ θεωρεῖ δύο ἀγγέλους ἐν **λευκοῖς** καθεζομένους, ἕνα πρὸς τῇ κεφαλῇ καὶ ἕνα πρὸς τοῖς ποσίν,
Ac 1:10 καὶ ἰδοὺ ἄνδρες δύο παρειστήκεισαν αὐτοῖς ἐν ἐσθήσεσι **λευκαῖς,**
Rev 1:14 ἡ δὲ κεφαλὴ αὐτοῦ καὶ αἱ τρίχες **λευκαὶ** ὡς ἔριον **λευκὸν** ὡς χιὼν καὶ οἱ ὀφθαλμοὶ αὐτοῦ ὡς φλὸξ πυρὸς
2:17 τῷ νικῶντι δώσω αὐτῷ τοῦ μάννα τοῦ κεκρυμμένου καὶ δώσω αὐτῷ ψῆφον **λευκήν,**
3: 4 καὶ περιπατήσουσιν μετ' ἐμοῦ ἐν **λευκοῖς,** ὅτι ἄξιοί εἰσιν.
3: 5 ὁ νικῶν οὕτως περιβαλεῖται ἐν ἱματίοις **λευκοῖς** καὶ οὐ μὴ ἐξαλείψω τὸ ὄνομα αὐτοῦ ἐκ τῆς βίβλου τῆς ζωῆς
3:18 καὶ ἱμάτια **λευκὰ** ἵνα περιβάλῃ καὶ μὴ φανερωθῇ ἡ αἰσχύνη τῆς γυμνότητός σου,
4: 4 καὶ ἐπὶ τοὺς θρόνους εἴκοσι τέσσαρας πρεσβυτέρους καθημένους περιβεβλημένους ἐν ἱματίοις **λευκοῖς**
6: 2 καὶ εἶδον, καὶ ἰδοὺ ἵππος **λευκός,** καὶ ὁ καθήμενος ἐπ' αὐτὸν ἔχων τόξον καὶ ἐδόθη αὐτῷ στέφανος καὶ ἐξῆλθεν νικῶν
6:11 καὶ ἐδόθη αὐτοῖς ἑκάστῳ στολὴ **λευκὴ** καὶ ἐρρέθη αὐτοῖς ἵνα ἀναπαύσονται ἔτι χρόνον μικρόν,
7: 9 ἐνώπιον τοῦ θρόνου καὶ ἐνώπιον τοῦ ἀρνίου περιβεβλημένους στολὰς **λευκὰς** καὶ φοίνικες ἐν ταῖς χερσὶν αὐτῶν,
7:13 Οὗτοι οἱ περιβεβλημένοι τὰς στολὰς τὰς **λευκὰς** τίνες εἰσὶν καὶ πόθεν ἦλθον;
14:14 Καὶ εἶδον, καὶ ἰδοὺ νεφέλη **λευκή,** καὶ ἐπὶ τὴν νεφέλην καθήμενον ὅμοιον υἱὸν ἀνθρώπου,
19:11 καὶ ἰδοὺ ἵππος **λευκὸς** καὶ ὁ καθήμενος ἐπ' αὐτὸν [καλούμενος] πιστὸς καὶ ἀληθινός,
19:14 καὶ τὰ στρατεύματα [τὰ] ἐν τῷ οὐρανῷ ἠκολούθει αὐτῷ ἐφ' ἵπποις **λευκοῖς,** ἐνδεδυμένοι βύσσινον **λευκὸν** καθαρόν.
20:11 Καὶ εἶδον θρόνον μέγαν **λευκὸν** καὶ τὸν καθήμενον ἐπ' αὐτόν,

3329 λέων [9]

2Ti 4:17 ἵνα δι' ἐμοῦ τὸ κήρυγμα πληροφορηθῇ καὶ ἀκούσωσιν πάντα τὰ ἔθνη, καὶ ἐρρύσθην ἐκ στόματος **λέοντος.**
Heb 11:33 οἳ διὰ πίστεως κατηγωνίσαντο βασιλείας, εἰργάσαντο δικαιοσύνην, ἐπέτυχον ἐπαγγελιῶν, ἔφραξαν στόματα **λεόντων,**
1Pe 5: 8 ὁ ἀντίδικος ὑμῶν διάβολος ὡς **λέων** ὠρυόμενος περιπατεῖ ζητῶν [τινα] καταπιεῖν·
Rev 4: 7 καὶ τὸ ζῷον τὸ πρῶτον ὅμοιον **λέοντι** καὶ τὸ δεύτερον ζῷον ὅμοιον μόσχῳ καὶ τὸ τρίτον ζῷον ἔχων τὸ πρόσωπον
5: 5 ἰδοὺ ἐνίκησεν ὁ **λέων** ὁ ἐκ τῆς φυλῆς Ἰούδα,
9: 8 καὶ εἶχον τρίχας ὡς τρίχας γυναικῶν, καὶ οἱ ὀδόντες αὐτῶν ὡς **λεόντων** ἦσαν,
9:17 καὶ αἱ κεφαλαὶ τῶν ἵππων ὡς κεφαλαὶ **λεόντων,**
10: 3 καὶ ἔκραξεν φωνῇ μεγάλῃ ὥσπερ **λέων** μυκᾶται. καὶ ὅτε ἔκραξεν,
13: 2 καὶ τὸ θηρίον ὃ εἶδον ἦν ὅμοιον παρδάλει καὶ οἱ πόδες αὐτοῦ ὡς ἄρκου καὶ τὸ στόμα αὐτοῦ ὡς στόμα **λέοντος.**

3330 λήθη [1]

√ 3291

2Pe 1: 9 **λήθην** λαβὼν τοῦ καθαρισμοῦ τῶν πάλαι αὐτοῦ ἁμαρτιῶν.

3331 λῆμψις [1]

√ 3284

Php 4:15 οὐδεμία μοι ἐκκλησία ἐκοινώνησεν εἰς λόγον δόσεως καὶ **λήμψεως** εἰ μὴ ὑμεῖς μόνοι,

3332 ληνός [5]

→ 5700

Mt 21:33 Ἄνθρωπος ἦν οἰκοδεσπότης ὅστις ἐφύτευσεν ἀμπελῶνα καὶ φραγμὸν αὐτῷ περιέθηκεν καὶ ὤρυξεν ἐν αὐτῷ **ληνὸν**
Rev 14:19 καὶ ἐτρύγησεν τὴν ἄμπελον τῆς γῆς καὶ ἔβαλεν εἰς τὴν **ληνὸν** τοῦ θυμοῦ τοῦ θεοῦ τὸν μέγαν.
14:20 καὶ ἐπατήθη ἡ **ληνὸς** ἔξωθεν τῆς πόλεως καὶ ἐξῆλθεν αἷμα ἐκ τῆς **ληνοῦ** ἄχρι τῶν χαλινῶν τῶν ἵππων ἀπὸ σταδίων χιλίων ἑξακοσίων.
19:15 καὶ αὐτὸς πατεῖ τὴν **ληνὸν** τοῦ οἴνου τοῦ θυμοῦ τῆς ὀργῆς τοῦ θεοῦ τοῦ παντοκράτορος,

3333 λῆρος [1]

Lk 24:11 καὶ ἐφάνησαν ἐνώπιον αὐτῶν ὡσεὶ **λῆρος** τὰ ῥήματα ταῦτα,

3334 λῃστής [15]

→ 798

Mt 21:13 Ὁ οἶκός μου οἶκος προσευχῆς κληθήσεται, ὑμεῖς δὲ αὐτὸν ποιεῖτε σπήλαιον **λῃστῶν.**
26:55 Ὡς ἐπὶ **λῃστὴν** ἐξήλθατε μετὰ μαχαιρῶν καὶ ξύλων συλλαβεῖν με;
27:38 Τότε σταυροῦνται σὺν αὐτῷ δύο **λῃσταί,** εἷς ἐκ δεξιῶν καὶ εἷς ἐξ εὐωνύμων.
27:44 τὸ δ' αὐτὸ καὶ οἱ **λῃσταὶ** οἱ συσταυρωθέντες σὺν αὐτῷ ὠνείδιζον αὐτόν.

Mk 11:17 ὅτι Ὁ οἶκός μου οἶκος προσευχῆς κληθήσεται πᾶσιν τοῖς ἔθνεσιν; ὑμεῖς δὲ πεποιήκατε αὐτὸν σπήλαιον **λῃστῶν.**
14:48 Ὡς ἐπὶ **λῃστὴν** ἐξήλθατε μετὰ μαχαιρῶν καὶ ξύλων συλλαβεῖν με;
15:27 Καὶ σὺν αὐτῷ σταυροῦσιν δύο **λῃστάς,** ἕνα ἐκ δεξιῶν καὶ ἕνα ἐξ εὐωνύμων αὐτοῦ.
Lk 10:30 Ἄνθρωπός τις κατέβαινεν ἀπὸ Ἰερουσαλὴμ εἰς Ἰεριχὼ καὶ **λῃσταῖς** περιέπεσεν,
10:36 τίς τούτων τῶν τριῶν πλησίον δοκεῖ σοι γεγονέναι τοῦ ἐμπεσόντος εἰς τοὺς **λῃστάς;**
19:46 Καὶ ἔσται ὁ οἶκός μου οἶκος προσευχῆς, ὑμεῖς δὲ αὐτὸν ἐποιήσατε σπήλαιον **λῃστῶν.**
22:52 Ὡς ἐπὶ **λῃστὴν** ἐξήλθατε μετὰ μαχαιρῶν καὶ ξύλων;
Jn 10: 1 ὁ μὴ εἰσερχόμενος διὰ τῆς θύρας εἰς τὴν αὐλὴν τῶν προβάτων ἀλλὰ ἀναβαίνων ἀλλαχόθεν ἐκεῖνος κλέπτης ἐστὶν καὶ **λῃστής·**
10: 8 πάντες ὅσοι ἦλθον [πρὸ ἐμοῦ] κλέπται εἰσὶν καὶ **λῃσταί,**
18:40 Μὴ τοῦτον ἀλλὰ τὸν Βαραββᾶν. ἦν δὲ ὁ Βαραββᾶς **λῃστής.**
2Co 11:26 ὁδοιπορίαις πολλάκις, κινδύνοις ποταμῶν, κινδύνοις **λῃστῶν,** κινδύνοις ἐκ γένους,

3335 λῆψις Not used in UBS/NIV

√ *3284*

3336 λίαν [12]

→ *5663*

Mt 2:16 Τότε Ἡρῴδης ἰδὼν ὅτι ἐνεπαίχθη ὑπὸ τῶν μάγων ἐθυμώθη **λίαν,**
4: 8 Πάλιν παραλαμβάνει αὐτὸν ὁ διάβολος εἰς ὄρος ὑψηλὸν **λίαν** καὶ δείκνυσιν αὐτῷ πάσας τὰς βασιλείας τοῦ κόσμου
8:28 χαλεποὶ **λίαν,** ὥστε μὴ ἰσχύειν τινὰ παρελθεῖν διὰ τῆς ὁδοῦ ἐκείνης.
27:14 καὶ οὐκ ἀπεκρίθη αὐτῷ πρὸς οὐδὲ ἓν ῥῆμα, ὥστε θαυμάζειν τὸν ἡγεμόνα **λίαν.**
Mk 1:35 Καὶ πρωῒ ἔννυχα **λίαν** ἀναστὰς ἐξῆλθεν καὶ ἀπῆλθεν εἰς ἔρημον τόπον κἀκεῖ προσηύχετο.
6:51 καὶ ἀνέβη πρὸς αὐτοὺς εἰς τὸ πλοῖον καὶ ἐκόπασεν ὁ ἄνεμος, καὶ **λίαν** [ἐκ περισσοῦ] ἐν ἑαυτοῖς ἐξίσταντο·
9: 3 καὶ τὰ ἱμάτια αὐτοῦ ἐγένετο στίλβοντα λευκὰ **λίαν,**
16: 2 καὶ **λίαν** πρωῒ τῇ μιᾷ τῶν σαββάτων ἔρχονται ἐπὶ τὸ μνημεῖον ἀνατείλαντος τοῦ ἡλίου.
Lk 23: 8 ὁ δὲ Ἡρῴδης ἰδὼν τὸν Ἰησοῦν ἐχάρη **λίαν,**
2Ti 4:15 ὃν καὶ σὺ φυλάσσου, **λίαν** γὰρ ἀντέστη τοῖς ἡμετέροις λόγοις.
2Jn 1: 4 Ἐχάρην **λίαν** ὅτι εὕρηκα ἐκ τῶν τέκνων σου περιπατοῦντας ἐν ἀληθείᾳ,
3Jn 1: 3 ἐχάρην γὰρ **λίαν** ἐρχομένων ἀδελφῶν καὶ μαρτυρούντων σου τῇ ἀληθείᾳ,

3337 λίβανος [2]

→ *3338*

Mt 2:11 προσεκύνησαν αὐτῷ καὶ ἀνοίξαντες τοὺς θησαυροὺς αὐτῶν προσήνεγκαν αὐτῷ δῶρα, χρυσὸν καὶ **λίβανον** καὶ σμύρναν.
Rev 18:13 καὶ κιννάμωμον καὶ ἄμωμον καὶ θυμιάματα καὶ μύρον καὶ **λίβανον** καὶ οἶνον καὶ ἔλαιον καὶ σεμίδαλιν καὶ σῖτον

3338 λιβανωτός [2]

√ *3337*

Rev 8: 3 Καὶ ἄλλος ἄγγελος ἦλθεν καὶ ἐστάθη ἐπὶ τοῦ θυσιαστηρίου ἔχων **λιβανωτὸν** χρυσοῦν,
8: 5 καὶ εἴληφεν ὁ ἄγγελος τὸν **λιβανωτὸν** καὶ ἐγέμισεν αὐτὸν ἐκ τοῦ πυρὸς τοῦ θυσιαστηρίου καὶ ἔβαλεν εἰς τὴν γῆν,

3339 Λιβερτῖνος [1]

Ac 6: 9 ἀνέστησαν δέ τινες τῶν ἐκ τῆς συναγωγῆς τῆς λεγομένης **Λιβερτίνων** καὶ Κυρηναίων καὶ Ἀλεξανδρέων καὶ τῶν ἀπὸ Κιλικίας καὶ Ἀσίας συζητοῦντες τῷ Στεφάνῳ,

3340 Λιβύη [1]

√ *cf. 3341*

Ac 2:10 Αἴγυπτον καὶ τὰ μέρη τῆς **Λιβύης** τῆς κατὰ Κυρήνην,

3341 Λιβυστῖνος Not used in UBS/NIV

√ *cf. 3340*

3342 λιθάζω [9]

√ *3345*

Jn 8: 5 [[τῷ νόμῳ ἡμῖν Μωϋσῆς ἐνετείλατο τὰς τοιαύτας **λιθάζειν.**]]
10:31 Ἐβάστασαν πάλιν λίθους οἱ Ἰουδαῖοι ἵνα **λιθάσωσιν** αὐτόν.
10:32 Πολλὰ ἔργα καλὰ ἔδειξα ὑμῖν ἐκ τοῦ πατρός· διὰ ποῖον αὐτῶν ἔργον ἐμὲ **λιθάζετε;**
10:33 Περὶ καλοῦ ἔργου οὐ **λιθάζομέν** σε ἀλλὰ περὶ βλασφημίας,
11: 8 Ῥαββί, νῦν ἐζήτουν σε **λιθάσαι** οἱ Ἰουδαῖοι, καὶ πάλιν ὑπάγεις ἐκεῖ;
Ac 5:26 τότε ἀπελθὼν ὁ στρατηγὸς σὺν τοῖς ὑπηρέταις ἦγεν αὐτοὺς οὐ μετὰ βίας, ἐφοβοῦντο γὰρ τὸν λαὸν μὴ **λιθασθῶσιν.**
14:19 Ἐπῆλθαν δὲ ἀπὸ Ἀντιοχείας καὶ Ἰκονίου Ἰουδαῖοι καὶ πείσαντες τοὺς ὄχλους καὶ **λιθάσαντες** τὸν Παῦλον ἔσυρον
2Co 11:25 τρὶς ἐραβδίσθην, ἅπαξ **ἐλιθάσθην,** τρὶς ἐναυάγησα, νυχθήμερον ἐν τῷ βυθῷ πεποίηκα·
Heb 11:37 **ἐλιθάσθησαν,** ἐπρίσθησαν, ἐν φόνῳ μαχαίρης ἀπέθανον, περιῆλθον ἐν μηλωταῖς,

3343 λίθινος [3]

√ *3345*

Jn 2: 6 ἦσαν δὲ ἐκεῖ **λίθιναι** ὑδρίαι ἓξ κατὰ τὸν καθαρισμὸν τῶν Ἰουδαίων κείμεναι,
2Co 3: 3 οὐκ ἐν πλαξὶν **λιθίναις** ἀλλ᾽ ἐν πλαξὶν καρδίαις σαρκίναις.
Rev 9:20 ἵνα μὴ προσκυνήσουσιν τὰ δαιμόνια καὶ τὰ εἴδωλα τὰ χρυσᾶ καὶ τὰ ἀργυρᾶ καὶ τὰ χαλκᾶ καὶ τὰ **λίθινα** καὶ τὰ ξύλινα,

3344 λιθοβολέω [7]

√ *3345 + 965*

Mt 21:35 καὶ λαβόντες οἱ γεωργοὶ τοὺς δούλους αὐτοῦ ὃν μὲν ἔδειραν, ὃν δὲ ἀπέκτειναν, ὃν δὲ **ἐλιθοβόλησαν.**
23:37 ἡ ἀποκτείνουσα τοὺς προφήτας καὶ **λιθοβολοῦσα** τοὺς ἀπεσταλμένους πρὸς αὐτήν,
Lk 13:34 ἡ ἀποκτείνουσα τοὺς προφήτας καὶ **λιθοβολοῦσα** τοὺς ἀπεσταλμένους πρὸς αὐτήν,
Ac 7:58 καὶ ἐκβαλόντες ἔξω τῆς πόλεως **ἐλιθοβόλουν.**
7:59 καὶ **ἐλιθοβόλουν** τὸν Στέφανον ἐπικαλούμενον καὶ λέγοντα,
14: 5 ὡς δὲ ἐγένετο ὁρμὴ τῶν ἐθνῶν τε καὶ Ἰουδαίων σὺν τοῖς ἄρχουσιν αὐτῶν ὑβρίσαι καὶ **λιθοβολῆσαι** αὐτούς,
Heb 12:20 οὐκ ἔφερον γὰρ τὸ διαστελλόμενον, Κἂν θηρίον θίγῃ τοῦ ὄρους, **λιθοβοληθήσεται·**

3345 λίθος [59]

→ *2902, 3342, 3343, 3344, 3346, 5994*

λίθος ... ἀποδοκιμάζω, ἐξουθενέω [6] Mt 21:42; Mk 12:10; Lk 20:17; Ac 4:11; 1Pe 2:4,7

λίθος ἐπὶ λίθον [4] Mt 24:2; Mk 13:2; Lk 19:44; 21:6

λίθος ζῶντα, ζῶντες [2] 1Pe 2:4,5

λίθος τίμιος [6] 1Co 3:12; Rev 17:4; 18:12,16; 21:11,19

πέτρα ... λίθος [4] Mt 27:60; Mk 15:46; Ro 9:33; 1Pe 2:8

Mt 3: 9 λέγω γὰρ ὑμῖν ὅτι δύναται ὁ θεὸς ἐκ τῶν **λίθων** τούτων ἐγεῖραι τέκνα τῷ Ἀβραάμ.
4: 3 Εἰ υἱὸς εἶ τοῦ θεοῦ, εἰπὲ ἵνα οἱ **λίθοι** οὗτοι ἄρτοι γένωνται.
4: 6 ὅτι Τοῖς ἀγγέλοις αὐτοῦ ἐντελεῖται περὶ σοῦ καὶ ἐπὶ χειρῶν ἀροῦσίν σε, μήποτε προσκόψῃς πρὸς **λίθον** τὸν πόδα σου.
7: 9 ὃν αἰτήσει ὁ υἱὸς αὐτοῦ ἄρτον, μὴ **λίθον** ἐπιδώσει αὐτῷ;
21:42 **Λίθον** ὃν ἀπεδοκίμασαν οἱ οἰκοδομοῦντες, οὗτος ἐγενήθη εἰς κεφαλὴν γωνίας·
21:44 [Καὶ ὁ πεσὼν ἐπὶ τὸν **λίθον** τοῦτον συνθλασθήσεται·]
24: 2 οὐ μὴ ἀφεθῇ ὧδε **λίθος** ἐπὶ **λίθον** ὃς οὐ καταλυθήσεται.
27:60 καὶ ἔθηκεν αὐτὸ ἐν τῷ καινῷ αὐτοῦ μνημείῳ ὃ ἐλατόμησεν ἐν τῇ πέτρᾳ καὶ προσκυλίσας **λίθον** μέγαν τῇ θύρᾳ τοῦ μνημείου
27:66 οἱ δὲ πορευθέντες ἠσφαλίσαντο τὸν τάφον σφραγίσαντες τὸν **λίθον** μετὰ τῆς κουστωδίας.
28: 2 ἄγγελος γὰρ κυρίου καταβὰς ἐξ οὐρανοῦ καὶ προσελθὼν ἀπεκύλισεν τὸν **λίθον** καὶ ἐκάθητο ἐπάνω αὐτοῦ.

Mk 5: 5 καὶ διὰ παντὸς νυκτὸς καὶ ἡμέρας ἐν τοῖς μνήμασιν καὶ ἐν τοῖς ὄρεσιν ἦν κράζων καὶ κατακόπτων ἑαυτὸν **λίθοις.**
12: 10 **Λίθον** ὃν ἀπεδοκίμασαν οἱ οἰκοδομοῦντες, οὗτος ἐγενήθη εἰς κεφαλὴν γωνίας·
13: 1 ἐκπορευομένου αὐτοῦ ἐκ τοῦ ἱεροῦ λέγει αὐτῷ εἷς τῶν μαθητῶν αὐτοῦ, Διδάσκαλε, ἴδε ποταποὶ **λίθοι** καὶ ποταπαὶ οἰκοδομαί.
13: 2 οὐ μὴ ἀφεθῇ ὧδε **λίθος** ἐπὶ **λίθον** ὃς οὐ μὴ καταλυθῇ.
15: 46 ἔθηκεν αὐτὸν ἐν μνημείῳ ὃ ἦν λελατομημένον ἐκ πέτρας καὶ προσεκύλισεν **λίθον** ἐπὶ τὴν θύραν τοῦ μνημείου.
16: 3 Τίς ἀποκυλίσει ἡμῖν τὸν **λίθον** ἐκ τῆς θύρας τοῦ μνημείου;
16: 4 καὶ ἀναβλέψασαι θεωροῦσιν ὅτι ἀποκεκύλισται ὁ **λίθος·** ἦν γὰρ μέγας σφόδρα.
Lk 3: 8 λέγω γὰρ ὑμῖν ὅτι δύναται ὁ θεὸς ἐκ τῶν **λίθων** τούτων ἐγεῖραι τέκνα τῷ Ἀβραάμ.
4: 3 Εἰ υἱὸς εἶ τοῦ θεοῦ, εἰπὲ τῷ **λίθῳ** τούτῳ ἵνα γένηται ἄρτος.
4: 11 καὶ ὅτι Ἐπὶ χειρῶν ἀροῦσίν σε, μήποτε προσκόψῃς πρὸς **λίθον** τὸν πόδα σου.
17: 2 λυσιτελεῖ αὐτῷ εἰ **λίθος** μυλικὸς περίκειται περὶ τὸν τράχηλον αὐτοῦ καὶ ἔρριπται εἰς τὴν θάλασσαν ἢ ἵνα σκανδαλίσῃ τῶν μικρῶν τούτων ἕνα.
19: 40 Λέγω ὑμῖν, ἐὰν οὗτοι σιωπήσουσιν, οἱ **λίθοι** κράξουσιν.
19: 44 καὶ οὐκ ἀφήσουσιν **λίθον** ἐπὶ **λίθον** ἐν σοί,
20: 17 **Λίθον** ὃν ἀπεδοκίμασαν οἱ οἰκοδομοῦντες, οὗτος ἐγενήθη εἰς κεφαλὴν γωνίας;
20: 18 πᾶς ὁ πεσὼν ἐπ' ἐκεῖνον τὸν **λίθον** συνθλασθήσεται·
21: 5 Καί τινων λεγόντων περὶ τοῦ ἱεροῦ ὅτι **λίθοις** καλοῖς καὶ ἀναθήμασιν κεκόσμηται εἶπεν,
21: 6 ἐλεύσονται ἡμέραι ἐν αἷς οὐκ ἀφεθήσεται **λίθος** ἐπὶ **λίθῳ** ὃς οὐ καταλυθήσεται.
22: 41 καὶ αὐτὸς ἀπεσπάσθη ἀπ' αὐτῶν ὡσεὶ **λίθου** βολὴν καὶ θεὶς τὰ γόνατα προσηύχετο
24: 2 εὗρον δὲ τὸν **λίθον** ἀποκεκυλισμένον ἀπὸ τοῦ μνημείου,
Jn 8: 7 ⟦Ὁ ἀναμάρτητος ὑμῶν πρῶτος ἐπ' αὐτὴν βαλέτω **λίθον.**⟧
8: 59 ἦραν οὖν **λίθους** ἵνα βάλωσιν ἐπ' αὐτόν. Ἰησοῦς δὲ ἐκρύβη καὶ ἐξῆλθεν ἐκ τοῦ ἱεροῦ.
10: 31 Ἐβάστασαν πάλιν **λίθους** οἱ Ἰουδαῖοι ἵνα λιθάσωσιν αὐτόν.
11: 38 ἦν δὲ σπήλαιον καὶ **λίθος** ἐπέκειτο ἐπ' αὐτῷ.
11: 39 λέγει ὁ Ἰησοῦς, Ἄρατε τὸν **λίθον.** λέγει αὐτῷ ἡ ἀδελφὴ τοῦ τετελευτηκότος Μάρθα,
11: 41 ἦραν οὖν τὸν **λίθον.** ὁ δὲ Ἰησοῦς ἦρεν τοὺς ὀφθαλμοὺς ἄνω καὶ εἶπεν,
20: 1 Μαρία ἡ Μαγδαληνὴ ἔρχεται πρωῒ σκοτίας ἔτι οὔσης εἰς τὸ μνημεῖον καὶ βλέπει τὸν **λίθον** ἠρμένον ἐκ τοῦ μνημείου.
Ac 4: 11 οὗτός ἐστιν ὁ **λίθος,** ὁ ἐξουθενηθεὶς ὑφ' ὑμῶν τῶν οἰκοδόμων,
17: 29 γένος οὖν ὑπάρχοντες τοῦ θεοῦ οὐκ ὀφείλομεν νομίζειν χρυσῷ ἢ ἀργύρῳ ἢ **λίθῳ,**
Ro 9: 32 ὅτι οὐκ ἐκ πίστεως ἀλλ' ὡς ἐξ ἔργων· προσέκοψαν τῷ **λίθῳ** τοῦ προσκόμματος,
9: 33 Ἰδοὺ τίθημι ἐν Σιὼν **λίθον** προσκόμματος καὶ πέτραν σκανδάλου,
1Co 3: 12 εἰ δέ τις ἐποικοδομεῖ ἐπὶ τὸν θεμέλιον χρυσόν, ἄργυρον, **λίθους** τιμίους, ξύλα, χόρτον, καλάμην,
2Co 3: 7 Εἰ δὲ ἡ διακονία τοῦ θανάτου ἐν γράμμασιν ἐντετυπωμένη **λίθοις** ἐγενήθη ἐν δόξῃ,
1Pe 2: 4 πρὸς ὃν προσερχόμενοι **λίθον** ζῶντα ὑπὸ ἀνθρώπων μὲν ἀποδεδοκιμασμένον παρὰ δὲ θεῷ ἐκλεκτὸν ἔντιμον,
2: 5 καὶ αὐτοὶ ὡς **λίθοι** ζῶντες οἰκοδομεῖσθε οἶκος πνευματικὸς εἰς ἱεράτευμα ἅγιον ἀνενέγκαι πνευματικὰς θυσίας
2: 6 Ἰδοὺ τίθημι ἐν Σιὼν **λίθον** ἀκρογωνιαῖον ἐκλεκτὸν ἔντιμον καὶ ὁ πιστεύων ἐπ' αὐτῷ οὐ μὴ καταισχυνθῇ.
2: 7 ἀπιστοῦσιν δὲ **λίθος** ὃν ἀπεδοκίμασαν οἱ οἰκοδομοῦντες, οὗτος ἐγενήθη εἰς κεφαλὴν γωνίας
2: 8 καὶ **λίθος** προσκόμματος καὶ πέτρα σκανδάλου· οἳ προσκόπτουσιν τῷ λόγῳ ἀπειθοῦντες εἰς ὃ καὶ ἐτέθησαν.
Rev 4: 3 καὶ ὁ καθήμενος ὅμοιος ὁράσει **λίθῳ** ἰάσπιδι καὶ σαρδίῳ,
17: 4 καὶ ἡ γυνὴ ἦν περιβεβλημένη πορφυροῦν καὶ κόκκινον καὶ κεχρυσωμένη χρυσίῳ καὶ **λίθῳ** τιμίῳ καὶ μαργαρίταις,
18: 12 γόμον χρυσοῦ καὶ ἀργύρου καὶ **λίθου** τιμίου καὶ μαργαριτῶν καὶ βυσσίνου καὶ πορφύρας καὶ σιρικοῦ καὶ κοκκίνου,
18: 16 ἡ περιβεβλημένη βύσσινον καὶ πορφυροῦν καὶ κόκκινον καὶ κεχρυσωμένη [ἐν] χρυσίῳ καὶ **λίθῳ** τιμίῳ καὶ μαργαρίτῃ,
18: 21 Καὶ ἦρεν εἷς ἄγγελος ἰσχυρὸς **λίθον** ὡς μύλινον μέγαν καὶ ἔβαλεν εἰς τὴν θάλασσαν λέγων,
21: 11 ὁ φωστὴρ αὐτῆς ὅμοιος **λίθῳ** τιμιωτάτῳ ὡς **λίθῳ** ἰάσπιδι κρυσταλλίζοντι.
21: 19 οἱ θεμέλιοι τοῦ τείχους τῆς πόλεως παντὶ **λίθῳ** τιμίῳ κεκοσμημένοι·

3346 λιθόστρωτος [1]

√ *3345 + 5143*

Jn 19: 13 Πιλᾶτος ἀκούσας τῶν λόγων τούτων ἤγαγεν ἔξω τὸν Ἰησοῦν καὶ ἐκάθισεν ἐπὶ βήματος εἰς τόπον λεγόμενον **Λιθόστρωτον,**

3347 λικμάω [2]

Mt 21: 44 [Καὶ ὁ πεσὼν ἐπὶ τὸν λίθον τοῦτον συνθλασθήσεται· ἐφ' ὃν δ' ἂν πέσῃ **λικμήσει** αὐτόν.]
Lk 20: 18 πᾶς ὁ πεσὼν ἐπ' ἐκεῖνον τὸν λίθον συνθλασθήσεται· ἐφ' ὃν δ' ἂν πέσῃ, **λικμήσει** αὐτόν.

3348 λιμήν [2]

→ *2816, 3349*

Ac 27: 12 ἀνευθέτου δὲ τοῦ **λιμένος** ὑπάρχοντος πρὸς παραχειμασίαν οἱ πλείονες ἔθεντο βουλὴν ἀναχθῆναι ἐκεῖθεν, εἴ πως δύναιντο καταντήσαντες εἰς Φοίνικα παραχειμάσαι **λιμένα** τῆς Κρήτης βλέποντα κατὰ λίβα καὶ κατὰ χῶρον.

3349 λίμνη [11]

√ *3348*

λίμνη πυρός [6] Rev 19:20; 20:10,14,14,15; 21:8

Lk 5: 1 ἐν τῷ τὸν ὄχλον ἐπικεῖσθαι αὐτῷ καὶ ἀκούειν τὸν λόγον τοῦ θεοῦ καὶ αὐτὸς ἦν ἑστὼς παρὰ τὴν **λίμνην** Γεννησαρὲτ
5: 2 καὶ εἶδεν δύο πλοῖα ἑστῶτα παρὰ τὴν **λίμνην·**
8: 22 Διέλθωμεν εἰς τὸ πέραν τῆς **λίμνης,** καὶ ἀνήχθησαν.
8: 23 καὶ κατέβη λαῖλαψ ἀνέμου εἰς τὴν **λίμνην** καὶ συνεπληροῦντο καὶ ἐκινδύνευον.
8: 33 καὶ ὥρμησεν ἡ ἀγέλη κατὰ τοῦ κρημνοῦ εἰς τὴν **λίμνην** καὶ ἀπεπνίγη.
Rev 19: 20 ζῶντες ἐβλήθησαν οἱ δύο εἰς τὴν **λίμνην** τοῦ πυρὸς τῆς καιομένης ἐν θείῳ.
20: 10 καὶ ὁ διάβολος ὁ πλανῶν αὐτοὺς ἐβλήθη εἰς τὴν **λίμνην** τοῦ πυρὸς καὶ θείου ὅπου καὶ τὸ θηρίον καὶ ὁ ψευδοπροφήτης,
20: 14 καὶ ὁ θάνατος καὶ ὁ ᾅδης ἐβλήθησαν εἰς τὴν **λίμνην** τοῦ πυρός. οὗτος ὁ θάνατος ὁ δεύτερός ἐστιν, ἡ **λίμνη** τοῦ πυρός.
20: 15 καὶ εἴ τις οὐχ εὑρέθη ἐν τῇ βίβλῳ τῆς ζωῆς γεγραμμένος, ἐβλήθη εἰς τὴν **λίμνην** τοῦ πυρός.
21: 8 καὶ φαρμάκοις καὶ εἰδωλολάτραις καὶ πᾶσιν τοῖς ψευδέσιν τὸ μέρος αὐτῶν ἐν τῇ **λίμνῃ** τῇ καιομένῃ πυρὶ καὶ θείῳ,

3350 λιμός [12]

fem. **ἡ** [2] Lk 15:14; Ac 11:28

Mt 24: 7 ἐγερθήσεται γὰρ ἔθνος ἐπὶ ἔθνος καὶ βασιλεία ἐπὶ βασιλείαν καὶ ἔσονται **λιμοὶ** καὶ σεισμοὶ κατὰ τόπους·
Mk 13: 8 ἐγερθήσεται γὰρ ἔθνος ἐπ' ἔθνος καὶ βασιλεία ἐπὶ βασιλείαν, ἔσονται σεισμοὶ κατὰ τόπους, ἔσονται **λιμοί·**
Lk 4: 25 ὡς ἐγένετο **λιμὸς** μέγας ἐπὶ πᾶσαν τὴν γῆν,
15: 14 δαπανήσαντος δὲ αὐτοῦ πάντα ἐγένετο **λιμὸς** ἰσχυρὰ κατὰ τὴν χώραν ἐκείνην,
15: 17 Πόσοι μίσθιοι τοῦ πατρός μου περισσεύονται ἄρτων, ἐγὼ δὲ **λιμῷ** ὧδε ἀπόλλυμαι.
21: 11 σεισμοί τε μεγάλοι καὶ κατὰ τόπους **λιμοὶ** καὶ λοιμοὶ ἔσονται,
Ac 7: 11 ἦλθεν δὲ **λιμὸς** ἐφ' ὅλην τὴν Αἴγυπτον καὶ Χανάαν καὶ θλῖψις μεγάλη,
11: 28 Ἅγαβος ἐσήμανεν διὰ τοῦ πνεύματος **λιμὸν** μεγάλην μέλλειν ἔσεσθαι ἐφ' ὅλην τὴν οἰκουμένην,
Ro 8: 35 θλῖψις ἢ στενοχωρία ἢ διωγμὸς ἢ **λιμὸς** ἢ γυμνότης ἢ κίνδυνος ἢ μάχαιρα;
2Co 11: 27 ἐν ἀγρυπνίαις πολλάκις, ἐν **λιμῷ** καὶ δίψει, ἐν νηστείαις πολλάκις,
Rev 6: 8 ἐξουσία ἐπὶ τὸ τέταρτον τῆς γῆς ἀποκτεῖναι ἐν ῥομφαίᾳ καὶ ἐν **λιμῷ** καὶ ἐν θανάτῳ καὶ ὑπὸ τῶν θηρίων τῆς γῆς.
18: 8 θάνατος καὶ πένθος καὶ **λιμός,** καὶ ἐν πυρὶ κατακαυθήσεται,

3351 λίνον [2]

Mt 12: 20 κάλαμον συντετριμμένον οὐ κατεάξει καὶ **λίνον** τυφόμενον οὐ σβέσει,

Rev 15: 6 καὶ ἐξῆλθον οἱ ἑπτὰ ἄγγελοι [οἱ] ἔχοντες τὰς ἑπτὰ πληγὰς ἐκ τοῦ ναοῦ ἐνδεδυμένοι **λίνον** καθαρὸν λαμπρὸν

3352 Λίνος [1]

2Ti 4:21 Ἀσπάζεταί σε Εὔβουλος καὶ Πούδης καὶ **Λίνος** καὶ Κλαυδία καὶ οἱ ἀδελφοὶ πάντες.

3353 λιπαρός [1]

Rev 18:14 καὶ πάντα τὰ **λιπαρὰ** καὶ τὰ λαμπρὰ ἀπώλετο ἀπὸ σοῦ καὶ οὐκέτι οὐ μὴ αὐτὰ εὑρήσουσιν.

3354 λίτρα [2]

Jn 12: 3 ἡ οὖν Μαριὰμ λαβοῦσα **λίτραν** μύρου νάρδου πιστικῆς πολυτίμου ἤλειψεν τοὺς πόδας τοῦ Ἰησοῦ
19:39 φέρων μίγμα σμύρνης καὶ ἀλόης ὡς **λίτρας** ἑκατόν.

3355 λίψ [1]

Ac 27:12 εἴ πως δύναιντο καταντήσαντες εἰς Φοίνικα παραχειμάσαι λιμένα τῆς Κρήτης βλέποντα κατὰ **λίβα** καὶ κατὰ χῶρον.

3356 λογεία [2]

√ *3306*

1Co 16: 1 Περὶ δὲ τῆς **λογείας** τῆς εἰς τοὺς ἁγίους ὥσπερ διέταξα ταῖς ἐκκλησίαις τῆς Γαλατίας,
16: 2 ἕκαστος ὑμῶν παρ' ἑαυτῷ τιθέτω θησαυρίζων ὅ τι ἐὰν εὐοδῶται, ἵνα μὴ ὅταν ἔλθω τότε **λογεῖαι** γίνωνται.

3357 λογίζομαι [40]

√ *3306*

λογίζομαι εἰς [10] Ac 19:27; Ro 2:26; 4:3,5,9,22; 9:8; 2Co 12:6; Gal 3:6; Jas 2:23

Lk 22:37 λέγω γὰρ ὑμῖν ὅτι τοῦτο τὸ γεγραμμένον δεῖ τελεσθῆναι ἐν ἐμοί, τὸ Καὶ μετὰ ἀνόμων **ἐλογίσθη·**
Jn 11:50 οὐδὲ **λογίζεσθε** ὅτι συμφέρει ὑμῖν ἵνα εἷς ἄνθρωπος ἀποθάνῃ ὑπὲρ τοῦ λαοῦ καὶ μὴ ὅλον τὸ ἔθνος ἀπόληται.
Ac 19:27 κινδυνεύει ἡμῖν τὸ μέρος εἰς ἀπελεγμὸν ἐλθεῖν ἀλλὰ καὶ τὸ τῆς μεγάλης θεᾶς Ἀρτέμιδος ἱερὸν εἰς οὐθὲν **λογισθῆναι,**
Ro 2: 3 **λογίζῃ** δὲ τοῦτο, ὦ ἄνθρωπε ὁ κρίνων τοὺς τὰ τοιαῦτα πράσσοντας καὶ ποιῶν αὐτά,
2:26 ἐὰν οὖν ἡ ἀκροβυστία τὰ δικαιώματα τοῦ νόμου φυλάσσῃ, οὐχ ἡ ἀκροβυστία αὐτοῦ εἰς περιτομὴν **λογισθήσεται;**
3:28 **λογιζόμεθα** γὰρ δικαιοῦσθαι πίστει ἄνθρωπον χωρὶς ἔργων νόμου.
4: 3 Ἐπίστευσεν δὲ Ἀβραὰμ τῷ θεῷ καὶ **ἐλογίσθη** αὐτῷ εἰς δικαιοσύνην.
4: 4 τῷ δὲ ἐργαζομένῳ ὁ μισθὸς οὐ **λογίζεται** κατὰ χάριν ἀλλὰ κατὰ ὀφείλημα,
4: 5 τῷ δὲ μὴ ἐργαζομένῳ πιστεύοντι δὲ ἐπὶ τὸν δικαιοῦντα τὸν ἀσεβῆ **λογίζεται** ἡ πίστις αὐτοῦ εἰς δικαιοσύνην·
4: 6 καθάπερ καὶ Δαυὶδ λέγει τὸν μακαρισμὸν τοῦ ἀνθρώπου ᾧ ὁ θεὸς **λογίζεται** δικαιοσύνην χωρὶς ἔργων,
4: 8 μακάριος ἀνὴρ οὗ οὐ μὴ **λογίσηται** κύριος ἁμαρτίαν.
4: 9 λέγομεν γάρ, **Ἐλογίσθη** τῷ Ἀβραὰμ ἡ πίστις εἰς δικαιοσύνην.
4:10 πῶς οὖν **ἐλογίσθη;** ἐν περιτομῇ ὄντι ἢ ἐν ἀκροβυστίᾳ;
4:11 πατέρα πάντων τῶν πιστευόντων δι' ἀκροβυστίας, εἰς τὸ **λογισθῆναι** [καὶ] αὐτοῖς [τὴν] δικαιοσύνην,
4:22 διὸ [καὶ] **ἐλογίσθη** αὐτῷ εἰς δικαιοσύνην.
4:23 Οὐκ ἐγράφη δὲ δι' αὐτὸν μόνον ὅτι **ἐλογίσθη** αὐτῷ
4:24 ἀλλὰ καὶ δι' ἡμᾶς, οἷς μέλλει **λογίζεσθαι,** τοῖς πιστεύουσιν ἐπὶ τὸν ἐγείραντα Ἰησοῦν τὸν κύριον ἡμῶν ἐκ νεκρῶν,
6:11 οὕτως καὶ ὑμεῖς **λογίζεσθε** ἑαυτοὺς [εἶναι] νεκροὺς μὲν τῇ ἁμαρτίᾳ ζῶντας δὲ τῷ θεῷ ἐν Χριστῷ Ἰησοῦ.
8:18 **Λογίζομαι** γὰρ ὅτι οὐκ ἄξια τὰ παθήματα τοῦ νῦν καιροῦ πρὸς τὴν μέλλουσαν δόξαν ἀποκαλυφθῆναι εἰς ἡμᾶς.
8:36 καθὼς γέγραπται ὅτι Ἕνεκεν σοῦ θανατούμεθα ὅλην τὴν ἡμέραν, **ἐλογίσθημεν** ὡς πρόβατα σφαγῆς.
9: 8 οὐ τὰ τέκνα τῆς σαρκὸς ταῦτα τέκνα τοῦ θεοῦ ἀλλὰ τὰ τέκνα τῆς ἐπαγγελίας **λογίζεται** εἰς σπέρμα.
14:14 εἰ μὴ τῷ **λογιζομένῳ** τι κοινὸν εἶναι, ἐκείνῳ κοινόν.
1Co 4: 1 Οὕτως ἡμᾶς **λογιζέσθω** ἄνθρωπος ὡς ὑπηρέτας Χριστοῦ καὶ οἰκονόμους μυστηρίων θεοῦ.
13: 5 οὐ ζητεῖ τὰ ἑαυτῆς, οὐ παροξύνεται, οὐ **λογίζεται** τὸ κακόν,
13:11 ἐλάλουν ὡς νήπιος, ἐφρόνουν ὡς νήπιος, **ἐλογιζόμην** ὡς νήπιος·
2Co 3: 5 οὐχ ὅτι ἀφ' ἑαυτῶν ἱκανοί ἐσμεν **λογίσασθαί** τι ὡς ἐξ ἑαυτῶν,
5:19 μὴ **λογιζόμενος** αὐτοῖς τὰ παραπτώματα αὐτῶν καὶ θέμενος ἐν ἡμῖν τὸν λόγον τῆς καταλλαγῆς.
10: 2 δέομαι δὲ τὸ μὴ παρὼν θαρρῆσαι τῇ πεποιθήσει ᾗ **λογίζομαι** τολμῆσαι ἐπί τινας τοὺς **λογιζομένους** ἡμᾶς ὡς κατὰ σάρκα περιπατοῦντας.
10: 7 τοῦτο **λογιζέσθω** πάλιν ἐφ' ἑαυτοῦ, ὅτι καθὼς αὐτὸς Χριστοῦ,
10:11 τοῦτο **λογιζέσθω** ὁ τοιοῦτος, ὅτι οἷοί ἐσμεν τῷ λόγῳ δι' ἐπιστολῶν ἀπόντες,
11: 5 **λογίζομαι** γὰρ μηδὲν ὑστερηκέναι τῶν ὑπερλίαν ἀποστόλων.
12: 6 μή τις εἰς ἐμὲ **λογίσηται** ὑπὲρ ὃ βλέπει με ἢ ἀκούει [τι] ἐξ ἐμοῦ
Gal 3: 6 καθὼς Ἀβραὰμ ἐπίστευσεν τῷ θεῷ, καὶ **ἐλογίσθη** αὐτῷ εἰς δικαιοσύνην.
Php 3:13 ἀδελφοί, ἐγὼ ἐμαυτὸν οὐ **λογίζομαι** κατειληφέναι· ἓν δέ,
4: 8 εἴ τις ἀρετὴ καὶ εἴ τις ἔπαινος, ταῦτα **λογίζεσθε·**
2Ti 4:16 Ἐν τῇ πρώτῃ μου ἀπολογίᾳ οὐδείς μοι παρεγένετο, ἀλλὰ πάντες με ἐγκατέλιπον· μὴ αὐτοῖς **λογισθείη·**
Heb 11:19 **λογισάμενος** ὅτι καὶ ἐκ νεκρῶν ἐγείρειν δυνατὸς ὁ θεός,
Jas 2:23 καὶ **ἐλογίσθη** αὐτῷ εἰς δικαιοσύνην καὶ φίλος θεοῦ ἐκλήθη.
1Pe 5:12 Διὰ Σιλουανοῦ ὑμῖν τοῦ πιστοῦ ἀδελφοῦ, ὡς **λογίζομαι,**

3358 λογικός [2]

√ *3306*

Ro 12: 1 παραστῆσαι τὰ σώματα ὑμῶν θυσίαν ζῶσαν ἁγίαν εὐάρεστον τῷ θεῷ, τὴν **λογικὴν** λατρείαν ὑμῶν·
1Pe 2: 2 ὡς ἀρτιγέννητα βρέφη τὸ **λογικὸν** ἄδολον γάλα ἐπιποθήσατε,

3359 λόγιον [4]

√ *3306*

Ac 7:38 μετὰ τοῦ ἀγγέλου τοῦ λαλοῦντος αὐτῷ ἐν τῷ ὄρει Σινᾶ καὶ τῶν πατέρων ἡμῶν, ὃς ἐδέξατο **λόγια** ζῶντα δοῦναι ἡμῖν,
Ro 3: 2 πρῶτον μὲν [γὰρ] ὅτι ἐπιστεύθησαν τὰ **λόγια** τοῦ θεοῦ.
Heb 5:12 πάλιν χρείαν ἔχετε τοῦ διδάσκειν ὑμᾶς τινὰ τὰ στοιχεῖα τῆς ἀρχῆς τῶν **λογίων** τοῦ θεοῦ
1Pe 4:11 εἴ τις λαλεῖ, ὡς **λόγια** θεοῦ· εἴ τις διακονεῖ,

3360 λόγιος [1]

√ *3306*

Ac 18:24 Ἀλεξανδρεὺς τῷ γένει, ἀνὴρ **λόγιος,** κατήντησεν εἰς Ἔφεσον,

3361 λογισμός [2]

√ *3306*

Ro 2:15 συμμαρτυρούσης αὐτῶν τῆς συνειδήσεως καὶ μεταξὺ ἀλλήλων τῶν **λογισμῶν** κατηγορούντων ἢ καὶ ἀπολογουμένων,
2Co 10: 4 τὰ γὰρ ὅπλα τῆς στρατείας ἡμῶν οὐ σαρκικὰ ἀλλὰ δυνατὰ τῷ θεῷ πρὸς καθαίρεσιν ὀχυρωμάτων, **λογισμοὺς** καθαιροῦντες

3362 λογομαχέω [1]

√ *3306 + 3480*

2Ti 2:14 Ταῦτα ὑπομίμνῃσκε διαμαρτυρόμενος ἐνώπιον τοῦ θεοῦ μὴ **λογομαχεῖν,**

3363 λογομαχία [1]

√ *3306 + 3480*

1Ti 6: 4 μηδὲν ἐπιστάμενος, ἀλλὰ νοσῶν περὶ ζητήσεις καὶ **λογομαχίας,**

3364 λόγος [330]

√ *3306*

ἀποδίδωμι λόγον [4] Lk 16:2; Ac 19:40; Heb 13:17; 1Pe 4:5

δέχομαι [τὸν] λόγον [7] Lk 8:13; Ac 8:14; 11:1; 17:11; 1Th 1:6; 2:13; Jas 1:21

διὰ λόγος [13] Mt 13:21; Mk 4:17; Jn 4:39; 15:3; Ac 15:27,32; 2Th 2:2,15; 1Ti 4:5; Rev 1:9; 6:9; 12:11; 20:4

κρατέω τὸν λόγον [1] Mk 9:10

τοῖς λόγοις χάριτος [3] Lk 4:22; Ac 14:3; 20:32

Λόγος [7] Jn 1:1,1,1,14; 1Jn 1:1; Rev 19:13; 2Ti 4:2

λόγος ἀληθείας [5] 2Co 6:7; Eph 1:13; Col 1:5; 2Ti 2:15; Jas 1:18

λόγος τῆς βασιλείας [1] Mt 13:19

λόγος ... ἔργον [6] Lk 24:19; Ac 7:22; Ro 15:18; Col 3:17; 2Th 2:17; 1Jn 3:18

λόγος τοῦ εὐαγγελίου [1] Ac 15:7

λόγος ζωῆς [2] Php 2:16; 1Jn 1:1

λόγος θεοῦ [42] Mt 15:6; Mk 7:13; Lk 5:1; 8:11,21; 11:28; Jn 10:35; Ac 4:31; 6:2,7; 8:14; 11:1; 12:24; 13:5,7,46; 17:13; 18:11; Ro 9:6; 1Co 14:36; 2Co 2:17; 4:2; Php 1:14; Col 1:25; 1Th 2:13,13; 1Ti 4:5; 2Ti 2:9; Tit 2:5; Heb 4:12; 5:12; 13:7; 1Pe 1:23; 2Pe 3:5; 1Jn 2:14; Rev 1:2,9; 6:9; 17:17; 19:9,13; 20:4

λόγος Ἰησοῦ [2] Jn 18:32; Ac 20:35

λόγος κυρίου [13] Ac 8:25; 13:44,48,49; 15:35,36; 16:32; 19:10,20; 20:35; 1Th 1:8; 4:15; 2Th 3:1

λόγος παρακλήσεως [2] Ac 13:15; Heb 13:22

λόγος τῆς πίστεως [1] 1Ti 4:6

λόγος σοφίας [1] 1Co 12:8

λόγος σταυροῦ [1] 1Co 1:18

λόγος τῆς σωτηρίας [1] Ac 13:26

λόγος Χριστοῦ [2] Col 3:16; Heb 6:1

τηρέω λόγον [12] Jn 8:51,52,55; 14:23,24; 15:20; 17:6; 1Jn 2:5; Rev 3:8,10; 22:7,9

Mt 5:32 ἐγὼ δὲ λέγω ὑμῖν ὅτι πᾶς ὁ ἀπολύων τὴν γυναῖκα αὐτοῦ παρεκτὸς **λόγου** πορνείας ποιεῖ αὐτὴν μοιχευθῆναι,
5:37 ἔστω δὲ ὁ **λόγος** ὑμῶν ναὶ ναί, οὒ οὔ·
7:24 Πᾶς οὖν ὅστις ἀκούει μου τοὺς **λόγους** τούτους καὶ ποιεῖ αὐτούς,
7:26 καὶ πᾶς ὁ ἀκούων μου τοὺς **λόγους** τούτους καὶ μὴ ποιῶν αὐτοὺς ὁμοιωθήσεται ἀνδρὶ μωρῷ,
7:28 Καὶ ἐγένετο ὅτε ἐτέλεσεν ὁ Ἰησοῦς τοὺς **λόγους** τούτους,
8: 8 ἀλλὰ μόνον εἰπὲ **λόγῳ,** καὶ ἰαθήσεται ὁ παῖς μου.
8:16 καὶ ἐξέβαλεν τὰ πνεύματα **λόγῳ** καὶ πάντας τοὺς κακῶς ἔχοντας ἐθεράπευσεν,
10:14 καὶ ὃς ἂν μὴ δέξηται ὑμᾶς μηδὲ ἀκούσῃ τοὺς **λόγους** ὑμῶν,
12:32 καὶ ὃς ἐὰν εἴπῃ **λόγον** κατὰ τοῦ υἱοῦ τοῦ ἀνθρώπου,
12:36 λέγω δὲ ὑμῖν ὅτι πᾶν ῥῆμα ἀργὸν ὃ λαλήσουσιν οἱ ἄνθρωποι ἀποδώσουσιν περὶ αὐτοῦ **λόγον** ἐν ἡμέρᾳ κρίσεως·
12:37 ἐκ γὰρ τῶν **λόγων** σου δικαιωθήσῃ, καὶ ἐκ τῶν **λόγων** σου καταδικασθήσῃ.
13:19 παντὸς ἀκούοντος τὸν **λόγον** τῆς βασιλείας καὶ μὴ συνιέντος ἔρχεται ὁ πονηρὸς καὶ ἁρπάζει τὸ ἐσπαρμένον ἐν τῇ καρδίᾳ αὐτοῦ,
13:20 οὗτός ἐστιν ὁ τὸν **λόγον** ἀκούων καὶ εὐθὺς μετὰ χαρᾶς λαμβάνων αὐτόν,
13:21 γενομένης δὲ θλίψεως ἢ διωγμοῦ διὰ τὸν **λόγον** εὐθὺς σκανδαλίζεται.
13:22 ὁ δὲ εἰς τὰς ἀκάνθας σπαρείς, οὗτός ἐστιν ὁ τὸν **λόγον** ἀκούων, καὶ ἡ μέριμνα τοῦ αἰῶνος καὶ ἡ ἀπάτη τοῦ πλούτου συμπνίγει τὸν **λόγον** καὶ ἄκαρπος γίνεται.
13:23 οὗτός ἐστιν ὁ τὸν **λόγον** ἀκούων καὶ συνιείς,
15: 6 καὶ ἠκυρώσατε τὸν **λόγον** τοῦ θεοῦ διὰ τὴν παράδοσιν ὑμῶν.
15:12 Οἶδας ὅτι οἱ Φαρισαῖοι ἀκούσαντες τὸν **λόγον** ἐσκανδαλίσθησαν;
15:23 ὁ δὲ οὐκ ἀπεκρίθη αὐτῇ **λόγον.** καὶ προσελθόντες οἱ μαθηταὶ αὐτοῦ ἠρώτουν αὐτὸν λέγοντες,
18:23 ὃς ἠθέλησεν συνᾶραι **λόγον** μετὰ τῶν δούλων αὐτοῦ.
19: 1 Καὶ ἐγένετο ὅτε ἐτέλεσεν ὁ Ἰησοῦς τοὺς **λόγους** τούτους,
19:11 Οὐ πάντες χωροῦσιν τὸν **λόγον** [τοῦτον] ἀλλ᾽ οἷς δέδοται.
19:22 ἀκούσας δὲ ὁ νεανίσκος τὸν **λόγον** ἀπῆλθεν λυπούμενος·
21:24 ἀποκριθεὶς δὲ ὁ Ἰησοῦς εἶπεν αὐτοῖς, Ἐρωτήσω ὑμᾶς κἀγὼ **λόγον** ἕνα,
22:15 Τότε πορευθέντες οἱ Φαρισαῖοι συμβούλιον ἔλαβον ὅπως αὐτὸν παγιδεύσωσιν ἐν **λόγῳ.**
22:46 καὶ οὐδεὶς ἐδύνατο ἀποκριθῆναι αὐτῷ **λόγον** οὐδὲ ἐτόλμησέν τις ἀπ᾽ ἐκείνης τῆς ἡμέρας ἐπερωτῆσαι αὐτὸν οὐκέτι.
24:35 ὁ οὐρανὸς καὶ ἡ γῆ παρελεύσεται, οἱ δὲ **λόγοι** μου οὐ μὴ παρέλθωσιν.
25:19 μετὰ δὲ πολὺν χρόνον ἔρχεται ὁ κύριος τῶν δούλων ἐκείνων καὶ συναίρει **λόγον** μετ᾽ αὐτῶν.
26: 1 Καὶ ἐγένετο ὅτε ἐτέλεσεν ὁ Ἰησοῦς πάντας τοὺς **λόγους** τούτους,
26:44 καὶ ἀφεὶς αὐτοὺς πάλιν ἀπελθὼν προσηύξατο ἐκ τρίτου τὸν αὐτὸν **λόγον** εἰπὼν πάλιν.
28:15 Καὶ διεφημίσθη ὁ **λόγος** οὗτος παρὰ Ἰουδαίοις μέχρι τῆς σήμερον [ἡμέρας.]
Mk 1:45 ὁ δὲ ἐξελθὼν ἤρξατο κηρύσσειν πολλὰ καὶ διαφημίζειν τὸν **λόγον,**
2: 2 καὶ συνήχθησαν πολλοὶ ὥστε μηκέτι χωρεῖν μηδὲ τὰ πρὸς τὴν θύραν, καὶ ἐλάλει αὐτοῖς τὸν **λόγον.**
4:14 ὁ σπείρων τὸν **λόγον** σπείρει.
4:15 ὅπου σπείρεται ὁ **λόγος** καὶ ὅταν ἀκούσωσιν, εὐθὺς ἔρχεται ὁ Σατανᾶς καὶ αἴρει τὸν **λόγον** τὸν ἐσπαρμένον εἰς αὐτούς.
4:16 οἳ ὅταν ἀκούσωσιν τὸν **λόγον** εὐθὺς μετὰ χαρᾶς λαμβάνουσιν αὐτόν,
4:17 εἶτα γενομένης θλίψεως ἢ διωγμοῦ διὰ τὸν **λόγον** εὐθὺς σκανδαλίζονται.
4:18 καὶ ἄλλοι εἰσὶν οἱ εἰς τὰς ἀκάνθας σπειρόμενοι· οὗτοί εἰσιν οἱ τὸν **λόγον** ἀκούσαντες,
4:19 καὶ ἡ ἀπάτη τοῦ πλούτου καὶ αἱ περὶ τὰ λοιπὰ ἐπιθυμίαι εἰσπορευόμεναι συμπνίγουσιν τὸν **λόγον** καὶ ἄκαρπος γίνεται.
4:20 οἵτινες ἀκούουσιν τὸν **λόγον** καὶ παραδέχονται καὶ καρποφοροῦσιν ἓν τριάκοντα καὶ ἓν ἑξήκοντα καὶ ἓν ἑκατόν.
4:33 Καὶ τοιαύταις παραβολαῖς πολλαῖς ἐλάλει αὐτοῖς τὸν **λόγον** καθὼς ἠδύναντο ἀκούειν·
5:36 ὁ δὲ Ἰησοῦς παρακούσας τὸν **λόγον** λαλούμενον λέγει τῷ ἀρχισυναγώγῳ,
7:13 ἀκυροῦντες τὸν **λόγον** τοῦ θεοῦ τῇ παραδόσει ὑμῶν ᾗ παρεδώκατε·
7:29 καὶ εἶπεν αὐτῇ, Διὰ τοῦτον τὸν **λόγον** ὕπαγε,
8:32 καὶ παρρησίᾳ τὸν **λόγον** ἐλάλει. καὶ προσλαβόμενος ὁ Πέτρος αὐτὸν ἤρξατο ἐπιτιμᾶν αὐτῷ.
8:38 ὃς γὰρ ἐὰν ἐπαισχυνθῇ με καὶ τοὺς ἐμοὺς **λόγους** ἐν τῇ γενεᾷ ταύτῃ τῇ μοιχαλίδι καὶ ἁμαρτωλῷ,
9:10 καὶ τὸν **λόγον** ἐκράτησαν πρὸς ἑαυτοὺς συζητοῦντες τί ἐστιν τὸ ἐκ νεκρῶν ἀναστῆναι.
10:22 ὁ δὲ στυγνάσας ἐπὶ τῷ **λόγῳ** ἀπῆλθεν λυπούμενος·
10:24 οἱ δὲ μαθηταὶ ἐθαμβοῦντο ἐπὶ τοῖς **λόγοις** αὐτοῦ.
11:29 ὁ δὲ Ἰησοῦς εἶπεν αὐτοῖς, Ἐπερωτήσω ὑμᾶς ἕνα **λόγον,**
12:13 Καὶ ἀποστέλλουσιν πρὸς αὐτόν τινας τῶν Φαρισαίων καὶ τῶν Ἡρῳδιανῶν ἵνα αὐτὸν ἀγρεύσωσιν **λόγῳ.**
13:31 ὁ οὐρανὸς καὶ ἡ γῆ παρελεύσονται, οἱ δὲ **λόγοι** μου οὐ μὴ παρελεύσονται.
14:39 καὶ πάλιν ἀπελθὼν προσηύξατο τὸν αὐτὸν **λόγον** εἰπών.
16:20 ⟦τοῦ κυρίου συνεργοῦντος καὶ τὸν **λόγον** βεβαιοῦντος διὰ τῶν ἐπακολουθούντων σημείων.⟧
Lk 1: 2 καθὼς παρέδοσαν ἡμῖν οἱ ἀπ᾽ ἀρχῆς αὐτόπται καὶ ὑπηρέται γενόμενοι τοῦ **λόγου,**
1: 4 ἵνα ἐπιγνῷς περὶ ὧν κατηχήθης **λόγων** τὴν ἀσφάλειαν.
1:20 ἀνθ᾽ ὧν οὐκ ἐπίστευσας τοῖς **λόγοις** μου, οἵτινες πληρωθήσονται εἰς τὸν καιρὸν αὐτῶν.
1:29 ἡ δὲ ἐπὶ τῷ **λόγῳ** διεταράχθη καὶ διελογίζετο ποταπὸς εἴη ὁ ἀσπασμὸς οὗτος.
3: 4 ὡς γέγραπται ἐν βίβλῳ **λόγων** Ἠσαΐου τοῦ προφήτου,
4:22 Καὶ πάντες ἐμαρτύρουν αὐτῷ καὶ ἐθαύμαζον ἐπὶ τοῖς **λόγοις** τῆς χάριτος τοῖς ἐκπορευομένοις ἐκ τοῦ στόματος αὐτοῦ
4:32 καὶ ἐξεπλήσσοντο ἐπὶ τῇ διδαχῇ αὐτοῦ, ὅτι ἐν ἐξουσίᾳ ἦν ὁ **λόγος** αὐτοῦ.
4:36 Τίς ὁ **λόγος** οὗτος ὅτι ἐν ἐξουσίᾳ καὶ δυνάμει ἐπιτάσσει τοῖς ἀκαθάρτοις πνεύμασιν καὶ ἐξέρχονται;
5: 1 ἐν τῷ τὸν ὄχλον ἐπικεῖσθαι αὐτῷ καὶ ἀκούειν τὸν **λόγον** τοῦ θεοῦ καὶ αὐτὸς ἦν ἑστὼς παρὰ τὴν λίμνην Γεννησαρὲτ
5:15 διήρχετο δὲ μᾶλλον ὁ **λόγος** περὶ αὐτοῦ, καὶ συνήρχοντο ὄχλοι πολλοὶ ἀκούειν καὶ θεραπεύεσθαι ἀπὸ τῶν ἀσθενειῶν αὐτῶν·
6:47 πᾶς ὁ ἐρχόμενος πρός με καὶ ἀκούων μου τῶν **λόγων** καὶ ποιῶν αὐτούς,

7: 7 ἀλλὰ εἰπὲ **λόγῳ,** καὶ ἰαθήτω ὁ παῖς μου.
7:17 καὶ ἐξῆλθεν ὁ **λόγος** οὗτος ἐν ὅλῃ τῇ Ἰουδαίᾳ περὶ αὐτοῦ καὶ πάσῃ τῇ περιχώρῳ.
8:11 Ἔστιν δὲ αὕτη ἡ παραβολή· Ὁ σπόρος ἐστὶν ὁ **λόγος** τοῦ θεοῦ.
8:12 εἶτα ἔρχεται ὁ διάβολος καὶ αἴρει τὸν **λόγον** ἀπὸ τῆς καρδίας αὐτῶν,
8:13 οἱ δὲ ἐπὶ τῆς πέτρας οἳ ὅταν ἀκούσωσιν μετὰ χαρᾶς δέχονται τὸν **λόγον,**
8:15 οὗτοί εἰσιν οἵτινες ἐν καρδίᾳ καλῇ καὶ ἀγαθῇ ἀκούσαντες τὸν **λόγον** κατέχουσιν καὶ καρποφοροῦσιν ἐν ὑπομονῇ.
8:21 Μήτηρ μου καὶ ἀδελφοί μου οὗτοί εἰσιν οἱ τὸν **λόγον** τοῦ θεοῦ ἀκούοντες καὶ ποιοῦντες.
9:26 ὃς γὰρ ἂν ἐπαισχυνθῇ με καὶ τοὺς ἐμοὺς **λόγους,**
9:28 Ἐγένετο δὲ μετὰ τοὺς **λόγους** τούτους ὡσεὶ ἡμέραι ὀκτὼ [καὶ] παραλαβὼν Πέτρον καὶ Ἰωάννην καὶ Ἰάκωβον ἀνέβη
9:44 Θέσθε ὑμεῖς εἰς τὰ ὦτα ὑμῶν τοὺς **λόγους** τούτους·
10:39 [ἣ] καὶ παρακαθεσθεῖσα πρὸς τοὺς πόδας τοῦ κυρίου ἤκουεν τὸν **λόγον** αὐτοῦ.
11:28 Μενοῦν μακάριοι οἱ ἀκούοντες τὸν **λόγον** τοῦ θεοῦ καὶ φυλάσσοντες.
12:10 καὶ πᾶς ὃς ἐρεῖ **λόγον** εἰς τὸν υἱὸν τοῦ ἀνθρώπου,
16: 2 ἀπόδος τὸν **λόγον** τῆς οἰκονομίας σου, οὐ γὰρ δύνῃ ἔτι οἰκονομεῖν.
20: 3 ἀποκριθεὶς δὲ εἶπεν πρὸς αὐτούς, Ἐρωτήσω ὑμᾶς κἀγὼ **λόγον,** καὶ εἴπατέ μοι·
20:20 Καὶ παρατηρήσαντες ἀπέστειλαν ἐγκαθέτους ὑποκρινομένους ἑαυτοὺς δικαίους εἶναι, ἵνα ἐπιλάβωνται αὐτοῦ **λόγου,**
21:33 ὁ οὐρανὸς καὶ ἡ γῆ παρελεύσονται, οἱ δὲ **λόγοι** μου οὐ μὴ παρελεύσονται.
23: 9 ἐπηρώτα δὲ αὐτὸν ἐν **λόγοις** ἱκανοῖς, αὐτὸς δὲ οὐδὲν ἀπεκρίνατο αὐτῷ.
24:17 Τίνες οἱ **λόγοι** οὗτοι οὓς ἀντιβάλλετε πρὸς ἀλλήλους περιπατοῦντες;
24:19 ὃς ἐγένετο ἀνὴρ προφήτης δυνατὸς ἐν ἔργῳ καὶ **λόγῳ** ἐναντίον τοῦ θεοῦ καὶ παντὸς τοῦ λαοῦ,
24:44 Οὗτοι οἱ **λόγοι** μου οὓς ἐλάλησα πρὸς ὑμᾶς ἔτι ὢν σὺν ὑμῖν,

Jn 1: 1 Ἐν ἀρχῇ ἦν ὁ **λόγος,** καὶ ὁ **λόγος** ἦν πρὸς τὸν θεόν, καὶ θεὸς ἦν ὁ **λόγος.**
1:14 Καὶ ὁ **λόγος** σὰρξ ἐγένετο καὶ ἐσκήνωσεν ἐν ἡμῖν,
2:22 καὶ ἐπίστευσαν τῇ γραφῇ καὶ τῷ **λόγῳ** ὃν εἶπεν ὁ Ἰησοῦς.
4:37 ἐν γὰρ τούτῳ ὁ **λόγος** ἐστὶν ἀληθινὸς ὅτι Ἄλλος ἐστὶν ὁ σπείρων καὶ ἄλλος ὁ θερίζων.
4:39 Ἐκ δὲ τῆς πόλεως ἐκείνης πολλοὶ ἐπίστευσαν εἰς αὐτὸν τῶν Σαμαριτῶν διὰ τὸν **λόγον** τῆς γυναικὸς μαρτυρούσης
4:41 καὶ πολλῷ πλείους ἐπίστευσαν διὰ τὸν **λόγον** αὐτοῦ,
4:50 ἐπίστευσεν ὁ ἄνθρωπος τῷ **λόγῳ** ὃν εἶπεν αὐτῷ ὁ Ἰησοῦς καὶ ἐπορεύετο.
5:24 Ἀμὴν ἀμὴν λέγω ὑμῖν ὅτι ὁ τὸν **λόγον** μου ἀκούων καὶ πιστεύων τῷ πέμψαντί με ἔχει ζωὴν αἰώνιον
5:38 καὶ τὸν **λόγον** αὐτοῦ οὐκ ἔχετε ἐν ὑμῖν μένοντα,
6:60 Πολλοὶ οὖν ἀκούσαντες ἐκ τῶν μαθητῶν αὐτοῦ εἶπαν, Σκληρός ἐστιν ὁ **λόγος** οὗτος·
7:36 τίς ἐστιν ὁ **λόγος** οὗτος ὃν εἶπεν, Ζητήσετέ με καὶ οὐχ εὑρήσετέ [με,]
7:40 Ἐκ τοῦ ὄχλου οὖν ἀκούσαντες τῶν **λόγων** τούτων ἔλεγον,
8:31 Ἐὰν ὑμεῖς μείνητε ἐν τῷ **λόγῳ** τῷ ἐμῷ,
8:37 ὅτι ὁ **λόγος** ὁ ἐμὸς οὐ χωρεῖ ἐν ὑμῖν.
8:43 ὅτι οὐ δύνασθε ἀκούειν τὸν **λόγον** τὸν ἐμόν.
8:51 ἀμὴν ἀμὴν λέγω ὑμῖν, ἐάν τις τὸν ἐμὸν **λόγον** τηρήσῃ,
8:52 καὶ σὺ λέγεις, Ἐάν τις τὸν **λόγον** μου τηρήσῃ,
8:55 ἀλλὰ οἶδα αὐτὸν καὶ τὸν **λόγον** αὐτοῦ τηρῶ.
10:19 Σχίσμα πάλιν ἐγένετο ἐν τοῖς Ἰουδαίοις διὰ τοὺς **λόγους** τούτους.
10:35 εἰ ἐκείνους εἶπεν θεοὺς πρὸς οὓς ὁ **λόγος** τοῦ θεοῦ ἐγένετο,
12:38 ἵνα ὁ **λόγος** Ἠσαΐου τοῦ προφήτου πληρωθῇ ὃν εἶπεν,
12:48 ὁ **λόγος** ὃν ἐλάλησα ἐκεῖνος κρινεῖ αὐτὸν ἐν τῇ ἐσχάτῃ ἡμέρᾳ.
14:23 Ἐάν τις ἀγαπᾷ με τὸν **λόγον** μου τηρήσει,
14:24 ὁ μὴ ἀγαπῶν με τοὺς **λόγους** μου οὐ τηρεῖ· καὶ ὁ **λόγος** ὃν ἀκούετε οὐκ ἔστιν ἐμὸς ἀλλὰ τοῦ πέμψαντός με πατρός.
15: 3 ἤδη ὑμεῖς καθαροί ἐστε διὰ τὸν **λόγον** ὃν λελάληκα ὑμῖν·
15:20 μνημονεύετε τοῦ **λόγου** οὗ ἐγὼ εἶπον ὑμῖν, Οὐκ ἔστιν δοῦλος μείζων τοῦ κυρίου αὐτοῦ. εἰ ἐμὲ ἐδίωξαν, καὶ ὑμᾶς διώξουσιν· εἰ τὸν **λόγον** μου ἐτήρησαν, καὶ τὸν ὑμέτερον τηρήσουσιν.
15:25 ἀλλ᾽ ἵνα πληρωθῇ ὁ **λόγος** ὁ ἐν τῷ νόμῳ αὐτῶν γεγραμμένος ὅτι Ἐμίσησάν με δωρεάν.
17: 6 σοὶ ἦσαν κἀμοὶ αὐτοὺς ἔδωκας καὶ τὸν **λόγον** σου τετήρηκαν.
17:14 ἐγὼ δέδωκα αὐτοῖς τὸν **λόγον** σου καὶ ὁ κόσμος ἐμίσησεν αὐτούς,
17:17 ἁγίασον αὐτοὺς ἐν τῇ ἀληθείᾳ· ὁ **λόγος** ὁ σὸς ἀλήθειά ἐστιν.
17:20 ἀλλὰ καὶ περὶ τῶν πιστευόντων διὰ τοῦ **λόγου** αὐτῶν εἰς ἐμέ,
18: 9 ἵνα πληρωθῇ ὁ **λόγος** ὃν εἶπεν ὅτι Οὓς δέδωκάς μοι οὐκ ἀπώλεσα ἐξ αὐτῶν οὐδένα.
18:32 ἵνα ὁ **λόγος** τοῦ Ἰησοῦ πληρωθῇ ὃν εἶπεν σημαίνων ποίῳ θανάτῳ ἤμελλεν ἀποθνῄσκειν.
19: 8 Ὅτε οὖν ἤκουσεν ὁ Πιλᾶτος τοῦτον τὸν **λόγον,**
19:13 Πιλᾶτος ἀκούσας τῶν **λόγων** τούτων ἤγαγεν ἔξω τὸν Ἰησοῦν καὶ ἐκάθισεν ἐπὶ βήματος εἰς τόπον λεγόμενον Λιθόστρωτον,
21:23 ἐξῆλθεν οὖν οὗτος ὁ **λόγος** εἰς τοὺς ἀδελφοὺς ὅτι ὁ μαθητὴς ἐκεῖνος οὐκ ἀποθνῄσκει·

Ac 1: 1 Τὸν μὲν πρῶτον **λόγον** ἐποιησάμην περὶ πάντων, ὦ Θεόφιλε,
2:22 Ἄνδρες Ἰσραηλῖται, ἀκούσατε τοὺς **λόγους** τούτους· Ἰησοῦν τὸν Ναζωραῖον,
2:40 ἑτέροις τε **λόγοις** πλείοσιν διεμαρτύρατο καὶ παρεκάλει αὐτοὺς λέγων,
2:41 οἱ μὲν οὖν ἀποδεξάμενοι τὸν **λόγον** αὐτοῦ ἐβαπτίσθησαν καὶ προσετέθησαν ἐν τῇ ἡμέρᾳ ἐκείνῃ ψυχαὶ ὡσεὶ τρισχίλιαι.
4: 4 πολλοὶ δὲ τῶν ἀκουσάντων τὸν **λόγον** ἐπίστευσαν, καὶ ἐγενήθη [ὁ] ἀριθμὸς τῶν ἀνδρῶν [ὡς] χιλιάδες πέντε.
4:29 ἔπιδε ἐπὶ τὰς ἀπειλὰς αὐτῶν καὶ δὸς τοῖς δούλοις σου μετὰ παρρησίας πάσης λαλεῖν τὸν **λόγον** σου,
4:31 καὶ ἐπλήσθησαν ἅπαντες τοῦ ἁγίου πνεύματος καὶ ἐλάλουν τὸν **λόγον** τοῦ θεοῦ μετὰ παρρησίας.
5: 5 ἀκούων δὲ ὁ Ἁνανίας τοὺς **λόγους** τούτους πεσὼν ἐξέψυξεν,
5:24 ὡς δὲ ἤκουσαν τοὺς **λόγους** τούτους ὅ τε στρατηγὸς τοῦ ἱεροῦ καὶ οἱ ἀρχιερεῖς,
6: 2 Οὐκ ἀρεστόν ἐστιν ἡμᾶς καταλείψαντας τὸν **λόγον** τοῦ θεοῦ διακονεῖν τραπέζαις.
6: 4 ἡμεῖς δὲ τῇ προσευχῇ καὶ τῇ διακονίᾳ τοῦ **λόγου** προσκαρτερήσομεν.
6: 5 καὶ ἤρεσεν ὁ **λόγος** ἐνώπιον παντὸς τοῦ πλήθους καὶ ἐξελέξαντο Στέφανον,
6: 7 Καὶ ὁ **λόγος** τοῦ θεοῦ ηὔξανεν καὶ ἐπληθύνετο ὁ ἀριθμὸς τῶν μαθητῶν ἐν Ἰερουσαλὴμ σφόδρα,
7:22 ἦν δὲ δυνατὸς ἐν **λόγοις** καὶ ἔργοις αὐτοῦ.
7:29 ἔφυγεν δὲ Μωϋσῆς ἐν τῷ **λόγῳ** τούτῳ καὶ ἐγένετο πάροικος ἐν γῇ Μαδιάμ,
8: 4 Οἱ μὲν οὖν διασπαρέντες διῆλθον εὐαγγελιζόμενοι τὸν **λόγον.**
8:14 Ἀκούσαντες δὲ οἱ ἐν Ἱεροσολύμοις ἀπόστολοι ὅτι δέδεκται ἡ Σαμάρεια τὸν **λόγον** τοῦ θεοῦ,
8:21 οὐκ ἔστιν σοι μερὶς οὐδὲ κλῆρος ἐν τῷ **λόγῳ** τούτῳ,
8:25 Οἱ μὲν οὖν διαμαρτυράμενοι καὶ λαλήσαντες τὸν **λόγον** τοῦ κυρίου ὑπέστρεφον εἰς Ἱεροσόλυμα,
10:29 διὸ καὶ ἀναντιρρήτως ἦλθον μεταπεμφθείς. πυνθάνομαι οὖν τίνι **λόγῳ** μετεπέμψασθέ με;
10:36 τὸν **λόγον** [ὃν] ἀπέστειλεν τοῖς υἱοῖς Ἰσραὴλ εὐαγγελιζόμενος εἰρήνην διὰ Ἰησοῦ Χριστοῦ,
10:44 Ἔτι λαλοῦντος τοῦ Πέτρου τὰ ῥήματα ταῦτα ἐπέπεσεν τὸ πνεῦμα τὸ ἅγιον ἐπὶ πάντας τοὺς ἀκούοντας τὸν **λόγον.**
11: 1 Ἤκουσαν δὲ οἱ ἀπόστολοι καὶ οἱ ἀδελφοὶ οἱ ὄντες κατὰ τὴν Ἰουδαίαν ὅτι καὶ τὰ ἔθνη ἐδέξαντο τὸν **λόγον** τοῦ θεοῦ.
11:19 διῆλθον ἕως Φοινίκης καὶ Κύπρου καὶ Ἀντιοχείας μηδενὶ λαλοῦντες τὸν **λόγον** εἰ μὴ μόνον Ἰουδαίοις.
11:22 ἠκούσθη δὲ ὁ **λόγος** εἰς τὰ ὦτα τῆς ἐκκλησίας τῆς οὔσης ἐν Ἰερουσαλὴμ περὶ αὐτῶν καὶ ἐξαπέστειλαν Βαρναβᾶν [διελθεῖν]
12:24 Ὁ δὲ **λόγος** τοῦ θεοῦ ηὔξανεν καὶ ἐπληθύνετο.
13: 5 καὶ γενόμενοι ἐν Σαλαμῖνι κατήγγελλον τὸν **λόγον** τοῦ θεοῦ ἐν ταῖς συναγωγαῖς τῶν Ἰουδαίων.
13: 7 οὗτος προσκαλεσάμενος Βαρναβᾶν καὶ Σαῦλον ἐπεζήτησεν ἀκοῦσαι τὸν **λόγον** τοῦ θεοῦ.
13:15 εἴ τίς ἐστιν ἐν ὑμῖν **λόγος** παρακλήσεως πρὸς τὸν λαόν,
13:26 υἱοὶ γένους Ἀβραὰμ καὶ οἱ ἐν ὑμῖν φοβούμενοι τὸν θεόν, ἡμῖν ὁ **λόγος** τῆς σωτηρίας ταύτης ἐξαπεστάλη.
13:44 Τῷ δὲ ἐρχομένῳ σαββάτῳ σχεδὸν πᾶσα ἡ πόλις συνήχθη ἀκοῦσαι τὸν **λόγον** τοῦ κυρίου.
13:46 Ὑμῖν ἦν ἀναγκαῖον πρῶτον λαληθῆναι τὸν **λόγον** τοῦ θεοῦ·
13:48 ἀκούοντα δὲ τὰ ἔθνη ἔχαιρον καὶ ἐδόξαζον τὸν **λόγον** τοῦ κυρίου καὶ ἐπίστευσαν ὅσοι ἦσαν τεταγμένοι εἰς ζωὴν αἰώνιον·
13:49 διεφέρετο δὲ ὁ **λόγος** τοῦ κυρίου δι᾽ ὅλης τῆς χώρας.
14: 3 ἱκανὸν μὲν οὖν χρόνον διέτριψαν παρρησιαζόμενοι ἐπὶ τῷ κυρίῳ τῷ μαρτυροῦντι [ἐπὶ] τῷ **λόγῳ** τῆς χάριτος αὐτοῦ,
14:12 τὸν δὲ Παῦλον Ἑρμῆν, ἐπειδὴ αὐτὸς ἦν ὁ ἡγούμενος τοῦ **λόγου.**
14:25 καὶ λαλήσαντες ἐν Πέργῃ τὸν **λόγον** κατέβησαν εἰς Ἀττάλειαν

15: 6 Συνήχθησάν τε οἱ ἀπόστολοι καὶ οἱ πρεσβύτεροι ἰδεῖν περὶ τοῦ **λόγου** τούτου.
15: 7 ἐν ὑμῖν ἐξελέξατο ὁ θεὸς διὰ τοῦ στόματός μου ἀκοῦσαι τὰ ἔθνη τὸν **λόγον** τοῦ εὐαγγελίου καὶ πιστεῦσαι.
15:15 καὶ τούτῳ συμφωνοῦσιν οἱ **λόγοι** τῶν προφητῶν καθὼς γέγραπται,
15:24 Ἐπειδὴ ἠκούσαμεν ὅτι τινὲς ἐξ ἡμῶν [ἐξελθόντες] ἐτάραξαν ὑμᾶς **λόγοις** ἀνασκευάζοντες τὰς ψυχὰς ὑμῶν
15:27 ἀπεστάλκαμεν οὖν Ἰούδαν καὶ Σιλᾶν καὶ αὐτοὺς διὰ **λόγου** ἀπαγγέλλοντας τὰ αὐτά.
15:32 Ἰούδας τε καὶ Σιλᾶς καὶ αὐτοὶ προφῆται ὄντες διὰ **λόγου** πολλοῦ παρεκάλεσαν τοὺς ἀδελφοὺς καὶ ἐπεστήριξαν,
15:35 καὶ Βαρναβᾶς διέτριβον ἐν Ἀντιοχείᾳ διδάσκοντες καὶ εὐαγγελιζόμενοι μετὰ καὶ ἑτέρων πολλῶν τὸν **λόγον** τοῦ κυρίου.
15:36 Ἐπιστρέψαντες δὴ ἐπισκεψώμεθα τοὺς ἀδελφοὺς κατὰ πόλιν πᾶσαν ἐν αἷς κατηγγείλαμεν τὸν **λόγον** τοῦ κυρίου
16: 6 Διῆλθον δὲ τὴν Φρυγίαν καὶ Γαλατικὴν χώραν κωλυθέντες ὑπὸ τοῦ ἁγίου πνεύματος λαλῆσαι τὸν **λόγον** ἐν τῇ Ἀσίᾳ·
16:32 καὶ ἐλάλησαν αὐτῷ τὸν **λόγον** τοῦ κυρίου σὺν πᾶσιν τοῖς ἐν τῇ οἰκίᾳ αὐτοῦ.
16:36 ἀπήγγειλεν δὲ ὁ δεσμοφύλαξ τοὺς **λόγους** [τούτους] πρὸς τὸν Παῦλον ὅτι Ἀπέσταλκαν οἱ στρατηγοὶ ἵνα ἀπολυθῆτε·
17:11 οἵτινες ἐδέξαντο τὸν **λόγον** μετὰ πάσης προθυμίας καθ' ἡμέραν ἀνακρίνοντες τὰς γραφὰς εἰ ἔχοι ταῦτα οὕτως.
17:13 Ὡς δὲ ἔγνωσαν οἱ ἀπὸ τῆς Θεσσαλονίκης Ἰουδαῖοι ὅτι καὶ ἐν τῇ Βεροίᾳ κατηγγέλη ὑπὸ τοῦ Παύλου ὁ **λόγος** τοῦ θεοῦ,
18: 5 συνείχετο τῷ **λόγῳ** ὁ Παῦλος διαμαρτυρόμενος τοῖς Ἰουδαίοις εἶναι τὸν Χριστὸν Ἰησοῦν.
18:11 Ἐκάθισεν δὲ ἐνιαυτὸν καὶ μῆνας ἓξ διδάσκων ἐν αὐτοῖς τὸν **λόγον** τοῦ θεοῦ.
18:14 Εἰ μὲν ἦν ἀδίκημά τι ἢ ῥᾳδιούργημα πονηρόν, ὦ Ἰουδαῖοι, κατὰ **λόγον** ἂν ἀνεσχόμην ὑμῶν,
18:15 εἰ δὲ ζητήματά ἐστιν περὶ **λόγου** καὶ ὀνομάτων καὶ νόμου τοῦ καθ' ὑμᾶς,
19:10 ὥστε πάντας τοὺς κατοικοῦντας τὴν Ἀσίαν ἀκοῦσαι τὸν **λόγον** τοῦ κυρίου,
19:20 Οὕτως κατὰ κράτος τοῦ κυρίου ὁ **λόγος** ηὔξανεν καὶ ἴσχυεν.
19:38 εἰ μὲν οὖν Δημήτριος καὶ οἱ σὺν αὐτῷ τεχνῖται ἔχουσι πρός τινα **λόγον,**
19:40 μηδενὸς αἰτίου ὑπάρχοντος περὶ οὗ [οὐ] δυνησόμεθα ἀποδοῦναι **λόγον** περὶ τῆς συστροφῆς ταύτης.
20: 2 διελθὼν δὲ τὰ μέρη ἐκεῖνα καὶ παρακαλέσας αὐτοὺς **λόγῳ** πολλῷ ἦλθεν εἰς τὴν Ἑλλάδα
20: 7 ὁ Παῦλος διελέγετο αὐτοῖς μέλλων ἐξιέναι τῇ ἐπαύριον, παρέτεινέν τε τὸν **λόγον** μέχρι μεσονυκτίου.
20:24 ἀλλ' οὐδενὸς **λόγου** ποιοῦμαι τὴν ψυχὴν τιμίαν ἐμαυτῷ ὡς τελειῶσαι τὸν δρόμον μου καὶ τὴν διακονίαν ἣν ἔλαβον
20:32 καὶ τὰ νῦν παρατίθεμαι ὑμᾶς τῷ θεῷ καὶ τῷ **λόγῳ** τῆς χάριτος αὐτοῦ,
20:35 μνημονεύειν τε τῶν **λόγων** τοῦ κυρίου Ἰησοῦ ὅτι αὐτὸς εἶπεν,
20:38 ὀδυνώμενοι μάλιστα ἐπὶ τῷ **λόγῳ** ᾧ εἰρήκει, ὅτι οὐκέτι μέλλουσιν τὸ πρόσωπον αὐτοῦ θεωρεῖν.
22:22 Ἤκουον δὲ αὐτοῦ ἄχρι τούτου τοῦ **λόγου** καὶ ἐπῆραν τὴν φωνὴν αὐτῶν λέγοντες,
Ro 3: 4 Ὅπως ἂν δικαιωθῇς ἐν τοῖς **λόγοις** σου καὶ νικήσεις ἐν τῷ κρίνεσθαί σε.
9: 6 Οὐχ οἷον δὲ ὅτι ἐκπέπτωκεν ὁ **λόγος** τοῦ θεοῦ.
9: 9 ἐπαγγελίας γὰρ ὁ **λόγος** οὗτος, Κατὰ τὸν καιρὸν τοῦτον ἐλεύσομαι καὶ ἔσται τῇ Σάρρᾳ υἱός.
9:28 **λόγον** γὰρ συντελῶν καὶ συντέμνων ποιήσει κύριος ἐπὶ τῆς γῆς.
13: 9 ἐν τῷ **λόγῳ** τούτῳ ἀνακεφαλαιοῦται [ἐν τῷ] Ἀγαπήσεις τὸν πλησίον σου ὡς σεαυτόν.
14:12 ἄρα [οὖν] ἕκαστος ἡμῶν περὶ ἑαυτοῦ **λόγον** δώσει [τῷ θεῷ.]
15:18 οὐ γὰρ τολμήσω τι λαλεῖν ὧν οὐ κατειργάσατο Χριστὸς δι' ἐμοῦ εἰς ὑπακοὴν ἐθνῶν, **λόγῳ** καὶ ἔργῳ,
1Co 1: 5 ὅτι ἐν παντὶ ἐπλουτίσθητε ἐν αὐτῷ, ἐν παντὶ **λόγῳ** καὶ πάσῃ γνώσει,
1:17 οὐκ ἐν σοφίᾳ **λόγου,** ἵνα μὴ κενωθῇ ὁ σταυρὸς τοῦ Χριστοῦ.
1:18 Ὁ **λόγος** γὰρ ὁ τοῦ σταυροῦ τοῖς μὲν ἀπολλυμένοις μωρία ἐστίν,
2: 1 ἦλθον οὐ καθ' ὑπεροχὴν **λόγου** ἢ σοφίας καταγγέλλων ὑμῖν τὸ μυστήριον τοῦ θεοῦ.
2: 4 καὶ ὁ **λόγος** μου καὶ τὸ κήρυγμά μου οὐκ ἐν πειθο[ῖ[ς] σοφίας [**λόγοις**] ἀλλ' ἐν ἀποδείξει πνεύματος καὶ δυνάμεως,
2:13 ἃ καὶ λαλοῦμεν οὐκ ἐν διδακτοῖς ἀνθρωπίνης σοφίας **λόγοις** ἀλλ' ἐν διδακτοῖς πνεύματος,
4:19 γνώσομαι οὐ τὸν **λόγον** τῶν πεφυσιωμένων ἀλλὰ τὴν δύναμιν·
4:20 οὐ γὰρ ἐν **λόγῳ** ἡ βασιλεία τοῦ θεοῦ ἀλλ' ἐν δυνάμει.
12: 8 ᾧ μὲν γὰρ διὰ τοῦ πνεύματος δίδοται **λόγος** σοφίας, ἄλλῳ δὲ **λόγος** γνώσεως κατὰ τὸ αὐτὸ πνεῦμα,
14: 9 οὕτως καὶ ὑμεῖς διὰ τῆς γλώσσης ἐὰν μὴ εὔσημον **λόγον** δῶτε,
14:19 ἀλλὰ ἐν ἐκκλησίᾳ θέλω πέντε **λόγους** τῷ νοΐ μου λαλῆσαι, ἵνα καὶ ἄλλους κατηχήσω, ἢ μυρίους **λόγους** ἐν γλώσσῃ.
14:36 ἢ ἀφ' ὑμῶν ὁ **λόγος** τοῦ θεοῦ ἐξῆλθεν,
15: 2 δι' οὗ καὶ σῴζεσθε, τίνι **λόγῳ** εὐηγγελισάμην ὑμῖν εἰ κατέχετε,
15:54 τότε γενήσεται ὁ **λόγος** ὁ γεγραμμένος, Κατεπόθη ὁ θάνατος εἰς νῖκος.
2Co 1:18 πιστὸς δὲ ὁ θεὸς ὅτι ὁ **λόγος** ἡμῶν ὁ πρὸς ὑμᾶς οὐκ ἔστιν Ναὶ καὶ Οὔ.
2:17 οὐ γάρ ἐσμεν ὡς οἱ πολλοὶ καπηλεύοντες τὸν **λόγον** τοῦ θεοῦ,
4: 2 μὴ περιπατοῦντες ἐν πανουργίᾳ μηδὲ δολοῦντες τὸν **λόγον** τοῦ θεοῦ ἀλλὰ τῇ φανερώσει τῆς ἀληθείας συνιστάνοντες ἑαυτοὺς
5:19 μὴ λογιζόμενος αὐτοῖς τὰ παραπτώματα αὐτῶν καὶ θέμενος ἐν ἡμῖν τὸν **λόγον** τῆς καταλλαγῆς.
6: 7 ἐν **λόγῳ** ἀληθείας, ἐν δυνάμει θεοῦ· διὰ τῶν ὅπλων τῆς δικαιοσύνης τῶν δεξιῶν καὶ ἀριστερῶν,
8: 7 πίστει καὶ **λόγῳ** καὶ γνώσει καὶ πάσῃ σπουδῇ καὶ τῇ ἐξ ἡμῶν ἐν ὑμῖν ἀγάπῃ,
10:10 ἡ δὲ παρουσία τοῦ σώματος ἀσθενὴς καὶ ὁ **λόγος** ἐξουθενημένος.
10:11 ὅτι οἷοί ἐσμεν τῷ **λόγῳ** δι' ἐπιστολῶν ἀπόντες,
11: 6 εἰ δὲ καὶ ἰδιώτης τῷ **λόγῳ,** ἀλλ' οὐ τῇ γνώσει,
Gal 5:14 ὁ γὰρ πᾶς νόμος ἐν ἑνὶ **λόγῳ** πεπλήρωται,
6: 6 Κοινωνείτω δὲ ὁ κατηχούμενος τὸν **λόγον** τῷ κατηχοῦντι ἐν πᾶσιν ἀγαθοῖς.
Eph 1:13 ἐν ᾧ καὶ ὑμεῖς ἀκούσαντες τὸν **λόγον** τῆς ἀληθείας,
4:29 πᾶς **λόγος** σαπρὸς ἐκ τοῦ στόματος ὑμῶν μὴ ἐκπορευέσθω,
5: 6 Μηδεὶς ὑμᾶς ἀπατάτω κενοῖς **λόγοις·** διὰ ταῦτα γὰρ ἔρχεται ἡ ὀργὴ τοῦ θεοῦ ἐπὶ τοὺς υἱοὺς τῆς ἀπειθείας.
6:19 ἵνα μοι δοθῇ **λόγος** ἐν ἀνοίξει τοῦ στόματός μου,
Php 1:14 καὶ τοὺς πλείονας τῶν ἀδελφῶν ἐν κυρίῳ πεποιθότας τοῖς δεσμοῖς μου περισσοτέρως τολμᾶν ἀφόβως τὸν **λόγον** λαλεῖν.
2:16 **λόγον** ζωῆς ἐπέχοντες, εἰς καύχημα ἐμοὶ εἰς ἡμέραν Χριστοῦ,
4:15 οὐδεμία μοι ἐκκλησία ἐκοινώνησεν εἰς **λόγον** δόσεως καὶ λήμψεως εἰ μὴ ὑμεῖς μόνοι,
4:17 ἀλλὰ ἐπιζητῶ τὸν καρπὸν τὸν πλεονάζοντα εἰς **λόγον** ὑμῶν.
Col 1: 5 ἣν προηκούσατε ἐν τῷ **λόγῳ** τῆς ἀληθείας τοῦ εὐαγγελίου
1:25 ἧς ἐγενόμην ἐγὼ διάκονος κατὰ τὴν οἰκονομίαν τοῦ θεοῦ τὴν δοθεῖσάν μοι εἰς ὑμᾶς πληρῶσαι τὸν **λόγον** τοῦ θεοῦ,
2:23 ἅτινά ἐστιν **λόγον** μὲν ἔχοντα σοφίας ἐν ἐθελοθρησκίᾳ καὶ ταπεινοφροσύνῃ [καὶ] ἀφειδίᾳ σώματος,
3:16 ὁ **λόγος** τοῦ Χριστοῦ ἐνοικείτω ἐν ὑμῖν πλουσίως,
3:17 καὶ πᾶν ὅ τι ἐὰν ποιῆτε ἐν **λόγῳ** ἢ ἐν ἔργῳ,
4: 3 ἵνα ὁ θεὸς ἀνοίξῃ ἡμῖν θύραν τοῦ **λόγου** λαλῆσαι τὸ μυστήριον τοῦ Χριστοῦ,
4: 6 ὁ **λόγος** ὑμῶν πάντοτε ἐν χάριτι, ἅλατι ἠρτυμένος,
1Th 1: 5 ὅτι τὸ εὐαγγέλιον ἡμῶν οὐκ ἐγενήθη εἰς ὑμᾶς ἐν **λόγῳ** μόνον ἀλλὰ καὶ ἐν δυνάμει καὶ ἐν πνεύματι ἁγίῳ καὶ [ἐν] πληροφορίᾳ
1: 6 δεξάμενοι τὸν **λόγον** ἐν θλίψει πολλῇ μετὰ χαρᾶς πνεύματος ἁγίου,
1: 8 ἀφ' ὑμῶν γὰρ ἐξήχηται ὁ **λόγος** τοῦ κυρίου οὐ μόνον ἐν τῇ Μακεδονίᾳ καὶ [ἐν τῇ] Ἀχαΐᾳ,
2: 5 οὔτε γάρ ποτε ἐν **λόγῳ** κολακείας ἐγενήθημεν, καθὼς οἴδατε,
2:13 ὅτι παραλαβόντες **λόγον** ἀκοῆς παρ' ἡμῶν τοῦ θεοῦ ἐδέξασθε οὐ **λόγον** ἀνθρώπων ἀλλὰ καθώς ἐστιν ἀληθῶς **λόγον** θεοῦ,
4:15 Τοῦτο γὰρ ὑμῖν λέγομεν ἐν **λόγῳ** κυρίου, ὅτι ἡμεῖς οἱ ζῶντες οἱ περιλειπόμενοι εἰς τὴν παρουσίαν τοῦ κυρίου οὐ μὴ φθάσωμεν τοὺς κοιμηθέντας·
4:18 Ὥστε παρακαλεῖτε ἀλλήλους ἐν τοῖς **λόγοις** τούτοις.
2Th 2: 2 μήτε διὰ πνεύματος μήτε διὰ **λόγου** μήτε δι' ἐπιστολῆς ὡς δι' ἡμῶν,
2:15 καὶ κρατεῖτε τὰς παραδόσεις ἃς ἐδιδάχθητε εἴτε διὰ **λόγου** εἴτε δι' ἐπιστολῆς ἡμῶν.
2:17 παρακαλέσαι ὑμῶν τὰς καρδίας καὶ στηρίξαι ἐν παντὶ ἔργῳ καὶ **λόγῳ** ἀγαθῷ.
3: 1 ἵνα ὁ **λόγος** τοῦ κυρίου τρέχῃ καὶ δοξάζηται καθὼς καὶ πρὸς ὑμᾶς,
3:14 εἰ δέ τις οὐχ ὑπακούει τῷ **λόγῳ** ἡμῶν διὰ τῆς ἐπιστολῆς,
1Ti 1:15 πιστὸς ὁ **λόγος** καὶ πάσης ἀποδοχῆς ἄξιος, ὅτι Χριστὸς Ἰησοῦς ἦλθεν εἰς τὸν κόσμον ἁμαρτωλοὺς σῶσαι,

3: 1 πιστὸς ὁ **λόγος.** [UBS; NIV Πιστὸς ὁ **λόγος· εἰ**] Εἴ τις ἐπισκοπῆς ὀρέγεται, καλοῦ ἔργου ἐπιθυμεῖ.
4: 5 ἁγιάζεται γὰρ διὰ **λόγου** θεοῦ καὶ ἐντεύξεως.
4: 6 ἐντρεφόμενος τοῖς **λόγοις** τῆς πίστεως καὶ τῆς καλῆς διδασκαλίας ᾗ παρηκολούθηκας·
4: 9 πιστὸς ὁ **λόγος** καὶ πάσης ἀποδοχῆς ἄξιος·
4:12 ἀλλὰ τύπος γίνου τῶν πιστῶν ἐν **λόγῳ,** ἐν ἀναστροφῇ,
5:17 Οἱ καλῶς προεστῶτες πρεσβύτεροι διπλῆς τιμῆς ἀξιούσθωσαν, μάλιστα οἱ κοπιῶντες ἐν **λόγῳ** καὶ διδασκαλίᾳ.
6: 3 εἴ τις ἑτεροδιδασκαλεῖ καὶ μὴ προσέρχεται ὑγιαίνουσιν **λόγοις** τοῖς τοῦ κυρίου ἡμῶν Ἰησοῦ Χριστοῦ καὶ τῇ κατ' εὐσέβειαν διδασκαλίᾳ,
2Ti 1:13 ὑποτύπωσιν ἔχε ὑγιαινόντων **λόγων** ὧν παρ' ἐμοῦ ἤκουσας ἐν πίστει καὶ ἀγάπῃ τῇ ἐν Χριστῷ Ἰησοῦ·
2: 9 ἐν ᾧ κακοπαθῶ μέχρι δεσμῶν ὡς κακοῦργος, ἀλλὰ ὁ **λόγος** τοῦ θεοῦ οὐ δέδεται·
2:11 πιστὸς ὁ **λόγος·** εἰ γὰρ συναπεθάνομεν, καὶ συζήσομεν·
2:15 σπούδασον σεαυτὸν δόκιμον παραστῆσαι τῷ θεῷ, ἐργάτην ἀνεπαίσχυντον, ὀρθοτομοῦντα τὸν **λόγον** τῆς ἀληθείας.
2:17 καὶ ὁ **λόγος** αὐτῶν ὡς γάγγραινα νομὴν ἕξει.
4: 2 κήρυξον τὸν **λόγον,** ἐπίστηθι εὐκαίρως ἀκαίρως, ἔλεγξον, ἐπιτίμησον,
4:15 ὃν καὶ σὺ φυλάσσου, λίαν γὰρ ἀντέστη τοῖς ἡμετέροις **λόγοις.**
Tit 1: 3 ἐφανέρωσεν δὲ καιροῖς ἰδίοις τὸν **λόγον** αὐτοῦ ἐν κηρύγματι,
1: 9 ἀντεχόμενον τοῦ κατὰ τὴν διδαχὴν πιστοῦ **λόγου,** ἵνα δυνατὸς ᾖ καὶ παρακαλεῖν ἐν τῇ διδασκαλίᾳ τῇ ὑγιαινούσῃ
2: 5 ὑποτασσομένας τοῖς ἰδίοις ἀνδράσιν, ἵνα μὴ ὁ **λόγος** τοῦ θεοῦ βλασφημῆται.
2: 8 **λόγον** ὑγιῆ ἀκατάγνωστον, ἵνα ὁ ἐξ ἐναντίας ἐντραπῇ μηδὲν ἔχων λέγειν περὶ ἡμῶν φαῦλον.
3: 8 Πιστὸς ὁ **λόγος·** καὶ περὶ τούτων βούλομαί σε διαβεβαιοῦσθαι,
Heb 2: 2 εἰ γὰρ ὁ δι' ἀγγέλων λαληθεὶς **λόγος** ἐγένετο βέβαιος καὶ πᾶσα παράβασις καὶ παρακοὴ ἔλαβεν ἔνδικον μισθαποδοσίαν,
4: 2 ἀλλ' οὐκ ὠφέλησεν ὁ **λόγος** τῆς ἀκοῆς ἐκείνους μὴ συγκεκερασμένους τῇ πίστει τοῖς ἀκούσασιν.
4:12 Ζῶν γὰρ ὁ **λόγος** τοῦ θεοῦ καὶ ἐνεργὴς καὶ τομώτερος ὑπὲρ πᾶσαν μάχαιραν δίστομον καὶ διϊκνούμενος ἄχρι μερισμοῦ ψυχῆς καὶ πνεύματος,
4:13 πάντα δὲ γυμνὰ καὶ τετραχηλισμένα τοῖς ὀφθαλμοῖς αὐτοῦ, πρὸς ὃν ἡμῖν ὁ **λόγος.**
5:11 Περὶ οὗ πολὺς ἡμῖν ὁ **λόγος** καὶ δυσερμήνευτος λέγειν,
5:13 πᾶς γὰρ ὁ μετέχων γάλακτος ἄπειρος **λόγου** δικαιοσύνης,
6: 1 Διὸ ἀφέντες τὸν τῆς ἀρχῆς τοῦ Χριστοῦ **λόγον** ἐπὶ τὴν τελειότητα φερώμεθα,
7:28 ὁ **λόγος** δὲ τῆς ὁρκωμοσίας τῆς μετὰ τὸν νόμον υἱὸν εἰς τὸν αἰῶνα τετελειωμένον.
12:19 ἧς οἱ ἀκούσαντες παρῃτήσαντο μὴ προστεθῆναι αὐτοῖς **λόγον,**
13: 7 Μνημονεύετε τῶν ἡγουμένων ὑμῶν, οἵτινες ἐλάλησαν ὑμῖν τὸν **λόγον** τοῦ θεοῦ,
13:17 αὐτοὶ γὰρ ἀγρυπνοῦσιν ὑπὲρ τῶν ψυχῶν ὑμῶν ὡς **λόγον** ἀποδώσοντες,
13:22 Παρακαλῶ δὲ ὑμᾶς, ἀδελφοί, ἀνέχεσθε τοῦ **λόγου** τῆς παρακλήσεως,
Jas 1:18 βουληθεὶς ἀπεκύησεν ἡμᾶς **λόγῳ** ἀληθείας εἰς τὸ εἶναι ἡμᾶς ἀπαρχήν τινα τῶν αὐτοῦ κτισμάτων.
1:21 δέξασθε τὸν ἔμφυτον **λόγον** τὸν δυνάμενον σῶσαι τὰς ψυχὰς ὑμῶν.
1:22 Γίνεσθε δὲ ποιηταὶ **λόγου** καὶ μὴ μόνον ἀκροαταὶ παραλογιζόμενοι ἑαυτούς.
1:23 ὅτι εἴ τις ἀκροατὴς **λόγου** ἐστὶν καὶ οὐ ποιητής,
3: 2 εἴ τις ἐν **λόγῳ** οὐ πταίει, οὗτος τέλειος ἀνὴρ δυνατὸς χαλιναγωγῆσαι καὶ ὅλον τὸ σῶμα.
1Pe 1:23 ἀναγεγεννημένοι οὐκ ἐκ σπορᾶς φθαρτῆς ἀλλὰ ἀφθάρτου διὰ **λόγου** ζῶντος θεοῦ καὶ μένοντος.
2: 8 οἳ προσκόπτουσιν τῷ **λόγῳ** ἀπειθοῦντες εἰς ὃ καὶ ἐτέθησαν.
3: 1 Ὁμοίως [αἱ] γυναῖκες, ὑποτασσόμεναι τοῖς ἰδίοις ἀνδράσιν, ἵνα καὶ εἴ τινες ἀπειθοῦσιν τῷ **λόγῳ,** διὰ τῆς τῶν γυναικῶν ἀναστροφῆς ἄνευ **λόγου** κερδηθήσονται,
3:15 ἕτοιμοι ἀεὶ πρὸς ἀπολογίαν παντὶ τῷ αἰτοῦντι ὑμᾶς **λόγον** περὶ τῆς ἐν ὑμῖν ἐλπίδος,
4: 5 οἳ ἀποδώσουσιν **λόγον** τῷ ἑτοίμως ἔχοντι κρῖναι ζῶντας καὶ νεκρούς.
2Pe 1:19 καὶ ἔχομεν βεβαιότερον τὸν προφητικὸν **λόγον,** ᾧ καλῶς ποιεῖτε προσέχοντες ὡς λύχνῳ φαίνοντι ἐν αὐχμηρῷ τόπῳ,
2: 3 καὶ ἐν πλεονεξίᾳ πλαστοῖς **λόγοις** ὑμᾶς ἐμπορεύσονται, οἷς τὸ κρίμα ἔκπαλαι οὐκ ἀργεῖ καὶ ἡ ἀπώλεια αὐτῶν οὐ νυστάζει.
3: 5 λανθάνει γὰρ αὐτοὺς τοῦτο θέλοντας ὅτι οὐρανοὶ ἦσαν ἔκπαλαι καὶ γῆ ἐξ ὕδατος καὶ δι' ὕδατος συνεστῶσα τῷ τοῦ θεοῦ **λόγῳ,**
3: 7 οἱ δὲ νῦν οὐρανοὶ καὶ ἡ γῆ τῷ αὐτῷ **λόγῳ** τεθησαυρισμένοι εἰσὶν πυρὶ τηρούμενοι εἰς ἡμέραν κρίσεως καὶ ἀπωλείας
1Jn 1: 1 ὃ ἐθεασάμεθα καὶ αἱ χεῖρες ἡμῶν ἐψηλάφησαν περὶ τοῦ **λόγου** τῆς ζωῆς–
1:10 ψεύστην ποιοῦμεν αὐτὸν καὶ ὁ **λόγος** αὐτοῦ οὐκ ἔστιν ἐν ἡμῖν.
2: 5 ὃς δ' ἂν τηρῇ αὐτοῦ τὸν **λόγον,** ἀληθῶς ἐν τούτῳ ἡ ἀγάπη τοῦ θεοῦ τετελείωται,
2: 7 ἡ ἐντολὴ ἡ παλαιά ἐστιν ὁ **λόγος** ὃν ἠκούσατε.
2:14 ὅτι ἰσχυροί ἐστε καὶ ὁ **λόγος** τοῦ θεοῦ ἐν ὑμῖν μένει καὶ νενικήκατε τὸν πονηρόν.
3:18 μὴ ἀγαπῶμεν **λόγῳ** μηδὲ τῇ γλώσσῃ ἀλλὰ ἐν ἔργῳ καὶ ἀληθείᾳ.
3Jn 1:10 ὑπομνήσω αὐτοῦ τὰ ἔργα ἃ ποιεῖ **λόγοις** πονηροῖς φλυαρῶν ἡμᾶς,
Rev 1: 2 ὃς ἐμαρτύρησεν τὸν **λόγον** τοῦ θεοῦ καὶ τὴν μαρτυρίαν Ἰησοῦ Χριστοῦ ὅσα εἶδεν.
1: 3 μακάριος ὁ ἀναγινώσκων καὶ οἱ ἀκούοντες τοὺς **λόγους** τῆς προφητείας καὶ τηροῦντες τὰ ἐν αὐτῇ γεγραμμένα,
1: 9 ἐγενόμην ἐν τῇ νήσῳ τῇ καλουμένῃ Πάτμῳ διὰ τὸν **λόγον** τοῦ θεοῦ καὶ τὴν μαρτυρίαν Ἰησοῦ.
3: 8 ὅτι μικρὰν ἔχεις δύναμιν καὶ ἐτήρησάς μου τὸν **λόγον** καὶ οὐκ ἠρνήσω τὸ ὄνομά μου.
3:10 ὅτι ἐτήρησας τὸν **λόγον** τῆς ὑπομονῆς μου, κἀγώ σε τηρήσω ἐκ τῆς ὥρας τοῦ πειρασμοῦ τῆς μελλούσης ἔρχεσθαι
6: 9 εἶδον ὑποκάτω τοῦ θυσιαστηρίου τὰς ψυχὰς τῶν ἐσφαγμένων διὰ τὸν **λόγον** τοῦ θεοῦ καὶ διὰ τὴν μαρτυρίαν ἣν εἶχον.
12:11 καὶ αὐτοὶ ἐνίκησαν αὐτὸν διὰ τὸ αἷμα τοῦ ἀρνίου καὶ διὰ τὸν **λόγον** τῆς μαρτυρίας αὐτῶν καὶ οὐκ ἠγάπησαν τὴν ψυχὴν
17:17 ὁ γὰρ θεὸς ἔδωκεν εἰς τὰς καρδίας αὐτῶν ποιῆσαι τὴν γνώμην αὐτοῦ καὶ ποιῆσαι μίαν γνώμην καὶ δοῦναι τὴν βασιλείαν αὐτῶν τῷ θηρίῳ ἄχρι τελεσθήσονται οἱ **λόγοι** τοῦ θεοῦ.
19: 9 καὶ λέγει μοι, Οὗτοι οἱ **λόγοι** ἀληθινοὶ τοῦ θεοῦ εἰσιν.
19:13 καὶ κέκληται τὸ ὄνομα αὐτοῦ ὁ **λόγος** τοῦ θεοῦ.
20: 4 καὶ τὰς ψυχὰς τῶν πεπελεκισμένων διὰ τὴν μαρτυρίαν Ἰησοῦ καὶ διὰ τὸν **λόγον** τοῦ θεοῦ
21: 5 ὅτι οὗτοι οἱ **λόγοι** πιστοὶ καὶ ἀληθινοί εἰσιν.
22: 6 Καὶ εἶπέν μοι, Οὗτοι οἱ **λόγοι** πιστοὶ καὶ ἀληθινοί,
22: 7 μακάριος ὁ τηρῶν τοὺς **λόγους** τῆς προφητείας τοῦ βιβλίου τούτου.
22: 9 σύνδουλός σού εἰμι καὶ τῶν ἀδελφῶν σου τῶν προφητῶν καὶ τῶν τηρούντων τοὺς **λόγους** τοῦ βιβλίου τούτου·
22:10 Μὴ σφραγίσῃς τοὺς **λόγους** τῆς προφητείας τοῦ βιβλίου τούτου,
22:18 Μαρτυρῶ ἐγὼ παντὶ τῷ ἀκούοντι τοὺς **λόγους** τῆς προφητείας τοῦ βιβλίου τούτου·
22:19 καὶ ἐάν τις ἀφέλῃ ἀπὸ τῶν **λόγων** τοῦ βιβλίου τῆς προφητείας ταύτης,

3365 λόγχη [1]

Jn 19:34 ἀλλ' εἷς τῶν στρατιωτῶν **λόγχῃ** αὐτοῦ τὴν πλευρὰν ἔνυξεν,

3366 λοιδορέω [4]

√ 3368

Jn 9:28 καὶ **ἐλοιδόρησαν** αὐτὸν καὶ εἶπον, Σὺ μαθητὴς εἶ ἐκείνου,
Ac 23: 4 οἱ δὲ παρεστῶτες εἶπαν, Τὸν ἀρχιερέα τοῦ θεοῦ **λοιδορεῖς;**
1Co 4:12 καὶ κοπιῶμεν ἐργαζόμενοι ταῖς ἰδίαις χερσίν· **λοιδορούμενοι** εὐλογοῦμεν, διωκόμενοι ἀνεχόμεθα,
1Pe 2:23 ὃς **λοιδορούμενος** οὐκ ἀντελοιδόρει πάσχων οὐκ ἠπείλει, παρεδίδου δὲ τῷ κρίνοντι δικαίως·

3367 λοιδορία [3]

√ 3368

1Ti 5:14 οἰκοδεσποτεῖν, μηδεμίαν ἀφορμὴν διδόναι τῷ ἀντικειμένῳ **λοιδορίας** χάριν·
1Pe 3: 9 μὴ ἀποδιδόντες κακὸν ἀντὶ κακοῦ ἢ **λοιδορίαν** ἀντὶ **λοιδορίας,**

3368 λοίδορος [2]

→ 518, 3366, 3367

1Co 5:11 μὴ συναναμίγνυσθαι ἐάν τις ἀδελφὸς ὀνομαζόμενος ᾖ πόρνος ἢ πλεονέκτης ἢ εἰδωλολάτρης ἢ **λοίδορος** ἢ μέθυσος ἢ ἅρπαξ,
6:10 οὔτε κλέπται οὔτε πλεονέκται, οὐ μέθυσοι, οὐ **λοίδοροι,**

3369 λοιμός [2]

Lk 21:11 σεισμοί τε μεγάλοι καὶ κατὰ τόπους λιμοὶ καὶ **λοιμοὶ** ἔσονται,
Ac 24: 5 εὑρόντες γὰρ τὸν ἄνδρα τοῦτον **λοιμὸν** καὶ κινοῦντα στάσεις πᾶσιν τοῖς Ἰουδαίοις τοῖς κατὰ τὴν οἰκουμένην

3370 λοιπός [55]

√ *3309*

οἱ λοιποί [40] Mt 22:6; 25:11; 27:49; Mk 4:19; 16:13; Lk 8:10; 12:26; 18:9,11; 24:9,10; Ac 2:37; 5:13; 17:9; 27:44; 28:9; Ro 1:13; 11:7; 1Co 7:12; 9:5; 11:34; 15:37; 2Co 12:13; 13:2; Gal 2:13; Eph 2:3; Php 1:13; 4:3; 1Th 4:13; 5:6; 1Ti 5:20; 2Pe 3:16; Rev 2:24; 3:2; 8:13; 9:20; 11:13; 12:17; 19:21; 20:5

τὸ λοιπόν [7] Mt 26:45; Mk 14:41; 1Co 7:29; Php 3:1; 4:8; 2Th 3:1; Heb 10:13

τοῦ λοιποῦ [2] Gal 6:17; Eph 6:10

Mt 22: 6 οἱ δὲ **λοιποὶ** κρατήσαντες τοὺς δούλους αὐτοῦ ὕβρισαν καὶ ἀπέκτειναν.
25:11 ὕστερον δὲ ἔρχονται καὶ αἱ **λοιπαὶ** παρθένοι λέγουσαι,
26:45 τότε ἔρχεται πρὸς τοὺς μαθητὰς καὶ λέγει αὐτοῖς, Καθεύδετε [τὸ] **λοιπὸν** καὶ ἀναπαύεσθε·
27:49 οἱ δὲ **λοιποὶ** ἔλεγον, Ἄφες ἴδωμεν εἰ ἔρχεται Ἠλίας σώσων αὐτόν.
Mk 4:19 αἱ μέριμναι τοῦ αἰῶνος καὶ ἡ ἀπάτη τοῦ πλούτου καὶ αἱ περὶ τὰ **λοιπὰ** ἐπιθυμίαι εἰσπορευόμεναι συμπνίγουσιν τὸν λόγον
14:41 καὶ ἔρχεται τὸ τρίτον καὶ λέγει αὐτοῖς, Καθεύδετε τὸ **λοιπὸν** καὶ ἀναπαύεσθε·
16:13 ⟦κἀκεῖνοι ἀπελθόντες ἀπήγγειλαν τοῖς **λοιποῖς·** οὐδὲ ἐκείνοις ἐπίστευσαν.⟧
Lk 8:10 τοῖς δὲ **λοιποῖς** ἐν παραβολαῖς, ἵνα βλέποντες μὴ βλέπωσιν καὶ ἀκούοντες μὴ συνιῶσιν.
12:26 εἰ οὖν οὐδὲ ἐλάχιστον δύνασθε, τί περὶ τῶν **λοιπῶν** μεριμνᾶτε;
18: 9 Εἶπεν δὲ καὶ πρός τινας τοὺς πεποιθότας ἐφ᾽ ἑαυτοῖς ὅτι εἰσὶν δίκαιοι καὶ ἐξουθενοῦντας τοὺς **λοιποὺς** τὴν παραβολὴν
18:11 εὐχαριστῶ σοι ὅτι οὐκ εἰμὶ ὥσπερ οἱ **λοιποὶ** τῶν ἀνθρώπων,
24: 9 καὶ ὑποστρέψασαι ἀπὸ τοῦ μνημείου ἀπήγγειλαν ταῦτα πάντα τοῖς ἕνδεκα καὶ πᾶσιν τοῖς **λοιποῖς.**
24:10 ἦσαν δὲ ἡ Μαγδαληνὴ Μαρία καὶ Ἰωάννα καὶ Μαρία ἡ Ἰακώβου καὶ αἱ **λοιπαὶ** σὺν αὐταῖς.
Ac 2:37 Ἀκούσαντες δὲ κατενύγησαν τὴν καρδίαν εἶπόν τε πρὸς τὸν Πέτρον καὶ τοὺς **λοιποὺς** ἀποστόλους,
5:13 τῶν δὲ **λοιπῶν** οὐδεὶς ἐτόλμα κολλᾶσθαι αὐτοῖς, ἀλλ᾽ ἐμεγάλυνεν αὐτοὺς ὁ λαός.
17: 9 καὶ λαβόντες τὸ ἱκανὸν παρὰ τοῦ Ἰάσονος καὶ τῶν **λοιπῶν** ἀπέλυσαν αὐτούς.
27:20 χειμῶνός τε οὐκ ὀλίγου ἐπικειμένου, **λοιπὸν** περιῃρεῖτο ἐλπὶς πᾶσα τοῦ σῴζεσθαι ἡμᾶς.
27:44 καὶ τοὺς **λοιποὺς** οὓς μὲν ἐπὶ σανίσιν, οὓς δὲ ἐπί τινων τῶν ἀπὸ τοῦ πλοίου.
28: 9 τούτου δὲ γενομένου καὶ οἱ **λοιποὶ** οἱ ἐν τῇ νήσῳ ἔχοντες ἀσθενείας προσήρχοντο καὶ ἐθεραπεύοντο,
Ro 1:13 ἵνα τινὰ καρπὸν σχῶ καὶ ἐν ὑμῖν καθὼς καὶ ἐν τοῖς **λοιποῖς** ἔθνεσιν.
11: 7 ἡ δὲ ἐκλογὴ ἐπέτυχεν· οἱ δὲ **λοιποὶ** ἐπωρώθησαν,
1Co 1:16 ἐβάπτισα δὲ καὶ τὸν Στεφανᾶ οἶκον, **λοιπὸν** οὐκ οἶδα εἴ τινα ἄλλον ἐβάπτισα.
4: 2 ὧδε **λοιπὸν** ζητεῖται ἐν τοῖς οἰκονόμοις, ἵνα πιστός τις εὑρεθῇ.
7:12 Τοῖς δὲ **λοιποῖς** λέγω ἐγὼ οὐχ ὁ κύριος·
7:29 τὸ **λοιπόν,** ἵνα καὶ οἱ ἔχοντες γυναῖκας ὡς μὴ ἔχοντες ὦσιν
9: 5 μὴ οὐκ ἔχομεν ἐξουσίαν ἀδελφὴν γυναῖκα περιάγειν ὡς καὶ οἱ **λοιποὶ** ἀπόστολοι καὶ οἱ ἀδελφοὶ τοῦ κυρίου καὶ Κηφᾶς;
11:34 ἵνα μὴ εἰς κρίμα συνέρχησθε. Τὰ δὲ **λοιπὰ** ὡς ἂν ἔλθω διατάξομαι.
15:37 οὐ τὸ σῶμα τὸ γενησόμενον σπείρεις ἀλλὰ γυμνὸν κόκκον εἰ τύχοι σίτου ἤ τινος τῶν **λοιπῶν·**
2Co 12:13 τί γάρ ἐστιν ὃ ἡσσώθητε ὑπὲρ τὰς **λοιπὰς** ἐκκλησίας,
13: 2 ὡς παρὼν τὸ δεύτερον καὶ ἀπὼν νῦν, τοῖς προημαρτηκόσιν καὶ τοῖς **λοιποῖς** πᾶσιν,
13:11 **Λοιπόν,** ἀδελφοί, χαίρετε, καταρτίζεσθε, παρακαλεῖσθε, τὸ αὐτὸ φρονεῖτε,
Gal 2:13 καὶ συνυπεκρίθησαν αὐτῷ [καὶ] οἱ **λοιποὶ** Ἰουδαῖοι, ὥστε καὶ Βαρναβᾶς συναπήχθη αὐτῶν τῇ ὑποκρίσει.
6:17 Τοῦ **λοιποῦ** κόπους μοι μηδεὶς παρεχέτω· ἐγὼ γὰρ τὰ στίγματα τοῦ Ἰησοῦ ἐν τῷ σώματί μου βαστάζω.
Eph 2: 3 καὶ ἤμεθα τέκνα φύσει ὀργῆς ὡς καὶ οἱ **λοιποί·**
6:10 Τοῦ **λοιποῦ,** ἐνδυναμοῦσθε ἐν κυρίῳ καὶ ἐν τῷ κράτει τῆς ἰσχύος αὐτοῦ.
Php 1:13 ὥστε τοὺς δεσμούς μου φανεροὺς ἐν Χριστῷ γενέσθαι ἐν ὅλῳ τῷ πραιτωρίῳ καὶ τοῖς **λοιποῖς** πᾶσιν,
3: 1 Τὸ **λοιπόν,** ἀδελφοί μου, χαίρετε ἐν κυρίῳ. τὰ αὐτὰ γράφειν ὑμῖν ἐμοὶ μὲν οὐκ ὀκνηρόν,
4: 3 αἵτινες ἐν τῷ εὐαγγελίῳ συνήθλησάν μοι μετὰ καὶ Κλήμεντος καὶ τῶν **λοιπῶν** συνεργῶν μου,
4: 8 Τὸ **λοιπόν,** ἀδελφοί, ὅσα ἐστὶν ἀληθῆ, ὅσα σεμνά,
1Th 4: 1 **Λοιπὸν** οὖν, ἀδελφοί, ἐρωτῶμεν ὑμᾶς καὶ παρακαλοῦμεν ἐν κυρίῳ Ἰησοῦ,
4:13 ἵνα μὴ λυπῆσθε καθὼς καὶ οἱ **λοιποὶ** οἱ μὴ ἔχοντες ἐλπίδα.
5: 6 ἄρα οὖν μὴ καθεύδωμεν ὡς οἱ **λοιποὶ** ἀλλὰ γρηγορῶμεν καὶ νήφωμεν.
2Th 3: 1 Τὸ **λοιπὸν** προσεύχεσθε, ἀδελφοί, περὶ ἡμῶν, ἵνα ὁ λόγος τοῦ κυρίου τρέχῃ καὶ δοξάζηται καθὼς καὶ πρὸς ὑμᾶς,
1Ti 5:20 τοὺς ἁμαρτάνοντας ἐνώπιον πάντων ἔλεγχε, ἵνα καὶ οἱ **λοιποὶ** φόβον ἔχωσιν.
2Ti 4: 8 **λοιπὸν** ἀπόκειταί μοι ὁ τῆς δικαιοσύνης στέφανος, ὃν ἀποδώσει μοι ὁ κύριος ἐν ἐκείνῃ τῇ ἡμέρᾳ,
Heb 10:13 τὸ **λοιπὸν** ἐκδεχόμενος ἕως τεθῶσιν οἱ ἐχθροὶ αὐτοῦ ὑποπόδιον τῶν ποδῶν αὐτοῦ.
2Pe 3:16 ἃ οἱ ἀμαθεῖς καὶ ἀστήρικτοι στρεβλοῦσιν ὡς καὶ τὰς **λοιπὰς** γραφὰς πρὸς τὴν ἰδίαν αὐτῶν ἀπώλειαν.
Rev 2:24 ὑμῖν δὲ λέγω τοῖς **λοιποῖς** τοῖς ἐν Θυατείροις,
3: 2 γίνου γρηγορῶν καὶ στήρισον τὰ **λοιπὰ** ἃ ἔμελλον ἀποθανεῖν,
8:13 Οὐαὶ οὐαὶ οὐαὶ τοὺς κατοικοῦντας ἐπὶ τῆς γῆς ἐκ τῶν **λοιπῶν** φωνῶν τῆς σάλπιγγος τῶν τριῶν ἀγγέλων
9:20 Καὶ οἱ **λοιποὶ** τῶν ἀνθρώπων, οἳ οὐκ ἀπεκτάνθησαν ἐν ταῖς πληγαῖς ταύταις,
11:13 ἀπεκτάνθησαν ἐν τῷ σεισμῷ ὀνόματα ἀνθρώπων χιλιάδες ἑπτὰ καὶ οἱ **λοιποὶ** ἔμφοβοι ἐγένοντο καὶ ἔδωκαν δόξαν τῷ θεῷ
12:17 καὶ ὠργίσθη ὁ δράκων ἐπὶ τῇ γυναικὶ καὶ ἀπῆλθεν ποιῆσαι πόλεμον μετὰ τῶν **λοιπῶν** τοῦ σπέρματος αὐτῆς
19:21 καὶ οἱ **λοιποὶ** ἀπεκτάνθησαν ἐν τῇ ῥομφαίᾳ τοῦ καθημένου ἐπὶ τοῦ ἵππου τῇ ἐξελθούσῃ ἐκ τοῦ στόματος αὐτοῦ,
20: 5 οἱ **λοιποὶ** τῶν νεκρῶν οὐκ ἔζησαν ἄχρι τελεσθῇ τὰ χίλια ἔτη.

3371 Λουκᾶς [3]

√ *3372*

Col 4:14 ἀσπάζεται ὑμᾶς **Λουκᾶς** ὁ ἰατρὸς ὁ ἀγαπητὸς καὶ Δημᾶς.
2Ti 4:11 **Λουκᾶς** ἐστιν μόνος μετ᾽ ἐμοῦ. Μᾶρκον ἀναλαβὼν ἄγε μετὰ σεαυτοῦ,
Phm 1:24 Μᾶρκος, Ἀρίσταρχος, Δημᾶς, **Λουκᾶς,** οἱ συνεργοί μου.

3372 Λούκιος [2]

→ *3371*

Ac 13: 1 προφῆται καὶ διδάσκαλοι ὅ τε Βαρναβᾶς καὶ Συμεὼν ὁ καλούμενος Νίγερ καὶ **Λούκιος** ὁ Κυρηναῖος,
Ro 16:21 καὶ **Λούκιος** καὶ Ἰάσων καὶ Σωσίπατρος οἱ συγγενεῖς μου.

3373 λουτρόν [2]

√ *3374*

Eph 5:26 ἵνα αὐτὴν ἁγιάσῃ καθαρίσας τῷ **λουτρῷ** τοῦ ὕδατος ἐν ῥήματι,
Tit 3: 5 ἀλλὰ κατὰ τὸ αὐτοῦ ἔλεος ἔσωσεν ἡμᾶς διὰ **λουτροῦ** παλιγγενεσίας καὶ ἀνακαινώσεως πνεύματος ἁγίου,

3374 λούω [5]

→ *666, 3373*

Jn 13:10 Ὁ **λελουμένος** οὐκ ἔχει χρείαν εἰ μὴ τοὺς πόδας νίψασθαι,
Ac 9:37 ἐγένετο δὲ ἐν ταῖς ἡμέραις ἐκείναις ἀσθενήσασαν αὐτὴν ἀποθανεῖν· **λούσαντες** δὲ ἔθηκαν [αὐτὴν] ἐν ὑπερῴῳ.
16:33 καὶ παραλαβὼν αὐτοὺς ἐν ἐκείνῃ τῇ ὥρᾳ τῆς νυκτὸς **ἔλουσεν** ἀπὸ τῶν πληγῶν,
Heb 10:22 ἐν πληροφορίᾳ πίστεως ῥεραντισμένοι τὰς καρδίας ἀπὸ συνειδήσεως πονηρᾶς καὶ **λελουσμένοι** τὸ σῶμα ὕδατι καθαρῷ·
2Pe 2:22 Κύων ἐπιστρέψας ἐπὶ τὸ ἴδιον ἐξέραμα, καί, Ὗς **λουσαμένη** εἰς κυλισμὸν βορβόρου.

3375 Λύδδα [3]

Ac 9:32 Ἐγένετο δὲ Πέτρον διερχόμενον διὰ πάντων κατελθεῖν καὶ πρὸς τοὺς ἁγίους τοὺς κατοικοῦντας **Λύδδα.**
9:35 εἶδαν αὐτὸν πάντες οἱ κατοικοῦντες **Λύδδα** καὶ τὸν Σαρῶνα,
9:38 ἐγγὺς δὲ οὔσης **Λύδδας** τῇ Ἰόππῃ οἱ μαθηταὶ ἀκούσαντες ὅτι Πέτρος ἐστὶν ἐν αὐτῇ ἀπέστειλαν δύο ἄνδρας πρὸς αὐτὸν

3376 Λυδία [2]

Ac 16:14 καί τις γυνὴ ὀνόματι **Λυδία,** πορφυρόπωλις πόλεως Θυατείρων σεβομένη τὸν θεόν,
16:40 ἐξελθόντες δὲ ἀπὸ τῆς φυλακῆς εἰσῆλθον πρὸς τὴν **Λυδίαν** καὶ ἰδόντες παρεκάλεσαν τοὺς ἀδελφοὺς καὶ ἐξῆλθαν.

3377 Λυκαονία [1]

→ 3378

Ac 14: 6 συνιδόντες κατέφυγον εἰς τὰς πόλεις τῆς **Λυκαονίας** Λύστραν καὶ Δέρβην καὶ τὴν περίχωρον,

3378 Λυκαονιστί [1]

√ 3377

Ac 14:11 οἵ τε ὄχλοι ἰδόντες ὃ ἐποίησεν Παῦλος ἐπῆραν τὴν φωνὴν αὐτῶν **Λυκαονιστὶ** λέγοντες,

3379 Λυκία [1]

Ac 27: 5 τό τε πέλαγος τὸ κατὰ τὴν Κιλικίαν καὶ Παμφυλίαν διαπλεύσαντες κατήλθομεν εἰς Μύρα τῆς **Λυκίας.**

3380 λύκος [6]

Mt 7:15 οἵτινες ἔρχονται πρὸς ὑμᾶς ἐν ἐνδύμασιν προβάτων, ἔσωθεν δέ εἰσιν **λύκοι** ἅρπαγες.
10:16 Ἰδοὺ ἐγὼ ἀποστέλλω ὑμᾶς ὡς πρόβατα ἐν μέσῳ **λύκων·**
Lk 10: 3 ἰδοὺ ἀποστέλλω ὑμᾶς ὡς ἄρνας ἐν μέσῳ **λύκων.**
Jn 10:12 θεωρεῖ τὸν **λύκον** ἐρχόμενον καὶ ἀφίησιν τὰ πρόβατα καὶ φεύγει– καὶ ὁ **λύκος** ἁρπάζει αὐτὰ καὶ σκορπίζει–
Ac 20:29 ἐγὼ οἶδα ὅτι εἰσελεύσονται μετὰ τὴν ἄφιξίν μου **λύκοι** βαρεῖς εἰς ὑμᾶς μὴ φειδόμενοι τοῦ ποιμνίου,

3381 λυμαίνω [1]

Ac 8: 3 Σαῦλος δὲ **ἐλυμαίνετο** τὴν ἐκκλησίαν κατὰ τοὺς οἴκους εἰσπορευόμενος,

3382 λυπέω [26]

√ 3383

Mt 14: 9 καὶ **λυπηθεὶς** ὁ βασιλεὺς διὰ τοὺς ὅρκους καὶ τοὺς συνανακειμένους ἐκέλευσεν δοθῆναι,
17:23 καὶ τῇ τρίτῃ ἡμέρᾳ ἐγερθήσεται. καὶ **ἐλυπήθησαν** σφόδρα.
18:31 ἰδόντες οὖν οἱ σύνδουλοι αὐτοῦ τὰ γενόμενα **ἐλυπήθησαν** σφόδρα καὶ ἐλθόντες διεσάφησαν τῷ κυρίῳ ἑαυτῶν
19:22 ἀκούσας δὲ ὁ νεανίσκος τὸν λόγον ἀπῆλθεν **λυπούμενος·**
26:22 καὶ **λυπούμενοι** σφόδρα ἤρξαντο λέγειν αὐτῷ εἷς ἕκαστος,
26:37 καὶ παραλαβὼν τὸν Πέτρον καὶ τοὺς δύο υἱοὺς Ζεβεδαίου ἤρξατο **λυπεῖσθαι** καὶ ἀδημονεῖν.
Mk 10:22 ὁ δὲ στυγνάσας ἐπὶ τῷ λόγῳ ἀπῆλθεν **λυπούμενος·**
14:19 ἤρξαντο **λυπεῖσθαι** καὶ λέγειν αὐτῷ εἷς κατὰ εἷς,
Jn 16:20 ὑμεῖς **λυπηθήσεσθε,** ἀλλ' ἡ λύπη ὑμῶν εἰς χαρὰν γενήσεται.
21:17 **ἐλυπήθη** ὁ Πέτρος ὅτι εἶπεν αὐτῷ τὸ τρίτον,
Ro 14:15 εἰ γὰρ διὰ βρῶμα ὁ ἀδελφός σου **λυπεῖται,**
2Co 2: 2 εἰ γὰρ ἐγὼ **λυπῶ** ὑμᾶς, καὶ τίς ὁ εὐφραίνων με εἰ μὴ ὁ **λυπούμενος** ἐξ ἐμοῦ;
2: 4 οὐχ ἵνα **λυπηθῆτε** ἀλλὰ τὴν ἀγάπην ἵνα γνῶτε ἣν ἔχω περισσοτέρως εἰς ὑμᾶς.
2: 5 Εἰ δέ τις **λελύπηκεν,** οὐκ ἐμὲ **λελύπηκεν,** ἀλλὰ ἀπὸ μέρους, ἵνα μὴ ἐπιβαρῶ, πάντας ὑμᾶς.
6:10 ὡς **λυπούμενοι** ἀεὶ δὲ χαίροντες, ὡς πτωχοὶ πολλοὺς δὲ πλουτίζοντες,
7: 8 ὅτι εἰ καὶ **ἐλύπησα** ὑμᾶς ἐν τῇ ἐπιστολῇ, οὐ μεταμέλομαι· εἰ καὶ μετεμελόμην, βλέπω [γὰρ] ὅτι ἡ ἐπιστολὴ ἐκείνη εἰ καὶ πρὸς ὥραν **ἐλύπησεν** ὑμᾶς,
7: 9 οὐχ ὅτι **ἐλυπήθητε** ἀλλ' ὅτι **ἐλυπήθητε** εἰς μετάνοιαν· **ἐλυπήθητε** γὰρ κατὰ θεόν, ἵνα ἐν μηδενὶ ζημιωθῆτε ἐξ ἡμῶν.
7:11 ἰδοὺ γὰρ αὐτὸ τοῦτο τὸ κατὰ θεὸν **λυπηθῆναι** πόσην κατειργάσατο ὑμῖν σπουδήν,
Eph 4:30 καὶ μὴ **λυπεῖτε** τὸ πνεῦμα τὸ ἅγιον τοῦ θεοῦ,
1Th 4:13 ἵνα μὴ **λυπῆσθε** καθὼς καὶ οἱ λοιποὶ οἱ μὴ ἔχοντες ἐλπίδα.
1Pe 1: 6 ὀλίγον ἄρτι εἰ δέον [ἐστὶν] **λυπηθέντες** ἐν ποικίλοις πειρασμοῖς,

3383 λύπη [16]

→ 267, 3382, 4337, 5200

Lk 22:45 καὶ ἀναστὰς ἀπὸ τῆς προσευχῆς ἐλθὼν πρὸς τοὺς μαθητὰς εὗρεν κοιμωμένους αὐτοὺς ἀπὸ τῆς **λύπης,**
Jn 16: 6 ἀλλ' ὅτι ταῦτα λελάληκα ὑμῖν ἡ **λύπη** πεπλήρωκεν ὑμῶν τὴν καρδίαν.
16:20 ὑμεῖς λυπηθήσεσθε, ἀλλ' ἡ **λύπη** ὑμῶν εἰς χαρὰν γενήσεται.
16:21 ἡ γυνὴ ὅταν τίκτῃ **λύπην** ἔχει, ὅτι ἦλθεν ἡ ὥρα αὐτῆς·
16:22 καὶ ὑμεῖς οὖν νῦν μὲν **λύπην** ἔχετε· πάλιν δὲ ὄψομαι ὑμᾶς,
Ro 9: 2 ὅτι **λύπη** μοί ἐστιν μεγάλη καὶ ἀδιάλειπτος ὀδύνη τῇ καρδίᾳ μου.
2Co 2: 1 ἔκρινα γὰρ ἐμαυτῷ τοῦτο τὸ μὴ πάλιν ἐν **λύπῃ** πρὸς ὑμᾶς ἐλθεῖν.
2: 3 ἵνα μὴ ἐλθὼν **λύπην** σχῶ ἀφ' ὧν ἔδει με χαίρειν,
2: 7 μή πως τῇ περισσοτέρᾳ **λύπῃ** καταποθῇ ὁ τοιοῦτος.
7:10 ἡ γὰρ κατὰ θεὸν **λύπη** μετάνοιαν εἰς σωτηρίαν ἀμεταμέλητον ἐργάζεται· ἡ δὲ τοῦ κόσμου **λύπη** θάνατον κατεργάζεται.
9: 7 ἕκαστος καθὼς προῄρηται τῇ καρδίᾳ, μὴ ἐκ **λύπης** ἢ ἐξ ἀνάγκης·
Php 2:27 οὐκ αὐτὸν δὲ μόνον ἀλλὰ καὶ ἐμέ, ἵνα μὴ **λύπην** ἐπὶ **λύπην** σχῶ.
Heb 12:11 πᾶσα δὲ παιδεία πρὸς μὲν τὸ παρὸν οὐ δοκεῖ χαρᾶς εἶναι ἀλλὰ **λύπης,**
1Pe 2:19 τοῦτο γὰρ χάρις εἰ διὰ συνείδησιν θεοῦ ὑποφέρει τις **λύπας** πάσχων ἀδίκως.

3384 Λυσανίας [1]

Lk 3: 1 καὶ **Λυσανίου** τῆς Ἀβιληνῆς τετρααρχοῦντος,

3385 Λυσίας [2]

Ac 23:26 Κλαύδιος **Λυσίας** τῷ κρατίστῳ ἡγεμόνι Φήλικι χαίρειν.
24:22 Ὅταν **Λυσίας** ὁ χιλίαρχος καταβῇ, διαγνώσομαι τὰ καθ' ὑμᾶς·

3386 λύσις [1]

√ 3395

1Co 7:27 δέδεσαι γυναικί, μὴ ζήτει **λύσιν·** λέλυσαι ἀπὸ γυναικός,

3387 λυσιτελέω [1]

√ 3395 + 5465

Lk 17: 2 **λυσιτελεῖ** αὐτῷ εἰ λίθος μυλικὸς περίκειται περὶ τὸν τράχηλον αὐτοῦ καὶ ἔρριπται εἰς τὴν θάλασσαν ἢ ἵνα σκανδαλίσῃ τῶν μικρῶν τούτων ἕνα.

3388 Λύστρα [6]

Ac 14: 6 συνιδόντες κατέφυγον εἰς τὰς πόλεις τῆς Λυκαονίας **Λύστραν** καὶ Δέρβην καὶ τὴν περίχωρον,
14: 8 Καί τις ἀνὴρ ἀδύνατος ἐν **Λύστροις** τοῖς ποσὶν ἐκάθητο,
14:21 Εὐαγγελισάμενοί τε τὴν πόλιν ἐκείνην καὶ μαθητεύσαντες ἱκανοὺς ὑπέστρεψαν εἰς τὴν **Λύστραν** καὶ εἰς Ἰκόνιον καὶ εἰς Ἀντιόχειαν
16: 1 Κατήντησεν δὲ [καὶ] εἰς Δέρβην καὶ εἰς **Λύστραν.**
16: 2 ὃς ἐμαρτυρεῖτο ὑπὸ τῶν ἐν **Λύστροις** καὶ Ἰκονίῳ ἀδελφῶν.
2Ti 3:11 οἷά μοι ἐγένετο ἐν Ἀντιοχείᾳ, ἐν Ἰκονίῳ, ἐν **Λύστροις,**

3389 λύτρον [2]

√ 3395

λύτρον ἀντὶ πολλῶν [2] Mt 20:28; Mk 10:45

Mt 20:28 ὥσπερ ὁ υἱὸς τοῦ ἀνθρώπου οὐκ ἦλθεν διακονηθῆναι ἀλλὰ διακονῆσαι καὶ δοῦναι τὴν ψυχὴν αὐτοῦ **λύτρον** ἀντὶ πολλῶν.
Mk 10:45 καὶ γὰρ ὁ υἱὸς τοῦ ἀνθρώπου οὐκ ἦλθεν διακονηθῆναι ἀλλὰ διακονῆσαι καὶ δοῦναι τὴν ψυχὴν αὐτοῦ **λύτρον** ἀντὶ πολλῶν.

3390 λυτρόω [3]

√ *3395*

Lk 24:21 ἡμεῖς δὲ ἠλπίζομεν ὅτι αὐτός ἐστιν ὁ μέλλων **λυτροῦσθαι** τὸν Ἰσραήλ·
Tit 2:14 ἵνα **λυτρώσηται** ἡμᾶς ἀπὸ πάσης ἀνομίας καὶ καθαρίσῃ ἑαυτῷ λαὸν περιούσιον,
1Pe 1:18 ἀργυρίῳ ἢ χρυσίῳ, **ἐλυτρώθητε** ἐκ τῆς ματαίας ὑμῶν ἀναστροφῆς πατροπαραδότου

3391 λύτρωσις [3]

√ *3395*

Lk 1:68 ὅτι ἐπεσκέψατο καὶ ἐποίησεν **λύτρωσιν** τῷ λαῷ αὐτοῦ,
2:38 καὶ αὐτῇ τῇ ὥρᾳ ἐπιστᾶσα ἀνθωμολογεῖτο τῷ θεῷ καὶ ἐλάλει περὶ αὐτοῦ πᾶσιν τοῖς προσδεχομένοις **λύτρωσιν** Ἰερουσαλήμ.
Heb 9:12 οὐδὲ δι᾽ αἵματος τράγων καὶ μόσχων διὰ δὲ τοῦ ἰδίου αἵματος εἰσῆλθεν ἐφάπαξ εἰς τὰ ἅγια αἰωνίαν **λύτρωσιν** εὑράμενος.

3392 λυτρωτής [1]

√ *3395*

Ac 7:35 τοῦτον ὁ θεὸς [καὶ] ἄρχοντα καὶ **λυτρωτὴν** ἀπέσταλκεν σὺν χειρὶ ἀγγέλου τοῦ ὀφθέντος αὐτῷ ἐν τῇ βάτῳ.

3393 λυχνία [12]

√ *3394*

Mt 5:15 οὐδὲ καίουσιν λύχνον καὶ τιθέασιν αὐτὸν ὑπὸ τὸν μόδιον ἀλλ᾽ ἐπὶ τὴν **λυχνίαν,**
Mk 4:21 Μήτι ἔρχεται ὁ λύχνος ἵνα ὑπὸ τὸν μόδιον τεθῇ ἢ ὑπὸ τὴν κλίνην; οὐχ ἵνα ἐπὶ τὴν **λυχνίαν** τεθῇ;
Lk 8:16 ἐπὶ **λυχνίας** τίθησιν, ἵνα οἱ εἰσπορευόμενοι βλέπωσιν τὸ φῶς.
11:33 Οὐδεὶς λύχνον ἅψας εἰς κρύπτην τίθησιν [οὐδὲ ὑπὸ τὸν μόδιον] ἀλλ᾽ ἐπὶ τὴν **λυχνίαν,**
Heb 9: 2 σκηνὴ γὰρ κατεσκευάσθη ἡ πρώτη ἐν ᾗ ἥ τε **λυχνία** καὶ ἡ τράπεζα καὶ ἡ πρόθεσις τῶν ἄρτων,
Rev 1:12 Καὶ ἐπέστρεψα βλέπειν τὴν φωνὴν ἥτις ἐλάλει μετ᾽ ἐμοῦ, καὶ ἐπιστρέψας εἶδον ἑπτὰ **λυχνίας** χρυσᾶς
1:13 καὶ ἐν μέσῳ τῶν **λυχνιῶν** ὅμοιον υἱὸν ἀνθρώπου ἐνδεδυμένον ποδήρη καὶ περιεζωσμένον πρὸς τοῖς μαστοῖς ζώνην χρυσᾶν.
1:20 τὸ μυστήριον τῶν ἑπτὰ ἀστέρων οὓς εἶδες ἐπὶ τῆς δεξιᾶς μου καὶ τὰς ἑπτὰ **λυχνίας** τὰς χρυσᾶς· οἱ ἑπτὰ ἀστέρες ἄγγελοι τῶν ἑπτὰ ἐκκλησιῶν εἰσιν καὶ αἱ **λυχνίαι** αἱ ἑπτὰ ἑπτὰ ἐκκλησίαι εἰσίν.
2: 1 ὁ περιπατῶν ἐν μέσῳ τῶν ἑπτὰ **λυχνιῶν** τῶν χρυσῶν·
2: 5 ἔρχομαί σοι καὶ κινήσω τὴν **λυχνίαν** σου ἐκ τοῦ τόπου αὐτῆς,
11: 4 οὗτοί εἰσιν αἱ δύο ἐλαῖαι καὶ αἱ δύο **λυχνίαι** αἱ ἐνώπιον τοῦ κυρίου τῆς γῆς ἑστῶτες.

3394 λύχνος [14]

→ *3393*

ἅπτω λύχνον [3] Lk 8:16; 11:33; 15:8

Mt 5:15 οὐδὲ καίουσιν **λύχνον** καὶ τιθέασιν αὐτὸν ὑπὸ τὸν μόδιον ἀλλ᾽ ἐπὶ τὴν λυχνίαν,
6:22 Ὁ **λύχνος** τοῦ σώματός ἐστιν ὁ ὀφθαλμός. ἐὰν οὖν ᾖ ὁ ὀφθαλμός σου ἁπλοῦς,
Mk 4:21 Μήτι ἔρχεται ὁ **λύχνος** ἵνα ὑπὸ τὸν μόδιον τεθῇ ἢ ὑπὸ τὴν κλίνην;
Lk 8:16 Οὐδεὶς δὲ **λύχνον** ἅψας καλύπτει αὐτὸν σκεύει ἢ ὑποκάτω κλίνης τίθησιν,
11:33 Οὐδεὶς **λύχνον** ἅψας εἰς κρύπτην τίθησιν [οὐδὲ ὑπὸ τὸν μόδιον] ἀλλ᾽ ἐπὶ τὴν λυχνίαν,
11:34 ὁ **λύχνος** τοῦ σώματός ἐστιν ὁ ὀφθαλμός σου.
11:36 ἔσται φωτεινὸν ὅλον ὡς ὅταν ὁ **λύχνος** τῇ ἀστραπῇ φωτίζῃ σε.
12:35 Ἔστωσαν ὑμῶν αἱ ὀσφύες περιεζωσμέναι καὶ οἱ **λύχνοι** καιόμενοι·
15: 8 οὐχὶ ἅπτει **λύχνον** καὶ σαροῖ τὴν οἰκίαν καὶ ζητεῖ ἐπιμελῶς ἕως οὗ εὕρῃ;
Jn 5:35 ἐκεῖνος ἦν ὁ **λύχνος** ὁ καιόμενος καὶ φαίνων,
2Pe 1:19 ᾧ καλῶς ποιεῖτε προσέχοντες ὡς **λύχνῳ** φαίνοντι ἐν αὐχμηρῷ τόπῳ,
Rev 18:23 καὶ φῶς **λύχνου** οὐ μὴ φάνῃ ἐν σοὶ ἔτι,
21:23 ἡ γὰρ δόξα τοῦ θεοῦ ἐφώτισεν αὐτήν, καὶ ὁ **λύχνος** αὐτῆς τὸ ἀρνίον.
22: 5 καὶ νὺξ οὐκ ἔσται ἔτι καὶ οὐκ ἔχουσιν χρείαν φωτὸς **λύχνου** καὶ φωτὸς ἡλίου,

3395 λύω [42]

→ *186, 269, 385, 386, 519, 667, 668, 1370, 1725, 2146, 2147, 2906, 2907, 3386, 3387, 3389, 3390, 3391, 3392, 4166, 4167, 4168*

λύω ... ἁμαρτία [1] Rev 1:5

λύω ... ἐντολῶν [1] Mt 5:19

λύω ... νόμος [1] Jn 7:23

[ου δύναται] λύω ... γραφή [1] Jn 10:35

λύω ... σάββατον [1] Jn 5:18

λύω ... συναγωγή [1] Ac 13:43

Mt 5:19 ὃς ἐὰν οὖν **λύσῃ** μίαν τῶν ἐντολῶν τούτων τῶν ἐλαχίστων καὶ διδάξῃ οὕτως τοὺς ἀνθρώπους,
16:19 καὶ ὃ ἐὰν **λύσῃς** ἐπὶ τῆς γῆς ἔσται **λελυμένον** ἐν τοῖς οὐρανοῖς.
18:18 καὶ ὅσα ἐὰν **λύσητε** ἐπὶ τῆς γῆς ἔσται **λελυμένα** ἐν οὐρανῷ.
21: 2 καὶ εὐθέως εὑρήσετε ὄνον δεδεμένην καὶ πῶλον μετ᾽ αὐτῆς· **λύσαντες** ἀγάγετέ μοι.
Mk 1: 7 οὗ οὐκ εἰμὶ ἱκανὸς κύψας **λῦσαι** τὸν ἱμάντα τῶν ὑποδημάτων αὐτοῦ.
7:35 καὶ **ἐλύθη** ὁ δεσμὸς τῆς γλώσσης αὐτοῦ καὶ ἐλάλει ὀρθῶς.
11: 2 εἰσπορευόμενοι εἰς αὐτὴν εὑρήσετε πῶλον δεδεμένον ἐφ᾽ ὃν οὐδεὶς οὔπω ἀνθρώπων ἐκάθισεν· **λύσατε** αὐτὸν καὶ φέρετε.
11: 4 καὶ ἀπῆλθον καὶ εὗρον πῶλον δεδεμένον πρὸς θύραν ἔξω ἐπὶ τοῦ ἀμφόδου καὶ **λύουσιν** αὐτόν.
11: 5 καί τινες τῶν ἐκεῖ ἑστηκότων ἔλεγον αὐτοῖς, Τί ποιεῖτε **λύοντες** τὸν πῶλον;
Lk 3:16 οὗ οὐκ εἰμὶ ἱκανὸς **λῦσαι** τὸν ἱμάντα τῶν ὑποδημάτων αὐτοῦ·
13:15 ἕκαστος ὑμῶν τῷ σαββάτῳ οὐ **λύει** τὸν βοῦν αὐτοῦ ἢ τὸν ὄνον ἀπὸ τῆς φάτνης καὶ ἀπαγαγὼν ποτίζει;
13:16 οὐκ ἔδει **λυθῆναι** ἀπὸ τοῦ δεσμοῦ τούτου τῇ ἡμέρᾳ τοῦ σαββάτου;
19:30 ἐφ᾽ ὃν οὐδεὶς πώποτε ἀνθρώπων ἐκάθισεν, καὶ **λύσαντες** αὐτὸν ἀγάγετε.
19:31 καὶ ἐάν τις ὑμᾶς ἐρωτᾷ, Διὰ τί **λύετε;**
19:33 **λυόντων** δὲ αὐτῶν τὸν πῶλον εἶπαν οἱ κύριοι αὐτοῦ πρὸς αὐτούς, Τί **λύετε** τὸν πῶλον;
Jn 1:27 οὗ οὐκ εἰμὶ [ἐγὼ] ἄξιος ἵνα **λύσω** αὐτοῦ τὸν ἱμάντα τοῦ ὑποδήματος.
2:19 **Λύσατε** τὸν ναὸν τοῦτον καὶ ἐν τρισὶν ἡμέραις ἐγερῶ αὐτόν.
5:18 διὰ τοῦτο οὖν μᾶλλον ἐζήτουν αὐτὸν οἱ Ἰουδαῖοι ἀποκτεῖναι, ὅτι οὐ μόνον **ἔλυεν** τὸ σάββατον,
7:23 εἰ περιτομὴν λαμβάνει ἄνθρωπος ἐν σαββάτῳ ἵνα μὴ **λυθῇ** ὁ νόμος Μωϋσέως,
10:35 εἰ ἐκείνους εἶπεν θεοὺς πρὸς οὓς ὁ λόγος τοῦ θεοῦ ἐγένετο, καὶ οὐ δύναται **λυθῆναι** ἡ γραφή,
11:44 λέγει αὐτοῖς ὁ Ἰησοῦς, **Λύσατε** αὐτὸν καὶ ἄφετε αὐτὸν ὑπάγειν.
Ac 2:24 ὃν ὁ θεὸς ἀνέστησεν **λύσας** τὰς ὠδῖνας τοῦ θανάτου,
7:33 εἶπεν δὲ αὐτῷ ὁ κύριος, **Λῦσον** τὸ ὑπόδημα τῶν ποδῶν σου,
13:25 ἀλλ᾽ ἰδοὺ ἔρχεται μετ᾽ ἐμὲ οὗ οὐκ εἰμὶ ἄξιος τὸ ὑπόδημα τῶν ποδῶν **λῦσαι.**
13:43 **λυθείσης** δὲ τῆς συναγωγῆς ἠκολούθησαν πολλοὶ τῶν Ἰουδαίων καὶ τῶν σεβομένων προσηλύτων τῷ Παύλῳ καὶ τῷ Βαρναβᾷ,
22:30 **ἔλυσεν** αὐτὸν καὶ ἐκέλευσεν συνελθεῖν τοὺς ἀρχιερεῖς καὶ πᾶν τὸ συνέδριον,
27:41 ἡ δὲ πρύμνα **ἐλύετο** ὑπὸ τῆς βίας [τῶν κυμάτων.]
1Co 7:27 μὴ ζήτει λύσιν· **λέλυσαι** ἀπὸ γυναικός, μὴ ζήτει γυναῖκα.
Eph 2:14 ὁ ποιήσας τὰ ἀμφότερα ἓν καὶ τὸ μεσότοιχον τοῦ φραγμοῦ **λύσας,**
2Pe 3:10 οἱ οὐρανοὶ ῥοιζηδὸν παρελεύσονται στοιχεῖα δὲ καυσούμενα **λυθήσεται** καὶ γῆ καὶ τὰ ἐν αὐτῇ ἔργα εὑρεθήσεται.
3:11 τούτων οὕτως πάντων **λυομένων** ποταποὺς δεῖ ὑπάρχειν [ὑμᾶς] ἐν ἁγίαις ἀναστροφαῖς καὶ εὐσεβείαις,
3:12 σπεύδοντας τὴν παρουσίαν τῆς τοῦ θεοῦ ἡμέρας δι᾽ ἣν οὐρανοὶ πυρούμενοι **λυθήσονται** καὶ στοιχεῖα καυσούμενα τήκεται.

1Jn 3: 8 εἰς τοῦτο ἐφανερώθη ὁ υἱὸς τοῦ θεοῦ, ἵνα **λύσῃ** τὰ ἔργα τοῦ διαβόλου.
Rev 1: 5 Τῷ ἀγαπῶντι ἡμᾶς καὶ **λύσαντι** ἡμᾶς ἐκ τῶν ἁμαρτιῶν ἡμῶν ἐν τῷ αἵματι αὐτοῦ,
5: 2 Τίς ἄξιος ἀνοῖξαι τὸ βιβλίον καὶ **λῦσαι** τὰς σφραγῖδας αὐτοῦ;
9: 14 **Λῦσον** τοὺς τέσσαρας ἀγγέλους τοὺς δεδεμένους ἐπὶ τῷ ποταμῷ τῷ μεγάλῳ Εὐφράτῃ.
9: 15 καὶ **ἐλύθησαν** οἱ τέσσαρες ἄγγελοι οἱ ἡτοιμασμένοι εἰς τὴν ὥραν καὶ ἡμέραν καὶ μῆνα καὶ ἐνιαυτόν,
20: 3 ἵνα μὴ πλανήσῃ ἔτι τὰ ἔθνη ἄχρι τελεσθῇ τὰ χίλια ἔτη. μετὰ ταῦτα δεῖ **λυθῆναι** αὐτὸν μικρὸν χρόνον.
20: 7 Καὶ ὅταν τελεσθῇ τὰ χίλια ἔτη, **λυθήσεται** ὁ Σατανᾶς ἐκ τῆς φυλακῆς αὐτοῦ

3396 Λωΐς [1]

2Ti 1: 5 ἥτις ἐνῴκησεν πρῶτον ἐν τῇ μάμμῃ σου **Λωΐδι** καὶ τῇ μητρί σου Εὐνίκῃ,

3397 Λώτ [4]

Lk 17: 28 ὁμοίως καθὼς ἐγένετο ἐν ταῖς ἡμέραις **Λώτ·** ἤσθιον,
17: 29 ᾗ δὲ ἡμέρᾳ ἐξῆλθεν **Λὼτ** ἀπὸ Σοδόμων, ἔβρεξεν πῦρ καὶ θεῖον ἀπ' οὐρανοῦ καὶ ἀπώλεσεν πάντας.
17: 32 μνημονεύετε τῆς γυναικὸς **Λώτ.**
2Pe 2: 7 καὶ δίκαιον **Λὼτ** καταπονούμενον ὑπὸ τῆς τῶν ἀθέσμων ἐν ἀσελγείᾳ ἀναστροφῆς ἐρρύσατο·

Μ, μ

3398 μ Not used in UBS/NIV

3399 Μάαθ [1]

Lk 3: 26 τοῦ **Μάαθ** τοῦ Ματταθίου τοῦ Σεμεῒν τοῦ Ἰωσὴχ τοῦ Ἰωδὰ

3400 Μαγαδάν [1]

Mt 15: 39 Καὶ ἀπολύσας τοὺς ὄχλους ἐνέβη εἰς τὸ πλοῖον καὶ ἦλθεν εἰς τὰ ὅρια **Μαγαδάν.**

3401 Μαγδαλά Not used in UBS/NIV

√ *cf. 3402*

3402 Μαγδαληνή [12]

√ *cf. 3401*

Mt 27: 56 ἐν αἷς ἦν Μαρία ἡ **Μαγδαληνὴ** καὶ Μαρία ἡ τοῦ Ἰακώβου καὶ Ἰωσὴφ μήτηρ καὶ ἡ μήτηρ τῶν υἱῶν Ζεβεδαίου.
27: 61 ἦν δὲ ἐκεῖ Μαριὰμ ἡ **Μαγδαληνὴ** καὶ ἡ ἄλλη Μαρία καθήμεναι ἀπέναντι τοῦ τάφου.
28: 1 τῇ ἐπιφωσκούσῃ εἰς μίαν σαββάτων ἦλθεν Μαριὰμ ἡ **Μαγδαληνὴ** καὶ ἡ ἄλλη Μαρία θεωρῆσαι τὸν τάφον.
Mk 15: 40 ἐν αἷς καὶ Μαρία ἡ **Μαγδαληνὴ** καὶ Μαρία ἡ Ἰακώβου τοῦ μικροῦ καὶ Ἰωσῆτος μήτηρ καὶ Σαλώμη,
15: 47 ἡ δὲ Μαρία ἡ **Μαγδαληνὴ** καὶ Μαρία ἡ Ἰωσῆτος ἐθεώρουν ποῦ τέθειται.
16: 1 Καὶ διαγενομένου τοῦ σαββάτου Μαρία ἡ **Μαγδαληνὴ** καὶ Μαρία ἡ [τοῦ] Ἰακώβου καὶ Σαλώμη ἠγόρασαν ἀρώματα
16: 9 ⟦Ἀναστὰς δὲ πρωῒ πρώτῃ σαββάτου ἐφάνη πρῶτον Μαρίᾳ τῇ **Μαγδαληνῇ,**⟧
Lk 8: 2 Μαρία ἡ καλουμένη **Μαγδαληνή,** ἀφ' ἧς δαιμόνια ἑπτὰ ἐξεληλύθει,
24: 10 ἦσαν δὲ ἡ **Μαγδαληνὴ** Μαρία καὶ Ἰωάννα καὶ Μαρία ἡ Ἰακώβου καὶ αἱ λοιπαὶ σὺν αὐταῖς.
Jn 19: 25 Μαρία ἡ τοῦ Κλωπᾶ καὶ Μαρία ἡ **Μαγδαληνή.**
20: 1 Τῇ δὲ μιᾷ τῶν σαββάτων Μαρία ἡ **Μαγδαληνὴ** ἔρχεται πρωῒ σκοτίας ἔτι οὔσης εἰς τὸ μνημεῖον καὶ βλέπει τὸν λίθον ἠρμένον ἐκ τοῦ μνημείου.
20: 18 ἔρχεται Μαριὰμ ἡ **Μαγδαληνὴ** ἀγγέλλουσα τοῖς μαθηταῖς ὅτι Ἑώρακα τὸν κύριον,

3403 Μαγεδών Not used in UBS/NIV

√ *cf. 762*

3404 μαγεία [1]

√ *3405*

Ac 8: 11 προσεῖχον δὲ αὐτῷ διὰ τὸ ἱκανῷ χρόνῳ ταῖς **μαγείαις** ἐξεστακέναι αὐτούς.

3405 μαγεύω [1]

→ *3404, 3406, 3407*

Ac 8: 9 Ἀνὴρ δέ τις ὀνόματι Σίμων προϋπῆρχεν ἐν τῇ πόλει **μαγεύων** καὶ ἐξιστάνων τὸ ἔθνος τῆς Σαμαρείας,

3406 μαγία Not used in UBS/NIV

√ *3405*

3407 μάγος [6]

√ *3405*

Mt 2: 1 Τοῦ δὲ Ἰησοῦ γεννηθέντος ἐν Βηθλέεμ τῆς Ἰουδαίας ἐν ἡμέραις Ἡρῴδου τοῦ βασιλέως, ἰδοὺ **μάγοι** ἀπὸ ἀνατολῶν παρεγένοντο εἰς Ἱεροσόλυμα
2: 7 Τότε Ἡρῴδης λάθρᾳ καλέσας τοὺς **μάγους** ἠκρίβωσεν παρ' αὐτῶν τὸν χρόνον τοῦ φαινομένου ἀστέρος,
2: 16 Τότε Ἡρῴδης ἰδὼν ὅτι ἐνεπαίχθη ὑπὸ τῶν **μάγων** ἐθυμώθη λίαν, καὶ ἀποστείλας ἀνεῖλεν πάντας τοὺς παῖδας τοὺς ἐν Βηθλέεμ καὶ ἐν πᾶσι τοῖς ὁρίοις αὐτῆς ἀπὸ διετοῦς καὶ κατωτέρω, κατὰ τὸν χρόνον ὃν ἠκρίβωσεν παρὰ τῶν **μάγων.**
Ac 13: 6 διελθόντες δὲ ὅλην τὴν νῆσον ἄχρι Πάφου εὗρον ἄνδρα τινὰ **μάγον** ψευδοπροφήτην Ἰουδαῖον ᾧ ὄνομα Βαριησοῦ
13: 8 ἀνθίστατο δὲ αὐτοῖς Ἐλύμας ὁ **μάγος,** οὕτως γὰρ μεθερμηνεύεται τὸ ὄνομα αὐτοῦ,

3408 Μαγώγ [1]

Rev 20: 8 τὸν Γὼγ καὶ **Μαγώγ,** συναγαγεῖν αὐτοὺς εἰς τὸν πόλεμον,

3409 Μαδιάμ [1]

Ac 7: 29 ἔφυγεν δὲ Μωϋσῆς ἐν τῷ λόγῳ τούτῳ καὶ ἐγένετο πάροικος ἐν γῇ **Μαδιάμ,**

3410 μαζός Not used in UBS/NIV

√ *3466*

3411 μαθητεύω [4]

√ *3443*

Mt 13: 52 Διὰ τοῦτο πᾶς γραμματεὺς **μαθητευθεὶς** τῇ βασιλείᾳ τῶν οὐρανῶν ὅμοιός ἐστιν ἀνθρώπῳ οἰκοδεσπότῃ,
27: 57 τοὔνομα Ἰωσήφ, ὃς καὶ αὐτὸς **ἐμαθητεύθη** τῷ Ἰησοῦ·
28: 19 πορευθέντες οὖν **μαθητεύσατε** πάντα τὰ ἔθνη, βαπτίζοντες αὐτοὺς εἰς τὸ ὄνομα τοῦ πατρὸς καὶ τοῦ υἱοῦ καὶ τοῦ ἁγίου πνεύματος,
Ac 14: 21 Εὐαγγελισάμενοί τε τὴν πόλιν ἐκείνην καὶ **μαθητεύσαντες** ἱκανοὺς ὑπέστρεψαν εἰς τὴν Λύστραν καὶ εἰς Ἰκόνιον

3412 μαθητής [261]

√ *3443*

singular [27] Mt 10:24,25,42; Lk 6:40; 14:26,27,33; Jn 9:28; 18:15,15,16; 19:26,27,27,38; 20:2,3,4,8; 21:7,20,23,24; Ac 9:10,26; 16:1; 21:16

δύο μαθηταί [8] Mt 21:1; Mk 11:1; 14:13; Lk 7:18; 19:29; Jn 1:35,37; 21:2

δώδεκα μαθηταί [3] Mt 10:1; 11:1; 20:17

ἕνδεκα μαθηταί [1] Mt 28:16

μαθηταὶ Ἰησοῦ [1] Jn 19:38

μαθηταὶ Ἰωάννου [7] Mt 9:14; Mk 2:18,18; Lk 5:33; 7:18,18; Jn 3:25; cf. Mt 14:12; Mk 6:29

μαθηταὶ κυρίου [1] Ac 9:1

μαθηταὶ Μωυσέως [1] Jn 9:28

μαθηταὶ Φαρισαίων [2] Mk 2:18; Lk 5:33

Mt 5: 1 καὶ καθίσαντος αὐτοῦ προσῆλθαν αὐτῷ οἱ **μαθηταὶ** αὐτοῦ·
8:21 ἕτερος δὲ τῶν **μαθητῶν** [αὐτοῦ] εἶπεν αὐτῷ, Κύριε,
8:23 Καὶ ἐμβάντι αὐτῷ εἰς τὸ πλοῖον ἠκολούθησαν αὐτῷ οἱ **μαθηταὶ** αὐτοῦ.
9:10 καὶ ἰδοὺ πολλοὶ τελῶναι καὶ ἁμαρτωλοὶ ἐλθόντες συνανέκειντο τῷ Ἰησοῦ καὶ τοῖς **μαθηταῖς** αὐτοῦ.
9:11 καὶ ἰδόντες οἱ Φαρισαῖοι ἔλεγον τοῖς **μαθηταῖς** αὐτοῦ,
9:14 Τότε προσέρχονται αὐτῷ οἱ **μαθηταὶ** Ἰωάννου λέγοντες, Διὰ τί ἡμεῖς καὶ οἱ Φαρισαῖοι νηστεύομεν [πολλά,] οἱ δὲ **μαθηταί** σου οὐ νηστεύουσιν;
9:19 καὶ ἐγερθεὶς ὁ Ἰησοῦς ἠκολούθησεν αὐτῷ καὶ οἱ **μαθηταὶ** αὐτοῦ.
9:37 τότε λέγει τοῖς **μαθηταῖς** αὐτοῦ, Ὁ μὲν θερισμὸς πολύς,
10: 1 Καὶ προσκαλεσάμενος τοὺς δώδεκα **μαθητὰς** αὐτοῦ ἔδωκεν αὐτοῖς ἐξουσίαν πνευμάτων ἀκαθάρτων ὥστε ἐκβάλλειν αὐτὰ
10:24 Οὐκ ἔστιν **μαθητὴς** ὑπὲρ τὸν διδάσκαλον οὐδὲ δοῦλος ὑπὲρ τὸν κύριον αὐτοῦ.
10:25 ἀρκετὸν τῷ **μαθητῇ** ἵνα γένηται ὡς ὁ διδάσκαλος αὐτοῦ καὶ ὁ δοῦλος ὡς ὁ κύριος αὐτοῦ.
10:42 καὶ ὃς ἂν ποτίσῃ ἕνα τῶν μικρῶν τούτων ποτήριον ψυχροῦ μόνον εἰς ὄνομα **μαθητοῦ,**
11: 1 Καὶ ἐγένετο ὅτε ἐτέλεσεν ὁ Ἰησοῦς διατάσσων τοῖς δώδεκα **μαθηταῖς** αὐτοῦ,
11: 2 Ὁ δὲ Ἰωάννης ἀκούσας ἐν τῷ δεσμωτηρίῳ τὰ ἔργα τοῦ Χριστοῦ πέμψας διὰ τῶν **μαθητῶν** αὐτοῦ
12: 1 οἱ δὲ **μαθηταὶ** αὐτοῦ ἐπείνασαν καὶ ἤρξαντο τίλλειν στάχυας καὶ ἐσθίειν.
12: 2 Ἰδοὺ οἱ **μαθηταί** σου ποιοῦσιν ὃ οὐκ ἔξεστιν ποιεῖν ἐν σαββάτῳ.
12:49 καὶ ἐκτείνας τὴν χεῖρα αὐτοῦ ἐπὶ τοὺς **μαθητὰς** αὐτοῦ εἶπεν,
13:10 Καὶ προσελθόντες οἱ **μαθηταὶ** εἶπαν αὐτῷ, Διὰ τί ἐν παραβολαῖς λαλεῖς αὐτοῖς;
13:36 καὶ προσῆλθον αὐτῷ οἱ **μαθηταὶ** αὐτοῦ λέγοντες, Διασάφησον ἡμῖν τὴν παραβολὴν τῶν ζιζανίων τοῦ ἀγροῦ.
14:12 καὶ προσελθόντες οἱ **μαθηταὶ** αὐτοῦ ἦραν τὸ πτῶμα καὶ ἔθαψαν αὐτὸ[ν]
14:15 ὀψίας δὲ γενομένης προσῆλθον αὐτῷ οἱ **μαθηταὶ** λέγοντες,
14:19 ἀναβλέψας εἰς τὸν οὐρανὸν εὐλόγησεν καὶ κλάσας ἔδωκεν τοῖς **μαθηταῖς** τοὺς ἄρτους, οἱ δὲ **μαθηταὶ** τοῖς ὄχλοις.
14:22 Καὶ εὐθέως ἠνάγκασεν τοὺς **μαθητὰς** ἐμβῆναι εἰς τὸ πλοῖον καὶ προάγειν αὐτὸν εἰς τὸ πέραν,
14:26 οἱ δὲ **μαθηταὶ** ἰδόντες αὐτὸν ἐπὶ τῆς θαλάσσης περιπατοῦντα ἐταράχθησαν λέγοντες ὅτι Φάντασμά ἐστιν,
15: 2 Διὰ τί οἱ **μαθηταί** σου παραβαίνουσιν τὴν παράδοσιν τῶν πρεσβυτέρων;
15:12 Τότε προσελθόντες οἱ **μαθηταὶ** λέγουσιν αὐτῷ, Οἶδας ὅτι οἱ Φαρισαῖοι ἀκούσαντες τὸν λόγον ἐσκανδαλίσθησαν;
15:23 καὶ προσελθόντες οἱ **μαθηταὶ** αὐτοῦ ἠρώτουν αὐτὸν λέγοντες,
15:32 Ὁ δὲ Ἰησοῦς προσκαλεσάμενος τοὺς **μαθητὰς** αὐτοῦ εἶπεν,
15:33 καὶ λέγουσιν αὐτῷ οἱ **μαθηταί,** Πόθεν ἡμῖν ἐν ἐρημίᾳ ἄρτοι τοσοῦτοι ὥστε χορτάσαι ὄχλον τοσοῦτον;
15:36 ἔλαβεν τοὺς ἑπτὰ ἄρτους καὶ τοὺς ἰχθύας καὶ εὐχαριστήσας ἔκλασεν καὶ ἐδίδου τοῖς **μαθηταῖς,** οἱ δὲ **μαθηταὶ** τοῖς ὄχλοις.
16: 5 ἐλθόντες οἱ **μαθηταὶ** εἰς τὸ πέραν ἐπελάθοντο ἄρτους λαβεῖν.
16:13 Ἐλθὼν δὲ ὁ Ἰησοῦς εἰς τὰ μέρη Καισαρείας τῆς Φιλίππου ἠρώτα τοὺς **μαθητὰς** αὐτοῦ λέγων,
16:20 τότε διεστείλατο τοῖς **μαθηταῖς** ἵνα μηδενὶ εἴπωσιν ὅτι αὐτός ἐστιν ὁ Χριστός.
16:21 Ἀπὸ τότε ἤρξατο ὁ Ἰησοῦς δεικνύειν τοῖς **μαθηταῖς** αὐτοῦ ὅτι δεῖ αὐτὸν εἰς Ἱεροσόλυμα ἀπελθεῖν καὶ πολλὰ παθεῖν
16:24 Τότε ὁ Ἰησοῦς εἶπεν τοῖς **μαθηταῖς** αὐτοῦ, Εἴ τις θέλει ὀπίσω μου ἐλθεῖν,
17: 6 καὶ ἀκούσαντες οἱ **μαθηταὶ** ἔπεσαν ἐπὶ πρόσωπον αὐτῶν καὶ ἐφοβήθησαν σφόδρα.
17:10 καὶ ἐπηρώτησαν αὐτὸν οἱ **μαθηταὶ** λέγοντες, Τί οὖν οἱ γραμματεῖς λέγουσιν ὅτι Ἠλίαν δεῖ ἐλθεῖν πρῶτον;
17:13 τότε συνῆκαν οἱ **μαθηταὶ** ὅτι περὶ Ἰωάννου τοῦ βαπτιστοῦ εἶπεν αὐτοῖς.
17:16 καὶ προσήνεγκα αὐτὸν τοῖς **μαθηταῖς** σου, καὶ οὐκ ἠδυνήθησαν αὐτὸν θεραπεῦσαι.
17:19 Τότε προσελθόντες οἱ **μαθηταὶ** τῷ Ἰησοῦ κατ᾽ ἰδίαν εἶπον,
18: 1 Ἐν ἐκείνῃ τῇ ὥρᾳ προσῆλθον οἱ **μαθηταὶ** τῷ Ἰησοῦ λέγοντες,
19:10 λέγουσιν αὐτῷ οἱ **μαθηταὶ** [UBS; NIV **μαθηταί,**] [αὐτοῦ,] Εἰ οὕτως ἐστὶν ἡ αἰτία τοῦ ἀνθρώπου μετὰ τῆς γυναικός,
19:13 Τότε προσηνέχθησαν αὐτῷ παιδία ἵνα τὰς χεῖρας ἐπιθῇ αὐτοῖς καὶ προσεύξηται· οἱ δὲ **μαθηταὶ** ἐπετίμησαν αὐτοῖς.
19:23 Ὁ δὲ Ἰησοῦς εἶπεν τοῖς **μαθηταῖς** αὐτοῦ, Ἀμὴν λέγω ὑμῖν ὅτι πλούσιος δυσκόλως εἰσελεύσεται εἰς τὴν βασιλείαν
19:25 ἀκούσαντες δὲ οἱ **μαθηταὶ** ἐξεπλήσσοντο σφόδρα λέγοντες, Τίς ἄρα δύναται σωθῆναι;
20:17 Καὶ ἀναβαίνων ὁ Ἰησοῦς εἰς Ἱεροσόλυμα παρέλαβεν τοὺς δώδεκα [**μαθητὰς**] κατ᾽ ἰδίαν καὶ ἐν τῇ ὁδῷ εἶπεν αὐτοῖς,
21: 1 Καὶ ὅτε ἤγγισαν εἰς Ἱεροσόλυμα καὶ ἦλθον εἰς Βηθφαγὴ εἰς τὸ Ὄρος τῶν Ἐλαιῶν, τότε Ἰησοῦς ἀπέστειλεν δύο **μαθητὰς**
21: 6 πορευθέντες δὲ οἱ **μαθηταὶ** καὶ ποιήσαντες καθὼς συνέταξεν αὐτοῖς ὁ Ἰησοῦς
21:20 καὶ ἰδόντες οἱ **μαθηταὶ** ἐθαύμασαν λέγοντες, Πῶς παραχρῆμα ἐξηράνθη ἡ συκῆ;
22:16 καὶ ἀποστέλλουσιν αὐτῷ τοὺς **μαθητὰς** αὐτῶν μετὰ τῶν Ἡρῳδιανῶν λέγοντες,
23: 1 Τότε ὁ Ἰησοῦς ἐλάλησεν τοῖς ὄχλοις καὶ τοῖς **μαθηταῖς** αὐτοῦ
24: 1 καὶ προσῆλθον οἱ **μαθηταὶ** αὐτοῦ ἐπιδεῖξαι αὐτῷ τὰς οἰκοδομὰς τοῦ ἱεροῦ.
24: 3 Καθημένου δὲ αὐτοῦ ἐπὶ τοῦ Ὄρους τῶν Ἐλαιῶν προσῆλθον αὐτῷ οἱ **μαθηταὶ** κατ᾽ ἰδίαν λέγοντες,
26: 1 Καὶ ἐγένετο ὅτε ἐτέλεσεν ὁ Ἰησοῦς πάντας τοὺς λόγους τούτους, εἶπεν τοῖς **μαθηταῖς** αὐτοῦ,
26: 8 ἰδόντες δὲ οἱ **μαθηταὶ** ἠγανάκτησαν λέγοντες, Εἰς τί ἡ ἀπώλεια αὕτη;
26:17 Τῇ δὲ πρώτῃ τῶν ἀζύμων προσῆλθον οἱ **μαθηταὶ** τῷ Ἰησοῦ λέγοντες,
26:18 πρὸς σὲ ποιῶ τὸ πάσχα μετὰ τῶν **μαθητῶν** μου.
26:19 καὶ ἐποίησαν οἱ **μαθηταὶ** ὡς συνέταξεν αὐτοῖς ὁ Ἰησοῦς καὶ ἡτοίμασαν τὸ πάσχα.
26:26 Ἐσθιόντων δὲ αὐτῶν λαβὼν ὁ Ἰησοῦς ἄρτον καὶ εὐλογήσας ἔκλασεν καὶ δοὺς τοῖς **μαθηταῖς** εἶπεν,
26:35 οὐ μή σε ἀπαρνήσομαι. ὁμοίως καὶ πάντες οἱ **μαθηταὶ** εἶπαν.
26:36 Τότε ἔρχεται μετ᾽ αὐτῶν ὁ Ἰησοῦς εἰς χωρίον λεγόμενον Γεθσημανὶ καὶ λέγει τοῖς **μαθηταῖς,**
26:40 ἔρχεται πρὸς τοὺς **μαθητὰς** καὶ εὑρίσκει αὐτοὺς καθεύδοντας,
26:45 τότε ἔρχεται πρὸς τοὺς **μαθητὰς** καὶ λέγει αὐτοῖς,
26:56 τοῦτο δὲ ὅλον γέγονεν ἵνα πληρωθῶσιν αἱ γραφαὶ τῶν προφητῶν. Τότε οἱ **μαθηταὶ** πάντες ἀφέντες αὐτὸν ἔφυγον.
27:64 μήποτε ἐλθόντες οἱ **μαθηταὶ** αὐτοῦ κλέψωσιν αὐτὸν καὶ εἴπωσιν τῷ λαῷ,
28: 7 καὶ ταχὺ πορευθεῖσαι εἴπατε τοῖς **μαθηταῖς** αὐτοῦ ὅτι Ἠγέρθη ἀπὸ τῶν νεκρῶν,
28: 8 καὶ ἀπελθοῦσαι ταχὺ ἀπὸ τοῦ μνημείου μετὰ φόβου καὶ χαρᾶς μεγάλης ἔδραμον ἀπαγγεῖλαι τοῖς **μαθηταῖς** αὐτοῦ.
28:13 Εἴπατε ὅτι Οἱ **μαθηταὶ** αὐτοῦ νυκτὸς ἐλθόντες ἔκλεψαν αὐτὸν ἡμῶν κοιμωμένων.
28:16 Οἱ δὲ ἕνδεκα **μαθηταὶ** ἐπορεύθησαν εἰς τὴν Γαλιλαίαν εἰς τὸ ὄρος οὗ ἐτάξατο αὐτοῖς ὁ Ἰησοῦς,

Mk 2:15 καὶ πολλοὶ τελῶναι καὶ ἁμαρτωλοὶ συνανέκειντο τῷ Ἰησοῦ καὶ τοῖς **μαθηταῖς** αὐτοῦ·
2:16 καὶ οἱ γραμματεῖς τῶν Φαρισαίων ἰδόντες ὅτι ἐσθίει μετὰ τῶν ἁμαρτωλῶν καὶ τελωνῶν ἔλεγον τοῖς **μαθηταῖς** αὐτοῦ,
2:18 Καὶ ἦσαν οἱ **μαθηταὶ** Ἰωάννου καὶ οἱ Φαρισαῖοι νηστεύοντες. καὶ ἔρχονται καὶ λέγουσιν αὐτῷ, Διὰ τί οἱ **μαθηταὶ** Ἰωάννου καὶ οἱ **μαθηταὶ** τῶν Φαρισαίων νηστεύουσιν, οἱ δὲ σοὶ **μαθηταὶ** οὐ νηστεύουσιν;
2:23 καὶ οἱ **μαθηταὶ** αὐτοῦ ἤρξαντο ὁδὸν ποιεῖν τίλλοντες τοὺς στάχυας.
3: 7 Καὶ ὁ Ἰησοῦς μετὰ τῶν **μαθητῶν** αὐτοῦ ἀνεχώρησεν πρὸς τὴν θάλασσαν,
3: 9 καὶ εἶπεν τοῖς **μαθηταῖς** αὐτοῦ ἵνα πλοιάριον προσκαρτερῇ αὐτῷ διὰ τὸν ὄχλον ἵνα μὴ θλίβωσιν αὐτόν·
4:34 κατ᾽ ἰδίαν δὲ τοῖς ἰδίοις **μαθηταῖς** ἐπέλυεν πάντα.
5:31 καὶ ἔλεγον αὐτῷ οἱ **μαθηταὶ** αὐτοῦ, Βλέπεις τὸν ὄχλον συνθλίβοντά σε καὶ λέγεις,
6: 1 Καὶ ἐξῆλθεν ἐκεῖθεν καὶ ἔρχεται εἰς τὴν πατρίδα αὐτοῦ, καὶ ἀκολουθοῦσιν αὐτῷ οἱ **μαθηταὶ** αὐτοῦ.
6:29 καὶ ἀκούσαντες οἱ **μαθηταὶ** αὐτοῦ ἦλθον καὶ ἦραν τὸ πτῶμα αὐτοῦ καὶ ἔθηκαν αὐτὸ ἐν μνημείῳ.
6:35 προσελθόντες αὐτῷ οἱ **μαθηταὶ** αὐτοῦ ἔλεγον ὅτι Ἔρημός ἐστιν ὁ τόπος καὶ ἤδη ὥρα πολλή·
6:41 καὶ λαβὼν τοὺς πέντε ἄρτους καὶ τοὺς δύο ἰχθύας ἀναβλέψας εἰς τὸν οὐρανὸν εὐλόγησεν καὶ κατέκλασεν τοὺς ἄρτους καὶ ἐδίδου τοῖς **μαθηταῖς** [αὐτοῦ] ἵνα παρατιθῶσιν αὐτοῖς,

6:45 Καὶ εὐθὺς ἠνάγκασεν τοὺς **μαθητὰς** αὐτοῦ ἐμβῆναι εἰς τὸ πλοῖον καὶ προάγειν εἰς τὸ πέραν πρὸς Βηθσαϊδάν,
7: 2 καὶ ἰδόντες τινὰς τῶν **μαθητῶν** αὐτοῦ ὅτι κοιναῖς χερσίν,
7: 5 Διὰ τί οὐ περιπατοῦσιν οἱ **μαθηταί** σου κατὰ τὴν παράδοσιν τῶν πρεσβυτέρων,
7:17 Καὶ ὅτε εἰσῆλθεν εἰς οἶκον ἀπὸ τοῦ ὄχλου, ἐπηρώτων αὐτὸν οἱ **μαθηταὶ** αὐτοῦ τὴν παραβολήν.
8: 1 Ἐν ἐκείναις ταῖς ἡμέραις πάλιν πολλοῦ ὄχλου ὄντος καὶ μὴ ἐχόντων τί φάγωσιν, προσκαλεσάμενος τοὺς **μαθητὰς** λέγει αὐτοῖς,
8: 4 καὶ ἀπεκρίθησαν αὐτῷ οἱ **μαθηταὶ** αὐτοῦ ὅτι Πόθεν τούτους δυνήσεταί τις ὧδε χορτάσαι ἄρτων ἐπ᾽ ἐρημίας;
8: 6 καὶ λαβὼν τοὺς ἑπτὰ ἄρτους εὐχαριστήσας ἔκλασεν καὶ ἐδίδου τοῖς **μαθηταῖς** αὐτοῦ ἵνα παρατιθῶσιν,
8:10 Καὶ εὐθὺς ἐμβὰς εἰς τὸ πλοῖον μετὰ τῶν **μαθητῶν** αὐτοῦ ἦλθεν εἰς τὰ μέρη Δαλμανουθά.
8:27 Καὶ ἐξῆλθεν ὁ Ἰησοῦς καὶ οἱ **μαθηταὶ** αὐτοῦ εἰς τὰς κώμας Καισαρείας τῆς Φιλίππου· καὶ ἐν τῇ ὁδῷ ἐπηρώτα τοὺς **μαθητὰς** αὐτοῦ λέγων αὐτοῖς,
8:33 ὁ δὲ ἐπιστραφεὶς καὶ ἰδὼν τοὺς **μαθητὰς** αὐτοῦ ἐπετίμησεν Πέτρῳ καὶ λέγει,
8:34 Καὶ προσκαλεσάμενος τὸν ὄχλον σὺν τοῖς **μαθηταῖς** αὐτοῦ εἶπεν αὐτοῖς,
9:14 Καὶ ἐλθόντες πρὸς τοὺς **μαθητὰς** εἶδον ὄχλον πολὺν περὶ αὐτοὺς καὶ γραμματεῖς συζητοῦντας πρὸς αὐτούς.
9:18 καὶ εἶπα τοῖς **μαθηταῖς** σου ἵνα αὐτὸ ἐκβάλωσιν,
9:28 καὶ εἰσελθόντος αὐτοῦ εἰς οἶκον οἱ **μαθηταὶ** αὐτοῦ κατ᾽ ἰδίαν ἐπηρώτων αὐτόν,
9:31 ἐδίδασκεν γὰρ τοὺς **μαθητὰς** αὐτοῦ καὶ ἔλεγεν αὐτοῖς ὅτι Ὁ υἱὸς τοῦ ἀνθρώπου παραδίδοται εἰς χεῖρας ἀνθρώπων,
10:10 Καὶ εἰς τὴν οἰκίαν πάλιν οἱ **μαθηταὶ** περὶ τούτου ἐπηρώτων αὐτόν.
10:13 Καὶ προσέφερον αὐτῷ παιδία ἵνα αὐτῶν ἅψηται· οἱ δὲ **μαθηταὶ** ἐπετίμησαν αὐτοῖς.
10:23 Καὶ περιβλεψάμενος ὁ Ἰησοῦς λέγει τοῖς **μαθηταῖς** αὐτοῦ,
10:24 οἱ δὲ **μαθηταὶ** ἐθαμβοῦντο ἐπὶ τοῖς λόγοις αὐτοῦ.
10:46 καὶ ἐκπορευομένου αὐτοῦ ἀπὸ Ἰεριχὼ καὶ τῶν **μαθητῶν** αὐτοῦ καὶ ὄχλου ἱκανοῦ ὁ υἱὸς Τιμαίου Βαρτιμαῖος,
11: 1 ἐγγίζουσιν εἰς Ἱεροσόλυμα εἰς Βηθφαγὴ καὶ Βηθανίαν πρὸς τὸ Ὄρος τῶν Ἐλαιῶν, ἀποστέλλει δύο τῶν **μαθητῶν** αὐτοῦ
11:14 Μηκέτι εἰς τὸν αἰῶνα ἐκ σοῦ μηδεὶς καρπὸν φάγοι. καὶ ἤκουον οἱ **μαθηταὶ** αὐτοῦ.
12:43 καὶ προσκαλεσάμενος τοὺς **μαθητὰς** αὐτοῦ εἶπεν αὐτοῖς, Ἀμὴν λέγω ὑμῖν ὅτι ἡ χήρα αὕτη ἡ πτωχὴ πλεῖον πάντων
13: 1 Καὶ ἐκπορευομένου αὐτοῦ ἐκ τοῦ ἱεροῦ λέγει αὐτῷ εἷς τῶν **μαθητῶν** αὐτοῦ,
14:12 ὅτε τὸ πάσχα ἔθυον, λέγουσιν αὐτῷ οἱ **μαθηταὶ** αὐτοῦ,
14:13 καὶ ἀποστέλλει δύο τῶν **μαθητῶν** αὐτοῦ καὶ λέγει αὐτοῖς,
14:14 Ποῦ ἐστιν τὸ κατάλυμά μου ὅπου τὸ πάσχα μετὰ τῶν **μαθητῶν** μου φάγω;
14:16 καὶ ἐξῆλθον οἱ **μαθηταὶ** καὶ ἦλθον εἰς τὴν πόλιν καὶ εὗρον καθὼς εἶπεν αὐτοῖς καὶ ἡτοίμασαν τὸ πάσχα.
14:32 Καὶ ἔρχονται εἰς χωρίον οὗ τὸ ὄνομα Γεθσημανὶ καὶ λέγει τοῖς **μαθηταῖς** αὐτοῦ,
16: 7 ἀλλὰ ὑπάγετε εἴπατε τοῖς **μαθηταῖς** αὐτοῦ καὶ τῷ Πέτρῳ ὅτι Προάγει ὑμᾶς εἰς τὴν Γαλιλαίαν·

Lk 5:30 καὶ ἐγόγγυζον οἱ Φαρισαῖοι καὶ οἱ γραμματεῖς αὐτῶν πρὸς τοὺς **μαθητὰς** αὐτοῦ λέγοντες,
5:33 Οἱ **μαθηταὶ** Ἰωάννου νηστεύουσιν πυκνὰ καὶ δεήσεις ποιοῦνται ὁμοίως καὶ οἱ τῶν Φαρισαίων,
6: 1 καὶ ἔτιλλον οἱ **μαθηταὶ** αὐτοῦ καὶ ἤσθιον τοὺς στάχυας ψώχοντες ταῖς χερσίν.
6:13 καὶ ὅτε ἐγένετο ἡμέρα, προσεφώνησεν τοὺς **μαθητὰς** αὐτοῦ,
6:17 Καὶ καταβὰς μετ᾽ αὐτῶν ἔστη ἐπὶ τόπου πεδινοῦ, καὶ ὄχλος πολὺς **μαθητῶν** αὐτοῦ,
6:20 Καὶ αὐτὸς ἐπάρας τοὺς ὀφθαλμοὺς αὐτοῦ εἰς τοὺς **μαθητὰς** αὐτοῦ ἔλεγεν,
6:40 οὐκ ἔστιν **μαθητὴς** ὑπὲρ τὸν διδάσκαλον· κατηρτισμένος δὲ πᾶς ἔσται ὡς ὁ διδάσκαλος αὐτοῦ.
7:11 Καὶ ἐγένετο ἐν τῷ ἑξῆς ἐπορεύθη εἰς πόλιν καλουμένην Ναῒν καὶ συνεπορεύοντο αὐτῷ οἱ **μαθηταὶ** αὐτοῦ καὶ ὄχλος πολύς.
7:18 Καὶ ἀπήγγειλαν Ἰωάννῃ οἱ **μαθηταὶ** αὐτοῦ περὶ πάντων τούτων. καὶ προσκαλεσάμενος δύο τινὰς τῶν **μαθητῶν** αὐτοῦ ὁ Ἰωάννης
8: 9 Ἐπηρώτων δὲ αὐτὸν οἱ **μαθηταὶ** αὐτοῦ τίς αὕτη εἴη ἡ παραβολή.
8:22 Ἐγένετο δὲ ἐν μιᾷ τῶν ἡμερῶν καὶ αὐτὸς ἐνέβη εἰς πλοῖον καὶ οἱ **μαθηταὶ** αὐτοῦ καὶ εἶπεν πρὸς αὐτούς,
9:14 εἶπεν δὲ πρὸς τοὺς **μαθητὰς** αὐτοῦ, Κατακλίνατε αὐτοὺς κλισίας [ὡσεὶ] ἀνὰ πεντήκοντα.
9:16 ἀναβλέψας εἰς τὸν οὐρανὸν εὐλόγησεν αὐτοὺς καὶ κατέκλασεν καὶ ἐδίδου τοῖς **μαθηταῖς** παραθεῖναι τῷ ὄχλῳ.
9:18 Καὶ ἐγένετο ἐν τῷ εἶναι αὐτὸν προσευχόμενον κατὰ μόνας συνῆσαν αὐτῷ οἱ **μαθηταί,**
9:40 καὶ ἐδεήθην τῶν **μαθητῶν** σου ἵνα ἐκβάλωσιν αὐτό,
9:43 Πάντων δὲ θαυμαζόντων ἐπὶ πᾶσιν οἷς ἐποίει εἶπεν πρὸς τοὺς **μαθητὰς** αὐτοῦ,
9:54 ἰδόντες δὲ οἱ **μαθηταὶ** Ἰάκωβος καὶ Ἰωάννης εἶπαν,
10:23 Καὶ στραφεὶς πρὸς τοὺς **μαθητὰς** κατ᾽ ἰδίαν εἶπεν,
11: 1 εἶπέν τις τῶν **μαθητῶν** αὐτοῦ πρὸς αὐτόν, Κύριε, δίδαξον ἡμᾶς προσεύχεσθαι, καθὼς καὶ Ἰωάννης ἐδίδαξεν τοὺς **μαθητὰς** αὐτοῦ.
12: 1 ὥστε καταπατεῖν ἀλλήλους, ἤρξατο λέγειν πρὸς τοὺς **μαθητὰς** αὐτοῦ πρῶτον,
12:22 Εἶπεν δὲ πρὸς τοὺς **μαθητάς** [αὐτοῦ,] Διὰ τοῦτο λέγω ὑμῖν·
14:26 Εἴ τις ἔρχεται πρός με καὶ οὐ μισεῖ τὸν πατέρα ἑαυτοῦ καὶ τὴν μητέρα καὶ τὴν γυναῖκα καὶ τὰ τέκνα καὶ τοὺς ἀδελφοὺς καὶ τὰς ἀδελφὰς ἔτι τε καὶ τὴν ψυχὴν ἑαυτοῦ, οὐ δύναται εἶναί μου **μαθητής.**
14:27 ὅστις οὐ βαστάζει τὸν σταυρὸν ἑαυτοῦ καὶ ἔρχεται ὀπίσω μου, οὐ δύναται εἶναί μου **μαθητής.**
14:33 οὕτως οὖν πᾶς ἐξ ὑμῶν ὃς οὐκ ἀποτάσσεται πᾶσιν τοῖς ἑαυτοῦ ὑπάρχουσιν οὐ δύναται εἶναί μου **μαθητής.**
16: 1 Ἔλεγεν δὲ καὶ πρὸς τοὺς **μαθητάς,** Ἄνθρωπός τις ἦν πλούσιος ὃς εἶχεν οἰκονόμον,
17: 1 Εἶπεν δὲ πρὸς τοὺς **μαθητὰς** αὐτοῦ, Ἀνένδεκτόν ἐστιν τοῦ τὰ σκάνδαλα μὴ ἐλθεῖν,
17:22 Εἶπεν δὲ πρὸς τοὺς **μαθητάς,** Ἐλεύσονται ἡμέραι ὅτε ἐπιθυμήσετε μίαν τῶν ἡμερῶν τοῦ υἱοῦ τοῦ ἀνθρώπου ἰδεῖν
18:15 Προσέφερον δὲ αὐτῷ καὶ τὰ βρέφη ἵνα αὐτῶν ἅπτηται· ἰδόντες δὲ οἱ **μαθηταὶ** ἐπετίμων αὐτοῖς.
19:29 Καὶ ἐγένετο ὡς ἤγγισεν εἰς Βηθφαγὴ καὶ Βηθανία[ν] πρὸς τὸ ὄρος τὸ καλούμενον Ἐλαιῶν, ἀπέστειλεν δύο τῶν **μαθητῶν**
19:37 Ἐγγίζοντος δὲ αὐτοῦ ἤδη πρὸς τῇ καταβάσει τοῦ Ὄρους τῶν Ἐλαιῶν ἤρξαντο ἅπαν τὸ πλῆθος τῶν **μαθητῶν** χαίροντες
19:39 καί τινες τῶν Φαρισαίων ἀπὸ τοῦ ὄχλου εἶπαν πρὸς αὐτόν, Διδάσκαλε, ἐπιτίμησον τοῖς **μαθηταῖς** σου.
20:45 Ἀκούοντος δὲ παντὸς τοῦ λαοῦ εἶπεν τοῖς **μαθηταῖς** [αὐτοῦ,]
22:11 Ποῦ ἐστιν τὸ κατάλυμα ὅπου τὸ πάσχα μετὰ τῶν **μαθητῶν** μου φάγω;
22:39 Καὶ ἐξελθὼν ἐπορεύθη κατὰ τὸ ἔθος εἰς τὸ Ὄρος τῶν Ἐλαιῶν, ἠκολούθησαν δὲ αὐτῷ καὶ οἱ **μαθηταί.**
22:45 καὶ ἀναστὰς ἀπὸ τῆς προσευχῆς ἐλθὼν πρὸς τοὺς **μαθητὰς** εὗρεν κοιμωμένους αὐτοὺς ἀπὸ τῆς λύπης,

Jn 1:35 Τῇ ἐπαύριον πάλιν εἱστήκει ὁ Ἰωάννης καὶ ἐκ τῶν **μαθητῶν** αὐτοῦ δύο
1:37 καὶ ἤκουσαν οἱ δύο **μαθηταὶ** αὐτοῦ λαλοῦντος καὶ ἠκολούθησαν τῷ Ἰησοῦ.
2: 2 ἐκλήθη δὲ καὶ ὁ Ἰησοῦς καὶ οἱ **μαθηταὶ** αὐτοῦ εἰς τὸν γάμον.
2:11 Ταύτην ἐποίησεν ἀρχὴν τῶν σημείων ὁ Ἰησοῦς ἐν Κανὰ τῆς Γαλιλαίας καὶ ἐφανέρωσεν τὴν δόξαν αὐτοῦ, καὶ ἐπίστευσαν εἰς αὐτὸν οἱ **μαθηταὶ** αὐτοῦ.
2:12 Μετὰ τοῦτο κατέβη εἰς Καφαρναοὺμ αὐτὸς καὶ ἡ μήτηρ αὐτοῦ καὶ οἱ ἀδελφοὶ [αὐτοῦ] καὶ οἱ **μαθηταὶ** αὐτοῦ καὶ ἐκεῖ ἔμειναν
2:17 Ἐμνήσθησαν οἱ **μαθηταὶ** αὐτοῦ ὅτι γεγραμμένον ἐστίν, Ὁ ζῆλος τοῦ οἴκου σου καταφάγεταί με.
2:22 ὅτε οὖν ἠγέρθη ἐκ νεκρῶν, ἐμνήσθησαν οἱ **μαθηταὶ** αὐτοῦ ὅτι τοῦτο ἔλεγεν,
3:22 Μετὰ ταῦτα ἦλθεν ὁ Ἰησοῦς καὶ οἱ **μαθηταὶ** αὐτοῦ εἰς τὴν Ἰουδαίαν γῆν καὶ ἐκεῖ διέτριβεν μετ᾽ αὐτῶν καὶ ἐβάπτιζεν.
3:25 Ἐγένετο οὖν ζήτησις ἐκ τῶν **μαθητῶν** Ἰωάννου μετὰ Ἰουδαίου περὶ καθαρισμοῦ.
4: 1 Ὡς οὖν ἔγνω ὁ Ἰησοῦς ὅτι ἤκουσαν οἱ Φαρισαῖοι ὅτι Ἰησοῦς πλείονας **μαθητὰς** ποιεῖ καὶ βαπτίζει ἢ Ἰωάννης
4: 2 –καίτοιγε Ἰησοῦς αὐτὸς οὐκ ἐβάπτιζεν ἀλλ᾽ οἱ **μαθηταὶ** αὐτοῦ–
4: 8 οἱ γὰρ **μαθηταὶ** αὐτοῦ ἀπεληλύθεισαν εἰς τὴν πόλιν ἵνα τροφὰς ἀγοράσωσιν.
4:27 Καὶ ἐπὶ τούτῳ ἦλθαν οἱ **μαθηταὶ** αὐτοῦ καὶ ἐθαύμαζον ὅτι μετὰ γυναικὸς ἐλάλει·
4:31 Ἐν τῷ μεταξὺ ἠρώτων αὐτὸν οἱ **μαθηταὶ** λέγοντες,
4:33 ἔλεγον οὖν οἱ **μαθηταὶ** πρὸς ἀλλήλους, Μή τις ἤνεγκεν αὐτῷ φαγεῖν;

6: 3 ἀνῆλθεν δὲ εἰς τὸ ὄρος Ἰησοῦς καὶ ἐκεῖ ἐκάθητο μετὰ τῶν **μαθητῶν** αὐτοῦ.
6: 8 λέγει αὐτῷ εἷς ἐκ τῶν **μαθητῶν** αὐτοῦ, Ἀνδρέας ὁ ἀδελφὸς Σίμωνος Πέτρου,
6: 12 ὡς δὲ ἐνεπλήσθησαν, λέγει τοῖς **μαθηταῖς** αὐτοῦ, Συναγάγετε τὰ περισσεύσαντα κλάσματα,
6: 16 Ὡς δὲ ὀψία ἐγένετο κατέβησαν οἱ **μαθηταὶ** αὐτοῦ ἐπὶ τὴν θάλασσαν
6: 22 εἶδον ὅτι πλοιάριον ἄλλο οὐκ ἦν ἐκεῖ εἰ μὴ ἓν καὶ ὅτι οὐ συνεισῆλθεν τοῖς **μαθηταῖς** αὐτοῦ ὁ Ἰησοῦς εἰς τὸ πλοῖον ἀλλὰ μόνοι οἱ **μαθηταὶ** αὐτοῦ ἀπῆλθον·
6: 24 ὅτε οὖν εἶδεν ὁ ὄχλος ὅτι Ἰησοῦς οὐκ ἔστιν ἐκεῖ οὐδὲ οἱ **μαθηταὶ** αὐτοῦ,
6: 60 Πολλοὶ οὖν ἀκούσαντες ἐκ τῶν **μαθητῶν** αὐτοῦ εἶπαν,
6: 61 εἰδὼς δὲ ὁ Ἰησοῦς ἐν ἑαυτῷ ὅτι γογγύζουσιν περὶ τούτου οἱ **μαθηταὶ** αὐτοῦ εἶπεν αὐτοῖς,
6: 66 Ἐκ τούτου πολλοὶ [ἐκ] τῶν **μαθητῶν** αὐτοῦ ἀπῆλθον εἰς τὰ ὀπίσω καὶ οὐκέτι μετ' αὐτοῦ περιεπάτουν.
7: 3 ἵνα καὶ οἱ **μαθηταί** σου θεωρήσουσιν σοῦ τὰ ἔργα ἃ ποιεῖς·
8: 31 Ἐὰν ὑμεῖς μείνητε ἐν τῷ λόγῳ τῷ ἐμῷ, ἀληθῶς **μαθηταί** μού ἐστε
9: 2 καὶ ἠρώτησαν αὐτὸν οἱ **μαθηταὶ** αὐτοῦ λέγοντες, Ῥαββί,
9: 27 τί πάλιν θέλετε ἀκούειν; μὴ καὶ ὑμεῖς θέλετε αὐτοῦ **μαθηταὶ** γενέσθαι;
9: 28 καὶ ἐλοιδόρησαν αὐτὸν καὶ εἶπον, Σὺ **μαθητὴς** εἶ ἐκείνου, ἡμεῖς δὲ τοῦ Μωϋσέως ἐσμὲν **μαθηταί·**
11: 7 ἔπειτα μετὰ τοῦτο λέγει τοῖς **μαθηταῖς,** Ἄγωμεν εἰς τὴν Ἰουδαίαν πάλιν.
11: 8 λέγουσιν αὐτῷ οἱ **μαθηταί,** Ῥαββί, νῦν ἐζήτουν σε λιθάσαι οἱ Ἰουδαῖοι,
11: 12 εἶπαν οὖν οἱ **μαθηταὶ** αὐτῷ, Κύριε, εἰ κεκοίμηται σωθήσεται.
11: 54 εἰς Ἐφραὶμ λεγομένην πόλιν, κἀκεῖ ἔμεινεν μετὰ τῶν **μαθητῶν.**
12: 4 λέγει δὲ Ἰούδας ὁ Ἰσκαριώτης εἷς [ἐκ] τῶν **μαθητῶν** αὐτοῦ,
12: 16 ταῦτα οὐκ ἔγνωσαν αὐτοῦ οἱ **μαθηταὶ** τὸ πρῶτον,
13: 5 εἶτα βάλλει ὕδωρ εἰς τὸν νιπτῆρα καὶ ἤρξατο νίπτειν τοὺς πόδας τῶν **μαθητῶν** καὶ ἐκμάσσειν τῷ λεντίῳ ᾧ ἦν διεζωσμένος.
13: 22 ἔβλεπον εἰς ἀλλήλους οἱ **μαθηταὶ** ἀπορούμενοι περὶ τίνος λέγει.
13: 23 ἦν ἀνακείμενος εἷς ἐκ τῶν **μαθητῶν** αὐτοῦ ἐν τῷ κόλπῳ τοῦ Ἰησοῦ,
13: 35 ἐν τούτῳ γνώσονται πάντες ὅτι ἐμοὶ **μαθηταί** ἐστε,
15: 8 ἵνα καρπὸν πολὺν φέρητε καὶ γένησθε ἐμοὶ **μαθηταί.**
16: 17 εἶπαν οὖν ἐκ τῶν **μαθητῶν** αὐτοῦ πρὸς ἀλλήλους,
16: 29 Λέγουσιν οἱ **μαθηταὶ** αὐτοῦ, Ἴδε νῦν ἐν παρρησίᾳ λαλεῖς καὶ παροιμίαν οὐδεμίαν λέγεις.
18: 1 Ταῦτα εἰπὼν Ἰησοῦς ἐξῆλθεν σὺν τοῖς **μαθηταῖς** αὐτοῦ πέραν τοῦ χειμάρρου τοῦ Κεδρὼν ὅπου ἦν κῆπος, εἰς ὃν εἰσῆλθεν αὐτὸς καὶ οἱ **μαθηταὶ** αὐτοῦ.
18: 2 ὅτι πολλάκις συνήχθη Ἰησοῦς ἐκεῖ μετὰ τῶν **μαθητῶν** αὐτοῦ.
18: 15 Ἠκολούθει δὲ τῷ Ἰησοῦ Σίμων Πέτρος καὶ ἄλλος **μαθητής.** ὁ δὲ **μαθητὴς** ἐκεῖνος ἦν γνωστὸς τῷ ἀρχιερεῖ καὶ συνεισῆλθεν τῷ Ἰησοῦ εἰς τὴν αὐλὴν τοῦ ἀρχιερέως,
18: 16 ἐξῆλθεν οὖν ὁ **μαθητὴς** ὁ ἄλλος ὁ γνωστὸς τοῦ ἀρχιερέως καὶ εἶπεν τῇ θυρωρῷ καὶ εἰσήγαγεν τὸν Πέτρον.
18: 17 Μὴ καὶ σὺ ἐκ τῶν **μαθητῶν** εἶ τοῦ ἀνθρώπου τούτου;
18: 19 Ὁ οὖν ἀρχιερεὺς ἠρώτησεν τὸν Ἰησοῦν περὶ τῶν **μαθητῶν** αὐτοῦ καὶ περὶ τῆς διδαχῆς αὐτοῦ.
18: 25 Μὴ καὶ σὺ ἐκ τῶν **μαθητῶν** αὐτοῦ εἶ;
19: 26 Ἰησοῦς οὖν ἰδὼν τὴν μητέρα καὶ τὸν **μαθητὴν** παρεστῶτα ὃν ἠγάπα,
19: 27 εἶτα λέγει τῷ **μαθητῇ,** Ἴδε ἡ μήτηρ σου. καὶ ἀπ' ἐκείνης τῆς ὥρας ἔλαβεν ὁ **μαθητὴς** αὐτὴν εἰς τὰ ἴδια.
19: 38 ὢν **μαθητὴς** τοῦ Ἰησοῦ κεκρυμμένος δὲ διὰ τὸν φόβον τῶν Ἰουδαίων,
20: 2 τρέχει οὖν καὶ ἔρχεται πρὸς Σίμωνα Πέτρον καὶ πρὸς τὸν ἄλλον **μαθητὴν** ὃν ἐφίλει ὁ Ἰησοῦς καὶ λέγει αὐτοῖς,
20: 3 Ἐξῆλθεν οὖν ὁ Πέτρος καὶ ὁ ἄλλος **μαθητής** καὶ ἤρχοντο εἰς τὸ μνημεῖον.
20: 4 καὶ ὁ ἄλλος **μαθητὴς** προέδραμεν τάχιον τοῦ Πέτρου καὶ ἦλθεν πρῶτος εἰς τὸ μνημεῖον,
20: 8 τότε οὖν εἰσῆλθεν καὶ ὁ ἄλλος **μαθητὴς** ὁ ἐλθὼν πρῶτος εἰς τὸ μνημεῖον καὶ εἶδεν καὶ ἐπίστευσεν·
20: 10 ἀπῆλθον οὖν πάλιν πρὸς αὐτοὺς οἱ **μαθηταί.**
20: 18 ἔρχεται Μαριὰμ ἡ Μαγδαληνὴ ἀγγέλλουσα τοῖς **μαθηταῖς** ὅτι Ἑώρακα τὸν κύριον,
20: 19 Οὔσης οὖν ὀψίας τῇ ἡμέρᾳ ἐκείνῃ τῇ μιᾷ σαββάτων καὶ τῶν θυρῶν κεκλεισμένων ὅπου ἦσαν οἱ **μαθηταὶ** διὰ τὸν φόβον
20: 20 καὶ τοῦτο εἰπὼν ἔδειξεν τὰς χεῖρας καὶ τὴν πλευρὰν αὐτοῖς. ἐχάρησαν οὖν οἱ **μαθηταὶ** ἰδόντες τὸν κύριον.
20: 25 ἔλεγον οὖν αὐτῷ οἱ ἄλλοι **μαθηταί,** Ἑωράκαμεν τὸν κύριον.
20: 26 Καὶ μεθ' ἡμέρας ὀκτὼ πάλιν ἦσαν ἔσω οἱ **μαθηταὶ** αὐτοῦ καὶ Θωμᾶς μετ' αὐτῶν.
20: 30 Πολλὰ μὲν οὖν καὶ ἄλλα σημεῖα ἐποίησεν ὁ Ἰησοῦς ἐνώπιον τῶν **μαθητῶν** [αὐτοῦ,]
21: 1 Μετὰ ταῦτα ἐφανέρωσεν ἑαυτὸν πάλιν ὁ Ἰησοῦς τοῖς **μαθηταῖς** ἐπὶ τῆς θαλάσσης τῆς Τιβεριάδος·
21: 2 καὶ Ναθαναὴλ ὁ ἀπὸ Κανὰ τῆς Γαλιλαίας καὶ οἱ τοῦ Ζεβεδαίου καὶ ἄλλοι ἐκ τῶν **μαθητῶν** αὐτοῦ δύο.
21: 4 οὐ μέντοι ᾔδεισαν οἱ **μαθηταὶ** ὅτι Ἰησοῦς ἐστιν.
21: 7 λέγει οὖν ὁ **μαθητὴς** ἐκεῖνος ὃν ἠγάπα ὁ Ἰησοῦς τῷ Πέτρῳ,
21: 8 οἱ δὲ ἄλλοι **μαθηταὶ** τῷ πλοιαρίῳ ἦλθον, οὐ γὰρ ἦσαν μακρὰν ἀπὸ τῆς γῆς ἀλλὰ ὡς ἀπὸ πηχῶν διακοσίων,
21: 12 οὐδεὶς δὲ ἐτόλμα τῶν **μαθητῶν** ἐξετάσαι αὐτόν, Σὺ τίς εἶ;
21: 14 τοῦτο ἤδη τρίτον ἐφανερώθη Ἰησοῦς τοῖς **μαθηταῖς** ἐγερθεὶς ἐκ νεκρῶν.
21: 20 Ἐπιστραφεὶς ὁ Πέτρος βλέπει τὸν **μαθητὴν** ὃν ἠγάπα ὁ Ἰησοῦς ἀκολουθοῦντα,
21: 23 ἐξῆλθεν οὖν οὗτος ὁ λόγος εἰς τοὺς ἀδελφοὺς ὅτι ὁ **μαθητὴς** ἐκεῖνος οὐκ ἀποθνῄσκει·
21: 24 Οὗτός ἐστιν ὁ **μαθητὴς** ὁ μαρτυρῶν περὶ τούτων καὶ ὁ γράψας ταῦτα,

Ac 6: 1 Ἐν δὲ ταῖς ἡμέραις ταύταις πληθυνόντων τῶν **μαθητῶν** ἐγένετο γογγυσμὸς τῶν Ἑλληνιστῶν πρὸς τοὺς Ἑβραίους,
6: 2 προσκαλεσάμενοι δὲ οἱ δώδεκα τὸ πλῆθος τῶν **μαθητῶν** εἶπαν,
6: 7 Καὶ ὁ λόγος τοῦ θεοῦ ηὔξανεν καὶ ἐπληθύνετο ὁ ἀριθμὸς τῶν **μαθητῶν** ἐν Ἰερουσαλὴμ σφόδρα,
9: 1 Ὁ δὲ Σαῦλος ἔτι ἐμπνέων ἀπειλῆς καὶ φόνου εἰς τοὺς **μαθητὰς** τοῦ κυρίου,
9: 10 Ἦν δέ τις **μαθητὴς** ἐν Δαμασκῷ ὀνόματι Ἁνανίας,
9: 19 Ἐγένετο δὲ μετὰ τῶν ἐν Δαμασκῷ **μαθητῶν** ἡμέρας τινὰς
9: 25 λαβόντες δὲ οἱ **μαθηταὶ** αὐτοῦ νυκτὸς διὰ τοῦ τείχους καθῆκαν αὐτὸν χαλάσαντες ἐν σπυρίδι.
9: 26 Παραγενόμενος δὲ εἰς Ἰερουσαλὴμ ἐπείραζεν κολλᾶσθαι τοῖς **μαθηταῖς,** καὶ πάντες ἐφοβοῦντο αὐτὸν μὴ πιστεύοντες ὅτι ἐστὶν **μαθητής.**
9: 38 ἐγγὺς δὲ οὔσης Λύδδας τῇ Ἰόππῃ οἱ **μαθηταὶ** ἀκούσαντες ὅτι Πέτρος ἐστὶν ἐν αὐτῇ ἀπέστειλαν δύο ἄνδρας πρὸς αὐτὸν
11: 26 χρηματίσαι τε πρώτως ἐν Ἀντιοχείᾳ τοὺς **μαθητὰς** Χριστιανούς.
11: 29 τῶν δὲ **μαθητῶν,** καθὼς εὐπορεῖτό τις ὥρισαν ἕκαστος αὐτῶν εἰς διακονίαν πέμψαι τοῖς κατοικοῦσιν ἐν τῇ Ἰουδαίᾳ
13: 52 οἵ τε **μαθηταὶ** ἐπληροῦντο χαρᾶς καὶ πνεύματος ἁγίου.
14: 20 κυκλωσάντων δὲ τῶν **μαθητῶν** αὐτὸν ἀναστὰς εἰσῆλθεν εἰς τὴν πόλιν.
14: 22 ἐπιστηρίζοντες τὰς ψυχὰς τῶν **μαθητῶν,** παρακαλοῦντες ἐμμένειν τῇ πίστει καὶ ὅτι διὰ πολλῶν θλίψεων δεῖ ἡμᾶς εἰσελθεῖν εἰς τὴν βασιλείαν τοῦ θεοῦ.
14: 28 διέτριβον δὲ χρόνον οὐκ ὀλίγον σὺν τοῖς **μαθηταῖς.**
15: 10 νῦν οὖν τί πειράζετε τὸν θεὸν ἐπιθεῖναι ζυγὸν ἐπὶ τὸν τράχηλον τῶν **μαθητῶν** ὃν οὔτε οἱ πατέρες ἡμῶν οὔτε ἡμεῖς ἰσχύσαμεν βαστάσαι;
16: 1 καὶ ἰδοὺ **μαθητής** τις ἦν ἐκεῖ ὀνόματι Τιμόθεος,
18: 23 ἐξῆλθεν διερχόμενος καθεξῆς τὴν Γαλατικὴν χώραν καὶ Φρυγίαν, ἐπιστηρίζων πάντας τοὺς **μαθητάς.**
18: 27 προτρεψάμενοι οἱ ἀδελφοὶ ἔγραψαν τοῖς **μαθηταῖς** ἀποδέξασθαι αὐτόν,
19: 1 Παῦλον διελθόντα τὰ ἀνωτερικὰ μέρη [κατ]ελθεῖν εἰς Ἔφεσον καὶ εὑρεῖν τινας **μαθητὰς**
19: 9 ἀποστὰς ἀπ' αὐτῶν ἀφώρισεν τοὺς **μαθητὰς** καθ' ἡμέραν διαλεγόμενος ἐν τῇ σχολῇ Τυράννου.
19: 30 Παύλου δὲ βουλομένου εἰσελθεῖν εἰς τὸν δῆμον οὐκ εἴων αὐτὸν οἱ **μαθηταί·**
20: 1 Μετὰ δὲ τὸ παύσασθαι τὸν θόρυβον μεταπεμψάμενος ὁ Παῦλος τοὺς **μαθητὰς** καὶ παρακαλέσας,
20: 30 καὶ ἐξ ὑμῶν αὐτῶν ἀναστήσονται ἄνδρες λαλοῦντες διεστραμμένα τοῦ ἀποσπᾶν τοὺς **μαθητὰς** ὀπίσω αὐτῶν.
21: 4 ἀνευρόντες δὲ τοὺς **μαθητὰς** ἐπεμείναμεν αὐτοῦ ἡμέρας ἑπτά,
21: 16 συνῆλθον δὲ καὶ τῶν **μαθητῶν** ἀπὸ Καισαρείας σὺν ἡμῖν, ἄγοντες παρ' ᾧ ξενισθῶμεν Μνάσωνί τινι Κυπρίῳ, ἀρχαίῳ **μαθητῇ.**

3413 μαθήτρια [1]

√ *3443*

Ac 9:36 Ἐν Ἰόππῃ δέ τις ἦν **μαθήτρια** ὀνόματι Ταβιθά,

3414 Μαθθαῖος [5]

→ *3473*

Mt 9: 9 παράγων ὁ Ἰησοῦς ἐκεῖθεν εἶδεν ἄνθρωπον καθήμενον ἐπὶ τὸ τελώνιον, **Μαθθαῖον** λεγόμενον, καὶ λέγει αὐτῷ, Ἀκολούθει μοι.
10: 3 Φίλιππος καὶ Βαρθολομαῖος, Θωμᾶς καὶ **Μαθθαῖος** ὁ τελώνης,
Mk 3:18 καὶ Ἀνδρέαν καὶ Φίλιππον καὶ Βαρθολομαῖον καὶ **Μαθθαῖον** καὶ Θωμᾶν καὶ Ἰάκωβον τὸν τοῦ Ἁλφαίου καὶ Θαδδαῖον
Lk 6:15 καὶ **Μαθθαῖον** καὶ Θωμᾶν καὶ Ἰάκωβον Ἁλφαίου καὶ Σίμωνα τὸν καλούμενον Ζηλωτὴν
Ac 1:13 Φίλιππος καὶ Θωμᾶς, Βαρθολομαῖος καὶ **Μαθθαῖος**, Ἰάκωβος Ἁλφαίου καὶ Σίμων ὁ ζηλωτὴς καὶ Ἰούδας Ἰακώβου.

3415 Μαθθάτ [2]

→ *3475*

Lk 3:24 τοῦ **Μαθθὰτ** τοῦ Λευὶ τοῦ Μελχὶ τοῦ Ἰανναὶ τοῦ Ἰωσὴφ
3:29 τοῦ Ἰησοῦ τοῦ Ἐλιέζερ τοῦ Ἰωρὶμ τοῦ **Μαθθὰτ** τοῦ Λευὶ

3416 Μαθθίας [2]

→ *3476*

Ac 1:23 Ἰωσὴφ τὸν καλούμενον Βαρσαββᾶν ὃς ἐπεκλήθη Ἰοῦστος, καὶ **Μαθθίαν.**
1:26 καὶ ἔδωκαν κλήρους αὐτοῖς καὶ ἔπεσεν ὁ κλῆρος ἐπὶ **Μαθθίαν** καὶ συγκατεψηφίσθη μετὰ τῶν ἕνδεκα ἀποστόλων.

3417 Μαθουσαλά [1]

Lk 3:37 τοῦ **Μαθουσαλὰ** τοῦ Ἑνὼχ τοῦ Ἰάρετ τοῦ Μαλελεὴλ τοῦ Καϊνὰμ

3418 Μαϊνάν Not used in UBS/NIV

√ *cf. 3527*

3419 μαίνομαι [5]

→ *1841, 3444, 3446*

Jn 10:20 ἔλεγον δὲ πολλοὶ ἐξ αὐτῶν, Δαιμόνιον ἔχει καὶ **μαίνεται·**
Ac 12:15 οἱ δὲ πρὸς αὐτὴν εἶπαν, **Μαίνῃ.** ἡ δὲ διϊσχυρίζετο οὕτως ἔχειν.
26:24 Ταῦτα δὲ αὐτοῦ ἀπολογουμένου ὁ Φῆστος μεγάλῃ τῇ φωνῇ φησιν, **Μαίνῃ**, Παῦλε·
26:25 ὁ δὲ Παῦλος, Οὐ **μαίνομαι,** φησίν, κράτιστε Φῆστε,
1Co 14:23 εἰσέλθωσιν δὲ ἰδιῶται ἢ ἄπιστοι, οὐκ ἐροῦσιν ὅτι **μαίνεσθε;**

3420 μακαρίζω [2]

→ *3421, 3422*

Lk 1:48 ἰδοὺ γὰρ ἀπὸ τοῦ νῦν **μακαριοῦσίν** με πᾶσαι αἱ γενεαί,
Jas 5:11 ἰδοὺ **μακαρίζομεν** τοὺς ὑπομείναντας· τὴν ὑπομονὴν Ἰὼβ ἠκούσατε καὶ τὸ τέλος κυρίου εἴδετε,

3421 μακάριος [50]

√ *3420*

μακάριοι οἱ ὀφθαλμοί [2] Mt 13:16; Lk 10:23
μακάριοι οἱ πτωχοί [2] Mt 5:3; Lk 6:20
μακάριος ... δυνάστης [1] 1Ti 6:15
μακάριος ἐλπίς [1] Tit 2:13
μακάριος κοιλία [1] Lk 11:27
μακάριος μᾶλλον [1] Ac 20:35
μακαρίου θεοῦ [1] 1Ti 1:11
μακαριωτέρα [1] 1Co 7:40

Mt 5: 3 **Μακάριοι** οἱ πτωχοὶ τῷ πνεύματι, ὅτι αὐτῶν ἐστιν ἡ βασιλεία τῶν οὐρανῶν.
5: 4 **μακάριοι** οἱ πενθοῦντες, ὅτι αὐτοὶ παρακληθήσονται.
5: 5 **μακάριοι** οἱ πραεῖς, ὅτι αὐτοὶ κληρονομήσουσιν τὴν γῆν.
5: 6 **μακάριοι** οἱ πεινῶντες καὶ διψῶντες τὴν δικαιοσύνην, ὅτι αὐτοὶ χορτασθήσονται.
5: 7 **μακάριοι** οἱ ἐλεήμονες, ὅτι αὐτοὶ ἐλεηθήσονται.
5: 8 **μακάριοι** οἱ καθαροὶ τῇ καρδίᾳ, ὅτι αὐτοὶ τὸν θεὸν ὄψονται.
5: 9 **μακάριοι** οἱ εἰρηνοποιοί, ὅτι αὐτοὶ υἱοὶ θεοῦ κληθήσονται.
5:10 **μακάριοι** οἱ δεδιωγμένοι ἕνεκεν δικαιοσύνης, ὅτι αὐτῶν ἐστιν ἡ βασιλεία τῶν οὐρανῶν.
5:11 **μακάριοί** ἐστε ὅταν ὀνειδίσωσιν ὑμᾶς καὶ διώξωσιν καὶ εἴπωσιν πᾶν πονηρὸν καθ' ὑμῶν [ψευδόμενοι] ἕνεκεν ἐμοῦ.
11: 6 καὶ **μακάριός** ἐστιν ὃς ἐὰν μὴ σκανδαλισθῇ ἐν ἐμοί.
13:16 ὑμῶν δὲ **μακάριοι** οἱ ὀφθαλμοὶ ὅτι βλέπουσιν καὶ τὰ ὦτα ὑμῶν ὅτι ἀκούουσιν.
16:17 ἀποκριθεὶς δὲ ὁ Ἰησοῦς εἶπεν αὐτῷ, **Μακάριος** εἶ, Σίμων Βαριωνᾶ,
24:46 **μακάριος** ὁ δοῦλος ἐκεῖνος ὃν ἐλθὼν ὁ κύριος αὐτοῦ εὑρήσει οὕτως ποιοῦντα·
Lk 1:45 καὶ **μακαρία** ἡ πιστεύσασα ὅτι ἔσται τελείωσις τοῖς λελαλημένοις αὐτῇ παρὰ κυρίου.
6:20 **Μακάριοι** οἱ πτωχοί, ὅτι ὑμετέρα ἐστὶν ἡ βασιλεία τοῦ θεοῦ.
6:21 **μακάριοι** οἱ πεινῶντες νῦν, ὅτι χορτασθήσεσθε. **μακάριοι** οἱ κλαίοντες νῦν, ὅτι γελάσετε.
6:22 **μακάριοί** ἐστε ὅταν μισήσωσιν ὑμᾶς οἱ ἄνθρωποι καὶ ὅταν ἀφορίσωσιν ὑμᾶς καὶ ὀνειδίσωσιν καὶ ἐκβάλωσιν τὸ ὄνομα
7:23 καὶ **μακάριός** ἐστιν ὃς ἐὰν μὴ σκανδαλισθῇ ἐν ἐμοί.
10:23 Καὶ στραφεὶς πρὸς τοὺς μαθητὰς κατ' ἰδίαν εἶπεν, **Μακάριοι** οἱ ὀφθαλμοὶ οἱ βλέποντες ἃ βλέπετε.
11:27 **Μακαρία** ἡ κοιλία ἡ βαστάσασά σε καὶ μαστοὶ οὓς ἐθήλασας.
11:28 Μενοῦν **μακάριοι** οἱ ἀκούοντες τὸν λόγον τοῦ θεοῦ καὶ φυλάσσοντες.
12:37 **μακάριοι** οἱ δοῦλοι ἐκεῖνοι, οὓς ἐλθὼν ὁ κύριος εὑρήσει γρηγοροῦντας·
12:38 κἂν ἐν τῇ δευτέρᾳ κἂν ἐν τῇ τρίτῃ φυλακῇ ἔλθῃ καὶ εὕρῃ οὕτως, **μακάριοί** εἰσιν ἐκεῖνοι.
12:43 **μακάριος** ὁ δοῦλος ἐκεῖνος, ὃν ἐλθὼν ὁ κύριος αὐτοῦ εὑρήσει ποιοῦντα οὕτως.
14:14 καὶ **μακάριος** ἔσῃ, ὅτι οὐκ ἔχουσιν ἀνταποδοῦναί σοι,
14:15 **Μακάριος** ὅστις φάγεται ἄρτον ἐν τῇ βασιλείᾳ τοῦ θεοῦ.
23:29 **Μακάριαι** αἱ στεῖραι καὶ αἱ κοιλίαι αἳ οὐκ ἐγέννησαν καὶ μαστοὶ οἳ οὐκ ἔθρεψαν.
Jn 13:17 εἰ ταῦτα οἴδατε, **μακάριοί** ἐστε ἐὰν ποιῆτε αὐτά.
20:29 Ὅτι ἑώρακάς με πεπίστευκας; **μακάριοι** οἱ μὴ ἰδόντες καὶ πιστεύσαντες.
Ac 20:35 μνημονεύειν τε τῶν λόγων τοῦ κυρίου Ἰησοῦ ὅτι αὐτὸς εἶπεν, **Μακάριόν** ἐστιν μᾶλλον διδόναι ἢ λαμβάνειν.
26: 2 ἥγημαι ἐμαυτὸν **μακάριον** ἐπὶ σοῦ μέλλων σήμερον ἀπολογεῖσθαι
Ro 4: 7 **Μακάριοι** ὧν ἀφέθησαν αἱ ἀνομίαι καὶ ὧν ἐπεκαλύφθησαν αἱ ἁμαρτίαι·
4: 8 **μακάριος** ἀνὴρ οὗ οὐ μὴ λογίσηται κύριος ἁμαρτίαν.
14:22 **μακάριος** ὁ μὴ κρίνων ἑαυτὸν ἐν ᾧ δοκιμάζει·
1Co 7:40 **μακαριωτέρα** δέ ἐστιν ἐὰν οὕτως μείνῃ, κατὰ τὴν ἐμὴν γνώμην·
1Ti 1:11 κατὰ τὸ εὐαγγέλιον τῆς δόξης τοῦ **μακαρίου** θεοῦ,
6:15 ἣν καιροῖς ἰδίοις δείξει ὁ **μακάριος** καὶ μόνος δυνάστης,
Tit 2:13 προσδεχόμενοι τὴν **μακαρίαν** ἐλπίδα καὶ ἐπιφάνειαν τῆς δόξης τοῦ μεγάλου θεοῦ καὶ σωτῆρος ἡμῶν Ἰησοῦ Χριστοῦ,
Jas 1:12 **Μακάριος** ἀνὴρ ὃς ὑπομένει πειρασμόν, ὅτι δόκιμος γενόμενος λήμψεται τὸν στέφανον τῆς ζωῆς
1:25 οὐκ ἀκροατὴς ἐπιλησμονῆς γενόμενος ἀλλὰ ποιητὴς ἔργου, οὗτος **μακάριος** ἐν τῇ ποιήσει αὐτοῦ ἔσται.
1Pe 3:14 ἀλλ' εἰ καὶ πάσχοιτε διὰ δικαιοσύνην, **μακάριοι.** τὸν δὲ φόβον αὐτῶν μὴ φοβηθῆτε μηδὲ ταραχθῆτε,
4:14 εἰ ὀνειδίζεσθε ἐν ὀνόματι Χριστοῦ, **μακάριοι,** ὅτι τὸ τῆς δόξης καὶ τὸ τοῦ θεοῦ πνεῦμα ἐφ' ὑμᾶς ἀναπαύεται.
Rev 1: 3 **μακάριος** ὁ ἀναγινώσκων καὶ οἱ ἀκούοντες τοὺς λόγους τῆς προφητείας καὶ τηροῦντες τὰ ἐν αὐτῇ γεγραμμένα,
14:13 **Μακάριοι** οἱ νεκροὶ οἱ ἐν κυρίῳ ἀποθνῄσκοντες ἀπ' ἄρτι.
16:15 **μακάριος** ὁ γρηγορῶν καὶ τηρῶν τὰ ἱμάτια αὐτοῦ,
19: 9 **Μακάριοι** οἱ εἰς τὸ δεῖπνον τοῦ γάμου τοῦ ἀρνίου κεκλημένοι.
20: 6 **μακάριος** καὶ ἅγιος ὁ ἔχων μέρος ἐν τῇ ἀναστάσει τῇ πρώτῃ·
22: 7 **μακάριος** ὁ τηρῶν τοὺς λόγους τῆς προφητείας τοῦ βιβλίου τούτου.
22:14 **Μακάριοι** οἱ πλύνοντες τὰς στολὰς αὐτῶν, ἵνα ἔσται ἡ ἐξουσία αὐτῶν ἐπὶ τὸ ξύλον τῆς ζωῆς

3422 μακαρισμός [3]

√ 3420

Ro 4: 6 καθάπερ καὶ Δαυὶδ λέγει τὸν **μακαρισμὸν** τοῦ ἀνθρώπου ᾧ ὁ θεὸς λογίζεται δικαιοσύνην χωρὶς ἔργων,
4: 9 ὁ **μακαρισμὸς** οὖν οὗτος ἐπὶ τὴν περιτομὴν ἢ καὶ ἐπὶ τὴν ἀκροβυστίαν;
Gal 4: 15 ποῦ οὖν ὁ **μακαρισμὸς** ὑμῶν; μαρτυρῶ γὰρ ὑμῖν ὅτι εἰ δυνατὸν τοὺς ὀφθαλμοὺς ὑμῶν ἐξορύξαντες ἐδώκατέ μοι.

3423 Μακεδονία [22]

√ 3424

Ac 16: 9 ἀνὴρ Μακεδών τις ἦν ἑστὼς καὶ παρακαλῶν αὐτὸν καὶ λέγων, Διαβὰς εἰς **Μακεδονίαν** βοήθησον ἡμῖν.
16: 10 εὐθέως ἐζητήσαμεν ἐξελθεῖν εἰς **Μακεδονίαν** συμβιβάζοντες ὅτι προσκέκληται ἡμᾶς ὁ θεὸς εὐαγγελίσασθαι αὐτούς.
16: 12 ἥτις ἐστὶν πρώτη[ς] μερίδος τῆς **Μακεδονίας** πόλις, κολωνία.
18: 5 Ὡς δὲ κατῆλθον ἀπὸ τῆς **Μακεδονίας** ὅ τε Σιλᾶς καὶ ὁ Τιμόθεος,
19: 21 ἔθετο ὁ Παῦλος ἐν τῷ πνεύματι διελθὼν τὴν **Μακεδονίαν** καὶ Ἀχαΐαν πορεύεσθαι εἰς Ἱεροσόλυμα
19: 22 ἀποστείλας δὲ εἰς τὴν **Μακεδονίαν** δύο τῶν διακονούντων αὐτῷ,
20: 1 μεταπεμψάμενος ὁ Παῦλος τοὺς μαθητὰς καὶ παρακαλέσας, ἀσπασάμενος ἐξῆλθεν πορεύεσθαι εἰς **Μακεδονίαν.**
20: 3 γενομένης ἐπιβουλῆς αὐτῷ ὑπὸ τῶν Ἰουδαίων μέλλοντι ἀνάγεσθαι εἰς τὴν Συρίαν, ἐγένετο γνώμης τοῦ ὑποστρέφειν διὰ **Μακεδονίας.**
Ro 15: 26 εὐδόκησαν γὰρ **Μακεδονία** καὶ Ἀχαΐα κοινωνίαν τινὰ ποιήσασθαι εἰς τοὺς πτωχοὺς τῶν ἁγίων τῶν ἐν Ἰερουσαλήμ.
1Co 16: 5 Ἐλεύσομαι δὲ πρὸς ὑμᾶς ὅταν **Μακεδονίαν** διέλθω· **Μακεδονίαν** γὰρ διέρχομαι,
2Co 1: 16 δι' ὑμῶν διελθεῖν εἰς **Μακεδονίαν** καὶ πάλιν ἀπὸ **Μακεδονίας** ἐλθεῖν πρὸς ὑμᾶς καὶ ὑφ' ὑμῶν προπεμφθῆναι εἰς τὴν Ἰουδαίαν.
2: 13 τῷ μὴ εὑρεῖν με Τίτον τὸν ἀδελφόν μου, ἀλλὰ ἀποταξάμενος αὐτοῖς ἐξῆλθον εἰς **Μακεδονίαν.**
7: 5 Καὶ γὰρ ἐλθόντων ἡμῶν εἰς **Μακεδονίαν** οὐδεμίαν ἔσχηκεν ἄνεσιν ἡ σὰρξ ἡμῶν ἀλλ' ἐν παντὶ θλιβόμενοι·
8: 1 τὴν χάριν τοῦ θεοῦ τὴν δεδομένην ἐν ταῖς ἐκκλησίαις τῆς **Μακεδονίας,**
11: 9 τὸ γὰρ ὑστέρημά μου προσανεπλήρωσαν οἱ ἀδελφοὶ ἐλθόντες ἀπὸ **Μακεδονίας,**
Php 4: 15 ὅτι ἐν ἀρχῇ τοῦ εὐαγγελίου, ὅτε ἐξῆλθον ἀπὸ **Μακεδονίας,**
1Th 1: 7 ὥστε γενέσθαι ὑμᾶς τύπον πᾶσιν τοῖς πιστεύουσιν ἐν τῇ **Μακεδονίᾳ** καὶ ἐν τῇ Ἀχαΐᾳ.
1: 8 ἀφ' ὑμῶν γὰρ ἐξήχηται ὁ λόγος τοῦ κυρίου οὐ μόνον ἐν τῇ **Μακεδονίᾳ** καὶ [ἐν τῇ] Ἀχαΐᾳ,
4: 10 καὶ γὰρ ποιεῖτε αὐτὸ εἰς πάντας τοὺς ἀδελφοὺς [τοὺς] ἐν ὅλῃ τῇ **Μακεδονίᾳ.**
1Ti 1: 3 Καθὼς παρεκάλεσά σε προσμεῖναι ἐν Ἐφέσῳ πορευόμενος εἰς **Μακεδονίαν,**

3424 Μακεδών [5]

→ 3423

Ac 16: 9 ἀνὴρ **Μακεδών** τις ἦν ἑστὼς καὶ παρακαλῶν αὐτὸν καὶ λέγων,
19: 29 ὥρμησάν τε ὁμοθυμαδὸν εἰς τὸ θέατρον συναρπάσαντες Γάϊον καὶ Ἀρίσταρχον **Μακεδόνας,**
27: 2 μέλλοντι πλεῖν εἰς τοὺς κατὰ τὴν Ἀσίαν τόπους ἀνήχθημεν ὄντος σὺν ἡμῖν Ἀριστάρχου **Μακεδόνος** Θεσσαλονικέως.
2Co 9: 2 οἶδα γὰρ τὴν προθυμίαν ὑμῶν ἣν ὑπὲρ ὑμῶν καυχῶμαι **Μακεδόσιν,**
9: 4 μή πως ἐὰν ἔλθωσιν σὺν ἐμοὶ **Μακεδόνες** καὶ εὕρωσιν ὑμᾶς ἀπαρασκευάστους καταισχυνθῶμεν ἡμεῖς,

3425 μάκελλον [1]

1Co 10: 25 Πᾶν τὸ ἐν **μακέλλῳ** πωλούμενον ἐσθίετε μηδὲν ἀνακρίνοντες διὰ τὴν συνείδησιν·

3426 μακράν [10]

√ 3601

εἰς μακράν [1] Ac 2:39

μακρὰν ἀπό [5] Mt 8:30; Mk 12:34; Lk 7:6; Jn 21:8; Ac 17:27

Mt 8: 30 ἦν δὲ **μακρὰν** ἀπ' αὐτῶν ἀγέλη χοίρων πολλῶν βοσκομένη.
Mk 12: 34 Οὐ **μακρὰν** εἶ ἀπὸ τῆς βασιλείας τοῦ θεοῦ.
Lk 7: 6 ἤδη δὲ αὐτοῦ οὐ **μακρὰν** ἀπέχοντος ἀπὸ τῆς οἰκίας ἔπεμψεν φίλους ὁ ἑκατοντάρχης λέγων αὐτῷ,
15: 20 ἔτι δὲ αὐτοῦ **μακρὰν** ἀπέχοντος εἶδεν αὐτὸν ὁ πατὴρ αὐτοῦ καὶ ἐσπλαγχνίσθη καὶ δραμὼν ἐπέπεσεν ἐπὶ τὸν τράχηλον
Jn 21: 8 οὐ γὰρ ἦσαν **μακρὰν** ἀπὸ τῆς γῆς ἀλλὰ ὡς ἀπὸ πηχῶν διακοσίων,
Ac 2: 39 ὑμῖν γάρ ἐστιν ἡ ἐπαγγελία καὶ τοῖς τέκνοις ὑμῶν καὶ πᾶσιν τοῖς εἰς **μακράν,**
17: 27 καί γε οὐ **μακρὰν** ἀπὸ ἑνὸς ἑκάστου ἡμῶν ὑπάρχοντα.
22: 21 Πορεύου, ὅτι ἐγὼ εἰς ἔθνη **μακρὰν** ἐξαποστελῶ σε.
Eph 2: 13 νυνὶ δὲ ἐν Χριστῷ Ἰησοῦ ὑμεῖς οἵ ποτε ὄντες **μακρὰν** ἐγενήθητε ἐγγὺς ἐν τῷ αἵματι τοῦ Χριστοῦ.
2: 17 καὶ ἐλθὼν εὐηγγελίσατο εἰρήνην ὑμῖν τοῖς **μακρὰν** καὶ εἰρήνην τοῖς ἐγγύς·

3427 μακρόθεν [14]

√ 3601

Mt 26: 58 ὁ δὲ Πέτρος ἠκολούθει αὐτῷ ἀπὸ **μακρόθεν** ἕως τῆς αὐλῆς τοῦ ἀρχιερέως καὶ εἰσελθὼν ἔσω ἐκάθητο μετὰ τῶν ὑπηρετῶν ἰδεῖν
27: 55 Ἦσαν δὲ ἐκεῖ γυναῖκες πολλαὶ ἀπὸ **μακρόθεν** θεωροῦσαι,
Mk 5: 6 καὶ ἰδὼν τὸν Ἰησοῦν ἀπὸ **μακρόθεν** ἔδραμεν καὶ προσεκύνησεν
8: 3 ἐκλυθήσονται ἐν τῇ ὁδῷ· καί τινες αὐτῶν ἀπὸ **μακρόθεν** ἥκασιν.
11: 13 καὶ ἰδὼν συκῆν ἀπὸ **μακρόθεν** ἔχουσαν φύλλα ἦλθεν,
14: 54 ὁ Πέτρος ἀπὸ **μακρόθεν** ἠκολούθησεν αὐτῷ ἕως ἔσω εἰς τὴν αὐλὴν τοῦ ἀρχιερέως καὶ ἦν συγκαθήμενος μετὰ τῶν ὑπηρετῶν
15: 40 Ἦσαν δὲ καὶ γυναῖκες ἀπὸ **μακρόθεν** θεωροῦσαι, ἐν αἷς καὶ Μαρία ἡ Μαγδαληνὴ καὶ Μαρία ἡ Ἰακώβου τοῦ μικροῦ
Lk 16: 23 ὁρᾷ Ἀβραὰμ ἀπὸ **μακρόθεν** καὶ Λάζαρον ἐν τοῖς κόλποις αὐτοῦ.
18: 13 ὁ δὲ τελώνης **μακρόθεν** ἑστὼς οὐκ ἤθελεν οὐδὲ τοὺς ὀφθαλμοὺς ἐπᾶραι εἰς τὸν οὐρανόν,
22: 54 Συλλαβόντες δὲ αὐτὸν ἤγαγον καὶ εἰσήγαγον εἰς τὴν οἰκίαν τοῦ ἀρχιερέως· ὁ δὲ Πέτρος ἠκολούθει **μακρόθεν.**
23: 49 εἱστήκεισαν δὲ πάντες οἱ γνωστοὶ αὐτῷ ἀπὸ **μακρόθεν** καὶ γυναῖκες αἱ συνακολουθοῦσαι αὐτῷ ἀπὸ τῆς Γαλιλαίας ὁρῶσαι
Rev 18: 10 ἀπὸ **μακρόθεν** ἑστηκότες διὰ τὸν φόβον τοῦ βασανισμοῦ αὐτῆς λέγοντες,
18: 15 οἱ ἔμποροι τούτων οἱ πλουτήσαντες ἀπ' αὐτῆς ἀπὸ **μακρόθεν** στήσονται διὰ τὸν φόβον τοῦ βασανισμοῦ αὐτῆς κλαίοντες
18: 17 Καὶ πᾶς κυβερνήτης καὶ πᾶς ὁ ἐπὶ τόπον πλέων καὶ ναῦται καὶ ὅσοι τὴν θάλασσαν ἐργάζονται, ἀπὸ **μακρόθεν** ἔστησαν

3428 μακροθυμέω [10]

√ 3601 + 2596

Mt 18: 26 πεσὼν οὖν ὁ δοῦλος προσεκύνει αὐτῷ λέγων, **Μακροθύμησον** ἐπ' ἐμοί, καὶ πάντα ἀποδώσω σοι.
18: 29 πεσὼν οὖν ὁ σύνδουλος αὐτοῦ παρεκάλει αὐτὸν λέγων, **Μακροθύμησον** ἐπ' ἐμοί, καὶ ἀποδώσω σοι.
Lk 18: 7 ὁ δὲ θεὸς οὐ μὴ ποιήσῃ τὴν ἐκδίκησιν τῶν ἐκλεκτῶν αὐτοῦ τῶν βοώντων αὐτῷ ἡμέρας καὶ νυκτός, καὶ **μακροθυμεῖ** ἐπ' αὐτοῖς;
1Co 13: 4 Ἡ ἀγάπη **μακροθυμεῖ,** χρηστεύεται ἡ ἀγάπη, οὐ ζηλοῖ,
1Th 5: 14 παραμυθεῖσθε τοὺς ὀλιγοψύχους, ἀντέχεσθε τῶν ἀσθενῶν, **μακροθυμεῖτε** πρὸς πάντας.
Heb 6: 15 καὶ οὕτως **μακροθυμήσας** ἐπέτυχεν τῆς ἐπαγγελίας.
Jas 5: 7 **Μακροθυμήσατε** οὖν, ἀδελφοί, ἕως τῆς παρουσίας τοῦ κυρίου. ἰδοὺ ὁ γεωργὸς ἐκδέχεται τὸν τίμιον καρπὸν τῆς γῆς **μακροθυμῶν** ἐπ' αὐτῷ ἕως λάβῃ πρόϊμον καὶ ὄψιμον.
5: 8 **μακροθυμήσατε** καὶ ὑμεῖς, στηρίξατε τὰς καρδίας ὑμῶν, ὅτι ἡ παρουσία τοῦ κυρίου ἤγγικεν.
2Pe 3: 9 ὥς τινες βραδύτητα ἡγοῦνται, ἀλλὰ **μακροθυμεῖ** εἰς ὑμᾶς,

3429 μακροθυμία [14]

√ 3601 + 2596

Ro 2: 4 ἢ τοῦ πλούτου τῆς χρηστότητος αὐτοῦ καὶ τῆς ἀνοχῆς καὶ τῆς **μακροθυμίας** καταφρονεῖς,
9: 22 εἰ δὲ θέλων ὁ θεὸς ἐνδείξασθαι τὴν ὀργὴν καὶ γνωρίσαι τὸ δυνατὸν αὐτοῦ ἤνεγκεν ἐν πολλῇ **μακροθυμίᾳ** σκεύη ὀργῆς κατηρτισμένα εἰς ἀπώλειαν,
2Co 6: 6 ἐν ἁγνότητι, ἐν γνώσει, ἐν **μακροθυμίᾳ,** ἐν χρηστότητι,

Gal 5:22 Ὁ δὲ καρπὸς τοῦ πνεύματός ἐστιν ἀγάπη χαρὰ εἰρήνη, **μακροθυμία** χρηστότης ἀγαθωσύνη, πίστις
Eph 4: 2 μετὰ πάσης ταπεινοφροσύνης καὶ πραΰτητος, μετὰ **μακροθυμίας,** ἀνεχόμενοι ἀλλήλων ἐν ἀγάπῃ,
Col 1:11 ἐν πάσῃ δυνάμει δυναμούμενοι κατὰ τὸ κράτος τῆς δόξης αὐτοῦ εἰς πᾶσαν ὑπομονὴν καὶ **μακροθυμίαν.**
3:12 ἐκλεκτοὶ τοῦ θεοῦ ἅγιοι καὶ ἠγαπημένοι, σπλάγχνα οἰκτιρμοῦ χρηστότητα ταπεινοφροσύνην πραΰτητα **μακροθυμίαν,**
1Ti 1:16 ἵνα ἐν ἐμοὶ πρώτῳ ἐνδείξηται Χριστὸς Ἰησοῦς τὴν ἅπασαν **μακροθυμίαν** πρὸς ὑποτύπωσιν τῶν μελλόντων πιστεύειν ἐπ' αὐτῷ εἰς ζωὴν αἰώνιον.
2Ti 3:10 τῇ πίστει, τῇ **μακροθυμίᾳ,** τῇ ἀγάπῃ, τῇ ὑπομονῇ,
4: 2 ἔλεγξον, ἐπιτίμησον, παρακάλεσον, ἐν πάσῃ **μακροθυμίᾳ** καὶ διδαχῇ.
Heb 6:12 μιμηταὶ δὲ τῶν διὰ πίστεως καὶ **μακροθυμίας** κληρονομούντων τὰς ἐπαγγελίας.
Jas 5:10 τῆς κακοπαθείας καὶ τῆς **μακροθυμίας** τοὺς προφήτας οἳ ἐλάλησαν ἐν τῷ ὀνόματι κυρίου.
1Pe 3:20 ἀπειθήσασίν ποτε ὅτε ἀπεξεδέχετο ἡ τοῦ θεοῦ **μακροθυμία** ἐν ἡμέραις Νῶε κατασκευαζομένης κιβωτοῦ εἰς ἣν ὀλίγοι,
2Pe 3:15 καὶ τὴν τοῦ κυρίου ἡμῶν **μακροθυμίαν** σωτηρίαν ἡγεῖσθε,

3430 μακροθύμως [1]

√ *3601 + 2596*

Ac 26: 3 μάλιστα γνώστην ὄντα σε πάντων τῶν κατὰ Ἰουδαίους ἐθῶν τε καὶ ζητημάτων, διὸ δέομαι **μακροθύμως** ἀκοῦσαί μου.

3431 μακρός [4]

√ *3601*

Mk 12:40 οἱ κατεσθίοντες τὰς οἰκίας τῶν χηρῶν καὶ προφάσει **μακρὰ** προσευχόμενοι·
Lk 15:13 συναγαγὼν πάντα ὁ νεώτερος υἱὸς ἀπεδήμησεν εἰς χώραν **μακρὰν** καὶ ἐκεῖ διεσκόρπισεν τὴν οὐσίαν αὐτοῦ ζῶν ἀσώτως.
19:12 Ἄνθρωπός τις εὐγενὴς ἐπορεύθη εἰς χώραν **μακρὰν** λαβεῖν ἑαυτῷ βασιλείαν καὶ ὑποστρέψαι.
20:47 οἳ κατεσθίουσιν τὰς οἰκίας τῶν χηρῶν καὶ προφάσει **μακρὰ** προσεύχονται·

3432 μακροχρόνιος [1]

√ *3601 + 5989*

Eph 6: 3 ἵνα εὖ σοι γένηται καὶ ἔσῃ **μακροχρόνιος** ἐπὶ τῆς γῆς.

3433 μαλακία [3]

√ *3434*

Mt 4:23 καὶ κηρύσσων τὸ εὐαγγέλιον τῆς βασιλείας καὶ θεραπεύων πᾶσαν νόσον καὶ πᾶσαν **μαλακίαν** ἐν τῷ λαῷ.
9:35 καὶ κηρύσσων τὸ εὐαγγέλιον τῆς βασιλείας καὶ θεραπεύων πᾶσαν νόσον καὶ πᾶσαν **μαλακίαν.**
10: 1 ἔδωκεν αὐτοῖς ἐξουσίαν πνευμάτων ἀκαθάρτων ὥστε ἐκβάλλειν αὐτὰ καὶ θεραπεύειν πᾶσαν νόσον καὶ πᾶσαν **μαλακίαν.**

3434 μαλακός [4]

→ *3433*

Mt 11: 8 ἀλλὰ τί ἐξήλθατε ἰδεῖν; ἄνθρωπον ἐν **μαλακοῖς** ἠμφιεσμένον; ἰδοὺ οἱ τὰ **μαλακὰ** φοροῦντες ἐν τοῖς οἴκοις τῶν βασιλέων εἰσίν.
Lk 7:25 ἀλλὰ τί ἐξήλθατε ἰδεῖν; ἄνθρωπον ἐν **μαλακοῖς** ἱματίοις ἠμφιεσμένον;
1Co 6: 9 οὔτε πόρνοι οὔτε εἰδωλολάτραι οὔτε μοιχοὶ οὔτε **μαλακοὶ** οὔτε ἀρσενοκοῖται

3435 Μαλελεήλ [1]

Lk 3:37 τοῦ Μαθουσαλὰ τοῦ Ἑνὼχ τοῦ Ἰάρετ τοῦ **Μαλελεὴλ**

3436 μάλιστα [12]

√ *3437*

Ac 20:38 ὀδυνώμενοι **μάλιστα** ἐπὶ τῷ λόγῳ ᾧ εἰρήκει, ὅτι οὐκέτι μέλλουσιν τὸ πρόσωπον αὐτοῦ θεωρεῖν.
25:26 διὸ προήγαγον αὐτὸν ἐφ' ὑμῶν καὶ **μάλιστα** ἐπὶ σοῦ,
26: 3 **μάλιστα** γνώστην ὄντα σε πάντων τῶν κατὰ Ἰουδαίους ἐθῶν τε καὶ ζητημάτων,
Gal 6:10 ἐργαζώμεθα τὸ ἀγαθὸν πρὸς πάντας, **μάλιστα** δὲ πρὸς τοὺς οἰκείους τῆς πίστεως.
Php 4:22 ἀσπάζονται ὑμᾶς πάντες οἱ ἅγιοι, **μάλιστα** δὲ οἱ ἐκ τῆς Καίσαρος οἰκίας.
1Ti 4:10 ὅτι ἠλπίκαμεν ἐπὶ θεῷ ζῶντι, ὅς ἐστιν σωτὴρ πάντων ἀνθρώπων **μάλιστα** πιστῶν.
5: 8 εἰ δέ τις τῶν ἰδίων καὶ **μάλιστα** οἰκείων οὐ προνοεῖ,
5:17 Οἱ καλῶς προεστῶτες πρεσβύτεροι διπλῆς τιμῆς ἀξιούσθωσαν, **μάλιστα** οἱ κοπιῶντες ἐν λόγῳ καὶ διδασκαλίᾳ.
2Ti 4:13 τὸν φαιλόνην ὃν ἀπέλιπον ἐν Τρῳάδι παρὰ Κάρπῳ ἐρχόμενος φέρε, καὶ τὰ βιβλία **μάλιστα** τὰς μεμβράνας.
Tit 1:10 ματαιολόγοι καὶ φρεναπάται, **μάλιστα** οἱ ἐκ τῆς περιτομῆς,
Phm 1:16 οὐκέτι ὡς δοῦλον ἀλλὰ ὑπὲρ δοῦλον, ἀδελφὸν ἀγαπητόν, **μάλιστα** ἐμοί,
2Pe 2:10 **μάλιστα** δὲ τοὺς ὀπίσω σαρκὸς ἐν ἐπιθυμίᾳ μιασμοῦ πορευομένους καὶ κυριότητος καταφρονοῦντας.

3437 μᾶλλον [81]

→ *3436*

ἀλλὰ μᾶλλον [7] Mt 27:24; Mk 5:26; Ro 14:13; 1Co 12:22; Eph 5:4; Php 2:12; 1Ti 6:2

μακάριος μᾶλλον [1] Ac 20:35

μᾶλλον ἤ [10] Mt 18:13; Jn 3:19; Ac 4:19; 5:29; 27:11; 1Co 9:15; Gal 4:27; 1Ti 1:4; 2Ti 3:4; Heb 11:25

μᾶλλον καὶ ἔτι μᾶλλον [1] Php 1:9

μᾶλλον περισσότερον [1] Mk 7:36

περισσεύω μᾶλλον [4] 2Co 3:9; Php 1:9; 1Th 4:1,10

περισσοτέρως μᾶλλον [1] 2Co 7:13

πολὺς μᾶλλον [14] Mt 6:30; Mk 10:48; Lk 18:39; Ro 5:9,10,15,17; 1Co 12:22; 2Co 3:9,11; Php 1:23; 2:12; Heb 12:9,25

πόσῳ μᾶλλον [9] Mt 7:11; 10:25; Lk 11:13; 12:24,28; Ro 11:12,24; Phm 1:16; Heb 9:14

Mt 6:26 καὶ ὁ πατὴρ ὑμῶν ὁ οὐράνιος τρέφει αὐτά· οὐχ ὑμεῖς **μᾶλλον** διαφέρετε αὐτῶν;
6:30 εἰ δὲ τὸν χόρτον τοῦ ἀγροῦ σήμερον ὄντα καὶ αὔριον εἰς κλίβανον βαλλόμενον ὁ θεὸς οὕτως ἀμφιέννυσιν, οὐ πολλῷ **μᾶλλον** ὑμᾶς, ὀλιγόπιστοι;
7:11 πόσῳ **μᾶλλον** ὁ πατὴρ ὑμῶν ὁ ἐν τοῖς οὐρανοῖς δώσει ἀγαθὰ τοῖς αἰτοῦσιν αὐτόν.
10: 6 πορεύεσθε δὲ **μᾶλλον** πρὸς τὰ πρόβατα τὰ ἀπολωλότα οἴκου Ἰσραήλ.
10:25 εἰ τὸν οἰκοδεσπότην Βεελζεβοὺλ ἐπεκάλεσαν, πόσῳ **μᾶλλον** τοὺς οἰκιακοὺς αὐτοῦ.
10:28 φοβεῖσθε δὲ **μᾶλλον** τὸν δυνάμενον καὶ ψυχὴν καὶ σῶμα ἀπολέσαι ἐν γεέννῃ.
18:13 ἀμὴν λέγω ὑμῖν ὅτι χαίρει ἐπ' αὐτῷ **μᾶλλον** ἢ ἐπὶ τοῖς ἐνενήκοντα ἐννέα τοῖς μὴ πεπλανημένοις.
25: 9 πορεύεσθε **μᾶλλον** πρὸς τοὺς πωλοῦντας καὶ ἀγοράσατε ἑαυταῖς.
27:24 ἰδὼν δὲ ὁ Πιλᾶτος ὅτι οὐδὲν ὠφελεῖ ἀλλὰ **μᾶλλον** θόρυβος γίνεται,
Mk 5:26 καὶ δαπανήσασα τὰ παρ' αὐτῆς πάντα καὶ μηδὲν ὠφεληθεῖσα ἀλλὰ **μᾶλλον** εἰς τὸ χεῖρον ἐλθοῦσα,
7:36 ὅσον δὲ αὐτοῖς διεστέλλετο, αὐτοὶ **μᾶλλον** περισσότερον ἐκήρυσσον.
9:42 καλόν ἐστιν αὐτῷ **μᾶλλον** εἰ περίκειται μύλος ὀνικὸς περὶ τὸν τράχηλον αὐτοῦ καὶ βέβληται εἰς τὴν θάλασσαν.
10:48 ὁ δὲ πολλῷ **μᾶλλον** ἔκραζεν, Υἱὲ Δαυίδ, ἐλέησόν με.
15:11 οἱ δὲ ἀρχιερεῖς ἀνέσεισαν τὸν ὄχλον ἵνα **μᾶλλον** τὸν Βαραββᾶν ἀπολύσῃ αὐτοῖς.
Lk 5:15 διήρχετο δὲ **μᾶλλον** ὁ λόγος περὶ αὐτοῦ, καὶ συνήρχοντο ὄχλοι πολλοὶ ἀκούειν καὶ θεραπεύεσθαι ἀπὸ τῶν ἀσθενειῶν αὐτῶν·
11:13 πόσῳ **μᾶλλον** ὁ πατὴρ [ὁ] ἐξ οὐρανοῦ δώσει πνεῦμα ἅγιον τοῖς αἰτοῦσιν αὐτόν.
12:24 καὶ ὁ θεὸς τρέφει αὐτούς· πόσῳ **μᾶλλον** ὑμεῖς διαφέρετε τῶν πετεινῶν.

12:28 ἐν ἀγρῷ τὸν χόρτον ὄντα σήμερον καὶ αὔριον εἰς κλίβανον βαλλόμενον ὁ θεὸς οὕτως ἀμφιέζει, πόσῳ **μᾶλλον** ὑμᾶς,
18:39 αὐτὸς δὲ πολλῷ **μᾶλλον** ἔκραζεν, Υἱὲ Δαυίδ, ἐλέησόν με.
Jn 3:19 αὕτη δέ ἐστιν ἡ κρίσις ὅτι τὸ φῶς ἐλήλυθεν εἰς τὸν κόσμον καὶ ἠγάπησαν οἱ ἄνθρωποι **μᾶλλον** τὸ σκότος ἢ τὸ φῶς·
5:18 διὰ τοῦτο οὖν **μᾶλλον** ἐζήτουν αὐτὸν οἱ Ἰουδαῖοι ἀποκτεῖναι,
12:43 ἠγάπησαν γὰρ τὴν δόξαν τῶν ἀνθρώπων **μᾶλλον** ἤπερ τὴν δόξαν τοῦ θεοῦ.
19: 8 Ὅτε οὖν ἤκουσεν ὁ Πιλᾶτος τοῦτον τὸν λόγον, **μᾶλλον** ἐφοβήθη,
Ac 4:19 Εἰ δίκαιόν ἐστιν ἐνώπιον τοῦ θεοῦ ὑμῶν ἀκούειν **μᾶλλον** ἢ τοῦ θεοῦ,
5:14 **μᾶλλον** δὲ προσετίθεντο πιστεύοντες τῷ κυρίῳ, πλήθη ἀνδρῶν τε καὶ γυναικῶν,
5:29 ἀποκριθεὶς δὲ Πέτρος καὶ οἱ ἀπόστολοι εἶπαν, Πειθαρχεῖν δεῖ θεῷ **μᾶλλον** ἢ ἀνθρώποις.
9:22 Σαῦλος δὲ **μᾶλλον** ἐνεδυναμοῦτο καὶ συνέχυννεν [τοὺς] Ἰουδαίους τοὺς κατοικοῦντας ἐν Δαμασκῷ συμβιβάζων
20:35 μνημονεύειν τε τῶν λόγων τοῦ κυρίου Ἰησοῦ ὅτι αὐτὸς εἶπεν, Μακάριόν ἐστιν **μᾶλλον** διδόναι ἢ λαμβάνειν.
22: 2 ἀκούσαντες δὲ ὅτι τῇ Ἑβραΐδι διαλέκτῳ προσεφώνει αὐτοῖς, **μᾶλλον** παρέσχον ἡσυχίαν.
27:11 ὁ δὲ ἑκατοντάρχης τῷ κυβερνήτῃ καὶ τῷ ναυκλήρῳ **μᾶλλον** ἐπείθετο ἢ τοῖς ὑπὸ Παύλου λεγομένοις.
Ro 5: 9 πολλῷ οὖν **μᾶλλον** δικαιωθέντες νῦν ἐν τῷ αἵματι αὐτοῦ σωθησόμεθα δι' αὐτοῦ ἀπὸ τῆς ὀργῆς.
5:10 πολλῷ **μᾶλλον** καταλλαγέντες σωθησόμεθα ἐν τῇ ζωῇ αὐτοῦ·
5:15 πολλῷ **μᾶλλον** ἡ χάρις τοῦ θεοῦ καὶ ἡ δωρεὰ ἐν χάριτι τῇ τοῦ ἑνὸς ἀνθρώπου Ἰησοῦ Χριστοῦ εἰς τοὺς πολλοὺς ἐπερίσσευσεν.
5:17 πολλῷ **μᾶλλον** οἱ τὴν περισσείαν τῆς χάριτος καὶ τῆς δωρεᾶς τῆς δικαιοσύνης λαμβάνοντες ἐν ζωῇ βασιλεύσουσιν διὰ τοῦ ἑνὸς Ἰησοῦ Χριστοῦ.
8:34 Χριστὸς [Ἰησοῦς] ὁ ἀποθανών, **μᾶλλον** δὲ ἐγερθείς, ὅς καί ἐστιν ἐν δεξιᾷ τοῦ θεοῦ,
11:12 εἰ δὲ τὸ παράπτωμα αὐτῶν πλοῦτος κόσμου καὶ τὸ ἥττημα αὐτῶν πλοῦτος ἐθνῶν, πόσῳ **μᾶλλον** τὸ πλήρωμα αὐτῶν.
11:24 πόσῳ **μᾶλλον** οὗτοι οἱ κατὰ φύσιν ἐγκεντρισθήσονται τῇ ἰδίᾳ ἐλαίᾳ.
14:13 ἀλλὰ τοῦτο κρίνατε **μᾶλλον,** τὸ μὴ τιθέναι πρόσκομμα τῷ ἀδελφῷ ἢ σκάνδαλον.
1Co 5: 2 καὶ ὑμεῖς πεφυσιωμένοι ἐστὲ καὶ οὐχὶ **μᾶλλον** ἐπενθήσατε,
6: 7 διὰ τί οὐχὶ **μᾶλλον** ἀδικεῖσθε; διὰ τί οὐχὶ **μᾶλλον** ἀποστερεῖσθε;
7:21 ἀλλ' εἰ καὶ δύνασαι ἐλεύθερος γενέσθαι, **μᾶλλον** χρῆσαι.
9:12 εἰ ἄλλοι τῆς ὑμῶν ἐξουσίας μετέχουσιν, οὐ **μᾶλλον** ἡμεῖς;
9:15 καλὸν γάρ μοι **μᾶλλον** ἀποθανεῖν ἤ– τὸ καύχημά μου οὐδεὶς κενώσει.
12:22 ἀλλὰ πολλῷ **μᾶλλον** τὰ δοκοῦντα μέλη τοῦ σώματος ἀσθενέστερα ὑπάρχειν ἀναγκαῖά ἐστιν,
14: 1 ζηλοῦτε δὲ τὰ πνευματικά, **μᾶλλον** δὲ ἵνα προφητεύητε.
14: 5 θέλω δὲ πάντας ὑμᾶς λαλεῖν γλώσσαις, **μᾶλλον** δὲ ἵνα προφητεύητε·
14:18 εὐχαριστῶ τῷ θεῷ, πάντων ὑμῶν **μᾶλλον** γλώσσαις λαλῶ·
2Co 2: 7 ὥστε τοὐναντίον **μᾶλλον** ὑμᾶς χαρίσασθαι καὶ παρακαλέσαι, μή πως τῇ περισσοτέρᾳ λύπῃ καταποθῇ ὁ τοιοῦτος.
3: 8 πῶς οὐχὶ **μᾶλλον** ἡ διακονία τοῦ πνεύματος ἔσται ἐν δόξῃ;
3: 9 πολλῷ **μᾶλλον** περισσεύει ἡ διακονία τῆς δικαιοσύνης δόξῃ.
3:11 εἰ γὰρ τὸ καταργούμενον διὰ δόξης, πολλῷ **μᾶλλον** τὸ μένον ἐν δόξῃ.
5: 8 θαρροῦμεν δὲ καὶ εὐδοκοῦμεν **μᾶλλον** ἐκδημῆσαι ἐκ τοῦ σώματος καὶ ἐνδημῆσαι πρὸς τὸν κύριον.
7: 7 τὸν ὑμῶν ζῆλον ὑπὲρ ἐμοῦ ὥστε με **μᾶλλον** χαρῆναι.
7:13 Ἐπὶ δὲ τῇ παρακλήσει ἡμῶν περισσοτέρως **μᾶλλον** ἐχάρημεν ἐπὶ τῇ χαρᾷ Τίτου,
12: 9 ἥδιστα οὖν **μᾶλλον** καυχήσομαι ἐν ταῖς ἀσθενείαις μου,
Gal 4: 9 νῦν δὲ γνόντες θεόν, **μᾶλλον** δὲ γνωσθέντες ὑπὸ θεοῦ,
4:27 ὅτι πολλὰ τὰ τέκνα τῆς ἐρήμου **μᾶλλον** ἢ τῆς ἐχούσης τὸν ἄνδρα.
Eph 4:28 **μᾶλλον** δὲ κοπιάτω ἐργαζόμενος ταῖς [ἰδίαις] χερσὶν τὸ ἀγαθόν,
5: 4 καὶ αἰσχρότης καὶ μωρολογία ἢ εὐτραπελία, ἃ οὐκ ἀνῆκεν, ἀλλὰ **μᾶλλον** εὐχαριστία.
5:11 καὶ μὴ συγκοινωνεῖτε τοῖς ἔργοις τοῖς ἀκάρποις τοῦ σκότους, **μᾶλλον** δὲ καὶ ἐλέγχετε.
Php 1: 9 ἵνα ἡ ἀγάπη ὑμῶν ἔτι **μᾶλλον** καὶ **μᾶλλον** περισσεύῃ ἐν ἐπιγνώσει καὶ πάσῃ αἰσθήσει
1:12 ὅτι τὰ κατ' ἐμὲ **μᾶλλον** εἰς προκοπὴν τοῦ εὐαγγελίου ἐλήλυθεν,
1:23 τὴν ἐπιθυμίαν ἔχων εἰς τὸ ἀναλῦσαι καὶ σὺν Χριστῷ εἶναι, πολλῷ [γὰρ] **μᾶλλον** κρεῖσσον·
2:12 μὴ ὡς ἐν τῇ παρουσίᾳ μου μόνον ἀλλὰ νῦν πολλῷ **μᾶλλον** ἐν τῇ ἀπουσίᾳ μου,
3: 4 εἴ τις δοκεῖ ἄλλος πεποιθέναι ἐν σαρκί, ἐγὼ **μᾶλλον·**
1Th 4: 1 καθὼς παρελάβετε παρ' ἡμῶν τὸ πῶς δεῖ ὑμᾶς περιπατεῖν καὶ ἀρέσκειν θεῷ, καθὼς καὶ περιπατεῖτε, ἵνα περισσεύητε **μᾶλλον.**
4:10 εἰς πάντας τοὺς ἀδελφοὺς [τοὺς] ἐν ὅλῃ τῇ Μακεδονίᾳ. παρακαλοῦμεν δὲ ὑμᾶς, ἀδελφοί, περισσεύειν **μᾶλλον**
1Ti 1: 4 αἵτινες ἐκζητήσεις παρέχουσιν **μᾶλλον** ἢ οἰκονομίαν θεοῦ τὴν ἐν πίστει.
6: 2 οἱ δὲ πιστοὺς ἔχοντες δεσπότας μὴ καταφρονείτωσαν, ὅτι ἀδελφοί εἰσιν, ἀλλὰ **μᾶλλον** δουλευέτωσαν,
2Ti 3: 4 προδόται προπετεῖς τετυφωμένοι, φιλήδονοι **μᾶλλον** ἢ φιλόθεοι,
Phm 1: 9 διὰ τὴν ἀγάπην **μᾶλλον** παρακαλῶ, τοιοῦτος ὢν ὡς Παῦλος πρεσβύτης νυνὶ δὲ καὶ δέσμιος Χριστοῦ Ἰησοῦ·
1:16 πόσῳ δὲ **μᾶλλον** σοὶ καὶ ἐν σαρκὶ καὶ ἐν κυρίῳ.
Heb 9:14 πόσῳ **μᾶλλον** τὸ αἷμα τοῦ Χριστοῦ, ὃς διὰ πνεύματος αἰωνίου ἑαυτὸν προσήνεγκεν ἄμωμον τῷ θεῷ,
10:25 καὶ τοσούτῳ **μᾶλλον** ὅσῳ βλέπετε ἐγγίζουσαν τὴν ἡμέραν.
11:25 **μᾶλλον** ἑλόμενος συγκακουχεῖσθαι τῷ λαῷ τοῦ θεοῦ ἢ πρόσκαιρον ἔχειν ἁμαρτίας ἀπόλαυσιν,
12: 9 οὐ πολὺ [δὲ] **μᾶλλον** ὑποταγησόμεθα τῷ πατρὶ τῶν πνευμάτων καὶ ζήσομεν;
12:13 ἵνα μὴ τὸ χωλὸν ἐκτραπῇ, ἰαθῇ δὲ **μᾶλλον.**
12:25 πολὺ **μᾶλλον** ἡμεῖς οἱ τὸν ἀπ' οὐρανῶν ἀποστρεφόμενοι,
2Pe 1:10 διὸ **μᾶλλον,** ἀδελφοί, σπουδάσατε βεβαίαν ὑμῶν τὴν κλῆσιν καὶ ἐκλογὴν ποιεῖσθαι·

3438 Μάλχος [1]

Jn 18:10 καὶ ἔπαισεν τὸν τοῦ ἀρχιερέως δοῦλον καὶ ἀπέκοψεν αὐτοῦ τὸ ὠτάριον τὸ δεξιόν· ἦν δὲ ὄνομα τῷ δούλῳ **Μάλχος.**

3439 μάμμη [1]

2Ti 1: 5 ἥτις ἐνῴκησεν πρῶτον ἐν τῇ **μάμμῃ** σου Λωΐδι καὶ τῇ μητρί σου Εὐνίκῃ,

3440 μαμωνᾶς [4]

Mt 6:24 ἢ ἑνὸς ἀνθέξεται καὶ τοῦ ἑτέρου καταφρονήσει. οὐ δύνασθε θεῷ δουλεύειν καὶ **μαμωνᾷ.**
Lk 16: 9 ἑαυτοῖς ποιήσατε φίλους ἐκ τοῦ **μαμωνᾶ** τῆς ἀδικίας,
16:11 εἰ οὖν ἐν τῷ ἀδίκῳ **μαμωνᾷ** πιστοὶ οὐκ ἐγένεσθε,
16:13 ἢ ἑνὸς ἀνθέξεται καὶ τοῦ ἑτέρου καταφρονήσει. οὐ δύνασθε θεῷ δουλεύειν καὶ **μαμωνᾷ.**

3441 Μαναήν [1]

Ac 13: 1 **Μαναήν** τε Ἡρῴδου τοῦ τετραάρχου σύντροφος καὶ Σαῦλος.

3442 Μανασσῆς [3]

Mt 1:10 Ἑζεκίας δὲ ἐγέννησεν τὸν **Μανασσῆ, Μανασσῆς** δὲ ἐγέννησεν τὸν Ἀμώς, Ἀμὼς δὲ ἐγέννησεν τὸν Ἰωσίαν,
Rev 7: 6 ἐκ φυλῆς Νεφθαλὶμ δώδεκα χιλιάδες, ἐκ φυλῆς **Μανασσῆ** δώδεκα χιλιάδες,

3443 μανθάνω [25]

→ *276, 2908, 3411, 3412, 3413, 5209*

μανθάνω τὸν Χριστόν [1] Eph 4:20

Mt 9:13 πορευθέντες δὲ **μάθετε** τί ἐστιν, Ἔλεος θέλω καὶ οὐ θυσίαν·
11:29 ἄρατε τὸν ζυγόν μου ἐφ' ὑμᾶς καὶ **μάθετε** ἀπ' ἐμοῦ,
24:32 Ἀπὸ δὲ τῆς συκῆς **μάθετε** τὴν παραβολήν· ὅταν ἤδη ὁ κλάδος αὐτῆς γένηται ἁπαλὸς καὶ τὰ φύλλα ἐκφύῃ,
Mk 13:28 Ἀπὸ δὲ τῆς συκῆς **μάθετε** τὴν παραβολήν· ὅταν ἤδη ὁ κλάδος αὐτῆς ἁπαλὸς γένηται καὶ ἐκφύῃ τὰ φύλλα,
Jn 6:45 πᾶς ὁ ἀκούσας παρὰ τοῦ πατρὸς καὶ **μαθὼν** ἔρχεται πρὸς ἐμέ.
7:15 ἐθαύμαζον οὖν οἱ Ἰουδαῖοι λέγοντες, Πῶς οὗτος γράμματα οἶδεν μὴ **μεμαθηκώς;**
Ac 23:27 καὶ μέλλοντα ἀναιρεῖσθαι ὑπ' αὐτῶν ἐπιστὰς σὺν τῷ στρατεύματι ἐξειλάμην **μαθὼν** ὅτι Ῥωμαῖός ἐστιν.
Ro 16:17 σκοπεῖν τοὺς τὰς διχοστασίας καὶ τὰ σκάνδαλα παρὰ τὴν διδαχὴν ἣν ὑμεῖς **ἐμάθετε** ποιοῦντας,
1Co 4: 6 ἵνα ἐν ἡμῖν **μάθητε** τὸ Μὴ ὑπὲρ ἃ γέγραπται,

14:31 δύνασθε γὰρ καθ᾽ ἕνα πάντες προφητεύειν, ἵνα πάντες **μανθάνωσιν** καὶ πάντες παρακαλῶνται.
14:35 εἰ δέ τι **μαθεῖν** θέλουσιν, ἐν οἴκῳ τοὺς ἰδίους ἄνδρας ἐπερωτάτωσαν·
Gal 3: 2 τοῦτο μόνον θέλω **μαθεῖν** ἀφ᾽ ὑμῶν· ἐξ ἔργων νόμου τὸ πνεῦμα ἐλάβετε ἢ ἐξ ἀκοῆς πίστεως;
Eph 4:20 ὑμεῖς δὲ οὐχ οὕτως **ἐμάθετε** τὸν Χριστόν,
Php 4: 9 ἃ καὶ **ἐμάθετε** καὶ παρελάβετε καὶ ἠκούσατε καὶ εἴδετε ἐν ἐμοί,
4:11 ἐγὼ γὰρ **ἔμαθον** ἐν οἷς εἰμι αὐτάρκης εἶναι.
Col 1: 7 καθὼς **ἐμάθετε** ἀπὸ Ἐπαφρᾶ τοῦ ἀγαπητοῦ συνδούλου ἡμῶν,
1Ti 2:11 γυνὴ ἐν ἡσυχίᾳ **μανθανέτω** ἐν πάσῃ ὑποταγῇ·
5: 4 **μανθανέτωσαν** πρῶτον τὸν ἴδιον οἶκον εὐσεβεῖν καὶ ἀμοιβὰς ἀποδιδόναι τοῖς προγόνοις·
5:13 ἅμα δὲ καὶ ἀργαὶ **μανθάνουσιν** περιερχόμεναι τὰς οἰκίας,
2Ti 3: 7 πάντοτε **μανθάνοντα** καὶ μηδέποτε εἰς ἐπίγνωσιν ἀληθείας ἐλθεῖν δυνάμενα.
3:14 σὺ δὲ μένε ἐν οἷς **ἔμαθες** καὶ ἐπιστώθης, εἰδὼς παρὰ τίνων **ἔμαθες,**
Tit 3:14 **μανθανέτωσαν** δὲ καὶ οἱ ἡμέτεροι καλῶν ἔργων προΐστασθαι εἰς τὰς ἀναγκαίας χρείας,
Heb 5: 8 καίπερ ὢν υἱός, **ἔμαθεν** ἀφ᾽ ὧν ἔπαθεν τὴν ὑπακοήν,
Rev 14: 3 καὶ οὐδεὶς ἐδύνατο **μαθεῖν** τὴν ᾠδὴν εἰ μὴ αἱ ἑκατὸν τεσσεράκοντα τέσσαρες χιλιάδες,

3444 μανία [1]

√ *3419*

Ac 26:24 Παῦλε· τὰ πολλά σε γράμματα εἰς **μανίαν** περιτρέπει.

3445 μάννα [4 / 5]

Jn 6:31 οἱ πατέρες ἡμῶν τὸ **μάννα** ἔφαγον ἐν τῇ ἐρήμῳ,
6:49 οἱ πατέρες ὑμῶν ἔφαγον ἐν τῇ ἐρήμῳ τὸ **μάννα** καὶ ἀπέθανον·
6:58 οὐ καθὼς ἔφαγον οἱ πατέρες ὑμῶν τὸ **μάννα**[UBS-] καὶ ἀπέθανον·
Heb 9: 4 ἐν ᾗ στάμνος χρυσῆ ἔχουσα τὸ **μάννα** καὶ ἡ ῥάβδος Ἀαρὼν ἡ βλαστήσασα καὶ αἱ πλάκες τῆς διαθήκης,
Rev 2:17 τῷ νικῶντι δώσω αὐτῷ τοῦ **μάννα** τοῦ κεκρυμμένου καὶ δώσω αὐτῷ ψῆφον λευκήν,

3446 μαντεύομαι [1]

√ *3419*

Ac 16:16 ἥτις ἐργασίαν πολλὴν παρεῖχεν τοῖς κυρίοις αὐτῆς **μαντευομένη.**

3447 μαραίνω [1]

→ *277, 278*

Jas 1:11 οὕτως καὶ ὁ πλούσιος ἐν ταῖς πορείαις αὐτοῦ **μαρανθήσεται.**

3448 μαράνα θά [1]

√ *cf. 2495*

1Co 16:22 εἴ τις οὐ φιλεῖ τὸν κύριον, ἤτω ἀνάθεμα. **Μαρανα θα.**

3449 μαργαρίτης [9]

Mt 7: 6 Μὴ δῶτε τὸ ἅγιον τοῖς κυσὶν μηδὲ βάλητε τοὺς **μαργαρίτας** ὑμῶν ἔμπροσθεν τῶν χοίρων,
13:45 Πάλιν ὁμοία ἐστὶν ἡ βασιλεία τῶν οὐρανῶν ἀνθρώπῳ ἐμπόρῳ ζητοῦντι καλοὺς **μαργαρίτας·**
13:46 εὑρὼν δὲ ἕνα πολύτιμον **μαργαρίτην** ἀπελθὼν πέπρακεν πάντα ὅσα εἶχεν καὶ ἠγόρασεν αὐτόν.
1Ti 2: 9 μὴ ἐν πλέγμασιν καὶ χρυσίῳ ἢ **μαργαρίταις** ἢ ἱματισμῷ πολυτελεῖ,
Rev 17: 4 καὶ ἡ γυνὴ ἦν περιβεβλημένη πορφυροῦν καὶ κόκκινον καὶ κεχρυσωμένη χρυσίῳ καὶ λίθῳ τιμίῳ καὶ **μαργαρίταις,**
18:12 γόμον χρυσοῦ καὶ ἀργύρου καὶ λίθου τιμίου καὶ **μαργαριτῶν** καὶ βυσσίνου καὶ πορφύρας καὶ σιρικοῦ καὶ κοκκίνου,
18:16 ἡ περιβεβλημένη βύσσινον καὶ πορφυροῦν καὶ κόκκινον καὶ κεχρυσωμένη [ἐν] χρυσίῳ καὶ λίθῳ τιμίῳ καὶ **μαργαρίτῃ,**
21:21 καὶ οἱ δώδεκα πυλῶνες δώδεκα **μαργαρῖται,** ἀνὰ εἷς ἕκαστος τῶν πυλώνων ἦν ἐξ ἑνὸς **μαργαρίτου.**

3450 Μάρθα [13]

Lk 10:38 Ἐν δὲ τῷ πορεύεσθαι αὐτοὺς αὐτὸς εἰσῆλθεν εἰς κώμην τινά· γυνὴ δέ τις ὀνόματι **Μάρθα** ὑπεδέξατο αὐτόν.
10:40 ἡ δὲ **Μάρθα** περιεσπᾶτο περὶ πολλὴν διακονίαν·
10:41 ἀποκριθεὶς δὲ εἶπεν αὐτῇ ὁ κύριος, **Μάρθα Μάρθα,** μεριμνᾷς καὶ θορυβάζῃ περὶ πολλά,
Jn 11: 1 ἐκ τῆς κώμης Μαρίας καὶ **Μάρθας** τῆς ἀδελφῆς αὐτῆς.
11: 5 ἠγάπα δὲ ὁ Ἰησοῦς τὴν **Μάρθαν** καὶ τὴν ἀδελφὴν αὐτῆς καὶ τὸν Λάζαρον.
11:19 πολλοὶ δὲ ἐκ τῶν Ἰουδαίων ἐληλύθεισαν πρὸς τὴν **Μάρθαν** καὶ Μαριὰμ ἵνα παραμυθήσωνται αὐτὰς περὶ τοῦ ἀδελφοῦ.
11:20 ἡ οὖν **Μάρθα** ὡς ἤκουσεν ὅτι Ἰησοῦς ἔρχεται ὑπήντησεν αὐτῷ·
11:21 εἶπεν οὖν ἡ **Μάρθα** πρὸς τὸν Ἰησοῦν, Κύριε,
11:24 λέγει αὐτῷ ἡ **Μάρθα,** Οἶδα ὅτι ἀναστήσεται ἐν τῇ ἀναστάσει ἐν τῇ ἐσχάτῃ ἡμέρᾳ.
11:30 ἀλλ᾽ ἦν ἔτι ἐν τῷ τόπῳ ὅπου ὑπήντησεν αὐτῷ ἡ **Μάρθα.**
11:39 λέγει αὐτῷ ἡ ἀδελφὴ τοῦ τετελευτηκότος **Μάρθα,** Κύριε,
12: 2 ἐποίησαν οὖν αὐτῷ δεῖπνον ἐκεῖ, καὶ ἡ **Μάρθα** διηκόνει,

3451 Μαρία [54]

→ *3452*

ἄλλη Μαρία [2] Mt 27:61; 28:1

ἡ Μαγδαληνή [14] Mt 27:56,61; 28:1; Mk 15:40,47; 16:1,9; Lk 8:2; 24:10; Jn 19:25; 20:1,11,16,18

mother of **Ἰάκωβος** [4] Mt 27:56; Mk 15:40; 16:1; Lk 24:10

mother of **Ἰησοῦς** [19] Mt 1:16,18,20; 2:11; 13:55; Mk 6:3; Lk 1:27,30,34,38,39,41,46,56; 2:5,16,19,34; Ac 1:14

mother of **Ἰωάννης ... Μᾶρκος** [1] Ac 12:12

mother of **Ἰωσῆς** [1] Mk 15:47

sister of **Λάζαρος κ. Μάρθα** [11] Lk 10:39,42; Jn 11:1,2,19,20,28,31,32,45; 12:3

wife of **Κλωπᾶς** [1] Jn 19:25

the laborer [1] Ro 16:6

Mt 1:16 Ἰακὼβ δὲ ἐγέννησεν τὸν Ἰωσὴφ τὸν ἄνδρα **Μαρίας,** ἐξ ἧς ἐγεννήθη Ἰησοῦς ὁ λεγόμενος Χριστός.
1:18 μνηστευθείσης τῆς μητρὸς αὐτοῦ **Μαρίας** τῷ Ἰωσήφ, πρὶν ἢ συνελθεῖν αὐτοὺς εὑρέθη ἐν γαστρὶ ἔχουσα ἐκ πνεύματος ἁγίου.
1:20 Ἰωσὴφ υἱὸς Δαυίδ, μὴ φοβηθῇς παραλαβεῖν **Μαριὰμ** τὴν γυναῖκά σου·
2:11 καὶ ἐλθόντες εἰς τὴν οἰκίαν εἶδον τὸ παιδίον μετὰ **Μαρίας** τῆς μητρὸς αὐτοῦ,
13:55 οὐχ ἡ μήτηρ αὐτοῦ λέγεται **Μαριὰμ** καὶ οἱ ἀδελφοὶ αὐτοῦ Ἰάκωβος καὶ Ἰωσὴφ καὶ Σίμων καὶ Ἰούδας;
27:56 ἐν αἷς ἦν **Μαρία** ἡ Μαγδαληνὴ καὶ **Μαρία** ἡ τοῦ Ἰακώβου καὶ Ἰωσὴφ μήτηρ καὶ ἡ μήτηρ τῶν υἱῶν Ζεβεδαίου.
27:61 ἦν δὲ ἐκεῖ **Μαριὰμ** ἡ Μαγδαληνὴ καὶ ἡ ἄλλη **Μαρία** καθήμεναι ἀπέναντι τοῦ τάφου.
28: 1 τῇ ἐπιφωσκούσῃ εἰς μίαν σαββάτων ἦλθεν **Μαριὰμ** ἡ Μαγδαληνὴ καὶ ἡ ἄλλη **Μαρία** θεωρῆσαι τὸν τάφον.
Mk 6: 3 ὁ υἱὸς τῆς **Μαρίας** καὶ ἀδελφὸς Ἰακώβου καὶ Ἰωσῆτος καὶ Ἰούδα καὶ Σίμωνος;
15:40 ἐν αἷς καὶ **Μαρία** ἡ Μαγδαληνὴ καὶ **Μαρία** ἡ Ἰακώβου τοῦ μικροῦ καὶ Ἰωσῆτος μήτηρ καὶ Σαλώμη,
15:47 ἡ δὲ **Μαρία** ἡ Μαγδαληνὴ καὶ **Μαρία** ἡ Ἰωσῆτος ἐθεώρουν ποῦ τέθειται.
16: 1 Καὶ διαγενομένου τοῦ σαββάτου **Μαρία** ἡ Μαγδαληνὴ καὶ **Μαρία** ἡ [τοῦ] Ἰακώβου καὶ Σαλώμη ἠγόρασαν ἀρώματα
16: 9 ⟦Ἀναστὰς δὲ πρωῒ πρώτῃ σαββάτου ἐφάνη πρῶτον **Μαρίᾳ** τῇ Μαγδαληνῇ,⟧
Lk 1:27 πρὸς παρθένον ἐμνηστευμένην ἀνδρὶ ᾧ ὄνομα Ἰωσὴφ ἐξ οἴκου Δαυὶδ καὶ τὸ ὄνομα τῆς παρθένου **Μαριάμ.**
1:30 καὶ εἶπεν ὁ ἄγγελος αὐτῇ, Μὴ φοβοῦ, **Μαριάμ,**
1:34 εἶπεν δὲ **Μαριὰμ** πρὸς τὸν ἄγγελον, Πῶς ἔσται τοῦτο,
1:38 εἶπεν δὲ **Μαριάμ,** Ἰδοὺ ἡ δούλη κυρίου· γένοιτό μοι κατὰ τὸ ῥῆμά σου.
1:39 Ἀναστᾶσα δὲ **Μαριὰμ** ἐν ταῖς ἡμέραις ταύταις ἐπορεύθη εἰς τὴν ὀρεινὴν μετὰ σπουδῆς εἰς πόλιν Ἰούδα,
1:41 ἐγένετο ὡς ἤκουσεν τὸν ἀσπασμὸν τῆς **Μαρίας** ἡ Ἐλισάβετ,

1:46 Καὶ εἶπεν **Μαριάμ,** Μεγαλύνει ἡ ψυχή μου τὸν κύριον,
1:56 Ἔμεινεν δὲ **Μαριὰμ** σὺν αὐτῇ ὡς μῆνας τρεῖς,
2: 5 ἀπογράψασθαι σὺν **Μαριὰμ** τῇ ἐμνηστευμένῃ αὐτῷ, οὔσῃ ἐγκύῳ.
2:16 καὶ ἦλθαν σπεύσαντες καὶ ἀνεῦραν τήν τε **Μαριὰμ** καὶ τὸν Ἰωσὴφ καὶ τὸ βρέφος κείμενον ἐν τῇ φάτνῃ·
2:19 ἡ δὲ **Μαριὰμ** πάντα συνετήρει τὰ ῥήματα ταῦτα συμβάλλουσα ἐν τῇ καρδίᾳ αὐτῆς.
2:34 καὶ εὐλόγησεν αὐτοὺς Συμεὼν καὶ εἶπεν πρὸς **Μαριὰμ** τὴν μητέρα αὐτοῦ,
8: 2 **Μαρία** ἡ καλουμένη Μαγδαληνή, ἀφ' ἧς δαιμόνια ἑπτὰ ἐξεληλύθει,
10:39 τῇδε ἦν ἀδελφὴ καλουμένη **Μαριάμ,** [ἣ] καὶ παρακαθεσθεῖσα πρὸς τοὺς πόδας τοῦ κυρίου ἤκουεν τὸν λόγον αὐτοῦ.
10:42 **Μαριὰμ** γὰρ τὴν ἀγαθὴν μερίδα ἐξελέξατο ἥτις οὐκ ἀφαιρεθήσεται αὐτῆς.
24:10 ἦσαν δὲ ἡ Μαγδαληνὴ **Μαρία** καὶ Ἰωάννα καὶ **Μαρία** ἡ Ἰακώβου καὶ αἱ λοιπαὶ σὺν αὐταῖς.
Jn 11: 1 ἐκ τῆς κώμης **Μαρίας** καὶ Μάρθας τῆς ἀδελφῆς αὐτῆς.
11: 2 ἦν δὲ **Μαριὰμ** ἡ ἀλείψασα τὸν κύριον μύρῳ καὶ ἐκμάξασα τοὺς πόδας αὐτοῦ ταῖς θριξὶν αὐτῆς,
11:19 πολλοὶ δὲ ἐκ τῶν Ἰουδαίων ἐληλύθεισαν πρὸς τὴν Μάρθαν καὶ **Μαριὰμ** ἵνα παραμυθήσωνται αὐτὰς περὶ τοῦ ἀδελφοῦ.
11:20 ἡ οὖν Μάρθα ὡς ἤκουσεν ὅτι Ἰησοῦς ἔρχεται ὑπήντησεν αὐτῷ· **Μαριὰμ** δὲ ἐν τῷ οἴκῳ ἐκαθέζετο.
11:28 Καὶ τοῦτο εἰποῦσα ἀπῆλθεν καὶ ἐφώνησεν **Μαριὰμ** τὴν ἀδελφὴν αὐτῆς λάθρᾳ εἰποῦσα,
11:31 ἰδόντες τὴν **Μαριὰμ** ὅτι ταχέως ἀνέστη καὶ ἐξῆλθεν,
11:32 ἡ οὖν **Μαριὰμ** ὡς ἦλθεν ὅπου ἦν Ἰησοῦς ἰδοῦσα αὐτὸν ἔπεσεν αὐτοῦ πρὸς τοὺς πόδας λέγουσα αὐτῷ,
11:45 Πολλοὶ οὖν ἐκ τῶν Ἰουδαίων οἱ ἐλθόντες πρὸς τὴν **Μαριὰμ** καὶ θεασάμενοι ἃ ἐποίησεν ἐπίστευσαν εἰς αὐτόν·
12: 3 ἡ οὖν **Μαριὰμ** λαβοῦσα λίτραν μύρου νάρδου πιστικῆς πολυτίμου ἤλειψεν τοὺς πόδας τοῦ Ἰησοῦ
19:25 **Μαρία** ἡ τοῦ Κλωπᾶ καὶ **Μαρία** ἡ Μαγδαληνή.
20: 1 Τῇ δὲ μιᾷ τῶν σαββάτων **Μαρία** ἡ Μαγδαληνὴ ἔρχεται πρωῒ σκοτίας ἔτι οὔσης εἰς τὸ μνημεῖον καὶ βλέπει τὸν λίθον
20:11 **Μαρία** δὲ εἱστήκει πρὸς τῷ μνημείῳ ἔξω κλαίουσα.
20:16 λέγει αὐτῇ Ἰησοῦς, **Μαριάμ.** στραφεῖσα ἐκείνη λέγει αὐτῷ Ἑβραϊστί,
20:18 ἔρχεται **Μαριὰμ** ἡ Μαγδαληνὴ ἀγγέλλουσα τοῖς μαθηταῖς ὅτι Ἑώρακα τὸν κύριον,
Ac 1:14 οὗτοι πάντες ἦσαν προσκαρτεροῦντες ὁμοθυμαδὸν τῇ προσευχῇ σὺν γυναιξὶν καὶ **Μαριὰμ** τῇ μητρὶ τοῦ Ἰησοῦ καὶ τοῖς ἀδελφοῖς αὐτοῦ.
12:12 συνιδών τε ἦλθεν ἐπὶ τὴν οἰκίαν τῆς **Μαρίας** τῆς μητρὸς Ἰωάννου τοῦ ἐπικαλουμένου Μάρκου,
Ro 16: 6 ἀσπάσασθε **Μαρίαν,** ἥτις πολλὰ ἐκοπίασεν εἰς ὑμᾶς.

3452 Μαριάμ Not used in UBS/NIV

√ 3451

3453 Μᾶρκος [8]

Ac 12:12 συνιδών τε ἦλθεν ἐπὶ τὴν οἰκίαν τῆς Μαρίας τῆς μητρὸς Ἰωάννου τοῦ ἐπικαλουμένου **Μάρκου,**
12:25 ὑπέστρεψαν εἰς Ἰερουσαλὴμ πληρώσαντες τὴν διακονίαν, συμπαραλαβόντες Ἰωάννην τὸν ἐπικληθέντα **Μᾶρκον.**
15:37 Βαρναβᾶς δὲ ἐβούλετο συμπαραλαβεῖν καὶ τὸν Ἰωάννην τὸν καλούμενον **Μᾶρκον·**
15:39 τόν τε Βαρναβᾶν παραλαβόντα τὸν **Μᾶρκον** ἐκπλεῦσαι εἰς Κύπρον,
Col 4:10 Ἀσπάζεται ὑμᾶς Ἀρίσταρχος ὁ συναιχμάλωτός μου καὶ **Μᾶρκος** ὁ ἀνεψιὸς Βαρναβᾶ (περὶ οὗ ἐλάβετε ἐντολάς,
2Ti 4:11 **Μᾶρκον** ἀναλαβὼν ἄγε μετὰ σεαυτοῦ, ἔστιν γάρ μοι εὔχρηστος εἰς διακονίαν.
Phm 1:24 **Μᾶρκος,** Ἀρίσταρχος, Δημᾶς, Λουκᾶς, οἱ συνεργοί μου.
1Pe 5:13 Ἀσπάζεται ὑμᾶς ἡ ἐν Βαβυλῶνι συνεκλεκτὴ καὶ **Μᾶρκος** ὁ υἱός μου.

3454 μάρμαρος [1]

Rev 18:12 πᾶν ξύλον θύϊνον καὶ πᾶν σκεῦος ἐλεφάντινον καὶ πᾶν σκεῦος ἐκ ξύλου τιμιωτάτου καὶ χαλκοῦ καὶ σιδήρου καὶ **μαρμάρου,**

3455 μαρτυρέω [76]

√ 3459

μαρτυρέω τῇ ἀληθείᾳ [2] Jn 5:33; 18:37; 3Jn 1:3

μαρτυρέω κατά [1] 1Co 15:15

μαρτυρέω ... μαρτυρία [14] Jn 1:7; 3:11,32; 5:31,32,36; 8:13,14; 19:35; 21:24; 1Jn 5:9,10; 3Jn 1:12; Rev 1:2

μαρτυρέω ... ὁμολογία [1] 1Ti 6:13

Mt 23:31 ὥστε **μαρτυρεῖτε** ἑαυτοῖς ὅτι υἱοί ἐστε τῶν φονευσάντων τοὺς προφήτας.
Lk 4:22 Καὶ πάντες **ἐμαρτύρουν** αὐτῷ καὶ ἐθαύμαζον ἐπὶ τοῖς λόγοις τῆς χάριτος τοῖς ἐκπορευομένοις ἐκ τοῦ στόματος αὐτοῦ
Jn 1: 7 οὗτος ἦλθεν εἰς μαρτυρίαν ἵνα **μαρτυρήσῃ** περὶ τοῦ φωτός,
1: 8 οὐκ ἦν ἐκεῖνος τὸ φῶς, ἀλλ' ἵνα **μαρτυρήσῃ** περὶ τοῦ φωτός.
1:15 Ἰωάννης **μαρτυρεῖ** περὶ αὐτοῦ καὶ κέκραγεν λέγων, Οὗτος ἦν ὃν εἶπον,
1:32 Καὶ **ἐμαρτύρησεν** Ἰωάννης λέγων ὅτι Τεθέαμαι τὸ πνεῦμα καταβαῖνον ὡς περιστερὰν ἐξ οὐρανοῦ καὶ ἔμεινεν ἐπ' αὐτόν.
1:34 ἑώρακα καὶ **μεμαρτύρηκα** ὅτι οὗτός ἐστιν ὁ υἱὸς τοῦ θεοῦ.
2:25 καὶ ὅτι οὐ χρείαν εἶχεν ἵνα τις **μαρτυρήσῃ** περὶ τοῦ ἀνθρώπου·
3:11 ἀμὴν ἀμὴν λέγω σοι ὅτι ὃ οἴδαμεν λαλοῦμεν καὶ ὃ ἑωράκαμεν **μαρτυροῦμεν,**
3:26 ὃς ἦν μετὰ σοῦ πέραν τοῦ Ἰορδάνου, ᾧ σὺ **μεμαρτύρηκας,**
3:28 αὐτοὶ ὑμεῖς μοι **μαρτυρεῖτε** ὅτι εἶπον [ὅτι] Οὐκ εἰμὶ ἐγὼ ὁ Χριστός,
3:32 ὃ ἑώρακεν καὶ ἤκουσεν τοῦτο **μαρτυρεῖ,** καὶ τὴν μαρτυρίαν αὐτοῦ οὐδεὶς λαμβάνει.
4:39 πολλοὶ ἐπίστευσαν εἰς αὐτὸν τῶν Σαμαριτῶν διὰ τὸν λόγον τῆς γυναικὸς **μαρτυρούσης** ὅτι Εἶπέν μοι πάντα ἃ ἐποίησα
4:44 αὐτὸς γὰρ Ἰησοῦς **ἐμαρτύρησεν** ὅτι προφήτης ἐν τῇ ἰδίᾳ πατρίδι τιμὴν οὐκ ἔχει.
5:31 ἐὰν ἐγὼ **μαρτυρῶ** περὶ ἐμαυτοῦ, ἡ μαρτυρία μου οὐκ ἔστιν ἀληθής·
5:32 ἄλλος ἐστὶν ὁ **μαρτυρῶν** περὶ ἐμοῦ, καὶ οἶδα ὅτι ἀληθής ἐστιν ἡ μαρτυρία ἣν **μαρτυρεῖ** περὶ ἐμοῦ.
5:33 ὑμεῖς ἀπεστάλκατε πρὸς Ἰωάννην, καὶ **μεμαρτύρηκεν** τῇ ἀληθείᾳ·
5:36 αὐτὰ τὰ ἔργα ἃ ποιῶ **μαρτυρεῖ** περὶ ἐμοῦ ὅτι ὁ πατήρ με ἀπέσταλκεν.
5:37 καὶ ὁ πέμψας με πατὴρ ἐκεῖνος **μεμαρτύρηκεν** περὶ ἐμοῦ.
5:39 ὅτι ὑμεῖς δοκεῖτε ἐν αὐταῖς ζωὴν αἰώνιον ἔχειν· καὶ ἐκεῖναί εἰσιν αἱ **μαρτυροῦσαι** περὶ ἐμοῦ·
7: 7 ὅτι ἐγὼ **μαρτυρῶ** περὶ αὐτοῦ ὅτι τὰ ἔργα αὐτοῦ πονηρά ἐστιν.
8:13 εἶπον οὖν αὐτῷ οἱ Φαρισαῖοι, Σὺ περὶ σεαυτοῦ **μαρτυρεῖς·**
8:14 Κἂν ἐγὼ **μαρτυρῶ** περὶ ἐμαυτοῦ, ἀληθής ἐστιν ἡ μαρτυρία μου,
8:18 ἐγώ εἰμι ὁ **μαρτυρῶν** περὶ ἐμαυτοῦ καὶ **μαρτυρεῖ** περὶ ἐμοῦ ὁ πέμψας με πατήρ.
10:25 τὰ ἔργα ἃ ἐγὼ ποιῶ ἐν τῷ ὀνόματι τοῦ πατρός μου ταῦτα **μαρτυρεῖ** περὶ ἐμοῦ·
12:17 **ἐμαρτύρει** οὖν ὁ ὄχλος ὁ ὢν μετ' αὐτοῦ ὅτε τὸν Λάζαρον ἐφώνησεν ἐκ τοῦ μνημείου καὶ ἤγειρεν αὐτὸν ἐκ νεκρῶν.
13:21 Ταῦτα εἰπὼν [ὁ] Ἰησοῦς ἐταράχθη τῷ πνεύματι καὶ **ἐμαρτύρησεν** καὶ εἶπεν,
15:26 τὸ πνεῦμα τῆς ἀληθείας ὃ παρὰ τοῦ πατρὸς ἐκπορεύεται, ἐκεῖνος **μαρτυρήσει** περὶ ἐμοῦ·
15:27 καὶ ὑμεῖς δὲ **μαρτυρεῖτε,** ὅτι ἀπ' ἀρχῆς μετ' ἐμοῦ ἐστε.
18:23 ἀπεκρίθη αὐτῷ Ἰησοῦς, Εἰ κακῶς ἐλάλησα, **μαρτύρησον** περὶ τοῦ κακοῦ·
18:37 ἐγὼ εἰς τοῦτο γεγέννημαι καὶ εἰς τοῦτο ἐλήλυθα εἰς τὸν κόσμον, ἵνα **μαρτυρήσω** τῇ ἀληθείᾳ·
19:35 καὶ ὁ ἑωρακὼς **μεμαρτύρηκεν,** καὶ ἀληθινὴ αὐτοῦ ἐστιν ἡ μαρτυρία,
21:24 Οὗτός ἐστιν ὁ μαθητὴς ὁ **μαρτυρῶν** περὶ τούτων καὶ ὁ γράψας ταῦτα,
Ac 6: 3 ἐπισκέψασθε δέ, ἀδελφοί, ἄνδρας ἐξ ὑμῶν **μαρτυρουμένους** ἑπτά,
10:22 **μαρτυρούμενός** τε ὑπὸ ὅλου τοῦ ἔθνους τῶν Ἰουδαίων,
10:43 πάντες οἱ προφῆται **μαρτυροῦσιν** ἄφεσιν ἁμαρτιῶν λαβεῖν διὰ τοῦ ὀνόματος αὐτοῦ πάντα τὸν πιστεύοντα εἰς αὐτόν.
13:22 καὶ μεταστήσας αὐτὸν ἤγειρεν τὸν Δαυὶδ αὐτοῖς εἰς βασιλέα ᾧ καὶ εἶπεν **μαρτυρήσας,**
14: 3 ἱκανὸν μὲν οὖν χρόνον διέτριψαν παρρησιαζόμενοι ἐπὶ τῷ κυρίῳ τῷ **μαρτυροῦντι** [ἐπὶ] τῷ λόγῳ τῆς χάριτος αὐτοῦ,

15: 8 καὶ ὁ καρδιογνώστης θεὸς **ἐμαρτύρησεν** αὐτοῖς δοὺς τὸ πνεῦμα τὸ ἅγιον καθὼς καὶ ἡμῖν
16: 2 ὃς **ἐμαρτυρεῖτο** ὑπὸ τῶν ἐν Λύστροις καὶ Ἰκονίῳ ἀδελφῶν.
22: 5 ὡς καὶ ὁ ἀρχιερεὺς **μαρτυρεῖ** μοι καὶ πᾶν τὸ πρεσβυτέριον,
22: 12 ἀνὴρ εὐλαβὴς κατὰ τὸν νόμον, **μαρτυρούμενος** ὑπὸ πάντων τῶν κατοικούντων Ἰουδαίων,
23: 11 ὡς γὰρ διεμαρτύρω τὰ περὶ ἐμοῦ εἰς Ἰερουσαλήμ, οὕτω σε δεῖ καὶ εἰς Ῥώμην **μαρτυρῆσαι.**
26: 5 προγινώσκοντές με ἄνωθεν, ἐὰν θέλωσι **μαρτυρεῖν,** ὅτι κατὰ τὴν ἀκριβεστάτην αἵρεσιν τῆς ἡμετέρας θρησκείας ἔζησα
Ro 3: 21 Νυνὶ δὲ χωρὶς νόμου δικαιοσύνη θεοῦ πεφανέρωται **μαρτυρουμένη** ὑπὸ τοῦ νόμου καὶ τῶν προφητῶν,
10: 2 **μαρτυρῶ** γὰρ αὐτοῖς ὅτι ζῆλον θεοῦ ἔχουσιν ἀλλ' οὐ κατ' ἐπίγνωσιν·
1Co 15: 15 ὅτι **ἐμαρτυρήσαμεν** κατὰ τοῦ θεοῦ ὅτι ἤγειρεν τὸν Χριστόν,
2Co 8: 3 ὅτι κατὰ δύναμιν, **μαρτυρῶ,** καὶ παρὰ δύναμιν, αὐθαίρετοι
Gal 4: 15 **μαρτυρῶ** γὰρ ὑμῖν ὅτι εἰ δυνατὸν τοὺς ὀφθαλμοὺς ὑμῶν ἐξορύξαντες ἐδώκατέ μοι.
Col 4: 13 **μαρτυρῶ** γὰρ αὐτῷ ὅτι ἔχει πολὺν πόνον ὑπὲρ ὑμῶν καὶ τῶν ἐν Λαοδικείᾳ καὶ τῶν ἐν Ἱεραπόλει.
1Ti 5: 10 ἐν ἔργοις καλοῖς **μαρτυρουμένη,** εἰ ἐτεκνοτρόφησεν, εἰ ἐξενοδόχησεν,
6: 13 καὶ Χριστοῦ Ἰησοῦ τοῦ **μαρτυρήσαντος** ἐπὶ Ποντίου Πιλάτου τὴν καλὴν ὁμολογίαν,
Heb 7: 8 καὶ ὧδε μὲν δεκάτας ἀποθνῄσκοντες ἄνθρωποι λαμβάνουσιν, ἐκεῖ δὲ **μαρτυρούμενος** ὅτι ζῇ.
7: 17 **μαρτυρεῖται** γὰρ ὅτι Σὺ ἱερεὺς εἰς τὸν αἰῶνα κατὰ τὴν τάξιν Μελχισέδεκ.
10: 15 **Μαρτυρεῖ** δὲ ἡμῖν καὶ τὸ πνεῦμα τὸ ἅγιον·
11: 2 ἐν ταύτῃ γὰρ **ἐμαρτυρήθησαν** οἱ πρεσβύτεροι.
11: 4 δι' ἧς **ἐμαρτυρήθη** εἶναι δίκαιος, **μαρτυροῦντος** ἐπὶ τοῖς δώροις αὐτοῦ τοῦ θεοῦ,
11: 5 πρὸ γὰρ τῆς μεταθέσεως **μεμαρτύρηται** εὐαρεστηκέναι τῷ θεῷ·
11: 39 Καὶ οὗτοι πάντες **μαρτυρηθέντες** διὰ τῆς πίστεως οὐκ ἐκομίσαντο τὴν ἐπαγγελίαν,
1Jn 1: 2 ἑωράκαμεν καὶ **μαρτυροῦμεν** καὶ ἀπαγγέλλομεν ὑμῖν τὴν ζωὴν τὴν αἰώνιον ἥτις ἦν πρὸς τὸν πατέρα καὶ ἐφανερώθη ἡμῖν–
4: 14 καὶ ἡμεῖς τεθεάμεθα καὶ **μαρτυροῦμεν** ὅτι ὁ πατὴρ ἀπέσταλκεν τὸν υἱὸν σωτῆρα τοῦ κόσμου.
5: 6 τὸ πνεῦμά ἐστιν τὸ **μαρτυροῦν,** ὅτι τὸ πνεῦμά ἐστιν ἡ ἀλήθεια.
5: 7 ὅτι τρεῖς εἰσιν οἱ **μαρτυροῦντες,**
5: 9 ὅτι αὕτη ἐστὶν ἡ μαρτυρία τοῦ θεοῦ ὅτι **μεμαρτύρηκεν** περὶ τοῦ υἱοῦ αὐτοῦ.
5: 10 ὅτι οὐ πεπίστευκεν εἰς τὴν μαρτυρίαν ἣν **μεμαρτύρηκεν** ὁ θεὸς περὶ τοῦ υἱοῦ αὐτοῦ.
3Jn 1: 3 ἐχάρην γὰρ λίαν ἐρχομένων ἀδελφῶν καὶ **μαρτυρούντων** σου τῇ ἀληθείᾳ,
1: 6 οἳ **ἐμαρτύρησάν** σου τῇ ἀγάπῃ ἐνώπιον ἐκκλησίας, οὓς καλῶς ποιήσεις προπέμψας ἀξίως τοῦ θεοῦ·
1: 12 Δημητρίῳ **μεμαρτύρηται** ὑπὸ πάντων καὶ ὑπὸ αὐτῆς τῆς ἀληθείας· καὶ ἡμεῖς δὲ **μαρτυροῦμεν,** καὶ οἶδας ὅτι ἡ μαρτυρία ἡμῶν ἀληθής ἐστιν.
Rev 1: 2 ὃς **ἐμαρτύρησεν** τὸν λόγον τοῦ θεοῦ καὶ τὴν μαρτυρίαν Ἰησοῦ Χριστοῦ ὅσα εἶδεν.
22: 16 Ἐγὼ Ἰησοῦς ἔπεμψα τὸν ἄγγελόν μου **μαρτυρῆσαι** ὑμῖν ταῦτα ἐπὶ ταῖς ἐκκλησίαις.
22: 18 **Μαρτυρῶ** ἐγὼ παντὶ τῷ ἀκούοντι τοὺς λόγους τῆς προφητείας τοῦ βιβλίου τούτου·
22: 20 Λέγει ὁ **μαρτυρῶν** ταῦτα, Ναί, ἔρχομαι ταχύ. Ἀμήν,

3456 μαρτυρία [37]

√ *3459*

μαρτυρέω ... μαρτυρία [14] Jn 1:7; 3:11,32; 5:31,32,36; 8:13,14; 19:35; 21:24; 1Jn 5:9,10; 3Jn 1:12; Rev 1:2

μαρτυρία Ἰησοῦ [7] Mk 14:55; Rev 1:2,9; 12:17; 19:10,10; 20:4

μαρτυρία κατά [1] Mk 14:55

Mk 14: 55 οἱ δὲ ἀρχιερεῖς καὶ ὅλον τὸ συνέδριον ἐζήτουν κατὰ τοῦ Ἰησοῦ **μαρτυρίαν** εἰς τὸ θανατῶσαι αὐτόν,
14: 56 πολλοὶ γὰρ ἐψευδομαρτύρουν κατ' αὐτοῦ, καὶ ἴσαι αἱ **μαρτυρίαι** οὐκ ἦσαν.
14: 59 καὶ οὐδὲ οὕτως ἴση ἦν ἡ **μαρτυρία** αὐτῶν.
Lk 22: 71 οἱ δὲ εἶπαν, Τί ἔτι ἔχομεν **μαρτυρίας** χρείαν;
Jn 1: 7 οὗτος ἦλθεν εἰς **μαρτυρίαν** ἵνα μαρτυρήσῃ περὶ τοῦ φωτός,
1: 19 Καὶ αὕτη ἐστὶν ἡ **μαρτυρία** τοῦ Ἰωάννου, ὅτε ἀπέστειλαν [πρὸς αὐτὸν] οἱ Ἰουδαῖοι ἐξ Ἱεροσολύμων ἱερεῖς καὶ Λευίτας
3: 11 ἀμὴν ἀμὴν λέγω σοι ὅτι ὃ οἴδαμεν λαλοῦμεν καὶ ὃ ἑωράκαμεν μαρτυροῦμεν, καὶ τὴν **μαρτυρίαν** ἡμῶν οὐ λαμβάνετε.
3: 32 ὃ ἑώρακεν καὶ ἤκουσεν τοῦτο μαρτυρεῖ, καὶ τὴν **μαρτυρίαν** αὐτοῦ οὐδεὶς λαμβάνει.
3: 33 ὁ λαβὼν αὐτοῦ τὴν **μαρτυρίαν** ἐσφράγισεν ὅτι ὁ θεὸς ἀληθής ἐστιν.
5: 31 ἐὰν ἐγὼ μαρτυρῶ περὶ ἐμαυτοῦ, ἡ **μαρτυρία** μου οὐκ ἔστιν ἀληθής·
5: 32 καὶ οἶδα ὅτι ἀληθής ἐστιν ἡ **μαρτυρία** ἣν μαρτυρεῖ περὶ ἐμοῦ.
5: 34 ἐγὼ δὲ οὐ παρὰ ἀνθρώπου τὴν **μαρτυρίαν** λαμβάνω,
5: 36 ἐγὼ δὲ ἔχω τὴν **μαρτυρίαν** μείζω τοῦ Ἰωάννου·
8: 13 Σὺ περὶ σεαυτοῦ μαρτυρεῖς· ἡ **μαρτυρία** σου οὐκ ἔστιν ἀληθής.
8: 14 Κἂν ἐγὼ μαρτυρῶ περὶ ἐμαυτοῦ, ἀληθής ἐστιν ἡ **μαρτυρία** μου,
8: 17 καὶ ἐν τῷ νόμῳ δὲ τῷ ὑμετέρῳ γέγραπται ὅτι δύο ἀνθρώπων ἡ **μαρτυρία** ἀληθής ἐστιν.
19: 35 καὶ ὁ ἑωρακὼς μεμαρτύρηκεν, καὶ ἀληθινὴ αὐτοῦ ἐστιν ἡ **μαρτυρία,**
21: 24 καὶ οἴδαμεν ὅτι ἀληθὴς αὐτοῦ ἡ **μαρτυρία** ἐστίν.
Ac 22: 18 Σπεῦσον καὶ ἔξελθε ἐν τάχει ἐξ Ἰερουσαλήμ, διότι οὐ παραδέξονταί σου **μαρτυρίαν** περὶ ἐμοῦ.
1Ti 3: 7 δεῖ δὲ καὶ **μαρτυρίαν** καλὴν ἔχειν ἀπὸ τῶν ἔξωθεν,
Tit 1: 13 ἡ **μαρτυρία** αὕτη ἐστὶν ἀληθής. δι' ἣν αἰτίαν ἔλεγχε αὐτοὺς ἀποτόμως,
1Jn 5: 9 εἰ τὴν **μαρτυρίαν** τῶν ἀνθρώπων λαμβάνομεν, ἡ **μαρτυρία** τοῦ θεοῦ μείζων ἐστίν· ὅτι αὕτη ἐστὶν ἡ **μαρτυρία** τοῦ θεοῦ ὅτι μεμαρτύρηκεν περὶ τοῦ υἱοῦ αὐτοῦ.
5: 10 ὁ πιστεύων εἰς τὸν υἱὸν τοῦ θεοῦ ἔχει τὴν **μαρτυρίαν** ἐν ἑαυτῷ, ὁ μὴ πιστεύων τῷ θεῷ ψεύστην πεποίηκεν αὐτόν, ὅτι οὐ πεπίστευκεν εἰς τὴν **μαρτυρίαν** ἣν μεμαρτύρηκεν ὁ θεὸς περὶ τοῦ υἱοῦ αὐτοῦ.
5: 11 αὕτη ἐστὶν ἡ **μαρτυρία,** ὅτι ζωὴν αἰώνιον ἔδωκεν ἡμῖν ὁ θεός,
3Jn 1: 12 καὶ οἶδας ὅτι ἡ **μαρτυρία** ἡμῶν ἀληθής ἐστιν.
Rev 1: 2 ὃς ἐμαρτύρησεν τὸν λόγον τοῦ θεοῦ καὶ τὴν **μαρτυρίαν** Ἰησοῦ Χριστοῦ ὅσα εἶδεν.
1: 9 ἐγενόμην ἐν τῇ νήσῳ τῇ καλουμένῃ Πάτμῳ διὰ τὸν λόγον τοῦ θεοῦ καὶ τὴν **μαρτυρίαν** Ἰησοῦ.
6: 9 εἶδον ὑποκάτω τοῦ θυσιαστηρίου τὰς ψυχὰς τῶν ἐσφαγμένων διὰ τὸν λόγον τοῦ θεοῦ καὶ διὰ τὴν **μαρτυρίαν** ἣν εἶχον.
11: 7 καὶ ὅταν τελέσωσιν τὴν **μαρτυρίαν** αὐτῶν, τὸ θηρίον τὸ ἀναβαῖνον ἐκ τῆς ἀβύσσου ποιήσει μετ' αὐτῶν πόλεμον
12: 11 καὶ αὐτοὶ ἐνίκησαν αὐτὸν διὰ τὸ αἷμα τοῦ ἀρνίου καὶ διὰ τὸν λόγον τῆς **μαρτυρίας** αὐτῶν καὶ οὐκ ἠγάπησαν τὴν ψυχὴν
12: 17 μετὰ τῶν λοιπῶν τοῦ σπέρματος αὐτῆς τῶν τηρούντων τὰς ἐντολὰς τοῦ θεοῦ καὶ ἐχόντων τὴν **μαρτυρίαν** Ἰησοῦ.
19: 10 σύνδουλός σού εἰμι καὶ τῶν ἀδελφῶν σου τῶν ἐχόντων τὴν **μαρτυρίαν** Ἰησοῦ· τῷ θεῷ προσκύνησον. ἡ γὰρ **μαρτυρία** Ἰησοῦ ἐστιν τὸ πνεῦμα τῆς προφητείας.
20: 4 καὶ τὰς ψυχὰς τῶν πεπελεκισμένων διὰ τὴν **μαρτυρίαν** Ἰησοῦ καὶ διὰ τὸν λόγον τοῦ θεοῦ

3457 μαρτύριον [19 / 20]

√ *3459*

σκηνὴ μαρτυρίου [2] Ac 7:44; Rev 15:5

Mt 8: 4 ἀλλὰ ὕπαγε σεαυτὸν δεῖξον τῷ ἱερεῖ καὶ προσένεγκον τὸ δῶρον ὃ προσέταξεν Μωϋσῆς, εἰς **μαρτύριον** αὐτοῖς.
10: 18 καὶ ἐπὶ ἡγεμόνας δὲ καὶ βασιλεῖς ἀχθήσεσθε ἕνεκεν ἐμοῦ εἰς **μαρτύριον** αὐτοῖς καὶ τοῖς ἔθνεσιν.
24: 14 καὶ κηρυχθήσεται τοῦτο τὸ εὐαγγέλιον τῆς βασιλείας ἐν ὅλῃ τῇ οἰκουμένῃ εἰς **μαρτύριον** πᾶσιν τοῖς ἔθνεσιν,
Mk 1: 44 ἀλλὰ ὕπαγε σεαυτὸν δεῖξον τῷ ἱερεῖ καὶ προσένεγκε περὶ τοῦ καθαρισμοῦ σου ἃ προσέταξεν Μωϋσῆς, εἰς **μαρτύριον** αὐτοῖς.
6: 11 ἐκπορευόμενοι ἐκεῖθεν ἐκτινάξατε τὸν χοῦν τὸν ὑποκάτω τῶν ποδῶν ὑμῶν εἰς **μαρτύριον** αὐτοῖς.
13: 9 καὶ εἰς συναγωγὰς δαρήσεσθε καὶ ἐπὶ ἡγεμόνων καὶ βασιλέων σταθήσεσθε ἕνεκεν ἐμοῦ εἰς **μαρτύριον** αὐτοῖς.
Lk 5: 14 δεῖξον σεαυτὸν τῷ ἱερεῖ καὶ προσένεγκε περὶ τοῦ καθαρισμοῦ σου καθὼς προσέταξεν Μωϋσῆς, εἰς **μαρτύριον** αὐτοῖς.
9: 5 ἐξερχόμενοι ἀπὸ τῆς πόλεως ἐκείνης τὸν κονιορτὸν ἀπὸ τῶν ποδῶν ὑμῶν ἀποτινάσσετε εἰς **μαρτύριον** ἐπ' αὐτούς.
21: 13 ἀποβήσεται ὑμῖν εἰς **μαρτύριον.**

Ac 4:33 καὶ δυνάμει μεγάλῃ ἀπεδίδουν τὸ **μαρτύριον** οἱ ἀπόστολοι τῆς ἀναστάσεως τοῦ κυρίου Ἰησοῦ,
7:44 Ἡ σκηνὴ τοῦ **μαρτυρίου** ἦν τοῖς πατράσιν ἡμῶν ἐν τῇ ἐρήμῳ καθὼς διετάξατο ὁ λαλῶν τῷ Μωϋσῇ ποιῆσαι αὐτὴν
1Co 1: 6 καθὼς τὸ **μαρτύριον** τοῦ Χριστοῦ ἐβεβαιώθη ἐν ὑμῖν,
2: 1 ἦλθον οὐ καθ' ὑπεροχὴν λόγου ἢ σοφίας καταγγέλλων ὑμῖν τὸ **μαρτύριον**[NIV; UBS *3696*] τοῦ θεοῦ.
2Co 1:12 Ἡ γὰρ καύχησις ἡμῶν αὕτη ἐστίν, τὸ **μαρτύριον** τῆς συνειδήσεως ἡμῶν,
2Th 1:10 ὅτι ἐπιστεύθη τὸ **μαρτύριον** ἡμῶν ἐφ' ὑμᾶς, ἐν τῇ ἡμέρᾳ ἐκείνῃ.
1Ti 2: 6 ὁ δοὺς ἑαυτὸν ἀντίλυτρον ὑπὲρ πάντων, τὸ **μαρτύριον** καιροῖς ἰδίοις.
2Ti 1: 8 μὴ οὖν ἐπαισχυνθῇς τὸ **μαρτύριον** τοῦ κυρίου ἡμῶν μηδὲ ἐμὲ τὸν δέσμιον αὐτοῦ,
Heb 3: 5 καὶ Μωϋσῆς μὲν πιστὸς ἐν ὅλῳ τῷ οἴκῳ αὐτοῦ ὡς θεράπων εἰς **μαρτύριον** τῶν λαληθησομένων,
Jas 5: 3 ὁ χρυσὸς ὑμῶν καὶ ὁ ἄργυρος κατίωται καὶ ὁ ἰὸς αὐτῶν εἰς **μαρτύριον** ὑμῖν ἔσται καὶ φάγεται τὰς σάρκας ὑμῶν ὡς πῦρ.
Rev 15: 5 καὶ ἠνοίγη ὁ ναὸς τῆς σκηνῆς τοῦ **μαρτυρίου** ἐν τῷ οὐρανῷ,

3458 μαρτύρομαι [5]

√ *3459*

Ac 20:26 διότι **μαρτύρομαι** ὑμῖν ἐν τῇ σήμερον ἡμέρᾳ ὅτι καθαρός εἰμι ἀπὸ τοῦ αἵματος πάντων·
26:22 ἐπικουρίας οὖν τυχὼν τῆς ἀπὸ τοῦ θεοῦ ἄχρι τῆς ἡμέρας ταύτης ἕστηκα **μαρτυρόμενος** μικρῷ τε καὶ μεγάλῳ
Gal 5: 3 **μαρτύρομαι** δὲ πάλιν παντὶ ἀνθρώπῳ περιτεμνομένῳ ὅτι ὀφειλέτης ἐστὶν ὅλον τὸν νόμον ποιῆσαι.
Eph 4:17 Τοῦτο οὖν λέγω καὶ **μαρτύρομαι** ἐν κυρίῳ, μηκέτι ὑμᾶς περιπατεῖν,
1Th 2:12 παρακαλοῦντες ὑμᾶς καὶ παραμυθούμενοι καὶ **μαρτυρόμενοι** εἰς τὸ περιπατεῖν ὑμᾶς ἀξίως τοῦ θεοῦ τοῦ καλοῦντος ὑμᾶς

3459 μάρτυς [35]

→ *282, 1371, 2148, 2909, 3455, 3456, 3457, 3458, 4626, 4753, 5210, 5296, 6018, 6019, 6020*

ἀληθινὸς μάρτυς [1] Rev 3:14

δύο ἢ [καὶ] τρεῖς μαρτύρων [5] Mt 18:16; 2Co 13:1; 1Ti 5:19; Heb 10:28; Rev 11:3

μάρτυς τοῦ Χριστοῦ [1] 1Pe 5:1

Mt 18:16 ἵνα ἐπὶ στόματος δύο **μαρτύρων** ἢ τριῶν σταθῇ πᾶν ῥῆμα·
26:65 τότε ὁ ἀρχιερεὺς διέρρηξεν τὰ ἱμάτια αὐτοῦ λέγων, Ἐβλασφήμησεν· τί ἔτι χρείαν ἔχομεν **μαρτύρων;**
Mk 14:63 ὁ δὲ ἀρχιερεὺς διαρρήξας τοὺς χιτῶνας αὐτοῦ λέγει, Τί ἔτι χρείαν ἔχομεν **μαρτύρων;**
Lk 11:48 ἄρα **μάρτυρές** ἐστε καὶ συνευδοκεῖτε τοῖς ἔργοις τῶν πατέρων ὑμῶν,
24:48 ὑμεῖς **μάρτυρες** τούτων.
Ac 1: 8 καὶ ἔσεσθέ μου **μάρτυρες** ἔν τε Ἰερουσαλὴμ καὶ [ἐν] πάσῃ τῇ Ἰουδαίᾳ καὶ Σαμαρείᾳ καὶ ἕως ἐσχάτου τῆς γῆς.
1:22 **μάρτυρα** τῆς ἀναστάσεως αὐτοῦ σὺν ἡμῖν γενέσθαι ἕνα τούτων.
2:32 τοῦτον τὸν Ἰησοῦν ἀνέστησεν ὁ θεός, οὗ πάντες ἡμεῖς ἐσμεν **μάρτυρες·**
3:15 τὸν δὲ ἀρχηγὸν τῆς ζωῆς ἀπεκτείνατε ὃν ὁ θεὸς ἤγειρεν ἐκ νεκρῶν, οὗ ἡμεῖς **μάρτυρές** ἐσμεν.
5:32 καὶ ἡμεῖς ἐσμεν **μάρτυρες** τῶν ῥημάτων τούτων καὶ τὸ πνεῦμα τὸ ἅγιον ὃ ἔδωκεν ὁ θεὸς τοῖς πειθαρχοῦσιν αὐτῷ.
6:13 ἔστησάν τε **μάρτυρας** ψευδεῖς λέγοντας, Ὁ ἄνθρωπος οὗτος οὐ παύεται λαλῶν ῥήματα κατὰ τοῦ τόπου τοῦ ἁγίου [τούτου]
7:58 καὶ οἱ **μάρτυρες** ἀπέθεντο τὰ ἱμάτια αὐτῶν παρὰ τοὺς πόδας νεανίου καλουμένου Σαύλου,
10:39 καὶ ἡμεῖς **μάρτυρες** πάντων ὧν ἐποίησεν ἔν τε τῇ χώρᾳ τῶν Ἰουδαίων καὶ [ἐν] Ἰερουσαλήμ.
10:41 οὐ παντὶ τῷ λαῷ ἀλλὰ **μάρτυσιν** τοῖς προκεχειροτονημένοις ὑπὸ τοῦ θεοῦ,
13:31 οἵτινες [νῦν] εἰσιν **μάρτυρες** αὐτοῦ πρὸς τὸν λαόν.
22:15 ὅτι ἔσῃ **μάρτυς** αὐτῷ πρὸς πάντας ἀνθρώπους ὧν ἑώρακας καὶ ἤκουσας.
22:20 καὶ ὅτε ἐξεχύννετο τὸ αἷμα Στεφάνου τοῦ **μάρτυρός** σου,
26:16 προχειρίσασθαί σε ὑπηρέτην καὶ **μάρτυρα** ὧν τε εἶδές [με] ὧν τε ὀφθήσομαί σοι,
Ro 1: 9 **μάρτυς** γάρ μού ἐστιν ὁ θεός, ᾧ λατρεύω ἐν τῷ πνεύματί μου ἐν τῷ εὐαγγελίῳ τοῦ υἱοῦ αὐτοῦ,
2Co 1:23 Ἐγὼ δὲ **μάρτυρα** τὸν θεὸν ἐπικαλοῦμαι ἐπὶ τὴν ἐμὴν ψυχήν,
13: 1 ἐπὶ στόματος δύο **μαρτύρων** καὶ τριῶν σταθήσεται πᾶν ῥῆμα.
Php 1: 8 **μάρτυς** γάρ μου ὁ θεὸς ὡς ἐπιποθῶ πάντας ὑμᾶς ἐν σπλάγχνοις Χριστοῦ Ἰησοῦ.
1Th 2: 5 καθὼς οἴδατε, οὔτε ἐν προφάσει πλεονεξίας, θεὸς **μάρτυς,**
2:10 ὑμεῖς **μάρτυρες** καὶ ὁ θεός, ὡς ὁσίως καὶ δικαίως καὶ ἀμέμπτως ὑμῖν τοῖς πιστεύουσιν ἐγενήθημεν,
1Ti 5:19 ἐκτὸς εἰ μὴ ἐπὶ δύο ἢ τριῶν **μαρτύρων.**
6:12 εἰς ἣν ἐκλήθης καὶ ὡμολόγησας τὴν καλὴν ὁμολογίαν ἐνώπιον πολλῶν **μαρτύρων.**
2Ti 2: 2 καὶ ἃ ἤκουσας παρ' ἐμοῦ διὰ πολλῶν **μαρτύρων,**
Heb 10:28 ἀθετήσας τις νόμον Μωϋσέως χωρὶς οἰκτιρμῶν ἐπὶ δυσὶν ἢ τρισὶν **μάρτυσιν** ἀποθνῄσκει·
12: 1 Τοιγαροῦν καὶ ἡμεῖς τοσοῦτον ἔχοντες περικείμενον ἡμῖν νέφος **μαρτύρων,**
1Pe 5: 1 Πρεσβυτέρους οὖν ἐν ὑμῖν παρακαλῶ ὁ συμπρεσβύτερος καὶ **μάρτυς** τῶν τοῦ Χριστοῦ παθημάτων,
Rev 1: 5 καὶ ἀπὸ Ἰησοῦ Χριστοῦ, ὁ **μάρτυς,** ὁ πιστός,
2:13 καὶ κρατεῖς τὸ ὄνομά μου καὶ οὐκ ἠρνήσω τὴν πίστιν μου καὶ ἐν ταῖς ἡμέραις Ἀντιπᾶς ὁ **μάρτυς** μου ὁ πιστός μου,
3:14 Τάδε λέγει ὁ Ἀμήν, ὁ **μάρτυς** ὁ πιστὸς καὶ ἀληθινός,
11: 3 καὶ δώσω τοῖς δυσὶν **μάρτυσίν** μου καὶ προφητεύσουσιν ἡμέρας χιλίας διακοσίας ἑξήκοντα περιβεβλημένοι σάκκους.
17: 6 καὶ εἶδον τὴν γυναῖκα μεθύουσαν ἐκ τοῦ αἵματος τῶν ἁγίων καὶ ἐκ τοῦ αἵματος τῶν **μαρτύρων** Ἰησοῦ.

3460 μασάομαι [1]

√ *3463*

Rev 16:10 καὶ **ἐμασῶντο** τὰς γλώσσας αὐτῶν ἐκ τοῦ πόνου,

3461 μασθός Not used in UBS/NIV

√ *3466*

3462 μασσάομαι Not used in UBS/NIV

√ *3463*

3463 μαστιγόω [7]

→ *669, 1726, 3460, 3462, 3464, 3465*

Mt 10:17 παραδώσουσιν γὰρ ὑμᾶς εἰς συνέδρια καὶ ἐν ταῖς συναγωγαῖς αὐτῶν **μαστιγώσουσιν** ὑμᾶς·
20:19 καὶ παραδώσουσιν αὐτὸν τοῖς ἔθνεσιν εἰς τὸ ἐμπαῖξαι καὶ **μαστιγῶσαι** καὶ σταυρῶσαι,
23:34 ἐξ αὐτῶν ἀποκτενεῖτε καὶ σταυρώσετε καὶ ἐξ αὐτῶν **μαστιγώσετε** ἐν ταῖς συναγωγαῖς ὑμῶν καὶ διώξετε
Mk 10:34 καὶ ἐμπαίξουσιν αὐτῷ καὶ ἐμπτύσουσιν αὐτῷ καὶ **μαστιγώσουσιν** αὐτὸν καὶ ἀποκτενοῦσιν,
Lk 18:33 καὶ **μαστιγώσαντες** ἀποκτενοῦσιν αὐτόν, καὶ τῇ ἡμέρᾳ τῇ τρίτῃ ἀναστήσεται.
Jn 19: 1 Τότε οὖν ἔλαβεν ὁ Πιλᾶτος τὸν Ἰησοῦν καὶ **ἐμαστίγωσεν.**
Heb 12: 6 ὃν γὰρ ἀγαπᾷ κύριος παιδεύει, **μαστιγοῖ** δὲ πάντα υἱὸν ὃν παραδέχεται.

3464 μαστίζω [1]

√ *3463*

Ac 22:25 Εἰ ἄνθρωπον Ῥωμαῖον καὶ ἀκατάκριτον ἔξεστιν ὑμῖν **μαστίζειν;**

3465 μάστιξ [6]

√ *3463*

Mk 3:10 ὥστε ἐπιπίπτειν αὐτῷ ἵνα αὐτοῦ ἅψωνται ὅσοι εἶχον **μάστιγας.**
5:29 καὶ εὐθὺς ἐξηράνθη ἡ πηγὴ τοῦ αἵματος αὐτῆς καὶ ἔγνω τῷ σώματι ὅτι ἴαται ἀπὸ τῆς **μάστιγος.**
5:34 ὕπαγε εἰς εἰρήνην καὶ ἴσθι ὑγιὴς ἀπὸ τῆς **μάστιγός** σου.
Lk 7:21 ἐθεράπευσεν πολλοὺς ἀπὸ νόσων καὶ **μαστίγων** καὶ πνευμάτων πονηρῶν καὶ τυφλοῖς πολλοῖς ἐχαρίσατο βλέπειν.

Ac 22:24 εἴπας **μάστιξιν** ἀνετάζεσθαι αὐτὸν ἵνα ἐπιγνῷ δι᾽ ἣν αἰτίαν οὕτως ἐπεφώνουν αὐτῷ.
Heb 11:36 ἕτεροι δὲ ἐμπαιγμῶν καὶ **μαστίγων** πεῖραν ἔλαβον, ἔτι δὲ δεσμῶν καὶ φυλακῆς·

3466 μαστός [3]

→ *3410, 3461*

Lk 11:27 Μακαρία ἡ κοιλία ἡ βαστάσασά σε καὶ **μαστοὶ** οὓς ἐθήλασας.
23:29 Μακάριαι αἱ στεῖραι καὶ αἱ κοιλίαι αἳ οὐκ ἐγέννησαν καὶ **μαστοὶ** οἳ οὐκ ἔθρεψαν.
Rev 1:13 καὶ ἐν μέσῳ τῶν λυχνιῶν ὅμοιον υἱὸν ἀνθρώπου ἐνδεδυμένον ποδήρη καὶ περιεζωσμένον πρὸς τοῖς **μαστοῖς** ζώνην χρυσᾶν.

3467 ματαιολογία [1]

√ *3469 + 3306*

1Ti 1: 6 ὧν τινες ἀστοχήσαντες ἐξετράπησαν εἰς **ματαιολογίαν**

3468 ματαιολόγος [1]

√ *3469 + 3306*

Tit 1:10 **ματαιολόγοι** καὶ φρεναπάται, μάλιστα οἱ ἐκ τῆς περιτομῆς,

3469 μάταιος [6]

→ *3467, 3468, 3470, 3471, 3472*

Ac 14:15 καὶ ἡμεῖς ὁμοιοπαθεῖς ἐσμεν ὑμῖν ἄνθρωποι εὐαγγελιζόμενοι ὑμᾶς ἀπὸ τούτων τῶν **ματαίων** ἐπιστρέφειν ἐπὶ θεὸν ζῶντα,
1Co 3:20 Κύριος γινώσκει τοὺς διαλογισμοὺς τῶν σοφῶν ὅτι εἰσὶν **μάταιοι.**
15:17 εἰ δὲ Χριστὸς οὐκ ἐγήγερται, **ματαία** ἡ πίστις ὑμῶν,
Tit 3: 9 μωρὰς δὲ ζητήσεις καὶ γενεαλογίας καὶ ἔρεις καὶ μάχας νομικὰς περιΐστασο· εἰσὶν γὰρ ἀνωφελεῖς καὶ **μάταιοι.**
Jas 1:26 Εἴ τις δοκεῖ θρησκὸς εἶναι μὴ χαλιναγωγῶν γλῶσσαν αὐτοῦ ἀλλὰ ἀπατῶν καρδίαν αὐτοῦ, τούτου **μάταιος** ἡ θρησκεία.
1Pe 1:18 ἀργυρίῳ ἢ χρυσίῳ, ἐλυτρώθητε ἐκ τῆς **ματαίας** ὑμῶν ἀναστροφῆς πατροπαραδότου

3470 ματαιότης [3]

√ *3469*

Ro 8:20 τῇ γὰρ **ματαιότητι** ἡ κτίσις ὑπετάγη, οὐχ ἑκοῦσα ἀλλὰ διὰ τὸν ὑποτάξαντα,
Eph 4:17 καθὼς καὶ τὰ ἔθνη περιπατεῖ ἐν **ματαιότητι** τοῦ νοὸς αὐτῶν,
2Pe 2:18 ὑπέρογκα γὰρ **ματαιότητος** φθεγγόμενοι δελεάζουσιν ἐν ἐπιθυμίαις σαρκὸς ἀσελγείαις

3471 ματαιόω [1]

√ *3469*

Ro 1:21 ἀλλ᾽ **ἐματαιώθησαν** ἐν τοῖς διαλογισμοῖς αὐτῶν καὶ ἐσκοτίσθη ἡ ἀσύνετος αὐτῶν καρδία.

3472 μάτην [2]

√ *3469*

Mt 15: 9 **μάτην** δὲ σέβονταί με διδάσκοντες διδασκαλίας ἐντάλματα ἀνθρώπων.
Mk 7: 7 **μάτην** δὲ σέβονταί με διδάσκοντες διδασκαλίας ἐντάλματα ἀνθρώπων.

3473 Ματθαῖος Not used in UBS/NIV

√ *3414*

3474 Ματθάν [2]

Mt 1:15 Ἐλεάζαρ δὲ ἐγέννησεν τὸν **Ματθάν, Ματθὰν** δὲ ἐγέννησεν τὸν Ἰακώβ,

3475 Ματθάτ Not used in UBS/NIV

√ *3415*

3476 Ματθίας Not used in UBS/NIV

√ *3416*

3477 Ματταθά [1]

Lk 3:31 τοῦ Μελεὰ τοῦ Μεννὰ τοῦ **Ματταθὰ** τοῦ Ναθὰμ τοῦ Δαυὶδ

3478 Ματταθίας [2]

Lk 3:25 τοῦ **Ματταθίου** τοῦ Ἀμὼς τοῦ Ναοὺμ τοῦ Ἑσλὶ τοῦ Ναγγαὶ
3:26 τοῦ Μάαθ τοῦ **Ματταθίου** τοῦ Σεμεῒν τοῦ Ἰωσὴχ τοῦ Ἰωδὰ

3479 μάχαιρα [29]

√ *3480*

μάχαιρα δίστομος [1] Heb 4:12

μάχαιρα τοῦ πνεύματος [1] Eph 6:17

μαχαιρῶν καὶ ξύλων [5] Mt 26:47,55; Mk 14:43,48; Lk 22:52

στόμα μαχαίρης [2] Lk 21:24; Heb 11:34

Mt 10:34 Μὴ νομίσητε ὅτι ἦλθον βαλεῖν εἰρήνην ἐπὶ τὴν γῆν· οὐκ ἦλθον βαλεῖν εἰρήνην ἀλλὰ **μάχαιραν.**
26:47 Καὶ ἔτι αὐτοῦ λαλοῦντος ἰδοὺ Ἰούδας εἷς τῶν δώδεκα ἦλθεν καὶ μετ᾽ αὐτοῦ ὄχλος πολὺς μετὰ **μαχαιρῶν** καὶ ξύλων
26:51 ἐκτείνας τὴν χεῖρα ἀπέσπασεν τὴν **μάχαιραν** αὐτοῦ καὶ πατάξας τὸν δοῦλον τοῦ ἀρχιερέως ἀφεῖλεν αὐτοῦ τὸ ὠτίον.
26:52 Ἀπόστρεψον τὴν **μάχαιράν** σου εἰς τὸν τόπον αὐτῆς· πάντες γὰρ οἱ λαβόντες **μάχαιραν** ἐν **μαχαίρῃ** ἀπολοῦνται.
26:55 Ὡς ἐπὶ λῃστὴν ἐξήλθατε μετὰ **μαχαιρῶν** καὶ ξύλων συλλαβεῖν με;
Mk 14:43 Καὶ εὐθὺς ἔτι αὐτοῦ λαλοῦντος παραγίνεται Ἰούδας εἷς τῶν δώδεκα καὶ μετ᾽ αὐτοῦ ὄχλος μετὰ **μαχαιρῶν** καὶ ξύλων
14:47 [τις] τῶν παρεστηκότων σπασάμενος τὴν **μάχαιραν** ἔπαισεν τὸν δοῦλον τοῦ ἀρχιερέως καὶ ἀφεῖλεν αὐτοῦ τὸ ὠτάριον.
14:48 Ὡς ἐπὶ λῃστὴν ἐξήλθατε μετὰ **μαχαιρῶν** καὶ ξύλων συλλαβεῖν με;
Lk 21:24 καὶ πεσοῦνται στόματι **μαχαίρης** καὶ αἰχμαλωτισθήσονται εἰς τὰ ἔθνη πάντα,
22:36 καὶ ὁ μὴ ἔχων πωλησάτω τὸ ἱμάτιον αὐτοῦ καὶ ἀγορασάτω **μάχαιραν.**
22:38 οἱ δὲ εἶπαν, Κύριε, ἰδοὺ **μάχαιραι** ὧδε δύο.
22:49 ἰδόντες δὲ οἱ περὶ αὐτὸν τὸ ἐσόμενον εἶπαν, Κύριε, εἰ πατάξομεν ἐν **μαχαίρῃ;**
22:52 Ὡς ἐπὶ λῃστὴν ἐξήλθατε μετὰ **μαχαιρῶν** καὶ ξύλων;
Jn 18:10 Σίμων οὖν Πέτρος ἔχων **μάχαιραν** εἵλκυσεν αὐτὴν καὶ ἔπαισεν τὸν τοῦ ἀρχιερέως δοῦλον καὶ ἀπέκοψεν αὐτοῦ τὸ ὠτάριον
18:11 εἶπεν οὖν ὁ Ἰησοῦς τῷ Πέτρῳ, Βάλε τὴν **μάχαιραν** εἰς τὴν θήκην·
Ac 12: 2 ἀνεῖλεν δὲ Ἰάκωβον τὸν ἀδελφὸν Ἰωάννου **μαχαίρῃ.**
16:27 σπασάμενος [τὴν] **μάχαιραν** ἤμελλεν ἑαυτὸν ἀναιρεῖν νομίζων ἐκπεφευγέναι τοὺς δεσμίους.
Ro 8:35 θλῖψις ἢ στενοχωρία ἢ διωγμὸς ἢ λιμὸς ἢ γυμνότης ἢ κίνδυνος ἢ **μάχαιρα;**
13: 4 ἐὰν δὲ τὸ κακὸν ποιῇς, φοβοῦ· οὐ γὰρ εἰκῇ τὴν **μάχαιραν** φορεῖ·
Eph 6:17 καὶ τὴν περικεφαλαίαν τοῦ σωτηρίου δέξασθε καὶ τὴν **μάχαιραν** τοῦ πνεύματος,
Heb 4:12 Ζῶν γὰρ ὁ λόγος τοῦ θεοῦ καὶ ἐνεργὴς καὶ τομώτερος ὑπὲρ πᾶσαν **μάχαιραν** δίστομον καὶ διϊκνούμενος ἄχρι μερισμοῦ ψυχῆς καὶ πνεύματος,
11:34 ἔσβεσαν δύναμιν πυρός, ἔφυγον στόματα **μαχαίρης,** ἐδυναμώθησαν ἀπὸ ἀσθενείας,
11:37 ἐλιθάσθησαν, ἐπρίσθησαν, ἐν φόνῳ **μαχαίρης** ἀπέθανον, περιῆλθον ἐν μηλωταῖς,
Rev 6: 4 ἐδόθη αὐτῷ λαβεῖν τὴν εἰρήνην ἐκ τῆς γῆς καὶ ἵνα ἀλλήλους σφάξουσιν καὶ ἐδόθη αὐτῷ **μάχαιρα** μεγάλη.
13:10 εἴ τις ἐν **μαχαίρῃ** ἀποκτανθῆναι αὐτὸν ἐν **μαχαίρῃ** ἀποκτανθῆναι.
13:14 ὃς ἔχει τὴν πληγὴν τῆς **μαχαίρης** καὶ ἔζησεν.

3480 μάχη [4]

→ *285, 1372, 2533, 2534, 2562, 2595, 3362, 3363, 3479, 3481*

2Co 7: 5 εἰς Μακεδονίαν οὐδεμίαν ἔσχηκεν ἄνεσιν ἡ σὰρξ ἡμῶν ἀλλ᾽ ἐν παντὶ θλιβόμενοι· ἔξωθεν **μάχαι,** ἔσωθεν φόβοι.

2Ti 2:23 τὰς δὲ μωρὰς καὶ ἀπαιδεύτους ζητήσεις παραιτοῦ, εἰδὼς ὅτι γεννῶσιν **μάχας·**
Tit 3: 9 μωρὰς δὲ ζητήσεις καὶ γενεαλογίας καὶ ἔρεις καὶ **μάχας** νομικὰς περιΐστασο·
Jas 4: 1 Πόθεν πόλεμοι καὶ πόθεν **μάχαι** ἐν ὑμῖν; οὐκ ἐντεῦθεν,

3481 μάχομαι [4]

√ *3480*

Jn 6:52 **Ἐμάχοντο** οὖν πρὸς ἀλλήλους οἱ Ἰουδαῖοι λέγοντες, Πῶς δύναται οὗτος ἡμῖν δοῦναι τὴν σάρκα [αὐτοῦ] φαγεῖν;
Ac 7:26 τῇ τε ἐπιούσῃ ἡμέρᾳ ὤφθη αὐτοῖς **μαχομένοις** καὶ συνήλλασσεν αὐτοὺς εἰς εἰρήνην εἰπών,
2Ti 2:24 δοῦλον δὲ κυρίου οὐ δεῖ **μάχεσθαι** ἀλλὰ ἤπιον εἶναι πρὸς πάντας,
Jas 4: 2 **μάχεσθε** καὶ πολεμεῖτε, οὐκ ἔχετε διὰ τὸ μὴ αἰτεῖσθαι ὑμᾶς,

3482 μεγαλαυχέω Not used in UBS/NIV

√ *3489 + 902*

3483 μεγαλεῖος [1]

√ *3489*

Ac 2:11 ἀκούομεν λαλούντων αὐτῶν ταῖς ἡμετέραις γλώσσαις τὰ **μεγαλεῖα** τοῦ θεοῦ.

3484 μεγαλειότης [3]

√ *3489*

Lk 9:43 ἐξεπλήσσοντο δὲ πάντες ἐπὶ τῇ **μεγαλειότητι** τοῦ θεοῦ.
Ac 19:27 μέλλειν τε καὶ καθαιρεῖσθαι τῆς **μεγαλειότητος** αὐτῆς ἣν ὅλη ἡ Ἀσία καὶ ἡ οἰκουμένη σέβεται.
2Pe 1:16 ἐγνωρίσαμεν ὑμῖν τὴν τοῦ κυρίου ἡμῶν Ἰησοῦ Χριστοῦ δύναμιν καὶ παρουσίαν ἀλλ' ἐπόπται γενηθέντες τῆς ἐκείνου **μεγαλειότητος.**

3485 μεγαλοπρεπής [1]

√ *3489 + 4560*

2Pe 1:17 λαβὼν γὰρ παρὰ θεοῦ πατρὸς τιμὴν καὶ δόξαν φωνῆς ἐνεχθείσης αὐτῷ τοιᾶσδε ὑπὸ τῆς **μεγαλοπρεποῦς** δόξης,

3486 μεγαλύνω [8]

√ *3489*

Mt 23: 5 πλατύνουσιν γὰρ τὰ φυλακτήρια αὐτῶν καὶ **μεγαλύνουσιν** τὰ κράσπεδα,
Lk 1:46 Καὶ εἶπεν Μαριάμ, **Μεγαλύνει** ἡ ψυχή μου τὸν κύριον,
1:58 ἤκουσαν οἱ περίοικοι καὶ οἱ συγγενεῖς αὐτῆς ὅτι **ἐμεγάλυνεν** κύριος τὸ ἔλεος αὐτοῦ μετ' αὐτῆς καὶ συνέχαιρον αὐτῇ.
Ac 5:13 τῶν δὲ λοιπῶν οὐδεὶς ἐτόλμα κολλᾶσθαι αὐτοῖς, ἀλλ' **ἐμεγάλυνεν** αὐτοὺς ὁ λαός.
10:46 ἤκουον γὰρ αὐτῶν λαλούντων γλώσσαις καὶ **μεγαλυνόντων** τὸν θεόν.
19:17 καὶ ἐπέπεσεν φόβος ἐπὶ πάντας αὐτοὺς καὶ **ἐμεγαλύνετο** τὸ ὄνομα τοῦ κυρίου Ἰησοῦ.
2Co 10:15 ἐλπίδα δὲ ἔχοντες αὐξανομένης τῆς πίστεως ὑμῶν ἐν ὑμῖν **μεγαλυνθῆναι** κατὰ τὸν κανόνα ἡμῶν εἰς περισσείαν
Php 1:20 ὅτι ἐν οὐδενὶ αἰσχυνθήσομαι ἀλλ' ἐν πάσῃ παρρησίᾳ ὡς πάντοτε καὶ νῦν **μεγαλυνθήσεται** Χριστὸς ἐν τῷ σώματί μου,

3487 μεγάλως [1]

√ *3489*

Php 4:10 Ἐχάρην δὲ ἐν κυρίῳ **μεγάλως** ὅτι ἤδη ποτὲ ἀνεθάλετε τὸ ὑπὲρ ἐμοῦ φρονεῖν,

3488 μεγαλωσύνη [3]

√ *3489*

Heb 1: 3 καθαρισμὸν τῶν ἁμαρτιῶν ποιησάμενος ἐκάθισεν ἐν δεξιᾷ τῆς **μεγαλωσύνης** ἐν ὑψηλοῖς,
8: 1 ὃς ἐκάθισεν ἐν δεξιᾷ τοῦ θρόνου τῆς **μεγαλωσύνης** ἐν τοῖς οὐρανοῖς,
Jude 1:25 μόνῳ θεῷ σωτῆρι ἡμῶν διὰ Ἰησοῦ Χριστοῦ τοῦ κυρίου ἡμῶν δόξα **μεγαλωσύνη** κράτος καὶ ἐξουσία πρὸ παντὸς τοῦ αἰῶνος

3489 μέγας [194]

→ *3482, 3483, 3484, 3485, 3486, 3487, 3488, 3490, 3491, 3492, 3504, 3505*

μέγας βασιλεύς [1] Mt 5:35
μέγας ἐντολή [2] Mt 22:36,38
μέγας ἡμέρα [5] Jn 7:37; Ac 2:20; Jude 1:6; Rev 6:17; 16:14
μέγας θλῖψις [4] Mt 24:21; Ac 7:11; Rev 2:22; 7:14
μέγας κραυγή [2] Lk 1:42; Ac 23:9
μέγας ... μικρός [10] Lk 9:48; Ac 8:10; 26:22; Heb 8:11; Jas 3:5; Rev 11:18; 13:16; 19:5,18; 20:12
μέγας ... ὀλίγος [1] Ac 26:29
μέγας πίστις [1] Mt 15:28
μέγας ποιμήν [1] Heb 13:20
μέγας προφήτης [1] Lk 7:16
μέγας σάββατον [1] Jn 19:31
μέγας φόβος [6] Mk 4:41; Lk 2:9; 8:37; Ac 5:5,11; Rev 11:11
μέγας φωνή [40] Mt 27:46,50; Mk 1:26; 5:7; 15:34,37; Lk 4:33; 8:28; 17:15; 19:37; 23:23,46; Jn 11:43; Ac 7:57,60; 8:7; 14:10; 16:28; 26:24; Rev 1:10; 5:2,12; 6:10; 7:2,10; 8:13; 10:3; 11:12,15; 12:10; 14:2,7,9,15,18; 16:1,17; 19:1,17; 21:3
μέγας φῶς [1] Mt 4:16
μέγας χαρά [5] Mt 2:10; 28:8; Lk 2:10; 24:52; Ac 15:3
οὐ μέγας [1] 2Co 11:15

Mt 2:10 ἰδόντες δὲ τὸν ἀστέρα ἐχάρησαν χαρὰν **μεγάλην** σφόδρα.
4:16 ὁ λαὸς ὁ καθήμενος ἐν σκότει φῶς εἶδεν **μέγα,**
5:19 οὗτος **μέγας** κληθήσεται ἐν τῇ βασιλείᾳ τῶν οὐρανῶν.
5:35 μήτε εἰς Ἱεροσόλυμα, ὅτι πόλις ἐστὶν τοῦ **μεγάλου** βασιλέως,
7:27 καὶ ἔπεσεν καὶ ἦν ἡ πτῶσις αὐτῆς **μεγάλη.**
8:24 καὶ ἰδοὺ σεισμὸς **μέγας** ἐγένετο ἐν τῇ θαλάσσῃ,
8:26 τότε ἐγερθεὶς ἐπετίμησεν τοῖς ἀνέμοις καὶ τῇ θαλάσσῃ, καὶ ἐγένετο γαλήνη **μεγάλη.**
15:28 τότε ἀποκριθεὶς ὁ Ἰησοῦς εἶπεν αὐτῇ, Ὦ γύναι, **μεγάλη** σου ἡ πίστις·
20:25 Οἴδατε ὅτι οἱ ἄρχοντες τῶν ἐθνῶν κατακυριεύουσιν αὐτῶν καὶ οἱ **μεγάλοι** κατεξουσιάζουσιν αὐτῶν.
20:26 ἀλλ' ὃς ἐὰν θέλῃ ἐν ὑμῖν **μέγας** γενέσθαι ἔσται ὑμῶν διάκονος,
22:36 Διδάσκαλε, ποία ἐντολὴ **μεγάλη** ἐν τῷ νόμῳ;
22:38 αὕτη ἐστὶν ἡ **μεγάλη** καὶ πρώτη ἐντολή.
24:21 ἔσται γὰρ τότε θλῖψις **μεγάλη** οἵα οὐ γέγονεν ἀπ' ἀρχῆς κόσμου ἕως τοῦ νῦν οὐδ' οὐ μὴ γένηται.
24:24 ἐγερθήσονται γὰρ ψευδόχριστοι καὶ ψευδοπροφῆται καὶ δώσουσιν σημεῖα **μεγάλα** καὶ τέρατα ὥστε πλανῆσαι,
24:31 καὶ ἀποστελεῖ τοὺς ἀγγέλους αὐτοῦ μετὰ σάλπιγγος **μεγάλης,**
27:46 περὶ δὲ τὴν ἐνάτην ὥραν ἀνεβόησεν ὁ Ἰησοῦς φωνῇ **μεγάλῃ** λέγων,
27:50 ὁ δὲ Ἰησοῦς πάλιν κράξας φωνῇ **μεγάλῃ** ἀφῆκεν τὸ πνεῦμα.
27:60 καὶ ἔθηκεν αὐτὸ ἐν τῷ καινῷ αὐτοῦ μνημείῳ ὃ ἐλατόμησεν ἐν τῇ πέτρᾳ καὶ προσκυλίσας λίθον **μέγαν** τῇ θύρᾳ τοῦ μνημείου
28: 2 καὶ ἰδοὺ σεισμὸς ἐγένετο **μέγας·** ἄγγελος γὰρ κυρίου καταβὰς ἐξ οὐρανοῦ καὶ προσελθὼν ἀπεκύλισεν τὸν λίθον καὶ ἐκάθητο
28: 8 καὶ ἀπελθοῦσαι ταχὺ ἀπὸ τοῦ μνημείου μετὰ φόβου καὶ χαρᾶς **μεγάλης** ἔδραμον ἀπαγγεῖλαι τοῖς μαθηταῖς αὐτοῦ.
Mk 1:26 καὶ σπαράξαν αὐτὸν τὸ πνεῦμα τὸ ἀκάθαρτον καὶ φωνῆσαν φωνῇ **μεγάλῃ** ἐξῆλθεν ἐξ αὐτοῦ.
4:32 ἀναβαίνει καὶ γίνεται μεῖζον πάντων τῶν λαχάνων καὶ ποιεῖ κλάδους **μεγάλους,**
4:37 καὶ γίνεται λαῖλαψ **μεγάλη** ἀνέμου καὶ τὰ κύματα ἐπέβαλλεν εἰς τὸ πλοῖον,
4:39 καὶ ἐκόπασεν ὁ ἄνεμος καὶ ἐγένετο γαλήνη **μεγάλη.**
4:41 καὶ ἐφοβήθησαν φόβον **μέγαν** καὶ ἔλεγον πρὸς ἀλλήλους,
5: 7 καὶ κράξας φωνῇ **μεγάλῃ** λέγει, Τί ἐμοὶ καὶ σοί,
5:11 Ἦν δὲ ἐκεῖ πρὸς τῷ ὄρει ἀγέλη χοίρων **μεγάλη** βοσκομένη·
5:42 ἦν γὰρ ἐτῶν δώδεκα. καὶ ἐξέστησαν [εὐθὺς] ἐκστάσει **μεγάλῃ.**

10:42 Οἴδατε ὅτι οἱ δοκοῦντες ἄρχειν τῶν ἐθνῶν κατακυριεύουσιν αὐτῶν καὶ οἱ **μεγάλοι** αὐτῶν κατεξουσιάζουσιν αὐτῶν.
10:43 ἀλλ' ὃς ἂν θέλῃ **μέγας** γενέσθαι ἐν ὑμῖν ἔσται ὑμῶν διάκονος,
13: 2 καὶ ὁ Ἰησοῦς εἶπεν αὐτῷ, Βλέπεις ταύτας τὰς **μεγάλας** οἰκοδομάς;
14:15 καὶ αὐτὸς ὑμῖν δείξει ἀνάγαιον **μέγα** ἐστρωμένον ἕτοιμον·
15:34 καὶ τῇ ἐνάτῃ ὥρᾳ ἐβόησεν ὁ Ἰησοῦς φωνῇ **μεγάλῃ,**
15:37 ὁ δὲ Ἰησοῦς ἀφεὶς φωνὴν **μεγάλην** ἐξέπνευσεν.
16: 4 καὶ ἀναβλέψασαι θεωροῦσιν ὅτι ἀποκεκύλισται ὁ λίθος· ἦν γὰρ **μέγας** σφόδρα.
Lk 1:15 ἔσται γὰρ **μέγας** ἐνώπιον [τοῦ] κυρίου, καὶ οἶνον καὶ σίκερα οὐ μὴ πίῃ,
1:32 οὗτος ἔσται **μέγας** καὶ υἱὸς ὑψίστου κληθήσεται καὶ δώσει αὐτῷ κύριος ὁ θεὸς τὸν θρόνον Δαυὶδ τοῦ πατρὸς αὐτοῦ,
1:42 καὶ ἀνεφώνησεν κραυγῇ **μεγάλῃ** καὶ εἶπεν, Εὐλογημένη σὺ ἐν γυναιξὶν καὶ εὐλογημένος ὁ καρπὸς τῆς κοιλίας σου.
1:49 ὅτι ἐποίησέν μοι **μεγάλα** ὁ δυνατός. καὶ ἅγιον τὸ ὄνομα αὐτοῦ,
2: 9 καὶ ἄγγελος κυρίου ἐπέστη αὐτοῖς καὶ δόξα κυρίου περιέλαμψεν αὐτούς, καὶ ἐφοβήθησαν φόβον **μέγαν.**
2:10 ἰδοὺ γὰρ εὐαγγελίζομαι ὑμῖν χαρὰν **μεγάλην** ἥτις ἔσται παντὶ τῷ λαῷ,
4:25 ὡς ἐγένετο λιμὸς **μέγας** ἐπὶ πᾶσαν τὴν γῆν,
4:33 καὶ ἐν τῇ συναγωγῇ ἦν ἄνθρωπος ἔχων πνεῦμα δαιμονίου ἀκαθάρτου καὶ ἀνέκραξεν φωνῇ **μεγάλῃ,**
4:38 πενθερὰ δὲ τοῦ Σίμωνος ἦν συνεχομένη πυρετῷ **μεγάλῳ** καὶ ἠρώτησαν αὐτὸν περὶ αὐτῆς.
5:29 Καὶ ἐποίησεν δοχὴν **μεγάλην** Λευὶς αὐτῷ ἐν τῇ οἰκίᾳ αὐτοῦ,
6:49 καὶ εὐθὺς συνέπεσεν καὶ ἐγένετο τὸ ῥῆγμα τῆς οἰκίας ἐκείνης **μέγα.**
7:16 ἔλαβεν δὲ φόβος πάντας καὶ ἐδόξαζον τὸν θεὸν λέγοντες ὅτι Προφήτης **μέγας** ἠγέρθη ἐν ἡμῖν
8:28 ἰδὼν δὲ τὸν Ἰησοῦν ἀνακράξας προσέπεσεν αὐτῷ καὶ φωνῇ **μεγάλῃ** εἶπεν,
8:37 καὶ ἠρώτησεν αὐτὸν ἅπαν τὸ πλῆθος τῆς περιχώρου τῶν Γερασηνῶν ἀπελθεῖν ἀπ' αὐτῶν, ὅτι φόβῳ **μεγάλῳ** συνείχοντο·
9:48 ὁ γὰρ μικρότερος ἐν πᾶσιν ὑμῖν ὑπάρχων οὗτός ἐστιν **μέγας.**
14:16 Ἄνθρωπός τις ἐποίει δεῖπνον **μέγα,** καὶ ἐκάλεσεν πολλοὺς
16:26 καὶ ἐν πᾶσι τούτοις μεταξὺ ἡμῶν καὶ ὑμῶν χάσμα **μέγα** ἐστήρικται,
17:15 ἰδὼν ὅτι ἰάθη, ὑπέστρεψεν μετὰ φωνῆς **μεγάλης** δοξάζων τὸν θεόν,
19:37 ἤρξαντο ἅπαν τὸ πλῆθος τῶν μαθητῶν χαίροντες αἰνεῖν τὸν θεὸν φωνῇ **μεγάλῃ** περὶ πασῶν ὧν εἶδον δυνάμεων,
21:11 σεισμοί τε **μεγάλοι** καὶ κατὰ τόπους λιμοὶ καὶ λοιμοὶ ἔσονται, φόβητρά τε καὶ ἀπ' οὐρανοῦ σημεῖα **μεγάλα** ἔσται.
21:23 ἔσται γὰρ ἀνάγκη **μεγάλη** ἐπὶ τῆς γῆς καὶ ὀργὴ τῷ λαῷ τούτῳ,
22:12 κἀκεῖνος ὑμῖν δείξει ἀνάγαιον **μέγα** ἐστρωμένον· ἐκεῖ ἑτοιμάσατε.
23:23 οἱ δὲ ἐπέκειντο φωναῖς **μεγάλαις** αἰτούμενοι αὐτὸν σταυρωθῆναι,
23:46 καὶ φωνήσας φωνῇ **μεγάλῃ** ὁ Ἰησοῦς εἶπεν, Πάτερ,
24:52 καὶ αὐτοὶ προσκυνήσαντες αὐτὸν ὑπέστρεψαν εἰς Ἰερουσαλὴμ μετὰ χαρᾶς **μεγάλης**
Jn 6:18 ἥ τε θάλασσα ἀνέμου **μεγάλου** πνέοντος διεγείρετο.
7:37 Ἐν δὲ τῇ ἐσχάτῃ ἡμέρᾳ τῇ **μεγάλῃ** τῆς ἑορτῆς εἱστήκει ὁ Ἰησοῦς καὶ ἔκραξεν λέγων,
11:43 καὶ ταῦτα εἰπὼν φωνῇ **μεγάλῃ** ἐκραύγασεν, Λάζαρε, δεῦρο ἔξω.
19:31 ἦν γὰρ **μεγάλη** ἡ ἡμέρα ἐκείνου τοῦ σαββάτου,
21:11 ἀνέβη οὖν Σίμων Πέτρος καὶ εἵλκυσεν τὸ δίκτυον εἰς τὴν γῆν μεστὸν ἰχθύων **μεγάλων** ἑκατὸν πεντήκοντα τριῶν·
Ac 2:20 πρὶν ἐλθεῖν ἡμέραν κυρίου τὴν **μεγάλην** καὶ ἐπιφανῆ.
4:33 καὶ δυνάμει **μεγάλῃ** ἀπεδίδουν τὸ μαρτύριον οἱ ἀπόστολοι τῆς ἀναστάσεως τοῦ κυρίου Ἰησοῦ, χάρις τε **μεγάλη** ἦν ἐπὶ πάντας αὐτούς.
5: 5 καὶ ἐγένετο φόβος **μέγας** ἐπὶ πάντας τοὺς ἀκούοντας.
5:11 καὶ ἐγένετο φόβος **μέγας** ἐφ' ὅλην τὴν ἐκκλησίαν καὶ ἐπὶ πάντας τοὺς ἀκούοντας ταῦτα.
6: 8 Στέφανος δὲ πλήρης χάριτος καὶ δυνάμεως ἐποίει τέρατα καὶ σημεῖα **μεγάλα** ἐν τῷ λαῷ.
7:11 ἦλθεν δὲ λιμὸς ἐφ' ὅλην τὴν Αἴγυπτον καὶ Χανάαν καὶ θλῖψις **μεγάλη,**
7:57 κράξαντες δὲ φωνῇ **μεγάλῃ** συνέσχον τὰ ὦτα αὐτῶν καὶ ὥρμησαν ὁμοθυμαδὸν ἐπ' αὐτὸν
7:60 θεὶς δὲ τὰ γόνατα ἔκραξεν φωνῇ **μεγάλῃ,** Κύριε,
8: 1 Ἐγένετο δὲ ἐν ἐκείνῃ τῇ ἡμέρᾳ διωγμὸς **μέγας** ἐπὶ τὴν ἐκκλησίαν τὴν ἐν Ἱεροσολύμοις,
8: 2 συνεκόμισαν δὲ τὸν Στέφανον ἄνδρες εὐλαβεῖς καὶ ἐποίησαν κοπετὸν **μέγαν** ἐπ' αὐτῷ.
8: 7 πολλοὶ γὰρ τῶν ἐχόντων πνεύματα ἀκάθαρτα βοῶντα φωνῇ **μεγάλῃ** ἐξήρχοντο,
8: 9 Σίμων προϋπῆρχεν ἐν τῇ πόλει μαγεύων καὶ ἐξιστάνων τὸ ἔθνος τῆς Σαμαρείας, λέγων εἶναί τινα ἑαυτὸν **μέγαν,**
8:10 ᾧ προσεῖχον πάντες ἀπὸ μικροῦ ἕως **μεγάλου** λέγοντες, Οὗτός ἐστιν ἡ δύναμις τοῦ θεοῦ ἡ καλουμένη **Μεγάλη.**
8:13 θεωρῶν τε σημεῖα καὶ δυνάμεις **μεγάλας** γινομένας ἐξίστατο.
10:11 καὶ θεωρεῖ τὸν οὐρανὸν ἀνεῳγμένον καὶ καταβαῖνον σκεῦός τι ὡς ὀθόνην **μεγάλην** τέσσαρσιν ἀρχαῖς καθιέμενον ἐπὶ τῆς γῆς,
11: 5 καταβαῖνον σκεῦός τι ὡς ὀθόνην **μεγάλην** τέσσαρσιν ἀρχαῖς καθιεμένην ἐκ τοῦ οὐρανοῦ,
11:28 εἷς ἐξ αὐτῶν ὀνόματι Ἅγαβος ἐσήμανεν διὰ τοῦ πνεύματος λιμὸν **μεγάλην** μέλλειν ἔσεσθαι ἐφ' ὅλην τὴν οἰκουμένην,
14:10 εἶπεν **μεγάλῃ** φωνῇ, Ἀνάστηθι ἐπὶ τοὺς πόδας σου ὀρθός.
15: 3 Φοινίκην καὶ Σαμάρειαν ἐκδιηγούμενοι τὴν ἐπιστροφὴν τῶν ἐθνῶν καὶ ἐποίουν χαρὰν **μεγάλην** πᾶσιν τοῖς ἀδελφοῖς.
16:26 ἄφνω δὲ σεισμὸς ἐγένετο **μέγας** ὥστε σαλευθῆναι τὰ θεμέλια τοῦ δεσμωτηρίου·
16:28 ἐφώνησεν δὲ **μεγάλῃ** φωνῇ [ὁ] Παῦλος λέγων, Μηδὲν πράξῃς σεαυτῷ κακόν,
19:27 κινδυνεύει ἡμῖν τὸ μέρος εἰς ἀπελεγμὸν ἐλθεῖν ἀλλὰ καὶ τὸ τῆς **μεγάλης** θεᾶς Ἀρτέμιδος ἱερὸν εἰς οὐθὲν λογισθῆναι,
19:28 Ἀκούσαντες δὲ καὶ γενόμενοι πλήρεις θυμοῦ ἔκραζον λέγοντες, **Μεγάλη** ἡ Ἄρτεμις Ἐφεσίων.
19:34 φωνὴ ἐγένετο μία ἐκ πάντων ὡς ἐπὶ ὥρας δύο κραζόντων, **Μεγάλη** ἡ Ἄρτεμις Ἐφεσίων.
19:35 τίς γάρ ἐστιν ἀνθρώπων ὃς οὐ γινώσκει τὴν Ἐφεσίων πόλιν νεωκόρον οὖσαν τῆς **μεγάλης** Ἀρτέμιδος καὶ τοῦ διοπετοῦς;
23: 9 ἐγένετο δὲ κραυγὴ **μεγάλη,** καὶ ἀναστάντες τινὲς τῶν γραμματέων τοῦ μέρους τῶν Φαρισαίων διεμάχοντο λέγοντες,
26:22 ἐπικουρίας οὖν τυχὼν τῆς ἀπὸ τοῦ θεοῦ ἄχρι τῆς ἡμέρας ταύτης ἕστηκα μαρτυρόμενος μικρῷ τε καὶ **μεγάλῳ**
26:24 Ταῦτα δὲ αὐτοῦ ἀπολογουμένου ὁ Φῆστος **μεγάλῃ** τῇ φωνῇ φησιν,
26:29 Εὐξαίμην ἂν τῷ θεῷ καὶ ἐν ὀλίγῳ καὶ ἐν **μεγάλῳ** οὐ μόνον σὲ ἀλλὰ καὶ πάντας τοὺς ἀκούοντάς μου σήμερον
Ro 9: 2 λύπη μοί ἐστιν **μεγάλη** καὶ ἀδιάλειπτος ὀδύνη τῇ καρδίᾳ μου.
1Co 9:11 εἰ ἡμεῖς ὑμῖν τὰ πνευματικὰ ἐσπείραμεν, **μέγα** εἰ ἡμεῖς ὑμῶν τὰ σαρκικὰ θερίσομεν;
16: 9 θύρα γάρ μοι ἀνέῳγεν **μεγάλη** καὶ ἐνεργής, καὶ ἀντικείμενοι πολλοί.
2Co 11:15 οὐ **μέγα** οὖν εἰ καὶ οἱ διάκονοι αὐτοῦ μετασχηματίζονται ὡς διάκονοι δικαιοσύνης·
Eph 5:32 τὸ μυστήριον τοῦτο **μέγα** ἐστίν· ἐγὼ δὲ λέγω εἰς Χριστὸν καὶ εἰς τὴν ἐκκλησίαν.
1Ti 3:16 καὶ ὁμολογουμένως **μέγα** ἐστὶν τὸ τῆς εὐσεβείας μυστήριον·
6: 6 ἔστιν δὲ πορισμὸς **μέγας** ἡ εὐσέβεια μετὰ αὐταρκείας·
2Ti 2:20 Ἐν **μεγάλῃ** δὲ οἰκίᾳ οὐκ ἔστιν μόνον σκεύη χρυσᾶ καὶ ἀργυρᾶ ἀλλὰ καὶ ξύλινα καὶ ὀστράκινα,
Tit 2:13 προσδεχόμενοι τὴν μακαρίαν ἐλπίδα καὶ ἐπιφάνειαν τῆς δόξης τοῦ **μεγάλου** θεοῦ καὶ σωτῆρος ἡμῶν Ἰησοῦ Χριστοῦ,
Heb 4:14 Ἔχοντες οὖν ἀρχιερέα **μέγαν** διεληλυθότα τοὺς οὐρανούς, Ἰησοῦν τὸν υἱὸν τοῦ θεοῦ,
8:11 ὅτι πάντες εἰδήσουσίν με ἀπὸ μικροῦ ἕως **μεγάλου** αὐτῶν,
10:21 καὶ ἱερέα **μέγαν** ἐπὶ τὸν οἶκον τοῦ θεοῦ,
10:35 μὴ ἀποβάλητε οὖν τὴν παρρησίαν ὑμῶν, ἥτις ἔχει **μεγάλην** μισθαποδοσίαν.
11:24 Πίστει Μωϋσῆς **μέγας** γενόμενος ἠρνήσατο λέγεσθαι υἱὸς θυγατρὸς Φαραώ,
13:20 ὁ ἀναγαγὼν ἐκ νεκρῶν τὸν ποιμένα τῶν προβάτων τὸν **μέγαν** ἐν αἵματι διαθήκης αἰωνίου,
Jas 3: 5 οὕτως καὶ ἡ γλῶσσα μικρὸν μέλος ἐστὶν καὶ **μεγάλα** αὐχεῖ.
Jude 1: 6 ἀγγέλους τε τοὺς μὴ τηρήσαντας τὴν ἑαυτῶν ἀρχὴν ἀλλὰ ἀπολιπόντας τὸ ἴδιον οἰκητήριον εἰς κρίσιν **μεγάλης** ἡμέρας
Rev 1:10 ἐγενόμην ἐν πνεύματι ἐν τῇ κυριακῇ ἡμέρᾳ καὶ ἤκουσα ὀπίσω μου φωνὴν **μεγάλην** ὡς σάλπιγγος
2:22 ἰδοὺ βάλλω αὐτὴν εἰς κλίνην καὶ τοὺς μοιχεύοντας μετ' αὐτῆς εἰς θλῖψιν **μεγάλην,**
5: 2 καὶ εἶδον ἄγγελον ἰσχυρὸν κηρύσσοντα ἐν φωνῇ **μεγάλῃ,**
5:12 λέγοντες φωνῇ **μεγάλῃ,** Ἄξιόν ἐστιν τὸ ἀρνίον τὸ ἐσφαγμένον λαβεῖν τὴν δύναμιν καὶ πλοῦτον καὶ σοφίαν καὶ ἰσχὺν καὶ τιμὴν καὶ δόξαν καὶ εὐλογίαν.
6: 4 ἐδόθη αὐτῷ λαβεῖν τὴν εἰρήνην ἐκ τῆς γῆς καὶ ἵνα ἀλλήλους σφάξουσιν καὶ ἐδόθη αὐτῷ μάχαιρα **μεγάλη.**

6: 10 καὶ ἔκραξαν φωνῇ **μεγάλῃ** λέγοντες, Ἕως πότε, ὁ δεσπότης ὁ ἅγιος καὶ ἀληθινός,
6: 12 καὶ σεισμὸς **μέγας** ἐγένετο καὶ ὁ ἥλιος ἐγένετο μέλας ὡς σάκκος τρίχινος καὶ ἡ σελήνη ὅλη ἐγένετο ὡς αἷμα
6: 13 ὡς συκῆ βάλλει τοὺς ὀλύνθους αὐτῆς ὑπὸ ἀνέμου **μεγάλου** σειομένη,
6: 17 ὅτι ἦλθεν ἡ ἡμέρα ἡ **μεγάλη** τῆς ὀργῆς αὐτῶν,
7: 2 καὶ ἔκραξεν φωνῇ **μεγάλῃ** τοῖς τέσσαρσιν ἀγγέλοις οἷς ἐδόθη αὐτοῖς ἀδικῆσαι τὴν γῆν καὶ τὴν θάλασσαν
7: 10 καὶ κράζουσιν φωνῇ **μεγάλῃ** λέγοντες, Ἡ σωτηρία τῷ θεῷ ἡμῶν τῷ καθημένῳ ἐπὶ τῷ θρόνῳ καὶ τῷ ἀρνίῳ.
7: 14 οἱ ἐρχόμενοι ἐκ τῆς θλίψεως τῆς **μεγάλης** καὶ ἔπλυναν τὰς στολὰς αὐτῶν καὶ ἐλεύκαναν αὐτὰς ἐν τῷ αἵματι τοῦ ἀρνίου.
8: 8 καὶ ὡς ὄρος **μέγα** πυρὶ καιόμενον ἐβλήθη εἰς τὴν θάλασσαν,
8: 10 καὶ ἔπεσεν ἐκ τοῦ οὐρανοῦ ἀστὴρ **μέγας** καιόμενος ὡς λαμπὰς καὶ ἔπεσεν ἐπὶ τὸ τρίτον τῶν ποταμῶν καὶ ἐπὶ τὰς πηγὰς
8: 13 καὶ ἤκουσα ἑνὸς ἀετοῦ πετομένου ἐν μεσουρανήματι λέγοντος φωνῇ **μεγάλῃ,**
9: 2 καὶ ἀνέβη καπνὸς ἐκ τοῦ φρέατος ὡς καπνὸς καμίνου **μεγάλης,**
9: 14 Λῦσον τοὺς τέσσαρας ἀγγέλους τοὺς δεδεμένους ἐπὶ τῷ ποταμῷ τῷ **μεγάλῳ** Εὐφράτῃ.
10: 3 καὶ ἔκραξεν φωνῇ **μεγάλῃ** ὥσπερ λέων μυκᾶται.
11: 8 τὸ πτῶμα αὐτῶν ἐπὶ τῆς πλατείας τῆς πόλεως τῆς **μεγάλης,**
11: 11 καὶ φόβος **μέγας** ἐπέπεσεν ἐπὶ τοὺς θεωροῦντας αὐτούς.
11: 12 καὶ ἤκουσαν φωνῆς **μεγάλης** ἐκ τοῦ οὐρανοῦ λεγούσης αὐτοῖς,
11: 13 Καὶ ἐν ἐκείνῃ τῇ ὥρᾳ ἐγένετο σεισμὸς **μέγας** καὶ τὸ δέκατον τῆς πόλεως ἔπεσεν καὶ ἀπεκτάνθησαν ἐν τῷ σεισμῷ
11: 15 καὶ ἐγένοντο φωναὶ **μεγάλαι** ἐν τῷ οὐρανῷ λέγοντες,
11: 17 ὅτι εἴληφας τὴν δύναμίν σου τὴν **μεγάλην** καὶ ἐβασίλευσας.
11: 18 τοὺς μικροὺς καὶ τοὺς **μεγάλους,** καὶ διαφθεῖραι τοὺς διαφθείροντας τὴν γῆν.
11: 19 καὶ ἐγένοντο ἀστραπαὶ καὶ φωναὶ καὶ βρονταὶ καὶ σεισμὸς καὶ χάλαζα **μεγάλη.**
12: 1 Καὶ σημεῖον **μέγα** ὤφθη ἐν τῷ οὐρανῷ, γυνὴ περιβεβλημένη τὸν ἥλιον,
12: 3 καὶ ἰδοὺ δράκων **μέγας** πυρρὸς ἔχων κεφαλὰς ἑπτὰ καὶ κέρατα δέκα καὶ ἐπὶ τὰς κεφαλὰς αὐτοῦ ἑπτὰ διαδήματα,
12: 9 καὶ ἐβλήθη ὁ δράκων ὁ **μέγας,** ὁ ὄφις ὁ ἀρχαῖος,
12: 10 καὶ ἤκουσα φωνὴν **μεγάλην** ἐν τῷ οὐρανῷ λέγουσαν,
12: 12 ὅτι κατέβη ὁ διάβολος πρὸς ὑμᾶς ἔχων θυμὸν **μέγαν,**
12: 14 ἐδόθησαν τῇ γυναικὶ αἱ δύο πτέρυγες τοῦ ἀετοῦ τοῦ **μεγάλου,**
13: 2 καὶ ἔδωκεν αὐτῷ ὁ δράκων τὴν δύναμιν αὐτοῦ καὶ τὸν θρόνον αὐτοῦ καὶ ἐξουσίαν **μεγάλην.**
13: 5 Καὶ ἐδόθη αὐτῷ στόμα λαλοῦν **μεγάλα** καὶ βλασφημίας καὶ ἐδόθη αὐτῷ ἐξουσία ποιῆσαι μῆνας τεσσεράκοντα [καὶ] δύο.
13: 13 καὶ ποιεῖ σημεῖα **μεγάλα,** ἵνα καὶ πῦρ ποιῇ ἐκ τοῦ οὐρανοῦ καταβαίνειν εἰς τὴν γῆν ἐνώπιον τῶν ἀνθρώπων,
13: 16 καὶ ποιεῖ πάντας, τοὺς μικροὺς καὶ τοὺς **μεγάλους,**
14: 2 καὶ ἤκουσα φωνὴν ἐκ τοῦ οὐρανοῦ ὡς φωνὴν ὑδάτων πολλῶν καὶ ὡς φωνὴν βροντῆς **μεγάλης,**
14: 7 λέγων ἐν φωνῇ **μεγάλῃ,** Φοβήθητε τὸν θεὸν καὶ δότε αὐτῷ δόξαν,
14: 8 Ἔπεσεν ἔπεσεν Βαβυλὼν ἡ **μεγάλη** ἣ ἐκ τοῦ οἴνου τοῦ θυμοῦ τῆς πορνείας αὐτῆς πεπότικεν πάντα τὰ ἔθνη.
14: 9 Καὶ ἄλλος ἄγγελος τρίτος ἠκολούθησεν αὐτοῖς λέγων ἐν φωνῇ **μεγάλῃ,**
14: 15 καὶ ἄλλος ἄγγελος ἐξῆλθεν ἐκ τοῦ ναοῦ κράζων ἐν φωνῇ **μεγάλῃ** τῷ καθημένῳ ἐπὶ τῆς νεφέλης,
14: 18 καὶ ἐφώνησεν φωνῇ **μεγάλῃ** τῷ ἔχοντι τὸ δρέπανον τὸ ὀξὺ
14: 19 καὶ ἐτρύγησεν τὴν ἄμπελον τῆς γῆς καὶ ἔβαλεν εἰς τὴν ληνὸν τοῦ θυμοῦ τοῦ θεοῦ τὸν **μέγαν.**
15: 1 Καὶ εἶδον ἄλλο σημεῖον ἐν τῷ οὐρανῷ **μέγα** καὶ θαυμαστόν,
15: 3 **Μεγάλα** καὶ θαυμαστὰ τὰ ἔργα σου, κύριε ὁ θεὸς ὁ παντοκράτωρ·
16: 1 Καὶ ἤκουσα **μεγάλης** φωνῆς ἐκ τοῦ ναοῦ λεγούσης τοῖς ἑπτὰ ἀγγέλοις,
16: 9 καὶ ἐκαυματίσθησαν οἱ ἄνθρωποι καῦμα **μέγα** καὶ ἐβλασφήμησαν τὸ ὄνομα τοῦ θεοῦ τοῦ ἔχοντος τὴν ἐξουσίαν
16: 12 Καὶ ὁ ἕκτος ἐξέχεεν τὴν φιάλην αὐτοῦ ἐπὶ τὸν ποταμὸν τὸν **μέγαν** τὸν Εὐφράτην,
16: 14 συναγαγεῖν αὐτοὺς εἰς τὸν πόλεμον τῆς ἡμέρας τῆς **μεγάλης** τοῦ θεοῦ τοῦ παντοκράτορος.
16: 17 καὶ ἐξῆλθεν φωνὴ **μεγάλη** ἐκ τοῦ ναοῦ ἀπὸ τοῦ θρόνου λέγουσα,
16: 18 καὶ ἐγένοντο ἀστραπαὶ καὶ φωναὶ καὶ βρονταὶ καὶ σεισμὸς ἐγένετο **μέγας,** οἷος οὐκ ἐγένετο ἀφ᾿ οὗ ἄνθρωπος ἐγένετο ἐπὶ τῆς γῆς τηλικοῦτος σεισμὸς οὕτω **μέγας.**
16: 19 καὶ ἐγένετο ἡ πόλις ἡ **μεγάλη** εἰς τρία μέρη καὶ αἱ πόλεις τῶν ἐθνῶν ἔπεσαν. καὶ Βαβυλὼν ἡ **μεγάλη** ἐμνήσθη ἐνώπιον τοῦ θεοῦ δοῦναι αὐτῇ τὸ ποτήριον τοῦ οἴνου τοῦ θυμοῦ τῆς ὀργῆς
16: 21 καὶ χάλαζα **μεγάλη** ὡς ταλαντιαία καταβαίνει ἐκ τοῦ οὐρανοῦ ἐπὶ τοὺς ἀνθρώπους, καὶ ἐβλασφήμησαν οἱ ἄνθρωποι τὸν θεὸν ἐκ τῆς πληγῆς τῆς χαλάζης, ὅτι **μεγάλη** ἐστὶν ἡ πληγὴ αὐτῆς σφόδρα.
17: 1 δείξω σοι τὸ κρίμα τῆς πόρνης τῆς **μεγάλης** τῆς καθημένης ἐπὶ ὑδάτων πολλῶν,
17: 5 καὶ ἐπὶ τὸ μέτωπον αὐτῆς ὄνομα γεγραμμένον, μυστήριον, Βαβυλὼν ἡ **μεγάλη,**
17: 6 μεθύουσαν ἐκ τοῦ αἵματος τῶν ἁγίων καὶ ἐκ τοῦ αἵματος τῶν μαρτύρων Ἰησοῦ. Καὶ ἐθαύμασα ἰδὼν αὐτὴν θαῦμα **μέγα.**
17: 18 καὶ ἡ γυνὴ ἣν εἶδες ἔστιν ἡ πόλις ἡ **μεγάλη** ἡ ἔχουσα βασιλείαν ἐπὶ τῶν βασιλέων τῆς γῆς.
18: 1 Μετὰ ταῦτα εἶδον ἄλλον ἄγγελον καταβαίνοντα ἐκ τοῦ οὐρανοῦ ἔχοντα ἐξουσίαν **μεγάλην,**
18: 2 καὶ ἔκραξεν ἐν ἰσχυρᾷ φωνῇ λέγων, Ἔπεσεν ἔπεσεν Βαβυλὼν ἡ **μεγάλη,**
18: 10 Οὐαὶ οὐαί, ἡ πόλις ἡ **μεγάλη,** Βαβυλὼν ἡ πόλις ἡ ἰσχυρά,
18: 16 Οὐαὶ οὐαί, ἡ πόλις ἡ **μεγάλη,** ἡ περιβεβλημένη βύσσινον καὶ πορφυροῦν καὶ κόκκινον καὶ κεχρυσωμένη [ἐν] χρυσίῳ καὶ λίθῳ
18: 18 καὶ ἔκραζον βλέποντες τὸν καπνὸν τῆς πυρώσεως αὐτῆς λέγοντες, Τίς ὁμοία τῇ πόλει τῇ **μεγάλῃ;**
18: 19 καὶ ἔβαλον χοῦν ἐπὶ τὰς κεφαλὰς αὐτῶν καὶ ἔκραζον κλαίοντες καὶ πενθοῦντες λέγοντες, Οὐαὶ οὐαί, ἡ πόλις ἡ **μεγάλη,**
18: 21 Καὶ ἦρεν εἷς ἄγγελος ἰσχυρὸς λίθον ὡς μύλινον **μέγαν** καὶ ἔβαλεν εἰς τὴν θάλασσαν λέγων, Οὕτως ὁρμήματι βληθήσεται Βαβυλὼν ἡ **μεγάλη** πόλις καὶ οὐ μὴ εὑρεθῇ ἔτι.
19: 1 Μετὰ ταῦτα ἤκουσα ὡς φωνὴν **μεγάλην** ὄχλου πολλοῦ ἐν τῷ οὐρανῷ λεγόντων,
19: 2 ὅτι ἔκρινεν τὴν πόρνην τὴν **μεγάλην** ἥτις ἔφθειρεν τὴν γῆν ἐν τῇ πορνείᾳ αὐτῆς,
19: 5 Αἰνεῖτε τῷ θεῷ ἡμῶν πάντες οἱ δοῦλοι αὐτοῦ [καὶ] οἱ φοβούμενοι αὐτόν, οἱ μικροὶ καὶ οἱ **μεγάλοι.**
19: 17 Καὶ εἶδον ἕνα ἄγγελον ἑστῶτα ἐν τῷ ἡλίῳ καὶ ἔκραξεν [ἐν] φωνῇ **μεγάλῃ** λέγων πᾶσιν τοῖς ὀρνέοις τοῖς πετομένοις ἐν μεσουρανήματι, Δεῦτε συνάχθητε εἰς τὸ δεῖπνον τὸ **μέγα** τοῦ θεοῦ
19: 18 καὶ σάρκας ἵππων καὶ τῶν καθημένων ἐπ᾿ αὐτῶν καὶ σάρκας πάντων ἐλευθέρων τε καὶ δούλων καὶ μικρῶν καὶ **μεγάλων.**
20: 1 Καὶ εἶδον ἄγγελον καταβαίνοντα ἐκ τοῦ οὐρανοῦ ἔχοντα τὴν κλεῖν τῆς ἀβύσσου καὶ ἅλυσιν **μεγάλην** ἐπὶ τὴν χεῖρα αὐτοῦ.
20: 11 Καὶ εἶδον θρόνον **μέγαν** λευκὸν καὶ τὸν καθήμενον ἐπ᾿ αὐτόν,
20: 12 τοὺς **μεγάλους** καὶ τοὺς μικρούς, ἑστῶτας ἐνώπιον τοῦ θρόνου.
21: 3 καὶ ἤκουσα φωνῆς **μεγάλης** ἐκ τοῦ θρόνου λεγούσης,
21: 10 καὶ ἀπήνεγκέν με ἐν πνεύματι ἐπὶ ὄρος **μέγα** καὶ ὑψηλόν,
21: 12 ἔχουσα τεῖχος **μέγα** καὶ ὑψηλόν, ἔχουσα πυλῶνας δώδεκα καὶ ἐπὶ τοῖς πυλῶσιν ἀγγέλους δώδεκα

3490 μέγεθος [1]

√ *3489*

Eph 1: 19 καὶ τί τὸ ὑπερβάλλον **μέγεθος** τῆς δυνάμεως αὐτοῦ εἰς ἡμᾶς τοὺς πιστεύοντας κατὰ τὴν ἐνέργειαν τοῦ κράτους τῆς ἰσχύος

3491 μεγιστάν [3]

√ *3489*

Mk 6: 21 Καὶ γενομένης ἡμέρας εὐκαίρου ὅτε Ἡρῴδης τοῖς γενεσίοις αὐτοῦ δεῖπνον ἐποίησεν τοῖς **μεγιστᾶσιν** αὐτοῦ
Rev 6: 15 καὶ οἱ βασιλεῖς τῆς γῆς καὶ οἱ **μεγιστᾶνες** καὶ οἱ χιλίαρχοι καὶ οἱ πλούσιοι καὶ οἱ ἰσχυροὶ καὶ πᾶς δοῦλος καὶ ἐλεύθερος
18: 23 ὅτι οἱ ἔμποροί σου ἦσαν οἱ **μεγιστᾶνες** τῆς γῆς,

3492 μέγιστος [1]

√ *3489*

2Pe 1: 4 δι᾿ ὧν τὰ τίμια καὶ **μέγιστα** ἡμῖν ἐπαγγέλματα δεδώρηται,

3493 μεθερμηνεύω [8]

√ *3552 + 2257*

Mt 1: 23 καὶ καλέσουσιν τὸ ὄνομα αὐτοῦ Ἐμμανουήλ, ὅ ἐστιν **μεθερμηνευόμενον** Μεθ᾿ ἡμῶν ὁ θεός.

Mk 5:41 ὅ ἐστιν **μεθερμηνευόμενον** Τὸ κοράσιον, σοὶ λέγω, ἔγειρε.
15:22 καὶ φέρουσιν αὐτὸν ἐπὶ τὸν Γολγοθᾶν τόπον, ὅ ἐστιν **μεθερμηνευόμενον** Κρανίου Τόπος.
15:34 ὅ ἐστιν **μεθερμηνευόμενον** Ὁ θεός μου ὁ θεός μου,
Jn 1:38 οἱ δὲ εἶπαν αὐτῷ, Ῥαββί, ὃ λέγεται **μεθερμηνευόμενον** Διδάσκαλε, ποῦ μένεις;
1:41 πρῶτον τὸν ἀδελφὸν τὸν ἴδιον Σίμωνα καὶ λέγει αὐτῷ, Εὑρήκαμεν τὸν Μεσσίαν, ὅ ἐστιν **μεθερμηνευόμενον** Χριστός·
Ac 4:36 ὅ ἐστιν **μεθερμηνευόμενον** υἱὸς παρακλήσεως, Λευίτης, Κύπριος τῷ γένει,
13: 8 ἀνθίστατο δὲ αὐτοῖς Ἐλύμας ὁ μάγος, οὕτως γὰρ **μεθερμηνεύεται** τὸ ὄνομα αὐτοῦ,

3494 μέθη [3]

√ 3501

Lk 21:34 μήποτε βαρηθῶσιν ὑμῶν αἱ καρδίαι ἐν κραιπάλῃ καὶ **μέθῃ** καὶ μερίμναις βιωτικαῖς καὶ ἐπιστῇ ἐφ' ὑμᾶς αἰφνίδιος ἡ ἡμέρα
Ro 13:13 μὴ κώμοις καὶ **μέθαις,** μὴ κοίταις καὶ ἀσελγείαις,
Gal 5:21 φθόνοι, **μέθαι,** κῶμοι καὶ τὰ ὅμοια τούτοις, ἃ προλέγω ὑμῖν καθὼς προεῖπον ὅτι οἱ τὰ τοιαῦτα πράσσοντες βασιλείαν θεοῦ οὐ κληρονομήσουσιν.

3495 μεθιστάνω Not used in UBS/NIV

√ 3552 + 2705

3496 μεθίστημι [5]

√ 3552 + 2705

Lk 16: 4 ἵνα ὅταν **μετασταθῶ** ἐκ τῆς οἰκονομίας δέξωνταί με εἰς τοὺς οἴκους αὐτῶν.
Ac 13:22 καὶ **μεταστήσας** αὐτὸν ἤγειρεν τὸν Δαυὶδ αὐτοῖς εἰς βασιλέα ᾧ καὶ εἶπεν μαρτυρήσας,
19:26 πάσης τῆς Ἀσίας ὁ Παῦλος οὗτος πείσας **μετέστησεν** ἱκανὸν ὄχλον λέγων ὅτι οὐκ εἰσὶν θεοὶ οἱ διὰ χειρῶν γινόμενοι.
1Co 13: 2 καὶ εἰδῶ τὰ μυστήρια πάντα καὶ πᾶσαν τὴν γνῶσιν καὶ ἐὰν ἔχω πᾶσαν τὴν πίστιν ὥστε ὄρη **μεθιστάναι,**
Col 1:13 ὃς ἐρρύσατο ἡμᾶς ἐκ τῆς ἐξουσίας τοῦ σκότους καὶ **μετέστησεν** εἰς τὴν βασιλείαν τοῦ υἱοῦ τῆς ἀγάπης αὐτοῦ,

3497 μεθοδεία [2]

√ 3552 + 3847

Eph 4:14 καὶ περιφερόμενοι παντὶ ἀνέμῳ τῆς διδασκαλίας ἐν τῇ κυβείᾳ τῶν ἀνθρώπων, ἐν πανουργίᾳ πρὸς τὴν **μεθοδείαν** τῆς πλάνης,
6:11 ἐνδύσασθε τὴν πανοπλίαν τοῦ θεοῦ πρὸς τὸ δύνασθαι ὑμᾶς στῆναι πρὸς τὰς **μεθοδείας** τοῦ διαβόλου·

3498 μεθόριον Not used in UBS/NIV

√ 3552 + 4000

3499 μεθύσκω [5]

√ 3501

Lk 12:45 καὶ ἄρξηται τύπτειν τοὺς παῖδας καὶ τὰς παιδίσκας, ἐσθίειν τε καὶ πίνειν καὶ **μεθύσκεσθαι,**
Jn 2:10 Πᾶς ἄνθρωπος πρῶτον τὸν καλὸν οἶνον τίθησιν καὶ ὅταν **μεθυσθῶσιν** τὸν ἐλάσσω·
Eph 5:18 καὶ μὴ **μεθύσκεσθε** οἴνῳ, ἐν ᾧ ἐστιν ἀσωτία,
1Th 5: 7 οἱ γὰρ καθεύδοντες νυκτὸς καθεύδουσιν καὶ οἱ **μεθυσκόμενοι** νυκτὸς μεθύουσιν·
Rev 17: 2 μεθ' ἧς ἐπόρνευσαν οἱ βασιλεῖς τῆς γῆς καὶ **ἐμεθύσθησαν** οἱ κατοικοῦντες τὴν γῆν ἐκ τοῦ οἴνου τῆς πορνείας αὐτῆς

3500 μέθυσος [2]

√ 3501

1Co 5:11 νῦν δὲ ἔγραψα ὑμῖν μὴ συναναμίγνυσθαι ἐάν τις ἀδελφὸς ὀνομαζόμενος ᾖ πόρνος ἢ πλεονέκτης ἢ εἰδωλολάτρης ἢ λοίδορος ἢ **μέθυσος** ἢ ἅρπαξ,
6:10 οὔτε κλέπται οὔτε πλεονέκται, οὐ **μέθυσοι,** οὐ λοίδοροι,

3501 μεθύω [5]

→ 287, 3494, 3499, 3500

Mt 24:49 καὶ ἄρξηται τύπτειν τοὺς συνδούλους αὐτοῦ, ἐσθίῃ δὲ καὶ πίνῃ μετὰ τῶν **μεθυόντων,**
Ac 2:15 οὐ γὰρ ὡς ὑμεῖς ὑπολαμβάνετε οὗτοι **μεθύουσιν,** ἔστιν γὰρ ὥρα τρίτη τῆς ἡμέρας,
1Co 11:21 ἕκαστος γὰρ τὸ ἴδιον δεῖπνον προλαμβάνει ἐν τῷ φαγεῖν, καὶ ὃς μὲν πεινᾷ ὃς δὲ **μεθύει.**
1Th 5: 7 οἱ γὰρ καθεύδοντες νυκτὸς καθεύδουσιν καὶ οἱ μεθυσκόμενοι νυκτὸς **μεθύουσιν·**
Rev 17: 6 καὶ εἶδον τὴν γυναῖκα **μεθύουσαν** ἐκ τοῦ αἵματος τῶν ἁγίων καὶ ἐκ τοῦ αἵματος τῶν μαρτύρων Ἰησοῦ.

3502 μείγνυμι [4]

→ 3503, 3623, 3624, 5042, 5264

Mt 27:34 ἔδωκαν αὐτῷ πιεῖν οἶνον μετὰ χολῆς **μεμιγμένον·** καὶ γευσάμενος οὐκ ἠθέλησεν πιεῖν.
Lk 13: 1 Παρῆσαν δέ τινες ἐν αὐτῷ τῷ καιρῷ ἀπαγγέλλοντες αὐτῷ περὶ τῶν Γαλιλαίων ὧν τὸ αἷμα Πιλᾶτος **ἔμιξεν** μετὰ τῶν θυσιῶν
Rev 8: 7 καὶ ἐγένετο χάλαζα καὶ πῦρ **μεμιγμένα** ἐν αἵματι καὶ ἐβλήθη εἰς τὴν γῆν,
15: 2 Καὶ εἶδον ὡς θάλασσαν ὑαλίνην **μεμιγμένην** πυρὶ καὶ τοὺς νικῶντας ἐκ τοῦ θηρίου καὶ ἐκ τῆς εἰκόνος αὐτοῦ

3503 μειγνύω Not used in UBS/NIV

√ 3502

3504 μειζότερος Not used in UBS/NIV

√ 3489

3505 μείζων [48]

√ 3489

μειζότερος [1] 3Jn 1:4
μείζων ... ἐλάσσων [1] Ro 9:12
μείζων ... μικρότερος [3] Mt 11:11; 13:32; Lk 7:28
μείζων ... νέος [1] Lk 22:26

Mt 11:11 οὐκ ἐγήγερται ἐν γεννητοῖς γυναικῶν **μείζων** Ἰωάννου τοῦ βαπτιστοῦ· ὁ δὲ μικρότερος ἐν τῇ βασιλείᾳ τῶν οὐρανῶν **μείζων** αὐτοῦ ἐστιν.
12: 6 λέγω δὲ ὑμῖν ὅτι τοῦ ἱεροῦ **μεῖζόν** ἐστιν ὧδε.
13:32 ὅταν δὲ αὐξηθῇ **μεῖζον** τῶν λαχάνων ἐστὶν καὶ γίνεται δένδρον,
18: 1 Τίς ἄρα **μείζων** ἐστὶν ἐν τῇ βασιλείᾳ τῶν οὐρανῶν;
18: 4 οὗτός ἐστιν ὁ **μείζων** ἐν τῇ βασιλείᾳ τῶν οὐρανῶν.
20:31 οἱ δὲ **μεῖζον** ἔκραξαν λέγοντες, Ἐλέησον ἡμᾶς, κύριε,
23:11 ὁ δὲ **μείζων** ὑμῶν ἔσται ὑμῶν διάκονος.
23:17 μωροὶ καὶ τυφλοί, τίς γὰρ **μείζων** ἐστίν, ὁ χρυσὸς ἢ ὁ ναὸς ὁ ἁγιάσας τὸν χρυσόν;
23:19 τυφλοί, τί γὰρ **μεῖζον,** τὸ δῶρον ἢ τὸ θυσιαστήριον τὸ ἁγιάζον τὸ δῶρον;
Mk 4:32 ἀναβαίνει καὶ γίνεται **μεῖζον** πάντων τῶν λαχάνων καὶ ποιεῖ κλάδους μεγάλους,
9:34 πρὸς ἀλλήλους γὰρ διελέχθησαν ἐν τῇ ὁδῷ τίς **μείζων.**
12:31 Ἀγαπήσεις τὸν πλησίον σου ὡς σεαυτόν. **μείζων** τούτων ἄλλη ἐντολὴ οὐκ ἔστιν.
Lk 7:28 **μείζων** ἐν γεννητοῖς γυναικῶν Ἰωάννου οὐδείς ἐστιν· ὁ δὲ μικρότερος ἐν τῇ βασιλείᾳ τοῦ θεοῦ **μείζων** αὐτοῦ ἐστιν.
9:46 Εἰσῆλθεν δὲ διαλογισμὸς ἐν αὐτοῖς, τὸ τίς ἂν εἴη **μείζων** αὐτῶν.
12:18 καθελῶ μου τὰς ἀποθήκας καὶ **μείζονας** οἰκοδομήσω καὶ συνάξω ἐκεῖ πάντα τὸν σῖτον καὶ τὰ ἀγαθά μου
22:24 Ἐγένετο δὲ καὶ φιλονεικία ἐν αὐτοῖς, τὸ τίς αὐτῶν δοκεῖ εἶναι **μείζων.**
22:26 ἀλλ' ὁ **μείζων** ἐν ὑμῖν γινέσθω ὡς ὁ νεώτερος καὶ ὁ ἡγούμενος ὡς ὁ διακονῶν.
22:27 τίς γὰρ **μείζων,** ὁ ἀνακείμενος ἢ ὁ διακονῶν;
Jn 1:50 Ὅτι εἶπόν σοι ὅτι εἶδόν σε ὑποκάτω τῆς συκῆς, πιστεύεις; **μείζω** τούτων ὄψῃ.
4:12 μὴ σὺ **μείζων** εἶ τοῦ πατρὸς ἡμῶν Ἰακώβ,
5:20 καὶ **μείζονα** τούτων δείξει αὐτῷ ἔργα, ἵνα ὑμεῖς θαυμάζητε.

5:36 ἐγὼ δὲ ἔχω τὴν μαρτυρίαν **μείζω** τοῦ Ἰωάννου·
8:53 μὴ σὺ **μείζων** εἶ τοῦ πατρὸς ἡμῶν Ἀβραάμ,
10:29 ὁ πατήρ μου ὃ δέδωκέν μοι πάντων **μεῖζόν** [UBS; NIV ὁ πατήρ μου ὃς δέδωκέν μοι αὐτὰ **μείζων** ἐστίν,] ἐστιν,
13:16 οὐκ ἔστιν δοῦλος **μείζων** τοῦ κυρίου αὐτοῦ οὐδὲ ἀπόστολος **μείζων** τοῦ πέμψαντος αὐτόν.
14:12 ὁ πιστεύων εἰς ἐμὲ τὰ ἔργα ἃ ἐγὼ ποιῶ κἀκεῖνος ποιήσει καὶ **μείζονα** τούτων ποιήσει,
14:28 εἰ ἠγαπᾶτέ με ἐχάρητε ἂν ὅτι πορεύομαι πρὸς τὸν πατέρα, ὅτι ὁ πατὴρ **μείζων** μού ἐστιν.
15:13 **μείζονα** ταύτης ἀγάπην οὐδεὶς ἔχει, ἵνα τις τὴν ψυχὴν αὐτοῦ θῇ ὑπὲρ τῶν φίλων αὐτοῦ.
15:20 μνημονεύετε τοῦ λόγου οὗ ἐγὼ εἶπον ὑμῖν, Οὐκ ἔστιν δοῦλος **μείζων** τοῦ κυρίου αὐτοῦ.
19:11 διὰ τοῦτο ὁ παραδούς μέ σοι **μείζονα** ἁμαρτίαν ἔχει.
Ro 9:12 ἐρρέθη αὐτῇ ὅτι Ὁ **μείζων** δουλεύσει τῷ ἐλάσσονι,
1Co 12:31 ζηλοῦτε δὲ τὰ χαρίσματα τὰ **μείζονα.** Καὶ ἔτι καθ' ὑπερβολὴν ὁδὸν ὑμῖν δείκνυμι.
13:13 τὰ τρία ταῦτα· **μείζων** δὲ τούτων ἡ ἀγάπη.
14:5 **μείζων** δὲ ὁ προφητεύων ἢ ὁ λαλῶν γλώσσαις ἐκτὸς εἰ μὴ διερμηνεύῃ,
Heb 6:13 ἐπεὶ κατ' οὐδενὸς εἶχεν **μείζονος** ὀμόσαι, ὤμοσεν καθ' ἑαυτοῦ
6:16 ἄνθρωποι γὰρ κατὰ τοῦ **μείζονος** ὀμνύουσιν, καὶ πάσης αὐτοῖς ἀντιλογίας πέρας εἰς βεβαίωσιν ὁ ὅρκος·
9:11 Χριστὸς δὲ παραγενόμενος ἀρχιερεὺς τῶν γενομένων ἀγαθῶν διὰ τῆς **μείζονος** καὶ τελειοτέρας σκηνῆς οὐ χειροποιήτου,
11:26 **μείζονα** πλοῦτον ἡγησάμενος τῶν Αἰγύπτου θησαυρῶν τὸν ὀνειδισμὸν τοῦ Χριστοῦ·
Jas 3:1 Μὴ πολλοὶ διδάσκαλοι γίνεσθε, ἀδελφοί μου, εἰδότες ὅτι **μεῖζον** κρίμα λημψόμεθα.
4:6 **μείζονα** δὲ δίδωσιν χάριν; διὸ λέγει, Ὁ θεὸς ὑπερηφάνοις ἀντιτάσσεται,
2Pe 2:11 ὅπου ἄγγελοι ἰσχύϊ καὶ δυνάμει **μείζονες** ὄντες οὐ φέρουσιν κατ' αὐτῶν παρὰ κυρίου βλάσφημον κρίσιν.
1Jn 3:20 ὅτι **μείζων** ἐστὶν ὁ θεὸς τῆς καρδίας ἡμῶν καὶ γινώσκει πάντα.
4:4 ὅτι **μείζων** ἐστὶν ὁ ἐν ὑμῖν ἢ ὁ ἐν τῷ κόσμῳ.
5:9 εἰ τὴν μαρτυρίαν τῶν ἀνθρώπων λαμβάνομεν, ἡ μαρτυρία τοῦ θεοῦ **μείζων** ἐστίν·
3Jn 1:4 **μειζοτέραν** τούτων οὐκ ἔχω χαράν, ἵνα ἀκούω τὰ ἐμὰ τέκνα ἐν τῇ ἀληθείᾳ περιπατοῦντα.

3506 μέλας [6]

Mt 5:36 ὅτι οὐ δύνασαι μίαν τρίχα λευκὴν ποιῆσαι ἢ **μέλαιναν.**
2Co 3:3 φανερούμενοι ὅτι ἐστὲ ἐπιστολὴ Χριστοῦ διακονηθεῖσα ὑφ' ἡμῶν, ἐγγεγραμμένη οὐ **μέλανι** ἀλλὰ πνεύματι θεοῦ ζῶντος,
2Jn 1:12 Πολλὰ ἔχων ὑμῖν γράφειν οὐκ ἐβουλήθην διὰ χάρτου καὶ **μέλανος,**
3Jn 1:13 Πολλὰ εἶχον γράψαι σοι ἀλλ' οὐ θέλω διὰ **μέλανος** καὶ καλάμου σοι γράφειν·
Rev 6:5 καὶ εἶδον, καὶ ἰδοὺ ἵππος **μέλας,** καὶ ὁ καθήμενος ἐπ' αὐτὸν ἔχων ζυγὸν ἐν τῇ χειρὶ αὐτοῦ.
6:12 καὶ σεισμὸς μέγας ἐγένετο καὶ ὁ ἥλιος ἐγένετο **μέλας** ὡς σάκκος τρίχινος καὶ ἡ σελήνη ὅλη ἐγένετο ὡς αἷμα

3507 Μελεά [1]

Lk 3:31 τοῦ **Μελεὰ** τοῦ Μεννὰ τοῦ Ματταθὰ τοῦ Ναθὰμ τοῦ Δαυὶδ

3508 μέλει [10]

→ 288, 294, 2149, 2150, 2151, 3509, 3520, 3564, 4627

Mt 22:16 οἴδαμεν ὅτι ἀληθὴς εἶ καὶ τὴν ὁδὸν τοῦ θεοῦ ἐν ἀληθείᾳ διδάσκεις καὶ οὐ **μέλει** σοι περὶ οὐδενός·
Mk 4:38 καὶ ἐγείρουσιν αὐτὸν καὶ λέγουσιν αὐτῷ, Διδάσκαλε, οὐ **μέλει** σοι ὅτι ἀπολλύμεθα;
12:14 οἴδαμεν ὅτι ἀληθὴς εἶ καὶ οὐ **μέλει** σοι περὶ οὐδενός·
Lk 10:40 οὐ **μέλει** σοι ὅτι ἡ ἀδελφή μου μόνην με κατέλιπεν διακονεῖν;
Jn 10:13 ὅτι μισθωτός ἐστιν καὶ οὐ **μέλει** αὐτῷ περὶ τῶν προβάτων.
12:6 εἶπεν δὲ τοῦτο οὐχ ὅτι περὶ τῶν πτωχῶν **ἔμελεν** αὐτῷ,
Ac 18:17 ἐπιλαβόμενοι δὲ πάντες Σωσθένην τὸν ἀρχισυνάγωγον ἔτυπτον ἔμπροσθεν τοῦ βήματος· καὶ οὐδὲν τούτων τῷ Γαλλίωνι **ἔμελεν.**
1Co 7:21 δοῦλος ἐκλήθης, μή σοι **μελέτω·** ἀλλ' εἰ καὶ δύνασαι ἐλεύθερος γενέσθαι,
9:9 Οὐ κημώσεις βοῦν ἀλοῶντα. μὴ τῶν βοῶν **μέλει** τῷ θεῷ
1Pe 5:7 πᾶσαν τὴν μέριμναν ὑμῶν ἐπιρίψαντες ἐπ' αὐτόν, ὅτι αὐτῷ **μέλει** περὶ ὑμῶν.

3509 μελετάω [2]

√ 3508

Ac 4:25 διὰ πνεύματος ἁγίου στόματος Δαυὶδ παιδός σου εἰπών, Ἱνατί ἐφρύαξαν ἔθνη καὶ λαοὶ **ἐμελέτησαν** κενά;
1Ti 4:15 ταῦτα **μελέτα,** ἐν τούτοις ἴσθι, ἵνα σου ἡ προκοπὴ φανερὰ ᾖ πᾶσιν.

3510 μέλι [4]

→ 3511, 3512, 3513

Mt 3:4 ἡ δὲ τροφὴ ἦν αὐτοῦ ἀκρίδες καὶ **μέλι** ἄγριον.
Mk 1:6 ὁ Ἰωάννης ἐνδεδυμένος τρίχας καμήλου καὶ ζώνην δερματίνην περὶ τὴν ὀσφὺν αὐτοῦ καὶ ἐσθίων ἀκρίδας καὶ **μέλι** ἄγριον.
Rev 10:9 ἀλλ' ἐν τῷ στόματί σου ἔσται γλυκὺ ὡς **μέλι.**
10:10 καὶ ἦν ἐν τῷ στόματί μου ὡς **μέλι** γλυκὺ καὶ ὅτε ἔφαγον αὐτό,

3511 μελισσεῖον Not used in UBS/NIV

√ 3510

3512 μελισσῖον Not used in UBS/NIV

√ 3510

3513 μελίσσιος Not used in UBS/NIV

√ 3510

3514 Μελίτη [1]

→ 3515

Ac 28:1 Καὶ διασωθέντες τότε ἐπέγνωμεν ὅτι **Μελίτη** ἡ νῆσος καλεῖται.

3515 Μελιτήνη Not used in UBS/NIV

√ 3514

3516 μέλλω [109]

with the article [30] Mt 3:7; 11:14; 12:32; Mk 10:32; Lk 3:7; 13:9; 21:36; 22:23; 24:21; Jn 12:4; Ac 22:29; 24:25; Ro 5:14; 8:18; Gal 3:23; Eph 1:21; Col 2:17; 1Ti 1:16; 4:8; 6:19; 2Ti 4:1; Heb 1:14; 2:5; 10:1; 13:14; 1Pe 5:1; Rev 3:10; 6:11; 8:13; 12:4

ὁ αἰών τῶν μέλλων [3] Mt 12:32; Eph 1:21; Heb 6:5

εἰς τὸ μέλλω [2] Lk 13:9; 1Ti 6:19

ἔμελλεν, ἤμελλεν [18] Lk 7:2; 9:31; 10:1; 19:4; Jn 4:47; 6:6,71; 7:39; 11:51; 12:33; 18:32; Ac 12:6; 16:27; 21:27; 27:33; Heb 11:8; Rev 3:2; 10:4

κρίμα τοῦ μέλλοντος [1] Ac 24:25

μελλούσης ὀργή [2] Mt 3:7; Lk 3:7

νῦν ... μέλλω [4] Ac 22:16; 23:15; Ro 8:18; 1Ti 4:8

Mt 2:13 **μέλλει** γὰρ Ἡρῴδης ζητεῖν τὸ παιδίον τοῦ ἀπολέσαι αὐτό.
3:7 τίς ὑπέδειξεν ὑμῖν φυγεῖν ἀπὸ τῆς **μελλούσης** ὀργῆς;
11:14 καὶ εἰ θέλετε δέξασθαι, αὐτός ἐστιν Ἠλίας ὁ **μέλλων** ἔρχεσθαι.
12:32 οὐκ ἀφεθήσεται αὐτῷ οὔτε ἐν τούτῳ τῷ αἰῶνι οὔτε ἐν τῷ **μέλλοντι.**
16:27 **μέλλει** γὰρ ὁ υἱὸς τοῦ ἀνθρώπου ἔρχεσθαι ἐν τῇ δόξῃ τοῦ πατρὸς αὐτοῦ μετὰ τῶν ἀγγέλων αὐτοῦ,
17:12 οὕτως καὶ ὁ υἱὸς τοῦ ἀνθρώπου **μέλλει** πάσχειν ὑπ' αὐτῶν.
17:22 **Μέλλει** ὁ υἱὸς τοῦ ἀνθρώπου παραδίδοσθαι εἰς χεῖρας ἀνθρώπων,
20:22 δύνασθε πιεῖν τὸ ποτήριον ὃ ἐγὼ **μέλλω** πίνειν;
24:6 **μελλήσετε** δὲ ἀκούειν πολέμους καὶ ἀκοὰς πολέμων· ὁρᾶτε μὴ θροεῖσθε·
Mk 10:32 καὶ παραλαβὼν πάλιν τοὺς δώδεκα ἤρξατο αὐτοῖς λέγειν τὰ **μέλλοντα** αὐτῷ συμβαίνειν
13:4 πότε ταῦτα ἔσται καὶ τί τὸ σημεῖον ὅταν **μέλλῃ** ταῦτα συντελεῖσθαι πάντα;
Lk 3:7 τίς ὑπέδειξεν ὑμῖν φυγεῖν ἀπὸ τῆς **μελλούσης** ὀργῆς;

7: 2 Ἑκατοντάρχου δέ τινος δοῦλος κακῶς ἔχων **ἤμελλεν** τελευτᾶν,
9:31 οἳ ὀφθέντες ἐν δόξῃ ἔλεγον τὴν ἔξοδον αὐτοῦ, ἣν **ἤμελλεν** πληροῦν ἐν Ἰερουσαλήμ.
9:44 ὁ γὰρ υἱὸς τοῦ ἀνθρώπου **μέλλει** παραδίδοσθαι εἰς χεῖρας ἀνθρώπων.
10: 1 καὶ ἀπέστειλεν αὐτοὺς ἀνὰ δύο [δύο] πρὸ προσώπου αὐτοῦ εἰς πᾶσαν πόλιν καὶ τόπον οὗ **ἤμελλεν** αὐτὸς ἔρχεσθαι.
13: 9 κἂν μὲν ποιήσῃ καρπὸν εἰς τὸ **μέλλον·** εἰ δὲ μή γε,
19: 4 καὶ προδραμὼν εἰς τὸ ἔμπροσθεν ἀνέβη ἐπὶ συκομορέαν ἵνα ἴδῃ αὐτὸν ὅτι ἐκείνης **ἤμελλεν** διέρχεσθαι.
19:11 διὰ τὸ ἐγγὺς εἶναι Ἰερουσαλὴμ αὐτὸν καὶ δοκεῖν αὐτοὺς ὅτι παραχρῆμα **μέλλει** ἡ βασιλεία τοῦ θεοῦ ἀναφαίνεσθαι.
21: 7 πότε οὖν ταῦτα ἔσται καὶ τί τὸ σημεῖον ὅταν **μέλλῃ** ταῦτα γίνεσθαι;
21:36 ἀγρυπνεῖτε δὲ ἐν παντὶ καιρῷ δεόμενοι ἵνα κατισχύσητε ἐκφυγεῖν ταῦτα πάντα τὰ **μέλλοντα** γίνεσθαι καὶ σταθῆναι ἔμπροσθεν τοῦ υἱοῦ τοῦ ἀνθρώπου.
22:23 καὶ αὐτοὶ ἤρξαντο συζητεῖν πρὸς ἑαυτοὺς τὸ τίς ἄρα εἴη ἐξ αὐτῶν ὁ τοῦτο **μέλλων** πράσσειν.
24:21 ἡμεῖς δὲ ἠλπίζομεν ὅτι αὐτός ἐστιν ὁ **μέλλων** λυτροῦσθαι τὸν Ἰσραήλ·

Jn 4:47 ἀπῆλθεν πρὸς αὐτὸν καὶ ἠρώτα ἵνα καταβῇ καὶ ἰάσηται αὐτοῦ τὸν υἱόν, **ἤμελλεν** γὰρ ἀποθνῄσκειν.
6: 6 τοῦτο δὲ ἔλεγεν πειράζων αὐτόν· αὐτὸς γὰρ ᾔδει τί **ἔμελλεν** ποιεῖν.
6:15 Ἰησοῦς οὖν γνοὺς ὅτι **μέλλουσιν** ἔρχεσθαι καὶ ἁρπάζειν αὐτὸν ἵνα ποιήσωσιν βασιλέα,
6:71 οὗτος γὰρ **ἔμελλεν** παραδιδόναι αὐτόν, εἷς ἐκ τῶν δώδεκα.
7:35 Ποῦ οὗτος **μέλλει** πορεύεσθαι ὅτι ἡμεῖς οὐχ εὑρήσομεν αὐτόν; μὴ εἰς τὴν διασπορὰν τῶν Ἑλλήνων **μέλλει** πορεύεσθαι καὶ διδάσκειν τοὺς Ἕλληνας;
7:39 τοῦτο δὲ εἶπεν περὶ τοῦ πνεύματος ὃ **ἔμελλον** λαμβάνειν οἱ πιστεύσαντες εἰς αὐτόν·
11:51 ἀλλὰ ἀρχιερεὺς ὢν τοῦ ἐνιαυτοῦ ἐκείνου ἐπροφήτευσεν ὅτι **ἔμελλεν** Ἰησοῦς ἀποθνῄσκειν ὑπὲρ τοῦ ἔθνους,
12: 4 λέγει δὲ Ἰούδας ὁ Ἰσκαριώτης εἷς [ἐκ] τῶν μαθητῶν αὐτοῦ, ὁ **μέλλων** αὐτὸν παραδιδόναι,
12:33 τοῦτο δὲ ἔλεγεν σημαίνων ποίῳ θανάτῳ **ἤμελλεν** ἀποθνῄσκειν.
14:22 [καὶ] τί γέγονεν ὅτι ἡμῖν **μέλλεις** ἐμφανίζειν σεαυτὸν καὶ οὐχὶ τῷ κόσμῳ;
18:32 ἵνα ὁ λόγος τοῦ Ἰησοῦ πληρωθῇ ὃν εἶπεν σημαίνων ποίῳ θανάτῳ **ἤμελλεν** ἀποθνῄσκειν.

Ac 3: 3 ὃς ἰδὼν Πέτρον καὶ Ἰωάννην **μέλλοντας** εἰσιέναι εἰς τὸ ἱερόν,
5:35 προσέχετε ἑαυτοῖς ἐπὶ τοῖς ἀνθρώποις τούτοις τί **μέλλετε** πράσσειν.
11:28 εἷς ἐξ αὐτῶν ὀνόματι Ἅγαβος ἐσήμανεν διὰ τοῦ πνεύματος λιμὸν μεγάλην **μέλλειν** ἔσεσθαι ἐφ' ὅλην τὴν οἰκουμένην,
12: 6 Ὅτε δὲ **ἤμελλεν** προαγαγεῖν αὐτὸν ὁ Ἡρῴδης, τῇ νυκτὶ ἐκείνῃ ἦν ὁ Πέτρος κοιμώμενος μεταξὺ δύο στρατιωτῶν
13:34 ὅτι δὲ ἀνέστησεν αὐτὸν ἐκ νεκρῶν μηκέτι **μέλλοντα** ὑποστρέφειν εἰς διαφθοράν,
16:27 σπασάμενος [τὴν] μάχαιραν **ἤμελλεν** ἑαυτὸν ἀναιρεῖν νομίζων ἐκπεφευγέναι τοὺς δεσμίους.
17:31 καθότι ἔστησεν ἡμέραν ἐν ᾗ **μέλλει** κρίνειν τὴν οἰκουμένην ἐν δικαιοσύνῃ ἐν ἀνδρὶ ᾧ ὥρισεν,
18:14 **μέλλοντος** δὲ τοῦ Παύλου ἀνοίγειν τὸ στόμα εἶπεν ὁ Γαλλίων πρὸς τοὺς Ἰουδαίους,
19:27 **μέλλειν** τε καὶ καθαιρεῖσθαι τῆς μεγαλειότητος αὐτῆς ἣν ὅλη ἡ Ἀσία καὶ ἡ οἰκουμένη σέβεται.
20: 3 γενομένης ἐπιβουλῆς αὐτῷ ὑπὸ τῶν Ἰουδαίων **μέλλοντι** ἀνάγεσθαι εἰς τὴν Συρίαν,
20: 7 ὁ Παῦλος διελέγετο αὐτοῖς **μέλλων** ἐξιέναι τῇ ἐπαύριον,
20:13 Ἡμεῖς δὲ προελθόντες ἐπὶ τὸ πλοῖον ἀνήχθημεν ἐπὶ τὴν Ἆσσον ἐκεῖθεν **μέλλοντες** ἀναλαμβάνειν τὸν Παῦλον· οὕτως γὰρ διατεταγμένος ἦν **μέλλων** αὐτὸς πεζεύειν.
20:38 ὀδυνώμενοι μάλιστα ἐπὶ τῷ λόγῳ ᾧ εἰρήκει, ὅτι οὐκέτι **μέλλουσιν** τὸ πρόσωπον αὐτοῦ θεωρεῖν.
21:27 Ὡς δὲ **ἔμελλον** αἱ ἑπτὰ ἡμέραι συντελεῖσθαι, οἱ ἀπὸ τῆς Ἀσίας Ἰουδαῖοι θεασάμενοι αὐτὸν ἐν τῷ ἱερῷ
21:37 **Μέλλων** τε εἰσάγεσθαι εἰς τὴν παρεμβολὴν ὁ Παῦλος λέγει τῷ χιλιάρχῳ,
22:16 καὶ νῦν τί **μέλλεις;** ἀναστὰς βάπτισαι καὶ ἀπόλουσαι τὰς ἁμαρτίας σου ἐπικαλεσάμενος τὸ ὄνομα αὐτοῦ.
22:26 ἀκούσας δὲ ὁ ἑκατοντάρχης προσελθὼν τῷ χιλιάρχῳ ἀπήγγειλεν λέγων, Τί **μέλλεις** ποιεῖν;
22:29 εὐθέως οὖν ἀπέστησαν ἀπ' αὐτοῦ οἱ **μέλλοντες** αὐτὸν ἀνετάζειν,
23: 3 τότε ὁ Παῦλος πρὸς αὐτὸν εἶπεν, Τύπτειν σε **μέλλει** ὁ θεός, τοῖχε κεκονιαμένε·
23:15 ὅπως καταγάγῃ αὐτὸν εἰς ὑμᾶς ὡς **μέλλοντας** διαγινώσκειν ἀκριβέστερον τὰ περὶ αὐτοῦ·
23:20 ὅπως αὔριον τὸν Παῦλον καταγάγῃς εἰς τὸ συνέδριον ὡς **μέλλον** τι ἀκριβέστερον πυνθάνεσθαι περὶ αὐτοῦ.
23:27 καὶ **μέλλοντα** ἀναιρεῖσθαι ὑπ' αὐτῶν ἐπιστὰς σὺν τῷ στρατεύματι ἐξειλάμην μαθὼν ὅτι Ῥωμαῖός ἐστιν.
24:15 ἐλπίδα ἔχων εἰς τὸν θεὸν ἣν καὶ αὐτοὶ οὗτοι προσδέχονται, ἀνάστασιν **μέλλειν** ἔσεσθαι δικαίων τε καὶ ἀδίκων.
24:25 διαλεγομένου δὲ αὐτοῦ περὶ δικαιοσύνης καὶ ἐγκρατείας καὶ τοῦ κρίματος τοῦ **μέλλοντος,**
25: 4 ὁ μὲν οὖν Φῆστος ἀπεκρίθη τηρεῖσθαι τὸν Παῦλον εἰς Καισάρειαν, ἑαυτὸν δὲ **μέλλειν** ἐν τάχει ἐκπορεύεσθαι·
26: 2 ἥγημαι ἐμαυτὸν μακάριον ἐπὶ σοῦ **μέλλων** σήμερον ἀπολογεῖσθαι
26:22 μαρτυρόμενος μικρῷ τε καὶ μεγάλῳ οὐδὲν ἐκτὸς λέγων ὧν τε οἱ προφῆται ἐλάλησαν **μελλόντων** γίνεσθαι καὶ Μωϋσῆς,
26:23 εἰ πρῶτος ἐξ ἀναστάσεως νεκρῶν φῶς **μέλλει** καταγγέλλειν τῷ τε λαῷ καὶ τοῖς ἔθνεσιν.
27: 2 ἐπιβάντες δὲ πλοίῳ Ἀδραμυττηνῷ **μέλλοντι** πλεῖν εἰς τοὺς κατὰ τὴν Ἀσίαν τόπους
27:10 μετὰ ὕβρεως καὶ πολλῆς ζημίας οὐ μόνον τοῦ φορτίου καὶ τοῦ πλοίου ἀλλὰ καὶ τῶν ψυχῶν ἡμῶν **μέλλειν** ἔσεσθαι τὸν πλοῦν.
27:30 καὶ χαλασάντων τὴν σκάφην εἰς τὴν θάλασσαν προφάσει ὡς ἐκ πρῴρης ἀγκύρας **μελλόντων** ἐκτείνειν,
27:33 Ἄχρι δὲ οὗ ἡμέρα **ἤμελλεν** γίνεσθαι, παρεκάλει ὁ Παῦλος ἅπαντας μεταλαβεῖν τροφῆς λέγων,
28: 6 οἱ δὲ προσεδόκων αὐτὸν **μέλλειν** πίμπρασθαι ἢ καταπίπτειν ἄφνω νεκρόν.

Ro 4:24 ἀλλὰ καὶ δι' ἡμᾶς, οἷς **μέλλει** λογίζεσθαι, τοῖς πιστεύουσιν ἐπὶ τὸν ἐγείραντα Ἰησοῦν τὸν κύριον ἡμῶν ἐκ νεκρῶν,
5:14 καὶ ἐπὶ τοὺς μὴ ἁμαρτήσαντας ἐπὶ τῷ ὁμοιώματι τῆς παραβάσεως Ἀδάμ ὅς ἐστιν τύπος τοῦ **μέλλοντος.**
8:13 εἰ γὰρ κατὰ σάρκα ζῆτε, **μέλλετε** ἀποθνῄσκειν· εἰ δὲ πνεύματι τὰς πράξεις τοῦ σώματος θανατοῦτε,
8:18 Λογίζομαι γὰρ ὅτι οὐκ ἄξια τὰ παθήματα τοῦ νῦν καιροῦ πρὸς τὴν **μέλλουσαν** δόξαν ἀποκαλυφθῆναι εἰς ἡμᾶς.
8:38 πέπεισμαι γὰρ ὅτι οὔτε θάνατος οὔτε ζωὴ οὔτε ἄγγελοι οὔτε ἀρχαὶ οὔτε ἐνεστῶτα οὔτε **μέλλοντα** οὔτε δυνάμεις

1Co 3:22 εἴτε κόσμος εἴτε ζωὴ εἴτε θάνατος, εἴτε ἐνεστῶτα εἴτε **μέλλοντα·**

Gal 3:23 Πρὸ τοῦ δὲ ἐλθεῖν τὴν πίστιν ὑπὸ νόμον ἐφρουρούμεθα συγκλειόμενοι εἰς τὴν **μέλλουσαν** πίστιν ἀποκαλυφθῆναι,

Eph 1:21 οὐ μόνον ἐν τῷ αἰῶνι τούτῳ ἀλλὰ καὶ ἐν τῷ **μέλλοντι·**

Col 2:17 ἅ ἐστιν σκιὰ τῶν **μελλόντων,** τὸ δὲ σῶμα τοῦ Χριστοῦ.

1Th 3: 4 προελέγομεν ὑμῖν ὅτι **μέλλομεν** θλίβεσθαι, καθὼς καὶ ἐγένετο καὶ οἴδατε.

1Ti 1:16 ἵνα ἐν ἐμοὶ πρώτῳ ἐνδείξηται Χριστὸς Ἰησοῦς τὴν ἅπασαν μακροθυμίαν πρὸς ὑποτύπωσιν τῶν **μελλόντων** πιστεύειν ἐπ' αὐτῷ εἰς ζωὴν αἰώνιον.
4: 8 ἡ δὲ εὐσέβεια πρὸς πάντα ὠφέλιμός ἐστιν ἐπαγγελίαν ἔχουσα ζωῆς τῆς νῦν καὶ τῆς **μελλούσης.**
6:19 ἀποθησαυρίζοντας ἑαυτοῖς θεμέλιον καλὸν εἰς τὸ **μέλλον,** ἵνα ἐπιλάβωνται τῆς ὄντως ζωῆς.

2Ti 4: 1 Διαμαρτύρομαι ἐνώπιον τοῦ θεοῦ καὶ Χριστοῦ Ἰησοῦ τοῦ **μέλλοντος** κρίνειν ζῶντας καὶ νεκρούς,

Heb 1:14 οὐχὶ πάντες εἰσὶν λειτουργικὰ πνεύματα εἰς διακονίαν ἀποστελλόμενα διὰ τοὺς **μέλλοντας** κληρονομεῖν σωτηρίαν;
2: 5 Οὐ γὰρ ἀγγέλοις ὑπέταξεν τὴν οἰκουμένην τὴν **μέλλουσαν,**
6: 5 καὶ καλὸν γευσαμένους θεοῦ ῥῆμα δυνάμεις τε **μέλλοντος** αἰῶνος
8: 5 καθὼς κεχρημάτισται Μωϋσῆς **μέλλων** ἐπιτελεῖν τὴν σκηνήν, Ὅρα γάρ φησίν,
10: 1 Σκιὰν γὰρ ἔχων ὁ νόμος τῶν **μελλόντων** ἀγαθῶν,
10:27 φοβερὰ δέ τις ἐκδοχὴ κρίσεως καὶ πυρὸς ζῆλος ἐσθίειν **μέλλοντος** τοὺς ὑπεναντίους.
11: 8 Πίστει καλούμενος Ἀβραὰμ ὑπήκουσεν ἐξελθεῖν εἰς τόπον ὃν **ἤμελλεν** λαμβάνειν εἰς κληρονομίαν,
11:20 Πίστει καὶ περὶ **μελλόντων** εὐλόγησεν Ἰσαὰκ τὸν Ἰακὼβ καὶ τὸν Ἠσαῦ.
13:14 οὐ γὰρ ἔχομεν ὧδε μένουσαν πόλιν ἀλλὰ τὴν **μέλλουσαν** ἐπιζητοῦμεν.

Jas 2:12 οὕτως λαλεῖτε καὶ οὕτως ποιεῖτε ὡς διὰ νόμου ἐλευθερίας **μέλλοντες** κρίνεσθαι.
1Pe 5: 1 ὁ συμπρεσβύτερος καὶ μάρτυς τῶν τοῦ Χριστοῦ παθημάτων, ὁ καὶ τῆς **μελλούσης** ἀποκαλύπτεσθαι δόξης κοινωνός·
2Pe 1:12 Διὸ **μελλήσω** ἀεὶ ὑμᾶς ὑπομιμνῄσκειν περὶ τούτων καίπερ εἰδότας καὶ ἐστηριγμένους ἐν τῇ παρούσῃ ἀληθείᾳ.
2: 6 καὶ πόλεις Σοδόμων καὶ Γομόρρας τεφρώσας [καταστροφῇ] κατέκρινεν ὑπόδειγμα **μελλόντων** ἀσεβέ[σ]ιν τεθεικώς,
Rev 1:19 γράψον οὖν ἃ εἶδες καὶ ἅ εἰσὶν καὶ ἃ **μέλλει** γενέσθαι μετὰ ταῦτα.
2:10 μηδὲν φοβοῦ ἃ **μέλλεις** πάσχειν. ἰδοὺ **μέλλει** βάλλειν ὁ διάβολος ἐξ ὑμῶν εἰς φυλακὴν ἵνα πειρασθῆτε καὶ ἕξετε θλῖψιν
3: 2 γίνου γρηγορῶν καὶ στήρισον τὰ λοιπὰ ἃ **ἔμελλον** ἀποθανεῖν,
3:10 κἀγώ σε τηρήσω ἐκ τῆς ὥρας τοῦ πειρασμοῦ τῆς **μελλούσης** ἔρχεσθαι ἐπὶ τῆς οἰκουμένης ὅλης πειράσαι
3:16 οὕτως ὅτι χλιαρὸς εἶ καὶ οὔτε ζεστὸς οὔτε ψυχρός, **μέλλω** σε ἐμέσαι ἐκ τοῦ στόματός μου.
6:11 ἕως πληρωθῶσιν καὶ οἱ σύνδουλοι αὐτῶν καὶ οἱ ἀδελφοὶ αὐτῶν οἱ **μέλλοντες** ἀποκτέννεσθαι ὡς καὶ αὐτοί.
8:13 οὐαὶ τοὺς κατοικοῦντας ἐπὶ τῆς γῆς ἐκ τῶν λοιπῶν φωνῶν τῆς σάλπιγγος τῶν τριῶν ἀγγέλων τῶν **μελλόντων** σαλπίζειν.
10: 4 καὶ ὅτε ἐλάλησαν αἱ ἑπτὰ βρονταί, **ἤμελλον** γράφειν,
10: 7 ὅταν **μέλλῃ** σαλπίζειν, καὶ ἐτελέσθη τὸ μυστήριον τοῦ θεοῦ,
12: 4 ὁ δράκων ἕστηκεν ἐνώπιον τῆς γυναικὸς τῆς **μελλούσης** τεκεῖν,
12: 5 ὃς **μέλλει** ποιμαίνειν πάντα τὰ ἔθνη ἐν ῥάβδῳ σιδηρᾷ.
17: 8 τὸ θηρίον ὃ εἶδες ἦν καὶ οὐκ ἔστιν καὶ **μέλλει** ἀναβαίνειν ἐκ τῆς ἀβύσσου καὶ εἰς ἀπώλειαν ὑπάγει,

3517 μέλος [34]

μέλος Χριστοῦ [2] 1Co 6:15,15

Mt 5:29 συμφέρει γάρ σοι ἵνα ἀπόληται ἓν τῶν **μελῶν** σου καὶ μὴ ὅλον τὸ σῶμά σου βληθῇ εἰς γέενναν.
5:30 συμφέρει γάρ σοι ἵνα ἀπόληται ἓν τῶν **μελῶν** σου καὶ μὴ ὅλον τὸ σῶμά σου εἰς γέενναν ἀπέλθῃ.
Ro 6:13 μηδὲ παριστάνετε τὰ **μέλη** ὑμῶν ὅπλα ἀδικίας τῇ ἁμαρτίᾳ, ἀλλὰ παραστήσατε ἑαυτοὺς τῷ θεῷ ὡσεὶ ἐκ νεκρῶν ζῶντας καὶ τὰ **μέλη** ὑμῶν ὅπλα δικαιοσύνης τῷ θεῷ.
6:19 ὥσπερ γὰρ παρεστήσατε τὰ **μέλη** ὑμῶν δοῦλα τῇ ἀκαθαρσίᾳ καὶ τῇ ἀνομίᾳ εἰς τὴν ἀνομίαν, οὕτως νῦν παραστήσατε τὰ **μέλη** ὑμῶν δοῦλα τῇ δικαιοσύνῃ εἰς ἁγιασμόν.
7: 5 τὰ παθήματα τῶν ἁμαρτιῶν τὰ διὰ τοῦ νόμου ἐνηργεῖτο ἐν τοῖς **μέλεσιν** ἡμῶν,
7:23 βλέπω δὲ ἕτερον νόμον ἐν τοῖς **μέλεσίν** μου ἀντιστρατευόμενον τῷ νόμῳ τοῦ νοός μου καὶ αἰχμαλωτίζοντά με ἐν τῷ νόμῳ τῆς ἁμαρτίας τῷ ὄντι ἐν τοῖς **μέλεσίν** μου.
12: 4 καθάπερ γὰρ ἐν ἑνὶ σώματι πολλὰ **μέλη** ἔχομεν, τὰ δὲ **μέλη** πάντα οὐ τὴν αὐτὴν ἔχει πρᾶξιν,
12: 5 οὕτως οἱ πολλοὶ ἓν σῶμά ἐσμεν ἐν Χριστῷ, τὸ δὲ καθ' εἷς ἀλλήλων **μέλη.**
1Co 6:15 οὐκ οἴδατε ὅτι τὰ σώματα ὑμῶν **μέλη** Χριστοῦ ἐστιν; ἄρας οὖν τὰ **μέλη** τοῦ Χριστοῦ ποιήσω πόρνης **μέλη;** μὴ γένοιτο.
12:12 Καθάπερ γὰρ τὸ σῶμα ἕν ἐστιν καὶ **μέλη** πολλὰ ἔχει, πάντα δὲ τὰ **μέλη** τοῦ σώματος πολλὰ ὄντα ἕν ἐστιν σῶμα,
12:14 καὶ γὰρ τὸ σῶμα οὐκ ἔστιν ἓν **μέλος** ἀλλὰ πολλά.
12:18 νυνὶ δὲ ὁ θεὸς ἔθετο τὰ **μέλη,** ἓν ἕκαστον αὐτῶν ἐν τῷ σώματι καθὼς ἠθέλησεν.
12:19 εἰ δὲ ἦν τὰ πάντα ἓν **μέλος,** ποῦ τὸ σῶμα;
12:20 νῦν δὲ πολλὰ μὲν **μέλη,** ἓν δὲ σῶμα.
12:22 ἀλλὰ πολλῷ μᾶλλον τὰ δοκοῦντα **μέλη** τοῦ σώματος ἀσθενέστερα ὑπάρχειν ἀναγκαῖά ἐστιν,
12:25 ἵνα μὴ ᾖ σχίσμα ἐν τῷ σώματι ἀλλὰ τὸ αὐτὸ ὑπὲρ ἀλλήλων μεριμνῶσιν τὰ **μέλη.**
12:26 καὶ εἴτε πάσχει ἓν **μέλος,** συμπάσχει πάντα τὰ **μέλη·** εἴτε δοξάζεται [ἓν] **μέλος,** συγχαίρει πάντα τὰ **μέλη.**
12:27 Ὑμεῖς δέ ἐστε σῶμα Χριστοῦ καὶ **μέλη** ἐκ μέρους.
Eph 4:25 Διὸ ἀποθέμενοι τὸ ψεῦδος λαλεῖτε ἀλήθειαν ἕκαστος μετὰ τοῦ πλησίον αὐτοῦ, ὅτι ἐσμὲν ἀλλήλων **μέλη.**
5:30 ὅτι **μέλη** ἐσμὲν τοῦ σώματος αὐτοῦ.
Col 3: 5 Νεκρώσατε οὖν τὰ **μέλη** τὰ ἐπὶ τῆς γῆς,
Jas 3: 5 οὕτως καὶ ἡ γλῶσσα μικρὸν **μέλος** ἐστὶν καὶ μεγάλα αὐχεῖ.
3: 6 ὁ κόσμος τῆς ἀδικίας ἡ γλῶσσα καθίσταται ἐν τοῖς **μέλεσιν** ἡμῶν,
4: 1 ἐκ τῶν ἡδονῶν ὑμῶν τῶν στρατευομένων ἐν τοῖς **μέλεσιν** ὑμῶν;

3518 Μελχί [2]

Lk 3:24 τοῦ Μαθθὰτ τοῦ Λευὶ τοῦ **Μελχὶ** τοῦ Ἰανναὶ τοῦ Ἰωσὴφ
3:28 τοῦ **Μελχὶ** τοῦ Ἀδδὶ τοῦ Κωσὰμ τοῦ Ἐλμαδὰμ τοῦ Ἢρ

3519 Μελχισέδεκ [8]

Heb 5: 6 Σὺ ἱερεὺς εἰς τὸν αἰῶνα κατὰ τὴν τάξιν **Μελχισέδεκ,**
5:10 προσαγορευθεὶς ὑπὸ τοῦ θεοῦ ἀρχιερεὺς κατὰ τὴν τάξιν **Μελχισέδεκ.**
6:20 κατὰ τὴν τάξιν **Μελχισέδεκ** ἀρχιερεὺς γενόμενος εἰς τὸν αἰῶνα.
7: 1 Οὗτος γὰρ ὁ **Μελχισέδεκ,** βασιλεὺς Σαλήμ, ἱερεὺς τοῦ θεοῦ τοῦ ὑψίστου,
7:10 ἔτι γὰρ ἐν τῇ ὀσφύϊ τοῦ πατρὸς ἦν ὅτε συνήντησεν αὐτῷ **Μελχισέδεκ.**
7:11 τίς ἔτι χρεία κατὰ τὴν τάξιν **Μελχισέδεκ** ἕτερον ἀνίστασθαι ἱερέα καὶ οὐ κατὰ τὴν τάξιν Ἀαρὼν λέγεσθαι;
7:15 εἰ κατὰ τὴν ὁμοιότητα **Μελχισέδεκ** ἀνίσταται ἱερεὺς ἕτερος,
7:17 μαρτυρεῖται γὰρ ὅτι Σὺ ἱερεὺς εἰς τὸν αἰῶνα κατὰ τὴν τάξιν **Μελχισέδεκ.**

3520 μέλω Not used in UBS/NIV

√ *3508*

3521 μεμβράνα [1]

2Ti 4:13 τὸν φαιλόνην ὃν ἀπέλιπον ἐν Τρῳάδι παρὰ Κάρπῳ ἐρχόμενος φέρε, καὶ τὰ βιβλία μάλιστα τὰς **μεμβράνας.**

3522 μέμφομαι [2]

→ *289, 290, 318, 320, 3523, 3524, 3664, 3699, 3700*

Ro 9:19 Ἐρεῖς μοι οὖν, Τί [οὖν] ἔτι **μέμφεται;** τῷ γὰρ βουλήματι αὐτοῦ τίς ἀνθέστηκεν;
Heb 8: 8 **μεμφόμενος** γὰρ αὐτοὺς λέγει, Ἰδοὺ ἡμέραι ἔρχονται, λέγει κύριος,

3523 μεμψίμοιρος [1]

√ *3522*

Jude 1:16 Οὗτοί εἰσιν γογγυσταὶ **μεμψίμοιροι** κατὰ τὰς ἐπιθυμίας ἑαυτῶν πορευόμενοι,

3524 μέμψις Not used in UBS/NIV

√ *3522*

3525 μέν [179 / 178]

→ *3528, 3529, 3530; cf. 3605*

μέν οὖν [36] Mk 16:19; Lk 3:18; Jn 19:24; 20:30; Ac 1:6,18; 2:41; 5:41; 8:4; 9:31; 11:19; 12:5; 13:4; 14:3; 15:30; 16:5; 17:12,17,30; 19:32,38; 23:18,22,31; 25:4,11; 26:4,9; 28:5; Ro 11:13; 1Co 6:4; 9:25; Php 2:23; Heb 7:11; 8:4; 9:1

μέν ... πλήν [1] Lk 22:22

νῦν μέν [2] Jn 16:22; 1Co 12:20

Mt 3:11 ἐγὼ **μὲν** ὑμᾶς βαπτίζω ἐν ὕδατι εἰς μετάνοιαν,
9:37 Ὁ **μὲν** θερισμὸς πολύς, οἱ δὲ ἐργάται ὀλίγοι·
10:13 καὶ ἐὰν **μὲν** ᾖ ἡ οἰκία ἀξία, ἐλθάτω ἡ εἰρήνη ὑμῶν ἐπ' αὐτήν,
13: 4 καὶ ἐν τῷ σπείρειν αὐτὸν ἃ **μὲν** ἔπεσεν παρὰ τὴν ὁδόν,
13: 8 ὃ **μὲν** ἑκατόν, ὃ δὲ ἑξήκοντα, ὃ δὲ τριάκοντα.
13:23 ὃς δὴ καρποφορεῖ καὶ ποιεῖ ὃ **μὲν** ἑκατόν,
13:32 ὃ μικρότερον **μέν** ἐστιν πάντων τῶν σπερμάτων, ὅταν δὲ αὐξηθῇ μεῖζον τῶν λαχάνων ἐστὶν καὶ γίνεται δένδρον,
16: 3 [τὸ **μὲν** πρόσωπον τοῦ οὐρανοῦ γινώσκετε διακρίνειν, τὰ δὲ σημεῖα τῶν καιρῶν οὐ δύνασθε;]
16:14 Οἱ **μὲν** Ἰωάννην τὸν βαπτιστήν, ἄλλοι δὲ Ἠλίαν,
17:11 ὁ δὲ ἀποκριθεὶς εἶπεν, Ἠλίας **μὲν** ἔρχεται καὶ ἀποκαταστήσει πάντα·
20:23 λέγει αὐτοῖς, Τὸ **μὲν** ποτήριόν μου πίεσθε, τὸ δὲ καθίσαι ἐκ δεξιῶν μου καὶ ἐξ εὐωνύμων οὐκ ἔστιν ἐμὸν [τοῦτο] δοῦναι,
21:35 καὶ λαβόντες οἱ γεωργοὶ τοὺς δούλους αὐτοῦ ὃν **μὲν** ἔδειραν,
22: 5 οἱ δὲ ἀμελήσαντες ἀπῆλθον, ὃς **μὲν** εἰς τὸν ἴδιον ἀγρόν,
22: 8 τότε λέγει τοῖς δούλοις αὐτοῦ, Ὁ **μὲν** γάμος ἕτοιμός ἐστιν,

23:27 ὅτι παρομοιάζετε τάφοις κεκονιαμένοις, οἵτινες ἔξωθεν **μὲν** φαίνονται ὡραῖοι,
23:28 οὕτως καὶ ὑμεῖς ἔξωθεν **μὲν** φαίνεσθε τοῖς ἀνθρώποις δίκαιοι,
25:15 καὶ ᾧ **μὲν** ἔδωκεν πέντε τάλαντα, ᾧ δὲ δύο,
25:33 καὶ στήσει τὰ **μὲν** πρόβατα ἐκ δεξιῶν αὐτοῦ,
26:24 ὁ **μὲν** υἱὸς τοῦ ἀνθρώπου ὑπάγει καθὼς γέγραπται περὶ αὐτοῦ,
26:41 τὸ **μὲν** πνεῦμα πρόθυμον ἡ δὲ σὰρξ ἀσθενής.
Mk 4: 4 καὶ ἐγένετο ἐν τῷ σπείρειν ὃ **μὲν** ἔπεσεν παρὰ τὴν ὁδόν,
9:12 ὁ δὲ ἔφη αὐτοῖς, Ἠλίας **μὲν** ἐλθὼν πρῶτον ἀποκαθιστάνει πάντα·
12: 5 καὶ πολλοὺς ἄλλους, οὓς **μὲν** δέροντες, οὓς δὲ ἀποκτέννοντες.
14:21 ὅτι ὁ **μὲν** υἱὸς τοῦ ἀνθρώπου ὑπάγει καθὼς γέγραπται περὶ αὐτοῦ,
14:38 τὸ **μὲν** πνεῦμα πρόθυμον ἡ δὲ σὰρξ ἀσθενής.
16:19 ⟦Ὁ **μὲν** οὖν κύριος Ἰησοῦς μετὰ τὸ λαλῆσαι αὐτοῖς ἀνελήμφθη εἰς τὸν οὐρανὸν καὶ ἐκάθισεν ἐκ δεξιῶν τοῦ θεοῦ.⟧
Lk 3:16 ἀπεκρίνατο λέγων πᾶσιν ὁ Ἰωάννης, Ἐγὼ **μὲν** ὕδατι βαπτίζω ὑμᾶς·
3:18 Πολλὰ **μὲν** οὖν καὶ ἕτερα παρακαλῶν εὐηγγελίζετο τὸν λαόν.
8: 5 καὶ ἐν τῷ σπείρειν αὐτὸν ὃ **μὲν** ἔπεσεν παρὰ τὴν ὁδὸν καὶ κατεπατήθη,
10: 2 Ὁ **μὲν** θερισμὸς πολύς, οἱ δὲ ἐργάται ὀλίγοι·
11:48 ὅτι αὐτοὶ **μὲν** ἀπέκτειναν αὐτούς, ὑμεῖς δὲ οἰκοδομεῖτε.
13: 9 κἂν **μὲν** ποιήσῃ καρπὸν εἰς τὸ μέλλον· εἰ δὲ μή γε,
22:22 ὅτι ὁ υἱὸς **μὲν** τοῦ ἀνθρώπου κατὰ τὸ ὡρισμένον πορεύεται,
23:33 ὃν **μὲν** ἐκ δεξιῶν ὃν δὲ ἐξ ἀριστερῶν.
23:41 καὶ ἡμεῖς **μὲν** δικαίως, ἄξια γὰρ ὧν ἐπράξαμεν ἀπολαμβάνομεν·
23:56 Καὶ τὸ **μὲν** σάββατον ἡσύχασαν κατὰ τὴν ἐντολήν.
Jn 7:12 οἱ **μὲν** ἔλεγον ὅτι Ἀγαθός ἐστιν, ἄλλοι [δὲ] ἔλεγον,
10:41 καὶ πολλοὶ ἦλθον πρὸς αὐτὸν καὶ ἔλεγον ὅτι Ἰωάννης **μὲν** σημεῖον ἐποίησεν οὐδέν,
11: 6 τότε **μὲν** ἔμεινεν ἐν ᾧ ἦν τόπῳ δύο ἡμέρας,
16: 9 περὶ ἁμαρτίας **μέν,** ὅτι οὐ πιστεύουσιν εἰς ἐμέ·
16:22 καὶ ὑμεῖς οὖν νῦν **μὲν** λύπην ἔχετε· πάλιν δὲ ὄψομαι ὑμᾶς,
19:24 Διεμερίσαντο τὰ ἱμάτιά μου ἑαυτοῖς καὶ ἐπὶ τὸν ἱματισμόν μου ἔβαλον κλῆρον. Οἱ **μὲν** οὖν στρατιῶται ταῦτα ἐποίησαν.
19:32 ἦλθον οὖν οἱ στρατιῶται καὶ τοῦ **μὲν** πρώτου κατέαξαν τὰ σκέλη καὶ τοῦ ἄλλου τοῦ συσταυρωθέντος αὐτῷ·
20:30 Πολλὰ **μὲν** οὖν καὶ ἄλλα σημεῖα ἐποίησεν ὁ Ἰησοῦς ἐνώπιον τῶν μαθητῶν [αὐτοῦ,]
Ac 1: 1 Τὸν **μὲν** πρῶτον λόγον ἐποιησάμην περὶ πάντων, ὦ Θεόφιλε,
1: 5 ὅτι Ἰωάννης **μὲν** ἐβάπτισεν ὕδατι, ὑμεῖς δὲ ἐν πνεύματι βαπτισθήσεσθε ἁγίῳ οὐ μετὰ πολλὰς ταύτας ἡμέρας.
1: 6 Οἱ **μὲν** οὖν συνελθόντες ἠρώτων αὐτὸν λέγοντες, Κύριε,
1:18 Οὗτος **μὲν** οὖν ἐκτήσατο χωρίον ἐκ μισθοῦ τῆς ἀδικίας καὶ πρηνὴς γενόμενος ἐλάκησεν μέσος καὶ ἐξεχύθη πάντα
2:41 οἱ **μὲν** οὖν ἀποδεξάμενοι τὸν λόγον αὐτοῦ ἐβαπτίσθησαν καὶ προσετέθησαν ἐν τῇ ἡμέρᾳ ἐκείνῃ ψυχαὶ ὡσεὶ τρισχίλιαι.
3:13 ἐδόξασεν τὸν παῖδα αὐτοῦ Ἰησοῦν ὃν ὑμεῖς **μὲν**[NIV-] παρεδώκατε καὶ ἠρνήσασθε κατὰ πρόσωπον Πιλάτου,
3:21 ὃν δεῖ οὐρανὸν **μὲν** δέξασθαι ἄχρι χρόνων ἀποκαταστάσεως πάντων ὧν ἐλάλησεν ὁ θεὸς διὰ στόματος
3:22 Μωϋσῆς **μὲν** εἶπεν ὅτι Προφήτην ὑμῖν ἀναστήσει κύριος ὁ θεὸς ὑμῶν ἐκ τῶν ἀδελφῶν ὑμῶν ὡς ἐμέ·
4:16 ὅτι **μὲν** γὰρ γνωστὸν σημεῖον γέγονεν δι' αὐτῶν πᾶσιν τοῖς κατοικοῦσιν Ἰερουσαλὴμ φανερὸν καὶ οὐ δυνάμεθα ἀρνεῖσθαι·
5:41 Οἱ **μὲν** οὖν ἐπορεύοντο χαίροντες ἀπὸ προσώπου τοῦ συνεδρίου,
8: 4 Οἱ **μὲν** οὖν διασπαρέντες διῆλθον εὐαγγελιζόμενοι τὸν λόγον.
8:25 Οἱ **μὲν** οὖν διαμαρτυράμενοι καὶ λαλήσαντες τὸν λόγον τοῦ κυρίου ὑπέστρεφον εἰς Ἱεροσόλυμα,
9: 7 οἱ δὲ ἄνδρες οἱ συνοδεύοντες αὐτῷ εἱστήκεισαν ἐνεοί, ἀκούοντες **μὲν** τῆς φωνῆς μηδένα δὲ θεωροῦντες.
9:31 Ἡ **μὲν** οὖν ἐκκλησία καθ' ὅλης τῆς Ἰουδαίας καὶ Γαλιλαίας καὶ Σαμαρείας εἶχεν εἰρήνην
11:16 Ἰωάννης **μὲν** ἐβάπτισεν ὕδατι, ὑμεῖς δὲ βαπτισθήσεσθε ἐν πνεύματι ἁγίῳ.
11:19 Οἱ **μὲν** οὖν διασπαρέντες ἀπὸ τῆς θλίψεως τῆς γενομένης ἐπὶ Στεφάνῳ διῆλθον ἕως Φοινίκης καὶ Κύπρου καὶ Ἀντιοχείας
12: 5 ὁ **μὲν** οὖν Πέτρος ἐτηρεῖτο ἐν τῇ φυλακῇ·
13: 4 Αὐτοὶ **μὲν** οὖν ἐκπεμφθέντες ὑπὸ τοῦ ἁγίου πνεύματος κατῆλθον εἰς Σελεύκειαν,
13:36 Δαυὶδ **μὲν** γὰρ ἰδίᾳ γενεᾷ ὑπηρετήσας τῇ τοῦ θεοῦ βουλῇ ἐκοιμήθη καὶ προσετέθη πρὸς τοὺς πατέρας αὐτοῦ
14: 3 ἱκανὸν **μὲν** οὖν χρόνον διέτριψαν παρρησιαζόμενοι ἐπὶ τῷ κυρίῳ τῷ μαρτυροῦντι [ἐπὶ] τῷ λόγῳ τῆς χάριτος αὐτοῦ,
14: 4 καὶ οἱ **μὲν** ἦσαν σὺν τοῖς Ἰουδαίοις, οἱ δὲ σὺν τοῖς ἀποστόλοις.
15: 3 Οἱ **μὲν** οὖν προπεμφθέντες ὑπὸ τῆς ἐκκλησίας διήρχοντο τήν τε Φοινίκην καὶ Σαμάρειαν ἐκδιηγούμενοι τὴν ἐπιστροφὴν
15:30 Οἱ **μὲν** οὖν ἀπολυθέντες κατῆλθον εἰς Ἀντιόχειαν, καὶ συναγαγόντες τὸ πλῆθος ἐπέδωκαν τὴν ἐπιστολήν.
16: 5 αἱ **μὲν** οὖν ἐκκλησίαι ἐστερεοῦντο τῇ πίστει καὶ ἐπερίσσευον τῷ ἀριθμῷ καθ' ἡμέραν.
17:12 πολλοὶ **μὲν** οὖν ἐξ αὐτῶν ἐπίστευσαν καὶ τῶν Ἑλληνίδων γυναικῶν τῶν εὐσχημόνων καὶ ἀνδρῶν οὐκ ὀλίγοι.
17:17 διελέγετο **μὲν** οὖν ἐν τῇ συναγωγῇ τοῖς Ἰουδαίοις καὶ τοῖς σεβομένοις καὶ ἐν τῇ ἀγορᾷ
17:30 τοὺς **μὲν** οὖν χρόνους τῆς ἀγνοίας ὑπεριδὼν ὁ θεός,
17:32 Ἀκούσαντες δὲ ἀνάστασιν νεκρῶν οἱ **μὲν** ἐχλεύαζον, οἱ δὲ εἶπαν,
18:14 Εἰ **μὲν** ἦν ἀδίκημά τι ἢ ῥᾳδιούργημα πονηρόν,
19:15 Τὸν [**μὲν**] Ἰησοῦν γινώσκω καὶ τὸν Παῦλον ἐπίσταμαι,
19:32 ἄλλοι **μὲν** οὖν ἄλλο τι ἔκραζον· ἦν γὰρ ἡ ἐκκλησία συγκεχυμένη
19:38 εἰ **μὲν** οὖν Δημήτριος καὶ οἱ σὺν αὐτῷ τεχνῖται ἔχουσι πρός τινα λόγον,
21:39 Ἐγὼ ἄνθρωπος **μέν** εἰμι Ἰουδαῖος, Ταρσεὺς τῆς Κιλικίας,
22: 9 οἱ δὲ σὺν ἐμοὶ ὄντες τὸ **μὲν** φῶς ἐθεάσαντο τὴν δὲ φωνὴν οὐκ ἤκουσαν τοῦ λαλοῦντός μοι.
23: 8 Σαδδουκαῖοι **μὲν** γὰρ λέγουσιν μὴ εἶναι ἀνάστασιν μήτε ἄγγελον μήτε πνεῦμα,
23:18 ὁ **μὲν** οὖν παραλαβὼν αὐτὸν ἤγαγεν πρὸς τὸν χιλίαρχον καὶ φησίν,
23:22 ὁ **μὲν** οὖν χιλίαρχος ἀπέλυσε τὸν νεανίσκον παραγγείλας μηδενὶ ἐκλαλῆσαι ὅτι ταῦτα ἐνεφάνισας πρός με.
23:31 Οἱ **μὲν** οὖν στρατιῶται κατὰ τὸ διατεταγμένον αὐτοῖς ἀναλαβόντες τὸν Παῦλον ἤγαγον διὰ νυκτὸς
25: 4 ὁ **μὲν** οὖν Φῆστος ἀπεκρίθη τηρεῖσθαι τὸν Παῦλον εἰς Καισάρειαν,
25:11 εἰ **μὲν** οὖν ἀδικῶ καὶ ἄξιον θανάτου πέπραχά τι,
26: 4 Τὴν **μὲν** οὖν βίωσίν μου [τὴν] ἐκ νεότητος τὴν ἀπ' ἀρχῆς γενομένην ἐν τῷ ἔθνει μου ἔν τε Ἱεροσολύμοις ἴσασι πάντες
26: 9 ἐγὼ **μὲν** οὖν ἔδοξα ἐμαυτῷ πρὸς τὸ ὄνομα Ἰησοῦ τοῦ Ναζωραίου δεῖν πολλὰ ἐναντία πρᾶξαι,
27:21 Πολλῆς τε ἀσιτίας ὑπαρχούσης τότε σταθεὶς ὁ Παῦλος ἐν μέσῳ αὐτῶν εἶπεν, Ἔδει **μέν,** ὦ ἄνδρες,
27:41 περιπεσόντες δὲ εἰς τόπον διθάλασσον ἐπέκειλαν τὴν ναῦν καὶ ἡ **μὲν** πρῷρα ἐρείσασα ἔμεινεν ἀσάλευτος,
27:44 καὶ τοὺς λοιποὺς οὓς **μὲν** ἐπὶ σανίσιν, οὓς δὲ ἐπί τινων τῶν ἀπὸ τοῦ πλοίου.
28: 5 ὁ **μὲν** οὖν ἀποτινάξας τὸ θηρίον εἰς τὸ πῦρ ἔπαθεν οὐδὲν κακόν,
28:22 περὶ **μὲν** γὰρ τῆς αἱρέσεως ταύτης γνωστὸν ἡμῖν ἐστιν ὅτι πανταχοῦ ἀντιλέγεται.
28:24 καὶ οἱ **μὲν** ἐπείθοντο τοῖς λεγομένοις, οἱ δὲ ἠπίστουν·
Ro 1: 8 Πρῶτον **μὲν** εὐχαριστῶ τῷ θεῷ μου διὰ Ἰησοῦ Χριστοῦ περὶ πάντων ὑμῶν ὅτι ἡ πίστις ὑμῶν καταγγέλλεται
2: 7 τοῖς **μὲν** καθ' ὑπομονὴν ἔργου ἀγαθοῦ δόξαν καὶ τιμὴν καὶ ἀφθαρσίαν ζητοῦσιν ζωὴν αἰώνιον,
2:25 περιτομὴ **μὲν** γὰρ ὠφελεῖ ἐὰν νόμον πράσσῃς· ἐὰν δὲ παραβάτης νόμου ᾖς,
3: 2 πρῶτον **μὲν** [γὰρ] ὅτι ἐπιστεύθησαν τὰ λόγια τοῦ θεοῦ.
5:16 τὸ **μὲν** γὰρ κρίμα ἐξ ἑνὸς εἰς κατάκριμα,
6:11 οὕτως καὶ ὑμεῖς λογίζεσθε ἑαυτοὺς [εἶναι] νεκροὺς **μὲν** τῇ ἁμαρτίᾳ ζῶντας δὲ τῷ θεῷ ἐν Χριστῷ Ἰησοῦ.
7:12 ὥστε ὁ **μὲν** νόμος ἅγιος καὶ ἡ ἐντολὴ ἁγία καὶ δικαία καὶ ἀγαθή.
7:25 ἄρα οὖν αὐτὸς ἐγὼ τῷ **μὲν** νοῒ δουλεύω νόμῳ θεοῦ τῇ δὲ σαρκὶ νόμῳ ἁμαρτίας.
8:10 τὸ **μὲν** σῶμα νεκρὸν διὰ ἁμαρτίαν τὸ δὲ πνεῦμα ζωὴ διὰ δικαιοσύνην.
8:17 κληρονόμοι **μὲν** θεοῦ, συγκληρονόμοι δὲ Χριστοῦ, εἴπερ συμπάσχομεν ἵνα καὶ συνδοξασθῶμεν.
9:21 ἢ οὐκ ἔχει ἐξουσίαν ὁ κεραμεὺς τοῦ πηλοῦ ἐκ τοῦ αὐτοῦ φυράματος ποιῆσαι ὃ **μὲν** εἰς τιμὴν σκεῦος ὃ δὲ εἰς ἀτιμίαν;
10: 1 ἡ **μὲν** εὐδοκία τῆς ἐμῆς καρδίας καὶ ἡ δέησις πρὸς τὸν θεὸν ὑπὲρ αὐτῶν εἰς σωτηρίαν.
11:13 ἐφ' ὅσον **μὲν** οὖν εἰμι ἐγὼ ἐθνῶν ἀπόστολος,
11:22 ἐπὶ **μὲν** τοὺς πεσόντας ἀποτομία, ἐπὶ δὲ σὲ χρηστότης θεοῦ,
11:28 κατὰ **μὲν** τὸ εὐαγγέλιον ἐχθροὶ δι' ὑμᾶς, κατὰ δὲ τὴν ἐκλογὴν ἀγαπητοὶ διὰ τοὺς πατέρας·
14: 2 ὃς **μὲν** πιστεύει φαγεῖν πάντα, ὁ δὲ ἀσθενῶν λάχανα ἐσθίει.
14: 5 ὃς **μὲν** [γὰρ] κρίνει ἡμέραν παρ' ἡμέραν, ὃς δὲ κρίνει πᾶσαν ἡμέραν·

14:20 πάντα **μὲν** καθαρά, ἀλλὰ κακὸν τῷ ἀνθρώπῳ τῷ διὰ προσκόμματος ἐσθίοντι.
1Co 1:12 Ἐγὼ **μέν** εἰμι Παύλου, Ἐγὼ δὲ Ἀπολλῶ, Ἐγὼ δὲ Κηφᾶ,
1:18 Ὁ λόγος γὰρ ὁ τοῦ σταυροῦ τοῖς **μὲν** ἀπολλυμένοις μωρία ἐστίν,
1:23 ἡμεῖς δὲ κηρύσσομεν Χριστὸν ἐσταυρωμένον, Ἰουδαίοις **μὲν** σκάνδαλον, ἔθνεσιν δὲ μωρίαν,
3: 4 Ἐγὼ **μέν** εἰμι Παύλου, ἕτερος δέ, Ἐγὼ Ἀπολλῶ,
5: 3 ἐγὼ **μὲν** γάρ, ἀπὼν τῷ σώματι παρὼν δὲ τῷ πνεύματι,
6: 4 βιωτικὰ **μὲν** οὖν κριτήρια ἐὰν ἔχητε, τοὺς ἐξουθενημένους ἐν τῇ ἐκκλησίᾳ,
6: 7 ἤδη **μὲν** [οὖν] ὅλως ἥττημα ὑμῖν ἐστιν ὅτι κρίματα ἔχετε μεθ' ἑαυτῶν.
7: 7 ἀλλὰ ἕκαστος ἴδιον ἔχει χάρισμα ἐκ θεοῦ, ὁ **μὲν** οὕτως, ὁ δὲ οὕτως.
9:24 Οὐκ οἴδατε ὅτι οἱ ἐν σταδίῳ τρέχοντες πάντες **μὲν** τρέχουσιν,
9:25 ἐκεῖνοι **μὲν** οὖν ἵνα φθαρτὸν στέφανον λάβωσιν, ἡμεῖς δὲ ἄφθαρτον.
11: 7 ἀνὴρ **μὲν** γὰρ οὐκ ὀφείλει κατακαλύπτεσθαι τὴν κεφαλὴν εἰκὼν καὶ δόξα θεοῦ ὑπάρχων·
11:14 οὐδὲ ἡ φύσις αὐτὴ διδάσκει ὑμᾶς ὅτι ἀνὴρ **μὲν** ἐὰν κομᾷ ἀτιμία αὐτῷ ἐστιν,
11:18 πρῶτον **μὲν** γὰρ συνερχομένων ὑμῶν ἐν ἐκκλησίᾳ ἀκούω σχίσματα ἐν ὑμῖν ὑπάρχειν καὶ μέρος τι πιστεύω.
11:21 ἕκαστος γὰρ τὸ ἴδιον δεῖπνον προλαμβάνει ἐν τῷ φαγεῖν, καὶ ὃς **μὲν** πεινᾷ ὃς δὲ μεθύει.
12: 8 ᾧ **μὲν** γὰρ διὰ τοῦ πνεύματος δίδοται λόγος σοφίας,
12:20 νῦν δὲ πολλὰ **μὲν** μέλη, ἓν δὲ σῶμα.
12:28 καὶ οὓς **μὲν** ἔθετο ὁ θεὸς ἐν τῇ ἐκκλησίᾳ πρῶτον ἀποστόλους,
14:17 σὺ **μὲν** γὰρ καλῶς εὐχαριστεῖς ἀλλ' ὁ ἕτερος οὐκ οἰκοδομεῖται.
15:39 οὐ πᾶσα σὰρξ ἡ αὐτὴ σὰρξ ἀλλὰ ἄλλη **μὲν** ἀνθρώπων,
15:40 ἀλλὰ ἑτέρα **μὲν** ἡ τῶν ἐπουρανίων δόξα, ἑτέρα δὲ ἡ τῶν ἐπιγείων.
2Co 2:16 οἷς **μὲν** ὀσμὴ ἐκ θανάτου εἰς θάνατον, οἷς δὲ ὀσμὴ ἐκ ζωῆς εἰς ζωήν.
8:17 ὅτι τὴν **μὲν** παράκλησιν ἐδέξατο, σπουδαιότερος δὲ ὑπάρχων αὐθαίρετος ἐξῆλθεν πρὸς ὑμᾶς.
9: 1 Περὶ **μὲν** γὰρ τῆς διακονίας τῆς εἰς τοὺς ἁγίους περισσόν μοί ἐστιν τὸ γράφειν ὑμῖν·
10: 1 ὃς κατὰ πρόσωπον **μὲν** ταπεινὸς ἐν ὑμῖν, ἀπὼν δὲ θαρρῶ εἰς ὑμᾶς·
10:10 ὅτι, Αἱ ἐπιστολαὶ **μέν,** φησίν, βαρεῖαι καὶ ἰσχυραί,
11: 4 εἰ **μὲν** γὰρ ὁ ἐρχόμενος ἄλλον Ἰησοῦν κηρύσσει ὃν οὐκ ἐκηρύξαμεν,
12: 1 Καυχᾶσθαι δεῖ, οὐ συμφέρον **μέν,** ἐλεύσομαι δὲ εἰς ὀπτασίας καὶ ἀποκαλύψεις κυρίου.
12:12 τὰ **μὲν** σημεῖα τοῦ ἀποστόλου κατειργάσθη ἐν ὑμῖν ἐν πάσῃ ὑπομονῇ,
Gal 4: 8 Ἀλλὰ τότε **μὲν** οὐκ εἰδότες θεὸν ἐδουλεύσατε τοῖς φύσει μὴ οὖσιν θεοῖς·
4:23 ἀλλ' ὁ **μὲν** ἐκ τῆς παιδίσκης κατὰ σάρκα γεγέννηται,
4:24 μία **μὲν** ἀπὸ ὄρους Σινᾶ εἰς δουλείαν γεννῶσα,
Eph 4:11 καὶ αὐτὸς ἔδωκεν τοὺς **μὲν** ἀποστόλους, τοὺς δὲ προφήτας,
Php 1:15 Τινὲς **μὲν** καὶ διὰ φθόνον καὶ ἔριν, τινὲς δὲ καὶ δι' εὐδοκίαν τὸν Χριστὸν κηρύσσουσιν·
1:16 οἱ **μὲν** ἐξ ἀγάπης, εἰδότες ὅτι εἰς ἀπολογίαν τοῦ εὐαγγελίου κεῖμαι,
2:23 τοῦτον **μὲν** οὖν ἐλπίζω πέμψαι ὡς ἂν ἀφίδω τὰ περὶ ἐμὲ ἐξαυτῆς·
3: 1 τὰ αὐτὰ γράφειν ὑμῖν ἐμοὶ **μὲν** οὐκ ὀκνηρόν,
3:13 τὰ **μὲν** ὀπίσω ἐπιλανθανόμενος τοῖς δὲ ἔμπροσθεν ἐπεκτεινόμενος,
Col 2:23 ἅτινά ἐστιν λόγον **μὲν** ἔχοντα σοφίας ἐν ἐθελοθρησκίᾳ καὶ ταπεινοφροσύνῃ [καὶ] ἀφειδίᾳ σώματος,
1Th 2:18 ἐγὼ **μὲν** Παῦλος καὶ ἅπαξ καὶ δίς, καὶ ἐνέκοψεν ἡμᾶς ὁ Σατανᾶς.
2Ti 1:10 καταργήσαντος **μὲν** τὸν θάνατον φωτίσαντος δὲ ζωὴν καὶ ἀφθαρσίαν διὰ τοῦ εὐαγγελίου
2:20 καὶ ἃ **μὲν** εἰς τιμὴν ἃ δὲ εἰς ἀτιμίαν·
4: 4 καὶ ἀπὸ **μὲν** τῆς ἀληθείας τὴν ἀκοὴν ἀποστρέψουσιν,
Heb 1: 7 καὶ πρὸς **μὲν** τοὺς ἀγγέλους λέγει, Ὁ ποιῶν τοὺς ἀγγέλους αὐτοῦ πνεύματα καὶ τοὺς λειτουργοὺς αὐτοῦ πυρὸς φλόγα,
3: 5 καὶ Μωϋσῆς **μὲν** πιστὸς ἐν ὅλῳ τῷ οἴκῳ αὐτοῦ ὡς θεράπων εἰς μαρτύριον τῶν λαληθησομένων,
7: 2 πρῶτον **μὲν** ἑρμηνευόμενος βασιλεὺς δικαιοσύνης ἔπειτα δὲ καὶ βασιλεὺς Σαλήμ,
7: 5 καὶ οἱ **μὲν** ἐκ τῶν υἱῶν Λευὶ τὴν ἱερατείαν λαμβάνοντες ἐντολὴν ἔχουσιν ἀποδεκατοῦν τὸν λαὸν κατὰ τὸν νόμον,
7: 8 καὶ ὧδε **μὲν** δεκάτας ἀποθνῄσκοντες ἄνθρωποι λαμβάνουσιν, ἐκεῖ δὲ μαρτυρούμενος ὅτι ζῇ.
7:11 Εἰ **μὲν** οὖν τελείωσις διὰ τῆς Λευιτικῆς ἱερωσύνης ἦν,
7:18 ἀθέτησις **μὲν** γὰρ γίνεται προαγούσης ἐντολῆς διὰ τὸ αὐτῆς ἀσθενὲς καὶ ἀνωφελές–
7:20 οἱ **μὲν** γὰρ χωρὶς ὁρκωμοσίας εἰσὶν ἱερεῖς γεγονότες,
7:23 καὶ οἱ **μὲν** πλείονές εἰσιν γεγονότες ἱερεῖς διὰ τὸ θανάτῳ κωλύεσθαι παραμένειν·
8: 4 εἰ **μὲν** οὖν ἦν ἐπὶ γῆς, οὐδ' ἂν ἦν ἱερεύς,
9: 1 Εἶχε **μὲν** οὖν [καὶ] ἡ πρώτη δικαιώματα λατρείας τό τε ἅγιον κοσμικόν.
9: 6 Τούτων δὲ οὕτως κατεσκευασμένων εἰς **μὲν** τὴν πρώτην σκηνὴν διὰ παντὸς εἰσίασιν οἱ ἱερεῖς τὰς λατρείας ἐπιτελοῦντες,
9:23 Ἀνάγκη οὖν τὰ **μὲν** ὑποδείγματα τῶν ἐν τοῖς οὐρανοῖς τούτοις καθαρίζεσθαι,
10:11 Καὶ πᾶς **μὲν** ἱερεὺς ἕστηκεν καθ' ἡμέραν λειτουργῶν καὶ τὰς αὐτὰς πολλάκις προσφέρων θυσίας,
10:33 τοῦτο **μὲν** ὀνειδισμοῖς τε καὶ θλίψεσιν θεατριζόμενοι, τοῦτο δὲ κοινωνοὶ τῶν οὕτως ἀναστρεφομένων γενηθέντες.
11:15 καὶ εἰ **μὲν** ἐκείνης ἐμνημόνευον ἀφ' ἧς ἐξέβησαν,
12: 9 εἶτα τοὺς **μὲν** τῆς σαρκὸς ἡμῶν πατέρας εἴχομεν παιδευτὰς καὶ ἐνετρεπόμεθα·
12:10 οἱ **μὲν** γὰρ πρὸς ὀλίγας ἡμέρας κατὰ τὸ δοκοῦν αὐτοῖς ἐπαίδευον,
12:11 πᾶσα δὲ παιδεία πρὸς **μὲν** τὸ παρὸν οὐ δοκεῖ χαρᾶς εἶναι ἀλλὰ λύπης,
Jas 3:17 ἡ δὲ ἄνωθεν σοφία πρῶτον **μὲν** ἁγνή ἐστιν,
1Pe 1:20 προεγνωσμένου **μὲν** πρὸ καταβολῆς κόσμου φανερωθέντος δὲ ἐπ' ἐσχάτου τῶν χρόνων δι' ὑμᾶς
2: 4 πρὸς ὃν προσερχόμενοι λίθον ζῶντα ὑπὸ ἀνθρώπων **μὲν** ἀποδεδοκιμασμένον παρὰ δὲ θεῷ ἐκλεκτὸν ἔντιμον,
3:18 ἵνα ὑμᾶς προσαγάγῃ τῷ θεῷ θανατωθεὶς **μὲν** σαρκὶ ζῳοποιηθεὶς δὲ πνεύματι·
4: 6 ἵνα κριθῶσι **μὲν** κατὰ ἀνθρώπους σαρκὶ ζῶσι δὲ κατὰ θεὸν πνεύματι.
Jude 1: 8 Ὁμοίως μέντοι καὶ οὗτοι ἐνυπνιαζόμενοι σάρκα **μὲν** μιαίνουσιν κυριότητα δὲ ἀθετοῦσιν δόξας δὲ βλασφημοῦσιν.
1:10 οὗτοι δὲ ὅσα **μὲν** οὐκ οἴδασιν βλασφημοῦσιν, ὅσα δὲ φυσικῶς ὡς τὰ ἄλογα ζῷα ἐπίστανται,
1:22 καὶ οὓς **μὲν** ἐλεᾶτε διακρινομένους,

3526 Μενάμ Not used in UBS/NIV

3527 Μεννά [1]

√ *cf. 3418*

Lk 3:31 τοῦ Μελεὰ τοῦ **Μεννὰ** τοῦ Ματταθὰ τοῦ Ναθὰμ τοῦ Δαυὶδ

3528 μενοῦν [1]

√ *3525 + 4036*

Lk 11:28 **Μενοῦν** μακάριοι οἱ ἀκούοντες τὸν λόγον τοῦ θεοῦ καὶ φυλάσσοντες.

3529 μενοῦνγε [3]

√ *3525 + 4036 + 1145*

ἀλλὰ μενοῦνγε [1] Php 3:8

Ro 9:20 **μενοῦνγε** σὺ τίς εἶ ὁ ἀνταποκρινόμενος τῷ θεῷ;
10:18 **μενοῦνγε,** Εἰς πᾶσαν τὴν γῆν ἐξῆλθεν ὁ φθόγγος αὐτῶν καὶ εἰς τὰ πέρατα τῆς οἰκουμένης τὰ ῥήματα αὐτῶν.
Php 3: 8 ἀλλὰ **μενοῦνγε** καὶ ἡγοῦμαι πάντα ζημίαν εἶναι διὰ τὸ ὑπερέχον τῆς γνώσεως Χριστοῦ Ἰησοῦ τοῦ κυρίου μου,

3530 μέντοι [8]

√ *3525 + 5520*

Jn 4:27 οὐδεὶς **μέντοι** εἶπεν, Τί ζητεῖς ἢ τί λαλεῖς μετ' αὐτῆς;
7:13 οὐδεὶς **μέντοι** παρρησίᾳ ἐλάλει περὶ αὐτοῦ διὰ τὸν φόβον τῶν Ἰουδαίων.
12:42 ὅμως **μέντοι** καὶ ἐκ τῶν ἀρχόντων πολλοὶ ἐπίστευσαν εἰς αὐτόν,

20: 5 καὶ παρακύψας βλέπει κείμενα τὰ ὀθόνια, οὐ **μέντοι** εἰσῆλθεν.
21: 4 οὐ **μέντοι** ᾔδεισαν οἱ μαθηταὶ ὅτι Ἰησοῦς ἐστιν.
2Ti 2:19 ὁ **μέντοι** στερεὸς θεμέλιος τοῦ θεοῦ ἕστηκεν, ἔχων τὴν σφραγῖδα ταύτην·
Jas 2: 8 εἰ **μέντοι** νόμον τελεῖτε βασιλικὸν κατὰ τὴν γραφήν,
Jude 1: 8 Ὁμοίως **μέντοι** καὶ οὗτοι ἐνυπνιαζόμενοι σάρκα μὲν μιαίνουσιν κυριότητα δὲ ἀθετοῦσιν δόξας δὲ βλασφημοῦσιν.

3531 μένω [118]

→ *388, 670, 1373, 1844, 2152, 2910, 3665, 4169, 4338, 4693, 5222, 5702, 5705*

seq. **εἰς** [9] Jn 6:27; 8:35,35; 12:34; 2Co 9:9; Heb 7:3,24; 1Pe 1:25; 1Jn 2:17

μένω ἕως [5] Mt 10:11; Mk 6:10; Jn 21:22,23; 1Co 15:6

seq. **ἐπί** [6] Jn 1:32,33; 3:36; 19:31; Ac 18:20; 2Co 3:14

Mt 10:11 ἐξετάσατε τίς ἐν αὐτῇ ἄξιός ἐστιν· κἀκεῖ **μείνατε** ἕως ἂν ἐξέλθητε.
11:23 ὅτι εἰ ἐν Σοδόμοις ἐγενήθησαν αἱ δυνάμεις αἱ γενόμεναι ἐν σοί, **ἔμεινεν** ἂν μέχρι τῆς σήμερον.
26:38 Περίλυπός ἐστιν ἡ ψυχή μου ἕως θανάτου· **μείνατε** ὧδε καὶ γρηγορεῖτε μετ' ἐμοῦ.
Mk 6:10 Ὅπου ἐὰν εἰσέλθητε εἰς οἰκίαν, ἐκεῖ **μένετε** ἕως ἂν ἐξέλθητε ἐκεῖθεν.
14:34 Περίλυπός ἐστιν ἡ ψυχή μου ἕως θανάτου· **μείνατε** ὧδε καὶ γρηγορεῖτε.
Lk 1:56 **Ἔμεινεν** δὲ Μαριὰμ σὺν αὐτῇ ὡς μῆνας τρεῖς,
8:27 ἔχων δαιμόνια καὶ χρόνῳ ἱκανῷ οὐκ ἐνεδύσατο ἱμάτιον καὶ ἐν οἰκίᾳ οὐκ **ἔμενεν** ἀλλ' ἐν τοῖς μνήμασιν.
9: 4 εἰς ἣν ἂν οἰκίαν εἰσέλθητε, ἐκεῖ **μένετε** καὶ ἐκεῖθεν ἐξέρχεσθε.
10: 7 ἐν αὐτῇ δὲ τῇ οἰκίᾳ **μένετε** ἐσθίοντες καὶ πίνοντες τὰ παρ' αὐτῶν·
19: 5 σήμερον γὰρ ἐν τῷ οἴκῳ σου δεῖ με **μεῖναι.**
24:29 καὶ παρεβιάσαντο αὐτὸν λέγοντες, **Μεῖνον** μεθ' ἡμῶν, ὅτι πρὸς ἑσπέραν ἐστὶν καὶ κέκλικεν ἤδη ἡ ἡμέρα. καὶ εἰσῆλθεν τοῦ **μεῖναι** σὺν αὐτοῖς.
Jn 1:32 Καὶ ἐμαρτύρησεν Ἰωάννης λέγων ὅτι Τεθέαμαι τὸ πνεῦμα καταβαῖνον ὡς περιστερὰν ἐξ οὐρανοῦ καὶ **ἔμεινεν** ἐπ' αὐτόν.
1:33 Ἐφ' ὃν ἂν ἴδῃς τὸ πνεῦμα καταβαῖνον καὶ **μένον** ἐπ' αὐτόν,
1:38 οἱ δὲ εἶπαν αὐτῷ, Ῥαββί, ὃ λέγεται μεθερμηνευόμενον Διδάσκαλε, ποῦ **μένεις;**
1:39 ἦλθαν οὖν καὶ εἶδαν ποῦ **μένει** καὶ παρ' αὐτῷ **ἔμειναν** τὴν ἡμέραν ἐκείνην·
2:12 Καφαρναοὺμ αὐτὸς καὶ ἡ μήτηρ αὐτοῦ καὶ οἱ ἀδελφοὶ [αὐτοῦ] καὶ οἱ μαθηταὶ αὐτοῦ καὶ ἐκεῖ **ἔμειναν** οὐ πολλὰς ἡμέρας.
3:36 ἀλλ' ἡ ὀργὴ τοῦ θεοῦ **μένει** ἐπ' αὐτόν.
4:40 ὡς οὖν ἦλθον πρὸς αὐτὸν οἱ Σαμαρῖται, ἠρώτων αὐτὸν **μεῖναι** παρ' αὐτοῖς· καὶ **ἔμεινεν** ἐκεῖ δύο ἡμέρας.
5:38 καὶ τὸν λόγον αὐτοῦ οὐκ ἔχετε ἐν ὑμῖν **μένοντα,**
6:27 ἐργάζεσθε μὴ τὴν βρῶσιν τὴν ἀπολλυμένην ἀλλὰ τὴν βρῶσιν τὴν **μένουσαν** εἰς ζωὴν αἰώνιον,
6:56 ὁ τρώγων μου τὴν σάρκα καὶ πίνων μου τὸ αἷμα ἐν ἐμοὶ **μένει** κἀγὼ ἐν αὐτῷ.
7: 9 ταῦτα δὲ εἰπὼν αὐτὸς **ἔμεινεν** ἐν τῇ Γαλιλαίᾳ.
8:31 Ἐὰν ὑμεῖς **μείνητε** ἐν τῷ λόγῳ τῷ ἐμῷ,
8:35 ὁ δὲ δοῦλος οὐ **μένει** ἐν τῇ οἰκίᾳ εἰς τὸν αἰῶνα, ὁ υἱὸς **μένει** εἰς τὸν αἰῶνα.
9:41 νῦν δὲ λέγετε ὅτι Βλέπομεν, ἡ ἁμαρτία ὑμῶν **μένει.**
10:40 Καὶ ἀπῆλθεν πάλιν πέραν τοῦ Ἰορδάνου εἰς τὸν τόπον ὅπου ἦν Ἰωάννης τὸ πρῶτον βαπτίζων καὶ **ἔμεινεν** ἐκεῖ.
11: 6 τότε μὲν **ἔμεινεν** ἐν ᾧ ἦν τόπῳ δύο ἡμέρας,
11:54 εἰς Ἐφραὶμ λεγομένην πόλιν, κἀκεῖ **ἔμεινεν** μετὰ τῶν μαθητῶν.
12:24 ἐὰν μὴ ὁ κόκκος τοῦ σίτου πεσὼν εἰς τὴν γῆν ἀποθάνῃ, αὐτὸς μόνος **μένει·**
12:34 Ἡμεῖς ἠκούσαμεν ἐκ τοῦ νόμου ὅτι ὁ Χριστὸς **μένει** εἰς τὸν αἰῶνα,
12:46 ἵνα πᾶς ὁ πιστεύων εἰς ἐμὲ ἐν τῇ σκοτίᾳ μὴ **μείνῃ.**
14:10 ὁ δὲ πατὴρ ἐν ἐμοὶ **μένων** ποιεῖ τὰ ἔργα αὐτοῦ.
14:17 ὅτι παρ' ὑμῖν **μένει** καὶ ἐν ὑμῖν ἔσται.
14:25 Ταῦτα λελάληκα ὑμῖν παρ' ὑμῖν **μένων·**
15: 4 **μείνατε** ἐν ἐμοί, κἀγὼ ἐν ὑμῖν. καθὼς τὸ κλῆμα οὐ δύναται καρπὸν φέρειν ἀφ' ἑαυτοῦ ἐὰν μὴ **μένῃ** ἐν τῇ ἀμπέλῳ, οὕτως οὐδὲ ὑμεῖς ἐὰν μὴ ἐν ἐμοὶ **μένητε.**
15: 5 ὁ **μένων** ἐν ἐμοὶ κἀγὼ ἐν αὐτῷ οὗτος φέρει καρπὸν πολύν,
15: 6 ἐὰν μή τις **μένῃ** ἐν ἐμοί, ἐβλήθη ἔξω ὡς τὸ κλῆμα καὶ ἐξηράνθη καὶ συνάγουσιν αὐτὰ καὶ εἰς τὸ πῦρ βάλλουσιν
15: 7 ἐὰν **μείνητε** ἐν ἐμοὶ καὶ τὰ ῥήματά μου ἐν ὑμῖν **μείνῃ,**
15: 9 κἀγὼ ὑμᾶς ἠγάπησα· **μείνατε** ἐν τῇ ἀγάπῃ τῇ ἐμῇ.
15:10 ἐὰν τὰς ἐντολάς μου τηρήσητε, **μενεῖτε** ἐν τῇ ἀγάπῃ μου, καθὼς ἐγὼ τὰς ἐντολὰς τοῦ πατρός μου τετήρηκα καὶ **μένω** αὐτοῦ ἐν τῇ ἀγάπῃ.
15:16 ἀλλ' ἐγὼ ἐξελεξάμην ὑμᾶς καὶ ἔθηκα ὑμᾶς ἵνα ὑμεῖς ὑπάγητε καὶ καρπὸν φέρητε καὶ ὁ καρπὸς ὑμῶν **μένῃ,**
19:31 ἵνα μὴ **μείνῃ** ἐπὶ τοῦ σταυροῦ τὰ σώματα ἐν τῷ σαββάτῳ,
21:22 Ἐὰν αὐτὸν θέλω **μένειν** ἕως ἔρχομαι, τί πρὸς σέ;
21:23 Ἐὰν αὐτὸν θέλω **μένειν** ἕως ἔρχομαι[, τί πρὸς σέ;]
Ac 5: 4 οὐχὶ **μένον** σοὶ **ἔμενεν** καὶ πραθὲν ἐν τῇ σῇ ἐξουσίᾳ ὑπῆρχεν;
9:43 Ἐγένετο δὲ ἡμέρας ἱκανὰς **μεῖναι** ἐν Ἰόππῃ παρά τινι Σίμωνι βυρσεῖ.
16:15 Εἰ κεκρίκατέ με πιστὴν τῷ κυρίῳ εἶναι, εἰσελθόντες εἰς τὸν οἶκόν μου **μένετε·**
18: 3 καὶ διὰ τὸ ὁμότεχνον εἶναι **ἔμενεν** παρ' αὐτοῖς,
18:20 ἐρωτώντων δὲ αὐτῶν ἐπὶ πλείονα χρόνον **μεῖναι** οὐκ ἐπένευσεν,
20: 5 οὗτοι δὲ προελθόντες **ἔμενον** ἡμᾶς ἐν Τρῳάδι,
20:23 πλὴν ὅτι τὸ πνεῦμα τὸ ἅγιον κατὰ πόλιν διαμαρτύρεταί μοι λέγον ὅτι δεσμὰ καὶ θλίψεις με **μένουσιν.**
21: 7 καταντήσαμεν εἰς Πτολεμαΐδα καὶ ἀσπασάμενοι τοὺς ἀδελφοὺς **ἐμείναμεν** ἡμέραν μίαν παρ' αὐτοῖς.
21: 8 εἰς Καισάρειαν καὶ εἰσελθόντες εἰς τὸν οἶκον Φιλίππου τοῦ εὐαγγελιστοῦ, ὄντος ἐκ τῶν ἑπτά, **ἐμείναμεν** παρ' αὐτῷ.
27:31 Ἐὰν μὴ οὗτοι **μείνωσιν** ἐν τῷ πλοίῳ, ὑμεῖς σωθῆναι οὐ δύνασθε.
27:41 περιπεσόντες δὲ εἰς τόπον διθάλασσον ἐπέκειλαν τὴν ναῦν καὶ ἡ μὲν πρῷρα ἐρείσασα **ἔμεινεν** ἀσάλευτος,
28:16 ἐπετράπη τῷ Παύλῳ **μένειν** καθ' ἑαυτὸν σὺν τῷ φυλάσσοντι αὐτὸν στρατιώτῃ.
Ro 9:11 ἵνα ἡ κατ' ἐκλογὴν πρόθεσις τοῦ θεοῦ **μένῃ,**
1Co 3:14 εἴ τινος τὸ ἔργον **μενεῖ** ὃ ἐποικοδόμησεν, μισθὸν λήμψεται·
7: 8 Λέγω δὲ τοῖς ἀγάμοις καὶ ταῖς χήραις, καλὸν αὐτοῖς ἐὰν **μείνωσιν** ὡς κἀγώ·
7:11 ἐὰν δὲ καὶ χωρισθῇ, **μενέτω** ἄγαμος ἢ τῷ ἀνδρὶ καταλλαγήτω,
7:20 ἕκαστος ἐν τῇ κλήσει ᾗ ἐκλήθη, ἐν ταύτῃ **μενέτω.**
7:24 ἕκαστος ἐν ᾧ ἐκλήθη, ἀδελφοί, ἐν τούτῳ **μενέτω** παρὰ θεῷ.
7:40 μακαριωτέρα δέ ἐστιν ἐὰν οὕτως **μείνῃ,** κατὰ τὴν ἐμὴν γνώμην·
13:13 νυνὶ δὲ **μένει** πίστις, ἐλπίς, ἀγάπη, τὰ τρία ταῦτα·
15: 6 ἐξ ὧν οἱ πλείονες **μένουσιν** ἕως ἄρτι, τινὲς δὲ ἐκοιμήθησαν·
2Co 3:11 εἰ γὰρ τὸ καταργούμενον διὰ δόξης, πολλῷ μᾶλλον τὸ **μένον** ἐν δόξῃ.
3:14 ἄχρι γὰρ τῆς σήμερον ἡμέρας τὸ αὐτὸ κάλυμμα ἐπὶ τῇ ἀναγνώσει τῆς παλαιᾶς διαθήκης **μένει,**
9: 9 ἔδωκεν τοῖς πένησιν, ἡ δικαιοσύνη αὐτοῦ **μένει** εἰς τὸν αἰῶνα.
Php 1:25 καὶ τοῦτο πεποιθὼς οἶδα ὅτι **μενῶ** καὶ παραμενῶ πᾶσιν ὑμῖν εἰς τὴν ὑμῶν προκοπὴν καὶ χαρὰν τῆς πίστεως,
1Ti 2:15 ἐὰν **μείνωσιν** ἐν πίστει καὶ ἀγάπῃ καὶ ἁγιασμῷ μετὰ σωφροσύνης·
2Ti 2:13 εἰ ἀπιστοῦμεν, ἐκεῖνος πιστὸς **μένει,** ἀρνήσασθαι γὰρ ἑαυτὸν οὐ δύναται.
3:14 σὺ δὲ **μένε** ἐν οἷς ἔμαθες καὶ ἐπιστώθης,
4:20 Ἔραστος **ἔμεινεν** ἐν Κορίνθῳ, Τρόφιμον δὲ ἀπέλιπον ἐν Μιλήτῳ ἀσθενοῦντα.
Heb 7: 3 ἀφωμοιωμένος δὲ τῷ υἱῷ τοῦ θεοῦ, **μένει** ἱερεὺς εἰς τὸ διηνεκές.
7:24 ὁ δὲ διὰ τὸ **μένειν** αὐτὸν εἰς τὸν αἰῶνα ἀπαράβατον ἔχει τὴν ἱερωσύνην·
10:34 τὴν ἁρπαγὴν τῶν ὑπαρχόντων ὑμῶν μετὰ χαρᾶς προσεδέξασθε γινώσκοντες ἔχειν ἑαυτοὺς κρείττονα ὕπαρξιν καὶ **μένουσαν.**
12:27 τὸ δὲ Ἔτι ἅπαξ δηλοῖ [τὴν] τῶν σαλευομένων μετάθεσιν ὡς πεποιημένων, ἵνα **μείνῃ** τὰ μὴ σαλευόμενα.
13: 1 Ἡ φιλαδελφία **μενέτω.**
13:14 οὐ γὰρ ἔχομεν ὧδε **μένουσαν** πόλιν ἀλλὰ τὴν μέλλουσαν ἐπιζητοῦμεν.
1Pe 1:23 ἀναγεγεννημένοι οὐκ ἐκ σπορᾶς φθαρτῆς ἀλλὰ ἀφθάρτου διὰ λόγου ζῶντος θεοῦ καὶ **μένοντος.**
1:25 τὸ δὲ ῥῆμα κυρίου **μένει** εἰς τὸν αἰῶνα.
1Jn 2: 6 ὁ λέγων ἐν αὐτῷ **μένειν** ὀφείλει καθὼς ἐκεῖνος περιεπάτησεν καὶ αὐτὸς [οὕτως] περιπατεῖν.
2:10 ὁ ἀγαπῶν τὸν ἀδελφὸν αὐτοῦ ἐν τῷ φωτὶ **μένει** καὶ σκάνδαλον ἐν αὐτῷ οὐκ ἔστιν·

2:14 ὅτι ἰσχυροί ἐστε καὶ ὁ λόγος τοῦ θεοῦ ἐν ὑμῖν **μένει** καὶ νενικήκατε τὸν πονηρόν.
2:17 ὁ δὲ ποιῶν τὸ θέλημα τοῦ θεοῦ **μένει** εἰς τὸν αἰῶνα.
2:19 εἰ γὰρ ἐξ ἡμῶν ἦσαν, **μεμενήκεισαν** ἂν μεθ' ἡμῶν·
2:24 ὑμεῖς ὃ ἠκούσατε ἀπ' ἀρχῆς, ἐν ὑμῖν **μενέτω.** ἐὰν ἐν ὑμῖν **μείνῃ** ὃ ἀπ' ἀρχῆς ἠκούσατε, καὶ ὑμεῖς ἐν τῷ υἱῷ καὶ ἐν τῷ πατρὶ **μενεῖτε.**
2:27 καὶ ὑμεῖς τὸ χρῖσμα ὃ ἐλάβετε ἀπ' αὐτοῦ, **μένει** ἐν ὑμῖν καὶ οὐ χρείαν ἔχετε ἵνα τις διδάσκῃ ὑμᾶς, ἀλλ' ὡς τὸ αὐτοῦ χρῖσμα διδάσκει ὑμᾶς περὶ πάντων καὶ ἀληθές ἐστιν καὶ οὐκ ἔστιν ψεῦδος, καὶ καθὼς ἐδίδαξεν ὑμᾶς, **μένετε** ἐν αὐτῷ.
2:28 τεκνία, **μένετε** ἐν αὐτῷ, ἵνα ἐὰν φανερωθῇ σχῶμεν παρρησίαν καὶ μὴ αἰσχυνθῶμεν ἀπ' αὐτοῦ ἐν τῇ παρουσίᾳ αὐτοῦ.
3:6 πᾶς ὁ ἐν αὐτῷ **μένων** οὐχ ἁμαρτάνει· πᾶς ὁ ἁμαρτάνων οὐχ ἑώρακεν αὐτὸν οὐδὲ ἔγνωκεν αὐτόν.
3:9 ὅτι σπέρμα αὐτοῦ ἐν αὐτῷ **μένει,** καὶ οὐ δύναται ἁμαρτάνειν,
3:14 ὅτι ἀγαπῶμεν τοὺς ἀδελφούς· ὁ μὴ ἀγαπῶν **μένει** ἐν τῷ θανάτῳ.
3:15 καὶ οἴδατε ὅτι πᾶς ἀνθρωποκτόνος οὐκ ἔχει ζωὴν αἰώνιον ἐν αὐτῷ **μένουσαν.**
3:17 πῶς ἡ ἀγάπη τοῦ θεοῦ **μένει** ἐν αὐτῷ;
3:24 καὶ ὁ τηρῶν τὰς ἐντολὰς αὐτοῦ ἐν αὐτῷ **μένει** καὶ αὐτὸς ἐν αὐτῷ· καὶ ἐν τούτῳ γινώσκομεν ὅτι **μένει** ἐν ἡμῖν,
4:12 ὁ θεὸς ἐν ἡμῖν **μένει** καὶ ἡ ἀγάπη αὐτοῦ ἐν ἡμῖν τετελειωμένη ἐστιν.
4:13 Ἐν τούτῳ γινώσκομεν ὅτι ἐν αὐτῷ **μένομεν** καὶ αὐτὸς ἐν ἡμῖν,
4:15 ὁ θεὸς ἐν αὐτῷ **μένει** καὶ αὐτὸς ἐν τῷ θεῷ.
4:16 καὶ ὁ **μένων** ἐν τῇ ἀγάπῃ ἐν τῷ θεῷ **μένει** καὶ ὁ θεὸς ἐν αὐτῷ **μένει.**
2Jn 1:2 διὰ τὴν ἀλήθειαν τὴν **μένουσαν** ἐν ἡμῖν καὶ μεθ' ἡμῶν ἔσται εἰς τὸν αἰῶνα.
1:9 πᾶς ὁ προάγων καὶ μὴ **μένων** ἐν τῇ διδαχῇ τοῦ Χριστοῦ θεὸν οὐκ ἔχει· ὁ **μένων** ἐν τῇ διδαχῇ, οὗτος καὶ τὸν πατέρα καὶ τὸν υἱὸν ἔχει.
Rev 17:10 ὁ ἄλλος οὔπω ἦλθεν, καὶ ὅταν ἔλθῃ ὀλίγον αὐτὸν δεῖ **μεῖναι.**

3532 μερίζω [14]

√ 3538

Mt 12:25 Πᾶσα βασιλεία **μερισθεῖσα** καθ' ἑαυτῆς ἐρημοῦται καὶ πᾶσα πόλις ἢ οἰκία **μερισθεῖσα** καθ' ἑαυτῆς οὐ σταθήσεται.
12:26 καὶ εἰ ὁ Σατανᾶς τὸν Σατανᾶν ἐκβάλλει, ἐφ' ἑαυτὸν **ἐμερίσθη·**
Mk 3:24 καὶ ἐὰν βασιλεία ἐφ' ἑαυτὴν **μερισθῇ,** οὐ δύναται σταθῆναι ἡ βασιλεία ἐκείνη·
3:25 καὶ ἐὰν οἰκία ἐφ' ἑαυτὴν **μερισθῇ,** οὐ δυνήσεται ἡ οἰκία ἐκείνη σταθῆναι.
3:26 καὶ εἰ ὁ Σατανᾶς ἀνέστη ἐφ' ἑαυτὸν καὶ **ἐμερίσθη,**
6:41 καὶ κατέκλασεν τοὺς ἄρτους καὶ ἐδίδου τοῖς μαθηταῖς [αὐτοῦ] ἵνα παρατιθῶσιν αὐτοῖς, καὶ τοὺς δύο ἰχθύας **ἐμέρισεν** πᾶσιν.
Lk 12:13 εἰπὲ τῷ ἀδελφῷ μου **μερίσασθαι** μετ' ἐμοῦ τὴν κληρονομίαν.
Ro 12:3 μὴ ὑπερφρονεῖν παρ' ὃ δεῖ φρονεῖν ἀλλὰ φρονεῖν εἰς τὸ σωφρονεῖν, ἑκάστῳ ὡς ὁ θεὸς **ἐμέρισεν** μέτρον πίστεως.
1Co 1:13 **μεμέρισται** ὁ Χριστός; μὴ Παῦλος ἐσταυρώθη ὑπὲρ ὑμῶν,
7:17 Εἰ μὴ ἑκάστῳ ὡς **ἐμέρισεν** ὁ κύριος, ἕκαστον ὡς κέκληκεν ὁ θεός,
7:34 καὶ **μεμέρισται.** καὶ ἡ γυνὴ ἡ ἄγαμος καὶ ἡ παρθένος μεριμνᾷ τὰ τοῦ κυρίου,
2Co 10:13 ἡμεῖς δὲ οὐκ εἰς τὰ ἄμετρα καυχησόμεθα ἀλλὰ κατὰ τὸ μέτρον τοῦ κανόνος οὗ **ἐμέρισεν** ἡμῖν ὁ θεὸς μέτρου,
Heb 7:2 ᾧ καὶ δεκάτην ἀπὸ πάντων **ἐμέρισεν** Ἀβραάμ, πρῶτον μὲν ἑρμηνευόμενος βασιλεὺς δικαιοσύνης

3533 μέριμνα [6]

→ 291, 3534, 4628; cf. 3538

Mt 13:22 καὶ ἡ **μέριμνα** τοῦ αἰῶνος καὶ ἡ ἀπάτη τοῦ πλούτου συμπνίγει τὸν λόγον καὶ ἄκαρπος γίνεται.
Mk 4:19 αἱ **μέριμναι** τοῦ αἰῶνος καὶ ἡ ἀπάτη τοῦ πλούτου καὶ αἱ περὶ τὰ λοιπὰ ἐπιθυμίαι εἰσπορευόμεναι συμπνίγουσιν τὸν λόγον
Lk 8:14 καὶ ὑπὸ **μεριμνῶν** καὶ πλούτου καὶ ἡδονῶν τοῦ βίου πορευόμενοι συμπνίγονται καὶ οὐ τελεσφοροῦσιν.
21:34 μήποτε βαρηθῶσιν ὑμῶν αἱ καρδίαι ἐν κραιπάλῃ καὶ μέθῃ καὶ **μερίμναις** βιωτικαῖς καὶ ἐπιστῇ ἐφ' ὑμᾶς αἰφνίδιος ἡ ἡμέρα
2Co 11:28 χωρὶς τῶν παρεκτὸς ἡ ἐπίστασίς μοι ἡ καθ' ἡμέραν, ἡ **μέριμνα** πασῶν τῶν ἐκκλησιῶν.
1Pe 5:7 πᾶσαν τὴν **μέριμναν** ὑμῶν ἐπιρίψαντες ἐπ' αὐτόν, ὅτι αὐτῷ μέλει περὶ ὑμῶν.

3534 μεριμνάω [19]

√ 3533

Mt 6:25 μὴ **μεριμνᾶτε** τῇ ψυχῇ ὑμῶν τί φάγητε [ἢ τί πίητε,]
6:27 τίς δὲ ἐξ ὑμῶν **μεριμνῶν** δύναται προσθεῖναι ἐπὶ τὴν ἡλικίαν αὐτοῦ πῆχυν ἕνα;
6:28 καὶ περὶ ἐνδύματος τί **μεριμνᾶτε;** καταμάθετε τὰ κρίνα τοῦ ἀγροῦ πῶς αὐξάνουσιν·
6:31 μὴ οὖν **μεριμνήσητε** λέγοντες, Τί φάγωμεν; ἤ, Τί πίωμεν;
6:34 μὴ οὖν **μεριμνήσητε** εἰς τὴν αὔριον, ἡ γὰρ αὔριον **μεριμνήσει** ἑαυτῆς·
10:19 ὅταν δὲ παραδῶσιν ὑμᾶς, μὴ **μεριμνήσητε** πῶς ἢ τί λαλήσητε·
Lk 10:41 ἀποκριθεὶς δὲ εἶπεν αὐτῇ ὁ κύριος, Μάρθα Μάρθα, **μεριμνᾷς** καὶ θορυβάζῃ περὶ πολλά,
12:11 μὴ **μεριμνήσητε** πῶς ἢ τί ἀπολογήσησθε ἢ τί εἴπητε·
12:22 μὴ **μεριμνᾶτε** τῇ ψυχῇ τί φάγητε, μηδὲ τῷ σώματι τί ἐνδύσησθε.
12:25 τίς δὲ ἐξ ὑμῶν **μεριμνῶν** δύναται ἐπὶ τὴν ἡλικίαν αὐτοῦ προσθεῖναι πῆχυν;
12:26 εἰ οὖν οὐδὲ ἐλάχιστον δύνασθε, τί περὶ τῶν λοιπῶν **μεριμνᾶτε;**
1Co 7:32 ὁ ἄγαμος **μεριμνᾷ** τὰ τοῦ κυρίου, πῶς ἀρέσῃ τῷ κυρίῳ·
7:33 ὁ δὲ γαμήσας **μεριμνᾷ** τὰ τοῦ κόσμου, πῶς ἀρέσῃ τῇ γυναικί,
7:34 καὶ ἡ γυνὴ ἡ ἄγαμος καὶ ἡ παρθένος **μεριμνᾷ** τὰ τοῦ κυρίου, ἵνα ᾖ ἁγία καὶ τῷ σώματι καὶ τῷ πνεύματι· ἡ δὲ γαμήσασα **μεριμνᾷ** τὰ τοῦ κόσμου, πῶς ἀρέσῃ τῷ ἀνδρί.
12:25 ἵνα μὴ ᾖ σχίσμα ἐν τῷ σώματι ἀλλὰ τὸ αὐτὸ ὑπὲρ ἀλλήλων **μεριμνῶσιν** τὰ μέλη.
Php 2:20 οὐδένα γὰρ ἔχω ἰσόψυχον, ὅστις γνησίως τὰ περὶ ὑμῶν **μεριμνήσει·**
4:6 μηδὲν **μεριμνᾶτε,** ἀλλ' ἐν παντὶ τῇ προσευχῇ καὶ τῇ δεήσει μετὰ εὐχαριστίας τὰ αἰτήματα ὑμῶν γνωριζέσθω

3535 μερίς [5]

√ 3538

Lk 10:42 Μαριὰμ γὰρ τὴν ἀγαθὴν **μερίδα** ἐξελέξατο ἥτις οὐκ ἀφαιρεθήσεται αὐτῆς.
Ac 8:21 οὐκ ἔστιν σοι **μερὶς** οὐδὲ κλῆρος ἐν τῷ λόγῳ τούτῳ,
16:12 ἥτις ἐστὶν πρώτη[ς] **μερίδος** τῆς Μακεδονίας πόλις, κολωνία.
2Co 6:15 τίς δὲ συμφώνησις Χριστοῦ πρὸς Βελιάρ, ἢ τίς **μερὶς** πιστῷ μετὰ ἀπίστου;
Col 1:12 εὐχαριστοῦντες τῷ πατρὶ τῷ ἱκανώσαντι ὑμᾶς εἰς τὴν **μερίδα** τοῦ κλήρου τῶν ἁγίων ἐν τῷ φωτί·

3536 μερισμός [2]

√ 3538

Heb 2:4 συνεπιμαρτυροῦντος τοῦ θεοῦ σημείοις τε καὶ τέρασιν καὶ ποικίλαις δυνάμεσιν καὶ πνεύματος ἁγίου **μερισμοῖς** κατὰ τὴν αὐτοῦ θέλησιν;
4:12 Ζῶν γὰρ ὁ λόγος τοῦ θεοῦ καὶ ἐνεργὴς καὶ τομώτερος ὑπὲρ πᾶσαν μάχαιραν δίστομον καὶ διϊκνούμενος ἄχρι **μερισμοῦ** ψυχῆς καὶ πνεύματος,

3537 μεριστής [1]

√ 3538

Lk 12:14 τίς με κατέστησεν κριτὴν ἢ **μεριστὴν** ἐφ' ὑμᾶς;

3538 μέρος [42]

→ 1374, 1375, 3532, 3535, 3536, 3537, 4495, 5211; cf. 3533

ἀνὰ μέρος [1] 1Co 14:27

ἀπὸ μέρους [5] Ro 11:25; 15:15,24; 2Co 1:14; 2:5

ἐκ μέρους [5] 1Co 12:27; 13:9,9,10,12

ἐν μέρει [3] 2Co 3:10; 9:3; Col 2:16

κατὰ μέρος [1] Heb 9:5

Mt 2:22 χρηματισθεὶς δὲ κατ' ὄναρ ἀνεχώρησεν εἰς τὰ **μέρη** τῆς Γαλιλαίας,

15:21 Καὶ ἐξελθὼν ἐκεῖθεν ὁ Ἰησοῦς ἀνεχώρησεν εἰς τὰ **μέρη** Τύρου καὶ Σιδῶνος.
16:13 Ἐλθὼν δὲ ὁ Ἰησοῦς εἰς τὰ **μέρη** Καισαρείας τῆς Φιλίππου ἠρώτα τοὺς μαθητὰς αὐτοῦ λέγων,
24:51 καὶ διχοτομήσει αὐτὸν καὶ τὸ **μέρος** αὐτοῦ μετὰ τῶν ὑποκριτῶν θήσει·
Mk 8:10 Καὶ εὐθὺς ἐμβὰς εἰς τὸ πλοῖον μετὰ τῶν μαθητῶν αὐτοῦ ἦλθεν εἰς τὰ **μέρη** Δαλμανουθά.
Lk 11:36 εἰ οὖν τὸ σῶμά σου ὅλον φωτεινόν, μὴ ἔχον **μέρος** τι σκοτεινόν,
12:46 καὶ διχοτομήσει αὐτὸν καὶ τὸ **μέρος** αὐτοῦ μετὰ τῶν ἀπίστων θήσει.
15:12 Πάτερ, δός μοι τὸ ἐπιβάλλον **μέρος** τῆς οὐσίας.
24:42 οἱ δὲ ἐπέδωκαν αὐτῷ ἰχθύος ὀπτοῦ **μέρος·**
Jn 13: 8 Ἐὰν μὴ νίψω σε, οὐκ ἔχεις **μέρος** μετ᾽ ἐμοῦ.
19:23 ἔλαβον τὰ ἱμάτια αὐτοῦ καὶ ἐποίησαν τέσσαρα **μέρη,** ἑκάστῳ στρατιώτῃ **μέρος,** καὶ τὸν χιτῶνα.
21: 6 Βάλετε εἰς τὰ δεξιὰ **μέρη** τοῦ πλοίου τὸ δίκτυον,
Ac 2:10 Αἴγυπτον καὶ τὰ **μέρη** τῆς Λιβύης τῆς κατὰ Κυρήνην,
5: 2 καὶ ἐνέγκας **μέρος** τι παρὰ τοὺς πόδας τῶν ἀποστόλων ἔθηκεν.
19: 1 Ἐγένετο δὲ ἐν τῷ τὸν Ἀπολλῶ εἶναι ἐν Κορίνθῳ Παῦλον διελθόντα τὰ ἀνωτερικὰ **μέρη** [κατ]ελθεῖν εἰς Ἔφεσον
19:27 κινδυνεύει ἡμῖν τὸ **μέρος** εἰς ἀπελεγμὸν ἐλθεῖν ἀλλὰ καὶ τὸ τῆς μεγάλης θεᾶς Ἀρτέμιδος ἱερὸν εἰς οὐθὲν λογισθῆναι,
20: 2 διελθὼν δὲ τὰ **μέρη** ἐκεῖνα καὶ παρακαλέσας αὐτοὺς λόγῳ πολλῷ ἦλθεν εἰς τὴν Ἑλλάδα
23: 6 Γνοὺς δὲ ὁ Παῦλος ὅτι τὸ ἓν **μέρος** ἐστὶν Σαδδουκαίων τὸ δὲ ἕτερον Φαρισαίων ἔκραζεν ἐν τῷ συνεδρίῳ,
23: 9 καὶ ἀναστάντες τινὲς τῶν γραμματέων τοῦ **μέρους** τῶν Φαρισαίων διεμάχοντο λέγοντες,
Ro 11:25 ὅτι πώρωσις ἀπὸ **μέρους** τῷ Ἰσραὴλ γέγονεν ἄχρις οὗ τὸ πλήρωμα τῶν ἐθνῶν εἰσέλθῃ
15:15 τολμηρότερον δὲ ἔγραψα ὑμῖν ἀπὸ **μέρους** ὡς ἐπαναμιμνήσκων ὑμᾶς διὰ τὴν χάριν τὴν δοθεῖσάν μοι ὑπὸ τοῦ θεοῦ
15:24 ἐλπίζω γὰρ διαπορευόμενος θεάσασθαι ὑμᾶς καὶ ὑφ᾽ ὑμῶν προπεμφθῆναι ἐκεῖ ἐὰν ὑμῶν πρῶτον ἀπὸ **μέρους** ἐμπλησθῶ.
1Co 11:18 πρῶτον μὲν γὰρ συνερχομένων ὑμῶν ἐν ἐκκλησίᾳ ἀκούω σχίσματα ἐν ὑμῖν ὑπάρχειν καὶ **μέρος** τι πιστεύω.
12:27 Ὑμεῖς δέ ἐστε σῶμα Χριστοῦ καὶ μέλη ἐκ **μέρους.**
13: 9 ἐκ **μέρους** γὰρ γινώσκομεν καὶ ἐκ **μέρους** προφητεύομεν·
13:10 ὅταν δὲ ἔλθῃ τὸ τέλειον, τὸ ἐκ **μέρους** καταργηθήσεται.
13:12 ἄρτι γινώσκω ἐκ **μέρους,** τότε δὲ ἐπιγνώσομαι καθὼς καὶ ἐπεγνώσθην.
14:27 κατὰ δύο ἢ τὸ πλεῖστον τρεῖς καὶ ἀνὰ **μέρος,**
2Co 1:14 καθὼς καὶ ἐπέγνωτε ἡμᾶς ἀπὸ **μέρους,** ὅτι καύχημα ὑμῶν ἐσμεν καθάπερ καὶ ὑμεῖς ἡμῶν ἐν τῇ ἡμέρᾳ τοῦ κυρίου [ἡμῶν]
2: 5 ἀλλὰ ἀπὸ **μέρους,** ἵνα μὴ ἐπιβαρῶ, πάντας ὑμᾶς.
3:10 καὶ γὰρ οὐ δεδόξασται τὸ δεδοξασμένον ἐν τούτῳ τῷ **μέρει** εἵνεκεν τῆς ὑπερβαλλούσης δόξης.
9: 3 ἵνα μὴ τὸ καύχημα ἡμῶν τὸ ὑπὲρ ὑμῶν κενωθῇ ἐν τῷ **μέρει** τούτῳ,
Eph 4: 9 εἰ μὴ ὅτι καὶ κατέβη εἰς τὰ κατώτερα **[μέρη]** τῆς γῆς;
4:16 κατ᾽ ἐνέργειαν ἐν μέτρῳ ἑνὸς ἑκάστου **μέρους** τὴν αὔξησιν τοῦ σώματος ποιεῖται εἰς οἰκοδομὴν ἑαυτοῦ ἐν ἀγάπῃ.
Col 2:16 Μὴ οὖν τις ὑμᾶς κρινέτω ἐν βρώσει καὶ ἐν πόσει ἢ ἐν **μέρει** ἑορτῆς ἢ νεομηνίας ἢ σαββάτων·
Heb 9: 5 περὶ ὧν οὐκ ἔστιν νῦν λέγειν κατὰ **μέρος.**
Rev 16:19 καὶ ἐγένετο ἡ πόλις ἡ μεγάλη εἰς τρία **μέρη** καὶ αἱ πόλεις τῶν ἐθνῶν ἔπεσαν.
20: 6 μακάριος καὶ ἅγιος ὁ ἔχων **μέρος** ἐν τῇ ἀναστάσει τῇ πρώτῃ·
21: 8 καὶ φαρμάκοις καὶ εἰδωλολάτραις καὶ πᾶσιν τοῖς ψευδέσιν τὸ **μέρος** αὐτῶν ἐν τῇ λίμνῃ τῇ καιομένῃ πυρὶ καὶ θείῳ,
22:19 ἀφελεῖ ὁ θεὸς τὸ **μέρος** αὐτοῦ ἀπὸ τοῦ ξύλου τῆς ζωῆς καὶ ἐκ τῆς πόλεως τῆς ἁγίας τῶν γεγραμμένων ἐν τῷ βιβλίῳ τούτῳ.

3539 μεσάζω Not used in UBS/NIV

√ 3545

3540 μεσημβρία [2]

√ 3545 + 2465

Ac 8:26 Ἀνάστηθι καὶ πορεύου κατὰ **μεσημβρίαν** ἐπὶ τὴν ὁδὸν τὴν καταβαίνουσαν ἀπὸ Ἰερουσαλὴμ εἰς Γάζαν,
22: 6 Ἐγένετο δέ μοι πορευομένῳ καὶ ἐγγίζοντι τῇ Δαμασκῷ περὶ **μεσημβρίαν** ἐξαίφνης ἐκ τοῦ οὐρανοῦ περιαστράψαι φῶς ἱκανὸν περὶ ἐμέ,

3541 μεσιτεύω [1]

√ 3545

Heb 6:17 βουλόμενος ὁ θεὸς ἐπιδεῖξαι τοῖς κληρονόμοις τῆς ἐπαγγελίας τὸ ἀμετάθετον τῆς βουλῆς αὐτοῦ **ἐμεσίτευσεν** ὅρκῳ,

3542 μεσίτης [6]

√ 3545

Gal 3:19 ἄχρις οὗ ἔλθῃ τὸ σπέρμα ᾧ ἐπήγγελται, διαταγεὶς δι᾽ ἀγγέλων ἐν χειρὶ **μεσίτου.**
3:20 ὁ δὲ **μεσίτης** ἑνὸς οὐκ ἔστιν, ὁ δὲ θεὸς εἷς ἐστιν.
1Ti 2: 5 εἷς καὶ **μεσίτης** θεοῦ καὶ ἀνθρώπων, ἄνθρωπος Χριστὸς Ἰησοῦς,
Heb 8: 6 ὅσῳ καὶ κρείττονός ἐστιν διαθήκης **μεσίτης,** ἥτις ἐπὶ κρείττοσιν ἐπαγγελίαις νενομοθέτηται.
9:15 Καὶ διὰ τοῦτο διαθήκης καινῆς **μεσίτης** ἐστίν, ὅπως θανάτου γενομένου εἰς ἀπολύτρωσιν τῶν ἐπὶ τῇ πρώτῃ διαθήκῃ
12:24 καὶ διαθήκης νέας **μεσίτῃ** Ἰησοῦ καὶ αἵματι ῥαντισμοῦ κρεῖττον λαλοῦντι παρὰ τὸν Ἅβελ.

3543 μεσονύκτιον [4]

√ 3545 + 3816

Mk 13:35 ἢ ὀψὲ ἢ **μεσονύκτιον** ἢ ἀλεκτοροφωνίας ἢ πρωΐ,
Lk 11: 5 Τίς ἐξ ὑμῶν ἕξει φίλον καὶ πορεύσεται πρὸς αὐτὸν **μεσονυκτίου** καὶ εἴπῃ αὐτῷ,
Ac 16:25 Κατὰ δὲ τὸ **μεσονύκτιον** Παῦλος καὶ Σιλᾶς προσευχόμενοι ὕμνουν τὸν θεόν,
20: 7 ὁ Παῦλος διελέγετο αὐτοῖς μέλλων ἐξιέναι τῇ ἐπαύριον, παρέτεινέν τε τὸν λόγον μέχρι **μεσονυκτίου.**

3544 Μεσοποταμία [2]

√ 3545 + 4532

Ac 2: 9 Πάρθοι καὶ Μῆδοι καὶ Ἐλαμῖται καὶ οἱ κατοικοῦντες τὴν **Μεσοποταμίαν,**
7: 2 Ὁ θεὸς τῆς δόξης ὤφθη τῷ πατρὶ ἡμῶν Ἀβραὰμ ὄντι ἐν τῇ **Μεσοποταμίᾳ** πρὶν ἢ κατοικῆσαι αὐτὸν ἐν Χαρρὰν

3545 μέσος [58]

→ 1845, 3539, 3540, 3541, 3542, 3543, 3544, 3546, 3547, 3548

ἀνὰ μέσον [4] Mt 13:25; Mk 7:31; 1Co 6:5; Rev 7:17

κατὰ μέσος [1] Ac 27:27

μέσος ἡμέρας [1] Ac 26:13

μέσος νυκτός [2] Mt 25:6; Ac 27:27

Mt 10:16 Ἰδοὺ ἐγὼ ἀποστέλλω ὑμᾶς ὡς πρόβατα ἐν **μέσῳ** λύκων·
13:25 ἐν δὲ τῷ καθεύδειν τοὺς ἀνθρώπους ἦλθεν αὐτοῦ ὁ ἐχθρὸς καὶ ἐπέσπειρεν ζιζάνια ἀνὰ **μέσον** τοῦ σίτου καὶ ἀπῆλθεν.
13:49 ἐξελεύσονται οἱ ἄγγελοι καὶ ἀφοριοῦσιν τοὺς πονηροὺς ἐκ **μέσου** τῶν δικαίων
14: 6 γενεσίοις δὲ γενομένοις τοῦ Ἡρῴδου ὠρχήσατο ἡ θυγάτηρ τῆς Ἡρῳδιάδος ἐν τῷ **μέσῳ** καὶ ἤρεσεν τῷ Ἡρῴδῃ,
18: 2 καὶ προσκαλεσάμενος παιδίον ἔστησεν αὐτὸ ἐν **μέσῳ** αὐτῶν
18:20 οὗ γάρ εἰσιν δύο ἢ τρεῖς συνηγμένοι εἰς τὸ ἐμὸν ὄνομα, ἐκεῖ εἰμι ἐν **μέσῳ** αὐτῶν.
25: 6 **μέσης** δὲ νυκτὸς κραυγὴ γέγονεν, Ἰδοὺ ὁ νυμφίος,
Mk 3: 3 καὶ λέγει τῷ ἀνθρώπῳ τῷ τὴν ξηρὰν χεῖρα ἔχοντι, Ἔγειρε εἰς τὸ **μέσον.**
6:47 καὶ ὀψίας γενομένης ἦν τὸ πλοῖον ἐν **μέσῳ** τῆς θαλάσσης,
7:31 ἐξελθὼν ἐκ τῶν ὁρίων Τύρου ἦλθεν διὰ Σιδῶνος εἰς τὴν θάλασσαν τῆς Γαλιλαίας ἀνὰ **μέσον** τῶν ὁρίων Δεκαπόλεως.
9:36 καὶ λαβὼν παιδίον ἔστησεν αὐτὸ ἐν **μέσῳ** αὐτῶν καὶ ἐναγκαλισάμενος αὐτὸ εἶπεν αὐτοῖς,
14:60 καὶ ἀναστὰς ὁ ἀρχιερεὺς εἰς **μέσον** ἐπηρώτησεν τὸν Ἰησοῦν λέγων,
Lk 2:46 καὶ ἐγένετο μετὰ ἡμέρας τρεῖς εὗρον αὐτὸν ἐν τῷ ἱερῷ καθεζόμενον ἐν **μέσῳ** τῶν διδασκάλων καὶ ἀκούοντα αὐτῶν
4:30 αὐτὸς δὲ διελθὼν διὰ **μέσου** αὐτῶν ἐπορεύετο.
4:35 καὶ ῥίψαν αὐτὸν τὸ δαιμόνιον εἰς τὸ **μέσον** ἐξῆλθεν ἀπ᾽ αὐτοῦ μηδὲν βλάψαν αὐτόν.

5:19 ἀναβάντες ἐπὶ τὸ δῶμα διὰ τῶν κεράμων καθῆκαν αὐτὸν σὺν τῷ κλινιδίῳ εἰς τὸ **μέσον** ἔμπροσθεν τοῦ Ἰησοῦ.
6: 8 εἶπεν δὲ τῷ ἀνδρὶ τῷ ξηρὰν ἔχοντι τὴν χεῖρα, Ἔγειρε καὶ στῆθι εἰς τὸ **μέσον**·
8: 7 καὶ ἕτερον ἔπεσεν ἐν **μέσῳ** τῶν ἀκανθῶν, καὶ συμφυεῖσαι αἱ ἄκανθαι ἀπέπνιξαν αὐτό.
10: 3 ἰδοὺ ἀποστέλλω ὑμᾶς ὡς ἄρνας ἐν **μέσῳ** λύκων.
17:11 Καὶ ἐγένετο ἐν τῷ πορεύεσθαι εἰς Ἰερουσαλὴμ καὶ αὐτὸς διήρχετο διὰ **μέσον** Σαμαρείας καὶ Γαλιλαίας.
21:21 τότε οἱ ἐν τῇ Ἰουδαίᾳ φευγέτωσαν εἰς τὰ ὄρη καὶ οἱ ἐν **μέσῳ** αὐτῆς ἐκχωρείτωσαν καὶ οἱ ἐν ταῖς χώραις μὴ εἰσερχέσθωσαν
22:27 ἐγὼ δὲ ἐν **μέσῳ** ὑμῶν εἰμι ὡς ὁ διακονῶν.
22:55 περιαψάντων δὲ πῦρ ἐν **μέσῳ** τῆς αὐλῆς καὶ συγκαθισάντων ἐκάθητο ὁ Πέτρος **μέσος** αὐτῶν.
23:45 τοῦ ἡλίου ἐκλιπόντος, ἐσχίσθη δὲ τὸ καταπέτασμα τοῦ ναοῦ **μέσον.**
24:36 Ταῦτα δὲ αὐτῶν λαλούντων αὐτὸς ἔστη ἐν **μέσῳ** αὐτῶν καὶ λέγει αὐτοῖς,

Jn 1:26 βαπτίζω ἐν ὕδατι· **μέσος** ὑμῶν ἕστηκεν ὃν ὑμεῖς οὐκ οἴδατε,
8: 3 ⟦ἄγουσιν δὲ οἱ γραμματεῖς καὶ οἱ Φαρισαῖοι γυναῖκα ἐπὶ μοιχείᾳ κατειλημμένην καὶ στήσαντες αὐτὴν ἐν **μέσῳ**⟧
8: 9 ⟦οἱ δὲ ἀκούσαντες ἐξήρχοντο εἷς καθ' εἷς ἀρξάμενοι ἀπὸ τῶν πρεσβυτέρων καὶ κατελείφθη μόνος καὶ ἡ γυνὴ ἐν **μέσῳ** οὖσα.⟧
19:18 καὶ μετ' αὐτοῦ ἄλλους δύο ἐντεῦθεν καὶ ἐντεῦθεν, **μέσον** δὲ τὸν Ἰησοῦν.
20:19 ἦλθεν ὁ Ἰησοῦς καὶ ἔστη εἰς τὸ **μέσον** καὶ λέγει αὐτοῖς,
20:26 ἔρχεται ὁ Ἰησοῦς τῶν θυρῶν κεκλεισμένων καὶ ἔστη εἰς τὸ **μέσον** καὶ εἶπεν,

Ac 1:15 Καὶ ἐν ταῖς ἡμέραις ταύταις ἀναστὰς Πέτρος ἐν **μέσῳ** τῶν ἀδελφῶν εἶπεν·
1:18 ἐκτήσατο χωρίον ἐκ μισθοῦ τῆς ἀδικίας καὶ πρηνὴς γενόμενος ἐλάκησεν **μέσος** καὶ ἐξεχύθη πάντα τὰ σπλάγχνα αὐτοῦ·
2:22 δυνάμεσι καὶ τέρασι καὶ σημείοις οἷς ἐποίησεν δι' αὐτοῦ ὁ θεὸς ἐν **μέσῳ** ὑμῶν καθὼς αὐτοὶ οἴδατε,
4: 7 καὶ στήσαντες αὐτοὺς ἐν τῷ **μέσῳ** ἐπυνθάνοντο, Ἐν ποίᾳ δυνάμει ἢ ἐν ποίῳ ὀνόματι ἐποιήσατε τοῦτο ὑμεῖς;
17:22 Σταθεὶς δὲ [ὁ] Παῦλος ἐν **μέσῳ** τοῦ Ἀρείου πάγου ἔφη,
17:33 οὕτως ὁ Παῦλος ἐξῆλθεν ἐκ **μέσου** αὐτῶν.
23:10 ἐκέλευσεν τὸ στράτευμα καταβὰν ἁρπάσαι αὐτὸν ἐκ **μέσου** αὐτῶν ἄγειν τε εἰς τὴν παρεμβολήν.
26:13 ἡμέρας **μέσης** κατὰ τὴν ὁδὸν εἶδον, βασιλεῦ, οὐρανόθεν ὑπὲρ τὴν λαμπρότητα τοῦ ἡλίου περιλάμψαν με φῶς καὶ τοὺς σὺν ἐμοὶ πορευομένους.
27:21 Πολλῆς τε ἀσιτίας ὑπαρχούσης τότε σταθεὶς ὁ Παῦλος ἐν **μέσῳ** αὐτῶν εἶπεν,
27:27 κατὰ **μέσον** τῆς νυκτὸς ὑπενόουν οἱ ναῦται προσάγειν τινὰ αὐτοῖς χώραν.

1Co 5: 2 ἵνα ἀρθῇ ἐκ **μέσου** ὑμῶν ὁ τὸ ἔργον τοῦτο πράξας;
6: 5 ὃς δυνήσεται διακρῖναι ἀνὰ **μέσον** τοῦ ἀδελφοῦ αὐτοῦ;

2Co 6:17 διὸ ἐξέλθατε ἐκ **μέσου** αὐτῶν καὶ ἀφορίσθητε, λέγει κύριος,

Php 2:15 τέκνα θεοῦ ἄμωμα **μέσον** γενεᾶς σκολιᾶς καὶ διεστραμμένης,

Col 2:14 καὶ αὐτὸ ἦρκεν ἐκ τοῦ **μέσου** προσηλώσας αὐτὸ τῷ σταυρῷ·

1Th 2: 7 ἀλλὰ ἐγενήθημεν νήπιοι ἐν **μέσῳ** ὑμῶν, ὡς ἐὰν τροφὸς θάλπῃ τὰ ἑαυτῆς τέκνα,

2Th 2: 7 μόνον ὁ κατέχων ἄρτι ἕως ἐκ **μέσου** γένηται.

Heb 2:12 Ἀπαγγελῶ τὸ ὄνομά σου τοῖς ἀδελφοῖς μου, ἐν **μέσῳ** ἐκκλησίας ὑμνήσω σε,

Rev 1:13 καὶ ἐν **μέσῳ** τῶν λυχνιῶν ὅμοιον υἱὸν ἀνθρώπου ἐνδεδυμένον ποδήρη καὶ περιεζωσμένον πρὸς τοῖς μαστοῖς ζώνην χρυσᾶν.
2: 1 ὁ περιπατῶν ἐν **μέσῳ** τῶν ἑπτὰ λυχνιῶν τῶν χρυσῶν·
4: 6 Καὶ ἐν **μέσῳ** τοῦ θρόνου καὶ κύκλῳ τοῦ θρόνου τέσσαρα ζῷα γέμοντα ὀφθαλμῶν ἔμπροσθεν καὶ ὄπισθεν.
5: 6 Καὶ εἶδον ἐν **μέσῳ** τοῦ θρόνου καὶ τῶν τεσσάρων ζῴων καὶ ἐν **μέσῳ** τῶν πρεσβυτέρων ἀρνίον ἑστηκὸς ὡς ἐσφαγμένον
6: 6 καὶ ἤκουσα ὡς φωνὴν ἐν **μέσῳ** τῶν τεσσάρων ζῴων λέγουσαν,
7:17 ὅτι τὸ ἀρνίον τὸ ἀνὰ **μέσον** τοῦ θρόνου ποιμανεῖ αὐτοὺς καὶ ὁδηγήσει αὐτοὺς ἐπὶ ζωῆς πηγὰς ὑδάτων,
22: 2 ἐν **μέσῳ** τῆς πλατείας αὐτῆς καὶ τοῦ ποταμοῦ ἐντεῦθεν καὶ ἐκεῖθεν ξύλον ζωῆς ποιοῦν καρποὺς δώδεκα,

3546 μεσότοιχον [1]

√ *3545 + 5446*

Eph 2:14 ὁ ποιήσας τὰ ἀμφότερα ἓν καὶ τὸ **μεσότοιχον** τοῦ φραγμοῦ λύσας,

3547 μεσουράνημα [3]

√ *3545 + 4041*

Rev 8:13 καὶ ἤκουσα ἑνὸς ἀετοῦ πετομένου ἐν **μεσουρανήματι** λέγοντος φωνῇ μεγάλῃ,
14: 6 Καὶ εἶδον ἄλλον ἄγγελον πετόμενον ἐν **μεσουρανήματι,** ἔχοντα εὐαγγέλιον αἰώνιον εὐαγγελίσαι ἐπὶ τοὺς καθημένους
19:17 Καὶ εἶδον ἕνα ἄγγελον ἑστῶτα ἐν τῷ ἡλίῳ καὶ ἔκραξεν [ἐν] φωνῇ μεγάλῃ λέγων πᾶσιν τοῖς ὀρνέοις τοῖς πετομένοις ἐν **μεσουρανήματι,**

3548 μεσόω [1]

√ *3545*

Jn 7:14 Ἤδη δὲ τῆς ἑορτῆς **μεσούσης** ἀνέβη Ἰησοῦς εἰς τὸ ἱερὸν καὶ ἐδίδασκεν.

3549 Μεσσίας [2]

Jn 1:41 πρῶτον τὸν ἀδελφὸν τὸν ἴδιον Σίμωνα καὶ λέγει αὐτῷ, Εὑρήκαμεν τὸν **Μεσσίαν,** ὅ ἐστιν μεθερμηνευόμενον Χριστός·
4:25 λέγει αὐτῷ ἡ γυνή, Οἶδα ὅτι **Μεσσίας** ἔρχεται ὁ λεγόμενος Χριστός·

3550 μεστός [9]

→ *3551*

Mt 23:28 οὕτως καὶ ὑμεῖς ἔξωθεν μὲν φαίνεσθε τοῖς ἀνθρώποις δίκαιοι, ἔσωθεν δέ ἐστε **μεστοὶ** ὑποκρίσεως καὶ ἀνομίας.

Jn 19:29 σκεῦος ἔκειτο ὄξους **μεστόν·** σπόγγον οὖν **μεστὸν** τοῦ ὄξους ὑσσώπῳ περιθέντες προσήνεγκαν αὐτοῦ τῷ στόματι.
21:11 ἀνέβη οὖν Σίμων Πέτρος καὶ εἵλκυσεν τὸ δίκτυον εἰς τὴν γῆν **μεστὸν** ἰχθύων μεγάλων ἑκατὸν πεντήκοντα τριῶν·

Ro 1:29 πεπληρωμένους πάσῃ ἀδικίᾳ πονηρίᾳ πλεονεξίᾳ κακίᾳ, **μεστοὺς** φθόνου φόνου ἔριδος δόλου κακοηθείας, ψιθυριστὰς
15:14 καὶ αὐτὸς ἐγὼ περὶ ὑμῶν ὅτι καὶ αὐτοὶ **μεστοί** ἐστε ἀγαθωσύνης,

Jas 3: 8 τὴν δὲ γλῶσσαν οὐδεὶς δαμάσαι δύναται ἀνθρώπων, ἀκατάστατον κακόν, **μεστὴ** ἰοῦ θανατηφόρου.
3:17 εὐπειθής, **μεστὴ** ἐλέους καὶ καρπῶν ἀγαθῶν, ἀδιάκριτος, ἀνυπόκριτος.

2Pe 2:14 ὀφθαλμοὺς ἔχοντες **μεστοὺς** μοιχαλίδος καὶ ἀκαταπαύστους ἁμαρτίας, δελεάζοντες ψυχὰς ἀστηρίκτους,

3551 μεστόω [1]

√ *3550*

Ac 2:13 ἕτεροι δὲ διαχλευάζοντες ἔλεγον ὅτι Γλεύκους **μεμεστωμένοι** εἰσίν.

3552 μετά [469 / 468]

→ *292, 293, 294, 295, 2331, 3493, 3495, 3496, 3497, 3498, 3553, 3554, 3555, 3556, 3557, 3558, 3559, 3560, 3561, 3562, 3563, 3564, 3565, 3566, 3567, 3568, 3569, 3570, 3571, 3572, 3573, 3574, 3575, 3576, 3578, 3579, 3580, 3581, 3587, 5212*

μετά τὸ with infin. [15] Mt 26:32; Mk 1:14; 14:28; 16:19; Lk 12:5; 22:20; Ac 1:3; 7:4; 10:41; 15:13; 19:21; 20:1; 1Co 11:25; Heb 10:15,26

accusative object [105] Mt 1:12; 17:1; 24:29; 25:19; 26:2,32, 73; 27:53,62,63; Mk 1:14; 8:31; 9:2,31; 10:34; 13:24; 14:1,28, 70; 16:12,19,99; Lk 1:24; 5:27; 9:28; 10:1; 12:4,5; 15:13; 17:8; 18:4; 22:20,58; Jn 2:12; 3:22; 4:43; 5:1,14; 6:1; 7:1; 11:7,11; 13:7,27; 19:28,38; 20:26; 21:1; Ac 1:3,5; 5:26,37; 7:4,5,7; 10:37, 41; 12:4; 13:15,20,25; 15:13,16,36; 18:1; 19:4,21; 20:1,6,29; 21:15; 24:1,24; 25:1; 27:14; 28:11,13,17; 1Co 11:25; Gal 1:18; 3:17; Tit 3:10; Heb 4:7,8; 7:28; 8:10; 9:3,27; 10:15,16,26; 1Pe 1:11; 2Pe 1:15; Rev 1:19; 4:1,1; 7:1,9; 9:12; 11:11; 13:7; 15:5; 18:1; 19:1; 20:3

genitive object [364] Mt 1:23; 2:3,11; 4:21; 5:25,41; 8:11; 9:11,15; 12:3,4,30,30,41,42,45; 13:20; 14:7; 15:30; 16:27; 17:3,17; 18:16,23; 19:10; 20:2,20; 21:2; 22:16; 24:30,31,49,51; 25:3,4,10,19,31; 26:11,18,20,23,29,36,38,40,47,47,51,55,58,69, 71,72; 27:34,41,54,66; 28:8,12,20; Mk 1:13,20,29,36; 2:16,16,

19,19,25; 3:5,6,7,14; 4:16,36; 5:18,24,37,40; 6:25,50; 8:10,14, 38; 9:8; 10:30; 11:11; 13:26; 14:7,14,17,18,20,33,43,43,48,54, 62,67; 15:1,7,31; 16:10; Lk 1:28,39,58,66,72; 2:36,46,51; 5:29, 30,34; 6:3,4,17; 7:36; 8:13; 9:39,49; 10:17,37; 11:7,23,23,31,32; 12:13,46,58; 13:1; 14:9,31; 15:29,30,31; 17:15,20; 21:27; 22:11, 15,21,28,33,37,52,53,59; 23:12,43; 24:5,29,30,52; Jn 3:2,22,25, 26; 4:27,27; 6:3,43,66; 7:33; 8:29; 9:37,40; 11:16,31,54,56; 12:8,17; 13:8,33; 14:9,16,30; 15:27; 16:4,19,32; 17:12,24; 18:2, 3,5,18,26; 19:18,40; 20:7,24,26; Ac 1:26; 2:28,29; 4:29,31; 7:9, 38,45; 9:19,28,39; 10:38; 11:21; 13:17; 14:23,27; 15:4,33,35; 17:11; 18:10; 20:18,19,31,34; 24:1,3,18,18; 25:12,23; 26:12; 27:10,24; 28:31; Ro 12:15,15,18; 15:10,33; 16:20; 1Co 6:6,7; 7:12,13; 16:11,12,23,24; 2Co 6:15,16; 7:15; 8:4,18; 13:11,14; Gal 2:1,12; 4:25,30; 6:18; Eph 4:2,2,25; 6:5,7,23,24; Php 1:4; 2:12,29; 4:3,6,9,23; Col 1:11; 4:18; 1Th 1:6; 3:13; 5:28; 2Th 1:7,7; 3:12,16,18; 1Ti 1:14; 2:9,15; 3:4; 4:3,4,14; 6:6,21; 2Ti 2:10,22; 4:11,11,22,22; Tit 2:15; 3:15,15; Phm 1:25; Heb 4:16; 5:7; 7:21; 9:19; 10:22,34; 11:9,31; 12:14,17,28; 13:17,23,25; 1Pe 3:15; 1Jn 1:3,3,3,6,7; 2:19; 4:17; 2Jn 1:2,3; Rev 1:7,12; 2:16,22; 3:4,20,20,21,21; 4:1; 6:8; 10:8; 11:7; 12:7,9,17; 13:4; 14:1,4,13; 17:1,2,12,14,14; 18:3,9; 19:19,19,20; 20:4,6; 21:3,3,3,9,15; 22:12,21

Mt 1:12 **Μετὰ** δὲ τὴν μετοικεσίαν Βαβυλῶνος Ἰεχονίας ἐγέννησεν τὸν Σαλαθιήλ,
1:23 καὶ καλέσουσιν τὸ ὄνομα αὐτοῦ Ἐμμανουήλ, ὅ ἐστιν μεθερμηνευόμενον **Μεθ'** ἡμῶν ὁ θεός.
2: 3 ἀκούσας δὲ ὁ βασιλεὺς Ἡρῴδης ἐταράχθη καὶ πᾶσα Ἱεροσόλυμα **μετ'** αὐτοῦ,
2:11 καὶ ἐλθόντες εἰς τὴν οἰκίαν εἶδον τὸ παιδίον **μετὰ** Μαρίας τῆς μητρὸς αὐτοῦ,
4:21 ἐν τῷ πλοίῳ **μετὰ** Ζεβεδαίου τοῦ πατρὸς αὐτῶν καταρτίζοντας τὰ δίκτυα αὐτῶν,
5:25 ἕως ὅτου εἶ **μετ'** αὐτοῦ ἐν τῇ ὁδῷ,
5:41 καὶ ὅστις σε ἀγγαρεύσει μίλιον ἕν, ὕπαγε **μετ'** αὐτοῦ δύο.
8:11 πολλοὶ ἀπὸ ἀνατολῶν καὶ δυσμῶν ἥξουσιν καὶ ἀνακλιθήσονται **μετὰ** Ἀβραὰμ καὶ Ἰσαὰκ καὶ Ἰακὼβ ἐν τῇ βασιλείᾳ τῶν οὐρανῶν,
9:11 Διὰ τί **μετὰ** τῶν τελωνῶν καὶ ἁμαρτωλῶν ἐσθίει ὁ διδάσκαλος ὑμῶν;
9:15 Μὴ δύνανται οἱ υἱοὶ τοῦ νυμφῶνος πενθεῖν ἐφ' ὅσον **μετ'** αὐτῶν ἐστιν ὁ νυμφίος;
12: 3 Οὐκ ἀνέγνωτε τί ἐποίησεν Δαυὶδ ὅτε ἐπείνασεν καὶ οἱ **μετ'** αὐτοῦ,
12: 4 ὃ οὐκ ἐξὸν ἦν αὐτῷ φαγεῖν οὐδὲ τοῖς **μετ'** αὐτοῦ εἰ μὴ τοῖς ἱερεῦσιν μόνοις;
12:30 ὁ μὴ ὢν **μετ'** ἐμοῦ κατ' ἐμοῦ ἐστιν, καὶ ὁ μὴ συνάγων **μετ'** ἐμοῦ σκορπίζει.
12:41 ἄνδρες Νινευῖται ἀναστήσονται ἐν τῇ κρίσει **μετὰ** τῆς γενεᾶς ταύτης καὶ κατακρινοῦσιν αὐτήν,
12:42 βασίλισσα νότου ἐγερθήσεται ἐν τῇ κρίσει **μετὰ** τῆς γενεᾶς ταύτης καὶ κατακρινεῖ αὐτήν,
12:45 τότε πορεύεται καὶ παραλαμβάνει **μεθ'** ἑαυτοῦ ἑπτὰ ἕτερα πνεύματα πονηρότερα ἑαυτοῦ καὶ εἰσελθόντα κατοικεῖ ἐκεῖ·
13:20 οὗτός ἐστιν ὁ τὸν λόγον ἀκούων καὶ εὐθὺς **μετὰ** χαρᾶς λαμβάνων αὐτόν,
14: 7 ὅθεν **μεθ'** ὅρκου ὡμολόγησεν αὐτῇ δοῦναι ὃ ἐὰν αἰτήσηται.
15:30 καὶ προσῆλθον αὐτῷ ὄχλοι πολλοὶ ἔχοντες **μεθ'** ἑαυτῶν χωλούς,
16:27 μέλλει γὰρ ὁ υἱὸς τοῦ ἀνθρώπου ἔρχεσθαι ἐν τῇ δόξῃ τοῦ πατρὸς αὐτοῦ **μετὰ** τῶν ἀγγέλων αὐτοῦ,
17: 1 Καὶ **μεθ'** ἡμέρας ἓξ παραλαμβάνει ὁ Ἰησοῦς τὸν Πέτρον καὶ Ἰάκωβον καὶ Ἰωάννην τὸν ἀδελφὸν αὐτοῦ καὶ ἀναφέρει αὐτοὺς
17: 3 ἰδοὺ ὤφθη αὐτοῖς Μωϋσῆς καὶ Ἠλίας συλλαλοῦντες **μετ'** αὐτοῦ.
17:17 Ὦ γενεὰ ἄπιστος καὶ διεστραμμένη, ἕως πότε **μεθ'** ὑμῶν ἔσομαι;
18:16 ἐὰν δὲ μὴ ἀκούσῃ, παράλαβε **μετὰ** σοῦ ἔτι ἕνα ἢ δύο,
18:23 ὃς ἠθέλησεν συνᾶραι λόγον **μετὰ** τῶν δούλων αὐτοῦ.
19:10 Εἰ οὕτως ἐστὶν ἡ αἰτία τοῦ ἀνθρώπου **μετὰ** τῆς γυναικός,
20: 2 συμφωνήσας δὲ **μετὰ** τῶν ἐργατῶν ἐκ δηναρίου τὴν ἡμέραν ἀπέστειλεν αὐτοὺς εἰς τὸν ἀμπελῶνα αὐτοῦ.
20:20 Τότε προσῆλθεν αὐτῷ ἡ μήτηρ τῶν υἱῶν Ζεβεδαίου **μετὰ** τῶν υἱῶν αὐτῆς προσκυνοῦσα καὶ αἰτοῦσά τι ἀπ' αὐτοῦ.
21: 2 καὶ εὐθέως εὑρήσετε ὄνον δεδεμένην καὶ πῶλον **μετ'** αὐτῆς·
22:16 καὶ ἀποστέλλουσιν αὐτῷ τοὺς μαθητὰς αὐτῶν **μετὰ** τῶν Ἡρῳδιανῶν λέγοντες,
24:29 Εὐθέως δὲ **μετὰ** τὴν θλῖψιν τῶν ἡμερῶν ἐκείνων ὁ ἥλιος σκοτισθήσεται,
24:30 καὶ ὄψονται τὸν υἱὸν τοῦ ἀνθρώπου ἐρχόμενον ἐπὶ τῶν νεφελῶν τοῦ οὐρανοῦ **μετὰ** δυνάμεως καὶ δόξης πολλῆς·
24:31 καὶ ἀποστελεῖ τοὺς ἀγγέλους αὐτοῦ **μετὰ** σάλπιγγος μεγάλης,
24:49 καὶ ἄρξηται τύπτειν τοὺς συνδούλους αὐτοῦ, ἐσθίῃ δὲ καὶ πίνῃ **μετὰ** τῶν μεθυόντων,
24:51 καὶ διχοτομήσει αὐτὸν καὶ τὸ μέρος αὐτοῦ **μετὰ** τῶν ὑποκριτῶν θήσει·
25: 3 αἱ γὰρ μωραὶ λαβοῦσαι τὰς λαμπάδας αὐτῶν οὐκ ἔλαβον **μεθ'** ἑαυτῶν ἔλαιον.
25: 4 αἱ δὲ φρόνιμοι ἔλαβον ἔλαιον ἐν τοῖς ἀγγείοις **μετὰ** τῶν λαμπάδων ἑαυτῶν.
25:10 καὶ αἱ ἕτοιμοι εἰσῆλθον **μετ'** αὐτοῦ εἰς τοὺς γάμους καὶ ἐκλείσθη ἡ θύρα.
25:19 **μετὰ** δὲ πολὺν χρόνον ἔρχεται ὁ κύριος τῶν δούλων ἐκείνων καὶ συναίρει λόγον **μετ'** αὐτῶν.
25:31 Ὅταν δὲ ἔλθῃ ὁ υἱὸς τοῦ ἀνθρώπου ἐν τῇ δόξῃ αὐτοῦ καὶ πάντες οἱ ἄγγελοι **μετ'** αὐτοῦ,
26: 2 Οἴδατε ὅτι **μετὰ** δύο ἡμέρας τὸ πάσχα γίνεται,
26:11 πάντοτε γὰρ τοὺς πτωχοὺς ἔχετε **μεθ'** ἑαυτῶν, ἐμὲ δὲ οὐ πάντοτε ἔχετε·
26:18 πρὸς σὲ ποιῶ τὸ πάσχα **μετὰ** τῶν μαθητῶν μου.
26:20 Ὀψίας δὲ γενομένης ἀνέκειτο **μετὰ** τῶν δώδεκα.
26:23 Ὁ ἐμβάψας **μετ'** ἐμοῦ τὴν χεῖρα ἐν τῷ τρυβλίῳ οὗτός με παραδώσει.
26:29 οὐ μὴ πίω ἀπ' ἄρτι ἐκ τούτου τοῦ γενήματος τῆς ἀμπέλου ἕως τῆς ἡμέρας ἐκείνης ὅταν αὐτὸ πίνω **μεθ'** ὑμῶν καινὸν
26:32 **μετὰ** δὲ τὸ ἐγερθῆναί με προάξω ὑμᾶς εἰς τὴν Γαλιλαίαν.
26:36 Τότε ἔρχεται **μετ'** αὐτῶν ὁ Ἰησοῦς εἰς χωρίον λεγόμενον Γεθσημανὶ καὶ λέγει τοῖς μαθηταῖς,
26:38 Περίλυπός ἐστιν ἡ ψυχή μου ἕως θανάτου· μείνατε ὧδε καὶ γρηγορεῖτε **μετ'** ἐμοῦ.
26:40 Οὕτως οὐκ ἰσχύσατε μίαν ὥραν γρηγορῆσαι **μετ'** ἐμοῦ;
26:47 Καὶ ἔτι αὐτοῦ λαλοῦντος ἰδοὺ Ἰούδας εἷς τῶν δώδεκα ἦλθεν καὶ **μετ'** αὐτοῦ ὄχλος πολὺς **μετὰ** μαχαιρῶν καὶ ξύλων ἀπὸ τῶν ἀρχιερέων καὶ πρεσβυτέρων τοῦ λαοῦ.
26:51 καὶ ἰδοὺ εἷς τῶν **μετὰ** Ἰησοῦ ἐκτείνας τὴν χεῖρα ἀπέσπασεν τὴν μάχαιραν αὐτοῦ καὶ πατάξας τὸν δοῦλον τοῦ ἀρχιερέως
26:55 Ὡς ἐπὶ λῃστὴν ἐξήλθατε **μετὰ** μαχαιρῶν καὶ ξύλων συλλαβεῖν με;
26:58 ὁ δὲ Πέτρος ἠκολούθει αὐτῷ ἀπὸ μακρόθεν ἕως τῆς αὐλῆς τοῦ ἀρχιερέως καὶ εἰσελθὼν ἔσω ἐκάθητο **μετὰ** τῶν ὑπηρετῶν ἰδεῖν
26:69 καὶ προσῆλθεν αὐτῷ μία παιδίσκη λέγουσα, Καὶ σὺ ἦσθα **μετὰ** Ἰησοῦ τοῦ Γαλιλαίου.
26:71 ἐξελθόντα δὲ εἰς τὸν πυλῶνα εἶδεν αὐτὸν ἄλλη καὶ λέγει τοῖς ἐκεῖ, Οὗτος ἦν **μετὰ** Ἰησοῦ τοῦ Ναζωραίου.
26:72 καὶ πάλιν ἠρνήσατο **μετὰ** ὅρκου ὅτι Οὐκ οἶδα τὸν ἄνθρωπον.
26:73 **μετὰ** μικρὸν δὲ προσελθόντες οἱ ἑστῶτες εἶπον τῷ Πέτρῳ,
27:34 ἔδωκαν αὐτῷ πιεῖν οἶνον **μετὰ** χολῆς μεμιγμένον· καὶ γευσάμενος οὐκ ἠθέλησεν πιεῖν.
27:41 ὁμοίως καὶ οἱ ἀρχιερεῖς ἐμπαίζοντες **μετὰ** τῶν γραμματέων καὶ πρεσβυτέρων ἔλεγον,
27:53 καὶ ἐξελθόντες ἐκ τῶν μνημείων **μετὰ** τὴν ἔγερσιν αὐτοῦ εἰσῆλθον εἰς τὴν ἁγίαν πόλιν καὶ ἐνεφανίσθησαν πολλοῖς.
27:54 Ὁ δὲ ἑκατόνταρχος καὶ οἱ **μετ'** αὐτοῦ τηροῦντες τὸν Ἰησοῦν ἰδόντες τὸν σεισμὸν καὶ τὰ γενόμενα ἐφοβήθησαν σφόδρα,
27:62 Τῇ δὲ ἐπαύριον, ἥτις ἐστὶν **μετὰ** τὴν παρασκευήν,
27:63 ἐμνήσθημεν ὅτι ἐκεῖνος ὁ πλάνος εἶπεν ἔτι ζῶν, **Μετὰ** τρεῖς ἡμέρας ἐγείρομαι.
27:66 οἱ δὲ πορευθέντες ἠσφαλίσαντο τὸν τάφον σφραγίσαντες τὸν λίθον **μετὰ** τῆς κουστωδίας.
28: 8 καὶ ἀπελθοῦσαι ταχὺ ἀπὸ τοῦ μνημείου **μετὰ** φόβου καὶ χαρᾶς μεγάλης ἔδραμον ἀπαγγεῖλαι τοῖς μαθηταῖς αὐτοῦ.
28:12 καὶ συναχθέντες **μετὰ** τῶν πρεσβυτέρων συμβούλιόν τε λαβόντες ἀργύρια ἱκανὰ ἔδωκαν τοῖς στρατιώταις
28:20 καὶ ἰδοὺ ἐγὼ **μεθ'** ὑμῶν εἰμι πάσας τὰς ἡμέρας ἕως τῆς συντελείας τοῦ αἰῶνος.

Mk 1:13 καὶ ἦν **μετὰ** τῶν θηρίων, καὶ οἱ ἄγγελοι διηκόνουν αὐτῷ.
1:14 **Μετὰ** δὲ τὸ παραδοθῆναι τὸν Ἰωάννην ἦλθεν ὁ Ἰησοῦς εἰς τὴν Γαλιλαίαν κηρύσσων τὸ εὐαγγέλιον τοῦ θεοῦ
1:20 καὶ ἀφέντες τὸν πατέρα αὐτῶν Ζεβεδαῖον ἐν τῷ πλοίῳ **μετὰ** τῶν μισθωτῶν ἀπῆλθον ὀπίσω αὐτοῦ.
1:29 Καὶ εὐθὺς ἐκ τῆς συναγωγῆς ἐξελθόντες ἦλθον εἰς τὴν οἰκίαν Σίμωνος καὶ Ἀνδρέου **μετὰ** Ἰακώβου καὶ Ἰωάννου.
1:36 καὶ κατεδίωξεν αὐτὸν Σίμων καὶ οἱ **μετ'** αὐτοῦ,

2:16 καὶ οἱ γραμματεῖς τῶν Φαρισαίων ἰδόντες ὅτι ἐσθίει **μετὰ** τῶν ἁμαρτωλῶν καὶ τελωνῶν ἔλεγον τοῖς μαθηταῖς αὐτοῦ, Ὅτι **μετὰ** τῶν τελωνῶν καὶ ἁμαρτωλῶν ἐσθίει;
2:19 Μὴ δύνανται οἱ υἱοὶ τοῦ νυμφῶνος ἐν ᾧ ὁ νυμφίος **μετ'** αὐτῶν ἐστιν νηστεύειν; ὅσον χρόνον ἔχουσιν τὸν νυμφίον **μετ'** αὐτῶν οὐ δύνανται νηστεύειν.
2:25 Οὐδέποτε ἀνέγνωτε τί ἐποίησεν Δαυὶδ ὅτε χρείαν ἔσχεν καὶ ἐπείνασεν αὐτὸς καὶ οἱ **μετ'** αὐτοῦ,
3: 5 καὶ περιβλεψάμενος αὐτοὺς **μετ'** ὀργῆς, συλλυπούμενος ἐπὶ τῇ πωρώσει τῆς καρδίας αὐτῶν λέγει τῷ ἀνθρώπῳ,
3: 6 καὶ ἐξελθόντες οἱ Φαρισαῖοι εὐθὺς **μετὰ** τῶν Ἡρῳδιανῶν συμβούλιον ἐδίδουν κατ' αὐτοῦ ὅπως αὐτὸν ἀπολέσωσιν.
3: 7 Καὶ ὁ Ἰησοῦς **μετὰ** τῶν μαθητῶν αὐτοῦ ἀνεχώρησεν πρὸς τὴν θάλασσαν,
3:14 καὶ ἐποίησεν δώδεκα [οὓς καὶ ἀποστόλους ὠνόμασεν] ἵνα ὦσιν **μετ'** αὐτοῦ καὶ ἵνα ἀποστέλλῃ αὐτοὺς κηρύσσειν
4:16 οἳ ὅταν ἀκούσωσιν τὸν λόγον εὐθὺς **μετὰ** χαρᾶς λαμβάνουσιν αὐτόν,
4:36 καὶ ἀφέντες τὸν ὄχλον παραλαμβάνουσιν αὐτὸν ὡς ἦν ἐν τῷ πλοίῳ, καὶ ἄλλα πλοῖα ἦν **μετ'** αὐτοῦ.
5:18 καὶ ἐμβαίνοντος αὐτοῦ εἰς τὸ πλοῖον παρεκάλει αὐτὸν ὁ δαιμονισθεὶς ἵνα **μετ'** αὐτοῦ ᾖ.
5:24 καὶ ἀπῆλθεν **μετ'** αὐτοῦ. Καὶ ἠκολούθει αὐτῷ ὄχλος πολὺς καὶ συνέθλιβον αὐτόν.
5:37 καὶ οὐκ ἀφῆκεν οὐδένα **μετ'** αὐτοῦ συνακολουθῆσαι εἰ μὴ τὸν Πέτρον καὶ Ἰάκωβον καὶ Ἰωάννην τὸν ἀδελφὸν Ἰακώβου.
5:40 αὐτὸς δὲ ἐκβαλὼν πάντας παραλαμβάνει τὸν πατέρα τοῦ παιδίου καὶ τὴν μητέρα καὶ τοὺς **μετ'** αὐτοῦ καὶ εἰσπορεύεται
6:25 καὶ εἰσελθοῦσα εὐθὺς **μετὰ** σπουδῆς πρὸς τὸν βασιλέα ᾐτήσατο λέγουσα,
6:50 ὁ δὲ εὐθὺς ἐλάλησεν **μετ'** αὐτῶν, καὶ λέγει αὐτοῖς,
8:10 Καὶ εὐθὺς ἐμβὰς εἰς τὸ πλοῖον **μετὰ** τῶν μαθητῶν αὐτοῦ ἦλθεν εἰς τὰ μέρη Δαλμανουθά.
8:14 Καὶ ἐπελάθοντο λαβεῖν ἄρτους καὶ εἰ μὴ ἕνα ἄρτον οὐκ εἶχον **μεθ'** ἑαυτῶν ἐν τῷ πλοίῳ.
8:31 καὶ ἀποκτανθῆναι καὶ **μετὰ** τρεῖς ἡμέρας ἀναστῆναι·
8:38 ὅταν ἔλθῃ ἐν τῇ δόξῃ τοῦ πατρὸς αὐτοῦ **μετὰ** τῶν ἀγγέλων τῶν ἁγίων.
9: 2 Καὶ **μετὰ** ἡμέρας ἓξ παραλαμβάνει ὁ Ἰησοῦς τὸν Πέτρον καὶ τὸν Ἰάκωβον καὶ τὸν Ἰωάννην καὶ ἀναφέρει αὐτοὺς εἰς ὄρος
9: 8 καὶ ἐξάπινα περιβλεψάμενοι οὐκέτι οὐδένα εἶδον ἀλλὰ τὸν Ἰησοῦν μόνον **μεθ'** ἑαυτῶν.
9:31 καὶ ἀποκτενοῦσιν αὐτόν, καὶ ἀποκτανθεὶς **μετὰ** τρεῖς ἡμέρας ἀναστήσεται.
10:30 ἐὰν μὴ λάβῃ ἑκατονταπλασίονα νῦν ἐν τῷ καιρῷ τούτῳ οἰκίας καὶ ἀδελφοὺς καὶ ἀδελφὰς καὶ μητέρας καὶ τέκνα καὶ ἀγροὺς **μετὰ** διωγμῶν,
10:34 καὶ ἐμπτύσουσιν αὐτῷ καὶ μαστιγώσουσιν αὐτὸν καὶ ἀποκτενοῦσιν, καὶ **μετὰ** τρεῖς ἡμέρας ἀναστήσεται.
11:11 ὀψίας ἤδη οὔσης τῆς ὥρας, ἐξῆλθεν εἰς Βηθανίαν **μετὰ** τῶν δώδεκα.
13:24 Ἀλλὰ ἐν ἐκείναις ταῖς ἡμέραις **μετὰ** τὴν θλῖψιν ἐκείνην ὁ ἥλιος σκοτισθήσεται,
13:26 καὶ τότε ὄψονται τὸν υἱὸν τοῦ ἀνθρώπου ἐρχόμενον ἐν νεφέλαις **μετὰ** δυνάμεως πολλῆς καὶ δόξης.
14: 1 Ἦν δὲ τὸ πάσχα καὶ τὰ ἄζυμα **μετὰ** δύο ἡμέρας.
14: 7 πάντοτε γὰρ τοὺς πτωχοὺς ἔχετε **μεθ'** ἑαυτῶν καὶ ὅταν θέλητε δύνασθε αὐτοῖς εὖ ποιῆσαι,
14:14 Ποῦ ἐστιν τὸ κατάλυμά μου ὅπου τὸ πάσχα **μετὰ** τῶν μαθητῶν μου φάγω;
14:17 Καὶ ὀψίας γενομένης ἔρχεται **μετὰ** τῶν δώδεκα.
14:18 Ἀμὴν λέγω ὑμῖν ὅτι εἷς ἐξ ὑμῶν παραδώσει με ὁ ἐσθίων **μετ'** ἐμοῦ.
14:20 Εἷς τῶν δώδεκα, ὁ ἐμβαπτόμενος **μετ'** ἐμοῦ εἰς τὸ τρύβλιον.
14:28 ἀλλὰ **μετὰ** τὸ ἐγερθῆναί με προάξω ὑμᾶς εἰς τὴν Γαλιλαίαν.
14:33 καὶ παραλαμβάνει τὸν Πέτρον καὶ [τὸν] Ἰάκωβον καὶ [τὸν] Ἰωάννην **μετ'** αὐτοῦ καὶ ἤρξατο ἐκθαμβεῖσθαι καὶ ἀδημονεῖν
14:43 Καὶ εὐθὺς ἔτι αὐτοῦ λαλοῦντος παραγίνεται Ἰούδας εἷς τῶν δώδεκα καὶ **μετ'** αὐτοῦ ὄχλος **μετὰ** μαχαιρῶν καὶ ξύλων παρὰ τῶν ἀρχιερέων καὶ τῶν γραμματέων καὶ τῶν πρεσβυτέρων.
14:48 Ὡς ἐπὶ λῃστὴν ἐξήλθατε **μετὰ** μαχαιρῶν καὶ ξύλων συλλαβεῖν με;
14:54 ἕως ἔσω εἰς τὴν αὐλὴν τοῦ ἀρχιερέως καὶ ἦν συγκαθήμενος **μετὰ** τῶν ὑπηρετῶν καὶ θερμαινόμενος πρὸς τὸ φῶς.
14:62 καὶ ὄψεσθε τὸν υἱὸν τοῦ ἀνθρώπου ἐκ δεξιῶν καθήμενον τῆς δυνάμεως καὶ ἐρχόμενον **μετὰ** τῶν νεφελῶν τοῦ οὐρανοῦ.
14:67 Καὶ σὺ **μετὰ** τοῦ Ναζαρηνοῦ ἦσθα τοῦ Ἰησοῦ.
14:70 καὶ **μετὰ** μικρὸν πάλιν οἱ παρεστῶτες ἔλεγον τῷ Πέτρῳ,
15: 1 Καὶ εὐθὺς πρωῒ συμβούλιον ποιήσαντες οἱ ἀρχιερεῖς **μετὰ** τῶν πρεσβυτέρων καὶ γραμματέων καὶ ὅλον τὸ συνέδριον,
15: 7 ἦν δὲ ὁ λεγόμενος Βαραββᾶς **μετὰ** τῶν στασιαστῶν δεδεμένος οἵτινες ἐν τῇ στάσει φόνον πεποιήκεισαν.
15:31 ὁμοίως καὶ οἱ ἀρχιερεῖς ἐμπαίζοντες πρὸς ἀλλήλους **μετὰ** τῶν γραμματέων ἔλεγον,
16:10 [[ἐκείνη πορευθεῖσα ἀπήγγειλεν τοῖς **μετ'** αὐτοῦ γενομένοις πενθοῦσι καὶ κλαίουσιν·]]
16:12 [[**Μετὰ** δὲ ταῦτα δυσὶν ἐξ αὐτῶν περιπατοῦσιν ἐφανερώθη ἐν ἑτέρᾳ μορφῇ πορευομένοις εἰς ἀγρόν·]]
16:19 [[Ὁ μὲν οὖν κύριος Ἰησοῦς **μετὰ** τὸ λαλῆσαι αὐτοῖς ἀνελήμφθη εἰς τὸν οὐρανὸν καὶ ἐκάθισεν ἐκ δεξιῶν τοῦ θεοῦ.]]
16: S [[**Μετὰ**[NIV-] δὲ ταῦτα καὶ αὐτὸς ὁ Ἰησοῦς ἀπὸ ἀνατολῆς καὶ ἄχρι δύσεως ἐξαπέστειλεν δι' αὐτῶν τὸ ἱερὸν καὶ ἄφθαρτον κήρυγμα τῆς αἰωνίου σωτηρίας.]]

Lk 1:24 **Μετὰ** δὲ ταύτας τὰς ἡμέρας συνέλαβεν Ἐλισάβετ ἡ γυνὴ αὐτοῦ καὶ περιέκρυβεν ἑαυτὴν μῆνας πέντε λέγουσα
1:28 καὶ εἰσελθὼν πρὸς αὐτὴν εἶπεν, Χαῖρε, κεχαριτωμένη, ὁ κύριος **μετὰ** σοῦ.
1:39 Ἀναστᾶσα δὲ Μαριὰμ ἐν ταῖς ἡμέραις ταύταις ἐπορεύθη εἰς τὴν ὀρεινὴν **μετὰ** σπουδῆς εἰς πόλιν Ἰούδα,
1:58 ἤκουσαν οἱ περίοικοι καὶ οἱ συγγενεῖς αὐτῆς ὅτι ἐμεγάλυνεν κύριος τὸ ἔλεος αὐτοῦ **μετ'** αὐτῆς καὶ συνέχαιρον αὐτῇ.
1:66 Τί ἄρα τὸ παιδίον τοῦτο ἔσται; καὶ γὰρ χεὶρ κυρίου ἦν **μετ'** αὐτοῦ.
1:72 ποιῆσαι ἔλεος **μετὰ** τῶν πατέρων ἡμῶν καὶ μνησθῆναι διαθήκης ἁγίας αὐτοῦ,
2:36 ζήσασα **μετὰ** ἀνδρὸς ἔτη ἑπτὰ ἀπὸ τῆς παρθενίας αὐτῆς
2:46 καὶ ἐγένετο **μετὰ** ἡμέρας τρεῖς εὗρον αὐτὸν ἐν τῷ ἱερῷ καθεζόμενον ἐν μέσῳ τῶν διδασκάλων
2:51 καὶ κατέβη **μετ'** αὐτῶν καὶ ἦλθεν εἰς Ναζαρὲθ καὶ ἦν ὑποτασσόμενος αὐτοῖς.
5:27 Καὶ **μετὰ** ταῦτα ἐξῆλθεν καὶ ἐθεάσατο τελώνην ὀνόματι Λευὶν καθήμενον ἐπὶ τὸ τελώνιον,
5:29 καὶ ἦν ὄχλος πολὺς τελωνῶν καὶ ἄλλων οἳ ἦσαν **μετ'** αὐτῶν κατακείμενοι.
5:30 Διὰ τί **μετὰ** τῶν τελωνῶν καὶ ἁμαρτωλῶν ἐσθίετε καὶ πίνετε;
5:34 Μὴ δύνασθε τοὺς υἱοὺς τοῦ νυμφῶνος ἐν ᾧ ὁ νυμφίος **μετ'** αὐτῶν ἐστιν ποιῆσαι νηστεῦσαι;
6: 3 Οὐδὲ τοῦτο ἀνέγνωτε ὃ ἐποίησεν Δαυὶδ ὅτε ἐπείνασεν αὐτὸς καὶ οἱ **μετ'** αὐτοῦ [ὄντες,]
6: 4 [ὡς] εἰσῆλθεν εἰς τὸν οἶκον τοῦ θεοῦ καὶ τοὺς ἄρτους τῆς προθέσεως λαβὼν ἔφαγεν καὶ ἔδωκεν τοῖς **μετ'** αὐτοῦ,
6:17 Καὶ καταβὰς **μετ'** αὐτῶν ἔστη ἐπὶ τόπου πεδινοῦ,
7:36 Ἠρώτα δέ τις αὐτὸν τῶν Φαρισαίων ἵνα φάγῃ **μετ'** αὐτοῦ,
8:13 οἱ δὲ ἐπὶ τῆς πέτρας οἳ ὅταν ἀκούσωσιν **μετὰ** χαρᾶς δέχονται τὸν λόγον,
9:28 Ἐγένετο δὲ **μετὰ** τοὺς λόγους τούτους ὡσεὶ ἡμέραι ὀκτὼ [καὶ] παραλαβὼν Πέτρον καὶ Ἰωάννην καὶ Ἰάκωβον ἀνέβη
9:39 καὶ ἰδοὺ πνεῦμα λαμβάνει αὐτὸν καὶ ἐξαίφνης κράζει καὶ σπαράσσει αὐτὸν **μετὰ** ἀφροῦ καὶ μόγις ἀποχωρεῖ ἀπ' αὐτοῦ
9:49 εἴδομέν τινα ἐν τῷ ὀνόματί σου ἐκβάλλοντα δαιμόνια καὶ ἐκωλύομεν αὐτόν, ὅτι οὐκ ἀκολουθεῖ **μεθ'** ἡμῶν.
10: 1 **Μετὰ** δὲ ταῦτα ἀνέδειξεν ὁ κύριος ἑτέρους ἑβδομήκοντα [δύο,]
10:17 Ὑπέστρεψαν δὲ οἱ ἑβδομήκοντα [δύο] **μετὰ** χαρᾶς λέγοντες,
10:37 ὁ δὲ εἶπεν, Ὁ ποιήσας τὸ ἔλεος **μετ'** αὐτοῦ.
11: 7 ἤδη ἡ θύρα κέκλεισται καὶ τὰ παιδία μου **μετ'** ἐμοῦ εἰς τὴν κοίτην εἰσίν·
11:23 ὁ μὴ ὢν **μετ'** ἐμοῦ κατ' ἐμοῦ ἐστιν, καὶ ὁ μὴ συνάγων **μετ'** ἐμοῦ σκορπίζει.
11:31 βασίλισσα νότου ἐγερθήσεται ἐν τῇ κρίσει **μετὰ** τῶν ἀνδρῶν τῆς γενεᾶς ταύτης καὶ κατακρινεῖ αὐτούς,
11:32 ἄνδρες Νινευῖται ἀναστήσονται ἐν τῇ κρίσει **μετὰ** τῆς γενεᾶς ταύτης καὶ κατακρινοῦσιν αὐτήν·
12: 4 μὴ φοβηθῆτε ἀπὸ τῶν ἀποκτεινόντων τὸ σῶμα καὶ **μετὰ** ταῦτα μὴ ἐχόντων περισσότερόν τι ποιῆσαι.
12: 5 φοβήθητε τὸν **μετὰ** τὸ ἀποκτεῖναι ἔχοντα ἐξουσίαν ἐμβαλεῖν εἰς τὴν γέενναν.
12:13 εἰπὲ τῷ ἀδελφῷ μου μερίσασθαι **μετ'** ἐμοῦ τὴν κληρονομίαν.
12:46 καὶ διχοτομήσει αὐτὸν καὶ τὸ μέρος αὐτοῦ **μετὰ** τῶν ἀπίστων θήσει.
12:58 ὡς γὰρ ὑπάγεις **μετὰ** τοῦ ἀντιδίκου σου ἐπ' ἄρχοντα,
13: 1 Παρῆσαν δέ τινες ἐν αὐτῷ τῷ καιρῷ ἀπαγγέλλοντες αὐτῷ περὶ τῶν Γαλιλαίων ὧν τὸ αἷμα Πιλᾶτος ἔμιξεν **μετὰ** τῶν θυσιῶν

14: 9 καὶ τότε ἄρξῃ **μετὰ** αἰσχύνης τὸν ἔσχατον τόπον κατέχειν.
14:31 πρῶτον βουλεύσεται εἰ δυνατός ἐστιν ἐν δέκα χιλιάσιν ὑπαντῆσαι τῷ **μετὰ** εἴκοσι χιλιάδων ἐρχομένῳ ἐπ' αὐτόν;
15:13 καὶ **μετ'** οὐ πολλὰς ἡμέρας συναγαγὼν πάντα ὁ νεώτερος υἱὸς ἀπεδήμησεν εἰς χώραν μακρὰν καὶ ἐκεῖ διεσκόρπισεν
15:29 καὶ ἐμοὶ οὐδέποτε ἔδωκας ἔριφον ἵνα **μετὰ** τῶν φίλων μου εὐφρανθῶ·
15:30 ὅτε δὲ ὁ υἱός σου οὗτος ὁ καταφαγών σου τὸν βίον **μετὰ** πορνῶν ἦλθεν,
15:31 ὁ δὲ εἶπεν αὐτῷ, Τέκνον, σὺ πάντοτε **μετ'** ἐμοῦ εἶ,
17: 8 Ἑτοίμασον τί δειπνήσω καὶ περιζωσάμενος διακόνει μοι ἕως φάγω καὶ πίω, καὶ **μετὰ** ταῦτα φάγεσαι καὶ πίεσαι σύ;
17:15 ἰδὼν ὅτι ἰάθη, ὑπέστρεψεν **μετὰ** φωνῆς μεγάλης δοξάζων τὸν θεόν,
17:20 Οὐκ ἔρχεται ἡ βασιλεία τοῦ θεοῦ **μετὰ** παρατηρήσεως,
18: 4 **μετὰ** δὲ ταῦτα εἶπεν ἐν ἑαυτῷ, Εἰ καὶ τὸν θεὸν οὐ φοβοῦμαι οὐδὲ ἄνθρωπον ἐντρέπομαι,
21:27 καὶ τότε ὄψονται τὸν υἱὸν τοῦ ἀνθρώπου ἐρχόμενον ἐν νεφέλῃ **μετὰ** δυνάμεως καὶ δόξης πολλῆς.
22:11 Ποῦ ἐστιν τὸ κατάλυμα ὅπου τὸ πάσχα **μετὰ** τῶν μαθητῶν μου φάγω;
22:15 Ἐπιθυμίᾳ ἐπεθύμησα τοῦτο τὸ πάσχα φαγεῖν **μεθ'** ὑμῶν πρὸ τοῦ με παθεῖν·
22:20 καὶ τὸ ποτήριον ὡσαύτως **μετὰ** τὸ δειπνῆσαι, λέγων,
22:21 πλὴν ἰδοὺ ἡ χεὶρ τοῦ παραδιδόντος με **μετ'** ἐμοῦ ἐπὶ τῆς τραπέζης.
22:28 ὑμεῖς δέ ἐστε οἱ διαμεμενηκότες **μετ'** ἐμοῦ ἐν τοῖς πειρασμοῖς μου·
22:33 **μετὰ** σοῦ ἕτοιμός εἰμι καὶ εἰς φυλακὴν καὶ εἰς θάνατον πορεύεσθαι.
22:37 λέγω γὰρ ὑμῖν ὅτι τοῦτο τὸ γεγραμμένον δεῖ τελεσθῆναι ἐν ἐμοί, τὸ Καὶ **μετὰ** ἀνόμων ἐλογίσθη·
22:52 Ὡς ἐπὶ λῃστὴν ἐξήλθατε **μετὰ** μαχαιρῶν καὶ ξύλων;
22:53 καθ' ἡμέραν ὄντος μου **μεθ'** ὑμῶν ἐν τῷ ἱερῷ οὐκ ἐξετείνατε τὰς χεῖρας ἐπ' ἐμέ,
22:58 καὶ **μετὰ** βραχὺ ἕτερος ἰδὼν αὐτὸν ἔφη, Καὶ σὺ ἐξ αὐτῶν εἶ.
22:59 Ἐπ' ἀληθείας καὶ οὗτος **μετ'** αὐτοῦ ἦν, καὶ γὰρ Γαλιλαῖός ἐστιν.
23:12 ἐγένοντο δὲ φίλοι ὅ τε Ἡρῴδης καὶ ὁ Πιλᾶτος ἐν αὐτῇ τῇ ἡμέρᾳ **μετ'** ἀλλήλων·
23:43 Ἀμήν σοι λέγω, σήμερον **μετ'** ἐμοῦ ἔσῃ ἐν τῷ παραδείσῳ.
24: 5 καὶ κλινουσῶν τὰ πρόσωπα εἰς τὴν γῆν εἶπαν πρὸς αὐτάς, Τί ζητεῖτε τὸν ζῶντα **μετὰ** τῶν νεκρῶν·
24:29 καὶ παρεβιάσαντο αὐτὸν λέγοντες, Μεῖνον **μεθ'** ἡμῶν, ὅτι πρὸς ἑσπέραν ἐστὶν καὶ κέκλικεν ἤδη ἡ ἡμέρα.
24:30 καὶ ἐγένετο ἐν τῷ κατακλιθῆναι αὐτὸν **μετ'** αὐτῶν λαβὼν τὸν ἄρτον εὐλόγησεν καὶ κλάσας ἐπεδίδου αὐτοῖς,
24:52 καὶ αὐτοὶ προσκυνήσαντες αὐτὸν ὑπέστρεψαν εἰς Ἰερουσαλὴμ **μετὰ** χαρᾶς μεγάλης

Jn 2:12 **Μετὰ** τοῦτο κατέβη εἰς Καφαρναοὺμ αὐτὸς καὶ ἡ μήτηρ αὐτοῦ καὶ οἱ ἀδελφοὶ [αὐτοῦ] καὶ οἱ μαθηταὶ αὐτοῦ καὶ ἐκεῖ ἔμειναν
3: 2 οὐδεὶς γὰρ δύναται ταῦτα τὰ σημεῖα ποιεῖν ἃ σὺ ποιεῖς, ἐὰν μὴ ᾖ ὁ θεὸς **μετ'** αὐτοῦ.
3:22 **Μετὰ** ταῦτα ἦλθεν ὁ Ἰησοῦς καὶ οἱ μαθηταὶ αὐτοῦ εἰς τὴν Ἰουδαίαν γῆν καὶ ἐκεῖ διέτριβεν **μετ'** αὐτῶν καὶ ἐβάπτιζεν.
3:25 Ἐγένετο οὖν ζήτησις ἐκ τῶν μαθητῶν Ἰωάννου **μετὰ** Ἰουδαίου περὶ καθαρισμοῦ.
3:26 Ῥαββί, ὃς ἦν **μετὰ** σοῦ πέραν τοῦ Ἰορδάνου,
4:27 Καὶ ἐπὶ τούτῳ ἦλθαν οἱ μαθηταὶ αὐτοῦ καὶ ἐθαύμαζον ὅτι **μετὰ** γυναικὸς ἐλάλει· οὐδεὶς μέντοι εἶπεν, Τί ζητεῖς ἢ τί λαλεῖς **μετ'** αὐτῆς;
4:43 **Μετὰ** δὲ τὰς δύο ἡμέρας ἐξῆλθεν ἐκεῖθεν εἰς τὴν Γαλιλαίαν·
5: 1 **Μετὰ** ταῦτα ἦν ἑορτὴ τῶν Ἰουδαίων καὶ ἀνέβη Ἰησοῦς εἰς Ἱεροσόλυμα.
5:14 **μετὰ** ταῦτα εὑρίσκει αὐτὸν ὁ Ἰησοῦς ἐν τῷ ἱερῷ καὶ εἶπεν αὐτῷ,
6: 1 **Μετὰ** ταῦτα ἀπῆλθεν ὁ Ἰησοῦς πέραν τῆς θαλάσσης τῆς Γαλιλαίας τῆς Τιβεριάδος.
6: 3 ἀνῆλθεν δὲ εἰς τὸ ὄρος Ἰησοῦς καὶ ἐκεῖ ἐκάθητο **μετὰ** τῶν μαθητῶν αὐτοῦ.
6:43 ἀπεκρίθη Ἰησοῦς καὶ εἶπεν αὐτοῖς, Μὴ γογγύζετε **μετ'** ἀλλήλων.
6:66 Ἐκ τούτου πολλοὶ [ἐκ] τῶν μαθητῶν αὐτοῦ ἀπῆλθον εἰς τὰ ὀπίσω καὶ οὐκέτι **μετ'** αὐτοῦ περιεπάτουν.
7: 1 Καὶ **μετὰ** ταῦτα περιεπάτει ὁ Ἰησοῦς ἐν τῇ Γαλιλαίᾳ·
7:33 Ἔτι χρόνον μικρὸν **μεθ'** ὑμῶν εἰμι καὶ ὑπάγω πρὸς τὸν πέμψαντά με.
8:29 καὶ ὁ πέμψας με **μετ'** ἐμοῦ ἐστιν· οὐκ ἀφῆκέν με μόνον,
9:37 Καὶ ἑώρακας αὐτὸν καὶ ὁ λαλῶν **μετὰ** σοῦ ἐκεῖνός ἐστιν.
9:40 Ἤκουσαν ἐκ τῶν Φαρισαίων ταῦτα οἱ **μετ'** αὐτοῦ ὄντες καὶ εἶπον αὐτῷ,
11: 7 ἔπειτα **μετὰ** τοῦτο λέγει τοῖς μαθηταῖς, Ἄγωμεν εἰς τὴν Ἰουδαίαν πάλιν.
11:11 ταῦτα εἶπεν, καὶ **μετὰ** τοῦτο λέγει αὐτοῖς, Λάζαρος ὁ φίλος ἡμῶν κεκοίμηται·
11:16 εἶπεν οὖν Θωμᾶς ὁ λεγόμενος Δίδυμος τοῖς συμμαθηταῖς, Ἄγωμεν καὶ ἡμεῖς ἵνα ἀποθάνωμεν **μετ'** αὐτοῦ.
11:31 οἱ οὖν Ἰουδαῖοι οἱ ὄντες **μετ'** αὐτῆς ἐν τῇ οἰκίᾳ καὶ παραμυθούμενοι αὐτήν,
11:54 εἰς Ἐφραὶμ λεγομένην πόλιν, κἀκεῖ ἔμεινεν **μετὰ** τῶν μαθητῶν.
11:56 ἐζήτουν οὖν τὸν Ἰησοῦν καὶ ἔλεγον **μετ'** ἀλλήλων ἐν τῷ ἱερῷ ἑστηκότες,
12: 8 τοὺς πτωχοὺς γὰρ πάντοτε ἔχετε **μεθ'** ἑαυτῶν, ἐμὲ δὲ οὐ πάντοτε ἔχετε.
12:17 ἐμαρτύρει οὖν ὁ ὄχλος ὁ ὢν **μετ'** αὐτοῦ ὅτε τὸν Λάζαρον ἐφώνησεν ἐκ τοῦ μνημείου καὶ ἤγειρεν αὐτὸν ἐκ νεκρῶν.
13: 7 Ὃ ἐγὼ ποιῶ σὺ οὐκ οἶδας ἄρτι, γνώσῃ δὲ **μετὰ** ταῦτα.
13: 8 Ἐὰν μὴ νίψω σε, οὐκ ἔχεις μέρος **μετ'** ἐμοῦ.
13:27 καὶ **μετὰ** τὸ ψωμίον τότε εἰσῆλθεν εἰς ἐκεῖνον ὁ Σατανᾶς.
13:33 τεκνία, ἔτι μικρὸν **μεθ'** ὑμῶν εἰμι· ζητήσετέ με,
14: 9 Τοσούτῳ χρόνῳ **μεθ'** ὑμῶν εἰμι καὶ οὐκ ἔγνωκάς με,
14:16 κἀγὼ ἐρωτήσω τὸν πατέρα καὶ ἄλλον παράκλητον δώσει ὑμῖν, ἵνα **μεθ'** ὑμῶν εἰς τὸν αἰῶνα ᾖ,
14:30 οὐκέτι πολλὰ λαλήσω **μεθ'** ὑμῶν, ἔρχεται γὰρ ὁ τοῦ κόσμου ἄρχων·
15:27 καὶ ὑμεῖς δὲ μαρτυρεῖτε, ὅτι ἀπ' ἀρχῆς **μετ'** ἐμοῦ ἐστε.
16: 4 Ταῦτα δὲ ὑμῖν ἐξ ἀρχῆς οὐκ εἶπον, ὅτι **μεθ'** ὑμῶν ἤμην.
16:19 καὶ εἶπεν αὐτοῖς, Περὶ τούτου ζητεῖτε **μετ'** ἀλλήλων ὅτι εἶπον,
16:32 καὶ οὐκ εἰμὶ μόνος, ὅτι ὁ πατὴρ **μετ'** ἐμοῦ ἐστιν.
17:12 ὅτε ἤμην **μετ'** αὐτῶν ἐγὼ ἐτήρουν αὐτοὺς ἐν τῷ ὀνόματί σου ᾧ δέδωκάς μοι,
17:24 θέλω ἵνα ὅπου εἰμὶ ἐγὼ κἀκεῖνοι ὦσιν **μετ'** ἐμοῦ,
18: 2 ὅτι πολλάκις συνήχθη Ἰησοῦς ἐκεῖ **μετὰ** τῶν μαθητῶν αὐτοῦ.
18: 3 καὶ ἐκ τῶν ἀρχιερέων καὶ ἐκ τῶν Φαρισαίων ὑπηρέτας ἔρχεται ἐκεῖ **μετὰ** φανῶν καὶ λαμπάδων καὶ ὅπλων.
18: 5 εἱστήκει δὲ καὶ Ἰούδας ὁ παραδιδοὺς αὐτὸν **μετ'** αὐτῶν.
18:18 ἦν δὲ καὶ ὁ Πέτρος **μετ'** αὐτῶν ἑστὼς καὶ θερμαινόμενος.
18:26 Οὐκ ἐγώ σε εἶδον ἐν τῷ κήπῳ **μετ'** αὐτοῦ;
19:18 καὶ **μετ'** αὐτοῦ ἄλλους δύο ἐντεῦθεν καὶ ἐντεῦθεν,
19:28 **Μετὰ** τοῦτο εἰδὼς ὁ Ἰησοῦς ὅτι ἤδη πάντα τετέλεσται,
19:38 **Μετὰ** δὲ ταῦτα ἠρώτησεν τὸν Πιλᾶτον Ἰωσὴφ [ὁ] ἀπὸ Ἁριμαθαίας,
19:40 ἔλαβον οὖν τὸ σῶμα τοῦ Ἰησοῦ καὶ ἔδησαν αὐτὸ ὀθονίοις **μετὰ** τῶν ἀρωμάτων,
20: 7 οὐ **μετὰ** τῶν ὀθονίων κείμενον ἀλλὰ χωρὶς ἐντετυλιγμένον εἰς ἕνα τόπον.
20:24 ὁ λεγόμενος Δίδυμος, οὐκ ἦν **μετ'** αὐτῶν ὅτε ἦλθεν Ἰησοῦς.
20:26 Καὶ **μεθ'** ἡμέρας ὀκτὼ πάλιν ἦσαν ἔσω οἱ μαθηταὶ αὐτοῦ καὶ Θωμᾶς **μετ'** αὐτῶν.
21: 1 **Μετὰ** ταῦτα ἐφανέρωσεν ἑαυτὸν πάλιν ὁ Ἰησοῦς τοῖς μαθηταῖς ἐπὶ τῆς θαλάσσης τῆς Τιβεριάδος·

Ac 1: 3 οἷς καὶ παρέστησεν ἑαυτὸν ζῶντα **μετὰ** τὸ παθεῖν αὐτὸν ἐν πολλοῖς τεκμηρίοις,
1: 5 ὑμεῖς δὲ ἐν πνεύματι βαπτισθήσεσθε ἁγίῳ οὐ **μετὰ** πολλὰς ταύτας ἡμέρας.
1:26 καὶ ἔδωκαν κλήρους αὐτοῖς καὶ ἔπεσεν ὁ κλῆρος ἐπὶ Μαθθίαν καὶ συγκατεψηφίσθη **μετὰ** τῶν ἕνδεκα ἀποστόλων.
2:28 ἐγνώρισάς μοι ὁδοὺς ζωῆς, πληρώσεις με εὐφροσύνης **μετὰ** τοῦ προσώπου σου.
2:29 ἐξὸν εἰπεῖν **μετὰ** παρρησίας πρὸς ὑμᾶς περὶ τοῦ πατριάρχου Δαυὶδ ὅτι καὶ ἐτελεύτησεν καὶ ἐτάφη,
4:29 ἔπιδε ἐπὶ τὰς ἀπειλὰς αὐτῶν καὶ δὸς τοῖς δούλοις σου **μετὰ** παρρησίας πάσης λαλεῖν τὸν λόγον σου,
4:31 καὶ ἐπλήσθησαν ἅπαντες τοῦ ἁγίου πνεύματος καὶ ἐλάλουν τὸν λόγον τοῦ θεοῦ **μετὰ** παρρησίας.
5:26 τότε ἀπελθὼν ὁ στρατηγὸς σὺν τοῖς ὑπηρέταις ἦγεν αὐτοὺς οὐ **μετὰ** βίας,
5:37 **μετὰ** τοῦτον ἀνέστη Ἰούδας ὁ Γαλιλαῖος ἐν ταῖς ἡμέραις τῆς ἀπογραφῆς καὶ ἀπέστησεν λαὸν ὀπίσω αὐτοῦ·
7: 4 κἀκεῖθεν **μετὰ** τὸ ἀποθανεῖν τὸν πατέρα αὐτοῦ μετῴκισεν αὐτὸν εἰς τὴν γῆν ταύτην εἰς ἣν ὑμεῖς νῦν κατοικεῖτε,

7: 5 καὶ ἐπηγγείλατο δοῦναι αὐτῷ εἰς κατάσχεσιν αὐτὴν καὶ τῷ σπέρματι αὐτοῦ **μετ'** αὐτόν,
7: 7 καὶ **μετὰ** ταῦτα ἐξελεύσονται καὶ λατρεύσουσίν μοι ἐν τῷ τόπῳ τούτῳ.
7: 9 Καὶ οἱ πατριάρχαι ζηλώσαντες τὸν Ἰωσὴφ ἀπέδοντο εἰς Αἴγυπτον. καὶ ἦν ὁ θεὸς **μετ'** αὐτοῦ
7:38 οὗτός ἐστιν ὁ γενόμενος ἐν τῇ ἐκκλησίᾳ ἐν τῇ ἐρήμῳ **μετὰ** τοῦ ἀγγέλου τοῦ λαλοῦντος αὐτῷ ἐν τῷ ὄρει Σινᾶ καὶ τῶν πατέρων
7:45 ἣν καὶ εἰσήγαγον διαδεξάμενοι οἱ πατέρες ἡμῶν **μετὰ** Ἰησοῦ ἐν τῇ κατασχέσει τῶν ἐθνῶν,
9:19 Ἐγένετο δὲ **μετὰ** τῶν ἐν Δαμασκῷ μαθητῶν ἡμέρας τινὰς
9:28 καὶ ἦν **μετ'** αὐτῶν εἰσπορευόμενος καὶ ἐκπορευόμενος εἰς Ἰερουσαλήμ,
9:39 πᾶσαι αἱ χῆραι κλαίουσαι καὶ ἐπιδεικνύμεναι χιτῶνας καὶ ἱμάτια ὅσα ἐποίει **μετ'** αὐτῶν οὖσα ἡ Δορκάς.
10:37 ἀρξάμενος ἀπὸ τῆς Γαλιλαίας **μετὰ** τὸ βάπτισμα ὃ ἐκήρυξεν Ἰωάννης,
10:38 εὐεργετῶν καὶ ἰώμενος πάντας τοὺς καταδυναστευομένους ὑπὸ τοῦ διαβόλου, ὅτι ὁ θεὸς ἦν **μετ'** αὐτοῦ.
10:41 οἵτινες συνεφάγομεν καὶ συνεπίομεν αὐτῷ **μετὰ** τὸ ἀναστῆναι αὐτὸν ἐκ νεκρῶν·
11:21 καὶ ἦν χεὶρ κυρίου **μετ'** αὐτῶν, πολύς τε ἀριθμὸς ὁ πιστεύσας ἐπέστρεψεν ἐπὶ τὸν κύριον.
12: 4 βουλόμενος **μετὰ** τὸ πάσχα ἀναγαγεῖν αὐτὸν τῷ λαῷ.
13:15 **μετὰ** δὲ τὴν ἀνάγνωσιν τοῦ νόμου καὶ τῶν προφητῶν ἀπέστειλαν οἱ ἀρχισυνάγωγοι πρὸς αὐτοὺς λέγοντες,
13:17 καὶ τὸν λαὸν ὕψωσεν ἐν τῇ παροικίᾳ ἐν γῇ Αἰγύπτου καὶ **μετὰ** βραχίονος ὑψηλοῦ ἐξήγαγεν αὐτοὺς ἐξ αὐτῆς,
13:20 καὶ **μετὰ** ταῦτα ἔδωκεν κριτὰς ἕως Σαμουὴλ [τοῦ] προφήτου.
13:25 ἀλλ' ἰδοὺ ἔρχεται **μετ'** ἐμὲ οὗ οὐκ εἰμὶ ἄξιος τὸ ὑπόδημα τῶν ποδῶν λῦσαι.
14:23 προσευξάμενοι **μετὰ** νηστειῶν παρέθεντο αὐτοὺς τῷ κυρίῳ εἰς ὃν πεπιστεύκεισαν.
14:27 παραγενόμενοι δὲ καὶ συναγαγόντες τὴν ἐκκλησίαν ἀνήγγελλον ὅσα ἐποίησεν ὁ θεὸς **μετ'** αὐτῶν
15: 4 ἀνήγγειλάν τε ὅσα ὁ θεὸς ἐποίησεν **μετ'** αὐτῶν.
15:13 **Μετὰ** δὲ τὸ σιγῆσαι αὐτοὺς ἀπεκρίθη Ἰάκωβος λέγων,
15:16 **Μετὰ** ταῦτα ἀναστρέψω καὶ ἀνοικοδομήσω τὴν σκηνὴν Δαυὶδ τὴν πεπτωκυῖαν καὶ τὰ κατεσκαμμένα αὐτῆς ἀνοικοδομήσω
15:33 ποιήσαντες δὲ χρόνον ἀπελύθησαν **μετ'** εἰρήνης ἀπὸ τῶν ἀδελφῶν πρὸς τοὺς ἀποστείλαντας αὐτούς.
15:35 καὶ Βαρναβᾶς διέτριβον ἐν Ἀντιοχείᾳ διδάσκοντες καὶ εὐαγγελιζόμενοι **μετὰ** καὶ ἑτέρων πολλῶν τὸν λόγον τοῦ κυρίου.
15:36 **Μετὰ** δέ τινας ἡμέρας εἶπεν πρὸς Βαρναβᾶν Παῦλος,
17:11 οἵτινες ἐδέξαντο τὸν λόγον **μετὰ** πάσης προθυμίας καθ' ἡμέραν ἀνακρίνοντες τὰς γραφὰς εἰ ἔχοι ταῦτα οὕτως.
18: 1 **Μετὰ** ταῦτα χωρισθεὶς ἐκ τῶν Ἀθηνῶν ἦλθεν εἰς Κόρινθον.
18:10 διότι ἐγώ εἰμι **μετὰ** σοῦ καὶ οὐδεὶς ἐπιθήσεταί σοι τοῦ κακῶσαί σε,
19: 4 Ἰωάννης ἐβάπτισεν βάπτισμα μετανοίας τῷ λαῷ λέγων εἰς τὸν ἐρχόμενον **μετ'** αὐτὸν ἵνα πιστεύσωσιν,
19:21 πορεύεσθαι εἰς Ἱεροσόλυμα εἰπὼν ὅτι **Μετὰ** τὸ γενέσθαι με ἐκεῖ δεῖ με καὶ Ῥώμην ἰδεῖν.
20: 1 **Μετὰ** δὲ τὸ παύσασθαι τὸν θόρυβον μεταπεμψάμενος ὁ Παῦλος τοὺς μαθητὰς καὶ παρακαλέσας,
20: 6 ἡμεῖς δὲ ἐξεπλεύσαμεν **μετὰ** τὰς ἡμέρας τῶν ἀζύμων ἀπὸ Φιλίππων καὶ ἤλθομεν πρὸς αὐτοὺς εἰς τὴν Τρῳάδα
20:18 ἀπὸ πρώτης ἡμέρας ἀφ' ἧς ἐπέβην εἰς τὴν Ἀσίαν, πῶς **μεθ'** ὑμῶν τὸν πάντα χρόνον ἐγενόμην,
20:19 δουλεύων τῷ κυρίῳ **μετὰ** πάσης ταπεινοφροσύνης καὶ δακρύων καὶ πειρασμῶν τῶν συμβάντων μοι ἐν ταῖς ἐπιβουλαῖς
20:29 ἐγὼ οἶδα ὅτι εἰσελεύσονται **μετὰ** τὴν ἄφιξίν μου λύκοι βαρεῖς εἰς ὑμᾶς μὴ φειδόμενοι τοῦ ποιμνίου,
20:31 διὸ γρηγορεῖτε μνημονεύοντες ὅτι τριετίαν νύκτα καὶ ἡμέραν οὐκ ἐπαυσάμην **μετὰ** δακρύων νουθετῶν ἕνα ἕκαστον.
20:34 αὐτοὶ γινώσκετε ὅτι ταῖς χρείαις μου καὶ τοῖς οὖσιν **μετ'** ἐμοῦ ὑπηρέτησαν αἱ χεῖρες αὗται.
21:15 **Μετὰ** δὲ τὰς ἡμέρας ταύτας ἐπισκευασάμενοι ἀνεβαίνομεν εἰς Ἱεροσόλυμα·
24: 1 **Μετὰ** δὲ πέντε ἡμέρας κατέβη ὁ ἀρχιερεὺς Ἁνανίας **μετὰ** πρεσβυτέρων τινῶν καὶ ῥήτορος Τερτύλλου τινός,
24: 3 πάντῃ τε καὶ πανταχοῦ ἀποδεχόμεθα, κράτιστε Φῆλιξ, **μετὰ** πάσης εὐχαριστίας.
24:18 ἐν αἷς εὗρόν με ἡγνισμένον ἐν τῷ ἱερῷ οὐ **μετὰ** ὄχλου οὐδὲ **μετὰ** θορύβου,
24:24 **Μετὰ** δὲ ἡμέρας τινὰς παραγενόμενος ὁ Φῆλιξ σὺν Δρουσίλλῃ τῇ ἰδίᾳ γυναικὶ οὔσῃ Ἰουδαίᾳ μετεπέμψατο τὸν Παῦλον
25: 1 Φῆστος οὖν ἐπιβὰς τῇ ἐπαρχείᾳ **μετὰ** τρεῖς ἡμέρας ἀνέβη εἰς Ἱεροσόλυμα ἀπὸ Καισαρείας,
25:12 τότε ὁ Φῆστος συλλαλήσας **μετὰ** τοῦ συμβουλίου ἀπεκρίθη,
25:23 Τῇ οὖν ἐπαύριον ἐλθόντος τοῦ Ἀγρίππα καὶ τῆς Βερνίκης **μετὰ** πολλῆς φαντασίας καὶ εἰσελθόντων εἰς τὸ ἀκροατήριον
26:12 Ἐν οἷς πορευόμενος εἰς τὴν Δαμασκὸν **μετ'** ἐξουσίας καὶ ἐπιτροπῆς τῆς τῶν ἀρχιερέων
27:10 θεωρῶ ὅτι **μετὰ** ὕβρεως καὶ πολλῆς ζημίας οὐ μόνον τοῦ φορτίου καὶ τοῦ πλοίου ἀλλὰ καὶ τῶν ψυχῶν ἡμῶν
27:14 **μετ'** οὐ πολὺ δὲ ἔβαλεν κατ' αὐτῆς ἄνεμος τυφωνικὸς ὁ καλούμενος Εὐρακύλων·
27:24 ἰδοὺ κεχάρισταί σοι ὁ θεὸς πάντας τοὺς πλέοντας **μετὰ** σοῦ.
28:11 **Μετὰ** δὲ τρεῖς μῆνας ἀνήχθημεν ἐν πλοίῳ παρακεχειμακότι ἐν τῇ νήσῳ,
28:13 καὶ **μετὰ** μίαν ἡμέραν ἐπιγενομένου νότου δευτεραῖοι ἤλθομεν εἰς Ποτιόλους,
28:17 Ἐγένετο δὲ **μετὰ** ἡμέρας τρεῖς συγκαλέσασθαι αὐτὸν τοὺς ὄντας τῶν Ἰουδαίων πρώτους·
28:31 κηρύσσων τὴν βασιλείαν τοῦ θεοῦ καὶ διδάσκων τὰ περὶ τοῦ κυρίου Ἰησοῦ Χριστοῦ **μετὰ** πάσης παρρησίας ἀκωλύτως.
Ro 12:15 χαίρειν **μετὰ** χαιρόντων, κλαίειν **μετὰ** κλαιόντων.
12:18 εἰ δυνατὸν τὸ ἐξ ὑμῶν, **μετὰ** πάντων ἀνθρώπων εἰρηνεύοντες·
15:10 καὶ πάλιν λέγει, Εὐφράνθητε, ἔθνη, **μετὰ** τοῦ λαοῦ αὐτοῦ.
15:33 ὁ δὲ θεὸς τῆς εἰρήνης **μετὰ** πάντων ὑμῶν,
16:20 ἡ χάρις τοῦ κυρίου ἡμῶν Ἰησοῦ **μεθ'** ὑμῶν.
1Co 6: 6 ἀλλὰ ἀδελφὸς **μετὰ** ἀδελφοῦ κρίνεται καὶ τοῦτο ἐπὶ ἀπίστων;
6: 7 ἤδη μὲν [οὖν] ὅλως ἥττημα ὑμῖν ἐστιν ὅτι κρίματα ἔχετε **μεθ'** ἑαυτῶν.
7:12 εἴ τις ἀδελφὸς γυναῖκα ἔχει ἄπιστον καὶ αὕτη συνευδοκεῖ οἰκεῖν **μετ'** αὐτοῦ,
7:13 καὶ γυνὴ εἴ τις ἔχει ἄνδρα ἄπιστον καὶ οὗτος συνευδοκεῖ οἰκεῖν **μετ'** αὐτῆς,
11:25 ὡσαύτως καὶ τὸ ποτήριον **μετὰ** τὸ δειπνῆσαι λέγων,
16:11 ἵνα ἔλθῃ πρός με· ἐκδέχομαι γὰρ αὐτὸν **μετὰ** τῶν ἀδελφῶν.
16:12 πολλὰ παρεκάλεσα αὐτόν, ἵνα ἔλθῃ πρὸς ὑμᾶς **μετὰ** τῶν ἀδελφῶν·
16:23 ἡ χάρις τοῦ κυρίου Ἰησοῦ **μεθ'** ὑμῶν.
16:24 ἡ ἀγάπη μου **μετὰ** πάντων ὑμῶν ἐν Χριστῷ Ἰησοῦ.
2Co 6:15 τίς δὲ συμφώνησις Χριστοῦ πρὸς Βελιάρ, ἢ τίς μερὶς πιστῷ **μετὰ** ἀπίστου;
6:16 τίς δὲ συγκατάθεσις ναῷ θεοῦ **μετὰ** εἰδώλων; ἡμεῖς γὰρ ναὸς θεοῦ ἐσμεν ζῶντος,
7:15 καὶ τὰ σπλάγχνα αὐτοῦ περισσοτέρως εἰς ὑμᾶς ἐστιν ἀναμιμνῃσκομένου τὴν πάντων ὑμῶν ὑπακοήν, ὡς **μετὰ** φόβου καὶ τρόμου ἐδέξασθε αὐτόν.
8: 4 **μετὰ** πολλῆς παρακλήσεως δεόμενοι ἡμῶν τὴν χάριν καὶ τὴν κοινωνίαν τῆς διακονίας τῆς εἰς τοὺς ἁγίους,
8:18 συνεπέμψαμεν δὲ **μετ'** αὐτοῦ τὸν ἀδελφὸν οὗ ὁ ἔπαινος ἐν τῷ εὐαγγελίῳ διὰ πασῶν τῶν ἐκκλησιῶν,
13:11 καὶ ὁ θεὸς τῆς ἀγάπης καὶ εἰρήνης ἔσται **μεθ'** ὑμῶν.
13:13 Ἡ χάρις τοῦ κυρίου Ἰησοῦ Χριστοῦ καὶ ἡ ἀγάπη τοῦ θεοῦ καὶ ἡ κοινωνία τοῦ ἁγίου πνεύματος **μετὰ** πάντων ὑμῶν.
Gal 1:18 Ἔπειτα **μετὰ** ἔτη τρία ἀνῆλθον εἰς Ἱεροσόλυμα ἱστορῆσαι Κηφᾶν καὶ ἐπέμεινα πρὸς αὐτὸν ἡμέρας δεκαπέντε,
2: 1 Ἔπειτα διὰ δεκατεσσάρων ἐτῶν πάλιν ἀνέβην εἰς Ἱεροσόλυμα **μετὰ** Βαρναβᾶ συμπαραλαβὼν καὶ Τίτον·
2:12 πρὸ τοῦ γὰρ ἐλθεῖν τινας ἀπὸ Ἰακώβου **μετὰ** τῶν ἐθνῶν συνήσθιεν·
3:17 διαθήκην προκεκυρωμένην ὑπὸ τοῦ θεοῦ ὁ **μετὰ** τετρακόσια καὶ τριάκοντα ἔτη γεγονὼς νόμος οὐκ ἀκυροῖ εἰς τὸ καταργῆσαι τὴν ἐπαγγελίαν.
4:25 συστοιχεῖ δὲ τῇ νῦν Ἰερουσαλήμ, δουλεύει γὰρ **μετὰ** τῶν τέκνων αὐτῆς.
4:30 οὐ γὰρ μὴ κληρονομήσει ὁ υἱὸς τῆς παιδίσκης **μετὰ** τοῦ υἱοῦ τῆς ἐλευθέρας.
6:18 Ἡ χάρις τοῦ κυρίου ἡμῶν Ἰησοῦ Χριστοῦ **μετὰ** τοῦ πνεύματος ὑμῶν,
Eph 4: 2 **μετὰ** πάσης ταπεινοφροσύνης καὶ πραΰτητος, **μετὰ** μακροθυμίας, ἀνεχόμενοι ἀλλήλων ἐν ἀγάπῃ,
4:25 Διὸ ἀποθέμενοι τὸ ψεῦδος λαλεῖτε ἀλήθειαν ἕκαστος **μετὰ** τοῦ πλησίον αὐτοῦ,
6: 5 ὑπακούετε τοῖς κατὰ σάρκα κυρίοις **μετὰ** φόβου καὶ τρόμου ἐν ἁπλότητι τῆς καρδίας ὑμῶν ὡς τῷ Χριστῷ,
6: 7 **μετ'** εὐνοίας δουλεύοντες ὡς τῷ κυρίῳ καὶ οὐκ ἀνθρώποις,

6:23 Εἰρήνη τοῖς ἀδελφοῖς καὶ ἀγάπη **μετὰ** πίστεως ἀπὸ θεοῦ πατρὸς καὶ κυρίου Ἰησοῦ Χριστοῦ.
6:24 ἡ χάρις **μετὰ** πάντων τῶν ἀγαπώντων τὸν κύριον ἡμῶν Ἰησοῦν Χριστὸν ἐν ἀφθαρσίᾳ.
Php 1: 4 πάντοτε ἐν πάσῃ δεήσει μου ὑπὲρ πάντων ὑμῶν, **μετὰ** χαρᾶς τὴν δέησιν ποιούμενος,
2:12 **μετὰ** φόβου καὶ τρόμου τὴν ἑαυτῶν σωτηρίαν κατεργάζεσθε·
2:29 προσδέχεσθε οὖν αὐτὸν ἐν κυρίῳ **μετὰ** πάσης χαρᾶς καὶ τοὺς τοιούτους ἐντίμους ἔχετε,
4: 3 αἵτινες ἐν τῷ εὐαγγελίῳ συνήθλησάν μοι **μετὰ** καὶ Κλήμεντος καὶ τῶν λοιπῶν συνεργῶν μου,
4: 6 ἀλλ' ἐν παντὶ τῇ προσευχῇ καὶ τῇ δεήσει **μετὰ** εὐχαριστίας τὰ αἰτήματα ὑμῶν γνωριζέσθω πρὸς τὸν θεόν.
4: 9 καὶ ὁ θεὸς τῆς εἰρήνης ἔσται **μεθ'** ὑμῶν.
4:23 ἡ χάρις τοῦ κυρίου Ἰησοῦ Χριστοῦ **μετὰ** τοῦ πνεύματος ὑμῶν.
Col 1:11 ἐν πάσῃ δυνάμει δυναμούμενοι κατὰ τὸ κράτος τῆς δόξης αὐτοῦ εἰς πᾶσαν ὑπομονὴν καὶ μακροθυμίαν. **μετὰ** χαρᾶς
4:18 μνημονεύετέ μου τῶν δεσμῶν. ἡ χάρις **μεθ'** ὑμῶν.
1Th 1: 6 δεξάμενοι τὸν λόγον ἐν θλίψει πολλῇ **μετὰ** χαρᾶς πνεύματος ἁγίου,
3:13 ἔμπροσθεν τοῦ θεοῦ καὶ πατρὸς ἡμῶν ἐν τῇ παρουσίᾳ τοῦ κυρίου ἡμῶν Ἰησοῦ **μετὰ** πάντων τῶν ἁγίων αὐτοῦ[, ἀμήν].
5:28 Ἡ χάρις τοῦ κυρίου ἡμῶν Ἰησοῦ Χριστοῦ **μεθ'** ὑμῶν.
2Th 1: 7 καὶ ὑμῖν τοῖς θλιβομένοις ἄνεσιν **μεθ'** ἡμῶν, ἐν τῇ ἀποκαλύψει τοῦ κυρίου Ἰησοῦ ἀπ' οὐρανοῦ **μετ'** ἀγγέλων δυνάμεως αὐτοῦ
3:12 ἵνα **μετὰ** ἡσυχίας ἐργαζόμενοι τὸν ἑαυτῶν ἄρτον ἐσθίωσιν.
3:16 Αὐτὸς δὲ ὁ κύριος τῆς εἰρήνης δῴη ὑμῖν τὴν εἰρήνην διὰ παντὸς ἐν παντὶ τρόπῳ. ὁ κύριος **μετὰ** πάντων ὑμῶν.
3:18 ἡ χάρις τοῦ κυρίου ἡμῶν Ἰησοῦ Χριστοῦ **μετὰ** πάντων ὑμῶν.
1Ti 1:14 ὑπερεπλεόνασεν δὲ ἡ χάρις τοῦ κυρίου ἡμῶν **μετὰ** πίστεως καὶ ἀγάπης τῆς ἐν Χριστῷ Ἰησοῦ.
2: 9 ὡσαύτως [καὶ] γυναῖκας ἐν καταστολῇ κοσμίῳ **μετὰ** αἰδοῦς καὶ σωφροσύνης κοσμεῖν ἑαυτάς,
2:15 ἐὰν μείνωσιν ἐν πίστει καὶ ἀγάπῃ καὶ ἁγιασμῷ **μετὰ** σωφροσύνης·
3: 4 τοῦ ἰδίου οἴκου καλῶς προϊστάμενον, τέκνα ἔχοντα ἐν ὑποταγῇ, **μετὰ** πάσης σεμνότητος
4: 3 ἃ ὁ θεὸς ἔκτισεν εἰς μετάλημψιν **μετὰ** εὐχαριστίας τοῖς πιστοῖς καὶ ἐπεγνωκόσι τὴν ἀλήθειαν.
4: 4 ὅτι πᾶν κτίσμα θεοῦ καλὸν καὶ οὐδὲν ἀπόβλητον **μετὰ** εὐχαριστίας λαμβανόμενον·
4:14 ὃ ἐδόθη σοι διὰ προφητείας **μετὰ** ἐπιθέσεως τῶν χειρῶν τοῦ πρεσβυτερίου.
6: 6 ἔστιν δὲ πορισμὸς μέγας ἡ εὐσέβεια **μετὰ** αὐταρκείας·
6:21 ἥν τινες ἐπαγγελλόμενοι περὶ τὴν πίστιν ἠστόχησαν. Ἡ χάρις **μεθ'** ὑμῶν.
2Ti 2:10 ἵνα καὶ αὐτοὶ σωτηρίας τύχωσιν τῆς ἐν Χριστῷ Ἰησοῦ **μετὰ** δόξης αἰωνίου.
2:22 δίωκε δὲ δικαιοσύνην πίστιν ἀγάπην εἰρήνην **μετὰ** τῶν ἐπικαλουμένων τὸν κύριον ἐκ καθαρᾶς καρδίας.
4:11 Λουκᾶς ἐστιν μόνος **μετ'** ἐμοῦ. Μᾶρκον ἀναλαβὼν ἄγε **μετὰ** σεαυτοῦ, ἔστιν γάρ μοι εὔχρηστος εἰς διακονίαν.
4:22 Ὁ κύριος **μετὰ** τοῦ πνεύματός σου. ἡ χάρις **μεθ'** ὑμῶν.
Tit 2:15 Ταῦτα λάλει καὶ παρακάλει καὶ ἔλεγχε **μετὰ** πάσης ἐπιταγῆς·
3:10 αἱρετικὸν ἄνθρωπον **μετὰ** μίαν καὶ δευτέραν νουθεσίαν παραιτοῦ,
3:15 Ἀσπάζονταί σε οἱ **μετ'** ἐμοῦ πάντες. Ἄσπασαι τοὺς φιλοῦντας ἡμᾶς ἐν πίστει. ἡ χάρις **μετὰ** πάντων ὑμῶν.
Phm 1:25 Ἡ χάρις τοῦ κυρίου Ἰησοῦ Χριστοῦ **μετὰ** τοῦ πνεύματος ὑμῶν.
Heb 4: 7 Σήμερον, ἐν Δαυὶδ λέγων **μετὰ** τοσοῦτον χρόνον, καθὼς προείρηται,
4: 8 οὐκ ἂν περὶ ἄλλης ἐλάλει **μετὰ** ταῦτα ἡμέρας.
4:16 προσερχώμεθα οὖν **μετὰ** παρρησίας τῷ θρόνῳ τῆς χάριτος,
5: 7 δεήσεις τε καὶ ἱκετηρίας πρὸς τὸν δυνάμενον σῴζειν αὐτὸν ἐκ θανάτου **μετὰ** κραυγῆς ἰσχυρᾶς καὶ δακρύων προσενέγκας
7:21 ὁ δὲ **μετὰ** ὁρκωμοσίας διὰ τοῦ λέγοντος πρὸς αὐτόν,
7:28 ὁ λόγος δὲ τῆς ὁρκωμοσίας τῆς **μετὰ** τὸν νόμον υἱὸν εἰς τὸν αἰῶνα τετελειωμένον.
8:10 ἣν διαθήσομαι τῷ οἴκῳ Ἰσραὴλ **μετὰ** τὰς ἡμέρας ἐκείνας,
9: 3 **μετὰ** δὲ τὸ δεύτερον καταπέτασμα σκηνὴ ἡ λεγομένη Ἅγια Ἁγίων,
9:19 λαβὼν τὸ αἷμα τῶν μόσχων [καὶ τῶν τράγων] **μετὰ** ὕδατος καὶ ἐρίου κοκκίνου καὶ ὑσσώπου αὐτό τε τὸ βιβλίον καὶ πάντα τὸν λαὸν ἐράντισεν
9:27 καὶ καθ' ὅσον ἀπόκειται τοῖς ἀνθρώποις ἅπαξ ἀποθανεῖν, **μετὰ** δὲ τοῦτο κρίσις,
10:15 Μαρτυρεῖ δὲ ἡμῖν καὶ τὸ πνεῦμα τὸ ἅγιον· **μετὰ** γὰρ τὸ εἰρηκέναι,
10:16 Αὕτη ἡ διαθήκη ἣν διαθήσομαι πρὸς αὐτοὺς **μετὰ** τὰς ἡμέρας ἐκείνας,
10:22 προσερχώμεθα **μετὰ** ἀληθινῆς καρδίας ἐν πληροφορίᾳ πίστεως ῥεραντισμένοι τὰς καρδίας ἀπὸ συνειδήσεως πονηρᾶς
10:26 Ἑκουσίως γὰρ ἁμαρτανόντων ἡμῶν **μετὰ** τὸ λαβεῖν τὴν ἐπίγνωσιν τῆς ἀληθείας,
10:34 τὴν ἁρπαγὴν τῶν ὑπαρχόντων ὑμῶν **μετὰ** χαρᾶς προσεδέξασθε γινώσκοντες ἔχειν ἑαυτοὺς κρείττονα ὕπαρξιν καὶ μένουσαν.
11: 9 Πίστει παρῴκησεν εἰς γῆν τῆς ἐπαγγελίας ὡς ἀλλοτρίαν ἐν σκηναῖς κατοικήσας **μετὰ** Ἰσαὰκ καὶ Ἰακὼβ τῶν συγκληρονόμων τῆς ἐπαγγελίας τῆς αὐτῆς·
11:31 Πίστει Ῥαὰβ ἡ πόρνη οὐ συναπώλετο τοῖς ἀπειθήσασιν δεξαμένη τοὺς κατασκόπους **μετ'** εἰρήνης.
12:14 Εἰρήνην διώκετε **μετὰ** πάντων καὶ τὸν ἁγιασμόν, οὗ χωρὶς οὐδεὶς ὄψεται τὸν κύριον,
12:17 μετανοίας γὰρ τόπον οὐχ εὗρεν καίπερ **μετὰ** δακρύων ἐκζητήσας αὐτήν.
12:28 δι' ἧς λατρεύωμεν εὐαρέστως τῷ θεῷ **μετὰ** εὐλαβείας καὶ δέους·
13:17 ἵνα **μετὰ** χαρᾶς τοῦτο ποιῶσιν καὶ μὴ στενάζοντες·
13:23 Γινώσκετε τὸν ἀδελφὸν ἡμῶν Τιμόθεον ἀπολελυμένον, **μεθ'** οὗ ἐὰν τάχιον ἔρχηται ὄψομαι ὑμᾶς.
13:25 ἡ χάρις **μετὰ** πάντων ὑμῶν.
1Pe 1:11 ἐραυνῶντες εἰς τίνα ἢ ποῖον καιρὸν ἐδήλου τὸ ἐν αὐτοῖς πνεῦμα Χριστοῦ προμαρτυρόμενον τὰ εἰς Χριστὸν παθήματα καὶ τὰς **μετὰ** ταῦτα δόξας.
3:16 ἀλλὰ **μετὰ** πραΰτητος καὶ φόβου, συνείδησιν ἔχοντες ἀγαθήν,
2Pe 1:15 σπουδάσω δὲ καὶ ἑκάστοτε ἔχειν ὑμᾶς **μετὰ** τὴν ἐμὴν ἔξοδον τὴν τούτων μνήμην ποιεῖσθαι.
1Jn 1: 3 ἀπαγγέλλομεν καὶ ὑμῖν, ἵνα καὶ ὑμεῖς κοινωνίαν ἔχητε **μεθ'** ἡμῶν. καὶ ἡ κοινωνία δὲ ἡ ἡμετέρα **μετὰ** τοῦ πατρὸς καὶ **μετὰ** τοῦ υἱοῦ αὐτοῦ Ἰησοῦ Χριστοῦ.
1: 6 Ἐὰν εἴπωμεν ὅτι κοινωνίαν ἔχομεν **μετ'** αὐτοῦ καὶ ἐν τῷ σκότει περιπατῶμεν,
1: 7 κοινωνίαν ἔχομεν **μετ'** ἀλλήλων καὶ τὸ αἷμα Ἰησοῦ τοῦ υἱοῦ αὐτοῦ καθαρίζει ἡμᾶς ἀπὸ πάσης ἁμαρτίας.
2:19 εἰ γὰρ ἐξ ἡμῶν ἦσαν, μεμενήκεισαν ἂν **μεθ'** ἡμῶν·
4:17 ἐν τούτῳ τετελείωται ἡ ἀγάπη **μεθ'** ἡμῶν, ἵνα παρρησίαν ἔχωμεν ἐν τῇ ἡμέρᾳ τῆς κρίσεως,
2Jn 1: 2 διὰ τὴν ἀλήθειαν τὴν μένουσαν ἐν ἡμῖν καὶ **μεθ'** ἡμῶν ἔσται εἰς τὸν αἰῶνα.
1: 3 ἔσται **μεθ'** ἡμῶν χάρις ἔλεος εἰρήνη παρὰ θεοῦ πατρὸς καὶ παρὰ Ἰησοῦ Χριστοῦ τοῦ υἱοῦ τοῦ πατρὸς ἐν ἀληθείᾳ
Rev 1: 7 Ἰδοὺ ἔρχεται **μετὰ** τῶν νεφελῶν, καὶ ὄψεται αὐτὸν πᾶς ὀφθαλμὸς καὶ οἵτινες αὐτὸν ἐξεκέντησαν,
1:12 Καὶ ἐπέστρεψα βλέπειν τὴν φωνὴν ἥτις ἐλάλει **μετ'** ἐμοῦ,
1:19 γράψον οὖν ἃ εἶδες καὶ ἃ εἰσὶν καὶ ἃ μέλλει γενέσθαι **μετὰ** ταῦτα.
2:16 ἔρχομαί σοι ταχὺ καὶ πολεμήσω **μετ'** αὐτῶν ἐν τῇ ῥομφαίᾳ τοῦ στόματός μου.
2:22 ἰδοὺ βάλλω αὐτὴν εἰς κλίνην καὶ τοὺς μοιχεύοντας **μετ'** αὐτῆς εἰς θλῖψιν μεγάλην,
3: 4 καὶ περιπατήσουσιν **μετ'** ἐμοῦ ἐν λευκοῖς, ὅτι ἄξιοί εἰσιν.
3:20 [καὶ] εἰσελεύσομαι πρὸς αὐτὸν καὶ δειπνήσω **μετ'** αὐτοῦ καὶ αὐτὸς **μετ'** ἐμοῦ.
3:21 ὁ νικῶν δώσω αὐτῷ καθίσαι **μετ'** ἐμοῦ ἐν τῷ θρόνῳ μου, ὡς κἀγὼ ἐνίκησα καὶ ἐκάθισα **μετὰ** τοῦ πατρός μου ἐν τῷ θρόνῳ
4: 1 **Μετὰ** ταῦτα εἶδον, καὶ ἰδοὺ θύρα ἠνεῳγμένη ἐν τῷ οὐρανῷ, καὶ ἡ φωνὴ ἡ πρώτη ἣν ἤκουσα ὡς σάλπιγγος λαλούσης **μετ'** ἐμοῦ λέγων, Ἀνάβα ὧδε, καὶ δείξω σοι ἃ δεῖ γενέσθαι **μετὰ** ταῦτα.
6: 8 καὶ ὁ ᾅδης ἠκολούθει **μετ'** αὐτοῦ καὶ ἐδόθη αὐτοῖς ἐξουσία ἐπὶ τὸ τέταρτον τῆς γῆς ἀποκτεῖναι ἐν ῥομφαίᾳ καὶ ἐν λιμῷ
7: 1 **Μετὰ** τοῦτο εἶδον τέσσαρας ἀγγέλους ἑστῶτας ἐπὶ τὰς τέσσαρας γωνίας τῆς γῆς,
7: 9 **Μετὰ** ταῦτα εἶδον, καὶ ἰδοὺ ὄχλος πολύς, ὃν ἀριθμῆσαι αὐτὸν οὐδεὶς ἐδύνατο,
9:12 Ἡ οὐαὶ ἡ μία ἀπῆλθεν· ἰδοὺ ἔρχεται ἔτι δύο οὐαὶ **μετὰ** ταῦτα.
10: 8 Καὶ ἡ φωνὴ ἣν ἤκουσα ἐκ τοῦ οὐρανοῦ πάλιν λαλοῦσαν **μετ'** ἐμοῦ καὶ λέγουσαν,
11: 7 τὸ θηρίον τὸ ἀναβαῖνον ἐκ τῆς ἀβύσσου ποιήσει **μετ'** αὐτῶν πόλεμον καὶ νικήσει αὐτοὺς καὶ ἀποκτενεῖ αὐτούς.
11:11 καὶ **μετὰ** τὰς τρεῖς ἡμέρας καὶ ἥμισυ πνεῦμα ζωῆς ἐκ τοῦ θεοῦ εἰσῆλθεν ἐν αὐτοῖς,

12: 7 ὁ Μιχαὴλ καὶ οἱ ἄγγελοι αὐτοῦ τοῦ πολεμῆσαι **μετὰ** τοῦ δράκοντος.
12: 9 ἐβλήθη εἰς τὴν γῆν, καὶ οἱ ἄγγελοι αὐτοῦ **μετ'** αὐτοῦ ἐβλήθησαν.
12:17 ποιῆσαι πόλεμον **μετὰ** τῶν λοιπῶν τοῦ σπέρματος αὐτῆς τῶν τηρούντων τὰς ἐντολὰς τοῦ θεοῦ καὶ ἐχόντων τὴν μαρτυρίαν
13: 4 Τίς ὅμοιος τῷ θηρίῳ καὶ τίς δύναται πολεμῆσαι **μετ'** αὐτοῦ;
13: 7 καὶ ἐδόθη αὐτῷ ποιῆσαι πόλεμον **μετὰ** τῶν ἁγίων καὶ νικῆσαι αὐτούς,
14: 1 τὸ ἀρνίον ἑστὸς ἐπὶ τὸ ὄρος Σιὼν καὶ **μετ'** αὐτοῦ ἑκατὸν τεσσεράκοντα τέσσαρες χιλιάδες ἔχουσαι τὸ ὄνομα αὐτοῦ
14: 4 οὗτοί εἰσιν οἳ **μετὰ** γυναικῶν οὐκ ἐμολύνθησαν, παρθένοι γάρ εἰσιν,
14:13 ἵνα ἀναπαήσονται ἐκ τῶν κόπων αὐτῶν, τὰ γὰρ ἔργα αὐτῶν ἀκολουθεῖ **μετ'** αὐτῶν.
15: 5 Καὶ **μετὰ** ταῦτα εἶδον, καὶ ἠνοίγη ὁ ναὸς τῆς σκηνῆς τοῦ μαρτυρίου ἐν τῷ οὐρανῷ,
17: 1 Καὶ ἦλθεν εἷς ἐκ τῶν ἑπτὰ ἀγγέλων τῶν ἐχόντων τὰς ἑπτὰ φιάλας καὶ ἐλάλησεν **μετ'** ἐμοῦ λέγων,
17: 2 **μεθ'** ἧς ἐπόρνευσαν οἱ βασιλεῖς τῆς γῆς καὶ ἐμεθύσθησαν οἱ κατοικοῦντες τὴν γῆν ἐκ τοῦ οἴνου τῆς πορνείας αὐτῆς
17:12 ἀλλὰ ἐξουσίαν ὡς βασιλεῖς μίαν ὥραν λαμβάνουσιν **μετὰ** τοῦ θηρίου.
17:14 οὗτοι **μετὰ** τοῦ ἀρνίου πολεμήσουσιν καὶ τὸ ἀρνίον νικήσει αὐτούς, ὅτι κύριος κυρίων ἐστὶν καὶ βασιλεὺς βασιλέων καὶ οἱ **μετ'** αὐτοῦ κλητοὶ καὶ ἐκλεκτοὶ καὶ πιστοί.
18: 1 **Μετὰ** ταῦτα εἶδον ἄλλον ἄγγελον καταβαίνοντα ἐκ τοῦ οὐρανοῦ ἔχοντα ἐξουσίαν μεγάλην,
18: 3 ὅτι ἐκ τοῦ οἴνου τοῦ θυμοῦ τῆς πορνείας αὐτῆς πέπωκαν πάντα τὰ ἔθνη καὶ οἱ βασιλεῖς τῆς γῆς **μετ'** αὐτῆς ἐπόρνευσαν
18: 9 Καὶ κλαύσουσιν καὶ κόψονται ἐπ' αὐτὴν οἱ βασιλεῖς τῆς γῆς οἱ **μετ'** αὐτῆς πορνεύσαντες καὶ στρηνιάσαντες,
19: 1 **Μετὰ** ταῦτα ἤκουσα ὡς φωνὴν μεγάλην ὄχλου πολλοῦ ἐν τῷ οὐρανῷ λεγόντων,
19:19 συνηγμένα ποιῆσαι τὸν πόλεμον **μετὰ** τοῦ καθημένου ἐπὶ τοῦ ἵππου καὶ **μετὰ** τοῦ στρατεύματος αὐτοῦ.
19:20 καὶ ἐπιάσθη τὸ θηρίον καὶ **μετ'** αὐτοῦ ὁ ψευδοπροφήτης ὁ ποιήσας τὰ σημεῖα ἐνώπιον αὐτοῦ,
20: 3 ἵνα μὴ πλανήσῃ ἔτι τὰ ἔθνη ἄχρι τελεσθῇ τὰ χίλια ἔτη. **μετὰ** ταῦτα δεῖ λυθῆναι αὐτὸν μικρὸν χρόνον.
20: 4 καὶ ἔζησαν καὶ ἐβασίλευσαν **μετὰ** τοῦ Χριστοῦ χίλια ἔτη.
20: 6 ἀλλ' ἔσονται ἱερεῖς τοῦ θεοῦ καὶ τοῦ Χριστοῦ καὶ βασιλεύσουσιν **μετ'** αὐτοῦ [τὰ] χίλια ἔτη.
21: 3 Ἰδοὺ ἡ σκηνὴ τοῦ θεοῦ **μετὰ** τῶν ἀνθρώπων, καὶ σκηνώσει **μετ'** αὐτῶν, καὶ αὐτοὶ λαοὶ αὐτοῦ ἔσονται, καὶ αὐτὸς ὁ θεὸς **μετ'** αὐτῶν ἔσται [αὐτῶν θεός,]
21: 9 ἑπτὰ ἀγγέλων τῶν ἐχόντων τὰς ἑπτὰ φιάλας τῶν γεμόντων τῶν ἑπτὰ πληγῶν τῶν ἐσχάτων καὶ ἐλάλησεν **μετ'** ἐμοῦ λέγων,
21:15 Καὶ ὁ λαλῶν **μετ'** ἐμοῦ εἶχεν μέτρον κάλαμον χρυσοῦν,
22:12 καὶ ὁ μισθός μου **μετ'** ἐμοῦ ἀποδοῦναι ἑκάστῳ ὡς τὸ ἔργον ἐστὶν αὐτοῦ.
22:21 Ἡ χάρις τοῦ κυρίου Ἰησοῦ **μετὰ** πάντων.

3553 μεταβαίνω [12]

√ 3552 + 326

Mt 8:34 πᾶσα ἡ πόλις ἐξῆλθεν εἰς ὑπάντησιν τῷ Ἰησοῦ καὶ ἰδόντες αὐτὸν παρεκάλεσαν ὅπως **μεταβῇ** ἀπὸ τῶν ὁρίων αὐτῶν.
11: 1 **μετέβη** ἐκεῖθεν τοῦ διδάσκειν καὶ κηρύσσειν ἐν ταῖς πόλεσιν αὐτῶν.
12: 9 Καὶ **μεταβὰς** ἐκεῖθεν ἦλθεν εἰς τὴν συναγωγὴν αὐτῶν·
15:29 Καὶ **μεταβὰς** ἐκεῖθεν ὁ Ἰησοῦς ἦλθεν παρὰ τὴν θάλασσαν τῆς Γαλιλαίας,
17:20 ἐρεῖτε τῷ ὄρει τούτῳ, **Μετάβα** ἔνθεν ἐκεῖ, καὶ **μεταβήσεται·**
Lk 10: 7 ἄξιος γὰρ ὁ ἐργάτης τοῦ μισθοῦ αὐτοῦ. μὴ **μεταβαίνετε** ἐξ οἰκίας εἰς οἰκίαν.
Jn 5:24 ἀλλὰ **μεταβέβηκεν** ἐκ τοῦ θανάτου εἰς τὴν ζωήν.
7: 3 εἶπον οὖν πρὸς αὐτὸν οἱ ἀδελφοὶ αὐτοῦ, **Μετάβηθι** ἐντεῦθεν καὶ ὕπαγε εἰς τὴν Ἰουδαίαν,
13: 1 Πρὸ δὲ τῆς ἑορτῆς τοῦ πάσχα εἰδὼς ὁ Ἰησοῦς ὅτι ἦλθεν αὐτοῦ ἡ ὥρα ἵνα **μεταβῇ** ἐκ τοῦ κόσμου τούτου πρὸς τὸν πατέρα,
Ac 18: 7 καὶ **μεταβὰς** ἐκεῖθεν εἰσῆλθεν εἰς οἰκίαν τινὸς ὀνόματι Τιτίου Ἰούστου σεβομένου τὸν θεόν,
1Jn 3:14 ἡμεῖς οἴδαμεν ὅτι **μεταβεβήκαμεν** ἐκ τοῦ θανάτου εἰς τὴν ζωήν,

3554 μεταβάλλω [1]

√ 3552 + 965

Ac 28: 6 αὐτῶν προσδοκώντων καὶ θεωρούντων μηδὲν ἄτοπον εἰς αὐτὸν γινόμενον **μεταβαλόμενοι** ἔλεγον αὐτὸν εἶναι θεόν.

3555 μετάγω [2]

√ 3552 + 72

Jas 3: 3 εἰ δὲ τῶν ἵππων τοὺς χαλινοὺς εἰς τὰ στόματα βάλλομεν εἰς τὸ πείθεσθαι αὐτοὺς ἡμῖν, καὶ ὅλον τὸ σῶμα αὐτῶν **μετάγομεν.**
3: 4 **μετάγεται** ὑπὸ ἐλαχίστου πηδαλίου ὅπου ἡ ὁρμὴ τοῦ εὐθύνοντος βούλεται,

3556 μεταδίδωμι [5]

√ 3552 + 1443

Lk 3:11 Ὁ ἔχων δύο χιτῶνας **μεταδότω** τῷ μὴ ἔχοντι,
Ro 1:11 ἵνα τι **μεταδῶ** χάρισμα ὑμῖν πνευματικὸν εἰς τὸ στηριχθῆναι ὑμᾶς,
12: 8 ὁ **μεταδιδοὺς** ἐν ἁπλότητι, ὁ προϊστάμενος ἐν σπουδῇ,
Eph 4:28 μᾶλλον δὲ κοπιάτω ἐργαζόμενος ταῖς [ἰδίαις] χερσὶν τὸ ἀγαθόν, ἵνα ἔχῃ **μεταδιδόναι** τῷ χρείαν ἔχοντι.
1Th 2: 8 οὕτως ὁμειρόμενοι ὑμῶν εὐδοκοῦμεν **μεταδοῦναι** ὑμῖν οὐ μόνον τὸ εὐαγγέλιον τοῦ θεοῦ ἀλλὰ καὶ τὰς ἑαυτῶν ψυχάς,

3557 μετάθεσις [3]

√ 3552 + 5502

Heb 7:12 μετατιθεμένης γὰρ τῆς ἱερωσύνης ἐξ ἀνάγκης καὶ νόμου **μετάθεσις** γίνεται.
11: 5 πρὸ γὰρ τῆς **μεταθέσεως** μεμαρτύρηται εὐαρεστηκέναι τῷ θεῷ·
12:27 τὸ δὲ Ἔτι ἅπαξ δηλοῖ [τὴν] τῶν σαλευομένων **μετάθεσιν** ὡς πεποιημένων,

3558 μεταίρω [2]

√ 3552 + 149

Mt 13:53 Καὶ ἐγένετο ὅτε ἐτέλεσεν ὁ Ἰησοῦς τὰς παραβολὰς ταύτας, **μετῆρεν** ἐκεῖθεν.
19: 1 **μετῆρεν** ἀπὸ τῆς Γαλιλαίας καὶ ἦλθεν εἰς τὰ ὅρια τῆς Ἰουδαίας πέραν τοῦ Ἰορδάνου.

3559 μετακαλέω [4]

√ 3552 + 2813

Ac 7:14 ἀποστείλας δὲ Ἰωσὴφ **μετεκαλέσατο** Ἰακὼβ τὸν πατέρα αὐτοῦ καὶ πᾶσαν τὴν συγγένειαν ἐν ψυχαῖς ἑβδομήκοντα πέντε.
10:32 πέμψον οὖν εἰς Ἰόππην καὶ **μετακάλεσαι** Σίμωνα ὃς ἐπικαλεῖται Πέτρος,
20:17 Ἀπὸ δὲ τῆς Μιλήτου πέμψας εἰς Ἔφεσον **μετεκαλέσατο** τοὺς πρεσβυτέρους τῆς ἐκκλησίας.
24:25 Τὸ νῦν ἔχον πορεύου, καιρὸν δὲ μεταλαβὼν **μετακαλέσομαί** σε,

3560 μετακινέω [1]

√ 3552 + 3075

Col 1:23 εἴ γε ἐπιμένετε τῇ πίστει τεθεμελιωμένοι καὶ ἑδραῖοι καὶ μὴ **μετακινούμενοι** ἀπὸ τῆς ἐλπίδος τοῦ εὐαγγελίου οὗ ἠκούσατε,

3561 μεταλαμβάνω [7]

√ 3552 + 3284

Ac 2:46 κλῶντές τε κατ' οἶκον ἄρτον, **μετελάμβανον** τροφῆς ἐν ἀγαλλιάσει καὶ ἀφελότητι καρδίας
24:25 Τὸ νῦν ἔχον πορεύου, καιρὸν δὲ **μεταλαβὼν** μετακαλέσομαί σε,
27:33 Ἄχρι δὲ οὗ ἡμέρα ἤμελλεν γίνεσθαι, παρεκάλει ὁ Παῦλος ἅπαντας **μεταλαβεῖν** τροφῆς λέγων,
27:34 διὸ παρακαλῶ ὑμᾶς **μεταλαβεῖν** τροφῆς· τοῦτο γὰρ πρὸς τῆς ὑμετέρας σωτηρίας ὑπάρχει,
2Ti 2: 6 τὸν κοπιῶντα γεωργὸν δεῖ πρῶτον τῶν καρπῶν **μεταλαμβάνειν.**
Heb 6: 7 καὶ τίκτουσα βοτάνην εὔθετον ἐκείνοις δι' οὓς καὶ γεωργεῖται, **μεταλαμβάνει** εὐλογίας ἀπὸ τοῦ θεοῦ·
12:10 ὁ δὲ ἐπὶ τὸ συμφέρον εἰς τὸ **μεταλαβεῖν** τῆς ἁγιότητος αὐτοῦ.

3562 μετάλημψις [1]

√ 3552 + 3284

1Ti 4: 3 ἃ ὁ θεὸς ἔκτισεν εἰς **μετάλημψιν** μετὰ εὐχαριστίας τοῖς πιστοῖς καὶ ἐπεγνωκόσι τὴν ἀλήθειαν.

3563 μεταλλάσσω [2]

√ 3552 + 248

Ro 1:25 οἵτινες **μετήλλαξαν** τὴν ἀλήθειαν τοῦ θεοῦ ἐν τῷ ψεύδει καὶ ἐσεβάσθησαν καὶ ἐλάτρευσαν τῇ κτίσει παρὰ τὸν κτίσαντα,
1:26 αἵ τε γὰρ θήλειαι αὐτῶν **μετήλλαξαν** τὴν φυσικὴν χρῆσιν εἰς τὴν παρὰ φύσιν,

3564 μεταμέλομαι [6]

√ 3552 + 3508

Mt 21:29 ὁ δὲ ἀποκριθεὶς εἶπεν, Οὐ θέλω, ὕστερον δὲ **μεταμεληθεὶς** ἀπῆλθεν.
21:32 ὑμεῖς δὲ ἰδόντες οὐδὲ **μετεμελήθητε** ὕστερον τοῦ πιστεῦσαι αὐτῷ.
27: 3 **μεταμεληθεὶς** ἔστρεψεν τὰ τριάκοντα ἀργύρια τοῖς ἀρχιερεῦσιν καὶ πρεσβυτέροις
2Co 7: 8 ὅτι εἰ καὶ ἐλύπησα ὑμᾶς ἐν τῇ ἐπιστολῇ, οὐ **μεταμέλομαι·** εἰ καὶ **μετεμελόμην,** βλέπω [γὰρ] ὅτι ἡ ἐπιστολὴ ἐκείνη εἰ καὶ πρὸς ὥραν ἐλύπησεν ὑμᾶς,
Heb 7:21 Ὤμοσεν κύριος καὶ οὐ **μεταμεληθήσεται,** Σὺ ἱερεὺς εἰς τὸν αἰῶνα.

3565 μεταμορφόω [4]

√ 3552 + 3671

Mt 17: 2 καὶ **μετεμορφώθη** ἔμπροσθεν αὐτῶν, καὶ ἔλαμψεν τὸ πρόσωπον αὐτοῦ ὡς ὁ ἥλιος,
Mk 9: 2 καὶ ἀναφέρει αὐτοὺς εἰς ὄρος ὑψηλὸν κατ' ἰδίαν μόνους. καὶ **μετεμορφώθη** ἔμπροσθεν αὐτῶν,
Ro 12: 2 ἀλλὰ **μεταμορφοῦσθε** τῇ ἀνακαινώσει τοῦ νοὸς εἰς τὸ δοκιμάζειν ὑμᾶς τί τὸ θέλημα τοῦ θεοῦ,
2Co 3:18 ἡμεῖς δὲ πάντες ἀνακεκαλυμμένῳ προσώπῳ τὴν δόξαν κυρίου κατοπτριζόμενοι τὴν αὐτὴν εἰκόνα **μεταμορφούμεθα** ἀπὸ δόξης εἰς δόξαν καθάπερ ἀπὸ κυρίου πνεύματος.

3566 μετανοέω [34]

√ 3552 + 3808

μετανοέω ἀπό [1] Ac 8:22

μετανοέω ἐκ [5] Rev 2:21,22; 9:20,21; 16:11

Mt 3: 2 [καὶ] λέγων, **Μετανοεῖτε·** ἤγγικεν γὰρ ἡ βασιλεία τῶν οὐρανῶν.
4:17 Ἀπὸ τότε ἤρξατο ὁ Ἰησοῦς κηρύσσειν καὶ λέγειν, **Μετανοεῖτε·**
11:20 Τότε ἤρξατο ὀνειδίζειν τὰς πόλεις ἐν αἷς ἐγένοντο αἱ πλεῖσται δυνάμεις αὐτοῦ, ὅτι οὐ **μετενόησαν·**
11:21 ὅτι εἰ ἐν Τύρῳ καὶ Σιδῶνι ἐγένοντο αἱ δυνάμεις αἱ γενόμεναι ἐν ὑμῖν, πάλαι ἂν ἐν σάκκῳ καὶ σποδῷ **μετενόησαν.**
12:41 ὅτι **μετενόησαν** εἰς τὸ κήρυγμα Ἰωνᾶ, καὶ ἰδοὺ πλεῖον Ἰωνᾶ ὧδε.
Mk 1:15 καὶ λέγων ὅτι Πεπλήρωται ὁ καιρὸς καὶ ἤγγικεν ἡ βασιλεία τοῦ θεοῦ· **μετανοεῖτε** καὶ πιστεύετε ἐν τῷ εὐαγγελίῳ.
6:12 Καὶ ἐξελθόντες ἐκήρυξαν ἵνα **μετανοῶσιν,**
Lk 10:13 πάλαι ἂν ἐν σάκκῳ καὶ σποδῷ καθήμενοι **μετενόησαν.**
11:32 ὅτι **μετενόησαν** εἰς τὸ κήρυγμα Ἰωνᾶ, καὶ ἰδοὺ πλεῖον Ἰωνᾶ ὧδε.
13: 3 λέγω ὑμῖν, ἀλλ' ἐὰν μὴ **μετανοῆτε** πάντες ὁμοίως ἀπολεῖσθε.
13: 5 λέγω ὑμῖν, ἀλλ' ἐὰν μὴ **μετανοῆτε** πάντες ὡσαύτως ἀπολεῖσθε.
15: 7 λέγω ὑμῖν ὅτι οὕτως χαρὰ ἐν τῷ οὐρανῷ ἔσται ἐπὶ ἑνὶ ἁμαρτωλῷ **μετανοοῦντι** ἢ ἐπὶ ἐνενήκοντα ἐννέα δικαίοις οἵτινες οὐ χρείαν ἔχουσιν μετανοίας.
15:10 γίνεται χαρὰ ἐνώπιον τῶν ἀγγέλων τοῦ θεοῦ ἐπὶ ἑνὶ ἁμαρτωλῷ **μετανοοῦντι.**
16:30 ἀλλ' ἐάν τις ἀπὸ νεκρῶν πορευθῇ πρὸς αὐτοὺς **μετανοήσουσιν.**
17: 3 ἐὰν ἁμάρτῃ ὁ ἀδελφός σου ἐπιτίμησον αὐτῷ, καὶ ἐὰν **μετανοήσῃ** ἄφες αὐτῷ.
17: 4 καὶ ἐὰν ἑπτάκις τῆς ἡμέρας ἁμαρτήσῃ εἰς σὲ καὶ ἑπτάκις ἐπιστρέψῃ πρὸς σὲ λέγων, **Μετανοῶ,** ἀφήσεις αὐτῷ.
Ac 2:38 **Μετανοήσατε,** [φησίν,] καὶ βαπτισθήτω ἕκαστος ὑμῶν ἐπὶ τῷ ὀνόματι Ἰησοῦ Χριστοῦ εἰς ἄφεσιν τῶν ἁμαρτιῶν ὑμῶν καὶ λήμψεσθε τὴν δωρεὰν τοῦ ἁγίου πνεύματος.
3:19 **μετανοήσατε** οὖν καὶ ἐπιστρέψατε εἰς τὸ ἐξαλειφθῆναι ὑμῶν τὰς ἁμαρτίας,
8:22 **μετανόησον** οὖν ἀπὸ τῆς κακίας σου ταύτης καὶ δεήθητι τοῦ κυρίου,
17:30 τὰ νῦν παραγγέλλει τοῖς ἀνθρώποις πάντας πανταχοῦ **μετανοεῖν,**
26:20 πᾶσάν τε τὴν χώραν τῆς Ἰουδαίας καὶ τοῖς ἔθνεσιν ἀπήγγελλον **μετανοεῖν** καὶ ἐπιστρέφειν ἐπὶ τὸν θεόν,
2Co 12:21 καὶ πενθήσω πολλοὺς τῶν προημαρτηκότων καὶ μὴ **μετανοησάντων** ἐπὶ τῇ ἀκαθαρσίᾳ καὶ πορνείᾳ καὶ ἀσελγείᾳ
Rev 2: 5 μνημόνευε οὖν πόθεν πέπτωκας καὶ **μετανόησον** καὶ τὰ πρῶτα ἔργα ποίησον· εἰ δὲ μή, ἔρχομαί σοι καὶ κινήσω τὴν λυχνίαν σου ἐκ τοῦ τόπου αὐτῆς, ἐὰν μὴ **μετανοήσῃς.**
2:16 **μετανόησον** οὖν· εἰ δὲ μή, ἔρχομαί σοι ταχὺ καὶ πολεμήσω μετ' αὐτῶν ἐν τῇ ῥομφαίᾳ τοῦ στόματός μου.
2:21 καὶ ἔδωκα αὐτῇ χρόνον ἵνα **μετανοήσῃ,** καὶ οὐ θέλει **μετανοῆσαι** ἐκ τῆς πορνείας αὐτῆς.
2:22 βάλλω αὐτὴν εἰς κλίνην καὶ τοὺς μοιχεύοντας μετ' αὐτῆς εἰς θλῖψιν μεγάλην, ἐὰν μὴ **μετανοήσωσιν** ἐκ τῶν ἔργων αὐτῆς,
3: 3 μνημόνευε οὖν πῶς εἴληφας καὶ ἤκουσας καὶ τήρει καὶ **μετανόησον.**
3:19 ἐγὼ ὅσους ἐὰν φιλῶ ἐλέγχω καὶ παιδεύω· ζήλευε οὖν καὶ **μετανόησον.**
9:20 οὐδὲ **μετενόησαν** ἐκ τῶν ἔργων τῶν χειρῶν αὐτῶν,
9:21 οὐ **μετενόησαν** ἐκ τῶν φόνων αὐτῶν οὔτε ἐκ τῶν φαρμάκων αὐτῶν οὔτε ἐκ τῆς πορνείας αὐτῶν οὔτε ἐκ τῶν κλεμμάτων
16: 9 ἐβλασφήμησαν τὸ ὄνομα τοῦ θεοῦ τοῦ ἔχοντος τὴν ἐξουσίαν ἐπὶ τὰς πληγὰς ταύτας καὶ οὐ **μετενόησαν** δοῦναι αὐτῷ δόξαν.
16:11 ἐβλασφήμησαν τὸν θεὸν τοῦ οὐρανοῦ ἐκ τῶν πόνων αὐτῶν καὶ ἐκ τῶν ἑλκῶν αὐτῶν καὶ οὐ **μετενόησαν** ἐκ τῶν ἔργων αὐτῶν.

3567 μετάνοια [22]

√ 3552 + 3808

βάπτισμα μετανοίας [4] Mk 1:4; Lk 3:3; Ac 13:24; 19:4

Mt 3: 8 ποιήσατε οὖν καρπὸν ἄξιον τῆς **μετανοίας**
3:11 ἐγὼ μὲν ὑμᾶς βαπτίζω ἐν ὕδατι εἰς **μετάνοιαν,**
Mk 1: 4 ἐγένετο Ἰωάννης [ὁ] βαπτίζων ἐν τῇ ἐρήμῳ καὶ κηρύσσων βάπτισμα **μετανοίας** εἰς ἄφεσιν ἁμαρτιῶν.
Lk 3: 3 καὶ ἦλθεν εἰς πᾶσαν [τὴν] περίχωρον τοῦ Ἰορδάνου κηρύσσων βάπτισμα **μετανοίας** εἰς ἄφεσιν ἁμαρτιῶν,
3: 8 ποιήσατε οὖν καρποὺς ἀξίους τῆς **μετανοίας** καὶ μὴ ἄρξησθε λέγειν ἐν ἑαυτοῖς,
5:32 οὐκ ἐλήλυθα καλέσαι δικαίους ἀλλὰ ἁμαρτωλοὺς εἰς **μετάνοιαν.**
15: 7 λέγω ὑμῖν ὅτι οὕτως χαρὰ ἐν τῷ οὐρανῷ ἔσται ἐπὶ ἑνὶ ἁμαρτωλῷ μετανοοῦντι ἢ ἐπὶ ἐνενήκοντα ἐννέα δικαίοις οἵτινες οὐ χρείαν ἔχουσιν **μετανοίας.**
24:47 καὶ κηρυχθῆναι ἐπὶ τῷ ὀνόματι αὐτοῦ **μετάνοιαν** εἰς ἄφεσιν ἁμαρτιῶν εἰς πάντα τὰ ἔθνη.
Ac 5:31 τοῦτον ὁ θεὸς ἀρχηγὸν καὶ σωτῆρα ὕψωσεν τῇ δεξιᾷ αὐτοῦ [τοῦ] δοῦναι **μετάνοιαν** τῷ Ἰσραὴλ καὶ ἄφεσιν ἁμαρτιῶν.
11:18 Ἄρα καὶ τοῖς ἔθνεσιν ὁ θεὸς τὴν **μετάνοιαν** εἰς ζωὴν ἔδωκεν.
13:24 προκηρύξαντος Ἰωάννου πρὸ προσώπου τῆς εἰσόδου αὐτοῦ βάπτισμα **μετανοίας** παντὶ τῷ λαῷ Ἰσραήλ.
19: 4 Ἰωάννης ἐβάπτισεν βάπτισμα **μετανοίας** τῷ λαῷ λέγων εἰς τὸν ἐρχόμενον μετ' αὐτὸν ἵνα πιστεύσωσιν,
20:21 διαμαρτυρόμενος Ἰουδαίοις τε καὶ Ἕλλησιν τὴν εἰς θεὸν **μετάνοιαν** καὶ πίστιν εἰς τὸν κύριον ἡμῶν Ἰησοῦν.
26:20 καὶ τοῖς ἔθνεσιν ἀπήγγελλον μετανοεῖν καὶ ἐπιστρέφειν ἐπὶ τὸν θεόν, ἄξια τῆς **μετανοίας** ἔργα πράσσοντας.
Ro 2: 4 ἀγνοῶν ὅτι τὸ χρηστὸν τοῦ θεοῦ εἰς **μετάνοιάν** σε ἄγει;
2Co 7: 9 οὐχ ὅτι ἐλυπήθητε ἀλλ' ὅτι ἐλυπήθητε εἰς **μετάνοιαν·**
7:10 ἡ γὰρ κατὰ θεὸν λύπη **μετάνοιαν** εἰς σωτηρίαν ἀμεταμέλητον ἐργάζεται·
2Ti 2:25 μήποτε δώῃ αὐτοῖς ὁ θεὸς **μετάνοιαν** εἰς ἐπίγνωσιν ἀληθείας
Heb 6: 1 μὴ πάλιν θεμέλιον καταβαλλόμενοι **μετανοίας** ἀπὸ νεκρῶν ἔργων καὶ πίστεως ἐπὶ θεόν,
6: 6 καὶ παραπεσόντας, πάλιν ἀνακαινίζειν εἰς **μετάνοιαν,** ἀνασταυροῦντας ἑαυτοῖς τὸν υἱὸν τοῦ θεοῦ καὶ παραδειγματίζοντας.

12:17 **μετανοίας** γὰρ τόπον οὐχ εὗρεν καίπερ μετὰ δακρύων ἐκζητήσας αὐτήν.
2Pe 3:9 μὴ βουλόμενός τινας ἀπολέσθαι ἀλλὰ πάντας εἰς **μετάνοιαν** χωρῆσαι.

3568 μεταξύ [9]

√ 3552 + 5250

Mt 18:15 ὕπαγε ἔλεγξον αὐτὸν **μεταξὺ** σοῦ καὶ αὐτοῦ μόνου.
23:35 ὃν ἐφονεύσατε **μεταξὺ** τοῦ ναοῦ καὶ τοῦ θυσιαστηρίου.
Lk 11:51 ἀπὸ αἵματος Ἅβελ ἕως αἵματος Ζαχαρίου τοῦ ἀπολομένου **μεταξὺ** τοῦ θυσιαστηρίου καὶ τοῦ οἴκου·
16:26 καὶ ἐν πᾶσι τούτοις **μεταξὺ** ἡμῶν καὶ ὑμῶν χάσμα μέγα ἐστήρικται,
Jn 4:31 Ἐν τῷ **μεταξὺ** ἠρώτων αὐτὸν οἱ μαθηταὶ λέγοντες,
Ac 12:6 τῇ νυκτὶ ἐκείνῃ ἦν ὁ Πέτρος κοιμώμενος **μεταξὺ** δύο στρατιωτῶν δεδεμένος ἁλύσεσιν δυσὶν φύλακές
13:42 Ἐξιόντων δὲ αὐτῶν παρεκάλουν εἰς τὸ **μεταξὺ** σάββατον λαληθῆναι αὐτοῖς τὰ ῥήματα ταῦτα.
15:9 καὶ οὐθὲν διέκρινεν **μεταξὺ** ἡμῶν τε καὶ αὐτῶν τῇ πίστει καθαρίσας τὰς καρδίας αὐτῶν.
Ro 2:15 συμμαρτυρούσης αὐτῶν τῆς συνειδήσεως καὶ **μεταξὺ** ἀλλήλων τῶν λογισμῶν κατηγορούντων ἢ καὶ ἀπολογουμένων,

3569 μεταπέμπω [9]

√ 3552 + 4287

Ac 10:5 καὶ νῦν πέμψον ἄνδρας εἰς Ἰόππην καὶ **μετάπεμψαι** Σίμωνά τινα ὃς ἐπικαλεῖται Πέτρος·
10:22 ἐχρηματίσθη ὑπὸ ἀγγέλου ἁγίου **μεταπέμψασθαί** σε εἰς τὸν οἶκον αὐτοῦ καὶ ἀκοῦσαι ῥήματα παρὰ σοῦ.
10:29 διὸ καὶ ἀναντιρρήτως ἦλθον **μεταπεμφθείς.** πυνθάνομαι οὖν τίνι λόγῳ **μετεπέμψασθέ** με;
11:13 Ἀπόστειλον εἰς Ἰόππην καὶ **μετάπεμψαι** Σίμωνα τὸν ἐπικαλούμενον Πέτρον,
20:1 Μετὰ δὲ τὸ παύσασθαι τὸν θόρυβον **μεταπεμψάμενος** ὁ Παῦλος τοὺς μαθητὰς καὶ παρακαλέσας,
24:24 Μετὰ δὲ ἡμέρας τινὰς παραγενόμενος ὁ Φῆλιξ σὺν Δρουσίλλῃ τῇ ἰδίᾳ γυναικὶ οὔσῃ Ἰουδαίᾳ **μετεπέμψατο** τὸν Παῦλον
24:26 ἅμα καὶ ἐλπίζων ὅτι χρήματα δοθήσεται αὐτῷ ὑπὸ τοῦ Παύλου· διὸ καὶ πυκνότερον αὐτὸν **μεταπεμπόμενος** ὡμίλει αὐτῷ.
25:3 αἰτούμενοι χάριν κατ' αὐτοῦ ὅπως **μεταπέμψηται** αὐτὸν εἰς Ἰερουσαλήμ,

3570 μεταστρέφω [2]

√ 3552 + 5138

Ac 2:20 ὁ ἥλιος **μεταστραφήσεται** εἰς σκότος καὶ ἡ σελήνη εἰς αἷμα,
Gal 1:7 εἰ μή τινές εἰσιν οἱ ταράσσοντες ὑμᾶς καὶ θέλοντες **μεταστρέψαι** τὸ εὐαγγέλιον τοῦ Χριστοῦ.

3571 μετασχηματίζω [5]

√ 3552 + 5386

1Co 4:6 ἀδελφοί, **μετεσχημάτισα** εἰς ἐμαυτὸν καὶ Ἀπολλῶν δι' ὑμᾶς,
2Co 11:13 οἱ γὰρ τοιοῦτοι ψευδαπόστολοι, ἐργάται δόλιοι, **μετασχηματιζόμενοι** εἰς ἀποστόλους Χριστοῦ.
11:14 αὐτὸς γὰρ ὁ Σατανᾶς **μετασχηματίζεται** εἰς ἄγγελον φωτός.
11:15 οὐ μέγα οὖν εἰ καὶ οἱ διάκονοι αὐτοῦ **μετασχηματίζονται** ὡς διάκονοι δικαιοσύνης·
Php 3:21 ὃς **μετασχηματίσει** τὸ σῶμα τῆς ταπεινώσεως ἡμῶν σύμμορφον τῷ σώματι τῆς δόξης αὐτοῦ κατὰ τὴν ἐνέργειαν τοῦ δύνασθαι αὐτὸν καὶ ὑποτάξαι αὐτῷ τὰ πάντα.

3572 μετατίθημι [6]

√ 3552 + 5502

Ac 7:16 καὶ **μετετέθησαν** εἰς Συχὲμ καὶ ἐτέθησαν ἐν τῷ μνήματι ᾧ ὠνήσατο Ἀβραὰμ τιμῆς ἀργυρίου παρὰ τῶν υἱῶν Ἑμμὼρ
Gal 1:6 Θαυμάζω ὅτι οὕτως ταχέως **μετατίθεσθε** ἀπὸ τοῦ καλέσαντος ὑμᾶς ἐν χάριτι [Χριστοῦ] εἰς ἕτερον εὐαγγέλιον,
Heb 7:12 **μετατιθεμένης** γὰρ τῆς ἱερωσύνης ἐξ ἀνάγκης καὶ νόμου μετάθεσις γίνεται.
11:5 Πίστει Ἑνὼχ **μετετέθη** τοῦ μὴ ἰδεῖν θάνατον, καὶ οὐχ ηὑρίσκετο διότι **μετέθηκεν** αὐτὸν ὁ θεός.
Jude 1:4 τὴν τοῦ θεοῦ ἡμῶν χάριτα **μετατιθέντες** εἰς ἀσέλγειαν καὶ τὸν μόνον δεσπότην καὶ κύριον ἡμῶν Ἰησοῦν Χριστὸν ἀρνούμενοι.

3573 μετατρέπω [1]

√ 3552 + 5572

Jas 4:9 ὁ γέλως ὑμῶν εἰς πένθος **μετατραπήτω** καὶ ἡ χαρὰ εἰς κατήφειαν.

3574 μεταφυτεύω Not used in UBS/NIV

√ 3552 + 5886

3575 μετέπειτα [1]

√ 3552 + 2093 + 1663

Heb 12:17 ἴστε γὰρ ὅτι καὶ **μετέπειτα** θέλων κληρονομῆσαι τὴν εὐλογίαν ἀπεδοκιμάσθη,

3576 μετέχω [8]

√ 3552 + 2400

1Co 9:10 δι' ἡμᾶς γὰρ ἐγράφη ὅτι ὀφείλει ἐπ' ἐλπίδι ὁ ἀροτριῶν ἀροτριᾶν καὶ ὁ ἀλοῶν ἐπ' ἐλπίδι τοῦ **μετέχειν.**
9:12 εἰ ἄλλοι τῆς ὑμῶν ἐξουσίας **μετέχουσιν,** οὐ μᾶλλον ἡμεῖς;
10:17 οἱ γὰρ πάντες ἐκ τοῦ ἑνὸς ἄρτου **μετέχομεν.**
10:21 οὐ δύνασθε τραπέζης κυρίου **μετέχειν** καὶ τραπέζης δαιμονίων.
10:30 εἰ ἐγὼ χάριτι **μετέχω,** τί βλασφημοῦμαι ὑπὲρ οὗ ἐγὼ εὐχαριστῶ;
Heb 2:14 ἐπεὶ οὖν τὰ παιδία κεκοινώνηκεν αἵματος καὶ σαρκός, καὶ αὐτὸς παραπλησίως **μετέσχεν** τῶν αὐτῶν,
5:13 πᾶς γὰρ ὁ **μετέχων** γάλακτος ἄπειρος λόγου δικαιοσύνης,
7:13 ἐφ' ὃν γὰρ λέγεται ταῦτα, φυλῆς ἑτέρας **μετέσχηκεν,**

3577 μετεωρίζομαι [1]

Lk 12:29 καὶ ὑμεῖς μὴ ζητεῖτε τί φάγητε καὶ τί πίητε καὶ μὴ **μετεωρίζεσθε·**

3578 μετοικεσία [4]

√ 3552 + 3875

Mt 1:11 Ἰωσίας δὲ ἐγέννησεν τὸν Ἰεχονίαν καὶ τοὺς ἀδελφοὺς αὐτοῦ ἐπὶ τῆς **μετοικεσίας** Βαβυλῶνος.
1:12 Μετὰ δὲ τὴν **μετοικεσίαν** Βαβυλῶνος Ἰεχονίας ἐγέννησεν τὸν Σαλαθιήλ,
1:17 καὶ ἀπὸ Δαυὶδ ἕως τῆς **μετοικεσίας** Βαβυλῶνος γενεαὶ δεκατέσσαρες, καὶ ἀπὸ τῆς **μετοικεσίας** Βαβυλῶνος ἕως τοῦ Χριστοῦ γενεαὶ δεκατέσσαρες.

3579 μετοικίζω [2]

√ 3552 + 3875

Ac 7:4 κἀκεῖθεν μετὰ τὸ ἀποθανεῖν τὸν πατέρα αὐτοῦ **μετῴκισεν** αὐτὸν εἰς τὴν γῆν ταύτην εἰς ἣν ὑμεῖς νῦν κατοικεῖτε,
7:43 τοὺς τύπους οὓς ἐποιήσατε προσκυνεῖν αὐτοῖς, καὶ **μετοικιῶ** ὑμᾶς ἐπέκεινα Βαβυλῶνος.

3580 μετοχή [1]

√ 3552 + 2400

2Co 6:14 τίς γὰρ **μετοχὴ** δικαιοσύνῃ καὶ ἀνομίᾳ ἢ τίς κοινωνία φωτὶ πρὸς σκότος;

3581 μέτοχος [6]

√ 3552 + 2400

Lk 5:7 καὶ κατένευσαν τοῖς **μετόχοις** ἐν τῷ ἑτέρῳ πλοίῳ τοῦ ἐλθόντας συλλαβέσθαι αὐτοῖς·
Heb 1:9 διὰ τοῦτο ἔχρισέν σε ὁ θεὸς ὁ θεός σου ἔλαιον ἀγαλλιάσεως παρὰ τοὺς **μετόχους** σου.
3:1 ἀδελφοὶ ἅγιοι, κλήσεως ἐπουρανίου **μέτοχοι,** κατανοήσατε τὸν ἀπόστολον καὶ ἀρχιερέα τῆς ὁμολογίας ἡμῶν Ἰησοῦν,
3:14 **μέτοχοι** γὰρ τοῦ Χριστοῦ γεγόναμεν, ἐάνπερ τὴν ἀρχὴν τῆς ὑποστάσεως μέχρι τέλους βεβαίαν κατάσχωμεν–

6: 4 γευσαμένους τε τῆς δωρεᾶς τῆς ἐπουρανίου καὶ **μετόχους** γενηθέντας πνεύματος ἁγίου
12: 8 εἰ δὲ χωρίς ἐστε παιδείας ἧς **μέτοχοι** γεγόνασιν πάντες,

3582 μετρέω [11]

√ 3586

Mt 7: 2 ἐν ᾧ γὰρ κρίματι κρίνετε κριθήσεσθε, καὶ ἐν ᾧ μέτρῳ **μετρεῖτε μετρηθήσεται** ὑμῖν.
Mk 4: 24 ἐν ᾧ μέτρῳ **μετρεῖτε μετρηθήσεται** ὑμῖν καὶ προστεθήσεται ὑμῖν.
Lk 6: 38 μέτρον καλὸν πεπιεσμένον σεσαλευμένον ὑπερεκχυννόμενον δώσουσιν εἰς τὸν κόλπον ὑμῶν· ᾧ γὰρ μέτρῳ **μετρεῖτε** ἀντιμετρηθήσεται ὑμῖν.
2Co 10: 12 ἀλλὰ αὐτοὶ ἐν ἑαυτοῖς ἑαυτοὺς **μετροῦντες** καὶ συγκρίνοντες ἑαυτοὺς ἑαυτοῖς οὐ συνιᾶσιν.
Rev 11: 1 Ἔγειρε καὶ **μέτρησον** τὸν ναὸν τοῦ θεοῦ καὶ τὸ θυσιαστήριον καὶ τοὺς προσκυνοῦντας ἐν αὐτῷ.
11: 2 καὶ τὴν αὐλὴν τὴν ἔξωθεν τοῦ ναοῦ ἔκβαλε ἔξωθεν καὶ μὴ αὐτὴν **μετρήσῃς,**
21: 15 ἵνα **μετρήσῃ** τὴν πόλιν καὶ τοὺς πυλῶνας αὐτῆς καὶ τὸ τεῖχος αὐτῆς.
21: 16 καὶ **ἐμέτρησεν** τὴν πόλιν τῷ καλάμῳ ἐπὶ σταδίων δώδεκα χιλιάδων,
21: 17 καὶ **ἐμέτρησεν** τὸ τεῖχος αὐτῆς ἑκατὸν τεσσεράκοντα τεσσάρων πηχῶν μέτρον ἀνθρώπου,

3583 μετρητής [1]

√ 3586

Jn 2: 6 ἦσαν δὲ ἐκεῖ λίθιναι ὑδρίαι ἓξ κατὰ τὸν καθαρισμὸν τῶν Ἰουδαίων κείμεναι, χωροῦσαι ἀνὰ **μετρητὰς** δύο ἢ τρεῖς.

3584 μετριοπαθέω [1]

√ 3586 + 4248

Heb 5: 2 **μετριοπαθεῖν** δυνάμενος τοῖς ἀγνοοῦσιν καὶ πλανωμένοις, ἐπεὶ καὶ αὐτὸς περίκειται ἀσθένειαν

3585 μετρίως [1]

√ 3586

Ac 20: 12 ἤγαγον δὲ τὸν παῖδα ζῶντα καὶ παρεκλήθησαν οὐ **μετρίως.**

3586 μέτρον [14]

→ *296, 520, 3582, 3583, 3584, 3585, 4991*

ἐκ μέτρου [1] Jn 3:34

Mt 7: 2 ἐν ᾧ γὰρ κρίματι κρίνετε κριθήσεσθε, καὶ ἐν ᾧ **μέτρῳ** μετρεῖτε μετρηθήσεται ὑμῖν.
23: 32 καὶ ὑμεῖς πληρώσατε τὸ **μέτρον** τῶν πατέρων ὑμῶν.
Mk 4: 24 ἐν ᾧ **μέτρῳ** μετρεῖτε μετρηθήσεται ὑμῖν καὶ προστεθήσεται ὑμῖν.
Lk 6: 38 **μέτρον** καλὸν πεπιεσμένον σεσαλευμένον ὑπερεκχυννόμενον δώσουσιν εἰς τὸν κόλπον ὑμῶν· ᾧ γὰρ **μέτρῳ** μετρεῖτε ἀντιμετρηθήσεται ὑμῖν.
Jn 3: 34 ὃν γὰρ ἀπέστειλεν ὁ θεὸς τὰ ῥήματα τοῦ θεοῦ λαλεῖ, οὐ γὰρ ἐκ **μέτρου** δίδωσιν τὸ πνεῦμα.
Ro 12: 3 Λέγω γὰρ διὰ τῆς χάριτος τῆς δοθείσης μοι παντὶ τῷ ὄντι ἐν ὑμῖν μὴ ὑπερφρονεῖν παρ' ὃ δεῖ φρονεῖν ἀλλὰ φρονεῖν εἰς τὸ σωφρονεῖν, ἑκάστῳ ὡς ὁ θεὸς ἐμέρισεν **μέτρον** πίστεως.
2Co 10: 13 ἡμεῖς δὲ οὐκ εἰς τὰ ἄμετρα καυχησόμεθα ἀλλὰ κατὰ τὸ **μέτρον** τοῦ κανόνος οὗ ἐμέρισεν ἡμῖν ὁ θεὸς **μέτρου,**
Eph 4: 7 Ἑνὶ δὲ ἑκάστῳ ἡμῶν ἐδόθη ἡ χάρις κατὰ τὸ **μέτρον** τῆς δωρεᾶς τοῦ Χριστοῦ.
4: 13 εἰς ἄνδρα τέλειον, εἰς **μέτρον** ἡλικίας τοῦ πληρώματος τοῦ Χριστοῦ,
4: 16 ἐξ οὗ πᾶν τὸ σῶμα συναρμολογούμενον καὶ συμβιβαζόμενον διὰ πάσης ἁφῆς τῆς ἐπιχορηγίας κατ' ἐνέργειαν ἐν **μέτρῳ** ἑνὸς ἑκάστου μέρους τὴν αὔξησιν τοῦ σώματος ποιεῖται εἰς οἰκοδομὴν ἑαυτοῦ ἐν ἀγάπῃ.
Rev 21: 15 Καὶ ὁ λαλῶν μετ' ἐμοῦ εἶχεν **μέτρον** κάλαμον χρυσοῦν,
21: 17 καὶ ἐμέτρησεν τὸ τεῖχος αὐτῆς ἑκατὸν τεσσεράκοντα τεσσάρων πηχῶν **μέτρον** ἀνθρώπου,

3587 μέτωπον [8]

√ 3552 + 3972

Rev 7: 3 ἄχρι σφραγίσωμεν τοὺς δούλους τοῦ θεοῦ ἡμῶν ἐπὶ τῶν **μετώπων** αὐτῶν.
9: 4 εἰ μὴ τοὺς ἀνθρώπους οἵτινες οὐκ ἔχουσι τὴν σφραγῖδα τοῦ θεοῦ ἐπὶ τῶν **μετώπων.**
13: 16 ἵνα δῶσιν αὐτοῖς χάραγμα ἐπὶ τῆς χειρὸς αὐτῶν τῆς δεξιᾶς ἢ ἐπὶ τὸ **μέτωπον** αὐτῶν
14: 1 ἔχουσαι τὸ ὄνομα αὐτοῦ καὶ τὸ ὄνομα τοῦ πατρὸς αὐτοῦ γεγραμμένον ἐπὶ τῶν **μετώπων** αὐτῶν.
14: 9 Εἴ τις προσκυνεῖ τὸ θηρίον καὶ τὴν εἰκόνα αὐτοῦ καὶ λαμβάνει χάραγμα ἐπὶ τοῦ **μετώπου** αὐτοῦ ἢ ἐπὶ τὴν χεῖρα αὐτοῦ,
17: 5 καὶ ἐπὶ τὸ **μέτωπον** αὐτῆς ὄνομα γεγραμμένον, μυστήριον,
20: 4 οὐ προσεκύνησαν τὸ θηρίον οὐδὲ τὴν εἰκόνα αὐτοῦ καὶ οὐκ ἔλαβον τὸ χάραγμα ἐπὶ τὸ **μέτωπον** καὶ ἐπὶ τὴν χεῖρα αὐτῶν.
22: 4 καὶ τὸ ὄνομα αὐτοῦ ἐπὶ τῶν **μετώπων** αὐτῶν.

3588 μέχρι [17]

→ *3589*

μέχρι οὗ [2] Mk 13:30; Gal 4:19

μέχρι τέλους [1] Heb 3:14

Mt 11: 23 ὅτι εἰ ἐν Σοδόμοις ἐγενήθησαν αἱ δυνάμεις αἱ γενόμεναι ἐν σοί, ἔμεινεν ἂν **μέχρι** τῆς σήμερον.
28: 15 Καὶ διεφημίσθη ὁ λόγος οὗτος παρὰ Ἰουδαίοις **μέχρι** τῆς σήμερον [ἡμέρας.]
Mk 13: 30 ἀμὴν λέγω ὑμῖν ὅτι οὐ μὴ παρέλθῃ ἡ γενεὰ αὕτη **μέχρις** οὗ ταῦτα πάντα γένηται.
Lk 16: 16 Ὁ νόμος καὶ οἱ προφῆται **μέχρι** Ἰωάννου· ἀπὸ τότε ἡ βασιλεία τοῦ θεοῦ εὐαγγελίζεται καὶ πᾶς εἰς αὐτὴν βιάζεται.
Ac 10: 30 Ἀπὸ τετάρτης ἡμέρας **μέχρι** ταύτης τῆς ὥρας ἤμην τὴν ἐνάτην προσευχόμενος ἐν τῷ οἴκῳ μου,
20: 7 ὁ Παῦλος διελέγετο αὐτοῖς μέλλων ἐξιέναι τῇ ἐπαύριον, παρέτεινέν τε τὸν λόγον **μέχρι** μεσονυκτίου.
Ro 5: 14 ἀλλὰ ἐβασίλευσεν ὁ θάνατος ἀπὸ Ἀδὰμ **μέχρι** Μωϋσέως καὶ ἐπὶ τοὺς μὴ ἁμαρτήσαντας ἐπὶ τῷ ὁμοιώματι τῆς παραβάσεως
15: 19 ὥστε με ἀπὸ Ἰερουσαλὴμ καὶ κύκλῳ **μέχρι** τοῦ Ἰλλυρικοῦ πεπληρωκέναι τὸ εὐαγγέλιον τοῦ Χριστοῦ,
Gal 4: 19 οὓς πάλιν ὠδίνω **μέχρις** οὗ μορφωθῇ Χριστὸς ἐν ὑμῖν·
Eph 4: 13 **μέχρι** καταντήσωμεν οἱ πάντες εἰς τὴν ἑνότητα τῆς πίστεως καὶ τῆς ἐπιγνώσεως τοῦ υἱοῦ τοῦ θεοῦ,
Php 2: 8 ἐταπείνωσεν ἑαυτὸν γενόμενος ὑπήκοος **μέχρι** θανάτου, θανάτου δὲ σταυροῦ.
2: 30 ὅτι διὰ τὸ ἔργον Χριστοῦ **μέχρι** θανάτου ἤγγισεν παραβολευσάμενος τῇ ψυχῇ,
1Ti 6: 14 τηρῆσαί σε τὴν ἐντολὴν ἄσπιλον ἀνεπίλημπτον **μέχρι** τῆς ἐπιφανείας τοῦ κυρίου ἡμῶν Ἰησοῦ Χριστοῦ,
2Ti 2: 9 ἐν ᾧ κακοπαθῶ **μέχρι** δεσμῶν ὡς κακοῦργος, ἀλλὰ ὁ λόγος τοῦ θεοῦ οὐ δέδεται·
Heb 3: 14 ἐάνπερ τὴν ἀρχὴν τῆς ὑποστάσεως **μέχρι** τέλους βεβαίαν κατάσχωμεν–
9: 10 μόνον ἐπὶ βρώμασιν καὶ πόμασιν καὶ διαφόροις βαπτισμοῖς, δικαιώματα σαρκὸς **μέχρι** καιροῦ διορθώσεως ἐπικείμενα.
12: 4 Οὔπω **μέχρις** αἵματος ἀντικατέστητε πρὸς τὴν ἁμαρτίαν ἀνταγωνιζόμενοι.

3589 μέχρις Not used in UBS/NIV

√ 3588

3590 μή [1041 / 1040] See Index of Articles, Etc.

→ *3591, 3592, 3593, 3594, 3595, 3596, 3598, 3599, 3600, 3607, 3608, 3609, 3610, 3612, 3614, 3615*

βλέπετε μή [10] Mt 24:4; Mk 13:5; Lk 21:8; Ac 13:40; 1Co 8:9; 10:12; Gal 5:15; Col 2:8; Heb 3:12; 12:25

ἐάν μή [56] Mt 5:20; 6:15; 10:13; 11:6; 12:29; 18:3,16,35; 26:42; Mk 3:27; 4:22; 7:3,4; 10:30; Lk 7:23; 13:3,5; Jn 3:2,3,5,27; 4:48; 5:19; 6:44,53,65; 7:51; 8:24; 12:24; 13:8; 15:4,4,6; 16:7; 20:25; Ac 3:23; 8:31; 15:1; 27:31; Ro 10:15; 1Co 8:8; 9:16; 14:6,9,11,28; 15:36; Gal 2:16; 5:17; 2Th 2:3; 2Ti 2:5; Jas 2:17; Rev 2:5,22; 3:3; 13:15

εἰ δὲ μή [6] Mk 2:21,22; Jn 14:2,11; Rev 2:5,16

εἰ δὲ μή γε [7] Mt 6:1; 9:17; Lk 5:36,37; 13:9; 14:32; 2Co 11:16

εἰ μή [86] Mt 5:13; 11:27,27; 12:4,24,39; 13:57; 14:17; 15:24; 16:4; 17:8; 21:19; 24:22,36; Mk 2:7,26; 5:37; 6:4,5,8; 8:14; 9:9,29; 10:18; 11:13; 13:20,32; Lk 4:26,27; 5:21; 6:4; 8:51; 10:22,22; 11:29; 17:18; 18:19; Jn 3:13; 6:22,46; 9:33; 10:10; 13:10; 14:6; 15:22; 17:12; 18:30; 19:11,15; Ac 11:19; 26:32; Ro 7:7,7; 9:29; 11:15; 13:1,8; 14:14; 1Co 1:14; 2:2,11,11; 7:17; 8:4; 10:13; 12:3; 14:5; 15:2; 2Co 2:2; 12:5,13; Gal 1:7,19; 6:14; Eph 4:9; Php 4:15; 1Ti 5:19; Heb 3:18; 1Jn 2:22; 5:5; Rev 2:17; 9:4; 13:17; 14:3; 19:12; 21:27

εἰ μὴ ἵνα [1] Jn 10:10

εἰ μὴ ὅτι [2] 2Co 12:13; Eph 4:9

ἢ μή [2] Mk 12:14; 2Co 3:1

ἵνα μή [89] Mt 7:1; 12:16; 17:27; 24:20; 26:5,41; Mk 3:9,12; 5:10; 13:18; 14:38; Lk 8:12,31; 9:45; 16:28; 18:5; 22:32,46; Jn 3:20; 4:15; 5:14; 6:12; 7:23; 12:35,40,42; 16:1; 18:28,36; 19:31; Ac 2:25; 4:17; 24:4; Ro 11:25; 15:20; 1Co 1:15,17; 4:6; 7:5; 8:13; 9:12; 11:32,34; 12:25; 16:2; 2Co 1:9; 2:3,5,11; 6:3; 9:3,4; 10:9; 12:7,7; Gal 5:17; Eph 2:9; Php 2:27; Col 3:21; 1Th 4:13; 1Ti 3:6,7; 6:1; Tit 2:5; 3:14; Phm 1:14,19; Heb 3:13; 4:11; 6:12; 11:28,40; 12:3,13; Jas 5:9,12; 2Pe 3:17; 1Jn 2:1; 2Jn 1:8; Rev 7:1; 9:4,5,20; 11:6; 13:17; 16:15; 18:4,4; 20:3

μὴ γένοιτο [15] Lk 20:16; Ro 3:4,6,31; 6:2,15; 7:7,13; 9:14; 11:1,11; 1Co 6:15; Gal 2:17; 3:21; 6:14

μὴ ἵνα [2] Mk 4:22; Jn 10:10

ὅπως μή [3] Mt 6:18; Ac 20:16; 1Co 1:29

ὅρα μή, ὁρᾶτε μή [5] Mt 18:10; 24:6; 1Th 5:15; Rev 19:10; 22:9

οὐχί μή [1] Lk 18:30

3591 μήγε Not used in UBS/NIV

√ *3590 + 1145*

3592 μηδαμῶς [2]

√ *3590 + 1254 + 1609*

Ac 10:14 ὁ δὲ Πέτρος εἶπεν, **Μηδαμῶς,** κύριε, ὅτι οὐδέποτε ἔφαγον πᾶν κοινὸν καὶ ἀκάθαρτον.
11: 8 εἶπον δέ, **Μηδαμῶς,** κύριε, ὅτι κοινὸν ἢ ἀκάθαρτον οὐδέποτε εἰσῆλθεν εἰς τὸ στόμα μου.

3593 μηδέ [57]

√ *3590 + 1254*

μηδέ ... μηδέ [5] Mt 10:9,10; Lk 14:12; Ro 14:21; Col 2:21

Mt 6:25 μὴ μεριμνᾶτε τῇ ψυχῇ ὑμῶν τί φάγητε [ἢ τί πίητε,] **μηδὲ** τῷ σώματι ὑμῶν τί ἐνδύσησθε.
7: 6 Μὴ δῶτε τὸ ἅγιον τοῖς κυσὶν **μηδὲ** βάλητε τοὺς μαργαρίτας ὑμῶν ἔμπροσθεν τῶν χοίρων,
10: 9 Μὴ κτήσησθε χρυσὸν **μηδὲ** ἄργυρον **μηδὲ** χαλκὸν εἰς τὰς ζώνας ὑμῶν,
10:10 μὴ πήραν εἰς ὁδὸν **μηδὲ** δύο χιτῶνας **μηδὲ** ὑποδήματα **μηδὲ** ῥάβδον·
10:14 καὶ ὃς ἂν μὴ δέξηται ὑμᾶς **μηδὲ** ἀκούσῃ τοὺς λόγους ὑμῶν,
22:29 Πλανᾶσθε μὴ εἰδότες τὰς γραφὰς **μηδὲ** τὴν δύναμιν τοῦ θεοῦ·
23:10 **μηδὲ** κληθῆτε καθηγηταί, ὅτι καθηγητὴς ὑμῶν ἐστιν εἷς ὁ Χριστός.
24:20 προσεύχεσθε δὲ ἵνα μὴ γένηται ἡ φυγὴ ὑμῶν χειμῶνος **μηδὲ** σαββάτῳ.
Mk 2: 2 καὶ συνήχθησαν πολλοὶ ὥστε μηκέτι χωρεῖν **μηδὲ** τὰ πρὸς τὴν θύραν,
3:20 καὶ συνέρχεται πάλιν [ὁ] ὄχλος, ὥστε μὴ δύνασθαι αὐτοὺς **μηδὲ** ἄρτον φαγεῖν.
6:11 καὶ ὃς ἂν τόπος μὴ δέξηται ὑμᾶς **μηδὲ** ἀκούσωσιν ὑμῶν,
8:26 καὶ ἀπέστειλεν αὐτὸν εἰς οἶκον αὐτοῦ λέγων, **Μηδὲ** εἰς τὴν κώμην εἰσέλθῃς.
12:24 Οὐ διὰ τοῦτο πλανᾶσθε μὴ εἰδότες τὰς γραφὰς **μηδὲ** τὴν δύναμιν τοῦ θεοῦ;
13:15 ὁ [δὲ] ἐπὶ τοῦ δώματος μὴ καταβάτω **μηδὲ** εἰσελθάτω ἆραί τι ἐκ τῆς οἰκίας αὐτοῦ,
Lk 3:14 Μηδένα διασείσητε **μηδὲ** συκοφαντήσητε καὶ ἀρκεῖσθε τοῖς ὀψωνίοις ὑμῶν.
12:22 μὴ μεριμνᾶτε τῇ ψυχῇ τί φάγητε, **μηδὲ** τῷ σώματι τί ἐνδύσησθε.
14:12 μὴ φώνει τοὺς φίλους σου **μηδὲ** τοὺς ἀδελφούς σου **μηδὲ** τοὺς συγγενεῖς σου **μηδὲ** γείτονας πλουσίους,
16:26 ὅπως οἱ θέλοντες διαβῆναι ἔνθεν πρὸς ὑμᾶς μὴ δύνωνται, **μηδὲ** ἐκεῖθεν πρὸς ἡμᾶς διαπερῶσιν.
17:23 Ἰδοὺ ἐκεῖ, [ἤ,] Ἰδοὺ ὧδε· μὴ ἀπέλθητε **μηδὲ** διώξητε.
Jn 4:15 δός μοι τοῦτο τὸ ὕδωρ, ἵνα μὴ διψῶ **μηδὲ** διέρχωμαι ἐνθάδε ἀντλεῖν.
14:27 οὐ καθὼς ὁ κόσμος δίδωσιν ἐγὼ δίδωμι ὑμῖν. μὴ ταρασσέσθω ὑμῶν ἡ καρδία **μηδὲ** δειλιάτω.
Ac 4:18 καὶ καλέσαντες αὐτοὺς παρήγγειλαν τὸ καθόλου μὴ φθέγγεσθαι **μηδὲ** διδάσκειν ἐπὶ τῷ ὀνόματι τοῦ Ἰησοῦ.
21:21 λέγων μὴ περιτέμνειν αὐτοὺς τὰ τέκνα **μηδὲ** τοῖς ἔθεσιν περιπατεῖν.
Ro 6:13 **μηδὲ** παριστάνετε τὰ μέλη ὑμῶν ὅπλα ἀδικίας τῇ ἁμαρτίᾳ,
9:11 μήπω γὰρ γεννηθέντων **μηδὲ** πραξάντων τι ἀγαθὸν ἢ φαῦλον,
14:21 καλὸν τὸ μὴ φαγεῖν κρέα **μηδὲ** πιεῖν οἶνον **μηδὲ** ἐν ᾧ ὁ ἀδελφός σου προσκόπτει.
1Co 5: 8 ὥστε ἑορτάζωμεν μὴ ἐν ζύμῃ παλαιᾷ **μηδὲ** ἐν ζύμῃ κακίας καὶ πονηρίας ἀλλ᾽ ἐν ἀζύμοις εἰλικρινείας καὶ ἀληθείας.
5:11 μὴ συναναμίγνυσθαι ἐάν τις ἀδελφὸς ὀνομαζόμενος ᾖ πόρνος ἢ πλεονέκτης ἢ εἰδωλολάτρης ἢ λοίδορος ἢ μέθυσος ἢ ἅρπαξ, τῷ τοιούτῳ **μηδὲ** συνεσθίειν.
10: 7 **μηδὲ** εἰδωλολάτραι γίνεσθε καθώς τινες αὐτῶν, ὥσπερ γέγραπται,
10: 8 **μηδὲ** πορνεύωμεν, καθώς τινες αὐτῶν ἐπόρνευσαν καὶ ἔπεσαν μιᾷ ἡμέρᾳ εἴκοσι τρεῖς χιλιάδες.
10: 9 **μηδὲ** ἐκπειράζωμεν τὸν Χριστόν, καθώς τινες αὐτῶν ἐπείρασαν καὶ ὑπὸ τῶν ὄφεων ἀπώλλυντο.
10:10 **μηδὲ** γογγύζετε, καθάπερ τινὲς αὐτῶν ἐγόγγυσαν καὶ ἀπώλοντο ὑπὸ τοῦ ὀλοθρευτοῦ.
2Co 4: 2 μὴ περιπατοῦντες ἐν πανουργίᾳ **μηδὲ** δολοῦντες τὸν λόγον τοῦ θεοῦ ἀλλὰ τῇ φανερώσει τῆς ἀληθείας συνιστάνοντες ἑαυτοὺς
Eph 4:27 **μηδὲ** δίδοτε τόπον τῷ διαβόλῳ.
5: 3 πορνεία δὲ καὶ ἀκαθαρσία πᾶσα ἢ πλεονεξία **μηδὲ** ὀνομαζέσθω ἐν ὑμῖν,
Php 2: 3 μηδὲν κατ᾽ ἐριθείαν **μηδὲ** κατὰ κενοδοξίαν ἀλλὰ τῇ ταπεινοφροσύνῃ ἀλλήλους ἡγούμενοι ὑπερέχοντας ἑαυτῶν,
Col 2:21 Μὴ ἅψῃ **μηδὲ** γεύσῃ **μηδὲ** θίγῃς,
2Th 2: 2 εἰς τὸ μὴ ταχέως σαλευθῆναι ὑμᾶς ἀπὸ τοῦ νοὸς **μηδὲ** θροεῖσθαι,
3:10 ὅτι εἴ τις οὐ θέλει ἐργάζεσθαι **μηδὲ** ἐσθιέτω.
1Ti 1: 4 **μηδὲ** προσέχειν μύθοις καὶ γενεαλογίαις ἀπεράντοις, αἵτινες ἐκζητήσεις παρέχουσιν μᾶλλον ἢ οἰκονομίαν θεοῦ
5:22 Χεῖρας ταχέως μηδενὶ ἐπιτίθει **μηδὲ** κοινώνει ἁμαρτίαις ἀλλοτρίαις·
6:17 παράγγελλε μὴ ὑψηλοφρονεῖν **μηδὲ** ἠλπικέναι ἐπὶ πλούτου ἀδηλότητι ἀλλ᾽ ἐπὶ θεῷ τῷ παρέχοντι ἡμῖν πάντα πλουσίως
2Ti 1: 8 μὴ οὖν ἐπαισχυνθῇς τὸ μαρτύριον τοῦ κυρίου ἡμῶν **μηδὲ** ἐμὲ τὸν δέσμιον αὐτοῦ,
Tit 2: 3 πρεσβύτιδας ὡσαύτως ἐν καταστήματι ἱεροπρεπεῖς, μὴ διαβόλους **μηδὲ** οἴνῳ πολλῷ δεδουλωμένας, καλοδιδασκάλους,
Heb 12: 5 μὴ ὀλιγώρει παιδείας κυρίου **μηδὲ** ἐκλύου ὑπ᾽ αὐτοῦ ἐλεγχόμενος·
1Pe 3:14 τὸν δὲ φόβον αὐτῶν μὴ φοβηθῆτε **μηδὲ** ταραχθῆτε,
5: 2 [ἐπισκοποῦντες] μὴ ἀναγκαστῶς ἀλλὰ ἑκουσίως κατὰ θεόν, **μηδὲ** αἰσχροκερδῶς ἀλλὰ προθύμως,
5: 3 **μηδ᾽** ὡς κατακυριεύοντες τῶν κλήρων ἀλλὰ τύποι γινόμενοι τοῦ ποιμνίου·
1Jn 2:15 Μὴ ἀγαπᾶτε τὸν κόσμον **μηδὲ** τὰ ἐν τῷ κόσμῳ.
3:18 μὴ ἀγαπῶμεν λόγῳ **μηδὲ** τῇ γλώσσῃ ἀλλὰ ἐν ἔργῳ καὶ ἀληθείᾳ.

3594 μηδείς [90]

√ *3590 + 1254 + 1651*

μηθείς [1] Ac 27:33

Mt 8: 4 καὶ λέγει αὐτῷ ὁ Ἰησοῦς, Ὅρα **μηδενὶ** εἴπῃς,
9:30 ἐνεβριμήθη αὐτοῖς ὁ Ἰησοῦς λέγων, Ὁρᾶτε **μηδεὶς** γινωσκέτω.

16:20 τότε διεστείλατο τοῖς μαθηταῖς ἵνα **μηδενὶ** εἴπωσιν ὅτι αὐτός ἐστιν ὁ Χριστός.
17: 9 **Μηδενὶ** εἴπητε τὸ ὅραμα ἕως οὗ ὁ υἱὸς τοῦ ἀνθρώπου ἐκ νεκρῶν ἐγερθῇ.
27:19 Καθημένου δὲ αὐτοῦ ἐπὶ τοῦ βήματος ἀπέστειλεν πρὸς αὐτὸν ἡ γυνὴ αὐτοῦ λέγουσα, **Μηδὲν** σοὶ καὶ τῷ δικαίῳ ἐκείνῳ·
Mk 1:44 καὶ λέγει αὐτῷ, Ὅρα **μηδενὶ μηδὲν** εἴπῃς, ἀλλὰ ὕπαγε σεαυτὸν δεῖξον τῷ ἱερεῖ καὶ προσένεγκε περὶ τοῦ καθαρισμοῦ
5:26 καὶ δαπανήσασα τὰ παρ' αὐτῆς πάντα καὶ **μηδὲν** ὠφεληθεῖσα ἀλλὰ μᾶλλον εἰς τὸ χεῖρον ἐλθοῦσα,
5:43 καὶ διεστείλατο αὐτοῖς πολλὰ ἵνα **μηδεὶς** γνοῖ τοῦτο,
6: 8 καὶ παρήγγειλεν αὐτοῖς ἵνα **μηδὲν** αἴρωσιν εἰς ὁδὸν εἰ μὴ ῥάβδον μόνον,
7:36 καὶ διεστείλατο αὐτοῖς ἵνα **μηδενὶ** λέγωσιν· ὅσον δὲ αὐτοῖς διεστέλλετο,
8:30 καὶ ἐπετίμησεν αὐτοῖς ἵνα **μηδενὶ** λέγωσιν περὶ αὐτοῦ.
9: 9 Καὶ καταβαινόντων αὐτῶν ἐκ τοῦ ὄρους διεστείλατο αὐτοῖς ἵνα **μηδενὶ** ἃ εἶδον διηγήσωνται,
11:14 Μηκέτι εἰς τὸν αἰῶνα ἐκ σοῦ **μηδεὶς** καρπὸν φάγοι.
Lk 3:13 ὁ δὲ εἶπεν πρὸς αὐτούς, **Μηδὲν** πλέον παρὰ τὸ διατεταγμένον ὑμῖν πράσσετε.
3:14 **Μηδένα** διασείσητε μηδὲ συκοφαντήσητε καὶ ἀρκεῖσθε τοῖς ὀψωνίοις ὑμῶν.
4:35 καὶ ῥίψαν αὐτὸν τὸ δαιμόνιον εἰς τὸ μέσον ἐξῆλθεν ἀπ' αὐτοῦ **μηδὲν** βλάψαν αὐτόν.
5:14 καὶ αὐτὸς παρήγγειλεν αὐτῷ **μηδενὶ** εἰπεῖν, ἀλλὰ ἀπελθὼν δεῖξον σεαυτὸν τῷ ἱερεῖ καὶ προσένεγκε περὶ τοῦ καθαρισμοῦ
6:35 πλὴν ἀγαπᾶτε τοὺς ἐχθροὺς ὑμῶν καὶ ἀγαθοποιεῖτε καὶ δανίζετε **μηδὲν** ἀπελπίζοντες·
8:56 ὁ δὲ παρήγγειλεν αὐτοῖς **μηδενὶ** εἰπεῖν τὸ γεγονός.
9: 3 καὶ εἶπεν πρὸς αὐτούς, **Μηδὲν** αἴρετε εἰς τὴν ὁδόν,
9:21 Ὁ δὲ ἐπιτιμήσας αὐτοῖς παρήγγειλεν **μηδενὶ** λέγειν τοῦτο
10: 4 μὴ ὑποδήματα, καὶ **μηδένα** κατὰ τὴν ὁδὸν ἀσπάσησθε.
Ac 4:17 ἀλλ' ἵνα μὴ ἐπὶ πλεῖον διανεμηθῇ εἰς τὸν λαὸν ἀπειλησώμεθα αὐτοῖς μηκέτι λαλεῖν ἐπὶ τῷ ὀνόματι τούτῳ **μηδενὶ** ἀνθρώπων.
4:21 **μηδὲν** εὑρίσκοντες τὸ πῶς κολάσωνται αὐτούς, διὰ τὸν λαόν,
8:24 Δεήθητε ὑμεῖς ὑπὲρ ἐμοῦ πρὸς τὸν κύριον ὅπως **μηδὲν** ἐπέλθῃ ἐπ' ἐμὲ ὧν εἰρήκατε.
9: 7 οἱ δὲ ἄνδρες οἱ συνοδεύοντες αὐτῷ εἱστήκεισαν ἐνεοί, ἀκούοντες μὲν τῆς φωνῆς **μηδένα** δὲ θεωροῦντες.
10:20 ἀλλὰ ἀναστὰς κατάβηθι καὶ πορεύου σὺν αὐτοῖς **μηδὲν** διακρινόμενος ὅτι ἐγὼ ἀπέσταλκα αὐτούς.
10:28 κἀμοὶ ὁ θεὸς ἔδειξεν **μηδένα** κοινὸν ἢ ἀκάθαρτον λέγειν ἄνθρωπον·
11:12 εἶπεν δὲ τὸ πνεῦμά μοι συνελθεῖν αὐτοῖς **μηδὲν** διακρίναντα.
11:19 διῆλθον ἕως Φοινίκης καὶ Κύπρου καὶ Ἀντιοχείας **μηδενὶ** λαλοῦντες τὸν λόγον εἰ μὴ μόνον Ἰουδαίοις.
13:28 καὶ **μηδεμίαν** αἰτίαν θανάτου εὑρόντες ᾐτήσαντο Πιλᾶτον ἀναιρεθῆναι αὐτόν.
15:28 ἔδοξεν γὰρ τῷ πνεύματι τῷ ἁγίῳ καὶ ἡμῖν **μηδὲν** πλέον ἐπιτίθεσθαι ὑμῖν βάρος πλὴν τούτων τῶν ἐπάναγκες,
16:28 **Μηδὲν** πράξῃς σεαυτῷ κακόν, ἅπαντες γάρ ἐσμεν ἐνθάδε.
19:36 ἀναντιρρήτων οὖν ὄντων τούτων δέον ἐστὶν ὑμᾶς κατεσταλμένους ὑπάρχειν καὶ **μηδὲν** προπετὲς πράσσειν.
19:40 **μηδενὸς** αἰτίου ὑπάρχοντος περὶ οὗ [οὐ] δυνησόμεθα ἀποδοῦναι λόγον περὶ τῆς συστροφῆς ταύτης.
23:14 Ἀναθέματι ἀνεθεματίσαμεν ἑαυτοὺς **μηδενὸς** γεύσασθαι ἕως οὗ ἀποκτείνωμεν τὸν Παῦλον.
23:22 ὁ μὲν οὖν χιλίαρχος ἀπέλυσε τὸν νεανίσκον παραγγείλας **μηδενὶ** ἐκλαλῆσαι ὅτι ταῦτα ἐνεφάνισας πρός με.
23:29 **μηδὲν** δὲ ἄξιον θανάτου ἢ δεσμῶν ἔχοντα ἔγκλημα.
24:23 διαταξάμενος τῷ ἑκατοντάρχῃ τηρεῖσθαι αὐτὸν ἔχειν τε ἄνεσιν καὶ **μηδένα** κωλύειν τῶν ἰδίων αὐτοῦ ὑπηρετεῖν αὐτῷ.
25:17 συνελθόντων οὖν [αὐτῶν] ἐνθάδε ἀναβολὴν **μηδεμίαν** ποιησάμενος τῇ ἑξῆς καθίσας ἐπὶ τοῦ βήματος
25:25 ἐγὼ δὲ κατελαβόμην **μηδὲν** ἄξιον αὐτὸν θανάτου πεπραχέναι,
27:33 Τεσσαρεσκαιδεκάτην σήμερον ἡμέραν προσδοκῶντες ἄσιτοι διατελεῖτε **μηθὲν** προσλαβόμενοι.
28: 6 αὐτῶν προσδοκώντων καὶ θεωρούντων **μηδὲν** ἄτοπον εἰς αὐτὸν γινόμενον μεταβαλόμενοι ἔλεγον αὐτὸν εἶναι θεόν.
28:18 οἵτινες ἀνακρίναντές με ἐβούλοντο ἀπολῦσαι διὰ τὸ **μηδεμίαν** αἰτίαν θανάτου ὑπάρχειν ἐν ἐμοί.
Ro 12:17 **μηδενὶ** κακὸν ἀντὶ κακοῦ ἀποδιδόντες, προνοούμενοι καλὰ ἐνώπιον πάντων ἀνθρώπων·
13: 8 **Μηδενὶ μηδὲν** ὀφείλετε εἰ μὴ τὸ ἀλλήλους ἀγαπᾶν·
1Co 1: 7 ὥστε ὑμᾶς μὴ ὑστερεῖσθαι ἐν **μηδενὶ** χαρίσματι ἀπεκδεχομένους τὴν ἀποκάλυψιν τοῦ κυρίου ἡμῶν
3:18 **Μηδεὶς** ἑαυτὸν ἐξαπατάτω· εἴ τις δοκεῖ σοφὸς εἶναι ἐν ὑμῖν ἐν τῷ αἰῶνι τούτῳ,
3:21 ὥστε **μηδεὶς** καυχάσθω ἐν ἀνθρώποις· πάντα γὰρ ὑμῶν ἐστιν,
10:24 **μηδεὶς** τὸ ἑαυτοῦ ζητείτω ἀλλὰ τὸ τοῦ ἑτέρου.
10:25 Πᾶν τὸ ἐν μακέλλῳ πωλούμενον ἐσθίετε **μηδὲν** ἀνακρίνοντες διὰ τὴν συνείδησιν·
10:27 πᾶν τὸ παρατιθέμενον ὑμῖν ἐσθίετε **μηδὲν** ἀνακρίνοντες διὰ τὴν συνείδησιν.
2Co 6: 3 **μηδεμίαν** ἐν **μηδενὶ** διδόντες προσκοπήν, ἵνα μὴ μωμηθῇ ἡ διακονία,
6:10 ὡς πτωχοὶ πολλοὺς δὲ πλουτίζοντες, ὡς **μηδὲν** ἔχοντες καὶ πάντα κατέχοντες.
7: 9 ἐλυπήθητε γὰρ κατὰ θεόν, ἵνα ἐν **μηδενὶ** ζημιωθῆτε ἐξ ἡμῶν.
11: 5 λογίζομαι γὰρ **μηδὲν** ὑστερηκέναι τῶν ὑπερλίαν ἀποστόλων.
13: 7 εὐχόμεθα δὲ πρὸς τὸν θεὸν μὴ ποιῆσαι ὑμᾶς κακὸν **μηδέν,**
Gal 6: 3 εἰ γὰρ δοκεῖ τις εἶναί τι **μηδὲν** ὤν,
6:17 Τοῦ λοιποῦ κόπους μοι **μηδεὶς** παρεχέτω· ἐγὼ γὰρ τὰ στίγματα τοῦ Ἰησοῦ ἐν τῷ σώματί μου βαστάζω.
Eph 5: 6 **Μηδεὶς** ὑμᾶς ἀπατάτω κενοῖς λόγοις· διὰ ταῦτα γὰρ ἔρχεται ἡ ὀργὴ τοῦ θεοῦ ἐπὶ τοὺς υἱοὺς τῆς ἀπειθείας.
Php 1:28 καὶ μὴ πτυρόμενοι ἐν **μηδενὶ** ὑπὸ τῶν ἀντικειμένων,
2: 3 **μηδὲν** κατ' ἐριθείαν μηδὲ κατὰ κενοδοξίαν ἀλλὰ τῇ ταπεινοφροσύνῃ ἀλλήλους ἡγούμενοι ὑπερέχοντας ἑαυτῶν,
4: 6 **μηδὲν** μεριμνᾶτε, ἀλλ' ἐν παντὶ τῇ προσευχῇ καὶ τῇ δεήσει μετὰ εὐχαριστίας τὰ αἰτήματα ὑμῶν γνωριζέσθω
Col 2: 4 Τοῦτο λέγω, ἵνα **μηδεὶς** ὑμᾶς παραλογίζηται ἐν πιθανολογίᾳ.
2:18 **μηδεὶς** ὑμᾶς καταβραβευέτω θέλων ἐν ταπεινοφροσύνῃ καὶ θρησκείᾳ τῶν ἀγγέλων,
1Th 3: 3 τὸ **μηδένα** σαίνεσθαι ἐν ταῖς θλίψεσιν ταύταις. αὐτοὶ γὰρ οἴδατε ὅτι εἰς τοῦτο κείμεθα·
4:12 ἵνα περιπατῆτε εὐσχημόνως πρὸς τοὺς ἔξω καὶ **μηδενὸς** χρείαν ἔχητε.
2Th 2: 3 μή τις ὑμᾶς ἐξαπατήσῃ κατὰ **μηδένα** τρόπον. ὅτι ἐὰν μὴ ἔλθῃ ἡ ἀποστασία πρῶτον καὶ ἀποκαλυφθῇ ὁ ἄνθρωπος τῆς ἀνομίας,
3:11 ἀκούομεν γάρ τινας περιπατοῦντας ἐν ὑμῖν ἀτάκτως **μηδὲν** ἐργαζομένους ἀλλὰ περιεργαζομένους·
1Ti 4:12 **μηδείς** σου τῆς νεότητος καταφρονείτω, ἀλλὰ τύπος γίνου τῶν πιστῶν ἐν λόγῳ,
5:14 οἰκοδεσποτεῖν, **μηδεμίαν** ἀφορμὴν διδόναι τῷ ἀντικειμένῳ λοιδορίας χάριν·
5:21 ἵνα ταῦτα φυλάξῃς χωρὶς προκρίματος, **μηδὲν** ποιῶν κατὰ πρόσκλισιν.
5:22 Χεῖρας ταχέως **μηδενὶ** ἐπιτίθει μηδὲ κοινώνει ἁμαρτίαις ἀλλοτρίαις·
6: 4 τετύφωται, **μηδὲν** ἐπιστάμενος, ἀλλὰ νοσῶν περὶ ζητήσεις καὶ λογομαχίας,
Tit 2: 8 ἵνα ὁ ἐξ ἐναντίας ἐντραπῇ **μηδὲν** ἔχων λέγειν περὶ ἡμῶν φαῦλον.
2:15 Ταῦτα λάλει καὶ παρακάλει καὶ ἔλεγχε μετὰ πάσης ἐπιταγῆς· **μηδείς** σου περιφρονείτω.
3: 2 **μηδένα** βλασφημεῖν, ἀμάχους εἶναι, ἐπιεικεῖς, πᾶσαν ἐνδεικνυμένους πραΰτητα πρὸς πάντας ἀνθρώπους.
3:13 Ζηνᾶν τὸν νομικὸν καὶ Ἀπολλῶν σπουδαίως πρόπεμψον, ἵνα **μηδὲν** αὐτοῖς λείπῃ.
Heb 10: 2 οὐκ ἂν ἐπαύσαντο προσφερόμεναι διὰ τὸ **μηδεμίαν** ἔχειν ἔτι συνείδησιν ἁμαρτιῶν τοὺς λατρεύοντας ἅπαξ κεκαθαρισμένους;
Jas 1: 4 ἵνα ἦτε τέλειοι καὶ ὁλόκληροι ἐν **μηδενὶ** λειπόμενοι.
1: 6 αἰτείτω δὲ ἐν πίστει **μηδὲν** διακρινόμενος· ὁ γὰρ διακρινόμενος ἔοικεν κλύδωνι θαλάσσης ἀνεμιζομένῳ
1:13 **μηδεὶς** πειραζόμενος λεγέτω ὅτι Ἀπὸ θεοῦ πειράζομαι· ὁ γὰρ θεὸς ἀπείραστός ἐστιν κακῶν,
1Pe 3: 6 ἧς ἐγενήθητε τέκνα ἀγαθοποιοῦσαι καὶ μὴ φοβούμεναι **μηδεμίαν** πτόησιν.
1Jn 3: 7 Τεκνία, **μηδεὶς** πλανάτω ὑμᾶς· ὁ ποιῶν τὴν δικαιοσύνην δίκαιός ἐστιν,
3Jn 1: 7 ὑπὲρ γὰρ τοῦ ὀνόματος ἐξῆλθον **μηδὲν** λαμβάνοντες ἀπὸ τῶν ἐθνικῶν.
Rev 2:10 **μηδὲν** φοβοῦ ἃ μέλλεις πάσχειν.
3:11 κράτει ὃ ἔχεις, ἵνα **μηδεὶς** λάβῃ τὸν στέφανόν σου.

3595 μηδέποτε [1]

√ 3590 + 1254 + 4544

2Ti 3: 7 πάντοτε μανθάνοντα καὶ **μηδέποτε** εἰς ἐπίγνωσιν ἀληθείας ἐλθεῖν δυνάμενα.

3596 μηδέπω [1]

√ 3590 + 1254

Heb 11: 7 Πίστει χρηματισθεὶς Νῶε περὶ τῶν **μηδέπω** βλεπομένων, εὐλαβηθεὶς κατεσκεύασεν κιβωτὸν εἰς σωτηρίαν τοῦ οἴκου

3597 Μῆδος [1]

Ac 2: 9 Πάρθοι καὶ **Μῆδοι** καὶ Ἐλαμῖται καὶ οἱ κατοικοῦντες τὴν Μεσοποταμίαν,

3598 μηθαμῶς Not used in UBS/NIV

√ 3590 + 1254 + 1609

3599 μηθείς Not used in UBS/NIV

√ 3590 + 1254 + 1651

3600 μηκέτι [22]

√ 3590 + 2285

Mt 21:19 **Μηκέτι** ἐκ σοῦ καρπὸς γένηται εἰς τὸν αἰῶνα.
Mk 1:45 ὥστε **μηκέτι** αὐτὸν δύνασθαι φανερῶς εἰς πόλιν εἰσελθεῖν,
2: 2 καὶ συνήχθησαν πολλοὶ ὥστε **μηκέτι** χωρεῖν μηδὲ τὰ πρὸς τὴν θύραν,
9:25 ἔξελθε ἐξ αὐτοῦ καὶ **μηκέτι** εἰσέλθῃς εἰς αὐτόν.
11:14 **Μηκέτι** εἰς τὸν αἰῶνα ἐκ σοῦ μηδεὶς καρπὸν φάγοι.
Lk 8:49 ἔρχεταί τις παρὰ τοῦ ἀρχισυναγώγου λέγων ὅτι Τέθνηκεν ἡ θυγάτηρ σου· **μηκέτι** σκύλλε τὸν διδάσκαλον.
Jn 5:14 Ἴδε ὑγιὴς γέγονας, **μηκέτι** ἁμάρτανε, ἵνα μὴ χεῖρόν σοί τι γένηται.
8:11 ⟦Οὐδὲ ἐγώ σε κατακρίνω· πορεύου, [καὶ] ἀπὸ τοῦ νῦν **μηκέτι** ἁμάρτανε.⟧
Ac 4:17 ἀλλ᾽ ἵνα μὴ ἐπὶ πλεῖον διανεμηθῇ εἰς τὸν λαὸν ἀπειλησώμεθα αὐτοῖς **μηκέτι** λαλεῖν ἐπὶ τῷ ὀνόματι τούτῳ μηδενὶ ἀνθρώπων.
13:34 ὅτι δὲ ἀνέστησεν αὐτὸν ἐκ νεκρῶν **μηκέτι** μέλλοντα ὑποστρέφειν εἰς διαφθοράν,
25:24 περὶ οὗ ἅπαν τὸ πλῆθος τῶν Ἰουδαίων ἐνέτυχόν μοι ἔν τε Ἱεροσολύμοις καὶ ἐνθάδε βοῶντες μὴ δεῖν αὐτὸν ζῆν **μηκέτι.**
Ro 6: 6 ἵνα καταργηθῇ τὸ σῶμα τῆς ἁμαρτίας, τοῦ **μηκέτι** δουλεύειν ἡμᾶς τῇ ἁμαρτίᾳ·
14:13 **Μηκέτι** οὖν ἀλλήλους κρίνωμεν· ἀλλὰ τοῦτο κρίνατε μᾶλλον,
15:23 νυνὶ δὲ **μηκέτι** τόπον ἔχων ἐν τοῖς κλίμασι τούτοις,
2Co 5:15 ἵνα οἱ ζῶντες **μηκέτι** ἑαυτοῖς ζῶσιν ἀλλὰ τῷ ὑπὲρ αὐτῶν ἀποθανόντι καὶ ἐγερθέντι.
Eph 4:14 ἵνα **μηκέτι** ὦμεν νήπιοι, κλυδωνιζόμενοι καὶ περιφερόμενοι παντὶ ἀνέμῳ τῆς διδασκαλίας ἐν τῇ κυβείᾳ τῶν ἀνθρώπων,
4:17 Τοῦτο οὖν λέγω καὶ μαρτύρομαι ἐν κυρίῳ, **μηκέτι** ὑμᾶς περιπατεῖν,
4:28 ὁ κλέπτων **μηκέτι** κλεπτέτω, μᾶλλον δὲ κοπιάτω ἐργαζόμενος ταῖς [ἰδίαις] χερσὶν τὸ ἀγαθόν,
1Th 3: 1 Διὸ **μηκέτι** στέγοντες εὐδοκήσαμεν καταλειφθῆναι ἐν Ἀθήναις μόνοι
3: 5 διὰ τοῦτο κἀγὼ **μηκέτι** στέγων ἔπεμψα εἰς τὸ γνῶναι τὴν πίστιν ὑμῶν,
1Ti 5:23 **Μηκέτι** ὑδροπότει, ἀλλὰ οἴνῳ ὀλίγῳ χρῶ διὰ τὸν στόμαχον καὶ τὰς πυκνάς σου ἀσθενείας.
1Pe 4: 2 εἰς τὸ **μηκέτι** ἀνθρώπων ἐπιθυμίαις ἀλλὰ θελήματι θεοῦ τὸν ἐπίλοιπον ἐν σαρκὶ βιῶσαι χρόνον.

3601 μῆκος [3]

→ 3426, 3427, 3428, 3429, 3430, 3431, 3432, 3602

Eph 3:18 ἵνα ἐξισχύσητε καταλαβέσθαι σὺν πᾶσιν τοῖς ἁγίοις τί τὸ πλάτος καὶ **μῆκος** καὶ ὕψος καὶ βάθος,
Rev 21:16 καὶ ἡ πόλις τετράγωνος κεῖται καὶ τὸ **μῆκος** αὐτῆς ὅσον [καὶ] τὸ πλάτος. καὶ ἐμέτρησεν τὴν πόλιν τῷ καλάμῳ ἐπὶ σταδίων δώδεκα χιλιάδων, τὸ **μῆκος** καὶ τὸ πλάτος καὶ τὸ ὕψος αὐτῆς ἴσα ἐστίν.

3602 μηκύνω [1]

√ 3601

Mk 4:27 καὶ ὁ σπόρος βλαστᾷ καὶ **μηκύνηται** ὡς οὐκ οἶδεν αὐτός.

3603 μηλωτή [1]

Heb 11:37 περιῆλθον ἐν **μηλωταῖς,** ἐν αἰγείοις δέρμασιν, ὑστερούμενοι, θλιβόμενοι,

3604 μήν[1] [18]

→ 3741, 3806, 5485, 5564

Lk 1:24 Μετὰ δὲ ταύτας τὰς ἡμέρας συνέλαβεν Ἐλισάβετ ἡ γυνὴ αὐτοῦ καὶ περιέκρυβεν ἑαυτὴν **μῆνας** πέντε λέγουσα
1:26 Ἐν δὲ τῷ **μηνὶ** τῷ ἕκτῳ ἀπεστάλη ὁ ἄγγελος Γαβριὴλ ἀπὸ τοῦ θεοῦ εἰς πόλιν τῆς Γαλιλαίας ᾗ ὄνομα Ναζαρὲθ
1:36 Ἐλισάβετ ἡ συγγενίς σου καὶ αὐτὴ συνείληφεν υἱὸν ἐν γήρει αὐτῆς καὶ οὗτος **μὴν** ἕκτος ἐστὶν αὐτῇ τῇ καλουμένῃ στείρᾳ·
1:56 Ἔμεινεν δὲ Μαριὰμ σὺν αὐτῇ ὡς **μῆνας** τρεῖς,
4:25 ὅτε ἐκλείσθη ὁ οὐρανὸς ἐπὶ ἔτη τρία καὶ **μῆνας** ἕξ,
Ac 7:20 ὃς ἀνετράφη **μῆνας** τρεῖς ἐν τῷ οἴκῳ τοῦ πατρός,
18:11 Ἐκάθισεν δὲ ἐνιαυτὸν καὶ **μῆνας** ἓξ διδάσκων ἐν αὐτοῖς τὸν λόγον τοῦ θεοῦ.
19: 8 ἐπαρρησιάζετο ἐπὶ **μῆνας** τρεῖς διαλεγόμενος καὶ πείθων [τὰ] περὶ τῆς βασιλείας τοῦ θεοῦ.
20: 3 ποιήσας τε **μῆνας** τρεῖς· γενομένης ἐπιβουλῆς αὐτῷ ὑπὸ τῶν Ἰουδαίων μέλλοντι ἀνάγεσθαι εἰς τὴν Συρίαν,
28:11 Μετὰ δὲ τρεῖς **μῆνας** ἀνήχθημεν ἐν πλοίῳ παρακεχειμακότι ἐν τῇ νήσῳ,
Gal 4:10 ἡμέρας παρατηρεῖσθε καὶ **μῆνας** καὶ καιροὺς καὶ ἐνιαυτούς,
Jas 5:17 καὶ οὐκ ἔβρεξεν ἐπὶ τῆς γῆς ἐνιαυτοὺς τρεῖς καὶ **μῆνας** ἕξ·
Rev 9: 5 καὶ ἐδόθη αὐτοῖς ἵνα μὴ ἀποκτείνωσιν αὐτούς, ἀλλ᾽ ἵνα βασανισθήσονται **μῆνας** πέντε,
9:10 καὶ ἐν ταῖς οὐραῖς αὐτῶν ἡ ἐξουσία αὐτῶν ἀδικῆσαι τοὺς ἀνθρώπους **μῆνας** πέντε,
9:15 καὶ ἐλύθησαν οἱ τέσσαρες ἄγγελοι οἱ ἡτοιμασμένοι εἰς τὴν ὥραν καὶ ἡμέραν καὶ **μῆνα** καὶ ἐνιαυτόν,
11: 2 καὶ τὴν πόλιν τὴν ἁγίαν πατήσουσιν **μῆνας** τεσσεράκοντα [καὶ] δύο.
13: 5 Καὶ ἐδόθη αὐτῷ στόμα λαλοῦν μεγάλα καὶ βλασφημίας καὶ ἐδόθη αὐτῷ ἐξουσία ποιῆσαι **μῆνας** τεσσεράκοντα [καὶ] δύο.
22: 2 κατὰ **μῆνα** ἕκαστον ἀποδιδοῦν τὸν καρπὸν αὐτοῦ, καὶ τὰ φύλλα τοῦ ξύλου εἰς θεραπείαν τῶν ἐθνῶν.

3605 μήν[2] [1]

→ 1638, 2447; cf. 3525

εἰ μήν [1] Heb 6:14

Heb 6:14 Εἰ **μὴν** εὐλογῶν εὐλογήσω σε καὶ πληθύνων πληθυνῶ σε·

3606 μηνύω [4]

Lk 20:37 ὅτι δὲ ἐγείρονται οἱ νεκροί, καὶ Μωϋσῆς **ἐμήνυσεν** ἐπὶ τῆς βάτου,
Jn 11:57 δεδώκεισαν δὲ οἱ ἀρχιερεῖς καὶ οἱ Φαρισαῖοι ἐντολὰς ἵνα ἐάν τις γνῷ ποῦ ἐστιν **μηνύσῃ,**
Ac 23:30 **μηνυθείσης** δέ μοι ἐπιβουλῆς εἰς τὸν ἄνδρα ἔσεσθαι ἐξαυτῆς ἔπεμψα πρὸς σὲ παραγγείλας καὶ τοῖς κατηγόροις λέγειν [τὰ] πρὸς αὐτὸν ἐπὶ σοῦ.
1Co 10:28 μὴ ἐσθίετε δι᾽ ἐκεῖνον τὸν **μηνύσαντα** καὶ τὴν συνείδησιν·

3607 μήποτε [25]

√ 3590 + 4544

Mt 4: 6 ὅτι Τοῖς ἀγγέλοις αὐτοῦ ἐντελεῖται περὶ σοῦ καὶ ἐπὶ χειρῶν ἀροῦσίν σε, **μήποτε** προσκόψῃς πρὸς λίθον τὸν πόδα σου.
5:25 **μήποτέ** σε παραδῷ ὁ ἀντίδικος τῷ κριτῇ καὶ ὁ κριτὴς τῷ ὑπηρέτῃ καὶ εἰς φυλακὴν βληθήσῃ·
7: 6 **μήποτε** καταπατήσουσιν αὐτοὺς ἐν τοῖς ποσὶν αὐτῶν καὶ στραφέντες ῥήξωσιν ὑμᾶς.
13:15 **μήποτε** ἴδωσιν τοῖς ὀφθαλμοῖς καὶ τοῖς ὠσὶν ἀκούσωσιν καὶ τῇ καρδίᾳ συνῶσιν καὶ ἐπιστρέψωσιν καὶ ἰάσομαι αὐτούς.
13:29 **μήποτε** συλλέγοντες τὰ ζιζάνια ἐκριζώσητε ἅμα αὐτοῖς τὸν σῖτον.

15:32 καὶ ἀπολῦσαι αὐτοὺς νήστεις οὐ θέλω, **μήποτε** ἐκλυθῶσιν ἐν τῇ ὁδῷ.
25: 9 ἀπεκρίθησαν δὲ αἱ φρόνιμοι λέγουσαι, **Μήποτε** οὐ μὴ ἀρκέσῃ ἡμῖν καὶ ὑμῖν·
27:64 **μήποτε** ἐλθόντες οἱ μαθηταὶ αὐτοῦ κλέψωσιν αὐτὸν καὶ εἴπωσιν τῷ λαῷ,
Mk 4:12 καὶ ἀκούοντες ἀκούωσιν καὶ μὴ συνιῶσιν, **μήποτε** ἐπιστρέψωσιν καὶ ἀφεθῇ αὐτοῖς.
14: 2 Μὴ ἐν τῇ ἑορτῇ, **μήποτε** ἔσται θόρυβος τοῦ λαοῦ.
Lk 3:15 καὶ διαλογιζομένων πάντων ἐν ταῖς καρδίαις αὐτῶν περὶ τοῦ Ἰωάννου, **μήποτε** αὐτὸς εἴη ὁ Χριστός,
4:11 καὶ ὅτι Ἐπὶ χειρῶν ἀροῦσίν σε, **μήποτε** προσκόψῃς πρὸς λίθον τὸν πόδα σου.
12:58 **μήποτε** κατασύρῃ σε πρὸς τὸν κριτήν, καὶ ὁ κριτής σε παραδώσει τῷ πράκτορι,
14: 8 μὴ κατακλιθῇς εἰς τὴν πρωτοκλισίαν, **μήποτε** ἐντιμότερός σου ᾖ κεκλημένος ὑπ᾽ αὐτοῦ,
14:12 **μήποτε** καὶ αὐτοὶ ἀντικαλέσωσίν σε καὶ γένηται ἀνταπόδομά σοι.
14:29 ἵνα **μήποτε** θέντος αὐτοῦ θεμέλιον καὶ μὴ ἰσχύοντος ἐκτελέσαι πάντες οἱ θεωροῦντες ἄρξωνται αὐτῷ ἐμπαίζειν
21:34 Προσέχετε δὲ ἑαυτοῖς **μήποτε** βαρηθῶσιν ὑμῶν αἱ καρδίαι ἐν κραιπάλῃ καὶ μέθῃ καὶ μερίμναις βιωτικαῖς
Jn 7:26 **μήποτε** ἀληθῶς ἔγνωσαν οἱ ἄρχοντες ὅτι οὗτός ἐστιν ὁ Χριστός;
Ac 5:39 οὐ δυνήσεσθε καταλῦσαι αὐτούς, **μήποτε** καὶ θεομάχοι εὑρεθῆτε.
28:27 **μήποτε** ἴδωσιν τοῖς ὀφθαλμοῖς καὶ τοῖς ὠσὶν ἀκούσωσιν καὶ τῇ καρδίᾳ συνῶσιν καὶ ἐπιστρέψωσιν,
2Ti 2:25 **μήποτε** δώῃ αὐτοῖς ὁ θεὸς μετάνοιαν εἰς ἐπίγνωσιν ἀληθείας
Heb 2: 1 Διὰ τοῦτο δεῖ περισσοτέρως προσέχειν ἡμᾶς τοῖς ἀκουσθεῖσιν, **μήποτε** παραρυῶμεν.
3:12 **μήποτε** ἔσται ἔν τινι ὑμῶν καρδία πονηρὰ ἀπιστίας ἐν τῷ ἀποστῆναι ἀπὸ θεοῦ ζῶντος,
4: 1 **μήποτε** καταλειπομένης ἐπαγγελίας εἰσελθεῖν εἰς τὴν κατάπαυσιν αὐτοῦ δοκῇ τις ἐξ ὑμῶν ὑστερηκέναι.
9:17 διαθήκη γὰρ ἐπὶ νεκροῖς βεβαία, ἐπεὶ **μήποτε** ἰσχύει ὅτε ζῇ ὁ διαθέμενος.

3608 μήπου Not used in UBS/NIV

√ *3590 + 4544*

3609 μήπω [2]

√ *3590*

Ro 9:11 **μήπω** γὰρ γεννηθέντων μηδὲ πραξάντων τι ἀγαθὸν ἢ φαῦλον,
Heb 9: 8 **μήπω** πεφανερῶσθαι τὴν τῶν ἁγίων ὁδὸν ἔτι τῆς πρώτης σκηνῆς ἐχούσης στάσιν,

3610 μήπως Not used in UBS/NIV

√ *3590 + 4544*

3611 μηρός [1]

Rev 19:16 καὶ ἔχει ἐπὶ τὸ ἱμάτιον καὶ ἐπὶ τὸν **μηρὸν** αὐτοῦ ὄνομα γεγραμμένον·

3612 μήτε [34]

√ *3590 + 5445*

Mt 5:34 **μήτε** ἐν τῷ οὐρανῷ, ὅτι θρόνος ἐστὶν τοῦ θεοῦ,
5:35 **μήτε** ἐν τῇ γῇ, ὅτι ὑποπόδιόν ἐστιν τῶν ποδῶν αὐτοῦ, **μήτε** εἰς Ἱεροσόλυμα, ὅτι πόλις ἐστὶν τοῦ μεγάλου βασιλέως,
5:36 **μήτε** ἐν τῇ κεφαλῇ σου ὀμόσῃς, ὅτι οὐ δύνασαι μίαν τρίχα λευκὴν ποιῆσαι ἢ μέλαιναν.
11:18 ἦλθεν γὰρ Ἰωάννης **μήτε** ἐσθίων **μήτε** πίνων, καὶ λέγουσιν,
Lk 7:33 ἐλήλυθεν γὰρ Ἰωάννης ὁ βαπτιστὴς μὴ ἐσθίων ἄρτον **μήτε** πίνων οἶνον,
9: 3 **μήτε** ῥάβδον **μήτε** πήραν **μήτε** ἄρτον **μήτε** ἀργύριον **μήτε** [ἀνὰ] δύο χιτῶνας ἔχειν.
Ac 23: 8 Σαδδουκαῖοι μὲν γὰρ λέγουσιν μὴ εἶναι ἀνάστασιν **μήτε** ἄγγελον **μήτε** πνεῦμα,
23:12 Γενομένης δὲ ἡμέρας ποιήσαντες συστροφὴν οἱ Ἰουδαῖοι ἀνεθεμάτισαν ἑαυτοὺς λέγοντες **μήτε** φαγεῖν **μήτε** πιεῖν ἕως οὗ ἀποκτείνωσιν τὸν Παῦλον.
23:21 οἵτινες ἀνεθεμάτισαν ἑαυτοὺς **μήτε** φαγεῖν **μήτε** πιεῖν ἕως οὗ ἀνέλωσιν αὐτόν,
27:20 **μήτε** δὲ ἡλίου **μήτε** ἄστρων ἐπιφαινόντων ἐπὶ πλείονας ἡμέρας,
2Th 2: 2 **μήτε** διὰ πνεύματος **μήτε** διὰ λόγου **μήτε** δι᾽ ἐπιστολῆς ὡς δι᾽ ἡμῶν,
1Ti 1: 7 μὴ νοοῦντες **μήτε** ἃ λέγουσιν **μήτε** περὶ τίνων διαβεβαιοῦνται.
Heb 7: 3 ἀπάτωρ ἀμήτωρ ἀγενεαλόγητος, **μήτε** ἀρχὴν ἡμερῶν **μήτε** ζωῆς τέλος ἔχων,
Jas 5:12 μὴ ὀμνύετε **μήτε** τὸν οὐρανὸν **μήτε** τὴν γῆν **μήτε** ἄλλον τινὰ ὅρκον·
Rev 7: 1 κρατοῦντας τοὺς τέσσαρας ἀνέμους τῆς γῆς ἵνα μὴ πνέῃ ἄνεμος ἐπὶ τῆς γῆς **μήτε** ἐπὶ τῆς θαλάσσης **μήτε** ἐπὶ πᾶν δένδρον.
7: 3 Μὴ ἀδικήσητε τὴν γῆν **μήτε** τὴν θάλασσαν **μήτε** τὰ δένδρα,

3613 μήτηρ [83]

→ *298, 3616, 3617, 3618, 3619*

ἐκ κοιλίας μητρός [5] Mt 19:12; Lk 1:15; Ac 3:2; 14:8; Gal 1:15

Mt 1:18 μνηστευθείσης τῆς **μητρὸς** αὐτοῦ Μαρίας τῷ Ἰωσήφ, πρὶν ἢ συνελθεῖν αὐτοὺς εὑρέθη ἐν γαστρὶ ἔχουσα ἐκ πνεύματος ἁγίου.
2:11 καὶ ἐλθόντες εἰς τὴν οἰκίαν εἶδον τὸ παιδίον μετὰ Μαρίας τῆς **μητρὸς** αὐτοῦ,
2:13 Ἐγερθεὶς παράλαβε τὸ παιδίον καὶ τὴν **μητέρα** αὐτοῦ καὶ φεῦγε εἰς Αἴγυπτον καὶ ἴσθι ἐκεῖ ἕως ἂν εἴπω σοι·
2:14 ὁ δὲ ἐγερθεὶς παρέλαβεν τὸ παιδίον καὶ τὴν **μητέρα** αὐτοῦ νυκτὸς καὶ ἀνεχώρησεν εἰς Αἴγυπτον,
2:20 Ἐγερθεὶς παράλαβε τὸ παιδίον καὶ τὴν **μητέρα** αὐτοῦ καὶ πορεύου εἰς γῆν Ἰσραήλ·
2:21 ὁ δὲ ἐγερθεὶς παρέλαβεν τὸ παιδίον καὶ τὴν **μητέρα** αὐτοῦ καὶ εἰσῆλθεν εἰς γῆν Ἰσραήλ.
10:35 ἦλθον γὰρ διχάσαι ἄνθρωπον κατὰ τοῦ πατρὸς αὐτοῦ καὶ θυγατέρα κατὰ τῆς **μητρὸς** αὐτῆς
10:37 Ὁ φιλῶν πατέρα ἢ **μητέρα** ὑπὲρ ἐμὲ οὐκ ἔστιν μου ἄξιος,
12:46 Ἔτι αὐτοῦ λαλοῦντος τοῖς ὄχλοις ἰδοὺ ἡ **μήτηρ** καὶ οἱ ἀδελφοὶ αὐτοῦ εἱστήκεισαν ἔξω ζητοῦντες αὐτῷ λαλῆσαι.
12:47 [Ἰδοὺ ἡ **μήτηρ** σου καὶ οἱ ἀδελφοί σου ἔξω ἑστήκασιν ζητοῦντές σοι λαλῆσαι.]
12:48 Τίς ἐστιν ἡ **μήτηρ** μου καὶ τίνες εἰσὶν οἱ ἀδελφοί μου;
12:49 Ἰδοὺ ἡ **μήτηρ** μου καὶ οἱ ἀδελφοί μου.
12:50 ὅστις γὰρ ἂν ποιήσῃ τὸ θέλημα τοῦ πατρός μου τοῦ ἐν οὐρανοῖς αὐτός μου ἀδελφὸς καὶ ἀδελφὴ καὶ **μήτηρ** ἐστίν.
13:55 οὐχ ἡ **μήτηρ** αὐτοῦ λέγεται Μαριὰμ καὶ οἱ ἀδελφοὶ αὐτοῦ Ἰάκωβος καὶ Ἰωσὴφ καὶ Σίμων καὶ Ἰούδας;
14: 8 ἡ δὲ προβιβασθεῖσα ὑπὸ τῆς **μητρὸς** αὐτῆς, Δός μοι,
14:11 καὶ ἠνέχθη ἡ κεφαλὴ αὐτοῦ ἐπὶ πίνακι καὶ ἐδόθη τῷ κορασίῳ, καὶ ἤνεγκεν τῇ **μητρὶ** αὐτῆς.
15: 4 ὁ γὰρ θεὸς εἶπεν, Τίμα τὸν πατέρα καὶ τὴν **μητέρα,** καί, Ὁ κακολογῶν πατέρα ἢ **μητέρα** θανάτῳ τελευτάτω.
15: 5 Ὃς ἂν εἴπῃ τῷ πατρὶ ἢ τῇ **μητρί,**
19: 5 Ἕνεκα τούτου καταλείψει ἄνθρωπος τὸν πατέρα καὶ τὴν **μητέρα** καὶ κολληθήσεται τῇ γυναικὶ αὐτοῦ,
19:12 εἰσὶν γὰρ εὐνοῦχοι οἵτινες ἐκ κοιλίας **μητρὸς** ἐγεννήθησαν οὕτως,
19:19 Τίμα τὸν πατέρα καὶ τὴν **μητέρα,** καί, Ἀγαπήσεις τὸν πλησίον σου ὡς σεαυτόν.
19:29 καὶ πᾶς ὅστις ἀφῆκεν οἰκίας ἢ ἀδελφοὺς ἢ ἀδελφὰς ἢ πατέρα ἢ **μητέρα** ἢ τέκνα ἢ ἀγροὺς ἕνεκεν τοῦ ὀνόματός μου,
20:20 Τότε προσῆλθεν αὐτῷ ἡ **μήτηρ** τῶν υἱῶν Ζεβεδαίου μετὰ τῶν υἱῶν αὐτῆς προσκυνοῦσα καὶ αἰτοῦσά τι ἀπ᾽ αὐτοῦ.
27:56 ἐν αἷς ἦν Μαρία ἡ Μαγδαληνὴ καὶ Μαρία ἡ τοῦ Ἰακώβου καὶ Ἰωσὴφ **μήτηρ** καὶ ἡ **μήτηρ** τῶν υἱῶν Ζεβεδαίου.
Mk 3:31 Καὶ ἔρχεται ἡ **μήτηρ** αὐτοῦ καὶ οἱ ἀδελφοὶ αὐτοῦ καὶ ἔξω στήκοντες ἀπέστειλαν πρὸς αὐτὸν καλοῦντες αὐτόν.
3:32 Ἰδοὺ ἡ **μήτηρ** σου καὶ οἱ ἀδελφοί σου [καὶ αἱ ἀδελφαί σου] ἔξω ζητοῦσίν σε.
3:33 Τίς ἐστιν ἡ **μήτηρ** μου καὶ οἱ ἀδελφοί [μου;]
3:34 Ἴδε ἡ **μήτηρ** μου καὶ οἱ ἀδελφοί μου.
3:35 οὗτος ἀδελφός μου καὶ ἀδελφὴ καὶ **μήτηρ** ἐστίν.
5:40 αὐτὸς δὲ ἐκβαλὼν πάντας παραλαμβάνει τὸν πατέρα τοῦ παιδίου καὶ τὴν **μητέρα** καὶ τοὺς μετ᾽ αὐτοῦ καὶ εἰσπορεύεται
6:24 καὶ ἐξελθοῦσα εἶπεν τῇ **μητρὶ** αὐτῆς, Τί αἰτήσωμαι;

6:28 καὶ τὸ κοράσιον ἔδωκεν αὐτὴν τῇ **μητρὶ** αὐτῆς.
7:10 Τίμα τὸν πατέρα σου καὶ τὴν **μητέρα** σου, καί, Ὁ κακολογῶν πατέρα ἢ **μητέρα** θανάτῳ τελευτάτω.
7:11 Ἐὰν εἴπῃ ἄνθρωπος τῷ πατρὶ ἢ τῇ **μητρί,**
7:12 οὐκέτι ἀφίετε αὐτὸν οὐδὲν ποιῆσαι τῷ πατρὶ ἢ τῇ **μητρί,**
10: 7 ἕνεκεν τούτου καταλείψει ἄνθρωπος τὸν πατέρα αὐτοῦ καὶ τὴν **μητέρα** [καὶ προσκολληθήσεται πρὸς τὴν γυναῖκα αὐτοῦ,]
10:19 Μὴ ἀποστερήσῃς, Τίμα τὸν πατέρα σου καὶ τὴν **μητέρα.**
10:29 οὐδείς ἐστιν ὃς ἀφῆκεν οἰκίαν ἢ ἀδελφοὺς ἢ ἀδελφὰς ἢ **μητέρα** ἢ πατέρα ἢ τέκνα ἢ ἀγροὺς ἕνεκεν ἐμοῦ
10:30 ἐὰν μὴ λάβῃ ἑκατονταπλασίονα νῦν ἐν τῷ καιρῷ τούτῳ οἰκίας καὶ ἀδελφοὺς καὶ ἀδελφὰς καὶ **μητέρας** καὶ τέκνα καὶ ἀγροὺς μετὰ διωγμῶν,
15:40 ἐν αἷς καὶ Μαρία ἡ Μαγδαληνὴ καὶ Μαρία ἡ Ἰακώβου τοῦ μικροῦ καὶ Ἰωσῆτος **μήτηρ** καὶ Σαλώμη,

Lk 1:15 πνεύματος ἁγίου πλησθήσεται ἔτι ἐκ κοιλίας **μητρὸς** αὐτοῦ,
1:43 καὶ πόθεν μοι τοῦτο ἵνα ἔλθῃ ἡ **μήτηρ** τοῦ κυρίου μου πρὸς ἐμέ;
1:60 καὶ ἀποκριθεῖσα ἡ **μήτηρ** αὐτοῦ εἶπεν, Οὐχί, ἀλλὰ κληθήσεται Ἰωάννης.
2:33 καὶ ἦν ὁ πατὴρ αὐτοῦ καὶ ἡ **μήτηρ** θαυμάζοντες ἐπὶ τοῖς λαλουμένοις περὶ αὐτοῦ.
2:34 καὶ εὐλόγησεν αὐτοὺς Συμεὼν καὶ εἶπεν πρὸς Μαριὰμ τὴν **μητέρα** αὐτοῦ,
2:48 καὶ εἶπεν πρὸς αὐτὸν ἡ **μήτηρ** αὐτοῦ, Τέκνον,
2:51 ἡ **μήτηρ** αὐτοῦ διετήρει πάντα τὰ ῥήματα ἐν τῇ καρδίᾳ αὐτῆς.
7:12 καὶ ἰδοὺ ἐξεκομίζετο τεθνηκὼς μονογενὴς υἱὸς τῇ **μητρὶ** αὐτοῦ καὶ αὐτὴ ἦν χήρα,
7:15 καὶ ἀνεκάθισεν ὁ νεκρὸς καὶ ἤρξατο λαλεῖν, καὶ ἔδωκεν αὐτὸν τῇ **μητρὶ** αὐτοῦ.
8:19 Παρεγένετο δὲ πρὸς αὐτὸν ἡ **μήτηρ** καὶ οἱ ἀδελφοὶ αὐτοῦ καὶ οὐκ ἠδύναντο συντυχεῖν αὐτῷ διὰ τὸν ὄχλον.
8:20 Ἡ **μήτηρ** σου καὶ οἱ ἀδελφοί σου ἑστήκασιν ἔξω ἰδεῖν θέλοντές σε.
8:21 **Μήτηρ** μου καὶ ἀδελφοί μου οὗτοί εἰσιν οἱ τὸν λόγον τοῦ θεοῦ ἀκούοντες καὶ ποιοῦντες.
8:51 οὐκ ἀφῆκεν εἰσελθεῖν τινα σὺν αὐτῷ εἰ μὴ Πέτρον καὶ Ἰωάννην καὶ Ἰάκωβον καὶ τὸν πατέρα τῆς παιδὸς καὶ τὴν **μητέρα.**
12:53 **μήτηρ** ἐπὶ τὴν θυγατέρα καὶ θυγάτηρ ἐπὶ τὴν **μητέρα,**
14:26 Εἴ τις ἔρχεται πρός με καὶ οὐ μισεῖ τὸν πατέρα ἑαυτοῦ καὶ τὴν **μητέρα** καὶ τὴν γυναῖκα καὶ τὰ τέκνα καὶ τοὺς ἀδελφοὺς
18:20 Μὴ ψευδομαρτυρήσῃς, Τίμα τὸν πατέρα σου καὶ τὴν **μητέρα.**

Jn 2: 1 Καὶ τῇ ἡμέρᾳ τῇ τρίτῃ γάμος ἐγένετο ἐν Κανὰ τῆς Γαλιλαίας, καὶ ἦν ἡ **μήτηρ** τοῦ Ἰησοῦ ἐκεῖ·
2: 3 καὶ ὑστερήσαντος οἴνου λέγει ἡ **μήτηρ** τοῦ Ἰησοῦ πρὸς αὐτόν,
2: 5 λέγει ἡ **μήτηρ** αὐτοῦ τοῖς διακόνοις, Ὅ τι ἂν λέγῃ ὑμῖν ποιήσατε.
2:12 Μετὰ τοῦτο κατέβη εἰς Καφαρναοὺμ αὐτὸς καὶ ἡ **μήτηρ** αὐτοῦ καὶ οἱ ἀδελφοὶ [αὐτοῦ] καὶ οἱ μαθηταὶ αὐτοῦ καὶ ἐκεῖ ἔμειναν
3: 4 μὴ δύναται εἰς τὴν κοιλίαν τῆς **μητρὸς** αὐτοῦ δεύτερον εἰσελθεῖν καὶ γεννηθῆναι;
6:42 οὗ ἡμεῖς οἴδαμεν τὸν πατέρα καὶ τὴν **μητέρα;**
19:25 εἱστήκεισαν δὲ παρὰ τῷ σταυρῷ τοῦ Ἰησοῦ ἡ **μήτηρ** αὐτοῦ καὶ ἡ ἀδελφὴ τῆς **μητρὸς** αὐτοῦ,
19:26 Ἰησοῦς οὖν ἰδὼν τὴν **μητέρα** καὶ τὸν μαθητὴν παρεστῶτα ὃν ἠγάπα, λέγει τῇ **μητρί,** Γύναι, ἴδε ὁ υἱός σου.
19:27 εἶτα λέγει τῷ μαθητῇ, Ἴδε ἡ **μήτηρ** σου.

Ac 1:14 ἦσαν προσκαρτεροῦντες ὁμοθυμαδὸν τῇ προσευχῇ σὺν γυναιξὶν καὶ Μαριὰμ τῇ **μητρὶ** τοῦ Ἰησοῦ καὶ τοῖς ἀδελφοῖς αὐτοῦ.
3: 2 τις ἀνὴρ χωλὸς ἐκ κοιλίας **μητρὸς** αὐτοῦ ὑπάρχων ἐβαστάζετο,
12:12 συνιδών τε ἦλθεν ἐπὶ τὴν οἰκίαν τῆς Μαρίας τῆς **μητρὸς** Ἰωάννου τοῦ ἐπικαλουμένου Μάρκου,
14: 8 χωλὸς ἐκ κοιλίας **μητρὸς** αὐτοῦ ὃς οὐδέποτε περιεπάτησεν.

Ro 16:13 ἀσπάσασθε Ῥοῦφον τὸν ἐκλεκτὸν ἐν κυρίῳ καὶ τὴν **μητέρα** αὐτοῦ καὶ ἐμοῦ.

Gal 1:15 ὅτε δὲ εὐδόκησεν [ὁ θεὸς] ὁ ἀφορίσας με ἐκ κοιλίας **μητρός** μου καὶ καλέσας διὰ τῆς χάριτος αὐτοῦ
4:26 ἡ δὲ ἄνω Ἰερουσαλὴμ ἐλευθέρα ἐστίν, ἥτις ἐστὶν **μήτηρ** ἡμῶν·

Eph 5:31 ἀντὶ τούτου καταλείψει ἄνθρωπος [τὸν] πατέρα καὶ [τὴν] **μητέρα** καὶ προσκολληθήσεται πρὸς τὴν γυναῖκα αὐτοῦ,
6: 2 τίμα τὸν πατέρα σου καὶ τὴν **μητέρα,** ἥτις ἐστὶν ἐντολὴ πρώτη ἐν ἐπαγγελίᾳ,

1Ti 5: 2 πρεσβυτέρας ὡς **μητέρας,** νεωτέρας ὡς ἀδελφὰς ἐν πάσῃ ἁγνείᾳ.

2Ti 1: 5 ἥτις ἐνῴκησεν πρῶτον ἐν τῇ μάμμῃ σου Λωΐδι καὶ τῇ **μητρί** σου Εὐνίκῃ,

Rev 17: 5 ἡ **μήτηρ** τῶν πορνῶν καὶ τῶν βδελυγμάτων τῆς γῆς.

3614 μήτι [17]

√ *3590 + 5516*

εἰ μήτι [3] Lk 9:13; 1Co 7:5; 2Co 13:5

Mt 7:16 **μήτι** συλλέγουσιν ἀπὸ ἀκανθῶν σταφυλὰς ἢ ἀπὸ τριβόλων σῦκα;
12:23 καὶ ἐξίσταντο πάντες οἱ ὄχλοι καὶ ἔλεγον, **Μήτι** οὗτός ἐστιν ὁ υἱὸς Δαυίδ;
26:22 καὶ λυπούμενοι σφόδρα ἤρξαντο λέγειν αὐτῷ εἷς ἕκαστος, **Μήτι** ἐγώ εἰμι, κύριε;
26:25 ἀποκριθεὶς δὲ Ἰούδας ὁ παραδιδοὺς αὐτὸν εἶπεν, **Μήτι** ἐγώ εἰμι, ῥαββί;

Mk 4:21 **Μήτι** ἔρχεται ὁ λύχνος ἵνα ὑπὸ τὸν μόδιον τεθῇ ἢ ὑπὸ τὴν κλίνην;
14:19 ἤρξαντο λυπεῖσθαι καὶ λέγειν αὐτῷ εἷς κατὰ εἷς, **Μήτι** ἐγώ;

Lk 6:39 Εἶπεν δὲ καὶ παραβολὴν αὐτοῖς· **Μήτι** δύναται τυφλὸς τυφλὸν ὁδηγεῖν;
9:13 εἰ **μήτι** πορευθέντες ἡμεῖς ἀγοράσωμεν εἰς πάντα τὸν λαὸν τοῦτον βρώματα.

Jn 4:29 Δεῦτε ἴδετε ἄνθρωπον ὃς εἶπέν μοι πάντα ὅσα ἐποίησα, **μήτι** οὗτός ἐστιν ὁ Χριστός;
8:22 ἔλεγον οὖν οἱ Ἰουδαῖοι, **Μήτι** ἀποκτενεῖ ἑαυτόν, ὅτι λέγει,
18:35 ἀπεκρίθη ὁ Πιλᾶτος, **Μήτι** ἐγὼ Ἰουδαῖός εἰμι; τὸ ἔθνος τὸ σὸν καὶ οἱ ἀρχιερεῖς παρέδωκάν σε ἐμοί·

Ac 10:47 **Μήτι** τὸ ὕδωρ δύναται κωλῦσαί τις τοῦ μὴ βαπτισθῆναι τούτους,

1Co 7: 5 μὴ ἀποστερεῖτε ἀλλήλους, εἰ **μήτι** ἂν ἐκ συμφώνου πρὸς καιρόν,

2Co 1:17 τοῦτο οὖν βουλόμενος **μήτι** ἄρα τῇ ἐλαφρίᾳ ἐχρησάμην;
12:18 παρεκάλεσα Τίτον καὶ συναπέστειλα τὸν ἀδελφόν· **μήτι** ἐπλεονέκτησεν ὑμᾶς Τίτος;
13: 5 ἢ οὐκ ἐπιγινώσκετε ἑαυτοὺς ὅτι Ἰησοῦς Χριστὸς ἐν ὑμῖν; εἰ **μήτι** ἀδόκιμοί ἐστε.

Jas 3:11 **μήτι** ἡ πηγὴ ἐκ τῆς αὐτῆς ὀπῆς βρύει τὸ γλυκὺ καὶ τὸ πικρόν;

3615 μήτιγε [1]

√ *3590 + 5516 + 1145*

1Co 6: 3 οὐκ οἴδατε ὅτι ἀγγέλους κρινοῦμεν, **μήτιγε** βιωτικά;

3616 μήτρα [2]

√ *3613*

Lk 2:23 καθὼς γέγραπται ἐν νόμῳ κυρίου ὅτι Πᾶν ἄρσεν διανοῖγον **μήτραν** ἅγιον τῷ κυρίῳ κληθήσεται,

Ro 4:19 ἑκατονταετής που ὑπάρχων, καὶ τὴν νέκρωσιν τῆς **μήτρας** Σάρρας·

3617 μητραλῴας Not used in UBS/NIV

√ *3613 + 262*

3618 μητρολῴας [1]

√ *3613 + 262*

1Ti 1: 9 ἀσεβέσι καὶ ἁμαρτωλοῖς, ἀνοσίοις καὶ βεβήλοις, πατρολῴαις καὶ **μητρολῴαις,** ἀνδροφόνοις

3619 μητρόπολις Not used in UBS/NIV

√ *3613 + 4484*

3620 μιαίνω [5]

→ *299, 3621, 3622*

μιαίνεσθαι συνείδησις [1] Tit 1:15

Jn 18:28 καὶ αὐτοὶ οὐκ εἰσῆλθον εἰς τὸ πραιτώριον, ἵνα μὴ **μιανθῶσιν** ἀλλὰ φάγωσιν τὸ πάσχα.

Tit 1:15 τοῖς δὲ **μεμιαμμένοις** καὶ ἀπίστοις οὐδὲν καθαρόν, ἀλλὰ **μεμίανται** αὐτῶν καὶ ὁ νοῦς καὶ ἡ συνείδησις.

Heb 12:15 μή τις ῥίζα πικρίας ἄνω φύουσα ἐνοχλῇ καὶ δι᾽ αὐτῆς **μιανθῶσιν** πολλοί,

Jude 1: 8 Ὁμοίως μέντοι καὶ οὗτοι ἐνυπνιαζόμενοι σάρκα μὲν **μιαίνουσιν** κυριότητα δὲ ἀθετοῦσιν δόξας δὲ βλασφημοῦσιν.

3621 μίασμα [1]

√ *3620*

2Pe 2:20 εἰ γὰρ ἀποφυγόντες τὰ **μιάσματα** τοῦ κόσμου ἐν ἐπιγνώσει τοῦ κυρίου [ἡμῶν] καὶ σωτῆρος Ἰησοῦ Χριστοῦ,

3622 μιασμός [1]

√ *3620*

2Pe 2:10 μάλιστα δὲ τοὺς ὀπίσω σαρκὸς ἐν ἐπιθυμίᾳ **μιασμοῦ** πορευομένους καὶ κυριότητος καταφρονοῦντας.

3623 μίγμα [1]

√ *3502*

Jn 19:39 φέρων **μίγμα** σμύρνης καὶ ἀλόης ὡς λίτρας ἑκατόν.

3624 μίγνυμι Not used in UBS/NIV

√ *3502*

3625 μικρός [46]

Ἰάκωβος μικροῦ [1] Mk 15:40

μέγας ... μικρός [10] Lk 9:48; Ac 8:10; 26:22; Heb 8:11; Jas 3:5; Rev 11:18; 13:16; 19:5,18; 20:12

μείζων ... μικρότερος [3] Mt 11:11; 13:32; Lk 7:28

μικρότερος [5] Mt 11:11; 13:32; Mk 4:31; Lk 7:28; 9:48

Mt 10:42 καὶ ὃς ἂν ποτίσῃ ἕνα τῶν **μικρῶν** τούτων ποτήριον ψυχροῦ μόνον εἰς ὄνομα μαθητοῦ,

11:11 ὁ δὲ **μικρότερος** ἐν τῇ βασιλείᾳ τῶν οὐρανῶν μείζων αὐτοῦ ἐστιν.

13:32 ὃ **μικρότερον** μέν ἐστιν πάντων τῶν σπερμάτων, ὅταν δὲ αὐξηθῇ μεῖζον τῶν λαχάνων ἐστὶν καὶ γίνεται δένδρον,

18: 6 Ὃς δ᾽ ἂν σκανδαλίσῃ ἕνα τῶν **μικρῶν** τούτων τῶν πιστευόντων εἰς ἐμέ,

18:10 Ὁρᾶτε μὴ καταφρονήσητε ἑνὸς τῶν **μικρῶν** τούτων· λέγω γὰρ ὑμῖν ὅτι οἱ ἄγγελοι αὐτῶν ἐν οὐρανοῖς διὰ παντὸς βλέπουσι τὸ πρόσωπον τοῦ πατρός μου τοῦ ἐν οὐρανοῖς.

18:14 οὕτως οὐκ ἔστιν θέλημα ἔμπροσθεν τοῦ πατρὸς ὑμῶν τοῦ ἐν οὐρανοῖς ἵνα ἀπόληται ἓν τῶν **μικρῶν** τούτων.

26:39 καὶ προελθὼν **μικρὸν** ἔπεσεν ἐπὶ πρόσωπον αὐτοῦ προσευχόμενος καὶ λέγων,

26:73 μετὰ **μικρὸν** δὲ προσελθόντες οἱ ἑστῶτες εἶπον τῷ Πέτρῳ,

Mk 4:31 **μικρότερον** ὂν πάντων τῶν σπερμάτων τῶν ἐπὶ τῆς γῆς,

9:42 Καὶ ὃς ἂν σκανδαλίσῃ ἕνα τῶν **μικρῶν** τούτων τῶν πιστευόντων [εἰς ἐμέ,]

14:35 καὶ προελθὼν **μικρὸν** ἔπιπτεν ἐπὶ τῆς γῆς καὶ προσηύχετο ἵνα εἰ δυνατόν ἐστιν παρέλθῃ ἀπ᾽ αὐτοῦ ἡ ὥρα,

14:70 καὶ μετὰ **μικρὸν** πάλιν οἱ παρεστῶτες ἔλεγον τῷ Πέτρῳ,

15:40 ἐν αἷς καὶ Μαρία ἡ Μαγδαληνὴ καὶ Μαρία ἡ Ἰακώβου τοῦ **μικροῦ** καὶ Ἰωσῆτος μήτηρ καὶ Σαλώμη,

Lk 7:28 ὁ δὲ **μικρότερος** ἐν τῇ βασιλείᾳ τοῦ θεοῦ μείζων αὐτοῦ ἐστιν.

9:48 ὁ γὰρ **μικρότερος** ἐν πᾶσιν ὑμῖν ὑπάρχων οὗτός ἐστιν μέγας.

12:32 Μὴ φοβοῦ, τὸ **μικρὸν** ποίμνιον, ὅτι εὐδόκησεν ὁ πατὴρ ὑμῶν δοῦναι ὑμῖν τὴν βασιλείαν.

17: 2 λυσιτελεῖ αὐτῷ εἰ λίθος μυλικὸς περίκειται περὶ τὸν τράχηλον αὐτοῦ καὶ ἔρριπται εἰς τὴν θάλασσαν ἢ ἵνα σκανδαλίσῃ τῶν **μικρῶν** τούτων ἕνα.

19: 3 καὶ ἐζήτει ἰδεῖν τὸν Ἰησοῦν τίς ἐστιν καὶ οὐκ ἠδύνατο ἀπὸ τοῦ ὄχλου, ὅτι τῇ ἡλικίᾳ **μικρὸς** ἦν.

Jn 7:33 Ἔτι χρόνον **μικρὸν** μεθ᾽ ὑμῶν εἰμι καὶ ὑπάγω πρὸς τὸν πέμψαντά με.

12:35 Ἔτι **μικρὸν** χρόνον τὸ φῶς ἐν ὑμῖν ἐστιν.

13:33 τεκνία, ἔτι **μικρὸν** μεθ᾽ ὑμῶν εἰμι· ζητήσετέ με,

14:19 ἔτι **μικρὸν** καὶ ὁ κόσμος με οὐκέτι θεωρεῖ,

16:16 **Μικρὸν** καὶ οὐκέτι θεωρεῖτέ με, καὶ πάλιν **μικρὸν** καὶ ὄψεσθέ με.

16:17 **Μικρὸν** καὶ οὐ θεωρεῖτέ με, καὶ πάλιν **μικρὸν** καὶ ὄψεσθέ με;

16:18 ἔλεγον οὖν, Τί ἐστιν τοῦτο [ὃ λέγει,] τὸ **μικρόν;**

16:19 **Μικρὸν** καὶ οὐ θεωρεῖτέ με, καὶ πάλιν **μικρὸν** καὶ ὄψεσθέ με;

Ac 8:10 ᾧ προσεῖχον πάντες ἀπὸ **μικροῦ** ἕως μεγάλου λέγοντες,

26:22 ἐπικουρίας οὖν τυχὼν τῆς ἀπὸ τοῦ θεοῦ ἄχρι τῆς ἡμέρας ταύτης ἕστηκα μαρτυρόμενος **μικρῷ** τε καὶ μεγάλῳ

1Co 5: 6 οὐκ οἴδατε ὅτι **μικρὰ** ζύμη ὅλον τὸ φύραμα ζυμοῖ;

2Co 11: 1 Ὄφελον ἀνείχεσθέ μου **μικρόν** τι ἀφροσύνης· ἀλλὰ καὶ ἀνέχεσθέ μου.

11:16 κἂν ὡς ἄφρονα δέξασθέ με, ἵνα κἀγὼ **μικρόν** τι καυχήσωμαι.

Gal 5: 9 **μικρὰ** ζύμη ὅλον τὸ φύραμα ζυμοῖ.

Heb 8:11 ὅτι πάντες εἰδήσουσίν με ἀπὸ **μικροῦ** ἕως μεγάλου αὐτῶν,

10:37 ἔτι γὰρ **μικρὸν** ὅσον ὅσον, ὁ ἐρχόμενος ἥξει καὶ οὐ χρονίσει·

Jas 3: 5 οὕτως καὶ ἡ γλῶσσα **μικρὸν** μέλος ἐστὶν καὶ μεγάλα αὐχεῖ.

Rev 3: 8 ὅτι **μικρὰν** ἔχεις δύναμιν καὶ ἐτήρησάς μου τὸν λόγον καὶ οὐκ ἠρνήσω τὸ ὄνομά μου.

6:11 καὶ ἐδόθη αὐτοῖς ἑκάστῳ στολὴ λευκὴ καὶ ἐρρέθη αὐτοῖς ἵνα ἀναπαύσονται ἔτι χρόνον **μικρόν,**

11:18 τοὺς **μικροὺς** καὶ τοὺς μεγάλους, καὶ διαφθεῖραι τοὺς διαφθείροντας τὴν γῆν.

13:16 καὶ ποιεῖ πάντας, τοὺς **μικροὺς** καὶ τοὺς μεγάλους,

19: 5 Αἰνεῖτε τῷ θεῷ ἡμῶν πάντες οἱ δοῦλοι αὐτοῦ [καὶ] οἱ φοβούμενοι αὐτόν, οἱ **μικροὶ** καὶ οἱ μεγάλοι.

19:18 καὶ σάρκας ἵππων καὶ τῶν καθημένων ἐπ᾽ αὐτῶν καὶ σάρκας πάντων ἐλευθέρων τε καὶ δούλων καὶ **μικρῶν** καὶ μεγάλων.

20: 3 ἵνα μὴ πλανήσῃ ἔτι τὰ ἔθνη ἄχρι τελεσθῇ τὰ χίλια ἔτη. μετὰ ταῦτα δεῖ λυθῆναι αὐτὸν **μικρὸν** χρόνον.

20:12 τοὺς μεγάλους καὶ τοὺς **μικρούς,** ἑστῶτας ἐνώπιον τοῦ θρόνου.

3626 Μίλητος [3]

Ac 20:15 τῇ δὲ ἑτέρᾳ παρεβάλομεν εἰς Σάμον, τῇ δὲ ἐχομένῃ ἤλθομεν εἰς **Μίλητον.**

20:17 Ἀπὸ δὲ τῆς **Μιλήτου** πέμψας εἰς Ἔφεσον μετεκαλέσατο τοὺς πρεσβυτέρους τῆς ἐκκλησίας.

2Ti 4:20 Ἔραστος ἔμεινεν ἐν Κορίνθῳ, Τρόφιμον δὲ ἀπέλιπον ἐν **Μιλήτῳ** ἀσθενοῦντα.

3627 μίλιον [1]

Mt 5:41 καὶ ὅστις σε ἀγγαρεύσει **μίλιον** ἕν, ὕπαγε μετ᾽ αὐτοῦ δύο.

3628 μιμέομαι [4]

→ *3629, 5213*

2Th 3: 7 αὐτοὶ γὰρ οἴδατε πῶς δεῖ **μιμεῖσθαι** ἡμᾶς, ὅτι οὐκ ἠτακτήσαμεν ἐν ὑμῖν

3: 9 ἀλλ᾽ ἵνα ἑαυτοὺς τύπον δῶμεν ὑμῖν εἰς τὸ **μιμεῖσθαι** ἡμᾶς.

Heb 13: 7 ὧν ἀναθεωροῦντες τὴν ἔκβασιν τῆς ἀναστροφῆς **μιμεῖσθε** τὴν πίστιν.

3Jn 1:11 Ἀγαπητέ, μὴ **μιμοῦ** τὸ κακὸν ἀλλὰ τὸ ἀγαθόν.

3629 μιμητής [6]

√ *3628*

1Co 4:16 παρακαλῶ οὖν ὑμᾶς, **μιμηταί** μου γίνεσθε.

11: 1 **μιμηταί** μου γίνεσθε καθὼς κἀγὼ Χριστοῦ.

Eph 5: 1 γίνεσθε οὖν **μιμηταὶ** τοῦ θεοῦ ὡς τέκνα ἀγαπητὰ

1Th 1: 6 καὶ ὑμεῖς **μιμηταὶ** ἡμῶν ἐγενήθητε καὶ τοῦ κυρίου,

2:14 ὑμεῖς γὰρ **μιμηταὶ** ἐγενήθητε, ἀδελφοί, τῶν ἐκκλησιῶν τοῦ θεοῦ τῶν οὐσῶν ἐν τῇ Ἰουδαίᾳ ἐν Χριστῷ Ἰησοῦ,

Heb 6:12 **μιμηταὶ** δὲ τῶν διὰ πίστεως καὶ μακροθυμίας κληρονομούντων τὰς ἐπαγγελίας.

3630 μιμνήσκομαι [23]

√ *3648*

Mt 5:23 ἐὰν οὖν προσφέρῃς τὸ δῶρόν σου ἐπὶ τὸ θυσιαστήριον κἀκεῖ **μνησθῇς** ὅτι ὁ ἀδελφός σου ἔχει τι κατὰ σοῦ,

26:75 καὶ **ἐμνήσθη** ὁ Πέτρος τοῦ ῥήματος Ἰησοῦ εἰρηκότος ὅτι Πρὶν ἀλέκτορα φωνῆσαι τρὶς ἀπαρνήσῃ με·

27:63 **ἐμνήσθημεν** ὅτι ἐκεῖνος ὁ πλάνος εἶπεν ἔτι ζῶν,

Lk 1:54 ἀντελάβετο Ἰσραὴλ παιδὸς αὐτοῦ, **μνησθῆναι** ἐλέους,

1:72 ποιῆσαι ἔλεος μετὰ τῶν πατέρων ἡμῶν καὶ **μνησθῆναι** διαθήκης ἁγίας αὐτοῦ,

16:25 **μνήσθητι** ὅτι ἀπέλαβες τὰ ἀγαθά σου ἐν τῇ ζωῇ σου,

23:42 **μνήσθητί** μου ὅταν ἔλθῃς εἰς τὴν βασιλείαν σου.

24: 6 **μνήσθητε** ὡς ἐλάλησεν ὑμῖν ἔτι ὢν ἐν τῇ Γαλιλαίᾳ

24: 8 καὶ **ἐμνήσθησαν** τῶν ῥημάτων αὐτοῦ.

Jn 2:17 **Ἐμνήσθησαν** οἱ μαθηταὶ αὐτοῦ ὅτι γεγραμμένον ἐστίν, Ὁ ζῆλος τοῦ οἴκου σου καταφάγεταί με.

2:22 ὅτε οὖν ἠγέρθη ἐκ νεκρῶν, **ἐμνήσθησαν** οἱ μαθηταὶ αὐτοῦ ὅτι τοῦτο ἔλεγεν,
12:16 ἀλλ' ὅτε ἐδοξάσθη Ἰησοῦς τότε **ἐμνήσθησαν** ὅτι ταῦτα ἦν ἐπ' αὐτῷ γεγραμμένα καὶ ταῦτα ἐποίησαν αὐτῷ.
Ac 10:31 εἰσηκούσθη σου ἡ προσευχὴ καὶ αἱ ἐλεημοσύναι σου **ἐμνήσθησαν** ἐνώπιον τοῦ θεοῦ.
11:16 **ἐμνήσθην** δὲ τοῦ ῥήματος τοῦ κυρίου ὡς ἔλεγεν,
1Co 11: 2 Ἐπαινῶ δὲ ὑμᾶς ὅτι πάντα μου **μέμνησθε** καί,
2Ti 1: 4 ἐπιποθῶν σε ἰδεῖν, **μεμνημένος** σου τῶν δακρύων, ἵνα χαρᾶς πληρωθῶ,
Heb 2: 6 διεμαρτύρατο δέ πού τις λέγων, Τί ἐστιν ἄνθρωπος ὅτι **μιμνήσκῃ** αὐτοῦ,
8:12 ὅτι ἵλεως ἔσομαι ταῖς ἀδικίαις αὐτῶν καὶ τῶν ἁμαρτιῶν αὐτῶν οὐ μὴ **μνησθῶ** ἔτι.
10:17 καὶ τῶν ἁμαρτιῶν αὐτῶν καὶ τῶν ἀνομιῶν αὐτῶν οὐ μὴ **μνησθήσομαι** ἔτι.
13: 3 **μιμνῄσκεσθε** τῶν δεσμίων ὡς συνδεδεμένοι, τῶν κακουχουμένων ὡς καὶ αὐτοὶ ὄντες ἐν σώματι.
2Pe 3: 2 **μνησθῆναι** τῶν προειρημένων ῥημάτων ὑπὸ τῶν ἁγίων προφητῶν καὶ τῆς τῶν ἀποστόλων ὑμῶν ἐντολῆς τοῦ κυρίου
Jude 1:17 **μνήσθητε** τῶν ῥημάτων τῶν προειρημένων ὑπὸ τῶν ἀποστόλων τοῦ κυρίου ἡμῶν Ἰησοῦ Χριστοῦ
Rev 16:19 καὶ Βαβυλὼν ἡ μεγάλη **ἐμνήσθη** ἐνώπιον τοῦ θεοῦ δοῦναι αὐτῇ τὸ ποτήριον τοῦ οἴνου τοῦ θυμοῦ τῆς ὀργῆς αὐτοῦ.

3631 μισέω [40]

Mt 5:43 Ἀγαπήσεις τὸν πλησίον σου καὶ **μισήσεις** τὸν ἐχθρόν σου.
6:24 ἢ γὰρ τὸν ἕνα **μισήσει** καὶ τὸν ἕτερον ἀγαπήσει,
10:22 καὶ ἔσεσθε **μισούμενοι** ὑπὸ πάντων διὰ τὸ ὄνομά μου·
24: 9 ἔσεσθε **μισούμενοι** ὑπὸ πάντων τῶν ἐθνῶν διὰ τὸ ὄνομά μου.
24:10 καὶ τότε σκανδαλισθήσονται πολλοὶ καὶ ἀλλήλους παραδώσουσιν καὶ **μισήσουσιν** ἀλλήλους·
Mk 13:13 καὶ ἔσεσθε **μισούμενοι** ὑπὸ πάντων διὰ τὸ ὄνομά μου.
Lk 1:71 σωτηρίαν ἐξ ἐχθρῶν ἡμῶν καὶ ἐκ χειρὸς πάντων τῶν **μισούντων** ἡμᾶς,
6:22 μακάριοί ἐστε ὅταν **μισήσωσιν** ὑμᾶς οἱ ἄνθρωποι καὶ ὅταν ἀφορίσωσιν ὑμᾶς καὶ ὀνειδίσωσιν καὶ ἐκβάλωσιν τὸ ὄνομα
6:27 ἀγαπᾶτε τοὺς ἐχθροὺς ὑμῶν, καλῶς ποιεῖτε τοῖς **μισοῦσιν** ὑμᾶς,
14:26 Εἴ τις ἔρχεται πρός με καὶ οὐ **μισεῖ** τὸν πατέρα ἑαυτοῦ καὶ τὴν μητέρα καὶ τὴν γυναῖκα καὶ τὰ τέκνα καὶ τοὺς ἀδελφοὺς
16:13 ἢ γὰρ τὸν ἕνα **μισήσει** καὶ τὸν ἕτερον ἀγαπήσει,
19:14 οἱ δὲ πολῖται αὐτοῦ **ἐμίσουν** αὐτὸν καὶ ἀπέστειλαν πρεσβείαν ὀπίσω αὐτοῦ λέγοντες,
21:17 καὶ ἔσεσθε **μισούμενοι** ὑπὸ πάντων διὰ τὸ ὄνομά μου.
Jn 3:20 πᾶς γὰρ ὁ φαῦλα πράσσων **μισεῖ** τὸ φῶς καὶ οὐκ ἔρχεται πρὸς τὸ φῶς,
7: 7 οὐ δύναται ὁ κόσμος **μισεῖν** ὑμᾶς, ἐμὲ δὲ **μισεῖ,**
12:25 καὶ ὁ **μισῶν** τὴν ψυχὴν αὐτοῦ ἐν τῷ κόσμῳ τούτῳ εἰς ζωὴν αἰώνιον φυλάξει αὐτήν.
15:18 Εἰ ὁ κόσμος ὑμᾶς **μισεῖ,** γινώσκετε ὅτι ἐμὲ πρῶτον ὑμῶν **μεμίσηκεν.**
15:19 ἀλλ' ἐγὼ ἐξελεξάμην ὑμᾶς ἐκ τοῦ κόσμου, διὰ τοῦτο **μισεῖ** ὑμᾶς ὁ κόσμος.
15:23 ὁ ἐμὲ **μισῶν** καὶ τὸν πατέρα μου **μισεῖ.**
15:24 νῦν δὲ καὶ ἑωράκασιν καὶ **μεμισήκασιν** καὶ ἐμὲ καὶ τὸν πατέρα μου.
15:25 ἀλλ' ἵνα πληρωθῇ ὁ λόγος ὁ ἐν τῷ νόμῳ αὐτῶν γεγραμμένος ὅτι **Ἐμίσησάν** με δωρεάν.
17:14 ἐγὼ δέδωκα αὐτοῖς τὸν λόγον σου καὶ ὁ κόσμος **ἐμίσησεν** αὐτούς,
Ro 7:15 οὐ γὰρ ὃ θέλω τοῦτο πράσσω, ἀλλ' ὃ **μισῶ** τοῦτο ποιῶ.
9:13 καθὼς γέγραπται, Τὸν Ἰακὼβ ἠγάπησα, τὸν δὲ Ἠσαῦ **ἐμίσησα.**
Eph 5:29 οὐδεὶς γάρ ποτε τὴν ἑαυτοῦ σάρκα **ἐμίσησεν** ἀλλὰ ἐκτρέφει καὶ θάλπει αὐτήν,
Tit 3: 3 ἐν κακίᾳ καὶ φθόνῳ διάγοντες, στυγητοί, **μισοῦντες** ἀλλήλους.
Heb 1: 9 ἠγάπησας δικαιοσύνην καὶ **ἐμίσησας** ἀνομίαν· διὰ τοῦτο ἔχρισέν σε ὁ θεὸς ὁ θεός σου ἔλαιον ἀγαλλιάσεως
1Jn 2: 9 ὁ λέγων ἐν τῷ φωτὶ εἶναι καὶ τὸν ἀδελφὸν αὐτοῦ **μισῶν** ἐν τῇ σκοτίᾳ ἐστὶν ἕως ἄρτι.
2:11 ὁ δὲ **μισῶν** τὸν ἀδελφὸν αὐτοῦ ἐν τῇ σκοτίᾳ ἐστὶν καὶ ἐν τῇ σκοτίᾳ περιπατεῖ καὶ οὐκ οἶδεν ποῦ ὑπάγει,
3:13 [καὶ] μὴ θαυμάζετε, ἀδελφοί, εἰ **μισεῖ** ὑμᾶς ὁ κόσμος.
3:15 πᾶς ὁ **μισῶν** τὸν ἀδελφὸν αὐτοῦ ἀνθρωποκτόνος ἐστίν,
4:20 ἐάν τις εἴπῃ ὅτι Ἀγαπῶ τὸν θεὸν καὶ τὸν ἀδελφὸν αὐτοῦ **μισῇ,**
Jude 1:23 οὓς δὲ ἐλεᾶτε ἐν φόβῳ **μισοῦντες** καὶ τὸν ἀπὸ τῆς σαρκὸς ἐσπιλωμένον χιτῶνα.
Rev 2: 6 ὅτι **μισεῖς** τὰ ἔργα τῶν Νικολαϊτῶν ἃ κἀγὼ **μισῶ.**
17:16 καὶ τὰ δέκα κέρατα ἃ εἶδες καὶ τὸ θηρίον οὗτοι **μισήσουσιν** τὴν πόρνην καὶ ἠρημωμένην ποιήσουσιν αὐτὴν καὶ γυμνὴν
18: 2 καὶ φυλακὴ παντὸς ὀρνέου ἀκαθάρτου [καὶ φυλακὴ παντὸς θηρίου ἀκαθάρτου] καὶ **μεμισημένου,**

3632 μισθαποδοσία [3]

√ *3635 + 608 + 1443*

Heb 2: 2 εἰ γὰρ ὁ δι' ἀγγέλων λαληθεὶς λόγος ἐγένετο βέβαιος καὶ πᾶσα παράβασις καὶ παρακοὴ ἔλαβεν ἔνδικον **μισθαποδοσίαν,**
10:35 μὴ ἀποβάλητε οὖν τὴν παρρησίαν ὑμῶν, ἥτις ἔχει μεγάλην **μισθαποδοσίαν.**
11:26 μείζονα πλοῦτον ἡγησάμενος τῶν Αἰγύπτου θησαυρῶν τὸν ὀνειδισμὸν τοῦ Χριστοῦ· ἀπέβλεπεν γὰρ εἰς τὴν **μισθαποδοσίαν.**

3633 μισθαποδότης [1]

√ *3635 + 608 + 1443*

Heb 11: 6 πιστεῦσαι γὰρ δεῖ τὸν προσερχόμενον τῷ θεῷ ὅτι ἔστιν καὶ τοῖς ἐκζητοῦσιν αὐτὸν **μισθαποδότης** γίνεται.

3634 μίσθιος [2]

√ *3635*

Lk 15:17 Πόσοι **μίσθιοι** τοῦ πατρός μου περισσεύονται ἄρτων, ἐγὼ δὲ λιμῷ ὧδε ἀπόλλυμαι.
15:19 οὐκέτι εἰμὶ ἄξιος κληθῆναι υἱός σου· ποίησόν με ὡς ἕνα τῶν **μισθίων** σου.

3635 μισθός [29]

→ *521, 3632, 3633, 3634, 3636, 3637, 3638*

μισθὸς ἀδικίας [3] Ac 1:18; 2Pe 2:13,15

Mt 5:12 ὅτι ὁ **μισθὸς** ὑμῶν πολὺς ἐν τοῖς οὐρανοῖς·
5:46 ἐὰν γὰρ ἀγαπήσητε τοὺς ἀγαπῶντας ὑμᾶς, τίνα **μισθὸν** ἔχετε;
6: 1 **μισθὸν** οὐκ ἔχετε παρὰ τῷ πατρὶ ὑμῶν τῷ ἐν τοῖς οὐρανοῖς.
6: 2 ὅπως δοξασθῶσιν ὑπὸ τῶν ἀνθρώπων· ἀμὴν λέγω ὑμῖν, ἀπέχουσιν τὸν **μισθὸν** αὐτῶν.
6: 5 ὅπως φανῶσιν τοῖς ἀνθρώποις· ἀμὴν λέγω ὑμῖν, ἀπέχουσιν τὸν **μισθὸν** αὐτῶν.
6:16 ὅπως φανῶσιν τοῖς ἀνθρώποις νηστεύοντες· ἀμὴν λέγω ὑμῖν, ἀπέχουσιν τὸν **μισθὸν** αὐτῶν.
10:41 ὁ δεχόμενος προφήτην εἰς ὄνομα προφήτου **μισθὸν** προφήτου λήμψεται, καὶ ὁ δεχόμενος δίκαιον εἰς ὄνομα δικαίου **μισθὸν** δικαίου λήμψεται.
10:42 ἀμὴν λέγω ὑμῖν, οὐ μὴ ἀπολέσῃ τὸν **μισθὸν** αὐτοῦ.
20: 8 Κάλεσον τοὺς ἐργάτας καὶ ἀπόδος αὐτοῖς τὸν **μισθὸν** ἀρξάμενος ἀπὸ τῶν ἐσχάτων ἕως τῶν πρώτων.
Mk 9:41 ἀμὴν λέγω ὑμῖν ὅτι οὐ μὴ ἀπολέσῃ τὸν **μισθὸν** αὐτοῦ.
Lk 6:23 ἰδοὺ γὰρ ὁ **μισθὸς** ὑμῶν πολὺς ἐν τῷ οὐρανῷ·
6:35 καὶ ἔσται ὁ **μισθὸς** ὑμῶν πολύς, καὶ ἔσεσθε υἱοὶ ὑψίστου,
10: 7 ἐν αὐτῇ δὲ τῇ οἰκίᾳ μένετε ἐσθίοντες καὶ πίνοντες τὰ παρ' αὐτῶν· ἄξιος γὰρ ὁ ἐργάτης τοῦ **μισθοῦ** αὐτοῦ.
Jn 4:36 ὁ θερίζων **μισθὸν** λαμβάνει καὶ συνάγει καρπὸν εἰς ζωὴν αἰώνιον,
Ac 1:18 Οὗτος μὲν οὖν ἐκτήσατο χωρίον ἐκ **μισθοῦ** τῆς ἀδικίας καὶ πρηνὴς γενόμενος ἐλάκησεν μέσος καὶ ἐξεχύθη πάντα
Ro 4: 4 τῷ δὲ ἐργαζομένῳ ὁ **μισθὸς** οὐ λογίζεται κατὰ χάριν ἀλλὰ κατὰ ὀφείλημα,
1Co 3: 8 ἕκαστος δὲ τὸν ἴδιον **μισθὸν** λήμψεται κατὰ τὸν ἴδιον κόπον·
3:14 εἴ τινος τὸ ἔργον μενεῖ ὃ ἐποικοδόμησεν, **μισθὸν** λήμψεται·
9:17 εἰ γὰρ ἑκὼν τοῦτο πράσσω, **μισθὸν** ἔχω· εἰ δὲ ἄκων,
9:18 τίς οὖν μού ἐστιν ὁ **μισθός;** ἵνα εὐαγγελιζόμενος ἀδάπανον θήσω τὸ εὐαγγέλιον εἰς τὸ μὴ καταχρήσασθαι τῇ ἐξουσίᾳ μου
1Ti 5:18 Βοῦν ἀλοῶντα οὐ φιμώσεις, καί, Ἄξιος ὁ ἐργάτης τοῦ **μισθοῦ** αὐτοῦ.
Jas 5: 4 ἰδοὺ ὁ **μισθὸς** τῶν ἐργατῶν τῶν ἀμησάντων τὰς χώρας ὑμῶν ὁ ἀπεστερημένος ἀφ' ὑμῶν κράζει,
2Pe 2:13 ἀδικούμενοι **μισθὸν** ἀδικίας, ἡδονὴν ἡγούμενοι τὴν ἐν ἡμέρᾳ τρυφήν,

2:15 ἐξακολουθήσαντες τῇ ὁδῷ τοῦ Βαλαὰμ τοῦ Βοσόρ, ὃς **μισθὸν** ἀδικίας ἠγάπησεν
2Jn 1: 8 ἵνα μὴ ἀπολέσητε ἃ εἰργασάμεθα ἀλλὰ **μισθὸν** πλήρη ἀπολάβητε.
Jude 1:11 ὅτι τῇ ὁδῷ τοῦ Κάϊν ἐπορεύθησαν καὶ τῇ πλάνῃ τοῦ Βαλαὰμ **μισθοῦ** ἐξεχύθησαν καὶ τῇ ἀντιλογίᾳ τοῦ Κόρε ἀπώλοντο.
Rev 11:18 καὶ δοῦναι τὸν **μισθὸν** τοῖς δούλοις σου τοῖς προφήταις καὶ τοῖς ἁγίοις καὶ τοῖς φοβουμένοις τὸ ὄνομά σου,
22:12 καὶ ὁ **μισθός** μου μετ' ἐμοῦ ἀποδοῦναι ἑκάστῳ ὡς τὸ ἔργον ἐστὶν αὐτοῦ.

3636 μισθόω [2]

√ 3635

Mt 20: 1 ὅστις ἐξῆλθεν ἅμα πρωῒ **μισθώσασθαι** ἐργάτας εἰς τὸν ἀμπελῶνα αὐτοῦ.
20: 7 λέγουσιν αὐτῷ, Ὅτι οὐδεὶς ἡμᾶς **ἐμισθώσατο.** λέγει αὐτοῖς,

3637 μίσθωμα [1]

√ 3635

Ac 28:30 Ἐνέμεινεν δὲ διετίαν ὅλην ἐν ἰδίῳ **μισθώματι** καὶ ἀπεδέχετο πάντας τοὺς εἰσπορευομένους πρὸς αὐτόν,

3638 μισθωτός [3]

√ 3635

Mk 1:20 καὶ ἀφέντες τὸν πατέρα αὐτῶν Ζεβεδαῖον ἐν τῷ πλοίῳ μετὰ τῶν **μισθωτῶν** ἀπῆλθον ὀπίσω αὐτοῦ.
Jn 10:12 ὁ **μισθωτὸς** καὶ οὐκ ὢν ποιμήν, οὗ οὐκ ἔστιν τὰ πρόβατα ἴδια,
10:13 ὅτι **μισθωτός** ἐστιν καὶ οὐ μέλει αὐτῷ περὶ τῶν προβάτων.

3639 Μιτυλήνη [1]

Ac 20:14 ὡς δὲ συνέβαλλεν ἡμῖν εἰς τὴν Ἆσσον, ἀναλαβόντες αὐτὸν ἤλθομεν εἰς **Μιτυλήνην,**

3640 Μιχαήλ [2]

Jude 1: 9 ὁ δὲ **Μιχαὴλ** ὁ ἀρχάγγελος, ὅτε τῷ διαβόλῳ διακρινόμενος διελέγετο περὶ τοῦ Μωϋσέως σώματος,
Rev 12: 7 ὁ **Μιχαὴλ** καὶ οἱ ἄγγελοι αὐτοῦ τοῦ πολεμῆσαι μετὰ τοῦ δράκοντος.

3641 μνᾶ [9]

Lk 19:13 καλέσας δὲ δέκα δούλους ἑαυτοῦ ἔδωκεν αὐτοῖς δέκα **μνᾶς** καὶ εἶπεν πρὸς αὐτούς,
19:16 παρεγένετο δὲ ὁ πρῶτος λέγων, Κύριε, ἡ **μνᾶ** σου δέκα προσηργάσατο **μνᾶς.**
19:18 καὶ ἦλθεν ὁ δεύτερος λέγων, Ἡ **μνᾶ** σου, κύριε, ἐποίησεν πέντε **μνᾶς.**
19:20 ἰδοὺ ἡ **μνᾶ** σου ἣν εἶχον ἀποκειμένην ἐν σουδαρίῳ·
19:24 Ἄρατε ἀπ' αὐτοῦ τὴν **μνᾶν** καὶ δότε τῷ τὰς δέκα **μνᾶς** ἔχοντι
19:25 –καὶ εἶπαν αὐτῷ, Κύριε, ἔχει δέκα **μνᾶς**–

3642 μνάομαι Not used in UBS/NIV

→ 3650

3643 Μνάσων [1]

Ac 21:16 ἄγοντες παρ' ᾧ ξενισθῶμεν **Μνάσωνί** τινι Κυπρίῳ, ἀρχαίῳ μαθητῇ.

3644 μνεία [7]

√ 3648

ποιέω μνείαν [4] Ro 1:9; Eph 1:16; 1Th 1:2; Phm 1:4

Ro 1: 9 ᾧ λατρεύω ἐν τῷ πνεύματί μου ἐν τῷ εὐαγγελίῳ τοῦ υἱοῦ αὐτοῦ, ὡς ἀδιαλείπτως **μνείαν** ὑμῶν ποιοῦμαι
Eph 1:16 οὐ παύομαι εὐχαριστῶν ὑπὲρ ὑμῶν **μνείαν** ποιούμενος ἐπὶ τῶν προσευχῶν μου,
Php 1: 3 Εὐχαριστῶ τῷ θεῷ μου ἐπὶ πάσῃ τῇ **μνείᾳ** ὑμῶν
1Th 1: 2 Εὐχαριστοῦμεν τῷ θεῷ πάντοτε περὶ πάντων ὑμῶν **μνείαν** ποιούμενοι ἐπὶ τῶν προσευχῶν ἡμῶν,
3: 6 καὶ εὐαγγελισαμένου ἡμῖν τὴν πίστιν καὶ τὴν ἀγάπην ὑμῶν καὶ ὅτι ἔχετε **μνείαν** ἡμῶν ἀγαθὴν πάντοτε,
2Ti 1: 3 ὡς ἀδιάλειπτον ἔχω τὴν περὶ σοῦ **μνείαν** ἐν ταῖς δεήσεσίν μου νυκτὸς καὶ ἡμέρας,
Phm 1: 4 Εὐχαριστῶ τῷ θεῷ μου πάντοτε **μνείαν** σου ποιούμενος ἐπὶ τῶν προσευχῶν μου,

3645 μνῆμα [8]

√ 3648

Mk 5: 3 ὃς τὴν κατοίκησιν εἶχεν ἐν τοῖς **μνήμασιν,** καὶ οὐδὲ ἁλύσει οὐκέτι οὐδεὶς ἐδύνατο αὐτὸν δῆσαι
5: 5 καὶ διὰ παντὸς νυκτὸς καὶ ἡμέρας ἐν τοῖς **μνήμασιν** καὶ ἐν τοῖς ὄρεσιν ἦν κράζων καὶ κατακόπτων ἑαυτὸν λίθοις.
Lk 8:27 ἔχων δαιμόνια καὶ χρόνῳ ἱκανῷ οὐκ ἐνεδύσατο ἱμάτιον καὶ ἐν οἰκίᾳ οὐκ ἔμενεν ἀλλ' ἐν τοῖς **μνήμασιν.**
23:53 καὶ καθελὼν ἐνετύλιξεν αὐτὸ σινδόνι καὶ ἔθηκεν αὐτὸν ἐν **μνήματι** λαξευτῷ οὗ οὐκ ἦν οὐδεὶς οὔπω κείμενος.
24: 1 τῇ δὲ μιᾷ τῶν σαββάτων ὄρθρου βαθέως ἐπὶ τὸ **μνῆμα** ἦλθον φέρουσαι ἃ ἡτοίμασαν ἀρώματα.
Ac 2:29 καὶ τὸ **μνῆμα** αὐτοῦ ἔστιν ἐν ἡμῖν ἄχρι τῆς ἡμέρας ταύτης.
7:16 καὶ μετετέθησαν εἰς Συχὲμ καὶ ἐτέθησαν ἐν τῷ **μνήματι** ᾧ ὠνήσατο Ἀβραὰμ τιμῆς ἀργυρίου παρὰ τῶν υἱῶν Ἑμμὼρ
Rev 11: 9 καὶ γλωσσῶν καὶ ἐθνῶν τὸ πτῶμα αὐτῶν ἡμέρας τρεῖς καὶ ἥμισυ καὶ τὰ πτώματα αὐτῶν οὐκ ἀφίουσιν τεθῆναι εἰς **μνῆμα.**

3646 μνημεῖον [40]

√ 3648

Mt 8:28 εἰς τὸ πέραν εἰς τὴν χώραν τῶν Γαδαρηνῶν ὑπήντησαν αὐτῷ δύο δαιμονιζόμενοι ἐκ τῶν **μνημείων** ἐξερχόμενοι,
23:29 ὅτι οἰκοδομεῖτε τοὺς τάφους τῶν προφητῶν καὶ κοσμεῖτε τὰ **μνημεῖα** τῶν δικαίων,
27:52 καὶ τὰ **μνημεῖα** ἀνεῴχθησαν καὶ πολλὰ σώματα τῶν κεκοιμημένων ἁγίων ἠγέρθησαν,
27:53 καὶ ἐξελθόντες ἐκ τῶν **μνημείων** μετὰ τὴν ἔγερσιν αὐτοῦ εἰσῆλθον εἰς τὴν ἁγίαν πόλιν καὶ ἐνεφανίσθησαν πολλοῖς.
27:60 καὶ ἔθηκεν αὐτὸ ἐν τῷ καινῷ αὐτοῦ **μνημείῳ** ὃ ἐλατόμησεν ἐν τῇ πέτρᾳ καὶ προσκυλίσας λίθον μέγαν τῇ θύρᾳ τοῦ **μνημείου** ἀπῆλθεν.
28: 8 καὶ ἀπελθοῦσαι ταχὺ ἀπὸ τοῦ **μνημείου** μετὰ φόβου καὶ χαρᾶς μεγάλης ἔδραμον ἀπαγγεῖλαι τοῖς μαθηταῖς αὐτοῦ.
Mk 5: 2 καὶ ἐξελθόντος αὐτοῦ ἐκ τοῦ πλοίου εὐθὺς ὑπήντησεν αὐτῷ ἐκ τῶν **μνημείων** ἄνθρωπος ἐν πνεύματι ἀκαθάρτῳ,
6:29 καὶ ἀκούσαντες οἱ μαθηταὶ αὐτοῦ ἦλθον καὶ ἦραν τὸ πτῶμα αὐτοῦ καὶ ἔθηκαν αὐτὸ ἐν **μνημείῳ.**
15:46 καὶ ἔθηκεν αὐτὸν ἐν **μνημείῳ** ὃ ἦν λελατομημένον ἐκ πέτρας καὶ προσεκύλισεν λίθον ἐπὶ τὴν θύραν τοῦ **μνημείου.**
16: 2 καὶ λίαν πρωῒ τῇ μιᾷ τῶν σαββάτων ἔρχονται ἐπὶ τὸ **μνημεῖον** ἀνατείλαντος τοῦ ἡλίου.
16: 3 Τίς ἀποκυλίσει ἡμῖν τὸν λίθον ἐκ τῆς θύρας τοῦ **μνημείου;**
16: 5 καὶ εἰσελθοῦσαι εἰς τὸ **μνημεῖον** εἶδον νεανίσκον καθήμενον ἐν τοῖς δεξιοῖς περιβεβλημένον στολὴν λευκήν,
16: 8 καὶ ἐξελθοῦσαι ἔφυγον ἀπὸ τοῦ **μνημείου,** εἶχεν γὰρ αὐτὰς τρόμος καὶ ἔκστασις·
Lk 11:44 οὐαὶ ὑμῖν, ὅτι ἐστὲ ὡς τὰ **μνημεῖα** τὰ ἄδηλα,
11:47 οὐαὶ ὑμῖν, ὅτι οἰκοδομεῖτε τὰ **μνημεῖα** τῶν προφητῶν,
23:55 ἐθεάσαντο τὸ **μνημεῖον** καὶ ὡς ἐτέθη τὸ σῶμα αὐτοῦ,
24: 2 εὗρον δὲ τὸν λίθον ἀποκεκυλισμένον ἀπὸ τοῦ **μνημείου,**
24: 9 καὶ ὑποστρέψασαι ἀπὸ τοῦ **μνημείου** ἀπήγγειλαν ταῦτα πάντα τοῖς ἕνδεκα καὶ πᾶσιν τοῖς λοιποῖς.
24:12 Ὁ δὲ Πέτρος ἀναστὰς ἔδραμεν ἐπὶ τὸ **μνημεῖον** καὶ παρακύψας βλέπει τὰ ὀθόνια μόνα,
24:22 ἀλλὰ καὶ γυναῖκές τινες ἐξ ἡμῶν ἐξέστησαν ἡμᾶς, γενόμεναι ὀρθριναὶ ἐπὶ τὸ **μνημεῖον,**
24:24 καὶ ἀπῆλθόν τινες τῶν σὺν ἡμῖν ἐπὶ τὸ **μνημεῖον** καὶ εὗρον οὕτως καθὼς καὶ αἱ γυναῖκες εἶπον,
Jn 5:28 ὅτι ἔρχεται ὥρα ἐν ᾗ πάντες οἱ ἐν τοῖς **μνημείοις** ἀκούσουσιν τῆς φωνῆς αὐτοῦ
11:17 Ἐλθὼν οὖν ὁ Ἰησοῦς εὗρεν αὐτὸν τέσσαρας ἤδη ἡμέρας ἔχοντα ἐν τῷ **μνημείῳ.**
11:31 ἠκολούθησαν αὐτῇ δόξαντες ὅτι ὑπάγει εἰς τὸ **μνημεῖον** ἵνα κλαύσῃ ἐκεῖ.
11:38 Ἰησοῦς οὖν πάλιν ἐμβριμώμενος ἐν ἑαυτῷ ἔρχεται εἰς τὸ **μνημεῖον·**

12:17 ἐμαρτύρει οὖν ὁ ὄχλος ὁ ὢν μετ' αὐτοῦ ὅτε τὸν Λάζαρον ἐφώνησεν ἐκ τοῦ **μνημείου** καὶ ἤγειρεν αὐτὸν ἐκ νεκρῶν.
19:41 καὶ ἐν τῷ κήπῳ **μνημεῖον** καινὸν ἐν ᾧ οὐδέπω οὐδεὶς ἦν τεθειμένος·
19:42 ὅτι ἐγγὺς ἦν τὸ **μνημεῖον,** ἔθηκαν τὸν Ἰησοῦν.
20: 1 Μαρία ἡ Μαγδαληνὴ ἔρχεται πρωῒ σκοτίας ἔτι οὔσης εἰς τὸ **μνημεῖον** καὶ βλέπει τὸν λίθον ἠρμένον ἐκ τοῦ **μνημείου.**
20: 2 Ἦραν τὸν κύριον ἐκ τοῦ **μνημείου** καὶ οὐκ οἴδαμεν ποῦ ἔθηκαν αὐτόν.
20: 3 Ἐξῆλθεν οὖν ὁ Πέτρος καὶ ὁ ἄλλος μαθητὴς καὶ ἤρχοντο εἰς τὸ **μνημεῖον.**
20: 4 καὶ ὁ ἄλλος μαθητὴς προέδραμεν τάχιον τοῦ Πέτρου καὶ ἦλθεν πρῶτος εἰς τὸ **μνημεῖον,**
20: 6 ἔρχεται οὖν καὶ Σίμων Πέτρος ἀκολουθῶν αὐτῷ καὶ εἰσῆλθεν εἰς τὸ **μνημεῖον,**
20: 8 τότε οὖν εἰσῆλθεν καὶ ὁ ἄλλος μαθητὴς ὁ ἐλθὼν πρῶτος εἰς τὸ **μνημεῖον** καὶ εἶδεν καὶ ἐπίστευσεν·
20:11 Μαρία δὲ εἱστήκει πρὸς τῷ **μνημείῳ** ἔξω κλαίουσα. ὡς οὖν ἔκλαιεν, παρέκυψεν εἰς τὸ **μνημεῖον**
Ac 13:29 ὡς δὲ ἐτέλεσαν πάντα τὰ περὶ αὐτοῦ γεγραμμένα, καθελόντες ἀπὸ τοῦ ξύλου ἔθηκαν εἰς **μνημεῖον.**

3647 μνήμη [1]

√ *3648*

2Pe 1:15 σπουδάσω δὲ καὶ ἑκάστοτε ἔχειν ὑμᾶς μετὰ τὴν ἐμὴν ἔξοδον τὴν τούτων **μνήμην** ποιεῖσθαι.

3648 μνημονεύω [21]

→ *389, 390, 2057, 3630, 3644, 3645, 3646, 3647, 3649, 5703, 5704*

Mt 16: 9 οὐδὲ **μνημονεύετε** τοὺς πέντε ἄρτους τῶν πεντακισχιλίων καὶ πόσους κοφίνους ἐλάβετε;
Mk 8:18 ὀφθαλμοὺς ἔχοντες οὐ βλέπετε καὶ ὦτα ἔχοντες οὐκ ἀκούετε; καὶ οὐ **μνημονεύετε,**
Lk 17:32 **μνημονεύετε** τῆς γυναικὸς Λώτ.
Jn 15:20 **μνημονεύετε** τοῦ λόγου οὗ ἐγὼ εἶπον ὑμῖν, Οὐκ ἔστιν δοῦλος μείζων τοῦ κυρίου αὐτοῦ.
16: 4 ἀλλὰ ταῦτα λελάληκα ὑμῖν ἵνα ὅταν ἔλθῃ ἡ ὥρα αὐτῶν **μνημονεύητε** αὐτῶν ὅτι ἐγὼ εἶπον ὑμῖν.
16:21 οὐκέτι **μνημονεύει** τῆς θλίψεως διὰ τὴν χαρὰν ὅτι ἐγεννήθη ἄνθρωπος εἰς τὸν κόσμον.
Ac 20:31 διὸ γρηγορεῖτε **μνημονεύοντες** ὅτι τριετίαν νύκτα καὶ ἡμέραν οὐκ ἐπαυσάμην μετὰ δακρύων νουθετῶν ἕνα ἕκαστον.
20:35 **μνημονεύειν** τε τῶν λόγων τοῦ κυρίου Ἰησοῦ ὅτι αὐτὸς εἶπεν,
Gal 2:10 μόνον τῶν πτωχῶν ἵνα **μνημονεύωμεν,** ὃ καὶ ἐσπούδασα αὐτὸ τοῦτο ποιῆσαι.
Eph 2:11 Διὸ **μνημονεύετε** ὅτι ποτὲ ὑμεῖς τὰ ἔθνη ἐν σαρκί,
Col 4:18 **μνημονεύετέ** μου τῶν δεσμῶν. ἡ χάρις μεθ' ὑμῶν.
1Th 1: 3 **μνημονεύοντες** ὑμῶν τοῦ ἔργου τῆς πίστεως καὶ τοῦ κόπου τῆς ἀγάπης καὶ τῆς ὑπομονῆς τῆς ἐλπίδος τοῦ κυρίου ἡμῶν
2: 9 **μνημονεύετε** γάρ, ἀδελφοί, τὸν κόπον ἡμῶν καὶ τὸν μόχθον·
2Th 2: 5 Οὐ **μνημονεύετε** ὅτι ἔτι ὢν πρὸς ὑμᾶς ταῦτα ἔλεγον ὑμῖν;
2Ti 2: 8 **Μνημόνευε** Ἰησοῦν Χριστὸν ἐγηγερμένον ἐκ νεκρῶν, ἐκ σπέρματος Δαυίδ,
Heb 11:15 καὶ εἰ μὲν ἐκείνης **ἐμνημόνευον** ἀφ' ἧς ἐξέβησαν,
11:22 Πίστει Ἰωσὴφ τελευτῶν περὶ τῆς ἐξόδου τῶν υἱῶν Ἰσραὴλ **ἐμνημόνευσεν** καὶ περὶ τῶν ὀστέων αὐτοῦ ἐνετείλατο.
13: 7 **Μνημονεύετε** τῶν ἡγουμένων ὑμῶν, οἵτινες ἐλάλησαν ὑμῖν τὸν λόγον τοῦ θεοῦ,
Rev 2: 5 **μνημόνευε** οὖν πόθεν πέπτωκας καὶ μετανόησον καὶ τὰ πρῶτα ἔργα ποίησον·
3: 3 **μνημόνευε** οὖν πῶς εἴληφας καὶ ἤκουσας καὶ τήρει καὶ μετανόησον.
18: 5 ὅτι ἐκολλήθησαν αὐτῆς αἱ ἁμαρτίαι ἄχρι τοῦ οὐρανοῦ καὶ **ἐμνημόνευσεν** ὁ θεὸς τὰ ἀδικήματα αὐτῆς.

3649 μνημόσυνον [3]

√ *3648*

Mt 26:13 λαληθήσεται καὶ ὃ ἐποίησεν αὕτη εἰς **μνημόσυνον** αὐτῆς.
Mk 14: 9 καὶ ὃ ἐποίησεν αὕτη λαληθήσεται εἰς **μνημόσυνον** αὐτῆς.
Ac 10: 4 Αἱ προσευχαί σου καὶ αἱ ἐλεημοσύναι σου ἀνέβησαν εἰς **μνημόσυνον** ἔμπροσθεν τοῦ θεοῦ.

3650 μνηστεύω [3]

√ *3642*

Mt 1:18 **μνηστευθείσης** τῆς μητρὸς αὐτοῦ Μαρίας τῷ Ἰωσήφ, πρὶν ἢ συνελθεῖν αὐτοὺς εὑρέθη ἐν γαστρὶ ἔχουσα ἐκ πνεύματος ἁγίου.
Lk 1:27 πρὸς παρθένον **ἐμνηστευμένην** ἀνδρὶ ᾧ ὄνομα Ἰωσὴφ ἐξ οἴκου Δαυὶδ καὶ τὸ ὄνομα τῆς παρθένου Μαριάμ.
2: 5 ἀπογράψασθαι σὺν Μαριὰμ τῇ **ἐμνηστευμένῃ** αὐτῷ, οὔσῃ ἐγκύῳ.

3651 μογγιλάλος Not used in UBS/NIV

√ *3281*

3652 μογιλάλος [1]

√ *3653 + 3281*

Mk 7:32 καὶ φέρουσιν αὐτῷ κωφὸν καὶ **μογιλάλον** καὶ παρακαλοῦσιν αὐτὸν ἵνα ἐπιθῇ αὐτῷ τὴν χεῖρα.

3653 μόγις [1]

→ *3652, 3660, 3677*

Lk 9:39 καὶ ἰδοὺ πνεῦμα λαμβάνει αὐτὸν καὶ ἐξαίφνης κράζει καὶ σπαράσσει αὐτὸν μετὰ ἀφροῦ καὶ **μόγις** ἀποχωρεῖ ἀπ' αὐτοῦ

3654 μόδιος [3]

Mt 5:15 οὐδὲ καίουσιν λύχνον καὶ τιθέασιν αὐτὸν ὑπὸ τὸν **μόδιον** ἀλλ' ἐπὶ τὴν λυχνίαν,
Mk 4:21 Μήτι ἔρχεται ὁ λύχνος ἵνα ὑπὸ τὸν **μόδιον** τεθῇ ἢ ὑπὸ τὴν κλίνην;
Lk 11:33 Οὐδεὶς λύχνον ἅψας εἰς κρύπτην τίθησιν [οὐδὲ ὑπὸ τὸν **μόδιον**] ἀλλ' ἐπὶ τὴν λυχνίαν,

3655 μοιχαλίς [7]

√ *3659*

πονηρὰ καὶ μοιχαλὶς [2] Mt 12:39; 16:4

Mt 12:39 ὁ δὲ ἀποκριθεὶς εἶπεν αὐτοῖς, Γενεὰ πονηρὰ καὶ **μοιχαλὶς** σημεῖον ἐπιζητεῖ,
16: 4 Γενεὰ πονηρὰ καὶ **μοιχαλὶς** σημεῖον ἐπιζητεῖ, καὶ σημεῖον οὐ δοθήσεται αὐτῇ εἰ μὴ τὸ σημεῖον Ἰωνᾶ.
Mk 8:38 ὃς γὰρ ἐὰν ἐπαισχυνθῇ με καὶ τοὺς ἐμοὺς λόγους ἐν τῇ γενεᾷ ταύτῃ τῇ **μοιχαλίδι** καὶ ἁμαρτωλῷ,
Ro 7: 3 ἄρα οὖν ζῶντος τοῦ ἀνδρὸς **μοιχαλὶς** χρηματίσει ἐὰν γένηται ἀνδρὶ ἑτέρῳ· ἐὰν δὲ ἀποθάνῃ ὁ ἀνήρ, ἐλευθέρα ἐστὶν ἀπὸ τοῦ νόμου, τοῦ μὴ εἶναι αὐτὴν **μοιχαλίδα** γενομένην ἀνδρὶ ἑτέρῳ.
Jas 4: 4 **μοιχαλίδες,** οὐκ οἴδατε ὅτι ἡ φιλία τοῦ κόσμου ἔχθρα τοῦ θεοῦ ἐστιν;
2Pe 2:14 ὀφθαλμοὺς ἔχοντες μεστοὺς **μοιχαλίδος** καὶ ἀκαταπαύστους ἁμαρτίας, δελεάζοντες ψυχὰς ἀστηρίκτους,

3656 μοιχάω [4]

√ *3659*

Mt 5:32 ἐγὼ δὲ λέγω ὑμῖν ὅτι πᾶς ὁ ἀπολύων τὴν γυναῖκα αὐτοῦ παρεκτὸς λόγου πορνείας ποιεῖ αὐτὴν μοιχευθῆναι, καὶ ὃς ἐὰν ἀπολελυμένην γαμήσῃ, **μοιχᾶται.**
19: 9 λέγω δὲ ὑμῖν ὅτι ὃς ἂν ἀπολύσῃ τὴν γυναῖκα αὐτοῦ μὴ ἐπὶ πορνείᾳ καὶ γαμήσῃ ἄλλην **μοιχᾶται.**
Mk 10:11 Ὃς ἂν ἀπολύσῃ τὴν γυναῖκα αὐτοῦ καὶ γαμήσῃ ἄλλην **μοιχᾶται** ἐπ' αὐτήν·
10:12 καὶ ἐὰν αὐτὴ ἀπολύσασα τὸν ἄνδρα αὐτῆς γαμήσῃ ἄλλον **μοιχᾶται.**

3657 μοιχεία [3]

√ *3659*

Mt 15:19 ἐκ γὰρ τῆς καρδίας ἐξέρχονται διαλογισμοὶ πονηροί, φόνοι, **μοιχεῖαι,** πορνεῖαι, κλοπαί, ψευδομαρτυρίαι, βλασφημίαι.
Mk 7:22 **μοιχεῖαι,** πλεονεξίαι, πονηρίαι, δόλος, ἀσέλγεια, ὀφθαλμὸς πονηρός, βλασφημία,
Jn 8: 3 ⟦ἄγουσιν δὲ οἱ γραμματεῖς καὶ οἱ Φαρισαῖοι γυναῖκα ἐπὶ **μοιχείᾳ** κατειλημμένην καὶ στήσαντες αὐτὴν ἐν μέσῳ⟧

3658 μοιχεύω [15]

√ 3659

Mt 5:27 Ἠκούσατε ὅτι ἐρρέθη, Οὐ **μοιχεύσεις.**
5:28 ἐγὼ δὲ λέγω ὑμῖν ὅτι πᾶς ὁ βλέπων γυναῖκα πρὸς τὸ ἐπιθυμῆσαι αὐτὴν ἤδη **ἐμοίχευσεν** αὐτὴν ἐν τῇ καρδίᾳ αὐτοῦ.
5:32 ἐγὼ δὲ λέγω ὑμῖν ὅτι πᾶς ὁ ἀπολύων τὴν γυναῖκα αὐτοῦ παρεκτὸς λόγου πορνείας ποιεῖ αὐτὴν **μοιχευθῆναι,**
19:18 Τὸ Οὐ φονεύσεις, Οὐ **μοιχεύσεις,** Οὐ κλέψεις, Οὐ ψευδομαρτυρήσεις,
Mk 10:19 Μὴ **μοιχεύσῃς,** Μὴ κλέψῃς, Μὴ ψευδομαρτυρήσῃς, Μὴ ἀποστερήσῃς,
Lk 16:18 Πᾶς ὁ ἀπολύων τὴν γυναῖκα αὐτοῦ καὶ γαμῶν ἑτέραν **μοιχεύει,** καὶ ὁ ἀπολελυμένην ἀπὸ ἀνδρὸς γαμῶν **μοιχεύει.**
18:20 Μὴ **μοιχεύσῃς,** Μὴ φονεύσῃς, Μὴ κλέψῃς, Μὴ ψευδομαρτυρήσῃς,
Jn 8:4 ⟦Διδάσκαλε, αὕτη ἡ γυνὴ κατείληπται ἐπ' αὐτοφώρῳ **μοιχευομένη·**⟧
Ro 2:22 ὁ λέγων μὴ **μοιχεύειν μοιχεύεις;** ὁ βδελυσσόμενος τὰ εἴδωλα ἱεροσυλεῖς;
13:9 τὸ γὰρ Οὐ **μοιχεύσεις,** Οὐ φονεύσεις, Οὐ κλέψεις,
Jas 2:11 ὁ γὰρ εἰπών, Μὴ **μοιχεύσῃς,** εἶπεν καί, Μὴ φονεύσῃς· εἰ δὲ οὐ **μοιχεύεις** φονεύεις δέ, γέγονας παραβάτης νόμου.
Rev 2:22 ἰδοὺ βάλλω αὐτὴν εἰς κλίνην καὶ τοὺς **μοιχεύοντας** μετ' αὐτῆς εἰς θλῖψιν μεγάλην,

3659 μοιχός [3]

→ 3655, 3656, 3657, 3658

Lk 18:11 ἅρπαγες, ἄδικοι, **μοιχοί,** ἢ καὶ ὡς οὗτος ὁ τελώνης·
1Co 6:9 οὔτε πόρνοι οὔτε εἰδωλολάτραι οὔτε **μοιχοὶ** οὔτε μαλακοὶ οὔτε ἀρσενοκοῖται
Heb 13:4 Τίμιος ὁ γάμος ἐν πᾶσιν καὶ ἡ κοίτη ἀμίαντος, πόρνους γὰρ καὶ **μοιχοὺς** κρινεῖ ὁ θεός.

3660 μόλις [6]

√ 3653

Ac 14:18 καὶ ταῦτα λέγοντες **μόλις** κατέπαυσαν τοὺς ὄχλους τοῦ μὴ θύειν αὐτοῖς.
27:7 ἐν ἱκαναῖς δὲ ἡμέραις βραδυπλοοῦντες καὶ **μόλις** γενόμενοι κατὰ τὴν Κνίδον,
27:8 **μόλις** τε παραλεγόμενοι αὐτὴν ἤλθομεν εἰς τόπον τινὰ καλούμενον Καλοὺς ᾧ ἐγγὺς πόλις ἦν Λασαία.
27:16 νησίον δέ τι ὑποδραμόντες καλούμενον Καῦδα ἰσχύσαμεν **μόλις** περικρατεῖς γενέσθαι τῆς σκάφης,
Ro 5:7 **μόλις** γὰρ ὑπὲρ δικαίου τις ἀποθανεῖται· ὑπὲρ γὰρ τοῦ ἀγαθοῦ τάχα τις καὶ τολμᾷ ἀποθανεῖν·
1Pe 4:18 καὶ εἰ ὁ δίκαιος **μόλις** σῴζεται, ὁ ἀσεβὴς καὶ ἁμαρτωλὸς ποῦ φανεῖται;

3661 Μολόχ [1]

Ac 7:43 καὶ ἀνελάβετε τὴν σκηνὴν τοῦ **Μολὸχ** καὶ τὸ ἄστρον τοῦ θεοῦ [ὑμῶν] Ῥαιφάν,

3662 μολύνω [3]

→ 3663

1Co 8:7 τινὲς δὲ τῇ συνηθείᾳ ἕως ἄρτι τοῦ εἰδώλου ὡς εἰδωλόθυτον ἐσθίουσιν, καὶ ἡ συνείδησις αὐτῶν ἀσθενὴς οὖσα **μολύνεται.**
Rev 3:4 ἀλλὰ ἔχεις ὀλίγα ὀνόματα ἐν Σάρδεσιν ἃ οὐκ **ἐμόλυναν** τὰ ἱμάτια αὐτῶν,
14:4 οὗτοί εἰσιν οἳ μετὰ γυναικῶν οὐκ **ἐμολύνθησαν,** παρθένοι γάρ εἰσιν,

3663 μολυσμός [1]

√ 3662

2Co 7:1 καθαρίσωμεν ἑαυτοὺς ἀπὸ παντὸς **μολυσμοῦ** σαρκὸς καὶ πνεύματος,

3664 μομφή [1]

√ 3522

Col 3:13 ἀνεχόμενοι ἀλλήλων καὶ χαριζόμενοι ἑαυτοῖς ἐάν τις πρός τινα ἔχῃ **μομφήν·**

3665 μονή [2]

√ 3531

Jn 14:2 ἐν τῇ οἰκίᾳ τοῦ πατρός μου **μοναὶ** πολλαί εἰσιν·
14:23 καὶ ὁ πατήρ μου ἀγαπήσει αὐτὸν καὶ πρὸς αὐτὸν ἐλευσόμεθα καὶ **μονὴν** παρ' αὐτῷ ποιησόμεθα.

3666 μονογενής [9]

√ 3668 + 1181

μονογενὴς υἱός [5] Lk 7:12; 9:38; Jn 3:16,18; 1Jn 4:9

Lk 7:12 καὶ ἰδοὺ ἐξεκομίζετο τεθνηκὼς **μονογενὴς** υἱὸς τῇ μητρὶ αὐτοῦ καὶ αὐτὴ ἦν χήρα,
8:42 ὅτι θυγάτηρ **μονογενὴς** ἦν αὐτῷ ὡς ἐτῶν δώδεκα καὶ αὐτὴ ἀπέθνῃσκεν.
9:38 δέομαί σου ἐπιβλέψαι ἐπὶ τὸν υἱόν μου, ὅτι **μονογενής** μοί ἐστιν,
Jn 1:14 δόξαν ὡς **μονογενοῦς** παρὰ πατρός, πλήρης χάριτος καὶ ἀληθείας.
1:18 **μονογενὴς** θεὸς ὁ ὢν εἰς τὸν κόλπον τοῦ πατρὸς ἐκεῖνος ἐξηγήσατο.
3:16 Οὕτως γὰρ ἠγάπησεν ὁ θεὸς τὸν κόσμον, ὥστε τὸν υἱὸν τὸν **μονογενῆ** ἔδωκεν,
3:18 ὅτι μὴ πεπίστευκεν εἰς τὸ ὄνομα τοῦ **μονογενοῦς** υἱοῦ τοῦ θεοῦ.
Heb 11:17 Πίστει προσενήνοχεν Ἀβραὰμ τὸν Ἰσαὰκ πειραζόμενος καὶ τὸν **μονογενῆ** προσέφερεν,
1Jn 4:9 ὅτι τὸν υἱὸν αὐτοῦ τὸν **μονογενῆ** ἀπέσταλκεν ὁ θεὸς εἰς τὸν κόσμον ἵνα ζήσωμεν δι' αὐτοῦ.

3667 μόνον [66]

√ 3668

μὴ μόνον [4] Jn 13:9; Ac 11:19; Gal 4:18; Jas 1:22

οὐ μόνον [34] Mt 21:21; Jn 5:18; 11:52; 12:9; Ac 19:26,27; 21:13; 26:29; 27:10; Ro 1:32; 4:12,16; 5:3,11; 8:23; 9:10,24; 13:5; 2Co 7:7; 8:10,19,21; 9:12; Eph 1:21; Php 1:29; 1Th 1:5,8; 2:8; 1Ti 5:13; 2Ti 2:20; 4:8; Heb 12:26; 1Pe 2:18; 1Jn 2:2

Mt 5:47 καὶ ἐὰν ἀσπάσησθε τοὺς ἀδελφοὺς ὑμῶν **μόνον,** τί περισσὸν ποιεῖτε;
8:8 ἀλλὰ **μόνον** εἰπὲ λόγῳ, καὶ ἰαθήσεται ὁ παῖς μου.
9:21 ἔλεγεν γὰρ ἐν ἑαυτῇ, Ἐὰν **μόνον** ἅψωμαι τοῦ ἱματίου αὐτοῦ σωθήσομαι.
10:42 καὶ ὃς ἂν ποτίσῃ ἕνα τῶν μικρῶν τούτων ποτήριον ψυχροῦ **μόνον** εἰς ὄνομα μαθητοῦ,
14:36 καὶ παρεκάλουν αὐτὸν ἵνα **μόνον** ἅψωνται τοῦ κρασπέδου τοῦ ἱματίου αὐτοῦ·
21:19 καὶ ἰδὼν συκῆν μίαν ἐπὶ τῆς ὁδοῦ ἦλθεν ἐπ' αὐτὴν καὶ οὐδὲν εὗρεν ἐν αὐτῇ εἰ μὴ φύλλα **μόνον,**
21:21 οὐ **μόνον** τὸ τῆς συκῆς ποιήσετε, ἀλλὰ κἂν τῷ ὄρει τούτῳ εἴπητε,
Mk 5:36 ὁ δὲ Ἰησοῦς παρακούσας τὸν λόγον λαλούμενον λέγει τῷ ἀρχισυναγώγῳ, Μὴ φοβοῦ, **μόνον** πίστευε.
6:8 καὶ παρήγγειλεν αὐτοῖς ἵνα μηδὲν αἴρωσιν εἰς ὁδὸν εἰ μὴ ῥάβδον **μόνον,**
Lk 8:50 ὁ δὲ Ἰησοῦς ἀκούσας ἀπεκρίθη αὐτῷ, Μὴ φοβοῦ, **μόνον** πίστευσον, καὶ σωθήσεται.
Jn 5:18 διὰ τοῦτο οὖν μᾶλλον ἐζήτουν αὐτὸν οἱ Ἰουδαῖοι ἀποκτεῖναι, ὅτι οὐ **μόνον** ἔλυεν τὸ σάββατον,
11:52 καὶ οὐχ ὑπὲρ τοῦ ἔθνους **μόνον** ἀλλ' ἵνα καὶ τὰ τέκνα τοῦ θεοῦ τὰ διεσκορπισμένα συναγάγῃ εἰς ἕν.
12:9 Ἔγνω οὖν [ὁ] ὄχλος πολὺς ἐκ τῶν Ἰουδαίων ὅτι ἐκεῖ ἐστιν καὶ ἦλθον οὐ διὰ τὸν Ἰησοῦν **μόνον,**
13:9 μὴ τοὺς πόδας μου **μόνον** ἀλλὰ καὶ τὰς χεῖρας καὶ τὴν κεφαλήν.
17:20 Οὐ περὶ τούτων δὲ ἐρωτῶ **μόνον,** ἀλλὰ καὶ περὶ τῶν πιστευόντων διὰ τοῦ λόγου αὐτῶν εἰς ἐμέ,

Ac 8:16 **μόνον** δὲ βεβαπτισμένοι ὑπῆρχον εἰς τὸ ὄνομα τοῦ κυρίου Ἰησοῦ.
11:19 διῆλθον ἕως Φοινίκης καὶ Κύπρου καὶ Ἀντιοχείας μηδενὶ λαλοῦντες τὸν λόγον εἰ μὴ **μόνον** Ἰουδαίοις.
18:25 καὶ ζέων τῷ πνεύματι ἐλάλει καὶ ἐδίδασκεν ἀκριβῶς τὰ περὶ τοῦ Ἰησοῦ, ἐπιστάμενος **μόνον** τὸ βάπτισμα Ἰωάννου·
19:26 καὶ θεωρεῖτε καὶ ἀκούετε ὅτι οὐ **μόνον** Ἐφέσου ἀλλὰ σχεδὸν πάσης τῆς Ἀσίας ὁ Παῦλος οὗτος πείσας μετέστησεν ἱκανὸν
19:27 οὐ **μόνον** δὲ τοῦτο κινδυνεύει ἡμῖν τὸ μέρος εἰς ἀπελεγμὸν ἐλθεῖν ἀλλὰ καὶ τὸ τῆς μεγάλης θεᾶς Ἀρτέμιδος ἱερὸν
21:13 ἐγὼ γὰρ οὐ **μόνον** δεθῆναι ἀλλὰ καὶ ἀποθανεῖν εἰς Ἰερουσαλὴμ ἑτοίμως ἔχω ὑπὲρ τοῦ ὀνόματος τοῦ κυρίου Ἰησοῦ.
26:29 Εὐξαίμην ἂν τῷ θεῷ καὶ ἐν ὀλίγῳ καὶ ἐν μεγάλῳ οὐ **μόνον** σὲ ἀλλὰ καὶ πάντας τοὺς ἀκούοντάς μου σήμερον
27:10 καὶ πολλῆς ζημίας οὐ **μόνον** τοῦ φορτίου καὶ τοῦ πλοίου ἀλλὰ καὶ τῶν ψυχῶν ἡμῶν μέλλειν ἔσεσθαι τὸν πλοῦν.
Ro 1:32 οὐ **μόνον** αὐτὰ ποιοῦσιν ἀλλὰ καὶ συνευδοκοῦσιν τοῖς πράσσουσιν.
3:29 ἢ Ἰουδαίων ὁ θεὸς **μόνον;** οὐχὶ καὶ ἐθνῶν;
4:12 καὶ πατέρα περιτομῆς τοῖς οὐκ ἐκ περιτομῆς **μόνον** ἀλλὰ καὶ τοῖς στοιχοῦσιν τοῖς ἴχνεσιν τῆς ἐν ἀκροβυστίᾳ πίστεως τοῦ πατρὸς ἡμῶν Ἀβραάμ.
4:16 οὐ τῷ ἐκ τοῦ νόμου **μόνον** ἀλλὰ καὶ τῷ ἐκ πίστεως Ἀβραάμ,
4:23 Οὐκ ἐγράφη δὲ δι' αὐτὸν **μόνον** ὅτι ἐλογίσθη αὐτῷ
5:3 οὐ **μόνον** δέ, ἀλλὰ καὶ καυχώμεθα ἐν ταῖς θλίψεσιν,
5:11 οὐ **μόνον** δέ, ἀλλὰ καὶ καυχώμενοι ἐν τῷ θεῷ διὰ τοῦ κυρίου ἡμῶν Ἰησοῦ Χριστοῦ δι' οὗ νῦν τὴν καταλλαγὴν ἐλάβομεν.
8:23 οὐ **μόνον** δέ, ἀλλὰ καὶ αὐτοὶ τὴν ἀπαρχὴν τοῦ πνεύματος ἔχοντες,
9:10 οὐ **μόνον** δέ, ἀλλὰ καὶ Ῥεβέκκα ἐξ ἑνὸς κοίτην ἔχουσα,
9:24 οὓς καὶ ἐκάλεσεν ἡμᾶς οὐ **μόνον** ἐξ Ἰουδαίων ἀλλὰ καὶ ἐξ ἐθνῶν,
13:5 οὐ **μόνον** διὰ τὴν ὀργὴν ἀλλὰ καὶ διὰ τὴν συνείδησιν.
1Co 7:39 ἐλευθέρα ἐστὶν ᾧ θέλει γαμηθῆναι, **μόνον** ἐν κυρίῳ.
15:19 εἰ ἐν τῇ ζωῇ ταύτῃ ἐν Χριστῷ ἠλπικότες ἐσμὲν **μόνον,**
2Co 7:7 οὐ **μόνον** δὲ ἐν τῇ παρουσίᾳ αὐτοῦ ἀλλὰ καὶ ἐν τῇ παρακλήσει ᾗ παρεκλήθη ἐφ' ὑμῖν,
8:10 οἵτινες οὐ **μόνον** τὸ ποιῆσαι ἀλλὰ καὶ τὸ θέλειν προενήρξασθε ἀπὸ πέρυσι·
8:19 οὐ **μόνον** δέ, ἀλλὰ καὶ χειροτονηθεὶς ὑπὸ τῶν ἐκκλησιῶν συνέκδημος ἡμῶν σὺν τῇ χάριτι ταύτῃ τῇ διακονουμένῃ ὑφ' ἡμῶν πρὸς τὴν [αὐτοῦ] τοῦ κυρίου δόξαν καὶ προθυμίαν ἡμῶν,
8:21 προνοοῦμεν γὰρ καλὰ οὐ **μόνον** ἐνώπιον κυρίου ἀλλὰ καὶ ἐνώπιον ἀνθρώπων.
9:12 ὅτι ἡ διακονία τῆς λειτουργίας ταύτης οὐ **μόνον** ἐστὶν προσαναπληροῦσα τὰ ὑστερήματα τῶν ἁγίων,
Gal 1:23 **μόνον** δὲ ἀκούοντες ἦσαν ὅτι Ὁ διώκων ἡμᾶς ποτε νῦν εὐαγγελίζεται τὴν πίστιν ἥν ποτε ἐπόρθει,
2:10 **μόνον** τῶν πτωχῶν ἵνα μνημονεύωμεν, ὃ καὶ ἐσπούδασα αὐτὸ τοῦτο ποιῆσαι.
3:2 τοῦτο **μόνον** θέλω μαθεῖν ἀφ' ὑμῶν· ἐξ ἔργων νόμου τὸ πνεῦμα ἐλάβετε ἢ ἐξ ἀκοῆς πίστεως;
4:18 καλὸν δὲ ζηλοῦσθαι ἐν καλῷ πάντοτε καὶ μὴ **μόνον** ἐν τῷ παρεῖναί με πρὸς ὑμᾶς.
5:13 **μόνον** μὴ τὴν ἐλευθερίαν εἰς ἀφορμὴν τῇ σαρκί,
6:12 **μόνον** ἵνα τῷ σταυρῷ τοῦ Χριστοῦ μὴ διώκωνται.
Eph 1:21 οὐ **μόνον** ἐν τῷ αἰῶνι τούτῳ ἀλλὰ καὶ ἐν τῷ μέλλοντι·
Php 1:27 **Μόνον** ἀξίως τοῦ εὐαγγελίου τοῦ Χριστοῦ πολιτεύεσθε, ἵνα εἴτε ἐλθὼν καὶ ἰδὼν ὑμᾶς εἴτε ἀπὼν ἀκούω τὰ περὶ ὑμῶν,
1:29 οὐ **μόνον** τὸ εἰς αὐτὸν πιστεύειν ἀλλὰ καὶ τὸ ὑπὲρ αὐτοῦ πάσχειν,
2:12 μὴ ὡς ἐν τῇ παρουσίᾳ μου **μόνον** ἀλλὰ νῦν πολλῷ μᾶλλον ἐν τῇ ἀπουσίᾳ μου,
2:27 ἀλλὰ ὁ θεὸς ἠλέησεν αὐτόν, οὐκ αὐτὸν δὲ **μόνον** ἀλλὰ καὶ ἐμέ,
1Th 1:5 ὅτι τὸ εὐαγγέλιον ἡμῶν οὐκ ἐγενήθη εἰς ὑμᾶς ἐν λόγῳ **μόνον** ἀλλὰ καὶ ἐν δυνάμει καὶ ἐν πνεύματι ἁγίῳ καὶ [ἐν] πληροφορίᾳ
1:8 ἀφ' ὑμῶν γὰρ ἐξήχηται ὁ λόγος τοῦ κυρίου οὐ **μόνον** ἐν τῇ Μακεδονίᾳ καὶ [ἐν τῇ] Ἀχαΐᾳ,
2:8 οὕτως ὁμειρόμενοι ὑμῶν εὐδοκοῦμεν μεταδοῦναι ὑμῖν οὐ **μόνον** τὸ εὐαγγέλιον τοῦ θεοῦ ἀλλὰ καὶ τὰς ἑαυτῶν ψυχάς,
2Th 2:7 **μόνον** ὁ κατέχων ἄρτι ἕως ἐκ μέσου γένηται.
1Ti 5:13 οὐ **μόνον** δὲ ἀργαὶ ἀλλὰ καὶ φλύαροι καὶ περίεργοι,
2Ti 2:20 Ἐν μεγάλῃ δὲ οἰκίᾳ οὐκ ἔστιν **μόνον** σκεύη χρυσᾶ καὶ ἀργυρᾶ ἀλλὰ καὶ ξύλινα καὶ ὀστράκινα,
4:8 οὐ **μόνον** δὲ ἐμοὶ ἀλλὰ καὶ πᾶσι τοῖς ἠγαπηκόσι τὴν ἐπιφάνειαν αὐτοῦ.
Heb 9:10 **μόνον** ἐπὶ βρώμασιν καὶ πόμασιν καὶ διαφόροις βαπτισμοῖς,
12:26 Ἔτι ἅπαξ ἐγὼ σείσω οὐ **μόνον** τὴν γῆν ἀλλὰ καὶ τὸν οὐρανόν.
Jas 1:22 Γίνεσθε δὲ ποιηταὶ λόγου καὶ μὴ **μόνον** ἀκροαταὶ παραλογιζόμενοι ἑαυτούς.
2:24 ὁρᾶτε ὅτι ἐξ ἔργων δικαιοῦται ἄνθρωπος καὶ οὐκ ἐκ πίστεως **μόνον.**
1Pe 2:18 οὐ **μόνον** τοῖς ἀγαθοῖς καὶ ἐπιεικέσιν ἀλλὰ καὶ τοῖς σκολιοῖς.
1Jn 2:2 οὐ περὶ τῶν ἡμετέρων δὲ **μόνον** ἀλλὰ καὶ περὶ ὅλου τοῦ κόσμου.
5:6 οὐκ ἐν τῷ ὕδατι **μόνον** ἀλλ' ἐν τῷ ὕδατι καὶ ἐν τῷ αἵματι·

3668 μόνος [48]

→ *2911, 3666, 3667, 3669, 3670*

εἰ μὴ μόνος [9] Mt 12:4; 17:8; 21:19; 24:36; Mk 6:8; Lk 5:21; 6:4; Ac 11:19; Php 4:15

κατὰ μόνας [2] Mk 4:10; Lk 9:18

μόνος θεός [5] Jn 5:44; 17:3; Ro 16:27; 1Ti 1:17; Jude 1:25

Mt 4:4 Γέγραπται, Οὐκ ἐπ' ἄρτῳ **μόνῳ** ζήσεται ὁ ἄνθρωπος,
4:10 Κύριον τὸν θεόν σου προσκυνήσεις καὶ αὐτῷ **μόνῳ** λατρεύσεις.
12:4 ὃ οὐκ ἐξὸν ἦν αὐτῷ φαγεῖν οὐδὲ τοῖς μετ' αὐτοῦ εἰ μὴ τοῖς ἱερεῦσιν **μόνοις;**
14:23 καὶ ἀπολύσας τοὺς ὄχλους ἀνέβη εἰς τὸ ὄρος κατ' ἰδίαν προσεύξασθαι. ὀψίας δὲ γενομένης **μόνος** ἦν ἐκεῖ.
17:8 ἐπάραντες δὲ τοὺς ὀφθαλμοὺς αὐτῶν οὐδένα εἶδον εἰ μὴ αὐτὸν Ἰησοῦν **μόνον.**
18:15 ὕπαγε ἔλεγξον αὐτὸν μεταξὺ σοῦ καὶ αὐτοῦ **μόνου.**
24:36 οὐδὲ οἱ ἄγγελοι τῶν οὐρανῶν οὐδὲ ὁ υἱός, εἰ μὴ ὁ πατὴρ **μόνος.**
Mk 4:10 Καὶ ὅτε ἐγένετο κατὰ **μόνας,** ἠρώτων αὐτὸν οἱ περὶ αὐτὸν σὺν τοῖς δώδεκα τὰς παραβολάς.
6:47 καὶ ὀψίας γενομένης ἦν τὸ πλοῖον ἐν μέσῳ τῆς θαλάσσης, καὶ αὐτὸς **μόνος** ἐπὶ τῆς γῆς.
9:2 ὁ Ἰησοῦς τὸν Πέτρον καὶ τὸν Ἰάκωβον καὶ τὸν Ἰωάννην καὶ ἀναφέρει αὐτοὺς εἰς ὄρος ὑψηλὸν κατ' ἰδίαν **μόνους.**
9:8 καὶ ἐξάπινα περιβλεψάμενοι οὐκέτι οὐδένα εἶδον ἀλλὰ τὸν Ἰησοῦν **μόνον** μεθ' ἑαυτῶν.
Lk 4:4 Γέγραπται ὅτι Οὐκ ἐπ' ἄρτῳ **μόνῳ** ζήσεται ὁ ἄνθρωπος.
4:8 Κύριον τὸν θεόν σου προσκυνήσεις καὶ αὐτῷ **μόνῳ** λατρεύσεις.
5:21 τίς δύναται ἁμαρτίας ἀφεῖναι εἰ μὴ **μόνος** ὁ θεός;
6:4 οὓς οὐκ ἔξεστιν φαγεῖν εἰ μὴ **μόνους** τοὺς ἱερεῖς;
9:18 Καὶ ἐγένετο ἐν τῷ εἶναι αὐτὸν προσευχόμενον κατὰ **μόνας** συνῆσαν αὐτῷ οἱ μαθηταί,
9:36 καὶ ἐν τῷ γενέσθαι τὴν φωνὴν εὑρέθη Ἰησοῦς **μόνος.**
10:40 οὐ μέλει σοι ὅτι ἡ ἀδελφή μου **μόνην** με κατέλιπεν διακονεῖν;
24:12 Ὁ δὲ Πέτρος ἀναστὰς ἔδραμεν ἐπὶ τὸ μνημεῖον καὶ παρακύψας βλέπει τὰ ὀθόνια **μόνα,**
24:18 Σὺ **μόνος** παροικεῖς Ἰερουσαλὴμ καὶ οὐκ ἔγνως τὰ γενόμενα ἐν αὐτῇ ἐν ταῖς ἡμέραις ταύταις;
Jn 5:44 καὶ τὴν δόξαν τὴν παρὰ τοῦ **μόνου** θεοῦ οὐ ζητεῖτε;
6:15 ὅτι μέλλουσιν ἔρχεσθαι καὶ ἁρπάζειν αὐτὸν ἵνα ποιήσωσιν βασιλέα, ἀνεχώρησεν πάλιν εἰς τὸ ὄρος αὐτὸς **μόνος.**
6:22 καὶ ὅτι οὐ συνεισῆλθεν τοῖς μαθηταῖς αὐτοῦ ὁ Ἰησοῦς εἰς τὸ πλοῖον ἀλλὰ **μόνοι** οἱ μαθηταὶ αὐτοῦ ἀπῆλθον·
8:9 ⟦οἱ δὲ ἀκούσαντες ἐξήρχοντο εἷς καθ' εἷς ἀρξάμενοι ἀπὸ τῶν πρεσβυτέρων καὶ κατελείφθη **μόνος** καὶ ἡ γυνὴ ἐν μέσῳ οὖσα.⟧
8:16 ἡ κρίσις ἡ ἐμὴ ἀληθινή ἐστιν, ὅτι **μόνος** οὐκ εἰμί,
8:29 οὐκ ἀφῆκέν με **μόνον,** ὅτι ἐγὼ τὰ ἀρεστὰ αὐτῷ ποιῶ πάντοτε.
12:24 ἐὰν μὴ ὁ κόκκος τοῦ σίτου πεσὼν εἰς τὴν γῆν ἀποθάνῃ, αὐτὸς **μόνος** μένει·
16:32 ἰδοὺ ἔρχεται ὥρα καὶ ἐλήλυθεν ἵνα σκορπισθῆτε ἕκαστος εἰς τὰ ἴδια κἀμὲ **μόνον** ἀφῆτε· καὶ οὐκ εἰμὶ **μόνος,** ὅτι ὁ πατὴρ μετ' ἐμοῦ ἐστιν.
17:3 αὕτη δέ ἐστιν ἡ αἰώνιος ζωὴ ἵνα γινώσκωσιν σὲ τὸν **μόνον** ἀληθινὸν θεὸν καὶ ὃν ἀπέστειλας Ἰησοῦν Χριστόν.
Ro 11:3 κἀγὼ ὑπελείφθην **μόνος** καὶ ζητοῦσιν τὴν ψυχήν μου.
16:4 οἷς οὐκ ἐγὼ **μόνος** εὐχαριστῶ ἀλλὰ καὶ πᾶσαι αἱ ἐκκλησίαι τῶν ἐθνῶν,
16:27 [**μόνῳ** σοφῷ θεῷ, διὰ Ἰησοῦ Χριστοῦ, ᾧ ἡ δόξα εἰς τοὺς αἰῶνας,]
1Co 9:6 ἢ **μόνος** ἐγὼ καὶ Βαρναβᾶς οὐκ ἔχομεν ἐξουσίαν μὴ ἐργάζεσθαι;
14:36 ἢ ἀφ' ὑμῶν ὁ λόγος τοῦ θεοῦ ἐξῆλθεν, ἢ εἰς ὑμᾶς **μόνους** κατήντησεν;
Gal 6:4 καὶ τότε εἰς ἑαυτὸν **μόνον** τὸ καύχημα ἕξει καὶ οὐκ εἰς τὸν ἕτερον·

Php 4:15 οὐδεμία μοι ἐκκλησία ἐκοινώνησεν εἰς λόγον δόσεως καὶ λήμψεως εἰ μὴ ὑμεῖς **μόνοι,**
Col 4:11 οὗτοι **μόνοι** συνεργοὶ εἰς τὴν βασιλείαν τοῦ θεοῦ,
1Th 3: 1 Διὸ μηκέτι στέγοντες εὐδοκήσαμεν καταλειφθῆναι ἐν Ἀθήναις **μόνοι**
1Ti 1:17 τῷ δὲ βασιλεῖ τῶν αἰώνων, ἀφθάρτῳ ἀοράτῳ **μόνῳ** θεῷ,
6:15 ἣν καιροῖς ἰδίοις δείξει ὁ μακάριος καὶ **μόνος** δυνάστης,
6:16 ὁ **μόνος** ἔχων ἀθανασίαν, φῶς οἰκῶν ἀπρόσιτον, ὃν εἶδεν οὐδεὶς ἀνθρώπων οὐδὲ ἰδεῖν δύναται·
2Ti 4:11 Λουκᾶς ἐστιν **μόνος** μετ᾽ ἐμοῦ. Μᾶρκον ἀναλαβὼν ἄγε μετὰ σεαυτοῦ,
Heb 9: 7 εἰς δὲ τὴν δευτέραν ἅπαξ τοῦ ἐνιαυτοῦ **μόνος** ὁ ἀρχιερεύς,
2Jn 1: 1 καὶ οὐκ ἐγὼ **μόνος** ἀλλὰ καὶ πάντες οἱ ἐγνωκότες τὴν ἀλήθειαν,
Jude 1: 4 τὴν τοῦ θεοῦ ἡμῶν χάριτα μετατιθέντες εἰς ἀσέλγειαν καὶ τὸν **μόνον** δεσπότην καὶ κύριον ἡμῶν Ἰησοῦν Χριστὸν ἀρνούμενοι.
1:25 **μόνῳ** θεῷ σωτῆρι ἡμῶν διὰ Ἰησοῦ Χριστοῦ τοῦ κυρίου ἡμῶν δόξα μεγαλωσύνη κράτος καὶ ἐξουσία πρὸ παντὸς τοῦ αἰῶνος
Rev 15: 4 ὅτι **μόνος** ὅσιος, ὅτι πάντα τὰ ἔθνη ἥξουσιν καὶ προσκυνήσουσιν ἐνώπιόν σου,

3669 μονόφθαλμος [2]

√ *3668 + 4057*

Mt 18: 9 καλόν σοί ἐστιν **μονόφθαλμον** εἰς τὴν ζωὴν εἰσελθεῖν ἢ δύο ὀφθαλμοὺς ἔχοντα βληθῆναι εἰς τὴν γέενναν τοῦ πυρός.
Mk 9:47 καλόν σέ ἐστιν **μονόφθαλμον** εἰσελθεῖν εἰς τὴν βασιλείαν τοῦ θεοῦ ἢ δύο ὀφθαλμοὺς ἔχοντα βληθῆναι εἰς τὴν γέενναν,

3670 μονόω [1]

√ *3668*

1Ti 5: 5 ἡ δὲ ὄντως χήρα καὶ **μεμονωμένη** ἤλπικεν ἐπὶ θεὸν καὶ προσμένει ταῖς δεήσεσιν καὶ ταῖς προσευχαῖς

3671 μορφή [3]

→ *305, 3565, 3672, 3673, 5214, 5215, 5216*

Mk 16:12 ⟦Μετὰ δὲ ταῦτα δυσὶν ἐξ αὐτῶν περιπατοῦσιν ἐφανερώθη ἐν ἑτέρᾳ **μορφῇ** πορευομένοις εἰς ἀγρόν·⟧
Php 2: 6 ὃς ἐν **μορφῇ** θεοῦ ὑπάρχων οὐχ ἁρπαγμὸν ἡγήσατο τὸ εἶναι ἴσα θεῷ,
2: 7 ἀλλὰ ἑαυτὸν ἐκένωσεν **μορφὴν** δούλου λαβών, ἐν ὁμοιώματι ἀνθρώπων γενόμενος·

3672 μορφόω [1]

√ *3671*

Gal 4:19 οὓς πάλιν ὠδίνω μέχρις οὗ **μορφωθῇ** Χριστὸς ἐν ὑμῖν·

3673 μόρφωσις [2]

√ *3671*

Ro 2:20 ἔχοντα τὴν **μόρφωσιν** τῆς γνώσεως καὶ τῆς ἀληθείας ἐν τῷ νόμῳ·
2Ti 3: 5 ἔχοντες **μόρφωσιν** εὐσεβείας τὴν δὲ δύναμιν αὐτῆς ἠρνημένοι·

3674 μοσχοποιέω [1]

√ *3675 + 4472*

Ac 7:41 καὶ **ἐμοσχοποίησαν** ἐν ταῖς ἡμέραις ἐκείναις καὶ ἀνήγαγον θυσίαν τῷ εἰδώλῳ καὶ εὐφραίνοντο ἐν τοῖς ἔργοις τῶν χειρῶν

3675 μόσχος [6]

→ *3674*

Lk 15:23 καὶ φέρετε τὸν **μόσχον** τὸν σιτευτόν, θύσατε, καὶ φαγόντες εὐφρανθῶμεν,
15:27 καὶ ἔθυσεν ὁ πατήρ σου τὸν **μόσχον** τὸν σιτευτόν,
15:30 ὅτε δὲ ὁ υἱός σου οὗτος ὁ καταφαγών σου τὸν βίον μετὰ πορνῶν ἦλθεν, ἔθυσας αὐτῷ τὸν σιτευτὸν **μόσχον.**
Heb 9:12 οὐδὲ δι᾽ αἵματος τράγων καὶ **μόσχων** διὰ δὲ τοῦ ἰδίου αἵματος εἰσῆλθεν ἐφάπαξ εἰς τὰ ἅγια αἰωνίαν λύτρωσιν εὑράμενος.
9:19 λαβὼν τὸ αἷμα τῶν **μόσχων** [καὶ τῶν τράγων] μετὰ ὕδατος καὶ ἐρίου κοκκίνου καὶ ὑσσώπου αὐτό τε τὸ βιβλίον καὶ πάντα
Rev 4: 7 καὶ τὸ ζῷον τὸ πρῶτον ὅμοιον λέοντι καὶ τὸ δεύτερον ζῷον ὅμοιον **μόσχῳ** καὶ τὸ τρίτον ζῷον ἔχων τὸ πρόσωπον

3676 μουσικός [1]

Rev 18:22 καὶ φωνὴ κιθαρῳδῶν καὶ **μουσικῶν** καὶ αὐλητῶν καὶ σαλπιστῶν οὐ μὴ ἀκουσθῇ ἐν σοὶ ἔτι,

3677 μόχθος [3]

√ *3653*

κόπος καὶ μόχθος [3] 2Co 11:27; 1Th 2:9; 2Th 3:8

2Co 11:27 κόπῳ καὶ **μόχθῳ,** ἐν ἀγρυπνίαις πολλάκις, ἐν λιμῷ καὶ δίψει,
1Th 2: 9 μνημονεύετε γάρ, ἀδελφοί, τὸν κόπον ἡμῶν καὶ τὸν **μόχθον·**
2Th 3: 8 ἀλλ᾽ ἐν κόπῳ καὶ **μόχθῳ** νυκτὸς καὶ ἡμέρας ἐργαζόμενοι πρὸς τὸ μὴ ἐπιβαρῆσαί τινα ὑμῶν·

3678 μυελός [1]

Heb 4:12 ἁρμῶν τε καὶ **μυελῶν,** καὶ κριτικὸς ἐνθυμήσεων καὶ ἐννοιῶν καρδίας·

3679 μυέω [1]

→ *3696*

Php 4:12 ἐν παντὶ καὶ ἐν πᾶσιν **μεμύημαι,** καὶ χορτάζεσθαι καὶ πεινᾶν καὶ περισσεύειν καὶ ὑστερεῖσθαι·

3680 μῦθος [5]

→ *4170, 4171, 4172*

1Ti 1: 4 μηδὲ προσέχειν **μύθοις** καὶ γενεαλογίαις ἀπεράντοις, αἵτινες ἐκζητήσεις παρέχουσιν μᾶλλον ἢ οἰκονομίαν θεοῦ
4: 7 τοὺς δὲ βεβήλους καὶ γραώδεις **μύθους** παραιτοῦ. γύμναζε δὲ σεαυτὸν πρὸς εὐσέβειαν·
2Ti 4: 4 καὶ ἀπὸ μὲν τῆς ἀληθείας τὴν ἀκοὴν ἀποστρέψουσιν, ἐπὶ δὲ τοὺς **μύθους** ἐκτραπήσονται.
Tit 1:14 μὴ προσέχοντες Ἰουδαϊκοῖς **μύθοις** καὶ ἐντολαῖς ἀνθρώπων ἀποστρεφομένων τὴν ἀλήθειαν.
2Pe 1:16 Οὐ γὰρ σεσοφισμένοις **μύθοις** ἐξακολουθήσαντες ἐγνωρίσαμεν ὑμῖν τὴν τοῦ κυρίου ἡμῶν Ἰησοῦ Χριστοῦ δύναμιν

3681 μυκάομαι [1]

Rev 10: 3 καὶ ἔκραξεν φωνῇ μεγάλῃ ὥσπερ λέων **μυκᾶται.** καὶ ὅτε ἔκραξεν,

3682 μυκτηρίζω [1]

→ *1727*

Gal 6: 7 Μὴ πλανᾶσθε, θεὸς οὐ **μυκτηρίζεται.** ὃ γὰρ ἐὰν σπείρῃ ἄνθρωπος,

3683 μυλικός [1]

√ *3685*

Lk 17: 2 λυσιτελεῖ αὐτῷ εἰ λίθος **μυλικὸς** περίκειται περὶ τὸν τράχηλον αὐτοῦ καὶ ἔρριπται εἰς τὴν θάλασσαν ἢ ἵνα σκανδαλίσῃ τῶν μικρῶν τούτων ἕνα.

3684 μύλινος [1]

√ *3685*

Rev 18:21 Καὶ ἦρεν εἷς ἄγγελος ἰσχυρὸς λίθον ὡς **μύλινον** μέγαν καὶ ἔβαλεν εἰς τὴν θάλασσαν λέγων,

3685 μύλος [4]

→ *3683, 3684, 3686, 3687*

Mt 18: 6 συμφέρει αὐτῷ ἵνα κρεμασθῇ **μύλος** ὀνικὸς περὶ τὸν τράχηλον αὐτοῦ καὶ καταποντισθῇ ἐν τῷ πελάγει τῆς θαλάσσης.
24:41 δύο ἀλήθουσαι ἐν τῷ **μύλῳ,** μία παραλαμβάνεται καὶ μία ἀφίεται.

Mk 9:42 καλόν ἐστιν αὐτῷ μᾶλλον εἰ περίκειται **μύλος** ὀνικὸς περὶ τὸν τράχηλον αὐτοῦ καὶ βέβληται εἰς τὴν θάλασσαν.
Rev 18:22 καὶ φωνὴ **μύλου** οὐ μὴ ἀκουσθῇ ἐν σοὶ ἔτι,

3686 **μυλών** Not used in UBS/NIV

√ *3685*

3687 **μυλωνικός** Not used in UBS/NIV

√ *3685*

3688 **Μύρα** [1]

→ *3694*

Ac 27: 5 τό τε πέλαγος τὸ κατὰ τὴν Κιλικίαν καὶ Παμφυλίαν διαπλεύσαντες κατήλθομεν εἰς **Μύρα** τῆς Λυκίας.

3689 **μυριάς** [8]

√ *3692*

Lk 12: 1 Ἐν οἷς ἐπισυναχθεισῶν τῶν **μυριάδων** τοῦ ὄχλου, ὥστε καταπατεῖν ἀλλήλους,
Ac 19:19 καὶ συνεψήφισαν τὰς τιμὰς αὐτῶν καὶ εὗρον ἀργυρίου **μυριάδας** πέντε.
21:20 πόσαι **μυριάδες** εἰσὶν ἐν τοῖς Ἰουδαίοις τῶν πεπιστευκότων καὶ πάντες ζηλωταὶ τοῦ νόμου ὑπάρχουσιν·
Heb 12:22 ἀλλὰ προσεληλύθατε Σιὼν ὄρει καὶ πόλει θεοῦ ζῶντος, Ἰερουσαλὴμ ἐπουρανίῳ, καὶ **μυριάσιν** ἀγγέλων, πανηγύρει
Jude 1:14 Προεφήτευσεν δὲ καὶ τούτοις ἕβδομος ἀπὸ Ἀδὰμ Ἑνὼχ λέγων, Ἰδοὺ ἦλθεν κύριος ἐν ἁγίαις **μυριάσιν** αὐτοῦ
Rev 5:11 καὶ ἦν ὁ ἀριθμὸς αὐτῶν **μυριάδες μυριάδων** καὶ χιλιάδες χιλιάδων
9:16 καὶ ὁ ἀριθμὸς τῶν στρατευμάτων τοῦ ἱππικοῦ δισμυριάδες **μυριάδων,**

3690 **μυρίζω** [1]

√ *3693*

Mk 14: 8 προέλαβεν **μυρίσαι** τὸ σῶμά μου εἰς τὸν ἐνταφιασμόν.

3691 **μύριοι** [1]

√ *3692*

Mt 18:24 ἀρξαμένου δὲ αὐτοῦ συναίρειν προσηνέχθη αὐτῷ εἷς ὀφειλέτης **μυρίων** ταλάντων.

3692 **μυρίος** [2]

→ *1490, 3689, 3691*

1Co 4:15 ἐὰν γὰρ **μυρίους** παιδαγωγοὺς ἔχητε ἐν Χριστῷ ἀλλ' οὐ πολλοὺς πατέρας·
14:19 ἵνα καὶ ἄλλους κατηχήσω, ἢ **μυρίους** λόγους ἐν γλώσσῃ.

3693 **μύρον** [14 / 15]

→ *3690*

Mt 26: 7 προσῆλθεν αὐτῷ γυνὴ ἔχουσα ἀλάβαστρον **μύρου** βαρυτίμου καὶ κατέχεεν ἐπὶ τῆς κεφαλῆς αὐτοῦ ἀνακειμένου.
26: 9 ἐδύνατο γὰρ τοῦτο τὸ **μύρον**[UBS-] πραθῆναι πολλοῦ καὶ δοθῆναι πτωχοῖς.
26:12 βαλοῦσα γὰρ αὕτη τὸ **μύρον** τοῦτο ἐπὶ τοῦ σώματός μου πρὸς τὸ ἐνταφιάσαι με ἐποίησεν.
Mk 14: 3 κατακειμένου αὐτοῦ ἦλθεν γυνὴ ἔχουσα ἀλάβαστρον **μύρου** νάρδου πιστικῆς πολυτελοῦς,
14: 4 Εἰς τί ἡ ἀπώλεια αὕτη τοῦ **μύρου** γέγονεν;
14: 5 ἠδύνατο γὰρ τοῦτο τὸ **μύρον** πραθῆναι ἐπάνω δηναρίων τριακοσίων καὶ δοθῆναι τοῖς πτωχοῖς·
Lk 7:37 καὶ ἐπιγνοῦσα ὅτι κατάκειται ἐν τῇ οἰκίᾳ τοῦ Φαρισαίου, κομίσασα ἀλάβαστρον **μύρου**
7:38 καὶ ταῖς θριξὶν τῆς κεφαλῆς αὐτῆς ἐξέμασσεν καὶ κατεφίλει τοὺς πόδας αὐτοῦ καὶ ἤλειφεν τῷ **μύρῳ.**
7:46 ἐλαίῳ τὴν κεφαλήν μου οὐκ ἤλειψας· αὕτη δὲ **μύρῳ** ἤλειψεν τοὺς πόδας μου.
23:56 ὑποστρέψασαι δὲ ἡτοίμασαν ἀρώματα καὶ **μύρα.** Καὶ τὸ μὲν σάββατον ἡσύχασαν κατὰ τὴν ἐντολήν.
Jn 11: 2 ἦν δὲ Μαριὰμ ἡ ἀλείψασα τὸν κύριον **μύρῳ** καὶ ἐκμάξασα τοὺς πόδας αὐτοῦ ταῖς θριξὶν αὐτῆς,
12: 3 ἡ οὖν Μαριὰμ λαβοῦσα λίτραν **μύρου** νάρδου πιστικῆς πολυτίμου ἤλειψεν τοὺς πόδας τοῦ Ἰησοῦ καὶ ἐξέμαξεν ταῖς θριξὶν αὐτῆς τοὺς πόδας αὐτοῦ· ἡ δὲ οἰκία ἐπληρώθη ἐκ τῆς ὀσμῆς τοῦ **μύρου.**
12: 5 Διὰ τί τοῦτο τὸ **μύρον** οὐκ ἐπράθη τριακοσίων δηναρίων καὶ ἐδόθη πτωχοῖς;
Rev 18:13 καὶ κιννάμωμον καὶ ἄμωμον καὶ θυμιάματα καὶ **μύρον** καὶ λίβανον καὶ οἶνον καὶ ἔλαιον καὶ σεμίδαλιν καὶ σῖτον καὶ κτήνη

3694 **Μύρρα** Not used in UBS/NIV

√ *3688*

3695 **Μυσία** [2]

Ac 16: 7 ἐλθόντες δὲ κατὰ τὴν **Μυσίαν** ἐπείραζον εἰς τὴν Βιθυνίαν πορευθῆναι,
16: 8 παρελθόντες δὲ τὴν **Μυσίαν** κατέβησαν εἰς Τρῳάδα.

3696 **μυστήριον** [28 / 27]

√ *3679*

μυστήριον τῆς βασιλείας [3] Mt 13:11; Mk 4:11; Lk 8:10

μυστήριον τοῦ θεοῦ [5] 1Co 2:1,7; 4:1; Col 2:2; Rev 10:7

μυστήριον τοῦ Χριστοῦ [5] Eph 3:4; 5:32; Col 1:27; 2:2; 4:3

Mt 13:11 Ὅτι ὑμῖν δέδοται γνῶναι τὰ **μυστήρια** τῆς βασιλείας τῶν οὐρανῶν,
Mk 4:11 Ὑμῖν τὸ **μυστήριον** δέδοται τῆς βασιλείας τοῦ θεοῦ·
Lk 8:10 Ὑμῖν δέδοται γνῶναι τὰ **μυστήρια** τῆς βασιλείας τοῦ θεοῦ,
Ro 11:25 Οὐ γὰρ θέλω ὑμᾶς ἀγνοεῖν, ἀδελφοί, τὸ **μυστήριον** τοῦτο,
16:25 [Τῷ δὲ δυναμένῳ ὑμᾶς στηρίξαι κατὰ τὸ εὐαγγέλιόν μου καὶ τὸ κήρυγμα Ἰησοῦ Χριστοῦ, κατὰ ἀποκάλυψιν **μυστηρίου** χρόνοις αἰωνίοις σεσιγημένου,]
1Co 2: 1 ἦλθον οὐ καθ' ὑπεροχὴν λόγου ἢ σοφίας καταγγέλλων ὑμῖν τὸ **μυστήριον**[UBS; NIV 3457] τοῦ θεοῦ.
2: 7 ἀλλὰ λαλοῦμεν θεοῦ σοφίαν ἐν **μυστηρίῳ** τὴν ἀποκεκρυμμένην,
4: 1 Οὕτως ἡμᾶς λογιζέσθω ἄνθρωπος ὡς ὑπηρέτας Χριστοῦ καὶ οἰκονόμους **μυστηρίων** θεοῦ.
13: 2 καὶ ἐὰν ἔχω προφητείαν καὶ εἰδῶ τὰ **μυστήρια** πάντα καὶ πᾶσαν τὴν γνῶσιν καὶ ἐὰν ἔχω πᾶσαν τὴν πίστιν
14: 2 ὁ γὰρ λαλῶν γλώσσῃ οὐκ ἀνθρώποις λαλεῖ ἀλλὰ θεῷ· οὐδεὶς γὰρ ἀκούει, πνεύματι δὲ λαλεῖ **μυστήρια·**
15:51 ἰδοὺ **μυστήριον** ὑμῖν λέγω· πάντες οὐ κοιμηθησόμεθα, πάντες δὲ ἀλλαγησόμεθα,
Eph 1: 9 γνωρίσας ἡμῖν τὸ **μυστήριον** τοῦ θελήματος αὐτοῦ, κατὰ τὴν εὐδοκίαν αὐτοῦ ἣν προέθετο ἐν αὐτῷ
3: 3 [ὅτι] κατὰ ἀποκάλυψιν ἐγνωρίσθη μοι τὸ **μυστήριον,** καθὼς προέγραψα ἐν ὀλίγῳ,
3: 4 πρὸς ὃ δύνασθε ἀναγινώσκοντες νοῆσαι τὴν σύνεσίν μου ἐν τῷ **μυστηρίῳ** τοῦ Χριστοῦ,
3: 9 καὶ φωτίσαι [πάντας] τίς ἡ οἰκονομία τοῦ **μυστηρίου** τοῦ ἀποκεκρυμμένου ἀπὸ τῶν αἰώνων ἐν τῷ θεῷ
5:32 τὸ **μυστήριον** τοῦτο μέγα ἐστίν· ἐγὼ δὲ λέγω εἰς Χριστὸν καὶ εἰς τὴν ἐκκλησίαν.
6:19 ἵνα μοι δοθῇ λόγος ἐν ἀνοίξει τοῦ στόματός μου, ἐν παρρησίᾳ γνωρίσαι τὸ **μυστήριον** τοῦ εὐαγγελίου,
Col 1:26 τὸ **μυστήριον** τὸ ἀποκεκρυμμένον ἀπὸ τῶν αἰώνων καὶ ἀπὸ τῶν γενεῶν—
1:27 οἷς ἠθέλησεν ὁ θεὸς γνωρίσαι τί τὸ πλοῦτος τῆς δόξης τοῦ **μυστηρίου** τούτου ἐν τοῖς ἔθνεσιν,
2: 2 καὶ εἰς πᾶν πλοῦτος τῆς πληροφορίας τῆς συνέσεως, εἰς ἐπίγνωσιν τοῦ **μυστηρίου** τοῦ θεοῦ, Χριστοῦ,
4: 3 ἵνα ὁ θεὸς ἀνοίξῃ ἡμῖν θύραν τοῦ λόγου λαλῆσαι τὸ **μυστήριον** τοῦ Χριστοῦ,
2Th 2: 7 τὸ γὰρ **μυστήριον** ἤδη ἐνεργεῖται τῆς ἀνομίας· μόνον ὁ κατέχων ἄρτι ἕως ἐκ μέσου γένηται.
1Ti 3: 9 ἔχοντας τὸ **μυστήριον** τῆς πίστεως ἐν καθαρᾷ συνειδήσει.
3:16 καὶ ὁμολογουμένως μέγα ἐστὶν τὸ τῆς εὐσεβείας **μυστήριον·**
Rev 1:20 τὸ **μυστήριον** τῶν ἑπτὰ ἀστέρων οὓς εἶδες ἐπὶ τῆς δεξιᾶς μου καὶ τὰς ἑπτὰ λυχνίας τὰς χρυσᾶς·
10: 7 ὅταν μέλλῃ σαλπίζειν, καὶ ἐτελέσθη τὸ **μυστήριον** τοῦ θεοῦ,
17: 5 καὶ ἐπὶ τὸ μέτωπον αὐτῆς ὄνομα γεγραμμένον, **μυστήριον,** Βαβυλὼν ἡ μεγάλη,

17: 7 τὸ **μυστήριον** τῆς γυναικὸς καὶ τοῦ θηρίου τοῦ βαστάζοντος αὐτὴν τοῦ ἔχοντος τὰς ἑπτὰ κεφαλὰς καὶ τὰ δέκα κέρατα.

3697 μυωπάζω [1]

2Pe 1: 9 ᾧ γὰρ μὴ πάρεστιν ταῦτα, τυφλός ἐστιν **μυωπάζων,**

3698 μώλωψ [1]

1Pe 2:24 ἵνα ταῖς ἁμαρτίαις ἀπογενόμενοι τῇ δικαιοσύνῃ ζήσωμεν, οὗ τῷ **μώλωπι** ἰάθητε.

3699 μωμάομαι [2]

√ *3522*

2Co 6: 3 μηδεμίαν ἐν μηδενὶ διδόντες προσκοπήν, ἵνα μὴ **μωμηθῇ** ἡ διακονία,
8:20 μή τις ἡμᾶς **μωμήσηται** ἐν τῇ ἁδρότητι ταύτῃ τῇ διακονουμένῃ ὑφ᾽ ἡμῶν·

3700 μῶμος [1]

√ *3522*

2Pe 2:13 σπίλοι καὶ **μῶμοι** ἐντρυφῶντες ἐν ταῖς ἀπάταις αὐτῶν συνευωχούμενοι ὑμῖν,

3701 μωραίνω [4]

√ *3704*

Mt 5:13 ἐὰν δὲ τὸ ἅλας **μωρανθῇ,** ἐν τίνι ἁλισθήσεται;
Lk 14:34 ἐὰν δὲ καὶ τὸ ἅλας **μωρανθῇ,** ἐν τίνι ἀρτυθήσεται;
Ro 1:22 φάσκοντες εἶναι σοφοὶ **ἐμωράνθησαν**
1Co 1:20 οὐχὶ **ἐμώρανεν** ὁ θεὸς τὴν σοφίαν τοῦ κόσμου;

3702 μωρία [5]

√ *3704*

1Co 1:18 Ὁ λόγος γὰρ ὁ τοῦ σταυροῦ τοῖς μὲν ἀπολλυμένοις **μωρία** ἐστίν,
1:21 εὐδόκησεν ὁ θεὸς διὰ τῆς **μωρίας** τοῦ κηρύγματος σῶσαι τοὺς πιστεύοντας·
1:23 ἡμεῖς δὲ κηρύσσομεν Χριστὸν ἐσταυρωμένον, Ἰουδαίοις μὲν σκάνδαλον, ἔθνεσιν δὲ **μωρίαν,**
2:14 **μωρία** γὰρ αὐτῷ ἐστιν καὶ οὐ δύναται γνῶναι,
3:19 ἡ γὰρ σοφία τοῦ κόσμου τούτου **μωρία** παρὰ τῷ θεῷ ἐστιν.

3703 μωρολογία [1]

√ *3704 + 3306*

Eph 5: 4 καὶ αἰσχρότης καὶ **μωρολογία** ἢ εὐτραπελία, ἃ οὐκ ἀνῆκεν,

3704 μωρός [12]

→ *3701, 3702, 3703*

Mt 5:22 ὃς δ᾽ ἂν εἴπῃ, **Μωρέ,** ἔνοχος ἔσται εἰς τὴν γέενναν τοῦ πυρός.
7:26 καὶ πᾶς ὁ ἀκούων μου τοὺς λόγους τούτους καὶ μὴ ποιῶν αὐτοὺς ὁμοιωθήσεται ἀνδρὶ **μωρῷ,**
23:17 **μωροὶ** καὶ τυφλοί, τίς γὰρ μείζων ἐστίν, ὁ χρυσὸς ἢ ὁ ναὸς ὁ ἁγιάσας τὸν χρυσόν;
25: 2 πέντε δὲ ἐξ αὐτῶν ἦσαν **μωραὶ** καὶ πέντε φρόνιμοι.
25: 3 αἱ γὰρ **μωραὶ** λαβοῦσαι τὰς λαμπάδας αὐτῶν οὐκ ἔλαβον μεθ᾽ ἑαυτῶν ἔλαιον.
25: 8 αἱ δὲ **μωραὶ** ταῖς φρονίμοις εἶπαν, Δότε ἡμῖν ἐκ τοῦ ἐλαίου ὑμῶν,
1Co 1:25 ὅτι τὸ **μωρὸν** τοῦ θεοῦ σοφώτερον τῶν ἀνθρώπων ἐστὶν καὶ τὸ ἀσθενὲς τοῦ θεοῦ ἰσχυρότερον τῶν ἀνθρώπων.
1:27 ἀλλὰ τὰ **μωρὰ** τοῦ κόσμου ἐξελέξατο ὁ θεός,
3:18 εἴ τις δοκεῖ σοφὸς εἶναι ἐν ὑμῖν ἐν τῷ αἰῶνι τούτῳ, **μωρὸς** γενέσθω, ἵνα γένηται σοφός.
4:10 ἡμεῖς **μωροὶ** διὰ Χριστόν, ὑμεῖς δὲ φρόνιμοι ἐν Χριστῷ·
2Ti 2:23 τὰς δὲ **μωρὰς** καὶ ἀπαιδεύτους ζητήσεις παραιτοῦ, εἰδὼς ὅτι γεννῶσιν μάχας·
Tit 3: 9 **μωρὰς** δὲ ζητήσεις καὶ γενεαλογίας καὶ ἔρεις καὶ μάχας νομικὰς περιΐστασο·

3705 Μωσεύς Not used in UBS/NIV

√ *3707*

3706 Μωσῆς Not used in UBS/NIV

√ *3707*

3707 Μωϋσῆς [80]

→ *3705, 3706*

μαθηταὶ Μωϋσέως [1] Jn 9:28

Μωϋσῆς ... ἔγραψεν [5] Mk 12:19; Lk 20:28; Jn 1:45; 5:46; Ro 10:5; cf. Mk 10:5

Μωϋσῆς ... νόμος [14] Lk 2:22; 24:44; Jn 1:17,45; 7:19,23; 8:5; Ac 13:38; 15:5; 28:23; Ro 10:5; 1Co 9:9; Heb 9:19; 10:28

Mt 8: 4 ἀλλὰ ὕπαγε σεαυτὸν δεῖξον τῷ ἱερεῖ καὶ προσένεγκον τὸ δῶρον ὃ προσέταξεν **Μωϋσῆς,**
17: 3 καὶ ἰδοὺ ὤφθη αὐτοῖς **Μωϋσῆς** καὶ Ἠλίας συλλαλοῦντες μετ᾽ αὐτοῦ.
17: 4 σοὶ μίαν καὶ **Μωϋσεῖ** μίαν καὶ Ἠλίᾳ μίαν.
19: 7 Τί οὖν **Μωϋσῆς** ἐνετείλατο δοῦναι βιβλίον ἀποστασίου καὶ ἀπολῦσαι [αὐτήν;]
19: 8 λέγει αὐτοῖς ὅτι **Μωϋσῆς** πρὸς τὴν σκληροκαρδίαν ὑμῶν ἐπέτρεψεν ὑμῖν ἀπολῦσαι τὰς γυναῖκας ὑμῶν,
22:24 λέγοντες, Διδάσκαλε, **Μωϋσῆς** εἶπεν, Ἐάν τις ἀποθάνῃ μὴ ἔχων τέκνα,
23: 2 Ἐπὶ τῆς **Μωϋσέως** καθέδρας ἐκάθισαν οἱ γραμματεῖς καὶ οἱ Φαρισαῖοι.
Mk 1:44 ἀλλὰ ὕπαγε σεαυτὸν δεῖξον τῷ ἱερεῖ καὶ προσένεγκε περὶ τοῦ καθαρισμοῦ σου ἃ προσέταξεν **Μωϋσῆς,**
7:10 **Μωϋσῆς** γὰρ εἶπεν, Τίμα τὸν πατέρα σου καὶ τὴν μητέρα σου,
9: 4 καὶ ὤφθη αὐτοῖς Ἠλίας σὺν **Μωϋσεῖ** καὶ ἦσαν συλλαλοῦντες τῷ Ἰησοῦ.
9: 5 σοὶ μίαν καὶ **Μωϋσεῖ** μίαν καὶ Ἠλίᾳ μίαν.
10: 3 ὁ δὲ ἀποκριθεὶς εἶπεν αὐτοῖς, Τί ὑμῖν ἐνετείλατο **Μωϋσῆς;**
10: 4 οἱ δὲ εἶπαν, Ἐπέτρεψεν **Μωϋσῆς** βιβλίον ἀποστασίου γράψαι καὶ ἀπολῦσαι.
12:19 **Μωϋσῆς** ἔγραψεν ἡμῖν ὅτι ἐάν τινος ἀδελφὸς ἀποθάνῃ καὶ καταλίπῃ γυναῖκα καὶ μὴ ἀφῇ τέκνον,
12:26 περὶ δὲ τῶν νεκρῶν ὅτι ἐγείρονται οὐκ ἀνέγνωτε ἐν τῇ βίβλῳ **Μωϋσέως** ἐπὶ τοῦ βάτου πῶς εἶπεν αὐτῷ ὁ θεὸς λέγων,
Lk 2:22 Καὶ ὅτε ἐπλήσθησαν αἱ ἡμέραι τοῦ καθαρισμοῦ αὐτῶν κατὰ τὸν νόμον **Μωϋσέως,**
5:14 ἀλλὰ ἀπελθὼν δεῖξον σεαυτὸν τῷ ἱερεῖ καὶ προσένεγκε περὶ τοῦ καθαρισμοῦ σου καθὼς προσέταξεν **Μωϋσῆς,**
9:30 καὶ ἰδοὺ ἄνδρες δύο συνελάλουν αὐτῷ, οἵτινες ἦσαν **Μωϋσῆς** καὶ Ἠλίας,
9:33 μίαν σοὶ καὶ μίαν **Μωϋσεῖ** καὶ μίαν Ἠλίᾳ,
16:29 λέγει δὲ Ἀβραάμ, Ἔχουσι **Μωϋσέα** καὶ τοὺς προφήτας·
16:31 εἶπεν δὲ αὐτῷ, Εἰ **Μωϋσέως** καὶ τῶν προφητῶν οὐκ ἀκούουσιν,
20:28 λέγοντες, Διδάσκαλε, **Μωϋσῆς** ἔγραψεν ἡμῖν, ἐάν τινος ἀδελφὸς ἀποθάνῃ ἔχων γυναῖκα,
20:37 ὅτι δὲ ἐγείρονται οἱ νεκροί, καὶ **Μωϋσῆς** ἐμήνυσεν ἐπὶ τῆς βάτου,
24:27 καὶ ἀρξάμενος ἀπὸ **Μωϋσέως** καὶ ἀπὸ πάντων τῶν προφητῶν διερμήνευσεν αὐτοῖς ἐν πάσαις ταῖς γραφαῖς τὰ περὶ ἑαυτοῦ.
24:44 ὅτι δεῖ πληρωθῆναι πάντα τὰ γεγραμμένα ἐν τῷ νόμῳ **Μωϋσέως** καὶ τοῖς προφήταις καὶ ψαλμοῖς περὶ ἐμοῦ.
Jn 1:17 ὅτι ὁ νόμος διὰ **Μωϋσέως** ἐδόθη, ἡ χάρις καὶ ἡ ἀλήθεια διὰ Ἰησοῦ Χριστοῦ ἐγένετο.
1:45 Ὃν ἔγραψεν **Μωϋσῆς** ἐν τῷ νόμῳ καὶ οἱ προφῆται εὑρήκαμεν,
3:14 καὶ καθὼς **Μωϋσῆς** ὕψωσεν τὸν ὄφιν ἐν τῇ ἐρήμῳ,
5:45 ἔστιν ὁ κατηγορῶν ὑμῶν **Μωϋσῆς,** εἰς ὃν ὑμεῖς ἠλπίκατε.
5:46 εἰ γὰρ ἐπιστεύετε **Μωϋσεῖ,** ἐπιστεύετε ἂν ἐμοί· περὶ γὰρ ἐμοῦ ἐκεῖνος ἔγραψεν.
6:32 οὐ **Μωϋσῆς** δέδωκεν ὑμῖν τὸν ἄρτον ἐκ τοῦ οὐρανοῦ,
7:19 οὐ **Μωϋσῆς** δέδωκεν ὑμῖν τὸν νόμον; καὶ οὐδεὶς ἐξ ὑμῶν ποιεῖ τὸν νόμον.
7:22 διὰ τοῦτο **Μωϋσῆς** δέδωκεν ὑμῖν τὴν περιτομήν– οὐχ ὅτι ἐκ τοῦ **Μωϋσέως** ἐστὶν ἀλλ᾽ ἐκ τῶν πατέρων–
7:23 εἰ περιτομὴν λαμβάνει ἄνθρωπος ἐν σαββάτῳ ἵνα μὴ λυθῇ ὁ νόμος **Μωϋσέως,**
8: 5 ⟦ἐν δὲ τῷ νόμῳ ἡμῖν **Μωϋσῆς** ἐνετείλατο τὰς τοιαύτας λιθάζειν.⟧

9:28 Σὺ μαθητὴς εἶ ἐκείνου, ἡμεῖς δὲ τοῦ **Μωϋσέως** ἐσμὲν μαθηταί·
9:29 ἡμεῖς οἴδαμεν ὅτι **Μωϋσεῖ** λελάληκεν ὁ θεός, τοῦτον δὲ οὐκ οἴδαμεν πόθεν ἐστίν.
Ac 3:22 **Μωϋσῆς** μὲν εἶπεν ὅτι Προφήτην ὑμῖν ἀναστήσει κύριος ὁ θεὸς ὑμῶν ἐκ τῶν ἀδελφῶν ὑμῶν ὡς ἐμέ·
6:11 τότε ὑπέβαλον ἄνδρας λέγοντας ὅτι Ἀκηκόαμεν αὐτοῦ λαλοῦντος ῥήματα βλάσφημα εἰς **Μωϋσῆν** καὶ τὸν θεόν·
6:14 λέγοντος ὅτι Ἰησοῦς ὁ Ναζωραῖος οὗτος καταλύσει τὸν τόπον τοῦτον καὶ ἀλλάξει τὰ ἔθη ἃ παρέδωκεν ἡμῖν **Μωϋσῆς.**
7:20 ἐν ᾧ καιρῷ ἐγεννήθη **Μωϋσῆς** καὶ ἦν ἀστεῖος τῷ θεῷ·
7:22 καὶ ἐπαιδεύθη **Μωϋσῆς** [ἐν] πάσῃ σοφίᾳ Αἰγυπτίων, ἦν δὲ δυνατὸς ἐν λόγοις καὶ ἔργοις αὐτοῦ.
7:29 ἔφυγεν δὲ **Μωϋσῆς** ἐν τῷ λόγῳ τούτῳ καὶ ἐγένετο πάροικος ἐν γῇ Μαδιάμ,
7:31 ὁ δὲ **Μωϋσῆς** ἰδὼν ἐθαύμαζεν τὸ ὅραμα, προσερχομένου δὲ αὐτοῦ κατανοῆσαι ἐγένετο φωνὴ κυρίου,
7:32 ὁ θεὸς Ἀβραὰμ καὶ Ἰσαὰκ καὶ Ἰακώβ. ἔντρομος δὲ γενόμενος **Μωϋσῆς** οὐκ ἐτόλμα κατανοῆσαι.
7:35 Τοῦτον τὸν **Μωϋσῆν,** ὃν ἠρνήσαντο εἰπόντες, Τίς σε κατέστησεν ἄρχοντα καὶ δικαστήν;
7:37 οὗτός ἐστιν ὁ **Μωϋσῆς** ὁ εἴπας τοῖς υἱοῖς Ἰσραήλ,
7:40 ὁ γὰρ **Μωϋσῆς** οὗτος, ὃς ἐξήγαγεν ἡμᾶς ἐκ γῆς Αἰγύπτου,
7:44 Ἡ σκηνὴ τοῦ μαρτυρίου ἦν τοῖς πατράσιν ἡμῶν ἐν τῇ ἐρήμῳ καθὼς διετάξατο ὁ λαλῶν τῷ **Μωϋσῇ** ποιῆσαι αὐτὴν
13:38 [καὶ] ἀπὸ πάντων ὧν οὐκ ἠδυνήθητε ἐν νόμῳ **Μωϋσέως** δικαιωθῆναι
15:1 Καί τινες κατελθόντες ἀπὸ τῆς Ἰουδαίας ἐδίδασκον τοὺς ἀδελφοὺς ὅτι Ἐὰν μὴ περιτμηθῆτε τῷ ἔθει τῷ **Μωϋσέως,**
15:5 τῶν Φαρισαίων πεπιστευκότες λέγοντες ὅτι δεῖ περιτέμνειν αὐτοὺς παραγγέλλειν τε τηρεῖν τὸν νόμον **Μωϋσέως.**
15:21 **Μωϋσῆς** γὰρ ἐκ γενεῶν ἀρχαίων κατὰ πόλιν τοὺς κηρύσσοντας αὐτὸν ἔχει ἐν ταῖς συναγωγαῖς κατὰ πᾶν σάββατον ἀναγινωσκόμενος.
21:21 κατηχήθησαν δὲ περὶ σοῦ ὅτι ἀποστασίαν διδάσκεις ἀπὸ **Μωϋσέως** τοὺς κατὰ τὰ ἔθνη πάντας Ἰουδαίους λέγων
26:22 μαρτυρόμενος μικρῷ τε καὶ μεγάλῳ οὐδὲν ἐκτὸς λέγων ὧν τε οἱ προφῆται ἐλάλησαν μελλόντων γίνεσθαι καὶ **Μωϋσῆς,**
28:23 πείθων τε αὐτοὺς περὶ τοῦ Ἰησοῦ ἀπό τε τοῦ νόμου **Μωϋσέως** καὶ τῶν προφητῶν,
Ro 5:14 ἀλλὰ ἐβασίλευσεν ὁ θάνατος ἀπὸ Ἀδὰμ μέχρι **Μωϋσέως** καὶ ἐπὶ τοὺς μὴ ἁμαρτήσαντας ἐπὶ τῷ ὁμοιώματι τῆς παραβάσεως
9:15 τῷ **Μωϋσεῖ** γὰρ λέγει, Ἐλεήσω ὃν ἂν ἐλεῶ καὶ οἰκτιρήσω ὃν ἂν οἰκτίρω.
10:5 **Μωϋσῆς** γὰρ γράφει τὴν δικαιοσύνην τὴν ἐκ [τοῦ] νόμου ὅτι ὁ ποιήσας αὐτὰ ἄνθρωπος ζήσεται ἐν αὐτοῖς.
10:19 πρῶτος **Μωϋσῆς** λέγει, Ἐγὼ παραζηλώσω ὑμᾶς ἐπ' οὐκ ἔθνει,
1Co 9:9 ἐν γὰρ τῷ **Μωϋσέως** νόμῳ γέγραπται, Οὐ κημώσεις βοῦν ἀλοῶντα.
10:2 καὶ πάντες εἰς τὸν **Μωϋσῆν** ἐβαπτίσθησαν ἐν τῇ νεφέλῃ καὶ ἐν τῇ θαλάσσῃ
2Co 3:7 ὥστε μὴ δύνασθαι ἀτενίσαι τοὺς υἱοὺς Ἰσραὴλ εἰς τὸ πρόσωπον **Μωϋσέως** διὰ τὴν δόξαν τοῦ προσώπου αὐτοῦ
3:13 καὶ οὐ καθάπερ **Μωϋσῆς** ἐτίθει κάλυμμα ἐπὶ τὸ πρόσωπον αὐτοῦ πρὸς τὸ μὴ ἀτενίσαι τοὺς υἱοὺς Ἰσραὴλ εἰς τὸ τέλος
3:15 ἀλλ' ἕως σήμερον ἡνίκα ἂν ἀναγινώσκηται **Μωϋσῆς,** κάλυμμα ἐπὶ τὴν καρδίαν αὐτῶν κεῖται·
2Ti 3:8 ὃν τρόπον δὲ Ἰάννης καὶ Ἰαμβρῆς ἀντέστησαν **Μωϋσεῖ,**
Heb 3:2 πιστὸν ὄντα τῷ ποιήσαντι αὐτὸν ὡς καὶ **Μωϋσῆς** ἐν [ὅλῳ] τῷ οἴκῳ αὐτοῦ.
3:3 πλείονος γὰρ οὗτος δόξης παρὰ **Μωϋσῆν** ἠξίωται, καθ' ὅσον πλείονα τιμὴν ἔχει τοῦ οἴκου ὁ κατασκευάσας αὐτόν·
3:5 καὶ **Μωϋσῆς** μὲν πιστὸς ἐν ὅλῳ τῷ οἴκῳ αὐτοῦ ὡς θεράπων εἰς μαρτύριον τῶν λαληθησομένων,
3:16 ἀλλ' οὐ πάντες οἱ ἐξελθόντες ἐξ Αἰγύπτου διὰ **Μωϋσέως;**
7:14 εἰς ἣν φυλὴν περὶ ἱερέων οὐδὲν **Μωϋσῆς** ἐλάλησεν.
8:5 καθὼς κεχρημάτισται **Μωϋσῆς** μέλλων ἐπιτελεῖν τὴν σκηνήν, Ὅρα γάρ φησίν,
9:19 λαληθείσης γὰρ πάσης ἐντολῆς κατὰ τὸν νόμον ὑπὸ **Μωϋσέως** παντὶ τῷ λαῷ,
10:28 ἀθετήσας τις νόμον **Μωϋσέως** χωρὶς οἰκτιρμῶν ἐπὶ δυσὶν ἢ τρισὶν μάρτυσιν ἀποθνῄσκει·
11:23 Πίστει **Μωϋσῆς** γεννηθεὶς ἐκρύβη τρίμηνον ὑπὸ τῶν πατέρων αὐτοῦ,
11:24 Πίστει **Μωϋσῆς** μέγας γενόμενος ἠρνήσατο λέγεσθαι υἱὸς θυγατρὸς Φαραώ,
12:21 οὕτω φοβερὸν ἦν τὸ φανταζόμενον, **Μωϋσῆς** εἶπεν, Ἔκφοβός εἰμι καὶ ἔντρομος.
Jude 1:9 ὅτε τῷ διαβόλῳ διακρινόμενος διελέγετο περὶ τοῦ **Μωϋσέως** σώματος,
Rev 15:3 καὶ ᾄδουσιν τὴν ᾠδὴν **Μωϋσέως** τοῦ δούλου τοῦ θεοῦ καὶ τὴν ᾠδὴν τοῦ ἀρνίου λέγοντες,

---

N, ν

3708 ν Not used in UBS/NIV

3709 Ναασσών [3]

Mt 1:4 Ἀμιναδὰβ δὲ ἐγέννησεν τὸν **Ναασσών, Ναασσὼν** δὲ ἐγέννησεν τὸν Σαλμών,
Lk 3:32 τοῦ Ἰεσσαὶ τοῦ Ἰωβὴδ τοῦ Βόος τοῦ Σαλὰ τοῦ **Ναασσὼν**

3710 Ναγγαί [1]

Lk 3:25 τοῦ Ματταθίου τοῦ Ἀμὼς τοῦ Ναοὺμ τοῦ Ἑσλὶ τοῦ **Ναγγαὶ**

3711 Ναζαρά Not used in UBS/NIV

→ *3712, 3713, 3714, 3715, 3716, 3717*

3712 Ναζαράθ Not used in UBS/NIV

√ *3711*

3713 Ναζαράτ Not used in UBS/NIV

√ *3711*

3714 Ναζαρέθ [12]

√ *3711*

Mt 2:23 κατῴκησεν εἰς πόλιν λεγομένην **Ναζαρέτ·** ὅπως πληρωθῇ τὸ ῥηθὲν διὰ τῶν προφητῶν ὅτι Ναζωραῖος κληθήσεται.
4:13 καὶ καταλιπὼν τὴν **Ναζαρὰ** ἐλθὼν κατῴκησεν εἰς Καφαρναοὺμ τὴν παραθαλασσίαν ἐν ὁρίοις Ζαβουλὼν καὶ Νεφθαλίμ·
21:11 Οὗτός ἐστιν ὁ προφήτης Ἰησοῦς ὁ ἀπὸ **Ναζαρὲθ** τῆς Γαλιλαίας.
Mk 1:9 ἐν ἐκείναις ταῖς ἡμέραις ἦλθεν Ἰησοῦς ἀπὸ **Ναζαρὲτ** τῆς Γαλιλαίας καὶ ἐβαπτίσθη εἰς τὸν Ἰορδάνην ὑπὸ Ἰωάννου.
Lk 1:26 Ἐν δὲ τῷ μηνὶ τῷ ἕκτῳ ἀπεστάλη ὁ ἄγγελος Γαβριὴλ ἀπὸ τοῦ θεοῦ εἰς πόλιν τῆς Γαλιλαίας ᾗ ὄνομα **Ναζαρὲθ**
2:4 Ἀνέβη δὲ καὶ Ἰωσὴφ ἀπὸ τῆς Γαλιλαίας ἐκ πόλεως **Ναζαρὲθ** εἰς τὴν Ἰουδαίαν εἰς πόλιν Δαυὶδ ἥτις καλεῖται Βηθλέεμ,
2:39 ἐπέστρεψαν εἰς τὴν Γαλιλαίαν εἰς πόλιν ἑαυτῶν **Ναζαρέθ.**
2:51 καὶ κατέβη μετ' αὐτῶν καὶ ἦλθεν εἰς **Ναζαρὲθ** καὶ ἦν ὑποτασσόμενος αὐτοῖς.
4:16 Καὶ ἦλθεν εἰς **Ναζαρά,** οὗ ἦν τεθραμμένος, καὶ εἰσῆλθεν κατὰ τὸ εἰωθὸς αὐτῷ ἐν τῇ ἡμέρᾳ τῶν σαββάτων εἰς τὴν συναγωγὴν
Jn 1:45 Ὃν ἔγραψεν Μωϋσῆς ἐν τῷ νόμῳ καὶ οἱ προφῆται εὑρήκαμεν, Ἰησοῦν υἱὸν τοῦ Ἰωσὴφ τὸν ἀπὸ **Ναζαρέτ.**
1:46 εἶπεν αὐτῷ Ναθαναήλ, Ἐκ **Ναζαρὲτ** δύναταί τι ἀγαθὸν εἶναι;
Ac 10:38 Ἰησοῦν τὸν ἀπὸ **Ναζαρέθ,** ὡς ἔχρισεν αὐτὸν ὁ θεὸς πνεύματι ἁγίῳ καὶ δυνάμει,

3715 Ναζαρέτ Not used in UBS/NIV

√ *3711*

3716 Ναζαρηνός [6]

√ *3711*

Mk 1:24 λέγων, Τί ἡμῖν καὶ σοί, Ἰησοῦ **Ναζαρηνέ;** ἦλθες ἀπολέσαι ἡμᾶς;
10:47 καὶ ἀκούσας ὅτι Ἰησοῦς ὁ **Ναζαρηνός** ἐστιν ἤρξατο κράζειν καὶ λέγειν,
14:67 Καὶ σὺ μετὰ τοῦ **Ναζαρηνοῦ** ἦσθα τοῦ Ἰησοῦ.
16:6 Ἰησοῦν ζητεῖτε τὸν **Ναζαρηνὸν** τὸν ἐσταυρωμένον· ἠγέρθη, οὐκ ἔστιν ὧδε·
Lk 4:34 Ἔα, τί ἡμῖν καὶ σοί, Ἰησοῦ **Ναζαρηνέ;** ἦλθες ἀπολέσαι ἡμᾶς;
24:19 οἱ δὲ εἶπαν αὐτῷ, Τὰ περὶ Ἰησοῦ τοῦ **Ναζαρηνοῦ,**

3717 Ναζωραῖος [13]

√ 3711

Mt 2:23 ὅπως πληρωθῇ τὸ ῥηθὲν διὰ τῶν προφητῶν ὅτι **Ναζωραῖος** κληθήσεται.
26:71 ἐξελθόντα δὲ εἰς τὸν πυλῶνα εἶδεν αὐτὸν ἄλλη καὶ λέγει τοῖς ἐκεῖ, Οὗτος ἦν μετὰ Ἰησοῦ τοῦ **Ναζωραίου.**
Lk 18:37 ἀπήγγειλαν δὲ αὐτῷ ὅτι Ἰησοῦς ὁ **Ναζωραῖος** παρέρχεται.
Jn 18: 5 ἀπεκρίθησαν αὐτῷ, Ἰησοῦν τὸν **Ναζωραῖον.** λέγει αὐτοῖς, Ἐγώ εἰμι.
18: 7 Τίνα ζητεῖτε; οἱ δὲ εἶπαν, Ἰησοῦν τὸν **Ναζωραῖον.**
19:19 ἦν δὲ γεγραμμένον, Ἰησοῦς ὁ **Ναζωραῖος** ὁ βασιλεὺς τῶν Ἰουδαίων.
Ac 2:22 Ἰησοῦν τὸν **Ναζωραῖον,** ἄνδρα ἀποδεδειγμένον ἀπὸ τοῦ θεοῦ εἰς ὑμᾶς δυνάμεσι καὶ τέρασι καὶ σημείοις οἷς ἐποίησεν
3: 6 ἐν τῷ ὀνόματι Ἰησοῦ Χριστοῦ τοῦ **Ναζωραίου** [ἔγειρε καὶ] περιπάτει.
4:10 γνωστὸν ἔστω πᾶσιν ὑμῖν καὶ παντὶ τῷ λαῷ Ἰσραὴλ ὅτι ἐν τῷ ὀνόματι Ἰησοῦ Χριστοῦ τοῦ **Ναζωραίου** ὃν ὑμεῖς ἐσταυρώσατε,
6:14 λέγοντος ὅτι Ἰησοῦς ὁ **Ναζωραῖος** οὗτος καταλύσει τὸν τόπον τοῦτον καὶ ἀλλάξει τὰ ἔθη ἃ παρέδωκεν ἡμῖν Μωϋσῆς.
22: 8 Ἐγώ εἰμι Ἰησοῦς ὁ **Ναζωραῖος,** ὃν σὺ διώκεις.
24: 5 καὶ κινοῦντα στάσεις πᾶσιν τοῖς Ἰουδαίοις τοῖς κατὰ τὴν οἰκουμένην πρωτοστάτην τε τῆς τῶν **Ναζωραίων** αἱρέσεως,
26: 9 ἐγὼ μὲν οὖν ἔδοξα ἐμαυτῷ πρὸς τὸ ὄνομα Ἰησοῦ τοῦ **Ναζωραίου** δεῖν πολλὰ ἐναντία πρᾶξαι,

3718 Ναθάμ [1]

→ 3719

Lk 3:31 τοῦ Μελεὰ τοῦ Μεννὰ τοῦ Ματταθὰ τοῦ **Ναθὰμ** τοῦ Δαυὶδ

3719 Ναθάν Not used in UBS/NIV

√ 3718

3720 Ναθαναήλ [6]

Jn 1:45 εὑρίσκει **Φίλιππος** τὸν **Ναθαναὴλ** καὶ λέγει αὐτῷ, Ὃν ἔγραψεν Μωϋσῆς ἐν τῷ νόμῳ καὶ οἱ προφῆται εὑρήκαμεν,
1:46 εἶπεν αὐτῷ **Ναθαναήλ,** Ἐκ Ναζαρὲτ δύναταί τι ἀγαθὸν εἶναι;
1:47 εἶδεν ὁ Ἰησοῦς τὸν **Ναθαναὴλ** ἐρχόμενον πρὸς αὐτὸν καὶ λέγει περὶ αὐτοῦ,
1:48 λέγει αὐτῷ **Ναθαναήλ,** Πόθεν με γινώσκεις; ἀπεκρίθη Ἰησοῦς καὶ εἶπεν αὐτῷ,
1:49 ἀπεκρίθη αὐτῷ **Ναθαναήλ,** Ῥαββί, σὺ εἶ ὁ υἱὸς τοῦ θεοῦ,
21: 2 ἦσαν ὁμοῦ Σίμων Πέτρος καὶ Θωμᾶς ὁ λεγόμενος Δίδυμος καὶ **Ναθαναὴλ** ὁ ἀπὸ Κανὰ τῆς Γαλιλαίας καὶ οἱ τοῦ Ζεβεδαίου καὶ ἄλλοι ἐκ τῶν μαθητῶν αὐτοῦ δύο.

3721 ναί [33 / 34]

ναί ... ναί [3] Mt 5:37; 2Co 1:17; Jas 5:12

τὸ ναί [3] 2Co 1:17,20; Jas 5:12

Mt 5:37 ἔστω δὲ ὁ λόγος ὑμῶν **ναὶ ναί,** οὒ οὔ·
9:28 Πιστεύετε ὅτι δύναμαι τοῦτο ποιῆσαι; λέγουσιν αὐτῷ, **Ναὶ** κύριε.
11: 9 ἀλλὰ τί ἐξήλθατε ἰδεῖν; προφήτην; **ναὶ** λέγω ὑμῖν, καὶ περισσότερον προφήτου.
11:26 **ναὶ** ὁ πατήρ, ὅτι οὕτως εὐδοκία ἐγένετο ἔμπροσθέν σου.
13:51 Συνήκατε ταῦτα πάντα; λέγουσιν αὐτῷ, **Ναί.**
15:27 ἡ δὲ εἶπεν, **Ναὶ** κύριε, καὶ γὰρ τὰ κυνάρια ἐσθίει ἀπὸ τῶν ψιχίων τῶν πιπτόντων ἀπὸ τῆς τραπέζης τῶν κυρίων αὐτῶν.
17:25 λέγει, **Ναί.** καὶ ἐλθόντα εἰς τὴν οἰκίαν προέφθασεν αὐτὸν ὁ Ἰησοῦς λέγων,
21:16 Ἀκούεις τί οὗτοι λέγουσιν; ὁ δὲ Ἰησοῦς λέγει αὐτοῖς, **Ναί.**
Mk 7:28 ἡ δὲ ἀπεκρίθη καὶ λέγει αὐτῷ, **ναί,**[UBS-] Κύριε·
Lk 7:26 ἀλλὰ τί ἐξήλθατε ἰδεῖν; προφήτην; **ναὶ** λέγω ὑμῖν, καὶ περισσότερον προφήτου.
10:21 **ναὶ** ὁ πατήρ, ὅτι οὕτως εὐδοκία ἐγένετο ἔμπροσθέν σου.
11:51 **ναὶ** λέγω ὑμῖν, ἐκζητηθήσεται ἀπὸ τῆς γενεᾶς ταύτης.
12: 5 φοβήθητε τὸν μετὰ τὸ ἀποκτεῖναι ἔχοντα ἐξουσίαν ἐμβαλεῖν εἰς τὴν γέενναν. **ναὶ** λέγω ὑμῖν, τοῦτον φοβήθητε.
Jn 11:27 λέγει αὐτῷ, **Ναὶ** κύριε, ἐγὼ πεπίστευκα ὅτι σὺ εἶ ὁ Χριστὸς ὁ υἱὸς τοῦ θεοῦ ὁ εἰς τὸν κόσμον ἐρχόμενος.
21:15 λέγει αὐτῷ, **Ναὶ** κύριε, σὺ οἶδας ὅτι φιλῶ σε.
21:16 λέγει αὐτῷ, **Ναὶ** κύριε, σὺ οἶδας ὅτι φιλῶ σε.
Ac 5: 8 εἰ τοσούτου τὸ χωρίον ἀπέδοσθε; ἡ δὲ εἶπεν, **Ναί,** τοσούτου.
22:27 Λέγε μοι, σὺ Ῥωμαῖος εἶ; ὁ δὲ ἔφη, **Ναί.**
Ro 3:29 ἢ Ἰουδαίων ὁ θεὸς μόνον; οὐχὶ καὶ ἐθνῶν; **ναὶ** καὶ ἐθνῶν,
2Co 1:17 ἵνα ᾖ παρ᾽ ἐμοὶ τὸ **Ναὶ ναὶ** καὶ τὸ Οὒ οὔ;
1:18 πιστὸς δὲ ὁ θεὸς ὅτι ὁ λόγος ἡμῶν ὁ πρὸς ὑμᾶς οὐκ ἔστιν **Ναὶ** καὶ Οὔ.
1:19 οὐκ ἐγένετο **Ναὶ** καὶ Οὒ ἀλλὰ **Ναὶ** ἐν αὐτῷ γέγονεν.
1:20 ὅσαι γὰρ ἐπαγγελίαι θεοῦ, ἐν αὐτῷ τὸ **Ναί·**
Php 4: 3 **ναὶ** ἐρωτῶ καὶ σέ, γνήσιε σύζυγε, συλλαμβάνου αὐταῖς,
Phm 1:20 **ναὶ** ἀδελφέ, ἐγώ σου ὀναίμην ἐν κυρίῳ· ἀνάπαυσόν μου τὰ σπλάγχνα ἐν Χριστῷ.
Jas 5:12 ἤτω δὲ ὑμῶν τὸ **Ναὶ ναὶ** καὶ τὸ Οὒ οὔ,
Rev 1: 7 καὶ κόψονται ἐπ᾽ αὐτὸν πᾶσαι αἱ φυλαὶ τῆς γῆς. **ναί,** ἀμήν.
14:13 **ναί,** λέγει τὸ πνεῦμα, ἵνα ἀναπαήσονται ἐκ τῶν κόπων αὐτῶν,
16: 7 καὶ ἤκουσα τοῦ θυσιαστηρίου λέγοντος, **Ναὶ** κύριε ὁ θεὸς ὁ παντοκράτωρ,
22:20 Λέγει ὁ μαρτυρῶν ταῦτα, **Ναί,** ἔρχομαι ταχύ. Ἀμήν,

3722 Ναιμάν [1]

→ 3737

Lk 4:27 καὶ οὐδεὶς αὐτῶν ἐκαθαρίσθη εἰ μὴ **Ναιμὰν** ὁ Σύρος.

3723 Ναΐν [1]

Lk 7:11 Καὶ ἐγένετο ἐν τῷ ἑξῆς ἐπορεύθη εἰς πόλιν καλουμένην **Ναῒν** καὶ συνεπορεύοντο αὐτῷ οἱ μαθηταὶ αὐτοῦ καὶ ὄχλος πολύς.

3724 ναός [45]

→ 3753

ναός θεοῦ [10] Mt 26:61; 1Co 3:16,17,17; 2Co 6:16,16; 2Th 2:4; Rev 3:12; 11:1,19

ναός κυρίου [1] Lk 1:9

ναός πνεύματος [1] 1Co 6:19

Mt 23:16 Ὃς ἂν ὀμόσῃ ἐν τῷ **ναῷ,** οὐδέν ἐστιν· ὃς δ᾽ ἂν ὀμόσῃ ἐν τῷ χρυσῷ τοῦ **ναοῦ,** ὀφείλει.
23:17 ὁ χρυσὸς ἢ ὁ **ναὸς** ὁ ἁγιάσας τὸν χρυσόν;
23:21 καὶ ὁ ὀμόσας ἐν τῷ **ναῷ** ὀμνύει ἐν αὐτῷ καὶ ἐν τῷ κατοικοῦντι αὐτόν,
23:35 ὃν ἐφονεύσατε μεταξὺ τοῦ **ναοῦ** καὶ τοῦ θυσιαστηρίου.
26:61 Δύναμαι καταλῦσαι τὸν **ναὸν** τοῦ θεοῦ καὶ διὰ τριῶν ἡμερῶν οἰκοδομῆσαι.
27: 5 καὶ ῥίψας τὰ ἀργύρια εἰς τὸν **ναὸν** ἀνεχώρησεν,
27:40 Ὁ καταλύων τὸν **ναὸν** καὶ ἐν τρισὶν ἡμέραις οἰκοδομῶν,
27:51 Καὶ ἰδοὺ τὸ καταπέτασμα τοῦ **ναοῦ** ἐσχίσθη ἀπ᾽ ἄνωθεν ἕως κάτω εἰς δύο καὶ ἡ γῆ ἐσείσθη καὶ αἱ πέτραι ἐσχίσθησαν,
Mk 14:58 ὅτι Ἡμεῖς ἠκούσαμεν αὐτοῦ λέγοντος ὅτι Ἐγὼ καταλύσω τὸν **ναὸν** τοῦτον τὸν χειροποίητον καὶ διὰ τριῶν ἡμερῶν ἄλλον ἀχειροποίητον οἰκοδομήσω
15:29 Οὐὰ ὁ καταλύων τὸν **ναὸν** καὶ οἰκοδομῶν ἐν τρισὶν ἡμέραις,
15:38 Καὶ τὸ καταπέτασμα τοῦ **ναοῦ** ἐσχίσθη εἰς δύο ἀπ᾽ ἄνωθεν ἕως κάτω.
Lk 1: 9 κατὰ τὸ ἔθος τῆς ἱερατείας ἔλαχε τοῦ θυμιᾶσαι εἰσελθὼν εἰς τὸν **ναὸν** τοῦ κυρίου,
1:21 Καὶ ἦν ὁ λαὸς προσδοκῶν τὸν Ζαχαρίαν καὶ ἐθαύμαζον ἐν τῷ χρονίζειν ἐν τῷ **ναῷ** αὐτόν.
1:22 καὶ ἐπέγνωσαν ὅτι ὀπτασίαν ἑώρακεν ἐν τῷ **ναῷ·**
23:45 τοῦ ἡλίου ἐκλιπόντος, ἐσχίσθη δὲ τὸ καταπέτασμα τοῦ **ναοῦ** μέσον.
Jn 2:19 Λύσατε τὸν **ναὸν** τοῦτον καὶ ἐν τρισὶν ἡμέραις ἐγερῶ αὐτόν.
2:20 Τεσσεράκοντα καὶ ἓξ ἔτεσιν οἰκοδομήθη ὁ **ναὸς** οὗτος,
2:21 ἐκεῖνος δὲ ἔλεγεν περὶ τοῦ **ναοῦ** τοῦ σώματος αὐτοῦ.
Ac 17:24 οὗτος οὐρανοῦ καὶ γῆς ὑπάρχων κύριος οὐκ ἐν χειροποιήτοις **ναοῖς** κατοικεῖ
19:24 ποιῶν **ναοὺς** ἀργυροῦς Ἀρτέμιδος παρείχετο τοῖς τεχνίταις οὐκ ὀλίγην ἐργασίαν,
1Co 3:16 οὐκ οἴδατε ὅτι **ναὸς** θεοῦ ἐστε καὶ τὸ πνεῦμα τοῦ θεοῦ οἰκεῖ ἐν ὑμῖν;
3:17 εἴ τις τὸν **ναὸν** τοῦ θεοῦ φθείρει, φθερεῖ τοῦτον ὁ θεός· ὁ γὰρ **ναὸς** τοῦ θεοῦ ἅγιός ἐστιν, οἵτινές ἐστε ὑμεῖς.
6:19 ἢ οὐκ οἴδατε ὅτι τὸ σῶμα ὑμῶν **ναὸς** τοῦ ἐν ὑμῖν ἁγίου πνεύματός ἐστιν οὗ ἔχετε ἀπὸ θεοῦ,

2Co 6:16 τίς δὲ συγκατάθεσις **ναῷ** θεοῦ μετὰ εἰδώλων; ἡμεῖς γὰρ **ναὸς** θεοῦ ἐσμεν ζῶντος, καθὼς εἶπεν ὁ θεὸς ὅτι Ἐνοικήσω ἐν αὐτοῖς καὶ ἐμπεριπατήσω καὶ ἔσομαι αὐτῶν θεὸς
Eph 2:21 ἐν ᾧ πᾶσα οἰκοδομὴ συναρμολογουμένη αὔξει εἰς **ναὸν** ἅγιον ἐν κυρίῳ,
2Th 2: 4 ὥστε αὐτὸν εἰς τὸν **ναὸν** τοῦ θεοῦ καθίσαι ἀποδεικνύντα ἑαυτὸν ὅτι ἔστιν θεός.
Rev 3:12 ὁ νικῶν ποιήσω αὐτὸν στῦλον ἐν τῷ **ναῷ** τοῦ θεοῦ μου καὶ ἔξω οὐ μὴ ἐξέλθῃ ἔτι καὶ γράψω ἐπ' αὐτὸν τὸ ὄνομα τοῦ θεοῦ μου
7:15 διὰ τοῦτό εἰσιν ἐνώπιον τοῦ θρόνου τοῦ θεοῦ καὶ λατρεύουσιν αὐτῷ ἡμέρας καὶ νυκτὸς ἐν τῷ **ναῷ** αὐτοῦ,
11: 1 Ἔγειρε καὶ μέτρησον τὸν **ναὸν** τοῦ θεοῦ καὶ τὸ θυσιαστήριον καὶ τοὺς προσκυνοῦντας ἐν αὐτῷ.
11: 2 καὶ τὴν αὐλὴν τὴν ἔξωθεν τοῦ **ναοῦ** ἔκβαλε ἔξωθεν καὶ μὴ αὐτὴν μετρήσῃς,
11:19 καὶ ἠνοίγη ὁ **ναὸς** τοῦ θεοῦ ὁ ἐν τῷ οὐρανῷ καὶ ὤφθη ἡ κιβωτὸς τῆς διαθήκης αὐτοῦ ἐν τῷ **ναῷ** αὐτοῦ,
14:15 καὶ ἄλλος ἄγγελος ἐξῆλθεν ἐκ τοῦ **ναοῦ** κράζων ἐν φωνῇ μεγάλῃ τῷ καθημένῳ ἐπὶ τῆς νεφέλης,
14:17 Καὶ ἄλλος ἄγγελος ἐξῆλθεν ἐκ τοῦ **ναοῦ** τοῦ ἐν τῷ οὐρανῷ ἔχων καὶ αὐτὸς δρέπανον ὀξύ.
15: 5 καὶ ἠνοίγη ὁ **ναὸς** τῆς σκηνῆς τοῦ μαρτυρίου ἐν τῷ οὐρανῷ,
15: 6 καὶ ἐξῆλθον οἱ ἑπτὰ ἄγγελοι [οἱ] ἔχοντες τὰς ἑπτὰ πληγὰς ἐκ τοῦ **ναοῦ** ἐνδεδυμένοι λίνον καθαρὸν λαμπρὸν
15: 8 καὶ ἐγεμίσθη ὁ **ναὸς** καπνοῦ ἐκ τῆς δόξης τοῦ θεοῦ καὶ ἐκ τῆς δυνάμεως αὐτοῦ, καὶ οὐδεὶς ἐδύνατο εἰσελθεῖν εἰς τὸν **ναὸν** ἄχρι τελεσθῶσιν αἱ ἑπτὰ πληγαὶ τῶν ἑπτὰ ἀγγέλων.
16: 1 Καὶ ἤκουσα μεγάλης φωνῆς ἐκ τοῦ **ναοῦ** λεγούσης τοῖς ἑπτὰ ἀγγέλοις,
16:17 καὶ ἐξῆλθεν φωνὴ μεγάλη ἐκ τοῦ **ναοῦ** ἀπὸ τοῦ θρόνου λέγουσα,
21:22 Καὶ **ναὸν** οὐκ εἶδον ἐν αὐτῇ, ὁ γὰρ κύριος ὁ θεὸς ὁ παντοκράτωρ **ναὸς** αὐτῆς ἐστιν καὶ τὸ ἀρνίον.

3725 Ναούμ [1]

Lk 3:25 τοῦ Ματταθίου τοῦ Ἀμὼς τοῦ **Ναοὺμ** τοῦ Ἑσλὶ τοῦ Ναγγαὶ

3726 νάρδος [2]

Mk 14: 3 κατακειμένου αὐτοῦ ἦλθεν γυνὴ ἔχουσα ἀλάβαστρον μύρου **νάρδου** πιστικῆς πολυτελοῦς,
Jn 12: 3 ἡ οὖν Μαριὰμ λαβοῦσα λίτραν μύρου **νάρδου** πιστικῆς πολυτίμου ἤλειψεν τοὺς πόδας τοῦ Ἰησοῦ

3727 Νάρκισσος [1]

Ro 16:11 ἀσπάσασθε τοὺς ἐκ τῶν **Ναρκίσσου** τοὺς ὄντας ἐν κυρίῳ.

3728 ναυαγέω [2]

√ 3730 + 2862

2Co 11:25 τρὶς ἐραβδίσθην, ἅπαξ ἐλιθάσθην, τρὶς **ἐναυάγησα,** νυχθήμερον ἐν τῷ βυθῷ πεποίηκα·
1Ti 1:19 ἔχων πίστιν καὶ ἀγαθὴν συνείδησιν, ἥν τινες ἀπωσάμενοι περὶ τὴν πίστιν **ἐναυάγησαν,**

3729 ναύκληρος [1]

√ 3730 + 3102

Ac 27:11 ὁ δὲ ἑκατοντάρχης τῷ κυβερνήτῃ καὶ τῷ **ναυκλήρῳ** μᾶλλον ἐπείθετο ἢ τοῖς ὑπὸ Παύλου λεγομένοις.

3730 ναῦς [1]

→ 3728, 3729, 3731

Ac 27:41 περιπεσόντες δὲ εἰς τόπον διθάλασσον ἐπέκειλαν τὴν **ναῦν** καὶ ἡ μὲν πρῷρα ἐρείσασα ἔμεινεν ἀσάλευτος,

3731 ναύτης [3]

√ 3730

Ac 27:27 κατὰ μέσον τῆς νυκτὸς ὑπενόουν οἱ **ναῦται** προσάγειν τινὰ αὐτοῖς χώραν.
27:30 τῶν δὲ **ναυτῶν** ζητούντων φυγεῖν ἐκ τοῦ πλοίου καὶ χαλασάντων τὴν σκάφην εἰς τὴν θάλασσαν προφάσει
Rev 18:17 Καὶ πᾶς κυβερνήτης καὶ πᾶς ὁ ἐπὶ τόπον πλέων καὶ **ναῦται** καὶ ὅσοι τὴν θάλασσαν ἐργάζονται,

3732 Ναχώρ [1]

Lk 3:34 τοῦ Ἰακὼβ τοῦ Ἰσαὰκ τοῦ Ἀβραὰμ τοῦ Θάρα τοῦ **Ναχὼρ**

3733 νεανίας [3]

√ 3742

Ac 7:58 καὶ οἱ μάρτυρες ἀπέθεντο τὰ ἱμάτια αὐτῶν παρὰ τοὺς πόδας **νεανίου** καλουμένου Σαύλου,
20: 9 καθεζόμενος δέ τις **νεανίας** ὀνόματι Εὔτυχος ἐπὶ τῆς θυρίδος,
23:17 Τὸν **νεανίαν** τοῦτον ἀπάγαγε πρὸς τὸν χιλίαρχον, ἔχει γὰρ ἀπαγγεῖλαί τι αὐτῷ.

3734 νεανίσκος [11]

√ 3742

Mt 19:20 λέγει αὐτῷ ὁ **νεανίσκος,** Πάντα ταῦτα ἐφύλαξα· τί ἔτι ὑστερῶ;
19:22 ἀκούσας δὲ ὁ **νεανίσκος** τὸν λόγον ἀπῆλθεν λυπούμενος·
Mk 14:51 Καὶ **νεανίσκος** τις συνηκολούθει αὐτῷ περιβεβλημένος σινδόνα ἐπὶ γυμνοῦ,
16: 5 καὶ εἰσελθοῦσαι εἰς τὸ μνημεῖον εἶδον **νεανίσκον** καθήμενον ἐν τοῖς δεξιοῖς περιβεβλημένον στολὴν λευκήν,
Lk 7:14 οἱ δὲ βαστάζοντες ἔστησαν, καὶ εἶπεν, **Νεανίσκε,** σοὶ λέγω, ἐγέρθητι.
Ac 2:17 καὶ οἱ **νεανίσκοι** ὑμῶν ὁράσεις ὄψονται καὶ οἱ πρεσβύτεροι ὑμῶν ἐνυπνίοις ἐνυπνιασθήσονται·
5:10 εἰσελθόντες δὲ οἱ **νεανίσκοι** εὗρον αὐτὴν νεκρὰν καὶ ἐξενέγκαντες ἔθαψαν πρὸς τὸν ἄνδρα αὐτῆς,
23:18 Ὁ δέσμιος Παῦλος προσκαλεσάμενός με ἠρώτησεν τοῦτον τὸν **νεανίσκον** ἀγαγεῖν πρὸς σὲ ἔχοντά τι λαλῆσαί σοι.
23:22 ὁ μὲν οὖν χιλίαρχος ἀπέλυσε τὸν **νεανίσκον** παραγγείλας μηδενὶ ἐκλαλῆσαι ὅτι ταῦτα ἐνεφάνισας πρός με.
1Jn 2:13 ὅτι ἐγνώκατε τὸν ἀπ' ἀρχῆς. γράφω ὑμῖν, **νεανίσκοι,** ὅτι νενικήκατε τὸν πονηρόν.
2:14 ἔγραψα ὑμῖν, **νεανίσκοι,** ὅτι ἰσχυροί ἐστε καὶ ὁ λόγος τοῦ θεοῦ ἐν ὑμῖν μένει καὶ νενικήκατε τὸν πονηρόν.

3735 Νεά πολις [1]

√ 3742 + 4484

Ac 16:11 Ἀναχθέντες δὲ ἀπὸ Τρῳάδος εὐθυδρομήσαμεν εἰς Σαμοθρᾴκην, τῇ δὲ ἐπιούσῃ εἰς **Νέαν Πόλιν**

3736 Νεάπολις Not used in UBS/NIV

√ 3742 + 4484

3737 Νεεμάν Not used in UBS/NIV

√ 3722

3738 νεκρός [128 / 129]

→ 3739, 3740

singular [17] Mk 9:26; Lk 7:15; 15:24,32; Ac 5:10; 20:9; 28:6; Ro 7:8; 8:10; Jas 2:17,26,26; Rev 1:17,18; 2:8; 3:1; 16:3

ἀνάστασις [ἐκ] νεκροῦ [15] Mt 22:31; Lk 20:35; Ac 4:2; 17:32; 23:6; 24:21; 26:23; Ro 1:4; 1Co 15:12,13,21,42; Heb 6:2; 11:35; 1Pe 1:3

ἀναστῆναι ἐκ νεκρῶν [11] Mk 9:9,10; 12:25; Lk 16:31; 24:46; Jn 20:9; Ac 10:41; 13:34; 17:3,31; Eph 5:14

ἀπὸ νεκρῶν [6] Mt 14:2; 27:64; 28:7; Lk 16:30; Heb 6:1; 9:14

ἐγείρω ἀπὸ τῶν νεκρῶν [3] Mt 14:2; 27:64; 28:7

ἐγείρω ἐκ νεκρῶν [26] Mt 17:9; Mk 6:14,16; Lk 9:7; Jn 2:22; 12:1,9,17; 21:14; Ac 3:15; 4:10; 13:30; Ro 6:4,9; 7:4; 8:11; 10:9; 1Co 15:12,20; Gal 1:1; Eph 1:20; Col 2:12; 1Th 1:10; 2Ti 2:8; Heb 11:19; 1Pe 1:21

ἐγείρω νεκρούς [4] Mt 10:8; Jn 5:21; Ac 26:8; 2Co 1:9

ἐκ νεκρῶν [38] Mt 17:9; Mk 6:14,16; Lk 9:7; 20:35; Jn 2:22; 12:1,9,17; 21:14; Ac 3:15; 4:2,10; 13:30; 26:23; Ro 4:24; 6:4,9,13; 7:4; 8:11,11; 10:7,9; 11:15; 1Co 15:12,20; Gal 1:1; Eph 1:20; Php 3:11; Col 1:18; 2:12; 1Th 1:10; 2Ti 2:8; Heb 11:19; 13:20; 1Pe 1:3,21

ἐπὶ νεκροῖς [1] Heb 9:17

νεκροὶ ἐγείρονται [9] Mt 11:5; Lk 7:22; 20:37; 1Co 15:15,16,29,32,35,52

νεκρός ... ἀναζάω [1] Lk 15:24

νεκρός ... ἔργον [5] Heb 6:1; 9:14; Jas 2:17,26,26

νεκρός ... ζάω [19] Mt 22:32; Mk 12:27; Lk 15:32; 20:38; 24:5; Jn 5:25; Ac 10:42; Ro 6:11,13; 14:9; 2Ti 4:1; Heb 9:14,17; 1Pe 4:5,6; Rev 1:18; 2:8; 3:1; 20:5

Mt 8:22 Ἀκολούθει μοι καὶ ἄφες τοὺς **νεκροὺς** θάψαι τοὺς ἑαυτῶν **νεκρούς.**
10: 8 ἀσθενοῦντας θεραπεύετε, **νεκροὺς** ἐγείρετε, λεπροὺς καθαρίζετε, δαιμόνια ἐκβάλλετε·
11: 5 λεπροὶ καθαρίζονται καὶ κωφοὶ ἀκούουσιν, καὶ **νεκροὶ** ἐγείρονται καὶ πτωχοὶ εὐαγγελίζονται·
14: 2 αὐτὸς ἠγέρθη ἀπὸ τῶν **νεκρῶν** καὶ διὰ τοῦτο αἱ δυνάμεις ἐνεργοῦσιν ἐν αὐτῷ.
17: 9 Μηδενὶ εἴπητε τὸ ὅραμα ἕως οὗ ὁ υἱὸς τοῦ ἀνθρώπου ἐκ **νεκρῶν** ἐγερθῇ.
22:31 περὶ δὲ τῆς ἀναστάσεως τῶν **νεκρῶν** οὐκ ἀνέγνωτε τὸ ῥηθὲν ὑμῖν ὑπὸ τοῦ θεοῦ λέγοντος,
22:32 Ἐγώ εἰμι ὁ θεὸς Ἀβραὰμ καὶ ὁ θεὸς Ἰσαὰκ καὶ ὁ θεὸς Ἰακώβ; οὐκ ἔστιν [ὁ] θεὸς **νεκρῶν** ἀλλὰ ζώντων.
23:27 ἔσωθεν δὲ γέμουσιν ὀστέων **νεκρῶν** καὶ πάσης ἀκαθαρσίας.
27:64 Ἠγέρθη ἀπὸ τῶν **νεκρῶν,** καὶ ἔσται ἡ ἐσχάτη πλάνη χείρων τῆς πρώτης.
28: 4 ἀπὸ δὲ τοῦ φόβου αὐτοῦ ἐσείσθησαν οἱ τηροῦντες καὶ ἐγενήθησαν ὡς **νεκροί.**
28: 7 καὶ ταχὺ πορευθεῖσαι εἴπατε τοῖς μαθηταῖς αὐτοῦ ὅτι Ἠγέρθη ἀπὸ τῶν **νεκρῶν,**
Mk 6:14 καὶ ἔλεγον ὅτι Ἰωάννης ὁ βαπτίζων ἐγήγερται ἐκ **νεκρῶν** καὶ διὰ τοῦτο ἐνεργοῦσιν αἱ δυνάμεις ἐν αὐτῷ.
6:16 Ὃν ἐγὼ ἀπεκεφάλισα Ἰωάννην, οὗτος ἐκ **νεκρῶν**[UBS-] ἠγέρθη.
9: 9 εἰ μὴ ὅταν ὁ υἱὸς τοῦ ἀνθρώπου ἐκ **νεκρῶν** ἀναστῇ.
9:10 καὶ τὸν λόγον ἐκράτησαν πρὸς ἑαυτοὺς συζητοῦντες τί ἐστιν τὸ ἐκ **νεκρῶν** ἀναστῆναι.
9:26 καὶ ἐγένετο ὡσεὶ **νεκρός,** ὥστε τοὺς πολλοὺς λέγειν ὅτι ἀπέθανεν.
12:25 ὅταν γὰρ ἐκ **νεκρῶν** ἀναστῶσιν οὔτε γαμοῦσιν οὔτε γαμίζονται,
12:26 περὶ δὲ τῶν **νεκρῶν** ὅτι ἐγείρονται οὐκ ἀνέγνωτε ἐν τῇ βίβλῳ Μωϋσέως ἐπὶ τοῦ βάτου πῶς εἶπεν αὐτῷ ὁ θεὸς λέγων,
12:27 οὐκ ἔστιν θεὸς **νεκρῶν** ἀλλὰ ζώντων· πολὺ πλανᾶσθε.
Lk 7:15 καὶ ἀνεκάθισεν ὁ **νεκρὸς** καὶ ἤρξατο λαλεῖν, καὶ ἔδωκεν αὐτὸν τῇ μητρὶ αὐτοῦ.
7:22 λεπροὶ καθαρίζονται καὶ κωφοὶ ἀκούουσιν, **νεκροὶ** ἐγείρονται, πτωχοὶ εὐαγγελίζονται·
9: 7 Ἤκουσεν δὲ Ἡρῴδης ὁ τετραάρχης τὰ γινόμενα πάντα καὶ διηπόρει διὰ τὸ λέγεσθαι ὑπό τινων ὅτι Ἰωάννης ἠγέρθη ἐκ **νεκρῶν,**
9:60 εἶπεν δὲ αὐτῷ, Ἄφες τοὺς **νεκροὺς** θάψαι τοὺς ἑαυτῶν **νεκρούς,**
15:24 ὅτι οὗτος ὁ υἱός μου **νεκρὸς** ἦν καὶ ἀνέζησεν,
15:32 ὅτι ὁ ἀδελφός σου οὗτος **νεκρὸς** ἦν καὶ ἔζησεν,
16:30 ἀλλ' ἐάν τις ἀπὸ **νεκρῶν** πορευθῇ πρὸς αὐτοὺς μετανοήσουσιν.
16:31 Εἰ Μωϋσέως καὶ τῶν προφητῶν οὐκ ἀκούουσιν, οὐδ' ἐάν τις ἐκ **νεκρῶν** ἀναστῇ πεισθήσονται.
20:35 οἱ δὲ καταξιωθέντες τοῦ αἰῶνος ἐκείνου τυχεῖν καὶ τῆς ἀναστάσεως τῆς ἐκ **νεκρῶν** οὔτε γαμοῦσιν οὔτε γαμίζονται·
20:37 ὅτι δὲ ἐγείρονται οἱ **νεκροί,** καὶ Μωϋσῆς ἐμήνυσεν ἐπὶ τῆς βάτου,
20:38 θεὸς δὲ οὐκ ἔστιν **νεκρῶν** ἀλλὰ ζώντων, πάντες γὰρ αὐτῷ ζῶσιν.
24: 5 καὶ κλινουσῶν τὰ πρόσωπα εἰς τὴν γῆν εἶπαν πρὸς αὐτάς, Τί ζητεῖτε τὸν ζῶντα μετὰ τῶν **νεκρῶν·**
24:46 καὶ εἶπεν αὐτοῖς ὅτι Οὕτως γέγραπται παθεῖν τὸν Χριστὸν καὶ ἀναστῆναι ἐκ **νεκρῶν** τῇ τρίτῃ ἡμέρᾳ,
Jn 2:22 ὅτε οὖν ἠγέρθη ἐκ **νεκρῶν,** ἐμνήσθησαν οἱ μαθηταὶ αὐτοῦ ὅτι τοῦτο ἔλεγεν,
5:21 ὥσπερ γὰρ ὁ πατὴρ ἐγείρει τοὺς **νεκροὺς** καὶ ζῳοποιεῖ,
5:25 ὅτι ἔρχεται ὥρα καὶ νῦν ἐστιν ὅτε οἱ **νεκροὶ** ἀκούσουσιν τῆς φωνῆς τοῦ υἱοῦ τοῦ θεοῦ καὶ οἱ ἀκούσαντες ζήσουσιν.
12: 1 ὅπου ἦν Λάζαρος, ὃν ἤγειρεν ἐκ **νεκρῶν** Ἰησοῦς.
12: 9 ἀλλ' ἵνα καὶ τὸν Λάζαρον ἴδωσιν ὃν ἤγειρεν ἐκ **νεκρῶν.**
12:17 ἐμαρτύρει οὖν ὁ ὄχλος ὁ ὢν μετ' αὐτοῦ ὅτε τὸν Λάζαρον ἐφώνησεν ἐκ τοῦ μνημείου καὶ ἤγειρεν αὐτὸν ἐκ **νεκρῶν.**
20: 9 οὐδέπω γὰρ ᾔδεισαν τὴν γραφὴν ὅτι δεῖ αὐτὸν ἐκ **νεκρῶν** ἀναστῆναι.
21:14 τοῦτο ἤδη τρίτον ἐφανερώθη Ἰησοῦς τοῖς μαθηταῖς ἐγερθεὶς ἐκ **νεκρῶν.**
Ac 3:15 τὸν δὲ ἀρχηγὸν τῆς ζωῆς ἀπεκτείνατε ὃν ὁ θεὸς ἤγειρεν ἐκ **νεκρῶν,**
4: 2 διαπονούμενοι διὰ τὸ διδάσκειν αὐτοὺς τὸν λαὸν καὶ καταγγέλλειν ἐν τῷ Ἰησοῦ τὴν ἀνάστασιν τὴν ἐκ **νεκρῶν,**
4:10 ὃν ὁ θεὸς ἤγειρεν ἐκ **νεκρῶν,** ἐν τούτῳ οὗτος παρέστηκεν ἐνώπιον ὑμῶν ὑγιής.
5:10 εἰσελθόντες δὲ οἱ νεανίσκοι εὗρον αὐτὴν **νεκρὰν** καὶ ἐξενέγκαντες ἔθαψαν πρὸς τὸν ἄνδρα αὐτῆς,
10:41 οἵτινες συνεφάγομεν καὶ συνεπίομεν αὐτῷ μετὰ τὸ ἀναστῆναι αὐτὸν ἐκ **νεκρῶν·**
10:42 κηρύξαι τῷ λαῷ καὶ διαμαρτύρασθαι ὅτι οὗτός ἐστιν ὁ ὡρισμένος ὑπὸ τοῦ θεοῦ κριτὴς ζώντων καὶ **νεκρῶν.**
13:30 ὁ δὲ θεὸς ἤγειρεν αὐτὸν ἐκ **νεκρῶν,**
13:34 ὅτι δὲ ἀνέστησεν αὐτὸν ἐκ **νεκρῶν** μηκέτι μέλλοντα ὑποστρέφειν εἰς διαφθοράν,
17: 3 ὅτι τὸν Χριστὸν ἔδει παθεῖν καὶ ἀναστῆναι ἐκ **νεκρῶν** καὶ ὅτι οὗτός ἐστιν ὁ Χριστὸς [ὁ] Ἰησοῦς ὃν ἐγὼ καταγγέλλω ὑμῖν.
17:31 μέλλει κρίνειν τὴν οἰκουμένην ἐν δικαιοσύνῃ ἐν ἀνδρὶ ᾧ ὥρισεν, πίστιν παρασχὼν πᾶσιν ἀναστήσας αὐτὸν ἐκ **νεκρῶν.**
17:32 Ἀκούσαντες δὲ ἀνάστασιν **νεκρῶν** οἱ μὲν ἐχλεύαζον, οἱ δὲ εἶπαν,
20: 9 κατενεχθεὶς ἀπὸ τοῦ ὕπνου ἔπεσεν ἀπὸ τοῦ τριστέγου κάτω καὶ ἤρθη **νεκρός.**
23: 6 υἱὸς Φαρισαίων, περὶ ἐλπίδος καὶ ἀναστάσεως **νεκρῶν** [ἐγὼ] κρίνομαι.
24:21 ἢ περὶ μιᾶς ταύτης φωνῆς ἧς ἐκέκραξα ἐν αὐτοῖς ἑστὼς ὅτι Περὶ ἀναστάσεως **νεκρῶν** ἐγὼ κρίνομαι σήμερον ἐφ' ὑμῶν.
26: 8 τί ἄπιστον κρίνεται παρ' ὑμῖν εἰ ὁ θεὸς **νεκροὺς** ἐγείρει;
26:23 εἰ πρῶτος ἐξ ἀναστάσεως **νεκρῶν** φῶς μέλλει καταγγέλλειν τῷ τε λαῷ καὶ τοῖς ἔθνεσιν.
28: 6 οἱ δὲ προσεδόκων αὐτὸν μέλλειν πίμπρασθαι ἢ καταπίπτειν ἄφνω **νεκρόν.**
Ro 1: 4 τοῦ ὁρισθέντος υἱοῦ θεοῦ ἐν δυνάμει κατὰ πνεῦμα ἁγιωσύνης ἐξ ἀναστάσεως **νεκρῶν,**
4:17 κατέναντι οὗ ἐπίστευσεν θεοῦ τοῦ ζῳοποιοῦντος τοὺς **νεκροὺς** καὶ καλοῦντος τὰ μὴ ὄντα ὡς ὄντα·
4:24 τοῖς πιστεύουσιν ἐπὶ τὸν ἐγείραντα Ἰησοῦν τὸν κύριον ἡμῶν ἐκ **νεκρῶν,**
6: 4 ἵνα ὥσπερ ἠγέρθη Χριστὸς ἐκ **νεκρῶν** διὰ τῆς δόξης τοῦ πατρός,
6: 9 εἰδότες ὅτι Χριστὸς ἐγερθεὶς ἐκ **νεκρῶν** οὐκέτι ἀποθνῄσκει,
6:11 οὕτως καὶ ὑμεῖς λογίζεσθε ἑαυτοὺς [εἶναι] **νεκροὺς** μὲν τῇ ἁμαρτίᾳ ζῶντας δὲ τῷ θεῷ ἐν Χριστῷ Ἰησοῦ.
6:13 ἀλλὰ παραστήσατε ἑαυτοὺς τῷ θεῷ ὡσεὶ ἐκ **νεκρῶν** ζῶντας καὶ τὰ μέλη ὑμῶν ὅπλα δικαιοσύνης τῷ θεῷ.
7: 4 τῷ ἐκ **νεκρῶν** ἐγερθέντι, ἵνα καρποφορήσωμεν τῷ θεῷ.
7: 8 ἀφορμὴν δὲ λαβοῦσα ἡ ἁμαρτία διὰ τῆς ἐντολῆς κατειργάσατο ἐν ἐμοὶ πᾶσαν ἐπιθυμίαν· χωρὶς γὰρ νόμου ἁμαρτία **νεκρά.**
8:10 τὸ μὲν σῶμα **νεκρὸν** διὰ ἁμαρτίαν τὸ δὲ πνεῦμα ζωὴ διὰ δικαιοσύνην.
8:11 εἰ δὲ τὸ πνεῦμα τοῦ ἐγείραντος τὸν Ἰησοῦν ἐκ **νεκρῶν** οἰκεῖ ἐν ὑμῖν, ὁ ἐγείρας Χριστὸν ἐκ **νεκρῶν** ζῳοποιήσει καὶ τὰ θνητὰ σώματα ὑμῶν διὰ τοῦ ἐνοικοῦντος αὐτοῦ πνεύματος ἐν ὑμῖν.
10: 7 Τίς καταβήσεται εἰς τὴν ἄβυσσον; τοῦτ' ἔστιν Χριστὸν ἐκ **νεκρῶν** ἀναγαγεῖν.
10: 9 ὅτι ἐὰν ὁμολογήσῃς ἐν τῷ στόματί σου κύριον Ἰησοῦν καὶ πιστεύσῃς ἐν τῇ καρδίᾳ σου ὅτι ὁ θεὸς αὐτὸν ἤγειρεν ἐκ **νεκρῶν,** σωθήσῃ·
11:15 τίς ἡ πρόσλημψις εἰ μὴ ζωὴ ἐκ **νεκρῶν;**
14: 9 εἰς τοῦτο γὰρ Χριστὸς ἀπέθανεν καὶ ἔζησεν, ἵνα καὶ **νεκρῶν** καὶ ζώντων κυριεύσῃ.
1Co 15:12 Εἰ δὲ Χριστὸς κηρύσσεται ὅτι ἐκ **νεκρῶν** ἐγήγερται, πῶς λέγουσιν ἐν ὑμῖν τινες ὅτι ἀνάστασις **νεκρῶν** οὐκ ἔστιν;

15:13 εἰ δὲ ἀνάστασις **νεκρῶν** οὐκ ἔστιν, οὐδὲ Χριστὸς ἐγήγερται·
15:15 ὃν οὐκ ἤγειρεν εἴπερ ἄρα **νεκροὶ** οὐκ ἐγείρονται.
15:16 εἰ γὰρ **νεκροὶ** οὐκ ἐγείρονται, οὐδὲ Χριστὸς ἐγήγερται·
15:20 Νυνὶ δὲ Χριστὸς ἐγήγερται ἐκ **νεκρῶν** ἀπαρχὴ τῶν κεκοιμημένων.
15:21 ἐπειδὴ γὰρ δι' ἀνθρώπου θάνατος, καὶ δι' ἀνθρώπου ἀνάστασις **νεκρῶν.**
15:29 Ἐπεὶ τί ποιήσουσιν οἱ βαπτιζόμενοι ὑπὲρ τῶν **νεκρῶν**; εἰ ὅλως **νεκροὶ** οὐκ ἐγείρονται, τί καὶ βαπτίζονται ὑπὲρ αὐτῶν;
15:32 εἰ **νεκροὶ** οὐκ ἐγείρονται, Φάγωμεν καὶ πίωμεν, αὔριον γὰρ ἀποθνῄσκομεν.
15:35 Ἀλλὰ ἐρεῖ τις, Πῶς ἐγείρονται οἱ **νεκροί**; ποίῳ δὲ σώματι ἔρχονται;
15:42 Οὕτως καὶ ἡ ἀνάστασις τῶν **νεκρῶν.** σπείρεται ἐν φθορᾷ,
15:52 σαλπίσει γὰρ καὶ οἱ **νεκροὶ** ἐγερθήσονται ἄφθαρτοι καὶ ἡμεῖς ἀλλαγησόμεθα.
2Co 1: 9 ἵνα μὴ πεποιθότες ὦμεν ἐφ' ἑαυτοῖς ἀλλ' ἐπὶ τῷ θεῷ τῷ ἐγείροντι τοὺς **νεκρούς**·
Gal 1: 1 Παῦλος ἀπόστολος οὐκ ἀπ' ἀνθρώπων οὐδὲ δι' ἀνθρώπου ἀλλὰ διὰ Ἰησοῦ Χριστοῦ καὶ θεοῦ πατρὸς τοῦ ἐγείραντος αὐτὸν ἐκ **νεκρῶν,**
Eph 1:20 ἣν ἐνήργησεν ἐν τῷ Χριστῷ ἐγείρας αὐτὸν ἐκ **νεκρῶν** καὶ καθίσας ἐν δεξιᾷ αὐτοῦ ἐν τοῖς ἐπουρανίοις
2: 1 Καὶ ὑμᾶς ὄντας **νεκροὺς** τοῖς παραπτώμασιν καὶ ταῖς ἁμαρτίαις ὑμῶν,
2: 5 καὶ ὄντας ἡμᾶς **νεκροὺς** τοῖς παραπτώμασιν συνεζωοποίησεν τῷ Χριστῷ,–
5:14 Ἔγειρε, ὁ καθεύδων, καὶ ἀνάστα ἐκ τῶν **νεκρῶν,**
Php 3:11 εἴ πως καταντήσω εἰς τὴν ἐξανάστασιν τὴν ἐκ **νεκρῶν.**
Col 1:18 ὅς ἐστιν ἀρχή, πρωτότοκος ἐκ τῶν **νεκρῶν,** ἵνα γένηται ἐν πᾶσιν αὐτὸς πρωτεύων,
2:12 ἐν ᾧ καὶ συνηγέρθητε διὰ τῆς πίστεως τῆς ἐνεργείας τοῦ θεοῦ τοῦ ἐγείραντος αὐτὸν ἐκ **νεκρῶν**·
2:13 καὶ ὑμᾶς **νεκροὺς** ὄντας [ἐν] τοῖς παραπτώμασιν καὶ τῇ ἀκροβυστίᾳ τῆς σαρκὸς ὑμῶν,
1Th 1:10 καὶ ἀναμένειν τὸν υἱὸν αὐτοῦ ἐκ τῶν οὐρανῶν, ὃν ἤγειρεν ἐκ [τῶν] **νεκρῶν,**
4:16 καταβήσεται ἀπ' οὐρανοῦ καὶ οἱ **νεκροὶ** ἐν Χριστῷ ἀναστήσονται πρῶτον,
2Ti 2: 8 Μνημόνευε Ἰησοῦν Χριστὸν ἐγηγερμένον ἐκ **νεκρῶν,** ἐκ σπέρματος Δαυίδ,
4: 1 Διαμαρτύρομαι ἐνώπιον τοῦ θεοῦ καὶ Χριστοῦ Ἰησοῦ τοῦ μέλλοντος κρίνειν ζῶντας καὶ **νεκρούς,**
Heb 6: 1 μὴ πάλιν θεμέλιον καταβαλλόμενοι μετανοίας ἀπὸ **νεκρῶν** ἔργων καὶ πίστεως ἐπὶ θεόν,
6: 2 βαπτισμῶν διδαχῆς ἐπιθέσεώς τε χειρῶν, ἀναστάσεώς τε **νεκρῶν** καὶ κρίματος αἰωνίου.
9:14 καθαριεῖ τὴν συνείδησιν ἡμῶν ἀπὸ **νεκρῶν** ἔργων εἰς τὸ λατρεύειν θεῷ ζῶντι.
9:17 διαθήκη γὰρ ἐπὶ **νεκροῖς** βεβαία, ἐπεὶ μήποτε ἰσχύει ὅτε ζῇ ὁ διαθέμενος.
11:19 λογισάμενος ὅτι καὶ ἐκ **νεκρῶν** ἐγείρειν δυνατὸς ὁ θεός,
11:35 ἔλαβον γυναῖκες ἐξ ἀναστάσεως τοὺς **νεκροὺς** αὐτῶν· ἄλλοι δὲ ἐτυμπανίσθησαν οὐ προσδεξάμενοι τὴν ἀπολύτρωσιν,
13:20 ὁ ἀναγαγὼν ἐκ **νεκρῶν** τὸν ποιμένα τῶν προβάτων τὸν μέγαν ἐν αἵματι διαθήκης αἰωνίου,
Jas 2:17 ἐὰν μὴ ἔχῃ ἔργα, **νεκρά** ἐστιν καθ' ἑαυτήν.
2:26 ὥσπερ γὰρ τὸ σῶμα χωρὶς πνεύματος **νεκρόν** ἐστιν, οὕτως καὶ ἡ πίστις χωρὶς ἔργων **νεκρά** ἐστιν.
1Pe 1: 3 ὁ κατὰ τὸ πολὺ αὐτοῦ ἔλεος ἀναγεννήσας ἡμᾶς εἰς ἐλπίδα ζῶσαν δι' ἀναστάσεως Ἰησοῦ Χριστοῦ ἐκ **νεκρῶν,**
1:21 τοὺς δι' αὐτοῦ πιστοὺς εἰς θεὸν τὸν ἐγείραντα αὐτὸν ἐκ **νεκρῶν** καὶ δόξαν αὐτῷ δόντα,
4: 5 οἳ ἀποδώσουσιν λόγον τῷ ἑτοίμως ἔχοντι κρῖναι ζῶντας καὶ **νεκρούς.**
4: 6 εἰς τοῦτο γὰρ καὶ **νεκροῖς** εὐηγγελίσθη, ἵνα κριθῶσι μὲν κατὰ ἀνθρώπους σαρκὶ ζῶσι δὲ κατὰ θεὸν πνεύματι.
Rev 1: 5 ὁ πρωτότοκος τῶν **νεκρῶν** καὶ ὁ ἄρχων τῶν βασιλέων τῆς γῆς.
1:17 Καὶ ὅτε εἶδον αὐτόν, ἔπεσα πρὸς τοὺς πόδας αὐτοῦ ὡς **νεκρός,**
1:18 καὶ ἐγενόμην **νεκρὸς** καὶ ἰδοὺ ζῶν εἰμι εἰς τοὺς αἰῶνας τῶν αἰώνων καὶ ἔχω τὰς κλεῖς τοῦ θανάτου καὶ τοῦ ᾅδου.
2: 8 Τάδε λέγει ὁ πρῶτος καὶ ὁ ἔσχατος, ὃς ἐγένετο **νεκρὸς** καὶ ἔζησεν·
3: 1 Οἶδά σου τὰ ἔργα ὅτι ὄνομα ἔχεις ὅτι ζῇς, καὶ **νεκρὸς** εἶ.
11:18 καὶ ἦλθεν ἡ ὀργή σου καὶ ὁ καιρὸς τῶν **νεκρῶν** κριθῆναι καὶ δοῦναι τὸν μισθὸν τοῖς δούλοις σου τοῖς προφήταις
14:13 Μακάριοι οἱ **νεκροὶ** οἱ ἐν κυρίῳ ἀποθνῄσκοντες ἀπ' ἄρτι.
16: 3 καὶ ἐγένετο αἷμα ὡς **νεκροῦ,** καὶ πᾶσα ψυχὴ ζωῆς ἀπέθανεν τὰ ἐν τῇ θαλάσσῃ.
20: 5 οἱ λοιποὶ τῶν **νεκρῶν** οὐκ ἔζησαν ἄχρι τελεσθῇ τὰ χίλια ἔτη.
20:12 καὶ εἶδον τοὺς **νεκρούς,** τοὺς μεγάλους καὶ τοὺς μικρούς, ἑστῶτας ἐνώπιον τοῦ θρόνου. καὶ βιβλία ἠνοίχθησαν, καὶ ἄλλο βιβλίον ἠνοίχθη, ὅ ἐστιν τῆς ζωῆς, καὶ ἐκρίθησαν οἱ **νεκροὶ** ἐκ τῶν γεγραμμένων ἐν τοῖς βιβλίοις κατὰ τὰ ἔργα αὐτῶν.
20:13 καὶ ἔδωκεν ἡ θάλασσα τοὺς **νεκροὺς** τοὺς ἐν αὐτῇ καὶ ὁ θάνατος καὶ ὁ ᾅδης ἔδωκαν τοὺς **νεκροὺς** τοὺς ἐν αὐτοῖς,

3739 νεκρόω [3]

√ *3738*

Ro 4:19 καὶ μὴ ἀσθενήσας τῇ πίστει κατενόησεν τὸ ἑαυτοῦ σῶμα [ἤδη] **νενεκρωμένον,**
Col 3: 5 **Νεκρώσατε** οὖν τὰ μέλη τὰ ἐπὶ τῆς γῆς,
Heb 11:12 διὸ καὶ ἀφ' ἑνὸς ἐγεννήθησαν, καὶ ταῦτα **νενεκρωμένου,**

3740 νέκρωσις [2]

√ *3738*

Ro 4:19 ἑκατονταετής που ὑπάρχων, καὶ τὴν **νέκρωσιν** τῆς μήτρας Σάρρας·
2Co 4:10 πάντοτε τὴν **νέκρωσιν** τοῦ Ἰησοῦ ἐν τῷ σώματι περιφέροντες,

3741 νεομηνία [1]

√ *3742 + 3604*

Col 2:16 Μὴ οὖν τις ὑμᾶς κρινέτω ἐν βρώσει καὶ ἐν πόσει ἢ ἐν μέρει ἑορτῆς ἢ **νεομηνίας** ἢ σαββάτων·

3742 νέος [23]

→ *391, 3733, 3734, 3735, 3736, 3741, 3743, 3744, 3745, 3754, 3799, 3800, 3801, 3806*

comparative [11] Lk 15:12,13; 22:26; Jn 21:18; Ac 5:6; 1Ti 5:1,2,11,14; Tit 2:6; 1Pe 5:5

μείζων ... νέος [1] Lk 22:26

νέος διαθήκη [1] Heb 12:24

νέος οἶνος [7] Mt 9:17,17; Mk 2:22,22; Lk 5:37,37,38

Mt 9:17 οὐδὲ βάλλουσιν οἶνον **νέον** εἰς ἀσκοὺς παλαιούς· εἰ δὲ μή γε, ῥήγνυνται οἱ ἀσκοὶ καὶ ὁ οἶνος ἐκχεῖται καὶ οἱ ἀσκοὶ ἀπόλλυνται· ἀλλὰ βάλλουσιν οἶνον **νέον** εἰς ἀσκοὺς καινούς, καὶ ἀμφότεροι συντηροῦνται.
Mk 2:22 καὶ οὐδεὶς βάλλει οἶνον **νέον** εἰς ἀσκοὺς παλαιούς· εἰ δὲ μή, ῥήξει ὁ οἶνος τοὺς ἀσκοὺς καὶ ὁ οἶνος ἀπόλλυται καὶ οἱ ἀσκοί· ἀλλὰ οἶνον **νέον** εἰς ἀσκοὺς καινούς.
Lk 5:37 καὶ οὐδεὶς βάλλει οἶνον **νέον** εἰς ἀσκοὺς παλαιούς· εἰ δὲ μή γε, ῥήξει ὁ οἶνος ὁ **νέος** τοὺς ἀσκοὺς καὶ αὐτὸς ἐκχυθήσεται καὶ οἱ ἀσκοὶ ἀπολοῦνται·
5:38 ἀλλὰ οἶνον **νέον** εἰς ἀσκοὺς καινοὺς βλητέον.
5:39 [καὶ] οὐδεὶς πιὼν παλαιὸν θέλει **νέον**· λέγει γάρ,
15:12 καὶ εἶπεν ὁ **νεώτερος** αὐτῶν τῷ πατρί, Πάτερ,
15:13 καὶ μετ' οὐ πολλὰς ἡμέρας συναγαγὼν πάντα ὁ **νεώτερος** υἱὸς ἀπεδήμησεν εἰς χώραν μακρὰν καὶ ἐκεῖ διεσκόρπισεν
22:26 ἀλλ' ὁ μείζων ἐν ὑμῖν γινέσθω ὡς ὁ **νεώτερος** καὶ ὁ ἡγούμενος ὡς ὁ διακονῶν.
Jn 21:18 ἀμὴν ἀμὴν λέγω σοι, ὅτε ἦς **νεώτερος,** ἐζώννυες σεαυτὸν καὶ περιεπάτεις ὅπου ἤθελες·
Ac 5: 6 ἀναστάντες δὲ οἱ **νεώτεροι** συνέστειλαν αὐτὸν καὶ ἐξενέγκαντες ἔθαψαν.
1Co 5: 7 ἐκκαθάρατε τὴν παλαιὰν ζύμην, ἵνα ἦτε **νέον** φύραμα, καθώς ἐστε ἄζυμοι·
Col 3:10 καὶ ἐνδυσάμενοι τὸν **νέον** τὸν ἀνακαινούμενον εἰς ἐπίγνωσιν κατ' εἰκόνα τοῦ κτίσαντος αὐτόν,
1Ti 5: 1 Πρεσβυτέρῳ μὴ ἐπιπλήξῃς ἀλλὰ παρακάλει ὡς πατέρα, **νεωτέρους** ὡς ἀδελφούς,
5: 2 πρεσβυτέρας ὡς μητέρας, **νεωτέρας** ὡς ἀδελφὰς ἐν πάσῃ ἁγνείᾳ.
5:11 **νεωτέρας** δὲ χήρας παραιτοῦ· ὅταν γὰρ καταστρηνιάσωσιν τοῦ Χριστοῦ,

5:14 βούλομαι οὖν **νεωτέρας** γαμεῖν, τεκνογονεῖν, οἰκοδεσποτεῖν, μηδεμίαν ἀφορμὴν διδόναι τῷ ἀντικειμένῳ λοιδορίας χάριν·
Tit 2:4 ἵνα σωφρονίζωσιν τὰς **νέας** φιλάνδρους εἶναι, φιλοτέκνους
2:6 τοὺς **νεωτέρους** ὡσαύτως παρακάλει σωφρονεῖν
Heb 12:24 καὶ διαθήκης **νέας** μεσίτῃ Ἰησοῦ καὶ αἵματι ῥαντισμοῦ κρεῖττον λαλοῦντι παρὰ τὸν Ἅβελ.
1Pe 5:5 Ὁμοίως, **νεώτεροι,** ὑποτάγητε πρεσβυτέροις· πάντες δὲ ἀλλήλοις τὴν ταπεινοφροσύνην ἐγκομβώσασθε,

3743 νεοσσός Not used in UBS/NIV

√ 3742

3744 νεότης [4]

√ 3742

Mk 10:20 ὁ δὲ ἔφη αὐτῷ, Διδάσκαλε, ταῦτα πάντα ἐφυλαξάμην ἐκ **νεότητός** μου.
Lk 18:21 ὁ δὲ εἶπεν, Ταῦτα πάντα ἐφύλαξα ἐκ **νεότητος.**
Ac 26:4 Τὴν μὲν οὖν βίωσίν μου [τὴν] ἐκ **νεότητος** τὴν ἀπ' ἀρχῆς γενομένην ἐν τῷ ἔθνει μου ἔν τε Ἱεροσολύμοις ἴσασι πάντες [οἱ] Ἰουδαῖοι
1Ti 4:12 μηδείς σου τῆς **νεότητος** καταφρονείτω, ἀλλὰ τύπος γίνου τῶν πιστῶν ἐν λόγῳ,

3745 νεόφυτος [1]

√ 3742 + 5886

1Ti 3:6 μὴ **νεόφυτον,** ἵνα μὴ τυφωθεὶς εἰς κρίμα ἐμπέσῃ τοῦ διαβόλου.

3746 Νέρων Not used in UBS/NIV

3747 Νεύης Not used in UBS/NIV

3748 νεύω [2]

→ 1377, 1728, 1935, 2153, 2916, 5162

Jn 13:24 **νεύει** οὖν τούτῳ Σίμων Πέτρος πυθέσθαι τίς ἂν εἴη περὶ οὗ λέγει.
Ac 24:10 Ἀπεκρίθη τε ὁ Παῦλος **νεύσαντος** αὐτῷ τοῦ ἡγεμόνος λέγειν,

3749 νεφέλη [25]

→ 3751

Mt 17:5 ἔτι αὐτοῦ λαλοῦντος ἰδοὺ **νεφέλη** φωτεινὴ ἐπεσκίασεν αὐτούς, καὶ ἰδοὺ φωνὴ ἐκ τῆς **νεφέλης** λέγουσα, Οὗτός ἐστιν ὁ υἱός μου ὁ ἀγαπητός,
24:30 καὶ ὄψονται τὸν υἱὸν τοῦ ἀνθρώπου ἐρχόμενον ἐπὶ τῶν **νεφελῶν** τοῦ οὐρανοῦ μετὰ δυνάμεως καὶ δόξης πολλῆς·
26:64 ἀπ' ἄρτι ὄψεσθε τὸν υἱὸν τοῦ ἀνθρώπου καθήμενον ἐκ δεξιῶν τῆς δυνάμεως καὶ ἐρχόμενον ἐπὶ τῶν **νεφελῶν** τοῦ οὐρανοῦ.
Mk 9:7 καὶ ἐγένετο **νεφέλη** ἐπισκιάζουσα αὐτοῖς, καὶ ἐγένετο φωνὴ ἐκ τῆς **νεφέλης,**
13:26 καὶ τότε ὄψονται τὸν υἱὸν τοῦ ἀνθρώπου ἐρχόμενον ἐν **νεφέλαις** μετὰ δυνάμεως πολλῆς καὶ δόξης.
14:62 καὶ ὄψεσθε τὸν υἱὸν τοῦ ἀνθρώπου ἐκ δεξιῶν καθήμενον τῆς δυνάμεως καὶ ἐρχόμενον μετὰ τῶν **νεφελῶν** τοῦ οὐρανοῦ.
Lk 9:34 ταῦτα δὲ αὐτοῦ λέγοντος ἐγένετο **νεφέλη** καὶ ἐπεσκίαζεν αὐτούς· ἐφοβήθησαν δὲ ἐν τῷ εἰσελθεῖν αὐτοὺς εἰς τὴν **νεφέλην.**
9:35 καὶ φωνὴ ἐγένετο ἐκ τῆς **νεφέλης** λέγουσα, Οὗτός ἐστιν ὁ υἱός μου ὁ ἐκλελεγμένος,
12:54 Ὅταν ἴδητε [τὴν] **νεφέλην** ἀνατέλλουσαν ἐπὶ δυσμῶν, εὐθέως λέγετε ὅτι Ὄμβρος ἔρχεται,
21:27 καὶ τότε ὄψονται τὸν υἱὸν τοῦ ἀνθρώπου ἐρχόμενον ἐν **νεφέλῃ** μετὰ δυνάμεως καὶ δόξης πολλῆς.
Ac 1:9 καὶ ταῦτα εἰπὼν βλεπόντων αὐτῶν ἐπήρθη καὶ **νεφέλη** ὑπέλαβεν αὐτὸν ἀπὸ τῶν ὀφθαλμῶν αὐτῶν.
1Co 10:1 ὅτι οἱ πατέρες ἡμῶν πάντες ὑπὸ τὴν **νεφέλην** ἦσαν καὶ πάντες διὰ τῆς θαλάσσης διῆλθον
10:2 καὶ πάντες εἰς τὸν Μωϋσῆν ἐβαπτίσθησαν ἐν τῇ **νεφέλῃ** καὶ ἐν τῇ θαλάσσῃ
1Th 4:17 ἔπειτα ἡμεῖς οἱ ζῶντες οἱ περιλειπόμενοι ἅμα σὺν αὐτοῖς ἁρπαγησόμεθα ἐν **νεφέλαις** εἰς ἀπάντησιν τοῦ κυρίου εἰς ἀέρα·
Jude 1:12 **νεφέλαι** ἄνυδροι ὑπὸ ἀνέμων παραφερόμεναι, δένδρα φθινοπωρινὰ ἄκαρπα δὶς ἀποθανόντα ἐκριζωθέντα,
Rev 1:7 Ἰδοὺ ἔρχεται μετὰ τῶν **νεφελῶν,** καὶ ὄψεται αὐτὸν πᾶς ὀφθαλμὸς καὶ οἵτινες αὐτὸν ἐξεκέντησαν,
10:1 Καὶ εἶδον ἄλλον ἄγγελον ἰσχυρὸν καταβαίνοντα ἐκ τοῦ οὐρανοῦ περιβεβλημένον **νεφέλην,**
11:12 καὶ ἀνέβησαν εἰς τὸν οὐρανὸν ἐν τῇ **νεφέλῃ,**
14:14 Καὶ εἶδον, καὶ ἰδοὺ **νεφέλη** λευκή, καὶ ἐπὶ τὴν **νεφέλην** καθήμενον ὅμοιον υἱὸν ἀνθρώπου,
14:15 καὶ ἄλλος ἄγγελος ἐξῆλθεν ἐκ τοῦ ναοῦ κράζων ἐν φωνῇ μεγάλῃ τῷ καθημένῳ ἐπὶ τῆς **νεφέλης,**
14:16 καὶ ἔβαλεν ὁ καθήμενος ἐπὶ τῆς **νεφέλης** τὸ δρέπανον αὐτοῦ ἐπὶ τὴν γῆν καὶ ἐθερίσθη ἡ γῆ.

3750 Νεφθαλίμ [3]

Mt 4:13 καὶ καταλιπὼν τὴν Ναζαρὰ ἐλθὼν κατῴκησεν εἰς Καφαρναοὺμ τὴν παραθαλασσίαν ἐν ὁρίοις Ζαβουλὼν καὶ **Νεφθαλίμ·**
4:15 Γῆ Ζαβουλὼν καὶ γῆ **Νεφθαλίμ,** ὁδὸν θαλάσσης, πέραν τοῦ Ἰορδάνου,
Rev 7:6 ἐκ φυλῆς **Νεφθαλὶμ** δώδεκα χιλιάδες, ἐκ φυλῆς Μανασσῆ δώδεκα χιλιάδες,

3751 νέφος [1]

√ 3749

Heb 12:1 Τοιγαροῦν καὶ ἡμεῖς τοσοῦτον ἔχοντες περικείμενον ἡμῖν **νέφος** μαρτύρων,

3752 νεφρός [1]

Rev 2:23 καὶ γνώσονται πᾶσαι αἱ ἐκκλησίαι ὅτι ἐγώ εἰμι ὁ ἐραυνῶν **νεφροὺς** καὶ καρδίας,

3753 νεωκόρος [1]

√ 3724

Ac 19:35 τίς γάρ ἐστιν ἀνθρώπων ὃς οὐ γινώσκει τὴν Ἐφεσίων πόλιν **νεωκόρον** οὖσαν τῆς μεγάλης Ἀρτέμιδος καὶ τοῦ διοπετοῦς;

3754 νεωτερικός [1]

√ 3742

2Ti 2:22 τὰς δὲ **νεωτερικὰς** ἐπιθυμίας φεῦγε, δίωκε δὲ δικαιοσύνην πίστιν ἀγάπην εἰρήνην μετὰ τῶν ἐπικαλουμένων τὸν κύριον

3755 νή [1]

1Co 15:31 καθ' ἡμέραν ἀποθνῄσκω, **νὴ** τὴν ὑμετέραν καύχησιν, [ἀδελφοί,]

3756 νήθω [2]

Mt 6:28 καταμάθετε τὰ κρίνα τοῦ ἀγροῦ πῶς αὐξάνουσιν· οὐ κοπιῶσιν οὐδὲ **νήθουσιν·**
Lk 12:27 οὐ κοπιᾷ οὐδὲ **νήθει·** λέγω δὲ ὑμῖν, οὐδὲ Σολομὼν ἐν πάσῃ τῇ δόξῃ αὐτοῦ περιεβάλετο ὡς ἓν τούτων.

3757 νηπιάζω [1]

√ 3758

1Co 14:20 μὴ παιδία γίνεσθε ταῖς φρεσὶν ἀλλὰ τῇ κακίᾳ **νηπιάζετε,**

3758 νήπιος [15 / 14]

→ 3757

Mt 11:25 ὅτι ἔκρυψας ταῦτα ἀπὸ σοφῶν καὶ συνετῶν καὶ ἀπεκάλυψας αὐτὰ **νηπίοις·**
21:16 οὐδέποτε ἀνέγνωτε ὅτι Ἐκ στόματος **νηπίων** καὶ θηλαζόντων κατηρτίσω αἶνον;
Lk 10:21 ὅτι ἀπέκρυψας ταῦτα ἀπὸ σοφῶν καὶ συνετῶν καὶ ἀπεκάλυψας αὐτὰ **νηπίοις·**
Ro 2:20 παιδευτὴν ἀφρόνων, διδάσκαλον **νηπίων,** ἔχοντα τὴν μόρφωσιν τῆς γνώσεως καὶ τῆς ἀληθείας ἐν τῷ νόμῳ·
1Co 3:1 οὐκ ἠδυνήθην λαλῆσαι ὑμῖν ὡς πνευματικοῖς ἀλλ' ὡς σαρκίνοις, ὡς **νηπίοις** ἐν Χριστῷ.
13:11 ὅτε ἤμην **νήπιος,** ἐλάλουν ὡς **νήπιος,** ἐφρόνουν ὡς **νήπιος,** ἐλογιζόμην ὡς **νήπιος·** ὅτε γέγονα ἀνήρ, κατήργηκα τὰ τοῦ **νηπίου.**
Gal 4:1 Λέγω δέ, ἐφ' ὅσον χρόνον ὁ κληρονόμος **νήπιός** ἐστιν,

4: 3 οὕτως καὶ ἡμεῖς, ὅτε ἦμεν **νήπιοι,** ὑπὸ τὰ στοιχεῖα τοῦ κόσμου ἤμεθα δεδουλωμένοι·
Eph 4:14 ἵνα μηκέτι ὦμεν **νήπιοι,** κλυδωνιζόμενοι καὶ περιφερόμενοι παντὶ ἀνέμῳ τῆς διδασκαλίας ἐν τῇ κυβείᾳ τῶν ἀνθρώπων,
1Th 2: 7 ἀλλὰ ἐγενήθημεν **νήπιοι**[UBS; NIV 2473] ἐν μέσῳ ὑμῶν, ὡς ἐὰν τροφὸς θάλπῃ τὰ ἑαυτῆς τέκνα,
Heb 5:13 πᾶς γὰρ ὁ μετέχων γάλακτος ἄπειρος λόγου δικαιοσύνης, **νήπιος** γάρ ἐστιν·

3759 Νηρεύς [1]

Ro 16:15 ἀσπάσασθε Φιλόλογον καὶ Ἰουλίαν, **Νηρέα** καὶ τὴν ἀδελφὴν αὐτοῦ,

3760 Νηρί [1]

Lk 3:27 τοῦ Ἰωανὰν τοῦ Ῥησὰ τοῦ Ζοροβαβὲλ τοῦ Σαλαθιὴλ τοῦ **Νηρὶ**

3761 νησίον [1]

√ 3762

Ac 27:16 **νησίον** δέ τι ὑποδραμόντες καλούμενον Καῦδα ἰσχύσαμεν μόλις περικρατεῖς γενέσθαι τῆς σκάφης,

3762 νῆσος [9]

→ 3761

Ac 13: 6 διελθόντες δὲ ὅλην τὴν **νῆσον** ἄχρι Πάφου εὗρον ἄνδρα τινὰ μάγον ψευδοπροφήτην Ἰουδαῖον ᾧ ὄνομα Βαριησοῦ
27:26 εἰς **νῆσον** δέ τινα δεῖ ἡμᾶς ἐκπεσεῖν.
28: 1 διασωθέντες τότε ἐπέγνωμεν ὅτι Μελίτη ἡ **νῆσος** καλεῖται.
28: 7 Ἐν δὲ τοῖς περὶ τὸν τόπον ἐκεῖνον ὑπῆρχεν χωρία τῷ πρώτῳ τῆς **νήσου** ὀνόματι Ποπλίῳ,
28: 9 τούτου δὲ γενομένου καὶ οἱ λοιποὶ οἱ ἐν τῇ **νήσῳ** ἔχοντες ἀσθενείας προσήρχοντο καὶ ἐθεραπεύοντο,
28:11 Μετὰ δὲ τρεῖς μῆνας ἀνήχθημεν ἐν πλοίῳ παρακεχειμακότι ἐν τῇ **νήσῳ,**
Rev 1: 9 ἐγενόμην ἐν τῇ **νήσῳ** τῇ καλουμένῃ Πάτμῳ διὰ τὸν λόγον τοῦ θεοῦ καὶ τὴν μαρτυρίαν Ἰησοῦ.
6:14 καὶ ὁ οὐρανὸς ἀπεχωρίσθη ὡς βιβλίον ἑλισσόμενον καὶ πᾶν ὄρος καὶ **νῆσος** ἐκ τῶν τόπων αὐτῶν ἐκινήθησαν.
16:20 καὶ πᾶσα **νῆσος** ἔφυγεν καὶ ὄρη οὐχ εὑρέθησαν.

3763 νηστεία [5]

→ 3764, 3765; cf. 2266

Lk 2:37 ἣ οὐκ ἀφίστατο τοῦ ἱεροῦ **νηστείαις** καὶ δεήσεσιν λατρεύουσα νύκτα καὶ ἡμέραν.
Ac 14:23 προσευξάμενοι μετὰ **νηστειῶν** παρέθεντο αὐτοὺς τῷ κυρίῳ εἰς ὃν πεπιστεύκεισαν.
27: 9 καὶ ὄντος ἤδη ἐπισφαλοῦς τοῦ πλοὸς διὰ τὸ καὶ τὴν **νηστείαν** ἤδη παρεληλυθέναι παρῄνει ὁ Παῦλος
2Co 6: 5 ἐν ἀκαταστασίαις, ἐν κόποις, ἐν ἀγρυπνίαις, ἐν **νηστείαις,**
11:27 ἐν λιμῷ καὶ δίψει, ἐν **νηστείαις** πολλάκις, ἐν ψύχει καὶ γυμνότητι·

3764 νηστεύω [20]

√ 3763

Mt 4: 2 καὶ **νηστεύσας** ἡμέρας τεσσεράκοντα καὶ νύκτας τεσσεράκοντα, ὕστερον ἐπείνασεν.
6:16 Ὅταν δὲ **νηστεύητε,** μὴ γίνεσθε ὡς οἱ ὑποκριταὶ σκυθρωποί, ἀφανίζουσιν γὰρ τὰ πρόσωπα αὐτῶν ὅπως φανῶσιν τοῖς ἀνθρώποις **νηστεύοντες·**
6:17 σὺ δὲ **νηστεύων** ἄλειψαί σου τὴν κεφαλὴν καὶ τὸ πρόσωπόν σου νίψαι,
6:18 ὅπως μὴ φανῇς τοῖς ἀνθρώποις **νηστεύων** ἀλλὰ τῷ πατρί σου τῷ ἐν τῷ κρυφαίῳ·
9:14 Διὰ τί ἡμεῖς καὶ οἱ Φαρισαῖοι **νηστεύομεν** [πολλά,] οἱ δὲ μαθηταί σου οὐ **νηστεύουσιν;**
9:15 ἐλεύσονται δὲ ἡμέραι ὅταν ἀπαρθῇ ἀπ' αὐτῶν ὁ νυμφίος, καὶ τότε **νηστεύσουσιν.**
Mk 2:18 Καὶ ἦσαν οἱ μαθηταὶ Ἰωάννου καὶ οἱ Φαρισαῖοι **νηστεύοντες.** καὶ ἔρχονται καὶ λέγουσιν αὐτῷ, Διὰ τί οἱ μαθηταὶ Ἰωάννου καὶ οἱ μαθηταὶ τῶν Φαρισαίων **νηστεύουσιν,** οἱ δὲ σοὶ μαθηταὶ οὐ **νηστεύουσιν;**
2:19 Μὴ δύνανται οἱ υἱοὶ τοῦ νυμφῶνος ἐν ᾧ ὁ νυμφίος μετ' αὐτῶν ἐστιν **νηστεύειν;** ὅσον χρόνον ἔχουσιν τὸν νυμφίον μετ' αὐτῶν οὐ δύνανται **νηστεύειν.**
2:20 ἐλεύσονται δὲ ἡμέραι ὅταν ἀπαρθῇ ἀπ' αὐτῶν ὁ νυμφίος, καὶ τότε **νηστεύσουσιν** ἐν ἐκείνῃ τῇ ἡμέρᾳ.
Lk 5:33 Οἱ μαθηταὶ Ἰωάννου **νηστεύουσιν** πυκνὰ καὶ δεήσεις ποιοῦνται ὁμοίως καὶ οἱ τῶν Φαρισαίων,
5:34 Μὴ δύνασθε τοὺς υἱοὺς τοῦ νυμφῶνος ἐν ᾧ ὁ νυμφίος μετ' αὐτῶν ἐστιν ποιῆσαι **νηστεῦσαι;**
5:35 καὶ ὅταν ἀπαρθῇ ἀπ' αὐτῶν ὁ νυμφίος, τότε **νηστεύσουσιν** ἐν ἐκείναις ταῖς ἡμέραις.
18:12 **νηστεύω** δὶς τοῦ σαββάτου, ἀποδεκατῶ πάντα ὅσα κτῶμαι.
Ac 13: 2 λειτουργούντων δὲ αὐτῶν τῷ κυρίῳ καὶ **νηστευόντων** εἶπεν τὸ πνεῦμα τὸ ἅγιον,
13: 3 τότε **νηστεύσαντες** καὶ προσευξάμενοι καὶ ἐπιθέντες τὰς χεῖρας αὐτοῖς ἀπέλυσαν.

3765 νῆστις [2]

√ 3763

Mt 15:32 καὶ ἀπολῦσαι αὐτοὺς **νήστεις** οὐ θέλω, μήποτε ἐκλυθῶσιν ἐν τῇ ὁδῷ.
Mk 8: 3 καὶ ἐὰν ἀπολύσω αὐτοὺς **νήστεις** εἰς οἶκον αὐτῶν,

3766 νηφαλέος Not used in UBS/NIV

√ 3768

3767 νηφάλιος [3]

√ 3768

1Ti 3: 2 μιᾶς γυναικὸς ἄνδρα, **νηφάλιον** σώφρονα κόσμιον φιλόξενον διδακτικόν,
3:11 γυναῖκας ὡσαύτως σεμνάς, μὴ διαβόλους, **νηφαλίους,** πιστὰς ἐν πᾶσιν.
Tit 2: 2 πρεσβύτας **νηφαλίους** εἶναι, σεμνούς, σώφρονας, ὑγιαίνοντας τῇ πίστει,

3768 νήφω [6]

→ 392, 1729, 3766, 3767

1Th 5: 6 ἄρα οὖν μὴ καθεύδωμεν ὡς οἱ λοιποὶ ἀλλὰ γρηγορῶμεν καὶ **νήφωμεν.**
5: 8 ἡμεῖς δὲ ἡμέρας ὄντες **νήφωμεν** ἐνδυσάμενοι θώρακα πίστεως καὶ ἀγάπης καὶ περικεφαλαίαν ἐλπίδα σωτηρίας·
2Ti 4: 5 σὺ δὲ **νῆφε** ἐν πᾶσιν, κακοπάθησον, ἔργον ποίησον εὐαγγελιστοῦ,
1Pe 1:13 Διὸ ἀναζωσάμενοι τὰς ὀσφύας τῆς διανοίας ὑμῶν **νήφοντες** τελείως ἐλπίσατε ἐπὶ τὴν φερομένην ὑμῖν χάριν
4: 7 Πάντων δὲ τὸ τέλος ἤγγικεν. σωφρονήσατε οὖν καὶ **νήψατε** εἰς προσευχάς·
5: 8 **Νήψατε,** γρηγορήσατε. ὁ ἀντίδικος ὑμῶν διάβολος ὡς λέων ὠρυόμενος περιπατεῖ ζητῶν [τινα] καταπιεῖν·

3769 Νίγερ [1]

Ac 13: 1 Ἦσαν δὲ ἐν Ἀντιοχείᾳ κατὰ τὴν οὖσαν ἐκκλησίαν προφῆται καὶ διδάσκαλοι ὅ τε Βαρναβᾶς καὶ Συμεὼν ὁ καλούμενος **Νίγερ**

3770 Νικάνωρ [1]

√ 3772 + 467

Ac 6: 5 καὶ Φίλιππον καὶ Πρόχορον καὶ **Νικάνορα** καὶ Τίμωνα καὶ Παρμενᾶν καὶ Νικόλαον προσήλυτον Ἀντιοχέα,

3771 νικάω [28]

√ 3772

Lk 11:22 ἐπὰν δὲ ἰσχυρότερος αὐτοῦ ἐπελθὼν **νικήσῃ** αὐτόν, τὴν πανοπλίαν αὐτοῦ αἴρει ἐφ' ᾗ ἐπεποίθει
Jn 16:33 ἐν τῷ κόσμῳ θλῖψιν ἔχετε· ἀλλὰ θαρσεῖτε, ἐγὼ **νενίκηκα** τὸν κόσμον.
Ro 3: 4 Ὅπως ἂν δικαιωθῇς ἐν τοῖς λόγοις σου καὶ **νικήσεις** ἐν τῷ κρίνεσθαί σε.
12:21 μὴ **νικῶ** ὑπὸ τοῦ κακοῦ ἀλλὰ **νίκα** ἐν τῷ ἀγαθῷ τὸ κακόν.

1Jn 2:13 ὅτι ἐγνώκατε τὸν ἀπ' ἀρχῆς. γράφω ὑμῖν, νεανίσκοι, ὅτι **νενικήκατε** τὸν πονηρόν.
2:14 ὅτι ἰσχυροί ἐστε καὶ ὁ λόγος τοῦ θεοῦ ἐν ὑμῖν μένει καὶ **νενικήκατε** τὸν πονηρόν.
4: 4 ὑμεῖς ἐκ τοῦ θεοῦ ἐστε, τεκνία, καὶ **νενικήκατε** αὐτούς,
5: 4 ὅτι πᾶν τὸ γεγεννημένον ἐκ τοῦ θεοῦ **νικᾷ** τὸν κόσμον· καὶ αὕτη ἐστὶν ἡ νίκη ἡ **νικήσασα** τὸν κόσμον, ἡ πίστις ἡμῶν.
5: 5 τίς [δέ] ἐστιν ὁ **νικῶν** τὸν κόσμον εἰ μὴ ὁ πιστεύων ὅτι Ἰησοῦς ἐστιν ὁ υἱὸς τοῦ θεοῦ;
Rev 2: 7 τῷ **νικῶντι** δώσω αὐτῷ φαγεῖν ἐκ τοῦ ξύλου τῆς ζωῆς,
2:11 ὁ **νικῶν** οὐ μὴ ἀδικηθῇ ἐκ τοῦ θανάτου τοῦ δευτέρου.
2:17 τῷ **νικῶντι** δώσω αὐτῷ τοῦ μάννα τοῦ κεκρυμμένου καὶ δώσω αὐτῷ ψῆφον λευκήν,
2:26 καὶ ὁ **νικῶν** καὶ ὁ τηρῶν ἄχρι τέλους τὰ ἔργα μου,
3: 5 ὁ **νικῶν** οὕτως περιβαλεῖται ἐν ἱματίοις λευκοῖς καὶ οὐ μὴ ἐξαλείψω τὸ ὄνομα αὐτοῦ ἐκ τῆς βίβλου τῆς ζωῆς
3:12 ὁ **νικῶν** ποιήσω αὐτὸν στῦλον ἐν τῷ ναῷ τοῦ θεοῦ μου καὶ ἔξω οὐ μὴ ἐξέλθῃ ἔτι καὶ γράψω ἐπ' αὐτὸν τὸ ὄνομα τοῦ θεοῦ μου
3:21 ὁ **νικῶν** δώσω αὐτῷ καθίσαι μετ' ἐμοῦ ἐν τῷ θρόνῳ μου, ὡς κἀγὼ **ἐνίκησα** καὶ ἐκάθισα μετὰ τοῦ πατρός μου ἐν τῷ θρόνῳ
5: 5 ἰδοὺ **ἐνίκησεν** ὁ λέων ὁ ἐκ τῆς φυλῆς Ἰούδα,
6: 2 καὶ ὁ καθήμενος ἐπ' αὐτὸν ἔχων τόξον καὶ ἐδόθη αὐτῷ στέφανος καὶ ἐξῆλθεν **νικῶν** καὶ ἵνα **νικήσῃ.**
11: 7 τὸ θηρίον τὸ ἀναβαῖνον ἐκ τῆς ἀβύσσου ποιήσει μετ' αὐτῶν πόλεμον καὶ **νικήσει** αὐτοὺς καὶ ἀποκτενεῖ αὐτούς.
12:11 καὶ αὐτοὶ **ἐνίκησαν** αὐτὸν διὰ τὸ αἷμα τοῦ ἀρνίου καὶ διὰ τὸν λόγον τῆς μαρτυρίας αὐτῶν καὶ οὐκ ἠγάπησαν τὴν ψυχὴν
13: 7 καὶ ἐδόθη αὐτῷ ποιῆσαι πόλεμον μετὰ τῶν ἁγίων καὶ **νικῆσαι** αὐτούς,
15: 2 Καὶ εἶδον ὡς θάλασσαν ὑαλίνην μεμιγμένην πυρὶ καὶ τοὺς **νικῶντας** ἐκ τοῦ θηρίου καὶ ἐκ τῆς εἰκόνος αὐτοῦ
17:14 οὗτοι μετὰ τοῦ ἀρνίου πολεμήσουσιν καὶ τὸ ἀρνίον **νικήσει** αὐτούς,
21: 7 ὁ **νικῶν** κληρονομήσει ταῦτα καὶ ἔσομαι αὐτῷ θεὸς καὶ αὐτὸς ἔσται μοι υἱός.

3772 νίκη [1]

→ *438, 1022, 2332, 2552, 2553, 3770, 3771, 3773, 3774, 3775, 3776, 3777, 5664*

1Jn 5: 4 καὶ αὕτη ἐστὶν ἡ **νίκη** ἡ νικήσασα τὸν κόσμον, ἡ πίστις ἡμῶν.

3773 Νικόδημος [5]

√ *3772 + 1322*

Jn 3: 1 Ἦν δὲ ἄνθρωπος ἐκ τῶν Φαρισαίων, **Νικόδημος** ὄνομα αὐτῷ, ἄρχων τῶν Ἰουδαίων·
3: 4 λέγει πρὸς αὐτὸν [ὁ] **Νικόδημος,** Πῶς δύναται ἄνθρωπος γεννηθῆναι γέρων ὤν;
3: 9 ἀπεκρίθη **Νικόδημος** καὶ εἶπεν αὐτῷ, Πῶς δύναται ταῦτα γενέσθαι;
7:50 λέγει **Νικόδημος** πρὸς αὐτούς, ὁ ἐλθὼν πρὸς αὐτὸν [τὸ] πρότερον,
19:39 ἦλθεν δὲ καὶ **Νικόδημος,** ὁ ἐλθὼν πρὸς αὐτὸν νυκτὸς τὸ πρῶτον,

3774 Νικολαΐτης [2]

√ *3772 + 3295*

Rev 2: 6 ὅτι μισεῖς τὰ ἔργα τῶν **Νικολαϊτῶν** ἃ κἀγὼ μισῶ.
2:15 οὕτως ἔχεις καὶ σὺ κρατοῦντας τὴν διδαχὴν [τῶν] **Νικολαϊτῶν** ὁμοίως.

3775 Νικόλαος [1]

√ *3772 + 3295*

Ac 6: 5 καὶ Φίλιππον καὶ Πρόχορον καὶ Νικάνορα καὶ Τίμωνα καὶ Παρμενᾶν καὶ **Νικόλαον** προσήλυτον Ἀντιοχέα,

3776 Νικόπολις [1]

√ *3772 + 4484*

Tit 3:12 σπούδασον ἐλθεῖν πρός με εἰς **Νικόπολιν,** ἐκεῖ γὰρ κέκρικα παραχειμάσαι.

3777 νῖκος [4]

√ *3772*

Mt 12:20 κάλαμον συντετριμμένον οὐ κατεάξει καὶ λίνον τυφόμενον οὐ σβέσει, ἕως ἂν ἐκβάλῃ εἰς **νῖκος** τὴν κρίσιν.
1Co 15:54 τότε γενήσεται ὁ λόγος ὁ γεγραμμένος, Κατεπόθη ὁ θάνατος εἰς **νῖκος.**
15:55 ποῦ σου, θάνατε, τὸ **νῖκος;** ποῦ σου, θάνατε,
15:57 τῷ δὲ θεῷ χάρις τῷ διδόντι ἡμῖν τὸ **νῖκος** διὰ τοῦ κυρίου ἡμῶν Ἰησοῦ Χριστοῦ.

3778 Νινευή Not used in UBS/NIV

→ *3779, 3780*

3779 Νινευΐ Not used in UBS/NIV

√ *3778*

3780 Νινευίτης [3]

√ *3778*

Mt 12:41 ἄνδρες **Νινευῖται** ἀναστήσονται ἐν τῇ κρίσει μετὰ τῆς γενεᾶς ταύτης καὶ κατακρινοῦσιν αὐτήν,
Lk 11:30 καθὼς γὰρ ἐγένετο Ἰωνᾶς τοῖς **Νινευίταις** σημεῖον, οὕτως ἔσται καὶ ὁ υἱὸς τοῦ ἀνθρώπου τῇ γενεᾷ ταύτῃ.
11:32 ἄνδρες **Νινευῖται** ἀναστήσονται ἐν τῇ κρίσει μετὰ τῆς γενεᾶς ταύτης καὶ κατακρινοῦσιν αὐτήν·

3781 νιπτήρ [1]

√ *3782*

Jn 13: 5 εἶτα βάλλει ὕδωρ εἰς τὸν **νιπτῆρα** καὶ ἤρξατο νίπτειν τοὺς πόδας τῶν μαθητῶν καὶ ἐκμάσσειν τῷ λεντίῳ

3782 νίπτω [17]

→ *481, 672, 3781, 4469*

νίπτω πόδα [8] Jn 13:5,6,8,10,12,14,14; 1Ti 5:10

Mt 6:17 σὺ δὲ νηστεύων ἄλειψαί σου τὴν κεφαλὴν καὶ τὸ πρόσωπόν σου **νίψαι,**
15: 2 οὐ γὰρ **νίπτονται** τὰς χεῖρας [αὐτῶν] ὅταν ἄρτον ἐσθίωσιν.
Mk 7: 3 ⸀οἱ γὰρ Φαρισαῖοι καὶ πάντες οἱ Ἰουδαῖοι ἐὰν μὴ πυγμῇ **νίψωνται** τὰς χεῖρας οὐκ ἐσθίουσιν,
Jn 9: 7 Ὕπαγε **νίψαι** εἰς τὴν κολυμβήθραν τοῦ Σιλωάμ (ὃ ἑρμηνεύεται Ἀπεσταλμένος). ἀπῆλθεν οὖν καὶ **ἐνίψατο** καὶ ἦλθεν βλέπων.
9:11 Ὁ ἄνθρωπος ὁ λεγόμενος Ἰησοῦς πηλὸν ἐποίησεν καὶ ἐπέχρισέν μου τοὺς ὀφθαλμοὺς καὶ εἶπέν μοι ὅτι Ὕπαγε εἰς τὸν Σιλωὰμ καὶ **νίψαι·** ἀπελθὼν οὖν καὶ **νιψάμενος** ἀνέβλεψα.
9:15 Πηλὸν ἐπέθηκέν μου ἐπὶ τοὺς ὀφθαλμούς, καὶ **ἐνιψάμην** καὶ βλέπω.
13: 5 εἶτα βάλλει ὕδωρ εἰς τὸν νιπτῆρα καὶ ἤρξατο **νίπτειν** τοὺς πόδας τῶν μαθητῶν καὶ ἐκμάσσειν τῷ λεντίῳ
13: 6 λέγει αὐτῷ, Κύριε, σύ μου **νίπτεις** τοὺς πόδας;
13: 8 Οὐ μὴ **νίψῃς** μου τοὺς πόδας εἰς τὸν αἰῶνα. ἀπεκρίθη Ἰησοῦς αὐτῷ, Ἐὰν μὴ **νίψω** σε, οὐκ ἔχεις μέρος μετ' ἐμοῦ.
13:10 Ὁ λελουμένος οὐκ ἔχει χρείαν εἰ μὴ τοὺς πόδας **νίψασθαι,**
13:12 Ὅτε οὖν **ἔνιψεν** τοὺς πόδας αὐτῶν [καὶ] ἔλαβεν τὰ ἱμάτια αὐτοῦ καὶ ἀνέπεσεν πάλιν,
13:14 εἰ οὖν ἐγὼ **ἔνιψα** ὑμῶν τοὺς πόδας ὁ κύριος καὶ ὁ διδάσκαλος, καὶ ὑμεῖς ὀφείλετε ἀλλήλων **νίπτειν** τοὺς πόδας·
1Ti 5:10 εἰ ἐτεκνοτρόφησεν, εἰ ἐξενοδόχησεν, εἰ ἁγίων πόδας **ἔνιψεν,**

3783 νοέω [14]

√ *3808*

Mt 15:17 οὐ **νοεῖτε** ὅτι πᾶν τὸ εἰσπορευόμενον εἰς τὸ στόμα εἰς τὴν κοιλίαν χωρεῖ καὶ εἰς ἀφεδρῶνα ἐκβάλλεται;
16: 9 οὔπω **νοεῖτε,** οὐδὲ μνημονεύετε τοὺς πέντε ἄρτους τῶν πεντακισχιλίων καὶ πόσους κοφίνους ἐλάβετε;
16:11 πῶς οὐ **νοεῖτε** ὅτι οὐ περὶ ἄρτων εἶπον ὑμῖν;
24:15 ἴδητε τὸ βδέλυγμα τῆς ἐρημώσεως τὸ ῥηθὲν διὰ Δανιὴλ τοῦ προφήτου ἑστὸς ἐν τόπῳ ἁγίῳ, ὁ ἀναγινώσκων **νοείτω,**
Mk 7:18 οὐ **νοεῖτε** ὅτι πᾶν τὸ ἔξωθεν εἰσπορευόμενον εἰς τὸν ἄνθρωπον οὐ δύναται αὐτὸν κοινῶσαι

8:17 οὔπω **νοεῖτε** οὐδὲ συνίετε; πεπωρωμένην ἔχετε τὴν καρδίαν ὑμῶν;
13:14 ὁ ἀναγινώσκων **νοείτω,** τότε οἱ ἐν τῇ Ἰουδαίᾳ φευγέτωσαν εἰς τὰ ὄρη,
Jn 12:40 ἵνα μὴ ἴδωσιν τοῖς ὀφθαλμοῖς καὶ **νοήσωσιν** τῇ καρδίᾳ καὶ στραφῶσιν,
Ro 1:20 τὰ γὰρ ἀόρατα αὐτοῦ ἀπὸ κτίσεως κόσμου τοῖς ποιήμασιν **νοούμενα** καθορᾶται,
Eph 3: 4 πρὸς ὃ δύνασθε ἀναγινώσκοντες **νοῆσαι** τὴν σύνεσίν μου ἐν τῷ μυστηρίῳ τοῦ Χριστοῦ,
3:20 δυναμένῳ ὑπὲρ πάντα ποιῆσαι ὑπερεκπερισσοῦ ὧν αἰτούμεθα ἢ **νοοῦμεν** κατὰ τὴν δύναμιν τὴν ἐνεργουμένην ἐν ἡμῖν,
1Ti 1: 7 μὴ **νοοῦντες** μήτε ἃ λέγουσιν μήτε περὶ τίνων διαβεβαιοῦνται.
2Ti 2: 7 **νόει** ὃ λέγω· δώσει γάρ σοι ὁ κύριος σύνεσιν ἐν πᾶσιν.
Heb 11: 3 Πίστει **νοοῦμεν** κατηρτίσθαι τοὺς αἰῶνας ῥήματι θεοῦ, εἰς τὸ μὴ ἐκ φαινομένων τὸ βλεπόμενον γεγονέναι.

3784 νόημα [6]

√ *3808*

2Co 2:11 ἵνα μὴ πλεονεκτηθῶμεν ὑπὸ τοῦ Σατανᾶ· οὐ γὰρ αὐτοῦ τὰ **νοήματα** ἀγνοοῦμεν.
3:14 ἐπωρώθη τὰ **νοήματα** αὐτῶν. ἄχρι γὰρ τῆς σήμερον ἡμέρας τὸ αὐτὸ κάλυμμα ἐπὶ τῇ ἀναγνώσει τῆς παλαιᾶς διαθήκης μένει,
4: 4 ἐν οἷς ὁ θεὸς τοῦ αἰῶνος τούτου ἐτύφλωσεν τὰ **νοήματα** τῶν ἀπίστων εἰς τὸ μὴ αὐγάσαι τὸν φωτισμὸν τοῦ εὐαγγελίου
10: 5 καὶ αἰχμαλωτίζοντες πᾶν **νόημα** εἰς τὴν ὑπακοὴν τοῦ Χριστοῦ,
11: 3 φθαρῇ τὰ **νοήματα** ὑμῶν ἀπὸ τῆς ἁπλότητος [καὶ τῆς ἁγνότητος] τῆς εἰς τὸν Χριστόν.
Php 4: 7 καὶ ἡ εἰρήνη τοῦ θεοῦ ἡ ὑπερέχουσα πάντα νοῦν φρουρήσει τὰς καρδίας ὑμῶν καὶ τὰ **νοήματα** ὑμῶν ἐν Χριστῷ Ἰησοῦ.

3785 νόθος [1]

Heb 12: 8 εἰ δὲ χωρίς ἐστε παιδείας ἧς μέτοχοι γεγόνασιν πάντες, ἄρα **νόθοι** καὶ οὐχ υἱοί ἐστε.

3786 νομή [2]

√ *3795*

νομὴν ἔχω [1] 2Ti 2:17

Jn 10: 9 δι' ἐμοῦ ἐάν τις εἰσέλθῃ σωθήσεται καὶ εἰσελεύσεται καὶ ἐξελεύσεται καὶ **νομὴν** εὑρήσει.
2Ti 2:17 καὶ ὁ λόγος αὐτῶν ὡς γάγγραινα **νομὴν** ἕξει.

3787 νομίζω [15]

√ *3795*

Mt 5:17 Μὴ **νομίσητε** ὅτι ἦλθον καταλῦσαι τὸν νόμον ἢ τοὺς προφήτας·
10:34 Μὴ **νομίσητε** ὅτι ἦλθον βαλεῖν εἰρήνην ἐπὶ τὴν γῆν·
20:10 καὶ ἐλθόντες οἱ πρῶτοι **ἐνόμισαν** ὅτι πλεῖον λήμψονται·
Lk 2:44 **νομίσαντες** δὲ αὐτὸν εἶναι ἐν τῇ συνοδίᾳ ἦλθον ἡμέρας ὁδὸν καὶ ἀνεζήτουν αὐτὸν ἐν τοῖς συγγενεῦσιν καὶ τοῖς γνωστοῖς,
3:23 Καὶ αὐτὸς ἦν Ἰησοῦς ἀρχόμενος ὡσεὶ ἐτῶν τριάκοντα, ὢν υἱός, ὡς **ἐνομίζετο,** Ἰωσὴφ τοῦ Ἠλὶ
Ac 7:25 **ἐνόμιζεν** δὲ συνιέναι τοὺς ἀδελφοὺς [αὐτοῦ] ὅτι ὁ θεὸς διὰ χειρὸς αὐτοῦ δίδωσιν σωτηρίαν αὐτοῖς·
8:20 Τὸ ἀργύριόν σου σὺν σοὶ εἴη εἰς ἀπώλειαν ὅτι τὴν δωρεὰν τοῦ θεοῦ **ἐνόμισας** διὰ χρημάτων κτᾶσθαι.
14:19 Ἰουδαῖοι καὶ πείσαντες τοὺς ὄχλους καὶ λιθάσαντες τὸν Παῦλον ἔσυρον ἔξω τῆς πόλεως **νομίζοντες** αὐτὸν τεθνηκέναι.
16:13 τῇ τε ἡμέρᾳ τῶν σαββάτων ἐξήλθομεν ἔξω τῆς πύλης παρὰ ποταμὸν οὗ **ἐνομίζομεν** προσευχὴν εἶναι,
16:27 σπασάμενος [τὴν] μάχαιραν ἤμελλεν ἑαυτὸν ἀναιρεῖν **νομίζων** ἐκπεφευγέναι τοὺς δεσμίους.
17:29 γένος οὖν ὑπάρχοντες τοῦ θεοῦ οὐκ ὀφείλομεν **νομίζειν** χρυσῷ ἢ ἀργύρῳ ἢ λίθῳ,
21:29 ὃν **ἐνόμιζον** ὅτι εἰς τὸ ἱερὸν εἰσήγαγεν ὁ Παῦλος.
1Co 7:26 **Νομίζω** οὖν τοῦτο καλὸν ὑπάρχειν διὰ τὴν ἐνεστῶσαν ἀνάγκην,
7:36 Εἰ δέ τις ἀσχημονεῖν ἐπὶ τὴν παρθένον αὐτοῦ **νομίζει,**
1Ti 6: 5 διαπαρατριβαὶ διεφθαρμένων ἀνθρώπων τὸν νοῦν καὶ ἀπεστερημένων τῆς ἀληθείας, **νομιζόντων** πορισμὸν εἶναι τὴν εὐσέβειαν.

3788 νομικός [9]

√ *3795*

Mt 22:35 καὶ ἐπηρώτησεν εἷς ἐξ αὐτῶν [**νομικὸς**] πειράζων αὐτόν,
Lk 7:30 οἱ δὲ Φαρισαῖοι καὶ οἱ **νομικοὶ** τὴν βουλὴν τοῦ θεοῦ ἠθέτησαν εἰς ἑαυτοὺς μὴ βαπτισθέντες ὑπ' αὐτοῦ.
10:25 Καὶ ἰδοὺ **νομικός** τις ἀνέστη ἐκπειράζων αὐτὸν λέγων,
11:45 Ἀποκριθεὶς δέ τις τῶν **νομικῶν** λέγει αὐτῷ, Διδάσκαλε,
11:46 ὁ δὲ εἶπεν, Καὶ ὑμῖν τοῖς **νομικοῖς** οὐαί,
11:52 οὐαὶ ὑμῖν τοῖς **νομικοῖς,** ὅτι ἤρατε τὴν κλεῖδα τῆς γνώσεως·
14: 3 καὶ ἀποκριθεὶς ὁ Ἰησοῦς εἶπεν πρὸς τοὺς **νομικοὺς** καὶ Φαρισαίους λέγων,
Tit 3: 9 μωρὰς δὲ ζητήσεις καὶ γενεαλογίας καὶ ἔρεις καὶ μάχας **νομικὰς** περιΐστασο·
3:13 Ζηνᾶν τὸν **νομικὸν** καὶ Ἀπολλῶν σπουδαίως πρόπεμψον, ἵνα μηδὲν αὐτοῖς λείπῃ.

3789 νομίμως [2]

√ *3795*

1Ti 1: 8 Οἴδαμεν δὲ ὅτι καλὸς ὁ νόμος, ἐάν τις αὐτῷ **νομίμως** χρῆται,
2Ti 2: 5 ἐὰν δὲ καὶ ἀθλῇ τις, οὐ στεφανοῦται ἐὰν μὴ **νομίμως** ἀθλήσῃ.

3790 νόμισμα [1]

√ *3795*

Mt 22:19 ἐπιδείξατέ μοι τὸ **νόμισμα** τοῦ κήνσου. οἱ δὲ προσήνεγκαν αὐτῷ δηνάριον.

3791 νομοδιδάσκαλος [3]

√ *3795 + 1438*

Lk 5:17 Φαρισαῖοι καὶ **νομοδιδάσκαλοι** οἳ ἦσαν ἐληλυθότες ἐκ πάσης κώμης τῆς Γαλιλαίας καὶ Ἰουδαίας καὶ Ἰερουσαλήμ·
Ac 5:34 **νομοδιδάσκαλος** τίμιος παντὶ τῷ λαῷ, ἐκέλευσεν ἔξω βραχὺ τοὺς ἀνθρώπους ποιῆσαι
1Ti 1: 7 θέλοντες εἶναι **νομοδιδάσκαλοι,** μὴ νοοῦντες μήτε ἃ λέγουσιν μήτε περὶ τίνων διαβεβαιοῦνται.

3792 νομοθεσία [1]

√ *3795 + 5502*

Ro 9: 4 ὧν ἡ υἱοθεσία καὶ ἡ δόξα καὶ αἱ διαθῆκαι καὶ ἡ **νομοθεσία** καὶ ἡ λατρεία καὶ αἱ ἐπαγγελίαι,

3793 νομοθετέω [2]

√ *3795 + 5502*

Heb 7:11 Εἰ μὲν οὖν τελείωσις διὰ τῆς Λευιτικῆς ἱερωσύνης ἦν, ὁ λαὸς γὰρ ἐπ' αὐτῆς **νενομοθέτηται,**
8: 6 ὅσῳ καὶ κρείττονός ἐστιν διαθήκης μεσίτης, ἥτις ἐπὶ κρείττοσιν ἐπαγγελίαις **νενομοθέτηται.**

3794 νομοθέτης [1]

√ *3795 + 5502*

Jas 4:12 εἷς ἐστιν [ὁ] **νομοθέτης** καὶ κριτὴς ὁ δυνάμενος σῶσαι καὶ ἀπολέσαι·

3795 νόμος [194]

→ *490, 491, 492, 671, 1376, 1937, 1938, 2883, 3099, 3100, 3101, 3786, 3787, 3788, 3789, 3790, 3791, 3792, 3793, 3794, 3872, 3873, 3874, 4174, 4175, 5169*

plural **νόμους** [2] Heb 8:10; 10:16

βαρύτερα νόμου [1] Mt 23:23

βιβλίον τοῦ νόμου [1] Gal 3:10

τὸ ἔργον τοῦ νόμου [9] Ro 2:15; 3:20,28; Gal 2:16,16,16; 3:2,5,10

κατὰ νόμον [14] Lk 2:22,39; Jn 18:31; 19:7; Ac 22:12; 23:3; 24:14; Php 3:5; Heb 7:5,16; 8:4; 9:19,22; 10:8

λύω ... νόμος [1] Jn 7:23

Μωϋσῆς ... νόμος [14] Lk 2:22; 24:44; Jn 1:17,45; 7:19,23; 8:5; Ac 13:38; 15:5; 28:23; Ro 10:5; 1Co 9:9; Heb 9:19; 10:28

νόμος ... ἁμαρτία [14] Ro 3:20,20; 5:13; 7:5,7,7,8,9,23,25; 8:2,3; 1Co 15:56; Jas 2:9

νόμος βασιλικός [1] Jas 2:8

νόμος ... δικαιοσύνη [8] Ro 3:21; 9:31; 10:4,5; Gal 2:21; 3:21; Php 3:6,9

νόμος θεοῦ [3] Ro 7:22,25; 8:7

νόμος κυρίου [3] Lk 2:23,24,39

νόμος πνεύματος [1] Ro 8:2

νόμος ... προφῆται [11] Mt 5:17; 7:12; 11:13; 22:40; Lk 16:16; 24:44; Jn 1:45; Ac 13:15; 24:14; 28:23; Ro 3:21

νόμος Χριστοῦ [1] Gal 6:2

ὅλος νόμος [3] Mt 22:40; Gal 5:3; Jas 2:10

πᾶς νόμος [1] Gal 5:14

τὰ τοῦ νόμος [1] Ro 2:14

τηρέω νόμον [2] Ac 15:5; Jas 2:10

ὑπὸ νόμον [νόμου] [13] Ro 3:21; 6:14,15; 1Co 9:20,20,20,20; Gal 3:23; 4:4,5,21; 5:18; Jas 2:9

Mt 5:17 Μὴ νομίσητε ὅτι ἦλθον καταλῦσαι τὸν **νόμον** ἢ τοὺς προφήτας·
5:18 ἰῶτα ἓν ἢ μία κεραία οὐ μὴ παρέλθῃ ἀπὸ τοῦ **νόμου,**
7:12 οὗτος γάρ ἐστιν ὁ **νόμος** καὶ οἱ προφῆται.
11:13 πάντες γὰρ οἱ προφῆται καὶ ὁ **νόμος** ἕως Ἰωάννου ἐπροφήτευσαν·
12: 5 ἢ οὐκ ἀνέγνωτε ἐν τῷ **νόμῳ** ὅτι τοῖς σάββασιν οἱ ἱερεῖς ἐν τῷ ἱερῷ τὸ σάββατον βεβηλοῦσιν καὶ ἀναίτιοί εἰσιν;
22:36 Διδάσκαλε, ποία ἐντολὴ μεγάλη ἐν τῷ **νόμῳ;**
22:40 ἐν ταύταις ταῖς δυσὶν ἐντολαῖς ὅλος ὁ **νόμος** κρέμαται καὶ οἱ προφῆται.
23:23 ὅτι ἀποδεκατοῦτε τὸ ἡδύοσμον καὶ τὸ ἄνηθον καὶ τὸ κύμινον καὶ ἀφήκατε τὰ βαρύτερα τοῦ **νόμου,**

Lk 2:22 Καὶ ὅτε ἐπλήσθησαν αἱ ἡμέραι τοῦ καθαρισμοῦ αὐτῶν κατὰ τὸν **νόμον** Μωϋσέως,
2:23 καθὼς γέγραπται ἐν **νόμῳ** κυρίου ὅτι Πᾶν ἄρσεν διανοῖγον μήτραν ἅγιον τῷ κυρίῳ κληθήσεται,
2:24 καὶ τοῦ δοῦναι θυσίαν κατὰ τὸ εἰρημένον ἐν τῷ **νόμῳ** κυρίου,
2:27 καὶ ἐν τῷ εἰσαγαγεῖν τοὺς γονεῖς τὸ παιδίον Ἰησοῦν τοῦ ποιῆσαι αὐτοὺς κατὰ τὸ εἰθισμένον τοῦ **νόμου** περὶ αὐτοῦ
2:39 Καὶ ὡς ἐτέλεσαν πάντα τὰ κατὰ τὸν **νόμον** κυρίου,
10:26 ὁ δὲ εἶπεν πρὸς αὐτόν, Ἐν τῷ **νόμῳ** τί γέγραπται;
16:16 Ὁ **νόμος** καὶ οἱ προφῆται μέχρι Ἰωάννου· ἀπὸ τότε ἡ βασιλεία τοῦ θεοῦ εὐαγγελίζεται καὶ πᾶς εἰς αὐτὴν βιάζεται.
16:17 Εὐκοπώτερον δέ ἐστιν τὸν οὐρανὸν καὶ τὴν γῆν παρελθεῖν ἢ τοῦ **νόμου** μίαν κεραίαν πεσεῖν.
24:44 ὅτι δεῖ πληρωθῆναι πάντα τὰ γεγραμμένα ἐν τῷ **νόμῳ** Μωϋσέως καὶ τοῖς προφήταις καὶ ψαλμοῖς περὶ ἐμοῦ.

Jn 1:17 ὅτι ὁ **νόμος** διὰ Μωϋσέως ἐδόθη, ἡ χάρις καὶ ἡ ἀλήθεια διὰ Ἰησοῦ Χριστοῦ ἐγένετο.
1:45 Ὃν ἔγραψεν Μωϋσῆς ἐν τῷ **νόμῳ** καὶ οἱ προφῆται εὑρήκαμεν,
7:19 οὐ Μωϋσῆς δέδωκεν ὑμῖν τὸν **νόμον;** καὶ οὐδεὶς ἐξ ὑμῶν ποιεῖ τὸν **νόμον.** τί με ζητεῖτε ἀποκτεῖναι;
7:23 εἰ περιτομὴν λαμβάνει ἄνθρωπος ἐν σαββάτῳ ἵνα μὴ λυθῇ ὁ **νόμος** Μωϋσέως,
7:49 ἀλλὰ ὁ ὄχλος οὗτος ὁ μὴ γινώσκων τὸν **νόμον** ἐπάρατοί εἰσιν.
7:51 Μὴ ὁ **νόμος** ἡμῶν κρίνει τὸν ἄνθρωπον ἐὰν μὴ ἀκούσῃ πρῶτον παρ' αὐτοῦ καὶ γνῷ τί ποιεῖ;
8: 5 ⟦ἐν δὲ τῷ **νόμῳ** ἡμῖν Μωϋσῆς ἐνετείλατο τὰς τοιαύτας λιθάζειν.⟧
8:17 καὶ ἐν τῷ **νόμῳ** δὲ τῷ ὑμετέρῳ γέγραπται ὅτι δύο ἀνθρώπων ἡ μαρτυρία ἀληθής ἐστιν.
10:34 Οὐκ ἔστιν γεγραμμένον ἐν τῷ **νόμῳ** ὑμῶν ὅτι Ἐγὼ εἶπα,
12:34 Ἡμεῖς ἠκούσαμεν ἐκ τοῦ **νόμου** ὅτι ὁ Χριστὸς μένει εἰς τὸν αἰῶνα,
15:25 ἀλλ' ἵνα πληρωθῇ ὁ λόγος ὁ ἐν τῷ **νόμῳ** αὐτῶν γεγραμμένος ὅτι Ἐμίσησάν με δωρεάν.
18:31 Λάβετε αὐτὸν ὑμεῖς καὶ κατὰ τὸν **νόμον** ὑμῶν κρίνατε αὐτόν.
19: 7 Ἡμεῖς **νόμον** ἔχομεν καὶ κατὰ τὸν **νόμον** ὀφείλει ἀποθανεῖν,

Ac 6:13 Ὁ ἄνθρωπος οὗτος οὐ παύεται λαλῶν ῥήματα κατὰ τοῦ τόπου τοῦ ἁγίου [τούτου] καὶ τοῦ **νόμου·**
7:53 οἵτινες ἐλάβετε τὸν **νόμον** εἰς διαταγὰς ἀγγέλων καὶ οὐκ ἐφυλάξατε.
13:15 μετὰ δὲ τὴν ἀνάγνωσιν τοῦ **νόμου** καὶ τῶν προφητῶν ἀπέστειλαν οἱ ἀρχισυνάγωγοι πρὸς αὐτοὺς λέγοντες,
13:38 [καὶ] ἀπὸ πάντων ὧν οὐκ ἠδυνήθητε ἐν **νόμῳ** Μωϋσέως δικαιωθῆναι
15: 5 τῶν Φαρισαίων πεπιστευκότες λέγοντες ὅτι δεῖ περιτέμνειν αὐτοὺς παραγγέλλειν τε τηρεῖν τὸν **νόμον** Μωϋσέως.
18:13 λέγοντες ὅτι Παρὰ τὸν **νόμον** ἀναπείθει οὗτος τοὺς ἀνθρώπους σέβεσθαι τὸν θεόν.
18:15 εἰ δὲ ζητήματά ἐστιν περὶ λόγου καὶ ὀνομάτων καὶ **νόμου** τοῦ καθ' ὑμᾶς,
21:20 πόσαι μυριάδες εἰσὶν ἐν τοῖς Ἰουδαίοις τῶν πεπιστευκότων καὶ πάντες ζηλωταὶ τοῦ **νόμου** ὑπάρχουσιν·
21:24 καὶ γνώσονται πάντες ὅτι ὧν κατήχηνται περὶ σοῦ οὐδέν ἐστιν ἀλλὰ στοιχεῖς καὶ αὐτὸς φυλάσσων τὸν **νόμον.**
21:28 οὗτός ἐστιν ὁ ἄνθρωπος ὁ κατὰ τοῦ λαοῦ καὶ τοῦ **νόμου** καὶ τοῦ τόπου τούτου πάντας πανταχῇ διδάσκων,
22: 3 παρὰ τοὺς πόδας Γαμαλιὴλ πεπαιδευμένος κατὰ ἀκρίβειαν τοῦ πατρῴου **νόμου,**
22:12 Ἁνανίας δέ τις, ἀνὴρ εὐλαβὴς κατὰ τὸν **νόμον,**
23: 3 καὶ σὺ κάθῃ κρίνων με κατὰ τὸν **νόμον** καὶ παρανομῶν κελεύεις με τύπτεσθαι;
23:29 ὃν εὗρον ἐγκαλούμενον περὶ ζητημάτων τοῦ **νόμου** αὐτῶν,
24:14 οὕτως λατρεύω τῷ πατρῴῳ θεῷ πιστεύων πᾶσι τοῖς κατὰ τὸν **νόμον** καὶ τοῖς ἐν τοῖς προφήταις γεγραμμένοις,
25: 8 τοῦ Παύλου ἀπολογουμένου ὅτι Οὔτε εἰς τὸν **νόμον** τῶν Ἰουδαίων οὔτε εἰς τὸ ἱερὸν οὔτε εἰς Καίσαρά τι ἥμαρτον.
28:23 πείθων τε αὐτοὺς περὶ τοῦ Ἰησοῦ ἀπό τε τοῦ **νόμου** Μωϋσέως καὶ τῶν προφητῶν,

Ro 2:12 καὶ ὅσοι ἐν **νόμῳ** ἥμαρτον, διὰ **νόμου** κριθήσονται·
2:13 οὐ γὰρ οἱ ἀκροαταὶ **νόμου** δίκαιοι παρὰ [τῷ] θεῷ, ἀλλ' οἱ ποιηταὶ **νόμου** δικαιωθήσονται.
2:14 ὅταν γὰρ ἔθνη τὰ μὴ **νόμον** ἔχοντα φύσει τὰ τοῦ **νόμου** ποιῶσιν, οὗτοι **νόμον** μὴ ἔχοντες ἑαυτοῖς εἰσιν **νόμος·**
2:15 οἵτινες ἐνδείκνυνται τὸ ἔργον τοῦ **νόμου** γραπτὸν ἐν ταῖς καρδίαις αὐτῶν,
2:17 Εἰ δὲ σὺ Ἰουδαῖος ἐπονομάζῃ καὶ ἐπαναπαύῃ **νόμῳ** καὶ καυχᾶσαι ἐν θεῷ
2:18 καὶ γινώσκεις τὸ θέλημα καὶ δοκιμάζεις τὰ διαφέροντα κατηχούμενος ἐκ τοῦ **νόμου,**
2:20 ἔχοντα τὴν μόρφωσιν τῆς γνώσεως καὶ τῆς ἀληθείας ἐν τῷ **νόμῳ·**
2:23 ὃς ἐν **νόμῳ** καυχᾶσαι, διὰ τῆς παραβάσεως τοῦ **νόμου** τὸν θεὸν ἀτιμάζεις·
2:25 περιτομὴ μὲν γὰρ ὠφελεῖ ἐὰν **νόμον** πράσσῃς· ἐὰν δὲ παραβάτης **νόμου** ᾖς, ἡ περιτομή σου ἀκροβυστία γέγονεν.
2:26 ἐὰν οὖν ἡ ἀκροβυστία τὰ δικαιώματα τοῦ **νόμου** φυλάσσῃ,
2:27 καὶ κρινεῖ ἡ ἐκ φύσεως ἀκροβυστία τὸν **νόμον** τελοῦσα σὲ τὸν διὰ γράμματος καὶ περιτομῆς παραβάτην **νόμου.**
3:19 Οἴδαμεν δὲ ὅτι ὅσα ὁ **νόμος** λέγει τοῖς ἐν τῷ **νόμῳ** λαλεῖ,
3:20 διότι ἐξ ἔργων **νόμου** οὐ δικαιωθήσεται πᾶσα σὰρξ ἐνώπιον αὐτοῦ, διὰ γὰρ **νόμου** ἐπίγνωσις ἁμαρτίας.
3:21 Νυνὶ δὲ χωρὶς **νόμου** δικαιοσύνη θεοῦ πεφανέρωται μαρτυρουμένη ὑπὸ τοῦ **νόμου** καὶ τῶν προφητῶν,
3:27 ἐξεκλείσθη. διὰ ποίου **νόμου;** τῶν ἔργων; οὐχί, ἀλλὰ διὰ **νόμου** πίστεως.
3:28 λογιζόμεθα γὰρ δικαιοῦσθαι πίστει ἄνθρωπον χωρὶς ἔργων **νόμου.**
3:31 **νόμον** οὖν καταργοῦμεν διὰ τῆς πίστεως; μὴ γένοιτο· ἀλλὰ **νόμον** ἱστάνομεν.
4:13 Οὐ γὰρ διὰ **νόμου** ἡ ἐπαγγελία τῷ Ἀβραὰμ ἢ τῷ σπέρματι αὐτοῦ,
4:14 εἰ γὰρ οἱ ἐκ **νόμου** κληρονόμοι, κεκένωται ἡ πίστις καὶ κατήργηται ἡ ἐπαγγελία·
4:15 ὁ γὰρ **νόμος** ὀργὴν κατεργάζεται· οὗ δὲ οὐκ ἔστιν **νόμος** οὐδὲ παράβασις.
4:16 οὐ τῷ ἐκ τοῦ **νόμου** μόνον ἀλλὰ καὶ τῷ ἐκ πίστεως Ἀβραάμ,
5:13 ἄχρι γὰρ **νόμου** ἁμαρτία ἦν ἐν κόσμῳ, ἁμαρτία δὲ οὐκ ἐλλογεῖται μὴ ὄντος **νόμου,**
5:20 **νόμος** δὲ παρεισῆλθεν, ἵνα πλεονάσῃ τὸ παράπτωμα· οὗ δὲ ἐπλεόνασεν ἡ ἁμαρτία,
6:14 οὐ γάρ ἐστε ὑπὸ **νόμον** ἀλλὰ ὑπὸ χάριν.
6:15 ὅτι οὐκ ἐσμὲν ὑπὸ **νόμον** ἀλλὰ ὑπὸ χάριν;

7: 1 Ἢ ἀγνοεῖτε, ἀδελφοί, γινώσκουσιν γὰρ **νόμον** λαλῶ, ὅτι ὁ **νόμος** κυριεύει τοῦ ἀνθρώπου ἐφ' ὅσον χρόνον ζῇ;
7: 2 ἡ γὰρ ὕπανδρος γυνὴ τῷ ζῶντι ἀνδρὶ δέδεται **νόμῳ·** ἐὰν δὲ ἀποθάνῃ ὁ ἀνήρ, κατήργηται ἀπὸ τοῦ **νόμου** τοῦ ἀνδρός.
7: 3 ἐὰν δὲ ἀποθάνῃ ὁ ἀνήρ, ἐλευθέρα ἐστὶν ἀπὸ τοῦ **νόμου,**
7: 4 καὶ ὑμεῖς ἐθανατώθητε τῷ **νόμῳ** διὰ τοῦ σώματος τοῦ Χριστοῦ,
7: 5 τὰ παθήματα τῶν ἁμαρτιῶν τὰ διὰ τοῦ **νόμου** ἐνηργεῖτο ἐν τοῖς μέλεσιν ἡμῶν,
7: 6 νυνὶ δὲ κατηργήθημεν ἀπὸ τοῦ **νόμου** ἀποθανόντες ἐν ᾧ κατειχόμεθα,
7: 7 ὁ **νόμος** ἁμαρτία; μὴ γένοιτο· ἀλλὰ τὴν ἁμαρτίαν οὐκ ἔγνων εἰ μὴ διὰ **νόμου·** τήν τε γὰρ ἐπιθυμίαν οὐκ ᾔδειν εἰ μὴ ὁ **νόμος** ἔλεγεν, Οὐκ ἐπιθυμήσεις.
7: 8 ἀφορμὴν δὲ λαβοῦσα ἡ ἁμαρτία διὰ τῆς ἐντολῆς κατειργάσατο ἐν ἐμοὶ πᾶσαν ἐπιθυμίαν· χωρὶς γὰρ **νόμου** ἁμαρτία νεκρά.
7: 9 ἐγὼ δὲ ἔζων χωρὶς **νόμου** ποτέ, ἐλθούσης δὲ τῆς ἐντολῆς ἡ ἁμαρτία ἀνέζησεν,
7:12 ὥστε ὁ μὲν **νόμος** ἅγιος καὶ ἡ ἐντολὴ ἁγία καὶ δικαία καὶ ἀγαθή.
7:14 οἴδαμεν γὰρ ὅτι ὁ **νόμος** πνευματικός ἐστιν, ἐγὼ δὲ σάρκινός εἰμι πεπραμένος ὑπὸ τὴν ἁμαρτίαν.
7:16 εἰ δὲ ὃ οὐ θέλω τοῦτο ποιῶ, σύμφημι τῷ **νόμῳ** ὅτι καλός.
7:21 Εὑρίσκω ἄρα τὸν **νόμον,** τῷ θέλοντι ἐμοὶ ποιεῖν τὸ καλόν,
7:22 συνήδομαι γὰρ τῷ **νόμῳ** τοῦ θεοῦ κατὰ τὸν ἔσω ἄνθρωπον,
7:23 βλέπω δὲ ἕτερον **νόμον** ἐν τοῖς μέλεσίν μου ἀντιστρατευόμενον τῷ **νόμῳ** τοῦ νοός μου καὶ αἰχμαλωτίζοντά με ἐν τῷ **νόμῳ** τῆς ἁμαρτίας τῷ ὄντι ἐν τοῖς μέλεσίν μου.
7:25 ἄρα οὖν αὐτὸς ἐγὼ τῷ μὲν νοῒ δουλεύω **νόμῳ** θεοῦ τῇ δὲ σαρκὶ **νόμῳ** ἁμαρτίας.
8: 2 ὁ γὰρ **νόμος** τοῦ πνεύματος τῆς ζωῆς ἐν Χριστῷ Ἰησοῦ ἠλευθέρωσέν σε ἀπὸ τοῦ **νόμου** τῆς ἁμαρτίας καὶ τοῦ θανάτου.
8: 3 τὸ γὰρ ἀδύνατον τοῦ **νόμου** ἐν ᾧ ἠσθένει διὰ τῆς σαρκός,
8: 4 ἵνα τὸ δικαίωμα τοῦ **νόμου** πληρωθῇ ἐν ἡμῖν τοῖς μὴ κατὰ σάρκα περιπατοῦσιν ἀλλὰ κατὰ πνεῦμα.
8: 7 τῷ γὰρ **νόμῳ** τοῦ θεοῦ οὐχ ὑποτάσσεται, οὐδὲ γὰρ δύναται·
9:31 Ἰσραὴλ δὲ διώκων **νόμον** δικαιοσύνης εἰς **νόμον** οὐκ ἔφθασεν.
10: 4 τέλος γὰρ **νόμου** Χριστὸς εἰς δικαιοσύνην παντὶ τῷ πιστεύοντι.
10: 5 Μωϋσῆς γὰρ γράφει τὴν δικαιοσύνην τὴν ἐκ [τοῦ] **νόμου** ὅτι ὁ ποιήσας αὐτὰ ἄνθρωπος ζήσεται ἐν αὐτοῖς.
13: 8 Μηδενὶ μηδὲν ὀφείλετε εἰ μὴ τὸ ἀλλήλους ἀγαπᾶν· ὁ γὰρ ἀγαπῶν τὸν ἕτερον **νόμον** πεπλήρωκεν.
13:10 ἡ ἀγάπη τῷ πλησίον κακὸν οὐκ ἐργάζεται· πλήρωμα οὖν **νόμου** ἡ ἀγάπη.

1Co 9: 8 Μὴ κατὰ ἄνθρωπον ταῦτα λαλῶ ἢ καὶ ὁ **νόμος** ταῦτα οὐ λέγει;
9: 9 ἐν γὰρ τῷ Μωϋσέως **νόμῳ** γέγραπται, Οὐ κημώσεις βοῦν ἀλοῶντα.
9:20 τοῖς ὑπὸ **νόμον** ὡς ὑπὸ **νόμον,** μὴ ὢν αὐτὸς ὑπὸ **νόμον,** ἵνα τοὺς ὑπὸ **νόμον** κερδήσω·
14:21 ἐν τῷ **νόμῳ** γέγραπται ὅτι Ἐν ἑτερογλώσσοις καὶ ἐν χείλεσιν ἑτέρων λαλήσω τῷ λαῷ τούτῳ καὶ οὐδ' οὕτως εἰσακούσονταί μου,
14:34 οὐ γὰρ ἐπιτρέπεται αὐταῖς λαλεῖν, ἀλλὰ ὑποτασσέσθωσαν, καθὼς καὶ ὁ **νόμος** λέγει.
15:56 τὸ δὲ κέντρον τοῦ θανάτου ἡ ἁμαρτία, ἡ δὲ δύναμις τῆς ἁμαρτίας ὁ **νόμος·**

Gal 2:16 εἰδότες [δὲ] ὅτι οὐ δικαιοῦται ἄνθρωπος ἐξ ἔργων **νόμου** ἐὰν μὴ διὰ πίστεως Ἰησοῦ Χριστοῦ, καὶ ἡμεῖς εἰς Χριστὸν Ἰησοῦν ἐπιστεύσαμεν, ἵνα δικαιωθῶμεν ἐκ πίστεως Χριστοῦ καὶ οὐκ ἐξ ἔργων **νόμου,** ὅτι ἐξ ἔργων **νόμου** οὐ δικαιωθήσεται πᾶσα σάρξ.
2:19 ἐγὼ γὰρ διὰ **νόμου νόμῳ** ἀπέθανον, ἵνα θεῷ ζήσω.
2:21 εἰ γὰρ διὰ **νόμου** δικαιοσύνη, ἄρα Χριστὸς δωρεὰν ἀπέθανεν.
3: 2 ἐξ ἔργων **νόμου** τὸ πνεῦμα ἐλάβετε ἢ ἐξ ἀκοῆς πίστεως;
3: 5 ὁ οὖν ἐπιχορηγῶν ὑμῖν τὸ πνεῦμα καὶ ἐνεργῶν δυνάμεις ἐν ὑμῖν, ἐξ ἔργων **νόμου** ἢ ἐξ ἀκοῆς πίστεως;
3:10 ὅσοι γὰρ ἐξ ἔργων **νόμου** εἰσίν, ὑπὸ κατάραν εἰσίν· γέγραπται γὰρ ὅτι Ἐπικατάρατος πᾶς ὃς οὐκ ἐμμένει πᾶσιν τοῖς γεγραμμένοις ἐν τῷ βιβλίῳ τοῦ **νόμου** τοῦ ποιῆσαι αὐτά.
3:11 ὅτι δὲ ἐν **νόμῳ** οὐδεὶς δικαιοῦται παρὰ τῷ θεῷ δῆλον,
3:12 ὁ δὲ **νόμος** οὐκ ἔστιν ἐκ πίστεως, ἀλλ' Ὁ ποιήσας αὐτὰ ζήσεται ἐν αὐτοῖς.
3:13 Χριστὸς ἡμᾶς ἐξηγόρασεν ἐκ τῆς κατάρας τοῦ **νόμου** γενόμενος ὑπὲρ ἡμῶν κατάρα,
3:17 διαθήκην προκεκυρωμένην ὑπὸ τοῦ θεοῦ ὁ μετὰ τετρακόσια καὶ τριάκοντα ἔτη γεγονὼς **νόμος** οὐκ ἀκυροῖ εἰς τὸ καταργῆσαι τὴν ἐπαγγελίαν.
3:18 εἰ γὰρ ἐκ **νόμου** ἡ κληρονομία, οὐκέτι ἐξ ἐπαγγελίας·
3:19 Τί οὖν ὁ **νόμος;** τῶν παραβάσεων χάριν προσετέθη,
3:21 Ὁ οὖν **νόμος** κατὰ τῶν ἐπαγγελιῶν [τοῦ θεοῦ;]; μὴ γένοιτο. εἰ γὰρ ἐδόθη **νόμος** ὁ δυνάμενος ζῳοποιῆσαι, ὄντως ἐκ **νόμου** ἂν ἦν ἡ δικαιοσύνη·
3:23 Πρὸ τοῦ δὲ ἐλθεῖν τὴν πίστιν ὑπὸ **νόμον** ἐφρουρούμεθα συγκλειόμενοι εἰς τὴν μέλλουσαν πίστιν ἀποκαλυφθῆναι,
3:24 ὥστε ὁ **νόμος** παιδαγωγὸς ἡμῶν γέγονεν εἰς Χριστόν,
4: 4 ἐξαπέστειλεν ὁ θεὸς τὸν υἱὸν αὐτοῦ, γενόμενον ἐκ γυναικός, γενόμενον ὑπὸ **νόμον,**
4: 5 ἵνα τοὺς ὑπὸ **νόμον** ἐξαγοράσῃ, ἵνα τὴν υἱοθεσίαν ἀπολάβωμεν.
4:21 Λέγετέ μοι, οἱ ὑπὸ **νόμον** θέλοντες εἶναι, τὸν **νόμον** οὐκ ἀκούετε;
5: 3 μαρτύρομαι δὲ πάλιν παντὶ ἀνθρώπῳ περιτεμνομένῳ ὅτι ὀφειλέτης ἐστὶν ὅλον τὸν **νόμον** ποιῆσαι.
5: 4 κατηργήθητε ἀπὸ Χριστοῦ, οἵτινες ἐν **νόμῳ** δικαιοῦσθε, τῆς χάριτος ἐξεπέσατε.
5:14 ὁ γὰρ πᾶς **νόμος** ἐν ἑνὶ λόγῳ πεπλήρωται,
5:18 εἰ δὲ πνεύματι ἄγεσθε, οὐκ ἐστὲ ὑπὸ **νόμον.**
5:23 πραΰτης ἐγκράτεια· κατὰ τῶν τοιούτων οὐκ ἔστιν **νόμος.**
6: 2 Ἀλλήλων τὰ βάρη βαστάζετε καὶ οὕτως ἀναπληρώσετε τὸν **νόμον** τοῦ Χριστοῦ.
6:13 οὐδὲ γὰρ οἱ περιτεμνόμενοι αὐτοὶ **νόμον** φυλάσσουσιν ἀλλὰ θέλουσιν ὑμᾶς περιτέμνεσθαι,

Eph 2:15 τὸν **νόμον** τῶν ἐντολῶν ἐν δόγμασιν καταργήσας, ἵνα τοὺς δύο κτίσῃ ἐν αὐτῷ εἰς ἕνα καινὸν ἄνθρωπον ποιῶν εἰρήνην

Php 3: 5 φυλῆς Βενιαμίν, Ἑβραῖος ἐξ Ἑβραίων, κατὰ **νόμον** Φαρισαῖος,
3: 6 κατὰ ζῆλος διώκων τὴν ἐκκλησίαν, κατὰ δικαιοσύνην τὴν ἐν **νόμῳ** γενόμενος ἄμεμπτος.
3: 9 μὴ ἔχων ἐμὴν δικαιοσύνην τὴν ἐκ **νόμου** ἀλλὰ τὴν διὰ πίστεως Χριστοῦ,

1Ti 1: 8 Οἴδαμεν δὲ ὅτι καλὸς ὁ **νόμος,** ἐάν τις αὐτῷ νομίμως χρῆται,
1: 9 εἰδὼς τοῦτο, ὅτι δικαίῳ **νόμος** οὐ κεῖται, ἀνόμοις δὲ καὶ ἀνυποτάκτοις,

Heb 7: 5 καὶ οἱ μὲν ἐκ τῶν υἱῶν Λευὶ τὴν ἱερατείαν λαμβάνοντες ἐντολὴν ἔχουσιν ἀποδεκατοῦν τὸν λαὸν κατὰ τὸν **νόμον,**
7:12 μετατιθεμένης γὰρ τῆς ἱερωσύνης ἐξ ἀνάγκης καὶ **νόμου** μετάθεσις γίνεται.
7:16 ὃς οὐ κατὰ **νόμον** ἐντολῆς σαρκίνης γέγονεν ἀλλὰ κατὰ δύναμιν ζωῆς ἀκαταλύτου.
7:19 οὐδὲν γὰρ ἐτελείωσεν ὁ **νόμος–** ἐπεισαγωγὴ δὲ κρείττονος ἐλπίδος δι' ἧς ἐγγίζομεν τῷ θεῷ.
7:28 ὁ **νόμος** γὰρ ἀνθρώπους καθίστησιν ἀρχιερεῖς ἔχοντας ἀσθένειαν, ὁ λόγος δὲ τῆς ὁρκωμοσίας τῆς μετὰ τὸν **νόμον** υἱὸν εἰς τὸν αἰῶνα τετελειωμένον.
8: 4 οὐδ' ἂν ἦν ἱερεύς, ὄντων τῶν προσφερόντων κατὰ **νόμον** τὰ δῶρα·
8:10 διδοὺς **νόμους** μου εἰς τὴν διάνοιαν αὐτῶν καὶ ἐπὶ καρδίας αὐτῶν ἐπιγράψω αὐτούς,
9:19 λαληθείσης γὰρ πάσης ἐντολῆς κατὰ τὸν **νόμον** ὑπὸ Μωϋσέως παντὶ τῷ λαῷ,
9:22 καὶ σχεδὸν ἐν αἵματι πάντα καθαρίζεται κατὰ τὸν **νόμον** καὶ χωρὶς αἱματεκχυσίας οὐ γίνεται ἄφεσις.
10: 1 Σκιὰν γὰρ ἔχων ὁ **νόμος** τῶν μελλόντων ἀγαθῶν,
10: 8 ἀνώτερον λέγων ὅτι Θυσίας καὶ προσφορὰς καὶ ὁλοκαυτώματα καὶ περὶ ἁμαρτίας οὐκ ἠθέλησας οὐδὲ εὐδόκησας, αἵτινες κατὰ **νόμον** προσφέρονται,
10:16 διδοὺς **νόμους** μου ἐπὶ καρδίας αὐτῶν καὶ ἐπὶ τὴν διάνοιαν αὐτῶν ἐπιγράψω αὐτούς,
10:28 ἀθετήσας τις **νόμον** Μωϋσέως χωρὶς οἰκτιρμῶν ἐπὶ δυσὶν ἢ τρισὶν μάρτυσιν ἀποθνῄσκει·

Jas 1:25 ὁ δὲ παρακύψας εἰς **νόμον** τέλειον τὸν τῆς ἐλευθερίας καὶ παραμείνας,
2: 8 εἰ μέντοι **νόμον** τελεῖτε βασιλικὸν κατὰ τὴν γραφήν,
2: 9 ἁμαρτίαν ἐργάζεσθε ἐλεγχόμενοι ὑπὸ τοῦ **νόμου** ὡς παραβάται.
2:10 ὅστις γὰρ ὅλον τὸν **νόμον** τηρήσῃ πταίσῃ δὲ ἐν ἑνί,
2:11 εἰ δὲ οὐ μοιχεύεις φονεύεις δέ, γέγονας παραβάτης **νόμου.**
2:12 οὕτως λαλεῖτε καὶ οὕτως ποιεῖτε ὡς διὰ **νόμου** ἐλευθερίας μέλλοντες κρίνεσθαι.
4:11 ὁ καταλαλῶν ἀδελφοῦ ἢ κρίνων τὸν ἀδελφὸν αὐτοῦ καταλαλεῖ **νόμου** καὶ κρίνει **νόμον·** εἰ δὲ **νόμον** κρίνεις, οὐκ εἶ ποιητὴς **νόμου** ἀλλὰ κριτής.

3796 νοσέω [1]

√ *3798*

1Ti 6: 4 μηδὲν ἐπιστάμενος, ἀλλὰ **νοσῶν** περὶ ζητήσεις καὶ λογομαχίας,

3797 νόσημα Not used in UBS/NIV

√ *3798*

3798 νόσος [11]

→ *3796, 3797*

Mt 4:23 καὶ κηρύσσων τὸ εὐαγγέλιον τῆς βασιλείας καὶ θεραπεύων πᾶσαν **νόσον** καὶ πᾶσαν μαλακίαν ἐν τῷ λαῷ.
4:24 καὶ προσήνεγκαν αὐτῷ πάντας τοὺς κακῶς ἔχοντας ποικίλαις **νόσοις** καὶ βασάνοις συνεχομένους [καὶ] δαιμονιζομένους
8:17 Αὐτὸς τὰς ἀσθενείας ἡμῶν ἔλαβεν καὶ τὰς **νόσους** ἐβάστασεν.
9:35 καὶ κηρύσσων τὸ εὐαγγέλιον τῆς βασιλείας καὶ θεραπεύων πᾶσαν **νόσον** καὶ πᾶσαν μαλακίαν.
10: 1 ἔδωκεν αὐτοῖς ἐξουσίαν πνευμάτων ἀκαθάρτων ὥστε ἐκβάλλειν αὐτὰ καὶ θεραπεύειν πᾶσαν **νόσον** καὶ πᾶσαν μαλακίαν.
Mk 1:34 καὶ ἐθεράπευσεν πολλοὺς κακῶς ἔχοντας ποικίλαις **νόσοις** καὶ δαιμόνια πολλὰ ἐξέβαλεν καὶ οὐκ ἤφιεν λαλεῖν τὰ δαιμόνια,
Lk 4:40 Δύνοντος δὲ τοῦ ἡλίου ἅπαντες ὅσοι εἶχον ἀσθενοῦντας **νόσοις** ποικίλαις ἤγαγον αὐτοὺς πρὸς αὐτόν·
6:18 οἳ ἦλθον ἀκοῦσαι αὐτοῦ καὶ ἰαθῆναι ἀπὸ τῶν **νόσων** αὐτῶν·
7:21 ἐν ἐκείνῃ τῇ ὥρᾳ ἐθεράπευσεν πολλοὺς ἀπὸ **νόσων** καὶ μαστίγων καὶ πνευμάτων πονηρῶν
9: 1 Συγκαλεσάμενος δὲ τοὺς δώδεκα ἔδωκεν αὐτοῖς δύναμιν καὶ ἐξουσίαν ἐπὶ πάντα τὰ δαιμόνια καὶ **νόσους** θεραπεύειν
Ac 19:12 ἀσθενοῦντας ἀποφέρεσθαι ἀπὸ τοῦ χρωτὸς αὐτοῦ σουδάρια ἢ σιμικίνθια καὶ ἀπαλλάσσεσθαι ἀπ' αὐτῶν τὰς **νόσους,**

3799 νοσσιά [1]

√ *3742*

Lk 13:34 ποσάκις ἠθέλησα ἐπισυνάξαι τὰ τέκνα σου ὃν τρόπον ὄρνις τὴν ἑαυτῆς **νοσσιὰν** ὑπὸ τὰς πτέρυγας,

3800 νοσσίον [1]

√ *3742*

Mt 23:37 ὃν τρόπον ὄρνις ἐπισυνάγει τὰ **νοσσία** αὐτῆς ὑπὸ τὰς πτέρυγας,

3801 νοσσός [1]

√ *3742*

Lk 2:24 καὶ τοῦ δοῦναι θυσίαν κατὰ τὸ εἰρημένον ἐν τῷ νόμῳ κυρίου, ζεῦγος τρυγόνων ἢ δύο **νοσσοὺς** περιστερῶν.

3802 νοσφίζω [3]

Ac 5: 2 καὶ **ἐνοσφίσατο** ἀπὸ τῆς τιμῆς, συνειδυίης καὶ τῆς γυναικός,
5: 3 ψεύσασθαί σε τὸ πνεῦμα τὸ ἅγιον καὶ **νοσφίσασθαι** ἀπὸ τῆς τιμῆς τοῦ χωρίου;
Tit 2:10 μὴ **νοσφιζομένους,** ἀλλὰ πᾶσαν πίστιν ἐνδεικνυμένους ἀγαθήν, ἵνα τὴν διδασκαλίαν τὴν τοῦ σωτῆρος ἡμῶν θεοῦ

3803 νότος [7]

Mt 12:42 βασίλισσα **νότου** ἐγερθήσεται ἐν τῇ κρίσει μετὰ τῆς γενεᾶς ταύτης καὶ κατακρινεῖ αὐτήν,
Lk 11:31 βασίλισσα **νότου** ἐγερθήσεται ἐν τῇ κρίσει μετὰ τῶν ἀνδρῶν τῆς γενεᾶς ταύτης καὶ κατακρινεῖ αὐτούς,
12:55 καὶ ὅταν **νότον** πνέοντα, λέγετε ὅτι Καύσων ἔσται,
13:29 καὶ ἥξουσιν ἀπὸ ἀνατολῶν καὶ δυσμῶν καὶ ἀπὸ βορρᾶ καὶ **νότου** καὶ ἀνακλιθήσονται ἐν τῇ βασιλείᾳ τοῦ θεοῦ.
Ac 27:13 Ὑποπνεύσαντος δὲ **νότου** δόξαντες τῆς προθέσεως κεκρατηκέναι, ἄραντες ἆσσον παρελέγοντο τὴν Κρήτην.
28:13 καὶ μετὰ μίαν ἡμέραν ἐπιγενομένου **νότου** δευτεραῖοι ἤλθομεν εἰς Ποτιόλους,
Rev 21:13 ἀπὸ ἀνατολῆς πυλῶνες τρεῖς καὶ ἀπὸ βορρᾶ πυλῶνες τρεῖς καὶ ἀπὸ **νότου** πυλῶνες τρεῖς καὶ ἀπὸ δυσμῶν πυλῶνες τρεῖς.

3804 νουθεσία [3]

√ *3808 + 5502*

1Co 10:11 ταῦτα δὲ τυπικῶς συνέβαινεν ἐκείνοις, ἐγράφη δὲ πρὸς **νουθεσίαν** ἡμῶν,
Eph 6: 4 μὴ παροργίζετε τὰ τέκνα ὑμῶν ἀλλὰ ἐκτρέφετε αὐτὰ ἐν παιδείᾳ καὶ **νουθεσίᾳ** κυρίου.
Tit 3:10 αἱρετικὸν ἄνθρωπον μετὰ μίαν καὶ δευτέραν **νουθεσίαν** παραιτοῦ,

3805 νουθετέω [8]

√ *3808 + 5502*

Ac 20:31 διὸ γρηγορεῖτε μνημονεύοντες ὅτι τριετίαν νύκτα καὶ ἡμέραν οὐκ ἐπαυσάμην μετὰ δακρύων **νουθετῶν** ἕνα ἕκαστον.
Ro 15:14 πεπληρωμένοι πάσης [τῆς] γνώσεως, δυνάμενοι καὶ ἀλλήλους **νουθετεῖν.**
1Co 4:14 Οὐκ ἐντρέπων ὑμᾶς γράφω ταῦτα ἀλλ' ὡς τέκνα μου ἀγαπητὰ **νουθετῶ[ν].**
Col 1:28 ὃν ἡμεῖς καταγγέλλομεν **νουθετοῦντες** πάντα ἄνθρωπον καὶ διδάσκοντες πάντα ἄνθρωπον ἐν πάσῃ σοφίᾳ,
3:16 ὁ λόγος τοῦ Χριστοῦ ἐνοικείτω ἐν ὑμῖν πλουσίως, ἐν πάσῃ σοφίᾳ διδάσκοντες καὶ **νουθετοῦντες** ἑαυτούς,
1Th 5:12 εἰδέναι τοὺς κοπιῶντας ἐν ὑμῖν καὶ προϊσταμένους ὑμῶν ἐν κυρίῳ καὶ **νουθετοῦντας** ὑμᾶς
5:14 ἀδελφοί, **νουθετεῖτε** τοὺς ἀτάκτους, παραμυθεῖσθε τοὺς ὀλιγοψύχους, ἀντέχεσθε τῶν ἀσθενῶν,
2Th 3:15 καὶ μὴ ὡς ἐχθρὸν ἡγεῖσθε, ἀλλὰ **νουθετεῖτε** ὡς ἀδελφόν.

3806 νουμηνία Not used in UBS/NIV

√ *3742 + 3604*

3807 νουνεχῶς [1]

√ *3808 + 2400*

Mk 12:34 καὶ ὁ Ἰησοῦς ἰδὼν [αὐτὸν] ὅτι **νουνεχῶς** ἀπεκρίθη εἶπεν αὐτῷ,

3808 νοῦς [24]

→ *295, 485, 486, 1378, 1379, 1554, 1936, 2154, 2333, 2334, 2917, 3566, 3567, 3783, 3784, 3804, 3805, 3807, 4173, 4629, 4630, 5706, 5707*

νοῦς κυρίου [2] Ro 11:34; 1Co 2:16

νοῦς Χριστοῦ [1] 1Co 2:16

σάρξ ... νοῦς [2] Ro 7:25; Col 2:18

Lk 24:45 τότε διήνοιξεν αὐτῶν τὸν **νοῦν** τοῦ συνιέναι τὰς γραφάς·
Ro 1:28 παρέδωκεν αὐτοὺς ὁ θεὸς εἰς ἀδόκιμον **νοῦν,** ποιεῖν τὰ μὴ καθήκοντα,
7:23 βλέπω δὲ ἕτερον νόμον ἐν τοῖς μέλεσίν μου ἀντιστρατευόμενον τῷ νόμῳ τοῦ **νοός** μου
7:25 ἄρα οὖν αὐτὸς ἐγὼ τῷ μὲν **νοῒ** δουλεύω νόμῳ θεοῦ τῇ δὲ σαρκὶ νόμῳ ἁμαρτίας.
11:34 Τίς γὰρ ἔγνω **νοῦν** κυρίου; ἢ τίς σύμβουλος αὐτοῦ ἐγένετο;
12: 2 ἀλλὰ μεταμορφοῦσθε τῇ ἀνακαινώσει τοῦ **νοὸς** εἰς τὸ δοκιμάζειν ὑμᾶς τί τὸ θέλημα τοῦ θεοῦ,
14: 5 ὃς δὲ κρίνει πᾶσαν ἡμέραν· ἕκαστος ἐν τῷ ἰδίῳ **νοῒ** πληροφορείσθω.
1Co 1:10 ἦτε δὲ κατηρτισμένοι ἐν τῷ αὐτῷ **νοῒ** καὶ ἐν τῇ αὐτῇ γνώμῃ.
2:16 τίς γὰρ ἔγνω **νοῦν** κυρίου, ὃς συμβιβάσει αὐτόν; ἡμεῖς δὲ **νοῦν** Χριστοῦ ἔχομεν.
14:14 τὸ πνεῦμά μου προσεύχεται, ὁ δὲ **νοῦς** μου ἄκαρπός ἐστιν.
14:15 τί οὖν ἐστιν; προσεύξομαι τῷ πνεύματι, προσεύξομαι δὲ καὶ τῷ **νοΐ·** ψαλῶ τῷ πνεύματι, ψαλῶ δὲ καὶ τῷ **νοΐ.**
14:19 ἀλλὰ ἐν ἐκκλησίᾳ θέλω πέντε λόγους τῷ **νοΐ** μου λαλῆσαι,
Eph 4:17 καθὼς καὶ τὰ ἔθνη περιπατεῖ ἐν ματαιότητι τοῦ **νοὸς** αὐτῶν,
4:23 ἀνανεοῦσθαι δὲ τῷ πνεύματι τοῦ **νοὸς** ὑμῶν
Php 4: 7 καὶ ἡ εἰρήνη τοῦ θεοῦ ἡ ὑπερέχουσα πάντα **νοῦν** φρουρήσει τὰς καρδίας ὑμῶν καὶ τὰ νοήματα ὑμῶν ἐν Χριστῷ Ἰησοῦ.
Col 2:18 εἰκῇ φυσιούμενος ὑπὸ τοῦ **νοὸς** τῆς σαρκὸς αὐτοῦ,
2Th 2: 2 εἰς τὸ μὴ ταχέως σαλευθῆναι ὑμᾶς ἀπὸ τοῦ **νοὸς** μηδὲ θροεῖσθαι,
1Ti 6: 5 διαπαρατριβαὶ διεφθαρμένων ἀνθρώπων τὸν **νοῦν** καὶ ἀπεστερημένων τῆς ἀληθείας,

2Ti 3: 8 ἄνθρωποι κατεφθαρμένοι τὸν **νοῦν,** ἀδόκιμοι περὶ τὴν πίστιν.
Tit 1:15 ἀλλὰ μεμίανται αὐτῶν καὶ ὁ **νοῦς** καὶ ἡ συνείδησις.
Rev 13:18 ὁ ἔχων **νοῦν** ψηφισάτω τὸν ἀριθμὸν τοῦ θηρίου,
17: 9 ὧδε ὁ **νοῦς** ὁ ἔχων σοφίαν. αἱ ἑπτὰ κεφαλαὶ ἑπτὰ ὄρη εἰσίν,

3809 Νύμφαν [1]

√ *3811*

Col 4:15 Ἀσπάσασθε τοὺς ἐν Λαοδικείᾳ ἀδελφοὺς καὶ **Νύμφαν** καὶ τὴν κατ' οἶκον αὐτῆς ἐκκλησίαν.

3810 Νυμφᾶς Not used in UBS/NIV

√ *3811*

3811 νύμφη [8]

→ *3809, 3810, 3812, 3813*

Mt 10:35 διχάσαι ἄνθρωπον κατὰ τοῦ πατρὸς αὐτοῦ καὶ θυγατέρα κατὰ τῆς μητρὸς αὐτῆς καὶ **νύμφην** κατὰ τῆς πενθερᾶς αὐτῆς,
Lk 12:53 πενθερὰ ἐπὶ τὴν **νύμφην** αὐτῆς καὶ **νύμφη** ἐπὶ τὴν πενθεράν.
Jn 3:29 ὁ ἔχων τὴν **νύμφην** νυμφίος ἐστίν· ὁ δὲ φίλος τοῦ νυμφίου ὁ ἑστηκὼς καὶ ἀκούων αὐτοῦ χαρᾷ χαίρει διὰ τὴν φωνὴν
Rev 18:23 καὶ φωνὴ νυμφίου καὶ **νύμφης** οὐ μὴ ἀκουσθῇ ἐν σοὶ ἔτι·
21: 2 Ἰερουσαλὴμ καινὴν εἶδον καταβαίνουσαν ἐκ τοῦ οὐρανοῦ ἀπὸ τοῦ θεοῦ ἡτοιμασμένην ὡς **νύμφην** κεκοσμημένην τῷ ἀνδρὶ
21: 9 δείξω σοι τὴν **νύμφην** τὴν γυναῖκα τοῦ ἀρνίου.
22:17 Καὶ τὸ πνεῦμα καὶ ἡ **νύμφη** λέγουσιν, Ἔρχου.

3812 νυμφίος [16]

√ *3811*

Mt 9:15 Μὴ δύνανται οἱ υἱοὶ τοῦ νυμφῶνος πενθεῖν ἐφ' ὅσον μετ' αὐτῶν ἐστιν ὁ **νυμφίος;** ἐλεύσονται δὲ ἡμέραι ὅταν ἀπαρθῇ ἀπ' αὐτῶν ὁ **νυμφίος,**
25: 1 αἵτινες λαβοῦσαι τὰς λαμπάδας ἑαυτῶν ἐξῆλθον εἰς ὑπάντησιν τοῦ **νυμφίου.**
25: 5 χρονίζοντος δὲ τοῦ **νυμφίου** ἐνύσταξαν πᾶσαι καὶ ἐκάθευδον.
25: 6 μέσης δὲ νυκτὸς κραυγὴ γέγονεν, Ἰδοὺ ὁ **νυμφίος,** ἐξέρχεσθε εἰς ἀπάντησιν [αὐτοῦ.]
25:10 ἀπερχομένων δὲ αὐτῶν ἀγοράσαι ἦλθεν ὁ **νυμφίος,** καὶ αἱ ἕτοιμοι εἰσῆλθον μετ' αὐτοῦ εἰς τοὺς γάμους καὶ ἐκλείσθη ἡ θύρα.
Mk 2:19 Μὴ δύνανται οἱ υἱοὶ τοῦ νυμφῶνος ἐν ᾧ ὁ **νυμφίος** μετ' αὐτῶν ἐστιν νηστεύειν; ὅσον χρόνον ἔχουσιν τὸν **νυμφίον** μετ' αὐτῶν οὐ δύνανται νηστεύειν.
2:20 ἐλεύσονται δὲ ἡμέραι ὅταν ἀπαρθῇ ἀπ' αὐτῶν ὁ **νυμφίος,**
Lk 5:34 Μὴ δύνασθε τοὺς υἱοὺς τοῦ νυμφῶνος ἐν ᾧ ὁ **νυμφίος** μετ' αὐτῶν ἐστιν ποιῆσαι νηστεῦσαι;
5:35 ἐλεύσονται δὲ ἡμέραι, καὶ ὅταν ἀπαρθῇ ἀπ' αὐτῶν ὁ **νυμφίος,**
Jn 2: 9 οἱ δὲ διάκονοι ᾔδεισαν οἱ ἠντληκότες τὸ ὕδωρ, φωνεῖ τὸν **νυμφίον** ὁ ἀρχιτρίκλινος
3:29 ὁ ἔχων τὴν νύμφην **νυμφίος** ἐστίν· ὁ δὲ φίλος τοῦ **νυμφίου** ὁ ἑστηκὼς καὶ ἀκούων αὐτοῦ χαρᾷ χαίρει διὰ τὴν φωνὴν τοῦ **νυμφίου.**
Rev 18:23 καὶ φωνὴ **νυμφίου** καὶ νύμφης οὐ μὴ ἀκουσθῇ ἐν σοὶ ἔτι·

3813 νυμφών [3]

√ *3811*

υἱοὶ νυμφῶνος [3] Mt 9:15; Mk 2:19; Lk 5:34

Mt 9:15 Μὴ δύνανται οἱ υἱοὶ τοῦ **νυμφῶνος** πενθεῖν ἐφ' ὅσον μετ' αὐτῶν ἐστιν ὁ νυμφίος;
Mk 2:19 Μὴ δύνανται οἱ υἱοὶ τοῦ **νυμφῶνος** ἐν ᾧ ὁ νυμφίος μετ' αὐτῶν ἐστιν νηστεύειν;
Lk 5:34 Μὴ δύνασθε τοὺς υἱοὺς τοῦ **νυμφῶνος** ἐν ᾧ ὁ νυμφίος μετ' αὐτῶν ἐστιν ποιῆσαι νηστεῦσαι;

3814 νῦν [147]

→ *3815, 5422, 5523*

τὸ, τὰ νῦν [6] Ac 4:29; 5:38; 17:30; 20:32; 24:25; 27:22
ἀπὸ τοῦ νῦν [8] Lk 1:48; 5:10; 12:52; 22:18,69; Jn 8:11; Ac 18:6; 2Co 5:16
ἄχρι τοῦ νῦν [2] Ro 8:22; Php 1:5
ἔτι νῦν [1] 1Co 3:2
ἕως τοῦ νῦν [2] Mt 24:21; Mk 13:19
ζωή νῦν [1] 1Ti 4:8
ἰδού νῦν, νῦν ἰδού [5] Ac 13:11; 20:22,25; 2Co 6:2,2
ὁ νῦν αἰών [3] 1Ti 6:17; 2Ti 4:10; Tit 2:12
νῦν ... ἤδη [1] Jn 4:3
νῦν καιρός [6] Mk 10:30; Ro 3:26; 8:18; 11:5; 2Co 6:2; 8:14
νῦν ... μέλλω [4] Ac 22:16; 23:15; Ro 8:18; 1Ti 4:8
νῦν μέν [2] Jn 16:22; 1Co 12:20
νῦν οὖν [5] Jn 16:22; Ac 10:33; 15:10; 16:36; 23:15
ποτέ ... νῦν [6] Ro 11:30; Gal 1:23,23; Eph 2:2; 5:8; 1Pe 2:10

Mt 24:21 ἔσται γὰρ τότε θλῖψις μεγάλη οἵα οὐ γέγονεν ἀπ' ἀρχῆς κόσμου ἕως τοῦ **νῦν** οὐδ' οὐ μὴ γένηται.
26:65 τί ἔτι χρείαν ἔχομεν μαρτύρων; ἴδε **νῦν** ἠκούσατε τὴν βλασφημίαν·
27:42 καταβάτω **νῦν** ἀπὸ τοῦ σταυροῦ καὶ πιστεύσομεν ἐπ' αὐτόν.
27:43 πέποιθεν ἐπὶ τὸν θεόν, ῥυσάσθω **νῦν** εἰ θέλει αὐτόν·
Mk 10:30 ἐὰν μὴ λάβῃ ἑκατονταπλασίονα **νῦν** ἐν τῷ καιρῷ τούτῳ οἰκίας καὶ ἀδελφοὺς καὶ ἀδελφὰς καὶ μητέρας καὶ τέκνα καὶ ἀγροὺς μετὰ διωγμῶν,
13:19 ἔσονται γὰρ αἱ ἡμέραι ἐκεῖναι θλῖψις οἵα οὐ γέγονεν τοιαύτη ἀπ' ἀρχῆς κτίσεως ἣν ἔκτισεν ὁ θεὸς ἕως τοῦ **νῦν** καὶ οὐ μὴ γένηται.
15:32 ὁ Χριστὸς ὁ βασιλεὺς Ἰσραὴλ καταβάτω **νῦν** ἀπὸ τοῦ σταυροῦ,
Lk 1:48 ἰδοὺ γὰρ ἀπὸ τοῦ **νῦν** μακαριοῦσίν με πᾶσαι αἱ γενεαί,
2:29 **Νῦν** ἀπολύεις τὸν δοῦλόν σου, δέσποτα, κατὰ τὸ ῥῆμά σου ἐν εἰρήνῃ·
5:10 Μὴ φοβοῦ· ἀπὸ τοῦ **νῦν** ἀνθρώπους ἔσῃ ζωγρῶν.
6:21 μακάριοι οἱ πεινῶντες **νῦν,** ὅτι χορτασθήσεσθε. μακάριοι οἱ κλαίοντες **νῦν,** ὅτι γελάσετε.
6:25 οὐαὶ ὑμῖν, οἱ ἐμπεπλησμένοι **νῦν,** ὅτι πεινάσετε. οὐαί, οἱ γελῶντες **νῦν,** ὅτι πενθήσετε καὶ κλαύσετε.
11:39 **Νῦν** ὑμεῖς οἱ Φαρισαῖοι τὸ ἔξωθεν τοῦ ποτηρίου καὶ τοῦ πίνακος καθαρίζετε,
12:52 ἔσονται γὰρ ἀπὸ τοῦ **νῦν** πέντε ἐν ἑνὶ οἴκῳ διαμεμερισμένοι,
16:25 καὶ Λάζαρος ὁμοίως τὰ κακά· **νῦν** δὲ ὧδε παρακαλεῖται, σὺ δὲ ὀδυνᾶσαι.
19:42 λέγων ὅτι Εἰ ἔγνως ἐν τῇ ἡμέρᾳ ταύτῃ καὶ σὺ τὰ πρὸς εἰρήνην· **νῦν** δὲ ἐκρύβη ἀπὸ ὀφθαλμῶν σου.
22:18 [ὅτι] οὐ μὴ πίω ἀπὸ τοῦ **νῦν** ἀπὸ τοῦ γενήματος τῆς ἀμπέλου ἕως οὗ ἡ βασιλεία τοῦ θεοῦ ἔλθῃ.
22:36 Ἀλλὰ **νῦν** ὁ ἔχων βαλλάντιον ἀράτω, ὁμοίως καὶ πήραν,
22:69 ἀπὸ τοῦ **νῦν** δὲ ἔσται ὁ υἱὸς τοῦ ἀνθρώπου καθήμενος ἐκ δεξιῶν τῆς δυνάμεως τοῦ θεοῦ.
Jn 2: 8 καὶ λέγει αὐτοῖς, Ἀντλήσατε **νῦν** καὶ φέρετε τῷ ἀρχιτρικλίνῳ·
4:18 πέντε γὰρ ἄνδρας ἔσχες καὶ **νῦν** ὃν ἔχεις οὐκ ἔστιν σου ἀνήρ·
4:23 ἀλλὰ ἔρχεται ὥρα καὶ **νῦν** ἐστιν, ὅτε οἱ ἀληθινοὶ προσκυνηταὶ προσκυνήσουσιν τῷ πατρὶ ἐν πνεύματι καὶ ἀληθείᾳ·
5:25 ὅτι ἔρχεται ὥρα καὶ **νῦν** ἐστιν ὅτε οἱ νεκροὶ ἀκούσουσιν τῆς φωνῆς τοῦ υἱοῦ τοῦ θεοῦ καὶ οἱ ἀκούσαντες ζήσουσιν.
6:42 πῶς **νῦν** λέγει ὅτι Ἐκ τοῦ οὐρανοῦ καταβέβηκα;
8:11 ⟦Οὐδὲ ἐγώ σε κατακρίνω· πορεύου, [καὶ] ἀπὸ τοῦ **νῦν** μηκέτι ἁμάρτανε.⟧
8:40 **νῦν** δὲ ζητεῖτέ με ἀποκτεῖναι ἄνθρωπον ὃς τὴν ἀλήθειαν ὑμῖν λελάληκα ἣν ἤκουσα παρὰ τοῦ θεοῦ·
8:52 εἶπον [οὖν] αὐτῷ οἱ Ἰουδαῖοι, **Νῦν** ἐγνώκαμεν ὅτι δαιμόνιον ἔχεις.
9:21 πῶς δὲ **νῦν** βλέπει οὐκ οἴδαμεν, ἢ τίς ἤνοιξεν αὐτοῦ τοὺς ὀφθαλμοὺς ἡμεῖς οὐκ οἴδαμεν·
9:41 **νῦν** δὲ λέγετε ὅτι Βλέπομεν, ἡ ἁμαρτία ὑμῶν μένει.
11: 8 Ῥαββί, **νῦν** ἐζήτουν σε λιθάσαι οἱ Ἰουδαῖοι, καὶ πάλιν ὑπάγεις ἐκεῖ;
11:22 [ἀλλὰ] καὶ **νῦν** οἶδα ὅτι ὅσα ἂν αἰτήσῃ τὸν θεὸν δώσει σοι ὁ θεός.
12:27 **Νῦν** ἡ ψυχή μου τετάρακται, καὶ τί εἴπω;
12:31 **νῦν** κρίσις ἐστὶν τοῦ κόσμου τούτου, **νῦν** ὁ ἄρχων τοῦ κόσμου τούτου ἐκβληθήσεται ἔξω·
13:31 λέγει Ἰησοῦς, **Νῦν** ἐδοξάσθη ὁ υἱὸς τοῦ ἀνθρώπου,

13:36 Ὅπου ὑπάγω οὐ δύνασαί μοι **νῦν** ἀκολουθῆσαι, ἀκολουθήσεις δὲ ὕστερον.
14:29 καὶ **νῦν** εἴρηκα ὑμῖν πρὶν γενέσθαι, ἵνα ὅταν γένηται πιστεύσητε.
15:22 **νῦν** δὲ πρόφασιν οὐκ ἔχουσιν περὶ τῆς ἁμαρτίας αὐτῶν.
15:24 **νῦν** δὲ καὶ ἑωράκασιν καὶ μεμισήκασιν καὶ ἐμὲ καὶ τὸν πατέρα μου.
16: 5 **νῦν** δὲ ὑπάγω πρὸς τὸν πέμψαντά με, καὶ οὐδεὶς ἐξ ὑμῶν ἐρωτᾷ με,
16:22 καὶ ὑμεῖς οὖν **νῦν** μὲν λύπην ἔχετε· πάλιν δὲ ὄψομαι ὑμᾶς,
16:29 Ἴδε **νῦν** ἐν παρρησίᾳ λαλεῖς καὶ παροιμίαν οὐδεμίαν λέγεις.
16:30 **νῦν** οἴδαμεν ὅτι οἶδας πάντα καὶ οὐ χρείαν ἔχεις ἵνα τίς σε ἐρωτᾷ·
17: 5 καὶ **νῦν** δόξασόν με σύ, πάτερ, παρὰ σεαυτῷ τῇ δόξῃ ᾗ εἶχον πρὸ τοῦ τὸν κόσμον εἶναι παρὰ σοί.
17: 7 **νῦν** ἔγνωκαν ὅτι πάντα ὅσα δέδωκάς μοι παρὰ σοῦ εἰσιν·
17:13 **νῦν** δὲ πρὸς σὲ ἔρχομαι καὶ ταῦτα λαλῶ ἐν τῷ κόσμῳ ἵνα ἔχωσιν τὴν χαρὰν τὴν ἐμὴν πεπληρωμένην ἐν ἑαυτοῖς.
18:36 **νῦν** δὲ ἡ βασιλεία ἡ ἐμὴ οὐκ ἔστιν ἐντεῦθεν.
21:10 λέγει αὐτοῖς ὁ Ἰησοῦς, Ἐνέγκατε ἀπὸ τῶν ὀψαρίων ὧν ἐπιάσατε **νῦν.**
Ac 3:17 καὶ **νῦν,** ἀδελφοί, οἶδα ὅτι κατὰ ἄγνοιαν ἐπράξατε ὥσπερ καὶ οἱ ἄρχοντες ὑμῶν·
4:29 καὶ τὰ **νῦν,** κύριε, ἔπιδε ἐπὶ τὰς ἀπειλὰς αὐτῶν καὶ δὸς τοῖς δούλοις σου μετὰ παρρησίας πάσης λαλεῖν τὸν λόγον σου,
5:38 καὶ τὰ **νῦν** λέγω ὑμῖν, ἀπόστητε ἀπὸ τῶν ἀνθρώπων τούτων καὶ ἄφετε αὐτούς·
7: 4 κἀκεῖθεν μετὰ τὸ ἀποθανεῖν τὸν πατέρα αὐτοῦ μετῴκισεν αὐτὸν εἰς τὴν γῆν ταύτην εἰς ἣν ὑμεῖς **νῦν** κατοικεῖτε,
7:34 καὶ κατέβην ἐξελέσθαι αὐτούς· καὶ **νῦν** δεῦρο ἀποστείλω σε εἰς Αἴγυπτον.
7:52 καὶ ἀπέκτειναν τοὺς προκαταγγείλαντας περὶ τῆς ἐλεύσεως τοῦ δικαίου, οὗ **νῦν** ὑμεῖς προδόται καὶ φονεῖς ἐγένεσθε,
10: 5 καὶ **νῦν** πέμψον ἄνδρας εἰς Ἰόππην καὶ μετάπεμψαι Σίμωνά τινα ὃς ἐπικαλεῖται Πέτρος·
10:33 **νῦν** οὖν πάντες ἡμεῖς ἐνώπιον τοῦ θεοῦ πάρεσμεν ἀκοῦσαι πάντα τὰ προστεταγμένα σοι ὑπὸ τοῦ κυρίου.
12:11 **Νῦν** οἶδα ἀληθῶς ὅτι ἐξαπέστειλεν [ὁ] κύριος τὸν ἄγγελον αὐτοῦ καὶ ἐξείλατό με ἐκ χειρὸς Ἡρῴδου
13:11 καὶ **νῦν** ἰδοὺ χεὶρ κυρίου ἐπὶ σὲ καὶ ἔσῃ τυφλὸς μὴ βλέπων τὸν ἥλιον ἄχρι καιροῦ.
13:31 οἵτινες **[νῦν]** εἰσιν μάρτυρες αὐτοῦ πρὸς τὸν λαόν.
15:10 **νῦν** οὖν τί πειράζετε τὸν θεὸν ἐπιθεῖναι ζυγὸν ἐπὶ τὸν τράχηλον τῶν μαθητῶν ὃν οὔτε οἱ πατέρες ἡμῶν οὔτε ἡμεῖς ἰσχύσαμεν βαστάσαι;
16:36 πρὸς τὸν Παῦλον ὅτι Ἀπέσταλκαν οἱ στρατηγοὶ ἵνα ἀπολυθῆτε· **νῦν** οὖν ἐξελθόντες πορεύεσθε ἐν εἰρήνῃ.
16:37 ἔβαλαν εἰς φυλακήν, καὶ **νῦν** λάθρᾳ ἡμᾶς ἐκβάλλουσιν;
17:30 τὰ **νῦν** παραγγέλλει τοῖς ἀνθρώποις πάντας πανταχοῦ μετανοεῖν,
18: 6 καθαρὸς ἐγὼ ἀπὸ τοῦ **νῦν** εἰς τὰ ἔθνη πορεύσομαι.
20:22 καὶ **νῦν** ἰδοὺ δεδεμένος ἐγὼ τῷ πνεύματι πορεύομαι εἰς Ἰερουσαλὴμ τὰ ἐν αὐτῇ συναντήσοντά μοι μὴ εἰδώς,
20:25 Καὶ **νῦν** ἰδοὺ ἐγὼ οἶδα ὅτι οὐκέτι ὄψεσθε τὸ πρόσωπόν μου ὑμεῖς πάντες ἐν οἷς διῆλθον κηρύσσων τὴν βασιλείαν.
20:32 καὶ τὰ **νῦν** παρατίθεμαι ὑμᾶς τῷ θεῷ καὶ τῷ λόγῳ τῆς χάριτος αὐτοῦ,
22:16 καὶ **νῦν** τί μέλλεις; ἀναστὰς βάπτισαι καὶ ἀπόλουσαι τὰς ἁμαρτίας σου ἐπικαλεσάμενος τὸ ὄνομα αὐτοῦ.
23:15 **νῦν** οὖν ὑμεῖς ἐμφανίσατε τῷ χιλιάρχῳ σὺν τῷ συνεδρίῳ ὅπως καταγάγῃ αὐτὸν εἰς ὑμᾶς ὡς μέλλοντας διαγινώσκειν ἀκριβέστερον τὰ περὶ αὐτοῦ·
23:21 καὶ **νῦν** εἰσιν ἕτοιμοι προσδεχόμενοι τὴν ἀπὸ σοῦ ἐπαγγελίαν.
24:25 Τὸ **νῦν** ἔχον πορεύου, καιρὸν δὲ μεταλαβὼν μετακαλέσομαί σε,
26: 6 καὶ **νῦν** ἐπ᾽ ἐλπίδι τῆς εἰς τοὺς πατέρας ἡμῶν ἐπαγγελίας γενομένης ὑπὸ τοῦ θεοῦ ἕστηκα κρινόμενος,
27:22 καὶ τὰ **νῦν** παραινῶ ὑμᾶς εὐθυμεῖν· ἀποβολὴ γὰρ ψυχῆς οὐδεμία ἔσται ἐξ ὑμῶν πλὴν τοῦ πλοίου.
Ro 3:26 πρὸς τὴν ἔνδειξιν τῆς δικαιοσύνης αὐτοῦ ἐν τῷ **νῦν** καιρῷ,
5: 9 πολλῷ οὖν μᾶλλον δικαιωθέντες **νῦν** ἐν τῷ αἵματι αὐτοῦ σωθησόμεθα δι᾽ αὐτοῦ ἀπὸ τῆς ὀργῆς.
5:11 ἀλλὰ καὶ καυχώμενοι ἐν τῷ θεῷ διὰ τοῦ κυρίου ἡμῶν Ἰησοῦ Χριστοῦ δι᾽ οὗ **νῦν** τὴν καταλλαγὴν ἐλάβομεν.
6:19 οὕτως **νῦν** παραστήσατε τὰ μέλη ὑμῶν δοῦλα τῇ δικαιοσύνῃ εἰς ἁγιασμόν.
6:21 ἐφ᾽ οἷς **νῦν** ἐπαισχύνεσθε, τὸ γὰρ τέλος ἐκείνων θάνατος.
8: 1 Οὐδὲν ἄρα **νῦν** κατάκριμα τοῖς ἐν Χριστῷ Ἰησοῦ.
8:18 Λογίζομαι γὰρ ὅτι οὐκ ἄξια τὰ παθήματα τοῦ **νῦν** καιροῦ πρὸς τὴν μέλλουσαν δόξαν ἀποκαλυφθῆναι εἰς ἡμᾶς.
8:22 οἴδαμεν γὰρ ὅτι πᾶσα ἡ κτίσις συστενάζει καὶ συνωδίνει ἄχρι τοῦ **νῦν·**
11: 5 οὕτως οὖν καὶ ἐν τῷ **νῦν** καιρῷ λεῖμμα κατ᾽ ἐκλογὴν χάριτος γέγονεν·
11:30 ὥσπερ γὰρ ὑμεῖς ποτε ἠπειθήσατε τῷ θεῷ, **νῦν** δὲ ἠλεήθητε τῇ τούτων ἀπειθείᾳ,
11:31 οὕτως καὶ οὗτοι **νῦν** ἠπείθησαν τῷ ὑμετέρῳ ἐλέει, ἵνα καὶ αὐτοὶ **[νῦν]** ἐλεηθῶσιν.
13:11 **νῦν** γὰρ ἐγγύτερον ἡμῶν ἡ σωτηρία ἢ ὅτε ἐπιστεύσαμεν.
16:26 [φανερωθέντος δὲ **νῦν** διά τε γραφῶν προφητικῶν κατ᾽ ἐπιταγὴν τοῦ αἰωνίου θεοῦ εἰς ὑπακοὴν πίστεως εἰς πάντα τὰ ἔθνη γνωρισθέντος,]
1Co 3: 2 οὔπω γὰρ ἐδύνασθε. ἀλλ᾽ οὐδὲ ἔτι **νῦν** δύνασθε,
5:11 **νῦν** δὲ ἔγραψα ὑμῖν μὴ συναναμίγνυσθαι ἐάν τις ἀδελφὸς ὀνομαζόμενος ᾖ πόρνος ἢ πλεονέκτης ἢ εἰδωλολάτρης ἢ λοίδορος ἢ μέθυσος ἢ ἅρπαξ,
7:14 ἐπεὶ ἄρα τὰ τέκνα ὑμῶν ἀκάθαρτά ἐστιν, **νῦν** δὲ ἅγιά ἐστιν.
12:20 **νῦν** δὲ πολλὰ μὲν μέλη, ἓν δὲ σῶμα.
14: 6 **Νῦν** δέ, ἀδελφοί, ἐὰν ἔλθω πρὸς ὑμᾶς γλώσσαις λαλῶν,
16:12 καὶ πάντως οὐκ ἦν θέλημα ἵνα **νῦν** ἔλθῃ·
2Co 5:16 Ὥστε ἡμεῖς ἀπὸ τοῦ **νῦν** οὐδένα οἴδαμεν κατὰ σάρκα· εἰ καὶ ἐγνώκαμεν κατὰ σάρκα Χριστόν, ἀλλὰ **νῦν** οὐκέτι γινώσκομεν.
6: 2 ἰδοὺ **νῦν** καιρὸς εὐπρόσδεκτος, ἰδοὺ **νῦν** ἡμέρα σωτηρίας·
7: 9 **νῦν** χαίρω, οὐχ ὅτι ἐλυπήθητε ἀλλ᾽ ὅτι ἐλυπήθητε εἰς μετάνοιαν·
8:14 ἐν τῷ **νῦν** καιρῷ τὸ ὑμῶν περίσσευμα εἰς τὸ ἐκείνων ὑστέρημα,
13: 2 προείρηκα καὶ προλέγω, ὡς παρὼν τὸ δεύτερον καὶ ἀπὼν **νῦν,**
Gal 1:23 μόνον δὲ ἀκούοντες ἦσαν ὅτι Ὁ διώκων ἡμᾶς ποτε **νῦν** εὐαγγελίζεται τὴν πίστιν ἥν ποτε ἐπόρθει,
2:20 ὃ δὲ **νῦν** ζῶ ἐν σαρκί, ἐν πίστει ζῶ τῇ τοῦ υἱοῦ τοῦ θεοῦ τοῦ ἀγαπήσαντός με καὶ παραδόντος ἑαυτὸν ὑπὲρ ἐμοῦ.
3: 3 οὕτως ἀνόητοί ἐστε, ἐναρξάμενοι πνεύματι **νῦν** σαρκὶ ἐπιτελεῖσθε;
4: 9 **νῦν** δὲ γνόντες θεόν, μᾶλλον δὲ γνωσθέντες ὑπὸ θεοῦ,
4:25 συστοιχεῖ δὲ τῇ **νῦν** Ἰερουσαλήμ, δουλεύει γὰρ μετὰ τῶν τέκνων αὐτῆς.
4:29 ἀλλ᾽ ὥσπερ τότε ὁ κατὰ σάρκα γεννηθεὶς ἐδίωκεν τὸν κατὰ πνεῦμα, οὕτως καὶ **νῦν.**
Eph 2: 2 τοῦ πνεύματος τοῦ **νῦν** ἐνεργοῦντος ἐν τοῖς υἱοῖς τῆς ἀπειθείας·
3: 5 ὃ ἑτέραις γενεαῖς οὐκ ἐγνωρίσθη τοῖς υἱοῖς τῶν ἀνθρώπων ὡς **νῦν** ἀπεκαλύφθη τοῖς ἁγίοις ἀποστόλοις αὐτοῦ καὶ προφήταις
3:10 ἵνα γνωρισθῇ **νῦν** ταῖς ἀρχαῖς καὶ ταῖς ἐξουσίαις ἐν τοῖς ἐπουρανίοις διὰ τῆς ἐκκλησίας ἡ πολυποίκιλος σοφία τοῦ θεοῦ,
5: 8 ἦτε γάρ ποτε σκότος, **νῦν** δὲ φῶς ἐν κυρίῳ·
Php 1: 5 ἐπὶ τῇ κοινωνίᾳ ὑμῶν εἰς τὸ εὐαγγέλιον ἀπὸ τῆς πρώτης ἡμέρας ἄχρι τοῦ **νῦν,**
1:20 ὅτι ἐν οὐδενὶ αἰσχυνθήσομαι ἀλλ᾽ ἐν πάσῃ παρρησίᾳ ὡς πάντοτε καὶ **νῦν** μεγαλυνθήσεται Χριστὸς ἐν τῷ σώματί μου,
1:30 οἷον εἴδετε ἐν ἐμοὶ καὶ **νῦν** ἀκούετε ἐν ἐμοί.
2:12 μὴ ὡς ἐν τῇ παρουσίᾳ μου μόνον ἀλλὰ **νῦν** πολλῷ μᾶλλον ἐν τῇ ἀπουσίᾳ μου,
3:18 **νῦν** δὲ καὶ κλαίων λέγω, τοὺς ἐχθροὺς τοῦ σταυροῦ τοῦ Χριστοῦ,
Col 1:24 **Νῦν** χαίρω ἐν τοῖς παθήμασιν ὑπὲρ ὑμῶν καὶ ἀνταναπληρῶ τὰ ὑστερήματα τῶν θλίψεων τοῦ Χριστοῦ ἐν τῇ σαρκί μου
1:26 τὸ μυστήριον τὸ ἀποκεκρυμμένον ἀπὸ τῶν αἰώνων καὶ ἀπὸ τῶν γενεῶν– **νῦν** δὲ ἐφανερώθη τοῖς ἁγίοις αὐτοῦ,
1Th 3: 8 ὅτι **νῦν** ζῶμεν ἐὰν ὑμεῖς στήκετε ἐν κυρίῳ.
2Th 2: 6 καὶ **νῦν** τὸ κατέχον οἴδατε εἰς τὸ ἀποκαλυφθῆναι αὐτὸν ἐν τῷ ἑαυτοῦ καιρῷ.
1Ti 4: 8 ἡ δὲ εὐσέβεια πρὸς πάντα ὠφέλιμός ἐστιν ἐπαγγελίαν ἔχουσα ζωῆς τῆς **νῦν** καὶ τῆς μελλούσης.
6:17 Τοῖς πλουσίοις ἐν τῷ **νῦν** αἰῶνι παράγγελλε μὴ ὑψηλοφρονεῖν μηδὲ ἠλπικέναι ἐπὶ πλούτου ἀδηλότητι ἀλλ᾽ ἐπὶ θεῷ
2Ti 1:10 φανερωθεῖσαν δὲ **νῦν** διὰ τῆς ἐπιφανείας τοῦ σωτῆρος ἡμῶν Χριστοῦ Ἰησοῦ,
4:10 Δημᾶς γάρ με ἐγκατέλιπεν ἀγαπήσας τὸν **νῦν** αἰῶνα καὶ ἐπορεύθη εἰς Θεσσαλονίκην,
Tit 2:12 ἵνα ἀρνησάμενοι τὴν ἀσέβειαν καὶ τὰς κοσμικὰς ἐπιθυμίας σωφρόνως καὶ δικαίως καὶ εὐσεβῶς ζήσωμεν ἐν τῷ **νῦν** αἰῶνι,
Heb 2: 8 **νῦν** δὲ οὔπω ὁρῶμεν αὐτῷ τὰ πάντα ὑποτεταγμένα·
9: 5 περὶ ὧν οὐκ ἔστιν **νῦν** λέγειν κατὰ μέρος.

9:24 **νῦν** ἐμφανισθῆναι τῷ προσώπῳ τοῦ θεοῦ ὑπὲρ ἡμῶν·
11:16 **νῦν** δὲ κρείττονος ὀρέγονται, τοῦτ᾽ ἔστιν ἐπουρανίου. διὸ οὐκ ἐπαισχύνεται αὐτοὺς ὁ θεὸς θεὸς ἐπικαλεῖσθαι αὐτῶν·
12:26 οὗ ἡ φωνὴ τὴν γῆν ἐσάλευσεν τότε, **νῦν** δὲ ἐπήγγελται λέγων,
Jas 4:13 Ἄγε **νῦν** οἱ λέγοντες, Σήμερον ἢ αὔριον πορευσόμεθα εἰς τήνδε τὴν πόλιν καὶ ποιήσομεν ἐκεῖ ἐνιαυτὸν
4:16 **νῦν** δὲ καυχᾶσθε ἐν ταῖς ἀλαζονείαις ὑμῶν· πᾶσα καύχησις τοιαύτη πονηρά ἐστιν.
5: 1 Ἄγε **νῦν** οἱ πλούσιοι, κλαύσατε ὀλολύζοντες ἐπὶ ταῖς ταλαιπωρίαις ὑμῶν ταῖς ἐπερχομέναις.
1Pe 1:12 ἃ **νῦν** ἀνηγγέλη ὑμῖν διὰ τῶν εὐαγγελισαμένων ὑμᾶς [ἐν] πνεύματι ἁγίῳ ἀποσταλέντι ἀπ᾽ οὐρανοῦ,
2:10 οἵ ποτε οὐ λαὸς **νῦν** δὲ λαὸς θεοῦ, οἱ οὐκ ἠλεημένοι **νῦν** δὲ ἐλεηθέντες.
2:25 ἀλλὰ ἐπεστράφητε **νῦν** ἐπὶ τὸν ποιμένα καὶ ἐπίσκοπον τῶν ψυχῶν ὑμῶν.
3:21 ὃ καὶ ὑμᾶς ἀντίτυπον **νῦν** σῴζει βάπτισμα, οὐ σαρκὸς ἀπόθεσις ῥύπου ἀλλὰ συνειδήσεως ἀγαθῆς ἐπερώτημα εἰς θεόν,
2Pe 3: 7 οἱ δὲ **νῦν** οὐρανοὶ καὶ ἡ γῆ τῷ αὐτῷ λόγῳ τεθησαυρισμένοι εἰσὶν πυρὶ τηρούμενοι εἰς ἡμέραν κρίσεως καὶ ἀπωλείας
3:18 αὐτῷ ἡ δόξα καὶ **νῦν** καὶ εἰς ἡμέραν αἰῶνος.
1Jn 2:18 καὶ **νῦν** ἀντίχριστοι πολλοὶ γεγόνασιν, ὅθεν γινώσκομεν ὅτι ἐσχάτη ὥρα ἐστίν.
2:28 Καὶ **νῦν,** τεκνία, μένετε ἐν αὐτῷ, ἵνα ἐὰν φανερωθῇ σχῶμεν παρρησίαν καὶ μὴ αἰσχυνθῶμεν ἀπ᾽ αὐτοῦ ἐν τῇ παρουσίᾳ
3: 2 Ἀγαπητοί, **νῦν** τέκνα θεοῦ ἐσμεν, καὶ οὔπω ἐφανερώθη τί ἐσόμεθα.
4: 3 ὃ ἀκηκόατε ὅτι ἔρχεται, καὶ **νῦν** ἐν τῷ κόσμῳ ἐστὶν ἤδη.
2Jn 1: 5 καὶ **νῦν** ἐρωτῶ σε, κυρία, οὐχ ὡς ἐντολὴν καινὴν γράφων σοι ἀλλὰ ἣν εἴχομεν ἀπ᾽ ἀρχῆς,
Jude 1:25 μόνῳ θεῷ σωτῆρι ἡμῶν διὰ Ἰησοῦ Χριστοῦ τοῦ κυρίου ἡμῶν δόξα μεγαλωσύνη κράτος καὶ ἐξουσία πρὸ παντὸς τοῦ αἰῶνος καὶ **νῦν** καὶ εἰς πάντας τοὺς αἰῶνας,

3815 νυνί [20]

√ *3814*

Ac 22: 1 Ἄνδρες ἀδελφοὶ καὶ πατέρες, ἀκούσατέ μου τῆς πρὸς ὑμᾶς **νυνὶ** ἀπολογίας.
24:13 οὐδὲ παραστῆσαι δύνανταί σοι περὶ ὧν **νυνὶ** κατηγοροῦσίν μου.
Ro 3:21 **Νυνὶ** δὲ χωρὶς νόμου δικαιοσύνη θεοῦ πεφανέρωται μαρτυρουμένη ὑπὸ τοῦ νόμου καὶ τῶν προφητῶν,
6:22 **νυνὶ** δὲ ἐλευθερωθέντες ἀπὸ τῆς ἁμαρτίας δουλωθέντες δὲ τῷ θεῷ ἔχετε τὸν καρπὸν ὑμῶν εἰς ἁγιασμόν,
7: 6 **νυνὶ** δὲ κατηργήθημεν ἀπὸ τοῦ νόμου ἀποθανόντες ἐν ᾧ κατειχόμεθα,
7:17 **νυνὶ** δὲ οὐκέτι ἐγὼ κατεργάζομαι αὐτὸ ἀλλὰ ἡ οἰκοῦσα ἐν ἐμοὶ ἁμαρτία.
15:23 **νυνὶ** δὲ μηκέτι τόπον ἔχων ἐν τοῖς κλίμασι τούτοις,
15:25 **νυνὶ** δὲ πορεύομαι εἰς Ἰερουσαλὴμ διακονῶν τοῖς ἁγίοις.
1Co 12:18 **νυνὶ** δὲ ὁ θεὸς ἔθετο τὰ μέλη, ἓν ἕκαστον αὐτῶν ἐν τῷ σώματι καθὼς ἠθέλησεν.
13:13 **νυνὶ** δὲ μένει πίστις, ἐλπίς, ἀγάπη, τὰ τρία ταῦτα·
15:20 **Νυνὶ** δὲ Χριστὸς ἐγήγερται ἐκ νεκρῶν ἀπαρχὴ τῶν κεκοιμημένων.
2Co 8:11 **νυνὶ** δὲ καὶ τὸ ποιῆσαι ἐπιτελέσατε, ὅπως καθάπερ ἡ προθυμία τοῦ θέλειν,
8:22 **νυνὶ** δὲ πολὺ σπουδαιότερον πεποιθήσει πολλῇ τῇ εἰς ὑμᾶς.
Eph 2:13 **νυνὶ** δὲ ἐν Χριστῷ Ἰησοῦ ὑμεῖς οἵ ποτε ὄντες μακρὰν ἐγενήθητε ἐγγὺς ἐν τῷ αἵματι τοῦ Χριστοῦ.
Col 1:22 **νυνὶ** δὲ ἀποκατήλλαξεν ἐν τῷ σώματι τῆς σαρκὸς αὐτοῦ διὰ τοῦ θανάτου παραστῆσαι ὑμᾶς ἁγίους καὶ ἀμώμους
3: 8 **νυνὶ** δὲ ἀπόθεσθε καὶ ὑμεῖς τὰ πάντα, ὀργήν,
Phm 1: 9 τοιοῦτος ὢν ὡς Παῦλος πρεσβύτης **νυνὶ** δὲ καὶ δέσμιος Χριστοῦ Ἰησοῦ·
1:11 τόν ποτέ σοι ἄχρηστον **νυνὶ** δὲ [καὶ] σοὶ καὶ ἐμοὶ εὔχρηστον,
Heb 8: 6 **νυν[ὶ]** δὲ διαφορωτέρας τέτυχεν λειτουργίας, ὅσῳ καὶ κρείττονός ἐστιν διαθήκης μεσίτης,
9:26 **νυνὶ** δὲ ἅπαξ ἐπὶ συντελείᾳ τῶν αἰώνων εἰς ἀθέτησιν [τῆς] ἁμαρτίας διὰ τῆς θυσίας αὐτοῦ πεφανέρωται.

3816 νύξ [61]

→ *1381, 1939, 3543, 3819*

διὰ νυκτός [6] Mk 5:5; Lk 5:5; Ac 5:19; 16:9; 17:10; 23:31

ἡμέρα ... νύξ [23] Mt 4:2; 12:40,40; Mk 4:27; 5:5; Lk 2:37; 18:7; 21:37; Ac 9:24; 20:31; 26:7; Ro 13:12; 1Th 2:9; 3:10; 5:5; 2Th 3:8; 1Ti 5:5; 2Ti 1:3; Rev 4:8; 7:15; 12:10; 14:11; 20:10

μέσος νυκτός [2] Mt 25:6; Ac 27:27

Mt 2:14 ὁ δὲ ἐγερθεὶς παρέλαβεν τὸ παιδίον καὶ τὴν μητέρα αὐτοῦ **νυκτὸς** καὶ ἀνεχώρησεν εἰς Αἴγυπτον,
4: 2 καὶ νηστεύσας ἡμέρας τεσσεράκοντα καὶ **νύκτας** τεσσεράκοντα, ὕστερον ἐπείνασεν.
12:40 ὥσπερ γὰρ ἦν Ἰωνᾶς ἐν τῇ κοιλίᾳ τοῦ κήτους τρεῖς ἡμέρας καὶ τρεῖς **νύκτας,** οὕτως ἔσται ὁ υἱὸς τοῦ ἀνθρώπου ἐν τῇ καρδίᾳ τῆς γῆς τρεῖς ἡμέρας καὶ τρεῖς **νύκτας.**
14:25 τετάρτῃ δὲ φυλακῇ τῆς **νυκτὸς** ἦλθεν πρὸς αὐτοὺς περιπατῶν ἐπὶ τὴν θάλασσαν.
25: 6 μέσης δὲ **νυκτὸς** κραυγὴ γέγονεν, Ἰδοὺ ὁ νυμφίος,
26:31 Πάντες ὑμεῖς σκανδαλισθήσεσθε ἐν ἐμοὶ ἐν τῇ **νυκτὶ** ταύτῃ,
26:34 Ἀμὴν λέγω σοι ὅτι ἐν ταύτῃ τῇ **νυκτὶ** πρὶν ἀλέκτορα φωνῆσαι τρὶς ἀπαρνήσῃ με.
28:13 Εἴπατε ὅτι Οἱ μαθηταὶ αὐτοῦ **νυκτὸς** ἐλθόντες ἔκλεψαν αὐτὸν ἡμῶν κοιμωμένων.
Mk 4:27 καὶ καθεύδῃ καὶ ἐγείρηται **νύκτα** καὶ ἡμέραν, καὶ ὁ σπόρος βλαστᾷ καὶ μηκύνηται ὡς οὐκ οἶδεν αὐτός.
5: 5 καὶ διὰ παντὸς **νυκτὸς** καὶ ἡμέρας ἐν τοῖς μνήμασιν καὶ ἐν τοῖς ὄρεσιν ἦν κράζων καὶ κατακόπτων ἑαυτὸν λίθοις.
6:48 περὶ τετάρτην φυλακὴν τῆς **νυκτὸς** ἔρχεται πρὸς αὐτοὺς περιπατῶν ἐπὶ τῆς θαλάσσης καὶ ἤθελεν παρελθεῖν αὐτούς.
14:30 Ἀμὴν λέγω σοι ὅτι σὺ σήμερον ταύτῃ τῇ **νυκτὶ** πρὶν ἢ δὶς ἀλέκτορα φωνῆσαι τρίς με ἀπαρνήσῃ.
Lk 2: 8 Καὶ ποιμένες ἦσαν ἐν τῇ χώρᾳ τῇ αὐτῇ ἀγραυλοῦντες καὶ φυλάσσοντες φυλακὰς τῆς **νυκτὸς** ἐπὶ τὴν ποίμνην αὐτῶν.
2:37 ἣ οὐκ ἀφίστατο τοῦ ἱεροῦ νηστείαις καὶ δεήσεσιν λατρεύουσα **νύκτα** καὶ ἡμέραν.
5: 5 καὶ ἀποκριθεὶς Σίμων εἶπεν, Ἐπιστάτα, δι᾽ ὅλης **νυκτὸς** κοπιάσαντες οὐδὲν ἐλάβομεν·
12:20 ταύτῃ τῇ **νυκτὶ** τὴν ψυχήν σου ἀπαιτοῦσιν ἀπὸ σοῦ·
17:34 ταύτῃ τῇ **νυκτὶ** ἔσονται δύο ἐπὶ κλίνης μιᾶς,
18: 7 ὁ δὲ θεὸς οὐ μὴ ποιήσῃ τὴν ἐκδίκησιν τῶν ἐκλεκτῶν αὐτοῦ τῶν βοώντων αὐτῷ ἡμέρας καὶ **νυκτός,**
21:37 τὰς δὲ **νύκτας** ἐξερχόμενος ηὐλίζετο εἰς τὸ ὄρος τὸ καλούμενον Ἐλαιῶν·
Jn 3: 2 οὗτος ἦλθεν πρὸς αὐτὸν **νυκτὸς** καὶ εἶπεν αὐτῷ,
9: 4 ἡμᾶς δεῖ ἐργάζεσθαι τὰ ἔργα τοῦ πέμψαντός με ἕως ἡμέρα ἐστίν· ἔρχεται **νὺξ** ὅτε οὐδεὶς δύναται ἐργάζεσθαι.
11:10 ἐὰν δέ τις περιπατῇ ἐν τῇ **νυκτί,** προσκόπτει,
13:30 λαβὼν οὖν τὸ ψωμίον ἐκεῖνος ἐξῆλθεν εὐθύς. ἦν δὲ **νύξ.**
19:39 ἦλθεν δὲ καὶ Νικόδημος, ὁ ἐλθὼν πρὸς αὐτὸν **νυκτὸς** τὸ πρῶτον,
21: 3 ἐξῆλθον καὶ ἐνέβησαν εἰς τὸ πλοῖον, καὶ ἐν ἐκείνῃ τῇ **νυκτὶ** ἐπίασαν οὐδέν.
Ac 5:19 ἄγγελος δὲ κυρίου διὰ **νυκτὸς** ἀνοίξας τὰς θύρας τῆς φυλακῆς ἐξαγαγών τε αὐτοὺς εἶπεν,
9:24 παρετηροῦντο δὲ καὶ τὰς πύλας ἡμέρας τε καὶ **νυκτὸς** ὅπως αὐτὸν ἀνέλωσιν·
9:25 λαβόντες δὲ οἱ μαθηταὶ αὐτοῦ **νυκτὸς** διὰ τοῦ τείχους καθῆκαν αὐτὸν χαλάσαντες ἐν σπυρίδι.
12: 6 τῇ **νυκτὶ** ἐκείνῃ ἦν ὁ Πέτρος κοιμώμενος μεταξὺ δύο στρατιωτῶν δεδεμένος ἁλύσεσιν δυσὶν φύλακές
16: 9 καὶ ὅραμα διὰ [τῆς] **νυκτὸς** τῷ Παύλῳ ὤφθη,
16:33 καὶ παραλαβὼν αὐτοὺς ἐν ἐκείνῃ τῇ ὥρᾳ τῆς **νυκτὸς** ἔλουσεν ἀπὸ τῶν πληγῶν,
17:10 Οἱ δὲ ἀδελφοὶ εὐθέως διὰ **νυκτὸς** ἐξέπεμψαν τόν τε Παῦλον καὶ τὸν Σιλᾶν εἰς Βέροιαν,
18: 9 εἶπεν δὲ ὁ κύριος ἐν **νυκτὶ** δι᾽ ὁράματος τῷ Παύλῳ,
20:31 διὸ γρηγορεῖτε μνημονεύοντες ὅτι τριετίαν **νύκτα** καὶ ἡμέραν οὐκ ἐπαυσάμην μετὰ δακρύων νουθετῶν ἕνα ἕκαστον.
23:11 Τῇ δὲ ἐπιούσῃ **νυκτὶ** ἐπιστὰς αὐτῷ ὁ κύριος εἶπεν,
23:23 καὶ ἱππεῖς ἑβδομήκοντα καὶ δεξιολάβους διακοσίους ἀπὸ τρίτης ὥρας τῆς **νυκτός,**
23:31 στρατιῶται κατὰ τὸ διατεταγμένον αὐτοῖς ἀναλαβόντες τὸν Παῦλον ἤγαγον διὰ **νυκτὸς** εἰς τὴν Ἀντιπατρίδα,
26: 7 εἰς ἣν τὸ δωδεκάφυλον ἡμῶν ἐν ἐκτενείᾳ **νύκτα** καὶ ἡμέραν λατρεῦον ἐλπίζει καταντῆσαι,
27:23 παρέστη γάρ μοι ταύτῃ τῇ **νυκτὶ** τοῦ θεοῦ,
27:27 Ὡς δὲ τεσσαρεσκαιδεκάτη **νὺξ** ἐγένετο διαφερομένων ἡμῶν ἐν τῷ Ἀδρίᾳ, κατὰ μέσον τῆς **νυκτὸς** ὑπενόουν οἱ ναῦται προσάγειν τινὰ αὐτοῖς χώραν.

Ro 13:12 ἡ **νὺξ** προέκοψεν, ἡ δὲ ἡμέρα ἤγγικεν. ἀποθώμεθα οὖν τὰ ἔργα τοῦ σκότους,
1Co 11:23 ὅτι ὁ κύριος Ἰησοῦς ἐν τῇ **νυκτὶ** ᾗ παρεδίδετο ἔλαβεν ἄρτον
1Th 2: 9 **νυκτὸς** καὶ ἡμέρας ἐργαζόμενοι πρὸς τὸ μὴ ἐπιβαρῆσαί τινα ὑμῶν ἐκηρύξαμεν εἰς ὑμᾶς τὸ εὐαγγέλιον τοῦ θεοῦ.
3:10 **νυκτὸς** καὶ ἡμέρας ὑπερεκπερισσοῦ δεόμενοι εἰς τὸ ἰδεῖν ὑμῶν τὸ πρόσωπον καὶ καταρτίσαι τὰ ὑστερήματα τῆς πίστεως
5: 2 αὐτοὶ γὰρ ἀκριβῶς οἴδατε ὅτι ἡμέρα κυρίου ὡς κλέπτης ἐν **νυκτὶ** οὕτως ἔρχεται.
5: 5 πάντες γὰρ ὑμεῖς υἱοὶ φωτός ἐστε καὶ υἱοὶ ἡμέρας. οὐκ ἐσμὲν **νυκτὸς** οὐδὲ σκότους·
5: 7 οἱ γὰρ καθεύδοντες **νυκτὸς** καθεύδουσιν καὶ οἱ μεθυσκόμενοι **νυκτὸς** μεθύουσιν·
2Th 3: 8 ἀλλ᾿ ἐν κόπῳ καὶ μόχθῳ **νυκτὸς** καὶ ἡμέρας ἐργαζόμενοι πρὸς τὸ μὴ ἐπιβαρῆσαί τινα ὑμῶν·
1Ti 5: 5 ὄντως χήρα καὶ μεμονωμένη ἤλπικεν ἐπὶ θεὸν καὶ προσμένει ταῖς δεήσεσιν καὶ ταῖς προσευχαῖς **νυκτὸς** καὶ ἡμέρας,
2Ti 1: 3 ὡς ἀδιάλειπτον ἔχω τὴν περὶ σοῦ μνείαν ἐν ταῖς δεήσεσίν μου **νυκτὸς** καὶ ἡμέρας,
Rev 4: 8 καὶ ἀνάπαυσιν οὐκ ἔχουσιν ἡμέρας καὶ **νυκτὸς** λέγοντες,
7:15 διὰ τοῦτό εἰσιν ἐνώπιον τοῦ θρόνου τοῦ θεοῦ καὶ λατρεύουσιν αὐτῷ ἡμέρας καὶ **νυκτὸς** ἐν τῷ ναῷ αὐτοῦ,
8:12 ἵνα σκοτισθῇ τὸ τρίτον αὐτῶν καὶ ἡ ἡμέρα μὴ φάνῃ τὸ τρίτον αὐτῆς καὶ ἡ **νὺξ** ὁμοίως.
12:10 ὅτι ἐβλήθη ὁ κατήγωρ τῶν ἀδελφῶν ἡμῶν, ὁ κατηγορῶν αὐτοὺς ἐνώπιον τοῦ θεοῦ ἡμῶν ἡμέρας καὶ **νυκτός.**
14:11 καὶ οὐκ ἔχουσιν ἀνάπαυσιν ἡμέρας καὶ **νυκτὸς** οἱ προσκυνοῦντες τὸ θηρίον καὶ τὴν εἰκόνα αὐτοῦ
20:10 καὶ βασανισθήσονται ἡμέρας καὶ **νυκτὸς** εἰς τοὺς αἰῶνας τῶν αἰώνων.
21:25 καὶ οἱ πυλῶνες αὐτῆς οὐ μὴ κλεισθῶσιν ἡμέρας, **νὺξ** γὰρ οὐκ ἔσται ἐκεῖ,
22: 5 καὶ **νὺξ** οὐκ ἔσται ἔτι καὶ οὐκ ἔχουσιν χρείαν φωτὸς λύχνου καὶ φωτὸς ἡλίου,

3817 νύσσω [1]

→ *2919, 2920*

Jn 19:34 ἀλλ᾿ εἷς τῶν στρατιωτῶν λόγχῃ αὐτοῦ τὴν πλευρὰν **ἔνυξεν,**

3818 νυστάζω [2]

Mt 25: 5 χρονίζοντος δὲ τοῦ νυμφίου **ἐνύσταξαν** πᾶσαι καὶ ἐκάθευδον.
2Pe 2: 3 οἷς τὸ κρίμα ἔκπαλαι οὐκ ἀργεῖ καὶ ἡ ἀπώλεια αὐτῶν οὐ **νυστάζει.**

3819 νυχθήμερον [1]

√ *3816 + 2465*

2Co 11:25 ἅπαξ ἐλιθάσθην, τρὶς ἐναυάγησα, **νυχθήμερον** ἐν τῷ βυθῷ πεποίηκα·

3820 Νῶε [8]

Mt 24:37 ὥσπερ γὰρ αἱ ἡμέραι τοῦ **Νῶε,** οὕτως ἔσται ἡ παρουσία τοῦ υἱοῦ τοῦ ἀνθρώπου.
24:38 ἄχρι ἧς ἡμέρας εἰσῆλθεν **Νῶε** εἰς τὴν κιβωτόν,
Lk 3:36 τοῦ Καϊνὰμ τοῦ Ἀρφαξὰδ τοῦ Σὴμ τοῦ **Νῶε** τοῦ Λάμεχ
17:26 καὶ καθὼς ἐγένετο ἐν ταῖς ἡμέραις **Νῶε,** οὕτως ἔσται καὶ ἐν ταῖς ἡμέραις τοῦ υἱοῦ τοῦ ἀνθρώπου·
17:27 ἄχρι ἧς ἡμέρας εἰσῆλθεν **Νῶε** εἰς τὴν κιβωτὸν καὶ ἦλθεν ὁ κατακλυσμὸς καὶ ἀπώλεσεν πάντας.
Heb 11: 7 Πίστει χρηματισθεὶς **Νῶε** περὶ τῶν μηδέπω βλεπομένων, εὐλαβηθεὶς κατεσκεύασεν κιβωτὸν εἰς σωτηρίαν τοῦ οἴκου αὐτοῦ δι᾿ ἧς κατέκρινεν τὸν κόσμον,
1Pe 3:20 ἀπειθήσασίν ποτε ὅτε ἀπεξεδέχετο ἡ τοῦ θεοῦ μακροθυμία ἐν ἡμέραις **Νῶε** κατασκευαζομένης κιβωτοῦ εἰς ἣν ὀλίγοι,
2Pe 2: 5 ἀρχαίου κόσμου οὐκ ἐφείσατο ἀλλὰ ὄγδοον **Νῶε** δικαιοσύνης κήρυκα ἐφύλαξεν κατακλυσμὸν κόσμῳ ἀσεβῶν ἐπάξας,

3821 νωθρός [2]

Heb 5:11 Περὶ οὗ πολὺς ἡμῖν ὁ λόγος καὶ δυσερμήνευτος λέγειν, ἐπεὶ **νωθροὶ** γεγόνατε ταῖς ἀκοαῖς.
6:12 ἵνα μὴ **νωθροὶ** γένησθε, μιμηταὶ δὲ τῶν διὰ πίστεως καὶ μακροθυμίας κληρονομούντων τὰς ἐπαγγελίας.

3822 νῶτος [1]

Ro 11:10 σκοτισθήτωσαν οἱ ὀφθαλμοὶ αὐτῶν τοῦ μὴ βλέπειν καὶ τὸν **νῶτον** αὐτῶν διὰ παντὸς σύγκαμψον.

Ξ, ξ

3823 ξ Not used in UBS/NIV

3824 ξαίνω Not used in UBS/NIV

3825 ξενία [2]

√ *3828*

Ac 28:23 ἦλθον πρὸς αὐτὸν εἰς τὴν **ξενίαν** πλείονες οἷς ἐξετίθετο διαμαρτυρόμενος τὴν βασιλείαν τοῦ θεοῦ,
Phm 1:22 ἅμα δὲ καὶ ἑτοίμαζέ μοι **ξενίαν·** ἐλπίζω γὰρ ὅτι διὰ τῶν προσευχῶν ὑμῶν χαρισθήσομαι ὑμῖν.

3826 ξενίζω [10]

√ *3828*

Ac 10: 6 οὗτος **ξενίζεται** παρά τινι Σίμωνι βυρσεῖ, ᾧ ἐστιν οἰκία παρὰ θάλασσαν.
10:18 καὶ φωνήσαντες ἐπυνθάνοντο εἰ Σίμων ὁ ἐπικαλούμενος Πέτρος ἐνθάδε **ξενίζεται.**
10:23 εἰσκαλεσάμενος οὖν αὐτοὺς **ἐξένισεν.** Τῇ δὲ ἐπαύριον ἀναστὰς ἐξῆλθεν σὺν αὐτοῖς καί τινες τῶν ἀδελφῶν
10:32 οὗτος **ξενίζεται** ἐν οἰκίᾳ Σίμωνος βυρσέως παρὰ θάλασσαν.
17:20 **ξενίζοντα** γάρ τινα εἰσφέρεις εἰς τὰς ἀκοὰς ἡμῶν·
21:16 ἄγοντες παρ᾿ ᾧ **ξενισθῶμεν** Μνάσωνί τινι Κυπρίῳ, ἀρχαίῳ μαθητῇ.
28: 7 ὑπῆρχεν χωρία τῷ πρώτῳ τῆς νήσου ὀνόματι Ποπλίῳ, ὃς ἀναδεξάμενος ἡμᾶς τρεῖς ἡμέρας φιλοφρόνως **ἐξένισεν.**
Heb 13: 2 τῆς φιλοξενίας μὴ ἐπιλανθάνεσθε, διὰ ταύτης γὰρ ἔλαθόν τινες **ξενίσαντες** ἀγγέλους.
1Pe 4: 4 ἐν ᾧ **ξενίζονται** μὴ συντρεχόντων ὑμῶν εἰς τὴν αὐτὴν τῆς ἀσωτίας ἀνάχυσιν βλασφημοῦντες,
4:12 μὴ **ξενίζεσθε** τῇ ἐν ὑμῖν πυρώσει πρὸς πειρασμὸν ὑμῖν γινομένῃ ὡς ξένου ὑμῖν συμβαίνοντος,

3827 ξενοδοχέω [1]

√ *3828 + 1312*

1Ti 5:10 εἰ ἐτεκνοτρόφησεν, εἰ **ἐξενοδόχησεν,** εἰ ἁγίων πόδας ἔνιψεν,

3828 ξένος [14]

→ *3825, 3826, 3827, 5810, 5811*

ξένων δαιμονίων [1] Ac 17:18

Mt 25:35 ἐδίψησα καὶ ἐποτίσατέ με, **ξένος** ἤμην καὶ συνηγάγετέ με,
25:38 πότε δέ σε εἴδομεν **ξένον** καὶ συνηγάγομεν, ἢ γυμνὸν καὶ περιεβάλομεν;
25:43 **ξένος** ἤμην καὶ οὐ συνηγάγετέ με, γυμνὸς καὶ οὐ περιεβάλετέ με,
25:44 πότε σε εἴδομεν πεινῶντα ἢ διψῶντα ἢ **ξένον** ἢ γυμνὸν ἢ ἀσθενῆ ἢ ἐν φυλακῇ καὶ οὐ διηκονήσαμέν σοι;
27: 7 συμβούλιον δὲ λαβόντες ἠγόρασαν ἐξ αὐτῶν τὸν Ἀγρὸν τοῦ Κεραμέως εἰς ταφὴν τοῖς **ξένοις.**
Ac 17:18 οἱ δέ, **Ξένων** δαιμονίων δοκεῖ καταγγελεὺς εἶναι, ὅτι τὸν Ἰησοῦν καὶ τὴν ἀνάστασιν εὐηγγελίζετο.
17:21 Ἀθηναῖοι δὲ πάντες καὶ οἱ ἐπιδημοῦντες **ξένοι** εἰς οὐδὲν ἕτερον ηὐκαίρουν ἢ λέγειν τι ἢ ἀκούειν τι καινότερον.
Ro 16:23 ἀσπάζεται ὑμᾶς Γάϊος ὁ **ξένος** μου καὶ ὅλης τῆς ἐκκλησίας.
Eph 2:12 ἀπηλλοτριωμένοι τῆς πολιτείας τοῦ Ἰσραὴλ καὶ **ξένοι** τῶν διαθηκῶν τῆς ἐπαγγελίας,
2:19 ἄρα οὖν οὐκέτι ἐστὲ **ξένοι** καὶ πάροικοι ἀλλὰ ἐστὲ συμπολῖται τῶν ἁγίων καὶ οἰκεῖοι τοῦ θεοῦ,
Heb 11:13 μὴ λαβόντες τὰς ἐπαγγελίας ἀλλὰ πόρρωθεν αὐτὰς ἰδόντες καὶ ἀσπασάμενοι καὶ ὁμολογήσαντες ὅτι **ξένοι** καὶ παρεπίδημοί εἰσιν ἐπὶ τῆς γῆς.
13: 9 διδαχαῖς ποικίλαις καὶ **ξέναις** μὴ παραφέρεσθε· καλὸν γὰρ χάριτι βεβαιοῦσθαι τὴν καρδίαν,

1Pe 4:12 μὴ ξενίζεσθε τῇ ἐν ὑμῖν πυρώσει πρὸς πειρασμὸν ὑμῖν γινομένῃ ὡς **ξένου** ὑμῖν συμβαίνοντος,
3Jn 1: 5 πιστὸν ποιεῖς ὃ ἐὰν ἐργάσῃ εἰς τοὺς ἀδελφοὺς καὶ τοῦτο **ξένους,**

3829 ξέστης [1]

Mk 7: 4 βαπτισμοὺς ποτηρίων καὶ **ξεστῶν** καὶ χαλκίων [καὶ κλινῶν–]

3830 ξηραίνω [15]

√ *3831*

Mt 13: 6 ἡλίου δὲ ἀνατείλαντος ἐκαυματίσθη καὶ διὰ τὸ μὴ ἔχειν ῥίζαν **ἐξηράνθη.**
21:19 Μηκέτι ἐκ σοῦ καρπὸς γένηται εἰς τὸν αἰῶνα. καὶ **ἐξηράνθη** παραχρῆμα ἡ συκῆ.
21:20 καὶ ἰδόντες οἱ μαθηταὶ ἐθαύμασαν λέγοντες, Πῶς παραχρῆμα **ἐξηράνθη** ἡ συκῆ;
Mk 3: 1 καὶ ἦν ἐκεῖ ἄνθρωπος **ἐξηραμμένην** ἔχων τὴν χεῖρα.
4: 6 καὶ ὅτε ἀνέτειλεν ὁ ἥλιος ἐκαυματίσθη καὶ διὰ τὸ μὴ ἔχειν ῥίζαν **ἐξηράνθη.**
5:29 καὶ εὐθὺς **ἐξηράνθη** ἡ πηγὴ τοῦ αἵματος αὐτῆς καὶ ἔγνω τῷ σώματι ὅτι ἴαται ἀπὸ τῆς μάστιγος.
9:18 καὶ ἀφρίζει καὶ τρίζει τοὺς ὀδόντας καὶ **ξηραίνεται·**
11:20 παραπορευόμενοι πρωῒ εἶδον τὴν συκῆν **ἐξηραμμένην** ἐκ ῥιζῶν.
11:21 καὶ ἀναμνησθεὶς ὁ Πέτρος λέγει αὐτῷ, Ῥαββί, ἴδε ἡ συκῆ ἣν κατηράσω **ἐξήρανται.**
Lk 8: 6 καὶ φυὲν **ἐξηράνθη** διὰ τὸ μὴ ἔχειν ἰκμάδα.
Jn 15: 6 ἐβλήθη ἔξω ὡς τὸ κλῆμα καὶ **ἐξηράνθη** καὶ συνάγουσιν αὐτὰ καὶ εἰς τὸ πῦρ βάλλουσιν καὶ καίεται.
Jas 1:11 ἀνέτειλεν γὰρ ὁ ἥλιος σὺν τῷ καύσωνι καὶ **ἐξήρανεν** τὸν χόρτον καὶ τὸ ἄνθος αὐτοῦ ἐξέπεσεν
1Pe 1:24 διότι πᾶσα σὰρξ ὡς χόρτος καὶ πᾶσα δόξα αὐτῆς ὡς ἄνθος χόρτου· **ἐξηράνθη** ὁ χόρτος καὶ τὸ ἄνθος ἐξέπεσεν·
Rev 14:15 ὅτι ἦλθεν ἡ ὥρα θερίσαι, ὅτι **ἐξηράνθη** ὁ θερισμὸς τῆς γῆς.
16:12 καὶ **ἐξηράνθη** τὸ ὕδωρ αὐτοῦ, ἵνα ἑτοιμασθῇ ἡ ὁδὸς τῶν βασιλέων τῶν ἀπὸ ἀνατολῆς ἡλίου.

3831 ξηρός [8]

→ *3830*

Mt 12:10 καὶ ἰδοὺ ἄνθρωπος χεῖρα ἔχων **ξηράν.**
23:15 ὅτι περιάγετε τὴν θάλασσαν καὶ τὴν **ξηρὰν** ποιῆσαι ἕνα προσήλυτον,
Mk 3: 3 καὶ λέγει τῷ ἀνθρώπῳ τῷ τὴν **ξηρὰν** χεῖρα ἔχοντι,
Lk 6: 6 καὶ ἦν ἄνθρωπος ἐκεῖ καὶ ἡ χεὶρ αὐτοῦ ἡ δεξιὰ ἦν **ξηρά.**
6: 8 εἶπεν δὲ τῷ ἀνδρὶ τῷ **ξηρὰν** ἔχοντι τὴν χεῖρα,
23:31 ὅτι εἰ ἐν τῷ ὑγρῷ ξύλῳ ταῦτα ποιοῦσιν, ἐν τῷ **ξηρῷ** τί γένηται;
Jn 5: 3 ἐν ταύταις κατέκειτο πλῆθος τῶν ἀσθενούντων, τυφλῶν, χωλῶν, **ξηρῶν.**
Heb 11:29 Πίστει διέβησαν τὴν Ἐρυθρὰν Θάλασσαν ὡς διὰ **ξηρᾶς** γῆς,

3832 ξύλινος [2]

→ *3833, 3834*

2Ti 2:20 Ἐν μεγάλῃ δὲ οἰκίᾳ οὐκ ἔστιν μόνον σκεύη χρυσᾶ καὶ ἀργυρᾶ ἀλλὰ καὶ **ξύλινα** καὶ ὀστράκινα,
Rev 9:20 ἵνα μὴ προσκυνήσουσιν τὰ δαιμόνια καὶ τὰ εἴδωλα τὰ χρυσᾶ καὶ τὰ ἀργυρᾶ καὶ τὰ χαλκᾶ καὶ τὰ λίθινα καὶ τὰ **ξύλινα,**

3833 ξύλον [20]

√ *3832*

ἀπὸ τοῦ ξύλου [2] Ac 13:29; Rev 22:19

ἐπὶ ξύλον [ξύλου] [5] Ac 5:30; 10:39; Gal 3:13; 1Pe 2:24; Rev 22:14

μαχαιρῶν καὶ ξύλων [5] Mt 26:47,55; Mk 14:43,48; Lk 22:52

ξύλον ζωῆς [4] Rev 2:7; 22:2,14,19

Mt 26:47 Καὶ ἔτι αὐτοῦ λαλοῦντος ἰδοὺ Ἰούδας εἷς τῶν δώδεκα ἦλθεν καὶ μετ᾽ αὐτοῦ ὄχλος πολὺς μετὰ μαχαιρῶν καὶ **ξύλων**
26:55 Ὡς ἐπὶ λῃστὴν ἐξήλθατε μετὰ μαχαιρῶν καὶ **ξύλων** συλλαβεῖν με;
Mk 14:43 Καὶ εὐθὺς ἔτι αὐτοῦ λαλοῦντος παραγίνεται Ἰούδας εἷς τῶν δώδεκα καὶ μετ᾽ αὐτοῦ ὄχλος μετὰ μαχαιρῶν καὶ **ξύλων**
14:48 Ὡς ἐπὶ λῃστὴν ἐξήλθατε μετὰ μαχαιρῶν καὶ **ξύλων** συλλαβεῖν με;
Lk 22:52 Ὡς ἐπὶ λῃστὴν ἐξήλθατε μετὰ μαχαιρῶν καὶ **ξύλων;**
23:31 ὅτι εἰ ἐν τῷ ὑγρῷ **ξύλῳ** ταῦτα ποιοῦσιν,
Ac 5:30 ὁ θεὸς τῶν πατέρων ἡμῶν ἤγειρεν Ἰησοῦν ὃν ὑμεῖς διεχειρίσασθε κρεμάσαντες ἐπὶ **ξύλου·**
10:39 πάντων ὧν ἐποίησεν ἔν τε τῇ χώρᾳ τῶν Ἰουδαίων καὶ [ἐν] Ἰερουσαλήμ. ὃν καὶ ἀνεῖλαν κρεμάσαντες ἐπὶ **ξύλου,**
13:29 ὡς δὲ ἐτέλεσαν πάντα τὰ περὶ αὐτοῦ γεγραμμένα, καθελόντες ἀπὸ τοῦ **ξύλου** ἔθηκαν εἰς μνημεῖον.
16:24 παραγγελίαν τοιαύτην λαβὼν ἔβαλεν αὐτοὺς εἰς τὴν ἐσωτέραν φυλακὴν καὶ τοὺς πόδας ἠσφαλίσατο αὐτῶν εἰς τὸ **ξύλον.**
1Co 3:12 εἰ δέ τις ἐποικοδομεῖ ἐπὶ τὸν θεμέλιον χρυσόν, ἄργυρον, λίθους τιμίους, **ξύλα,** χόρτον, καλάμην,
Gal 3:13 ὅτι γέγραπται, Ἐπικατάρατος πᾶς ὁ κρεμάμενος ἐπὶ **ξύλου,**
1Pe 2:24 ὃς τὰς ἁμαρτίας ἡμῶν αὐτὸς ἀνήνεγκεν ἐν τῷ σώματι αὐτοῦ ἐπὶ τὸ **ξύλον,**
Rev 2: 7 τῷ νικῶντι δώσω αὐτῷ φαγεῖν ἐκ τοῦ **ξύλου** τῆς ζωῆς,
18:12 πᾶν **ξύλον** θύϊνον καὶ πᾶν σκεῦος ἐλεφάντινον καὶ πᾶν σκεῦος ἐκ **ξύλου** τιμιωτάτου καὶ χαλκοῦ καὶ σιδήρου καὶ μαρμάρου,
22: 2 ἐν μέσῳ τῆς πλατείας αὐτῆς καὶ τοῦ ποταμοῦ ἐντεῦθεν καὶ ἐκεῖθεν **ξύλον** ζωῆς ποιοῦν καρποὺς δώδεκα, κατὰ μῆνα ἕκαστον ἀποδιδοῦν τὸν καρπὸν αὐτοῦ, καὶ τὰ φύλλα τοῦ **ξύλου** εἰς θεραπείαν τῶν ἐθνῶν.
22:14 ἵνα ἔσται ἡ ἐξουσία αὐτῶν ἐπὶ τὸ **ξύλον** τῆς ζωῆς καὶ τοῖς πυλῶσιν εἰσέλθωσιν εἰς τὴν πόλιν.
22:19 ἀφελεῖ ὁ θεὸς τὸ μέρος αὐτοῦ ἀπὸ τοῦ **ξύλου** τῆς ζωῆς καὶ ἐκ τῆς πόλεως τῆς ἁγίας τῶν γεγραμμένων ἐν τῷ βιβλίῳ τούτῳ.

3834 ξυράω [3]

√ *3832*

Ac 21:24 τούτους παραλαβὼν ἁγνίσθητι σὺν αὐτοῖς καὶ δαπάνησον ἐπ᾽ αὐτοῖς ἵνα **ξυρήσονται** τὴν κεφαλήν,
1Co 11: 5 ἓν γάρ ἐστιν καὶ τὸ αὐτὸ τῇ **ἐξυρημένῃ.**
11: 6 εἰ δὲ αἰσχρὸν γυναικὶ τὸ κείρασθαι ἢ **ξυρᾶσθαι,**

Ο, ο

3835 ο Not used in UBS/NIV

3836 ὁ [19862 / 19863] See Index of Articles, Etc.

→ *2201, 3840, 3888, 5422, 5437, 5524, 5525, 5539, 5540, 5541, 6045*

εἰς τὸ with infin. [63] Mt 20:19; 26:2; 27:31; Mk 14:55; Lk 5:17; Ac 3:19; 7:19; Ro 1:11,20; 3:26; 4:11,11,16,18; 6:12; 7:4,5; 8:29; 11:11; 12:2,3; 15:8,13; 1Co 8:10; 9:18; 10:6; 11:22,22,33; 2Co 1:4,4; 4:4; 7:3; Gal 3:17; Eph 1:18; Php 1:10,23,23; 1Th 2:12,16; 3:5,10; 4:9; 2Th 1:5; 2:2,6,10,11; 3:9; Heb 2:17; 7:25; 8:3; 9:14; 11:3,3; 12:10; 13:21; Jas 1:18,19,19; 3:3; 1Pe 3:7; 4:2

ἐν τῷ with infin. [49] Mt 13:4,25; 27:12; Mk 4:4; 6:48; Lk 1:21; 2:6,27,43; 3:21; 5:1,12; 8:5,40,42; 9:18,29,33,34,36,51; 10:35,38; 11:1,27,37; 12:15; 14:1; 17:11,14; 18:35; 19:15; 24:4,15,30,51; Ac 2:1; 3:26; 4:30; 8:6; 9:3; 11:15; 19:1; Ro 3:4; 15:13; 1Co 11:21; Heb 3:12,15; 8:13

τοῦ with infin. [68] Mt 2:13; 3:13; 11:1; 13:3; 21:32; 24:45; Lk 1:9,57,77,79; 2:6,21,24; 4:42; 5:7; 9:51; 10:19; 12:42; 17:1; 21:22; 22:6,31; 24:16,25,29,45; Ac 3:2,12; 5:31; 7:19; 8:40; 9:15; 10:25,47; 14:9,18; 15:20; 18:10; 20:3,30; 21:12; 23:20; 26:18; 27:1,20; Ro 1:24; 6:6; 7:3; 11:8,8,10; 15:22,23; 1Co 9:10; 10:13,13; 16:4; 2Co 1:8; 7:12; 8:11,11; Php 3:10,21; Heb 5:12; 11:5; 1Pe 3:10; 4:17; Rev 12:7

3837 ὀγδοήκοντα [2]

√ *3893*

Lk 2:37 καὶ αὐτὴ χήρα ἕως ἐτῶν **ὀγδοήκοντα** τεσσάρων, ἣ οὐκ ἀφίστατο τοῦ ἱεροῦ νηστείαις καὶ δεήσεσιν λατρεύουσα

16: 7 λέγει αὐτῷ, Δέξαι σου τὰ γράμματα καὶ γράψον **ὀγδοήκοντα.**

3838 ὄγδοος [5]

√ *3893*

Lk 1:59 ἐν τῇ ἡμέρᾳ τῇ **ὀγδόῃ** ἦλθον περιτεμεῖν τὸ παιδίον καὶ ἐκάλουν αὐτὸ ἐπὶ τῷ ὀνόματι τοῦ πατρὸς αὐτοῦ Ζαχαρίαν.

Ac 7: 8 καὶ οὕτως ἐγέννησεν τὸν Ἰσαὰκ καὶ περιέτεμεν αὐτὸν τῇ ἡμέρᾳ τῇ **ὀγδόῃ,**

2Pe 2: 5 ἀρχαίου κόσμου οὐκ ἐφείσατο ἀλλὰ **ὄγδοον** Νῶε δικαιοσύνης κήρυκα ἐφύλαξεν κατακλυσμὸν κόσμῳ ἀσεβῶν ἐπάξας,

Rev 17:11 καὶ τὸ θηρίον ὃ ἦν καὶ οὐκ ἔστιν καὶ αὐτὸς **ὄγδοός** ἐστιν καὶ ἐκ τῶν ἑπτά ἐστιν,

21:20 ὁ **ὄγδοος** βήρυλλος, ὁ ἔνατος τοπάζιον, ὁ δέκατος χρυσόπρασος,

3839 ὄγκος [1]

→ *5665*

Heb 12: 1 **ὄγκον** ἀποθέμενοι πάντα καὶ τὴν εὐπερίστατον ἁμαρτίαν, δι᾿ ὑπομονῆς τρέχωμεν τὸν προκείμενον ἡμῖν ἀγῶνα

3840 ὅδε [10]

√ *3836*

Lk 10:39 καὶ **τῇδε** ἦν ἀδελφὴ καλουμένη Μαριάμ, [ἣ] καὶ παρακαθεσθεῖσα πρὸς τοὺς πόδας τοῦ κυρίου ἤκουεν τὸν λόγον

Ac 21:11 **Τάδε** λέγει τὸ πνεῦμα τὸ ἅγιον, Τὸν ἄνδρα οὗ ἐστιν ἡ ζώνη αὕτη,

Jas 4:13 Σήμερον ἢ αὔριον πορευσόμεθα εἰς **τήνδε** τὴν πόλιν καὶ ποιήσομεν ἐκεῖ ἐνιαυτὸν καὶ ἐμπορευσόμεθα καὶ κερδήσομεν·

Rev 2: 1 **Τάδε** λέγει ὁ κρατῶν τοὺς ἑπτὰ ἀστέρας ἐν τῇ δεξιᾷ αὐτοῦ,

2: 8 **Τάδε** λέγει ὁ πρῶτος καὶ ὁ ἔσχατος, ὃς ἐγένετο νεκρὸς καὶ ἔζησεν·

2:12 **Τάδε** λέγει ὁ ἔχων τὴν ῥομφαίαν τὴν δίστομον τὴν ὀξεῖαν·

2:18 **Τάδε** λέγει ὁ υἱὸς τοῦ θεοῦ, ὁ ἔχων τοὺς ὀφθαλμοὺς αὐτοῦ ὡς φλόγα πυρὸς καὶ οἱ πόδες αὐτοῦ ὅμοιοι χαλκολιβάνῳ·

3: 1 **Τάδε** λέγει ὁ ἔχων τὰ ἑπτὰ πνεύματα τοῦ θεοῦ καὶ τοὺς ἑπτὰ ἀστέρας·

3: 7 **Τάδε** λέγει ὁ ἅγιος, ὁ ἀληθινός, ὁ ἔχων τὴν κλεῖν Δαυίδ,

3:14 **Τάδε** λέγει ὁ Ἀμήν, ὁ μάρτυς ὁ πιστὸς καὶ ἀληθινός,

3841 ὁδεύω [1]

√ *3847*

Lk 10:33 Σαμαρίτης δέ τις **ὁδεύων** ἦλθεν κατ᾿ αὐτὸν καὶ ἰδὼν ἐσπλαγχνίσθη,

3842 ὁδηγέω [5]

√ *3847 + 72*

ὁδηγέω τυφλός [2] Mt 15:14; Lk 6:39

Mt 15:14 τυφλὸς δὲ τυφλὸν ἐὰν **ὁδηγῇ,** ἀμφότεροι εἰς βόθυνον πεσοῦνται.

Lk 6:39 Εἶπεν δὲ καὶ παραβολὴν αὐτοῖς· Μήτι δύναται τυφλὸς τυφλὸν **ὁδηγεῖν;**

Jn 16:13 τὸ πνεῦμα τῆς ἀληθείας, **ὁδηγήσει** ὑμᾶς ἐν τῇ ἀληθείᾳ πάσῃ·

Ac 8:31 Πῶς γὰρ ἂν δυναίμην ἐὰν μή τις **ὁδηγήσει** με;

Rev 7:17 ὅτι τὸ ἀρνίον τὸ ἀνὰ μέσον τοῦ θρόνου ποιμανεῖ αὐτοὺς καὶ **ὁδηγήσει** αὐτοὺς ἐπὶ ζωῆς πηγὰς ὑδάτων,

3843 ὁδηγός [5]

√ *3847 + 72*

ὁδηγός τυφλός [3] Mt 15:14; 23:16,24

ὁδηγός τυφλῶν [1] Ro 2:19

Mt 15:14 ἄφετε αὐτούς· τυφλοί εἰσιν **ὁδηγοί** [UBS; NIV **ὁδηγοί·**] [τυφλῶν·] τυφλὸς δὲ τυφλὸν ἐὰν ὁδηγῇ,

23:16 Οὐαὶ ὑμῖν, **ὁδηγοὶ** τυφλοὶ οἱ λέγοντες, Ὃς ἂν ὀμόσῃ ἐν τῷ ναῷ,

23:24 **ὁδηγοὶ** τυφλοί, οἱ διϋλίζοντες τὸν κώνωπα, τὴν δὲ κάμηλον καταπίνοντες.

Ac 1:16 γραφὴν ἣν προεῖπεν τὸ πνεῦμα τὸ ἅγιον διὰ στόματος Δαυὶδ περὶ Ἰούδα τοῦ γενομένου **ὁδηγοῦ** τοῖς συλλαβοῦσιν Ἰησοῦν,

Ro 2:19 πέποιθάς τε σεαυτὸν **ὁδηγὸν** εἶναι τυφλῶν, φῶς τῶν ἐν σκότει,

3844 ὁδοιπορέω [1]

√ *3847 + 4513*

Ac 10: 9 Τῇ δὲ ἐπαύριον, **ὁδοιπορούντων** ἐκείνων καὶ τῇ πόλει ἐγγιζόντων,

3845 ὁδοιπορία [2]

√ *3847 + 4513*

Jn 4: 6 ὁ οὖν Ἰησοῦς κεκοπιακὼς ἐκ τῆς **ὁδοιπορίας** ἐκαθέζετο οὕτως ἐπὶ τῇ πηγῇ·

2Co 11:26 **ὁδοιπορίαις** πολλάκις, κινδύνοις ποταμῶν, κινδύνοις λῃστῶν, κινδύνοις ἐκ γένους,

3846 ὁδοποιέω Not used in UBS/NIV

√ *3847 + 4472*

3847 ὁδός [101 / 100]

→ *316, 1447, 1476, 1658, 2016, 2337, 2338, 3497, 3841, 3842, 3843, 3844, 3845, 3846, 4227, 5321, 5322*

ὁ Ὁδός [6] Ac 9:2; 19:9,23; 22:4; 24:14,22

εἰς ὁδόν [10] Mt 10:5,10; 22:10; Mk 6:8; 10:17; 11:8; Lk 1:79; 3:5; 9:3; 14:23

ἐξ ὁδοῦ [1] Lk 11:6

ἔχω ὁδός [1] Ac 1:12

ἐπιγινώσκω ὁδόν [1] 2Pe 2:21

ἡμέρα ὁδὸν [1] Lk 2:44

ὁδὸν ποιεῖν [1] Mk 2:23

ὁδός εἰρήνης [2] Lk 1:79; Ro 3:17

ὁδός τοῦ θεοῦ [αὐτοῦ] [5] Mt 22:16; Mk 12:14; Lk 20:21; Ac 18:26; Ro 11:33

ὁδός κυρίου [7] Mt 3:3; Mk 1:3; Lk 1:76; 3:4; Jn 1:23; Ac 13:10; 18:25

ὁδός σωτηρίας [1] Ac 16:17

σαββάτου, ἡμέρα ὁδόν [2] Lk 2:44; Ac 1:12

Mt 2:12 δι᾿ ἄλλης **ὁδοῦ** ἀνεχώρησαν εἰς τὴν χώραν αὐτῶν.

3: 3 Ἑτοιμάσατε τὴν **ὁδὸν** κυρίου, εὐθείας ποιεῖτε τὰς τρίβους αὐτοῦ.

4:15 **ὁδὸν** θαλάσσης, πέραν τοῦ Ἰορδάνου, Γαλιλαία τῶν ἐθνῶν,

5:25 ἕως ὅτου εἶ μετ᾿ αὐτοῦ ἐν τῇ **ὁδῷ,**

7:13 ὅτι πλατεῖα ἡ πύλη καὶ εὐρύχωρος ἡ **ὁδὸς** ἡ ἀπάγουσα εἰς τὴν ἀπώλειαν καὶ πολλοί εἰσιν οἱ εἰσερχόμενοι δι᾿ αὐτῆς·

7:14 τί στενὴ ἡ πύλη καὶ τεθλιμμένη ἡ **ὁδὸς** ἡ ἀπάγουσα εἰς τὴν ζωὴν καὶ ὀλίγοι εἰσὶν οἱ εὑρίσκοντες αὐτήν.

8:28 ὥστε μὴ ἰσχύειν τινὰ παρελθεῖν διὰ τῆς **ὁδοῦ** ἐκείνης.

10: 5 Εἰς **ὁδὸν** ἐθνῶν μὴ ἀπέλθητε καὶ εἰς πόλιν Σαμαριτῶν μὴ εἰσέλθητε·

10:10 μὴ πήραν εἰς **ὁδὸν** μηδὲ δύο χιτῶνας μηδὲ ὑποδήματα μηδὲ ῥάβδον·

11:10 Ἰδοὺ ἐγὼ ἀποστέλλω τὸν ἄγγελόν μου πρὸ προσώπου σου, ὃς κατασκευάσει τὴν **ὁδόν** σου ἔμπροσθέν σου.

13: 4 καὶ ἐν τῷ σπείρειν αὐτὸν ἃ μὲν ἔπεσεν παρὰ τὴν **ὁδόν,**

13:19 ἔρχεται ὁ πονηρὸς καὶ ἁρπάζει τὸ ἐσπαρμένον ἐν τῇ καρδίᾳ αὐτοῦ, οὗτός ἐστιν ὁ παρὰ τὴν **ὁδὸν** σπαρείς.

15:32 καὶ ἀπολῦσαι αὐτοὺς νήστεις οὐ θέλω, μήποτε ἐκλυθῶσιν ἐν τῇ **ὁδῷ.**

20:17 Καὶ ἀναβαίνων ὁ Ἰησοῦς εἰς Ἱεροσόλυμα παρέλαβεν τοὺς δώδεκα [μαθητὰς] κατ᾿ ἰδίαν καὶ ἐν τῇ **ὁδῷ**[NIV-] εἶπεν αὐτοῖς,

20:30 καὶ ἰδοὺ δύο τυφλοὶ καθήμενοι παρὰ τὴν **ὁδὸν** ἀκούσαντες ὅτι Ἰησοῦς παράγει,

21: 8 ὁ δὲ πλεῖστος ὄχλος ἔστρωσαν ἑαυτῶν τὰ ἱμάτια ἐν τῇ **ὁδῷ,** ἄλλοι δὲ ἔκοπτον κλάδους ἀπὸ τῶν δένδρων καὶ ἐστρώννυον ἐν τῇ **ὁδῷ.**

21:19 καὶ ἰδὼν συκῆν μίαν ἐπὶ τῆς **ὁδοῦ** ἦλθεν ἐπ' αὐτὴν καὶ οὐδὲν εὗρεν ἐν αὐτῇ εἰ μὴ φύλλα μόνον,
21:32 ἦλθεν γὰρ Ἰωάννης πρὸς ὑμᾶς ἐν **ὁδῷ** δικαιοσύνης,
22: 9 πορεύεσθε οὖν ἐπὶ τὰς διεξόδους τῶν **ὁδῶν** καὶ ὅσους ἐὰν εὕρητε καλέσατε εἰς τοὺς γάμους.
22:10 καὶ ἐξελθόντες οἱ δοῦλοι ἐκεῖνοι εἰς τὰς **ὁδοὺς** συνήγαγον πάντας οὓς εὗρον,
22:16 οἴδαμεν ὅτι ἀληθὴς εἶ καὶ τὴν **ὁδὸν** τοῦ θεοῦ ἐν ἀληθείᾳ διδάσκεις καὶ οὐ μέλει σοι περὶ οὐδενός·
Mk 1: 2 Ἰδοὺ ἀποστέλλω τὸν ἄγγελόν μου πρὸ προσώπου σου, ὃς κατασκευάσει τὴν **ὁδόν** σου·
1: 3 Ἑτοιμάσατε τὴν **ὁδὸν** κυρίου, εὐθείας ποιεῖτε τὰς τρίβους αὐτοῦ,
2:23 καὶ οἱ μαθηταὶ αὐτοῦ ἤρξαντο **ὁδὸν** ποιεῖν τίλλοντες τοὺς στάχυας.
4: 4 καὶ ἐγένετο ἐν τῷ σπείρειν ὃ μὲν ἔπεσεν παρὰ τὴν **ὁδόν,**
4:15 οὗτοι δέ εἰσιν οἱ παρὰ τὴν **ὁδόν·** ὅπου σπείρεται ὁ λόγος καὶ ὅταν ἀκούσωσιν,
6: 8 καὶ παρήγγειλεν αὐτοῖς ἵνα μηδὲν αἴρωσιν εἰς **ὁδὸν** εἰ μὴ ῥάβδον μόνον,
8: 3 καὶ ἐὰν ἀπολύσω αὐτοὺς νήστεις εἰς οἶκον αὐτῶν, ἐκλυθήσονται ἐν τῇ **ὁδῷ·**
8:27 καὶ ἐν τῇ **ὁδῷ** ἐπηρώτα τοὺς μαθητὰς αὐτοῦ λέγων αὐτοῖς,
9:33 καὶ ἐν τῇ οἰκίᾳ γενόμενος ἐπηρώτα αὐτούς, Τί ἐν τῇ **ὁδῷ** διελογίζεσθε;
9:34 πρὸς ἀλλήλους γὰρ διελέχθησαν ἐν τῇ **ὁδῷ** τίς μείζων.
10:17 Καὶ ἐκπορευομένου αὐτοῦ εἰς **ὁδὸν** προσδραμὼν εἷς καὶ γονυπετήσας αὐτὸν ἐπηρώτα αὐτόν,
10:32 Ἦσαν δὲ ἐν τῇ **ὁδῷ** ἀναβαίνοντες εἰς Ἱεροσόλυμα,
10:46 ἀπὸ Ἰεριχὼ καὶ τῶν μαθητῶν αὐτοῦ καὶ ὄχλου ἱκανοῦ ὁ υἱὸς Τιμαίου Βαρτιμαῖος, τυφλὸς προσαίτης, ἐκάθητο παρὰ τὴν **ὁδόν.** [UBS; NIV τυφλὸς ἐκάθητο παρὰ τὴν **ὁδὸν** προσαιτῶν.]
10:52 καὶ εὐθὺς ἀνέβλεψεν καὶ ἠκολούθει αὐτῷ ἐν τῇ **ὁδῷ.**
11: 8 καὶ πολλοὶ τὰ ἱμάτια αὐτῶν ἔστρωσαν εἰς τὴν **ὁδόν,**
12:14 ἀλλ' ἐπ' ἀληθείας τὴν **ὁδὸν** τοῦ θεοῦ διδάσκεις·
Lk 1:76 προφήτης ὑψίστου κληθήσῃ· προπορεύσῃ γὰρ ἐνώπιον κυρίου ἑτοιμάσαι **ὁδοὺς** αὐτοῦ,
1:79 τοῦ κατευθῦναι τοὺς πόδας ἡμῶν εἰς **ὁδὸν** εἰρήνης.
2:44 νομίσαντες δὲ αὐτὸν εἶναι ἐν τῇ συνοδίᾳ ἦλθον ἡμέρας **ὁδὸν** καὶ ἀνεζήτουν αὐτὸν ἐν τοῖς συγγενεῦσιν καὶ τοῖς γνωστοῖς,
3: 4 Ἑτοιμάσατε τὴν **ὁδὸν** κυρίου, εὐθείας ποιεῖτε τὰς τρίβους αὐτοῦ·
3: 5 ἔσται τὰ σκολιὰ εἰς εὐθείαν καὶ αἱ τραχεῖαι εἰς **ὁδοὺς** λείας·
7:27 Ἰδοὺ ἀποστέλλω τὸν ἄγγελόν μου πρὸ προσώπου σου, ὃς κατασκευάσει τὴν **ὁδόν** σου ἔμπροσθέν σου.
8: 5 καὶ ἐν τῷ σπείρειν αὐτὸν ὃ μὲν ἔπεσεν παρὰ τὴν **ὁδὸν** καὶ κατεπατήθη,
8:12 οἱ δὲ παρὰ τὴν **ὁδόν** εἰσιν οἱ ἀκούσαντες,
9: 3 καὶ εἶπεν πρὸς αὐτούς, Μηδὲν αἴρετε εἰς τὴν **ὁδόν,**
9:57 Καὶ πορευομένων αὐτῶν ἐν τῇ **ὁδῷ** εἶπέν τις πρὸς αὐτόν,
10: 4 μὴ ὑποδήματα, καὶ μηδένα κατὰ τὴν **ὁδὸν** ἀσπάσησθε.
10:31 κατὰ συγκυρίαν δὲ ἱερεύς τις κατέβαινεν ἐν τῇ **ὁδῷ** ἐκείνῃ καὶ ἰδὼν αὐτὸν ἀντιπαρῆλθεν·
11: 6 ἐπειδὴ φίλος μου παρεγένετο ἐξ **ὁδοῦ** πρός με καὶ οὐκ ἔχω ὃ παραθήσω αὐτῷ·
12:58 ἐν τῇ **ὁδῷ** δὸς ἐργασίαν ἀπηλλάχθαι ἀπ' αὐτοῦ,
14:23 Ἔξελθε εἰς τὰς **ὁδοὺς** καὶ φραγμοὺς καὶ ἀνάγκασον εἰσελθεῖν,
18:35 Ἐγένετο δὲ ἐν τῷ ἐγγίζειν αὐτὸν εἰς Ἰεριχὼ τυφλός τις ἐκάθητο παρὰ τὴν **ὁδὸν** ἐπαιτῶν.
19:36 πορευομένου δὲ αὐτοῦ ὑπεστρώννυον τὰ ἱμάτια αὐτῶν ἐν τῇ **ὁδῷ.**
20:21 ἀλλ' ἐπ' ἀληθείας τὴν **ὁδὸν** τοῦ θεοῦ διδάσκεις·
24:32 Οὐχὶ ἡ καρδία ἡμῶν καιομένη ἦν [ἐν ἡμῖν] ὡς ἐλάλει ἡμῖν ἐν τῇ **ὁδῷ,**
24:35 καὶ αὐτοὶ ἐξηγοῦντο τὰ ἐν τῇ **ὁδῷ** καὶ ὡς ἐγνώσθη αὐτοῖς ἐν τῇ κλάσει τοῦ ἄρτου.
Jn 1:23 Εὐθύνατε τὴν **ὁδὸν** κυρίου, καθὼς εἶπεν Ἠσαΐας ὁ προφήτης.
14: 4 καὶ ὅπου [ἐγὼ] ὑπάγω οἴδατε τὴν **ὁδόν.**
14: 5 οὐκ οἴδαμεν ποῦ ὑπάγεις· πῶς δυνάμεθα τὴν **ὁδὸν** εἰδέναι;
14: 6 Ἐγώ εἰμι ἡ **ὁδὸς** καὶ ἡ ἀλήθεια καὶ ἡ ζωή·
Ac 1:12 Τότε ὑπέστρεψαν εἰς Ἰερουσαλὴμ ἀπὸ ὄρους τοῦ καλουμένου Ἐλαιῶνος, ὅ ἐστιν ἐγγὺς Ἰερουσαλὴμ σαββάτου ἔχον **ὁδόν.**
2:28 ἐγνώρισάς μοι **ὁδοὺς** ζωῆς, πληρώσεις με εὐφροσύνης μετὰ τοῦ προσώπου σου.
8:26 Ἀνάστηθι καὶ πορεύου κατὰ μεσημβρίαν ἐπὶ τὴν **ὁδὸν** τὴν καταβαίνουσαν ἀπὸ Ἰερουσαλὴμ εἰς Γάζαν,
8:36 ὡς δὲ ἐπορεύοντο κατὰ τὴν **ὁδόν,** ἦλθον ἐπί τι ὕδωρ,
8:39 πνεῦμα κυρίου ἥρπασεν τὸν **Φίλιππον** καὶ οὐκ εἶδεν αὐτὸν οὐκέτι ὁ εὐνοῦχος, ἐπορεύετο γὰρ τὴν **ὁδὸν** αὐτοῦ χαίρων.
9: 2 ὅπως ἐάν τινας εὕρῃ τῆς **ὁδοῦ** ὄντας, ἄνδρας τε καὶ γυναῖκας,
9:17 Ἰησοῦς ὁ ὀφθείς σοι ἐν τῇ **ὁδῷ** ᾗ ἤρχου,
9:27 καὶ διηγήσατο αὐτοῖς πῶς ἐν τῇ **ὁδῷ** εἶδεν τὸν κύριον καὶ ὅτι ἐλάλησεν αὐτῷ καὶ πῶς ἐν Δαμασκῷ ἐπαρρησιάσατο
13:10 οὐ παύσῃ διαστρέφων τὰς **ὁδοὺς** [τοῦ] κυρίου τὰς εὐθείας;
14:16 ὃς ἐν ταῖς παρῳχημέναις γενεαῖς εἴασεν πάντα τὰ ἔθνη πορεύεσθαι ταῖς **ὁδοῖς** αὐτῶν·
16:17 Οὗτοι οἱ ἄνθρωποι δοῦλοι τοῦ θεοῦ τοῦ ὑψίστου εἰσίν, οἵτινες καταγγέλλουσιν ὑμῖν **ὁδὸν** σωτηρίας.
18:25 οὗτος ἦν κατηχημένος τὴν **ὁδὸν** τοῦ κυρίου καὶ ζέων τῷ πνεύματι ἐλάλει καὶ ἐδίδασκεν ἀκριβῶς τὰ περὶ τοῦ Ἰησοῦ,
18:26 ἀκούσαντες δὲ αὐτοῦ Πρίσκιλλα καὶ Ἀκύλας προσελάβοντο αὐτὸν καὶ ἀκριβέστερον αὐτῷ ἐξέθεντο τὴν **ὁδὸν** [τοῦ θεοῦ.]
19: 9 ὡς δέ τινες ἐσκληρύνοντο καὶ ἠπείθουν κακολογοῦντες τὴν **ὁδὸν** ἐνώπιον τοῦ πλήθους,
19:23 Ἐγένετο δὲ κατὰ τὸν καιρὸν ἐκεῖνον τάραχος οὐκ ὀλίγος περὶ τῆς **ὁδοῦ.**
22: 4 ὃς ταύτην τὴν **ὁδὸν** ἐδίωξα ἄχρι θανάτου δεσμεύων καὶ παραδιδοὺς εἰς φυλακὰς ἄνδρας τε καὶ γυναῖκας,
24:14 ὁμολογῶ δὲ τοῦτό σοι ὅτι κατὰ τὴν **ὁδὸν** ἣν λέγουσιν αἵρεσιν,
24:22 ἀκριβέστερον εἰδὼς τὰ περὶ τῆς **ὁδοῦ** εἴπας, Ὅταν Λυσίας ὁ χιλίαρχος καταβῇ,
25: 3 αἰτούμενοι χάριν κατ' αὐτοῦ ὅπως μεταπέμψηται αὐτὸν εἰς Ἰερουσαλήμ, ἐνέδραν ποιοῦντες ἀνελεῖν αὐτὸν κατὰ τὴν **ὁδόν.**
26:13 ἡμέρας μέσης κατὰ τὴν **ὁδὸν** εἶδον, βασιλεῦ, οὐρανόθεν ὑπὲρ τὴν λαμπρότητα τοῦ ἡλίου περιλάμψαν με φῶς
Ro 3:16 σύντριμμα καὶ ταλαιπωρία ἐν ταῖς **ὁδοῖς** αὐτῶν,
3:17 καὶ **ὁδὸν** εἰρήνης οὐκ ἔγνωσαν.
11:33 ὡς ἀνεξεραύνητα τὰ κρίματα αὐτοῦ καὶ ἀνεξιχνίαστοι αἱ **ὁδοὶ** αὐτοῦ.
1Co 4:17 ὃς ὑμᾶς ἀναμνήσει τὰς **ὁδούς** μου τὰς ἐν Χριστῷ [Ἰησοῦ,]
12:31 ζηλοῦτε δὲ τὰ χαρίσματα τὰ μείζονα. Καὶ ἔτι καθ' ὑπερβολὴν **ὁδὸν** ὑμῖν δείκνυμι.
1Th 3:11 Αὐτὸς δὲ ὁ θεὸς καὶ πατὴρ ἡμῶν καὶ ὁ κύριος ἡμῶν Ἰησοῦς κατευθύναι τὴν **ὁδὸν** ἡμῶν πρὸς ὑμᾶς·
Heb 3:10 Ἀεὶ πλανῶνται τῇ καρδίᾳ, αὐτοὶ δὲ οὐκ ἔγνωσαν τὰς **ὁδούς** μου,
9: 8 μήπω πεφανερῶσθαι τὴν τῶν ἁγίων **ὁδὸν** ἔτι τῆς πρώτης σκηνῆς ἐχούσης στάσιν,
10:20 ἣν ἐνεκαίνισεν ἡμῖν **ὁδὸν** πρόσφατον καὶ ζῶσαν διὰ τοῦ καταπετάσματος,
Jas 1: 8 ἀνὴρ δίψυχος, ἀκατάστατος ἐν πάσαις ταῖς **ὁδοῖς** αὐτοῦ.
2:25 ὁμοίως δὲ καὶ Ῥαὰβ ἡ πόρνη οὐκ ἐξ ἔργων ἐδικαιώθη ὑποδεξαμένη τοὺς ἀγγέλους καὶ ἑτέρᾳ **ὁδῷ** ἐκβαλοῦσα;
5:20 γινωσκέτω ὅτι ὁ ἐπιστρέψας ἁμαρτωλὸν ἐκ πλάνης **ὁδοῦ** αὐτοῦ σώσει ψυχὴν αὐτοῦ ἐκ θανάτου καὶ καλύψει πλῆθος ἁμαρτιῶν.
2Pe 2: 2 καὶ πολλοὶ ἐξακολουθήσουσιν αὐτῶν ταῖς ἀσελγείαις δι' οὓς ἡ **ὁδὸς** τῆς ἀληθείας βλασφημηθήσεται,
2:15 καταλείποντες εὐθεῖαν **ὁδὸν** ἐπλανήθησαν, ἐξακολουθήσαντες τῇ **ὁδῷ** τοῦ Βαλαὰμ τοῦ Βοσόρ, ὃς μισθὸν ἀδικίας ἠγάπησεν
2:21 κρεῖττον γὰρ ἦν αὐτοῖς μὴ ἐπεγνωκέναι τὴν **ὁδὸν** τῆς δικαιοσύνης ἢ ἐπιγνοῦσιν ὑποστρέψαι ἐκ τῆς παραδοθείσης αὐτοῖς ἁγίας ἐντολῆς.
Jude 1:11 ὅτι τῇ **ὁδῷ** τοῦ Κάϊν ἐπορεύθησαν καὶ τῇ πλάνῃ τοῦ Βαλαὰμ μισθοῦ ἐξεχύθησαν καὶ τῇ ἀντιλογίᾳ τοῦ Κόρε ἀπώλοντο.
Rev 15: 3 δίκαιαι καὶ ἀληθιναὶ αἱ **ὁδοί** σου, ὁ βασιλεὺς τῶν ἐθνῶν·
16:12 ἵνα ἑτοιμασθῇ ἡ **ὁδὸς** τῶν βασιλέων τῶν ἀπὸ ἀνατολῆς ἡλίου.

3848 ὀδούς [12]

Mt 5:38 Ἠκούσατε ὅτι ἐρρέθη, Ὀφθαλμὸν ἀντὶ ὀφθαλμοῦ καὶ **ὀδόντα** ἀντὶ **ὀδόντος.**
8:12 ἐκεῖ ἔσται ὁ κλαυθμὸς καὶ ὁ βρυγμὸς τῶν **ὀδόντων.**
13:42 ἐκεῖ ἔσται ὁ κλαυθμὸς καὶ ὁ βρυγμὸς τῶν **ὀδόντων.**
13:50 ἐκεῖ ἔσται ὁ κλαυθμὸς καὶ ὁ βρυγμὸς τῶν **ὀδόντων.**
22:13 ἐκεῖ ἔσται ὁ κλαυθμὸς καὶ ὁ βρυγμὸς τῶν **ὀδόντων.**
24:51 ἐκεῖ ἔσται ὁ κλαυθμὸς καὶ ὁ βρυγμὸς τῶν **ὀδόντων.**
25:30 ἐκεῖ ἔσται ὁ κλαυθμὸς καὶ ὁ βρυγμὸς τῶν **ὀδόντων.**
Mk 9:18 καὶ ἀφρίζει καὶ τρίζει τοὺς **ὀδόντας** καὶ ξηραίνεται·
Lk 13:28 ἐκεῖ ἔσται ὁ κλαυθμὸς καὶ ὁ βρυγμὸς τῶν **ὀδόντων,**
Ac 7:54 Ἀκούοντες δὲ ταῦτα διεπρίοντο ταῖς καρδίαις αὐτῶν καὶ ἔβρυχον τοὺς **ὀδόντας** ἐπ' αὐτόν.

Rev 9: 8 καὶ εἶχον τρίχας ὡς τρίχας γυναικῶν, καὶ οἱ **ὀδόντες** αὐτῶν ὡς λεόντων ἦσαν,

3849 ὀδυνάω [4]

√ *3850*

Lk 2:48 ἰδοὺ ὁ πατήρ σου κἀγὼ **ὀδυνώμενοι** ἐζητοῦμέν σε.
16:24 ἵνα βάψῃ τὸ ἄκρον τοῦ δακτύλου αὐτοῦ ὕδατος καὶ καταψύξῃ τὴν γλῶσσάν μου, ὅτι **ὀδυνῶμαι** ἐν τῇ φλογὶ ταύτῃ.
16:25 καὶ Λάζαρος ὁμοίως τὰ κακά· νῦν δὲ ὧδε παρακαλεῖται, σὺ δὲ **ὀδυνᾶσαι.**
Ac 20:38 **ὀδυνώμενοι** μάλιστα ἐπὶ τῷ λόγῳ ᾧ εἰρήκει, ὅτι οὐκέτι μέλλουσιν τὸ πρόσωπον αὐτοῦ θεωρεῖν.

3850 ὀδύνη [2]

→ *3849*

Ro 9: 2 ὅτι λύπη μοί ἐστιν μεγάλη καὶ ἀδιάλειπτος **ὀδύνη** τῇ καρδίᾳ μου.
1Ti 6:10 ἧς τινες ὀρεγόμενοι ἀπεπλανήθησαν ἀπὸ τῆς πίστεως καὶ ἑαυτοὺς περιέπειραν **ὀδύναις** πολλαῖς.

3851 ὀδυρμός [2]

Mt 2:18 Φωνὴ ἐν Ῥαμὰ ἠκούσθη, κλαυθμὸς καὶ **ὀδυρμὸς** πολύς·
2Co 7: 7 ἀναγγέλλων ἡμῖν τὴν ὑμῶν ἐπιπόθησιν, τὸν ὑμῶν **ὀδυρμόν,**

3852 Ὀζίας [2]

Mt 1: 8 Ἰωσαφὰτ δὲ ἐγέννησεν τὸν Ἰωράμ, Ἰωρὰμ δὲ ἐγέννησεν τὸν **Ὀζίαν,**
1: 9 **Ὀζίας** δὲ ἐγέννησεν τὸν Ἰωαθάμ, Ἰωαθὰμ δὲ ἐγέννησεν τὸν Ἀχάζ,

3853 ὄζω [1]

→ *2380, 2455, 4011, 4018*

Jn 11:39 λέγει αὐτῷ ἡ ἀδελφὴ τοῦ τετελευτηκότος Μάρθα, Κύριε, ἤδη **ὄζει,** τεταρταῖος γάρ ἐστιν.

3854 ὅθεν [15]

√ *4005*

Mt 12:44 τότε λέγει, Εἰς τὸν οἶκόν μου ἐπιστρέψω **ὅθεν** ἐξῆλθον·
14: 7 **ὅθεν** μεθ' ὅρκου ὡμολόγησεν αὐτῇ δοῦναι ὃ ἐὰν αἰτήσηται.
25:24 θερίζων ὅπου οὐκ ἔσπειρας καὶ συνάγων **ὅθεν** οὐ διεσκόρπισας,
25:26 ᾔδεις ὅτι θερίζω ὅπου οὐκ ἔσπειρα καὶ συνάγω **ὅθεν** οὐ διεσκόρπισα;
Lk 11:24 [τότε] λέγει, Ὑποστρέψω εἰς τὸν οἶκόν μου **ὅθεν** ἐξῆλθον·
Ac 14:26 **ὅθεν** ἦσαν παραδεδομένοι τῇ χάριτι τοῦ θεοῦ εἰς τὸ ἔργον ὃ ἐπλήρωσαν.
26:19 **Ὅθεν,** βασιλεῦ Ἀγρίππα, οὐκ ἐγενόμην ἀπειθὴς τῇ οὐρανίῳ ὀπτασίᾳ
28:13 **ὅθεν** περιελόντες κατηντήσαμεν εἰς Ῥήγιον. καὶ μετὰ μίαν ἡμέραν ἐπιγενομένου νότου δευτεραῖοι ἤλθομεν εἰς Ποτιόλους,
Heb 2:17 **ὅθεν** ὤφειλεν κατὰ πάντα τοῖς ἀδελφοῖς ὁμοιωθῆναι, ἵνα ἐλεήμων γένηται καὶ πιστὸς ἀρχιερεὺς τὰ πρὸς τὸν θεὸν
3: 1 **Ὅθεν,** ἀδελφοὶ ἅγιοι, κλήσεως ἐπουρανίου μέτοχοι, κατανοήσατε τὸν ἀπόστολον καὶ ἀρχιερέα τῆς ὁμολογίας ἡμῶν Ἰησοῦν,
7:25 **ὅθεν** καὶ σῴζειν εἰς τὸ παντελὲς δύναται τοὺς προσερχομένους δι' αὐτοῦ τῷ θεῷ,
8: 3 **ὅθεν** ἀναγκαῖον ἔχειν τι καὶ τοῦτον ὃ προσενέγκῃ.
9:18 **ὅθεν** οὐδὲ ἡ πρώτη χωρὶς αἵματος ἐγκεκαίνισται·
11:19 λογισάμενος ὅτι καὶ ἐκ νεκρῶν ἐγείρειν δυνατὸς ὁ θεός, **ὅθεν** αὐτὸν καὶ ἐν παραβολῇ ἐκομίσατο.
1Jn 2:18 καὶ νῦν ἀντίχριστοι πολλοὶ γεγόνασιν, **ὅθεν** γινώσκομεν ὅτι ἐσχάτη ὥρα ἐστίν.

3855 ὀθόνη [2]

→ *3856*

Ac 10:11 καὶ θεωρεῖ τὸν οὐρανὸν ἀνεῳγμένον καὶ καταβαῖνον σκεῦός τι ὡς **ὀθόνην** μεγάλην τέσσαρσιν ἀρχαῖς καθιέμενον ἐπὶ τῆς γῆς,
11: 5 καταβαῖνον σκεῦός τι ὡς **ὀθόνην** μεγάλην τέσσαρσιν ἀρχαῖς καθιεμένην ἐκ τοῦ οὐρανοῦ,

3856 ὀθόνιον [5]

√ *3855*

Lk 24:12 Ὁ δὲ Πέτρος ἀναστὰς ἔδραμεν ἐπὶ τὸ μνημεῖον καὶ παρακύψας βλέπει τὰ **ὀθόνια** μόνα,
Jn 19:40 ἔλαβον οὖν τὸ σῶμα τοῦ Ἰησοῦ καὶ ἔδησαν αὐτὸ **ὀθονίοις** μετὰ τῶν ἀρωμάτων,
20: 5 καὶ παρακύψας βλέπει κείμενα τὰ **ὀθόνια,** οὐ μέντοι εἰσῆλθεν.
20: 6 ἔρχεται οὖν καὶ Σίμων Πέτρος ἀκολουθῶν αὐτῷ καὶ εἰσῆλθεν εἰς τὸ μνημεῖον, καὶ θεωρεῖ τὰ **ὀθόνια** κείμενα,
20: 7 οὐ μετὰ τῶν **ὀθονίων** κείμενον ἀλλὰ χωρὶς ἐντετυλιγμένον εἰς ἕνα τόπον.

3857 οἶδα [318 / 320]

→ *4631, 5287?, 5288?, 5323*

οἶδα θεόν [4] Gal 4:8; 1Th 4:5; 2Th 1:8; Tit 1:16

Mt 6: 8 **οἶδεν** γὰρ ὁ πατὴρ ὑμῶν ὧν χρείαν ἔχετε πρὸ τοῦ ὑμᾶς αἰτῆσαι αὐτόν.
6:32 **οἶδεν** γὰρ ὁ πατὴρ ὑμῶν ὁ οὐράνιος ὅτι χρῄζετε τούτων ἁπάντων.
7:11 εἰ οὖν ὑμεῖς πονηροὶ ὄντες **οἴδατε** δόματα ἀγαθὰ διδόναι τοῖς τέκνοις ὑμῶν,
9: 4 καὶ **εἰδὼς**[NIV; UBS *3972*] ὁ Ἰησοῦς τὰς ἐνθυμήσεις αὐτῶν εἶπεν,
9: 6 ἵνα δὲ **εἰδῆτε** ὅτι ἐξουσίαν ἔχει ὁ υἱὸς τοῦ ἀνθρώπου ἐπὶ τῆς γῆς ἀφιέναι ἁμαρτίας–
12:25 **εἰδὼς** δὲ τὰς ἐνθυμήσεις αὐτῶν εἶπεν αὐτοῖς, Πᾶσα βασιλεία μερισθεῖσα καθ' ἑαυτῆς ἐρημοῦται καὶ πᾶσα πόλις ἢ οἰκία
15:12 **Οἶδας** ὅτι οἱ Φαρισαῖοι ἀκούσαντες τὸν λόγον ἐσκανδαλίσθησαν;
20:22 ἀποκριθεὶς δὲ ὁ Ἰησοῦς εἶπεν, Οὐκ **οἴδατε** τί αἰτεῖσθε.
20:25 **Οἴδατε** ὅτι οἱ ἄρχοντες τῶν ἐθνῶν κατακυριεύουσιν αὐτῶν καὶ οἱ μεγάλοι κατεξουσιάζουσιν αὐτῶν.
21:27 καὶ ἀποκριθέντες τῷ Ἰησοῦ εἶπαν, Οὐκ **οἴδαμεν.** ἔφη αὐτοῖς καὶ αὐτός,
22:16 **οἴδαμεν** ὅτι ἀληθὴς εἶ καὶ τὴν ὁδὸν τοῦ θεοῦ ἐν ἀληθείᾳ διδάσκεις καὶ οὐ μέλει σοι περὶ οὐδενός·
22:29 Πλανᾶσθε μὴ **εἰδότες** τὰς γραφὰς μηδὲ τὴν δύναμιν τοῦ θεοῦ·
24:36 Περὶ δὲ τῆς ἡμέρας ἐκείνης καὶ ὥρας οὐδεὶς **οἶδεν,**
24:42 ὅτι οὐκ **οἴδατε** ποίᾳ ἡμέρᾳ ὁ κύριος ὑμῶν ἔρχεται.
24:43 ἐκεῖνο δὲ γινώσκετε ὅτι εἰ **ᾔδει** ὁ οἰκοδεσπότης ποίᾳ φυλακῇ ὁ κλέπτης ἔρχεται,
25:12 ὁ δὲ ἀποκριθεὶς εἶπεν, Ἀμὴν λέγω ὑμῖν, οὐκ **οἶδα** ὑμᾶς.
25:13 ὅτι οὐκ **οἴδατε** τὴν ἡμέραν οὐδὲ τὴν ὥραν.
25:26 **ᾔδεις** ὅτι θερίζω ὅπου οὐκ ἔσπειρα καὶ συνάγω ὅθεν οὐ διεσκόρπισα;
26: 2 **Οἴδατε** ὅτι μετὰ δύο ἡμέρας τὸ πάσχα γίνεται,
26:70 ὁ δὲ ἠρνήσατο ἔμπροσθεν πάντων λέγων, Οὐκ **οἶδα** τί λέγεις.
26:72 καὶ πάλιν ἠρνήσατο μετὰ ὅρκου ὅτι Οὐκ **οἶδα** τὸν ἄνθρωπον.
26:74 τότε ἤρξατο καταθεματίζειν καὶ ὀμνύειν ὅτι Οὐκ **οἶδα** τὸν ἄνθρωπον.
27:18 **ᾔδει** γὰρ ὅτι διὰ φθόνον παρέδωκαν αὐτόν.
27:65 ἔφη αὐτοῖς ὁ Πιλᾶτος, Ἔχετε κουστωδίαν· ὑπάγετε ἀσφαλίσασθε ὡς **οἴδατε.**
28: 5 Μὴ φοβεῖσθε ὑμεῖς, **οἶδα** γὰρ ὅτι Ἰησοῦν τὸν ἐσταυρωμένον ζητεῖτε·
Mk 1:24 **οἶδά** σε τίς εἶ, ὁ ἅγιος τοῦ θεοῦ.
1:34 καὶ δαιμόνια πολλὰ ἐξέβαλεν καὶ οὐκ ἤφιεν λαλεῖν τὰ δαιμόνια, ὅτι **ᾔδεισαν** αὐτόν.
2:10 ἵνα δὲ **εἰδῆτε** ὅτι ἐξουσίαν ἔχει ὁ υἱὸς τοῦ ἀνθρώπου ἀφιέναι ἁμαρτίας ἐπὶ τῆς γῆς–
4:13 Καὶ λέγει αὐτοῖς, Οὐκ **οἴδατε** τὴν παραβολὴν ταύτην,
4:27 καὶ ὁ σπόρος βλαστᾷ καὶ μηκύνηται ὡς οὐκ **οἶδεν** αὐτός.
5:33 ἡ δὲ γυνὴ φοβηθεῖσα καὶ τρέμουσα, **εἰδυῖα** ὃ γέγονεν αὐτῇ,
6:20 **εἰδὼς** αὐτὸν ἄνδρα δίκαιον καὶ ἅγιον, καὶ συνετήρει αὐτόν,
9: 6 οὐ γὰρ **ᾔδει** τί ἀποκριθῇ, ἔκφοβοι γὰρ ἐγένοντο.
10:19 τὰς ἐντολὰς **οἶδας·** Μὴ φονεύσῃς, Μὴ μοιχεύσῃς, Μὴ κλέψῃς,
10:38 ὁ δὲ Ἰησοῦς εἶπεν αὐτοῖς, Οὐκ **οἴδατε** τί αἰτεῖσθε.
10:42 **Οἴδατε** ὅτι οἱ δοκοῦντες ἄρχειν τῶν ἐθνῶν κατακυριεύουσιν αὐτῶν καὶ οἱ μεγάλοι αὐτῶν κατεξουσιάζουσιν αὐτῶν.
11:33 καὶ ἀποκριθέντες τῷ Ἰησοῦ λέγουσιν, Οὐκ **οἴδαμεν.** καὶ ὁ Ἰησοῦς λέγει αὐτοῖς,
12:14 **οἴδαμεν** ὅτι ἀληθὴς εἶ καὶ οὐ μέλει σοι περὶ οὐδενός·
12:15 ὁ δὲ **εἰδὼς** αὐτῶν τὴν ὑπόκρισιν εἶπεν αὐτοῖς,

12:24 Οὐ διὰ τοῦτο πλανᾶσθε μὴ **εἰδότες** τὰς γραφὰς μηδὲ τὴν δύναμιν τοῦ θεοῦ;
13:32 Περὶ δὲ τῆς ἡμέρας ἐκείνης ἢ τῆς ὥρας οὐδεὶς **οἶδεν,**
13:33 ἀγρυπνεῖτε· οὐκ **οἴδατε** γὰρ πότε ὁ καιρός ἐστιν.
13:35 οὐκ **οἴδατε** γὰρ πότε ὁ κύριος τῆς οἰκίας ἔρχεται,
14:40 ἦσαν γὰρ αὐτῶν οἱ ὀφθαλμοὶ καταβαρυνόμενοι, καὶ οὐκ **ᾔδεισαν** τί ἀποκριθῶσιν αὐτῷ.
14:68 ὁ δὲ ἠρνήσατο λέγων, Οὔτε **οἶδα** οὔτε ἐπίσταμαι σὺ τί λέγεις.
14:71 ὁ δὲ ἤρξατο ἀναθεματίζειν καὶ ὀμνύναι ὅτι Οὐκ **οἶδα** τὸν ἄνθρωπον τοῦτον ὃν λέγετε.
Lk 2:49 οὐκ **ᾔδειτε** ὅτι ἐν τοῖς τοῦ πατρός μου δεῖ εἶναί με;
4:34 **οἶδά** σε τίς εἶ, ὁ ἅγιος τοῦ θεοῦ.
4:41 καὶ ἐπιτιμῶν οὐκ εἴα αὐτὰ λαλεῖν, ὅτι **ᾔδεισαν** τὸν Χριστὸν αὐτὸν εἶναι.
5:24 ἵνα δὲ **εἰδῆτε** ὅτι ὁ υἱὸς τοῦ ἀνθρώπου ἐξουσίαν ἔχει ἐπὶ τῆς γῆς ἀφιέναι ἁμαρτίας–
6: 8 αὐτὸς δὲ **ᾔδει** τοὺς διαλογισμοὺς αὐτῶν, εἶπεν δὲ τῷ ἀνδρὶ τῷ ξηρὰν ἔχοντι τὴν χεῖρα,
8:53 καὶ κατεγέλων αὐτοῦ **εἰδότες** ὅτι ἀπέθανεν.
9:33 μίαν σοὶ καὶ μίαν Μωϋσεῖ καὶ μίαν Ἠλίᾳ, μὴ **εἰδὼς** ὃ λέγει.
9:47 ὁ δὲ Ἰησοῦς **εἰδὼς** τὸν διαλογισμὸν τῆς καρδίας αὐτῶν,
11:13 εἰ οὖν ὑμεῖς πονηροὶ ὑπάρχοντες **οἴδατε** δόματα ἀγαθὰ διδόναι τοῖς τέκνοις ὑμῶν,
11:17 αὐτὸς δὲ **εἰδὼς** αὐτῶν τὰ διανοήματα εἶπεν αὐτοῖς,
11:44 καὶ οἱ ἄνθρωποι [οἱ] περιπατοῦντες ἐπάνω οὐκ **οἴδασιν.**
12:30 ὑμῶν δὲ ὁ πατὴρ **οἶδεν** ὅτι χρῄζετε τούτων.
12:39 τοῦτο δὲ γινώσκετε ὅτι εἰ **ᾔδει** ὁ οἰκοδεσπότης ποίᾳ ὥρᾳ ὁ κλέπτης ἔρχεται,
12:56 τὸ πρόσωπον τῆς γῆς καὶ τοῦ οὐρανοῦ **οἴδατε** δοκιμάζειν, τὸν καιρὸν δὲ τοῦτον πῶς οὐκ **οἴδατε** δοκιμάζειν;
13:25 καὶ ἀποκριθεὶς ἐρεῖ ὑμῖν, Οὐκ **οἶδα** ὑμᾶς πόθεν ἐστέ.
13:27 καὶ ἐρεῖ λέγων ὑμῖν, Οὐκ **οἶδα** [ὑμᾶς] πόθεν ἐστέ·
18:20 τὰς ἐντολὰς **οἶδας·** Μὴ μοιχεύσῃς, Μὴ φονεύσῃς, Μὴ κλέψῃς,
19:22 **ᾔδεις** ὅτι ἐγὼ ἄνθρωπος αὐστηρός εἰμι, αἴρων ὃ οὐκ ἔθηκα καὶ θερίζων ὃ οὐκ ἔσπειρα;
20: 7 καὶ ἀπεκρίθησαν μὴ **εἰδέναι** πόθεν.
20:21 **οἴδαμεν** ὅτι ὀρθῶς λέγεις καὶ διδάσκεις καὶ οὐ λαμβάνεις πρόσωπον,
22:34 οὐ φωνήσει σήμερον ἀλέκτωρ ἕως τρίς με ἀπαρνήσῃ **εἰδέναι.**
22:57 ὁ δὲ ἠρνήσατο λέγων, Οὐκ **οἶδα** αὐτόν, γύναι.
22:60 εἶπεν δὲ ὁ Πέτρος, Ἄνθρωπε, οὐκ **οἶδα** ὃ λέγεις.
23:34 ⟦Πάτερ, ἄφες αὐτοῖς, οὐ γὰρ **οἴδασιν** τί ποιοῦσιν.⟧
Jn 1:26 Ἐγὼ βαπτίζω ἐν ὕδατι· μέσος ὑμῶν ἕστηκεν ὃν ὑμεῖς οὐκ **οἴδατε,**
1:31 κἀγὼ οὐκ **ᾔδειν** αὐτόν, ἀλλ' ἵνα φανερωθῇ τῷ Ἰσραὴλ διὰ τοῦτο ἦλθον ἐγὼ ἐν ὕδατι βαπτίζων.
1:33 κἀγὼ οὐκ **ᾔδειν** αὐτόν, ἀλλ' ὁ πέμψας με βαπτίζειν ἐν ὕδατι ἐκεῖνός μοι εἶπεν,
2: 9 ὡς δὲ ἐγεύσατο ὁ ἀρχιτρίκλινος τὸ ὕδωρ οἶνον γεγενημένον καὶ οὐκ **ᾔδει** πόθεν ἐστίν, οἱ δὲ διάκονοι **ᾔδεισαν** οἱ ἠντληκότες τὸ ὕδωρ,
3: 2 οὗτος ἦλθεν πρὸς αὐτὸν νυκτὸς καὶ εἶπεν αὐτῷ, Ῥαββί, **οἴδαμεν** ὅτι ἀπὸ θεοῦ ἐλήλυθας διδάσκαλος·
3: 8 ἀλλ' οὐκ **οἶδας** πόθεν ἔρχεται καὶ ποῦ ὑπάγει·
3:11 ἀμὴν ἀμὴν λέγω σοι ὅτι ὃ **οἴδαμεν** λαλοῦμεν καὶ ὃ ἑωράκαμεν μαρτυροῦμεν,
4:10 Εἰ **ᾔδεις** τὴν δωρεὰν τοῦ θεοῦ καὶ τίς ἐστιν ὁ λέγων σοι,
4:22 ὑμεῖς προσκυνεῖτε ὃ οὐκ **οἴδατε·** ἡμεῖς προσκυνοῦμεν ὃ **οἴδαμεν,** ὅτι ἡ σωτηρία ἐκ τῶν Ἰουδαίων ἐστίν.
4:25 λέγει αὐτῷ ἡ γυνή, **Οἶδα** ὅτι Μεσσίας ἔρχεται ὁ λεγόμενος Χριστός·
4:32 Ἐγὼ βρῶσιν ἔχω φαγεῖν ἣν ὑμεῖς οὐκ **οἴδατε.**
4:42 αὐτοὶ γὰρ ἀκηκόαμεν καὶ **οἴδαμεν** ὅτι οὗτός ἐστιν ἀληθῶς ὁ σωτὴρ τοῦ κόσμου.
5:13 ὁ δὲ ἰαθεὶς οὐκ **ᾔδει** τίς ἐστιν, ὁ γὰρ Ἰησοῦς ἐξένευσεν ὄχλου ὄντος ἐν τῷ τόπῳ.
5:32 καὶ **οἶδα** ὅτι ἀληθής ἐστιν ἡ μαρτυρία ἣν μαρτυρεῖ περὶ ἐμοῦ.
6: 6 τοῦτο δὲ ἔλεγεν πειράζων αὐτόν· αὐτὸς γὰρ **ᾔδει** τί ἔμελλεν ποιεῖν.
6:42 οὐ ἡμεῖς **οἴδαμεν** τὸν πατέρα καὶ τὴν μητέρα;
6:61 **εἰδὼς** δὲ ὁ Ἰησοῦς ἐν ἑαυτῷ ὅτι γογγύζουσιν περὶ τούτου οἱ μαθηταὶ αὐτοῦ εἶπεν αὐτοῖς,
6:64 **ᾔδει** γὰρ ἐξ ἀρχῆς ὁ Ἰησοῦς τίνες εἰσὶν οἱ μὴ πιστεύοντες καὶ τίς ἐστιν ὁ παραδώσων αὐτόν.
7:15 ἐθαύμαζον οὖν οἱ Ἰουδαῖοι λέγοντες, Πῶς οὗτος γράμματα **οἶδεν** μὴ μεμαθηκώς;
7:27 ἀλλὰ τοῦτον **οἴδαμεν** πόθεν ἐστίν· ὁ δὲ Χριστὸς ὅταν ἔρχηται οὐδεὶς γινώσκει πόθεν ἐστίν.
7:28 ἔκραξεν οὖν ἐν τῷ ἱερῷ διδάσκων ὁ Ἰησοῦς καὶ λέγων, Κἀμὲ **οἴδατε** καὶ **οἴδατε** πόθεν εἰμί· καὶ ἀπ' ἐμαυτοῦ οὐκ ἐλήλυθα, ἀλλ' ἔστιν ἀληθινὸς ὁ πέμψας με, ὃν ὑμεῖς οὐκ **οἴδατε·**
7:29 ἐγὼ **οἶδα** αὐτόν, ὅτι παρ' αὐτοῦ εἰμι κἀκεῖνός με ἀπέστειλεν.
8:14 ἀληθής ἐστιν ἡ μαρτυρία μου, ὅτι **οἶδα** πόθεν ἦλθον καὶ ποῦ ὑπάγω· ὑμεῖς δὲ οὐκ **οἴδατε** πόθεν ἔρχομαι ἢ ποῦ ὑπάγω.
8:19 ἀπεκρίθη Ἰησοῦς, Οὔτε ἐμὲ **οἴδατε** οὔτε τὸν πατέρα μου· εἰ ἐμὲ **ᾔδειτε,** καὶ τὸν πατέρα μου ἂν **ᾔδειτε.**
8:37 **οἶδα** ὅτι σπέρμα Ἀβραάμ ἐστε· ἀλλὰ ζητεῖτέ με ἀποκτεῖναι,
8:55 καὶ οὐκ ἐγνώκατε αὐτόν, ἐγὼ δὲ **οἶδα** αὐτόν. κἂν εἴπω ὅτι οὐκ **οἶδα** αὐτόν, ἔσομαι ὅμοιος ὑμῖν ψεύστης· ἀλλὰ **οἶδα** αὐτὸν καὶ τὸν λόγον αὐτοῦ τηρῶ.
9:12 καὶ εἶπαν αὐτῷ, Ποῦ ἐστιν ἐκεῖνος; λέγει, Οὐκ **οἶδα.**
9:20 **Οἴδαμεν** ὅτι οὗτός ἐστιν ὁ υἱὸς ἡμῶν καὶ ὅτι τυφλὸς ἐγεννήθη·
9:21 πῶς δὲ νῦν βλέπει οὐκ **οἴδαμεν,** ἢ τίς ἤνοιξεν αὐτοῦ τοὺς ὀφθαλμοὺς ἡμεῖς οὐκ **οἴδαμεν·**
9:24 ἡμεῖς **οἴδαμεν** ὅτι οὗτος ὁ ἄνθρωπος ἁμαρτωλός ἐστιν.
9:25 ἀπεκρίθη οὖν ἐκεῖνος, Εἰ ἁμαρτωλός ἐστιν οὐκ **οἶδα·** ἓν **οἶδα** ὅτι τυφλὸς ὢν ἄρτι βλέπω.
9:29 ἡμεῖς **οἴδαμεν** ὅτι Μωϋσεῖ λελάληκεν ὁ θεός, τοῦτον δὲ οὐκ **οἴδαμεν** πόθεν ἐστίν.
9:30 ὅτι ὑμεῖς οὐκ **οἴδατε** πόθεν ἐστίν, καὶ ἤνοιξέν μου τοὺς ὀφθαλμούς.
9:31 **οἴδαμεν** ὅτι ἁμαρτωλῶν ὁ θεὸς οὐκ ἀκούει, ἀλλ' ἐάν τις θεοσεβὴς ᾖ καὶ τὸ θέλημα αὐτοῦ ποιῇ τούτου ἀκούει.
10: 4 καὶ τὰ πρόβατα αὐτῷ ἀκολουθεῖ, ὅτι **οἴδασιν** τὴν φωνὴν αὐτοῦ·
10: 5 ἀλλὰ φεύξονται ἀπ' αὐτοῦ, ὅτι οὐκ **οἴδασιν** τῶν ἀλλοτρίων τὴν φωνήν.
11:22 [ἀλλὰ] καὶ νῦν **οἶδα** ὅτι ὅσα ἂν αἰτήσῃ τὸν θεὸν δώσει σοι ὁ θεός.
11:24 **Οἶδα** ὅτι ἀναστήσεται ἐν τῇ ἀναστάσει ἐν τῇ ἐσχάτῃ ἡμέρᾳ.
11:42 ἐγὼ δὲ **ᾔδειν** ὅτι πάντοτέ μου ἀκούεις, ἀλλὰ διὰ τὸν ὄχλον τὸν περιεστῶτα εἶπον,
11:49 ἀρχιερεὺς ὢν τοῦ ἐνιαυτοῦ ἐκείνου, εἶπεν αὐτοῖς, Ὑμεῖς οὐκ **οἴδατε** οὐδέν,
12:35 καὶ ὁ περιπατῶν ἐν τῇ σκοτίᾳ οὐκ **οἶδεν** ποῦ ὑπάγει.
12:50 καὶ **οἶδα** ὅτι ἡ ἐντολὴ αὐτοῦ ζωὴ αἰώνιός ἐστιν.
13: 1 Πρὸ δὲ τῆς ἑορτῆς τοῦ πάσχα **εἰδὼς** ὁ Ἰησοῦς ὅτι ἦλθεν αὐτοῦ ἡ ὥρα ἵνα μεταβῇ ἐκ τοῦ κόσμου τούτου πρὸς τὸν πατέρα,
13: 3 **εἰδὼς** ὅτι πάντα ἔδωκεν αὐτῷ ὁ πατὴρ εἰς τὰς χεῖρας καὶ ὅτι ἀπὸ θεοῦ ἐξῆλθεν καὶ πρὸς τὸν θεὸν ὑπάγει,
13: 7 Ὃ ἐγὼ ποιῶ σὺ οὐκ **οἶδας** ἄρτι, γνώσῃ δὲ μετὰ ταῦτα.
13:11 **ᾔδει** γὰρ τὸν παραδιδόντα αὐτόν· διὰ τοῦτο εἶπεν ὅτι Οὐχὶ πάντες καθαροί ἐστε.
13:17 εἰ ταῦτα **οἴδατε,** μακάριοί ἐστε ἐὰν ποιῆτε αὐτά.
13:18 ἐγὼ **οἶδα** τίνας ἐξελεξάμην· ἀλλ' ἵνα ἡ γραφὴ πληρωθῇ,
14: 4 καὶ ὅπου [ἐγὼ] ὑπάγω **οἴδατε** τὴν ὁδόν.
14: 5 Λέγει αὐτῷ Θωμᾶς, Κύριε, οὐκ **οἴδαμεν** ποῦ ὑπάγεις· πῶς δυνάμεθα τὴν ὁδὸν **εἰδέναι;**
14: 7 εἰ ἐγνώκειτέ με, καὶ τὸν πατέρα μου ἂν **ᾔδειτε.**[NIV; UBS *1182*]
15:15 ὅτι ὁ δοῦλος οὐκ **οἶδεν** τί ποιεῖ αὐτοῦ ὁ κύριος·
15:21 ἀλλὰ ταῦτα πάντα ποιήσουσιν εἰς ὑμᾶς διὰ τὸ ὄνομά μου, ὅτι οὐκ **οἴδασιν** τὸν πέμψαντά με.
16:18 Τί ἐστιν τοῦτο [ὃ λέγει,] τὸ μικρόν; οὐκ **οἴδαμεν** τί λαλεῖ.
16:30 νῦν **οἴδαμεν** ὅτι **οἶδας** πάντα καὶ οὐ χρείαν ἔχεις ἵνα τίς σε ἐρωτᾷ·
18: 2 **ᾔδει** δὲ καὶ Ἰούδας ὁ παραδιδοὺς αὐτὸν τὸν τόπον,
18: 4 Ἰησοῦς οὖν **εἰδὼς** πάντα τὰ ἐρχόμενα ἐπ' αὐτὸν ἐξῆλθεν καὶ λέγει αὐτοῖς,
18:21 ἐρώτησον τοὺς ἀκηκοότας τί ἐλάλησα αὐτοῖς· ἴδε οὗτοι **οἴδασιν** ἃ εἶπον ἐγώ.
19:10 οὐκ **οἶδας** ὅτι ἐξουσίαν ἔχω ἀπολῦσαί σε καὶ ἐξουσίαν ἔχω σταυρῶσαί σε;
19:28 Μετὰ τοῦτο **εἰδὼς** ὁ Ἰησοῦς ὅτι ἤδη πάντα τετέλεσται,
19:35 καὶ ἐκεῖνος **οἶδεν** ὅτι ἀληθῆ λέγει, ἵνα καὶ ὑμεῖς πιστεύ[σ]ητε.
20: 2 Ἦραν τὸν κύριον ἐκ τοῦ μνημείου καὶ οὐκ **οἴδαμεν** ποῦ ἔθηκαν αὐτόν.
20: 9 οὐδέπω γὰρ **ᾔδεισαν** τὴν γραφὴν ὅτι δεῖ αὐτὸν ἐκ νεκρῶν ἀναστῆναι.
20:13 λέγει αὐτοῖς ὅτι Ἦραν τὸν κύριόν μου, καὶ οὐκ **οἶδα** ποῦ ἔθηκαν αὐτόν.
20:14 ταῦτα εἰποῦσα ἐστράφη εἰς τὰ ὀπίσω καὶ θεωρεῖ τὸν Ἰησοῦν ἑστῶτα καὶ οὐκ **ᾔδει** ὅτι Ἰησοῦς ἐστιν.
21: 4 οὐ μέντοι **ᾔδεισαν** οἱ μαθηταὶ ὅτι Ἰησοῦς ἐστιν.

21:12 Σὺ τίς εἶ; **εἰδότες** ὅτι ὁ κύριός ἐστιν.
21:15 λέγει αὐτῷ, Ναὶ κύριε, σὺ **οἶδας** ὅτι φιλῶ σε.
21:16 λέγει αὐτῷ, Ναὶ κύριε, σὺ **οἶδας** ὅτι φιλῶ σε.
21:17 λέγει αὐτῷ, Κύριε, πάντα σὺ **οἶδας,** σὺ γινώσκεις ὅτι φιλῶ σε.
21:24 καὶ **οἴδαμεν** ὅτι ἀληθὴς αὐτοῦ ἡ μαρτυρία ἐστίν.
Ac 2:22 δυνάμεσι καὶ τέρασι καὶ σημείοις οἷς ἐποίησεν δι᾽ αὐτοῦ ὁ θεὸς ἐν μέσῳ ὑμῶν καθὼς αὐτοὶ **οἴδατε,**
2:30 καὶ **εἰδὼς** ὅτι ὅρκῳ ὤμοσεν αὐτῷ ὁ θεὸς ἐκ καρποῦ τῆς ὀσφύος αὐτοῦ καθίσαι ἐπὶ τὸν θρόνον αὐτοῦ,
3:16 καὶ ἐπὶ τῇ πίστει τοῦ ὀνόματος αὐτοῦ τοῦτον ὃν θεωρεῖτε καὶ **οἴδατε,**
3:17 **οἶδα** ὅτι κατὰ ἄγνοιαν ἐπράξατε ὥσπερ καὶ οἱ ἄρχοντες ὑμῶν·
5: 7 Ἐγένετο δὲ ὡς ὡρῶν τριῶν διάστημα καὶ ἡ γυνὴ αὐτοῦ μὴ **εἰδυῖα** τὸ γεγονὸς εἰσῆλθεν.
7:18 ἄχρι οὗ ἀνέστη βασιλεὺς ἕτερος [ἐπ᾽ Αἴγυπτον] ὃς οὐκ **ᾔδει** τὸν Ἰωσήφ.
7:40 ὃς ἐξήγαγεν ἡμᾶς ἐκ γῆς Αἰγύπτου, οὐκ **οἴδαμεν** τί ἐγένετο αὐτῷ.
10:37 ὑμεῖς **οἴδατε** τὸ γενόμενον ῥῆμα καθ᾽ ὅλης τῆς Ἰουδαίας,
12: 9 καὶ ἐξελθὼν ἠκολούθει καὶ οὐκ **ᾔδει** ὅτι ἀληθές ἐστιν τὸ γινόμενον διὰ τοῦ ἀγγέλου·
12:11 Νῦν **οἶδα** ἀληθῶς ὅτι ἐξαπέστειλεν [ὁ] κύριος τὸν ἄγγελον αὐτοῦ καὶ ἐξείλατό με ἐκ χειρὸς Ἡρῴδου
16: 3 **ᾔδεισαν** γὰρ ἅπαντες ὅτι Ἕλλην ὁ πατὴρ αὐτοῦ ὑπῆρχεν.
19:32 ἦν γὰρ ἡ ἐκκλησία συγκεχυμένη καὶ οἱ πλείους οὐκ **ᾔδεισαν** τίνος ἕνεκα συνεληλύθεισαν.
20:22 καὶ νῦν ἰδοὺ δεδεμένος ἐγὼ τῷ πνεύματι πορεύομαι εἰς Ἰερουσαλὴμ τὰ ἐν αὐτῇ συναντήσοντά μοι μὴ **εἰδώς,**
20:25 Καὶ νῦν ἰδοὺ ἐγὼ **οἶδα** ὅτι οὐκέτι ὄψεσθε τὸ πρόσωπόν μου ὑμεῖς πάντες ἐν οἷς διῆλθον κηρύσσων τὴν βασιλείαν.
20:29 ἐγὼ **οἶδα** ὅτι εἰσελεύσονται μετὰ τὴν ἄφιξίν μου λύκοι βαρεῖς εἰς ὑμᾶς μὴ φειδόμενοι τοῦ ποιμνίου,
23: 5 ἔφη τε ὁ Παῦλος, Οὐκ **ᾔδειν,** ἀδελφοί, ὅτι ἐστὶν ἀρχιερεύς·
24:22 ἀκριβέστερον **εἰδὼς** τὰ περὶ τῆς ὁδοῦ εἴπας, Ὅταν Λυσίας ὁ χιλίαρχος καταβῇ,
26: 4 βίωσίν μου [τὴν] ἐκ νεότητος τὴν ἀπ᾽ ἀρχῆς γενομένην ἐν τῷ ἔθνει μου ἔν τε Ἱεροσολύμοις **ἴσασι** πάντες [οἱ] Ἰουδαῖοι
26:27 πιστεύεις, βασιλεῦ Ἀγρίππα, τοῖς προφήταις; **οἶδα** ὅτι πιστεύεις.
Ro 2: 2 **οἴδαμεν** δὲ ὅτι τὸ κρίμα τοῦ θεοῦ ἐστιν κατὰ ἀλήθειαν ἐπὶ τοὺς τὰ τοιαῦτα πράσσοντας.
3:19 **Οἴδαμεν** δὲ ὅτι ὅσα ὁ νόμος λέγει τοῖς ἐν τῷ νόμῳ λαλεῖ,
5: 3 ἀλλὰ καὶ καυχώμεθα ἐν ταῖς θλίψεσιν, **εἰδότες** ὅτι ἡ θλῖψις ὑπομονὴν κατεργάζεται,
6: 9 **εἰδότες** ὅτι Χριστὸς ἐγερθεὶς ἐκ νεκρῶν οὐκέτι ἀποθνήσκει,
6:16 οὐκ **οἴδατε** ὅτι ᾧ παριστάνετε ἑαυτοὺς δούλους εἰς ὑπακοήν,
7: 7 τήν τε γὰρ ἐπιθυμίαν οὐκ **ᾔδειν** εἰ μὴ ὁ νόμος ἔλεγεν,
7:14 **οἴδαμεν** γὰρ ὅτι ὁ νόμος πνευματικός ἐστιν, ἐγὼ δὲ σάρκινός εἰμι πεπραμένος ὑπὸ τὴν ἁμαρτίαν.
7:18 **οἶδα** γὰρ ὅτι οὐκ οἰκεῖ ἐν ἐμοί, τοῦτ᾽ ἔστιν ἐν τῇ σαρκί μου,
8:22 **οἴδαμεν** γὰρ ὅτι πᾶσα ἡ κτίσις συστενάζει καὶ συνωδίνει ἄχρι τοῦ νῦν·
8:26 τὸ γὰρ τί προσευξώμεθα καθὸ δεῖ οὐκ **οἴδαμεν,**
8:27 ὁ δὲ ἐραυνῶν τὰς καρδίας **οἶδεν** τί τὸ φρόνημα τοῦ πνεύματος,
8:28 **οἴδαμεν** δὲ ὅτι τοῖς ἀγαπῶσιν τὸν θεὸν πάντα συνεργεῖ εἰς ἀγαθόν,
11: 2 ἢ οὐκ **οἴδατε** ἐν Ἠλίᾳ τί λέγει ἡ γραφή,
13:11 Καὶ τοῦτο **εἰδότες** τὸν καιρόν, ὅτι ὥρα ἤδη ὑμᾶς ἐξ ὕπνου ἐγερθῆναι,
14:14 **οἶδα** καὶ πέπεισμαι ἐν κυρίῳ Ἰησοῦ ὅτι οὐδὲν κοινὸν δι᾽ ἑαυτοῦ,
15:29 **οἶδα** δὲ ὅτι ἐρχόμενος πρὸς ὑμᾶς ἐν πληρώματι εὐλογίας Χριστοῦ ἐλεύσομαι.
1Co 1:16 ἐβάπτισα δὲ καὶ τὸν Στεφανᾶ οἶκον, λοιπὸν οὐκ **οἶδα** εἴ τινα ἄλλον ἐβάπτισα.
2: 2 οὐ γὰρ ἔκρινά τι **εἰδέναι** ἐν ὑμῖν εἰ μὴ Ἰησοῦν Χριστὸν καὶ τοῦτον ἐσταυρωμένον.
2:11 τίς γὰρ **οἶδεν** ἀνθρώπων τὰ τοῦ ἀνθρώπου εἰ μὴ τὸ πνεῦμα τοῦ ἀνθρώπου τὸ ἐν αὐτῷ;
2:12 ἵνα **εἰδῶμεν** τὰ ὑπὸ τοῦ θεοῦ χαρισθέντα ἡμῖν·
3:16 οὐκ **οἴδατε** ὅτι ναὸς θεοῦ ἐστε καὶ τὸ πνεῦμα τοῦ θεοῦ οἰκεῖ ἐν ὑμῖν;
5: 6 οὐκ **οἴδατε** ὅτι μικρὰ ζύμη ὅλον τὸ φύραμα ζυμοῖ;
6: 2 ἢ οὐκ **οἴδατε** ὅτι οἱ ἅγιοι τὸν κόσμον κρινοῦσιν;
6: 3 οὐκ **οἴδατε** ὅτι ἀγγέλους κρινοῦμεν, μήτιγε βιωτικά;
6: 9 ἢ οὐκ **οἴδατε** ὅτι ἄδικοι θεοῦ βασιλείαν οὐ κληρονομήσουσιν;
6:15 οὐκ **οἴδατε** ὅτι τὰ σώματα ὑμῶν μέλη Χριστοῦ ἐστιν;
6:16 [ἢ] οὐκ **οἴδατε** ὅτι ὁ κολλώμενος τῇ πόρνῃ ἓν σῶμά ἐστιν;
6:19 ἢ οὐκ **οἴδατε** ὅτι τὸ σῶμα ὑμῶν ναὸς τοῦ ἐν ὑμῖν ἁγίου πνεύματός ἐστιν οὗ ἔχετε ἀπὸ θεοῦ,
7:16 τί γὰρ **οἶδας,** γύναι, εἰ τὸν ἄνδρα σώσεις; ἢ τί **οἶδας,** ἄνερ, εἰ τὴν γυναῖκα σώσεις;
8: 1 Περὶ δὲ τῶν εἰδωλοθύτων, **οἴδαμεν** ὅτι πάντες γνῶσιν ἔχομεν.
8: 4 **οἴδαμεν** ὅτι οὐδὲν εἴδωλον ἐν κόσμῳ καὶ ὅτι οὐδεὶς θεὸς εἰ μὴ εἷς.
9:13 οὐκ **οἴδατε** ὅτι οἱ τὰ ἱερὰ ἐργαζόμενοι [τὰ] ἐκ τοῦ ἱεροῦ ἐσθίουσιν,
9:24 Οὐκ **οἴδατε** ὅτι οἱ ἐν σταδίῳ τρέχοντες πάντες μὲν τρέχουσιν,
11: 3 θέλω δὲ ὑμᾶς **εἰδέναι** ὅτι παντὸς ἀνδρὸς ἡ κεφαλὴ ὁ Χριστός ἐστιν,
12: 2 **Οἴδατε** ὅτι ὅτε ἔθνη ἦτε πρὸς τὰ εἴδωλα τὰ ἄφωνα ὡς ἂν ἤγεσθε ἀπαγόμενοι.
13: 2 καὶ ἐὰν ἔχω προφητείαν καὶ **εἰδῶ** τὰ μυστήρια πάντα καὶ πᾶσαν τὴν γνῶσιν καὶ ἐὰν ἔχω πᾶσαν τὴν πίστιν
14:11 ἐὰν οὖν μὴ **εἰδῶ** τὴν δύναμιν τῆς φωνῆς,
14:16 ὁ ἀναπληρῶν τὸν τόπον τοῦ ἰδιώτου πῶς ἐρεῖ τὸ Ἀμήν ἐπὶ τῇ σῇ εὐχαριστίᾳ; ἐπειδὴ τί λέγεις οὐκ **οἶδεν·**
15:58 **εἰδότες** ὅτι ὁ κόπος ὑμῶν οὐκ ἔστιν κενὸς ἐν κυρίῳ.
16:15 **οἴδατε** τὴν οἰκίαν Στεφανᾶ, ὅτι ἐστὶν ἀπαρχὴ τῆς Ἀχαΐας καὶ εἰς διακονίαν τοῖς ἁγίοις ἔταξαν ἑαυτούς·
2Co 1: 7 καὶ ἡ ἐλπὶς ἡμῶν βεβαία ὑπὲρ ὑμῶν **εἰδότες** ὅτι ὡς κοινωνοί ἐστε τῶν παθημάτων,
4:14 **εἰδότες** ὅτι ὁ ἐγείρας τὸν κύριον Ἰησοῦν καὶ ἡμᾶς σὺν Ἰησοῦ ἐγερεῖ καὶ παραστήσει σὺν ὑμῖν.
5: 1 **Οἴδαμεν** γὰρ ὅτι ἐὰν ἡ ἐπίγειος ἡμῶν οἰκία τοῦ σκήνους καταλυθῇ,
5: 6 Θαρροῦντες οὖν πάντοτε καὶ **εἰδότες** ὅτι ἐνδημοῦντες ἐν τῷ σώματι ἐκδημοῦμεν ἀπὸ τοῦ κυρίου·
5:11 **Εἰδότες** οὖν τὸν φόβον τοῦ κυρίου ἀνθρώπους πείθομεν,
5:16 Ὥστε ἡμεῖς ἀπὸ τοῦ νῦν οὐδένα **οἴδαμεν** κατὰ σάρκα·
9: 2 **οἶδα** γὰρ τὴν προθυμίαν ὑμῶν ἣν ὑπὲρ ὑμῶν καυχῶμαι Μακεδόσιν,
11:11 διὰ τί; ὅτι οὐκ ἀγαπῶ ὑμᾶς; ὁ θεὸς **οἶδεν.**
11:31 ὁ θεὸς καὶ πατὴρ τοῦ κυρίου Ἰησοῦ **οἶδεν,**
12: 2 **οἶδα** ἄνθρωπον ἐν Χριστῷ πρὸ ἐτῶν δεκατεσσάρων, εἴτε ἐν σώματι οὐκ **οἶδα,** εἴτε ἐκτὸς τοῦ σώματος οὐκ **οἶδα,** ὁ θεὸς **οἶδεν,** ἁρπαγέντα τὸν τοιοῦτον ἕως τρίτου οὐρανοῦ.
12: 3 καὶ **οἶδα** τὸν τοιοῦτον ἄνθρωπον, εἴτε ἐν σώματι εἴτε χωρὶς τοῦ σώματος οὐκ **οἶδα,** ὁ θεὸς **οἶδεν,**
Gal 2:16 **εἰδότες** [δὲ] ὅτι οὐ δικαιοῦται ἄνθρωπος ἐξ ἔργων νόμου ἐὰν μὴ διὰ πίστεως Ἰησοῦ Χριστοῦ,
4: 8 Ἀλλὰ τότε μὲν οὐκ **εἰδότες** θεὸν ἐδουλεύσατε τοῖς φύσει μὴ οὖσιν θεοῖς·
4:13 **οἴδατε** δὲ ὅτι δι᾽ ἀσθένειαν τῆς σαρκὸς εὐηγγελισάμην ὑμῖν τὸ πρότερον,
Eph 1:18 πεφωτισμένους τοὺς ὀφθαλμοὺς τῆς καρδίας [ὑμῶν] εἰς τὸ **εἰδέναι** ὑμᾶς τίς ἐστιν ἡ ἐλπὶς τῆς κλήσεως αὐτοῦ,
5: 5 τοῦτο γὰρ **ἴστε** γινώσκοντες, ὅτι πᾶς πόρνος ἢ ἀκάθαρτος ἢ πλεονέκτης,
6: 8 **εἰδότες** ὅτι ἕκαστος ἐάν τι ποιήσῃ ἀγαθόν, τοῦτο κομίσεται παρὰ κυρίου εἴτε δοῦλος εἴτε ἐλεύθερος.
6: 9 **εἰδότες** ὅτι καὶ αὐτῶν καὶ ὑμῶν ὁ κύριός ἐστιν ἐν οὐρανοῖς καὶ προσωπολημψία οὐκ ἔστιν παρ᾽ αὐτῷ.
6:21 Ἵνα δὲ **εἰδῆτε** καὶ ὑμεῖς τὰ κατ᾽ ἐμέ,
Php 1:16 οἱ μὲν ἐξ ἀγάπης, **εἰδότες** ὅτι εἰς ἀπολογίαν τοῦ εὐαγγελίου κεῖμαι,
1:19 **οἶδα** γὰρ ὅτι τοῦτό μοι ἀποβήσεται εἰς σωτηρίαν διὰ τῆς ὑμῶν δεήσεως καὶ ἐπιχορηγίας τοῦ πνεύματος Ἰησοῦ Χριστοῦ
1:25 καὶ τοῦτο πεποιθὼς **οἶδα** ὅτι μενῶ καὶ παραμενῶ πᾶσιν ὑμῖν εἰς τὴν ὑμῶν προκοπὴν καὶ χαρὰν τῆς πίστεως,
4:12 **οἶδα** καὶ ταπεινοῦσθαι, **οἶδα** καὶ περισσεύειν· ἐν παντὶ καὶ ἐν πᾶσιν μεμύημαι,
4:15 **Οἴδατε** δὲ καὶ ὑμεῖς, Φιλιππήσιοι, ὅτι ἐν ἀρχῇ τοῦ εὐαγγελίου,
Col 2: 1 Θέλω γὰρ ὑμᾶς **εἰδέναι** ἡλίκον ἀγῶνα ἔχω ὑπὲρ ὑμῶν καὶ τῶν ἐν Λαοδικείᾳ καὶ ὅσοι οὐχ ἑόρακαν τὸ πρόσωπόν μου ἐν σαρκί,
3:24 **εἰδότες** ὅτι ἀπὸ κυρίου ἀπολήμψεσθε τὴν ἀνταπόδοσιν τῆς κληρονομίας.
4: 1 **εἰδότες** ὅτι καὶ ὑμεῖς ἔχετε κύριον ἐν οὐρανῷ.
4: 6 ἅλατι ἠρτυμένος, **εἰδέναι** πῶς δεῖ ὑμᾶς ἑνὶ ἑκάστῳ ἀποκρίνεσθαι.
1Th 1: 4 **εἰδότες,** ἀδελφοὶ ἠγαπημένοι ὑπὸ [τοῦ] θεοῦ, τὴν ἐκλογὴν ὑμῶν,
1: 5 καθὼς **οἴδατε** οἷοι ἐγενήθημεν [ἐν] ὑμῖν δι᾽ ὑμᾶς.

2: 1 Αὐτοὶ γὰρ **οἴδατε,** ἀδελφοί, τὴν εἴσοδον ἡμῶν τὴν πρὸς ὑμᾶς ὅτι οὐ κενὴ γέγονεν,
2: 2 ἀλλὰ προπαθόντες καὶ ὑβρισθέντες, καθὼς **οἴδατε,** ἐν Φιλίπποις ἐπαρρησιασάμεθα ἐν τῷ θεῷ ἡμῶν λαλῆσαι
2: 5 καθὼς **οἴδατε,** οὔτε ἐν προφάσει πλεονεξίας, θεὸς μάρτυς,
2:11 καθάπερ **οἴδατε,** ὡς ἕνα ἕκαστον ὑμῶν ὡς πατὴρ τέκνα ἑαυτοῦ
3: 3 τὸ μηδένα σαίνεσθαι ἐν ταῖς θλίψεσιν ταύταις. αὐτοὶ γὰρ **οἴδατε** ὅτι εἰς τοῦτο κείμεθα·
3: 4 προελέγομεν ὑμῖν ὅτι μέλλομεν θλίβεσθαι, καθὼς καὶ ἐγένετο καὶ **οἴδατε.**
4: 2 **οἴδατε** γὰρ τίνας παραγγελίας ἐδώκαμεν ὑμῖν διὰ τοῦ κυρίου Ἰησοῦ.
4: 4 **εἰδέναι** ἕκαστον ὑμῶν τὸ ἑαυτοῦ σκεῦος κτᾶσθαι ἐν ἁγιασμῷ καὶ τιμῇ,
4: 5 μὴ ἐν πάθει ἐπιθυμίας καθάπερ καὶ τὰ ἔθνη τὰ μὴ **εἰδότα** τὸν θεόν,
5: 2 αὐτοὶ γὰρ ἀκριβῶς **οἴδατε** ὅτι ἡμέρα κυρίου ὡς κλέπτης ἐν νυκτὶ οὕτως ἔρχεται.
5:12 **εἰδέναι** τοὺς κοπιῶντας ἐν ὑμῖν καὶ προϊσταμένους ὑμῶν ἐν κυρίῳ καὶ νουθετοῦντας ὑμᾶς
2Th 1: 8 διδόντος ἐκδίκησιν τοῖς μὴ **εἰδόσιν** θεὸν καὶ τοῖς μὴ ὑπακούουσιν τῷ εὐαγγελίῳ τοῦ κυρίου ἡμῶν Ἰησοῦ,
2: 6 καὶ νῦν τὸ κατέχον **οἴδατε** εἰς τὸ ἀποκαλυφθῆναι αὐτὸν ἐν τῷ ἑαυτοῦ καιρῷ.
3: 7 αὐτοὶ γὰρ **οἴδατε** πῶς δεῖ μιμεῖσθαι ἡμᾶς, ὅτι οὐκ ἠτακτήσαμεν ἐν ὑμῖν
1Ti 1: 8 **Οἴδαμεν** δὲ ὅτι καλὸς ὁ νόμος, ἐάν τις αὐτῷ νομίμως χρῆται,
1: 9 **εἰδὼς** τοῦτο, ὅτι δικαίῳ νόμος οὐ κεῖται, ἀνόμοις δὲ καὶ ἀνυποτάκτοις,
3: 5 (εἰ δέ τις τοῦ ἰδίου οἴκου προστῆναι οὐκ **οἶδεν,**
3:15 ἵνα **εἰδῇς** πῶς δεῖ ἐν οἴκῳ θεοῦ ἀναστρέφεσθαι,
2Ti 1:12 **οἶδα** γὰρ ᾧ πεπίστευκα καὶ πέπεισμαι ὅτι δυνατός ἐστιν τὴν παραθήκην μου φυλάξαι εἰς ἐκείνην τὴν ἡμέραν.
1:15 **Οἶδας** τοῦτο, ὅτι ἀπεστράφησάν με πάντες οἱ ἐν τῇ Ἀσίᾳ,
2:23 τὰς δὲ μωρὰς καὶ ἀπαιδεύτους ζητήσεις παραιτοῦ, **εἰδὼς** ὅτι γεννῶσιν μάχας·
3:14 σὺ δὲ μένε ἐν οἷς ἔμαθες καὶ ἐπιστώθης, **εἰδὼς** παρὰ τίνων ἔμαθες,
3:15 καὶ ὅτι ἀπὸ βρέφους [τὰ] ἱερὰ γράμματα **οἶδας,**
Tit 1:16 θεὸν ὁμολογοῦσιν **εἰδέναι,** τοῖς δὲ ἔργοις ἀρνοῦνται, βδελυκτοὶ ὄντες καὶ ἀπειθεῖς καὶ πρὸς πᾶν ἔργον ἀγαθὸν ἀδόκιμοι.
3:11 **εἰδὼς** ὅτι ἐξέστραπται ὁ τοιοῦτος καὶ ἁμαρτάνει ὢν αὐτοκατάκριτος.
Phm 1:21 Πεποιθὼς τῇ ὑπακοῇ σου ἔγραψά σοι, **εἰδὼς** ὅτι καὶ ὑπὲρ ἃ λέγω ποιήσεις.
Heb 8:11 ὅτι πάντες **εἰδήσουσίν** με ἀπὸ μικροῦ ἕως μεγάλου αὐτῶν,
10:30 **οἴδαμεν** γὰρ τὸν εἰπόντα, Ἐμοὶ ἐκδίκησις, ἐγὼ ἀνταποδώσω.
12:17 **ἴστε** γὰρ ὅτι καὶ μετέπειτα θέλων κληρονομῆσαι τὴν εὐλογίαν ἀπεδοκιμάσθη,
Jas 1:19 **Ἴστε,** ἀδελφοί μου ἀγαπητοί· ἔστω δὲ πᾶς ἄνθρωπος ταχὺς εἰς τὸ ἀκοῦσαι,
3: 1 Μὴ πολλοὶ διδάσκαλοι γίνεσθε, ἀδελφοί μου, **εἰδότες** ὅτι μεῖζον κρίμα λημψόμεθα.
4: 4 οὐκ **οἴδατε** ὅτι ἡ φιλία τοῦ κόσμου ἔχθρα τοῦ θεοῦ ἐστιν;
4:17 **εἰδότι** οὖν καλὸν ποιεῖν καὶ μὴ ποιοῦντι, ἁμαρτία αὐτῷ ἐστιν.
1Pe 1:18 **εἰδότες** ὅτι οὐ φθαρτοῖς, ἀργυρίῳ ἢ χρυσίῳ, ἐλυτρώθητε ἐκ τῆς ματαίας ὑμῶν ἀναστροφῆς πατροπαραδότου
5: 9 ᾧ ἀντίστητε στερεοὶ τῇ πίστει **εἰδότες** τὰ αὐτὰ τῶν παθημάτων τῇ ἐν [τῷ] κόσμῳ ὑμῶν ἀδελφότητι ἐπιτελεῖσθαι.
2Pe 1:12 Διὸ μελλήσω ἀεὶ ὑμᾶς ὑπομιμνῄσκειν περὶ τούτων καίπερ **εἰδότας** καὶ ἐστηριγμένους ἐν τῇ παρούσῃ ἀληθείᾳ.
1:14 **εἰδὼς** ὅτι ταχινή ἐστιν ἡ ἀπόθεσις τοῦ σκηνώματός μου καθὼς καὶ ὁ κύριος ἡμῶν Ἰησοῦς Χριστὸς ἐδήλωσέν μοι,
2: 9 **οἶδεν** κύριος εὐσεβεῖς ἐκ πειρασμοῦ ῥύεσθαι, ἀδίκους δὲ εἰς ἡμέραν κρίσεως κολαζομένους τηρεῖν,
1Jn 2:11 ὁ δὲ μισῶν τὸν ἀδελφὸν αὐτοῦ ἐν τῇ σκοτίᾳ ἐστὶν καὶ ἐν τῇ σκοτίᾳ περιπατεῖ καὶ οὐκ **οἶδεν** ποῦ ὑπάγει,
2:20 καὶ ὑμεῖς χρῖσμα ἔχετε ἀπὸ τοῦ ἁγίου καὶ **οἴδατε** πάντες.
2:21 οὐκ ἔγραψα ὑμῖν ὅτι οὐκ **οἴδατε** τὴν ἀλήθειαν ἀλλ' ὅτι **οἴδατε** αὐτὴν καὶ ὅτι πᾶν ψεῦδος ἐκ τῆς ἀληθείας οὐκ ἔστιν.
2:29 ἐὰν **εἰδῆτε** ὅτι δίκαιός ἐστιν, γινώσκετε ὅτι καὶ πᾶς ὁ ποιῶν τὴν δικαιοσύνην ἐξ αὐτοῦ γεγέννηται.
3: 2 **οἴδαμεν** ὅτι ἐὰν φανερωθῇ, ὅμοιοι αὐτῷ ἐσόμεθα, ὅτι ὀψόμεθα αὐτὸν καθώς ἐστιν.
3: 5 καὶ **οἴδατε** ὅτι ἐκεῖνος ἐφανερώθη, ἵνα τὰς ἁμαρτίας ἄρῃ,
3:14 ἡμεῖς **οἴδαμεν** ὅτι μεταβεβήκαμεν ἐκ τοῦ θανάτου εἰς τὴν ζωήν,
3:15 καὶ **οἴδατε** ὅτι πᾶς ἀνθρωποκτόνος οὐκ ἔχει ζωὴν αἰώνιον ἐν αὐτῷ μένουσαν.
5:13 Ταῦτα ἔγραψα ὑμῖν ἵνα **εἰδῆτε** ὅτι ζωὴν ἔχετε αἰώνιον,
5:15 καὶ ἐὰν **οἴδαμεν** ὅτι ἀκούει ἡμῶν ὃ ἐὰν αἰτώμεθα, **οἴδαμεν** ὅτι ἔχομεν τὰ αἰτήματα ἃ ᾐτήκαμεν ἀπ' αὐτοῦ.
5:18 **Οἴδαμεν** ὅτι πᾶς ὁ γεγεννημένος ἐκ τοῦ θεοῦ οὐχ ἁμαρτάνει,
5:19 **οἴδαμεν** ὅτι ἐκ τοῦ θεοῦ ἐσμεν καὶ ὁ κόσμος ὅλος ἐν τῷ πονηρῷ κεῖται.
5:20 **οἴδαμεν** δὲ ὅτι ὁ υἱὸς τοῦ θεοῦ ἥκει καὶ δέδωκεν ἡμῖν διάνοιαν ἵνα γινώσκωμεν τὸν ἀληθινόν,
3Jn 1:12 καὶ **οἶδας** ὅτι ἡ μαρτυρία ἡμῶν ἀληθής ἐστιν.
Jude 1: 5 **εἰδότας** [ὑμᾶς] πάντα ὅτι [ὁ] κύριος ἅπαξ λαὸν ἐκ γῆς Αἰγύπτου σώσας τὸ δεύτερον τοὺς μὴ πιστεύσαντας ἀπώλεσεν,
1:10 οὗτοι δὲ ὅσα μὲν οὐκ **οἴδασιν** βλασφημοῦσιν, ὅσα δὲ φυσικῶς ὡς τὰ ἄλογα ζῷα ἐπίστανται,
Rev 2: 2 **Οἶδα** τὰ ἔργα σου καὶ τὸν κόπον καὶ τὴν ὑπομονήν σου καὶ ὅτι οὐ δύνῃ βαστάσαι κακούς,
2: 9 **Οἶδά** σου τὴν θλῖψιν καὶ τὴν πτωχείαν, ἀλλὰ πλούσιος εἶ,
2:13 **Οἶδα** ποῦ κατοικεῖς, ὅπου ὁ θρόνος τοῦ Σατανᾶ,
2:17 καὶ ἐπὶ τὴν ψῆφον ὄνομα καινὸν γεγραμμένον ὃ οὐδεὶς **οἶδεν** εἰ μὴ ὁ λαμβάνων.
2:19 **Οἶδά** σου τὰ ἔργα καὶ τὴν ἀγάπην καὶ τὴν πίστιν καὶ τὴν διακονίαν καὶ τὴν ὑπομονήν σου,
3: 1 **Οἶδά** σου τὰ ἔργα ὅτι ὄνομα ἔχεις ὅτι ζῇς,
3: 8 **Οἶδά** σου τὰ ἔργα, ἰδοὺ δέδωκα ἐνώπιόν σου θύραν ἠνεῳγμένην,
3:15 **Οἶδά** σου τὰ ἔργα ὅτι οὔτε ψυχρὸς εἶ οὔτε ζεστός.
3:17 καὶ οὐκ **οἶδας** ὅτι σὺ εἶ ὁ ταλαίπωρος καὶ ἐλεεινὸς καὶ πτωχὸς καὶ τυφλὸς καὶ γυμνός,
7:14 καὶ εἴρηκα αὐτῷ, Κύριέ μου, σὺ **οἶδας.** καὶ εἶπέν μοι,
12:12 ὅτι κατέβη ὁ διάβολος πρὸς ὑμᾶς ἔχων θυμὸν μέγαν, **εἰδὼς** ὅτι ὀλίγον καιρὸν ἔχει.
19:12 ἔχων ὄνομα γεγραμμένον ὃ οὐδεὶς **οἶδεν** εἰ μὴ αὐτός,

3858 οἰκεῖος [3]

√ *3875*

Gal 6:10 ἐργαζώμεθα τὸ ἀγαθὸν πρὸς πάντας, μάλιστα δὲ πρὸς τοὺς **οἰκείους** τῆς πίστεως.
Eph 2:19 ἄρα οὖν οὐκέτι ἐστὲ ξένοι καὶ πάροικοι ἀλλὰ ἐστὲ συμπολῖται τῶν ἁγίων καὶ **οἰκεῖοι** τοῦ θεοῦ,
1Ti 5: 8 εἰ δέ τις τῶν ἰδίων καὶ μάλιστα **οἰκείων** οὐ προνοεῖ,

3859 οἰκετεία [1]

√ *3875*

Mt 24:45 ὁ πιστὸς δοῦλος καὶ φρόνιμος ὃν κατέστησεν ὁ κύριος ἐπὶ τῆς **οἰκετείας** αὐτοῦ τοῦ δοῦναι αὐτοῖς τὴν τροφὴν ἐν καιρῷ;

3860 οἰκέτης [4]

√ *3875*

Lk 16:13 Οὐδεὶς **οἰκέτης** δύναται δυσὶ κυρίοις δουλεύειν· ἢ γὰρ τὸν ἕνα μισήσει καὶ τὸν ἕτερον ἀγαπήσει,
Ac 10: 7 φωνήσας δύο τῶν **οἰκετῶν** καὶ στρατιώτην εὐσεβῆ τῶν προσκαρτερούντων αὐτῷ
Ro 14: 4 σὺ τίς εἶ ὁ κρίνων ἀλλότριον **οἰκέτην;** τῷ ἰδίῳ κυρίῳ στήκει ἢ πίπτει·
1Pe 2:18 Οἱ **οἰκέται** ὑποτασσόμενοι ἐν παντὶ φόβῳ τοῖς δεσπόταις,

3861 οἰκέω [9]

√ *3875*

Ro 7:17 νυνὶ δὲ οὐκέτι ἐγὼ κατεργάζομαι αὐτὸ ἀλλὰ ἡ **οἰκοῦσα** ἐν ἐμοὶ ἁμαρτία.
7:18 οἶδα γὰρ ὅτι οὐκ **οἰκεῖ** ἐν ἐμοί, τοῦτ' ἔστιν ἐν τῇ σαρκί μου,
7:20 οὐκέτι ἐγὼ κατεργάζομαι αὐτὸ ἀλλὰ ἡ **οἰκοῦσα** ἐν ἐμοὶ ἁμαρτία.
8: 9 ὑμεῖς δὲ οὐκ ἐστὲ ἐν σαρκὶ ἀλλὰ ἐν πνεύματι, εἴπερ πνεῦμα θεοῦ **οἰκεῖ** ἐν ὑμῖν.
8:11 εἰ δὲ τὸ πνεῦμα τοῦ ἐγείραντος τὸν Ἰησοῦν ἐκ νεκρῶν **οἰκεῖ** ἐν ὑμῖν,
1Co 3:16 οὐκ οἴδατε ὅτι ναὸς θεοῦ ἐστε καὶ τὸ πνεῦμα τοῦ θεοῦ **οἰκεῖ** ἐν ὑμῖν;

7:12 εἴ τις ἀδελφὸς γυναῖκα ἔχει ἄπιστον καὶ αὕτη συνευδοκεῖ **οἰκεῖν** μετ᾽ αὐτοῦ,
7:13 καὶ γυνὴ εἴ τις ἔχει ἄνδρα ἄπιστον καὶ οὗτος συνευδοκεῖ **οἰκεῖν** μετ᾽ αὐτῆς,
1Ti 6:16 ὁ μόνος ἔχων ἀθανασίαν, φῶς **οἰκῶν** ἀπρόσιτον, ὃν εἶδεν οὐδεὶς ἀνθρώπων οὐδὲ ἰδεῖν δύναται·

3862 οἴκημα [1]

√ *3875*

Ac 12: 7 καὶ ἰδοὺ ἄγγελος κυρίου ἐπέστη καὶ φῶς ἔλαμψεν ἐν τῷ **οἰκήματι·**

3863 οἰκητήριον [2]

√ *3875*

2Co 5: 2 καὶ γὰρ ἐν τούτῳ στενάζομεν τὸ **οἰκητήριον** ἡμῶν τὸ ἐξ οὐρανοῦ ἐπενδύσασθαι ἐπιποθοῦντες,
Jude 1: 6 ἀγγέλους τε τοὺς μὴ τηρήσαντας τὴν ἑαυτῶν ἀρχὴν ἀλλὰ ἀπολιπόντας τὸ ἴδιον **οἰκητήριον** εἰς κρίσιν μεγάλης ἡμέρας

3864 οἰκία [93]

√ *3875*

αἰώνιος οἰκία [1] 2Co 5:1

οἰκία πατρός [1] Jn 14:2

Mt 2:11 καὶ ἐλθόντες εἰς τὴν **οἰκίαν** εἶδον τὸ παιδίον μετὰ Μαρίας τῆς μητρὸς αὐτοῦ,
5:15 οὐδὲ καίουσιν λύχνον καὶ τιθέασιν αὐτὸν ὑπὸ τὸν μόδιον ἀλλ᾽ ἐπὶ τὴν λυχνίαν, καὶ λάμπει πᾶσιν τοῖς ἐν τῇ **οἰκίᾳ.**
7:24 ὅστις ᾠκοδόμησεν αὐτοῦ τὴν **οἰκίαν** ἐπὶ τὴν πέτραν·
7:25 καὶ κατέβη ἡ βροχὴ καὶ ἦλθον οἱ ποταμοὶ καὶ ἔπνευσαν οἱ ἄνεμοι καὶ προσέπεσαν τῇ **οἰκίᾳ** ἐκείνῃ,
7:26 ὅστις ᾠκοδόμησεν αὐτοῦ τὴν **οἰκίαν** ἐπὶ τὴν ἄμμον·
7:27 καὶ κατέβη ἡ βροχὴ καὶ ἦλθον οἱ ποταμοὶ καὶ ἔπνευσαν οἱ ἄνεμοι καὶ προσέκοψαν τῇ **οἰκίᾳ** ἐκείνῃ,
8: 6 ὁ παῖς μου βέβληται ἐν τῇ **οἰκίᾳ** παραλυτικός,
8:14 Καὶ ἐλθὼν ὁ Ἰησοῦς εἰς τὴν **οἰκίαν** Πέτρου εἶδεν τὴν πενθερὰν αὐτοῦ βεβλημένην καὶ πυρέσσουσαν·
9:10 Καὶ ἐγένετο αὐτοῦ ἀνακειμένου ἐν τῇ **οἰκίᾳ,** καὶ ἰδοὺ πολλοὶ τελῶναι καὶ ἁμαρτωλοὶ ἐλθόντες συνανέκειντο τῷ Ἰησοῦ
9:23 Καὶ ἐλθὼν ὁ Ἰησοῦς εἰς τὴν **οἰκίαν** τοῦ ἄρχοντος καὶ ἰδὼν τοὺς αὐλητὰς καὶ τὸν ὄχλον θορυβούμενον
9:28 ἐλθόντι δὲ εἰς τὴν **οἰκίαν** προσῆλθον αὐτῷ οἱ τυφλοί,
10:12 εἰσερχόμενοι δὲ εἰς τὴν **οἰκίαν** ἀσπάσασθε αὐτήν·
10:13 καὶ ἐὰν μὲν ᾖ ἡ **οἰκία** ἀξία, ἐλθάτω ἡ εἰρήνη ὑμῶν ἐπ᾽ αὐτήν,
10:14 ἐξερχόμενοι ἔξω τῆς **οἰκίας** ἢ τῆς πόλεως ἐκείνης ἐκτινάξατε τὸν κονιορτὸν τῶν ποδῶν ὑμῶν.
12:25 Πᾶσα βασιλεία μερισθεῖσα καθ᾽ ἑαυτῆς ἐρημοῦται καὶ πᾶσα πόλις ἢ **οἰκία** μερισθεῖσα καθ᾽ ἑαυτῆς οὐ σταθήσεται.
12:29 ἢ πῶς δύναταί τις εἰσελθεῖν εἰς τὴν **οἰκίαν** τοῦ ἰσχυροῦ καὶ τὰ σκεύη αὐτοῦ ἁρπάσαι, ἐὰν μὴ πρῶτον δήσῃ τὸν ἰσχυρόν; καὶ τότε τὴν **οἰκίαν** αὐτοῦ διαρπάσει.
13: 1 Ἐν τῇ ἡμέρᾳ ἐκείνῃ ἐξελθὼν ὁ Ἰησοῦς τῆς **οἰκίας** ἐκάθητο παρὰ τὴν θάλασσαν·
13:36 Τότε ἀφεὶς τοὺς ὄχλους ἦλθεν εἰς τὴν **οἰκίαν.**
13:57 Οὐκ ἔστιν προφήτης ἄτιμος εἰ μὴ ἐν τῇ πατρίδι καὶ ἐν τῇ **οἰκίᾳ** αὐτοῦ.
17:25 καὶ ἐλθόντα εἰς τὴν **οἰκίαν** προέφθασεν αὐτὸν ὁ Ἰησοῦς λέγων,
19:29 καὶ πᾶς ὅστις ἀφῆκεν **οἰκίας** ἢ ἀδελφοὺς ἢ ἀδελφὰς ἢ πατέρα ἢ μητέρα ἢ τέκνα ἢ ἀγροὺς ἕνεκεν τοῦ ὀνόματός μου,
24:17 ὁ ἐπὶ τοῦ δώματος μὴ καταβάτω ἆραι τὰ ἐκ τῆς **οἰκίας** αὐτοῦ,
24:43 ἐγρηγόρησεν ἂν καὶ οὐκ ἂν εἴασεν διορυχθῆναι τὴν **οἰκίαν** αὐτοῦ.
26: 6 Τοῦ δὲ Ἰησοῦ γενομένου ἐν Βηθανίᾳ ἐν **οἰκίᾳ** Σίμωνος τοῦ λεπροῦ,
Mk 1:29 Καὶ εὐθὺς ἐκ τῆς συναγωγῆς ἐξελθόντες ἦλθον εἰς τὴν **οἰκίαν** Σίμωνος καὶ Ἀνδρέου μετὰ Ἰακώβου καὶ Ἰωάννου.
2:15 Καὶ γίνεται κατακεῖσθαι αὐτὸν ἐν τῇ **οἰκίᾳ** αὐτοῦ,
3:25 καὶ ἐὰν **οἰκία** ἐφ᾽ ἑαυτὴν μερισθῇ, οὐ δυνήσεται ἡ **οἰκία** ἐκείνη σταθῆναι.
3:27 ἀλλ᾽ οὐ δύναται οὐδεὶς εἰς τὴν **οἰκίαν** τοῦ ἰσχυροῦ εἰσελθὼν τὰ σκεύη αὐτοῦ διαρπάσαι, ἐὰν μὴ πρῶτον τὸν ἰσχυρὸν δήσῃ, καὶ τότε τὴν **οἰκίαν** αὐτοῦ διαρπάσει.
6: 4 ὅτι Οὐκ ἔστιν προφήτης ἄτιμος εἰ μὴ ἐν τῇ πατρίδι αὐτοῦ καὶ ἐν τοῖς συγγενεῦσιν αὐτοῦ καὶ ἐν τῇ **οἰκίᾳ** αὐτοῦ.
6:10 καὶ ἔλεγεν αὐτοῖς, Ὅπου ἐὰν εἰσέλθητε εἰς **οἰκίαν,**
7:24 καὶ εἰσελθὼν εἰς **οἰκίαν** οὐδένα ἤθελεν γνῶναι, καὶ οὐκ ἠδυνήθη λαθεῖν·
9:33 καὶ ἐν τῇ **οἰκίᾳ** γενόμενος ἐπηρώτα αὐτούς, Τί ἐν τῇ ὁδῷ διελογίζεσθε;
10:10 Καὶ εἰς τὴν **οἰκίαν** πάλιν οἱ μαθηταὶ περὶ τούτου ἐπηρώτων αὐτόν.
10:29 οὐδείς ἐστιν ὃς ἀφῆκεν **οἰκίαν** ἢ ἀδελφοὺς ἢ ἀδελφὰς ἢ μητέρα ἢ πατέρα ἢ τέκνα ἢ ἀγροὺς ἕνεκεν ἐμοῦ
10:30 ἐὰν μὴ λάβῃ ἑκατονταπλασίονα νῦν ἐν τῷ καιρῷ τούτῳ **οἰκίας** καὶ ἀδελφοὺς καὶ ἀδελφὰς καὶ μητέρας καὶ τέκνα καὶ ἀγροὺς μετὰ διωγμῶν,
12:40 οἱ κατεσθίοντες τὰς **οἰκίας** τῶν χηρῶν καὶ προφάσει μακρὰ προσευχόμενοι·
13:15 ὁ [δὲ] ἐπὶ τοῦ δώματος μὴ καταβάτω μηδὲ εἰσελθάτω ἆραί τι ἐκ τῆς **οἰκίας** αὐτοῦ,
13:34 ὡς ἄνθρωπος ἀπόδημος ἀφεὶς τὴν **οἰκίαν** αὐτοῦ καὶ δοὺς τοῖς δούλοις αὐτοῦ τὴν ἐξουσίαν ἑκάστῳ τὸ ἔργον αὐτοῦ
13:35 οὐκ οἴδατε γὰρ πότε ὁ κύριος τῆς **οἰκίας** ἔρχεται,
14: 3 Καὶ ὄντος αὐτοῦ ἐν Βηθανίᾳ ἐν τῇ **οἰκίᾳ** Σίμωνος τοῦ λεπροῦ,
Lk 4:38 Ἀναστὰς δὲ ἀπὸ τῆς συναγωγῆς εἰσῆλθεν εἰς τὴν **οἰκίαν** Σίμωνος.
5:29 Καὶ ἐποίησεν δοχὴν μεγάλην Λευὶς αὐτῷ ἐν τῇ **οἰκίᾳ** αὐτοῦ,
6:48 ὅμοιός ἐστιν ἀνθρώπῳ οἰκοδομοῦντι **οἰκίαν** ὃς ἔσκαψεν καὶ ἐβάθυνεν καὶ ἔθηκεν θεμέλιον ἐπὶ τὴν πέτραν· πλημμύρης δὲ γενομένης προσέρηξεν ὁ ποταμὸς τῇ **οἰκίᾳ** ἐκείνῃ,
6:49 ὁ δὲ ἀκούσας καὶ μὴ ποιήσας ὅμοιός ἐστιν ἀνθρώπῳ οἰκοδομήσαντι **οἰκίαν** ἐπὶ τὴν γῆν χωρὶς θεμελίου, ᾗ προσέρηξεν ὁ ποταμός, καὶ εὐθὺς συνέπεσεν καὶ ἐγένετο τὸ ῥῆγμα τῆς **οἰκίας** ἐκείνης μέγα.
7: 6 ἤδη δὲ αὐτοῦ οὐ μακρὰν ἀπέχοντος ἀπὸ τῆς **οἰκίας** ἔπεμψεν φίλους ὁ ἑκατοντάρχης λέγων αὐτῷ,
7:37 καὶ ἐπιγνοῦσα ὅτι κατάκειται ἐν τῇ **οἰκίᾳ** τοῦ Φαρισαίου,
7:44 εἰσῆλθόν σου εἰς τὴν **οἰκίαν,** ὕδωρ μοι ἐπὶ πόδας οὐκ ἔδωκας·
8:27 ἔχων δαιμόνια καὶ χρόνῳ ἱκανῷ οὐκ ἐνεδύσατο ἱμάτιον καὶ ἐν **οἰκίᾳ** οὐκ ἔμενεν ἀλλ᾽ ἐν τοῖς μνήμασιν.
8:51 ἐλθὼν δὲ εἰς τὴν **οἰκίαν** οὐκ ἀφῆκεν εἰσελθεῖν τινα σὺν αὐτῷ εἰ μὴ Πέτρον καὶ Ἰωάννην καὶ Ἰάκωβον καὶ τὸν πατέρα
9: 4 εἰς ἣν ἂν **οἰκίαν** εἰσέλθητε, ἐκεῖ μένετε καὶ ἐκεῖθεν ἐξέρχεσθε.
10: 5 εἰς ἣν δ᾽ ἂν εἰσέλθητε **οἰκίαν,** πρῶτον λέγετε,
10: 7 ἐν αὐτῇ δὲ τῇ **οἰκίᾳ** μένετε ἐσθίοντες καὶ πίνοντες τὰ παρ᾽ αὐτῶν· ἄξιος γὰρ ὁ ἐργάτης τοῦ μισθοῦ αὐτοῦ. μὴ μεταβαίνετε ἐξ **οἰκίας** εἰς **οἰκίαν.**
15: 8 οὐχὶ ἅπτει λύχνον καὶ σαροῖ τὴν **οἰκίαν** καὶ ζητεῖ ἐπιμελῶς ἕως οὗ εὕρῃ;
15:25 ὡς ἐρχόμενος ἤγγισεν τῇ **οἰκίᾳ,** ἤκουσεν συμφωνίας καὶ χορῶν,
17:31 ἐν ἐκείνῃ τῇ ἡμέρᾳ ὃς ἔσται ἐπὶ τοῦ δώματος καὶ τὰ σκεύη αὐτοῦ ἐν τῇ **οἰκίᾳ,**
18:29 Ἀμὴν λέγω ὑμῖν ὅτι οὐδείς ἐστιν ὃς ἀφῆκεν **οἰκίαν** ἢ γυναῖκα ἢ ἀδελφοὺς ἢ γονεῖς ἢ τέκνα ἕνεκεν τῆς βασιλείας τοῦ θεοῦ,
20:47 οἳ κατεσθίουσιν τὰς **οἰκίας** τῶν χηρῶν καὶ προφάσει μακρὰ προσεύχονται·
22:10 ἀκολουθήσατε αὐτῷ εἰς τὴν **οἰκίαν** εἰς ἣν εἰσπορεύεται
22:11 καὶ ἐρεῖτε τῷ οἰκοδεσπότῃ τῆς **οἰκίας,** Λέγει σοι ὁ διδάσκαλος,
22:54 Συλλαβόντες δὲ αὐτὸν ἤγαγον καὶ εἰσήγαγον εἰς τὴν **οἰκίαν** τοῦ ἀρχιερέως·
Jn 4:53 καὶ ἐπίστευσεν αὐτὸς καὶ ἡ **οἰκία** αὐτοῦ ὅλη.
8:35 ὁ δὲ δοῦλος οὐ μένει ἐν τῇ **οἰκίᾳ** εἰς τὸν αἰῶνα,
11:31 οἱ οὖν Ἰουδαῖοι οἱ ὄντες μετ᾽ αὐτῆς ἐν τῇ **οἰκίᾳ** καὶ παραμυθούμενοι αὐτήν,
12: 3 ἡ δὲ **οἰκία** ἐπληρώθη ἐκ τῆς ὀσμῆς τοῦ μύρου.
14: 2 ἐν τῇ **οἰκίᾳ** τοῦ πατρός μου μοναὶ πολλαί εἰσιν·
Ac 4:34 ὅσοι γὰρ κτήτορες χωρίων ἢ **οἰκιῶν** ὑπῆρχον, πωλοῦντες ἔφερον τὰς τιμὰς τῶν πιπρασκομένων
9:11 Ἀναστὰς πορεύθητι ἐπὶ τὴν ῥύμην τὴν καλουμένην Εὐθεῖαν καὶ ζήτησον ἐν **οἰκίᾳ** Ἰούδα Σαῦλον ὀνόματι Ταρσέα·
9:17 Ἀπῆλθεν δὲ Ἀνανίας καὶ εἰσῆλθεν εἰς τὴν **οἰκίαν** καὶ ἐπιθεὶς ἐπ᾽ αὐτὸν τὰς χεῖρας εἶπεν,
10: 6 οὗτος ξενίζεται παρά τινι Σίμωνι βυρσεῖ, ᾧ ἐστιν **οἰκία** παρὰ θάλασσαν.
10:17 οἱ ἄνδρες οἱ ἀπεσταλμένοι ὑπὸ τοῦ Κορνηλίου διερωτήσαντες τὴν **οἰκίαν** τοῦ Σίμωνος ἐπέστησαν ἐπὶ τὸν πυλῶνα,
10:32 οὗτος ξενίζεται ἐν **οἰκίᾳ** Σίμωνος βυρσέως παρὰ θάλασσαν.

11: 11 καὶ ἰδοὺ ἐξαυτῆς τρεῖς ἄνδρες ἐπέστησαν ἐπὶ τὴν **οἰκίαν** ἐν ᾗ ἦμεν,
12: 12 συνιδών τε ἦλθεν ἐπὶ τὴν **οἰκίαν** τῆς Μαρίας τῆς μητρὸς Ἰωάννου τοῦ ἐπικαλουμένου Μάρκου,
16: 32 καὶ ἐλάλησαν αὐτῷ τὸν λόγον τοῦ κυρίου σὺν πᾶσιν τοῖς ἐν τῇ **οἰκίᾳ** αὐτοῦ.
17: 5 καὶ ὀχλοποιήσαντες ἐθορύβουν τὴν πόλιν καὶ ἐπιστάντες τῇ **οἰκίᾳ** Ἰάσονος ἐζήτουν αὐτοὺς προαγαγεῖν εἰς τὸν δῆμον·
18: 7 εἰσῆλθεν εἰς **οἰκίαν** τινὸς ὀνόματι Τιτίου Ἰούστου σεβομένου τὸν θεόν, οὗ ἡ **οἰκία** ἦν συνομοροῦσα τῇ συναγωγῇ.
1Co 11: 22 μὴ γὰρ **οἰκίας** οὐκ ἔχετε εἰς τὸ ἐσθίειν καὶ πίνειν;
16: 15 οἴδατε τὴν **οἰκίαν** Στεφανᾶ, ὅτι ἐστὶν ἀπαρχὴ τῆς Ἀχαΐας καὶ εἰς διακονίαν τοῖς ἁγίοις ἔταξαν ἑαυτούς·
2Co 5: 1 Οἴδαμεν γὰρ ὅτι ἐὰν ἡ ἐπίγειος ἡμῶν **οἰκία** τοῦ σκήνους καταλυθῇ, οἰκοδομὴν ἐκ θεοῦ ἔχομεν, **οἰκίαν** ἀχειροποίητον αἰώνιον ἐν τοῖς οὐρανοῖς.
Php 4: 22 ἀσπάζονται ὑμᾶς πάντες οἱ ἅγιοι, μάλιστα δὲ οἱ ἐκ τῆς Καίσαρος **οἰκίας.**
1Ti 5: 13 ἅμα δὲ καὶ ἀργαὶ μανθάνουσιν περιερχόμεναι τὰς **οἰκίας,**
2Ti 2: 20 Ἐν μεγάλῃ δὲ **οἰκίᾳ** οὐκ ἔστιν μόνον σκεύη χρυσᾶ καὶ ἀργυρᾶ ἀλλὰ καὶ ξύλινα καὶ ὀστράκινα,
3: 6 ἐκ τούτων γάρ εἰσιν οἱ ἐνδύνοντες εἰς τὰς **οἰκίας** καὶ αἰχμαλωτίζοντες γυναικάρια σεσωρευμένα ἁμαρτίαις,
2Jn 1: 10 μὴ λαμβάνετε αὐτὸν εἰς **οἰκίαν** καὶ χαίρειν αὐτῷ μὴ λέγετε·

3865 οἰκιακός [2]

√ *3875*

Mt 10: 25 εἰ τὸν οἰκοδεσπότην Βεελζεβοὺλ ἐπεκάλεσαν, πόσῳ μᾶλλον τοὺς **οἰκιακοὺς** αὐτοῦ.
10: 36 καὶ ἐχθροὶ τοῦ ἀνθρώπου οἱ **οἰκιακοὶ** αὐτοῦ.

3866 οἰκοδεσποτέω [1]

√ *3875 + 1305*

1Ti 5: 14 βούλομαι οὖν νεωτέρας γαμεῖν, τεκνογονεῖν, **οἰκοδεσποτεῖν,** μηδεμίαν ἀφορμὴν διδόναι τῷ ἀντικειμένῳ λοιδορίας χάριν·

3867 οἰκοδεσπότης [12]

√ *3875 + 1305*

Mt 10: 25 εἰ τὸν **οἰκοδεσπότην** Βεελζεβοὺλ ἐπεκάλεσαν, πόσῳ μᾶλλον τοὺς οἰκιακοὺς αὐτοῦ.
13: 27 προσελθόντες δὲ οἱ δοῦλοι τοῦ **οἰκοδεσπότου** εἶπον αὐτῷ,
13: 52 Διὰ τοῦτο πᾶς γραμματεὺς μαθητευθεὶς τῇ βασιλείᾳ τῶν οὐρανῶν ὅμοιός ἐστιν ἀνθρώπῳ **οἰκοδεσπότῃ,**
20: 1 Ὁμοία γάρ ἐστιν ἡ βασιλεία τῶν οὐρανῶν ἀνθρώπῳ **οἰκοδεσπότῃ,**
20: 11 λαβόντες δὲ ἐγόγγυζον κατὰ τοῦ **οἰκοδεσπότου**
21: 33 Ἄνθρωπος ἦν **οἰκοδεσπότης** ὅστις ἐφύτευσεν ἀμπελῶνα καὶ φραγμὸν αὐτῷ περιέθηκεν καὶ ὤρυξεν ἐν αὐτῷ ληνὸν
24: 43 ἐκεῖνο δὲ γινώσκετε ὅτι εἰ ᾔδει ὁ **οἰκοδεσπότης** ποίᾳ φυλακῇ ὁ κλέπτης ἔρχεται,
Mk 14: 14 καὶ ὅπου ἐὰν εἰσέλθῃ εἴπατε τῷ **οἰκοδεσπότῃ** ὅτι Ὁ διδάσκαλος λέγει,
Lk 12: 39 τοῦτο δὲ γινώσκετε ὅτι εἰ ᾔδει ὁ **οἰκοδεσπότης** ποίᾳ ὥρᾳ ὁ κλέπτης ἔρχεται,
13: 25 ἀφ' οὗ ἂν ἐγερθῇ ὁ **οἰκοδεσπότης** καὶ ἀποκλείσῃ τὴν θύραν καὶ ἄρξησθε ἔξω ἑστάναι καὶ κρούειν τὴν θύραν λέγοντες,
14: 21 τότε ὀργισθεὶς ὁ **οἰκοδεσπότης** εἶπεν τῷ δούλῳ αὐτοῦ,
22: 11 καὶ ἐρεῖτε τῷ **οἰκοδεσπότῃ** τῆς οἰκίας, Λέγει σοι ὁ διδάσκαλος,

3868 οἰκοδομέω [40]

√ *3875 + 1560*

Mt 7: 24 ὅστις **ᾠκοδόμησεν** αὐτοῦ τὴν οἰκίαν ἐπὶ τὴν πέτραν·
7: 26 ὅστις **ᾠκοδόμησεν** αὐτοῦ τὴν οἰκίαν ἐπὶ τὴν ἄμμον·
16: 18 καὶ ἐπὶ ταύτῃ τῇ πέτρᾳ **οἰκοδομήσω** μου τὴν ἐκκλησίαν καὶ πύλαι ᾅδου οὐ κατισχύσουσιν αὐτῆς.
21: 33 ὅστις ἐφύτευσεν ἀμπελῶνα καὶ φραγμὸν αὐτῷ περιέθηκεν καὶ ὤρυξεν ἐν αὐτῷ ληνὸν καὶ **ᾠκοδόμησεν** πύργον
21: 42 Λίθον ὃν ἀπεδοκίμασαν οἱ **οἰκοδομοῦντες,** οὗτος ἐγενήθη εἰς κεφαλὴν γωνίας·
23: 29 ὅτι **οἰκοδομεῖτε** τοὺς τάφους τῶν προφητῶν καὶ κοσμεῖτε τὰ μνημεῖα τῶν δικαίων,
26: 61 Δύναμαι καταλῦσαι τὸν ναὸν τοῦ θεοῦ καὶ διὰ τριῶν ἡμερῶν **οἰκοδομῆσαι.**
27: 40 Ὁ καταλύων τὸν ναὸν καὶ ἐν τρισὶν ἡμέραις **οἰκοδομῶν,**
Mk 12: 1 Ἀμπελῶνα ἄνθρωπος ἐφύτευσεν καὶ περιέθηκεν φραγμὸν καὶ ὤρυξεν ὑπολήνιον καὶ **ᾠκοδόμησεν** πύργον
12: 10 Λίθον ὃν ἀπεδοκίμασαν οἱ **οἰκοδομοῦντες,** οὗτος ἐγενήθη εἰς κεφαλὴν γωνίας·
14: 58 ὅτι Ἐγὼ καταλύσω τὸν ναὸν τοῦτον τὸν χειροποίητον καὶ διὰ τριῶν ἡμερῶν ἄλλον ἀχειροποίητον **οἰκοδομήσω**
15: 29 Οὐὰ ὁ καταλύων τὸν ναὸν καὶ **οἰκοδομῶν** ἐν τρισὶν ἡμέραις,
Lk 4: 29 καὶ ἀναστάντες ἐξέβαλον αὐτὸν ἔξω τῆς πόλεως καὶ ἤγαγον αὐτὸν ἕως ὀφρύος τοῦ ὄρους ἐφ' οὗ ἡ πόλις **ᾠκοδόμητο** αὐτῶν
6: 48 ὅμοιός ἐστιν ἀνθρώπῳ **οἰκοδομοῦντι** οἰκίαν ὃς ἔσκαψεν καὶ ἐβάθυνεν καὶ ἔθηκεν θεμέλιον ἐπὶ τὴν πέτραν· πλημμύρης δὲ γενομένης προσέρηξεν ὁ ποταμὸς τῇ οἰκίᾳ ἐκείνῃ, καὶ οὐκ ἴσχυσεν σαλεῦσαι αὐτὴν διὰ τὸ καλῶς **οἰκοδομῆσθαι** αὐτήν.
6: 49 ὁ δὲ ἀκούσας καὶ μὴ ποιήσας ὅμοιός ἐστιν ἀνθρώπῳ **οἰκοδομήσαντι** οἰκίαν ἐπὶ τὴν γῆν χωρὶς θεμελίου,
7: 5 ἀγαπᾷ γὰρ τὸ ἔθνος ἡμῶν καὶ τὴν συναγωγὴν αὐτὸς **ᾠκοδόμησεν** ἡμῖν.
11: 47 οὐαὶ ὑμῖν, ὅτι **οἰκοδομεῖτε** τὰ μνημεῖα τῶν προφητῶν,
11: 48 ὅτι αὐτοὶ μὲν ἀπέκτειναν αὐτούς, ὑμεῖς δὲ **οἰκοδομεῖτε.**
12: 18 καθελῶ μου τὰς ἀποθήκας καὶ μείζονας **οἰκοδομήσω** καὶ συνάξω ἐκεῖ πάντα τὸν σῖτον καὶ τὰ ἀγαθά μου
14: 28 τίς γὰρ ἐξ ὑμῶν θέλων πύργον **οἰκοδομῆσαι** οὐχὶ πρῶτον καθίσας ψηφίζει τὴν δαπάνην,
14: 30 λέγοντες ὅτι Οὗτος ὁ ἄνθρωπος ἤρξατο **οἰκοδομεῖν** καὶ οὐκ ἴσχυσεν ἐκτελέσαι.
17: 28 ὁμοίως καθὼς ἐγένετο ἐν ταῖς ἡμέραις Λώτ· ἤσθιον, ἔπινον, ἠγόραζον, ἐπώλουν, ἐφύτευον, **ᾠκοδόμουν·**
20: 17 Λίθον ὃν ἀπεδοκίμασαν οἱ **οἰκοδομοῦντες,** οὗτος ἐγενήθη εἰς κεφαλὴν γωνίας;
Jn 2: 20 Τεσσεράκοντα καὶ ἓξ ἔτεσιν **οἰκοδομήθη** ὁ ναὸς οὗτος,
Ac 7: 47 Σολομῶν δὲ **οἰκοδόμησεν** αὐτῷ οἶκον.
7: 49 ποῖον οἶκον **οἰκοδομήσετέ** μοι, λέγει κύριος, ἢ τίς τόπος τῆς καταπαύσεώς μου;
9: 31 Ἡ μὲν οὖν ἐκκλησία καθ' ὅλης τῆς Ἰουδαίας καὶ Γαλιλαίας καὶ Σαμαρείας εἶχεν εἰρήνην **οἰκοδομουμένη**
20: 32 τῷ δυναμένῳ **οἰκοδομῆσαι** καὶ δοῦναι τὴν κληρονομίαν ἐν τοῖς ἡγιασμένοις πᾶσιν.
Ro 15: 20 οὕτως δὲ φιλοτιμούμενον εὐαγγελίζεσθαι οὐχ ὅπου ὠνομάσθη Χριστός, ἵνα μὴ ἐπ' ἀλλότριον θεμέλιον **οἰκοδομῶ,**
1Co 8: 1 οἴδαμεν ὅτι πάντες γνῶσιν ἔχομεν. ἡ γνῶσις φυσιοῖ, ἡ δὲ ἀγάπη **οἰκοδομεῖ·**
8: 10 οὐχὶ ἡ συνείδησις αὐτοῦ ἀσθενοῦς ὄντος **οἰκοδομηθήσεται** εἰς τὸ τὰ εἰδωλόθυτα ἐσθίειν;
10: 23 Πάντα ἔξεστιν ἀλλ' οὐ πάντα συμφέρει· πάντα ἔξεστιν ἀλλ' οὐ πάντα **οἰκοδομεῖ.**
14: 4 ὁ λαλῶν γλώσσῃ ἑαυτὸν **οἰκοδομεῖ·** ὁ δὲ προφητεύων ἐκκλησίαν **οἰκοδομεῖ.**
14: 17 σὺ μὲν γὰρ καλῶς εὐχαριστεῖς ἀλλ' ὁ ἕτερος οὐκ **οἰκοδομεῖται.**
Gal 2: 18 εἰ γὰρ ἃ κατέλυσα ταῦτα πάλιν **οἰκοδομῶ,** παραβάτην ἐμαυτὸν συνιστάνω.
1Th 5: 11 Διὸ παρακαλεῖτε ἀλλήλους καὶ **οἰκοδομεῖτε** εἷς τὸν ἕνα,
1Pe 2: 5 καὶ αὐτοὶ ὡς λίθοι ζῶντες **οἰκοδομεῖσθε** οἶκος πνευματικὸς εἰς ἱεράτευμα ἅγιον ἀνενέγκαι πνευματικὰς θυσίας
2: 7 ἀπιστοῦσιν δὲ λίθος ὃν ἀπεδοκίμασαν οἱ **οἰκοδομοῦντες,** οὗτος ἐγενήθη εἰς κεφαλὴν γωνίας

3869 οἰκοδομή [18]

√ *3875 + 1560*

Mt 24: 1 καὶ προσῆλθον οἱ μαθηταὶ αὐτοῦ ἐπιδεῖξαι αὐτῷ τὰς **οἰκοδομὰς** τοῦ ἱεροῦ.
Mk 13: 1 ἐκπορευομένου αὐτοῦ ἐκ τοῦ ἱεροῦ λέγει αὐτῷ εἷς τῶν μαθητῶν αὐτοῦ, Διδάσκαλε, ἴδε ποταποὶ λίθοι καὶ ποταπαὶ **οἰκοδομαί.**
13: 2 καὶ ὁ Ἰησοῦς εἶπεν αὐτῷ, Βλέπεις ταύτας τὰς μεγάλας **οἰκοδομάς;**
Ro 14: 19 ἄρα οὖν τὰ τῆς εἰρήνης διώκωμεν καὶ τὰ τῆς **οἰκοδομῆς** τῆς εἰς ἀλλήλους.
15: 2 ἕκαστος ἡμῶν τῷ πλησίον ἀρεσκέτω εἰς τὸ ἀγαθὸν πρὸς **οἰκοδομήν·**
1Co 3: 9 θεοῦ γάρ ἐσμεν συνεργοί, θεοῦ γεώργιον, θεοῦ **οἰκοδομή** ἐστε.

14: 3 ὁ δὲ προφητεύων ἀνθρώποις λαλεῖ **οἰκοδομὴν** καὶ παράκλησιν καὶ παραμυθίαν.
14: 5 μείζων δὲ ὁ προφητεύων ἢ ὁ λαλῶν γλώσσαις ἐκτὸς εἰ μὴ διερμηνεύῃ, ἵνα ἡ ἐκκλησία **οἰκοδομὴν** λάβῃ.
14:12 πρὸς τὴν **οἰκοδομὴν** τῆς ἐκκλησίας ζητεῖτε ἵνα περισσεύητε.
14:26 γλῶσσαν ἔχει, ἑρμηνείαν ἔχει· πάντα πρὸς **οἰκοδομὴν** γινέσθω.
2Co 5: 1 **οἰκοδομὴν** ἐκ θεοῦ ἔχομεν, οἰκίαν ἀχειροποίητον αἰώνιον ἐν τοῖς οὐρανοῖς.
10: 8 ἐάν [τε] γὰρ περισσότερόν τι καυχήσωμαι περὶ τῆς ἐξουσίας ἡμῶν ἧς ἔδωκεν ὁ κύριος εἰς **οἰκοδομὴν** καὶ οὐκ εἰς καθαίρεσιν
12:19 τὰ δὲ πάντα, ἀγαπητοί, ὑπὲρ τῆς ὑμῶν **οἰκοδομῆς.**
13:10 ἵνα παρὼν μὴ ἀποτόμως χρήσωμαι κατὰ τὴν ἐξουσίαν ἣν ὁ κύριος ἔδωκέν μοι εἰς **οἰκοδομὴν** καὶ οὐκ εἰς καθαίρεσιν.
Eph 2:21 ἐν ᾧ πᾶσα **οἰκοδομὴ** συναρμολογουμένη αὔξει εἰς ναὸν ἅγιον ἐν κυρίῳ,
4:12 πρὸς τὸν καταρτισμὸν τῶν ἁγίων εἰς ἔργον διακονίας, εἰς **οἰκοδομὴν** τοῦ σώματος τοῦ Χριστοῦ,
4:16 κατ' ἐνέργειαν ἐν μέτρῳ ἑνὸς ἑκάστου μέρους τὴν αὔξησιν τοῦ σώματος ποιεῖται εἰς **οἰκοδομὴν** ἑαυτοῦ ἐν ἀγάπῃ.
4:29 ἀλλὰ εἴ τις ἀγαθὸς πρὸς **οἰκοδομὴν** τῆς χρείας,

3870 οἰκοδομία Not used in UBS/NIV

√ *3875 + 1560*

3871 οἰκοδόμος [1]

√ *3875 + 1560*

Ac 4:11 οὗτός ἐστιν ὁ λίθος, ὁ ἐξουθενηθεὶς ὑφ' ὑμῶν τῶν **οἰκοδόμων,**

3872 οἰκονομέω [1]

√ *3875 + 3795*

Lk 16: 2 ἀπόδος τὸν λόγον τῆς οἰκονομίας σου, οὐ γὰρ δύνῃ ἔτι **οἰκονομεῖν.**

3873 οἰκονομία [9]

√ *3875 + 3795*

Lk 16: 2 ἀπόδος τὸν λόγον τῆς **οἰκονομίας** σου, οὐ γὰρ δύνῃ ἔτι οἰκονομεῖν.
16: 3 ὅτι ὁ κύριός μου ἀφαιρεῖται τὴν **οἰκονομίαν** ἀπ' ἐμοῦ;
16: 4 ἵνα ὅταν μετασταθῶ ἐκ τῆς **οἰκονομίας** δέξωνταί με εἰς τοὺς οἴκους αὐτῶν.
1Co 9:17 εἰ γὰρ ἑκὼν τοῦτο πράσσω, μισθὸν ἔχω· εἰ δὲ ἄκων, **οἰκονομίαν** πεπίστευμαι·
Eph 1:10 εἰς **οἰκονομίαν** τοῦ πληρώματος τῶν καιρῶν, ἀνακεφαλαιώσασθαι τὰ πάντα ἐν τῷ Χριστῷ,
3: 2 εἴ γε ἠκούσατε τὴν **οἰκονομίαν** τῆς χάριτος τοῦ θεοῦ τῆς δοθείσης μοι εἰς ὑμᾶς,
3: 9 καὶ φωτίσαι [πάντας] τίς ἡ **οἰκονομία** τοῦ μυστηρίου τοῦ ἀποκεκρυμμένου ἀπὸ τῶν αἰώνων ἐν τῷ θεῷ
Col 1:25 ἧς ἐγενόμην ἐγὼ διάκονος κατὰ τὴν **οἰκονομίαν** τοῦ θεοῦ τὴν δοθεῖσάν μοι εἰς ὑμᾶς πληρῶσαι τὸν λόγον τοῦ θεοῦ,
1Ti 1: 4 αἵτινες ἐκζητήσεις παρέχουσιν μᾶλλον ἢ **οἰκονομίαν** θεοῦ τὴν ἐν πίστει.

3874 οἰκονόμος [10]

√ *3875 + 3795*

Lk 12:42 Τίς ἄρα ἐστὶν ὁ πιστὸς **οἰκονόμος** ὁ φρόνιμος,
16: 1 Ἔλεγεν δὲ καὶ πρὸς τοὺς μαθητάς, Ἄνθρωπός τις ἦν πλούσιος ὃς εἶχεν **οἰκονόμον,**
16: 3 εἶπεν δὲ ἐν ἑαυτῷ ὁ **οἰκονόμος,** Τί ποιήσω,
16: 8 καὶ ἐπῄνεσεν ὁ κύριος τὸν **οἰκονόμον** τῆς ἀδικίας ὅτι φρονίμως ἐποίησεν·
Ro 16:23 ἀσπάζεται ὑμᾶς Ἔραστος ὁ **οἰκονόμος** τῆς πόλεως καὶ Κούαρτος ὁ ἀδελφός.
1Co 4: 1 Οὕτως ἡμᾶς λογιζέσθω ἄνθρωπος ὡς ὑπηρέτας Χριστοῦ καὶ **οἰκονόμους** μυστηρίων θεοῦ.
4: 2 ὧδε λοιπὸν ζητεῖται ἐν τοῖς **οἰκονόμοις,** ἵνα πιστός τις εὑρεθῇ.
Gal 4: 2 ἀλλὰ ὑπὸ ἐπιτρόπους ἐστὶν καὶ **οἰκονόμους** ἄχρι τῆς προθεσμίας τοῦ πατρός.
Tit 1: 7 δεῖ γὰρ τὸν ἐπίσκοπον ἀνέγκλητον εἶναι ὡς θεοῦ **οἰκονόμον,**
1Pe 4:10 ἕκαστος καθὼς ἔλαβεν χάρισμα εἰς ἑαυτοὺς αὐτὸ διακονοῦντες ὡς καλοὶ **οἰκονόμοι** ποικίλης χάριτος θεοῦ.

3875 οἶκος [114]

→ *488, 1594, 1940, 2224, 2997, 2998, 2999, 3000, 3001, 3578, 3579, 3858, 3859, 3860, 3861, 3862, 3863, 3864, 3865, 3866, 3867, 3868, 3869, 3870, 3871, 3872, 3873, 3874, 3876, 3877, 3878, 4109, 4228, 4229, 4230, 4340, 4341, 5324, 5325*

κατ' οἶκος, οἴκους [8] Ac 2:46; 5:42; 8:3; 20:20; Ro 16:5; 1Co 16:19; Col 4:15; Phm 1:2

οἶκος Δαυίδ [3] Lk 1:27,69; 2:4

οἶκος θεοῦ [6] Mt 12:4; Mk 2:26; Lk 6:4; 1Ti 3:15; Heb 10:21; 1Pe 4:17

οἶκος Ἰακώβ [2] Lk 1:33; Ac 7:46

οἶκος Ἰούδας [1] Heb 8:8

οἶκος Ἰσραήλ [6] Mt 10:6; 15:24; Ac 2:36; 7:42; Heb 8:8,10

οἶκος πατρός [3] Lk 16:27; Jn 2:16; Ac 7:20

οἶκος προσευχῆς [3] Mt 21:13; Mk 11:17; Lk 19:46

Mt 9: 6 Ἐγερθεὶς ἆρόν σου τὴν κλίνην καὶ ὕπαγε εἰς τὸν **οἶκόν** σου.
9: 7 καὶ ἐγερθεὶς ἀπῆλθεν εἰς τὸν **οἶκον** αὐτοῦ.
10: 6 πορεύεσθε δὲ μᾶλλον πρὸς τὰ πρόβατα τὰ ἀπολωλότα **οἴκου** Ἰσραήλ.
11: 8 ἰδοὺ οἱ τὰ μαλακὰ φοροῦντες ἐν τοῖς **οἴκοις** τῶν βασιλέων εἰσίν.
12: 4 πῶς εἰσῆλθεν εἰς τὸν **οἶκον** τοῦ θεοῦ καὶ τοὺς ἄρτους τῆς προθέσεως ἔφαγον,
12:44 Εἰς τὸν **οἶκόν** μου ἐπιστρέψω ὅθεν ἐξῆλθον· καὶ ἐλθὸν εὑρίσκει τὸν **οἶκον**[UBS-] σχολάζοντα σεσαρωμένον καὶ κεκοσμημένον.
15:24 Οὐκ ἀπεστάλην εἰ μὴ εἰς τὰ πρόβατα τὰ ἀπολωλότα **οἴκου** Ἰσραήλ.
21:13 καὶ λέγει αὐτοῖς, Γέγραπται, Ὁ **οἶκός** μου **οἶκος** προσευχῆς κληθήσεται,
23:38 ἰδοὺ ἀφίεται ὑμῖν ὁ **οἶκος** ὑμῶν ἔρημος.
Mk 2: 1 Καὶ εἰσελθὼν πάλιν εἰς Καφαρναοὺμ δι' ἡμερῶν ἠκούσθη ὅτι ἐν **οἴκῳ** ἐστίν.
2:11 ἔγειρε ἆρον τὸν κράβαττόν σου καὶ ὕπαγε εἰς τὸν **οἶκόν** σου.
2:26 πῶς εἰσῆλθεν εἰς τὸν **οἶκον** τοῦ θεοῦ ἐπὶ Ἀβιαθὰρ ἀρχιερέως καὶ τοὺς ἄρτους τῆς προθέσεως ἔφαγεν,
3:20 Καὶ ἔρχεται εἰς **οἶκον·** καὶ συνέρχεται πάλιν [ὁ] ὄχλος,
5:19 Ὕπαγε εἰς τὸν **οἶκόν** σου πρὸς τοὺς σοὺς καὶ ἀπάγγειλον αὐτοῖς ὅσα ὁ κύριός σοι πεποίηκεν καὶ ἠλέησέν σε.
5:38 καὶ ἔρχονται εἰς τὸν **οἶκον** τοῦ ἀρχισυναγώγου, καὶ θεωρεῖ θόρυβον καὶ κλαίοντας καὶ ἀλαλάζοντας πολλά,
7:17 Καὶ ὅτε εἰσῆλθεν εἰς **οἶκον** ἀπὸ τοῦ ὄχλου,
7:30 καὶ ἀπελθοῦσα εἰς τὸν **οἶκον** αὐτῆς εὗρεν τὸ παιδίον βεβλημένον ἐπὶ τὴν κλίνην καὶ τὸ δαιμόνιον ἐξεληλυθός.
8: 3 καὶ ἐὰν ἀπολύσω αὐτοὺς νήστεις εἰς **οἶκον** αὐτῶν,
8:26 καὶ ἀπέστειλεν αὐτὸν εἰς **οἶκον** αὐτοῦ λέγων, Μηδὲ εἰς τὴν κώμην εἰσέλθῃς.
9:28 καὶ εἰσελθόντος αὐτοῦ εἰς **οἶκον** οἱ μαθηταὶ αὐτοῦ κατ' ἰδίαν ἐπηρώτων αὐτόν,
11:17 Οὐ γέγραπται ὅτι Ὁ **οἶκός** μου **οἶκος** προσευχῆς κληθήσεται πᾶσιν τοῖς ἔθνεσιν;
Lk 1:23 καὶ ἐγένετο ὡς ἐπλήσθησαν αἱ ἡμέραι τῆς λειτουργίας αὐτοῦ, ἀπῆλθεν εἰς τὸν **οἶκον** αὐτοῦ.
1:27 πρὸς παρθένον ἐμνηστευμένην ἀνδρὶ ᾧ ὄνομα Ἰωσὴφ ἐξ **οἴκου** Δαυὶδ καὶ τὸ ὄνομα τῆς παρθένου Μαριάμ.
1:33 καὶ βασιλεύσει ἐπὶ τὸν **οἶκον** Ἰακὼβ εἰς τοὺς αἰῶνας καὶ τῆς βασιλείας αὐτοῦ οὐκ ἔσται τέλος.
1:40 εἰσῆλθεν εἰς τὸν **οἶκον** Ζαχαρίου καὶ ἠσπάσατο τὴν Ἐλισάβετ.
1:56 Ἔμεινεν δὲ Μαριὰμ σὺν αὐτῇ ὡς μῆνας τρεῖς, καὶ ὑπέστρεψεν εἰς τὸν **οἶκον** αὐτῆς.
1:69 καὶ ἤγειρεν κέρας σωτηρίας ἡμῖν ἐν **οἴκῳ** Δαυὶδ παιδὸς αὐτοῦ,
2: 4 διὰ τὸ εἶναι αὐτὸν ἐξ **οἴκου** καὶ πατριᾶς Δαυίδ,
5:24 ἔγειρε καὶ ἄρας τὸ κλινίδιόν σου πορεύου εἰς τὸν **οἶκόν** σου.
5:25 ἀπῆλθεν εἰς τὸν **οἶκον** αὐτοῦ δοξάζων τὸν θεόν.
6: 4 [ὡς] εἰσῆλθεν εἰς τὸν **οἶκον** τοῦ θεοῦ καὶ τοὺς ἄρτους τῆς προθέσεως λαβὼν ἔφαγεν καὶ ἔδωκεν τοῖς μετ' αὐτοῦ,
7:10 καὶ ὑποστρέψαντες εἰς τὸν **οἶκον** οἱ πεμφθέντες εὗρον τὸν δοῦλον ὑγιαίνοντα.

7:36 καὶ εἰσελθὼν εἰς τὸν **οἶκον** τοῦ Φαρισαίου κατεκλίθη.
8:39 Ὑπόστρεφε εἰς τὸν **οἶκόν** σου καὶ διηγοῦ ὅσα σοι ἐποίησεν ὁ θεός.
8:41 καὶ πεσὼν παρὰ τοὺς πόδας [τοῦ] Ἰησοῦ παρεκάλει αὐτὸν εἰσελθεῖν εἰς τὸν **οἶκον** αὐτοῦ,
9:61 πρῶτον δὲ ἐπίτρεψόν μοι ἀποτάξασθαι τοῖς εἰς τὸν **οἶκόν** μου.
10: 5 εἰς ἣν δ' ἂν εἰσέλθητε οἰκίαν, πρῶτον λέγετε, Εἰρήνη τῷ **οἴκῳ** τούτῳ.
11:17 Πᾶσα βασιλεία ἐφ' ἑαυτὴν διαμερισθεῖσα ἐρημοῦται καὶ **οἶκος** ἐπὶ **οἶκον** πίπτει.
11:24 [τότε] λέγει, Ὑποστρέψω εἰς τὸν **οἶκόν** μου ὅθεν ἐξῆλθον·
11:51 ἀπὸ αἵματος Ἅβελ ἕως αἵματος Ζαχαρίου τοῦ ἀπολομένου μεταξὺ τοῦ θυσιαστηρίου καὶ τοῦ **οἴκου**·
12:39 τοῦτο δὲ γινώσκετε ὅτι εἰ ᾔδει ὁ οἰκοδεσπότης ποίᾳ ὥρᾳ ὁ κλέπτης ἔρχεται, οὐκ ἂν ἀφῆκεν διορυχθῆναι τὸν **οἶκον** αὐτοῦ.
12:52 ἔσονται γὰρ ἀπὸ τοῦ νῦν πέντε ἐν ἑνὶ **οἴκῳ** διαμεμερισμένοι,
13:35 ἰδοὺ ἀφίεται ὑμῖν ὁ **οἶκος** ὑμῶν. λέγω [δὲ] ὑμῖν,
14: 1 Καὶ ἐγένετο ἐν τῷ ἐλθεῖν αὐτὸν εἰς **οἶκόν** τινος τῶν ἀρχόντων [τῶν] Φαρισαίων σαββάτῳ φαγεῖν ἄρτον
14:23 Ἔξελθε εἰς τὰς ὁδοὺς καὶ φραγμοὺς καὶ ἀνάγκασον εἰσελθεῖν, ἵνα γεμισθῇ μου ὁ **οἶκος**·
15: 6 καὶ ἐλθὼν εἰς τὸν **οἶκον** συγκαλεῖ τοὺς φίλους καὶ τοὺς γείτονας λέγων αὐτοῖς,
16: 4 ἵνα ὅταν μετασταθῶ ἐκ τῆς οἰκονομίας δέξωνταί με εἰς τοὺς **οἴκους** αὐτῶν.
16:27 ἵνα πέμψῃς αὐτὸν εἰς τὸν **οἶκον** τοῦ πατρός μου,
18:14 κατέβη οὗτος δεδικαιωμένος εἰς τὸν **οἶκον** αὐτοῦ παρ' ἐκεῖνον·
19: 5 σήμερον γὰρ ἐν τῷ **οἴκῳ** σου δεῖ με μεῖναι.
19: 9 εἶπεν δὲ πρὸς αὐτὸν ὁ Ἰησοῦς ὅτι Σήμερον σωτηρία τῷ **οἴκῳ** τούτῳ ἐγένετο,
19:46 Γέγραπται, Καὶ ἔσται ὁ **οἶκός** μου **οἶκος** προσευχῆς,
Jn 2:16 μὴ ποιεῖτε τὸν **οἶκον** τοῦ πατρός μου **οἶκον** ἐμπορίου.
2:17 Ἐμνήσθησαν οἱ μαθηταὶ αὐτοῦ ὅτι γεγραμμένον ἐστίν, Ὁ ζῆλος τοῦ **οἴκου** σου καταφάγεταί με.
7:53 ⟦Καὶ ἐπορεύθησαν ἕκαστος εἰς τὸν **οἶκον** αὐτοῦ,⟧
11:20 ἡ οὖν Μάρθα ὡς ἤκουσεν ὅτι Ἰησοῦς ἔρχεται ὑπήντησεν αὐτῷ· Μαριὰμ δὲ ἐν τῷ **οἴκῳ** ἐκαθέζετο.
Ac 2: 2 καὶ ἐγένετο ἄφνω ἐκ τοῦ οὐρανοῦ ἦχος ὥσπερ φερομένης πνοῆς βιαίας καὶ ἐπλήρωσεν ὅλον τὸν **οἶκον** οὗ ἦσαν καθήμενοι
2:36 ἀσφαλῶς οὖν γινωσκέτω πᾶς **οἶκος** Ἰσραὴλ ὅτι καὶ κύριον αὐτὸν καὶ Χριστὸν ἐποίησεν ὁ θεός,
2:46 κλῶντές τε κατ' **οἶκον** ἄρτον, μετελάμβανον τροφῆς ἐν ἀγαλλιάσει καὶ ἀφελότητι καρδίας
5:42 πᾶσάν τε ἡμέραν ἐν τῷ ἱερῷ καὶ κατ' **οἶκον** οὐκ ἐπαύοντο διδάσκοντες καὶ εὐαγγελιζόμενοι τὸν Χριστὸν Ἰησοῦν.
7:10 ἐναντίον Φαραὼ βασιλέως Αἰγύπτου καὶ κατέστησεν αὐτὸν ἡγούμενον ἐπ' Αἴγυπτον καὶ [ἐφ'] ὅλον τὸν **οἶκον** αὐτοῦ.
7:20 ὃς ἀνετράφη μῆνας τρεῖς ἐν τῷ **οἴκῳ** τοῦ πατρός,
7:42 Μὴ σφάγια καὶ θυσίας προσηνέγκατέ μοι ἔτη τεσσεράκοντα ἐν τῇ ἐρήμῳ, **οἶκος** Ἰσραήλ;
7:46 ὃς εὗρεν χάριν ἐνώπιον τοῦ θεοῦ καὶ ᾐτήσατο εὑρεῖν σκήνωμα τῷ **οἴκῳ**[UBS; NIV *2536*] Ἰακώβ.
7:47 Σολομῶν δὲ οἰκοδόμησεν αὐτῷ **οἶκον.**
7:49 ποῖον **οἶκον** οἰκοδομήσετέ μοι, λέγει κύριος, ἢ τίς τόπος τῆς καταπαύσεώς μου;
8: 3 Σαῦλος δὲ ἐλυμαίνετο τὴν ἐκκλησίαν κατὰ τοὺς **οἴκους** εἰσπορευόμενος,
10: 2 εὐσεβὴς καὶ φοβούμενος τὸν θεὸν σὺν παντὶ τῷ **οἴκῳ** αὐτοῦ,
10:22 ἐχρηματίσθη ὑπὸ ἀγγέλου ἁγίου μεταπέμψασθαί σε εἰς τὸν **οἶκον** αὐτοῦ καὶ ἀκοῦσαι ῥήματα παρὰ σοῦ.
10:30 Ἀπὸ τετάρτης ἡμέρας μέχρι ταύτης τῆς ὥρας ἤμην τὴν ἐνάτην προσευχόμενος ἐν τῷ **οἴκῳ** μου,
11:12 ἦλθον δὲ σὺν ἐμοὶ καὶ οἱ ἓξ ἀδελφοὶ οὗτοι καὶ εἰσήλθομεν εἰς τὸν **οἶκον** τοῦ ἀνδρός.
11:13 ἀπήγγειλεν δὲ ἡμῖν πῶς εἶδεν [τὸν] ἄγγελον ἐν τῷ **οἴκῳ** αὐτοῦ σταθέντα καὶ εἰπόντα,
11:14 λαλήσει ῥήματα πρὸς σὲ ἐν οἷς σωθήσῃ σὺ καὶ πᾶς ὁ **οἶκός** σου.
16:15 ὡς δὲ ἐβαπτίσθη καὶ ὁ **οἶκος** αὐτῆς, παρεκάλεσεν λέγουσα, Εἰ κεκρίκατέ με πιστὴν τῷ κυρίῳ εἶναι, εἰσελθόντες εἰς τὸν **οἶκόν** μου μένετε·
16:31 Πίστευσον ἐπὶ τὸν κύριον Ἰησοῦν καὶ σωθήσῃ σὺ καὶ ὁ **οἶκός** σου.
16:34 ἀναγαγών τε αὐτοὺς εἰς τὸν **οἶκον** παρέθηκεν τράπεζαν καὶ ἠγαλλιάσατο πανοικεὶ πεπιστευκὼς τῷ θεῷ.
18: 8 Κρίσπος δὲ ὁ ἀρχισυνάγωγος ἐπίστευσεν τῷ κυρίῳ σὺν ὅλῳ τῷ **οἴκῳ** αὐτοῦ,
19:16 κατακυριεύσας ἀμφοτέρων ἴσχυσεν κατ' αὐτῶν ὥστε γυμνοὺς καὶ τετραυματισμένους ἐκφυγεῖν ἐκ τοῦ **οἴκου** ἐκείνου.
20:20 ὡς οὐδὲν ὑπεστειλάμην τῶν συμφερόντων τοῦ μὴ ἀναγγεῖλαι ὑμῖν καὶ διδάξαι ὑμᾶς δημοσίᾳ καὶ κατ' **οἴκους,**
21: 8 τῇ δὲ ἐπαύριον ἐξελθόντες ἤλθομεν εἰς Καισάρειαν καὶ εἰσελθόντες εἰς τὸν **οἶκον** Φιλίππου τοῦ εὐαγγελιστοῦ,
Ro 16: 5 καὶ τὴν κατ' **οἶκον** αὐτῶν ἐκκλησίαν. ἀσπάσασθε Ἐπαίνετον τὸν ἀγαπητόν μου,
1Co 1:16 ἐβάπτισα δὲ καὶ τὸν Στεφανᾶ **οἶκον,** λοιπὸν οὐκ οἶδα εἴ τινα ἄλλον ἐβάπτισα.
11:34 εἴ τις πεινᾷ, ἐν **οἴκῳ** ἐσθιέτω, ἵνα μὴ εἰς κρίμα συνέρχησθε.
14:35 εἰ δέ τι μαθεῖν θέλουσιν, ἐν **οἴκῳ** τοὺς ἰδίους ἄνδρας ἐπερωτάτωσαν·
16:19 ἀσπάζεται ὑμᾶς ἐν κυρίῳ πολλὰ Ἀκύλας καὶ Πρίσκα σὺν τῇ κατ' **οἶκον** αὐτῶν ἐκκλησίᾳ.
Col 4:15 Ἀσπάσασθε τοὺς ἐν Λαοδικείᾳ ἀδελφοὺς καὶ Νύμφαν καὶ τὴν κατ' **οἶκον** αὐτῆς ἐκκλησίαν.
1Ti 3: 4 τοῦ ἰδίου **οἴκου** καλῶς προϊστάμενον, τέκνα ἔχοντα ἐν ὑποταγῇ,
3: 5 (εἰ δέ τις τοῦ ἰδίου **οἴκου** προστῆναι οὐκ οἶδεν,
3:12 διάκονοι ἔστωσαν μιᾶς γυναικὸς ἄνδρες, τέκνων καλῶς προϊστάμενοι καὶ τῶν ἰδίων **οἴκων.**
3:15 ἵνα εἰδῇς πῶς δεῖ ἐν **οἴκῳ** θεοῦ ἀναστρέφεσθαι,
5: 4 μανθανέτωσαν πρῶτον τὸν ἴδιον **οἶκον** εὐσεβεῖν καὶ ἀμοιβὰς ἀποδιδόναι τοῖς προγόνοις·
2Ti 1:16 δῴη ἔλεος ὁ κύριος τῷ Ὀνησιφόρου **οἴκῳ,** ὅτι πολλάκις με ἀνέψυξεν καὶ τὴν ἅλυσίν μου οὐκ ἐπαισχύνθη,
4:19 Ἄσπασαι Πρίσκαν καὶ Ἀκύλαν καὶ τὸν Ὀνησιφόρου **οἶκον.**
Tit 1:11 οἵτινες ὅλους **οἴκους** ἀνατρέπουσιν διδάσκοντες ἃ μὴ δεῖ αἰσχροῦ κέρδους χάριν.
Phm 1: 2 καὶ Ἀπφίᾳ τῇ ἀδελφῇ καὶ Ἀρχίππῳ τῷ συστρατιώτῃ ἡμῶν καὶ τῇ κατ' **οἶκόν** σου ἐκκλησίᾳ,
Heb 3: 2 πιστὸν ὄντα τῷ ποιήσαντι αὐτὸν ὡς καὶ Μωϋσῆς ἐν [ὅλῳ] τῷ **οἴκῳ** αὐτοῦ.
3: 3 καθ' ὅσον πλείονα τιμὴν ἔχει τοῦ **οἴκου** ὁ κατασκευάσας αὐτόν·
3: 4 πᾶς γὰρ **οἶκος** κατασκευάζεται ὑπό τινος, ὁ δὲ πάντα κατασκευάσας θεός.
3: 5 καὶ Μωϋσῆς μὲν πιστὸς ἐν ὅλῳ τῷ **οἴκῳ** αὐτοῦ ὡς θεράπων εἰς μαρτύριον τῶν λαληθησομένων,
3: 6 Χριστὸς δὲ ὡς υἱὸς ἐπὶ τὸν **οἶκον** αὐτοῦ· οὗ **οἶκός** ἐσμεν ἡμεῖς, ἐάν[περ] τὴν παρρησίαν καὶ τὸ καύχημα τῆς ἐλπίδος κατάσχωμεν.
8: 8 καὶ συντελέσω ἐπὶ τὸν **οἶκον** Ἰσραὴλ καὶ ἐπὶ τὸν **οἶκον** Ἰούδα διαθήκην καινήν,
8:10 ἣν διαθήσομαι τῷ **οἴκῳ** Ἰσραὴλ μετὰ τὰς ἡμέρας ἐκείνας,
10:21 καὶ ἱερέα μέγαν ἐπὶ τὸν **οἶκον** τοῦ θεοῦ,
11: 7 εὐλαβηθεὶς κατεσκεύασεν κιβωτὸν εἰς σωτηρίαν τοῦ **οἴκου** αὐτοῦ δι' ἧς κατέκρινεν τὸν κόσμον,
1Pe 2: 5 καὶ αὐτοὶ ὡς λίθοι ζῶντες οἰκοδομεῖσθε **οἶκος** πνευματικὸς εἰς ἱεράτευμα ἅγιον ἀνενέγκαι πνευματικὰς θυσίας
4:17 ὅτι [ὁ] καιρὸς τοῦ ἄρξασθαι τὸ κρίμα ἀπὸ τοῦ **οἴκου** τοῦ θεοῦ·

3876 οἰκουμένη [15]

√ *3875*

κρίνω οἰκουμένην [1] Ac 17:31

Mt 24:14 καὶ κηρυχθήσεται τοῦτο τὸ εὐαγγέλιον τῆς βασιλείας ἐν ὅλῃ τῇ **οἰκουμένῃ** εἰς μαρτύριον πᾶσιν τοῖς ἔθνεσιν,
Lk 2: 1 Ἐγένετο δὲ ἐν ταῖς ἡμέραις ἐκείναις ἐξῆλθεν δόγμα παρὰ Καίσαρος Αὐγούστου ἀπογράφεσθαι πᾶσαν τὴν **οἰκουμένην.**
4: 5 Καὶ ἀναγαγὼν αὐτὸν ἔδειξεν αὐτῷ πάσας τὰς βασιλείας τῆς **οἰκουμένης** ἐν στιγμῇ χρόνου
21:26 ἀποψυχόντων ἀνθρώπων ἀπὸ φόβου καὶ προσδοκίας τῶν ἐπερχομένων τῇ **οἰκουμένῃ,**
Ac 11:28 εἷς ἐξ αὐτῶν ὀνόματι Ἅγαβος ἐσήμανεν διὰ τοῦ πνεύματος λιμὸν μεγάλην μέλλειν ἔσεσθαι ἐφ' ὅλην τὴν **οἰκουμένην,**
17: 6 ἐπὶ τοὺς πολιτάρχας βοῶντες ὅτι Οἱ τὴν **οἰκουμένην** ἀναστατώσαντες οὗτοι καὶ ἐνθάδε πάρεισιν,
17:31 καθότι ἔστησεν ἡμέραν ἐν ᾗ μέλλει κρίνειν τὴν **οἰκουμένην** ἐν δικαιοσύνῃ ἐν ἀνδρὶ ᾧ ὥρισεν,
19:27 μέλλειν τε καὶ καθαιρεῖσθαι τῆς μεγαλειότητος αὐτῆς ἣν ὅλη ἡ Ἀσία καὶ ἡ **οἰκουμένη** σέβεται.
24: 5 εὑρόντες γὰρ τὸν ἄνδρα τοῦτον λοιμὸν καὶ κινοῦντα στάσεις πᾶσιν τοῖς Ἰουδαίοις τοῖς κατὰ τὴν **οἰκουμένην**
Ro 10:18 Εἰς πᾶσαν τὴν γῆν ἐξῆλθεν ὁ φθόγγος αὐτῶν καὶ εἰς τὰ πέρατα τῆς **οἰκουμένης** τὰ ῥήματα αὐτῶν.

Heb 1: 6 ὅταν δὲ πάλιν εἰσαγάγῃ τὸν πρωτότοκον εἰς τὴν **οἰκουμένην,**
2: 5 Οὐ γὰρ ἀγγέλοις ὑπέταξεν τὴν **οἰκουμένην** τὴν μέλλουσαν,
Rev 3: 10 κἀγώ σε τηρήσω ἐκ τῆς ὥρας τοῦ πειρασμοῦ τῆς μελλούσης ἔρχεσθαι ἐπὶ τῆς **οἰκουμένης** ὅλης πειράσαι
12: 9 ὁ πλανῶν τὴν **οἰκουμένην** ὅλην, ἐβλήθη εἰς τὴν γῆν,
16: 14 ἃ ἐκπορεύεται ἐπὶ τοὺς βασιλεῖς τῆς **οἰκουμένης** ὅλης συναγαγεῖν αὐτοὺς εἰς τὸν πόλεμον τῆς ἡμέρας τῆς μεγάλης

3877 οἰκουργός [1]

√ *3875*

Tit 2: 5 σώφρονας ἁγνὰς **οἰκουργοὺς** ἀγαθάς, ὑποτασσομένας τοῖς ἰδίοις ἀνδράσιν,

3878 οἰκουρός Not used in UBS/NIV

√ *3875*

3879 οἰκτείρω Not used in UBS/NIV

√ *3882*

3880 οἰκτιρμός [5]

√ *3882*

πατὴρ τῶν οἰκτιρμῶν [1] 2Co 1:3

Ro 12: 1 διὰ τῶν **οἰκτιρμῶν** τοῦ θεοῦ παραστῆσαι τὰ σώματα ὑμῶν θυσίαν ζῶσαν ἁγίαν εὐάρεστον τῷ θεῷ,
2Co 1: 3 ὁ πατὴρ τῶν **οἰκτιρμῶν** καὶ θεὸς πάσης παρακλήσεως,
Php 2: 1 εἴ τις κοινωνία πνεύματος, εἴ τις σπλάγχνα καὶ **οἰκτιρμοί,**
Col 3: 12 ἐκλεκτοὶ τοῦ θεοῦ ἅγιοι καὶ ἠγαπημένοι, σπλάγχνα **οἰκτιρμοῦ** χρηστότητα ταπεινοφροσύνην πραΰτητα μακροθυμίαν,
Heb 10: 28 ἀθετήσας τις νόμον Μωϋσέως χωρὶς **οἰκτιρμῶν** ἐπὶ δυσὶν ἢ τρισὶν μάρτυσιν ἀποθνῄσκει·

3881 οἰκτίρμων [3]

√ *3882*

Lk 6: 36 Γίνεσθε **οἰκτίρμονες** καθὼς [καὶ] ὁ πατὴρ ὑμῶν **οἰκτίρμων** ἐστίν.
Jas 5: 11 τὴν ὑπομονὴν Ἰὼβ ἠκούσατε καὶ τὸ τέλος κυρίου εἴδετε, ὅτι πολύσπλαγχνός ἐστιν ὁ κύριος καὶ **οἰκτίρμων.**

3882 οἰκτίρω [2]

→ *3879, 3880, 3881*

Ro 9: 15 Ἐλεήσω ὃν ἂν ἐλεῶ καὶ **οἰκτιρήσω** ὃν ἂν **οἰκτίρω.**

3883 οἶμαι Not used in UBS/NIV

√ *3887*

3884 οἰνοπότης [2]

√ *3885 + 4403*

Mt 11: 19 καὶ λέγουσιν, Ἰδοὺ ἄνθρωπος φάγος καὶ **οἰνοπότης,** τελωνῶν φίλος καὶ ἁμαρτωλῶν.
Lk 7: 34 καὶ λέγετε, Ἰδοὺ ἄνθρωπος φάγος καὶ **οἰνοπότης,** φίλος τελωνῶν καὶ ἁμαρτωλῶν.

3885 οἶνος [34]

→ *3884, 3886, 4232*

νέος οἶνος [7] Mt 9:17,17; Mk 2:22,22; Lk 5:37,37,38

Mt 9: 17 οὐδὲ βάλλουσιν **οἶνον** νέον εἰς ἀσκοὺς παλαιούς· εἰ δὲ μή γε, ῥήγνυνται οἱ ἀσκοὶ καὶ ὁ **οἶνος** ἐκχεῖται καὶ οἱ ἀσκοὶ ἀπόλλυνται· ἀλλὰ βάλλουσιν **οἶνον** νέον εἰς ἀσκοὺς καινούς, καὶ ἀμφότεροι συντηροῦνται.
27: 34 ἔδωκαν αὐτῷ πιεῖν **οἶνον** μετὰ χολῆς μεμιγμένον· καὶ γευσάμενος οὐκ ἠθέλησεν πιεῖν.
Mk 2: 22 καὶ οὐδεὶς βάλλει **οἶνον** νέον εἰς ἀσκοὺς παλαιούς· εἰ δὲ μή, ῥήξει ὁ **οἶνος** τοὺς ἀσκοὺς καὶ ὁ **οἶνος** ἀπόλλυται καὶ οἱ ἀσκοί· ἀλλὰ **οἶνον** νέον εἰς ἀσκοὺς καινούς.
15: 23 καὶ ἐδίδουν αὐτῷ ἐσμυρνισμένον **οἶνον·** ὃς δὲ οὐκ ἔλαβεν.
Lk 1: 15 ἔσται γὰρ μέγας ἐνώπιον [τοῦ] κυρίου, καὶ **οἶνον** καὶ σίκερα οὐ μὴ πίῃ,
5: 37 καὶ οὐδεὶς βάλλει **οἶνον** νέον εἰς ἀσκοὺς παλαιούς· εἰ δὲ μή γε, ῥήξει ὁ **οἶνος** ὁ νέος τοὺς ἀσκοὺς καὶ αὐτὸς ἐκχυθήσεται καὶ οἱ ἀσκοὶ ἀπολοῦνται·
5: 38 ἀλλὰ **οἶνον** νέον εἰς ἀσκοὺς καινοὺς βλητέον.
7: 33 ἐλήλυθεν γὰρ Ἰωάννης ὁ βαπτιστὴς μὴ ἐσθίων ἄρτον μήτε πίνων **οἶνον,**
10: 34 καὶ προσελθὼν κατέδησεν τὰ τραύματα αὐτοῦ ἐπιχέων ἔλαιον καὶ **οἶνον,**
Jn 2: 3 καὶ ὑστερήσαντος **οἴνου** λέγει ἡ μήτηρ τοῦ Ἰησοῦ πρὸς αὐτόν, **Οἶνον** οὐκ ἔχουσιν.
2: 9 ὡς δὲ ἐγεύσατο ὁ ἀρχιτρίκλινος τὸ ὕδωρ **οἶνον** γεγενημένον καὶ οὐκ ᾔδει πόθεν ἐστίν,
2: 10 Πᾶς ἄνθρωπος πρῶτον τὸν καλὸν **οἶνον** τίθησιν καὶ ὅταν μεθυσθῶσιν τὸν ἐλάσσω· σὺ τετήρηκας τὸν καλὸν **οἶνον** ἕως ἄρτι.
4: 46 Ἦλθεν οὖν πάλιν εἰς τὴν Κανὰ τῆς Γαλιλαίας, ὅπου ἐποίησεν τὸ ὕδωρ **οἶνον.**
Ro 14: 21 καλὸν τὸ μὴ φαγεῖν κρέα μηδὲ πιεῖν **οἶνον** μηδὲ ἐν ᾧ ὁ ἀδελφός σου προσκόπτει.
Eph 5: 18 καὶ μὴ μεθύσκεσθε **οἴνῳ,** ἐν ᾧ ἐστιν ἀσωτία,
1Ti 3: 8 μὴ διλόγους, μὴ **οἴνῳ** πολλῷ προσέχοντας, μὴ αἰσχροκερδεῖς,
5: 23 ἀλλὰ **οἴνῳ** ὀλίγῳ χρῶ διὰ τὸν στόμαχον καὶ τὰς πυκνάς σου ἀσθενείας.
Tit 2: 3 πρεσβύτιδας ὡσαύτως ἐν καταστήματι ἱεροπρεπεῖς, μὴ διαβόλους μηδὲ **οἴνῳ** πολλῷ δεδουλωμένας, καλοδιδασκάλους,
Rev 6: 6 καὶ τὸ ἔλαιον καὶ τὸν **οἶνον** μὴ ἀδικήσῃς.
14: 8 Ἔπεσεν ἔπεσεν Βαβυλὼν ἡ μεγάλη ἣ ἐκ τοῦ **οἴνου** τοῦ θυμοῦ τῆς πορνείας αὐτῆς πεπότικεν πάντα τὰ ἔθνη.
14: 10 καὶ αὐτὸς πίεται ἐκ τοῦ **οἴνου** τοῦ θυμοῦ τοῦ θεοῦ τοῦ κεκερασμένου ἀκράτου ἐν τῷ ποτηρίῳ τῆς ὀργῆς αὐτοῦ
16: 19 καὶ Βαβυλὼν ἡ μεγάλη ἐμνήσθη ἐνώπιον τοῦ θεοῦ δοῦναι αὐτῇ τὸ ποτήριον τοῦ **οἴνου** τοῦ θυμοῦ τῆς ὀργῆς αὐτοῦ.
17: 2 μεθ᾽ ἧς ἐπόρνευσαν οἱ βασιλεῖς τῆς γῆς καὶ ἐμεθύσθησαν οἱ κατοικοῦντες τὴν γῆν ἐκ τοῦ **οἴνου** τῆς πορνείας αὐτῆς
18: 3 ὅτι ἐκ τοῦ **οἴνου** τοῦ θυμοῦ τῆς πορνείας αὐτῆς πέπωκαν πάντα τὰ ἔθνη καὶ οἱ βασιλεῖς τῆς γῆς μετ᾽ αὐτῆς ἐπόρνευσαν
18: 13 καὶ κιννάμωμον καὶ ἄμωμον καὶ θυμιάματα καὶ μύρον καὶ λίβανον καὶ **οἶνον** καὶ ἔλαιον καὶ σεμίδαλιν καὶ σῖτον
19: 15 καὶ αὐτὸς πατεῖ τὴν ληνὸν τοῦ **οἴνου** τοῦ θυμοῦ τῆς ὀργῆς τοῦ θεοῦ τοῦ παντοκράτορος,

3886 οἰνοφλυγία [1]

√ *3885 + 5827*

1Pe 4: 3 ἀρκετὸς γὰρ ὁ παρεληλυθὼς χρόνος τὸ βούλημα τῶν ἐθνῶν κατειργάσθαι πεπορευμένους ἐν ἀσελγείαις, ἐπιθυμίαις, **οἰνοφλυγίαις,** κώμοις, πότοις καὶ ἀθεμίτοις εἰδωλολατρίαις.

3887 οἴομαι [3]

→ *3883*

Jn 21: 25 οὐδ᾽ αὐτὸν **οἶμαι** τὸν κόσμον χωρῆσαι τὰ γραφόμενα βιβλία.
Php 1: 17 οὐχ ἁγνῶς, **οἰόμενοι** θλῖψιν ἐγείρειν τοῖς δεσμοῖς μου.
Jas 1: 7 μὴ γὰρ **οἰέσθω** ὁ ἄνθρωπος ἐκεῖνος ὅτι λήμψεταί τι παρὰ τοῦ κυρίου,

3888 οἷος [14]

→ *3889, 4481; cf. 3836 + 4005*

Mt 24: 21 ἔσται γὰρ τότε θλῖψις μεγάλη **οἵα** οὐ γέγονεν ἀπ᾽ ἀρχῆς κόσμου ἕως τοῦ νῦν οὐδ᾽ οὐ μὴ γένηται.
Mk 9: 3 **οἷα** γναφεὺς ἐπὶ τῆς γῆς οὐ δύναται οὕτως λευκᾶναι.
13: 19 αἱ ἡμέραι ἐκεῖναι θλῖψις **οἵα** οὐ γέγονεν τοιαύτη ἀπ᾽ ἀρχῆς κτίσεως ἣν ἔκτισεν ὁ θεὸς ἕως τοῦ νῦν καὶ οὐ μὴ γένηται.
Ro 9: 6 Οὐχ **οἷον** δὲ ὅτι ἐκπέπτωκεν ὁ λόγος τοῦ θεοῦ.
1Co 15: 48 **οἷος** ὁ χοϊκός, τοιοῦτοι καὶ οἱ χοϊκοί, καὶ **οἷος** ὁ ἐπουράνιος, τοιοῦτοι καὶ οἱ ἐπουράνιοι·
2Co 10: 11 ὅτι **οἷοί** ἐσμεν τῷ λόγῳ δι᾽ ἐπιστολῶν ἀπόντες,
12: 20 φοβοῦμαι γὰρ μή πως ἐλθὼν οὐχ **οἵους** θέλω εὕρω ὑμᾶς κἀγὼ εὑρεθῶ ὑμῖν **οἷον** οὐ θέλετε·
Php 1: 30 **οἷον** εἴδετε ἐν ἐμοὶ καὶ νῦν ἀκούετε ἐν ἐμοί.
1Th 1: 5 καθὼς οἴδατε **οἷοι** ἐγενήθημεν [ἐν] ὑμῖν δι᾽ ὑμᾶς.

2Ti 3:11 **οἷά** μοι ἐγένετο ἐν Ἀντιοχείᾳ, ἐν Ἰκονίῳ, ἐν Λύστροις, **οἵους** διωγμοὺς ὑπήνεγκα καὶ ἐκ πάντων με ἐρρύσατο ὁ κύριος.
Rev 16:18 **οἷος** οὐκ ἐγένετο ἀφ᾽ οὗ ἄνθρωπος ἐγένετο ἐπὶ τῆς γῆς τηλικοῦτος σεισμὸς οὕτω μέγας.

3889 οἰοσδηποτοῦν Not used in UBS/NIV

√ *3888 + 1314 + 4544 + 4036*

3890 ὀκνέω [1]

→ *3891*

Ac 9:38 ἀκούσαντες ὅτι Πέτρος ἐστὶν ἐν αὐτῇ ἀπέστειλαν δύο ἄνδρας πρὸς αὐτὸν παρακαλοῦντες, Μὴ **ὀκνήσῃς** διελθεῖν ἕως ἡμῶν.

3891 ὀκνηρός [3]

√ *3890*

Mt 25:26 ἀποκριθεὶς δὲ ὁ κύριος αὐτοῦ εἶπεν αὐτῷ, Πονηρὲ δοῦλε καὶ **ὀκνηρέ,**
Ro 12:11 τῇ σπουδῇ μὴ **ὀκνηροί,** τῷ πνεύματι ζέοντες, τῷ κυρίῳ δουλεύοντες,
Php 3:1 τὰ αὐτὰ γράφειν ὑμῖν ἐμοὶ μὲν οὐκ **ὀκνηρόν,**

3892 ὀκταήμερος [1]

√ *3893 + 2465*

Php 3:5 περιτομῇ **ὀκταήμερος,** ἐκ γένους Ἰσραήλ, φυλῆς Βενιαμίν, Ἑβραῖος ἐξ Ἑβραίων,

3893 ὀκτώ [8]

→ *1277, 3837, 3838, 3892*

Lk 2:21 Καὶ ὅτε ἐπλήσθησαν ἡμέραι **ὀκτὼ** τοῦ περιτεμεῖν αὐτὸν καὶ ἐκλήθη τὸ ὄνομα αὐτοῦ Ἰησοῦς,
9:28 Ἐγένετο δὲ μετὰ τοὺς λόγους τούτους ὡσεὶ ἡμέραι **ὀκτὼ** [καὶ] παραλαβὼν Πέτρον καὶ Ἰωάννην καὶ Ἰάκωβον ἀνέβη
13:16 ἣν ἔδησεν ὁ Σατανᾶς ἰδοὺ δέκα καὶ **ὀκτὼ** ἔτη,
Jn 5:5 ἦν δέ τις ἄνθρωπος ἐκεῖ τριάκοντα [καὶ] **ὀκτὼ** ἔτη ἔχων ἐν τῇ ἀσθενείᾳ αὐτοῦ·
20:26 Καὶ μεθ᾽ ἡμέρας **ὀκτὼ** πάλιν ἦσαν ἔσω οἱ μαθηταὶ αὐτοῦ καὶ Θωμᾶς μετ᾽ αὐτῶν.
Ac 9:33 εὗρεν δὲ ἐκεῖ ἄνθρωπόν τινα ὀνόματι Αἰνέαν ἐξ ἐτῶν **ὀκτὼ** κατακείμενον ἐπὶ κραβάττου,
25:6 Διατρίψας δὲ ἐν αὐτοῖς ἡμέρας οὐ πλείους **ὀκτὼ** ἢ δέκα,
1Pe 3:20 ἐν ἡμέραις Νῶε κατασκευαζομένης κιβωτοῦ εἰς ἣν ὀλίγοι, τοῦτ᾽ ἔστιν **ὀκτὼ** ψυχαί, διεσώθησαν δι᾽ ὕδατος.

3894 ὀλεθρευτής Not used in UBS/NIV

√ *3897*

3895 ὀλεθρεύω Not used in UBS/NIV

√ *3897*

3896 ὀλέθριος Not used in UBS/NIV

√ *3897*

3897 ὄλεθρος [4]

→ *660, 661, 724, 2017, 3894, 3895, 3896, 3904, 3905, 5272*

1Co 5:5 παραδοῦναι τὸν τοιοῦτον τῷ Σατανᾷ εἰς **ὄλεθρον** τῆς σαρκός,
1Th 5:3 τότε αἰφνίδιος αὐτοῖς ἐφίσταται **ὄλεθρος** ὥσπερ ἡ ὠδὶν τῇ ἐν γαστρὶ ἐχούσῃ,
2Th 1:9 οἵτινες δίκην τίσουσιν **ὄλεθρον** αἰώνιον ἀπὸ προσώπου τοῦ κυρίου καὶ ἀπὸ τῆς δόξης τῆς ἰσχύος αὐτοῦ,
1Ti 6:9 αἵτινες βυθίζουσιν τοὺς ἀνθρώπους εἰς **ὄλεθρον** καὶ ἀπώλειαν.

3898 ὀλιγοπιστία [1]

√ *3900 + 4412*

Mt 17:20 ὁ δὲ λέγει αὐτοῖς, Διὰ τὴν **ὀλιγοπιστίαν** ὑμῶν·

3899 ὀλιγόπιστος [5]

√ *3900 + 4412*

Mt 6:30 εἰ δὲ τὸν χόρτον τοῦ ἀγροῦ σήμερον ὄντα καὶ αὔριον εἰς κλίβανον βαλλόμενον ὁ θεὸς οὕτως ἀμφιέννυσιν, οὐ πολλῷ μᾶλλον ὑμᾶς, **ὀλιγόπιστοι;**
8:26 καὶ λέγει αὐτοῖς, Τί δειλοί ἐστε, **ὀλιγόπιστοι;** τότε ἐγερθεὶς ἐπετίμησεν τοῖς ἀνέμοις καὶ τῇ θαλάσσῃ,
14:31 εὐθέως δὲ ὁ Ἰησοῦς ἐκτείνας τὴν χεῖρα ἐπελάβετο αὐτοῦ καὶ λέγει αὐτῷ, **Ὀλιγόπιστε,** εἰς τί ἐδίστασας;
16:8 Τί διαλογίζεσθε ἐν ἑαυτοῖς, **ὀλιγόπιστοι,** ὅτι ἄρτους οὐκ ἔχετε;
Lk 12:28 εἰ δὲ ἐν ἀγρῷ τὸν χόρτον ὄντα σήμερον καὶ αὔριον εἰς κλίβανον βαλλόμενον ὁ θεὸς οὕτως ἀμφιέζει, πόσῳ μᾶλλον ὑμᾶς, **ὀλιγόπιστοι.**

3900 ὀλίγος [40]

→ *3898, 3899, 3901, 3902, 3903*

ἐν ὀλίγῳ [3] Ac 26:28,29; Eph 3:3
μέγας ... ὀλίγος [1] Ac 26:29
πρὸς ὀλίγας ἡμέρας [1] Heb 12:10
πρὸς ὀλίγον [2] 1Ti 4:8; Jas 4:14

Mt 7:14 τί στενὴ ἡ πύλη καὶ τεθλιμμένη ἡ ὁδὸς ἡ ἀπάγουσα εἰς τὴν ζωὴν καὶ **ὀλίγοι** εἰσὶν οἱ εὑρίσκοντες αὐτήν.
9:37 Ὁ μὲν θερισμὸς πολύς, οἱ δὲ ἐργάται **ὀλίγοι·**
15:34 Πόσους ἄρτους ἔχετε; οἱ δὲ εἶπαν, Ἑπτὰ καὶ **ὀλίγα** ἰχθύδια.
22:14 πολλοὶ γάρ εἰσιν κλητοί, **ὀλίγοι** δὲ ἐκλεκτοί.
25:21 ἐπὶ **ὀλίγα** ἦς πιστός, ἐπὶ πολλῶν σε καταστήσω·
25:23 ἐπὶ **ὀλίγα** ἦς πιστός, ἐπὶ πολλῶν σε καταστήσω·
Mk 1:19 Καὶ προβὰς **ὀλίγον** εἶδεν Ἰάκωβον τὸν τοῦ Ζεβεδαίου καὶ Ἰωάννην τὸν ἀδελφὸν αὐτοῦ καὶ αὐτοὺς ἐν τῷ πλοίῳ
6:5 εἰ μὴ **ὀλίγοις** ἀρρώστοις ἐπιθεὶς τὰς χεῖρας ἐθεράπευσεν.
6:31 Δεῦτε ὑμεῖς αὐτοὶ κατ᾽ ἰδίαν εἰς ἔρημον τόπον καὶ ἀναπαύσασθε **ὀλίγον.**
8:7 καὶ εἶχον ἰχθύδια **ὀλίγα·** καὶ εὐλογήσας αὐτὰ εἶπεν καὶ ταῦτα παρατιθέναι.
Lk 5:3 ὃ ἦν Σίμωνος, ἠρώτησεν αὐτὸν ἀπὸ τῆς γῆς ἐπαναγαγεῖν **ὀλίγον,**
7:47 ὅτι ἠγάπησεν πολύ· ᾧ δὲ **ὀλίγον** ἀφίεται, **ὀλίγον** ἀγαπᾷ.
10:2 Ὁ μὲν θερισμὸς πολύς, οἱ δὲ ἐργάται **ὀλίγοι·**
12:48 ὁ δὲ μὴ γνούς, ποιήσας δὲ ἄξια πληγῶν δαρήσεται **ὀλίγας.**
13:23 εἶπεν δέ τις αὐτῷ, Κύριε, εἰ **ὀλίγοι** οἱ σῳζόμενοι;
Ac 12:18 Γενομένης δὲ ἡμέρας ἦν τάραχος οὐκ **ὀλίγος** ἐν τοῖς στρατιώταις τί ἄρα ὁ Πέτρος ἐγένετο.
14:28 διέτριβον δὲ χρόνον οὐκ **ὀλίγον** σὺν τοῖς μαθηταῖς.
15:2 γενομένης δὲ στάσεως καὶ ζητήσεως οὐκ **ὀλίγης** τῷ Παύλῳ καὶ τῷ Βαρναβᾷ πρὸς αὐτούς,
17:4 τῶν τε σεβομένων Ἑλλήνων πλῆθος πολύ, γυναικῶν τε τῶν πρώτων οὐκ **ὀλίγαι.**
17:12 πολλοὶ μὲν οὖν ἐξ αὐτῶν ἐπίστευσαν καὶ τῶν Ἑλληνίδων γυναικῶν τῶν εὐσχημόνων καὶ ἀνδρῶν οὐκ **ὀλίγοι.**
19:23 Ἐγένετο δὲ κατὰ τὸν καιρὸν ἐκεῖνον τάραχος οὐκ **ὀλίγος** περὶ τῆς ὁδοῦ.
19:24 ποιῶν ναοὺς ἀργυροῦς Ἀρτέμιδος παρείχετο τοῖς τεχνίταις οὐκ **ὀλίγην** ἐργασίαν,
26:28 ὁ δὲ Ἀγρίππας πρὸς τὸν Παῦλον, Ἐν **ὀλίγῳ** με πείθεις Χριστιανὸν ποιῆσαι.
26:29 Εὐξαίμην ἂν τῷ θεῷ καὶ ἐν **ὀλίγῳ** καὶ ἐν μεγάλῳ οὐ μόνον σὲ ἀλλὰ καὶ πάντας τοὺς ἀκούοντάς μου σήμερον
27:20 χειμῶνός τε οὐκ **ὀλίγου** ἐπικειμένου, λοιπὸν περιῃρεῖτο ἐλπὶς πᾶσα τοῦ σῴζεσθαι ἡμᾶς.
2Co 8:15 Ὁ τὸ πολὺ οὐκ ἐπλεόνασεν, καὶ ὁ τὸ **ὀλίγον** οὐκ ἠλαττόνησεν.
Eph 3:3 [ὅτι] κατὰ ἀποκάλυψιν ἐγνωρίσθη μοι τὸ μυστήριον, καθὼς προέγραψα ἐν **ὀλίγῳ,**
1Ti 4:8 ἡ γὰρ σωματικὴ γυμνασία πρὸς **ὀλίγον** ἐστὶν ὠφέλιμος,
5:23 ἀλλὰ οἴνῳ **ὀλίγῳ** χρῶ διὰ τὸν στόμαχον καὶ τὰς πυκνάς σου ἀσθενείας.
Heb 12:10 οἱ μὲν γὰρ πρὸς **ὀλίγας** ἡμέρας κατὰ τὸ δοκοῦν αὐτοῖς ἐπαίδευον,
Jas 4:14 ἀτμὶς γάρ ἐστε ἡ πρὸς **ὀλίγον** φαινομένη, ἔπειτα καὶ ἀφανιζομένη.

1Pe 1: 6 **ὀλίγον** ἄρτι εἰ δέον [ἐστὶν] λυπηθέντες ἐν ποικίλοις πειρασμοῖς,
3:20 ἀπειθήσασίν ποτε ὅτε ἀπεξεδέχετο ἡ τοῦ θεοῦ μακροθυμία ἐν ἡμέραις Νῶε κατασκευαζομένης κιβωτοῦ εἰς ἣν **ὀλίγοι,**
5:10 ὁ καλέσας ὑμᾶς εἰς τὴν αἰώνιον αὐτοῦ δόξαν ἐν Χριστῷ [Ἰησοῦ,] **ὀλίγον** παθόντας αὐτὸς καταρτίσει, στηρίξει,
5:12 δι' **ὀλίγων** ἔγραψα παρακαλῶν καὶ ἐπιμαρτυρῶν ταύτην εἶναι ἀληθῆ χάριν τοῦ θεοῦ εἰς ἣν στῆτε.
Rev 2:14 ἀλλ' ἔχω κατὰ σοῦ **ὀλίγα** ὅτι ἔχεις ἐκεῖ κρατοῦντας τὴν διδαχὴν Βαλαάμ,
3: 4 ἀλλὰ ἔχεις **ὀλίγα** ὀνόματα ἐν Σάρδεσιν ἃ οὐκ ἐμόλυναν τὰ ἱμάτια αὐτῶν,
12:12 ὅτι κατέβη ὁ διάβολος πρὸς ὑμᾶς ἔχων θυμὸν μέγαν, εἰδὼς ὅτι **ὀλίγον** καιρὸν ἔχει.
17:10 ὁ ἄλλος οὔπω ἦλθεν, καὶ ὅταν ἔλθῃ **ὀλίγον** αὐτὸν δεῖ μεῖναι.

3901 ὀλιγόψυχος [1]

√ *3900 + 6038*

1Th 5:14 παραμυθεῖσθε τοὺς **ὀλιγοψύχους,** ἀντέχεσθε τῶν ἀσθενῶν, μακροθυμεῖτε πρὸς πάντας.

3902 ὀλιγωρέω [1]

√ *3900*

Heb 12: 5 μὴ **ὀλιγώρει** παιδείας κυρίου μηδὲ ἐκλύου ὑπ' αὐτοῦ ἐλεγχόμενος·

3903 ὀλίγως [1]

√ *3900*

2Pe 2:18 δελεάζουσιν ἐν ἐπιθυμίαις σαρκὸς ἀσελγείαις τοὺς **ὀλίγως** ἀποφεύγοντας τοὺς ἐν πλάνῃ ἀναστρεφομένους,

3904 ὀλοθρευτής [1]

√ *3897*

1Co 10:10 καθάπερ τινὲς αὐτῶν ἐγόγγυσαν καὶ ἀπώλοντο ὑπὸ τοῦ **ὀλοθρευτοῦ.**

3905 ὀλοθρεύω [1]

√ *3897*

Heb 11:28 ἵνα μὴ ὁ **ὀλοθρεύων** τὰ πρωτότοκα θίγῃ αὐτῶν.

3906 ὁλοκαύτωμα [3]

√ *3910 + 2794*

Mk 12:33 καὶ τὸ ἀγαπᾶν αὐτὸν ἐξ ὅλης τῆς καρδίας καὶ ἐξ ὅλης τῆς συνέσεως καὶ ἐξ ὅλης τῆς ἰσχύος καὶ τὸ ἀγαπᾶν τὸν πλησίον ὡς ἑαυτὸν περισσότερόν ἐστιν πάντων τῶν **ὁλοκαυτωμάτων** καὶ θυσιῶν.
Heb 10: 6 **ὁλοκαυτώματα** καὶ περὶ ἁμαρτίας οὐκ εὐδόκησας.
10: 8 ἀνώτερον λέγων ὅτι Θυσίας καὶ προσφορὰς καὶ **ὁλοκαυτώματα** καὶ περὶ ἁμαρτίας οὐκ ἠθέλησας οὐδὲ εὐδόκησας,

3907 ὁλοκληρία [1]

√ *3910 + 3102*

Ac 3:16 καὶ ἡ πίστις ἡ δι' αὐτοῦ ἔδωκεν αὐτῷ τὴν **ὁλοκληρίαν** ταύτην ἀπέναντι πάντων ὑμῶν.

3908 ὁλόκληρος [2]

√ *3910 + 3102*

1Th 5:23 καὶ **ὁλόκληρον** ὑμῶν τὸ πνεῦμα καὶ ἡ ψυχὴ καὶ τὸ σῶμα ἀμέμπτως ἐν τῇ παρουσίᾳ τοῦ κυρίου ἡμῶν Ἰησοῦ Χριστοῦ τηρηθείη.
Jas 1: 4 ἵνα ἦτε τέλειοι καὶ **ὁλόκληροι** ἐν μηδενὶ λειπόμενοι.

3909 ὀλολύζω [1]

Jas 5: 1 κλαύσατε **ὀλολύζοντες** ἐπὶ ταῖς ταλαιπωρίαις ὑμῶν ταῖς ἐπερχομέναις.

3910 ὅλος [109]

→ *2772, 2773, 3906, 3907, 3908, 3911, 3914*

δι' ὅλου [3] Lk 5:5; Jn 19:23; Ac 13:49

ὅλος καρδία [4] Mt 22:37; Mk 12:30,33; Lk 10:27

ὅλος κόσμος [9] Mt 16:26; 26:13; Mk 8:36; 14:9; Lk 9:25; Jn 12:19[NIV]; Ro 1:8; 1Jn 2:2; 5:19

ὅλος νόμος [3] Mt 22:40; Gal 5:3; Jas 2:10

ὅλος σῶμα [10] Mt 5:29,30; 6:22,23; Lk 11:34,36; 1Co 12:17; Jas 3:2,3,6

Mt 1:22 Τοῦτο δὲ **ὅλον** γέγονεν ἵνα πληρωθῇ τὸ ῥηθὲν ὑπὸ κυρίου διὰ τοῦ προφήτου λέγοντος,
4:23 Καὶ περιῆγεν ἐν **ὅλῃ** τῇ Γαλιλαίᾳ διδάσκων ἐν ταῖς συναγωγαῖς αὐτῶν καὶ κηρύσσων τὸ εὐαγγέλιον τῆς βασιλείας
4:24 καὶ ἀπῆλθεν ἡ ἀκοὴ αὐτοῦ εἰς **ὅλην** τὴν Συρίαν·
5:29 συμφέρει γάρ σοι ἵνα ἀπόληται ἓν τῶν μελῶν σου καὶ μὴ **ὅλον** τὸ σῶμά σου βληθῇ εἰς γέενναν.
5:30 συμφέρει γάρ σοι ἵνα ἀπόληται ἓν τῶν μελῶν σου καὶ μὴ **ὅλον** τὸ σῶμά σου εἰς γέενναν ἀπέλθῃ.
6:22 ἐὰν οὖν ᾖ ὁ ὀφθαλμός σου ἁπλοῦς, **ὅλον** τὸ σῶμά σου φωτεινὸν ἔσται·
6:23 ἐὰν δὲ ὁ ὀφθαλμός σου πονηρὸς ᾖ, **ὅλον** τὸ σῶμά σου σκοτεινὸν ἔσται.
9:26 καὶ ἐξῆλθεν ἡ φήμη αὕτη εἰς **ὅλην** τὴν γῆν ἐκείνην.
9:31 οἱ δὲ ἐξελθόντες διεφήμισαν αὐτὸν ἐν **ὅλῃ** τῇ γῇ ἐκείνῃ.
13:33 ἣν λαβοῦσα γυνὴ ἐνέκρυψεν εἰς ἀλεύρου σάτα τρία ἕως οὗ ἐζυμώθη **ὅλον.**
14:35 καὶ ἐπιγνόντες αὐτὸν οἱ ἄνδρες τοῦ τόπου ἐκείνου ἀπέστειλαν εἰς **ὅλην** τὴν περίχωρον ἐκείνην
16:26 τί γὰρ ὠφεληθήσεται ἄνθρωπος ἐὰν τὸν κόσμον **ὅλον** κερδήσῃ τὴν δὲ ψυχὴν αὐτοῦ ζημιωθῇ;
20: 6 περὶ δὲ τὴν ἑνδεκάτην ἐξελθὼν εὗρεν ἄλλους ἑστῶτας καὶ λέγει αὐτοῖς, Τί ὧδε ἑστήκατε **ὅλην** τὴν ἡμέραν ἀργοί;
22:37 Ἀγαπήσεις κύριον τὸν θεόν σου ἐν **ὅλῃ** τῇ καρδίᾳ σου καὶ ἐν **ὅλῃ** τῇ ψυχῇ σου καὶ ἐν **ὅλῃ** τῇ διανοίᾳ σου·
22:40 ἐν ταύταις ταῖς δυσὶν ἐντολαῖς **ὅλος** ὁ νόμος κρέμαται καὶ οἱ προφῆται.
24:14 καὶ κηρυχθήσεται τοῦτο τὸ εὐαγγέλιον τῆς βασιλείας ἐν **ὅλῃ** τῇ οἰκουμένῃ εἰς μαρτύριον πᾶσιν τοῖς ἔθνεσιν,
26:13 ὅπου ἐὰν κηρυχθῇ τὸ εὐαγγέλιον τοῦτο ἐν **ὅλῳ** τῷ κόσμῳ,
26:56 τοῦτο δὲ **ὅλον** γέγονεν ἵνα πληρωθῶσιν αἱ γραφαὶ τῶν προφητῶν.
26:59 οἱ δὲ ἀρχιερεῖς καὶ τὸ συνέδριον **ὅλον** ἐζήτουν ψευδομαρτυρίαν κατὰ τοῦ Ἰησοῦ ὅπως αὐτὸν θανατώσωσιν,
27:27 Τότε οἱ στρατιῶται τοῦ ἡγεμόνος παραλαβόντες τὸν Ἰησοῦν εἰς τὸ πραιτώριον συνήγαγον ἐπ' αὐτὸν **ὅλην** τὴν σπεῖραν.
Mk 1:28 καὶ ἐξῆλθεν ἡ ἀκοὴ αὐτοῦ εὐθὺς πανταχοῦ εἰς **ὅλην** τὴν περίχωρον τῆς Γαλιλαίας.
1:33 καὶ ἦν **ὅλη** ἡ πόλις ἐπισυνηγμένη πρὸς τὴν θύραν.
1:39 καὶ ἦλθεν κηρύσσων εἰς τὰς συναγωγὰς αὐτῶν εἰς **ὅλην** τὴν Γαλιλαίαν καὶ τὰ δαιμόνια ἐκβάλλων.
6:55 περιέδραμον **ὅλην** τὴν χώραν ἐκείνην καὶ ἤρξαντο ἐπὶ τοῖς κραβάττοις τοὺς κακῶς ἔχοντας περιφέρειν ὅπου ἤκουον ὅτι ἐστίν.
8:36 τί γὰρ ὠφελεῖ ἄνθρωπον κερδῆσαι τὸν κόσμον **ὅλον** καὶ ζημιωθῆναι τὴν ψυχὴν αὐτοῦ;
12:30 καὶ ἀγαπήσεις κύριον τὸν θεόν σου ἐξ **ὅλης** τῆς καρδίας σου καὶ ἐξ **ὅλης** τῆς ψυχῆς σου καὶ ἐξ **ὅλης** τῆς διανοίας σου καὶ ἐξ **ὅλης** τῆς ἰσχύος σου.
12:33 καὶ τὸ ἀγαπᾶν αὐτὸν ἐξ **ὅλης** τῆς καρδίας καὶ ἐξ **ὅλης** τῆς συνέσεως καὶ ἐξ **ὅλης** τῆς ἰσχύος καὶ τὸ ἀγαπᾶν τὸν πλησίον ὡς ἑαυτὸν περισσότερόν ἐστιν πάντων τῶν ὁλοκαυτωμάτων καὶ θυσιῶν.
12:44 αὕτη δὲ ἐκ τῆς ὑστερήσεως αὐτῆς πάντα ὅσα εἶχεν ἔβαλεν **ὅλον** τὸν βίον αὐτῆς.
14: 9 ὅπου ἐὰν κηρυχθῇ τὸ εὐαγγέλιον εἰς **ὅλον** τὸν κόσμον,
14:55 οἱ δὲ ἀρχιερεῖς καὶ **ὅλον** τὸ συνέδριον ἐζήτουν κατὰ τοῦ Ἰησοῦ μαρτυρίαν εἰς τὸ θανατῶσαι αὐτόν,
15: 1 Καὶ εὐθὺς πρωῒ συμβούλιον ποιήσαντες οἱ ἀρχιερεῖς μετὰ τῶν πρεσβυτέρων καὶ γραμματέων καὶ **ὅλον** τὸ συνέδριον,
15:16 ὅ ἐστιν πραιτώριον, καὶ συγκαλοῦσιν **ὅλην** τὴν σπεῖραν.
15:33 Καὶ γενομένης ὥρας ἕκτης σκότος ἐγένετο ἐφ' **ὅλην** τὴν γῆν ἕως ὥρας ἐνάτης.

Lk 1:65 καὶ ἐν **ὅλῃ** τῇ ὀρεινῇ τῆς Ἰουδαίας διελαλεῖτο πάντα τὰ ῥήματα ταῦτα,
4:14 καὶ φήμη ἐξῆλθεν καθ' **ὅλης** τῆς περιχώρου περὶ αὐτοῦ.
5: 5 καὶ ἀποκριθεὶς Σίμων εἶπεν, Ἐπιστάτα, δι' **ὅλης** νυκτὸς κοπιάσαντες οὐδὲν ἐλάβομεν·
7:17 καὶ ἐξῆλθεν ὁ λόγος οὗτος ἐν **ὅλῃ** τῇ Ἰουδαίᾳ περὶ αὐτοῦ καὶ πάσῃ τῇ περιχώρῳ.
8:39 καὶ ἀπῆλθεν καθ' **ὅλην** τὴν πόλιν κηρύσσων ὅσα ἐποίησεν αὐτῷ ὁ Ἰησοῦς.
8:43 ἥτις [ἰατροῖς προσαναλώσασα **ὅλον**[NIV-] τὸν βίον] οὐκ ἴσχυσεν ἀπ' οὐδενὸς θεραπευθῆναι,
9:25 τί γὰρ ὠφελεῖται ἄνθρωπος κερδήσας τὸν κόσμον **ὅλον** ἑαυτὸν δὲ ἀπολέσας ἢ ζημιωθείς;
10:27 Ἀγαπήσεις κύριον τὸν θεόν σου ἐξ **ὅλης** [τῆς] καρδίας σου καὶ ἐν **ὅλῃ** τῇ ψυχῇ σου αἱ ἐν **ὅλῃ** τῇ ἰσχύϊ σου καὶ ἐν **ὅλῃ** τῇ διανοίᾳ σου,
11:34 ὅταν ὁ ὀφθαλμός σου ἁπλοῦς ᾖ, καὶ **ὅλον** τὸ σῶμά σου φωτεινόν ἐστιν·
11:36 εἰ οὖν τὸ σῶμά σου **ὅλον** φωτεινόν, μὴ ἔχον μέρος τι σκοτεινόν, ἔσται φωτεινὸν **ὅλον** ὡς ὅταν ὁ λύχνος τῇ ἀστραπῇ φωτίζῃ σε.
13:21 ἣν λαβοῦσα γυνὴ [ἐν]έκρυψεν εἰς ἀλεύρου σάτα τρία ἕως οὗ ἐζυμώθη **ὅλον.**
23: 5 οἱ δὲ ἐπίσχυον λέγοντες ὅτι Ἀνασείει τὸν λαὸν διδάσκων καθ' **ὅλης** τῆς Ἰουδαίας,
23:44 Καὶ ἦν ἤδη ὡσεὶ ὥρα ἕκτη καὶ σκότος ἐγένετο ἐφ' **ὅλην** τὴν γῆν ἕως ὥρας ἐνάτης
Jn 4:53 καὶ ἐπίστευσεν αὐτὸς καὶ ἡ οἰκία αὐτοῦ **ὅλη.**
7:23 ἐμοὶ χολᾶτε ὅτι **ὅλον** ἄνθρωπον ὑγιῆ ἐποίησα ἐν σαββάτῳ;
9:34 Ἐν ἁμαρτίαις σὺ ἐγεννήθης **ὅλος** καὶ σὺ διδάσκεις ἡμᾶς;
11:50 οὐδὲ λογίζεσθε ὅτι συμφέρει ὑμῖν ἵνα εἷς ἄνθρωπος ἀποθάνῃ ὑπὲρ τοῦ λαοῦ καὶ μὴ **ὅλον** τὸ ἔθνος ἀπόληται.
12:19 Θεωρεῖτε ὅτι οὐκ ὠφελεῖτε οὐδέν· ἴδε ὁ κόσμος **ὅλος**[UBS-] ὀπίσω αὐτοῦ ἀπῆλθεν.
13:10 Ὁ λελουμένος οὐκ ἔχει χρείαν εἰ μὴ τοὺς πόδας νίψασθαι, ἀλλ' ἔστιν καθαρὸς **ὅλος·**
19:23 ἦν δὲ ὁ χιτὼν ἄραφος, ἐκ τῶν ἄνωθεν ὑφαντὸς δι' **ὅλου.**
Ac 2: 2 καὶ ἐγένετο ἄφνω ἐκ τοῦ οὐρανοῦ ἦχος ὥσπερ φερομένης πνοῆς βιαίας καὶ ἐπλήρωσεν **ὅλον** τὸν οἶκον οὗ ἦσαν καθήμενοι
2:47 αἰνοῦντες τὸν θεὸν καὶ ἔχοντες χάριν πρὸς **ὅλον** τὸν λαόν.
5:11 καὶ ἐγένετο φόβος μέγας ἐφ' **ὅλην** τὴν ἐκκλησίαν καὶ ἐπὶ πάντας τοὺς ἀκούοντας ταῦτα.
7:10 ἐναντίον Φαραὼ βασιλέως Αἰγύπτου καὶ κατέστησεν αὐτὸν ἡγούμενον ἐπ' Αἴγυπτον καὶ [ἐφ'] **ὅλον** τὸν οἶκον αὐτοῦ.
7:11 ἦλθεν δὲ λιμὸς ἐφ' **ὅλην** τὴν Αἴγυπτον καὶ Χανάαν καὶ θλῖψις μεγάλη,
9:31 Ἡ μὲν οὖν ἐκκλησία καθ' **ὅλης** τῆς Ἰουδαίας καὶ Γαλιλαίας καὶ Σαμαρείας εἶχεν εἰρήνην οἰκοδομουμένη
9:42 γνωστὸν δὲ ἐγένετο καθ' **ὅλης** τῆς Ἰόππης καὶ ἐπίστευσαν πολλοὶ ἐπὶ τὸν κύριον.
10:22 μαρτυρούμενός τε ὑπὸ **ὅλου** τοῦ ἔθνους τῶν Ἰουδαίων,
10:37 ὑμεῖς οἴδατε τὸ γενόμενον ῥῆμα καθ' **ὅλης** τῆς Ἰουδαίας,
11:26 ἐγένετο δὲ αὐτοῖς καὶ ἐνιαυτὸν **ὅλον** συναχθῆναι ἐν τῇ ἐκκλησίᾳ καὶ διδάξαι ὄχλον ἱκανόν,
11:28 εἷς ἐξ αὐτῶν ὀνόματι Ἅγαβος ἐσήμανεν διὰ τοῦ πνεύματος λιμὸν μεγάλην μέλλειν ἔσεσθαι ἐφ' **ὅλην** τὴν οἰκουμένην,
13: 6 διελθόντες δὲ **ὅλην** τὴν νῆσον ἄχρι Πάφου εὗρον ἄνδρα τινὰ μάγον ψευδοπροφήτην Ἰουδαῖον ᾧ ὄνομα Βαριησοῦ
13:49 διεφέρετο δὲ ὁ λόγος τοῦ κυρίου δι' **ὅλης** τῆς χώρας.
15:22 Τότε ἔδοξε τοῖς ἀποστόλοις καὶ τοῖς πρεσβυτέροις σὺν **ὅλῃ** τῇ ἐκκλησίᾳ ἐκλεξαμένους ἄνδρας ἐξ αὐτῶν πέμψαι
18: 8 Κρίσπος δὲ ὁ ἀρχισυνάγωγος ἐπίστευσεν τῷ κυρίῳ σὺν **ὅλῳ** τῷ οἴκῳ αὐτοῦ,
19:27 μέλλειν τε καὶ καθαιρεῖσθαι τῆς μεγαλειότητος αὐτῆς ἣν **ὅλη** ἡ Ἀσία καὶ ἡ οἰκουμένη σέβεται.
21:30 ἐκινήθη τε ἡ πόλις **ὅλη** καὶ ἐγένετο συνδρομὴ τοῦ λαοῦ,
21:31 ζητούντων τε αὐτὸν ἀποκτεῖναι ἀνέβη φάσις τῷ χιλιάρχῳ τῆς σπείρης ὅτι **ὅλη** συγχύννεται Ἰερουσαλήμ.
28:30 Ἐνέμεινεν δὲ διετίαν **ὅλην** ἐν ἰδίῳ μισθώματι καὶ ἀπεδέχετο πάντας τοὺς εἰσπορευομένους πρὸς αὐτόν,
Ro 1: 8 εὐχαριστῶ τῷ θεῷ μου διὰ Ἰησοῦ Χριστοῦ περὶ πάντων ὑμῶν ὅτι ἡ πίστις ὑμῶν καταγγέλλεται ἐν **ὅλῳ** τῷ κόσμῳ.
8:36 καθὼς γέγραπται ὅτι Ἕνεκεν σοῦ θανατούμεθα **ὅλην** τὴν ἡμέραν,
10:21 **Ὅλην** τὴν ἡμέραν ἐξεπέτασα τὰς χεῖράς μου πρὸς λαὸν ἀπειθοῦντα καὶ ἀντιλέγοντα.
16:23 ἀσπάζεται ὑμᾶς Γάϊος ὁ ξένος μου καὶ **ὅλης** τῆς ἐκκλησίας.
1Co 5: 6 οὐκ οἴδατε ὅτι μικρὰ ζύμη **ὅλον** τὸ φύραμα ζυμοῖ;
12:17 εἰ **ὅλον** τὸ σῶμα ὀφθαλμός, ποῦ ἡ ἀκοή; εἰ **ὅλον** ἀκοή, ποῦ ἡ ὄσφρησις;
14:23 Ἐὰν οὖν συνέλθῃ ἡ ἐκκλησία **ὅλη** ἐπὶ τὸ αὐτὸ καὶ πάντες λαλῶσιν γλώσσαις,
2Co 1: 1 τῇ ἐκκλησίᾳ τοῦ θεοῦ τῇ οὔσῃ ἐν Κορίνθῳ σὺν τοῖς ἁγίοις πᾶσιν τοῖς οὖσιν ἐν **ὅλῃ** τῇ Ἀχαΐᾳ,
Gal 5: 3 μαρτύρομαι δὲ πάλιν παντὶ ἀνθρώπῳ περιτεμνομένῳ ὅτι ὀφειλέτης ἐστὶν **ὅλον** τὸν νόμον ποιῆσαι.
5: 9 μικρὰ ζύμη **ὅλον** τὸ φύραμα ζυμοῖ.
Php 1:13 ὥστε τοὺς δεσμούς μου φανεροὺς ἐν Χριστῷ γενέσθαι ἐν **ὅλῳ** τῷ πραιτωρίῳ καὶ τοῖς λοιποῖς πᾶσιν,
1Th 4:10 καὶ γὰρ ποιεῖτε αὐτὸ εἰς πάντας τοὺς ἀδελφοὺς [τοὺς] ἐν **ὅλῃ** τῇ Μακεδονίᾳ.
Tit 1:11 οἵτινες **ὅλους** οἴκους ἀνατρέπουσιν διδάσκοντες ἃ μὴ δεῖ αἰσχροῦ κέρδους χάριν.
Heb 3: 2 πιστὸν ὄντα τῷ ποιήσαντι αὐτὸν ὡς καὶ Μωϋσῆς ἐν **[ὅλῳ]** τῷ οἴκῳ αὐτοῦ.
3: 5 καὶ Μωϋσῆς μὲν πιστὸς ἐν **ὅλῳ** τῷ οἴκῳ αὐτοῦ ὡς θεράπων εἰς μαρτύριον τῶν λαληθησομένων,
Jas 2:10 ὅστις γὰρ **ὅλον** τὸν νόμον τηρήσῃ πταίσῃ δὲ ἐν ἑνί,
3: 2 οὗτος τέλειος ἀνὴρ δυνατὸς χαλιναγωγῆσαι καὶ **ὅλον** τὸ σῶμα.
3: 3 εἰ δὲ τῶν ἵππων τοὺς χαλινοὺς εἰς τὰ στόματα βάλλομεν εἰς τὸ πείθεσθαι αὐτοὺς ἡμῖν, καὶ **ὅλον** τὸ σῶμα αὐτῶν μετάγομεν.
3: 6 ἡ σπιλοῦσα **ὅλον** τὸ σῶμα καὶ φλογίζουσα τὸν τροχὸν τῆς γενέσεως καὶ φλογιζομένη ὑπὸ τῆς γεέννης.
1Jn 2: 2 οὐ περὶ τῶν ἡμετέρων δὲ μόνον ἀλλὰ καὶ περὶ **ὅλου** τοῦ κόσμου.
5:19 οἴδαμεν ὅτι ἐκ τοῦ θεοῦ ἐσμεν καὶ ὁ κόσμος **ὅλος** ἐν τῷ πονηρῷ κεῖται.
Rev 3:10 κἀγώ σε τηρήσω ἐκ τῆς ὥρας τοῦ πειρασμοῦ τῆς μελλούσης ἔρχεσθαι ἐπὶ τῆς οἰκουμένης **ὅλης** πειράσαι
6:12 καὶ σεισμὸς μέγας ἐγένετο καὶ ὁ ἥλιος ἐγένετο μέλας ὡς σάκκος τρίχινος καὶ ἡ σελήνη **ὅλη** ἐγένετο ὡς αἷμα
12: 9 ὁ πλανῶν τὴν οἰκουμένην **ὅλην,** ἐβλήθη εἰς τὴν γῆν,
13: 3 καὶ ἐθαυμάσθη **ὅλη** ἡ γῆ ὀπίσω τοῦ θηρίου
16:14 ἃ ἐκπορεύεται ἐπὶ τοὺς βασιλεῖς τῆς οἰκουμένης **ὅλης** συναγαγεῖν αὐτοὺς εἰς τὸν πόλεμον τῆς ἡμέρας τῆς μεγάλης

3911 ὁλοτελής [1]

√ *3910 + 5465*

1Th 5:23 Αὐτὸς δὲ ὁ θεὸς τῆς εἰρήνης ἁγιάσαι ὑμᾶς **ὁλοτελεῖς,**

3912 Ὀλυμπᾶς [1]

Ro 16:15 καὶ **Ὀλυμπᾶν** καὶ τοὺς σὺν αὐτοῖς πάντας ἁγίους.

3913 ὄλυνθος [1]

Rev 6:13 ὡς συκῆ βάλλει τοὺς **ὀλύνθους** αὐτῆς ὑπὸ ἀνέμου μεγάλου σειομένη,

3914 ὅλως [4]

√ *3910*

Mt 5:34 ἐγὼ δὲ λέγω ὑμῖν μὴ ὀμόσαι **ὅλως·** μήτε ἐν τῷ οὐρανῷ,
1Co 5: 1 **Ὅλως** ἀκούεται ἐν ὑμῖν πορνεία, καὶ τοιαύτη πορνεία ἥτις οὐδὲ ἐν τοῖς ἔθνεσιν,
6: 7 ἤδη μὲν [οὖν] **ὅλως** ἥττημα ὑμῖν ἐστιν ὅτι κρίματα ἔχετε μεθ' ἑαυτῶν.
15:29 εἰ **ὅλως** νεκροὶ οὐκ ἐγείρονται, τί καὶ βαπτίζονται ὑπὲρ αὐτῶν;

3915 ὄμβρος [1]

Lk 12:54 εὐθέως λέγετε ὅτι **Ὄμβρος** ἔρχεται, καὶ γίνεται οὕτως·

3916 ὁμείρομαι [1]

1Th 2: 8 οὕτως **ὁμειρόμενοι** ὑμῶν εὐδοκοῦμεν μεταδοῦναι ὑμῖν οὐ μόνον τὸ εὐαγγέλιον τοῦ θεοῦ ἀλλὰ καὶ τὰς ἑαυτῶν ψυχάς,

3917 ὁμιλέω [4]

→ *3918, 3919, 5326; cf. 3927*

Lk 24:14 καὶ αὐτοὶ **ὡμίλουν** πρὸς ἀλλήλους περὶ πάντων τῶν συμβεβηκότων τούτων.

24:15 καὶ ἐγένετο ἐν τῷ **ὁμιλεῖν** αὐτοὺς καὶ συζητεῖν καὶ αὐτὸς Ἰησοῦς ἐγγίσας συνεπορεύετο αὐτοῖς,
Ac 20:11 ἀναβὰς δὲ καὶ κλάσας τὸν ἄρτον καὶ γευσάμενος ἐφ᾽ ἱκανόν τε **ὁμιλήσας** ἄχρι αὐγῆς,
24:26 καὶ ἐλπίζων ὅτι χρήματα δοθήσεται αὐτῷ ὑπὸ τοῦ Παύλου· διὸ καὶ πυκνότερον αὐτὸν μεταπεμπόμενος **ὡμίλει** αὐτῷ.

3918 ὁμιλία [1]

√ *3917*

1Co 15:33 μὴ πλανᾶσθε· Φθείρουσιν ἤθη χρηστὰ **ὁμιλίαι** κακαί.

3919 ὅμιλος Not used in UBS/NIV

√ *3917*

3920 ὁμίχλη [1]

2Pe 2:17 Οὗτοί εἰσιν πηγαὶ ἄνυδροι καὶ **ὁμίχλαι** ὑπὸ λαίλαπος ἐλαυνόμεναι,

3921 ὄμμα [2]

√ *3972*

Mt 20:34 σπλαγχνισθεὶς δὲ ὁ Ἰησοῦς ἥψατο τῶν **ὀμμάτων** αὐτῶν,
Mk 8:23 καὶ ἐπιλαβόμενος τῆς χειρὸς τοῦ τυφλοῦ ἐξήνεγκεν αὐτὸν ἔξω τῆς κώμης καὶ πτύσας εἰς τὰ **ὄμματα** αὐτοῦ,

3922 ὄμνυμι Not used in UBS/NIV

√ *3923*

3923 ὀμνύω [26]

→ *3922, 3993, 5350*

ὀμνύω ... ὅρκος [4] Lk 1:73; Ac 2:30; Heb 6:16; Jas 5:12

Mt 5:34 ἐγὼ δὲ λέγω ὑμῖν μὴ **ὀμόσαι** ὅλως· μήτε ἐν τῷ οὐρανῷ,
5:36 μήτε ἐν τῇ κεφαλῇ σου **ὀμόσῃς,** ὅτι οὐ δύνασαι μίαν τρίχα λευκὴν ποιῆσαι ἢ μέλαιναν.
23:16 Ὃς ἂν **ὀμόσῃ** ἐν τῷ ναῷ, οὐδέν ἐστιν· ὃς δ᾽ ἂν **ὀμόσῃ** ἐν τῷ χρυσῷ τοῦ ναοῦ, ὀφείλει.
23:18 καί, Ὃς ἂν **ὀμόσῃ** ἐν τῷ θυσιαστηρίῳ, οὐδέν ἐστιν· ὃς δ᾽ ἂν **ὀμόσῃ** ἐν τῷ δώρῳ τῷ ἐπάνω αὐτοῦ, ὀφείλει.
23:20 ὁ οὖν **ὀμόσας** ἐν τῷ θυσιαστηρίῳ **ὀμνύει** ἐν αὐτῷ καὶ ἐν πᾶσι τοῖς ἐπάνω αὐτοῦ·
23:21 καὶ ὁ **ὀμόσας** ἐν τῷ ναῷ **ὀμνύει** ἐν αὐτῷ καὶ ἐν τῷ κατοικοῦντι αὐτόν,
23:22 καὶ ὁ **ὀμόσας** ἐν τῷ οὐρανῷ **ὀμνύει** ἐν τῷ θρόνῳ τοῦ θεοῦ καὶ ἐν τῷ καθημένῳ ἐπάνω αὐτοῦ.
26:74 τότε ἤρξατο καταθεματίζειν καὶ **ὀμνύειν** ὅτι Οὐκ οἶδα τὸν ἄνθρωπον.
Mk 6:23 καὶ **ὤμοσεν** αὐτῇ [πολλά,] Ὅ τι ἐάν με αἰτήσῃς δώσω σοι ἕως ἡμίσους τῆς βασιλείας μου.
14:71 ὁ δὲ ἤρξατο ἀναθεματίζειν καὶ **ὀμνύναι** ὅτι Οὐκ οἶδα τὸν ἄνθρωπον τοῦτον ὃν λέγετε.
Lk 1:73 ὅρκον ὃν **ὤμοσεν** πρὸς Ἀβραὰμ τὸν πατέρα ἡμῶν,
Ac 2:30 καὶ εἰδὼς ὅτι ὅρκῳ **ὤμοσεν** αὐτῷ ὁ θεὸς ἐκ καρποῦ τῆς ὀσφύος αὐτοῦ καθίσαι ἐπὶ τὸν θρόνον αὐτοῦ,
Heb 3:11 ὡς **ὤμοσα** ἐν τῇ ὀργῇ μου· Εἰ εἰσελεύσονται εἰς τὴν κατάπαυσίν μου.
3:18 τίσιν δὲ **ὤμοσεν,** μὴ εἰσελεύσεσθαι εἰς τὴν κατάπαυσιν αὐτοῦ εἰ μὴ τοῖς ἀπειθήσασιν;
4:3 καθὼς εἴρηκεν, Ὡς **ὤμοσα** ἐν τῇ ὀργῇ μου,
6:13 ἐπεὶ κατ᾽ οὐδενὸς εἶχεν μείζονος **ὀμόσαι, ὤμοσεν** καθ᾽ ἑαυτοῦ
6:16 ἄνθρωποι γὰρ κατὰ τοῦ μείζονος **ὀμνύουσιν,** καὶ πάσης αὐτοῖς ἀντιλογίας πέρας εἰς βεβαίωσιν ὁ ὅρκος·
7:21 **Ὤμοσεν** κύριος καὶ οὐ μεταμεληθήσεται, Σὺ ἱερεὺς εἰς τὸν αἰῶνα.
Jas 5:12 μὴ **ὀμνύετε** μήτε τὸν οὐρανὸν μήτε τὴν γῆν μήτε ἄλλον τινὰ ὅρκον·
Rev 10:6 καὶ **ὤμοσεν** ἐν τῷ ζῶντι εἰς τοὺς αἰῶνας τῶν αἰώνων,

3924 ὁμοθυμαδόν [11]

√ *3927 + 2596*

Ac 1:14 οὗτοι πάντες ἦσαν προσκαρτεροῦντες **ὁμοθυμαδὸν** τῇ προσευχῇ σὺν γυναιξὶν καὶ Μαριὰμ τῇ μητρὶ τοῦ Ἰησοῦ καὶ τοῖς ἀδελφοῖς αὐτοῦ.
2:46 καθ᾽ ἡμέραν τε προσκαρτεροῦντες **ὁμοθυμαδὸν** ἐν τῷ ἱερῷ,
4:24 οἱ δὲ ἀκούσαντες **ὁμοθυμαδὸν** ἦραν φωνὴν πρὸς τὸν θεὸν καὶ εἶπαν,
5:12 καὶ ἦσαν **ὁμοθυμαδὸν** ἅπαντες ἐν τῇ Στοᾷ Σολομῶντος,
7:57 κράξαντες δὲ φωνῇ μεγάλῃ συνέσχον τὰ ὦτα αὐτῶν καὶ ὥρμησαν **ὁμοθυμαδὸν** ἐπ᾽ αὐτὸν
8:6 προσεῖχον δὲ οἱ ὄχλοι τοῖς λεγομένοις ὑπὸ τοῦ Φιλίππου **ὁμοθυμαδὸν** ἐν τῷ ἀκούειν αὐτοὺς καὶ βλέπειν τὰ σημεῖα
12:20 **ὁμοθυμαδὸν** δὲ παρῆσαν πρὸς αὐτὸν καὶ πείσαντες Βλάστον,
15:25 ἔδοξεν ἡμῖν γενομένοις **ὁμοθυμαδὸν** ἐκλεξαμένοις ἄνδρας πέμψαι πρὸς ὑμᾶς σὺν τοῖς ἀγαπητοῖς ἡμῶν Βαρναβᾷ καὶ Παύλῳ,
18:12 Γαλλίωνος δὲ ἀνθυπάτου ὄντος τῆς Ἀχαΐας κατεπέστησαν **ὁμοθυμαδὸν** οἱ Ἰουδαῖοι τῷ Παύλῳ καὶ ἤγαγον αὐτὸν ἐπὶ τὸ βῆμα
19:29 ὥρμησάν τε **ὁμοθυμαδὸν** εἰς τὸ θέατρον συναρπάσαντες Γάϊον καὶ Ἀρίσταρχον Μακεδόνας,
Ro 15:6 ἵνα **ὁμοθυμαδὸν** ἐν ἑνὶ στόματι δοξάζητε τὸν θεὸν καὶ πατέρα τοῦ κυρίου ἡμῶν Ἰησοῦ Χριστοῦ.

3925 ὁμοιάζω Not used in UBS/NIV

√ *3927*

3926 ὁμοιοπαθής [2]

√ *3927 + 4248*

Ac 14:15 καὶ ἡμεῖς **ὁμοιοπαθεῖς** ἐσμεν ὑμῖν ἄνθρωποι εὐαγγελιζόμενοι ὑμᾶς ἀπὸ τούτων τῶν ματαίων ἐπιστρέφειν ἐπὶ θεὸν ζῶντα,
Jas 5:17 Ἠλίας ἄνθρωπος ἦν **ὁμοιοπαθὴς** ἡμῖν, καὶ προσευχῇ προσηύξατο τοῦ μὴ βρέξαι,

3927 ὅμοιος [45]

→ *926, 3924, 3925, 3926, 3928, 3929, 3930, 3931, 3932, 3933, 3936, 3937, 3938, 3939, 3940, 4234, 4235, 5327; cf. 3917, 3933*

Mt 11:16 **ὁμοία** ἐστὶν παιδίοις καθημένοις ἐν ταῖς ἀγοραῖς ἃ προσφωνοῦντα τοῖς ἑτέροις
13:31 **Ὁμοία** ἐστὶν ἡ βασιλεία τῶν οὐρανῶν κόκκῳ σινάπεως,
13:33 **Ὁμοία** ἐστὶν ἡ βασιλεία τῶν οὐρανῶν ζύμῃ, ἣν λαβοῦσα γυνὴ ἐνέκρυψεν εἰς ἀλεύρου σάτα τρία ἕως οὗ ἐζυμώθη ὅλον.
13:44 **Ὁμοία** ἐστὶν ἡ βασιλεία τῶν οὐρανῶν θησαυρῷ κεκρυμμένῳ ἐν τῷ ἀγρῷ,
13:45 Πάλιν **ὁμοία** ἐστὶν ἡ βασιλεία τῶν οὐρανῶν ἀνθρώπῳ ἐμπόρῳ ζητοῦντι καλοὺς μαργαρίτας·
13:47 Πάλιν **ὁμοία** ἐστὶν ἡ βασιλεία τῶν οὐρανῶν σαγήνῃ βληθείσῃ εἰς τὴν θάλασσαν καὶ ἐκ παντὸς γένους συναγαγούσῃ·
13:52 Διὰ τοῦτο πᾶς γραμματεὺς μαθητευθεὶς τῇ βασιλείᾳ τῶν οὐρανῶν **ὅμοιός** ἐστιν ἀνθρώπῳ οἰκοδεσπότῃ,
20:1 **Ὁμοία** γάρ ἐστιν ἡ βασιλεία τῶν οὐρανῶν ἀνθρώπῳ οἰκοδεσπότῃ,
22:39 δευτέρα δὲ **ὁμοία** αὐτῇ, Ἀγαπήσεις τὸν πλησίον σου ὡς σεαυτόν.
Lk 6:47 πᾶς ὁ ἐρχόμενος πρός με καὶ ἀκούων μου τῶν λόγων καὶ ποιῶν αὐτούς, ὑποδείξω ὑμῖν τίνι ἐστὶν **ὅμοιος·**
6:48 **ὅμοιός** ἐστιν ἀνθρώπῳ οἰκοδομοῦντι οἰκίαν ὃς ἔσκαψεν καὶ ἐβάθυνεν καὶ ἔθηκεν θεμέλιον ἐπὶ τὴν πέτραν·
6:49 ὁ δὲ ἀκούσας καὶ μὴ ποιήσας **ὅμοιός** ἐστιν ἀνθρώπῳ οἰκοδομήσαντι οἰκίαν ἐπὶ τὴν γῆν χωρὶς θεμελίου,
7:31 Τίνι οὖν ὁμοιώσω τοὺς ἀνθρώπους τῆς γενεᾶς ταύτης καὶ τίνι εἰσὶν **ὅμοιοι;**
7:32 **ὅμοιοί** εἰσιν παιδίοις τοῖς ἐν ἀγορᾷ καθημένοις καὶ προσφωνοῦσιν ἀλλήλοις ἃ λέγει,
12:36 καὶ ὑμεῖς **ὅμοιοι** ἀνθρώποις προσδεχομένοις τὸν κύριον ἑαυτῶν πότε ἀναλύσῃ ἐκ τῶν γάμων,
13:18 Τίνι **ὁμοία** ἐστὶν ἡ βασιλεία τοῦ θεοῦ καὶ τίνι ὁμοιώσω αὐτήν;
13:19 **ὁμοία** ἐστὶν κόκκῳ σινάπεως, ὃν λαβὼν ἄνθρωπος ἔβαλεν εἰς κῆπον ἑαυτοῦ,

13:21 **ὁμοία** ἐστὶν ζύμῃ, ἣν λαβοῦσα γυνὴ [ἐν]έκρυψεν εἰς ἀλεύρου σάτα τρία ἕως οὗ ἐζυμώθη ὅλον.
Jn 8:55 κἂν εἴπω ὅτι οὐκ οἶδα αὐτόν, ἔσομαι **ὅμοιος** ὑμῖν ψεύστης·
9: 9 ἄλλοι ἔλεγον ὅτι Οὗτός ἐστιν, ἄλλοι ἔλεγον, Οὐχί, ἀλλὰ **ὅμοιος** αὐτῷ ἐστιν.
Ac 17:29 χαράγματι τέχνης καὶ ἐνθυμήσεως ἀνθρώπου, τὸ θεῖον εἶναι **ὅμοιον.**
Gal 5:21 φθόνοι, μέθαι, κῶμοι καὶ τὰ **ὅμοια** τούτοις, ἃ προλέγω ὑμῖν καθὼς προεῖπον ὅτι οἱ τὰ τοιαῦτα πράσσοντες βασιλείαν θεοῦ οὐ κληρονομήσουσιν.
1Jn 3: 2 οἴδαμεν ὅτι ἐὰν φανερωθῇ, **ὅμοιοι** αὐτῷ ἐσόμεθα, ὅτι ὀψόμεθα αὐτὸν καθώς ἐστιν.
Jude 1: 7 ὡς Σόδομα καὶ Γόμορρα καὶ αἱ περὶ αὐτὰς πόλεις τὸν **ὅμοιον** τρόπον τούτοις ἐκπορνεύσασαι καὶ ἀπελθοῦσαι ὀπίσω σαρκὸς ἑτέρας,
Rev 1:13 καὶ ἐν μέσῳ τῶν λυχνιῶν **ὅμοιον** υἱὸν ἀνθρώπου ἐνδεδυμένον ποδήρη καὶ περιεζωσμένον πρὸς τοῖς μαστοῖς ζώνην χρυσᾶν.
1:15 καὶ οἱ πόδες αὐτοῦ **ὅμοιοι** χαλκολιβάνῳ ὡς ἐν καμίνῳ πεπυρωμένης καὶ ἡ φωνὴ αὐτοῦ ὡς φωνὴ ὑδάτων πολλῶν,
2:18 ὁ ἔχων τοὺς ὀφθαλμοὺς αὐτοῦ ὡς φλόγα πυρὸς καὶ οἱ πόδες αὐτοῦ **ὅμοιοι** χαλκολιβάνῳ·
4: 3 καὶ ὁ καθήμενος **ὅμοιος** ὁράσει λίθῳ ἰάσπιδι καὶ σαρδίῳ, καὶ ἶρις κυκλόθεν τοῦ θρόνου **ὅμοιος** ὁράσει σμαραγδίνῳ.
4: 6 καὶ ἐνώπιον τοῦ θρόνου ὡς θάλασσα ὑαλίνη **ὁμοία** κρυστάλλῳ.
4: 7 καὶ τὸ ζῷον τὸ πρῶτον **ὅμοιον** λέοντι καὶ τὸ δεύτερον ζῷον **ὅμοιον** μόσχῳ καὶ τὸ τρίτον ζῷον ἔχων τὸ πρόσωπον ὡς ἀνθρώπου καὶ τὸ τέταρτον ζῷον **ὅμοιον** ἀετῷ πετομένῳ.
9: 7 Καὶ τὰ ὁμοιώματα τῶν ἀκρίδων **ὅμοια** ἵπποις ἡτοιμασμένοις εἰς πόλεμον, καὶ ἐπὶ τὰς κεφαλὰς αὐτῶν ὡς στέφανοι **ὅμοιοι** χρυσῷ,
9:10 καὶ ἔχουσιν οὐρὰς **ὁμοίας** σκορπίοις καὶ κέντρα, καὶ ἐν ταῖς οὐραῖς αὐτῶν ἡ ἐξουσία αὐτῶν ἀδικῆσαι τοὺς ἀνθρώπους
9:19 αἱ γὰρ οὐραὶ αὐτῶν **ὅμοιαι** ὄφεσιν, ἔχουσαι κεφαλὰς καὶ ἐν αὐταῖς ἀδικοῦσιν.
11: 1 Καὶ ἐδόθη μοι κάλαμος **ὅμοιος** ῥάβδῳ, λέγων, Ἔγειρε καὶ μέτρησον τὸν ναὸν τοῦ θεοῦ καὶ τὸ θυσιαστήριον
13: 2 καὶ τὸ θηρίον ὃ εἶδον ἦν **ὅμοιον** παρδάλει καὶ οἱ πόδες αὐτοῦ ὡς ἄρκου καὶ τὸ στόμα αὐτοῦ ὡς στόμα λέοντος.
13: 4 Τίς **ὅμοιος** τῷ θηρίῳ καὶ τίς δύναται πολεμῆσαι μετ' αὐτοῦ;
13:11 καὶ εἶχεν κέρατα δύο **ὅμοια** ἀρνίῳ καὶ ἐλάλει ὡς δράκων.
14:14 καὶ ἐπὶ τὴν νεφέλην καθήμενον **ὅμοιον** υἱὸν ἀνθρώπου,
18:18 καὶ ἔκραζον βλέποντες τὸν καπνὸν τῆς πυρώσεως αὐτῆς λέγοντες, Τίς **ὁμοία** τῇ πόλει τῇ μεγάλῃ;
21:11 ὁ φωστὴρ αὐτῆς **ὅμοιος** λίθῳ τιμιωτάτῳ ὡς λίθῳ ἰάσπιδι κρυσταλλίζοντι.
21:18 καὶ ἡ ἐνδώμησις τοῦ τείχους αὐτῆς ἴασπις καὶ ἡ πόλις χρυσίον καθαρὸν **ὅμοιον** ὑάλῳ καθαρῷ.

3928 ὁμοιότης [2]

√ 3927

Heb 4:15 πεπειρασμένον δὲ κατὰ πάντα καθ' **ὁμοιότητα** χωρὶς ἁμαρτίας.
7:15 εἰ κατὰ τὴν **ὁμοιότητα** Μελχισέδεκ ἀνίσταται ἱερεὺς ἕτερος,

3929 ὁμοιόω [15]

√ 3927

Mt 6: 8 μὴ οὖν **ὁμοιωθῆτε** αὐτοῖς· οἶδεν γὰρ ὁ πατὴρ ὑμῶν ὧν χρείαν ἔχετε πρὸ τοῦ ὑμᾶς αἰτῆσαι αὐτόν.
7:24 **ὁμοιωθήσεται** ἀνδρὶ φρονίμῳ, ὅστις ᾠκοδόμησεν αὐτοῦ τὴν οἰκίαν ἐπὶ τὴν πέτραν·
7:26 καὶ πᾶς ὁ ἀκούων μου τοὺς λόγους τούτους καὶ μὴ ποιῶν αὐτοὺς **ὁμοιωθήσεται** ἀνδρὶ μωρῷ,
11:16 Τίνι δὲ **ὁμοιώσω** τὴν γενεὰν ταύτην; ὁμοία ἐστὶν παιδίοις καθημένοις ἐν ταῖς ἀγοραῖς ἃ προσφωνοῦντα τοῖς ἑτέροις
13:24 **Ὡμοιώθη** ἡ βασιλεία τῶν οὐρανῶν ἀνθρώπῳ σπείραντι καλὸν σπέρμα ἐν τῷ ἀγρῷ αὐτοῦ.
18:23 Διὰ τοῦτο **ὡμοιώθη** ἡ βασιλεία τῶν οὐρανῶν ἀνθρώπῳ βασιλεῖ,
22: 2 **Ὡμοιώθη** ἡ βασιλεία τῶν οὐρανῶν ἀνθρώπῳ βασιλεῖ, ὅστις ἐποίησεν γάμους τῷ υἱῷ αὐτοῦ.
25: 1 Τότε **ὁμοιωθήσεται** ἡ βασιλεία τῶν οὐρανῶν δέκα παρθένοις,
Mk 4:30 Πῶς **ὁμοιώσωμεν** τὴν βασιλείαν τοῦ θεοῦ ἢ ἐν τίνι αὐτὴν παραβολῇ θῶμεν;
Lk 7:31 Τίνι οὖν **ὁμοιώσω** τοὺς ἀνθρώπους τῆς γενεᾶς ταύτης καὶ τίνι εἰσὶν ὅμοιοι;
13:18 Τίνι ὁμοία ἐστὶν ἡ βασιλεία τοῦ θεοῦ καὶ τίνι **ὁμοιώσω** αὐτήν;
13:20 Καὶ πάλιν εἶπεν, Τίνι **ὁμοιώσω** τὴν βασιλείαν τοῦ θεοῦ;
Ac 14:11 ἐπῆραν τὴν φωνὴν αὐτῶν Λυκαονιστὶ λέγοντες, Οἱ θεοὶ **ὁμοιωθέντες** ἀνθρώποις κατέβησαν πρὸς ἡμᾶς,
Ro 9:29 ὡς Σόδομα ἂν ἐγενήθημεν καὶ ὡς Γόμορρα ἂν **ὡμοιώθημεν.**
Heb 2:17 ὅθεν ὤφειλεν κατὰ πάντα τοῖς ἀδελφοῖς **ὁμοιωθῆναι,** ἵνα ἐλεήμων γένηται καὶ πιστὸς ἀρχιερεὺς τὰ πρὸς τὸν θεὸν εἰς τὸ ἱλάσκεσθαι τὰς ἁμαρτίας τοῦ λαοῦ.

3930 ὁμοίωμα [6]

√ 3927

Ro 1:23 καὶ ἤλλαξαν τὴν δόξαν τοῦ ἀφθάρτου θεοῦ ἐν **ὁμοιώματι** εἰκόνος φθαρτοῦ ἀνθρώπου καὶ πετεινῶν καὶ τετραπόδων
5:14 ἀλλὰ ἐβασίλευσεν ὁ θάνατος ἀπὸ Ἀδὰμ μέχρι Μωϋσέως καὶ ἐπὶ τοὺς μὴ ἁμαρτήσαντας ἐπὶ τῷ **ὁμοιώματι** τῆς παραβάσεως Ἀδὰμ ὅς ἐστιν τύπος τοῦ μέλλοντος.
6: 5 εἰ γὰρ σύμφυτοι γεγόναμεν τῷ **ὁμοιώματι** τοῦ θανάτου αὐτοῦ,
8: 3 ὁ θεὸς τὸν ἑαυτοῦ υἱὸν πέμψας ἐν **ὁμοιώματι** σαρκὸς ἁμαρτίας καὶ περὶ ἁμαρτίας κατέκρινεν τὴν ἁμαρτίαν ἐν τῇ σαρκί,
Php 2: 7 ἀλλὰ ἑαυτὸν ἐκένωσεν μορφὴν δούλου λαβών, ἐν **ὁμοιώματι** ἀνθρώπων γενόμενος·
Rev 9: 7 Καὶ τὰ **ὁμοιώματα** τῶν ἀκρίδων ὅμοια ἵπποις ἡτοιμασμένοις εἰς πόλεμον,

3931 ὁμοίως [30 / 31]

√ 3927

ὁμοίως καθώς [1] Lk 17:28

Mt 22:26 **ὁμοίως** καὶ ὁ δεύτερος καὶ ὁ τρίτος ἕως τῶν ἑπτά.
26:35 οὐ μή σε ἀπαρνήσομαι. **ὁμοίως** καὶ πάντες οἱ μαθηταὶ εἶπαν.
27:41 **ὁμοίως** καὶ οἱ ἀρχιερεῖς ἐμπαίζοντες μετὰ τῶν γραμματέων καὶ πρεσβυτέρων ἔλεγον,
Mk 4:16 καὶ οὗτοί εἰσιν **ὁμοίως**[UBS-] οἱ ἐπὶ τὰ πετρώδη σπειρόμενοι,
15:31 **ὁμοίως** καὶ οἱ ἀρχιερεῖς ἐμπαίζοντες πρὸς ἀλλήλους μετὰ τῶν γραμματέων ἔλεγον,
Lk 3:11 Ὁ ἔχων δύο χιτῶνας μεταδότω τῷ μὴ ἔχοντι, καὶ ὁ ἔχων βρώματα **ὁμοίως** ποιείτω.
5:10 **ὁμοίως** δὲ καὶ Ἰάκωβον καὶ Ἰωάννην υἱοὺς Ζεβεδαίου,
5:33 Οἱ μαθηταὶ Ἰωάννου νηστεύουσιν πυκνὰ καὶ δεήσεις ποιοῦνται **ὁμοίως** καὶ οἱ τῶν Φαρισαίων,
6:31 καὶ καθὼς θέλετε ἵνα ποιῶσιν ὑμῖν οἱ ἄνθρωποι ποιεῖτε αὐτοῖς **ὁμοίως.**
10:32 **ὁμοίως** δὲ καὶ Λευίτης [γενόμενος] κατὰ τὸν τόπον ἐλθὼν καὶ ἰδὼν ἀντιπαρῆλθεν.
10:37 εἶπεν δὲ αὐτῷ ὁ Ἰησοῦς, Πορεύου καὶ σὺ ποίει **ὁμοίως.**
13: 3 λέγω ὑμῖν, ἀλλ' ἐὰν μὴ μετανοῆτε πάντες **ὁμοίως** ἀπολεῖσθε.
16:25 μνήσθητι ὅτι ἀπέλαβες τὰ ἀγαθά σου ἐν τῇ ζωῇ σου, καὶ Λάζαρος **ὁμοίως** τὰ κακά·
17:28 **ὁμοίως** καθὼς ἐγένετο ἐν ταῖς ἡμέραις Λώτ· ἤσθιον,
17:31 καὶ ὁ ἐν ἀγρῷ **ὁμοίως** μὴ ἐπιστρεψάτω εἰς τὰ ὀπίσω.
22:36 Ἀλλὰ νῦν ὁ ἔχων βαλλάντιον ἀράτω, **ὁμοίως** καὶ πήραν,
Jn 5:19 ἃ γὰρ ἂν ἐκεῖνος ποιῇ, ταῦτα καὶ ὁ υἱὸς **ὁμοίως** ποιεῖ.
6:11 ἔλαβεν οὖν τοὺς ἄρτους ὁ Ἰησοῦς καὶ εὐχαριστήσας διέδωκεν τοῖς ἀνακειμένοις **ὁμοίως** καὶ ἐκ τῶν ὀψαρίων ὅσον ἤθελον.
21:13 ἔρχεται Ἰησοῦς καὶ λαμβάνει τὸν ἄρτον καὶ δίδωσιν αὐτοῖς, καὶ τὸ ὀψάριον **ὁμοίως.**
Ro 1:27 **ὁμοίως** τε καὶ οἱ ἄρσενες ἀφέντες τὴν φυσικὴν χρῆσιν τῆς θηλείας ἐξεκαύθησαν ἐν τῇ ὀρέξει αὐτῶν εἰς ἀλλήλους,
1Co 7: 3 τῇ γυναικὶ ὁ ἀνὴρ τὴν ὀφειλὴν ἀποδιδότω, **ὁμοίως** δὲ καὶ ἡ γυνὴ τῷ ἀνδρί.
7: 4 **ὁμοίως** δὲ καὶ ὁ ἀνὴρ τοῦ ἰδίου σώματος οὐκ ἐξουσιάζει ἀλλὰ ἡ γυνή.
7:22 ὁ γὰρ ἐν κυρίῳ κληθεὶς δοῦλος ἀπελεύθερος κυρίου ἐστίν, **ὁμοίως** ὁ ἐλεύθερος κληθεὶς δοῦλός ἐστιν Χριστοῦ.
Heb 9:21 καὶ τὴν σκηνὴν δὲ καὶ πάντα τὰ σκεύη τῆς λειτουργίας τῷ αἵματι **ὁμοίως** ἐράντισεν.
Jas 2:25 **ὁμοίως** δὲ καὶ Ῥαὰβ ἡ πόρνη οὐκ ἐξ ἔργων ἐδικαιώθη ὑποδεξαμένη τοὺς ἀγγέλους καὶ ἑτέρᾳ ὁδῷ ἐκβαλοῦσα;
1Pe 3: 1 **Ὁμοίως** [αἱ] γυναῖκες, ὑποτασσόμεναι τοῖς ἰδίοις ἀνδράσιν, ἵνα καὶ εἴ τινες ἀπειθοῦσιν τῷ λόγῳ,
3: 7 Οἱ ἄνδρες **ὁμοίως,** συνοικοῦντες κατὰ γνῶσιν ὡς ἀσθενεστέρῳ σκεύει τῷ γυναικείῳ,

5: 5 **Ὁμοίως,** νεώτεροι, ὑποτάγητε πρεσβυτέροις· πάντες δὲ ἀλλήλοις τὴν ταπεινοφροσύνην ἐγκομβώσασθε,
Jude 1: 8 **Ὁμοίως** μέντοι καὶ οὗτοι ἐνυπνιαζόμενοι σάρκα μὲν μιαίνουσιν κυριότητα δὲ ἀθετοῦσιν δόξας δὲ βλασφημοῦσιν.
Rev 2:15 οὕτως ἔχεις καὶ σὺ κρατοῦντας τὴν διδαχὴν [τῶν] Νικολαϊτῶν **ὁμοίως.**
8:12 ἵνα σκοτισθῇ τὸ τρίτον αὐτῶν καὶ ἡ ἡμέρα μὴ φάνῃ τὸ τρίτον αὐτῆς καὶ ἡ νὺξ **ὁμοίως.**

3932 ὁμοίωσις [1]

√ 3927

Jas 3: 9 εὐλογοῦμεν τὸν κύριον καὶ πατέρα καὶ ἐν αὐτῇ καταρώμεθα τοὺς ἀνθρώπους τοὺς καθ' **ὁμοίωσιν** θεοῦ γεγονότας,

3933 ὁμολογέω [26]

→ 469, 2018, 3934, 3935; cf. 3927 + 3306

ὁμολογέω ἐν [5] Mt 10:32,32; Lk 12:8,8; Ro 10:9

ὁμολογέω τὰς ἁμαρτίας [1] 1Jn 1:9

Mt 7:23 καὶ τότε **ὁμολογήσω** αὐτοῖς ὅτι Οὐδέποτε ἔγνων ὑμᾶς·
10:32 Πᾶς οὖν ὅστις **ὁμολογήσει** ἐν ἐμοὶ ἔμπροσθεν τῶν ἀνθρώπων, **ὁμολογήσω** κἀγὼ ἐν αὐτῷ ἔμπροσθεν τοῦ πατρός μου τοῦ ἐν [τοῖς] οὐρανοῖς·
14: 7 ὅθεν μεθ' ὅρκου **ὡμολόγησεν** αὐτῇ δοῦναι ὃ ἐὰν αἰτήσηται.
Lk 12: 8 πᾶς ὃς ἂν **ὁμολογήσῃ** ἐν ἐμοὶ ἔμπροσθεν τῶν ἀνθρώπων, καὶ ὁ υἱὸς τοῦ ἀνθρώπου **ὁμολογήσει** ἐν αὐτῷ ἔμπροσθεν τῶν ἀγγέλων τοῦ θεοῦ·
Jn 1:20 καὶ **ὡμολόγησεν** καὶ οὐκ ἠρνήσατο, καὶ **ὡμολόγησεν** ὅτι Ἐγὼ οὐκ εἰμὶ ὁ Χριστός.
9:22 ἤδη γὰρ συνετέθειντο οἱ Ἰουδαῖοι ἵνα ἐάν τις αὐτὸν **ὁμολογήσῃ** Χριστόν,
12:42 ἀλλὰ διὰ τοὺς Φαρισαίους οὐχ **ὡμολόγουν** ἵνα μὴ ἀποσυνάγωγοι γένωνται·
Ac 7:17 Καθὼς δὲ ἤγγιζεν ὁ χρόνος τῆς ἐπαγγελίας ἧς **ὡμολόγησεν** ὁ θεὸς τῷ Ἀβραάμ,
23: 8 Σαδδουκαῖοι μὲν γὰρ λέγουσιν μὴ εἶναι ἀνάστασιν μήτε ἄγγελον μήτε πνεῦμα, Φαρισαῖοι δὲ **ὁμολογοῦσιν** τὰ ἀμφότερα.
24:14 **ὁμολογῶ** δὲ τοῦτό σοι ὅτι κατὰ τὴν ὁδὸν ἣν λέγουσιν αἵρεσιν,
Ro 10: 9 ὅτι ἐὰν **ὁμολογήσῃς** ἐν τῷ στόματί σου κύριον Ἰησοῦν καὶ πιστεύσῃς ἐν τῇ καρδίᾳ σου ὅτι ὁ θεὸς αὐτὸν ἤγειρεν ἐκ νεκρῶν, σωθήσῃ·
10:10 καρδίᾳ γὰρ πιστεύεται εἰς δικαιοσύνην, στόματι δὲ **ὁμολογεῖται** εἰς σωτηρίαν.
1Ti 6:12 εἰς ἣν ἐκλήθης καὶ **ὡμολόγησας** τὴν καλὴν ὁμολογίαν ἐνώπιον πολλῶν μαρτύρων.
Tit 1:16 θεὸν **ὁμολογοῦσιν** εἰδέναι, τοῖς δὲ ἔργοις ἀρνοῦνται, βδελυκτοὶ ὄντες καὶ ἀπειθεῖς καὶ πρὸς πᾶν ἔργον ἀγαθὸν ἀδόκιμοι.
Heb 11:13 μὴ λαβόντες τὰς ἐπαγγελίας ἀλλὰ πόρρωθεν αὐτὰς ἰδόντες καὶ ἀσπασάμενοι καὶ **ὁμολογήσαντες** ὅτι ξένοι καὶ παρεπίδημοί εἰσιν ἐπὶ τῆς γῆς.
13:15 τοῦτ' ἔστιν καρπὸν χειλέων **ὁμολογούντων** τῷ ὀνόματι αὐτοῦ.
1Jn 1: 9 ἐὰν **ὁμολογῶμεν** τὰς ἁμαρτίας ἡμῶν, πιστός ἐστιν καὶ δίκαιος,
2:23 ὁ **ὁμολογῶν** τὸν υἱὸν καὶ τὸν πατέρα ἔχει.
4: 2 πᾶν πνεῦμα ὃ **ὁμολογεῖ** Ἰησοῦν Χριστὸν ἐν σαρκὶ ἐληλυθότα ἐκ τοῦ θεοῦ ἐστιν,
4: 3 καὶ πᾶν πνεῦμα ὃ μὴ **ὁμολογεῖ** τὸν Ἰησοῦν ἐκ τοῦ θεοῦ οὐκ ἔστιν·
4:15 ὃς ἐὰν **ὁμολογήσῃ** ὅτι Ἰησοῦς ἐστιν ὁ υἱὸς τοῦ θεοῦ,
2Jn 1: 7 οἱ μὴ **ὁμολογοῦντες** Ἰησοῦν Χριστὸν ἐρχόμενον ἐν σαρκί·
Rev 3: 5 καὶ **ὁμολογήσω** τὸ ὄνομα αὐτοῦ ἐνώπιον τοῦ πατρός μου καὶ ἐνώπιον τῶν ἀγγέλων αὐτοῦ.

3934 ὁμολογία [6]

√ 3933

κρατέω τῆς ὁμολογίας [1] Heb 4:14

μαρτυρέω ... ὁμολογία [1] 1Ti 6:13

2Co 9:13 δοξάζοντες τὸν θεὸν ἐπὶ τῇ ὑποταγῇ τῆς **ὁμολογίας** ὑμῶν εἰς τὸ εὐαγγέλιον τοῦ Χριστοῦ καὶ ἁπλότητι τῆς κοινωνίας
1Ti 6:12 εἰς ἣν ἐκλήθης καὶ ὡμολόγησας τὴν καλὴν **ὁμολογίαν** ἐνώπιον πολλῶν μαρτύρων.
6:13 καὶ Χριστοῦ Ἰησοῦ τοῦ μαρτυρήσαντος ἐπὶ Ποντίου Πιλάτου τὴν καλὴν **ὁμολογίαν,**
Heb 3: 1 κατανοήσατε τὸν ἀπόστολον καὶ ἀρχιερέα τῆς **ὁμολογίας** ἡμῶν Ἰησοῦν,
4:14 Ἰησοῦν τὸν υἱὸν τοῦ θεοῦ, κρατῶμεν τῆς **ὁμολογίας.**
10:23 κατέχωμεν τὴν **ὁμολογίαν** τῆς ἐλπίδος ἀκλινῆ, πιστὸς γὰρ ὁ ἐπαγγειλάμενος,

3935 ὁμολογουμένως [1]

√ 3933

1Ti 3:16 καὶ **ὁμολογουμένως** μέγα ἐστὶν τὸ τῆς εὐσεβείας μυστήριον·

3936 ὁμόσε Not used in UBS/NIV

√ 3927

3937 ὁμότεχνος [1]

√ 3927 + 5492

Ac 18: 3 καὶ διὰ τὸ **ὁμότεχνον** εἶναι ἔμενεν παρ' αὐτοῖς,

3938 ὁμοῦ [4]

√ 3927

Jn 4:36 ἵνα ὁ σπείρων **ὁμοῦ** χαίρῃ καὶ ὁ θερίζων.
20: 4 ἔτρεχον δὲ οἱ δύο **ὁμοῦ·** καὶ ὁ ἄλλος μαθητὴς προέδραμεν τάχιον τοῦ Πέτρου καὶ ἦλθεν πρῶτος εἰς τὸ μνημεῖον,
21: 2 ἦσαν **ὁμοῦ** Σίμων Πέτρος καὶ Θωμᾶς ὁ λεγόμενος Δίδυμος καὶ Ναθαναὴλ ὁ ἀπὸ Κανὰ τῆς Γαλιλαίας καὶ οἱ τοῦ Ζεβεδαίου
Ac 2: 1 Καὶ ἐν τῷ συμπληροῦσθαι τὴν ἡμέραν τῆς πεντηκοστῆς ἦσαν πάντες **ὁμοῦ** ἐπὶ τὸ αὐτό.

3939 ὁμόφρων [1]

√ 3927 + 5856

1Pe 3: 8 Τὸ δὲ τέλος πάντες **ὁμόφρονες,** συμπαθεῖς, φιλάδελφοι, εὔσπλαγχνοι,

3940 ὅμως [3]

√ 3927

Jn 12:42 **ὅμως** μέντοι καὶ ἐκ τῶν ἀρχόντων πολλοὶ ἐπίστευσαν εἰς αὐτόν,
1Co 14: 7 **ὅμως** τὰ ἄψυχα φωνὴν διδόντα, εἴτε αὐλὸς εἴτε κιθάρα,
Gal 3:15 **ὅμως** ἀνθρώπου κεκυρωμένην διαθήκην οὐδεὶς ἀθετεῖ ἢ ἐπιδιατάσσεται.

3941 ὄναρ [6]

Mt 1:20 ταῦτα δὲ αὐτοῦ ἐνθυμηθέντος ἰδοὺ ἄγγελος κυρίου κατ' **ὄναρ** ἐφάνη αὐτῷ λέγων,
2:12 καὶ χρηματισθέντες κατ' **ὄναρ** μὴ ἀνακάμψαι πρὸς Ἡρῴδην,
2:13 Ἀναχωρησάντων δὲ αὐτῶν ἰδοὺ ἄγγελος κυρίου φαίνεται κατ' **ὄναρ** τῷ Ἰωσὴφ λέγων,
2:19 Τελευτήσαντος δὲ τοῦ Ἡρῴδου ἰδοὺ ἄγγελος κυρίου φαίνεται κατ' **ὄναρ** τῷ Ἰωσὴφ ἐν Αἰγύπτῳ
2:22 χρηματισθεὶς δὲ κατ' **ὄναρ** ἀνεχώρησεν εἰς τὰ μέρη τῆς Γαλιλαίας,
27:19 πολλὰ γὰρ ἔπαθον σήμερον κατ' **ὄναρ** δι' αὐτόν.

3942 ὀνάριον [1]

√ 3952

Jn 12:14 εὑρὼν δὲ ὁ Ἰησοῦς **ὀνάριον** ἐκάθισεν ἐπ' αὐτό,

3943 ὀνειδίζω [9]

√ 3945

Mt 5:11 μακάριοί ἐστε ὅταν **ὀνειδίσωσιν** ὑμᾶς καὶ διώξωσιν καὶ εἴπωσιν πᾶν πονηρὸν καθ' ὑμῶν [ψευδόμενοι] ἕνεκεν ἐμοῦ.
11:20 Τότε ἤρξατο **ὀνειδίζειν** τὰς πόλεις ἐν αἷς ἐγένοντο αἱ πλεῖσται δυνάμεις αὐτοῦ,

27:44 τὸ δ᾽ αὐτὸ καὶ οἱ λῃσταὶ οἱ συσταυρωθέντες σὺν αὐτῷ **ὠνείδιζον** αὐτόν.
Mk 15:32 ἵνα ἴδωμεν καὶ πιστεύσωμεν. καὶ οἱ συνεσταυρωμένοι σὺν αὐτῷ **ὠνείδιζον** αὐτόν.
16:14 ⟦Ὕστερον [δὲ] ἀνακειμένοις αὐτοῖς τοῖς ἕνδεκα ἐφανερώθη καὶ **ὠνείδισεν** τὴν ἀπιστίαν αὐτῶν καὶ σκληροκαρδίαν⟧
Lk 6:22 μακάριοί ἐστε ὅταν μισήσωσιν ὑμᾶς οἱ ἄνθρωποι καὶ ὅταν ἀφορίσωσιν ὑμᾶς καὶ **ὀνειδίσωσιν** καὶ ἐκβάλωσιν τὸ ὄνομα
Ro 15: 3 Οἱ ὀνειδισμοὶ τῶν **ὀνειδιζόντων** σε ἐπέπεσαν ἐπ᾽ ἐμέ.
Jas 1: 5 αἰτείτω παρὰ τοῦ διδόντος θεοῦ πᾶσιν ἁπλῶς καὶ μὴ **ὀνειδίζοντος** καὶ δοθήσεται αὐτῷ.
1Pe 4:14 εἰ **ὀνειδίζεσθε** ἐν ὀνόματι Χριστοῦ, μακάριοι, ὅτι τὸ τῆς δόξης καὶ τὸ τοῦ θεοῦ πνεῦμα ἐφ᾽ ὑμᾶς ἀναπαύεται.

3944 ὀνειδισμός [5]

√ *3945*

Ro 15: 3 Οἱ **ὀνειδισμοὶ** τῶν ὀνειδιζόντων σε ἐπέπεσαν ἐπ᾽ ἐμέ.
1Ti 3: 7 ἵνα μὴ εἰς **ὀνειδισμὸν** ἐμπέσῃ καὶ παγίδα τοῦ διαβόλου.
Heb 10:33 τοῦτο μὲν **ὀνειδισμοῖς** τε καὶ θλίψεσιν θεατριζόμενοι, τοῦτο δὲ κοινωνοὶ τῶν οὕτως ἀναστρεφομένων γενηθέντες.
11:26 μείζονα πλοῦτον ἡγησάμενος τῶν Αἰγύπτου θησαυρῶν τὸν **ὀνειδισμὸν** τοῦ Χριστοῦ·
13:13 τοίνυν ἐξερχώμεθα πρὸς αὐτὸν ἔξω τῆς παρεμβολῆς τὸν **ὀνειδισμὸν** αὐτοῦ φέροντες·

3945 ὄνειδος [1]

→ *3943, 3944*

Lk 1:25 ὅτι Οὕτως μοι πεποίηκεν κύριος ἐν ἡμέραις αἷς ἐπεῖδεν ἀφελεῖν **ὄνειδός** μου ἐν ἀνθρώποις.

3946 Ὀνήσιμος [2]

√ *3949*

Col 4: 9 σὺν **Ὀνησίμῳ** τῷ πιστῷ καὶ ἀγαπητῷ ἀδελφῷ, ὅς ἐστιν ἐξ ὑμῶν·
Phm 1:10 παρακαλῶ σε περὶ τοῦ ἐμοῦ τέκνου, ὃν ἐγέννησα ἐν τοῖς δεσμοῖς, **Ὀνήσιμον,**

3947 Ὀνησίφορος [2]

√ *3949 + 5770*

2Ti 1:16 δῴη ἔλεος ὁ κύριος τῷ **Ὀνησιφόρου** οἴκῳ, ὅτι πολλάκις με ἀνέψυξεν καὶ τὴν ἅλυσίν μου οὐκ ἐπαισχύνθη,
4:19 Ἄσπασαι Πρίσκαν καὶ Ἀκύλαν καὶ τὸν **Ὀνησιφόρου** οἶκον.

3948 ὀνικός [2]

√ *3952*

Mt 18: 6 συμφέρει αὐτῷ ἵνα κρεμασθῇ μύλος **ὀνικὸς** περὶ τὸν τράχηλον αὐτοῦ καὶ καταποντισθῇ ἐν τῷ πελάγει τῆς θαλάσσης.
Mk 9:42 καλόν ἐστιν αὐτῷ μᾶλλον εἰ περίκειται μύλος **ὀνικὸς** περὶ τὸν τράχηλον αὐτοῦ καὶ βέβληται εἰς τὴν θάλασσαν.

3949 ὀνίνημι [1]

→ *493, 3946, 3947*

Phm 1:20 ναὶ ἀδελφέ, ἐγώ σου **ὀναίμην** ἐν κυρίῳ· ἀνάπαυσόν μου τὰ σπλάγχνα ἐν Χριστῷ.

3950 ὄνομα [230]

→ *2226, 2381, 3951, 5540, 6024*

ἐπικαλεῖν τὸ ὄνομα [8] Ac 2:21; 9:14,21; 15:17; 22:16; Ro 10:13; 1Co 1:2; Jas 2:7

ἐπιτίθημι ὄνομα [2] Mk 3:16,17

καλέω ... ὄνομα [9] Mt 1:21,23,25; Lk 1:13,31,59,61; 2:21; 19:2; Rev 19:13

κατ᾽ ὄνομα [2] Jn 10:3; 3Jn 1:15

ὄνομα αὐτῷ [4] Jn 1:6; 3:1; Rev 6:8; 9:11

ὄνομα θεοῦ [5] Jn 3:18; Ro 2:24; 1Ti 6:1; Rev 3:12; 16:9

ὄνομα Ἰησοῦ [12] Ac 2:38; 3:6; 4:10,18; 5:40; 8:12; 9:27; 10:48; 16:18; 26:9; Php 2:10; Col 3:17

ὄνομα κυρίου [21] Mt 21:9; 23:39; Mk 11:9; Lk 13:35; 19:38; Jn 12:13; Ac 2:21; 8:16; 9:28; 19:5,13,17; 21:13; Ro 10:13; 1Co 6:11; Col 3:17; 2Th 1:12; 3:6; 2Ti 2:19; Jas 5:10,14

ὄνομα ... ὀνομάζω [3] Ac 19:13; Eph 1:21; 2Ti 2:19

ὄνομα Χριστοῦ [7] Ac 2:38; 3:6; 4:10; 8:12; 10:48; 16:18; 1Pe 4:14

Mt 1:21 τέξεται δὲ υἱόν, καὶ καλέσεις τὸ **ὄνομα** αὐτοῦ Ἰησοῦν·
1:23 καὶ καλέσουσιν τὸ **ὄνομα** αὐτοῦ Ἐμμανουήλ, ὅ ἐστιν μεθερμηνευόμενον Μεθ᾽ ἡμῶν ὁ θεός.
1:25 καὶ οὐκ ἐγίνωσκεν αὐτὴν ἕως οὗ ἔτεκεν υἱόν· καὶ ἐκάλεσεν τὸ **ὄνομα** αὐτοῦ Ἰησοῦν.
6: 9 Πάτερ ἡμῶν ὁ ἐν τοῖς οὐρανοῖς· ἁγιασθήτω τὸ **ὄνομά** σου·
7:22 Κύριε κύριε, οὐ τῷ σῷ **ὀνόματι** ἐπροφητεύσαμεν, καὶ τῷ σῷ **ὀνόματι** δαιμόνια ἐξεβάλομεν, καὶ τῷ σῷ **ὀνόματι** δυνάμεις πολλὰς ἐποιήσαμεν;
10: 2 Τῶν δὲ δώδεκα ἀποστόλων τὰ **ὀνόματά** ἐστιν ταῦτα·
10:22 καὶ ἔσεσθε μισούμενοι ὑπὸ πάντων διὰ τὸ **ὄνομά** μου·
10:41 ὁ δεχόμενος προφήτην εἰς **ὄνομα** προφήτου μισθὸν προφήτου λήμψεται, καὶ ὁ δεχόμενος δίκαιον εἰς **ὄνομα** δικαίου μισθὸν δικαίου λήμψεται.
10:42 καὶ ὃς ἂν ποτίσῃ ἕνα τῶν μικρῶν τούτων ποτήριον ψυχροῦ μόνον εἰς **ὄνομα** μαθητοῦ,
12:21 καὶ τῷ **ὀνόματι** αὐτοῦ ἔθνη ἐλπιοῦσιν.
18: 5 καὶ ὃς ἐὰν δέξηται ἓν παιδίον τοιοῦτο ἐπὶ τῷ **ὀνόματί** μου,
18:20 οὗ γάρ εἰσιν δύο ἢ τρεῖς συνηγμένοι εἰς τὸ ἐμὸν **ὄνομα,**
19:29 καὶ πᾶς ὅστις ἀφῆκεν οἰκίας ἢ ἀδελφοὺς ἢ ἀδελφὰς ἢ πατέρα ἢ μητέρα ἢ τέκνα ἢ ἀγροὺς ἕνεκεν τοῦ **ὀνόματός** μου,
21: 9 Εὐλογημένος ὁ ἐρχόμενος ἐν **ὀνόματι** κυρίου· Ὡσαννὰ ἐν τοῖς ὑψίστοις.
23:39 οὐ μή με ἴδητε ἀπ᾽ ἄρτι ἕως ἂν εἴπητε, Εὐλογημένος ὁ ἐρχόμενος ἐν **ὀνόματι** κυρίου.
24: 5 πολλοὶ γὰρ ἐλεύσονται ἐπὶ τῷ **ὀνόματί** μου λέγοντες,
24: 9 ἔσεσθε μισούμενοι ὑπὸ πάντων τῶν ἐθνῶν διὰ τὸ **ὄνομά** μου.
27:32 Ἐξερχόμενοι δὲ εὗρον ἄνθρωπον Κυρηναῖον **ὀνόματι** Σίμωνα, τοῦτον ἠγγάρευσαν ἵνα ἄρῃ τὸν σταυρὸν αὐτοῦ.
28:19 βαπτίζοντες αὐτοὺς εἰς τὸ **ὄνομα** τοῦ πατρὸς καὶ τοῦ υἱοῦ καὶ τοῦ ἁγίου πνεύματος,
Mk 3:16 [καὶ ἐποίησεν τοὺς δώδεκα,] καὶ ἐπέθηκεν **ὄνομα** τῷ Σίμωνι Πέτρον,
3:17 καὶ Ἰάκωβον τὸν τοῦ Ζεβεδαίου καὶ Ἰωάννην τὸν ἀδελφὸν τοῦ Ἰακώβου καὶ ἐπέθηκεν αὐτοῖς **ὀνόμα[τα]** Βοανηργές,
5: 9 καὶ ἐπηρώτα αὐτόν, Τί **ὄνομά** σοι; καὶ λέγει αὐτῷ, Λεγιὼν **ὄνομά** μοι, ὅτι πολλοί ἐσμεν.
5:22 καὶ ἔρχεται εἷς τῶν ἀρχισυναγώγων, **ὀνόματι** Ἰάϊρος, καὶ ἰδὼν αὐτὸν πίπτει πρὸς τοὺς πόδας αὐτοῦ
6:14 Καὶ ἤκουσεν ὁ βασιλεὺς Ἡρῴδης, φανερὸν γὰρ ἐγένετο τὸ **ὄνομα** αὐτοῦ,
9:37 Ὃς ἂν ἓν τῶν τοιούτων παιδίων δέξηται ἐπὶ τῷ **ὀνόματί** μου,
9:38 εἴδομέν τινα ἐν τῷ **ὀνόματί** σου ἐκβάλλοντα δαιμόνια καὶ ἐκωλύομεν αὐτόν,
9:39 οὐδεὶς γάρ ἐστιν ὃς ποιήσει δύναμιν ἐπὶ τῷ **ὀνόματί** μου καὶ δυνήσεται ταχὺ κακολογῆσαί με·
9:41 Ὃς γὰρ ἂν ποτίσῃ ὑμᾶς ποτήριον ὕδατος ἐν **ὀνόματι** ὅτι Χριστοῦ ἐστε,
11: 9 καὶ οἱ προάγοντες καὶ οἱ ἀκολουθοῦντες ἔκραζον, Ὡσαννά· Εὐλογημένος ὁ ἐρχόμενος ἐν **ὀνόματι** κυρίου·
13: 6 πολλοὶ ἐλεύσονται ἐπὶ τῷ **ὀνόματί** μου λέγοντες ὅτι Ἐγώ εἰμι,
13:13 καὶ ἔσεσθε μισούμενοι ὑπὸ πάντων διὰ τὸ **ὄνομά** μου.
14:32 Καὶ ἔρχονται εἰς χωρίον οὗ τὸ **ὄνομα** Γεθσημανὶ καὶ λέγει τοῖς μαθηταῖς αὐτοῦ,
16:17 ⟦ἐν τῷ **ὀνόματί** μου δαιμόνια ἐκβαλοῦσιν, γλώσσαις λαλήσουσιν καιναῖς,⟧
Lk 1: 5 Ἐγένετο ἐν ταῖς ἡμέραις Ἡρῴδου βασιλέως τῆς Ἰουδαίας ἱερεύς τις **ὀνόματι** Ζαχαρίας ἐξ ἐφημερίας Ἀβιά, καὶ γυνὴ αὐτῷ ἐκ τῶν θυγατέρων Ἀαρὼν καὶ τὸ **ὄνομα** αὐτῆς Ἐλισάβετ.
1:13 καὶ ἡ γυνή σου Ἐλισάβετ γεννήσει υἱόν σοι καὶ καλέσεις τὸ **ὄνομα** αὐτοῦ Ἰωάννην.
1:26 Ἐν δὲ τῷ μηνὶ τῷ ἕκτῳ ἀπεστάλη ὁ ἄγγελος Γαβριὴλ ἀπὸ τοῦ θεοῦ εἰς πόλιν τῆς Γαλιλαίας ᾗ **ὄνομα** Ναζαρὲθ
1:27 πρὸς παρθένον ἐμνηστευμένην ἀνδρὶ ᾧ **ὄνομα** Ἰωσὴφ ἐξ οἴκου Δαυὶδ καὶ τὸ **ὄνομα** τῆς παρθένου Μαριάμ.

1:31 καὶ ἰδοὺ συλλήμψῃ ἐν γαστρὶ καὶ τέξῃ υἱὸν καὶ καλέσεις τὸ **ὄνομα** αὐτοῦ Ἰησοῦν.
1:49 ὅτι ἐποίησέν μοι μεγάλα ὁ δυνατός. καὶ ἅγιον τὸ **ὄνομα** αὐτοῦ,
1:59 ἐν τῇ ἡμέρᾳ τῇ ὀγδόῃ ἦλθον περιτεμεῖν τὸ παιδίον καὶ ἐκάλουν αὐτὸ ἐπὶ τῷ **ὀνόματι** τοῦ πατρὸς αὐτοῦ Ζαχαρίαν.
1:61 καὶ εἶπαν πρὸς αὐτὴν ὅτι Οὐδείς ἐστιν ἐκ τῆς συγγενείας σου ὃς καλεῖται τῷ **ὀνόματι** τούτῳ.
1:63 καὶ αἰτήσας πινακίδιον ἔγραψεν λέγων, Ἰωάννης ἐστὶν **ὄνομα** αὐτοῦ.
2:21 Καὶ ὅτε ἐπλήσθησαν ἡμέραι ὀκτὼ τοῦ περιτεμεῖν αὐτὸν καὶ ἐκλήθη τὸ **ὄνομα** αὐτοῦ Ἰησοῦς,
2:25 Καὶ ἰδοὺ ἄνθρωπος ἦν ἐν Ἰερουσαλὴμ ᾧ **ὄνομα** Συμεὼν καὶ ὁ ἄνθρωπος οὗτος δίκαιος καὶ εὐλαβὴς
5:27 Καὶ μετὰ ταῦτα ἐξῆλθεν καὶ ἐθεάσατο τελώνην **ὀνόματι** Λευὶν καθήμενον ἐπὶ τὸ τελώνιον,
6:22 μακάριοί ἐστε ὅταν μισήσωσιν ὑμᾶς οἱ ἄνθρωποι καὶ ὅταν ἀφορίσωσιν ὑμᾶς καὶ ὀνειδίσωσιν καὶ ἐκβάλωσιν τὸ **ὄνομα** ὑμῶν ὡς πονηρὸν ἕνεκα τοῦ υἱοῦ τοῦ ἀνθρώπου·
8:30 ἐπηρώτησεν δὲ αὐτὸν ὁ Ἰησοῦς, Τί σοι **ὄνομά** ἐστιν;
8:41 καὶ ἰδοὺ ἦλθεν ἀνὴρ ᾧ **ὄνομα** Ἰάϊρος καὶ οὗτος ἄρχων τῆς συναγωγῆς ὑπῆρχεν,
9:48 Ὃς ἐὰν δέξηται τοῦτο τὸ παιδίον ἐπὶ τῷ **ὀνόματί** μου,
9:49 εἴδομέν τινα ἐν τῷ **ὀνόματί** σου ἐκβάλλοντα δαιμόνια καὶ ἐκωλύομεν αὐτόν,
10:17 καὶ τὰ δαιμόνια ὑποτάσσεται ἡμῖν ἐν τῷ **ὀνόματί** σου.
10:20 χαίρετε δὲ ὅτι τὰ **ὀνόματα** ὑμῶν ἐγγέγραπται ἐν τοῖς οὐρανοῖς.
10:38 Ἐν δὲ τῷ πορεύεσθαι αὐτοὺς αὐτὸς εἰσῆλθεν εἰς κώμην τινά· γυνὴ δέ τις **ὀνόματι** Μάρθα ὑπεδέξατο αὐτόν.
11: 2 Ὅταν προσεύχησθε λέγετε, Πάτερ, ἁγιασθήτω τὸ **ὄνομά** σου·
13:35 οὐ μὴ ἴδητέ με ἕως [ἥξει ὅτε] εἴπητε, Εὐλογημένος ὁ ἐρχόμενος ἐν **ὀνόματι** κυρίου.
16:20 πτωχὸς δέ τις **ὀνόματι** Λάζαρος ἐβέβλητο πρὸς τὸν πυλῶνα αὐτοῦ εἱλκωμένος
19: 2 καὶ ἰδοὺ ἀνὴρ **ὀνόματι** καλούμενος Ζακχαῖος, καὶ αὐτὸς ἦν ἀρχιτελώνης καὶ αὐτὸς πλούσιος·
19:38 Εὐλογημένος ὁ ἐρχόμενος, ὁ βασιλεὺς ἐν **ὀνόματι** κυρίου·
21: 8 πολλοὶ γὰρ ἐλεύσονται ἐπὶ τῷ **ὀνόματί** μου λέγοντες,
21:12 ἀπαγομένους ἐπὶ βασιλεῖς καὶ ἡγεμόνας ἕνεκεν τοῦ **ὀνόματός** μου·
21:17 καὶ ἔσεσθε μισούμενοι ὑπὸ πάντων διὰ τὸ **ὄνομά** μου.
23:50 Καὶ ἰδοὺ ἀνὴρ **ὀνόματι** Ἰωσὴφ βουλευτὴς ὑπάρχων [καὶ] ἀνὴρ ἀγαθὸς καὶ δίκαιος
24:13 ἐν αὐτῇ τῇ ἡμέρᾳ ἦσαν πορευόμενοι εἰς κώμην ἀπέχουσαν σταδίους ἑξήκοντα ἀπὸ Ἰερουσαλήμ, ᾗ **ὄνομα** Ἐμμαοῦς,
24:18 ἀποκριθεὶς δὲ εἷς **ὀνόματι** Κλεοπᾶς εἶπεν πρὸς αὐτόν,
24:47 καὶ κηρυχθῆναι ἐπὶ τῷ **ὀνόματι** αὐτοῦ μετάνοιαν εἰς ἄφεσιν ἁμαρτιῶν εἰς πάντα τὰ ἔθνη.

Jn 1: 6 Ἐγένετο ἄνθρωπος, ἀπεσταλμένος παρὰ θεοῦ, **ὄνομα** αὐτῷ Ἰωάννης·
1:12 ἔδωκεν αὐτοῖς ἐξουσίαν τέκνα θεοῦ γενέσθαι, τοῖς πιστεύουσιν εἰς τὸ **ὄνομα** αὐτοῦ,
2:23 πολλοὶ ἐπίστευσαν εἰς τὸ **ὄνομα** αὐτοῦ θεωροῦντες αὐτοῦ τὰ σημεῖα ἃ ἐποίει·
3: 1 Ἦν δὲ ἄνθρωπος ἐκ τῶν Φαρισαίων, Νικόδημος **ὄνομα** αὐτῷ, ἄρχων τῶν Ἰουδαίων·
3:18 ὅτι μὴ πεπίστευκεν εἰς τὸ **ὄνομα** τοῦ μονογενοῦς υἱοῦ τοῦ θεοῦ.
5:43 ἐγὼ ἐλήλυθα ἐν τῷ **ὀνόματι** τοῦ πατρός μου, καὶ οὐ λαμβάνετέ με· ἐὰν ἄλλος ἔλθῃ ἐν τῷ **ὀνόματι** τῷ ἰδίῳ, ἐκεῖνον λήμψεσθε.
10: 3 καὶ τὰ πρόβατα τῆς φωνῆς αὐτοῦ ἀκούει καὶ τὰ ἴδια πρόβατα φωνεῖ κατ' **ὄνομα** καὶ ἐξάγει αὐτά.
10:25 τὰ ἔργα ἃ ἐγὼ ποιῶ ἐν τῷ **ὀνόματι** τοῦ πατρός μου ταῦτα μαρτυρεῖ περὶ ἐμοῦ·
12:13 εὐλογημένος ὁ ἐρχόμενος ἐν **ὀνόματι** κυρίου, [καὶ] ὁ βασιλεὺς τοῦ Ἰσραήλ.
12:28 πάτερ, δόξασόν σου τὸ **ὄνομα.** ἦλθεν οὖν φωνὴ ἐκ τοῦ οὐρανοῦ,
14:13 καὶ ὅ τι ἂν αἰτήσητε ἐν τῷ **ὀνόματί** μου τοῦτο ποιήσω,
14:14 ἐάν τι αἰτήσητέ με ἐν τῷ **ὀνόματί** μου ἐγὼ ποιήσω.
14:26 ὃ πέμψει ὁ πατὴρ ἐν τῷ **ὀνόματί** μου,
15:16 ἵνα ὅ τι ἂν αἰτήσητε τὸν πατέρα ἐν τῷ **ὀνόματί** μου δῷ ὑμῖν.
15:21 ἀλλὰ ταῦτα πάντα ποιήσουσιν εἰς ὑμᾶς διὰ τὸ **ὄνομά** μου,
16:23 ἄν τι αἰτήσητε τὸν πατέρα ἐν τῷ **ὀνόματί** μου δώσει ὑμῖν.
16:24 ἕως ἄρτι οὐκ ᾐτήσατε οὐδὲν ἐν τῷ **ὀνόματί** μου·
16:26 ἐν ἐκείνῃ τῇ ἡμέρᾳ ἐν τῷ **ὀνόματί** μου αἰτήσεσθε,
17: 6 Ἐφανέρωσά σου τὸ **ὄνομα** τοῖς ἀνθρώποις οὓς ἔδωκάς μοι ἐκ τοῦ κόσμου.
17:11 τήρησον αὐτοὺς ἐν τῷ **ὀνόματί** σου ᾧ δέδωκάς μοι,
17:12 ὅτε ἤμην μετ' αὐτῶν ἐγὼ ἐτήρουν αὐτοὺς ἐν τῷ **ὀνόματί** σου ᾧ δέδωκάς μοι,
17:26 καὶ ἐγνώρισα αὐτοῖς τὸ **ὄνομά** σου καὶ γνωρίσω,
18:10 καὶ ἔπαισεν τὸν τοῦ ἀρχιερέως δοῦλον καὶ ἀπέκοψεν αὐτοῦ τὸ ὠτάριον τὸ δεξιόν· ἦν δὲ **ὄνομα** τῷ δούλῳ Μάλχος.
20:31 καὶ ἵνα πιστεύοντες ζωὴν ἔχητε ἐν τῷ **ὀνόματι** αὐτοῦ.

Ac 1:15 ἦν τε ὄχλος **ὀνομάτων** ἐπὶ τὸ αὐτὸ ὡσεὶ ἑκατὸν εἴκοσι·
2:21 καὶ ἔσται πᾶς ὃς ἂν ἐπικαλέσηται τὸ **ὄνομα** κυρίου σωθήσεται.
2:38 καὶ βαπτισθήτω ἕκαστος ὑμῶν ἐπὶ τῷ **ὀνόματι** Ἰησοῦ Χριστοῦ εἰς ἄφεσιν τῶν ἁμαρτιῶν ὑμῶν καὶ λήμψεσθε τὴν δωρεὰν τοῦ ἁγίου πνεύματος.
3: 6 ἐν τῷ **ὀνόματι** Ἰησοῦ Χριστοῦ τοῦ Ναζωραίου [ἔγειρε καὶ] περιπάτει.
3:16 καὶ ἐπὶ τῇ πίστει τοῦ **ὀνόματος** αὐτοῦ τοῦτον ὃν θεωρεῖτε καὶ οἴδατε, ἐστερέωσεν τὸ **ὄνομα** αὐτοῦ,
4: 7 Ἐν ποίᾳ δυνάμει ἢ ἐν ποίῳ **ὀνόματι** ἐποιήσατε τοῦτο ὑμεῖς;
4:10 γνωστὸν ἔστω πᾶσιν ὑμῖν καὶ παντὶ τῷ λαῷ Ἰσραὴλ ὅτι ἐν τῷ **ὀνόματι** Ἰησοῦ Χριστοῦ τοῦ Ναζωραίου ὃν ὑμεῖς ἐσταυρώσατε,
4:12 οὐδὲ γὰρ **ὄνομά** ἐστιν ἕτερον ὑπὸ τὸν οὐρανὸν τὸ δεδομένον ἐν ἀνθρώποις ἐν ᾧ δεῖ σωθῆναι ἡμᾶς.
4:17 ἀλλ' ἵνα μὴ ἐπὶ πλεῖον διανεμηθῇ εἰς τὸν λαὸν ἀπειλησώμεθα αὐτοῖς μηκέτι λαλεῖν ἐπὶ τῷ **ὀνόματι** τούτῳ μηδενὶ ἀνθρώπων.
4:18 καὶ καλέσαντες αὐτοὺς παρήγγειλαν τὸ καθόλου μὴ φθέγγεσθαι μηδὲ διδάσκειν ἐπὶ τῷ **ὀνόματι** τοῦ Ἰησοῦ.
4:30 τὴν χεῖρά [σου] ἐκτείνειν σε εἰς ἴασιν καὶ σημεῖα καὶ τέρατα γίνεσθαι διὰ τοῦ **ὀνόματος** τοῦ ἁγίου παιδός σου Ἰησοῦ.
5: 1 Ἀνὴρ δέ τις Ἁνανίας **ὀνόματι** σὺν Σαπφίρῃ τῇ γυναικὶ αὐτοῦ ἐπώλησεν κτῆμα
5:28 [Οὐ] παραγγελίᾳ παρηγγείλαμεν ὑμῖν μὴ διδάσκειν ἐπὶ τῷ **ὀνόματι** τούτῳ,
5:34 ἀναστὰς δέ τις ἐν τῷ συνεδρίῳ Φαρισαῖος **ὀνόματι** Γαμαλιήλ,
5:40 καὶ προσκαλεσάμενοι τοὺς ἀποστόλους δείραντες παρήγγειλαν μὴ λαλεῖν ἐπὶ τῷ **ὀνόματι** τοῦ Ἰησοῦ καὶ ἀπέλυσαν.
5:41 Οἱ μὲν οὖν ἐπορεύοντο χαίροντες ἀπὸ προσώπου τοῦ συνεδρίου, ὅτι κατηξιώθησαν ὑπὲρ τοῦ **ὀνόματος** ἀτιμασθῆναι,
8: 9 Ἀνὴρ δέ τις **ὀνόματι** Σίμων προϋπῆρχεν ἐν τῇ πόλει μαγεύων καὶ ἐξιστάνων τὸ ἔθνος τῆς Σαμαρείας,
8:12 ὅτε δὲ ἐπίστευσαν τῷ Φιλίππῳ εὐαγγελιζομένῳ περὶ τῆς βασιλείας τοῦ θεοῦ καὶ τοῦ **ὀνόματος** Ἰησοῦ Χριστοῦ,
8:16 μόνον δὲ βεβαπτισμένοι ὑπῆρχον εἰς τὸ **ὄνομα** τοῦ κυρίου Ἰησοῦ.
9:10 Ἦν δέ τις μαθητὴς ἐν Δαμασκῷ **ὀνόματι** Ἁνανίας,
9:11 Ἀναστὰς πορεύθητι ἐπὶ τὴν ῥύμην τὴν καλουμένην Εὐθεῖαν καὶ ζήτησον ἐν οἰκίᾳ Ἰούδα Σαῦλον **ὀνόματι** Ταρσέα·
9:12 καὶ εἶδεν ἄνδρα [ἐν ὁράματι] Ἁνανίαν **ὀνόματι** εἰσελθόντα καὶ ἐπιθέντα αὐτῷ [τὰς] χεῖρας ὅπως ἀναβλέψῃ.
9:14 καὶ ὧδε ἔχει ἐξουσίαν παρὰ τῶν ἀρχιερέων δῆσαι πάντας τοὺς ἐπικαλουμένους τὸ **ὄνομά** σου.
9:15 ὅτι σκεῦος ἐκλογῆς ἐστίν μοι οὗτος τοῦ βαστάσαι τὸ **ὄνομά** μου ἐνώπιον ἐθνῶν τε καὶ βασιλέων υἱῶν τε Ἰσραήλ·
9:16 ἐγὼ γὰρ ὑποδείξω αὐτῷ ὅσα δεῖ αὐτὸν ὑπὲρ τοῦ **ὀνόματός** μου παθεῖν.
9:21 Οὐχ οὗτός ἐστιν ὁ πορθήσας εἰς Ἰερουσαλὴμ τοὺς ἐπικαλουμένους τὸ **ὄνομα** τοῦτο,
9:27 πῶς ἐν τῇ ὁδῷ εἶδεν τὸν κύριον καὶ ὅτι ἐλάλησεν αὐτῷ καὶ πῶς ἐν Δαμασκῷ ἐπαρρησιάσατο ἐν τῷ **ὀνόματι** τοῦ Ἰησοῦ.
9:28 καὶ ἦν μετ' αὐτῶν εἰσπορευόμενος καὶ ἐκπορευόμενος εἰς Ἰερουσαλήμ, παρρησιαζόμενος ἐν τῷ **ὀνόματι** τοῦ κυρίου,
9:33 εὗρεν δὲ ἐκεῖ ἄνθρωπόν τινα **ὀνόματι** Αἰνέαν ἐξ ἐτῶν ὀκτὼ κατακείμενον ἐπὶ κραβάττου,
9:36 Ἐν Ἰόππῃ δέ τις ἦν μαθήτρια **ὀνόματι** Ταβιθά,
10: 1 Ἀνὴρ δέ τις ἐν Καισαρείᾳ **ὀνόματι** Κορνήλιος, ἑκατοντάρχης ἐκ σπείρης τῆς καλουμένης Ἰταλικῆς,
10:43 πάντες οἱ προφῆται μαρτυροῦσιν ἄφεσιν ἁμαρτιῶν λαβεῖν διὰ τοῦ **ὀνόματος** αὐτοῦ πάντα τὸν πιστεύοντα εἰς αὐτόν.
10:48 προσέταξεν δὲ αὐτοὺς ἐν τῷ **ὀνόματι** Ἰησοῦ Χριστοῦ βαπτισθῆναι.
11:28 εἷς ἐξ αὐτῶν **ὀνόματι** Ἅγαβος ἐσήμανεν διὰ τοῦ πνεύματος λιμὸν μεγάλην μέλλειν ἔσεσθαι ἐφ' ὅλην τὴν οἰκουμένην,
12:13 κρούσαντος δὲ αὐτοῦ τὴν θύραν τοῦ πυλῶνος προσῆλθεν παιδίσκη ὑπακοῦσαι **ὀνόματι** Ῥόδη,
13: 6 διελθόντες δὲ ὅλην τὴν νῆσον ἄχρι Πάφου εὗρον ἄνδρα τινὰ μάγον ψευδοπροφήτην Ἰουδαῖον ᾧ **ὄνομα** Βαριησοῦ

13: 8 ἀνθίστατο δὲ αὐτοῖς Ἐλύμας ὁ μάγος, οὕτως γὰρ μεθερμηνεύεται τὸ **ὄνομα** αὐτοῦ,
15:14 Συμεὼν ἐξηγήσατο καθὼς πρῶτον ὁ θεὸς ἐπεσκέψατο λαβεῖν ἐξ ἐθνῶν λαὸν τῷ **ὀνόματι** αὐτοῦ.
15:17 ἐκζητήσωσιν οἱ κατάλοιποι τῶν ἀνθρώπων τὸν κύριον καὶ πάντα τὰ ἔθνη ἐφ᾽ οὓς ἐπικέκληται τὸ **ὄνομά** μου ἐπ᾽ αὐτούς,
15:26 ἀνθρώποις παραδεδωκόσι τὰς ψυχὰς αὐτῶν ὑπὲρ τοῦ **ὀνόματος** τοῦ κυρίου ἡμῶν Ἰησοῦ Χριστοῦ.
16: 1 καὶ ἰδοὺ μαθητής τις ἦν ἐκεῖ **ὀνόματι** Τιμόθεος,
16:14 καί τις γυνὴ **ὀνόματι** Λυδία, πορφυρόπωλις πόλεως Θυατείρων σεβομένη τὸν θεόν,
16:18 Παραγγέλλω σοι ἐν **ὀνόματι** Ἰησοῦ Χριστοῦ ἐξελθεῖν ἀπ᾽ αὐτῆς·
17:34 ἐν οἷς καὶ Διονύσιος ὁ Ἀρεοπαγίτης καὶ γυνὴ **ὀνόματι** Δάμαρις καὶ ἕτεροι σὺν αὐτοῖς.
18: 2 καὶ εὑρών τινα Ἰουδαῖον **ὀνόματι** Ἀκύλαν, Ποντικὸν τῷ γένει προσφάτως ἐληλυθότα ἀπὸ τῆς Ἰταλίας καὶ Πρίσκιλλαν
18: 7 καὶ μεταβὰς ἐκεῖθεν εἰσῆλθεν εἰς οἰκίαν τινὸς **ὀνόματι** Τιτίου Ἰούστου σεβομένου τὸν θεόν,
18:15 εἰ δὲ ζητήματά ἐστιν περὶ λόγου καὶ **ὀνομάτων** καὶ νόμου τοῦ καθ᾽ ὑμᾶς,
18:24 Ἰουδαῖος δέ τις Ἀπολλῶς **ὀνόματι,** Ἀλεξανδρεὺς τῷ γένει,
19: 5 ἀκούσαντες δὲ ἐβαπτίσθησαν εἰς τὸ **ὄνομα** τοῦ κυρίου Ἰησοῦ,
19:13 ἐξορκιστῶν ὀνομάζειν ἐπὶ τοὺς ἔχοντας τὰ πνεύματα τὰ πονηρὰ τὸ **ὄνομα** τοῦ κυρίου Ἰησοῦ λέγοντες,
19:17 καὶ ἐπέπεσεν φόβος ἐπὶ πάντας αὐτοὺς καὶ ἐμεγαλύνετο τὸ **ὄνομα** τοῦ κυρίου Ἰησοῦ.
19:24 Δημήτριος γάρ τις **ὀνόματι,** ἀργυροκόπος, ποιῶν ναοὺς ἀργυροῦς Ἀρτέμιδος παρείχετο τοῖς τεχνίταις
20: 9 καθεζόμενος δέ τις νεανίας **ὀνόματι** Εὔτυχος ἐπὶ τῆς θυρίδος,
21:10 ἐπιμενόντων δὲ ἡμέρας πλείους κατῆλθέν τις ἀπὸ τῆς Ἰουδαίας προφήτης **ὀνόματι** Ἅγαβος,
21:13 ἐγὼ γὰρ οὐ μόνον δεθῆναι ἀλλὰ καὶ ἀποθανεῖν εἰς Ἰερουσαλὴμ ἑτοίμως ἔχω ὑπὲρ τοῦ **ὀνόματος** τοῦ κυρίου Ἰησοῦ.
22:16 ἀναστὰς βάπτισαι καὶ ἀπόλουσαι τὰς ἁμαρτίας σου ἐπικαλεσάμενος τὸ **ὄνομα** αὐτοῦ.
26: 9 ἐγὼ μὲν οὖν ἔδοξα ἐμαυτῷ πρὸς τὸ **ὄνομα** Ἰησοῦ τοῦ Ναζωραίου δεῖν πολλὰ ἐναντία πρᾶξαι,
27: 1 παρεδίδουν τόν τε Παῦλον καί τινας ἑτέρους δεσμώτας ἑκατοντάρχῃ **ὀνόματι** Ἰουλίῳ σπείρης Σεβαστῆς.
28: 7 Ἐν δὲ τοῖς περὶ τὸν τόπον ἐκεῖνον ὑπῆρχεν χωρία τῷ πρώτῳ τῆς νήσου **ὀνόματι** Ποπλίῳ,
Ro 1: 5 δι᾽ οὗ ἐλάβομεν χάριν καὶ ἀποστολὴν εἰς ὑπακοὴν πίστεως ἐν πᾶσιν τοῖς ἔθνεσιν ὑπὲρ τοῦ **ὀνόματος** αὐτοῦ,
2:24 τὸ γὰρ **ὄνομα** τοῦ θεοῦ δι᾽ ὑμᾶς βλασφημεῖται ἐν τοῖς ἔθνεσιν,
9:17 ὅτι Εἰς αὐτὸ τοῦτο ἐξήγειρά σε ὅπως ἐνδείξωμαι ἐν σοὶ τὴν δύναμίν μου καὶ ὅπως διαγγελῇ τὸ **ὄνομά** μου ἐν πάσῃ τῇ γῇ.
10:13 Πᾶς γὰρ ὃς ἂν ἐπικαλέσηται τὸ **ὄνομα** κυρίου σωθήσεται.
15: 9 Διὰ τοῦτο ἐξομολογήσομαί σοι ἐν ἔθνεσιν καὶ τῷ **ὀνόματί** σου ψαλῶ.
1Co 1: 2 σὺν πᾶσιν τοῖς ἐπικαλουμένοις τὸ **ὄνομα** τοῦ κυρίου ἡμῶν Ἰησοῦ Χριστοῦ ἐν παντὶ τόπῳ,
1:10 διὰ τοῦ **ὀνόματος** τοῦ κυρίου ἡμῶν Ἰησοῦ Χριστοῦ,
1:13 μὴ Παῦλος ἐσταυρώθη ὑπὲρ ὑμῶν, ἢ εἰς τὸ **ὄνομα** Παύλου ἐβαπτίσθητε;
1:15 ἵνα μή τις εἴπῃ ὅτι εἰς τὸ ἐμὸν **ὄνομα** ἐβαπτίσθητε.
5: 4 ἐν τῷ **ὀνόματι** τοῦ κυρίου [ἡμῶν] Ἰησοῦ συναχθέντων ὑμῶν καὶ τοῦ ἐμοῦ πνεύματος σὺν τῇ δυνάμει τοῦ κυρίου ἡμῶν Ἰησοῦ,
6:11 ἀλλὰ ἐδικαιώθητε ἐν τῷ **ὀνόματι** τοῦ κυρίου Ἰησοῦ Χριστοῦ καὶ ἐν τῷ πνεύματι τοῦ θεοῦ ἡμῶν.
Eph 1:21 ὑπεράνω πάσης ἀρχῆς καὶ ἐξουσίας καὶ δυνάμεως καὶ κυριότητος καὶ παντὸς **ὀνόματος** ὀνομαζομένου,
5:20 εὐχαριστοῦντες πάντοτε ὑπὲρ πάντων ἐν **ὀνόματι** τοῦ κυρίου ἡμῶν Ἰησοῦ Χριστοῦ τῷ θεῷ καὶ πατρί.
Php 2: 9 διὸ καὶ ὁ θεὸς αὐτὸν ὑπερύψωσεν καὶ ἐχαρίσατο αὐτῷ τὸ **ὄνομα** τὸ ὑπὲρ πᾶν **ὄνομα,**
2:10 ἵνα ἐν τῷ **ὀνόματι** Ἰησοῦ πᾶν γόνυ κάμψῃ ἐπουρανίων καὶ ἐπιγείων καὶ καταχθονίων
4: 3 αἵτινες ἐν τῷ εὐαγγελίῳ συνήθλησάν μοι μετὰ καὶ Κλήμεντος καὶ τῶν λοιπῶν συνεργῶν μου, ὧν τὰ **ὀνόματα** ἐν βίβλῳ ζωῆς.
Col 3:17 πάντα ἐν **ὀνόματι** κυρίου Ἰησοῦ, εὐχαριστοῦντες τῷ θεῷ πατρὶ δι᾽ αὐτοῦ.
2Th 1:12 ὅπως ἐνδοξασθῇ τὸ **ὄνομα** τοῦ κυρίου ἡμῶν Ἰησοῦ ἐν ὑμῖν,
3: 6 ἐν **ὀνόματι** τοῦ κυρίου [ἡμῶν] Ἰησοῦ Χριστοῦ στέλλεσθαι ὑμᾶς ἀπὸ παντὸς ἀδελφοῦ ἀτάκτως περιπατοῦντος
1Ti 6: 1 ἵνα μὴ τὸ **ὄνομα** τοῦ θεοῦ καὶ ἡ διδασκαλία βλασφημῆται.
2Ti 2:19 Ἀποστήτω ἀπὸ ἀδικίας πᾶς ὁ ὀνομάζων τὸ **ὄνομα** κυρίου.
Heb 1: 4 τοσούτῳ κρείττων γενόμενος τῶν ἀγγέλων ὅσῳ διαφορώτερον παρ᾽ αὐτοὺς κεκληρονόμηκεν **ὄνομα.**
2:12 λέγων, Ἀπαγγελῶ τὸ **ὄνομά** σου τοῖς ἀδελφοῖς μου,
6:10 οὐ γὰρ ἄδικος ὁ θεὸς ἐπιλαθέσθαι τοῦ ἔργου ὑμῶν καὶ τῆς ἀγάπης ἧς ἐνεδείξασθε εἰς τὸ **ὄνομα** αὐτοῦ,
13:15 τοῦτ᾽ ἔστιν καρπὸν χειλέων ὁμολογούντων τῷ **ὀνόματι** αὐτοῦ.
Jas 2: 7 οὐκ αὐτοὶ βλασφημοῦσιν τὸ καλὸν **ὄνομα** τὸ ἐπικληθὲν ἐφ᾽ ὑμᾶς;
5:10 τῆς κακοπαθείας καὶ τῆς μακροθυμίας τοὺς προφήτας οἳ ἐλάλησαν ἐν τῷ **ὀνόματι** κυρίου.
5:14 προσκαλεσάσθω τοὺς πρεσβυτέρους τῆς ἐκκλησίας καὶ προσευξάσθωσαν ἐπ᾽ αὐτὸν ἀλείψαντες [αὐτὸν] ἐλαίῳ ἐν τῷ **ὀνόματι** τοῦ κυρίου.
1Pe 4:14 εἰ ὀνειδίζεσθε ἐν **ὀνόματι** Χριστοῦ, μακάριοι, ὅτι τὸ τῆς δόξης καὶ τὸ τοῦ θεοῦ πνεῦμα ἐφ᾽ ὑμᾶς ἀναπαύεται.
4:16 δοξαζέτω δὲ τὸν θεὸν ἐν τῷ **ὀνόματι** τούτῳ.
1Jn 2:12 ὅτι ἀφέωνται ὑμῖν αἱ ἁμαρτίαι διὰ τὸ **ὄνομα** αὐτοῦ.
3:23 ἵνα πιστεύσωμεν τῷ **ὀνόματι** τοῦ υἱοῦ αὐτοῦ Ἰησοῦ Χριστοῦ καὶ ἀγαπῶμεν ἀλλήλους,
5:13 τοῖς πιστεύουσιν εἰς τὸ **ὄνομα** τοῦ υἱοῦ τοῦ θεοῦ.
3Jn 1: 7 ὑπὲρ γὰρ τοῦ **ὀνόματος** ἐξῆλθον μηδὲν λαμβάνοντες ἀπὸ τῶν ἐθνικῶν.
1:15 ἀσπάζονταί σε οἱ φίλοι. ἀσπάζου τοὺς φίλους κατ᾽ **ὄνομα.**
Rev 2: 3 καὶ ὑπομονὴν ἔχεις καὶ ἐβάστασας διὰ τὸ **ὄνομά** μου καὶ οὐ κεκοπίακες.
2:13 καὶ κρατεῖς τὸ **ὄνομά** μου καὶ οὐκ ἠρνήσω τὴν πίστιν μου καὶ ἐν ταῖς ἡμέραις Ἀντιπᾶς ὁ μάρτυς μου ὁ πιστός μου,
2:17 καὶ ἐπὶ τὴν ψῆφον **ὄνομα** καινὸν γεγραμμένον ὃ οὐδεὶς οἶδεν εἰ μὴ ὁ λαμβάνων.
3: 1 Οἶδά σου τὰ ἔργα ὅτι **ὄνομα** ἔχεις ὅτι ζῇς,
3: 4 ἀλλὰ ἔχεις ὀλίγα **ὀνόματα** ἐν Σάρδεσιν ἃ οὐκ ἐμόλυναν τὰ ἱμάτια αὐτῶν,
3: 5 ὁ νικῶν οὕτως περιβαλεῖται ἐν ἱματίοις λευκοῖς καὶ οὐ μὴ ἐξαλείψω τὸ **ὄνομα** αὐτοῦ ἐκ τῆς βίβλου τῆς ζωῆς καὶ ὁμολογήσω τὸ **ὄνομα** αὐτοῦ ἐνώπιον τοῦ πατρός μου καὶ ἐνώπιον τῶν ἀγγέλων αὐτοῦ.
3: 8 ὅτι μικρὰν ἔχεις δύναμιν καὶ ἐτήρησάς μου τὸν λόγον καὶ οὐκ ἠρνήσω τὸ **ὄνομά** μου.
3:12 καὶ γράψω ἐπ᾽ αὐτὸν τὸ **ὄνομα** τοῦ θεοῦ μου καὶ τὸ **ὄνομα** τῆς πόλεως τοῦ θεοῦ μου, τῆς καινῆς Ἰερουσαλὴμ ἡ καταβαίνουσα ἐκ τοῦ οὐρανοῦ ἀπὸ τοῦ θεοῦ μου, καὶ τὸ **ὄνομά** μου τὸ καινόν.
6: 8 καὶ ὁ καθήμενος ἐπάνω αὐτοῦ **ὄνομα** αὐτῷ [ὁ] Θάνατος,
8:11 καὶ τὸ **ὄνομα** τοῦ ἀστέρος λέγεται ὁ Ἄψινθος,
9:11 **ὄνομα** αὐτῷ Ἑβραϊστὶ Ἀβαδδών, καὶ ἐν τῇ Ἑλληνικῇ **ὄνομα** ἔχει Ἀπολλύων.
11:13 καὶ ἀπεκτάνθησαν ἐν τῷ σεισμῷ **ὀνόματα** ἀνθρώπων χιλιάδες ἑπτὰ καὶ οἱ λοιποὶ ἔμφοβοι ἐγένοντο καὶ ἔδωκαν δόξαν τῷ θεῷ
11:18 καὶ δοῦναι τὸν μισθὸν τοῖς δούλοις σου τοῖς προφήταις καὶ τοῖς ἁγίοις καὶ τοῖς φοβουμένοις τὸ **ὄνομά** σου,
13: 1 ἔχον κέρατα δέκα καὶ κεφαλὰς ἑπτὰ καὶ ἐπὶ τῶν κεράτων αὐτοῦ δέκα διαδήματα καὶ ἐπὶ τὰς κεφαλὰς αὐτοῦ **ὀνόμα[τα]** [UBS; NIV **ὄνομα**] βλασφημίας.
13: 6 καὶ ἤνοιξεν τὸ στόμα αὐτοῦ εἰς βλασφημίας πρὸς τὸν θεὸν βλασφημῆσαι τὸ **ὄνομα** αὐτοῦ καὶ τὴν σκηνὴν αὐτοῦ,
13: 8 οὗ οὐ γέγραπται τὸ **ὄνομα** αὐτοῦ ἐν τῷ βιβλίῳ τῆς ζωῆς τοῦ ἀρνίου τοῦ ἐσφαγμένου ἀπὸ καταβολῆς κόσμου.
13:17 καὶ ἵνα μή τις δύνηται ἀγοράσαι ἢ πωλῆσαι εἰ μὴ ὁ ἔχων τὸ χάραγμα τὸ **ὄνομα** τοῦ θηρίου ἢ τὸν ἀριθμὸν τοῦ **ὀνόματος** αὐτοῦ.
14: 1 καὶ μετ᾽ αὐτοῦ ἑκατὸν τεσσεράκοντα τέσσαρες χιλιάδες ἔχουσαι τὸ **ὄνομα** αὐτοῦ καὶ τὸ **ὄνομα** τοῦ πατρὸς αὐτοῦ γεγραμμένον ἐπὶ τῶν μετώπων αὐτῶν.
14:11 οἱ προσκυνοῦντες τὸ θηρίον καὶ τὴν εἰκόνα αὐτοῦ καὶ εἴ τις λαμβάνει τὸ χάραγμα τοῦ **ὀνόματος** αὐτοῦ.
15: 2 καὶ τοὺς νικῶντας ἐκ τοῦ θηρίου καὶ ἐκ τῆς εἰκόνος αὐτοῦ καὶ ἐκ τοῦ ἀριθμοῦ τοῦ **ὀνόματος** αὐτοῦ ἑστῶτας
15: 4 τίς οὐ μὴ φοβηθῇ, κύριε, καὶ δοξάσει τὸ **ὄνομά** σου;
16: 9 ἐκαυματίσθησαν οἱ ἄνθρωποι καῦμα μέγα καὶ ἐβλασφήμησαν τὸ **ὄνομα** τοῦ θεοῦ τοῦ ἔχοντος τὴν ἐξουσίαν ἐπὶ τὰς πληγὰς
17: 3 γέμον[τα] **ὀνόματα** βλασφημίας, ἔχων κεφαλὰς ἑπτὰ καὶ κέρατα δέκα.
17: 5 καὶ ἐπὶ τὸ μέτωπον αὐτῆς **ὄνομα** γεγραμμένον, μυστήριον,
17: 8 ὧν οὐ γέγραπται τὸ **ὄνομα** ἐπὶ τὸ βιβλίον τῆς ζωῆς ἀπὸ καταβολῆς κόσμου,
19:12 ἔχων **ὄνομα** γεγραμμένον ὃ οὐδεὶς οἶδεν εἰ μὴ αὐτός,

19:13 καὶ κέκληται τὸ **ὄνομα** αὐτοῦ ὁ λόγος τοῦ θεοῦ.
19:16 καὶ ἔχει ἐπὶ τὸ ἱμάτιον καὶ ἐπὶ τὸν μηρὸν αὐτοῦ **ὄνομα** γεγραμμένον· Βασιλεὺς βασιλέων καὶ κύριος κυρίων.
21:12 ἔχουσα πυλῶνας δώδεκα καὶ ἐπὶ τοῖς πυλῶσιν ἀγγέλους δώδεκα καὶ **ὀνόματα** ἐπιγεγραμμένα, ἅ ἐστιν [τὰ **ὀνόματα**] τῶν δώδεκα φυλῶν υἱῶν Ἰσραήλ·
21:14 καὶ τὸ τεῖχος τῆς πόλεως ἔχων θεμελίους δώδεκα καὶ ἐπ' αὐτῶν δώδεκα **ὀνόματα** τῶν δώδεκα ἀποστόλων τοῦ ἀρνίου.
22: 4 καὶ τὸ **ὄνομα** αὐτοῦ ἐπὶ τῶν μετώπων αὐτῶν.

3951 ὀνομάζω [10]

√ *3950*

ὄνομα ... ὀνομάζω [3] Ac 19:13; Eph 1:21; 2Ti 2:19

Mk 3:14 καὶ ἐποίησεν δώδεκα [οὓς καὶ ἀποστόλους **ὠνόμασεν**] ἵνα ὦσιν μετ' αὐτοῦ καὶ ἵνα ἀποστέλλῃ αὐτοὺς κηρύσσειν
Lk 6:13 καὶ ἐκλεξάμενος ἀπ' αὐτῶν δώδεκα, οὓς καὶ ἀποστόλους **ὠνόμασεν,**
6:14 Σίμωνα ὃν καὶ **ὠνόμασεν** Πέτρον, καὶ Ἀνδρέαν τὸν ἀδελφὸν αὐτοῦ,
Ac 19:13 ἐπεχείρησαν δέ τινες καὶ τῶν περιερχομένων Ἰουδαίων ἐξορκιστῶν **ὀνομάζειν** ἐπὶ τοὺς ἔχοντας τὰ πνεύματα τὰ πονηρὰ τὸ ὄνομα τοῦ κυρίου Ἰησοῦ λέγοντες,
Ro 15:20 οὕτως δὲ φιλοτιμούμενον εὐαγγελίζεσθαι οὐχ ὅπου **ὠνομάσθη** Χριστός,
1Co 5:11 νῦν δὲ ἔγραψα ὑμῖν μὴ συναναμίγνυσθαι ἐάν τις ἀδελφὸς **ὀνομαζόμενος** ᾖ πόρνος ἢ πλεονέκτης ἢ εἰδωλολάτρης
Eph 1:21 ὑπεράνω πάσης ἀρχῆς καὶ ἐξουσίας καὶ δυνάμεως καὶ κυριότητος καὶ παντὸς ὀνόματος **ὀνομαζομένου,**
3:15 ἐξ οὗ πᾶσα πατριὰ ἐν οὐρανοῖς καὶ ἐπὶ γῆς **ὀνομάζεται,**
5: 3 πορνεία δὲ καὶ ἀκαθαρσία πᾶσα ἢ πλεονεξία μηδὲ **ὀνομαζέσθω** ἐν ὑμῖν,
2Ti 2:19 Ἀποστήτω ἀπὸ ἀδικίας πᾶς ὁ **ὀνομάζων** τὸ ὄνομα κυρίου.

3952 ὄνος [5]

→ *3942, 3948*

fem. **ἡ** [4] Mt 21:2,5,7; Jn 12:15

masc. **ὁ** [1] Lk 13:15

Mt 21: 2 καὶ εὐθέως εὑρήσετε **ὄνον** δεδεμένην καὶ πῶλον μετ' αὐτῆς·
21: 5 Ἰδοὺ ὁ βασιλεύς σου ἔρχεταί σοι πραῢς καὶ ἐπιβεβηκὼς ἐπὶ **ὄνον** καὶ ἐπὶ πῶλον υἱὸν ὑποζυγίου.
21: 7 ἤγαγον τὴν **ὄνον** καὶ τὸν πῶλον καὶ ἐπέθηκαν ἐπ' αὐτῶν τὰ ἱμάτια,
Lk 13:15 ἕκαστος ὑμῶν τῷ σαββάτῳ οὐ λύει τὸν βοῦν αὐτοῦ ἢ τὸν **ὄνον** ἀπὸ τῆς φάτνης καὶ ἀπαγαγὼν ποτίζει;
Jn 12:15 ἰδοὺ ὁ βασιλεύς σου ἔρχεται, καθήμενος ἐπὶ πῶλον **ὄνου.**

3953 ὄντως [10]

√ *1639*

Mk 11:32 ἅπαντες γὰρ εἶχον τὸν Ἰωάννην **ὄντως** ὅτι προφήτης ἦν.
Lk 23:47 Ἰδὼν δὲ ὁ ἑκατοντάρχης τὸ γενόμενον ἐδόξαζεν τὸν θεὸν λέγων, **Ὄντως** ὁ ἄνθρωπος οὗτος δίκαιος ἦν.
24:34 λέγοντας ὅτι **ὄντως** ἠγέρθη ὁ κύριος καὶ ὤφθη Σίμωνι.
Jn 8:36 ἐὰν οὖν ὁ υἱὸς ὑμᾶς ἐλευθερώσῃ, **ὄντως** ἐλεύθεροι ἔσεσθε.
1Co 14:25 καὶ οὕτως πεσὼν ἐπὶ πρόσωπον προσκυνήσει τῷ θεῷ ἀπαγγέλλων ὅτι **Ὄντως** ὁ θεὸς ἐν ὑμῖν ἐστιν.
Gal 3:21 εἰ γὰρ ἐδόθη νόμος ὁ δυνάμενος ζῳοποιῆσαι, **ὄντως** ἐκ νόμου ἂν ἦν ἡ δικαιοσύνη·
1Ti 5: 3 Χήρας τίμα τὰς **ὄντως** χήρας.
5: 5 ἡ δὲ **ὄντως** χήρα καὶ μεμονωμένη ἤλπικεν ἐπὶ θεὸν καὶ προσμένει ταῖς δεήσεσιν καὶ ταῖς προσευχαῖς
5:16 ἐπαρκείτω αὐταῖς καὶ μὴ βαρείσθω ἡ ἐκκλησία, ἵνα ταῖς **ὄντως** χήραις ἐπαρκέσῃ.
6:19 ἀποθησαυρίζοντας ἑαυτοῖς θεμέλιον καλὸν εἰς τὸ μέλλον, ἵνα ἐπιλάβωνται τῆς **ὄντως** ζωῆς.

3954 ὄξος [6]

√ *3955*

Mt 27:48 καὶ εὐθέως δραμὼν εἷς ἐξ αὐτῶν καὶ λαβὼν σπόγγον πλήσας τε **ὄξους** καὶ περιθεὶς καλάμῳ ἐπότιζεν αὐτόν.
Mk 15:36 δραμὼν δέ τις [καὶ] γεμίσας σπόγγον **ὄξους** περιθεὶς καλάμῳ ἐπότιζεν αὐτὸν λέγων,
Lk 23:36 ἐνέπαιξαν δὲ αὐτῷ καὶ οἱ στρατιῶται προσερχόμενοι, **ὄξος** προσφέροντες αὐτῷ
Jn 19:29 σκεῦος ἔκειτο **ὄξους** μεστόν· σπόγγον οὖν μεστὸν τοῦ **ὄξους** ὑσσώπῳ περιθέντες προσήνεγκαν αὐτοῦ τῷ στόματι.
19:30 ὅτε οὖν ἔλαβεν τὸ **ὄξος** [ὁ] Ἰησοῦς εἶπεν,

3955 ὀξύς [8]

→ *3954, 4236, 4237*

Ro 3:15 **ὀξεῖς** οἱ πόδες αὐτῶν ἐκχέαι αἷμα,
Rev 1:16 καὶ ἔχων ἐν τῇ δεξιᾷ χειρὶ αὐτοῦ ἀστέρας ἑπτὰ καὶ ἐκ τοῦ στόματος αὐτοῦ ῥομφαία δίστομος **ὀξεῖα** ἐκπορευομένη
2:12 Τάδε λέγει ὁ ἔχων τὴν ῥομφαίαν τὴν δίστομον τὴν **ὀξεῖαν·**
14:14 ἔχων ἐπὶ τῆς κεφαλῆς αὐτοῦ στέφανον χρυσοῦν καὶ ἐν τῇ χειρὶ αὐτοῦ δρέπανον **ὀξύ.**
14:17 Καὶ ἄλλος ἄγγελος ἐξῆλθεν ἐκ τοῦ ναοῦ τοῦ ἐν τῷ οὐρανῷ ἔχων καὶ αὐτὸς δρέπανον **ὀξύ.**
14:18 καὶ ἐφώνησεν φωνῇ μεγάλῃ τῷ ἔχοντι τὸ δρέπανον τὸ **ὀξὺ** λέγων, Πέμψον σου τὸ δρέπανον τὸ **ὀξὺ** καὶ τρύγησον τοὺς βότρυας τῆς ἀμπέλου τῆς γῆς,
19:15 καὶ ἐκ τοῦ στόματος αὐτοῦ ἐκπορεύεται ῥομφαία **ὀξεῖα,**

3956 ὀπή [2]

Heb 11:38 ἐπὶ ἐρημίαις πλανώμενοι καὶ ὄρεσιν καὶ σπηλαίοις καὶ ταῖς **ὀπαῖς** τῆς γῆς.
Jas 3:11 μήτι ἡ πηγὴ ἐκ τῆς αὐτῆς **ὀπῆς** βρύει τὸ γλυκὺ καὶ τὸ πικρόν;

3957 ὄπισθεν [7]

√ *3958*

ἔμπροσθεν καὶ ὄπισθεν [1] Rev 4:6

Mt 9:20 Καὶ ἰδοὺ γυνὴ αἱμορροοῦσα δώδεκα ἔτη προσελθοῦσα **ὄπισθεν** ἥψατο τοῦ κρασπέδου τοῦ ἱματίου αὐτοῦ·
15:23 καὶ προσελθόντες οἱ μαθηταὶ αὐτοῦ ἠρώτουν αὐτὸν λέγοντες, Ἀπόλυσον αὐτήν, ὅτι κράζει **ὄπισθεν** ἡμῶν.
Mk 5:27 ἐλθοῦσα ἐν τῷ ὄχλῳ **ὄπισθεν** ἥψατο τοῦ ἱματίου αὐτοῦ·
Lk 8:44 προσελθοῦσα **ὄπισθεν** ἥψατο τοῦ κρασπέδου τοῦ ἱματίου αὐτοῦ καὶ παραχρῆμα ἔστη ἡ ῥύσις τοῦ αἵματος αὐτῆς.
23:26 ἐπιλαβόμενοι Σίμωνά τινα Κυρηναῖον ἐρχόμενον ἀπ' ἀγροῦ ἐπέθηκαν αὐτῷ τὸν σταυρὸν φέρειν **ὄπισθεν** τοῦ Ἰησοῦ.
Rev 4: 6 Καὶ ἐν μέσῳ τοῦ θρόνου καὶ κύκλῳ τοῦ θρόνου τέσσαρα ζῷα γέμοντα ὀφθαλμῶν ἔμπροσθεν καὶ **ὄπισθεν.**
5: 1 Καὶ εἶδον ἐπὶ τὴν δεξιὰν τοῦ καθημένου ἐπὶ τοῦ θρόνου βιβλίον γεγραμμένον ἔσωθεν καὶ **ὄπισθεν** κατεσφραγισμένον σφραγῖσιν ἑπτά.

3958 ὀπίσω [35 / 36]

→ *3957, 5541*

τὰ ὀπίσω [7] Mk 13:16; Lk 9:62; 17:31; Jn 6:66; 18:6; 20:14; Php 3:13

ἀκολουθέω ὀπίσω [2] Mt 10:38; Mk 8:34

ἀπέρχομαι ὀπίσω [5] Mk 1:20; Jn 6:66; 12:19; 18:6; Jude 1:7

Mt 3:11 ὁ δὲ **ὀπίσω** μου ἐρχόμενος ἰσχυρότερός μού ἐστιν,
4:10 τότε λέγει αὐτῷ ὁ Ἰησοῦς, Ὕπαγε, **ὀπίσω**[UBS-] μου Σατανᾶ·
4:19 καὶ λέγει αὐτοῖς, Δεῦτε **ὀπίσω** μου, καὶ ποιήσω ὑμᾶς ἁλιεῖς ἀνθρώπων.
10:38 ὃς οὐ λαμβάνει τὸν σταυρὸν αὐτοῦ καὶ ἀκολουθεῖ **ὀπίσω** μου,
16:23 ὁ δὲ στραφεὶς εἶπεν τῷ Πέτρῳ, Ὕπαγε **ὀπίσω** μου, Σατανᾶ·
16:24 Τότε ὁ Ἰησοῦς εἶπεν τοῖς μαθηταῖς αὐτοῦ, Εἴ τις θέλει **ὀπίσω** μου ἐλθεῖν,
24:18 ὁ ἐν τῷ ἀγρῷ μὴ ἐπιστρεψάτω **ὀπίσω** ἆραι τὸ ἱμάτιον αὐτοῦ.
Mk 1: 7 καὶ ἐκήρυσσεν λέγων, Ἔρχεται ὁ ἰσχυρότερός μου **ὀπίσω** μου,
1:17 καὶ εἶπεν αὐτοῖς ὁ Ἰησοῦς, Δεῦτε **ὀπίσω** μου,
1:20 καὶ ἀφέντες τὸν πατέρα αὐτῶν Ζεβεδαῖον ἐν τῷ πλοίῳ μετὰ τῶν μισθωτῶν ἀπῆλθον **ὀπίσω** αὐτοῦ.
8:33 Ὕπαγε **ὀπίσω** μου, Σατανᾶ, ὅτι οὐ φρονεῖς τὰ τοῦ θεοῦ ἀλλὰ τὰ τῶν ἀνθρώπων.
8:34 Εἴ τις θέλει **ὀπίσω** μου ἀκολουθεῖν, ἀπαρνησάσθω ἑαυτὸν καὶ ἀράτω τὸν σταυρὸν αὐτοῦ καὶ ἀκολουθείτω μοι.

13:16 καὶ ὁ εἰς τὸν ἀγρὸν μὴ ἐπιστρεψάτω εἰς τὰ **ὀπίσω** ἆραι τὸ ἱμάτιον αὐτοῦ.
Lk 7:38 καὶ στᾶσα **ὀπίσω** παρὰ τοὺς πόδας αὐτοῦ κλαίουσα τοῖς δάκρυσιν ἤρξατο βρέχειν τοὺς πόδας αὐτοῦ
9:23 Ἔλεγεν δὲ πρὸς πάντας, Εἴ τις θέλει **ὀπίσω** μου ἔρχεσθαι,
9:62 Οὐδεὶς ἐπιβαλὼν τὴν χεῖρα ἐπ' ἄροτρον καὶ βλέπων εἰς τὰ **ὀπίσω** εὔθετός ἐστιν τῇ βασιλείᾳ τοῦ θεοῦ.
14:27 ὅστις οὐ βαστάζει τὸν σταυρὸν ἑαυτοῦ καὶ ἔρχεται **ὀπίσω** μου,
17:31 καὶ ὁ ἐν ἀγρῷ ὁμοίως μὴ ἐπιστρεψάτω εἰς τὰ **ὀπίσω.**
19:14 οἱ δὲ πολῖται αὐτοῦ ἐμίσουν αὐτὸν καὶ ἀπέστειλαν πρεσβείαν **ὀπίσω** αὐτοῦ λέγοντες,
21: 8 καί, Ὁ καιρὸς ἤγγικεν. μὴ πορευθῆτε **ὀπίσω** αὐτῶν.
Jn 1:15 Ὁ **ὀπίσω** μου ἐρχόμενος ἔμπροσθέν μου γέγονεν, ὅτι πρῶτός μου ἦν.
1:27 ὁ **ὀπίσω** μου ἐρχόμενος, οὗ οὐκ εἰμὶ [ἐγὼ] ἄξιος ἵνα λύσω αὐτοῦ τὸν ἱμάντα τοῦ ὑποδήματος.
1:30 **Ὀπίσω** μου ἔρχεται ἀνὴρ ὃς ἔμπροσθέν μου γέγονεν,
6:66 Ἐκ τούτου πολλοὶ [ἐκ] τῶν μαθητῶν αὐτοῦ ἀπῆλθον εἰς τὰ **ὀπίσω** καὶ οὐκέτι μετ' αὐτοῦ περιεπάτουν.
12:19 Θεωρεῖτε ὅτι οὐκ ὠφελεῖτε οὐδέν· ἴδε ὁ κόσμος **ὀπίσω** αὐτοῦ ἀπῆλθεν.
18: 6 Ἐγώ εἰμι, ἀπῆλθον εἰς τὰ **ὀπίσω** καὶ ἔπεσαν χαμαί.
20:14 ταῦτα εἰποῦσα ἐστράφη εἰς τὰ **ὀπίσω** καὶ θεωρεῖ τὸν Ἰησοῦν ἑστῶτα καὶ οὐκ ᾔδει ὅτι Ἰησοῦς ἐστιν.
Ac 5:37 μετὰ τοῦτον ἀνέστη Ἰούδας ὁ Γαλιλαῖος ἐν ταῖς ἡμέραις τῆς ἀπογραφῆς καὶ ἀπέστησεν λαὸν **ὀπίσω** αὐτοῦ·
20:30 καὶ ἐξ ὑμῶν αὐτῶν ἀναστήσονται ἄνδρες λαλοῦντες διεστραμμένα τοῦ ἀποσπᾶν τοὺς μαθητὰς **ὀπίσω** αὐτῶν.
Php 3:13 τὰ μὲν **ὀπίσω** ἐπιλανθανόμενος τοῖς δὲ ἔμπροσθεν ἐπεκτεινόμενος,
1Ti 5:15 ἤδη γάρ τινες ἐξετράπησαν **ὀπίσω** τοῦ Σατανᾶ.
2Pe 2:10 μάλιστα δὲ τοὺς **ὀπίσω** σαρκὸς ἐν ἐπιθυμίᾳ μιασμοῦ πορευομένους καὶ κυριότητος καταφρονοῦντας.
Jude 1: 7 καὶ Γόμορρα καὶ αἱ περὶ αὐτὰς πόλεις τὸν ὅμοιον τρόπον τούτοις ἐκπορνεύσασαι καὶ ἀπελθοῦσαι **ὀπίσω** σαρκὸς ἑτέρας,
Rev 1:10 ἐγενόμην ἐν πνεύματι ἐν τῇ κυριακῇ ἡμέρᾳ καὶ ἤκουσα **ὀπίσω** μου φωνὴν μεγάλην ὡς σάλπιγγος
12:15 καὶ ἔβαλεν ὁ ὄφις ἐκ τοῦ στόματος αὐτοῦ **ὀπίσω** τῆς γυναικὸς ὕδωρ ὡς ποταμόν,
13: 3 καὶ ἐθαυμάσθη ὅλη ἡ γῆ **ὀπίσω** τοῦ θηρίου

3959 ὁπλίζω [1]

√ *3960*

1Pe 4: 1 Χριστοῦ οὖν παθόντος σαρκὶ καὶ ὑμεῖς τὴν αὐτὴν ἔννοιαν **ὁπλίσασθε,**

3960 ὅπλον [6]

→ *2774, 3959, 4110*

Jn 18: 3 ὁ οὖν Ἰούδας λαβὼν τὴν σπεῖραν καὶ ἐκ τῶν ἀρχιερέων καὶ ἐκ τῶν Φαρισαίων ὑπηρέτας ἔρχεται ἐκεῖ μετὰ φανῶν καὶ λαμπάδων καὶ **ὅπλων.**
Ro 6:13 μηδὲ παριστάνετε τὰ μέλη ὑμῶν **ὅπλα** ἀδικίας τῇ ἁμαρτίᾳ, ἀλλὰ παραστήσατε ἑαυτοὺς τῷ θεῷ ὡσεὶ ἐκ νεκρῶν ζῶντας καὶ τὰ μέλη ὑμῶν **ὅπλα** δικαιοσύνης τῷ θεῷ.
13:12 ἀποθώμεθα οὖν τὰ ἔργα τοῦ σκότους, ἐνδυσώμεθα [δὲ] τὰ **ὅπλα** τοῦ φωτός.
2Co 6: 7 διὰ τῶν **ὅπλων** τῆς δικαιοσύνης τῶν δεξιῶν καὶ ἀριστερῶν,
10: 4 τὰ γὰρ **ὅπλα** τῆς στρατείας ἡμῶν οὐ σαρκικὰ ἀλλὰ δυνατὰ τῷ θεῷ πρὸς καθαίρεσιν ὀχυρωμάτων,

3961 ὁποῖος [5]

√ *4544*

τοιοῦτος ... ὁποῖος [1] Ac 26:29

Ac 26:29 οὐ μόνον σὲ ἀλλὰ καὶ πάντας τοὺς ἀκούοντάς μου σήμερον γενέσθαι τοιούτους **ὁποῖος** καὶ ἐγώ εἰμι παρεκτὸς τῶν δεσμῶν
1Co 3:13 καὶ ἑκάστου τὸ ἔργον **ὁποῖόν** ἐστιν τὸ πῦρ [αὐτὸ] δοκιμάσει.
Gal 2: 6 **ὁποῖοί** ποτε ἦσαν οὐδέν μοι διαφέρει· πρόσωπον [ὁ] θεὸς ἀνθρώπου οὐ λαμβάνει–
1Th 1: 9 αὐτοὶ γὰρ περὶ ἡμῶν ἀπαγγέλλουσιν **ὁποίαν** εἴσοδον ἔσχομεν πρὸς ὑμᾶς,
Jas 1:24 κατενόησεν γὰρ ἑαυτὸν καὶ ἀπελήλυθεν καὶ εὐθέως ἐπελάθετο **ὁποῖος** ἦν.

3962 ὁπότε Not used in UBS/NIV

√ *4544*

3963 ὅπου [82]

√ *4544*

ὅπου ἄν [2] Mk 6:56; Rev 14:4

ὅπου ἐάν [8] Mt 8:19; 24:28; 26:13; Mk 6:10; 9:18; 14:9,14; Lk 9:57

ὅπου ... ἐκεῖ [10] Mt 6:21; 24:28; Mk 6:10; Lk 12:34; 17:37; Jn 10:40; 12:26; Jas 3:16; Rev 12:6,14

Mt 6:19 **ὅπου** σὴς καὶ βρῶσις ἀφανίζει καὶ **ὅπου** κλέπται διορύσσουσιν καὶ κλέπτουσιν·
6:20 **ὅπου** οὔτε σὴς οὔτε βρῶσις ἀφανίζει καὶ **ὅπου** κλέπται οὐ διορύσσουσιν οὐδὲ κλέπτουσιν·
6:21 **ὅπου** γάρ ἐστιν ὁ θησαυρός σου, ἐκεῖ ἔσται καὶ ἡ καρδία σου.
8:19 καὶ προσελθὼν εἷς γραμματεὺς εἶπεν αὐτῷ, Διδάσκαλε, ἀκολουθήσω σοι **ὅπου** ἐὰν ἀπέρχῃ.
13: 5 ἄλλα δὲ ἔπεσεν ἐπὶ τὰ πετρώδη **ὅπου** οὐκ εἶχεν γῆν πολλήν,
24:28 **ὅπου** ἐὰν ᾖ τὸ πτῶμα, ἐκεῖ συναχθήσονται οἱ ἀετοί.
25:24 θερίζων **ὅπου** οὐκ ἔσπειρας καὶ συνάγων ὅθεν οὐ διεσκόρπισας,
25:26 ᾔδεις ὅτι θερίζω **ὅπου** οὐκ ἔσπειρα καὶ συνάγω ὅθεν οὐ διεσκόρπισα;
26:13 **ὅπου** ἐὰν κηρυχθῇ τὸ εὐαγγέλιον τοῦτο ἐν ὅλῳ τῷ κόσμῳ,
26:57 Οἱ δὲ κρατήσαντες τὸν Ἰησοῦν ἀπήγαγον πρὸς Καϊάφαν τὸν ἀρχιερέα, **ὅπου** οἱ γραμματεῖς καὶ οἱ πρεσβύτεροι συνήχθησαν.
28: 6 ἠγέρθη γὰρ καθὼς εἶπεν· δεῦτε ἴδετε τὸν τόπον **ὅπου** ἔκειτο.
Mk 2: 4 καὶ μὴ δυνάμενοι προσενέγκαι αὐτῷ διὰ τὸν ὄχλον ἀπεστέγασαν τὴν στέγην **ὅπου** ἦν, καὶ ἐξορύξαντες χαλῶσι τὸν κράβαττον **ὅπου** ὁ παραλυτικὸς κατέκειτο.
4: 5 καὶ ἄλλο ἔπεσεν ἐπὶ τὸ πετρῶδες **ὅπου** οὐκ εἶχεν γῆν πολλήν,
4:15 **ὅπου** σπείρεται ὁ λόγος καὶ ὅταν ἀκούσωσιν, εὐθὺς ἔρχεται ὁ Σατανᾶς καὶ αἴρει τὸν λόγον τὸν ἐσπαρμένον εἰς αὐτούς.
5:40 παραλαμβάνει τὸν πατέρα τοῦ παιδίου καὶ τὴν μητέρα καὶ τοὺς μετ' αὐτοῦ καὶ εἰσπορεύεται **ὅπου** ἦν τὸ παιδίον.
6:10 καὶ ἔλεγεν αὐτοῖς, **Ὅπου** ἐὰν εἰσέλθητε εἰς οἰκίαν,
6:55 καὶ ἤρξαντο ἐπὶ τοῖς κραβάττοις τοὺς κακῶς ἔχοντας περιφέρειν **ὅπου** ἤκουον ὅτι ἐστίν.
6:56 καὶ **ὅπου** ἂν εἰσεπορεύετο εἰς κώμας ἢ εἰς πόλεις ἢ εἰς ἀγρούς,
9:18 καὶ **ὅπου** ἐὰν αὐτὸν καταλάβῃ ῥήσσει αὐτόν, καὶ ἀφρίζει καὶ τρίζει τοὺς ὀδόντας καὶ ξηραίνεται·
9:48 **ὅπου** ὁ σκώληξ αὐτῶν οὐ τελευτᾷ καὶ τὸ πῦρ οὐ σβέννυται.
13:14 Ὅταν δὲ ἴδητε τὸ βδέλυγμα τῆς ἐρημώσεως ἑστηκότα **ὅπου** οὐ δεῖ,
14: 9 **ὅπου** ἐὰν κηρυχθῇ τὸ εὐαγγέλιον εἰς ὅλον τὸν κόσμον,
14:14 καὶ **ὅπου** ἐὰν εἰσέλθῃ εἴπατε τῷ οἰκοδεσπότῃ ὅτι Ὁ διδάσκαλος λέγει, Ποῦ ἐστιν τὸ κατάλυμά μου **ὅπου** τὸ πάσχα μετὰ τῶν μαθητῶν μου φάγω;
16: 6 οὐκ ἔστιν ὧδε· ἴδε ὁ τόπος **ὅπου** ἔθηκαν αὐτόν.
Lk 9:57 Καὶ πορευομένων αὐτῶν ἐν τῇ ὁδῷ εἶπέν τις πρὸς αὐτόν, Ἀκολουθήσω σοι **ὅπου** ἐὰν ἀπέρχῃ.
12:33 θησαυρὸν ἀνέκλειπτον ἐν τοῖς οὐρανοῖς, **ὅπου** κλέπτης οὐκ ἐγγίζει οὐδὲ σὴς διαφθείρει·
12:34 **ὅπου** γάρ ἐστιν ὁ θησαυρὸς ὑμῶν, ἐκεῖ καὶ ἡ καρδία ὑμῶν ἔσται.
17:37 ὁ δὲ εἶπεν αὐτοῖς, **Ὅπου** τὸ σῶμα, ἐκεῖ καὶ οἱ ἀετοὶ ἐπισυναχθήσονται.
22:11 Ποῦ ἐστιν τὸ κατάλυμα **ὅπου** τὸ πάσχα μετὰ τῶν μαθητῶν μου φάγω;
Jn 1:28 Ταῦτα ἐν Βηθανίᾳ ἐγένετο πέραν τοῦ Ἰορδάνου, **ὅπου** ἦν ὁ Ἰωάννης βαπτίζων.
3: 8 τὸ πνεῦμα **ὅπου** θέλει πνεῖ καὶ τὴν φωνὴν αὐτοῦ ἀκούεις,
4:20 καὶ ὑμεῖς λέγετε ὅτι ἐν Ἱεροσολύμοις ἐστὶν ὁ τόπος **ὅπου** προσκυνεῖν δεῖ.
4:46 Ἦλθεν οὖν πάλιν εἰς τὴν Κανὰ τῆς Γαλιλαίας, **ὅπου** ἐποίησεν τὸ ὕδωρ οἶνον.
6:23 ἄλλα ἦλθεν πλοιά[ρια] ἐκ Τιβεριάδος ἐγγὺς τοῦ τόπου **ὅπου** ἔφαγον τὸν ἄρτον εὐχαριστήσαντος τοῦ κυρίου.
6:62 ἐὰν οὖν θεωρῆτε τὸν υἱὸν τοῦ ἀνθρώπου ἀναβαίνοντα **ὅπου** ἦν τὸ πρότερον;
7:34 καὶ **ὅπου** εἰμὶ ἐγὼ ὑμεῖς οὐ δύνασθε ἐλθεῖν.
7:36 καὶ **ὅπου** εἰμὶ ἐγὼ ὑμεῖς οὐ δύνασθε ἐλθεῖν;
7:42 οὐχ ἡ γραφὴ εἶπεν ὅτι ἐκ τοῦ σπέρματος Δαυὶδ καὶ ἀπὸ Βηθλέεμ τῆς κώμης **ὅπου** ἦν Δαυὶδ ἔρχεται ὁ Χριστός;

8:21 **ὅπου** ἐγὼ ὑπάγω ὑμεῖς οὐ δύνασθε ἐλθεῖν.
8:22 ὅτι λέγει, **Ὅπου** ἐγὼ ὑπάγω ὑμεῖς οὐ δύνασθε ἐλθεῖν;
10:40 Καὶ ἀπῆλθεν πάλιν πέραν τοῦ Ἰορδάνου εἰς τὸν τόπον **ὅπου** ἦν Ἰωάννης τὸ πρῶτον βαπτίζων καὶ ἔμεινεν ἐκεῖ.
11:30 ἀλλ᾽ ἦν ἔτι ἐν τῷ τόπῳ **ὅπου** ὑπήντησεν αὐτῷ ἡ Μάρθα.
11:32 ἡ οὖν Μαριὰμ ὡς ἦλθεν **ὅπου** ἦν Ἰησοῦς ἰδοῦσα αὐτὸν ἔπεσεν αὐτοῦ πρὸς τοὺς πόδας λέγουσα αὐτῷ,
12: 1 **ὅπου** ἦν Λάζαρος, ὃν ἤγειρεν ἐκ νεκρῶν Ἰησοῦς.
12:26 καὶ **ὅπου** εἰμὶ ἐγὼ ἐκεῖ καὶ ὁ διάκονος ὁ ἐμὸς ἔσται·
13:33 τοῖς Ἰουδαίοις ὅτι **Ὅπου** ἐγὼ ὑπάγω ὑμεῖς οὐ δύνασθε ἐλθεῖν,
13:36 **Ὅπου** ὑπάγω οὐ δύνασαί μοι νῦν ἀκολουθῆσαι, ἀκολουθήσεις δὲ ὕστερον.
14: 3 πάλιν ἔρχομαι καὶ παραλήμψομαι ὑμᾶς πρὸς ἐμαυτόν, ἵνα **ὅπου** εἰμὶ ἐγὼ καὶ ὑμεῖς ἦτε.
14: 4 καὶ **ὅπου** [ἐγὼ] ὑπάγω οἴδατε τὴν ὁδόν.
17:24 θέλω ἵνα **ὅπου** εἰμὶ ἐγὼ κἀκεῖνοι ὦσιν μετ᾽ ἐμοῦ,
18: 1 Ταῦτα εἰπὼν Ἰησοῦς ἐξῆλθεν σὺν τοῖς μαθηταῖς αὐτοῦ πέραν τοῦ χειμάρρου τοῦ Κεδρὼν **ὅπου** ἦν κῆπος,
18:20 **ὅπου** πάντες οἱ Ἰουδαῖοι συνέρχονται, καὶ ἐν κρυπτῷ ἐλάλησα οὐδέν.
19:18 **ὅπου** αὐτὸν ἐσταύρωσαν, καὶ μετ᾽ αὐτοῦ ἄλλους δύο ἐντεῦθεν καὶ ἐντεῦθεν,
19:20 ὅτι ἐγγὺς ἦν ὁ τόπος τῆς πόλεως **ὅπου** ἐσταυρώθη ὁ Ἰησοῦς·
19:41 ἦν δὲ ἐν τῷ τόπῳ **ὅπου** ἐσταυρώθη κῆπος,
20:12 ἕνα πρὸς τῇ κεφαλῇ καὶ ἕνα πρὸς τοῖς ποσίν, **ὅπου** ἔκειτο τὸ σῶμα τοῦ Ἰησοῦ.
20:19 Οὔσης οὖν ὀψίας τῇ ἡμέρᾳ ἐκείνῃ τῇ μιᾷ σαββάτων καὶ τῶν θυρῶν κεκλεισμένων **ὅπου** ἦσαν οἱ μαθηταὶ διὰ τὸν φόβον
21:18 ὅτε ἦς νεώτερος, ἐζώννυες σεαυτὸν καὶ περιεπάτεις **ὅπου** ἤθελες· ὅταν δὲ γηράσῃς, ἐκτενεῖς τὰς χεῖράς σου, καὶ ἄλλος σε ζώσει καὶ οἴσει **ὅπου** οὐ θέλεις.
Ac 17: 1 Διοδεύσαντες δὲ τὴν Ἀμφίπολιν καὶ τὴν Ἀπολλωνίαν ἦλθον εἰς Θεσσαλονίκην **ὅπου** ἦν συναγωγὴ τῶν Ἰουδαίων.
20: 6 καὶ ἤλθομεν πρὸς αὐτοὺς εἰς τὴν Τρῳάδα ἄχρι ἡμερῶν πέντε, **ὅπου** διετρίψαμεν ἡμέρας ἑπτά.
Ro 15:20 οὕτως δὲ φιλοτιμούμενον εὐαγγελίζεσθαι οὐχ **ὅπου** ὠνομάσθη Χριστός,
1Co 3: 3 **ὅπου** γὰρ ἐν ὑμῖν ζῆλος καὶ ἔρις, οὐχὶ σαρκικοί ἐστε καὶ κατὰ ἄνθρωπον περιπατεῖτε;
Col 3:11 **ὅπου** οὐκ ἔνι Ἕλλην καὶ Ἰουδαῖος, περιτομὴ καὶ ἀκροβυστία,
Heb 6:20 **ὅπου** πρόδρομος ὑπὲρ ἡμῶν εἰσῆλθεν Ἰησοῦς, κατὰ τὴν τάξιν Μελχισέδεκ ἀρχιερεὺς γενόμενος εἰς τὸν αἰῶνα.
9:16 **ὅπου** γὰρ διαθήκη, θάνατον ἀνάγκη φέρεσθαι τοῦ διαθεμένου·
10:18 **ὅπου** δὲ ἄφεσις τούτων, οὐκέτι προσφορὰ περὶ ἁμαρτίας.
Jas 3: 4 μετάγεται ὑπὸ ἐλαχίστου πηδαλίου **ὅπου** ἡ ὁρμὴ τοῦ εὐθύνοντος βούλεται,
3:16 **ὅπου** γὰρ ζῆλος καὶ ἐριθεία, ἐκεῖ ἀκαταστασία καὶ πᾶν φαῦλον πρᾶγμα.
2Pe 2:11 **ὅπου** ἄγγελοι ἰσχύϊ καὶ δυνάμει μείζονες ὄντες οὐ φέρουσιν κατ᾽ αὐτῶν παρὰ κυρίου βλάσφημον κρίσιν.
Rev 2:13 Οἶδα ποῦ κατοικεῖς, **ὅπου** ὁ θρόνος τοῦ Σατανᾶ, καὶ κρατεῖς τὸ ὄνομά μου καὶ οὐκ ἠρνήσω τὴν πίστιν μου καὶ ἐν ταῖς ἡμέραις Ἀντιπᾶς ὁ μάρτυς μου ὁ πιστός μου, ὃς ἀπεκτάνθη παρ᾽ ὑμῖν, **ὅπου** ὁ Σατανᾶς κατοικεῖ.
11: 8 ἥτις καλεῖται πνευματικῶς Σόδομα καὶ Αἴγυπτος, **ὅπου** καὶ ὁ κύριος αὐτῶν ἐσταυρώθη.
12: 6 **ὅπου** ἔχει ἐκεῖ τόπον ἡτοιμασμένον ἀπὸ τοῦ θεοῦ,
12:14 **ὅπου** τρέφεται ἐκεῖ καιρὸν καὶ καιροὺς καὶ ἥμισυ καιροῦ ἀπὸ προσώπου τοῦ ὄφεως.
14: 4 οὗτοι οἱ ἀκολουθοῦντες τῷ ἀρνίῳ **ὅπου** ἂν ὑπάγῃ.
17: 9 αἱ ἑπτὰ κεφαλαὶ ἑπτὰ ὄρη εἰσίν, **ὅπου** ἡ γυνὴ κάθηται ἐπ᾽ αὐτῶν.
20:10 καὶ ὁ διάβολος ὁ πλανῶν αὐτοὺς ἐβλήθη εἰς τὴν λίμνην τοῦ πυρὸς καὶ θείου **ὅπου** καὶ τὸ θηρίον καὶ ὁ ψευδοπροφήτης,

3964 ὀπτάνομαι [1]

√ *3972*

Ac 1: 3 δι᾽ ἡμερῶν τεσσεράκοντα **ὀπτανόμενος** αὐτοῖς καὶ λέγων τὰ περὶ τῆς βασιλείας τοῦ θεοῦ·

3965 ὀπτασία [4]

√ *3972*

Lk 1:22 καὶ ἐπέγνωσαν ὅτι **ὀπτασίαν** ἑώρακεν ἐν τῷ ναῷ·
24:23 καὶ μὴ εὑροῦσαι τὸ σῶμα αὐτοῦ ἦλθον λέγουσαι καὶ **ὀπτασίαν** ἀγγέλων ἑωρακέναι,
Ac 26:19 βασιλεῦ Ἀγρίππα, οὐκ ἐγενόμην ἀπειθὴς τῇ οὐρανίῳ **ὀπτασίᾳ**
2Co 12: 1 οὐ συμφέρον μέν, ἐλεύσομαι δὲ εἰς **ὀπτασίας** καὶ ἀποκαλύψεις κυρίου.

3966 ὀπτός [1]

Lk 24:42 οἱ δὲ ἐπέδωκαν αὐτῷ ἰχθύος **ὀπτοῦ** μέρος·

3967 ὀπώρα [1]

→ *5781*

Rev 18:14 καὶ ἡ **ὀπώρα** σου τῆς ἐπιθυμίας τῆς ψυχῆς ἀπῆλθεν ἀπὸ σοῦ,

3968 ὅπως [53]

√ *4544*

ὅπως ἄν [4] Lk 2:35; Ac 3:20; 15:17; Ro 3:4

ὅπως μή [3] Mt 6:18; Ac 20:16; 1Co 1:29

Mt 2: 8 ἐπὰν δὲ εὕρητε, ἀπαγγείλατέ μοι, **ὅπως** κἀγὼ ἐλθὼν προσκυνήσω αὐτῷ.
2:23 **ὅπως** πληρωθῇ τὸ ῥηθὲν διὰ τῶν προφητῶν ὅτι Ναζωραῖος κληθήσεται.
5:16 **ὅπως** ἴδωσιν ὑμῶν τὰ καλὰ ἔργα καὶ δοξάσωσιν τὸν πατέρα ὑμῶν τὸν ἐν τοῖς οὐρανοῖς.
5:45 **ὅπως** γένησθε υἱοὶ τοῦ πατρὸς ὑμῶν τοῦ ἐν οὐρανοῖς,
6: 2 ὥσπερ οἱ ὑποκριταὶ ποιοῦσιν ἐν ταῖς συναγωγαῖς καὶ ἐν ταῖς ῥύμαις, **ὅπως** δοξασθῶσιν ὑπὸ τῶν ἀνθρώπων·
6: 4 **ὅπως** ᾖ σου ἡ ἐλεημοσύνη ἐν τῷ κρυπτῷ·
6: 5 ἐν ταῖς συναγωγαῖς καὶ ἐν ταῖς γωνίαις τῶν πλατειῶν ἑστῶτες προσεύχεσθαι, **ὅπως** φανῶσιν τοῖς ἀνθρώποις·
6:16 ἀφανίζουσιν γὰρ τὰ πρόσωπα αὐτῶν **ὅπως** φανῶσιν τοῖς ἀνθρώποις νηστεύοντες·
6:18 **ὅπως** μὴ φανῇς τοῖς ἀνθρώποις νηστεύων ἀλλὰ τῷ πατρί σου τῷ ἐν τῷ κρυφαίῳ·
8:17 **ὅπως** πληρωθῇ τὸ ῥηθὲν διὰ Ἠσαΐου τοῦ προφήτου λέγοντος,
8:34 πᾶσα ἡ πόλις ἐξῆλθεν εἰς ὑπάντησιν τῷ Ἰησοῦ καὶ ἰδόντες αὐτὸν παρεκάλεσαν **ὅπως** μεταβῇ ἀπὸ τῶν ὁρίων αὐτῶν.
9:38 δεήθητε οὖν τοῦ κυρίου τοῦ θερισμοῦ **ὅπως** ἐκβάλῃ ἐργάτας εἰς τὸν θερισμὸν αὐτοῦ.
12:14 ἐξελθόντες δὲ οἱ Φαρισαῖοι συμβούλιον ἔλαβον κατ᾽ αὐτοῦ **ὅπως** αὐτὸν ἀπολέσωσιν.
13:35 **ὅπως** πληρωθῇ τὸ ῥηθὲν διὰ τοῦ προφήτου λέγοντος,
22:15 Τότε πορευθέντες οἱ Φαρισαῖοι συμβούλιον ἔλαβον **ὅπως** αὐτὸν παγιδεύσωσιν ἐν λόγῳ.
23:35 **ὅπως** ἔλθῃ ἐφ᾽ ὑμᾶς πᾶν αἷμα δίκαιον ἐκχυννόμενον ἐπὶ τῆς γῆς ἀπὸ τοῦ αἵματος Ἅβελ τοῦ δικαίου ἕως τοῦ αἵματος Ζαχαρίου υἱοῦ Βαραχίου,
26:59 οἱ δὲ ἀρχιερεῖς καὶ τὸ συνέδριον ὅλον ἐζήτουν ψευδομαρτυρίαν κατὰ τοῦ Ἰησοῦ **ὅπως** αὐτὸν θανατώσωσιν,
Mk 3: 6 καὶ ἐξελθόντες οἱ Φαρισαῖοι εὐθὺς μετὰ τῶν Ἡρῳδιανῶν συμβούλιον ἐδίδουν κατ᾽ αὐτοῦ **ὅπως** αὐτὸν ἀπολέσωσιν.
Lk 2:35 –καὶ σοῦ [δὲ] αὐτῆς τὴν ψυχὴν διελεύσεται ῥομφαία–, **ὅπως** ἂν ἀποκαλυφθῶσιν ἐκ πολλῶν καρδιῶν διαλογισμοί.
7: 3 ἀπέστειλεν πρὸς αὐτὸν πρεσβυτέρους τῶν Ἰουδαίων ἐρωτῶν αὐτὸν **ὅπως** ἐλθὼν διασώσῃ τὸν δοῦλον αὐτοῦ.
10: 2 δεήθητε οὖν τοῦ κυρίου τοῦ θερισμοῦ **ὅπως** ἐργάτας ἐκβάλῃ εἰς τὸν θερισμὸν αὐτοῦ.
11:37 Ἐν δὲ τῷ λαλῆσαι ἐρωτᾷ αὐτὸν Φαρισαῖος **ὅπως** ἀριστήσῃ παρ᾽ αὐτῷ·
16:26 **ὅπως** οἱ θέλοντες διαβῆναι ἔνθεν πρὸς ὑμᾶς μὴ δύνωνται,
16:28 ἔχω γὰρ πέντε ἀδελφούς, **ὅπως** διαμαρτύρηται αὐτοῖς, ἵνα μὴ καὶ αὐτοὶ ἔλθωσιν εἰς τὸν τόπον τοῦτον τῆς βασάνου.
24:20 **ὅπως** τε παρέδωκαν αὐτὸν οἱ ἀρχιερεῖς καὶ οἱ ἄρχοντες ἡμῶν εἰς κρίμα θανάτου καὶ ἐσταύρωσαν αὐτόν.
Jn 11:57 δεδώκεισαν δὲ οἱ ἀρχιερεῖς καὶ οἱ Φαρισαῖοι ἐντολὰς ἵνα ἐάν τις γνῷ ποῦ ἐστιν μηνύσῃ, **ὅπως** πιάσωσιν αὐτόν.
Ac 3:20 **ὅπως** ἂν ἔλθωσιν καιροὶ ἀναψύξεως ἀπὸ προσώπου τοῦ κυρίου καὶ ἀποστείλῃ τὸν προκεχειρισμένον ὑμῖν Χριστὸν Ἰησοῦν,
8:15 οἵτινες καταβάντες προσηύξαντο περὶ αὐτῶν **ὅπως** λάβωσιν πνεῦμα ἅγιον·
8:24 Δεήθητε ὑμεῖς ὑπὲρ ἐμοῦ πρὸς τὸν κύριον **ὅπως** μηδὲν ἐπέλθῃ ἐπ᾽ ἐμὲ ὧν εἰρήκατε.
9: 2 **ὅπως** ἐάν τινας εὕρῃ τῆς ὁδοῦ ὄντας, ἄνδρας τε καὶ γυναῖκας,

9: 12 καὶ εἶδεν ἄνδρα [ἐν ὁράματι] Ἀνανίαν ὀνόματι εἰσελθόντα καὶ ἐπιθέντα αὐτῷ [τὰς] χεῖρας **ὅπως** ἀναβλέψῃ.
9: 17 Ἰησοῦς ὁ ὀφθείς σοι ἐν τῇ ὁδῷ ᾗ ἤρχου, **ὅπως** ἀναβλέψῃς καὶ πλησθῇς πνεύματος ἁγίου.
9: 24 παρετηροῦντο δὲ καὶ τὰς πύλας ἡμέρας τε καὶ νυκτὸς **ὅπως** αὐτὸν ἀνέλωσιν·
15: 17 **ὅπως** ἂν ἐκζητήσωσιν οἱ κατάλοιποι τῶν ἀνθρώπων τὸν κύριον καὶ πάντα τὰ ἔθνη ἐφ' οὓς ἐπικέκληται τὸ ὄνομά μου
20: 16 **ὅπως** μὴ γένηται αὐτῷ χρονοτριβῆσαι ἐν τῇ Ἀσίᾳ·
23: 15 νῦν οὖν ὑμεῖς ἐμφανίσατε τῷ χιλιάρχῳ σὺν τῷ συνεδρίῳ **ὅπως** καταγάγῃ αὐτὸν εἰς ὑμᾶς ὡς μέλλοντας διαγινώσκειν
23: 20 εἶπεν δὲ ὅτι Οἱ Ἰουδαῖοι συνέθεντο τοῦ ἐρωτῆσαί σε **ὅπως** αὔριον τὸν Παῦλον καταγάγῃς εἰς τὸ συνέδριον
23: 23 δύο [τινὰς] τῶν ἑκατονταρχῶν εἶπεν, Ἑτοιμάσατε στρατιώτας διακοσίους, **ὅπως** πορευθῶσιν ἕως Καισαρείας,
25: 3 αἰτούμενοι χάριν κατ' αὐτοῦ **ὅπως** μεταπέμψηται αὐτὸν εἰς Ἰερουσαλήμ,
25: 26 βασιλεῦ Ἀγρίππα, **ὅπως** τῆς ἀνακρίσεως γενομένης σχῶ τί γράψω·
Ro 3: 4 **Ὅπως** ἂν δικαιωθῇς ἐν τοῖς λόγοις σου καὶ νικήσεις ἐν τῷ κρίνεσθαί σε.
9: 17 λέγει γὰρ ἡ γραφὴ τῷ Φαραὼ ὅτι Εἰς αὐτὸ τοῦτο ἐξήγειρά σε **ὅπως** ἐνδείξωμαι ἐν σοὶ τὴν δύναμίν μου καὶ **ὅπως** διαγγελῇ τὸ ὄνομά μου ἐν πάσῃ τῇ γῇ.
1Co 1: 29 **ὅπως** μὴ καυχήσηται πᾶσα σὰρξ ἐνώπιον τοῦ θεοῦ.
2Co 8: 11 νυνὶ δὲ καὶ τὸ ποιῆσαι ἐπιτελέσατε, **ὅπως** καθάπερ ἡ προθυμία τοῦ θέλειν,
8: 14 ἵνα καὶ τὸ ἐκείνων περίσσευμα γένηται εἰς τὸ ὑμῶν ὑστέρημα, **ὅπως** γένηται ἰσότης,
Gal 1: 4 **ὅπως** ἐξέληται ἡμᾶς ἐκ τοῦ αἰῶνος τοῦ ἐνεστῶτος πονηροῦ κατὰ τὸ θέλημα τοῦ θεοῦ καὶ πατρὸς ἡμῶν,
2Th 1: 12 **ὅπως** ἐνδοξασθῇ τὸ ὄνομα τοῦ κυρίου ἡμῶν Ἰησοῦ ἐν ὑμῖν,
Phm 1: 6 **ὅπως** ἡ κοινωνία τῆς πίστεώς σου ἐνεργὴς γένηται ἐν ἐπιγνώσει παντὸς ἀγαθοῦ τοῦ ἐν ἡμῖν εἰς Χριστόν.
Heb 2: 9 διὰ τὸ πάθημα τοῦ θανάτου δόξῃ καὶ τιμῇ ἐστεφανωμένον, **ὅπως** χάριτι θεοῦ ὑπὲρ παντὸς γεύσηται θανάτου.
9: 15 **ὅπως** θανάτου γενομένου εἰς ἀπολύτρωσιν τῶν ἐπὶ τῇ πρώτῃ διαθήκῃ παραβάσεων τὴν ἐπαγγελίαν λάβωσιν οἱ κεκλημένοι τῆς αἰωνίου κληρονομίας.
Jas 5: 16 ἐξομολογεῖσθε οὖν ἀλλήλοις τὰς ἁμαρτίας καὶ εὔχεσθε ὑπὲρ ἀλλήλων **ὅπως** ἰαθῆτε.
1Pe 2: 9 **ὅπως** τὰς ἀρετὰς ἐξαγγείλητε τοῦ ἐκ σκότους ὑμᾶς καλέσαντος εἰς τὸ θαυμαστὸν αὐτοῦ φῶς·

3969 ὅραμα [12]

√ *3972*

Mt 17: 9 Μηδενὶ εἴπητε τὸ **ὅραμα** ἕως οὗ ὁ υἱὸς τοῦ ἀνθρώπου ἐκ νεκρῶν ἐγερθῇ.
Ac 7: 31 ὁ δὲ Μωϋσῆς ἰδὼν ἐθαύμαζεν τὸ **ὅραμα**, προσερχομένου δὲ αὐτοῦ κατανοῆσαι ἐγένετο φωνὴ κυρίου,
9: 10 καὶ εἶπεν πρὸς αὐτὸν ἐν **ὁράματι** ὁ κύριος,
9: 12 καὶ εἶδεν ἄνδρα [ἐν **ὁράματι**] Ἀνανίαν ὀνόματι εἰσελθόντα καὶ ἐπιθέντα αὐτῷ [τὰς] χεῖρας ὅπως ἀναβλέψῃ.
10: 3 εἶδεν ἐν **ὁράματι** φανερῶς ὡσεὶ περὶ ὥραν ἐνάτην τῆς ἡμέρας ἄγγελον τοῦ θεοῦ εἰσελθόντα πρὸς αὐτὸν καὶ εἰπόντα αὐτῷ,
10: 17 Ὡς δὲ ἐν ἑαυτῷ διηπόρει ὁ Πέτρος τί ἂν εἴη τὸ **ὅραμα** ὃ εἶδεν,
10: 19 τοῦ δὲ Πέτρου διενθυμουμένου περὶ τοῦ **ὁράματος** εἶπεν [αὐτῷ] τὸ πνεῦμα,
11: 5 Ἐγὼ ἤμην ἐν πόλει Ἰόππῃ προσευχόμενος καὶ εἶδον ἐν ἐκστάσει **ὅραμα**,
12: 9 καὶ ἐξελθὼν ἠκολούθει καὶ οὐκ ᾔδει ὅτι ἀληθές ἐστιν τὸ γινόμενον διὰ τοῦ ἀγγέλου· ἐδόκει δὲ **ὅραμα** βλέπειν.
16: 9 καὶ **ὅραμα** διὰ [τῆς] νυκτὸς τῷ Παύλῳ ὤφθη,
16: 10 ὡς δὲ τὸ **ὅραμα** εἶδεν, εὐθέως ἐζητήσαμεν ἐξελθεῖν εἰς Μακεδονίαν συμβιβάζοντες ὅτι προσκέκληται ἡμᾶς ὁ θεὸς
18: 9 εἶπεν δὲ ὁ κύριος ἐν νυκτὶ δι' **ὁράματος** τῷ Παύλῳ,

3970 ὅρασις [4]

√ *3972*

Ac 2: 17 καὶ οἱ νεανίσκοι ὑμῶν **ὁράσεις** ὄψονται καὶ οἱ πρεσβύτεροι ὑμῶν ἐνυπνίοις ἐνυπνιασθήσονται·
Rev 4: 3 καὶ ὁ καθήμενος ὅμοιος **ὁράσει** λίθῳ ἰάσπιδι καὶ σαρδίῳ, καὶ ἶρις κυκλόθεν τοῦ θρόνου ὅμοιος **ὁράσει** σμαραγδίνῳ.
9: 17 καὶ οὕτως εἶδον τοὺς ἵππους ἐν τῇ **ὁράσει** καὶ τοὺς καθημένους ἐπ' αὐτῶν,

3971 ὁρατός [1]

√ *3972*

Col 1: 16 τὰ **ὁρατὰ** καὶ τὰ ἀόρατα, εἴτε θρόνοι εἴτε κυριότητες εἴτε ἀρχαὶ εἴτε ἐξουσίαι·

3972 ὁράω [449 / 448]

→ *548, 898, 927, 1967, 2227, 2228, 2269, 2393, 2775, 2979, 3002, 3587, 3921, 3964, 3965, 3969, 3970, 3971, 4071, 4238, 4632, 4725, 5034, 5287?, 5288?, 5328, 5666, 5708, 5724, 5864; cf. 4057, 4725*

see also **ἴδε**

ἰδ- forms [337] Mt 2:2,9,10,11,16; 3:7,16; 4:16,18,21; 5:1,16; 8:14,18,34; 9:2,4,8,9,11,22,23,36; 11:8,9; 12:2,38; 13:14,15, 17,17; 14:14,26; 16:28; 17:8; 18:31; 20:3; 21:15,19,20,32,38; 22:11; 23:39; 24:15,33; 25:37,38,39,44; 26:8,58,71; 27:3,24,49, 54; 28:6,17; Mk 1:10,16,19; 2:5,12,14,16; 4:12; 5:6,14,16,22,32; 6:33,34,38,48,49,50; 7:2; 8:33; 9:1,8,9,14,15,20,25,38; 10:14; 11:13,20; 12:15,28,34; 13:14,29; 14:67,69; 15:32,36,39; 16:5; Lk 1:12; 2:15,17,20,26,26,30,48; 5:2,8,12,20,26; 7:13,22,25, 26,39; 8:20,28,34,35,36,47; 9:9,27,32,49,54; 10:24,24,31,32,33; 11:38; 12:54; 13:12,35; 14:18; 15:20; 17:14,15,22; 18:15,24,43; 19:3,4,7,37,41; 20:14; 21:1,2,20,29,31; 22:49,56,58; 23:8,8,8, 47; 24:24,39,39; Jn 1:33,39,47,48,50; 3:3; 4:29,48; 5:6; 6:14,22, 24,26,30; 8:56,56; 9:1; 11:31,32,33,40; 12:9,21,40,41; 18:26; 19:6,26,33; 20:8,20,25,29; 21:21; Ac 2:27,31; 3:3,9,12; 4:20; 6:15; 7:24,31,34,34,55; 8:18,39; 9:12,27,35,40; 10:3,17; 11:5,6, 13,23; 12:3,16; 13:12,35,36,37,41,45; 14:9,11; 15:6; 16:10,19, 27,40; 19:21; 21:32; 22:14,18; 26:13,16; 28:4,15,20,26,27; Ro 1:11; 1Co 2:9; 8:10; 16:7; Gal 1:19; 2:7,14; 6:11; Php 1:27,30; 2:28; 4:9; 1Th 2:17; 3:6,10; 1Ti 6:16,16; 2Ti 1:4; Heb 3:9; 11:5, 13,23; Jas 5:11; 1Pe 1:8; 3:10; 1Jn 3:1; 5:16; 3Jn 1:14; Rev 1:2,12,17,19,20; 4:1; 5:1,2,6,11; 6:1,2,5,8,9,12; 7:1,2,9; 8:2,13; 9:1,17; 10:1,5; 12:13; 13:1,2,11; 14:1,6,14; 15:1,2,5; 16:13; 17:3,6,6,8,12,15,16,18; 18:1,7; 19:11,17,19; 20:1,4,11,12; 21:1,2,22

ἰδεῖν θάνατον [2] Lk 2:26; Heb 11:5

ἰδεῖν ἀρνίον [3] Rev 5:6; 6:1; 14:1

ἰδεῖν ζωήν [1] Jn 3:36

ἰδεῖν τὸν θεόν [3] Mt 5:8; Jn 1:18; 3Jn 1:11

ἰδεῖν ... τοῦ θεοῦ [10] Mt 3:16; Mk 9:1; Lk 3:6; 9:27; Jn 3:3; 11:40; Ac 7:55; 10:3; 11:23; Rev 1:2

ἰδεῖν Ἰησοῦν [9] Mt 17:8; Mk 5:6; 9:8; Lk 5:12; 8:28; 19:3; 23:8; Jn 12:21; 1Co 9:1

ἰδεῖν τὸν κύριον [5] Jn 20:18,20,25; Ac 9:27; Heb 12:14

ἰδεῖν τὸν πατέρα [3] Jn 6:46,46; 14:9

ἰδεῖν σωτήριον [2] Lk 2:30; 3:6

ἰδεῖν τὸν Χριστόν [1] Lk 2:26

ὅρα μή, ὁρᾶτε μή [5] Mt 18:10; 24:6; 1Th 5:15; Rev 19:10; 22:9

Mt 2: 2 **εἴδομεν** γὰρ αὐτοῦ τὸν ἀστέρα ἐν τῇ ἀνατολῇ καὶ ἤλθομεν προσκυνῆσαι αὐτῷ.
2: 9 ὃν **εἶδον** ἐν τῇ ἀνατολῇ, προῆγεν αὐτούς, ἕως ἐλθὼν ἐστάθη ἐπάνω οὗ ἦν τὸ παιδίον.
2: 10 **ἰδόντες** δὲ τὸν ἀστέρα ἐχάρησαν χαρὰν μεγάλην σφόδρα.
2: 11 καὶ ἐλθόντες εἰς τὴν οἰκίαν **εἶδον** τὸ παιδίον μετὰ Μαρίας τῆς μητρὸς αὐτοῦ,
2: 16 Τότε Ἡρῴδης **ἰδὼν** ὅτι ἐνεπαίχθη ὑπὸ τῶν μάγων ἐθυμώθη λίαν,
3: 7 **Ἰδὼν** δὲ πολλοὺς τῶν Φαρισαίων καὶ Σαδδουκαίων ἐρχομένους ἐπὶ τὸ βάπτισμα αὐτοῦ εἶπεν αὐτοῖς,
3: 16 καὶ **εἶδεν** [τὸ] πνεῦμα [τοῦ] θεοῦ καταβαῖνον ὡσεὶ περιστερὰν [καὶ] ἐρχόμενον ἐπ' αὐτόν·
4: 16 ὁ λαὸς ὁ καθήμενος ἐν σκότει φῶς **εἶδεν** μέγα,

4:18 Περιπατῶν δὲ παρὰ τὴν θάλασσαν τῆς Γαλιλαίας **εἶδεν** δύο ἀδελφούς,
4:21 Καὶ προβὰς ἐκεῖθεν **εἶδεν** ἄλλους δύο ἀδελφούς, Ἰάκωβον τὸν τοῦ Ζεβεδαίου καὶ Ἰωάννην τὸν ἀδελφὸν αὐτοῦ,
5: 1 **Ἰδὼν** δὲ τοὺς ὄχλους ἀνέβη εἰς τὸ ὄρος,
5: 8 μακάριοι οἱ καθαροὶ τῇ καρδίᾳ, ὅτι αὐτοὶ τὸν θεὸν **ὄψονται.**
5:16 ὅπως **ἴδωσιν** ὑμῶν τὰ καλὰ ἔργα καὶ δοξάσωσιν τὸν πατέρα ὑμῶν τὸν ἐν τοῖς οὐρανοῖς.
8: 4 καὶ λέγει αὐτῷ ὁ Ἰησοῦς, **Ὅρα** μηδενὶ εἴπῃς,
8:14 Καὶ ἐλθὼν ὁ Ἰησοῦς εἰς τὴν οἰκίαν Πέτρου **εἶδεν** τὴν πενθερὰν αὐτοῦ βεβλημένην καὶ πυρέσσουσαν·
8:18 **Ἰδὼν** δὲ ὁ Ἰησοῦς ὄχλον περὶ αὐτὸν ἐκέλευσεν ἀπελθεῖν εἰς τὸ πέραν.
8:34 πᾶσα ἡ πόλις ἐξῆλθεν εἰς ὑπάντησιν τῷ Ἰησοῦ καὶ **ἰδόντες** αὐτὸν παρεκάλεσαν ὅπως μεταβῇ ἀπὸ τῶν ὁρίων αὐτῶν.
9: 2 καὶ **ἰδὼν** ὁ Ἰησοῦς τὴν πίστιν αὐτῶν εἶπεν τῷ παραλυτικῷ,
9: 4 καὶ **ἰδὼν**[UBS; NIV 3857] ὁ Ἰησοῦς τὰς ἐνθυμήσεις αὐτῶν εἶπεν,
9: 8 **ἰδόντες** δὲ οἱ ὄχλοι ἐφοβήθησαν καὶ ἐδόξασαν τὸν θεὸν τὸν δόντα ἐξουσίαν τοιαύτην τοῖς ἀνθρώποις.
9: 9 Καὶ παράγων ὁ Ἰησοῦς ἐκεῖθεν **εἶδεν** ἄνθρωπον καθήμενον ἐπὶ τὸ τελώνιον,
9:11 καὶ **ἰδόντες** οἱ Φαρισαῖοι ἔλεγον τοῖς μαθηταῖς αὐτοῦ,
9:22 ὁ δὲ Ἰησοῦς στραφεὶς καὶ **ἰδὼν** αὐτὴν εἶπεν,
9:23 Καὶ ἐλθὼν ὁ Ἰησοῦς εἰς τὴν οἰκίαν τοῦ ἄρχοντος καὶ **ἰδὼν** τοὺς αὐλητὰς καὶ τὸν ὄχλον θορυβούμενον
9:30 καὶ ἐνεβριμήθη αὐτοῖς ὁ Ἰησοῦς λέγων, **Ὁρᾶτε** μηδεὶς γινωσκέτω.
9:36 **Ἰδὼν** δὲ τοὺς ὄχλους ἐσπλαγχνίσθη περὶ αὐτῶν, ὅτι ἦσαν ἐσκυλμένοι καὶ ἐρριμμένοι ὡσεὶ πρόβατα μὴ ἔχοντα ποιμένα.
11: 8 ἀλλὰ τί ἐξήλθατε **ἰδεῖν;** ἄνθρωπον ἐν μαλακοῖς ἠμφιεσμένον;
11: 9 ἀλλὰ τί ἐξήλθατε **ἰδεῖν;** προφήτην; ναὶ λέγω ὑμῖν,
12: 2 οἱ δὲ Φαρισαῖοι **ἰδόντες** εἶπαν αὐτῷ, Ἰδοὺ οἱ μαθηταί σου ποιοῦσιν ὃ οὐκ ἔξεστιν ποιεῖν ἐν σαββάτῳ.
12:38 Τότε ἀπεκρίθησαν αὐτῷ τινες τῶν γραμματέων καὶ Φαρισαίων λέγοντες, Διδάσκαλε, θέλομεν ἀπὸ σοῦ σημεῖον **ἰδεῖν.**
13:14 Ἀκοῇ ἀκούσετε καὶ οὐ μὴ συνῆτε, καὶ βλέποντες βλέψετε καὶ οὐ μὴ **ἴδητε.**
13:15 μήποτε **ἴδωσιν** τοῖς ὀφθαλμοῖς καὶ τοῖς ὠσὶν ἀκούσωσιν καὶ τῇ καρδίᾳ συνῶσιν καὶ ἐπιστρέψωσιν καὶ ἰάσομαι αὐτούς.
13:17 ἀμὴν γὰρ λέγω ὑμῖν ὅτι πολλοὶ προφῆται καὶ δίκαιοι ἐπεθύμησαν **ἰδεῖν** ἃ βλέπετε καὶ οὐκ **εἶδαν,**
14:14 καὶ ἐξελθὼν **εἶδεν** πολὺν ὄχλον καὶ ἐσπλαγχνίσθη ἐπ' αὐτοῖς καὶ ἐθεράπευσεν τοὺς ἀρρώστους αὐτῶν.
14:26 οἱ δὲ μαθηταὶ **ἰδόντες** αὐτὸν ἐπὶ τῆς θαλάσσης περιπατοῦντα ἐταράχθησαν λέγοντες ὅτι Φάντασμά ἐστιν,
16: 6 **Ὁρᾶτε** καὶ προσέχετε ἀπὸ τῆς ζύμης τῶν Φαρισαίων καὶ Σαδδουκαίων.
16:28 τῶν ὧδε ἑστώτων οἵτινες οὐ μὴ γεύσωνται θανάτου ἕως ἂν **ἴδωσιν** τὸν υἱὸν τοῦ ἀνθρώπου ἐρχόμενον ἐν τῇ βασιλείᾳ αὐτοῦ.
17: 3 ἰδοὺ **ὤφθη** αὐτοῖς Μωϋσῆς καὶ Ἠλίας συλλαλοῦντες μετ' αὐτοῦ.
17: 8 ἐπάραντες δὲ τοὺς ὀφθαλμοὺς αὐτῶν οὐδένα **εἶδον** εἰ μὴ αὐτὸν Ἰησοῦν μόνον.
18:10 **Ὁρᾶτε** μὴ καταφρονήσητε ἑνὸς τῶν μικρῶν τούτων·
18:31 **ἰδόντες** οὖν οἱ σύνδουλοι αὐτοῦ τὰ γενόμενα ἐλυπήθησαν σφόδρα καὶ ἐλθόντες διεσάφησαν τῷ κυρίῳ ἑαυτῶν πάντα
20: 3 καὶ ἐξελθὼν περὶ τρίτην ὥραν **εἶδεν** ἄλλους ἑστῶτας ἐν τῇ ἀγορᾷ ἀργοὺς
21:15 **ἰδόντες** δὲ οἱ ἀρχιερεῖς καὶ οἱ γραμματεῖς τὰ θαυμάσια ἃ ἐποίησεν καὶ τοὺς παῖδας τοὺς κράζοντας ἐν τῷ ἱερῷ
21:19 καὶ **ἰδὼν** συκῆν μίαν ἐπὶ τῆς ὁδοῦ ἦλθεν ἐπ' αὐτὴν καὶ οὐδὲν εὗρεν ἐν αὐτῇ εἰ μὴ φύλλα μόνον,
21:20 καὶ **ἰδόντες** οἱ μαθηταὶ ἐθαύμασαν λέγοντες, Πῶς παραχρῆμα ἐξηράνθη ἡ συκῆ;
21:32 ὑμεῖς δὲ **ἰδόντες** οὐδὲ μετεμελήθητε ὕστερον τοῦ πιστεῦσαι αὐτῷ.
21:38 οἱ δὲ γεωργοὶ **ἰδόντες** τὸν υἱὸν εἶπον ἐν ἑαυτοῖς,
22:11 εἰσελθὼν δὲ ὁ βασιλεὺς θεάσασθαι τοὺς ἀνακειμένους **εἶδεν** ἐκεῖ ἄνθρωπον οὐκ ἐνδεδυμένον ἔνδυμα γάμου,
23:39 οὐ μή με **ἴδητε** ἀπ' ἄρτι ἕως ἂν εἴπητε,
24: 6 **ὁρᾶτε** μὴ θροεῖσθε· δεῖ γὰρ γενέσθαι, ἀλλ' οὔπω ἐστὶν τὸ τέλος.
24:15 Ὅταν οὖν **ἴδητε** τὸ βδέλυγμα τῆς ἐρημώσεως τὸ ῥηθὲν διὰ Δανιὴλ τοῦ προφήτου ἑστὸς ἐν τόπῳ ἁγίῳ,
24:30 καὶ **ὄψονται** τὸν υἱὸν τοῦ ἀνθρώπου ἐρχόμενον ἐπὶ τῶν νεφελῶν τοῦ οὐρανοῦ μετὰ δυνάμεως καὶ δόξης πολλῆς·
24:33 ὅταν **ἴδητε** πάντα ταῦτα γινώσκετε ὅτι ἐγγύς ἐστιν ἐπὶ θύραις.
25:37 Κύριε, πότε σε **εἴδομεν** πεινῶντα καὶ ἐθρέψαμεν, ἢ διψῶντα καὶ ἐποτίσαμεν;
25:38 πότε δέ σε **εἴδομεν** ξένον καὶ συνηγάγομεν, ἢ γυμνὸν καὶ περιεβάλομεν;
25:39 πότε δέ σε **εἴδομεν** ἀσθενοῦντα ἢ ἐν φυλακῇ καὶ ἤλθομεν πρός σε;
25:44 πότε σε **εἴδομεν** πεινῶντα ἢ διψῶντα ἢ ξένον ἢ γυμνὸν ἢ ἀσθενῆ ἢ ἐν φυλακῇ καὶ οὐ διηκονήσαμέν σοι;
26: 8 **ἰδόντες** δὲ οἱ μαθηταὶ ἠγανάκτησαν λέγοντες, Εἰς τί ἡ ἀπώλεια αὕτη;
26:58 ὁ δὲ Πέτρος ἠκολούθει αὐτῷ ἀπὸ μακρόθεν ἕως τῆς αὐλῆς τοῦ ἀρχιερέως καὶ εἰσελθὼν ἔσω ἐκάθητο μετὰ τῶν ὑπηρετῶν **ἰδεῖν** τὸ τέλος.
26:64 ἀπ' ἄρτι **ὄψεσθε** τὸν υἱὸν τοῦ ἀνθρώπου καθήμενον ἐκ δεξιῶν τῆς δυνάμεως καὶ ἐρχόμενον ἐπὶ τῶν νεφελῶν τοῦ οὐρανοῦ.
26:71 ἐξελθόντα δὲ εἰς τὸν πυλῶνα **εἶδεν** αὐτὸν ἄλλη καὶ λέγει τοῖς ἐκεῖ,
27: 3 Τότε **ἰδὼν** Ἰούδας ὁ παραδιδοὺς αὐτὸν ὅτι κατεκρίθη,
27: 4 οἱ δὲ εἶπαν, Τί πρὸς ἡμᾶς; σὺ **ὄψῃ.**
27:24 **ἰδὼν** δὲ ὁ Πιλᾶτος ὅτι οὐδὲν ὠφελεῖ ἀλλὰ μᾶλλον θόρυβος γίνεται, λαβὼν ὕδωρ ἀπενίψατο τὰς χεῖρας ἀπέναντι τοῦ ὄχλου λέγων, Ἀθῷός εἰμι ἀπὸ τοῦ αἵματος τούτου· ὑμεῖς **ὄψεσθε.**
27:49 οἱ δὲ λοιποὶ ἔλεγον, Ἄφες **ἴδωμεν** εἰ ἔρχεται Ἠλίας σώσων αὐτόν.
27:54 Ὁ δὲ ἑκατόνταρχος καὶ οἱ μετ' αὐτοῦ τηροῦντες τὸν Ἰησοῦν **ἰδόντες** τὸν σεισμὸν καὶ τὰ γενόμενα ἐφοβήθησαν σφόδρα,
28: 6 ἠγέρθη γὰρ καθὼς εἶπεν· δεῦτε **ἴδετε** τὸν τόπον ὅπου ἔκειτο.
28: 7 καὶ ἰδοὺ προάγει ὑμᾶς εἰς τὴν Γαλιλαίαν, ἐκεῖ αὐτὸν **ὄψεσθε·**
28:10 ὑπάγετε ἀπαγγείλατε τοῖς ἀδελφοῖς μου ἵνα ἀπέλθωσιν εἰς τὴν Γαλιλαίαν, κἀκεῖ με **ὄψονται.**
28:17 καὶ **ἰδόντες** αὐτὸν προσεκύνησαν, οἱ δὲ ἐδίστασαν.

Mk 1:10 καὶ εὐθὺς ἀναβαίνων ἐκ τοῦ ὕδατος **εἶδεν** σχιζομένους τοὺς οὐρανοὺς καὶ τὸ πνεῦμα ὡς περιστερὰν καταβαῖνον εἰς αὐτόν·
1:16 παράγων παρὰ τὴν θάλασσαν τῆς Γαλιλαίας **εἶδεν** Σίμωνα καὶ Ἀνδρέαν τὸν ἀδελφὸν Σίμωνος ἀμφιβάλλοντας ἐν τῇ θαλάσσῃ·
1:19 Καὶ προβὰς ὀλίγον **εἶδεν** Ἰάκωβον τὸν τοῦ Ζεβεδαίου καὶ Ἰωάννην τὸν ἀδελφὸν αὐτοῦ καὶ αὐτοὺς ἐν τῷ πλοίῳ
1:44 καὶ λέγει αὐτῷ, **Ὅρα** μηδενὶ μηδὲν εἴπῃς, ἀλλὰ ὕπαγε σεαυτὸν δεῖξον τῷ ἱερεῖ καὶ προσένεγκε περὶ τοῦ καθαρισμοῦ
2: 5 καὶ **ἰδὼν** ὁ Ἰησοῦς τὴν πίστιν αὐτῶν λέγει τῷ παραλυτικῷ,
2:12 ὥστε ἐξίστασθαι πάντας καὶ δοξάζειν τὸν θεὸν λέγοντας ὅτι Οὕτως οὐδέποτε **εἴδομεν.**
2:14 καὶ παράγων **εἶδεν** Λευὶν τὸν τοῦ Ἁλφαίου καθήμενον ἐπὶ τὸ τελώνιον,
2:16 καὶ οἱ γραμματεῖς τῶν Φαρισαίων **ἰδόντες** ὅτι ἐσθίει μετὰ τῶν ἁμαρτωλῶν καὶ τελωνῶν ἔλεγον τοῖς μαθηταῖς αὐτοῦ,
4:12 ἵνα βλέποντες βλέπωσιν καὶ μὴ **ἴδωσιν,** καὶ ἀκούοντες ἀκούωσιν καὶ μὴ συνιῶσιν,
5: 6 καὶ **ἰδὼν** τὸν Ἰησοῦν ἀπὸ μακρόθεν ἔδραμεν καὶ προσεκύνησεν αὐτῷ
5:14 καὶ οἱ βόσκοντες αὐτοὺς ἔφυγον καὶ ἀπήγγειλαν εἰς τὴν πόλιν καὶ εἰς τοὺς ἀγρούς· καὶ ἦλθον **ἰδεῖν** τί ἐστιν τὸ γεγονὸς
5:16 καὶ διηγήσαντο αὐτοῖς οἱ **ἰδόντες** πῶς ἐγένετο τῷ δαιμονιζομένῳ καὶ περὶ τῶν χοίρων.
5:22 καὶ **ἰδὼν** αὐτὸν πίπτει πρὸς τοὺς πόδας αὐτοῦ
5:32 καὶ περιεβλέπετο **ἰδεῖν** τὴν τοῦτο ποιήσασαν.
6:33 καὶ **εἶδον** αὐτοὺς ὑπάγοντας καὶ ἐπέγνωσαν πολλοὶ καὶ πεζῇ ἀπὸ πασῶν τῶν πόλεων συνέδραμον ἐκεῖ καὶ προῆλθον αὐτούς.
6:34 καὶ ἐξελθὼν **εἶδεν** πολὺν ὄχλον καὶ ἐσπλαγχνίσθη ἐπ' αὐτούς,
6:38 ὑπάγετε **ἴδετε.** καὶ γνόντες λέγουσιν, Πέντε, καὶ δύο ἰχθύας.
6:48 καὶ **ἰδὼν** αὐτοὺς βασανιζομένους ἐν τῷ ἐλαύνειν, ἦν γὰρ ὁ ἄνεμος ἐναντίος αὐτοῖς,
6:49 οἱ δὲ **ἰδόντες** αὐτὸν ἐπὶ τῆς θαλάσσης περιπατοῦντα ἔδοξαν ὅτι φάντασμά ἐστιν,
6:50 πάντες γὰρ αὐτὸν **εἶδον** καὶ ἐταράχθησαν. ὁ δὲ εὐθὺς ἐλάλησεν μετ' αὐτῶν,
7: 2 καὶ **ἰδόντες** τινὰς τῶν μαθητῶν αὐτοῦ ὅτι κοιναῖς χερσίν,
8:15 καὶ διεστέλλετο αὐτοῖς λέγων, **Ὁρᾶτε,** βλέπετε ἀπὸ τῆς ζύμης τῶν Φαρισαίων καὶ τῆς ζύμης Ἡρῴδου.
8:24 Βλέπω τοὺς ἀνθρώπους ὅτι ὡς δένδρα **ὁρῶ** περιπατοῦντας.
8:33 ὁ δὲ ἐπιστραφεὶς καὶ **ἰδὼν** τοὺς μαθητὰς αὐτοῦ ἐπετίμησεν Πέτρῳ καὶ λέγει,

9: 1 τινες ὧδε τῶν ἑστηκότων οἵτινες οὐ μὴ γεύσωνται θανάτου ἕως ἂν **ἴδωσιν** τὴν βασιλείαν τοῦ θεοῦ ἐληλυθυῖαν ἐν δυνάμει.
9: 4 καὶ **ὤφθη** αὐτοῖς Ἠλίας σὺν Μωϋσεῖ καὶ ἦσαν συλλαλοῦντες τῷ Ἰησοῦ.
9: 8 καὶ ἐξάπινα περιβλεψάμενοι οὐκέτι οὐδένα **εἶδον** ἀλλὰ τὸν Ἰησοῦν μόνον μεθ' ἑαυτῶν.
9: 9 Καὶ καταβαινόντων αὐτῶν ἐκ τοῦ ὄρους διεστείλατο αὐτοῖς ἵνα μηδενὶ ἃ **εἶδον** διηγήσωνται,
9:14 Καὶ ἐλθόντες πρὸς τοὺς μαθητὰς **εἶδον** ὄχλον πολὺν περὶ αὐτοὺς καὶ γραμματεῖς συζητοῦντας πρὸς αὐτούς.
9:15 καὶ εὐθὺς πᾶς ὁ ὄχλος **ἰδόντες** αὐτὸν ἐξεθαμβήθησαν καὶ προστρέχοντες ἠσπάζοντο αὐτόν.
9:20 καὶ **ἰδὼν** αὐτὸν τὸ πνεῦμα εὐθὺς συνεσπάραξεν αὐτόν,
9:25 **ἰδὼν** δὲ ὁ Ἰησοῦς ὅτι ἐπισυντρέχει ὄχλος, ἐπετίμησεν τῷ πνεύματι τῷ ἀκαθάρτῳ λέγων αὐτῷ,
9:38 **εἴδομέν** τινα ἐν τῷ ὀνόματί σου ἐκβάλλοντα δαιμόνια καὶ ἐκωλύομεν αὐτόν,
10:14 **ἰδὼν** δὲ ὁ Ἰησοῦς ἠγανάκτησεν καὶ εἶπεν αὐτοῖς,
11:13 καὶ **ἰδὼν** συκῆν ἀπὸ μακρόθεν ἔχουσαν φύλλα ἦλθεν,
11:20 Καὶ παραπορευόμενοι πρωῒ **εἶδον** τὴν συκῆν ἐξηραμμένην ἐκ ῥιζῶν.
12:15 Τί με πειράζετε; φέρετέ μοι δηνάριον ἵνα **ἴδω.**
12:28 **ἰδὼν** ὅτι καλῶς ἀπεκρίθη αὐτοῖς ἐπηρώτησεν αὐτόν, Ποία ἐστὶν ἐντολὴ πρώτη πάντων;
12:34 καὶ ὁ Ἰησοῦς **ἰδὼν** [αὐτὸν] ὅτι νουνεχῶς ἀπεκρίθη εἶπεν αὐτῷ,
13:14 Ὅταν δὲ **ἴδητε** τὸ βδέλυγμα τῆς ἐρημώσεως ἑστηκότα ὅπου οὐ δεῖ,
13:26 καὶ τότε **ὄψονται** τὸν υἱὸν τοῦ ἀνθρώπου ἐρχόμενον ἐν νεφέλαις μετὰ δυνάμεως πολλῆς καὶ δόξης.
13:29 οὕτως καὶ ὑμεῖς, ὅταν **ἴδητε** ταῦτα γινόμενα, γινώσκετε ὅτι ἐγγύς ἐστιν ἐπὶ θύραις.
14:62 καὶ **ὄψεσθε** τὸν υἱὸν τοῦ ἀνθρώπου ἐκ δεξιῶν καθήμενον τῆς δυνάμεως καὶ ἐρχόμενον μετὰ τῶν νεφελῶν τοῦ οὐρανοῦ.
14:67 καὶ **ἰδοῦσα** τὸν Πέτρον θερμαινόμενον ἐμβλέψασα αὐτῷ λέγει,
14:69 καὶ ἡ παιδίσκη **ἰδοῦσα** αὐτὸν ἤρξατο πάλιν λέγειν τοῖς παρεστῶσιν ὅτι Οὗτος ἐξ αὐτῶν ἐστιν.
15:32 ὁ Χριστὸς ὁ βασιλεὺς Ἰσραὴλ καταβάτω νῦν ἀπὸ τοῦ σταυροῦ, ἵνα **ἴδωμεν** καὶ πιστεύσωμεν.
15:36 [καὶ] γεμίσας σπόγγον ὄξους περιθεὶς καλάμῳ ἐπότιζεν αὐτὸν λέγων, Ἄφετε **ἴδωμεν** εἰ ἔρχεται Ἠλίας καθελεῖν αὐτόν.
15:39 **Ἰδὼν** δὲ ὁ κεντυρίων ὁ παρεστηκὼς ἐξ ἐναντίας αὐτοῦ ὅτι οὕτως ἐξέπνευσεν εἶπεν,
16: 5 καὶ εἰσελθοῦσαι εἰς τὸ μνημεῖον **εἶδον** νεανίσκον καθήμενον ἐν τοῖς δεξιοῖς περιβεβλημένον στολὴν λευκήν,
16: 7 εἴπατε τοῖς μαθηταῖς αὐτοῦ καὶ τῷ Πέτρῳ ὅτι Προάγει ὑμᾶς εἰς τὴν Γαλιλαίαν· ἐκεῖ αὐτὸν **ὄψεσθε,** καθὼς εἶπεν ὑμῖν.

Lk 1:11 **ὤφθη** δὲ αὐτῷ ἄγγελος κυρίου ἑστὼς ἐκ δεξιῶν τοῦ θυσιαστηρίου τοῦ θυμιάματος.
1:12 καὶ ἐταράχθη Ζαχαρίας **ἰδὼν** καὶ φόβος ἐπέπεσεν ἐπ' αὐτόν.
1:22 καὶ ἐπέγνωσαν ὅτι ὀπτασίαν **ἑώρακεν** ἐν τῷ ναῷ·
2:15 Διέλθωμεν δὴ ἕως Βηθλέεμ καὶ **ἴδωμεν** τὸ ῥῆμα τοῦτο τὸ γεγονὸς ὃ ὁ κύριος ἐγνώρισεν ἡμῖν.
2:17 **ἰδόντες** δὲ ἐγνώρισαν περὶ τοῦ ῥήματος τοῦ λαληθέντος αὐτοῖς περὶ τοῦ παιδίου τούτου.
2:20 ὑπέστρεψαν οἱ ποιμένες δοξάζοντες καὶ αἰνοῦντες τὸν θεὸν ἐπὶ πᾶσιν οἷς ἤκουσαν καὶ **εἶδον** καθὼς ἐλαλήθη πρὸς αὐτούς.
2:26 καὶ ἦν αὐτῷ κεχρηματισμένον ὑπὸ τοῦ πνεύματος τοῦ ἁγίου μὴ **ἰδεῖν** θάνατον πρὶν [ἢ] ἂν **ἴδῃ** τὸν Χριστὸν κυρίου.
2:30 ὅτι **εἶδον** οἱ ὀφθαλμοί μου τὸ σωτήριόν σου,
2:48 καὶ **ἰδόντες** αὐτὸν ἐξεπλάγησαν, καὶ εἶπεν πρὸς αὐτὸν ἡ μήτηρ αὐτοῦ,
3: 6 καὶ **ὄψεται** πᾶσα σὰρξ τὸ σωτήριον τοῦ θεοῦ.
5: 2 καὶ **εἶδεν** δύο πλοῖα ἑστῶτα παρὰ τὴν λίμνην·
5: 8 **ἰδὼν** δὲ Σίμων Πέτρος προσέπεσεν τοῖς γόνασιν Ἰησοῦ λέγων,
5:12 **ἰδὼν** δὲ τὸν Ἰησοῦν, πεσὼν ἐπὶ πρόσωπον ἐδεήθη αὐτοῦ λέγων,
5:20 καὶ **ἰδὼν** τὴν πίστιν αὐτῶν εἶπεν, Ἄνθρωπε, ἀφέωνταί σοι αἱ ἁμαρτίαι σου.
5:26 καὶ ἔκστασις ἔλαβεν ἅπαντας καὶ ἐδόξαζον τὸν θεὸν καὶ ἐπλήσθησαν φόβου λέγοντες ὅτι **Εἴδομεν** παράδοξα σήμερον.
7:13 καὶ **ἰδὼν** αὐτὴν ὁ κύριος ἐσπλαγχνίσθη ἐπ' αὐτῇ καὶ εἶπεν αὐτῇ,
7:22 καὶ ἀποκριθεὶς εἶπεν αὐτοῖς, Πορευθέντες ἀπαγγείλατε Ἰωάννῃ ἃ **εἴδετε** καὶ ἠκούσατε·
7:25 ἀλλὰ τί ἐξήλθατε **ἰδεῖν;** ἄνθρωπον ἐν μαλακοῖς ἱματίοις ἠμφιεσμένον;
7:26 ἀλλὰ τί ἐξήλθατε **ἰδεῖν;** προφήτην; ναὶ λέγω ὑμῖν,
7:39 **ἰδὼν** δὲ ὁ Φαρισαῖος ὁ καλέσας αὐτὸν εἶπεν ἐν ἑαυτῷ λέγων,
8:20 Ἡ μήτηρ σου καὶ οἱ ἀδελφοί σου ἑστήκασιν ἔξω **ἰδεῖν** θέλοντές σε.
8:28 **ἰδὼν** δὲ τὸν Ἰησοῦν ἀνακράξας προσέπεσεν αὐτῷ καὶ φωνῇ μεγάλῃ εἶπεν,
8:34 **ἰδόντες** δὲ οἱ βόσκοντες τὸ γεγονὸς ἔφυγον καὶ ἀπήγγειλαν εἰς τὴν πόλιν καὶ εἰς τοὺς ἀγρούς.
8:35 ἐξῆλθον δὲ **ἰδεῖν** τὸ γεγονὸς καὶ ἦλθον πρὸς τὸν Ἰησοῦν καὶ εὗρον καθήμενον τὸν ἄνθρωπον ἀφ' οὗ τὰ δαιμόνια ἐξῆλθεν
8:36 ἀπήγγειλαν δὲ αὐτοῖς οἱ **ἰδόντες** πῶς ἐσώθη ὁ δαιμονισθείς.
8:47 **ἰδοῦσα** δὲ ἡ γυνὴ ὅτι οὐκ ἔλαθεν, τρέμουσα ἦλθεν καὶ προσπεσοῦσα αὐτῷ δι' ἣν αἰτίαν ἥψατο αὐτοῦ ἀπήγγειλεν
9: 9 τίς δέ ἐστιν οὗτος περὶ οὗ ἀκούω τοιαῦτα; καὶ ἐζήτει **ἰδεῖν** αὐτόν.
9:27 εἰσίν τινες τῶν αὐτοῦ ἑστηκότων οἳ οὐ μὴ γεύσωνται θανάτου ἕως ἂν **ἴδωσιν** τὴν βασιλείαν τοῦ θεοῦ.
9:31 οἳ **ὀφθέντες** ἐν δόξῃ ἔλεγον τὴν ἔξοδον αὐτοῦ,
9:32 διαγρηγορήσαντες δὲ **εἶδον** τὴν δόξαν αὐτοῦ καὶ τοὺς δύο ἄνδρας τοὺς συνεστῶτας αὐτῷ.
9:36 καὶ αὐτοὶ ἐσίγησαν καὶ οὐδενὶ ἀπήγγειλαν ἐν ἐκείναις ταῖς ἡμέραις οὐδὲν ὧν **ἑώρακαν.**
9:49 **εἴδομέν** τινα ἐν τῷ ὀνόματί σου ἐκβάλλοντα δαιμόνια καὶ ἐκωλύομεν αὐτόν,
9:54 **ἰδόντες** δὲ οἱ μαθηταὶ Ἰάκωβος καὶ Ἰωάννης εἶπαν,
10:24 λέγω γὰρ ὑμῖν ὅτι πολλοὶ προφῆται καὶ βασιλεῖς ἠθέλησαν **ἰδεῖν** ἃ ὑμεῖς βλέπετε καὶ οὐκ **εἶδαν,**
10:31 κατὰ συγκυρίαν δὲ ἱερεύς τις κατέβαινεν ἐν τῇ ὁδῷ ἐκείνῃ καὶ **ἰδὼν** αὐτὸν ἀντιπαρῆλθεν·
10:32 ὁμοίως δὲ καὶ Λευίτης [γενόμενος] κατὰ τὸν τόπον ἐλθὼν καὶ **ἰδὼν** ἀντιπαρῆλθεν.
10:33 Σαμαρίτης δέ τις ὁδεύων ἦλθεν κατ' αὐτὸν καὶ **ἰδὼν** ἐσπλαγχνίσθη,
11:38 ὁ δὲ Φαρισαῖος **ἰδὼν** ἐθαύμασεν ὅτι οὐ πρῶτον ἐβαπτίσθη πρὸ τοῦ ἀρίστου.
12:15 εἶπεν δὲ πρὸς αὐτούς, **Ὁρᾶτε** καὶ φυλάσσεσθε ἀπὸ πάσης πλεονεξίας,
12:54 Ὅταν **ἴδητε** [τὴν] νεφέλην ἀνατέλλουσαν ἐπὶ δυσμῶν, εὐθέως λέγετε ὅτι Ὄμβρος ἔρχεται,
13:12 **ἰδὼν** δὲ αὐτὴν ὁ Ἰησοῦς προσεφώνησεν καὶ εἶπεν αὐτῇ,
13:28 ὅταν **ὄψεσθε** Ἀβραὰμ καὶ Ἰσαὰκ καὶ Ἰακὼβ καὶ πάντας τοὺς προφήτας ἐν τῇ βασιλείᾳ τοῦ θεοῦ,
13:35 οὐ μὴ **ἴδητέ** με ἕως [ἥξει ὅτε] εἴπητε,
14:18 Ἀγρὸν ἠγόρασα καὶ ἔχω ἀνάγκην ἐξελθὼν **ἰδεῖν** αὐτόν·
15:20 ἔτι δὲ αὐτοῦ μακρὰν ἀπέχοντος **εἶδεν** αὐτὸν ὁ πατὴρ αὐτοῦ καὶ ἐσπλαγχνίσθη καὶ δραμὼν ἐπέπεσεν ἐπὶ τὸν τράχηλον
16:23 **ὁρᾷ** Ἀβραὰμ ἀπὸ μακρόθεν καὶ Λάζαρον ἐν τοῖς κόλποις αὐτοῦ.
17:14 καὶ **ἰδὼν** εἶπεν αὐτοῖς, Πορευθέντες ἐπιδείξατε ἑαυτοὺς τοῖς ἱερεῦσιν.
17:15 εἷς δὲ ἐξ αὐτῶν, **ἰδὼν** ὅτι ἰάθη, ὑπέστρεψεν μετὰ φωνῆς μεγάλης δοξάζων τὸν θεόν,
17:22 Ἐλεύσονται ἡμέραι ὅτε ἐπιθυμήσετε μίαν τῶν ἡμερῶν τοῦ υἱοῦ τοῦ ἀνθρώπου **ἰδεῖν** καὶ οὐκ **ὄψεσθε.**
18:15 Προσέφερον δὲ αὐτῷ καὶ τὰ βρέφη ἵνα αὐτῶν ἅπτηται· **ἰδόντες** δὲ οἱ μαθηταὶ ἐπετίμων αὐτοῖς.
18:24 **Ἰδὼν** δὲ αὐτὸν ὁ Ἰησοῦς [περίλυπον γενόμενον] εἶπεν,
18:43 καὶ πᾶς ὁ λαὸς **ἰδὼν** ἔδωκεν αἶνον τῷ θεῷ.
19: 3 καὶ ἐζήτει **ἰδεῖν** τὸν Ἰησοῦν τίς ἐστιν καὶ οὐκ ἠδύνατο ἀπὸ τοῦ ὄχλου,
19: 4 καὶ προδραμὼν εἰς τὸ ἔμπροσθεν ἀνέβη ἐπὶ συκομορέαν ἵνα **ἴδῃ** αὐτὸν ὅτι ἐκείνης ἤμελλεν διέρχεσθαι.
19: 7 καὶ **ἰδόντες** πάντες διεγόγγυζον λέγοντες ὅτι Παρὰ ἁμαρτωλῷ ἀνδρὶ εἰσῆλθεν καταλῦσαι.
19:37 ἤρξαντο ἅπαν τὸ πλῆθος τῶν μαθητῶν χαίροντες αἰνεῖν τὸν θεὸν φωνῇ μεγάλῃ περὶ πασῶν ὧν **εἶδον** δυνάμεων,
19:41 Καὶ ὡς ἤγγισεν **ἰδὼν** τὴν πόλιν ἔκλαυσεν ἐπ' αὐτήν
20:14 **ἰδόντες** δὲ αὐτὸν οἱ γεωργοὶ διελογίζοντο πρὸς ἀλλήλους λέγοντες,
21: 1 Ἀναβλέψας δὲ **εἶδεν** τοὺς βάλλοντας εἰς τὸ γαζοφυλάκιον τὰ δῶρα αὐτῶν πλουσίους.
21: 2 **εἶδεν** δέ τινα χήραν πενιχρὰν βάλλουσαν ἐκεῖ λεπτὰ δύο,
21:20 Ὅταν δὲ **ἴδητε** κυκλουμένην ὑπὸ στρατοπέδων Ἰερουσαλήμ, τότε γνῶτε ὅτι ἤγγικεν ἡ ἐρήμωσις αὐτῆς.
21:27 καὶ τότε **ὄψονται** τὸν υἱὸν τοῦ ἀνθρώπου ἐρχόμενον ἐν νεφέλῃ μετὰ δυνάμεως καὶ δόξης πολλῆς.
21:29 Καὶ εἶπεν παραβολὴν αὐτοῖς· **Ἴδετε** τὴν συκῆν καὶ πάντα τὰ δένδρα·

21:31 οὕτως καὶ ὑμεῖς, ὅταν **ἴδητε** ταῦτα γινόμενα, γινώσκετε ὅτι ἐγγύς ἐστιν ἡ βασιλεία τοῦ θεοῦ.
22:43 ⟦**ὤφθη** δὲ αὐτῷ ἄγγελος ἀπ᾽ οὐρανοῦ ἐνισχύων αὐτόν.⟧
22:49 **ἰδόντες** δὲ οἱ περὶ αὐτὸν τὸ ἐσόμενον εἶπαν,
22:56 **ἰδοῦσα** δὲ αὐτὸν παιδίσκη τις καθήμενον πρὸς τὸ φῶς καὶ ἀτενίσασα αὐτῷ εἶπεν,
22:58 καὶ μετὰ βραχὺ ἕτερος **ἰδὼν** αὐτὸν ἔφη, Καὶ σὺ ἐξ αὐτῶν εἶ.
23: 8 ὁ δὲ Ἡρῴδης **ἰδὼν** τὸν Ἰησοῦν ἐχάρη λίαν, ἦν γὰρ ἐξ ἱκανῶν χρόνων θέλων **ἰδεῖν** αὐτὸν διὰ τὸ ἀκούειν περὶ αὐτοῦ καὶ ἤλπιζέν τι σημεῖον **ἰδεῖν** ὑπ᾽ αὐτοῦ γινόμενον.
23:47 **Ἰδὼν** δὲ ὁ ἑκατοντάρχης τὸ γενόμενον ἐδόξαζεν τὸν θεὸν λέγων,
23:49 εἱστήκεισαν δὲ πάντες οἱ γνωστοὶ αὐτῷ ἀπὸ μακρόθεν καὶ γυναῖκες αἱ συνακολουθοῦσαι αὐτῷ ἀπὸ τῆς Γαλιλαίας **ὁρῶσαι** ταῦτα.
24:23 καὶ μὴ εὑροῦσαι τὸ σῶμα αὐτοῦ ἦλθον λέγουσαι καὶ ὀπτασίαν ἀγγέλων **ἑωρακέναι,**
24:24 καὶ ἀπῆλθόν τινες τῶν σὺν ἡμῖν ἐπὶ τὸ μνημεῖον καὶ εὗρον οὕτως καθὼς καὶ αἱ γυναῖκες εἶπον, αὐτὸν δὲ οὐκ **εἶδον.**
24:34 λέγοντας ὅτι ὄντως ἠγέρθη ὁ κύριος καὶ **ὤφθη** Σίμωνι.
24:39 **ἴδετε** τὰς χεῖράς μου καὶ τοὺς πόδας μου ὅτι ἐγώ εἰμι αὐτός· ψηλαφήσατέ με καὶ **ἴδετε,** ὅτι πνεῦμα σάρκα καὶ ὀστέα οὐκ ἔχει καθὼς ἐμὲ θεωρεῖτε ἔχοντα.

Jn 1:18 θεὸν οὐδεὶς **ἑώρακεν** πώποτε· μονογενὴς θεὸς ὁ ὢν εἰς τὸν κόλπον τοῦ πατρὸς ἐκεῖνος ἐξηγήσατο.
1:33 Ἐφ᾽ ὃν ἂν **ἴδῃς** τὸ πνεῦμα καταβαῖνον καὶ μένον ἐπ᾽ αὐτόν,
1:34 κἀγὼ **ἑώρακα** καὶ μεμαρτύρηκα ὅτι οὗτός ἐστιν ὁ υἱὸς τοῦ θεοῦ.
1:39 λέγει αὐτοῖς, Ἔρχεσθε καὶ **ὄψεσθε.** ἦλθαν οὖν καὶ **εἶδαν** ποῦ μένει καὶ παρ᾽ αὐτῷ ἔμειναν τὴν ἡμέραν ἐκείνην·
1:47 **εἶδεν** ὁ Ἰησοῦς τὸν Ναθαναὴλ ἐρχόμενον πρὸς αὐτὸν καὶ λέγει περὶ αὐτοῦ,
1:48 Πρὸ τοῦ σε Φίλιππον φωνῆσαι ὄντα ὑπὸ τὴν συκῆν **εἶδόν** σε.
1:50 Ὅτι εἶπόν σοι ὅτι **εἶδόν** σε ὑποκάτω τῆς συκῆς, πιστεύεις; μείζω τούτων **ὄψῃ.**
1:51 **ὄψεσθε** τὸν οὐρανὸν ἀνεῳγότα καὶ τοὺς ἀγγέλους τοῦ θεοῦ ἀναβαίνοντας καὶ καταβαίνοντας ἐπὶ τὸν υἱὸν τοῦ ἀνθρώπου.
3: 3 ἐὰν μή τις γεννηθῇ ἄνωθεν, οὐ δύναται **ἰδεῖν** τὴν βασιλείαν τοῦ θεοῦ.
3:11 ἀμὴν ἀμὴν λέγω σοι ὅτι ὃ οἴδαμεν λαλοῦμεν καὶ ὃ **ἑωράκαμεν** μαρτυροῦμεν,
3:32 ὃ **ἑώρακεν** καὶ ἤκουσεν τοῦτο μαρτυρεῖ, καὶ τὴν μαρτυρίαν αὐτοῦ οὐδεὶς λαμβάνει.
3:36 ὁ δὲ ἀπειθῶν τῷ υἱῷ οὐκ **ὄψεται** ζωήν,
4:29 Δεῦτε **ἴδετε** ἄνθρωπον ὃς εἶπέν μοι πάντα ὅσα ἐποίησα,
4:45 ἐδέξαντο αὐτὸν οἱ Γαλιλαῖοι πάντα **ἑωρακότες** ὅσα ἐποίησεν ἐν Ἱεροσολύμοις ἐν τῇ ἑορτῇ,
4:48 Ἐὰν μὴ σημεῖα καὶ τέρατα **ἴδητε,** οὐ μὴ πιστεύσητε.
5: 6 τοῦτον **ἰδὼν** ὁ Ἰησοῦς κατακείμενον καὶ γνοὺς ὅτι πολὺν ἤδη χρόνον ἔχει,
5:37 οὔτε φωνὴν αὐτοῦ πώποτε ἀκηκόατε οὔτε εἶδος αὐτοῦ **ἑωράκατε,**
6:14 Οἱ οὖν ἄνθρωποι **ἰδόντες** ὃ ἐποίησεν σημεῖον ἔλεγον ὅτι Οὗτός ἐστιν ἀληθῶς ὁ προφήτης ὁ ἐρχόμενος εἰς τὸν κόσμον.
6:22 Τῇ ἐπαύριον ὁ ὄχλος ὁ ἑστηκὼς πέραν τῆς θαλάσσης **εἶδον** ὅτι πλοιάριον ἄλλο οὐκ ἦν ἐκεῖ εἰ μὴ ἓν καὶ ὅτι οὐ συνεισῆλθεν
6:24 ὅτε οὖν **εἶδεν** ὁ ὄχλος ὅτι Ἰησοῦς οὐκ ἔστιν ἐκεῖ οὐδὲ οἱ μαθηταὶ αὐτοῦ,
6:26 Ἀμὴν ἀμὴν λέγω ὑμῖν, ζητεῖτέ με οὐχ ὅτι **εἴδετε** σημεῖα,
6:30 Τί οὖν ποιεῖς σὺ σημεῖον, ἵνα **ἴδωμεν** καὶ πιστεύσωμέν σοι;
6:36 ἀλλ᾽ εἶπον ὑμῖν ὅτι καὶ **ἑωράκατέ** [με] καὶ οὐ πιστεύετε.
6:46 οὐχ ὅτι τὸν πατέρα **ἑώρακέν** τις εἰ μὴ ὁ ὢν παρὰ τοῦ θεοῦ, οὗτος **ἑώρακεν** τὸν πατέρα.
8:38 ἃ ἐγὼ **ἑώρακα** παρὰ τῷ πατρὶ λαλῶ· καὶ ὑμεῖς οὖν ἃ ἠκούσατε παρὰ τοῦ πατρὸς ποιεῖτε.
8:56 Ἀβραὰμ ὁ πατὴρ ὑμῶν ἠγαλλιάσατο ἵνα **ἴδῃ** τὴν ἡμέραν τὴν ἐμήν, καὶ **εἶδεν** καὶ ἐχάρη.
8:57 εἶπον οὖν οἱ Ἰουδαῖοι πρὸς αὐτόν, Πεντήκοντα ἔτη οὔπω ἔχεις καὶ Ἀβραὰμ **ἑώρακας;**
9: 1 Καὶ παράγων **εἶδεν** ἄνθρωπον τυφλὸν ἐκ γενετῆς.
9:37 Καὶ **ἑώρακας** αὐτὸν καὶ ὁ λαλῶν μετὰ σοῦ ἐκεῖνός ἐστιν.
11:31 **ἰδόντες** τὴν Μαριὰμ ὅτι ταχέως ἀνέστη καὶ ἐξῆλθεν,
11:32 ἡ οὖν Μαριὰμ ὡς ἦλθεν ὅπου ἦν Ἰησοῦς **ἰδοῦσα** αὐτὸν ἔπεσεν αὐτοῦ πρὸς τοὺς πόδας λέγουσα αὐτῷ,
11:33 Ἰησοῦς οὖν ὡς **εἶδεν** αὐτὴν κλαίουσαν καὶ τοὺς συνελθόντας αὐτῇ Ἰουδαίους κλαίοντας,
11:40 Οὐκ εἶπόν σοι ὅτι ἐὰν πιστεύσῃς **ὄψῃ** τὴν δόξαν τοῦ θεοῦ;
12: 9 ἀλλ᾽ ἵνα καὶ τὸν Λάζαρον **ἴδωσιν** ὃν ἤγειρεν ἐκ νεκρῶν.
12:21 οὗτοι οὖν προσῆλθον Φιλίππῳ τῷ ἀπὸ Βηθσαϊδὰ τῆς Γαλιλαίας καὶ ἠρώτων αὐτὸν λέγοντες, Κύριε, θέλομεν τὸν Ἰησοῦν **ἰδεῖν.**
12:40 ἵνα μὴ **ἴδωσιν** τοῖς ὀφθαλμοῖς καὶ νοήσωσιν τῇ καρδίᾳ καὶ στραφῶσιν,
12:41 ταῦτα εἶπεν Ἠσαΐας ὅτι **εἶδεν** τὴν δόξαν αὐτοῦ,
14: 7 καὶ ἀπ᾽ ἄρτι γινώσκετε αὐτὸν καὶ **ἑωράκατε** αὐτόν.
14: 9 ὁ **ἑωρακὼς** ἐμὲ **ἑώρακεν** τὸν πατέρα· πῶς σὺ λέγεις, Δεῖξον ἡμῖν τὸν πατέρα;
15:24 νῦν δὲ καὶ **ἑωράκασιν** καὶ μεμισήκασιν καὶ ἐμὲ καὶ τὸν πατέρα μου.
16:16 Μικρὸν καὶ οὐκέτι θεωρεῖτέ με, καὶ πάλιν μικρὸν καὶ **ὄψεσθέ** με.
16:17 Μικρὸν καὶ οὐ θεωρεῖτέ με, καὶ πάλιν μικρὸν καὶ **ὄψεσθέ** με;
16:19 Μικρὸν καὶ οὐ θεωρεῖτέ με, καὶ πάλιν μικρὸν καὶ **ὄψεσθέ** με;
16:22 πάλιν δὲ **ὄψομαι** ὑμᾶς, καὶ χαρήσεται ὑμῶν ἡ καρδία,
18:26 Οὐκ ἐγώ σε **εἶδον** ἐν τῷ κήπῳ μετ᾽ αὐτοῦ;
19: 6 ὅτε οὖν **εἶδον** αὐτὸν οἱ ἀρχιερεῖς καὶ οἱ ὑπηρέται ἐκραύγασαν λέγοντες,
19:26 Ἰησοῦς οὖν **ἰδὼν** τὴν μητέρα καὶ τὸν μαθητὴν παρεστῶτα ὃν ἠγάπα,
19:33 ὡς **εἶδον** ἤδη αὐτὸν τεθνηκότα, οὐ κατέαξαν αὐτοῦ τὰ σκέλη,
19:35 καὶ ὁ **ἑωρακὼς** μεμαρτύρηκεν, καὶ ἀληθινὴ αὐτοῦ ἐστιν ἡ μαρτυρία,
19:37 καὶ πάλιν ἑτέρα γραφὴ λέγει, **Ὄψονται** εἰς ὃν ἐξεκέντησαν.
20: 8 τότε οὖν εἰσῆλθεν καὶ ὁ ἄλλος μαθητὴς ὁ ἐλθὼν πρῶτος εἰς τὸ μνημεῖον καὶ **εἶδεν** καὶ ἐπίστευσεν·
20:18 ἔρχεται Μαριὰμ ἡ Μαγδαληνὴ ἀγγέλλουσα τοῖς μαθηταῖς ὅτι **Ἑώρακα** τὸν κύριον,
20:20 καὶ τοῦτο εἰπὼν ἔδειξεν τὰς χεῖρας καὶ τὴν πλευρὰν αὐτοῖς. ἐχάρησαν οὖν οἱ μαθηταὶ **ἰδόντες** τὸν κύριον.
20:25 ἔλεγον οὖν αὐτῷ οἱ ἄλλοι μαθηταί, **Ἑωράκαμεν** τὸν κύριον. ὁ δὲ εἶπεν αὐτοῖς, Ἐὰν μὴ **ἴδω** ἐν ταῖς χερσὶν αὐτοῦ τὸν τύπον τῶν ἥλων καὶ βάλω τὸν δάκτυλόν μου εἰς τὸν τύπον τῶν ἥλων
20:29 λέγει αὐτῷ ὁ Ἰησοῦς, Ὅτι **ἑώρακάς** με πεπίστευκας; μακάριοι οἱ μὴ **ἰδόντες** καὶ πιστεύσαντες.
21:21 τοῦτον οὖν **ἰδὼν** ὁ Πέτρος λέγει τῷ Ἰησοῦ,

Ac 2: 3 καὶ **ὤφθησαν** αὐτοῖς διαμεριζόμεναι γλῶσσαι ὡσεὶ πυρὸς καὶ ἐκάθισεν ἐφ᾽ ἕνα ἕκαστον αὐτῶν,
2:17 καὶ οἱ νεανίσκοι ὑμῶν ὁράσεις **ὄψονται** καὶ οἱ πρεσβύτεροι ὑμῶν ἐνυπνίοις ἐνυπνιασθήσονται·
2:27 ὅτι οὐκ ἐγκαταλείψεις τὴν ψυχήν μου εἰς ᾅδην οὐδὲ δώσεις τὸν ὅσιόν σου **ἰδεῖν** διαφθοράν.
2:31 προϊδὼν ἐλάλησεν περὶ τῆς ἀναστάσεως τοῦ Χριστοῦ ὅτι οὔτε ἐγκατελείφθη εἰς ᾅδην οὔτε ἡ σὰρξ αὐτοῦ **εἶδεν** διαφθοράν.
3: 3 ὃς **ἰδὼν** Πέτρον καὶ Ἰωάννην μέλλοντας εἰσιέναι εἰς τὸ ἱερόν,
3: 9 καὶ **εἶδεν** πᾶς ὁ λαὸς αὐτὸν περιπατοῦντα καὶ αἰνοῦντα τὸν θεόν·
3:12 **ἰδὼν** δὲ ὁ Πέτρος ἀπεκρίνατο πρὸς τὸν λαόν,
4:20 οὐ δυνάμεθα γὰρ ἡμεῖς ἃ **εἴδαμεν** καὶ ἠκούσαμεν μὴ λαλεῖν.
6:15 καὶ ἀτενίσαντες εἰς αὐτὸν πάντες οἱ καθεζόμενοι ἐν τῷ συνεδρίῳ **εἶδον** τὸ πρόσωπον αὐτοῦ ὡσεὶ πρόσωπον ἀγγέλου.
7: 2 Ὁ θεὸς τῆς δόξης **ὤφθη** τῷ πατρὶ ἡμῶν Ἀβραὰμ ὄντι ἐν τῇ Μεσοποταμίᾳ πρὶν ἢ κατοικῆσαι αὐτὸν ἐν Χαρρὰν
7:24 καὶ **ἰδών** τινα ἀδικούμενον ἠμύνατο καὶ ἐποίησεν ἐκδίκησιν τῷ καταπονουμένῳ πατάξας τὸν Αἰγύπτιον.
7:26 τῇ τε ἐπιούσῃ ἡμέρᾳ **ὤφθη** αὐτοῖς μαχομένοις καὶ συνήλλασσεν αὐτοὺς εἰς εἰρήνην εἰπών,
7:30 Καὶ πληρωθέντων ἐτῶν τεσσεράκοντα **ὤφθη** αὐτῷ ἐν τῇ ἐρήμῳ τοῦ ὄρους Σινᾶ ἄγγελος ἐν φλογὶ πυρὸς βάτου.
7:31 ὁ δὲ Μωϋσῆς **ἰδὼν** ἐθαύμαζεν τὸ ὅραμα, προσερχομένου δὲ αὐτοῦ κατανοῆσαι ἐγένετο φωνὴ κυρίου,
7:34 **ἰδὼν εἶδον** τὴν κάκωσιν τοῦ λαοῦ μου τοῦ ἐν Αἰγύπτῳ καὶ τοῦ στεναγμοῦ αὐτῶν ἤκουσα,
7:35 τοῦτον ὁ θεὸς [καὶ] ἄρχοντα καὶ λυτρωτὴν ἀπέσταλκεν σὺν χειρὶ ἀγγέλου τοῦ **ὀφθέντος** αὐτῷ ἐν τῇ βάτῳ.
7:44 ἦν τοῖς πατράσιν ἡμῶν ἐν τῇ ἐρήμῳ καθὼς διετάξατο ὁ λαλῶν τῷ Μωϋσῇ ποιῆσαι αὐτὴν κατὰ τὸν τύπον ὃν **ἑωράκει·**
7:55 πλήρης πνεύματος ἁγίου ἀτενίσας εἰς τὸν οὐρανὸν **εἶδεν** δόξαν θεοῦ καὶ Ἰησοῦν ἑστῶτα ἐκ δεξιῶν τοῦ θεοῦ
8:18 **ἰδὼν** δὲ ὁ Σίμων ὅτι διὰ τῆς ἐπιθέσεως τῶν χειρῶν τῶν ἀποστόλων δίδοται τὸ πνεῦμα,
8:23 εἰς γὰρ χολὴν πικρίας καὶ σύνδεσμον ἀδικίας **ὁρῶ** σε ὄντα.
8:39 πνεῦμα κυρίου ἥρπασεν τὸν Φίλιππον καὶ οὐκ **εἶδεν** αὐτὸν οὐκέτι ὁ εὐνοῦχος,

9:12 καὶ **εἶδεν** ἄνδρα [ἐν ὁράματι] Ἁνανίαν ὀνόματι εἰσελθόντα καὶ ἐπιθέντα αὐτῷ [τὰς] χεῖρας ὅπως ἀναβλέψῃ.
9:17 Ἰησοῦς ὁ **ὀφθείς** σοι ἐν τῇ ὁδῷ ᾗ ἤρχου,
9:27 καὶ διηγήσατο αὐτοῖς πῶς ἐν τῇ ὁδῷ **εἶδεν** τὸν κύριον καὶ ὅτι ἐλάλησεν αὐτῷ καὶ πῶς ἐν Δαμασκῷ ἐπαρρησιάσατο
9:35 καὶ **εἶδαν** αὐτὸν πάντες οἱ κατοικοῦντες Λύδδα καὶ τὸν Σαρῶνα,
9:40 ἡ δὲ ἤνοιξεν τοὺς ὀφθαλμοὺς αὐτῆς, καὶ **ἰδοῦσα** τὸν Πέτρον ἀνεκάθισεν.
10: 3 **εἶδεν** ἐν ὁράματι φανερῶς ὡσεὶ περὶ ὥραν ἐνάτην τῆς ἡμέρας ἄγγελον τοῦ θεοῦ εἰσελθόντα πρὸς αὐτὸν καὶ εἰπόντα αὐτῷ,
10:17 Ὡς δὲ ἐν ἑαυτῷ διηπόρει ὁ Πέτρος τί ἂν εἴη τὸ ὅραμα ὃ **εἶδεν,**
11: 5 Ἐγὼ ἤμην ἐν πόλει Ἰόππῃ προσευχόμενος καὶ **εἶδον** ἐν ἐκστάσει ὅραμα,
11: 6 εἰς ἣν ἀτενίσας κατενόουν καὶ **εἶδον** τὰ τετράποδα τῆς γῆς καὶ τὰ θηρία καὶ τὰ ἑρπετὰ καὶ τὰ πετεινὰ τοῦ οὐρανοῦ.
11:13 ἀπήγγειλεν δὲ ἡμῖν πῶς **εἶδεν** [τὸν] ἄγγελον ἐν τῷ οἴκῳ αὐτοῦ σταθέντα καὶ εἰπόντα,
11:23 ὃς παραγενόμενος καὶ **ἰδὼν** τὴν χάριν [τὴν] τοῦ θεοῦ,
12: 3 **ἰδὼν** δὲ ὅτι ἀρεστόν ἐστιν τοῖς Ἰουδαίοις προσέθετο συλλαβεῖν καὶ Πέτρον,–
12:16 ὁ δὲ Πέτρος ἐπέμενεν κρούων· ἀνοίξαντες δὲ **εἶδαν** αὐτὸν καὶ ἐξέστησαν.
13:12 τότε **ἰδὼν** ὁ ἀνθύπατος τὸ γεγονὸς ἐπίστευσεν ἐκπλησσόμενος ἐπὶ τῇ διδαχῇ τοῦ κυρίου.
13:31 ὃς **ὤφθη** ἐπὶ ἡμέρας πλείους τοῖς συναναβᾶσιν αὐτῷ ἀπὸ τῆς Γαλιλαίας εἰς Ἰερουσαλήμ,
13:35 διότι καὶ ἐν ἑτέρῳ λέγει, Οὐ δώσεις τὸν ὅσιόν σου **ἰδεῖν** διαφθοράν.
13:36 Δαυὶδ μὲν γὰρ ἰδίᾳ γενεᾷ ὑπηρετήσας τῇ τοῦ θεοῦ βουλῇ ἐκοιμήθη καὶ προσετέθη πρὸς τοὺς πατέρας αὐτοῦ καὶ **εἶδεν** διαφθοράν·
13:37 ὃν δὲ ὁ θεὸς ἤγειρεν, οὐκ **εἶδεν** διαφθοράν.
13:41 **Ἴδετε,** οἱ καταφρονηταί, καὶ θαυμάσατε καὶ ἀφανίσθητε, ὅτι ἔργον ἐργάζομαι ἐγὼ ἐν ταῖς ἡμέραις ὑμῶν,
13:45 **ἰδόντες** δὲ οἱ Ἰουδαῖοι τοὺς ὄχλους ἐπλήσθησαν ζήλου καὶ ἀντέλεγον τοῖς ὑπὸ Παύλου λαλουμένοις βλασφημοῦντες.
14: 9 ὃς ἀτενίσας αὐτῷ καὶ **ἰδὼν** ὅτι ἔχει πίστιν τοῦ σωθῆναι,
14:11 οἵ τε ὄχλοι **ἰδόντες** ὃ ἐποίησεν Παῦλος ἐπῆραν τὴν φωνὴν αὐτῶν Λυκαονιστὶ λέγοντες,
15: 6 Συνήχθησάν τε οἱ ἀπόστολοι καὶ οἱ πρεσβύτεροι **ἰδεῖν** περὶ τοῦ λόγου τούτου.
16: 9 καὶ ὅραμα διὰ [τῆς] νυκτὸς τῷ Παύλῳ **ὤφθη,**
16:10 ὡς δὲ τὸ ὅραμα **εἶδεν,** εὐθέως ἐζητήσαμεν ἐξελθεῖν εἰς Μακεδονίαν συμβιβάζοντες ὅτι προσκέκληται ἡμᾶς ὁ θεὸς
16:19 **ἰδόντες** δὲ οἱ κύριοι αὐτῆς ὅτι ἐξῆλθεν ἡ ἐλπὶς τῆς ἐργασίας αὐτῶν,
16:27 ἔξυπνος δὲ γενόμενος ὁ δεσμοφύλαξ καὶ **ἰδὼν** ἀνεῳγμένας τὰς θύρας τῆς φυλακῆς,
16:40 ἐξελθόντες δὲ ἀπὸ τῆς φυλακῆς εἰσῆλθον πρὸς τὴν Λυδίαν καὶ **ἰδόντες** παρεκάλεσαν τοὺς ἀδελφοὺς καὶ ἐξῆλθαν.
18:15 εἰ δὲ ζητήματά ἐστιν περὶ λόγου καὶ ὀνομάτων καὶ νόμου τοῦ καθ' ὑμᾶς, **ὄψεσθε** αὐτοί·
19:21 πορεύεσθαι εἰς Ἱεροσόλυμα εἰπὼν ὅτι Μετὰ τὸ γενέσθαι με ἐκεῖ δεῖ με καὶ Ῥώμην **ἰδεῖν.**
20:25 Καὶ νῦν ἰδοὺ ἐγὼ οἶδα ὅτι οὐκέτι **ὄψεσθε** τὸ πρόσωπόν μου ὑμεῖς πάντες ἐν οἷς διῆλθον κηρύσσων τὴν βασιλείαν.
21:32 οἱ δὲ **ἰδόντες** τὸν χιλίαρχον καὶ τοὺς στρατιώτας ἐπαύσαντο τύπτοντες τὸν Παῦλον.
22:14 Ὁ θεὸς τῶν πατέρων ἡμῶν προεχειρίσατό σε γνῶναι τὸ θέλημα αὐτοῦ καὶ **ἰδεῖν** τὸν δίκαιον καὶ ἀκοῦσαι φωνὴν
22:15 ὅτι ἔσῃ μάρτυς αὐτῷ πρὸς πάντας ἀνθρώπους ὧν **ἑώρακας** καὶ ἤκουσας.
22:18 καὶ **ἰδεῖν** αὐτὸν λέγοντά μοι, Σπεῦσον καὶ ἔξελθε ἐν τάχει ἐξ Ἰερουσαλήμ,
26:13 ἡμέρας μέσης κατὰ τὴν ὁδὸν **εἶδον,** βασιλεῦ, οὐρανόθεν ὑπὲρ τὴν λαμπρότητα τοῦ ἡλίου περιλάμψαν με φῶς καὶ τοὺς σὺν ἐμοὶ πορευομένους.
26:16 εἰς τοῦτο γὰρ **ὤφθην** σοι, προχειρίσασθαί σε ὑπηρέτην καὶ μάρτυρα ὧν τε **εἶδές** [με] ὧν τε **ὀφθήσομαί** σοι,
28: 4 ὡς δὲ **εἶδον** οἱ βάρβαροι κρεμάμενον τὸ θηρίον ἐκ τῆς χειρὸς αὐτοῦ,
28:15 ἦλθαν εἰς ἀπάντησιν ἡμῖν ἄχρι Ἀππίου Φόρου καὶ Τριῶν οὓς **ἰδὼν** ὁ Παῦλος εὐχαριστήσας τῷ θεῷ ἔλαβε θάρσος.
28:20 διὰ ταύτην οὖν τὴν αἰτίαν παρεκάλεσα ὑμᾶς **ἰδεῖν** καὶ προσλαλῆσαι,
28:26 Ἀκοῇ ἀκούσετε καὶ οὐ μὴ συνῆτε καὶ βλέποντες βλέψετε καὶ οὐ μὴ **ἴδητε·**
28:27 μήποτε **ἴδωσιν** τοῖς ὀφθαλμοῖς καὶ τοῖς ὠσὶν ἀκούσωσιν καὶ τῇ καρδίᾳ συνῶσιν καὶ ἐπιστρέψωσιν,
Ro 1:11 ἐπιποθῶ γὰρ **ἰδεῖν** ὑμᾶς, ἵνα τι μεταδῶ χάρισμα ὑμῖν πνευματικὸν εἰς τὸ στηριχθῆναι ὑμᾶς,
15:21 ἀλλὰ καθὼς γέγραπται, Οἷς οὐκ ἀνηγγέλη περὶ αὐτοῦ **ὄψονται,**
1Co 2: 9 Ἃ ὀφθαλμὸς οὐκ **εἶδεν** καὶ οὖς οὐκ ἤκουσεν καὶ ἐπὶ καρδίαν ἀνθρώπου οὐκ ἀνέβη,
8:10 ἐὰν γάρ τις **ἴδῃ** σὲ τὸν ἔχοντα γνῶσιν ἐν εἰδωλείῳ κατακείμενον,
9: 1 οὐκ εἰμὶ ἀπόστολος; οὐχὶ Ἰησοῦν τὸν κύριον ἡμῶν **ἑώρακα;**
15: 5 καὶ ὅτι **ὤφθη** Κηφᾷ εἶτα τοῖς δώδεκα·
15: 6 ἔπειτα **ὤφθη** ἐπάνω πεντακοσίοις ἀδελφοῖς ἐφάπαξ, ἐξ ὧν οἱ πλείονες μένουσιν ἕως ἄρτι,
15: 7 ἔπειτα **ὤφθη** Ἰακώβῳ εἶτα τοῖς ἀποστόλοις πᾶσιν·
15: 8 ἔσχατον δὲ πάντων ὡσπερεὶ τῷ ἐκτρώματι **ὤφθη** κἀμοί.
16: 7 οὐ θέλω γὰρ ὑμᾶς ἄρτι ἐν παρόδῳ **ἰδεῖν,**
Gal 1:19 ἕτερον δὲ τῶν ἀποστόλων οὐκ **εἶδον** εἰ μὴ Ἰάκωβον τὸν ἀδελφὸν τοῦ κυρίου.
2: 7 ἀλλὰ τοὐναντίον **ἰδόντες** ὅτι πεπίστευμαι τὸ εὐαγγέλιον τῆς ἀκροβυστίας καθὼς Πέτρος τῆς περιτομῆς,
2:14 ἀλλ' ὅτε **εἶδον** ὅτι οὐκ ὀρθοποδοῦσιν πρὸς τὴν ἀλήθειαν τοῦ εὐαγγελίου,
6:11 **Ἴδετε** πηλίκοις ὑμῖν γράμμασιν ἔγραψα τῇ ἐμῇ χειρί.
Php 1:27 ἵνα εἴτε ἐλθὼν καὶ **ἰδὼν** ὑμᾶς εἴτε ἀπὼν ἀκούω τὰ περὶ ὑμῶν,
1:30 οἷον **εἴδετε** ἐν ἐμοὶ καὶ νῦν ἀκούετε ἐν ἐμοί.
2:28 ἵνα **ἰδόντες** αὐτὸν πάλιν χαρῆτε κἀγὼ ἀλυπότερος ὦ.
4: 9 καὶ ἐμάθετε καὶ παρελάβετε καὶ ἠκούσατε καὶ **εἴδετε** ἐν ἐμοί,
Col 2: 1 Θέλω γὰρ ὑμᾶς εἰδέναι ἡλίκον ἀγῶνα ἔχω ὑπὲρ ὑμῶν καὶ τῶν ἐν Λαοδικείᾳ καὶ ὅσοι οὐχ **ἑόρακαν** τὸ πρόσωπόν μου ἐν σαρκί,
2:18 ἃ **ἑόρακεν** ἐμβατεύων, εἰκῇ φυσιούμενος ὑπὸ τοῦ νοὸς τῆς σαρκὸς αὐτοῦ,
1Th 2:17 περισσοτέρως ἐσπουδάσαμεν τὸ πρόσωπον ὑμῶν **ἰδεῖν** ἐν πολλῇ ἐπιθυμίᾳ.
3: 6 καὶ ὅτι ἔχετε μνείαν ἡμῶν ἀγαθὴν πάντοτε, ἐπιποθοῦντες ἡμᾶς **ἰδεῖν** καθάπερ καὶ ἡμεῖς ὑμᾶς,
3:10 νυκτὸς καὶ ἡμέρας ὑπερεκπερισσοῦ δεόμενοι εἰς τὸ **ἰδεῖν** ὑμῶν τὸ πρόσωπον καὶ καταρτίσαι τὰ ὑστερήματα τῆς πίστεως ὑμῶν;
5:15 **ὁρᾶτε** μή τις κακὸν ἀντὶ κακοῦ τινι ἀποδῷ,
1Ti 3:16 **ὤφθη** ἀγγέλοις, ἐκηρύχθη ἐν ἔθνεσιν, ἐπιστεύθη ἐν κόσμῳ,
6:16 ὁ μόνος ἔχων ἀθανασίαν, φῶς οἰκῶν ἀπρόσιτον, ὃν **εἶδεν** οὐδεὶς ἀνθρώπων οὐδὲ **ἰδεῖν** δύναται·
2Ti 1: 4 ἐπιποθῶν σε **ἰδεῖν,** μεμνημένος σου τῶν δακρύων, ἵνα χαρᾶς πληρωθῶ,
Heb 2: 8 νῦν δὲ οὔπω **ὁρῶμεν** αὐτῷ τὰ πάντα ὑποτεταγμένα·
3: 9 οὗ ἐπείρασαν οἱ πατέρες ὑμῶν ἐν δοκιμασίᾳ καὶ **εἶδον** τὰ ἔργα μου
8: 5 καθὼς κεχρημάτισται Μωϋσῆς μέλλων ἐπιτελεῖν τὴν σκηνήν, **Ὅρα** γάρ φησίν,
9:28 ἐκ δευτέρου χωρὶς ἁμαρτίας **ὀφθήσεται** τοῖς αὐτὸν ἀπεκδεχομένοις εἰς σωτηρίαν.
11: 5 Πίστει Ἑνὼχ μετετέθη τοῦ μὴ **ἰδεῖν** θάνατον, καὶ οὐχ ηὑρίσκετο διότι μετέθηκεν αὐτὸν ὁ θεός.
11:13 μὴ λαβόντες τὰς ἐπαγγελίας ἀλλὰ πόρρωθεν αὐτὰς **ἰδόντες** καὶ ἀσπασάμενοι καὶ ὁμολογήσαντες ὅτι ξένοι
11:23 διότι **εἶδον** ἀστεῖον τὸ παιδίον καὶ οὐκ ἐφοβήθησαν τὸ διάταγμα τοῦ βασιλέως.
11:27 Πίστει κατέλιπεν Αἴγυπτον μὴ φοβηθεὶς τὸν θυμὸν τοῦ βασιλέως· τὸν γὰρ ἀόρατον ὡς **ὁρῶν** ἐκαρτέρησεν.
12:14 Εἰρήνην διώκετε μετὰ πάντων καὶ τὸν ἁγιασμόν, οὗ χωρὶς οὐδεὶς **ὄψεται** τὸν κύριον,
13:23 Γινώσκετε τὸν ἀδελφὸν ἡμῶν Τιμόθεον ἀπολελυμένον, μεθ' οὗ ἐὰν τάχιον ἔρχηται **ὄψομαι** ὑμᾶς.
Jas 2:24 **ὁρᾶτε** ὅτι ἐξ ἔργων δικαιοῦται ἄνθρωπος καὶ οὐκ ἐκ πίστεως μόνον.
5:11 τὴν ὑπομονὴν Ἰὼβ ἠκούσατε καὶ τὸ τέλος κυρίου **εἴδετε,**
1Pe 1: 8 ὃν οὐκ **ἰδόντες** ἀγαπᾶτε, εἰς ὃν ἄρτι μὴ **ὁρῶντες** πιστεύοντες δὲ ἀγαλλιᾶσθε χαρᾷ ἀνεκλαλήτῳ καὶ δεδοξασμένῃ
3:10 ὁ γὰρ θέλων ζωὴν ἀγαπᾶν καὶ **ἰδεῖν** ἡμέρας ἀγαθὰς παυσάτω τὴν γλῶσσαν ἀπὸ κακοῦ καὶ χείλη τοῦ μὴ λαλῆσαι δόλον,
1Jn 1: 1 Ὃ ἦν ἀπ' ἀρχῆς, ὃ ἀκηκόαμεν, ὃ **ἑωράκαμεν** τοῖς ὀφθαλμοῖς ἡμῶν,
1: 2 καὶ **ἑωράκαμεν** καὶ μαρτυροῦμεν καὶ ἀπαγγέλλομεν ὑμῖν τὴν ζωὴν τὴν αἰώνιον ἥτις ἦν πρὸς τὸν πατέρα καὶ ἐφανερώθη ἡμῖν

1: 3 ὃ **ἑωράκαμεν** καὶ ἀκηκόαμεν, ἀπαγγέλλομεν καὶ ὑμῖν, ἵνα καὶ ὑμεῖς κοινωνίαν ἔχητε μεθ' ἡμῶν.
3: 1 **ἴδετε** ποταπὴν ἀγάπην δέδωκεν ἡμῖν ὁ πατήρ, ἵνα τέκνα θεοῦ κληθῶμεν,
3: 2 ὅμοιοι αὐτῷ ἐσόμεθα, ὅτι **ὀψόμεθα** αὐτὸν καθώς ἐστιν.
3: 6 πᾶς ὁ ἁμαρτάνων οὐχ **ἑώρακεν** αὐτὸν οὐδὲ ἔγνωκεν αὐτόν.
4: 20 ὁ γὰρ μὴ ἀγαπῶν τὸν ἀδελφὸν αὐτοῦ ὃν **ἑώρακεν,** τὸν θεὸν ὃν οὐχ **ἑώρακεν** οὐ δύναται ἀγαπᾶν.
5: 16 Ἐάν τις **ἴδῃ** τὸν ἀδελφὸν αὐτοῦ ἁμαρτάνοντα ἁμαρτίαν μὴ πρὸς θάνατον,
3Jn 1: 11 ὁ ἀγαθοποιῶν ἐκ τοῦ θεοῦ ἐστιν· ὁ κακοποιῶν οὐχ **ἑώρακεν** τὸν θεόν.
1: 14 ἐλπίζω δὲ εὐθέως σε **ἰδεῖν,** καὶ στόμα πρὸς στόμα λαλήσομεν.
Rev 1: 2 ὃς ἐμαρτύρησεν τὸν λόγον τοῦ θεοῦ καὶ τὴν μαρτυρίαν Ἰησοῦ Χριστοῦ ὅσα **εἶδεν.**
1: 7 **ὄψεται** αὐτὸν πᾶς ὀφθαλμὸς καὶ οἵτινες αὐτὸν ἐξεκέντησαν,
1: 12 Καὶ ἐπέστρεψα βλέπειν τὴν φωνὴν ἥτις ἐλάλει μετ' ἐμοῦ, καὶ ἐπιστρέψας **εἶδον** ἑπτὰ λυχνίας χρυσᾶς
1: 17 Καὶ ὅτε **εἶδον** αὐτόν, ἔπεσα πρὸς τοὺς πόδας αὐτοῦ ὡς νεκρός,
1: 19 γράψον οὖν ἃ **εἶδες** καὶ ἃ εἰσὶν καὶ ἃ μέλλει γενέσθαι μετὰ ταῦτα.
1: 20 τὸ μυστήριον τῶν ἑπτὰ ἀστέρων οὓς **εἶδες** ἐπὶ τῆς δεξιᾶς μου καὶ τὰς ἑπτὰ λυχνίας τὰς χρυσᾶς·
4: 1 Μετὰ ταῦτα **εἶδον,** καὶ ἰδοὺ θύρα ἠνεῳγμένη ἐν τῷ οὐρανῷ,
5: 1 Καὶ **εἶδον** ἐπὶ τὴν δεξιὰν τοῦ καθημένου ἐπὶ τοῦ θρόνου βιβλίον γεγραμμένον ἔσωθεν καὶ ὄπισθεν κατεσφραγισμένον
5: 2 καὶ **εἶδον** ἄγγελον ἰσχυρὸν κηρύσσοντα ἐν φωνῇ μεγάλῃ,
5: 6 Καὶ **εἶδον** ἐν μέσῳ τοῦ θρόνου καὶ τῶν τεσσάρων ζῴων καὶ ἐν μέσῳ τῶν πρεσβυτέρων ἀρνίον ἑστηκὸς ὡς ἐσφαγμένον
5: 11 Καὶ **εἶδον,** καὶ ἤκουσα φωνὴν ἀγγέλων πολλῶν κύκλῳ τοῦ θρόνου καὶ τῶν ζῴων καὶ τῶν πρεσβυτέρων,
6: 1 Καὶ **εἶδον** ὅτε ἤνοιξεν τὸ ἀρνίον μίαν ἐκ τῶν ἑπτὰ σφραγίδων,
6: 2 καὶ **εἶδον,** καὶ ἰδοὺ ἵππος λευκός, καὶ ὁ καθήμενος ἐπ' αὐτὸν ἔχων τόξον καὶ ἐδόθη αὐτῷ στέφανος καὶ ἐξῆλθεν νικῶν
6: 5 καὶ **εἶδον,** καὶ ἰδοὺ ἵππος μέλας, καὶ ὁ καθήμενος ἐπ' αὐτὸν ἔχων ζυγὸν ἐν τῇ χειρὶ αὐτοῦ.
6: 8 καὶ **εἶδον,** καὶ ἰδοὺ ἵππος χλωρός, καὶ ὁ καθήμενος ἐπάνω αὐτοῦ ὄνομα αὐτῷ [ὁ] Θάνατος,
6: 9 **εἶδον** ὑποκάτω τοῦ θυσιαστηρίου τὰς ψυχὰς τῶν ἐσφαγμένων διὰ τὸν λόγον τοῦ θεοῦ καὶ διὰ τὴν μαρτυρίαν ἣν εἶχον.
6: 12 Καὶ **εἶδον** ὅτε ἤνοιξεν τὴν σφραγῖδα τὴν ἕκτην,
7: 1 Μετὰ τοῦτο **εἶδον** τέσσαρας ἀγγέλους ἑστῶτας ἐπὶ τὰς τέσσαρας γωνίας τῆς γῆς,
7: 2 καὶ **εἶδον** ἄλλον ἄγγελον ἀναβαίνοντα ἀπὸ ἀνατολῆς ἡλίου ἔχοντα σφραγῖδα θεοῦ ζῶντος,
7: 9 Μετὰ ταῦτα **εἶδον,** καὶ ἰδοὺ ὄχλος πολύς, ὃν ἀριθμῆσαι αὐτὸν οὐδεὶς ἐδύνατο,
8: 2 καὶ **εἶδον** τοὺς ἑπτὰ ἀγγέλους οἳ ἐνώπιον τοῦ θεοῦ ἑστήκασιν,
8: 13 Καὶ **εἶδον,** καὶ ἤκουσα ἑνὸς ἀετοῦ πετομένου ἐν μεσουρανήματι λέγοντος φωνῇ μεγάλῃ,
9: 1 καὶ **εἶδον** ἀστέρα ἐκ τοῦ οὐρανοῦ πεπτωκότα εἰς τὴν γῆν,
9: 17 καὶ οὕτως **εἶδον** τοὺς ἵππους ἐν τῇ ὁράσει καὶ τοὺς καθημένους ἐπ' αὐτῶν,
10: 1 Καὶ **εἶδον** ἄλλον ἄγγελον ἰσχυρὸν καταβαίνοντα ἐκ τοῦ οὐρανοῦ περιβεβλημένον νεφέλην,
10: 5 ὃν **εἶδον** ἑστῶτα ἐπὶ τῆς θαλάσσης καὶ ἐπὶ τῆς γῆς,
11: 19 καὶ ἠνοίγη ὁ ναὸς τοῦ θεοῦ ὁ ἐν τῷ οὐρανῷ καὶ **ὤφθη** ἡ κιβωτὸς τῆς διαθήκης αὐτοῦ ἐν τῷ ναῷ αὐτοῦ,
12: 1 Καὶ σημεῖον μέγα **ὤφθη** ἐν τῷ οὐρανῷ, γυνὴ περιβεβλημένη τὸν ἥλιον,
12: 3 καὶ **ὤφθη** ἄλλο σημεῖον ἐν τῷ οὐρανῷ, καὶ ἰδοὺ δράκων μέγας πυρρὸς ἔχων κεφαλὰς ἑπτὰ καὶ κέρατα δέκα
12: 13 Καὶ ὅτε **εἶδεν** ὁ δράκων ὅτι ἐβλήθη εἰς τὴν γῆν,
13: 1 Καὶ **εἶδον** ἐκ τῆς θαλάσσης θηρίον ἀναβαῖνον, ἔχον κέρατα δέκα καὶ κεφαλὰς ἑπτὰ καὶ ἐπὶ τῶν κεράτων αὐτοῦ δέκα
13: 2 καὶ τὸ θηρίον ὃ **εἶδον** ἦν ὅμοιον παρδάλει καὶ οἱ πόδες αὐτοῦ ὡς ἄρκου καὶ τὸ στόμα αὐτοῦ ὡς στόμα λέοντος.
13: 11 Καὶ **εἶδον** ἄλλο θηρίον ἀναβαῖνον ἐκ τῆς γῆς,
14: 1 Καὶ **εἶδον,** καὶ ἰδοὺ τὸ ἀρνίον ἑστὸς ἐπὶ τὸ ὄρος Σιὼν καὶ μετ' αὐτοῦ ἑκατὸν τεσσεράκοντα τέσσαρες χιλιάδες
14: 6 Καὶ **εἶδον** ἄλλον ἄγγελον πετόμενον ἐν μεσουρανήματι, ἔχοντα εὐαγγέλιον αἰώνιον εὐαγγελίσαι ἐπὶ τοὺς καθημένους
14: 14 Καὶ **εἶδον,** καὶ ἰδοὺ νεφέλη λευκή, καὶ ἐπὶ τὴν νεφέλην καθήμενον ὅμοιον υἱὸν ἀνθρώπου,
15: 1 Καὶ **εἶδον** ἄλλο σημεῖον ἐν τῷ οὐρανῷ μέγα καὶ θαυμαστόν,
15: 2 Καὶ **εἶδον** ὡς θάλασσαν ὑαλίνην μεμιγμένην πυρὶ καὶ τοὺς νικῶντας ἐκ τοῦ θηρίου καὶ ἐκ τῆς εἰκόνος αὐτοῦ
15: 5 Καὶ μετὰ ταῦτα **εἶδον,** καὶ ἠνοίγη ὁ ναὸς τῆς σκηνῆς τοῦ μαρτυρίου ἐν τῷ οὐρανῷ,
16: 13 Καὶ **εἶδον** ἐκ τοῦ στόματος τοῦ δράκοντος καὶ ἐκ τοῦ στόματος τοῦ θηρίου καὶ ἐκ τοῦ στόματος τοῦ ψευδοπροφήτου
17: 3 καὶ **εἶδον** γυναῖκα καθημένην ἐπὶ θηρίον κόκκινον, γέμον[τα] ὀνόματα βλασφημίας,
17: 6 καὶ **εἶδον** τὴν γυναῖκα μεθύουσαν ἐκ τοῦ αἵματος τῶν ἁγίων καὶ ἐκ τοῦ αἵματος τῶν μαρτύρων Ἰησοῦ. Καὶ ἐθαύμασα **ἰδὼν** αὐτὴν θαῦμα μέγα.
17: 8 τὸ θηρίον ὃ **εἶδες** ἦν καὶ οὐκ ἔστιν καὶ μέλλει ἀναβαίνειν ἐκ τῆς ἀβύσσου καὶ εἰς ἀπώλειαν ὑπάγει,
17: 12 καὶ τὰ δέκα κέρατα ἃ **εἶδες** δέκα βασιλεῖς εἰσιν,
17: 15 Τὰ ὕδατα ἃ **εἶδες** οὗ ἡ πόρνη κάθηται,
17: 16 καὶ τὰ δέκα κέρατα ἃ **εἶδες** καὶ τὸ θηρίον οὗτοι μισήσουσιν τὴν πόρνην καὶ ἠρημωμένην ποιήσουσιν αὐτὴν καὶ γυμνὴν
17: 18 καὶ ἡ γυνὴ ἣν **εἶδες** ἔστιν ἡ πόλις ἡ μεγάλη ἡ ἔχουσα βασιλείαν ἐπὶ τῶν βασιλέων τῆς γῆς.
18: 1 Μετὰ ταῦτα **εἶδον** ἄλλον ἄγγελον καταβαίνοντα ἐκ τοῦ οὐρανοῦ ἔχοντα ἐξουσίαν μεγάλην,
18: 7 ὅτι ἐν τῇ καρδίᾳ αὐτῆς λέγει ὅτι Κάθημαι βασίλισσα καὶ χήρα οὐκ εἰμὶ καὶ πένθος οὐ μὴ **ἴδω.**
19: 10 καὶ λέγει μοι, **Ὅρα** μή· σύνδουλός σού εἰμι καὶ τῶν ἀδελφῶν σου τῶν ἐχόντων τὴν μαρτυρίαν Ἰησοῦ·
19: 11 Καὶ **εἶδον** τὸν οὐρανὸν ἠνεῳγμένον, καὶ ἰδοὺ ἵππος λευκὸς καὶ ὁ καθήμενος ἐπ' αὐτὸν [καλούμενος] πιστὸς καὶ ἀληθινός,
19: 17 Καὶ **εἶδον** ἕνα ἄγγελον ἑστῶτα ἐν τῷ ἡλίῳ καὶ ἔκραξεν [ἐν] φωνῇ μεγάλῃ λέγων πᾶσιν τοῖς ὀρνέοις τοῖς πετομένοις
19: 19 Καὶ **εἶδον** τὸ θηρίον καὶ τοὺς βασιλεῖς τῆς γῆς καὶ τὰ στρατεύματα αὐτῶν συνηγμένα ποιῆσαι τὸν πόλεμον
20: 1 Καὶ **εἶδον** ἄγγελον καταβαίνοντα ἐκ τοῦ οὐρανοῦ ἔχοντα τὴν κλεῖν τῆς ἀβύσσου καὶ ἅλυσιν μεγάλην ἐπὶ τὴν χεῖρα αὐτοῦ.
20: 4 Καὶ **εἶδον** θρόνους καὶ ἐκάθισαν ἐπ' αὐτοὺς καὶ κρίμα ἐδόθη αὐτοῖς,
20: 11 Καὶ **εἶδον** θρόνον μέγαν λευκὸν καὶ τὸν καθήμενον ἐπ' αὐτόν,
20: 12 καὶ **εἶδον** τοὺς νεκρούς, τοὺς μεγάλους καὶ τοὺς μικρούς,
21: 1 Καὶ **εἶδον** οὐρανὸν καινὸν καὶ γῆν καινήν. ὁ γὰρ πρῶτος οὐρανὸς καὶ ἡ πρώτη γῆ ἀπῆλθαν καὶ ἡ θάλασσα οὐκ ἔστιν ἔτι.
21: 2 τὴν πόλιν τὴν ἁγίαν Ἰερουσαλὴμ καινὴν **εἶδον** καταβαίνουσαν ἐκ τοῦ οὐρανοῦ ἀπὸ τοῦ θεοῦ ἡτοιμασμένην ὡς νύμφην
21: 22 Καὶ ναὸν οὐκ **εἶδον** ἐν αὐτῇ, ὁ γὰρ κύριος ὁ θεὸς ὁ παντοκράτωρ ναὸς αὐτῆς ἐστιν καὶ τὸ ἀρνίον.
22: 4 καὶ **ὄψονται** τὸ πρόσωπον αὐτοῦ, καὶ τὸ ὄνομα αὐτοῦ ἐπὶ τῶν μετώπων αὐτῶν.
22: 9 καὶ λέγει μοι, **Ὅρα** μή· σύνδουλός σού εἰμι καὶ τῶν ἀδελφῶν σου τῶν προφητῶν καὶ τῶν τηρούντων τοὺς λόγους τοῦ βιβλίου

3973 ὀργή [36]

→ *3974, 3975, 4239, 4240; cf. 3977*

ἐρχομένης ὀργή [1] 1Th 1:10

ἡμέρα ὀργῆς [2] Ro 2:5; Rev 6:17

μελλούσης ὀργή [2] Mt 3:7; Lk 3:7

ὀργή τοῦ ἀρνίου [1] Rev 6:16

ὀργή θεοῦ [9] Jn 3:36; Ro 1:18; 2:5; Eph 5:6; Col 3:6; 1Th 2:16; Rev 14:10; 16:19; 19:15

ὀργή ... θυμός [6] Ro 2:8; Eph 4:31; Col 3:8; Rev 14:10; 16:19; 19:15

σκεῦος ὀργῆς [1] Ro 9:22

τέκνον ὀργῆς [1] Eph 2:3

Mt 3: 7 τίς ὑπέδειξεν ὑμῖν φυγεῖν ἀπὸ τῆς μελλούσης **ὀργῆς;**
Mk 3: 5 καὶ περιβλεψάμενος αὐτοὺς μετ' **ὀργῆς,** συλλυπούμενος ἐπὶ τῇ πωρώσει τῆς καρδίας αὐτῶν λέγει τῷ ἀνθρώπῳ,
Lk 3: 7 τίς ὑπέδειξεν ὑμῖν φυγεῖν ἀπὸ τῆς μελλούσης **ὀργῆς;**
21: 23 ἔσται γὰρ ἀνάγκη μεγάλη ἐπὶ τῆς γῆς καὶ **ὀργὴ** τῷ λαῷ τούτῳ,
Jn 3: 36 ἀλλ' ἡ **ὀργὴ** τοῦ θεοῦ μένει ἐπ' αὐτόν.
Ro 1: 18 Ἀποκαλύπτεται γὰρ **ὀργὴ** θεοῦ ἀπ' οὐρανοῦ ἐπὶ πᾶσαν ἀσέβειαν καὶ ἀδικίαν ἀνθρώπων τῶν τὴν ἀλήθειαν ἐν ἀδικίᾳ κατεχόντων,

2: 5 καὶ ἀμετανόητον καρδίαν θησαυρίζεις σεαυτῷ **ὀργὴν** ἐν ἡμέρᾳ **ὀργῆς** καὶ ἀποκαλύψεως δικαιοκρισίας τοῦ θεοῦ
2: 8 τοῖς δὲ ἐξ ἐριθείας καὶ ἀπειθοῦσι τῇ ἀληθείᾳ πειθομένοις δὲ τῇ ἀδικίᾳ **ὀργὴ** καὶ θυμός.
3: 5 μὴ ἄδικος ὁ θεὸς ὁ ἐπιφέρων τὴν **ὀργήν;**
4:15 ὁ γὰρ νόμος **ὀργὴν** κατεργάζεται· οὗ δὲ οὐκ ἔστιν νόμος οὐδὲ παράβασις.
5: 9 πολλῷ οὖν μᾶλλον δικαιωθέντες νῦν ἐν τῷ αἵματι αὐτοῦ σωθησόμεθα δι' αὐτοῦ ἀπὸ τῆς **ὀργῆς.**
9:22 εἰ δὲ θέλων ὁ θεὸς ἐνδείξασθαι τὴν **ὀργὴν** καὶ γνωρίσαι τὸ δυνατὸν αὐτοῦ ἤνεγκεν ἐν πολλῇ μακροθυμίᾳ σκεύη **ὀργῆς** κατηρτισμένα εἰς ἀπώλειαν,
12:19 ἀγαπητοί, ἀλλὰ δότε τόπον τῇ **ὀργῇ,** γέγραπται γάρ,
13: 4 θεοῦ γὰρ διάκονός ἐστιν ἔκδικος εἰς **ὀργὴν** τῷ τὸ κακὸν πράσσοντι.
13: 5 οὐ μόνον διὰ τὴν **ὀργὴν** ἀλλὰ καὶ διὰ τὴν συνείδησιν.
Eph 2: 3 καὶ ἤμεθα τέκνα φύσει **ὀργῆς** ὡς καὶ οἱ λοιποί·
4:31 πᾶσα πικρία καὶ θυμὸς καὶ **ὀργὴ** καὶ κραυγὴ καὶ βλασφημία ἀρθήτω ἀφ' ὑμῶν σὺν πάσῃ κακίᾳ.
5: 6 διὰ ταῦτα γὰρ ἔρχεται ἡ **ὀργὴ** τοῦ θεοῦ ἐπὶ τοὺς υἱοὺς τῆς ἀπειθείας.
Col 3: 6 δι' ἃ ἔρχεται ἡ **ὀργὴ** τοῦ θεοῦ [ἐπὶ τοὺς υἱοὺς τῆς ἀπειθείας.]
3: 8 **ὀργήν,** θυμόν, κακίαν, βλασφημίαν, αἰσχρολογίαν ἐκ τοῦ στόματος ὑμῶν·
1Th 1:10 Ἰησοῦν τὸν ῥυόμενον ἡμᾶς ἐκ τῆς **ὀργῆς** τῆς ἐρχομένης.
2:16 ἔφθασεν δὲ ἐπ' αὐτοὺς ἡ **ὀργὴ** εἰς τέλος.
5: 9 ὅτι οὐκ ἔθετο ἡμᾶς ὁ θεὸς εἰς **ὀργὴν** ἀλλὰ εἰς περιποίησιν σωτηρίας διὰ τοῦ κυρίου ἡμῶν Ἰησοῦ Χριστοῦ
1Ti 2: 8 Βούλομαι οὖν προσεύχεσθαι τοὺς ἄνδρας ἐν παντὶ τόπῳ ἐπαίροντας ὁσίους χεῖρας χωρὶς **ὀργῆς** καὶ διαλογισμοῦ.
Heb 3:11 ὡς ὤμοσα ἐν τῇ **ὀργῇ** μου· Εἰ εἰσελεύσονται εἰς τὴν κατάπαυσίν μου.
4: 3 καθὼς εἴρηκεν, Ὡς ὤμοσα ἐν τῇ **ὀργῇ** μου,
Jas 1:19 ἔστω δὲ πᾶς ἄνθρωπος ταχὺς εἰς τὸ ἀκοῦσαι, βραδὺς εἰς τὸ λαλῆσαι, βραδὺς εἰς **ὀργήν·**
1:20 **ὀργὴ** γὰρ ἀνδρὸς δικαιοσύνην θεοῦ οὐκ ἐργάζεται.
Rev 6:16 Πέσετε ἐφ' ἡμᾶς καὶ κρύψατε ἡμᾶς ἀπὸ προσώπου τοῦ καθημένου ἐπὶ τοῦ θρόνου καὶ ἀπὸ τῆς **ὀργῆς** τοῦ ἀρνίου,
6:17 ὅτι ἦλθεν ἡ ἡμέρα ἡ μεγάλη τῆς **ὀργῆς** αὐτῶν,
11:18 καὶ ἦλθεν ἡ **ὀργή** σου καὶ ὁ καιρὸς τῶν νεκρῶν κριθῆναι καὶ δοῦναι τὸν μισθὸν τοῖς δούλοις σου τοῖς προφήταις
14:10 καὶ αὐτὸς πίεται ἐκ τοῦ οἴνου τοῦ θυμοῦ τοῦ θεοῦ τοῦ κεκερασμένου ἀκράτου ἐν τῷ ποτηρίῳ τῆς **ὀργῆς** αὐτοῦ
16:19 καὶ Βαβυλὼν ἡ μεγάλη ἐμνήσθη ἐνώπιον τοῦ θεοῦ δοῦναι αὐτῇ τὸ ποτήριον τοῦ οἴνου τοῦ θυμοῦ τῆς **ὀργῆς** αὐτοῦ.
19:15 καὶ αὐτὸς πατεῖ τὴν ληνὸν τοῦ οἴνου τοῦ θυμοῦ τῆς **ὀργῆς** τοῦ θεοῦ τοῦ παντοκράτορος,

3974 ὀργίζω [8]

√ *3973*

Mt 5:22 ἐγὼ δὲ λέγω ὑμῖν ὅτι πᾶς ὁ **ὀργιζόμενος** τῷ ἀδελφῷ αὐτοῦ ἔνοχος ἔσται τῇ κρίσει·
18:34 καὶ **ὀργισθεὶς** ὁ κύριος αὐτοῦ παρέδωκεν αὐτὸν τοῖς βασανισταῖς ἕως οὗ ἀποδῷ πᾶν τὸ ὀφειλόμενον.
22: 7 ὁ δὲ βασιλεὺς **ὠργίσθη** καὶ πέμψας τὰ στρατεύματα αὐτοῦ ἀπώλεσεν τοὺς φονεῖς ἐκείνους καὶ τὴν πόλιν αὐτῶν
Lk 14:21 τότε **ὀργισθεὶς** ὁ οἰκοδεσπότης εἶπεν τῷ δούλῳ αὐτοῦ,
15:28 **ὠργίσθη** δὲ καὶ οὐκ ἤθελεν εἰσελθεῖν, ὁ δὲ πατὴρ αὐτοῦ ἐξελθὼν παρεκάλει αὐτόν.
Eph 4:26 **ὀργίζεσθε** καὶ μὴ ἁμαρτάνετε· ὁ ἥλιος μὴ ἐπιδυέτω ἐπὶ [τῷ] παροργισμῷ ὑμῶν,
Rev 11:18 καὶ τὰ ἔθνη **ὠργίσθησαν,** καὶ ἦλθεν ἡ ὀργή σου καὶ ὁ καιρὸς τῶν νεκρῶν κριθῆναι καὶ δοῦναι τὸν μισθὸν τοῖς δούλοις σου
12:17 καὶ **ὠργίσθη** ὁ δράκων ἐπὶ τῇ γυναικὶ καὶ ἀπῆλθεν ποιῆσαι πόλεμον μετὰ τῶν λοιπῶν τοῦ σπέρματος αὐτῆς

3975 ὀργίλος [1]

√ *3973*

Tit 1: 7 μὴ **ὀργίλον,** μὴ πάροινον, μὴ πλήκτην, μὴ αἰσχροκερδῆ,

3976 ὀργυιά [2]

√ *3977*

Ac 27:28 καὶ βολίσαντες εὗρον **ὀργυιὰς** εἴκοσι, βραχὺ δὲ διαστήσαντες καὶ πάλιν βολίσαντες εὗρον **ὀργυιὰς** δεκαπέντε·

3977 ὀρέγω [3]

→ *3976, 3979; cf. 3973*

1Ti 3: 1 πιστὸς ὁ λόγος. Εἴ τις ἐπισκοπῆς **ὀρέγεται,** καλοῦ ἔργου ἐπιθυμεῖ.
6:10 ἧς τινες **ὀρεγόμενοι** ἀπεπλανήθησαν ἀπὸ τῆς πίστεως καὶ ἑαυτοὺς περιέπειραν ὀδύναις πολλαῖς.
Heb 11:16 νῦν δὲ κρείττονος **ὀρέγονται,** τοῦτ' ἔστιν ἐπουρανίου. διὸ οὐκ ἐπαισχύνεται αὐτοὺς ὁ θεὸς θεὸς ἐπικαλεῖσθαι αὐτῶν·

3978 ὀρεινός [2]

√ *4001*

Lk 1:39 Ἀναστᾶσα δὲ Μαριὰμ ἐν ταῖς ἡμέραις ταύταις ἐπορεύθη εἰς τὴν **ὀρεινὴν** μετὰ σπουδῆς εἰς πόλιν Ἰούδα,
1:65 καὶ ἐν ὅλῃ τῇ **ὀρεινῇ** τῆς Ἰουδαίας διελαλεῖτο πάντα τὰ ῥήματα ταῦτα,

3979 ὄρεξις [1]

√ *3977*

Ro 1:27 ὁμοίως τε καὶ οἱ ἄρσενες ἀφέντες τὴν φυσικὴν χρῆσιν τῆς θηλείας ἐξεκαύθησαν ἐν τῇ **ὀρέξει** αὐτῶν εἰς ἀλλήλους,

3980 ὀρθοποδέω [1]

√ *3981 + 4546*

Gal 2:14 ἀλλ' ὅτε εἶδον ὅτι οὐκ **ὀρθοποδοῦσιν** πρὸς τὴν ἀλήθειαν τοῦ εὐαγγελίου,

3981 ὀρθός [2]

→ *494, 1480, 1481, 2061, 2114, 3003, 3980, 3982, 3987*

Ac 14:10 εἶπεν μεγάλῃ φωνῇ, Ἀνάστηθι ἐπὶ τοὺς πόδας σου **ὀρθός.**
Heb 12:13 καὶ τροχιὰς **ὀρθὰς** ποιεῖτε τοῖς ποσὶν ὑμῶν, ἵνα μὴ τὸ χωλὸν ἐκτραπῇ,

3982 ὀρθοτομέω [1]

√ *3981 + 5533*

2Ti 2:15 σπούδασον σεαυτὸν δόκιμον παραστῆσαι τῷ θεῷ, ἐργάτην ἀνεπαίσχυντον, **ὀρθοτομοῦντα** τὸν λόγον τῆς ἀληθείας.

3983 ὀρθρίζω [1]

√ *3986*

Lk 21:38 καὶ πᾶς ὁ λαὸς **ὤρθριζεν** πρὸς αὐτὸν ἐν τῷ ἱερῷ ἀκούειν αὐτοῦ.

3984 ὀρθρινός [1]

√ *3986*

Lk 24:22 ἀλλὰ καὶ γυναῖκές τινες ἐξ ἡμῶν ἐξέστησαν ἡμᾶς, γενόμεναι **ὀρθριναὶ** ἐπὶ τὸ μνημεῖον,

3985 ὄρθριος Not used in UBS/NIV

√ *3986*

3986 ὄρθρος [3]

→ *3983, 3984, 3985*

Lk 24: 1 τῇ δὲ μιᾷ τῶν σαββάτων **ὄρθρου** βαθέως ἐπὶ τὸ μνῆμα ἦλθον φέρουσαι ἃ ἡτοίμασαν ἀρώματα.
Jn 8: 2 ⟦**Ὄρθρου** δὲ πάλιν παρεγένετο εἰς τὸ ἱερὸν καὶ πᾶς ὁ λαὸς ἤρχετο πρὸς αὐτόν,⟧
Ac 5:21 ἀκούσαντες δὲ εἰσῆλθον ὑπὸ τὸν **ὄρθρον** εἰς τὸ ἱερὸν καὶ ἐδίδασκον.

3987 ὀρθῶς [4]

√ 3981

Mk 7:35 καὶ ἐλύθη ὁ δεσμὸς τῆς γλώσσης αὐτοῦ καὶ ἐλάλει **ὀρθῶς.**
Lk 7:43 Ὑπολαμβάνω ὅτι ᾧ τὸ πλεῖον ἐχαρίσατο. ὁ δὲ εἶπεν αὐτῷ, **Ὀρθῶς** ἔκρινας.
10:28 εἶπεν δὲ αὐτῷ, **Ὀρθῶς** ἀπεκρίθης· τοῦτο ποίει καὶ ζήσῃ.
20:21 οἴδαμεν ὅτι **ὀρθῶς** λέγεις καὶ διδάσκεις καὶ οὐ λαμβάνεις πρόσωπον,

3988 ὁρίζω [8]

√ 4000

Lk 22:22 ὅτι ὁ υἱὸς μὲν τοῦ ἀνθρώπου κατὰ τὸ **ὡρισμένον** πορεύεται,
Ac 2:23 τοῦτον τῇ **ὡρισμένῃ** βουλῇ καὶ προγνώσει τοῦ θεοῦ ἔκδοτον διὰ χειρὸς ἀνόμων προσπήξαντες ἀνείλατε,
10:42 κηρύξαι τῷ λαῷ καὶ διαμαρτύρασθαι ὅτι οὗτός ἐστιν ὁ **ὡρισμένος** ὑπὸ τοῦ θεοῦ κριτὴς ζώντων καὶ νεκρῶν.
11:29 καθὼς εὐπορεῖτό τις **ὥρισαν** ἕκαστος αὐτῶν εἰς διακονίαν πέμψαι τοῖς κατοικοῦσιν ἐν τῇ Ἰουδαίᾳ ἀδελφοῖς·
17:26 **ὁρίσας** προστεταγμένους καιροὺς καὶ τὰς ὁροθεσίας τῆς κατοικίας αὐτῶν
17:31 καθότι ἔστησεν ἡμέραν ἐν ᾗ μέλλει κρίνειν τὴν οἰκουμένην ἐν δικαιοσύνῃ ἐν ἀνδρὶ ᾧ **ὥρισεν,**
Ro 1:4 τοῦ **ὁρισθέντος** υἱοῦ θεοῦ ἐν δυνάμει κατὰ πνεῦμα ἁγιωσύνης ἐξ ἀναστάσεως νεκρῶν,
Heb 4:7 πάλιν τινὰ **ὁρίζει** ἡμέραν, Σήμερον, ἐν Δαυὶδ λέγων μετὰ τοσοῦτον χρόνον,

3989 ὄρνιξ Not used in UBS/NIV

√ 3998

3990 ὅριον [12]

√ 4000

Mt 2:16 καὶ ἀποστείλας ἀνεῖλεν πάντας τοὺς παῖδας τοὺς ἐν Βηθλέεμ καὶ ἐν πᾶσι τοῖς **ὁρίοις** αὐτῆς ἀπὸ διετοῦς καὶ κατωτέρω,
4:13 καὶ καταλιπὼν τὴν Ναζαρὰ ἐλθὼν κατῴκησεν εἰς Καφαρναοὺμ τὴν παραθαλασσίαν ἐν **ὁρίοις** Ζαβουλὼν καὶ Νεφθαλίμ·
8:34 πᾶσα ἡ πόλις ἐξῆλθεν εἰς ὑπάντησιν τῷ Ἰησοῦ καὶ ἰδόντες αὐτὸν παρεκάλεσαν ὅπως μεταβῇ ἀπὸ τῶν **ὁρίων** αὐτῶν.
15:22 καὶ ἰδοὺ γυνὴ Χαναναία ἀπὸ τῶν **ὁρίων** ἐκείνων ἐξελθοῦσα ἔκραζεν λέγουσα,
15:39 Καὶ ἀπολύσας τοὺς ὄχλους ἐνέβη εἰς τὸ πλοῖον καὶ ἦλθεν εἰς τὰ **ὅρια** Μαγαδάν.
19:1 μετῆρεν ἀπὸ τῆς Γαλιλαίας καὶ ἦλθεν εἰς τὰ **ὅρια** τῆς Ἰουδαίας πέραν τοῦ Ἰορδάνου.
Mk 5:17 καὶ ἤρξαντο παρακαλεῖν αὐτὸν ἀπελθεῖν ἀπὸ τῶν **ὁρίων** αὐτῶν.
7:24 Ἐκεῖθεν δὲ ἀναστὰς ἀπῆλθεν εἰς τὰ **ὅρια** Τύρου.
7:31 πάλιν ἐξελθὼν ἐκ τῶν **ὁρίων** Τύρου ἦλθεν διὰ Σιδῶνος εἰς τὴν θάλασσαν τῆς Γαλιλαίας ἀνὰ μέσον τῶν **ὁρίων** Δεκαπόλεως.
10:1 Καὶ ἐκεῖθεν ἀναστὰς ἔρχεται εἰς τὰ **ὅρια** τῆς Ἰουδαίας [καὶ] πέραν τοῦ Ἰορδάνου,
Ac 13:50 καὶ ἐπήγειραν διωγμὸν ἐπὶ τὸν Παῦλον καὶ Βαρναβᾶν καὶ ἐξέβαλον αὐτοὺς ἀπὸ τῶν **ὁρίων** αὐτῶν.

3991 ὁρκίζω [2]

√ 3992

Mk 5:7 Ἰησοῦ υἱὲ τοῦ θεοῦ τοῦ ὑψίστου; **ὁρκίζω** σε τὸν θεόν, μή με βασανίσῃς.
Ac 19:13 τὸ ὄνομα τοῦ κυρίου Ἰησοῦ λέγοντες, **Ὁρκίζω** ὑμᾶς τὸν Ἰησοῦν ὃν Παῦλος κηρύσσει.

3992 ὅρκος [10]

→ 1941, 2019, 2020, 2155, 2156, 3991, 3993

ἀποδίδωμι ὅρκον [1] Mt 5:33

ὀμνύω ... ὅρκος [4] Lk 1:73; Ac 2:30; Heb 6:16; Jas 5:12

Mt 5:33 Οὐκ ἐπιορκήσεις, ἀποδώσεις δὲ τῷ κυρίῳ τοὺς **ὅρκους** σου.
14:7 ὅθεν μεθ' **ὅρκου** ὡμολόγησεν αὐτῇ δοῦναι ὃ ἐὰν αἰτήσηται.
14:9 καὶ λυπηθεὶς ὁ βασιλεὺς διὰ τοὺς **ὅρκους** καὶ τοὺς συνανακειμένους ἐκέλευσεν δοθῆναι,
26:72 καὶ πάλιν ἠρνήσατο μετὰ **ὅρκου** ὅτι Οὐκ οἶδα τὸν ἄνθρωπον.
Mk 6:26 καὶ περίλυπος γενόμενος ὁ βασιλεὺς διὰ τοὺς **ὅρκους** καὶ τοὺς ἀνακειμένους οὐκ ἠθέλησεν ἀθετῆσαι αὐτήν·
Lk 1:73 **ὅρκον** ὃν ὤμοσεν πρὸς Ἀβραὰμ τὸν πατέρα ἡμῶν,
Ac 2:30 καὶ εἰδὼς ὅτι **ὅρκῳ** ὤμοσεν αὐτῷ ὁ θεὸς ἐκ καρποῦ τῆς ὀσφύος αὐτοῦ καθίσαι ἐπὶ τὸν θρόνον αὐτοῦ,
Heb 6:16 καὶ πάσης αὐτοῖς ἀντιλογίας πέρας εἰς βεβαίωσιν ὁ **ὅρκος·**
6:17 ἐν ᾧ περισσότερον βουλόμενος ὁ θεὸς ἐπιδεῖξαι τοῖς κληρονόμοις τῆς ἐπαγγελίας τὸ ἀμετάθετον τῆς βουλῆς αὐτοῦ ἐμεσίτευσεν **ὅρκῳ,**
Jas 5:12 μὴ ὀμνύετε μήτε τὸν οὐρανὸν μήτε τὴν γῆν μήτε ἄλλον τινὰ **ὅρκον·**

3993 ὁρκωμοσία [4]

√ 3992 + 3923

Heb 7:20 Καὶ καθ' ὅσον οὐ χωρὶς **ὁρκωμοσίας·** οἱ μὲν γὰρ χωρὶς **ὁρκωμοσίας** εἰσὶν ἱερεῖς γεγονότες,
7:21 ὁ δὲ μετὰ **ὁρκωμοσίας** διὰ τοῦ λέγοντος πρὸς αὐτόν,
7:28 ὁ λόγος δὲ τῆς **ὁρκωμοσίας** τῆς μετὰ τὸν νόμον υἱὸν εἰς τὸν αἰῶνα τετελειωμένον.

3994 ὁρμάω [5]

√ 3995

Mt 8:32 καὶ ἰδοὺ **ὥρμησεν** πᾶσα ἡ ἀγέλη κατὰ τοῦ κρημνοῦ εἰς τὴν θάλασσαν καὶ ἀπέθανον ἐν τοῖς ὕδασιν.
Mk 5:13 καὶ **ὥρμησεν** ἡ ἀγέλη κατὰ τοῦ κρημνοῦ εἰς τὴν θάλασσαν,
Lk 8:33 καὶ **ὥρμησεν** ἡ ἀγέλη κατὰ τοῦ κρημνοῦ εἰς τὴν λίμνην καὶ ἀπεπνίγη.
Ac 7:57 κράξαντες δὲ φωνῇ μεγάλῃ συνέσχον τὰ ὦτα αὐτῶν καὶ **ὥρμησαν** ὁμοθυμαδὸν ἐπ' αὐτὸν
19:29 **ὥρμησάν** τε ὁμοθυμαδὸν εἰς τὸ θέατρον συναρπάσαντες Γάϊον καὶ Ἀρίσταρχον Μακεδόνας,

3995 ὁρμή [2]

→ 929, 3155, 3994, 3996

Ac 14:5 ὡς δὲ ἐγένετο **ὁρμὴ** τῶν ἐθνῶν τε καὶ Ἰουδαίων σὺν τοῖς ἄρχουσιν αὐτῶν ὑβρίσαι καὶ λιθοβολῆσαι αὐτούς,
Jas 3:4 μετάγεται ὑπὸ ἐλαχίστου πηδαλίου ὅπου ἡ **ὁρμὴ** τοῦ εὐθύνοντος βούλεται,

3996 ὅρμημα [1]

√ 3995

Rev 18:21 Οὕτως **ὁρμήματι** βληθήσεται Βαβυλὼν ἡ μεγάλη πόλις καὶ οὐ μὴ εὑρεθῇ ἔτι.

3997 ὄρνεον [3]

√ 3998

Rev 18:2 καὶ ἐγένετο κατοικητήριον δαιμονίων καὶ φυλακὴ παντὸς πνεύματος ἀκαθάρτου καὶ φυλακὴ παντὸς **ὀρνέου** ἀκαθάρτου
19:17 Καὶ εἶδον ἕνα ἄγγελον ἑστῶτα ἐν τῷ ἡλίῳ καὶ ἔκραξεν [ἐν] φωνῇ μεγάλῃ λέγων πᾶσιν τοῖς **ὀρνέοις** τοῖς πετομένοις
19:21 καὶ πάντα τὰ **ὄρνεα** ἐχορτάσθησαν ἐκ τῶν σαρκῶν αὐτῶν.

3998 ὄρνις [2]

→ 3989, 3997

Mt 23:37 ὃν τρόπον **ὄρνις** ἐπισυνάγει τὰ νοσσία αὐτῆς ὑπὸ τὰς πτέρυγας,
Lk 13:34 ποσάκις ἠθέλησα ἐπισυνάξαι τὰ τέκνα σου ὃν τρόπον **ὄρνις** τὴν ἑαυτῆς νοσσιὰν ὑπὸ τὰς πτέρυγας,

3999 ὁροθεσία [1]

√ 4000 + 5502

Ac 17:26 ὁρίσας προστεταγμένους καιροὺς καὶ τὰς **ὁροθεσίας** τῆς κατοικίας αὐτῶν

4000 ὅρος Not used in UBS/NIV

→ 626, 928, 3498, 3988, 3990, 3999, 4633, 5327, 5329

4001 ὄρος [63 / 65]

→ *3978*

plural [12] Mt 18:12; 24:16; Mk 5:5; 13:14; Lk 21:21; 23:30; 1Co 13:2; Heb 11:38; Rev 6:15,16; 16:20; 17:9

ἅγιος ὄρος [1] 2Pe 1:18

λέγω τῷ ὄρει [5] Mt 17:20; 21:21; Mk 11:23; Lk 23:30; Rev 6:16

ὄρος Ἐλαιῶν, Ἐλαιῶνος [12] Mt 21:1; 24:3; 26:30; Mk 11:1; 13:3; 14:26; Lk 19:29,37; 21:37; 22:39; Jn 8:1; Ac 1:12

ὄρος Σινᾶ [4] Ac 7:30,38; Gal 4:24,25

ὄρος Σιών [2] Heb 12:22; Rev 14:1

ὑψηλός ὄρος [5] Mt 4:8; 17:1; Mk 9:2; Lk 4:5; Rev 21:10

Mt 4: 8 Πάλιν παραλαμβάνει αὐτὸν ὁ διάβολος εἰς **ὄρος** ὑψηλὸν λίαν καὶ δείκνυσιν αὐτῷ πάσας τὰς βασιλείας τοῦ κόσμου
5: 1 Ἰδὼν δὲ τοὺς ὄχλους ἀνέβη εἰς τὸ **ὄρος,**
5: 14 Ὑμεῖς ἐστε τὸ φῶς τοῦ κόσμου. οὐ δύναται πόλις κρυβῆναι ἐπάνω **ὄρους** κειμένη·
8: 1 Καταβάντος δὲ αὐτοῦ ἀπὸ τοῦ **ὄρους** ἠκολούθησαν αὐτῷ ὄχλοι πολλοί.
14: 23 καὶ ἀπολύσας τοὺς ὄχλους ἀνέβη εἰς τὸ **ὄρος** κατ᾽ ἰδίαν προσεύξασθαι.
15: 29 Καὶ μεταβὰς ἐκεῖθεν ὁ Ἰησοῦς ἦλθεν παρὰ τὴν θάλασσαν τῆς Γαλιλαίας, καὶ ἀναβὰς εἰς τὸ **ὄρος** ἐκάθητο ἐκεῖ.
17: 1 παραλαμβάνει ὁ Ἰησοῦς τὸν Πέτρον καὶ Ἰάκωβον καὶ Ἰωάννην τὸν ἀδελφὸν αὐτοῦ καὶ ἀναφέρει αὐτοὺς εἰς **ὄρος** ὑψηλὸν
17: 9 Καὶ καταβαινόντων αὐτῶν ἐκ τοῦ **ὄρους** ἐνετείλατο αὐτοῖς ὁ Ἰησοῦς λέγων,
17: 20 ἐρεῖτε τῷ **ὄρει** τούτῳ, Μετάβα ἔνθεν ἐκεῖ, καὶ μεταβήσεται·
18: 12 οὐχὶ ἀφήσει τὰ ἐνενήκοντα ἐννέα ἐπὶ τὰ **ὄρη** καὶ πορευθεὶς ζητεῖ τὸ πλανώμενον;
21: 1 Καὶ ὅτε ἤγγισαν εἰς Ἱεροσόλυμα καὶ ἦλθον εἰς Βηθφαγὴ εἰς τὸ **Ὄρος** τῶν Ἐλαιῶν,
21: 21 ἀλλὰ κἂν τῷ **ὄρει** τούτῳ εἴπητε, Ἄρθητι καὶ βλήθητι εἰς τὴν θάλασσαν,
24: 3 Καθημένου δὲ αὐτοῦ ἐπὶ τοῦ **Ὄρους** τῶν Ἐλαιῶν προσῆλθον αὐτῷ οἱ μαθηταὶ κατ᾽ ἰδίαν λέγοντες,
24: 16 τότε οἱ ἐν τῇ Ἰουδαίᾳ φευγέτωσαν εἰς τὰ **ὄρη,**
26: 30 Καὶ ὑμνήσαντες ἐξῆλθον εἰς τὸ **Ὄρος** τῶν Ἐλαιῶν.
28: 16 Οἱ δὲ ἕνδεκα μαθηταὶ ἐπορεύθησαν εἰς τὴν Γαλιλαίαν εἰς τὸ **ὄρος** οὗ ἐτάξατο αὐτοῖς ὁ Ἰησοῦς,
Mk 3: 13 Καὶ ἀναβαίνει εἰς τὸ **ὄρος** καὶ προσκαλεῖται οὓς ἤθελεν αὐτός,
5: 5 καὶ διὰ παντὸς νυκτὸς καὶ ἡμέρας ἐν τοῖς μνήμασιν καὶ ἐν τοῖς **ὄρεσιν** ἦν κράζων καὶ κατακόπτων ἑαυτὸν λίθοις.
5: 11 Ἦν δὲ ἐκεῖ πρὸς τῷ **ὄρει** ἀγέλη χοίρων μεγάλη βοσκομένη·
6: 46 καὶ ἀποταξάμενος αὐτοῖς ἀπῆλθεν εἰς τὸ **ὄρος** προσεύξασθαι.
9: 2 παραλαμβάνει ὁ Ἰησοῦς τὸν Πέτρον καὶ τὸν Ἰάκωβον καὶ τὸν Ἰωάννην καὶ ἀναφέρει αὐτοὺς εἰς **ὄρος** ὑψηλὸν κατ᾽ ἰδίαν
9: 9 Καὶ καταβαινόντων αὐτῶν ἐκ τοῦ **ὄρους** διεστείλατο αὐτοῖς ἵνα μηδενὶ ἃ εἶδον διηγήσωνται,
11: 1 Καὶ ὅτε ἐγγίζουσιν εἰς Ἱεροσόλυμα εἰς Βηθφαγὴ καὶ Βηθανίαν πρὸς τὸ **Ὄρος** τῶν Ἐλαιῶν,
11: 23 ἀμὴν λέγω ὑμῖν ὅτι ὃς ἂν εἴπῃ τῷ **ὄρει** τούτῳ,
13: 3 Καὶ καθημένου αὐτοῦ εἰς τὸ **Ὄρος** τῶν Ἐλαιῶν κατέναντι τοῦ ἱεροῦ ἐπηρώτα αὐτὸν κατ᾽ ἰδίαν Πέτρος καὶ Ἰάκωβος
13: 14 τότε οἱ ἐν τῇ Ἰουδαίᾳ φευγέτωσαν εἰς τὰ **ὄρη,**
14: 26 Καὶ ὑμνήσαντες ἐξῆλθον εἰς τὸ **Ὄρος** τῶν Ἐλαιῶν.
Lk 3: 5 πᾶσα φάραγξ πληρωθήσεται καὶ πᾶν **ὄρος** καὶ βουνὸς ταπεινωθήσεται,
4: 5 Καὶ ἀναγαγὼν αὐτὸν ὁ διάβολος εἰς **ὄρος**[UBS-] ὑψηλὸν ἔδειξεν αὐτῷ πάσας τὰς βασιλείας τῆς οἰκουμένης ἐν στιγμῇ χρόνου
4: 29 καὶ ἀναστάντες ἐξέβαλον αὐτὸν ἔξω τῆς πόλεως καὶ ἤγαγον αὐτὸν ἕως ὀφρύος τοῦ **ὄρους** ἐφ᾽ οὗ ἡ πόλις ᾠκοδόμητο αὐτῶν
6: 12 Ἐγένετο δὲ ἐν ταῖς ἡμέραις ταύταις ἐξελθεῖν αὐτὸν εἰς τὸ **ὄρος** προσεύξασθαι,
8: 32 Ἦν δὲ ἐκεῖ ἀγέλη χοίρων ἱκανῶν βοσκομένη ἐν τῷ **ὄρει·**
9: 28 ὡσεὶ ἡμέραι ὀκτὼ [καὶ] παραλαβὼν Πέτρον καὶ Ἰωάννην καὶ Ἰάκωβον ἀνέβη εἰς τὸ **ὄρος** προσεύξασθαι.
9: 37 Ἐγένετο δὲ τῇ ἑξῆς ἡμέρᾳ κατελθόντων αὐτῶν ἀπὸ τοῦ **ὄρους** συνήντησεν αὐτῷ ὄχλος πολύς.
19: 29 Καὶ ἐγένετο ὡς ἤγγισεν εἰς Βηθφαγὴ καὶ Βηθανία[ν] πρὸς τὸ **ὄρος** τὸ καλούμενον Ἐλαιῶν,
19: 37 Ἐγγίζοντος δὲ αὐτοῦ ἤδη πρὸς τῇ καταβάσει τοῦ **Ὄρους** τῶν Ἐλαιῶν ἤρξαντο ἅπαν τὸ πλῆθος τῶν μαθητῶν χαίροντες
21: 21 τότε οἱ ἐν τῇ Ἰουδαίᾳ φευγέτωσαν εἰς τὰ **ὄρη** καὶ οἱ ἐν μέσῳ αὐτῆς ἐκχωρείτωσαν καὶ οἱ ἐν ταῖς χώραις μὴ εἰσερχέσθωσαν
21: 37 τὰς δὲ νύκτας ἐξερχόμενος ηὐλίζετο εἰς τὸ **ὄρος** τὸ καλούμενον Ἐλαιῶν·
22: 39 Καὶ ἐξελθὼν ἐπορεύθη κατὰ τὸ ἔθος εἰς τὸ **Ὄρος** τῶν Ἐλαιῶν,
23: 30 τότε ἄρξονται λέγειν τοῖς **ὄρεσιν,** Πέσετε ἐφ᾽ ἡμᾶς,
Jn 4: 20 οἱ πατέρες ἡμῶν ἐν τῷ **ὄρει** τούτῳ προσεκύνησαν·
4: 21 ὅτι ἔρχεται ὥρα ὅτε οὔτε ἐν τῷ **ὄρει** τούτῳ οὔτε ἐν Ἱεροσολύμοις προσκυνήσετε τῷ πατρί.
6: 3 ἀνῆλθεν δὲ εἰς τὸ **ὄρος** Ἰησοῦς καὶ ἐκεῖ ἐκάθητο μετὰ τῶν μαθητῶν αὐτοῦ.
6: 15 ὅτι μέλλουσιν ἔρχεσθαι καὶ ἁρπάζειν αὐτὸν ἵνα ποιήσωσιν βασιλέα, ἀνεχώρησεν πάλιν εἰς τὸ **ὄρος** αὐτὸς μόνος.
8: 1 ⟦Ἰησοῦς δὲ ἐπορεύθη εἰς τὸ **Ὄρος** τῶν Ἐλαιῶν.⟧
Ac 1: 12 Τότε ὑπέστρεψαν εἰς Ἰερουσαλὴμ ἀπὸ **ὄρους** τοῦ καλουμένου Ἐλαιῶνος,
7: 30 Καὶ πληρωθέντων ἐτῶν τεσσεράκοντα ὤφθη αὐτῷ ἐν τῇ ἐρήμῳ τοῦ **ὄρους Σινᾶ** ἄγγελος ἐν φλογὶ πυρὸς βάτου.
7: 38 οὗτός ἐστιν ὁ γενόμενος ἐν τῇ ἐκκλησίᾳ ἐν τῇ ἐρήμῳ μετὰ τοῦ ἀγγέλου τοῦ λαλοῦντος αὐτῷ ἐν τῷ **ὄρει Σινᾶ** καὶ τῶν πατέρων
1Co 13: 2 καὶ εἰδῶ τὰ μυστήρια πάντα καὶ πᾶσαν τὴν γνῶσιν καὶ ἐὰν ἔχω πᾶσαν τὴν πίστιν ὥστε **ὄρη** μεθιστάναι,
Gal 4: 24 μία μὲν ἀπὸ **ὄρους Σινᾶ** εἰς δουλείαν γεννῶσα,
4: 25 τὸ δὲ Ἁγὰρ **Σινᾶ ὄρος** ἐστὶν ἐν τῇ Ἀραβίᾳ·
Heb 8: 5 ποιήσεις πάντα κατὰ τὸν τύπον τὸν δειχθέντα σοι ἐν τῷ **ὄρει·**
11: 38 ἐπὶ ἐρημίαις πλανώμενοι καὶ **ὄρεσιν** καὶ σπηλαίοις καὶ ταῖς ὀπαῖς τῆς γῆς.
12: 18 Οὐ γὰρ προσεληλύθατε ψηλαφωμένῳ **ὄρει**[UBS-] καὶ κεκαυμένῳ πυρὶ καὶ γνόφῳ καὶ ζόφῳ καὶ θυέλλῃ
12: 20 οὐκ ἔφερον γὰρ τὸ διαστελλόμενον, Κἂν θηρίον θίγῃ τοῦ **ὄρους,** λιθοβοληθήσεται·
12: 22 ἀλλὰ προσεληλύθατε **Σιὼν ὄρει** καὶ πόλει θεοῦ ζῶντος,
2Pe 1: 18 καὶ ταύτην τὴν φωνὴν ἡμεῖς ἠκούσαμεν ἐξ οὐρανοῦ ἐνεχθεῖσαν σὺν αὐτῷ ὄντες ἐν τῷ **ἁγίῳ ὄρει.**
Rev 6: 14 καὶ ὁ οὐρανὸς ἀπεχωρίσθη ὡς βιβλίον ἑλισσόμενον καὶ πᾶν **ὄρος** καὶ νῆσος ἐκ τῶν τόπων αὐτῶν ἐκινήθησαν.
6: 15 οἱ πλούσιοι καὶ οἱ ἰσχυροὶ καὶ πᾶς δοῦλος καὶ ἐλεύθερος ἔκρυψαν ἑαυτοὺς εἰς τὰ σπήλαια καὶ εἰς τὰς πέτρας τῶν **ὀρέων**
6: 16 καὶ λέγουσιν τοῖς **ὄρεσιν** καὶ ταῖς πέτραις, Πέσετε ἐφ᾽ ἡμᾶς καὶ κρύψατε ἡμᾶς ἀπὸ προσώπου τοῦ καθημένου ἐπὶ τοῦ θρόνου
8: 8 καὶ ὡς **ὄρος** μέγα πυρὶ καιόμενον ἐβλήθη εἰς τὴν θάλασσαν,
14: 1 καὶ ἰδοὺ τὸ ἀρνίον ἑστὸς ἐπὶ τὸ **ὄρος Σιὼν** καὶ μετ᾽ αὐτοῦ ἑκατὸν τεσσεράκοντα τέσσαρες χιλιάδες ἔχουσαι τὸ ὄνομα
16: 20 καὶ πᾶσα νῆσος ἔφυγεν καὶ **ὄρη** οὐχ εὑρέθησαν.
17: 9 αἱ ἑπτὰ κεφαλαὶ ἑπτὰ **ὄρη** εἰσίν, ὅπου ἡ γυνὴ κάθηται ἐπ᾽ αὐτῶν.
21: 10 καὶ ἀπήνεγκέν με ἐν πνεύματι ἐπὶ **ὄρος** μέγα καὶ ὑψηλόν,

4002 ὀρύσσω [3]

→ *1482, 2021*

Mt 21: 33 Ἄνθρωπος ἦν οἰκοδεσπότης ὅστις ἐφύτευσεν ἀμπελῶνα καὶ φραγμὸν αὐτῷ περιέθηκεν καὶ **ὤρυξεν** ἐν αὐτῷ ληνὸν
25: 18 ὁ δὲ τὸ ἓν λαβὼν ἀπελθὼν **ὤρυξεν** γῆν καὶ ἔκρυψεν τὸ ἀργύριον τοῦ κυρίου αὐτοῦ.
Mk 12: 1 Ἀμπελῶνα ἄνθρωπος ἐφύτευσεν καὶ περιέθηκεν φραγμὸν καὶ **ὤρυξεν** ὑπολήνιον καὶ ᾠκοδόμησεν πύργον καὶ ἐξέδετο αὐτὸν

4003 ὀρφανός [2]

→ *682*

Jn 14: 18 Οὐκ ἀφήσω ὑμᾶς **ὀρφανούς,** ἔρχομαι πρὸς ὑμᾶς.
Jas 1: 27 ἐπισκέπτεσθαι **ὀρφανοὺς** καὶ χήρας ἐν τῇ θλίψει αὐτῶν,

4004 ὀρχέομαι [4]

Mt 11: 17 λέγουσιν, Ηὐλήσαμεν ὑμῖν καὶ οὐκ **ὠρχήσασθε,** ἐθρηνήσαμεν καὶ οὐκ ἐκόψασθε.
14: 6 γενεσίοις δὲ γενομένοις τοῦ Ἡρῴδου **ὠρχήσατο** ἡ θυγάτηρ τῆς Ἡρῳδιάδος ἐν τῷ μέσῳ καὶ ἤρεσεν τῷ Ἡρῴδῃ,
Mk 6: 22 καὶ εἰσελθούσης τῆς θυγατρὸς αὐτοῦ Ἡρῳδιάδος καὶ **ὀρχησαμένης** ἤρεσεν τῷ Ἡρῴδῃ καὶ τοῖς συνανακειμένοις.
Lk 7: 32 Ηὐλήσαμεν ὑμῖν καὶ οὐκ **ὠρχήσασθε,** ἐθρηνήσαμεν καὶ οὐκ ἐκλαύσατε.

4005 ὅς [1407] See Index of Articles, Etc.

→ *1475, 1478, 1484, 1668, 1930, 2745, 2749, 2771, 2776, 3854, 3888, 4007, 4013, 4015, 4020, 4021, 4022, 4023, 4121, 4529, 5538*

ἀνθ' ὧν [5] Lk 1:20; 12:3; 19:44; Ac 12:23; 2Th 2:10

ἀπὸ ὁ ὢν [1] Rev 1:4

ἀφ' οὗ [8] Lk 8:35,38; 13:7,25; 24:21; Col 1:6,6; Rev 16:18

ἄχρι οὗ [9] Lk 21:24; Ac 7:18; 27:33; Ro 11:25; 1Co 11:26; 15:25; Gal 3:19; Heb 3:13; Rev 2:25

ἐν ᾧ [54] Mt 3:17; 7:2,2; 17:5; Mk 2:19; 4:24; Lk 5:34; 19:13; Jn 1:47; 5:7; 11:6; 19:41; Ac 4:12,31; 7:20; 10:12; 17:23; 19:16; 20:28; Ro 2:1; 7:6; 8:3,15; 14:21,22; 16:2; 1Co 7:24; 15:1; 2Co 11:12,21; Eph 1:7,11,13,13; 2:21,22; 3:12; 4:30; 5:18; 6:16; Col 1:14; 2:3,11,12; 2Ti 2:9; Heb 2:18; 6:17; 10:10,29; 1Pe 1:6; 2:12; 3:16,19; 4:4

ἐφ' ᾧ [5] Ac 7:33; Ro 5:12; 2Co 5:4; Php 3:12; 4:10

ἕως οὗ [17] Mt 1:25; 13:33; 14:22; 17:9; 18:34; 26:36; Lk 13:21; 15:8; 22:18; 24:49; Jn 13:38; Ac 21:26; 23:12,14,21; 25:21; 2Pe 1:19

μέχρι οὗ [2] Mk 13:30; Gal 4:19

ὅ τι ἐάν [3] Mk 6:23; 1Co 16:2; Col 3:17

οὗ εἵνεκεν [1] Lk 4:18

ὃς ἄν [60] Mt 5:19,21,22,22,31; 10:11,14,42; 12:32; 15:5; 16:25; 18:6; 19:9; 20:27; 21:44; 23:16,16,18,18; 26:48; Mk 3:29,35; 6:11; 8:35; 9:37,37,41,42; 10:11,15,43,44; 11:23; 14:44; Lk 8:18,18; 9:4,24,24,26,48; 10:8,10; 12:8; 13:25; 17:33; 18:17; 20:18; Jn 1:33; 4:14; Ac 2:21; 7:3; Ro 9:15,15; 10:13; 16:2; 1Co 11:27; 1Jn 2:5; 3:17; Rev 2:25

ὃς γὰρ ἐάν [4] Mt 16:25; Mk 8:35,38; Gal 6:7

ὃς ἐάν [37] Mt 5:19,32; 7:9; 11:6,27; 12:32; 14:7; 15:5; 16:19,19; 18:5,19; 20:4,26; 21:24; Mk 6:22; 7:11; 10:35; 13:11; Lk 4:6; 7:23; 9:48; 10:22; 17:33; Jn 15:7; Ac 7:7; 8:19; 1Co 6:18; 16:3; 2Co 8:12; Gal 5:17; Col 3:23; Jas 4:4; 1Jn 3:22; 4:15; 5:15; 3Jn 1:5

παρ' ὅ [3] Ro 12:3; Gal 1:8,9

παρ' ᾧ [2] Ac 21:16; Jas 1:17

4006 ὁσάκις [3]

√ *4012*

ὁσάκις [γὰρ] ἐάν [3] 1Co 11:25,26; Rev 11:6

1Co 11:25 τοῦτο ποιεῖτε, **ὁσάκις** ἐὰν πίνητε, εἰς τὴν ἐμὴν ἀνάμνησιν.
11:26 **ὁσάκις** γὰρ ἐὰν ἐσθίητε τὸν ἄρτον τοῦτον καὶ τὸ ποτήριον πίνητε,
Rev 11: 6 καὶ ἐξουσίαν ἔχουσιν ἐπὶ τῶν ὑδάτων στρέφειν αὐτὰ εἰς αἷμα καὶ πατάξαι τὴν γῆν ἐν πάσῃ πληγῇ **ὁσάκις** ἐὰν θελήσωσιν.

4007 ὅσγε Not used in UBS/NIV

√ *4005 + 1145*

4008 ὅσιος [8]

→ *495, 4009, 4010*

Ac 2:27 ὅτι οὐκ ἐγκαταλείψεις τὴν ψυχήν μου εἰς ᾅδην οὐδὲ δώσεις τὸν **ὅσιόν** σου ἰδεῖν διαφθοράν.
13:34 οὕτως εἴρηκεν ὅτι Δώσω ὑμῖν τὰ **ὅσια** Δαυὶδ τὰ πιστά.
13:35 διότι καὶ ἐν ἑτέρῳ λέγει, Οὐ δώσεις τὸν **ὅσιόν** σου ἰδεῖν διαφθοράν.
1Ti 2: 8 Βούλομαι οὖν προσεύχεσθαι τοὺς ἄνδρας ἐν παντὶ τόπῳ ἐπαίροντας **ὁσίους** χεῖρας χωρὶς ὀργῆς καὶ διαλογισμοῦ.
Tit 1: 8 ἀλλὰ φιλόξενον φιλάγαθον σώφρονα δίκαιον **ὅσιον** ἐγκρατῆ,
Heb 7:26 Τοιοῦτος γὰρ ἡμῖν καὶ ἔπρεπεν ἀρχιερεύς, **ὅσιος** ἄκακος ἀμίαντος,
Rev 15: 4 ὅτι μόνος **ὅσιος,** ὅτι πάντα τὰ ἔθνη ἥξουσιν καὶ προσκυνήσουσιν ἐνώπιόν σου,
16: 5 ὁ ὢν καὶ ὁ ἦν, ὁ **ὅσιος,** ὅτι ταῦτα ἔκρινας,

4009 ὁσιότης [2]

√ *4008*

Lk 1:75 ἐν **ὁσιότητι** καὶ δικαιοσύνῃ ἐνώπιον αὐτοῦ πάσαις ταῖς ἡμέραις ἡμῶν.
Eph 4:24 καὶ ἐνδύσασθαι τὸν καινὸν ἄνθρωπον τὸν κατὰ θεὸν κτισθέντα ἐν δικαιοσύνῃ καὶ **ὁσιότητι** τῆς ἀληθείας.

4010 ὁσίως [1]

√ *4008*

1Th 2:10 ὡς **ὁσίως** καὶ δικαίως καὶ ἀμέμπτως ὑμῖν τοῖς πιστεύουσιν ἐγενήθημεν,

4011 ὀσμή [6]

√ *3853*

Jn 12: 3 ἡ δὲ οἰκία ἐπληρώθη ἐκ τῆς **ὀσμῆς** τοῦ μύρου.
2Co 2:14 Τῷ δὲ θεῷ χάρις τῷ πάντοτε θριαμβεύοντι ἡμᾶς ἐν τῷ Χριστῷ καὶ τὴν **ὀσμὴν** τῆς γνώσεως αὐτοῦ φανεροῦντι δι' ἡμῶν
2:16 οἷς μὲν **ὀσμὴ** ἐκ θανάτου εἰς θάνατον, οἷς δὲ **ὀσμὴ** ἐκ ζωῆς εἰς ζωήν.
Eph 5: 2 καθὼς καὶ ὁ Χριστὸς ἠγάπησεν ἡμᾶς καὶ παρέδωκεν ἑαυτὸν ὑπὲρ ἡμῶν προσφορὰν καὶ θυσίαν τῷ θεῷ εἰς **ὀσμὴν** εὐωδίας.
Php 4:18 πεπλήρωμαι δεξάμενος παρὰ Ἐπαφροδίτου τὰ παρ' ὑμῶν, **ὀσμὴν** εὐωδίας, θυσίαν δεκτήν, εὐάρεστον τῷ θεῷ.

4012 ὅσος [110]

→ *4006, 4531*

ἔτι ὅσον ὅσον [1] Heb 10:37

ἐφ' ὅσον [8] Mt 9:15; 25:40,45; Ro 7:1; 11:13; 1Co 7:39; Gal 4:1; 2Pe 1:13

καθ' ὅσον [3] Heb 3:3; 7:20; 9:27

ὅσος ἄν [6] Mt 21:22; Mk 6:56; Lk 9:5; Jn 11:22; Ac 2:39; 3:22

ὅσος ἐάν [8] Mt 7:12; 18:18,18; 22:9; 23:3; Mk 3:28; Rev 3:19; 13:15

ὅσον χρόνον [4] Mk 2:19; Ro 7:1; 1Co 7:39; Gal 4:1

τοσοῦτος ... ὅσος [3] Heb 1:4; 10:25; Rev 18:7

Mt 7:12 Πάντα οὖν **ὅσα** ἐὰν θέλητε ἵνα ποιῶσιν ὑμῖν οἱ ἄνθρωποι,
9:15 Μὴ δύνανται οἱ υἱοὶ τοῦ νυμφῶνος πενθεῖν ἐφ' **ὅσον** μετ' αὐτῶν ἐστιν ὁ νυμφίος;
13:44 καὶ ἀπὸ τῆς χαρᾶς αὐτοῦ ὑπάγει καὶ πωλεῖ πάντα **ὅσα** ἔχει καὶ ἀγοράζει τὸν ἀγρὸν ἐκεῖνον.
13:46 εὑρὼν δὲ ἕνα πολύτιμον μαργαρίτην ἀπελθὼν πέπρακεν πάντα **ὅσα** εἶχεν καὶ ἠγόρασεν αὐτόν.
14:36 καὶ παρεκάλουν αὐτὸν ἵνα μόνον ἅψωνται τοῦ κρασπέδου τοῦ ἱματίου αὐτοῦ· καὶ **ὅσοι** ἥψαντο διεσώθησαν.
17:12 καὶ οὐκ ἐπέγνωσαν αὐτὸν ἀλλὰ ἐποίησαν ἐν αὐτῷ **ὅσα** ἠθέλησαν·
18:18 **ὅσα** ἐὰν δήσητε ἐπὶ τῆς γῆς ἔσται δεδεμένα ἐν οὐρανῷ, καὶ **ὅσα** ἐὰν λύσητε ἐπὶ τῆς γῆς ἔσται λελυμένα ἐν οὐρανῷ.
18:25 μὴ ἔχοντος δὲ αὐτοῦ ἀποδοῦναι ἐκέλευσεν αὐτὸν ὁ κύριος πραθῆναι καὶ τὴν γυναῖκα καὶ τὰ τέκνα καὶ πάντα **ὅσα** ἔχει,
21:22 καὶ πάντα **ὅσα** ἂν αἰτήσητε ἐν τῇ προσευχῇ πιστεύοντες λήμψεσθε.
22: 9 πορεύεσθε οὖν ἐπὶ τὰς διεξόδους τῶν ὁδῶν καὶ **ὅσους** ἐὰν εὕρητε καλέσατε εἰς τοὺς γάμους.
23: 3 πάντα οὖν **ὅσα** ἐὰν εἴπωσιν ὑμῖν ποιήσατε καὶ τηρεῖτε,
25:40 ἐφ' **ὅσον** ἐποιήσατε ἑνὶ τούτων τῶν ἀδελφῶν μου τῶν ἐλαχίστων,
25:45 ἐφ' **ὅσον** οὐκ ἐποιήσατε ἑνὶ τούτων τῶν ἐλαχίστων,
28:20 διδάσκοντες αὐτοὺς τηρεῖν πάντα **ὅσα** ἐνετειλάμην ὑμῖν· καὶ ἰδοὺ ἐγὼ μεθ' ὑμῶν εἰμι πάσας τὰς ἡμέρας
Mk 2:19 **ὅσον** χρόνον ἔχουσιν τὸν νυμφίον μετ' αὐτῶν οὐ δύνανται νηστεύειν.
3: 8 πλῆθος πολὺ ἀκούοντες **ὅσα** ἐποίει ἦλθον πρὸς αὐτόν.
3:10 ὥστε ἐπιπίπτειν αὐτῷ ἵνα αὐτοῦ ἅψωνται **ὅσοι** εἶχον μάστιγας.

3:28 ὅτι πάντα ἀφεθήσεται τοῖς υἱοῖς τῶν ἀνθρώπων τὰ ἁμαρτήματα καὶ αἱ βλασφημίαι **ὅσα** ἐὰν βλασφημήσωσιν·
5:19 Ὕπαγε εἰς τὸν οἶκόν σου πρὸς τοὺς σοὺς καὶ ἀπάγγειλον αὐτοῖς **ὅσα** ὁ κύριός σοι πεποίηκεν καὶ ἠλέησέν σε.
5:20 καὶ ἀπῆλθεν καὶ ἤρξατο κηρύσσειν ἐν τῇ Δεκαπόλει **ὅσα** ἐποίησεν αὐτῷ ὁ Ἰησοῦς,
6:30 Καὶ συνάγονται οἱ ἀπόστολοι πρὸς τὸν Ἰησοῦν καὶ ἀπήγγειλαν αὐτῷ πάντα **ὅσα** ἐποίησαν καὶ **ὅσα** ἐδίδαξαν.
6:56 καὶ παρεκάλουν αὐτὸν ἵνα κἂν τοῦ κρασπέδου τοῦ ἱματίου αὐτοῦ ἅψωνται· καὶ **ὅσοι** ἂν ἥψαντο αὐτοῦ ἐσῴζοντο.
7:36 **ὅσον** δὲ αὐτοῖς διεστέλλετο, αὐτοὶ μᾶλλον περισσότερον ἐκήρυσσον.
9:13 καὶ ἐποίησαν αὐτῷ **ὅσα** ἤθελον, καθὼς γέγραπται ἐπ᾽ αὐτόν.
10:21 ὕπαγε, **ὅσα** ἔχεις πώλησον καὶ δὸς [τοῖς] πτωχοῖς,
11:24 πάντα **ὅσα** προσεύχεσθε καὶ αἰτεῖσθε, πιστεύετε ὅτι ἐλάβετε,
12:44 αὕτη δὲ ἐκ τῆς ὑστερήσεως αὐτῆς πάντα **ὅσα** εἶχεν ἔβαλεν ὅλον τὸν βίον αὐτῆς.

Lk 4:23 **ὅσα** ἠκούσαμεν γενόμενα εἰς τὴν Καφαρναοὺμ ποίησον καὶ ὧδε ἐν τῇ πατρίδι σου.
4:40 Δύνοντος δὲ τοῦ ἡλίου ἅπαντες **ὅσοι** εἶχον ἀσθενοῦντας νόσοις ποικίλαις ἤγαγον αὐτοὺς πρὸς αὐτόν·
8:39 Ὑπόστρεφε εἰς τὸν οἶκόν σου καὶ διηγοῦ **ὅσα** σοι ἐποίησεν ὁ θεός. καὶ ἀπῆλθεν καθ᾽ ὅλην τὴν πόλιν κηρύσσων **ὅσα** ἐποίησεν αὐτῷ ὁ Ἰησοῦς.
9:5 καὶ **ὅσοι** ἂν μὴ δέχωνται ὑμᾶς, ἐξερχόμενοι ἀπὸ τῆς πόλεως ἐκείνης τὸν κονιορτὸν ἀπὸ τῶν ποδῶν ὑμῶν ἀποτινάσσετε
9:10 ὑποστρέψαντες οἱ ἀπόστολοι διηγήσαντο αὐτῷ **ὅσα** ἐποίησαν.
11:8 διά γε τὴν ἀναίδειαν αὐτοῦ ἐγερθεὶς δώσει αὐτῷ **ὅσων** χρῄζει.
12:3 ἀνθ᾽ ὧν **ὅσα** ἐν τῇ σκοτίᾳ εἴπατε ἐν τῷ φωτὶ ἀκουσθήσεται,
18:12 νηστεύω δὶς τοῦ σαββάτου, ἀποδεκατῶ πάντα **ὅσα** κτῶμαι.
18:22 πάντα **ὅσα** ἔχεις πώλησον καὶ διάδος πτωχοῖς, καὶ ἕξεις θησαυρὸν ἐν [τοῖς] οὐρανοῖς,

Jn 1:12 **ὅσοι** δὲ ἔλαβον αὐτόν, ἔδωκεν αὐτοῖς ἐξουσίαν τέκνα θεοῦ γενέσθαι,
4:29 Δεῦτε ἴδετε ἄνθρωπον ὃς εἶπέν μοι πάντα **ὅσα** ἐποίησα,
4:45 ἐδέξαντο αὐτὸν οἱ Γαλιλαῖοι πάντα ἑωρακότες **ὅσα** ἐποίησεν ἐν Ἱεροσολύμοις ἐν τῇ ἑορτῇ,
6:11 ἔλαβεν οὖν τοὺς ἄρτους ὁ Ἰησοῦς καὶ εὐχαριστήσας διέδωκεν τοῖς ἀνακειμένοις ὁμοίως καὶ ἐκ τῶν ὀψαρίων **ὅσον** ἤθελον.
10:8 πάντες **ὅσοι** ἦλθον [πρὸ ἐμοῦ] κλέπται εἰσὶν καὶ λῃσταί,
10:41 πάντα δὲ **ὅσα** εἶπεν Ἰωάννης περὶ τούτου ἀληθῆ ἦν.
11:22 καὶ νῦν οἶδα ὅτι **ὅσα** ἂν αἰτήσῃ τὸν θεὸν δώσει σοι ὁ θεός.
16:13 ἀλλ᾽ **ὅσα** ἀκούσει λαλήσει καὶ τὰ ἐρχόμενα ἀναγγελεῖ ὑμῖν.
16:15 πάντα **ὅσα** ἔχει ὁ πατὴρ ἐμά ἐστιν· διὰ τοῦτο εἶπον ὅτι ἐκ τοῦ ἐμοῦ λαμβάνει καὶ ἀναγγελεῖ ὑμῖν.
17:7 νῦν ἔγνωκαν ὅτι πάντα **ὅσα** δέδωκάς μοι παρὰ σοῦ εἰσιν·

Ac 2:39 ὑμῖν γάρ ἐστιν ἡ ἐπαγγελία καὶ τοῖς τέκνοις ὑμῶν καὶ πᾶσιν τοῖς εἰς μακράν, **ὅσους** ἂν προσκαλέσηται κύριος ὁ θεὸς ἡμῶν.
3:22 αὐτοῦ ἀκούσεσθε κατὰ πάντα **ὅσα** ἂν λαλήσῃ πρὸς ὑμᾶς.
3:24 καὶ πάντες δὲ οἱ προφῆται ἀπὸ Σαμουὴλ καὶ τῶν καθεξῆς **ὅσοι** ἐλάλησαν καὶ κατήγγειλαν τὰς ἡμέρας ταύτας.
4:6 καὶ Ἅννας ὁ ἀρχιερεὺς καὶ Καϊάφας καὶ Ἰωάννης καὶ Ἀλέξανδρος καὶ **ὅσοι** ἦσαν ἐκ γένους ἀρχιερατικοῦ,
4:23 Ἀπολυθέντες δὲ ἦλθον πρὸς τοὺς ἰδίους καὶ ἀπήγγειλαν **ὅσα** πρὸς αὐτοὺς οἱ ἀρχιερεῖς καὶ οἱ πρεσβύτεροι εἶπαν.
4:28 ποιῆσαι **ὅσα** ἡ χείρ σου καὶ ἡ βουλή [σου] προώρισεν γενέσθαι.
4:34 **ὅσοι** γὰρ κτήτορες χωρίων ἢ οἰκιῶν ὑπῆρχον, πωλοῦντες ἔφερον τὰς τιμὰς τῶν πιπρασκομένων
5:36 καὶ πάντες **ὅσοι** ἐπείθοντο αὐτῷ διελύθησαν καὶ ἐγένοντο εἰς οὐδέν.
5:37 κἀκεῖνος ἀπώλετο καὶ πάντες **ὅσοι** ἐπείθοντο αὐτῷ διεσκορπίσθησαν.
9:13 ἤκουσα ἀπὸ πολλῶν περὶ τοῦ ἀνδρὸς τούτου **ὅσα** κακὰ τοῖς ἁγίοις σου ἐποίησεν ἐν Ἰερουσαλήμ·
9:16 ἐγὼ γὰρ ὑποδείξω αὐτῷ **ὅσα** δεῖ αὐτὸν ὑπὲρ τοῦ ὀνόματός μου παθεῖν.
9:39 πᾶσαι αἱ χῆραι κλαίουσαι καὶ ἐπιδεικνύμεναι χιτῶνας καὶ ἱμάτια **ὅσα** ἐποίει μετ᾽ αὐτῶν οὖσα ἡ Δορκάς.
10:45 ἐξέστησαν οἱ ἐκ περιτομῆς πιστοὶ **ὅσοι** συνῆλθαν τῷ Πέτρῳ,
13:48 ἀκούοντα δὲ τὰ ἔθνη ἔχαιρον καὶ ἐδόξαζον τὸν λόγον τοῦ κυρίου καὶ ἐπίστευσαν **ὅσοι** ἦσαν τεταγμένοι εἰς ζωὴν αἰώνιον·
14:27 παραγενόμενοι δὲ καὶ συναγαγόντες τὴν ἐκκλησίαν ἀνήγγελλον **ὅσα** ἐποίησεν ὁ θεὸς μετ᾽ αὐτῶν
15:4 ἀνήγγειλάν τε **ὅσα** ὁ θεὸς ἐποίησεν μετ᾽ αὐτῶν.
15:12 καὶ ἤκουον Βαρναβᾶ καὶ Παύλου ἐξηγουμένων **ὅσα** ἐποίησεν ὁ θεὸς σημεῖα καὶ τέρατα ἐν τοῖς ἔθνεσιν δι᾽ αὐτῶν.

Ro 2:12 **ὅσοι** γὰρ ἀνόμως ἥμαρτον, ἀνόμως καὶ ἀπολοῦνται, καὶ **ὅσοι** ἐν νόμῳ ἥμαρτον, διὰ νόμου κριθήσονται·
3:19 Οἴδαμεν δὲ ὅτι **ὅσα** ὁ νόμος λέγει τοῖς ἐν τῷ νόμῳ λαλεῖ,
6:3 ἢ ἀγνοεῖτε ὅτι, **ὅσοι** ἐβαπτίσθημεν εἰς Χριστὸν Ἰησοῦν,
7:1 ὅτι ὁ νόμος κυριεύει τοῦ ἀνθρώπου ἐφ᾽ **ὅσον** χρόνον ζῇ;
8:14 **ὅσοι** γὰρ πνεύματι θεοῦ ἄγονται, οὗτοι υἱοὶ θεοῦ εἰσιν.
11:13 ἐφ᾽ **ὅσον** μὲν οὖν εἰμι ἐγὼ ἐθνῶν ἀπόστολος,
15:4 **ὅσα** γὰρ προεγράφη, εἰς τὴν ἡμετέραν διδασκαλίαν ἐγράφη,

1Co 7:39 Γυνὴ δέδεται ἐφ᾽ **ὅσον** χρόνον ζῇ ὁ ἀνὴρ αὐτῆς·

2Co 1:20 **ὅσαι** γὰρ ἐπαγγελίαι θεοῦ, ἐν αὐτῷ τὸ Ναί·

Gal 3:10 **ὅσοι** γὰρ ἐξ ἔργων νόμου εἰσίν, ὑπὸ κατάραν εἰσίν·
3:27 **ὅσοι** γὰρ εἰς Χριστὸν ἐβαπτίσθητε, Χριστὸν ἐνεδύσασθε.
4:1 Λέγω δέ, ἐφ᾽ **ὅσον** χρόνον ὁ κληρονόμος νήπιός ἐστιν,
6:12 **ὅσοι** θέλουσιν εὐπροσωπῆσαι ἐν σαρκί, οὗτοι ἀναγκάζουσιν ὑμᾶς περιτέμνεσθαι,
6:16 καὶ **ὅσοι** τῷ κανόνι τούτῳ στοιχήσουσιν, εἰρήνη ἐπ᾽ αὐτοὺς καὶ ἔλεος καὶ ἐπὶ τὸν Ἰσραὴλ τοῦ θεοῦ.

Php 3:15 **Ὅσοι** οὖν τέλειοι, τοῦτο φρονῶμεν· καὶ εἴ τι ἑτέρως φρονεῖτε,
4:8 ἀδελφοί, **ὅσα** ἐστὶν ἀληθῆ, **ὅσα** σεμνά, **ὅσα** δίκαια, **ὅσα** ἁγνά, **ὅσα** προσφιλῆ, **ὅσα** εὔφημα,

Col 2:1 Θέλω γὰρ ὑμᾶς εἰδέναι ἡλίκον ἀγῶνα ἔχω ὑπὲρ ὑμῶν καὶ τῶν ἐν Λαοδικείᾳ καὶ **ὅσοι** οὐχ ἑόρακαν τὸ πρόσωπόν μου ἐν σαρκί,

1Ti 6:1 **Ὅσοι** εἰσὶν ὑπὸ ζυγὸν δοῦλοι, τοὺς ἰδίους δεσπότας πάσης τιμῆς ἀξίους ἡγείσθωσαν,

2Ti 1:18 καὶ **ὅσα** ἐν Ἐφέσῳ διηκόνησεν, βέλτιον σὺ γινώσκεις.

Heb 1:4 τοσούτῳ κρείττων γενόμενος τῶν ἀγγέλων **ὅσῳ** διαφορώτερον παρ᾽ αὐτοὺς κεκληρονόμηκεν ὄνομα.
2:15 **ὅσοι** φόβῳ θανάτου διὰ παντὸς τοῦ ζῆν ἔνοχοι ἦσαν δουλείας.
3:3 καθ᾽ **ὅσον** πλείονα τιμὴν ἔχει τοῦ οἴκου ὁ κατασκευάσας αὐτόν·
7:20 Καὶ καθ᾽ **ὅσον** οὐ χωρὶς ὁρκωμοσίας· οἱ μὲν γὰρ χωρὶς ὁρκωμοσίας εἰσὶν ἱερεῖς γεγονότες,
8:6 **ὅσῳ** καὶ κρείττονός ἐστιν διαθήκης μεσίτης, ἥτις ἐπὶ κρείττοσιν ἐπαγγελίαις νενομοθέτηται.
9:27 καὶ καθ᾽ **ὅσον** ἀπόκειται τοῖς ἀνθρώποις ἅπαξ ἀποθανεῖν,
10:25 καὶ τοσούτῳ μᾶλλον **ὅσῳ** βλέπετε ἐγγίζουσαν τὴν ἡμέραν.
10:37 ἔτι γὰρ μικρὸν **ὅσον ὅσον**, ὁ ἐρχόμενος ἥξει καὶ οὐ χρονίσει·

2Pe 1:13 δίκαιον δὲ ἡγοῦμαι, ἐφ᾽ **ὅσον** εἰμὶ ἐν τούτῳ τῷ σκηνώματι,

Jude 1:10 οὗτοι δὲ **ὅσα** μὲν οὐκ οἴδασιν βλασφημοῦσιν, ὅσα δὲ φυσικῶς ὡς τὰ ἄλογα ζῷα ἐπίστανται, **ὅσα** δὲ φυσικῶς ὡς τὰ ἄλογα ζῷα ἐπίστανται,

Rev 1:2 ὃς ἐμαρτύρησεν τὸν λόγον τοῦ θεοῦ καὶ τὴν μαρτυρίαν Ἰησοῦ Χριστοῦ **ὅσα** εἶδεν.
2:24 ὑμῖν δὲ λέγω τοῖς λοιποῖς τοῖς ἐν Θυατείροις, **ὅσοι** οὐκ ἔχουσιν τὴν διδαχὴν ταύτην,
3:19 ἐγὼ **ὅσους** ἐὰν φιλῶ ἐλέγχω καὶ παιδεύω· ζήλευε οὖν καὶ μετανόησον.
13:15 ἵνα καὶ λαλήσῃ ἡ εἰκὼν τοῦ θηρίου καὶ ποιήσῃ [ἵνα] **ὅσοι** ἐὰν μὴ προσκυνήσωσιν τῇ εἰκόνι τοῦ θηρίου ἀποκτανθῶσιν.
18:7 **ὅσα** ἐδόξασεν αὐτὴν καὶ ἐστρηνίασεν, τοσοῦτον δότε αὐτῇ βασανισμὸν καὶ πένθος.
18:17 Καὶ πᾶς κυβερνήτης καὶ πᾶς ὁ ἐπὶ τόπον πλέων καὶ ναῦται καὶ **ὅσοι** τὴν θάλασσαν ἐργάζονται,
21:16 καὶ ἡ πόλις τετράγωνος κεῖται καὶ τὸ μῆκος αὐτῆς **ὅσον** [καὶ] τὸ πλάτος.

4013 ὅσπερ Not used in UBS/NIV

√ *4005 + 4302*

4014 ὀστέον [4]

→ *4016*

Mt 23:27 ἔσωθεν δὲ γέμουσιν **ὀστέων** νεκρῶν καὶ πάσης ἀκαθαρσίας.

Lk 24:39 ὅτι πνεῦμα σάρκα καὶ **ὀστέα** οὐκ ἔχει καθὼς ἐμὲ θεωρεῖτε ἔχοντα.

Jn 19:36 ἐγένετο γὰρ ταῦτα ἵνα ἡ γραφὴ πληρωθῇ, **Ὀστοῦν** οὐ συντριβήσεται αὐτοῦ.

Heb 11:22 Πίστει Ἰωσὴφ τελευτῶν περὶ τῆς ἐξόδου τῶν υἱῶν Ἰσραὴλ ἐμνημόνευσεν καὶ περὶ τῶν **ὀστέων** αὐτοῦ ἐνετείλατο.

4015 ὅστις [144]

√ *4005 + 5516*

ἕως ὅτου [5] Mt 5:25; Lk 12:50; 13:8; 22:16; Jn 9:18

ὅστις ἄν [2] Mt 10:33; 12:50

ὅστις ἐάν [3] Jn 21:25; Ac 3:23; Gal 5:10

τοιοῦτος ... ὅστις [1] 1Co 5:1

Mt 2: 6 ἐκ σοῦ γὰρ ἐξελεύσεται ἡγούμενος, **ὅστις** ποιμανεῖ τὸν λαόν μου τὸν Ἰσραήλ.
5:25 ἕως **ὅτου** εἶ μετ᾽ αὐτοῦ ἐν τῇ ὁδῷ,
5:39 ἀλλ᾽ **ὅστις** σε ῥαπίζει εἰς τὴν δεξιὰν σιαγόνα [σου,]
5:41 καὶ **ὅστις** σε ἀγγαρεύσει μίλιον ἕν, ὕπαγε μετ᾽ αὐτοῦ δύο.
7:15 Προσέχετε ἀπὸ τῶν ψευδοπροφητῶν, **οἵτινες** ἔρχονται πρὸς ὑμᾶς ἐν ἐνδύμασιν προβάτων,
7:24 Πᾶς οὖν **ὅστις** ἀκούει μου τοὺς λόγους τούτους καὶ ποιεῖ αὐτούς, ὁμοιωθήσεται ἀνδρὶ φρονίμῳ, **ὅστις** ᾠκοδόμησεν αὐτοῦ τὴν οἰκίαν ἐπὶ τὴν πέτραν·
7:26 **ὅστις** ᾠκοδόμησεν αὐτοῦ τὴν οἰκίαν ἐπὶ τὴν ἄμμον·
10:32 Πᾶς οὖν **ὅστις** ὁμολογήσει ἐν ἐμοὶ ἔμπροσθεν τῶν ἀνθρώπων,
10:33 **ὅστις** δ᾽ ἂν ἀρνήσηταί με ἔμπροσθεν τῶν ἀνθρώπων,
12:50 **ὅστις** γὰρ ἂν ποιήσῃ τὸ θέλημα τοῦ πατρός μου τοῦ ἐν οὐρανοῖς αὐτός μου ἀδελφὸς καὶ ἀδελφὴ καὶ μήτηρ ἐστίν.
13:12 **ὅστις** γὰρ ἔχει, δοθήσεται αὐτῷ καὶ περισσευθήσεται· **ὅστις** δὲ οὐκ ἔχει, καὶ ὃ ἔχει ἀρθήσεται ἀπ᾽ αὐτοῦ.
13:52 **ὅστις** ἐκβάλλει ἐκ τοῦ θησαυροῦ αὐτοῦ καινὰ καὶ παλαιά.
16:28 ἀμὴν λέγω ὑμῖν ὅτι εἰσίν τινες τῶν ὧδε ἑστώτων **οἵτινες** οὐ μὴ γεύσωνται θανάτου ἕως ἂν ἴδωσιν τὸν υἱὸν τοῦ ἀνθρώπου ἐρχόμενον ἐν τῇ βασιλείᾳ αὐτοῦ.
18: 4 **ὅστις** οὖν ταπεινώσει ἑαυτὸν ὡς τὸ παιδίον τοῦτο,
19:12 εἰσὶν γὰρ εὐνοῦχοι **οἵτινες** ἐκ κοιλίας μητρὸς ἐγεννήθησαν οὕτως, καὶ εἰσὶν εὐνοῦχοι **οἵτινες** εὐνουχίσθησαν ὑπὸ τῶν ἀνθρώπων, καὶ εἰσὶν εὐνοῦχοι **οἵτινες** εὐνούχισαν ἑαυτοὺς διὰ τὴν βασιλείαν τῶν οὐρανῶν.
19:29 καὶ πᾶς **ὅστις** ἀφῆκεν οἰκίας ἢ ἀδελφοὺς ἢ ἀδελφὰς ἢ πατέρα ἢ μητέρα ἢ τέκνα ἢ ἀγροὺς ἕνεκεν τοῦ ὀνόματός μου,
20: 1 **ὅστις** ἐξῆλθεν ἅμα πρωῒ μισθώσασθαι ἐργάτας εἰς τὸν ἀμπελῶνα αὐτοῦ.
21:33 Ἄνθρωπος ἦν οἰκοδεσπότης **ὅστις** ἐφύτευσεν ἀμπελῶνα καὶ φραγμὸν αὐτῷ περιέθηκεν καὶ ὤρυξεν ἐν αὐτῷ ληνὸν
21:41 **οἵτινες** ἀποδώσουσιν αὐτῷ τοὺς καρποὺς ἐν τοῖς καιροῖς αὐτῶν.
22: 2 Ὡμοιώθη ἡ βασιλεία τῶν οὐρανῶν ἀνθρώπῳ βασιλεῖ, **ὅστις** ἐποίησεν γάμους τῷ υἱῷ αὐτοῦ.
23:12 **ὅστις** δὲ ὑψώσει ἑαυτὸν ταπεινωθήσεται καὶ **ὅστις** ταπεινώσει ἑαυτὸν ὑψωθήσεται.
23:27 ὅτι παρομοιάζετε τάφοις κεκονιαμένοις, **οἵτινες** ἔξωθεν μὲν φαίνονται ὡραῖοι,
25: 1 **αἵτινες** λαβοῦσαι τὰς λαμπάδας ἑαυτῶν ἐξῆλθον εἰς ὑπάντησιν τοῦ νυμφίου.
27:55 **αἵτινες** ἠκολούθησαν τῷ Ἰησοῦ ἀπὸ τῆς Γαλιλαίας διακονοῦσαι αὐτῷ·
27:62 Τῇ δὲ ἐπαύριον, **ἥτις** ἐστὶν μετὰ τὴν παρασκευήν,
Mk 4:20 **οἵτινες** ἀκούουσιν τὸν λόγον καὶ παραδέχονται καὶ καρποφοροῦσιν ἓν τριάκοντα καὶ ἓν ἑξήκοντα καὶ ἓν ἑκατόν.
9: 1 τινες ὧδε τῶν ἑστηκότων **οἵτινες** οὐ μὴ γεύσωνται θανάτου ἕως ἂν ἴδωσιν τὴν βασιλείαν τοῦ θεοῦ ἐληλυθυῖαν ἐν δυνάμει.
12:18 **οἵτινες** λέγουσιν ἀνάστασιν μὴ εἶναι, καὶ ἐπηρώτων αὐτὸν
15: 7 ἦν δὲ ὁ λεγόμενος Βαραββᾶς μετὰ τῶν στασιαστῶν δεδεμένος **οἵτινες** ἐν τῇ στάσει φόνον πεποιήκεισαν.
Lk 1:20 ἀνθ᾽ ὧν οὐκ ἐπίστευσας τοῖς λόγοις μου, **οἵτινες** πληρωθήσονται εἰς τὸν καιρὸν αὐτῶν.
2: 4 Ἀνέβη δὲ καὶ Ἰωσὴφ ἀπὸ τῆς Γαλιλαίας ἐκ πόλεως Ναζαρὲθ εἰς τὴν Ἰουδαίαν εἰς πόλιν Δαυὶδ **ἥτις** καλεῖται Βηθλέεμ,
2:10 ἰδοὺ γὰρ εὐαγγελίζομαι ὑμῖν χαρὰν μεγάλην **ἥτις** ἔσται παντὶ τῷ λαῷ,
7:37 καὶ ἰδοὺ γυνὴ **ἥτις** ἦν ἐν τῇ πόλει ἁμαρτωλός,
7:39 ἐγίνωσκεν ἂν τίς καὶ ποταπὴ ἡ γυνὴ **ἥτις** ἅπτεται αὐτοῦ,
8: 3 καὶ Ἰωάννα γυνὴ Χουζᾶ ἐπιτρόπου Ἡρῴδου καὶ Σουσάννα καὶ ἕτεραι πολλαί, **αἵτινες** διηκόνουν αὐτοῖς ἐκ τῶν ὑπαρχόντων
8:15 οὗτοί εἰσιν **οἵτινες** ἐν καρδίᾳ καλῇ καὶ ἀγαθῇ ἀκούσαντες τὸν λόγον κατέχουσιν καὶ καρποφοροῦσιν ἐν ὑπομονῇ.
8:26 Καὶ κατέπλευσαν εἰς τὴν χώραν τῶν Γερασηνῶν, **ἥτις** ἐστὶν ἀντιπέρα τῆς Γαλιλαίας.
8:43 **ἥτις** [ἰατροῖς προσαναλώσασα ὅλον τὸν βίον] οὐκ ἴσχυσεν ἀπ᾽ οὐδενὸς θεραπευθῆναι,
9:30 καὶ ἰδοὺ ἄνδρες δύο συνελάλουν αὐτῷ, **οἵτινες** ἦσαν Μωϋσῆς καὶ Ἠλίας,
10:42 Μαριὰμ γὰρ τὴν ἀγαθὴν μερίδα ἐξελέξατο **ἥτις** οὐκ ἀφαιρεθήσεται αὐτῆς.
12: 1 Προσέχετε ἑαυτοῖς ἀπὸ τῆς ζύμης, **ἥτις** ἐστὶν ὑπόκρισις, τῶν Φαρισαίων.
12:50 βάπτισμα δὲ ἔχω βαπτισθῆναι, καὶ πῶς συνέχομαι ἕως **ὅτου** τελεσθῇ.
13: 8 ἕως **ὅτου** σκάψω περὶ αὐτὴν καὶ βάλω κόπρια,
14:15 Μακάριος **ὅστις** φάγεται ἄρτον ἐν τῇ βασιλείᾳ τοῦ θεοῦ.
14:27 **ὅστις** οὐ βαστάζει τὸν σταυρὸν ἑαυτοῦ καὶ ἔρχεται ὀπίσω μου,
15: 7 λέγω ὑμῖν ὅτι οὕτως χαρὰ ἐν τῷ οὐρανῷ ἔσται ἐπὶ ἑνὶ ἁμαρτωλῷ μετανοοῦντι ἢ ἐπὶ ἐνενήκοντα ἐννέα δικαίοις **οἵτινες** οὐ χρείαν ἔχουσιν μετανοίας.
22:16 λέγω γὰρ ὑμῖν ὅτι οὐ μὴ φάγω αὐτὸ ἕως **ὅτου** πληρωθῇ ἐν τῇ βασιλείᾳ τοῦ θεοῦ.
23:19 **ὅστις** ἦν διὰ στάσιν τινὰ γενομένην ἐν τῇ πόλει καὶ φόνον βληθεὶς ἐν τῇ φυλακῇ.
23:55 Κατακολουθήσασαι δὲ αἱ γυναῖκες, **αἵτινες** ἦσαν συνεληλυθυῖαι ἐκ τῆς Γαλιλαίας αὐτῷ,
Jn 8:53 μὴ σὺ μείζων εἶ τοῦ πατρὸς ἡμῶν Ἀβραάμ, **ὅστις** ἀπέθανεν;
9:18 Οὐκ ἐπίστευσαν οὖν οἱ Ἰουδαῖοι περὶ αὐτοῦ ὅτι ἦν τυφλὸς καὶ ἀνέβλεψεν ἕως **ὅτου** ἐφώνησαν τοὺς γονεῖς αὐτοῦ
21:25 **ἅτινα** ἐὰν γράφηται καθ᾽ ἕν, οὐδ᾽ αὐτὸν οἶμαι τὸν κόσμον χωρῆσαι τὰ γραφόμενα βιβλία.
Ac 3:23 ἔσται δὲ πᾶσα ψυχὴ **ἥτις** ἐὰν μὴ ἀκούσῃ τοῦ προφήτου ἐκείνου ἐξολεθρευθήσεται ἐκ τοῦ λαοῦ.
5:16 φέροντες ἀσθενεῖς καὶ ὀχλουμένους ὑπὸ πνευμάτων ἀκαθάρτων, **οἵτινες** ἐθεραπεύοντο ἅπαντες.
7:53 **οἵτινες** ἐλάβετε τὸν νόμον εἰς διαταγὰς ἀγγέλων καὶ οὐκ ἐφυλάξατε.
8:15 **οἵτινες** καταβάντες προσηύξαντο περὶ αὐτῶν ὅπως λάβωσιν πνεῦμα ἅγιον·
9:35 καὶ εἶδαν αὐτὸν πάντες οἱ κατοικοῦντες Λύδδα καὶ τὸν Σαρῶνα, **οἵτινες** ἐπέστρεψαν ἐπὶ τὸν κύριον.
10:41 **οἵτινες** συνεφάγομεν καὶ συνεπίομεν αὐτῷ μετὰ τὸ ἀναστῆναι αὐτὸν ἐκ νεκρῶν·
10:47 **οἵτινες** τὸ πνεῦμα τὸ ἅγιον ἔλαβον ὡς καὶ ἡμεῖς;
11:20 **οἵτινες** ἐλθόντες εἰς Ἀντιόχειαν ἐλάλουν καὶ πρὸς τοὺς Ἑλληνιστὰς εὐαγγελιζόμενοι τὸν κύριον Ἰησοῦν.
11:28 Ἅγαβος ἐσήμανεν διὰ τοῦ πνεύματος λιμὸν μεγάλην μέλλειν ἔσεσθαι ἐφ᾽ ὅλην τὴν οἰκουμένην, **ἥτις** ἐγένετο ἐπὶ Κλαυδίου.
12:10 **ἥτις** αὐτομάτη ἠνοίγη αὐτοῖς καὶ ἐξελθόντες προῆλθον ῥύμην μίαν,
13:31 **οἵτινες** [νῦν] εἰσιν μάρτυρες αὐτοῦ πρὸς τὸν λαόν.
13:43 **οἵτινες** προσλαλοῦντες αὐτοῖς ἔπειθον αὐτοὺς προσμένειν τῇ χάριτι τοῦ θεοῦ.
16:12 **ἥτις** ἐστὶν πρώτη[ς] μερίδος τῆς Μακεδονίας πόλις, κολωνία.
16:16 **ἥτις** ἐργασίαν πολλὴν παρεῖχεν τοῖς κυρίοις αὐτῆς μαντευομένη.
16:17 Οὗτοι οἱ ἄνθρωποι δοῦλοι τοῦ θεοῦ τοῦ ὑψίστου εἰσίν, **οἵτινες** καταγγέλλουσιν ὑμῖν ὁδὸν σωτηρίας.
17:10 **οἵτινες** παραγενόμενοι εἰς τὴν συναγωγὴν τῶν Ἰουδαίων ἀπῄεσαν.
17:11 **οἵτινες** ἐδέξαντο τὸν λόγον μετὰ πάσης προθυμίας καθ᾽ ἡμέραν ἀνακρίνοντες τὰς γραφὰς εἰ ἔχοι ταῦτα οὕτως.
21: 4 **οἵτινες** τῷ Παύλῳ ἔλεγον διὰ τοῦ πνεύματος μὴ ἐπιβαίνειν εἰς Ἱεροσόλυμα.
23:14 **οἵτινες** προσελθόντες τοῖς ἀρχιερεῦσιν καὶ τοῖς πρεσβυτέροις εἶπαν,
23:21 **οἵτινες** ἀνεθεμάτισαν ἑαυτοὺς μήτε φαγεῖν μήτε πιεῖν ἕως οὗ ἀνέλωσιν αὐτόν,
23:33 **οἵτινες** εἰσελθόντες εἰς τὴν Καισάρειαν καὶ ἀναδόντες τὴν ἐπιστολὴν τῷ ἡγεμόνι παρέστησαν καὶ τὸν Παῦλον αὐτῷ.
24: 1 Ἁνανίας μετὰ πρεσβυτέρων τινῶν καὶ ῥήτορος Τερτύλλου τινός, **οἵτινες** ἐνεφάνισαν τῷ ἡγεμόνι κατὰ τοῦ Παύλου.
28:18 **οἵτινες** ἀνακρίναντές με ἐβούλοντο ἀπολῦσαι διὰ τὸ μηδεμίαν αἰτίαν θανάτου ὑπάρχειν ἐν ἐμοί.
Ro 1:25 **οἵτινες** μετήλλαξαν τὴν ἀλήθειαν τοῦ θεοῦ ἐν τῷ ψεύδει καὶ ἐσεβάσθησαν καὶ ἐλάτρευσαν τῇ κτίσει παρὰ τὸν κτίσαντα,
1:32 **οἵτινες** τὸ δικαίωμα τοῦ θεοῦ ἐπιγνόντες ὅτι οἱ τὰ τοιαῦτα πράσσοντες ἄξιοι θανάτου εἰσίν,
2:15 **οἵτινες** ἐνδείκνυνται τὸ ἔργον τοῦ νόμου γραπτὸν ἐν ταῖς καρδίαις αὐτῶν,
6: 2 **οἵτινες** ἀπεθάνομεν τῇ ἁμαρτίᾳ, πῶς ἔτι ζήσομεν ἐν αὐτῇ;
9: 4 **οἵτινές** εἰσιν Ἰσραηλῖται, ὧν ἡ υἱοθεσία καὶ ἡ δόξα καὶ αἱ διαθῆκαι καὶ ἡ νομοθεσία καὶ ἡ λατρεία καὶ αἱ ἐπαγγελίαι,
11: 4 Κατέλιπον ἐμαυτῷ ἑπτακισχιλίους ἄνδρας, **οἵτινες** οὐκ ἔκαμψαν γόνυ τῇ Βάαλ.
16: 4 **οἵτινες** ὑπὲρ τῆς ψυχῆς μου τὸν ἑαυτῶν τράχηλον ὑπέθηκαν,

16: 6 ἀσπάσασθε Μαρίαν, **ἥτις** πολλὰ ἐκοπίασεν εἰς ὑμᾶς.
16: 7 **οἵτινές** εἰσιν ἐπίσημοι ἐν τοῖς ἀποστόλοις, οἳ καὶ πρὸ ἐμοῦ γέγοναν ἐν Χριστῷ.
16:12 ἀσπάσασθε Περσίδα τὴν ἀγαπητήν, **ἥτις** πολλὰ ἐκοπίασεν ἐν κυρίῳ.
1Co 3:17 ὁ γὰρ ναὸς τοῦ θεοῦ ἅγιός ἐστιν, **οἵτινές** ἐστε ὑμεῖς.
5: 1 καὶ τοιαύτη πορνεία **ἥτις** οὐδὲ ἐν τοῖς ἔθνεσιν,
2Co 8:10 **οἵτινες** οὐ μόνον τὸ ποιῆσαι ἀλλὰ καὶ τὸ θέλειν προενήρξασθε ἀπὸ πέρυσι·
9:11 ἐν παντὶ πλουτιζόμενοι εἰς πᾶσαν ἁπλότητα, **ἥτις** κατεργάζεται δι᾽ ἡμῶν εὐχαριστίαν τῷ θεῷ·
Gal 2: 4 **οἵτινες** παρεισῆλθον κατασκοπῆσαι τὴν ἐλευθερίαν ἡμῶν ἣν ἔχομεν ἐν Χριστῷ Ἰησοῦ,
4:24 **ἅτινά** ἐστιν ἀλληγορούμενα· αὗται γάρ εἰσιν δύο διαθῆκαι, μία μὲν ἀπὸ ὄρους Σινᾶ εἰς δουλείαν γεννῶσα, **ἥτις** ἐστὶν Ἁγάρ.
4:26 ἡ δὲ ἄνω Ἰερουσαλὴμ ἐλευθέρα ἐστίν, **ἥτις** ἐστὶν μήτηρ ἡμῶν·
5: 4 κατηργήθητε ἀπὸ Χριστοῦ, **οἵτινες** ἐν νόμῳ δικαιοῦσθε, τῆς χάριτος ἐξεπέσατε.
5:10 ὁ δὲ ταράσσων ὑμᾶς βαστάσει τὸ κρίμα, **ὅστις** ἐὰν ᾖ.
5:19 φανερὰ δέ ἐστιν τὰ ἔργα τῆς σαρκός, **ἅτινά** ἐστιν πορνεία, ἀκαθαρσία, ἀσέλγεια,
Eph 1:23 **ἥτις** ἐστὶν τὸ σῶμα αὐτοῦ, τὸ πλήρωμα τοῦ τὰ πάντα ἐν πᾶσιν πληρουμένου.
3:13 διὸ αἰτοῦμαι μὴ ἐγκακεῖν ἐν ταῖς θλίψεσίν μου ὑπὲρ ὑμῶν, **ἥτις** ἐστὶν δόξα ὑμῶν.
4:19 **οἵτινες** ἀπηλγηκότες ἑαυτοὺς παρέδωκαν τῇ ἀσελγείᾳ εἰς ἐργασίαν ἀκαθαρσίας πάσης ἐν πλεονεξίᾳ.
6: 2 τίμα τὸν πατέρα σου καὶ τὴν μητέρα, **ἥτις** ἐστὶν ἐντολὴ πρώτη ἐν ἐπαγγελίᾳ,
Php 1:28 **ἥτις** ἐστὶν αὐτοῖς ἔνδειξις ἀπωλείας, ὑμῶν δὲ σωτηρίας,
2:20 οὐδένα γὰρ ἔχω ἰσόψυχον, **ὅστις** γνησίως τὰ περὶ ὑμῶν μεριμνήσει·
3: 7 [ἀλλὰ] **ἅτινα** ἦν μοι κέρδη, ταῦτα ἥγημαι διὰ τὸν Χριστὸν ζημίαν.
4: 3 **αἵτινες** ἐν τῷ εὐαγγελίῳ συνήθλησάν μοι μετὰ καὶ Κλήμεντος καὶ τῶν λοιπῶν συνεργῶν μου,
Col 2:23 **ἅτινά** ἐστιν λόγον μὲν ἔχοντα σοφίας ἐν ἐθελοθρησκίᾳ καὶ ταπεινοφροσύνῃ [καὶ] ἀφειδίᾳ σώματος,
3: 5 πορνείαν ἀκαθαρσίαν πάθος ἐπιθυμίαν κακήν, καὶ τὴν πλεονεξίαν, **ἥτις** ἐστὶν εἰδωλολατρία,
4:11 οὗτοι μόνοι συνεργοὶ εἰς τὴν βασιλείαν τοῦ θεοῦ, **οἵτινες** ἐγενήθησάν μοι παρηγορία.
2Th 1: 9 **οἵτινες** δίκην τίσουσιν ὄλεθρον αἰώνιον ἀπὸ προσώπου τοῦ κυρίου καὶ ἀπὸ τῆς δόξης τῆς ἰσχύος αὐτοῦ,
1Ti 1: 4 **αἵτινες** ἐκζητήσεις παρέχουσιν μᾶλλον ἢ οἰκονομίαν θεοῦ τὴν ἐν πίστει.
3:15 **ἥτις** ἐστὶν ἐκκλησία θεοῦ ζῶντος, στῦλος καὶ ἑδραίωμα τῆς ἀληθείας.
6: 9 **αἵτινες** βυθίζουσιν τοὺς ἀνθρώπους εἰς ὄλεθρον καὶ ἀπώλειαν.
2Ti 1: 5 **ἥτις** ἐνῴκησεν πρῶτον ἐν τῇ μάμμῃ σου Λωΐδι καὶ τῇ μητρί σου Εὐνίκῃ,
2: 2 ταῦτα παράθου πιστοῖς ἀνθρώποις, **οἵτινες** ἱκανοὶ ἔσονται καὶ ἑτέρους διδάξαι.
2:18 **οἵτινες** περὶ τὴν ἀλήθειαν ἠστόχησαν, λέγοντες [τὴν] ἀνάστασιν ἤδη γεγονέναι,
Tit 1:11 **οἵτινες** ὅλους οἴκους ἀνατρέπουσιν διδάσκοντες ἃ μὴ δεῖ αἰσχροῦ κέρδους χάριν.
Heb 2: 3 **ἥτις** ἀρχὴν λαβοῦσα λαλεῖσθαι διὰ τοῦ κυρίου ὑπὸ τῶν ἀκουσάντων εἰς ἡμᾶς ἐβεβαιώθη,
8: 5 **οἵτινες** ὑποδείγματι καὶ σκιᾷ λατρεύουσιν τῶν ἐπουρανίων, καθὼς κεχρημάτισται Μωϋσῆς μέλλων ἐπιτελεῖν τὴν σκηνήν,
8: 6 ὅσῳ καὶ κρείττονός ἐστιν διαθήκης μεσίτης, **ἥτις** ἐπὶ κρείττοσιν ἐπαγγελίαις νενομοθέτηται.
9: 2 σκηνὴ γὰρ κατεσκευάσθη ἡ πρώτη ἐν ᾗ ἥ τε λυχνία καὶ ἡ τράπεζα καὶ ἡ πρόθεσις τῶν ἄρτων, **ἥτις** λέγεται Ἅγια·
9: 9 **ἥτις** παραβολὴ εἰς τὸν καιρὸν τὸν ἐνεστηκότα, καθ᾽ ἣν δῶρά τε καὶ θυσίαι προσφέρονται μὴ δυνάμεναι κατὰ συνείδησιν τελειῶσαι τὸν λατρεύοντα,
10: 8 καὶ προσφορὰς καὶ ὁλοκαυτώματα καὶ περὶ ἁμαρτίας οὐκ ἠθέλησας οὐδὲ εὐδόκησας, **αἵτινες** κατὰ νόμον προσφέρονται,
10:11 καθ᾽ ἡμέραν λειτουργῶν καὶ τὰς αὐτὰς πολλάκις προσφέρων θυσίας, **αἵτινες** οὐδέποτε δύνανται περιελεῖν ἁμαρτίας,
10:35 μὴ ἀποβάλητε οὖν τὴν παρρησίαν ὑμῶν, **ἥτις** ἔχει μεγάλην μισθαποδοσίαν.
12: 5 καὶ ἐκλέλησθε τῆς παρακλήσεως, **ἥτις** ὑμῖν ὡς υἱοῖς διαλέγεται, Υἱέ μου,
13: 7 Μνημονεύετε τῶν ἡγουμένων ὑμῶν, **οἵτινες** ἐλάλησαν ὑμῖν τὸν λόγον τοῦ θεοῦ,
Jas 2:10 **ὅστις** γὰρ ὅλον τὸν νόμον τηρήσῃ πταίσῃ δὲ ἐν ἑνί,
4:14 **οἵτινες** οὐκ ἐπίστασθε τὸ τῆς αὔριον ποία ἡ ζωὴ ὑμῶν·
1Pe 2:11 παρακαλῶ ὡς παροίκους καὶ παρεπιδήμους ἀπέχεσθαι τῶν σαρκικῶν ἐπιθυμιῶν **αἵτινες** στρατεύονται κατὰ τῆς ψυχῆς·
2Pe 2: 1 **οἵτινες** παρεισάξουσιν αἱρέσεις ἀπωλείας καὶ τὸν ἀγοράσαντα αὐτοὺς δεσπότην ἀρνούμενοι.
1Jn 1: 2 ἑωράκαμεν καὶ μαρτυροῦμεν καὶ ἀπαγγέλλομεν ὑμῖν τὴν ζωὴν τὴν αἰώνιον **ἥτις** ἦν πρὸς τὸν πατέρα καὶ ἐφανερώθη ἡμῖν–
Rev 1: 7 καὶ ὄψεται αὐτὸν πᾶς ὀφθαλμὸς καὶ **οἵτινες** αὐτὸν ἐξεκέντησαν,
1:12 Καὶ ἐπέστρεψα βλέπειν τὴν φωνὴν **ἥτις** ἐλάλει μετ᾽ ἐμοῦ,
2:24 **οἵτινες** οὐκ ἔγνωσαν τὰ βαθέα τοῦ Σατανᾶ ὡς λέγουσιν·
9: 4 εἰ μὴ τοὺς ἀνθρώπους **οἵτινες** οὐκ ἔχουσι τὴν σφραγῖδα τοῦ θεοῦ ἐπὶ τῶν μετώπων.
11: 8 **ἥτις** καλεῖται πνευματικῶς Σόδομα καὶ Αἴγυπτος, ὅπου καὶ ὁ κύριος αὐτῶν ἐσταυρώθη.
12:13 Καὶ ὅτε εἶδεν ὁ δράκων ὅτι ἐβλήθη εἰς τὴν γῆν, ἐδίωξεν τὴν γυναῖκα **ἥτις** ἔτεκεν τὸν ἄρσενα.
17:12 καὶ τὰ δέκα κέρατα ἃ εἶδες δέκα βασιλεῖς εἰσιν, **οἵτινες** βασιλείαν οὔπω ἔλαβον,
19: 2 ὅτι ἔκρινεν τὴν πόρνην τὴν μεγάλην **ἥτις** ἔφθειρεν τὴν γῆν ἐν τῇ πορνείᾳ αὐτῆς,
20: 4 τὰς ψυχὰς τῶν πεπελεκισμένων διὰ τὴν μαρτυρίαν Ἰησοῦ καὶ διὰ τὸν λόγον τοῦ θεοῦ καὶ **οἵτινες** οὐ προσεκύνησαν τὸ θηρίον

4016 ὀστοῦν Not used in UBS/NIV

√ *4014*

4017 ὀστράκινος [2]

2Co 4: 7 Ἔχομεν δὲ τὸν θησαυρὸν τοῦτον ἐν **ὀστρακίνοις** σκεύεσιν,
2Ti 2:20 Ἐν μεγάλῃ δὲ οἰκίᾳ οὐκ ἔστιν μόνον σκεύη χρυσᾶ καὶ ἀργυρᾶ ἀλλὰ καὶ ξύλινα καὶ **ὀστράκινα,**

4018 ὄσφρησις [1]

√ *3853*

1Co 12:17 ποῦ ἡ ἀκοή; εἰ ὅλον ἀκοή, ποῦ ἡ **ὄσφρησις;**

4019 ὀσφῦς [8]

ἀναζώννυμι τὰς ὀσφύα [1] 1Pe 1:13

καρπός ὀσφύος [1] Ac 2:30

Mt 3: 4 Αὐτὸς δὲ ὁ Ἰωάννης εἶχεν τὸ ἔνδυμα αὐτοῦ ἀπὸ τριχῶν καμήλου καὶ ζώνην δερματίνην περὶ τὴν **ὀσφὺν** αὐτοῦ,
Mk 1: 6 ὁ Ἰωάννης ἐνδεδυμένος τρίχας καμήλου καὶ ζώνην δερματίνην περὶ τὴν **ὀσφὺν** αὐτοῦ καὶ ἐσθίων ἀκρίδας καὶ μέλι ἄγριον.
Lk 12:35 Ἔστωσαν ὑμῶν αἱ **ὀσφύες** περιεζωσμέναι καὶ οἱ λύχνοι καιόμενοι·
Ac 2:30 καὶ εἰδὼς ὅτι ὅρκῳ ὤμοσεν αὐτῷ ὁ θεὸς ἐκ καρποῦ τῆς **ὀσφύος** αὐτοῦ καθίσαι ἐπὶ τὸν θρόνον αὐτοῦ,
Eph 6:14 στῆτε οὖν περιζωσάμενοι τὴν **ὀσφὺν** ὑμῶν ἐν ἀληθείᾳ καὶ ἐνδυσάμενοι τὸν θώρακα τῆς δικαιοσύνης
Heb 7: 5 τοῦτ᾽ ἔστιν τοὺς ἀδελφοὺς αὐτῶν, καίπερ ἐξεληλυθότας ἐκ τῆς **ὀσφύος** Ἀβραάμ·
7:10 ἔτι γὰρ ἐν τῇ **ὀσφύϊ** τοῦ πατρὸς ἦν ὅτε συνήντησεν αὐτῷ Μελχισέδεκ.
1Pe 1:13 Διὸ ἀναζωσάμενοι τὰς **ὀσφύας** τῆς διανοίας ὑμῶν νήφοντες τελείως ἐλπίσατε ἐπὶ τὴν φερομένην ὑμῖν χάριν ἐν ἀποκαλύψει

4020 ὅταν [123]

√ *4005 + 5445 + 323*

εἰ μὴ ὅταν [1] Mk 9:9

ὅταν οὖν [3] Mt 6:2; 21:40; 24:15

ὅταν ... τότε [15] Mt 9:15; 25:31; Mk 2:20; 13:14; Lk 5:35; 11:24; 14:10; 21:20; Jn 8:28; 1Co 15:28,54; 16:2; 2Co 12:10; Col 3:4; 1Th 5:3

ὡς ὅταν [1] Lk 11:36

Mt 5:11 μακάριοί ἐστε **ὅταν** ὀνειδίσωσιν ὑμᾶς καὶ διώξωσιν καὶ εἴπωσιν πᾶν πονηρὸν καθ᾽ ὑμῶν [ψευδόμενοι] ἕνεκεν ἐμοῦ.

6: 2 **Ὅταν** οὖν ποιῇς ἐλεημοσύνην, μὴ σαλπίσῃς ἔμπροσθέν σου,
6: 5 Καὶ **ὅταν** προσεύχησθε, οὐκ ἔσεσθε ὡς οἱ ὑποκριταί,
6: 6 σὺ δὲ **ὅταν** προσεύχῃ, εἴσελθε εἰς τὸ ταμεῖόν σου καὶ κλείσας τὴν θύραν σου πρόσευξαι τῷ πατρί σου τῷ ἐν τῷ κρυπτῷ·
6: 16 **Ὅταν** δὲ νηστεύητε, μὴ γίνεσθε ὡς οἱ ὑποκριταὶ σκυθρωποί,
9: 15 ἐλεύσονται δὲ ἡμέραι **ὅταν** ἀπαρθῇ ἀπ᾽ αὐτῶν ὁ νυμφίος,
10: 19 **ὅταν** δὲ παραδῶσιν ὑμᾶς, μὴ μεριμνήσητε πῶς ἢ τί λαλήσητε·
10: 23 **ὅταν** δὲ διώκωσιν ὑμᾶς ἐν τῇ πόλει ταύτῃ,
12: 43 **Ὅταν** δὲ τὸ ἀκάθαρτον πνεῦμα ἐξέλθῃ ἀπὸ τοῦ ἀνθρώπου,
13: 32 **ὅταν** δὲ αὐξηθῇ μεῖζον τῶν λαχάνων ἐστὶν καὶ γίνεται δένδρον,
15: 2 οὐ γὰρ νίπτονται τὰς χεῖρας [αὐτῶν] **ὅταν** ἄρτον ἐσθίωσιν.
19: 28 **ὅταν** καθίσῃ ὁ υἱὸς τοῦ ἀνθρώπου ἐπὶ θρόνου δόξης αὐτοῦ,
21: 40 **ὅταν** οὖν ἔλθῃ ὁ κύριος τοῦ ἀμπελῶνος, τί ποιήσει τοῖς γεωργοῖς ἐκείνοις;
23: 15 καὶ **ὅταν** γένηται ποιεῖτε αὐτὸν υἱὸν γεέννης διπλότερον ὑμῶν.
24: 15 **Ὅταν** οὖν ἴδητε τὸ βδέλυγμα τῆς ἐρημώσεως τὸ ῥηθὲν διὰ Δανιὴλ τοῦ προφήτου ἑστὸς ἐν τόπῳ ἁγίῳ,
24: 32 **ὅταν** ἤδη ὁ κλάδος αὐτῆς γένηται ἁπαλὸς καὶ τὰ φύλλα ἐκφύῃ,
24: 33 **ὅταν** ἴδητε πάντα ταῦτα γινώσκετε ὅτι ἐγγύς ἐστιν ἐπὶ θύραις.
25: 31 **Ὅταν** δὲ ἔλθῃ ὁ υἱὸς τοῦ ἀνθρώπου ἐν τῇ δόξῃ αὐτοῦ καὶ πάντες οἱ ἄγγελοι μετ᾽ αὐτοῦ,
26: 29 οὐ μὴ πίω ἀπ᾽ ἄρτι ἐκ τούτου τοῦ γενήματος τῆς ἀμπέλου ἕως τῆς ἡμέρας ἐκείνης **ὅταν** αὐτὸ πίνω μεθ᾽ ὑμῶν καινὸν ἐν τῇ βασιλείᾳ τοῦ πατρός μου.
Mk 2: 20 ἐλεύσονται δὲ ἡμέραι **ὅταν** ἀπαρθῇ ἀπ᾽ αὐτῶν ὁ νυμφίος,
3: 11 καὶ τὰ πνεύματα τὰ ἀκάθαρτα, **ὅταν** αὐτὸν ἐθεώρουν,
4: 15 ὅπου σπείρεται ὁ λόγος καὶ **ὅταν** ἀκούσωσιν, εὐθὺς ἔρχεται ὁ Σατανᾶς καὶ αἴρει τὸν λόγον τὸν ἐσπαρμένον εἰς αὐτούς.
4: 16 οἳ **ὅταν** ἀκούσωσιν τὸν λόγον εὐθὺς μετὰ χαρᾶς λαμβάνουσιν αὐτόν,
4: 29 **ὅταν** δὲ παραδοῖ ὁ καρπός, εὐθὺς ἀποστέλλει τὸ δρέπανον,
4: 31 ὡς κόκκῳ σινάπεως, ὃς **ὅταν** σπαρῇ ἐπὶ τῆς γῆς,
4: 32 καὶ **ὅταν** σπαρῇ, ἀναβαίνει καὶ γίνεται μεῖζον πάντων τῶν λαχάνων καὶ ποιεῖ κλάδους μεγάλους,
7: 4 καὶ ἀπ᾽ ἀγορᾶς **ὅταν**[UBS-] ἔλθωσιν ἐὰν μὴ βαπτίσωνται οὐκ ἐσθίουσιν,
8: 38 **ὅταν** ἔλθῃ ἐν τῇ δόξῃ τοῦ πατρὸς αὐτοῦ μετὰ τῶν ἀγγέλων τῶν ἁγίων.
9: 9 εἰ μὴ **ὅταν** ὁ υἱὸς τοῦ ἀνθρώπου ἐκ νεκρῶν ἀναστῇ.
11: 19 Καὶ **ὅταν** ὀψὲ ἐγένετο, ἐξεπορεύοντο ἔξω τῆς πόλεως.
11: 25 καὶ **ὅταν** στήκετε προσευχόμενοι, ἀφίετε εἴ τι ἔχετε κατά τινος,
12: 23 ἐν τῇ ἀναστάσει [**ὅταν**[NIV-] ἀναστῶσιν] τίνος αὐτῶν ἔσται γυνή;
12: 25 **ὅταν** γὰρ ἐκ νεκρῶν ἀναστῶσιν οὔτε γαμοῦσιν οὔτε γαμίζονται,
13: 4 πότε ταῦτα ἔσται καὶ τί τὸ σημεῖον **ὅταν** μέλλῃ ταῦτα συντελεῖσθαι πάντα;
13: 7 **ὅταν** δὲ ἀκούσητε πολέμους καὶ ἀκοὰς πολέμων, μὴ θροεῖσθε·
13: 11 καὶ **ὅταν** ἄγωσιν ὑμᾶς παραδιδόντες, μὴ προμεριμνᾶτε τί λαλήσητε,
13: 14 **Ὅταν** δὲ ἴδητε τὸ βδέλυγμα τῆς ἐρημώσεως ἑστηκότα ὅπου οὐ δεῖ,
13: 28 **ὅταν** ἤδη ὁ κλάδος αὐτῆς ἁπαλὸς γένηται καὶ ἐκφύῃ τὰ φύλλα,
13: 29 οὕτως καὶ ὑμεῖς, **ὅταν** ἴδητε ταῦτα γινόμενα, γινώσκετε ὅτι ἐγγύς ἐστιν ἐπὶ θύραις.
14: 7 πάντοτε γὰρ τοὺς πτωχοὺς ἔχετε μεθ᾽ ἑαυτῶν καὶ **ὅταν** θέλητε δύνασθε αὐτοῖς εὖ ποιῆσαι,
14: 25 ἀμὴν λέγω ὑμῖν ὅτι οὐκέτι οὐ μὴ πίω ἐκ τοῦ γενήματος τῆς ἀμπέλου ἕως τῆς ἡμέρας ἐκείνης **ὅταν** αὐτὸ πίνω καινὸν ἐν τῇ βασιλείᾳ τοῦ θεοῦ.
Lk 5: 35 ἐλεύσονται δὲ ἡμέραι, καὶ **ὅταν** ἀπαρθῇ ἀπ᾽ αὐτῶν ὁ νυμφίος,
6: 22 μακάριοί ἐστε **ὅταν** μισήσωσιν ὑμᾶς οἱ ἄνθρωποι καὶ **ὅταν** ἀφορίσωσιν ὑμᾶς καὶ ὀνειδίσωσιν καὶ ἐκβάλωσιν τὸ ὄνομα
6: 26 οὐαὶ **ὅταν** ὑμᾶς καλῶς εἴπωσιν πάντες οἱ ἄνθρωποι·
8: 13 οἱ δὲ ἐπὶ τῆς πέτρας οἳ **ὅταν** ἀκούσωσιν μετὰ χαρᾶς δέχονται τὸν λόγον,
9: 26 **ὅταν** ἔλθῃ ἐν τῇ δόξῃ αὐτοῦ καὶ τοῦ πατρὸς καὶ τῶν ἁγίων ἀγγέλων.
11: 2 εἶπεν δὲ αὐτοῖς, **Ὅταν** προσεύχησθε λέγετε, Πάτερ, ἁγιασθήτω τὸ ὄνομά σου·
11: 21 **ὅταν** ὁ ἰσχυρὸς καθωπλισμένος φυλάσσῃ τὴν ἑαυτοῦ αὐλήν,
11: 24 **Ὅταν** τὸ ἀκάθαρτον πνεῦμα ἐξέλθῃ ἀπὸ τοῦ ἀνθρώπου,
11: 34 **ὅταν** ὁ ὀφθαλμός σου ἁπλοῦς ᾖ, καὶ ὅλον τὸ σῶμά σου φωτεινόν ἐστιν·
11: 36 ἔσται φωτεινὸν ὅλον ὡς **ὅταν** ὁ λύχνος τῇ ἀστραπῇ φωτίζῃ σε.
12: 11 **ὅταν** δὲ εἰσφέρωσιν ὑμᾶς ἐπὶ τὰς συναγωγὰς καὶ τὰς ἀρχὰς καὶ τὰς ἐξουσίας,
12: 54 **Ὅταν** ἴδητε [τὴν] νεφέλην ἀνατέλλουσαν ἐπὶ δυσμῶν, εὐθέως λέγετε ὅτι Ὄμβρος ἔρχεται,
12: 55 καὶ **ὅταν** νότον πνέοντα, λέγετε ὅτι Καύσων ἔσται,
13: 28 **ὅταν** ὄψεσθε Ἀβραὰμ καὶ Ἰσαὰκ καὶ Ἰακὼβ καὶ πάντας τοὺς προφήτας ἐν τῇ βασιλείᾳ τοῦ θεοῦ,
14: 8 **Ὅταν** κληθῇς ὑπό τινος εἰς γάμους, μὴ κατακλιθῇς εἰς τὴν πρωτοκλισίαν,
14: 10 ἀλλ᾽ **ὅταν** κληθῇς, πορευθεὶς ἀνάπεσε εἰς τὸν ἔσχατον τόπον, ἵνα **ὅταν** ἔλθῃ ὁ κεκληκώς σε ἐρεῖ σοι,
14: 12 Ἔλεγεν δὲ καὶ τῷ κεκληκότι αὐτόν, **Ὅταν** ποιῇς ἄριστον ἢ δεῖπνον,
14: 13 ἀλλ᾽ **ὅταν** δοχὴν ποιῇς, κάλει πτωχούς, ἀναπείρους, χωλούς,
16: 4 ἵνα **ὅταν** μετασταθῶ ἐκ τῆς οἰκονομίας δέξωνταί με εἰς τοὺς οἴκους αὐτῶν.
16: 9 ἵνα **ὅταν** ἐκλίπῃ δέξωνται ὑμᾶς εἰς τὰς αἰωνίους σκηνάς.
17: 10 οὕτως καὶ ὑμεῖς, **ὅταν** ποιήσητε πάντα τὰ διαταχθέντα ὑμῖν,
21: 7 πότε οὖν ταῦτα ἔσται καὶ τί τὸ σημεῖον **ὅταν** μέλλῃ ταῦτα γίνεσθαι;
21: 9 **ὅταν** δὲ ἀκούσητε πολέμους καὶ ἀκαταστασίας, μὴ πτοηθῆτε·
21: 20 **Ὅταν** δὲ ἴδητε κυκλουμένην ὑπὸ στρατοπέδων Ἰερουσαλήμ, τότε γνῶτε ὅτι ἤγγικεν ἡ ἐρήμωσις αὐτῆς.
21: 30 **ὅταν** προβάλωσιν ἤδη, βλέποντες ἀφ᾽ ἑαυτῶν γινώσκετε ὅτι ἤδη ἐγγὺς τὸ θέρος ἐστίν·
21: 31 οὕτως καὶ ὑμεῖς, **ὅταν** ἴδητε ταῦτα γινόμενα, γινώσκετε ὅτι ἐγγύς ἐστιν ἡ βασιλεία τοῦ θεοῦ.
23: 42 μνήσθητί μου **ὅταν** ἔλθῃς εἰς τὴν βασιλείαν σου.
Jn 2: 10 Πᾶς ἄνθρωπος πρῶτον τὸν καλὸν οἶνον τίθησιν καὶ **ὅταν** μεθυσθῶσιν τὸν ἐλάσσω·
4: 25 Οἶδα ὅτι Μεσσίας ἔρχεται ὁ λεγόμενος Χριστός· **ὅταν** ἔλθῃ ἐκεῖνος, ἀναγγελεῖ ἡμῖν ἅπαντα.
5: 7 ἄνθρωπον οὐκ ἔχω ἵνα **ὅταν** ταραχθῇ τὸ ὕδωρ βάλῃ με εἰς τὴν κολυμβήθραν·
7: 27 ὁ δὲ Χριστὸς **ὅταν** ἔρχηται οὐδεὶς γινώσκει πόθεν ἐστίν.
7: 31 Ὁ Χριστὸς **ὅταν** ἔλθῃ μὴ πλείονα σημεῖα ποιήσει ὧν οὗτος ἐποίησεν;
8: 28 **Ὅταν** ὑψώσητε τὸν υἱὸν τοῦ ἀνθρώπου, τότε γνώσεσθε ὅτι ἐγώ εἰμι,
8: 44 **ὅταν** λαλῇ τὸ ψεῦδος, ἐκ τῶν ἰδίων λαλεῖ,
9: 5 **ὅταν** ἐν τῷ κόσμῳ ὦ, φῶς εἰμι τοῦ κόσμου.
10: 4 **ὅταν** τὰ ἴδια πάντα ἐκβάλῃ, ἔμπροσθεν αὐτῶν πορεύεται,
13: 19 ἀπ᾽ ἄρτι λέγω ὑμῖν πρὸ τοῦ γενέσθαι, ἵνα πιστεύσητε **ὅταν** γένηται ὅτι ἐγώ εἰμι.
14: 29 καὶ νῦν εἴρηκα ὑμῖν πρὶν γενέσθαι, ἵνα **ὅταν** γένηται πιστεύσητε.
15: 26 **Ὅταν** ἔλθῃ ὁ παράκλητος ὃν ἐγὼ πέμψω ὑμῖν παρὰ τοῦ πατρός,
16: 4 ἀλλὰ ταῦτα λελάληκα ὑμῖν ἵνα **ὅταν** ἔλθῃ ἡ ὥρα αὐτῶν μνημονεύητε αὐτῶν ὅτι ἐγὼ εἶπον ὑμῖν.
16: 13 **ὅταν** δὲ ἔλθῃ ἐκεῖνος, τὸ πνεῦμα τῆς ἀληθείας,
16: 21 ἡ γυνὴ **ὅταν** τίκτῃ λύπην ἔχει, ὅτι ἦλθεν ἡ ὥρα αὐτῆς· **ὅταν** δὲ γεννήσῃ τὸ παιδίον, οὐκέτι μνημονεύει τῆς θλίψεως
21: 18 **ὅταν** δὲ γηράσῃς, ἐκτενεῖς τὰς χεῖράς σου, καὶ ἄλλος σε ζώσει καὶ οἴσει ὅπου οὐ θέλεις.
Ac 23: 35 Διακούσομαί σου, ἔφη, **ὅταν** καὶ οἱ κατήγοροί σου παραγένωνται·
24: 22 **Ὅταν** Λυσίας ὁ χιλίαρχος καταβῇ, διαγνώσομαι τὰ καθ᾽ ὑμᾶς·
Ro 2: 14 **ὅταν** γὰρ ἔθνη τὰ μὴ νόμον ἔχοντα φύσει τὰ τοῦ νόμου ποιῶσιν,
11: 27 καὶ αὕτη αὐτοῖς ἡ παρ᾽ ἐμοῦ διαθήκη, **ὅταν** ἀφέλωμαι τὰς ἁμαρτίας αὐτῶν.
1Co 3: 4 **ὅταν** γὰρ λέγῃ τις, Ἐγὼ μέν εἰμι Παύλου,
13: 10 **ὅταν** δὲ ἔλθῃ τὸ τέλειον, τὸ ἐκ μέρους καταργηθήσεται.
14: 26 **ὅταν** συνέρχησθε, ἕκαστος ψαλμὸν ἔχει, διδαχὴν ἔχει, ἀποκάλυψιν ἔχει,
15: 24 **ὅταν** παραδιδῷ τὴν βασιλείαν τῷ θεῷ καὶ πατρί, **ὅταν** καταργήσῃ πᾶσαν ἀρχὴν καὶ πᾶσαν ἐξουσίαν καὶ δύναμιν.
15: 27 **ὅταν** δὲ εἴπῃ ὅτι πάντα ὑποτέτακται, δῆλον ὅτι ἐκτὸς τοῦ ὑποτάξαντος αὐτῷ τὰ πάντα.
15: 28 **ὅταν** δὲ ὑποταγῇ αὐτῷ τὰ πάντα, τότε [καὶ] αὐτὸς ὁ υἱὸς ὑποταγήσεται τῷ ὑποτάξαντι αὐτῷ τὰ πάντα,
15: 54 **ὅταν** δὲ τὸ φθαρτὸν τοῦτο ἐνδύσηται ἀφθαρσίαν καὶ τὸ θνητὸν τοῦτο ἐνδύσηται ἀθανασίαν,

16: 2 ἕκαστος ὑμῶν παρ᾽ ἑαυτῷ τιθέτω θησαυρίζων ὅ τι ἐὰν εὐοδῶται, ἵνα μὴ **ὅταν** ἔλθω τότε λογεῖαι γίνωνται.
16: 3 **ὅταν** δὲ παραγένωμαι, οὓς ἐὰν δοκιμάσητε, δι᾽ ἐπιστολῶν τούτους πέμψω ἀπενεγκεῖν τὴν χάριν ὑμῶν εἰς Ἰερουσαλήμ·
16: 5 Ἐλεύσομαι δὲ πρὸς ὑμᾶς **ὅταν** Μακεδονίαν διέλθω· Μακεδονίαν γὰρ διέρχομαι,
16:12 καὶ πάντως οὐκ ἦν θέλημα ἵνα νῦν ἔλθῃ· ἐλεύσεται δὲ **ὅταν** εὐκαιρήσῃ.

2Co 10: 6 καὶ ἐν ἑτοίμῳ ἔχοντες ἐκδικῆσαι πᾶσαν παρακοήν, **ὅταν** πληρωθῇ ὑμῶν ἡ ὑπακοή.
12:10 ὑπὲρ Χριστοῦ· **ὅταν** γὰρ ἀσθενῶ, τότε δυνατός εἰμι.
13: 9 χαίρομεν γὰρ **ὅταν** ἡμεῖς ἀσθενῶμεν, ὑμεῖς δὲ δυνατοὶ ἦτε·

Col 3: 4 **ὅταν** ὁ Χριστὸς φανερωθῇ, ἡ ζωὴ ὑμῶν, τότε καὶ ὑμεῖς σὺν αὐτῷ φανερωθήσεσθε ἐν δόξῃ.
4:16 καὶ **ὅταν** ἀναγνωσθῇ παρ᾽ ὑμῖν ἡ ἐπιστολή, ποιήσατε ἵνα καὶ ἐν τῇ Λαοδικέων ἐκκλησίᾳ ἀναγνωσθῇ,

1Th 5: 3 **ὅταν** λέγωσιν, Εἰρήνη καὶ ἀσφάλεια, τότε αἰφνίδιος αὐτοῖς ἐφίσταται ὄλεθρος ὥσπερ ἡ ὠδὶν τῇ ἐν γαστρὶ ἐχούσῃ,

2Th 1:10 **ὅταν** ἔλθῃ ἐνδοξασθῆναι ἐν τοῖς ἁγίοις αὐτοῦ καὶ θαυμασθῆναι ἐν πᾶσιν τοῖς πιστεύσασιν,

1Ti 5:11 νεωτέρας δὲ χήρας παραιτοῦ· **ὅταν** γὰρ καταστρηνιάσωσιν τοῦ Χριστοῦ, γαμεῖν θέλουσιν

Tit 3:12 **Ὅταν** πέμψω Ἀρτεμᾶν πρὸς σὲ ἢ Τυχικόν, σπούδασον ἐλθεῖν πρός με εἰς Νικόπολιν,

Heb 1: 6 **ὅταν** δὲ πάλιν εἰσαγάγῃ τὸν πρωτότοκον εἰς τὴν οἰκουμένην,

Jas 1: 2 Πᾶσαν χαρὰν ἡγήσασθε, ἀδελφοί μου, **ὅταν** πειρασμοῖς περιπέσητε ποικίλοις,

1Jn 5: 2 **ὅταν** τὸν θεὸν ἀγαπῶμεν καὶ τὰς ἐντολὰς αὐτοῦ ποιῶμεν.

Rev 4: 9 καὶ **ὅταν** δώσουσιν τὰ ζῷα δόξαν καὶ τιμὴν καὶ εὐχαριστίαν τῷ καθημένῳ ἐπὶ τῷ θρόνῳ τῷ ζῶντι εἰς τοὺς αἰῶνας τῶν αἰώνων,
8: 1 Καὶ **ὅταν** ἤνοιξεν τὴν σφραγῖδα τὴν ἑβδόμην, ἐγένετο σιγὴ ἐν τῷ οὐρανῷ ὡς ἡμιώριον.
9: 5 καὶ ὁ βασανισμὸς αὐτῶν ὡς βασανισμὸς σκορπίου **ὅταν** παίσῃ ἄνθρωπον.
10: 7 **ὅταν** μέλλῃ σαλπίζειν, καὶ ἐτελέσθη τὸ μυστήριον τοῦ θεοῦ,
11: 7 καὶ **ὅταν** τελέσωσιν τὴν μαρτυρίαν αὐτῶν, τὸ θηρίον τὸ ἀναβαῖνον ἐκ τῆς ἀβύσσου ποιήσει μετ᾽ αὐτῶν πόλεμον
12: 4 καὶ ὁ δράκων ἕστηκεν ἐνώπιον τῆς γυναικὸς τῆς μελλούσης τεκεῖν, ἵνα **ὅταν** τέκῃ τὸ τέκνον αὐτῆς καταφάγῃ.
17:10 ὁ ἄλλος οὔπω ἦλθεν, καὶ **ὅταν** ἔλθῃ ὀλίγον αὐτὸν δεῖ μεῖναι.
18: 9 οἱ μετ᾽ αὐτῆς πορνεύσαντες καὶ στρηνιάσαντες, **ὅταν** βλέπωσιν τὸν καπνὸν τῆς πυρώσεως αὐτῆς,
20: 7 Καὶ **ὅταν** τελεσθῇ τὰ χίλια ἔτη, λυθήσεται ὁ Σατανᾶς ἐκ τῆς φυλακῆς αὐτοῦ

4021 ὅτε [103 / 102]

√ *4005 + 5445*

ἢ ὅτε [1] Ro 13:11

ὅτε οὖν [9] Jn 2:22; 4:45; 6:24; 13:12,31; 19:6,8,30; 21:15

ὅτε ... τότε [3] Mt 13:26; 21:1; Jn 12:16

Mt 7:28 Καὶ ἐγένετο **ὅτε** ἐτέλεσεν ὁ Ἰησοῦς τοὺς λόγους τούτους,
9:25 **ὅτε** δὲ ἐξεβλήθη ὁ ὄχλος εἰσελθὼν ἐκράτησεν τῆς χειρὸς αὐτῆς,
11: 1 Καὶ ἐγένετο **ὅτε** ἐτέλεσεν ὁ Ἰησοῦς διατάσσων τοῖς δώδεκα μαθηταῖς αὐτοῦ,
12: 3 Οὐκ ἀνέγνωτε τί ἐποίησεν Δαυὶδ **ὅτε** ἐπείνασεν καὶ οἱ μετ᾽ αὐτοῦ,
13:26 **ὅτε** δὲ ἐβλάστησεν ὁ χόρτος καὶ καρπὸν ἐποίησεν,
13:48 ἣν **ὅτε** ἐπληρώθη ἀναβιβάσαντες ἐπὶ τὸν αἰγιαλὸν καὶ καθίσαντες συνέλεξαν τὰ καλὰ εἰς ἄγγη,
13:53 Καὶ ἐγένετο **ὅτε** ἐτέλεσεν ὁ Ἰησοῦς τὰς παραβολὰς ταύτας,
19: 1 Καὶ ἐγένετο **ὅτε** ἐτέλεσεν ὁ Ἰησοῦς τοὺς λόγους τούτους,
21: 1 Καὶ **ὅτε** ἤγγισαν εἰς Ἰεροσόλυμα καὶ ἦλθον εἰς Βηθφαγὴ εἰς τὸ Ὄρος τῶν Ἐλαιῶν,
21:34 **ὅτε** δὲ ἤγγισεν ὁ καιρὸς τῶν καρπῶν, ἀπέστειλεν τοὺς δούλους αὐτοῦ πρὸς τοὺς γεωργοὺς λαβεῖν τοὺς καρποὺς αὐτοῦ.
26: 1 Καὶ ἐγένετο **ὅτε** ἐτέλεσεν ὁ Ἰησοῦς πάντας τοὺς λόγους τούτους,
27:31 καὶ **ὅτε** ἐνέπαιξαν αὐτῷ, ἐξέδυσαν αὐτὸν τὴν χλαμύδα καὶ ἐνέδυσαν αὐτὸν τὰ ἱμάτια αὐτοῦ καὶ ἀπήγαγον αὐτὸν

Mk 1:32 Ὀψίας δὲ γενομένης, **ὅτε** ἔδυ ὁ ἥλιος, ἔφερον πρὸς αὐτὸν πάντας τοὺς κακῶς ἔχοντας καὶ τοὺς δαιμονιζομένους·
2:25 Οὐδέποτε ἀνέγνωτε τί ἐποίησεν Δαυὶδ **ὅτε** χρείαν ἔσχεν καὶ ἐπείνασεν αὐτὸς καὶ οἱ μετ᾽ αὐτοῦ,
4: 6 καὶ **ὅτε** ἀνέτειλεν ὁ ἥλιος ἐκαυματίσθη καὶ διὰ τὸ μὴ ἔχειν ῥίζαν ἐξηράνθη.
4:10 Καὶ **ὅτε** ἐγένετο κατὰ μόνας, ἠρώτων αὐτὸν οἱ περὶ αὐτὸν σὺν τοῖς δώδεκα τὰς παραβολάς.
6:21 Καὶ γενομένης ἡμέρας εὐκαίρου **ὅτε** Ἡρῴδης τοῖς γενεσίοις αὐτοῦ δεῖπνον ἐποίησεν τοῖς μεγιστᾶσιν αὐτοῦ
7:17 Καὶ **ὅτε** εἰσῆλθεν εἰς οἶκον ἀπὸ τοῦ ὄχλου,
8:19 **ὅτε** τοὺς πέντε ἄρτους ἔκλασα εἰς τοὺς πεντακισχιλίους,
8:20 **Ὅτε** τοὺς ἑπτὰ εἰς τοὺς τετρακισχιλίους, πόσων σπυρίδων πληρώματα κλασμάτων ἤρατε;
11: 1 Καὶ **ὅτε** ἐγγίζουσιν εἰς Ἰεροσόλυμα εἰς Βηθφαγὴ καὶ Βηθανίαν πρὸς τὸ Ὄρος τῶν Ἐλαιῶν,
14:12 **ὅτε** τὸ πάσχα ἔθυον, λέγουσιν αὐτῷ οἱ μαθηταὶ αὐτοῦ,
15:20 καὶ **ὅτε** ἐνέπαιξαν αὐτῷ, ἐξέδυσαν αὐτὸν τὴν πορφύραν καὶ ἐνέδυσαν αὐτὸν τὰ ἱμάτια αὐτοῦ.
15:41 αἳ **ὅτε** ἦν ἐν τῇ Γαλιλαίᾳ ἠκολούθουν αὐτῷ καὶ διηκόνουν αὐτῷ,

Lk 2:21 Καὶ **ὅτε** ἐπλήσθησαν ἡμέραι ὀκτὼ τοῦ περιτεμεῖν αὐτὸν καὶ ἐκλήθη τὸ ὄνομα αὐτοῦ Ἰησοῦς,
2:22 Καὶ **ὅτε** ἐπλήσθησαν αἱ ἡμέραι τοῦ καθαρισμοῦ αὐτῶν κατὰ τὸν νόμον Μωϋσέως,
2:42 καὶ **ὅτε** ἐγένετο ἐτῶν δώδεκα, ἀναβαινόντων αὐτῶν κατὰ τὸ ἔθος τῆς ἑορτῆς
4:25 **ὅτε** ἐκλείσθη ὁ οὐρανὸς ἐπὶ ἔτη τρία καὶ μῆνας ἕξ,
6: 3 Οὐδὲ τοῦτο ἀνέγνωτε ὃ ἐποίησεν Δαυὶδ **ὅτε** ἐπείνασεν αὐτὸς καὶ οἱ μετ᾽ αὐτοῦ [ὄντες,]
6:13 καὶ **ὅτε** ἐγένετο ἡμέρα, προσεφώνησεν τοὺς μαθητὰς αὐτοῦ,
13:35 οὐ μὴ ἴδητέ με ἕως [ἥξει **ὅτε**[NIV-] εἴπητε,
15:30 **ὅτε** δὲ ὁ υἱός σου οὗτος ὁ καταφαγών σου τὸν βίον μετὰ πορνῶν ἦλθεν,
17:22 Ἐλεύσονται ἡμέραι **ὅτε** ἐπιθυμήσετε μίαν τῶν ἡμερῶν τοῦ υἱοῦ τοῦ ἀνθρώπου ἰδεῖν καὶ οὐκ ὄψεσθε.
22:14 Καὶ **ὅτε** ἐγένετο ἡ ὥρα, ἀνέπεσεν καὶ οἱ ἀπόστολοι σὺν αὐτῷ.
22:35 **Ὅτε** ἀπέστειλα ὑμᾶς ἄτερ βαλλαντίου καὶ πήρας καὶ ὑποδημάτων,
23:33 καὶ **ὅτε** ἦλθον ἐπὶ τὸν τόπον τὸν καλούμενον Κρανίον,

Jn 1:19 **ὅτε** ἀπέστειλαν [πρὸς αὐτὸν] οἱ Ἰουδαῖοι ἐξ Ἰεροσολύμων ἱερεῖς καὶ Λευίτας ἵνα ἐρωτήσωσιν αὐτόν,
2:22 **ὅτε** οὖν ἠγέρθη ἐκ νεκρῶν, ἐμνήσθησαν οἱ μαθηταὶ αὐτοῦ ὅτι τοῦτο ἔλεγεν,
4:21 ὅτι ἔρχεται ὥρα **ὅτε** οὔτε ἐν τῷ ὄρει τούτῳ οὔτε ἐν Ἱεροσολύμοις προσκυνήσετε τῷ πατρί.
4:23 **ὅτε** οἱ ἀληθινοὶ προσκυνηταὶ προσκυνήσουσιν τῷ πατρὶ ἐν πνεύματι καὶ ἀληθείᾳ·
4:45 **ὅτε** οὖν ἦλθεν εἰς τὴν Γαλιλαίαν, ἐδέξαντο αὐτὸν οἱ Γαλιλαῖοι πάντα ἑωρακότες ὅσα ἐποίησεν ἐν Ἱεροσολύμοις ἐν τῇ ἑορτῇ,
5:25 ὅτι ἔρχεται ὥρα καὶ νῦν ἐστιν **ὅτε** οἱ νεκροὶ ἀκούσουσιν τῆς φωνῆς τοῦ υἱοῦ τοῦ θεοῦ καὶ οἱ ἀκούσαντες ζήσουσιν.
6:24 **ὅτε** οὖν εἶδεν ὁ ὄχλος ὅτι Ἰησοῦς οὐκ ἔστιν ἐκεῖ οὐδὲ οἱ μαθηταὶ αὐτοῦ,
9: 4 ἡμᾶς δεῖ ἐργάζεσθαι τὰ ἔργα τοῦ πέμψαντός με ἕως ἡμέρα ἐστίν· ἔρχεται νὺξ **ὅτε** οὐδεὶς δύναται ἐργάζεσθαι.
12:16 ἀλλ᾽ **ὅτε** ἐδοξάσθη Ἰησοῦς τότε ἐμνήσθησαν ὅτι ταῦτα ἦν ἐπ᾽ αὐτῷ γεγραμμένα καὶ ταῦτα ἐποίησαν αὐτῷ.
12:17 ἐμαρτύρει οὖν ὁ ὄχλος ὁ ὢν μετ᾽ αὐτοῦ **ὅτε** τὸν Λάζαρον ἐφώνησεν ἐκ τοῦ μνημείου καὶ ἤγειρεν αὐτὸν ἐκ νεκρῶν.
13:12 **Ὅτε** οὖν ἔνιψεν τοὺς πόδας αὐτῶν [καὶ] ἔλαβεν τὰ ἱμάτια αὐτοῦ καὶ ἀνέπεσεν πάλιν,
13:31 **Ὅτε** οὖν ἐξῆλθεν, λέγει Ἰησοῦς, Νῦν ἐδοξάσθη ὁ υἱὸς τοῦ ἀνθρώπου,
16:25 ἔρχεται ὥρα **ὅτε** οὐκέτι ἐν παροιμίαις λαλήσω ὑμῖν,
17:12 **ὅτε** ἤμην μετ᾽ αὐτῶν ἐγὼ ἐτήρουν αὐτοὺς ἐν τῷ ὀνόματί σου ᾧ δέδωκάς μοι,
19: 6 **ὅτε** οὖν εἶδον αὐτὸν οἱ ἀρχιερεῖς καὶ οἱ ὑπηρέται ἐκραύγασαν λέγοντες,
19: 8 **Ὅτε** οὖν ἤκουσεν ὁ Πιλᾶτος τοῦτον τὸν λόγον,
19:23 Οἱ οὖν στρατιῶται, **ὅτε** ἐσταύρωσαν τὸν Ἰησοῦν, ἔλαβον τὰ ἱμάτια αὐτοῦ καὶ ἐποίησαν τέσσαρα μέρη,
19:30 **ὅτε** οὖν ἔλαβεν τὸ ὄξος [ὁ] Ἰησοῦς εἶπεν,
20:24 ὁ λεγόμενος Δίδυμος, οὐκ ἦν μετ᾽ αὐτῶν **ὅτε** ἦλθεν Ἰησοῦς.
21:15 **Ὅτε** οὖν ἠρίστησαν λέγει τῷ Σίμωνι Πέτρῳ ὁ Ἰησοῦς,
21:18 ἀμὴν ἀμὴν λέγω σοι, **ὅτε** ἦς νεώτερος, ἐζώννυες σεαυτὸν καὶ περιεπάτεις ὅπου ἤθελες·

Ac 1:13 καὶ **ὅτε** εἰσῆλθον, εἰς τὸ ὑπερῷον ἀνέβησαν οὗ ἦσαν καταμένοντες,
8:12 **ὅτε** δὲ ἐπίστευσαν τῷ Φιλίππῳ εὐαγγελιζομένῳ περὶ τῆς βασιλείας τοῦ θεοῦ καὶ τοῦ ὀνόματος Ἰησοῦ Χριστοῦ,

8:39 **ὅτε** δὲ ἀνέβησαν ἐκ τοῦ ὕδατος, πνεῦμα κυρίου ἥρπασεν τὸν Φίλιππον καὶ οὐκ εἶδεν αὐτὸν οὐκέτι ὁ εὐνοῦχος,
11: 2 **ὅτε** δὲ ἀνέβη Πέτρος εἰς Ἰερουσαλήμ, διεκρίνοντο πρὸς αὐτὸν οἱ ἐκ περιτομῆς
12: 6 **Ὅτε** δὲ ἤμελλεν προαγαγεῖν αὐτὸν ὁ Ἡρῴδης, τῇ νυκτὶ ἐκείνῃ ἦν ὁ Πέτρος κοιμώμενος μεταξὺ δύο στρατιωτῶν
21: 5 **ὅτε** δὲ ἐγένετο ἡμᾶς ἐξαρτίσαι τὰς ἡμέρας, ἐξελθόντες ἐπορευόμεθα προπεμπόντων ἡμᾶς πάντων σὺν γυναιξὶ
21:35 **ὅτε** δὲ ἐγένετο ἐπὶ τοὺς ἀναβαθμούς, συνέβη βαστάζεσθαι αὐτὸν ὑπὸ τῶν στρατιωτῶν διὰ τὴν βίαν τοῦ ὄχλου,
22:20 καὶ **ὅτε** ἐξεχύννετο τὸ αἷμα Στεφάνου τοῦ μάρτυρός σου,
27:39 **Ὅτε** δὲ ἡμέρα ἐγένετο, τὴν γῆν οὐκ ἐπεγίνωσκον,
28:16 **Ὅτε** δὲ εἰσήλθομεν εἰς Ῥώμην, ἐπετράπη τῷ Παύλῳ μένειν καθ᾽ ἑαυτὸν σὺν τῷ φυλάσσοντι αὐτὸν στρατιώτῃ.
Ro 2:16 ἐν ἡμέρᾳ **ὅτε** κρίνει ὁ θεὸς τὰ κρυπτὰ τῶν ἀνθρώπων κατὰ τὸ εὐαγγέλιόν μου διὰ Χριστοῦ Ἰησοῦ.
6:20 **ὅτε** γὰρ δοῦλοι ἦτε τῆς ἁμαρτίας, ἐλεύθεροι ἦτε τῇ δικαιοσύνῃ.
7: 5 **ὅτε** γὰρ ἦμεν ἐν τῇ σαρκί, τὰ παθήματα τῶν ἁμαρτιῶν τὰ διὰ τοῦ νόμου ἐνηργεῖτο ἐν τοῖς μέλεσιν ἡμῶν,
13:11 νῦν γὰρ ἐγγύτερον ἡμῶν ἡ σωτηρία ἢ **ὅτε** ἐπιστεύσαμεν.
1Co 12: 2 Οἴδατε ὅτι **ὅτε** ἔθνη ἦτε πρὸς τὰ εἴδωλα τὰ ἄφωνα ὡς ἂν ἤγεσθε ἀπαγόμενοι.
13:11 **ὅτε** ἤμην νήπιος, ἐλάλουν ὡς νήπιος, ἐφρόνουν ὡς νήπιος, ἐλογιζόμην ὡς νήπιος· **ὅτε** γέγονα ἀνήρ, κατήργηκα τὰ τοῦ νηπίου.
Gal 1:15 **ὅτε** δὲ εὐδόκησεν [ὁ θεὸς] ὁ ἀφορίσας με ἐκ κοιλίας μητρός μου καὶ καλέσας διὰ τῆς χάριτος αὐτοῦ
2:11 **Ὅτε** δὲ ἦλθεν Κηφᾶς εἰς Ἀντιόχειαν, κατὰ πρόσωπον αὐτῷ ἀντέστην,
2:12 **ὅτε** δὲ ἦλθον, ὑπέστελλεν καὶ ἀφώριζεν ἑαυτὸν φοβούμενος τοὺς ἐκ περιτομῆς.
2:14 ἀλλ᾽ **ὅτε** εἶδον ὅτι οὐκ ὀρθοποδοῦσιν πρὸς τὴν ἀλήθειαν τοῦ εὐαγγελίου,
4: 3 οὕτως καὶ ἡμεῖς, **ὅτε** ἦμεν νήπιοι, ὑπὸ τὰ στοιχεῖα τοῦ κόσμου ἤμεθα δεδουλωμένοι·
4: 4 **ὅτε** δὲ ἦλθεν τὸ πλήρωμα τοῦ χρόνου, ἐξαπέστειλεν ὁ θεὸς τὸν υἱὸν αὐτοῦ,
Php 4:15 ὅτι ἐν ἀρχῇ τοῦ εὐαγγελίου, **ὅτε** ἐξῆλθον ἀπὸ Μακεδονίας,
Col 3: 7 ἐν οἷς καὶ ὑμεῖς περιεπατήσατέ ποτε, **ὅτε** ἐζῆτε ἐν τούτοις·
1Th 3: 4 καὶ γὰρ **ὅτε** πρὸς ὑμᾶς ἦμεν, προελέγομεν ὑμῖν ὅτι μέλλομεν θλίβεσθαι,
2Th 3:10 καὶ γὰρ **ὅτε** ἦμεν πρὸς ὑμᾶς, τοῦτο παρηγγέλλομεν ὑμῖν,
2Ti 4: 3 ἔσται γὰρ καιρὸς **ὅτε** τῆς ὑγιαινούσης διδασκαλίας οὐκ ἀνέξονται ἀλλὰ κατὰ τὰς ἰδίας ἐπιθυμίας
Tit 3: 4 **ὅτε** δὲ ἡ χρηστότης καὶ ἡ φιλανθρωπία ἐπεφάνη τοῦ σωτῆρος ἡμῶν θεοῦ,
Heb 7:10 ἔτι γὰρ ἐν τῇ ὀσφύϊ τοῦ πατρὸς ἦν **ὅτε** συνήντησεν αὐτῷ Μελχισέδεκ.
9:17 διαθήκη γὰρ ἐπὶ νεκροῖς βεβαία, ἐπεὶ μήποτε ἰσχύει **ὅτε** ζῇ ὁ διαθέμενος.
1Pe 3:20 ἀπειθήσασίν ποτε **ὅτε** ἀπεξεδέχετο ἡ τοῦ θεοῦ μακροθυμία ἐν ἡμέραις Νῶε κατασκευαζομένης κιβωτοῦ εἰς ἣν ὀλίγοι,
Jude 1: 9 **ὅτε** τῷ διαβόλῳ διακρινόμενος διελέγετο περὶ τοῦ Μωϋσέως σώματος,
Rev 1:17 Καὶ **ὅτε** εἶδον αὐτόν, ἔπεσα πρὸς τοὺς πόδας αὐτοῦ ὡς νεκρός,
5: 8 καὶ **ὅτε** ἔλαβεν τὸ βιβλίον, τὰ τέσσαρα ζῷα καὶ οἱ εἴκοσι τέσσαρες πρεσβύτεροι ἔπεσαν ἐνώπιον τοῦ ἀρνίου
6: 1 Καὶ εἶδον **ὅτε** ἤνοιξεν τὸ ἀρνίον μίαν ἐκ τῶν ἑπτὰ σφραγίδων,
6: 3 Καὶ **ὅτε** ἤνοιξεν τὴν σφραγῖδα τὴν δευτέραν, ἤκουσα τοῦ δευτέρου ζῴου λέγοντος,
6: 5 Καὶ **ὅτε** ἤνοιξεν τὴν σφραγῖδα τὴν τρίτην, ἤκουσα τοῦ τρίτου ζῴου λέγοντος,
6: 7 Καὶ **ὅτε** ἤνοιξεν τὴν σφραγῖδα τὴν τετάρτην, ἤκουσα φωνὴν τοῦ τετάρτου ζῴου λέγοντος,
6: 9 Καὶ **ὅτε** ἤνοιξεν τὴν πέμπτην σφραγῖδα, εἶδον ὑποκάτω τοῦ θυσιαστηρίου τὰς ψυχὰς τῶν ἐσφαγμένων διὰ τὸν λόγον τοῦ θεοῦ καὶ διὰ τὴν μαρτυρίαν ἣν εἶχον.
6:12 Καὶ εἶδον **ὅτε** ἤνοιξεν τὴν σφραγῖδα τὴν ἕκτην,
10: 3 καὶ **ὅτε** ἔκραξεν, ἐλάλησαν αἱ ἑπτὰ βρονταὶ τὰς ἑαυτῶν φωνάς.
10: 4 καὶ **ὅτε** ἐλάλησαν αἱ ἑπτὰ βρονταί, ἤμελλον γράφειν,
10:10 καὶ ἦν ἐν τῷ στόματί μου ὡς μέλι γλυκὺ καὶ **ὅτε** ἔφαγον αὐτό,
12:13 Καὶ **ὅτε** εἶδεν ὁ δράκων ὅτι ἐβλήθη εἰς τὴν γῆν,
22: 8 καὶ **ὅτε** ἤκουσα καὶ ἔβλεψα, ἔπεσα προσκυνῆσαι ἔμπροσθεν τῶν ποδῶν τοῦ ἀγγέλου τοῦ δεικνύοντός μοι ταῦτα.

4022 ὅτι [1296 / 1298] See Index of Articles, Etc.

√ *4005 + 5515*

4023 οὗ [25]

√ *4005*

οὗ ἐάν [1] 1Co 16:6

οὗ ... ἐκεῖ [2] Mt 18:20; Ro 9:26

Mt 2: 9 ἕως ἐλθὼν ἐστάθη ἐπάνω **οὗ** ἦν τὸ παιδίον.
18:20 **οὗ** γάρ εἰσιν δύο ἢ τρεῖς συνηγμένοι εἰς τὸ ἐμὸν ὄνομα,
28:16 Οἱ δὲ ἕνδεκα μαθηταὶ ἐπορεύθησαν εἰς τὴν Γαλιλαίαν εἰς τὸ ὄρος **οὗ** ἐτάξατο αὐτοῖς ὁ Ἰησοῦς,
Lk 4:16 Καὶ ἦλθεν εἰς Ναζαρά, **οὗ** ἦν τεθραμμένος, καὶ εἰσῆλθεν κατὰ τὸ εἰωθὸς αὐτῷ ἐν τῇ ἡμέρᾳ τῶν σαββάτων εἰς τὴν συναγωγὴν
4:17 καὶ ἐπεδόθη αὐτῷ βιβλίον τοῦ προφήτου Ἠσαΐου καὶ ἀναπτύξας τὸ βιβλίον εὗρεν τὸν τόπον **οὗ** ἦν γεγραμμένον,
10: 1 καὶ ἀπέστειλεν αὐτοὺς ἀνὰ δύο [δύο] πρὸ προσώπου αὐτοῦ εἰς πᾶσαν πόλιν καὶ τόπον **οὗ** ἤμελλεν αὐτὸς ἔρχεσθαι.
23:53 καὶ καθελὼν ἐνετύλιξεν αὐτὸ σινδόνι καὶ ἔθηκεν αὐτὸν ἐν μνήματι λαξευτῷ **οὗ** οὐκ ἦν οὐδεὶς οὔπω κείμενος.
24:28 Καὶ ἤγγισαν εἰς τὴν κώμην **οὗ** ἐπορεύοντο, καὶ αὐτὸς προσεποιήσατο πορρώτερον πορεύεσθαι.
Ac 1:13 καὶ ὅτε εἰσῆλθον, εἰς τὸ ὑπερῷον ἀνέβησαν **οὗ** ἦσαν καταμένοντες,
2: 2 καὶ ἐγένετο ἄφνω ἐκ τοῦ οὐρανοῦ ἦχος ὥσπερ φερομένης πνοῆς βιαίας καὶ ἐπλήρωσεν ὅλον τὸν οἶκον **οὗ** ἦσαν καθήμενοι
7:29 ἔφυγεν δὲ Μωϋσῆς ἐν τῷ λόγῳ τούτῳ καὶ ἐγένετο πάροικος ἐν γῇ Μαδιάμ, **οὗ** ἐγέννησεν υἱοὺς δύο.
12:12 συνιδών τε ἦλθεν ἐπὶ τὴν οἰκίαν τῆς Μαρίας τῆς μητρὸς Ἰωάννου τοῦ ἐπικαλουμένου Μάρκου, **οὗ** ἦσαν ἱκανοὶ συνηθροισμένοι καὶ προσευχόμενοι.
16:13 τῇ τε ἡμέρᾳ τῶν σαββάτων ἐξήλθομεν ἔξω τῆς πύλης παρὰ ποταμὸν **οὗ** ἐνομίζομεν προσευχὴν εἶναι,
20: 8 ἦσαν δὲ λαμπάδες ἱκαναὶ ἐν τῷ ὑπερῴῳ **οὗ** ἦμεν συνηγμένοι.
25:10 Ἐπὶ τοῦ βήματος Καίσαρος ἑστώς εἰμι, **οὗ** με δεῖ κρίνεσθαι.
28:14 **οὗ** εὑρόντες ἀδελφοὺς παρεκλήθημεν παρ᾽ αὐτοῖς ἐπιμεῖναι ἡμέρας ἑπτά·
Ro 4:15 ὁ γὰρ νόμος ὀργὴν κατεργάζεται· **οὗ** δὲ οὐκ ἔστιν νόμος οὐδὲ παράβασις.
5:20 **οὗ** δὲ ἐπλεόνασεν ἡ ἁμαρτία, ὑπερεπερίσσευσεν ἡ χάρις,
9:26 καὶ ἔσται ἐν τῷ τόπῳ **οὗ** ἐρρέθη αὐτοῖς,
1Co 16: 6 πρὸς ὑμᾶς δὲ τυχὸν παραμενῶ ἢ καὶ παραχειμάσω, ἵνα ὑμεῖς με προπέμψητε **οὗ** ἐὰν πορεύωμαι.
2Co 3:17 ὁ δὲ κύριος τὸ πνεῦμά ἐστιν· **οὗ** δὲ τὸ πνεῦμα κυρίου, ἐλευθερία.
Php 3:20 ἐξ **οὗ** καὶ σωτῆρα ἀπεκδεχόμεθα κύριον Ἰησοῦν Χριστόν,
Col 3: 1 **οὗ** ὁ Χριστός ἐστιν ἐν δεξιᾷ τοῦ θεοῦ καθήμενος·
Heb 3: 9 **οὗ** ἐπείρασαν οἱ πατέρες ὑμῶν ἐν δοκιμασίᾳ καὶ εἶδον τὰ ἔργα μου
Rev 17:15 Τὰ ὕδατα ἃ εἶδες **οὗ** ἡ πόρνη κάθηται,

4024 οὐ [1623 / 1619] See Index of Articles, Etc.

→ *2022, 2023, 2024, 2025, 4027, 4028, 4029, 4030, 4031, 4032, 4033, 4034, 4037, 4046, 4049*

ἀλλ᾽ οὐ [27] Mk 3:27; 10:27; 14:29,36; Jn 3:8; 16:12; Ro 4:2; 10:2,16; 1Co 4:15; 6:12,12; 8:7; 9:12; 10:23,23; 15:46; 2Co 4:8,8,9,9; 11:6; 2Ti 1:12; 3:9; Heb 3:16; 1Jn 2:19; 3Jn 1:13

ἐγὼ οὐκ εἰμί [4] Jn 1:20; 8:23; 17:14,16

ἢ οὐ [12] Mt 12:5; 22:17; Mk 12:14; Lk 14:3; 20:22; Ro 9:21; 11:2; 1Co 6:2,9,16,19; 2Co 13:5

οὐ καθώς [4] Jn 6:58; 14:27; 2Co 8:5; 1Jn 3:12

οὐ μὴ [94] Mt 5:18,20,26; 10:23,42; 13:14,14; 15:6; 16:22,28; 18:3; 23:39; 24:2,21,34,35; 25:9; 26:29,35; Mk 9:1,41; 10:15; 13:2,2,19,30,31; 14:25,31; 16:18; Lk 1:15; 6:37,37; 8:17; 9:27; 10:19; 12:59; 13:35; 18:7,17; 21:18,32,33; 22:16,18,67,68; Jn 4:14,48; 6:35,35,37; 8:12,51,52; 10:5,28; 11:26,56; 13:8,38; 18:11; 20:25; Ac 13:41; 28:26,26; Ro 4:8; 1Co 8:13; Gal 5:16; 1Th 4:15; 5:3; Heb 8:11,12; 10:17; 13:5,5; 1Pe 2:6; 2Pe 1:10; Rev 2:11; 3:3,5,12; 9:6; 15:4; 18:7,14,21,22,22,22,23,23; 21:25,27

οὐ οὐ [3] Mt 5:37; 2Co 1:17; Jas 5:12

οὐχ ἵνα [5] Mk 4:21; Jn 6:38; 1Co 7:35; 2Co 2:4; 13:7

4025 οὐά [1]

Mk 15:29 **Οὐὰ** ὁ καταλύων τὸν ναὸν καὶ οἰκοδομῶν ἐν τρισὶν ἡμέραις,

4026 οὐαί [46]

double, triple vocative [4] Rev 8:13; 18:10,16,19

ἡ οὐαί [3] Rev 9:12; 11:14,14

Mt 11:21 **Οὐαί** σοι, Χοραζίν, **οὐαί** σοι, Βηθσαϊδά· ὅτι εἰ ἐν Τύρῳ καὶ Σιδῶνι ἐγένοντο αἱ δυνάμεις αἱ γενόμεναι ἐν ὑμῖν,
18: 7 **οὐαὶ** τῷ κόσμῳ ἀπὸ τῶν σκανδάλων· ἀνάγκη γὰρ ἐλθεῖν τὰ σκάνδαλα, πλὴν **οὐαὶ** τῷ ἀνθρώπῳ δι᾿ οὗ τὸ σκάνδαλον ἔρχεται.
23:13 **Οὐαὶ** δὲ ὑμῖν, γραμματεῖς καὶ Φαρισαῖοι ὑποκριταί, ὅτι κλείετε τὴν βασιλείαν τῶν οὐρανῶν ἔμπροσθεν τῶν ἀνθρώπων·
23:15 **Οὐαὶ** ὑμῖν, γραμματεῖς καὶ Φαρισαῖοι ὑποκριταί, ὅτι περιάγετε τὴν θάλασσαν καὶ τὴν ξηρὰν ποιῆσαι ἕνα προσήλυτον,
23:16 **Οὐαὶ** ὑμῖν, ὁδηγοὶ τυφλοὶ οἱ λέγοντες, Ὃς ἂν ὀμόσῃ ἐν τῷ ναῷ,
23:23 **Οὐαὶ** ὑμῖν, γραμματεῖς καὶ Φαρισαῖοι ὑποκριταί, ὅτι ἀποδεκατοῦτε τὸ ἡδύοσμον καὶ τὸ ἄνηθον καὶ τὸ κύμινον καὶ ἀφήκατε τὰ βαρύτερα τοῦ νόμου,
23:25 **Οὐαὶ** ὑμῖν, γραμματεῖς καὶ Φαρισαῖοι ὑποκριταί, ὅτι καθαρίζετε τὸ ἔξωθεν τοῦ ποτηρίου καὶ τῆς παροψίδος,
23:27 **Οὐαὶ** ὑμῖν, γραμματεῖς καὶ Φαρισαῖοι ὑποκριταί, ὅτι παρομοιάζετε τάφοις κεκονιαμένοις,
23:29 **Οὐαὶ** ὑμῖν, γραμματεῖς καὶ Φαρισαῖοι ὑποκριταί, ὅτι οἰκοδομεῖτε τοὺς τάφους τῶν προφητῶν
24:19 **οὐαὶ** δὲ ταῖς ἐν γαστρὶ ἐχούσαις καὶ ταῖς θηλαζούσαις ἐν ἐκείναις ταῖς ἡμέραις.
26:24 **οὐαὶ** δὲ τῷ ἀνθρώπῳ ἐκείνῳ δι᾿ οὗ ὁ υἱὸς τοῦ ἀνθρώπου παραδίδοται·
Mk 13:17 **οὐαὶ** δὲ ταῖς ἐν γαστρὶ ἐχούσαις καὶ ταῖς θηλαζούσαις ἐν ἐκείναις ταῖς ἡμέραις.
14:21 **οὐαὶ** δὲ τῷ ἀνθρώπῳ ἐκείνῳ δι᾿ οὗ ὁ υἱὸς τοῦ ἀνθρώπου παραδίδοται·
Lk 6:24 Πλὴν **οὐαὶ** ὑμῖν τοῖς πλουσίοις, ὅτι ἀπέχετε τὴν παράκλησιν ὑμῶν.
6:25 **οὐαὶ** ὑμῖν, οἱ ἐμπεπλησμένοι νῦν, ὅτι πεινάσετε. **οὐαί,** οἱ γελῶντες νῦν, ὅτι πενθήσετε καὶ κλαύσετε.
6:26 **οὐαὶ** ὅταν ὑμᾶς καλῶς εἴπωσιν πάντες οἱ ἄνθρωποι·
10:13 **Οὐαί** σοι, Χοραζίν, **οὐαί** σοι, Βηθσαϊδά· ὅτι εἰ ἐν Τύρῳ καὶ Σιδῶνι ἐγενήθησαν αἱ δυνάμεις αἱ γενόμεναι ἐν ὑμῖν,
11:42 ἀλλὰ **οὐαὶ** ὑμῖν τοῖς Φαρισαίοις, ὅτι ἀποδεκατοῦτε τὸ ἡδύοσμον καὶ τὸ πήγανον καὶ πᾶν λάχανον καὶ παρέρχεσθε τὴν κρίσιν καὶ τὴν ἀγάπην τοῦ θεοῦ·
11:43 **οὐαὶ** ὑμῖν τοῖς Φαρισαίοις, ὅτι ἀγαπᾶτε τὴν πρωτοκαθεδρίαν ἐν ταῖς συναγωγαῖς καὶ τοὺς ἀσπασμοὺς ἐν ταῖς ἀγοραῖς.
11:44 **οὐαὶ** ὑμῖν, ὅτι ἐστὲ ὡς τὰ μνημεῖα τὰ ἄδηλα,
11:46 ὁ δὲ εἶπεν, Καὶ ὑμῖν τοῖς νομικοῖς **οὐαί,**
11:47 **οὐαὶ** ὑμῖν, ὅτι οἰκοδομεῖτε τὰ μνημεῖα τῶν προφητῶν,
11:52 **οὐαὶ** ὑμῖν τοῖς νομικοῖς, ὅτι ἤρατε τὴν κλεῖδα τῆς γνώσεως·
17: 1 Ἀνένδεκτόν ἐστιν τοῦ τὰ σκάνδαλα μὴ ἐλθεῖν, πλὴν **οὐαὶ** δι᾿ οὗ ἔρχεται·
21:23 **οὐαὶ** ταῖς ἐν γαστρὶ ἐχούσαις καὶ ταῖς θηλαζούσαις ἐν ἐκείναις ταῖς ἡμέραις·
22:22 πλὴν **οὐαὶ** τῷ ἀνθρώπῳ ἐκείνῳ δι᾿ οὗ παραδίδοται.
1Co 9:16 ἀνάγκη γάρ μοι ἐπίκειται· **οὐαὶ** γάρ μοί ἐστιν ἐὰν μὴ εὐαγγελίσωμαι.
Jude 1:11 **οὐαὶ** αὐτοῖς, ὅτι τῇ ὁδῷ τοῦ Κάϊν ἐπορεύθησαν καὶ τῇ πλάνῃ τοῦ Βαλαὰμ μισθοῦ ἐξεχύθησαν καὶ τῇ ἀντιλογίᾳ τοῦ Κόρε ἀπώλοντο.
Rev 8:13 **Οὐαὶ οὐαὶ οὐαὶ** τοὺς κατοικοῦντας ἐπὶ τῆς γῆς ἐκ τῶν λοιπῶν φωνῶν τῆς σάλπιγγος τῶν τριῶν ἀγγέλων τῶν μελλόντων σαλπίζειν.
9:12 Ἡ **οὐαὶ** ἡ μία ἀπῆλθεν· ἰδοὺ ἔρχεται ἔτι δύο **οὐαὶ** μετὰ ταῦτα.
11:14 Ἡ **οὐαὶ** ἡ δευτέρα ἀπῆλθεν· ἰδοὺ ἡ **οὐαὶ** ἡ τρίτη ἔρχεται ταχύ.
12:12 **οὐαὶ** τὴν γῆν καὶ τὴν θάλασσαν, ὅτι κατέβη ὁ διάβολος πρὸς ὑμᾶς ἔχων θυμὸν μέγαν,
18:10 **Οὐαὶ οὐαί,** ἡ πόλις ἡ μεγάλη, Βαβυλὼν ἡ πόλις ἡ ἰσχυρά,
18:16 λέγοντες, **Οὐαὶ οὐαί,** ἡ πόλις ἡ μεγάλη, ἡ περιβεβλημένη βύσσινον καὶ πορφυροῦν καὶ κόκκινον καὶ κεχρυσωμένη [ἐν] χρυσίῳ καὶ λίθῳ τιμίῳ καὶ μαργαρίτῃ,
18:19 καὶ ἔβαλον χοῦν ἐπὶ τὰς κεφαλὰς αὐτῶν καὶ ἔκραζον κλαίοντες καὶ πενθοῦντες λέγοντες, **Οὐαὶ οὐαί,** ἡ πόλις ἡ μεγάλη,

4027 οὐδαμῶς [1]

√ *4024 + 1254*

Mt 2: 6 γῆ Ἰούδα, **οὐδαμῶς** ἐλαχίστη εἶ ἐν τοῖς ἡγεμόσιν Ἰούδα·

4028 οὐδέ [143]

√ *4024 + 1254*

ἀλλ᾿ οὐδὲ [4] Lk 23:15; 1Co 3:2; 4:3; Gal 2:3

οὐ ... οὐδέ [84] Mt 6:20,26,26,28; 7:18; 10:24; 12:4,19,19; 13:13; 21:27,32; 23:13; 24:21; 25:13,45; 27:14; Mk 4:22; 8:17; 11:33; Lk 6:43,44; 8:17; 12:24,24,27,27,33; 16:31; 18:4,13; Jn 1:13,13,25,25; 3:27; 6:24; 13:16; 14:17; 15:4; 16:3; Ac 2:27; 4:12; 7:5; 8:21; 9:9; 16:21; 24:18; Ro 2:28; 3:10; 4:15; 8:7; 9:16; 11:21; 1Co 2:6; 3:2; 11:16; 15:13,16,50; 2Co 7:12; Gal 1:1; 3:28,28; 4:14; Php 2:16; 1Th 2:3,3; 5:5; 1Ti 2:12; Heb 10:8; 13:5; 1Pe 2:22; 2Pe 1:8; 1Jn 3:6; Rev 7:16,16,16; 9:4,4,20; 12:8; 20:4; 21:23

οὐδὲ εἷς [5] Mt 27:14; Jn 1:3; 3:27; Ac 4:32; Ro 3:10

οὐδὲ οὕτως [2] Mk 14:59; 1Co 14:21

οὔτε ... οὐδέ [4] Mt 6:20; Gal 1:12; Rev 5:3; 9:20

Mt 5:15 **οὐδὲ** καίουσιν λύχνον καὶ τιθέασιν αὐτὸν ὑπὸ τὸν μόδιον ἀλλ᾿ ἐπὶ τὴν λυχνίαν,
6:15 **οὐδὲ** ὁ πατὴρ ὑμῶν ἀφήσει τὰ παραπτώματα ὑμῶν.
6:20 ὅπου οὔτε σὴς οὔτε βρῶσις ἀφανίζει καὶ ὅπου κλέπται οὐ διορύσσουσιν **οὐδὲ** κλέπτουσιν·
6:26 ἐμβλέψατε εἰς τὰ πετεινὰ τοῦ οὐρανοῦ ὅτι οὐ σπείρουσιν **οὐδὲ** θερίζουσιν **οὐδὲ** συνάγουσιν εἰς ἀποθήκας,
6:28 καταμάθετε τὰ κρίνα τοῦ ἀγροῦ πῶς αὐξάνουσιν· οὐ κοπιῶσιν **οὐδὲ** νήθουσιν·
6:29 λέγω δὲ ὑμῖν ὅτι **οὐδὲ** Σολομὼν ἐν πάσῃ τῇ δόξῃ αὐτοῦ περιεβάλετο ὡς ἓν τούτων.
7:18 οὐ δύναται δένδρον ἀγαθὸν καρποὺς πονηροὺς ποιεῖν **οὐδὲ** δένδρον σαπρὸν καρποὺς καλοὺς ποιεῖν.
9:17 **οὐδὲ** βάλλουσιν οἶνον νέον εἰς ἀσκοὺς παλαιούς· εἰ δὲ μή γε,
10:24 Οὐκ ἔστιν μαθητὴς ὑπὲρ τὸν διδάσκαλον **οὐδὲ** δοῦλος ὑπὲρ τὸν κύριον αὐτοῦ.
11:27 **οὐδὲ** τὸν πατέρα τις ἐπιγινώσκει εἰ μὴ ὁ υἱὸς καὶ ᾧ ἐὰν βούληται ὁ υἱὸς ἀποκαλύψαι.
12: 4 ὃ οὐκ ἐξὸν ἦν αὐτῷ φαγεῖν **οὐδὲ** τοῖς μετ᾿ αὐτοῦ εἰ μὴ τοῖς ἱερεῦσιν μόνοις;
12:19 οὐκ ἐρίσει **οὐδὲ** κραυγάσει, **οὐδὲ** ἀκούσει τις ἐν ταῖς πλατείαις τὴν φωνὴν αὐτοῦ.
13:13 ὅτι βλέποντες οὐ βλέπουσιν καὶ ἀκούοντες οὐκ ἀκούουσιν **οὐδὲ** συνίουσιν,
16: 9 **οὐδὲ** μνημονεύετε τοὺς πέντε ἄρτους τῶν πεντακισχιλίων καὶ πόσους κοφίνους ἐλάβετε;
16:10 **οὐδὲ** τοὺς ἑπτὰ ἄρτους τῶν τετρακισχιλίων καὶ πόσας σπυρίδας ἐλάβετε;
21:27 **Οὐδὲ** ἐγὼ λέγω ὑμῖν ἐν ποίᾳ ἐξουσίᾳ ταῦτα ποιῶ.
21:32 ὑμεῖς δὲ ἰδόντες **οὐδὲ** μετεμελήθητε ὕστερον τοῦ πιστεῦσαι αὐτῷ.
22:46 καὶ οὐδεὶς ἐδύνατο ἀποκριθῆναι αὐτῷ λόγον **οὐδὲ** ἐτόλμησέν τις ἀπ᾿ ἐκείνης τῆς ἡμέρας ἐπερωτῆσαι αὐτὸν οὐκέτι.
23:13 ὑμεῖς γὰρ οὐκ εἰσέρχεσθε **οὐδὲ** τοὺς εἰσερχομένους ἀφίετε εἰσελθεῖν.
24:21 ἔσται γὰρ τότε θλῖψις μεγάλη οἵα οὐ γέγονεν ἀπ᾿ ἀρχῆς κόσμου ἕως τοῦ νῦν **οὐδ᾿** οὐ μὴ γένηται.
24:36 Περὶ δὲ τῆς ἡμέρας ἐκείνης καὶ ὥρας οὐδεὶς οἶδεν, **οὐδὲ** οἱ ἄγγελοι τῶν οὐρανῶν **οὐδὲ** ὁ υἱός,
25:13 ὅτι οὐκ οἴδατε τὴν ἡμέραν **οὐδὲ** τὴν ὥραν.
25:45 ἐφ᾿ ὅσον οὐκ ἐποιήσατε ἑνὶ τούτων τῶν ἐλαχίστων, **οὐδὲ** ἐμοὶ ἐποιήσατε.
27:14 καὶ οὐκ ἀπεκρίθη αὐτῷ πρὸς **οὐδὲ** ἓν ῥῆμα,
Mk 4:22 **οὐδὲ** ἐγένετο ἀπόκρυφον ἀλλ᾿ ἵνα ἔλθῃ εἰς φανερόν.
5: 3 καὶ **οὐδὲ** ἁλύσει οὐκέτι οὐδεὶς ἐδύνατο αὐτὸν δῆσαι
6:31 ἦσαν γὰρ οἱ ἐρχόμενοι καὶ οἱ ὑπάγοντες πολλοί, καὶ **οὐδὲ** φαγεῖν εὐκαίρουν.

8:17 οὔπω νοεῖτε **οὐδὲ** συνίετε; πεπωρωμένην ἔχετε τὴν καρδίαν ὑμῶν;
11:33 **Οὐδὲ** ἐγὼ λέγω ὑμῖν ἐν ποίᾳ ἐξουσίᾳ ταῦτα ποιῶ.
12:10 **οὐδὲ** τὴν γραφὴν ταύτην ἀνέγνωτε, Λίθον ὃν ἀπεδοκίμασαν οἱ οἰκοδομοῦντες,
13:32 Περὶ δὲ τῆς ἡμέρας ἐκείνης ἢ τῆς ὥρας οὐδεὶς οἶδεν, **οὐδὲ** οἱ ἄγγελοι ἐν οὐρανῷ **οὐδὲ** ὁ υἱός,
14:59 καὶ **οὐδὲ** οὕτως ἴση ἦν ἡ μαρτυρία αὐτῶν.
16:13 ⟦κἀκεῖνοι ἀπελθόντες ἀπήγγειλαν τοῖς λοιποῖς· **οὐδὲ** ἐκείνοις ἐπίστευσαν.⟧
Lk 6: 3 **Οὐδὲ** τοῦτο ἀνέγνωτε ὃ ἐποίησεν Δαυὶδ ὅτε ἐπείνασεν αὐτὸς καὶ οἱ μετ' αὐτοῦ [ὄντες,]
6:43 Οὐ γάρ ἐστιν δένδρον καλὸν ποιοῦν καρπὸν σαπρόν, **οὐδὲ** πάλιν δένδρον σαπρὸν ποιοῦν καρπὸν καλόν.
6:44 οὐ γὰρ ἐξ ἀκανθῶν συλλέγουσιν σῦκα **οὐδὲ** ἐκ βάτου σταφυλὴν τρυγῶσιν.
7: 7 διὸ **οὐδὲ** ἐμαυτὸν ἠξίωσα πρὸς σὲ ἐλθεῖν· ἀλλὰ εἰπὲ λόγῳ,
7: 9 Λέγω ὑμῖν, **οὐδὲ** ἐν τῷ Ἰσραὴλ τοσαύτην πίστιν εὗρον.
8:17 οὐ γάρ ἐστιν κρυπτὸν ὃ οὐ φανερὸν γενήσεται **οὐδὲ** ἀπόκρυφον ὃ οὐ μὴ γνωσθῇ καὶ εἰς φανερὸν ἔλθῃ.
11:33 Οὐδεὶς λύχνον ἅψας εἰς κρύπτην τίθησιν [**οὐδὲ** ὑπὸ τὸν μόδιον] ἀλλ' ἐπὶ τὴν λυχνίαν,
12:24 κατανοήσατε τοὺς κόρακας ὅτι οὐ σπείρουσιν **οὐδὲ** θερίζουσιν, οἷς οὐκ ἔστιν ταμεῖον **οὐδὲ** ἀποθήκη, καὶ ὁ θεὸς τρέφει αὐτούς·
12:26 εἰ οὖν **οὐδὲ** ἐλάχιστον δύνασθε, τί περὶ τῶν λοιπῶν μεριμνᾶτε;
12:27 οὐ κοπιᾷ **οὐδὲ** νήθει· λέγω δὲ ὑμῖν, **οὐδὲ** Σολομὼν ἐν πάσῃ τῇ δόξῃ αὐτοῦ περιεβάλετο ὡς ἓν τούτων.
12:33 θησαυρὸν ἀνέκλειπτον ἐν τοῖς οὐρανοῖς, ὅπου κλέπτης οὐκ ἐγγίζει **οὐδὲ** σὴς διαφθείρει·
16:31 Εἰ Μωϋσέως καὶ τῶν προφητῶν οὐκ ἀκούουσιν, **οὐδ'** ἐάν τις ἐκ νεκρῶν ἀναστῇ πεισθήσονται.
17:21 **οὐδὲ** ἐροῦσιν, Ἰδοὺ ὧδε ἤ, Ἐκεῖ, ἰδοὺ γὰρ ἡ βασιλεία τοῦ θεοῦ ἐντὸς ὑμῶν ἐστιν.
18: 4 Εἰ καὶ τὸν θεὸν οὐ φοβοῦμαι **οὐδὲ** ἄνθρωπον ἐντρέπομαι,
18:13 ὁ δὲ τελώνης μακρόθεν ἑστὼς οὐκ ἤθελεν **οὐδὲ** τοὺς ὀφθαλμοὺς ἐπᾶραι εἰς τὸν οὐρανόν,
20: 8 **Οὐδὲ** ἐγὼ λέγω ὑμῖν ἐν ποίᾳ ἐξουσίᾳ ταῦτα ποιῶ.
20:36 **οὐδὲ** γὰρ ἀποθανεῖν ἔτι δύνανται, ἰσάγγελοι γάρ εἰσιν καὶ υἱοί εἰσιν θεοῦ τῆς ἀναστάσεως υἱοὶ ὄντες.
23:15 ἀλλ' **οὐδὲ** Ἡρῴδης, ἀνέπεμψεν γὰρ αὐτὸν πρὸς ἡμᾶς,
23:40 **Οὐδὲ** φοβῇ σὺ τὸν θεόν, ὅτι ἐν τῷ αὐτῷ κρίματι εἶ;
Jn 1: 3 πάντα δι' αὐτοῦ ἐγένετο, καὶ χωρὶς αὐτοῦ ἐγένετο **οὐδὲ** ἕν.
1:13 οἳ οὐκ ἐξ αἱμάτων **οὐδὲ** ἐκ θελήματος σαρκὸς **οὐδὲ** ἐκ θελήματος ἀνδρὸς ἀλλ' ἐκ θεοῦ ἐγεννήθησαν.
1:25 Τί οὖν βαπτίζεις εἰ σὺ οὐκ εἶ ὁ Χριστὸς **οὐδὲ** Ἠλίας **οὐδὲ** ὁ προφήτης;
3:27 Οὐ δύναται ἄνθρωπος λαμβάνειν **οὐδὲ** ἓν ἐὰν μὴ ᾖ δεδομένον αὐτῷ ἐκ τοῦ οὐρανοῦ.
5:22 **οὐδὲ** γὰρ ὁ πατὴρ κρίνει οὐδένα, ἀλλὰ τὴν κρίσιν πᾶσαν δέδωκεν τῷ υἱῷ,
6:24 ὅτε οὖν εἶδεν ὁ ὄχλος ὅτι Ἰησοῦς οὐκ ἔστιν ἐκεῖ **οὐδὲ** οἱ μαθηταὶ αὐτοῦ,
7: 5 **οὐδὲ** γὰρ οἱ ἀδελφοὶ αὐτοῦ ἐπίστευον εἰς αὐτόν.
8:11 ⟦εἶπεν δὲ ὁ Ἰησοῦς, **Οὐδὲ** ἐγώ σε κατακρίνω·⟧
8:42 **οὐδὲ** γὰρ ἀπ' ἐμαυτοῦ ἐλήλυθα, ἀλλ' ἐκεῖνός με ἀπέστειλεν.
11:50 **οὐδὲ** λογίζεσθε ὅτι συμφέρει ὑμῖν ἵνα εἷς ἄνθρωπος ἀποθάνῃ ὑπὲρ τοῦ λαοῦ καὶ μὴ ὅλον τὸ ἔθνος ἀπόληται.
13:16 οὐκ ἔστιν δοῦλος μείζων τοῦ κυρίου αὐτοῦ **οὐδὲ** ἀπόστολος μείζων τοῦ πέμψαντος αὐτόν.
14:17 ὃ ὁ κόσμος οὐ δύναται λαβεῖν, ὅτι οὐ θεωρεῖ αὐτὸ **οὐδὲ** γινώσκει·
15: 4 οὕτως **οὐδὲ** ὑμεῖς ἐὰν μὴ ἐν ἐμοὶ μένητε.
16: 3 καὶ ταῦτα ποιήσουσιν ὅτι οὐκ ἔγνωσαν τὸν πατέρα **οὐδὲ** ἐμέ.
21:25 **οὐδ'** αὐτὸν οἶμαι τὸν κόσμον χωρῆσαι τὰ γραφόμενα βιβλία.
Ac 2:27 ὅτι οὐκ ἐγκαταλείψεις τὴν ψυχήν μου εἰς ᾅδην **οὐδὲ** δώσεις τὸν ὅσιόν σου ἰδεῖν διαφθοράν.
4:12 **οὐδὲ** γὰρ ὄνομά ἐστιν ἕτερον ὑπὸ τὸν οὐρανὸν τὸ δεδομένον ἐν ἀνθρώποις ἐν ᾧ δεῖ σωθῆναι ἡμᾶς.
4:32 καὶ **οὐδὲ** εἷς τι τῶν ὑπαρχόντων αὐτῷ ἔλεγεν ἴδιον εἶναι ἀλλ' ἦν αὐτοῖς ἅπαντα κοινά.
4:34 **οὐδὲ** γὰρ ἐνδεής τις ἦν ἐν αὐτοῖς· ὅσοι γὰρ κτήτορες χωρίων ἢ οἰκιῶν ὑπῆρχον,
7: 5 καὶ οὐκ ἔδωκεν αὐτῷ κληρονομίαν ἐν αὐτῇ **οὐδὲ** βῆμα ποδὸς καὶ ἐπηγγείλατο δοῦναι αὐτῷ εἰς κατάσχεσιν αὐτὴν
8:21 οὐκ ἔστιν σοι μερὶς **οὐδὲ** κλῆρος ἐν τῷ λόγῳ τούτῳ,
9: 9 καὶ ἦν ἡμέρας τρεῖς μὴ βλέπων καὶ οὐκ ἔφαγεν **οὐδὲ** ἔπιεν.
16:21 καὶ καταγγέλλουσιν ἔθη ἃ οὐκ ἔξεστιν ἡμῖν παραδέχεσθαι **οὐδὲ** ποιεῖν Ῥωμαίοις οὖσιν.
17:25 **οὐδὲ** ὑπὸ χειρῶν ἀνθρωπίνων θεραπεύεται προσδεόμενός τινος, αὐτὸς διδοὺς πᾶσι ζωὴν καὶ πνοὴν καὶ τὰ πάντα·
19: 2 οἱ δὲ πρὸς αὐτόν, Ἀλλ' **οὐδ'** εἰ πνεῦμα ἅγιον ἔστιν ἠκούσαμεν.
24:13 **οὐδὲ** παραστῆσαι δύνανταί σοι περὶ ὧν νυνὶ κατηγοροῦσίν μου.
24:18 ἐν αἷς εὗρόν με ἡγνισμένον ἐν τῷ ἱερῷ οὐ μετὰ ὄχλου **οὐδὲ** μετὰ θορύβου,
Ro 2:28 οὐ γὰρ ὁ ἐν τῷ φανερῷ Ἰουδαῖός ἐστιν **οὐδὲ** ἡ ἐν τῷ φανερῷ ἐν σαρκὶ περιτομή,
3:10 καθὼς γέγραπται ὅτι Οὐκ ἔστιν δίκαιος **οὐδὲ** εἷς,
4:15 ὁ γὰρ νόμος ὀργὴν κατεργάζεται· οὗ δὲ οὐκ ἔστιν νόμος **οὐδὲ** παράβασις.
8: 7 τῷ γὰρ νόμῳ τοῦ θεοῦ οὐχ ὑποτάσσεται, **οὐδὲ** γὰρ δύναται·
9: 7 **οὐδ'** ὅτι εἰσὶν σπέρμα Ἀβραὰμ πάντες τέκνα, ἀλλ',
9:16 ἄρα οὖν οὐ τοῦ θέλοντος **οὐδὲ** τοῦ τρέχοντος ἀλλὰ τοῦ ἐλεῶντος θεοῦ.
11:21 εἰ γὰρ ὁ θεὸς τῶν κατὰ φύσιν κλάδων οὐκ ἐφείσατο, [μή πως] **οὐδὲ** σοῦ φείσεται.
1Co 2: 6 σοφίαν δὲ οὐ τοῦ αἰῶνος τούτου **οὐδὲ** τῶν ἀρχόντων τοῦ αἰῶνος τούτου τῶν καταργουμένων·
3: 2 οὔπω γὰρ ἐδύνασθε. ἀλλ' **οὐδὲ** ἔτι νῦν δύνασθε,
4: 3 ἵνα ὑφ' ὑμῶν ἀνακριθῶ ἢ ὑπὸ ἀνθρωπίνης ἡμέρας· ἀλλ' **οὐδὲ** ἐμαυτὸν ἀνακρίνω.
5: 1 καὶ τοιαύτη πορνεία ἥτις **οὐδὲ** ἐν τοῖς ἔθνεσιν,
11:14 **οὐδὲ** ἡ φύσις αὐτὴ διδάσκει ὑμᾶς ὅτι ἀνὴρ μὲν ἐὰν κομᾷ ἀτιμία αὐτῷ ἐστιν,
11:16 ἡμεῖς τοιαύτην συνήθειαν οὐκ ἔχομεν **οὐδὲ** αἱ ἐκκλησίαι τοῦ θεοῦ.
14:21 γέγραπται ὅτι Ἐν ἑτερογλώσσοις καὶ ἐν χείλεσιν ἑτέρων λαλήσω τῷ λαῷ τούτῳ καὶ **οὐδ'** οὕτως εἰσακούσονταί μου,
15:13 εἰ δὲ ἀνάστασις νεκρῶν οὐκ ἔστιν, **οὐδὲ** Χριστὸς ἐγήγερται·
15:16 εἰ γὰρ νεκροὶ οὐκ ἐγείρονται, **οὐδὲ** Χριστὸς ἐγήγερται·
15:50 ὅτι σὰρξ καὶ αἷμα βασιλείαν θεοῦ κληρονομῆσαι οὐ δύναται **οὐδὲ** ἡ φθορὰ τὴν ἀφθαρσίαν κληρονομεῖ.
2Co 7:12 οὐχ ἕνεκεν τοῦ ἀδικήσαντος **οὐδὲ** ἕνεκεν τοῦ ἀδικηθέντος ἀλλ' ἕνεκεν τοῦ φανερωθῆναι τὴν σπουδὴν ὑμῶν τὴν ὑπὲρ ἡμῶν
Gal 1: 1 Παῦλος ἀπόστολος οὐκ ἀπ' ἀνθρώπων **οὐδὲ** δι' ἀνθρώπου ἀλλὰ διὰ Ἰησοῦ Χριστοῦ καὶ θεοῦ πατρὸς τοῦ ἐγείραντος αὐτὸν
1:12 **οὐδὲ** γὰρ ἐγὼ παρὰ ἀνθρώπου παρέλαβον αὐτὸ οὔτε ἐδιδάχθην ἀλλὰ δι' ἀποκαλύψεως Ἰησοῦ Χριστοῦ.
1:17 **οὐδὲ** ἀνῆλθον εἰς Ἱεροσόλυμα πρὸς τοὺς πρὸ ἐμοῦ ἀποστόλους,
2: 3 ἀλλ' **οὐδὲ** Τίτος ὁ σὺν ἐμοί, Ἕλλην ὤν,
2: 5 οἷς **οὐδὲ** πρὸς ὥραν εἴξαμεν τῇ ὑποταγῇ, ἵνα ἡ ἀλήθεια τοῦ εὐαγγελίου διαμείνῃ πρὸς ὑμᾶς.
3:28 οὐκ ἔνι Ἰουδαῖος **οὐδὲ** Ἕλλην, οὐκ ἔνι δοῦλος **οὐδὲ** ἐλεύθερος, οὐκ ἔνι ἄρσεν καὶ θῆλυ·
4:14 καὶ τὸν πειρασμὸν ὑμῶν ἐν τῇ σαρκί μου οὐκ ἐξουθενήσατε **οὐδὲ** ἐξεπτύσατε,
6:13 **οὐδὲ** γὰρ οἱ περιτεμνόμενοι αὐτοὶ νόμον φυλάσσουσιν ἀλλὰ θέλουσιν ὑμᾶς περιτέμνεσθαι,
Php 2:16 ὅτι οὐκ εἰς κενὸν ἔδραμον **οὐδὲ** εἰς κενὸν ἐκοπίασα.
1Th 2: 3 ἡ γὰρ παράκλησις ἡμῶν οὐκ ἐκ πλάνης **οὐδὲ** ἐξ ἀκαθαρσίας **οὐδὲ** ἐν δόλῳ,
5: 5 πάντες γὰρ ὑμεῖς υἱοὶ φωτός ἐστε καὶ υἱοὶ ἡμέρας. οὐκ ἐσμὲν νυκτὸς **οὐδὲ** σκότους·
2Th 3: 8 **οὐδὲ** δωρεὰν ἄρτον ἐφάγομεν παρά τινος, ἀλλ' ἐν κόπῳ καὶ μόχθῳ νυκτὸς καὶ ἡμέρας ἐργαζόμενοι πρὸς τὸ μὴ ἐπιβαρῆσαί
1Ti 2:12 διδάσκειν δὲ γυναικὶ οὐκ ἐπιτρέπω **οὐδὲ** αὐθεντεῖν ἀνδρός,
6: 7 οὐδὲν γὰρ εἰσηνέγκαμεν εἰς τὸν κόσμον, ὅτι **οὐδὲ** ἐξενεγκεῖν τι δυνάμεθα·
6:16 φῶς οἰκῶν ἀπρόσιτον, ὃν εἶδεν οὐδεὶς ἀνθρώπων **οὐδὲ** ἰδεῖν δύναται·
Heb 8: 4 εἰ μὲν οὖν ἦν ἐπὶ γῆς, **οὐδ'** ἂν ἦν ἱερεύς,
9:12 **οὐδὲ** δι' αἵματος τράγων καὶ μόσχων διὰ δὲ τοῦ ἰδίου αἵματος εἰσῆλθεν ἐφάπαξ εἰς τὰ ἅγια αἰωνίαν λύτρωσιν εὑράμενος.
9:18 ὅθεν **οὐδὲ** ἡ πρώτη χωρὶς αἵματος ἐγκεκαίνισται·
9:25 **οὐδ'** ἵνα πολλάκις προσφέρῃ ἑαυτόν, ὥσπερ ὁ ἀρχιερεὺς εἰσέρχεται εἰς τὰ ἅγια κατ' ἐνιαυτὸν ἐν αἵματι ἀλλοτρίῳ,
10: 8 ἀνώτερον λέγων ὅτι Θυσίας καὶ προσφορὰς καὶ ὁλοκαυτώματα καὶ περὶ ἁμαρτίας οὐκ ἠθέλησας **οὐδὲ** εὐδόκησας,
13: 5 Οὐ μή σε ἀνῶ **οὐδ'** οὐ μή σε ἐγκαταλίπω,
1Pe 2:22 ὃς ἁμαρτίαν οὐκ ἐποίησεν **οὐδὲ** εὑρέθη δόλος ἐν τῷ στόματι αὐτοῦ,
2Pe 1: 8 ὑμῖν ὑπάρχοντα καὶ πλεονάζοντα οὐκ ἀργοὺς **οὐδὲ** ἀκάρπους καθίστησιν εἰς τὴν τοῦ κυρίου ἡμῶν Ἰησοῦ Χριστοῦ ἐπίγνωσιν·

1Jn 2:23 πᾶς ὁ ἀρνούμενος τὸν υἱὸν **οὐδὲ** τὸν πατέρα ἔχει,
3: 6 πᾶς ὁ ἁμαρτάνων οὐχ ἑώρακεν αὐτὸν **οὐδὲ** ἔγνωκεν αὐτόν.
Rev 5: 3 καὶ οὐδεὶς ἐδύνατο ἐν τῷ οὐρανῷ **οὐδὲ** ἐπὶ τῆς γῆς **οὐδὲ** ὑποκάτω τῆς γῆς ἀνοῖξαι τὸ βιβλίον οὔτε βλέπειν αὐτό.
7:16 οὐ πεινάσουσιν ἔτι **οὐδὲ** διψήσουσιν ἔτι **οὐδὲ** μὴ πέσῃ ἐπ' αὐτοὺς ὁ ἥλιος **οὐδὲ** πᾶν καῦμα,
9: 4 καὶ ἐρρέθη αὐταῖς ἵνα μὴ ἀδικήσουσιν τὸν χόρτον τῆς γῆς **οὐδὲ** πᾶν χλωρὸν **οὐδὲ** πᾶν δένδρον,
9:20 **οὐδὲ** μετενόησαν ἐκ τῶν ἔργων τῶν χειρῶν αὐτῶν,
12: 8 καὶ οὐκ ἴσχυσεν **οὐδὲ** τόπος εὑρέθη αὐτῶν ἔτι ἐν τῷ οὐρανῷ.
20: 4 καὶ οἵτινες οὐ προσεκύνησαν τὸ θηρίον **οὐδὲ** τὴν εἰκόνα αὐτοῦ καὶ οὐκ ἔλαβον τὸ χάραγμα ἐπὶ τὸ μέτωπον καὶ ἐπὶ τὴν χεῖρα
21:23 καὶ ἡ πόλις οὐ χρείαν ἔχει τοῦ ἡλίου **οὐδὲ** τῆς σελήνης ἵνα φαίνωσιν αὐτῇ,

4029 οὐδείς [234]

√ *4024 + 1254 + 1651*

εἰς οὐδέν [4] Mt 5:13; Ac 5:36; 17:21; 19:27

ἐπ' οὐδέν [1] 2Ti 2:14

οὐδείς ... ἐάν [2] Jn 6:44,65

οὐδείς ... εἰ μή [24] Mt 5:13; 11:27; 17:8; 21:19; Mk 5:37; 6:5; 9:29; 10:18; 11:13; Lk 4:26,27; 10:22; 18:19; Jn 3:13; 14:6; 17:12; 19:11; 1Co 1:14; 2:11; 8:4; 12:3; Rev 2:17; 14:3; 19:12

οὐδὲν ἐκτός [1] Ac 26:22

οὐθέν [7] Lk 22:35; 23:14; Ac 15:9; 19:27; 26:26; 1Co 13:2; 2Co 11:9

Mt 5:13 εἰς **οὐδὲν** ἰσχύει ἔτι εἰ μὴ βληθὲν ἔξω καταπατεῖσθαι ὑπὸ τῶν ἀνθρώπων.
6:24 **Οὐδεὶς** δύναται δυσὶ κυρίοις δουλεύειν· ἢ γὰρ τὸν ἕνα μισήσει καὶ τὸν ἕτερον ἀγαπήσει,
8:10 παρ' **οὐδενὶ** τοσαύτην πίστιν ἐν τῷ Ἰσραὴλ εὗρον.
9:16 **οὐδεὶς** δὲ ἐπιβάλλει ἐπίβλημα ῥάκους ἀγνάφου ἐπὶ ἱματίῳ παλαιῷ·
10:26 **οὐδὲν** γάρ ἐστιν κεκαλυμμένον ὃ οὐκ ἀποκαλυφθήσεται καὶ κρυπτὸν ὃ οὐ γνωσθήσεται.
11:27 καὶ **οὐδεὶς** ἐπιγινώσκει τὸν υἱὸν εἰ μὴ ὁ πατήρ,
13:34 Ταῦτα πάντα ἐλάλησεν ὁ Ἰησοῦς ἐν παραβολαῖς τοῖς ὄχλοις καὶ χωρὶς παραβολῆς **οὐδὲν** ἐλάλει αὐτοῖς,
17: 8 ἐπάραντες δὲ τοὺς ὀφθαλμοὺς αὐτῶν **οὐδένα** εἶδον εἰ μὴ αὐτὸν Ἰησοῦν μόνον.
17:20 Μετάβα ἔνθεν ἐκεῖ, καὶ μεταβήσεται· καὶ **οὐδὲν** ἀδυνατήσει ὑμῖν.
20: 7 λέγουσιν αὐτῷ, Ὅτι **οὐδεὶς** ἡμᾶς ἐμισθώσατο. λέγει αὐτοῖς,
21:19 καὶ ἰδὼν συκῆν μίαν ἐπὶ τῆς ὁδοῦ ἦλθεν ἐπ' αὐτὴν καὶ **οὐδὲν** εὗρεν ἐν αὐτῇ εἰ μὴ φύλλα μόνον,
22:16 οἴδαμεν ὅτι ἀληθὴς εἶ καὶ τὴν ὁδὸν τοῦ θεοῦ ἐν ἀληθείᾳ διδάσκεις καὶ οὐ μέλει σοι περὶ **οὐδενός·**
22:46 καὶ **οὐδεὶς** ἐδύνατο ἀποκριθῆναι αὐτῷ λόγον οὐδὲ ἐτόλμησέν τις ἀπ' ἐκείνης τῆς ἡμέρας ἐπερωτῆσαι αὐτὸν οὐκέτι.
23:16 Ὃς ἂν ὀμόσῃ ἐν τῷ ναῷ, **οὐδέν** ἐστιν·
23:18 Ὃς ἂν ὀμόσῃ ἐν τῷ θυσιαστηρίῳ, **οὐδέν** ἐστιν·
24:36 Περὶ δὲ τῆς ἡμέρας ἐκείνης καὶ ὥρας **οὐδεὶς** οἶδεν,
26:62 καὶ ἀναστὰς ὁ ἀρχιερεὺς εἶπεν αὐτῷ, **Οὐδὲν** ἀποκρίνῃ τί οὗτοί σου καταμαρτυροῦσιν;
27:12 καὶ ἐν τῷ κατηγορεῖσθαι αὐτὸν ὑπὸ τῶν ἀρχιερέων καὶ πρεσβυτέρων **οὐδὲν** ἀπεκρίνατο.
27:24 ἰδὼν δὲ ὁ Πιλᾶτος ὅτι **οὐδὲν** ὠφελεῖ ἀλλὰ μᾶλλον θόρυβος γίνεται,
Mk 2:21 **οὐδεὶς** ἐπίβλημα ῥάκους ἀγνάφου ἐπιράπτει ἐπὶ ἱμάτιον παλαιόν·
2:22 καὶ **οὐδεὶς** βάλλει οἶνον νέον εἰς ἀσκοὺς παλαιούς·
3:27 ἀλλ' οὐ δύναται **οὐδεὶς** εἰς τὴν οἰκίαν τοῦ ἰσχυροῦ εἰσελθὼν τὰ σκεύη αὐτοῦ διαρπάσαι,
5: 3 καὶ οὐδὲ ἁλύσει οὐκέτι **οὐδεὶς** ἐδύνατο αὐτὸν δῆσαι
5: 4 καὶ διεσπάσθαι ὑπ' αὐτοῦ τὰς ἁλύσεις καὶ τὰς πέδας συντετρῖφθαι, καὶ **οὐδεὶς** ἴσχυεν αὐτὸν δαμάσαι·
5:37 καὶ οὐκ ἀφῆκεν **οὐδένα** μετ' αὐτοῦ συνακολουθῆσαι εἰ μὴ τὸν Πέτρον καὶ Ἰάκωβον καὶ Ἰωάννην τὸν ἀδελφὸν Ἰακώβου.
6: 5 καὶ οὐκ ἐδύνατο ἐκεῖ ποιῆσαι **οὐδεμίαν** δύναμιν, εἰ μὴ ὀλίγοις ἀρρώστοις ἐπιθεὶς τὰς χεῖρας ἐθεράπευσεν.
7:12 οὐκέτι ἀφίετε αὐτὸν **οὐδὲν** ποιῆσαι τῷ πατρὶ ἢ τῇ μητρί,
7:15 **οὐδέν** ἐστιν ἔξωθεν τοῦ ἀνθρώπου εἰσπορευόμενον εἰς αὐτὸν ὃ δύναται κοινῶσαι αὐτόν,
7:24 καὶ εἰσελθὼν εἰς οἰκίαν **οὐδένα** ἤθελεν γνῶναι, καὶ οὐκ ἠδυνήθη λαθεῖν·
9: 8 καὶ ἐξάπινα περιβλεψάμενοι οὐκέτι **οὐδένα** εἶδον ἀλλὰ τὸν Ἰησοῦν μόνον μεθ' ἑαυτῶν.
9:29 Τοῦτο τὸ γένος ἐν **οὐδενὶ** δύναται ἐξελθεῖν εἰ μὴ ἐν προσευχῇ.
9:39 **οὐδεὶς** γάρ ἐστιν ὃς ποιήσει δύναμιν ἐπὶ τῷ ὀνόματί μου καὶ δυνήσεται ταχὺ κακολογῆσαί με·
10:18 Τί με λέγεις ἀγαθόν; **οὐδεὶς** ἀγαθὸς εἰ μὴ εἷς ὁ θεός.
10:29 **οὐδείς** ἐστιν ὃς ἀφῆκεν οἰκίαν ἢ ἀδελφοὺς ἢ ἀδελφὰς ἢ μητέρα ἢ πατέρα ἢ τέκνα ἢ ἀγροὺς ἕνεκεν ἐμοῦ
11: 2 καὶ εὐθὺς εἰσπορευόμενοι εἰς αὐτὴν εὑρήσετε πῶλον δεδεμένον ἐφ' ὃν **οὐδεὶς** οὔπω ἀνθρώπων ἐκάθισεν·
11:13 καὶ ἐλθὼν ἐπ' αὐτὴν **οὐδὲν** εὗρεν εἰ μὴ φύλλα·
12:14 οἴδαμεν ὅτι ἀληθὴς εἶ καὶ οὐ μέλει σοι περὶ **οὐδενός·**
12:34 Οὐ μακρὰν εἶ ἀπὸ τῆς βασιλείας τοῦ θεοῦ. καὶ **οὐδεὶς** οὐκέτι ἐτόλμα αὐτὸν ἐπερωτῆσαι.
13:32 Περὶ δὲ τῆς ἡμέρας ἐκείνης ἢ τῆς ὥρας **οὐδεὶς** οἶδεν,
14:60 καὶ ἀναστὰς ὁ ἀρχιερεὺς εἰς μέσον ἐπηρώτησεν τὸν Ἰησοῦν λέγων, Οὐκ ἀποκρίνῃ **οὐδὲν** [UBS; NIV **οὐδέν;**] τί οὗτοί σου καταμαρτυροῦσιν;
14:61 ὁ δὲ ἐσιώπα καὶ οὐκ ἀπεκρίνατο **οὐδέν.** πάλιν ὁ ἀρχιερεὺς ἐπηρώτα αὐτὸν καὶ λέγει αὐτῷ,
15: 4 ὁ δὲ Πιλᾶτος πάλιν ἐπηρώτα αὐτὸν λέγων, Οὐκ ἀποκρίνῃ **οὐδέν;**
15: 5 ὁ δὲ Ἰησοῦς οὐκέτι **οὐδὲν** ἀπεκρίθη, ὥστε θαυμάζειν τὸν Πιλᾶτον.
16: 8 εἶχεν γὰρ αὐτὰς τρόμος καὶ ἔκστασις· καὶ **οὐδενὶ οὐδὲν** εἶπαν· ἐφοβοῦντο γάρ.
Lk 1:61 καὶ εἶπαν πρὸς αὐτὴν ὅτι **Οὐδείς** ἐστιν ἐκ τῆς συγγενείας σου ὃς καλεῖται τῷ ὀνόματι τούτῳ.
4: 2 καὶ οὐκ ἔφαγεν **οὐδὲν** ἐν ταῖς ἡμέραις ἐκείναις καὶ συντελεσθεισῶν αὐτῶν ἐπείνασεν.
4:24 Ἀμὴν λέγω ὑμῖν ὅτι **οὐδεὶς** προφήτης δεκτός ἐστιν ἐν τῇ πατρίδι αὐτοῦ.
4:26 καὶ πρὸς **οὐδεμίαν** αὐτῶν ἐπέμφθη Ἠλίας εἰ μὴ εἰς Σάρεπτα τῆς Σιδωνίας πρὸς γυναῖκα χήραν.
4:27 καὶ **οὐδεὶς** αὐτῶν ἐκαθαρίσθη εἰ μὴ Ναιμὰν ὁ Σύρος.
5: 5 καὶ ἀποκριθεὶς Σίμων εἶπεν, Ἐπιστάτα, δι' ὅλης νυκτὸς κοπιάσαντες **οὐδὲν** ἐλάβομεν·
5:36 Ἔλεγεν δὲ καὶ παραβολὴν πρὸς αὐτοὺς ὅτι **Οὐδεὶς** ἐπίβλημα ἀπὸ ἱματίου καινοῦ σχίσας ἐπιβάλλει ἐπὶ ἱμάτιον παλαιόν·
5:37 καὶ **οὐδεὶς** βάλλει οἶνον νέον εἰς ἀσκοὺς παλαιούς·
5:39 [καὶ] **οὐδεὶς** πιὼν παλαιὸν θέλει νέον· λέγει γάρ,
7:28 λέγω ὑμῖν, μείζων ἐν γεννητοῖς γυναικῶν Ἰωάννου **οὐδείς** ἐστιν·
8:16 **Οὐδεὶς** δὲ λύχνον ἅψας καλύπτει αὐτὸν σκεύει ἢ ὑποκάτω κλίνης τίθησιν,
8:43 ἥτις [ἰατροῖς προσαναλώσασα ὅλον τὸν βίον] οὐκ ἴσχυσεν ἀπ' **οὐδενὸς** θεραπευθῆναι,
9:36 καὶ αὐτοὶ ἐσίγησαν καὶ **οὐδενὶ** ἀπήγγειλαν ἐν ἐκείναις ταῖς ἡμέραις **οὐδὲν** ὧν ἑώρακαν.
9:62 **Οὐδεὶς** ἐπιβαλὼν τὴν χεῖρα ἐπ' ἄροτρον καὶ βλέπων εἰς τὰ ὀπίσω εὔθετός ἐστιν τῇ βασιλείᾳ τοῦ θεοῦ.
10:19 καὶ ἐπὶ πᾶσαν τὴν δύναμιν τοῦ ἐχθροῦ, καὶ **οὐδὲν** ὑμᾶς οὐ μὴ ἀδικήσῃ.
10:22 καὶ **οὐδεὶς** γινώσκει τίς ἐστιν ὁ υἱὸς εἰ μὴ ὁ πατήρ,
11:33 **Οὐδεὶς** λύχνον ἅψας εἰς κρύπτην τίθησιν [οὐδὲ ὑπὸ τὸν μόδιον] ἀλλ' ἐπὶ τὴν λυχνίαν,
12: 2 **οὐδὲν** δὲ συγκεκαλυμμένον ἐστὶν ὃ οὐκ ἀποκαλυφθήσεται καὶ κρυπτὸν ὃ οὐ γνωσθήσεται.
14:24 λέγω γὰρ ὑμῖν ὅτι **οὐδεὶς** τῶν ἀνδρῶν ἐκείνων τῶν κεκλημένων γεύσεταί μου τοῦ δείπνου.
15:16 καὶ ἐπεθύμει χορτασθῆναι ἐκ τῶν κερατίων ὧν ἤσθιον οἱ χοῖροι, καὶ **οὐδεὶς** ἐδίδου αὐτῷ.
16:13 **Οὐδεὶς** οἰκέτης δύναται δυσὶ κυρίοις δουλεύειν· ἢ γὰρ τὸν ἕνα μισήσει καὶ τὸν ἕτερον ἀγαπήσει,
18:19 Τί με λέγεις ἀγαθόν; **οὐδεὶς** ἀγαθὸς εἰ μὴ εἷς ὁ θεός.
18:29 Ἀμὴν λέγω ὑμῖν ὅτι **οὐδείς** ἐστιν ὃς ἀφῆκεν οἰκίαν ἢ γυναῖκα ἢ ἀδελφοὺς ἢ γονεῖς ἢ τέκνα ἕνεκεν τῆς βασιλείας τοῦ θεοῦ,
18:34 καὶ αὐτοὶ **οὐδὲν** τούτων συνῆκαν καὶ ἦν τὸ ῥῆμα τοῦτο κεκρυμμένον ἀπ' αὐτῶν καὶ οὐκ ἐγίνωσκον τὰ λεγόμενα.
19:30 ἐφ' ὃν **οὐδεὶς** πώποτε ἀνθρώπων ἐκάθισεν, καὶ λύσαντες αὐτὸν ἀγάγετε.
20:40 οὐκέτι γὰρ ἐτόλμων ἐπερωτᾶν αὐτὸν **οὐδέν.**

22:35 Ὅτε ἀπέστειλα ὑμᾶς ἄτερ βαλλαντίου καὶ πήρας καὶ ὑποδημάτων, μή τινος ὑστερήσατε; οἱ δὲ εἶπαν, **Οὐθενός.**
23: 4 ὁ δὲ Πιλᾶτος εἶπεν πρὸς τοὺς ἀρχιερεῖς καὶ τοὺς ὄχλους, **Οὐδὲν** εὑρίσκω αἴτιον ἐν τῷ ἀνθρώπῳ τούτῳ.
23: 9 ἐπηρώτα δὲ αὐτὸν ἐν λόγοις ἱκανοῖς, αὐτὸς δὲ **οὐδὲν** ἀπεκρίνατο αὐτῷ.
23:14 καὶ ἰδοὺ ἐγὼ ἐνώπιον ὑμῶν ἀνακρίνας **οὐθὲν** εὗρον ἐν τῷ ἀνθρώπῳ τούτῳ αἴτιον ὧν κατηγορεῖτε κατ' αὐτοῦ.
23:15 καὶ ἰδοὺ **οὐδὲν** ἄξιον θανάτου ἐστὶν πεπραγμένον αὐτῷ·
23:22 **οὐδὲν** αἴτιον θανάτου εὗρον ἐν αὐτῷ· παιδεύσας οὖν αὐτὸν ἀπολύσω.
23:41 ἄξια γὰρ ὧν ἐπράξαμεν ἀπολαμβάνομεν· οὗτος δὲ **οὐδὲν** ἄτοπον ἔπραξεν.
23:53 καὶ καθελὼν ἐνετύλιξεν αὐτὸ σινδόνι καὶ ἔθηκεν αὐτὸν ἐν μνήματι λαξευτῷ οὗ οὐκ ἦν **οὐδεὶς** οὔπω κείμενος.
Jn 1:18 θεὸν **οὐδεὶς** ἑώρακεν πώποτε· μονογενὴς θεὸς ὁ ὢν εἰς τὸν κόλπον τοῦ πατρὸς ἐκεῖνος ἐξηγήσατο.
3: 2 **οὐδεὶς** γὰρ δύναται ταῦτα τὰ σημεῖα ποιεῖν ἃ σὺ ποιεῖς,
3:13 καὶ **οὐδεὶς** ἀναβέβηκεν εἰς τὸν οὐρανὸν εἰ μὴ ὁ ἐκ τοῦ οὐρανοῦ καταβάς,
3:32 ὃ ἑώρακεν καὶ ἤκουσεν τοῦτο μαρτυρεῖ, καὶ τὴν μαρτυρίαν αὐτοῦ **οὐδεὶς** λαμβάνει.
4:27 **οὐδεὶς** μέντοι εἶπεν, Τί ζητεῖς ἢ τί λαλεῖς μετ' αὐτῆς;
5:19 οὐ δύναται ὁ υἱὸς ποιεῖν ἀφ' ἑαυτοῦ **οὐδὲν** ἐὰν μή τι βλέπῃ τὸν πατέρα ποιοῦντα·
5:22 οὐδὲ γὰρ ὁ πατὴρ κρίνει **οὐδένα,** ἀλλὰ τὴν κρίσιν πᾶσαν δέδωκεν τῷ υἱῷ,
5:30 Οὐ δύναμαι ἐγὼ ποιεῖν ἀπ' ἐμαυτοῦ **οὐδέν·** καθὼς ἀκούω κρίνω,
6:44 **οὐδεὶς** δύναται ἐλθεῖν πρός με ἐὰν μὴ ὁ πατὴρ ὁ πέμψας με ἑλκύσῃ αὐτόν,
6:63 τὸ πνεῦμά ἐστιν τὸ ζῳοποιοῦν, ἡ σὰρξ οὐκ ὠφελεῖ **οὐδέν·**
6:65 Διὰ τοῦτο εἴρηκα ὑμῖν ὅτι **οὐδεὶς** δύναται ἐλθεῖν πρός με ἐὰν μὴ ᾖ δεδομένον αὐτῷ ἐκ τοῦ πατρός.
7: 4 **οὐδεὶς** γάρ τι ἐν κρυπτῷ ποιεῖ καὶ ζητεῖ αὐτὸς ἐν παρρησίᾳ εἶναι.
7:13 **οὐδεὶς** μέντοι παρρησίᾳ ἐλάλει περὶ αὐτοῦ διὰ τὸν φόβον τῶν Ἰουδαίων.
7:19 καὶ **οὐδεὶς** ἐξ ὑμῶν ποιεῖ τὸν νόμον. τί με ζητεῖτε ἀποκτεῖναι;
7:26 καὶ ἴδε παρρησίᾳ λαλεῖ καὶ **οὐδὲν** αὐτῷ λέγουσιν.
7:27 ὁ δὲ Χριστὸς ὅταν ἔρχηται **οὐδεὶς** γινώσκει πόθεν ἐστίν.
7:30 Ἐζήτουν οὖν αὐτὸν πιάσαι, καὶ **οὐδεὶς** ἐπέβαλεν ἐπ' αὐτὸν τὴν χεῖρα,
7:44 τινὲς δὲ ἤθελον ἐξ αὐτῶν πιάσαι αὐτόν, ἀλλ' **οὐδεὶς** ἐπέβαλεν ἐπ' αὐτὸν τὰς χεῖρας.
8:10 ⟦ἀνακύψας δὲ ὁ Ἰησοῦς εἶπεν αὐτῇ, Γύναι, ποῦ εἰσιν; **οὐδείς** σε κατέκρινεν;⟧
8:11 ⟦ἡ δὲ εἶπεν, **Οὐδείς,** κύριε. εἶπεν δὲ ὁ Ἰησοῦς,⟧
8:15 ὑμεῖς κατὰ τὴν σάρκα κρίνετε, ἐγὼ οὐ κρίνω **οὐδένα.**
8:20 καὶ **οὐδεὶς** ἐπίασεν αὐτόν, ὅτι οὔπω ἐληλύθει ἡ ὥρα αὐτοῦ.
8:28 τότε γνώσεσθε ὅτι ἐγώ εἰμι, καὶ ἀπ' ἐμαυτοῦ ποιῶ **οὐδέν,**
8:33 ἀπεκρίθησαν πρὸς αὐτόν, Σπέρμα Ἀβραάμ ἐσμεν καὶ **οὐδενὶ** δεδουλεύκαμεν πώποτε·
8:54 Ἐὰν ἐγὼ δοξάσω ἐμαυτόν, ἡ δόξα μου **οὐδέν** ἐστιν·
9: 4 ἡμᾶς δεῖ ἐργάζεσθαι τὰ ἔργα τοῦ πέμψαντός με ἕως ἡμέρα ἐστίν· ἔρχεται νὺξ ὅτε **οὐδεὶς** δύναται ἐργάζεσθαι.
9:33 εἰ μὴ ἦν οὗτος παρὰ θεοῦ, οὐκ ἠδύνατο ποιεῖν **οὐδέν.**
10:18 **οὐδεὶς** αἴρει αὐτὴν ἀπ' ἐμοῦ, ἀλλ' ἐγὼ τίθημι αὐτὴν ἀπ' ἐμαυτοῦ.
10:29 καὶ **οὐδεὶς** δύναται ἁρπάζειν ἐκ τῆς χειρὸς τοῦ πατρός.
10:41 καὶ πολλοὶ ἦλθον πρὸς αὐτὸν καὶ ἔλεγον ὅτι Ἰωάννης μὲν σημεῖον ἐποίησεν **οὐδέν,**
11:49 ἀρχιερεὺς ὢν τοῦ ἐνιαυτοῦ ἐκείνου, εἶπεν αὐτοῖς, Ὑμεῖς οὐκ οἴδατε **οὐδέν,**
12:19 οἱ οὖν Φαρισαῖοι εἶπαν πρὸς ἑαυτούς, Θεωρεῖτε ὅτι οὐκ ὠφελεῖτε **οὐδέν·**
13:28 τοῦτο [δὲ] **οὐδεὶς** ἔγνω τῶν ἀνακειμένων πρὸς τί εἶπεν αὐτῷ·
14: 6 **οὐδεὶς** ἔρχεται πρὸς τὸν πατέρα εἰ μὴ δι' ἐμοῦ.
14:30 ἔρχεται γὰρ ὁ τοῦ κόσμου ἄρχων· καὶ ἐν ἐμοὶ οὐκ ἔχει **οὐδέν,**
15: 5 ὁ μένων ἐν ἐμοὶ κἀγὼ ἐν αὐτῷ οὗτος φέρει καρπὸν πολύν, ὅτι χωρὶς ἐμοῦ οὐ δύνασθε ποιεῖν **οὐδέν.**
15:13 μείζονα ταύτης ἀγάπην **οὐδεὶς** ἔχει, ἵνα τις τὴν ψυχὴν αὐτοῦ θῇ ὑπὲρ τῶν φίλων αὐτοῦ.
15:24 εἰ τὰ ἔργα μὴ ἐποίησα ἐν αὐτοῖς ἃ **οὐδεὶς** ἄλλος ἐποίησεν,
16: 5 καὶ **οὐδεὶς** ἐξ ὑμῶν ἐρωτᾷ με, Ποῦ ὑπάγεις;
16:22 καὶ τὴν χαρὰν ὑμῶν **οὐδεὶς** αἴρει ἀφ' ὑμῶν.
16:23 καὶ ἐν ἐκείνῃ τῇ ἡμέρᾳ ἐμὲ οὐκ ἐρωτήσετε **οὐδέν.**
16:24 ἕως ἄρτι οὐκ ᾐτήσατε **οὐδὲν** ἐν τῷ ὀνόματί μου·
16:29 Ἴδε νῦν ἐν παρρησίᾳ λαλεῖς καὶ παροιμίαν **οὐδεμίαν** λέγεις.
17:12 καὶ **οὐδεὶς** ἐξ αὐτῶν ἀπώλετο εἰ μὴ ὁ υἱὸς τῆς ἀπωλείας,
18: 9 ἵνα πληρωθῇ ὁ λόγος ὃν εἶπεν ὅτι Οὓς δέδωκάς μοι οὐκ ἀπώλεσα ἐξ αὐτῶν **οὐδένα.**
18:20 ὅπου πάντες οἱ Ἰουδαῖοι συνέρχονται, καὶ ἐν κρυπτῷ ἐλάλησα **οὐδέν.**
18:31 εἶπον αὐτῷ οἱ Ἰουδαῖοι, Ἡμῖν οὐκ ἔξεστιν ἀποκτεῖναι **οὐδένα·**
18:38 Καὶ τοῦτο εἰπὼν πάλιν ἐξῆλθεν πρὸς τοὺς Ἰουδαίους καὶ λέγει αὐτοῖς, Ἐγὼ **οὐδεμίαν** εὑρίσκω ἐν αὐτῷ αἰτίαν.
19: 4 ἵνα γνῶτε ὅτι **οὐδεμίαν** αἰτίαν εὑρίσκω ἐν αὐτῷ.
19:11 Οὐκ εἶχες ἐξουσίαν κατ' ἐμοῦ **οὐδεμίαν** εἰ μὴ ἦν δεδομένον σοι ἄνωθεν·
19:41 καὶ ἐν τῷ κήπῳ μνημεῖον καινὸν ἐν ᾧ οὐδέπω **οὐδεὶς** ἦν τεθειμένος·
21: 3 ἐξῆλθον καὶ ἐνέβησαν εἰς τὸ πλοῖον, καὶ ἐν ἐκείνῃ τῇ νυκτὶ ἐπίασαν **οὐδέν.**
21:12 **οὐδεὶς** δὲ ἐτόλμα τῶν μαθητῶν ἐξετάσαι αὐτόν, Σὺ τίς εἶ;
Ac 4:12 καὶ οὐκ ἔστιν ἐν ἄλλῳ **οὐδενὶ** ἡ σωτηρία,
4:14 τόν τε ἄνθρωπον βλέποντες σὺν αὐτοῖς ἑστῶτα τὸν τεθεραπευμένον **οὐδὲν** εἶχον ἀντειπεῖν.
5:13 τῶν δὲ λοιπῶν **οὐδεὶς** ἐτόλμα κολλᾶσθαι αὐτοῖς, ἀλλ' ἐμεγάλυνεν αὐτοὺς ὁ λαός.
5:23 εὕρομεν κεκλεισμένον ἐν πάσῃ ἀσφαλείᾳ καὶ τοὺς φύλακας ἑστῶτας ἐπὶ τῶν θυρῶν, ἀνοίξαντες δὲ ἔσω **οὐδένα** εὕρομεν.
5:36 καὶ πάντες ὅσοι ἐπείθοντο αὐτῷ διελύθησαν καὶ ἐγένοντο εἰς **οὐδέν.**
8:16 οὐδέπω γὰρ ἦν ἐπ' **οὐδενὶ** αὐτῶν ἐπιπεπτωκός, μόνον δὲ βεβαπτισμένοι ὑπῆρχον εἰς τὸ ὄνομα τοῦ κυρίου Ἰησοῦ.
9: 8 ἠγέρθη δὲ Σαῦλος ἀπὸ τῆς γῆς, ἀνεῳγμένων δὲ τῶν ὀφθαλμῶν αὐτοῦ **οὐδὲν** ἔβλεπεν·
15: 9 καὶ **οὐθὲν** διέκρινεν μεταξὺ ἡμῶν τε καὶ αὐτῶν τῇ πίστει καθαρίσας τὰς καρδίας αὐτῶν.
17:21 Ἀθηναῖοι δὲ πάντες καὶ οἱ ἐπιδημοῦντες ξένοι εἰς **οὐδὲν** ἕτερον ηὐκαίρουν ἢ λέγειν τι ἢ ἀκούειν τι καινότερον.
18:10 διότι ἐγώ εἰμι μετὰ σοῦ καὶ **οὐδεὶς** ἐπιθήσεταί σοι τοῦ κακῶσαί σε,
18:17 ἐπιλαβόμενοι δὲ πάντες Σωσθένην τὸν ἀρχισυνάγωγον ἔτυπτον ἔμπροσθεν τοῦ βήματος· καὶ **οὐδὲν** τούτων τῷ Γαλλίωνι ἔμελεν.
19:27 κινδυνεύει ἡμῖν τὸ μέρος εἰς ἀπελεγμὸν ἐλθεῖν ἀλλὰ καὶ τὸ τῆς μεγάλης θεᾶς Ἀρτέμιδος ἱερὸν εἰς **οὐθὲν** λογισθῆναι,
20:20 ὡς **οὐδὲν** ὑπεστειλάμην τῶν συμφερόντων τοῦ μὴ ἀναγγεῖλαι ὑμῖν καὶ διδάξαι ὑμᾶς δημοσίᾳ καὶ κατ' οἴκους,
20:24 ἀλλ' **οὐδενὸς** λόγου ποιοῦμαι τὴν ψυχὴν τιμίαν ἐμαυτῷ ὡς τελειῶσαι τὸν δρόμον μου καὶ τὴν διακονίαν ἣν ἔλαβον
20:33 ἀργυρίου ἢ χρυσίου ἢ ἱματισμοῦ **οὐδενὸς** ἐπεθύμησα·
21:24 καὶ γνώσονται πάντες ὅτι ὧν κατήχηνται περὶ σοῦ **οὐδέν** ἐστιν ἀλλὰ στοιχεῖς καὶ αὐτὸς φυλάσσων τὸν νόμον.
23: 9 τινὲς τῶν γραμματέων τοῦ μέρους τῶν Φαρισαίων διεμάχοντο λέγοντες, **Οὐδὲν** κακὸν εὑρίσκομεν ἐν τῷ ἀνθρώπῳ τούτῳ·
25:10 Ἰουδαίους **οὐδὲν** ἠδίκησα ὡς καὶ σὺ κάλλιον ἐπιγινώσκεις.
25:11 εἰ δὲ **οὐδέν** ἐστιν ὧν οὗτοι κατηγοροῦσίν μου, **οὐδείς** με δύναται αὐτοῖς χαρίσασθαι·
25:18 περὶ οὗ σταθέντες οἱ κατήγοροι **οὐδεμίαν** αἰτίαν ἔφερον ὧν ἐγὼ ὑπενόουν πονηρῶν,
26:22 ἕστηκα μαρτυρόμενος μικρῷ τε καὶ μεγάλῳ **οὐδὲν** ἐκτὸς λέγων ὧν τε οἱ προφῆται ἐλάλησαν μελλόντων γίνεσθαι καὶ Μωϋσῆς,
26:26 λανθάνειν γὰρ αὐτὸν [τι] τούτων οὐ πείθομαι **οὐθέν·**
26:31 καὶ ἀναχωρήσαντες ἐλάλουν πρὸς ἀλλήλους λέγοντες ὅτι **Οὐδὲν** θανάτου ἢ δεσμῶν ἄξιον [τι] πράσσει ὁ ἄνθρωπος οὗτος.
27:22 ἀποβολὴ γὰρ ψυχῆς **οὐδεμία** ἔσται ἐξ ὑμῶν πλὴν τοῦ πλοίου.
27:34 **οὐδενὸς** γὰρ ὑμῶν θρὶξ ἀπὸ τῆς κεφαλῆς ἀπολεῖται.
28: 5 ὁ μὲν οὖν ἀποτινάξας τὸ θηρίον εἰς τὸ πῦρ ἔπαθεν **οὐδὲν** κακόν,
28:17 **οὐδὲν** ἐναντίον ποιήσας τῷ λαῷ ἢ τοῖς ἔθεσι τοῖς πατρῴοις δέσμιος ἐξ Ἱεροσολύμων παρεδόθην εἰς τὰς χεῖρας τῶν Ῥωμαίων,
Ro 8: 1 **Οὐδὲν** ἄρα νῦν κατάκριμα τοῖς ἐν Χριστῷ Ἰησοῦ.
14: 7 **οὐδεὶς** γὰρ ἡμῶν ἑαυτῷ ζῇ καὶ **οὐδεὶς** ἑαυτῷ ἀποθνῄσκει·
14:14 οἶδα καὶ πέπεισμαι ἐν κυρίῳ Ἰησοῦ ὅτι **οὐδὲν** κοινὸν δι' ἑαυτοῦ,
1Co 1:14 εὐχαριστῶ [τῷ θεῷ] ὅτι **οὐδένα** ὑμῶν ἐβάπτισα εἰ μὴ Κρίσπον καὶ Γάϊον,
2: 8 ἣν **οὐδεὶς** τῶν ἀρχόντων τοῦ αἰῶνος τούτου ἔγνωκεν·

2:11 οὕτως καὶ τὰ τοῦ θεοῦ **οὐδεὶς** ἔγνωκεν εἰ μὴ τὸ πνεῦμα τοῦ θεοῦ.
2:15 ὁ δὲ πνευματικὸς ἀνακρίνει [τὰ] πάντα, αὐτὸς δὲ ὑπ' **οὐδενὸς** ἀνακρίνεται.
3:11 θεμέλιον γὰρ ἄλλον **οὐδεὶς** δύναται θεῖναι παρὰ τὸν κείμενον,
4: 4 **οὐδὲν** γὰρ ἐμαυτῷ σύνοιδα, ἀλλ' οὐκ ἐν τούτῳ δεδικαίωμαι,
6: 5 οὕτως οὐκ ἔνι ἐν ὑμῖν **οὐδεὶς** σοφός, ὃς δυνήσεται διακρῖναι ἀνὰ μέσον τοῦ ἀδελφοῦ αὐτοῦ;
7:19 ἡ περιτομὴ **οὐδέν** ἐστιν καὶ ἡ ἀκροβυστία **οὐδέν** ἐστιν,
8: 4 οἴδαμεν ὅτι **οὐδὲν** εἴδωλον ἐν κόσμῳ καὶ ὅτι **οὐδεὶς** θεὸς εἰ μὴ εἷς.
9:15 ἐγὼ δὲ οὐ κέχρημαι **οὐδενὶ** τούτων. οὐκ ἔγραψα δὲ ταῦτα, ἵνα οὕτως γένηται ἐν ἐμοί· καλὸν γάρ μοι μᾶλλον ἀποθανεῖν ἤ– τὸ καύχημά μου **οὐδεὶς** κενώσει.
12: 3 διὸ γνωρίζω ὑμῖν ὅτι **οὐδεὶς** ἐν πνεύματι θεοῦ λαλῶν λέγει, Ἀνάθεμα Ἰησοῦς, καὶ **οὐδεὶς** δύναται εἰπεῖν, Κύριος Ἰησοῦς,
13: 2 καὶ ἐὰν ἔχω προφητείαν καὶ εἰδῶ τὰ μυστήρια πάντα καὶ πᾶσαν τὴν γνῶσιν καὶ ἐὰν ἔχω πᾶσαν τὴν πίστιν ὥστε ὄρη μεθιστάναι, ἀγάπην δὲ μὴ ἔχω, **οὐθέν** εἰμι.
13: 3 κἂν ψωμίσω πάντα τὰ ὑπάρχοντά μου καὶ ἐὰν παραδῶ τὸ σῶμά μου ἵνα καυχήσωμαι, ἀγάπην δὲ μὴ ἔχω, **οὐδὲν** ὠφελοῦμαι.
14: 2 ὁ γὰρ λαλῶν γλώσσῃ οὐκ ἀνθρώποις λαλεῖ ἀλλὰ θεῷ· **οὐδεὶς** γὰρ ἀκούει, πνεύματι δὲ λαλεῖ μυστήρια·
14:10 τοσαῦτα εἰ τύχοι γένη φωνῶν εἰσιν ἐν κόσμῳ καὶ **οὐδὲν** ἄφωνον·
2Co 5:16 Ὥστε ἡμεῖς ἀπὸ τοῦ νῦν **οὐδένα** οἴδαμεν κατὰ σάρκα·
7: 2 Χωρήσατε ἡμᾶς· **οὐδένα** ἠδικήσαμεν, **οὐδένα** ἐφθείραμεν, **οὐδένα** ἐπλεονεκτήσαμεν.
7: 5 Καὶ γὰρ ἐλθόντων ἡμῶν εἰς Μακεδονίαν **οὐδεμίαν** ἔσχηκεν ἄνεσιν ἡ σὰρξ ἡμῶν ἀλλ' ἐν παντὶ θλιβόμενοι·
11: 9 καὶ παρὼν πρὸς ὑμᾶς καὶ ὑστερηθεὶς οὐ κατενάρκησα **οὐθενός·**
12:11 **οὐδὲν** γὰρ ὑστέρησα τῶν ὑπερλίαν ἀποστόλων εἰ καὶ **οὐδέν** εἰμι.
Gal 2: 6 ὁποῖοί ποτε ἦσαν **οὐδέν** μοι διαφέρει· πρόσωπον [ὁ] θεὸς ἀνθρώπου οὐ λαμβάνει– ἐμοὶ γὰρ οἱ δοκοῦντες **οὐδὲν** προσανέθεντο,
3:11 ὅτι δὲ ἐν νόμῳ **οὐδεὶς** δικαιοῦται παρὰ τῷ θεῷ δῆλον,
3:15 ὅμως ἀνθρώπου κεκυρωμένην διαθήκην **οὐδεὶς** ἀθετεῖ ἢ ἐπιδιατάσσεται.
4: 1 ἐφ' ὅσον χρόνον ὁ κληρονόμος νήπιός ἐστιν, **οὐδὲν** διαφέρει δούλου κύριος πάντων ὤν,
4:12 ὅτι κἀγὼ ὡς ὑμεῖς, ἀδελφοί, δέομαι ὑμῶν. **οὐδέν** με ἠδικήσατε·
5: 2 Ἴδε ἐγὼ Παῦλος λέγω ὑμῖν ὅτι ἐὰν περιτέμνησθε, Χριστὸς ὑμᾶς **οὐδὲν** ὠφελήσει.
5:10 ἐγὼ πέποιθα εἰς ὑμᾶς ἐν κυρίῳ ὅτι **οὐδὲν** ἄλλο φρονήσετε·
Eph 5:29 **οὐδεὶς** γάρ ποτε τὴν ἑαυτοῦ σάρκα ἐμίσησεν ἀλλὰ ἐκτρέφει καὶ θάλπει αὐτήν,
Php 1:20 ὅτι ἐν **οὐδενὶ** αἰσχυνθήσομαι ἀλλ' ἐν πάσῃ παρρησίᾳ ὡς πάντοτε καὶ νῦν μεγαλυνθήσεται Χριστὸς ἐν τῷ σώματί μου,
2:20 **οὐδένα** γὰρ ἔχω ἰσόψυχον, ὅστις γνησίως τὰ περὶ ὑμῶν μεριμνήσει·
4:15 **οὐδεμία** μοι ἐκκλησία ἐκοινώνησεν εἰς λόγον δόσεως καὶ λήμψεως εἰ μὴ ὑμεῖς μόνοι,
1Ti 4: 4 ὅτι πᾶν κτίσμα θεοῦ καλὸν καὶ **οὐδὲν** ἀπόβλητον μετὰ εὐχαριστίας λαμβανόμενον·
6: 7 **οὐδὲν** γὰρ εἰσηνέγκαμεν εἰς τὸν κόσμον, ὅτι οὐδὲ ἐξενεγκεῖν τι δυνάμεθα·
6:16 φῶς οἰκῶν ἀπρόσιτον, ὃν εἶδεν **οὐδεὶς** ἀνθρώπων οὐδὲ ἰδεῖν δύναται·
2Ti 2: 4 **οὐδεὶς** στρατευόμενος ἐμπλέκεται ταῖς τοῦ βίου πραγματείαις, ἵνα τῷ στρατολογήσαντι ἀρέσῃ.
2:14 διαμαρτυρόμενος ἐνώπιον τοῦ θεοῦ μὴ λογομαχεῖν, ἐπ' **οὐδὲν** χρήσιμον, ἐπὶ καταστροφῇ τῶν ἀκουόντων.
4:16 Ἐν τῇ πρώτῃ μου ἀπολογίᾳ **οὐδείς** μοι παρεγένετο,
Tit 1:15 τοῖς δὲ μεμιαμμένοις καὶ ἀπίστοις **οὐδὲν** καθαρόν, ἀλλὰ μεμίανται αὐτῶν καὶ ὁ νοῦς καὶ ἡ συνείδησις.
Phm 1:14 χωρὶς δὲ τῆς σῆς γνώμης **οὐδὲν** ἠθέλησα ποιῆσαι,
Heb 2: 8 ἐν τῷ γὰρ ὑποτάξαι [αὐτῷ] τὰ πάντα **οὐδὲν** ἀφῆκεν αὐτῷ ἀνυπότακτον.
6:13 ἐπεὶ κατ' **οὐδενὸς** εἶχεν μείζονος ὀμόσαι, ὤμοσεν καθ' ἑαυτοῦ
7:13 φυλῆς ἑτέρας μετέσχηκεν, ἀφ' ἧς **οὐδεὶς** προσέσχηκεν τῷ θυσιαστηρίῳ·
7:14 εἰς ἣν φυλὴν περὶ ἱερέων **οὐδὲν** Μωϋσῆς ἐλάλησεν.
7:19 **οὐδὲν** γὰρ ἐτελείωσεν ὁ νόμος– ἐπεισαγωγὴ δὲ κρείττονος ἐλπίδος δι' ἧς ἐγγίζομεν τῷ θεῷ.
12:14 Εἰρήνην διώκετε μετὰ πάντων καὶ τὸν ἁγιασμόν, οὗ χωρὶς **οὐδεὶς** ὄψεται τὸν κύριον,
Jas 1:13 ὁ γὰρ θεὸς ἀπείραστός ἐστιν κακῶν, πειράζει δὲ αὐτὸς **οὐδένα.**
3: 8 τὴν δὲ γλῶσσαν **οὐδεὶς** δαμάσαι δύναται ἀνθρώπων, ἀκατάστατον κακόν,
1Jn 1: 5 ὅτι ὁ θεὸς φῶς ἐστιν καὶ σκοτία ἐν αὐτῷ οὐκ ἔστιν **οὐδεμία.**
4:12 θεὸν **οὐδεὶς** πώποτε τεθέαται. ἐὰν ἀγαπῶμεν ἀλλήλους, ὁ θεὸς ἐν ἡμῖν μένει καὶ ἡ ἀγάπη αὐτοῦ ἐν ἡμῖν τετελειωμένη ἐστιν.
Rev 2:17 καὶ ἐπὶ τὴν ψῆφον ὄνομα καινὸν γεγραμμένον ὃ **οὐδεὶς** οἶδεν εἰ μὴ ὁ λαμβάνων.
3: 7 ὁ ἀνοίγων καὶ **οὐδεὶς** κλείσει καὶ κλείων καὶ **οὐδεὶς** ἀνοίγει·
3: 8 ἰδοὺ δέδωκα ἐνώπιόν σου θύραν ἠνεῳγμένην, ἣν **οὐδεὶς** δύναται κλεῖσαι αὐτήν,
3:17 ὅτι λέγεις ὅτι Πλούσιός εἰμι καὶ πεπλούτηκα καὶ **οὐδὲν** χρείαν ἔχω,
5: 3 καὶ **οὐδεὶς** ἐδύνατο ἐν τῷ οὐρανῷ οὐδὲ ἐπὶ τῆς γῆς οὐδὲ ὑποκάτω τῆς γῆς ἀνοῖξαι τὸ βιβλίον οὔτε βλέπειν αὐτό.
5: 4 ὅτι **οὐδεὶς** ἄξιος εὑρέθη ἀνοῖξαι τὸ βιβλίον οὔτε βλέπειν αὐτό.
7: 9 καὶ ἰδοὺ ὄχλος πολύς, ὃν ἀριθμῆσαι αὐτὸν **οὐδεὶς** ἐδύνατο,
14: 3 καὶ **οὐδεὶς** ἐδύνατο μαθεῖν τὴν ᾠδὴν εἰ μὴ αἱ ἑκατὸν τεσσεράκοντα τέσσαρες χιλιάδες,
15: 8 καὶ **οὐδεὶς** ἐδύνατο εἰσελθεῖν εἰς τὸν ναὸν ἄχρι τελεσθῶσιν αἱ ἑπτὰ πληγαὶ τῶν ἑπτὰ ἀγγέλων.
18:11 Καὶ οἱ ἔμποροι τῆς γῆς κλαίουσιν καὶ πενθοῦσιν ἐπ' αὐτήν, ὅτι τὸν γόμον αὐτῶν **οὐδεὶς** ἀγοράζει οὐκέτι
19:12 ἔχων ὄνομα γεγραμμένον ὃ **οὐδεὶς** οἶδεν εἰ μὴ αὐτός,

4030 οὐδέποτε [16]

√ *4024 + 1254 + 4544 + 5445*

Mt 7:23 καὶ τότε ὁμολογήσω αὐτοῖς ὅτι **Οὐδέποτε** ἔγνων ὑμᾶς·
9:33 καὶ ἐθαύμασαν οἱ ὄχλοι λέγοντες, **Οὐδέποτε** ἐφάνη οὕτως ἐν τῷ Ἰσραήλ.
21:16 **οὐδέποτε** ἀνέγνωτε ὅτι Ἐκ στόματος νηπίων καὶ θηλαζόντων κατηρτίσω αἶνον;
21:42 λέγει αὐτοῖς ὁ Ἰησοῦς, **Οὐδέποτε** ἀνέγνωτε ἐν ταῖς γραφαῖς,
26:33 Εἰ πάντες σκανδαλισθήσονται ἐν σοί, ἐγὼ **οὐδέποτε** σκανδαλισθήσομαι.
Mk 2:12 ὥστε ἐξίστασθαι πάντας καὶ δοξάζειν τὸν θεὸν λέγοντας ὅτι Οὕτως **οὐδέποτε** εἴδομεν.
2:25 **Οὐδέποτε** ἀνέγνωτε τί ἐποίησεν Δαυὶδ ὅτε χρείαν ἔσχεν καὶ ἐπείνασεν αὐτὸς καὶ οἱ μετ' αὐτοῦ,
Lk 15:29 Ἰδοὺ τοσαῦτα ἔτη δουλεύω σοι καὶ **οὐδέποτε** ἐντολήν σου παρῆλθον, καὶ ἐμοὶ **οὐδέποτε** ἔδωκας ἔριφον ἵνα μετὰ τῶν φίλων μου εὐφρανθῶ·
Jn 7:46 ἀπεκρίθησαν οἱ ὑπηρέται, **Οὐδέποτε** ἐλάλησεν οὕτως ἄνθρωπος.
Ac 10:14 κύριε, ὅτι **οὐδέποτε** ἔφαγον πᾶν κοινὸν καὶ ἀκάθαρτον.
11: 8 ὅτι κοινὸν ἢ ἀκάθαρτον **οὐδέποτε** εἰσῆλθεν εἰς τὸ στόμα μου.
14: 8 χωλὸς ἐκ κοιλίας μητρὸς αὐτοῦ ὃς **οὐδέποτε** περιεπάτησεν.
1Co 13: 8 Ἡ ἀγάπη **οὐδέποτε** πίπτει· εἴτε δὲ προφητεῖαι, καταργηθήσονται·
Heb 10: 1 κατ' ἐνιαυτὸν ταῖς αὐταῖς θυσίαις ἃς προσφέρουσιν εἰς τὸ διηνεκὲς **οὐδέποτε** δύναται τοὺς προσερχομένους τελειῶσαι·
10:11 καθ' ἡμέραν λειτουργῶν καὶ τὰς αὐτὰς πολλάκις προσφέρων θυσίας, αἵτινες **οὐδέποτε** δύνανται περιελεῖν ἁμαρτίας,

4031 οὐδέπω [4]

√ *4024 + 1254*

Jn 7:39 οὔπω γὰρ ἦν πνεῦμα, ὅτι Ἰησοῦς **οὐδέπω** ἐδοξάσθη.
19:41 καὶ ἐν τῷ κήπῳ μνημεῖον καινὸν ἐν ᾧ **οὐδέπω** οὐδεὶς ἦν τεθειμένος·
20: 9 **οὐδέπω** γὰρ ᾔδεισαν τὴν γραφὴν ὅτι δεῖ αὐτὸν ἐκ νεκρῶν ἀναστῆναι.
Ac 8:16 **οὐδέπω** γὰρ ἦν ἐπ' οὐδενὶ αὐτῶν ἐπιπεπτωκός, μόνον δὲ βεβαπτισμένοι ὑπῆρχον εἰς τὸ ὄνομα τοῦ κυρίου Ἰησοῦ.

4032 οὐθείς Not used in UBS/NIV

√ *4024 + 1254 + 1651*

4033 οὐκέτι [47]

√ *4024 + 2285*

οὐκέτι ... οὐ [μή] [4] Mk 14:25; Ac 8:39; Ro 7:20; Rev 18:14

Mt 19: 6 ὥστε **οὐκέτι** εἰσὶν δύο ἀλλὰ σὰρξ μία. ὃ οὖν ὁ θεὸς συνέζευξεν ἄνθρωπος μὴ χωριζέτω.
22:46 καὶ οὐδεὶς ἐδύνατο ἀποκριθῆναι αὐτῷ λόγον οὐδὲ ἐτόλμησέν τις ἀπ᾽ ἐκείνης τῆς ἡμέρας ἐπερωτῆσαι αὐτὸν **οὐκέτι.**
Mk 5: 3 καὶ οὐδὲ ἁλύσει **οὐκέτι** οὐδεὶς ἐδύνατο αὐτὸν δῆσαι
7:12 **οὐκέτι** ἀφίετε αὐτὸν οὐδὲν ποιῆσαι τῷ πατρὶ ἢ τῇ μητρί,
9: 8 καὶ ἐξάπινα περιβλεψάμενοι **οὐκέτι** οὐδένα εἶδον ἀλλὰ τὸν Ἰησοῦν μόνον μεθ᾽ ἑαυτῶν.
10: 8 καὶ ἔσονται οἱ δύο εἰς σάρκα μίαν· ὥστε **οὐκέτι** εἰσὶν δύο ἀλλὰ μία σάρξ.
12:34 Οὐ μακρὰν εἶ ἀπὸ τῆς βασιλείας τοῦ θεοῦ. καὶ οὐδεὶς **οὐκέτι** ἐτόλμα αὐτὸν ἐπερωτῆσαι.
14:25 ἀμὴν λέγω ὑμῖν ὅτι **οὐκέτι** οὐ μὴ πίω ἐκ τοῦ γενήματος τῆς ἀμπέλου ἕως τῆς ἡμέρας ἐκείνης ὅταν αὐτὸ πίνω καινὸν ἐν τῇ βασιλείᾳ τοῦ θεοῦ.
15: 5 ὁ δὲ Ἰησοῦς **οὐκέτι** οὐδὲν ἀπεκρίθη, ὥστε θαυμάζειν τὸν Πιλᾶτον.
Lk 15:19 **οὐκέτι** εἰμὶ ἄξιος κληθῆναι υἱός σου· ποίησόν με ὡς ἕνα τῶν μισθίων σου.
15:21 ἥμαρτον εἰς τὸν οὐρανὸν καὶ ἐνώπιόν σου, **οὐκέτι** εἰμὶ ἄξιος κληθῆναι υἱός σου.
20:40 **οὐκέτι** γὰρ ἐτόλμων ἐπερωτᾶν αὐτὸν οὐδέν.
Jn 4:42 τῇ τε γυναικὶ ἔλεγον ὅτι **Οὐκέτι** διὰ τὴν σὴν λαλιὰν πιστεύομεν,
6:66 Ἐκ τούτου πολλοὶ [ἐκ] τῶν μαθητῶν αὐτοῦ ἀπῆλθον εἰς τὰ ὀπίσω καὶ **οὐκέτι** μετ᾽ αὐτοῦ περιεπάτουν.
11:54 Ὁ οὖν Ἰησοῦς **οὐκέτι** παρρησίᾳ περιεπάτει ἐν τοῖς Ἰουδαίοις,
14:19 ἔτι μικρὸν καὶ ὁ κόσμος με **οὐκέτι** θεωρεῖ,
14:30 **οὐκέτι** πολλὰ λαλήσω μεθ᾽ ὑμῶν, ἔρχεται γὰρ ὁ τοῦ κόσμου ἄρχων·
15:15 **οὐκέτι** λέγω ὑμᾶς δούλους, ὅτι ὁ δοῦλος οὐκ οἶδεν τί ποιεῖ αὐτοῦ ὁ κύριος·
16:10 ὅτι πρὸς τὸν πατέρα ὑπάγω καὶ **οὐκέτι** θεωρεῖτέ με·
16:16 Μικρὸν καὶ **οὐκέτι** θεωρεῖτέ με, καὶ πάλιν μικρὸν καὶ ὄψεσθέ με.
16:21 **οὐκέτι** μνημονεύει τῆς θλίψεως διὰ τὴν χαρὰν ὅτι ἐγεννήθη ἄνθρωπος εἰς τὸν κόσμον.
16:25 ἔρχεται ὥρα ὅτε **οὐκέτι** ἐν παροιμίαις λαλήσω ὑμῖν,
17:11 καὶ **οὐκέτι** εἰμὶ ἐν τῷ κόσμῳ, καὶ αὐτοὶ ἐν τῷ κόσμῳ εἰσίν,
21: 6 καὶ **οὐκέτι** αὐτὸ ἑλκύσαι ἴσχυον ἀπὸ τοῦ πλήθους τῶν ἰχθύων.
Ac 8:39 πνεῦμα κυρίου ἥρπασεν τὸν Φίλιππον καὶ οὐκ εἶδεν αὐτὸν **οὐκέτι** ὁ εὐνοῦχος,
20:25 Καὶ νῦν ἰδοὺ ἐγὼ οἶδα ὅτι **οὐκέτι** ὄψεσθε τὸ πρόσωπόν μου ὑμεῖς πάντες ἐν οἷς διῆλθον κηρύσσων τὴν βασιλείαν.
20:38 ὀδυνώμενοι μάλιστα ἐπὶ τῷ λόγῳ ᾧ εἰρήκει, ὅτι **οὐκέτι** μέλλουσιν τὸ πρόσωπον αὐτοῦ θεωρεῖν.
Ro 6: 9 εἰδότες ὅτι Χριστὸς ἐγερθεὶς ἐκ νεκρῶν **οὐκέτι** ἀποθνήσκει, θάνατος αὐτοῦ **οὐκέτι** κυριεύει.
7:17 νυνὶ δὲ **οὐκέτι** ἐγὼ κατεργάζομαι αὐτὸ ἀλλὰ ἡ οἰκοῦσα ἐν ἐμοὶ ἁμαρτία.
7:20 **οὐκέτι** ἐγὼ κατεργάζομαι αὐτὸ ἀλλὰ ἡ οἰκοῦσα ἐν ἐμοὶ ἁμαρτία.
11: 6 εἰ δὲ χάριτι, **οὐκέτι** ἐξ ἔργων, ἐπεὶ ἡ χάρις **οὐκέτι** γίνεται χάρις.
14:15 εἰ γὰρ διὰ βρῶμα ὁ ἀδελφός σου λυπεῖται, **οὐκέτι** κατὰ ἀγάπην περιπατεῖς·
2Co 1:23 Ἐγὼ δὲ μάρτυρα τὸν θεὸν ἐπικαλοῦμαι ἐπὶ τὴν ἐμὴν ψυχήν, ὅτι φειδόμενος ὑμῶν **οὐκέτι** ἦλθον εἰς Κόρινθον.
5:16 εἰ καὶ ἐγνώκαμεν κατὰ σάρκα Χριστόν, ἀλλὰ νῦν **οὐκέτι** γινώσκομεν.
Gal 2:20 ζῶ δὲ **οὐκέτι** ἐγώ, ζῇ δὲ ἐν ἐμοὶ Χριστός·
3:18 εἰ γὰρ ἐκ νόμου ἡ κληρονομία, **οὐκέτι** ἐξ ἐπαγγελίας·
3:25 ἐλθούσης δὲ τῆς πίστεως **οὐκέτι** ὑπὸ παιδαγωγόν ἐσμεν.
4: 7 ὥστε **οὐκέτι** εἶ δοῦλος ἀλλὰ υἱός· εἰ δὲ υἱός,
Eph 2:19 ἄρα οὖν **οὐκέτι** ἐστὲ ξένοι καὶ πάροικοι ἀλλὰ ἐστὲ συμπολῖται τῶν ἁγίων καὶ οἰκεῖοι τοῦ θεοῦ,
Phm 1:16 **οὐκέτι** ὡς δοῦλον ἀλλὰ ὑπὲρ δοῦλον, ἀδελφὸν ἀγαπητόν,
Heb 10:18 ὅπου δὲ ἄφεσις τούτων, **οὐκέτι** προσφορὰ περὶ ἁμαρτίας.
10:26 Ἑκουσίως γὰρ ἁμαρτανόντων ἡμῶν μετὰ τὸ λαβεῖν τὴν ἐπίγνωσιν τῆς ἀληθείας, **οὐκέτι** περὶ ἁμαρτιῶν ἀπολείπεται θυσία,
Rev 10: 6 ὃς ἔκτισεν τὸν οὐρανὸν καὶ τὰ ἐν αὐτῷ καὶ τὴν γῆν καὶ τὰ ἐν αὐτῇ καὶ τὴν θάλασσαν καὶ τὰ ἐν αὐτῇ, ὅτι χρόνος **οὐκέτι** ἔσται,
18:11 Καὶ οἱ ἔμποροι τῆς γῆς κλαίουσιν καὶ πενθοῦσιν ἐπ᾽ αὐτήν, ὅτι τὸν γόμον αὐτῶν οὐδεὶς ἀγοράζει **οὐκέτι**
18:14 καὶ πάντα τὰ λιπαρὰ καὶ τὰ λαμπρὰ ἀπώλετο ἀπὸ σοῦ καὶ **οὐκέτι** οὐ μὴ αὐτὰ εὑρήσουσιν.

4034 οὐκοῦν [1]

√ *4024 + 4036*

Jn 18:37 εἶπεν οὖν αὐτῷ ὁ Πιλᾶτος, **Οὐκοῦν** βασιλεὺς εἶ σύ;

4035 Οὐλαμμαούς Not used in UBS/NIV

√ *cf. 1843*

4036 οὖν [499 / 497]

→ *1326, 3528, 3529, 3889, 4034, 5521*

ἄρα οὖν [12] Ro 5:18; 7:3,25; 8:12; 9:16,18; 14:12,19; Gal 6:10; Eph 2:19; 1Th 5:6; 2Th 2:15

ἐάν οὖν [14] Mt 5:19,23; 6:22; 24:26; Lk 4:7; Jn 6:62; 8:36; Ro 2:26; 14:8; 1Co 14:11,23; 2Ti 2:21; Jas 4:4; Rev 3:3

εἰ οὖν [16] Mt 6:23; 7:11; 22:45; Lk 11:13,36; 12:26; 16:11; Jn 13:14; Ac 11:17; 19:38; 25:11; Php 2:1; Col 3:1; Phm 1:17; Heb 7:11; 8:4

ἐπεὶ οὖν [2] Heb 2:14; 4:6

μέν οὖν [36] Mk 16:19; Lk 3:18; Jn 19:24; 20:30; Ac 1:6,18; 2:41; 5:41; 8:4; 9:31; 11:19; 12:5; 13:4; 14:3; 15:30; 16:5; 17:12,17,30; 19:32,38; 23:18,22,31; 25:4,11; 26:4,9; 28:5; Ro 11:13; 1Co 6:4; 9:25; Php 2:23; Heb 7:11; 8:4; 9:1

νῦν οὖν [5] Jn 16:22; Ac 10:33; 15:10; 16:36; 23:15

ὅταν οὖν [3] Mt 6:2; 21:40; 24:15

ὅτε οὖν [9] Jn 2:22; 4:45; 6:24; 13:12,31; 19:6,8,30; 21:15

πῶς οὖν [7] Mt 12:26; 22:43; 26:54; Jn 9:10,19; Ro 4:10; 10:14

Mt 1:17 Πᾶσαι **οὖν** αἱ γενεαὶ ἀπὸ Ἀβραὰμ ἕως Δαυὶδ γενεαὶ δεκατέσσαρες,
3: 8 ποιήσατε **οὖν** καρπὸν ἄξιον τῆς μετανοίας
3:10 πᾶν **οὖν** δένδρον μὴ ποιοῦν καρπὸν καλὸν ἐκκόπτεται καὶ εἰς πῦρ βάλλεται.
5:19 ὃς ἐὰν **οὖν** λύσῃ μίαν τῶν ἐντολῶν τούτων τῶν ἐλαχίστων καὶ διδάξῃ οὕτως τοὺς ἀνθρώπους,
5:23 ἐὰν **οὖν** προσφέρῃς τὸ δῶρόν σου ἐπὶ τὸ θυσιαστήριον κἀκεῖ μνησθῇς ὅτι ὁ ἀδελφός σου ἔχει τι κατὰ σοῦ,
5:48 Ἔσεσθε **οὖν** ὑμεῖς τέλειοι ὡς ὁ πατὴρ ὑμῶν ὁ οὐράνιος τέλειός ἐστιν.
6: 2 Ὅταν **οὖν** ποιῇς ἐλεημοσύνην, μὴ σαλπίσῃς ἔμπροσθέν σου,
6: 8 μὴ **οὖν** ὁμοιωθῆτε αὐτοῖς· οἶδεν γὰρ ὁ πατὴρ ὑμῶν ὧν χρείαν ἔχετε πρὸ τοῦ ὑμᾶς αἰτῆσαι αὐτόν.
6: 9 Οὕτως **οὖν** προσεύχεσθε ὑμεῖς· Πάτερ ἡμῶν ὁ ἐν τοῖς οὐρανοῖς·
6:22 ἐὰν **οὖν** ᾖ ὁ ὀφθαλμός σου ἁπλοῦς, ὅλον τὸ σῶμά σου φωτεινὸν ἔσται·
6:23 εἰ **οὖν** τὸ φῶς τὸ ἐν σοὶ σκότος ἐστίν,
6:31 μὴ **οὖν** μεριμνήσητε λέγοντες, Τί φάγωμεν; ἤ, Τί πίωμεν;
6:34 μὴ **οὖν** μεριμνήσητε εἰς τὴν αὔριον, ἡ γὰρ αὔριον μεριμνήσει ἑαυτῆς·
7:11 εἰ **οὖν** ὑμεῖς πονηροὶ ὄντες οἴδατε δόματα ἀγαθὰ διδόναι τοῖς τέκνοις ὑμῶν,
7:12 Πάντα **οὖν** ὅσα ἐὰν θέλητε ἵνα ποιῶσιν ὑμῖν οἱ ἄνθρωποι,
7:24 Πᾶς **οὖν** ὅστις ἀκούει μου τοὺς λόγους τούτους καὶ ποιεῖ αὐτούς,
9:38 δεήθητε **οὖν** τοῦ κυρίου τοῦ θερισμοῦ ὅπως ἐκβάλῃ ἐργάτας εἰς τὸν θερισμὸν αὐτοῦ.
10:16 γίνεσθε **οὖν** φρόνιμοι ὡς οἱ ὄφεις καὶ ἀκέραιοι ὡς αἱ περιστεραί.
10:26 Μὴ **οὖν** φοβηθῆτε αὐτούς· οὐδὲν γάρ ἐστιν κεκαλυμμένον ὃ οὐκ ἀποκαλυφθήσεται καὶ κρυπτὸν ὃ οὐ γνωσθήσεται.
10:31 μὴ **οὖν** φοβεῖσθε· πολλῶν στρουθίων διαφέρετε ὑμεῖς.
10:32 Πᾶς **οὖν** ὅστις ὁμολογήσει ἐν ἐμοὶ ἔμπροσθεν τῶν ἀνθρώπων,
12:12 πόσῳ **οὖν** διαφέρει ἄνθρωπος προβάτου. ὥστε ἔξεστιν τοῖς σάββασιν καλῶς ποιεῖν.
12:26 ἐφ᾽ ἑαυτὸν ἐμερίσθη· πῶς **οὖν** σταθήσεται ἡ βασιλεία αὐτοῦ;
13:18 Ὑμεῖς **οὖν** ἀκούσατε τὴν παραβολὴν τοῦ σπείραντος.
13:27 οὐχὶ καλὸν σπέρμα ἔσπειρας ἐν τῷ σῷ ἀγρῷ; πόθεν **οὖν** ἔχει ζιζάνια;

13:28 οἱ δὲ δοῦλοι λέγουσιν αὐτῷ, Θέλεις **οὖν** ἀπελθόντες συλλέξωμεν αὐτά;
13:40 ὥσπερ **οὖν** συλλέγεται τὰ ζιζάνια καὶ πυρὶ [κατα]καίεται,
13:56 καὶ αἱ ἀδελφαὶ αὐτοῦ οὐχὶ πᾶσαι πρὸς ἡμᾶς εἰσιν; πόθεν **οὖν** τούτῳ ταῦτα πάντα;
17:10 Τί **οὖν** οἱ γραμματεῖς λέγουσιν ὅτι Ἠλίαν δεῖ ἐλθεῖν πρῶτον;
18: 4 ὅστις **οὖν** ταπεινώσει ἑαυτὸν ὡς τὸ παιδίον τοῦτο,
18:26 πεσὼν **οὖν** ὁ δοῦλος προσεκύνει αὐτῷ λέγων, Μακροθύμησον ἐπ᾽ ἐμοί,
18:29 πεσὼν **οὖν** ὁ σύνδουλος αὐτοῦ παρεκάλει αὐτὸν λέγων,
18:31 ἰδόντες **οὖν** οἱ σύνδουλοι αὐτοῦ τὰ γενόμενα ἐλυπήθησαν σφόδρα καὶ ἐλθόντες διεσάφησαν τῷ κυρίῳ ἑαυτῶν πάντα
19: 6 ὃ **οὖν** ὁ θεὸς συνέζευξεν ἄνθρωπος μὴ χωριζέτω.
19: 7 Τί **οὖν** Μωϋσῆς ἐνετείλατο δοῦναι βιβλίον ἀποστασίου καὶ ἀπολῦσαι [αὐτήν;]
21:25 ἐρεῖ ἡμῖν, Διὰ τί **οὖν** οὐκ ἐπιστεύσατε αὐτῷ;
21:40 ὅταν **οὖν** ἔλθῃ ὁ κύριος τοῦ ἀμπελῶνος, τί ποιήσει τοῖς γεωργοῖς ἐκείνοις;
22: 9 πορεύεσθε **οὖν** ἐπὶ τὰς διεξόδους τῶν ὁδῶν καὶ ὅσους ἐὰν εὕρητε καλέσατε εἰς τοὺς γάμους.
22:17 εἰπὲ **οὖν** ἡμῖν τί σοι δοκεῖ· ἔξεστιν δοῦναι κῆνσον Καίσαρι ἢ οὔ;
22:21 Ἀπόδοτε **οὖν** τὰ Καίσαρος Καίσαρι καὶ τὰ τοῦ θεοῦ τῷ θεῷ.
22:28 ἐν τῇ ἀναστάσει **οὖν** τίνος τῶν ἑπτὰ ἔσται γυνή;
22:43 Πῶς **οὖν** Δαυὶδ ἐν πνεύματι καλεῖ αὐτὸν κύριον λέγων,
22:45 εἰ **οὖν** Δαυὶδ καλεῖ αὐτὸν κύριον, πῶς υἱὸς αὐτοῦ ἐστιν;
23: 3 πάντα **οὖν** ὅσα ἐὰν εἴπωσιν ὑμῖν ποιήσατε καὶ τηρεῖτε,
23:20 ὁ **οὖν** ὀμόσας ἐν τῷ θυσιαστηρίῳ ὀμνύει ἐν αὐτῷ καὶ ἐν πᾶσι τοῖς ἐπάνω αὐτοῦ·
24:15 Ὅταν **οὖν** ἴδητε τὸ βδέλυγμα τῆς ἐρημώσεως τὸ ῥηθὲν διὰ Δανιὴλ τοῦ προφήτου ἑστὸς ἐν τόπῳ ἁγίῳ,
24:26 ἐὰν **οὖν** εἴπωσιν ὑμῖν, Ἰδοὺ ἐν τῇ ἐρήμῳ ἐστίν,
24:42 γρηγορεῖτε **οὖν,** ὅτι οὐκ οἴδατε ποίᾳ ἡμέρᾳ ὁ κύριος ὑμῶν ἔρχεται.
25:13 Γρηγορεῖτε **οὖν,** ὅτι οὐκ οἴδατε τὴν ἡμέραν οὐδὲ τὴν ὥραν.
25:27 ἔδει σε **οὖν** βαλεῖν τὰ ἀργύριά μου τοῖς τραπεζίταις,
25:28 ἄρατε **οὖν** ἀπ᾽ αὐτοῦ τὸ τάλαντον καὶ δότε τῷ ἔχοντι τὰ δέκα τάλαντα·
26:54 πῶς **οὖν** πληρωθῶσιν αἱ γραφαὶ ὅτι οὕτως δεῖ γενέσθαι;
27:17 συνηγμένων **οὖν** αὐτῶν εἶπεν αὐτοῖς ὁ Πιλᾶτος, Τίνα θέλετε ἀπολύσω ὑμῖν,
27:22 λέγει αὐτοῖς ὁ Πιλᾶτος, Τί **οὖν** ποιήσω Ἰησοῦν τὸν λεγόμενον Χριστόν;
27:64 κέλευσον **οὖν** ἀσφαλισθῆναι τὸν τάφον ἕως τῆς τρίτης ἡμέρας,
28:19 πορευθέντες **οὖν** μαθητεύσατε πάντα τὰ ἔθνη, βαπτίζοντες αὐτοὺς εἰς τὸ ὄνομα τοῦ πατρὸς καὶ τοῦ υἱοῦ καὶ τοῦ ἁγίου πνεύματος,

Mk 10: 9 ὃ **οὖν** ὁ θεὸς συνέζευξεν ἄνθρωπος μὴ χωριζέτω.
11:31 Ἐξ οὐρανοῦ, ἐρεῖ, Διὰ τί [**οὖν**] οὐκ ἐπιστεύσατε αὐτῷ;
12: 9 τί [**οὖν**] ποιήσει ὁ κύριος τοῦ ἀμπελῶνος; ἐλεύσεται καὶ ἀπολέσει τοὺς γεωργοὺς καὶ δώσει τὸν ἀμπελῶνα ἄλλοις.
13:35 γρηγορεῖτε **οὖν·** οὐκ οἴδατε γὰρ πότε ὁ κύριος τῆς οἰκίας ἔρχεται,
15:12 Τί **οὖν** [θέλετε] ποιήσω [ὃν λέγετε] τὸν βασιλέα τῶν Ἰουδαίων;
16:19 ⟦Ὁ μὲν **οὖν** κύριος Ἰησοῦς μετὰ τὸ λαλῆσαι αὐτοῖς ἀνελήμφθη εἰς τὸν οὐρανὸν καὶ ἐκάθισεν ἐκ δεξιῶν τοῦ θεοῦ.⟧

Lk 3: 7 Ἔλεγεν **οὖν** τοῖς ἐκπορευομένοις ὄχλοις βαπτισθῆναι ὑπ᾽ αὐτοῦ,
3: 8 ποιήσατε **οὖν** καρποὺς ἀξίους τῆς μετανοίας καὶ μὴ ἄρξησθε λέγειν ἐν ἑαυτοῖς,
3: 9 πᾶν **οὖν** δένδρον μὴ ποιοῦν καρπὸν καλὸν ἐκκόπτεται καὶ εἰς πῦρ βάλλεται.
3:10 Καὶ ἐπηρώτων αὐτὸν οἱ ὄχλοι λέγοντες, Τί **οὖν** ποιήσωμεν;
3:18 Πολλὰ μὲν **οὖν** καὶ ἕτερα παρακαλῶν εὐηγγελίζετο τὸν λαόν.
4: 7 σὺ **οὖν** ἐὰν προσκυνήσῃς ἐνώπιον ἐμοῦ, ἔσται σοῦ πᾶσα.
7:31 Τίνι **οὖν** ὁμοιώσω τοὺς ἀνθρώπους τῆς γενεᾶς ταύτης καὶ τίνι εἰσὶν ὅμοιοι;
7:42 μὴ ἐχόντων αὐτῶν ἀποδοῦναι ἀμφοτέροις ἐχαρίσατο. τίς **οὖν** αὐτῶν πλεῖον ἀγαπήσει αὐτόν;
8:18 βλέπετε **οὖν** πῶς ἀκούετε· ὃς ἂν γὰρ ἔχῃ,
10: 2 δεήθητε **οὖν** τοῦ κυρίου τοῦ θερισμοῦ ὅπως ἐργάτας ἐκβάλῃ εἰς τὸν θερισμὸν αὐτοῦ.
10:40 οὐ μέλει σοι ὅτι ἡ ἀδελφή μου μόνην με κατέλιπεν διακονεῖν; εἰπὲ **οὖν** αὐτῇ ἵνα μοι συναντιλάβηται.
11:13 εἰ **οὖν** ὑμεῖς πονηροὶ ὑπάρχοντες οἴδατε δόματα ἀγαθὰ διδόναι τοῖς τέκνοις ὑμῶν,
11:35 σκόπει **οὖν** μὴ τὸ φῶς τὸ ἐν σοὶ σκότος ἐστίν.
11:36 εἰ **οὖν** τὸ σῶμά σου ὅλον φωτεινόν, μὴ ἔχον μέρος τι σκοτεινόν,
12:26 εἰ **οὖν** οὐδὲ ἐλάχιστον δύνασθε, τί περὶ τῶν λοιπῶν μεριμνᾶτε;
13: 7 ἔκκοψον [**οὖν**][NIV-] αὐτήν, ἱνατί καὶ τὴν γῆν καταργεῖ;
13:14 ἐν αὐταῖς **οὖν** ἐρχόμενοι θεραπεύεσθε καὶ μὴ τῇ ἡμέρᾳ τοῦ σαββάτου.
13:18 Ἔλεγεν **οὖν,** Τίνι ὁμοία ἐστὶν ἡ βασιλεία τοῦ θεοῦ καὶ τίνι ὁμοιώσω αὐτήν;
14:33 οὕτως **οὖν** πᾶς ἐξ ὑμῶν ὃς οὐκ ἀποτάσσεται πᾶσιν τοῖς ἑαυτοῦ ὑπάρχουσιν οὐ δύναται εἶναί μου μαθητής.
14:34 Καλὸν **οὖν** τὸ ἅλας· ἐὰν δὲ καὶ τὸ ἅλας μωρανθῇ,
16:11 εἰ **οὖν** ἐν τῷ ἀδίκῳ μαμωνᾷ πιστοὶ οὐκ ἐγένεσθε,
16:27 εἶπεν δέ, Ἐρωτῶ σε **οὖν,** πάτερ, ἵνα πέμψῃς αὐτὸν εἰς τὸν οἶκον τοῦ πατρός μου,
19:12 εἶπεν **οὖν,** Ἄνθρωπός τις εὐγενὴς ἐπορεύθη εἰς χώραν μακρὰν λαβεῖν ἑαυτῷ βασιλείαν καὶ ὑποστρέψαι.
20:15 τί **οὖν** ποιήσει αὐτοῖς ὁ κύριος τοῦ ἀμπελῶνος;
20:17 ὁ δὲ ἐμβλέψας αὐτοῖς εἶπεν, Τί **οὖν** ἐστιν τὸ γεγραμμένον τοῦτο·
20:29 ἑπτὰ **οὖν** ἀδελφοὶ ἦσαν· καὶ ὁ πρῶτος λαβὼν γυναῖκα ἀπέθανεν ἄτεκνος·
20:33 ἡ γυνὴ **οὖν** ἐν τῇ ἀναστάσει τίνος αὐτῶν γίνεται γυνή;
20:44 Δαυὶδ **οὖν** κύριον αὐτὸν καλεῖ, καὶ πῶς αὐτοῦ υἱός ἐστιν;
21: 7 πότε **οὖν** ταῦτα ἔσται καὶ τί τὸ σημεῖον ὅταν μέλλῃ ταῦτα γίνεσθαι;
21:14 θέτε **οὖν** ἐν ταῖς καρδίαις ὑμῶν μὴ προμελετᾶν ἀπολογηθῆναι·
22:70 εἶπαν δὲ πάντες, Σὺ **οὖν** εἶ ὁ υἱὸς τοῦ θεοῦ;
23:16 παιδεύσας **οὖν** αὐτὸν ἀπολύσω.
23:22 οὐδὲν αἴτιον θανάτου εὗρον ἐν αὐτῷ· παιδεύσας **οὖν** αὐτὸν ἀπολύσω.

Jn 1:21 καὶ ἠρώτησαν αὐτόν, Τί **οὖν; Σὺ** Ἠλίας εἶ;
1:22 εἶπαν **οὖν** αὐτῷ, Τίς εἶ; ἵνα ἀπόκρισιν δῶμεν τοῖς πέμψασιν ἡμᾶς·
1:25 Τί **οὖν** βαπτίζεις εἰ σὺ οὐκ εἶ ὁ Χριστὸς οὐδὲ Ἠλίας οὐδὲ ὁ προφήτης;
1:39 ἦλθαν **οὖν** καὶ εἶδαν ποῦ μένει καὶ παρ᾽ αὐτῷ ἔμειναν τὴν ἡμέραν ἐκείνην·
2:18 ἀπεκρίθησαν **οὖν** οἱ Ἰουδαῖοι καὶ εἶπαν αὐτῷ, Τί σημεῖον δεικνύεις ἡμῖν ὅτι ταῦτα ποιεῖς;
2:20 εἶπαν **οὖν** οἱ Ἰουδαῖοι, Τεσσεράκοντα καὶ ἓξ ἔτεσιν οἰκοδομήθη ὁ ναὸς οὗτος,
2:22 ὅτε **οὖν** ἠγέρθη ἐκ νεκρῶν, ἐμνήσθησαν οἱ μαθηταὶ αὐτοῦ ὅτι τοῦτο ἔλεγεν,
3:25 Ἐγένετο **οὖν** ζήτησις ἐκ τῶν μαθητῶν Ἰωάννου μετὰ Ἰουδαίου περὶ καθαρισμοῦ.
3:29 ὁ δὲ φίλος τοῦ νυμφίου ὁ ἑστηκὼς καὶ ἀκούων αὐτοῦ χαρᾷ χαίρει διὰ τὴν φωνὴν τοῦ νυμφίου. αὕτη **οὖν** ἡ χαρὰ ἡ ἐμὴ πεπλήρωται.
4: 1 Ὡς **οὖν** ἔγνω ὁ Ἰησοῦς ὅτι ἤκουσαν οἱ Φαρισαῖοι ὅτι Ἰησοῦς πλείονας μαθητὰς ποιεῖ καὶ βαπτίζει ἢ Ἰωάννης
4: 5 ἔρχεται **οὖν** εἰς πόλιν τῆς Σαμαρείας λεγομένην Συχὰρ πλησίον τοῦ χωρίου ὃ ἔδωκεν Ἰακὼβ [τῷ] Ἰωσὴφ τῷ υἱῷ αὐτοῦ·
4: 6 ὁ **οὖν** Ἰησοῦς κεκοπιακὼς ἐκ τῆς ὁδοιπορίας ἐκαθέζετο οὕτως ἐπὶ τῇ πηγῇ·
4: 9 λέγει **οὖν** αὐτῷ ἡ γυνὴ ἡ Σαμαρῖτις, Πῶς σὺ Ἰουδαῖος ὢν παρ᾽ ἐμοῦ πεῖν αἰτεῖς γυναικὸς Σαμαρίτιδος οὔσης;
4:11 οὔτε ἄντλημα ἔχεις καὶ τὸ φρέαρ ἐστὶν βαθύ· πόθεν **οὖν** ἔχεις τὸ ὕδωρ τὸ ζῶν;
4:28 ἀφῆκεν **οὖν** τὴν ὑδρίαν αὐτῆς ἡ γυνὴ καὶ ἀπῆλθεν εἰς τὴν πόλιν καὶ λέγει τοῖς ἀνθρώποις,
4:33 ἔλεγον **οὖν** οἱ μαθηταὶ πρὸς ἀλλήλους, Μή τις ἤνεγκεν αὐτῷ φαγεῖν;
4:40 ὡς **οὖν** ἦλθον πρὸς αὐτὸν οἱ Σαμαρῖται, ἠρώτων αὐτὸν μεῖναι παρ᾽ αὐτοῖς·
4:45 ὅτε **οὖν** ἦλθεν εἰς τὴν Γαλιλαίαν, ἐδέξαντο αὐτὸν οἱ Γαλιλαῖοι πάντα ἑωρακότες ὅσα ἐποίησεν ἐν Ἱεροσολύμοις ἐν τῇ ἑορτῇ,
4:46 Ἦλθεν **οὖν** πάλιν εἰς τὴν Κανὰ τῆς Γαλιλαίας,
4:48 εἶπεν **οὖν** ὁ Ἰησοῦς πρὸς αὐτόν, Ἐὰν μὴ σημεῖα καὶ τέρατα ἴδητε,
4:52 ἐπύθετο **οὖν** τὴν ὥραν παρ᾽ αὐτῶν ἐν ᾗ κομψότερον ἔσχεν· εἶπαν **οὖν** αὐτῷ ὅτι Ἐχθὲς ὥραν ἑβδόμην ἀφῆκεν αὐτὸν ὁ πυρετός.
4:53 ἔγνω **οὖν** ὁ πατὴρ ὅτι [ἐν] ἐκείνῃ τῇ ὥρᾳ ἐν ᾗ εἶπεν αὐτῷ ὁ Ἰησοῦς,
5:10 ἔλεγον **οὖν** οἱ Ἰουδαῖοι τῷ τεθεραπευμένῳ, Σάββατόν ἐστιν,
5:18 διὰ τοῦτο **οὖν** μᾶλλον ἐζήτουν αὐτὸν οἱ Ἰουδαῖοι ἀποκτεῖναι,

5:19 Ἀπεκρίνατο **οὖν** ὁ Ἰησοῦς καὶ ἔλεγεν αὐτοῖς, Ἀμὴν ἀμὴν λέγω ὑμῖν,
6: 5 ἐπάρας **οὖν** τοὺς ὀφθαλμοὺς ὁ Ἰησοῦς καὶ θεασάμενος ὅτι πολὺς ὄχλος ἔρχεται πρὸς αὐτὸν λέγει πρὸς **Φίλιππον**,
6:10 ἀνέπεσαν **οὖν** οἱ ἄνδρες τὸν ἀριθμὸν ὡς πεντακισχίλιοι.
6:11 ἔλαβεν **οὖν** τοὺς ἄρτους ὁ Ἰησοῦς καὶ εὐχαριστήσας διέδωκεν τοῖς ἀνακειμένοις ὁμοίως καὶ ἐκ τῶν ὀψαρίων ὅσον ἤθελον.
6:13 συνήγαγον **οὖν** καὶ ἐγέμισαν δώδεκα κοφίνους κλασμάτων ἐκ τῶν πέντε ἄρτων τῶν κριθίνων ἃ ἐπερίσσευσαν
6:14 Οἱ **οὖν** ἄνθρωποι ἰδόντες ὃ ἐποίησεν σημεῖον ἔλεγον ὅτι Οὗτός ἐστιν ἀληθῶς ὁ προφήτης ὁ ἐρχόμενος εἰς τὸν κόσμον.
6:15 Ἰησοῦς **οὖν** γνοὺς ὅτι μέλλουσιν ἔρχεσθαι καὶ ἁρπάζειν αὐτὸν ἵνα ποιήσωσιν βασιλέα,
6:19 ἐληλακότες **οὖν** ὡς σταδίους εἴκοσι πέντε ἢ τριάκοντα θεωροῦσιν τὸν Ἰησοῦν περιπατοῦντα ἐπὶ τῆς θαλάσσης
6:21 ἤθελον **οὖν** λαβεῖν αὐτὸν εἰς τὸ πλοῖον, καὶ εὐθέως ἐγένετο τὸ πλοῖον ἐπὶ τῆς γῆς εἰς ἣν ὑπῆγον.
6:24 ὅτε **οὖν** εἶδεν ὁ ὄχλος ὅτι Ἰησοῦς οὐκ ἔστιν ἐκεῖ οὐδὲ οἱ μαθηταὶ αὐτοῦ,
6:28 εἶπον **οὖν** πρὸς αὐτόν, Τί ποιῶμεν ἵνα ἐργαζώμεθα τὰ ἔργα τοῦ θεοῦ;
6:30 εἶπον **οὖν** αὐτῷ, Τί **οὖν** ποιεῖς σὺ σημεῖον,
6:32 εἶπεν **οὖν** αὐτοῖς ὁ Ἰησοῦς, Ἀμὴν ἀμὴν λέγω ὑμῖν,
6:34 Εἶπον **οὖν** πρὸς αὐτόν, Κύριε, πάντοτε δὸς ἡμῖν τὸν ἄρτον τοῦτον.
6:35 εἶπεν **οὖν**[UBS-] αὐτοῖς ὁ Ἰησοῦς, Ἐγώ εἰμι ὁ ἄρτος τῆς ζωῆς·
6:41 Ἐγόγγυζον **οὖν** οἱ Ἰουδαῖοι περὶ αὐτοῦ ὅτι εἶπεν,
6:52 Ἐμάχοντο **οὖν** πρὸς ἀλλήλους οἱ Ἰουδαῖοι λέγοντες, Πῶς δύναται οὗτος ἡμῖν δοῦναι τὴν σάρκα [αὐτοῦ] φαγεῖν;
6:53 εἶπεν **οὖν** αὐτοῖς ὁ Ἰησοῦς, Ἀμὴν ἀμὴν λέγω ὑμῖν,
6:60 Πολλοὶ **οὖν** ἀκούσαντες ἐκ τῶν μαθητῶν αὐτοῦ εἶπαν,
6:62 ἐὰν **οὖν** θεωρῆτε τὸν υἱὸν τοῦ ἀνθρώπου ἀναβαίνοντα ὅπου ἦν τὸ πρότερον;
6:67 εἶπεν **οὖν** ὁ Ἰησοῦς τοῖς δώδεκα, Μὴ καὶ ὑμεῖς θέλετε ὑπάγειν;
7: 3 εἶπον **οὖν** πρὸς αὐτὸν οἱ ἀδελφοὶ αὐτοῦ, Μετάβηθι ἐντεῦθεν καὶ ὕπαγε εἰς τὴν Ἰουδαίαν,
7: 6 λέγει **οὖν** αὐτοῖς ὁ Ἰησοῦς, Ὁ καιρὸς ὁ ἐμὸς οὔπω πάρεστιν,
7:11 οἱ **οὖν** Ἰουδαῖοι ἐζήτουν αὐτὸν ἐν τῇ ἑορτῇ καὶ ἔλεγον,
7:15 ἐθαύμαζον **οὖν** οἱ Ἰουδαῖοι λέγοντες, Πῶς οὗτος γράμματα οἶδεν μὴ μεμαθηκώς;
7:16 ἀπεκρίθη **οὖν** αὐτοῖς [ὁ] Ἰησοῦς καὶ εἶπεν, Ἡ ἐμὴ διδαχὴ οὐκ ἔστιν ἐμὴ ἀλλὰ τοῦ πέμψαντός με·
7:25 Ἔλεγον **οὖν** τινες ἐκ τῶν Ἱεροσολυμιτῶν, Οὐχ οὗτός ἐστιν ὃν ζητοῦσιν ἀποκτεῖναι;
7:28 ἔκραξεν **οὖν** ἐν τῷ ἱερῷ διδάσκων ὁ Ἰησοῦς καὶ λέγων,
7:30 Ἐζήτουν **οὖν** αὐτὸν πιάσαι, καὶ οὐδεὶς ἐπέβαλεν ἐπ᾽ αὐτὸν τὴν χεῖρα,
7:33 εἶπεν **οὖν** ὁ Ἰησοῦς, Ἔτι χρόνον μικρὸν μεθ᾽ ὑμῶν εἰμι καὶ ὑπάγω πρὸς τὸν πέμψαντά με.
7:35 εἶπον **οὖν** οἱ Ἰουδαῖοι πρὸς ἑαυτούς, Ποῦ οὗτος μέλλει πορεύεσθαι ὅτι ἡμεῖς οὐχ εὑρήσομεν αὐτόν;
7:40 Ἐκ τοῦ ὄχλου **οὖν** ἀκούσαντες τῶν λόγων τούτων ἔλεγον,
7:43 σχίσμα **οὖν** ἐγένετο ἐν τῷ ὄχλῳ δι᾽ αὐτόν·
7:45 Ἦλθον **οὖν** οἱ ὑπηρέται πρὸς τοὺς ἀρχιερεῖς καὶ **Φαρισαίους**,
7:47 ἀπεκρίθησαν **οὖν** αὐτοῖς οἱ **Φαρισαῖοι**, Μὴ καὶ ὑμεῖς πεπλάνησθε;
8: 5 ⟦ἐν δὲ τῷ νόμῳ ἡμῖν Μωϋσῆς ἐνετείλατο τὰς τοιαύτας λιθάζειν. σὺ **οὖν** τί λέγεις;⟧
8:12 Πάλιν **οὖν** αὐτοῖς ἐλάλησεν ὁ Ἰησοῦς λέγων, Ἐγώ εἰμι τὸ φῶς τοῦ κόσμου·
8:13 εἶπον **οὖν** αὐτῷ οἱ **Φαρισαῖοι**, Σὺ περὶ σεαυτοῦ μαρτυρεῖς·
8:19 ἔλεγον **οὖν** αὐτῷ, Ποῦ ἐστιν ὁ πατήρ σου;
8:21 Εἶπεν **οὖν** πάλιν αὐτοῖς, Ἐγὼ ὑπάγω καὶ ζητήσετέ με,
8:22 ἔλεγον **οὖν** οἱ Ἰουδαῖοι, Μήτι ἀποκτενεῖ ἑαυτόν, ὅτι λέγει,
8:24 εἶπον **οὖν** ὑμῖν ὅτι ἀποθανεῖσθε ἐν ταῖς ἁμαρτίαις ὑμῶν·
8:25 ἔλεγον **οὖν** αὐτῷ, Σὺ τίς εἶ; εἶπεν αὐτοῖς ὁ Ἰησοῦς,
8:28 εἶπεν **οὖν** [αὐτοῖς] ὁ Ἰησοῦς, Ὅταν ὑψώσητε τὸν υἱὸν τοῦ ἀνθρώπου,
8:31 Ἔλεγεν **οὖν** ὁ Ἰησοῦς πρὸς τοὺς πεπιστευκότας αὐτῷ Ἰουδαίους,
8:36 ἐὰν **οὖν** ὁ υἱὸς ὑμᾶς ἐλευθερώσῃ, ὄντως ἐλεύθεροι ἔσεσθε.
8:38 καὶ ὑμεῖς **οὖν** ἃ ἠκούσατε παρὰ τοῦ πατρὸς ποιεῖτε.
8:41 εἶπαν **[οὖν]**[NIV-] αὐτῷ, Ἡμεῖς ἐκ πορνείας οὐ γεγεννήμεθα·
8:52 εἶπον **[οὖν]** αὐτῷ οἱ Ἰουδαῖοι, Νῦν ἐγνώκαμεν ὅτι δαιμόνιον ἔχεις.
8:57 εἶπον **οὖν** οἱ Ἰουδαῖοι πρὸς αὐτόν, Πεντήκοντα ἔτη οὔπω ἔχεις καὶ Ἀβραὰμ ἑώρακας;
8:59 ἦραν **οὖν** λίθους ἵνα βάλωσιν ἐπ᾽ αὐτόν. Ἰησοῦς δὲ ἐκρύβη καὶ ἐξῆλθεν ἐκ τοῦ ἱεροῦ.
9: 7 Ὕπαγε νίψαι εἰς τὴν κολυμβήθραν τοῦ Σιλωάμ (ὃ ἑρμηνεύεται Ἀπεσταλμένος). ἀπῆλθεν **οὖν** καὶ ἐνίψατο καὶ ἦλθεν βλέπων.
9: 8 Οἱ **οὖν** γείτονες καὶ οἱ θεωροῦντες αὐτὸν τὸ πρότερον ὅτι προσαίτης ἦν ἔλεγον,
9:10 ἔλεγον **οὖν** αὐτῷ, Πῶς **[οὖν]** ἠνεῴχθησάν σου οἱ ὀφθαλμοί;
9:11 Ὁ ἄνθρωπος ὁ λεγόμενος Ἰησοῦς πηλὸν ἐποίησεν καὶ ἐπέχρισέν μου τοὺς ὀφθαλμοὺς καὶ εἶπέν μοι ὅτι Ὕπαγε εἰς τὸν Σιλωὰμ καὶ νίψαι· ἀπελθὼν **οὖν** καὶ νιψάμενος ἀνέβλεψα.
9:15 πάλιν **οὖν** ἠρώτων αὐτὸν καὶ οἱ **Φαρισαῖοι** πῶς ἀνέβλεψεν.
9:16 ἔλεγον **οὖν** ἐκ τῶν **Φαρισαίων** τινές, Οὐκ ἔστιν οὗτος παρὰ θεοῦ ὁ ἄνθρωπος,
9:17 λέγουσιν **οὖν** τῷ τυφλῷ πάλιν, Τί σὺ λέγεις περὶ αὐτοῦ,
9:18 Οὐκ ἐπίστευσαν **οὖν** οἱ Ἰουδαῖοι περὶ αὐτοῦ ὅτι ἦν τυφλὸς καὶ ἀνέβλεψεν ἕως ὅτου ἐφώνησαν τοὺς γονεῖς αὐτοῦ
9:19 ὃν ὑμεῖς λέγετε ὅτι τυφλὸς ἐγεννήθη; πῶς **οὖν** βλέπει ἄρτι;
9:20 ἀπεκρίθησαν **οὖν** οἱ γονεῖς αὐτοῦ καὶ εἶπαν, Οἴδαμεν ὅτι οὗτός ἐστιν ὁ υἱὸς ἡμῶν καὶ ὅτι τυφλὸς ἐγεννήθη·
9:24 Ἐφώνησαν **οὖν** τὸν ἄνθρωπον ἐκ δευτέρου ὃς ἦν τυφλὸς καὶ εἶπαν αὐτῷ,
9:25 ἀπεκρίθη **οὖν** ἐκεῖνος, Εἰ ἁμαρτωλός ἐστιν οὐκ οἶδα·
9:26 εἶπον **οὖν** αὐτῷ, Τί ἐποίησέν σοι; πῶς ἤνοιξέν σου τοὺς ὀφθαλμούς;
10: 7 Εἶπεν **οὖν** πάλιν ὁ Ἰησοῦς, Ἀμὴν ἀμὴν λέγω ὑμῖν ὅτι ἐγώ εἰμι ἡ θύρα τῶν προβάτων.
10:24 ἐκύκλωσαν **οὖν** αὐτὸν οἱ Ἰουδαῖοι καὶ ἔλεγον αὐτῷ,
10:39 Ἐζήτουν **[οὖν]** αὐτὸν πάλιν πιάσαι, καὶ ἐξῆλθεν ἐκ τῆς χειρὸς αὐτῶν.
11: 3 ἀπέστειλαν **οὖν** αἱ ἀδελφαὶ πρὸς αὐτὸν λέγουσαι, Κύριε,
11: 6 ὡς **οὖν** ἤκουσεν ὅτι ἀσθενεῖ, τότε μὲν ἔμεινεν ἐν ᾧ ἦν τόπῳ δύο ἡμέρας,
11:12 εἶπαν **οὖν** οἱ μαθηταὶ αὐτῷ, Κύριε, εἰ κεκοίμηται σωθήσεται.
11:14 τότε **οὖν** εἶπεν αὐτοῖς ὁ Ἰησοῦς παρρησίᾳ, Λάζαρος ἀπέθανεν,
11:16 εἶπεν **οὖν** Θωμᾶς ὁ λεγόμενος Δίδυμος τοῖς συμμαθηταῖς,
11:17 Ἐλθὼν **οὖν** ὁ Ἰησοῦς εὗρεν αὐτὸν τέσσαρας ἤδη ἡμέρας ἔχοντα ἐν τῷ μνημείῳ.
11:20 ἡ **οὖν** Μάρθα ὡς ἤκουσεν ὅτι Ἰησοῦς ἔρχεται ὑπήντησεν αὐτῷ·
11:21 εἶπεν **οὖν** ἡ Μάρθα πρὸς τὸν Ἰησοῦν, Κύριε,
11:31 οἱ **οὖν** Ἰουδαῖοι οἱ ὄντες μετ᾽ αὐτῆς ἐν τῇ οἰκίᾳ καὶ παραμυθούμενοι αὐτήν,
11:32 ἡ **οὖν** Μαριὰμ ὡς ἦλθεν ὅπου ἦν Ἰησοῦς ἰδοῦσα αὐτὸν ἔπεσεν αὐτοῦ πρὸς τοὺς πόδας λέγουσα αὐτῷ,
11:33 Ἰησοῦς **οὖν** ὡς εἶδεν αὐτὴν κλαίουσαν καὶ τοὺς συνελθόντας αὐτῇ Ἰουδαίους κλαίοντας,
11:36 ἔλεγον **οὖν** οἱ Ἰουδαῖοι, Ἴδε πῶς ἐφίλει αὐτόν.
11:38 Ἰησοῦς **οὖν** πάλιν ἐμβριμώμενος ἐν ἑαυτῷ ἔρχεται εἰς τὸ μνημεῖον·
11:41 ἦραν **οὖν** τὸν λίθον. ὁ δὲ Ἰησοῦς ἦρεν τοὺς ὀφθαλμοὺς ἄνω καὶ εἶπεν,
11:45 Πολλοὶ **οὖν** ἐκ τῶν Ἰουδαίων οἱ ἐλθόντες πρὸς τὴν Μαριὰμ καὶ θεασάμενοι ἃ ἐποίησεν ἐπίστευσαν εἰς αὐτόν·
11:47 συνήγαγον **οὖν** οἱ ἀρχιερεῖς καὶ οἱ **Φαρισαῖοι** συνέδριον καὶ ἔλεγον,
11:53 ἀπ᾽ ἐκείνης **οὖν** τῆς ἡμέρας ἐβουλεύσαντο ἵνα ἀποκτείνωσιν αὐτόν.
11:54 Ὁ **οὖν** Ἰησοῦς οὐκέτι παρρησίᾳ περιεπάτει ἐν τοῖς Ἰουδαίοις,
11:56 ἐζήτουν **οὖν** τὸν Ἰησοῦν καὶ ἔλεγον μετ᾽ ἀλλήλων ἐν τῷ ἱερῷ ἑστηκότες,
12: 1 Ὁ **οὖν** Ἰησοῦς πρὸ ἓξ ἡμερῶν τοῦ πάσχα ἦλθεν εἰς Βηθανίαν,
12: 2 ἐποίησαν **οὖν** αὐτῷ δεῖπνον ἐκεῖ, καὶ ἡ Μάρθα διηκόνει,
12: 3 ἡ **οὖν** Μαριὰμ λαβοῦσα λίτραν μύρου νάρδου πιστικῆς πολυτίμου ἤλειψεν τοὺς πόδας τοῦ Ἰησοῦ
12: 7 εἶπεν **οὖν** ὁ Ἰησοῦς, Ἄφες αὐτήν, ἵνα εἰς τὴν ἡμέραν τοῦ ἐνταφιασμοῦ μου τηρήσῃ αὐτό·
12: 9 Ἔγνω **οὖν** [ὁ] ὄχλος πολὺς ἐκ τῶν Ἰουδαίων ὅτι ἐκεῖ ἐστιν καὶ ἦλθον οὐ διὰ τὸν Ἰησοῦν μόνον,
12:17 ἐμαρτύρει **οὖν** ὁ ὄχλος ὁ ὢν μετ᾽ αὐτοῦ ὅτε τὸν Λάζαρον ἐφώνησεν ἐκ τοῦ μνημείου καὶ ἤγειρεν αὐτὸν ἐκ νεκρῶν.
12:19 οἱ **οὖν** **Φαρισαῖοι** εἶπαν πρὸς ἑαυτούς, Θεωρεῖτε ὅτι οὐκ ὠφελεῖτε οὐδέν·
12:21 οὗτοι **οὖν** προσῆλθον Φιλίππῳ τῷ ἀπὸ Βηθσαϊδὰ τῆς Γαλιλαίας καὶ ἠρώτων αὐτὸν λέγοντες,
12:28 ἦλθεν **οὖν** φωνὴ ἐκ τοῦ οὐρανοῦ, Καὶ ἐδόξασα καὶ πάλιν δοξάσω.

12:29 ὁ **οὖν** ὄχλος ὁ ἑστὼς καὶ ἀκούσας ἔλεγεν βροντὴν γεγονέναι,
12:34 ἀπεκρίθη **οὖν** αὐτῷ ὁ ὄχλος, Ἡμεῖς ἠκούσαμεν ἐκ τοῦ νόμου ὅτι ὁ Χριστὸς μένει εἰς τὸν αἰῶνα,
12:35 εἶπεν **οὖν** αὐτοῖς ὁ Ἰησοῦς, Ἔτι μικρὸν χρόνον τὸ φῶς ἐν ὑμῖν ἐστιν.
12:50 ἃ **οὖν** ἐγὼ λαλῶ, καθὼς εἴρηκέν μοι ὁ πατήρ,
13: 6 ἔρχεται **οὖν** πρὸς Σίμωνα Πέτρον· λέγει αὐτῷ, Κύριε,
13:12 Ὅτε **οὖν** ἔνιψεν τοὺς πόδας αὐτῶν [καὶ] ἔλαβεν τὰ ἱμάτια αὐτοῦ καὶ ἀνέπεσεν πάλιν,
13:14 εἰ **οὖν** ἐγὼ ἔνιψα ὑμῶν τοὺς πόδας ὁ κύριος καὶ ὁ διδάσκαλος,
13:24 νεύει **οὖν** τούτῳ Σίμων Πέτρος πυθέσθαι τίς ἂν εἴη περὶ οὗ λέγει.
13:25 ἀναπεσὼν **οὖν** ἐκεῖνος οὕτως ἐπὶ τὸ στῆθος τοῦ Ἰησοῦ λέγει αὐτῷ,
13:26 βάψας **οὖν** τὸ ψωμίον [λαμβάνει καὶ] δίδωσιν Ἰούδᾳ Σίμωνος Ἰσκαριώτου.
13:27 λέγει **οὖν** αὐτῷ ὁ Ἰησοῦς, Ὃ ποιεῖς ποίησον τάχιον.
13:30 λαβὼν **οὖν** τὸ ψωμίον ἐκεῖνος ἐξῆλθεν εὐθύς. ἦν δὲ νύξ.
13:31 Ὅτε **οὖν** ἐξῆλθεν, λέγει Ἰησοῦς, Νῦν ἐδοξάσθη ὁ υἱὸς τοῦ ἀνθρώπου,
16:17 εἶπαν **οὖν** ἐκ τῶν μαθητῶν αὐτοῦ πρὸς ἀλλήλους,
16:18 ἔλεγον **οὖν**, Τί ἐστιν τοῦτο [ὃ λέγει,] τὸ μικρόν;
16:22 καὶ ὑμεῖς **οὖν** νῦν μὲν λύπην ἔχετε· πάλιν δὲ ὄψομαι ὑμᾶς,
18: 3 ὁ **οὖν** Ἰούδας λαβὼν τὴν σπεῖραν καὶ ἐκ τῶν ἀρχιερέων καὶ ἐκ τῶν Φαρισαίων ὑπηρέτας ἔρχεται ἐκεῖ μετὰ φανῶν
18: 4 Ἰησοῦς **οὖν** εἰδὼς πάντα τὰ ἐρχόμενα ἐπ᾽ αὐτὸν ἐξῆλθεν καὶ λέγει αὐτοῖς,
18: 6 ὡς **οὖν** εἶπεν αὐτοῖς, Ἐγώ εἰμι, ἀπῆλθον εἰς τὰ ὀπίσω καὶ ἔπεσαν χαμαί.
18: 7 πάλιν **οὖν** ἐπηρώτησεν αὐτούς, Τίνα ζητεῖτε; οἱ δὲ εἶπαν,
18: 8 Εἶπον ὑμῖν ὅτι ἐγώ εἰμι. εἰ **οὖν** ἐμὲ ζητεῖτε, ἄφετε τούτους ὑπάγειν·
18:10 Σίμων **οὖν** Πέτρος ἔχων μάχαιραν εἵλκυσεν αὐτὴν καὶ ἔπαισεν τὸν τοῦ ἀρχιερέως δοῦλον καὶ ἀπέκοψεν αὐτοῦ τὸ ὠτάριον
18:11 εἶπεν **οὖν** ὁ Ἰησοῦς τῷ Πέτρῳ, Βάλε τὴν μάχαιραν εἰς τὴν θήκην·
18:12 Ἡ **οὖν** σπεῖρα καὶ ὁ χιλίαρχος καὶ οἱ ὑπηρέται τῶν Ἰουδαίων συνέλαβον τὸν Ἰησοῦν καὶ ἔδησαν αὐτὸν
18:16 ἐξῆλθεν **οὖν** ὁ μαθητὴς ὁ ἄλλος ὁ γνωστὸς τοῦ ἀρχιερέως καὶ εἶπεν τῇ θυρωρῷ καὶ εἰσήγαγεν τὸν Πέτρον.
18:17 λέγει **οὖν** τῷ Πέτρῳ ἡ παιδίσκη ἡ θυρωρός,
18:19 Ὁ **οὖν** ἀρχιερεὺς ἠρώτησεν τὸν Ἰησοῦν περὶ τῶν μαθητῶν αὐτοῦ καὶ περὶ τῆς διδαχῆς αὐτοῦ.
18:24 ἀπέστειλεν **οὖν** αὐτὸν ὁ Ἅννας δεδεμένον πρὸς Καϊάφαν τὸν ἀρχιερέα.
18:25 εἶπον **οὖν** αὐτῷ, Μὴ καὶ σὺ ἐκ τῶν μαθητῶν αὐτοῦ εἶ;
18:27 πάλιν **οὖν** ἠρνήσατο Πέτρος, καὶ εὐθέως ἀλέκτωρ ἐφώνησεν.
18:28 Ἄγουσιν **οὖν** τὸν Ἰησοῦν ἀπὸ τοῦ Καϊάφα εἰς τὸ πραιτώριον·
18:29 ἐξῆλθεν **οὖν** ὁ Πιλᾶτος ἔξω πρὸς αὐτοὺς καὶ φησίν,
18:31 εἶπεν **οὖν** αὐτοῖς ὁ Πιλᾶτος, Λάβετε αὐτὸν ὑμεῖς καὶ κατὰ τὸν νόμον ὑμῶν κρίνατε αὐτόν.
18:33 Εἰσῆλθεν **οὖν** πάλιν εἰς τὸ πραιτώριον ὁ Πιλᾶτος καὶ ἐφώνησεν τὸν Ἰησοῦν καὶ εἶπεν αὐτῷ,
18:37 εἶπεν **οὖν** αὐτῷ ὁ Πιλᾶτος, Οὐκοῦν βασιλεὺς εἶ σύ;
18:39 βούλεσθε **οὖν** ἀπολύσω ὑμῖν τὸν βασιλέα τῶν Ἰουδαίων;
18:40 ἐκραύγασαν **οὖν** πάλιν λέγοντες, Μὴ τοῦτον ἀλλὰ τὸν Βαραββᾶν.
19: 1 Τότε **οὖν** ἔλαβεν ὁ Πιλᾶτος τὸν Ἰησοῦν καὶ ἐμαστίγωσεν.
19: 5 ἐξῆλθεν **οὖν** ὁ Ἰησοῦς ἔξω, φορῶν τὸν ἀκάνθινον στέφανον καὶ τὸ πορφυροῦν ἱμάτιον.
19: 6 ὅτε **οὖν** εἶδον αὐτὸν οἱ ἀρχιερεῖς καὶ οἱ ὑπηρέται ἐκραύγασαν λέγοντες,
19: 8 Ὅτε **οὖν** ἤκουσεν ὁ Πιλᾶτος τοῦτον τὸν λόγον,
19:10 λέγει **οὖν** αὐτῷ ὁ Πιλᾶτος, Ἐμοὶ οὐ λαλεῖς;
19:13 Ὁ **οὖν** Πιλᾶτος ἀκούσας τῶν λόγων τούτων ἤγαγεν ἔξω τὸν Ἰησοῦν καὶ ἐκάθισεν ἐπὶ βήματος
19:15 ἐκραύγασαν **οὖν** ἐκεῖνοι, Ἆρον ἆρον, σταύρωσον αὐτόν. λέγει αὐτοῖς ὁ Πιλᾶτος,
19:16 τότε **οὖν** παρέδωκεν αὐτὸν αὐτοῖς ἵνα σταυρωθῇ. Παρέλαβον **οὖν** τὸν Ἰησοῦν,
19:20 τοῦτον **οὖν** τὸν τίτλον πολλοὶ ἀνέγνωσαν τῶν Ἰουδαίων,
19:21 ἔλεγον **οὖν** τῷ Πιλάτῳ οἱ ἀρχιερεῖς τῶν Ἰουδαίων,
19:23 Οἱ **οὖν** στρατιῶται, ὅτε ἐσταύρωσαν τὸν Ἰησοῦν, ἔλαβον τὰ ἱμάτια αὐτοῦ καὶ ἐποίησαν τέσσαρα μέρη,
19:24 εἶπαν **οὖν** πρὸς ἀλλήλους, Μὴ σχίσωμεν αὐτόν, ἀλλὰ λάχωμεν περὶ αὐτοῦ τίνος ἔσται· ἵνα ἡ γραφὴ πληρωθῇ [ἡ λέγουσα]· Διεμερίσαντο τὰ ἱμάτιά μου ἑαυτοῖς καὶ ἐπὶ τὸν ἱματισμόν μου ἔβαλον κλῆρον. Οἱ μὲν **οὖν** στρατιῶται ταῦτα ἐποίησαν.
19:26 Ἰησοῦς **οὖν** ἰδὼν τὴν μητέρα καὶ τὸν μαθητὴν παρεστῶτα ὃν ἠγάπα,
19:29 σπόγγον **οὖν** μεστὸν τοῦ ὄξους ὑσσώπῳ περιθέντες προσήνεγκαν αὐτοῦ τῷ στόματι.
19:30 ὅτε **οὖν** ἔλαβεν τὸ ὄξος [ὁ] Ἰησοῦς εἶπεν,
19:31 Οἱ **οὖν** Ἰουδαῖοι, ἐπεὶ παρασκευὴ ἦν, ἵνα μὴ μείνῃ ἐπὶ τοῦ σταυροῦ τὰ σώματα ἐν τῷ σαββάτῳ,
19:32 ἦλθον **οὖν** οἱ στρατιῶται καὶ τοῦ μὲν πρώτου κατέαξαν τὰ σκέλη καὶ τοῦ ἄλλου τοῦ συσταυρωθέντος αὐτῷ·
19:38 καὶ ἐπέτρεψεν ὁ Πιλᾶτος. ἦλθεν **οὖν** καὶ ἦρεν τὸ σῶμα αὐτοῦ.
19:40 ἔλαβον **οὖν** τὸ σῶμα τοῦ Ἰησοῦ καὶ ἔδησαν αὐτὸ ὀθονίοις μετὰ τῶν ἀρωμάτων,
19:42 ἐκεῖ **οὖν** διὰ τὴν παρασκευὴν τῶν Ἰουδαίων, ὅτι ἐγγὺς ἦν τὸ μνημεῖον,
20: 2 τρέχει **οὖν** καὶ ἔρχεται πρὸς Σίμωνα Πέτρον καὶ πρὸς τὸν ἄλλον μαθητὴν ὃν ἐφίλει ὁ Ἰησοῦς καὶ λέγει αὐτοῖς,
20: 3 Ἐξῆλθεν **οὖν** ὁ Πέτρος καὶ ὁ ἄλλος μαθητής καὶ ἤρχοντο εἰς τὸ μνημεῖον.
20: 6 ἔρχεται **οὖν** καὶ Σίμων Πέτρος ἀκολουθῶν αὐτῷ καὶ εἰσῆλθεν εἰς τὸ μνημεῖον,
20: 8 τότε **οὖν** εἰσῆλθεν καὶ ὁ ἄλλος μαθητὴς ὁ ἐλθὼν πρῶτος εἰς τὸ μνημεῖον καὶ εἶδεν καὶ ἐπίστευσεν·
20:10 ἀπῆλθον **οὖν** πάλιν πρὸς αὐτοὺς οἱ μαθηταί.
20:11 Μαρία δὲ εἱστήκει πρὸς τῷ μνημείῳ ἔξω κλαίουσα. ὡς **οὖν** ἔκλαιεν, παρέκυψεν εἰς τὸ μνημεῖον
20:19 Οὔσης **οὖν** ὀψίας τῇ ἡμέρᾳ ἐκείνῃ τῇ μιᾷ σαββάτων καὶ τῶν θυρῶν κεκλεισμένων ὅπου ἦσαν οἱ μαθηταὶ διὰ τὸν φόβον
20:20 καὶ τοῦτο εἰπὼν ἔδειξεν τὰς χεῖρας καὶ τὴν πλευρὰν αὐτοῖς. ἐχάρησαν **οὖν** οἱ μαθηταὶ ἰδόντες τὸν κύριον.
20:21 εἶπεν **οὖν** αὐτοῖς [ὁ Ἰησοῦς] πάλιν, Εἰρήνη ὑμῖν·
20:25 ἔλεγον **οὖν** αὐτῷ οἱ ἄλλοι μαθηταί, Ἑωράκαμεν τὸν κύριον.
20:30 Πολλὰ μὲν **οὖν** καὶ ἄλλα σημεῖα ἐποίησεν ὁ Ἰησοῦς ἐνώπιον τῶν μαθητῶν [αὐτοῦ,]
21: 5 λέγει **οὖν** αὐτοῖς [ὁ] Ἰησοῦς, Παιδία, μή τι προσφάγιον ἔχετε;
21: 6 ἔβαλον **οὖν**, καὶ οὐκέτι αὐτὸ ἑλκύσαι ἴσχυον ἀπὸ τοῦ πλήθους τῶν ἰχθύων.
21: 7 λέγει **οὖν** ὁ μαθητὴς ἐκεῖνος ὃν ἠγάπα ὁ Ἰησοῦς τῷ Πέτρῳ, Ὁ κύριός ἐστιν. Σίμων **οὖν** Πέτρος ἀκούσας ὅτι ὁ κύριός ἐστιν τὸν ἐπενδύτην διεζώσατο,
21: 9 ὡς **οὖν** ἀπέβησαν εἰς τὴν γῆν βλέπουσιν ἀνθρακιὰν κειμένην καὶ ὀψάριον ἐπικείμενον καὶ ἄρτον.
21:11 ἀνέβη **οὖν** Σίμων Πέτρος καὶ εἵλκυσεν τὸ δίκτυον εἰς τὴν γῆν μεστὸν ἰχθύων μεγάλων ἑκατὸν πεντήκοντα τριῶν·
21:15 Ὅτε **οὖν** ἠρίστησαν λέγει τῷ Σίμωνι Πέτρῳ ὁ Ἰησοῦς,
21:21 τοῦτον **οὖν** ἰδὼν ὁ Πέτρος λέγει τῷ Ἰησοῦ,
21:23 ἐξῆλθεν **οὖν** οὗτος ὁ λόγος εἰς τοὺς ἀδελφοὺς ὅτι ὁ μαθητὴς ἐκεῖνος οὐκ ἀποθνῄσκει·

Ac 1: 6 Οἱ μὲν **οὖν** συνελθόντες ἠρώτων αὐτὸν λέγοντες, Κύριε,
1:18 Οὗτος μὲν **οὖν** ἐκτήσατο χωρίον ἐκ μισθοῦ τῆς ἀδικίας καὶ πρηνὴς γενόμενος ἐλάκησεν μέσος καὶ ἐξεχύθη πάντα
1:21 δεῖ **οὖν** τῶν συνελθόντων ἡμῖν ἀνδρῶν ἐν παντὶ χρόνῳ ᾧ εἰσῆλθεν καὶ ἐξῆλθεν ἐφ᾽ ἡμᾶς ὁ κύριος Ἰησοῦς,
2:30 προφήτης **οὖν** ὑπάρχων, καὶ εἰδὼς ὅτι ὅρκῳ ὤμοσεν αὐτῷ ὁ θεὸς ἐκ καρποῦ τῆς ὀσφύος αὐτοῦ καθίσαι ἐπὶ τὸν θρόνον
2:33 τῇ δεξιᾷ **οὖν** τοῦ θεοῦ ὑψωθείς, τήν τε ἐπαγγελίαν τοῦ πνεύματος τοῦ ἁγίου λαβὼν παρὰ τοῦ πατρός,
2:36 ἀσφαλῶς **οὖν** γινωσκέτω πᾶς οἶκος Ἰσραὴλ ὅτι καὶ κύριον αὐτὸν καὶ Χριστὸν ἐποίησεν ὁ θεός,
2:41 οἱ μὲν **οὖν** ἀποδεξάμενοι τὸν λόγον αὐτοῦ ἐβαπτίσθησαν καὶ προσετέθησαν ἐν τῇ ἡμέρᾳ ἐκείνῃ ψυχαὶ ὡσεὶ τρισχίλιαι.
3:19 μετανοήσατε **οὖν** καὶ ἐπιστρέψατε εἰς τὸ ἐξαλειφθῆναι ὑμῶν τὰς ἁμαρτίας,
5:41 Οἱ μὲν **οὖν** ἐπορεύοντο χαίροντες ἀπὸ προσώπου τοῦ συνεδρίου,
8: 4 Οἱ μὲν **οὖν** διασπαρέντες διῆλθον εὐαγγελιζόμενοι τὸν λόγον.
8:22 μετανόησον **οὖν** ἀπὸ τῆς κακίας σου ταύτης καὶ δεήθητι τοῦ κυρίου,
8:25 Οἱ μὲν **οὖν** διαμαρτυράμενοι καὶ λαλήσαντες τὸν λόγον τοῦ κυρίου ὑπέστρεφον εἰς Ἱεροσόλυμα,
9:31 Ἡ μὲν **οὖν** ἐκκλησία καθ᾽ ὅλης τῆς Ἰουδαίας καὶ Γαλιλαίας καὶ Σαμαρείας εἶχεν εἰρήνην οἰκοδομουμένη
10:23 εἰσκαλεσάμενος **οὖν** αὐτοὺς ἐξένισεν.

10:29 διὸ καὶ ἀναντιρρήτως ἦλθον μεταπεμφθείς. πυνθάνομαι **οὖν**
τίνι λόγῳ μετεπέμψασθέ με;
10:32 πέμψον **οὖν** εἰς Ἰόππην καὶ μετακάλεσαι Σίμωνα ὃς
ἐπικαλεῖται Πέτρος,
10:33 ἐξαυτῆς **οὖν** ἔπεμψα πρὸς σέ, σύ τε καλῶς ἐποίησας
παραγενόμενος. νῦν **οὖν** πάντες ἡμεῖς ἐνώπιον τοῦ θεοῦ
πάρεσμεν ἀκοῦσαι πάντα τὰ προστεταγμένα σοι ὑπὸ τοῦ
κυρίου.
11:17 εἰ **οὖν** τὴν ἴσην δωρεὰν ἔδωκεν αὐτοῖς ὁ θεὸς ὡς καὶ ἡμῖν
πιστεύσασιν ἐπὶ τὸν κύριον Ἰησοῦν Χριστόν,
11:19 Οἱ μὲν **οὖν** διασπαρέντες ἀπὸ τῆς θλίψεως τῆς γενομένης ἐπὶ
Στεφάνῳ διῆλθον ἕως Φοινίκης καὶ Κύπρου καὶ Ἀντιοχείας
12: 5 ὁ μὲν **οὖν** Πέτρος ἐτηρεῖτο ἐν τῇ φυλακῇ·
13: 4 Αὐτοὶ μὲν **οὖν** ἐκπεμφθέντες ὑπὸ τοῦ ἁγίου πνεύματος
κατῆλθον εἰς Σελεύκειαν,
13:38 γνωστὸν **οὖν** ἔστω ὑμῖν, ἄνδρες ἀδελφοί, ὅτι διὰ τούτου ὑμῖν
ἄφεσις ἁμαρτιῶν καταγγέλλεται[, καὶ]
13:40 βλέπετε **οὖν** μὴ ἐπέλθῃ τὸ εἰρημένον ἐν τοῖς προφήταις,
14: 3 ἱκανὸν μὲν **οὖν** χρόνον διέτριψαν παρρησιαζόμενοι ἐπὶ τῷ
κυρίῳ τῷ μαρτυροῦντι [ἐπὶ] τῷ λόγῳ τῆς χάριτος αὐτοῦ,
15: 3 Οἱ μὲν **οὖν** προπεμφθέντες ὑπὸ τῆς ἐκκλησίας διήρχοντο τήν
τε Φοινίκην καὶ Σαμάρειαν ἐκδιηγούμενοι τὴν ἐπιστροφὴν
15:10 νῦν **οὖν** τί πειράζετε τὸν θεὸν ἐπιθεῖναι ζυγὸν ἐπὶ τὸν
τράχηλον τῶν μαθητῶν ὃν οὔτε οἱ πατέρες ἡμῶν
15:27 ἀπεστάλκαμεν **οὖν** Ἰούδαν καὶ Σιλᾶν καὶ αὐτοὺς διὰ λόγου
ἀπαγγέλλοντας τὰ αὐτά.
15:30 Οἱ μὲν **οὖν** ἀπολυθέντες κατῆλθον εἰς Ἀντιόχειαν, καὶ
συναγαγόντες τὸ πλῆθος ἐπέδωκαν τὴν ἐπιστολήν.
16: 5 αἱ μὲν **οὖν** ἐκκλησίαι ἐστερεοῦντο τῇ πίστει καὶ ἐπερίσσευον
τῷ ἀριθμῷ καθ᾽ ἡμέραν.
16:36 πρὸς τὸν Παῦλον ὅτι Ἀπέσταλκαν οἱ στρατηγοὶ ἵνα
ἀπολυθῆτε· νῦν **οὖν** ἐξελθόντες πορεύεσθε ἐν εἰρήνῃ.
17:12 πολλοὶ μὲν **οὖν** ἐξ αὐτῶν ἐπίστευσαν καὶ τῶν Ἑλληνίδων
γυναικῶν τῶν εὐσχημόνων καὶ ἀνδρῶν οὐκ ὀλίγοι.
17:17 διελέγετο μὲν **οὖν** ἐν τῇ συναγωγῇ τοῖς Ἰουδαίοις καὶ τοῖς
σεβομένοις καὶ ἐν τῇ ἀγορᾷ
17:20 ξενίζοντα γάρ τινα εἰσφέρεις εἰς τὰς ἀκοὰς ἡμῶν· βουλόμεθα
οὖν γνῶναι τίνα θέλει ταῦτα εἶναι.
17:23 ὃ **οὖν** ἀγνοοῦντες εὐσεβεῖτε, τοῦτο ἐγὼ καταγγέλλω ὑμῖν.
17:29 γένος **οὖν** ὑπάρχοντες τοῦ θεοῦ οὐκ ὀφείλομεν νομίζειν χρυσῷ
ἢ ἀργύρῳ ἢ λίθῳ,
17:30 τοὺς μὲν **οὖν** χρόνους τῆς ἀγνοίας ὑπεριδὼν ὁ θεός,
19: 3 εἶπέν τε, Εἰς τί **οὖν** ἐβαπτίσθητε; οἱ δὲ εἶπαν,
19:32 ἄλλοι μὲν **οὖν** ἄλλο τι ἔκραζον· ἦν γὰρ ἡ ἐκκλησία συγκεχυμένη
19:36 ἀναντιρρήτων **οὖν** ὄντων τούτων δέον ἐστὶν ὑμᾶς
κατεσταλμένους ὑπάρχειν καὶ μηδὲν προπετὲς πράσσειν.
19:38 εἰ μὲν **οὖν** Δημήτριος καὶ οἱ σὺν αὐτῷ τεχνῖται ἔχουσι πρός
τινα λόγον,
21:22 τί **οὖν** ἐστιν; πάντως ἀκούσονται ὅτι ἐλήλυθας.
21:23 τοῦτο **οὖν** ποίησον ὅ σοι λέγομεν· εἰσὶν ἡμῖν ἄνδρες τέσσαρες
εὐχὴν ἔχοντες ἐφ᾽ ἑαυτῶν.
22:29 εὐθέως **οὖν** ἀπέστησαν ἀπ᾽ αὐτοῦ οἱ μέλλοντες αὐτὸν
ἀνετάζειν,
23:15 νῦν **οὖν** ὑμεῖς ἐμφανίσατε τῷ χιλιάρχῳ σὺν τῷ συνεδρίῳ ὅπως
καταγάγῃ αὐτὸν εἰς ὑμᾶς ὡς μέλλοντας διαγινώσκειν
23:18 ὁ μὲν **οὖν** παραλαβὼν αὐτὸν ἤγαγεν πρὸς τὸν χιλίαρχον καὶ
φησίν,
23:21 σὺ **οὖν** μὴ πεισθῇς αὐτοῖς· ἐνεδρεύουσιν γὰρ αὐτὸν ἐξ αὐτῶν
ἄνδρες πλείους τεσσεράκοντα,
23:22 ὁ μὲν **οὖν** χιλίαρχος ἀπέλυσε τὸν νεανίσκον παραγγείλας
μηδενὶ ἐκλαλῆσαι ὅτι ταῦτα ἐνεφάνισας πρός με.
23:31 Οἱ μὲν **οὖν** στρατιῶται κατὰ τὸ διατεταγμένον αὐτοῖς
ἀναλαβόντες τὸν Παῦλον ἤγαγον διὰ νυκτὸς
25: 1 Φῆστος **οὖν** ἐπιβὰς τῇ ἐπαρχείᾳ μετὰ τρεῖς ἡμέρας ἀνέβη εἰς
Ἱεροσόλυμα ἀπὸ Καισαρείας,
25: 4 ὁ μὲν **οὖν** Φῆστος ἀπεκρίθη τηρεῖσθαι τὸν Παῦλον εἰς
Καισάρειαν,
25: 5 Οἱ **οὖν** ἐν ὑμῖν, φησίν, δυνατοὶ συγκαταβάντες εἴ τί ἐστιν ἐν
τῷ ἀνδρὶ ἄτοπον κατηγορείτωσαν αὐτοῦ.
25:11 εἰ μὲν **οὖν** ἀδικῶ καὶ ἄξιον θανάτου πέπραχά τι,
25:17 συνελθόντων **οὖν** [αὐτῶν] ἐνθάδε ἀναβολὴν μηδεμίαν
ποιησάμενος τῇ ἑξῆς καθίσας ἐπὶ τοῦ βήματος ἐκέλευσα
25:23 Τῇ **οὖν** ἐπαύριον ἐλθόντος τοῦ Ἀγρίππα καὶ τῆς Βερνίκης
μετὰ πολλῆς φαντασίας καὶ εἰσελθόντων εἰς τὸ ἀκροατήριον
26: 4 Τὴν μὲν **οὖν** βίωσίν μου [τὴν] ἐκ νεότητος τὴν ἀπ᾽ ἀρχῆς
γενομένην ἐν τῷ ἔθνει μου ἔν τε Ἱεροσολύμοις ἴσασι πάντες
26: 9 ἐγὼ μὲν **οὖν** ἔδοξα ἐμαυτῷ πρὸς τὸ ὄνομα Ἰησοῦ τοῦ
Ναζωραίου δεῖν πολλὰ ἐναντία πρᾶξαι,
26:22 ἐπικουρίας **οὖν** τυχὼν τῆς ἀπὸ τοῦ θεοῦ ἄχρι τῆς ἡμέρας
ταύτης ἕστηκα μαρτυρόμενος μικρῷ τε καὶ μεγάλῳ
28: 5 ὁ μὲν **οὖν** ἀποτινάξας τὸ θηρίον εἰς τὸ πῦρ ἔπαθεν οὐδὲν κακόν,
28:20 διὰ ταύτην **οὖν** τὴν αἰτίαν παρεκάλεσα ὑμᾶς ἰδεῖν καὶ
προσλαλῆσαι,
28:28 γνωστὸν **οὖν** ἔστω ὑμῖν ὅτι τοῖς ἔθνεσιν ἀπεστάλη τοῦτο τὸ
σωτήριον τοῦ θεοῦ·
Ro 2:21 ὁ **οὖν** διδάσκων ἕτερον σεαυτὸν οὐ διδάσκεις; ὁ κηρύσσων μὴ
κλέπτειν κλέπτεις;
2:26 ἐὰν **οὖν** ἡ ἀκροβυστία τὰ δικαιώματα τοῦ νόμου φυλάσσῃ,
3: 1 Τί **οὖν** τὸ περισσὸν τοῦ Ἰουδαίου ἢ τίς ἡ ὠφέλεια τῆς
περιτομῆς;
3: 9 Τί **οὖν;** προεχόμεθα; οὐ πάντως· προῃτιασάμεθα γὰρ Ἰουδαίους
τε καὶ Ἕλληνας πάντας ὑφ᾽ ἁμαρτίαν εἶναι,
3:27 Ποῦ **οὖν** ἡ καύχησις; ἐξεκλείσθη. διὰ ποίου νόμου;
3:31 νόμον **οὖν** καταργοῦμεν διὰ τῆς πίστεως; μὴ γένοιτο·
4: 1 Τί **οὖν** ἐροῦμεν εὑρηκέναι Ἀβραὰμ τὸν προπάτορα ἡμῶν κατὰ
σάρκα;
4: 9 ὁ μακαρισμὸς **οὖν** οὗτος ἐπὶ τὴν περιτομὴν ἢ καὶ ἐπὶ τὴν
ἀκροβυστίαν;
4:10 πῶς **οὖν** ἐλογίσθη; ἐν περιτομῇ ὄντι ἢ ἐν ἀκροβυστίᾳ;
5: 1 Δικαιωθέντες **οὖν** ἐκ πίστεως εἰρήνην ἔχομεν πρὸς τὸν θεὸν
διὰ τοῦ κυρίου ἡμῶν Ἰησοῦ Χριστοῦ
5: 9 πολλῷ **οὖν** μᾶλλον δικαιωθέντες νῦν ἐν τῷ αἵματι αὐτοῦ
σωθησόμεθα δι᾽ αὐτοῦ ἀπὸ τῆς ὀργῆς.
5:18 Ἄρα **οὖν** ὡς δι᾽ ἑνὸς παραπτώματος εἰς πάντας ἀνθρώπους εἰς
κατάκριμα,
6: 1 Τί **οὖν** ἐροῦμεν; ἐπιμένωμεν τῇ ἁμαρτίᾳ, ἵνα ἡ χάρις πλεονάσῃ;
6: 4 συνετάφημεν **οὖν** αὐτῷ διὰ τοῦ βαπτίσματος εἰς τὸν θάνατον,
6:12 Μὴ **οὖν** βασιλευέτω ἡ ἁμαρτία ἐν τῷ θνητῷ ὑμῶν σώματι εἰς
τὸ ὑπακούειν ταῖς ἐπιθυμίαις αὐτοῦ,
6:15 Τί **οὖν;** ἁμαρτήσωμεν, ὅτι οὐκ ἐσμὲν ὑπὸ νόμον ἀλλὰ ὑπὸ χάριν;
6:21 τίνα **οὖν** καρπὸν εἴχετε τότε; ἐφ᾽ οἷς νῦν ἐπαισχύνεσθε,
7: 3 ἄρα **οὖν** ζῶντος τοῦ ἀνδρὸς μοιχαλὶς χρηματίσει ἐὰν γένηται
ἀνδρὶ ἑτέρῳ·
7: 7 Τί **οὖν** ἐροῦμεν; ὁ νόμος ἁμαρτία; μὴ γένοιτο·
7:13 Τὸ **οὖν** ἀγαθὸν ἐμοὶ ἐγένετο θάνατος; μὴ γένοιτο·
7:25 ἄρα **οὖν** αὐτὸς ἐγὼ τῷ μὲν νοΐ δουλεύω νόμῳ θεοῦ τῇ δὲ σαρκὶ
νόμῳ ἁμαρτίας.
8:12 Ἄρα **οὖν,** ἀδελφοί, ὀφειλέται ἐσμὲν οὐ τῇ σαρκὶ τοῦ κατὰ
σάρκα ζῆν,
8:31 Τί **οὖν** ἐροῦμεν πρὸς ταῦτα; εἰ ὁ θεὸς ὑπὲρ ἡμῶν,
9:14 Τί **οὖν** ἐροῦμεν; μὴ ἀδικία παρὰ τῷ θεῷ;
9:16 ἄρα **οὖν** οὐ τοῦ θέλοντος οὐδὲ τοῦ τρέχοντος ἀλλὰ τοῦ
ἐλεῶντος θεοῦ.
9:18 ἄρα **οὖν** ὃν θέλει ἐλεεῖ, ὃν δὲ θέλει σκληρύνει.
9:19 Ἐρεῖς μοι **οὖν,** Τί **[οὖν]** ἔτι μέμφεται; τῷ γὰρ βουλήματι
αὐτοῦ τίς ἀνθέστηκεν;
9:30 Τί **οὖν** ἐροῦμεν; ὅτι ἔθνη τὰ μὴ διώκοντα δικαιοσύνην
κατέλαβεν δικαιοσύνην,
10:14 Πῶς **οὖν** ἐπικαλέσωνται εἰς ὃν οὐκ ἐπίστευσαν; πῶς δὲ
πιστεύσωσιν οὗ οὐκ ἤκουσαν;
11: 1 Λέγω **οὖν,** μὴ ἀπώσατο ὁ θεὸς τὸν λαὸν αὐτοῦ;
11: 5 οὕτως **οὖν** καὶ ἐν τῷ νῦν καιρῷ λεῖμμα κατ᾽ ἐκλογὴν χάριτος
γέγονεν·
11: 7 τί **οὖν;** ὃ ἐπιζητεῖ Ἰσραήλ, τοῦτο οὐκ ἐπέτυχεν,
11:11 Λέγω **οὖν,** μὴ ἔπταισαν ἵνα πέσωσιν; μὴ γένοιτο·
11:13 ἐφ᾽ ὅσον μὲν **οὖν** εἰμι ἐγὼ ἐθνῶν ἀπόστολος,
11:19 ἐρεῖς **οὖν,** Ἐξεκλάσθησαν κλάδοι ἵνα ἐγὼ ἐγκεντρισθῶ.
11:22 ἴδε **οὖν** χρηστότητα καὶ ἀποτομίαν θεοῦ· ἐπὶ μὲν τοὺς
πεσόντας ἀποτομία,
12: 1 Παρακαλῶ **οὖν** ὑμᾶς, ἀδελφοί, διὰ τῶν οἰκτιρμῶν τοῦ θεοῦ
παραστῆσαι τὰ σώματα ὑμῶν θυσίαν ζῶσαν ἁγίαν εὐάρεστον
13:10 ἡ ἀγάπη τῷ πλησίον κακὸν οὐκ ἐργάζεται· πλήρωμα **οὖν** νόμου
ἡ ἀγάπη.
13:12 ἀποθώμεθα **οὖν** τὰ ἔργα τοῦ σκότους, ἐνδυσώμεθα [δὲ] τὰ ὅπλα
τοῦ φωτός.
14: 8 ἐάν τε **οὖν** ζῶμεν ἐάν τε ἀποθνῄσκωμεν, τοῦ κυρίου ἐσμέν.
14:12 ἄρα **[οὖν]** ἕκαστος ἡμῶν περὶ ἑαυτοῦ λόγον δώσει [τῷ θεῷ.]
14:13 Μηκέτι **οὖν** ἀλλήλους κρίνωμεν· ἀλλὰ τοῦτο κρίνατε μᾶλλον,
14:16 μὴ βλασφημείσθω **οὖν** ὑμῶν τὸ ἀγαθόν.
14:19 ἄρα **οὖν** τὰ τῆς εἰρήνης διώκωμεν καὶ τὰ τῆς οἰκοδομῆς τῆς
εἰς ἀλλήλους.
15:17 ἔχω **οὖν** [τὴν] καύχησιν ἐν Χριστῷ Ἰησοῦ τὰ πρὸς τὸν θεόν·

15:28 τοῦτο **οὖν** ἐπιτελέσας καὶ σφραγισάμενος αὐτοῖς τὸν καρπὸν τοῦτον,
16:19 ἐφ᾽ ὑμῖν **οὖν** χαίρω, θέλω δὲ ὑμᾶς σοφοὺς εἶναι εἰς τὸ ἀγαθόν,
1Co 3: 5 τί **οὖν** ἐστιν Ἀπολλῶς; τί δέ ἐστιν Παῦλος;
4:16 παρακαλῶ **οὖν** ὑμᾶς, μιμηταί μου γίνεσθε.
6: 4 βιωτικὰ μὲν **οὖν** κριτήρια ἐὰν ἔχητε, τοὺς ἐξουθενημένους ἐν τῇ ἐκκλησίᾳ,
6: 7 ἤδη μὲν **[οὖν]**[NIV-] ὅλως ἥττημα ὑμῖν ἐστιν ὅτι κρίματα ἔχετε μεθ᾽ ἑαυτῶν.
6:15 ἄρας **οὖν** τὰ μέλη τοῦ Χριστοῦ ποιήσω πόρνης μέλη;
7:26 Νομίζω **οὖν** τοῦτο καλὸν ὑπάρχειν διὰ τὴν ἐνεστῶσαν ἀνάγκην,
8: 4 Περὶ τῆς βρώσεως **οὖν** τῶν εἰδωλοθύτων, οἴδαμεν ὅτι οὐδὲν εἴδωλον ἐν κόσμῳ καὶ ὅτι οὐδεὶς θεὸς εἰ μὴ εἷς.
9:18 τίς **οὖν** μού ἐστιν ὁ μισθός; ἵνα εὐαγγελιζόμενος ἀδάπανον θήσω τὸ εὐαγγέλιον εἰς τὸ μὴ καταχρήσασθαι τῇ ἐξουσίᾳ μου
9:25 ἐκεῖνοι μὲν **οὖν** ἵνα φθαρτὸν στέφανον λάβωσιν, ἡμεῖς δὲ ἄφθαρτον.
10:19 τί **οὖν** φημι; ὅτι εἰδωλόθυτόν τί ἐστιν ἢ ὅτι εἴδωλόν τί ἐστιν;
10:31 εἴτε **οὖν** ἐσθίετε εἴτε πίνετε εἴτε τι ποιεῖτε,
11:20 Συνερχομένων **οὖν** ὑμῶν ἐπὶ τὸ αὐτὸ οὐκ ἔστιν κυριακὸν δεῖπνον φαγεῖν·
14:11 ἐὰν **οὖν** μὴ εἰδῶ τὴν δύναμιν τῆς φωνῆς,
14:15 τί **οὖν** ἐστιν; προσεύξομαι τῷ πνεύματι, προσεύξομαι δὲ καὶ τῷ νοΐ·
14:23 Ἐὰν **οὖν** συνέλθῃ ἡ ἐκκλησία ὅλη ἐπὶ τὸ αὐτὸ καὶ πάντες λαλῶσιν γλώσσαις,
14:26 Τί **οὖν** ἐστιν, ἀδελφοί; ὅταν συνέρχησθε, ἕκαστος ψαλμὸν ἔχει,
15:11 εἴτε **οὖν** ἐγὼ εἴτε ἐκεῖνοι, οὕτως κηρύσσομεν καὶ οὕτως ἐπιστεύσατε.
16:11 μή τις **οὖν** αὐτὸν ἐξουθενήσῃ. προπέμψατε δὲ αὐτὸν ἐν εἰρήνῃ,
16:18 ἀνέπαυσαν γὰρ τὸ ἐμὸν πνεῦμα καὶ τὸ ὑμῶν. ἐπιγινώσκετε **οὖν** τοὺς τοιούτους.
2Co 1:17 τοῦτο **οὖν** βουλόμενος μήτι ἄρα τῇ ἐλαφρίᾳ ἐχρησάμην;
3:12 Ἔχοντες **οὖν** τοιαύτην ἐλπίδα πολλῇ παρρησίᾳ χρώμεθα
5: 6 Θαρροῦντες **οὖν** πάντοτε καὶ εἰδότες ὅτι ἐνδημοῦντες ἐν τῷ σώματι ἐκδημοῦμεν ἀπὸ τοῦ κυρίου·
5:11 Εἰδότες **οὖν** τὸν φόβον τοῦ κυρίου ἀνθρώπους πείθομεν,
5:20 ὑπὲρ Χριστοῦ **οὖν** πρεσβεύομεν ὡς τοῦ θεοῦ παρακαλοῦντος δι᾽ ἡμῶν·
7: 1 ταύτας **οὖν** ἔχοντες τὰς ἐπαγγελίας, ἀγαπητοί, καθαρίσωμεν ἑαυτοὺς ἀπὸ παντὸς μολυσμοῦ σαρκὸς καὶ πνεύματος,
8:24 τὴν **οὖν** ἔνδειξιν τῆς ἀγάπης ὑμῶν καὶ ἡμῶν καυχήσεως ὑπὲρ ὑμῶν εἰς αὐτοὺς ἐνδεικνύμενοι εἰς πρόσωπον τῶν ἐκκλησιῶν.
9: 5 ἀναγκαῖον **οὖν** ἡγησάμην παρακαλέσαι τοὺς ἀδελφούς, ἵνα προέλθωσιν εἰς ὑμᾶς καὶ προκαταρτίσωσιν
11:15 οὐ μέγα **οὖν** εἰ καὶ οἱ διάκονοι αὐτοῦ μετασχηματίζονται ὡς διάκονοι δικαιοσύνης·
12: 9 ἥδιστα **οὖν** μᾶλλον καυχήσομαι ἐν ταῖς ἀσθενείαις μου,
Gal 3: 5 ὁ **οὖν** ἐπιχορηγῶν ὑμῖν τὸ πνεῦμα καὶ ἐνεργῶν δυνάμεις ἐν ὑμῖν,
3:19 Τί **οὖν** ὁ νόμος; τῶν παραβάσεων χάριν προσετέθη,
3:21 Ὁ **οὖν** νόμος κατὰ τῶν ἐπαγγελιῶν [τοῦ θεοῦ;]
4:15 ποῦ **οὖν** ὁ μακαρισμὸς ὑμῶν; μαρτυρῶ γὰρ ὑμῖν ὅτι εἰ δυνατὸν τοὺς ὀφθαλμοὺς ὑμῶν ἐξορύξαντες ἐδώκατέ μοι.
5: 1 στήκετε **οὖν** καὶ μὴ πάλιν ζυγῷ δουλείας ἐνέχεσθε.
6:10 ἄρα **οὖν** ὡς καιρὸν ἔχομεν, ἐργαζώμεθα τὸ ἀγαθὸν πρὸς πάντας,
Eph 2:19 ἄρα **οὖν** οὐκέτι ἐστὲ ξένοι καὶ πάροικοι ἀλλὰ ἐστὲ συμπολῖται τῶν ἁγίων καὶ οἰκεῖοι τοῦ θεοῦ,
4: 1 Παρακαλῶ **οὖν** ὑμᾶς ἐγὼ ὁ δέσμιος ἐν κυρίῳ ἀξίως περιπατῆσαι τῆς κλήσεως ἧς ἐκλήθητε,
4:17 Τοῦτο **οὖν** λέγω καὶ μαρτύρομαι ἐν κυρίῳ, μηκέτι ὑμᾶς περιπατεῖν,
5: 1 γίνεσθε **οὖν** μιμηταὶ τοῦ θεοῦ ὡς τέκνα ἀγαπητὰ
5: 7 μὴ **οὖν** γίνεσθε συμμέτοχοι αὐτῶν·
5:15 Βλέπετε **οὖν** ἀκριβῶς πῶς περιπατεῖτε μὴ ὡς ἄσοφοι ἀλλ᾽ ὡς σοφοί,
6:14 στῆτε **οὖν** περιζωσάμενοι τὴν ὀσφὺν ὑμῶν ἐν ἀληθείᾳ καὶ ἐνδυσάμενοι τὸν θώρακα τῆς δικαιοσύνης
Php 2: 1 Εἴ τις **οὖν** παράκλησις ἐν Χριστῷ, εἴ τι παραμύθιον ἀγάπης,
2:23 τοῦτον μὲν **οὖν** ἐλπίζω πέμψαι ὡς ἂν ἀφίδω τὰ περὶ ἐμὲ ἐξαυτῆς·
2:28 σπουδαιοτέρως **οὖν** ἔπεμψα αὐτόν, ἵνα ἰδόντες αὐτὸν πάλιν χαρῆτε κἀγὼ ἀλυπότερος ὦ.
2:29 προσδέχεσθε **οὖν** αὐτὸν ἐν κυρίῳ μετὰ πάσης χαρᾶς καὶ τοὺς τοιούτους ἐντίμους ἔχετε,
3:15 Ὅσοι **οὖν** τέλειοι, τοῦτο φρονῶμεν· καὶ εἴ τι ἑτέρως φρονεῖτε,
Col 2: 6 Ὡς **οὖν** παρελάβετε τὸν Χριστὸν Ἰησοῦν τὸν κύριον,
2:16 Μὴ **οὖν** τις ὑμᾶς κρινέτω ἐν βρώσει καὶ ἐν πόσει ἢ ἐν μέρει ἑορτῆς ἢ νεομηνίας ἢ σαββάτων·
3: 1 Εἰ **οὖν** συνηγέρθητε τῷ Χριστῷ, τὰ ἄνω ζητεῖτε,
3: 5 Νεκρώσατε **οὖν** τὰ μέλη τὰ ἐπὶ τῆς γῆς,
3:12 Ἐνδύσασθε **οὖν,** ὡς ἐκλεκτοὶ τοῦ θεοῦ ἅγιοι καὶ ἠγαπημένοι,
1Th 4: 1 Λοιπὸν **οὖν,** ἀδελφοί, ἐρωτῶμεν ὑμᾶς καὶ παρακαλοῦμεν ἐν κυρίῳ Ἰησοῦ,
5: 6 ἄρα **οὖν** μὴ καθεύδωμεν ὡς οἱ λοιποὶ ἀλλὰ γρηγορῶμεν καὶ νήφωμεν.
2Th 2:15 ἄρα **οὖν,** ἀδελφοί, στήκετε, καὶ κρατεῖτε τὰς παραδόσεις ἃς ἐδιδάχθητε εἴτε διὰ λόγου εἴτε δι᾽ ἐπιστολῆς ἡμῶν.
1Ti 2: 1 Παρακαλῶ **οὖν** πρῶτον πάντων ποιεῖσθαι δεήσεις προσευχὰς ἐντεύξεις εὐχαριστίας ὑπὲρ πάντων ἀνθρώπων,
2: 8 Βούλομαι **οὖν** προσεύχεσθαι τοὺς ἄνδρας ἐν παντὶ τόπῳ ἐπαίροντας ὁσίους χεῖρας χωρὶς ὀργῆς καὶ διαλογισμοῦ.
3: 2 δεῖ **οὖν** τὸν ἐπίσκοπον ἀνεπίλημπτον εἶναι, μιᾶς γυναικὸς ἄνδρα,
5:14 βούλομαι **οὖν** νεωτέρας γαμεῖν, τεκνογονεῖν, οἰκοδεσποτεῖν, μηδεμίαν ἀφορμὴν διδόναι τῷ ἀντικειμένῳ λοιδορίας χάριν·
2Ti 1: 8 μὴ **οὖν** ἐπαισχυνθῇς τὸ μαρτύριον τοῦ κυρίου ἡμῶν μηδὲ ἐμὲ τὸν δέσμιον αὐτοῦ,
2: 1 Σὺ **οὖν,** τέκνον μου, ἐνδυναμοῦ ἐν τῇ χάριτι τῇ ἐν Χριστῷ Ἰησοῦ,
2:21 ἐὰν **οὖν** τις ἐκκαθάρῃ ἑαυτὸν ἀπὸ τούτων, ἔσται σκεῦος εἰς τιμήν,
Phm 1:17 Εἰ **οὖν** με ἔχεις κοινωνόν, προσλαβοῦ αὐτὸν ὡς ἐμέ.
Heb 2:14 ἐπεὶ **οὖν** τὰ παιδία κεκοινώνηκεν αἵματος καὶ σαρκός,
4: 1 Φοβηθῶμεν **οὖν,** μήποτε καταλειπομένης ἐπαγγελίας εἰσελθεῖν εἰς τὴν κατάπαυσιν αὐτοῦ δοκῇ τις ἐξ ὑμῶν
4: 6 ἐπεὶ **οὖν** ἀπολείπεται τινὰς εἰσελθεῖν εἰς αὐτήν, καὶ οἱ πρότερον εὐαγγελισθέντες οὐκ εἰσῆλθον δι᾽ ἀπείθειαν,
4:11 σπουδάσωμεν **οὖν** εἰσελθεῖν εἰς ἐκείνην τὴν κατάπαυσιν, ἵνα μὴ ἐν τῷ αὐτῷ τις ὑποδείγματι πέσῃ τῆς ἀπειθείας.
4:14 Ἔχοντες **οὖν** ἀρχιερέα μέγαν διεληλυθότα τοὺς οὐρανούς, Ἰησοῦν τὸν υἱὸν τοῦ θεοῦ,
4:16 προσερχώμεθα **οὖν** μετὰ παρρησίας τῷ θρόνῳ τῆς χάριτος,
7:11 Εἰ μὲν **οὖν** τελείωσις διὰ τῆς Λευιτικῆς ἱερωσύνης ἦν,
8: 4 εἰ μὲν **οὖν** ἦν ἐπὶ γῆς, οὐδ᾽ ἂν ἦν ἱερεύς,
9: 1 Εἶχε μὲν **οὖν** [καὶ] ἡ πρώτη δικαιώματα λατρείας τό τε ἅγιον κοσμικόν.
9:23 Ἀνάγκη **οὖν** τὰ μὲν ὑποδείγματα τῶν ἐν τοῖς οὐρανοῖς τούτοις καθαρίζεσθαι,
10:19 Ἔχοντες **οὖν,** ἀδελφοί, παρρησίαν εἰς τὴν εἴσοδον τῶν ἁγίων ἐν τῷ αἵματι Ἰησοῦ,
10:35 μὴ ἀποβάλητε **οὖν** τὴν παρρησίαν ὑμῶν, ἥτις ἔχει μεγάλην μισθαποδοσίαν.
13:15 δι᾽ αὐτοῦ **[οὖν]** ἀναφέρωμεν θυσίαν αἰνέσεως διὰ παντὸς τῷ θεῷ,
Jas 4: 4 ὃς ἐὰν **οὖν** βουληθῇ φίλος εἶναι τοῦ κόσμου,
4: 7 ὑποτάγητε **οὖν** τῷ θεῷ, ἀντίστητε δὲ τῷ διαβόλῳ καὶ φεύξεται ἀφ᾽ ὑμῶν,
4:17 εἰδότι **οὖν** καλὸν ποιεῖν καὶ μὴ ποιοῦντι, ἁμαρτία αὐτῷ ἐστιν.
5: 7 Μακροθυμήσατε **οὖν,** ἀδελφοί, ἕως τῆς παρουσίας τοῦ κυρίου.
5:16 ἐξομολογεῖσθε **οὖν** ἀλλήλοις τὰς ἁμαρτίας καὶ εὔχεσθε ὑπὲρ ἀλλήλων ὅπως ἰαθῆτε.
1Pe 2: 1 Ἀποθέμενοι **οὖν** πᾶσαν κακίαν καὶ πάντα δόλον καὶ ὑποκρίσεις καὶ φθόνους καὶ πάσας καταλαλιάς,
2: 7 ὑμῖν **οὖν** ἡ τιμὴ τοῖς πιστεύουσιν, ἀπιστοῦσιν δὲ λίθος ὃν ἀπεδοκίμασαν οἱ οἰκοδομοῦντες,
4: 1 Χριστοῦ **οὖν** παθόντος σαρκὶ καὶ ὑμεῖς τὴν αὐτὴν ἔννοιαν ὁπλίσασθε,
4: 7 Πάντων δὲ τὸ τέλος ἤγγικεν. σωφρονήσατε **οὖν** καὶ νήψατε εἰς προσευχάς·
5: 1 Πρεσβυτέρους **οὖν** ἐν ὑμῖν παρακαλῶ ὁ συμπρεσβύτερος καὶ μάρτυς τῶν τοῦ Χριστοῦ παθημάτων,
5: 6 Ταπεινώθητε **οὖν** ὑπὸ τὴν κραταιὰν χεῖρα τοῦ θεοῦ,
2Pe 3:17 Ὑμεῖς **οὖν,** ἀγαπητοί, προγινώσκοντες φυλάσσεσθε, ἵνα μὴ τῇ τῶν ἀθέσμων πλάνῃ συναπαχθέντες ἐκπέσητε τοῦ ἰδίου στηριγμοῦ,
3Jn 1: 8 ἡμεῖς **οὖν** ὀφείλομεν ὑπολαμβάνειν τοὺς τοιούτους, ἵνα συνεργοὶ γινώμεθα τῇ ἀληθείᾳ.
Rev 1:19 γράψον **οὖν** ἃ εἶδες καὶ ἃ εἰσὶν καὶ ἃ μέλλει γενέσθαι μετὰ ταῦτα.
2: 5 μνημόνευε **οὖν** πόθεν πέπτωκας καὶ μετανόησον καὶ τὰ πρῶτα ἔργα ποίησον·

2:16 μετανόησον **οὖν·** εἰ δὲ μή, ἔρχομαί σοι ταχὺ καὶ πολεμήσω μετ' αὐτῶν ἐν τῇ ῥομφαίᾳ τοῦ στόματός μου.
3: 3 μνημόνευε **οὖν** πῶς εἴληφας καὶ ἤκουσας καὶ τήρει καὶ μετανόησον. ἐὰν **οὖν** μὴ γρηγορήσῃς, ἥξω ὡς κλέπτης,
3:19 ἐγὼ ὅσους ἐὰν φιλῶ ἐλέγχω καὶ παιδεύω· ζήλευε **οὖν** καὶ μετανόησον.

4037 οὔπω [26 / 28]

√ *4024*

Mt 16: 9 **οὔπω** νοεῖτε, οὐδὲ μνημονεύετε τοὺς πέντε ἄρτους τῶν πεντακισχιλίων καὶ πόσους κοφίνους ἐλάβετε;
24: 6 δεῖ γὰρ γενέσθαι, ἀλλ' **οὔπω** ἐστὶν τὸ τέλος.
Mk 4:40 καὶ εἶπεν αὐτοῖς, Τί δειλοί ἐστε; **οὔπω** ἔχετε πίστιν;
8:17 **οὔπω** νοεῖτε οὐδὲ συνίετε; πεπωρωμένην ἔχετε τὴν καρδίαν ὑμῶν;
8:21 καὶ ἔλεγεν αὐτοῖς, **Οὔπω** συνίετε;
11: 2 καὶ εὐθὺς εἰσπορευόμενοι εἰς αὐτὴν εὑρήσετε πῶλον δεδεμένον ἐφ' ὃν οὐδεὶς **οὔπω** ἀνθρώπων ἐκάθισεν·
13: 7 μὴ θροεῖσθε· δεῖ γενέσθαι, ἀλλ' **οὔπω** τὸ τέλος.
Lk 23:53 καὶ καθελὼν ἐνετύλιξεν αὐτὸ σινδόνι καὶ ἔθηκεν αὐτὸν ἐν μνήματι λαξευτῷ οὗ οὐκ ἦν οὐδεὶς **οὔπω** κείμενος.
Jn 2: 4 Τί ἐμοὶ καὶ σοί, γύναι; **οὔπω** ἥκει ἡ ὥρα μου.
3:24 **οὔπω** γὰρ ἦν βεβλημένος εἰς τὴν φυλακὴν ὁ Ἰωάννης.
6:17 καὶ σκοτία ἤδη ἐγεγόνει καὶ **οὔπω** ἐληλύθει πρὸς αὐτοὺς ὁ Ἰησοῦς,
7: 6 λέγει οὖν αὐτοῖς ὁ Ἰησοῦς, Ὁ καιρὸς ὁ ἐμὸς **οὔπω** πάρεστιν,
7: 8 ἐγὼ **οὔπω**[NIV; UBS *4024*] ἀναβαίνω εἰς τὴν ἑορτὴν ταύτην, ὅτι ὁ ἐμὸς καιρὸς **οὔπω** πεπλήρωται.
7:30 καὶ οὐδεὶς ἐπέβαλεν ἐπ' αὐτὸν τὴν χεῖρα, ὅτι **οὔπω** ἐληλύθει ἡ ὥρα αὐτοῦ.
7:39 **οὔπω** γὰρ ἦν πνεῦμα, ὅτι Ἰησοῦς οὐδέπω ἐδοξάσθη.
8:20 καὶ οὐδεὶς ἐπίασεν αὐτόν, ὅτι **οὔπω** ἐληλύθει ἡ ὥρα αὐτοῦ.
8:57 εἶπον οὖν οἱ Ἰουδαῖοι πρὸς αὐτόν, Πεντήκοντα ἔτη **οὔπω** ἔχεις καὶ Ἀβραὰμ ἑώρακας;
11:30 **οὔπω** δὲ ἐληλύθει ὁ Ἰησοῦς εἰς τὴν κώμην,
20:17 Μή μου ἅπτου, **οὔπω** γὰρ ἀναβέβηκα πρὸς τὸν πατέρα·
1Co 3: 2 γάλα ὑμᾶς ἐπότισα, οὐ βρῶμα· **οὔπω** γὰρ ἐδύνασθε.
8: 2 εἴ τις δοκεῖ ἐγνωκέναι τι, **οὔπω** ἔγνω καθὼς δεῖ γνῶναι·
Php 3:13 ἀδελφοί, ἐγὼ ἐμαυτὸν **οὔπω**[NIV; UBS *4024*] λογίζομαι κατειληφέναι· ἓν δέ,
Heb 2: 8 νῦν δὲ **οὔπω** ὁρῶμεν αὐτῷ τὰ πάντα ὑποτεταγμένα·
12: 4 **Οὔπω** μέχρις αἵματος ἀντικατέστητε πρὸς τὴν ἁμαρτίαν ἀνταγωνιζόμενοι.
1Jn 3: 2 νῦν τέκνα θεοῦ ἐσμεν, καὶ **οὔπω** ἐφανερώθη τί ἐσόμεθα.
Rev 17:10 οἱ πέντε ἔπεσαν, ὁ εἷς ἔστιν, ὁ ἄλλος **οὔπω** ἦλθεν,
17:12 καὶ τὰ δέκα κέρατα ἃ εἶδες δέκα βασιλεῖς εἰσιν, οἵτινες βασιλείαν **οὔπω** ἔλαβον,

4038 οὐρά [5]

Rev 9:10 καὶ ἔχουσιν **οὐρὰς** ὁμοίας σκορπίοις καὶ κέντρα, καὶ ἐν ταῖς **οὐραῖς** αὐτῶν ἡ ἐξουσία αὐτῶν ἀδικῆσαι τοὺς ἀνθρώπους
9:19 ἡ γὰρ ἐξουσία τῶν ἵππων ἐν τῷ στόματι αὐτῶν ἐστιν καὶ ἐν ταῖς **οὐραῖς** αὐτῶν, αἱ γὰρ **οὐραὶ** αὐτῶν ὅμοιαι ὄφεσιν, ἔχουσαι κεφαλὰς καὶ ἐν αὐταῖς ἀδικοῦσιν.
12: 4 καὶ ἡ **οὐρὰ** αὐτοῦ σύρει τὸ τρίτον τῶν ἀστέρων τοῦ οὐρανοῦ καὶ ἔβαλεν αὐτοὺς εἰς τὴν γῆν.

4039 οὐράνιος [9]

√ *4041*

οὐράνιος πατήρ [7] Mt 5:48; 6:14,26,32; 15:13; 18:35; 23:9

Mt 5:48 Ἔσεσθε οὖν ὑμεῖς τέλειοι ὡς ὁ πατὴρ ὑμῶν ὁ **οὐράνιος** τέλειός ἐστιν.
6:14 ἀφήσει καὶ ὑμῖν ὁ πατὴρ ὑμῶν ὁ **οὐράνιος·**
6:26 καὶ ὁ πατὴρ ὑμῶν ὁ **οὐράνιος** τρέφει αὐτά·
6:32 οἶδεν γὰρ ὁ πατὴρ ὑμῶν ὁ **οὐράνιος** ὅτι χρῄζετε τούτων ἁπάντων.
15:13 Πᾶσα φυτεία ἣν οὐκ ἐφύτευσεν ὁ πατήρ μου ὁ **οὐράνιος** ἐκριζωθήσεται.
18:35 Οὕτως καὶ ὁ πατήρ μου ὁ **οὐράνιος** ποιήσει ὑμῖν,
23: 9 εἷς γάρ ἐστιν ὑμῶν ὁ πατὴρ ὁ **οὐράνιος.**
Lk 2:13 καὶ ἐξαίφνης ἐγένετο σὺν τῷ ἀγγέλῳ πλῆθος στρατιᾶς **οὐρανίου** αἰνούντων τὸν θεὸν καὶ λεγόντων,
Ac 26:19 βασιλεῦ Ἀγρίππα, οὐκ ἐγενόμην ἀπειθὴς τῇ **οὐρανίῳ** ὀπτασίᾳ

4040 οὐρανόθεν [2]

√ *4041*

Ac 14:17 καίτοι οὐκ ἀμάρτυρον αὐτὸν ἀφῆκεν ἀγαθουργῶν, **οὐρανόθεν** ὑμῖν ὑετοὺς διδοὺς καὶ καιροὺς καρποφόρους,
26:13 **οὐρανόθεν** ὑπὲρ τὴν λαμπρότητα τοῦ ἡλίου περιλάμψαν με φῶς καὶ τοὺς σὺν ἐμοὶ πορευομένους.

4041 οὐρανός [273]

→ *2230, 3547, 4039, 4040*

ἄκρον οὐρανός [2] Mt 24:31; Mk 13:27

ἀπ' οὐρανοῦ [13] Mt 24:29,31; Mk 8:11; Lk 9:54; 17:29; 21:11; 22:43; Jn 6:38; Ro 1:18; 1Th 4:16; 2Th 1:7; Heb 12:25; 1Pe 1:12

ὁ ἄρτος ἐκ οὐρανοῦ [7] Jn 6:31,32,32,41,50,51,58

ἄχρι οὐρανοῦ [1] Rev 18:5

βασιλεία οὐρανῶν [32] Mt 3:2; 4:17; 5:3,10,19,19,20; 7:21; 8:11; 10:7; 11:11,12; 13:11,24,31,33,44,45,47,52; 16:19; 18:1,3,4,23; 19:12,14,23; 20:1; 22:2; 23:13; 25:1

ἐκ οὐρανοῦ [57] Mt 3:17; 16:1; 21:25,25; 28:2; Mk 1:11; 11:30,31; 13:25; Lk 3:22; 10:18; 11:13,16; 17:24; 20:4,5; Jn 1:32; 3:13,27,31; 6:31,32,32,33,41,42,50,51,58; 12:28; Ac 2:2; 9:3; 11:5,9; 22:6; 1Co 15:47; 2Co 5:2; Gal 1:8; 1Th 1:10; 2Pe 1:18; Rev 3:12; 8:10; 9:1; 10:1,4,8; 11:12; 13:13; 14:2,13; 16:21; 18:1,4; 20:1,9; 21:2,10

ἕως οὐρανοῦ [4] Mt 11:23; Mk 13:27; Lk 10:15; 2Co 12:2

θεός τοῦ οὐρανοῦ [2] Rev 11:13; 16:11

θησαυρός ἐν οὐρανῷ, οὐρανοῖς [5] Mt 6:20; 19:21; Mk 10:21; Lk 12:33; 18:22

καινός οὐρανός [2] 2Pe 3:13; Rev 21:1

οὐρανὸς ... γῆ [58] Mt 5:18; 6:10; 11:25; 16:19,19; 18:18,19; 24:30,35; 28:18; Mk 13:27,31; Lk 4:25; 10:21; 12:56; 16:17; 21:33; Jn 3:31; Ac 2:19; 4:24; 7:49; 10:11,12; 11:6; 14:15; 17:24; 1Co 8:5; 15:47; Eph 1:10; 3:15; Col 1:16,20; Heb 1:10; 12:25,26; Jas 5:12,18; 2Pe 3:5,7,10,13; Rev 5:3,13; 6:13; 9:1; 10:5,6,8; 11:6; 12:4,12; 13:13; 14:7; 18:1; 20:9,11; 21:1,1

πρῶτος οὐρανός [1] Rev 21:1

τρίτου οὐρανοῦ [1] 2Co 12:2

Mt 3: 2 [καὶ] λέγων, Μετανοεῖτε· ἤγγικεν γὰρ ἡ βασιλεία τῶν **οὐρανῶν.**
3:16 καὶ ἰδοὺ ἠνεῴχθησαν [αὐτῷ] οἱ **οὐρανοί,** καὶ εἶδεν [τὸ] πνεῦμα [τοῦ] θεοῦ καταβαῖνον ὡσεὶ περιστερὰν [καὶ] ἐρχόμενον ἐπ' αὐτόν·
3:17 καὶ ἰδοὺ φωνὴ ἐκ τῶν **οὐρανῶν** λέγουσα, Οὗτός ἐστιν ὁ υἱός μου ὁ ἀγαπητός,
4:17 Ἀπὸ τότε ἤρξατο ὁ Ἰησοῦς κηρύσσειν καὶ λέγειν, Μετανοεῖτε· ἤγγικεν γὰρ ἡ βασιλεία τῶν **οὐρανῶν.**
5: 3 Μακάριοι οἱ πτωχοὶ τῷ πνεύματι, ὅτι αὐτῶν ἐστιν ἡ βασιλεία τῶν **οὐρανῶν.**
5:10 μακάριοι οἱ δεδιωγμένοι ἕνεκεν δικαιοσύνης, ὅτι αὐτῶν ἐστιν ἡ βασιλεία τῶν **οὐρανῶν.**
5:12 ὅτι ὁ μισθὸς ὑμῶν πολὺς ἐν τοῖς **οὐρανοῖς·**
5:16 ὅπως ἴδωσιν ὑμῶν τὰ καλὰ ἔργα καὶ δοξάσωσιν τὸν πατέρα ὑμῶν τὸν ἐν τοῖς **οὐρανοῖς.**
5:18 ἕως ἂν παρέλθῃ ὁ **οὐρανὸς** καὶ ἡ γῆ,
5:19 ὃς ἐὰν οὖν λύσῃ μίαν τῶν ἐντολῶν τούτων τῶν ἐλαχίστων καὶ διδάξῃ οὕτως τοὺς ἀνθρώπους, ἐλάχιστος κληθήσεται ἐν τῇ βασιλείᾳ τῶν **οὐρανῶν·** ὃς δ' ἂν ποιήσῃ καὶ διδάξῃ, οὗτος μέγας κληθήσεται ἐν τῇ βασιλείᾳ τῶν **οὐρανῶν.**
5:20 οὐ μὴ εἰσέλθητε εἰς τὴν βασιλείαν τῶν **οὐρανῶν.**
5:34 μήτε ἐν τῷ **οὐρανῷ,** ὅτι θρόνος ἐστὶν τοῦ θεοῦ,
5:45 ὅπως γένησθε υἱοὶ τοῦ πατρὸς ὑμῶν τοῦ ἐν **οὐρανοῖς,**
6: 1 μισθὸν οὐκ ἔχετε παρὰ τῷ πατρὶ ὑμῶν τῷ ἐν τοῖς **οὐρανοῖς.**
6: 9 Πάτερ ἡμῶν ὁ ἐν τοῖς **οὐρανοῖς·** ἁγιασθήτω τὸ ὄνομά σου·
6:10 γενηθήτω τὸ θέλημά σου, ὡς ἐν **οὐρανῷ** καὶ ἐπὶ γῆς·
6:20 θησαυρίζετε δὲ ὑμῖν θησαυροὺς ἐν **οὐρανῷ,** ὅπου οὔτε σὴς οὔτε βρῶσις ἀφανίζει καὶ ὅπου κλέπται οὐ διορύσσουσιν

6:26 ἐμβλέψατε εἰς τὰ πετεινὰ τοῦ **οὐρανοῦ** ὅτι οὐ σπείρουσιν οὐδὲ θερίζουσιν οὐδὲ συνάγουσιν εἰς ἀποθήκας,
7:11 πόσῳ μᾶλλον ὁ πατὴρ ὑμῶν ὁ ἐν τοῖς **οὐρανοῖς** δώσει ἀγαθὰ τοῖς αἰτοῦσιν αὐτόν.
7:21 Κύριε κύριε, εἰσελεύσεται εἰς τὴν βασιλείαν τῶν **οὐρανῶν,** ἀλλ' ὁ ποιῶν τὸ θέλημα τοῦ πατρός μου τοῦ ἐν τοῖς **οὐρανοῖς.**
8:11 ἀπὸ ἀνατολῶν καὶ δυσμῶν ἥξουσιν καὶ ἀνακλιθήσονται μετὰ Ἀβραὰμ καὶ Ἰσαὰκ καὶ Ἰακὼβ ἐν τῇ βασιλείᾳ τῶν **οὐρανῶν,**
8:20 Αἱ ἀλώπεκες φωλεοὺς ἔχουσιν καὶ τὰ πετεινὰ τοῦ **οὐρανοῦ** κατασκηνώσεις,
10: 7 πορευόμενοι δὲ κηρύσσετε λέγοντες ὅτι Ἤγγικεν ἡ βασιλεία τῶν **οὐρανῶν.**
10:32 ὁμολογήσω κἀγὼ ἐν αὐτῷ ἔμπροσθεν τοῦ πατρός μου τοῦ ἐν [τοῖς] **οὐρανοῖς·**
10:33 ἀρνήσομαι κἀγὼ αὐτὸν ἔμπροσθεν τοῦ πατρός μου τοῦ ἐν [τοῖς] **οὐρανοῖς.**
11:11 ὁ δὲ μικρότερος ἐν τῇ βασιλείᾳ τῶν **οὐρανῶν** μείζων αὐτοῦ ἐστιν.
11:12 ἀπὸ δὲ τῶν ἡμερῶν Ἰωάννου τοῦ βαπτιστοῦ ἕως ἄρτι ἡ βασιλεία τῶν **οὐρανῶν** βιάζεται καὶ βιασταὶ ἁρπάζουσιν αὐτήν.
11:23 καὶ σύ, Καφαρναούμ, μὴ ἕως **οὐρανοῦ** ὑψωθήσῃ; ἕως ᾅδου καταβήσῃ·
11:25 Ἐξομολογοῦμαί σοι, πάτερ, κύριε τοῦ **οὐρανοῦ** καὶ τῆς γῆς,
12:50 ὅστις γὰρ ἂν ποιήσῃ τὸ θέλημα τοῦ πατρός μου τοῦ ἐν **οὐρανοῖς** αὐτός μου ἀδελφὸς καὶ ἀδελφὴ καὶ μήτηρ ἐστίν.
13:11 Ὅτι ὑμῖν δέδοται γνῶναι τὰ μυστήρια τῆς βασιλείας τῶν **οὐρανῶν,**
13:24 Ὡμοιώθη ἡ βασιλεία τῶν **οὐρανῶν** ἀνθρώπῳ σπείραντι καλὸν σπέρμα ἐν τῷ ἀγρῷ αὐτοῦ.
13:31 Ὁμοία ἐστὶν ἡ βασιλεία τῶν **οὐρανῶν** κόκκῳ σινάπεως,
13:32 ὥστε ἐλθεῖν τὰ πετεινὰ τοῦ **οὐρανοῦ** καὶ κατασκηνοῦν ἐν τοῖς κλάδοις αὐτοῦ.
13:33 Ὁμοία ἐστὶν ἡ βασιλεία τῶν **οὐρανῶν** ζύμῃ, ἣν λαβοῦσα γυνὴ ἐνέκρυψεν εἰς ἀλεύρου σάτα τρία ἕως οὗ ἐζυμώθη ὅλον.
13:44 Ὁμοία ἐστὶν ἡ βασιλεία τῶν **οὐρανῶν** θησαυρῷ κεκρυμμένῳ ἐν τῷ ἀγρῷ,
13:45 Πάλιν ὁμοία ἐστὶν ἡ βασιλεία τῶν **οὐρανῶν** ἀνθρώπῳ ἐμπόρῳ ζητοῦντι καλοὺς μαργαρίτας·
13:47 Πάλιν ὁμοία ἐστὶν ἡ βασιλεία τῶν **οὐρανῶν** σαγήνῃ βληθείσῃ εἰς τὴν θάλασσαν καὶ ἐκ παντὸς γένους συναγαγούσῃ·
13:52 Διὰ τοῦτο πᾶς γραμματεὺς μαθητευθεὶς τῇ βασιλείᾳ τῶν **οὐρανῶν** ὅμοιός ἐστιν ἀνθρώπῳ οἰκοδεσπότῃ,
14:19 ἀναβλέψας εἰς τὸν **οὐρανὸν** εὐλόγησεν καὶ κλάσας ἔδωκεν τοῖς μαθηταῖς τοὺς ἄρτους,
16: 1 Καὶ προσελθόντες οἱ Φαρισαῖοι καὶ Σαδδουκαῖοι πειράζοντες ἐπηρώτησαν αὐτὸν σημεῖον ἐκ τοῦ **οὐρανοῦ** ἐπιδεῖξαι αὐτοῖς.
16: 2 [Ὀψίας γενομένης λέγετε, Εὐδία, πυρράζει γὰρ ὁ **οὐρανός·**]
16: 3 [καὶ πρωΐ, Σήμερον χειμών, πυρράζει γὰρ στυγνάζων ὁ **οὐρανός.** τὸ μὲν πρόσωπον τοῦ **οὐρανοῦ** γινώσκετε διακρίνειν, τὰ δὲ σημεῖα τῶν καιρῶν οὐ δύνασθε;]
16:17 ὅτι σὰρξ καὶ αἷμα οὐκ ἀπεκάλυψέν σοι ἀλλ' ὁ πατήρ μου ὁ ἐν τοῖς **οὐρανοῖς.**
16:19 δώσω σοι τὰς κλεῖδας τῆς βασιλείας τῶν **οὐρανῶν,** καὶ ὃ ἐὰν δήσῃς ἐπὶ τῆς γῆς ἔσται δεδεμένον ἐν τοῖς **οὐρανοῖς,** καὶ ὃ ἐὰν λύσῃς ἐπὶ τῆς γῆς ἔσται λελυμένον ἐν τοῖς **οὐρανοῖς.**
18: 1 Τίς ἄρα μείζων ἐστὶν ἐν τῇ βασιλείᾳ τῶν **οὐρανῶν;**
18: 3 οὐ μὴ εἰσέλθητε εἰς τὴν βασιλείαν τῶν **οὐρανῶν.**
18: 4 οὗτός ἐστιν ὁ μείζων ἐν τῇ βασιλείᾳ τῶν **οὐρανῶν.**
18:10 λέγω γὰρ ὑμῖν ὅτι οἱ ἄγγελοι αὐτῶν ἐν **οὐρανοῖς** διὰ παντὸς βλέπουσι τὸ πρόσωπον τοῦ πατρός μου τοῦ ἐν **οὐρανοῖς.**
18:14 οὕτως οὐκ ἔστιν θέλημα ἔμπροσθεν τοῦ πατρὸς ὑμῶν τοῦ ἐν **οὐρανοῖς** ἵνα ἀπόληται ἓν τῶν μικρῶν τούτων.
18:18 ὅσα ἐὰν δήσητε ἐπὶ τῆς γῆς ἔσται δεδεμένα ἐν **οὐρανῷ,** καὶ ὅσα ἐὰν λύσητε ἐπὶ τῆς γῆς ἔσται λελυμένα ἐν **οὐρανῷ.**
18:19 γενήσεται αὐτοῖς παρὰ τοῦ πατρός μου τοῦ ἐν **οὐρανοῖς.**
18:23 Διὰ τοῦτο ὡμοιώθη ἡ βασιλεία τῶν **οὐρανῶν** ἀνθρώπῳ βασιλεῖ,
19:12 καὶ εἰσὶν εὐνοῦχοι οἵτινες εὐνούχισαν ἑαυτοὺς διὰ τὴν βασιλείαν τῶν **οὐρανῶν.**
19:14 τῶν γὰρ τοιούτων ἐστὶν ἡ βασιλεία τῶν **οὐρανῶν.**
19:21 καὶ ἕξεις θησαυρὸν ἐν **οὐρανοῖς,** καὶ δεῦρο ἀκολούθει μοι.
19:23 Ἀμὴν λέγω ὑμῖν ὅτι πλούσιος δυσκόλως εἰσελεύσεται εἰς τὴν βασιλείαν τῶν **οὐρανῶν.**
20: 1 Ὁμοία γάρ ἐστιν ἡ βασιλεία τῶν **οὐρανῶν** ἀνθρώπῳ οἰκοδεσπότῃ,
21:25 τὸ βάπτισμα τὸ Ἰωάννου πόθεν ἦν; ἐξ **οὐρανοῦ** ἢ ἐξ ἀνθρώπων; οἱ δὲ διελογίζοντο ἐν ἑαυτοῖς λέγοντες, Ἐὰν εἴπωμεν, Ἐξ **οὐρανοῦ,** ἐρεῖ ἡμῖν, Διὰ τί οὖν οὐκ ἐπιστεύσατε αὐτῷ;
22: 2 Ὡμοιώθη ἡ βασιλεία τῶν **οὐρανῶν** ἀνθρώπῳ βασιλεῖ, ὅστις ἐποίησεν γάμους τῷ υἱῷ αὐτοῦ.
22:30 ἐν γὰρ τῇ ἀναστάσει οὔτε γαμοῦσιν οὔτε γαμίζονται, ἀλλ' ὡς ἄγγελοι ἐν τῷ **οὐρανῷ** εἰσιν.
23:13 ὅτι κλείετε τὴν βασιλείαν τῶν **οὐρανῶν** ἔμπροσθεν τῶν ἀνθρώπων·
23:22 καὶ ὁ ὀμόσας ἐν τῷ **οὐρανῷ** ὀμνύει ἐν τῷ θρόνῳ τοῦ θεοῦ καὶ ἐν τῷ καθημένῳ ἐπάνω αὐτοῦ.
24:29 καὶ οἱ ἀστέρες πεσοῦνται ἀπὸ τοῦ **οὐρανοῦ,** καὶ αἱ δυνάμεις τῶν **οὐρανῶν** σαλευθήσονται.
24:30 καὶ τότε φανήσεται τὸ σημεῖον τοῦ υἱοῦ τοῦ ἀνθρώπου ἐν **οὐρανῷ,** καὶ τότε κόψονται πᾶσαι αἱ φυλαὶ τῆς γῆς καὶ ὄψονται τὸν υἱὸν τοῦ ἀνθρώπου ἐρχόμενον ἐπὶ τῶν νεφελῶν τοῦ **οὐρανοῦ** μετὰ δυνάμεως καὶ δόξης πολλῆς·
24:31 καὶ ἐπισυνάξουσιν τοὺς ἐκλεκτοὺς αὐτοῦ ἐκ τῶν τεσσάρων ἀνέμων ἀπ' ἄκρων **οὐρανῶν** ἕως [τῶν] ἄκρων αὐτῶν.
24:35 ὁ **οὐρανὸς** καὶ ἡ γῆ παρελεύσεται, οἱ δὲ λόγοι μου οὐ μὴ παρέλθωσιν.
24:36 οὐδὲ οἱ ἄγγελοι τῶν **οὐρανῶν** οὐδὲ ὁ υἱός,
25: 1 Τότε ὁμοιωθήσεται ἡ βασιλεία τῶν **οὐρανῶν** δέκα παρθένοις,
26:64 ἀπ' ἄρτι ὄψεσθε τὸν υἱὸν τοῦ ἀνθρώπου καθήμενον ἐκ δεξιῶν τῆς δυνάμεως καὶ ἐρχόμενον ἐπὶ τῶν νεφελῶν τοῦ **οὐρανοῦ.**
28: 2 ἄγγελος γὰρ κυρίου καταβὰς ἐξ **οὐρανοῦ** καὶ προσελθὼν ἀπεκύλισεν τὸν λίθον καὶ ἐκάθητο ἐπάνω αὐτοῦ.
28:18 Ἐδόθη μοι πᾶσα ἐξουσία ἐν **οὐρανῷ** καὶ ἐπὶ [τῆς] γῆς.

Mk 1:10 καὶ εὐθὺς ἀναβαίνων ἐκ τοῦ ὕδατος εἶδεν σχιζομένους τοὺς **οὐρανοὺς** καὶ τὸ πνεῦμα ὡς περιστερὰν καταβαῖνον εἰς αὐτόν·
1:11 καὶ φωνὴ ἐγένετο ἐκ τῶν **οὐρανῶν,** Σὺ εἶ ὁ υἱός μου ὁ ἀγαπητός,
4:32 ὥστε δύνασθαι ὑπὸ τὴν σκιὰν αὐτοῦ τὰ πετεινὰ τοῦ **οὐρανοῦ** κατασκηνοῦν.
6:41 καὶ λαβὼν τοὺς πέντε ἄρτους καὶ τοὺς δύο ἰχθύας ἀναβλέψας εἰς τὸν **οὐρανὸν** εὐλόγησεν καὶ κατέκλασεν τοὺς ἄρτους
7:34 καὶ ἀναβλέψας εἰς τὸν **οὐρανὸν** ἐστέναξεν καὶ λέγει αὐτῷ,
8:11 ζητοῦντες παρ' αὐτοῦ σημεῖον ἀπὸ τοῦ **οὐρανοῦ,** πειράζοντες αὐτόν.
10:21 καὶ ἕξεις θησαυρὸν ἐν **οὐρανῷ,** καὶ δεῦρο ἀκολούθει μοι.
11:25 ἵνα καὶ ὁ πατὴρ ὑμῶν ὁ ἐν τοῖς **οὐρανοῖς** ἀφῇ ὑμῖν τὰ παραπτώματα ὑμῶν.
11:30 τὸ βάπτισμα τὸ Ἰωάννου ἐξ **οὐρανοῦ** ἦν ἢ ἐξ ἀνθρώπων;
11:31 καὶ διελογίζοντο πρὸς ἑαυτοὺς λέγοντες, Ἐὰν εἴπωμεν, Ἐξ **οὐρανοῦ,** ἐρεῖ,
12:25 ὅταν γὰρ ἐκ νεκρῶν ἀναστῶσιν οὔτε γαμοῦσιν οὔτε γαμίζονται, ἀλλ' εἰσὶν ὡς ἄγγελοι ἐν τοῖς **οὐρανοῖς.**
13:25 καὶ οἱ ἀστέρες ἔσονται ἐκ τοῦ **οὐρανοῦ** πίπτοντες, καὶ αἱ δυνάμεις αἱ ἐν τοῖς **οὐρανοῖς** σαλευθήσονται.
13:27 τοὺς ἀγγέλους καὶ ἐπισυνάξει τοὺς ἐκλεκτοὺς [αὐτοῦ] ἐκ τῶν τεσσάρων ἀνέμων ἀπ' ἄκρου γῆς ἕως ἄκρου **οὐρανοῦ.**
13:31 ὁ **οὐρανὸς** καὶ ἡ γῆ παρελεύσονται, οἱ δὲ λόγοι μου οὐ μὴ παρελεύσονται.
13:32 οὐδὲ οἱ ἄγγελοι ἐν **οὐρανῷ** οὐδὲ ὁ υἱός,
14:62 καὶ ὄψεσθε τὸν υἱὸν τοῦ ἀνθρώπου ἐκ δεξιῶν καθήμενον τῆς δυνάμεως καὶ ἐρχόμενον μετὰ τῶν νεφελῶν τοῦ **οὐρανοῦ.**
16:19 ⟦Ὁ μὲν οὖν κύριος Ἰησοῦς μετὰ τὸ λαλῆσαι αὐτοῖς ἀνελήμφθη εἰς τὸν **οὐρανὸν** καὶ ἐκάθισεν ἐκ δεξιῶν τοῦ θεοῦ.⟧

Lk 2:15 ὡς ἀπῆλθον ἀπ' αὐτῶν εἰς τὸν **οὐρανὸν** οἱ ἄγγελοι,
3:21 Ἐγένετο δὲ ἐν τῷ βαπτισθῆναι ἅπαντα τὸν λαὸν καὶ Ἰησοῦ βαπτισθέντος καὶ προσευχομένου ἀνεῳχθῆναι τὸν **οὐρανὸν**
3:22 καὶ φωνὴν ἐξ **οὐρανοῦ** γενέσθαι, Σὺ εἶ ὁ υἱός μου ὁ ἀγαπητός,
4:25 ὅτε ἐκλείσθη ὁ **οὐρανὸς** ἐπὶ ἔτη τρία καὶ μῆνας ἕξ,
6:23 ἰδοὺ γὰρ ὁ μισθὸς ὑμῶν πολὺς ἐν τῷ **οὐρανῷ·**
8: 5 καὶ ἐν τῷ σπείρειν αὐτὸν ὃ μὲν ἔπεσεν παρὰ τὴν ὁδὸν καὶ κατεπατήθη, καὶ τὰ πετεινὰ τοῦ **οὐρανοῦ** κατέφαγεν αὐτό.
9:16 λαβὼν δὲ τοὺς πέντε ἄρτους καὶ τοὺς δύο ἰχθύας ἀναβλέψας εἰς τὸν **οὐρανὸν** εὐλόγησεν αὐτοὺς καὶ κατέκλασεν
9:54 θέλεις εἴπωμεν πῦρ καταβῆναι ἀπὸ τοῦ **οὐρανοῦ** καὶ ἀναλῶσαι αὐτούς;
9:58 Αἱ ἀλώπεκες φωλεοὺς ἔχουσιν καὶ τὰ πετεινὰ τοῦ **οὐρανοῦ** κατασκηνώσεις,
10:15 καὶ σύ, Καφαρναούμ, μὴ ἕως **οὐρανοῦ** ὑψωθήσῃ; ἕως τοῦ ᾅδου καταβήσῃ.
10:18 Ἐθεώρουν τὸν Σατανᾶν ὡς ἀστραπὴν ἐκ τοῦ **οὐρανοῦ** πεσόντα.

10:20 χαίρετε δὲ ὅτι τὰ ὀνόματα ὑμῶν ἐγγέγραπται ἐν τοῖς **οὐρανοῖς.**
10:21 Ἐξομολογοῦμαί σοι, πάτερ, κύριε τοῦ **οὐρανοῦ** καὶ τῆς γῆς,
11:13 πόσῳ μᾶλλον ὁ πατὴρ [ὁ] ἐξ **οὐρανοῦ** δώσει πνεῦμα ἅγιον τοῖς αἰτοῦσιν αὐτόν.
11:16 ἕτεροι δὲ πειράζοντες σημεῖον ἐξ **οὐρανοῦ** ἐζήτουν παρ' αὐτοῦ.
12:33 ποιήσατε ἑαυτοῖς βαλλάντια μὴ παλαιούμενα, θησαυρὸν ἀνέκλειπτον ἐν τοῖς **οὐρανοῖς,**
12:56 τὸ πρόσωπον τῆς γῆς καὶ τοῦ **οὐρανοῦ** οἴδατε δοκιμάζειν,
13:19 καὶ τὰ πετεινὰ τοῦ **οὐρανοῦ** κατεσκήνωσεν ἐν τοῖς κλάδοις αὐτοῦ.
15: 7 λέγω ὑμῖν ὅτι οὕτως χαρὰ ἐν τῷ **οὐρανῷ** ἔσται ἐπὶ ἑνὶ ἁμαρτωλῷ μετανοοῦντι ἢ ἐπὶ ἐνενήκοντα ἐννέα δικαίοις οἵτινες οὐ χρείαν ἔχουσιν μετανοίας.
15:18 Πάτερ, ἥμαρτον εἰς τὸν **οὐρανὸν** καὶ ἐνώπιόν σου,
15:21 Πάτερ, ἥμαρτον εἰς τὸν **οὐρανὸν** καὶ ἐνώπιόν σου,
16:17 Εὐκοπώτερον δέ ἐστιν τὸν **οὐρανὸν** καὶ τὴν γῆν παρελθεῖν ἢ τοῦ νόμου μίαν κεραίαν πεσεῖν.
17:24 ὥσπερ γὰρ ἡ ἀστραπὴ ἀστράπτουσα ἐκ τῆς ὑπὸ τὸν **οὐρανὸν** εἰς τὴν ὑπ' **οὐρανὸν** λάμπει,
17:29 ἔβρεξεν πῦρ καὶ θεῖον ἀπ' **οὐρανοῦ** καὶ ἀπώλεσεν πάντας.
18:13 ὁ δὲ τελώνης μακρόθεν ἑστὼς οὐκ ἤθελεν οὐδὲ τοὺς ὀφθαλμοὺς ἐπᾶραι εἰς τὸν **οὐρανόν,**
18:22 καὶ ἕξεις θησαυρὸν ἐν [τοῖς] **οὐρανοῖς,** καὶ δεῦρο ἀκολούθει μοι.
19:38 ὁ βασιλεὺς ἐν ὀνόματι κυρίου· ἐν **οὐρανῷ** εἰρήνη καὶ δόξα ἐν ὑψίστοις.
20: 4 Τὸ βάπτισμα Ἰωάννου ἐξ **οὐρανοῦ** ἦν ἢ ἐξ ἀνθρώπων;
20: 5 Ἐξ **οὐρανοῦ,** ἐρεῖ, Διὰ τί οὐκ ἐπιστεύσατε αὐτῷ;
21:11 φόβητρά τε καὶ ἀπ' **οὐρανοῦ** σημεῖα μεγάλα ἔσται.
21:26 ἀποψυχόντων ἀνθρώπων ἀπὸ φόβου καὶ προσδοκίας τῶν ἐπερχομένων τῇ οἰκουμένῃ, αἱ γὰρ δυνάμεις τῶν **οὐρανῶν** σαλευθήσονται.
21:33 ὁ **οὐρανὸς** καὶ ἡ γῆ παρελεύσονται, οἱ δὲ λόγοι μου οὐ μὴ παρελεύσονται.
22:43 ⟦ὤφθη δὲ αὐτῷ ἄγγελος ἀπ' **οὐρανοῦ** ἐνισχύων αὐτόν.⟧
24:51 καὶ ἐγένετο ἐν τῷ εὐλογεῖν αὐτὸν αὐτοὺς διέστη ἀπ' αὐτῶν καὶ ἀνεφέρετο εἰς τὸν **οὐρανόν.**

Jn 1:32 Καὶ ἐμαρτύρησεν Ἰωάννης λέγων ὅτι Τεθέαμαι τὸ πνεῦμα καταβαῖνον ὡς περιστερὰν ἐξ **οὐρανοῦ** καὶ ἔμεινεν ἐπ' αὐτόν.
1:51 ὄψεσθε τὸν **οὐρανὸν** ἀνεῳγότα καὶ τοὺς ἀγγέλους τοῦ θεοῦ ἀναβαίνοντας καὶ καταβαίνοντας ἐπὶ τὸν υἱὸν τοῦ ἀνθρώπου.
3:13 καὶ οὐδεὶς ἀναβέβηκεν εἰς τὸν **οὐρανὸν** εἰ μὴ ὁ ἐκ τοῦ **οὐρανοῦ** καταβάς,
3:27 Οὐ δύναται ἄνθρωπος λαμβάνειν οὐδὲ ἓν ἐὰν μὴ ᾖ δεδομένον αὐτῷ ἐκ τοῦ **οὐρανοῦ.**
3:31 ὁ ἐκ τοῦ **οὐρανοῦ** ἐρχόμενος [ἐπάνω πάντων ἐστίν·]
6:31 καθώς ἐστιν γεγραμμένον, Ἄρτον ἐκ τοῦ **οὐρανοῦ** ἔδωκεν αὐτοῖς φαγεῖν.
6:32 οὐ Μωϋσῆς δέδωκεν ὑμῖν τὸν ἄρτον ἐκ τοῦ **οὐρανοῦ,** ἀλλ' ὁ πατήρ μου δίδωσιν ὑμῖν τὸν ἄρτον ἐκ τοῦ **οὐρανοῦ** τὸν ἀληθινόν·
6:33 ὁ γὰρ ἄρτος τοῦ θεοῦ ἐστιν ὁ καταβαίνων ἐκ τοῦ **οὐρανοῦ** καὶ ζωὴν διδοὺς τῷ κόσμῳ.
6:38 ὅτι καταβέβηκα ἀπὸ τοῦ **οὐρανοῦ** οὐχ ἵνα ποιῶ τὸ θέλημα τὸ ἐμὸν ἀλλὰ τὸ θέλημα τοῦ πέμψαντός με.
6:41 Ἐγώ εἰμι ὁ ἄρτος ὁ καταβὰς ἐκ τοῦ **οὐρανοῦ,**
6:42 πῶς νῦν λέγει ὅτι Ἐκ τοῦ **οὐρανοῦ** καταβέβηκα;
6:50 οὗτός ἐστιν ὁ ἄρτος ὁ ἐκ τοῦ **οὐρανοῦ** καταβαίνων,
6:51 ἐγώ εἰμι ὁ ἄρτος ὁ ζῶν ὁ ἐκ τοῦ **οὐρανοῦ** καταβάς·
6:58 οὗτός ἐστιν ὁ ἄρτος ὁ ἐξ **οὐρανοῦ** καταβάς,
12:28 ἦλθεν οὖν φωνὴ ἐκ τοῦ **οὐρανοῦ,** Καὶ ἐδόξασα καὶ πάλιν δοξάσω.
17: 1 Ταῦτα ἐλάλησεν Ἰησοῦς καὶ ἐπάρας τοὺς ὀφθαλμοὺς αὐτοῦ εἰς τὸν **οὐρανὸν** εἶπεν,

Ac 1:10 καὶ ὡς ἀτενίζοντες ἦσαν εἰς τὸν **οὐρανὸν** πορευομένου αὐτοῦ,
1:11 Ἄνδρες Γαλιλαῖοι, τί ἑστήκατε [ἐμ]βλέποντες εἰς τὸν **οὐρανόν;** οὗτος ὁ Ἰησοῦς ὁ ἀναλημφθεὶς ἀφ' ὑμῶν εἰς τὸν **οὐρανὸν** οὕτως ἐλεύσεται ὃν τρόπον ἐθεάσασθε αὐτὸν πορευόμενον εἰς τὸν **οὐρανόν.**
2: 2 καὶ ἐγένετο ἄφνω ἐκ τοῦ **οὐρανοῦ** ἦχος ὥσπερ φερομένης πνοῆς βιαίας καὶ ἐπλήρωσεν ὅλον τὸν οἶκον οὗ ἦσαν καθήμενοι
2: 5 ἄνδρες εὐλαβεῖς ἀπὸ παντὸς ἔθνους τῶν ὑπὸ τὸν **οὐρανόν.**
2:19 καὶ δώσω τέρατα ἐν τῷ **οὐρανῷ** ἄνω καὶ σημεῖα ἐπὶ τῆς γῆς κάτω,
2:34 οὐ γὰρ Δαυὶδ ἀνέβη εἰς τοὺς **οὐρανούς,** λέγει δὲ αὐτός,
3:21 ὃν δεῖ **οὐρανὸν** μὲν δέξασθαι ἄχρι χρόνων ἀποκαταστάσεως πάντων ὧν ἐλάλησεν ὁ θεὸς
4:12 οὐδὲ γὰρ ὄνομά ἐστιν ἕτερον ὑπὸ τὸν **οὐρανὸν** τὸ δεδομένον ἐν ἀνθρώποις ἐν ᾧ δεῖ σωθῆναι ἡμᾶς.
4:24 σὺ ὁ ποιήσας τὸν **οὐρανὸν** καὶ τὴν γῆν καὶ τὴν θάλασσαν καὶ πάντα τὰ ἐν αὐτοῖς,
7:42 ἔστρεψεν δὲ ὁ θεὸς καὶ παρέδωκεν αὐτοὺς λατρεύειν τῇ στρατιᾷ τοῦ **οὐρανοῦ** καθὼς γέγραπται ἐν βίβλῳ τῶν προφητῶν,
7:49 Ὁ **οὐρανός** μοι θρόνος, ἡ δὲ γῆ ὑποπόδιον τῶν ποδῶν μου·
7:55 πλήρης πνεύματος ἁγίου ἀτενίσας εἰς τὸν **οὐρανὸν** εἶδεν δόξαν θεοῦ καὶ Ἰησοῦν ἑστῶτα ἐκ δεξιῶν τοῦ θεοῦ
7:56 Ἰδοὺ θεωρῶ τοὺς **οὐρανοὺς** διηνοιγμένους καὶ τὸν υἱὸν τοῦ ἀνθρώπου ἐκ δεξιῶν ἑστῶτα τοῦ θεοῦ.
9: 3 ἐξαίφνης τε αὐτὸν περιήστραψεν φῶς ἐκ τοῦ **οὐρανοῦ**
10:11 καὶ θεωρεῖ τὸν **οὐρανὸν** ἀνεῳγμένον καὶ καταβαῖνον σκεῦός τι ὡς ὀθόνην μεγάλην τέσσαρσιν ἀρχαῖς καθιέμενον ἐπὶ τῆς γῆς,
10:12 ἐν ᾧ ὑπῆρχεν πάντα τὰ τετράποδα καὶ ἑρπετὰ τῆς γῆς καὶ πετεινὰ τοῦ **οὐρανοῦ.**
10:16 τοῦτο δὲ ἐγένετο ἐπὶ τρὶς καὶ εὐθὺς ἀνελήμφθη τὸ σκεῦος εἰς τὸν **οὐρανόν.**
11: 5 καταβαῖνον σκεῦός τι ὡς ὀθόνην μεγάλην τέσσαρσιν ἀρχαῖς καθιεμένην ἐκ τοῦ **οὐρανοῦ,**
11: 6 εἰς ἣν ἀτενίσας κατενόουν καὶ εἶδον τὰ τετράποδα τῆς γῆς καὶ τὰ θηρία καὶ τὰ ἑρπετὰ καὶ τὰ πετεινὰ τοῦ **οὐρανοῦ.**
11: 9 ἀπεκρίθη δὲ φωνὴ ἐκ δευτέρου ἐκ τοῦ **οὐρανοῦ,**
11:10 τοῦτο δὲ ἐγένετο ἐπὶ τρίς, καὶ ἀνεσπάσθη πάλιν ἅπαντα εἰς τὸν **οὐρανόν.**
14:15 ὃς ἐποίησεν τὸν **οὐρανὸν** καὶ τὴν γῆν καὶ τὴν θάλασσαν καὶ πάντα τὰ ἐν αὐτοῖς·
17:24 οὗτος **οὐρανοῦ** καὶ γῆς ὑπάρχων κύριος οὐκ ἐν χειροποιήτοις ναοῖς κατοικεῖ
22: 6 Ἐγένετο δέ μοι πορευομένῳ καὶ ἐγγίζοντι τῇ Δαμασκῷ περὶ μεσημβρίαν ἐξαίφνης ἐκ τοῦ **οὐρανοῦ** περιαστράψαι φῶς

Ro 1:18 Ἀποκαλύπτεται γὰρ ὀργὴ θεοῦ ἀπ' **οὐρανοῦ** ἐπὶ πᾶσαν ἀσέβειαν καὶ ἀδικίαν ἀνθρώπων τῶν τὴν ἀλήθειαν ἐν ἀδικίᾳ κατεχόντων,
10: 6 Μὴ εἴπῃς ἐν τῇ καρδίᾳ σου, Τίς ἀναβήσεται εἰς τὸν **οὐρανόν;**

1Co 8: 5 εἴπερ εἰσὶν λεγόμενοι θεοὶ εἴτε ἐν **οὐρανῷ** εἴτε ἐπὶ γῆς,
15:47 ὁ πρῶτος ἄνθρωπος ἐκ γῆς χοϊκός, ὁ δεύτερος ἄνθρωπος ἐξ **οὐρανοῦ.**

2Co 5: 1 οἰκοδομὴν ἐκ θεοῦ ἔχομεν, οἰκίαν ἀχειροποίητον αἰώνιον ἐν τοῖς **οὐρανοῖς.**
5: 2 καὶ γὰρ ἐν τούτῳ στενάζομεν τὸ οἰκητήριον ἡμῶν τὸ ἐξ **οὐρανοῦ** ἐπενδύσασθαι ἐπιποθοῦντες,
12: 2 ὁ θεὸς οἶδεν, ἁρπαγέντα τὸν τοιοῦτον ἕως τρίτου **οὐρανοῦ.**

Gal 1: 8 ἀλλὰ καὶ ἐὰν ἡμεῖς ἢ ἄγγελος ἐξ **οὐρανοῦ** εὐαγγελίζηται [ὑμῖν] παρ' ὃ εὐηγγελισάμεθα ὑμῖν,

Eph 1:10 τὰ ἐπὶ τοῖς **οὐρανοῖς** καὶ τὰ ἐπὶ τῆς γῆς ἐν αὐτῷ.
3:15 ἐξ οὗ πᾶσα πατριὰ ἐν **οὐρανοῖς** καὶ ἐπὶ γῆς ὀνομάζεται,
4:10 ὁ καταβὰς αὐτός ἐστιν καὶ ὁ ἀναβὰς ὑπεράνω πάντων τῶν **οὐρανῶν,**
6: 9 εἰδότες ὅτι καὶ αὐτῶν καὶ ὑμῶν ὁ κύριός ἐστιν ἐν **οὐρανοῖς** καὶ προσωπολημψία οὐκ ἔστιν παρ' αὐτῷ.

Php 3:20 ἡμῶν γὰρ τὸ πολίτευμα ἐν **οὐρανοῖς** ὑπάρχει, ἐξ οὗ καὶ σωτῆρα ἀπεκδεχόμεθα κύριον Ἰησοῦν Χριστόν,

Col 1: 5 διὰ τὴν ἐλπίδα τὴν ἀποκειμένην ὑμῖν ἐν τοῖς **οὐρανοῖς,**
1:16 ἐν αὐτῷ ἐκτίσθη τὰ πάντα ἐν τοῖς **οὐρανοῖς** καὶ ἐπὶ τῆς γῆς,
1:20 [δι' αὐτοῦ] εἴτε τὰ ἐπὶ τῆς γῆς εἴτε τὰ ἐν τοῖς **οὐρανοῖς.**
1:23 τοῦ κηρυχθέντος ἐν πάσῃ κτίσει τῇ ὑπὸ τὸν **οὐρανόν,**
4: 1 εἰδότες ὅτι καὶ ὑμεῖς ἔχετε κύριον ἐν **οὐρανῷ.**

1Th 1:10 καὶ ἀναμένειν τὸν υἱὸν αὐτοῦ ἐκ τῶν **οὐρανῶν,**
4:16 καταβήσεται ἀπ' **οὐρανοῦ** καὶ οἱ νεκροὶ ἐν Χριστῷ ἀναστήσονται πρῶτον,

2Th 1: 7 ἐν τῇ ἀποκαλύψει τοῦ κυρίου Ἰησοῦ ἀπ' **οὐρανοῦ** μετ' ἀγγέλων δυνάμεως αὐτοῦ

Heb 1:10 καὶ ἔργα τῶν χειρῶν σού εἰσιν οἱ **οὐρανοί·**
4:14 Ἔχοντες οὖν ἀρχιερέα μέγαν διεληλυθότα τοὺς **οὐρανούς,** Ἰησοῦν τὸν υἱὸν τοῦ θεοῦ,
7:26 κεχωρισμένος ἀπὸ τῶν ἁμαρτωλῶν καὶ ὑψηλότερος τῶν **οὐρανῶν** γενόμενος,
8: 1 ὃς ἐκάθισεν ἐν δεξιᾷ τοῦ θρόνου τῆς μεγαλωσύνης ἐν τοῖς **οὐρανοῖς,**
9:23 Ἀνάγκη οὖν τὰ μὲν ὑποδείγματα τῶν ἐν τοῖς **οὐρανοῖς** τούτοις καθαρίζεσθαι,
9:24 ἀντίτυπα τῶν ἀληθινῶν, ἀλλ' εἰς αὐτὸν τὸν **οὐρανόν,**

11:12 καθὼς τὰ ἄστρα τοῦ **οὐρανοῦ** τῷ πλήθει καὶ ὡς ἡ ἄμμος ἡ παρὰ τὸ χεῖλος τῆς θαλάσσης ἡ ἀναρίθμητος.
12:23 καὶ ἐκκλησίᾳ πρωτοτόκων ἀπογεγραμμένων ἐν **οὐρανοῖς** καὶ κριτῇ θεῷ πάντων καὶ πνεύμασι δικαίων τετελειωμένων
12:25 πολὺ μᾶλλον ἡμεῖς οἱ τὸν ἀπ' **οὐρανῶν** ἀποστρεφόμενοι,
12:26 Ἔτι ἅπαξ ἐγὼ σείσω οὐ μόνον τὴν γῆν ἀλλὰ καὶ τὸν **οὐρανόν.**
Jas 5:12 μὴ ὀμνύετε μήτε τὸν **οὐρανὸν** μήτε τὴν γῆν μήτε ἄλλον τινὰ ὅρκον·
5:18 καὶ ὁ **οὐρανὸς** ὑετὸν ἔδωκεν καὶ ἡ γῆ ἐβλάστησεν τὸν καρπὸν αὐτῆς.
1Pe 1: 4 εἰς κληρονομίαν ἄφθαρτον καὶ ἀμίαντον καὶ ἀμάραντον, τετηρημένην ἐν **οὐρανοῖς** εἰς ὑμᾶς
1:12 ἃ νῦν ἀνηγγέλη ὑμῖν διὰ τῶν εὐαγγελισαμένων ὑμᾶς [ἐν] πνεύματι ἁγίῳ ἀποσταλέντι ἀπ' **οὐρανοῦ,**
3:22 ὅς ἐστιν ἐν δεξιᾷ [τοῦ] θεοῦ πορευθεὶς εἰς **οὐρανὸν** ὑποταγέντων αὐτῷ ἀγγέλων καὶ ἐξουσιῶν καὶ δυνάμεων.
2Pe 1:18 καὶ ταύτην τὴν φωνὴν ἡμεῖς ἠκούσαμεν ἐξ **οὐρανοῦ** ἐνεχθεῖσαν σὺν αὐτῷ ὄντες ἐν τῷ ἁγίῳ ὄρει.
3: 5 λανθάνει γὰρ αὐτοὺς τοῦτο θέλοντας ὅτι **οὐρανοὶ** ἦσαν ἔκπαλαι καὶ γῆ ἐξ ὕδατος καὶ δι' ὕδατος συνεστῶσα
3: 7 οἱ δὲ νῦν **οὐρανοὶ** καὶ ἡ γῆ τῷ αὐτῷ λόγῳ τεθησαυρισμένοι εἰσὶν πυρὶ τηρούμενοι εἰς ἡμέραν κρίσεως καὶ ἀπωλείας τῶν ἀσεβῶν ἀνθρώπων.
3:10 ἐν ᾗ οἱ **οὐρανοὶ** ῥοιζηδὸν παρελεύσονται στοιχεῖα δὲ καυσούμενα λυθήσεται καὶ γῆ καὶ τὰ ἐν αὐτῇ ἔργα εὑρεθήσεται.
3:12 προσδοκῶντας καὶ σπεύδοντας τὴν παρουσίαν τῆς τοῦ θεοῦ ἡμέρας δι' ἣν **οὐρανοὶ** πυρούμενοι λυθήσονται
3:13 καινοὺς δὲ **οὐρανοὺς** καὶ γῆν καινὴν κατὰ τὸ ἐπάγγελμα αὐτοῦ προσδοκῶμεν,
Rev 3:12 τῆς καινῆς Ἰερουσαλὴμ ἡ καταβαίνουσα ἐκ τοῦ **οὐρανοῦ** ἀπὸ τοῦ θεοῦ μου,
4: 1 Μετὰ ταῦτα εἶδον, καὶ ἰδοὺ θύρα ἠνεῳγμένη ἐν τῷ **οὐρανῷ,**
4: 2 εὐθέως ἐγενόμην ἐν πνεύματι, καὶ ἰδοὺ θρόνος ἔκειτο ἐν τῷ **οὐρανῷ,**
5: 3 καὶ οὐδεὶς ἐδύνατο ἐν τῷ **οὐρανῷ** οὐδὲ ἐπὶ τῆς γῆς οὐδὲ ὑποκάτω τῆς γῆς ἀνοῖξαι τὸ βιβλίον οὔτε βλέπειν αὐτό.
5:13 καὶ πᾶν κτίσμα ὃ ἐν τῷ **οὐρανῷ** καὶ ἐπὶ τῆς γῆς καὶ ὑποκάτω τῆς γῆς καὶ ἐπὶ τῆς θαλάσσης καὶ τὰ ἐν αὐτοῖς πάντα ἤκουσα
6:13 καὶ οἱ ἀστέρες τοῦ **οὐρανοῦ** ἔπεσαν εἰς τὴν γῆν,
6:14 καὶ ὁ **οὐρανὸς** ἀπεχωρίσθη ὡς βιβλίον ἑλισσόμενον καὶ πᾶν ὄρος καὶ νῆσος ἐκ τῶν τόπων αὐτῶν ἐκινήθησαν.
8: 1 Καὶ ὅταν ἤνοιξεν τὴν σφραγῖδα τὴν ἑβδόμην, ἐγένετο σιγὴ ἐν τῷ **οὐρανῷ** ὡς ἡμιώριον.
8:10 καὶ ἔπεσεν ἐκ τοῦ **οὐρανοῦ** ἀστὴρ μέγας καιόμενος ὡς λαμπὰς καὶ ἔπεσεν ἐπὶ τὸ τρίτον τῶν ποταμῶν καὶ ἐπὶ τὰς πηγὰς
9: 1 καὶ εἶδον ἀστέρα ἐκ τοῦ **οὐρανοῦ** πεπτωκότα εἰς τὴν γῆν,
10: 1 Καὶ εἶδον ἄλλον ἄγγελον ἰσχυρὸν καταβαίνοντα ἐκ τοῦ **οὐρανοῦ** περιβεβλημένον νεφέλην,
10: 4 ἤμελλον γράφειν, καὶ ἤκουσα φωνὴν ἐκ τοῦ **οὐρανοῦ** λέγουσαν,
10: 5 ἦρεν τὴν χεῖρα αὐτοῦ τὴν δεξιὰν εἰς τὸν **οὐρανὸν**
10: 6 ὃς ἔκτισεν τὸν **οὐρανὸν** καὶ τὰ ἐν αὐτῷ καὶ τὴν γῆν καὶ τὰ ἐν αὐτῇ καὶ τὴν θάλασσαν καὶ τὰ ἐν αὐτῇ,
10: 8 Καὶ ἡ φωνὴ ἣν ἤκουσα ἐκ τοῦ **οὐρανοῦ** πάλιν λαλοῦσαν μετ' ἐμοῦ καὶ λέγουσαν,
11: 6 οὗτοι ἔχουσιν τὴν ἐξουσίαν κλεῖσαι τὸν **οὐρανόν,** ἵνα μὴ ὑετὸς βρέχῃ τὰς ἡμέρας τῆς προφητείας αὐτῶν,
11:12 καὶ ἤκουσαν φωνῆς μεγάλης ἐκ τοῦ **οὐρανοῦ** λεγούσης αὐτοῖς, Ἀνάβατε ὧδε. καὶ ἀνέβησαν εἰς τὸν **οὐρανὸν** ἐν τῇ νεφέλῃ,
11:13 καὶ οἱ λοιποὶ ἔμφοβοι ἐγένοντο καὶ ἔδωκαν δόξαν τῷ θεῷ τοῦ **οὐρανοῦ.**
11:15 καὶ ἐγένοντο φωναὶ μεγάλαι ἐν τῷ **οὐρανῷ** λέγοντες,
11:19 καὶ ἠνοίγη ὁ ναὸς τοῦ θεοῦ ὁ ἐν τῷ **οὐρανῷ** καὶ ὤφθη ἡ κιβωτὸς τῆς διαθήκης αὐτοῦ ἐν τῷ ναῷ αὐτοῦ,
12: 1 Καὶ σημεῖον μέγα ὤφθη ἐν τῷ **οὐρανῷ,** γυνὴ περιβεβλημένη τὸν ἥλιον,
12: 3 καὶ ὤφθη ἄλλο σημεῖον ἐν τῷ **οὐρανῷ,** καὶ ἰδοὺ δράκων μέγας πυρρὸς ἔχων κεφαλὰς ἑπτὰ καὶ κέρατα δέκα καὶ ἐπὶ τὰς κεφαλὰς αὐτοῦ ἑπτὰ διαδήματα,
12: 4 καὶ ἡ οὐρὰ αὐτοῦ σύρει τὸ τρίτον τῶν ἀστέρων τοῦ **οὐρανοῦ** καὶ ἔβαλεν αὐτοὺς εἰς τὴν γῆν.
12: 7 Καὶ ἐγένετο πόλεμος ἐν τῷ **οὐρανῷ,** ὁ Μιχαὴλ καὶ οἱ ἄγγελοι αὐτοῦ τοῦ πολεμῆσαι μετὰ τοῦ δράκοντος.
12: 8 καὶ οὐκ ἴσχυσεν οὐδὲ τόπος εὑρέθη αὐτῶν ἔτι ἐν τῷ **οὐρανῷ.**
12:10 καὶ ἤκουσα φωνὴν μεγάλην ἐν τῷ **οὐρανῷ** λέγουσαν,
12:12 διὰ τοῦτο εὐφραίνεσθε, [οἱ] **οὐρανοὶ** καὶ οἱ ἐν αὐτοῖς σκηνοῦντες.
13: 6 εἰς βλασφημίας πρὸς τὸν θεὸν βλασφημῆσαι τὸ ὄνομα αὐτοῦ καὶ τὴν σκηνὴν αὐτοῦ, τοὺς ἐν τῷ **οὐρανῷ** σκηνοῦντας.
13:13 ἵνα καὶ πῦρ ποιῇ ἐκ τοῦ **οὐρανοῦ** καταβαίνειν εἰς τὴν γῆν ἐνώπιον τῶν ἀνθρώπων,
14: 2 καὶ ἤκουσα φωνὴν ἐκ τοῦ **οὐρανοῦ** ὡς φωνὴν ὑδάτων πολλῶν καὶ ὡς φωνὴν βροντῆς μεγάλης,
14: 7 καὶ προσκυνήσατε τῷ ποιήσαντι τὸν **οὐρανὸν** καὶ τὴν γῆν καὶ θάλασσαν καὶ πηγὰς ὑδάτων.
14:13 Καὶ ἤκουσα φωνῆς ἐκ τοῦ **οὐρανοῦ** λεγούσης, Γράψον·
14:17 Καὶ ἄλλος ἄγγελος ἐξῆλθεν ἐκ τοῦ ναοῦ τοῦ ἐν τῷ **οὐρανῷ** ἔχων καὶ αὐτὸς δρέπανον ὀξύ.
15: 1 Καὶ εἶδον ἄλλο σημεῖον ἐν τῷ **οὐρανῷ** μέγα καὶ θαυμαστόν,
15: 5 καὶ ἠνοίγη ὁ ναὸς τῆς σκηνῆς τοῦ μαρτυρίου ἐν τῷ **οὐρανῷ,**
16:11 ἐβλασφήμησαν τὸν θεὸν τοῦ **οὐρανοῦ** ἐκ τῶν πόνων αὐτῶν καὶ ἐκ τῶν ἑλκῶν αὐτῶν καὶ οὐ μετενόησαν ἐκ τῶν ἔργων αὐτῶν.
16:21 καὶ χάλαζα μεγάλη ὡς ταλαντιαία καταβαίνει ἐκ τοῦ **οὐρανοῦ** ἐπὶ τοὺς ἀνθρώπους,
18: 1 Μετὰ ταῦτα εἶδον ἄλλον ἄγγελον καταβαίνοντα ἐκ τοῦ **οὐρανοῦ** ἔχοντα ἐξουσίαν μεγάλην,
18: 4 Καὶ ἤκουσα ἄλλην φωνὴν ἐκ τοῦ **οὐρανοῦ** λέγουσαν,
18: 5 ὅτι ἐκολλήθησαν αὐτῆς αἱ ἁμαρτίαι ἄχρι τοῦ **οὐρανοῦ** καὶ ἐμνημόνευσεν ὁ θεὸς τὰ ἀδικήματα αὐτῆς.
18:20 **οὐρανὲ** καὶ οἱ ἅγιοι καὶ οἱ ἀπόστολοι καὶ οἱ προφῆται,
19: 1 Μετὰ ταῦτα ἤκουσα ὡς φωνὴν μεγάλην ὄχλου πολλοῦ ἐν τῷ **οὐρανῷ** λεγόντων,
19:11 Καὶ εἶδον τὸν **οὐρανὸν** ἠνεῳγμένον, καὶ ἰδοὺ ἵππος λευκὸς καὶ ὁ καθήμενος ἐπ' αὐτὸν [καλούμενος] πιστὸς καὶ ἀληθινός,
19:14 καὶ τὰ στρατεύματα [τὰ] ἐν τῷ **οὐρανῷ** ἠκολούθει αὐτῷ ἐφ' ἵπποις λευκοῖς,
20: 1 Καὶ εἶδον ἄγγελον καταβαίνοντα ἐκ τοῦ **οὐρανοῦ** ἔχοντα τὴν κλεῖν τῆς ἀβύσσου καὶ ἅλυσιν μεγάλην ἐπὶ τὴν χεῖρα αὐτοῦ.
20: 9 καὶ κατέβη πῦρ ἐκ τοῦ **οὐρανοῦ** καὶ κατέφαγεν αὐτούς.
20:11 οὗ ἀπὸ τοῦ προσώπου ἔφυγεν ἡ γῆ καὶ ὁ **οὐρανὸς** καὶ τόπος οὐχ εὑρέθη αὐτοῖς.
21: 1 Καὶ εἶδον **οὐρανὸν** καινὸν καὶ γῆν καινήν. ὁ γὰρ πρῶτος **οὐρανὸς** καὶ ἡ πρώτη γῆ ἀπῆλθαν καὶ ἡ θάλασσα οὐκ ἔστιν ἔτι.
21: 2 τὴν πόλιν τὴν ἁγίαν Ἰερουσαλὴμ καινὴν εἶδον καταβαίνουσαν ἐκ τοῦ **οὐρανοῦ** ἀπὸ τοῦ θεοῦ ἡτοιμασμένην ὡς νύμφην
21:10 καὶ ἔδειξέν μοι τὴν πόλιν τὴν ἁγίαν Ἰερουσαλὴμ καταβαίνουσαν ἐκ τοῦ **οὐρανοῦ** ἀπὸ τοῦ θεοῦ

4042 Οὐρβανός [1]

Ro 16: 9 ἀσπάσασθε **Οὐρβανὸν** τὸν συνεργὸν ἡμῶν ἐν Χριστῷ καὶ Στάχυν τὸν ἀγαπητόν μου.

4043 Οὐρίας [1]

Mt 1: 6 Δαυὶδ δὲ ἐγέννησεν τὸν Σολομῶνα ἐκ τῆς τοῦ **Οὐρίου,**

4044 οὖς [36]

→ *1969, 6064, 6065*

εἰς τὸ οὖς ἀκούετε [1] Mt 10:27

τίθημι εἰς ὦτα [1] Lk 9:44

Mt 10:27 καὶ ὃ εἰς τὸ **οὖς** ἀκούετε κηρύξατε ἐπὶ τῶν δωμάτων.
11:15 ὁ ἔχων **ὦτα** ἀκουέτω.
13: 9 ὁ ἔχων **ὦτα** ἀκουέτω.
13:15 καὶ τοῖς **ὠσὶν** βαρέως ἤκουσαν καὶ τοὺς ὀφθαλμοὺς αὐτῶν ἐκάμμυσαν, μήποτε ἴδωσιν τοῖς ὀφθαλμοῖς καὶ τοῖς **ὠσὶν** ἀκούσωσιν καὶ τῇ καρδίᾳ συνῶσιν καὶ ἐπιστρέψωσιν
13:16 ὑμῶν δὲ μακάριοι οἱ ὀφθαλμοὶ ὅτι βλέπουσιν καὶ τὰ **ὦτα** ὑμῶν ὅτι ἀκούουσιν.
13:43 Τότε οἱ δίκαιοι ἐκλάμψουσιν ὡς ὁ ἥλιος ἐν τῇ βασιλείᾳ τοῦ πατρὸς αὐτῶν. ὁ ἔχων **ὦτα** ἀκουέτω.
Mk 4: 9 καὶ ἔλεγεν, Ὃς ἔχει **ὦτα** ἀκούειν ἀκουέτω.
4:23 εἴ τις ἔχει **ὦτα** ἀκούειν ἀκουέτω.
7:33 ἀπὸ τοῦ ὄχλου κατ' ἰδίαν ἔβαλεν τοὺς δακτύλους αὐτοῦ εἰς τὰ **ὦτα** αὐτοῦ καὶ πτύσας ἥψατο τῆς γλώσσης αὐτοῦ,
8:18 ὀφθαλμοὺς ἔχοντες οὐ βλέπετε καὶ **ὦτα** ἔχοντες οὐκ ἀκούετε;
Lk 1:44 ἰδοὺ γὰρ ὡς ἐγένετο ἡ φωνὴ τοῦ ἀσπασμοῦ σου εἰς τὰ **ὦτά** μου,
4:21 ἤρξατο δὲ λέγειν πρὸς αὐτοὺς ὅτι Σήμερον πεπλήρωται ἡ γραφὴ αὕτη ἐν τοῖς **ὠσὶν** ὑμῶν.
8: 8 ταῦτα λέγων ἐφώνει, Ὁ ἔχων **ὦτα** ἀκούειν ἀκουέτω.
9:44 Θέσθε ὑμεῖς εἰς τὰ **ὦτα** ὑμῶν τοὺς λόγους τούτους·

12: 3 καὶ ὃ πρὸς τὸ **οὖς** ἐλαλήσατε ἐν τοῖς ταμείοις κηρυχθήσεται ἐπὶ τῶν δωμάτων.
14:35 ἔξω βάλλουσιν αὐτό. ὁ ἔχων **ὦτα** ἀκούειν ἀκουέτω.
22:50 καὶ ἐπάταξεν εἷς τις ἐξ αὐτῶν τοῦ ἀρχιερέως τὸν δοῦλον καὶ ἀφεῖλεν τὸ **οὖς** αὐτοῦ τὸ δεξιόν.
Ac 7:51 Σκληροτράχηλοι καὶ ἀπερίτμητοι καρδίαις καὶ τοῖς **ὠσίν,** ὑμεῖς ἀεὶ τῷ πνεύματι τῷ ἁγίῳ ἀντιπίπτετε ὡς οἱ πατέρες ὑμῶν καὶ ὑμεῖς.
7:57 κράξαντες δὲ φωνῇ μεγάλῃ συνέσχον τὰ **ὦτα** αὐτῶν καὶ ὥρμησαν ὁμοθυμαδὸν ἐπ' αὐτὸν
11:22 ἠκούσθη δὲ ὁ λόγος εἰς τὰ **ὦτα** τῆς ἐκκλησίας τῆς οὔσης ἐν Ἰερουσαλὴμ περὶ αὐτῶν καὶ ἐξαπέστειλαν Βαρναβᾶν [διελθεῖν]
28:27 ἐπαχύνθη γὰρ ἡ καρδία τοῦ λαοῦ τούτου καὶ τοῖς **ὠσὶν** βαρέως ἤκουσαν καὶ τοὺς ὀφθαλμοὺς αὐτῶν ἐκάμμυσαν· μήποτε ἴδωσιν τοῖς ὀφθαλμοῖς καὶ τοῖς **ὠσὶν** ἀκούσωσιν καὶ τῇ καρδίᾳ συνῶσιν καὶ ἐπιστρέψωσιν,
Ro 11: 8 ὀφθαλμοὺς τοῦ μὴ βλέπειν καὶ **ὦτα** τοῦ μὴ ἀκούειν,
1Co 2: 9 Ἃ ὀφθαλμὸς οὐκ εἶδεν καὶ **οὖς** οὐκ ἤκουσεν καὶ ἐπὶ καρδίαν ἀνθρώπου οὐκ ἀνέβη,
12:16 καὶ ἐὰν εἴπῃ τὸ **οὖς,** Ὅτι οὐκ εἰμὶ ὀφθαλμός,
Jas 5: 4 καὶ αἱ βοαὶ τῶν θερισάντων εἰς τὰ **ὦτα** κυρίου Σαβαὼθ εἰσεληλύθασιν.
1Pe 3:12 ὅτι ὀφθαλμοὶ κυρίου ἐπὶ δικαίους καὶ **ὦτα** αὐτοῦ εἰς δέησιν αὐτῶν,
Rev 2: 7 ὁ ἔχων **οὖς** ἀκουσάτω τί τὸ πνεῦμα λέγει ταῖς ἐκκλησίαις.
2:11 ὁ ἔχων **οὖς** ἀκουσάτω τί τὸ πνεῦμα λέγει ταῖς ἐκκλησίαις.
2:17 ὁ ἔχων **οὖς** ἀκουσάτω τί τὸ πνεῦμα λέγει ταῖς ἐκκλησίαις.
2:29 ὁ ἔχων **οὖς** ἀκουσάτω τί τὸ πνεῦμα λέγει ταῖς ἐκκλησίαις.
3: 6 ὁ ἔχων **οὖς** ἀκουσάτω τί τὸ πνεῦμα λέγει ταῖς ἐκκλησίαις.
3:13 ὁ ἔχων **οὖς** ἀκουσάτω τί τὸ πνεῦμα λέγει ταῖς ἐκκλησίαις.
3:22 ὁ ἔχων **οὖς** ἀκουσάτω τί τὸ πνεῦμα λέγει ταῖς ἐκκλησίαις.
13: 9 Εἴ τις ἔχει **οὖς** ἀκουσάτω.

4045 οὐσία [2]

√ *1639*

Lk 15:12 Πάτερ, δός μοι τὸ ἐπιβάλλον μέρος τῆς **οὐσίας.**
15:13 συναγαγὼν πάντα ὁ νεώτερος υἱὸς ἀπεδήμησεν εἰς χώραν μακρὰν καὶ ἐκεῖ διεσκόρπισεν τὴν **οὐσίαν** αὐτοῦ ζῶν ἀσώτως.

4046 οὔτε [87]

√ *4024 + 5445*

οὔτε ... οὔτε [32] Mt 6:20; 12:32; 22:30; Mk 12:25; 14:68; Lk 14:35; 20:35; Jn 4:21; 5:37; 8:19; 9:3; Ac 2:31; 15:10; 19:37; 24:12; 25:8; 28:21; Ro 8:38,39; 1Co 3:7; 6:9,10; 11:11; Gal 5:6; 6:15; 1Th 2:5,6; Rev 3:15,16; 9:20,21; 21:4

οὔτε ... ποτέ [1] 1Th 2:5

Mt 6:20 ὅπου **οὔτε** σὴς **οὔτε** βρῶσις ἀφανίζει καὶ ὅπου κλέπται οὐ διορύσσουσιν οὐδὲ κλέπτουσιν·
12:32 οὐκ ἀφεθήσεται αὐτῷ **οὔτε** ἐν τούτῳ τῷ αἰῶνι **οὔτε** ἐν τῷ μέλλοντι.
22:30 ἐν γὰρ τῇ ἀναστάσει **οὔτε** γαμοῦσιν **οὔτε** γαμίζονται,
Mk 12:25 ὅταν γὰρ ἐκ νεκρῶν ἀναστῶσιν **οὔτε** γαμοῦσιν **οὔτε** γαμίζονται,
14:68 ὁ δὲ ἠρνήσατο λέγων, **Οὔτε** οἶδα **οὔτε** ἐπίσταμαι σὺ τί λέγεις.
Lk 14:35 **οὔτε** εἰς γῆν **οὔτε** εἰς κοπρίαν εὔθετόν ἐστιν,
20:35 οἱ δὲ καταξιωθέντες τοῦ αἰῶνος ἐκείνου τυχεῖν καὶ τῆς ἀναστάσεως τῆς ἐκ νεκρῶν **οὔτε** γαμοῦσιν **οὔτε** γαμίζονται·
Jn 4:11 **οὔτε** ἄντλημα ἔχεις καὶ τὸ φρέαρ ἐστὶν βαθύ·
4:21 ὅτι ἔρχεται ὥρα ὅτε **οὔτε** ἐν τῷ ὄρει τούτῳ **οὔτε** ἐν Ἱεροσολύμοις προσκυνήσετε τῷ πατρί.
5:37 **οὔτε** φωνὴν αὐτοῦ πώποτε ἀκηκόατε **οὔτε** εἶδος αὐτοῦ ἑωράκατε,
8:19 ἀπεκρίθη Ἰησοῦς, **Οὔτε** ἐμὲ οἴδατε **οὔτε** τὸν πατέρα μου·
9: 3 ἀπεκρίθη Ἰησοῦς, **Οὔτε** οὗτος ἥμαρτεν **οὔτε** οἱ γονεῖς αὐτοῦ,
Ac 2:31 προϊδὼν ἐλάλησεν περὶ τῆς ἀναστάσεως τοῦ Χριστοῦ ὅτι **οὔτε** ἐγκατελείφθη εἰς ᾅδην **οὔτε** ἡ σὰρξ αὐτοῦ εἶδεν διαφθοράν.
15:10 νῦν οὖν τί πειράζετε τὸν θεὸν ἐπιθεῖναι ζυγὸν ἐπὶ τὸν τράχηλον τῶν μαθητῶν ὃν **οὔτε** οἱ πατέρες ἡμῶν **οὔτε** ἡμεῖς ἰσχύσαμεν βαστάσαι;
19:37 ἠγάγετε γὰρ τοὺς ἄνδρας τούτους **οὔτε** ἱεροσύλους **οὔτε** βλασφημοῦντας τὴν θεὸν ἡμῶν.
24:12 καὶ **οὔτε** ἐν τῷ ἱερῷ εὗρόν με πρός τινα διαλεγόμενον ἢ ἐπίστασιν ποιοῦντα ὄχλου **οὔτε** ἐν ταῖς συναγωγαῖς **οὔτε** κατὰ τὴν πόλιν,
25: 8 τοῦ Παύλου ἀπολογουμένου ὅτι **Οὔτε** εἰς τὸν νόμον τῶν Ἰουδαίων **οὔτε** εἰς τὸ ἱερὸν **οὔτε** εἰς Καίσαρά τι ἥμαρτον.
28:21 Ἡμεῖς **οὔτε** γράμματα περὶ σοῦ ἐδεξάμεθα ἀπὸ τῆς Ἰουδαίας **οὔτε** παραγενόμενός τις τῶν ἀδελφῶν ἀπήγγειλεν ἢ ἐλάλησέν τι περὶ σοῦ πονηρόν.
Ro 8:38 πέπεισμαι γὰρ ὅτι **οὔτε** θάνατος **οὔτε** ζωὴ **οὔτε** ἄγγελοι **οὔτε** ἀρχαὶ **οὔτε** ἐνεστῶτα **οὔτε** μέλλοντα **οὔτε** δυνάμεις
8:39 **οὔτε** ὕψωμα **οὔτε** βάθος **οὔτε** τις κτίσις ἑτέρα δυνήσεται ἡμᾶς χωρίσαι ἀπὸ τῆς ἀγάπης τοῦ θεοῦ τῆς ἐν Χριστῷ Ἰησοῦ τῷ κυρίῳ ἡμῶν.
1Co 3: 7 ὥστε **οὔτε** ὁ φυτεύων ἐστίν τι **οὔτε** ὁ ποτίζων ἀλλ' ὁ αὐξάνων θεός.
6: 9 **οὔτε** πόρνοι **οὔτε** εἰδωλολάτραι **οὔτε** μοιχοὶ **οὔτε** μαλακοὶ **οὔτε** ἀρσενοκοῖται
6:10 **οὔτε** κλέπται **οὔτε** πλεονέκται, οὐ μέθυσοι, οὐ λοίδοροι,
8: 8 **οὔτε** ἐὰν μὴ φάγωμεν ὑστερούμεθα, **οὔτε** ἐὰν φάγωμεν περισσεύομεν.
11:11 πλὴν **οὔτε** γυνὴ χωρὶς ἀνδρὸς **οὔτε** ἀνὴρ χωρὶς γυναικὸς ἐν κυρίῳ·
Gal 1:12 οὐδὲ γὰρ ἐγὼ παρὰ ἀνθρώπου παρέλαβον αὐτὸ **οὔτε** ἐδιδάχθην ἀλλὰ δι' ἀποκαλύψεως Ἰησοῦ Χριστοῦ.
5: 6 ἐν γὰρ Χριστῷ Ἰησοῦ **οὔτε** περιτομή τι ἰσχύει **οὔτε** ἀκροβυστία ἀλλὰ πίστις δι' ἀγάπης ἐνεργουμένη.
6:15 **οὔτε** γὰρ περιτομή τί ἐστιν **οὔτε** ἀκροβυστία ἀλλὰ καινὴ κτίσις.
1Th 2: 5 **οὔτε** γάρ ποτε ἐν λόγῳ κολακείας ἐγενήθημεν, καθὼς οἴδατε, **οὔτε** ἐν προφάσει πλεονεξίας, θεὸς μάρτυς,
2: 6 **οὔτε** ζητοῦντες ἐξ ἀνθρώπων δόξαν **οὔτε** ἀφ' ὑμῶν **οὔτε** ἀπ' ἄλλων,
Jas 3:12 συκῆ ἐλαίας ποιῆσαι ἢ ἄμπελος σῦκα; **οὔτε** ἁλυκὸν γλυκὺ ποιῆσαι ὕδωρ.
3Jn 1:10 καὶ μὴ ἀρκούμενος ἐπὶ τούτοις **οὔτε** αὐτὸς ἐπιδέχεται τοὺς ἀδελφοὺς καὶ τοὺς βουλομένους κωλύει
Rev 3:15 Οἶδά σου τὰ ἔργα ὅτι **οὔτε** ψυχρὸς εἶ **οὔτε** ζεστός.
3:16 οὕτως ὅτι χλιαρὸς εἶ καὶ **οὔτε** ζεστὸς **οὔτε** ψυχρός,
5: 3 καὶ οὐδεὶς ἐδύνατο ἐν τῷ οὐρανῷ οὐδὲ ἐπὶ τῆς γῆς οὐδὲ ὑποκάτω τῆς γῆς ἀνοῖξαι τὸ βιβλίον **οὔτε** βλέπειν αὐτό.
5: 4 ὅτι οὐδεὶς ἄξιος εὑρέθη ἀνοῖξαι τὸ βιβλίον **οὔτε** βλέπειν αὐτό.
9:20 ἃ **οὔτε** βλέπειν δύνανται **οὔτε** ἀκούειν **οὔτε** περιπατεῖν,
9:21 καὶ οὐ μετενόησαν ἐκ τῶν φόνων αὐτῶν **οὔτε** ἐκ τῶν φαρμάκων αὐτῶν **οὔτε** ἐκ τῆς πορνείας αὐτῶν **οὔτε** ἐκ τῶν κλεμμάτων αὐτῶν.
21: 4 καὶ ὁ θάνατος οὐκ ἔσται ἔτι **οὔτε** πένθος **οὔτε** κραυγὴ **οὔτε** πόνος οὐκ ἔσται ἔτι,

4047 οὗτος [1387 / 1384] See Index of Articles, Etc.

→ *4048, 5496, 5525, 5537, 5542*

ὁ ἄνθρωπος οὗτος [24] Mk 14:71; 15:39; Lk 2:25; 14:30; 23:4,14,14; Jn 9:16,24; 11:47; 18:17,29; Ac 4:16; 5:28,35,38; 6:13; 16:17,20; 22:26; 23:9; 26:31,32; 28:4

ἀντὶ τούτου [1] Eph 5:31

ἄρχων τούτου αἰῶνος [2] 1Co 2:6,8

αὐτοὶ οὗτοι [2] Ac 24:15,20

αὐτὸ τοῦτο [10] Ro 9:17; 13:6; 2Co 2:3; 5:5; 7:11; Gal 2:10; Eph 6:22; Php 1:6; Col 4:8; 2Pe 1:5

διὰ ταῦτα [1] Eph 5:6

διὰ τοῦτο [64] Mt 6:25; 12:27,31; 13:13,52; 14:2; 18:23; 21:43; 23:34; 24:44; Mk 6:14; 11:24; 12:24; Lk 11:19,49; 12:22; 14:20; Jn 1:31; 5:16,18; 6:65; 7:22; 8:47; 9:23; 10:17; 12:18,27,39; 13:11; 15:19; 16:15; 19:11; Ac 2:26; Ro 1:26; 4:16; 5:12; 13:6; 15:9; 1Co 4:17; 11:10,30; 2Co 4:1; 7:13; 13:10; Eph 1:15; 5:17; 6:13; Col 1:9; 1Th 2:13; 3:5,7; 2Th 2:11; 1Ti 1:16; 2Ti 2:10; Phm 1:15; Heb 1:9; 2:1; 9:15; 1Jn 3:1; 4:5; 3Jn 1:10; Rev 7:15; 12:12; 18:8

εἰς τοῦτο [23] Mk 1:38,38; Jn 18:37,37; Ac 9:21; 26:16,16; Ro 9:17,17; 13:6; 14:9,9; 2Co 2:9; 5:5; Eph 6:22; 1Th 3:3; 1Ti 4:10; 1Pe 2:21; 3:9; 4:6; 1Jn 3:8,8; Jude 1:4

ἐκ τούτου [6] Mt 26:29; Jn 6:51,66; 8:23; 19:12; 1Jn 4:6

ἐν τούτοις [4] Ro 8:37; Col 3:7; 1Ti 4:15; Jude 1:10

ἐν τούτῳ [33] Mt 12:32; Lk 10:20; Jn 4:37; 9:30; 13:35; 15:8; 16:30; Ac 4:10; 13:39; 24:16; Ro 14:18; 1Co 7:24; 11:22; 2Co 3:10; 5:2; 8:10; Php 1:18; Heb 4:5; 2Pe 1:13; 1Jn 2:3,4,5,5; 3:10,16,19,24; 4:2,9,10,13,17; 5:2

ἕνεκεν τούτου [2] Mt 19:5; Mk 10:7

ἐπὶ τοῦτο [1] Lk 4:43

ἐπὶ τούτοις [1] 3Jn 1:10

ἐπὶ τούτῳ [2] Jn 4:27; Ac 3:12

ἕως τούτου [1] Lk 22:51

καιρός οὗτος [4] Mk 10:30; Lk 12:56; 18:30; Ro 9:9

μετὰ ταῦτα [29] Mk 16:12; Lk 5:27; 10:1; 12:4; 17:8; 18:4; Jn 3:22; 5:1,14; 6:1; 7:1; 13:7; 19:38; 21:1; Ac 7:7; 13:20; 15:16; 18:1; Heb 4:8; 1Pe 1:11; Rev 1:19; 4:1,1; 7:9; 9:12; 15:5; 18:1; 19:1; 20:3

μετὰ τοῦτο [4] Jn 2:12; 11:7; 19:28; Rev 7:1

ὁ οὗτος αἰών [11] Mt 12:32; Lk 16:8; 20:34; Ro 12:2; 1Co 1:20; 2:6,6,8; 3:18; 2Co 4:4; Eph 1:21

παρὰ τοῦτο [2] 1Co 12:15,16

πρὸς ταῦτα [3] Lk 14:6; Ro 8:31; 2Co 2:16

τοῦτ' ἔστιν [17] Mt 27:46; Mk 7:2; Ac 1:19; 19:4; Ro 7:18; 9:8; 10:6,7,8; Phm 1:12; Heb 2:14; 7:5; 9:11; 10:20; 11:16; 13:15; 1Pe 3:20

τούτου χάριν [6] Eph 3:1,1,14,14; Tit 1:5,5

4048 οὕτως [208]

√ *4047*

οὐδὲ οὕτως [2] Mk 14:59; 1Co 14:21

οὐχ οὕτως [4] Mt 20:26; Mk 10:43; Lk 22:26; Eph 4:20

οὕτως ἔχειν [4] Ac 7:1; 12:15; 24:9; Rev 2:15

Mt 1:18 Τοῦ δὲ Ἰησοῦ Χριστοῦ ἡ γένεσις **οὕτως** ἦν.
2: 5 Ἐν Βηθλέεμ τῆς Ἰουδαίας· **οὕτως** γὰρ γέγραπται διὰ τοῦ προφήτου·
3:15 **οὕτως** γὰρ πρέπον ἐστὶν ἡμῖν πληρῶσαι πᾶσαν δικαιοσύνην.
5:12 **οὕτως** γὰρ ἐδίωξαν τοὺς προφήτας τοὺς πρὸ ὑμῶν.
5:16 **οὕτως** λαμψάτω τὸ φῶς ὑμῶν ἔμπροσθεν τῶν ἀνθρώπων,
5:19 ὃς ἐὰν οὖν λύσῃ μίαν τῶν ἐντολῶν τούτων τῶν ἐλαχίστων καὶ διδάξῃ **οὕτως** τοὺς ἀνθρώπους,
6: 9 **Οὕτως** οὖν προσεύχεσθε ὑμεῖς· Πάτερ ἡμῶν ὁ ἐν τοῖς οὐρανοῖς·
6:30 εἰ δὲ τὸν χόρτον τοῦ ἀγροῦ σήμερον ὄντα καὶ αὔριον εἰς κλίβανον βαλλόμενον ὁ θεὸς **οὕτως** ἀμφιέννυσιν,
7:12 Πάντα οὖν ὅσα ἐὰν θέλητε ἵνα ποιῶσιν ὑμῖν οἱ ἄνθρωποι, **οὕτως** καὶ ὑμεῖς ποιεῖτε αὐτοῖς·
7:17 **οὕτως** πᾶν δένδρον ἀγαθὸν καρποὺς καλοὺς ποιεῖ, τὸ δὲ σαπρὸν δένδρον καρποὺς πονηροὺς ποιεῖ.
9:33 καὶ ἐθαύμασαν οἱ ὄχλοι λέγοντες, Οὐδέποτε ἐφάνη **οὕτως** ἐν τῷ Ἰσραήλ.
11:26 ναὶ ὁ πατήρ, ὅτι **οὕτως** εὐδοκία ἐγένετο ἔμπροσθέν σου.
12:40 **οὕτως** ἔσται ὁ υἱὸς τοῦ ἀνθρώπου ἐν τῇ καρδίᾳ τῆς γῆς τρεῖς ἡμέρας καὶ τρεῖς νύκτας.
12:45 **οὕτως** ἔσται καὶ τῇ γενεᾷ ταύτῃ τῇ πονηρᾷ.
13:40 ὥσπερ οὖν συλλέγεται τὰ ζιζάνια καὶ πυρὶ [κατα]καίεται, **οὕτως** ἔσται ἐν τῇ συντελείᾳ τοῦ αἰῶνος·
13:49 **οὕτως** ἔσται ἐν τῇ συντελείᾳ τοῦ αἰῶνος· ἐξελεύσονται οἱ ἄγγελοι καὶ ἀφοριοῦσιν τοὺς πονηροὺς ἐκ μέσου τῶν δικαίων
17:12 **οὕτως** καὶ ὁ υἱὸς τοῦ ἀνθρώπου μέλλει πάσχειν ὑπ' αὐτῶν.
18:14 **οὕτως** οὐκ ἔστιν θέλημα ἔμπροσθεν τοῦ πατρὸς ὑμῶν τοῦ ἐν οὐρανοῖς ἵνα ἀπόληται ἓν τῶν μικρῶν τούτων.
18:35 **Οὕτως** καὶ ὁ πατήρ μου ὁ οὐράνιος ποιήσει ὑμῖν,
19: 8 ὅτι Μωϋσῆς πρὸς τὴν σκληροκαρδίαν ὑμῶν ἐπέτρεψεν ὑμῖν ἀπολῦσαι τὰς γυναῖκας ὑμῶν, ἀπ' ἀρχῆς δὲ οὐ γέγονεν **οὕτως.**
19:10 Εἰ **οὕτως** ἐστὶν ἡ αἰτία τοῦ ἀνθρώπου μετὰ τῆς γυναικός,
19:12 εἰσὶν γὰρ εὐνοῦχοι οἵτινες ἐκ κοιλίας μητρὸς ἐγεννήθησαν **οὕτως,**
20:16 **Οὕτως** ἔσονται οἱ ἔσχατοι πρῶτοι καὶ οἱ πρῶτοι ἔσχατοι.
20:26 οὐχ **οὕτως** ἔσται ἐν ὑμῖν, ἀλλ' ὃς ἐὰν θέλῃ ἐν ὑμῖν μέγας γενέσθαι ἔσται ὑμῶν διάκονος,
23:28 **οὕτως** καὶ ὑμεῖς ἔξωθεν μὲν φαίνεσθε τοῖς ἀνθρώποις δίκαιοι,
24:27 **οὕτως** ἔσται ἡ παρουσία τοῦ υἱοῦ τοῦ ἀνθρώπου·
24:33 **οὕτως** καὶ ὑμεῖς, ὅταν ἴδητε πάντα ταῦτα γινώσκετε ὅτι ἐγγύς ἐστιν ἐπὶ θύραις.
24:37 **οὕτως** ἔσται ἡ παρουσία τοῦ υἱοῦ τοῦ ἀνθρώπου.
24:39 **οὕτως** ἔσται [καὶ] ἡ παρουσία τοῦ υἱοῦ τοῦ ἀνθρώπου.
24:46 μακάριος ὁ δοῦλος ἐκεῖνος ὃν ἐλθὼν ὁ κύριος αὐτοῦ εὑρήσει **οὕτως** ποιοῦντα·
26:40 **Οὕτως** οὐκ ἰσχύσατε μίαν ὥραν γρηγορῆσαι μετ' ἐμοῦ;
26:54 πῶς οὖν πληρωθῶσιν αἱ γραφαὶ ὅτι **οὕτως** δεῖ γενέσθαι;
Mk 2: 7 Τί οὗτος **οὕτως** λαλεῖ; βλασφημεῖ· τίς δύναται ἀφιέναι ἁμαρτίας εἰ μὴ εἷς ὁ θεός;
2: 8 καὶ εὐθὺς ἐπιγνοὺς ὁ Ἰησοῦς τῷ πνεύματι αὐτοῦ ὅτι **οὕτως** διαλογίζονται ἐν ἑαυτοῖς λέγει αὐτοῖς,
2:12 ὥστε ἐξίστασθαι πάντας καὶ δοξάζειν τὸν θεὸν λέγοντας ὅτι **Οὕτως** οὐδέποτε εἴδομεν.
4:26 **Οὕτως** ἐστὶν ἡ βασιλεία τοῦ θεοῦ ὡς ἄνθρωπος βάλῃ τὸν σπόρον ἐπὶ τῆς γῆς
7:18 καὶ λέγει αὐτοῖς, **Οὕτως** καὶ ὑμεῖς ἀσύνετοί ἐστε;
9: 3 οἷα γναφεὺς ἐπὶ τῆς γῆς οὐ δύναται **οὕτως** λευκᾶναι.
10:43 οὐχ **οὕτως** δέ ἐστιν ἐν ὑμῖν, ἀλλ' ὃς ἂν θέλῃ μέγας γενέσθαι ἐν ὑμῖν ἔσται ὑμῶν διάκονος,
13:29 **οὕτως** καὶ ὑμεῖς, ὅταν ἴδητε ταῦτα γινόμενα, γινώσκετε ὅτι ἐγγύς ἐστιν ἐπὶ θύραις.
14:59 καὶ οὐδὲ **οὕτως** ἴση ἦν ἡ μαρτυρία αὐτῶν.
15:39 Ἰδὼν δὲ ὁ κεντυρίων ὁ παρεστηκὼς ἐξ ἐναντίας αὐτοῦ ὅτι **οὕτως** ἐξέπνευσεν εἶπεν,
Lk 1:25 ὅτι **Οὕτως** μοι πεποίηκεν κύριος ἐν ἡμέραις αἷς ἐπεῖδεν ἀφελεῖν ὄνειδός μου ἐν ἀνθρώποις.
2:48 καὶ εἶπεν πρὸς αὐτὸν ἡ μήτηρ αὐτοῦ, Τέκνον, τί ἐποίησας ἡμῖν **οὕτως;**
9:15 καὶ ἐποίησαν **οὕτως** καὶ κατέκλιναν ἅπαντας.
10:21 ναὶ ὁ πατήρ, ὅτι **οὕτως** εὐδοκία ἐγένετο ἔμπροσθέν σου.
11:30 **οὕτως** ἔσται καὶ ὁ υἱὸς τοῦ ἀνθρώπου τῇ γενεᾷ ταύτῃ.
12:21 **οὕτως** ὁ θησαυρίζων ἑαυτῷ καὶ μὴ εἰς θεὸν πλουτῶν.
12:28 εἰ δὲ ἐν ἀγρῷ τὸν χόρτον ὄντα σήμερον καὶ αὔριον εἰς κλίβανον βαλλόμενον ὁ θεὸς **οὕτως** ἀμφιέζει,
12:38 κἂν ἐν τῇ δευτέρᾳ κἂν ἐν τῇ τρίτῃ φυλακῇ ἔλθῃ καὶ εὕρῃ **οὕτως,**
12:43 ὃν ἐλθὼν ὁ κύριος αὐτοῦ εὑρήσει ποιοῦντα **οὕτως.**
12:54 εὐθέως λέγετε ὅτι Ὄμβρος ἔρχεται, καὶ γίνεται **οὕτως·**
14:33 **οὕτως** οὖν πᾶς ἐξ ὑμῶν ὃς οὐκ ἀποτάσσεται πᾶσιν τοῖς ἑαυτοῦ ὑπάρχουσιν οὐ δύναται εἶναί μου μαθητής.
15: 7 λέγω ὑμῖν ὅτι **οὕτως** χαρὰ ἐν τῷ οὐρανῷ ἔσται ἐπὶ ἑνὶ ἁμαρτωλῷ μετανοοῦντι ἢ ἐπὶ ἐνενήκοντα ἐννέα δικαίοις
15:10 **οὕτως,** λέγω ὑμῖν, γίνεται χαρὰ ἐνώπιον τῶν ἀγγέλων τοῦ θεοῦ ἐπὶ ἑνὶ ἁμαρτωλῷ μετανοοῦντι.
17:10 **οὕτως** καὶ ὑμεῖς, ὅταν ποιήσητε πάντα τὰ διαταχθέντα ὑμῖν,
17:24 **οὕτως** ἔσται ὁ υἱὸς τοῦ ἀνθρώπου [ἐν τῇ ἡμέρᾳ αὐτοῦ.]
17:26 **οὕτως** ἔσται καὶ ἐν ταῖς ἡμέραις τοῦ υἱοῦ τοῦ ἀνθρώπου·
19:31 **οὕτως** ἐρεῖτε ὅτι Ὁ κύριος αὐτοῦ χρείαν ἔχει.
21:31 **οὕτως** καὶ ὑμεῖς, ὅταν ἴδητε ταῦτα γινόμενα, γινώσκετε ὅτι ἐγγύς ἐστιν ἡ βασιλεία τοῦ θεοῦ.
22:26 ὑμεῖς δὲ οὐχ **οὕτως,** ἀλλ' ὁ μείζων ἐν ὑμῖν γινέσθω ὡς ὁ νεώτερος καὶ ὁ ἡγούμενος ὡς ὁ διακονῶν.
24:24 καὶ ἀπῆλθόν τινες τῶν σὺν ἡμῖν ἐπὶ τὸ μνημεῖον καὶ εὗρον **οὕτως** καθὼς καὶ αἱ γυναῖκες εἶπον,
24:46 καὶ εἶπεν αὐτοῖς ὅτι **Οὕτως** γέγραπται παθεῖν τὸν Χριστὸν καὶ ἀναστῆναι ἐκ νεκρῶν τῇ τρίτῃ ἡμέρᾳ,
Jn 3: 8 **οὕτως** ἐστὶν πᾶς ὁ γεγεννημένος ἐκ τοῦ πνεύματος.
3:14 καὶ καθὼς Μωϋσῆς ὕψωσεν τὸν ὄφιν ἐν τῇ ἐρήμῳ, **οὕτως** ὑψωθῆναι δεῖ τὸν υἱὸν τοῦ ἀνθρώπου,
3:16 **Οὕτως** γὰρ ἠγάπησεν ὁ θεὸς τὸν κόσμον, ὥστε τὸν υἱὸν τὸν μονογενῆ ἔδωκεν,
4: 6 ὁ οὖν Ἰησοῦς κεκοπιακὼς ἐκ τῆς ὁδοιπορίας ἐκαθέζετο **οὕτως** ἐπὶ τῇ πηγῇ·
5:21 ὥσπερ γὰρ ὁ πατὴρ ἐγείρει τοὺς νεκροὺς καὶ ζῳοποιεῖ, **οὕτως** καὶ ὁ υἱὸς οὓς θέλει ζῳοποιεῖ.
5:26 **οὕτως** καὶ τῷ υἱῷ ἔδωκεν ζωὴν ἔχειν ἐν ἑαυτῷ.
7:46 ἀπεκρίθησαν οἱ ὑπηρέται, Οὐδέποτε ἐλάλησεν **οὕτως** ἄνθρωπος.
11:48 ἐὰν ἀφῶμεν αὐτὸν **οὕτως,** πάντες πιστεύσουσιν εἰς αὐτόν,
12:50 ἃ οὖν ἐγὼ λαλῶ, καθὼς εἴρηκέν μοι ὁ πατήρ, **οὕτως** λαλῶ.

13:25 ἀναπεσὼν οὖν ἐκεῖνος **οὕτως** ἐπὶ τὸ στῆθος τοῦ Ἰησοῦ λέγει αὐτῷ,
14:31 καὶ καθὼς ἐνετείλατο μοι ὁ πατήρ, **οὕτως** ποιῶ.
15: 4 **οὕτως** οὐδὲ ὑμεῖς ἐὰν μὴ ἐν ἐμοὶ μένητε.
18:22 ταῦτα δὲ αὐτοῦ εἰπόντος εἷς παρεστηκὼς τῶν ὑπηρετῶν ἔδωκεν ῥάπισμα τῷ Ἰησοῦ εἰπών, **Οὕτως** ἀποκρίνῃ τῷ ἀρχιερεῖ;
21: 1 ἐφανέρωσεν ἑαυτὸν πάλιν ὁ Ἰησοῦς τοῖς μαθηταῖς ἐπὶ τῆς θαλάσσης τῆς Τιβεριάδος· ἐφανέρωσεν δὲ **οὕτως.**
Ac 1:11 οὗτος ὁ Ἰησοῦς ὁ ἀναλημφθεὶς ἀφ᾽ ὑμῶν εἰς τὸν οὐρανὸν **οὕτως** ἐλεύσεται ὃν τρόπον ἐθεάσασθε αὐτὸν πορευόμενον
3:18 ἃ προκατήγγειλεν διὰ στόματος πάντων τῶν προφητῶν παθεῖν τὸν Χριστὸν αὐτοῦ, ἐπλήρωσεν **οὕτως.**
7: 1 Εἶπεν δὲ ὁ ἀρχιερεύς, Εἰ ταῦτα **οὕτως** ἔχει;
7: 6 ἐλάλησεν δὲ **οὕτως** ὁ θεὸς ὅτι ἔσται τὸ σπέρμα αὐτοῦ πάροικον ἐν γῇ ἀλλοτρίᾳ καὶ δουλώσουσιν αὐτὸ καὶ κακώσουσιν
7: 8 καὶ **οὕτως** ἐγέννησεν τὸν Ἰσαὰκ καὶ περιέτεμεν αὐτὸν τῇ ἡμέρᾳ τῇ ὀγδόῃ,
8:32 Ὡς πρόβατον ἐπὶ σφαγὴν ἤχθη καὶ ὡς ἀμνὸς ἐναντίον τοῦ κείραντος αὐτὸν ἄφωνος, **οὕτως** οὐκ ἀνοίγει τὸ στόμα αὐτοῦ.
12: 8 ἐποίησεν δὲ **οὕτως.** καὶ λέγει αὐτῷ, Περιβαλοῦ τὸ ἱμάτιόν σου καὶ ἀκολούθει μοι.
12:15 οἱ δὲ πρὸς αὐτὴν εἶπαν, Μαίνῃ. ἡ δὲ διϊσχυρίζετο **οὕτως** ἔχειν.
13: 8 ἀνθίστατο δὲ αὐτοῖς Ἐλύμας ὁ μάγος, **οὕτως** γὰρ μεθερμηνεύεται τὸ ὄνομα αὐτοῦ,
13:34 **οὕτως** εἴρηκεν ὅτι Δώσω ὑμῖν τὰ ὅσια Δαυὶδ τὰ πιστά.
13:47 **οὕτως** γὰρ ἐντέταλται ἡμῖν ὁ κύριος, Τέθεικά σε εἰς φῶς ἐθνῶν τοῦ εἶναί σε εἰς σωτηρίαν ἕως ἐσχάτου τῆς γῆς.
14: 1 εἰς τὴν συναγωγὴν τῶν Ἰουδαίων καὶ λαλῆσαι **οὕτως** ὥστε πιστεῦσαι Ἰουδαίων τε καὶ Ἑλλήνων πολὺ πλῆθος.
17:11 οἵτινες ἐδέξαντο τὸν λόγον μετὰ πάσης προθυμίας καθ᾽ ἡμέραν ἀνακρίνοντες τὰς γραφὰς εἰ ἔχοι ταῦτα **οὕτως.**
17:33 **οὕτως** ὁ Παῦλος ἐξῆλθεν ἐκ μέσου αὐτῶν.
19:20 **Οὕτως** κατὰ κράτος τοῦ κυρίου ὁ λόγος ηὔξανεν καὶ ἴσχυεν.
20:11 ἀναβὰς δὲ καὶ κλάσας τὸν ἄρτον καὶ γευσάμενος ἐφ᾽ ἱκανόν τε ὁμιλήσας ἄχρι αὐγῆς, **οὕτως** ἐξῆλθεν.
20:13 ἐπὶ τὴν Ἆσσον ἐκεῖθεν μέλλοντες ἀναλαμβάνειν τὸν Παῦλον· **οὕτως** γὰρ διατεταγμένος ἦν μέλλων αὐτὸς πεζεύειν.
20:35 πάντα ὑπέδειξα ὑμῖν ὅτι **οὕτως** κοπιῶντας δεῖ ἀντιλαμβάνεσθαι τῶν ἀσθενούντων,
21:11 **οὕτως** δήσουσιν ἐν Ἰερουσαλὴμ οἱ Ἰουδαῖοι καὶ παραδώσουσιν εἰς χεῖρας ἐθνῶν.
22:24 εἴπας μάστιξιν ἀνετάζεσθαι αὐτὸν ἵνα ἐπιγνῷ δι᾽ ἣν αἰτίαν **οὕτως** ἐπεφώνουν αὐτῷ.
23:11 ὡς γὰρ διεμαρτύρω τὰ περὶ ἐμοῦ εἰς Ἰερουσαλήμ, **οὕτω** σε δεῖ καὶ εἰς Ῥώμην μαρτυρῆσαι.
24: 9 συνεπέθεντο δὲ καὶ οἱ Ἰουδαῖοι φάσκοντες ταῦτα **οὕτως** ἔχειν.
24:14 **οὕτως** λατρεύω τῷ πατρῴῳ θεῷ πιστεύων πᾶσι τοῖς κατὰ τὸν νόμον καὶ τοῖς ἐν τοῖς προφήταις γεγραμμένοις,
27:17 φοβούμενοί τε μὴ εἰς τὴν Σύρτιν ἐκπέσωσιν, χαλάσαντες τὸ σκεῦος, **οὕτως** ἐφέροντο.
27:25 πιστεύω γὰρ τῷ θεῷ ὅτι **οὕτως** ἔσται καθ᾽ ὃν τρόπον λελάληταί μοι.
27:44 καὶ **οὕτως** ἐγένετο πάντας διασωθῆναι ἐπὶ τὴν γῆν.
28:14 οὗ εὑρόντες ἀδελφοὺς παρεκλήθημεν παρ᾽ αὐτοῖς ἐπιμεῖναι ἡμέρας ἑπτά· καὶ **οὕτως** εἰς τὴν Ῥώμην ἤλθαμεν.
Ro 1:15 **οὕτως** τὸ κατ᾽ ἐμὲ πρόθυμον καὶ ὑμῖν τοῖς ἐν Ῥώμῃ εὐαγγελίσασθαι.
4:18 ἐπίστευσεν εἰς τὸ γενέσθαι αὐτὸν πατέρα πολλῶν ἐθνῶν κατὰ τὸ εἰρημένον, **Οὕτως** ἔσται τὸ σπέρμα σου,
5:12 καὶ **οὕτως** εἰς πάντας ἀνθρώπους ὁ θάνατος διῆλθεν,
5:15 Ἀλλ᾽ οὐχ ὡς τὸ παράπτωμα, **οὕτως** καὶ τὸ χάρισμα·
5:18 **οὕτως** καὶ δι᾽ ἑνὸς δικαιώματος εἰς πάντας ἀνθρώπους εἰς δικαίωσιν ζωῆς·
5:19 **οὕτως** καὶ διὰ τῆς ὑπακοῆς τοῦ ἑνὸς δίκαιοι κατασταθήσονται οἱ πολλοί.
5:21 **οὕτως** καὶ ἡ χάρις βασιλεύσῃ διὰ δικαιοσύνης εἰς ζωὴν αἰώνιον διὰ Ἰησοῦ Χριστοῦ τοῦ κυρίου ἡμῶν.
6: 4 ἵνα ὥσπερ ἠγέρθη Χριστὸς ἐκ νεκρῶν διὰ τῆς δόξης τοῦ πατρός, **οὕτως** καὶ ἡμεῖς ἐν καινότητι ζωῆς περιπατήσωμεν.
6:11 **οὕτως** καὶ ὑμεῖς λογίζεσθε ἑαυτοὺς [εἶναι] νεκροὺς μὲν τῇ ἁμαρτίᾳ ζῶντας δὲ τῷ θεῷ ἐν Χριστῷ Ἰησοῦ.
6:19 **οὕτως** νῦν παραστήσατε τὰ μέλη ὑμῶν δοῦλα τῇ δικαιοσύνῃ εἰς ἁγιασμόν.
9:20 μὴ ἐρεῖ τὸ πλάσμα τῷ πλάσαντι, Τί με ἐποίησας **οὕτως;**
10: 6 ἡ δὲ ἐκ πίστεως δικαιοσύνη **οὕτως** λέγει, Μὴ εἴπῃς ἐν τῇ καρδίᾳ σου,
11: 5 **οὕτως** οὖν καὶ ἐν τῷ νῦν καιρῷ λεῖμμα κατ᾽ ἐκλογὴν χάριτος γέγονεν·
11:26 καὶ **οὕτως** πᾶς Ἰσραὴλ σωθήσεται, καθὼς γέγραπται, Ἥξει ἐκ Σιὼν ὁ ῥυόμενος,
11:31 **οὕτως** καὶ οὗτοι νῦν ἠπείθησαν τῷ ὑμετέρῳ ἐλέει,
12: 5 **οὕτως** οἱ πολλοὶ ἓν σῶμά ἐσμεν ἐν Χριστῷ,
15:20 **οὕτως** δὲ φιλοτιμούμενον εὐαγγελίζεσθαι οὐχ ὅπου ὠνομάσθη Χριστός,
1Co 2:11 **οὕτως** καὶ τὰ τοῦ θεοῦ οὐδεὶς ἔγνωκεν εἰ μὴ τὸ πνεῦμα τοῦ θεοῦ.
3:15 αὐτὸς δὲ σωθήσεται, **οὕτως** δὲ ὡς διὰ πυρός.
4: 1 **Οὕτως** ἡμᾶς λογιζέσθω ἄνθρωπος ὡς ὑπηρέτας Χριστοῦ καὶ οἰκονόμους μυστηρίων θεοῦ.
5: 3 ἤδη κέκρικα ὡς παρὼν τὸν **οὕτως** τοῦτο κατεργασάμενον·
6: 5 **οὕτως** οὐκ ἔνι ἐν ὑμῖν οὐδεὶς σοφός, ὃς δυνήσεται διακρῖναι ἀνὰ μέσον τοῦ ἀδελφοῦ αὐτοῦ;
7: 7 ἀλλὰ ἕκαστος ἴδιον ἔχει χάρισμα ἐκ θεοῦ, ὁ μὲν **οὕτως,** ὁ δὲ **οὕτως.**
7:17 Εἰ μὴ ἑκάστῳ ὡς ἐμέρισεν ὁ κύριος, ἕκαστον ὡς κέκληκεν ὁ θεός, **οὕτως** περιπατείτω. καὶ **οὕτως** ἐν ταῖς ἐκκλησίαις πάσαις διατάσσομαι.
7:26 Νομίζω οὖν τοῦτο καλὸν ὑπάρχειν διὰ τὴν ἐνεστῶσαν ἀνάγκην, ὅτι καλὸν ἀνθρώπῳ τὸ **οὕτως** εἶναι.
7:36 ἐὰν ᾖ ὑπέρακμος καὶ **οὕτως** ὀφείλει γίνεσθαι, ὃ θέλει ποιείτω,
7:40 μακαριωτέρα δέ ἐστιν ἐὰν **οὕτως** μείνῃ, κατὰ τὴν ἐμὴν γνώμην·
8:12 **οὕτως** δὲ ἁμαρτάνοντες εἰς τοὺς ἀδελφοὺς καὶ τύπτοντες αὐτῶν τὴν συνείδησιν ἀσθενοῦσαν εἰς Χριστὸν ἁμαρτάνετε.
9:14 **οὕτως** καὶ ὁ κύριος διέταξεν τοῖς τὸ εὐαγγέλιον καταγγέλλουσιν ἐκ τοῦ εὐαγγελίου ζῆν.
9:15 οὐκ ἔγραψα δὲ ταῦτα, ἵνα **οὕτως** γένηται ἐν ἐμοί·
9:24 εἷς δὲ λαμβάνει τὸ βραβεῖον; **οὕτως** τρέχετε ἵνα καταλάβητε.
9:26 ἐγὼ τοίνυν **οὕτως** τρέχω ὡς οὐκ ἀδήλως, **οὕτως** πυκτεύω ὡς οὐκ ἀέρα δέρων·
11:12 ὥσπερ γὰρ ἡ γυνὴ ἐκ τοῦ ἀνδρός, **οὕτως** καὶ ὁ ἀνὴρ διὰ τῆς γυναικός·
11:28 δοκιμαζέτω δὲ ἄνθρωπος ἑαυτὸν καὶ **οὕτως** ἐκ τοῦ ἄρτου ἐσθιέτω καὶ ἐκ τοῦ ποτηρίου πινέτω·
12:12 πάντα δὲ τὰ μέλη τοῦ σώματος πολλὰ ὄντα ἕν ἐστιν σῶμα, **οὕτως** καὶ ὁ Χριστός·
14: 9 **οὕτως** καὶ ὑμεῖς διὰ τῆς γλώσσης ἐὰν μὴ εὔσημον λόγον δῶτε,
14:12 **οὕτως** καὶ ὑμεῖς, ἐπεὶ ζηλωταί ἐστε πνευμάτων, πρὸς τὴν οἰκοδομὴν τῆς ἐκκλησίας ζητεῖτε ἵνα περισσεύητε.
14:21 γέγραπται ὅτι Ἐν ἑτερογλώσσοις καὶ ἐν χείλεσιν ἑτέρων λαλήσω τῷ λαῷ τούτῳ καὶ οὐδ᾽ **οὕτως** εἰσακούσονταί μου,
14:25 καὶ **οὕτως** πεσὼν ἐπὶ πρόσωπον προσκυνήσει τῷ θεῷ ἀπαγγέλλων ὅτι Ὄντως ὁ θεὸς ἐν ὑμῖν ἐστιν.
15:11 εἴτε οὖν ἐγὼ εἴτε ἐκεῖνοι, **οὕτως** κηρύσσομεν καὶ **οὕτως** ἐπιστεύσατε.
15:22 ὥσπερ γὰρ ἐν τῷ Ἀδὰμ πάντες ἀποθνῄσκουσιν, **οὕτως** καὶ ἐν τῷ Χριστῷ πάντες ζῳοποιηθήσονται.
15:42 **Οὕτως** καὶ ἡ ἀνάστασις τῶν νεκρῶν. σπείρεται ἐν φθορᾷ,
15:45 **οὕτως** καὶ γέγραπται, Ἐγένετο ὁ πρῶτος ἄνθρωπος Ἀδὰμ εἰς ψυχὴν ζῶσαν,
16: 1 Περὶ δὲ τῆς λογείας τῆς εἰς τοὺς ἁγίους ὥσπερ διέταξα ταῖς ἐκκλησίαις τῆς Γαλατίας, **οὕτως** καὶ ὑμεῖς ποιήσατε.
2Co 1: 5 **οὕτως** διὰ τοῦ Χριστοῦ περισσεύει καὶ ἡ παράκλησις ἡμῶν.
1: 7 καὶ ἡ ἐλπὶς ἡμῶν βεβαία ὑπὲρ ὑμῶν εἰδότες ὅτι ὡς κοινωνοί ἐστε τῶν παθημάτων, **οὕτως** καὶ τῆς παρακλήσεως.
7:14 **οὕτως** καὶ ἡ καύχησις ἡμῶν ἡ ἐπὶ Τίτου ἀλήθεια ἐγενήθη.
8: 6 ἵνα καθὼς προενήρξατο **οὕτως** καὶ ἐπιτελέσῃ εἰς ὑμᾶς καὶ τὴν χάριν ταύτην.
8:11 ὅπως καθάπερ ἡ προθυμία τοῦ θέλειν, **οὕτως** καὶ τὸ ἐπιτελέσαι ἐκ τοῦ ἔχειν.
9: 5 ταύτην ἑτοίμην εἶναι **οὕτως** ὡς εὐλογίαν καὶ μὴ ὡς πλεονεξίαν.
10: 7 τοῦτο λογιζέσθω πάλιν ἐφ᾽ ἑαυτοῦ, ὅτι καθὼς αὐτὸς Χριστοῦ, **οὕτως** καὶ ἡμεῖς.
Gal 1: 6 Θαυμάζω ὅτι **οὕτως** ταχέως μετατίθεσθε ἀπὸ τοῦ καλέσαντος ὑμᾶς ἐν χάριτι [Χριστοῦ] εἰς ἕτερον εὐαγγέλιον,
3: 3 **οὕτως** ἀνόητοί ἐστε, ἐναρξάμενοι πνεύματι νῦν σαρκὶ ἐπιτελεῖσθε;
4: 3 **οὕτως** καὶ ἡμεῖς, ὅτε ἦμεν νήπιοι, ὑπὸ τὰ στοιχεῖα τοῦ κόσμου ἤμεθα δεδουλωμένοι·
4:29 ἀλλ᾽ ὥσπερ τότε ὁ κατὰ σάρκα γεννηθεὶς ἐδίωκεν τὸν κατὰ πνεῦμα, **οὕτως** καὶ νῦν.

6: 2 Ἀλλήλων τὰ βάρη βαστάζετε καὶ **οὕτως** ἀναπληρώσετε τὸν νόμον τοῦ Χριστοῦ.
Eph 4:20 ὑμεῖς δὲ οὐχ **οὕτως** ἐμάθετε τὸν Χριστόν,
5:24 **οὕτως** καὶ αἱ γυναῖκες τοῖς ἀνδράσιν ἐν παντί.
5:28 **οὕτως** ὀφείλουσιν [καὶ] οἱ ἄνδρες ἀγαπᾶν τὰς ἑαυτῶν γυναῖκας ὡς τὰ ἑαυτῶν σώματα.
5:33 ἕκαστος τὴν ἑαυτοῦ γυναῖκα **οὕτως** ἀγαπάτω ὡς ἑαυτόν,
Php 3:17 καὶ σκοπεῖτε τοὺς **οὕτω** περιπατοῦντας καθὼς ἔχετε τύπον ἡμᾶς.
4: 1 χαρὰ καὶ στέφανός μου, **οὕτως** στήκετε ἐν κυρίῳ, ἀγαπητοί.
Col 3:13 καθὼς καὶ ὁ κύριος ἐχαρίσατο ὑμῖν, **οὕτως** καὶ ὑμεῖς·
1Th 2: 4 ἀλλὰ καθὼς δεδοκιμάσμεθα ὑπὸ τοῦ θεοῦ πιστευθῆναι τὸ εὐαγγέλιον, **οὕτως** λαλοῦμεν,
2: 8 **οὕτως** ὁμειρόμενοι ὑμῶν εὐδοκοῦμεν μεταδοῦναι ὑμῖν οὐ μόνον τὸ εὐαγγέλιον τοῦ θεοῦ ἀλλὰ καὶ τὰς ἑαυτῶν ψυχάς,
4:14 **οὕτως** καὶ ὁ θεὸς τοὺς κοιμηθέντας διὰ τοῦ Ἰησοῦ ἄξει σὺν αὐτῷ.
4:17 ἅμα σὺν αὐτοῖς ἁρπαγησόμεθα ἐν νεφέλαις εἰς ἀπάντησιν τοῦ κυρίου εἰς ἀέρα· καὶ **οὕτως** πάντοτε σὺν κυρίῳ ἐσόμεθα.
5: 2 αὐτοὶ γὰρ ἀκριβῶς οἴδατε ὅτι ἡμέρα κυρίου ὡς κλέπτης ἐν νυκτὶ **οὕτως** ἔρχεται.
2Th 3:17 ὅ ἐστιν σημεῖον ἐν πάσῃ ἐπιστολῇ· **οὕτως** γράφω.
2Ti 3: 8 **οὕτως** καὶ οὗτοι ἀνθίστανται τῇ ἀληθείᾳ, ἄνθρωποι κατεφθαρμένοι τὸν νοῦν,
Heb 4: 4 εἴρηκεν γάρ που περὶ τῆς ἑβδόμης **οὕτως**, Καὶ κατέπαυσεν ὁ θεὸς ἐν τῇ ἡμέρᾳ τῇ ἑβδόμῃ ἀπὸ πάντων τῶν ἔργων αὐτοῦ,
5: 3 καθὼς περὶ τοῦ λαοῦ, **οὕτως** καὶ περὶ αὐτοῦ προσφέρειν περὶ ἁμαρτιῶν.
5: 5 **Οὕτως** καὶ ὁ Χριστὸς οὐχ ἑαυτὸν ἐδόξασεν γενηθῆναι ἀρχιερέα ἀλλ' ὁ λαλήσας πρὸς αὐτόν,
6: 9 τὰ κρείσσονα καὶ ἐχόμενα σωτηρίας, εἰ καὶ **οὕτως** λαλοῦμεν.
6:15 καὶ **οὕτως** μακροθυμήσας ἐπέτυχεν τῆς ἐπαγγελίας.
9: 6 Τούτων δὲ **οὕτως** κατεσκευασμένων εἰς μὲν τὴν πρώτην σκηνὴν διὰ παντὸς εἰσίασιν οἱ ἱερεῖς τὰς λατρείας ἐπιτελοῦντες,
9:28 **οὕτως** καὶ ὁ Χριστὸς ἅπαξ προσενεχθεὶς εἰς τὸ πολλῶν ἀνενεγκεῖν ἁμαρτίας,
10:33 τοῦτο μὲν ὀνειδισμοῖς τε καὶ θλίψεσιν θεατριζόμενοι, τοῦτο δὲ κοινωνοὶ τῶν **οὕτως** ἀναστρεφομένων γενηθέντες.
12:21 καί, **οὕτω** φοβερὸν ἦν τὸ φανταζόμενον, Μωϋσῆς εἶπεν,
Jas 1:11 **οὕτως** καὶ ὁ πλούσιος ἐν ταῖς πορείαις αὐτοῦ μαρανθήσεται.
2:12 **οὕτως** λαλεῖτε καὶ **οὕτως** ποιεῖτε ὡς διὰ νόμου ἐλευθερίας μέλλοντες κρίνεσθαι.
2:17 **οὕτως** καὶ ἡ πίστις, ἐὰν μὴ ἔχῃ ἔργα,
2:26 **οὕτως** καὶ ἡ πίστις χωρὶς ἔργων νεκρά ἐστιν.
3: 5 **οὕτως** καὶ ἡ γλῶσσα μικρὸν μέλος ἐστὶν καὶ μεγάλα αὐχεῖ.
3:10 ἐκ τοῦ αὐτοῦ στόματος ἐξέρχεται εὐλογία καὶ κατάρα. οὐ χρή, ἀδελφοί μου, ταῦτα **οὕτως** γίνεσθαι.
1Pe 2:15 ὅτι **οὕτως** ἐστὶν τὸ θέλημα τοῦ θεοῦ ἀγαθοποιοῦντας φιμοῦν τὴν τῶν ἀφρόνων ἀνθρώπων ἀγνωσίαν,
3: 5 **οὕτως** γάρ ποτε καὶ αἱ ἅγιαι γυναῖκες αἱ ἐλπίζουσαι εἰς θεὸν ἐκόσμουν ἑαυτὰς ὑποτασσόμεναι τοῖς ἰδίοις ἀνδράσιν,
2Pe 1:11 **οὕτως** γὰρ πλουσίως ἐπιχορηγηθήσεται ὑμῖν ἡ εἴσοδος εἰς τὴν αἰώνιον βασιλείαν τοῦ κυρίου ἡμῶν καὶ σωτῆρος
3: 4 ἀφ' ἧς γὰρ οἱ πατέρες ἐκοιμήθησαν, πάντα **οὕτως** διαμένει ἀπ' ἀρχῆς κτίσεως.
3:11 τούτων **οὕτως** πάντων λυομένων ποταποὺς δεῖ ὑπάρχειν [ὑμᾶς] ἐν ἁγίαις ἀναστροφαῖς καὶ εὐσεβείαις,
1Jn 2: 6 ὁ λέγων ἐν αὐτῷ μένειν ὀφείλει καθὼς ἐκεῖνος περιεπάτησεν καὶ αὐτὸς [**οὕτως**] περιπατεῖν.
4:11 Ἀγαπητοί, εἰ **οὕτως** ὁ θεὸς ἠγάπησεν ἡμᾶς, καὶ ἡμεῖς ὀφείλομεν ἀλλήλους ἀγαπᾶν.
Rev 2:15 **οὕτως** ἔχεις καὶ σὺ κρατοῦντας τὴν διδαχὴν [τῶν] Νικολαϊτῶν ὁμοίως.
3: 5 ὁ νικῶν **οὕτως** περιβαλεῖται ἐν ἱματίοις λευκοῖς καὶ οὐ μὴ ἐξαλείψω τὸ ὄνομα αὐτοῦ ἐκ τῆς βίβλου τῆς ζωῆς
3:16 **οὕτως** ὅτι χλιαρὸς εἶ καὶ οὔτε ζεστὸς οὔτε ψυχρός,
9:17 καὶ **οὕτως** εἶδον τοὺς ἵππους ἐν τῇ ὁράσει καὶ τοὺς καθημένους ἐπ' αὐτῶν,
11: 5 καὶ εἴ τις θελήσῃ αὐτοὺς ἀδικῆσαι, **οὕτως** δεῖ αὐτὸν ἀποκτανθῆναι.
16:18 οἷος οὐκ ἐγένετο ἀφ' οὗ ἄνθρωπος ἐγένετο ἐπὶ τῆς γῆς τηλικοῦτος σεισμὸς **οὕτω** μέγας.
18:21 **Οὕτως** ὁρμήματι βληθήσεται Βαβυλὼν ἡ μεγάλη πόλις καὶ οὐ μὴ εὑρεθῇ ἔτι.

4049 οὐχί [54]

√ *4024*

οὐχί ... ἀλλά [10] Lk 1:60; 12:51; 13:3,5; 16:30; 17:8; Jn 9:9; 13:10; Ro 3:27; 1Co 6:7

οὐχί μή [1] Lk 18:30

Mt 5:46 τίνα μισθὸν ἔχετε; **οὐχὶ** καὶ οἱ τελῶναι τὸ αὐτὸ ποιοῦσιν;
5:47 τί περισσὸν ποιεῖτε; **οὐχὶ** καὶ οἱ ἐθνικοὶ τὸ αὐτὸ ποιοῦσιν;
6:25 **οὐχὶ** ἡ ψυχὴ πλεῖόν ἐστιν τῆς τροφῆς καὶ τὸ σῶμα τοῦ ἐνδύματος;
10:29 **οὐχὶ** δύο στρουθία ἀσσαρίου πωλεῖται; καὶ ἓν ἐξ αὐτῶν οὐ πεσεῖται ἐπὶ τὴν γῆν ἄνευ τοῦ πατρὸς ὑμῶν.
12:11 ἐξ ὑμῶν ἄνθρωπος ὃς ἕξει πρόβατον ἓν καὶ ἐὰν ἐμπέσῃ τοῦτο τοῖς σάββασιν εἰς βόθυνον, **οὐχὶ** κρατήσει αὐτὸ καὶ ἐγερεῖ;
13:27 **οὐχὶ** καλὸν σπέρμα ἔσπειρας ἐν τῷ σῷ ἀγρῷ;
13:56 καὶ αἱ ἀδελφαὶ αὐτοῦ **οὐχὶ** πᾶσαι πρὸς ἡμᾶς εἰσιν;
18:12 **οὐχὶ** ἀφήσει τὰ ἐνενήκοντα ἐννέα ἐπὶ τὰ ὄρη καὶ πορευθεὶς ζητεῖ τὸ πλανώμενον;
20:13 Ἑταῖρε, οὐκ ἀδικῶ σε· **οὐχὶ** δηναρίου συνεφώνησάς μοι;
Lk 1:60 καὶ ἀποκριθεῖσα ἡ μήτηρ αὐτοῦ εἶπεν, **Οὐχί**, ἀλλὰ κληθήσεται Ἰωάννης.
4:22 ἐπὶ τοῖς λόγοις τῆς χάριτος τοῖς ἐκπορευομένοις ἐκ τοῦ στόματος αὐτοῦ καὶ ἔλεγον, **Οὐχὶ** υἱός ἐστιν Ἰωσὴφ οὗτος;
6:39 Μήτι δύναται τυφλὸς τυφλὸν ὁδηγεῖν; **οὐχὶ** ἀμφότεροι εἰς βόθυνον ἐμπεσοῦνται;
12: 6 **οὐχὶ** πέντε στρουθία πωλοῦνται ἀσσαρίων δύο; καὶ ἓν ἐξ αὐτῶν οὐκ ἔστιν ἐπιλελησμένον ἐνώπιον τοῦ θεοῦ.
12:51 δοκεῖτε ὅτι εἰρήνην παρεγενόμην δοῦναι ἐν τῇ γῇ; **οὐχί**, λέγω ὑμῖν, ἀλλ' ἢ διαμερισμόν.
13: 3 **οὐχί**, λέγω ὑμῖν, ἀλλ' ἐὰν μὴ μετανοῆτε πάντες ὁμοίως ἀπολεῖσθε.
13: 5 **οὐχί**, λέγω ὑμῖν, ἀλλ' ἐὰν μὴ μετανοῆτε πάντες ὡσαύτως ἀπολεῖσθε.
14:28 τίς γὰρ ἐξ ὑμῶν θέλων πύργον οἰκοδομῆσαι **οὐχὶ** πρῶτον καθίσας ψηφίζει τὴν δαπάνην,
14:31 ἢ τίς βασιλεὺς πορευόμενος ἑτέρῳ βασιλεῖ συμβαλεῖν εἰς πόλεμον **οὐχὶ** καθίσας πρῶτον βουλεύσεται εἰ δυνατός ἐστιν
15: 8 **οὐχὶ** ἅπτει λύχνον καὶ σαροῖ τὴν οἰκίαν καὶ ζητεῖ ἐπιμελῶς ἕως οὗ εὕρῃ;
16:30 ὁ δὲ εἶπεν, **Οὐχί**, πάτερ Ἀβραάμ, ἀλλ' ἐάν τις ἀπὸ νεκρῶν πορευθῇ πρὸς αὐτοὺς μετανοήσουσιν.
17: 8 ἀλλ' **οὐχὶ** ἐρεῖ αὐτῷ, Ἑτοίμασον τί δειπνήσω καὶ περιζωσάμενος διακόνει μοι ἕως φάγω καὶ πίω,
17:17 ἀποκριθεὶς δὲ ὁ Ἰησοῦς εἶπεν, **Οὐχὶ** οἱ δέκα ἐκαθαρίσθησαν;
18:30 ὃς **οὐχὶ** μὴ [ἀπο]λάβῃ πολλαπλασίονα ἐν τῷ καιρῷ τούτῳ καὶ ἐν τῷ αἰῶνι τῷ ἐρχομένῳ ζωὴν αἰώνιον.
22:27 ὁ ἀνακείμενος ἢ ὁ διακονῶν; **οὐχὶ** ὁ ἀνακείμενος;
23:39 Εἷς δὲ τῶν κρεμασθέντων κακούργων ἐβλασφήμει αὐτὸν λέγων, **Οὐχὶ** σὺ εἶ ὁ Χριστός;
24:26 **οὐχὶ** ταῦτα ἔδει παθεῖν τὸν Χριστὸν καὶ εἰσελθεῖν εἰς τὴν δόξαν αὐτοῦ;
24:32 **Οὐχὶ** ἡ καρδία ἡμῶν καιομένη ἦν [ἐν ἡμῖν] ὡς ἐλάλει ἡμῖν ἐν τῇ ὁδῷ,
Jn 9: 9 ἄλλοι ἔλεγον ὅτι Οὗτός ἐστιν, ἄλλοι ἔλεγον, **Οὐχί**, ἀλλὰ ὅμοιος αὐτῷ ἐστιν.
11: 9 ἀπεκρίθη Ἰησοῦς, **Οὐχὶ** δώδεκα ὧραί εἰσιν τῆς ἡμέρας;
13:10 ἀλλ' ἔστιν καθαρὸς ὅλος· καὶ ὑμεῖς καθαροί ἐστε, ἀλλ' **οὐχὶ** πάντες.
13:11 διὰ τοῦτο εἶπεν ὅτι **Οὐχὶ** πάντες καθαροί ἐστε.
14:22 [καὶ] τί γέγονεν ὅτι ἡμῖν μέλλεις ἐμφανίζειν σεαυτὸν καὶ **οὐχὶ** τῷ κόσμῳ;
Ac 5: 4 **οὐχὶ** μένον σοὶ ἔμενεν καὶ πραθὲν ἐν τῇ σῇ ἐξουσίᾳ ὑπῆρχεν;
7:50 **οὐχὶ** ἡ χείρ μου ἐποίησεν ταῦτα πάντα;
Ro 3:27 διὰ ποίου νόμου; τῶν ἔργων; **οὐχί**, ἀλλὰ διὰ νόμου πίστεως.
3:29 ἢ Ἰουδαίων ὁ θεὸς μόνον; **οὐχὶ** καὶ ἐθνῶν; ναὶ καὶ ἐθνῶν,
8:32 πῶς **οὐχὶ** καὶ σὺν αὐτῷ τὰ πάντα ἡμῖν χαρίσεται;
1Co 1:20 **οὐχὶ** ἐμώρανεν ὁ θεὸς τὴν σοφίαν τοῦ κόσμου;
3: 3 ὅπου γὰρ ἐν ὑμῖν ζῆλος καὶ ἔρις, **οὐχὶ** σαρκικοί ἐστε καὶ κατὰ ἄνθρωπον περιπατεῖτε;
5: 2 καὶ ὑμεῖς πεφυσιωμένοι ἐστὲ καὶ **οὐχὶ** μᾶλλον ἐπενθήσατε,
5:12 τί γάρ μοι τοὺς ἔξω κρίνειν; **οὐχὶ** τοὺς ἔσω ὑμεῖς κρίνετε;
6: 1 Τολμᾷ τις ὑμῶν πρᾶγμα ἔχων πρὸς τὸν ἕτερον κρίνεσθαι ἐπὶ τῶν ἀδίκων καὶ **οὐχὶ** ἐπὶ τῶν ἁγίων;

6: 7 διὰ τί **οὐχὶ** μᾶλλον ἀδικεῖσθε; διὰ τί **οὐχὶ** μᾶλλον ἀποστερεῖσθε;
8: 10 **οὐχὶ** ἡ συνείδησις αὐτοῦ ἀσθενοῦς ὄντος οἰκοδομηθήσεται εἰς τὸ τὰ εἰδωλόθυτα ἐσθίειν;
9: 1 οὐκ εἰμὶ ἀπόστολος; **οὐχὶ** Ἰησοῦν τὸν κύριον ἡμῶν ἑώρακα;
10: 16 τὸ ποτήριον τῆς εὐλογίας ὃ εὐλογοῦμεν, **οὐχὶ** κοινωνία ἐστὶν τοῦ αἵματος τοῦ Χριστοῦ; τὸν ἄρτον ὃν κλῶμεν, **οὐχὶ** κοινωνία τοῦ σώματος τοῦ Χριστοῦ ἐστιν;
10: 29 συνείδησιν δὲ λέγω **οὐχὶ** τὴν ἑαυτοῦ ἀλλὰ τὴν τοῦ ἑτέρου.
2Co 3: 8 πῶς **οὐχὶ** μᾶλλον ἡ διακονία τοῦ πνεύματος ἔσται ἐν δόξῃ;
Gal 2: 14 Εἰ σὺ Ἰουδαῖος ὑπάρχων ἐθνικῶς καὶ **οὐχὶ** Ἰουδαϊκῶς ζῇς,
1Th 2: 19 ἢ **οὐχὶ** καὶ ὑμεῖς- ἔμπροσθεν τοῦ κυρίου ἡμῶν Ἰησοῦ ἐν τῇ αὐτοῦ παρουσίᾳ;
Heb 1: 14 **οὐχὶ** πάντες εἰσὶν λειτουργικὰ πνεύματα εἰς διακονίαν ἀποστελλόμενα διὰ τοὺς μέλλοντας κληρονομεῖν σωτηρίαν;
3: 17 **οὐχὶ** τοῖς ἁμαρτήσασιν, ὧν τὰ κῶλα ἔπεσεν ἐν τῇ ἐρήμῳ;

4050 ὀφειλέτης [7]

√ *4053*

Mt 6: 12 καὶ ἄφες ἡμῖν τὰ ὀφειλήματα ἡμῶν, ὡς καὶ ἡμεῖς ἀφήκαμεν τοῖς **ὀφειλέταις** ἡμῶν·
18: 24 ἀρξαμένου δὲ αὐτοῦ συναίρειν προσηνέχθη αὐτῷ εἷς **ὀφειλέτης** μυρίων ταλάντων.
Lk 13: 4 δοκεῖτε ὅτι αὐτοὶ **ὀφειλέται** ἐγένοντο παρὰ πάντας τοὺς ἀνθρώπους τοὺς κατοικοῦντας Ἰερουσαλήμ;
Ro 1: 14 Ἕλλησίν τε καὶ βαρβάροις, σοφοῖς τε καὶ ἀνοήτοις **ὀφειλέτης** εἰμί,
8: 12 **ὀφειλέται** ἐσμὲν οὐ τῇ σαρκὶ τοῦ κατὰ σάρκα ζῆν,
15: 27 εὐδόκησαν γὰρ καὶ **ὀφειλέται** εἰσὶν αὐτῶν· εἰ γὰρ τοῖς πνευματικοῖς αὐτῶν ἐκοινώνησαν τὰ ἔθνη,
Gal 5: 3 μαρτύρομαι δὲ πάλιν παντὶ ἀνθρώπῳ περιτεμνομένῳ ὅτι **ὀφειλέτης** ἐστὶν ὅλον τὸν νόμον ποιῆσαι.

4051 ὀφειλή [3]

√ *4053*

ἀφιέναι ὀφειλή [1] Mt 18:32

Mt 18: 32 Δοῦλε πονηρέ, πᾶσαν τὴν **ὀφειλὴν** ἐκείνην ἀφῆκά σοι,
Ro 13: 7 ἀπόδοτε πᾶσιν τὰς **ὀφειλάς,** τῷ τὸν φόρον τὸν φόρον,
1Co 7: 3 τῇ γυναικὶ ὁ ἀνὴρ τὴν **ὀφειλὴν** ἀποδιδότω, ὁμοίως δὲ καὶ ἡ γυνὴ τῷ ἀνδρί.

4052 ὀφείλημα [2]

√ *4053*

ἀφιέναι ὀφείλημα [1] Mt 6:12

Mt 6: 12 καὶ ἄφες ἡμῖν τὰ **ὀφειλήματα** ἡμῶν, ὡς καὶ ἡμεῖς ἀφήκαμεν τοῖς ὀφειλέταις ἡμῶν·
Ro 4: 4 τῷ δὲ ἐργαζομένῳ ὁ μισθὸς οὐ λογίζεται κατὰ χάριν ἀλλὰ κατὰ **ὀφείλημα,**

4053 ὀφείλω [35]

→ *4050, 4051, 4052, 4054, 4695, 5971, 5972*

Mt 18: 28 ὃς **ὤφειλεν** αὐτῷ ἑκατὸν δηνάρια, καὶ κρατήσας αὐτὸν ἔπνιγεν λέγων, Ἀπόδος εἴ τι **ὀφείλεις.**
18: 30 ὁ δὲ οὐκ ἤθελεν ἀλλὰ ἀπελθὼν ἔβαλεν αὐτὸν εἰς φυλακὴν ἕως ἀποδῷ τὸ **ὀφειλόμενον.**
18: 34 καὶ ὀργισθεὶς ὁ κύριος αὐτοῦ παρέδωκεν αὐτὸν τοῖς βασανισταῖς ἕως οὗ ἀποδῷ πᾶν τὸ **ὀφειλόμενον.**
23: 16 ὃς δ' ἂν ὀμόσῃ ἐν τῷ χρυσῷ τοῦ ναοῦ, **ὀφείλει.**
23: 18 ὃς δ' ἂν ὀμόσῃ ἐν τῷ δώρῳ τῷ ἐπάνω αὐτοῦ, **ὀφείλει.**
Lk 7: 41 ὁ εἷς **ὤφειλεν** δηνάρια πεντακόσια, ὁ δὲ ἕτερος πεντήκοντα.
11: 4 καὶ ἄφες ἡμῖν τὰς ἁμαρτίας ἡμῶν, καὶ γὰρ αὐτοὶ ἀφίομεν παντὶ **ὀφείλοντι** ἡμῖν·
16: 5 καὶ προσκαλεσάμενος ἕνα ἕκαστον τῶν χρεοφειλετῶν τοῦ κυρίου ἑαυτοῦ ἔλεγεν τῷ πρώτῳ, Πόσον **ὀφείλεις** τῷ κυρίῳ μου;
16: 7 ἔπειτα ἑτέρῳ εἶπεν, Σὺ δὲ πόσον **ὀφείλεις;** ὁ δὲ εἶπεν,
17: 10 λέγετε ὅτι Δοῦλοι ἀχρεῖοί ἐσμεν, ὃ **ὠφείλομεν** ποιῆσαι πεποιήκαμεν.
Jn 13: 14 εἰ οὖν ἐγὼ ἔνιψα ὑμῶν τοὺς πόδας ὁ κύριος καὶ ὁ διδάσκαλος, καὶ ὑμεῖς **ὀφείλετε** ἀλλήλων νίπτειν τοὺς πόδας·
19: 7 Ἡμεῖς νόμον ἔχομεν καὶ κατὰ τὸν νόμον **ὀφείλει** ἀποθανεῖν,
Ac 17: 29 γένος οὖν ὑπάρχοντες τοῦ θεοῦ οὐκ **ὀφείλομεν** νομίζειν χρυσῷ ἢ ἀργύρῳ ἢ λίθῳ,
Ro 13: 8 Μηδενὶ μηδὲν **ὀφείλετε** εἰ μὴ τὸ ἀλλήλους ἀγαπᾶν·
15: 1 **Ὀφείλομεν** δὲ ἡμεῖς οἱ δυνατοὶ τὰ ἀσθενήματα τῶν ἀδυνάτων βαστάζειν καὶ μὴ ἑαυτοῖς ἀρέσκειν.
15: 27 εἰ γὰρ τοῖς πνευματικοῖς αὐτῶν ἐκοινώνησαν τὰ ἔθνη, **ὀφείλουσιν** καὶ ἐν τοῖς σαρκικοῖς λειτουργῆσαι αὐτοῖς.
1Co 5: 10 οὐ πάντως τοῖς πόρνοις τοῦ κόσμου τούτου ἢ τοῖς πλεονέκταις καὶ ἅρπαξιν ἢ εἰδωλολάτραις, ἐπεὶ **ὠφείλετε** ἄρα ἐκ τοῦ κόσμου ἐξελθεῖν.
7: 36 ἐὰν ᾖ ὑπέρακμος καὶ οὕτως **ὀφείλει** γίνεσθαι, ὃ θέλει ποιείτω,
9: 10 δι' ἡμᾶς γὰρ ἐγράφη ὅτι **ὀφείλει** ἐπ' ἐλπίδι ὁ ἀροτριῶν ἀροτριᾶν καὶ ὁ ἀλοῶν ἐπ' ἐλπίδι τοῦ μετέχειν.
11: 7 ἀνὴρ μὲν γὰρ οὐκ **ὀφείλει** κατακαλύπτεσθαι τὴν κεφαλὴν εἰκὼν καὶ δόξα θεοῦ ὑπάρχων·
11: 10 διὰ τοῦτο **ὀφείλει** ἡ γυνὴ ἐξουσίαν ἔχειν ἐπὶ τῆς κεφαλῆς διὰ τοὺς ἀγγέλους.
2Co 12: 11 ἐγὼ γὰρ **ὤφειλον** ὑφ' ὑμῶν συνίστασθαι· οὐδὲν γὰρ ὑστέρησα τῶν ὑπερλίαν ἀποστόλων εἰ καὶ οὐδέν εἰμι.
12: 14 οὐ γὰρ **ὀφείλει** τὰ τέκνα τοῖς γονεῦσιν θησαυρίζειν ἀλλὰ οἱ γονεῖς τοῖς τέκνοις.
Eph 5: 28 οὕτως **ὀφείλουσιν** [καὶ] οἱ ἄνδρες ἀγαπᾶν τὰς ἑαυτῶν γυναῖκας ὡς τὰ ἑαυτῶν σώματα.
2Th 1: 3 Εὐχαριστεῖν **ὀφείλομεν** τῷ θεῷ πάντοτε περὶ ὑμῶν, ἀδελφοί,
2: 13 Ἡμεῖς δὲ **ὀφείλομεν** εὐχαριστεῖν τῷ θεῷ πάντοτε περὶ ὑμῶν,
Phm 1: 18 εἰ δέ τι ἠδίκησέν σε ἢ **ὀφείλει,** τοῦτο ἐμοὶ ἐλλόγα.
Heb 2: 17 ὅθεν **ὤφειλεν** κατὰ πάντα τοῖς ἀδελφοῖς ὁμοιωθῆναι, ἵνα ἐλεήμων γένηται καὶ πιστὸς ἀρχιερεὺς τὰ πρὸς τὸν θεὸν
5: 3 καὶ δι' αὐτὴν **ὀφείλει,** καθὼς περὶ τοῦ λαοῦ,
5: 12 καὶ γὰρ **ὀφείλοντες** εἶναι διδάσκαλοι διὰ τὸν χρόνον,
1Jn 2: 6 ὁ λέγων ἐν αὐτῷ μένειν **ὀφείλει** καθὼς ἐκεῖνος περιεπάτησεν καὶ αὐτὸς [οὕτως] περιπατεῖν.
3: 16 καὶ ἡμεῖς **ὀφείλομεν** ὑπὲρ τῶν ἀδελφῶν τὰς ψυχὰς θεῖναι.
4: 11 εἰ οὕτως ὁ θεὸς ἠγάπησεν ἡμᾶς, καὶ ἡμεῖς **ὀφείλομεν** ἀλλήλους ἀγαπᾶν.
3Jn 1: 8 ἡμεῖς οὖν **ὀφείλομεν** ὑπολαμβάνειν τοὺς τοιούτους, ἵνα συνεργοὶ γινώμεθα τῇ ἀληθείᾳ.

4054 ὄφελον [4]

√ *4053*

1Co 4: 8 καὶ **ὄφελόν** γε ἐβασιλεύσατε, ἵνα καὶ ἡμεῖς ὑμῖν συμβασιλεύσωμεν.
2Co 11: 1 **Ὄφελον** ἀνείχεσθέ μου μικρόν τι ἀφροσύνης· ἀλλὰ καὶ ἀνέχεσθέ μου.
Gal 5: 12 **ὄφελον** καὶ ἀποκόψονται οἱ ἀναστατοῦντες ὑμᾶς.
Rev 3: 15 Οἶδά σου τὰ ἔργα ὅτι οὔτε ψυχρὸς εἶ οὔτε ζεστός. **ὄφελον** ψυχρὸς ἦς ἢ ζεστός.

4055 ὄφελος [3]

√ *6067*

1Co 15: 32 εἰ κατὰ ἄνθρωπον ἐθηριομάχησα ἐν Ἐφέσῳ, τί μοι τὸ **ὄφελος;**
Jas 2: 14 Τί τὸ **ὄφελος,** ἀδελφοί μου, ἐὰν πίστιν λέγῃ τις ἔχειν ἔργα δὲ μὴ ἔχῃ;
2: 16 μὴ δῶτε δὲ αὐτοῖς τὰ ἐπιτήδεια τοῦ σώματος, τί τὸ **ὄφελος;**

4056 ὀφθαλμοδουλία [2]

√ *4057 + 1528*

Eph 6: 6 μὴ κατ' **ὀφθαλμοδουλίαν** ὡς ἀνθρωπάρεσκοι ἀλλ' ὡς δοῦλοι Χριστοῦ ποιοῦντες τὸ θέλημα τοῦ θεοῦ ἐκ ψυχῆς,
Col 3: 22 μὴ ἐν **ὀφθαλμοδουλίᾳ** ὡς ἀνθρωπάρεσκοι, ἀλλ' ἐν ἁπλότητι καρδίας φοβούμενοι τὸν κύριον.

4057 ὀφθαλμός [100]

→ *535, 3669, 4056; cf. 3972*

ἀνοίγω οἱ ὀφθαλμοί [14] Mt 9:30; 20:33; Jn 9:10,14,17,21,26,30,32; 10:21; 11:37; Ac 9:8,40; 26:18

ὀφθαλμός ἀντὶ ὀφθαλμοῦ [1] Mt 5:38

ὀφθαλμός ᾖ ἁπλοῦς [2] Mt 6:22; Lk 11:34

πονηρός ὀφθαλμός [4] Mt 6:23; 20:15; Mk 7:22; Lk 11:34

with **αἴρω, ἐπαίρω** [9] Mt 17:8; Lk 6:20; 16:23; 18:13; Jn 4:35; 6:5; 11:41; 17:1; Ac 1:9

with **κρατέω** [1] Lk 24:16

with **σκοτίζομαι** [1] Ro 11:10

with **τυφλόω** [3] Jn 12:40,40; 1Jn 2:11

Mt 5:29 εἰ δὲ ὁ **ὀφθαλμός** σου ὁ δεξιὸς σκανδαλίζει σε,
5:38 Ἠκούσατε ὅτι ἐρρέθη, **Ὀφθαλμὸν** ἀντὶ **ὀφθαλμοῦ** καὶ ὀδόντα ἀντὶ ὀδόντος.
6:22 Ὁ λύχνος τοῦ σώματός ἐστιν ὁ **ὀφθαλμός.** ἐὰν οὖν ᾖ ὁ **ὀφθαλμός** σου ἁπλοῦς, ὅλον τὸ σῶμά σου φωτεινὸν ἔσται·
6:23 ἐὰν δὲ ὁ **ὀφθαλμός** σου πονηρὸς ᾖ, ὅλον τὸ σῶμά σου σκοτεινὸν ἔσται.
7: 3 τί δὲ βλέπεις τὸ κάρφος τὸ ἐν τῷ **ὀφθαλμῷ** τοῦ ἀδελφοῦ σου, τὴν δὲ ἐν τῷ σῷ **ὀφθαλμῷ** δοκὸν οὐ κατανοεῖς;
7: 4 Ἄφες ἐκβάλω τὸ κάρφος ἐκ τοῦ **ὀφθαλμοῦ** σου, καὶ ἰδοὺ ἡ δοκὸς ἐν τῷ **ὀφθαλμῷ** σοῦ;
7: 5 ἔκβαλε πρῶτον ἐκ τοῦ **ὀφθαλμοῦ** σοῦ τὴν δοκόν, καὶ τότε διαβλέψεις ἐκβαλεῖν τὸ κάρφος ἐκ τοῦ **ὀφθαλμοῦ** τοῦ ἀδελφοῦ
9:29 τότε ἥψατο τῶν **ὀφθαλμῶν** αὐτῶν λέγων, Κατὰ τὴν πίστιν ὑμῶν γενηθήτω ὑμῖν.
9:30 καὶ ἠνεῴχθησαν αὐτῶν οἱ **ὀφθαλμοί.** καὶ ἐνεβριμήθη αὐτοῖς ὁ Ἰησοῦς λέγων,
13:15 καὶ τοῖς ὠσὶν βαρέως ἤκουσαν καὶ τοὺς **ὀφθαλμοὺς** αὐτῶν ἐκάμμυσαν, μήποτε ἴδωσιν τοῖς **ὀφθαλμοῖς** καὶ τοῖς ὠσὶν ἀκούσωσιν καὶ τῇ καρδίᾳ συνῶσιν καὶ ἐπιστρέψωσιν
13:16 ὑμῶν δὲ μακάριοι οἱ **ὀφθαλμοὶ** ὅτι βλέπουσιν καὶ τὰ ὦτα ὑμῶν ὅτι ἀκούουσιν.
17: 8 ἐπάραντες δὲ τοὺς **ὀφθαλμοὺς** αὐτῶν οὐδένα εἶδον εἰ μὴ αὐτὸν Ἰησοῦν μόνον.
18: 9 καὶ εἰ ὁ **ὀφθαλμός** σου σκανδαλίζει σε, ἔξελε αὐτὸν καὶ βάλε ἀπὸ σοῦ· καλόν σοί ἐστιν μονόφθαλμον εἰς τὴν ζωὴν εἰσελθεῖν ἢ δύο **ὀφθαλμοὺς** ἔχοντα βληθῆναι εἰς τὴν γέενναν τοῦ πυρός.
20:15 ἢ ὁ **ὀφθαλμός** σου πονηρός ἐστιν ὅτι ἐγὼ ἀγαθός εἰμι;
20:33 λέγουσιν αὐτῷ, Κύριε, ἵνα ἀνοιγῶσιν οἱ **ὀφθαλμοὶ** ἡμῶν.
21:42 παρὰ κυρίου ἐγένετο αὕτη καὶ ἔστιν θαυμαστὴ ἐν **ὀφθαλμοῖς** ἡμῶν;
26:43 καὶ ἐλθὼν πάλιν εὗρεν αὐτοὺς καθεύδοντας, ἦσαν γὰρ αὐτῶν οἱ **ὀφθαλμοὶ** βεβαρημένοι.

Mk 7:22 πονηρίαι, δόλος, ἀσέλγεια, **ὀφθαλμὸς** πονηρός, βλασφημία, ὑπερηφανία, ἀφροσύνη·
8:18 **ὀφθαλμοὺς** ἔχοντες οὐ βλέπετε καὶ ὦτα ἔχοντες οὐκ ἀκούετε;
8:25 εἶτα πάλιν ἐπέθηκεν τὰς χεῖρας ἐπὶ τοὺς **ὀφθαλμοὺς** αὐτοῦ,
9:47 καὶ ἐὰν ὁ **ὀφθαλμός** σου σκανδαλίζῃ σε, ἔκβαλε αὐτόν· καλόν σέ ἐστιν μονόφθαλμον εἰσελθεῖν εἰς τὴν βασιλείαν τοῦ θεοῦ ἢ δύο **ὀφθαλμοὺς** ἔχοντα βληθῆναι εἰς τὴν γέενναν,
12:11 παρὰ κυρίου ἐγένετο αὕτη καὶ ἔστιν θαυμαστὴ ἐν **ὀφθαλμοῖς** ἡμῶν;
14:40 ἦσαν γὰρ αὐτῶν οἱ **ὀφθαλμοὶ** καταβαρυνόμενοι, καὶ οὐκ ᾔδεισαν τί ἀποκριθῶσιν αὐτῷ.

Lk 2:30 ὅτι εἶδον οἱ **ὀφθαλμοί** μου τὸ σωτήριόν σου,
4:20 καὶ πάντων οἱ **ὀφθαλμοὶ** ἐν τῇ συναγωγῇ ἦσαν ἀτενίζοντες αὐτῷ.
6:20 Καὶ αὐτὸς ἐπάρας τοὺς **ὀφθαλμοὺς** αὐτοῦ εἰς τοὺς μαθητὰς αὐτοῦ ἔλεγεν,
6:41 Τί δὲ βλέπεις τὸ κάρφος τὸ ἐν τῷ **ὀφθαλμῷ** τοῦ ἀδελφοῦ σου, τὴν δὲ δοκὸν τὴν ἐν τῷ ἰδίῳ **ὀφθαλμῷ** οὐ κατανοεῖς;
6:42 ἄφες ἐκβάλω τὸ κάρφος τὸ ἐν τῷ **ὀφθαλμῷ** σου, αὐτὸς τὴν ἐν τῷ **ὀφθαλμῷ** σοῦ δοκὸν οὐ βλέπων; ὑποκριτά, ἔκβαλε πρῶτον τὴν δοκὸν ἐκ τοῦ **ὀφθαλμοῦ** σοῦ, καὶ τότε διαβλέψεις τὸ κάρφος τὸ ἐν τῷ **ὀφθαλμῷ** τοῦ ἀδελφοῦ σου ἐκβαλεῖν.
10:23 Καὶ στραφεὶς πρὸς τοὺς μαθητὰς κατ᾽ ἰδίαν εἶπεν, Μακάριοι οἱ **ὀφθαλμοὶ** οἱ βλέποντες ἃ βλέπετε.
11:34 ὁ λύχνος τοῦ σώματός ἐστιν ὁ **ὀφθαλμός** σου. ὅταν ὁ **ὀφθαλμός** σου ἁπλοῦς ᾖ, καὶ ὅλον τὸ σῶμά σου φωτεινόν ἐστιν·
16:23 καὶ ἐν τῷ ᾅδῃ ἐπάρας τοὺς **ὀφθαλμοὺς** αὐτοῦ,
18:13 ὁ δὲ τελώνης μακρόθεν ἑστὼς οὐκ ἤθελεν οὐδὲ τοὺς **ὀφθαλμοὺς** ἐπᾶραι εἰς τὸν οὐρανόν,
19:42 λέγων ὅτι Εἰ ἔγνως ἐν τῇ ἡμέρᾳ ταύτῃ καὶ σὺ τὰ πρὸς εἰρήνην· νῦν δὲ ἐκρύβη ἀπὸ **ὀφθαλμῶν** σου.
24:16 οἱ δὲ **ὀφθαλμοὶ** αὐτῶν ἐκρατοῦντο τοῦ μὴ ἐπιγνῶναι αὐτόν.
24:31 αὐτῶν δὲ διηνοίχθησαν οἱ **ὀφθαλμοὶ** καὶ ἐπέγνωσαν αὐτόν·

Jn 4:35 ἐπάρατε τοὺς **ὀφθαλμοὺς** ὑμῶν καὶ θεάσασθε τὰς χώρας ὅτι λευκαί εἰσιν πρὸς θερισμόν.
6: 5 ἐπάρας οὖν τοὺς **ὀφθαλμοὺς** ὁ Ἰησοῦς καὶ θεασάμενος ὅτι πολὺς ὄχλος ἔρχεται πρὸς αὐτὸν λέγει πρὸς Φίλιππον,
9: 6 ἔπτυσεν χαμαὶ καὶ ἐποίησεν πηλὸν ἐκ τοῦ πτύσματος καὶ ἐπέχρισεν αὐτοῦ τὸν πηλὸν ἐπὶ τοὺς **ὀφθαλμοὺς**
9:10 ἔλεγον οὖν αὐτῷ, Πῶς [οὖν] ἠνεῴχθησάν σου οἱ **ὀφθαλμοί;**
9:11 Ἰησοῦς πηλὸν ἐποίησεν καὶ ἐπέχρισέν μου τοὺς **ὀφθαλμοὺς** καὶ εἶπέν μοι ὅτι Ὕπαγε εἰς τὸν Σιλωὰμ καὶ νίψαι·
9:14 ἦν δὲ σάββατον ἐν ᾗ ἡμέρᾳ τὸν πηλὸν ἐποίησεν ὁ Ἰησοῦς καὶ ἀνέῳξεν αὐτοῦ τοὺς **ὀφθαλμούς.**
9:15 Πηλὸν ἐπέθηκέν μου ἐπὶ τοὺς **ὀφθαλμούς,** καὶ ἐνιψάμην καὶ βλέπω.
9:17 Τί σὺ λέγεις περὶ αὐτοῦ, ὅτι ἠνέῳξέν σου τοὺς **ὀφθαλμούς;**
9:21 ἢ τίς ἤνοιξεν αὐτοῦ τοὺς **ὀφθαλμοὺς** ἡμεῖς οὐκ οἴδαμεν·
9:26 Τί ἐποίησέν σοι; πῶς ἤνοιξέν σου τοὺς **ὀφθαλμούς;**
9:30 ὅτι ὑμεῖς οὐκ οἴδατε πόθεν ἐστίν, καὶ ἤνοιξέν μου τοὺς **ὀφθαλμούς.**
9:32 ἐκ τοῦ αἰῶνος οὐκ ἠκούσθη ὅτι ἠνέῳξέν τις **ὀφθαλμοὺς** τυφλοῦ γεγεννημένου·
10:21 Ταῦτα τὰ ῥήματα οὐκ ἔστιν δαιμονιζομένου· μὴ δαιμόνιον δύναται τυφλῶν **ὀφθαλμοὺς** ἀνοῖξαι;
11:37 Οὐκ ἐδύνατο οὗτος ὁ ἀνοίξας τοὺς **ὀφθαλμοὺς** τοῦ τυφλοῦ ποιῆσαι ἵνα καὶ οὗτος μὴ ἀποθάνῃ;
11:41 ὁ δὲ Ἰησοῦς ἦρεν τοὺς **ὀφθαλμοὺς** ἄνω καὶ εἶπεν,
12:40 Τετύφλωκεν αὐτῶν τοὺς **ὀφθαλμοὺς** καὶ ἐπώρωσεν αὐτῶν τὴν καρδίαν, ἵνα μὴ ἴδωσιν τοῖς **ὀφθαλμοῖς** καὶ νοήσωσιν τῇ καρδίᾳ καὶ στραφῶσιν,
17: 1 Ταῦτα ἐλάλησεν Ἰησοῦς καὶ ἐπάρας τοὺς **ὀφθαλμοὺς** αὐτοῦ εἰς τὸν οὐρανὸν εἶπεν,

Ac 1: 9 καὶ ταῦτα εἰπὼν βλεπόντων αὐτῶν ἐπήρθη καὶ νεφέλη ὑπέλαβεν αὐτὸν ἀπὸ τῶν **ὀφθαλμῶν** αὐτῶν.
9: 8 ἠγέρθη δὲ Σαῦλος ἀπὸ τῆς γῆς, ἀνεῳγμένων δὲ τῶν **ὀφθαλμῶν** αὐτοῦ οὐδὲν ἔβλεπεν·
9:18 καὶ εὐθέως ἀπέπεσαν αὐτοῦ ἀπὸ τῶν **ὀφθαλμῶν** ὡς λεπίδες,
9:40 ἡ δὲ ἤνοιξεν τοὺς **ὀφθαλμοὺς** αὐτῆς, καὶ ἰδοῦσα τὸν Πέτρον ἀνεκάθισεν.
26:18 ἀνοῖξαι **ὀφθαλμοὺς** αὐτῶν, τοῦ ἐπιστρέψαι ἀπὸ σκότους εἰς φῶς καὶ τῆς ἐξουσίας τοῦ Σατανᾶ ἐπὶ τὸν θεόν,
28:27 ἐπαχύνθη γὰρ ἡ καρδία τοῦ λαοῦ τούτου καὶ τοῖς ὠσὶν βαρέως ἤκουσαν καὶ τοὺς **ὀφθαλμοὺς** αὐτῶν ἐκάμμυσαν· μήποτε ἴδωσιν τοῖς **ὀφθαλμοῖς** καὶ τοῖς ὠσὶν ἀκούσωσιν καὶ τῇ καρδίᾳ συνῶσιν καὶ ἐπιστρέψωσιν,

Ro 3:18 οὐκ ἔστιν φόβος θεοῦ ἀπέναντι τῶν **ὀφθαλμῶν** αὐτῶν.
11: 8 **ὀφθαλμοὺς** τοῦ μὴ βλέπειν καὶ ὦτα τοῦ μὴ ἀκούειν,
11:10 σκοτισθήτωσαν οἱ **ὀφθαλμοὶ** αὐτῶν τοῦ μὴ βλέπειν καὶ τὸν νῶτον αὐτῶν διὰ παντὸς σύγκαμψον.

1Co 2: 9 Ἃ **ὀφθαλμὸς** οὐκ εἶδεν καὶ οὖς οὐκ ἤκουσεν καὶ ἐπὶ καρδίαν ἀνθρώπου οὐκ ἀνέβη,
12:16 Ὅτι οὐκ εἰμὶ **ὀφθαλμός,** οὐκ εἰμὶ ἐκ τοῦ σώματος,
12:17 εἰ ὅλον τὸ σῶμα **ὀφθαλμός,** ποῦ ἡ ἀκοή;
12:21 οὐ δύναται δὲ ὁ **ὀφθαλμὸς** εἰπεῖν τῇ χειρί,
15:52 ἐν ἀτόμῳ, ἐν ῥιπῇ **ὀφθαλμοῦ,** ἐν τῇ ἐσχάτῃ σάλπιγγι·

Gal 3: 1 τίς ὑμᾶς ἐβάσκανεν, οἷς κατ᾽ **ὀφθαλμοὺς** Ἰησοῦς Χριστὸς προεγράφη ἐσταυρωμένος;
4:15 μαρτυρῶ γὰρ ὑμῖν ὅτι εἰ δυνατὸν τοὺς **ὀφθαλμοὺς** ὑμῶν ἐξορύξαντες ἐδώκατέ μοι.

Eph 1:18 πεφωτισμένους τοὺς **ὀφθαλμοὺς** τῆς καρδίας [ὑμῶν] εἰς τὸ εἰδέναι ὑμᾶς τίς ἐστιν ἡ ἐλπὶς τῆς κλήσεως αὐτοῦ,

Heb 4:13 πάντα δὲ γυμνὰ καὶ τετραχηλισμένα τοῖς **ὀφθαλμοῖς** αὐτοῦ,

1Pe 3:12 ὅτι **ὀφθαλμοὶ** κυρίου ἐπὶ δικαίους καὶ ὦτα αὐτοῦ εἰς δέησιν αὐτῶν,

2Pe 2:14 **ὀφθαλμοὺς** ἔχοντες μεστοὺς μοιχαλίδος καὶ ἀκαταπαύστους ἁμαρτίας, δελεάζοντες ψυχὰς ἀστηρίκτους,

1Jn 1: 1 Ὃ ἦν ἀπ᾽ ἀρχῆς, ὃ ἀκηκόαμεν, ὃ ἑωράκαμεν τοῖς **ὀφθαλμοῖς** ἡμῶν,
2:11 ἐν τῇ σκοτίᾳ ἐστὶν καὶ ἐν τῇ σκοτίᾳ περιπατεῖ καὶ οὐκ οἶδεν ποῦ ὑπάγει, ὅτι ἡ σκοτία ἐτύφλωσεν τοὺς **ὀφθαλμοὺς** αὐτοῦ.
2:16 ἡ ἐπιθυμία τῆς σαρκὸς καὶ ἡ ἐπιθυμία τῶν **ὀφθαλμῶν** καὶ ἡ ἀλαζονεία τοῦ βίου,

Rev 1: 7 καὶ ὄψεται αὐτὸν πᾶς **ὀφθαλμὸς** καὶ οἵτινες αὐτὸν ἐξεκέντησαν,
1:14 ἡ δὲ κεφαλὴ αὐτοῦ καὶ αἱ τρίχες λευκαὶ ὡς ἔριον λευκὸν ὡς χιὼν καὶ οἱ **ὀφθαλμοὶ** αὐτοῦ ὡς φλὸξ πυρὸς
2:18 ὁ ἔχων τοὺς **ὀφθαλμοὺς** αὐτοῦ ὡς φλόγα πυρὸς καὶ οἱ πόδες αὐτοῦ ὅμοιοι χαλκολιβάνῳ·
3:18 καὶ κολλ[ο]ύριον ἐγχρῖσαι τοὺς **ὀφθαλμούς** σου ἵνα βλέπῃς.

4: 6 Καὶ ἐν μέσῳ τοῦ θρόνου καὶ κύκλῳ τοῦ θρόνου τέσσαρα ζῷα γέμοντα **ὀφθαλμῶν** ἔμπροσθεν καὶ ὄπισθεν.
4: 8 κυκλόθεν καὶ ἔσωθεν γέμουσιν **ὀφθαλμῶν,** καὶ ἀνάπαυσιν οὐκ ἔχουσιν ἡμέρας καὶ νυκτὸς λέγοντες,
5: 6 Καὶ εἶδον ἐν μέσῳ τοῦ θρόνου καὶ τῶν τεσσάρων ζῴων καὶ ἐν μέσῳ τῶν πρεσβυτέρων ἀρνίον ἑστηκὸς ὡς ἐσφαγμένον ἔχων κέρατα ἑπτὰ καὶ **ὀφθαλμοὺς** ἑπτὰ οἵ εἰσιν τὰ [ἑπτὰ] πνεύματα τοῦ θεοῦ ἀπεσταλμένοι εἰς πᾶσαν τὴν γῆν.
7: 17 καὶ ἐξαλείψει ὁ θεὸς πᾶν δάκρυον ἐκ τῶν **ὀφθαλμῶν** αὐτῶν.
19: 12 οἱ δὲ **ὀφθαλμοὶ** αὐτοῦ [ὡς] φλὸξ πυρός, καὶ ἐπὶ τὴν κεφαλὴν αὐτοῦ διαδήματα πολλά,
21: 4 καὶ ἐξαλείψει πᾶν δάκρυον ἐκ τῶν **ὀφθαλμῶν** αὐτῶν,

4058 ὄφις [14]

Mt 7: 10 ἢ καὶ ἰχθὺν αἰτήσει, μὴ **ὄφιν** ἐπιδώσει αὐτῷ;
10: 16 γίνεσθε οὖν φρόνιμοι ὡς οἱ **ὄφεις** καὶ ἀκέραιοι ὡς αἱ περιστεραί.
23: 33 **ὄφεις,** γεννήματα ἐχιδνῶν, πῶς φύγητε ἀπὸ τῆς κρίσεως τῆς γεέννης;
Mk 16: 18 [[καὶ ἐν ταῖς χερσὶν] **ὄφεις** ἀροῦσιν κἂν θανάσιμόν τι πίωσιν οὐ μὴ αὐτοὺς βλάψῃ,]]
Lk 10: 19 ἰδοὺ δέδωκα ὑμῖν τὴν ἐξουσίαν τοῦ πατεῖν ἐπάνω **ὄφεων** καὶ σκορπίων,
11: 11 τίνα δὲ ἐξ ὑμῶν τὸν πατέρα αἰτήσει ὁ υἱὸς ἰχθύν, καὶ ἀντὶ ἰχθύος **ὄφιν** αὐτῷ ἐπιδώσει;
Jn 3: 14 καὶ καθὼς Μωϋσῆς ὕψωσεν τὸν **ὄφιν** ἐν τῇ ἐρήμῳ,
1Co 10: 9 καθώς τινες αὐτῶν ἐπείρασαν καὶ ὑπὸ τῶν **ὄφεων** ἀπώλλυντο.
2Co 11: 3 ὡς ὁ **ὄφις** ἐξηπάτησεν Εὕαν ἐν τῇ πανουργίᾳ αὐτοῦ,
Rev 9: 19 αἱ γὰρ οὐραὶ αὐτῶν ὅμοιαι **ὄφεσιν,** ἔχουσαι κεφαλὰς καὶ ἐν αὐταῖς ἀδικοῦσιν.
12: 9 ὁ **ὄφις** ὁ ἀρχαῖος, ὁ καλούμενος Διάβολος καὶ ὁ Σατανᾶς,
12: 14 ὅπου τρέφεται ἐκεῖ καιρὸν καὶ καιροὺς καὶ ἥμισυ καιροῦ ἀπὸ προσώπου τοῦ **ὄφεως.**
12: 15 καὶ ἔβαλεν ὁ **ὄφις** ἐκ τοῦ στόματος αὐτοῦ ὀπίσω τῆς γυναικὸς ὕδωρ ὡς ποταμόν,
20: 2 καὶ ἐκράτησεν τὸν δράκοντα, ὁ **ὄφις** ὁ ἀρχαῖος,

4059 ὀφρῦς [1]

Lk 4: 29 καὶ ἀναστάντες ἐξέβαλον αὐτὸν ἔξω τῆς πόλεως καὶ ἤγαγον αὐτὸν ἕως **ὀφρύος** τοῦ ὄρους ἐφ' οὗ ἡ πόλις ᾠκοδόμητο αὐτῶν

4060 ὀχετός Not used in UBS/NIV

√ *2400*

4061 ὀχλέω [1]

√ *4063*

Ac 5: 16 καὶ τὸ πλῆθος τῶν πέριξ πόλεων Ἰερουσαλὴμ φέροντες ἀσθενεῖς καὶ **ὀχλουμένους** ὑπὸ πνευμάτων ἀκαθάρτων,

4062 ὀχλοποιέω [1]

√ *4063 + 4472*

Ac 17: 5 καὶ **ὀχλοποιήσαντες** ἐθορύβουν τὴν πόλιν καὶ ἐπιστάντες τῇ οἰκίᾳ Ἰάσονος ἐζήτουν αὐτοὺς προαγαγεῖν εἰς τὸν δῆμον·

4063 ὄχλος [175 / 174]

→ *1943, 4061, 4062, 4214*

ἱκανός ὄχλος [5] Mk 10:46; Lk 7:12; Ac 11:24,26; 19:26

πᾶς ὁ ὄχλος [10] Mt 12:23; 13:2; Mk 2:13; 4:1; 9:15; 11:18; Lk 6:19; 13:17; 23:48; Ac 21:27

πολύς ὄχλος [31] Mt 4:25; 8:1; 13:2; 14:14; 15:30; 19:2; 20:29; 21:8; 26:47; Mk 5:21,24; 6:34; 8:1; 9:14; 12:37; Lk 5:15,29; 6:17; 7:11; 8:4; 9:37; 14:25; Jn 6:2,5; 7:12; 12:9,12; Ac 6:7; Rev 7:9; 19:1,6

Mt 4: 25 καὶ ἠκολούθησαν αὐτῷ **ὄχλοι** πολλοὶ ἀπὸ τῆς Γαλιλαίας καὶ Δεκαπόλεως καὶ Ἱεροσολύμων καὶ Ἰουδαίας καὶ πέραν
5: 1 Ἰδὼν δὲ τοὺς **ὄχλους** ἀνέβη εἰς τὸ ὄρος,
7: 28 Καὶ ἐγένετο ὅτε ἐτέλεσεν ὁ Ἰησοῦς τοὺς λόγους τούτους, ἐξεπλήσσοντο οἱ **ὄχλοι** ἐπὶ τῇ διδαχῇ αὐτοῦ·
8: 1 Καταβάντος δὲ αὐτοῦ ἀπὸ τοῦ ὄρους ἠκολούθησαν αὐτῷ **ὄχλοι** πολλοί.
8: 18 Ἰδὼν δὲ ὁ Ἰησοῦς **ὄχλον** περὶ αὐτὸν ἐκέλευσεν ἀπελθεῖν εἰς τὸ πέραν.
9: 8 ἰδόντες δὲ οἱ **ὄχλοι** ἐφοβήθησαν καὶ ἐδόξασαν τὸν θεὸν τὸν δόντα ἐξουσίαν τοιαύτην τοῖς ἀνθρώποις.
9: 23 Καὶ ἐλθὼν ὁ Ἰησοῦς εἰς τὴν οἰκίαν τοῦ ἄρχοντος καὶ ἰδὼν τοὺς αὐλητὰς καὶ τὸν **ὄχλον** θορυβούμενον
9: 25 ὅτε δὲ ἐξεβλήθη ὁ **ὄχλος** εἰσελθὼν ἐκράτησεν τῆς χειρὸς αὐτῆς,
9: 33 καὶ ἐθαύμασαν οἱ **ὄχλοι** λέγοντες, Οὐδέποτε ἐφάνη οὕτως ἐν τῷ Ἰσραήλ.
9: 36 Ἰδὼν δὲ τοὺς **ὄχλους** ἐσπλαγχνίσθη περὶ αὐτῶν, ὅτι ἦσαν ἐσκυλμένοι καὶ ἐρριμμένοι ὡσεὶ πρόβατα μὴ ἔχοντα ποιμένα.
11: 7 Τούτων δὲ πορευομένων ἤρξατο ὁ Ἰησοῦς λέγειν τοῖς **ὄχλοις** περὶ Ἰωάννου,
12: 15 καὶ ἠκολούθησαν αὐτῷ **[ὄχλοι]**[NIV-] πολλοί, καὶ ἐθεράπευσεν αὐτοὺς πάντας
12: 23 καὶ ἐξίσταντο πάντες οἱ **ὄχλοι** καὶ ἔλεγον, Μήτι οὗτός ἐστιν ὁ υἱὸς Δαυίδ;
12: 46 Ἔτι αὐτοῦ λαλοῦντος τοῖς **ὄχλοις** ἰδοὺ ἡ μήτηρ καὶ οἱ ἀδελφοὶ αὐτοῦ εἱστήκεισαν ἔξω ζητοῦντες αὐτῷ λαλῆσαι.
13: 2 συνήχθησαν πρὸς αὐτὸν **ὄχλοι** πολλοί, ὥστε αὐτὸν εἰς πλοῖον ἐμβάντα καθῆσθαι, καὶ πᾶς ὁ **ὄχλος** ἐπὶ τὸν αἰγιαλὸν εἱστήκει.
13: 34 Ταῦτα πάντα ἐλάλησεν ὁ Ἰησοῦς ἐν παραβολαῖς τοῖς **ὄχλοις** καὶ χωρὶς παραβολῆς οὐδὲν ἐλάλει αὐτοῖς,
13: 36 Τότε ἀφεὶς τοὺς **ὄχλους** ἦλθεν εἰς τὴν οἰκίαν.
14: 5 καὶ θέλων αὐτὸν ἀποκτεῖναι ἐφοβήθη τὸν **ὄχλον,** ὅτι ὡς προφήτην αὐτὸν εἶχον.
14: 13 καὶ ἀκούσαντες οἱ **ὄχλοι** ἠκολούθησαν αὐτῷ πεζῇ ἀπὸ τῶν πόλεων.
14: 14 καὶ ἐξελθὼν εἶδεν πολὺν **ὄχλον** καὶ ἐσπλαγχνίσθη ἐπ' αὐτοῖς καὶ ἐθεράπευσεν τοὺς ἀρρώστους αὐτῶν.
14: 15 ἀπόλυσον τοὺς **ὄχλους,** ἵνα ἀπελθόντες εἰς τὰς κώμας ἀγοράσωσιν ἑαυτοῖς βρώματα.
14: 19 καὶ κελεύσας τοὺς **ὄχλους** ἀνακλιθῆναι ἐπὶ τοῦ χόρτου, λαβὼν τοὺς πέντε ἄρτους καὶ τοὺς δύο ἰχθύας, ἀναβλέψας εἰς τὸν οὐρανὸν εὐλόγησεν καὶ κλάσας ἔδωκεν τοῖς μαθηταῖς τοὺς ἄρτους, οἱ δὲ μαθηταὶ τοῖς **ὄχλοις.**
14: 22 Καὶ εὐθέως ἠνάγκασεν τοὺς μαθητὰς ἐμβῆναι εἰς τὸ πλοῖον καὶ προάγειν αὐτὸν εἰς τὸ πέραν, ἕως οὗ ἀπολύσῃ τοὺς **ὄχλους.**
14: 23 καὶ ἀπολύσας τοὺς **ὄχλους** ἀνέβη εἰς τὸ ὄρος κατ' ἰδίαν προσεύξασθαι.
15: 10 Καὶ προσκαλεσάμενος τὸν **ὄχλον** εἶπεν αὐτοῖς, Ἀκούετε καὶ συνίετε·
15: 30 καὶ προσῆλθον αὐτῷ **ὄχλοι** πολλοὶ ἔχοντες μεθ' ἑαυτῶν χωλούς,
15: 31 ὥστε τὸν **ὄχλον** θαυμάσαι βλέποντας κωφοὺς λαλοῦντας, κυλλοὺς ὑγιεῖς καὶ χωλοὺς περιπατοῦντας
15: 32 Ὁ δὲ Ἰησοῦς προσκαλεσάμενος τοὺς μαθητὰς αὐτοῦ εἶπεν, Σπλαγχνίζομαι ἐπὶ τὸν **ὄχλον,**
15: 33 Πόθεν ἡμῖν ἐν ἐρημίᾳ ἄρτοι τοσοῦτοι ὥστε χορτάσαι **ὄχλον** τοσοῦτον;
15: 35 καὶ παραγγείλας τῷ **ὄχλῳ** ἀναπεσεῖν ἐπὶ τὴν γῆν
15: 36 ἔλαβεν τοὺς ἑπτὰ ἄρτους καὶ τοὺς ἰχθύας καὶ εὐχαριστήσας ἔκλασεν καὶ ἐδίδου τοῖς μαθηταῖς, οἱ δὲ μαθηταὶ τοῖς **ὄχλοις.**
15: 39 Καὶ ἀπολύσας τοὺς **ὄχλους** ἐνέβη εἰς τὸ πλοῖον καὶ ἦλθεν εἰς τὰ ὅρια Μαγαδάν.
17: 14 Καὶ ἐλθόντων πρὸς τὸν **ὄχλον** προσῆλθεν αὐτῷ ἄνθρωπος γονυπετῶν αὐτὸν
19: 2 καὶ ἠκολούθησαν αὐτῷ **ὄχλοι** πολλοί, καὶ ἐθεράπευσεν αὐτοὺς ἐκεῖ.
20: 29 Καὶ ἐκπορευομένων αὐτῶν ἀπὸ Ἰεριχὼ ἠκολούθησεν αὐτῷ **ὄχλος** πολύς.
20: 31 ὁ δὲ **ὄχλος** ἐπετίμησεν αὐτοῖς ἵνα σιωπήσωσιν· οἱ δὲ μεῖζον ἔκραξαν λέγοντες,
21: 8 ὁ δὲ πλεῖστος **ὄχλος** ἔστρωσαν ἑαυτῶν τὰ ἱμάτια ἐν τῇ ὁδῷ,
21: 9 οἱ δὲ **ὄχλοι** οἱ προάγοντες αὐτὸν καὶ οἱ ἀκολουθοῦντες ἔκραζον λέγοντες,
21: 11 οἱ δὲ **ὄχλοι** ἔλεγον, Οὗτός ἐστιν ὁ προφήτης Ἰησοῦς ὁ ἀπὸ Ναζαρὲθ τῆς Γαλιλαίας.
21: 26 ἐὰν δὲ εἴπωμεν, Ἐξ ἀνθρώπων, φοβούμεθα τὸν **ὄχλον,**
21: 46 καὶ ζητοῦντες αὐτὸν κρατῆσαι ἐφοβήθησαν τοὺς **ὄχλους,** ἐπεὶ εἰς προφήτην αὐτὸν εἶχον.
22: 33 καὶ ἀκούσαντες οἱ **ὄχλοι** ἐξεπλήσσοντο ἐπὶ τῇ διδαχῇ αὐτοῦ.
23: 1 Τότε ὁ Ἰησοῦς ἐλάλησεν τοῖς **ὄχλοις** καὶ τοῖς μαθηταῖς αὐτοῦ

26:47 Καὶ ἔτι αὐτοῦ λαλοῦντος ἰδοὺ Ἰούδας εἷς τῶν δώδεκα ἦλθεν καὶ μετ᾽ αὐτοῦ **ὄχλος** πολὺς μετὰ μαχαιρῶν καὶ ξύλων
26:55 Ἐν ἐκείνῃ τῇ ὥρᾳ εἶπεν ὁ Ἰησοῦς τοῖς **ὄχλοις,**
27:15 Κατὰ δὲ ἑορτὴν εἰώθει ὁ ἡγεμὼν ἀπολύειν ἕνα τῷ **ὄχλῳ** δέσμιον ὃν ἤθελον.
27:20 Οἱ δὲ ἀρχιερεῖς καὶ οἱ πρεσβύτεροι ἔπεισαν τοὺς **ὄχλους** ἵνα αἰτήσωνται τὸν Βαραββᾶν,
27:24 λαβὼν ὕδωρ ἀπενίψατο τὰς χεῖρας ἀπέναντι τοῦ **ὄχλου** λέγων,
Mk 2: 4 καὶ μὴ δυνάμενοι προσενέγκαι αὐτῷ διὰ τὸν **ὄχλον** ἀπεστέγασαν τὴν στέγην ὅπου ἦν,
2:13 καὶ πᾶς ὁ **ὄχλος** ἤρχετο πρὸς αὐτόν, καὶ ἐδίδασκεν αὐτούς.
3: 9 καὶ εἶπεν τοῖς μαθηταῖς αὐτοῦ ἵνα πλοιάριον προσκαρτερῇ αὐτῷ διὰ τὸν **ὄχλον** ἵνα μὴ θλίβωσιν αὐτόν·
3:20 καὶ συνέρχεται πάλιν [ὁ] **ὄχλος,** ὥστε μὴ δύνασθαι αὐτοὺς μηδὲ ἄρτον φαγεῖν.
3:32 καὶ ἐκάθητο περὶ αὐτὸν **ὄχλος,** καὶ λέγουσιν αὐτῷ,
4: 1 καὶ συνάγεται πρὸς αὐτὸν **ὄχλος** πλεῖστος, ὥστε αὐτὸν εἰς πλοῖον ἐμβάντα καθῆσθαι ἐν τῇ θαλάσσῃ, καὶ πᾶς ὁ **ὄχλος** πρὸς τὴν θάλασσαν ἐπὶ τῆς γῆς ἦσαν.
4:36 καὶ ἀφέντες τὸν **ὄχλον** παραλαμβάνουσιν αὐτὸν ὡς ἦν ἐν τῷ πλοίῳ,
5:21 Καὶ διαπεράσαντος τοῦ Ἰησοῦ [ἐν τῷ πλοίῳ] πάλιν εἰς τὸ πέραν συνήχθη **ὄχλος** πολὺς ἐπ᾽ αὐτόν,
5:24 Καὶ ἠκολούθει αὐτῷ **ὄχλος** πολὺς καὶ συνέθλιβον αὐτόν.
5:27 ἐλθοῦσα ἐν τῷ **ὄχλῳ** ὄπισθεν ἥψατο τοῦ ἱματίου αὐτοῦ·
5:30 καὶ εὐθὺς ὁ Ἰησοῦς ἐπιγνοὺς ἐν ἑαυτῷ τὴν ἐξ αὐτοῦ δύναμιν ἐξελθοῦσαν ἐπιστραφεὶς ἐν τῷ **ὄχλῳ** ἔλεγεν,
5:31 Βλέπεις τὸν **ὄχλον** συνθλίβοντά σε καὶ λέγεις, Τίς μου ἥψατο;
6:34 καὶ ἐξελθὼν εἶδεν πολὺν **ὄχλον** καὶ ἐσπλαγχνίσθη ἐπ᾽ αὐτούς,
6:45 ἐμβῆναι εἰς τὸ πλοῖον καὶ προάγειν εἰς τὸ πέραν πρὸς Βηθσαϊδάν, ἕως αὐτὸς ἀπολύει τὸν **ὄχλον.**
7:14 Καὶ προσκαλεσάμενος πάλιν τὸν **ὄχλον** ἔλεγεν αὐτοῖς, Ἀκούσατέ μου πάντες καὶ σύνετε.
7:17 Καὶ ὅτε εἰσῆλθεν εἰς οἶκον ἀπὸ τοῦ **ὄχλου,**
7:33 καὶ ἀπολαβόμενος αὐτὸν ἀπὸ τοῦ **ὄχλου** κατ᾽ ἰδίαν ἔβαλεν τοὺς δακτύλους αὐτοῦ εἰς τὰ ὦτα αὐτοῦ
8: 1 Ἐν ἐκείναις ταῖς ἡμέραις πάλιν πολλοῦ **ὄχλου** ὄντος καὶ μὴ ἐχόντων τί φάγωσιν,
8: 2 Σπλαγχνίζομαι ἐπὶ τὸν **ὄχλον,** ὅτι ἤδη ἡμέραι τρεῖς προσμένουσίν μοι καὶ οὐκ ἔχουσιν τί φάγωσιν·
8: 6 καὶ παραγγέλλει τῷ **ὄχλῳ** ἀναπεσεῖν ἐπὶ τῆς γῆς· καὶ λαβὼν τοὺς ἑπτὰ ἄρτους εὐχαριστήσας ἔκλασεν καὶ ἐδίδου τοῖς μαθηταῖς αὐτοῦ ἵνα παρατιθῶσιν, καὶ παρέθηκαν τῷ **ὄχλῳ.**
8:34 Καὶ προσκαλεσάμενος τὸν **ὄχλον** σὺν τοῖς μαθηταῖς αὐτοῦ εἶπεν αὐτοῖς,
9:14 Καὶ ἐλθόντες πρὸς τοὺς μαθητὰς εἶδον **ὄχλον** πολὺν περὶ αὐτοὺς καὶ γραμματεῖς συζητοῦντας πρὸς αὐτούς.
9:15 καὶ εὐθὺς πᾶς ὁ **ὄχλος** ἰδόντες αὐτὸν ἐξεθαμβήθησαν καὶ προστρέχοντες ἠσπάζοντο αὐτόν.
9:17 καὶ ἀπεκρίθη αὐτῷ εἷς ἐκ τοῦ **ὄχλου,** Διδάσκαλε,
9:25 ἰδὼν δὲ ὁ Ἰησοῦς ὅτι ἐπισυντρέχει **ὄχλος,** ἐπετίμησεν τῷ πνεύματι τῷ ἀκαθάρτῳ λέγων αὐτῷ,
10: 1 καὶ συμπορεύονται πάλιν **ὄχλοι** πρὸς αὐτόν, καὶ ὡς εἰώθει πάλιν ἐδίδασκεν αὐτούς.
10:46 καὶ ἐκπορευομένου αὐτοῦ ἀπὸ Ἰεριχὼ καὶ τῶν μαθητῶν αὐτοῦ καὶ **ὄχλου** ἱκανοῦ ὁ υἱὸς Τιμαίου Βαρτιμαῖος,
11:18 πᾶς γὰρ ὁ **ὄχλος** ἐξεπλήσσετο ἐπὶ τῇ διδαχῇ αὐτοῦ.
11:32 ἀλλὰ εἴπωμεν, Ἐξ ἀνθρώπων;– ἐφοβοῦντο τὸν **ὄχλον·** ἅπαντες γὰρ εἶχον τὸν Ἰωάννην ὄντως ὅτι προφήτης ἦν.
12:12 Καὶ ἐζήτουν αὐτὸν κρατῆσαι, καὶ ἐφοβήθησαν τὸν **ὄχλον,**
12:37 καὶ πόθεν αὐτοῦ ἐστιν υἱός; καὶ [ὁ] πολὺς **ὄχλος** ἤκουεν αὐτοῦ ἡδέως.
12:41 Καὶ καθίσας κατέναντι τοῦ γαζοφυλακίου ἐθεώρει πῶς ὁ **ὄχλος** βάλλει χαλκὸν εἰς τὸ γαζοφυλάκιον.
14:43 Καὶ εὐθὺς ἔτι αὐτοῦ λαλοῦντος παραγίνεται Ἰούδας εἷς τῶν δώδεκα καὶ μετ᾽ αὐτοῦ **ὄχλος** μετὰ μαχαιρῶν καὶ ξύλων
15: 8 καὶ ἀναβὰς ὁ **ὄχλος** ἤρξατο αἰτεῖσθαι καθὼς ἐποίει αὐτοῖς.
15:11 οἱ δὲ ἀρχιερεῖς ἀνέσεισαν τὸν **ὄχλον** ἵνα μᾶλλον τὸν Βαραββᾶν ἀπολύσῃ αὐτοῖς.
15:15 ὁ δὲ Πιλᾶτος βουλόμενος τῷ **ὄχλῳ** τὸ ἱκανὸν ποιῆσαι ἀπέλυσεν αὐτοῖς τὸν Βαραββᾶν,
Lk 3: 7 Ἔλεγεν οὖν τοῖς ἐκπορευομένοις **ὄχλοις** βαπτισθῆναι ὑπ᾽ αὐτοῦ,
3:10 Καὶ ἐπηρώτων αὐτὸν οἱ **ὄχλοι** λέγοντες, Τί οὖν ποιήσωμεν;
4:42 καὶ οἱ **ὄχλοι** ἐπεζήτουν αὐτὸν καὶ ἦλθον ἕως αὐτοῦ καὶ κατεῖχον αὐτὸν τοῦ μὴ πορεύεσθαι ἀπ᾽ αὐτῶν.
5: 1 Ἐγένετο δὲ ἐν τῷ τὸν **ὄχλον** ἐπικεῖσθαι αὐτῷ καὶ ἀκούειν τὸν λόγον τοῦ θεοῦ καὶ αὐτὸς ἦν ἑστὼς παρὰ τὴν λίμνην
5: 3 καθίσας δὲ ἐκ τοῦ πλοίου ἐδίδασκεν τοὺς **ὄχλους.**
5:15 καὶ συνήρχοντο **ὄχλοι** πολλοὶ ἀκούειν καὶ θεραπεύεσθαι ἀπὸ τῶν ἀσθενειῶν αὐτῶν·
5:19 καὶ μὴ εὑρόντες ποίας εἰσενέγκωσιν αὐτὸν διὰ τὸν **ὄχλον,**
5:29 καὶ ἦν **ὄχλος** πολὺς τελωνῶν καὶ ἄλλων οἳ ἦσαν μετ᾽ αὐτῶν κατακείμενοι.
6:17 Καὶ καταβὰς μετ᾽ αὐτῶν ἔστη ἐπὶ τόπου πεδινοῦ, καὶ **ὄχλος** πολὺς μαθητῶν αὐτοῦ,
6:19 καὶ πᾶς ὁ **ὄχλος** ἐζήτουν ἅπτεσθαι αὐτοῦ, ὅτι δύναμις παρ᾽ αὐτοῦ ἐξήρχετο καὶ ἰᾶτο πάντας.
7: 9 ἀκούσας δὲ ταῦτα ὁ Ἰησοῦς ἐθαύμασεν αὐτὸν καὶ στραφεὶς τῷ ἀκολουθοῦντι αὐτῷ **ὄχλῳ** εἶπεν,
7:11 Καὶ ἐγένετο ἐν τῷ ἑξῆς ἐπορεύθη εἰς πόλιν καλουμένην Ναΐν καὶ συνεπορεύοντο αὐτῷ οἱ μαθηταὶ αὐτοῦ καὶ **ὄχλος** πολύς.
7:12 καὶ **ὄχλος** τῆς πόλεως ἱκανὸς ἦν σὺν αὐτῇ.
7:24 Ἀπελθόντων δὲ τῶν ἀγγέλων Ἰωάννου ἤρξατο λέγειν πρὸς τοὺς **ὄχλους** περὶ Ἰωάννου,
8: 4 Συνιόντος δὲ **ὄχλου** πολλοῦ καὶ τῶν κατὰ πόλιν ἐπιπορευομένων πρὸς αὐτὸν εἶπεν διὰ παραβολῆς,
8:19 Παρεγένετο δὲ πρὸς αὐτὸν ἡ μήτηρ καὶ οἱ ἀδελφοὶ αὐτοῦ καὶ οὐκ ἠδύναντο συντυχεῖν αὐτῷ διὰ τὸν **ὄχλον.**
8:40 Ἐν δὲ τῷ ὑποστρέφειν τὸν Ἰησοῦν ἀπεδέξατο αὐτὸν ὁ **ὄχλος·**
8:42 Ἐν δὲ τῷ ὑπάγειν αὐτὸν οἱ **ὄχλοι** συνέπνιγον αὐτόν.
8:45 ἀρνουμένων δὲ πάντων εἶπεν ὁ Πέτρος, Ἐπιστάτα, οἱ **ὄχλοι** συνέχουσίν σε καὶ ἀποθλίβουσιν.
9:11 οἱ δὲ **ὄχλοι** γνόντες ἠκολούθησαν αὐτῷ· καὶ ἀποδεξάμενος αὐτοὺς ἐλάλει αὐτοῖς περὶ τῆς βασιλείας τοῦ θεοῦ,
9:12 προσελθόντες δὲ οἱ δώδεκα εἶπαν αὐτῷ, Ἀπόλυσον τὸν **ὄχλον,**
9:16 ἀναβλέψας εἰς τὸν οὐρανὸν εὐλόγησεν αὐτοὺς καὶ κατέκλασεν καὶ ἐδίδου τοῖς μαθηταῖς παραθεῖναι τῷ **ὄχλῳ.**
9:18 ἐπηρώτησεν αὐτοὺς λέγων, Τίνα με λέγουσιν οἱ **ὄχλοι** εἶναι;
9:37 Ἐγένετο δὲ τῇ ἑξῆς ἡμέρᾳ κατελθόντων αὐτῶν ἀπὸ τοῦ ὄρους συνήντησεν αὐτῷ **ὄχλος** πολύς.
9:38 καὶ ἰδοὺ ἀνὴρ ἀπὸ τοῦ **ὄχλου** ἐβόησεν λέγων,
11:14 ἐγένετο δὲ τοῦ δαιμονίου ἐξελθόντος ἐλάλησεν ὁ κωφὸς καὶ ἐθαύμασαν οἱ **ὄχλοι.**
11:27 Ἐγένετο δὲ ἐν τῷ λέγειν αὐτὸν ταῦτα ἐπάρασά τις φωνὴν γυνὴ ἐκ τοῦ **ὄχλου** εἶπεν αὐτῷ,
11:29 Τῶν δὲ **ὄχλων** ἐπαθροιζομένων ἤρξατο λέγειν, Ἡ γενεὰ αὕτη γενεὰ πονηρά ἐστιν·
12: 1 Ἐν οἷς ἐπισυναχθεισῶν τῶν μυριάδων τοῦ **ὄχλου,** ὥστε καταπατεῖν ἀλλήλους,
12:13 Εἶπεν δέ τις ἐκ τοῦ **ὄχλου** αὐτῷ, Διδάσκαλε,
12:54 Ἔλεγεν δὲ καὶ τοῖς **ὄχλοις,** Ὅταν ἴδητε [τὴν] νεφέλην ἀνατέλλουσαν ἐπὶ δυσμῶν,
13:14 ἔλεγεν τῷ **ὄχλῳ** ὅτι Ἓξ ἡμέραι εἰσὶν ἐν αἷς δεῖ ἐργάζεσθαι·
13:17 καὶ πᾶς ὁ **ὄχλος** ἔχαιρεν ἐπὶ πᾶσιν τοῖς ἐνδόξοις τοῖς γινομένοις ὑπ᾽ αὐτοῦ.
14:25 Συνεπορεύοντο δὲ αὐτῷ **ὄχλοι** πολλοί, καὶ στραφεὶς εἶπεν πρὸς αὐτούς,
18:36 ἀκούσας δὲ **ὄχλου** διαπορευομένου ἐπυνθάνετο τί εἴη τοῦτο.
19: 3 καὶ ἐζήτει ἰδεῖν τὸν Ἰησοῦν τίς ἐστιν καὶ οὐκ ἠδύνατο ἀπὸ τοῦ **ὄχλου,**
19:39 καί τινες τῶν Φαρισαίων ἀπὸ τοῦ **ὄχλου** εἶπαν πρὸς αὐτόν,
22: 6 καὶ ἐζήτει εὐκαιρίαν τοῦ παραδοῦναι αὐτὸν ἄτερ **ὄχλου** αὐτοῖς.
22:47 Ἔτι αὐτοῦ λαλοῦντος ἰδοὺ **ὄχλος,** καὶ ὁ λεγόμενος Ἰούδας εἷς τῶν δώδεκα προήρχετο αὐτοὺς καὶ ἤγγισεν τῷ Ἰησοῦ φιλῆσαι
23: 4 ὁ δὲ Πιλᾶτος εἶπεν πρὸς τοὺς ἀρχιερεῖς καὶ τοὺς **ὄχλους,**
23:48 πάντες οἱ συμπαραγενόμενοι **ὄχλοι** ἐπὶ τὴν θεωρίαν ταύτην,
Jn 5:13 ὁ γὰρ Ἰησοῦς ἐξένευσεν **ὄχλου** ὄντος ἐν τῷ τόπῳ.
6: 2 ἠκολούθει δὲ αὐτῷ **ὄχλος** πολύς, ὅτι ἐθεώρουν τὰ σημεῖα ἃ ἐποίει ἐπὶ τῶν ἀσθενούντων.
6: 5 ἐπάρας οὖν τοὺς ὀφθαλμοὺς ὁ Ἰησοῦς καὶ θεασάμενος ὅτι πολὺς **ὄχλος** ἔρχεται πρὸς αὐτὸν λέγει πρὸς Φίλιππον,
6:22 Τῇ ἐπαύριον ὁ **ὄχλος** ὁ ἑστηκὼς πέραν τῆς θαλάσσης εἶδον ὅτι πλοιάριον ἄλλο οὐκ ἦν ἐκεῖ εἰ μὴ ἓν καὶ ὅτι οὐ συνεισῆλθεν
6:24 ὅτε οὖν εἶδεν ὁ **ὄχλος** ὅτι Ἰησοῦς οὐκ ἔστιν ἐκεῖ οὐδὲ οἱ μαθηταὶ αὐτοῦ,
7:12 καὶ γογγυσμὸς περὶ αὐτοῦ ἦν πολὺς ἐν τοῖς **ὄχλοις·** οἱ μὲν ἔλεγον ὅτι Ἀγαθός ἐστιν, ἄλλοι [δὲ] ἔλεγον, Οὔ, ἀλλὰ πλανᾷ τὸν **ὄχλον.**
7:20 ἀπεκρίθη ὁ **ὄχλος,** Δαιμόνιον ἔχεις· τίς σε ζητεῖ ἀποκτεῖναι;
7:31 Ἐκ τοῦ **ὄχλου** δὲ πολλοὶ ἐπίστευσαν εἰς αὐτὸν καὶ ἔλεγον,

7:32 Ἤκουσαν οἱ Φαρισαῖοι τοῦ **ὄχλου** γογγύζοντος περὶ αὐτοῦ ταῦτα,
7:40 Ἐκ τοῦ **ὄχλου** οὖν ἀκούσαντες τῶν λόγων τούτων ἔλεγον,
7:43 σχίσμα οὖν ἐγένετο ἐν τῷ **ὄχλῳ** δι' αὐτόν·
7:49 ἀλλὰ ὁ **ὄχλος** οὗτος ὁ μὴ γινώσκων τὸν νόμον ἐπάρατοί εἰσιν.
11:42 ἀλλὰ διὰ τὸν **ὄχλον** τὸν περιεστῶτα εἶπον, ἵνα πιστεύσωσιν ὅτι σύ με ἀπέστειλας.
12: 9 Ἔγνω οὖν [ὁ] **ὄχλος** πολὺς ἐκ τῶν Ἰουδαίων ὅτι ἐκεῖ ἐστιν καὶ ἦλθον οὐ διὰ τὸν Ἰησοῦν μόνον,
12:12 Τῇ ἐπαύριον ὁ **ὄχλος** πολὺς ὁ ἐλθὼν εἰς τὴν ἑορτήν,
12:17 ἐμαρτύρει οὖν ὁ **ὄχλος** ὁ ὢν μετ' αὐτοῦ ὅτε τὸν Λάζαρον ἐφώνησεν ἐκ τοῦ μνημείου καὶ ἤγειρεν αὐτὸν ἐκ νεκρῶν.
12:18 διὰ τοῦτο [καὶ] ὑπήντησεν αὐτῷ ὁ **ὄχλος,** ὅτι ἤκουσαν τοῦτο αὐτὸν πεποιηκέναι τὸ σημεῖον.
12:29 ὁ οὖν **ὄχλος** ὁ ἑστὼς καὶ ἀκούσας ἔλεγεν βροντὴν γεγονέναι,
12:34 ἀπεκρίθη οὖν αὐτῷ ὁ **ὄχλος,** Ἡμεῖς ἠκούσαμεν ἐκ τοῦ νόμου ὅτι ὁ Χριστὸς μένει εἰς τὸν αἰῶνα,

Ac 1:15 ἦν τε **ὄχλος** ὀνομάτων ἐπὶ τὸ αὐτὸ ὡσεὶ ἑκατὸν εἴκοσι·
6: 7 πολύς τε **ὄχλος** τῶν ἱερέων ὑπήκουον τῇ πίστει.
8: 6 προσεῖχον δὲ οἱ **ὄχλοι** τοῖς λεγομένοις ὑπὸ τοῦ Φιλίππου ὁμοθυμαδὸν ἐν τῷ ἀκούειν αὐτοὺς καὶ βλέπειν τὰ σημεῖα
11:24 ὅτι ἦν ἀνὴρ ἀγαθὸς καὶ πλήρης πνεύματος ἁγίου καὶ πίστεως. καὶ προσετέθη **ὄχλος** ἱκανὸς τῷ κυρίῳ.
11:26 ἐγένετο δὲ αὐτοῖς καὶ ἐνιαυτὸν ὅλον συναχθῆναι ἐν τῇ ἐκκλησίᾳ καὶ διδάξαι **ὄχλον** ἱκανόν,
13:45 ἰδόντες δὲ οἱ Ἰουδαῖοι τοὺς **ὄχλους** ἐπλήσθησαν ζήλου καὶ ἀντέλεγον τοῖς ὑπὸ Παύλου λαλουμένοις βλασφημοῦντες.
14:11 οἵ τε **ὄχλοι** ἰδόντες ὃ ἐποίησεν Παῦλος ἐπῆραν τὴν φωνὴν αὐτῶν Λυκαονιστὶ λέγοντες,
14:13 ὅ τε ἱερεὺς τοῦ Διὸς τοῦ ὄντος πρὸ τῆς πόλεως ταύρους καὶ στέμματα ἐπὶ τοὺς πυλῶνας ἐνέγκας σὺν τοῖς **ὄχλοις** ἤθελεν θύειν.
14:14 οἱ ἀπόστολοι Βαρναβᾶς καὶ Παῦλος διαρρήξαντες τὰ ἱμάτια αὐτῶν ἐξεπήδησαν εἰς τὸν **ὄχλον** κράζοντες
14:18 καὶ ταῦτα λέγοντες μόλις κατέπαυσαν τοὺς **ὄχλους** τοῦ μὴ θύειν αὐτοῖς.
14:19 Ἐπῆλθαν δὲ ἀπὸ Ἀντιοχείας καὶ Ἰκονίου Ἰουδαῖοι καὶ πείσαντες τοὺς **ὄχλους** καὶ λιθάσαντες τὸν Παῦλον
16:22 καὶ συνεπέστη ὁ **ὄχλος** κατ' αὐτῶν καὶ οἱ στρατηγοὶ περιρήξαντες αὐτῶν τὰ ἱμάτια ἐκέλευον ῥαβδίζειν,
17: 8 ἐτάραξαν δὲ τὸν **ὄχλον** καὶ τοὺς πολιτάρχας ἀκούοντας ταῦτα,
17:13 καὶ ἐν τῇ Βεροίᾳ κατηγγέλη ὑπὸ τοῦ Παύλου ὁ λόγος τοῦ θεοῦ, ἦλθον κἀκεῖ σαλεύοντες καὶ ταράσσοντες τοὺς **ὄχλους.**
19:26 σχεδὸν πάσης τῆς Ἀσίας ὁ Παῦλος οὗτος πείσας μετέστησεν ἱκανὸν **ὄχλον** λέγων ὅτι οὐκ εἰσὶν θεοὶ οἱ διὰ χειρῶν γινόμενοι.
19:33 ἐκ δὲ τοῦ **ὄχλου** συνεβίβασαν Ἀλέξανδρον, προβαλόντων αὐτὸν τῶν Ἰουδαίων·
19:35 καταστείλας δὲ ὁ γραμματεὺς τὸν **ὄχλον** φησίν, Ἄνδρες Ἐφέσιοι,
21:27 οἱ ἀπὸ τῆς Ἀσίας Ἰουδαῖοι θεασάμενοι αὐτὸν ἐν τῷ ἱερῷ συνέχεον πάντα τὸν **ὄχλον** καὶ ἐπέβαλον ἐπ' αὐτὸν τὰς χεῖρας
21:34 ἄλλοι δὲ ἄλλο τι ἐπεφώνουν ἐν τῷ **ὄχλῳ.**
21:35 συνέβη βαστάζεσθαι αὐτὸν ὑπὸ τῶν στρατιωτῶν διὰ τὴν βίαν τοῦ **ὄχλου,**
24:12 καὶ οὔτε ἐν τῷ ἱερῷ εὗρόν με πρός τινα διαλεγόμενον ἢ ἐπίστασιν ποιοῦντα **ὄχλου** οὔτε ἐν ταῖς συναγωγαῖς
24:18 ἐν αἷς εὗρόν με ἡγνισμένον ἐν τῷ ἱερῷ οὐ μετὰ **ὄχλου** οὐδὲ μετὰ θορύβου,

Rev 7: 9 Μετὰ ταῦτα εἶδον, καὶ ἰδοὺ **ὄχλος** πολύς, ὃν ἀριθμῆσαι αὐτὸν οὐδεὶς ἐδύνατο,
17:15 λαοὶ καὶ **ὄχλοι** εἰσὶν καὶ ἔθνη καὶ γλῶσσαι.
19: 1 Μετὰ ταῦτα ἤκουσα ὡς φωνὴν μεγάλην **ὄχλου** πολλοῦ ἐν τῷ οὐρανῷ λεγόντων,
19: 6 καὶ ἤκουσα ὡς φωνὴν **ὄχλου** πολλοῦ καὶ ὡς φωνὴν ὑδάτων πολλῶν καὶ ὡς φωνὴν βροντῶν ἰσχυρῶν λεγόντων,

4064 Ὀχοζίας Not used in UBS/NIV

4065 ὀχύρωμα [1]

√ *2400*

2Co 10: 4 τὰ γὰρ ὅπλα τῆς στρατείας ἡμῶν οὐ σαρκικὰ ἀλλὰ δυνατὰ τῷ θεῷ πρὸς καθαίρεσιν **ὀχυρωμάτων,**

4066 ὀψάριον [5]

→ *4072, 4243*

Jn 6: 9 Ἔστιν παιδάριον ὧδε ὃς ἔχει πέντε ἄρτους κριθίνους καὶ δύο **ὀψάρια·**
6:11 ἔλαβεν οὖν τοὺς ἄρτους ὁ Ἰησοῦς καὶ εὐχαριστήσας διέδωκεν τοῖς ἀνακειμένοις ὁμοίως καὶ ἐκ τῶν **ὀψαρίων** ὅσον ἤθελον.
21: 9 ὡς οὖν ἀπέβησαν εἰς τὴν γῆν βλέπουσιν ἀνθρακιὰν κειμένην καὶ **ὀψάριον** ἐπικείμενον καὶ ἄρτον.
21:10 λέγει αὐτοῖς ὁ Ἰησοῦς, Ἐνέγκατε ἀπὸ τῶν **ὀψαρίων** ὧν ἐπιάσατε νῦν.
21:13 ἔρχεται Ἰησοῦς καὶ λαμβάνει τὸν ἄρτον καὶ δίδωσιν αὐτοῖς, καὶ τὸ **ὀψάριον** ὁμοίως.

4067 ὀψέ [3]

→ *4068, 4069, 4070*

Mt 28: 1 **Ὀψὲ** δὲ σαββάτων, τῇ ἐπιφωσκούσῃ εἰς μίαν σαββάτων ἦλθεν Μαριὰμ ἡ Μαγδαληνὴ καὶ ἡ ἄλλη Μαρία θεωρῆσαι τὸν τάφον.
Mk 11:19 Καὶ ὅταν **ὀψὲ** ἐγένετο, ἐξεπορεύοντο ἔξω τῆς πόλεως.
13:35 ἢ **ὀψὲ** ἢ μεσονύκτιον ἢ ἀλεκτοροφωνίας ἢ πρωΐ,

4068 ὀψία [14]

√ *4067*

Mt 8:16 **Ὀψίας** δὲ γενομένης προσήνεγκαν αὐτῷ δαιμονιζομένους πολλούς· καὶ ἐξέβαλεν τὰ πνεύματα λόγῳ καὶ πάντας τοὺς κακῶς ἔχοντας ἐθεράπευσεν,
14:15 **ὀψίας** δὲ γενομένης προσῆλθον αὐτῷ οἱ μαθηταὶ λέγοντες,
14:23 καὶ ἀπολύσας τοὺς ὄχλους ἀνέβη εἰς τὸ ὄρος κατ' ἰδίαν προσεύξασθαι. **ὀψίας** δὲ γενομένης μόνος ἦν ἐκεῖ.
16: 2 [**Ὀψίας** γενομένης λέγετε, Εὐδία, πυρράζει γὰρ ὁ οὐρανός·]
20: 8 **ὀψίας** δὲ γενομένης λέγει ὁ κύριος τοῦ ἀμπελῶνος τῷ ἐπιτρόπῳ αὐτοῦ,
26:20 **Ὀψίας** δὲ γενομένης ἀνέκειτο μετὰ τῶν δώδεκα.
27:57 **Ὀψίας** δὲ γενομένης ἦλθεν ἄνθρωπος πλούσιος ἀπὸ Ἁριμαθαίας,
Mk 1:32 **Ὀψίας** δὲ γενομένης, ὅτε ἔδυ ὁ ἥλιος, ἔφερον πρὸς αὐτὸν πάντας τοὺς κακῶς ἔχοντας καὶ τοὺς δαιμονιζομένους·
4:35 Καὶ λέγει αὐτοῖς ἐν ἐκείνῃ τῇ ἡμέρᾳ **ὀψίας** γενομένης,
6:47 καὶ **ὀψίας** γενομένης ἦν τὸ πλοῖον ἐν μέσῳ τῆς θαλάσσης,
14:17 Καὶ **ὀψίας** γενομένης ἔρχεται μετὰ τῶν δώδεκα.
15:42 Καὶ ἤδη **ὀψίας** γενομένης, ἐπεὶ ἦν παρασκευὴ ὅ ἐστιν προσάββατον,
Jn 6:16 Ὡς δὲ **ὀψία** ἐγένετο κατέβησαν οἱ μαθηταὶ αὐτοῦ ἐπὶ τὴν θάλασσαν
20:19 Οὔσης οὖν **ὀψίας** τῇ ἡμέρᾳ ἐκείνῃ τῇ μιᾷ σαββάτων καὶ τῶν θυρῶν κεκλεισμένων ὅπου ἦσαν οἱ μαθηταὶ διὰ τὸν φόβον

4069 ὄψιμος [1]

√ *4067*

Jas 5: 7 ἰδοὺ ὁ γεωργὸς ἐκδέχεται τὸν τίμιον καρπὸν τῆς γῆς μακροθυμῶν ἐπ' αὐτῷ ἕως λάβῃ πρόϊμον καὶ **ὄψιμον.**

4070 ὄψιος [1]

√ *4067*

Mk 11:11 **ὀψίας** ἤδη οὔσης τῆς ὥρας, ἐξῆλθεν εἰς Βηθανίαν μετὰ τῶν δώδεκα.

4071 ὄψις [3]

√ *3972*

κρίνω κατ' ὄψιν [1] Jn 7:24

Jn 7:24 μὴ κρίνετε κατ' **ὄψιν,** ἀλλὰ τὴν δικαίαν κρίσιν κρίνετε.
11:44 ἐξῆλθεν ὁ τεθνηκὼς δεδεμένος τοὺς πόδας καὶ τὰς χεῖρας κειρίαις καὶ ἡ **ὄψις** αὐτοῦ σουδαρίῳ περιεδέδετο.
Rev 1:16 καὶ ἔχων ἐν τῇ δεξιᾷ χειρὶ αὐτοῦ ἀστέρας ἑπτὰ καὶ ἐκ τοῦ στόματος αὐτοῦ ῥομφαία δίστομος ὀξεῖα ἐκπορευομένη καὶ ἡ **ὄψις** αὐτοῦ ὡς ὁ ἥλιος φαίνει ἐν τῇ δυνάμει αὐτοῦ.

4072 ὀψώνιον [4]

√ *4066 + 6050*

Lk 3:14 Μηδένα διασείσητε μηδὲ συκοφαντήσητε καὶ ἀρκεῖσθε τοῖς **ὀψωνίοις** ὑμῶν.
Ro 6:23 τὰ γὰρ **ὀψώνια** τῆς ἁμαρτίας θάνατος, τὸ δὲ χάρισμα τοῦ θεοῦ ζωὴ αἰώνιος ἐν Χριστῷ Ἰησοῦ τῷ κυρίῳ ἡμῶν.
1Co 9: 7 τίς στρατεύεται ἰδίοις **ὀψωνίοις** ποτέ; τίς φυτεύει ἀμπελῶνα καὶ τὸν καρπὸν αὐτοῦ οὐκ ἐσθίει;
2Co 11: 8 ἄλλας ἐκκλησίας ἐσύλησα λαβὼν **ὀψώνιον** πρὸς τὴν ὑμῶν διακονίαν,

Π, π

4073 π Not used in UBS/NIV

4074 παγιδεύω [1]

√ *4381*

Mt 22:15 Τότε πορευθέντες οἱ Φαρισαῖοι συμβούλιον ἔλαβον ὅπως αὐτὸν **παγιδεύσωσιν** ἐν λόγῳ.

4075 παγίς [5]

√ *4381*

Lk 21:35 ὡς **παγίς·** ἐπεισελεύσεται γὰρ ἐπὶ πάντας τοὺς καθημένους ἐπὶ πρόσωπον πάσης τῆς γῆς.
Ro 11: 9 Γενηθήτω ἡ τράπεζα αὐτῶν εἰς **παγίδα** καὶ εἰς θήραν καὶ εἰς σκάνδαλον καὶ εἰς ἀνταπόδομα αὐτοῖς,
1Ti 3: 7 ἵνα μὴ εἰς ὀνειδισμὸν ἐμπέσῃ καὶ **παγίδα** τοῦ διαβόλου.
6: 9 οἱ δὲ βουλόμενοι πλουτεῖν ἐμπίπτουσιν εἰς πειρασμὸν καὶ **παγίδα** καὶ ἐπιθυμίας πολλὰς ἀνοήτους καὶ βλαβεράς,
2Ti 2:26 καὶ ἀνανήψωσιν ἐκ τῆς τοῦ διαβόλου **παγίδος,** ἐζωγρημένοι ὑπ' αὐτοῦ εἰς τὸ ἐκείνου θέλημα.

4076 πάγος Not used in UBS/NIV

→ *740, 741*

4077 πάθημα [16]

√ *4248*

πάσχω ... πάθημα [1] 2Co 1:6

Ro 7: 5 τὰ **παθήματα** τῶν ἁμαρτιῶν τὰ διὰ τοῦ νόμου ἐνηργεῖτο ἐν τοῖς μέλεσιν ἡμῶν,
8:18 Λογίζομαι γὰρ ὅτι οὐκ ἄξια τὰ **παθήματα** τοῦ νῦν καιροῦ πρὸς τὴν μέλλουσαν δόξαν ἀποκαλυφθῆναι εἰς ἡμᾶς.
2Co 1: 5 ὅτι καθὼς περισσεύει τὰ **παθήματα** τοῦ Χριστοῦ εἰς ἡμᾶς,
1: 6 ὑπὲρ τῆς ὑμῶν παρακλήσεως τῆς ἐνεργουμένης ἐν ὑπομονῇ τῶν αὐτῶν **παθημάτων** ὧν καὶ ἡμεῖς πάσχομεν.
1: 7 καὶ ἡ ἐλπὶς ἡμῶν βεβαία ὑπὲρ ὑμῶν εἰδότες ὅτι ὡς κοινωνοί ἐστε τῶν **παθημάτων,**
Gal 5:24 οἱ δὲ τοῦ Χριστοῦ [Ἰησοῦ] τὴν σάρκα ἐσταύρωσαν σὺν τοῖς **παθήμασιν** καὶ ταῖς ἐπιθυμίαις.
Php 3:10 τοῦ γνῶναι αὐτὸν καὶ τὴν δύναμιν τῆς ἀναστάσεως αὐτοῦ καὶ [τὴν] κοινωνίαν [τῶν] **παθημάτων** αὐτοῦ,
Col 1:24 Νῦν χαίρω ἐν τοῖς **παθήμασιν** ὑπὲρ ὑμῶν καὶ ἀνταναπληρῶ τὰ ὑστερήματα τῶν θλίψεων τοῦ Χριστοῦ ἐν τῇ σαρκί μου ὑπὲρ τοῦ σώματος αὐτοῦ,
2Ti 3:11 τοῖς διωγμοῖς, τοῖς **παθήμασιν,** οἷά μοι ἐγένετο ἐν Ἀντιοχείᾳ,
Heb 2: 9 τὸν δὲ βραχύ τι παρ' ἀγγέλους ἠλαττωμένον βλέπομεν Ἰησοῦν διὰ τὸ **πάθημα** τοῦ θανάτου δόξῃ καὶ τιμῇ ἐστεφανωμένον,
2:10 πολλοὺς υἱοὺς εἰς δόξαν ἀγαγόντα τὸν ἀρχηγὸν τῆς σωτηρίας αὐτῶν διὰ **παθημάτων** τελειῶσαι.
10:32 Ἀναμιμνῄσκεσθε δὲ τὰς πρότερον ἡμέρας, ἐν αἷς φωτισθέντες πολλὴν ἄθλησιν ὑπεμείνατε **παθημάτων,**
1Pe 1:11 ἐραυνῶντες εἰς τίνα ἢ ποῖον καιρὸν ἐδήλου τὸ ἐν αὐτοῖς πνεῦμα Χριστοῦ προμαρτυρόμενον τὰ εἰς Χριστὸν **παθήματα** καὶ τὰς μετὰ ταῦτα δόξας.
4:13 ἀλλὰ καθὸ κοινωνεῖτε τοῖς τοῦ Χριστοῦ **παθήμασιν** χαίρετε,
5: 1 Πρεσβυτέρους οὖν ἐν ὑμῖν παρακαλῶ ὁ συμπρεσβύτερος καὶ μάρτυς τῶν τοῦ Χριστοῦ **παθημάτων,**
5: 9 ᾧ ἀντίστητε στερεοὶ τῇ πίστει εἰδότες τὰ αὐτὰ τῶν **παθημάτων** τῇ ἐν [τῷ] κόσμῳ ὑμῶν ἀδελφότητι ἐπιτελεῖσθαι.

4078 παθητός [1]

√ *4248*

Ac 26:23 εἰ **παθητὸς** ὁ Χριστός, εἰ πρῶτος ἐξ ἀναστάσεως νεκρῶν φῶς μέλλει καταγγέλλειν τῷ τε λαῷ καὶ τοῖς ἔθνεσιν.

4079 πάθος [3]

√ *4248*

Ro 1:26 διὰ τοῦτο παρέδωκεν αὐτοὺς ὁ θεὸς εἰς **πάθη** ἀτιμίας,
Col 3: 5 πορνείαν ἀκαθαρσίαν **πάθος** ἐπιθυμίαν κακήν, καὶ τὴν πλεονεξίαν,
1Th 4: 5 μὴ ἐν **πάθει** ἐπιθυμίας καθάπερ καὶ τὰ ἔθνη τὰ μὴ εἰδότα τὸν θεόν,

4080 παιδαγωγός [3]

√ *4090 + 72*

1Co 4:15 ἐὰν γὰρ μυρίους **παιδαγωγοὺς** ἔχητε ἐν Χριστῷ ἀλλ' οὐ πολλοὺς πατέρας·
Gal 3:24 ὥστε ὁ νόμος **παιδαγωγὸς** ἡμῶν γέγονεν εἰς Χριστόν,
3:25 ἐλθούσης δὲ τῆς πίστεως οὐκέτι ὑπὸ **παιδαγωγόν** ἐσμεν.

4081 παιδάριον [1]

√ *4090*

Jn 6: 9 Ἔστιν **παιδάριον** ὧδε ὃς ἔχει πέντε ἄρτους κριθίνους καὶ δύο ὀψάρια·

4082 παιδεία [6]

√ *4090*

Eph 6: 4 μὴ παροργίζετε τὰ τέκνα ὑμῶν ἀλλὰ ἐκτρέφετε αὐτὰ ἐν **παιδείᾳ** καὶ νουθεσίᾳ κυρίου.
2Ti 3:16 πρὸς ἐλεγμόν, πρὸς ἐπανόρθωσιν, πρὸς **παιδείαν** τὴν ἐν δικαιοσύνῃ,
Heb 12: 5 μὴ ὀλιγώρει **παιδείας** κυρίου μηδὲ ἐκλύου ὑπ' αὐτοῦ ἐλεγχόμενος·
12: 7 εἰς **παιδείαν** ὑπομένετε, ὡς υἱοῖς ὑμῖν προσφέρεται ὁ θεός.
12: 8 εἰ δὲ χωρίς ἐστε **παιδείας** ἧς μέτοχοι γεγόνασιν πάντες,
12:11 πᾶσα δὲ **παιδεία** πρὸς μὲν τὸ παρὸν οὐ δοκεῖ χαρᾶς εἶναι ἀλλὰ λύπης,

4083 παιδευτής [2]

√ *4090*

Ro 2:20 **παιδευτὴν** ἀφρόνων, διδάσκαλον νηπίων, ἔχοντα τὴν μόρφωσιν τῆς γνώσεως καὶ τῆς ἀληθείας ἐν τῷ νόμῳ·
Heb 12: 9 εἶτα τοὺς μὲν τῆς σαρκὸς ἡμῶν πατέρας εἴχομεν **παιδευτὰς** καὶ ἐνετρεπόμεθα·

4084 παιδεύω [13]

√ *4090*

Lk 23:16 **παιδεύσας** οὖν αὐτὸν ἀπολύσω.
23:22 οὐδὲν αἴτιον θανάτου εὗρον ἐν αὐτῷ· **παιδεύσας** οὖν αὐτὸν ἀπολύσω.
Ac 7:22 καὶ **ἐπαιδεύθη** Μωϋσῆς [ἐν] πάσῃ σοφίᾳ Αἰγυπτίων, ἦν δὲ δυνατὸς ἐν λόγοις καὶ ἔργοις αὐτοῦ.
22: 3 παρὰ τοὺς πόδας Γαμαλιὴλ **πεπαιδευμένος** κατὰ ἀκρίβειαν τοῦ πατρῴου νόμου,
1Co 11:32 κρινόμενοι δὲ ὑπὸ [τοῦ] κυρίου **παιδευόμεθα,** ἵνα μὴ σὺν τῷ κόσμῳ κατακριθῶμεν.
2Co 6: 9 ὡς ἀποθνῄσκοντες καὶ ἰδοὺ ζῶμεν, ὡς **παιδευόμενοι** καὶ μὴ θανατούμενοι,
1Ti 1:20 οὓς παρέδωκα τῷ Σατανᾷ, ἵνα **παιδευθῶσιν** μὴ βλασφημεῖν.
2Ti 2:25 ἐν πραΰτητι **παιδεύοντα** τοὺς ἀντιδιατιθεμένους, μήποτε δώῃ αὐτοῖς ὁ θεὸς μετάνοιαν εἰς ἐπίγνωσιν ἀληθείας
Tit 2:12 **παιδεύουσα** ἡμᾶς, ἵνα ἀρνησάμενοι τὴν ἀσέβειαν καὶ τὰς κοσμικὰς ἐπιθυμίας σωφρόνως καὶ δικαίως καὶ εὐσεβῶς ζήσωμεν ἐν τῷ νῦν αἰῶνι,

Heb 12: 6 ὃν γὰρ ἀγαπᾷ κύριος **παιδεύει,** μαστιγοῖ δὲ πάντα υἱὸν ὃν παραδέχεται.
12: 7 ὡς υἱοῖς ὑμῖν προσφέρεται ὁ θεός. τίς γὰρ υἱὸς ὃν οὐ **παιδεύει** πατήρ;
12: 10 οἱ μὲν γὰρ πρὸς ὀλίγας ἡμέρας κατὰ τὸ δοκοῦν αὐτοῖς **ἐπαίδευον,**
Rev 3: 19 ἐγὼ ὅσους ἐὰν φιλῶ ἐλέγχω καὶ **παιδεύω·** ζήλευε οὖν καὶ μετανόησον.

4085 παιδιόθεν [1]

√ *4090*

Mk 9: 21 Πόσος χρόνος ἐστὶν ὡς τοῦτο γέγονεν αὐτῷ; ὁ δὲ εἶπεν, Ἐκ **παιδιόθεν·**

4086 παιδίον [52]

√ *4090*

Mt 2: 8 καὶ πέμψας αὐτοὺς εἰς Βηθλέεμ εἶπεν, Πορευθέντες ἐξετάσατε ἀκριβῶς περὶ τοῦ **παιδίου·**
2: 9 ἕως ἐλθὼν ἐστάθη ἐπάνω οὗ ἦν τὸ **παιδίον.**
2: 11 καὶ ἐλθόντες εἰς τὴν οἰκίαν εἶδον τὸ **παιδίον** μετὰ Μαρίας τῆς μητρὸς αὐτοῦ,
2: 13 Ἐγερθεὶς παράλαβε τὸ **παιδίον** καὶ τὴν μητέρα αὐτοῦ καὶ φεῦγε εἰς Αἴγυπτον καὶ ἴσθι ἐκεῖ ἕως ἂν εἴπω σοι· μέλλει γὰρ Ἡρῴδης ζητεῖν τὸ **παιδίον** τοῦ ἀπολέσαι αὐτό.
2: 14 ὁ δὲ ἐγερθεὶς παρέλαβεν τὸ **παιδίον** καὶ τὴν μητέρα αὐτοῦ νυκτὸς καὶ ἀνεχώρησεν εἰς Αἴγυπτον,
2: 20 Ἐγερθεὶς παράλαβε τὸ **παιδίον** καὶ τὴν μητέρα αὐτοῦ καὶ πορεύου εἰς γῆν Ἰσραήλ· τεθνήκασιν γὰρ οἱ ζητοῦντες τὴν ψυχὴν τοῦ **παιδίου.**
2: 21 ὁ δὲ ἐγερθεὶς παρέλαβεν τὸ **παιδίον** καὶ τὴν μητέρα αὐτοῦ καὶ εἰσῆλθεν εἰς γῆν Ἰσραήλ.
11: 16 ὁμοία ἐστὶν **παιδίοις** καθημένοις ἐν ταῖς ἀγοραῖς ἃ προσφωνοῦντα τοῖς ἑτέροις
14: 21 οἱ δὲ ἐσθίοντες ἦσαν ἄνδρες ὡσεὶ πεντακισχίλιοι χωρὶς γυναικῶν καὶ **παιδίων.**
15: 38 οἱ δὲ ἐσθίοντες ἦσαν τετρακισχίλιοι ἄνδρες χωρὶς γυναικῶν καὶ **παιδίων.**
18: 2 καὶ προσκαλεσάμενος **παιδίον** ἔστησεν αὐτὸ ἐν μέσῳ αὐτῶν
18: 3 ἐὰν μὴ στραφῆτε καὶ γένησθε ὡς τὰ **παιδία,**
18: 4 ὅστις οὖν ταπεινώσει ἑαυτὸν ὡς τὸ **παιδίον** τοῦτο,
18: 5 καὶ ὃς ἐὰν δέξηται ἓν **παιδίον** τοιοῦτο ἐπὶ τῷ ὀνόματί μου,
19: 13 Τότε προσηνέχθησαν αὐτῷ **παιδία** ἵνα τὰς χεῖρας ἐπιθῇ αὐτοῖς καὶ προσεύξηται·
19: 14 Ἄφετε τὰ **παιδία** καὶ μὴ κωλύετε αὐτὰ ἐλθεῖν πρός με,
Mk 5: 39 Τί θορυβεῖσθε καὶ κλαίετε; τὸ **παιδίον** οὐκ ἀπέθανεν ἀλλὰ καθεύδει.
5: 40 αὐτὸς δὲ ἐκβαλὼν πάντας παραλαμβάνει τὸν πατέρα τοῦ **παιδίου** καὶ τὴν μητέρα καὶ τοὺς μετ᾽ αὐτοῦ καὶ εἰσπορεύεται ὅπου ἦν τὸ **παιδίον.**
5: 41 καὶ κρατήσας τῆς χειρὸς τοῦ **παιδίου** λέγει αὐτῇ,
7: 28 καὶ τὰ κυνάρια ὑποκάτω τῆς τραπέζης ἐσθίουσιν ἀπὸ τῶν ψιχίων τῶν **παιδίων.**
7: 30 καὶ ἀπελθοῦσα εἰς τὸν οἶκον αὐτῆς εὗρεν τὸ **παιδίον** βεβλημένον ἐπὶ τὴν κλίνην καὶ τὸ δαιμόνιον ἐξεληλυθός.
9: 24 εὐθὺς κράξας ὁ πατὴρ τοῦ **παιδίου** ἔλεγεν, Πιστεύω·
9: 36 καὶ λαβὼν **παιδίον** ἔστησεν αὐτὸ ἐν μέσῳ αὐτῶν καὶ ἐναγκαλισάμενος αὐτὸ εἶπεν αὐτοῖς,
9: 37 Ὃς ἂν ἓν τῶν τοιούτων **παιδίων** δέξηται ἐπὶ τῷ ὀνόματί μου,
10: 13 Καὶ προσέφερον αὐτῷ **παιδία** ἵνα αὐτῶν ἅψηται· οἱ δὲ μαθηταὶ ἐπετίμησαν αὐτοῖς.
10: 14 Ἄφετε τὰ **παιδία** ἔρχεσθαι πρός με, μὴ κωλύετε αὐτά,
10: 15 ὃς ἂν μὴ δέξηται τὴν βασιλείαν τοῦ θεοῦ ὡς **παιδίον,**
Lk 1: 59 ἐν τῇ ἡμέρᾳ τῇ ὀγδόῃ ἦλθον περιτεμεῖν τὸ **παιδίον** καὶ ἐκάλουν αὐτὸ ἐπὶ τῷ ὀνόματι τοῦ πατρὸς αὐτοῦ Ζαχαρίαν.
1: 66 καὶ ἔθεντο πάντες οἱ ἀκούσαντες ἐν τῇ καρδίᾳ αὐτῶν λέγοντες, Τί ἄρα τὸ **παιδίον** τοῦτο ἔσται;
1: 76 Καὶ σὺ δέ, **παιδίον,** προφήτης ὑψίστου κληθήσῃ· προπορεύσῃ γὰρ ἐνώπιον κυρίου ἑτοιμάσαι ὁδοὺς αὐτοῦ,
1: 80 Τὸ δὲ **παιδίον** ηὔξανεν καὶ ἐκραταιοῦτο πνεύματι, καὶ ἦν ἐν ταῖς ἐρήμοις ἕως ἡμέρας ἀναδείξεως αὐτοῦ πρὸς τὸν Ἰσραήλ.
2: 17 ἰδόντες δὲ ἐγνώρισαν περὶ τοῦ ῥήματος τοῦ λαληθέντος αὐτοῖς περὶ τοῦ **παιδίου** τούτου.
2: 27 καὶ ἐν τῷ εἰσαγαγεῖν τοὺς γονεῖς τὸ **παιδίον** Ἰησοῦν τοῦ ποιῆσαι αὐτοὺς κατὰ τὸ εἰθισμένον τοῦ νόμου περὶ αὐτοῦ
2: 40 Τὸ δὲ **παιδίον** ηὔξανεν καὶ ἐκραταιοῦτο πληρούμενον σοφίᾳ,
7: 32 ὅμοιοί εἰσιν **παιδίοις** τοῖς ἐν ἀγορᾷ καθημένοις καὶ προσφωνοῦσιν ἀλλήλοις ἃ λέγει,
9: 47 ὁ δὲ Ἰησοῦς εἰδὼς τὸν διαλογισμὸν τῆς καρδίας αὐτῶν, ἐπιλαβόμενος **παιδίον** ἔστησεν αὐτὸ παρ᾽ ἑαυτῷ
9: 48 Ὃς ἐὰν δέξηται τοῦτο τὸ **παιδίον** ἐπὶ τῷ ὀνόματί μου,
11: 7 ἤδη ἡ θύρα κέκλεισται καὶ τὰ **παιδία** μου μετ᾽ ἐμοῦ εἰς τὴν κοίτην εἰσίν·
18: 16 Ἄφετε τὰ **παιδία** ἔρχεσθαι πρός με καὶ μὴ κωλύετε αὐτά,
18: 17 ὃς ἂν μὴ δέξηται τὴν βασιλείαν τοῦ θεοῦ ὡς **παιδίον,**
Jn 4: 49 λέγει πρὸς αὐτὸν ὁ βασιλικός, Κύριε, κατάβηθι πρὶν ἀποθανεῖν τὸ **παιδίον** μου.
16: 21 ὅταν δὲ γεννήσῃ τὸ **παιδίον,** οὐκέτι μνημονεύει τῆς θλίψεως διὰ τὴν χαρὰν ὅτι ἐγεννήθη ἄνθρωπος εἰς τὸν κόσμον.
21: 5 λέγει οὖν αὐτοῖς [ὁ] Ἰησοῦς, **Παιδία,** μή τι προσφάγιον ἔχετε;
1Co 14: 20 μὴ **παιδία** γίνεσθε ταῖς φρεσὶν ἀλλὰ τῇ κακίᾳ νηπιάζετε,
Heb 2: 13 Ἰδοὺ ἐγὼ καὶ τὰ **παιδία** ἅ μοι ἔδωκεν ὁ θεός.
2: 14 ἐπεὶ οὖν τὰ **παιδία** κεκοινώνηκεν αἵματος καὶ σαρκός,
11: 23 διότι εἶδον ἀστεῖον τὸ **παιδίον** καὶ οὐκ ἐφοβήθησαν τὸ διάταγμα τοῦ βασιλέως.
1Jn 2: 14 ἔγραψα ὑμῖν, **παιδία,** ὅτι ἐγνώκατε τὸν πατέρα. ἔγραψα ὑμῖν,
2: 18 **Παιδία,** ἐσχάτη ὥρα ἐστίν, καὶ καθὼς ἠκούσατε ὅτι ἀντίχριστος ἔρχεται,

4087 παιδίσκη [13]

√ *4090*

Mt 26: 69 καὶ προσῆλθεν αὐτῷ μία **παιδίσκη** λέγουσα, Καὶ σὺ ἦσθα μετὰ Ἰησοῦ τοῦ Γαλιλαίου.
Mk 14: 66 Καὶ ὄντος τοῦ Πέτρου κάτω ἐν τῇ αὐλῇ ἔρχεται μία τῶν **παιδισκῶν** τοῦ ἀρχιερέως
14: 69 καὶ ἡ **παιδίσκη** ἰδοῦσα αὐτὸν ἤρξατο πάλιν λέγειν τοῖς παρεστῶσιν ὅτι Οὗτος ἐξ αὐτῶν ἐστιν.
Lk 12: 45 καὶ ἄρξηται τύπτειν τοὺς παῖδας καὶ τὰς **παιδίσκας,**
22: 56 ἰδοῦσα δὲ αὐτὸν **παιδίσκη** τις καθήμενον πρὸς τὸ φῶς καὶ ἀτενίσασα αὐτῷ εἶπεν,
Jn 18: 17 λέγει οὖν τῷ Πέτρῳ ἡ **παιδίσκη** ἡ θυρωρός,
Ac 12: 13 κρούσαντος δὲ αὐτοῦ τὴν θύραν τοῦ πυλῶνος προσῆλθεν **παιδίσκη** ὑπακοῦσαι ὀνόματι Ῥόδη,
16: 16 Ἐγένετο δὲ πορευομένων ἡμῶν εἰς τὴν προσευχὴν **παιδίσκην** τινὰ ἔχουσαν πνεῦμα πύθωνα ὑπαντῆσαι ἡμῖν,
Gal 4: 22 ἕνα ἐκ τῆς **παιδίσκης** καὶ ἕνα ἐκ τῆς ἐλευθέρας.
4: 23 ἀλλ᾽ ὁ μὲν ἐκ τῆς **παιδίσκης** κατὰ σάρκα γεγέννηται,
4: 30 Ἔκβαλε τὴν **παιδίσκην** καὶ τὸν υἱὸν αὐτῆς· οὐ γὰρ μὴ κληρονομήσει ὁ υἱὸς τῆς **παιδίσκης** μετὰ τοῦ υἱοῦ τῆς ἐλευθέρας.
4: 31 ἀδελφοί, οὐκ ἐσμὲν **παιδίσκης** τέκνα ἀλλὰ τῆς ἐλευθέρας.

4088 παιδόθεν Not used in UBS/NIV

√ *4090*

4089 παίζω [1]

→ *1848, 1849, 1850, 1851; cf. 4090*

1Co 10: 7 Ἐκάθισεν ὁ λαὸς φαγεῖν καὶ πεῖν καὶ ἀνέστησαν **παίζειν.**

4090 παῖς [24]

→ *553, 4080, 4081, 4082, 4083, 4084, 4085, 4086, 4087, 4088; cf. 4089*

fem. **ἡ** [2] Lk 8:51,54

Ἰησοῦς, θεοῦ [6] Mt 12:18; Lk 2:43; Ac 3:13,26; 4:27,30

παῖς Δαυίδ [2] Lk 1:69; Ac 4:25

παῖς Ἰσραήλ [1] Lk 1:54

Mt 2: 16 καὶ ἀποστείλας ἀνεῖλεν πάντας τοὺς **παῖδας** τοὺς ἐν Βηθλέεμ καὶ ἐν πᾶσι τοῖς ὁρίοις αὐτῆς ἀπὸ διετοῦς καὶ κατωτέρω,
8: 6 ὁ **παῖς** μου βέβληται ἐν τῇ οἰκίᾳ παραλυτικός,
8: 8 ἀλλὰ μόνον εἰπὲ λόγῳ, καὶ ἰαθήσεται ὁ **παῖς** μου.
8: 13 καὶ ἰάθη ὁ **παῖς** [αὐτοῦ] ἐν τῇ ὥρᾳ ἐκείνῃ.
12: 18 Ἰδοὺ ὁ **παῖς** μου ὃν ᾑρέτισα, ὁ ἀγαπητός μου εἰς ὃν εὐδόκησεν ἡ ψυχή μου·

14: 2 καὶ εἶπεν τοῖς **παισὶν** αὐτοῦ, Οὗτός ἐστιν Ἰωάννης ὁ βαπτιστής·
17:18 καὶ ἐπετίμησεν αὐτῷ ὁ Ἰησοῦς καὶ ἐξῆλθεν ἀπ᾽ αὐτοῦ τὸ δαιμόνιον καὶ ἐθεραπεύθη ὁ **παῖς** ἀπὸ τῆς ὥρας ἐκείνης.
21:15 ἰδόντες δὲ οἱ ἀρχιερεῖς καὶ οἱ γραμματεῖς τὰ θαυμάσια ἃ ἐποίησεν καὶ τοὺς **παῖδας** τοὺς κράζοντας ἐν τῷ ἱερῷ
Lk 1:54 ἀντελάβετο Ἰσραὴλ **παιδὸς** αὐτοῦ, μνησθῆναι ἐλέους,
1:69 καὶ ἤγειρεν κέρας σωτηρίας ἡμῖν ἐν οἴκῳ Δαυὶδ **παιδὸς** αὐτοῦ,
2:43 ἐν τῷ ὑποστρέφειν αὐτοὺς ὑπέμεινεν Ἰησοῦς ὁ **παῖς** ἐν Ἰερουσαλήμ,
7: 7 ἀλλὰ εἰπὲ λόγῳ, καὶ ἰαθήτω ὁ **παῖς** μου.
8:51 οὐκ ἀφῆκεν εἰσελθεῖν τινα σὺν αὐτῷ εἰ μὴ Πέτρον καὶ Ἰωάννην καὶ Ἰάκωβον καὶ τὸν πατέρα τῆς **παιδὸς** καὶ τὴν μητέρα.
8:54 αὐτὸς δὲ κρατήσας τῆς χειρὸς αὐτῆς ἐφώνησεν λέγων, Ἡ **παῖς,** ἔγειρε.
9:42 ἐπετίμησεν δὲ ὁ Ἰησοῦς τῷ πνεύματι τῷ ἀκαθάρτῳ καὶ ἰάσατο τὸν **παῖδα** καὶ ἀπέδωκεν αὐτὸν τῷ πατρὶ αὐτοῦ.
12:45 καὶ ἄρξηται τύπτειν τοὺς **παῖδας** καὶ τὰς παιδίσκας,
15:26 προσκαλεσάμενος ἕνα τῶν **παίδων** ἐπυνθάνετο τί ἂν εἴη ταῦτα.
Jn 4:51 ἤδη δὲ αὐτοῦ καταβαίνοντος οἱ δοῦλοι αὐτοῦ ὑπήντησαν αὐτῷ λέγοντες ὅτι ὁ **παῖς** αὐτοῦ ζῇ.
Ac 3:13 ἐδόξασεν τὸν **παῖδα** αὐτοῦ Ἰησοῦν ὃν ὑμεῖς μὲν παρεδώκατε καὶ ἠρνήσασθε κατὰ πρόσωπον Πιλάτου,
3:26 ὑμῖν πρῶτον ἀναστήσας ὁ θεὸς τὸν **παῖδα** αὐτοῦ ἀπέστειλεν αὐτὸν εὐλογοῦντα ὑμᾶς ἐν τῷ ἀποστρέφειν ἕκαστον
4:25 ὁ τοῦ πατρὸς ἡμῶν διὰ πνεύματος ἁγίου στόματος Δαυὶδ **παιδός** σου εἰπών,
4:27 συνήχθησαν γὰρ ἐπ᾽ ἀληθείας ἐν τῇ πόλει ταύτῃ ἐπὶ τὸν ἅγιον **παῖδά** σου Ἰησοῦν ὃν ἔχρισας,
4:30 τὴν χεῖρά [σου] ἐκτείνειν σε εἰς ἴασιν καὶ σημεῖα καὶ τέρατα γίνεσθαι διὰ τοῦ ὀνόματος τοῦ ἁγίου **παιδός** σου Ἰησοῦ.
20:12 ἤγαγον δὲ τὸν **παῖδα** ζῶντα καὶ παρεκλήθησαν οὐ μετρίως.

4091 παίω [5]

→ *4697*

Mt 26:68 Προφήτευσον ἡμῖν, Χριστέ, τίς ἐστιν ὁ **παίσας** σε;
Mk 14:47 [τις] τῶν παρεστηκότων σπασάμενος τὴν μάχαιραν **ἔπαισεν** τὸν δοῦλον τοῦ ἀρχιερέως καὶ ἀφεῖλεν αὐτοῦ τὸ ὠτάριον.
Lk 22:64 καὶ περικαλύψαντες αὐτὸν ἐπηρώτων λέγοντες, Προφήτευσον, τίς ἐστιν ὁ **παίσας** σε;
Jn 18:10 Σίμων οὖν Πέτρος ἔχων μάχαιραν εἵλκυσεν αὐτὴν καὶ **ἔπαισεν** τὸν τοῦ ἀρχιερέως δοῦλον καὶ ἀπέκοψεν αὐτοῦ τὸ ὠτάριον
Rev 9: 5 καὶ ὁ βασανισμὸς αὐτῶν ὡς βασανισμὸς σκορπίου ὅταν **παίσῃ** ἄνθρωπον.

4092 Πακατιανός Not used in UBS/NIV

4093 πάλαι [7]

→ *1732, 4094, 4095, 4096*

Mt 11:21 ὅτι εἰ ἐν Τύρῳ καὶ Σιδῶνι ἐγένοντο αἱ δυνάμεις αἱ γενόμεναι ἐν ὑμῖν, **πάλαι** ἂν ἐν σάκκῳ καὶ σποδῷ μετενόησαν.
Mk 15:44 ὁ δὲ Πιλᾶτος ἐθαύμασεν εἰ ἤδη τέθνηκεν καὶ προσκαλεσάμενος τὸν κεντυρίωνα ἐπηρώτησεν αὐτὸν εἰ **πάλαι** ἀπέθανεν·
Lk 10:13 **πάλαι** ἂν ἐν σάκκῳ καὶ σποδῷ καθήμενοι μετενόησαν.
2Co 12:19 **Πάλαι** δοκεῖτε ὅτι ὑμῖν ἀπολογούμεθα. κατέναντι θεοῦ ἐν Χριστῷ λαλοῦμεν·
Heb 1: 1 Πολυμερῶς καὶ πολυτρόπως **πάλαι** ὁ θεὸς λαλήσας τοῖς πατράσιν ἐν τοῖς προφήταις
2Pe 1: 9 λήθην λαβὼν τοῦ καθαρισμοῦ τῶν **πάλαι** αὐτοῦ ἁμαρτιῶν.
Jude 1: 4 οἱ **πάλαι** προγεγραμμένοι εἰς τοῦτο τὸ κρίμα, ἀσεβεῖς,

4094 παλαιός [19]

√ *4093*

καινός ... παλαιός [7] Mt 9:17; 13:52; Mk 2:21,22; Lk 5:36,36; 1Jn 2:7

παλαιός διαθήκη [1] 2Co 3:14

Mt 9:16 οὐδεὶς δὲ ἐπιβάλλει ἐπίβλημα ῥάκους ἀγνάφου ἐπὶ ἱματίῳ **παλαιῷ·**
9:17 οὐδὲ βάλλουσιν οἶνον νέον εἰς ἀσκοὺς **παλαιούς·** εἰ δὲ μή γε,
13:52 ὅστις ἐκβάλλει ἐκ τοῦ θησαυροῦ αὐτοῦ καινὰ καὶ **παλαιά.**
Mk 2:21 οὐδεὶς ἐπίβλημα ῥάκους ἀγνάφου ἐπιράπτει ἐπὶ ἱμάτιον **παλαιόν·** εἰ δὲ μή, αἴρει τὸ πλήρωμα ἀπ᾽ αὐτοῦ τὸ καινὸν τοῦ **παλαιοῦ** καὶ χεῖρον σχίσμα γίνεται.
2:22 καὶ οὐδεὶς βάλλει οἶνον νέον εἰς ἀσκοὺς **παλαιούς·**
Lk 5:36 Ἔλεγεν δὲ καὶ παραβολὴν πρὸς αὐτοὺς ὅτι Οὐδεὶς ἐπίβλημα ἀπὸ ἱματίου καινοῦ σχίσας ἐπιβάλλει ἐπὶ ἱμάτιον **παλαιόν·** εἰ δὲ μή γε, καὶ τὸ καινὸν σχίσει καὶ τῷ **παλαιῷ** οὐ συμφωνήσει τὸ ἐπίβλημα τὸ ἀπὸ τοῦ καινοῦ.
5:37 καὶ οὐδεὶς βάλλει οἶνον νέον εἰς ἀσκοὺς **παλαιούς·**
5:39 [καὶ] οὐδεὶς πιὼν **παλαιὸν** θέλει νέον· λέγει γάρ, Ὁ **παλαιὸς** χρηστός ἐστιν.
Ro 6: 6 τοῦτο γινώσκοντες ὅτι ὁ **παλαιὸς** ἡμῶν ἄνθρωπος συνεσταυρώθη,
1Co 5: 7 ἐκκαθάρατε τὴν **παλαιὰν** ζύμην, ἵνα ἦτε νέον φύραμα,
5: 8 ὥστε ἑορτάζωμεν μὴ ἐν ζύμῃ **παλαιᾷ** μηδὲ ἐν ζύμῃ κακίας καὶ πονηρίας ἀλλ᾽ ἐν ἀζύμοις εἰλικρινείας καὶ ἀληθείας.
2Co 3:14 ἄχρι γὰρ τῆς σήμερον ἡμέρας τὸ αὐτὸ κάλυμμα ἐπὶ τῇ ἀναγνώσει τῆς **παλαιᾶς** διαθήκης μένει,
Eph 4:22 ἀποθέσθαι ὑμᾶς κατὰ τὴν προτέραν ἀναστροφὴν τὸν **παλαιὸν** ἄνθρωπον τὸν φθειρόμενον κατὰ τὰς ἐπιθυμίας τῆς ἀπάτης,
Col 3: 9 ἀπεκδυσάμενοι τὸν **παλαιὸν** ἄνθρωπον σὺν ταῖς πράξεσιν αὐτοῦ
1Jn 2: 7 οὐκ ἐντολὴν καινὴν γράφω ὑμῖν ἀλλ᾽ ἐντολὴν **παλαιὰν** ἣν εἴχετε ἀπ᾽ ἀρχῆς· ἡ ἐντολὴ ἡ **παλαιά** ἐστιν ὁ λόγος ὃν ἠκούσατε.

4095 παλαιότης [1]

√ *4093*

Ro 7: 6 ὥστε δουλεύειν ἡμᾶς ἐν καινότητι πνεύματος καὶ οὐ **παλαιότητι** γράμματος.

4096 παλαιόω [4]

√ *4093*

Lk 12:33 ποιήσατε ἑαυτοῖς βαλλάντια μὴ **παλαιούμενα,** θησαυρὸν ἀνέκλειπτον ἐν τοῖς οὐρανοῖς,
Heb 1:11 σὺ δὲ διαμένεις, καὶ πάντες ὡς ἱμάτιον **παλαιωθήσονται,**
8:13 ἐν τῷ λέγειν Καινὴν **πεπαλαίωκεν** τὴν πρώτην· τὸ δὲ **παλαιούμενον** καὶ γηράσκον ἐγγὺς ἀφανισμοῦ.

4097 πάλη [1]

Eph 6:12 ὅτι οὐκ ἔστιν ἡμῖν ἡ **πάλη** πρὸς αἷμα καὶ σάρκα,

4098 παλιγγενεσία [2]

√ *4099 + 1181*

Mt 19:28 Ἀμὴν λέγω ὑμῖν ὅτι ὑμεῖς οἱ ἀκολουθήσαντές μοι ἐν τῇ **παλιγγενεσίᾳ,**
Tit 3: 5 ἀλλὰ κατὰ τὸ αὐτοῦ ἔλεος ἔσωσεν ἡμᾶς διὰ λουτροῦ **παλιγγενεσίας** καὶ ἀνακαινώσεως πνεύματος ἁγίου,

4099 πάλιν [141]

→ *4098, 4100*

εἰς τὸ πάλιν [1] 2Co 13:2

πάλιν ἄνωθεν [1] Gal 4:9

πάλιν δεύτερον, δευτέρου [4] Mt 26:42; Jn 4:54; 21:16; Ac 10:15

Mt 4: 7 ἔφη αὐτῷ ὁ Ἰησοῦς, **Πάλιν** γέγραπται, Οὐκ ἐκπειράσεις κύριον τὸν θεόν σου.
4: 8 **Πάλιν** παραλαμβάνει αὐτὸν ὁ διάβολος εἰς ὄρος ὑψηλὸν λίαν καὶ δείκνυσιν αὐτῷ πάσας τὰς βασιλείας τοῦ κόσμου
5:33 **Πάλιν** ἠκούσατε ὅτι ἐρρέθη τοῖς ἀρχαίοις, Οὐκ ἐπιορκήσεις,
13:45 **Πάλιν** ὁμοία ἐστὶν ἡ βασιλεία τῶν οὐρανῶν ἀνθρώπῳ ἐμπόρῳ ζητοῦντι καλοὺς μαργαρίτας·
13:47 **Πάλιν** ὁμοία ἐστὶν ἡ βασιλεία τῶν οὐρανῶν σαγήνῃ βληθείσῃ εἰς τὴν θάλασσαν καὶ ἐκ παντὸς γένους συναγαγούσῃ·
18:19 **Πάλιν** [ἀμὴν] λέγω ὑμῖν ὅτι ἐὰν δύο συμφωνήσωσιν ἐξ ὑμῶν ἐπὶ τῆς γῆς περὶ παντὸς πράγματος οὗ ἐὰν αἰτήσωνται,
19:24 **πάλιν** δὲ λέγω ὑμῖν, εὐκοπώτερόν ἐστιν κάμηλον διὰ τρυπήματος ῥαφίδος διελθεῖν ἢ πλούσιον εἰσελθεῖν εἰς τὴν βασιλείαν τοῦ θεοῦ.

20: 5 **πάλιν** [δὲ] ἐξελθὼν περὶ ἕκτην καὶ ἐνάτην ὥραν ἐποίησεν ὡσαύτως.
21:36 **πάλιν** ἀπέστειλεν ἄλλους δούλους πλείονας τῶν πρώτων, καὶ ἐποίησαν αὐτοῖς ὡσαύτως.
22: 1 Καὶ ἀποκριθεὶς ὁ Ἰησοῦς **πάλιν** εἶπεν ἐν παραβολαῖς αὐτοῖς λέγων,
22: 4 **πάλιν** ἀπέστειλεν ἄλλους δούλους λέγων, Εἴπατε τοῖς κεκλημένοις,
26:42 **πάλιν** ἐκ δευτέρου ἀπελθὼν προσηύξατο λέγων, Πάτερ μου,
26:43 καὶ ἐλθὼν **πάλιν** εὗρεν αὐτοὺς καθεύδοντας, ἦσαν γὰρ αὐτῶν οἱ ὀφθαλμοὶ βεβαρημένοι.
26:44 καὶ ἀφεὶς αὐτοὺς **πάλιν** ἀπελθὼν προσηύξατο ἐκ τρίτου τὸν αὐτὸν λόγον εἰπὼν **πάλιν.**
26:72 καὶ **πάλιν** ἠρνήσατο μετὰ ὅρκου ὅτι Οὐκ οἶδα τὸν ἄνθρωπον.
27:50 ὁ δὲ Ἰησοῦς **πάλιν** κράξας φωνῇ μεγάλῃ ἀφῆκεν τὸ πνεῦμα.
Mk 2: 1 Καὶ εἰσελθὼν **πάλιν** εἰς Καφαρναοὺμ δι' ἡμερῶν ἠκούσθη ὅτι ἐν οἴκῳ ἐστίν.
2:13 Καὶ ἐξῆλθεν **πάλιν** παρὰ τὴν θάλασσαν· καὶ πᾶς ὁ ὄχλος ἤρχετο πρὸς αὐτόν,
3: 1 Καὶ εἰσῆλθεν **πάλιν** εἰς τὴν συναγωγήν. καὶ ἦν ἐκεῖ ἄνθρωπος ἐξηραμμένην ἔχων τὴν χεῖρα.
3:20 καὶ συνέρχεται **πάλιν** [ὁ] ὄχλος, ὥστε μὴ δύνασθαι αὐτοὺς μηδὲ ἄρτον φαγεῖν.
4: 1 Καὶ **πάλιν** ἤρξατο διδάσκειν παρὰ τὴν θάλασσαν· καὶ συνάγεται πρὸς αὐτὸν ὄχλος πλεῖστος,
5:21 Καὶ διαπεράσαντος τοῦ Ἰησοῦ [ἐν τῷ πλοίῳ] **πάλιν** εἰς τὸ πέραν συνήχθη ὄχλος πολὺς ἐπ' αὐτόν,
7:14 Καὶ προσκαλεσάμενος **πάλιν** τὸν ὄχλον ἔλεγεν αὐτοῖς, Ἀκούσατέ μου πάντες καὶ σύνετε.
7:31 Καὶ **πάλιν** ἐξελθὼν ἐκ τῶν ὁρίων Τύρου ἦλθεν διὰ Σιδῶνος εἰς τὴν θάλασσαν τῆς Γαλιλαίας ἀνὰ μέσον τῶν ὁρίων Δεκαπόλεως.
8: 1 Ἐν ἐκείναις ταῖς ἡμέραις **πάλιν** πολλοῦ ὄχλου ὄντος καὶ μὴ ἐχόντων τί φάγωσιν,
8:13 καὶ ἀφεὶς αὐτοὺς **πάλιν** ἐμβὰς ἀπῆλθεν εἰς τὸ πέραν.
8:25 εἶτα **πάλιν** ἐπέθηκεν τὰς χεῖρας ἐπὶ τοὺς ὀφθαλμοὺς αὐτοῦ,
10: 1 καὶ συμπορεύονται **πάλιν** ὄχλοι πρὸς αὐτόν, καὶ ὡς εἰώθει **πάλιν** ἐδίδασκεν αὐτούς.
10:10 Καὶ εἰς τὴν οἰκίαν **πάλιν** οἱ μαθηταὶ περὶ τούτου ἐπηρώτων αὐτόν.
10:24 ὁ δὲ Ἰησοῦς **πάλιν** ἀποκριθεὶς λέγει αὐτοῖς, Τέκνα,
10:32 καὶ παραλαβὼν **πάλιν** τοὺς δώδεκα ἤρξατο αὐτοῖς λέγειν τὰ μέλλοντα αὐτῷ συμβαίνειν
11: 3 Ὁ κύριος αὐτοῦ χρείαν ἔχει, καὶ εὐθὺς αὐτὸν ἀποστέλλει **πάλιν** ὧδε.
11:27 Καὶ ἔρχονται **πάλιν** εἰς Ἱεροσόλυμα. καὶ ἐν τῷ ἱερῷ περιπατοῦντος αὐτοῦ ἔρχονται πρὸς αὐτὸν οἱ ἀρχιερεῖς
12: 4 καὶ **πάλιν** ἀπέστειλεν πρὸς αὐτοὺς ἄλλον δοῦλον· κἀκεῖνον ἐκεφαλίωσαν καὶ ἠτίμασαν.
14:39 καὶ **πάλιν** ἀπελθὼν προσηύξατο τὸν αὐτὸν λόγον εἰπών.
14:40 καὶ **πάλιν** ἐλθὼν εὗρεν αὐτοὺς καθεύδοντας, ἦσαν γὰρ αὐτῶν οἱ ὀφθαλμοὶ καταβαρυνόμενοι,
14:61 **πάλιν** ὁ ἀρχιερεὺς ἐπηρώτα αὐτὸν καὶ λέγει αὐτῷ,
14:69 καὶ ἡ παιδίσκη ἰδοῦσα αὐτὸν ἤρξατο **πάλιν** λέγειν τοῖς παρεστῶσιν ὅτι Οὗτος ἐξ αὐτῶν ἐστιν.
14:70 ὁ δὲ **πάλιν** ἠρνεῖτο. καὶ μετὰ μικρὸν **πάλιν** οἱ παρεστῶτες ἔλεγον τῷ Πέτρῳ,
15: 4 ὁ δὲ Πιλᾶτος **πάλιν** ἐπηρώτα αὐτὸν λέγων, Οὐκ ἀποκρίνῃ οὐδέν;
15:12 ὁ δὲ Πιλᾶτος **πάλιν** ἀποκριθεὶς ἔλεγεν αὐτοῖς, Τί οὖν [θέλετε] ποιήσω [ὃν λέγετε] τὸν βασιλέα τῶν Ἰουδαίων;
15:13 οἱ δὲ **πάλιν** ἔκραξαν, Σταύρωσον αὐτόν.
Lk 6:43 Οὐ γάρ ἐστιν δένδρον καλὸν ποιοῦν καρπὸν σαπρόν, οὐδὲ **πάλιν** δένδρον σαπρὸν ποιοῦν καρπὸν καλόν.
13:20 Καὶ **πάλιν** εἶπεν, Τίνι ὁμοιώσω τὴν βασιλείαν τοῦ θεοῦ;
23:20 **πάλιν** δὲ ὁ Πιλᾶτος προσεφώνησεν αὐτοῖς θέλων ἀπολῦσαι τὸν Ἰησοῦν.
Jn 1:35 Τῇ ἐπαύριον **πάλιν** εἱστήκει ὁ Ἰωάννης καὶ ἐκ τῶν μαθητῶν αὐτοῦ δύο
4: 3 ἀφῆκεν τὴν Ἰουδαίαν καὶ ἀπῆλθεν **πάλιν** εἰς τὴν Γαλιλαίαν.
4:13 Πᾶς ὁ πίνων ἐκ τοῦ ὕδατος τούτου διψήσει **πάλιν·**
4:46 Ἦλθεν οὖν **πάλιν** εἰς τὴν Κανὰ τῆς Γαλιλαίας,
4:54 Τοῦτο [δὲ] **πάλιν** δεύτερον σημεῖον ἐποίησεν ὁ Ἰησοῦς ἐλθὼν ἐκ τῆς Ἰουδαίας εἰς τὴν Γαλιλαίαν.
6:15 Ἰησοῦς οὖν γνοὺς ὅτι μέλλουσιν ἔρχεσθαι καὶ ἁρπάζειν αὐτὸν ἵνα ποιήσωσιν βασιλέα, ἀνεχώρησεν **πάλιν** εἰς τὸ ὄρος αὐτὸς μόνος.
8: 2 [[Ὄρθρου δὲ **πάλιν** παρεγένετο εἰς τὸ ἱερὸν καὶ πᾶς ὁ λαὸς ἤρχετο πρὸς αὐτόν,]]
8: 8 [[καὶ **πάλιν** κατακύψας ἔγραφεν εἰς τὴν γῆν.]]
8:12 **Πάλιν** οὖν αὐτοῖς ἐλάλησεν ὁ Ἰησοῦς λέγων, Ἐγώ εἰμι τὸ φῶς τοῦ κόσμου·
8:21 Εἶπεν οὖν **πάλιν** αὐτοῖς, Ἐγὼ ὑπάγω καὶ ζητήσετέ με,
9:15 **πάλιν** οὖν ἠρώτων αὐτὸν καὶ οἱ Φαρισαῖοι πῶς ἀνέβλεψεν.
9:17 λέγουσιν οὖν τῷ τυφλῷ **πάλιν,** Τί σὺ λέγεις περὶ αὐτοῦ,
9:27 Εἶπον ὑμῖν ἤδη καὶ οὐκ ἠκούσατε· τί **πάλιν** θέλετε ἀκούειν;
10: 7 Εἶπεν οὖν **πάλιν** ὁ Ἰησοῦς, Ἀμὴν ἀμὴν λέγω ὑμῖν ὅτι ἐγώ εἰμι ἡ θύρα τῶν προβάτων.
10:17 διὰ τοῦτό με ὁ πατὴρ ἀγαπᾷ ὅτι ἐγὼ τίθημι τὴν ψυχήν μου, ἵνα **πάλιν** λάβω αὐτήν.
10:18 ἐξουσίαν ἔχω θεῖναι αὐτήν, καὶ ἐξουσίαν ἔχω **πάλιν** λαβεῖν αὐτήν·
10:19 Σχίσμα **πάλιν** ἐγένετο ἐν τοῖς Ἰουδαίοις διὰ τοὺς λόγους τούτους.
10:31 Ἐβάστασαν **πάλιν** λίθους οἱ Ἰουδαῖοι ἵνα λιθάσωσιν αὐτόν.
10:39 Ἐζήτουν [οὖν] αὐτὸν **πάλιν** πιάσαι, καὶ ἐξῆλθεν ἐκ τῆς χειρὸς αὐτῶν.
10:40 Καὶ ἀπῆλθεν **πάλιν** πέραν τοῦ Ἰορδάνου εἰς τὸν τόπον ὅπου ἦν Ἰωάννης τὸ πρῶτον βαπτίζων καὶ ἔμεινεν ἐκεῖ.
11: 7 ἔπειτα μετὰ τοῦτο λέγει τοῖς μαθηταῖς, Ἄγωμεν εἰς τὴν Ἰουδαίαν **πάλιν.**
11: 8 νῦν ἐζήτουν σε λιθάσαι οἱ Ἰουδαῖοι, καὶ **πάλιν** ὑπάγεις ἐκεῖ;
11:38 Ἰησοῦς οὖν **πάλιν** ἐμβριμώμενος ἐν ἑαυτῷ ἔρχεται εἰς τὸ μνημεῖον·
12:28 ἦλθεν οὖν φωνὴ ἐκ τοῦ οὐρανοῦ, Καὶ ἐδόξασα καὶ **πάλιν** δοξάσω.
12:39 διὰ τοῦτο οὐκ ἠδύναντο πιστεύειν, ὅτι **πάλιν** εἶπεν Ἠσαΐας,
13:12 Ὅτε οὖν ἔνιψεν τοὺς πόδας αὐτῶν [καὶ] ἔλαβεν τὰ ἱμάτια αὐτοῦ καὶ ἀνέπεσεν **πάλιν,**
14: 3 **πάλιν** ἔρχομαι καὶ παραλήμψομαι ὑμᾶς πρὸς ἐμαυτόν, ἵνα ὅπου εἰμὶ ἐγὼ καὶ ὑμεῖς ἦτε.
16:16 Μικρὸν καὶ οὐκέτι θεωρεῖτέ με, καὶ **πάλιν** μικρὸν καὶ ὄψεσθέ με.
16:17 Μικρὸν καὶ οὐ θεωρεῖτέ με, καὶ **πάλιν** μικρὸν καὶ ὄψεσθέ με;
16:19 Μικρὸν καὶ οὐ θεωρεῖτέ με, καὶ **πάλιν** μικρὸν καὶ ὄψεσθέ με;
16:22 **πάλιν** δὲ ὄψομαι ὑμᾶς, καὶ χαρήσεται ὑμῶν ἡ καρδία,
16:28 **πάλιν** ἀφίημι τὸν κόσμον καὶ πορεύομαι πρὸς τὸν πατέρα.
18: 7 **πάλιν** οὖν ἐπηρώτησεν αὐτούς, Τίνα ζητεῖτε; οἱ δὲ εἶπαν,
18:27 **πάλιν** οὖν ἠρνήσατο Πέτρος, καὶ εὐθέως ἀλέκτωρ ἐφώνησεν.
18:33 Εἰσῆλθεν οὖν **πάλιν** εἰς τὸ πραιτώριον ὁ Πιλᾶτος καὶ ἐφώνησεν τὸν Ἰησοῦν καὶ εἶπεν αὐτῷ,
18:38 Καὶ τοῦτο εἰπὼν **πάλιν** ἐξῆλθεν πρὸς τοὺς Ἰουδαίους καὶ λέγει αὐτοῖς,
18:40 ἐκραύγασαν οὖν **πάλιν** λέγοντες, Μὴ τοῦτον ἀλλὰ τὸν Βαραββᾶν.
19: 4 Καὶ ἐξῆλθεν **πάλιν** ἔξω ὁ Πιλᾶτος καὶ λέγει αὐτοῖς,
19: 9 καὶ εἰσῆλθεν εἰς τὸ πραιτώριον **πάλιν** καὶ λέγει τῷ Ἰησοῦ,
19:37 καὶ **πάλιν** ἑτέρα γραφὴ λέγει, Ὄψονται εἰς ὃν ἐξεκέντησαν.
20:10 ἀπῆλθον οὖν **πάλιν** πρὸς αὐτοὺς οἱ μαθηταί.
20:21 εἶπεν οὖν αὐτοῖς [ὁ Ἰησοῦς] **πάλιν,** Εἰρήνη ὑμῖν·
20:26 Καὶ μεθ' ἡμέρας ὀκτὼ **πάλιν** ἦσαν ἔσω οἱ μαθηταὶ αὐτοῦ καὶ Θωμᾶς μετ' αὐτῶν.
21: 1 Μετὰ ταῦτα ἐφανέρωσεν ἑαυτὸν **πάλιν** ὁ Ἰησοῦς τοῖς μαθηταῖς ἐπὶ τῆς θαλάσσης τῆς Τιβεριάδος·
21:16 λέγει αὐτῷ **πάλιν** δεύτερον, Σίμων Ἰωάννου, ἀγαπᾷς με;
Ac 10:15 καὶ φωνὴ **πάλιν** ἐκ δευτέρου πρὸς αὐτόν, Ἃ ὁ θεὸς ἐκαθάρισεν,
11:10 τοῦτο δὲ ἐγένετο ἐπὶ τρίς, καὶ ἀνεσπάσθη **πάλιν** ἅπαντα εἰς τὸν οὐρανόν.
17:32 οἱ δὲ εἶπαν, Ἀκουσόμεθά σου περὶ τούτου καὶ **πάλιν.**
18:21 **Πάλιν** ἀνακάμψω πρὸς ὑμᾶς τοῦ θεοῦ θέλοντος, ἀνήχθη ἀπὸ τῆς Ἐφέσου,
27:28 βραχὺ δὲ διαστήσαντες καὶ **πάλιν** βολίσαντες εὗρον ὀργυιὰς δεκαπέντε·
Ro 8:15 οὐ γὰρ ἐλάβετε πνεῦμα δουλείας **πάλιν** εἰς φόβον ἀλλὰ ἐλάβετε πνεῦμα υἱοθεσίας ἐν ᾧ κράζομεν,
11:23 δυνατὸς γάρ ἐστιν ὁ θεὸς **πάλιν** ἐγκεντρίσαι αὐτούς.
15:10 καὶ **πάλιν** λέγει, Εὐφράνθητε, ἔθνη, μετὰ τοῦ λαοῦ αὐτοῦ.
15:11 καὶ **πάλιν,** Αἰνεῖτε, πάντα τὰ ἔθνη, τὸν κύριον καὶ ἐπαινεσάτωσαν αὐτὸν πάντες οἱ λαοί.
15:12 καὶ **πάλιν** Ἠσαΐας λέγει, Ἔσται ἡ ῥίζα τοῦ Ἰεσσαὶ καὶ ὁ ἀνιστάμενος ἄρχειν ἐθνῶν,
1Co 3:20 καὶ **πάλιν,** Κύριος γινώσκει τοὺς διαλογισμοὺς τῶν σοφῶν ὅτι εἰσὶν μάταιοι.

7: 5 ἵνα σχολάσητε τῇ προσευχῇ καὶ **πάλιν** ἐπὶ τὸ αὐτὸ ἦτε,
12:21 ἢ **πάλιν** ἡ κεφαλὴ τοῖς ποσίν, Χρείαν ὑμῶν οὐκ ἔχω·
2Co 1:16 καὶ δι' ὑμῶν διελθεῖν εἰς Μακεδονίαν καὶ **πάλιν** ἀπὸ Μακεδονίας ἐλθεῖν πρὸς ὑμᾶς καὶ ὑφ' ὑμῶν προπεμφθῆναι
2: 1 ἔκρινα γὰρ ἐμαυτῷ τοῦτο τὸ μὴ **πάλιν** ἐν λύπῃ πρὸς ὑμᾶς ἐλθεῖν.
3: 1 Ἀρχόμεθα **πάλιν** ἑαυτοὺς συνιστάνειν; ἢ μὴ χρῄζομεν ὥς τινες συστατικῶν ἐπιστολῶν πρὸς ὑμᾶς ἢ ἐξ ὑμῶν;
5:12 οὐ **πάλιν** ἑαυτοὺς συνιστάνομεν ὑμῖν ἀλλὰ ἀφορμὴν διδόντες ὑμῖν καυχήματος ὑπὲρ ἡμῶν,
10: 7 τοῦτο λογιζέσθω **πάλιν** ἐφ' ἑαυτοῦ, ὅτι καθὼς αὐτὸς Χριστοῦ,
11:16 **Πάλιν** λέγω, μή τίς με δόξῃ ἄφρονα εἶναι·
12:21 μὴ **πάλιν** ἐλθόντος μου ταπεινώσῃ με ὁ θεός μου πρὸς ὑμᾶς καὶ πενθήσω πολλοὺς τῶν προημαρτηκότων καὶ μὴ μετανοησάντων ἐπὶ τῇ ἀκαθαρσίᾳ καὶ πορνείᾳ καὶ ἀσελγείᾳ
13: 2 ὅτι ἐὰν ἔλθω εἰς τὸ **πάλιν** οὐ φείσομαι,
Gal 1: 9 ὡς προειρήκαμεν καὶ ἄρτι **πάλιν** λέγω, εἴ τις ὑμᾶς εὐαγγελίζεται παρ' ὃ παρελάβετε,
1:17 ἀλλὰ ἀπῆλθον εἰς Ἀραβίαν καὶ **πάλιν** ὑπέστρεψα εἰς Δαμασκόν.
2: 1 Ἔπειτα διὰ δεκατεσσάρων ἐτῶν **πάλιν** ἀνέβην εἰς Ἱεροσόλυμα μετὰ Βαρναβᾶ συμπαραλαβὼν καὶ Τίτον·
2:18 εἰ γὰρ ἃ κατέλυσα ταῦτα **πάλιν** οἰκοδομῶ, παραβάτην ἐμαυτὸν συνιστάνω.
4: 9 πῶς ἐπιστρέφετε **πάλιν** ἐπὶ τὰ ἀσθενῆ καὶ πτωχὰ στοιχεῖα οἷς **πάλιν** ἄνωθεν δουλεύειν θέλετε;
4:19 οὓς **πάλιν** ὠδίνω μέχρις οὗ μορφωθῇ Χριστὸς ἐν ὑμῖν·
5: 1 στήκετε οὖν καὶ μὴ **πάλιν** ζυγῷ δουλείας ἐνέχεσθε.
5: 3 μαρτύρομαι δὲ **πάλιν** παντὶ ἀνθρώπῳ περιτεμνομένῳ ὅτι ὀφειλέτης ἐστὶν ὅλον τὸν νόμον ποιῆσαι.
Php 1:26 ἵνα τὸ καύχημα ὑμῶν περισσεύῃ ἐν Χριστῷ Ἰησοῦ ἐν ἐμοὶ διὰ τῆς ἐμῆς παρουσίας **πάλιν** πρὸς ὑμᾶς.
2:28 ἵνα ἰδόντες αὐτὸν **πάλιν** χαρῆτε κἀγὼ ἀλυπότερος ὦ.
4: 4 Χαίρετε ἐν κυρίῳ πάντοτε· **πάλιν** ἐρῶ, χαίρετε.
Heb 1: 5 καὶ **πάλιν**, Ἐγὼ ἔσομαι αὐτῷ εἰς πατέρα, καὶ αὐτὸς ἔσται μοι εἰς υἱόν;
1: 6 ὅταν δὲ **πάλιν** εἰσαγάγῃ τὸν πρωτότοκον εἰς τὴν οἰκουμένην,
2:13 καὶ **πάλιν**, Ἐγὼ ἔσομαι πεποιθὼς ἐπ' αὐτῷ, καὶ **πάλιν**,
4: 5 καὶ ἐν τούτῳ **πάλιν**, Εἰ εἰσελεύσονται εἰς τὴν κατάπαυσίν μου.
4: 7 **πάλιν** τινὰ ὁρίζει ἡμέραν, Σήμερον, ἐν Δαυὶδ λέγων μετὰ τοσοῦτον χρόνον,
5:12 **πάλιν** χρείαν ἔχετε τοῦ διδάσκειν ὑμᾶς τινὰ τὰ στοιχεῖα τῆς ἀρχῆς τῶν λογίων τοῦ θεοῦ καὶ γεγόνατε χρείαν ἔχοντες γάλακτος [καὶ] οὐ στερεᾶς τροφῆς.
6: 1 μὴ **πάλιν** θεμέλιον καταβαλλόμενοι μετανοίας ἀπὸ νεκρῶν ἔργων καὶ πίστεως ἐπὶ θεόν,
6: 6 καὶ παραπεσόντας, **πάλιν** ἀνακαινίζειν εἰς μετάνοιαν, ἀνασταυροῦντας ἑαυτοῖς τὸν υἱὸν τοῦ θεοῦ καὶ παραδειγματίζοντας.
10:30 ἐγὼ ἀνταποδώσω. καὶ **πάλιν**, Κρινεῖ κύριος τὸν λαὸν αὐτοῦ.
Jas 5:18 καὶ **πάλιν** προσηύξατο, καὶ ὁ οὐρανὸς ὑετὸν ἔδωκεν καὶ ἡ γῆ ἐβλάστησεν τὸν καρπὸν αὐτῆς.
2Pe 2:20 τούτοις δὲ **πάλιν** ἐμπλακέντες ἡττῶνται, γέγονεν αὐτοῖς τὰ ἔσχατα χείρονα τῶν πρώτων.
1Jn 2: 8 **πάλιν** ἐντολὴν καινὴν γράφω ὑμῖν, ὅ ἐστιν ἀληθὲς ἐν αὐτῷ καὶ ἐν ὑμῖν,
Rev 10: 8 Καὶ ἡ φωνὴ ἣν ἤκουσα ἐκ τοῦ οὐρανοῦ **πάλιν** λαλοῦσαν μετ' ἐμοῦ καὶ λέγουσαν,
10:11 Δεῖ σε **πάλιν** προφητεῦσαι ἐπὶ λαοῖς καὶ ἔθνεσιν καὶ γλώσσαις καὶ βασιλεῦσιν πολλοῖς.

4100 παλινγενεσία Not used in UBS/NIV

√ *4099 + 1181*

4101 παμπληθεί [1]

√ *4246 + 4398*

Lk 23:18 ἀνέκραγον δὲ **παμπληθεὶ** λέγοντες, Αἶρε τοῦτον, ἀπόλυσον δὲ ἡμῖν τὸν Βαραββᾶν·

4102 πάμπολυς Not used in UBS/NIV

√ *4246 + 4498*

4103 Παμφυλία [5]

√ *4246 + 5886*

Ac 2:10 Φρυγίαν τε καὶ **Παμφυλίαν**, Αἴγυπτον καὶ τὰ μέρη τῆς Λιβύης τῆς κατὰ Κυρήνην,
13:13 Ἀναχθέντες δὲ ἀπὸ τῆς Πάφου οἱ περὶ Παῦλον ἦλθον εἰς Πέργην τῆς **Παμφυλίας**,
14:24 καὶ διελθόντες τὴν Πισιδίαν ἦλθον εἰς τὴν **Παμφυλίαν**
15:38 τὸν ἀποστάντα ἀπ' αὐτῶν ἀπὸ **Παμφυλίας** καὶ μὴ συνελθόντα αὐτοῖς εἰς τὸ ἔργον μὴ συμπαραλαμβάνειν τοῦτον.
27: 5 τό τε πέλαγος τὸ κατὰ τὴν Κιλικίαν καὶ **Παμφυλίαν** διαπλεύσαντες κατήλθομεν εἰς Μύρα τῆς Λυκίας.

4104 πανδοκεῖον Not used in UBS/NIV

√ *4246 + 1312*

4105 πανδοκεύς Not used in UBS/NIV

√ *4246 + 1312*

4106 πανδοχεῖον [1]

√ *4246 + 1312*

Lk 10:34 ἐπιβιβάσας δὲ αὐτὸν ἐπὶ τὸ ἴδιον κτῆνος ἤγαγεν αὐτὸν εἰς **πανδοχεῖον** καὶ ἐπεμελήθη αὐτοῦ.

4107 πανδοχεύς [1]

√ *4246 + 1312*

Lk 10:35 καὶ ἐπὶ τὴν αὔριον ἐκβαλὼν ἔδωκεν δύο δηνάρια τῷ **πανδοχεῖ** καὶ εἶπεν,

4108 πανήγυρις [1]

√ *4246 + 72*

Heb 12:22 ἀλλὰ προσεληλύθατε Σιὼν ὄρει καὶ πόλει θεοῦ ζῶντος, Ἰερουσαλὴμ ἐπουρανίῳ, καὶ μυριάσιν ἀγγέλων, **πανηγύρει**

4109 πανοικεί [1]

√ *4246 + 3875*

Ac 16:34 ἀναγαγών τε αὐτοὺς εἰς τὸν οἶκον παρέθηκεν τράπεζαν καὶ ἠγαλλιάσατο **πανοικεὶ** πεπιστευκὼς τῷ θεῷ.

4110 πανοπλία [3]

√ *4246 + 3960*

Lk 11:22 τὴν **πανοπλίαν** αὐτοῦ αἴρει ἐφ' ᾗ ἐπεποίθει καὶ τὰ σκῦλα αὐτοῦ διαδίδωσιν.
Eph 6:11 ἐνδύσασθε τὴν **πανοπλίαν** τοῦ θεοῦ πρὸς τὸ δύνασθαι ὑμᾶς στῆναι πρὸς τὰς μεθοδείας τοῦ διαβόλου·
6:13 διὰ τοῦτο ἀναλάβετε τὴν **πανοπλίαν** τοῦ θεοῦ, ἵνα δυνηθῆτε ἀντιστῆναι ἐν τῇ ἡμέρᾳ τῇ πονηρᾷ

4111 πανουργία [5]

√ *4246 + 2240*

Lk 20:23 κατανοήσας δὲ αὐτῶν τὴν **πανουργίαν** εἶπεν πρὸς αὐτούς,
1Co 3:19 Ὁ δρασσόμενος τοὺς σοφοὺς ἐν τῇ **πανουργίᾳ** αὐτῶν·
2Co 4: 2 μὴ περιπατοῦντες ἐν **πανουργίᾳ** μηδὲ δολοῦντες τὸν λόγον τοῦ θεοῦ ἀλλὰ τῇ φανερώσει τῆς ἀληθείας
11: 3 ὡς ὁ ὄφις ἐξηπάτησεν Εὕαν ἐν τῇ **πανουργίᾳ** αὐτοῦ,
Eph 4:14 κλυδωνιζόμενοι καὶ περιφερόμενοι παντὶ ἀνέμῳ τῆς διδασκαλίας ἐν τῇ κυβείᾳ τῶν ἀνθρώπων, ἐν **πανουργίᾳ** πρὸς τὴν μεθοδείαν τῆς πλάνης,

4112 πανοῦργος [1]

√ *4246 + 2240*

2Co 12:16 ἐγὼ οὐ κατεβάρησα ὑμᾶς· ἀλλὰ ὑπάρχων **πανοῦργος** δόλῳ ὑμᾶς ἔλαβον.

4113 πανπληθεί Not used in UBS/NIV

√ *4246 + 4398*

4114 πανταχῇ [1]

√ *4246*

Ac 21:28 οὗτός ἐστιν ὁ ἄνθρωπος ὁ κατὰ τοῦ λαοῦ καὶ τοῦ νόμου καὶ τοῦ τόπου τούτου πάντας **πανταχῇ** διδάσκων,

4115 πανταχόθεν Not used in UBS/NIV

√ *4246*

4116 πανταχοῦ [7]

√ *4246*

Mk 1:28 καὶ ἐξῆλθεν ἡ ἀκοὴ αὐτοῦ εὐθὺς **πανταχοῦ** εἰς ὅλην τὴν περίχωρον τῆς Γαλιλαίας.
16:20 ⟦ἐκεῖνοι δὲ ἐξελθόντες ἐκήρυξαν **πανταχοῦ,** τοῦ κυρίου συνεργοῦντος καὶ τὸν λόγον βεβαιοῦντος⟧

Lk 9:6 ἐξερχόμενοι δὲ διήρχοντο κατὰ τὰς κώμας εὐαγγελιζόμενοι καὶ θεραπεύοντες **πανταχοῦ.**

Ac 17:30 τὰ νῦν παραγγέλλει τοῖς ἀνθρώποις πάντας **πανταχοῦ** μετανοεῖν,
24:3 πάντῃ τε καὶ **πανταχοῦ** ἀποδεχόμεθα, κράτιστε Φῆλιξ, μετὰ πάσης εὐχαριστίας.
28:22 περὶ μὲν γὰρ τῆς αἱρέσεως ταύτης γνωστὸν ἡμῖν ἐστιν ὅτι **πανταχοῦ** ἀντιλέγεται.

1Co 4:17 ὃς ὑμᾶς ἀναμνήσει τὰς ὁδούς μου τὰς ἐν Χριστῷ [Ἰησοῦ,] καθὼς **πανταχοῦ** ἐν πάσῃ ἐκκλησίᾳ διδάσκω.

4117 παντελής [2]

√ *4246 + 5465*

εἰς τὸ παντελές [2] Lk 13:11; Heb 7:25

Lk 13:11 καὶ ἰδοὺ γυνὴ πνεῦμα ἔχουσα ἀσθενείας ἔτη δεκαοκτὼ καὶ ἦν συγκύπτουσα καὶ μὴ δυναμένη ἀνακύψαι εἰς τὸ **παντελές.**

Heb 7:25 ὅθεν καὶ σῴζειν εἰς τὸ **παντελὲς** δύναται τοὺς προσερχομένους δι᾽ αὐτοῦ τῷ θεῷ,

4118 πάντῃ [1]

√ *4246*

Ac 24:3 **πάντῃ** τε καὶ πανταχοῦ ἀποδεχόμεθα, κράτιστε Φῆλιξ, μετὰ πάσης εὐχαριστίας.

4119 πάντοθεν [3]

√ *4246*

Mk 1:45 ἀλλ᾽ ἔξω ἐπ᾽ ἐρήμοις τόποις ἦν· καὶ ἤρχοντο πρὸς αὐτὸν **πάντοθεν.**

Lk 19:43 καὶ παρεμβαλοῦσιν οἱ ἐχθροί σου χάρακά σοι καὶ περικυκλώσουσίν σε καὶ συνέξουσίν σε **πάντοθεν,**

Heb 9:4 χρυσοῦν ἔχουσα θυμιατήριον καὶ τὴν κιβωτὸν τῆς διαθήκης περικεκαλυμμένην **πάντοθεν** χρυσίῳ,

4120 παντοκράτωρ [10]

√ *4246 + 3197*

2Co 6:18 καὶ ἔσομαι ὑμῖν εἰς πατέρα καὶ ὑμεῖς ἔσεσθέ μοι εἰς υἱοὺς καὶ θυγατέρας, λέγει κύριος **παντοκράτωρ.**

Rev 1:8 ὁ ὢν καὶ ὁ ἦν καὶ ὁ ἐρχόμενος, ὁ **παντοκράτωρ.**
4:8 Ἅγιος ἅγιος ἅγιος κύριος ὁ θεὸς ὁ **παντοκράτωρ,**
11:17 λέγοντες, Εὐχαριστοῦμέν σοι, κύριε ὁ θεὸς ὁ **παντοκράτωρ,**
15:3 Μεγάλα καὶ θαυμαστὰ τὰ ἔργα σου, κύριε ὁ θεὸς ὁ **παντοκράτωρ·**
16:7 καὶ ἤκουσα τοῦ θυσιαστηρίου λέγοντος, Ναὶ κύριε ὁ θεὸς ὁ **παντοκράτωρ,**
16:14 συναγαγεῖν αὐτοὺς εἰς τὸν πόλεμον τῆς ἡμέρας τῆς μεγάλης τοῦ θεοῦ τοῦ **παντοκράτορος.**
19:6 ὅτι ἐβασίλευσεν κύριος ὁ θεὸς [ἡμῶν] ὁ **παντοκράτωρ.**
19:15 καὶ αὐτὸς πατεῖ τὴν ληνὸν τοῦ οἴνου τοῦ θυμοῦ τῆς ὀργῆς τοῦ θεοῦ τοῦ **παντοκράτορος,**
21:22 ὁ γὰρ κύριος ὁ θεὸς ὁ **παντοκράτωρ** ναὸς αὐτῆς ἐστιν καὶ τὸ ἀρνίον.

4121 πάντοτε [41]

√ *4246 + 4005 + 5445*

οὐ πάντοτε [3] Mt 26:11; Mk 14:7; Jn 12:8

Mt 26:11 **πάντοτε** γὰρ τοὺς πτωχοὺς ἔχετε μεθ᾽ ἑαυτῶν, ἐμὲ δὲ οὐ **πάντοτε** ἔχετε·

Mk 14:7 **πάντοτε** γὰρ τοὺς πτωχοὺς ἔχετε μεθ᾽ ἑαυτῶν καὶ ὅταν θέλητε δύνασθε αὐτοῖς εὖ ποιῆσαι, ἐμὲ δὲ οὐ **πάντοτε** ἔχετε.

Lk 15:31 ὁ δὲ εἶπεν αὐτῷ, Τέκνον, σὺ **πάντοτε** μετ᾽ ἐμοῦ εἶ,
18:1 Ἔλεγεν δὲ παραβολὴν αὐτοῖς πρὸς τὸ δεῖν **πάντοτε** προσεύχεσθαι αὐτοὺς καὶ μὴ ἐγκακεῖν,

Jn 6:34 Εἶπον οὖν πρὸς αὐτόν, Κύριε, **πάντοτε** δὸς ἡμῖν τὸν ἄρτον τοῦτον.
7:6 ὁ δὲ καιρὸς ὁ ὑμέτερος **πάντοτέ** ἐστιν ἕτοιμος.
8:29 οὐκ ἀφῆκέν με μόνον, ὅτι ἐγὼ τὰ ἀρεστὰ αὐτῷ ποιῶ **πάντοτε.**
11:42 ἐγὼ δὲ ᾔδειν ὅτι **πάντοτέ** μου ἀκούεις, ἀλλὰ διὰ τὸν ὄχλον τὸν περιεστῶτα εἶπον,
12:8 τοὺς πτωχοὺς γὰρ **πάντοτε** ἔχετε μεθ᾽ ἑαυτῶν, ἐμὲ δὲ οὐ **πάντοτε** ἔχετε.
18:20 ἐγὼ **πάντοτε** ἐδίδαξα ἐν συναγωγῇ καὶ ἐν τῷ ἱερῷ,

Ro 1:10 **πάντοτε** ἐπὶ τῶν προσευχῶν μου δεόμενος εἴ πως ἤδη ποτὲ εὐοδωθήσομαι ἐν τῷ θελήματι τοῦ θεοῦ ἐλθεῖν πρὸς ὑμᾶς.

1Co 1:4 Εὐχαριστῶ τῷ θεῷ μου **πάντοτε** περὶ ὑμῶν ἐπὶ τῇ χάριτι τοῦ θεοῦ τῇ δοθείσῃ ὑμῖν ἐν Χριστῷ Ἰησοῦ,
15:58 ἀμετακίνητοι, περισσεύοντες ἐν τῷ ἔργῳ τοῦ κυρίου **πάντοτε,**

2Co 2:14 Τῷ δὲ θεῷ χάρις τῷ **πάντοτε** θριαμβεύοντι ἡμᾶς ἐν τῷ Χριστῷ καὶ τὴν ὀσμὴν τῆς γνώσεως αὐτοῦ φανεροῦντι δι᾽ ἡμῶν
4:10 **πάντοτε** τὴν νέκρωσιν τοῦ Ἰησοῦ ἐν τῷ σώματι περιφέροντες,
5:6 Θαρροῦντες οὖν **πάντοτε** καὶ εἰδότες ὅτι ἐνδημοῦντες ἐν τῷ σώματι ἐκδημοῦμεν ἀπὸ τοῦ κυρίου·
9:8 ἵνα ἐν παντὶ **πάντοτε** πᾶσαν αὐτάρκειαν ἔχοντες περισσεύητε εἰς πᾶν ἔργον ἀγαθόν,

Gal 4:18 καλὸν δὲ ζηλοῦσθαι ἐν καλῷ **πάντοτε** καὶ μὴ μόνον ἐν τῷ παρεῖναί με πρὸς ὑμᾶς.

Eph 5:20 εὐχαριστοῦντες **πάντοτε** ὑπὲρ πάντων ἐν ὀνόματι τοῦ κυρίου ἡμῶν Ἰησοῦ Χριστοῦ τῷ θεῷ καὶ πατρί.

Php 1:4 **πάντοτε** ἐν πάσῃ δεήσει μου ὑπὲρ πάντων ὑμῶν,
1:20 ὅτι ἐν οὐδενὶ αἰσχυνθήσομαι ἀλλ᾽ ἐν πάσῃ παρρησίᾳ ὡς **πάντοτε** καὶ νῦν μεγαλυνθήσεται Χριστὸς ἐν τῷ σώματί μου,
2:12 ἀγαπητοί μου, καθὼς **πάντοτε** ὑπηκούσατε, μὴ ὡς ἐν τῇ παρουσίᾳ μου μόνον ἀλλὰ νῦν πολλῷ μᾶλλον ἐν τῇ ἀπουσίᾳ μου,
4:4 Χαίρετε ἐν κυρίῳ **πάντοτε·** πάλιν ἐρῶ, χαίρετε.

Col 1:3 Εὐχαριστοῦμεν τῷ θεῷ πατρὶ τοῦ κυρίου ἡμῶν Ἰησοῦ Χριστοῦ **πάντοτε** περὶ ὑμῶν προσευχόμενοι,
4:6 ὁ λόγος ὑμῶν **πάντοτε** ἐν χάριτι, ἅλατι ἠρτυμένος,
4:12 δοῦλος Χριστοῦ [Ἰησοῦ,] **πάντοτε** ἀγωνιζόμενος ὑπὲρ ὑμῶν ἐν ταῖς προσευχαῖς,

1Th 1:2 Εὐχαριστοῦμεν τῷ θεῷ **πάντοτε** περὶ πάντων ὑμῶν μνείαν ποιούμενοι ἐπὶ τῶν προσευχῶν ἡμῶν,
2:16 κωλυόντων ἡμᾶς τοῖς ἔθνεσιν λαλῆσαι ἵνα σωθῶσιν, εἰς τὸ ἀναπληρῶσαι αὐτῶν τὰς ἁμαρτίας **πάντοτε.**
3:6 καὶ εὐαγγελισαμένου ἡμῖν τὴν πίστιν καὶ τὴν ἀγάπην ὑμῶν καὶ ὅτι ἔχετε μνείαν ἡμῶν ἀγαθὴν **πάντοτε,**
4:17 ἅμα σὺν αὐτοῖς ἁρπαγησόμεθα ἐν νεφέλαις εἰς ἀπάντησιν τοῦ κυρίου εἰς ἀέρα· καὶ οὕτως **πάντοτε** σὺν κυρίῳ ἐσόμεθα.
5:15 ἀλλὰ **πάντοτε** τὸ ἀγαθὸν διώκετε [καὶ] εἰς ἀλλήλους καὶ εἰς πάντας.
5:16 **Πάντοτε** χαίρετε,

2Th 1:3 Εὐχαριστεῖν ὀφείλομεν τῷ θεῷ **πάντοτε** περὶ ὑμῶν, ἀδελφοί,
1:11 εἰς ὃ καὶ προσευχόμεθα **πάντοτε** περὶ ὑμῶν, ἵνα ὑμᾶς ἀξιώσῃ τῆς κλήσεως ὁ θεὸς ἡμῶν καὶ πληρώσῃ πᾶσαν εὐδοκίαν ἀγαθωσύνης καὶ ἔργον πίστεως ἐν δυνάμει,
2:13 Ἡμεῖς δὲ ὀφείλομεν εὐχαριστεῖν τῷ θεῷ **πάντοτε** περὶ ὑμῶν,

2Ti 3:7 **πάντοτε** μανθάνοντα καὶ μηδέποτε εἰς ἐπίγνωσιν ἀληθείας ἐλθεῖν δυνάμενα.

Phm 1:4 Εὐχαριστῶ τῷ θεῷ μου **πάντοτε** μνείαν σου ποιούμενος ἐπὶ τῶν προσευχῶν μου,

Heb 7:25 ὅθεν καὶ σῴζειν εἰς τὸ παντελὲς δύναται τοὺς προσερχομένους δι᾽ αὐτοῦ τῷ θεῷ, **πάντοτε** ζῶν εἰς τὸ ἐντυγχάνειν ὑπὲρ αὐτῶν.

4122 πάντως [8]

√ 4246

Lk 4:23 καὶ εἶπεν πρὸς αὐτούς, **Πάντως** ἐρεῖτέ μοι τὴν παραβολὴν ταύτην·
Ac 21:22 τί οὖν ἐστιν; **πάντως** ἀκούσονται ὅτι ἐλήλυθας.
28: 4 **Πάντως** φονεύς ἐστιν ὁ ἄνθρωπος οὗτος ὃν διασωθέντα ἐκ τῆς θαλάσσης ἡ δίκη ζῆν οὐκ εἴασεν.
Ro 3: 9 οὐ **πάντως**· προῃτιασάμεθα γὰρ Ἰουδαίους τε καὶ Ἕλληνας πάντας ὑφ' ἁμαρτίαν εἶναι,
1Co 5:10 οὐ **πάντως** τοῖς πόρνοις τοῦ κόσμου τούτου ἢ τοῖς πλεονέκταις καὶ ἅρπαξιν ἢ εἰδωλολάτραις,
9:10 ἢ δι' ἡμᾶς **πάντως** λέγει; δι' ἡμᾶς γὰρ ἐγράφη ὅτι ὀφείλει ἐπ' ἐλπίδι ὁ ἀροτριῶν ἀροτριᾶν
9:22 τοῖς πᾶσιν γέγονα πάντα, ἵνα **πάντως** τινὰς σώσω.
16:12 καὶ **πάντως** οὐκ ἦν θέλημα ἵνα νῦν ἔλθῃ·

4123 παρά [194]

→ *524, 563, 564, 1384, 2339, 4124, 4125, 4126, 4127, 4128, 4129, 4130, 4131, 4132, 4133, 4134, 4135, 4136, 4138, 4139, 4140, 4141, 4142, 4143, 4144, 4145, 4146, 4147, 4148, 4149, 4150, 4151, 4152, 4153, 4154, 4155, 4156, 4157, 4158, 4159, 4160, 4161, 4162, 4163, 4164, 4165, 4166, 4167, 4168, 4169, 4170, 4171, 4172, 4173, 4174, 4175, 4176, 4177, 4178, 4179, 4180, 4181, 4182, 4183, 4184, 4185, 4186, 4187, 4188, 4189, 4190, 4191, 4192, 4193, 4194, 4195, 4196, 4199, 4200, 4201, 4202, 4204, 4205, 4206, 4207, 4208, 4209, 4210, 4211, 4212, 4213, 4214, 4215, 4216, 4217, 4218, 4219, 4223, 4224, 4225, 4227, 4228, 4229, 4230, 4232, 4233, 4234, 4235, 4236, 4237, 4238, 4239, 4240, 4241, 4242, 4243, 4261, 5219, 5220, 5221, 5222, 5223*

παρὰ θεοῦ [11] Lk 1:37; Jn 1:6; 5:44; 6:46; 8:40; 9:16,33; 16:27; Jas 1:5; 2Pe 1:17; 2Jn 1:3

παρὰ κυρίου [8] Mt 21:42; Mk 12:11; Lk 1:45; Ac 20:24; Eph 6:8; 2Ti 1:18; Jas 1:7; 2Pe 2:11

παρ' ὅ [3] Ro 12:3; Gal 1:8,9

παρὰ πατρός [14] Mt 18:19; Jn 1:14; 6:45; 8:38; 10:18; 15:15,26,26; 16:28; Ac 2:33; 2Pe 1:17; 2Jn 1:3,4; Rev 2:28

παρὰ πόδας [9] Mt 15:30; Lk 7:38; 8:35,41; 17:16; Ac 4:35; 5:2; 7:58; 22:3

παρὰ τοῦτο [2] 1Co 12:15,16

παρ' ᾧ [2] Ac 21:16; Jas 1:17

accusative object [58] Mt 4:18; 13:1,4,19; 15:29,30; 20:30; Mk 1:16; 2:13; 4:1,4,15; 5:21; 10:46; Lk 3:13; 5:1,2; 7:38; 8:5,12,35,41; 13:2,4; 17:16; 18:14,35; Ac 4:35; 5:2; 7:58; 10:6,32; 16:13; 18:13; 22:3; Ro 1:25,26; 4:18; 12:3; 14:5; 16:17; 1Co 3:11; 12:15,16; 2Co 8:3; 11:24; Gal 1:8,9; Heb 1:4,9; 2:7,9; 3:3; 9:23; 11:4,11,12; 12:24

dative object [54] Mt 6:1; 8:10; 19:26,26; 22:25; 28:15; Mk 10:27,27,27; Lk 1:30; 2:52; 9:47; 11:37; 18:27,27; 19:7; Jn 1:39; 4:40; 8:38; 14:17,23,25; 17:5,5; 19:25; Ac 9:43; 10:6; 18:3; 21:7,8,16; 26:8; 28:14; Ro 2:11,13; 9:14; 11:24,25; 12:16; 1Co 3:19; 7:24; 16:2; 2Co 1:17; Gal 3:11; Eph 6:9; Col 4:16; 2Th 1:6; 2Ti 4:13; Jas 1:17,27; 1Pe 2:4,20; 2Pe 3:8; Rev 2:13

genitive object [82] Mt 2:4,7,16; 18:19; 21:42; Mk 3:21; 5:26; 8:11; 12:2,11; 14:43; 16:9; Lk 1:37,45; 2:1; 6:19,34; 8:49; 10:7; 11:16; 12:48; Jn 1:6,14,40; 4:9,52; 5:34,41,44,44; 6:45,46; 7:29,51; 8:26,38,40; 9:16,33; 10:18; 15:15,26,26; 16:27,28; 17:7,8; Ac 2:33; 3:2,5; 7:16; 9:2,14; 10:22; 17:9; 20:24; 22:5; 24:8; 26:10; 28:22; Ro 11:27; Gal 1:12; Eph 6:8; Php 4:18,18; 1Th 2:13; 4:1; 2Th 3:6,8; 2Ti 1:13,18; 2:2; 3:14; Jas 1:5,7; 2Pe 1:17; 2:11; 2Jn 1:3,3,4; Rev 2:27; 3:18

Mt 2: 4 καὶ συναγαγὼν πάντας τοὺς ἀρχιερεῖς καὶ γραμματεῖς τοῦ λαοῦ ἐπυνθάνετο **παρ'** αὐτῶν ποῦ ὁ Χριστὸς γεννᾶται.
2: 7 Τότε Ἡρῴδης λάθρᾳ καλέσας τοὺς μάγους ἠκρίβωσεν **παρ'** αὐτῶν τὸν χρόνον τοῦ φαινομένου ἀστέρος,
2:16 κατὰ τὸν χρόνον ὃν ἠκρίβωσεν **παρὰ** τῶν μάγων.
4:18 Περιπατῶν δὲ **παρὰ** τὴν θάλασσαν τῆς Γαλιλαίας εἶδεν δύο ἀδελφούς,
6: 1 μισθὸν οὐκ ἔχετε **παρὰ** τῷ πατρὶ ὑμῶν τῷ ἐν τοῖς οὐρανοῖς.
8:10 **παρ'** οὐδενὶ τοσαύτην πίστιν ἐν τῷ Ἰσραὴλ εὗρον.
13: 1 Ἐν τῇ ἡμέρᾳ ἐκείνῃ ἐξελθὼν ὁ Ἰησοῦς τῆς οἰκίας ἐκάθητο **παρὰ** τὴν θάλασσαν·
13: 4 καὶ ἐν τῷ σπείρειν αὐτὸν ἃ μὲν ἔπεσεν **παρὰ** τὴν ὁδόν,
13:19 ἔρχεται ὁ πονηρὸς καὶ ἁρπάζει τὸ ἐσπαρμένον ἐν τῇ καρδίᾳ αὐτοῦ, οὗτός ἐστιν ὁ **παρὰ** τὴν ὁδὸν σπαρείς.
15:29 Καὶ μεταβὰς ἐκεῖθεν ὁ Ἰησοῦς ἦλθεν **παρὰ** τὴν θάλασσαν τῆς Γαλιλαίας,
15:30 καὶ ἑτέρους πολλοὺς καὶ ἔρριψαν αὐτοὺς **παρὰ** τοὺς πόδας αὐτοῦ,
18:19 γενήσεται αὐτοῖς **παρὰ** τοῦ πατρός μου τοῦ ἐν οὐρανοῖς.
19:26 **Παρὰ** ἀνθρώποις τοῦτο ἀδύνατόν ἐστιν, **παρὰ** δὲ θεῷ πάντα δυνατά.
20:30 καὶ ἰδοὺ δύο τυφλοὶ καθήμενοι **παρὰ** τὴν ὁδὸν ἀκούσαντες ὅτι Ἰησοῦς παράγει,
21:42 **παρὰ** κυρίου ἐγένετο αὕτη καὶ ἔστιν θαυμαστὴ ἐν ὀφθαλμοῖς ἡμῶν;
22:25 ἦσαν δὲ **παρ'** ἡμῖν ἑπτὰ ἀδελφοί· καὶ ὁ πρῶτος γήμας ἐτελεύτησεν,
28:15 Καὶ διεφημίσθη ὁ λόγος οὗτος **παρὰ** Ἰουδαίοις μέχρι τῆς σήμερον [ἡμέρας.]
Mk 1:16 Καὶ παράγων **παρὰ** τὴν θάλασσαν τῆς Γαλιλαίας εἶδεν Σίμωνα καὶ Ἀνδρέαν τὸν ἀδελφὸν Σίμωνος ἀμφιβάλλοντας
2:13 Καὶ ἐξῆλθεν πάλιν **παρὰ** τὴν θάλασσαν· καὶ πᾶς ὁ ὄχλος ἤρχετο πρὸς αὐτόν,
3:21 καὶ ἀκούσαντες οἱ **παρ'** αὐτοῦ ἐξῆλθον κρατῆσαι αὐτόν·
4: 1 Καὶ πάλιν ἤρξατο διδάσκειν **παρὰ** τὴν θάλασσαν· καὶ συνάγεται πρὸς αὐτὸν ὄχλος πλεῖστος,
4: 4 καὶ ἐγένετο ἐν τῷ σπείρειν ὃ μὲν ἔπεσεν **παρὰ** τὴν ὁδόν,
4:15 οὗτοι δέ εἰσιν οἱ **παρὰ** τὴν ὁδόν· ὅπου σπείρεται ὁ λόγος καὶ ὅταν ἀκούσωσιν,
5:21 διαπεράσαντος τοῦ Ἰησοῦ [ἐν τῷ πλοίῳ] πάλιν εἰς τὸ πέραν συνήχθη ὄχλος πολὺς ἐπ' αὐτόν, καὶ ἦν **παρὰ** τὴν θάλασσαν.
5:26 καὶ πολλὰ παθοῦσα ὑπὸ πολλῶν ἰατρῶν καὶ δαπανήσασα τὰ **παρ'** αὐτῆς πάντα καὶ μηδὲν ὠφεληθεῖσα ἀλλὰ μᾶλλον εἰς τὸ χεῖρον ἐλθοῦσα,
8:11 ζητοῦντες **παρ'** αὐτοῦ σημεῖον ἀπὸ τοῦ οὐρανοῦ, πειράζοντες αὐτόν.
10:27 ἐμβλέψας αὐτοῖς ὁ Ἰησοῦς λέγει, **Παρὰ** ἀνθρώποις ἀδύνατον, ἀλλ' οὐ **παρὰ** θεῷ· πάντα γὰρ δυνατὰ **παρὰ** τῷ θεῷ.
10:46 καὶ τῶν μαθητῶν αὐτοῦ καὶ ὄχλου ἱκανοῦ ὁ υἱὸς Τιμαίου Βαρτιμαῖος, τυφλὸς προσαίτης, ἐκάθητο **παρὰ** τὴν ὁδόν.
12: 2 καὶ ἀπέστειλεν πρὸς τοὺς γεωργοὺς τῷ καιρῷ δοῦλον ἵνα **παρὰ** τῶν γεωργῶν λάβῃ ἀπὸ τῶν καρπῶν τοῦ ἀμπελῶνος·
12:11 **παρὰ** κυρίου ἐγένετο αὕτη καὶ ἔστιν θαυμαστὴ ἐν ὀφθαλμοῖς ἡμῶν;
14:43 Καὶ εὐθὺς ἔτι αὐτοῦ λαλοῦντος παραγίνεται Ἰούδας εἷς τῶν δώδεκα καὶ μετ' αὐτοῦ ὄχλος μετὰ μαχαιρῶν καὶ ξύλων **παρὰ** τῶν ἀρχιερέων καὶ τῶν γραμματέων καὶ τῶν πρεσβυτέρων.
16: 9 ⟦Ἀναστὰς δὲ πρωῒ πρώτῃ σαββάτου ἐφάνη πρῶτον Μαρίᾳ τῇ Μαγδαληνῇ, **παρ'** ἧς ἐκβεβλήκει ἑπτὰ δαιμόνια.⟧
Lk 1:30 Μὴ φοβοῦ, Μαριάμ, εὗρες γὰρ χάριν **παρὰ** τῷ θεῷ.
1:37 ὅτι οὐκ ἀδυνατήσει **παρὰ** τοῦ θεοῦ πᾶν ῥῆμα.
1:45 καὶ μακαρία ἡ πιστεύσασα ὅτι ἔσται τελείωσις τοῖς λελαλημένοις αὐτῇ **παρὰ** κυρίου.
2: 1 Ἐγένετο δὲ ἐν ταῖς ἡμέραις ἐκείναις ἐξῆλθεν δόγμα **παρὰ** Καίσαρος Αὐγούστου ἀπογράφεσθαι πᾶσαν τὴν οἰκουμένην.
2:52 Καὶ Ἰησοῦς προέκοπτεν [ἐν τῇ] σοφίᾳ καὶ ἡλικίᾳ καὶ χάριτι **παρὰ** θεῷ καὶ ἀνθρώποις.
3:13 ὁ δὲ εἶπεν πρὸς αὐτούς, Μηδὲν πλέον **παρὰ** τὸ διατεταγμένον ὑμῖν πράσσετε.
5: 1 ἐν τῷ τὸν ὄχλον ἐπικεῖσθαι αὐτῷ καὶ ἀκούειν τὸν λόγον τοῦ θεοῦ καὶ αὐτὸς ἦν ἑστὼς **παρὰ** τὴν λίμνην Γεννησαρὲτ
5: 2 καὶ εἶδεν δύο πλοῖα ἑστῶτα **παρὰ** τὴν λίμνην·
6:19 ὅτι δύναμις **παρ'** αὐτοῦ ἐξήρχετο καὶ ἰᾶτο πάντας.
6:34 καὶ ἐὰν δανίσητε **παρ'** ὧν ἐλπίζετε λαβεῖν, ποία ὑμῖν χάρις [ἐστίν;]
7:38 καὶ στᾶσα ὀπίσω **παρὰ** τοὺς πόδας αὐτοῦ κλαίουσα τοῖς δάκρυσιν ἤρξατο βρέχειν τοὺς πόδας αὐτοῦ
8: 5 καὶ ἐν τῷ σπείρειν αὐτὸν ὃ μὲν ἔπεσεν **παρὰ** τὴν ὁδὸν καὶ κατεπατήθη,
8:12 οἱ δὲ **παρὰ** τὴν ὁδόν εἰσιν οἱ ἀκούσαντες,

8:35 εὗρον καθήμενον τὸν ἄνθρωπον ἀφ' οὗ τὰ δαιμόνια ἐξῆλθεν ἱματισμένον καὶ σωφρονοῦντα **παρὰ** τοὺς πόδας τοῦ Ἰησοῦ,
8:41 καὶ πεσὼν **παρὰ** τοὺς πόδας [τοῦ] Ἰησοῦ παρεκάλει αὐτὸν εἰσελθεῖν εἰς τὸν οἶκον αὐτοῦ,
8:49 Ἔτι αὐτοῦ λαλοῦντος ἔρχεταί τις **παρὰ** τοῦ ἀρχισυναγώγου λέγων ὅτι Τέθνηκεν ἡ θυγάτηρ σου·
9:47 ὁ δὲ Ἰησοῦς εἰδὼς τὸν διαλογισμὸν τῆς καρδίας αὐτῶν, ἐπιλαβόμενος παιδίον ἔστησεν αὐτὸ **παρ'** ἑαυτῷ
10: 7 ἐν αὐτῇ δὲ τῇ οἰκίᾳ μένετε ἐσθίοντες καὶ πίνοντες τὰ **παρ'** αὐτῶν·
11:16 ἕτεροι δὲ πειράζοντες σημεῖον ἐξ οὐρανοῦ ἐζήτουν **παρ'** αὐτοῦ.
11:37 Ἐν δὲ τῷ λαλῆσαι ἐρωτᾷ αὐτὸν Φαρισαῖος ὅπως ἀριστήσῃ **παρ'** αὐτῷ·
12:48 πολὺ ζητηθήσεται **παρ'** αὐτοῦ, καὶ ᾧ παρέθεντο πολύ,
13: 2 Δοκεῖτε ὅτι οἱ Γαλιλαῖοι οὗτοι ἁμαρτωλοὶ **παρὰ** πάντας τοὺς Γαλιλαίους ἐγένοντο,
13: 4 δοκεῖτε ὅτι αὐτοὶ ὀφειλέται ἐγένοντο **παρὰ** πάντας τοὺς ἀνθρώπους τοὺς κατοικοῦντας Ἰερουσαλήμ;
17:16 καὶ ἔπεσεν ἐπὶ πρόσωπον **παρὰ** τοὺς πόδας αὐτοῦ εὐχαριστῶν αὐτῷ·
18:14 κατέβη οὗτος δεδικαιωμένος εἰς τὸν οἶκον αὐτοῦ **παρ'** ἐκεῖνον·
18:27 Τὰ ἀδύνατα **παρὰ** ἀνθρώποις δυνατὰ **παρὰ** τῷ θεῷ ἐστιν.
18:35 Ἐγένετο δὲ ἐν τῷ ἐγγίζειν αὐτὸν εἰς Ἰεριχὼ τυφλός τις ἐκάθητο **παρὰ** τὴν ὁδὸν ἐπαιτῶν.
19: 7 καὶ ἰδόντες πάντες διεγόγγυζον λέγοντες ὅτι **Παρὰ** ἁμαρτωλῷ ἀνδρὶ εἰσῆλθεν καταλῦσαι.
Jn 1: 6 Ἐγένετο ἄνθρωπος, ἀπεσταλμένος **παρὰ** θεοῦ, ὄνομα αὐτῷ Ἰωάννης·
1:14 δόξαν ὡς μονογενοῦς **παρὰ** πατρός, πλήρης χάριτος καὶ ἀληθείας.
1:39 ἦλθαν οὖν καὶ εἶδαν ποῦ μένει καὶ **παρ'** αὐτῷ ἔμειναν τὴν ἡμέραν ἐκείνην·
1:40 Ἦν Ἀνδρέας ὁ ἀδελφὸς Σίμωνος Πέτρου εἷς ἐκ τῶν δύο τῶν ἀκουσάντων **παρὰ** Ἰωάννου καὶ ἀκολουθησάντων αὐτῷ·
4: 9 Πῶς σὺ Ἰουδαῖος ὢν **παρ'** ἐμοῦ πεῖν αἰτεῖς γυναικὸς Σαμαρίτιδος οὔσης;
4:40 ὡς οὖν ἦλθον πρὸς αὐτὸν οἱ Σαμαρῖται, ἠρώτων αὐτὸν μεῖναι **παρ'** αὐτοῖς·
4:52 ἐπύθετο οὖν τὴν ὥραν **παρ'** αὐτῶν ἐν ᾗ κομψότερον ἔσχεν·
5:34 ἐγὼ δὲ οὐ **παρὰ** ἀνθρώπου τὴν μαρτυρίαν λαμβάνω,
5:41 Δόξαν **παρὰ** ἀνθρώπων οὐ λαμβάνω,
5:44 πῶς δύνασθε ὑμεῖς πιστεῦσαι δόξαν **παρὰ** ἀλλήλων λαμβάνοντες, καὶ τὴν δόξαν τὴν **παρὰ** τοῦ μόνου θεοῦ οὐ ζητεῖτε;
6:45 πᾶς ὁ ἀκούσας **παρὰ** τοῦ πατρὸς καὶ μαθὼν ἔρχεται πρὸς ἐμέ.
6:46 οὐχ ὅτι τὸν πατέρα ἑώρακέν τις εἰ μὴ ὁ ὢν **παρὰ** τοῦ θεοῦ,
7:29 ἐγὼ οἶδα αὐτόν, ὅτι **παρ'** αὐτοῦ εἰμι κἀκεῖνός με ἀπέστειλεν.
7:51 Μὴ ὁ νόμος ἡμῶν κρίνει τὸν ἄνθρωπον ἐὰν μὴ ἀκούσῃ πρῶτον **παρ'** αὐτοῦ καὶ γνῷ τί ποιεῖ;
8:26 κἀγὼ ἃ ἤκουσα **παρ'** αὐτοῦ ταῦτα λαλῶ εἰς τὸν κόσμον.
8:38 ἃ ἐγὼ ἑώρακα **παρὰ** τῷ πατρὶ λαλῶ· καὶ ὑμεῖς οὖν ἃ ἠκούσατε **παρὰ** τοῦ πατρὸς ποιεῖτε.
8:40 νῦν δὲ ζητεῖτέ με ἀποκτεῖναι ἄνθρωπον ὃς τὴν ἀλήθειαν ὑμῖν λελάληκα ἣν ἤκουσα **παρὰ** τοῦ θεοῦ·
9:16 Οὐκ ἔστιν οὗτος **παρὰ** θεοῦ ὁ ἄνθρωπος, ὅτι τὸ σάββατον οὐ τηρεῖ.
9:33 εἰ μὴ ἦν οὗτος **παρὰ** θεοῦ, οὐκ ἠδύνατο ποιεῖν οὐδέν.
10:18 ταύτην τὴν ἐντολὴν ἔλαβον **παρὰ** τοῦ πατρός μου.
14:17 ὅτι **παρ'** ὑμῖν μένει καὶ ἐν ὑμῖν ἔσται.
14:23 καὶ ὁ πατήρ μου ἀγαπήσει αὐτὸν καὶ πρὸς αὐτὸν ἐλευσόμεθα καὶ μονὴν **παρ'** αὐτῷ ποιησόμεθα.
14:25 Ταῦτα λελάληκα ὑμῖν **παρ'** ὑμῖν μένων·
15:15 ὅτι πάντα ἃ ἤκουσα **παρὰ** τοῦ πατρός μου ἐγνώρισα ὑμῖν.
15:26 Ὅταν ἔλθῃ ὁ παράκλητος ὃν ἐγὼ πέμψω ὑμῖν **παρὰ** τοῦ πατρός, τὸ πνεῦμα τῆς ἀληθείας ὃ **παρὰ** τοῦ πατρὸς ἐκπορεύεται,
16:27 ὅτι ὑμεῖς ἐμὲ πεφιλήκατε καὶ πεπιστεύκατε ὅτι ἐγὼ **παρὰ** [τοῦ] θεοῦ ἐξῆλθον.
16:28 ἐξῆλθον **παρὰ** τοῦ πατρὸς καὶ ἐλήλυθα εἰς τὸν κόσμον·
17: 5 **παρὰ** σεαυτῷ τῇ δόξῃ ᾗ εἶχον πρὸ τοῦ τὸν κόσμον εἶναι **παρὰ** σοί.
17: 7 νῦν ἔγνωκαν ὅτι πάντα ὅσα δέδωκάς μοι **παρὰ** σοῦ εἰσιν·
17: 8 καὶ αὐτοὶ ἔλαβον καὶ ἔγνωσαν ἀληθῶς ὅτι **παρὰ** σοῦ ἐξῆλθον,
19:25 εἱστήκεισαν δὲ **παρὰ** τῷ σταυρῷ τοῦ Ἰησοῦ ἡ μήτηρ αὐτοῦ καὶ ἡ ἀδελφὴ τῆς μητρὸς αὐτοῦ,
Ac 2:33 τήν τε ἐπαγγελίαν τοῦ πνεύματος τοῦ ἁγίου λαβὼν **παρὰ** τοῦ πατρός,
3: 2 πρὸς τὴν θύραν τοῦ ἱεροῦ τὴν λεγομένην Ὡραίαν τοῦ αἰτεῖν ἐλεημοσύνην **παρὰ** τῶν εἰσπορευομένων εἰς τὸ ἱερόν·
3: 5 ὁ δὲ ἐπεῖχεν αὐτοῖς προσδοκῶν τι **παρ'** αὐτῶν λαβεῖν.
4:35 καὶ ἐτίθουν **παρὰ** τοὺς πόδας τῶν ἀποστόλων, διεδίδετο δὲ ἑκάστῳ καθότι ἄν τις χρείαν εἶχεν.
5: 2 καὶ ἐνέγκας μέρος τι **παρὰ** τοὺς πόδας τῶν ἀποστόλων ἔθηκεν.
7:16 καὶ ἐτέθησαν ἐν τῷ μνήματι ᾧ ὠνήσατο Ἀβραὰμ τιμῆς ἀργυρίου **παρὰ** τῶν υἱῶν Ἑμμὼρ ἐν Συχέμ.
7:58 καὶ οἱ μάρτυρες ἀπέθεντο τὰ ἱμάτια αὐτῶν **παρὰ** τοὺς πόδας νεανίου καλουμένου Σαύλου,
9: 2 ᾐτήσατο **παρ'** αὐτοῦ ἐπιστολὰς εἰς Δαμασκὸν πρὸς τὰς συναγωγάς,
9:14 καὶ ὧδε ἔχει ἐξουσίαν **παρὰ** τῶν ἀρχιερέων δῆσαι πάντας τοὺς ἐπικαλουμένους τὸ ὄνομά σου.
9:43 Ἐγένετο δὲ ἡμέρας ἱκανὰς μεῖναι ἐν Ἰόππῃ **παρά** τινι Σίμωνι βυρσεῖ.
10: 6 οὗτος ξενίζεται **παρά** τινι Σίμωνι βυρσεῖ, ᾧ ἐστιν οἰκία **παρὰ** θάλασσαν.
10:22 ἐχρηματίσθη ὑπὸ ἀγγέλου ἁγίου μεταπέμψασθαί σε εἰς τὸν οἶκον αὐτοῦ καὶ ἀκοῦσαι ῥήματα **παρὰ** σοῦ.
10:32 οὗτος ξενίζεται ἐν οἰκίᾳ Σίμωνος βυρσέως **παρὰ** θάλασσαν.
16:13 τῇ τε ἡμέρᾳ τῶν σαββάτων ἐξήλθομεν ἔξω τῆς πύλης **παρὰ** ποταμὸν οὗ ἐνομίζομεν προσευχὴν εἶναι,
17: 9 καὶ λαβόντες τὸ ἱκανὸν **παρὰ** τοῦ Ἰάσονος καὶ τῶν λοιπῶν ἀπέλυσαν αὐτούς.
18: 3 καὶ διὰ τὸ ὁμότεχνον εἶναι ἔμενεν **παρ'** αὐτοῖς,
18:13 λέγοντες ὅτι **Παρὰ** τὸν νόμον ἀναπείθει οὗτος τοὺς ἀνθρώπους σέβεσθαι τὸν θεόν.
20:24 ὡς τελειῶσαι τὸν δρόμον μου καὶ τὴν διακονίαν ἣν ἔλαβον **παρὰ** τοῦ κυρίου Ἰησοῦ,
21: 7 κατηντήσαμεν εἰς Πτολεμαΐδα καὶ ἀσπασάμενοι τοὺς ἀδελφοὺς ἐμείναμεν ἡμέραν μίαν **παρ'** αὐτοῖς.
21: 8 εἰς Καισάρειαν καὶ εἰσελθόντες εἰς τὸν οἶκον Φιλίππου τοῦ εὐαγγελιστοῦ, ὄντος ἐκ τῶν ἑπτά, ἐμείναμεν **παρ'** αὐτῷ.
21:16 ἄγοντες **παρ'** ᾧ ξενισθῶμεν Μνάσωνί τινι Κυπρίῳ, ἀρχαίῳ μαθητῇ.
22: 3 **παρὰ** τοὺς πόδας Γαμαλιὴλ πεπαιδευμένος κατὰ ἀκρίβειαν τοῦ πατρῴου νόμου,
22: 5 **παρ'** ὧν καὶ ἐπιστολὰς δεξάμενος πρὸς τοὺς ἀδελφοὺς εἰς Δαμασκὸν ἐπορευόμην,
24: 8 **παρ'** οὗ δυνήσῃ αὐτὸς ἀνακρίνας περὶ πάντων τούτων ἐπιγνῶναι ὧν ἡμεῖς κατηγοροῦμεν αὐτοῦ.
26: 8 τί ἄπιστον κρίνεται **παρ'** ὑμῖν εἰ ὁ θεὸς νεκροὺς ἐγείρει;
26:10 καὶ πολλούς τε τῶν ἁγίων ἐγὼ ἐν φυλακαῖς κατέκλεισα τὴν **παρὰ** τῶν ἀρχιερέων ἐξουσίαν λαβὼν
28:14 οὗ εὑρόντες ἀδελφοὺς παρεκλήθημεν **παρ'** αὐτοῖς ἐπιμεῖναι ἡμέρας ἑπτά·
28:22 ἀξιοῦμεν δὲ **παρὰ** σοῦ ἀκοῦσαι ἃ φρονεῖς, περὶ μὲν γὰρ τῆς αἱρέσεως ταύτης γνωστὸν ἡμῖν ἐστιν
Ro 1:25 οἵτινες μετήλλαξαν τὴν ἀλήθειαν τοῦ θεοῦ ἐν τῷ ψεύδει καὶ ἐσεβάσθησαν καὶ ἐλάτρευσαν τῇ κτίσει **παρὰ** τὸν κτίσαντα,
1:26 αἵ τε γὰρ θήλειαι αὐτῶν μετήλλαξαν τὴν φυσικὴν χρῆσιν εἰς τὴν **παρὰ** φύσιν,
2:11 οὐ γάρ ἐστιν προσωπολημψία **παρὰ** τῷ θεῷ.
2:13 οὐ γὰρ οἱ ἀκροαταὶ νόμου δίκαιοι **παρὰ** [τῷ] θεῷ,
4:18 ὃς **παρ'** ἐλπίδα ἐπ' ἐλπίδι ἐπίστευσεν εἰς τὸ γενέσθαι αὐτὸν πατέρα πολλῶν ἐθνῶν κατὰ τὸ εἰρημένον,
9:14 Τί οὖν ἐροῦμεν; μὴ ἀδικία **παρὰ** τῷ θεῷ; μὴ γένοιτο.
11:24 εἰ γὰρ σὺ ἐκ τῆς κατὰ φύσιν ἐξεκόπης ἀγριελαίου καὶ **παρὰ** φύσιν ἐνεκεντρίσθης εἰς καλλιέλαιον,
11:25 τὸ μυστήριον τοῦτο, ἵνα μὴ ἦτε **[παρ']** ἑαυτοῖς φρόνιμοι,
11:27 καὶ αὕτη αὐτοῖς ἡ **παρ'** ἐμοῦ διαθήκη, ὅταν ἀφέλωμαι τὰς ἁμαρτίας αὐτῶν.
12: 3 διὰ τῆς χάριτος τῆς δοθείσης μοι παντὶ τῷ ὄντι ἐν ὑμῖν μὴ ὑπερφρονεῖν **παρ'** ὃ δεῖ φρονεῖν ἀλλὰ φρονεῖν εἰς τὸ σωφρονεῖν,
12:16 μὴ τὰ ὑψηλὰ φρονοῦντες ἀλλὰ τοῖς ταπεινοῖς συναπαγόμενοι. μὴ γίνεσθε φρόνιμοι **παρ'** ἑαυτοῖς.
14: 5 ὃς μὲν [γὰρ] κρίνει ἡμέραν **παρ'** ἡμέραν, ὃς δὲ κρίνει πᾶσαν ἡμέραν·
16:17 σκοπεῖν τοὺς τὰς διχοστασίας καὶ τὰ σκάνδαλα **παρὰ** τὴν διδαχὴν ἣν ὑμεῖς ἐμάθετε ποιοῦντας,
1Co 3:11 θεμέλιον γὰρ ἄλλον οὐδεὶς δύναται θεῖναι **παρὰ** τὸν κείμενον,
3:19 ἡ γὰρ σοφία τοῦ κόσμου τούτου μωρία **παρὰ** τῷ θεῷ ἐστιν.
7:24 ἕκαστος ἐν ᾧ ἐκλήθη, ἀδελφοί, ἐν τούτῳ μενέτω **παρὰ** θεῷ.

12:15 οὐ **παρὰ** τοῦτο οὐκ ἔστιν ἐκ τοῦ σώματος;
12:16 οὐ **παρὰ** τοῦτο οὐκ ἔστιν ἐκ τοῦ σώματος;
16: 2 κατὰ μίαν σαββάτου ἕκαστος ὑμῶν **παρ'** ἑαυτῷ τιθέτω θησαυρίζων ὅ τι ἐὰν εὐοδῶται,
2Co 1:17 ἵνα ᾖ **παρ'** ἐμοὶ τὸ Ναὶ ναὶ καὶ τὸ Οὒ οὔ;
8: 3 ὅτι κατὰ δύναμιν, μαρτυρῶ, καὶ **παρὰ** δύναμιν, αὐθαίρετοι
11:24 ὑπὸ Ἰουδαίων πεντάκις τεσσεράκοντα **παρὰ** μίαν ἔλαβον,
Gal 1: 8 ἀλλὰ καὶ ἐὰν ἡμεῖς ἢ ἄγγελος ἐξ οὐρανοῦ εὐαγγελίζηται [ὑμῖν] **παρ'** ὃ εὐηγγελισάμεθα ὑμῖν,
1: 9 εἴ τις ὑμᾶς εὐαγγελίζεται **παρ'** ὃ παρελάβετε, ἀνάθεμα ἔστω.
1:12 οὐδὲ γὰρ ἐγὼ **παρὰ** ἀνθρώπου παρέλαβον αὐτὸ οὔτε ἐδιδάχθην ἀλλὰ δι' ἀποκαλύψεως Ἰησοῦ Χριστοῦ.
3:11 ὅτι δὲ ἐν νόμῳ οὐδεὶς δικαιοῦται **παρὰ** τῷ θεῷ δῆλον,
Eph 6: 8 τοῦτο κομίσεται **παρὰ** κυρίου εἴτε δοῦλος εἴτε ἐλεύθερος.
6: 9 εἰδότες ὅτι καὶ αὐτῶν καὶ ὑμῶν ὁ κύριός ἐστιν ἐν οὐρανοῖς καὶ προσωπολημψία οὐκ ἔστιν **παρ'** αὐτῷ.
Php 4:18 πεπλήρωμαι δεξάμενος **παρὰ** Ἐπαφροδίτου τὰ **παρ'** ὑμῶν, ὀσμὴν εὐωδίας,
Col 4:16 καὶ ὅταν ἀναγνωσθῇ **παρ'** ὑμῖν ἡ ἐπιστολή, ποιήσατε ἵνα καὶ ἐν τῇ Λαοδικέων ἐκκλησίᾳ ἀναγνωσθῇ,
1Th 2:13 ὅτι παραλαβόντες λόγον ἀκοῆς **παρ'** ἡμῶν τοῦ θεοῦ ἐδέξασθε οὐ λόγον ἀνθρώπων ἀλλὰ καθώς ἐστιν ἀληθῶς λόγον θεοῦ,
4: 1 ἵνα καθὼς παρελάβετε **παρ'** ἡμῶν τὸ πῶς δεῖ ὑμᾶς περιπατεῖν καὶ ἀρέσκειν θεῷ,
2Th 1: 6 εἴπερ δίκαιον **παρὰ** θεῷ ἀνταποδοῦναι τοῖς θλίβουσιν ὑμᾶς θλῖψιν
3: 6 στέλλεσθαι ὑμᾶς ἀπὸ παντὸς ἀδελφοῦ ἀτάκτως περιπατοῦντος καὶ μὴ κατὰ τὴν παράδοσιν ἣν παρελάβοσαν **παρ'** ἡμῶν.
3: 8 οὐδὲ δωρεὰν ἄρτον ἐφάγομεν **παρά** τινος, ἀλλ' ἐν κόπῳ καὶ μόχθῳ νυκτὸς καὶ ἡμέρας ἐργαζόμενοι πρὸς τὸ μὴ ἐπιβαρῆσαί
2Ti 1:13 ὑποτύπωσιν ἔχε ὑγιαινόντων λόγων ὧν **παρ'** ἐμοῦ ἤκουσας ἐν πίστει καὶ ἀγάπῃ τῇ ἐν Χριστῷ Ἰησοῦ·
1:18 δῴη αὐτῷ ὁ κύριος εὑρεῖν ἔλεος **παρὰ** κυρίου ἐν ἐκείνῃ τῇ ἡμέρᾳ.
2: 2 καὶ ἃ ἤκουσας **παρ'** ἐμοῦ διὰ πολλῶν μαρτύρων,
3:14 σὺ δὲ μένε ἐν οἷς ἔμαθες καὶ ἐπιστώθης, εἰδὼς **παρὰ** τίνων ἔμαθες,
4:13 τὸν φαιλόνην ὃν ἀπέλιπον ἐν Τρῳάδι **παρὰ** Κάρπῳ ἐρχόμενος φέρε,
Heb 1: 4 τοσούτῳ κρείττων γενόμενος τῶν ἀγγέλων ὅσῳ διαφορώτερον **παρ'** αὐτοὺς κεκληρονόμηκεν ὄνομα.
1: 9 διὰ τοῦτο ἔχρισέν σε ὁ θεὸς ὁ θεός σου ἔλαιον ἀγαλλιάσεως **παρὰ** τοὺς μετόχους σου.
2: 7 ἠλάττωσας αὐτὸν βραχύ τι **παρ'** ἀγγέλους, δόξῃ καὶ τιμῇ ἐστεφάνωσας αὐτόν,
2: 9 τὸν δὲ βραχύ τι **παρ'** ἀγγέλους ἠλαττωμένον βλέπομεν Ἰησοῦν διὰ τὸ πάθημα τοῦ θανάτου δόξῃ καὶ τιμῇ ἐστεφανωμένον,
3: 3 πλείονος γὰρ οὗτος δόξης **παρὰ** Μωϋσῆν ἠξίωται, καθ' ὅσον πλείονα τιμὴν ἔχει τοῦ οἴκου ὁ κατασκευάσας αὐτόν·
9:23 αὐτὰ δὲ τὰ ἐπουράνια κρείττοσιν θυσίαις **παρὰ** ταύτας.
11: 4 Πίστει πλείονα θυσίαν Ἅβελ **παρὰ** Κάϊν προσήνεγκεν τῷ θεῷ,
11:11 Πίστει καὶ αὐτὴ Σάρρα στεῖρα δύναμιν εἰς καταβολὴν σπέρματος ἔλαβεν καὶ **παρὰ** καιρὸν ἡλικίας,
11:12 καθὼς τὰ ἄστρα τοῦ οὐρανοῦ τῷ πλήθει καὶ ὡς ἡ ἄμμος ἡ **παρὰ** τὸ χεῖλος τῆς θαλάσσης ἡ ἀναρίθμητος.
12:24 καὶ διαθήκης νέας μεσίτῃ Ἰησοῦ καὶ αἵματι ῥαντισμοῦ κρεῖττον λαλοῦντι **παρὰ** τὸν Ἅβελ.
Jas 1: 5 αἰτείτω **παρὰ** τοῦ διδόντος θεοῦ πᾶσιν ἁπλῶς καὶ μὴ ὀνειδίζοντος καὶ δοθήσεται αὐτῷ.
1: 7 μὴ γὰρ οἰέσθω ὁ ἄνθρωπος ἐκεῖνος ὅτι λήμψεταί τι **παρὰ** τοῦ κυρίου,
1:17 **παρ'** ᾧ οὐκ ἔνι παραλλαγὴ ἢ τροπῆς ἀποσκίασμα.
1:27 θρησκεία καθαρὰ καὶ ἀμίαντος **παρὰ** τῷ θεῷ καὶ πατρὶ αὕτη ἐστίν, ἐπισκέπτεσθαι ὀρφανοὺς καὶ χήρας ἐν τῇ θλίψει αὐτῶν,
1Pe 2: 4 πρὸς ὃν προσερχόμενοι λίθον ζῶντα ὑπὸ ἀνθρώπων μὲν ἀποδεδοκιμασμένον **παρὰ** δὲ θεῷ ἐκλεκτὸν ἔντιμον,
2:20 ἀλλ' εἰ ἀγαθοποιοῦντες καὶ πάσχοντες ὑπομενεῖτε, τοῦτο χάρις **παρὰ** θεῷ.
2Pe 1:17 λαβὼν γὰρ **παρὰ** θεοῦ πατρὸς τιμὴν καὶ δόξαν φωνῆς ἐνεχθείσης αὐτῷ τοιᾶσδε ὑπὸ τῆς μεγαλοπρεποῦς δόξης,
2:11 ὅπου ἄγγελοι ἰσχύϊ καὶ δυνάμει μείζονες ὄντες οὐ φέρουσιν κατ' αὐτῶν **παρὰ** κυρίου βλάσφημον κρίσιν.
3: 8 ὅτι μία ἡμέρα **παρὰ** κυρίῳ ὡς χίλια ἔτη καὶ χίλια ἔτη ὡς ἡμέρα μία.
2Jn 1: 3 ἔσται μεθ' ἡμῶν χάρις ἔλεος εἰρήνη **παρὰ** θεοῦ πατρὸς καὶ **παρὰ** Ἰησοῦ Χριστοῦ τοῦ υἱοῦ τοῦ πατρὸς ἐν ἀληθείᾳ καὶ ἀγάπῃ.
1: 4 Ἐχάρην λίαν ὅτι εὕρηκα ἐκ τῶν τέκνων σου περιπατοῦντας ἐν ἀληθείᾳ, καθὼς ἐντολὴν ἐλάβομεν **παρὰ** τοῦ πατρός.
Rev 2:13 ὃς ἀπεκτάνθη **παρ'** ὑμῖν, ὅπου ὁ Σατανᾶς κατοικεῖ.
2:28 ὡς κἀγὼ εἴληφα **παρὰ** τοῦ πατρός μου, καὶ δώσω αὐτῷ τὸν ἀστέρα τὸν πρωϊνόν.
3:18 συμβουλεύω σοι ἀγοράσαι **παρ'** ἐμοῦ χρυσίον πεπυρωμένον ἐκ πυρὸς ἵνα πλουτήσῃς,

4124 παραβαίνω [3]

√ *4123 + 326*

Mt 15: 2 Διὰ τί οἱ μαθηταί σου **παραβαίνουσιν** τὴν παράδοσιν τῶν πρεσβυτέρων;
15: 3 Διὰ τί καὶ ὑμεῖς **παραβαίνετε** τὴν ἐντολὴν τοῦ θεοῦ διὰ τὴν παράδοσιν ὑμῶν;
Ac 1:25 λαβεῖν τὸν τόπον τῆς διακονίας ταύτης καὶ ἀποστολῆς ἀφ' ἧς **παρέβη** Ἰούδας πορευθῆναι εἰς τὸν τόπον τὸν ἴδιον.

4125 παραβάλλω [1]

√ *4123 + 965*

Ac 20:15 τῇ δὲ ἑτέρᾳ **παρεβάλομεν** εἰς Σάμον, τῇ δὲ ἐχομένῃ ἤλθομεν εἰς Μίλητον.

4126 παράβασις [7]

√ *4123 + 326*

Ro 2:23 διὰ τῆς **παραβάσεως** τοῦ νόμου τὸν θεὸν ἀτιμάζεις·
4:15 ὁ γὰρ νόμος ὀργὴν κατεργάζεται· οὗ δὲ οὐκ ἔστιν νόμος οὐδὲ **παράβασις.**
5:14 ἀλλὰ ἐβασίλευσεν ὁ θάνατος ἀπὸ Ἀδὰμ μέχρι Μωϋσέως καὶ ἐπὶ τοὺς μὴ ἁμαρτήσαντας ἐπὶ τῷ ὁμοιώματι τῆς **παραβάσεως** Ἀδὰμ ὅς ἐστιν τύπος τοῦ μέλλοντος.
Gal 3:19 τῶν **παραβάσεων** χάριν προσετέθη, ἄχρις οὗ ἔλθῃ τὸ σπέρμα ᾧ ἐπήγγελται,
1Ti 2:14 καὶ Ἀδὰμ οὐκ ἠπατήθη, ἡ δὲ γυνὴ ἐξαπατηθεῖσα ἐν **παραβάσει** γέγονεν·
Heb 2: 2 εἰ γὰρ ὁ δι' ἀγγέλων λαληθεὶς λόγος ἐγένετο βέβαιος καὶ πᾶσα **παράβασις** καὶ παρακοὴ ἔλαβεν ἔνδικον μισθαποδοσίαν,
9:15 ὅπως θανάτου γενομένου εἰς ἀπολύτρωσιν τῶν ἐπὶ τῇ πρώτῃ διαθήκῃ **παραβάσεων** τὴν ἐπαγγελίαν λάβωσιν οἱ κεκλημένοι τῆς αἰωνίου κληρονομίας.

4127 παραβάτης [5]

√ *4123 + 326*

Ro 2:25 ἐὰν δὲ **παραβάτης** νόμου ᾖς, ἡ περιτομή σου ἀκροβυστία γέγονεν.
2:27 καὶ κρινεῖ ἡ ἐκ φύσεως ἀκροβυστία τὸν νόμον τελοῦσα σὲ τὸν διὰ γράμματος καὶ περιτομῆς **παραβάτην** νόμου.
Gal 2:18 εἰ γὰρ ἃ κατέλυσα ταῦτα πάλιν οἰκοδομῶ, **παραβάτην** ἐμαυτὸν συνιστάνω.
Jas 2: 9 ἁμαρτίαν ἐργάζεσθε ἐλεγχόμενοι ὑπὸ τοῦ νόμου ὡς **παραβάται.**
2:11 εἰ δὲ οὐ μοιχεύεις φονεύεις δέ, γέγονας **παραβάτης** νόμου.

4128 παραβιάζομαι [2]

√ *4123 + 1040*

Lk 24:29 καὶ **παρεβιάσαντο** αὐτὸν λέγοντες, Μεῖνον μεθ' ἡμῶν, ὅτι πρὸς ἑσπέραν ἐστὶν καὶ κέκλικεν ἤδη ἡ ἡμέρα.
Ac 16:15 εἰσελθόντες εἰς τὸν οἶκόν μου μένετε· καὶ **παρεβιάσατο** ἡμᾶς.

4129 παραβολεύομαι [1]

√ *4123 + 965*

Php 2:30 ὅτι διὰ τὸ ἔργον Χριστοῦ μέχρι θανάτου ἤγγισεν **παραβολευσάμενος** τῇ ψυχῇ,

4130 παραβολή [50]

√ *4123 + 965*

Mt 13: 3 καὶ ἐλάλησεν αὐτοῖς πολλὰ ἐν **παραβολαῖς** λέγων, Ἰδοὺ ἐξῆλθεν ὁ σπείρων τοῦ σπείρειν.
13:10 Καὶ προσελθόντες οἱ μαθηταὶ εἶπαν αὐτῷ, Διὰ τί ἐν **παραβολαῖς** λαλεῖς αὐτοῖς;
13:13 διὰ τοῦτο ἐν **παραβολαῖς** αὐτοῖς λαλῶ, ὅτι βλέποντες οὐ βλέπουσιν καὶ ἀκούοντες οὐκ ἀκούουσιν οὐδὲ συνίουσιν,
13:18 Ὑμεῖς οὖν ἀκούσατε τὴν **παραβολὴν** τοῦ σπείραντος.
13:24 Ἄλλην **παραβολὴν** παρέθηκεν αὐτοῖς λέγων, Ὡμοιώθη ἡ βασιλεία τῶν οὐρανῶν ἀνθρώπῳ σπείραντι καλὸν σπέρμα
13:31 Ἄλλην **παραβολὴν** παρέθηκεν αὐτοῖς λέγων, Ὁμοία ἐστὶν ἡ βασιλεία τῶν οὐρανῶν κόκκῳ σινάπεως,
13:33 Ἄλλην **παραβολὴν** ἐλάλησεν αὐτοῖς· Ὁμοία ἐστὶν ἡ βασιλεία τῶν οὐρανῶν ζύμῃ,
13:34 Ταῦτα πάντα ἐλάλησεν ὁ Ἰησοῦς ἐν **παραβολαῖς** τοῖς ὄχλοις καὶ χωρὶς **παραβολῆς** οὐδὲν ἐλάλει αὐτοῖς,
13:35 Ἀνοίξω ἐν **παραβολαῖς** τὸ στόμα μου, ἐρεύξομαι κεκρυμμένα ἀπὸ καταβολῆς [κόσμου.]
13:36 Διασάφησον ἡμῖν τὴν **παραβολὴν** τῶν ζιζανίων τοῦ ἀγροῦ.
13:53 Καὶ ἐγένετο ὅτε ἐτέλεσεν ὁ Ἰησοῦς τὰς **παραβολὰς** ταύτας,
15:15 ὁ Πέτρος εἶπεν αὐτῷ, Φράσον ἡμῖν τὴν **παραβολήν** [ταύτην.]
21:33 Ἄλλην **παραβολὴν** ἀκούσατε. Ἄνθρωπος ἦν οἰκοδεσπότης ὅστις ἐφύτευσεν ἀμπελῶνα καὶ φραγμὸν αὐτῷ περιέθηκεν
21:45 Καὶ ἀκούσαντες οἱ ἀρχιερεῖς καὶ οἱ Φαρισαῖοι τὰς **παραβολὰς** αὐτοῦ ἔγνωσαν ὅτι περὶ αὐτῶν λέγει·
22: 1 Καὶ ἀποκριθεὶς ὁ Ἰησοῦς πάλιν εἶπεν ἐν **παραβολαῖς** αὐτοῖς
24:32 Ἀπὸ δὲ τῆς συκῆς μάθετε τὴν **παραβολήν·** ὅταν ἤδη ὁ κλάδος αὐτῆς γένηται ἁπαλὸς καὶ τὰ φύλλα ἐκφύῃ,
Mk 3:23 καὶ προσκαλεσάμενος αὐτοὺς ἐν **παραβολαῖς** ἔλεγεν αὐτοῖς, Πῶς δύναται Σατανᾶς Σατανᾶν ἐκβάλλειν;
4: 2 καὶ ἐδίδασκεν αὐτοὺς ἐν **παραβολαῖς** πολλὰ καὶ ἔλεγεν αὐτοῖς ἐν τῇ διδαχῇ αὐτοῦ,
4:10 ἠρώτων αὐτὸν οἱ περὶ αὐτὸν σὺν τοῖς δώδεκα τὰς **παραβολάς.**
4:11 ἐκείνοις δὲ τοῖς ἔξω ἐν **παραβολαῖς** τὰ πάντα γίνεται,
4:13 Καὶ λέγει αὐτοῖς, Οὐκ οἴδατε τὴν **παραβολὴν** ταύτην, καὶ πῶς πάσας τὰς **παραβολὰς** γνώσεσθε;
4:30 Πῶς ὁμοιώσωμεν τὴν βασιλείαν τοῦ θεοῦ ἢ ἐν τίνι αὐτὴν **παραβολῇ** θῶμεν;
4:33 Καὶ τοιαύταις **παραβολαῖς** πολλαῖς ἐλάλει αὐτοῖς τὸν λόγον καθὼς ἠδύναντο ἀκούειν·
4:34 χωρὶς δὲ **παραβολῆς** οὐκ ἐλάλει αὐτοῖς, κατ' ἰδίαν δὲ τοῖς ἰδίοις μαθηταῖς ἐπέλυεν πάντα.
7:17 Καὶ ὅτε εἰσῆλθεν εἰς οἶκον ἀπὸ τοῦ ὄχλου, ἐπηρώτων αὐτὸν οἱ μαθηταὶ αὐτοῦ τὴν **παραβολήν.**
12: 1 Καὶ ἤρξατο αὐτοῖς ἐν **παραβολαῖς** λαλεῖν, Ἀμπελῶνα ἄνθρωπος ἐφύτευσεν καὶ περιέθηκεν φραγμὸν
12:12 ἔγνωσαν γὰρ ὅτι πρὸς αὐτοὺς τὴν **παραβολὴν** εἶπεν.
13:28 Ἀπὸ δὲ τῆς συκῆς μάθετε τὴν **παραβολήν·** ὅταν ἤδη ὁ κλάδος αὐτῆς ἁπαλὸς γένηται καὶ ἐκφύῃ τὰ φύλλα,
Lk 4:23 εἶπεν πρὸς αὐτούς, Πάντως ἐρεῖτέ μοι τὴν **παραβολὴν** ταύτην·
5:36 Ἔλεγεν δὲ καὶ **παραβολὴν** πρὸς αὐτοὺς ὅτι Οὐδεὶς ἐπίβλημα ἀπὸ ἱματίου καινοῦ σχίσας ἐπιβάλλει ἐπὶ ἱμάτιον παλαιόν·
6:39 Εἶπεν δὲ καὶ **παραβολὴν** αὐτοῖς· Μήτι δύναται τυφλὸς τυφλὸν ὁδηγεῖν;
8: 4 Συνιόντος δὲ ὄχλου πολλοῦ καὶ τῶν κατὰ πόλιν ἐπιπορευομένων πρὸς αὐτὸν εἶπεν διὰ **παραβολῆς,**
8: 9 Ἐπηρώτων δὲ αὐτὸν οἱ μαθηταὶ αὐτοῦ τίς αὕτη εἴη ἡ **παραβολή.**
8:10 τοῖς δὲ λοιποῖς ἐν **παραβολαῖς,** ἵνα βλέποντες μὴ βλέπωσιν καὶ ἀκούοντες μὴ συνιῶσιν.
8:11 Ἔστιν δὲ αὕτη ἡ **παραβολή·** Ὁ σπόρος ἐστὶν ὁ λόγος τοῦ θεοῦ.
12:16 Εἶπεν δὲ **παραβολὴν** πρὸς αὐτοὺς λέγων, Ἀνθρώπου τινὸς πλουσίου εὐφόρησεν ἡ χώρα.
12:41 πρὸς ἡμᾶς τὴν **παραβολὴν** ταύτην λέγεις ἢ καὶ πρὸς πάντας;
13: 6 Ἔλεγεν δὲ ταύτην τὴν **παραβολήν·** Συκῆν εἶχέν τις πεφυτευμένην ἐν τῷ ἀμπελῶνι αὐτοῦ,
14: 7 Ἔλεγεν δὲ πρὸς τοὺς κεκλημένους **παραβολήν,** ἐπέχων πῶς τὰς πρωτοκλισίας ἐξελέγοντο,
15: 3 εἶπεν δὲ πρὸς αὐτοὺς τὴν **παραβολὴν** ταύτην λέγων,
18: 1 Ἔλεγεν δὲ **παραβολὴν** αὐτοῖς πρὸς τὸ δεῖν πάντοτε προσεύχεσθαι αὐτοὺς καὶ μὴ ἐγκακεῖν,
18: 9 πρός τινας τοὺς πεποιθότας ἐφ' ἑαυτοῖς ὅτι εἰσὶν δίκαιοι καὶ ἐξουθενοῦντας τοὺς λοιποὺς τὴν **παραβολὴν** ταύτην·
19:11 Ἀκουόντων δὲ αὐτῶν ταῦτα προσθεὶς εἶπεν **παραβολὴν** διὰ τὸ ἐγγὺς εἶναι Ἰερουσαλὴμ αὐτὸν καὶ δοκεῖν αὐτοὺς ὅτι παραχρῆμα μέλλει ἡ βασιλεία τοῦ θεοῦ ἀναφαίνεσθαι.
20: 9 Ἤρξατο δὲ πρὸς τὸν λαὸν λέγειν τὴν **παραβολὴν** ταύτην·
20:19 ἔγνωσαν γὰρ ὅτι πρὸς αὐτοὺς εἶπεν τὴν **παραβολὴν** ταύτην.
21:29 Καὶ εἶπεν **παραβολὴν** αὐτοῖς· Ἴδετε τὴν συκῆν καὶ πάντα τὰ δένδρα·
Heb 9: 9 ἥτις **παραβολὴ** εἰς τὸν καιρὸν τὸν ἐνεστηκότα, καθ' ἣν δῶρά τε καὶ θυσίαι προσφέρονται μὴ δυνάμεναι κατὰ συνείδησιν τελειῶσαι τὸν λατρεύοντα,
11:19 λογισάμενος ὅτι καὶ ἐκ νεκρῶν ἐγείρειν δυνατὸς ὁ θεός, ὅθεν αὐτὸν καὶ ἐν **παραβολῇ** ἐκομίσατο.

4131 παραβουλεύομαι Not used in UBS/NIV

√ *4123 + 1089*

4132 παραγγελία [5]

√ *4123 + 34*

παραγγέλλω παραγγελία [1] Ac 5:28

Ac 5:28 [Οὐ] **παραγγελίᾳ** [UBS; NIV **Παραγγελίᾳ**] παρηγγείλαμεν ὑμῖν μὴ διδάσκειν ἐπὶ τῷ ὀνόματι τούτῳ,
16:24 ὃς **παραγγελίαν** τοιαύτην λαβὼν ἔβαλεν αὐτοὺς εἰς τὴν ἐσωτέραν φυλακὴν καὶ τοὺς πόδας ἠσφαλίσατο αὐτῶν
1Th 4: 2 οἴδατε γὰρ τίνας **παραγγελίας** ἐδώκαμεν ὑμῖν διὰ τοῦ κυρίου Ἰησοῦ.
1Ti 1: 5 τὸ δὲ τέλος τῆς **παραγγελίας** ἐστὶν ἀγάπη ἐκ καθαρᾶς καρδίας καὶ συνειδήσεως ἀγαθῆς καὶ πίστεως ἀνυποκρίτου,
1:18 Ταύτην τὴν **παραγγελίαν** παρατίθεμαί σοι, τέκνον Τιμόθεε, κατὰ τὰς προαγούσας ἐπὶ σὲ προφητείας,

4133 παραγγέλλω [32 / 31]

√ *4123 + 34*

παράγγελλε [3] 1Ti 4:11; 5:7; 6:17

παραγγέλλομεν [3] 2Th 3:4,6,12

παραγγέλλω [3] Ac 16:18; 1Co 7:10; 1Ti 6:13

παραγγέλλω παραγγελία [1] Ac 5:28

Mt 10: 5 Τούτους τοὺς δώδεκα ἀπέστειλεν ὁ Ἰησοῦς **παραγγείλας** αὐτοῖς λέγων,
15:35 καὶ **παραγγείλας** τῷ ὄχλῳ ἀναπεσεῖν ἐπὶ τὴν γῆν
Mk 6: 8 καὶ **παρήγγειλεν** αὐτοῖς ἵνα μηδὲν αἴρωσιν εἰς ὁδὸν εἰ μὴ ῥάβδον μόνον,
8: 6 καὶ **παραγγέλλει** τῷ ὄχλῳ ἀναπεσεῖν ἐπὶ τῆς γῆς·
16: S ⟦Πάντα δὲ τὰ **παρηγγελμένα**[NIV-] τοῖς περὶ τὸν Πέτρον συντόμως ἐξήγγειλαν.⟧
Lk 5:14 καὶ αὐτὸς **παρήγγειλεν** αὐτῷ μηδενὶ εἰπεῖν, ἀλλὰ ἀπελθὼν δεῖξον σεαυτὸν τῷ ἱερεῖ καὶ προσένεγκε περὶ τοῦ καθαρισμοῦ
8:29 **παρήγγειλεν** γὰρ τῷ πνεύματι τῷ ἀκαθάρτῳ ἐξελθεῖν ἀπὸ τοῦ ἀνθρώπου.
8:56 ὁ δὲ **παρήγγειλεν** αὐτοῖς μηδενὶ εἰπεῖν τὸ γεγονός.
9:21 Ὁ δὲ ἐπιτιμήσας αὐτοῖς **παρήγγειλεν** μηδενὶ λέγειν τοῦτο
Ac 1: 4 καὶ συναλιζόμενος **παρήγγειλεν** αὐτοῖς ἀπὸ Ἰεροσολύμων μὴ χωρίζεσθαι ἀλλὰ περιμένειν τὴν ἐπαγγελίαν τοῦ πατρὸς
4:18 καὶ καλέσαντες αὐτοὺς **παρήγγειλαν** τὸ καθόλου μὴ φθέγγεσθαι μηδὲ διδάσκειν ἐπὶ τῷ ὀνόματι τοῦ Ἰησοῦ.
5:28 [Οὐ] παραγγελίᾳ **παρηγγείλαμεν** ὑμῖν μὴ διδάσκειν ἐπὶ τῷ ὀνόματι τούτῳ,
5:40 προσκαλεσάμενοι τοὺς ἀποστόλους δείραντες **παρήγγειλαν** μὴ λαλεῖν ἐπὶ τῷ ὀνόματι τοῦ Ἰησοῦ καὶ ἀπέλυσαν.
10:42 καὶ **παρήγγειλεν** ἡμῖν κηρύξαι τῷ λαῷ καὶ διαμαρτύρασθαι ὅτι οὗτός ἐστιν ὁ ὡρισμένος ὑπὸ τοῦ θεοῦ κριτὴς ζώντων καὶ νεκρῶν.
15: 5 τῶν Φαρισαίων πεπιστευκότες λέγοντες ὅτι δεῖ περιτέμνειν αὐτοὺς **παραγγέλλειν** τε τηρεῖν τὸν νόμον Μωϋσέως.
16:18 **Παραγγέλλω** σοι ἐν ὀνόματι Ἰησοῦ Χριστοῦ ἐξελθεῖν ἀπ' αὐτῆς·
16:23 πολλάς τε ἐπιθέντες αὐτοῖς πληγὰς ἔβαλον εἰς φυλακὴν **παραγγείλαντες** τῷ δεσμοφύλακι ἀσφαλῶς τηρεῖν αὐτούς.
17:30 τὰ νῦν **παραγγέλλει** τοῖς ἀνθρώποις πάντας πανταχοῦ μετανοεῖν,

23:22 ὁ μὲν οὖν χιλίαρχος ἀπέλυσε τὸν νεανίσκον **παραγγείλας** μηδενὶ ἐκλαλῆσαι ὅτι ταῦτα ἐνεφάνισας πρός με.
23:30 μηνυθείσης δέ μοι ἐπιβουλῆς εἰς τὸν ἄνδρα ἔσεσθαι ἐξαυτῆς ἔπεμψα πρὸς σὲ **παραγγείλας** καὶ τοῖς κατηγόροις λέγειν
1Co 7:10 τοῖς δὲ γεγαμηκόσιν **παραγγέλλω,** οὐκ ἐγὼ ἀλλὰ ὁ κύριος,
11:17 Τοῦτο δὲ **παραγγέλλων** οὐκ ἐπαινῶ ὅτι οὐκ εἰς τὸ κρεῖσσον ἀλλὰ εἰς τὸ ἧσσον συνέρχεσθε.
1Th 4:11 φιλοτιμεῖσθαι ἡσυχάζειν καὶ πράσσειν τὰ ἴδια καὶ ἐργάζεσθαι ταῖς [ἰδίαις] χερσὶν ὑμῶν, καθὼς ὑμῖν **παρηγγείλαμεν,**
2Th 3: 4 πεποίθαμεν δὲ ἐν κυρίῳ ἐφ᾽ ὑμᾶς, ὅτι ἃ **παραγγέλλομεν** [καὶ] ποιεῖτε καὶ ποιήσετε.
3: 6 **Παραγγέλλομεν** δὲ ὑμῖν, ἀδελφοί, ἐν ὀνόματι τοῦ κυρίου [ἡμῶν] Ἰησοῦ Χριστοῦ στέλλεσθαι ὑμᾶς ἀπὸ παντὸς ἀδελφοῦ ἀτάκτως περιπατοῦντος καὶ μὴ κατὰ τὴν παράδοσιν
3:10 καὶ γὰρ ὅτε ἦμεν πρὸς ὑμᾶς, τοῦτο **παρηγγέλλομεν** ὑμῖν,
3:12 τοῖς δὲ τοιούτοις **παραγγέλλομεν** καὶ παρακαλοῦμεν ἐν κυρίῳ Ἰησοῦ Χριστῷ,
1Ti 1: 3 Καθὼς παρεκάλεσά σε προσμεῖναι ἐν Ἐφέσῳ πορευόμενος εἰς Μακεδονίαν, ἵνα **παραγγείλῃς** τισὶν μὴ ἑτεροδιδασκαλεῖν
4:11 **Παράγγελλε** ταῦτα καὶ δίδασκε.
5: 7 καὶ ταῦτα **παράγγελλε,** ἵνα ἀνεπίλημπτοι ὦσιν.
6:13 **παραγγέλλω** [σοι] ἐνώπιον τοῦ θεοῦ τοῦ ζῳογονοῦντος τὰ πάντα καὶ Χριστοῦ Ἰησοῦ τοῦ μαρτυρήσαντος ἐπὶ Ποντίου Πιλάτου τὴν καλὴν ὁμολογίαν,
6:17 Τοῖς πλουσίοις ἐν τῷ νῦν αἰῶνι **παράγγελλε** μὴ ὑψηλοφρονεῖν μηδὲ ἠλπικέναι ἐπὶ πλούτου ἀδηλότητι ἀλλ᾽ ἐπὶ θεῷ

4134 παραγίνομαι [37]

√ *4123 + 1181*

παραγίνομαι εἰς [6] Mt 2:1; Jn 8:2; Ac 9:26; 13:14; 15:4; 17:10

παραγίνομαι ἐπί [1] Lk 22:52

παραγίνομαι πρός [5] Lk 7:4,20; 8:19; 11:6; Ac 20:18

Mt 2: 1 ἐν ἡμέραις Ἡρῴδου τοῦ βασιλέως, ἰδοὺ μάγοι ἀπὸ ἀνατολῶν **παρεγένοντο** εἰς Ἱεροσόλυμα
3: 1 Ἐν δὲ ταῖς ἡμέραις ἐκείναις **παραγίνεται** Ἰωάννης ὁ βαπτιστὴς κηρύσσων ἐν τῇ ἐρήμῳ τῆς Ἰουδαίας
3:13 Τότε **παραγίνεται** ὁ Ἰησοῦς ἀπὸ τῆς Γαλιλαίας ἐπὶ τὸν Ἰορδάνην πρὸς τὸν Ἰωάννην τοῦ βαπτισθῆναι ὑπ᾽ αὐτοῦ.
Mk 14:43 Καὶ εὐθὺς ἔτι αὐτοῦ λαλοῦντος **παραγίνεται** Ἰούδας εἷς τῶν δώδεκα καὶ μετ᾽ αὐτοῦ ὄχλος μετὰ μαχαιρῶν καὶ ξύλων
Lk 7: 4 οἱ δὲ **παραγενόμενοι** πρὸς τὸν Ἰησοῦν παρεκάλουν αὐτὸν σπουδαίως λέγοντες ὅτι Ἄξιός ἐστιν ᾧ παρέξῃ τοῦτο·
7:20 **παραγενόμενοι** δὲ πρὸς αὐτὸν οἱ ἄνδρες εἶπαν, Ἰωάννης ὁ βαπτιστὴς ἀπέστειλεν ἡμᾶς πρὸς σὲ λέγων,
8:19 **Παρεγένετο** δὲ πρὸς αὐτὸν ἡ μήτηρ καὶ οἱ ἀδελφοὶ αὐτοῦ καὶ οὐκ ἠδύναντο συντυχεῖν αὐτῷ διὰ τὸν ὄχλον.
11: 6 ἐπειδὴ φίλος μου **παρεγένετο** ἐξ ὁδοῦ πρός με καὶ οὐκ ἔχω ὃ παραθήσω αὐτῷ·
12:51 δοκεῖτε ὅτι εἰρήνην **παρεγενόμην** δοῦναι ἐν τῇ γῇ;
14:21 καὶ **παραγενόμενος** ὁ δοῦλος ἀπήγγειλεν τῷ κυρίῳ αὐτοῦ ταῦτα.
19:16 **παρεγένετο** δὲ ὁ πρῶτος λέγων, Κύριε, ἡ μνᾶ σου δέκα προσηργάσατο μνᾶς.
22:52 εἶπεν δὲ Ἰησοῦς πρὸς τοὺς **παραγενομένους** ἐπ᾽ αὐτὸν ἀρχιερεῖς καὶ στρατηγοὺς τοῦ ἱεροῦ καὶ πρεσβυτέρους,
Jn 3:23 ὅτι ὕδατα πολλὰ ἦν ἐκεῖ, καὶ **παρεγίνοντο** καὶ ἐβαπτίζοντο·
8: 2 ⟦Ὄρθρου δὲ πάλιν **παρεγένετο** εἰς τὸ ἱερὸν καὶ πᾶς ὁ λαὸς ἤρχετο πρὸς αὐτόν,⟧
Ac 5:21 **Παραγενόμενος** δὲ ὁ ἀρχιερεὺς καὶ οἱ σὺν αὐτῷ συνεκάλεσαν τὸ συνέδριον καὶ πᾶσαν τὴν γερουσίαν τῶν υἱῶν Ἰσραὴλ
5:22 οἱ δὲ **παραγενόμενοι** ὑπηρέται οὐχ εὗρον αὐτοὺς ἐν τῇ φυλακῇ·
5:25 **παραγενόμενος** δέ τις ἀπήγγειλεν αὐτοῖς ὅτι Ἰδοὺ οἱ ἄνδρες οὓς ἔθεσθε ἐν τῇ φυλακῇ εἰσὶν ἐν τῷ ἱερῷ ἑστῶτες
9:26 **Παραγενόμενος** δὲ εἰς Ἰερουσαλὴμ ἐπείραζεν κολλᾶσθαι τοῖς μαθηταῖς,
9:39 ὃν **παραγενόμενον** ἀνήγαγον εἰς τὸ ὑπερῷον καὶ παρέστησαν αὐτῷ πᾶσαι αἱ χῆραι κλαίουσαι καὶ ἐπιδεικνύμεναι χιτῶνας
10:33 ἐξαυτῆς οὖν ἔπεμψα πρὸς σέ, σύ τε καλῶς ἐποίησας **παραγενόμενος.**
11:23 ὃς **παραγενόμενος** καὶ ἰδὼν τὴν χάριν [τὴν] τοῦ θεοῦ,
13:14 αὐτοὶ δὲ διελθόντες ἀπὸ τῆς Πέργης **παρεγένοντο** εἰς Ἀντιόχειαν τὴν Πισιδίαν,
14:27 **παραγενόμενοι** δὲ καὶ συναγαγόντες τὴν ἐκκλησίαν ἀνήγγελλον ὅσα ἐποίησεν ὁ θεὸς μετ᾽ αὐτῶν
15: 4 **παραγενόμενοι** δὲ εἰς Ἰερουσαλὴμ παρεδέχθησαν ἀπὸ τῆς ἐκκλησίας καὶ τῶν ἀποστόλων καὶ τῶν πρεσβυτέρων,
17:10 οἵτινες **παραγενόμενοι** εἰς τὴν συναγωγὴν τῶν Ἰουδαίων ἀπῄεσαν.
18:27 ὃς **παραγενόμενος** συνεβάλετο πολὺ τοῖς πεπιστευκόσιν διὰ τῆς χάριτος·
20:18 ὡς δὲ **παρεγένοντο** πρὸς αὐτὸν εἶπεν αὐτοῖς, Ὑμεῖς ἐπίστασθε,
21:18 τῇ δὲ ἐπιούσῃ εἰσῄει ὁ Παῦλος σὺν ἡμῖν πρὸς Ἰάκωβον, πάντες τε **παρεγένοντο** οἱ πρεσβύτεροι.
23:16 **παραγενόμενος** καὶ εἰσελθὼν εἰς τὴν παρεμβολὴν ἀπήγγειλεν τῷ Παύλῳ.
23:35 Διακούσομαί σου, ἔφη, ὅταν καὶ οἱ κατήγοροί σου **παραγένωνται·**
24:17 δι᾽ ἐτῶν δὲ πλειόνων ἐλεημοσύνας ποιήσων εἰς τὸ ἔθνος μου **παρεγενόμην** καὶ προσφοράς,
24:24 Μετὰ δὲ ἡμέρας τινὰς **παραγενόμενος** ὁ Φῆλιξ σὺν Δρουσίλλῃ τῇ ἰδίᾳ γυναικὶ οὔσῃ Ἰουδαίᾳ μετεπέμψατο τὸν Παῦλον
25: 7 **παραγενομένου** δὲ αὐτοῦ περιέστησαν αὐτὸν οἱ ἀπὸ Ἱεροσολύμων καταβεβηκότες Ἰουδαῖοι
28:21 Ἡμεῖς οὔτε γράμματα περὶ σοῦ ἐδεξάμεθα ἀπὸ τῆς Ἰουδαίας οὔτε **παραγενόμενός** τις τῶν ἀδελφῶν ἀπήγγειλεν
1Co 16: 3 ὅταν δὲ **παραγένωμαι,** οὓς ἐὰν δοκιμάσητε, δι᾽ ἐπιστολῶν τούτους πέμψω ἀπενεγκεῖν τὴν χάριν ὑμῶν εἰς Ἰερουσαλήμ·
2Ti 4:16 Ἐν τῇ πρώτῃ μου ἀπολογίᾳ οὐδείς μοι **παρεγένετο,**
Heb 9:11 Χριστὸς δὲ **παραγενόμενος** ἀρχιερεὺς τῶν γενομένων ἀγαθῶν διὰ τῆς μείζονος καὶ τελειοτέρας σκηνῆς οὐ χειροποιήτου,

4135 παράγω [10]

√ *4123 + 72*

παράγεται [2] 1Jn 2:8,17

Mt 9: 9 Καὶ **παράγων** ὁ Ἰησοῦς ἐκεῖθεν εἶδεν ἄνθρωπον καθήμενον ἐπὶ τὸ τελώνιον,
9:27 Καὶ **παράγοντι** ἐκεῖθεν τῷ Ἰησοῦ ἠκολούθησαν [αὐτῷ] δύο τυφλοὶ κράζοντες καὶ λέγοντες,
20:30 καὶ ἰδοὺ δύο τυφλοὶ καθήμενοι παρὰ τὴν ὁδὸν ἀκούσαντες ὅτι Ἰησοῦς **παράγει,**
Mk 1:16 Καὶ **παράγων** παρὰ τὴν θάλασσαν τῆς Γαλιλαίας εἶδεν Σίμωνα καὶ Ἀνδρέαν τὸν ἀδελφὸν Σίμωνος ἀμφιβάλλοντας
2:14 καὶ **παράγων** εἶδεν Λευὶν τὸν τοῦ Ἁλφαίου καθήμενον ἐπὶ τὸ τελώνιον,
15:21 Καὶ ἀγγαρεύουσιν **παράγοντά** τινα Σίμωνα Κυρηναῖον ἐρχόμενον ἀπ᾽ ἀγροῦ,
Jn 9: 1 Καὶ **παράγων** εἶδεν ἄνθρωπον τυφλὸν ἐκ γενετῆς.
1Co 7:31 καὶ οἱ χρώμενοι τὸν κόσμον ὡς μὴ καταχρώμενοι· **παράγει** γὰρ τὸ σχῆμα τοῦ κόσμου τούτου.
1Jn 2: 8 ὅτι ἡ σκοτία **παράγεται** καὶ τὸ φῶς τὸ ἀληθινὸν ἤδη φαίνει.
2:17 καὶ ὁ κόσμος **παράγεται** καὶ ἡ ἐπιθυμία αὐτοῦ,

4136 παραδειγματίζω [1]

√ *4123 + 1257*

Heb 6: 6 ἀνασταυροῦντας ἑαυτοῖς τὸν υἱὸν τοῦ θεοῦ καὶ **παραδειγματίζοντας.**

4137 παράδεισος [3]

Lk 23:43 Ἀμήν σοι λέγω, σήμερον μετ᾽ ἐμοῦ ἔσῃ ἐν τῷ **παραδείσῳ.**
2Co 12: 4 ὅτι ἡρπάγη εἰς τὸν **παράδεισον** καὶ ἤκουσεν ἄρρητα ῥήματα ἃ οὐκ ἐξὸν ἀνθρώπῳ λαλῆσαι.
Rev 2: 7 τῷ νικῶντι δώσω αὐτῷ φαγεῖν ἐκ τοῦ ξύλου τῆς ζωῆς, ὅ ἐστιν ἐν τῷ **παραδείσῳ** τοῦ θεοῦ.

4138 παραδέχομαι [6]

√ *4123 + 1312*

Mk 4:20 οἵτινες ἀκούουσιν τὸν λόγον καὶ **παραδέχονται** καὶ καρποφοροῦσιν ἓν τριάκοντα καὶ ἓν ἑξήκοντα καὶ ἓν ἑκατόν.
Ac 15: 4 παραγενόμενοι δὲ εἰς Ἰερουσαλὴμ **παρεδέχθησαν** ἀπὸ τῆς ἐκκλησίας καὶ τῶν ἀποστόλων καὶ τῶν πρεσβυτέρων,
16:21 καὶ καταγγέλλουσιν ἔθη ἃ οὐκ ἔξεστιν ἡμῖν **παραδέχεσθαι** οὐδὲ ποιεῖν Ῥωμαίοις οὖσιν.

22:18 Σπεῦσον καὶ ἔξελθε ἐν τάχει ἐξ Ἰερουσαλήμ, διότι οὐ **παραδέξονταί** σου μαρτυρίαν περὶ ἐμοῦ.
1Ti 5:19 κατὰ πρεσβυτέρου κατηγορίαν μὴ **παραδέχου,** ἐκτὸς εἰ μὴ ἐπὶ δύο ἢ τριῶν μαρτύρων.
Heb 12: 6 ὃν γὰρ ἀγαπᾷ κύριος παιδεύει, μαστιγοῖ δὲ πάντα υἱὸν ὃν **παραδέχεται.**

4139 παραδιατριβή Not used in UBS/NIV

√ *4123 + 1328 + 5561*

4140 παραδίδωμι [119]

√ *4123 + 1443*

παραδίδωμι εἰς [26] Mt 10:17,21; 17:22; 20:19; 24:9; 26:2,45; Mk 9:31; 13:9,12; 14:41; Lk 9:44; 21:12; 24:7,20; Ac 8:3; 21:11; 22:4; 28:17; Ro 1:24,26,28; 6:17; 1Co 5:5; 2Co 4:11; 2Pe 2:4

παραδίδωμι ... παράδοσις [2] Mk 7:13; 1Co 11:2

Mt 4:12 Ἀκούσας δὲ ὅτι Ἰωάννης **παρεδόθη** ἀνεχώρησεν εἰς τὴν Γαλιλαίαν.
5:25 μήποτέ σε **παραδῷ** ὁ ἀντίδικος τῷ κριτῇ καὶ ὁ κριτὴς τῷ ὑπηρέτῃ καὶ εἰς φυλακὴν βληθήσῃ·
10: 4 Σίμων ὁ Καναναῖος καὶ Ἰούδας ὁ Ἰσκαριώτης ὁ καὶ **παραδοὺς** αὐτόν.
10:17 **παραδώσουσιν** γὰρ ὑμᾶς εἰς συνέδρια καὶ ἐν ταῖς συναγωγαῖς αὐτῶν μαστιγώσουσιν ὑμᾶς·
10:19 ὅταν δὲ **παραδῶσιν** ὑμᾶς, μὴ μεριμνήσητε πῶς ἢ τί λαλήσητε·
10:21 **παραδώσει** δὲ ἀδελφὸς ἀδελφὸν εἰς θάνατον καὶ πατὴρ τέκνον,
11:27 Πάντα μοι **παρεδόθη** ὑπὸ τοῦ πατρός μου, καὶ οὐδεὶς ἐπιγινώσκει τὸν υἱὸν εἰ μὴ ὁ πατήρ,
17:22 Μέλλει ὁ υἱὸς τοῦ ἀνθρώπου **παραδίδοσθαι** εἰς χεῖρας ἀνθρώπων,
18:34 καὶ ὀργισθεὶς ὁ κύριος αὐτοῦ **παρέδωκεν** αὐτὸν τοῖς βασανισταῖς ἕως οὗ ἀποδῷ πᾶν τὸ ὀφειλόμενον.
20:18 καὶ ὁ υἱὸς τοῦ ἀνθρώπου **παραδοθήσεται** τοῖς ἀρχιερεῦσιν καὶ γραμματεῦσιν,
20:19 καὶ **παραδώσουσιν** αὐτὸν τοῖς ἔθνεσιν εἰς τὸ ἐμπαῖξαι καὶ μαστιγῶσαι καὶ σταυρῶσαι,
24: 9 τότε **παραδώσουσιν** ὑμᾶς εἰς θλῖψιν καὶ ἀποκτενοῦσιν ὑμᾶς,
24:10 καὶ τότε σκανδαλισθήσονται πολλοὶ καὶ ἀλλήλους **παραδώσουσιν** καὶ μισήσουσιν ἀλλήλους·
25:14 Ὥσπερ γὰρ ἄνθρωπος ἀποδημῶν ἐκάλεσεν τοὺς ἰδίους δούλους καὶ **παρέδωκεν** αὐτοῖς τὰ ὑπάρχοντα αὐτοῦ,
25:20 καὶ προσελθὼν ὁ τὰ πέντε τάλαντα λαβὼν προσήνεγκεν ἄλλα πέντε τάλαντα λέγων, Κύριε, πέντε τάλαντά μοι **παρέδωκας·**
25:22 προσελθὼν [δὲ] καὶ ὁ τὰ δύο τάλαντα εἶπεν, Κύριε, δύο τάλαντά μοι **παρέδωκας·**
26: 2 καὶ ὁ υἱὸς τοῦ ἀνθρώπου **παραδίδοται** εἰς τὸ σταυρωθῆναι.
26:15 Τί θέλετέ μοι δοῦναι, κἀγὼ ὑμῖν **παραδώσω** αὐτόν;
26:16 καὶ ἀπὸ τότε ἐζήτει εὐκαιρίαν ἵνα αὐτὸν **παραδῷ.**
26:21 Ἀμὴν λέγω ὑμῖν ὅτι εἷς ἐξ ὑμῶν **παραδώσει** με.
26:23 Ὁ ἐμβάψας μετ' ἐμοῦ τὴν χεῖρα ἐν τῷ τρυβλίῳ οὗτός με **παραδώσει.**
26:24 οὐαὶ δὲ τῷ ἀνθρώπῳ ἐκείνῳ δι' οὗ ὁ υἱὸς τοῦ ἀνθρώπου **παραδίδοται·**
26:25 ἀποκριθεὶς δὲ Ἰούδας ὁ **παραδιδοὺς** αὐτὸν εἶπεν, Μήτι ἐγώ εἰμι,
26:45 ἰδοὺ ἤγγικεν ἡ ὥρα καὶ ὁ υἱὸς τοῦ ἀνθρώπου **παραδίδοται** εἰς χεῖρας ἁμαρτωλῶν.
26:46 ἐγείρεσθε ἄγωμεν· ἰδοὺ ἤγγικεν ὁ **παραδιδούς** με.
26:48 ὁ δὲ **παραδιδοὺς** αὐτὸν ἔδωκεν αὐτοῖς σημεῖον λέγων,
27: 2 δήσαντες αὐτὸν ἀπήγαγον καὶ **παρέδωκαν** Πιλάτῳ τῷ ἡγεμόνι.
27: 3 Τότε ἰδὼν Ἰούδας ὁ **παραδιδοὺς** αὐτὸν ὅτι κατεκρίθη,
27: 4 λέγων, Ἥμαρτον **παραδοὺς** αἷμα ἀθῷον. οἱ δὲ εἶπαν,
27:18 ᾔδει γὰρ ὅτι διὰ φθόνον **παρέδωκαν** αὐτόν.
27:26 τότε ἀπέλυσεν αὐτοῖς τὸν Βαραββᾶν, τὸν δὲ Ἰησοῦν φραγελλώσας **παρέδωκεν** ἵνα σταυρωθῇ.
Mk 1:14 Μετὰ δὲ τὸ **παραδοθῆναι** τὸν Ἰωάννην ἦλθεν ὁ Ἰησοῦς εἰς τὴν Γαλιλαίαν κηρύσσων τὸ εὐαγγέλιον τοῦ θεοῦ
3:19 καὶ Ἰούδαν Ἰσκαριώθ, ὃς καὶ **παρέδωκεν** αὐτόν.
4:29 ὅταν δὲ **παραδοῖ** ὁ καρπός, εὐθὺς ἀποστέλλει τὸ δρέπανον,
7:13 ἀκυροῦντες τὸν λόγον τοῦ θεοῦ τῇ παραδόσει ὑμῶν ᾗ **παρεδώκατε·**
9:31 ἐδίδασκεν γὰρ τοὺς μαθητὰς αὐτοῦ καὶ ἔλεγεν αὐτοῖς ὅτι Ὁ υἱὸς τοῦ ἀνθρώπου **παραδίδοται** εἰς χεῖρας ἀνθρώπων,
10:33 καὶ ὁ υἱὸς τοῦ ἀνθρώπου **παραδοθήσεται** τοῖς ἀρχιερεῦσιν καὶ τοῖς γραμματεῦσιν, καὶ κατακρινοῦσιν αὐτὸν θανάτῳ καὶ **παραδώσουσιν** αὐτὸν τοῖς ἔθνεσιν
13: 9 **παραδώσουσιν** ὑμᾶς εἰς συνέδρια καὶ εἰς συναγωγὰς δαρήσεσθε καὶ ἐπὶ ἡγεμόνων καὶ βασιλέων σταθήσεσθε ἕνεκεν ἐμοῦ εἰς μαρτύριον αὐτοῖς.
13:11 καὶ ὅταν ἄγωσιν ὑμᾶς **παραδιδόντες,** μὴ προμεριμνᾶτε τί λαλήσητε,
13:12 καὶ **παραδώσει** ἀδελφὸς ἀδελφὸν εἰς θάνατον καὶ πατὴρ τέκνον,
14:10 Καὶ Ἰούδας Ἰσκαριὼθ ὁ εἷς τῶν δώδεκα ἀπῆλθεν πρὸς τοὺς ἀρχιερεῖς ἵνα αὐτὸν **παραδοῖ** αὐτοῖς.
14:11 οἱ δὲ ἀκούσαντες ἐχάρησαν καὶ ἐπηγγείλαντο αὐτῷ ἀργύριον δοῦναι. καὶ ἐζήτει πῶς αὐτὸν εὐκαίρως **παραδοῖ.**
14:18 Ἀμὴν λέγω ὑμῖν ὅτι εἷς ἐξ ὑμῶν **παραδώσει** με ὁ ἐσθίων μετ' ἐμοῦ.
14:21 οὐαὶ δὲ τῷ ἀνθρώπῳ ἐκείνῳ δι' οὗ ὁ υἱὸς τοῦ ἀνθρώπου **παραδίδοται·**
14:41 ἰδοὺ **παραδίδοται** ὁ υἱὸς τοῦ ἀνθρώπου εἰς τὰς χεῖρας τῶν ἁμαρτωλῶν.
14:42 ἐγείρεσθε ἄγωμεν· ἰδοὺ ὁ **παραδιδούς** με ἤγγικεν.
14:44 δεδώκει δὲ ὁ **παραδιδοὺς** αὐτὸν σύσσημον αὐτοῖς λέγων,
15: 1 πρεσβυτέρων καὶ γραμματέων καὶ ὅλον τὸ συνέδριον, δήσαντες τὸν Ἰησοῦν ἀπήνεγκαν καὶ **παρέδωκαν** Πιλάτῳ.
15:10 ἐγίνωσκεν γὰρ ὅτι διὰ φθόνον **παραδεδώκεισαν** αὐτὸν οἱ ἀρχιερεῖς.
15:15 ἀπέλυσεν αὐτοῖς τὸν Βαραββᾶν, καὶ **παρέδωκεν** τὸν Ἰησοῦν φραγελλώσας ἵνα σταυρωθῇ.
Lk 1: 2 καθὼς **παρέδοσαν** ἡμῖν οἱ ἀπ' ἀρχῆς αὐτόπται καὶ ὑπηρέται γενόμενοι τοῦ λόγου,
4: 6 ὅτι ἐμοὶ **παραδέδοται** καὶ ᾧ ἐὰν θέλω δίδωμι αὐτήν·
9:44 ὁ γὰρ υἱὸς τοῦ ἀνθρώπου μέλλει **παραδίδοσθαι** εἰς χεῖρας ἀνθρώπων.
10:22 Πάντα μοι **παρεδόθη** ὑπὸ τοῦ πατρός μου, καὶ οὐδεὶς γινώσκει τίς ἐστιν ὁ υἱὸς εἰ μὴ ὁ πατήρ,
12:58 μήποτε κατασύρῃ σε πρὸς τὸν κριτήν, καὶ ὁ κριτής σε **παραδώσει** τῷ πράκτορι,
18:32 **παραδοθήσεται** γὰρ τοῖς ἔθνεσιν καὶ ἐμπαιχθήσεται καὶ ὑβρισθήσεται καὶ ἐμπτυσθήσεται
20:20 ὥστε **παραδοῦναι** αὐτὸν τῇ ἀρχῇ καὶ τῇ ἐξουσίᾳ τοῦ ἡγεμόνος.
21:12 **παραδιδόντες** εἰς τὰς συναγωγὰς καὶ φυλακάς, ἀπαγομένους ἐπὶ βασιλεῖς καὶ ἡγεμόνας ἕνεκεν τοῦ ὀνόματός μου·
21:16 **παραδοθήσεσθε** δὲ καὶ ὑπὸ γονέων καὶ ἀδελφῶν καὶ συγγενῶν καὶ φίλων,
22: 4 καὶ ἀπελθὼν συνελάλησεν τοῖς ἀρχιερεῦσιν καὶ στρατηγοῖς τὸ πῶς αὐτοῖς **παραδῷ** αὐτόν.
22: 6 καὶ ἐζήτει εὐκαιρίαν τοῦ **παραδοῦναι** αὐτὸν ἄτερ ὄχλου αὐτοῖς.
22:21 πλὴν ἰδοὺ ἡ χεὶρ τοῦ **παραδιδόντος** με μετ' ἐμοῦ ἐπὶ τῆς τραπέζης.
22:22 πλὴν οὐαὶ τῷ ἀνθρώπῳ ἐκείνῳ δι' οὗ **παραδίδοται.**
22:48 Ἰησοῦς δὲ εἶπεν αὐτῷ, Ἰούδα, φιλήματι τὸν υἱὸν τοῦ ἀνθρώπου **παραδίδως;**
23:25 ἀπέλυσεν δὲ τὸν διὰ στάσιν καὶ φόνον βεβλημένον εἰς φυλακὴν ὃν ᾐτοῦντο, τὸν δὲ Ἰησοῦν **παρέδωκεν** τῷ θελήματι αὐτῶν.
24: 7 ὅτι δεῖ **παραδοθῆναι** εἰς χεῖρας ἀνθρώπων ἁμαρτωλῶν καὶ σταυρωθῆναι καὶ τῇ τρίτῃ ἡμέρᾳ ἀναστῆναι.
24:20 ὅπως τε **παρέδωκαν** αὐτὸν οἱ ἀρχιερεῖς καὶ οἱ ἄρχοντες ἡμῶν εἰς κρίμα θανάτου καὶ ἐσταύρωσαν αὐτόν.
Jn 6:64 ᾔδει γὰρ ἐξ ἀρχῆς ὁ Ἰησοῦς τίνες εἰσὶν οἱ μὴ πιστεύοντες καὶ τίς ἐστιν ὁ **παραδώσων** αὐτόν.
6:71 οὗτος γὰρ ἔμελλεν **παραδιδόναι** αὐτόν, εἷς ἐκ τῶν δώδεκα.
12: 4 λέγει δὲ Ἰούδας ὁ Ἰσκαριώτης εἷς [ἐκ] τῶν μαθητῶν αὐτοῦ, ὁ μέλλων αὐτὸν **παραδιδόναι,**
13: 2 τοῦ διαβόλου ἤδη βεβληκότος εἰς τὴν καρδίαν ἵνα **παραδοῖ** αὐτὸν Ἰούδας Σίμωνος Ἰσκαριώτου,
13:11 ᾔδει γὰρ τὸν **παραδιδόντα** αὐτόν· διὰ τοῦτο εἶπεν ὅτι Οὐχὶ πάντες καθαροί ἐστε.
13:21 Ἀμὴν ἀμὴν λέγω ὑμῖν ὅτι εἷς ἐξ ὑμῶν **παραδώσει** με.
18: 2 ᾔδει δὲ καὶ Ἰούδας ὁ **παραδιδοὺς** αὐτὸν τὸν τόπον,
18: 5 εἱστήκει δὲ καὶ Ἰούδας ὁ **παραδιδοὺς** αὐτὸν μετ' αὐτῶν.
18:30 Εἰ μὴ ἦν οὗτος κακὸν ποιῶν, οὐκ ἄν σοι **παρεδώκαμεν** αὐτόν.
18:35 τὸ ἔθνος τὸ σὸν καὶ οἱ ἀρχιερεῖς **παρέδωκάν** σε ἐμοί·
18:36 οἱ ὑπηρέται οἱ ἐμοὶ ἠγωνίζοντο [ἂν] ἵνα μὴ **παραδοθῶ** τοῖς Ἰουδαίοις·
19:11 διὰ τοῦτο ὁ **παραδούς** μέ σοι μείζονα ἁμαρτίαν ἔχει.

19:16 τότε οὖν **παρέδωκεν** αὐτὸν αὐτοῖς ἵνα σταυρωθῇ. Παρέλαβον οὖν τὸν Ἰησοῦν,
19:30 Τετέλεσται, καὶ κλίνας τὴν κεφαλὴν **παρέδωκεν** τὸ πνεῦμα.
21:20 ὃς καὶ ἀνέπεσεν ἐν τῷ δείπνῳ ἐπὶ τὸ στῆθος αὐτοῦ καὶ εἶπεν, Κύριε, τίς ἐστιν ὁ **παραδιδούς** σε;
Ac 3:13 ἐδόξασεν τὸν παῖδα αὐτοῦ Ἰησοῦν ὃν ὑμεῖς μὲν **παρεδώκατε** καὶ ἠρνήσασθε κατὰ πρόσωπον Πιλάτου,
6:14 λέγοντος ὅτι Ἰησοῦς ὁ Ναζωραῖος οὗτος καταλύσει τὸν τόπον τοῦτον καὶ ἀλλάξει τὰ ἔθη ἃ **παρέδωκεν** ἡμῖν Μωϋσῆς.
7:42 ἔστρεψεν δὲ ὁ θεὸς καὶ **παρέδωκεν** αὐτοὺς λατρεύειν τῇ στρατιᾷ τοῦ οὐρανοῦ καθὼς γέγραπται ἐν βίβλῳ τῶν προφητῶν,
8: 3 σύρων τε ἄνδρας καὶ γυναῖκας **παρεδίδου** εἰς φυλακήν.
12: 4 ὃν καὶ πιάσας ἔθετο εἰς φυλακὴν **παραδοὺς** τέσσαρσιν τετραδίοις στρατιωτῶν φυλάσσειν αὐτόν,
14:26 ὅθεν ἦσαν **παραδεδομένοι** τῇ χάριτι τοῦ θεοῦ εἰς τὸ ἔργον ὃ ἐπλήρωσαν.
15:26 ἀνθρώποις **παραδεδωκόσι** τὰς ψυχὰς αὐτῶν ὑπὲρ τοῦ ὀνόματος τοῦ κυρίου ἡμῶν Ἰησοῦ Χριστοῦ.
15:40 Παῦλος δὲ ἐπιλεξάμενος Σιλᾶν ἐξῆλθεν **παραδοθεὶς** τῇ χάριτι τοῦ κυρίου ὑπὸ τῶν ἀδελφῶν.
16: 4 **παρεδίδοσαν** αὐτοῖς φυλάσσειν τὰ δόγματα τὰ κεκριμένα ὑπὸ τῶν ἀποστόλων καὶ πρεσβυτέρων τῶν ἐν Ἱεροσολύμοις.
21:11 οὕτως δήσουσιν ἐν Ἰερουσαλὴμ οἱ Ἰουδαῖοι καὶ **παραδώσουσιν** εἰς χεῖρας ἐθνῶν.
22: 4 ὃς ταύτην τὴν ὁδὸν ἐδίωξα ἄχρι θανάτου δεσμεύων καὶ **παραδιδοὺς** εἰς φυλακὰς ἄνδρας τε καὶ γυναῖκας,
27: 1 **παρεδίδουν** τόν τε Παῦλον καί τινας ἑτέρους δεσμώτας ἑκατοντάρχῃ ὀνόματι Ἰουλίῳ σπείρης Σεβαστῆς.
28:17 οὐδὲν ἐναντίον ποιήσας τῷ λαῷ ἢ τοῖς ἔθεσι τοῖς πατρῴοις δέσμιος ἐξ Ἱεροσολύμων **παρεδόθην** εἰς τὰς χεῖρας τῶν Ῥωμαίων,
Ro 1:24 Διὸ **παρέδωκεν** αὐτοὺς ὁ θεὸς ἐν ταῖς ἐπιθυμίαις τῶν καρδιῶν αὐτῶν εἰς ἀκαθαρσίαν τοῦ ἀτιμάζεσθαι τὰ σώματα αὐτῶν
1:26 διὰ τοῦτο **παρέδωκεν** αὐτοὺς ὁ θεὸς εἰς πάθη ἀτιμίας,
1:28 **παρέδωκεν** αὐτοὺς ὁ θεὸς εἰς ἀδόκιμον νοῦν, ποιεῖν τὰ μὴ καθήκοντα,
4:25 ὃς **παρεδόθη** διὰ τὰ παραπτώματα ἡμῶν καὶ ἠγέρθη διὰ τὴν δικαίωσιν ἡμῶν.
6:17 χάρις δὲ τῷ θεῷ ὅτι ἦτε δοῦλοι τῆς ἁμαρτίας ὑπηκούσατε δὲ ἐκ καρδίας εἰς ὃν **παρεδόθητε** τύπον διδαχῆς,
8:32 ὅς γε τοῦ ἰδίου υἱοῦ οὐκ ἐφείσατο ἀλλὰ ὑπὲρ ἡμῶν πάντων **παρέδωκεν** αὐτόν,
1Co 5: 5 **παραδοῦναι** τὸν τοιοῦτον τῷ Σατανᾷ εἰς ὄλεθρον τῆς σαρκός,
11: 2 Ἐπαινῶ δὲ ὑμᾶς ὅτι πάντα μου μέμνησθε καί, καθὼς **παρέδωκα** ὑμῖν, τὰς παραδόσεις κατέχετε.
11:23 Ἐγὼ γὰρ παρέλαβον ἀπὸ τοῦ κυρίου, ὃ καὶ **παρέδωκα** ὑμῖν, ὅτι ὁ κύριος Ἰησοῦς ἐν τῇ νυκτὶ ᾗ **παρεδίδετο** ἔλαβεν ἄρτον
13: 3 κἂν ψωμίσω πάντα τὰ ὑπάρχοντά μου καὶ ἐὰν **παραδῶ** τὸ σῶμά μου ἵνα καυχήσωμαι,
15: 3 **παρέδωκα** γὰρ ὑμῖν ἐν πρώτοις, ὃ καὶ παρέλαβον,
15:24 ὅταν **παραδιδῷ** τὴν βασιλείαν τῷ θεῷ καὶ πατρί,
2Co 4:11 ἀεὶ γὰρ ἡμεῖς οἱ ζῶντες εἰς θάνατον **παραδιδόμεθα** διὰ Ἰησοῦν,
Gal 2:20 ἐν πίστει ζῶ τῇ τοῦ υἱοῦ τοῦ θεοῦ τοῦ ἀγαπήσαντός με καὶ **παραδόντος** ἑαυτὸν ὑπὲρ ἐμοῦ.
Eph 4:19 οἵτινες ἀπηλγηκότες ἑαυτοὺς **παρέδωκαν** τῇ ἀσελγείᾳ εἰς ἐργασίαν ἀκαθαρσίας πάσης ἐν πλεονεξίᾳ.
5: 2 καθὼς καὶ ὁ Χριστὸς ἠγάπησεν ἡμᾶς καὶ **παρέδωκεν** ἑαυτὸν ὑπὲρ ἡμῶν προσφορὰν καὶ θυσίαν τῷ θεῷ εἰς ὀσμὴν εὐωδίας.
5:25 καθὼς καὶ ὁ Χριστὸς ἠγάπησεν τὴν ἐκκλησίαν καὶ ἑαυτὸν **παρέδωκεν** ὑπὲρ αὐτῆς,
1Ti 1:20 οὓς **παρέδωκα** τῷ Σατανᾷ, ἵνα παιδευθῶσιν μὴ βλασφημεῖν.
1Pe 2:23 ὃς λοιδορούμενος οὐκ ἀντελοιδόρει πάσχων οὐκ ἠπείλει, **παρεδίδου** δὲ τῷ κρίνοντι δικαίως·
2Pe 2: 4 Εἰ γὰρ ὁ θεὸς ἀγγέλων ἁμαρτησάντων οὐκ ἐφείσατο ἀλλὰ σειραῖς ζόφου ταρταρώσας **παρέδωκεν** εἰς κρίσιν τηρουμένους,
2:21 κρεῖττον γὰρ ἦν αὐτοῖς μὴ ἐπεγνωκέναι τὴν ὁδὸν τῆς δικαιοσύνης ἢ ἐπιγνοῦσιν ὑποστρέψαι ἐκ τῆς **παραδοθείσης** αὐτοῖς ἁγίας ἐντολῆς.
Jude 1: 3 ἀνάγκην ἔσχον γράψαι ὑμῖν παρακαλῶν ἐπαγωνίζεσθαι τῇ ἅπαξ **παραδοθείσῃ** τοῖς ἁγίοις πίστει.

4141 παράδοξος [1]

√ *4123 + 1518*

Lk 5:26 καὶ ἔκστασις ἔλαβεν ἅπαντας καὶ ἐδόξαζον τὸν θεὸν καὶ ἐπλήσθησαν φόβου λέγοντες ὅτι Εἴδομεν **παράδοξα** σήμερον.

4142 παράδοσις [13]

√ *4123 + 1443*

κρατέω παράδοσιν [3] Mk 7:3,8; 2Th 2:15

παραδίδωμι ... παράδοσις [2] Mk 7:13; 1Co 11:2

παράδοσις πρεσβυτέρων [3] Mt 15:2; Mk 7:3,5

Mt 15: 2 Διὰ τί οἱ μαθηταί σου παραβαίνουσιν τὴν **παράδοσιν** τῶν πρεσβυτέρων;
15: 3 Διὰ τί καὶ ὑμεῖς παραβαίνετε τὴν ἐντολὴν τοῦ θεοῦ διὰ τὴν **παράδοσιν** ὑμῶν;
15: 6 καὶ ἠκυρώσατε τὸν λόγον τοῦ θεοῦ διὰ τὴν **παράδοσιν** ὑμῶν.
Mk 7: 3 ¬οἱ γὰρ Φαρισαῖοι καὶ πάντες οἱ Ἰουδαῖοι ἐὰν μὴ πυγμῇ νίψωνται τὰς χεῖρας οὐκ ἐσθίουσιν, κρατοῦντες τὴν **παράδοσιν** τῶν πρεσβυτέρων,
7: 5 Διὰ τί οὐ περιπατοῦσιν οἱ μαθηταί σου κατὰ τὴν **παράδοσιν** τῶν πρεσβυτέρων,
7: 8 ἀφέντες τὴν ἐντολὴν τοῦ θεοῦ κρατεῖτε τὴν **παράδοσιν** τῶν ἀνθρώπων.
7: 9 Καλῶς ἀθετεῖτε τὴν ἐντολὴν τοῦ θεοῦ, ἵνα τὴν **παράδοσιν** ὑμῶν στήσητε.
7:13 ἀκυροῦντες τὸν λόγον τοῦ θεοῦ τῇ **παραδόσει** ὑμῶν ᾗ παρεδώκατε·
1Co 11: 2 Ἐπαινῶ δὲ ὑμᾶς ὅτι πάντα μου μέμνησθε καί, καθὼς παρέδωκα ὑμῖν, τὰς **παραδόσεις** κατέχετε.
Gal 1:14 καὶ προέκοπτον ἐν τῷ Ἰουδαϊσμῷ ὑπὲρ πολλοὺς συνηλικιώτας ἐν τῷ γένει μου, περισσοτέρως ζηλωτὴς ὑπάρχων τῶν πατρικῶν μου **παραδόσεων.**
Col 2: 8 βλέπετε μή τις ὑμᾶς ἔσται ὁ συλαγωγῶν διὰ τῆς φιλοσοφίας καὶ κενῆς ἀπάτης κατὰ τὴν **παράδοσιν** τῶν ἀνθρώπων,
2Th 2:15 καὶ κρατεῖτε τὰς **παραδόσεις** ἃς ἐδιδάχθητε εἴτε διὰ λόγου εἴτε δι' ἐπιστολῆς ἡμῶν.
3: 6 στέλλεσθαι ὑμᾶς ἀπὸ παντὸς ἀδελφοῦ ἀτάκτως περιπατοῦντος καὶ μὴ κατὰ τὴν **παράδοσιν** ἣν παρελάβοσαν παρ' ἡμῶν.

4143 παραζηλόω [4]

√ *4123 + 2419*

Ro 10:19 πρῶτος Μωϋσῆς λέγει, Ἐγὼ **παραζηλώσω** ὑμᾶς ἐπ' οὐκ ἔθνει,
11:11 ἀλλὰ τῷ αὐτῶν παραπτώματι ἡ σωτηρία τοῖς ἔθνεσιν εἰς τὸ **παραζηλῶσαι** αὐτούς.
11:14 εἴ πως **παραζηλώσω** μου τὴν σάρκα καὶ σώσω τινὰς ἐξ αὐτῶν.
1Co 10:22 ἢ **παραζηλοῦμεν** τὸν κύριον; μὴ ἰσχυρότεροι αὐτοῦ ἐσμεν;

4144 παραθαλάσσιος [1]

√ *4123 + 2498*

Mt 4:13 καὶ καταλιπὼν τὴν Ναζαρὰ ἐλθὼν κατῴκησεν εἰς Καφαρναοὺμ τὴν **παραθαλασσίαν** ἐν ὁρίοις Ζαβουλὼν καὶ Νεφθαλίμ·

4145 παραθεωρέω [1]

√ *4123 + 2555*

Ac 6: 1 ὅτι **παρεθεωροῦντο** ἐν τῇ διακονίᾳ τῇ καθημερινῇ αἱ χῆραι αὐτῶν.

4146 παραθήκη [3]

√ *4123 + 5502*

1Ti 6:20 τὴν **παραθήκην** φύλαξον ἐκτρεπόμενος τὰς βεβήλους κενοφωνίας καὶ ἀντιθέσεις τῆς ψευδωνύμου γνώσεως,
2Ti 1:12 οἶδα γὰρ ᾧ πεπίστευκα καὶ πέπεισμαι ὅτι δυνατός ἐστιν τὴν **παραθήκην** μου φυλάξαι εἰς ἐκείνην τὴν ἡμέραν.
1:14 τὴν καλὴν **παραθήκην** φύλαξον διὰ πνεύματος ἁγίου τοῦ ἐνοικοῦντος ἐν ἡμῖν.

4147 παραινέω [2]

√ *4123 + 142*

Ac 27: 9 καὶ ὄντος ἤδη ἐπισφαλοῦς τοῦ πλοὸς διὰ τὸ καὶ τὴν νηστείαν ἤδη παρεληλυθέναι **παρῄνει** ὁ Παῦλος
27:22 καὶ τὰ νῦν **παραινῶ** ὑμᾶς εὐθυμεῖν· ἀποβολὴ γὰρ ψυχῆς οὐδεμία ἔσται ἐξ ὑμῶν πλὴν τοῦ πλοίου.

4148 παραιτέομαι [12]

√ *4123 + 160*

Mk 15: 6 Κατὰ δὲ ἑορτὴν ἀπέλυεν αὐτοῖς ἕνα δέσμιον ὃν **παρῃτοῦντο.**
Lk 14:18 καὶ ἤρξαντο ἀπὸ μιᾶς πάντες **παραιτεῖσθαι.** ὁ πρῶτος εἶπεν αὐτῷ, Ἀγρὸν ἠγόρασα καὶ ἔχω ἀνάγκην ἐξελθὼν ἰδεῖν αὐτόν· ἐρωτῶ σε, ἔχε με **παρῃτημένον.**
14:19 Ζεύγη βοῶν ἠγόρασα πέντε καὶ πορεύομαι δοκιμάσαι αὐτά· ἐρωτῶ σε, ἔχε με **παρῃτημένον.**
Ac 25:11 εἰ μὲν οὖν ἀδικῶ καὶ ἄξιον θανάτου πέπραχά τι, οὐ **παραιτοῦμαι** τὸ ἀποθανεῖν·
1Ti 4: 7 τοὺς δὲ βεβήλους καὶ γραώδεις μύθους **παραιτοῦ.** γύμναζε δὲ σεαυτὸν πρὸς εὐσέβειαν·
5:11 νεωτέρας δὲ χήρας **παραιτοῦ·** ὅταν γὰρ καταστρηνιάσωσιν τοῦ Χριστοῦ,
2Ti 2:23 τὰς δὲ μωρὰς καὶ ἀπαιδεύτους ζητήσεις **παραιτοῦ,** εἰδὼς ὅτι γεννῶσιν μάχας·
Tit 3:10 αἱρετικὸν ἄνθρωπον μετὰ μίαν καὶ δευτέραν νουθεσίαν **παραιτοῦ,**
Heb 12:19 ἧς οἱ ἀκούσαντες **παρῃτήσαντο** μὴ προστεθῆναι αὐτοῖς λόγον,
12:25 Βλέπετε μὴ **παραιτήσησθε** τὸν λαλοῦντα· εἰ γὰρ ἐκεῖνοι οὐκ ἐξέφυγον ἐπὶ γῆς **παραιτησάμενοι** τὸν χρηματίζοντα,

4149 παρακαθέζομαι [1]

√ *4123 + 2757*

Lk 10:39 [ἣ] καὶ **παρακαθεσθεῖσα** πρὸς τοὺς πόδας τοῦ κυρίου ἤκουεν τὸν λόγον αὐτοῦ.

4150 παρακαθίζω Not used in UBS/NIV

√ *4123 + 2767*

4151 παρακαλέω [109]

√ *4123 + 2813*

παρακαλέω ἐπί [3] 2Co 1:4; 7:7; 1Th 3:7

παρακαλέω ... παράκλησις [6] Ro 12:8; 2Co 1:4,6; 7:7,13; Heb 13:22

Mt 2:18 Ῥαχὴλ κλαίουσα τὰ τέκνα αὐτῆς, καὶ οὐκ ἤθελεν **παρακληθῆναι,** ὅτι οὐκ εἰσίν.
5: 4 μακάριοι οἱ πενθοῦντες, ὅτι αὐτοὶ **παρακληθήσονται.**
8: 5 Εἰσελθόντος δὲ αὐτοῦ εἰς Καφαρναοὺμ προσῆλθεν αὐτῷ ἑκατόνταρχος **παρακαλῶν** αὐτὸν
8:31 οἱ δὲ δαίμονες **παρεκάλουν** αὐτὸν λέγοντες, Εἰ ἐκβάλλεις ἡμᾶς,
8:34 πᾶσα ἡ πόλις ἐξῆλθεν εἰς ὑπάντησιν τῷ Ἰησοῦ καὶ ἰδόντες αὐτὸν **παρεκάλεσαν** ὅπως μεταβῇ ἀπὸ τῶν ὁρίων αὐτῶν.
14:36 καὶ **παρεκάλουν** αὐτὸν ἵνα μόνον ἅψωνται τοῦ κρασπέδου τοῦ ἱματίου αὐτοῦ·
18:29 πεσὼν οὖν ὁ σύνδουλος αὐτοῦ **παρεκάλει** αὐτὸν λέγων,
18:32 πᾶσαν τὴν ὀφειλὴν ἐκείνην ἀφῆκά σοι, ἐπεὶ **παρεκάλεσάς** με·
26:53 ἢ δοκεῖς ὅτι οὐ δύναμαι **παρακαλέσαι** τὸν πατέρα μου,
Mk 1:40 ἔρχεται πρὸς αὐτὸν λεπρὸς **παρακαλῶν** αὐτὸν [καὶ γονυπετῶν] καὶ λέγων αὐτῷ ὅτι Ἐὰν θέλῃς δύνασαί με καθαρίσαι.
5:10 καὶ **παρεκάλει** αὐτὸν πολλὰ ἵνα μὴ αὐτὰ ἀποστείλῃ ἔξω τῆς χώρας.
5:12 καὶ **παρεκάλεσαν** αὐτὸν λέγοντες, Πέμψον ἡμᾶς εἰς τοὺς χοίρους,
5:17 καὶ ἤρξαντο **παρακαλεῖν** αὐτὸν ἀπελθεῖν ἀπὸ τῶν ὁρίων αὐτῶν.
5:18 καὶ ἐμβαίνοντος αὐτοῦ εἰς τὸ πλοῖον **παρεκάλει** αὐτὸν ὁ δαιμονισθεὶς ἵνα μετ' αὐτοῦ ᾖ.
5:23 καὶ **παρακαλεῖ** αὐτὸν πολλὰ λέγων ὅτι Τὸ θυγάτριόν μου ἐσχάτως ἔχει,
6:56 ἐν ταῖς ἀγοραῖς ἐτίθεσαν τοὺς ἀσθενοῦντας καὶ **παρεκάλουν** αὐτὸν ἵνα κἂν τοῦ κρασπέδου τοῦ ἱματίου αὐτοῦ ἅψωνται·
7:32 καὶ φέρουσιν αὐτῷ κωφὸν καὶ μογιλάλον καὶ **παρακαλοῦσιν** αὐτὸν ἵνα ἐπιθῇ αὐτῷ τὴν χεῖρα.
8:22 καὶ φέρουσιν αὐτῷ τυφλὸν καὶ **παρακαλοῦσιν** αὐτὸν ἵνα αὐτοῦ ἅψηται.
Lk 3:18 Πολλὰ μὲν οὖν καὶ ἕτερα **παρακαλῶν** εὐηγγελίζετο τὸν λαόν.
7: 4 οἱ δὲ παραγενόμενοι πρὸς τὸν Ἰησοῦν **παρεκάλουν** αὐτὸν σπουδαίως λέγοντες ὅτι Ἄξιός ἐστιν ᾧ παρέξῃ τοῦτο·
8:31 καὶ **παρεκάλουν** αὐτὸν ἵνα μὴ ἐπιτάξῃ αὐτοῖς εἰς τὴν ἄβυσσον ἀπελθεῖν.
8:32 καὶ **παρεκάλεσαν** αὐτὸν ἵνα ἐπιτρέψῃ αὐτοῖς εἰς ἐκείνους εἰσελθεῖν·
8:41 καὶ πεσὼν παρὰ τοὺς πόδας [τοῦ] Ἰησοῦ **παρεκάλει** αὐτὸν εἰσελθεῖν εἰς τὸν οἶκον αὐτοῦ,
15:28 ὠργίσθη δὲ καὶ οὐκ ἤθελεν εἰσελθεῖν, ὁ δὲ πατὴρ αὐτοῦ ἐξελθὼν **παρεκάλει** αὐτόν.
16:25 καὶ Λάζαρος ὁμοίως τὰ κακά· νῦν δὲ ὧδε **παρακαλεῖται,** σὺ δὲ ὀδυνᾶσαι.
Ac 2:40 ἑτέροις τε λόγοις πλείοσιν διεμαρτύρατο καὶ **παρεκάλει** αὐτοὺς λέγων,
8:31 **παρεκάλεσέν** τε τὸν Φίλιππον ἀναβάντα καθίσαι σὺν αὐτῷ.
9:38 οἱ μαθηταὶ ἀκούσαντες ὅτι Πέτρος ἐστὶν ἐν αὐτῇ ἀπέστειλαν δύο ἄνδρας πρὸς αὐτὸν **παρακαλοῦντες,**
11:23 ἐχάρη καὶ **παρεκάλει** πάντας τῇ προθέσει τῆς καρδίας προσμένειν τῷ κυρίῳ,
13:42 Ἐξιόντων δὲ αὐτῶν **παρεκάλουν** εἰς τὸ μεταξὺ σάββατον λαληθῆναι αὐτοῖς τὰ ῥήματα ταῦτα.
14:22 **παρακαλοῦντες** ἐμμένειν τῇ πίστει καὶ ὅτι διὰ πολλῶν θλίψεων δεῖ ἡμᾶς εἰσελθεῖν εἰς τὴν βασιλείαν τοῦ θεοῦ.
15:32 Ἰούδας τε καὶ Σιλᾶς καὶ αὐτοὶ προφῆται ὄντες διὰ λόγου πολλοῦ **παρεκάλεσαν** τοὺς ἀδελφοὺς καὶ ἐπεστήριξαν,
16: 9 ἀνὴρ Μακεδών τις ἦν ἑστὼς καὶ **παρακαλῶν** αὐτὸν καὶ λέγων,
16:15 **παρεκάλεσεν** λέγουσα, Εἰ κεκρίκατέ με πιστὴν τῷ κυρίῳ εἶναι,
16:39 καὶ ἐλθόντες **παρεκάλεσαν** αὐτοὺς καὶ ἐξαγαγόντες ἠρώτων ἀπελθεῖν ἀπὸ τῆς πόλεως.
16:40 ἐξελθόντες δὲ ἀπὸ τῆς φυλακῆς εἰσῆλθον πρὸς τὴν Λυδίαν καὶ ἰδόντες **παρεκάλεσαν** τοὺς ἀδελφοὺς καὶ ἐξῆλθαν.
19:31 πέμψαντες πρὸς αὐτὸν **παρεκάλουν** μὴ δοῦναι ἑαυτὸν εἰς τὸ θέατρον.
20: 1 Μετὰ δὲ τὸ παύσασθαι τὸν θόρυβον μεταπεμψάμενος ὁ Παῦλος τοὺς μαθητὰς καὶ **παρακαλέσας,**
20: 2 διελθὼν δὲ τὰ μέρη ἐκεῖνα καὶ **παρακαλέσας** αὐτοὺς λόγῳ πολλῷ ἦλθεν εἰς τὴν Ἑλλάδα
20:12 ἤγαγον δὲ τὸν παῖδα ζῶντα καὶ **παρεκλήθησαν** οὐ μετρίως.
21:12 **παρεκαλοῦμεν** ἡμεῖς τε καὶ οἱ ἐντόπιοι τοῦ μὴ ἀναβαίνειν αὐτὸν εἰς Ἰερουσαλήμ.
24: 4 **παρακαλῶ** ἀκοῦσαί σε ἡμῶν συντόμως τῇ σῇ ἐπιεικείᾳ.
25: 2 ἐνεφάνισάν τε αὐτῷ οἱ ἀρχιερεῖς καὶ οἱ πρῶτοι τῶν Ἰουδαίων κατὰ τοῦ Παύλου καὶ **παρεκάλουν** αὐτὸν
27:33 Ἄχρι δὲ οὗ ἡμέρα ἤμελλεν γίνεσθαι, **παρεκάλει** ὁ Παῦλος ἅπαντας μεταλαβεῖν τροφῆς λέγων,
27:34 διὸ **παρακαλῶ** ὑμᾶς μεταλαβεῖν τροφῆς· τοῦτο γὰρ πρὸς τῆς ὑμετέρας σωτηρίας ὑπάρχει,
28:14 οὗ εὑρόντες ἀδελφοὺς **παρεκλήθημεν** παρ' αὐτοῖς ἐπιμεῖναι ἡμέρας ἑπτά·
28:20 διὰ ταύτην οὖν τὴν αἰτίαν **παρεκάλεσα** ὑμᾶς ἰδεῖν καὶ προσλαλῆσαι,
Ro 12: 1 **Παρακαλῶ** οὖν ὑμᾶς, ἀδελφοί, διὰ τῶν οἰκτιρμῶν τοῦ θεοῦ παραστῆσαι τὰ σώματα ὑμῶν θυσίαν ζῶσαν ἁγίαν εὐάρεστον
12: 8 εἴτε ὁ **παρακαλῶν** ἐν τῇ παρακλήσει· ὁ μεταδιδοὺς ἐν ἁπλότητι,
15:30 **Παρακαλῶ** δὲ ὑμᾶς[, ἀδελφοί,] διὰ τοῦ κυρίου ἡμῶν Ἰησοῦ Χριστοῦ καὶ διὰ τῆς ἀγάπης τοῦ πνεύματος συναγωνίσασθαί
16:17 **Παρακαλῶ** δὲ ὑμᾶς, ἀδελφοί, σκοπεῖν τοὺς τὰς διχοστασίας καὶ τὰ σκάνδαλα παρὰ τὴν διδαχὴν
1Co 1:10 **Παρακαλῶ** δὲ ὑμᾶς, ἀδελφοί, διὰ τοῦ ὀνόματος τοῦ κυρίου ἡμῶν Ἰησοῦ Χριστοῦ,
4:13 δυσφημούμενοι **παρακαλοῦμεν·** ὡς περικαθάρματα τοῦ κόσμου ἐγενήθημεν, πάντων περίψημα ἕως ἄρτι.
4:16 **παρακαλῶ** οὖν ὑμᾶς, μιμηταί μου γίνεσθε.
14:31 δύνασθε γὰρ καθ' ἕνα πάντες προφητεύειν, ἵνα πάντες μανθάνωσιν καὶ πάντες **παρακαλῶνται.**
16:12 Περὶ δὲ Ἀπολλῶ τοῦ ἀδελφοῦ, πολλὰ **παρεκάλεσα** αὐτόν,
16:15 **Παρακαλῶ** δὲ ὑμᾶς, ἀδελφοί· οἴδατε τὴν οἰκίαν Στεφανᾶ,
2Co 1: 4 ὁ **παρακαλῶν** ἡμᾶς ἐπὶ πάσῃ τῇ θλίψει ἡμῶν εἰς τὸ δύνασθαι ἡμᾶς **παρακαλεῖν** τοὺς ἐν πάσῃ θλίψει διὰ τῆς παρακλήσεως ἧς **παρακαλούμεθα** αὐτοὶ ὑπὸ τοῦ θεοῦ.

1: 6 εἴτε **παρακαλούμεθα,** ὑπὲρ τῆς ὑμῶν παρακλήσεως τῆς ἐνεργουμένης ἐν ὑπομονῇ τῶν αὐτῶν παθημάτων
2: 7 ὥστε τοὐναντίον μᾶλλον ὑμᾶς χαρίσασθαι καὶ **παρακαλέσαι,** μή πως τῇ περισσοτέρᾳ λύπῃ καταποθῇ ὁ τοιοῦτος.
2: 8 διὸ **παρακαλῶ** ὑμᾶς κυρῶσαι εἰς αὐτὸν ἀγάπην·
5:20 ὑπὲρ Χριστοῦ οὖν πρεσβεύομεν ὡς τοῦ θεοῦ **παρακαλοῦντος** δι' ἡμῶν·
6: 1 Συνεργοῦντες δὲ καὶ **παρακαλοῦμεν** μὴ εἰς κενὸν τὴν χάριν τοῦ θεοῦ δέξασθαι ὑμᾶς·
7: 6 ἀλλ' ὁ **παρακαλῶν** τοὺς ταπεινοὺς **παρεκάλεσεν** ἡμᾶς ὁ θεὸς ἐν τῇ παρουσίᾳ Τίτου,
7: 7 οὐ μόνον δὲ ἐν τῇ παρουσίᾳ αὐτοῦ ἀλλὰ καὶ ἐν τῇ παρακλήσει ᾗ **παρεκλήθη** ἐφ' ὑμῖν,
7:13 διὰ τοῦτο **παρακεκλήμεθα.** Ἐπὶ δὲ τῇ παρακλήσει ἡμῶν περισσοτέρως μᾶλλον ἐχάρημεν ἐπὶ τῇ χαρᾷ Τίτου,
8: 6 εἰς τὸ **παρακαλέσαι** ἡμᾶς Τίτον, ἵνα καθὼς προενήρξατο οὕτως καὶ ἐπιτελέσῃ εἰς ὑμᾶς καὶ τὴν χάριν ταύτην.
9: 5 ἀναγκαῖον οὖν ἡγησάμην **παρακαλέσαι** τοὺς ἀδελφούς, ἵνα προέλθωσιν εἰς ὑμᾶς καὶ προκαταρτίσωσιν
10: 1 Αὐτὸς δὲ ἐγὼ Παῦλος **παρακαλῶ** ὑμᾶς διὰ τῆς πραΰτητος καὶ ἐπιεικείας τοῦ Χριστοῦ,
12: 8 ὑπὲρ τούτου τρὶς τὸν κύριον **παρεκάλεσα** ἵνα ἀποστῇ ἀπ' ἐμοῦ.
12:18 **παρεκάλεσα** Τίτον καὶ συναπέστειλα τὸν ἀδελφόν· μήτι ἐπλεονέκτησεν ὑμᾶς Τίτος;
13:11 Λοιπόν, ἀδελφοί, χαίρετε, καταρτίζεσθε, **παρακαλεῖσθε,** τὸ αὐτὸ φρονεῖτε,
Eph 4: 1 **Παρακαλῶ** οὖν ὑμᾶς ἐγὼ ὁ δέσμιος ἐν κυρίῳ ἀξίως περιπατῆσαι τῆς κλήσεως ἧς ἐκλήθητε,
6:22 ἵνα γνῶτε τὰ περὶ ἡμῶν καὶ **παρακαλέσῃ** τὰς καρδίας ὑμῶν.
Php 4: 2 Εὐοδίαν **παρακαλῶ** καὶ Συντύχην **παρακαλῶ** τὸ αὐτὸ φρονεῖν ἐν κυρίῳ.
Col 2: 2 ἵνα **παρακληθῶσιν** αἱ καρδίαι αὐτῶν συμβιβασθέντες ἐν ἀγάπῃ καὶ εἰς πᾶν πλοῦτος τῆς πληροφορίας τῆς συνέσεως,
4: 8 ἵνα γνῶτε τὰ περὶ ἡμῶν καὶ **παρακαλέσῃ** τὰς καρδίας ὑμῶν,
1Th 2:12 **παρακαλοῦντες** ὑμᾶς καὶ παραμυθούμενοι καὶ μαρτυρόμενοι εἰς τὸ περιπατεῖν ὑμᾶς ἀξίως τοῦ θεοῦ τοῦ καλοῦντος ὑμᾶς
3: 2 εἰς τὸ στηρίξαι ὑμᾶς καὶ **παρακαλέσαι** ὑπὲρ τῆς πίστεως ὑμῶν
3: 7 διὰ τοῦτο **παρεκλήθημεν,** ἀδελφοί, ἐφ' ὑμῖν ἐπὶ πάσῃ τῇ ἀνάγκῃ καὶ θλίψει ἡμῶν διὰ τῆς ὑμῶν πίστεως,
4: 1 ἀδελφοί, ἐρωτῶμεν ὑμᾶς καὶ **παρακαλοῦμεν** ἐν κυρίῳ Ἰησοῦ,
4:10 καὶ γὰρ ποιεῖτε αὐτὸ εἰς πάντας τοὺς ἀδελφοὺς [τοὺς] ἐν ὅλῃ τῇ Μακεδονίᾳ. **παρακαλοῦμεν** δὲ ὑμᾶς, ἀδελφοί, περισσεύειν μᾶλλον
4:18 Ὥστε **παρακαλεῖτε** ἀλλήλους ἐν τοῖς λόγοις τούτοις.
5:11 Διὸ **παρακαλεῖτε** ἀλλήλους καὶ οἰκοδομεῖτε εἷς τὸν ἕνα,
5:14 **παρακαλοῦμεν** δὲ ὑμᾶς, ἀδελφοί, νουθετεῖτε τοὺς ἀτάκτους, παραμυθεῖσθε τοὺς ὀλιγοψύχους,
2Th 2:17 **παρακαλέσαι** ὑμῶν τὰς καρδίας καὶ στηρίξαι ἐν παντὶ ἔργῳ καὶ λόγῳ ἀγαθῷ.
3:12 τοῖς δὲ τοιούτοις παραγγέλλομεν καὶ **παρακαλοῦμεν** ἐν κυρίῳ Ἰησοῦ Χριστῷ,
1Ti 1: 3 Καθὼς **παρεκάλεσά** σε προσμεῖναι ἐν Ἐφέσῳ πορευόμενος εἰς Μακεδονίαν,
2: 1 **Παρακαλῶ** οὖν πρῶτον πάντων ποιεῖσθαι δεήσεις προσευχὰς ἐντεύξεις εὐχαριστίας ὑπὲρ πάντων ἀνθρώπων,
5: 1 Πρεσβυτέρῳ μὴ ἐπιπλήξῃς ἀλλὰ **παρακάλει** ὡς πατέρα, νεωτέρους ὡς ἀδελφούς,
6: 2 ὅτι πιστοί εἰσιν καὶ ἀγαπητοὶ οἱ τῆς εὐεργεσίας ἀντιλαμβανόμενοι. Ταῦτα δίδασκε καὶ **παρακάλει.**
2Ti 4: 2 κήρυξον τὸν λόγον, ἐπίστηθι εὐκαίρως ἀκαίρως, ἔλεγξον, ἐπιτίμησον, **παρακάλεσον,**
Tit 1: 9 ἵνα δυνατὸς ᾖ καὶ **παρακαλεῖν** ἐν τῇ διδασκαλίᾳ τῇ ὑγιαινούσῃ καὶ τοὺς ἀντιλέγοντας ἐλέγχειν.
2: 6 τοὺς νεωτέρους ὡσαύτως **παρακάλει** σωφρονεῖν
2:15 Ταῦτα λάλει καὶ **παρακάλει** καὶ ἔλεγχε μετὰ πάσης ἐπιταγῆς·
Phm 1: 9 διὰ τὴν ἀγάπην μᾶλλον **παρακαλῶ,** τοιοῦτος ὢν ὡς Παῦλος πρεσβύτης νυνὶ δὲ καὶ δέσμιος Χριστοῦ Ἰησοῦ·
1:10 **παρακαλῶ** σε περὶ τοῦ ἐμοῦ τέκνου, ὃν ἐγέννησα ἐν τοῖς δεσμοῖς,
Heb 3:13 ἀλλὰ **παρακαλεῖτε** ἑαυτοὺς καθ' ἑκάστην ἡμέραν, ἄχρις οὗ τὸ Σήμερον καλεῖται,
10:25 μὴ ἐγκαταλείποντες τὴν ἐπισυναγωγὴν ἑαυτῶν, καθὼς ἔθος τισίν, ἀλλὰ **παρακαλοῦντες,**
13:19 περισσοτέρως δὲ **παρακαλῶ** τοῦτο ποιῆσαι, ἵνα τάχιον ἀποκατασταθῶ ὑμῖν.
13:22 **Παρακαλῶ** δὲ ὑμᾶς, ἀδελφοί, ἀνέχεσθε τοῦ λόγου τῆς παρακλήσεως,
1Pe 2:11 **παρακαλῶ** ὡς παροίκους καὶ παρεπιδήμους ἀπέχεσθαι τῶν σαρκικῶν ἐπιθυμιῶν αἵτινες στρατεύονται κατὰ τῆς ψυχῆς·
5: 1 Πρεσβυτέρους οὖν ἐν ὑμῖν **παρακαλῶ** ὁ συμπρεσβύτερος καὶ μάρτυς τῶν τοῦ Χριστοῦ παθημάτων,
5:12 δι' ὀλίγων ἔγραψα **παρακαλῶν** καὶ ἐπιμαρτυρῶν ταύτην εἶναι ἀληθῆ χάριν τοῦ θεοῦ εἰς ἣν στῆτε.
Jude 1: 3 ἀνάγκην ἔσχον γράψαι ὑμῖν **παρακαλῶν** ἐπαγωνίζεσθαι τῇ ἅπαξ παραδοθείσῃ τοῖς ἁγίοις πίστει.

4152 παρακαλύπτω [1]

√ *4123 + 2821*

Lk 9:45 οἱ δὲ ἠγνόουν τὸ ῥῆμα τοῦτο καὶ ἦν **παρακεκαλυμμένον** ἀπ' αὐτῶν ἵνα μὴ αἴσθωνται αὐτό,

4153 παρακαταθήκη Not used in UBS/NIV

√ *4123 + 2848 + 5502*

4154 παράκειμαι [2]

√ *4123 + 3023*

Ro 7:18 τὸ γὰρ θέλειν **παράκειταί** μοι, τὸ δὲ κατεργάζεσθαι τὸ καλὸν οὔ·
7:21 τῷ θέλοντι ἐμοὶ ποιεῖν τὸ καλόν, ὅτι ἐμοὶ τὸ κακὸν **παράκειται**

4155 παράκλησις [29]

√ *4123 + 2813*

αἰώνιος παράκλησις [1] 2Th 2:16

θεός παρακλήσεως [2] Ro 15:5; 2Co 1:3

λόγος παρακλήσεως [2] Ac 13:15; Heb 13:22

παρακαλέω ... παράκλησις [6] Ro 12:8; 2Co 1:4,6; 7:7,13; Heb 13:22

παράκλησις τοῦ Ἰσραήλ [1] Lk 2:25

υἱός παρακλήσεως [1] Ac 4:36

Lk 2:25 ἐν Ἰερουσαλὴμ ᾧ ὄνομα Συμεὼν καὶ ὁ ἄνθρωπος οὗτος δίκαιος καὶ εὐλαβὴς προσδεχόμενος **παράκλησιν** τοῦ Ἰσραήλ,
6:24 οὐαὶ ὑμῖν τοῖς πλουσίοις, ὅτι ἀπέχετε τὴν **παράκλησιν** ὑμῶν.
Ac 4:36 ὅ ἐστιν μεθερμηνευόμενον υἱὸς **παρακλήσεως,** Λευίτης, Κύπριος τῷ γένει,
9:31 εἶχεν εἰρήνην οἰκοδομουμένη καὶ πορευομένη τῷ φόβῳ τοῦ κυρίου καὶ τῇ **παρακλήσει** τοῦ ἁγίου πνεύματος ἐπληθύνετο.
13:15 εἴ τίς ἐστιν ἐν ὑμῖν λόγος **παρακλήσεως** πρὸς τὸν λαόν,
15:31 ἀναγνόντες δὲ ἐχάρησαν ἐπὶ τῇ **παρακλήσει.**
Ro 12: 8 εἴτε ὁ παρακαλῶν ἐν τῇ **παρακλήσει·** ὁ μεταδιδοὺς ἐν ἁπλότητι,
15: 4 ἵνα διὰ τῆς ὑπομονῆς καὶ διὰ τῆς **παρακλήσεως** τῶν γραφῶν τὴν ἐλπίδα ἔχωμεν.
15: 5 ὁ δὲ θεὸς τῆς ὑπομονῆς καὶ τῆς **παρακλήσεως** δῴη ὑμῖν τὸ αὐτὸ φρονεῖν ἐν ἀλλήλοις κατὰ Χριστὸν Ἰησοῦν,
1Co 14: 3 ὁ δὲ προφητεύων ἀνθρώποις λαλεῖ οἰκοδομὴν καὶ **παράκλησιν** καὶ παραμυθίαν.
2Co 1: 3 ὁ πατὴρ τῶν οἰκτιρμῶν καὶ θεὸς πάσης **παρακλήσεως,**
1: 4 ὁ παρακαλῶν ἡμᾶς ἐπὶ πάσῃ τῇ θλίψει ἡμῶν εἰς τὸ δύνασθαι ἡμᾶς παρακαλεῖν τοὺς ἐν πάσῃ θλίψει διὰ τῆς **παρακλήσεως** ἧς παρακαλούμεθα αὐτοὶ ὑπὸ τοῦ θεοῦ.
1: 5 οὕτως διὰ τοῦ Χριστοῦ περισσεύει καὶ ἡ **παράκλησις** ἡμῶν.
1: 6 εἴτε δὲ θλιβόμεθα, ὑπὲρ τῆς ὑμῶν **παρακλήσεως** καὶ σωτηρίας· εἴτε παρακαλούμεθα, ὑπὲρ τῆς ὑμῶν **παρακλήσεως** τῆς ἐνεργουμένης ἐν ὑπομονῇ τῶν αὐτῶν παθημάτων ὧν
1: 7 καὶ ἡ ἐλπὶς ἡμῶν βεβαία ὑπὲρ ὑμῶν εἰδότες ὅτι ὡς κοινωνοί ἐστε τῶν παθημάτων, οὕτως καὶ τῆς **παρακλήσεως.**
7: 4 πεπλήρωμαι τῇ **παρακλήσει,** ὑπερπερισσεύομαι τῇ χαρᾷ ἐπὶ πάσῃ τῇ θλίψει ἡμῶν.
7: 7 οὐ μόνον δὲ ἐν τῇ παρουσίᾳ αὐτοῦ ἀλλὰ καὶ ἐν τῇ **παρακλήσει** ᾗ παρεκλήθη ἐφ' ὑμῖν,
7:13 Ἐπὶ δὲ τῇ **παρακλήσει** ἡμῶν περισσοτέρως μᾶλλον ἐχάρημεν ἐπὶ τῇ χαρᾷ Τίτου,
8: 4 μετὰ πολλῆς **παρακλήσεως** δεόμενοι ἡμῶν τὴν χάριν καὶ τὴν κοινωνίαν τῆς διακονίας τῆς εἰς τοὺς ἁγίους,

8:17 ὅτι τὴν μὲν **παράκλησιν** ἐδέξατο, σπουδαιότερος δὲ ὑπάρχων αὐθαίρετος ἐξῆλθεν πρὸς ὑμᾶς.
Php 2: 1 Εἴ τις οὖν **παράκλησις** ἐν Χριστῷ, εἴ τι παραμύθιον ἀγάπης,
1Th 2: 3 ἡ γὰρ **παράκλησις** ἡμῶν οὐκ ἐκ πλάνης οὐδὲ ἐξ ἀκαθαρσίας οὐδὲ ἐν δόλῳ,
2Th 2:16 Ἰησοῦς Χριστὸς καὶ [ὁ] θεὸς ὁ πατὴρ ἡμῶν ὁ ἀγαπήσας ἡμᾶς καὶ δοὺς **παράκλησιν** αἰωνίαν καὶ ἐλπίδα ἀγαθὴν ἐν χάριτι,
1Ti 4:13 ἕως ἔρχομαι πρόσεχε τῇ ἀναγνώσει, τῇ **παρακλήσει,** τῇ διδασκαλίᾳ.
Phm 1: 7 χαρὰν γὰρ πολλὴν ἔσχον καὶ **παράκλησιν** ἐπὶ τῇ ἀγάπῃ σου,
Heb 6:18 ἰσχυρὰν **παράκλησιν** ἔχωμεν οἱ καταφυγόντες κρατῆσαι τῆς προκειμένης ἐλπίδος·
12: 5 καὶ ἐκλέλησθε τῆς **παρακλήσεως,** ἥτις ὑμῖν ὡς υἱοῖς διαλέγεται,
13:22 Παρακαλῶ δὲ ὑμᾶς, ἀδελφοί, ἀνέχεσθε τοῦ λόγου τῆς **παρακλήσεως,**

4156 παράκλητος [5]

√ *4123 + 2813*

Jn 14:16 κἀγὼ ἐρωτήσω τὸν πατέρα καὶ ἄλλον **παράκλητον** δώσει ὑμῖν,
14:26 ὁ δὲ **παράκλητος,** τὸ πνεῦμα τὸ ἅγιον, ὃ πέμψει ὁ πατὴρ ἐν τῷ ὀνόματί μου,
15:26 Ὅταν ἔλθῃ ὁ **παράκλητος** ὃν ἐγὼ πέμψω ὑμῖν παρὰ τοῦ πατρός,
16: 7 ἐὰν γὰρ μὴ ἀπέλθω, ὁ **παράκλητος** οὐκ ἐλεύσεται πρὸς ὑμᾶς·
1Jn 2: 1 **παράκλητον** ἔχομεν πρὸς τὸν πατέρα Ἰησοῦν Χριστὸν δίκαιον·

4157 παρακοή [3]

√ *4123 + 201*

Ro 5:19 ὥσπερ γὰρ διὰ τῆς **παρακοῆς** τοῦ ἑνὸς ἀνθρώπου ἁμαρτωλοὶ κατεστάθησαν οἱ πολλοί,
2Co 10: 6 καὶ ἐν ἑτοίμῳ ἔχοντες ἐκδικῆσαι πᾶσαν **παρακοήν,** ὅταν πληρωθῇ ὑμῶν ἡ ὑπακοή.
Heb 2: 2 εἰ γὰρ ὁ δι' ἀγγέλων λαληθεὶς λόγος ἐγένετο βέβαιος καὶ πᾶσα παράβασις καὶ **παρακοὴ** ἔλαβεν ἔνδικον μισθαποδοσίαν,

4158 παρακολουθέω [4]

√ *4123 + 199 [1.3]*

Mk 16:17 ⟦σημεῖα δὲ τοῖς πιστεύσασιν ταῦτα **παρακολουθήσει·** ἐν τῷ ὀνόματί μου δαιμόνια ἐκβαλοῦσιν,⟧
Lk 1: 3 ἔδοξε κἀμοὶ **παρηκολουθηκότι** ἄνωθεν πᾶσιν ἀκριβῶς καθεξῆς σοι γράψαι,
1Ti 4: 6 ἐντρεφόμενος τοῖς λόγοις τῆς πίστεως καὶ τῆς καλῆς διδασκαλίας ᾗ **παρηκολούθηκας·**
2Ti 3:10 Σὺ δὲ **παρηκολούθησάς** μου τῇ διδασκαλίᾳ, τῇ ἀγωγῇ,

4159 παρακούω [3]

√ *4123 + 201*

Mt 18:17 ἐὰν δὲ **παρακούσῃ** αὐτῶν, εἰπὲ τῇ ἐκκλησίᾳ· ἐὰν δὲ καὶ τῆς ἐκκλησίας **παρακούσῃ,** ἔστω σοι ὥσπερ ὁ ἐθνικὸς καὶ ὁ τελώνης.
Mk 5:36 ὁ δὲ Ἰησοῦς **παρακούσας** τὸν λόγον λαλούμενον λέγει τῷ ἀρχισυναγώγῳ,

4160 παρακύπτω [5]

√ *4123 + 3252*

Lk 24:12 Ὁ δὲ Πέτρος ἀναστὰς ἔδραμεν ἐπὶ τὸ μνημεῖον καὶ **παρακύψας** βλέπει τὰ ὀθόνια μόνα,
Jn 20: 5 καὶ **παρακύψας** βλέπει κείμενα τὰ ὀθόνια, οὐ μέντοι εἰσῆλθεν.
20:11 Μαρία δὲ εἱστήκει πρὸς τῷ μνημείῳ ἔξω κλαίουσα. ὡς οὖν ἔκλαιεν, **παρέκυψεν** εἰς τὸ μνημεῖον
Jas 1:25 ὁ δὲ **παρακύψας** εἰς νόμον τέλειον τὸν τῆς ἐλευθερίας καὶ παραμείνας,
1Pe 1:12 ἃ νῦν ἀνηγγέλη ὑμῖν διὰ τῶν εὐαγγελισαμένων ὑμᾶς [ἐν] πνεύματι ἁγίῳ ἀποσταλέντι ἀπ' οὐρανοῦ, εἰς ἃ ἐπιθυμοῦσιν ἄγγελοι **παρακύψαι.**

4161 παραλαμβάνω [49]

√ *4123 + 3284*

παραλαμβάνω μετά [3] Mt 12:45; 18:16; Mk 14:33

παραλαμβάνω τὴν γυναῖκα [2] Mt 1:20,24

Mt 1:20 Ἰωσὴφ υἱὸς Δαυίδ, μὴ φοβηθῇς **παραλαβεῖν** Μαριὰμ τὴν γυναῖκά σου·
1:24 ἐγερθεὶς δὲ ὁ Ἰωσὴφ ἀπὸ τοῦ ὕπνου ἐποίησεν ὡς προσέταξεν αὐτῷ ὁ ἄγγελος κυρίου καὶ **παρέλαβεν** τὴν γυναῖκα αὐτοῦ,
2:13 Ἐγερθεὶς **παράλαβε** τὸ παιδίον καὶ τὴν μητέρα αὐτοῦ καὶ φεῦγε εἰς Αἴγυπτον καὶ ἴσθι ἐκεῖ ἕως ἂν εἴπω σοι·
2:14 ὁ δὲ ἐγερθεὶς **παρέλαβεν** τὸ παιδίον καὶ τὴν μητέρα αὐτοῦ νυκτὸς καὶ ἀνεχώρησεν εἰς Αἴγυπτον,
2:20 Ἐγερθεὶς **παράλαβε** τὸ παιδίον καὶ τὴν μητέρα αὐτοῦ καὶ πορεύου εἰς γῆν Ἰσραήλ·
2:21 ὁ δὲ ἐγερθεὶς **παρέλαβεν** τὸ παιδίον καὶ τὴν μητέρα αὐτοῦ καὶ εἰσῆλθεν εἰς γῆν Ἰσραήλ.
4: 5 Τότε **παραλαμβάνει** αὐτὸν ὁ διάβολος εἰς τὴν ἁγίαν πόλιν καὶ ἔστησεν αὐτὸν ἐπὶ τὸ πτερύγιον τοῦ ἱεροῦ
4: 8 Πάλιν **παραλαμβάνει** αὐτὸν ὁ διάβολος εἰς ὄρος ὑψηλὸν λίαν καὶ δείκνυσιν αὐτῷ πάσας τὰς βασιλείας τοῦ κόσμου
12:45 τότε πορεύεται καὶ **παραλαμβάνει** μεθ' ἑαυτοῦ ἑπτὰ ἕτερα πνεύματα πονηρότερα ἑαυτοῦ καὶ εἰσελθόντα κατοικεῖ ἐκεῖ·
17: 1 Καὶ μεθ' ἡμέρας ἓξ **παραλαμβάνει** ὁ Ἰησοῦς τὸν Πέτρον καὶ Ἰάκωβον καὶ Ἰωάννην τὸν ἀδελφὸν αὐτοῦ καὶ ἀναφέρει αὐτοὺς
18:16 ἐὰν δὲ μὴ ἀκούσῃ, **παράλαβε** μετὰ σοῦ ἔτι ἕνα ἢ δύο,
20:17 Καὶ ἀναβαίνων ὁ Ἰησοῦς εἰς Ἱεροσόλυμα **παρέλαβεν** τοὺς δώδεκα [μαθητὰς] κατ' ἰδίαν καὶ ἐν τῇ ὁδῷ εἶπεν αὐτοῖς,
24:40 τότε δύο ἔσονται ἐν τῷ ἀγρῷ, εἷς **παραλαμβάνεται** καὶ εἷς ἀφίεται·
24:41 δύο ἀλήθουσαι ἐν τῷ μύλῳ, μία **παραλαμβάνεται** καὶ μία ἀφίεται.
26:37 καὶ **παραλαβὼν** τὸν Πέτρον καὶ τοὺς δύο υἱοὺς Ζεβεδαίου ἤρξατο λυπεῖσθαι καὶ ἀδημονεῖν.
27:27 Τότε οἱ στρατιῶται τοῦ ἡγεμόνος **παραλαβόντες** τὸν Ἰησοῦν εἰς τὸ πραιτώριον συνήγαγον ἐπ' αὐτὸν ὅλην τὴν σπεῖραν.
Mk 4:36 καὶ ἀφέντες τὸν ὄχλον **παραλαμβάνουσιν** αὐτὸν ὡς ἦν ἐν τῷ πλοίῳ,
5:40 αὐτὸς δὲ ἐκβαλὼν πάντας **παραλαμβάνει** τὸν πατέρα τοῦ παιδίου καὶ τὴν μητέρα καὶ τοὺς μετ' αὐτοῦ καὶ εἰσπορεύεται ὅπου ἦν τὸ παιδίον.
7: 4 καὶ ἄλλα πολλά ἐστιν ἃ **παρέλαβον** κρατεῖν, βαπτισμοὺς ποτηρίων καὶ ξεστῶν καὶ χαλκίων [καὶ κλινῶν–]
9: 2 Καὶ μετὰ ἡμέρας ἓξ **παραλαμβάνει** ὁ Ἰησοῦς τὸν Πέτρον καὶ τὸν Ἰάκωβον καὶ τὸν Ἰωάννην καὶ ἀναφέρει αὐτοὺς εἰς ὄρος
10:32 καὶ **παραλαβὼν** πάλιν τοὺς δώδεκα ἤρξατο αὐτοῖς λέγειν τὰ μέλλοντα αὐτῷ συμβαίνειν
14:33 καὶ **παραλαμβάνει** τὸν Πέτρον καὶ [τὸν] Ἰάκωβον καὶ [τὸν] Ἰωάννην μετ' αὐτοῦ καὶ ἤρξατο ἐκθαμβεῖσθαι καὶ ἀδημονεῖν
Lk 9:10 καὶ **παραλαβὼν** αὐτοὺς ὑπεχώρησεν κατ' ἰδίαν εἰς πόλιν καλουμένην Βηθσαϊδά.
9:28 Ἐγένετο δὲ μετὰ τοὺς λόγους τούτους ὡσεὶ ἡμέραι ὀκτὼ [καὶ] **παραλαβὼν** Πέτρον καὶ Ἰωάννην καὶ Ἰάκωβον ἀνέβη
11:26 τότε πορεύεται καὶ **παραλαμβάνει** ἕτερα πνεύματα πονηρότερα ἑαυτοῦ ἑπτὰ καὶ εἰσελθόντα κατοικεῖ ἐκεῖ·
17:34 ταύτῃ τῇ νυκτὶ ἔσονται δύο ἐπὶ κλίνης μιᾶς, ὁ εἷς **παραλημφθήσεται** καὶ ὁ ἕτερος ἀφεθήσεται·
17:35 ἔσονται δύο ἀλήθουσαι ἐπὶ τὸ αὐτό, ἡ μία **παραλημφθήσεται,** ἡ δὲ ἑτέρα ἀφεθήσεται.
18:31 **Παραλαβὼν** δὲ τοὺς δώδεκα εἶπεν πρὸς αὐτούς, Ἰδοὺ ἀναβαίνομεν εἰς Ἰερουσαλήμ,
Jn 1:11 εἰς τὰ ἴδια ἦλθεν, καὶ οἱ ἴδιοι αὐτὸν οὐ **παρέλαβον.**
14: 3 πάλιν ἔρχομαι καὶ **παραλήμψομαι** ὑμᾶς πρὸς ἐμαυτόν, ἵνα ὅπου εἰμὶ ἐγὼ καὶ ὑμεῖς ἦτε.
19:16 τότε οὖν παρέδωκεν αὐτὸν αὐτοῖς ἵνα σταυρωθῇ. **Παρέλαβον** οὖν τὸν Ἰησοῦν,
Ac 15:39 τόν τε Βαρναβᾶν **παραλαβόντα** τὸν Μᾶρκον ἐκπλεῦσαι εἰς Κύπρον,
16:33 καὶ **παραλαβὼν** αὐτοὺς ἐν ἐκείνῃ τῇ ὥρᾳ τῆς νυκτὸς ἔλουσεν ἀπὸ τῶν πληγῶν,
21:24 τούτους **παραλαβὼν** ἁγνίσθητι σὺν αὐτοῖς καὶ δαπάνησον ἐπ' αὐτοῖς ἵνα ξυρήσονται τὴν κεφαλήν,
21:26 τότε ὁ Παῦλος **παραλαβὼν** τοὺς ἄνδρας τῇ ἐχομένῃ ἡμέρᾳ σὺν αὐτοῖς ἁγνισθείς,

21:32 ὃς ἐξαυτῆς **παραλαβὼν** στρατιώτας καὶ ἑκατοντάρχας κατέδραμεν ἐπ᾽ αὐτούς,
23:18 ὁ μὲν οὖν **παραλαβὼν** αὐτὸν ἤγαγεν πρὸς τὸν χιλίαρχον καὶ φησίν,
1Co 11:23 Ἐγὼ γὰρ **παρέλαβον** ἀπὸ τοῦ κυρίου, ὃ καὶ παρέδωκα ὑμῖν,
15: 1 τὸ εὐαγγέλιον ὃ εὐηγγελισάμην ὑμῖν, ὃ καὶ **παρελάβετε,** ἐν ᾧ καὶ ἑστήκατε,
15: 3 παρέδωκα γὰρ ὑμῖν ἐν πρώτοις, ὃ καὶ **παρέλαβον,**
Gal 1: 9 εἴ τις ὑμᾶς εὐαγγελίζεται παρ᾽ ὃ **παρελάβετε,** ἀνάθεμα ἔστω.
1:12 οὐδὲ γὰρ ἐγὼ παρὰ ἀνθρώπου **παρέλαβον** αὐτὸ οὔτε ἐδιδάχθην ἀλλὰ δι᾽ ἀποκαλύψεως Ἰησοῦ Χριστοῦ.
Php 4: 9 ἃ καὶ ἐμάθετε καὶ **παρελάβετε** καὶ ἠκούσατε καὶ εἴδετε ἐν ἐμοί,
Col 2: 6 Ὡς οὖν **παρελάβετε** τὸν Χριστὸν Ἰησοῦν τὸν κύριον,
4:17 Βλέπε τὴν διακονίαν ἣν **παρέλαβες** ἐν κυρίῳ, ἵνα αὐτὴν πληροῖς.
1Th 2:13 ὅτι **παραλαβόντες** λόγον ἀκοῆς παρ᾽ ἡμῶν τοῦ θεοῦ ἐδέξασθε οὐ λόγον ἀνθρώπων ἀλλὰ καθώς ἐστιν ἀληθῶς λόγον θεοῦ,
4: 1 ἵνα καθὼς **παρελάβετε** παρ᾽ ἡμῶν τὸ πῶς δεῖ ὑμᾶς περιπατεῖν καὶ ἀρέσκειν θεῷ,
2Th 3: 6 στέλλεσθαι ὑμᾶς ἀπὸ παντὸς ἀδελφοῦ ἀτάκτως περιπατοῦντος καὶ μὴ κατὰ τὴν παράδοσιν ἣν **παρελάβοσαν** [UBS; NIV **παρελάβετε**] παρ᾽ ἡμῶν.
Heb 12:28 Διὸ βασιλείαν ἀσάλευτον **παραλαμβάνοντες** ἔχωμεν χάριν, δι᾽ ἧς λατρεύωμεν εὐαρέστως τῷ θεῷ μετὰ εὐλαβείας καὶ δέους·

4162 παραλέγομαι [2]

√ 4123 + 3306

Ac 27: 8 μόλις τε **παραλεγόμενοι** αὐτὴν ἤλθομεν εἰς τόπον τινὰ καλούμενον Καλοὺς ᾧ ἐγγὺς πόλις ἦν Λασαία.
27:13 Ὑποπνεύσαντος δὲ νότου δόξαντες τῆς προθέσεως κεκρατηκέναι, ἄραντες ἆσσον **παρελέγοντο** τὴν Κρήτην.

4163 παράλιος [1]

√ 4123 + 229

Lk 6:17 καὶ πλῆθος πολὺ τοῦ λαοῦ ἀπὸ πάσης τῆς Ἰουδαίας καὶ Ἰερουσαλὴμ καὶ τῆς **παραλίου** Τύρου καὶ Σιδῶνος,

4164 παραλλαγή [1]

√ 4123 + 248

Jas 1:17 παρ᾽ ᾧ οὐκ ἔνι **παραλλαγὴ** ἢ τροπῆς ἀποσκίασμα.

4165 παραλογίζομαι [2]

√ 4123 + 3306

Col 2: 4 Τοῦτο λέγω, ἵνα μηδεὶς ὑμᾶς **παραλογίζηται** ἐν πιθανολογίᾳ.
Jas 1:22 Γίνεσθε δὲ ποιηταὶ λόγου καὶ μὴ μόνον ἀκροαταὶ **παραλογιζόμενοι** ἑαυτούς.

4166 παραλυτικός [10]

√ 4123 + 3395

Mt 4:24 καὶ προσήνεγκαν αὐτῷ πάντας τοὺς κακῶς ἔχοντας ποικίλαις νόσοις καὶ βασάνοις συνεχομένους [καὶ] δαιμονιζομένους καὶ σεληνιαζομένους καὶ **παραλυτικούς,**
8: 6 ὁ παῖς μου βέβληται ἐν τῇ οἰκίᾳ **παραλυτικός,**
9: 2 ἰδοὺ προσέφερον αὐτῷ **παραλυτικὸν** ἐπὶ κλίνης βεβλημένον. καὶ ἰδὼν ὁ Ἰησοῦς τὴν πίστιν αὐτῶν εἶπεν τῷ **παραλυτικῷ,**
9: 6 τότε λέγει τῷ **παραλυτικῷ,** Ἐγερθεὶς ἆρόν σου τὴν κλίνην καὶ ὕπαγε εἰς τὸν οἶκόν σου.
Mk 2: 3 καὶ ἔρχονται φέροντες πρὸς αὐτὸν **παραλυτικὸν** αἰρόμενον ὑπὸ τεσσάρων.
2: 4 καὶ ἐξορύξαντες χαλῶσι τὸν κράβαττον ὅπου ὁ **παραλυτικὸς** κατέκειτο.
2: 5 καὶ ἰδὼν ὁ Ἰησοῦς τὴν πίστιν αὐτῶν λέγει τῷ **παραλυτικῷ,**
2: 9 τί ἐστιν εὐκοπώτερον, εἰπεῖν τῷ **παραλυτικῷ,** Ἀφίενταί σου αἱ ἁμαρτίαι,
2:10 ἵνα δὲ εἰδῆτε ὅτι ἐξουσίαν ἔχει ὁ υἱὸς τοῦ ἀνθρώπου ἀφιέναι ἁμαρτίας ἐπὶ τῆς γῆς– λέγει τῷ **παραλυτικῷ,**

4167 παράλυτος Not used in UBS/NIV

√ 4123 + 3395

4168 παραλύω [5]

√ 4123 + 3395

Lk 5:18 φέροντες ἐπὶ κλίνης ἄνθρωπον ὃς ἦν **παραλελυμένος** καὶ ἐζήτουν αὐτὸν εἰσενεγκεῖν καὶ θεῖναι [αὐτὸν] ἐνώπιον αὐτοῦ.
5:24 εἶπεν τῷ **παραλελυμένῳ,** Σοὶ λέγω, ἔγειρε καὶ ἄρας τὸ κλινίδιόν σου πορεύου εἰς τὸν οἶκόν σου.
Ac 8: 7 πολλοὶ γὰρ τῶν ἐχόντων πνεύματα ἀκάθαρτα βοῶντα φωνῇ μεγάλῃ ἐξήρχοντο, πολλοὶ δὲ **παραλελυμένοι** καὶ χωλοὶ ἐθεραπεύθησαν·
9:33 εὗρεν δὲ ἐκεῖ ἄνθρωπόν τινα ὀνόματι Αἰνέαν ἐξ ἐτῶν ὀκτὼ κατακείμενον ἐπὶ κραβάττου, ὃς ἦν **παραλελυμένος.**
Heb 12:12 Διὸ τὰς παρειμένας χεῖρας καὶ τὰ **παραλελυμένα** γόνατα ἀνορθώσατε,

4169 παραμένω [4]

√ 4123 + 3531

1Co 16: 6 πρὸς ὑμᾶς δὲ τυχὸν **παραμενῶ** ἢ καὶ παραχειμάσω,
Php 1:25 καὶ τοῦτο πεποιθὼς οἶδα ὅτι μενῶ καὶ **παραμενῶ** πᾶσιν ὑμῖν εἰς τὴν ὑμῶν προκοπὴν καὶ χαρὰν τῆς πίστεως,
Heb 7:23 καὶ οἱ μὲν πλείονές εἰσιν γεγονότες ἱερεῖς διὰ τὸ θανάτῳ κωλύεσθαι **παραμένειν·**
Jas 1:25 ὁ δὲ παρακύψας εἰς νόμον τέλειον τὸν τῆς ἐλευθερίας καὶ **παραμείνας,**

4170 παραμυθέομαι [4]

√ 4123 + 3680

Jn 11:19 πολλοὶ δὲ ἐκ τῶν Ἰουδαίων ἐληλύθεισαν πρὸς τὴν Μάρθαν καὶ Μαριὰμ ἵνα **παραμυθήσωνται** αὐτὰς περὶ τοῦ ἀδελφοῦ.
11:31 οἱ οὖν Ἰουδαῖοι οἱ ὄντες μετ᾽ αὐτῆς ἐν τῇ οἰκίᾳ καὶ **παραμυθούμενοι** αὐτήν,
1Th 2:12 παρακαλοῦντες ὑμᾶς καὶ **παραμυθούμενοι** καὶ μαρτυρόμενοι εἰς τὸ περιπατεῖν ὑμᾶς ἀξίως τοῦ θεοῦ τοῦ καλοῦντος ὑμᾶς
5:14 **παραμυθεῖσθε** τοὺς ὀλιγοψύχους, ἀντέχεσθε τῶν ἀσθενῶν, μακροθυμεῖτε πρὸς πάντας.

4171 παραμυθία [1]

√ 4123 + 3680

1Co 14: 3 ὁ δὲ προφητεύων ἀνθρώποις λαλεῖ οἰκοδομὴν καὶ παράκλησιν καὶ **παραμυθίαν.**

4172 παραμύθιον [1]

√ 4123 + 3680

Php 2: 1 εἴ τι **παραμύθιον** ἀγάπης, εἴ τις κοινωνία πνεύματος,

4173 παράνοια Not used in UBS/NIV

√ 4123 + 3808

4174 παρανομέω [1]

√ 4123 + 3795

Ac 23: 3 καὶ σὺ κάθῃ κρίνων με κατὰ τὸν νόμον καὶ **παρανομῶν** κελεύεις με τύπτεσθαι;

4175 παρανομία [1]

√ 4123 + 3795

2Pe 2:16 ἔλεγξιν δὲ ἔσχεν ἰδίας **παρανομίας·** ὑποζύγιον ἄφωνον ἐν ἀνθρώπου φωνῇ φθεγξάμενον ἐκώλυσεν τὴν τοῦ προφήτου παραφρονίαν.

4176 παραπικραίνω [1]

√ 4123 + 4395

Heb 3:16 τίνες γὰρ ἀκούσαντες **παρεπίκραναν;** ἀλλ᾽ οὐ πάντες οἱ ἐξελθόντες ἐξ Αἰγύπτου διὰ Μωϋσέως;

4177 παραπικρασμός [2]

√ 4123 + 4395

Heb 3: 8 μὴ σκληρύνητε τὰς καρδίας ὑμῶν ὡς ἐν τῷ **παραπικρασμῷ** κατὰ τὴν ἡμέραν τοῦ πειρασμοῦ ἐν τῇ ἐρήμῳ,
3: 15 Μὴ σκληρύνητε τὰς καρδίας ὑμῶν ὡς ἐν τῷ **παραπικρασμῷ.**

4178 παραπίπτω [1]

√ 4123 + 4406

Heb 6: 6 καὶ **παραπεσόντας,** πάλιν ἀνακαινίζειν εἰς μετάνοιαν, ἀνασταυροῦντας ἑαυτοῖς τὸν υἱὸν τοῦ θεοῦ καὶ παραδειγματίζοντας.

4179 παραπλέω [1]

√ 4123 + 4434

Ac 20: 16 κεκρίκει γὰρ ὁ Παῦλος **παραπλεῦσαι** τὴν Ἔφεσον, ὅπως μὴ γένηται αὐτῷ χρονοτριβῆσαι ἐν τῇ Ἀσίᾳ·

4180 παραπλήσιος [1]

√ 4123 + 4446

Php 2: 27 καὶ γὰρ ἠσθένησεν **παραπλήσιον** θανάτῳ· ἀλλὰ ὁ θεὸς ἠλέησεν αὐτόν,

4181 παραπλησίως [1]

√ 4123 + 4446

Heb 2: 14 ἐπεὶ οὖν τὰ παιδία κεκοινώνηκεν αἵματος καὶ σαρκός, καὶ αὐτὸς **παραπλησίως** μετέσχεν τῶν αὐτῶν,

4182 παραπορεύομαι [5]

√ 4123 + 4513

Mt 27: 39 Οἱ δὲ **παραπορευόμενοι** ἐβλασφήμουν αὐτὸν κινοῦντες τὰς κεφαλὰς αὐτῶν
Mk 2: 23 Καὶ ἐγένετο αὐτὸν ἐν τοῖς σάββασιν **παραπορεύεσθαι** διὰ τῶν σπορίμων,
9: 30 Κἀκεῖθεν ἐξελθόντες **παρεπορεύοντο** διὰ τῆς Γαλιλαίας, καὶ οὐκ ἤθελεν ἵνα τις γνοῖ·
11: 20 Καὶ **παραπορευόμενοι** πρωῒ εἶδον τὴν συκῆν ἐξηραμμένην ἐκ ῥιζῶν.
15: 29 Καὶ οἱ **παραπορευόμενοι** ἐβλασφήμουν αὐτὸν κινοῦντες τὰς κεφαλὰς αὐτῶν καὶ λέγοντες,

4183 παράπτωμα [19 / 20]

√ 4123 + 4406

ἀφιέναι παράπτωμα [4] Mt 6:14,15[NIV],15; Mk 11:25

Mt 6: 14 Ἐὰν γὰρ ἀφῆτε τοῖς ἀνθρώποις τὰ **παραπτώματα** αὐτῶν,
6: 15 ἐὰν δὲ μὴ ἀφῆτε τοῖς ἀνθρώποις τὰ **παραπτώματα**[UBS-] αὐτῶν, οὐδὲ ὁ πατὴρ ὑμῶν ἀφήσει τὰ **παραπτώματα** ὑμῶν.
Mk 11: 25 ἵνα καὶ ὁ πατὴρ ὑμῶν ὁ ἐν τοῖς οὐρανοῖς ἀφῇ ὑμῖν τὰ **παραπτώματα** ὑμῶν.
Ro 4: 25 ὃς παρεδόθη διὰ τὰ **παραπτώματα** ἡμῶν καὶ ἠγέρθη διὰ τὴν δικαίωσιν ἡμῶν.
5: 15 Ἀλλ᾽ οὐχ ὡς τὸ **παράπτωμα,** οὕτως καὶ τὸ χάρισμα· εἰ γὰρ τῷ τοῦ ἑνὸς **παραπτώματι** οἱ πολλοὶ ἀπέθανον, πολλῷ μᾶλλον ἡ χάρις τοῦ θεοῦ καὶ ἡ δωρεὰ ἐν χάριτι τῇ τοῦ ἑνὸς ἀνθρώπου Ἰησοῦ Χριστοῦ εἰς τοὺς πολλοὺς ἐπερίσσευσεν.
5: 16 τὸ δὲ χάρισμα ἐκ πολλῶν **παραπτωμάτων** εἰς δικαίωμα.
5: 17 εἰ γὰρ τῷ τοῦ ἑνὸς **παραπτώματι** ὁ θάνατος ἐβασίλευσεν διὰ τοῦ ἑνός,
5: 18 Ἄρα οὖν ὡς δι᾽ ἑνὸς **παραπτώματος** εἰς πάντας ἀνθρώπους εἰς κατάκριμα,
5: 20 νόμος δὲ παρεισῆλθεν, ἵνα πλεονάσῃ τὸ **παράπτωμα·** οὗ δὲ ἐπλεόνασεν ἡ ἁμαρτία,
11: 11 ἀλλὰ τῷ αὐτῶν **παραπτώματι** ἡ σωτηρία τοῖς ἔθνεσιν εἰς τὸ παραζηλῶσαι αὐτούς.
11: 12 εἰ δὲ τὸ **παράπτωμα** αὐτῶν πλοῦτος κόσμου καὶ τὸ ἥττημα αὐτῶν πλοῦτος ἐθνῶν,
2Co 5: 19 μὴ λογιζόμενος αὐτοῖς τὰ **παραπτώματα** αὐτῶν καὶ θέμενος ἐν ἡμῖν τὸν λόγον τῆς καταλλαγῆς.
Gal 6: 1 Ἀδελφοί, ἐὰν καὶ προλημφθῇ ἄνθρωπος ἔν τινι **παραπτώματι,**
Eph 1: 7 τὴν ἄφεσιν τῶν **παραπτωμάτων,** κατὰ τὸ πλοῦτος τῆς χάριτος αὐτοῦ
2: 1 Καὶ ὑμᾶς ὄντας νεκροὺς τοῖς **παραπτώμασιν** καὶ ταῖς ἁμαρτίαις ὑμῶν,
2: 5 καὶ ὄντας ἡμᾶς νεκροὺς τοῖς **παραπτώμασιν** συνεζωοποίησεν τῷ Χριστῷ,–
Col 2: 13 καὶ ὑμᾶς νεκροὺς ὄντας [ἐν] τοῖς **παραπτώμασιν** καὶ τῇ ἀκροβυστίᾳ τῆς σαρκὸς ὑμῶν, συνεζωοποίησεν ὑμᾶς σὺν αὐτῷ, χαρισάμενος ἡμῖν πάντα τὰ **παραπτώματα.**

4184 παραρρέω [1]

√ 4123 + 4835

Heb 2: 1 Διὰ τοῦτο δεῖ περισσοτέρως προσέχειν ἡμᾶς τοῖς ἀκουσθεῖσιν, μήποτε **παραρυῶμεν.**

4185 παράσημος [1]

√ 4123 + 4956

Ac 28: 11 Μετὰ δὲ τρεῖς μῆνας ἀνήχθημεν ἐν πλοίῳ παρακεχειμακότι ἐν τῇ νήσῳ, Ἀλεξανδρίνῳ, **παρασήμῳ** Διοσκούροις.

4186 παρασκευάζω [4]

√ 4123 + 5007

Ac 10: 10 ἐγένετο δὲ πρόσπεινος καὶ ἤθελεν γεύσασθαι. **παρασκευαζόντων** δὲ αὐτῶν ἐγένετο ἐπ᾽ αὐτὸν ἔκστασις
1Co 14: 8 καὶ γὰρ ἐὰν ἄδηλον σάλπιγξ φωνὴν δῷ, τίς **παρασκευάσεται** εἰς πόλεμον;
2Co 9: 2 ὅτι Ἀχαΐα **παρεσκεύασται** ἀπὸ πέρυσι, καὶ τὸ ὑμῶν ζῆλος ἠρέθισεν τοὺς πλείονας.
9: 3 ἵνα μὴ τὸ καύχημα ἡμῶν τὸ ὑπὲρ ὑμῶν κενωθῇ ἐν τῷ μέρει τούτῳ, ἵνα καθὼς ἔλεγον **παρεσκευασμένοι** ἦτε,

4187 παρασκευή [6]

√ 4123 + 5007

Mt 27: 62 Τῇ δὲ ἐπαύριον, ἥτις ἐστὶν μετὰ τὴν **παρασκευήν,**
Mk 15: 42 Καὶ ἤδη ὀψίας γενομένης, ἐπεὶ ἦν **παρασκευὴ** ὅ ἐστιν προσάββατον,
Lk 23: 54 καὶ ἡμέρα ἦν **παρασκευῆς** καὶ σάββατον ἐπέφωσκεν.
Jn 19: 14 ἦν δὲ **παρασκευὴ** τοῦ πάσχα, ὥρα ἦν ὡς ἕκτη.
19: 31 Οἱ οὖν Ἰουδαῖοι, ἐπεὶ **παρασκευὴ** ἦν, ἵνα μὴ μείνῃ ἐπὶ τοῦ σταυροῦ τὰ σώματα ἐν τῷ σαββάτῳ,
19: 42 ἐκεῖ οὖν διὰ τὴν **παρασκευὴν** τῶν Ἰουδαίων, ὅτι ἐγγὺς ἦν τὸ μνημεῖον,

4188 παραστάτις Not used in UBS/NIV

√ 4123 + 2705

4189 παρατείνω [1]

√ 1753; cf. 4123

Ac 20: 7 ὁ Παῦλος διελέγετο αὐτοῖς μέλλων ἐξιέναι τῇ ἐπαύριον, **παρέτεινέν** τε τὸν λόγον μέχρι μεσονυκτίου.

4190 παρατηρέω [6]

√ 4123 + 5498

Mk 3: 2 καὶ **παρετήρουν** αὐτὸν εἰ τοῖς σάββασιν θεραπεύσει αὐτόν,
Lk 6: 7 **παρετηροῦντο** δὲ αὐτὸν οἱ γραμματεῖς καὶ οἱ Φαρισαῖοι εἰ ἐν τῷ σαββάτῳ θεραπεύει,
14: 1 εἰς οἶκόν τινος τῶν ἀρχόντων [τῶν] Φαρισαίων σαββάτῳ φαγεῖν ἄρτον καὶ αὐτοὶ ἦσαν **παρατηρούμενοι** αὐτόν.
20: 20 Καὶ **παρατηρήσαντες** ἀπέστειλαν ἐγκαθέτους ὑποκρινομένους ἑαυτοὺς δικαίους εἶναι,
Ac 9: 24 **παρετηροῦντο** δὲ καὶ τὰς πύλας ἡμέρας τε καὶ νυκτὸς ὅπως αὐτὸν ἀνέλωσιν·
Gal 4: 10 ἡμέρας **παρατηρεῖσθε** καὶ μῆνας καὶ καιροὺς καὶ ἐνιαυτούς,

4191 παρατήρησις [1]

√ 4123 + 5498

Lk 17:20 Οὐκ ἔρχεται ἡ βασιλεία τοῦ θεοῦ μετὰ **παρατηρήσεως,**

4192 παρατίθημι [19]

√ 4123 + 5502

Mt 13:24 Ἄλλην παραβολὴν **παρέθηκεν** αὐτοῖς λέγων, Ὡμοιώθη ἡ βασιλεία τῶν οὐρανῶν ἀνθρώπῳ σπείραντι καλὸν σπέρμα
13:31 Ἄλλην παραβολὴν **παρέθηκεν** αὐτοῖς λέγων, Ὁμοία ἐστὶν ἡ βασιλεία τῶν οὐρανῶν κόκκῳ σινάπεως,
Mk 6:41 εὐλόγησεν καὶ κατέκλασεν τοὺς ἄρτους καὶ ἐδίδου τοῖς μαθηταῖς [αὐτοῦ] ἵνα **παρατιθῶσιν** αὐτοῖς,
8: 6 καὶ λαβὼν τοὺς ἑπτὰ ἄρτους εὐχαριστήσας ἔκλασεν καὶ ἐδίδου τοῖς μαθηταῖς αὐτοῦ ἵνα **παρατιθῶσιν,** καὶ **παρέθηκαν** τῷ ὄχλῳ.
8: 7 καὶ εἶχον ἰχθύδια ὀλίγα· καὶ εὐλογήσας αὐτὰ εἶπεν καὶ ταῦτα **παρατιθέναι.**
Lk 9:16 λαβὼν δὲ τοὺς πέντε ἄρτους καὶ τοὺς δύο ἰχθύας ἀναβλέψας εἰς τὸν οὐρανὸν εὐλόγησεν αὐτοὺς καὶ κατέκλασεν καὶ ἐδίδου τοῖς μαθηταῖς **παραθεῖναι** τῷ ὄχλῳ.
10: 8 καὶ εἰς ἣν ἂν πόλιν εἰσέρχησθε καὶ δέχωνται ὑμᾶς, ἐσθίετε τὰ **παρατιθέμενα** ὑμῖν
11: 6 ἐπειδὴ φίλος μου παρεγένετο ἐξ ὁδοῦ πρός με καὶ οὐκ ἔχω ὃ **παραθήσω** αὐτῷ·
12:48 πολὺ ζητηθήσεται παρ' αὐτοῦ, καὶ ᾧ **παρέθεντο** πολύ, περισσότερον αἰτήσουσιν αὐτόν.
23:46 Πάτερ, εἰς χεῖράς σου **παρατίθεμαι** τὸ πνεῦμά μου.
Ac 14:23 προσευξάμενοι μετὰ νηστειῶν **παρέθεντο** αὐτοὺς τῷ κυρίῳ εἰς ὃν πεπιστεύκεισαν.
16:34 ἀναγαγών τε αὐτοὺς εἰς τὸν οἶκον **παρέθηκεν** τράπεζαν καὶ ἠγαλλιάσατο πανοικεὶ πεπιστευκὼς τῷ θεῷ.
17: 3 διανοίγων καὶ **παρατιθέμενος** ὅτι τὸν Χριστὸν ἔδει παθεῖν καὶ ἀναστῆναι ἐκ νεκρῶν καὶ ὅτι οὗτός ἐστιν ὁ Χριστὸς
20:32 καὶ τὰ νῦν **παρατίθεμαι** ὑμᾶς τῷ θεῷ καὶ τῷ λόγῳ τῆς χάριτος αὐτοῦ,
1Co 10:27 πᾶν τὸ **παρατιθέμενον** ὑμῖν ἐσθίετε μηδὲν ἀνακρίνοντες διὰ τὴν συνείδησιν.
1Ti 1:18 Ταύτην τὴν παραγγελίαν **παρατίθεμαί** σοι, τέκνον Τιμόθεε, κατὰ τὰς προαγούσας ἐπὶ σὲ προφητείας,
2Ti 2: 2 ταῦτα **παράθου** πιστοῖς ἀνθρώποις, οἵτινες ἱκανοὶ ἔσονται καὶ ἑτέρους διδάξαι.
1Pe 4:19 ὥστε καὶ οἱ πάσχοντες κατὰ τὸ θέλημα τοῦ θεοῦ πιστῷ κτίστῃ **παρατιθέσθωσαν** τὰς ψυχὰς αὐτῶν ἐν ἀγαθοποιΐᾳ.

4193 παρατυγχάνω [1]

√ 4123 + 5593

Ac 17:17 διελέγετο μὲν οὖν ἐν τῇ συναγωγῇ τοῖς Ἰουδαίοις καὶ τοῖς σεβομένοις καὶ ἐν τῇ ἀγορᾷ κατὰ πᾶσαν ἡμέραν πρὸς τοὺς **παρατυγχάνοντας.**

4194 παραυτίκα [1]

√ 4123 + 899

2Co 4:17 τὸ γὰρ **παραυτίκα** ἐλαφρὸν τῆς θλίψεως ἡμῶν καθ' ὑπερβολὴν εἰς ὑπερβολὴν αἰώνιον βάρος δόξης κατεργάζεται ἡμῖν,

4195 παραφέρω [4]

√ 4123 + 5770

Mk 14:36 πάντα δυνατά σοι· **παρένεγκε** τὸ ποτήριον τοῦτο ἀπ' ἐμοῦ·
Lk 22:42 εἰ βούλει **παρένεγκε** τοῦτο τὸ ποτήριον ἀπ' ἐμοῦ·
Heb 13: 9 διδαχαῖς ποικίλαις καὶ ξέναις μὴ **παραφέρεσθε·** καλὸν γὰρ χάριτι βεβαιοῦσθαι τὴν καρδίαν,
Jude 1:12 νεφέλαι ἄνυδροι ὑπὸ ἀνέμων **παραφερόμεναι,** δένδρα φθινοπωρινὰ ἄκαρπα δὶς ἀποθανόντα ἐκριζωθέντα,

4196 παραφρονέω [1]

→ 4197, 4198; cf. 4123 + 5856

2Co 11:23 **παραφρονῶν** λαλῶ, ὑπὲρ ἐγώ· ἐν κόποις περισσοτέρως, ἐν φυλακαῖς περισσοτέρως,

4197 παραφρονία [1]

√ 4196

2Pe 2:16 ὑποζύγιον ἄφωνον ἐν ἀνθρώπου φωνῇ φθεγξάμενον ἐκώλυσεν τὴν τοῦ προφήτου **παραφρονίαν.**

4198 παραφροσύνη Not used in UBS/NIV

√ 4196

4199 παραχειμάζω [4]

√ 4123 + 5946

Ac 27:12 εἴ πως δύναιντο καταντήσαντες εἰς Φοίνικα **παραχειμάσαι** λιμένα τῆς Κρήτης βλέποντα κατὰ λίβα καὶ κατὰ χῶρον.
28:11 Μετὰ δὲ τρεῖς μῆνας ἀνήχθημεν ἐν πλοίῳ **παρακεχειμακότι** ἐν τῇ νήσῳ,
1Co 16: 6 πρὸς ὑμᾶς δὲ τυχὸν παραμενῶ ἢ καὶ **παραχειμάσω,**
Tit 3:12 σπούδασον ἐλθεῖν πρός με εἰς Νικόπολιν, ἐκεῖ γὰρ κέκρικα **παραχειμάσαι.**

4200 παραχειμασία [1]

√ 4123 + 5946

Ac 27:12 ἀνευθέτου δὲ τοῦ λιμένος ὑπάρχοντος πρὸς **παραχειμασίαν** οἱ πλείονες ἔθεντο βουλὴν ἀναχθῆναι ἐκεῖθεν,

4201 παραχράομαι Not used in UBS/NIV

√ 4123 + 5968

4202 παραχρῆμα [18]

√ 4123 + 5968

Mt 21:19 Μηκέτι ἐκ σοῦ καρπὸς γένηται εἰς τὸν αἰῶνα. καὶ ἐξηράνθη **παραχρῆμα** ἡ συκῆ.
21:20 καὶ ἰδόντες οἱ μαθηταὶ ἐθαύμασαν λέγοντες, Πῶς **παραχρῆμα** ἐξηράνθη ἡ συκῆ;
Lk 1:64 ἀνεῴχθη δὲ τὸ στόμα αὐτοῦ **παραχρῆμα** καὶ ἡ γλῶσσα αὐτοῦ,
4:39 καὶ ἐπιστὰς ἐπάνω αὐτῆς ἐπετίμησεν τῷ πυρετῷ καὶ ἀφῆκεν αὐτήν· **παραχρῆμα** δὲ ἀναστᾶσα διηκόνει αὐτοῖς.
5:25 καὶ **παραχρῆμα** ἀναστὰς ἐνώπιον αὐτῶν, ἄρας ἐφ' ὃ κατέκειτο,
8:44 προσελθοῦσα ὄπισθεν ἥψατο τοῦ κρασπέδου τοῦ ἱματίου αὐτοῦ καὶ **παραχρῆμα** ἔστη ἡ ῥύσις τοῦ αἵματος αὐτῆς.
8:47 ἦλθεν καὶ προσπεσοῦσα αὐτῷ δι' ἣν αἰτίαν ἥψατο αὐτοῦ ἀπήγγειλεν ἐνώπιον παντὸς τοῦ λαοῦ καὶ ὡς ἰάθη **παραχρῆμα.**
8:55 καὶ ἐπέστρεψεν τὸ πνεῦμα αὐτῆς καὶ ἀνέστη **παραχρῆμα** καὶ διέταξεν αὐτῇ δοθῆναι φαγεῖν.
13:13 καὶ ἐπέθηκεν αὐτῇ τὰς χεῖρας· καὶ **παραχρῆμα** ἀνωρθώθη καὶ ἐδόξαζεν τὸν θεόν.
18:43 **παραχρῆμα** ἀνέβλεψεν καὶ ἠκολούθει αὐτῷ δοξάζων τὸν θεόν.
19:11 διὰ τὸ ἐγγὺς εἶναι Ἰερουσαλὴμ αὐτὸν καὶ δοκεῖν αὐτοὺς ὅτι **παραχρῆμα** μέλλει ἡ βασιλεία τοῦ θεοῦ ἀναφαίνεσθαι.
22:60 οὐκ οἶδα ὃ λέγεις. καὶ **παραχρῆμα** ἔτι λαλοῦντος αὐτοῦ ἐφώνησεν ἀλέκτωρ.
Ac 3: 7 **παραχρῆμα** δὲ ἐστερεώθησαν αἱ βάσεις αὐτοῦ καὶ τὰ σφυδρά,
5:10 ἔπεσεν δὲ **παραχρῆμα** πρὸς τοὺς πόδας αὐτοῦ καὶ ἐξέψυξεν·
12:23 **παραχρῆμα** δὲ ἐπάταξεν αὐτὸν ἄγγελος κυρίου ἀνθ' ὧν οὐκ ἔδωκεν τὴν δόξαν τῷ θεῷ,
13:11 **παραχρῆμά** τε ἔπεσεν ἐπ' αὐτὸν ἀχλὺς καὶ σκότος καὶ περιάγων ἐζήτει χειραγωγούς.
16:26 ἠνεῴχθησαν δὲ **παραχρῆμα** αἱ θύραι πᾶσαι καὶ πάντων τὰ δεσμὰ ἀνέθη.
16:33 καὶ ἐβαπτίσθη αὐτὸς καὶ οἱ αὐτοῦ πάντες **παραχρῆμα,**

4203 πάρδαλις [1]

Rev 13: 2 καὶ τὸ θηρίον ὃ εἶδον ἦν ὅμοιον **παρδάλει** καὶ οἱ πόδες αὐτοῦ ὡς ἄρκου καὶ τὸ στόμα αὐτοῦ ὡς στόμα λέοντος.

4204 παρεδρεύω [1]

√ 4123 + 1612

1Co 9:13 ὅτι οἱ τὰ ἱερὰ ἐργαζόμενοι [τὰ] ἐκ τοῦ ἱεροῦ ἐσθίουσιν, οἱ τῷ θυσιαστηρίῳ **παρεδρεύοντες** τῷ θυσιαστηρίῳ συμμερίζονται;

4205 πάρειμι [24]

√ *4123 + 1639*

see also *4223* **παρίημι**

πάρειμι εἰς [1] Col 1:6

πάρειμι πρός [4] Ac 12:20; 2Co 11:9; Gal 4:18,20

Mt 26:50 ὁ δὲ Ἰησοῦς εἶπεν αὐτῷ, Ἑταῖρε, ἐφ᾽ ὃ **πάρει.**
Lk 13: 1 **Παρῆσαν** δέ τινες ἐν αὐτῷ τῷ καιρῷ ἀπαγγέλλοντες αὐτῷ περὶ τῶν Γαλιλαίων ὧν τὸ αἷμα Πιλᾶτος ἔμιξεν
Jn 7: 6 λέγει οὖν αὐτοῖς ὁ Ἰησοῦς, Ὁ καιρὸς ὁ ἐμὸς οὔπω **πάρεστιν,**
11:28 ἀπῆλθεν καὶ ἐφώνησεν Μαριὰμ τὴν ἀδελφὴν αὐτῆς λάθρᾳ εἰποῦσα, Ὁ διδάσκαλος **πάρεστιν** καὶ φωνεῖ σε.
Ac 10:21 Ἰδοὺ ἐγώ εἰμι ὃν ζητεῖτε· τίς ἡ αἰτία δι᾽ ἣν **πάρεστε;**
10:33 νῦν οὖν πάντες ἡμεῖς ἐνώπιον τοῦ θεοῦ **πάρεσμεν** ἀκοῦσαι πάντα τὰ προστεταγμένα σοι ὑπὸ τοῦ κυρίου.
12:20 ὁμοθυμαδὸν δὲ **παρῆσαν** πρὸς αὐτὸν καὶ πείσαντες Βλάστον,
17: 6 ἐπὶ τοὺς πολιτάρχας βοῶντες ὅτι Οἱ τὴν οἰκουμένην ἀναστατώσαντες οὗτοι καὶ ἐνθάδε **πάρεισιν,**
24:19 τινὲς δὲ ἀπὸ τῆς Ἀσίας Ἰουδαῖοι, οὓς ἔδει ἐπὶ σοῦ **παρεῖναι** καὶ κατηγορεῖν εἴ τι ἔχοιεν πρὸς ἐμέ.
1Co 5: 3 ἐγὼ μὲν γάρ, ἀπὼν τῷ σώματι **παρὼν** δὲ τῷ πνεύματι, ἤδη κέκρικα ὡς **παρὼν** τὸν οὕτως τοῦτο κατεργασάμενον·
2Co 10: 2 δέομαι δὲ τὸ μὴ **παρὼν** θαρρῆσαι τῇ πεποιθήσει ᾗ λογίζομαι τολμῆσαι ἐπί τινας τοὺς λογιζομένους ἡμᾶς ὡς κατὰ σάρκα περιπατοῦντας.
10:11 ὅτι οἷοί ἐσμεν τῷ λόγῳ δι᾽ ἐπιστολῶν ἀπόντες, τοιοῦτοι καὶ **παρόντες** τῷ ἔργῳ.
11: 9 καὶ **παρὼν** πρὸς ὑμᾶς καὶ ὑστερηθεὶς οὐ κατενάρκησα οὐθενός·
13: 2 προείρηκα καὶ προλέγω, ὡς **παρὼν** τὸ δεύτερον καὶ ἀπὼν νῦν,
13:10 ἵνα **παρὼν** μὴ ἀποτόμως χρήσωμαι κατὰ τὴν ἐξουσίαν ἣν ὁ κύριος ἔδωκέν μοι εἰς οἰκοδομὴν καὶ οὐκ εἰς καθαίρεσιν.
Gal 4:18 καλὸν δὲ ζηλοῦσθαι ἐν καλῷ πάντοτε καὶ μὴ μόνον ἐν τῷ **παρεῖναί** με πρὸς ὑμᾶς.
4:20 ἤθελον δὲ **παρεῖναι** πρὸς ὑμᾶς ἄρτι καὶ ἀλλάξαι τὴν φωνήν μου,
Col 1: 6 τοῦ **παρόντος** εἰς ὑμᾶς, καθὼς καὶ ἐν παντὶ τῷ κόσμῳ ἐστὶν καρποφορούμενον καὶ αὐξανόμενον καθὼς καὶ ἐν ὑμῖν,
Heb 12:11 πᾶσα δὲ παιδεία πρὸς μὲν τὸ **παρὸν** οὐ δοκεῖ χαρᾶς εἶναι ἀλλὰ λύπης,
13: 5 Ἀφιλάργυρος ὁ τρόπος, ἀρκούμενοι τοῖς **παροῦσιν.** αὐτὸς γὰρ εἴρηκεν,
2Pe 1: 9 ᾧ γὰρ μὴ **πάρεστιν** ταῦτα, τυφλός ἐστιν μυωπάζων,
1:12 Διὸ μελλήσω ἀεὶ ὑμᾶς ὑπομιμνῄσκειν περὶ τούτων καίπερ εἰδότας καὶ ἐστηριγμένους ἐν τῇ **παρούσῃ** ἀληθείᾳ.
Rev 17: 8 βλεπόντων τὸ θηρίον ὅτι ἦν καὶ οὐκ ἔστιν καὶ **πάρεσται**

4206 παρεισάγω [1]

√ *4123 + 1650 + 72*

2Pe 2: 1 οἵτινες **παρεισάξουσιν** αἱρέσεις ἀπωλείας καὶ τὸν ἀγοράσαντα αὐτοὺς δεσπότην ἀρνούμενοι.

4207 παρείσακτος [1]

√ *4123 + 1650 + 72*

Gal 2: 4 διὰ δὲ τοὺς **παρεισάκτους** ψευδαδέλφους, οἵτινες παρεισῆλθον κατασκοπῆσαι τὴν ἐλευθερίαν ἡμῶν ἣν ἔχομεν ἐν Χριστῷ

4208 παρεισδύω [1]

√ *4123 + 1650 + 1544*

Jude 1: 4 **παρεισέδυσαν** γάρ τινες ἄνθρωποι, οἱ πάλαι προγεγραμμένοι εἰς τοῦτο τὸ κρίμα,

4209 παρεισέρχομαι [2]

√ *4123 + 1650 + 2262*

Ro 5:20 νόμος δὲ **παρεισῆλθεν,** ἵνα πλεονάσῃ τὸ παράπτωμα· οὗ δὲ ἐπλεόνασεν ἡ ἁμαρτία,
Gal 2: 4 οἵτινες **παρεισῆλθον** κατασκοπῆσαι τὴν ἐλευθερίαν ἡμῶν ἣν ἔχομεν ἐν Χριστῷ Ἰησοῦ,

4210 παρεισφέρω [1]

√ *4123 + 1650 + 5770*

2Pe 1: 5 καὶ αὐτὸ τοῦτο δὲ σπουδὴν πᾶσαν **παρεισενέγκαντες** ἐπιχορηγήσατε ἐν τῇ πίστει ὑμῶν τὴν ἀρετήν,

4211 παρεκτός [3]

√ *4123 + 1666*

Mt 5:32 ἐγὼ δὲ λέγω ὑμῖν ὅτι πᾶς ὁ ἀπολύων τὴν γυναῖκα αὐτοῦ **παρεκτὸς** λόγου πορνείας ποιεῖ αὐτὴν μοιχευθῆναι,
Ac 26:29 ἀλλὰ καὶ πάντας τοὺς ἀκούοντάς μου σήμερον γενέσθαι τοιούτους ὁποῖος καὶ ἐγώ εἰμι **παρεκτὸς** τῶν δεσμῶν τούτων.
2Co 11:28 χωρὶς τῶν **παρεκτὸς** ἡ ἐπίστασίς μοι ἡ καθ᾽ ἡμέραν,

4212 παρεμβάλλω [1]

√ *4123 + 1877 + 965*

Lk 19:43 ὅτι ἥξουσιν ἡμέραι ἐπὶ σὲ καὶ **παρεμβαλοῦσιν** οἱ ἐχθροί σου χάρακά σοι καὶ περικυκλώσουσίν σε καὶ συνέξουσίν σε πάντοθεν,

4213 παρεμβολή [10]

√ *4123 + 1877 + 965*

Ac 21:34 μὴ δυναμένου δὲ αὐτοῦ γνῶναι τὸ ἀσφαλὲς διὰ τὸν θόρυβον ἐκέλευσεν ἄγεσθαι αὐτὸν εἰς τὴν **παρεμβολήν.**
21:37 Μέλλων τε εἰσάγεσθαι εἰς τὴν **παρεμβολὴν** ὁ Παῦλος λέγει τῷ χιλιάρχῳ,
22:24 ἐκέλευσεν ὁ χιλίαρχος εἰσάγεσθαι αὐτὸν εἰς τὴν **παρεμβολήν,**
23:10 ἐκέλευσεν τὸ στράτευμα καταβὰν ἁρπάσαι αὐτὸν ἐκ μέσου αὐτῶν ἄγειν τε εἰς τὴν **παρεμβολήν.**
23:16 παραγενόμενος καὶ εἰσελθὼν εἰς τὴν **παρεμβολὴν** ἀπήγγειλεν τῷ Παύλῳ.
23:32 τῇ δὲ ἐπαύριον ἐάσαντες τοὺς ἱππεῖς ἀπέρχεσθαι σὺν αὐτῷ ὑπέστρεψαν εἰς τὴν **παρεμβολήν·**
Heb 11:34 ἐδυναμώθησαν ἀπὸ ἀσθενείας, ἐγενήθησαν ἰσχυροὶ ἐν πολέμῳ, **παρεμβολὰς** ἔκλιναν ἀλλοτρίων.
13:11 ὧν γὰρ εἰσφέρεται ζῴων τὸ αἷμα περὶ ἁμαρτίας εἰς τὰ ἅγια διὰ τοῦ ἀρχιερέως, τούτων τὰ σώματα κατακαίεται ἔξω τῆς **παρεμβολῆς.**
13:13 τοίνυν ἐξερχώμεθα πρὸς αὐτὸν ἔξω τῆς **παρεμβολῆς** τὸν ὀνειδισμὸν αὐτοῦ φέροντες·
Rev 20: 9 καὶ ἀνέβησαν ἐπὶ τὸ πλάτος τῆς γῆς καὶ ἐκύκλευσαν τὴν **παρεμβολὴν** τῶν ἁγίων καὶ τὴν πόλιν τὴν ἠγαπημένην,

4214 παρενοχλέω [1]

√ *4123 + 1877 + 4063*

Ac 15:19 διὸ ἐγὼ κρίνω μὴ **παρενοχλεῖν** τοῖς ἀπὸ τῶν ἐθνῶν ἐπιστρέφουσιν ἐπὶ τὸν θεόν,

4215 παρεπίδημος [3]

√ *4123 + 2093 + 1322*

Heb 11:13 ἀλλὰ πόρρωθεν αὐτὰς ἰδόντες καὶ ἀσπασάμενοι καὶ ὁμολογήσαντες ὅτι ξένοι καὶ **παρεπίδημοί** εἰσιν ἐπὶ τῆς γῆς.
1Pe 1: 1 Πέτρος ἀπόστολος Ἰησοῦ Χριστοῦ ἐκλεκτοῖς **παρεπιδήμοις** διασπορᾶς Πόντου,
2:11 παρακαλῶ ὡς παροίκους καὶ **παρεπιδήμους** ἀπέχεσθαι τῶν σαρκικῶν ἐπιθυμιῶν αἵτινες στρατεύονται κατὰ τῆς ψυχῆς·

4216 παρέρχομαι [29]

√ *4123 + 2262*

παρῆλθεν, παρῆλθον [3] Mt 14:15; Lk 15:29; 2Co 5:17

Mt 5:18 ἕως ἂν **παρέλθῃ** ὁ οὐρανὸς καὶ ἡ γῆ, ἰῶτα ἓν ἢ μία κεραία οὐ μὴ **παρέλθῃ** ἀπὸ τοῦ νόμου,
8:28 ὥστε μὴ ἰσχύειν τινὰ **παρελθεῖν** διὰ τῆς ὁδοῦ ἐκείνης.
14:15 Ἔρημός ἐστιν ὁ τόπος καὶ ἡ ὥρα ἤδη **παρῆλθεν·**
24:34 ἀμὴν λέγω ὑμῖν ὅτι οὐ μὴ **παρέλθῃ** ἡ γενεὰ αὕτη ἕως ἂν πάντα ταῦτα γένηται.
24:35 ὁ οὐρανὸς καὶ ἡ γῆ **παρελεύσεται,** οἱ δὲ λόγοι μου οὐ μὴ **παρέλθωσιν.**

26:39 εἰ δυνατόν ἐστιν, **παρελθάτω** ἀπ᾽ ἐμοῦ τὸ ποτήριον τοῦτο·
26:42 εἰ οὐ δύναται τοῦτο **παρελθεῖν** ἐὰν μὴ αὐτὸ πίω,
Mk 6:48 περὶ τετάρτην φυλακὴν τῆς νυκτὸς ἔρχεται πρὸς αὐτοὺς περιπατῶν ἐπὶ τῆς θαλάσσης καὶ ἤθελεν **παρελθεῖν** αὐτούς.
13:30 ἀμὴν λέγω ὑμῖν ὅτι οὐ μὴ **παρέλθῃ** ἡ γενεὰ αὕτη μέχρις οὗ ταῦτα πάντα γένηται.
13:31 ὁ οὐρανὸς καὶ ἡ γῆ **παρελεύσονται,** οἱ δὲ λόγοι μου οὐ μὴ **παρελεύσονται.**
14:35 καὶ προελθὼν μικρὸν ἔπιπτεν ἐπὶ τῆς γῆς καὶ προσηύχετο ἵνα εἰ δυνατόν ἐστιν **παρέλθῃ** ἀπ᾽ αὐτοῦ ἡ ὥρα,
Lk 11:42 ὅτι ἀποδεκατοῦτε τὸ ἡδύοσμον καὶ τὸ πήγανον καὶ πᾶν λάχανον καὶ **παρέρχεσθε** τὴν κρίσιν καὶ τὴν ἀγάπην τοῦ θεοῦ·
12:37 ἀμὴν λέγω ὑμῖν ὅτι περιζώσεται καὶ ἀνακλινεῖ αὐτοὺς καὶ **παρελθὼν** διακονήσει αὐτοῖς.
15:29 Ἰδοὺ τοσαῦτα ἔτη δουλεύω σοι καὶ οὐδέποτε ἐντολήν σου **παρῆλθον,**
16:17 Εὐκοπώτερον δέ ἐστιν τὸν οὐρανὸν καὶ τὴν γῆν **παρελθεῖν** ἢ τοῦ νόμου μίαν κεραίαν πεσεῖν.
17: 7 ὃς εἰσελθόντι ἐκ τοῦ ἀγροῦ ἐρεῖ αὐτῷ, Εὐθέως **παρελθὼν** ἀνάπεσε,
18:37 ἀπήγγειλαν δὲ αὐτῷ ὅτι Ἰησοῦς ὁ Ναζωραῖος **παρέρχεται.**
21:32 ἀμὴν λέγω ὑμῖν ὅτι οὐ μὴ **παρέλθῃ** ἡ γενεὰ αὕτη ἕως ἂν πάντα γένηται.
21:33 ὁ οὐρανὸς καὶ ἡ γῆ **παρελεύσονται,** οἱ δὲ λόγοι μου οὐ μὴ **παρελεύσονται.**
Ac 16: 8 **παρελθόντες** δὲ τὴν Μυσίαν κατέβησαν εἰς Τρῳάδα.
27: 9 καὶ ὄντος ἤδη ἐπισφαλοῦς τοῦ πλοὸς διὰ τὸ καὶ τὴν νηστείαν ἤδη **παρεληλυθέναι** παρῄνει ὁ Παῦλος
2Co 5:17 καινὴ κτίσις· τὰ ἀρχαῖα **παρῆλθεν,** ἰδοὺ γέγονεν καινά·
Jas 1:10 ὁ δὲ πλούσιος ἐν τῇ ταπεινώσει αὐτοῦ, ὅτι ὡς ἄνθος χόρτου **παρελεύσεται.**
1Pe 4: 3 ἀρκετὸς γὰρ ὁ **παρεληλυθὼς** χρόνος τὸ βούλημα τῶν ἐθνῶν κατειργάσθαι πεπορευμένους ἐν ἀσελγείαις,
2Pe 3:10 ἐν ᾗ οἱ οὐρανοὶ ῥοιζηδὸν **παρελεύσονται** στοιχεῖα δὲ καυσούμενα λυθήσεται καὶ γῆ καὶ τὰ ἐν αὐτῇ ἔργα εὑρεθήσεται.

4217 πάρεσις [1]

√ *918; cf. 4123*

Ro 3:25 ὃν προέθετο ὁ θεὸς ἱλαστήριον διὰ [τῆς] πίστεως ἐν τῷ αὐτοῦ αἵματι εἰς ἔνδειξιν τῆς δικαιοσύνης αὐτοῦ διὰ τὴν **πάρεσιν** τῶν προγεγονότων ἁμαρτημάτων

4218 παρέχω [16]

√ *4123 + 2400*

παρεῖχεν, παρεῖχον, παρείχετο [3] Ac 16:16; 19:24; 28:2

Mt 26:10 γνοὺς δὲ ὁ Ἰησοῦς εἶπεν αὐτοῖς, Τί κόπους **παρέχετε** τῇ γυναικί;
Mk 14: 6 ὁ δὲ Ἰησοῦς εἶπεν, Ἄφετε αὐτήν· τί αὐτῇ κόπους **παρέχετε;**
Lk 6:29 τῷ τύπτοντί σε ἐπὶ τὴν σιαγόνα **πάρεχε** καὶ τὴν ἄλλην,
7: 4 οἱ δὲ παραγενόμενοι πρὸς τὸν Ἰησοῦν παρεκάλουν αὐτὸν σπουδαίως λέγοντες ὅτι Ἄξιός ἐστιν ᾧ **παρέξῃ** τοῦτο·
11: 7 κἀκεῖνος ἔσωθεν ἀποκριθεὶς εἴπῃ, Μή μοι κόπους **πάρεχε·**
18: 5 διά γε τὸ **παρέχειν** μοι κόπον τὴν χήραν ταύτην ἐκδικήσω αὐτήν,
Ac 16:16 ἥτις ἐργασίαν πολλὴν **παρεῖχεν** τοῖς κυρίοις αὐτῆς μαντευομένη.
17:31 μέλλει κρίνειν τὴν οἰκουμένην ἐν δικαιοσύνῃ ἐν ἀνδρὶ ᾧ ὥρισεν, πίστιν **παρασχὼν** πᾶσιν ἀναστήσας αὐτὸν ἐκ νεκρῶν.
19:24 ποιῶν ναοὺς ἀργυροῦς Ἀρτέμιδος **παρείχετο** τοῖς τεχνίταις οὐκ ὀλίγην ἐργασίαν,
22: 2 ἀκούσαντες δὲ ὅτι τῇ Ἑβραΐδι διαλέκτῳ προσεφώνει αὐτοῖς, μᾶλλον **παρέσχον** ἡσυχίαν.
28: 2 οἵ τε βάρβαροι **παρεῖχον** οὐ τὴν τυχοῦσαν φιλανθρωπίαν ἡμῖν,
Gal 6:17 Τοῦ λοιποῦ κόπους μοι μηδεὶς **παρεχέτω·** ἐγὼ γὰρ τὰ στίγματα τοῦ Ἰησοῦ ἐν τῷ σώματί μου βαστάζω.
Col 4: 1 τὸ δίκαιον καὶ τὴν ἰσότητα τοῖς δούλοις **παρέχεσθε,**
1Ti 1: 4 αἵτινες ἐκζητήσεις **παρέχουσιν** μᾶλλον ἢ οἰκονομίαν θεοῦ τὴν ἐν πίστει.
6:17 μὴ ὑψηλοφρονεῖν μηδὲ ἠλπικέναι ἐπὶ πλούτου ἀδηλότητι ἀλλ᾽ ἐπὶ θεῷ τῷ **παρέχοντι** ἡμῖν πάντα πλουσίως εἰς ἀπόλαυσιν,
Tit 2: 7 περὶ πάντα, σεαυτὸν **παρεχόμενος** τύπον καλῶν ἔργων, ἐν τῇ διδασκαλίᾳ ἀφθορίαν,

4219 παρηγορία [1]

√ *4123 + 72*

Col 4:11 οὗτοι μόνοι συνεργοὶ εἰς τὴν βασιλείαν τοῦ θεοῦ, οἵτινες ἐγενήθησάν μοι **παρηγορία.**

4220 παρθενία [1]

√ *4221*

Lk 2:36 ζήσασα μετὰ ἀνδρὸς ἔτη ἑπτὰ ἀπὸ τῆς **παρθενίας** αὐτῆς

4221 παρθένος [15]

→ *4220*

Mt 1:23 Ἰδοὺ ἡ **παρθένος** ἐν γαστρὶ ἕξει καὶ τέξεται υἱόν,
25: 1 Τότε ὁμοιωθήσεται ἡ βασιλεία τῶν οὐρανῶν δέκα **παρθένοις,**
25: 7 τότε ἠγέρθησαν πᾶσαι αἱ **παρθένοι** ἐκεῖναι καὶ ἐκόσμησαν τὰς λαμπάδας ἑαυτῶν.
25:11 ὕστερον δὲ ἔρχονται καὶ αἱ λοιπαὶ **παρθένοι** λέγουσαι,
Lk 1:27 πρὸς **παρθένον** ἐμνηστευμένην ἀνδρὶ ᾧ ὄνομα Ἰωσὴφ ἐξ οἴκου Δαυὶδ καὶ τὸ ὄνομα τῆς **παρθένου** Μαριάμ.
Ac 21: 9 τούτῳ δὲ ἦσαν θυγατέρες τέσσαρες **παρθένοι** προφητεύουσαι.
1Co 7:25 Περὶ δὲ τῶν **παρθένων** ἐπιταγὴν κυρίου οὐκ ἔχω,
7:28 οὐχ ἥμαρτες, καὶ ἐὰν γήμῃ ἡ **παρθένος,** οὐχ ἥμαρτεν·
7:34 καὶ ἡ γυνὴ ἡ ἄγαμος καὶ ἡ **παρθένος** μεριμνᾷ τὰ τοῦ κυρίου,
7:36 Εἰ δέ τις ἀσχημονεῖν ἐπὶ τὴν **παρθένον** αὐτοῦ νομίζει,
7:37 ἐξουσίαν δὲ ἔχει περὶ τοῦ ἰδίου θελήματος καὶ τοῦτο κέκρικεν ἐν τῇ ἰδίᾳ καρδίᾳ, τηρεῖν τὴν ἑαυτοῦ **παρθένον,** καλῶς ποιήσει.
7:38 ὥστε καὶ ὁ γαμίζων τὴν ἑαυτοῦ **παρθένον** καλῶς ποιεῖ καὶ ὁ μὴ γαμίζων κρεῖσσον ποιήσει.
2Co 11: 2 ἡρμοσάμην γὰρ ὑμᾶς ἑνὶ ἀνδρὶ **παρθένον** ἁγνὴν παραστῆσαι τῷ Χριστῷ·
Rev 14: 4 οὗτοί εἰσιν οἳ μετὰ γυναικῶν οὐκ ἐμολύνθησαν, **παρθένοι** γάρ εἰσιν,

4222 Πάρθοι [1]

Ac 2: 9 **Πάρθοι** καὶ Μῆδοι καὶ Ἐλαμῖται καὶ οἱ κατοικοῦντες τὴν Μεσοποταμίαν,

4223 παρίημι [2]

√ *918; cf. 4123*

see also *4205* **πάρειμι**

Lk 11:42 ὅτι ἀποδεκατοῦτε τὸ ἡδύοσμον καὶ τὸ πήγανον καὶ πᾶν λάχανον καὶ παρέρχεσθε τὴν κρίσιν καὶ τὴν ἀγάπην τοῦ θεοῦ· ταῦτα δὲ ἔδει ποιῆσαι κἀκεῖνα μὴ **παρεῖναι.**
Heb 12:12 Διὸ τὰς **παρειμένας** χεῖρας καὶ τὰ παραλελυμένα γόνατα ἀνορθώσατε,

4224 παριστάνω Not used in UBS/NIV

√ *4123 + 2705*

4225 παρίστημι [41]

√ *4123 + 2705*

παριστάνετε [2] Ro 6:13,16

Mt 26:53 καὶ **παραστήσει** μοι ἄρτι πλείω δώδεκα λεγιῶνας ἀγγέλων;
Mk 4:29 εὐθὺς ἀποστέλλει τὸ δρέπανον, ὅτι **παρέστηκεν** ὁ θερισμός.
14:47 [τις] τῶν **παρεστηκότων** σπασάμενος τὴν μάχαιραν ἔπαισεν τὸν δοῦλον τοῦ ἀρχιερέως καὶ ἀφεῖλεν αὐτοῦ τὸ ὠτάριον.
14:69 καὶ ἡ παιδίσκη ἰδοῦσα αὐτὸν ἤρξατο πάλιν λέγειν τοῖς **παρεστῶσιν** ὅτι Οὗτος ἐξ αὐτῶν ἐστιν.
14:70 καὶ μετὰ μικρὸν πάλιν οἱ **παρεστῶτες** ἔλεγον τῷ Πέτρῳ,
15:35 καί τινες τῶν **παρεστηκότων** ἀκούσαντες ἔλεγον, Ἴδε Ἠλίαν φωνεῖ.
15:39 Ἰδὼν δὲ ὁ κεντυρίων ὁ **παρεστηκὼς** ἐξ ἐναντίας αὐτοῦ ὅτι οὕτως ἐξέπνευσεν εἶπεν,
Lk 1:19 Ἐγώ εἰμι Γαβριὴλ ὁ **παρεστηκὼς** ἐνώπιον τοῦ θεοῦ καὶ ἀπεστάλην λαλῆσαι πρὸς σὲ καὶ εὐαγγελίσασθαί σοι ταῦτα·
2:22 ἀνήγαγον αὐτὸν εἰς Ἱεροσόλυμα **παραστῆσαι** τῷ κυρίῳ,
19:24 καὶ τοῖς **παρεστῶσιν** εἶπεν, Ἄρατε ἀπ᾽ αὐτοῦ τὴν μνᾶν καὶ δότε τῷ τὰς δέκα μνᾶς ἔχοντι

Jn 18:22 ταῦτα δὲ αὐτοῦ εἰπόντος εἷς **παρεστηκὼς** τῶν ὑπηρετῶν ἔδωκεν ῥάπισμα τῷ Ἰησοῦ εἰπών,
19:26 Ἰησοῦς οὖν ἰδὼν τὴν μητέρα καὶ τὸν μαθητὴν **παρεστῶτα** ὃν ἠγάπα,
Ac 1: 3 οἷς καὶ **παρέστησεν** ἑαυτὸν ζῶντα μετὰ τὸ παθεῖν αὐτὸν ἐν πολλοῖς τεκμηρίοις,
1:10 ἰδοὺ ἄνδρες δύο **παρειστήκεισαν** αὐτοῖς ἐν ἐσθήσεσι λευκαῖς,
4:10 ὃν ὁ θεὸς ἤγειρεν ἐκ νεκρῶν, ἐν τούτῳ οὗτος **παρέστηκεν** ἐνώπιον ὑμῶν ὑγιής.
4:26 **παρέστησαν** οἱ βασιλεῖς τῆς γῆς καὶ οἱ ἄρχοντες συνήχθησαν ἐπὶ τὸ αὐτὸ κατὰ τοῦ κυρίου καὶ κατὰ τοῦ Χριστοῦ αὐτοῦ.
9:39 ὃν παραγενόμενον ἀνήγαγον εἰς τὸ ὑπερῷον καὶ **παρέστησαν** αὐτῷ πᾶσαι αἱ χῆραι κλαίουσαι καὶ ἐπιδεικνύμεναι χιτῶνας
9:41 φωνήσας δὲ τοὺς ἁγίους καὶ τὰς χήρας **παρέστησεν** αὐτὴν ζῶσαν.
23: 2 ὁ δὲ ἀρχιερεὺς Ἁνανίας ἐπέταξεν τοῖς **παρεστῶσιν** αὐτῷ τύπτειν αὐτοῦ τὸ στόμα.
23: 4 οἱ δὲ **παρεστῶτες** εἶπαν, Τὸν ἀρχιερέα τοῦ θεοῦ λοιδορεῖς;
23:24 κτήνη τε **παραστῆσαι** ἵνα ἐπιβιβάσαντες τὸν Παῦλον διασώσωσι πρὸς Φήλικα τὸν ἡγεμόνα,
23:33 οἵτινες εἰσελθόντες εἰς τὴν Καισάρειαν καὶ ἀναδόντες τὴν ἐπιστολὴν τῷ ἡγεμόνι **παρέστησαν** καὶ τὸν Παῦλον αὐτῷ.
24:13 οὐδὲ **παραστῆσαι** δύνανταί σοι περὶ ὧν νυνὶ κατηγοροῦσίν μου.
27:23 **παρέστη** γάρ μοι ταύτῃ τῇ νυκτὶ τοῦ θεοῦ,
27:24 λέγων, Μὴ φοβοῦ, Παῦλε, Καίσαρί σε δεῖ **παραστῆναι,**
Ro 6:13 μηδὲ **παριστάνετε** τὰ μέλη ὑμῶν ὅπλα ἀδικίας τῇ ἁμαρτίᾳ, ἀλλὰ **παραστήσατε** ἑαυτοὺς τῷ θεῷ ὡσεὶ ἐκ νεκρῶν ζῶντας καὶ τὰ μέλη ὑμῶν ὅπλα δικαιοσύνης τῷ θεῷ.
6:16 οὐκ οἴδατε ὅτι ᾧ **παριστάνετε** ἑαυτοὺς δούλους εἰς ὑπακοήν,
6:19 ὥσπερ γὰρ **παρεστήσατε** τὰ μέλη ὑμῶν δοῦλα τῇ ἀκαθαρσίᾳ καὶ τῇ ἀνομίᾳ εἰς τὴν ἀνομίαν, οὕτως νῦν **παραστήσατε** τὰ μέλη ὑμῶν δοῦλα τῇ δικαιοσύνῃ εἰς ἁγιασμόν.
12: 1 διὰ τῶν οἰκτιρμῶν τοῦ θεοῦ **παραστῆσαι** τὰ σώματα ὑμῶν θυσίαν ζῶσαν ἁγίαν εὐάρεστον τῷ θεῷ,
14:10 ἢ καὶ σὺ τί ἐξουθενεῖς τὸν ἀδελφόν σου; πάντες γὰρ **παραστησόμεθα** τῷ βήματι τοῦ θεοῦ,
16: 2 ἵνα αὐτὴν προσδέξησθε ἐν κυρίῳ ἀξίως τῶν ἁγίων καὶ **παραστῆτε** αὐτῇ ἐν ᾧ ἂν ὑμῶν χρῄζῃ πράγματι·
1Co 8: 8 βρῶμα δὲ ἡμᾶς οὐ **παραστήσει** τῷ θεῷ· οὔτε ἐὰν μὴ φάγωμεν ὑστερούμεθα,
2Co 4:14 εἰδότες ὅτι ὁ ἐγείρας τὸν κύριον Ἰησοῦν καὶ ἡμᾶς σὺν Ἰησοῦ ἐγερεῖ καὶ **παραστήσει** σὺν ὑμῖν.
11: 2 ἡρμοσάμην γὰρ ὑμᾶς ἑνὶ ἀνδρὶ παρθένον ἁγνὴν **παραστῆσαι** τῷ Χριστῷ·
Eph 5:27 ἵνα **παραστήσῃ** αὐτὸς ἑαυτῷ ἔνδοξον τὴν ἐκκλησίαν, μὴ ἔχουσαν σπίλον ἢ ῥυτίδα ἤ τι τῶν τοιούτων,
Col 1:22 νυνὶ δὲ ἀποκατήλλαξεν ἐν τῷ σώματι τῆς σαρκὸς αὐτοῦ διὰ τοῦ θανάτου **παραστῆσαι** ὑμᾶς ἁγίους καὶ ἀμώμους καὶ ἀνεγκλήτους κατενώπιον αὐτοῦ,
1:28 καὶ διδάσκοντες πάντα ἄνθρωπον ἐν πάσῃ σοφίᾳ, ἵνα **παραστήσωμεν** πάντα ἄνθρωπον τέλειον ἐν Χριστῷ·
2Ti 2:15 σπούδασον σεαυτὸν δόκιμον **παραστῆσαι** τῷ θεῷ, ἐργάτην ἀνεπαίσχυντον,
4:17 ὁ δὲ κύριός μοι **παρέστη** καὶ ἐνεδυνάμωσέν με,

4226 Παρμενᾶς [1]

Ac 6: 5 καὶ Φίλιππον καὶ Πρόχορον καὶ Νικάνορα καὶ Τίμωνα καὶ **Παρμενᾶν** καὶ Νικόλαον προσήλυτον Ἀντιοχέα,

4227 πάροδος [1]

√ 4123 + 3847

1Co 16: 7 οὐ θέλω γὰρ ὑμᾶς ἄρτι ἐν **παρόδῳ** ἰδεῖν,

4228 παροικέω [2]

√ 4123 + 3875

Lk 24:18 Σὺ μόνος **παροικεῖς** Ἰερουσαλὴμ καὶ οὐκ ἔγνως τὰ γενόμενα ἐν αὐτῇ ἐν ταῖς ἡμέραις ταύταις;
Heb 11: 9 Πίστει **παρῴκησεν** εἰς γῆν τῆς ἐπαγγελίας ὡς ἀλλοτρίαν ἐν σκηναῖς κατοικήσας μετὰ Ἰσαὰκ καὶ Ἰακὼβ

4229 παροικία [2]

√ 4123 + 3875

Ac 13:17 ὁ θεὸς τοῦ λαοῦ τούτου Ἰσραὴλ ἐξελέξατο τοὺς πατέρας ἡμῶν καὶ τὸν λαὸν ὕψωσεν ἐν τῇ **παροικίᾳ** ἐν γῇ Αἰγύπτου
1Pe 1:17 ἐν φόβῳ τὸν τῆς **παροικίας** ὑμῶν χρόνον ἀναστράφητε,

4230 πάροικος [4]

√ 4123 + 3875

Ac 7: 6 ἐλάλησεν δὲ οὕτως ὁ θεὸς ὅτι ἔσται τὸ σπέρμα αὐτοῦ **πάροικον** ἐν γῇ ἀλλοτρίᾳ καὶ δουλώσουσιν αὐτὸ
7:29 ἔφυγεν δὲ Μωϋσῆς ἐν τῷ λόγῳ τούτῳ καὶ ἐγένετο **πάροικος** ἐν γῇ Μαδιάμ,
Eph 2:19 ἄρα οὖν οὐκέτι ἐστὲ ξένοι καὶ **πάροικοι** ἀλλὰ ἐστὲ συμπολῖται τῶν ἁγίων καὶ οἰκεῖοι τοῦ θεοῦ,
1Pe 2:11 παρακαλῶ ὡς **παροίκους** καὶ παρεπιδήμους ἀπέχεσθαι τῶν σαρκικῶν ἐπιθυμιῶν αἵτινες στρατεύονται κατὰ τῆς ψυχῆς·

4231 παροιμία [5]

Jn 10: 6 Ταύτην τὴν **παροιμίαν** εἶπεν αὐτοῖς ὁ Ἰησοῦς, ἐκεῖνοι δὲ οὐκ ἔγνωσαν τίνα ἦν ἃ ἐλάλει αὐτοῖς.
16:25 Ταῦτα ἐν **παροιμίαις** λελάληκα ὑμῖν· ἔρχεται ὥρα ὅτε οὐκέτι ἐν **παροιμίαις** λαλήσω ὑμῖν,
16:29 Ἴδε νῦν ἐν παρρησίᾳ λαλεῖς καὶ **παροιμίαν** οὐδεμίαν λέγεις.
2Pe 2:22 συμβέβηκεν αὐτοῖς τὸ τῆς ἀληθοῦς **παροιμίας,** Κύων ἐπιστρέψας ἐπὶ τὸ ἴδιον ἐξέραμα,

4232 πάροινος [2]

√ 4123 + 3885

1Ti 3: 3 μὴ **πάροινον** μὴ πλήκτην, ἀλλὰ ἐπιεικῆ ἄμαχον ἀφιλάργυρον,
Tit 1: 7 μὴ ὀργίλον, μὴ **πάροινον,** μὴ πλήκτην, μὴ αἰσχροκερδῆ,

4233 παροίχομαι [1]

√ 4123

Ac 14:16 ὃς ἐν ταῖς **παρῳχημέναις** γενεαῖς εἴασεν πάντα τὰ ἔθνη πορεύεσθαι ταῖς ὁδοῖς αὐτῶν·

4234 παρομοιάζω [1]

√ 4123 + 3927

Mt 23:27 γραμματεῖς καὶ Φαρισαῖοι ὑποκριταί, ὅτι **παρομοιάζετε** τάφοις κεκονιαμένοις,

4235 παρόμοιος [1]

√ 4123 + 3927

Mk 7:13 ἀκυροῦντες τὸν λόγον τοῦ θεοῦ τῇ παραδόσει ὑμῶν ᾗ παρεδώκατε· καὶ **παρόμοια** τοιαῦτα πολλὰ ποιεῖτε.

4236 παροξύνω [2]

√ 4123 + 3955

Ac 17:16 Ἐν δὲ ταῖς Ἀθήναις ἐκδεχομένου αὐτοὺς τοῦ Παύλου **παρωξύνετο** τὸ πνεῦμα αὐτοῦ ἐν αὐτῷ θεωροῦντος κατείδωλον
1Co 13: 5 οὐ ζητεῖ τὰ ἑαυτῆς, οὐ **παροξύνεται,** οὐ λογίζεται τὸ κακόν,

4237 παροξυσμός [2]

√ 4123 + 3955

Ac 15:39 ἐγένετο δὲ **παροξυσμὸς** ὥστε ἀποχωρισθῆναι αὐτοὺς ἀπ' ἀλλήλων,
Heb 10:24 καὶ κατανοῶμεν ἀλλήλους εἰς **παροξυσμὸν** ἀγάπης καὶ καλῶν ἔργων,

4238 παροράω Not used in UBS/NIV

√ 4123 + 3972

4239 παροργίζω [2]

√ 4123 + 3973

Ro 10:19 Ἐγὼ παραζηλώσω ὑμᾶς ἐπ' οὐκ ἔθνει, ἐπ' ἔθνει ἀσυνέτῳ **παροργιῶ** ὑμᾶς.
Eph 6: 4 μὴ **παροργίζετε** τὰ τέκνα ὑμῶν ἀλλὰ ἐκτρέφετε αὐτὰ ἐν παιδείᾳ καὶ νουθεσίᾳ κυρίου.

4240 παροργισμός [1]

√ 4123 + 3973

Eph 4:26 ὁ ἥλιος μὴ ἐπιδυέτω ἐπὶ [τῷ] **παροργισμῷ** ὑμῶν,

4241 παροτρύνω [1]

√ 4123

Ac 13:50 οἱ δὲ Ἰουδαῖοι **παρώτρυναν** τὰς σεβομένας γυναῖκας τὰς εὐσχήμονας καὶ τοὺς πρώτους τῆς πόλεως καὶ ἐπήγειραν διωγμὸν ἐπὶ τὸν Παῦλον καὶ Βαρναβᾶν

4242 παρουσία [24]

√ 4123 + 1639

Mt 24: 3 Εἰπὲ ἡμῖν πότε ταῦτα ἔσται καὶ τί τὸ σημεῖον τῆς σῆς **παρουσίας** καὶ συντελείας τοῦ αἰῶνος;
24:27 οὕτως ἔσται ἡ **παρουσία** τοῦ υἱοῦ τοῦ ἀνθρώπου·
24:37 οὕτως ἔσται ἡ **παρουσία** τοῦ υἱοῦ τοῦ ἀνθρώπου.
24:39 οὕτως ἔσται [καὶ] ἡ **παρουσία** τοῦ υἱοῦ τοῦ ἀνθρώπου.
1Co 15:23 ἔπειτα οἱ τοῦ Χριστοῦ ἐν τῇ **παρουσίᾳ** αὐτοῦ,
16:17 χαίρω δὲ ἐπὶ τῇ **παρουσίᾳ** Στεφανᾶ καὶ Φορτουνάτου καὶ Ἀχαϊκοῦ,
2Co 7: 6 ἀλλ' ὁ παρακαλῶν τοὺς ταπεινοὺς παρεκάλεσεν ἡμᾶς ὁ θεὸς ἐν τῇ **παρουσίᾳ** Τίτου,
7: 7 οὐ μόνον δὲ ἐν τῇ **παρουσίᾳ** αὐτοῦ ἀλλὰ καὶ ἐν τῇ παρακλήσει ᾗ παρεκλήθη ἐφ' ὑμῖν,
10:10 ἡ δὲ **παρουσία** τοῦ σώματος ἀσθενὴς καὶ ὁ λόγος ἐξουθενημένος.
Php 1:26 ἵνα τὸ καύχημα ὑμῶν περισσεύῃ ἐν Χριστῷ Ἰησοῦ ἐν ἐμοὶ διὰ τῆς ἐμῆς **παρουσίας** πάλιν πρὸς ὑμᾶς.
2:12 μὴ ὡς ἐν τῇ **παρουσίᾳ** μου μόνον ἀλλὰ νῦν πολλῷ μᾶλλον ἐν τῇ ἀπουσίᾳ μου,
1Th 2:19 ἔμπροσθεν τοῦ κυρίου ἡμῶν Ἰησοῦ ἐν τῇ αὐτοῦ **παρουσίᾳ;**
3:13 εἰς τὸ στηρίξαι ὑμῶν τὰς καρδίας ἀμέμπτους ἐν ἁγιωσύνῃ ἔμπροσθεν τοῦ θεοῦ καὶ πατρὸς ἡμῶν ἐν τῇ **παρουσίᾳ** τοῦ κυρίου ἡμῶν Ἰησοῦ μετὰ πάντων τῶν ἁγίων αὐτοῦ[, ἀμήν].
4:15 ὅτι ἡμεῖς οἱ ζῶντες οἱ περιλειπόμενοι εἰς τὴν **παρουσίαν** τοῦ κυρίου οὐ μὴ φθάσωμεν τοὺς κοιμηθέντας·
5:23 τὸ πνεῦμα καὶ ἡ ψυχὴ καὶ τὸ σῶμα ἀμέμπτως ἐν τῇ **παρουσίᾳ** τοῦ κυρίου ἡμῶν Ἰησοῦ Χριστοῦ τηρηθείη.
2Th 2: 1 ὑπὲρ τῆς **παρουσίας** τοῦ κυρίου ἡμῶν Ἰησοῦ Χριστοῦ καὶ ἡμῶν ἐπισυναγωγῆς ἐπ' αὐτὸν
2: 8 ὃν ὁ κύριος [Ἰησοῦς] ἀνελεῖ τῷ πνεύματι τοῦ στόματος αὐτοῦ καὶ καταργήσει τῇ ἐπιφανείᾳ τῆς **παρουσίας** αὐτοῦ,
2: 9 οὗ ἐστιν ἡ **παρουσία** κατ' ἐνέργειαν τοῦ Σατανᾶ ἐν πάσῃ δυνάμει καὶ σημείοις καὶ τέρασιν ψεύδους
Jas 5: 7 Μακροθυμήσατε οὖν, ἀδελφοί, ἕως τῆς **παρουσίας** τοῦ κυρίου.
5: 8 στηρίξατε τὰς καρδίας ὑμῶν, ὅτι ἡ **παρουσία** τοῦ κυρίου ἤγγικεν.
2Pe 1:16 Οὐ γὰρ σεσοφισμένοις μύθοις ἐξακολουθήσαντες ἐγνωρίσαμεν ὑμῖν τὴν τοῦ κυρίου ἡμῶν Ἰησοῦ Χριστοῦ δύναμιν καὶ **παρουσίαν** ἀλλ' ἐπόπται γενηθέντες
3: 4 καὶ λέγοντες, Ποῦ ἐστιν ἡ ἐπαγγελία τῆς **παρουσίας** αὐτοῦ;
3:12 προσδοκῶντας καὶ σπεύδοντας τὴν **παρουσίαν** τῆς τοῦ θεοῦ ἡμέρας δι' ἣν οὐρανοὶ πυρούμενοι λυθήσονται
1Jn 2:28 ἵνα ἐὰν φανερωθῇ σχῶμεν παρρησίαν καὶ μὴ αἰσχυνθῶμεν ἀπ' αὐτοῦ ἐν τῇ **παρουσίᾳ** αὐτοῦ.

4243 παροψίς [1 / 2]

√ 4123 + 4066

Mt 23:25 ὅτι καθαρίζετε τὸ ἔξωθεν τοῦ ποτηρίου καὶ τῆς **παροψίδος,**
23:26 καθάρισον πρῶτον τὸ ἐντὸς τοῦ ποτηρίου καὶ τῆς **παροψίδος,**[UBS-]

4244 παρρησία [31]

√ 4246 + 4839

μετὰ παρρησίας [5] Ac 2:29; 4:29,31; 28:31; Heb 4:16

Mk 8:32 καὶ **παρρησίᾳ** τὸν λόγον ἐλάλει. καὶ προσλαβόμενος ὁ Πέτρος αὐτὸν ἤρξατο ἐπιτιμᾶν αὐτῷ.
Jn 7: 4 οὐδεὶς γάρ τι ἐν κρυπτῷ ποιεῖ καὶ ζητεῖ αὐτὸς ἐν **παρρησίᾳ** εἶναι.
7:13 οὐδεὶς μέντοι **παρρησίᾳ** ἐλάλει περὶ αὐτοῦ διὰ τὸν φόβον τῶν Ἰουδαίων.
7:26 καὶ ἴδε **παρρησίᾳ** λαλεῖ καὶ οὐδὲν αὐτῷ λέγουσιν.
10:24 εἰ σὺ εἶ ὁ Χριστός, εἰπὲ ἡμῖν **παρρησίᾳ.**
11:14 τότε οὖν εἶπεν αὐτοῖς ὁ Ἰησοῦς **παρρησίᾳ,** Λάζαρος ἀπέθανεν,
11:54 Ὁ οὖν Ἰησοῦς οὐκέτι **παρρησίᾳ** περιεπάτει ἐν τοῖς Ἰουδαίοις,
16:25 ἔρχεται ὥρα ὅτε οὐκέτι ἐν παροιμίαις λαλήσω ὑμῖν, ἀλλὰ **παρρησίᾳ** περὶ τοῦ πατρὸς ἀπαγγελῶ ὑμῖν.
16:29 Ἴδε νῦν ἐν **παρρησίᾳ** λαλεῖς καὶ παροιμίαν οὐδεμίαν λέγεις.
18:20 ἀπεκρίθη αὐτῷ Ἰησοῦς, Ἐγὼ **παρρησίᾳ** λελάληκα τῷ κόσμῳ,
Ac 2:29 ἐξὸν εἰπεῖν μετὰ **παρρησίας** πρὸς ὑμᾶς περὶ τοῦ πατριάρχου Δαυὶδ ὅτι καὶ ἐτελεύτησεν καὶ ἐτάφη,
4:13 Θεωροῦντες δὲ τὴν τοῦ Πέτρου **παρρησίαν** καὶ Ἰωάννου καὶ καταλαβόμενοι ὅτι ἄνθρωποι ἀγράμματοί εἰσιν καὶ ἰδιῶται,
4:29 ἔπιδε ἐπὶ τὰς ἀπειλὰς αὐτῶν καὶ δὸς τοῖς δούλοις σου μετὰ **παρρησίας** πάσης λαλεῖν τὸν λόγον σου,
4:31 καὶ ἐπλήσθησαν ἅπαντες τοῦ ἁγίου πνεύματος καὶ ἐλάλουν τὸν λόγον τοῦ θεοῦ μετὰ **παρρησίας.**
28:31 κηρύσσων τὴν βασιλείαν τοῦ θεοῦ καὶ διδάσκων τὰ περὶ τοῦ κυρίου Ἰησοῦ Χριστοῦ μετὰ πάσης **παρρησίας** ἀκωλύτως.
2Co 3:12 Ἔχοντες οὖν τοιαύτην ἐλπίδα πολλῇ **παρρησίᾳ** χρώμεθα
7: 4 πολλή μοι **παρρησία** πρὸς ὑμᾶς, πολλή μοι καύχησις ὑπὲρ ὑμῶν·
Eph 3:12 ἐν ᾧ ἔχομεν τὴν **παρρησίαν** καὶ προσαγωγὴν ἐν πεποιθήσει διὰ τῆς πίστεως αὐτοῦ.
6:19 ἵνα μοι δοθῇ λόγος ἐν ἀνοίξει τοῦ στόματός μου, ἐν **παρρησίᾳ** γνωρίσαι τὸ μυστήριον τοῦ εὐαγγελίου,
Php 1:20 ὅτι ἐν οὐδενὶ αἰσχυνθήσομαι ἀλλ' ἐν πάσῃ **παρρησίᾳ** ὡς πάντοτε καὶ νῦν μεγαλυνθήσεται Χριστὸς ἐν τῷ σώματί μου,
Col 2:15 ἀπεκδυσάμενος τὰς ἀρχὰς καὶ τὰς ἐξουσίας ἐδειγμάτισεν ἐν **παρρησίᾳ,**
1Ti 3:13 καλῶς διακονήσαντες βαθμὸν ἑαυτοῖς καλὸν περιποιοῦνται καὶ πολλὴν **παρρησίαν** ἐν πίστει τῇ ἐν Χριστῷ Ἰησοῦ.
Phm 1: 8 Διὸ πολλὴν ἐν Χριστῷ **παρρησίαν** ἔχων ἐπιτάσσειν σοι τὸ ἀνῆκον
Heb 3: 6 ἐάν[περ] τὴν **παρρησίαν** καὶ τὸ καύχημα τῆς ἐλπίδος κατάσχωμεν.
4:16 προσερχώμεθα οὖν μετὰ **παρρησίας** τῷ θρόνῳ τῆς χάριτος,
10:19 **παρρησίαν** εἰς τὴν εἴσοδον τῶν ἁγίων ἐν τῷ αἵματι Ἰησοῦ,
10:35 μὴ ἀποβάλητε οὖν τὴν **παρρησίαν** ὑμῶν, ἥτις ἔχει μεγάλην μισθαποδοσίαν.
1Jn 2:28 ἵνα ἐὰν φανερωθῇ σχῶμεν **παρρησίαν** καὶ μὴ αἰσχυνθῶμεν ἀπ' αὐτοῦ ἐν τῇ παρουσίᾳ αὐτοῦ.
3:21 ἐὰν ἡ καρδία [ἡμῶν] μὴ καταγινώσκῃ, **παρρησίαν** ἔχομεν πρὸς τὸν θεὸν
4:17 ἵνα **παρρησίαν** ἔχωμεν ἐν τῇ ἡμέρᾳ τῆς κρίσεως,
5:14 καὶ αὕτη ἐστὶν ἡ **παρρησία** ἣν ἔχομεν πρὸς αὐτὸν ὅτι ἐάν τι αἰτώμεθα κατὰ τὸ θέλημα αὐτοῦ ἀκούει ἡμῶν.

4245 παρρησιάζομαι [9]

√ 4246 + 4839

Ac 9:27 πῶς ἐν τῇ ὁδῷ εἶδεν τὸν κύριον καὶ ὅτι ἐλάλησεν αὐτῷ καὶ πῶς ἐν Δαμασκῷ **ἐπαρρησιάσατο** ἐν τῷ ὀνόματι τοῦ Ἰησοῦ.
9:28 καὶ ἦν μετ' αὐτῶν εἰσπορευόμενος καὶ ἐκπορευόμενος εἰς Ἰερουσαλήμ, **παρρησιαζόμενος** ἐν τῷ ὀνόματι τοῦ κυρίου,
13:46 **παρρησιασάμενοί** τε ὁ Παῦλος καὶ ὁ Βαρναβᾶς εἶπαν,
14: 3 ἱκανὸν μὲν οὖν χρόνον διέτριψαν **παρρησιαζόμενοι** ἐπὶ τῷ κυρίῳ τῷ μαρτυροῦντι [ἐπὶ] τῷ λόγῳ τῆς χάριτος αὐτοῦ,
18:26 οὗτός τε ἤρξατο **παρρησιάζεσθαι** ἐν τῇ συναγωγῇ. ἀκούσαντες δὲ αὐτοῦ Πρίσκιλλα καὶ Ἀκύλας προσελάβοντο
19: 8 εἰς τὴν συναγωγὴν **ἐπαρρησιάζετο** ἐπὶ μῆνας τρεῖς διαλεγόμενος καὶ πείθων [τὰ] περὶ τῆς βασιλείας τοῦ θεοῦ.
26:26 ἐπίσταται γὰρ περὶ τούτων ὁ βασιλεὺς πρὸς ὃν καὶ **παρρησιαζόμενος** λαλῶ,
Eph 6:20 ἵνα ἐν αὐτῷ **παρρησιάσωμαι** ὡς δεῖ με λαλῆσαι.

1Th 2: 2 ἐν Φιλίπποις **ἐπαρρησιασάμεθα** ἐν τῷ θεῷ ἡμῶν λαλῆσαι πρὸς ὑμᾶς τὸ εὐαγγέλιον τοῦ θεοῦ ἐν πολλῷ ἀγῶνι.

4246 πᾶς [1243 / 1240]

→ *570, 1383, 4101, 4102, 4103, 4104, 4105, 4106, 4107, 4108, 4109, 4110, 4111, 4112, 4113, 4114, 4115, 4116, 4117, 4118, 4119, 4120, 4121, 4122, 4244, 4245*

τὰ πάντα [41] Mk 4:11; Ac 17:25; Ro 8:32; 11:36; 1Co 2:15; 8:6,6; 11:12; 12:6,19; 15:27,28,28,28; 2Co 4:15; 5:18; 12:19; Gal 3:22; Eph 1:10,11,23; 3:9; 4:10,15; 5:13; Php 3:8,21; Col 1:16,16,17,20; 3:8,11; 4:7; 1Ti 6:13; Heb 1:3; 2:8,8,10,10; Rev 4:11

διὰ παντός [16] Mt 18:10; Mk 5:5; Lk 24:53; Ac 2:25; 9:32; 10:2; 24:16; Ro 11:10; 2Co 8:18; Eph 4:6,16; 6:18; 2Th 3:16; Heb 2:15; 9:6; 13:15

εἰς πάντας τοὺς αἰῶν [1] Jude 1:25

πᾶς κόσμος [1] Ro 3:19

πᾶς νόμος [1] Gal 5:14

πᾶς ὁ ὄχλος [10] Mt 12:23; 13:2; Mk 2:13; 4:1; 9:15; 11:18; Lk 6:19; 13:17; 23:48; Ac 21:27

πᾶσα γραφή [1] 2Ti 3:16

πρὸ πάντων, παντός [5] Lk 21:12; Col 1:17; Jas 5:12; 1Pe 4:8; Jude 1:25

Mt 1:17 **Πᾶσαι** οὖν αἱ γενεαὶ ἀπὸ Ἀβραὰμ ἕως Δαυὶδ γενεαὶ δεκατέσσαρες,
2: 3 ἀκούσας δὲ ὁ βασιλεὺς Ἡρῴδης ἐταράχθη καὶ **πᾶσα** Ἱεροσόλυμα μετ' αὐτοῦ,
2: 4 καὶ συναγαγὼν **πάντας** τοὺς ἀρχιερεῖς καὶ γραμματεῖς τοῦ λαοῦ ἐπυνθάνετο παρ' αὐτῶν ποῦ ὁ Χριστὸς γεννᾶται.
2:16 καὶ ἀποστείλας ἀνεῖλεν **πάντας** τοὺς παῖδας τοὺς ἐν Βηθλέεμ καὶ ἐν **πᾶσι** τοῖς ὁρίοις αὐτῆς ἀπὸ διετοῦς καὶ κατωτέρω,
3: 5 τότε ἐξεπορεύετο πρὸς αὐτὸν Ἱεροσόλυμα καὶ **πᾶσα** ἡ Ἰουδαία καὶ **πᾶσα** ἡ περίχωρος τοῦ Ἰορδάνου,
3:10 **πᾶν** οὖν δένδρον μὴ ποιοῦν καρπὸν καλὸν ἐκκόπτεται καὶ εἰς πῦρ βάλλεται.
3:15 οὕτως γὰρ πρέπον ἐστὶν ἡμῖν πληρῶσαι **πᾶσαν** δικαιοσύνην.
4: 4 ἀλλ' ἐπὶ **παντὶ** ῥήματι ἐκπορευομένῳ διὰ στόματος θεοῦ.
4: 8 Πάλιν παραλαμβάνει αὐτὸν ὁ διάβολος εἰς ὄρος ὑψηλὸν λίαν καὶ δείκνυσιν αὐτῷ **πάσας** τὰς βασιλείας τοῦ κόσμου
4: 9 καὶ εἶπεν αὐτῷ, Ταῦτά σοι **πάντα** δώσω, ἐὰν πεσὼν προσκυνήσῃς μοι.
4:23 καὶ κηρύσσων τὸ εὐαγγέλιον τῆς βασιλείας καὶ θεραπεύων **πᾶσαν** νόσον καὶ **πᾶσαν** μαλακίαν ἐν τῷ λαῷ.
4:24 καὶ προσήνεγκαν αὐτῷ **πάντας** τοὺς κακῶς ἔχοντας ποικίλαις νόσοις καὶ βασάνοις συνεχομένους [καὶ] δαιμονιζομένους
5:11 μακάριοί ἐστε ὅταν ὀνειδίσωσιν ὑμᾶς καὶ διώξωσιν καὶ εἴπωσιν **πᾶν** πονηρὸν καθ' ὑμῶν [ψευδόμενοι] ἕνεκεν ἐμοῦ.
5:15 οὐδὲ καίουσιν λύχνον καὶ τιθέασιν αὐτὸν ὑπὸ τὸν μόδιον ἀλλ' ἐπὶ τὴν λυχνίαν, καὶ λάμπει **πᾶσιν** τοῖς ἐν τῇ οἰκίᾳ.
5:18 ἰῶτα ἓν ἢ μία κεραία οὐ μὴ παρέλθῃ ἀπὸ τοῦ νόμου, ἕως ἂν **πάντα** γένηται.
5:22 ἐγὼ δὲ λέγω ὑμῖν ὅτι **πᾶς** ὁ ὀργιζόμενος τῷ ἀδελφῷ αὐτοῦ ἔνοχος ἔσται τῇ κρίσει·
5:28 ἐγὼ δὲ λέγω ὑμῖν ὅτι **πᾶς** ὁ βλέπων γυναῖκα πρὸς τὸ ἐπιθυμῆσαι αὐτὴν ἤδη ἐμοίχευσεν αὐτὴν ἐν τῇ καρδίᾳ αὐτοῦ.
5:32 ἐγὼ δὲ λέγω ὑμῖν ὅτι **πᾶς** ὁ ἀπολύων τὴν γυναῖκα αὐτοῦ παρεκτὸς λόγου πορνείας ποιεῖ αὐτὴν μοιχευθῆναι,
6:29 λέγω δὲ ὑμῖν ὅτι οὐδὲ Σολομὼν ἐν **πάσῃ** τῇ δόξῃ αὐτοῦ περιεβάλετο ὡς ἓν τούτων.
6:32 **πάντα** γὰρ ταῦτα τὰ ἔθνη ἐπιζητοῦσιν· οἶδεν γὰρ ὁ πατὴρ ὑμῶν ὁ οὐράνιος ὅτι χρῄζετε τούτων ἁπάντων.
6:33 ζητεῖτε δὲ πρῶτον τὴν βασιλείαν [τοῦ θεοῦ] καὶ τὴν δικαιοσύνην αὐτοῦ, καὶ ταῦτα **πάντα** προστεθήσεται ὑμῖν.
7: 8 **πᾶς** γὰρ ὁ αἰτῶν λαμβάνει καὶ ὁ ζητῶν εὑρίσκει καὶ τῷ κρούοντι ἀνοιγήσεται.
7:12 **Πάντα** οὖν ὅσα ἐὰν θέλητε ἵνα ποιῶσιν ὑμῖν οἱ ἄνθρωποι,
7:17 οὕτως **πᾶν** δένδρον ἀγαθὸν καρποὺς καλοὺς ποιεῖ, τὸ δὲ σαπρὸν δένδρον καρποὺς πονηροὺς ποιεῖ.
7:19 **πᾶν** δένδρον μὴ ποιοῦν καρπὸν καλὸν ἐκκόπτεται καὶ εἰς πῦρ βάλλεται.
7:21 Οὐ **πᾶς** ὁ λέγων μοι, Κύριε κύριε, εἰσελεύσεται εἰς τὴν βασιλείαν τῶν οὐρανῶν,
7:24 **Πᾶς** οὖν ὅστις ἀκούει μου τοὺς λόγους τούτους καὶ ποιεῖ αὐτούς,
7:26 καὶ **πᾶς** ὁ ἀκούων μου τοὺς λόγους τούτους καὶ μὴ ποιῶν αὐτοὺς ὁμοιωθήσεται ἀνδρὶ μωρῷ,
8:16 καὶ ἐξέβαλεν τὰ πνεύματα λόγῳ καὶ **πάντας** τοὺς κακῶς ἔχοντας ἐθεράπευσεν,
8:32 καὶ ἰδοὺ ὥρμησεν **πᾶσα** ἡ ἀγέλη κατὰ τοῦ κρημνοῦ εἰς τὴν θάλασσαν καὶ ἀπέθανον ἐν τοῖς ὕδασιν.
8:33 καὶ ἀπελθόντες εἰς τὴν πόλιν ἀπήγγειλαν **πάντα** καὶ τὰ τῶν δαιμονιζομένων.
8:34 καὶ ἰδοὺ **πᾶσα** ἡ πόλις ἐξῆλθεν εἰς ὑπάντησιν τῷ Ἰησοῦ καὶ ἰδόντες αὐτὸν παρεκάλεσαν ὅπως μεταβῇ ἀπὸ τῶν ὁρίων αὐτῶν.
9:35 Καὶ περιῆγεν ὁ Ἰησοῦς τὰς πόλεις **πάσας** καὶ τὰς κώμας διδάσκων ἐν ταῖς συναγωγαῖς αὐτῶν καὶ κηρύσσων τὸ εὐαγγέλιον τῆς βασιλείας καὶ θεραπεύων **πᾶσαν** νόσον καὶ **πᾶσαν** μαλακίαν.
10: 1 Καὶ προσκαλεσάμενος τοὺς δώδεκα μαθητὰς αὐτοῦ ἔδωκεν αὐτοῖς ἐξουσίαν πνευμάτων ἀκαθάρτων ὥστε ἐκβάλλειν αὐτὰ καὶ θεραπεύειν **πᾶσαν** νόσον καὶ **πᾶσαν** μαλακίαν.
10:22 καὶ ἔσεσθε μισούμενοι ὑπὸ **πάντων** διὰ τὸ ὄνομά μου·
10:30 ὑμῶν δὲ καὶ αἱ τρίχες τῆς κεφαλῆς **πᾶσαι** ἠριθμημέναι εἰσίν.
10:32 **Πᾶς** οὖν ὅστις ὁμολογήσει ἐν ἐμοὶ ἔμπροσθεν τῶν ἀνθρώπων,
11:13 **πάντες** γὰρ οἱ προφῆται καὶ ὁ νόμος ἕως Ἰωάννου ἐπροφήτευσαν·
11:27 **Πάντα** μοι παρεδόθη ὑπὸ τοῦ πατρός μου, καὶ οὐδεὶς ἐπιγινώσκει τὸν υἱὸν εἰ μὴ ὁ πατήρ,
11:28 Δεῦτε πρός με **πάντες** οἱ κοπιῶντες καὶ πεφορτισμένοι,
12:15 καὶ ἠκολούθησαν αὐτῷ [ὄχλοι] πολλοί, καὶ ἐθεράπευσεν αὐτοὺς **πάντας**
12:23 καὶ ἐξίσταντο **πάντες** οἱ ὄχλοι καὶ ἔλεγον, Μήτι οὗτός ἐστιν ὁ υἱὸς Δαυίδ;
12:25 **Πᾶσα** βασιλεία μερισθεῖσα καθ' ἑαυτῆς ἐρημοῦται καὶ **πᾶσα** πόλις ἢ οἰκία μερισθεῖσα καθ' ἑαυτῆς οὐ σταθήσεται.
12:31 Διὰ τοῦτο λέγω ὑμῖν, **πᾶσα** ἁμαρτία καὶ βλασφημία ἀφεθήσεται τοῖς ἀνθρώποις,
12:36 λέγω δὲ ὑμῖν ὅτι **πᾶν** ῥῆμα ἀργὸν ὃ λαλήσουσιν οἱ ἄνθρωποι ἀποδώσουσιν περὶ αὐτοῦ λόγον ἐν ἡμέρᾳ κρίσεως·
13: 2 καὶ **πᾶς** ὁ ὄχλος ἐπὶ τὸν αἰγιαλὸν εἱστήκει.
13:19 **παντὸς** ἀκούοντος τὸν λόγον τῆς βασιλείας καὶ μὴ συνιέντος ἔρχεται ὁ πονηρὸς καὶ ἁρπάζει τὸ ἐσπαρμένον ἐν τῇ καρδίᾳ
13:32 ὃ μικρότερον μέν ἐστιν **πάντων** τῶν σπερμάτων, ὅταν δὲ αὐξηθῇ μεῖζον τῶν λαχάνων ἐστὶν καὶ γίνεται δένδρον,
13:34 Ταῦτα **πάντα** ἐλάλησεν ὁ Ἰησοῦς ἐν παραβολαῖς τοῖς ὄχλοις καὶ χωρὶς παραβολῆς οὐδὲν ἐλάλει αὐτοῖς,
13:41 καὶ συλλέξουσιν ἐκ τῆς βασιλείας αὐτοῦ **πάντα** τὰ σκάνδαλα καὶ τοὺς ποιοῦντας τὴν ἀνομίαν
13:44 καὶ ἀπὸ τῆς χαρᾶς αὐτοῦ ὑπάγει καὶ πωλεῖ **πάντα** ὅσα ἔχει καὶ ἀγοράζει τὸν ἀγρὸν ἐκεῖνον.
13:46 εὑρὼν δὲ ἕνα πολύτιμον μαργαρίτην ἀπελθὼν πέπρακεν **πάντα** ὅσα εἶχεν καὶ ἠγόρασεν αὐτόν.
13:47 Πάλιν ὁμοία ἐστὶν ἡ βασιλεία τῶν οὐρανῶν σαγήνῃ βληθείσῃ εἰς τὴν θάλασσαν καὶ ἐκ **παντὸς** γένους συναγαγούσῃ·
13:51 Συνήκατε ταῦτα **πάντα**; λέγουσιν αὐτῷ, Ναί.
13:52 Διὰ τοῦτο **πᾶς** γραμματεὺς μαθητευθεὶς τῇ βασιλείᾳ τῶν οὐρανῶν ὅμοιός ἐστιν ἀνθρώπῳ οἰκοδεσπότῃ,
13:56 καὶ αἱ ἀδελφαὶ αὐτοῦ οὐχὶ **πᾶσαι** πρὸς ἡμᾶς εἰσιν; πόθεν οὖν τούτῳ ταῦτα **πάντα;**
14:20 καὶ ἔφαγον **πάντες** καὶ ἐχορτάσθησαν, καὶ ἦραν τὸ περισσεῦον τῶν κλασμάτων δώδεκα κοφίνους πλήρεις.
14:35 ἀπέστειλαν εἰς ὅλην τὴν περίχωρον ἐκείνην καὶ προσήνεγκαν αὐτῷ **πάντας** τοὺς κακῶς ἔχοντας
15:13 **Πᾶσα** φυτεία ἣν οὐκ ἐφύτευσεν ὁ πατήρ μου ὁ οὐράνιος ἐκριζωθήσεται.
15:17 οὐ νοεῖτε ὅτι **πᾶν** τὸ εἰσπορευόμενον εἰς τὸ στόμα εἰς τὴν κοιλίαν χωρεῖ καὶ εἰς ἀφεδρῶνα ἐκβάλλεται;
15:37 καὶ ἔφαγον **πάντες** καὶ ἐχορτάσθησαν. καὶ τὸ περισσεῦον τῶν κλασμάτων ἦραν ἑπτὰ σπυρίδας πλήρεις.
17:11 ὁ δὲ ἀποκριθεὶς εἶπεν, Ἠλίας μὲν ἔρχεται καὶ ἀποκαταστήσει **πάντα·**
18:10 λέγω γὰρ ὑμῖν ὅτι οἱ ἄγγελοι αὐτῶν ἐν οὐρανοῖς διὰ **παντὸς** βλέπουσι τὸ πρόσωπον τοῦ πατρός μου τοῦ ἐν οὐρανοῖς.
18:16 ἵνα ἐπὶ στόματος δύο μαρτύρων ἢ τριῶν σταθῇ **πᾶν** ῥῆμα·
18:19 Πάλιν [ἀμὴν] λέγω ὑμῖν ὅτι ἐὰν δύο συμφωνήσωσιν ἐξ ὑμῶν ἐπὶ τῆς γῆς περὶ **παντὸς** πράγματος οὗ ἐὰν αἰτήσωνται,

18:25 μὴ ἔχοντος δὲ αὐτοῦ ἀποδοῦναι ἐκέλευσεν αὐτὸν ὁ κύριος πραθῆναι καὶ τὴν γυναῖκα καὶ τὰ τέκνα καὶ **πάντα** ὅσα ἔχει,
18:26 πεσὼν οὖν ὁ δοῦλος προσεκύνει αὐτῷ λέγων, Μακροθύμησον ἐπ' ἐμοί, καὶ **πάντα** ἀποδώσω σοι.
18:31 ἐλυπήθησαν σφόδρα καὶ ἐλθόντες διεσάφησαν τῷ κυρίῳ ἑαυτῶν **πάντα** τὰ γενόμενα.
18:32 Δοῦλε πονηρέ, **πᾶσαν** τὴν ὀφειλὴν ἐκείνην ἀφῆκά σοι,
18:34 καὶ ὀργισθεὶς ὁ κύριος αὐτοῦ παρέδωκεν αὐτὸν τοῖς βασανισταῖς ἕως οὗ ἀποδῷ **πᾶν** τὸ ὀφειλόμενον.
19: 3 Εἰ ἔξεστιν ἀνθρώπῳ ἀπολῦσαι τὴν γυναῖκα αὐτοῦ κατὰ **πᾶσαν** αἰτίαν;
19:11 Οὐ **πάντες** χωροῦσιν τὸν λόγον [τοῦτον] ἀλλ' οἷς δέδοται.
19:20 λέγει αὐτῷ ὁ νεανίσκος, **Πάντα** ταῦτα ἐφύλαξα· τί ἔτι ὑστερῶ;
19:26 Παρὰ ἀνθρώποις τοῦτο ἀδύνατόν ἐστιν, παρὰ δὲ θεῷ **πάντα** δυνατά.
19:27 Τότε ἀποκριθεὶς ὁ Πέτρος εἶπεν αὐτῷ, Ἰδοὺ ἡμεῖς ἀφήκαμεν **πάντα** καὶ ἠκολουθήσαμέν σοι·
19:29 καὶ **πᾶς** ὅστις ἀφῆκεν οἰκίας ἢ ἀδελφοὺς ἢ ἀδελφὰς ἢ πατέρα ἢ μητέρα ἢ τέκνα ἢ ἀγροὺς ἕνεκεν τοῦ ὀνόματός μου,
21:10 καὶ εἰσελθόντος αὐτοῦ εἰς Ἱεροσόλυμα ἐσείσθη **πᾶσα** ἡ πόλις λέγουσα,
21:12 Καὶ εἰσῆλθεν Ἰησοῦς εἰς τὸ ἱερὸν καὶ ἐξέβαλεν **πάντας** τοὺς πωλοῦντας καὶ ἀγοράζοντας ἐν τῷ ἱερῷ,
21:22 καὶ **πάντα** ὅσα ἂν αἰτήσητε ἐν τῇ προσευχῇ πιστεύοντες λήμψεσθε.
21:26 φοβούμεθα τὸν ὄχλον, **πάντες** γὰρ ὡς προφήτην ἔχουσιν τὸν Ἰωάννην.
22: 4 οἱ ταῦροί μου καὶ τὰ σιτιστὰ τεθυμένα καὶ **πάντα** ἕτοιμα·
22:10 καὶ ἐξελθόντες οἱ δοῦλοι ἐκεῖνοι εἰς τὰς ὁδοὺς συνήγαγον **πάντας** οὓς εὗρον,
22:27 ὕστερον δὲ **πάντων** ἀπέθανεν ἡ γυνή.
22:28 ἐν τῇ ἀναστάσει οὖν τίνος τῶν ἑπτὰ ἔσται γυνή; **πάντες** γὰρ ἔσχον αὐτήν·
23: 3 **πάντα** οὖν ὅσα ἐὰν εἴπωσιν ὑμῖν ποιήσατε καὶ τηρεῖτε,
23: 5 **πάντα** δὲ τὰ ἔργα αὐτῶν ποιοῦσιν πρὸς τὸ θεαθῆναι τοῖς ἀνθρώποις·
23: 8 εἷς γάρ ἐστιν ὑμῶν ὁ διδάσκαλος, **πάντες** δὲ ὑμεῖς ἀδελφοί ἐστε.
23:20 ὁ οὖν ὀμόσας ἐν τῷ θυσιαστηρίῳ ὀμνύει ἐν αὐτῷ καὶ ἐν **πᾶσι** τοῖς ἐπάνω αὐτοῦ·
23:27 ἔσωθεν δὲ γέμουσιν ὀστέων νεκρῶν καὶ **πάσης** ἀκαθαρσίας.
23:35 ὅπως ἔλθῃ ἐφ' ὑμᾶς **πᾶν** αἷμα δίκαιον ἐκχυννόμενον ἐπὶ τῆς γῆς ἀπὸ τοῦ αἵματος Ἅβελ τοῦ δικαίου ἕως τοῦ αἵματος Ζαχαρίου υἱοῦ Βαραχίου,
23:36 ἀμὴν λέγω ὑμῖν, ἥξει ταῦτα **πάντα** ἐπὶ τὴν γενεὰν ταύτην.
24: 2 ὁ δὲ ἀποκριθεὶς εἶπεν αὐτοῖς, Οὐ βλέπετε ταῦτα **πάντα;**
24: 8 **πάντα** δὲ ταῦτα ἀρχὴ ὠδίνων.
24: 9 καὶ ἔσεσθε μισούμενοι ὑπὸ **πάντων** τῶν ἐθνῶν διὰ τὸ ὄνομά μου.
24:14 καὶ κηρυχθήσεται τοῦτο τὸ εὐαγγέλιον τῆς βασιλείας ἐν ὅλῃ τῇ οἰκουμένῃ εἰς μαρτύριον **πᾶσιν** τοῖς ἔθνεσιν,
24:22 καὶ εἰ μὴ ἐκολοβώθησαν αἱ ἡμέραι ἐκεῖναι, οὐκ ἂν ἐσώθη **πᾶσα** σάρξ·
24:30 καὶ τότε κόψονται **πᾶσαι** αἱ φυλαὶ τῆς γῆς καὶ ὄψονται τὸν υἱὸν τοῦ ἀνθρώπου ἐρχόμενον ἐπὶ τῶν νεφελῶν τοῦ οὐρανοῦ
24:33 ὅταν ἴδητε **πάντα** ταῦτα γινώσκετε ὅτι ἐγγύς ἐστιν ἐπὶ θύραις.
24:34 ἀμὴν λέγω ὑμῖν ὅτι οὐ μὴ παρέλθῃ ἡ γενεὰ αὕτη ἕως ἂν **πάντα** ταῦτα γένηται.
24:47 ἀμὴν λέγω ὑμῖν ὅτι ἐπὶ **πᾶσιν** τοῖς ὑπάρχουσιν αὐτοῦ καταστήσει αὐτόν.
25: 5 χρονίζοντος δὲ τοῦ νυμφίου ἐνύσταξαν **πᾶσαι** καὶ ἐκάθευδον.
25: 7 τότε ἠγέρθησαν **πᾶσαι** αἱ παρθένοι ἐκεῖναι καὶ ἐκόσμησαν τὰς λαμπάδας ἑαυτῶν.
25:29 τῷ γὰρ ἔχοντι **παντὶ** δοθήσεται καὶ περισσευθήσεται, τοῦ δὲ μὴ ἔχοντος καὶ ὃ ἔχει ἀρθήσεται ἀπ' αὐτοῦ.
25:31 Ὅταν δὲ ἔλθῃ ὁ υἱὸς τοῦ ἀνθρώπου ἐν τῇ δόξῃ αὐτοῦ καὶ **πάντες** οἱ ἄγγελοι μετ' αὐτοῦ,
25:32 καὶ συναχθήσονται ἔμπροσθεν αὐτοῦ **πάντα** τὰ ἔθνη, καὶ ἀφορίσει αὐτοὺς ἀπ' ἀλλήλων,
26: 1 Καὶ ἐγένετο ὅτε ἐτέλεσεν ὁ Ἰησοῦς **πάντας** τοὺς λόγους τούτους,
26:27 καὶ λαβὼν ποτήριον καὶ εὐχαριστήσας ἔδωκεν αὐτοῖς λέγων, Πίετε ἐξ αὐτοῦ **πάντες,**
26:31 **Πάντες** ὑμεῖς σκανδαλισθήσεσθε ἐν ἐμοὶ ἐν τῇ νυκτὶ ταύτῃ,
26:33 Εἰ **πάντες** σκανδαλισθήσονται ἐν σοί, ἐγὼ οὐδέποτε σκανδαλισθήσομαι.
26:35 οὐ μή σε ἀπαρνήσομαι. ὁμοίως καὶ **πάντες** οἱ μαθηταὶ εἶπαν.
26:52 **πάντες** γὰρ οἱ λαβόντες μάχαιραν ἐν μαχαίρῃ ἀπολοῦνται.
26:56 τοῦτο δὲ ὅλον γέγονεν ἵνα πληρωθῶσιν αἱ γραφαὶ τῶν προφητῶν. Τότε οἱ μαθηταὶ **πάντες** ἀφέντες αὐτὸν ἔφυγον.
26:70 ὁ δὲ ἠρνήσατο ἔμπροσθεν **πάντων** λέγων, Οὐκ οἶδα τί λέγεις.
27: 1 συμβούλιον ἔλαβον **πάντες** οἱ ἀρχιερεῖς καὶ οἱ πρεσβύτεροι τοῦ λαοῦ κατὰ τοῦ Ἰησοῦ ὥστε θανατῶσαι αὐτόν·
27:22 Τί οὖν ποιήσω Ἰησοῦν τὸν λεγόμενον Χριστόν; λέγουσιν **πάντες,** Σταυρωθήτω.
27:25 καὶ ἀποκριθεὶς **πᾶς** ὁ λαὸς εἶπεν, Τὸ αἷμα αὐτοῦ ἐφ' ἡμᾶς καὶ ἐπὶ τὰ τέκνα ἡμῶν.
27:45 Ἀπὸ δὲ ἕκτης ὥρας σκότος ἐγένετο ἐπὶ **πᾶσαν** τὴν γῆν ἕως ὥρας ἐνάτης.
28:18 Ἐδόθη μοι **πᾶσα** ἐξουσία ἐν οὐρανῷ καὶ ἐπὶ [τῆς] γῆς.
28:19 πορευθέντες οὖν μαθητεύσατε **πάντα** τὰ ἔθνη, βαπτίζοντες αὐτοὺς εἰς τὸ ὄνομα τοῦ πατρὸς καὶ τοῦ υἱοῦ καὶ τοῦ ἁγίου πνεύματος,
28:20 διδάσκοντες αὐτοὺς τηρεῖν **πάντα** ὅσα ἐνετειλάμην ὑμῖν· καὶ ἰδοὺ ἐγὼ μεθ' ὑμῶν εἰμι **πάσας** τὰς ἡμέρας ἕως τῆς συντελείας τοῦ αἰῶνος.

Mk 1: 5 καὶ ἐξεπορεύετο πρὸς αὐτὸν **πᾶσα** ἡ Ἰουδαία χώρα καὶ οἱ Ἱεροσολυμῖται **πάντες,**
1:32 ἔφερον πρὸς αὐτὸν **πάντας** τοὺς κακῶς ἔχοντας καὶ τοὺς δαιμονιζομένους·
1:37 καὶ εὗρον αὐτὸν καὶ λέγουσιν αὐτῷ ὅτι **Πάντες** ζητοῦσίν σε.
2:12 καὶ ἠγέρθη καὶ εὐθὺς ἄρας τὸν κράβαττον ἐξῆλθεν ἔμπροσθεν **πάντων,** ὥστε ἐξίστασθαι **πάντας** καὶ δοξάζειν τὸν θεὸν λέγοντας ὅτι Οὕτως οὐδέποτε εἴδομεν.
2:13 καὶ **πᾶς** ὁ ὄχλος ἤρχετο πρὸς αὐτόν, καὶ ἐδίδασκεν αὐτούς.
3:28 ὅτι **πάντα** ἀφεθήσεται τοῖς υἱοῖς τῶν ἀνθρώπων τὰ ἁμαρτήματα καὶ αἱ βλασφημίαι ὅσα ἐὰν βλασφημήσωσιν·
4: 1 καὶ **πᾶς** ὁ ὄχλος πρὸς τὴν θάλασσαν ἐπὶ τῆς γῆς ἦσαν.
4:11 ἐκείνοις δὲ τοῖς ἔξω ἐν παραβολαῖς τὰ **πάντα** γίνεται,
4:13 Οὐκ οἴδατε τὴν παραβολὴν ταύτην, καὶ πῶς **πάσας** τὰς παραβολὰς γνώσεσθε;
4:31 μικρότερον ὂν **πάντων** τῶν σπερμάτων τῶν ἐπὶ τῆς γῆς,
4:32 ἀναβαίνει καὶ γίνεται μεῖζον **πάντων** τῶν λαχάνων καὶ ποιεῖ κλάδους μεγάλους,
4:34 κατ' ἰδίαν δὲ τοῖς ἰδίοις μαθηταῖς ἐπέλυεν **πάντα.**
5: 5 καὶ διὰ **παντὸς** νυκτὸς καὶ ἡμέρας ἐν τοῖς μνήμασιν καὶ ἐν τοῖς ὄρεσιν ἦν κράζων καὶ κατακόπτων ἑαυτὸν λίθοις.
5:20 καὶ ἀπῆλθεν καὶ ἤρξατο κηρύσσειν ἐν τῇ Δεκαπόλει ὅσα ἐποίησεν αὐτῷ ὁ Ἰησοῦς, καὶ **πάντες** ἐθαύμαζον.
5:26 καὶ πολλὰ παθοῦσα ὑπὸ πολλῶν ἰατρῶν καὶ δαπανήσασα τὰ παρ' αὐτῆς **πάντα** καὶ μηδὲν ὠφεληθεῖσα
5:33 ἦλθεν καὶ προσέπεσεν αὐτῷ καὶ εἶπεν αὐτῷ **πᾶσαν** τὴν ἀλήθειαν.
5:40 αὐτὸς δὲ ἐκβαλὼν **πάντας** παραλαμβάνει τὸν πατέρα τοῦ παιδίου καὶ τὴν μητέρα καὶ τοὺς μετ' αὐτοῦ
6:30 Καὶ συνάγονται οἱ ἀπόστολοι πρὸς τὸν Ἰησοῦν καὶ ἀπήγγειλαν αὐτῷ **πάντα** ὅσα ἐποίησαν καὶ ὅσα ἐδίδαξαν.
6:33 καὶ εἶδον αὐτοὺς ὑπάγοντας καὶ ἐπέγνωσαν πολλοὶ καὶ πεζῇ ἀπὸ **πασῶν** τῶν πόλεων συνέδραμον ἐκεῖ καὶ προῆλθον αὐτούς.
6:39 καὶ ἐπέταξεν αὐτοῖς ἀνακλῖναι **πάντας** συμπόσια συμπόσια ἐπὶ τῷ χλωρῷ χόρτῳ.
6:41 καὶ κατέκλασεν τοὺς ἄρτους καὶ ἐδίδου τοῖς μαθηταῖς [αὐτοῦ] ἵνα παρατιθῶσιν αὐτοῖς, καὶ τοὺς δύο ἰχθύας ἐμέρισεν **πᾶσιν.**
6:42 καὶ ἔφαγον **πάντες** καὶ ἐχορτάσθησαν,
6:50 **πάντες** γὰρ αὐτὸν εἶδον καὶ ἐταράχθησαν. ὁ δὲ εὐθὺς ἐλάλησεν μετ' αὐτῶν,
7: 3 ⌐οἱ γὰρ **Φαρισαῖοι** καὶ **πάντες** οἱ Ἰουδαῖοι ἐὰν μὴ πυγμῇ νίψωνται τὰς χεῖρας οὐκ ἐσθίουσιν,
7:14 Καὶ προσκαλεσάμενος πάλιν τὸν ὄχλον ἔλεγεν αὐτοῖς, Ἀκούσατέ μου **πάντες** καὶ σύνετε.
7:18 οὐ νοεῖτε ὅτι **πᾶν** τὸ ἔξωθεν εἰσπορευόμενον εἰς τὸν ἄνθρωπον οὐ δύναται αὐτὸν κοινῶσαι
7:19 εἰς τὸν ἀφεδρῶνα ἐκπορεύεται, καθαρίζων **πάντα** τὰ βρώματα;
7:23 **πάντα** ταῦτα τὰ πονηρὰ ἔσωθεν ἐκπορεύεται καὶ κοινοῖ τὸν ἄνθρωπον.
7:37 ἐξεπλήσσοντο λέγοντες, Καλῶς **πάντα** πεποίηκεν, καὶ τοὺς κωφοὺς ποιεῖ ἀκούειν καὶ [τοὺς] ἀλάλους λαλεῖν.
9:12 ὁ δὲ ἔφη αὐτοῖς, Ἠλίας μὲν ἐλθὼν πρῶτον ἀποκαθιστάνει **πάντα·**

9: 15 καὶ εὐθὺς **πᾶς** ὁ ὄχλος ἰδόντες αὐτὸν ἐξεθαμβήθησαν καὶ προστρέχοντες ἠσπάζοντο αὐτόν.
9: 23 ὁ δὲ Ἰησοῦς εἶπεν αὐτῷ, Τὸ Εἰ δύνῃ, **πάντα** δυνατὰ τῷ πιστεύοντι.
9: 35 Εἴ τις θέλει πρῶτος εἶναι, ἔσται **πάντων** ἔσχατος καὶ **πάντων** διάκονος.
9: 49 **πᾶς** γὰρ πυρὶ ἁλισθήσεται.
10: 20 ὁ δὲ ἔφη αὐτῷ, Διδάσκαλε, ταῦτα **πάντα** ἐφυλαξάμην ἐκ νεότητός μου.
10: 27 ἀλλ' οὐ παρὰ θεῷ· **πάντα** γὰρ δυνατὰ παρὰ τῷ θεῷ.
10: 28 Ἤρξατο λέγειν ὁ Πέτρος αὐτῷ, Ἰδοὺ ἡμεῖς ἀφήκαμεν **πάντα** καὶ ἠκολουθήκαμέν σοι.
10: 44 καὶ ὃς ἂν θέλῃ ἐν ὑμῖν εἶναι πρῶτος ἔσται **πάντων** δοῦλος·
11: 11 Καὶ εἰσῆλθεν εἰς Ἱεροσόλυμα εἰς τὸ ἱερὸν καὶ περιβλεψάμενος **πάντα,**
11: 17 Οὐ γέγραπται ὅτι Ὁ οἶκός μου οἶκος προσευχῆς κληθήσεται **πᾶσιν** τοῖς ἔθνεσιν;
11: 18 **πᾶς** γὰρ ὁ ὄχλος ἐξεπλήσσετο ἐπὶ τῇ διδαχῇ αὐτοῦ.
11: 24 **πάντα** ὅσα προσεύχεσθε καὶ αἰτεῖσθε, πιστεύετε ὅτι ἐλάβετε,
12: 22 καὶ οἱ ἑπτὰ οὐκ ἀφῆκαν σπέρμα. ἔσχατον **πάντων** καὶ ἡ γυνὴ ἀπέθανεν.
12: 28 ἰδὼν ὅτι καλῶς ἀπεκρίθη αὐτοῖς ἐπηρώτησεν αὐτόν, Ποία ἐστὶν ἐντολὴ πρώτη **πάντων;**
12: 33 καὶ τὸ ἀγαπᾶν τὸν πλησίον ὡς ἑαυτὸν περισσότερόν ἐστιν **πάντων** τῶν ὁλοκαυτωμάτων καὶ θυσιῶν.
12: 43 Ἀμὴν λέγω ὑμῖν ὅτι ἡ χήρα αὕτη ἡ πτωχὴ πλεῖον **πάντων** ἔβαλεν τῶν βαλλόντων εἰς τὸ γαζοφυλάκιον·
12: 44 **πάντες** γὰρ ἐκ τοῦ περισσεύοντος αὐτοῖς ἔβαλον, αὕτη δὲ ἐκ τῆς ὑστερήσεως αὐτῆς **πάντα** ὅσα εἶχεν ἔβαλεν ὅλον τὸν βίον αὐτῆς.
13: 4 πότε ταῦτα ἔσται καὶ τί τὸ σημεῖον ὅταν μέλλῃ ταῦτα συντελεῖσθαι **πάντα;**
13: 10 καὶ εἰς **πάντα** τὰ ἔθνη πρῶτον δεῖ κηρυχθῆναι τὸ εὐαγγέλιον.
13: 13 καὶ ἔσεσθε μισούμενοι ὑπὸ **πάντων** διὰ τὸ ὄνομά μου.
13: 20 εἰ μὴ ἐκολόβωσεν κύριος τὰς ἡμέρας, οὐκ ἂν ἐσώθη **πᾶσα** σάρξ·
13: 23 ὑμεῖς δὲ βλέπετε· προείρηκα ὑμῖν **πάντα.**
13: 30 ἀμὴν λέγω ὑμῖν ὅτι οὐ μὴ παρέλθῃ ἡ γενεὰ αὕτη μέχρις οὗ ταῦτα **πάντα** γένηται.
13: 37 ὃ δὲ ὑμῖν λέγω **πᾶσιν** λέγω, γρηγορεῖτε.
14: 23 καὶ λαβὼν ποτήριον εὐχαριστήσας ἔδωκεν αὐτοῖς, καὶ ἔπιον ἐξ αὐτοῦ **πάντες.**
14: 27 Καὶ λέγει αὐτοῖς ὁ Ἰησοῦς ὅτι **Πάντες** σκανδαλισθήσεσθε,
14: 29 ὁ δὲ Πέτρος ἔφη αὐτῷ, Εἰ καὶ **πάντες** σκανδαλισθήσονται, ἀλλ' οὐκ ἐγώ.
14: 31 οὐ μή σε ἀπαρνήσομαι. ὡσαύτως δὲ καὶ **πάντες** ἔλεγον.
14: 36 καὶ ἔλεγεν, Αββα ὁ πατήρ, **πάντα** δυνατά σοι·
14: 50 καὶ ἀφέντες αὐτὸν ἔφυγον **πάντες.**
14: 53 καὶ συνέρχονται **πάντες** οἱ ἀρχιερεῖς καὶ οἱ πρεσβύτεροι καὶ οἱ γραμματεῖς.
14: 64 οἱ δὲ **πάντες** κατέκριναν αὐτὸν ἔνοχον εἶναι θανάτου.
16: 15 ⟦Πορευθέντες εἰς τὸν κόσμον ἅπαντα κηρύξατε τὸ εὐαγγέλιον **πάσῃ** τῇ κτίσει.⟧
16: S ⟦**Πάντα**[NIV-] δὲ τὰ παρηγγελμένα τοῖς περὶ τὸν Πέτρον συντόμως ἐξήγγειλαν.⟧

Lk 1: 3 ἔδοξε κἀμοὶ παρηκολουθηκότι ἄνωθεν **πᾶσιν** ἀκριβῶς καθεξῆς σοι γράψαι,
1: 6 πορευόμενοι ἐν **πάσαις** ταῖς ἐντολαῖς καὶ δικαιώμασιν τοῦ κυρίου ἄμεμπτοι.
1: 10 καὶ **πᾶν** τὸ πλῆθος ἦν τοῦ λαοῦ προσευχόμενον ἔξω τῇ ὥρᾳ τοῦ θυμιάματος.
1: 37 ὅτι οὐκ ἀδυνατήσει παρὰ τοῦ θεοῦ **πᾶν** ῥῆμα.
1: 48 ἰδοὺ γὰρ ἀπὸ τοῦ νῦν μακαριοῦσίν με **πᾶσαι** αἱ γενεαί,
1: 63 καὶ αἰτήσας πινακίδιον ἔγραψεν λέγων, Ἰωάννης ἐστὶν ὄνομα αὐτοῦ. καὶ ἐθαύμασαν **πάντες.**
1: 65 καὶ ἐγένετο ἐπὶ **πάντας** φόβος τοὺς περιοικοῦντας αὐτούς, καὶ ἐν ὅλῃ τῇ ὀρεινῇ τῆς Ἰουδαίας διελαλεῖτο **πάντα** τὰ ῥήματα ταῦτα,
1: 66 ἔθεντο **πάντες** οἱ ἀκούσαντες ἐν τῇ καρδίᾳ αὐτῶν λέγοντες,
1: 71 σωτηρίαν ἐξ ἐχθρῶν ἡμῶν καὶ ἐκ χειρὸς **πάντων** τῶν μισούντων ἡμᾶς,
1: 75 ἐν ὁσιότητι καὶ δικαιοσύνῃ ἐνώπιον αὐτοῦ **πάσαις** ταῖς ἡμέραις ἡμῶν.
2: 1 Ἐγένετο δὲ ἐν ταῖς ἡμέραις ἐκείναις ἐξῆλθεν δόγμα παρὰ Καίσαρος Αὐγούστου ἀπογράφεσθαι **πᾶσαν** τὴν οἰκουμένην.
2: 3 καὶ ἐπορεύοντο **πάντες** ἀπογράφεσθαι, ἕκαστος εἰς τὴν ἑαυτοῦ πόλιν.
2: 10 ἰδοὺ γὰρ εὐαγγελίζομαι ὑμῖν χαρὰν μεγάλην ἥτις ἔσται **παντὶ** τῷ λαῷ,
2: 18 καὶ **πάντες** οἱ ἀκούσαντες ἐθαύμασαν περὶ τῶν λαληθέντων ὑπὸ τῶν ποιμένων πρὸς αὐτούς·
2: 19 ἡ δὲ Μαριὰμ **πάντα** συνετήρει τὰ ῥήματα ταῦτα συμβάλλουσα ἐν τῇ καρδίᾳ αὐτῆς.
2: 20 ὑπέστρεψαν οἱ ποιμένες δοξάζοντες καὶ αἰνοῦντες τὸν θεὸν ἐπὶ **πᾶσιν** οἷς ἤκουσαν καὶ εἶδον καθὼς ἐλαλήθη πρὸς αὐτούς.
2: 23 καθὼς γέγραπται ἐν νόμῳ κυρίου ὅτι **Πᾶν** ἄρσεν διανοῖγον μήτραν ἅγιον τῷ κυρίῳ κληθήσεται,
2: 31 ὃ ἡτοίμασας κατὰ πρόσωπον **πάντων** τῶν λαῶν,
2: 38 καὶ αὐτῇ τῇ ὥρᾳ ἐπιστᾶσα ἀνθωμολογεῖτο τῷ θεῷ καὶ ἐλάλει περὶ αὐτοῦ **πᾶσιν** τοῖς προσδεχομένοις λύτρωσιν Ἰερουσαλήμ.
2: 39 Καὶ ὡς ἐτέλεσαν **πάντα** τὰ κατὰ τὸν νόμον κυρίου,
2: 47 ἐξίσταντο δὲ **πάντες** οἱ ἀκούοντες αὐτοῦ ἐπὶ τῇ συνέσει καὶ ταῖς ἀποκρίσεσιν αὐτοῦ.
2: 51 καὶ ἡ μήτηρ αὐτοῦ διετήρει **πάντα** τὰ ῥήματα ἐν τῇ καρδίᾳ αὐτῆς.
3: 3 καὶ ἦλθεν εἰς **πᾶσαν** [τὴν] περίχωρον τοῦ Ἰορδάνου κηρύσσων βάπτισμα μετανοίας εἰς ἄφεσιν ἁμαρτιῶν,
3: 5 **πᾶσα** φάραγξ πληρωθήσεται καὶ **πᾶν** ὄρος καὶ βουνὸς ταπεινωθήσεται,
3: 6 καὶ ὄψεται **πᾶσα** σὰρξ τὸ σωτήριον τοῦ θεοῦ.
3: 9 **πᾶν** οὖν δένδρον μὴ ποιοῦν καρπὸν καλὸν ἐκκόπτεται καὶ εἰς πῦρ βάλλεται.
3: 15 Προσδοκῶντος δὲ τοῦ λαοῦ καὶ διαλογιζομένων **πάντων** ἐν ταῖς καρδίαις αὐτῶν περὶ τοῦ Ἰωάννου,
3: 16 ἀπεκρίνατο λέγων **πᾶσιν** ὁ Ἰωάννης, Ἐγὼ μὲν ὕδατι βαπτίζω ὑμᾶς·
3: 19 περὶ Ἡρῳδιάδος τῆς γυναικὸς τοῦ ἀδελφοῦ αὐτοῦ καὶ περὶ **πάντων** ὧν ἐποίησεν πονηρῶν ὁ Ἡρῴδης,
3: 20 προσέθηκεν καὶ τοῦτο ἐπὶ **πᾶσιν** [καὶ] κατέκλεισεν τὸν Ἰωάννην ἐν φυλακῇ.
4: 5 Καὶ ἀναγαγὼν αὐτὸν ἔδειξεν αὐτῷ **πάσας** τὰς βασιλείας τῆς οἰκουμένης ἐν στιγμῇ χρόνου
4: 7 σὺ οὖν ἐὰν προσκυνήσῃς ἐνώπιον ἐμοῦ, ἔσται σοῦ **πᾶσα.**
4: 13 Καὶ συντελέσας **πάντα** πειρασμὸν ὁ διάβολος ἀπέστη ἀπ' αὐτοῦ ἄχρι καιροῦ.
4: 15 καὶ αὐτὸς ἐδίδασκεν ἐν ταῖς συναγωγαῖς αὐτῶν δοξαζόμενος ὑπὸ **πάντων.**
4: 20 καὶ **πάντων** οἱ ὀφθαλμοὶ ἐν τῇ συναγωγῇ ἦσαν ἀτενίζοντες αὐτῷ.
4: 22 Καὶ **πάντες** ἐμαρτύρουν αὐτῷ καὶ ἐθαύμαζον ἐπὶ τοῖς λόγοις τῆς χάριτος τοῖς ἐκπορευομένοις ἐκ τοῦ στόματος αὐτοῦ
4: 25 ὡς ἐγένετο λιμὸς μέγας ἐπὶ **πᾶσαν** τὴν γῆν,
4: 28 ἐπλήσθησαν **πάντες** θυμοῦ ἐν τῇ συναγωγῇ ἀκούοντες ταῦτα
4: 36 καὶ ἐγένετο θάμβος ἐπὶ **πάντας** καὶ συνελάλουν πρὸς ἀλλήλους
4: 37 ἐξεπορεύετο ἦχος περὶ αὐτοῦ εἰς **πάντα** τόπον τῆς περιχώρου.
5: 9 θάμβος γὰρ περιέσχεν αὐτὸν καὶ **πάντας** τοὺς σὺν αὐτῷ ἐπὶ τῇ ἄγρᾳ τῶν ἰχθύων ὧν συνέλαβον,
5: 11 καὶ καταγαγόντες τὰ πλοῖα ἐπὶ τὴν γῆν ἀφέντες **πάντα** ἠκολούθησαν αὐτῷ.
5: 17 Φαρισαῖοι καὶ νομοδιδάσκαλοι οἳ ἦσαν ἐληλυθότες ἐκ **πάσης** κώμης τῆς Γαλιλαίας καὶ Ἰουδαίας καὶ Ἰερουσαλήμ·
5: 28 καὶ καταλιπὼν **πάντα** ἀναστὰς ἠκολούθει αὐτῷ.
6: 10 καὶ περιβλεψάμενος **πάντας** αὐτοὺς εἶπεν αὐτῷ, Ἔκτεινον τὴν χεῖρά σου.
6: 17 καὶ πλῆθος πολὺ τοῦ λαοῦ ἀπὸ **πάσης** τῆς Ἰουδαίας καὶ Ἰερουσαλὴμ καὶ τῆς παραλίου Τύρου καὶ Σιδῶνος,
6: 19 καὶ **πᾶς** ὁ ὄχλος ἐζήτουν ἅπτεσθαι αὐτοῦ, ὅτι δύναμις παρ' αὐτοῦ ἐξήρχετο καὶ ἰᾶτο **πάντας.**
6: 26 οὐαὶ ὅταν ὑμᾶς καλῶς εἴπωσιν **πάντες** οἱ ἄνθρωποι·
6: 30 **παντὶ** αἰτοῦντί σε δίδου, καὶ ἀπὸ τοῦ αἴροντος τὰ σὰ μὴ ἀπαίτει.
6: 40 κατηρτισμένος δὲ **πᾶς** ἔσται ὡς ὁ διδάσκαλος αὐτοῦ.
6: 47 **πᾶς** ὁ ἐρχόμενος πρός με καὶ ἀκούων μου τῶν λόγων καὶ ποιῶν αὐτούς,
7: 1 Ἐπειδὴ ἐπλήρωσεν **πάντα** τὰ ῥήματα αὐτοῦ εἰς τὰς ἀκοὰς τοῦ λαοῦ,
7: 16 ἔλαβεν δὲ φόβος **πάντας** καὶ ἐδόξαζον τὸν θεὸν λέγοντες ὅτι Προφήτης μέγας ἠγέρθη ἐν ἡμῖν
7: 17 καὶ ἐξῆλθεν ὁ λόγος οὗτος ἐν ὅλῃ τῇ Ἰουδαίᾳ περὶ αὐτοῦ καὶ **πάσῃ** τῇ περιχώρῳ.
7: 18 ἀπήγγειλαν Ἰωάννῃ οἱ μαθηταὶ αὐτοῦ περὶ **πάντων** τούτων.
7: 29 Καὶ **πᾶς** ὁ λαὸς ἀκούσας καὶ οἱ τελῶναι ἐδικαίωσαν τὸν θεὸν βαπτισθέντες τὸ βάπτισμα Ἰωάννου·

7:35 καὶ ἐδικαιώθη ἡ σοφία ἀπὸ **πάντων** τῶν τέκνων αὐτῆς.
8:40 Ἐν δὲ τῷ ὑποστρέφειν τὸν Ἰησοῦν ἀπεδέξατο αὐτὸν ὁ ὄχλος· ἦσαν γὰρ **πάντες** προσδοκῶντες αὐτόν.
8:45 ἀρνουμένων δὲ **πάντων** εἶπεν ὁ Πέτρος, Ἐπιστάτα, οἱ ὄχλοι συνέχουσίν σε καὶ ἀποθλίβουσιν.
8:47 ἦλθεν καὶ προσπεσοῦσα αὐτῷ δι' ἣν αἰτίαν ἥψατο αὐτοῦ ἀπήγγειλεν ἐνώπιον **παντὸς** τοῦ λαοῦ καὶ ὡς ἰάθη παραχρῆμα.
8:52 ἔκλαιον δὲ **πάντες** καὶ ἐκόπτοντο αὐτήν. ὁ δὲ εἶπεν,
9: 1 Συγκαλεσάμενος δὲ τοὺς δώδεκα ἔδωκεν αὐτοῖς δύναμιν καὶ ἐξουσίαν ἐπὶ **πάντα** τὰ δαιμόνια καὶ νόσους θεραπεύειν
9: 7 Ἤκουσεν δὲ Ἡρῴδης ὁ τετραάρχης τὰ γινόμενα **πάντα** καὶ διηπόρει διὰ τὸ λέγεσθαι ὑπό τινων ὅτι Ἰωάννης ἠγέρθη ἐκ νεκρῶν,
9:13 εἰ μήτι πορευθέντες ἡμεῖς ἀγοράσωμεν εἰς **πάντα** τὸν λαὸν τοῦτον βρώματα.
9:17 καὶ ἔφαγον καὶ ἐχορτάσθησαν **πάντες,** καὶ ἤρθη τὸ περισσεῦσαν αὐτοῖς κλασμάτων κόφινοι δώδεκα.
9:23 Ἔλεγεν δὲ πρὸς **πάντας,** Εἴ τις θέλει ὀπίσω μου ἔρχεσθαι,
9:43 ἐξεπλήσσοντο δὲ **πάντες** ἐπὶ τῇ μεγαλειότητι τοῦ θεοῦ. **Πάντων** δὲ θαυμαζόντων ἐπὶ **πᾶσιν** οἷς ἐποίει εἶπεν πρὸς τοὺς μαθητὰς αὐτοῦ,
9:48 ὁ γὰρ μικρότερος ἐν **πᾶσιν** ὑμῖν ὑπάρχων οὗτός ἐστιν μέγας.
10: 1 καὶ ἀπέστειλεν αὐτοὺς ἀνὰ δύο [δύο] πρὸ προσώπου αὐτοῦ εἰς **πᾶσαν** πόλιν καὶ τόπον οὗ ἤμελλεν αὐτὸς ἔρχεσθαι.
10:19 καὶ ἐπὶ **πᾶσαν** τὴν δύναμιν τοῦ ἐχθροῦ, καὶ οὐδὲν ὑμᾶς οὐ μὴ ἀδικήσῃ.
10:22 **Πάντα** μοι παρεδόθη ὑπὸ τοῦ πατρός μου, καὶ οὐδεὶς γινώσκει τίς ἐστιν ὁ υἱὸς εἰ μὴ ὁ πατήρ,
11: 4 καὶ ἄφες ἡμῖν τὰς ἁμαρτίας ἡμῶν, καὶ γὰρ αὐτοὶ ἀφίομεν **παντὶ** ὀφείλοντι ἡμῖν·
11:10 **πᾶς** γὰρ ὁ αἰτῶν λαμβάνει καὶ ὁ ζητῶν εὑρίσκει καὶ τῷ κρούοντι ἀνοιγ[ήσ]εται.
11:17 **Πᾶσα** βασιλεία ἐφ' ἑαυτὴν διαμερισθεῖσα ἐρημοῦται καὶ οἶκος ἐπὶ οἶκον πίπτει.
11:41 πλὴν τὰ ἐνόντα δότε ἐλεημοσύνην, καὶ ἰδοὺ **πάντα** καθαρὰ ὑμῖν ἐστιν.
11:42 ὅτι ἀποδεκατοῦτε τὸ ἡδύοσμον καὶ τὸ πήγανον καὶ **πᾶν** λάχανον καὶ παρέρχεσθε τὴν κρίσιν καὶ τὴν ἀγάπην τοῦ θεοῦ·
11:50 ἵνα ἐκζητηθῇ τὸ αἷμα **πάντων** τῶν προφητῶν τὸ ἐκκεχυμένον ἀπὸ καταβολῆς κόσμου ἀπὸ τῆς γενεᾶς ταύτης,
12: 7 ἀλλὰ καὶ αἱ τρίχες τῆς κεφαλῆς ὑμῶν **πᾶσαι** ἠρίθμηνται.
12: 8 **πᾶς** ὃς ἂν ὁμολογήσῃ ἐν ἐμοὶ ἔμπροσθεν τῶν ἀνθρώπων,
12:10 καὶ **πᾶς** ὃς ἐρεῖ λόγον εἰς τὸν υἱὸν τοῦ ἀνθρώπου,
12:15 εἶπεν δὲ πρὸς αὐτούς, Ὁρᾶτε καὶ φυλάσσεσθε ἀπὸ **πάσης** πλεονεξίας,
12:18 καθελῶ μου τὰς ἀποθήκας καὶ μείζονας οἰκοδομήσω καὶ συνάξω ἐκεῖ **πάντα** τὸν σῖτον καὶ τὰ ἀγαθά μου
12:27 οὐδὲ Σολομὼν ἐν **πάσῃ** τῇ δόξῃ αὐτοῦ περιεβάλετο ὡς ἓν τούτων.
12:30 ταῦτα γὰρ **πάντα** τὰ ἔθνη τοῦ κόσμου ἐπιζητοῦσιν,
12:41 πρὸς ἡμᾶς τὴν παραβολὴν ταύτην λέγεις ἢ καὶ πρὸς **πάντας;**
12:44 ἀληθῶς λέγω ὑμῖν ὅτι ἐπὶ **πᾶσιν** τοῖς ὑπάρχουσιν αὐτοῦ καταστήσει αὐτόν.
12:48 **παντὶ** δὲ ᾧ ἐδόθη πολύ, πολὺ ζητηθήσεται παρ' αὐτοῦ,
13: 2 Δοκεῖτε ὅτι οἱ Γαλιλαῖοι οὗτοι ἁμαρτωλοὶ παρὰ **πάντας** τοὺς Γαλιλαίους ἐγένοντο,
13: 3 λέγω ὑμῖν, ἀλλ' ἐὰν μὴ μετανοῆτε **πάντες** ὁμοίως ἀπολεῖσθε.
13: 4 δοκεῖτε ὅτι αὐτοὶ ὀφειλέται ἐγένοντο παρὰ **πάντας** τοὺς ἀνθρώπους τοὺς κατοικοῦντας Ἰερουσαλήμ;
13: 5 λέγω ὑμῖν, ἀλλ' ἐὰν μὴ μετανοῆτε **πάντες** ὡσαύτως ἀπολεῖσθε.
13:17 καὶ ταῦτα λέγοντος αὐτοῦ κατῃσχύνοντο **πάντες** οἱ ἀντικείμενοι αὐτῷ, καὶ **πᾶς** ὁ ὄχλος ἔχαιρεν ἐπὶ **πᾶσιν** τοῖς ἐνδόξοις τοῖς γινομένοις ὑπ' αὐτοῦ.
13:27 Οὐκ οἶδα [ὑμᾶς] πόθεν ἐστέ· ἀπόστητε ἀπ' ἐμοῦ **πάντες** ἐργάται ἀδικίας.
13:28 ὅταν ὄψεσθε Ἀβραὰμ καὶ Ἰσαὰκ καὶ Ἰακὼβ καὶ **πάντας** τοὺς προφήτας ἐν τῇ βασιλείᾳ τοῦ θεοῦ,
14:10 τότε ἔσται σοι δόξα ἐνώπιον **πάντων** τῶν συνανακειμένων σοι.
14:11 ὅτι **πᾶς** ὁ ὑψῶν ἑαυτὸν ταπεινωθήσεται, καὶ ὁ ταπεινῶν ἑαυτὸν ὑψωθήσεται.
14:18 καὶ ἤρξαντο ἀπὸ μιᾶς **πάντες** παραιτεῖσθαι.
14:29 ἵνα μήποτε θέντος αὐτοῦ θεμέλιον καὶ μὴ ἰσχύοντος ἐκτελέσαι **πάντες** οἱ θεωροῦντες ἄρξωνται αὐτῷ ἐμπαίζειν
14:33 οὕτως οὖν **πᾶς** ἐξ ὑμῶν ὃς οὐκ ἀποτάσσεται **πᾶσιν** τοῖς ἑαυτοῦ ὑπάρχουσιν οὐ δύναται εἶναί μου μαθητής.
15: 1 Ἦσαν δὲ αὐτῷ ἐγγίζοντες **πάντες** οἱ τελῶναι καὶ οἱ ἁμαρτωλοὶ ἀκούειν αὐτοῦ.
15:13 συναγαγὼν **πάντα** ὁ νεώτερος υἱὸς ἀπεδήμησεν εἰς χώραν μακρὰν καὶ ἐκεῖ διεσκόρπισεν τὴν οὐσίαν αὐτοῦ ζῶν ἀσώτως.
15:14 δαπανήσαντος δὲ αὐτοῦ **πάντα** ἐγένετο λιμὸς ἰσχυρὰ κατὰ τὴν χώραν ἐκείνην,
15:31 σὺ πάντοτε μετ' ἐμοῦ εἶ, καὶ **πάντα** τὰ ἐμὰ σά ἐστιν·
16:14 Ἤκουον δὲ ταῦτα **πάντα** οἱ Φαρισαῖοι φιλάργυροι ὑπάρχοντες καὶ ἐξεμυκτήριζον αὐτόν.
16:16 ἀπὸ τότε ἡ βασιλεία τοῦ θεοῦ εὐαγγελίζεται καὶ **πᾶς** εἰς αὐτὴν βιάζεται.
16:18 **Πᾶς** ὁ ἀπολύων τὴν γυναῖκα αὐτοῦ καὶ γαμῶν ἑτέραν μοιχεύει,
16:26 καὶ ἐν **πᾶσι** τούτοις μεταξὺ ἡμῶν καὶ ὑμῶν χάσμα μέγα ἐστήρικται,
17:10 οὕτως καὶ ὑμεῖς, ὅταν ποιήσητε **πάντα** τὰ διαταχθέντα ὑμῖν,
17:27 ἄχρι ἧς ἡμέρας εἰσῆλθεν Νῶε εἰς τὴν κιβωτὸν καὶ ἦλθεν ὁ κατακλυσμὸς καὶ ἀπώλεσεν **πάντας.**
17:29 ἔβρεξεν πῦρ καὶ θεῖον ἀπ' οὐρανοῦ καὶ ἀπώλεσεν **πάντας.**
18:12 νηστεύω δὶς τοῦ σαββάτου, ἀποδεκατῶ **πάντα** ὅσα κτῶμαι.
18:14 ὅτι **πᾶς** ὁ ὑψῶν ἑαυτὸν ταπεινωθήσεται, ὁ δὲ ταπεινῶν ἑαυτὸν ὑψωθήσεται.
18:21 ὁ δὲ εἶπεν, Ταῦτα **πάντα** ἐφύλαξα ἐκ νεότητος.
18:22 **πάντα** ὅσα ἔχεις πώλησον καὶ διάδος πτωχοῖς, καὶ ἕξεις θησαυρὸν ἐν [τοῖς] οὐρανοῖς,
18:31 καὶ τελεσθήσεται **πάντα** τὰ γεγραμμένα διὰ τῶν προφητῶν τῷ υἱῷ τοῦ ἀνθρώπου·
18:43 καὶ **πᾶς** ὁ λαὸς ἰδὼν ἔδωκεν αἶνον τῷ θεῷ.
19: 7 καὶ ἰδόντες **πάντες** διεγόγγυζον λέγοντες ὅτι Παρὰ ἁμαρτωλῷ ἀνδρὶ εἰσῆλθεν καταλῦσαι.
19:26 λέγω ὑμῖν ὅτι **παντὶ** τῷ ἔχοντι δοθήσεται, ἀπὸ δὲ τοῦ μὴ ἔχοντος καὶ ὃ ἔχει ἀρθήσεται.
19:37 ἤρξαντο ἅπαν τὸ πλῆθος τῶν μαθητῶν χαίροντες αἰνεῖν τὸν θεὸν φωνῇ μεγάλῃ περὶ **πασῶν** ὧν εἶδον δυνάμεων,
20:18 **πᾶς** ὁ πεσὼν ἐπ' ἐκεῖνον τὸν λίθον συνθλασθήσεται·
20:38 θεὸς δὲ οὐκ ἔστιν νεκρῶν ἀλλὰ ζώντων, **πάντες** γὰρ αὐτῷ ζῶσιν.
20:45 Ἀκούοντος δὲ **παντὸς** τοῦ λαοῦ εἶπεν τοῖς μαθηταῖς [αὐτοῦ,]
21: 3 Ἀληθῶς λέγω ὑμῖν ὅτι ἡ χήρα αὕτη ἡ πτωχὴ πλεῖον **πάντων** ἔβαλεν·
21: 4 **πάντες** γὰρ οὗτοι ἐκ τοῦ περισσεύοντος αὐτοῖς ἔβαλον εἰς τὰ δῶρα, αὕτη δὲ ἐκ τοῦ ὑστερήματος αὐτῆς **πάντα** τὸν βίον ὃν εἶχεν ἔβαλεν.
21:12 πρὸ δὲ τούτων **πάντων** ἐπιβαλοῦσιν ἐφ' ὑμᾶς τὰς χεῖρας αὐτῶν καὶ διώξουσιν,
21:17 καὶ ἔσεσθε μισούμενοι ὑπὸ **πάντων** διὰ τὸ ὄνομά μου.
21:22 ὅτι ἡμέραι ἐκδικήσεως αὗταί εἰσιν τοῦ πλησθῆναι **πάντα** τὰ γεγραμμένα.
21:24 καὶ πεσοῦνται στόματι μαχαίρης καὶ αἰχμαλωτισθήσονται εἰς τὰ ἔθνη **πάντα,**
21:29 Καὶ εἶπεν παραβολὴν αὐτοῖς· Ἴδετε τὴν συκῆν καὶ **πάντα** τὰ δένδρα·
21:32 ἀμὴν λέγω ὑμῖν ὅτι οὐ μὴ παρέλθῃ ἡ γενεὰ αὕτη ἕως ἂν **πάντα** γένηται.
21:35 ἐπεισελεύσεται γὰρ ἐπὶ **πάντας** τοὺς καθημένους ἐπὶ πρόσωπον **πάσης** τῆς γῆς.
21:36 ἀγρυπνεῖτε δὲ ἐν **παντὶ** καιρῷ δεόμενοι ἵνα κατισχύσητε ἐκφυγεῖν ταῦτα **πάντα** τὰ μέλλοντα γίνεσθαι καὶ σταθῆναι ἔμπροσθεν τοῦ υἱοῦ τοῦ ἀνθρώπου.
21:38 καὶ **πᾶς** ὁ λαὸς ὤρθριζεν πρὸς αὐτὸν ἐν τῷ ἱερῷ ἀκούειν αὐτοῦ.
22:70 εἶπαν δὲ **πάντες,** Σὺ οὖν εἶ ὁ υἱὸς τοῦ θεοῦ;
23:48 καὶ **πάντες** οἱ συμπαραγενόμενοι ὄχλοι ἐπὶ τὴν θεωρίαν ταύτην,
23:49 εἱστήκεισαν δὲ **πάντες** οἱ γνωστοὶ αὐτῷ ἀπὸ μακρόθεν καὶ γυναῖκες αἱ συνακολουθοῦσαι αὐτῷ ἀπὸ τῆς Γαλιλαίας ὁρῶσαι
24: 9 καὶ ὑποστρέψασαι ἀπὸ τοῦ μνημείου ἀπήγγειλαν ταῦτα **πάντα** τοῖς ἕνδεκα καὶ **πᾶσιν** τοῖς λοιποῖς.
24:14 καὶ αὐτοὶ ὡμίλουν πρὸς ἀλλήλους περὶ **πάντων** τῶν συμβεβηκότων τούτων.
24:19 ὃς ἐγένετο ἀνὴρ προφήτης δυνατὸς ἐν ἔργῳ καὶ λόγῳ ἐναντίον τοῦ θεοῦ καὶ **παντὸς** τοῦ λαοῦ,
24:21 ἀλλά γε καὶ σὺν **πᾶσιν** τούτοις τρίτην ταύτην ἡμέραν ἄγει ἀφ' οὗ ταῦτα ἐγένετο.
24:25 Ὦ ἀνόητοι καὶ βραδεῖς τῇ καρδίᾳ τοῦ πιστεύειν ἐπὶ **πᾶσιν** οἷς ἐλάλησαν οἱ προφῆται·
24:27 καὶ ἀρξάμενος ἀπὸ Μωϋσέως καὶ ἀπὸ **πάντων** τῶν προφητῶν διερμήνευσεν αὐτοῖς ἐν **πάσαις** ταῖς γραφαῖς τὰ περὶ ἑαυτοῦ.

24:44 ὅτι δεῖ πληρωθῆναι **πάντα** τὰ γεγραμμένα ἐν τῷ νόμῳ Μωϋσέως καὶ τοῖς προφήταις καὶ ψαλμοῖς περὶ ἐμοῦ.
24:47 καὶ κηρυχθῆναι ἐπὶ τῷ ὀνόματι αὐτοῦ μετάνοιαν εἰς ἄφεσιν ἁμαρτιῶν εἰς **πάντα** τὰ ἔθνη.
24:53 καὶ ἦσαν διὰ **παντὸς** ἐν τῷ ἱερῷ εὐλογοῦντες τὸν θεόν.

Jn 1: 3 **πάντα** δι᾽ αὐτοῦ ἐγένετο, καὶ χωρὶς αὐτοῦ ἐγένετο οὐδὲ ἕν.
1: 7 οὗτος ἦλθεν εἰς μαρτυρίαν ἵνα μαρτυρήσῃ περὶ τοῦ φωτός, ἵνα **πάντες** πιστεύσωσιν δι᾽ αὐτοῦ.
1: 9 ὃ φωτίζει **πάντα** ἄνθρωπον, ἐρχόμενον εἰς τὸν κόσμον.
1:16 ὅτι ἐκ τοῦ πληρώματος αὐτοῦ ἡμεῖς **πάντες** ἐλάβομεν καὶ χάριν ἀντὶ χάριτος·
2:10 **Πᾶς** ἄνθρωπος πρῶτον τὸν καλὸν οἶνον τίθησιν καὶ ὅταν μεθυσθῶσιν τὸν ἐλάσσω·
2:15 καὶ ποιήσας φραγέλλιον ἐκ σχοινίων **πάντας** ἐξέβαλεν ἐκ τοῦ ἱεροῦ τά τε πρόβατα καὶ τοὺς βόας,
2:24 αὐτὸς δὲ Ἰησοῦς οὐκ ἐπίστευεν αὐτὸν αὐτοῖς διὰ τὸ αὐτὸν γινώσκειν **πάντας**
3: 8 οὕτως ἐστὶν **πᾶς** ὁ γεγεννημένος ἐκ τοῦ πνεύματος.
3:15 ἵνα **πᾶς** ὁ πιστεύων ἐν αὐτῷ ἔχῃ ζωὴν αἰώνιον.
3:16 ἵνα **πᾶς** ὁ πιστεύων εἰς αὐτὸν μὴ ἀπόληται ἀλλ᾽ ἔχῃ ζωὴν αἰώνιον.
3:20 **πᾶς** γὰρ ὁ φαῦλα πράσσων μισεῖ τὸ φῶς καὶ οὐκ ἔρχεται πρὸς τὸ φῶς,
3:26 ἴδε οὗτος βαπτίζει καὶ **πάντες** ἔρχονται πρὸς αὐτόν.
3:31 Ὁ ἄνωθεν ἐρχόμενος ἐπάνω **πάντων** ἐστίν· ὁ ὢν ἐκ τῆς γῆς ἐκ τῆς γῆς ἐστιν καὶ ἐκ τῆς γῆς λαλεῖ. ὁ ἐκ τοῦ οὐρανοῦ ἐρχόμενος [ἐπάνω **πάντων** ἐστίν·]
3:35 ὁ πατὴρ ἀγαπᾷ τὸν υἱὸν καὶ **πάντα** δέδωκεν ἐν τῇ χειρὶ αὐτοῦ.
4:13 **Πᾶς** ὁ πίνων ἐκ τοῦ ὕδατος τούτου διψήσει πάλιν·
4:29 Δεῦτε ἴδετε ἄνθρωπον ὃς εἶπέν μοι **πάντα** ὅσα ἐποίησα,
4:39 πολλοὶ ἐπίστευσαν εἰς αὐτὸν τῶν Σαμαριτῶν διὰ τὸν λόγον τῆς γυναικὸς μαρτυρούσης ὅτι Εἶπέν μοι **πάντα** ἃ ἐποίησα
4:45 ἐδέξαντο αὐτὸν οἱ Γαλιλαῖοι **πάντα** ἑωρακότες ὅσα ἐποίησεν ἐν Ἱεροσολύμοις ἐν τῇ ἑορτῇ,
5:20 ὁ γὰρ πατὴρ φιλεῖ τὸν υἱὸν καὶ **πάντα** δείκνυσιν αὐτῷ ἃ αὐτὸς ποιεῖ,
5:22 οὐδὲ γὰρ ὁ πατὴρ κρίνει οὐδένα, ἀλλὰ τὴν κρίσιν **πᾶσαν** δέδωκεν τῷ υἱῷ,
5:23 ἵνα **πάντες** τιμῶσι τὸν υἱὸν καθὼς τιμῶσι τὸν πατέρα.
5:28 ὅτι ἔρχεται ὥρα ἐν ᾗ **πάντες** οἱ ἐν τοῖς μνημείοις ἀκούσουσιν τῆς φωνῆς αὐτοῦ
6:37 **Πᾶν** ὃ δίδωσίν μοι ὁ πατὴρ πρὸς ἐμὲ ἥξει,
6:39 ἵνα **πᾶν** ὃ δέδωκέν μοι μὴ ἀπολέσω ἐξ αὐτοῦ,
6:40 ἵνα **πᾶς** ὁ θεωρῶν τὸν υἱὸν καὶ πιστεύων εἰς αὐτὸν ἔχῃ ζωὴν αἰώνιον,
6:45 ἔστιν γεγραμμένον ἐν τοῖς προφήταις, Καὶ ἔσονται **πάντες** διδακτοὶ θεοῦ· **πᾶς** ὁ ἀκούσας παρὰ τοῦ πατρὸς καὶ μαθὼν ἔρχεται πρὸς ἐμέ.
7:21 ἀπεκρίθη Ἰησοῦς καὶ εἶπεν αὐτοῖς, Ἓν ἔργον ἐποίησα καὶ **πάντες** θαυμάζετε.
8: 2 [[Ὄρθρου δὲ πάλιν παρεγένετο εἰς τὸ ἱερὸν καὶ **πᾶς** ὁ λαὸς ἤρχετο πρὸς αὐτόν,]]
8:34 Ἀμὴν ἀμὴν λέγω ὑμῖν ὅτι **πᾶς** ὁ ποιῶν τὴν ἁμαρτίαν δοῦλός ἐστιν τῆς ἁμαρτίας.
10: 4 ὅταν τὰ ἴδια **πάντα** ἐκβάλῃ, ἔμπροσθεν αὐτῶν πορεύεται,
10: 8 **πάντες** ὅσοι ἦλθον [πρὸ ἐμοῦ] κλέπται εἰσὶν καὶ λῃσταί,
10:29 ὁ πατήρ μου ὃ δέδωκέν μοι **πάντων** [UBS; NIV ὃς δέδωκέν μοι αὐτὰ μείζων **πάντων**] μεῖζόν ἐστιν,
10:41 **πάντα** δὲ ὅσα εἶπεν Ἰωάννης περὶ τούτου ἀληθῆ ἦν.
11:26 **πᾶς** ὁ ζῶν καὶ πιστεύων εἰς ἐμὲ οὐ μὴ ἀποθάνῃ εἰς τὸν αἰῶνα.
11:48 ἐὰν ἀφῶμεν αὐτὸν οὕτως, **πάντες** πιστεύσουσιν εἰς αὐτόν,
12:32 κἀγὼ ἐὰν ὑψωθῶ ἐκ τῆς γῆς, **πάντας** ἑλκύσω πρὸς ἐμαυτόν.
12:46 ἵνα **πᾶς** ὁ πιστεύων εἰς ἐμὲ ἐν τῇ σκοτίᾳ μὴ μείνῃ.
13: 3 εἰδὼς ὅτι **πάντα** ἔδωκεν αὐτῷ ὁ πατὴρ εἰς τὰς χεῖρας καὶ ὅτι ἀπὸ θεοῦ ἐξῆλθεν καὶ πρὸς τὸν θεὸν ὑπάγει,
13:10 καὶ ὑμεῖς καθαροί ἐστε, ἀλλ᾽ οὐχὶ **πάντες.**
13:11 διὰ τοῦτο εἶπεν ὅτι Οὐχὶ **πάντες** καθαροί ἐστε.
13:18 οὐ περὶ **πάντων** ὑμῶν λέγω· ἐγὼ οἶδα τίνας ἐξελεξάμην·
13:35 ἐν τούτῳ γνώσονται **πάντες** ὅτι ἐμοὶ μαθηταί ἐστε,
14:26 ἐκεῖνος ὑμᾶς διδάξει **πάντα** καὶ ὑπομνήσει ὑμᾶς **πάντα** ἃ εἶπον ὑμῖν [ἐγώ.]
15: 2 **πᾶν** κλῆμα ἐν ἐμοὶ μὴ φέρον καρπὸν αἴρει αὐτό, καὶ **πᾶν** τὸ καρπὸν φέρον καθαίρει αὐτὸ ἵνα καρπὸν πλείονα φέρῃ.
15:15 ὅτι **πάντα** ἃ ἤκουσα παρὰ τοῦ πατρός μου ἐγνώρισα ὑμῖν.
15:21 ἀλλὰ ταῦτα **πάντα** ποιήσουσιν εἰς ὑμᾶς διὰ τὸ ὄνομά μου,
16: 2 ἀλλ᾽ ἔρχεται ὥρα ἵνα **πᾶς** ὁ ἀποκτείνας ὑμᾶς δόξῃ λατρείαν προσφέρειν τῷ θεῷ.
16:13 τὸ πνεῦμα τῆς ἀληθείας, ὁδηγήσει ὑμᾶς ἐν τῇ ἀληθείᾳ **πάσῃ·**
16:15 **πάντα** ὅσα ἔχει ὁ πατὴρ ἐμά ἐστιν· διὰ τοῦτο εἶπον ὅτι ἐκ τοῦ ἐμοῦ λαμβάνει καὶ ἀναγγελεῖ ὑμῖν.
16:30 νῦν οἴδαμεν ὅτι οἶδας **πάντα** καὶ οὐ χρείαν ἔχεις ἵνα τίς σε ἐρωτᾷ·
17: 2 καθὼς ἔδωκας αὐτῷ ἐξουσίαν **πάσης** σαρκός, ἵνα **πᾶν** ὃ δέδωκας αὐτῷ δώσῃ αὐτοῖς ζωὴν αἰώνιον.
17: 7 νῦν ἔγνωκαν ὅτι **πάντα** ὅσα δέδωκάς μοι παρὰ σοῦ εἰσιν·
17:10 καὶ τὰ ἐμὰ **πάντα** σά ἐστιν καὶ τὰ σὰ ἐμά,
17:21 ἵνα **πάντες** ἓν ὦσιν, καθὼς σύ, πάτερ, ἐν ἐμοὶ κἀγὼ ἐν σοί,
18: 4 Ἰησοῦς οὖν εἰδὼς **πάντα** τὰ ἐρχόμενα ἐπ᾽ αὐτὸν ἐξῆλθεν καὶ λέγει αὐτοῖς,
18:20 ὅπου **πάντες** οἱ Ἰουδαῖοι συνέρχονται, καὶ ἐν κρυπτῷ ἐλάλησα οὐδέν.
18:37 **πᾶς** ὁ ὢν ἐκ τῆς ἀληθείας ἀκούει μου τῆς φωνῆς.
19:12 **πᾶς** ὁ βασιλέα ἑαυτὸν ποιῶν ἀντιλέγει τῷ Καίσαρι.
19:28 Μετὰ τοῦτο εἰδὼς ὁ Ἰησοῦς ὅτι ἤδη **πάντα** τετέλεσται,
21:17 καὶ λέγει αὐτῷ, Κύριε, **πάντα** σὺ οἶδας, σὺ γινώσκεις ὅτι φιλῶ σε.

Ac 1: 1 Τὸν μὲν πρῶτον λόγον ἐποιησάμην περὶ **πάντων,** ὦ Θεόφιλε,
1: 8 καὶ ἔσεσθέ μου μάρτυρες ἔν τε Ἰερουσαλὴμ καὶ [ἐν] **πάσῃ** τῇ Ἰουδαίᾳ καὶ Σαμαρείᾳ καὶ ἕως ἐσχάτου τῆς γῆς.
1:14 οὗτοι **πάντες** ἦσαν προσκαρτεροῦντες ὁμοθυμαδὸν τῇ προσευχῇ σὺν γυναιξὶν καὶ Μαριὰμ τῇ μητρὶ τοῦ Ἰησοῦ καὶ τοῖς ἀδελφοῖς αὐτοῦ.
1:18 ἐκτήσατο χωρίον ἐκ μισθοῦ τῆς ἀδικίας καὶ πρηνὴς γενόμενος ἐλάκησεν μέσος καὶ ἐξεχύθη **πάντα** τὰ σπλάγχνα αὐτοῦ·
1:19 γνωστὸν ἐγένετο **πᾶσι** τοῖς κατοικοῦσιν Ἰερουσαλήμ, ὥστε κληθῆναι τὸ χωρίον ἐκεῖνο τῇ ἰδίᾳ διαλέκτῳ αὐτῶν Ἀκελδαμάχ,
1:21 δεῖ οὖν τῶν συνελθόντων ἡμῖν ἀνδρῶν ἐν **παντὶ** χρόνῳ ᾧ εἰσῆλθεν καὶ ἐξῆλθεν ἐφ᾽ ἡμᾶς ὁ κύριος Ἰησοῦς,
1:24 καὶ προσευξάμενοι εἶπαν, Σὺ κύριε καρδιογνῶστα **πάντων,** ἀνάδειξον ὃν ἐξελέξω ἐκ τούτων τῶν δύο ἕνα
2: 1 Καὶ ἐν τῷ συμπληροῦσθαι τὴν ἡμέραν τῆς πεντηκοστῆς ἦσαν **πάντες** ὁμοῦ ἐπὶ τὸ αὐτό.
2: 4 καὶ ἐπλήσθησαν **πάντες** πνεύματος ἁγίου καὶ ἤρξαντο λαλεῖν ἑτέραις γλώσσαις καθὼς τὸ πνεῦμα ἐδίδου ἀποφθέγγεσθαι
2: 5 ἄνδρες εὐλαβεῖς ἀπὸ **παντὸς** ἔθνους τῶν ὑπὸ τὸν οὐρανόν.
2:12 ἐξίσταντο δὲ **πάντες** καὶ διηπόρουν, ἄλλος πρὸς ἄλλον λέγοντες,
2:14 Ἄνδρες Ἰουδαῖοι καὶ οἱ κατοικοῦντες Ἰερουσαλὴμ **πάντες,** τοῦτο ὑμῖν γνωστὸν ἔστω καὶ ἐνωτίσασθε τὰ ῥήματά μου.
2:17 ἐκχεῶ ἀπὸ τοῦ πνεύματός μου ἐπὶ **πᾶσαν** σάρκα,
2:21 καὶ ἔσται **πᾶς** ὃς ἂν ἐπικαλέσηται τὸ ὄνομα κυρίου σωθήσεται.
2:25 Δαυὶδ γὰρ λέγει εἰς αὐτόν, Προορώμην τὸν κύριον ἐνώπιόν μου διὰ **παντός,**
2:32 τοῦτον τὸν Ἰησοῦν ἀνέστησεν ὁ θεός, οὗ **πάντες** ἡμεῖς ἐσμεν μάρτυρες·
2:36 ἀσφαλῶς οὖν γινωσκέτω **πᾶς** οἶκος Ἰσραὴλ ὅτι καὶ κύριον αὐτὸν καὶ Χριστὸν ἐποίησεν ὁ θεός,
2:39 ὑμῖν γάρ ἐστιν ἡ ἐπαγγελία καὶ τοῖς τέκνοις ὑμῶν καὶ **πᾶσιν** τοῖς εἰς μακράν,
2:43 Ἐγίνετο δὲ **πάσῃ** ψυχῇ φόβος, πολλά τε τέρατα καὶ σημεῖα διὰ τῶν ἀποστόλων ἐγίνετο.
2:44 **πάντες** δὲ οἱ πιστεύοντες ἦσαν ἐπὶ τὸ αὐτὸ καὶ εἶχον ἅπαντα κοινὰ
2:45 καὶ τὰ κτήματα καὶ τὰς ὑπάρξεις ἐπίπρασκον καὶ διεμέριζον αὐτὰ **πᾶσιν** καθότι ἄν τις χρείαν εἶχεν·
3: 9 εἶδεν **πᾶς** ὁ λαὸς αὐτὸν περιπατοῦντα καὶ αἰνοῦντα τὸν θεόν·
3:11 Κρατοῦντος δὲ αὐτοῦ τὸν Πέτρον καὶ τὸν Ἰωάννην συνέδραμεν **πᾶς** ὁ λαὸς πρὸς αὐτοὺς ἐπὶ τῇ στοᾷ
3:16 καὶ ἡ πίστις ἡ δι᾽ αὐτοῦ ἔδωκεν αὐτῷ τὴν ὁλοκληρίαν ταύτην ἀπέναντι **πάντων** ὑμῶν.
3:18 ἃ προκατήγγειλεν διὰ στόματος **πάντων** τῶν προφητῶν παθεῖν τὸν Χριστὸν αὐτοῦ,
3:21 ὃν δεῖ οὐρανὸν μὲν δέξασθαι ἄχρι χρόνων ἀποκαταστάσεως **πάντων** ὧν ἐλάλησεν ὁ θεὸς
3:22 αὐτοῦ ἀκούσεσθε κατὰ **πάντα** ὅσα ἂν λαλήσῃ πρὸς ὑμᾶς.
3:23 ἔσται δὲ **πᾶσα** ψυχὴ ἥτις ἐὰν μὴ ἀκούσῃ τοῦ προφήτου ἐκείνου ἐξολεθρευθήσεται ἐκ τοῦ λαοῦ.
3:24 καὶ **πάντες** δὲ οἱ προφῆται ἀπὸ Σαμουὴλ καὶ τῶν καθεξῆς ὅσοι ἐλάλησαν καὶ κατήγγειλαν τὰς ἡμέρας ταύτας.
3:25 Καὶ ἐν τῷ σπέρματί σου [ἐν]ευλογηθήσονται **πᾶσαι** αἱ πατριαὶ τῆς γῆς.

4:10 γνωστὸν ἔστω **πᾶσιν** ὑμῖν καὶ **παντὶ** τῷ λαῷ Ἰσραὴλ ὅτι ἐν τῷ ὀνόματι Ἰησοῦ Χριστοῦ τοῦ Ναζωραίου ὃν ὑμεῖς ἐσταυρώσατε,
4:16 ὅτι μὲν γὰρ γνωστὸν σημεῖον γέγονεν δι᾽ αὐτῶν **πᾶσιν** τοῖς κατοικοῦσιν Ἰερουσαλὴμ φανερὸν καὶ οὐ δυνάμεθα ἀρνεῖσθαι·
4:21 ὅτι **πάντες** ἐδόξαζον τὸν θεὸν ἐπὶ τῷ γεγονότι·
4:24 σὺ ὁ ποιήσας τὸν οὐρανὸν καὶ τὴν γῆν καὶ τὴν θάλασσαν καὶ **πάντα** τὰ ἐν αὐτοῖς,
4:29 ἔπιδε ἐπὶ τὰς ἀπειλὰς αὐτῶν καὶ δὸς τοῖς δούλοις σου μετὰ παρρησίας **πάσης** λαλεῖν τὸν λόγον σου,
4:33 ἀπεδίδουν τὸ μαρτύριον οἱ ἀπόστολοι τῆς ἀναστάσεως τοῦ κυρίου Ἰησοῦ, χάρις τε μεγάλη ἦν ἐπὶ **πάντας** αὐτούς.
5: 5 καὶ ἐγένετο φόβος μέγας ἐπὶ **πάντας** τοὺς ἀκούοντας.
5:11 καὶ ἐγένετο φόβος μέγας ἐφ᾽ ὅλην τὴν ἐκκλησίαν καὶ ἐπὶ **πάντας** τοὺς ἀκούοντας ταῦτα.
5:17 Ἀναστὰς δὲ ὁ ἀρχιερεὺς καὶ **πάντες** οἱ σὺν αὐτῷ,
5:20 Πορεύεσθε καὶ σταθέντες λαλεῖτε ἐν τῷ ἱερῷ τῷ λαῷ **πάντα** τὰ ῥήματα τῆς ζωῆς ταύτης.
5:21 Παραγενόμενος δὲ ὁ ἀρχιερεὺς καὶ οἱ σὺν αὐτῷ συνεκάλεσαν τὸ συνέδριον καὶ **πᾶσαν** τὴν γερουσίαν τῶν υἱῶν Ἰσραὴλ
5:23 λέγοντες ὅτι Τὸ δεσμωτήριον εὕρομεν κεκλεισμένον ἐν **πάσῃ** ἀσφαλείᾳ καὶ τοὺς φύλακας ἑστῶτας ἐπὶ τῶν θυρῶν,
5:34 νομοδιδάσκαλος τίμιος **παντὶ** τῷ λαῷ, ἐκέλευσεν ἔξω βραχὺ τοὺς ἀνθρώπους ποιῆσαι
5:36 καὶ **πάντες** ὅσοι ἐπείθοντο αὐτῷ διελύθησαν καὶ ἐγένοντο εἰς οὐδέν.
5:37 κἀκεῖνος ἀπώλετο καὶ **πάντες** ὅσοι ἐπείθοντο αὐτῷ διεσκορπίσθησαν.
5:42 **πᾶσάν** τε ἡμέραν ἐν τῷ ἱερῷ καὶ κατ᾽ οἶκον οὐκ ἐπαύοντο διδάσκοντες καὶ εὐαγγελιζόμενοι τὸν Χριστὸν Ἰησοῦν.
6: 5 καὶ ἤρεσεν ὁ λόγος ἐνώπιον **παντὸς** τοῦ πλήθους καὶ ἐξελέξαντο Στέφανον,
6:15 καὶ ἀτενίσαντες εἰς αὐτὸν **πάντες** οἱ καθεζόμενοι ἐν τῷ συνεδρίῳ εἶδον τὸ πρόσωπον αὐτοῦ ὡσεὶ πρόσωπον ἀγγέλου.
7:10 καὶ ἐξείλατο αὐτὸν ἐκ **πασῶν** τῶν θλίψεων αὐτοῦ καὶ ἔδωκεν αὐτῷ χάριν καὶ σοφίαν ἐναντίον Φαραὼ βασιλέως Αἰγύπτου
7:14 ἀποστείλας δὲ Ἰωσὴφ μετεκαλέσατο Ἰακὼβ τὸν πατέρα αὐτοῦ καὶ **πᾶσαν** τὴν συγγένειαν ἐν ψυχαῖς ἑβδομήκοντα πέντε.
7:22 καὶ ἐπαιδεύθη Μωϋσῆς [ἐν] **πάσῃ** σοφίᾳ Αἰγυπτίων, ἦν δὲ δυνατὸς ἐν λόγοις καὶ ἔργοις αὐτοῦ.
7:50 οὐχὶ ἡ χείρ μου ἐποίησεν ταῦτα **πάντα;**
8: 1 **πάντες** δὲ διεσπάρησαν κατὰ τὰς χώρας τῆς Ἰουδαίας καὶ Σαμαρείας πλὴν τῶν ἀποστόλων.
8:10 ᾧ προσεῖχον **πάντες** ἀπὸ μικροῦ ἕως μεγάλου λέγοντες,
8:27 ὃς ἦν ἐπὶ **πάσης** τῆς γάζης αὐτῆς, ὃς ἐληλύθει προσκυνήσων εἰς Ἰερουσαλήμ,
8:40 καὶ διερχόμενος εὐηγγελίζετο τὰς πόλεις **πάσας** ἕως τοῦ ἐλθεῖν αὐτὸν εἰς Καισάρειαν.
9:14 καὶ ὧδε ἔχει ἐξουσίαν παρὰ τῶν ἀρχιερέων δῆσαι **πάντας** τοὺς ἐπικαλουμένους τὸ ὄνομά σου.
9:21 ἐξίσταντο δὲ **πάντες** οἱ ἀκούοντες καὶ ἔλεγον, Οὐχ οὗτός ἐστιν ὁ πορθήσας εἰς Ἰερουσαλὴμ τοὺς ἐπικαλουμένους
9:26 καὶ **πάντες** ἐφοβοῦντο αὐτὸν μὴ πιστεύοντες ὅτι ἐστὶν μαθητής.
9:32 Ἐγένετο δὲ Πέτρον διερχόμενον διὰ **πάντων** κατελθεῖν καὶ πρὸς τοὺς ἁγίους τοὺς κατοικοῦντας Λύδδα.
9:35 εἶδαν αὐτὸν **πάντες** οἱ κατοικοῦντες Λύδδα καὶ τὸν Σαρῶνα,
9:39 ὃν παραγενόμενον ἀνήγαγον εἰς τὸ ὑπερῷον καὶ παρέστησαν αὐτῷ **πᾶσαι** αἱ χῆραι κλαίουσαι καὶ ἐπιδεικνύμεναι χιτῶνας
9:40 ἐκβαλὼν δὲ ἔξω **πάντας** ὁ Πέτρος καὶ θεὶς τὰ γόνατα προσηύξατο καὶ ἐπιστρέψας πρὸς τὸ σῶμα εἶπεν,
10: 2 καὶ φοβούμενος τὸν θεὸν σὺν **παντὶ** τῷ οἴκῳ αὐτοῦ, ποιῶν ἐλεημοσύνας πολλὰς τῷ λαῷ καὶ δεόμενος τοῦ θεοῦ διὰ **παντός,**
10:12 ἐν ᾧ ὑπῆρχεν **πάντα** τὰ τετράποδα καὶ ἑρπετὰ τῆς γῆς καὶ πετεινὰ τοῦ οὐρανοῦ.
10:14 κύριε, ὅτι οὐδέποτε ἔφαγον **πᾶν** κοινὸν καὶ ἀκάθαρτον.
10:33 νῦν οὖν **πάντες** ἡμεῖς ἐνώπιον τοῦ θεοῦ πάρεσμεν ἀκοῦσαι **πάντα** τὰ προστεταγμένα σοι ὑπὸ τοῦ κυρίου.
10:35 ἀλλ᾽ ἐν **παντὶ** ἔθνει ὁ φοβούμενος αὐτὸν καὶ ἐργαζόμενος δικαιοσύνην δεκτὸς αὐτῷ ἐστιν.
10:36 τὸν λόγον [ὃν] ἀπέστειλεν τοῖς υἱοῖς Ἰσραὴλ εὐαγγελιζόμενος εἰρήνην διὰ Ἰησοῦ Χριστοῦ, οὗτός ἐστιν **πάντων** κύριος,
10:38 ὃς διῆλθεν εὐεργετῶν καὶ ἰώμενος **πάντας** τοὺς καταδυναστευομένους ὑπὸ τοῦ διαβόλου,
10:39 καὶ ἡμεῖς μάρτυρες **πάντων** ὧν ἐποίησεν ἔν τε τῇ χώρᾳ τῶν Ἰουδαίων καὶ [ἐν] Ἰερουσαλήμ.
10:41 οὐ **παντὶ** τῷ λαῷ ἀλλὰ μάρτυσιν τοῖς προκεχειροτονημένοις ὑπὸ τοῦ θεοῦ,
10:43 τούτῳ **πάντες** οἱ προφῆται μαρτυροῦσιν ἄφεσιν ἁμαρτιῶν λαβεῖν διὰ τοῦ ὀνόματος αὐτοῦ **πάντα** τὸν πιστεύοντα εἰς αὐτόν.
10:44 Ἔτι λαλοῦντος τοῦ Πέτρου τὰ ῥήματα ταῦτα ἐπέπεσεν τὸ πνεῦμα τὸ ἅγιον ἐπὶ **πάντας** τοὺς ἀκούοντας τὸν λόγον.
11:14 ὃς λαλήσει ῥήματα πρὸς σὲ ἐν οἷς σωθήσῃ σὺ καὶ **πᾶς** ὁ οἶκός σου.
11:23 ἐχάρη καὶ παρεκάλει **πάντας** τῇ προθέσει τῆς καρδίας προσμένειν τῷ κυρίῳ,
12:11 Νῦν οἶδα ἀληθῶς ὅτι ἐξαπέστειλεν [ὁ] κύριος τὸν ἄγγελον αὐτοῦ καὶ ἐξείλατό με ἐκ χειρὸς Ἡρῴδου καὶ **πάσης** τῆς προσδοκίας τοῦ λαοῦ τῶν Ἰουδαίων.
13:10 εἶπεν, Ὦ πλήρης **παντὸς** δόλου καὶ **πάσης** ῥᾳδιουργίας, υἱὲ διαβόλου, ἐχθρὲ **πάσης** δικαιοσύνης,
13:22 ἄνδρα κατὰ τὴν καρδίαν μου, ὃς ποιήσει **πάντα** τὰ θελήματά μου.
13:24 προκηρύξαντος Ἰωάννου πρὸ προσώπου τῆς εἰσόδου αὐτοῦ βάπτισμα μετανοίας **παντὶ** τῷ λαῷ Ἰσραήλ.
13:27 τοῦτον ἀγνοήσαντες καὶ τὰς φωνὰς τῶν προφητῶν τὰς κατὰ **πᾶν** σάββατον ἀναγινωσκομένας κρίναντες ἐπλήρωσαν,
13:29 ὡς δὲ ἐτέλεσαν **πάντα** τὰ περὶ αὐτοῦ γεγραμμένα,
13:38 ἀπὸ **πάντων** ὧν οὐκ ἠδυνήθητε ἐν νόμῳ Μωϋσέως δικαιωθῆναι
13:39 ἐν τούτῳ **πᾶς** ὁ πιστεύων δικαιοῦται.
13:44 Τῷ δὲ ἐρχομένῳ σαββάτῳ σχεδὸν **πᾶσα** ἡ πόλις συνήχθη ἀκοῦσαι τὸν λόγον τοῦ κυρίου.
14:15 ὃς ἐποίησεν τὸν οὐρανὸν καὶ τὴν γῆν καὶ τὴν θάλασσαν καὶ **πάντα** τὰ ἐν αὐτοῖς·
14:16 ὃς ἐν ταῖς παρῳχημέναις γενεαῖς εἴασεν **πάντα** τὰ ἔθνη πορεύεσθαι ταῖς ὁδοῖς αὐτῶν·
15: 3 ἐκδιηγούμενοι τὴν ἐπιστροφὴν τῶν ἐθνῶν καὶ ἐποίουν χαρὰν μεγάλην **πᾶσιν** τοῖς ἀδελφοῖς.
15:12 Ἐσίγησεν δὲ **πᾶν** τὸ πλῆθος καὶ ἤκουον Βαρναβᾶ καὶ Παύλου ἐξηγουμένων ὅσα ἐποίησεν ὁ θεὸς σημεῖα καὶ τέρατα ἐν τοῖς ἔθνεσιν δι᾽ αὐτῶν.
15:17 ὅπως ἂν ἐκζητήσωσιν οἱ κατάλοιποι τῶν ἀνθρώπων τὸν κύριον καὶ **πάντα** τὰ ἔθνη ἐφ᾽ οὓς ἐπικέκληται τὸ ὄνομά μου
15:21 Μωϋσῆς γὰρ ἐκ γενεῶν ἀρχαίων κατὰ πόλιν τοὺς κηρύσσοντας αὐτὸν ἔχει ἐν ταῖς συναγωγαῖς κατὰ **πᾶν** σάββατον ἀναγινωσκόμενος.
15:36 ἐπισκεψώμεθα τοὺς ἀδελφοὺς κατὰ πόλιν **πᾶσαν** ἐν αἷς κατηγγείλαμεν τὸν λόγον τοῦ κυρίου πῶς ἔχουσιν.
16:26 ἠνεῴχθησαν δὲ παραχρῆμα αἱ θύραι **πᾶσαι** καὶ **πάντων** τὰ δεσμὰ ἀνέθη.
16:32 καὶ ἐλάλησαν αὐτῷ τὸν λόγον τοῦ κυρίου σὺν **πᾶσιν** τοῖς ἐν τῇ οἰκίᾳ αὐτοῦ.
16:33 καὶ ἐβαπτίσθη αὐτὸς καὶ οἱ αὐτοῦ **πάντες** παραχρῆμα,
17: 7 καὶ οὗτοι **πάντες** ἀπέναντι τῶν δογμάτων Καίσαρος πράσσουσι βασιλέα ἕτερον λέγοντες εἶναι Ἰησοῦν.
17:11 οἵτινες ἐδέξαντο τὸν λόγον μετὰ **πάσης** προθυμίας καθ᾽ ἡμέραν ἀνακρίνοντες τὰς γραφὰς εἰ ἔχοι ταῦτα οὕτως.
17:17 ἐν τῇ συναγωγῇ τοῖς Ἰουδαίοις καὶ τοῖς σεβομένοις καὶ ἐν τῇ ἀγορᾷ κατὰ **πᾶσαν** ἡμέραν πρὸς τοὺς παρατυγχάνοντας.
17:21 Ἀθηναῖοι δὲ **πάντες** καὶ οἱ ἐπιδημοῦντες ξένοι εἰς οὐδὲν ἕτερον ηὐκαίρουν ἢ λέγειν τι ἢ ἀκούειν τι καινότερον.
17:22 Ἄνδρες Ἀθηναῖοι, κατὰ **πάντα** ὡς δεισιδαιμονεστέρους ὑμᾶς θεωρῶ.
17:24 ὁ θεὸς ὁ ποιήσας τὸν κόσμον καὶ **πάντα** τὰ ἐν αὐτῷ,
17:25 αὐτὸς διδοὺς **πᾶσι** ζωὴν καὶ πνοὴν καὶ τὰ **πάντα·**
17:26 ἐποίησέν τε ἐξ ἑνὸς **πᾶν** ἔθνος ἀνθρώπων κατοικεῖν ἐπὶ **παντὸς** προσώπου τῆς γῆς,
17:30 τὰ νῦν παραγγέλλει τοῖς ἀνθρώποις **πάντας** πανταχοῦ μετανοεῖν,
17:31 καθότι ἔστησεν ἡμέραν ἐν ᾗ μέλλει κρίνειν τὴν οἰκουμένην ἐν δικαιοσύνῃ ἐν ἀνδρὶ ᾧ ὥρισεν, πίστιν παρασχὼν **πᾶσιν** ἀναστήσας αὐτὸν ἐκ νεκρῶν.
18: 2 διὰ τὸ διατεταχέναι Κλαύδιον χωρίζεσθαι **πάντας** τοὺς Ἰουδαίους ἀπὸ τῆς Ῥώμης,
18: 4 διελέγετο δὲ ἐν τῇ συναγωγῇ κατὰ **πᾶν** σάββατον ἔπειθέν τε Ἰουδαίους καὶ Ἕλληνας.
18:17 ἐπιλαβόμενοι δὲ **πάντες** Σωσθένην τὸν ἀρχισυνάγωγον ἔτυπτον ἔμπροσθεν τοῦ βήματος·
18:23 καὶ ποιήσας χρόνον τινὰ ἐξῆλθεν διερχόμενος καθεξῆς τὴν Γαλατικὴν χώραν καὶ Φρυγίαν, ἐπιστηρίζων **πάντας** τοὺς μαθητάς.

19: 7 ἦσαν δὲ οἱ **πάντες** ἄνδρες ὡσεὶ δώδεκα.
19: 10 ὥστε **πάντας** τοὺς κατοικοῦντας τὴν Ἀσίαν ἀκοῦσαι τὸν λόγον τοῦ κυρίου,
19: 17 τοῦτο δὲ ἐγένετο γνωστὸν **πᾶσιν** Ἰουδαίοις τε καὶ Ἕλλησιν τοῖς κατοικοῦσιν τὴν Ἔφεσον καὶ ἐπέπεσεν φόβος ἐπὶ **πάντας** αὐτοὺς καὶ ἐμεγαλύνετο τὸ ὄνομα τοῦ κυρίου Ἰησοῦ.
19: 19 ἱκανοὶ δὲ τῶν τὰ περίεργα πραξάντων συνενέγκαντες τὰς βίβλους κατέκαιον ἐνώπιον **πάντων,**
19: 26 σχεδὸν **πάσης** τῆς Ἀσίας ὁ Παῦλος οὗτος πείσας μετέστησεν ἱκανὸν ὄχλον λέγων ὅτι οὐκ εἰσὶν θεοὶ οἱ διὰ χειρῶν γινόμενοι.
19: 34 φωνὴ ἐγένετο μία ἐκ **πάντων** ὡς ἐπὶ ὥρας δύο κραζόντων,
20: 18 ἀπὸ πρώτης ἡμέρας ἀφ᾽ ἧς ἐπέβην εἰς τὴν Ἀσίαν, πῶς μεθ᾽ ὑμῶν τὸν **πάντα** χρόνον ἐγενόμην,
20: 19 δουλεύων τῷ κυρίῳ μετὰ **πάσης** ταπεινοφροσύνης καὶ δακρύων καὶ πειρασμῶν τῶν συμβάντων μοι ἐν ταῖς ἐπιβουλαῖς
20: 25 Καὶ νῦν ἰδοὺ ἐγὼ οἶδα ὅτι οὐκέτι ὄψεσθε τὸ πρόσωπόν μου ὑμεῖς **πάντες** ἐν οἷς διῆλθον κηρύσσων τὴν βασιλείαν.
20: 26 διότι μαρτύρομαι ὑμῖν ἐν τῇ σήμερον ἡμέρᾳ ὅτι καθαρός εἰμι ἀπὸ τοῦ αἵματος **πάντων·**
20: 27 οὐ γὰρ ὑπεστειλάμην τοῦ μὴ ἀναγγεῖλαι **πᾶσαν** τὴν βουλὴν τοῦ θεοῦ ὑμῖν.
20: 28 προσέχετε ἑαυτοῖς καὶ **παντὶ** τῷ ποιμνίῳ, ἐν ᾧ ὑμᾶς τὸ πνεῦμα τὸ ἅγιον ἔθετο ἐπισκόπους ποιμαίνειν τὴν ἐκκλησίαν
20: 32 τῷ δυναμένῳ οἰκοδομῆσαι καὶ δοῦναι τὴν κληρονομίαν ἐν τοῖς ἡγιασμένοις **πᾶσιν.**
20: 35 **πάντα** ὑπέδειξα ὑμῖν ὅτι οὕτως κοπιῶντας δεῖ ἀντιλαμβάνεσθαι τῶν ἀσθενούντων,
20: 36 Καὶ ταῦτα εἰπὼν θεὶς τὰ γόνατα αὐτοῦ σὺν **πᾶσιν** αὐτοῖς προσηύξατο.
20: 37 ἱκανὸς δὲ κλαυθμὸς ἐγένετο **πάντων** καὶ ἐπιπεσόντες ἐπὶ τὸν τράχηλον τοῦ Παύλου κατεφίλουν αὐτόν,
21: 5 ἐξελθόντες ἐπορευόμεθα προπεμπόντων ἡμᾶς **πάντων** σὺν γυναιξὶ καὶ τέκνοις ἕως ἔξω τῆς πόλεως,
21: 18 τῇ δὲ ἐπιούσῃ εἰσῄει ὁ Παῦλος σὺν ἡμῖν πρὸς Ἰάκωβον, **πάντες** τε παρεγένοντο οἱ πρεσβύτεροι.
21: 20 πόσαι μυριάδες εἰσὶν ἐν τοῖς Ἰουδαίοις τῶν πεπιστευκότων καὶ **πάντες** ζηλωταὶ τοῦ νόμου ὑπάρχουσιν·
21: 21 κατηχήθησαν δὲ περὶ σοῦ ὅτι ἀποστασίαν διδάσκεις ἀπὸ Μωϋσέως τοὺς κατὰ τὰ ἔθνη **πάντας** Ἰουδαίους
21: 24 καὶ γνώσονται **πάντες** ὅτι ὧν κατήχηνται περὶ σοῦ οὐδέν ἐστιν ἀλλὰ στοιχεῖς καὶ αὐτὸς φυλάσσων τὸν νόμον.
21: 27 οἱ ἀπὸ τῆς Ἀσίας Ἰουδαῖοι θεασάμενοι αὐτὸν ἐν τῷ ἱερῷ συνέχεον **πάντα** τὸν ὄχλον καὶ ἐπέβαλον ἐπ᾽ αὐτὸν τὰς χεῖρας
21: 28 οὗτός ἐστιν ὁ ἄνθρωπος ὁ κατὰ τοῦ λαοῦ καὶ τοῦ νόμου καὶ τοῦ τόπου τούτου **πάντας** πανταχῇ διδάσκων,
22: 3 ζηλωτὴς ὑπάρχων τοῦ θεοῦ καθὼς **πάντες** ὑμεῖς ἐστε σήμερον·
22: 5 ὡς καὶ ὁ ἀρχιερεὺς μαρτυρεῖ μοι καὶ **πᾶν** τὸ πρεσβυτέριον,
22: 10 Ἀναστὰς πορεύου εἰς Δαμασκὸν κἀκεῖ σοι λαληθήσεται περὶ **πάντων** ὧν τέτακταί σοι ποιῆσαι.
22: 12 ἀνὴρ εὐλαβὴς κατὰ τὸν νόμον, μαρτυρούμενος ὑπὸ **πάντων** τῶν κατοικούντων Ἰουδαίων,
22: 15 ὅτι ἔσῃ μάρτυς αὐτῷ πρὸς **πάντας** ἀνθρώπους ὧν ἑώρακας καὶ ἤκουσας.
22: 30 ἔλυσεν αὐτὸν καὶ ἐκέλευσεν συνελθεῖν τοὺς ἀρχιερεῖς καὶ **πᾶν** τὸ συνέδριον,
23: 1 ἐγὼ **πάσῃ** συνειδήσει ἀγαθῇ πεπολίτευμαι τῷ θεῷ ἄχρι ταύτης τῆς ἡμέρας.
24: 3 πάντῃ τε καὶ πανταχοῦ ἀποδεχόμεθα, κράτιστε Φῆλιξ, μετὰ **πάσης** εὐχαριστίας.
24: 5 εὑρόντες γὰρ τὸν ἄνδρα τοῦτον λοιμὸν καὶ κινοῦντα στάσεις **πᾶσιν** τοῖς Ἰουδαίοις τοῖς κατὰ τὴν οἰκουμένην πρωτοστάτην τε τῆς τῶν Ναζωραίων αἱρέσεως,
24: 8 παρ᾽ οὗ δυνήσῃ αὐτὸς ἀνακρίνας περὶ **πάντων** τούτων ἐπιγνῶναι ὧν ἡμεῖς κατηγοροῦμεν αὐτοῦ.
24: 14 οὕτως λατρεύω τῷ πατρῴῳ θεῷ πιστεύων **πᾶσι** τοῖς κατὰ τὸν νόμον καὶ τοῖς ἐν τοῖς προφήταις γεγραμμένοις,
24: 16 ἐν τούτῳ καὶ αὐτὸς ἀσκῶ ἀπρόσκοπον συνείδησιν ἔχειν πρὸς τὸν θεὸν καὶ τοὺς ἀνθρώπους διὰ **παντός.**
25: 24 Ἀγρίππα βασιλεῦ καὶ **πάντες** οἱ συμπαρόντες ἡμῖν ἄνδρες,
26: 2 Περὶ **πάντων** ὧν ἐγκαλοῦμαι ὑπὸ Ἰουδαίων, βασιλεῦ Ἀγρίππα,
26: 3 μάλιστα γνώστην ὄντα σε **πάντων** τῶν κατὰ Ἰουδαίους ἐθῶν τε καὶ ζητημάτων,
26: 4 βίωσίν μου [τὴν] ἐκ νεότητος τὴν ἀπ᾽ ἀρχῆς γενομένην ἐν τῷ ἔθνει μου ἔν τε Ἱεροσολύμοις ἴσασι **πάντες** [οἱ] Ἰουδαῖοι
26: 11 καὶ κατὰ **πάσας** τὰς συναγωγὰς πολλάκις τιμωρῶν αὐτοὺς ἠνάγκαζον βλασφημεῖν περισσῶς τε ἐμμαινόμενος αὐτοῖς
26: 14 **πάντων** τε καταπεσόντων ἡμῶν εἰς τὴν γῆν ἤκουσα φωνὴν λέγουσαν πρός με τῇ Ἑβραΐδι διαλέκτῳ,
26: 20 **πᾶσάν** τε τὴν χώραν τῆς Ἰουδαίας καὶ τοῖς ἔθνεσιν ἀπήγγελλον μετανοεῖν καὶ ἐπιστρέφειν ἐπὶ τὸν θεόν,
26: 29 Εὐξαίμην ἂν τῷ θεῷ καὶ ἐν ὀλίγῳ καὶ ἐν μεγάλῳ οὐ μόνον σὲ ἀλλὰ καὶ **πάντας** τοὺς ἀκούοντάς μου σήμερον
27: 20 χειμῶνός τε οὐκ ὀλίγου ἐπικειμένου, λοιπὸν περιῃρεῖτο ἐλπὶς **πᾶσα** τοῦ σῴζεσθαι ἡμᾶς.
27: 24 ἰδοὺ κεχάρισταί σοι ὁ θεὸς **πάντας** τοὺς πλέοντας μετὰ σοῦ.
27: 35 εἴπας δὲ ταῦτα καὶ λαβὼν ἄρτον εὐχαρίστησεν τῷ θεῷ ἐνώπιον **πάντων** καὶ κλάσας ἤρξατο ἐσθίειν.
27: 36 εὔθυμοι δὲ γενόμενοι **πάντες** καὶ αὐτοὶ προσελάβοντο τροφῆς.
27: 37 αἱ **πᾶσαι** ψυχαὶ ἐν τῷ πλοίῳ διακόσιαι ἑβδομήκοντα ἕξ.
27: 44 καὶ οὕτως ἐγένετο **πάντας** διασωθῆναι ἐπὶ τὴν γῆν.
28: 2 ἅψαντες γὰρ πυρὰν προσελάβοντο **πάντας** ἡμᾶς διὰ τὸν ὑετὸν τὸν ἐφεστῶτα καὶ διὰ τὸ ψῦχος.
28: 30 Ἐνέμεινεν δὲ διετίαν ὅλην ἐν ἰδίῳ μισθώματι καὶ ἀπεδέχετο **πάντας** τοὺς εἰσπορευομένους πρὸς αὐτόν,
28: 31 κηρύσσων τὴν βασιλείαν τοῦ θεοῦ καὶ διδάσκων τὰ περὶ τοῦ κυρίου Ἰησοῦ Χριστοῦ μετὰ **πάσης** παρρησίας ἀκωλύτως.

Ro 1: 5 δι᾽ οὗ ἐλάβομεν χάριν καὶ ἀποστολὴν εἰς ὑπακοὴν πίστεως ἐν **πᾶσιν** τοῖς ἔθνεσιν ὑπὲρ τοῦ ὀνόματος αὐτοῦ,
1: 7 **πᾶσιν** τοῖς οὖσιν ἐν Ῥώμῃ ἀγαπητοῖς θεοῦ, κλητοῖς ἁγίοις,
1: 8 εὐχαριστῶ τῷ θεῷ μου διὰ Ἰησοῦ Χριστοῦ περὶ **πάντων** ὑμῶν ὅτι ἡ πίστις ὑμῶν καταγγέλλεται ἐν ὅλῳ τῷ κόσμῳ.
1: 16 δύναμις γὰρ θεοῦ ἐστιν εἰς σωτηρίαν **παντὶ** τῷ πιστεύοντι,
1: 18 Ἀποκαλύπτεται γὰρ ὀργὴ θεοῦ ἀπ᾽ οὐρανοῦ ἐπὶ **πᾶσαν** ἀσέβειαν καὶ ἀδικίαν ἀνθρώπων τῶν τὴν ἀλήθειαν ἐν ἀδικίᾳ κατεχόντων,
1: 29 πεπληρωμένους **πάσῃ** ἀδικίᾳ πονηρίᾳ πλεονεξίᾳ κακίᾳ, μεστοὺς φθόνου φόνου ἔριδος δόλου κακοηθείας,
2: 1 Διὸ ἀναπολόγητος εἶ, ὦ ἄνθρωπε **πᾶς** ὁ κρίνων·
2: 9 θλῖψις καὶ στενοχωρία ἐπὶ **πᾶσαν** ψυχὴν ἀνθρώπου τοῦ κατεργαζομένου τὸ κακόν,
2: 10 δόξα δὲ καὶ τιμὴ καὶ εἰρήνη **παντὶ** τῷ ἐργαζομένῳ τὸ ἀγαθόν,
3: 2 πολὺ κατὰ **πάντα** τρόπον. πρῶτον μὲν [γὰρ] ὅτι ἐπιστεύθησαν τὰ λόγια τοῦ θεοῦ.
3: 4 γινέσθω δὲ ὁ θεὸς ἀληθής, **πᾶς** δὲ ἄνθρωπος ψεύστης, καθὼς γέγραπται,
3: 9 προῃτιασάμεθα γὰρ Ἰουδαίους τε καὶ Ἕλληνας **πάντας** ὑφ᾽ ἁμαρτίαν εἶναι,
3: 12 **πάντες** ἐξέκλιναν ἅμα ἠχρεώθησαν· οὐκ ἔστιν ὁ ποιῶν χρηστότητα,
3: 19 ἵνα **πᾶν** στόμα φραγῇ καὶ ὑπόδικος γένηται **πᾶς** ὁ κόσμος τῷ θεῷ·
3: 20 διότι ἐξ ἔργων νόμου οὐ δικαιωθήσεται **πᾶσα** σὰρξ ἐνώπιον αὐτοῦ,
3: 22 δικαιοσύνη δὲ θεοῦ διὰ πίστεως Ἰησοῦ Χριστοῦ εἰς **πάντας** τοὺς πιστεύοντας.
3: 23 **πάντες** γὰρ ἥμαρτον καὶ ὑστεροῦνται τῆς δόξης τοῦ θεοῦ
4: 11 εἰς τὸ εἶναι αὐτὸν πατέρα **πάντων** τῶν πιστευόντων δι᾽ ἀκροβυστίας,
4: 16 εἰς τὸ εἶναι βεβαίαν τὴν ἐπαγγελίαν **παντὶ** τῷ σπέρματι, οὐ τῷ ἐκ τοῦ νόμου μόνον ἀλλὰ καὶ τῷ ἐκ πίστεως Ἀβραάμ, ὅς ἐστιν πατὴρ **πάντων** ἡμῶν,
5: 12 καὶ οὕτως εἰς **πάντας** ἀνθρώπους ὁ θάνατος διῆλθεν, ἐφ᾽ ᾧ **πάντες** ἥμαρτον·
5: 18 Ἄρα οὖν ὡς δι᾽ ἑνὸς παραπτώματος εἰς **πάντας** ἀνθρώπους εἰς κατάκριμα, οὕτως καὶ δι᾽ ἑνὸς δικαιώματος εἰς **πάντας** ἀνθρώπους εἰς δικαίωσιν ζωῆς·
7: 8 ἀφορμὴν δὲ λαβοῦσα ἡ ἁμαρτία διὰ τῆς ἐντολῆς κατειργάσατο ἐν ἐμοὶ **πᾶσαν** ἐπιθυμίαν·
8: 22 οἴδαμεν γὰρ ὅτι **πᾶσα** ἡ κτίσις συστενάζει καὶ συνωδίνει ἄχρι τοῦ νῦν·
8: 28 οἴδαμεν δὲ ὅτι τοῖς ἀγαπῶσιν τὸν θεὸν **πάντα** συνεργεῖ εἰς ἀγαθόν,
8: 32 ὅς γε τοῦ ἰδίου υἱοῦ οὐκ ἐφείσατο ἀλλὰ ὑπὲρ ἡμῶν **πάντων** παρέδωκεν αὐτόν, πῶς οὐχὶ καὶ σὺν αὐτῷ τὰ **πάντα** ἡμῖν χαρίσεται;
8: 37 ἀλλ᾽ ἐν τούτοις **πᾶσιν** ὑπερνικῶμεν διὰ τοῦ ἀγαπήσαντος ἡμᾶς.
9: 5 ὁ ὢν ἐπὶ **πάντων** θεὸς εὐλογητὸς εἰς τοὺς αἰῶνας,
9: 6 οὐ γὰρ **πάντες** οἱ ἐξ Ἰσραὴλ οὗτοι Ἰσραήλ·
9: 7 οὐδ᾽ ὅτι εἰσὶν σπέρμα Ἀβραὰμ **πάντες** τέκνα, ἀλλ᾽,
9: 17 ὅτι Εἰς αὐτὸ τοῦτο ἐξήγειρά σε ὅπως ἐνδείξωμαι ἐν σοὶ τὴν δύναμίν μου καὶ ὅπως διαγγελῇ τὸ ὄνομά μου ἐν **πάσῃ** τῇ γῇ.

10: 4 τέλος γὰρ νόμου Χριστὸς εἰς δικαιοσύνην **παντὶ** τῷ πιστεύοντι.
10:11 λέγει γὰρ ἡ γραφή, **Πᾶς** ὁ πιστεύων ἐπ' αὐτῷ οὐ καταισχυνθήσεται.
10:12 ὁ γὰρ αὐτὸς κύριος **πάντων,** πλουτῶν εἰς **πάντας** τοὺς ἐπικαλουμένους αὐτόν·
10:13 **Πᾶς** γὰρ ὃς ἂν ἐπικαλέσηται τὸ ὄνομα κυρίου σωθήσεται.
10:16 Ἀλλ' οὐ **πάντες** ὑπήκουσαν τῷ εὐαγγελίῳ. Ἠσαΐας γὰρ λέγει,
10:18 Εἰς **πᾶσαν** τὴν γῆν ἐξῆλθεν ὁ φθόγγος αὐτῶν καὶ εἰς τὰ πέρατα τῆς οἰκουμένης τὰ ῥήματα αὐτῶν.
11:10 σκοτισθήτωσαν οἱ ὀφθαλμοὶ αὐτῶν τοῦ μὴ βλέπειν καὶ τὸν νῶτον αὐτῶν διὰ **παντὸς** σύγκαμψον.
11:26 καὶ οὕτως **πᾶς** Ἰσραὴλ σωθήσεται, καθὼς γέγραπται, Ἥξει ἐκ Σιὼν ὁ ῥυόμενος,
11:32 συνέκλεισεν γὰρ ὁ θεὸς τοὺς **πάντας** εἰς ἀπείθειαν, ἵνα τοὺς **πάντας** ἐλεήσῃ.
11:36 ὅτι ἐξ αὐτοῦ καὶ δι' αὐτοῦ καὶ εἰς αὐτὸν τὰ **πάντα·**
12: 3 διὰ τῆς χάριτος τῆς δοθείσης μοι **παντὶ** τῷ ὄντι ἐν ὑμῖν μὴ ὑπερφρονεῖν παρ' ὃ δεῖ φρονεῖν ἀλλὰ φρονεῖν εἰς τὸ σωφρονεῖν,
12: 4 τὰ δὲ μέλη **πάντα** οὐ τὴν αὐτὴν ἔχει πρᾶξιν,
12:17 μηδενὶ κακὸν ἀντὶ κακοῦ ἀποδιδόντες, προνοούμενοι καλὰ ἐνώπιον **πάντων** ἀνθρώπων·
12:18 εἰ δυνατὸν τὸ ἐξ ὑμῶν, μετὰ **πάντων** ἀνθρώπων εἰρηνεύοντες·
13: 1 **Πᾶσα** ψυχὴ ἐξουσίαις ὑπερεχούσαις ὑποτασσέσθω. οὐ γὰρ ἔστιν ἐξουσία εἰ μὴ ὑπὸ θεοῦ,
13: 7 ἀπόδοτε **πᾶσιν** τὰς ὀφειλάς, τῷ τὸν φόρον τὸν φόρον,
14: 2 ὃς μὲν πιστεύει φαγεῖν **πάντα,** ὁ δὲ ἀσθενῶν λάχανα ἐσθίει.
14: 5 ὃς μὲν [γὰρ] κρίνει ἡμέραν παρ' ἡμέραν, ὃς δὲ κρίνει **πᾶσαν** ἡμέραν·
14:10 ἢ καὶ σὺ τί ἐξουθενεῖς τὸν ἀδελφόν σου; **πάντες** γὰρ παραστησόμεθα τῷ βήματι τοῦ θεοῦ,
14:11 ὅτι ἐμοὶ κάμψει **πᾶν** γόνυ καὶ **πᾶσα** γλῶσσα ἐξομολογήσεται τῷ θεῷ.
14:20 **πάντα** μὲν καθαρά, ἀλλὰ κακὸν τῷ ἀνθρώπῳ τῷ διὰ προσκόμματος ἐσθίοντι.
14:23 **πᾶν** δὲ ὃ οὐκ ἐκ πίστεως ἁμαρτία ἐστίν.
15:11 καὶ πάλιν, Αἰνεῖτε, **πάντα** τὰ ἔθνη, τὸν κύριον καὶ ἐπαινεσάτωσαν αὐτὸν **πάντες** οἱ λαοί.
15:13 ὁ δὲ θεὸς τῆς ἐλπίδος πληρώσαι ὑμᾶς **πάσης** χαρᾶς καὶ εἰρήνης ἐν τῷ πιστεύειν,
15:14 πεπληρωμένοι **πάσης** [τῆς] γνώσεως, δυνάμενοι καὶ ἀλλήλους νουθετεῖν.
15:33 ὁ δὲ θεὸς τῆς εἰρήνης μετὰ **πάντων** ὑμῶν,
16: 4 οἷς οὐκ ἐγὼ μόνος εὐχαριστῶ ἀλλὰ καὶ **πᾶσαι** αἱ ἐκκλησίαι τῶν ἐθνῶν,
16:15 καὶ Ὀλυμπᾶν καὶ τοὺς σὺν αὐτοῖς **πάντας** ἁγίους.
16:16 Ἀσπάσασθε ἀλλήλους ἐν φιλήματι ἁγίῳ. Ἀσπάζονται ὑμᾶς αἱ ἐκκλησίαι **πᾶσαι** τοῦ Χριστοῦ.
16:19 ἡ γὰρ ὑμῶν ὑπακοὴ εἰς **πάντας** ἀφίκετο· ἐφ' ὑμῖν οὖν χαίρω,
16:26 [φανερωθέντος δὲ νῦν διά τε γραφῶν προφητικῶν κατ' ἐπιταγὴν τοῦ αἰωνίου θεοῦ εἰς ὑπακοὴν πίστεως εἰς **πάντα** τὰ ἔθνη γνωρισθέντος,]
1Co 1: 2 σὺν **πᾶσιν** τοῖς ἐπικαλουμένοις τὸ ὄνομα τοῦ κυρίου ἡμῶν Ἰησοῦ Χριστοῦ ἐν **παντὶ** τόπῳ,
1: 5 ὅτι ἐν **παντὶ** ἐπλουτίσθητε ἐν αὐτῷ, ἐν **παντὶ** λόγῳ καὶ **πάσῃ** γνώσει,
1:10 ἵνα τὸ αὐτὸ λέγητε **πάντες** καὶ μὴ ᾖ ἐν ὑμῖν σχίσματα,
1:29 ὅπως μὴ καυχήσηται **πᾶσα** σὰρξ ἐνώπιον τοῦ θεοῦ.
2:10 τὸ γὰρ πνεῦμα **πάντα** ἐραυνᾷ, καὶ τὰ βάθη τοῦ θεοῦ.
2:15 ὁ δὲ πνευματικὸς ἀνακρίνει [τὰ] **πάντα,** αὐτὸς δὲ ὑπ' οὐδενὸς ἀνακρίνεται.
3:21 ὥστε μηδεὶς καυχάσθω ἐν ἀνθρώποις· **πάντα** γὰρ ὑμῶν ἐστιν,
3:22 εἴτε κόσμος εἴτε ζωὴ εἴτε θάνατος, εἴτε ἐνεστῶτα εἴτε μέλλοντα· **πάντα** ὑμῶν,
4:13 ὡς περικαθάρματα τοῦ κόσμου ἐγενήθημεν, **πάντων** περίψημα ἕως ἄρτι.
4:17 ὃς ὑμᾶς ἀναμνήσει τὰς ὁδούς μου τὰς ἐν Χριστῷ [Ἰησοῦ,] καθὼς πανταχοῦ ἐν **πάσῃ** ἐκκλησίᾳ διδάσκω.
6:12 **Πάντα** μοι ἔξεστιν ἀλλ' οὐ **πάντα** συμφέρει· **πάντα** μοι ἔξεστιν ἀλλ' οὐκ ἐγὼ ἐξουσιασθήσομαι ὑπό τινος.
6:18 **πᾶν** ἁμάρτημα ὃ ἐὰν ποιήσῃ ἄνθρωπος ἐκτὸς τοῦ σώματός ἐστιν·
7: 7 θέλω δὲ **πάντας** ἀνθρώπους εἶναι ὡς καὶ ἐμαυτόν·
7:17 οὕτως περιπατείτω. καὶ οὕτως ἐν ταῖς ἐκκλησίαις **πάσαις** διατάσσομαι.
8: 1 Περὶ δὲ τῶν εἰδωλοθύτων, οἴδαμεν ὅτι **πάντες** γνῶσιν ἔχομεν.
8: 6 ἀλλ' ἡμῖν εἷς θεὸς ὁ πατὴρ ἐξ οὗ τὰ **πάντα** καὶ ἡμεῖς εἰς αὐτόν, καὶ εἷς κύριος Ἰησοῦς Χριστὸς δι' οὗ τὰ **πάντα** καὶ ἡμεῖς δι' αὐτοῦ.
8: 7 Ἀλλ' οὐκ ἐν **πᾶσιν** ἡ γνῶσις· τινὲς δὲ τῇ συνηθείᾳ ἕως ἄρτι τοῦ εἰδώλου ὡς εἰδωλόθυτον ἐσθίουσιν,
9:12 Ἀλλ' οὐκ ἐχρησάμεθα τῇ ἐξουσίᾳ ταύτῃ, ἀλλὰ **πάντα** στέγομεν,
9:19 Ἐλεύθερος γὰρ ὢν ἐκ **πάντων πᾶσιν** ἐμαυτὸν ἐδούλωσα,
9:22 τοῖς **πᾶσιν** γέγονα **πάντα,** ἵνα πάντως τινὰς σώσω.
9:23 **πάντα** δὲ ποιῶ διὰ τὸ εὐαγγέλιον, ἵνα συγκοινωνὸς αὐτοῦ γένωμαι.
9:24 Οὐκ οἴδατε ὅτι οἱ ἐν σταδίῳ τρέχοντες **πάντες** μὲν τρέχουσιν,
9:25 **πᾶς** δὲ ὁ ἀγωνιζόμενος **πάντα** ἐγκρατεύεται, ἐκεῖνοι μὲν οὖν ἵνα φθαρτὸν στέφανον λάβωσιν,
10: 1 ὅτι οἱ πατέρες ἡμῶν **πάντες** ὑπὸ τὴν νεφέλην ἦσαν καὶ **πάντες** διὰ τῆς θαλάσσης διῆλθον
10: 2 καὶ **πάντες** εἰς τὸν Μωϋσῆν ἐβαπτίσθησαν ἐν τῇ νεφέλῃ καὶ ἐν τῇ θαλάσσῃ
10: 3 καὶ **πάντες** τὸ αὐτὸ πνευματικὸν βρῶμα ἔφαγον
10: 4 καὶ **πάντες** τὸ αὐτὸ πνευματικὸν ἔπιον πόμα· ἔπινον γὰρ ἐκ πνευματικῆς ἀκολουθούσης πέτρας,
10:17 οἱ γὰρ **πάντες** ἐκ τοῦ ἑνὸς ἄρτου μετέχομεν.
10:23 **Πάντα** ἔξεστιν ἀλ' οὐ **πάντα** συμφέρει· **πάντα** ἔξεστιν ἀλλ' οὐ **πάντα** οἰκοδομεῖ.
10:25 **Πᾶν** τὸ ἐν μακέλλῳ πωλούμενον ἐσθίετε μηδὲν ἀνακρίνοντες διὰ τὴν συνείδησιν·
10:27 **πᾶν** τὸ παρατιθέμενον ὑμῖν ἐσθίετε μηδὲν ἀνακρίνοντες διὰ τὴν συνείδησιν.
10:31 εἴτε οὖν ἐσθίετε εἴτε πίνετε εἴτε τι ποιεῖτε, **πάντα** εἰς δόξαν θεοῦ ποιεῖτε.
10:33 καθὼς κἀγὼ **πάντα πᾶσιν** ἀρέσκω μὴ ζητῶν τὸ ἐμαυτοῦ σύμφορον ἀλλὰ τὸ τῶν πολλῶν,
11: 2 Ἐπαινῶ δὲ ὑμᾶς ὅτι **πάντα** μου μέμνησθε καί,
11: 3 θέλω δὲ ὑμᾶς εἰδέναι ὅτι **παντὸς** ἀνδρὸς ἡ κεφαλὴ ὁ Χριστός ἐστιν,
11: 4 **πᾶς** ἀνὴρ προσευχόμενος ἢ προφητεύων κατὰ κεφαλῆς ἔχων καταισχύνει τὴν κεφαλὴν αὐτοῦ.
11: 5 **πᾶσα** δὲ γυνὴ προσευχομένη ἢ προφητεύουσα ἀκατακαλύπτῳ τῇ κεφαλῇ καταισχύνει τὴν κεφαλὴν αὐτῆς·
11:12 οὕτως καὶ ὁ ἀνὴρ διὰ τῆς γυναικός· τὰ δὲ **πάντα** ἐκ τοῦ θεοῦ.
12: 6 ὁ δὲ αὐτὸς θεὸς ὁ ἐνεργῶν τὰ **πάντα** ἐν **πᾶσιν.**
12:11 **πάντα** δὲ ταῦτα ἐνεργεῖ τὸ ἓν καὶ τὸ αὐτὸ πνεῦμα διαιροῦν ἰδίᾳ ἑκάστῳ καθὼς βούλεται.
12:12 **πάντα** δὲ τὰ μέλη τοῦ σώματος πολλὰ ὄντα ἕν ἐστιν σῶμα,
12:13 καὶ γὰρ ἐν ἑνὶ πνεύματι ἡμεῖς **πάντες** εἰς ἓν σῶμα ἐβαπτίσθημεν, εἴτε Ἰουδαῖοι εἴτε Ἕλληνες εἴτε δοῦλοι εἴτε ἐλεύθεροι, καὶ **πάντες** ἓν πνεῦμα ἐποτίσθημεν.
12:19 εἰ δὲ ἦν τὰ **πάντα** ἓν μέλος, ποῦ τὸ σῶμα;
12:26 καὶ εἴτε πάσχει ἓν μέλος, συμπάσχει **πάντα** τὰ μέλη· εἴτε δοξάζεται [ἓν] μέλος, συγχαίρει **πάντα** τὰ μέλη.
12:29 μὴ **πάντες** ἀπόστολοι; μὴ **πάντες** προφῆται; μὴ **πάντες** διδάσκαλοι; μὴ **πάντες** δυνάμεις;
12:30 μὴ **πάντες** χαρίσματα ἔχουσιν ἰαμάτων; μὴ **πάντες** γλώσσαις λαλοῦσιν; μὴ **πάντες** διερμηνεύουσιν;
13: 2 καὶ ἐὰν ἔχω προφητείαν καὶ εἰδῶ τὰ μυστήρια **πάντα** καὶ **πᾶσαν** τὴν γνῶσιν καὶ ἐὰν ἔχω **πᾶσαν** τὴν πίστιν ὥστε ὄρη μεθιστάναι,
13: 3 κἂν ψωμίσω **πάντα** τὰ ὑπάρχοντά μου καὶ ἐὰν παραδῶ τὸ σῶμά μου ἵνα καυχήσωμαι,
13: 7 **πάντα** στέγει, **πάντα** πιστεύει, **πάντα** ἐλπίζει, **πάντα** ὑπομένει.
14: 5 θέλω δὲ **πάντας** ὑμᾶς λαλεῖν γλώσσαις, μᾶλλον δὲ ἵνα προφητεύητε·
14:18 εὐχαριστῶ τῷ θεῷ, **πάντων** ὑμῶν μᾶλλον γλώσσαις λαλῶ·
14:23 Ἐὰν οὖν συνέλθῃ ἡ ἐκκλησία ὅλη ἐπὶ τὸ αὐτὸ καὶ **πάντες** λαλῶσιν γλώσσαις,
14:24 ἐὰν δὲ **πάντες** προφητεύωσιν, εἰσέλθῃ δέ τις ἄπιστος ἢ ἰδιώτης, ἐλέγχεται ὑπὸ **πάντων,** ἀνακρίνεται ὑπὸ **πάντων,**
14:26 γλῶσσαν ἔχει, ἑρμηνείαν ἔχει· **πάντα** πρὸς οἰκοδομὴν γινέσθω.
14:31 δύνασθε γὰρ καθ' ἕνα **πάντες** προφητεύειν, ἵνα **πάντες** μανθάνωσιν καὶ **πάντες** παρακαλῶνται.
14:33 οὐ γάρ ἐστιν ἀκαταστασίας ὁ θεὸς ἀλλὰ εἰρήνης. Ὡς ἐν **πάσαις** ταῖς ἐκκλησίαις τῶν ἁγίων
14:40 **πάντα** δὲ εὐσχημόνως καὶ κατὰ τάξιν γινέσθω.
15: 7 ἔπειτα ὤφθη Ἰακώβῳ εἶτα τοῖς ἀποστόλοις **πᾶσιν·**
15: 8 ἔσχατον δὲ **πάντων** ὡσπερεὶ τῷ ἐκτρώματι ὤφθη κἀμοί.

15:10 καὶ ἡ χάρις αὐτοῦ ἡ εἰς ἐμὲ οὐ κενὴ ἐγενήθη, ἀλλὰ περισσότερον αὐτῶν **πάντων** ἐκοπίασα,
15:19 εἰ ἐν τῇ ζωῇ ταύτῃ ἐν Χριστῷ ἠλπικότες ἐσμὲν μόνον, ἐλεεινότεροι **πάντων** ἀνθρώπων ἐσμέν.
15:22 ὥσπερ γὰρ ἐν τῷ Ἀδὰμ **πάντες** ἀποθνῄσκουσιν, οὕτως καὶ ἐν τῷ Χριστῷ **πάντες** ζῳοποιηθήσονται.
15:24 ὅταν καταργήσῃ **πᾶσαν** ἀρχὴν καὶ **πᾶσαν** ἐξουσίαν καὶ δύναμιν.
15:25 δεῖ γὰρ αὐτὸν βασιλεύειν ἄχρι οὗ θῇ **πάντας** τοὺς ἐχθροὺς ὑπὸ τοὺς πόδας αὐτοῦ.
15:27 **πάντα** γὰρ ὑπέταξεν ὑπὸ τοὺς πόδας αὐτοῦ. ὅταν δὲ εἴπῃ ὅτι **πάντα** ὑποτέτακται, δῆλον ὅτι ἐκτὸς τοῦ ὑποτάξαντος αὐτῷ τὰ **πάντα.**
15:28 ὅταν δὲ ὑποταγῇ αὐτῷ τὰ **πάντα,** τότε [καὶ] αὐτὸς ὁ υἱὸς ὑποταγήσεται τῷ ὑποτάξαντι αὐτῷ τὰ **πάντα,** ἵνα ᾖ ὁ θεὸς [τὰ] **πάντα** ἐν **πᾶσιν.**
15:30 τί καὶ ἡμεῖς κινδυνεύομεν **πᾶσαν** ὥραν;
15:39 οὐ **πᾶσα** σὰρξ ἡ αὐτὴ σὰρξ ἀλλὰ ἄλλη μὲν ἀνθρώπων,
15:51 ἰδοὺ μυστήριον ὑμῖν λέγω· **πάντες** οὐ κοιμηθησόμεθα, **πάντες** δὲ ἀλλαγησόμεθα,
16:14 **πάντα** ὑμῶν ἐν ἀγάπῃ γινέσθω.
16:16 ἵνα καὶ ὑμεῖς ὑποτάσσησθε τοῖς τοιούτοις καὶ **παντὶ** τῷ συνεργοῦντι καὶ κοπιῶντι.
16:20 ἀσπάζονται ὑμᾶς οἱ ἀδελφοὶ **πάντες.** Ἀσπάσασθε ἀλλήλους ἐν φιλήματι ἁγίῳ.
16:24 ἡ ἀγάπη μου μετὰ **πάντων** ὑμῶν ἐν Χριστῷ Ἰησοῦ.

2Co 1: 1 τῇ ἐκκλησίᾳ τοῦ θεοῦ τῇ οὔσῃ ἐν Κορίνθῳ σὺν τοῖς ἁγίοις **πᾶσιν** τοῖς οὖσιν ἐν ὅλῃ τῇ Ἀχαΐᾳ,
1: 3 ὁ πατὴρ τῶν οἰκτιρμῶν καὶ θεὸς **πάσης** παρακλήσεως,
1: 4 ὁ παρακαλῶν ἡμᾶς ἐπὶ **πάσῃ** τῇ θλίψει ἡμῶν εἰς τὸ δύνασθαι ἡμᾶς παρακαλεῖν τοὺς ἐν **πάσῃ** θλίψει διὰ τῆς παρακλήσεως ἧς παρακαλούμεθα αὐτοὶ ὑπὸ τοῦ θεοῦ.
2: 3 πεποιθὼς ἐπὶ **πάντας** ὑμᾶς ὅτι ἡ ἐμὴ χαρὰ **πάντων** ὑμῶν ἐστιν.
2: 5 Εἰ δέ τις λελύπηκεν, οὐκ ἐμὲ λελύπηκεν, ἀλλὰ ἀπὸ μέρους, ἵνα μὴ ἐπιβαρῶ, **πάντας** ὑμᾶς.
2: 9 ἵνα γνῶ τὴν δοκιμὴν ὑμῶν, εἰ εἰς **πάντα** ὑπήκοοί ἐστε.
2:14 τῷ πάντοτε θριαμβεύοντι ἡμᾶς ἐν τῷ Χριστῷ καὶ τὴν ὀσμὴν τῆς γνώσεως αὐτοῦ φανεροῦντι δι' ἡμῶν ἐν **παντὶ** τόπῳ·
3: 2 ἐγγεγραμμένη ἐν ταῖς καρδίαις ἡμῶν, γινωσκομένη καὶ ἀναγινωσκομένη ὑπὸ **πάντων** ἀνθρώπων,
3:18 ἡμεῖς δὲ **πάντες** ἀνακεκαλυμμένῳ προσώπῳ τὴν δόξαν κυρίου κατοπτριζόμενοι τὴν αὐτὴν εἰκόνα μεταμορφούμεθα ἀπὸ δόξης εἰς δόξαν καθάπερ ἀπὸ κυρίου πνεύματος.
4: 2 ἀλλὰ τῇ φανερώσει τῆς ἀληθείας συνιστάνοντες ἑαυτοὺς πρὸς **πᾶσαν** συνείδησιν ἀνθρώπων ἐνώπιον τοῦ θεοῦ.
4: 8 ἐν **παντὶ** θλιβόμενοι ἀλλ' οὐ στενοχωρούμενοι, ἀπορούμενοι ἀλλ' οὐκ ἐξαπορούμενοι,
4:15 τὰ γὰρ **πάντα** δι' ὑμᾶς, ἵνα ἡ χάρις πλεονάσασα διὰ τῶν πλειόνων τὴν εὐχαριστίαν περισσεύσῃ εἰς τὴν δόξαν τοῦ θεοῦ.
5:10 τοὺς γὰρ **πάντας** ἡμᾶς φανερωθῆναι δεῖ ἔμπροσθεν τοῦ βήματος τοῦ Χριστοῦ,
5:14 κρίναντας τοῦτο, ὅτι εἷς ὑπὲρ **πάντων** ἀπέθανεν, ἄρα οἱ **πάντες** ἀπέθανον·
5:15 καὶ ὑπὲρ **πάντων** ἀπέθανεν, ἵνα οἱ ζῶντες μηκέτι ἑαυτοῖς ζῶσιν ἀλλὰ τῷ ὑπὲρ αὐτῶν ἀποθανόντι καὶ ἐγερθέντι.
5:18 τὰ δὲ **πάντα** ἐκ τοῦ θεοῦ τοῦ καταλλάξαντος ἡμᾶς ἑαυτῷ διὰ Χριστοῦ καὶ δόντος ἡμῖν τὴν διακονίαν τῆς καταλλαγῆς,
6: 4 ἀλλ' ἐν **παντὶ** συνιστάντες ἑαυτοὺς ὡς θεοῦ διάκονοι,
6:10 ὡς πτωχοὶ πολλοὺς δὲ πλουτίζοντες, ὡς μηδὲν ἔχοντες καὶ **πάντα** κατέχοντες.
7: 1 καθαρίσωμεν ἑαυτοὺς ἀπὸ **παντὸς** μολυσμοῦ σαρκὸς καὶ πνεύματος,
7: 4 ὑπερπερισσεύομαι τῇ χαρᾷ ἐπὶ **πάσῃ** τῇ θλίψει ἡμῶν.
7: 5 Καὶ γὰρ ἐλθόντων ἡμῶν εἰς Μακεδονίαν οὐδεμίαν ἔσχηκεν ἄνεσιν ἡ σὰρξ ἡμῶν ἀλλ' ἐν **παντὶ** θλιβόμενοι·
7:11 ἐν **παντὶ** συνεστήσατε ἑαυτοὺς ἁγνοὺς εἶναι τῷ πράγματι.
7:13 ὅτι ἀναπέπαυται τὸ πνεῦμα αὐτοῦ ἀπὸ **πάντων** ὑμῶν·
7:14 οὐ κατῃσχύνθην, ἀλλ' ὡς **πάντα** ἐν ἀληθείᾳ ἐλαλήσαμεν ὑμῖν,
7:15 καὶ τὰ σπλάγχνα αὐτοῦ περισσοτέρως εἰς ὑμᾶς ἐστιν ἀναμιμνῃσκομένου τὴν **πάντων** ὑμῶν ὑπακοήν,
7:16 χαίρω ὅτι ἐν **παντὶ** θαρρῶ ἐν ὑμῖν.
8: 7 ἀλλ' ὥσπερ ἐν **παντὶ** περισσεύετε, πίστει καὶ λόγῳ καὶ γνώσει καὶ **πάσῃ** σπουδῇ καὶ τῇ ἐξ ἡμῶν ἐν ὑμῖν ἀγάπῃ,
8:18 συνεπέμψαμεν δὲ μετ' αὐτοῦ τὸν ἀδελφὸν οὗ ὁ ἔπαινος ἐν τῷ εὐαγγελίῳ διὰ **πασῶν** τῶν ἐκκλησιῶν,
9: 8 δυνατεῖ δὲ ὁ θεὸς **πᾶσαν** χάριν περισσεῦσαι εἰς ὑμᾶς, ἵνα ἐν **παντὶ** πάντοτε **πᾶσαν** αὐτάρκειαν ἔχοντες περισσεύητε εἰς **πᾶν** ἔργον ἀγαθόν,
9:11 ἐν **παντὶ** πλουτιζόμενοι εἰς **πᾶσαν** ἁπλότητα, ἥτις κατεργάζεται δι' ἡμῶν εὐχαριστίαν τῷ θεῷ·
9:13 καὶ ἁπλότητι τῆς κοινωνίας εἰς αὐτοὺς καὶ εἰς **πάντας,**
10: 5 καὶ **πᾶν** ὕψωμα ἐπαιρόμενον κατὰ τῆς γνώσεως τοῦ θεοῦ, καὶ αἰχμαλωτίζοντες **πᾶν** νόημα εἰς τὴν ὑπακοὴν τοῦ Χριστοῦ,
10: 6 καὶ ἐν ἑτοίμῳ ἔχοντες ἐκδικῆσαι **πᾶσαν** παρακοήν, ὅταν πληρωθῇ ὑμῶν ἡ ὑπακοή.
11: 6 ἀλλ' ἐν **παντὶ** φανερώσαντες ἐν **πᾶσιν** εἰς ὑμᾶς.
11: 9 καὶ ἐν **παντὶ** ἀβαρῆ ἐμαυτὸν ὑμῖν ἐτήρησα καὶ τηρήσω.
11:28 χωρὶς τῶν παρεκτὸς ἡ ἐπίστασίς μοι ἡ καθ' ἡμέραν, ἡ μέριμνα **πασῶν** τῶν ἐκκλησιῶν.
12:12 τὰ μὲν σημεῖα τοῦ ἀποστόλου κατειργάσθη ἐν ὑμῖν ἐν **πάσῃ** ὑπομονῇ,
12:19 τὰ δὲ **πάντα,** ἀγαπητοί, ὑπὲρ τῆς ὑμῶν οἰκοδομῆς.
13: 1 ἐπὶ στόματος δύο μαρτύρων καὶ τριῶν σταθήσεται **πᾶν** ῥῆμα.
13: 2 ὡς παρὼν τὸ δεύτερον καὶ ἀπὼν νῦν, τοῖς προημαρτηκόσιν καὶ τοῖς λοιποῖς **πᾶσιν,**
13:12 ἀσπάσασθε ἀλλήλους ἐν ἁγίῳ φιλήματι. ἀσπάζονται ὑμᾶς οἱ ἅγιοι **πάντες.**
13:13 Ἡ χάρις τοῦ κυρίου Ἰησοῦ Χριστοῦ καὶ ἡ ἀγάπη τοῦ θεοῦ καὶ ἡ κοινωνία τοῦ ἁγίου πνεύματος μετὰ **πάντων** ὑμῶν.

Gal 1: 2 καὶ οἱ σὺν ἐμοὶ **πάντες** ἀδελφοὶ ταῖς ἐκκλησίαις τῆς Γαλατίας,
2:14 εἶπον τῷ Κηφᾷ ἔμπροσθεν **πάντων,** Εἰ σὺ Ἰουδαῖος ὑπάρχων ἐθνικῶς καὶ οὐχὶ Ἰουδαϊκῶς ζῇς,
2:16 ὅτι ἐξ ἔργων νόμου οὐ δικαιωθήσεται **πᾶσα** σάρξ.
3: 8 προευηγγελίσατο τῷ Ἀβραὰμ ὅτι Ἐνευλογηθήσονται ἐν σοὶ **πάντα** τὰ ἔθνη·
3:10 γέγραπται γὰρ ὅτι Ἐπικατάρατος **πᾶς** ὃς οὐκ ἐμμένει **πᾶσιν** τοῖς γεγραμμένοις ἐν τῷ βιβλίῳ τοῦ νόμου τοῦ ποιῆσαι αὐτά.
3:13 ὅτι γέγραπται, Ἐπικατάρατος **πᾶς** ὁ κρεμάμενος ἐπὶ ξύλου,
3:22 ἀλλὰ συνέκλεισεν ἡ γραφὴ τὰ **πάντα** ὑπὸ ἁμαρτίαν,
3:26 **Πάντες** γὰρ υἱοὶ θεοῦ ἐστε διὰ τῆς πίστεως ἐν Χριστῷ Ἰησοῦ·
3:28 **πάντες** γὰρ ὑμεῖς εἷς ἐστε ἐν Χριστῷ Ἰησοῦ.
4: 1 ἐφ' ὅσον χρόνον ὁ κληρονόμος νήπιός ἐστιν, οὐδὲν διαφέρει δούλου κύριος **πάντων** ὤν,
5: 3 μαρτύρομαι δὲ πάλιν **παντὶ** ἀνθρώπῳ περιτεμνομένῳ ὅτι ὀφειλέτης ἐστὶν ὅλον τὸν νόμον ποιῆσαι.
5:14 ὁ γὰρ **πᾶς** νόμος ἐν ἑνὶ λόγῳ πεπλήρωται,
6: 6 Κοινωνείτω δὲ ὁ κατηχούμενος τὸν λόγον τῷ κατηχοῦντι ἐν **πᾶσιν** ἀγαθοῖς.
6:10 ἄρα οὖν ὡς καιρὸν ἔχομεν, ἐργαζώμεθα τὸ ἀγαθὸν πρὸς **πάντας,**

Eph 1: 3 ὁ εὐλογήσας ἡμᾶς ἐν **πάσῃ** εὐλογίᾳ πνευματικῇ ἐν τοῖς ἐπουρανίοις ἐν Χριστῷ,
1: 8 ἧς ἐπερίσσευσεν εἰς ἡμᾶς, ἐν **πάσῃ** σοφίᾳ καὶ φρονήσει,
1:10 εἰς οἰκονομίαν τοῦ πληρώματος τῶν καιρῶν, ἀνακεφαλαιώσασθαι τὰ **πάντα** ἐν τῷ Χριστῷ,
1:11 ἐν ᾧ καὶ ἐκληρώθημεν προορισθέντες κατὰ πρόθεσιν τοῦ τὰ **πάντα** ἐνεργοῦντος κατὰ τὴν βουλὴν τοῦ θελήματος αὐτοῦ
1:15 Διὰ τοῦτο κἀγὼ ἀκούσας τὴν καθ' ὑμᾶς πίστιν ἐν τῷ κυρίῳ Ἰησοῦ καὶ τὴν ἀγάπην τὴν εἰς **πάντας** τοὺς ἁγίους
1:21 ὑπεράνω **πάσης** ἀρχῆς καὶ ἐξουσίας καὶ δυνάμεως καὶ κυριότητος καὶ **παντὸς** ὀνόματος ὀνομαζομένου,
1:22 καὶ **πάντα** ὑπέταξεν ὑπὸ τοὺς πόδας αὐτοῦ καὶ αὐτὸν ἔδωκεν κεφαλὴν ὑπὲρ **πάντα** τῇ ἐκκλησίᾳ,
1:23 τὸ πλήρωμα τοῦ τὰ **πάντα** ἐν **πᾶσιν** πληρουμένου.
2: 3 καὶ ἡμεῖς **πάντες** ἀνεστράφημέν ποτε ἐν ταῖς ἐπιθυμίαις τῆς σαρκὸς ἡμῶν ποιοῦντες τὰ θελήματα τῆς σαρκὸς
2:21 ἐν ᾧ **πᾶσα** οἰκοδομὴ συναρμολογουμένη αὔξει εἰς ναὸν ἅγιον ἐν κυρίῳ,
3: 8 ἐμοὶ τῷ ἐλαχιστοτέρῳ **πάντων** ἁγίων ἐδόθη ἡ χάρις αὕτη,
3: 9 καὶ φωτίσαι **[πάντας]** τίς ἡ οἰκονομία τοῦ μυστηρίου τοῦ ἀποκεκρυμμένου ἀπὸ τῶν αἰώνων ἐν τῷ θεῷ τῷ τὰ **πάντα** κτίσαντι,
3:15 ἐξ οὗ **πᾶσα** πατριὰ ἐν οὐρανοῖς καὶ ἐπὶ γῆς ὀνομάζεται,
3:18 ἵνα ἐξισχύσητε καταλαβέσθαι σὺν **πᾶσιν** τοῖς ἁγίοις τί τὸ πλάτος καὶ μῆκος καὶ ὕψος καὶ βάθος,
3:19 ἵνα πληρωθῆτε εἰς **πᾶν** τὸ πλήρωμα τοῦ θεοῦ.
3:20 δυναμένῳ ὑπὲρ **πάντα** ποιῆσαι ὑπερεκπερισσοῦ ὧν αἰτούμεθα ἢ νοοῦμεν κατὰ τὴν δύναμιν τὴν ἐνεργουμένην ἐν ἡμῖν,
3:21 αὐτῷ ἡ δόξα ἐν τῇ ἐκκλησίᾳ καὶ ἐν Χριστῷ Ἰησοῦ εἰς **πάσας** τὰς γενεὰς τοῦ αἰῶνος τῶν αἰώνων,

4: 2 μετὰ **πάσης** ταπεινοφροσύνης καὶ πραΰτητος, μετὰ μακροθυμίας, ἀνεχόμενοι ἀλλήλων ἐν ἀγάπῃ,
4: 6 εἷς θεὸς καὶ πατὴρ **πάντων,** ὁ ἐπὶ **πάντων** καὶ διὰ **πάντων** καὶ ἐν **πᾶσιν.**
4:10 ὁ καταβὰς αὐτός ἐστιν καὶ ὁ ἀναβὰς ὑπεράνω **πάντων** τῶν οὐρανῶν, ἵνα πληρώσῃ τὰ **πάντα.**
4:13 μέχρι καταντήσωμεν οἱ **πάντες** εἰς τὴν ἑνότητα τῆς πίστεως καὶ τῆς ἐπιγνώσεως τοῦ υἱοῦ τοῦ θεοῦ,
4:14 κλυδωνιζόμενοι καὶ περιφερόμενοι **παντὶ** ἀνέμῳ τῆς διδασκαλίας ἐν τῇ κυβείᾳ τῶν ἀνθρώπων,
4:15 ἀληθεύοντες δὲ ἐν ἀγάπῃ αὐξήσωμεν εἰς αὐτὸν τὰ **πάντα,**
4:16 ἐξ οὗ **πᾶν** τὸ σῶμα συναρμολογούμενον καὶ συμβιβαζόμενον διὰ **πάσης** ἁφῆς τῆς ἐπιχορηγίας
4:19 οἵτινες ἀπηλγηκότες ἑαυτοὺς παρέδωκαν τῇ ἀσελγείᾳ εἰς ἐργασίαν ἀκαθαρσίας **πάσης** ἐν πλεονεξίᾳ.
4:29 **πᾶς** λόγος σαπρὸς ἐκ τοῦ στόματος ὑμῶν μὴ ἐκπορευέσθω,
4:31 **πᾶσα** πικρία καὶ θυμὸς καὶ ὀργὴ καὶ κραυγὴ καὶ βλασφημία ἀρθήτω ἀφ' ὑμῶν σὺν **πάσῃ** κακίᾳ.
5: 3 πορνεία δὲ καὶ ἀκαθαρσία **πᾶσα** ἢ πλεονεξία μηδὲ ὀνομαζέσθω ἐν ὑμῖν,
5: 5 ὅτι **πᾶς** πόρνος ἢ ἀκάθαρτος ἢ πλεονέκτης, ὅ ἐστιν εἰδωλολάτρης,
5: 9 –ὁ γὰρ καρπὸς τοῦ φωτὸς ἐν **πάσῃ** ἀγαθωσύνῃ καὶ δικαιοσύνῃ καὶ ἀληθείᾳ–
5:13 τὰ δὲ **πάντα** ἐλεγχόμενα ὑπὸ τοῦ φωτὸς φανεροῦται,
5:14 **πᾶν** γὰρ τὸ φανερούμενον φῶς ἐστιν. διὸ λέγει,
5:20 εὐχαριστοῦντες πάντοτε ὑπὲρ **πάντων** ἐν ὀνόματι τοῦ κυρίου ἡμῶν Ἰησοῦ Χριστοῦ τῷ θεῷ καὶ πατρί.
5:24 οὕτως καὶ αἱ γυναῖκες τοῖς ἀνδράσιν ἐν **παντί.**
6:16 ἐν **πᾶσιν** ἀναλαβόντες τὸν θυρεὸν τῆς πίστεως, ἐν ᾧ δυνήσεσθε **πάντα** τὰ βέλη τοῦ πονηροῦ [τὰ] πεπυρωμένα σβέσαι·
6:18 διὰ **πάσης** προσευχῆς καὶ δεήσεως προσευχόμενοι ἐν **παντὶ** καιρῷ ἐν πνεύματι, καὶ εἰς αὐτὸ ἀγρυπνοῦντες ἐν **πάσῃ** προσκαρτερήσει καὶ δεήσει περὶ **πάντων** τῶν ἁγίων
6:21 **πάντα** γνωρίσει ὑμῖν Τυχικὸς ὁ ἀγαπητὸς ἀδελφὸς καὶ πιστὸς διάκονος ἐν κυρίῳ,
6:24 ἡ χάρις μετὰ **πάντων** τῶν ἀγαπώντων τὸν κύριον ἡμῶν Ἰησοῦν Χριστὸν ἐν ἀφθαρσίᾳ.

Php 1: 1 Παῦλος καὶ Τιμόθεος δοῦλοι Χριστοῦ Ἰησοῦ **πᾶσιν** τοῖς ἁγίοις ἐν Χριστῷ Ἰησοῦ τοῖς οὖσιν ἐν Φιλίπποις
1: 3 Εὐχαριστῶ τῷ θεῷ μου ἐπὶ **πάσῃ** τῇ μνείᾳ ὑμῶν
1: 4 πάντοτε ἐν **πάσῃ** δεήσει μου ὑπὲρ **πάντων** ὑμῶν,
1: 7 καθώς ἐστιν δίκαιον ἐμοὶ τοῦτο φρονεῖν ὑπὲρ **πάντων** ὑμῶν διὰ τὸ ἔχειν με ἐν τῇ καρδίᾳ ὑμᾶς, ἔν τε τοῖς δεσμοῖς μου καὶ ἐν τῇ ἀπολογίᾳ καὶ βεβαιώσει τοῦ εὐαγγελίου συγκοινωνούς μου τῆς χάριτος **πάντας** ὑμᾶς ὄντας.
1: 8 μάρτυς γάρ μου ὁ θεὸς ὡς ἐπιποθῶ **πάντας** ὑμᾶς ἐν σπλάγχνοις Χριστοῦ Ἰησοῦ.
1: 9 ἵνα ἡ ἀγάπη ὑμῶν ἔτι μᾶλλον καὶ μᾶλλον περισσεύῃ ἐν ἐπιγνώσει καὶ **πάσῃ** αἰσθήσει
1:13 ὥστε τοὺς δεσμούς μου φανεροὺς ἐν Χριστῷ γενέσθαι ἐν ὅλῳ τῷ πραιτωρίῳ καὶ τοῖς λοιποῖς **πᾶσιν,**
1:18 πλὴν ὅτι **παντὶ** τρόπῳ, εἴτε προφάσει εἴτε ἀληθείᾳ,
1:20 ὅτι ἐν οὐδενὶ αἰσχυνθήσομαι ἀλλ' ἐν **πάσῃ** παρρησίᾳ ὡς πάντοτε καὶ νῦν μεγαλυνθήσεται Χριστὸς ἐν τῷ σώματί μου,
1:25 καὶ τοῦτο πεποιθὼς οἶδα ὅτι μενῶ καὶ παραμενῶ **πᾶσιν** ὑμῖν εἰς τὴν ὑμῶν προκοπὴν καὶ χαρὰν τῆς πίστεως,
2: 9 διὸ καὶ ὁ θεὸς αὐτὸν ὑπερύψωσεν καὶ ἐχαρίσατο αὐτῷ τὸ ὄνομα τὸ ὑπὲρ **πᾶν** ὄνομα,
2:10 ἵνα ἐν τῷ ὀνόματι Ἰησοῦ **πᾶν** γόνυ κάμψῃ ἐπουρανίων καὶ ἐπιγείων καὶ καταχθονίων
2:11 καὶ **πᾶσα** γλῶσσα ἐξομολογήσηται ὅτι κύριος Ἰησοῦς Χριστὸς εἰς δόξαν θεοῦ πατρός.
2:14 **πάντα** ποιεῖτε χωρὶς γογγυσμῶν καὶ διαλογισμῶν,
2:17 ἀλλὰ εἰ καὶ σπένδομαι ἐπὶ τῇ θυσίᾳ καὶ λειτουργίᾳ τῆς πίστεως ὑμῶν, χαίρω καὶ συγχαίρω **πᾶσιν** ὑμῖν·
2:21 οἱ **πάντες** γὰρ τὰ ἑαυτῶν ζητοῦσιν, οὐ τὰ Ἰησοῦ Χριστοῦ.
2:26 ἐπειδὴ ἐπιποθῶν ἦν **πάντας** ὑμᾶς καὶ ἀδημονῶν, διότι ἠκούσατε ὅτι ἠσθένησεν.
2:29 προσδέχεσθε οὖν αὐτὸν ἐν κυρίῳ μετὰ **πάσης** χαρᾶς καὶ τοὺς τοιούτους ἐντίμους ἔχετε,
3: 8 ἀλλὰ μενοῦνγε καὶ ἡγοῦμαι **πάντα** ζημίαν εἶναι διὰ τὸ ὑπερέχον τῆς γνώσεως Χριστοῦ Ἰησοῦ τοῦ κυρίου μου, δι' ὃν τὰ **πάντα** ἐζημιώθην, καὶ ἡγοῦμαι σκύβαλα,
3:21 ὃς μετασχηματίσει τὸ σῶμα τῆς ταπεινώσεως ἡμῶν σύμμορφον τῷ σώματι τῆς δόξης αὐτοῦ κατὰ τὴν ἐνέργειαν τοῦ δύνασθαι αὐτὸν καὶ ὑποτάξαι αὐτῷ τὰ **πάντα.**
4: 5 τὸ ἐπιεικὲς ὑμῶν γνωσθήτω **πᾶσιν** ἀνθρώποις. ὁ κύριος ἐγγύς.
4: 6 ἀλλ' ἐν **παντὶ** τῇ προσευχῇ καὶ τῇ δεήσει μετὰ εὐχαριστίας τὰ αἰτήματα ὑμῶν γνωριζέσθω πρὸς τὸν θεόν.
4: 7 καὶ ἡ εἰρήνη τοῦ θεοῦ ἡ ὑπερέχουσα **πάντα** νοῦν φρουρήσει τὰς καρδίας ὑμῶν καὶ τὰ νοήματα ὑμῶν ἐν Χριστῷ Ἰησοῦ.
4:12 ἐν **παντὶ** καὶ ἐν **πᾶσιν** μεμύημαι, καὶ χορτάζεσθαι καὶ πεινᾶν καὶ περισσεύειν καὶ ὑστερεῖσθαι·
4:13 **πάντα** ἰσχύω ἐν τῷ ἐνδυναμοῦντί με.
4:18 ἀπέχω δὲ **πάντα** καὶ περισσεύω· πεπλήρωμαι δεξάμενος παρὰ Ἐπαφροδίτου τὰ παρ' ὑμῶν,
4:19 ὁ δὲ θεός μου πληρώσει **πᾶσαν** χρείαν ὑμῶν κατὰ τὸ πλοῦτος αὐτοῦ ἐν δόξῃ ἐν Χριστῷ Ἰησοῦ.
4:21 Ἀσπάσασθε **πάντα** ἅγιον ἐν Χριστῷ Ἰησοῦ. ἀσπάζονται ὑμᾶς οἱ σὺν ἐμοὶ ἀδελφοί.
4:22 ἀσπάζονται ὑμᾶς **πάντες** οἱ ἅγιοι, μάλιστα δὲ οἱ ἐκ τῆς Καίσαρος οἰκίας.

Col 1: 4 ἀκούσαντες τὴν πίστιν ὑμῶν ἐν Χριστῷ Ἰησοῦ καὶ τὴν ἀγάπην ἣν ἔχετε εἰς **πάντας** τοὺς ἁγίους
1: 6 καθὼς καὶ ἐν **παντὶ** τῷ κόσμῳ ἐστὶν καρποφορούμενον καὶ αὐξανόμενον καθὼς καὶ ἐν ὑμῖν,
1: 9 ἵνα πληρωθῆτε τὴν ἐπίγνωσιν τοῦ θελήματος αὐτοῦ ἐν **πάσῃ** σοφίᾳ καὶ συνέσει πνευματικῇ,
1:10 περιπατῆσαι ἀξίως τοῦ κυρίου εἰς **πᾶσαν** ἀρεσκείαν, ἐν **παντὶ** ἔργῳ ἀγαθῷ καρποφοροῦντες καὶ αὐξανόμενοι τῇ ἐπιγνώσει τοῦ θεοῦ,
1:11 ἐν **πάσῃ** δυνάμει δυναμούμενοι κατὰ τὸ κράτος τῆς δόξης αὐτοῦ εἰς **πᾶσαν** ὑπομονὴν καὶ μακροθυμίαν.
1:15 ὅς ἐστιν εἰκὼν τοῦ θεοῦ τοῦ ἀοράτου, πρωτότοκος **πάσης** κτίσεως,
1:16 ὅτι ἐν αὐτῷ ἐκτίσθη τὰ **πάντα** ἐν τοῖς οὐρανοῖς καὶ ἐπὶ τῆς γῆς, τὰ ὁρατὰ καὶ τὰ ἀόρατα, εἴτε θρόνοι εἴτε κυριότητες εἴτε ἀρχαὶ εἴτε ἐξουσίαι· τὰ **πάντα** δι' αὐτοῦ καὶ εἰς αὐτὸν ἔκτισται·
1:17 καὶ αὐτός ἐστιν πρὸ **πάντων** καὶ τὰ **πάντα** ἐν αὐτῷ συνέστηκεν,
1:18 πρωτότοκος ἐκ τῶν νεκρῶν, ἵνα γένηται ἐν **πᾶσιν** αὐτὸς πρωτεύων,
1:19 ὅτι ἐν αὐτῷ εὐδόκησεν **πᾶν** τὸ πλήρωμα κατοικῆσαι
1:20 καὶ δι' αὐτοῦ ἀποκαταλλάξαι τὰ **πάντα** εἰς αὐτόν,
1:23 τοῦ κηρυχθέντος ἐν **πάσῃ** κτίσει τῇ ὑπὸ τὸν οὐρανόν,
1:28 ὃν ἡμεῖς καταγγέλλομεν νουθετοῦντες **πάντα** ἄνθρωπον καὶ διδάσκοντες **πάντα** ἄνθρωπον ἐν **πάσῃ** σοφίᾳ, ἵνα παραστήσωμεν **πάντα** ἄνθρωπον τέλειον ἐν Χριστῷ·
2: 2 ἵνα παρακληθῶσιν αἱ καρδίαι αὐτῶν συμβιβασθέντες ἐν ἀγάπῃ καὶ εἰς **πᾶν** πλοῦτος τῆς πληροφορίας τῆς συνέσεως,
2: 3 ἐν ᾧ εἰσιν **πάντες** οἱ θησαυροὶ τῆς σοφίας καὶ γνώσεως ἀπόκρυφοι.
2: 9 ὅτι ἐν αὐτῷ κατοικεῖ **πᾶν** τὸ πλήρωμα τῆς θεότητος σωματικῶς,
2:10 ὅς ἐστιν ἡ κεφαλὴ **πάσης** ἀρχῆς καὶ ἐξουσίας.
2:13 συνεζωοποίησεν ὑμᾶς σὺν αὐτῷ, χαρισάμενος ἡμῖν **πάντα** τὰ παραπτώματα.
2:19 **πᾶν** τὸ σῶμα διὰ τῶν ἁφῶν καὶ συνδέσμων ἐπιχορηγούμενον καὶ συμβιβαζόμενον αὔξει τὴν αὔξησιν τοῦ θεοῦ.
2:22 ἅ ἐστιν **πάντα** εἰς φθορὰν τῇ ἀποχρήσει, κατὰ τὰ ἐντάλματα καὶ διδασκαλίας τῶν ἀνθρώπων,
3: 8 νυνὶ δὲ ἀπόθεσθε καὶ ὑμεῖς τὰ **πάντα,** ὀργήν,
3:11 δοῦλος, ἐλεύθερος, ἀλλὰ [τὰ] **πάντα** καὶ ἐν **πᾶσιν** Χριστός.
3:14 ἐπὶ **πᾶσιν** δὲ τούτοις τὴν ἀγάπην, ὅ ἐστιν σύνδεσμος τῆς τελειότητος.
3:16 ὁ λόγος τοῦ Χριστοῦ ἐνοικείτω ἐν ὑμῖν πλουσίως, ἐν **πάσῃ** σοφίᾳ διδάσκοντες καὶ νουθετοῦντες ἑαυτούς,
3:17 καὶ **πᾶν** ὅ τι ἐὰν ποιῆτε ἐν λόγῳ ἢ ἐν ἔργῳ, **πάντα** ἐν ὀνόματι κυρίου Ἰησοῦ, εὐχαριστοῦντες τῷ θεῷ πατρὶ δι' αὐτοῦ.
3:20 Τὰ τέκνα, ὑπακούετε τοῖς γονεῦσιν κατὰ **πάντα,** τοῦτο γὰρ εὐάρεστόν ἐστιν ἐν κυρίῳ.
3:22 Οἱ δοῦλοι, ὑπακούετε κατὰ **πάντα** τοῖς κατὰ σάρκα κυρίοις,
4: 7 Τὰ κατ' ἐμὲ **πάντα** γνωρίσει ὑμῖν Τυχικὸς ὁ ἀγαπητὸς ἀδελφὸς καὶ πιστὸς διάκονος καὶ σύνδουλος ἐν κυρίῳ,
4: 9 ὅς ἐστιν ἐξ ὑμῶν· **πάντα** ὑμῖν γνωρίσουσιν τὰ ὧδε.
4:12 ἵνα σταθῆτε τέλειοι καὶ πεπληροφορημένοι ἐν **παντὶ** θελήματι τοῦ θεοῦ.

1Th 1: 2 Εὐχαριστοῦμεν τῷ θεῷ πάντοτε περὶ **πάντων** ὑμῶν μνείαν ποιούμενοι ἐπὶ τῶν προσευχῶν ἡμῶν,
1: 7 ὥστε γενέσθαι ὑμᾶς τύπον **πᾶσιν** τοῖς πιστεύουσιν ἐν τῇ Μακεδονίᾳ καὶ ἐν τῇ Ἀχαΐᾳ.
1: 8 ἀλλ' ἐν **παντὶ** τόπῳ ἡ πίστις ὑμῶν ἡ πρὸς τὸν θεὸν ἐξελήλυθεν,
2: 15 καὶ τοὺς προφήτας καὶ ἡμᾶς ἐκδιωξάντων καὶ θεῷ μὴ ἀρεσκόντων καὶ **πᾶσιν** ἀνθρώποις ἐναντίων,
3: 7 ἐφ' ὑμῖν ἐπὶ **πάσῃ** τῇ ἀνάγκῃ καὶ θλίψει ἡμῶν διὰ τῆς ὑμῶν πίστεως,
3: 9 τίνα γὰρ εὐχαριστίαν δυνάμεθα τῷ θεῷ ἀνταποδοῦναι περὶ ὑμῶν ἐπὶ **πάσῃ** τῇ χαρᾷ ᾗ χαίρομεν
3: 12 ὑμᾶς δὲ ὁ κύριος πλεονάσαι καὶ περισσεύσαι τῇ ἀγάπῃ εἰς ἀλλήλους καὶ εἰς **πάντας** καθάπερ καὶ ἡμεῖς εἰς ὑμᾶς,
3: 13 εἰς τὸ στηρίξαι ὑμῶν τὰς καρδίας ἀμέμπτους ἐν ἁγιωσύνῃ ἔμπροσθεν τοῦ θεοῦ καὶ πατρὸς ἡμῶν ἐν τῇ παρουσίᾳ τοῦ κυρίου ἡμῶν Ἰησοῦ μετὰ **πάντων** τῶν ἁγίων αὐτοῦ[, ἀμήν].
4: 6 διότι ἔκδικος κύριος περὶ **πάντων** τούτων, καθὼς καὶ προείπαμεν ὑμῖν καὶ διεμαρτυράμεθα.
4: 10 καὶ γὰρ ποιεῖτε αὐτὸ εἰς **πάντας** τοὺς ἀδελφοὺς [τοὺς] ἐν ὅλῃ τῇ Μακεδονίᾳ.
5: 5 **πάντες** γὰρ ὑμεῖς υἱοὶ φωτός ἐστε καὶ υἱοὶ ἡμέρας.
5: 14 παραμυθεῖσθε τοὺς ὀλιγοψύχους, ἀντέχεσθε τῶν ἀσθενῶν, μακροθυμεῖτε πρὸς **πάντας.**
5: 15 ἀλλὰ πάντοτε τὸ ἀγαθὸν διώκετε [καὶ] εἰς ἀλλήλους καὶ εἰς **πάντας.**
5: 18 ἐν **παντὶ** εὐχαριστεῖτε· τοῦτο γὰρ θέλημα θεοῦ ἐν Χριστῷ Ἰησοῦ εἰς ὑμᾶς.
5: 21 **πάντα** δὲ δοκιμάζετε, τὸ καλὸν κατέχετε,
5: 22 ἀπὸ **παντὸς** εἴδους πονηροῦ ἀπέχεσθε.
5: 26 Ἀσπάσασθε τοὺς ἀδελφοὺς **πάντας** ἐν φιλήματι ἁγίῳ.
5: 27 Ἐνορκίζω ὑμᾶς τὸν κύριον ἀναγνωσθῆναι τὴν ἐπιστολὴν **πᾶσιν** τοῖς ἀδελφοῖς.

2Th 1: 3 ὅτι ὑπεραυξάνει ἡ πίστις ὑμῶν καὶ πλεονάζει ἡ ἀγάπη ἑνὸς ἑκάστου **πάντων** ὑμῶν εἰς ἀλλήλους,
1: 4 ἐγκαυχᾶσθαι ἐν ταῖς ἐκκλησίαις τοῦ θεοῦ ὑπὲρ τῆς ὑπομονῆς ὑμῶν καὶ πίστεως ἐν **πᾶσιν** τοῖς διωγμοῖς ὑμῶν καὶ ταῖς θλίψεσιν αἷς ἀνέχεσθε,
1: 10 ὅταν ἔλθῃ ἐνδοξασθῆναι ἐν τοῖς ἁγίοις αὐτοῦ καὶ θαυμασθῆναι ἐν **πᾶσιν** τοῖς πιστεύσασιν,
1: 11 ἵνα ὑμᾶς ἀξιώσῃ τῆς κλήσεως ὁ θεὸς ἡμῶν καὶ πληρώσῃ **πᾶσαν** εὐδοκίαν ἀγαθωσύνης καὶ ἔργον πίστεως ἐν δυνάμει,
2: 4 ὁ ἀντικείμενος καὶ ὑπεραιρόμενος ἐπὶ **πάντα** λεγόμενον θεὸν ἢ σέβασμα,
2: 9 οὗ ἐστιν ἡ παρουσία κατ' ἐνέργειαν τοῦ Σατανᾶ ἐν **πάσῃ** δυνάμει καὶ σημείοις καὶ τέρασιν ψεύδους
2: 10 καὶ ἐν **πάσῃ** ἀπάτῃ ἀδικίας τοῖς ἀπολλυμένοις, ἀνθ' ὧν τὴν ἀγάπην τῆς ἀληθείας οὐκ ἐδέξαντο εἰς τὸ σωθῆναι αὐτούς.
2: 12 ἵνα κριθῶσιν **πάντες** οἱ μὴ πιστεύσαντες τῇ ἀληθείᾳ ἀλλὰ εὐδοκήσαντες τῇ ἀδικίᾳ.
2: 17 παρακαλέσαι ὑμῶν τὰς καρδίας καὶ στηρίξαι ἐν **παντὶ** ἔργῳ καὶ λόγῳ ἀγαθῷ.
3: 2 καὶ ἵνα ῥυσθῶμεν ἀπὸ τῶν ἀτόπων καὶ πονηρῶν ἀνθρώπων· οὐ γὰρ **πάντων** ἡ πίστις.
3: 6 στέλλεσθαι ὑμᾶς ἀπὸ **παντὸς** ἀδελφοῦ ἀτάκτως περιπατοῦντος καὶ μὴ κατὰ τὴν παράδοσιν ἣν παρελάβοσαν παρ' ἡμῶν.
3: 16 Αὐτὸς δὲ ὁ κύριος τῆς εἰρήνης δῴη ὑμῖν τὴν εἰρήνην διὰ **παντὸς** ἐν **παντὶ** τρόπῳ. ὁ κύριος μετὰ **πάντων** ὑμῶν.
3: 17 Ὁ ἀσπασμὸς τῇ ἐμῇ χειρὶ Παύλου, ὅ ἐστιν σημεῖον ἐν **πάσῃ** ἐπιστολῇ·
3: 18 ἡ χάρις τοῦ κυρίου ἡμῶν Ἰησοῦ Χριστοῦ μετὰ **πάντων** ὑμῶν.

1Ti 1: 15 πιστὸς ὁ λόγος καὶ **πάσης** ἀποδοχῆς ἄξιος, ὅτι Χριστὸς Ἰησοῦς ἦλθεν εἰς τὸν κόσμον ἁμαρτωλοὺς σῶσαι,
2: 1 Παρακαλῶ οὖν πρῶτον **πάντων** ποιεῖσθαι δεήσεις προσευχὰς ἐντεύξεις εὐχαριστίας ὑπὲρ **πάντων** ἀνθρώπων,
2: 2 ὑπὲρ βασιλέων καὶ **πάντων** τῶν ἐν ὑπεροχῇ ὄντων, ἵνα ἤρεμον καὶ ἡσύχιον βίον διάγωμεν ἐν **πάσῃ** εὐσεβείᾳ καὶ σεμνότητι.
2: 4 ὃς **πάντας** ἀνθρώπους θέλει σωθῆναι καὶ εἰς ἐπίγνωσιν ἀληθείας ἐλθεῖν.
2: 6 ὁ δοὺς ἑαυτὸν ἀντίλυτρον ὑπὲρ **πάντων,** τὸ μαρτύριον καιροῖς ἰδίοις.
2: 8 Βούλομαι οὖν προσεύχεσθαι τοὺς ἄνδρας ἐν **παντὶ** τόπῳ ἐπαίροντας ὁσίους χεῖρας χωρὶς ὀργῆς καὶ διαλογισμοῦ.
2: 11 γυνὴ ἐν ἡσυχίᾳ μανθανέτω ἐν **πάσῃ** ὑποταγῇ·
3: 4 τοῦ ἰδίου οἴκου καλῶς προϊστάμενον, τέκνα ἔχοντα ἐν ὑποταγῇ, μετὰ **πάσης** σεμνότητος
3: 11 γυναῖκας ὡσαύτως σεμνάς, μὴ διαβόλους, νηφαλίους, πιστὰς ἐν **πᾶσιν.**
4: 4 ὅτι **πᾶν** κτίσμα θεοῦ καλὸν καὶ οὐδὲν ἀπόβλητον μετὰ εὐχαριστίας λαμβανόμενον·
4: 8 ἡ δὲ εὐσέβεια πρὸς **πάντα** ὠφέλιμός ἐστιν ἐπαγγελίαν ἔχουσα ζωῆς τῆς νῦν καὶ τῆς μελλούσης.
4: 9 πιστὸς ὁ λόγος καὶ **πάσης** ἀποδοχῆς ἄξιος·
4: 10 ὅτι ἠλπίκαμεν ἐπὶ θεῷ ζῶντι, ὅς ἐστιν σωτὴρ **πάντων** ἀνθρώπων μάλιστα πιστῶν.
4: 15 ἐν τούτοις ἴσθι, ἵνα σου ἡ προκοπὴ φανερὰ ᾖ **πᾶσιν.**
5: 2 πρεσβυτέρας ὡς μητέρας, νεωτέρας ὡς ἀδελφὰς ἐν **πάσῃ** ἁγνείᾳ.
5: 10 εἰ θλιβομένοις ἐπήρκεσεν, εἰ **παντὶ** ἔργῳ ἀγαθῷ ἐπηκολούθησεν.
5: 20 τοὺς ἁμαρτάνοντας ἐνώπιον **πάντων** ἔλεγχε, ἵνα καὶ οἱ λοιποὶ φόβον ἔχωσιν.
6: 1 Ὅσοι εἰσὶν ὑπὸ ζυγὸν δοῦλοι, τοὺς ἰδίους δεσπότας **πάσης** τιμῆς ἀξίους ἡγείσθωσαν,
6: 10 ῥίζα γὰρ **πάντων** τῶν κακῶν ἐστιν ἡ φιλαργυρία,
6: 13 παραγγέλλω [σοι] ἐνώπιον τοῦ θεοῦ τοῦ ζῳογονοῦντος τὰ **πάντα** καὶ Χριστοῦ Ἰησοῦ τοῦ μαρτυρήσαντος ἐπὶ Ποντίου
6: 17 μὴ ὑψηλοφρονεῖν μηδὲ ἠλπικέναι ἐπὶ πλούτου ἀδηλότητι ἀλλ' ἐπὶ θεῷ τῷ παρέχοντι ἡμῖν **πάντα** πλουσίως εἰς ἀπόλαυσιν,

2Ti 1: 15 ὅτι ἀπεστράφησάν με **πάντες** οἱ ἐν τῇ Ἀσίᾳ,
2: 7 δώσει γάρ σοι ὁ κύριος σύνεσιν ἐν **πᾶσιν.**
2: 10 διὰ τοῦτο **πάντα** ὑπομένω διὰ τοὺς ἐκλεκτούς, ἵνα καὶ αὐτοὶ σωτηρίας τύχωσιν τῆς ἐν Χριστῷ Ἰησοῦ μετὰ δόξης αἰωνίου.
2: 19 Ἀποστήτω ἀπὸ ἀδικίας **πᾶς** ὁ ὀνομάζων τὸ ὄνομα κυρίου.
2: 21 εὔχρηστον τῷ δεσπότῃ, εἰς **πᾶν** ἔργον ἀγαθὸν ἡτοιμασμένον.
2: 24 δοῦλον δὲ κυρίου οὐ δεῖ μάχεσθαι ἀλλὰ ἤπιον εἶναι πρὸς **πάντας,**
3: 9 ἡ γὰρ ἄνοια αὐτῶν ἔκδηλος ἔσται **πᾶσιν,** ὡς καὶ ἡ ἐκείνων ἐγένετο.
3: 11 οἵους διωγμοὺς ὑπήνεγκα καὶ ἐκ **πάντων** με ἐρρύσατο ὁ κύριος.
3: 12 καὶ **πάντες** δὲ οἱ θέλοντες εὐσεβῶς ζῆν ἐν Χριστῷ Ἰησοῦ διωχθήσονται.
3: 16 **πᾶσα** γραφὴ θεόπνευστος καὶ ὠφέλιμος πρὸς διδασκαλίαν, πρὸς ἐλεγμόν,
3: 17 ἵνα ἄρτιος ᾖ ὁ τοῦ θεοῦ ἄνθρωπος, πρὸς **πᾶν** ἔργον ἀγαθὸν ἐξηρτισμένος.
4: 2 ἔλεγξον, ἐπιτίμησον, παρακάλεσον, ἐν **πάσῃ** μακροθυμίᾳ καὶ διδαχῇ.
4: 5 σὺ δὲ νῆφε ἐν **πᾶσιν,** κακοπάθησον, ἔργον ποίησον εὐαγγελιστοῦ,
4: 8 οὐ μόνον δὲ ἐμοὶ ἀλλὰ καὶ **πᾶσι** τοῖς ἠγαπηκόσι τὴν ἐπιφάνειαν αὐτοῦ.
4: 16 Ἐν τῇ πρώτῃ μου ἀπολογίᾳ οὐδείς μοι παρεγένετο, ἀλλὰ **πάντες** με ἐγκατέλιπον·
4: 17 ἵνα δι' ἐμοῦ τὸ κήρυγμα πληροφορηθῇ καὶ ἀκούσωσιν **πάντα** τὰ ἔθνη,
4: 18 ῥύσεταί με ὁ κύριος ἀπὸ **παντὸς** ἔργου πονηροῦ καὶ σώσει εἰς τὴν βασιλείαν αὐτοῦ τὴν ἐπουράνιον·
4: 21 Ἀσπάζεταί σε Εὔβουλος καὶ Πούδης καὶ Λίνος καὶ Κλαυδία καὶ οἱ ἀδελφοὶ **πάντες.**

Tit 1: 15 **πάντα** καθαρὰ τοῖς καθαροῖς· τοῖς δὲ μεμιαμμένοις καὶ ἀπίστοις οὐδὲν καθαρόν,
1: 16 βδελυκτοὶ ὄντες καὶ ἀπειθεῖς καὶ πρὸς **πᾶν** ἔργον ἀγαθὸν ἀδόκιμοι.
2: 7 περὶ **πάντα,** σεαυτὸν παρεχόμενος τύπον καλῶν ἔργων, ἐν τῇ διδασκαλίᾳ ἀφθορίαν,
2: 9 δούλους ἰδίοις δεσπόταις ὑποτάσσεσθαι ἐν **πᾶσιν,** εὐαρέστους εἶναι,
2: 10 ἀλλὰ **πᾶσαν** πίστιν ἐνδεικνυμένους ἀγαθήν, ἵνα τὴν διδασκαλίαν τὴν τοῦ σωτῆρος ἡμῶν θεοῦ κοσμῶσιν ἐν **πᾶσιν.**
2: 11 Ἐπεφάνη γὰρ ἡ χάρις τοῦ θεοῦ σωτήριος **πᾶσιν** ἀνθρώποις
2: 14 ἵνα λυτρώσηται ἡμᾶς ἀπὸ **πάσης** ἀνομίας καὶ καθαρίσῃ ἑαυτῷ λαὸν περιούσιον,
2: 15 Ταῦτα λάλει καὶ παρακάλει καὶ ἔλεγχε μετὰ **πάσης** ἐπιταγῆς·
3: 1 Ὑπομίμνῃσκε αὐτοὺς ἀρχαῖς ἐξουσίαις ὑποτάσσεσθαι, πειθαρχεῖν, πρὸς **πᾶν** ἔργον ἀγαθὸν ἑτοίμους εἶναι,
3: 2 ἀμάχους εἶναι, ἐπιεικεῖς, **πᾶσαν** ἐνδεικνυμένους πραΰτητα πρὸς **πάντας** ἀνθρώπους.
3: 15 Ἀσπάζονταί σε οἱ μετ' ἐμοῦ **πάντες.** Ἄσπασαι τοὺς φιλοῦντας ἡμᾶς ἐν πίστει. ἡ χάρις μετὰ **πάντων** ὑμῶν.

Phm 1: 5 ἣν ἔχεις πρὸς τὸν κύριον Ἰησοῦν καὶ εἰς **πάντας** τοὺς ἁγίους,

1: 6 ὅπως ἡ κοινωνία τῆς πίστεώς σου ἐνεργὴς γένηται ἐν ἐπιγνώσει **παντὸς** ἀγαθοῦ τοῦ ἐν ἡμῖν εἰς Χριστόν.
Heb 1: 2 ὃν ἔθηκεν κληρονόμον **πάντων,** δι' οὗ καὶ ἐποίησεν τοὺς αἰῶνας·
1: 3 φέρων τε τὰ **πάντα** τῷ ῥήματι τῆς δυνάμεως αὐτοῦ,
1: 6 ὅταν δὲ πάλιν εἰσαγάγῃ τὸν πρωτότοκον εἰς τὴν οἰκουμένην, λέγει, Καὶ προσκυνησάτωσαν αὐτῷ **πάντες** ἄγγελοι θεοῦ.
1:11 σὺ δὲ διαμένεις, καὶ **πάντες** ὡς ἱμάτιον παλαιωθήσονται,
1:14 οὐχὶ **πάντες** εἰσὶν λειτουργικὰ πνεύματα εἰς διακονίαν ἀποστελλόμενα διὰ τοὺς μέλλοντας κληρονομεῖν σωτηρίαν;
2: 2 εἰ γὰρ ὁ δι' ἀγγέλων λαληθεὶς λόγος ἐγένετο βέβαιος καὶ **πᾶσα** παράβασις καὶ παρακοὴ ἔλαβεν ἔνδικον μισθαποδοσίαν,
2: 8 **πάντα** ὑπέταξας ὑποκάτω τῶν ποδῶν αὐτοῦ. ἐν τῷ γὰρ ὑποτάξαι [αὐτῷ] τὰ **πάντα** οὐδὲν ἀφῆκεν αὐτῷ ἀνυπότακτον. νῦν δὲ οὔπω ὁρῶμεν αὐτῷ τὰ **πάντα** ὑποτεταγμένα·
2: 9 διὰ τὸ πάθημα τοῦ θανάτου δόξῃ καὶ τιμῇ ἐστεφανωμένον, ὅπως χάριτι θεοῦ ὑπὲρ **παντὸς** γεύσηται θανάτου.
2:10 Ἔπρεπεν γὰρ αὐτῷ, δι' ὃν τὰ **πάντα** καὶ δι' οὗ τὰ **πάντα,**
2:11 ὅ τε γὰρ ἁγιάζων καὶ οἱ ἁγιαζόμενοι ἐξ ἑνὸς **πάντες·**
2:15 ὅσοι φόβῳ θανάτου διὰ **παντὸς** τοῦ ζῆν ἔνοχοι ἦσαν δουλείας.
2:17 ὅθεν ὤφειλεν κατὰ **πάντα** τοῖς ἀδελφοῖς ὁμοιωθῆναι, ἵνα ἐλεήμων γένηται καὶ πιστὸς ἀρχιερεὺς τὰ πρὸς τὸν θεὸν εἰς τὸ ἱλάσκεσθαι τὰς ἁμαρτίας τοῦ λαοῦ.
3: 4 **πᾶς** γὰρ οἶκος κατασκευάζεται ὑπό τινος, ὁ δὲ **πάντα** κατασκευάσας θεός.
3:16 ἀλλ' οὐ **πάντες** οἱ ἐξελθόντες ἐξ Αἰγύπτου διὰ Μωϋσέως;
4: 4 Καὶ κατέπαυσεν ὁ θεὸς ἐν τῇ ἡμέρᾳ τῇ ἑβδόμῃ ἀπὸ **πάντων** τῶν ἔργων αὐτοῦ,
4:12 Ζῶν γὰρ ὁ λόγος τοῦ θεοῦ καὶ ἐνεργὴς καὶ τομώτερος ὑπὲρ **πᾶσαν** μάχαιραν δίστομον καὶ διϊκνούμενος ἄχρι μερισμοῦ ψυχῆς καὶ πνεύματος,
4:13 **πάντα** δὲ γυμνὰ καὶ τετραχηλισμένα τοῖς ὀφθαλμοῖς αὐτοῦ,
4:15 πεπειρασμένον δὲ κατὰ **πάντα** καθ' ὁμοιότητα χωρὶς ἁμαρτίας.
5: 1 **Πᾶς** γὰρ ἀρχιερεὺς ἐξ ἀνθρώπων λαμβανόμενος ὑπὲρ ἀνθρώπων καθίσταται τὰ πρὸς τὸν θεόν,
5: 9 καὶ τελειωθεὶς ἐγένετο **πᾶσιν** τοῖς ὑπακούουσιν αὐτῷ αἴτιος σωτηρίας αἰωνίου,
5:13 **πᾶς** γὰρ ὁ μετέχων γάλακτος ἄπειρος λόγου δικαιοσύνης,
6:16 καὶ **πάσης** αὐτοῖς ἀντιλογίας πέρας εἰς βεβαίωσιν ὁ ὅρκος·
7: 2 ᾧ καὶ δεκάτην ἀπὸ **πάντων** ἐμέρισεν Ἀβραάμ, πρῶτον μὲν ἑρμηνευόμενος βασιλεὺς δικαιοσύνης
7: 7 χωρὶς δὲ **πάσης** ἀντιλογίας τὸ ἔλαττον ὑπὸ τοῦ κρείττονος εὐλογεῖται.
8: 3 **πᾶς** γὰρ ἀρχιερεὺς εἰς τὸ προσφέρειν δῶρά τε καὶ θυσίας καθίσταται·
8: 5 ποιήσεις **πάντα** κατὰ τὸν τύπον τὸν δειχθέντα σοι ἐν τῷ ὄρει·
8:11 ὅτι **πάντες** εἰδήσουσίν με ἀπὸ μικροῦ ἕως μεγάλου αὐτῶν,
9: 6 Τούτων δὲ οὕτως κατεσκευασμένων εἰς μὲν τὴν πρώτην σκηνὴν διὰ **παντὸς** εἰσίασιν οἱ ἱερεῖς τὰς λατρείας ἐπιτελοῦντες,
9:19 λαληθείσης γὰρ **πάσης** ἐντολῆς κατὰ τὸν νόμον ὑπὸ Μωϋσέως **παντὶ** τῷ λαῷ, λαβὼν τὸ αἷμα τῶν μόσχων [καὶ τῶν τράγων] μετὰ ὕδατος καὶ ἐρίου κοκκίνου καὶ ὑσσώπου αὐτό τε τὸ βιβλίον καὶ **πάντα** τὸν λαὸν ἐράντισεν
9:21 καὶ τὴν σκηνὴν δὲ καὶ **πάντα** τὰ σκεύη τῆς λειτουργίας τῷ αἵματι ὁμοίως ἐράντισεν.
9:22 καὶ σχεδὸν ἐν αἵματι **πάντα** καθαρίζεται κατὰ τὸν νόμον καὶ χωρὶς αἱματεκχυσίας οὐ γίνεται ἄφεσις.
10:11 Καὶ **πᾶς** μὲν ἱερεὺς ἕστηκεν καθ' ἡμέραν λειτουργῶν καὶ τὰς αὐτὰς πολλάκις προσφέρων θυσίας,
11:13 Κατὰ πίστιν ἀπέθανον οὗτοι **πάντες,** μὴ λαβόντες τὰς ἐπαγγελίας ἀλλὰ πόρρωθεν αὐτὰς ἰδόντες καὶ ἀσπασάμενοι
11:39 Καὶ οὗτοι **πάντες** μαρτυρηθέντες διὰ τῆς πίστεως οὐκ ἐκομίσαντο τὴν ἐπαγγελίαν,
12: 1 ὄγκον ἀποθέμενοι **πάντα** καὶ τὴν εὐπερίστατον ἁμαρτίαν, δι' ὑπομονῆς τρέχωμεν τὸν προκείμενον ἡμῖν ἀγῶνα
12: 6 ὃν γὰρ ἀγαπᾷ κύριος παιδεύει, μαστιγοῖ δὲ **πάντα** υἱὸν ὃν παραδέχεται.
12: 8 εἰ δὲ χωρίς ἐστε παιδείας ἧς μέτοχοι γεγόνασιν **πάντες,**
12:11 **πᾶσα** δὲ παιδεία πρὸς μὲν τὸ παρὸν οὐ δοκεῖ χαρᾶς εἶναι ἀλλὰ λύπης,
12:14 Εἰρήνην διώκετε μετὰ **πάντων** καὶ τὸν ἁγιασμόν, οὗ χωρὶς οὐδεὶς ὄψεται τὸν κύριον,
12:23 καὶ ἐκκλησίᾳ πρωτοτόκων ἀπογεγραμμένων ἐν οὐρανοῖς καὶ κριτῇ θεῷ **πάντων** καὶ πνεύμασι δικαίων τετελειωμένων
13: 4 Τίμιος ὁ γάμος ἐν **πᾶσιν** καὶ ἡ κοίτη ἀμίαντος,
13:15 δι' αὐτοῦ [οὖν] ἀναφέρωμεν θυσίαν αἰνέσεως διὰ **παντὸς** τῷ θεῷ,
13:18 πειθόμεθα γὰρ ὅτι καλὴν συνείδησιν ἔχομεν, ἐν **πᾶσιν** καλῶς θέλοντες ἀναστρέφεσθαι.
13:21 καταρτίσαι ὑμᾶς ἐν **παντὶ** ἀγαθῷ εἰς τὸ ποιῆσαι τὸ θέλημα αὐτοῦ,
13:24 Ἀσπάσασθε **πάντας** τοὺς ἡγουμένους ὑμῶν καὶ **πάντας** τοὺς ἁγίους.
13:25 ἡ χάρις μετὰ **πάντων** ὑμῶν.
Jas 1: 2 **Πᾶσαν** χαρὰν ἡγήσασθε, ἀδελφοί μου, ὅταν πειρασμοῖς περιπέσητε ποικίλοις,
1: 5 αἰτείτω παρὰ τοῦ διδόντος θεοῦ **πᾶσιν** ἁπλῶς καὶ μὴ ὀνειδίζοντος καὶ δοθήσεται αὐτῷ.
1: 8 ἀνὴρ δίψυχος, ἀκατάστατος ἐν **πάσαις** ταῖς ὁδοῖς αὐτοῦ.
1:17 **πᾶσα** δόσις ἀγαθὴ καὶ **πᾶν** δώρημα τέλειον ἄνωθέν ἐστιν καταβαῖνον ἀπὸ τοῦ πατρὸς τῶν φώτων,
1:19 ἔστω δὲ **πᾶς** ἄνθρωπος ταχὺς εἰς τὸ ἀκοῦσαι,
1:21 διὸ ἀποθέμενοι **πᾶσαν** ῥυπαρίαν καὶ περισσείαν κακίας ἐν πραΰτητι,
2:10 ὅστις γὰρ ὅλον τὸν νόμον τηρήσῃ πταίσῃ δὲ ἐν ἑνί, γέγονεν **πάντων** ἔνοχος.
3: 7 **πᾶσα** γὰρ φύσις θηρίων τε καὶ πετεινῶν, ἑρπετῶν τε καὶ ἐναλίων δαμάζεται καὶ δεδάμασται τῇ φύσει τῇ ἀνθρωπίνῃ,
3:16 ὅπου γὰρ ζῆλος καὶ ἐριθεία, ἐκεῖ ἀκαταστασία καὶ **πᾶν** φαῦλον πρᾶγμα.
4:16 νῦν δὲ καυχᾶσθε ἐν ταῖς ἀλαζονείαις ὑμῶν· **πᾶσα** καύχησις τοιαύτη πονηρά ἐστιν.
5:12 Πρὸ **πάντων** δέ, ἀδελφοί μου, μὴ ὀμνύετε μήτε τὸν οὐρανὸν μήτε τὴν γῆν μήτε ἄλλον τινὰ ὅρκον·
1Pe 1:15 ἀλλὰ κατὰ τὸν καλέσαντα ὑμᾶς ἅγιον καὶ αὐτοὶ ἅγιοι ἐν **πάσῃ** ἀναστροφῇ γενήθητε,
1:24 διότι **πᾶσα** σὰρξ ὡς χόρτος καὶ **πᾶσα** δόξα αὐτῆς ὡς ἄνθος χόρτου·
2: 1 Ἀποθέμενοι οὖν **πᾶσαν** κακίαν καὶ **πάντα** δόλον καὶ ὑποκρίσεις καὶ φθόνους καὶ **πάσας** καταλαλιάς,
2:13 Ὑποτάγητε **πάσῃ** ἀνθρωπίνῃ κτίσει διὰ τὸν κύριον, εἴτε βασιλεῖ ὡς ὑπερέχοντι,
2:17 **πάντας** τιμήσατε, τὴν ἀδελφότητα ἀγαπᾶτε, τὸν θεὸν φοβεῖσθε,
2:18 Οἱ οἰκέται ὑποτασσόμενοι ἐν **παντὶ** φόβῳ τοῖς δεσπόταις,
3: 8 Τὸ δὲ τέλος **πάντες** ὁμόφρονες, συμπαθεῖς, φιλάδελφοι, εὔσπλαγχνοι,
3:15 ἕτοιμοι ἀεὶ πρὸς ἀπολογίαν **παντὶ** τῷ αἰτοῦντι ὑμᾶς λόγον περὶ τῆς ἐν ὑμῖν ἐλπίδος,
4: 7 **Πάντων** δὲ τὸ τέλος ἤγγικεν. σωφρονήσατε οὖν καὶ νήψατε εἰς προσευχάς·
4: 8 πρὸ **πάντων** τὴν εἰς ἑαυτοὺς ἀγάπην ἐκτενῆ ἔχοντες,
4:11 ἵνα ἐν **πᾶσιν** δοξάζηται ὁ θεὸς διὰ Ἰησοῦ Χριστοῦ,
5: 5 **πάντες** δὲ ἀλλήλοις τὴν ταπεινοφροσύνην ἐγκομβώσασθε, ὅτι [Ὁ] θεὸς ὑπερηφάνοις ἀντιτάσσεται,
5: 7 **πᾶσαν** τὴν μέριμναν ὑμῶν ἐπιρίψαντες ἐπ' αὐτόν, ὅτι αὐτῷ μέλει περὶ ὑμῶν.
5:10 Ὁ δὲ θεὸς **πάσης** χάριτος, ὁ καλέσας ὑμᾶς εἰς τὴν αἰώνιον αὐτοῦ δόξαν ἐν Χριστῷ [Ἰησοῦ,]
5:14 ἀσπάσασθε ἀλλήλους ἐν φιλήματι ἀγάπης. εἰρήνη ὑμῖν **πᾶσιν** τοῖς ἐν Χριστῷ.
2Pe 1: 3 Ὡς **πάντα** ἡμῖν τῆς θείας δυνάμεως αὐτοῦ τὰ πρὸς ζωὴν καὶ εὐσέβειαν δεδωρημένης διὰ τῆς ἐπιγνώσεως τοῦ καλέσαντος
1: 5 καὶ αὐτὸ τοῦτο δὲ σπουδὴν **πᾶσαν** παρεισενέγκαντες ἐπιχορηγήσατε ἐν τῇ πίστει ὑμῶν τὴν ἀρετήν,
1:20 τοῦτο πρῶτον γινώσκοντες ὅτι **πᾶσα** προφητεία γραφῆς ἰδίας ἐπιλύσεως οὐ γίνεται·
3: 4 ἀφ' ἧς γὰρ οἱ πατέρες ἐκοιμήθησαν, **πάντα** οὕτως διαμένει ἀπ' ἀρχῆς κτίσεως.
3: 9 μὴ βουλόμενός τινας ἀπολέσθαι ἀλλὰ **πάντας** εἰς μετάνοιαν χωρῆσαι.
3:11 τούτων οὕτως **πάντων** λυομένων ποταποὺς δεῖ ὑπάρχειν [ὑμᾶς] ἐν ἁγίαις ἀναστροφαῖς καὶ εὐσεβείαις,
3:16 ὡς καὶ ἐν **πάσαις** ἐπιστολαῖς λαλῶν ἐν αὐταῖς περὶ τούτων,
1Jn 1: 7 κοινωνίαν ἔχομεν μετ' ἀλλήλων καὶ τὸ αἷμα Ἰησοῦ τοῦ υἱοῦ αὐτοῦ καθαρίζει ἡμᾶς ἀπὸ **πάσης** ἁμαρτίας.
1: 9 ἵνα ἀφῇ ἡμῖν τὰς ἁμαρτίας καὶ καθαρίσῃ ἡμᾶς ἀπὸ **πάσης** ἀδικίας.
2:16 ὅτι **πᾶν** τὸ ἐν τῷ κόσμῳ, ἡ ἐπιθυμία τῆς σαρκὸς καὶ ἡ ἐπιθυμία τῶν ὀφθαλμῶν καὶ ἡ ἀλαζονεία τοῦ βίου,
2:19 ἀλλ' ἵνα φανερωθῶσιν ὅτι οὐκ εἰσὶν **πάντες** ἐξ ἡμῶν.

2:20 καὶ ὑμεῖς χρῖσμα ἔχετε ἀπὸ τοῦ ἁγίου καὶ οἴδατε **πάντες.**
2:21 οὐκ ἔγραψα ὑμῖν ὅτι οὐκ οἴδατε τὴν ἀλήθειαν ἀλλ᾽ ὅτι οἴδατε αὐτὴν καὶ ὅτι **πᾶν** ψεῦδος ἐκ τῆς ἀληθείας οὐκ ἔστιν.
2:23 **πᾶς** ὁ ἀρνούμενος τὸν υἱὸν οὐδὲ τὸν πατέρα ἔχει,
2:27 ἀλλ᾽ ὡς τὸ αὐτοῦ χρῖσμα διδάσκει ὑμᾶς περὶ **πάντων** καὶ ἀληθές ἐστιν καὶ οὐκ ἔστιν ψεῦδος,
2:29 γινώσκετε ὅτι καὶ **πᾶς** ὁ ποιῶν τὴν δικαιοσύνην ἐξ αὐτοῦ γεγέννηται.
3: 3 καὶ **πᾶς** ὁ ἔχων τὴν ἐλπίδα ταύτην ἐπ᾽ αὐτῷ ἁγνίζει ἑαυτόν,
3: 4 **Πᾶς** ὁ ποιῶν τὴν ἁμαρτίαν καὶ τὴν ἀνομίαν ποιεῖ,
3: 6 **πᾶς** ὁ ἐν αὐτῷ μένων οὐχ ἁμαρτάνει· **πᾶς** ὁ ἁμαρτάνων οὐχ ἑώρακεν αὐτὸν οὐδὲ ἔγνωκεν αὐτόν.
3: 9 **Πᾶς** ὁ γεγεννημένος ἐκ τοῦ θεοῦ ἁμαρτίαν οὐ ποιεῖ,
3:10 **πᾶς** ὁ μὴ ποιῶν δικαιοσύνην οὐκ ἔστιν ἐκ τοῦ θεοῦ,
3:15 **πᾶς** ὁ μισῶν τὸν ἀδελφὸν αὐτοῦ ἀνθρωποκτόνος ἐστίν, καὶ οἴδατε ὅτι **πᾶς** ἀνθρωποκτόνος οὐκ ἔχει ζωὴν αἰώνιον ἐν αὐτῷ μένουσαν.
3:20 ὅτι μείζων ἐστὶν ὁ θεὸς τῆς καρδίας ἡμῶν καὶ γινώσκει **πάντα.**
4: 1 μὴ **παντὶ** πνεύματι πιστεύετε ἀλλὰ δοκιμάζετε τὰ πνεύματα εἰ ἐκ τοῦ θεοῦ ἐστιν,
4: 2 **πᾶν** πνεῦμα ὃ ὁμολογεῖ Ἰησοῦν Χριστὸν ἐν σαρκὶ ἐληλυθότα ἐκ τοῦ θεοῦ ἐστιν,
4: 3 καὶ **πᾶν** πνεῦμα ὃ μὴ ὁμολογεῖ τὸν Ἰησοῦν ἐκ τοῦ θεοῦ οὐκ ἔστιν·
4: 7 καὶ **πᾶς** ὁ ἀγαπῶν ἐκ τοῦ θεοῦ γεγέννηται καὶ γινώσκει τὸν θεόν.
5: 1 **Πᾶς** ὁ πιστεύων ὅτι Ἰησοῦς ἐστιν ὁ Χριστός, ἐκ τοῦ θεοῦ γεγέννηται, καὶ **πᾶς** ὁ ἀγαπῶν τὸν γεννήσαντα ἀγαπᾷ [καὶ] τὸν γεγεννημένον ἐξ αὐτοῦ.
5: 4 ὅτι **πᾶν** τὸ γεγεννημένον ἐκ τοῦ θεοῦ νικᾷ τὸν κόσμον·
5:17 **πᾶσα** ἀδικία ἁμαρτία ἐστίν, καὶ ἔστιν ἁμαρτία οὐ πρὸς θάνατον.
5:18 Οἴδαμεν ὅτι **πᾶς** ὁ γεγεννημένος ἐκ τοῦ θεοῦ οὐχ ἁμαρτάνει,
2Jn 1: 1 καὶ οὐκ ἐγὼ μόνος ἀλλὰ καὶ **πάντες** οἱ ἐγνωκότες τὴν ἀλήθειαν,
1: 9 **πᾶς** ὁ προάγων καὶ μὴ μένων ἐν τῇ διδαχῇ τοῦ Χριστοῦ θεὸν οὐκ ἔχει·
3Jn 1: 2 Ἀγαπητέ, περὶ **πάντων** εὔχομαί σε εὐοδοῦσθαι καὶ ὑγιαίνειν,
1:12 Δημητρίῳ μεμαρτύρηται ὑπὸ **πάντων** καὶ ὑπὸ αὐτῆς τῆς ἀληθείας·
Jude 1: 3 **πᾶσαν** σπουδὴν ποιούμενος γράφειν ὑμῖν περὶ τῆς κοινῆς ἡμῶν σωτηρίας ἀνάγκην ἔσχον γράψαι ὑμῖν
1: 5 εἰδότας [ὑμᾶς] **πάντα** ὅτι [ὁ] κύριος ἅπαξ λαὸν ἐκ γῆς Αἰγύπτου σώσας τὸ δεύτερον τοὺς μὴ πιστεύσαντας ἀπώλεσεν,
1:15 ποιῆσαι κρίσιν κατὰ **πάντων** καὶ ἐλέγξαι **πᾶσαν** [UBS; NIV **πάντας** τοὺς ἀσεβεῖς ψυχὴν] ψυχὴν περὶ **πάντων** τῶν ἔργων ἀσεβείας αὐτῶν ὧν ἠσέβησαν καὶ περὶ **πάντων** τῶν σκληρῶν ὧν ἐλάλησαν κατ᾽ αὐτοῦ ἁμαρτωλοὶ ἀσεβεῖς.
1:25 μόνῳ θεῷ σωτῆρι ἡμῶν διὰ Ἰησοῦ Χριστοῦ τοῦ κυρίου ἡμῶν δόξα μεγαλωσύνη κράτος καὶ ἐξουσία πρὸ **παντὸς** τοῦ αἰῶνος καὶ νῦν καὶ εἰς **πάντας** τοὺς αἰῶνας,
Rev 1: 7 καὶ ὄψεται αὐτὸν **πᾶς** ὀφθαλμὸς καὶ οἵτινες αὐτὸν ἐξεκέντησαν, καὶ κόψονται ἐπ᾽ αὐτὸν **πᾶσαι** αἱ φυλαὶ τῆς γῆς.
2:23 καὶ γνώσονται **πᾶσαι** αἱ ἐκκλησίαι ὅτι ἐγώ εἰμι ὁ ἐραυνῶν νεφροὺς καὶ καρδίας,
4:11 ὅτι σὺ ἔκτισας τὰ **πάντα** καὶ διὰ τὸ θέλημά σου ἦσαν καὶ ἐκτίσθησαν.
5: 6 ἔχων κέρατα ἑπτὰ καὶ ὀφθαλμοὺς ἑπτὰ οἵ εἰσιν τὰ [ἑπτὰ] πνεύματα τοῦ θεοῦ ἀπεσταλμένοι εἰς **πᾶσαν** τὴν γῆν.
5: 9 ὅτι ἐσφάγης καὶ ἠγόρασας τῷ θεῷ ἐν τῷ αἵματί σου ἐκ **πάσης** φυλῆς καὶ γλώσσης καὶ λαοῦ καὶ ἔθνους
5:13 καὶ **πᾶν** κτίσμα ὃ ἐν τῷ οὐρανῷ καὶ ἐπὶ τῆς γῆς καὶ ὑποκάτω τῆς γῆς καὶ ἐπὶ τῆς θαλάσσης καὶ τὰ ἐν αὐτοῖς **πάντα** ἤκουσα
6:14 καὶ ὁ οὐρανὸς ἀπεχωρίσθη ὡς βιβλίον ἑλισσόμενον καὶ **πᾶν** ὄρος καὶ νῆσος ἐκ τῶν τόπων αὐτῶν ἐκινήθησαν.
6:15 καὶ οἱ βασιλεῖς τῆς γῆς καὶ οἱ μεγιστᾶνες καὶ οἱ χιλίαρχοι καὶ οἱ πλούσιοι καὶ οἱ ἰσχυροὶ καὶ **πᾶς** δοῦλος καὶ ἐλεύθερος ἔκρυψαν ἑαυτοὺς εἰς τὰ σπήλαια καὶ εἰς τὰς πέτρας τῶν ὀρέων
7: 1 τοὺς τέσσαρας ἀνέμους τῆς γῆς ἵνα μὴ πνέῃ ἄνεμος ἐπὶ τῆς γῆς μήτε ἐπὶ τῆς θαλάσσης μήτε ἐπὶ **πᾶν** δένδρον.
7: 4 ἑκατὸν τεσσεράκοντα τέσσαρες χιλιάδες, ἐσφραγισμένοι ἐκ **πάσης** φυλῆς υἱῶν Ἰσραήλ·
7: 9 ἐκ **παντὸς** ἔθνους καὶ φυλῶν καὶ λαῶν καὶ γλωσσῶν ἑστῶτες ἐνώπιον τοῦ θρόνου καὶ ἐνώπιον τοῦ ἀρνίου
7:11 καὶ **πάντες** οἱ ἄγγελοι εἱστήκεισαν κύκλῳ τοῦ θρόνου καὶ τῶν πρεσβυτέρων καὶ τῶν τεσσάρων ζῴων
7:16 οὐ πεινάσουσιν ἔτι οὐδὲ διψήσουσιν ἔτι οὐδὲ μὴ πέσῃ ἐπ᾽ αὐτοὺς ὁ ἥλιος οὐδὲ **πᾶν** καῦμα,
7:17 καὶ ἐξαλείψει ὁ θεὸς **πᾶν** δάκρυον ἐκ τῶν ὀφθαλμῶν αὐτῶν.
8: 3 ἵνα δώσει ταῖς προσευχαῖς τῶν ἁγίων **πάντων** ἐπὶ τὸ θυσιαστήριον τὸ χρυσοῦν τὸ ἐνώπιον τοῦ θρόνου.
8: 7 καὶ τὸ τρίτον τῆς γῆς κατεκάη καὶ τὸ τρίτον τῶν δένδρων κατεκάη καὶ **πᾶς** χόρτος χλωρὸς κατεκάη.
9: 4 καὶ ἐρρέθη αὐταῖς ἵνα μὴ ἀδικήσουσιν τὸν χόρτον τῆς γῆς οὐδὲ **πᾶν** χλωρὸν οὐδὲ **πᾶν** δένδρον,
11: 6 καὶ ἐξουσίαν ἔχουσιν ἐπὶ τῶν ὑδάτων στρέφειν αὐτὰ εἰς αἷμα καὶ πατάξαι τὴν γῆν ἐν **πάσῃ** πληγῇ ὁσάκις ἐὰν θελήσωσιν.
12: 5 ὃς μέλλει ποιμαίνειν **πάντα** τὰ ἔθνη ἐν ῥάβδῳ σιδηρᾷ.
13: 7 καὶ ἐδόθη αὐτῷ ἐξουσία ἐπὶ **πᾶσαν** φυλὴν καὶ λαὸν καὶ γλῶσσαν καὶ ἔθνος.
13: 8 προσκυνήσουσιν αὐτὸν **πάντες** οἱ κατοικοῦντες ἐπὶ τῆς γῆς,
13:12 τὴν ἐξουσίαν τοῦ πρώτου θηρίου **πᾶσαν** ποιεῖ ἐνώπιον αὐτοῦ,
13:16 καὶ ποιεῖ **πάντας,** τοὺς μικροὺς καὶ τοὺς μεγάλους,
14: 6 εὐαγγέλιον αἰώνιον εὐαγγελίσαι ἐπὶ τοὺς καθημένους ἐπὶ τῆς γῆς καὶ ἐπὶ **πᾶν** ἔθνος καὶ φυλὴν καὶ γλῶσσαν καὶ λαόν,
14: 8 Ἔπεσεν ἔπεσεν Βαβυλὼν ἡ μεγάλη ἣ ἐκ τοῦ οἴνου τοῦ θυμοῦ τῆς πορνείας αὐτῆς πεπότικεν **πάντα** τὰ ἔθνη.
15: 4 ὅτι **πάντα** τὰ ἔθνη ἥξουσιν καὶ προσκυνήσουσιν ἐνώπιόν σου,
16: 3 καὶ **πᾶσα** ψυχὴ ζωῆς ἀπέθανεν τὰ ἐν τῇ θαλάσσῃ.
16:20 καὶ **πᾶσα** νῆσος ἔφυγεν καὶ ὄρη οὐχ εὑρέθησαν.
18: 2 καὶ ἐγένετο κατοικητήριον δαιμονίων καὶ φυλακὴ **παντὸς** πνεύματος ἀκαθάρτου καὶ φυλακὴ **παντὸς** ὀρνέου ἀκαθάρτου [καὶ φυλακὴ **παντὸς**[NIV-] θηρίου ἀκαθάρτου] καὶ μεμισημένου,
18: 3 ἐκ τοῦ οἴνου τοῦ θυμοῦ τῆς πορνείας αὐτῆς πέπωκαν **πάντα** τὰ ἔθνη καὶ οἱ βασιλεῖς τῆς γῆς μετ᾽ αὐτῆς ἐπόρνευσαν
18:12 καὶ **πᾶν** ξύλον θύϊνον καὶ **πᾶν** σκεῦος ἐλεφάντινον καὶ **πᾶν** σκεῦος ἐκ ξύλου τιμιωτάτου καὶ χαλκοῦ καὶ σιδήρου
18:14 καὶ **πάντα** τὰ λιπαρὰ καὶ τὰ λαμπρὰ ἀπώλετο ἀπὸ σοῦ καὶ οὐκέτι οὐ μὴ αὐτὰ εὑρήσουσιν.
18:17 Καὶ **πᾶς** κυβερνήτης καὶ **πᾶς** ὁ ἐπὶ τόπον πλέων καὶ ναῦται καὶ ὅσοι τὴν θάλασσαν ἐργάζονται,
18:19 ἐν ᾗ ἐπλούτησαν **πάντες** οἱ ἔχοντες τὰ πλοῖα ἐν τῇ θαλάσσῃ ἐκ τῆς τιμιότητος αὐτῆς,
18:22 καὶ **πᾶς** τεχνίτης **πάσης** τέχνης οὐ μὴ εὑρεθῇ ἐν σοὶ ἔτι,
18:23 ὅτι ἐν τῇ φαρμακείᾳ σου ἐπλανήθησαν **πάντα** τὰ ἔθνη,
18:24 καὶ ἐν αὐτῇ αἷμα προφητῶν καὶ ἁγίων εὑρέθη καὶ **πάντων** τῶν ἐσφαγμένων ἐπὶ τῆς γῆς.
19: 5 Αἰνεῖτε τῷ θεῷ ἡμῶν **πάντες** οἱ δοῦλοι αὐτοῦ [καὶ] οἱ φοβούμενοι αὐτόν,
19:17 Καὶ εἶδον ἕνα ἄγγελον ἑστῶτα ἐν τῷ ἡλίῳ καὶ ἔκραξεν [ἐν] φωνῇ μεγάλῃ λέγων **πᾶσιν** τοῖς ὀρνέοις τοῖς πετομένοις
19:18 καὶ σάρκας ἵππων καὶ τῶν καθημένων ἐπ᾽ αὐτῶν καὶ σάρκας **πάντων** ἐλευθέρων τε καὶ δούλων καὶ μικρῶν καὶ μεγάλων.
19:21 καὶ **πάντα** τὰ ὄρνεα ἐχορτάσθησαν ἐκ τῶν σαρκῶν αὐτῶν.
21: 4 καὶ ἐξαλείψει **πᾶν** δάκρυον ἐκ τῶν ὀφθαλμῶν αὐτῶν,
21: 5 Καὶ εἶπεν ὁ καθήμενος ἐπὶ τῷ θρόνῳ, Ἰδοὺ καινὰ ποιῶ **πάντα,** καὶ λέγει, Γράψον,
21: 8 καὶ φαρμάκοις καὶ εἰδωλολάτραις καὶ **πᾶσιν** τοῖς ψευδέσιν τὸ μέρος αὐτῶν ἐν τῇ λίμνῃ τῇ καιομένῃ πυρὶ καὶ θείῳ,
21:19 οἱ θεμέλιοι τοῦ τείχους τῆς πόλεως **παντὶ** λίθῳ τιμίῳ κεκοσμημένοι·
21:27 οὐ μὴ εἰσέλθῃ εἰς αὐτὴν **πᾶν** κοινὸν καὶ [ὁ] ποιῶν βδέλυγμα καὶ ψεῦδος εἰ μὴ οἱ γεγραμμένοι ἐν τῷ βιβλίῳ τῆς ζωῆς
22: 3 καὶ **πᾶν** κατάθεμα οὐκ ἔσται ἔτι. καὶ ὁ θρόνος τοῦ θεοῦ καὶ τοῦ ἀρνίου ἐν αὐτῇ ἔσται,
22:15 ἔξω οἱ κύνες καὶ οἱ φάρμακοι καὶ οἱ πόρνοι καὶ οἱ φονεῖς καὶ οἱ εἰδωλολάτραι καὶ **πᾶς** φιλῶν καὶ ποιῶν ψεῦδος.
22:18 Μαρτυρῶ ἐγὼ **παντὶ** τῷ ἀκούοντι τοὺς λόγους τῆς προφητείας τοῦ βιβλίου τούτου·
22:21 Ἡ χάρις τοῦ κυρίου Ἰησοῦ μετὰ **πάντων.**[UBS; NIV *41*]

4247 πάσχα [29]

with **ἑορτή** [5] Lk 2:41; 22:1; Jn 2:23; 6:4; 13:1

ἐσθίω τὸ πάσχα [7] Mt 26:17; Mk 14:12,14; Lk 22:8,11,15; Jn 18:28

Mt 26: 2 Οἴδατε ὅτι μετὰ δύο ἡμέρας τὸ **πάσχα** γίνεται,
26:17 Τῇ δὲ πρώτῃ τῶν ἀζύμων προσῆλθον οἱ μαθηταὶ τῷ Ἰησοῦ λέγοντες, Ποῦ θέλεις ἑτοιμάσωμέν σοι φαγεῖν τὸ **πάσχα;**
26:18 πρὸς σὲ ποιῶ τὸ **πάσχα** μετὰ τῶν μαθητῶν μου.

26:19 καὶ ἐποίησαν οἱ μαθηταὶ ὡς συνέταξεν αὐτοῖς ὁ Ἰησοῦς καὶ ἡτοίμασαν τὸ **πάσχα.**

Mk 14: 1 Ἦν δὲ τὸ **πάσχα** καὶ τὰ ἄζυμα μετὰ δύο ἡμέρας.

14:12 ὅτε τὸ **πάσχα** ἔθυον, λέγουσιν αὐτῷ οἱ μαθηταὶ αὐτοῦ, Ποῦ θέλεις ἀπελθόντες ἑτοιμάσωμεν ἵνα φάγῃς τὸ **πάσχα;**

14:14 Ποῦ ἐστιν τὸ κατάλυμά μου ὅπου τὸ **πάσχα** μετὰ τῶν μαθητῶν μου φάγω;

14:16 καὶ ἐξῆλθον οἱ μαθηταὶ καὶ ἦλθον εἰς τὴν πόλιν καὶ εὗρον καθὼς εἶπεν αὐτοῖς καὶ ἡτοίμασαν τὸ **πάσχα.**

Lk 2:41 Καὶ ἐπορεύοντο οἱ γονεῖς αὐτοῦ κατ᾽ ἔτος εἰς Ἰερουσαλὴμ τῇ ἑορτῇ τοῦ **πάσχα.**

22: 1 Ἤγγιζεν δὲ ἡ ἑορτὴ τῶν ἀζύμων ἡ λεγομένη **πάσχα.**

22: 7 Ἦλθεν δὲ ἡ ἡμέρα τῶν ἀζύμων, [ἐν] ᾗ ἔδει θύεσθαι τὸ **πάσχα·**

22: 8 καὶ ἀπέστειλεν Πέτρον καὶ Ἰωάννην εἰπών, Πορευθέντες ἑτοιμάσατε ἡμῖν τὸ **πάσχα** ἵνα φάγωμεν.

22:11 Ποῦ ἐστιν τὸ κατάλυμα ὅπου τὸ **πάσχα** μετὰ τῶν μαθητῶν μου φάγω;

22:13 ἀπελθόντες δὲ εὗρον καθὼς εἰρήκει αὐτοῖς καὶ ἡτοίμασαν τὸ **πάσχα.**

22:15 Ἐπιθυμίᾳ ἐπεθύμησα τοῦτο τὸ **πάσχα** φαγεῖν μεθ᾽ ὑμῶν πρὸ τοῦ με παθεῖν·

Jn 2:13 Καὶ ἐγγὺς ἦν τὸ **πάσχα** τῶν Ἰουδαίων, καὶ ἀνέβη εἰς Ἱεροσόλυμα ὁ Ἰησοῦς.

2:23 Ὡς δὲ ἦν ἐν τοῖς Ἱεροσολύμοις ἐν τῷ **πάσχα** ἐν τῇ ἑορτῇ,

6: 4 ἦν δὲ ἐγγὺς τὸ **πάσχα,** ἡ ἑορτὴ τῶν Ἰουδαίων.

11:55 Ἦν δὲ ἐγγὺς τὸ **πάσχα** τῶν Ἰουδαίων, καὶ ἀνέβησαν πολλοὶ εἰς Ἱεροσόλυμα ἐκ τῆς χώρας πρὸ τοῦ **πάσχα** ἵνα ἁγνίσωσιν ἑαυτούς.

12: 1 Ὁ οὖν Ἰησοῦς πρὸ ἓξ ἡμερῶν τοῦ **πάσχα** ἦλθεν εἰς Βηθανίαν,

13: 1 Πρὸ δὲ τῆς ἑορτῆς τοῦ **πάσχα** εἰδὼς ὁ Ἰησοῦς ὅτι ἦλθεν αὐτοῦ ἡ ὥρα ἵνα μεταβῇ ἐκ τοῦ κόσμου τούτου πρὸς τὸν πατέρα,

18:28 καὶ αὐτοὶ οὐκ εἰσῆλθον εἰς τὸ πραιτώριον, ἵνα μὴ μιανθῶσιν ἀλλὰ φάγωσιν τὸ **πάσχα.**

18:39 ἔστιν δὲ συνήθεια ὑμῖν ἵνα ἕνα ἀπολύσω ὑμῖν ἐν τῷ **πάσχα·**

19:14 ἦν δὲ παρασκευὴ τοῦ **πάσχα,** ὥρα ἦν ὡς ἕκτη.

Ac 12: 4 βουλόμενος μετὰ τὸ **πάσχα** ἀναγαγεῖν αὐτὸν τῷ λαῷ.

1Co 5: 7 καθώς ἐστε ἄζυμοι· καὶ γὰρ τὸ **πάσχα** ἡμῶν ἐτύθη Χριστός.

Heb 11:28 Πίστει πεποίηκεν τὸ **πάσχα** καὶ τὴν πρόσχυσιν τοῦ αἵματος,

4248 πάσχω [42 / 41]

→ 2801, 2802, 3584, 3926, 4077, 4078, 4079, 4557, 4634, 5155, 5217, 5218, 5224

ἀδίκως πάσχων [1] 1Pe 2:19

δεῖ παθεῖν [8] Mt 16:21; Mk 8:31; Lk 9:22; 17:25; 24:26; Ac 9:16; 17:3; Heb 9:26

κακῶς πάσχει [1] Mt 17:15

πάσχω κακός [1] Ac 28:5

πάσχω ... πάθημα [1] 2Co 1:6

πάσχω ὑπέρ [4] Ac 9:16; Php 1:29; 2Th 1:5; 1Pe 2:21

Mt 16:21 δεικνύειν τοῖς μαθηταῖς αὐτοῦ ὅτι δεῖ αὐτὸν εἰς Ἱεροσόλυμα ἀπελθεῖν καὶ πολλὰ **παθεῖν** ἀπὸ τῶν πρεσβυτέρων

17:12 οὕτως καὶ ὁ υἱὸς τοῦ ἀνθρώπου μέλλει **πάσχειν** ὑπ᾽ αὐτῶν.

17:15 ἐλέησόν μου τὸν υἱόν, ὅτι σεληνιάζεται καὶ κακῶς **πάσχει·**

27:19 πολλὰ γὰρ **ἔπαθον** σήμερον κατ᾽ ὄναρ δι᾽ αὐτόν.

Mk 5:26 καὶ πολλὰ **παθοῦσα** ὑπὸ πολλῶν ἰατρῶν καὶ δαπανήσασα τὰ παρ᾽ αὐτῆς πάντα καὶ μηδὲν ὠφεληθεῖσα

8:31 Καὶ ἤρξατο διδάσκειν αὐτοὺς ὅτι δεῖ τὸν υἱὸν τοῦ ἀνθρώπου πολλὰ **παθεῖν** καὶ ἀποδοκιμασθῆναι ὑπὸ τῶν πρεσβυτέρων

9:12 καὶ πῶς γέγραπται ἐπὶ τὸν υἱὸν τοῦ ἀνθρώπου ἵνα πολλὰ **πάθῃ** καὶ ἐξουδενηθῇ;

Lk 9:22 εἰπὼν ὅτι Δεῖ τὸν υἱὸν τοῦ ἀνθρώπου πολλὰ **παθεῖν** καὶ ἀποδοκιμασθῆναι ἀπὸ τῶν πρεσβυτέρων καὶ ἀρχιερέω

13: 2 Δοκεῖτε ὅτι οἱ Γαλιλαῖοι οὗτοι ἁμαρτωλοὶ παρὰ πάντας τοὺς Γαλιλαίους ἐγένοντο, ὅτι ταῦτα **πεπόνθασιν;**

17:25 πρῶτον δὲ δεῖ αὐτὸν πολλὰ **παθεῖν** καὶ ἀποδοκιμασθῆναι ἀπὸ τῆς γενεᾶς ταύτης.

22:15 Ἐπιθυμίᾳ ἐπεθύμησα τοῦτο τὸ πάσχα φαγεῖν μεθ᾽ ὑμῶν πρὸ τοῦ με **παθεῖν·**

24:26 οὐχὶ ταῦτα ἔδει **παθεῖν** τὸν Χριστὸν καὶ εἰσελθεῖν εἰς τὴν δόξαν αὐτοῦ;

24:46 καὶ εἶπεν αὐτοῖς ὅτι Οὕτως γέγραπται **παθεῖν** τὸν Χριστὸν καὶ ἀναστῆναι ἐκ νεκρῶν τῇ τρίτῃ ἡμέρᾳ,

Ac 1: 3 οἷς καὶ παρέστησεν ἑαυτὸν ζῶντα μετὰ τὸ **παθεῖν** αὐτὸν ἐν πολλοῖς τεκμηρίοις,

3:18 ἃ προκατήγγειλεν διὰ στόματος πάντων τῶν προφητῶν **παθεῖν** τὸν Χριστὸν αὐτοῦ,

9:16 ἐγὼ γὰρ ὑποδείξω αὐτῷ ὅσα δεῖ αὐτὸν ὑπὲρ τοῦ ὀνόματός μου **παθεῖν.**

17: 3 διανοίγων καὶ παρατιθέμενος ὅτι τὸν Χριστὸν ἔδει **παθεῖν** καὶ ἀναστῆναι ἐκ νεκρῶν καὶ ὅτι οὗτός ἐστιν ὁ Χριστὸς

28: 5 ὁ μὲν οὖν ἀποτινάξας τὸ θηρίον εἰς τὸ πῦρ **ἔπαθεν** οὐδὲν κακόν,

1Co 12:26 καὶ εἴτε **πάσχει** ἓν μέλος, συμπάσχει πάντα τὰ μέλη·

2Co 1: 6 ὑπὲρ τῆς ὑμῶν παρακλήσεως τῆς ἐνεργουμένης ἐν ὑπομονῇ τῶν αὐτῶν παθημάτων ὧν καὶ ἡμεῖς **πάσχομεν.**

Gal 3: 4 τοσαῦτα **ἐπάθετε** εἰκῇ; εἴ γε καὶ εἰκῇ.

Php 1:29 οὐ μόνον τὸ εἰς αὐτὸν πιστεύειν ἀλλὰ καὶ τὸ ὑπὲρ αὐτοῦ **πάσχειν,**

1Th 2:14 ὅτι τὰ αὐτὰ **ἐπάθετε** καὶ ὑμεῖς ὑπὸ τῶν ἰδίων συμφυλετῶν καθὼς καὶ αὐτοὶ ὑπὸ τῶν Ἰουδαίων,

2Th 1: 5 ἔνδειγμα τῆς δικαίας κρίσεως τοῦ θεοῦ εἰς τὸ καταξιωθῆναι ὑμᾶς τῆς βασιλείας τοῦ θεοῦ, ὑπὲρ ἧς καὶ **πάσχετε,**

2Ti 1:12 δι᾽ ἣν αἰτίαν καὶ ταῦτα **πάσχω·** ἀλλ᾽ οὐκ ἐπαισχύνομαι,

Heb 2:18 ἐν ᾧ γὰρ **πέπονθεν** αὐτὸς πειρασθείς, δύναται τοῖς πειραζομένοις βοηθῆσαι.

5: 8 καίπερ ὢν υἱός, ἔμαθεν ἀφ᾽ ὧν **ἔπαθεν** τὴν ὑπακοήν,

9:26 ἐπεὶ ἔδει αὐτὸν πολλάκις **παθεῖν** ἀπὸ καταβολῆς κόσμου·

13:12 ἵνα ἁγιάσῃ διὰ τοῦ ἰδίου αἵματος τὸν λαόν, ἔξω τῆς πύλης **ἔπαθεν.**

1Pe 2:19 τοῦτο γὰρ χάρις εἰ διὰ συνείδησιν θεοῦ ὑποφέρει τις λύπας **πάσχων** ἀδίκως.

2:20 ἀλλ᾽ εἰ ἀγαθοποιοῦντες καὶ **πάσχοντες** ὑπομενεῖτε, τοῦτο χάρις παρὰ θεῷ.

2:21 ὅτι καὶ Χριστὸς **ἔπαθεν** ὑπὲρ ὑμῶν ὑμῖν ὑπολιμπάνων ὑπογραμμὸν ἵνα ἐπακολουθήσητε τοῖς ἴχνεσιν αὐτοῦ,

2:23 ὃς λοιδορούμενος οὐκ ἀντελοιδόρει **πάσχων** οὐκ ἠπείλει, παρεδίδου δὲ τῷ κρίνοντι δικαίως·

3:14 ἀλλ᾽ εἰ καὶ **πάσχοιτε** διὰ δικαιοσύνην, μακάριοι. τὸν δὲ φόβον αὐτῶν μὴ φοβηθῆτε μηδὲ ταραχθῆτε,

3:17 εἰ θέλοι τὸ θέλημα τοῦ θεοῦ, **πάσχειν** ἢ κακοποιοῦντας.

3:18 ὅτι καὶ Χριστὸς ἅπαξ περὶ ἁμαρτιῶν **ἔπαθεν,**[UBS; NIV 633] δίκαιος ὑπὲρ ἀδίκων,

4: 1 Χριστοῦ οὖν **παθόντος** σαρκὶ καὶ ὑμεῖς τὴν αὐτὴν ἔννοιαν ὁπλίσασθε, ὅτι ὁ **παθὼν** σαρκὶ πέπαυται ἁμαρτίας

4:15 μὴ γάρ τις ὑμῶν **πασχέτω** ὡς φονεὺς ἢ κλέπτης ἢ κακοποιὸς ἢ ὡς ἀλλοτριεπίσκοπος·

4:19 ὥστε καὶ οἱ **πάσχοντες** κατὰ τὸ θέλημα τοῦ θεοῦ πιστῷ κτίστῃ παρατιθέσθωσαν τὰς ψυχὰς αὐτῶν ἐν ἀγαθοποιΐᾳ.

5:10 ὁ καλέσας ὑμᾶς εἰς τὴν αἰώνιον αὐτοῦ δόξαν ἐν Χριστῷ [Ἰησοῦ,] ὀλίγον **παθόντας** αὐτὸς καταρτίσει, στηρίξει,

Rev 2:10 μηδὲν φοβοῦ ἃ μέλλεις **πάσχειν.** ἰδοὺ μέλλει βάλλειν ὁ διάβολος ἐξ ὑμῶν εἰς φυλακὴν ἵνα πειρασθῆτε καὶ ἕξετε θλῖψιν

4249 Πάταρα [1]

Ac 21: 1 τῇ δὲ ἑξῆς εἰς τὴν Ῥόδον κἀκεῖθεν εἰς **Πάταρα,**

4250 πατάσσω [10]

Mt 26:31 γέγραπται γάρ, **Πατάξω** τὸν ποιμένα, καὶ διασκορπισθήσονται τὰ πρόβατα τῆς ποίμνης.

26:51 ἐκτείνας τὴν χεῖρα ἀπέσπασεν τὴν μάχαιραν αὐτοῦ καὶ **πατάξας** τὸν δοῦλον τοῦ ἀρχιερέως ἀφεῖλεν αὐτοῦ τὸ ὠτίον.

Mk 14:27 ὅτι γέγραπται, **Πατάξω** τὸν ποιμένα, καὶ τὰ πρόβατα διασκορπισθήσονται.

Lk 22:49 ἰδόντες δὲ οἱ περὶ αὐτὸν τὸ ἐσόμενον εἶπαν, Κύριε, εἰ **πατάξομεν** ἐν μαχαίρῃ;

22:50 καὶ **ἐπάταξεν** εἷς τις ἐξ αὐτῶν τοῦ ἀρχιερέως τὸν δοῦλον καὶ ἀφεῖλεν τὸ οὖς αὐτοῦ τὸ δεξιόν.

Ac 7:24 καὶ ἰδών τινα ἀδικούμενον ἠμύνατο καὶ ἐποίησεν ἐκδίκησιν τῷ καταπονουμένῳ **πατάξας** τὸν Αἰγύπτιον.

12: 7 **πατάξας** δὲ τὴν πλευρὰν τοῦ Πέτρου ἤγειρεν αὐτὸν λέγων,

12:23 παραχρῆμα δὲ **ἐπάταξεν** αὐτὸν ἄγγελος κυρίου ἀνθ᾽ ὧν οὐκ ἔδωκεν τὴν δόξαν τῷ θεῷ,

Rev 11: 6 καὶ ἐξουσίαν ἔχουσιν ἐπὶ τῶν ὑδάτων στρέφειν αὐτὰ εἰς αἷμα καὶ **πατάξαι** τὴν γῆν ἐν πάσῃ πληγῇ ὁσάκις ἐὰν θελήσωσιν.

19:15 ἵνα ἐν αὐτῇ **πατάξῃ** τὰ ἔθνη, καὶ αὐτὸς ποιμανεῖ αὐτοὺς ἐν ῥάβδῳ σιδηρᾷ,

4251 πατέω [5]

→ *1853, 2922, 4344*

Lk 10:19 ἰδοὺ δέδωκα ὑμῖν τὴν ἐξουσίαν τοῦ **πατεῖν** ἐπάνω ὄφεων καὶ σκορπίων,
21:24 καὶ Ἰερουσαλὴμ ἔσται **πατουμένη** ὑπὸ ἐθνῶν, ἄχρι οὗ πληρωθῶσιν καιροὶ ἐθνῶν.
Rev 11: 2 καὶ τὴν πόλιν τὴν ἁγίαν **πατήσουσιν** μῆνας τεσσεράκοντα [καὶ] δύο.
14:20 καὶ **ἐπατήθη** ἡ ληνὸς ἔξωθεν τῆς πόλεως καὶ ἐξῆλθεν αἷμα ἐκ τῆς ληνοῦ ἄχρι τῶν χαλινῶν τῶν ἵππων
19:15 καὶ αὐτὸς **πατεῖ** τὴν ληνὸν τοῦ οἴνου τοῦ θυμοῦ τῆς ὀργῆς τοῦ θεοῦ τοῦ παντοκράτορος,

4252 πατήρ [413]

→ *525, 526, 574, 3093, 4254, 4255, 4256, 4257, 4258, 4259, 4260, 4261, 4262, 4635, 5396, 5399*

human father[s] [153] Mt 2:22; 3:9; 4:21,22; 8:21; 10:21,35,37; 15:4,4,5,6; 19:5,19,29; 21:31; 23:9,30,32; Mk 1:20; 5:40; 7:10,10,11,12; 9:21,24; 10:7,19,29; 11:10; 13:12; 15:21; Lk 1:17,32,55,59,62,67,72,73; 2:33,48; 3:8; 6:23,26; 8:51; 9:42,59; 11:11,47,48; 12:53,53; 14:26; 15:12,12,17,18,18,20,20,21,22,27,28,29; 16:24,27,27,30; 18:20; Jn 4:12,20,53; 6:31,42,49,58; 7:22; 8:19,38,39,41,44,44,44,53,56; Ac 3:13,25; 4:25; 5:30; 7:2,2,4,11,12,14,15,19,20,32,38,39,44,45,45,51,52; 13:17,32,36; 15:10; 16:1,3; 22:1,14; 26:6; 28:8,25; Ro 4:11,12,12,16,17,18; 9:5,10; 11:28; 15:8; 1Co 4:15; 5:1; 10:1; Gal 4:2; Eph 5:31; 6:2,4; Php 2:22; Col 3:21; 1Th 2:11; 1Ti 5:1; Heb 1:1; 3:9; 7:10; 8:9; 11:23; 12:7,9; Jas 2:21; 2Pe 3:4; 1Jn 2:13,14

vocative **πάτερ, πατήρ, πατέρες** [33] Mt 6:9; 11:25; 26:39,42; Lk 10:21; 11:2; 15:12,18,21; 16:24,27,30; 22:42; 23:34,46; Jn 11:41; 12:27,28; 17:1,5,11,21,24,25; Ac 7:2; 22:1; 1Jn 2:13,14; Mt 11:26; Mk 14:36; Lk 10:21; Ro 8:15; Gal 4:6

γινώσκω πατέρα [5] Jn 10:15; 14:7; 16:3; 17:25; 1Jn 2:13

δίκαιος πατήρ [1] Jn 17:25

ἐπιγινώσκω υἱόν, πατέρα [1] Mt 11:27

ζῶν πατήρ [1] Jn 6:57

τὸ θέλημα τοῦ πατρός [5] Mt 7:21; 12:50; 21:31; Jn 6:40; Gal 1:4

θεός [καὶ] πατήρ [42] Jn 6:27; 8:42; Ro 1:7; 15:6; 1Co 1:3; 8:6; 15:24; 2Co 1:2,3; 11:31; Gal 1:1,3,4; Eph 1:2,3; 4:6; 5:20; 6:23; Php 1:2; 2:11; 4:20; Col 1:2,3; 3:17; 1Th 1:1,3; 3:11,13; 2Th 1:1,2; 2:16; 1Ti 1:2; 2Ti 1:2; Tit 1:4; Phm 1:3; Jas 1:27; 1Pe 1:2,3; 2Pe 1:17; 2Jn 1:3; Jude 1:1; Rev 1:6

οἰκία πατρός [1] Jn 14:2

οἶκος πατρός [3] Lk 16:27; Jn 2:16; Ac 7:20

ὁράω τὸν πατέρα [3] Jn 6:46,46; 14:9

οὐράνιος πατήρ [7] Mt 5:48; 6:14,26,32; 15:13; 18:35; 23:9

παρὰ πατρός [14] Mt 18:19; Jn 1:14; 6:45; 8:38; 10:18; 15:15,26,26; 16:28; Ac 2:33; 2Pe 1:17; 2Jn 1:3,4; Rev 2:28

πατὴρ τῆς δόξης [1] Eph 1:17

πατὴρ τῶν οἰκτιρμῶν [1] 2Co 1:3

πατὴρ τῶν φώτων [1] Jas 1:17

υἱοὶ πατρός [1] Mt 5:45

χεὶρ πατρός [1] Jn 10:29

Mt 2:22 ἀκούσας δὲ ὅτι Ἀρχέλαος βασιλεύει τῆς Ἰουδαίας ἀντὶ τοῦ **πατρὸς** αὐτοῦ Ἡρῴδου ἐφοβήθη ἐκεῖ ἀπελθεῖν·
3: 9 καὶ μὴ δόξητε λέγειν ἐν ἑαυτοῖς, **Πατέρα** ἔχομεν τὸν Ἀβραάμ.
4:21 ἐν τῷ πλοίῳ μετὰ Ζεβεδαίου τοῦ **πατρὸς** αὐτῶν καταρτίζοντας τὰ δίκτυα αὐτῶν,
4:22 οἱ δὲ εὐθέως ἀφέντες τὸ πλοῖον καὶ τὸν **πατέρα** αὐτῶν ἠκολούθησαν αὐτῷ.
5:16 ὅπως ἴδωσιν ὑμῶν τὰ καλὰ ἔργα καὶ δοξάσωσιν τὸν **πατέρα** ὑμῶν τὸν ἐν τοῖς οὐρανοῖς.
5:45 ὅπως γένησθε υἱοὶ τοῦ **πατρὸς** ὑμῶν τοῦ ἐν οὐρανοῖς,
5:48 Ἔσεσθε οὖν ὑμεῖς τέλειοι ὡς ὁ **πατὴρ** ὑμῶν ὁ οὐράνιος τέλειός ἐστιν.
6: 1 μισθὸν οὐκ ἔχετε παρὰ τῷ **πατρὶ** ὑμῶν τῷ ἐν τοῖς οὐρανοῖς.
6: 4 καὶ ὁ **πατήρ** σου ὁ βλέπων ἐν τῷ κρυπτῷ ἀποδώσει σοι.
6: 6 εἴσελθε εἰς τὸ ταμεῖόν σου καὶ κλείσας τὴν θύραν σου πρόσευξαι τῷ **πατρί** σου τῷ ἐν τῷ κρυπτῷ· καὶ ὁ **πατήρ** σου ὁ βλέπων ἐν τῷ κρυπτῷ ἀποδώσει σοι.
6: 8 οἶδεν γὰρ ὁ **πατὴρ** ὑμῶν ὧν χρείαν ἔχετε πρὸ τοῦ ὑμᾶς αἰτῆσαι αὐτόν.
6: 9 **Πάτερ** ἡμῶν ὁ ἐν τοῖς οὐρανοῖς· ἁγιασθήτω τὸ ὄνομά σου·
6:14 ἀφήσει καὶ ὑμῖν ὁ **πατὴρ** ὑμῶν ὁ οὐράνιος·
6:15 οὐδὲ ὁ **πατὴρ** ὑμῶν ἀφήσει τὰ παραπτώματα ὑμῶν.
6:18 ὅπως μὴ φανῇς τοῖς ἀνθρώποις νηστεύων ἀλλὰ τῷ **πατρί** σου τῷ ἐν τῷ κρυφαίῳ· καὶ ὁ **πατήρ** σου ὁ βλέπων ἐν τῷ κρυφαίῳ ἀποδώσει σοι.
6:26 καὶ ὁ **πατὴρ** ὑμῶν ὁ οὐράνιος τρέφει αὐτά·
6:32 οἶδεν γὰρ ὁ **πατὴρ** ὑμῶν ὁ οὐράνιος ὅτι χρῄζετε τούτων ἁπάντων.
7:11 πόσῳ μᾶλλον ὁ **πατὴρ** ὑμῶν ὁ ἐν τοῖς οὐρανοῖς δώσει ἀγαθὰ τοῖς αἰτοῦσιν αὐτόν.
7:21 ἀλλ᾽ ὁ ποιῶν τὸ θέλημα τοῦ **πατρός** μου τοῦ ἐν τοῖς οὐρανοῖς.
8:21 ἐπίτρεψόν μοι πρῶτον ἀπελθεῖν καὶ θάψαι τὸν **πατέρα** μου.
10:20 οὐ γὰρ ὑμεῖς ἐστε οἱ λαλοῦντες ἀλλὰ τὸ πνεῦμα τοῦ **πατρὸς** ὑμῶν τὸ λαλοῦν ἐν ὑμῖν.
10:21 παραδώσει δὲ ἀδελφὸς ἀδελφὸν εἰς θάνατον καὶ **πατὴρ** τέκνον,
10:29 καὶ ἓν ἐξ αὐτῶν οὐ πεσεῖται ἐπὶ τὴν γῆν ἄνευ τοῦ **πατρὸς** ὑμῶν.
10:32 ὁμολογήσω κἀγὼ ἐν αὐτῷ ἔμπροσθεν τοῦ **πατρός** μου τοῦ ἐν [τοῖς] οὐρανοῖς·
10:33 ἀρνήσομαι κἀγὼ αὐτὸν ἔμπροσθεν τοῦ **πατρός** μου τοῦ ἐν [τοῖς] οὐρανοῖς.
10:35 ἦλθον γὰρ διχάσαι ἄνθρωπον κατὰ τοῦ **πατρὸς** αὐτοῦ καὶ θυγατέρα κατὰ τῆς μητρὸς αὐτῆς
10:37 Ὁ φιλῶν **πατέρα** ἢ μητέρα ὑπὲρ ἐμὲ οὐκ ἔστιν μου ἄξιος,
11:25 Ἐξομολογοῦμαί σοι, **πάτερ,** κύριε τοῦ οὐρανοῦ καὶ τῆς γῆς,
11:26 ναὶ ὁ **πατήρ,** ὅτι οὕτως εὐδοκία ἐγένετο ἔμπροσθέν σου.
11:27 Πάντα μοι παρεδόθη ὑπὸ τοῦ **πατρός** μου, καὶ οὐδεὶς ἐπιγινώσκει τὸν υἱὸν εἰ μὴ ὁ **πατήρ,** οὐδὲ τὸν **πατέρα** τις ἐπιγινώσκει εἰ μὴ ὁ υἱὸς καὶ ᾧ ἐὰν βούληται ὁ υἱὸς ἀποκαλύψαι.
12:50 ὅστις γὰρ ἂν ποιήσῃ τὸ θέλημα τοῦ **πατρός** μου τοῦ ἐν οὐρανοῖς αὐτός μου ἀδελφὸς καὶ ἀδελφὴ καὶ μήτηρ ἐστίν.
13:43 Τότε οἱ δίκαιοι ἐκλάμψουσιν ὡς ὁ ἥλιος ἐν τῇ βασιλείᾳ τοῦ **πατρὸς** αὐτῶν.
15: 4 ὁ γὰρ θεὸς εἶπεν, Τίμα τὸν **πατέρα** καὶ τὴν μητέρα, καί, Ὁ κακολογῶν **πατέρα** ἢ μητέρα θανάτῳ τελευτάτω.
15: 5 Ὃς ἂν εἴπῃ τῷ **πατρὶ** ἢ τῇ μητρί,
15: 6 οὐ μὴ τιμήσει τὸν **πατέρα** αὐτοῦ· καὶ ἠκυρώσατε τὸν λόγον τοῦ θεοῦ διὰ τὴν παράδοσιν ὑμῶν.
15:13 Πᾶσα φυτεία ἣν οὐκ ἐφύτευσεν ὁ **πατήρ** μου ὁ οὐράνιος ἐκριζωθήσεται.
16:17 ὅτι σὰρξ καὶ αἷμα οὐκ ἀπεκάλυψέν σοι ἀλλ᾽ ὁ **πατήρ** μου ὁ ἐν τοῖς οὐρανοῖς.
16:27 μέλλει γὰρ ὁ υἱὸς τοῦ ἀνθρώπου ἔρχεσθαι ἐν τῇ δόξῃ τοῦ **πατρὸς** αὐτοῦ μετὰ τῶν ἀγγέλων αὐτοῦ,
18:10 λέγω γὰρ ὑμῖν ὅτι οἱ ἄγγελοι αὐτῶν ἐν οὐρανοῖς διὰ παντὸς βλέπουσι τὸ πρόσωπον τοῦ **πατρός** μου τοῦ ἐν οὐρανοῖς.
18:14 οὕτως οὐκ ἔστιν θέλημα ἔμπροσθεν τοῦ **πατρὸς** ὑμῶν τοῦ ἐν οὐρανοῖς ἵνα ἀπόληται ἓν τῶν μικρῶν τούτων.
18:19 γενήσεται αὐτοῖς παρὰ τοῦ **πατρός** μου τοῦ ἐν οὐρανοῖς.
18:35 Οὕτως καὶ ὁ **πατήρ** μου ὁ οὐράνιος ποιήσει ὑμῖν,
19: 5 Ἕνεκα τούτου καταλείψει ἄνθρωπος τὸν **πατέρα** καὶ τὴν μητέρα καὶ κολληθήσεται τῇ γυναικὶ αὐτοῦ,
19:19 Τίμα τὸν **πατέρα** καὶ τὴν μητέρα, καί, Ἀγαπήσεις τὸν πλησίον σου ὡς σεαυτόν.
19:29 καὶ πᾶς ὅστις ἀφῆκεν οἰκίας ἢ ἀδελφοὺς ἢ ἀδελφὰς ἢ **πατέρα** ἢ μητέρα ἢ τέκνα ἢ ἀγροὺς ἕνεκεν τοῦ ὀνόματός μου,
20:23 τὸ δὲ καθίσαι ἐκ δεξιῶν μου καὶ ἐξ εὐωνύμων οὐκ ἔστιν ἐμὸν [τοῦτο] δοῦναι, ἀλλ᾽ οἷς ἡτοίμασται ὑπὸ τοῦ **πατρός** μου.
21:31 τίς ἐκ τῶν δύο ἐποίησεν τὸ θέλημα τοῦ **πατρός;**
23: 9 καὶ **πατέρα** μὴ καλέσητε ὑμῶν ἐπὶ τῆς γῆς, εἷς γάρ ἐστιν ὑμῶν ὁ **πατὴρ** ὁ οὐράνιος.
23:30 Εἰ ἤμεθα ἐν ταῖς ἡμέραις τῶν **πατέρων** ἡμῶν,

23:32 καὶ ὑμεῖς πληρώσατε τὸ μέτρον τῶν **πατέρων** ὑμῶν.
24:36 οὐδὲ οἱ ἄγγελοι τῶν οὐρανῶν οὐδὲ ὁ υἱός, εἰ μὴ ὁ **πατὴρ** μόνος.
25:34 Δεῦτε οἱ εὐλογημένοι τοῦ **πατρός** μου, κληρονομήσατε τὴν ἡτοιμασμένην ὑμῖν βασιλείαν ἀπὸ καταβολῆς κόσμου.
26:29 οὐ μὴ πίω ἀπ' ἄρτι ἐκ τούτου τοῦ γενήματος τῆς ἀμπέλου ἕως τῆς ἡμέρας ἐκείνης ὅταν αὐτὸ πίνω μεθ' ὑμῶν καινὸν ἐν τῇ βασιλείᾳ τοῦ **πατρός** μου.
26:39 **Πάτερ** μου, εἰ δυνατόν ἐστιν, παρελθάτω ἀπ' ἐμοῦ τὸ ποτήριον τοῦτο·
26:42 πάλιν ἐκ δευτέρου ἀπελθὼν προσηύξατο λέγων, **Πάτερ** μου,
26:53 ἢ δοκεῖς ὅτι οὐ δύναμαι παρακαλέσαι τὸν **πατέρα** μου,
28:19 βαπτίζοντες αὐτοὺς εἰς τὸ ὄνομα τοῦ **πατρὸς** καὶ τοῦ υἱοῦ καὶ τοῦ ἁγίου πνεύματος,
Mk 1:20 καὶ ἀφέντες τὸν **πατέρα** αὐτῶν Ζεβεδαῖον ἐν τῷ πλοίῳ μετὰ τῶν μισθωτῶν ἀπῆλθον ὀπίσω αὐτοῦ.
5:40 αὐτὸς δὲ ἐκβαλὼν πάντας παραλαμβάνει τὸν **πατέρα** τοῦ παιδίου καὶ τὴν μητέρα καὶ τοὺς μετ' αὐτοῦ
7:10 Τίμα τὸν **πατέρα** σου καὶ τὴν μητέρα σου, καί, Ὁ κακολογῶν **πατέρα** ἢ μητέρα θανάτῳ τελευτάτω.
7:11 Ἐὰν εἴπῃ ἄνθρωπος τῷ **πατρὶ** ἢ τῇ μητρί,
7:12 οὐκέτι ἀφίετε αὐτὸν οὐδὲν ποιῆσαι τῷ **πατρὶ** ἢ τῇ μητρί,
8:38 ὅταν ἔλθῃ ἐν τῇ δόξῃ τοῦ **πατρὸς** αὐτοῦ μετὰ τῶν ἀγγέλων τῶν ἁγίων.
9:21 καὶ ἐπηρώτησεν τὸν **πατέρα** αὐτοῦ, Πόσος χρόνος ἐστὶν ὡς τοῦτο γέγονεν αὐτῷ;
9:24 εὐθὺς κράξας ὁ **πατὴρ** τοῦ παιδίου ἔλεγεν, Πιστεύω·
10: 7 ἕνεκεν τούτου καταλείψει ἄνθρωπος τὸν **πατέρα** αὐτοῦ καὶ τὴν μητέρα [καὶ προσκολληθήσεται πρὸς τὴν γυναῖκα αὐτοῦ,]
10:19 Μὴ ἀποστερήσῃς, Τίμα τὸν **πατέρα** σου καὶ τὴν μητέρα.
10:29 οὐδείς ἐστιν ὃς ἀφῆκεν οἰκίαν ἢ ἀδελφοὺς ἢ ἀδελφὰς ἢ μητέρα ἢ **πατέρα** ἢ τέκνα ἢ ἀγροὺς ἕνεκεν ἐμοῦ καὶ ἕνεκεν τοῦ εὐαγγελίου,
11:10 Εὐλογημένη ἡ ἐρχομένη βασιλεία τοῦ **πατρὸς** ἡμῶν Δαυίδ·
11:25 ἵνα καὶ ὁ **πατὴρ** ὑμῶν ὁ ἐν τοῖς οὐρανοῖς ἀφῇ ὑμῖν τὰ παραπτώματα ὑμῶν.
13:12 καὶ παραδώσει ἀδελφὸς ἀδελφὸν εἰς θάνατον καὶ **πατὴρ** τέκνον,
13:32 οὐδὲ οἱ ἄγγελοι ἐν οὐρανῷ οὐδὲ ὁ υἱός, εἰ μὴ ὁ **πατήρ.**
14:36 καὶ ἔλεγεν, Αββα ὁ **πατήρ,** πάντα δυνατά σοι·
15:21 τὸν **πατέρα** Ἀλεξάνδρου καὶ Ῥούφου, ἵνα ἄρῃ τὸν σταυρὸν αὐτοῦ.
Lk 1:17 ἐπιστρέψαι καρδίας **πατέρων** ἐπὶ τέκνα καὶ ἀπειθεῖς ἐν φρονήσει δικαίων,
1:32 οὗτος ἔσται μέγας καὶ υἱὸς ὑψίστου κληθήσεται καὶ δώσει αὐτῷ κύριος ὁ θεὸς τὸν θρόνον Δαυὶδ τοῦ **πατρὸς** αὐτοῦ,
1:55 καθὼς ἐλάλησεν πρὸς τοὺς **πατέρας** ἡμῶν, τῷ Ἀβραὰμ καὶ τῷ σπέρματι αὐτοῦ εἰς τὸν αἰῶνα.
1:59 ἐν τῇ ἡμέρᾳ τῇ ὀγδόῃ ἦλθον περιτεμεῖν τὸ παιδίον καὶ ἐκάλουν αὐτὸ ἐπὶ τῷ ὀνόματι τοῦ **πατρὸς** αὐτοῦ Ζαχαρίαν.
1:62 ἐνένευον δὲ τῷ **πατρὶ** αὐτοῦ τὸ τί ἂν θέλοι καλεῖσθαι αὐτό.
1:67 Καὶ Ζαχαρίας ὁ **πατὴρ** αὐτοῦ ἐπλήσθη πνεύματος ἁγίου καὶ ἐπροφήτευσεν λέγων,
1:72 ποιῆσαι ἔλεος μετὰ τῶν **πατέρων** ἡμῶν καὶ μνησθῆναι διαθήκης ἁγίας αὐτοῦ,
1:73 ὅρκον ὃν ὤμοσεν πρὸς Ἀβραὰμ τὸν **πατέρα** ἡμῶν,
2:33 καὶ ἦν ὁ **πατὴρ** αὐτοῦ καὶ ἡ μήτηρ θαυμάζοντες ἐπὶ τοῖς λαλουμένοις περὶ αὐτοῦ.
2:48 ἰδοὺ ὁ **πατήρ** σου κἀγὼ ὀδυνώμενοι ἐζητοῦμέν σε.
2:49 οὐκ ᾔδειτε ὅτι ἐν τοῖς τοῦ **πατρός** μου δεῖ εἶναί με;
3: 8 ποιήσατε οὖν καρποὺς ἀξίους τῆς μετανοίας καὶ μὴ ἄρξησθε λέγειν ἐν ἑαυτοῖς, **Πατέρα** ἔχομεν τὸν Ἀβραάμ.
6:23 κατὰ τὰ αὐτὰ γὰρ ἐποίουν τοῖς προφήταις οἱ **πατέρες** αὐτῶν.
6:26 κατὰ τὰ αὐτὰ γὰρ ἐποίουν τοῖς ψευδοπροφήταις οἱ **πατέρες** αὐτῶν.
6:36 Γίνεσθε οἰκτίρμονες καθὼς [καὶ] ὁ **πατὴρ** ὑμῶν οἰκτίρμων ἐστίν.
8:51 οὐκ ἀφῆκεν εἰσελθεῖν τινα σὺν αὐτῷ εἰ μὴ Πέτρον καὶ Ἰωάννην καὶ Ἰάκωβον καὶ τὸν **πατέρα** τῆς παιδὸς καὶ τὴν μητέρα.
9:26 ὅταν ἔλθῃ ἐν τῇ δόξῃ αὐτοῦ καὶ τοῦ **πατρὸς** καὶ τῶν ἁγίων ἀγγέλων.
9:42 ἐπετίμησεν δὲ ὁ Ἰησοῦς τῷ πνεύματι τῷ ἀκαθάρτῳ καὶ ἰάσατο τὸν παῖδα καὶ ἀπέδωκεν αὐτὸν τῷ **πατρὶ** αὐτοῦ.
9:59 ἐπίτρεψόν μοι ἀπελθόντι πρῶτον θάψαι τὸν **πατέρα** μου.
10:21 Ἐξομολογοῦμαί σοι, **πάτερ,** κύριε τοῦ οὐρανοῦ καὶ τῆς γῆς, ὅτι ἀπέκρυψας ταῦτα ἀπὸ σοφῶν καὶ συνετῶν καὶ ἀπεκάλυψας αὐτὰ νηπίοις· ναὶ ὁ **πατήρ,** ὅτι οὕτως εὐδοκία ἐγένετο ἔμπροσθέν σου.
10:22 Πάντα μοι παρεδόθη ὑπὸ τοῦ **πατρός** μου, καὶ οὐδεὶς γινώσκει τίς ἐστιν ὁ υἱὸς εἰ μὴ ὁ **πατήρ,** καὶ τίς ἐστιν ὁ **πατὴρ** εἰ μὴ ὁ υἱὸς καὶ ᾧ ἐὰν βούληται ὁ υἱὸς ἀποκαλύψαι.
11: 2 εἶπεν δὲ αὐτοῖς, Ὅταν προσεύχησθε λέγετε, **Πάτερ,** ἁγιασθήτω τὸ ὄνομά σου·
11:11 τίνα δὲ ἐξ ὑμῶν τὸν **πατέρα** αἰτήσει ὁ υἱὸς ἰχθύν,
11:13 πόσῳ μᾶλλον ὁ **πατὴρ** [ὁ] ἐξ οὐρανοῦ δώσει πνεῦμα ἅγιον τοῖς αἰτοῦσιν αὐτόν.
11:47 ὅτι οἰκοδομεῖτε τὰ μνημεῖα τῶν προφητῶν, οἱ δὲ **πατέρες** ὑμῶν ἀπέκτειναν αὐτούς.
11:48 ἄρα μάρτυρές ἐστε καὶ συνευδοκεῖτε τοῖς ἔργοις τῶν **πατέρων** ὑμῶν,
12:30 ὑμῶν δὲ ὁ **πατὴρ** οἶδεν ὅτι χρῄζετε τούτων.
12:32 ὅτι εὐδόκησεν ὁ **πατὴρ** ὑμῶν δοῦναι ὑμῖν τὴν βασιλείαν.
12:53 διαμερισθήσονται **πατὴρ** ἐπὶ υἱῷ καὶ υἱὸς ἐπὶ **πατρί,**
14:26 Εἴ τις ἔρχεται πρός με καὶ οὐ μισεῖ τὸν **πατέρα** ἑαυτοῦ καὶ τὴν μητέρα καὶ τὴν γυναῖκα καὶ τὰ τέκνα καὶ τοὺς ἀδελφοὺς καὶ τὰς ἀδελφὰς ἔτι τε καὶ τὴν ψυχὴν ἑαυτοῦ,
15:12 καὶ εἶπεν ὁ νεώτερος αὐτῶν τῷ **πατρί, Πάτερ,** δός μοι τὸ ἐπιβάλλον μέρος τῆς οὐσίας.
15:17 Πόσοι μίσθιοι τοῦ **πατρός** μου περισσεύονται ἄρτων, ἐγὼ δὲ λιμῷ ὧδε ἀπόλλυμαι.
15:18 ἀναστὰς πορεύσομαι πρὸς τὸν **πατέρα** μου καὶ ἐρῶ αὐτῷ, **Πάτερ,** ἥμαρτον εἰς τὸν οὐρανὸν καὶ ἐνώπιόν σου,
15:20 καὶ ἀναστὰς ἦλθεν πρὸς τὸν **πατέρα** ἑαυτοῦ. ἔτι δὲ αὐτοῦ μακρὰν ἀπέχοντος εἶδεν αὐτὸν ὁ **πατὴρ** αὐτοῦ καὶ ἐσπλαγχνίσθη καὶ δραμὼν ἐπέπεσεν ἐπὶ τὸν τράχηλον αὐτοῦ
15:21 εἶπεν δὲ ὁ υἱὸς αὐτῷ, **Πάτερ,** ἥμαρτον εἰς τὸν οὐρανὸν καὶ ἐνώπιόν σου,
15:22 εἶπεν δὲ ὁ **πατὴρ** πρὸς τοὺς δούλους αὐτοῦ,
15:27 καὶ ἔθυσεν ὁ **πατήρ** σου τὸν μόσχον τὸν σιτευτόν,
15:28 ὠργίσθη δὲ καὶ οὐκ ἤθελεν εἰσελθεῖν, ὁ δὲ **πατὴρ** αὐτοῦ ἐξελθὼν παρεκάλει αὐτόν.
15:29 ὁ δὲ ἀποκριθεὶς εἶπεν τῷ **πατρὶ** αὐτοῦ, Ἰδοὺ τοσαῦτα ἔτη δουλεύω σοι καὶ οὐδέποτε ἐντολήν σου παρῆλθον,
16:24 αὐτὸς φωνήσας εἶπεν, **Πάτερ** Ἀβραάμ, ἐλέησόν με καὶ πέμψον Λάζαρον ἵνα βάψῃ τὸ ἄκρον τοῦ δακτύλου αὐτοῦ ὕδατος
16:27 εἶπεν δέ, Ἐρωτῶ σε οὖν, **πάτερ,** ἵνα πέμψῃς αὐτὸν εἰς τὸν οἶκον τοῦ **πατρός** μου,
16:30 ὁ δὲ εἶπεν, Οὐχί, **πάτερ** Ἀβραάμ, ἀλλ' ἐάν τις ἀπὸ νεκρῶν πορευθῇ πρὸς αὐτοὺς μετανοήσουσιν.
18:20 Μὴ ψευδομαρτυρήσῃς, Τίμα τὸν **πατέρα** σου καὶ τὴν μητέρα.
22:29 κἀγὼ διατίθεμαι ὑμῖν καθὼς διέθετό μοι ὁ **πατήρ** μου βασιλείαν,
22:42 λέγων, **Πάτερ,** εἰ βούλει παρένεγκε τοῦτο τὸ ποτήριον ἀπ' ἐμοῦ·
23:34 ⟦ὁ δὲ Ἰησοῦς ἔλεγεν, **Πάτερ,** ἄφες αὐτοῖς, οὐ γὰρ οἴδασιν τί ποιοῦσιν.⟧
23:46 **Πάτερ,** εἰς χεῖράς σου παρατίθεμαι τὸ πνεῦμά μου.
24:49 καὶ [ἰδοὺ] ἐγὼ ἀποστέλλω τὴν ἐπαγγελίαν τοῦ **πατρός** μου ἐφ' ὑμᾶς·
Jn 1:14 δόξαν ὡς μονογενοῦς παρὰ **πατρός,** πλήρης χάριτος καὶ ἀληθείας.
1:18 μονογενὴς θεὸς ὁ ὢν εἰς τὸν κόλπον τοῦ **πατρὸς** ἐκεῖνος ἐξηγήσατο.
2:16 μὴ ποιεῖτε τὸν οἶκον τοῦ **πατρός** μου οἶκον ἐμπορίου.
3:35 ὁ **πατὴρ** ἀγαπᾷ τὸν υἱὸν καὶ πάντα δέδωκεν ἐν τῇ χειρὶ αὐτοῦ.
4:12 μὴ σὺ μείζων εἶ τοῦ **πατρὸς** ἡμῶν Ἰακώβ,
4:20 οἱ **πατέρες** ἡμῶν ἐν τῷ ὄρει τούτῳ προσεκύνησαν·
4:21 ὅτι ἔρχεται ὥρα ὅτε οὔτε ἐν τῷ ὄρει τούτῳ οὔτε ἐν Ἱεροσολύμοις προσκυνήσετε τῷ **πατρί.**
4:23 ὅτε οἱ ἀληθινοὶ προσκυνηταὶ προσκυνήσουσιν τῷ **πατρὶ** ἐν πνεύματι καὶ ἀληθείᾳ· καὶ γὰρ ὁ **πατὴρ** τοιούτους ζητεῖ τοὺς προσκυνοῦντας αὐτόν.
4:53 ἔγνω οὖν ὁ **πατὴρ** ὅτι [ἐν] ἐκείνῃ τῇ ὥρᾳ ἐν ᾗ εἶπεν αὐτῷ ὁ Ἰησοῦς,
5:17 Ὁ **πατήρ** μου ἕως ἄρτι ἐργάζεται κἀγὼ ἐργάζομαι·
5:18 ἀλλὰ καὶ **πατέρα** ἴδιον ἔλεγεν τὸν θεὸν ἴσον ἑαυτὸν ποιῶν τῷ θεῷ.
5:19 οὐ δύναται ὁ υἱὸς ποιεῖν ἀφ' ἑαυτοῦ οὐδὲν ἐὰν μή τι βλέπῃ τὸν **πατέρα** ποιοῦντα·
5:20 ὁ γὰρ **πατὴρ** φιλεῖ τὸν υἱὸν καὶ πάντα δείκνυσιν αὐτῷ ἃ αὐτὸς ποιεῖ,
5:21 ὥσπερ γὰρ ὁ **πατὴρ** ἐγείρει τοὺς νεκροὺς καὶ ζῳοποιεῖ,
5:22 οὐδὲ γὰρ ὁ **πατὴρ** κρίνει οὐδένα, ἀλλὰ τὴν κρίσιν πᾶσαν δέδωκεν τῷ υἱῷ,

5:23 ἵνα πάντες τιμῶσι τὸν υἱὸν καθὼς τιμῶσι τὸν **πατέρα.** ὁ μὴ τιμῶν τὸν υἱὸν οὐ τιμᾷ τὸν **πατέρα** τὸν πέμψαντα αὐτόν.
5:26 ὥσπερ γὰρ ὁ **πατὴρ** ἔχει ζωὴν ἐν ἑαυτῷ,
5:36 τὰ γὰρ ἔργα ἃ δέδωκέν μοι ὁ **πατὴρ** ἵνα τελειώσω αὐτά, αὐτὰ τὰ ἔργα ἃ ποιῶ μαρτυρεῖ περὶ ἐμοῦ ὅτι ὁ **πατήρ** με ἀπέσταλκεν.
5:37 καὶ ὁ πέμψας με **πατὴρ** ἐκεῖνος μεμαρτύρηκεν περὶ ἐμοῦ.
5:43 ἐγὼ ἐλήλυθα ἐν τῷ ὀνόματι τοῦ **πατρός** μου,
5:45 μὴ δοκεῖτε ὅτι ἐγὼ κατηγορήσω ὑμῶν πρὸς τὸν **πατέρα·**
6:27 ἣν ὁ υἱὸς τοῦ ἀνθρώπου ὑμῖν δώσει· τοῦτον γὰρ ὁ **πατὴρ** ἐσφράγισεν ὁ θεός.
6:31 οἱ **πατέρες** ἡμῶν τὸ μάννα ἔφαγον ἐν τῇ ἐρήμῳ,
6:32 ἀλλ᾽ ὁ **πατήρ** μου δίδωσιν ὑμῖν τὸν ἄρτον ἐκ τοῦ οὐρανοῦ τὸν ἀληθινόν·
6:37 Πᾶν ὃ δίδωσίν μοι ὁ **πατὴρ** πρὸς ἐμὲ ἥξει,
6:40 τοῦτο γάρ ἐστιν τὸ θέλημα τοῦ **πατρός** μου,
6:42 οὗ ἡμεῖς οἴδαμεν τὸν **πατέρα** καὶ τὴν μητέρα;
6:44 οὐδεὶς δύναται ἐλθεῖν πρός με ἐὰν μὴ ὁ **πατὴρ** ὁ πέμψας με ἑλκύσῃ αὐτόν,
6:45 πᾶς ὁ ἀκούσας παρὰ τοῦ **πατρὸς** καὶ μαθὼν ἔρχεται πρὸς ἐμέ.
6:46 οὐχ ὅτι τὸν **πατέρα** ἑώρακέν τις εἰ μὴ ὁ ὢν παρὰ τοῦ θεοῦ, οὗτος ἑώρακεν τὸν **πατέρα.**
6:49 οἱ **πατέρες** ὑμῶν ἔφαγον ἐν τῇ ἐρήμῳ τὸ μάννα καὶ ἀπέθανον·
6:57 καθὼς ἀπέστειλέν με ὁ ζῶν **πατὴρ** κἀγὼ ζῶ διὰ τὸν **πατέρα,**
6:58 οὗτός ἐστιν ὁ ἄρτος ὁ ἐξ οὐρανοῦ καταβάς, οὐ καθὼς ἔφαγον οἱ **πατέρες** καὶ ἀπέθανον·
6:65 Διὰ τοῦτο εἴρηκα ὑμῖν ὅτι οὐδεὶς δύναται ἐλθεῖν πρός με ἐὰν μὴ ᾖ δεδομένον αὐτῷ ἐκ τοῦ **πατρός.**
7:22 οὐχ ὅτι ἐκ τοῦ Μωϋσέως ἐστὶν ἀλλ᾽ ἐκ τῶν **πατέρων**–
8:16 ὅτι μόνος οὐκ εἰμί, ἀλλ᾽ ἐγὼ καὶ ὁ πέμψας με **πατήρ.**
8:18 ἐγώ εἰμι ὁ μαρτυρῶν περὶ ἐμαυτοῦ καὶ μαρτυρεῖ περὶ ἐμοῦ ὁ πέμψας με **πατήρ.**
8:19 ἔλεγον οὖν αὐτῷ, Ποῦ ἐστιν ὁ **πατήρ** σου; ἀπεκρίθη Ἰησοῦς, Οὔτε ἐμὲ οἴδατε οὔτε τὸν **πατέρα** μου· εἰ ἐμὲ ᾔδειτε, καὶ τὸν **πατέρα** μου ἂν ᾔδειτε.
8:27 οὐκ ἔγνωσαν ὅτι τὸν **πατέρα** αὐτοῖς ἔλεγεν.
8:28 ἀλλὰ καθὼς ἐδίδαξέν με ὁ **πατὴρ** ταῦτα λαλῶ.
8:38 ἃ ἐγὼ ἑώρακα παρὰ τῷ **πατρὶ** λαλῶ· καὶ ὑμεῖς οὖν ἃ ἠκούσατε παρὰ τοῦ **πατρὸς** ποιεῖτε.
8:39 Ἀπεκρίθησαν καὶ εἶπαν αὐτῷ, Ὁ **πατὴρ** ἡμῶν Ἀβραάμ ἐστιν.
8:41 ὑμεῖς ποιεῖτε τὰ ἔργα τοῦ **πατρὸς** ὑμῶν. εἶπαν [οὖν] αὐτῷ, Ἡμεῖς ἐκ πορνείας οὐ γεγεννήμεθα· ἕνα **πατέρα** ἔχομεν τὸν θεόν.
8:42 Εἰ ὁ θεὸς **πατὴρ** ὑμῶν ἦν ἠγαπᾶτε ἂν ἐμέ,
8:44 ὑμεῖς ἐκ τοῦ **πατρὸς** τοῦ διαβόλου ἐστὲ καὶ τὰς ἐπιθυμίας τοῦ **πατρὸς** ὑμῶν θέλετε ποιεῖν. ἐκεῖνος ἀνθρωποκτόνος ἦν ἀπ᾽ ἀρχῆς καὶ ἐν τῇ ἀληθείᾳ οὐκ ἔστηκεν, ὅτι οὐκ ἔστιν ἀλήθεια ἐν αὐτῷ. ὅταν λαλῇ τὸ ψεῦδος, ἐκ τῶν ἰδίων λαλεῖ, ὅτι ψεύστης ἐστὶν καὶ ὁ **πατὴρ** αὐτοῦ.
8:49 ἀλλὰ τιμῶ τὸν **πατέρα** μου, καὶ ὑμεῖς ἀτιμάζετέ με.
8:53 μὴ σὺ μείζων εἶ τοῦ **πατρὸς** ἡμῶν Ἀβραάμ,
8:54 ἔστιν ὁ **πατήρ** μου ὁ δοξάζων με, ὃν ὑμεῖς λέγετε ὅτι θεὸς ἡμῶν ἐστιν,
8:56 Ἀβραὰμ ὁ **πατὴρ** ὑμῶν ἠγαλλιάσατο ἵνα ἴδῃ τὴν ἡμέραν τὴν ἐμήν,
10:15 καθὼς γινώσκει με ὁ **πατὴρ** κἀγὼ γινώσκω τὸν **πατέρα,**
10:17 διὰ τοῦτό με ὁ **πατὴρ** ἀγαπᾷ ὅτι ἐγὼ τίθημι τὴν ψυχήν μου,
10:18 ταύτην τὴν ἐντολὴν ἔλαβον παρὰ τοῦ **πατρός** μου.
10:25 τὰ ἔργα ἃ ἐγὼ ποιῶ ἐν τῷ ὀνόματι τοῦ **πατρός** μου ταῦτα μαρτυρεῖ περὶ ἐμοῦ·
10:29 ὁ **πατήρ** μου ὃ δέδωκέν μοι πάντων μεῖζόν ἐστιν, καὶ οὐδεὶς δύναται ἁρπάζειν ἐκ τῆς χειρὸς τοῦ **πατρός.**
10:30 ἐγὼ καὶ ὁ **πατὴρ** ἕν ἐσμεν.
10:32 Πολλὰ ἔργα καλὰ ἔδειξα ὑμῖν ἐκ τοῦ **πατρός·**
10:36 ὃν ὁ **πατὴρ** ἡγίασεν καὶ ἀπέστειλεν εἰς τὸν κόσμον ὑμεῖς λέγετε ὅτι Βλασφημεῖς,
10:37 εἰ οὐ ποιῶ τὰ ἔργα τοῦ **πατρός** μου,
10:38 ἵνα γνῶτε καὶ γινώσκητε ὅτι ἐν ἐμοὶ ὁ **πατὴρ** κἀγὼ ἐν τῷ **πατρί.**
11:41 ὁ δὲ Ἰησοῦς ἦρεν τοὺς ὀφθαλμοὺς ἄνω καὶ εἶπεν, **Πάτερ,** εὐχαριστῶ σοι ὅτι ἤκουσάς μου.
12:26 ἐάν τις ἐμοὶ διακονῇ τιμήσει αὐτὸν ὁ **πατήρ.**
12:27 καὶ τί εἴπω; **Πάτερ,** σῶσόν με ἐκ τῆς ὥρας ταύτης;
12:28 **πάτερ,** δόξασόν σου τὸ ὄνομα. ἦλθεν οὖν φωνὴ ἐκ τοῦ οὐρανοῦ,
12:49 ἀλλ᾽ ὁ πέμψας με **πατὴρ** αὐτός μοι ἐντολὴν δέδωκεν τί εἴπω καὶ τί λαλήσω.
12:50 ἃ οὖν ἐγὼ λαλῶ, καθὼς εἴρηκέν μοι ὁ **πατήρ,** οὕτως λαλῶ.
13: 1 Πρὸ δὲ τῆς ἑορτῆς τοῦ πάσχα εἰδὼς ὁ Ἰησοῦς ὅτι ἦλθεν αὐτοῦ ἡ ὥρα ἵνα μεταβῇ ἐκ τοῦ κόσμου τούτου πρὸς τὸν **πατέρα,**
13: 3 εἰδὼς ὅτι πάντα ἔδωκεν αὐτῷ ὁ **πατὴρ** εἰς τὰς χεῖρας καὶ ὅτι ἀπὸ θεοῦ ἐξῆλθεν καὶ πρὸς τὸν θεὸν ὑπάγει,
14: 2 ἐν τῇ οἰκίᾳ τοῦ **πατρός** μου μοναὶ πολλαί εἰσιν·
14: 6 οὐδεὶς ἔρχεται πρὸς τὸν **πατέρα** εἰ μὴ δι᾽ ἐμοῦ.
14: 7 εἰ ἐγνώκατέ με, καὶ τὸν **πατέρα** μου γνώσεσθε.
14: 8 Κύριε, δεῖξον ἡμῖν τὸν **πατέρα,** καὶ ἀρκεῖ ἡμῖν.
14: 9 ὁ ἑωρακὼς ἐμὲ ἑώρακεν τὸν **πατέρα·** πῶς σὺ λέγεις, Δεῖξον ἡμῖν τὸν **πατέρα;**
14:10 οὐ πιστεύεις ὅτι ἐγὼ ἐν τῷ **πατρὶ** καὶ ὁ **πατὴρ** ἐν ἐμοί ἐστιν; τὰ ῥήματα ἃ ἐγὼ λέγω ὑμῖν ἀπ᾽ ἐμαυτοῦ οὐ λαλῶ, ὁ δὲ **πατὴρ** ἐν ἐμοὶ μένων ποιεῖ τὰ ἔργα αὐτοῦ.
14:11 πιστεύετέ μοι ὅτι ἐγὼ ἐν τῷ **πατρὶ** καὶ ὁ **πατὴρ** ἐν ἐμοί·
14:12 ὁ πιστεύων εἰς ἐμὲ τὰ ἔργα ἃ ἐγὼ ποιῶ κἀκεῖνος ποιήσει καὶ μείζονα τούτων ποιήσει, ὅτι ἐγὼ πρὸς τὸν **πατέρα** πορεύομαι·
14:13 καὶ ὅ τι ἂν αἰτήσητε ἐν τῷ ὀνόματί μου τοῦτο ποιήσω, ἵνα δοξασθῇ ὁ **πατὴρ** ἐν τῷ υἱῷ·
14:16 κἀγὼ ἐρωτήσω τὸν **πατέρα** καὶ ἄλλον παράκλητον δώσει ὑμῖν,
14:20 ἐν ἐκείνῃ τῇ ἡμέρᾳ γνώσεσθε ὑμεῖς ὅτι ἐγὼ ἐν τῷ **πατρί** μου καὶ ὑμεῖς ἐν ἐμοὶ κἀγὼ ἐν ὑμῖν.
14:21 ὁ δὲ ἀγαπῶν με ἀγαπηθήσεται ὑπὸ τοῦ **πατρός** μου,
14:23 καὶ ὁ **πατήρ** μου ἀγαπήσει αὐτὸν καὶ πρὸς αὐτὸν ἐλευσόμεθα καὶ μονὴν παρ᾽ αὐτῷ ποιησόμεθα.
14:24 καὶ ὁ λόγος ὃν ἀκούετε οὐκ ἔστιν ἐμὸς ἀλλὰ τοῦ πέμψαντός με **πατρός.**
14:26 ὃ πέμψει ὁ **πατὴρ** ἐν τῷ ὀνόματί μου,
14:28 εἰ ἠγαπᾶτέ με ἐχάρητε ἂν ὅτι πορεύομαι πρὸς τὸν **πατέρα,** ὅτι ὁ **πατὴρ** μείζων μού ἐστιν.
14:31 ἀλλ᾽ ἵνα γνῷ ὁ κόσμος ὅτι ἀγαπῶ τὸν **πατέρα,** καὶ καθὼς ἐνετείλατο μοι ὁ **πατήρ,** οὕτως ποιῶ.
15: 1 Ἐγώ εἰμι ἡ ἄμπελος ἡ ἀληθινὴ καὶ ὁ **πατήρ** μου ὁ γεωργός ἐστιν.
15: 8 ἐν τούτῳ ἐδοξάσθη ὁ **πατήρ** μου, ἵνα καρπὸν πολὺν φέρητε καὶ γένησθε ἐμοὶ μαθηταί.
15: 9 καθὼς ἠγάπησέν με ὁ **πατήρ,** κἀγὼ ὑμᾶς ἠγάπησα·
15:10 καθὼς ἐγὼ τὰς ἐντολὰς τοῦ **πατρός** μου τετήρηκα καὶ μένω αὐτοῦ ἐν τῇ ἀγάπῃ.
15:15 ὅτι πάντα ἃ ἤκουσα παρὰ τοῦ **πατρός** μου ἐγνώρισα ὑμῖν.
15:16 ἵνα ὅ τι ἂν αἰτήσητε τὸν **πατέρα** ἐν τῷ ὀνόματί μου δῷ ὑμῖν.
15:23 ὁ ἐμὲ μισῶν καὶ τὸν **πατέρα** μου μισεῖ.
15:24 νῦν δὲ καὶ ἑωράκασιν καὶ μεμισήκασιν καὶ ἐμὲ καὶ τὸν **πατέρα** μου.
15:26 Ὅταν ἔλθῃ ὁ παράκλητος ὃν ἐγὼ πέμψω ὑμῖν παρὰ τοῦ **πατρός,** τὸ πνεῦμα τῆς ἀληθείας ὃ παρὰ τοῦ **πατρὸς** ἐκπορεύεται,
16: 3 καὶ ταῦτα ποιήσουσιν ὅτι οὐκ ἔγνωσαν τὸν **πατέρα** οὐδὲ ἐμέ.
16:10 ὅτι πρὸς τὸν **πατέρα** ὑπάγω καὶ οὐκέτι θεωρεῖτέ με·
16:15 πάντα ὅσα ἔχει ὁ **πατὴρ** ἐμά ἐστιν· διὰ τοῦτο εἶπον ὅτι ἐκ τοῦ ἐμοῦ λαμβάνει καὶ ἀναγγελεῖ ὑμῖν.
16:17 καὶ πάλιν μικρὸν καὶ ὄψεσθέ με; καί, Ὅτι ὑπάγω πρὸς τὸν **πατέρα;**
16:23 ἄν τι αἰτήσητε τὸν **πατέρα** ἐν τῷ ὀνόματί μου δώσει ὑμῖν.
16:25 ἔρχεται ὥρα ὅτε οὐκέτι ἐν παροιμίαις λαλήσω ὑμῖν, ἀλλὰ παρρησίᾳ περὶ τοῦ **πατρὸς** ἀπαγγελῶ ὑμῖν.
16:26 καὶ οὐ λέγω ὑμῖν ὅτι ἐγὼ ἐρωτήσω τὸν **πατέρα** περὶ ὑμῶν·
16:27 αὐτὸς γὰρ ὁ **πατὴρ** φιλεῖ ὑμᾶς, ὅτι ὑμεῖς ἐμὲ πεφιλήκατε καὶ πεπιστεύκατε ὅτι ἐγὼ παρὰ [τοῦ] θεοῦ ἐξῆλθον.
16:28 ἐξῆλθον παρὰ τοῦ **πατρὸς** καὶ ἐλήλυθα εἰς τὸν κόσμον· πάλιν ἀφίημι τὸν κόσμον καὶ πορεύομαι πρὸς τὸν **πατέρα.**
16:32 καὶ οὐκ εἰμὶ μόνος, ὅτι ὁ **πατὴρ** μετ᾽ ἐμοῦ ἐστιν.
17: 1 Ταῦτα ἐλάλησεν Ἰησοῦς καὶ ἐπάρας τοὺς ὀφθαλμοὺς αὐτοῦ εἰς τὸν οὐρανὸν εἶπεν, **Πάτερ,** ἐλήλυθεν ἡ ὥρα·
17: 5 καὶ νῦν δόξασόν με σύ, **πάτερ,** παρὰ σεαυτῷ τῇ δόξῃ ᾗ εἶχον πρὸ τοῦ τὸν κόσμον εἶναι παρὰ σοί.
17:11 **Πάτερ** ἅγιε, τήρησον αὐτοὺς ἐν τῷ ὀνόματί σου ᾧ δέδωκάς μοι,
17:21 ἵνα πάντες ἓν ὦσιν, καθὼς σύ, **πάτερ,** ἐν ἐμοὶ κἀγὼ ἐν σοί,
17:24 **Πάτερ,** ὃ δέδωκάς μοι, θέλω ἵνα ὅπου εἰμὶ ἐγὼ κἀκεῖνοι ὦσιν μετ᾽ ἐμοῦ,
17:25 **πάτερ** δίκαιε, καὶ ὁ κόσμος σε οὐκ ἔγνω,
18:11 τὸ ποτήριον ὃ δέδωκέν μοι ὁ **πατὴρ** οὐ μὴ πίω αὐτό;
20:17 Μή μου ἅπτου, οὔπω γὰρ ἀναβέβηκα πρὸς τὸν **πατέρα·** πορεύου δὲ πρὸς τοὺς ἀδελφούς μου καὶ εἰπὲ αὐτοῖς, Ἀναβαίνω πρὸς τὸν **πατέρα** μου καὶ **πατέρα** ὑμῶν καὶ θεόν μου καὶ θεὸν ὑμῶν.

20:21 καθὼς ἀπέσταλκέν με ὁ **πατήρ,** κἀγὼ πέμπω ὑμᾶς.
Ac 1: 4 παρήγγειλεν αὐτοῖς ἀπὸ Ἱεροσολύμων μὴ χωρίζεσθαι ἀλλὰ περιμένειν τὴν ἐπαγγελίαν τοῦ **πατρὸς** ἣν ἠκούσατέ μου,
1: 7 Οὐχ ὑμῶν ἐστιν γνῶναι χρόνους ἢ καιροὺς οὓς ὁ **πατὴρ** ἔθετο ἐν τῇ ἰδίᾳ ἐξουσίᾳ,
2:33 τήν τε ἐπαγγελίαν τοῦ πνεύματος τοῦ ἁγίου λαβὼν παρὰ τοῦ **πατρός,**
3:13 ὁ θεὸς Ἀβραὰμ καὶ [ὁ θεὸς] Ἰσαὰκ καὶ [ὁ θεὸς] Ἰακώβ, ὁ θεὸς τῶν **πατέρων** ἡμῶν,
3:25 ὑμεῖς ἐστε οἱ υἱοὶ τῶν προφητῶν καὶ τῆς διαθήκης ἧς διέθετο ὁ θεὸς πρὸς τοὺς **πατέρας** ὑμῶν λέγων πρὸς Ἀβραάμ,
4:25 ὁ τοῦ **πατρὸς** ἡμῶν διὰ πνεύματος ἁγίου στόματος Δαυὶδ παιδός σου εἰπών,
5:30 ὁ θεὸς τῶν **πατέρων** ἡμῶν ἤγειρεν Ἰησοῦν ὃν ὑμεῖς διεχειρίσασθε κρεμάσαντες ἐπὶ ξύλου·
7: 2 ὁ δὲ ἔφη, Ἄνδρες ἀδελφοὶ καὶ **πατέρες,** ἀκούσατε. Ὁ θεὸς τῆς δόξης ὤφθη τῷ **πατρὶ** ἡμῶν Ἀβραὰμ ὄντι ἐν τῇ Μεσοποταμίᾳ
7: 4 κἀκεῖθεν μετὰ τὸ ἀποθανεῖν τὸν **πατέρα** αὐτοῦ μετῴκισεν αὐτὸν εἰς τὴν γῆν ταύτην εἰς ἣν ὑμεῖς νῦν κατοικεῖτε,
7:11 ἦλθεν δὲ λιμὸς ἐφ' ὅλην τὴν Αἴγυπτον καὶ Χανάαν καὶ θλῖψις μεγάλη, καὶ οὐχ ηὕρισκον χορτάσματα οἱ **πατέρες** ἡμῶν.
7:12 ἀκούσας δὲ Ἰακὼβ ὄντα σιτία εἰς Αἴγυπτον ἐξαπέστειλεν τοὺς **πατέρας** ἡμῶν πρῶτον.
7:14 ἀποστείλας δὲ Ἰωσὴφ μετεκαλέσατο Ἰακὼβ τὸν **πατέρα** αὐτοῦ καὶ πᾶσαν τὴν συγγένειαν ἐν ψυχαῖς ἑβδομήκοντα πέντε.
7:15 καὶ κατέβη Ἰακὼβ εἰς Αἴγυπτον καὶ ἐτελεύτησεν αὐτὸς καὶ οἱ **πατέρες** ἡμῶν,
7:19 ἐκάκωσεν τοὺς **πατέρας** [ἡμῶν] τοῦ ποιεῖν τὰ βρέφη ἔκθετα αὐτῶν εἰς τὸ μὴ ζῳογονεῖσθαι.
7:20 ὃς ἀνετράφη μῆνας τρεῖς ἐν τῷ οἴκῳ τοῦ **πατρός,**
7:32 Ἐγὼ ὁ θεὸς τῶν **πατέρων** σου, ὁ θεὸς Ἀβραὰμ καὶ Ἰσαὰκ καὶ Ἰακώβ.
7:38 ὁ γενόμενος ἐν τῇ ἐκκλησίᾳ ἐν τῇ ἐρήμῳ μετὰ τοῦ ἀγγέλου τοῦ λαλοῦντος αὐτῷ ἐν τῷ ὄρει Σινᾶ καὶ τῶν **πατέρων** ἡμῶν,
7:39 ᾧ οὐκ ἠθέλησαν ὑπήκοοι γενέσθαι οἱ **πατέρες** ἡμῶν,
7:44 Ἡ σκηνὴ τοῦ μαρτυρίου ἦν τοῖς **πατράσιν** ἡμῶν ἐν τῇ ἐρήμῳ καθὼς διετάξατο ὁ λαλῶν τῷ Μωϋσῇ ποιῆσαι αὐτὴν
7:45 ἣν καὶ εἰσήγαγον διαδεξάμενοι οἱ **πατέρες** ἡμῶν μετὰ Ἰησοῦ ἐν τῇ κατασχέσει τῶν ἐθνῶν, ὧν ἐξῶσεν ὁ θεὸς ἀπὸ προσώπου τῶν **πατέρων** ἡμῶν ἕως τῶν ἡμερῶν Δαυίδ,
7:51 ὑμεῖς ἀεὶ τῷ πνεύματι τῷ ἁγίῳ ἀντιπίπτετε ὡς οἱ **πατέρες** ὑμῶν καὶ ὑμεῖς.
7:52 τίνα τῶν προφητῶν οὐκ ἐδίωξαν οἱ **πατέρες** ὑμῶν;
13:17 ὁ θεὸς τοῦ λαοῦ τούτου Ἰσραὴλ ἐξελέξατο τοὺς **πατέρας** ἡμῶν καὶ τὸν λαὸν ὕψωσεν ἐν τῇ παροικίᾳ ἐν γῇ Αἰγύπτου καὶ μετὰ βραχίονος ὑψηλοῦ ἐξήγαγεν αὐτοὺς ἐξ αὐτῆς,
13:32 καὶ ἡμεῖς ὑμᾶς εὐαγγελιζόμεθα τὴν πρὸς τοὺς **πατέρας** ἐπαγγελίαν γενομένην,
13:36 Δαυὶδ μὲν γὰρ ἰδίᾳ γενεᾷ ὑπηρετήσας τῇ τοῦ θεοῦ βουλῇ ἐκοιμήθη καὶ προσετέθη πρὸς τοὺς **πατέρας** αὐτοῦ
15:10 νῦν οὖν τί πειράζετε τὸν θεὸν ἐπιθεῖναι ζυγὸν ἐπὶ τὸν τράχηλον τῶν μαθητῶν ὃν οὔτε οἱ **πατέρες** ἡμῶν οὔτε ἡμεῖς ἰσχύσαμεν βαστάσαι;
16: 1 καὶ ἰδοὺ μαθητής τις ἦν ἐκεῖ ὀνόματι Τιμόθεος, υἱὸς γυναικὸς Ἰουδαίας πιστῆς, **πατρὸς** δὲ Ἕλληνος,
16: 3 ᾔδεισαν γὰρ ἅπαντες ὅτι Ἕλλην ὁ **πατὴρ** αὐτοῦ ὑπῆρχεν.
22: 1 Ἄνδρες ἀδελφοὶ καὶ **πατέρες,** ἀκούσατέ μου τῆς πρὸς ὑμᾶς νυνὶ ἀπολογίας.
22:14 Ὁ θεὸς τῶν **πατέρων** ἡμῶν προεχειρίσατό σε γνῶναι τὸ θέλημα αὐτοῦ καὶ ἰδεῖν τὸν δίκαιον καὶ ἀκοῦσαι φωνὴν
26: 6 καὶ νῦν ἐπ' ἐλπίδι τῆς εἰς τοὺς **πατέρας** ἡμῶν ἐπαγγελίας γενομένης ὑπὸ τοῦ θεοῦ ἕστηκα κρινόμενος,
28: 8 ἐγένετο δὲ τὸν **πατέρα** τοῦ Ποπλίου πυρετοῖς καὶ δυσεντερίῳ συνεχόμενον κατακεῖσθαι,
28:25 ὅτι Καλῶς τὸ πνεῦμα τὸ ἅγιον ἐλάλησεν διὰ Ἠσαΐου τοῦ προφήτου πρὸς τοὺς **πατέρας** ὑμῶν
Ro 1: 7 χάρις ὑμῖν καὶ εἰρήνη ἀπὸ θεοῦ **πατρὸς** ἡμῶν καὶ κυρίου Ἰησοῦ Χριστοῦ.
4:11 εἰς τὸ εἶναι αὐτὸν **πατέρα** πάντων τῶν πιστευόντων δι' ἀκροβυστίας,
4:12 καὶ **πατέρα** περιτομῆς τοῖς οὐκ ἐκ περιτομῆς μόνον ἀλλὰ καὶ τοῖς στοιχοῦσιν τοῖς ἴχνεσιν τῆς ἐν ἀκροβυστίᾳ πίστεως τοῦ **πατρὸς** ἡμῶν Ἀβραάμ.
4:16 οὐ τῷ ἐκ τοῦ νόμου μόνον ἀλλὰ καὶ τῷ ἐκ πίστεως Ἀβραάμ, ὅς ἐστιν **πατὴρ** πάντων ἡμῶν,
4:17 καθὼς γέγραπται ὅτι **Πατέρα** πολλῶν ἐθνῶν τέθεικά σε,
4:18 ὃς παρ' ἐλπίδα ἐπ' ἐλπίδι ἐπίστευσεν εἰς τὸ γενέσθαι αὐτὸν **πατέρα** πολλῶν ἐθνῶν κατὰ τὸ εἰρημένον,
6: 4 ἵνα ὥσπερ ἠγέρθη Χριστὸς ἐκ νεκρῶν διὰ τῆς δόξης τοῦ **πατρός,**
8:15 οὐ γὰρ ἐλάβετε πνεῦμα δουλείας πάλιν εἰς φόβον ἀλλὰ ἐλάβετε πνεῦμα υἱοθεσίας ἐν ᾧ κράζομεν, Αββα ὁ **πατήρ.**
9: 5 ὧν οἱ **πατέρες** καὶ ἐξ ὧν ὁ Χριστὸς τὸ κατὰ σάρκα,
9:10 ἀλλὰ καὶ Ῥεβέκκα ἐξ ἑνὸς κοίτην ἔχουσα, Ἰσαὰκ τοῦ **πατρὸς** ἡμῶν·
11:28 κατὰ δὲ τὴν ἐκλογὴν ἀγαπητοὶ διὰ τοὺς **πατέρας·**
15: 6 ἵνα ὁμοθυμαδὸν ἐν ἑνὶ στόματι δοξάζητε τὸν θεὸν καὶ **πατέρα** τοῦ κυρίου ἡμῶν Ἰησοῦ Χριστοῦ.
15: 8 λέγω γὰρ Χριστὸν διάκονον γεγενῆσθαι περιτομῆς ὑπὲρ ἀληθείας θεοῦ, εἰς τὸ βεβαιῶσαι τὰς ἐπαγγελίας τῶν **πατέρων,**
1Co 1: 3 χάρις ὑμῖν καὶ εἰρήνη ἀπὸ θεοῦ **πατρὸς** ἡμῶν καὶ κυρίου Ἰησοῦ Χριστοῦ.
4:15 ἐὰν γὰρ μυρίους παιδαγωγοὺς ἔχητε ἐν Χριστῷ ἀλλ' οὐ πολλοὺς **πατέρας·**
5: 1 καὶ τοιαύτη πορνεία ἥτις οὐδὲ ἐν τοῖς ἔθνεσιν, ὥστε γυναῖκά τινα τοῦ **πατρὸς** ἔχειν.
8: 6 ἀλλ' ἡμῖν εἷς θεὸς ὁ **πατὴρ** ἐξ οὗ τὰ πάντα καὶ ἡμεῖς εἰς αὐτόν,
10: 1 ὅτι οἱ **πατέρες** ἡμῶν πάντες ὑπὸ τὴν νεφέλην ἦσαν καὶ πάντες διὰ τῆς θαλάσσης διῆλθον
15:24 ὅταν παραδιδῷ τὴν βασιλείαν τῷ θεῷ καὶ **πατρί,**
2Co 1: 2 χάρις ὑμῖν καὶ εἰρήνη ἀπὸ θεοῦ **πατρὸς** ἡμῶν καὶ κυρίου Ἰησοῦ Χριστοῦ.
1: 3 Εὐλογητὸς ὁ θεὸς καὶ **πατὴρ** τοῦ κυρίου ἡμῶν Ἰησοῦ Χριστοῦ, ὁ **πατὴρ** τῶν οἰκτιρμῶν καὶ θεὸς πάσης παρακλήσεως,
6:18 καὶ ἔσομαι ὑμῖν εἰς **πατέρα** καὶ ὑμεῖς ἔσεσθέ μοι εἰς υἱοὺς καὶ θυγατέρας,
11:31 ὁ θεὸς καὶ **πατὴρ** τοῦ κυρίου Ἰησοῦ οἶδεν,
Gal 1: 1 Παῦλος ἀπόστολος οὐκ ἀπ' ἀνθρώπων οὐδὲ δι' ἀνθρώπου ἀλλὰ διὰ Ἰησοῦ Χριστοῦ καὶ θεοῦ **πατρὸς** τοῦ ἐγείραντος αὐτὸν ἐκ νεκρῶν,
1: 3 χάρις ὑμῖν καὶ εἰρήνη ἀπὸ θεοῦ **πατρὸς** ἡμῶν καὶ κυρίου Ἰησοῦ Χριστοῦ
1: 4 ὅπως ἐξέληται ἡμᾶς ἐκ τοῦ αἰῶνος τοῦ ἐνεστῶτος πονηροῦ κατὰ τὸ θέλημα τοῦ θεοῦ καὶ **πατρὸς** ἡμῶν,
4: 2 ἀλλὰ ὑπὸ ἐπιτρόπους ἐστὶν καὶ οἰκονόμους ἄχρι τῆς προθεσμίας τοῦ **πατρός.**
4: 6 ἐξαπέστειλεν ὁ θεὸς τὸ πνεῦμα τοῦ υἱοῦ αὐτοῦ εἰς τὰς καρδίας ἡμῶν κρᾶζον, Αββα ὁ **πατήρ.**
Eph 1: 2 χάρις ὑμῖν καὶ εἰρήνη ἀπὸ θεοῦ **πατρὸς** ἡμῶν καὶ κυρίου Ἰησοῦ Χριστοῦ.
1: 3 Εὐλογητὸς ὁ θεὸς καὶ **πατὴρ** τοῦ κυρίου ἡμῶν Ἰησοῦ Χριστοῦ,
1:17 ἵνα ὁ θεὸς τοῦ κυρίου ἡμῶν Ἰησοῦ Χριστοῦ, ὁ **πατὴρ** τῆς δόξης,
2:18 ὅτι δι' αὐτοῦ ἔχομεν τὴν προσαγωγὴν οἱ ἀμφότεροι ἐν ἑνὶ πνεύματι πρὸς τὸν **πατέρα.**
3:14 Τούτου χάριν κάμπτω τὰ γόνατά μου πρὸς τὸν **πατέρα,**
4: 6 εἷς θεὸς καὶ **πατὴρ** πάντων, ὁ ἐπὶ πάντων καὶ διὰ πάντων καὶ ἐν πᾶσιν.
5:20 εὐχαριστοῦντες πάντοτε ὑπὲρ πάντων ἐν ὀνόματι τοῦ κυρίου ἡμῶν Ἰησοῦ Χριστοῦ τῷ θεῷ καὶ **πατρί.**
5:31 ἀντὶ τούτου καταλείψει ἄνθρωπος [τὸν] **πατέρα** καὶ [τὴν] μητέρα καὶ προσκολληθήσεται πρὸς τὴν γυναῖκα αὐτοῦ,
6: 2 τίμα τὸν **πατέρα** σου καὶ τὴν μητέρα, ἥτις ἐστὶν ἐντολὴ πρώτη ἐν ἐπαγγελίᾳ,
6: 4 Καὶ οἱ **πατέρες,** μὴ παροργίζετε τὰ τέκνα ὑμῶν ἀλλὰ ἐκτρέφετε αὐτὰ ἐν παιδείᾳ καὶ νουθεσίᾳ κυρίου.
6:23 Εἰρήνη τοῖς ἀδελφοῖς καὶ ἀγάπη μετὰ πίστεως ἀπὸ θεοῦ **πατρὸς** καὶ κυρίου Ἰησοῦ Χριστοῦ.
Php 1: 2 χάρις ὑμῖν καὶ εἰρήνη ἀπὸ θεοῦ **πατρὸς** ἡμῶν καὶ κυρίου Ἰησοῦ Χριστοῦ.
2:11 καὶ πᾶσα γλῶσσα ἐξομολογήσηται ὅτι κύριος Ἰησοῦς Χριστὸς εἰς δόξαν θεοῦ **πατρός.**
2:22 ὅτι ὡς **πατρὶ** τέκνον σὺν ἐμοὶ ἐδούλευσεν εἰς τὸ εὐαγγέλιον.
4:20 τῷ δὲ θεῷ καὶ **πατρὶ** ἡμῶν ἡ δόξα εἰς τοὺς αἰῶνας τῶν αἰώνων,
Col 1: 2 χάρις ὑμῖν καὶ εἰρήνη ἀπὸ θεοῦ **πατρὸς** ἡμῶν.
1: 3 Εὐχαριστοῦμεν τῷ θεῷ **πατρὶ** τοῦ κυρίου ἡμῶν Ἰησοῦ Χριστοῦ πάντοτε περὶ ὑμῶν προσευχόμενοι,
1:12 εὐχαριστοῦντες τῷ **πατρὶ** τῷ ἱκανώσαντι ὑμᾶς εἰς τὴν μερίδα τοῦ κλήρου τῶν ἁγίων ἐν τῷ φωτί·
3:17 πάντα ἐν ὀνόματι κυρίου Ἰησοῦ, εὐχαριστοῦντες τῷ θεῷ **πατρὶ** δι' αὐτοῦ.
3:21 Οἱ **πατέρες,** μὴ ἐρεθίζετε τὰ τέκνα ὑμῶν, ἵνα μὴ ἀθυμῶσιν.

1Th 1: 1 Παῦλος καὶ Σιλουανὸς καὶ Τιμόθεος τῇ ἐκκλησίᾳ Θεσσαλονικέων ἐν θεῷ **πατρὶ** καὶ κυρίῳ Ἰησοῦ Χριστῷ,
1: 3 καὶ τῆς ὑπομονῆς τῆς ἐλπίδος τοῦ κυρίου ἡμῶν Ἰησοῦ Χριστοῦ ἔμπροσθεν τοῦ θεοῦ καὶ **πατρὸς** ἡμῶν,
2: 11 ὡς ἕνα ἕκαστον ὑμῶν ὡς **πατὴρ** τέκνα ἑαυτοῦ
3: 11 Αὐτὸς δὲ ὁ θεὸς καὶ **πατὴρ** ἡμῶν καὶ ὁ κύριος ἡμῶν Ἰησοῦς κατευθύναι τὴν ὁδὸν ἡμῶν πρὸς ὑμᾶς·
3: 13 εἰς τὸ στηρίξαι ὑμῶν τὰς καρδίας ἀμέμπτους ἐν ἁγιωσύνῃ ἔμπροσθεν τοῦ θεοῦ καὶ **πατρὸς** ἡμῶν ἐν τῇ παρουσίᾳ
2Th 1: 1 Παῦλος καὶ Σιλουανὸς καὶ Τιμόθεος τῇ ἐκκλησίᾳ Θεσσαλονικέων ἐν θεῷ **πατρὶ** ἡμῶν καὶ κυρίῳ Ἰησοῦ Χριστῷ,
1: 2 χάρις ὑμῖν καὶ εἰρήνη ἀπὸ θεοῦ **πατρὸς** [ἡμῶν] καὶ κυρίου Ἰησοῦ Χριστοῦ.
2: 16 Ἰησοῦς Χριστὸς καὶ [ὁ] θεὸς ὁ **πατὴρ** ἡμῶν ὁ ἀγαπήσας ἡμᾶς καὶ δοὺς παράκλησιν αἰωνίαν καὶ ἐλπίδα ἀγαθὴν ἐν χάριτι,
1Ti 1: 2 χάρις ἔλεος εἰρήνη ἀπὸ θεοῦ **πατρὸς** καὶ Χριστοῦ Ἰησοῦ τοῦ κυρίου ἡμῶν.
5: 1 Πρεσβυτέρῳ μὴ ἐπιπλήξῃς ἀλλὰ παρακάλει ὡς **πατέρα,** νεωτέρους ὡς ἀδελφούς,
2Ti 1: 2 χάρις ἔλεος εἰρήνη ἀπὸ θεοῦ **πατρὸς** καὶ Χριστοῦ Ἰησοῦ τοῦ κυρίου ἡμῶν.
Tit 1: 4 χάρις καὶ εἰρήνη ἀπὸ θεοῦ **πατρὸς** καὶ Χριστοῦ Ἰησοῦ τοῦ σωτῆρος ἡμῶν.
Phm 1: 3 χάρις ὑμῖν καὶ εἰρήνη ἀπὸ θεοῦ **πατρὸς** ἡμῶν καὶ κυρίου Ἰησοῦ Χριστοῦ.
Heb 1: 1 Πολυμερῶς καὶ πολυτρόπως πάλαι ὁ θεὸς λαλήσας τοῖς **πατράσιν** ἐν τοῖς προφήταις
1: 5 καὶ πάλιν, Ἐγὼ ἔσομαι αὐτῷ εἰς **πατέρα,** καὶ αὐτὸς ἔσται μοι εἰς υἱόν;
3: 9 οὗ ἐπείρασαν οἱ **πατέρες** ὑμῶν ἐν δοκιμασίᾳ καὶ εἶδον τὰ ἔργα μου
7: 10 ἔτι γὰρ ἐν τῇ ὀσφύϊ τοῦ **πατρὸς** ἦν ὅτε συνήντησεν αὐτῷ Μελχισέδεκ.
8: 9 ἣν ἐποίησα τοῖς **πατράσιν** αὐτῶν ἐν ἡμέρᾳ ἐπιλαβομένου μου τῆς χειρὸς αὐτῶν ἐξαγαγεῖν αὐτοὺς ἐκ γῆς Αἰγύπτου,
11: 23 Πίστει Μωϋσῆς γεννηθεὶς ἐκρύβη τρίμηνον ὑπὸ τῶν **πατέρων** αὐτοῦ,
12: 7 ὡς υἱοῖς ὑμῖν προσφέρεται ὁ θεός. τίς γὰρ υἱὸς ὃν οὐ παιδεύει **πατήρ;**
12: 9 εἶτα τοὺς μὲν τῆς σαρκὸς ἡμῶν **πατέρας** εἴχομεν παιδευτὰς καὶ ἐνετρεπόμεθα· οὐ πολὺ [δὲ] μᾶλλον ὑποταγησόμεθα τῷ **πατρὶ** τῶν πνευμάτων καὶ ζήσομεν;
Jas 1: 17 πᾶσα δόσις ἀγαθὴ καὶ πᾶν δώρημα τέλειον ἄνωθέν ἐστιν καταβαῖνον ἀπὸ τοῦ **πατρὸς** τῶν φώτων,
1: 27 θρησκεία καθαρὰ καὶ ἀμίαντος παρὰ τῷ θεῷ καὶ **πατρὶ** αὕτη ἐστίν,
2: 21 Ἀβραὰμ ὁ **πατὴρ** ἡμῶν οὐκ ἐξ ἔργων ἐδικαιώθη ἀνενέγκας Ἰσαὰκ τὸν υἱὸν αὐτοῦ ἐπὶ τὸ θυσιαστήριον;
3: 9 εὐλογοῦμεν τὸν κύριον καὶ **πατέρα** καὶ ἐν αὐτῇ καταρώμεθα τοὺς ἀνθρώπους τοὺς καθ᾽ ὁμοίωσιν θεοῦ γεγονότας,
1Pe 1: 2 κατὰ πρόγνωσιν θεοῦ **πατρὸς** ἐν ἁγιασμῷ πνεύματος εἰς ὑπακοὴν καὶ ῥαντισμὸν αἵματος Ἰησοῦ Χριστοῦ,
1: 3 Εὐλογητὸς ὁ θεὸς καὶ **πατὴρ** τοῦ κυρίου ἡμῶν Ἰησοῦ Χριστοῦ,
1: 17 Καὶ εἰ **πατέρα** ἐπικαλεῖσθε τὸν ἀπροσωπολήμπτως κρίνοντα κατὰ τὸ ἑκάστου ἔργον,
2Pe 1: 17 λαβὼν γὰρ παρὰ θεοῦ **πατρὸς** τιμὴν καὶ δόξαν φωνῆς ἐνεχθείσης αὐτῷ τοιᾶσδε ὑπὸ τῆς μεγαλοπρεποῦς δόξης,
3: 4 ἀφ᾽ ἧς γὰρ οἱ **πατέρες** ἐκοιμήθησαν, πάντα οὕτως διαμένει ἀπ᾽ ἀρχῆς κτίσεως.
1Jn 1: 2 καὶ ἑωράκαμεν καὶ μαρτυροῦμεν καὶ ἀπαγγέλλομεν ὑμῖν τὴν ζωὴν τὴν αἰώνιον ἥτις ἦν πρὸς τὸν **πατέρα** καὶ ἐφανερώθη ἡμῖν
1: 3 καὶ ἡ κοινωνία δὲ ἡ ἡμετέρα μετὰ τοῦ **πατρὸς** καὶ μετὰ τοῦ υἱοῦ αὐτοῦ Ἰησοῦ Χριστοῦ.
2: 1 παράκλητον ἔχομεν πρὸς τὸν **πατέρα** Ἰησοῦν Χριστὸν δίκαιον·
2: 13 γράφω ὑμῖν, **πατέρες,** ὅτι ἐγνώκατε τὸν ἀπ᾽ ἀρχῆς.
2: 14 ἔγραψα ὑμῖν, παιδία, ὅτι ἐγνώκατε τὸν **πατέρα.** ἔγραψα ὑμῖν, **πατέρες,** ὅτι ἐγνώκατε τὸν ἀπ᾽ ἀρχῆς.
2: 15 οὐκ ἔστιν ἡ ἀγάπη τοῦ **πατρὸς** ἐν αὐτῷ·
2: 16 οὐκ ἔστιν ἐκ τοῦ **πατρὸς** ἀλλ᾽ ἐκ τοῦ κόσμου ἐστίν.
2: 22 οὗτός ἐστιν ὁ ἀντίχριστος, ὁ ἀρνούμενος τὸν **πατέρα** καὶ τὸν υἱόν.
2: 23 πᾶς ὁ ἀρνούμενος τὸν υἱὸν οὐδὲ τὸν **πατέρα** ἔχει, ὁ ὁμολογῶν τὸν υἱὸν καὶ τὸν **πατέρα** ἔχει.
2: 24 καὶ ὑμεῖς ἐν τῷ υἱῷ καὶ ἐν τῷ **πατρὶ** μενεῖτε.
3: 1 ἴδετε ποταπὴν ἀγάπην δέδωκεν ἡμῖν ὁ **πατήρ,** ἵνα τέκνα θεοῦ κληθῶμεν,
4: 14 καὶ ἡμεῖς τεθεάμεθα καὶ μαρτυροῦμεν ὅτι ὁ **πατὴρ** ἀπέσταλκεν τὸν υἱὸν σωτῆρα τοῦ κόσμου.
2Jn 1: 3 ἔσται μεθ᾽ ἡμῶν χάρις ἔλεος εἰρήνη παρὰ θεοῦ **πατρὸς** καὶ παρὰ Ἰησοῦ Χριστοῦ τοῦ υἱοῦ τοῦ **πατρὸς** ἐν ἀληθείᾳ καὶ ἀγάπῃ.
1: 4 Ἐχάρην λίαν ὅτι εὕρηκα ἐκ τῶν τέκνων σου περιπατοῦντας ἐν ἀληθείᾳ, καθὼς ἐντολὴν ἐλάβομεν παρὰ τοῦ **πατρός.**
1: 9 οὗτος καὶ τὸν **πατέρα** καὶ τὸν υἱὸν ἔχει.
Jude 1: 1 τοῖς ἐν θεῷ **πατρὶ** ἠγαπημένοις καὶ Ἰησοῦ Χριστῷ τετηρημένοις κλητοῖς·
Rev 1: 6 καὶ ἐποίησεν ἡμᾶς βασιλείαν, ἱερεῖς τῷ θεῷ καὶ **πατρὶ** αὐτοῦ,
2: 28 ὡς κἀγὼ εἴληφα παρὰ τοῦ **πατρός** μου, καὶ δώσω αὐτῷ τὸν ἀστέρα τὸν πρωϊνόν.
3: 5 καὶ ὁμολογήσω τὸ ὄνομα αὐτοῦ ἐνώπιον τοῦ **πατρός** μου καὶ ἐνώπιον τῶν ἀγγέλων αὐτοῦ.
3: 21 ὡς κἀγὼ ἐνίκησα καὶ ἐκάθισα μετὰ τοῦ **πατρός** μου ἐν τῷ θρόνῳ αὐτοῦ.
14: 1 ἔχουσαι τὸ ὄνομα αὐτοῦ καὶ τὸ ὄνομα τοῦ **πατρὸς** αὐτοῦ γεγραμμένον ἐπὶ τῶν μετώπων αὐτῶν.

4253 Πάτμος [1]

Rev 1: 9 ἐγενόμην ἐν τῇ νήσῳ τῇ καλουμένῃ **Πάτμῳ** διὰ τὸν λόγον τοῦ θεοῦ καὶ τὴν μαρτυρίαν Ἰησοῦ.

4254 πατραλῴας Not used in UBS/NIV

√ 4252 + 262

4255 πατριά [3]

√ 4252

Lk 2: 4 διὰ τὸ εἶναι αὐτὸν ἐξ οἴκου καὶ **πατριᾶς** Δαυίδ,
Ac 3: 25 Καὶ ἐν τῷ σπέρματί σου [ἐν]ευλογηθήσονται πᾶσαι αἱ **πατριαὶ** τῆς γῆς.
Eph 3: 15 ἐξ οὗ πᾶσα **πατριὰ** ἐν οὐρανοῖς καὶ ἐπὶ γῆς ὀνομάζεται,

4256 πατριάρχης [4]

√ 4252 + 806

Ac 2: 29 ἐξὸν εἰπεῖν μετὰ παρρησίας πρὸς ὑμᾶς περὶ τοῦ **πατριάρχου** Δαυὶδ ὅτι καὶ ἐτελεύτησεν καὶ ἐτάφη,
7: 8 καὶ Ἰσαὰκ τὸν Ἰακώβ, καὶ Ἰακὼβ τοὺς δώδεκα **πατριάρχας.**
7: 9 οἱ **πατριάρχαι** ζηλώσαντες τὸν Ἰωσὴφ ἀπέδοντο εἰς Αἴγυπτον.
Heb 7: 4 ᾧ [καὶ] δεκάτην Ἀβραὰμ ἔδωκεν ἐκ τῶν ἀκροθινίων ὁ **πατριάρχης.**

4257 πατρικός [1]

√ 4252

Gal 1: 14 καὶ προέκοπτον ἐν τῷ Ἰουδαϊσμῷ ὑπὲρ πολλοὺς συνηλικιώτας ἐν τῷ γένει μου, περισσοτέρως ζηλωτὴς ὑπάρχων τῶν **πατρικῶν** μου παραδόσεων.

4258 πατρίς [8]

√ 4252

Mt 13: 54 καὶ ἐλθὼν εἰς τὴν **πατρίδα** αὐτοῦ ἐδίδασκεν αὐτοὺς ἐν τῇ συναγωγῇ αὐτῶν,
13: 57 Οὐκ ἔστιν προφήτης ἄτιμος εἰ μὴ ἐν τῇ **πατρίδι** καὶ ἐν τῇ οἰκίᾳ αὐτοῦ.
Mk 6: 1 Καὶ ἐξῆλθεν ἐκεῖθεν καὶ ἔρχεται εἰς τὴν **πατρίδα** αὐτοῦ,
6: 4 ὅτι Οὐκ ἔστιν προφήτης ἄτιμος εἰ μὴ ἐν τῇ **πατρίδι** αὐτοῦ καὶ ἐν τοῖς συγγενεῦσιν αὐτοῦ καὶ ἐν τῇ οἰκίᾳ αὐτοῦ.
Lk 4: 23 ὅσα ἠκούσαμεν γενόμενα εἰς τὴν Καφαρναοὺμ ποίησον καὶ ὧδε ἐν τῇ **πατρίδι** σου.
4: 24 Ἀμὴν λέγω ὑμῖν ὅτι οὐδεὶς προφήτης δεκτός ἐστιν ἐν τῇ **πατρίδι** αὐτοῦ.
Jn 4: 44 αὐτὸς γὰρ Ἰησοῦς ἐμαρτύρησεν ὅτι προφήτης ἐν τῇ ἰδίᾳ **πατρίδι** τιμὴν οὐκ ἔχει.
Heb 11: 14 οἱ γὰρ τοιαῦτα λέγοντες ἐμφανίζουσιν ὅτι **πατρίδα** ἐπιζητοῦσιν.

4259 Πατροβᾶς [1]

√ *4252 + 1050*

Ro 16:14 ἀσπάσασθε Ἀσύγκριτον, Φλέγοντα, Ἑρμῆν, **Πατροβᾶν,**

4260 πατρολῴας [1]

√ *4252 + 262*

1Ti 1: 9 ἀσεβέσι καὶ ἁμαρτωλοῖς, ἀνοσίοις καὶ βεβήλοις, **πατρολῴαις** καὶ μητρολῴαις, ἀνδροφόνοις

4261 πατροπαράδοτος [1]

√ *4252 + 4123 + 1443*

1Pe 1:18 ἀργυρίῳ ἢ χρυσίῳ, ἐλυτρώθητε ἐκ τῆς ματαίας ὑμῶν ἀναστροφῆς **πατροπαραδότου**

4262 πατρῷος [3]

√ *4252*

Ac 22: 3 παρὰ τοὺς πόδας Γαμαλιὴλ πεπαιδευμένος κατὰ ἀκρίβειαν τοῦ **πατρῴου** νόμου,
24:14 οὕτως λατρεύω τῷ **πατρῴῳ** θεῷ πιστεύων πᾶσι τοῖς κατὰ τὸν νόμον καὶ τοῖς ἐν τοῖς προφήταις γεγραμμένοις,
28:17 οὐδὲν ἐναντίον ποιήσας τῷ λαῷ ἢ τοῖς ἔθεσι τοῖς **πατρῴοις** δέσμιος ἐξ Ἱεροσολύμων παρεδόθην εἰς τὰς χεῖρας τῶν Ῥωμαίων,

4263 Παῦλος [158]

Παῦλος ... Βαρναβᾶς [12] Ac 13:43,46,50; 14:12,14; 15:2,2,12,22,25,35,36

Σέργιος Παῦλος [1] Ac 13:7

Ac 13: 7 ὃς ἦν σὺν τῷ ἀνθυπάτῳ Σεργίῳ **Παύλῳ,** ἀνδρὶ συνετῷ.
13: 9 Σαῦλος δέ, ὁ καὶ **Παῦλος,** πλησθεὶς πνεύματος ἁγίου ἀτενίσας εἰς αὐτὸν
13:13 Ἀναχθέντες δὲ ἀπὸ τῆς Πάφου οἱ περὶ **Παῦλον** ἦλθον εἰς Πέργην τῆς Παμφυλίας,
13:16 ἀναστὰς δὲ **Παῦλος** καὶ κατασείσας τῇ χειρὶ εἶπεν·
13:43 λυθείσης δὲ τῆς συναγωγῆς ἠκολούθησαν πολλοὶ τῶν Ἰουδαίων καὶ τῶν σεβομένων προσηλύτων τῷ **Παύλῳ** καὶ τῷ Βαρναβᾷ,
13:45 ἰδόντες δὲ οἱ Ἰουδαῖοι τοὺς ὄχλους ἐπλήσθησαν ζήλου καὶ ἀντέλεγον τοῖς ὑπὸ **Παύλου** λαλουμένοις βλασφημοῦντες.
13:46 παρρησιασάμενοί τε ὁ **Παῦλος** καὶ ὁ Βαρναβᾶς εἶπαν,
13:50 καὶ ἐπήγειραν διωγμὸν ἐπὶ τὸν **Παῦλον** καὶ Βαρναβᾶν καὶ ἐξέβαλον αὐτοὺς ἀπὸ τῶν ὁρίων αὐτῶν.
14: 9 οὗτος ἤκουσεν τοῦ **Παύλου** λαλοῦντος· ὃς ἀτενίσας αὐτῷ καὶ ἰδὼν ὅτι ἔχει πίστιν τοῦ σωθῆναι,
14:11 οἵ τε ὄχλοι ἰδόντες ὃ ἐποίησεν **Παῦλος** ἐπῆραν τὴν φωνὴν αὐτῶν Λυκαονιστὶ λέγοντες,
14:12 ἐκάλουν τε τὸν Βαρναβᾶν Δία, τὸν δὲ **Παῦλον** Ἑρμῆν,
14:14 ἀκούσαντες δὲ οἱ ἀπόστολοι Βαρναβᾶς καὶ **Παῦλος** διαρρήξαντες τὰ ἱμάτια αὐτῶν ἐξεπήδησαν εἰς τὸν ὄχλον
14:19 Ἰουδαῖοι καὶ πείσαντες τοὺς ὄχλους καὶ λιθάσαντες τὸν **Παῦλον** ἔσυρον ἔξω τῆς πόλεως νομίζοντες αὐτὸν τεθνηκέναι.
15: 2 γενομένης δὲ στάσεως καὶ ζητήσεως οὐκ ὀλίγης τῷ **Παύλῳ** καὶ τῷ Βαρναβᾷ πρὸς αὐτούς, ἔταξαν ἀναβαίνειν **Παῦλον** καὶ Βαρναβᾶν καί τινας ἄλλους ἐξ αὐτῶν πρὸς τοὺς ἀποστόλους
15:12 Ἐσίγησεν δὲ πᾶν τὸ πλῆθος καὶ ἤκουον Βαρναβᾶ καὶ **Παύλου** ἐξηγουμένων ὅσα ἐποίησεν ὁ θεὸς σημεῖα καὶ τέρατα
15:22 σὺν ὅλῃ τῇ ἐκκλησίᾳ ἐκλεξαμένους ἄνδρας ἐξ αὐτῶν πέμψαι εἰς Ἀντιόχειαν σὺν τῷ **Παύλῳ** καὶ Βαρναβᾷ,
15:25 γενομένοις ὁμοθυμαδὸν ἐκλεξαμένοις ἄνδρας πέμψαι πρὸς ὑμᾶς σὺν τοῖς ἀγαπητοῖς ἡμῶν Βαρναβᾷ καὶ **Παύλῳ,**
15:35 **Παῦλος** δὲ καὶ Βαρναβᾶς διέτριβον ἐν Ἀντιοχείᾳ διδάσκοντες καὶ εὐαγγελιζόμενοι μετὰ καὶ ἑτέρων πολλῶν τὸν λόγον
15:36 Μετὰ δέ τινας ἡμέρας εἶπεν πρὸς Βαρναβᾶν **Παῦλος,**
15:38 **Παῦλος** δὲ ἠξίου, τὸν ἀποστάντα ἀπ᾽ αὐτῶν ἀπὸ Παμφυλίας καὶ μὴ συνελθόντα αὐτοῖς εἰς τὸ ἔργον μὴ συμπαραλαμβάνειν
15:40 **Παῦλος** δὲ ἐπιλεξάμενος Σιλᾶν ἐξῆλθεν παραδοθεὶς τῇ χάριτι τοῦ κυρίου ὑπὸ τῶν ἀδελφῶν.
16: 3 τοῦτον ἠθέλησεν ὁ **Παῦλος** σὺν αὐτῷ ἐξελθεῖν, καὶ λαβὼν περιέτεμεν αὐτὸν διὰ τοὺς Ἰουδαίους
16: 9 καὶ ὅραμα διὰ [τῆς] νυκτὸς τῷ **Παύλῳ** ὤφθη,
16:14 ἧς ὁ κύριος διήνοιξεν τὴν καρδίαν προσέχειν τοῖς λαλουμένοις ὑπὸ τοῦ **Παύλου.**
16:17 αὕτη κατακολουθοῦσα τῷ **Παύλῳ** καὶ ἡμῖν ἔκραζεν λέγουσα,
16:18 διαπονηθεὶς δὲ **Παῦλος** καὶ ἐπιστρέψας τῷ πνεύματι εἶπεν,
16:19 ἐπιλαβόμενοι τὸν **Παῦλον** καὶ τὸν Σιλᾶν εἵλκυσαν εἰς τὴν ἀγορὰν ἐπὶ τοὺς ἄρχοντας
16:25 Κατὰ δὲ τὸ μεσονύκτιον **Παῦλος** καὶ Σιλᾶς προσευχόμενοι ὕμνουν τὸν θεόν,
16:28 ἐφώνησεν δὲ μεγάλῃ φωνῇ [ὁ] **Παῦλος** λέγων, Μηδὲν πράξῃς σεαυτῷ κακόν,
16:29 αἰτήσας δὲ φῶτα εἰσεπήδησεν καὶ ἔντρομος γενόμενος προσέπεσεν τῷ **Παύλῳ** καὶ [τῷ] Σιλᾷ
16:36 ἀπήγγειλεν δὲ ὁ δεσμοφύλαξ τοὺς λόγους [τούτους] πρὸς τὸν **Παῦλον** ὅτι Ἀπέσταλκαν οἱ στρατηγοὶ ἵνα ἀπολυθῆτε·
16:37 ὁ δὲ **Παῦλος** ἔφη πρὸς αὐτούς, Δείραντες ἡμᾶς δημοσίᾳ ἀκατακρίτους,
17: 2 κατὰ δὲ τὸ εἰωθὸς τῷ **Παύλῳ** εἰσῆλθεν πρὸς αὐτοὺς καὶ ἐπὶ σάββατα τρία διελέξατο αὐτοῖς ἀπὸ τῶν γραφῶν,
17: 4 καί τινες ἐξ αὐτῶν ἐπείσθησαν καὶ προσεκληρώθησαν τῷ **Παύλῳ** καὶ τῷ Σιλᾷ,
17:10 Οἱ δὲ ἀδελφοὶ εὐθέως διὰ νυκτὸς ἐξέπεμψαν τόν τε **Παῦλον** καὶ τὸν Σιλᾶν εἰς Βέροιαν,
17:13 Ὡς δὲ ἔγνωσαν οἱ ἀπὸ τῆς Θεσσαλονίκης Ἰουδαῖοι ὅτι καὶ ἐν τῇ Βεροίᾳ κατηγγέλη ὑπὸ τοῦ **Παύλου** ὁ λόγος τοῦ θεοῦ,
17:14 εὐθέως δὲ τότε τὸν **Παῦλον** ἐξαπέστειλαν οἱ ἀδελφοὶ πορεύεσθαι ἕως ἐπὶ τὴν θάλασσαν,
17:15 οἱ δὲ καθιστάνοντες τὸν **Παῦλον** ἤγαγον ἕως Ἀθηνῶν,
17:16 Ἐν δὲ ταῖς Ἀθήναις ἐκδεχομένου αὐτοὺς τοῦ **Παύλου** παρωξύνετο τὸ πνεῦμα αὐτοῦ ἐν αὐτῷ θεωροῦντος κατείδωλον
17:22 Σταθεὶς δὲ [ὁ] **Παῦλος** ἐν μέσῳ τοῦ Ἀρείου ἔφη,
17:33 οὕτως ὁ **Παῦλος** ἐξῆλθεν ἐκ μέσου αὐτῶν.
18: 5 συνείχετο τῷ λόγῳ ὁ **Παῦλος** διαμαρτυρόμενος τοῖς Ἰουδαίοις εἶναι τὸν Χριστὸν Ἰησοῦν.
18: 9 εἶπεν δὲ ὁ κύριος ἐν νυκτὶ δι᾽ ὁράματος τῷ **Παύλῳ,**
18:12 Γαλλίωνος δὲ ἀνθυπάτου ὄντος τῆς Ἀχαΐας κατεπέστησαν ὁμοθυμαδὸν οἱ Ἰουδαῖοι τῷ **Παύλῳ** καὶ ἤγαγον αὐτὸν
18:14 μέλλοντος δὲ τοῦ **Παύλου** ἀνοίγειν τὸ στόμα εἶπεν ὁ Γαλλίων πρὸς τοὺς Ἰουδαίους,
18:18 Ὁ δὲ **Παῦλος** ἔτι προσμείνας ἡμέρας ἱκανὰς τοῖς ἀδελφοῖς ἀποταξάμενος ἐξέπλει εἰς τὴν Συρίαν,
19: 1 **Παῦλον** διελθόντα τὰ ἀνωτερικὰ μέρη [κατ]ελθεῖν εἰς Ἔφεσον καὶ εὑρεῖν τινας μαθητὰς
19: 4 εἶπεν δὲ **Παῦλος,** Ἰωάννης ἐβάπτισεν βάπτισμα μετανοίας τῷ λαῷ λέγων εἰς τὸν ἐρχόμενον μετ᾽ αὐτὸν ἵνα πιστεύσωσιν,
19: 6 καὶ ἐπιθέντος αὐτοῖς τοῦ **Παύλου** [τὰς] χεῖρας ἦλθε τὸ πνεῦμα τὸ ἅγιον ἐπ᾽ αὐτούς,
19:11 Δυνάμεις τε οὐ τὰς τυχούσας ὁ θεὸς ἐποίει διὰ τῶν χειρῶν **Παύλου,**
19:13 τὸ ὄνομα τοῦ κυρίου Ἰησοῦ λέγοντες, Ὁρκίζω ὑμᾶς τὸν Ἰησοῦν ὃν **Παῦλος** κηρύσσει.
19:15 Τὸν [μὲν] Ἰησοῦν γινώσκω καὶ τὸν **Παῦλον** ἐπίσταμαι,
19:21 ἔθετο ὁ **Παῦλος** ἐν τῷ πνεύματι διελθὼν τὴν Μακεδονίαν καὶ Ἀχαΐαν πορεύεσθαι εἰς Ἱεροσόλυμα
19:26 ὁ **Παῦλος** οὗτος πείσας μετέστησεν ἱκανὸν ὄχλον λέγων ὅτι οὐκ εἰσὶν θεοὶ οἱ διὰ χειρῶν γινόμενοι.
19:29 ὥρμησάν τε ὁμοθυμαδὸν εἰς τὸ θέατρον συναρπάσαντες Γάϊον καὶ Ἀρίσταρχον Μακεδόνας, συνεκδήμους **Παύλου.**
19:30 **Παύλου** δὲ βουλομένου εἰσελθεῖν εἰς τὸν δῆμον οὐκ εἴων αὐτὸν οἱ μαθηταί·
20: 1 Μετὰ δὲ τὸ παύσασθαι τὸν θόρυβον μεταπεμψάμενος ὁ **Παῦλος** τοὺς μαθητὰς καὶ παρακαλέσας,
20: 7 ὁ **Παῦλος** διελέγετο αὐτοῖς μέλλων ἐξιέναι τῇ ἐπαύριον,
20: 9 καταφερόμενος ὕπνῳ βαθεῖ διαλεγομένου τοῦ **Παύλου** ἐπὶ πλεῖον,
20:10 καταβὰς δὲ ὁ **Παῦλος** ἐπέπεσεν αὐτῷ καὶ συμπεριλαβὼν εἶπεν,
20:13 Ἡμεῖς δὲ προελθόντες ἐπὶ τὸ πλοῖον ἀνήχθημεν ἐπὶ τὴν Ἆσσον ἐκεῖθεν μέλλοντες ἀναλαμβάνειν τὸν **Παῦλον·**
20:16 κεκρίκει γὰρ ὁ **Παῦλος** παραπλεῦσαι τὴν Ἔφεσον, ὅπως μὴ γένηται αὐτῷ χρονοτριβῆσαι ἐν τῇ Ἀσίᾳ·
20:37 ἱκανὸς δὲ κλαυθμὸς ἐγένετο πάντων καὶ ἐπιπεσόντες ἐπὶ τὸν τράχηλον τοῦ **Παύλου** κατεφίλουν αὐτόν,
21: 4 οἵτινες τῷ **Παύλῳ** ἔλεγον διὰ τοῦ πνεύματος μὴ ἐπιβαίνειν εἰς Ἱεροσόλυμα.
21:11 καὶ ἐλθὼν πρὸς ἡμᾶς καὶ ἄρας τὴν ζώνην τοῦ **Παύλου,**
21:13 τότε ἀπεκρίθη ὁ **Παῦλος,** Τί ποιεῖτε κλαίοντες καὶ συνθρύπτοντές μου τὴν καρδίαν;

21:18 τῇ δὲ ἐπιούσῃ εἰσῄει ὁ **Παῦλος** σὺν ἡμῖν πρὸς Ἰάκωβον,
21:26 τότε ὁ **Παῦλος** παραλαβὼν τοὺς ἄνδρας τῇ ἐχομένῃ ἡμέρᾳ σὺν αὐτοῖς ἁγνισθείς,
21:29 ὃν ἐνόμιζον ὅτι εἰς τὸ ἱερὸν εἰσήγαγεν ὁ **Παῦλος.**
21:30 καὶ ἐπιλαβόμενοι τοῦ **Παύλου** εἷλκον αὐτὸν ἔξω τοῦ ἱεροῦ καὶ εὐθέως ἐκλείσθησαν αἱ θύραι.
21:32 οἱ δὲ ἰδόντες τὸν χιλίαρχον καὶ τοὺς στρατιώτας ἐπαύσαντο τύπτοντες τὸν **Παῦλον.**
21:37 Μέλλων τε εἰσάγεσθαι εἰς τὴν παρεμβολὴν ὁ **Παῦλος** λέγει τῷ χιλιάρχῳ,
21:39 εἶπεν δὲ ὁ **Παῦλος,** Ἐγὼ ἄνθρωπος μέν εἰμι Ἰουδαῖος,
21:40 ἐπιτρέψαντος δὲ αὐτοῦ ὁ **Παῦλος** ἑστὼς ἐπὶ τῶν ἀναβαθμῶν κατέσεισεν τῇ χειρὶ τῷ λαῷ.
22:25 ὡς δὲ προέτειναν αὐτὸν τοῖς ἱμᾶσιν, εἶπεν πρὸς τὸν ἑστῶτα ἑκατόνταρχον ὁ **Παῦλος,**
22:28 ὁ δὲ **Παῦλος** ἔφη, Ἐγὼ δὲ καὶ γεγέννημαι.
22:30 ἔλυσεν αὐτὸν καὶ ἐκέλευσεν συνελθεῖν τοὺς ἀρχιερεῖς καὶ πᾶν τὸ συνέδριον, καὶ καταγαγὼν τὸν **Παῦλον** ἔστησεν εἰς αὐτούς.
23: 1 ἀτενίσας δὲ ὁ **Παῦλος** τῷ συνεδρίῳ εἶπεν, Ἄνδρες ἀδελφοί,
23: 3 τότε ὁ **Παῦλος** πρὸς αὐτὸν εἶπεν, Τύπτειν σε μέλλει ὁ θεός,
23: 5 ἔφη τε ὁ **Παῦλος,** Οὐκ ᾔδειν, ἀδελφοί, ὅτι ἐστὶν ἀρχιερεύς·
23: 6 Γνοὺς δὲ ὁ **Παῦλος** ὅτι τὸ ἓν μέρος ἐστὶν Σαδδουκαίων τὸ δὲ ἕτερον Φαρισαίων ἔκραζεν ἐν τῷ συνεδρίῳ,
23:10 στάσεως φοβηθεὶς ὁ χιλίαρχος μὴ διασπασθῇ ὁ **Παῦλος** ὑπ' αὐτῶν ἐκέλευσεν τὸ στράτευμα καταβὰν ἁρπάσαι αὐτὸν
23:12 οἱ Ἰουδαῖοι ἀνεθεμάτισαν ἑαυτοὺς λέγοντες μήτε φαγεῖν μήτε πιεῖν ἕως οὗ ἀποκτείνωσιν τὸν **Παῦλον.**
23:14 Ἀναθέματι ἀνεθεματίσαμεν ἑαυτοὺς μηδενὸς γεύσασθαι ἕως οὗ ἀποκτείνωμεν τὸν **Παῦλον.**
23:16 Ἀκούσας δὲ ὁ υἱὸς τῆς ἀδελφῆς **Παύλου** τὴν ἐνέδραν, παραγενόμενος καὶ εἰσελθὼν εἰς τὴν παρεμβολὴν ἀπήγγειλεν τῷ **Παύλῳ.**
23:17 προσκαλεσάμενος δὲ ὁ **Παῦλος** ἕνα τῶν ἑκατονταρχῶν ἔφη,
23:18 Ὁ δέσμιος **Παῦλος** προσκαλεσάμενός με ἠρώτησεν τοῦτον τὸν νεανίσκον ἀγαγεῖν πρὸς σὲ ἔχοντά τι λαλῆσαί σοι.
23:20 εἶπεν δὲ ὅτι Οἱ Ἰουδαῖοι συνέθεντο τοῦ ἐρωτῆσαί σε ὅπως αὔριον τὸν **Παῦλον** καταγάγῃς εἰς τὸ συνέδριον
23:24 κτήνη τε παραστῆσαι ἵνα ἐπιβιβάσαντες τὸν **Παῦλον** διασώσωσι πρὸς Φήλικα τὸν ἡγεμόνα,
23:31 Οἱ μὲν οὖν στρατιῶται κατὰ τὸ διατεταγμένον αὐτοῖς ἀναλαβόντες τὸν **Παῦλον** ἤγαγον διὰ νυκτὸς
23:33 οἵτινες εἰσελθόντες εἰς τὴν Καισάρειαν καὶ ἀναδόντες τὴν ἐπιστολὴν τῷ ἡγεμόνι παρέστησαν καὶ τὸν **Παῦλον** αὐτῷ.
24: 1 Ἁνανίας μετὰ πρεσβυτέρων τινῶν καὶ ῥήτορος Τερτύλλου τινός, οἵτινες ἐνεφάνισαν τῷ ἡγεμόνι κατὰ τοῦ **Παύλου.**
24:10 Ἀπεκρίθη τε ὁ **Παῦλος** νεύσαντος αὐτῷ τοῦ ἡγεμόνος λέγειν,
24:24 Μετὰ δὲ ἡμέρας τινὰς παραγενόμενος ὁ Φῆλιξ σὺν Δρουσίλλῃ τῇ ἰδίᾳ γυναικὶ οὔσῃ Ἰουδαίᾳ μετεπέμψατο τὸν **Παῦλον**
24:26 ἅμα καὶ ἐλπίζων ὅτι χρήματα δοθήσεται αὐτῷ ὑπὸ τοῦ **Παύλου·**
24:27 θέλων τε χάριτα καταθέσθαι τοῖς Ἰουδαίοις ὁ Φῆλιξ κατέλιπε τὸν **Παῦλον** δεδεμένον.
25: 2 ἐνεφάνισάν τε αὐτῷ οἱ ἀρχιερεῖς καὶ οἱ πρῶτοι τῶν Ἰουδαίων κατὰ τοῦ **Παύλου** καὶ παρεκάλουν αὐτὸν
25: 4 Φῆστος ἀπεκρίθη τηρεῖσθαι τὸν **Παῦλον** εἰς Καισάρειαν,
25: 6 τῇ ἐπαύριον καθίσας ἐπὶ τοῦ βήματος ἐκέλευσεν τὸν **Παῦλον** ἀχθῆναι.
25: 8 τοῦ **Παύλου** ἀπολογουμένου ὅτι Οὔτε εἰς τὸν νόμον τῶν Ἰουδαίων οὔτε εἰς τὸ ἱερὸν οὔτε εἰς Καίσαρά τι ἥμαρτον.
25: 9 ὁ Φῆστος δὲ θέλων τοῖς Ἰουδαίοις χάριν καταθέσθαι ἀποκριθεὶς τῷ **Παύλῳ** εἶπεν,
25:10 εἶπεν δὲ ὁ **Παῦλος,** Ἐπὶ τοῦ βήματος Καίσαρος ἑστώς εἰμι,
25:14 ὁ Φῆστος τῷ βασιλεῖ ἀνέθετο τὰ κατὰ τὸν **Παῦλον** λέγων,
25:19 ζητήματα δέ τινα περὶ τῆς ἰδίας δεισιδαιμονίας εἶχον πρὸς αὐτὸν καὶ περί τινος Ἰησοῦ τεθνηκότος ὃν ἔφασκεν ὁ **Παῦλος** ζῆν.
25:21 τοῦ δὲ **Παύλου** ἐπικαλεσαμένου τηρηθῆναι αὐτὸν εἰς τὴν τοῦ Σεβαστοῦ διάγνωσιν,
25:23 σύν τε χιλιάρχοις καὶ ἀνδράσιν τοῖς κατ' ἐξοχὴν τῆς πόλεως καὶ κελεύσαντος τοῦ Φήστου ἤχθη ὁ **Παῦλος.**
26: 1 Ἀγρίππας δὲ πρὸς τὸν **Παῦλον** ἔφη, Ἐπιτρέπεταί σοι περὶ σεαυτοῦ λέγειν. τότε ὁ **Παῦλος** ἐκτείνας τὴν χεῖρα ἀπελογεῖτο,
26:24 Ταῦτα δὲ αὐτοῦ ἀπολογουμένου ὁ Φῆστος μεγάλῃ τῇ φωνῇ φησιν, Μαίνῃ, **Παῦλε·**
26:25 ὁ δὲ **Παῦλος,** Οὐ μαίνομαι, φησίν, κράτιστε Φῆστε,
26:28 ὁ δὲ Ἀγρίππας πρὸς τὸν **Παῦλον,** Ἐν ὀλίγῳ με πείθεις Χριστιανὸν ποιῆσαι.
26:29 ὁ δὲ **Παῦλος,** Εὐξαίμην ἂν τῷ θεῷ καὶ ἐν ὀλίγῳ καὶ ἐν μεγάλῳ οὐ μόνον σὲ ἀλλὰ καὶ πάντας τοὺς ἀκούοντάς μου σήμερον
27: 1 παρεδίδουν τόν τε **Παῦλον** καί τινας ἑτέρους δεσμώτας ἑκατοντάρχῃ ὀνόματι Ἰουλίῳ σπείρης Σεβαστῆς.
27: 3 φιλανθρώπως τε ὁ Ἰούλιος τῷ **Παύλῳ** χρησάμενος ἐπέτρεψεν πρὸς τοὺς φίλους πορευθέντι ἐπιμελείας τυχεῖν.
27: 9 καὶ ὄντος ἤδη ἐπισφαλοῦς τοῦ πλοὸς διὰ τὸ καὶ τὴν νηστείαν ἤδη παρεληλυθέναι παρῄνει ὁ **Παῦλος**
27:11 ὁ δὲ ἑκατοντάρχης τῷ κυβερνήτῃ καὶ τῷ ναυκλήρῳ μᾶλλον ἐπείθετο ἢ τοῖς ὑπὸ **Παύλου** λεγομένοις.
27:21 Πολλῆς τε ἀσιτίας ὑπαρχούσης τότε σταθεὶς ὁ **Παῦλος** ἐν μέσῳ αὐτῶν εἶπεν,
27:24 λέγων, Μὴ φοβοῦ, **Παῦλε,** Καίσαρί σε δεῖ παραστῆναι,
27:31 εἶπεν ὁ **Παῦλος** τῷ ἑκατοντάρχῃ καὶ τοῖς στρατιώταις,
27:33 Ἄχρι δὲ οὗ ἡμέρα ἤμελλεν γίνεσθαι, παρεκάλει ὁ **Παῦλος** ἅπαντας μεταλαβεῖν τροφῆς λέγων,
27:43 ὁ δὲ ἑκατοντάρχης βουλόμενος διασῶσαι τὸν **Παῦλον** ἐκώλυσεν αὐτοὺς τοῦ βουλήματος,
28: 3 συστρέψαντος δὲ τοῦ **Παύλου** φρυγάνων τι πλῆθος καὶ ἐπιθέντος ἐπὶ τὴν πυράν,
28: 8 πρὸς ὃν ὁ **Παῦλος** εἰσελθὼν καὶ προσευξάμενος ἐπιθεὶς τὰς χεῖρας αὐτῷ ἰάσατο αὐτόν.
28:15 ἦλθαν εἰς ἀπάντησιν ἡμῖν ἄχρι Ἀππίου Φόρου καὶ Τριῶν οὓς ἰδὼν ὁ **Παῦλος** εὐχαριστήσας τῷ θεῷ ἔλαβε θάρσος.
28:16 ἐπετράπη τῷ **Παύλῳ** μένειν καθ' ἑαυτὸν σὺν τῷ φυλάσσοντι αὐτὸν στρατιώτῃ.
28:25 ἀσύμφωνοι δὲ ὄντες πρὸς ἀλλήλους ἀπελύοντο εἰπόντος τοῦ **Παύλου** ῥῆμα ἕν,
Ro 1: 1 **Παῦλος** δοῦλος Χριστοῦ Ἰησοῦ, κλητὸς ἀπόστολος ἀφωρισμένος εἰς εὐαγγέλιον θεοῦ,
1Co 1: 1 **Παῦλος** κλητὸς ἀπόστολος Χριστοῦ Ἰησοῦ διὰ θελήματος θεοῦ καὶ Σωσθένης ὁ ἀδελφὸς
1:12 Ἐγὼ μέν εἰμι **Παύλου,** Ἐγὼ δὲ Ἀπολλῶ, Ἐγὼ δὲ Κηφᾶ,
1:13 μὴ **Παῦλος** ἐσταυρώθη ὑπὲρ ὑμῶν, ἢ εἰς τὸ ὄνομα **Παύλου** ἐβαπτίσθητε;
3: 4 Ἐγὼ μέν εἰμι **Παύλου,** ἕτερος δέ, Ἐγὼ Ἀπολλῶ,
3: 5 τί δέ ἐστιν **Παῦλος;** διάκονοι δι' ὧν ἐπιστεύσατε,
3:22 εἴτε **Παῦλος** εἴτε Ἀπολλῶς εἴτε Κηφᾶς, εἴτε κόσμος εἴτε ζωὴ εἴτε θάνατος,
16:21 Ὁ ἀσπασμὸς τῇ ἐμῇ χειρὶ **Παύλου.**
2Co 1: 1 **Παῦλος** ἀπόστολος Χριστοῦ Ἰησοῦ διὰ θελήματος θεοῦ καὶ Τιμόθεος ὁ ἀδελφὸς τῇ ἐκκλησίᾳ τοῦ θεοῦ τῇ οὔσῃ ἐν Κορίνθῳ
10: 1 Αὐτὸς δὲ ἐγὼ **Παῦλος** παρακαλῶ ὑμᾶς διὰ τῆς πραΰτητος καὶ ἐπιεικείας τοῦ Χριστοῦ,
Gal 1: 1 **Παῦλος** ἀπόστολος οὐκ ἀπ' ἀνθρώπων οὐδὲ δι' ἀνθρώπου ἀλλὰ διὰ Ἰησοῦ Χριστοῦ καὶ θεοῦ πατρὸς τοῦ ἐγείραντος αὐτὸν
5: 2 Ἴδε ἐγὼ **Παῦλος** λέγω ὑμῖν ὅτι ἐὰν περιτέμνησθε,
Eph 1: 1 **Παῦλος** ἀπόστολος Χριστοῦ Ἰησοῦ διὰ θελήματος θεοῦ τοῖς ἁγίοις τοῖς οὖσιν [ἐν Ἐφέσῳ] καὶ πιστοῖς ἐν Χριστῷ Ἰησοῦ,
3: 1 Τούτου χάριν ἐγὼ **Παῦλος** ὁ δέσμιος τοῦ Χριστοῦ [Ἰησοῦ] ὑπὲρ ὑμῶν τῶν ἐθνῶν–
Php 1: 1 **Παῦλος** καὶ Τιμόθεος δοῦλοι Χριστοῦ Ἰησοῦ πᾶσιν τοῖς ἁγίοις ἐν Χριστῷ Ἰησοῦ τοῖς οὖσιν ἐν Φιλίπποις
Col 1: 1 **Παῦλος** ἀπόστολος Χριστοῦ Ἰησοῦ διὰ θελήματος θεοῦ καὶ Τιμόθεος ὁ ἀδελφὸς
1:23 τοῦ κηρυχθέντος ἐν πάσῃ κτίσει τῇ ὑπὸ τὸν οὐρανόν, οὗ ἐγενόμην ἐγὼ **Παῦλος** διάκονος.
4:18 Ὁ ἀσπασμὸς τῇ ἐμῇ χειρὶ **Παύλου.** μνημονεύετέ μου τῶν δεσμῶν.
1Th 1: 1 **Παῦλος** καὶ Σιλουανὸς καὶ Τιμόθεος τῇ ἐκκλησίᾳ Θεσσαλονικέων ἐν θεῷ πατρὶ καὶ κυρίῳ Ἰησοῦ Χριστῷ,
2:18 ἐγὼ μὲν **Παῦλος** καὶ ἅπαξ καὶ δίς, καὶ ἐνέκοψεν ἡμᾶς ὁ Σατανᾶς.
2Th 1: 1 **Παῦλος** καὶ Σιλουανὸς καὶ Τιμόθεος τῇ ἐκκλησίᾳ Θεσσαλονικέων ἐν θεῷ πατρὶ ἡμῶν καὶ κυρίῳ Ἰησοῦ Χριστῷ,
3:17 Ὁ ἀσπασμὸς τῇ ἐμῇ χειρὶ **Παύλου,** ὅ ἐστιν σημεῖον ἐν πάσῃ ἐπιστολῇ·
1Ti 1: 1 **Παῦλος** ἀπόστολος Χριστοῦ Ἰησοῦ κατ' ἐπιταγὴν θεοῦ σωτῆρος ἡμῶν καὶ Χριστοῦ Ἰησοῦ τῆς ἐλπίδος ἡμῶν
2Ti 1: 1 **Παῦλος** ἀπόστολος Χριστοῦ Ἰησοῦ διὰ θελήματος θεοῦ κατ' ἐπαγγελίαν ζωῆς τῆς ἐν Χριστῷ Ἰησοῦ
Tit 1: 1 **Παῦλος** δοῦλος θεοῦ, ἀπόστολος δὲ Ἰησοῦ Χριστοῦ κατὰ πίστιν ἐκλεκτῶν θεοῦ καὶ ἐπίγνωσιν ἀληθείας

Phm 1: 1 **Παῦλος** δέσμιος Χριστοῦ Ἰησοῦ καὶ Τιμόθεος ὁ ἀδελφὸς Φιλήμονι τῷ ἀγαπητῷ καὶ συνεργῷ ἡμῶν
1: 9 τοιοῦτος ὢν ὡς **Παῦλος** πρεσβύτης νυνὶ δὲ καὶ δέσμιος Χριστοῦ Ἰησοῦ·
1:19 ἐγὼ **Παῦλος** ἔγραψα τῇ ἐμῇ χειρί, ἐγὼ ἀποτίσω·
2Pe 3:15 καθὼς καὶ ὁ ἀγαπητὸς ἡμῶν ἀδελφὸς **Παῦλος** κατὰ τὴν δοθεῖσαν αὐτῷ σοφίαν ἔγραψεν ὑμῖν,

4264 παύω [15]

→ *187, 188, 398, 399, 2058, 2923, 2924, 5265*

Lk 5: 4 ὡς δὲ **ἐπαύσατο** λαλῶν, εἶπεν πρὸς τὸν Σίμωνα,
8:24 ὁ δὲ διεγερθεὶς ἐπετίμησεν τῷ ἀνέμῳ καὶ τῷ κλύδωνι τοῦ ὕδατος· καὶ **ἐπαύσαντο** καὶ ἐγένετο γαλήνη.
11: 1 ὡς **ἐπαύσατο,** εἶπέν τις τῶν μαθητῶν αὐτοῦ πρὸς αὐτόν,
Ac 5:42 πᾶσάν τε ἡμέραν ἐν τῷ ἱερῷ καὶ κατ' οἶκον οὐκ **ἐπαύοντο** διδάσκοντες καὶ εὐαγγελιζόμενοι τὸν Χριστὸν Ἰησοῦν.
6:13 Ὁ ἄνθρωπος οὗτος οὐ **παύεται** λαλῶν ῥήματα κατὰ τοῦ τόπου τοῦ ἁγίου [τούτου] καὶ τοῦ νόμου·
13:10 οὐ **παύσῃ** διαστρέφων τὰς ὁδοὺς [τοῦ] κυρίου τὰς εὐθείας;
20: 1 Μετὰ δὲ τὸ **παύσασθαι** τὸν θόρυβον μεταπεμψάμενος ὁ Παῦλος τοὺς μαθητὰς καὶ παρακαλέσας,
20:31 διὸ γρηγορεῖτε μνημονεύοντες ὅτι τριετίαν νύκτα καὶ ἡμέραν οὐκ **ἐπαυσάμην** μετὰ δακρύων νουθετῶν ἕνα ἕκαστον.
21:32 οἱ δὲ ἰδόντες τὸν χιλίαρχον καὶ τοὺς στρατιώτας **ἐπαύσαντο** τύπτοντες τὸν Παῦλον.
1Co 13: 8 εἴτε δὲ προφητεῖαι, καταργηθήσονται· εἴτε γλῶσσαι, **παύσονται·** εἴτε γνῶσις,
Eph 1:16 οὐ **παύομαι** εὐχαριστῶν ὑπὲρ ὑμῶν μνείαν ποιούμενος ἐπὶ τῶν προσευχῶν μου,
Col 1: 9 ἀφ' ἧς ἡμέρας ἠκούσαμεν, οὐ **παυόμεθα** ὑπὲρ ὑμῶν προσευχόμενοι καὶ αἰτούμενοι,
Heb 10: 2 ἐπεὶ οὐκ ἂν **ἐπαύσαντο** προσφερόμεναι διὰ τὸ μηδεμίαν ἔχειν ἔτι συνείδησιν ἁμαρτιῶν τοὺς λατρεύοντας ἅπαξ κεκαθαρισμένους;
1Pe 3:10 ὁ γὰρ θέλων ζωὴν ἀγαπᾶν καὶ ἰδεῖν ἡμέρας ἀγαθὰς **παυσάτω** τὴν γλῶσσαν ἀπὸ κακοῦ καὶ χείλη τοῦ μὴ λαλῆσαι δόλον,
4: 1 Χριστοῦ οὖν παθόντος σαρκὶ καὶ ὑμεῖς τὴν αὐτὴν ἔννοιαν ὁπλίσασθε, ὅτι ὁ παθὼν σαρκὶ **πέπαυται** ἁμαρτίας

4265 Πάφος [2]

Ac 13: 6 διελθόντες δὲ ὅλην τὴν νῆσον ἄχρι **Πάφου** εὗρον ἄνδρα τινὰ μάγον ψευδοπροφήτην Ἰουδαῖον ᾧ ὄνομα Βαριησοῦ
13:13 Ἀναχθέντες δὲ ἀπὸ τῆς **Πάφου** οἱ περὶ Παῦλον ἦλθον εἰς Πέργην τῆς Παμφυλίας,

4266 παχύνω [2]

Mt 13:15 **ἐπαχύνθη** γὰρ ἡ καρδία τοῦ λαοῦ τούτου, καὶ τοῖς ὠσὶν βαρέως ἤκουσαν καὶ τοὺς ὀφθαλμοὺς αὐτῶν ἐκάμμυσαν,
Ac 28:27 **ἐπαχύνθη** γὰρ ἡ καρδία τοῦ λαοῦ τούτου καὶ τοῖς ὠσὶν βαρέως ἤκουσαν καὶ τοὺς ὀφθαλμοὺς αὐτῶν ἐκάμμυσαν·

4267 πέδη [3]

√ *4269*

Mk 5: 4 διὰ τὸ αὐτὸν πολλάκις **πέδαις** καὶ ἁλύσεσιν δεδέσθαι καὶ διεσπάσθαι ὑπ' αὐτοῦ τὰς ἁλύσεις καὶ τὰς **πέδας** συντετρῖφθαι,
Lk 8:29 πολλοῖς γὰρ χρόνοις συνηρπάκει αὐτὸν καὶ ἐδεσμεύετο ἁλύσεσιν καὶ **πέδαις** φυλασσόμενος καὶ διαρρήσσων τὰ δεσμὰ

4268 πεδινός [1]

√ *4269*

Lk 6:17 Καὶ καταβὰς μετ' αὐτῶν ἔστη ἐπὶ τόπου **πεδινοῦ,**

4269 πεζεύω [1]

→ *4267, 4268, 4270, 4271, 5134, 5135, 5136, 5544, 5545*

Ac 20:13 ἐπὶ τὴν Ἆσσον ἐκεῖθεν μέλλοντες ἀναλαμβάνειν τὸν Παῦλον· οὕτως γὰρ διατεταγμένος ἦν μέλλων αὐτὸς **πεζεύειν.**

4270 πεζῇ [2]

√ *4269*

Mt 14:13 ἀκούσαντες οἱ ὄχλοι ἠκολούθησαν αὐτῷ **πεζῇ** ἀπὸ τῶν πόλεων.
Mk 6:33 καὶ εἶδον αὐτοὺς ὑπάγοντας καὶ ἐπέγνωσαν πολλοὶ καὶ **πεζῇ** ἀπὸ πασῶν τῶν πόλεων συνέδραμον ἐκεῖ καὶ προῆλθον αὐτούς.

4271 πεζός Not used in UBS/NIV

√ *4269*

4272 πειθαρχέω [4]

√ *4275 + 806*

Ac 5:29 ἀποκριθεὶς δὲ Πέτρος καὶ οἱ ἀπόστολοι εἶπαν, **Πειθαρχεῖν** δεῖ θεῷ μᾶλλον ἢ ἀνθρώποις.
5:32 καὶ ἡμεῖς ἐσμεν μάρτυρες τῶν ῥημάτων τούτων καὶ τὸ πνεῦμα τὸ ἅγιον ὃ ἔδωκεν ὁ θεὸς τοῖς **πειθαρχοῦσιν** αὐτῷ.
27:21 **πειθαρχήσαντάς** μοι μὴ ἀνάγεσθαι ἀπὸ τῆς Κρήτης κερδῆσαί τε τὴν ὕβριν ταύτην καὶ τὴν ζημίαν.
Tit 3: 1 Ὑπομίμνῃσκε αὐτοὺς ἀρχαῖς ἐξουσίαις ὑποτάσσεσθαι, **πειθαρχεῖν,** πρὸς πᾶν ἔργον ἀγαθὸν ἑτοίμους εἶναι,

4273 πειθός [1]

√ *4275*

1Co 2: 4 καὶ ὁ λόγος μου καὶ τὸ κήρυγμά μου οὐκ ἐν **πειθο[ῖ]ς** σοφίας [λόγοις] ἀλλ' ἐν ἀποδείξει πνεύματος καὶ δυνάμεως,

4274 πειθώ Not used in UBS/NIV

√ *4275*

see also **πειθός**

4275 πείθω [52]

→ *400, 577, 578, 579, 2340, 4272, 4273, 4274, 4282, 4301, 4391, 4392; cf. 4412*

Mt 27:20 Οἱ δὲ ἀρχιερεῖς καὶ οἱ πρεσβύτεροι **ἔπεισαν** τοὺς ὄχλους ἵνα αἰτήσωνται τὸν Βαραββᾶν,
27:43 **πέποιθεν** ἐπὶ τὸν θεόν, ῥυσάσθω νῦν εἰ θέλει αὐτόν·
28:14 καὶ ἐὰν ἀκουσθῇ τοῦτο ἐπὶ τοῦ ἡγεμόνος, ἡμεῖς **πείσομεν** [αὐτὸν] καὶ ὑμᾶς ἀμερίμνους ποιήσομεν.
Lk 11:22 τὴν πανοπλίαν αὐτοῦ αἴρει ἐφ' ᾗ **ἐπεποίθει** καὶ τὰ σκῦλα αὐτοῦ διαδίδωσιν.
16:31 Εἰ Μωϋσέως καὶ τῶν προφητῶν οὐκ ἀκούουσιν, οὐδ' ἐάν τις ἐκ νεκρῶν ἀναστῇ **πεισθήσονται.**
18: 9 Εἶπεν δὲ καὶ πρός τινας τοὺς **πεποιθότας** ἐφ' ἑαυτοῖς ὅτι εἰσὶν δίκαιοι καὶ ἐξουθενοῦντας τοὺς λοιποὺς τὴν παραβολὴν
20: 6 ὁ λαὸς ἅπας καταλιθάσει ἡμᾶς, **πεπεισμένος** γάρ ἐστιν Ἰωάννην προφήτην εἶναι.
Ac 5:36 καὶ πάντες ὅσοι **ἐπείθοντο** αὐτῷ διελύθησαν καὶ ἐγένοντο εἰς οὐδέν.
5:37 κἀκεῖνος ἀπώλετο καὶ πάντες ὅσοι **ἐπείθοντο** αὐτῷ διεσκορπίσθησαν.
5:39 οὐ δυνήσεσθε καταλῦσαι αὐτούς, μήποτε καὶ θεομάχοι εὑρεθῆτε. **ἐπείσθησαν** δὲ αὐτῷ
12:20 ὁμοθυμαδὸν δὲ παρῆσαν πρὸς αὐτὸν καὶ **πείσαντες** Βλάστον,
13:43 οἵτινες προσλαλοῦντες αὐτοῖς **ἔπειθον** αὐτοὺς προσμένειν τῇ χάριτι τοῦ θεοῦ.
14:19 Ἐπῆλθαν δὲ ἀπὸ Ἀντιοχείας καὶ Ἰκονίου Ἰουδαῖοι καὶ **πείσαντες** τοὺς ὄχλους καὶ λιθάσαντες τὸν Παῦλον
17: 4 καί τινες ἐξ αὐτῶν **ἐπείσθησαν** καὶ προσεκληρώθησαν τῷ Παύλῳ καὶ τῷ Σιλᾷ,
18: 4 διελέγετο δὲ ἐν τῇ συναγωγῇ κατὰ πᾶν σάββατον **ἔπειθέν** τε Ἰουδαίους καὶ Ἕλληνας.
19: 8 εἰς τὴν συναγωγὴν ἐπαρρησιάζετο ἐπὶ μῆνας τρεῖς διαλεγόμενος καὶ **πείθων** [τὰ] περὶ τῆς βασιλείας τοῦ θεοῦ.
19:26 σχεδὸν πάσης τῆς Ἀσίας ὁ Παῦλος οὗτος **πείσας** μετέστησεν ἱκανὸν ὄχλον λέγων ὅτι οὐκ εἰσὶν θεοὶ οἱ διὰ χειρῶν γινόμενοι.
21:14 μὴ **πειθομένου** δὲ αὐτοῦ ἡσυχάσαμεν εἰπόντες, Τοῦ κυρίου τὸ θέλημα γινέσθω.
23:21 σὺ οὖν μὴ **πεισθῇς** αὐτοῖς· ἐνεδρεύουσιν γὰρ αὐτὸν ἐξ αὐτῶν ἄνδρες πλείους τεσσεράκοντα,
26:26 λανθάνειν γὰρ αὐτὸν [τι] τούτων οὐ **πείθομαι** οὐθέν·

26:28 ὁ δὲ Ἀγρίππας πρὸς τὸν Παῦλον, Ἐν ὀλίγῳ με **πείθεις** Χριστιανὸν ποιῆσαι.
27:11 ὁ δὲ ἑκατοντάρχης τῷ κυβερνήτῃ καὶ τῷ ναυκλήρῳ μᾶλλον **ἐπείθετο** ἢ τοῖς ὑπὸ Παύλου λεγομένοις.
28:23 **πείθων** τε αὐτοὺς περὶ τοῦ Ἰησοῦ ἀπό τε τοῦ νόμου Μωϋσέως καὶ τῶν προφητῶν,
28:24 καὶ οἱ μὲν **ἐπείθοντο** τοῖς λεγομένοις, οἱ δὲ ἠπίστουν·
Ro 2: 8 τοῖς δὲ ἐξ ἐριθείας καὶ ἀπειθοῦσι τῇ ἀληθείᾳ **πειθομένοις** δὲ τῇ ἀδικίᾳ ὀργὴ καὶ θυμός.
2:19 **πέποιθάς** τε σεαυτὸν ὁδηγὸν εἶναι τυφλῶν, φῶς τῶν ἐν σκότει,
8:38 **πέπεισμαι** γὰρ ὅτι οὔτε θάνατος οὔτε ζωὴ οὔτε ἄγγελοι οὔτε ἀρχαὶ οὔτε ἐνεστῶτα οὔτε μέλλοντα οὔτε δυνάμεις
14:14 οἶδα καὶ **πέπεισμαι** ἐν κυρίῳ Ἰησοῦ ὅτι οὐδὲν κοινὸν δι᾽ ἑαυτοῦ,
15:14 **Πέπεισμαι** δέ, ἀδελφοί μου, καὶ αὐτὸς ἐγὼ περὶ ὑμῶν ὅτι καὶ αὐτοὶ μεστοί ἐστε ἀγαθωσύνης,
2Co 1: 9 ἵνα μὴ **πεποιθότες** ὦμεν ἐφ᾽ ἑαυτοῖς ἀλλ᾽ ἐπὶ τῷ θεῷ τῷ ἐγείροντι τοὺς νεκρούς·
2: 3 **πεποιθὼς** ἐπὶ πάντας ὑμᾶς ὅτι ἡ ἐμὴ χαρὰ πάντων ὑμῶν ἐστιν.
5:11 Εἰδότες οὖν τὸν φόβον τοῦ κυρίου ἀνθρώπους **πείθομεν,**
10: 7 εἴ τις **πέποιθεν** ἑαυτῷ Χριστοῦ εἶναι, τοῦτο λογιζέσθω πάλιν ἐφ᾽ ἑαυτοῦ,
Gal 1:10 Ἄρτι γὰρ ἀνθρώπους **πείθω** ἢ τὸν θεόν; ἢ ζητῶ ἀνθρώποις ἀρέσκειν;
5: 7 Ἐτρέχετε καλῶς· τίς ὑμᾶς ἐνέκοψεν [τῇ] ἀληθείᾳ μὴ **πείθεσθαι;**
5:10 ἐγὼ **πέποιθα** εἰς ὑμᾶς ἐν κυρίῳ ὅτι οὐδὲν ἄλλο φρονήσετε·
Php 1: 6 **πεποιθὼς** αὐτὸ τοῦτο, ὅτι ὁ ἐναρξάμενος ἐν ὑμῖν ἔργον ἀγαθὸν ἐπιτελέσει ἄχρι ἡμέρας Χριστοῦ Ἰησοῦ·
1:14 καὶ τοὺς πλείονας τῶν ἀδελφῶν ἐν κυρίῳ **πεποιθότας** τοῖς δεσμοῖς μου περισσοτέρως τολμᾶν ἀφόβως τὸν λόγον λαλεῖν.
1:25 καὶ τοῦτο **πεποιθὼς** οἶδα ὅτι μενῶ καὶ παραμενῶ πᾶσιν ὑμῖν εἰς τὴν ὑμῶν προκοπὴν καὶ χαρὰν τῆς πίστεως,
2:24 **πέποιθα** δὲ ἐν κυρίῳ ὅτι καὶ αὐτὸς ταχέως ἐλεύσομαι.
3: 3 οἱ πνεύματι θεοῦ λατρεύοντες καὶ καυχώμενοι ἐν Χριστῷ Ἰησοῦ καὶ οὐκ ἐν σαρκὶ **πεποιθότες,**
3: 4 εἴ τις δοκεῖ ἄλλος **πεποιθέναι** ἐν σαρκί, ἐγὼ μᾶλλον·
2Th 3: 4 **πεποίθαμεν** δὲ ἐν κυρίῳ ἐφ᾽ ὑμᾶς, ὅτι ἃ παραγγέλλομεν [καὶ] ποιεῖτε καὶ ποιήσετε.
2Ti 1: 5 ἥτις ἐνῴκησεν πρῶτον ἐν τῇ μάμμῃ σου Λωΐδι καὶ τῇ μητρί σου Εὐνίκῃ, **πέπεισμαι** δὲ ὅτι καὶ ἐν σοί.
1:12 οἶδα γὰρ ᾧ πεπίστευκα καὶ **πέπεισμαι** ὅτι δυνατός ἐστιν τὴν παραθήκην μου φυλάξαι εἰς ἐκείνην τὴν ἡμέραν.
Phm 1:21 **Πεποιθὼς** τῇ ὑπακοῇ σου ἔγραψά σοι, εἰδὼς ὅτι καὶ ὑπὲρ ἃ λέγω ποιήσεις.
Heb 2:13 καὶ πάλιν, Ἐγὼ ἔσομαι **πεποιθὼς** ἐπ᾽ αὐτῷ, καὶ πάλιν,
6: 9 **Πεπείσμεθα** δὲ περὶ ὑμῶν, ἀγαπητοί, τὰ κρείσσονα καὶ ἐχόμενα σωτηρίας,
13:17 **Πείθεσθε** τοῖς ἡγουμένοις ὑμῶν καὶ ὑπείκετε, αὐτοὶ γὰρ ἀγρυπνοῦσιν ὑπὲρ τῶν ψυχῶν ὑμῶν ὡς λόγον ἀποδώσοντες,
13:18 **πειθόμεθα** γὰρ ὅτι καλὴν συνείδησιν ἔχομεν, ἐν πᾶσιν καλῶς θέλοντες ἀναστρέφεσθαι.
Jas 3: 3 εἰ δὲ τῶν ἵππων τοὺς χαλινοὺς εἰς τὰ στόματα βάλλομεν εἰς τὸ **πείθεσθαι** αὐτοὺς ἡμῖν,
1Jn 3:19 [Καὶ] ἐν τούτῳ γνωσόμεθα ὅτι ἐκ τῆς ἀληθείας ἐσμέν, καὶ ἔμπροσθεν αὐτοῦ **πείσομεν** τὴν καρδίαν ἡμῶν,

4276 **Πειλᾶτος** Not used in UBS/NIV

√ *4397*

4277 **πεινάω** [23]

→ *4698*

πεινάω καὶ διψάω [9] Mt 5:6; 25:35,37,42,44; Jn 6:35; Ro 12:20; 1Co 4:11; Rev 7:16

Mt 4: 2 καὶ νηστεύσας ἡμέρας τεσσεράκοντα καὶ νύκτας τεσσεράκοντα, ὕστερον **ἐπείνασεν.**
5: 6 μακάριοι οἱ **πεινῶντες** καὶ διψῶντες τὴν δικαιοσύνην, ὅτι αὐτοὶ χορτασθήσονται.
12: 1 οἱ δὲ μαθηταὶ αὐτοῦ **ἐπείνασαν** καὶ ἤρξαντο τίλλειν στάχυας καὶ ἐσθίειν.
12: 3 Οὐκ ἀνέγνωτε τί ἐποίησεν Δαυὶδ ὅτε **ἐπείνασεν** καὶ οἱ μετ᾽ αὐτοῦ,
21:18 Πρωῒ δὲ ἐπανάγων εἰς τὴν πόλιν **ἐπείνασεν.**
25:35 **ἐπείνασα** γὰρ καὶ ἐδώκατέ μοι φαγεῖν, ἐδίψησα καὶ ἐποτίσατέ με,
25:37 Κύριε, πότε σε εἴδομεν **πεινῶντα** καὶ ἐθρέψαμεν, ἢ διψῶντα καὶ ἐποτίσαμεν;
25:42 **ἐπείνασα** γὰρ καὶ οὐκ ἐδώκατέ μοι φαγεῖν, ἐδίψησα καὶ οὐκ ἐποτίσατέ με,
25:44 πότε σε εἴδομεν **πεινῶντα** ἢ διψῶντα ἢ ξένον ἢ γυμνὸν ἢ ἀσθενῆ ἢ ἐν φυλακῇ καὶ οὐ διηκονήσαμέν σοι;
Mk 2:25 Οὐδέποτε ἀνέγνωτε τί ἐποίησεν Δαυὶδ ὅτε χρείαν ἔσχεν καὶ **ἐπείνασεν** αὐτὸς καὶ οἱ μετ᾽ αὐτοῦ,
11:12 Καὶ τῇ ἐπαύριον ἐξελθόντων αὐτῶν ἀπὸ Βηθανίας **ἐπείνασεν.**
Lk 1:53 **πεινῶντας** ἐνέπλησεν ἀγαθῶν καὶ πλουτοῦντας ἐξαπέστειλεν κενούς.
4: 2 καὶ οὐκ ἔφαγεν οὐδὲν ἐν ταῖς ἡμέραις ἐκείναις καὶ συντελεσθεισῶν αὐτῶν **ἐπείνασεν.**
6: 3 Οὐδὲ τοῦτο ἀνέγνωτε ὃ ἐποίησεν Δαυὶδ ὅτε **ἐπείνασεν** αὐτὸς καὶ οἱ μετ᾽ αὐτοῦ [ὄντες,]
6:21 μακάριοι οἱ **πεινῶντες** νῦν, ὅτι χορτασθήσεσθε. μακάριοι οἱ κλαίοντες νῦν,
6:25 οὐαὶ ὑμῖν, οἱ ἐμπεπλησμένοι νῦν, ὅτι **πεινάσετε.** οὐαί,
Jn 6:35 ὁ ἐρχόμενος πρὸς ἐμὲ οὐ μὴ **πεινάσῃ,** καὶ ὁ πιστεύων εἰς ἐμὲ οὐ μὴ διψήσει πώποτε.
Ro 12:20 ἀλλὰ ἐὰν **πεινᾷ** ὁ ἐχθρός σου, ψώμιζε αὐτόν·
1Co 4:11 ἄχρι τῆς ἄρτι ὥρας καὶ **πεινῶμεν** καὶ διψῶμεν καὶ γυμνιτεύομεν καὶ κολαφιζόμεθα καὶ ἀστατοῦμεν
11:21 ἕκαστος γὰρ τὸ ἴδιον δεῖπνον προλαμβάνει ἐν τῷ φαγεῖν, καὶ ὃς μὲν **πεινᾷ** ὃς δὲ μεθύει.
11:34 εἴ τις **πεινᾷ,** ἐν οἴκῳ ἐσθιέτω, ἵνα μὴ εἰς κρίμα συνέρχησθε.
Php 4:12 καὶ χορτάζεσθαι καὶ **πεινᾶν** καὶ περισσεύειν καὶ ὑστερεῖσθαι·
Rev 7:16 οὐ **πεινάσουσιν** ἔτι οὐδὲ διψήσουσιν ἔτι οὐδὲ μὴ πέσῃ ἐπ᾽ αὐτοὺς ὁ ἥλιος οὐδὲ πᾶν καῦμα,

4278 **πεῖρα** [2]

→ *585, 586, 1733, 4279, 4280, 4281*

Heb 11:29 Πίστει διέβησαν τὴν Ἐρυθρὰν Θάλασσαν ὡς διὰ ξηρᾶς γῆς, ἧς **πεῖραν** λαβόντες οἱ Αἰγύπτιοι κατεπόθησαν.
11:36 ἕτεροι δὲ ἐμπαιγμῶν καὶ μαστίγων **πεῖραν** ἔλαβον, ἔτι δὲ δεσμῶν καὶ φυλακῆς·

4279 **πειράζω** [38]

√ *4278*

πειράζετε τὸν θεόν [1] Ac 15:10

πειραζόμενος ἀπὸ θεοῦ [1] Jas 1:13

πειράζω τὸ πνεῦμα [1] Ac 5:9

πειράζω ὑπό [4] Mt 4:1; Mk 1:13; Lk 4:2; Jas 1:14

ὁ πειράζων [2] Mt 4:3; 1Th 3:5

Mt 4: 1 Τότε ὁ Ἰησοῦς ἀνήχθη εἰς τὴν ἔρημον ὑπὸ τοῦ πνεύματος **πειρασθῆναι** ὑπὸ τοῦ διαβόλου.
4: 3 Καὶ προσελθὼν ὁ **πειράζων** εἶπεν αὐτῷ, Εἰ υἱὸς εἶ τοῦ θεοῦ,
16: 1 Καὶ προσελθόντες οἱ Φαρισαῖοι καὶ Σαδδουκαῖοι **πειράζοντες** ἐπηρώτησαν αὐτὸν σημεῖον ἐκ τοῦ οὐρανοῦ ἐπιδεῖξαι αὐτοῖς.
19: 3 Καὶ προσῆλθον αὐτῷ Φαρισαῖοι **πειράζοντες** αὐτὸν καὶ λέγοντες,
22:18 γνοὺς δὲ ὁ Ἰησοῦς τὴν πονηρίαν αὐτῶν εἶπεν, Τί με **πειράζετε,** ὑποκριταί;
22:35 καὶ ἐπηρώτησεν εἷς ἐξ αὐτῶν [νομικὸς] **πειράζων** αὐτόν,
Mk 1:13 καὶ ἦν ἐν τῇ ἐρήμῳ τεσσεράκοντα ἡμέρας **πειραζόμενος** ὑπὸ τοῦ Σατανᾶ,
8:11 ζητοῦντες παρ᾽ αὐτοῦ σημεῖον ἀπὸ τοῦ οὐρανοῦ, **πειράζοντες** αὐτόν.
10: 2 καὶ προσελθόντες Φαρισαῖοι ἐπηρώτων αὐτὸν εἰ ἔξεστιν ἀνδρὶ γυναῖκα ἀπολῦσαι, **πειράζοντες** αὐτόν.
12:15 ὁ δὲ εἰδὼς αὐτῶν τὴν ὑπόκρισιν εἶπεν αὐτοῖς, Τί με **πειράζετε;**
Lk 4: 2 ἡμέρας τεσσεράκοντα **πειραζόμενος** ὑπὸ τοῦ διαβόλου. καὶ οὐκ ἔφαγεν οὐδὲν ἐν ταῖς ἡμέραις ἐκείναις
11:16 ἕτεροι δὲ **πειράζοντες** σημεῖον ἐξ οὐρανοῦ ἐζήτουν παρ᾽ αὐτοῦ.
Jn 6: 6 τοῦτο δὲ ἔλεγεν **πειράζων** αὐτόν· αὐτὸς γὰρ ᾔδει τί ἔμελλεν ποιεῖν.

8: 6 ⟦τοῦτο δὲ ἔλεγον **πειράζοντες** αὐτόν, ἵνα ἔχωσιν κατηγορεῖν αὐτοῦ.⟧
Ac 5: 9 Τί ὅτι συνεφωνήθη ὑμῖν **πειράσαι** τὸ πνεῦμα κυρίου;
9:26 Παραγενόμενος δὲ εἰς Ἰερουσαλὴμ **ἐπείραζεν** κολλᾶσθαι τοῖς μαθηταῖς,
15:10 νῦν οὖν τί **πειράζετε** τὸν θεὸν ἐπιθεῖναι ζυγὸν ἐπὶ τὸν τράχηλον τῶν μαθητῶν ὃν οὔτε οἱ πατέρες ἡμῶν οὔτε ἡμεῖς ἰσχύσαμεν βαστάσαι;
16: 7 ἐλθόντες δὲ κατὰ τὴν Μυσίαν **ἐπείραζον** εἰς τὴν Βιθυνίαν πορευθῆναι,
24: 6 ὃς καὶ τὸ ἱερὸν **ἐπείρασεν** βεβηλῶσαι ὃν καὶ ἐκρατήσαμεν,
1Co 7: 5 ἵνα μὴ **πειράζῃ** ὑμᾶς ὁ Σατανᾶς διὰ τὴν ἀκρασίαν ὑμῶν.
10: 9 καθώς τινες αὐτῶν **ἐπείρασαν** καὶ ὑπὸ τῶν ὄφεων ἀπώλλυντο.
10:13 ὃς οὐκ ἐάσει ὑμᾶς **πειρασθῆναι** ὑπὲρ ὃ δύνασθε ἀλλὰ ποιήσει σὺν τῷ πειρασμῷ καὶ τὴν ἔκβασιν τοῦ δύνασθαι ὑπενεγκεῖν.
2Co 13: 5 Ἑαυτοὺς **πειράζετε** εἰ ἐστὲ ἐν τῇ πίστει, ἑαυτοὺς δοκιμάζετε·
Gal 6: 1 ὑμεῖς οἱ πνευματικοὶ καταρτίζετε τὸν τοιοῦτον ἐν πνεύματι πραΰτητος, σκοπῶν σεαυτὸν μὴ καὶ σὺ **πειρασθῇς.**
1Th 3: 5 μή πως **ἐπείρασεν** ὑμᾶς ὁ **πειράζων** καὶ εἰς κενὸν γένηται ὁ κόπος ἡμῶν.
Heb 2:18 ἐν ᾧ γὰρ πέπονθεν αὐτὸς **πειρασθείς,** δύναται τοῖς **πειραζομένοις** βοηθῆσαι.
3: 9 οὗ **ἐπείρασαν** οἱ πατέρες ὑμῶν ἐν δοκιμασίᾳ καὶ εἶδον τὰ ἔργα μου
4:15 **πεπειρασμένον** δὲ κατὰ πάντα καθ' ὁμοιότητα χωρὶς ἁμαρτίας.
11:17 Πίστει προσενήνοχεν Ἀβραὰμ τὸν Ἰσαὰκ **πειραζόμενος** καὶ τὸν μονογενῆ προσέφερεν,
Jas 1:13 μηδεὶς **πειραζόμενος** λεγέτω ὅτι Ἀπὸ θεοῦ **πειράζομαι·** ὁ γὰρ θεὸς ἀπείραστός ἐστιν κακῶν, **πειράζει** δὲ αὐτὸς οὐδένα.
1:14 ἕκαστος δὲ **πειράζεται** ὑπὸ τῆς ἰδίας ἐπιθυμίας ἐξελκόμενος καὶ δελεαζόμενος·
Rev 2: 2 καὶ **ἐπείρασας** τοὺς λέγοντας ἑαυτοὺς ἀποστόλους καὶ οὐκ εἰσὶν καὶ εὗρες αὐτοὺς ψευδεῖς,
2:10 ἰδοὺ μέλλει βάλλειν ὁ διάβολος ἐξ ὑμῶν εἰς φυλακὴν ἵνα **πειρασθῆτε** καὶ ἕξετε θλῖψιν ἡμερῶν δέκα.
3:10 κἀγώ σε τηρήσω ἐκ τῆς ὥρας τοῦ πειρασμοῦ τῆς μελλούσης ἔρχεσθαι ἐπὶ τῆς οἰκουμένης ὅλης **πειράσαι** τοὺς κατοικοῦντας ἐπὶ τῆς γῆς.

4280 πειρασμός [21]

√ *4278*

Mt 6:13 καὶ μὴ εἰσενέγκῃς ἡμᾶς εἰς **πειρασμόν,** ἀλλὰ ῥῦσαι ἡμᾶς ἀπὸ τοῦ πονηροῦ.
26:41 γρηγορεῖτε καὶ προσεύχεσθε, ἵνα μὴ εἰσέλθητε εἰς **πειρασμόν·**
Mk 14:38 γρηγορεῖτε καὶ προσεύχεσθε, ἵνα μὴ ἔλθητε εἰς **πειρασμόν·**
Lk 4:13 Καὶ συντελέσας πάντα **πειρασμὸν** ὁ διάβολος ἀπέστη ἀπ' αὐτοῦ ἄχρι καιροῦ.
8:13 οἳ πρὸς καιρὸν πιστεύουσιν καὶ ἐν καιρῷ **πειρασμοῦ** ἀφίστανται.
11: 4 καὶ γὰρ αὐτοὶ ἀφίομεν παντὶ ὀφείλοντι ἡμῖν· καὶ μὴ εἰσενέγκῃς ἡμᾶς εἰς **πειρασμόν.**
22:28 ὑμεῖς δέ ἐστε οἱ διαμεμενηκότες μετ' ἐμοῦ ἐν τοῖς **πειρασμοῖς** μου·
22:40 γενόμενος δὲ ἐπὶ τοῦ τόπου εἶπεν αὐτοῖς, Προσεύχεσθε μὴ εἰσελθεῖν εἰς **πειρασμόν.**
22:46 Τί καθεύδετε; ἀναστάντες προσεύχεσθε, ἵνα μὴ εἰσέλθητε εἰς **πειρασμόν.**
Ac 20:19 δουλεύων τῷ κυρίῳ μετὰ πάσης ταπεινοφροσύνης καὶ δακρύων καὶ **πειρασμῶν** τῶν συμβάντων μοι ἐν ταῖς ἐπιβουλαῖς τῶν Ἰουδαίων,
1Co 10:13 **πειρασμὸς** ὑμᾶς οὐκ εἴληφεν εἰ μὴ ἀνθρώπινος· πιστὸς δὲ ὁ θεός, ὃς οὐκ ἐάσει ὑμᾶς πειρασθῆναι ὑπὲρ ὃ δύνασθε ἀλλὰ ποιήσει σὺν τῷ **πειρασμῷ** καὶ τὴν ἔκβασιν τοῦ δύνασθαι ὑπενεγκεῖν.
Gal 4:14 καὶ τὸν **πειρασμὸν** ὑμῶν ἐν τῇ σαρκί μου οὐκ ἐξουθενήσατε οὐδὲ ἐξεπτύσατε,
1Ti 6: 9 οἱ δὲ βουλόμενοι πλουτεῖν ἐμπίπτουσιν εἰς **πειρασμὸν** καὶ παγίδα καὶ ἐπιθυμίας πολλὰς ἀνοήτους καὶ βλαβεράς,
Heb 3: 8 μὴ σκληρύνητε τὰς καρδίας ὑμῶν ὡς ἐν τῷ παραπικρασμῷ κατὰ τὴν ἡμέραν τοῦ **πειρασμοῦ** ἐν τῇ ἐρήμῳ,
Jas 1: 2 Πᾶσαν χαρὰν ἡγήσασθε, ἀδελφοί μου, ὅταν **πειρασμοῖς** περιπέσητε ποικίλοις,
1:12 Μακάριος ἀνὴρ ὃς ὑπομένει **πειρασμόν,** ὅτι δόκιμος γενόμενος λήμψεται τὸν στέφανον τῆς ζωῆς
1Pe 1: 6 ὀλίγον ἄρτι εἰ δέον [ἐστὶν] λυπηθέντες ἐν ποικίλοις **πειρασμοῖς,**
4:12 μὴ ξενίζεσθε τῇ ἐν ὑμῖν πυρώσει πρὸς **πειρασμὸν** ὑμῖν γινομένῃ ὡς ξένου ὑμῖν συμβαίνοντος,
2Pe 2: 9 οἶδεν κύριος εὐσεβεῖς ἐκ **πειρασμοῦ** ῥύεσθαι, ἀδίκους δὲ εἰς ἡμέραν κρίσεως κολαζομένους τηρεῖν,
Rev 3:10 κἀγώ σε τηρήσω ἐκ τῆς ὥρας τοῦ **πειρασμοῦ** τῆς μελλούσης ἔρχεσθαι ἐπὶ τῆς οἰκουμένης ὅλης πειράσαι τοὺς κατοικοῦντας ἐπὶ τῆς γῆς.

4281 πειράω [1]

√ *4278*

Ac 26:21 ἕνεκα τούτων με Ἰουδαῖοι συλλαβόμενοι [ὄντα] ἐν τῷ ἱερῷ **ἐπειρῶντο** διαχειρίσασθαι.

4282 πεισμονή [1]

√ *4275*

Gal 5: 8 ἡ **πεισμονὴ** οὐκ ἐκ τοῦ καλοῦντος ὑμᾶς.

4283 πέλαγος [2]

Mt 18: 6 συμφέρει αὐτῷ ἵνα κρεμασθῇ μύλος ὀνικὸς περὶ τὸν τράχηλον αὐτοῦ καὶ καταποντισθῇ ἐν τῷ **πελάγει** τῆς θαλάσσης.
Ac 27: 5 τό τε **πέλαγος** τὸ κατὰ τὴν Κιλικίαν καὶ Παμφυλίαν διαπλεύσαντες κατήλθομεν εἰς Μύρα τῆς Λυκίας.

4284 πελεκίζω [1]

Rev 20: 4 τὰς ψυχὰς τῶν **πεπελεκισμένων** διὰ τὴν μαρτυρίαν Ἰησοῦ καὶ διὰ τὸν λόγον τοῦ θεοῦ καὶ οἵτινες οὐ προσεκύνησαν τὸ θηρίον

4285 πεμπταῖος Not used in UBS/NIV

√ *4297*

4286 πέμπτος [4]

√ *4297*

Rev 6: 9 Καὶ ὅτε ἤνοιξεν τὴν **πέμπτην** σφραγῖδα, εἶδον ὑποκάτω τοῦ θυσιαστηρίου τὰς ψυχὰς τῶν ἐσφαγμένων διὰ τὸν λόγον
9: 1 Καὶ ὁ **πέμπτος** ἄγγελος ἐσάλπισεν· καὶ εἶδον ἀστέρα ἐκ τοῦ οὐρανοῦ πεπτωκότα εἰς τὴν γῆν,
16:10 Καὶ ὁ **πέμπτος** ἐξέχεεν τὴν φιάλην αὐτοῦ ἐπὶ τὸν θρόνον τοῦ θηρίου,
21:20 ὁ **πέμπτος** σαρδόνυξ, ὁ ἕκτος σάρδιον, ὁ ἕβδομος χρυσόλιθος,

4287 πέμπω [79]

→ *402, 673, 1734, 1852, 3569, 4636, 5225*

πέμπω διά [2] Mt 11:2; 1Pe 2:14

πέμπω εἰς [14] Mt 2:8; Mk 5:12; Lk 7:10; 15:15; 16:27; Ac 10:5,32; 11:29; 15:22; 20:17; 1Co 16:3; Eph 6:22; 1Th 3:5; 1Pe 2:14

πέμπω παρά [1] Jn 15:26

πέμπω πρός [11] Lk 4:26; 7:19; Jn 16:7; Ac 10:33; 15:25; 19:31; 23:30; Eph 6:22; Php 2:25; Col 4:8; Tit 3:12

Mt 2: 8 καὶ **πέμψας** αὐτοὺς εἰς Βηθλέεμ εἶπεν, Πορευθέντες ἐξετάσατε ἀκριβῶς περὶ τοῦ παιδίου·
11: 2 Ὁ δὲ Ἰωάννης ἀκούσας ἐν τῷ δεσμωτηρίῳ τὰ ἔργα τοῦ Χριστοῦ **πέμψας** διὰ τῶν μαθητῶν αὐτοῦ
14:10 καὶ **πέμψας** ἀπεκεφάλισεν [τὸν] Ἰωάννην ἐν τῇ φυλακῇ.
22: 7 ὁ δὲ βασιλεὺς ὠργίσθη καὶ **πέμψας** τὰ στρατεύματα αὐτοῦ ἀπώλεσεν τοὺς φονεῖς ἐκείνους
Mk 5:12 **Πέμψον** ἡμᾶς εἰς τοὺς χοίρους, ἵνα εἰς αὐτοὺς εἰσέλθωμεν.
Lk 4:26 καὶ πρὸς οὐδεμίαν αὐτῶν **ἐπέμφθη** Ἠλίας εἰ μὴ εἰς Σάρεπτα τῆς Σιδωνίας πρὸς γυναῖκα χήραν.
7: 6 ἤδη δὲ αὐτοῦ οὐ μακρὰν ἀπέχοντος ἀπὸ τῆς οἰκίας **ἔπεμψεν** φίλους ὁ ἑκατοντάρχης λέγων αὐτῷ,
7:10 καὶ ὑποστρέψαντες εἰς τὸν οἶκον οἱ **πεμφθέντες** εὗρον τὸν δοῦλον ὑγιαίνοντα.

7:19 **ἔπεμψεν** πρὸς τὸν κύριον λέγων, Σὺ εἶ ὁ ἐρχόμενος ἢ ἄλλον προσδοκῶμεν;
15:15 καὶ **ἔπεμψεν** αὐτὸν εἰς τοὺς ἀγροὺς αὐτοῦ βόσκειν χοίρους,
16:24 ἐλέησόν με καὶ **πέμψον** Λάζαρον ἵνα βάψῃ τὸ ἄκρον τοῦ δακτύλου αὐτοῦ ὕδατος καὶ καταψύξῃ τὴν γλῶσσάν μου,
16:27 ἵνα **πέμψῃς** αὐτὸν εἰς τὸν οἶκον τοῦ πατρός μου,
20:11 καὶ προσέθετο ἕτερον **πέμψαι** δοῦλον· οἱ δὲ κἀκεῖνον δείραντες καὶ ἀτιμάσαντες ἐξαπέστειλαν κενόν.
20:12 καὶ προσέθετο τρίτον **πέμψαι·** οἱ δὲ καὶ τοῦτον τραυματίσαντες ἐξέβαλον.
20:13 **πέμψω** τὸν υἱόν μου τὸν ἀγαπητόν· ἴσως τοῦτον ἐντραπήσονται.
Jn 1:22 ἵνα ἀπόκρισιν δῶμεν τοῖς **πέμψασιν** ἡμᾶς· τί λέγεις περὶ σεαυτοῦ;
1:33 ἀλλ' ὁ **πέμψας** με βαπτίζειν ἐν ὕδατι ἐκεῖνός μοι εἶπεν,
4:34 Ἐμὸν βρῶμά ἐστιν ἵνα ποιήσω τὸ θέλημα τοῦ **πέμψαντός** με καὶ τελειώσω αὐτοῦ τὸ ἔργον.
5:23 ὁ μὴ τιμῶν τὸν υἱὸν οὐ τιμᾷ τὸν πατέρα τὸν **πέμψαντα** αὐτόν.
5:24 ὅτι ὁ τὸν λόγον μου ἀκούων καὶ πιστεύων τῷ **πέμψαντί** με ἔχει ζωὴν αἰώνιον καὶ εἰς κρίσιν οὐκ ἔρχεται,
5:30 ὅτι οὐ ζητῶ τὸ θέλημα τὸ ἐμὸν ἀλλὰ τὸ θέλημα τοῦ **πέμψαντός** με.
5:37 καὶ ὁ **πέμψας** με πατὴρ ἐκεῖνος μεμαρτύρηκεν περὶ ἐμοῦ.
6:38 ὅτι καταβέβηκα ἀπὸ τοῦ οὐρανοῦ οὐχ ἵνα ποιῶ τὸ θέλημα τὸ ἐμὸν ἀλλὰ τὸ θέλημα τοῦ **πέμψαντός** με.
6:39 τοῦτο δέ ἐστιν τὸ θέλημα τοῦ **πέμψαντός** με,
6:44 οὐδεὶς δύναται ἐλθεῖν πρός με ἐὰν μὴ ὁ πατὴρ ὁ **πέμψας** με ἑλκύσῃ αὐτόν,
7:16 Ἡ ἐμὴ διδαχὴ οὐκ ἔστιν ἐμὴ ἀλλὰ τοῦ **πέμψαντός** με·
7:18 ὁ δὲ ζητῶν τὴν δόξαν τοῦ **πέμψαντος** αὐτὸν οὗτος ἀληθής ἐστιν καὶ ἀδικία ἐν αὐτῷ οὐκ ἔστιν.
7:28 ἀλλ' ἔστιν ἀληθινὸς ὁ **πέμψας** με, ὃν ὑμεῖς οὐκ οἴδατε·
7:33 Ἔτι χρόνον μικρὸν μεθ' ὑμῶν εἰμι καὶ ὑπάγω πρὸς τὸν **πέμψαντά** με.
8:16 ὅτι μόνος οὐκ εἰμί, ἀλλ' ἐγὼ καὶ ὁ **πέμψας** με πατήρ.
8:18 ἐγώ εἰμι ὁ μαρτυρῶν περὶ ἐμαυτοῦ καὶ μαρτυρεῖ περὶ ἐμοῦ ὁ **πέμψας** με πατήρ.
8:26 πολλὰ ἔχω περὶ ὑμῶν λαλεῖν καὶ κρίνειν, ἀλλ' ὁ **πέμψας** με ἀληθής ἐστιν,
8:29 καὶ ὁ **πέμψας** με μετ' ἐμοῦ ἐστιν· οὐκ ἀφῆκέν με μόνον,
9:4 ἡμᾶς δεῖ ἐργάζεσθαι τὰ ἔργα τοῦ **πέμψαντός** με ἕως ἡμέρα ἐστίν·
12:44 Ὁ πιστεύων εἰς ἐμὲ οὐ πιστεύει εἰς ἐμὲ ἀλλὰ εἰς τὸν **πέμψαντά** με,
12:45 καὶ ὁ θεωρῶν ἐμὲ θεωρεῖ τὸν **πέμψαντά** με.
12:49 ἀλλ' ὁ **πέμψας** με πατὴρ αὐτός μοι ἐντολὴν δέδωκεν τί εἴπω καὶ τί λαλήσω.
13:16 οὐκ ἔστιν δοῦλος μείζων τοῦ κυρίου αὐτοῦ οὐδὲ ἀπόστολος μείζων τοῦ **πέμψαντος** αὐτόν.
13:20 ἀμὴν ἀμὴν λέγω ὑμῖν, ὁ λαμβάνων ἄν τινα **πέμψω** ἐμὲ λαμβάνει, ὁ δὲ ἐμὲ λαμβάνων λαμβάνει τὸν **πέμψαντά** με.
14:24 καὶ ὁ λόγος ὃν ἀκούετε οὐκ ἔστιν ἐμὸς ἀλλὰ τοῦ **πέμψαντός** με πατρός.
14:26 ὃ **πέμψει** ὁ πατὴρ ἐν τῷ ὀνόματί μου,
15:21 ἀλλὰ ταῦτα πάντα ποιήσουσιν εἰς ὑμᾶς διὰ τὸ ὄνομά μου, ὅτι οὐκ οἴδασιν τὸν **πέμψαντά** με.
15:26 Ὅταν ἔλθῃ ὁ παράκλητος ὃν ἐγὼ **πέμψω** ὑμῖν παρὰ τοῦ πατρός,
16:5 νῦν δὲ ὑπάγω πρὸς τὸν **πέμψαντά** με, καὶ οὐδεὶς ἐξ ὑμῶν ἐρωτᾷ με,
16:7 ὁ παράκλητος οὐκ ἐλεύσεται πρὸς ὑμᾶς· ἐὰν δὲ πορευθῶ, **πέμψω** αὐτὸν πρὸς ὑμᾶς.
20:21 καθὼς ἀπέσταλκέν με ὁ πατήρ, κἀγὼ **πέμπω** ὑμᾶς.
Ac 10:5 καὶ νῦν **πέμψον** ἄνδρας εἰς Ἰόππην καὶ μετάπεμψαι Σίμωνά τινα ὃς ἐπικαλεῖται Πέτρος·
10:32 **πέμψον** οὖν εἰς Ἰόππην καὶ μετακάλεσαι Σίμωνα ὃς ἐπικαλεῖται Πέτρος,
10:33 ἐξαυτῆς οὖν **ἔπεμψα** πρὸς σέ, σύ τε καλῶς ἐποίησας παραγενόμενος.
11:29 καθὼς εὐπορεῖτό τις ὥρισαν ἕκαστος αὐτῶν εἰς διακονίαν **πέμψαι** τοῖς κατοικοῦσιν ἐν τῇ Ἰουδαίᾳ ἀδελφοῖς·
15:22 τοῖς ἀποστόλοις καὶ τοῖς πρεσβυτέροις σὺν ὅλῃ τῇ ἐκκλησίᾳ ἐκλεξαμένους ἄνδρας ἐξ αὐτῶν **πέμψαι** εἰς Ἀντιόχειαν
15:25 γενομένοις ὁμοθυμαδὸν ἐκλεξαμένοις ἄνδρας **πέμψαι** πρὸς ὑμᾶς σὺν τοῖς ἀγαπητοῖς ἡμῶν Βαρναβᾷ καὶ Παύλῳ,
19:31 **πέμψαντες** πρὸς αὐτὸν παρεκάλουν μὴ δοῦναι ἑαυτὸν εἰς τὸ θέατρον.
20:17 Ἀπὸ δὲ τῆς Μιλήτου **πέμψας** εἰς Ἔφεσον μετεκαλέσατο τοὺς πρεσβυτέρους τῆς ἐκκλησίας.
23:30 μηνυθείσης δέ μοι ἐπιβουλῆς εἰς τὸν ἄνδρα ἔσεσθαι ἐξαυτῆς **ἔπεμψα** πρὸς σὲ παραγγείλας καὶ τοῖς κατηγόροις λέγειν
25:25 αὐτοῦ δὲ τούτου ἐπικαλεσαμένου τὸν Σεβαστὸν ἔκρινα **πέμπειν.**
25:27 ἄλογον γάρ μοι δοκεῖ **πέμποντα** δέσμιον μὴ καὶ τὰς κατ' αὐτοῦ αἰτίας σημᾶναι.
Ro 8:3 θεὸς τὸν ἑαυτοῦ υἱὸν **πέμψας** ἐν ὁμοιώματι σαρκὸς ἁμαρτίας καὶ περὶ ἁμαρτίας κατέκρινεν τὴν ἁμαρτίαν ἐν τῇ σαρκί,
1Co 4:17 διὰ τοῦτο **ἔπεμψα** ὑμῖν Τιμόθεον, ὅς ἐστίν μου τέκνον ἀγαπητὸν καὶ πιστὸν ἐν κυρίῳ,
16:3 δι' ἐπιστολῶν τούτους **πέμψω** ἀπενεγκεῖν τὴν χάριν ὑμῶν εἰς Ἰερουσαλήμ·
2Co 9:3 **ἔπεμψα** δὲ τοὺς ἀδελφούς, ἵνα μὴ τὸ καύχημα ἡμῶν τὸ ὑπὲρ ὑμῶν κενωθῇ ἐν τῷ μέρει τούτῳ,
Eph 6:22 ὃν **ἔπεμψα** πρὸς ὑμᾶς εἰς αὐτὸ τοῦτο, ἵνα γνῶτε τὰ περὶ ἡμῶν καὶ παρακαλέσῃ τὰς καρδίας ὑμῶν.
Php 2:19 Ἐλπίζω δὲ ἐν κυρίῳ Ἰησοῦ Τιμόθεον ταχέως **πέμψαι** ὑμῖν,
2:23 τοῦτον μὲν οὖν ἐλπίζω **πέμψαι** ὡς ἂν ἀφίδω τὰ περὶ ἐμὲ ἐξαυτῆς·
2:25 ὑμῶν δὲ ἀπόστολον καὶ λειτουργὸν τῆς χρείας μου, **πέμψαι** πρὸς ὑμᾶς,
2:28 σπουδαιοτέρως οὖν **ἔπεμψα** αὐτόν, ἵνα ἰδόντες αὐτὸν πάλιν χαρῆτε κἀγὼ ἀλυπότερος ὦ.
4:16 ὅτι καὶ ἐν Θεσσαλονίκῃ καὶ ἅπαξ καὶ δὶς εἰς τὴν χρείαν μοι **ἐπέμψατε.**
Col 4:8 ὃν **ἔπεμψα** πρὸς ὑμᾶς εἰς αὐτὸ τοῦτο, ἵνα γνῶτε τὰ περὶ ἡμῶν καὶ παρακαλέσῃ τὰς καρδίας ὑμῶν,
1Th 3:2 καὶ **ἐπέμψαμεν** Τιμόθεον, τὸν ἀδελφὸν ἡμῶν καὶ συνεργὸν τοῦ θεοῦ ἐν τῷ εὐαγγελίῳ τοῦ Χριστοῦ,
3:5 διὰ τοῦτο κἀγὼ μηκέτι στέγων **ἔπεμψα** εἰς τὸ γνῶναι τὴν πίστιν ὑμῶν,
2Th 2:11 καὶ διὰ τοῦτο **πέμπει** αὐτοῖς ὁ θεὸς ἐνέργειαν πλάνης εἰς τὸ πιστεῦσαι αὐτοὺς τῷ ψεύδει,
Tit 3:12 Ὅταν **πέμψω** Ἀρτεμᾶν πρὸς σὲ ἢ Τυχικόν, σπούδασον ἐλθεῖν πρός με εἰς Νικόπολιν,
1Pe 2:14 εἴτε ἡγεμόσιν ὡς δι' αὐτοῦ **πεμπομένοις** εἰς ἐκδίκησιν κακοποιῶν ἔπαινον δὲ ἀγαθοποιῶν·
Rev 1:11 Ὃ βλέπεις γράψον εἰς βιβλίον καὶ **πέμψον** ταῖς ἑπτὰ ἐκκλησίαις,
11:10 καὶ οἱ κατοικοῦντες ἐπὶ τῆς γῆς χαίρουσιν ἐπ' αὐτοῖς καὶ εὐφραίνονται καὶ δῶρα **πέμψουσιν** ἀλλήλοις,
14:15 **Πέμψον** τὸ δρέπανόν σου καὶ θέρισον, ὅτι ἦλθεν ἡ ὥρα θερίσαι,
14:18 **Πέμψον** σου τὸ δρέπανον τὸ ὀξὺ καὶ τρύγησον τοὺς βότρυας τῆς ἀμπέλου τῆς γῆς,
22:16 Ἐγὼ Ἰησοῦς **ἔπεμψα** τὸν ἄγγελόν μου μαρτυρῆσαι ὑμῖν ταῦτα ἐπὶ ταῖς ἐκκλησίαις.

4288 πένης [1]

→ *4293; cf. 4506*

2Co 9:9 καθὼς γέγραπται, Ἐσκόρπισεν, ἔδωκεν τοῖς **πένησιν,** ἡ δικαιοσύνη αὐτοῦ μένει εἰς τὸν αἰῶνα.

4289 πενθερά [6]

√ *4290*

Mt 8:14 Καὶ ἐλθὼν ὁ Ἰησοῦς εἰς τὴν οἰκίαν Πέτρου εἶδεν τὴν **πενθερὰν** αὐτοῦ βεβλημένην καὶ πυρέσσουσαν·
10:35 ἦλθον γὰρ διχάσαι ἄνθρωπον κατὰ τοῦ πατρὸς αὐτοῦ καὶ θυγατέρα κατὰ τῆς μητρὸς αὐτῆς καὶ νύμφην κατὰ τῆς **πενθερᾶς** αὐτῆς,
Mk 1:30 ἡ δὲ **πενθερὰ** Σίμωνος κατέκειτο πυρέσσουσα, καὶ εὐθὺς λέγουσιν αὐτῷ περὶ αὐτῆς.
Lk 4:38 **πενθερὰ** δὲ τοῦ Σίμωνος ἦν συνεχομένη πυρετῷ μεγάλῳ καὶ ἠρώτησαν αὐτὸν περὶ αὐτῆς.
12:53 **πενθερὰ** ἐπὶ τὴν νύμφην αὐτῆς καὶ νύμφη ἐπὶ τὴν **πενθεράν.**

4290 πενθερός [1]

→ *4289*

Jn 18:13 ἦν γὰρ **πενθερὸς** τοῦ Καϊάφα, ὃς ἦν ἀρχιερεὺς τοῦ ἐνιαυτοῦ ἐκείνου·

4291 πενθέω [10]

√ 4292

Mt 5: 4 μακάριοι οἱ **πενθοῦντες,** ὅτι αὐτοὶ παρακληθήσονται.
9: 15 Μὴ δύνανται οἱ υἱοὶ τοῦ νυμφῶνος **πενθεῖν** ἐφ᾽ ὅσον μετ᾽ αὐτῶν ἐστιν ὁ νυμφίος;
Mk 16: 10 [[ἐκείνη πορευθεῖσα ἀπήγγειλεν τοῖς μετ᾽ αὐτοῦ γενομένοις **πενθοῦσι** καὶ κλαίουσιν·]]
Lk 6: 25 οὐαί, οἱ γελῶντες νῦν, ὅτι **πενθήσετε** καὶ κλαύσετε.
1Co 5: 2 καὶ ὑμεῖς πεφυσιωμένοι ἐστὲ καὶ οὐχὶ μᾶλλον **ἐπενθήσατε,**
2Co 12: 21 μὴ πάλιν ἐλθόντος μου ταπεινώσῃ με ὁ θεός μου πρὸς ὑμᾶς καὶ **πενθήσω** πολλοὺς τῶν προημαρτηκότων καὶ μὴ μετανοησάντων
Jas 4: 9 ταλαιπωρήσατε καὶ **πενθήσατε** καὶ κλαύσατε. ὁ γέλως ὑμῶν εἰς πένθος μετατραπήτω καὶ ἡ χαρὰ εἰς κατήφειαν.
Rev 18: 11 Καὶ οἱ ἔμποροι τῆς γῆς κλαίουσιν καὶ **πενθοῦσιν** ἐπ᾽ αὐτήν,
18: 15 οἱ πλουτήσαντες ἀπ᾽ αὐτῆς ἀπὸ μακρόθεν στήσονται διὰ τὸν φόβον τοῦ βασανισμοῦ αὐτῆς κλαίοντες καὶ **πενθοῦντες**
18: 19 καὶ ἔβαλον χοῦν ἐπὶ τὰς κεφαλὰς αὐτῶν καὶ ἔκραζον κλαίοντες καὶ **πενθοῦντες** λέγοντες,

4292 πένθος [5]

→ 4291

Jas 4: 9 ὁ γέλως ὑμῶν εἰς **πένθος** μετατραπήτω καὶ ἡ χαρὰ εἰς κατήφειαν.
Rev 18: 7 ὅσα ἐδόξασεν αὐτὴν καὶ ἐστρηνίασεν, τοσοῦτον δότε αὐτῇ βασανισμὸν καὶ **πένθος.** ὅτι ἐν τῇ καρδίᾳ αὐτῆς λέγει ὅτι Κάθημαι βασίλισσα καὶ χήρα οὐκ εἰμὶ καὶ **πένθος** οὐ μὴ ἴδω.
18: 8 θάνατος καὶ **πένθος** καὶ λιμός, καὶ ἐν πυρὶ κατακαυθήσεται,
21: 4 καὶ ὁ θάνατος οὐκ ἔσται ἔτι οὔτε **πένθος** οὔτε κραυγὴ οὔτε πόνος οὐκ ἔσται ἔτι,

4293 πενιχρός [1]

√ 4288

Lk 21: 2 εἶδεν δέ τινα χήραν **πενιχρὰν** βάλλουσαν ἐκεῖ λεπτὰ δύο,

4294 πεντάκις [1]

√ 4297

2Co 11: 24 ὑπὸ Ἰουδαίων **πεντάκις** τεσσεράκοντα παρὰ μίαν ἔλαβον,

4295 πεντακισχίλιοι [6]

√ 4297 + 5943

Mt 14: 21 οἱ δὲ ἐσθίοντες ἦσαν ἄνδρες ὡσεὶ **πεντακισχίλιοι** χωρὶς γυναικῶν καὶ παιδίων.
16: 9 οὐδὲ μνημονεύετε τοὺς πέντε ἄρτους τῶν **πεντακισχιλίων** καὶ πόσους κοφίνους ἐλάβετε;
Mk 6: 44 καὶ ἦσαν οἱ φαγόντες [τοὺς ἄρτους] **πεντακισχίλιοι** ἄνδρες.
8: 19 ὅτε τοὺς πέντε ἄρτους ἔκλασα εἰς τοὺς **πεντακισχιλίους,**
Lk 9: 14 ἦσαν γὰρ ὡσεὶ ἄνδρες **πεντακισχίλιοι.** εἶπεν δὲ πρὸς τοὺς μαθητὰς αὐτοῦ,
Jn 6: 10 ἀνέπεσαν οὖν οἱ ἄνδρες τὸν ἀριθμὸν ὡς **πεντακισχίλιοι.**

4296 πεντακόσιοι [2]

√ 4297

Lk 7: 41 ὁ εἷς ὤφειλεν δηνάρια **πεντακόσια,** ὁ δὲ ἕτερος πεντήκοντα.
1Co 15: 6 ἔπειτα ὤφθη ἐπάνω **πεντακοσίοις** ἀδελφοῖς ἐφάπαξ, ἐξ ὧν οἱ πλείονες μένουσιν ἕως ἄρτι,

4297 πέντε [38]

→ 1278, 4285, 4286, 4294, 4295, 4296, 4298, 4299, 4300

Mt 14: 17 Οὐκ ἔχομεν ὧδε εἰ μὴ **πέντε** ἄρτους καὶ δύο ἰχθύας.
14: 19 λαβὼν τοὺς **πέντε** ἄρτους καὶ τοὺς δύο ἰχθύας,
16: 9 οὐδὲ μνημονεύετε τοὺς **πέντε** ἄρτους τῶν πεντακισχιλίων καὶ πόσους κοφίνους ἐλάβετε;
25: 2 **πέντε** δὲ ἐξ αὐτῶν ἦσαν μωραὶ καὶ **πέντε** φρόνιμοι.
25: 15 καὶ ᾧ μὲν ἔδωκεν **πέντε** τάλαντα, ᾧ δὲ δύο,
25: 16 πορευθεὶς ὁ τὰ **πέντε** τάλαντα λαβὼν ἠργάσατο ἐν αὐτοῖς καὶ ἐκέρδησεν ἄλλα **πέντε·**
25: 20 καὶ προσελθὼν ὁ τὰ **πέντε** τάλαντα λαβὼν προσήνεγκεν ἄλλα **πέντε** τάλαντα λέγων, Κύριε, **πέντε** τάλαντά μοι παρέδωκας· ἴδε ἄλλα **πέντε** τάλαντα ἐκέρδησα.
Mk 6: 38 ὑπάγετε ἴδετε. καὶ γνόντες λέγουσιν, **Πέντε,** καὶ δύο ἰχθύας.
6: 41 καὶ λαβὼν τοὺς **πέντε** ἄρτους καὶ τοὺς δύο ἰχθύας ἀναβλέψας εἰς τὸν οὐρανὸν εὐλόγησεν καὶ κατέκλασεν τοὺς ἄρτους
8: 19 ὅτε τοὺς **πέντε** ἄρτους ἔκλασα εἰς τοὺς πεντακισχιλίους,
Lk 1: 24 Μετὰ δὲ ταύτας τὰς ἡμέρας συνέλαβεν Ἐλισάβετ ἡ γυνὴ αὐτοῦ καὶ περιέκρυβεν ἑαυτὴν μῆνας **πέντε** λέγουσα
9: 13 Οὐκ εἰσὶν ἡμῖν πλεῖον ἢ ἄρτοι **πέντε** καὶ ἰχθύες δύο,
9: 16 λαβὼν δὲ τοὺς **πέντε** ἄρτους καὶ τοὺς δύο ἰχθύας ἀναβλέψας εἰς τὸν οὐρανὸν εὐλόγησεν αὐτοὺς καὶ κατέκλασεν καὶ ἐδίδου τοῖς μαθηταῖς παραθεῖναι τῷ ὄχλῳ.
12: 6 οὐχὶ **πέντε** στρουθία πωλοῦνται ἀσσαρίων δύο; καὶ ἓν ἐξ αὐτῶν οὐκ ἔστιν ἐπιλελησμένον ἐνώπιον τοῦ θεοῦ.
12: 52 ἔσονται γὰρ ἀπὸ τοῦ νῦν **πέντε** ἐν ἑνὶ οἴκῳ διαμεμερισμένοι,
14: 19 Ζεύγη βοῶν ἠγόρασα **πέντε** καὶ πορεύομαι δοκιμάσαι αὐτά·
16: 28 ἔχω γὰρ **πέντε** ἀδελφούς, ὅπως διαμαρτύρηται αὐτοῖς, ἵνα μὴ καὶ αὐτοὶ ἔλθωσιν εἰς τὸν τόπον τοῦτον τῆς βασάνου.
19: 18 καὶ ἦλθεν ὁ δεύτερος λέγων, Ἡ μνᾶ σου, κύριε, ἐποίησεν **πέντε** μνᾶς.
19: 19 εἶπεν δὲ καὶ τούτῳ, Καὶ σὺ ἐπάνω γίνου **πέντε** πόλεων.
Jn 4: 18 **πέντε** γὰρ ἄνδρας ἔσχες καὶ νῦν ὃν ἔχεις οὐκ ἔστιν σου ἀνήρ·
5: 2 ἔστιν δὲ ἐν τοῖς Ἱεροσολύμοις ἐπὶ τῇ προβατικῇ κολυμβήθρα ἡ ἐπιλεγομένη Ἑβραϊστὶ Βηθζαθὰ **πέντε** στοὰς ἔχουσα.
6: 9 Ἔστιν παιδάριον ὧδε ὃς ἔχει **πέντε** ἄρτους κριθίνους καὶ δύο ὀψάρια·
6: 13 καὶ ἐγέμισαν δώδεκα κοφίνους κλασμάτων ἐκ τῶν **πέντε** ἄρτων τῶν κριθίνων ἃ ἐπερίσσευσαν τοῖς βεβρωκόσιν.
6: 19 ἐληλακότες οὖν ὡς σταδίους εἴκοσι **πέντε** ἢ τριάκοντα θεωροῦσιν τὸν Ἰησοῦν περιπατοῦντα ἐπὶ τῆς θαλάσσης
Ac 4: 4 καὶ ἐγενήθη [ὁ] ἀριθμὸς τῶν ἀνδρῶν [ὡς] χιλιάδες **πέντε.**
7: 14 ἀποστείλας δὲ Ἰωσὴφ μετεκαλέσατο Ἰακὼβ τὸν πατέρα αὐτοῦ καὶ πᾶσαν τὴν συγγένειαν ἐν ψυχαῖς ἑβδομήκοντα **πέντε.**
19: 19 καὶ συνεψήφισαν τὰς τιμὰς αὐτῶν καὶ εὗρον ἀργυρίου μυριάδας **πέντε.**
20: 6 ἐξεπλεύσαμεν μετὰ τὰς ἡμέρας τῶν ἀζύμων ἀπὸ Φιλίππων καὶ ἤλθομεν πρὸς αὐτοὺς εἰς τὴν Τρῳάδα ἄχρι ἡμερῶν **πέντε,**
24: 1 Μετὰ δὲ **πέντε** ἡμέρας κατέβη ὁ ἀρχιερεὺς Ἁνανίας μετὰ πρεσβυτέρων τινῶν καὶ ῥήτορος Τερτύλλου τινός,
1Co 14: 19 ἀλλὰ ἐν ἐκκλησίᾳ θέλω **πέντε** λόγους τῷ νοΐ μου λαλῆσαι,
Rev 9: 5 καὶ ἐδόθη αὐτοῖς ἵνα μὴ ἀποκτείνωσιν αὐτούς, ἀλλ᾽ ἵνα βασανισθήσονται μῆνας **πέντε,**
9: 10 καὶ ἐν ταῖς οὐραῖς αὐτῶν ἡ ἐξουσία αὐτῶν ἀδικῆσαι τοὺς ἀνθρώπους μῆνας **πέντε,**
17: 10 οἱ **πέντε** ἔπεσαν, ὁ εἷς ἔστιν, ὁ ἄλλος οὔπω ἦλθεν,

4298 πεντεκαιδέκατος [1]

√ 4297 + 2779 + 1274

Lk 3: 1 Ἐν ἔτει δὲ **πεντεκαιδεκάτῳ** τῆς ἡγεμονίας Τιβερίου Καίσαρος,

4299 πεντήκοντα [7]

√ 4297

Mk 6: 40 ἀνέπεσαν πρασιαὶ πρασιαὶ κατὰ ἑκατὸν καὶ κατὰ **πεντήκοντα.**
Lk 7: 41 ὁ εἷς ὤφειλεν δηνάρια πεντακόσια, ὁ δὲ ἕτερος **πεντήκοντα.**
9: 14 εἶπεν δὲ πρὸς τοὺς μαθητὰς αὐτοῦ, Κατακλίνατε αὐτοὺς κλισίας [ὡσεὶ] ἀνὰ **πεντήκοντα.**
16: 6 Δέξαι σου τὰ γράμματα καὶ καθίσας ταχέως γράψον **πεντήκοντα.**
Jn 8: 57 εἶπον οὖν οἱ Ἰουδαῖοι πρὸς αὐτόν, **Πεντήκοντα** ἔτη οὔπω ἔχεις καὶ Ἀβραὰμ ἑώρακας;
21: 11 ἀνέβη οὖν Σίμων Πέτρος καὶ εἵλκυσεν τὸ δίκτυον εἰς τὴν γῆν μεστὸν ἰχθύων μεγάλων ἑκατὸν **πεντήκοντα** τριῶν·
Ac 13: 20 ὡς ἔτεσιν τετρακοσίοις καὶ **πεντήκοντα.** καὶ μετὰ ταῦτα ἔδωκεν κριτὰς ἕως Σαμουὴλ [τοῦ] προφήτου.

4300 πεντηκοστή [3]

√ 4297

Ac 2: 1 Καὶ ἐν τῷ συμπληροῦσθαι τὴν ἡμέραν τῆς **πεντηκοστῆς** ἦσαν πάντες ὁμοῦ ἐπὶ τὸ αὐτό.

20:16 ἔσπευδεν γὰρ εἰ δυνατὸν εἴη αὐτῷ τὴν ἡμέραν τῆς **πεντηκοστῆς** γενέσθαι εἰς Ἱεροσόλυμα.
1Co 16: 8 ἐπιμενῶ δὲ ἐν Ἐφέσῳ ἕως τῆς **πεντηκοστῆς·**

4301 πεποίθησις [6]

√ *4275*

2Co 1:15 ταύτῃ τῇ **πεποιθήσει** ἐβουλόμην πρότερον πρὸς ὑμᾶς ἐλθεῖν,
3: 4 **Πεποίθησιν** δὲ τοιαύτην ἔχομεν διὰ τοῦ Χριστοῦ πρὸς τὸν θεόν.
8:22 νυνὶ δὲ πολὺ σπουδαιότερον **πεποιθήσει** πολλῇ τῇ εἰς ὑμᾶς.
10: 2 δέομαι δὲ τὸ μὴ παρὼν θαρρῆσαι τῇ **πεποιθήσει** ᾗ λογίζομαι τολμῆσαι ἐπί τινας τοὺς λογιζομένους ἡμᾶς ὡς κατὰ σάρκα
Eph 3:12 ἐν ᾧ ἔχομεν τὴν παρρησίαν καὶ προσαγωγὴν ἐν **πεποιθήσει** διὰ τῆς πίστεως αὐτοῦ.
Php 3: 4 καίπερ ἐγὼ ἔχων **πεποίθησιν** καὶ ἐν σαρκί. εἴ τις δοκεῖ ἄλλος πεποιθέναι ἐν σαρκί,

4302 -περ Not used in UBS/NIV

→ *1478, 1570, 1642, 2077, 2080, 2472, 2749, 2778, 2788, 4013, 6061, 6062*

4303 Πέραια Not used in UBS/NIV

√ *4305*

4304 περαιτέρω [1]

√ *4305*

Ac 19:39 εἰ δέ τι **περαιτέρω** ἐπιζητεῖτε, ἐν τῇ ἐννόμῳ ἐκκλησίᾳ ἐπιλυθήσεται.

4305 πέραν [23 / 22]

→ *527, 596, 1385, 4303, 4304, 4306, 4373, 4405; cf. 4513*

τὸ πέραν [9] Mt 8:18,28; 14:22; 16:5; Mk 4:35; 5:1,21; 8:13; Lk 8:22

Mt 4:15 ὁδὸν θαλάσσης, **πέραν** τοῦ Ἰορδάνου, Γαλιλαία τῶν ἐθνῶν,
4:25 καὶ ἠκολούθησαν αὐτῷ ὄχλοι πολλοὶ ἀπὸ τῆς Γαλιλαίας καὶ Δεκαπόλεως καὶ Ἱεροσολύμων καὶ Ἰουδαίας καὶ **πέραν** τοῦ Ἰορδάνου.
8:18 Ἰδὼν δὲ ὁ Ἰησοῦς ὄχλον περὶ αὐτὸν ἐκέλευσεν ἀπελθεῖν εἰς τὸ **πέραν.**
8:28 Καὶ ἐλθόντος αὐτοῦ εἰς τὸ **πέραν** εἰς τὴν χώραν τῶν Γαδαρηνῶν ὑπήντησαν αὐτῷ δύο δαιμονιζόμενοι
14:22 Καὶ εὐθέως ἠνάγκασεν τοὺς μαθητὰς ἐμβῆναι εἰς τὸ πλοῖον καὶ προάγειν αὐτὸν εἰς τὸ **πέραν,**
16: 5 ἐλθόντες οἱ μαθηταὶ εἰς τὸ **πέραν** ἐπελάθοντο ἄρτους λαβεῖν.
19: 1 μετῆρεν ἀπὸ τῆς Γαλιλαίας καὶ ἦλθεν εἰς τὰ ὅρια τῆς Ἰουδαίας **πέραν** τοῦ Ἰορδάνου.
Mk 3: 8 καὶ ἀπὸ Ἱεροσολύμων καὶ ἀπὸ τῆς Ἰδουμαίας καὶ **πέραν** τοῦ Ἰορδάνου καὶ περὶ Τύρον καὶ Σιδῶνα,
4:35 Καὶ λέγει αὐτοῖς ἐν ἐκείνῃ τῇ ἡμέρᾳ ὀψίας γενομένης, Διέλθωμεν εἰς τὸ **πέραν.**
5: 1 Καὶ ἦλθον εἰς τὸ **πέραν** τῆς θαλάσσης εἰς τὴν χώραν τῶν Γερασηνῶν.
5:21 Καὶ διαπεράσαντος τοῦ Ἰησοῦ [ἐν τῷ πλοίῳ] πάλιν εἰς τὸ **πέραν** συνήχθη ὄχλος πολὺς ἐπ' αὐτόν,
6:45 Καὶ εὐθὺς ἠνάγκασεν τοὺς μαθητὰς αὐτοῦ ἐμβῆναι εἰς τὸ πλοῖον καὶ προάγειν εἰς τὸ **πέραν**[NIV-] πρὸς Βηθσαϊδάν,
8:13 καὶ ἀφεὶς αὐτοὺς πάλιν ἐμβὰς ἀπῆλθεν εἰς τὸ **πέραν.**
10: 1 Καὶ ἐκεῖθεν ἀναστὰς ἔρχεται εἰς τὰ ὅρια τῆς Ἰουδαίας [καὶ] **πέραν** τοῦ Ἰορδάνου,
Lk 8:22 Διέλθωμεν εἰς τὸ **πέραν** τῆς λίμνης, καὶ ἀνήχθησαν.
Jn 1:28 Ταῦτα ἐν Βηθανίᾳ ἐγένετο **πέραν** τοῦ Ἰορδάνου, ὅπου ἦν ὁ Ἰωάννης βαπτίζων.
3:26 Ῥαββί, ὃς ἦν μετὰ σοῦ **πέραν** τοῦ Ἰορδάνου,
6: 1 Μετὰ ταῦτα ἀπῆλθεν ὁ Ἰησοῦς **πέραν** τῆς θαλάσσης τῆς Γαλιλαίας τῆς Τιβεριάδος.
6:17 καὶ ἐμβάντες εἰς πλοῖον ἤρχοντο **πέραν** τῆς θαλάσσης εἰς Καφαρναούμ.
6:22 Τῇ ἐπαύριον ὁ ὄχλος ὁ ἑστηκὼς **πέραν** τῆς θαλάσσης εἶδον ὅτι πλοιάριον ἄλλο οὐκ ἦν ἐκεῖ εἰ μὴ ἓν καὶ ὅτι οὐ συνεισῆλθεν
6:25 καὶ εὑρόντες αὐτὸν **πέραν** τῆς θαλάσσης εἶπον αὐτῷ,
10:40 Καὶ ἀπῆλθεν πάλιν **πέραν** τοῦ Ἰορδάνου εἰς τὸν τόπον ὅπου ἦν Ἰωάννης τὸ πρῶτον βαπτίζων καὶ ἔμεινεν ἐκεῖ.
18: 1 Ταῦτα εἰπὼν Ἰησοῦς ἐξῆλθεν σὺν τοῖς μαθηταῖς αὐτοῦ **πέραν** τοῦ χειμάρρου τοῦ Κεδρὼν ὅπου ἦν κῆπος,

4306 πέρας [4]

√ *4305*

Mt 12:42 ὅτι ἦλθεν ἐκ τῶν **περάτων** τῆς γῆς ἀκοῦσαι τὴν σοφίαν Σολομῶνος,
Lk 11:31 ὅτι ἦλθεν ἐκ τῶν **περάτων** τῆς γῆς ἀκοῦσαι τὴν σοφίαν Σολομῶνος,
Ro 10:18 Εἰς πᾶσαν τὴν γῆν ἐξῆλθεν ὁ φθόγγος αὐτῶν καὶ εἰς τὰ **πέρατα** τῆς οἰκουμένης τὰ ῥήματα αὐτῶν.
Heb 6:16 καὶ πάσης αὐτοῖς ἀντιλογίας **πέρας** εἰς βεβαίωσιν ὁ ὅρκος·

4307 Πέργαμος [2]

Rev 1:11 εἰς Ἔφεσον καὶ εἰς Σμύρναν καὶ εἰς **Πέργαμον** καὶ εἰς Θυάτειρα καὶ εἰς Σάρδεις καὶ εἰς **Φιλαδέλφειαν**
2:12 Καὶ τῷ ἀγγέλῳ τῆς ἐν **Περγάμῳ** ἐκκλησίας γράψον·

4308 Πέργη [3]

Ac 13:13 Ἀναχθέντες δὲ ἀπὸ τῆς Πάφου οἱ περὶ Παῦλον ἦλθον εἰς **Πέργην** τῆς Παμφυλίας,
13:14 αὐτοὶ δὲ διελθόντες ἀπὸ τῆς **Πέργης** παρεγένοντο εἰς Ἀντιόχειαν τὴν Πισιδίαν,
14:25 καὶ λαλήσαντες ἐν **Πέργῃ** τὸν λόγον κατέβησαν εἰς Ἀττάλειαν

4309 περί [333 / 332]

→ *597, 598, 1853, 2341, 2342, 4310, 4311, 4312, 4313, 4314, 4315, 4316, 4317, 4318, 4319, 4320, 4321, 4322, 4323, 4324, 4325, 4326, 4327, 4328, 4329, 4330, 4331, 4332, 4333, 4334, 4335, 4336, 4337, 4338, 4339, 4340, 4341, 4342, 4343, 4344, 4345, 4346, 4347, 4348, 4349, 4350, 4351, 4352, 4362, 4363, 4364, 4365, 4366, 4367, 4368, 4369, 4370, 5226, 5227; cf. 4356*

accusative object [58] Mt 4:18; 13:1,4,19; 15:29,30; 20:30; Mk 1:16; 2:13; 4:1,4,15; 5:21; 10:46; Lk 3:13; 5:1,2; 7:38; 8:5,12,35,41; 13:2,4; 17:16; 18:14,35; Ac 4:35; 5:2; 7:58; 10:6,32; 16:13; 18:13; 22:3; Ro 1:25,26; 4:18; 12:3; 14:5; 16:17; 1Co 3:11; 12:15,16; 2Co 8:3; 11:24; Gal 1:8,9; Heb 1:4,9; 2:7,9; 3:3; 9:23; 11:4,11,12; 12:24

dative object [54] Mt 6:1; 8:10; 19:26,26; 22:25; 28:15; Mk 10:27,27,27; Lk 1:30; 2:52; 9:47; 11:37; 18:27,27; 19:7; Jn 1:39; 4:40; 8:38; 14:17,23,25; 17:5,5; 19:25; Ac 9:43; 10:6; 18:3; 21:7,8,16; 26:8; 28:14; Ro 2:11,13; 9:14; 11:24,25; 12:16; 1Co 3:19; 7:24; 16:2; 2Co 1:17; Gal 3:11; Eph 6:9; Col 4:16; 2Th 1:6; 2Ti 4:13; Jas 1:17,27; 1Pe 2:4,20; 2Pe 3:8; Rev 2:13

genitive object [82] Mt 2:4,7,16; 18:19; 21:42; Mk 3:21; 5:26; 8:11; 12:2,11; 14:43; 16:9; Lk 1:37,45; 2:1; 6:19,34; 8:49; 10:7; 11:16; 12:48; Jn 1:6,14,40; 4:9,52; 5:34,41,44,44; 6:45,46; 7:29,51; 8:26,38,40; 9:16,33; 10:18; 15:15,26,26; 16:27,28; 17:7,8; Ac 2:33; 3:2,5; 7:16; 9:2,14; 10:22; 17:9; 20:24; 22:5; 24:8; 26:10; 28:22; Ro 11:27; Gal 1:12; Eph 6:8; Php 4:18,18; 1Th 2:13; 4:1; 2Th 3:6,8; 2Ti 1:13,18; 2:2; 3:14; Jas 1:5,7; 2Pe 1:17; 2:11; 2Jn 1:3,3,4; Rev 2:27; 3:18

Mt 2: 8 καὶ πέμψας αὐτοὺς εἰς Βηθλέεμ εἶπεν, Πορευθέντες ἐξετάσατε ἀκριβῶς **περὶ** τοῦ παιδίου·
3: 4 Αὐτὸς δὲ ὁ Ἰωάννης εἶχεν τὸ ἔνδυμα αὐτοῦ ἀπὸ τριχῶν καμήλου καὶ ζώνην δερματίνην **περὶ** τὴν ὀσφὺν αὐτοῦ,
4: 6 γέγραπται γὰρ ὅτι Τοῖς ἀγγέλοις αὐτοῦ ἐντελεῖται **περὶ** σοῦ καὶ ἐπὶ χειρῶν ἀροῦσίν σε,
6:28 καὶ **περὶ** ἐνδύματος τί μεριμνᾶτε; καταμάθετε τὰ κρίνα τοῦ ἀγροῦ πῶς αὐξάνουσιν·
8:18 Ἰδὼν δὲ ὁ Ἰησοῦς ὄχλον **περὶ** αὐτὸν ἐκέλευσεν ἀπελθεῖν εἰς τὸ πέραν.
9:36 Ἰδὼν δὲ τοὺς ὄχλους ἐσπλαγχνίσθη **περὶ** αὐτῶν, ὅτι ἦσαν ἐσκυλμένοι καὶ ἐρριμμένοι ὡσεὶ πρόβατα μὴ ἔχοντα ποιμένα.
11: 7 Τούτων δὲ πορευομένων ἤρξατο ὁ Ἰησοῦς λέγειν τοῖς ὄχλοις **περὶ** Ἰωάννου,

11:10 οὗτός ἐστιν **περὶ** οὗ γέγραπται, Ἰδοὺ ἐγὼ ἀποστέλλω τὸν ἄγγελόν μου πρὸ προσώπου σου,
12:36 λέγω δὲ ὑμῖν ὅτι πᾶν ῥῆμα ἀργὸν ὃ λαλήσουσιν οἱ ἄνθρωποι ἀποδώσουσιν **περὶ** αὐτοῦ λόγον ἐν ἡμέρᾳ κρίσεως·
15: 7 ὑποκριταί, καλῶς ἐπροφήτευσεν **περὶ** ὑμῶν Ἠσαΐας λέγων,
16:11 πῶς οὐ νοεῖτε ὅτι οὐ **περὶ** ἄρτων εἶπον ὑμῖν;
17:13 τότε συνῆκαν οἱ μαθηταὶ ὅτι **περὶ** Ἰωάννου τοῦ βαπτιστοῦ εἶπεν αὐτοῖς.
18: 6 συμφέρει αὐτῷ ἵνα κρεμασθῇ μύλος ὀνικὸς **περὶ** τὸν τράχηλον αὐτοῦ καὶ καταποντισθῇ ἐν τῷ πελάγει τῆς θαλάσσης.
18:19 Πάλιν [ἀμὴν] λέγω ὑμῖν ὅτι ἐὰν δύο συμφωνήσωσιν ἐξ ὑμῶν ἐπὶ τῆς γῆς **περὶ** παντὸς πράγματος οὗ ἐὰν αἰτήσωνται,
19:17 ὁ δὲ εἶπεν αὐτῷ, Τί με ἐρωτᾷς **περὶ** τοῦ ἀγαθοῦ;
20: 3 καὶ ἐξελθὼν **περὶ** τρίτην ὥραν εἶδεν ἄλλους ἑστῶτας ἐν τῇ ἀγορᾷ ἀργοὺς
20: 5 πάλιν [δὲ] ἐξελθὼν **περὶ** ἕκτην καὶ ἐνάτην ὥραν ἐποίησεν ὡσαύτως.
20: 6 **περὶ** δὲ τὴν ἑνδεκάτην ἐξελθὼν εὗρεν ἄλλους ἑστῶτας καὶ λέγει αὐτοῖς,
20: 9 καὶ ἐλθόντες οἱ **περὶ** τὴν ἑνδεκάτην ὥραν ἔλαβον ἀνὰ δηνάριον.
20:24 Καὶ ἀκούσαντες οἱ δέκα ἠγανάκτησαν **περὶ** τῶν δύο ἀδελφῶν.
21:45 Καὶ ἀκούσαντες οἱ ἀρχιερεῖς καὶ οἱ Φαρισαῖοι τὰς παραβολὰς αὐτοῦ ἔγνωσαν ὅτι **περὶ** αὐτῶν λέγει·
22:16 οἴδαμεν ὅτι ἀληθὴς εἶ καὶ τὴν ὁδὸν τοῦ θεοῦ ἐν ἀληθείᾳ διδάσκεις καὶ οὐ μέλει σοι **περὶ** οὐδενός·
22:31 **περὶ** δὲ τῆς ἀναστάσεως τῶν νεκρῶν οὐκ ἀνέγνωτε τὸ ῥηθὲν ὑμῖν ὑπὸ τοῦ θεοῦ λέγοντος,
22:42 λέγων, Τί ὑμῖν δοκεῖ **περὶ** τοῦ Χριστοῦ; τίνος υἱός ἐστιν;
24:36 **Περὶ** δὲ τῆς ἡμέρας ἐκείνης καὶ ὥρας οὐδεὶς οἶδεν,
26:24 ὁ μὲν υἱὸς τοῦ ἀνθρώπου ὑπάγει καθὼς γέγραπται **περὶ** αὐτοῦ,
26:28 τοῦτο γάρ ἐστιν τὸ αἷμά μου τῆς διαθήκης τὸ **περὶ** πολλῶν ἐκχυννόμενον εἰς ἄφεσιν ἁμαρτιῶν.
27:46 **περὶ** δὲ τὴν ἐνάτην ὥραν ἀνεβόησεν ὁ Ἰησοῦς φωνῇ μεγάλῃ λέγων,

Mk 1: 6 ὁ Ἰωάννης ἐνδεδυμένος τρίχας καμήλου καὶ ζώνην δερματίνην **περὶ** τὴν ὀσφὺν αὐτοῦ καὶ ἐσθίων ἀκρίδας καὶ μέλι ἄγριον.
1:30 ἡ δὲ πενθερὰ Σίμωνος κατέκειτο πυρέσσουσα, καὶ εὐθὺς λέγουσιν αὐτῷ **περὶ** αὐτῆς.
1:44 ἀλλὰ ὕπαγε σεαυτὸν δεῖξον τῷ ἱερεῖ καὶ προσένεγκε **περὶ** τοῦ καθαρισμοῦ σου ἃ προσέταξεν Μωϋσῆς,
3: 8 καὶ ἀπὸ Ἱεροσολύμων καὶ ἀπὸ τῆς Ἰδουμαίας καὶ πέραν τοῦ Ἰορδάνου καὶ **περὶ** Τύρον καὶ Σιδῶνα,
3:32 καὶ ἐκάθητο **περὶ** αὐτὸν ὄχλος, καὶ λέγουσιν αὐτῷ,
3:34 καὶ περιβλεψάμενος τοὺς **περὶ** αὐτὸν κύκλῳ καθημένους λέγει,
4:10 ἠρώτων αὐτὸν οἱ **περὶ** αὐτὸν σὺν τοῖς δώδεκα τὰς παραβολάς.
4:19 καὶ ἡ ἀπάτη τοῦ πλούτου καὶ αἱ **περὶ** τὰ λοιπὰ ἐπιθυμίαι εἰσπορευόμεναι συμπνίγουσιν τὸν λόγον καὶ ἄκαρπος γίνεται.
5:16 καὶ διηγήσαντο αὐτοῖς οἱ ἰδόντες πῶς ἐγένετο τῷ δαιμονιζομένῳ καὶ **περὶ** τῶν χοίρων.
5:27 ἀκούσασα **περὶ** τοῦ Ἰησοῦ, ἐλθοῦσα ἐν τῷ ὄχλῳ ὄπισθεν ἥψατο τοῦ ἱματίου αὐτοῦ·
6:48 **περὶ** τετάρτην φυλακὴν τῆς νυκτὸς ἔρχεται πρὸς αὐτοὺς περιπατῶν ἐπὶ τῆς θαλάσσης καὶ ἤθελεν παρελθεῖν αὐτούς.
7: 6 ὁ δὲ εἶπεν αὐτοῖς, Καλῶς ἐπροφήτευσεν Ἠσαΐας **περὶ** ὑμῶν τῶν ὑποκριτῶν,
7:25 ἀλλ' εὐθὺς ἀκούσασα γυνὴ **περὶ** αὐτοῦ, ἧς εἶχεν τὸ θυγάτριον αὐτῆς πνεῦμα ἀκάθαρτον,
8:30 καὶ ἐπετίμησεν αὐτοῖς ἵνα μηδενὶ λέγωσιν **περὶ** αὐτοῦ.
9:14 Καὶ ἐλθόντες πρὸς τοὺς μαθητὰς εἶδον ὄχλον πολὺν **περὶ** αὐτοὺς καὶ γραμματεῖς συζητοῦντας πρὸς αὐτούς.
9:42 καλόν ἐστιν αὐτῷ μᾶλλον εἰ περίκειται μύλος ὀνικὸς **περὶ** τὸν τράχηλον αὐτοῦ καὶ βέβληται εἰς τὴν θάλασσαν.
10:10 Καὶ εἰς τὴν οἰκίαν πάλιν οἱ μαθηταὶ **περὶ** τούτου ἐπηρώτων αὐτόν.
10:41 Καὶ ἀκούσαντες οἱ δέκα ἤρξαντο ἀγανακτεῖν **περὶ** Ἰακώβου καὶ Ἰωάννου.
12:14 οἴδαμεν ὅτι ἀληθὴς εἶ καὶ οὐ μέλει σοι **περὶ** οὐδενός·
12:26 **περὶ** δὲ τῶν νεκρῶν ὅτι ἐγείρονται οὐκ ἀνέγνωτε ἐν τῇ βίβλῳ Μωϋσέως ἐπὶ τοῦ βάτου πῶς εἶπεν αὐτῷ ὁ θεὸς λέγων,
13:32 **Περὶ** δὲ τῆς ἡμέρας ἐκείνης ἢ τῆς ὥρας οὐδεὶς οἶδεν,
14:21 ὅτι ὁ μὲν υἱὸς τοῦ ἀνθρώπου ὑπάγει καθὼς γέγραπται **περὶ** αὐτοῦ,
16: S ⟦Πάντα δὲ τὰ παρηγγελμένα τοῖς **περὶ**[NIV-] τὸν Πέτρον συντόμως ἐξήγγειλαν.⟧

Lk 1: 1 Ἐπειδήπερ πολλοὶ ἐπεχείρησαν ἀνατάξασθαι διήγησιν **περὶ** τῶν πεπληροφορημένων ἐν ἡμῖν πραγμάτων,
1: 4 ἵνα ἐπιγνῷς **περὶ** ὧν κατηχήθης λόγων τὴν ἀσφάλειαν.
2:17 ἰδόντες δὲ ἐγνώρισαν **περὶ** τοῦ ῥήματος τοῦ λαληθέντος αὐτοῖς **περὶ** τοῦ παιδίου τούτου.
2:18 καὶ πάντες οἱ ἀκούσαντες ἐθαύμασαν **περὶ** τῶν λαληθέντων ὑπὸ τῶν ποιμένων πρὸς αὐτούς·
2:27 καὶ ἐν τῷ εἰσαγαγεῖν τοὺς γονεῖς τὸ παιδίον Ἰησοῦν τοῦ ποιῆσαι αὐτοὺς κατὰ τὸ εἰθισμένον τοῦ νόμου **περὶ** αὐτοῦ
2:33 καὶ ἦν ὁ πατὴρ αὐτοῦ καὶ ἡ μήτηρ θαυμάζοντες ἐπὶ τοῖς λαλουμένοις **περὶ** αὐτοῦ.
2:38 καὶ αὐτῇ τῇ ὥρᾳ ἐπιστᾶσα ἀνθωμολογεῖτο τῷ θεῷ καὶ ἐλάλει **περὶ** αὐτοῦ πᾶσιν τοῖς προσδεχομένοις λύτρωσιν Ἰερουσαλήμ.
3:15 Προσδοκῶντος δὲ τοῦ λαοῦ καὶ διαλογιζομένων πάντων ἐν ταῖς καρδίαις αὐτῶν **περὶ** τοῦ Ἰωάννου,
3:19 ἐλεγχόμενος ὑπ' αὐτοῦ **περὶ** Ἡρῳδιάδος τῆς γυναικὸς τοῦ ἀδελφοῦ αὐτοῦ καὶ **περὶ** πάντων ὧν ἐποίησεν πονηρῶν ὁ Ἡρῴδης,
4:10 γέγραπται γὰρ ὅτι Τοῖς ἀγγέλοις αὐτοῦ ἐντελεῖται **περὶ** σοῦ τοῦ διαφυλάξαι σε,
4:14 καὶ φήμη ἐξῆλθεν καθ' ὅλης τῆς περιχώρου **περὶ** αὐτοῦ.
4:37 καὶ ἐξεπορεύετο ἦχος **περὶ** αὐτοῦ εἰς πάντα τόπον τῆς περιχώρου.
4:38 πενθερὰ δὲ τοῦ Σίμωνος ἦν συνεχομένη πυρετῷ μεγάλῳ καὶ ἠρώτησαν αὐτὸν **περὶ** αὐτῆς.
5:14 ἀλλὰ ἀπελθὼν δεῖξον σεαυτὸν τῷ ἱερεῖ καὶ προσένεγκε **περὶ** τοῦ καθαρισμοῦ σου καθὼς προσέταξεν Μωϋσῆς,
5:15 διήρχετο δὲ μᾶλλον ὁ λόγος **περὶ** αὐτοῦ, καὶ συνήρχοντο ὄχλοι πολλοὶ ἀκούειν καὶ θεραπεύεσθαι ἀπὸ τῶν ἀσθενειῶν αὐτῶν·
6:28 εὐλογεῖτε τοὺς καταρωμένους ὑμᾶς, προσεύχεσθε **περὶ** τῶν ἐπηρεαζόντων ὑμᾶς.
7: 3 ἀκούσας δὲ **περὶ** τοῦ Ἰησοῦ ἀπέστειλεν πρὸς αὐτὸν πρεσβυτέρους τῶν Ἰουδαίων ἐρωτῶν αὐτὸν ὅπως ἐλθὼν
7:17 καὶ ἐξῆλθεν ὁ λόγος οὗτος ἐν ὅλῃ τῇ Ἰουδαίᾳ **περὶ** αὐτοῦ καὶ πάσῃ τῇ περιχώρῳ.
7:18 Καὶ ἀπήγγειλαν Ἰωάννῃ οἱ μαθηταὶ αὐτοῦ **περὶ** πάντων τούτων.
7:24 Ἀπελθόντων δὲ τῶν ἀγγέλων Ἰωάννου ἤρξατο λέγειν πρὸς τοὺς ὄχλους **περὶ** Ἰωάννου,
7:27 οὗτός ἐστιν **περὶ** οὗ γέγραπται, Ἰδοὺ ἀποστέλλω τὸν ἄγγελόν μου πρὸ προσώπου σου,
9: 9 τίς δέ ἐστιν οὗτος **περὶ** οὗ ἀκούω τοιαῦτα;
9:11 καὶ ἀποδεξάμενος αὐτοὺς ἐλάλει αὐτοῖς **περὶ** τῆς βασιλείας τοῦ θεοῦ,
9:45 καὶ ἐφοβοῦντο ἐρωτῆσαι αὐτὸν **περὶ** τοῦ ῥήματος τούτου.
10:40 ἡ δὲ Μάρθα περιεσπᾶτο **περὶ** πολλὴν διακονίαν· ἐπιστᾶσα δὲ εἶπεν,
10:41 ἀποκριθεὶς δὲ εἶπεν αὐτῇ ὁ κύριος, Μάρθα Μάρθα, μεριμνᾷς καὶ θορυβάζῃ **περὶ** πολλά,
11:53 ἤρξαντο οἱ γραμματεῖς καὶ οἱ Φαρισαῖοι δεινῶς ἐνέχειν καὶ ἀποστοματίζειν αὐτὸν **περὶ** πλειόνων,
12:26 εἰ οὖν οὐδὲ ἐλάχιστον δύνασθε, τί **περὶ** τῶν λοιπῶν μεριμνᾶτε;
13: 1 ἀπαγγέλλοντες αὐτῷ **περὶ** τῶν Γαλιλαίων ὧν τὸ αἷμα Πιλᾶτος ἔμιξεν μετὰ τῶν θυσιῶν αὐτῶν.
13: 8 ἕως ὅτου σκάψω **περὶ** αὐτὴν καὶ βάλω κόπρια,
16: 2 καὶ φωνήσας αὐτὸν εἶπεν αὐτῷ, Τί τοῦτο ἀκούω **περὶ** σοῦ;
17: 2 λυσιτελεῖ αὐτῷ εἰ λίθος μυλικὸς περίκειται **περὶ** τὸν τράχηλον αὐτοῦ καὶ ἔρριπται εἰς τὴν θάλασσαν ἢ ἵνα σκανδαλίσῃ τῶν μικρῶν τούτων ἕνα.
19:37 ἤρξαντο ἅπαν τὸ πλῆθος τῶν μαθητῶν χαίροντες αἰνεῖν τὸν θεὸν φωνῇ μεγάλῃ **περὶ** πασῶν ὧν εἶδον δυνάμεων,
21: 5 Καί τινων λεγόντων **περὶ** τοῦ ἱεροῦ ὅτι λίθοις καλοῖς καὶ ἀναθήμασιν κεκόσμηται εἶπεν,
22:32 ἐγὼ δὲ ἐδεήθην **περὶ** σοῦ ἵνα μὴ ἐκλίπῃ ἡ πίστις σου·
22:37 τὸ Καὶ μετὰ ἀνόμων ἐλογίσθη· καὶ γὰρ τὸ **περὶ** ἐμοῦ τέλος ἔχει.
22:49 ἰδόντες δὲ οἱ **περὶ** αὐτὸν τὸ ἐσόμενον εἶπαν,
23: 8 ἦν γὰρ ἐξ ἱκανῶν χρόνων θέλων ἰδεῖν αὐτὸν διὰ τὸ ἀκούειν **περὶ** αὐτοῦ καὶ ἤλπιζέν τι σημεῖον ἰδεῖν ὑπ' αὐτοῦ γινόμενον.
24: 4 καὶ ἐγένετο ἐν τῷ ἀπορεῖσθαι αὐτὰς **περὶ** τούτου καὶ ἰδοὺ ἄνδρες δύο ἐπέστησαν αὐταῖς ἐν ἐσθῆτι ἀστραπτούσῃ.
24:14 καὶ αὐτοὶ ὡμίλουν πρὸς ἀλλήλους **περὶ** πάντων τῶν συμβεβηκότων τούτων.
24:19 οἱ δὲ εἶπαν αὐτῷ, Τὰ **περὶ** Ἰησοῦ τοῦ Ναζαρηνοῦ,
24:27 καὶ ἀρξάμενος ἀπὸ Μωϋσέως καὶ ἀπὸ πάντων τῶν προφητῶν διερμήνευσεν αὐτοῖς ἐν πάσαις ταῖς γραφαῖς τὰ **περὶ** ἑαυτοῦ.
24:44 ὅτι δεῖ πληρωθῆναι πάντα τὰ γεγραμμένα ἐν τῷ νόμῳ Μωϋσέως καὶ τοῖς προφήταις καὶ ψαλμοῖς **περὶ** ἐμοῦ.

Jn 1: 7 οὗτος ἦλθεν εἰς μαρτυρίαν ἵνα μαρτυρήσῃ **περὶ** τοῦ φωτός,

1: 8 οὐκ ἦν ἐκεῖνος τὸ φῶς, ἀλλ' ἵνα μαρτυρήσῃ **περὶ** τοῦ φωτός.
1:15 Ἰωάννης μαρτυρεῖ **περὶ** αὐτοῦ καὶ κέκραγεν λέγων, Οὗτος ἦν ὃν εἶπον,
1:22 ἵνα ἀπόκρισιν δῶμεν τοῖς πέμψασιν ἡμᾶς· τί λέγεις **περὶ** σεαυτοῦ;
1:47 εἶδεν ὁ Ἰησοῦς τὸν Ναθαναὴλ ἐρχόμενον πρὸς αὐτὸν καὶ λέγει **περὶ** αὐτοῦ,
2:21 ἐκεῖνος δὲ ἔλεγεν **περὶ** τοῦ ναοῦ τοῦ σώματος αὐτοῦ.
2:25 καὶ ὅτι οὐ χρείαν εἶχεν ἵνα τις μαρτυρήσῃ **περὶ** τοῦ ἀνθρώπου·
3:25 Ἐγένετο οὖν ζήτησις ἐκ τῶν μαθητῶν Ἰωάννου μετὰ Ἰουδαίου **περὶ** καθαρισμοῦ.
5:31 ἐὰν ἐγὼ μαρτυρῶ **περὶ** ἐμαυτοῦ, ἡ μαρτυρία μου οὐκ ἔστιν ἀληθής·
5:32 ἄλλος ἐστὶν ὁ μαρτυρῶν **περὶ** ἐμοῦ, καὶ οἶδα ὅτι ἀληθής ἐστιν ἡ μαρτυρία ἣν μαρτυρεῖ **περὶ** ἐμοῦ.
5:36 αὐτὰ τὰ ἔργα ἃ ποιῶ μαρτυρεῖ **περὶ** ἐμοῦ ὅτι ὁ πατήρ με ἀπέσταλκεν.
5:37 καὶ ὁ πέμψας με πατὴρ ἐκεῖνος μεμαρτύρηκεν **περὶ** ἐμοῦ.
5:39 ὅτι ὑμεῖς δοκεῖτε ἐν αὐταῖς ζωὴν αἰώνιον ἔχειν· καὶ ἐκεῖναί εἰσιν αἱ μαρτυροῦσαι **περὶ** ἐμοῦ·
5:46 ἐπιστεύετε ἂν ἐμοί· **περὶ** γὰρ ἐμοῦ ἐκεῖνος ἔγραψεν.
6:41 Ἐγόγγυζον οὖν οἱ Ἰουδαῖοι **περὶ** αὐτοῦ ὅτι εἶπεν,
6:61 εἰδὼς δὲ ὁ Ἰησοῦς ἐν ἑαυτῷ ὅτι γογγύζουσιν **περὶ** τούτου οἱ μαθηταὶ αὐτοῦ εἶπεν αὐτοῖς,
7: 7 ὅτι ἐγὼ μαρτυρῶ **περὶ** αὐτοῦ ὅτι τὰ ἔργα αὐτοῦ πονηρά ἐστιν.
7:12 καὶ γογγυσμὸς **περὶ** αὐτοῦ ἦν πολὺς ἐν τοῖς ὄχλοις·
7:13 οὐδεὶς μέντοι παρρησίᾳ ἐλάλει **περὶ** αὐτοῦ διὰ τὸν φόβον τῶν Ἰουδαίων.
7:17 γνώσεται **περὶ** τῆς διδαχῆς πότερον ἐκ τοῦ θεοῦ ἐστιν ἢ ἐγὼ ἀπ' ἐμαυτοῦ λαλῶ.
7:32 Ἤκουσαν οἱ Φαρισαῖοι τοῦ ὄχλου γογγύζοντος **περὶ** αὐτοῦ ταῦτα,
7:39 τοῦτο δὲ εἶπεν **περὶ** τοῦ πνεύματος ὃ ἔμελλον λαμβάνειν οἱ πιστεύσαντες εἰς αὐτόν·
8:13 εἶπον οὖν αὐτῷ οἱ Φαρισαῖοι, Σὺ **περὶ** σεαυτοῦ μαρτυρεῖς·
8:14 Κἂν ἐγὼ μαρτυρῶ **περὶ** ἐμαυτοῦ, ἀληθής ἐστιν ἡ μαρτυρία μου,
8:18 ἐγώ εἰμι ὁ μαρτυρῶν **περὶ** ἐμαυτοῦ καὶ μαρτυρεῖ **περὶ** ἐμοῦ ὁ πέμψας με πατήρ.
8:26 πολλὰ ἔχω **περὶ** ὑμῶν λαλεῖν καὶ κρίνειν, ἀλλ' ὁ πέμψας με ἀληθής ἐστιν,
8:46 τίς ἐξ ὑμῶν ἐλέγχει με **περὶ** ἁμαρτίας; εἰ ἀλήθειαν λέγω,
9:17 Τί σὺ λέγεις **περὶ** αὐτοῦ, ὅτι ἠνέῳξέν σου τοὺς ὀφθαλμούς;
9:18 Οὐκ ἐπίστευσαν οὖν οἱ Ἰουδαῖοι **περὶ** αὐτοῦ ὅτι ἦν τυφλὸς καὶ ἀνέβλεψεν ἕως ὅτου ἐφώνησαν τοὺς γονεῖς αὐτοῦ
9:21 αὐτὸν ἐρωτήσατε, ἡλικίαν ἔχει, αὐτὸς **περὶ** ἑαυτοῦ λαλήσει.
10:13 ὅτι μισθωτός ἐστιν καὶ οὐ μέλει αὐτῷ **περὶ** τῶν προβάτων.
10:25 τὰ ἔργα ἃ ἐγὼ ποιῶ ἐν τῷ ὀνόματι τοῦ πατρός μου ταῦτα μαρτυρεῖ **περὶ** ἐμοῦ·
10:33 **Περὶ** καλοῦ ἔργου οὐ λιθάζομέν σε ἀλλὰ **περὶ** βλασφημίας,
10:41 πάντα δὲ ὅσα εἶπεν Ἰωάννης **περὶ** τούτου ἀληθῆ ἦν.
11:13 εἰρήκει δὲ ὁ Ἰησοῦς **περὶ** τοῦ θανάτου αὐτοῦ, ἐκεῖνοι δὲ ἔδοξαν ὅτι **περὶ** τῆς κοιμήσεως τοῦ ὕπνου λέγει.
11:19 πολλοὶ δὲ ἐκ τῶν Ἰουδαίων ἐληλύθεισαν πρὸς τὴν Μάρθαν καὶ Μαριὰμ ἵνα παραμυθήσωνται αὐτὰς **περὶ** τοῦ ἀδελφοῦ.
12: 6 εἶπεν δὲ τοῦτο οὐχ ὅτι **περὶ** τῶν πτωχῶν ἔμελεν αὐτῷ,
12:41 ταῦτα εἶπεν Ἠσαΐας ὅτι εἶδεν τὴν δόξαν αὐτοῦ, καὶ ἐλάλησεν **περὶ** αὐτοῦ.
13:18 οὐ **περὶ** πάντων ὑμῶν λέγω· ἐγὼ οἶδα τίνας ἐξελεξάμην·
13:22 ἔβλεπον εἰς ἀλλήλους οἱ μαθηταὶ ἀπορούμενοι **περὶ** τίνος λέγει.
13:24 νεύει οὖν τούτῳ Σίμων Πέτρος πυθέσθαι τίς ἂν εἴη **περὶ** οὗ λέγει.
15:22 νῦν δὲ πρόφασιν οὐκ ἔχουσιν **περὶ** τῆς ἁμαρτίας αὐτῶν.
15:26 τὸ πνεῦμα τῆς ἀληθείας ὃ παρὰ τοῦ πατρὸς ἐκπορεύεται, ἐκεῖνος μαρτυρήσει **περὶ** ἐμοῦ·
16: 8 καὶ ἐλθὼν ἐκεῖνος ἐλέγξει τὸν κόσμον **περὶ** ἁμαρτίας καὶ **περὶ** δικαιοσύνης καὶ **περὶ** κρίσεως·
16: 9 **περὶ** ἁμαρτίας μέν, ὅτι οὐ πιστεύουσιν εἰς ἐμέ·
16:10 **περὶ** δικαιοσύνης δέ, ὅτι πρὸς τὸν πατέρα ὑπάγω καὶ οὐκέτι θεωρεῖτέ με·
16:11 **περὶ** δὲ κρίσεως, ὅτι ὁ ἄρχων τοῦ κόσμου τούτου κέκριται.
16:19 καὶ εἶπεν αὐτοῖς, **Περὶ** τούτου ζητεῖτε μετ' ἀλλήλων ὅτι εἶπον,
16:25 ἔρχεται ὥρα ὅτε οὐκέτι ἐν παροιμίαις λαλήσω ὑμῖν, ἀλλὰ παρρησίᾳ **περὶ** τοῦ πατρὸς ἀπαγγελῶ ὑμῖν.
16:26 καὶ οὐ λέγω ὑμῖν ὅτι ἐγὼ ἐρωτήσω τὸν πατέρα **περὶ** ὑμῶν·
17: 9 ἐγὼ **περὶ** αὐτῶν ἐρωτῶ, οὐ **περὶ** τοῦ κόσμου ἐρωτῶ ἀλλὰ **περὶ** ὧν δέδωκάς μοι,
17:20 Οὐ **περὶ** τούτων δὲ ἐρωτῶ μόνον, ἀλλὰ καὶ **περὶ** τῶν πιστευόντων διὰ τοῦ λόγου αὐτῶν εἰς ἐμέ,
18:19 Ὁ οὖν ἀρχιερεὺς ἠρώτησεν τὸν Ἰησοῦν **περὶ** τῶν μαθητῶν αὐτοῦ καὶ **περὶ** τῆς διδαχῆς αὐτοῦ.
18:23 ἀπεκρίθη αὐτῷ Ἰησοῦς, Εἰ κακῶς ἐλάλησα, μαρτύρησον **περὶ** τοῦ κακοῦ·
18:34 Ἀπὸ σεαυτοῦ σὺ τοῦτο λέγεις ἢ ἄλλοι εἶπόν σοι **περὶ** ἐμοῦ;
19:24 Μὴ σχίσωμεν αὐτόν, ἀλλὰ λάχωμεν **περὶ** αὐτοῦ τίνος ἔσται·
21:24 Οὗτός ἐστιν ὁ μαθητὴς ὁ μαρτυρῶν **περὶ** τούτων καὶ ὁ γράψας ταῦτα,

Ac 1: 1 Τὸν μὲν πρῶτον λόγον ἐποιησάμην **περὶ** πάντων, ὦ Θεόφιλε,
1: 3 δι' ἡμερῶν τεσσεράκοντα ὀπτανόμενος αὐτοῖς καὶ λέγων τὰ **περὶ** τῆς βασιλείας τοῦ θεοῦ·
1:16 ἣν προεῖπεν τὸ πνεῦμα τὸ ἅγιον διὰ στόματος Δαυὶδ **περὶ** Ἰούδα τοῦ γενομένου ὁδηγοῦ τοῖς συλλαβοῦσιν Ἰησοῦν,
2:29 ἐξὸν εἰπεῖν μετὰ παρρησίας πρὸς ὑμᾶς **περὶ** τοῦ πατριάρχου Δαυὶδ ὅτι καὶ ἐτελεύτησεν καὶ ἐτάφη,
2:31 προϊδὼν ἐλάλησεν **περὶ** τῆς ἀναστάσεως τοῦ Χριστοῦ ὅτι οὔτε ἐγκατελείφθη εἰς ᾅδην οὔτε ἡ σὰρξ αὐτοῦ εἶδεν διαφθοράν.
5:24 ὡς δὲ ἤκουσαν τοὺς λόγους τούτους ὅ τε στρατηγὸς τοῦ ἱεροῦ καὶ οἱ ἀρχιερεῖς, διηπόρουν **περὶ** αὐτῶν τί ἂν γένοιτο τοῦτο.
7:52 καὶ ἀπέκτειναν τοὺς προκαταγγείλαντας **περὶ** τῆς ἐλεύσεως τοῦ δικαίου,
8:12 ὅτε δὲ ἐπίστευσαν τῷ Φιλίππῳ εὐαγγελιζομένῳ **περὶ** τῆς βασιλείας τοῦ θεοῦ καὶ τοῦ ὀνόματος Ἰησοῦ Χριστοῦ,
8:15 οἵτινες καταβάντες προσηύξαντο **περὶ** αὐτῶν ὅπως λάβωσιν πνεῦμα ἅγιον·
8:34 Δέομαί σου, **περὶ** τίνος ὁ προφήτης λέγει τοῦτο; **περὶ** ἑαυτοῦ ἢ **περὶ** ἑτέρου τινός;
9:13 ἤκουσα ἀπὸ πολλῶν **περὶ** τοῦ ἀνδρὸς τούτου ὅσα κακὰ τοῖς ἁγίοις σου ἐποίησεν ἐν Ἰερουσαλήμ·
10: 3 εἶδεν ἐν ὁράματι φανερῶς ὡσεὶ **περὶ** ὥραν ἐνάτην τῆς ἡμέρας ἄγγελον τοῦ θεοῦ εἰσελθόντα πρὸς αὐτὸν καὶ εἰπόντα αὐτῷ,
10: 9 ἀνέβη Πέτρος ἐπὶ τὸ δῶμα προσεύξασθαι **περὶ** ὥραν ἕκτην.
10:19 τοῦ δὲ Πέτρου διενθυμουμένου **περὶ** τοῦ ὁράματος εἶπεν [αὐτῷ] τὸ πνεῦμα,
11:22 ἠκούσθη δὲ ὁ λόγος εἰς τὰ ὦτα τῆς ἐκκλησίας τῆς οὔσης ἐν Ἰερουσαλὴμ **περὶ** αὐτῶν καὶ ἐξαπέστειλαν Βαρναβᾶν
12: 5 προσευχὴ δὲ ἦν ἐκτενῶς γινομένη ὑπὸ τῆς ἐκκλησίας πρὸς τὸν θεὸν **περὶ** αὐτοῦ.
13:13 Ἀναχθέντες δὲ ἀπὸ τῆς Πάφου οἱ **περὶ** Παῦλον ἦλθον εἰς Πέργην τῆς Παμφυλίας,
13:29 ὡς δὲ ἐτέλεσαν πάντα τὰ **περὶ** αὐτοῦ γεγραμμένα,
15: 2 καί τινας ἄλλους ἐξ αὐτῶν πρὸς τοὺς ἀποστόλους καὶ πρεσβυτέρους εἰς Ἰερουσαλὴμ **περὶ** τοῦ ζητήματος τούτου.
15: 6 Συνήχθησάν τε οἱ ἀπόστολοι καὶ οἱ πρεσβύτεροι ἰδεῖν **περὶ** τοῦ λόγου τούτου.
17:32 οἱ δὲ εἶπαν, Ἀκουσόμεθά σου **περὶ** τούτου καὶ πάλιν.
18:15 εἰ δὲ ζητήματά ἐστιν **περὶ** λόγου καὶ ὀνομάτων καὶ νόμου τοῦ καθ' ὑμᾶς,
18:25 οὗτος ἦν κατηχημένος τὴν ὁδὸν τοῦ κυρίου καὶ ζέων τῷ πνεύματι ἐλάλει καὶ ἐδίδασκεν ἀκριβῶς τὰ **περὶ** τοῦ Ἰησοῦ,
19: 8 εἰς τὴν συναγωγὴν ἐπαρρησιάζετο ἐπὶ μῆνας τρεῖς διαλεγόμενος καὶ πείθων [τὰ] **περὶ** τῆς βασιλείας τοῦ θεοῦ.
19:23 Ἐγένετο δὲ κατὰ τὸν καιρὸν ἐκεῖνον τάραχος οὐκ ὀλίγος **περὶ** τῆς ὁδοῦ.
19:25 οὓς συναθροίσας καὶ τοὺς **περὶ** τὰ τοιαῦτα ἐργάτας εἶπεν,
19:40 καὶ γὰρ κινδυνεύομεν ἐγκαλεῖσθαι στάσεως **περὶ** τῆς σήμερον, μηδενὸς αἰτίου ὑπάρχοντος **περὶ** οὗ [οὐ] δυνησόμεθα ἀποδοῦναι λόγον **περὶ** τῆς συστροφῆς ταύτης.
21:21 κατηχήθησαν δὲ **περὶ** σοῦ ὅτι ἀποστασίαν διδάσκεις ἀπὸ Μωϋσέως τοὺς κατὰ τὰ ἔθνη πάντας Ἰουδαίους
21:24 καὶ γνώσονται πάντες ὅτι ὧν κατήχηνται **περὶ** σοῦ οὐδέν ἐστιν ἀλλὰ στοιχεῖς καὶ αὐτὸς φυλάσσων τὸν νόμον.
21:25 **περὶ** δὲ τῶν πεπιστευκότων ἐθνῶν ἡμεῖς ἐπεστείλαμεν κρίναντες φυλάσσεσθαι αὐτοὺς τό τε εἰδωλόθυτον καὶ αἷμα
22: 6 Ἐγένετο δέ μοι πορευομένῳ καὶ ἐγγίζοντι τῇ Δαμασκῷ **περὶ** μεσημβρίαν ἐξαίφνης ἐκ τοῦ οὐρανοῦ περιαστράψαι φῶς ἱκανὸν **περὶ** ἐμέ,
22:10 Ἀναστὰς πορεύου εἰς Δαμασκὸν κἀκεῖ σοι λαληθήσεται **περὶ** πάντων ὧν τέτακταί σοι ποιῆσαι.
22:18 Σπεῦσον καὶ ἔξελθε ἐν τάχει ἐξ Ἰερουσαλήμ, διότι οὐ παραδέξονταί σου μαρτυρίαν **περὶ** ἐμοῦ.

23: 6 υἱὸς Φαρισαίων, **περὶ** ἐλπίδος καὶ ἀναστάσεως νεκρῶν [ἐγὼ] κρίνομαι.
23:11 ὡς γὰρ διεμαρτύρω τὰ **περὶ** ἐμοῦ εἰς Ἰερουσαλήμ,
23:15 ὅπως καταγάγῃ αὐτὸν εἰς ὑμᾶς ὡς μέλλοντας διαγινώσκειν ἀκριβέστερον τὰ **περὶ** αὐτοῦ·
23:20 τοῦ ἐρωτῆσαί σε ὅπως αὔριον τὸν Παῦλον καταγάγῃς εἰς τὸ συνέδριον ὡς μέλλον τι ἀκριβέστερον πυνθάνεσθαι **περὶ** αὐτοῦ.
23:29 ὃν εὗρον ἐγκαλούμενον **περὶ** ζητημάτων τοῦ νόμου αὐτῶν,
24: 8 παρ᾽ οὗ δυνήσῃ αὐτὸς ἀνακρίνας **περὶ** πάντων τούτων ἐπιγνῶναι ὧν ἡμεῖς κατηγοροῦμεν αὐτοῦ.
24:10 Ἐκ πολλῶν ἐτῶν ὄντα σε κριτὴν τῷ ἔθνει τούτῳ ἐπιστάμενος εὐθύμως τὰ **περὶ** ἐμαυτοῦ ἀπολογοῦμαι,
24:13 οὐδὲ παραστῆσαι δύνανταί σοι **περὶ** ὧν νυνὶ κατηγοροῦσίν μου.
24:21 ἢ **περὶ** μιᾶς ταύτης φωνῆς ἧς ἐκέκραξα ἐν αὐτοῖς ἑστὼς ὅτι **Περὶ** ἀναστάσεως νεκρῶν ἐγὼ κρίνομαι σήμερον ἐφ᾽ ὑμῶν.
24:22 ἀκριβέστερον εἰδὼς τὰ **περὶ** τῆς ὁδοῦ εἴπας, Ὅταν Λυσίας ὁ χιλίαρχος καταβῇ,
24:24 μετεπέμψατο τὸν Παῦλον καὶ ἤκουσεν αὐτοῦ **περὶ** τῆς εἰς Χριστὸν Ἰησοῦν πίστεως.
24:25 διαλεγομένου δὲ αὐτοῦ **περὶ** δικαιοσύνης καὶ ἐγκρατείας καὶ τοῦ κρίματος τοῦ μέλλοντος,
25: 9 Θέλεις εἰς Ἱεροσόλυμα ἀναβὰς ἐκεῖ **περὶ** τούτων κριθῆναι ἐπ᾽ ἐμοῦ;
25:15 **περὶ** οὗ γενομένου μου εἰς Ἱεροσόλυμα ἐνεφάνισαν οἱ ἀρχιερεῖς καὶ οἱ πρεσβύτεροι τῶν Ἰουδαίων αἰτούμενοι κατ᾽ αὐτοῦ καταδίκην.
25:16 πρὶν ἢ ὁ κατηγορούμενος κατὰ πρόσωπον ἔχοι τοὺς κατηγόρους τόπον τε ἀπολογίας λάβοι **περὶ** τοῦ ἐγκλήματος.
25:18 **περὶ** οὗ σταθέντες οἱ κατήγοροι οὐδεμίαν αἰτίαν ἔφερον ὧν ἐγὼ ὑπενόουν πονηρῶν,
25:19 ζητήματα δέ τινα **περὶ** τῆς ἰδίας δεισιδαιμονίας εἶχον πρὸς αὐτὸν καὶ **περί** τινος Ἰησοῦ τεθνηκότος ὃν ἔφασκεν ὁ Παῦλος ζῆν.
25:20 ἀπορούμενος δὲ ἐγὼ τὴν **περὶ** τούτων ζήτησιν ἔλεγον εἰ βούλοιτο πορεύεσθαι εἰς Ἱεροσόλυμα κἀκεῖ κρίνεσθαι **περὶ** τούτων.
25:24 θεωρεῖτε τοῦτον **περὶ** οὗ ἅπαν τὸ πλῆθος τῶν Ἰουδαίων ἐνέτυχόν μοι ἔν τε Ἱεροσολύμοις καὶ ἐνθάδε βοῶντες μὴ δεῖν αὐτὸν ζῆν μηκέτι.
25:26 **περὶ** οὗ ἀσφαλές τι γράψαι τῷ κυρίῳ οὐκ ἔχω,
26: 1 Ἀγρίππας δὲ πρὸς τὸν Παῦλον ἔφη, Ἐπιτρέπεταί σοι **περὶ** σεαυτοῦ λέγειν.
26: 2 **Περὶ** πάντων ὧν ἐγκαλοῦμαι ὑπὸ Ἰουδαίων, βασιλεῦ Ἀγρίππα,
26: 7 δωδεκάφυλον ἡμῶν ἐν ἐκτενείᾳ νύκτα καὶ ἡμέραν λατρεῦον ἐλπίζει καταντῆσαι, **περὶ** ἧς ἐλπίδος ἐγκαλοῦμαι ὑπὸ Ἰουδαίων,
26:26 ἐπίσταται γὰρ **περὶ** τούτων ὁ βασιλεὺς πρὸς ὃν καὶ παρρησιαζόμενος λαλῶ,
28: 7 Ἐν δὲ τοῖς **περὶ** τὸν τόπον ἐκεῖνον ὑπῆρχεν χωρία τῷ πρώτῳ τῆς νήσου ὀνόματι Ποπλίῳ,
28:15 κἀκεῖθεν οἱ ἀδελφοὶ ἀκούσαντες τὰ **περὶ** ἡμῶν ἦλθαν εἰς ἀπάντησιν ἡμῖν ἄχρι Ἀππίου Φόρου καὶ Τριῶν
28:21 Ἡμεῖς οὔτε γράμματα **περὶ** σοῦ ἐδεξάμεθα ἀπὸ τῆς Ἰουδαίας οὔτε παραγενόμενός τις τῶν ἀδελφῶν ἀπήγγειλεν ἢ ἐλάλησέν τι **περὶ** σοῦ πονηρόν.
28:22 **περὶ** μὲν γὰρ τῆς αἱρέσεως ταύτης γνωστὸν ἡμῖν ἐστιν ὅτι πανταχοῦ ἀντιλέγεται.
28:23 πείθων τε αὐτοὺς **περὶ** τοῦ Ἰησοῦ ἀπό τε τοῦ νόμου Μωϋσέως καὶ τῶν προφητῶν,
28:31 κηρύσσων τὴν βασιλείαν τοῦ θεοῦ καὶ διδάσκων τὰ **περὶ** τοῦ κυρίου Ἰησοῦ Χριστοῦ μετὰ πάσης παρρησίας ἀκωλύτως.
Ro 1: 3 **περὶ** τοῦ υἱοῦ αὐτοῦ τοῦ γενομένου ἐκ σπέρματος Δαυὶδ κατὰ σάρκα,
1: 8 εὐχαριστῶ τῷ θεῷ μου διὰ Ἰησοῦ Χριστοῦ **περὶ** πάντων ὑμῶν ὅτι ἡ πίστις ὑμῶν καταγγέλλεται ἐν ὅλῳ τῷ κόσμῳ.
8: 3 ὁ θεὸς τὸν ἑαυτοῦ υἱὸν πέμψας ἐν ὁμοιώματι σαρκὸς ἁμαρτίας καὶ **περὶ** ἁμαρτίας κατέκρινεν τὴν ἁμαρτίαν ἐν τῇ σαρκί,
14:12 ἄρα [οὖν] ἕκαστος ἡμῶν **περὶ** ἑαυτοῦ λόγον δώσει [τῷ θεῷ.]
15:14 καὶ αὐτὸς ἐγὼ **περὶ** ὑμῶν ὅτι καὶ αὐτοὶ μεστοί ἐστε ἀγαθωσύνης,
15:21 ἀλλὰ καθὼς γέγραπται, Οἷς οὐκ ἀνηγγέλη **περὶ** αὐτοῦ ὄψονται,
1Co 1: 4 Εὐχαριστῶ τῷ θεῷ μου πάντοτε **περὶ** ὑμῶν ἐπὶ τῇ χάριτι τοῦ θεοῦ τῇ δοθείσῃ ὑμῖν ἐν Χριστῷ Ἰησοῦ,
1:11 ἐδηλώθη γάρ μοι **περὶ** ὑμῶν, ἀδελφοί μου, ὑπὸ τῶν Χλόης ὅτι ἔριδες ἐν ὑμῖν εἰσιν.
7: 1 **Περὶ** δὲ ὧν ἐγράψατε, καλὸν ἀνθρώπῳ γυναικὸς μὴ ἅπτεσθαι·
7:25 **Περὶ** δὲ τῶν παρθένων ἐπιταγὴν κυρίου οὐκ ἔχω,
7:37 ἐξουσίαν δὲ ἔχει **περὶ** τοῦ ἰδίου θελήματος καὶ τοῦτο κέκρικεν ἐν τῇ ἰδίᾳ καρδίᾳ,
8: 1 **Περὶ** δὲ τῶν εἰδωλοθύτων, οἴδαμεν ὅτι πάντες γνῶσιν ἔχομεν.
8: 4 **Περὶ** τῆς βρώσεως οὖν τῶν εἰδωλοθύτων, οἴδαμεν ὅτι οὐδὲν εἴδωλον ἐν κόσμῳ καὶ ὅτι οὐδεὶς θεὸς εἰ μὴ εἷς.
12: 1 **Περὶ** δὲ τῶν πνευματικῶν, ἀδελφοί, οὐ θέλω ὑμᾶς ἀγνοεῖν.
16: 1 **Περὶ** δὲ τῆς λογείας τῆς εἰς τοὺς ἁγίους ὥσπερ διέταξα ταῖς ἐκκλησίαις τῆς Γαλατίας,
16:12 **Περὶ** δὲ Ἀπολλῶ τοῦ ἀδελφοῦ, πολλὰ παρεκάλεσα αὐτόν,
2Co 9: 1 **Περὶ** μὲν γὰρ τῆς διακονίας τῆς εἰς τοὺς ἁγίους περισσόν μοί ἐστιν τὸ γράφειν ὑμῖν·
10: 8 ἐάν [τε] γὰρ περισσότερόν τι καυχήσωμαι **περὶ** τῆς ἐξουσίας ἡμῶν ἧς ἔδωκεν ὁ κύριος εἰς οἰκοδομὴν καὶ οὐκ εἰς καθαίρεσιν
Eph 6:18 καὶ εἰς αὐτὸ ἀγρυπνοῦντες ἐν πάσῃ προσκαρτερήσει καὶ δεήσει **περὶ** πάντων τῶν ἁγίων
6:22 ἵνα γνῶτε τὰ **περὶ** ἡμῶν καὶ παρακαλέσῃ τὰς καρδίας ὑμῶν.
Php 1:27 ἵνα εἴτε ἐλθὼν καὶ ἰδὼν ὑμᾶς εἴτε ἀπὼν ἀκούω τὰ **περὶ** ὑμῶν,
2:19 Ἐλπίζω δὲ ἐν κυρίῳ Ἰησοῦ Τιμόθεον ταχέως πέμψαι ὑμῖν, ἵνα κἀγὼ εὐψυχῶ γνοὺς τὰ **περὶ** ὑμῶν.
2:20 οὐδένα γὰρ ἔχω ἰσόψυχον, ὅστις γνησίως τὰ **περὶ** ὑμῶν μεριμνήσει·
2:23 τοῦτον μὲν οὖν ἐλπίζω πέμψαι ὡς ἂν ἀφίδω τὰ **περὶ** ἐμὲ ἐξαυτῆς·
Col 1: 3 Εὐχαριστοῦμεν τῷ θεῷ πατρὶ τοῦ κυρίου ἡμῶν Ἰησοῦ Χριστοῦ πάντοτε **περὶ** ὑμῶν προσευχόμενοι,
4: 3 προσευχόμενοι ἅμα καὶ **περὶ** ἡμῶν, ἵνα ὁ θεὸς ἀνοίξῃ ἡμῖν θύραν τοῦ λόγου λαλῆσαι τὸ μυστήριον τοῦ Χριστοῦ,
4: 8 ἵνα γνῶτε τὰ **περὶ** ἡμῶν καὶ παρακαλέσῃ τὰς καρδίας ὑμῶν,
4:10 Ἀσπάζεται ὑμᾶς Ἀρίσταρχος ὁ συναιχμάλωτός μου καὶ Μᾶρκος ὁ ἀνεψιὸς Βαρναβᾶ (**περὶ** οὗ ἐλάβετε ἐντολάς,
1Th 1: 2 Εὐχαριστοῦμεν τῷ θεῷ πάντοτε **περὶ** πάντων ὑμῶν μνείαν ποιούμενοι ἐπὶ τῶν προσευχῶν ἡμῶν,
1: 9 αὐτοὶ γὰρ **περὶ** ἡμῶν ἀπαγγέλλουσιν ὁποίαν εἴσοδον ἔσχομεν πρὸς ὑμᾶς,
3: 9 τίνα γὰρ εὐχαριστίαν δυνάμεθα τῷ θεῷ ἀνταποδοῦναι **περὶ** ὑμῶν ἐπὶ πάσῃ τῇ χαρᾷ ᾗ χαίρομεν δι᾽ ὑμᾶς ἔμπροσθεν
4: 6 διότι ἔκδικος κύριος **περὶ** πάντων τούτων, καθὼς καὶ προείπαμεν ὑμῖν καὶ διεμαρτυράμεθα.
4: 9 **Περὶ** δὲ τῆς φιλαδελφίας οὐ χρείαν ἔχετε γράφειν ὑμῖν,
4:13 Οὐ θέλομεν δὲ ὑμᾶς ἀγνοεῖν, ἀδελφοί, **περὶ** τῶν κοιμωμένων,
5: 1 **Περὶ** δὲ τῶν χρόνων καὶ τῶν καιρῶν, ἀδελφοί,
5:25 Ἀδελφοί, προσεύχεσθε [καὶ] **περὶ** ἡμῶν.
2Th 1: 3 Εὐχαριστεῖν ὀφείλομεν τῷ θεῷ πάντοτε **περὶ** ὑμῶν, ἀδελφοί,
1:11 εἰς ὃ καὶ προσευχόμεθα πάντοτε **περὶ** ὑμῶν, ἵνα ὑμᾶς ἀξιώσῃ τῆς κλήσεως ὁ θεὸς ἡμῶν καὶ πληρώσῃ πᾶσαν εὐδοκίαν
2:13 Ἡμεῖς δὲ ὀφείλομεν εὐχαριστεῖν τῷ θεῷ πάντοτε **περὶ** ὑμῶν,
3: 1 Τὸ λοιπὸν προσεύχεσθε, ἀδελφοί, **περὶ** ἡμῶν, ἵνα ὁ λόγος τοῦ κυρίου τρέχῃ καὶ δοξάζηται καθὼς καὶ πρὸς ὑμᾶς,
1Ti 1: 7 μὴ νοοῦντες μήτε ἃ λέγουσιν μήτε **περὶ** τίνων διαβεβαιοῦνται.
1:19 ἔχων πίστιν καὶ ἀγαθὴν συνείδησιν, ἥν τινες ἀπωσάμενοι **περὶ** τὴν πίστιν ἐναυάγησαν,
6: 4 μηδὲν ἐπιστάμενος, ἀλλὰ νοσῶν **περὶ** ζητήσεις καὶ λογομαχίας,
6:21 ἥν τινες ἐπαγγελλόμενοι **περὶ** τὴν πίστιν ἠστόχησαν. Ἡ χάρις μεθ᾽ ὑμῶν.
2Ti 1: 3 ὡς ἀδιάλειπτον ἔχω τὴν **περὶ** σοῦ μνείαν ἐν ταῖς δεήσεσίν μου νυκτὸς καὶ ἡμέρας,
2:18 οἵτινες **περὶ** τὴν ἀλήθειαν ἠστόχησαν, λέγοντες [τὴν] ἀνάστασιν ἤδη γεγονέναι,
3: 8 ἄνθρωποι κατεφθαρμένοι τὸν νοῦν, ἀδόκιμοι **περὶ** τὴν πίστιν.
Tit 2: 7 **περὶ** πάντα, σεαυτὸν παρεχόμενος τύπον καλῶν ἔργων, ἐν τῇ διδασκαλίᾳ ἀφθορίαν,
2: 8 ἵνα ὁ ἐξ ἐναντίας ἐντραπῇ μηδὲν ἔχων λέγειν **περὶ** ἡμῶν φαῦλον.
3: 8 καὶ **περὶ** τούτων βούλομαί σε διαβεβαιοῦσθαι, ἵνα φροντίζωσιν καλῶν ἔργων προΐστασθαι οἱ πεπιστευκότες θεῷ·
Phm 1:10 παρακαλῶ σε **περὶ** τοῦ ἐμοῦ τέκνου, ὃν ἐγέννησα ἐν τοῖς δεσμοῖς,
Heb 2: 5 Οὐ γὰρ ἀγγέλοις ὑπέταξεν τὴν οἰκουμένην τὴν μέλλουσαν, **περὶ** ἧς λαλοῦμεν.
4: 4 εἴρηκεν γάρ που **περὶ** τῆς ἑβδόμης οὕτως, Καὶ κατέπαυσεν ὁ θεὸς ἐν τῇ ἡμέρᾳ τῇ ἑβδόμῃ ἀπὸ πάντων τῶν ἔργων αὐτοῦ,
4: 8 οὐκ ἂν **περὶ** ἄλλης ἐλάλει μετὰ ταῦτα ἡμέρας.
5: 3 καὶ δι᾽ αὐτὴν ὀφείλει, καθὼς **περὶ** τοῦ λαοῦ, οὕτως καὶ **περὶ** αὐτοῦ προσφέρειν **περὶ** ἁμαρτιῶν.
5:11 **Περὶ** οὗ πολὺς ἡμῖν ὁ λόγος καὶ δυσερμήνευτος λέγειν,

6: 9 Πεπείσμεθα δὲ **περὶ** ὑμῶν, ἀγαπητοί, τὰ κρείσσονα καὶ ἐχόμενα σωτηρίας,
7: 14 εἰς ἣν φυλὴν **περὶ** ἱερέων οὐδὲν Μωϋσῆς ἐλάλησεν.
9: 5 **περὶ** ὧν οὐκ ἔστιν νῦν λέγειν κατὰ μέρος.
10: 6 ὁλοκαυτώματα καὶ **περὶ** ἁμαρτίας οὐκ εὐδόκησας.
10: 7 Ἰδοὺ ἥκω, ἐν κεφαλίδι βιβλίου γέγραπται **περὶ** ἐμοῦ,
10: 8 ἀνώτερον λέγων ὅτι Θυσίας καὶ προσφορὰς καὶ ὁλοκαυτώματα καὶ **περὶ** ἁμαρτίας οὐκ ἠθέλησας οὐδὲ εὐδόκησας,
10: 18 ὅπου δὲ ἄφεσις τούτων, οὐκέτι προσφορὰ **περὶ** ἁμαρτίας.
10: 26 Ἑκουσίως γὰρ ἁμαρτανόντων ἡμῶν μετὰ τὸ λαβεῖν τὴν ἐπίγνωσιν τῆς ἀληθείας, οὐκέτι **περὶ** ἁμαρτιῶν ἀπολείπεται θυσία,
11: 7 Πίστει χρηματισθεὶς Νῶε **περὶ** τῶν μηδέπω βλεπομένων, εὐλαβηθεὶς κατεσκεύασεν κιβωτὸν εἰς σωτηρίαν τοῦ οἴκου
11: 20 Πίστει καὶ **περὶ** μελλόντων εὐλόγησεν Ἰσαὰκ τὸν Ἰακὼβ καὶ τὸν Ἠσαῦ.
11: 22 Πίστει Ἰωσὴφ τελευτῶν **περὶ** τῆς ἐξόδου τῶν υἱῶν Ἰσραὴλ ἐμνημόνευσεν καὶ **περὶ** τῶν ὀστέων αὐτοῦ ἐνετείλατο.
11: 32 ἐπιλείψει με γὰρ διηγούμενον ὁ χρόνος **περὶ** Γεδεών,
11: 40 τοῦ θεοῦ **περὶ** ἡμῶν κρεῖττόν τι προβλεψαμένου, ἵνα μὴ χωρὶς ἡμῶν τελειωθῶσιν.
13: 11 ὧν γὰρ εἰσφέρεται ζῴων τὸ αἷμα **περὶ** ἁμαρτίας εἰς τὰ ἅγια διὰ τοῦ ἀρχιερέως,
13: 18 Προσεύχεσθε **περὶ** ἡμῶν· πειθόμεθα γὰρ ὅτι καλὴν συνείδησιν ἔχομεν,
1Pe 1: 10 **Περὶ** ἧς σωτηρίας ἐξεζήτησαν καὶ ἐξηραύνησαν προφῆται οἱ **περὶ** τῆς εἰς ὑμᾶς χάριτος προφητεύσαντες,
3: 15 ἕτοιμοι ἀεὶ πρὸς ἀπολογίαν παντὶ τῷ αἰτοῦντι ὑμᾶς λόγον **περὶ** τῆς ἐν ὑμῖν ἐλπίδος,
3: 18 ὅτι καὶ Χριστὸς ἅπαξ **περὶ** ἁμαρτιῶν ἔπαθεν, δίκαιος ὑπὲρ ἀδίκων,
5: 7 πᾶσαν τὴν μέριμναν ὑμῶν ἐπιρίψαντες ἐπ᾽ αὐτόν, ὅτι αὐτῷ μέλει **περὶ** ὑμῶν.
2Pe 1: 12 Διὸ μελλήσω ἀεὶ ὑμᾶς ὑπομιμνήσκειν **περὶ** τούτων καίπερ εἰδότας καὶ ἐστηριγμένους ἐν τῇ παρούσῃ ἀληθείᾳ.
3: 16 ὡς καὶ ἐν πάσαις ἐπιστολαῖς λαλῶν ἐν αὐταῖς **περὶ** τούτων,
1Jn 1: 1 ὃ ἐθεασάμεθα καὶ αἱ χεῖρες ἡμῶν ἐψηλάφησαν **περὶ** τοῦ λόγου τῆς ζωῆς–
2: 2 καὶ αὐτὸς ἱλασμός ἐστιν **περὶ** τῶν ἁμαρτιῶν ἡμῶν, οὐ **περὶ** τῶν ἡμετέρων δὲ μόνον ἀλλὰ καὶ **περὶ** ὅλου τοῦ κόσμου.
2: 26 Ταῦτα ἔγραψα ὑμῖν **περὶ** τῶν πλανώντων ὑμᾶς.
2: 27 ἀλλ᾽ ὡς τὸ αὐτοῦ χρῖσμα διδάσκει ὑμᾶς **περὶ** πάντων καὶ ἀληθές ἐστιν καὶ οὐκ ἔστιν ψεῦδος,
4: 10 ἀλλ᾽ ὅτι αὐτὸς ἠγάπησεν ἡμᾶς καὶ ἀπέστειλεν τὸν υἱὸν αὐτοῦ ἱλασμὸν **περὶ** τῶν ἁμαρτιῶν ἡμῶν.
5: 9 ὅτι αὕτη ἐστὶν ἡ μαρτυρία τοῦ θεοῦ ὅτι μεμαρτύρηκεν **περὶ** τοῦ υἱοῦ αὐτοῦ.
5: 10 ὅτι οὐ πεπίστευκεν εἰς τὴν μαρτυρίαν ἣν μεμαρτύρηκεν ὁ θεὸς **περὶ** τοῦ υἱοῦ αὐτοῦ.
5: 16 ἔστιν ἁμαρτία πρὸς θάνατον· οὐ **περὶ** ἐκείνης λέγω ἵνα ἐρωτήσῃ.
3Jn 1: 2 Ἀγαπητέ, **περὶ** πάντων εὔχομαί σε εὐοδοῦσθαι καὶ ὑγιαίνειν,
Jude 1: 3 πᾶσαν σπουδὴν ποιούμενος γράφειν ὑμῖν **περὶ** τῆς κοινῆς ἡμῶν σωτηρίας ἀνάγκην ἔσχον γράψαι ὑμῖν
1: 7 ὡς Σόδομα καὶ Γόμορρα καὶ αἱ **περὶ** αὐτὰς πόλεις τὸν ὅμοιον τρόπον τούτοις ἐκπορνεύσασαι καὶ ἀπελθοῦσαι ὀπίσω σαρκὸς ἑτέρας,
1: 9 ὅτε τῷ διαβόλῳ διακρινόμενος διελέγετο **περὶ** τοῦ Μωϋσέως σώματος,
1: 15 ποιῆσαι κρίσιν κατὰ πάντων καὶ ἐλέγξαι πᾶσαν ψυχὴν **περὶ** πάντων τῶν ἔργων ἀσεβείας αὐτῶν ὧν ἠσέβησαν καὶ **περὶ** πάντων τῶν σκληρῶν ὧν ἐλάλησαν κατ᾽ αὐτοῦ ἁμαρτωλοὶ
Rev 15: 6 ἐνδεδυμένοι λίνον καθαρὸν λαμπρὸν καὶ περιεζωσμένοι **περὶ** τὰ στήθη ζώνας χρυσᾶς.

4310 περιάγω [6]

√ *4309 + 72*

Mt 4: 23 Καὶ **περιῆγεν** ἐν ὅλῃ τῇ Γαλιλαίᾳ διδάσκων ἐν ταῖς συναγωγαῖς αὐτῶν καὶ κηρύσσων τὸ εὐαγγέλιον τῆς βασιλείας
9: 35 Καὶ **περιῆγεν** ὁ Ἰησοῦς τὰς πόλεις πάσας καὶ τὰς κώμας διδάσκων ἐν ταῖς συναγωγαῖς αὐτῶν καὶ κηρύσσων
23: 15 ὅτι **περιάγετε** τὴν θάλασσαν καὶ τὴν ξηρὰν ποιῆσαι ἕνα προσήλυτον,
Mk 6: 6 καὶ ἐθαύμαζεν διὰ τὴν ἀπιστίαν αὐτῶν. Καὶ **περιῆγεν** τὰς κώμας κύκλῳ διδάσκων.
Ac 13: 11 παραχρῆμά τε ἔπεσεν ἐπ᾽ αὐτὸν ἀχλὺς καὶ σκότος καὶ **περιάγων** ἐζήτει χειραγωγούς.
1Co 9: 5 μὴ οὐκ ἔχομεν ἐξουσίαν ἀδελφὴν γυναῖκα **περιάγειν** ὡς καὶ οἱ λοιποὶ ἀπόστολοι καὶ οἱ ἀδελφοὶ τοῦ κυρίου καὶ Κηφᾶς;

4311 περιαιρέω [5]

√ *4309 + 145*

Ac 27: 20 χειμῶνός τε οὐκ ὀλίγου ἐπικειμένου, λοιπὸν **περιῃρεῖτο** ἐλπὶς πᾶσα τοῦ σῴζεσθαι ἡμᾶς.
27: 40 καὶ τὰς ἀγκύρας **περιελόντες** εἴων εἰς τὴν θάλασσαν,
28: 13 ὅθεν **περιελόντες** κατηντήσαμεν εἰς Ῥήγιον. καὶ μετὰ μίαν ἡμέραν ἐπιγενομένου νότου δευτεραῖοι ἤλθομεν εἰς Ποτιόλους,
2Co 3: 16 ἡνίκα δὲ ἐὰν ἐπιστρέψῃ πρὸς κύριον, **περιαιρεῖται** τὸ κάλυμμα.
Heb 10: 11 Καὶ πᾶς μὲν ἱερεὺς ἕστηκεν καθ᾽ ἡμέραν λειτουργῶν καὶ τὰς αὐτὰς πολλάκις προσφέρων θυσίας, αἵτινες οὐδέποτε δύνανται **περιελεῖν** ἁμαρτίας,

4312 περιάπτω [1]

√ *4309 + 721*

Lk 22: 55 **περιαψάντων** δὲ πῦρ ἐν μέσῳ τῆς αὐλῆς καὶ συγκαθισάντων ἐκάθητο ὁ Πέτρος μέσος αὐτῶν.

4313 περιαστράπτω [2]

√ *4309 + 847*

Ac 9: 3 ἐξαίφνης τε αὐτὸν **περιήστραψεν** φῶς ἐκ τοῦ οὐρανοῦ
22: 6 πορευομένῳ καὶ ἐγγίζοντι τῇ Δαμασκῷ περὶ μεσημβρίαν ἐξαίφνης ἐκ τοῦ οὐρανοῦ **περιαστράψαι** φῶς ἱκανὸν περὶ ἐμέ,

4314 περιβάλλω [23]

√ *4309 + 965*

Mt 6: 29 λέγω δὲ ὑμῖν ὅτι οὐδὲ Σολομὼν ἐν πάσῃ τῇ δόξῃ αὐτοῦ **περιεβάλετο** ὡς ἓν τούτων.
6: 31 Τί φάγωμεν; ἤ, Τί πίωμεν; ἤ, Τί **περιβαλώμεθα;**
25: 36 γυμνὸς καὶ **περιεβάλετέ** με, ἠσθένησα καὶ ἐπεσκέψασθέ με,
25: 38 πότε δέ σε εἴδομεν ξένον καὶ συνηγάγομεν, ἢ γυμνὸν καὶ **περιεβάλομεν;**
25: 43 ξένος ἤμην καὶ οὐ συνηγάγετέ με, γυμνὸς καὶ οὐ **περιεβάλετέ** με,
Mk 14: 51 Καὶ νεανίσκος τις συνηκολούθει αὐτῷ **περιβεβλημένος** σινδόνα ἐπὶ γυμνοῦ,
16: 5 καὶ εἰσελθοῦσαι εἰς τὸ μνημεῖον εἶδον νεανίσκον καθήμενον ἐν τοῖς δεξιοῖς **περιβεβλημένον** στολὴν λευκήν,
Lk 12: 27 οὐδὲ Σολομὼν ἐν πάσῃ τῇ δόξῃ αὐτοῦ **περιεβάλετο** ὡς ἓν τούτων.
23: 11 ἐξουθενήσας δὲ αὐτὸν [καὶ] ὁ Ἡρῴδης σὺν τοῖς στρατεύμασιν αὐτοῦ καὶ ἐμπαίξας **περιβαλὼν** ἐσθῆτα λαμπρὰν
Jn 19: 2 καὶ οἱ στρατιῶται πλέξαντες στέφανον ἐξ ἀκανθῶν ἐπέθηκαν αὐτοῦ τῇ κεφαλῇ καὶ ἱμάτιον πορφυροῦν **περιέβαλον** αὐτὸν
Ac 12: 8 καὶ λέγει αὐτῷ, **Περιβαλοῦ** τὸ ἱμάτιόν σου καὶ ἀκολούθει μοι.
Rev 3: 5 ὁ νικῶν οὕτως **περιβαλεῖται** ἐν ἱματίοις λευκοῖς καὶ οὐ μὴ ἐξαλείψω τὸ ὄνομα αὐτοῦ ἐκ τῆς βίβλου τῆς ζωῆς
3: 18 καὶ ἱμάτια λευκὰ ἵνα **περιβάλῃ** καὶ μὴ φανερωθῇ ἡ αἰσχύνη τῆς γυμνότητός σου,
4: 4 καὶ ἐπὶ τοὺς θρόνους εἴκοσι τέσσαρας πρεσβυτέρους καθημένους **περιβεβλημένους** ἐν ἱματίοις λευκοῖς
7: 9 ἐνώπιον τοῦ θρόνου καὶ ἐνώπιον τοῦ ἀρνίου **περιβεβλημένους** στολὰς λευκὰς καὶ φοίνικες ἐν ταῖς χερσὶν αὐτῶν,
7: 13 Οὗτοι οἱ **περιβεβλημένοι** τὰς στολὰς τὰς λευκὰς τίνες εἰσὶν καὶ πόθεν ἦλθον;
10: 1 Καὶ εἶδον ἄλλον ἄγγελον ἰσχυρὸν καταβαίνοντα ἐκ τοῦ οὐρανοῦ **περιβεβλημένον** νεφέλην,
11: 3 καὶ δώσω τοῖς δυσὶν μάρτυσίν μου καὶ προφητεύσουσιν ἡμέρας χιλίας διακοσίας ἑξήκοντα **περιβεβλημένοι** σάκκους.
12: 1 Καὶ σημεῖον μέγα ὤφθη ἐν τῷ οὐρανῷ, γυνὴ **περιβεβλημένη** τὸν ἥλιον,
17: 4 καὶ ἡ γυνὴ ἦν **περιβεβλημένη** πορφυροῦν καὶ κόκκινον καὶ κεχρυσωμένη χρυσίῳ καὶ λίθῳ τιμίῳ καὶ μαργαρίταις,

18:16 ἡ **περιβεβλημένη** βύσσινον καὶ πορφυροῦν καὶ κόκκινον καὶ κεχρυσωμένη [ἐν] χρυσίῳ καὶ λίθῳ τιμίῳ καὶ μαργαρίτῃ,
19: 8 καὶ ἐδόθη αὐτῇ ἵνα **περιβάληται** βύσσινον λαμπρὸν καθαρόν·
19:13 καὶ **περιβεβλημένος** ἱμάτιον βεβαμμένον αἵματι, καὶ κέκληται τὸ ὄνομα αὐτοῦ ὁ λόγος τοῦ θεοῦ.

4315 περιβλέπω [7]

√ *4309 + 1063*

Mk 3: 5 καὶ **περιβλεψάμενος** αὐτοὺς μετ' ὀργῆς, συλλυπούμενος ἐπὶ τῇ πωρώσει τῆς καρδίας αὐτῶν λέγει τῷ ἀνθρώπῳ,
3:34 καὶ **περιβλεψάμενος** τοὺς περὶ αὐτὸν κύκλῳ καθημένους λέγει,
5:32 καὶ **περιεβλέπετο** ἰδεῖν τὴν τοῦτο ποιήσασαν.
9: 8 καὶ ἐξάπινα **περιβλεψάμενοι** οὐκέτι οὐδένα εἶδον ἀλλὰ τὸν Ἰησοῦν μόνον μεθ' ἑαυτῶν.
10:23 Καὶ **περιβλεψάμενος** ὁ Ἰησοῦς λέγει τοῖς μαθηταῖς αὐτοῦ,
11:11 Καὶ εἰσῆλθεν εἰς Ἱεροσόλυμα εἰς τὸ ἱερὸν καὶ **περιβλεψάμενος** πάντα,
Lk 6:10 καὶ **περιβλεψάμενος** πάντας αὐτοὺς εἶπεν αὐτῷ, Ἔκτεινον τὴν χεῖρά σου.

4316 περιβόλαιον [2]

√ *4309 + 965*

1Co 11:15 γυνὴ δὲ ἐὰν κομᾷ δόξα αὐτῇ ἐστιν; ὅτι ἡ κόμη ἀντὶ **περιβολαίου** δέδοται [αὐτῇ.]
Heb 1:12 καὶ ὡσεὶ **περιβόλαιον** ἑλίξεις αὐτούς, ὡς ἱμάτιον καὶ ἀλλαγήσονται·

4317 περιδέω [1]

√ *4309 + 1313*

Jn 11:44 ἐξῆλθεν ὁ τεθνηκὼς δεδεμένος τοὺς πόδας καὶ τὰς χεῖρας κειρίαις καὶ ἡ ὄψις αὐτοῦ σουδαρίῳ **περιεδέδετο.**

4318 περιεργάζομαι [1]

√ *4309 + 2240*

2Th 3:11 ἀκούομεν γάρ τινας περιπατοῦντας ἐν ὑμῖν ἀτάκτως μηδὲν ἐργαζομένους ἀλλὰ **περιεργαζομένους·**

4319 περίεργος [2]

√ *4309 + 2240*

Ac 19:19 ἱκανοὶ δὲ τῶν τὰ **περίεργα** πραξάντων συνενέγκαντες τὰς βίβλους κατέκαιον ἐνώπιον πάντων,
1Ti 5:13 οὐ μόνον δὲ ἀργαὶ ἀλλὰ καὶ φλύαροι καὶ **περίεργοι,**

4320 περιέρχομαι [3]

√ *4309 + 2262*

Ac 19:13 ἐπεχείρησαν δέ τινες καὶ τῶν **περιερχομένων** Ἰουδαίων ἐξορκιστῶν ὀνομάζειν ἐπὶ τοὺς ἔχοντας τὰ πνεύματα
1Ti 5:13 ἅμα δὲ καὶ ἀργαὶ μανθάνουσιν **περιερχόμεναι** τὰς οἰκίας,
Heb 11:37 **περιῆλθον** ἐν μηλωταῖς, ἐν αἰγείοις δέρμασιν, ὑστερούμενοι, θλιβόμενοι,

4321 περιέχω [2]

√ *4309 + 2400*

Lk 5: 9 θάμβος γὰρ **περιέσχεν** αὐτὸν καὶ πάντας τοὺς σὺν αὐτῷ ἐπὶ τῇ ἄγρᾳ τῶν ἰχθύων ὧν συνέλαβον,
1Pe 2: 6 διότι **περιέχει** ἐν γραφῇ, Ἰδοὺ τίθημι ἐν Σιὼν λίθον ἀκρογωνιαῖον ἐκλεκτὸν ἔντιμον καὶ ὁ πιστεύων ἐπ' αὐτῷ

4322 περιζώννυμι [6]

√ *4309 + 2439*

Lk 12:35 Ἔστωσαν ὑμῶν αἱ ὀσφύες **περιεζωσμέναι** καὶ οἱ λύχνοι καιόμενοι·
12:37 ἀμὴν λέγω ὑμῖν ὅτι **περιζώσεται** καὶ ἀνακλινεῖ αὐτοὺς καὶ παρελθὼν διακονήσει αὐτοῖς.
17: 8 Ἑτοίμασον τί δειπνήσω καὶ **περιζωσάμενος** διακόνει μοι ἕως φάγω καὶ πίω,
Eph 6:14 στῆτε οὖν **περιζωσάμενοι** τὴν ὀσφὺν ὑμῶν ἐν ἀληθείᾳ καὶ ἐνδυσάμενοι τὸν θώρακα τῆς δικαιοσύνης
Rev 1:13 καὶ ἐν μέσῳ τῶν λυχνιῶν ὅμοιον υἱὸν ἀνθρώπου ἐνδεδυμένον ποδήρη καὶ **περιεζωσμένον** πρὸς τοῖς μαστοῖς ζώνην χρυσᾶν.
15: 6 ἐνδεδυμένοι λίνον καθαρὸν λαμπρὸν καὶ **περιεζωσμένοι** περὶ τὰ στήθη ζώνας χρυσᾶς.

4323 περιζωννύω Not used in UBS/NIV

√ *4309 + 2439*

4324 περίθεσις [1]

√ *4309 + 5502*

1Pe 3: 3 ὧν ἔστω οὐχ ὁ ἔξωθεν ἐμπλοκῆς τριχῶν καὶ **περιθέσεως** χρυσίων ἢ ἐνδύσεως ἱματίων κόσμος

4325 περιΐστημι [4]

√ *4309 + 2705*

Jn 11:42 ἀλλὰ διὰ τὸν ὄχλον τὸν **περιεστῶτα** εἶπον, ἵνα πιστεύσωσιν ὅτι σύ με ἀπέστειλας.
Ac 25: 7 παραγενομένου δὲ αὐτοῦ **περιέστησαν** αὐτὸν οἱ ἀπὸ Ἱεροσολύμων καταβεβηκότες Ἰουδαῖοι πολλὰ καὶ βαρέα αἰτιώματα καταφέροντες ἃ οὐκ ἴσχυον ἀποδεῖξαι,
2Ti 2:16 τὰς δὲ βεβήλους κενοφωνίας **περιΐστασο·** ἐπὶ πλεῖον γὰρ προκόψουσιν ἀσεβείας
Tit 3: 9 μωρὰς δὲ ζητήσεις καὶ γενεαλογίας καὶ ἔρεις καὶ μάχας νομικὰς **περιΐστασο·**

4326 περικάθαρμα [1]

√ *4309 + 2754*

1Co 4:13 ὡς **περικαθάρματα** τοῦ κόσμου ἐγενήθημεν, πάντων περίψημα ἕως ἄρτι.

4327 περικαθίζω Not used in UBS/NIV

√ *4309 + 2767*

4328 περικαλύπτω [3]

√ *4309 + 2821*

Mk 14:65 Καὶ ἤρξαντό τινες ἐμπτύειν αὐτῷ καὶ **περικαλύπτειν** αὐτοῦ τὸ πρόσωπον καὶ κολαφίζειν αὐτὸν καὶ λέγειν αὐτῷ,
Lk 22:64 καὶ **περικαλύψαντες** αὐτὸν ἐπηρώτων λέγοντες, Προφήτευσον, τίς ἐστιν ὁ παίσας σε;
Heb 9: 4 χρυσοῦν ἔχουσα θυμιατήριον καὶ τὴν κιβωτὸν τῆς διαθήκης **περικεκαλυμμένην** πάντοθεν χρυσίῳ,

4329 περίκειμαι [5]

√ *4309 + 3023*

Mk 9:42 καλόν ἐστιν αὐτῷ μᾶλλον εἰ **περίκειται** μύλος ὀνικὸς περὶ τὸν τράχηλον αὐτοῦ καὶ βέβληται εἰς τὴν θάλασσαν.
Lk 17: 2 λυσιτελεῖ αὐτῷ εἰ λίθος μυλικὸς **περίκειται** περὶ τὸν τράχηλον αὐτοῦ καὶ ἔρριπται εἰς τὴν θάλασσαν ἢ ἵνα σκανδαλίσῃ τῶν μικρῶν τούτων ἕνα.
Ac 28:20 ἕνεκεν γὰρ τῆς ἐλπίδος τοῦ Ἰσραὴλ τὴν ἅλυσιν ταύτην **περίκειμαι.**
Heb 5: 2 μετριοπαθεῖν δυνάμενος τοῖς ἀγνοοῦσιν καὶ πλανωμένοις, ἐπεὶ καὶ αὐτὸς **περίκειται** ἀσθένειαν
12: 1 Τοιγαροῦν καὶ ἡμεῖς τοσοῦτον ἔχοντες **περικείμενον** ἡμῖν νέφος μαρτύρων,

4330 περικεφαλαία [2]

√ *4309 + 3051*

Eph 6:17 καὶ τὴν **περικεφαλαίαν** τοῦ σωτηρίου δέξασθε καὶ τὴν μάχαιραν τοῦ πνεύματος,
1Th 5: 8 ἡμεῖς δὲ ἡμέρας ὄντες νήφωμεν ἐνδυσάμενοι θώρακα πίστεως καὶ ἀγάπης καὶ **περικεφαλαίαν** ἐλπίδα σωτηρίας·

4331 περικρατής [1]

√ *4309 + 3197*

Ac 27:16 νησίον δέ τι ὑποδραμόντες καλούμενον Καῦδα ἰσχύσαμεν μόλις **περικρατεῖς** γενέσθαι τῆς σκάφης,

4332 περικρύβω [1]

√ *4309 + 3221*

Lk 1:24 Μετὰ δὲ ταύτας τὰς ἡμέρας συνέλαβεν Ἐλισάβετ ἡ γυνὴ αὐτοῦ καὶ **περιέκρυβεν** ἑαυτὴν μῆνας πέντε λέγουσα

4333 περικυκλόω [1]

√ *4309 + 3241*

Lk 19:43 ὅτι ἥξουσιν ἡμέραι ἐπὶ σὲ καὶ παρεμβαλοῦσιν οἱ ἐχθροί σου χάρακά σοι καὶ **περικυκλώσουσίν** σε καὶ συνέξουσίν σε πάντοθεν,

4334 περιλάμπω [2]

√ *4309 + 3290*

Lk 2: 9 καὶ ἄγγελος κυρίου ἐπέστη αὐτοῖς καὶ δόξα κυρίου **περιέλαμψεν** αὐτούς,

Ac 26:13 οὐρανόθεν ὑπὲρ τὴν λαμπρότητα τοῦ ἡλίου **περιλάμψαν** με φῶς καὶ τοὺς σὺν ἐμοὶ πορευομένους.

4335 περιλείπομαι [2]

√ *4309 + 3309*

1Th 4:15 ὅτι ἡμεῖς οἱ ζῶντες οἱ **περιλειπόμενοι** εἰς τὴν παρουσίαν τοῦ κυρίου οὐ μὴ φθάσωμεν τοὺς κοιμηθέντας·

4:17 ἔπειτα ἡμεῖς οἱ ζῶντες οἱ **περιλειπόμενοι** ἅμα σὺν αὐτοῖς ἁρπαγησόμεθα ἐν νεφέλαις εἰς ἀπάντησιν τοῦ κυρίου εἰς ἀέρα·

4336 περιλείχω Not used in UBS/NIV

√ *4309 + 3314*

4337 περίλυπος [5 / 4]

√ *4309 + 3383*

Mt 26:38 τότε λέγει αὐτοῖς, **Περίλυπός** ἐστιν ἡ ψυχή μου ἕως θανάτου·

Mk 6:26 καὶ **περίλυπος** γενόμενος ὁ βασιλεὺς διὰ τοὺς ὅρκους καὶ τοὺς ἀνακειμένους οὐκ ἠθέλησεν ἀθετῆσαι αὐτήν·

14:34 καὶ λέγει αὐτοῖς, **Περίλυπός** ἐστιν ἡ ψυχή μου ἕως θανάτου·

Lk 18:23 ὁ δὲ ἀκούσας ταῦτα **περίλυπος** ἐγενήθη· ἦν γὰρ πλούσιος σφόδρα.

18:24 Ἰδὼν δὲ αὐτὸν ὁ Ἰησοῦς [**περίλυπον**[NIV-] γενόμενον] εἶπεν,

4338 περιμένω [1]

√ *4309 + 3531*

Ac 1: 4 καὶ συναλιζόμενος παρήγγειλεν αὐτοῖς ἀπὸ Ἱεροσολύμων μὴ χωρίζεσθαι ἀλλὰ **περιμένειν** τὴν ἐπαγγελίαν τοῦ πατρὸς

4339 πέριξ [1]

√ *4309*

Ac 5:16 συνήρχετο δὲ καὶ τὸ πλῆθος τῶν **πέριξ** πόλεων Ἰερουσαλὴμ φέροντες ἀσθενεῖς καὶ ὀχλουμένους ὑπὸ πνευμάτων ἀκαθάρτων,

4340 περιοικέω [1]

√ *4309 + 3875*

Lk 1:65 καὶ ἐγένετο ἐπὶ πάντας φόβος τοὺς **περιοικοῦντας** αὐτούς,

4341 περίοικος [1]

√ *4309 + 3875*

Lk 1:58 ἤκουσαν οἱ **περίοικοι** καὶ οἱ συγγενεῖς αὐτῆς ὅτι ἐμεγάλυνεν κύριος τὸ ἔλεος αὐτοῦ μετ' αὐτῆς καὶ συνέχαιρον αὐτῇ.

4342 περιούσιος [1]

√ *4309 + 1639*

Tit 2:14 ἵνα λυτρώσηται ἡμᾶς ἀπὸ πάσης ἀνομίας καὶ καθαρίσῃ ἑαυτῷ λαὸν **περιούσιον,**

4343 περιοχή [1]

√ *4309 + 2400*

Ac 8:32 ἡ δὲ **περιοχὴ** τῆς γραφῆς ἣν ἀνεγίνωσκεν ἦν αὕτη·

4344 περιπατέω [95]

√ *4309 + 4251*

not physical walking [49] Mk 7:5; Jn 6:66; 8:12; Ac 21:21; Ro 6:4; 8:4; 13:13; 14:15; 1Co 3:3; 7:17; 2Co 4:2; 5:7; 10:2,3; 12:18; Gal 5:16; Eph 2:2,10; 4:1,17,17; 5:2,8,15; Php 3:17,18; Col 1:10; 2:6; 3:7; 4:5; 1Th 2:12; 4:1,1,12; 2Th 3:6,11; Heb 13:9; 1Jn 2:6,6,7; 2:6,11; 2Jn 1:4,6,6; 3Jn 1:3,4; Rev 3:4; 21:24

περιπατέω ἀλήθειαν [3] 2Jn 1:4; 3Jn 1:3,4

περιπατέω διά [2] 2Co 5:7; Rev 21:24

περιπατέω ἐπί [6] Mt 14:25,26,29; Mk 6:48,49; Jn 6:19

περιπατέω κατά [8] Mk 7:5; Ro 8:4; 14:15; 1Co 3:3; 2Co 10:2; Eph 2:2; 2Th 3:6; 2Jn 1:6

Mt 4:18 **Περιπατῶν** δὲ παρὰ τὴν θάλασσαν τῆς Γαλιλαίας εἶδεν δύο ἀδελφούς,

9: 5 Ἀφίενταί σου αἱ ἁμαρτίαι, ἢ εἰπεῖν, Ἔγειρε καὶ **περιπάτει;**

11: 5 τυφλοὶ ἀναβλέπουσιν καὶ χωλοὶ **περιπατοῦσιν,** λεπροὶ καθαρίζονται καὶ κωφοὶ ἀκούουσιν,

14:25 τετάρτῃ δὲ φυλακῇ τῆς νυκτὸς ἦλθεν πρὸς αὐτοὺς **περιπατῶν** ἐπὶ τὴν θάλασσαν.

14:26 οἱ δὲ μαθηταὶ ἰδόντες αὐτὸν ἐπὶ τῆς θαλάσσης **περιπατοῦντα** ἐταράχθησαν λέγοντες ὅτι Φάντασμά ἐστιν,

14:29 καὶ καταβὰς ἀπὸ τοῦ πλοίου [ὁ] Πέτρος **περιεπάτησεν** ἐπὶ τὰ ὕδατα καὶ ἦλθεν πρὸς τὸν Ἰησοῦν.

15:31 κυλλοὺς ὑγιεῖς καὶ χωλοὺς **περιπατοῦντας** καὶ τυφλοὺς βλέποντας·

Mk 2: 9 Ἔγειρε καὶ ἆρον τὸν κράβαττόν σου καὶ **περιπάτει;**

5:42 καὶ εὐθὺς ἀνέστη τὸ κοράσιον καὶ **περιεπάτει·** ἦν γὰρ ἐτῶν δώδεκα.

6:48 περὶ τετάρτην φυλακὴν τῆς νυκτὸς ἔρχεται πρὸς αὐτοὺς **περιπατῶν** ἐπὶ τῆς θαλάσσης καὶ ἤθελεν παρελθεῖν αὐτούς.

6:49 οἱ δὲ ἰδόντες αὐτὸν ἐπὶ τῆς θαλάσσης **περιπατοῦντα** ἔδοξαν ὅτι φάντασμά ἐστιν,

7: 5 Διὰ τί οὐ **περιπατοῦσιν** οἱ μαθηταί σου κατὰ τὴν παράδοσιν τῶν πρεσβυτέρων,

8:24 Βλέπω τοὺς ἀνθρώπους ὅτι ὡς δένδρα ὁρῶ **περιπατοῦντας.**

11:27 καὶ ἐν τῷ ἱερῷ **περιπατοῦντος** αὐτοῦ ἔρχονται πρὸς αὐτὸν οἱ ἀρχιερεῖς καὶ οἱ γραμματεῖς καὶ οἱ πρεσβύτεροι

12:38 Βλέπετε ἀπὸ τῶν γραμματέων τῶν θελόντων ἐν στολαῖς **περιπατεῖν** καὶ ἀσπασμοὺς ἐν ταῖς ἀγοραῖς

16:12 ⟦Μετὰ δὲ ταῦτα δυσὶν ἐξ αὐτῶν **περιπατοῦσιν** ἐφανερώθη ἐν ἑτέρᾳ μορφῇ πορευομένοις εἰς ἀγρόν·⟧

Lk 5:23 Ἀφέωνταί σοι αἱ ἁμαρτίαι σου, ἢ εἰπεῖν, Ἔγειρε καὶ **περιπάτει;**

7:22 τυφλοὶ ἀναβλέπουσιν, χωλοὶ **περιπατοῦσιν,** λεπροὶ καθαρίζονται καὶ κωφοὶ ἀκούουσιν,

11:44 καὶ οἱ ἄνθρωποι [οἱ] **περιπατοῦντες** ἐπάνω οὐκ οἴδασιν.

20:46 Προσέχετε ἀπὸ τῶν γραμματέων τῶν θελόντων **περιπατεῖν** ἐν στολαῖς καὶ φιλούντων ἀσπασμοὺς ἐν ταῖς ἀγοραῖς

24:17 Τίνες οἱ λόγοι οὗτοι οὓς ἀντιβάλλετε πρὸς ἀλλήλους **περιπατοῦντες;**

Jn 1:36 καὶ ἐμβλέψας τῷ Ἰησοῦ **περιπατοῦντι** λέγει, Ἴδε ὁ ἀμνὸς τοῦ θεοῦ.

5: 8 λέγει αὐτῷ ὁ Ἰησοῦς, Ἔγειρε ἆρον τὸν κράβαττόν σου καὶ **περιπάτει.**

5: 9 καὶ εὐθέως ἐγένετο ὑγιὴς ὁ ἄνθρωπος καὶ ἦρεν τὸν κράβαττον αὐτοῦ καὶ **περιεπάτει.**

5:11 Ὁ ποιήσας με ὑγιῆ ἐκεῖνός μοι εἶπεν, Ἆρον τὸν κράβαττόν σου καὶ **περιπάτει.**

5:12 Τίς ἐστιν ὁ ἄνθρωπος ὁ εἰπών σοι, Ἆρον καὶ **περιπάτει;**

6:19 ἐληλακότες οὖν ὡς σταδίους εἴκοσι πέντε ἢ τριάκοντα θεωροῦσιν τὸν Ἰησοῦν **περιπατοῦντα** ἐπὶ τῆς θαλάσσης
6:66 Ἐκ τούτου πολλοὶ [ἐκ] τῶν μαθητῶν αὐτοῦ ἀπῆλθον εἰς τὰ ὀπίσω καὶ οὐκέτι μετ᾽ αὐτοῦ **περιεπάτουν.**
7: 1 Καὶ μετὰ ταῦτα **περιεπάτει** ὁ Ἰησοῦς ἐν τῇ Γαλιλαίᾳ· οὐ γὰρ ἤθελεν ἐν τῇ Ἰουδαίᾳ **περιπατεῖν,** ὅτι ἐζήτουν αὐτὸν οἱ Ἰουδαῖοι ἀποκτεῖναι.
8:12 ὁ ἀκολουθῶν ἐμοὶ οὐ μὴ **περιπατήσῃ** ἐν τῇ σκοτίᾳ,
10:23 καὶ **περιεπάτει** ὁ Ἰησοῦς ἐν τῷ ἱερῷ ἐν τῇ στοᾷ τοῦ Σολομῶνος.
11: 9 ἐάν τις **περιπατῇ** ἐν τῇ ἡμέρᾳ, οὐ προσκόπτει,
11:10 ἐὰν δέ τις **περιπατῇ** ἐν τῇ νυκτί, προσκόπτει,
11:54 Ὁ οὖν Ἰησοῦς οὐκέτι παρρησίᾳ **περιεπάτει** ἐν τοῖς Ἰουδαίοις,
12:35 **περιπατεῖτε** ὡς τὸ φῶς ἔχετε, ἵνα μὴ σκοτία ὑμᾶς καταλάβῃ· καὶ ὁ **περιπατῶν** ἐν τῇ σκοτίᾳ οὐκ οἶδεν ποῦ ὑπάγει.
21:18 ὅτε ἦς νεώτερος, ἐζώννυες σεαυτὸν καὶ **περιεπάτεις** ὅπου ἤθελες·

Ac 3: 6 ἐν τῷ ὀνόματι Ἰησοῦ Χριστοῦ τοῦ Ναζωραίου [ἔγειρε καὶ] **περιπάτει.**
3: 8 καὶ ἐξαλλόμενος ἔστη καὶ **περιεπάτει** καὶ εἰσῆλθεν σὺν αὐτοῖς εἰς τὸ ἱερὸν **περιπατῶν** καὶ ἁλλόμενος καὶ αἰνῶν τὸν θεόν.
3: 9 καὶ εἶδεν πᾶς ὁ λαὸς αὐτὸν **περιπατοῦντα** καὶ αἰνοῦντα τὸν θεόν·
3:12 τί θαυμάζετε ἐπὶ τούτῳ ἢ ἡμῖν τί ἀτενίζετε ὡς ἰδίᾳ δυνάμει ἢ εὐσεβείᾳ πεποιηκόσιν τοῦ **περιπατεῖν** αὐτόν;
14: 8 χωλὸς ἐκ κοιλίας μητρὸς αὐτοῦ ὃς οὐδέποτε **περιεπάτησεν.**
14:10 Ἀνάστηθι ἐπὶ τοὺς πόδας σου ὀρθός. καὶ ἥλατο καὶ **περιεπάτει.**
21:21 λέγων μὴ περιτέμνειν αὐτοὺς τὰ τέκνα μηδὲ τοῖς ἔθεσιν **περιπατεῖν.**

Ro 6: 4 ἵνα ὥσπερ ἠγέρθη Χριστὸς ἐκ νεκρῶν διὰ τῆς δόξης τοῦ πατρός, οὕτως καὶ ἡμεῖς ἐν καινότητι ζωῆς **περιπατήσωμεν.**
8: 4 ἵνα τὸ δικαίωμα τοῦ νόμου πληρωθῇ ἐν ἡμῖν τοῖς μὴ κατὰ σάρκα **περιπατοῦσιν** ἀλλὰ κατὰ πνεῦμα.
13:13 ὡς ἐν ἡμέρᾳ εὐσχημόνως **περιπατήσωμεν,** μὴ κώμοις καὶ μέθαις,
14:15 εἰ γὰρ διὰ βρῶμα ὁ ἀδελφός σου λυπεῖται, οὐκέτι κατὰ ἀγάπην **περιπατεῖς·**

1Co 3: 3 ὅπου γὰρ ἐν ὑμῖν ζῆλος καὶ ἔρις, οὐχὶ σαρκικοί ἐστε καὶ κατὰ ἄνθρωπον **περιπατεῖτε;**
7:17 Εἰ μὴ ἑκάστῳ ὡς ἐμέρισεν ὁ κύριος, ἕκαστον ὡς κέκληκεν ὁ θεός, οὕτως **περιπατείτω.**

2Co 4: 2 μὴ **περιπατοῦντες** ἐν πανουργίᾳ μηδὲ δολοῦντες τὸν λόγον τοῦ θεοῦ ἀλλὰ τῇ φανερώσει τῆς ἀληθείας
5: 7 διὰ πίστεως γὰρ **περιπατοῦμεν,** οὐ διὰ εἴδους·
10: 2 δέομαι δὲ τὸ μὴ παρὼν θαρρῆσαι τῇ πεποιθήσει ᾗ λογίζομαι τολμῆσαι ἐπί τινας τοὺς λογιζομένους ἡμᾶς ὡς κατὰ σάρκα **περιπατοῦντας.**
10: 3 ἐν σαρκὶ γὰρ **περιπατοῦντες** οὐ κατὰ σάρκα στρατευόμεθα,
12:18 οὐ τῷ αὐτῷ πνεύματι **περιεπατήσαμεν;** οὐ τοῖς αὐτοῖς ἴχνεσιν;

Gal 5:16 πνεύματι **περιπατεῖτε** καὶ ἐπιθυμίαν σαρκὸς οὐ μὴ τελέσητε.

Eph 2: 2 ἐν αἷς ποτε **περιεπατήσατε** κατὰ τὸν αἰῶνα τοῦ κόσμου τούτου,
2:10 κτισθέντες ἐν Χριστῷ Ἰησοῦ ἐπὶ ἔργοις ἀγαθοῖς οἷς προητοίμασεν ὁ θεός, ἵνα ἐν αὐτοῖς **περιπατήσωμεν.**
4: 1 Παρακαλῶ οὖν ὑμᾶς ἐγὼ ὁ δέσμιος ἐν κυρίῳ ἀξίως **περιπατῆσαι** τῆς κλήσεως ἧς ἐκλήθητε,
4:17 Τοῦτο οὖν λέγω καὶ μαρτύρομαι ἐν κυρίῳ, μηκέτι ὑμᾶς **περιπατεῖν,** καθὼς καὶ τὰ ἔθνη **περιπατεῖ** ἐν ματαιότητι τοῦ νοὸς αὐτῶν,
5: 2 καὶ **περιπατεῖτε** ἐν ἀγάπῃ, καθὼς καὶ ὁ Χριστὸς ἠγάπησεν ἡμᾶς καὶ παρέδωκεν ἑαυτὸν ὑπὲρ ἡμῶν προσφορὰν καὶ θυσίαν
5: 8 νῦν δὲ φῶς ἐν κυρίῳ· ὡς τέκνα φωτὸς **περιπατεῖτε**
5:15 Βλέπετε οὖν ἀκριβῶς πῶς **περιπατεῖτε** μὴ ὡς ἄσοφοι ἀλλ᾽ ὡς σοφοί,

Php 3:17 καὶ σκοπεῖτε τοὺς οὕτω **περιπατοῦντας** καθὼς ἔχετε τύπον ἡμᾶς.
3:18 πολλοὶ γὰρ **περιπατοῦσιν** οὓς πολλάκις ἔλεγον ὑμῖν, νῦν δὲ καὶ κλαίων λέγω,

Col 1:10 **περιπατῆσαι** ἀξίως τοῦ κυρίου εἰς πᾶσαν ἀρεσκείαν, ἐν παντὶ ἔργῳ ἀγαθῷ καρποφοροῦντες καὶ αὐξανόμενοι
2: 6 Ὡς οὖν παρελάβετε τὸν Χριστὸν Ἰησοῦν τὸν κύριον, ἐν αὐτῷ **περιπατεῖτε,**
3: 7 ἐν οἷς καὶ ὑμεῖς **περιεπατήσατέ** ποτε, ὅτε ἐζῆτε ἐν τούτοις·
4: 5 Ἐν σοφίᾳ **περιπατεῖτε** πρὸς τοὺς ἔξω τὸν καιρὸν ἐξαγοραζόμενοι.

1Th 2:12 καὶ μαρτυρόμενοι εἰς τὸ **περιπατεῖν** ὑμᾶς ἀξίως τοῦ θεοῦ τοῦ καλοῦντος ὑμᾶς εἰς τὴν ἑαυτοῦ βασιλείαν καὶ δόξαν.
4: 1 ἵνα καθὼς παρελάβετε παρ᾽ ἡμῶν τὸ πῶς δεῖ ὑμᾶς **περιπατεῖν** καὶ ἀρέσκειν θεῷ, καθὼς καὶ **περιπατεῖτε,** ἵνα περισσεύητε μᾶλλον.
4:12 ἵνα **περιπατῆτε** εὐσχημόνως πρὸς τοὺς ἔξω καὶ μηδενὸς χρείαν ἔχητε.

2Th 3: 6 στέλλεσθαι ὑμᾶς ἀπὸ παντὸς ἀδελφοῦ ἀτάκτως **περιπατοῦντος** καὶ μὴ κατὰ τὴν παράδοσιν ἣν παρελάβοσαν
3:11 ἀκούομεν γάρ τινας **περιπατοῦντας** ἐν ὑμῖν ἀτάκτως μηδὲν ἐργαζομένους ἀλλὰ περιεργαζομένους·

Heb 13: 9 οὐ βρώμασιν ἐν οἷς οὐκ ὠφελήθησαν οἱ **περιπατοῦντες.**

1Pe 5: 8 ὁ ἀντίδικος ὑμῶν διάβολος ὡς λέων ὠρυόμενος **περιπατεῖ** ζητῶν [τινα] καταπιεῖν·

1Jn 1: 6 Ἐὰν εἴπωμεν ὅτι κοινωνίαν ἔχομεν μετ᾽ αὐτοῦ καὶ ἐν τῷ σκότει **περιπατῶμεν,**
1: 7 ἐὰν δὲ ἐν τῷ φωτὶ **περιπατῶμεν** ὡς αὐτός ἐστιν ἐν τῷ φωτί,
2: 6 ὁ λέγων ἐν αὐτῷ μένειν ὀφείλει καθὼς ἐκεῖνος **περιεπάτησεν** καὶ αὐτὸς [οὕτως] **περιπατεῖν.**
2:11 ὁ δὲ μισῶν τὸν ἀδελφὸν αὐτοῦ ἐν τῇ σκοτίᾳ ἐστὶν καὶ ἐν τῇ σκοτίᾳ **περιπατεῖ** καὶ οὐκ οἶδεν ποῦ ὑπάγει,

2Jn 1: 4 Ἐχάρην λίαν ὅτι εὕρηκα ἐκ τῶν τέκνων σου **περιπατοῦντας** ἐν ἀληθείᾳ,
1: 6 καὶ αὕτη ἐστὶν ἡ ἀγάπη, ἵνα **περιπατῶμεν** κατὰ τὰς ἐντολὰς αὐτοῦ· αὕτη ἡ ἐντολή ἐστιν, καθὼς ἠκούσατε ἀπ᾽ ἀρχῆς, ἵνα ἐν αὐτῇ **περιπατῆτε.**

3Jn 1: 3 ἐχάρην γὰρ λίαν ἐρχομένων ἀδελφῶν καὶ μαρτυρούντων σου τῇ ἀληθείᾳ, καθὼς σὺ ἐν ἀληθείᾳ **περιπατεῖς.**
1: 4 ἵνα ἀκούω τὰ ἐμὰ τέκνα ἐν τῇ ἀληθείᾳ **περιπατοῦντα.**

Rev 2: 1 ὁ **περιπατῶν** ἐν μέσῳ τῶν ἑπτὰ λυχνιῶν τῶν χρυσῶν·
3: 4 καὶ **περιπατήσουσιν** μετ᾽ ἐμοῦ ἐν λευκοῖς, ὅτι ἄξιοί εἰσιν.
9:20 ἃ οὔτε βλέπειν δύνανται οὔτε ἀκούειν οὔτε **περιπατεῖν,**
16:15 ἵνα μὴ γυμνὸς **περιπατῇ** καὶ βλέπωσιν τὴν ἀσχημοσύνην αὐτοῦ.
21:24 καὶ **περιπατήσουσιν** τὰ ἔθνη διὰ τοῦ φωτὸς αὐτῆς,

4345 περιπείρω [1]

√ *4309*

1Ti 6:10 ἧς τινες ὀρεγόμενοι ἀπεπλανήθησαν ἀπὸ τῆς πίστεως καὶ ἑαυτοὺς **περιέπειραν** ὀδύναις πολλαῖς.

4346 περιπίπτω [3]

√ *4309 + 4406*

Lk 10:30 Ἄνθρωπός τις κατέβαινεν ἀπὸ Ἰερουσαλὴμ εἰς Ἰεριχὼ καὶ λῃσταῖς **περιέπεσεν,**

Ac 27:41 **περιπεσόντες** δὲ εἰς τόπον διθάλασσον ἐπέκειλαν τὴν ναῦν καὶ ἡ μὲν πρῷρα ἐρείσασα ἔμεινεν ἀσάλευτος,

Jas 1: 2 Πᾶσαν χαρὰν ἡγήσασθε, ἀδελφοί μου, ὅταν πειρασμοῖς **περιπέσητε** ποικίλοις,

4347 περιποιέω [3]

√ *4309 + 4472*

Lk 17:33 ὃς ἐὰν ζητήσῃ τὴν ψυχὴν αὐτοῦ **περιποιήσασθαι** ἀπολέσει αὐτήν,

Ac 20:28 ἔθετο ἐπισκόπους ποιμαίνειν τὴν ἐκκλησίαν τοῦ θεοῦ, ἣν **περιεποιήσατο** διὰ τοῦ αἵματος τοῦ ἰδίου.

1Ti 3:13 οἱ γὰρ καλῶς διακονήσαντες βαθμὸν ἑαυτοῖς καλὸν **περιποιοῦνται** καὶ πολλὴν παρρησίαν ἐν πίστει τῇ ἐν Χριστῷ Ἰησοῦ.

4348 περιποίησις [5]

√ *4309 + 4472*

Eph 1:14 εἰς ἀπολύτρωσιν τῆς **περιποιήσεως,** εἰς ἔπαινον τῆς δόξης αὐτοῦ.

1Th 5: 9 ὅτι οὐκ ἔθετο ἡμᾶς ὁ θεὸς εἰς ὀργὴν ἀλλὰ εἰς **περιποίησιν** σωτηρίας διὰ τοῦ κυρίου ἡμῶν Ἰησοῦ Χριστοῦ

2Th 2:14 εἰς ὃ [καὶ] ἐκάλεσεν ὑμᾶς διὰ τοῦ εὐαγγελίου ἡμῶν εἰς **περιποίησιν** δόξης τοῦ κυρίου ἡμῶν Ἰησοῦ Χριστοῦ.

Heb 10:39 ἡμεῖς δὲ οὐκ ἐσμὲν ὑποστολῆς εἰς ἀπώλειαν ἀλλὰ πίστεως εἰς **περιποίησιν** ψυχῆς.

1Pe 2: 9 Ὑμεῖς δὲ γένος ἐκλεκτόν, βασίλειον ἱεράτευμα, ἔθνος ἅγιον, λαὸς εἰς **περιποίησιν,**

4349 περιραίνω Not used in UBS/NIV

√ *4309 + 4817*

4350 περιραντίζω Not used in UBS/NIV

√ *4309 + 4817*

4351 περιρήγνυμι [1]

√ *4309 + 4838*

Ac 16:22 καὶ συνεπέστη ὁ ὄχλος κατ' αὐτῶν καὶ οἱ στρατηγοὶ **περιρήξαντες** αὐτῶν τὰ ἱμάτια ἐκέλευον ῥαβδίζειν,

4352 περισπάω [1]

√ *4309 + 5060*

Lk 10:40 ἡ δὲ Μάρθα **περιεσπᾶτο** περὶ πολλὴν διακονίαν· ἐπιστᾶσα δὲ εἶπεν,

4353 περισσεία [4]

√ *4356*

Ro 5:17 πολλῷ μᾶλλον οἱ τὴν **περισσείαν** τῆς χάριτος καὶ τῆς δωρεᾶς τῆς δικαιοσύνης λαμβάνοντες ἐν ζωῇ βασιλεύσουσιν διὰ τοῦ ἑνὸς Ἰησοῦ Χριστοῦ.
2Co 8: 2 ὅτι ἐν πολλῇ δοκιμῇ θλίψεως ἡ **περισσεία** τῆς χαρᾶς αὐτῶν καὶ ἡ κατὰ βάθους πτωχεία αὐτῶν ἐπερίσσευσεν εἰς τὸ πλοῦτος τῆς ἁπλότητος αὐτῶν·
10:15 ἐλπίδα δὲ ἔχοντες αὐξανομένης τῆς πίστεως ὑμῶν ἐν ὑμῖν μεγαλυνθῆναι κατὰ τὸν κανόνα ἡμῶν εἰς **περισσείαν**
Jas 1:21 διὸ ἀποθέμενοι πᾶσαν ῥυπαρίαν καὶ **περισσείαν** κακίας ἐν πραΰτητι,

4354 περίσσευμα [5]

√ *4356*

Mt 12:34 ἐκ γὰρ τοῦ **περισσεύματος** τῆς καρδίας τὸ στόμα λαλεῖ.
Mk 8: 8 καὶ ἔφαγον καὶ ἐχορτάσθησαν, καὶ ἦραν **περισσεύματα** κλασμάτων ἑπτὰ σπυρίδας.
Lk 6:45 ἐκ γὰρ **περισσεύματος** καρδίας λαλεῖ τὸ στόμα αὐτοῦ.
2Co 8:14 ἐν τῷ νῦν καιρῷ τὸ ὑμῶν **περίσσευμα** εἰς τὸ ἐκείνων ὑστέρημα, ἵνα καὶ τὸ ἐκείνων **περίσσευμα** γένηται εἰς τὸ ὑμῶν ὑστέρημα,

4355 περισσεύω [39]

√ *4356*

περισσεύω εἰς [8] Ro 5:15; 2Co 1:5; 4:15; 8:2; 9:8,8; Eph 1:8; 1Th 3:12

περισσεύω μᾶλλον [4] 2Co 3:9; Php 1:9; 1Th 4:1,10

περισσεύω πλεῖον [1] Mt 5:20

Mt 5:20 λέγω γὰρ ὑμῖν ὅτι ἐὰν μὴ **περισσεύσῃ** ὑμῶν ἡ δικαιοσύνη πλεῖον τῶν γραμματέων καὶ Φαρισαίων,
13:12 ὅστις γὰρ ἔχει, δοθήσεται αὐτῷ καὶ **περισσευθήσεται·** ὅστις δὲ οὐκ ἔχει,
14:20 καὶ ἦραν τὸ **περισσεῦον** τῶν κλασμάτων δώδεκα κοφίνους πλήρεις.
15:37 καὶ τὸ **περισσεῦον** τῶν κλασμάτων ἦραν ἑπτὰ σπυρίδας πλήρεις.
25:29 τῷ γὰρ ἔχοντι παντὶ δοθήσεται καὶ **περισσευθήσεται,** τοῦ δὲ μὴ ἔχοντος καὶ ὃ ἔχει ἀρθήσεται ἀπ' αὐτοῦ.
Mk 12:44 πάντες γὰρ ἐκ τοῦ **περισσεύοντος** αὐτοῖς ἔβαλον, αὕτη δὲ ἐκ τῆς ὑστερήσεως αὐτῆς πάντα ὅσα εἶχεν ἔβαλεν ὅλον τὸν βίον
Lk 9:17 καὶ ἤρθη τὸ **περισσεῦσαν** αὐτοῖς κλασμάτων κόφινοι δώδεκα.
12:15 ὅτι οὐκ ἐν τῷ **περισσεύειν** τινὶ ἡ ζωὴ αὐτοῦ ἐστιν ἐκ τῶν ὑπαρχόντων αὐτῷ.
15:17 Πόσοι μίσθιοι τοῦ πατρός μου **περισσεύονται** ἄρτων, ἐγὼ δὲ λιμῷ ὧδε ἀπόλλυμαι.
21: 4 πάντες γὰρ οὗτοι ἐκ τοῦ **περισσεύοντος** αὐτοῖς ἔβαλον εἰς τὰ δῶρα,
Jn 6:12 Συναγάγετε τὰ **περισσεύσαντα** κλάσματα, ἵνα μή τι ἀπόληται.
6:13 καὶ ἐγέμισαν δώδεκα κοφίνους κλασμάτων ἐκ τῶν πέντε ἄρτων τῶν κριθίνων ἃ **ἐπερίσσευσαν** τοῖς βεβρωκόσιν.
Ac 16: 5 αἱ μὲν οὖν ἐκκλησίαι ἐστερεοῦντο τῇ πίστει καὶ **ἐπερίσσευον** τῷ ἀριθμῷ καθ' ἡμέραν.
Ro 3: 7 εἰ δὲ ἡ ἀλήθεια τοῦ θεοῦ ἐν τῷ ἐμῷ ψεύσματι **ἐπερίσσευσεν** εἰς τὴν δόξαν αὐτοῦ,
5:15 πολλῷ μᾶλλον ἡ χάρις τοῦ θεοῦ καὶ ἡ δωρεὰ ἐν χάριτι τῇ τοῦ ἑνὸς ἀνθρώπου Ἰησοῦ Χριστοῦ εἰς τοὺς πολλοὺς **ἐπερίσσευσεν.**
15:13 εἰς τὸ **περισσεύειν** ὑμᾶς ἐν τῇ ἐλπίδι ἐν δυνάμει πνεύματος ἁγίου.
1Co 8: 8 οὔτε ἐὰν μὴ φάγωμεν ὑστερούμεθα, οὔτε ἐὰν φάγωμεν **περισσεύομεν.**
14:12 πρὸς τὴν οἰκοδομὴν τῆς ἐκκλησίας ζητεῖτε ἵνα **περισσεύητε.**
15:58 ἀμετακίνητοι, **περισσεύοντες** ἐν τῷ ἔργῳ τοῦ κυρίου πάντοτε,
2Co 1: 5 ὅτι καθὼς **περισσεύει** τὰ παθήματα τοῦ Χριστοῦ εἰς ἡμᾶς, οὕτως διὰ τοῦ Χριστοῦ **περισσεύει** καὶ ἡ παράκλησις ἡμῶν.
3: 9 πολλῷ μᾶλλον **περισσεύει** ἡ διακονία τῆς δικαιοσύνης δόξῃ.
4:15 ἵνα ἡ χάρις πλεονάσασα διὰ τῶν πλειόνων τὴν εὐχαριστίαν **περισσεύσῃ** εἰς τὴν δόξαν τοῦ θεοῦ.
8: 2 ὅτι ἐν πολλῇ δοκιμῇ θλίψεως ἡ περισσεία τῆς χαρᾶς αὐτῶν καὶ ἡ κατὰ βάθους πτωχεία αὐτῶν **ἐπερίσσευσεν** εἰς τὸ πλοῦτος τῆς ἁπλότητος αὐτῶν·
8: 7 ἀλλ' ὥσπερ ἐν παντὶ **περισσεύετε,** πίστει καὶ λόγῳ καὶ γνώσει καὶ πάσῃ σπουδῇ καὶ τῇ ἐξ ἡμῶν ἐν ὑμῖν ἀγάπῃ, ἵνα καὶ ἐν ταύτῃ τῇ χάριτι **περισσεύητε.**
9: 8 δυνατεῖ δὲ ὁ θεὸς πᾶσαν χάριν **περισσεῦσαι** εἰς ὑμᾶς, ἵνα ἐν παντὶ πάντοτε πᾶσαν αὐτάρκειαν ἔχοντες **περισσεύητε** εἰς πᾶν ἔργον ἀγαθόν,
9:12 ἀλλὰ καὶ **περισσεύουσα** διὰ πολλῶν εὐχαριστιῶν τῷ θεῷ·
Eph 1: 8 ἧς **ἐπερίσσευσεν** εἰς ἡμᾶς, ἐν πάσῃ σοφίᾳ καὶ φρονήσει,
Php 1: 9 ἵνα ἡ ἀγάπη ὑμῶν ἔτι μᾶλλον καὶ μᾶλλον **περισσεύῃ** ἐν ἐπιγνώσει καὶ πάσῃ αἰσθήσει
1:26 ἵνα τὸ καύχημα ὑμῶν **περισσεύῃ** ἐν Χριστῷ Ἰησοῦ ἐν ἐμοὶ διὰ τῆς ἐμῆς παρουσίας πάλιν πρὸς ὑμᾶς.
4:12 οἶδα καὶ ταπεινοῦσθαι, οἶδα καὶ **περισσεύειν·** ἐν παντὶ καὶ ἐν πᾶσιν μεμύημαι, καὶ χορτάζεσθαι καὶ πεινᾶν καὶ **περισσεύειν** καὶ ὑστερεῖσθαι·
4:18 ἀπέχω δὲ πάντα καὶ **περισσεύω·** πεπλήρωμαι δεξάμενος παρὰ Ἐπαφροδίτου τὰ παρ' ὑμῶν,
Col 2: 7 ἐρριζωμένοι καὶ ἐποικοδομούμενοι ἐν αὐτῷ καὶ βεβαιούμενοι τῇ πίστει καθὼς ἐδιδάχθητε, **περισσεύοντες** ἐν εὐχαριστίᾳ.
1Th 3:12 ὑμᾶς δὲ ὁ κύριος πλεονάσαι καὶ **περισσεύσαι** τῇ ἀγάπῃ εἰς ἀλλήλους καὶ εἰς πάντας καθάπερ καὶ ἡμεῖς εἰς ὑμᾶς,
4: 1 καθὼς παρελάβετε παρ' ἡμῶν τὸ πῶς δεῖ ὑμᾶς περιπατεῖν καὶ ἀρέσκειν θεῷ, καθὼς καὶ περιπατεῖτε, ἵνα **περισσεύητε** μᾶλλον.
4:10 εἰς πάντας τοὺς ἀδελφοὺς [τοὺς] ἐν ὅλῃ τῇ Μακεδονίᾳ. παρακαλοῦμεν δὲ ὑμᾶς, ἀδελφοί, **περισσεύειν** μᾶλλον

4356 περισσός [6]

→ *1735, 4353, 4354, 4355, 4357, 4358, 4359, 4360, 5655, 5656, 5668, 5669; cf. 4309*

ἐκ περισσοῦ [1] Mk 6:51

Mt 5:37 τὸ δὲ **περισσὸν** τούτων ἐκ τοῦ πονηροῦ ἐστιν.
5:47 καὶ ἐὰν ἀσπάσησθε τοὺς ἀδελφοὺς ὑμῶν μόνον, τί **περισσὸν** ποιεῖτε;
Mk 6:51 καὶ ἀνέβη πρὸς αὐτοὺς εἰς τὸ πλοῖον καὶ ἐκόπασεν ὁ ἄνεμος, καὶ λίαν [ἐκ **περισσοῦ**] ἐν ἑαυτοῖς ἐξίσταντο·
Jn 10:10 ἐγὼ ἦλθον ἵνα ζωὴν ἔχωσιν καὶ **περισσὸν** ἔχωσιν.
Ro 3: 1 Τί οὖν τὸ **περισσὸν** τοῦ Ἰουδαίου ἢ τίς ἡ ὠφέλεια τῆς περιτομῆς;
2Co 9: 1 Περὶ μὲν γὰρ τῆς διακονίας τῆς εἰς τοὺς ἁγίους **περισσόν** μοί ἐστιν τὸ γράφειν ὑμῖν·

4357 περισσότερον Not used in UBS/NIV

√ *4356*

4358 περισσότερος [16]

√ *4356*

μᾶλλον περισσότερον [1] Mk 7:36

Mt 11: 9 ἀλλὰ τί ἐξήλθατε ἰδεῖν; προφήτην; ναὶ λέγω ὑμῖν, καὶ **περισσότερον** προφήτου.
Mk 7:36 ὅσον δὲ αὐτοῖς διεστέλλετο, αὐτοὶ μᾶλλον **περισσότερον** ἐκήρυσσον.
12:33 καὶ τὸ ἀγαπᾶν τὸν πλησίον ὡς ἑαυτὸν **περισσότερόν** ἐστιν πάντων τῶν ὁλοκαυτωμάτων καὶ θυσιῶν.
12:40 οἱ κατεσθίοντες τὰς οἰκίας τῶν χηρῶν καὶ προφάσει μακρὰ προσευχόμενοι· οὗτοι λήμψονται **περισσότερον** κρίμα.
Lk 7:26 ἀλλὰ τί ἐξήλθατε ἰδεῖν; προφήτην; ναὶ λέγω ὑμῖν, καὶ **περισσότερον** προφήτου.
12: 4 μὴ φοβηθῆτε ἀπὸ τῶν ἀποκτεινόντων τὸ σῶμα καὶ μετὰ ταῦτα μὴ ἐχόντων **περισσότερόν** τι ποιῆσαι.
12:48 πολὺ ζητηθήσεται παρ' αὐτοῦ, καὶ ᾧ παρέθεντο πολύ, **περισσότερον** αἰτήσουσιν αὐτόν.
20:47 οἳ κατεσθίουσιν τὰς οἰκίας τῶν χηρῶν καὶ προφάσει μακρὰ προσεύχονται· οὗτοι λήμψονται **περισσότερον** κρίμα.
1Co 12:23 καὶ ἃ δοκοῦμεν ἀτιμότερα εἶναι τοῦ σώματος τούτοις τιμὴν **περισσοτέραν** περιτίθεμεν, καὶ τὰ ἀσχήμονα ἡμῶν εὐσχημοσύνην **περισσοτέραν** ἔχει,
12:24 ἀλλὰ ὁ θεὸς συνεκέρασεν τὸ σῶμα τῷ ὑστερουμένῳ **περισσοτέραν** δοὺς τιμήν,
15:10 καὶ ἡ χάρις αὐτοῦ ἡ εἰς ἐμὲ οὐ κενὴ ἐγενήθη, ἀλλὰ **περισσότερον** αὐτῶν πάντων ἐκοπίασα,
2Co 2: 7 μή πως τῇ **περισσοτέρᾳ** λύπῃ καταποθῇ ὁ τοιοῦτος.
10: 8 ἐάν [τε] γὰρ **περισσότερόν** τι καυχήσωμαι περὶ τῆς ἐξουσίας ἡμῶν ἧς ἔδωκεν ὁ κύριος εἰς οἰκοδομὴν καὶ οὐκ εἰς καθαίρεσιν
Heb 6:17 ἐν ᾧ **περισσότερον** βουλόμενος ὁ θεὸς ἐπιδεῖξαι τοῖς κληρονόμοις τῆς ἐπαγγελίας τὸ ἀμετάθετον τῆς βουλῆς αὐτοῦ ἐμεσίτευσεν ὅρκῳ,
7:15 καὶ **περισσότερον** ἔτι κατάδηλόν ἐστιν, εἰ κατὰ τὴν ὁμοιότητα Μελχισέδεκ ἀνίσταται ἱερεὺς ἕτερος,

4359 περισσοτέρως [12]

√ *4356*

περισσοτέρως μᾶλλον [1] 2Co 7:13

2Co 1:12 ἀνεστράφημεν ἐν τῷ κόσμῳ, **περισσοτέρως** δὲ πρὸς ὑμᾶς.
2: 4 οὐχ ἵνα λυπηθῆτε ἀλλὰ τὴν ἀγάπην ἵνα γνῶτε ἣν ἔχω **περισσοτέρως** εἰς ὑμᾶς.
7:13 Ἐπὶ δὲ τῇ παρακλήσει ἡμῶν **περισσοτέρως** μᾶλλον ἐχάρημεν ἐπὶ τῇ χαρᾷ Τίτου,
7:15 καὶ τὰ σπλάγχνα αὐτοῦ **περισσοτέρως** εἰς ὑμᾶς ἐστιν ἀναμιμνῃσκομένου τὴν πάντων ὑμῶν ὑπακοήν,
11:23 ἐν κόποις **περισσοτέρως**, ἐν φυλακαῖς περισσοτέρως, ἐν πληγαῖς ὑπερβαλλόντως, ἐν φυλακαῖς **περισσοτέρως**, ἐν πληγαῖς ὑπερβαλλόντως, ἐν θανάτοις πολλάκις.
12:15 ἐγὼ δὲ ἥδιστα δαπανήσω καὶ ἐκδαπανηθήσομαι ὑπὲρ τῶν ψυχῶν ὑμῶν. εἰ **περισσοτέρως** ὑμᾶς ἀγαπῶ[ν], ἧσσον ἀγαπῶμαι;
Gal 1:14 καὶ προέκοπτον ἐν τῷ Ἰουδαϊσμῷ ὑπὲρ πολλοὺς συνηλικιώτας ἐν τῷ γένει μου, **περισσοτέρως** ζηλωτὴς ὑπάρχων τῶν πατρικῶν μου παραδόσεων.
Php 1:14 καὶ τοὺς πλείονας τῶν ἀδελφῶν ἐν κυρίῳ πεποιθότας τοῖς δεσμοῖς μου **περισσοτέρως** τολμᾶν ἀφόβως τὸν λόγον λαλεῖν.
1Th 2:17 **περισσοτέρως** ἐσπουδάσαμεν τὸ πρόσωπον ὑμῶν ἰδεῖν ἐν πολλῇ ἐπιθυμίᾳ.
Heb 2: 1 Διὰ τοῦτο δεῖ **περισσοτέρως** προσέχειν ἡμᾶς τοῖς ἀκουσθεῖσιν,
13:19 **περισσοτέρως** δὲ παρακαλῶ τοῦτο ποιῆσαι, ἵνα τάχιον ἀποκατασταθῶ ὑμῖν.

4360 περισσῶς [4]

√ *4356*

Mt 27:23 Τί γὰρ κακὸν ἐποίησεν; οἱ δὲ **περισσῶς** ἔκραζον λέγοντες, Σταυρωθήτω.
Mk 10:26 οἱ δὲ **περισσῶς** ἐξεπλήσσοντο λέγοντες πρὸς ἑαυτούς, Καὶ τίς δύναται σωθῆναι;
15:14 Τί γὰρ ἐποίησεν κακόν; οἱ δὲ **περισσῶς** ἔκραξαν, Σταύρωσον αὐτόν.
Ac 26:11 καὶ κατὰ πάσας τὰς συναγωγὰς πολλάκις τιμωρῶν αὐτοὺς ἠνάγκαζον βλασφημεῖν **περισσῶς** τε ἐμμαινόμενος αὐτοῖς ἐδίωκον ἕως καὶ εἰς τὰς ἔξω πόλεις.

4361 περιστερά [10]

Mt 3:16 καὶ εἶδεν [τὸ] πνεῦμα [τοῦ] θεοῦ καταβαῖνον ὡσεὶ **περιστερὰν** [καὶ] ἐρχόμενον ἐπ' αὐτόν·
10:16 γίνεσθε οὖν φρόνιμοι ὡς οἱ ὄφεις καὶ ἀκέραιοι ὡς αἱ **περιστεραί.**
21:12 καὶ τὰς τραπέζας τῶν κολλυβιστῶν κατέστρεψεν καὶ τὰς καθέδρας τῶν πωλούντων τὰς **περιστεράς,**
Mk 1:10 καὶ εὐθὺς ἀναβαίνων ἐκ τοῦ ὕδατος εἶδεν σχιζομένους τοὺς οὐρανοὺς καὶ τὸ πνεῦμα ὡς **περιστερὰν** καταβαῖνον εἰς αὐτόν·
11:15 καὶ τὰς τραπέζας τῶν κολλυβιστῶν καὶ τὰς καθέδρας τῶν πωλούντων τὰς **περιστερὰς** κατέστρεψεν,
Lk 2:24 καὶ τοῦ δοῦναι θυσίαν κατὰ τὸ εἰρημένον ἐν τῷ νόμῳ κυρίου, ζεῦγος τρυγόνων ἢ δύο νοσσοὺς **περιστερῶν.**
3:22 καὶ καταβῆναι τὸ πνεῦμα τὸ ἅγιον σωματικῷ εἴδει ὡς **περιστερὰν** ἐπ' αὐτόν,
Jn 1:32 Καὶ ἐμαρτύρησεν Ἰωάννης λέγων ὅτι Τεθέαμαι τὸ πνεῦμα καταβαῖνον ὡς **περιστερὰν** ἐξ οὐρανοῦ καὶ ἔμεινεν ἐπ' αὐτόν.
2:14 καὶ εὗρεν ἐν τῷ ἱερῷ τοὺς πωλοῦντας βόας καὶ πρόβατα καὶ **περιστερὰς** καὶ τοὺς κερματιστὰς καθημένους,
2:16 τοῖς τὰς **περιστερὰς** πωλοῦσιν εἶπεν, Ἄρατε ταῦτα ἐντεῦθεν,

4362 περιτέμνω [17]

√ *4309 + 5533*

Lk 1:59 ἐν τῇ ἡμέρᾳ τῇ ὀγδόῃ ἦλθον **περιτεμεῖν** τὸ παιδίον καὶ ἐκάλουν αὐτὸ ἐπὶ τῷ ὀνόματι τοῦ πατρὸς αὐτοῦ Ζαχαρίαν.
2:21 Καὶ ὅτε ἐπλήσθησαν ἡμέραι ὀκτὼ τοῦ **περιτεμεῖν** αὐτὸν καὶ ἐκλήθη τὸ ὄνομα αὐτοῦ Ἰησοῦς,
Jn 7:22 οὐχ ὅτι ἐκ τοῦ Μωϋσέως ἐστὶν ἀλλ' ἐκ τῶν πατέρων– καὶ ἐν σαββάτῳ **περιτέμνετε** ἄνθρωπον.
Ac 7: 8 καὶ οὕτως ἐγέννησεν τὸν Ἰσαὰκ καὶ **περιέτεμεν** αὐτὸν τῇ ἡμέρᾳ τῇ ὀγδόῃ,
15: 1 Καί τινες κατελθόντες ἀπὸ τῆς Ἰουδαίας ἐδίδασκον τοὺς ἀδελφοὺς ὅτι Ἐὰν μὴ **περιτμηθῆτε** τῷ ἔθει τῷ Μωϋσέως,
15: 5 ἐξανέστησαν δέ τινες τῶν ἀπὸ τῆς αἱρέσεως τῶν Φαρισαίων πεπιστευκότες λέγοντες ὅτι δεῖ **περιτέμνειν** αὐτοὺς παραγγέλλειν τε τηρεῖν τὸν νόμον Μωϋσέως.
16: 3 καὶ λαβὼν **περιέτεμεν** αὐτὸν διὰ τοὺς Ἰουδαίους τοὺς ὄντας ἐν τοῖς τόποις ἐκείνοις·
21:21 κατηχήθησαν δὲ περὶ σοῦ ὅτι ἀποστασίαν διδάσκεις ἀπὸ Μωϋσέως τοὺς κατὰ τὰ ἔθνη πάντας Ἰουδαίους λέγων μὴ **περιτέμνειν** αὐτοὺς τὰ τέκνα μηδὲ τοῖς ἔθεσιν περιπατεῖν.
1Co 7:18 **περιτετμημένος** τις ἐκλήθη, μὴ ἐπισπάσθω· ἐν ἀκροβυστίᾳ κέκληταί τις, μὴ **περιτεμνέσθω.**
Gal 2: 3 ἀλλ' οὐδὲ Τίτος ὁ σὺν ἐμοί, Ἕλλην ὤν, ἠναγκάσθη **περιτμηθῆναι·**
5: 2 Ἴδε ἐγὼ Παῦλος λέγω ὑμῖν ὅτι ἐὰν **περιτέμνησθε,**
5: 3 μαρτύρομαι δὲ πάλιν παντὶ ἀνθρώπῳ **περιτεμνομένῳ** ὅτι ὀφειλέτης ἐστὶν ὅλον τὸν νόμον ποιῆσαι.
6:12 ὅσοι θέλουσιν εὐπροσωπῆσαι ἐν σαρκί, οὗτοι ἀναγκάζουσιν ὑμᾶς **περιτέμνεσθαι,**
6:13 οὐδὲ γὰρ οἱ **περιτεμνόμενοι** αὐτοὶ νόμον φυλάσσουσιν ἀλλὰ θέλουσιν ὑμᾶς **περιτέμνεσθαι,**
Col 2:11 ἐν ᾧ καὶ **περιετμήθητε** περιτομῇ ἀχειροποιήτῳ ἐν τῇ ἀπεκδύσει τοῦ σώματος τῆς σαρκός,

4363 περιτίθημι [8]

√ *4309 + 5502*

Mt 21:33 Ἄνθρωπος ἦν οἰκοδεσπότης ὅστις ἐφύτευσεν ἀμπελῶνα καὶ φραγμὸν αὐτῷ **περιέθηκεν** καὶ ὤρυξεν ἐν αὐτῷ ληνὸν
27:28 καὶ ἐκδύσαντες αὐτὸν χλαμύδα κοκκίνην **περιέθηκαν** αὐτῷ,
27:48 καὶ εὐθέως δραμὼν εἷς ἐξ αὐτῶν καὶ λαβὼν σπόγγον πλήσας τε ὄξους καὶ **περιθεὶς** καλάμῳ ἐπότιζεν αὐτόν.
Mk 12: 1 Ἀμπελῶνα ἄνθρωπος ἐφύτευσεν καὶ **περιέθηκεν** φραγμὸν καὶ ὤρυξεν ὑπολήνιον καὶ ᾠκοδόμησεν πύργον καὶ ἐξέδετο αὐτὸν
15:17 καὶ ἐνδιδύσκουσιν αὐτὸν πορφύραν καὶ **περιτιθέασιν** αὐτῷ πλέξαντες ἀκάνθινον στέφανον·
15:36 δραμὼν δέ τις [καὶ] γεμίσας σπόγγον ὄξους **περιθεὶς** καλάμῳ ἐπότιζεν αὐτὸν λέγων,
Jn 19:29 σπόγγον οὖν μεστὸν τοῦ ὄξους ὑσσώπῳ **περιθέντες** προσήνεγκαν αὐτοῦ τῷ στόματι.
1Co 12:23 καὶ ἃ δοκοῦμεν ἀτιμότερα εἶναι τοῦ σώματος τούτοις τιμὴν περισσοτέραν **περιτίθεμεν,**

4364 περιτομή [36]

√ 4309 + 5533

[οἱ] ἐκ περιτομῆ [6] Ac 10:45; 11:2; Ro 4:12; Gal 2:12; Col 4:11; Tit 1:10

Jn 7:22 διὰ τοῦτο Μωϋσῆς δέδωκεν ὑμῖν τὴν **περιτομήν–** οὐχ ὅτι ἐκ τοῦ Μωϋσέως ἐστὶν ἀλλ' ἐκ τῶν πατέρων–
7:23 εἰ **περιτομὴν** λαμβάνει ἄνθρωπος ἐν σαββάτῳ ἵνα μὴ λυθῇ ὁ νόμος Μωϋσέως,
Ac 7: 8 καὶ ἔδωκεν αὐτῷ διαθήκην **περιτομῆς·** καὶ οὕτως ἐγέννησεν τὸν Ἰσαὰκ καὶ περιέτεμεν αὐτὸν τῇ ἡμέρᾳ τῇ ὀγδόῃ,
10:45 καὶ ἐξέστησαν οἱ ἐκ **περιτομῆς** πιστοὶ ὅσοι συνῆλθαν τῷ Πέτρῳ,
11: 2 ὅτε δὲ ἀνέβη Πέτρος εἰς Ἰερουσαλήμ, διεκρίνοντο πρὸς αὐτὸν οἱ ἐκ **περιτομῆς**
Ro 2:25 **περιτομὴ** μὲν γὰρ ὠφελεῖ ἐὰν νόμον πράσσῃς· ἐὰν δὲ παραβάτης νόμου ᾖς, ἡ **περιτομή** σου ἀκροβυστία γέγονεν.
2:26 ἐὰν οὖν ἡ ἀκροβυστία τὰ δικαιώματα τοῦ νόμου φυλάσσῃ, οὐχ ἡ ἀκροβυστία αὐτοῦ εἰς **περιτομὴν** λογισθήσεται;
2:27 καὶ κρινεῖ ἡ ἐκ φύσεως ἀκροβυστία τὸν νόμον τελοῦσα σὲ τὸν διὰ γράμματος καὶ **περιτομῆς** παραβάτην νόμου.
2:28 οὐ γὰρ ὁ ἐν τῷ φανερῷ Ἰουδαῖός ἐστιν οὐδὲ ἡ ἐν τῷ φανερῷ ἐν σαρκὶ **περιτομή,**
2:29 ἀλλ' ὁ ἐν τῷ κρυπτῷ Ἰουδαῖος, καὶ **περιτομὴ** καρδίας ἐν πνεύματι οὐ γράμματι,
3: 1 Τί οὖν τὸ περισσὸν τοῦ Ἰουδαίου ἢ τίς ἡ ὠφέλεια τῆς **περιτομῆς;**
3:30 εἴπερ εἷς ὁ θεὸς ὃς δικαιώσει **περιτομὴν** ἐκ πίστεως καὶ ἀκροβυστίαν διὰ τῆς πίστεως.
4: 9 ὁ μακαρισμὸς οὖν οὗτος ἐπὶ τὴν **περιτομὴν** ἢ καὶ ἐπὶ τὴν ἀκροβυστίαν;
4:10 πῶς οὖν ἐλογίσθη; ἐν **περιτομῇ** ὄντι ἢ ἐν ἀκροβυστίᾳ; οὐκ ἐν **περιτομῇ** ἀλλ' ἐν ἀκροβυστίᾳ·
4:11 καὶ σημεῖον ἔλαβεν **περιτομῆς** σφραγῖδα τῆς δικαιοσύνης τῆς πίστεως τῆς ἐν τῇ ἀκροβυστίᾳ,
4:12 καὶ πατέρα **περιτομῆς** τοῖς οὐκ ἐκ **περιτομῆς** μόνον ἀλλὰ καὶ τοῖς στοιχοῦσιν τοῖς ἴχνεσιν τῆς ἐν ἀκροβυστίᾳ πίστεως τοῦ πατρὸς ἡμῶν Ἀβραάμ.
15: 8 λέγω γὰρ Χριστὸν διάκονον γεγενῆσθαι **περιτομῆς** ὑπὲρ ἀληθείας θεοῦ,
1Co 7:19 ἡ **περιτομὴ** οὐδέν ἐστιν καὶ ἡ ἀκροβυστία οὐδέν ἐστιν,
Gal 2: 7 ἀλλὰ τοὐναντίον ἰδόντες ὅτι πεπίστευμαι τὸ εὐαγγέλιον τῆς ἀκροβυστίας καθὼς Πέτρος τῆς **περιτομῆς,**
2: 8 ὁ γὰρ ἐνεργήσας Πέτρῳ εἰς ἀποστολὴν τῆς **περιτομῆς** ἐνήργησεν καὶ ἐμοὶ εἰς τὰ ἔθνη,
2: 9 ἵνα ἡμεῖς εἰς τὰ ἔθνη, αὐτοὶ δὲ εἰς τὴν **περιτομήν·**
2:12 ὑπέστελλεν καὶ ἀφώριζεν ἑαυτὸν φοβούμενος τοὺς ἐκ **περιτομῆς.**
5: 6 ἐν γὰρ Χριστῷ Ἰησοῦ οὔτε **περιτομή** τι ἰσχύει οὔτε ἀκροβυστία ἀλλὰ πίστις δι' ἀγάπης ἐνεργουμένη.
5:11 ἐγὼ δέ, ἀδελφοί, εἰ **περιτομὴν** ἔτι κηρύσσω, τί ἔτι διώκομαι;
6:15 οὔτε γὰρ **περιτομή** τί ἐστιν οὔτε ἀκροβυστία ἀλλὰ καινὴ κτίσις.
Eph 2:11 οἱ λεγόμενοι ἀκροβυστία ὑπὸ τῆς λεγομένης **περιτομῆς** ἐν σαρκὶ χειροποιήτου,
Php 3: 3 ἡμεῖς γάρ ἐσμεν ἡ **περιτομή,** οἱ πνεύματι θεοῦ λατρεύοντες καὶ καυχώμενοι ἐν Χριστῷ Ἰησοῦ καὶ οὐκ ἐν σαρκὶ πεποιθότες,
3: 5 **περιτομῇ** ὀκταήμερος, ἐκ γένους Ἰσραήλ, φυλῆς Βενιαμίν, Ἑβραῖος ἐξ Ἑβραίων,
Col 2:11 ἐν ᾧ καὶ περιετμήθητε **περιτομῇ** ἀχειροποιήτῳ ἐν τῇ ἀπεκδύσει τοῦ σώματος τῆς σαρκός, ἐν τῇ **περιτομῇ** τοῦ Χριστοῦ,
3:11 ὅπου οὐκ ἔνι Ἕλλην καὶ Ἰουδαῖος, **περιτομὴ** καὶ ἀκροβυστία, βάρβαρος, Σκύθης, δοῦλος, ἐλεύθερος,
4:11 καὶ Ἰησοῦς ὁ λεγόμενος Ἰοῦστος, οἱ ὄντες ἐκ **περιτομῆς,**
Tit 1:10 ματαιολόγοι καὶ φρεναπάται, μάλιστα οἱ ἐκ τῆς **περιτομῆς,**

4365 περιτρέπω [1]

√ 4309 + 5572

Ac 26:24 Παῦλε· τὰ πολλά σε γράμματα εἰς μανίαν **περιτρέπει.**

4366 περιτρέχω [1]

√ 4309 + 5556

Mk 6:55 **περιέδραμον** ὅλην τὴν χώραν ἐκείνην καὶ ἤρξαντο ἐπὶ τοῖς κραβάττοις τοὺς κακῶς ἔχοντας περιφέρειν ὅπου

4367 περιφέρω [3]

√ 4309 + 5770

Mk 6:55 καὶ ἤρξαντο ἐπὶ τοῖς κραβάττοις τοὺς κακῶς ἔχοντας **περιφέρειν** ὅπου ἤκουον ὅτι ἐστίν.
2Co 4:10 πάντοτε τὴν νέκρωσιν τοῦ Ἰησοῦ ἐν τῷ σώματι **περιφέροντες,**
Eph 4:14 κλυδωνιζόμενοι καὶ **περιφερόμενοι** παντὶ ἀνέμῳ τῆς διδασκαλίας ἐν τῇ κυβείᾳ τῶν ἀνθρώπων,

4368 περιφρονέω [1]

√ 4309 + 5856

Tit 2:15 Ταῦτα λάλει καὶ παρακάλει καὶ ἔλεγχε μετὰ πάσης ἐπιταγῆς· μηδείς σου **περιφρονείτω.**

4369 περίχωρος [9]

√ 4309 + 6003

Mt 3: 5 τότε ἐξεπορεύετο πρὸς αὐτὸν Ἱεροσόλυμα καὶ πᾶσα ἡ Ἰουδαία καὶ πᾶσα ἡ **περίχωρος** τοῦ Ἰορδάνου,
14:35 ἀπέστειλαν εἰς ὅλην τὴν **περίχωρον** ἐκείνην καὶ προσήνεγκαν αὐτῷ πάντας τοὺς κακῶς ἔχοντας
Mk 1:28 καὶ ἐξῆλθεν ἡ ἀκοὴ αὐτοῦ εὐθὺς πανταχοῦ εἰς ὅλην τὴν **περίχωρον** τῆς Γαλιλαίας.
Lk 3: 3 καὶ ἦλθεν εἰς πᾶσαν [τὴν] **περίχωρον** τοῦ Ἰορδάνου κηρύσσων βάπτισμα μετανοίας εἰς ἄφεσιν ἁμαρτιῶν,
4:14 καὶ φήμη ἐξῆλθεν καθ' ὅλης τῆς **περιχώρου** περὶ αὐτοῦ.
4:37 καὶ ἐξεπορεύετο ἦχος περὶ αὐτοῦ εἰς πάντα τόπον τῆς **περιχώρου.**
7:17 καὶ ἐξῆλθεν ὁ λόγος οὗτος ἐν ὅλῃ τῇ Ἰουδαίᾳ περὶ αὐτοῦ καὶ πάσῃ τῇ **περιχώρῳ.**
8:37 καὶ ἠρώτησεν αὐτὸν ἅπαν τὸ πλῆθος τῆς **περιχώρου** τῶν Γερασηνῶν ἀπελθεῖν ἀπ' αὐτῶν,
Ac 14: 6 συνιδόντες κατέφυγον εἰς τὰς πόλεις τῆς Λυκαονίας Λύστραν καὶ Δέρβην καὶ τὴν **περίχωρον,**

4370 περίψημα [1]

√ 4309 + 6041

1Co 4:13 ὡς περικαθάρματα τοῦ κόσμου ἐγενήθημεν, πάντων **περίψημα** ἕως ἄρτι.

4371 περπερεύομαι [1]

1Co 13: 4 οὐ ζηλοῖ, [ἡ ἀγάπη] οὐ **περπερεύεται,** οὐ φυσιοῦται,

4372 Περσίς [1]

Ro 16:12 ἀσπάσασθε **Περσίδα** τὴν ἀγαπητήν, ἥτις πολλὰ ἐκοπίασεν ἐν κυρίῳ.

4373 πέρυσι [2]

√ 4305

2Co 8:10 οἵτινες οὐ μόνον τὸ ποιῆσαι ἀλλὰ καὶ τὸ θέλειν προενήρξασθε ἀπὸ **πέρυσι·**
9: 2 ὅτι Ἀχαΐα παρεσκεύασται ἀπὸ **πέρυσι,** καὶ τὸ ὑμῶν ζῆλος ἠρέθισεν τοὺς πλείονας.

4374 πετεινόν [14]

√ 4375

Mt 6:26 ἐμβλέψατε εἰς τὰ **πετεινὰ** τοῦ οὐρανοῦ ὅτι οὐ σπείρουσιν οὐδὲ θερίζουσιν οὐδὲ συνάγουσιν εἰς ἀποθήκας,
8:20 Αἱ ἀλώπεκες φωλεοὺς ἔχουσιν καὶ τὰ **πετεινὰ** τοῦ οὐρανοῦ κατασκηνώσεις,
13: 4 καὶ ἐν τῷ σπείρειν αὐτὸν ἃ μὲν ἔπεσεν παρὰ τὴν ὁδόν, καὶ ἐλθόντα τὰ **πετεινὰ** κατέφαγεν αὐτά.

13:32 ὥστε ἐλθεῖν τὰ **πετεινὰ** τοῦ οὐρανοῦ καὶ κατασκηνοῦν ἐν τοῖς κλάδοις αὐτοῦ.
Mk 4: 4 καὶ ἐγένετο ἐν τῷ σπείρειν ὃ μὲν ἔπεσεν παρὰ τὴν ὁδόν, καὶ ἦλθεν τὰ **πετεινὰ** καὶ κατέφαγεν αὐτό.
4:32 ὥστε δύνασθαι ὑπὸ τὴν σκιὰν αὐτοῦ τὰ **πετεινὰ** τοῦ οὐρανοῦ κατασκηνοῦν.
Lk 8: 5 καὶ ἐν τῷ σπείρειν αὐτὸν ὃ μὲν ἔπεσεν παρὰ τὴν ὁδὸν καὶ κατεπατήθη, καὶ τὰ **πετεινὰ** τοῦ οὐρανοῦ κατέφαγεν αὐτό.
9:58 Αἱ ἀλώπεκες φωλεοὺς ἔχουσιν καὶ τὰ **πετεινὰ** τοῦ οὐρανοῦ κατασκηνώσεις,
12:24 καὶ ὁ θεὸς τρέφει αὐτούς· πόσῳ μᾶλλον ὑμεῖς διαφέρετε τῶν **πετεινῶν.**
13:19 καὶ τὰ **πετεινὰ** τοῦ οὐρανοῦ κατεσκήνωσεν ἐν τοῖς κλάδοις αὐτοῦ.
Ac 10:12 ἐν ᾧ ὑπῆρχεν πάντα τὰ τετράποδα καὶ ἑρπετὰ τῆς γῆς καὶ **πετεινὰ** τοῦ οὐρανοῦ.
11: 6 εἰς ἣν ἀτενίσας κατενόουν καὶ εἶδον τὰ τετράποδα τῆς γῆς καὶ τὰ θηρία καὶ τὰ ἑρπετὰ καὶ τὰ **πετεινὰ** τοῦ οὐρανοῦ.
Ro 1:23 ἤλλαξαν τὴν δόξαν τοῦ ἀφθάρτου θεοῦ ἐν ὁμοιώματι εἰκόνος φθαρτοῦ ἀνθρώπου καὶ **πετεινῶν** καὶ τετραπόδων καὶ ἑρπετῶν.
Jas 3: 7 πᾶσα γὰρ φύσις θηρίων τε καὶ **πετεινῶν,** ἑρπετῶν τε καὶ ἐναλίων δαμάζεται καὶ δεδάμασται τῇ φύσει τῇ ἀνθρωπίνῃ,

4375 πέτομαι [5]

→ *1736, 2925, 4374, 4762, 4763, 4764*

Rev 4: 7 καὶ τὸ ζῷον τὸ πρῶτον ὅμοιον λέοντι καὶ τὸ δεύτερον ζῷον ὅμοιον μόσχῳ καὶ τὸ τρίτον ζῷον ἔχων τὸ πρόσωπον ὡς ἀνθρώπου καὶ τὸ τέταρτον ζῷον ὅμοιον ἀετῷ **πετομένῳ.**
8:13 καὶ ἤκουσα ἑνὸς ἀετοῦ **πετομένου** ἐν μεσουρανήματι λέγοντος φωνῇ μεγάλῃ,
12:14 ἵνα **πέτηται** εἰς τὴν ἔρημον εἰς τὸν τόπον αὐτῆς,
14: 6 Καὶ εἶδον ἄλλον ἄγγελον **πετόμενον** ἐν μεσουρανήματι, ἔχοντα εὐαγγέλιον αἰώνιον εὐαγγελίσαι ἐπὶ τοὺς καθημένους
19:17 Καὶ εἶδον ἕνα ἄγγελον ἑστῶτα ἐν τῷ ἡλίῳ καὶ ἔκραξεν [ἐν] φωνῇ μεγάλῃ λέγων πᾶσιν τοῖς ὀρνέοις τοῖς **πετομένοις** ἐν μεσουρανήματι,

4376 πέτρα [15]

→ *4377, 4378*

πέτρα ... λίθος [4] Mt 27:60; Mk 15:46; Ro 9:33; 1Pe 2:8

πέτρα ... Πέτρος [1] Mt 16:18

πέτρα σκανδάλου [2] Ro 9:33; 1Pe 2:8

Mt 7:24 ὅστις ᾠκοδόμησεν αὐτοῦ τὴν οἰκίαν ἐπὶ τὴν **πέτραν·**
7:25 καὶ οὐκ ἔπεσεν, τεθεμελίωτο γὰρ ἐπὶ τὴν **πέτραν.**
16:18 καὶ ἐπὶ ταύτῃ τῇ **πέτρᾳ** οἰκοδομήσω μου τὴν ἐκκλησίαν καὶ πύλαι ᾅδου οὐ κατισχύσουσιν αὐτῆς.
27:51 Καὶ ἰδοὺ τὸ καταπέτασμα τοῦ ναοῦ ἐσχίσθη ἀπ' ἄνωθεν ἕως κάτω εἰς δύο καὶ ἡ γῆ ἐσείσθη καὶ αἱ **πέτραι** ἐσχίσθησαν,
27:60 καὶ ἔθηκεν αὐτὸ ἐν τῷ καινῷ αὐτοῦ μνημείῳ ὃ ἐλατόμησεν ἐν τῇ **πέτρᾳ** καὶ προσκυλίσας λίθον μέγαν τῇ θύρᾳ τοῦ μνημείου
Mk 15:46 καὶ ἔθηκεν αὐτὸν ἐν μνημείῳ ὃ ἦν λελατομημένον ἐκ **πέτρας** καὶ προσεκύλισεν λίθον ἐπὶ τὴν θύραν τοῦ μνημείου.
Lk 6:48 ὅμοιός ἐστιν ἀνθρώπῳ οἰκοδομοῦντι οἰκίαν ὃς ἔσκαψεν καὶ ἐβάθυνεν καὶ ἔθηκεν θεμέλιον ἐπὶ τὴν **πέτραν·**
8: 6 καὶ ἕτερον κατέπεσεν ἐπὶ τὴν **πέτραν,** καὶ φυὲν ἐξηράνθη διὰ τὸ μὴ ἔχειν ἰκμάδα.
8:13 οἱ δὲ ἐπὶ τῆς **πέτρας** οἳ ὅταν ἀκούσωσιν μετὰ χαρᾶς δέχονται τὸν λόγον,
Ro 9:33 Ἰδοὺ τίθημι ἐν Σιὼν λίθον προσκόμματος καὶ **πέτραν** σκανδάλου,
1Co 10: 4 ἔπινον γὰρ ἐκ πνευματικῆς ἀκολουθούσης **πέτρας,** ἡ **πέτρα** δὲ ἦν ὁ Χριστός.
1Pe 2: 8 καὶ λίθος προσκόμματος καὶ **πέτρα** σκανδάλου· οἳ προσκόπτουσιν τῷ λόγῳ ἀπειθοῦντες εἰς ὃ καὶ ἐτέθησαν.
Rev 6:15 καὶ οἱ πλούσιοι καὶ οἱ ἰσχυροὶ καὶ πᾶς δοῦλος καὶ ἐλεύθερος ἔκρυψαν ἑαυτοὺς εἰς τὰ σπήλαια καὶ εἰς τὰς **πέτρας** τῶν ὀρέων
6:16 καὶ λέγουσιν τοῖς ὄρεσιν καὶ ταῖς **πέτραις,** Πέσετε ἐφ' ἡμᾶς καὶ κρύψατε ἡμᾶς ἀπὸ προσώπου τοῦ καθημένου ἐπὶ τοῦ θρόνου

4377 Πέτρος [156 / 155]

√ *4376*

πέτρα ... Πέτρος [1] Mt 16:18

Πέτρος, Ἰωάννης, Ἰάκωβος [10] Mt 10:2; 17:1; Mk 5:37; 9:2; 13:3; 14:33; Lk 6:14; 8:51; 9:28; Ac 1:13

Πέτρος ... κηφᾶς [1] Jn 1:42

Σίμων Πέτρος [29] Mt 4:18; 10:2; 16:16; Mk 3:16; 14:37; Lk 5:8; 6:14; Jn 1:40; 6:8,68; 13:6,9,24,36; 18:10,15,25; 20:2,6; 21:2,3,7,11,15,17; Ac 10:5,18,32; 11:13

Συμεὼν Πέτρος [1] 2Pe 1:1

Mt 4:18 Σίμωνα τὸν λεγόμενον **Πέτρον** καὶ Ἀνδρέαν τὸν ἀδελφὸν αὐτοῦ,
8:14 Καὶ ἐλθὼν ὁ Ἰησοῦς εἰς τὴν οἰκίαν **Πέτρου** εἶδεν τὴν πενθερὰν αὐτοῦ βεβλημένην καὶ πυρέσσουσαν·
10: 2 πρῶτος Σίμων ὁ λεγόμενος **Πέτρος** καὶ Ἀνδρέας ὁ ἀδελφὸς αὐτοῦ,
14:28 ἀποκριθεὶς δὲ αὐτῷ ὁ **Πέτρος** εἶπεν, Κύριε, εἰ σὺ εἶ,
14:29 καὶ καταβὰς ἀπὸ τοῦ πλοίου [ὁ] **Πέτρος** περιεπάτησεν ἐπὶ τὰ ὕδατα καὶ ἦλθεν πρὸς τὸν Ἰησοῦν.
15:15 Ἀποκριθεὶς δὲ ὁ **Πέτρος** εἶπεν αὐτῷ, Φράσον ἡμῖν τὴν παραβολὴν [ταύτην.]
16:16 ἀποκριθεὶς δὲ Σίμων **Πέτρος** εἶπεν, Σὺ εἶ ὁ Χριστὸς ὁ υἱὸς τοῦ θεοῦ τοῦ ζῶντος.
16:18 κἀγὼ δέ σοι λέγω ὅτι σὺ εἶ **Πέτρος,**
16:22 καὶ προσλαβόμενος αὐτὸν ὁ **Πέτρος** ἤρξατο ἐπιτιμᾶν αὐτῷ λέγων,
16:23 ὁ δὲ στραφεὶς εἶπεν τῷ **Πέτρῳ,** Ὕπαγε ὀπίσω μου,
17: 1 παραλαμβάνει ὁ Ἰησοῦς τὸν **Πέτρον** καὶ Ἰάκωβον καὶ Ἰωάννην τὸν ἀδελφὸν αὐτοῦ καὶ ἀναφέρει αὐτοὺς εἰς ὄρος ὑψηλὸν
17: 4 ἀποκριθεὶς δὲ ὁ **Πέτρος** εἶπεν τῷ Ἰησοῦ, Κύριε,
17:24 Ἐλθόντων δὲ αὐτῶν εἰς Καφαρναοὺμ προσῆλθον οἱ τὰ δίδραχμα λαμβάνοντες τῷ **Πέτρῳ** καὶ εἶπαν,
18:21 Τότε προσελθὼν ὁ **Πέτρος** εἶπεν αὐτῷ, Κύριε, ποσάκις ἁμαρτήσει εἰς ἐμὲ ὁ ἀδελφός μου καὶ ἀφήσω αὐτῷ;
19:27 Τότε ἀποκριθεὶς ὁ **Πέτρος** εἶπεν αὐτῷ, Ἰδοὺ ἡμεῖς ἀφήκαμεν πάντα καὶ ἠκολουθήσαμέν σοι·
26:33 ἀποκριθεὶς δὲ ὁ **Πέτρος** εἶπεν αὐτῷ, Εἰ πάντες σκανδαλισθήσονται ἐν σοί,
26:35 λέγει αὐτῷ ὁ **Πέτρος,** Κἂν δέῃ με σὺν σοὶ ἀποθανεῖν,
26:37 καὶ παραλαβὼν τὸν **Πέτρον** καὶ τοὺς δύο υἱοὺς Ζεβεδαίου ἤρξατο λυπεῖσθαι καὶ ἀδημονεῖν.
26:40 καὶ λέγει τῷ **Πέτρῳ,** Οὕτως οὐκ ἰσχύσατε μίαν ὥραν γρηγορῆσαι μετ' ἐμοῦ;
26:58 ὁ δὲ **Πέτρος** ἠκολούθει αὐτῷ ἀπὸ μακρόθεν ἕως τῆς αὐλῆς τοῦ ἀρχιερέως καὶ εἰσελθὼν ἔσω ἐκάθητο μετὰ τῶν ὑπηρετῶν ἰδεῖν
26:69 Ὁ δὲ **Πέτρος** ἐκάθητο ἔξω ἐν τῇ αὐλῇ·
26:73 μετὰ μικρὸν δὲ προσελθόντες οἱ ἑστῶτες εἶπον τῷ **Πέτρῳ,**
26:75 καὶ ἐμνήσθη ὁ **Πέτρος** τοῦ ῥήματος Ἰησοῦ εἰρηκότος ὅτι Πρὶν ἀλέκτορα φωνῆσαι τρὶς ἀπαρνήσῃ με·
Mk 3:16 [καὶ ἐποίησεν τοὺς δώδεκα,] καὶ ἐπέθηκεν ὄνομα τῷ Σίμωνι **Πέτρον,**
5:37 καὶ οὐκ ἀφῆκεν οὐδένα μετ' αὐτοῦ συνακολουθῆσαι εἰ μὴ τὸν **Πέτρον** καὶ Ἰάκωβον καὶ Ἰωάννην τὸν ἀδελφὸν Ἰακώβου.
8:29 ἀποκριθεὶς ὁ **Πέτρος** λέγει αὐτῷ, Σὺ εἶ ὁ Χριστός.
8:32 καὶ προσλαβόμενος ὁ **Πέτρος** αὐτὸν ἤρξατο ἐπιτιμᾶν αὐτῷ.
8:33 ὁ δὲ ἐπιστραφεὶς καὶ ἰδὼν τοὺς μαθητὰς αὐτοῦ ἐπετίμησεν **Πέτρῳ** καὶ λέγει,
9: 2 παραλαμβάνει ὁ Ἰησοῦς τὸν **Πέτρον** καὶ τὸν Ἰάκωβον καὶ τὸν Ἰωάννην καὶ ἀναφέρει αὐτοὺς εἰς ὄρος ὑψηλὸν κατ' ἰδίαν
9: 5 καὶ ἀποκριθεὶς ὁ **Πέτρος** λέγει τῷ Ἰησοῦ, Ῥαββί,
10:28 Ἤρξατο λέγειν ὁ **Πέτρος** αὐτῷ, Ἰδοὺ ἡμεῖς ἀφήκαμεν πάντα καὶ ἠκολουθήκαμέν σοι.
11:21 καὶ ἀναμνησθεὶς ὁ **Πέτρος** λέγει αὐτῷ, Ῥαββί, ἴδε ἡ συκῆ ἣν κατηράσω ἐξήρανται.
13: 3 Καὶ καθημένου αὐτοῦ εἰς τὸ Ὄρος τῶν Ἐλαιῶν κατέναντι τοῦ ἱεροῦ ἐπηρώτα αὐτὸν κατ' ἰδίαν **Πέτρος** καὶ Ἰάκωβος καὶ Ἰωάννης καὶ Ἀνδρέας,
14:29 ὁ δὲ **Πέτρος** ἔφη αὐτῷ, Εἰ καὶ πάντες σκανδαλισθήσονται,
14:33 καὶ παραλαμβάνει τὸν **Πέτρον** καὶ [τὸν] Ἰάκωβον καὶ [τὸν] Ἰωάννην μετ' αὐτοῦ καὶ ἤρξατο ἐκθαμβεῖσθαι καὶ ἀδημονεῖν
14:37 καὶ ἔρχεται καὶ εὑρίσκει αὐτοὺς καθεύδοντας, καὶ λέγει τῷ **Πέτρῳ,** Σίμων, καθεύδεις;

14:54 καὶ ὁ **Πέτρος** ἀπὸ μακρόθεν ἠκολούθησεν αὐτῷ ἕως ἔσω εἰς τὴν αὐλὴν τοῦ ἀρχιερέως καὶ ἦν συγκαθήμενος
14:66 Καὶ ὄντος τοῦ **Πέτρου** κάτω ἐν τῇ αὐλῇ ἔρχεται μία τῶν παιδισκῶν τοῦ ἀρχιερέως
14:67 καὶ ἰδοῦσα τὸν **Πέτρον** θερμαινόμενον ἐμβλέψασα αὐτῷ λέγει,
14:70 καὶ μετὰ μικρὸν πάλιν οἱ παρεστῶτες ἔλεγον τῷ **Πέτρῳ,**
14:72 καὶ ἀνεμνήσθη ὁ **Πέτρος** τὸ ῥῆμα ὡς εἶπεν αὐτῷ ὁ Ἰησοῦς ὅτι Πρὶν ἀλέκτορα φωνῆσαι δὶς τρίς με ἀπαρνήσῃ·
16: 7 ἀλλὰ ὑπάγετε εἴπατε τοῖς μαθηταῖς αὐτοῦ καὶ τῷ **Πέτρῳ** ὅτι Προάγει ὑμᾶς εἰς τὴν Γαλιλαίαν·
16: S ⟦Πάντα δὲ τὰ παρηγγελμένα τοῖς περὶ τὸν **Πέτρον**[NIV-] συντόμως ἐξήγγειλαν.⟧
Lk 5: 8 ἰδὼν δὲ Σίμων **Πέτρος** προσέπεσεν τοῖς γόνασιν Ἰησοῦ λέγων,
6:14 Σίμωνα ὃν καὶ ὠνόμασεν **Πέτρον,** καὶ Ἀνδρέαν τὸν ἀδελφὸν αὐτοῦ,
8:45 ἀρνουμένων δὲ πάντων εἶπεν ὁ **Πέτρος,** Ἐπιστάτα, οἱ ὄχλοι συνέχουσίν σε καὶ ἀποθλίβουσιν.
8:51 ἐλθὼν δὲ εἰς τὴν οἰκίαν οὐκ ἀφῆκεν εἰσελθεῖν τινα σὺν αὐτῷ εἰ μὴ **Πέτρον** καὶ Ἰωάννην καὶ Ἰάκωβον καὶ τὸν πατέρα
9:20 **Πέτρος** δὲ ἀποκριθεὶς εἶπεν, Τὸν Χριστὸν τοῦ θεοῦ.
9:28 μετὰ τοὺς λόγους τούτους ὡσεὶ ἡμέραι ὀκτὼ [καὶ] παραλαβὼν **Πέτρον** καὶ Ἰωάννην καὶ Ἰάκωβον ἀνέβη εἰς τὸ ὄρος
9:32 ὁ δὲ **Πέτρος** καὶ οἱ σὺν αὐτῷ ἦσαν βεβαρημένοι ὕπνῳ·
9:33 καὶ ἐγένετο ἐν τῷ διαχωρίζεσθαι αὐτοὺς ἀπ' αὐτοῦ εἶπεν ὁ **Πέτρος** πρὸς τὸν Ἰησοῦν,
12:41 Εἶπεν δὲ ὁ **Πέτρος,** Κύριε, πρὸς ἡμᾶς τὴν παραβολὴν ταύτην λέγεις ἢ καὶ πρὸς πάντας;
18:28 Εἶπεν δὲ ὁ **Πέτρος,** Ἰδοὺ ἡμεῖς ἀφέντες τὰ ἴδια ἠκολουθήσαμέν σοι.
22: 8 καὶ ἀπέστειλεν **Πέτρον** καὶ Ἰωάννην εἰπών, Πορευθέντες ἑτοιμάσατε ἡμῖν τὸ πάσχα ἵνα φάγωμεν.
22:34 ὁ δὲ εἶπεν, Λέγω σοι, **Πέτρε,** οὐ φωνήσει σήμερον ἀλέκτωρ ἕως τρίς με ἀπαρνήσῃ εἰδέναι.
22:54 Συλλαβόντες δὲ αὐτὸν ἤγαγον καὶ εἰσήγαγον εἰς τὴν οἰκίαν τοῦ ἀρχιερέως· ὁ δὲ **Πέτρος** ἠκολούθει μακρόθεν.
22:55 περιαψάντων δὲ πῦρ ἐν μέσῳ τῆς αὐλῆς καὶ συγκαθισάντων ἐκάθητο ὁ **Πέτρος** μέσος αὐτῶν.
22:58 Καὶ σὺ ἐξ αὐτῶν εἶ. ὁ δὲ **Πέτρος** ἔφη, Ἄνθρωπε, οὐκ εἰμί.
22:60 εἶπεν δὲ ὁ **Πέτρος,** Ἄνθρωπε, οὐκ οἶδα ὃ λέγεις.
22:61 καὶ στραφεὶς ὁ κύριος ἐνέβλεψεν τῷ **Πέτρῳ,** καὶ ὑπεμνήσθη ὁ **Πέτρος** τοῦ ῥήματος τοῦ κυρίου ὡς εἶπεν αὐτῷ ὅτι Πρὶν ἀλέκτορα φωνῆσαι σήμερον ἀπαρνήσῃ με τρίς.
24:12 Ὁ δὲ **Πέτρος** ἀναστὰς ἔδραμεν ἐπὶ τὸ μνημεῖον καὶ παρακύψας βλέπει τὰ ὀθόνια μόνα,
Jn 1:40 Ἦν Ἀνδρέας ὁ ἀδελφὸς Σίμωνος **Πέτρου** εἷς ἐκ τῶν δύο τῶν ἀκουσάντων παρὰ Ἰωάννου καὶ ἀκολουθησάντων αὐτῷ·
1:42 Σὺ εἶ Σίμων ὁ υἱὸς Ἰωάννου, σὺ κληθήσῃ Κηφᾶς, ὃ ἑρμηνεύεται **Πέτρος.**
1:44 ἦν δὲ ὁ **Φίλιππος** ἀπὸ Βηθσαϊδά, ἐκ τῆς πόλεως Ἀνδρέου καὶ **Πέτρου.**
6: 8 λέγει αὐτῷ εἷς ἐκ τῶν μαθητῶν αὐτοῦ, Ἀνδρέας ὁ ἀδελφὸς Σίμωνος **Πέτρου,**
6:68 ἀπεκρίθη αὐτῷ Σίμων **Πέτρος,** Κύριε, πρὸς τίνα ἀπελευσόμεθα;
13: 6 ἔρχεται οὖν πρὸς Σίμωνα **Πέτρον·** λέγει αὐτῷ, Κύριε,
13: 8 λέγει αὐτῷ **Πέτρος,** Οὐ μὴ νίψῃς μου τοὺς πόδας εἰς τὸν αἰῶνα.
13: 9 λέγει αὐτῷ Σίμων **Πέτρος,** Κύριε, μὴ τοὺς πόδας μου μόνον ἀλλὰ καὶ τὰς χεῖρας καὶ τὴν κεφαλήν.
13:24 νεύει οὖν τούτῳ Σίμων **Πέτρος** πυθέσθαι τίς ἂν εἴη περὶ οὗ λέγει.
13:36 Λέγει αὐτῷ Σίμων **Πέτρος,** Κύριε, ποῦ ὑπάγεις; ἀπεκρίθη [αὐτῷ] Ἰησοῦς,
13:37 λέγει αὐτῷ ὁ **Πέτρος,** Κύριε, διὰ τί οὐ δύναμαί σοι ἀκολουθῆσαι ἄρτι;
18:10 Σίμων οὖν **Πέτρος** ἔχων μάχαιραν εἵλκυσεν αὐτὴν καὶ ἔπαισεν τὸν τοῦ ἀρχιερέως δοῦλον καὶ ἀπέκοψεν αὐτοῦ τὸ ὠτάριον
18:11 εἶπεν οὖν ὁ Ἰησοῦς τῷ **Πέτρῳ,** Βάλε τὴν μάχαιραν εἰς τὴν θήκην·
18:15 Ἠκολούθει δὲ τῷ Ἰησοῦ Σίμων **Πέτρος** καὶ ἄλλος μαθητής.
18:16 ὁ δὲ **Πέτρος** εἱστήκει πρὸς τῇ θύρᾳ ἔξω. ἐξῆλθεν οὖν ὁ μαθητὴς ὁ ἄλλος ὁ γνωστὸς τοῦ ἀρχιερέως καὶ εἶπεν τῇ θυρωρῷ καὶ εἰσήγαγεν τὸν **Πέτρον.**
18:17 λέγει οὖν τῷ **Πέτρῳ** ἡ παιδίσκη ἡ θυρωρός,
18:18 ἦν δὲ καὶ ὁ **Πέτρος** μετ' αὐτῶν ἑστὼς καὶ θερμαινόμενος.
18:25 Ἦν δὲ Σίμων **Πέτρος** ἑστὼς καὶ θερμαινόμενος. εἶπον οὖν αὐτῷ,
18:26 λέγει εἷς ἐκ τῶν δούλων τοῦ ἀρχιερέως, συγγενὴς ὢν οὗ ἀπέκοψεν **Πέτρος** τὸ ὠτίον,
18:27 πάλιν οὖν ἠρνήσατο **Πέτρος,** καὶ εὐθέως ἀλέκτωρ ἐφώνησεν.
20: 2 τρέχει οὖν καὶ ἔρχεται πρὸς Σίμωνα **Πέτρον** καὶ πρὸς τὸν ἄλλον μαθητὴν ὃν ἐφίλει ὁ Ἰησοῦς καὶ λέγει αὐτοῖς,
20: 3 Ἐξῆλθεν οὖν ὁ **Πέτρος** καὶ ὁ ἄλλος μαθητής καὶ ἤρχοντο εἰς τὸ μνημεῖον.
20: 4 καὶ ὁ ἄλλος μαθητὴς προέδραμεν τάχιον τοῦ **Πέτρου** καὶ ἦλθεν πρῶτος εἰς τὸ μνημεῖον,
20: 6 ἔρχεται οὖν καὶ Σίμων **Πέτρος** ἀκολουθῶν αὐτῷ καὶ εἰσῆλθεν εἰς τὸ μνημεῖον,
21: 2 ἦσαν ὁμοῦ Σίμων **Πέτρος** καὶ Θωμᾶς ὁ λεγόμενος Δίδυμος καὶ Ναθαναὴλ ὁ ἀπὸ Κανὰ τῆς Γαλιλαίας καὶ οἱ τοῦ Ζεβεδαίου καὶ ἄλλοι ἐκ τῶν μαθητῶν αὐτοῦ δύο.
21: 3 λέγει αὐτοῖς Σίμων **Πέτρος,** Ὑπάγω ἁλιεύειν. λέγουσιν αὐτῷ,
21: 7 λέγει οὖν ὁ μαθητὴς ἐκεῖνος ὃν ἠγάπα ὁ Ἰησοῦς τῷ **Πέτρῳ,** Ὁ κύριός ἐστιν. Σίμων οὖν **Πέτρος** ἀκούσας ὅτι ὁ κύριός ἐστιν τὸν ἐπενδύτην διεζώσατο,
21:11 ἀνέβη οὖν Σίμων **Πέτρος** καὶ εἵλκυσεν τὸ δίκτυον εἰς τὴν γῆν μεστὸν ἰχθύων μεγάλων ἑκατὸν πεντήκοντα τριῶν·
21:15 Ὅτε οὖν ἠρίστησαν λέγει τῷ Σίμωνι **Πέτρῳ** ὁ Ἰησοῦς,
21:17 ἐλυπήθη ὁ **Πέτρος** ὅτι εἶπεν αὐτῷ τὸ τρίτον,
21:20 Ἐπιστραφεὶς ὁ **Πέτρος** βλέπει τὸν μαθητὴν ὃν ἠγάπα ὁ Ἰησοῦς ἀκολουθοῦντα,
21:21 τοῦτον οὖν ἰδὼν ὁ **Πέτρος** λέγει τῷ Ἰησοῦ,
Ac 1:13 ὅ τε **Πέτρος** καὶ Ἰωάννης καὶ Ἰάκωβος καὶ Ἀνδρέας,
1:15 Καὶ ἐν ταῖς ἡμέραις ταύταις ἀναστὰς **Πέτρος** ἐν μέσῳ τῶν ἀδελφῶν εἶπεν·
2:14 Σταθεὶς δὲ ὁ **Πέτρος** σὺν τοῖς ἕνδεκα ἐπῆρεν τὴν φωνὴν αὐτοῦ καὶ ἀπεφθέγξατο αὐτοῖς,
2:37 Ἀκούσαντες δὲ κατενύγησαν τὴν καρδίαν εἶπόν τε πρὸς τὸν **Πέτρον** καὶ τοὺς λοιποὺς ἀποστόλους,
2:38 **Πέτρος** δὲ πρὸς αὐτούς, Μετανοήσατε, [φησίν,] καὶ βαπτισθήτω ἕκαστος ὑμῶν ἐπὶ τῷ ὀνόματι Ἰησοῦ Χριστοῦ
3: 1 **Πέτρος** δὲ καὶ Ἰωάννης ἀνέβαινον εἰς τὸ ἱερὸν ἐπὶ τὴν ὥραν τῆς προσευχῆς τὴν ἐνάτην.
3: 3 ὃς ἰδὼν **Πέτρον** καὶ Ἰωάννην μέλλοντας εἰσιέναι εἰς τὸ ἱερόν,
3: 4 ἀτενίσας δὲ **Πέτρος** εἰς αὐτὸν σὺν τῷ Ἰωάννῃ εἶπεν,
3: 6 εἶπεν δὲ **Πέτρος,** Ἀργύριον καὶ χρυσίον οὐχ ὑπάρχει μοι,
3:11 Κρατοῦντος δὲ αὐτοῦ τὸν **Πέτρον** καὶ τὸν Ἰωάννην συνέδραμεν πᾶς ὁ λαὸς πρὸς αὐτοὺς ἐπὶ τῇ στοᾷ
3:12 ἰδὼν δὲ ὁ **Πέτρος** ἀπεκρίνατο πρὸς τὸν λαόν,
4: 8 τότε **Πέτρος** πλησθεὶς πνεύματος ἁγίου εἶπεν πρὸς αὐτούς,
4:13 Θεωροῦντες δὲ τὴν τοῦ **Πέτρου** παρρησίαν καὶ Ἰωάννου καὶ καταλαβόμενοι ὅτι ἄνθρωποι ἀγράμματοί εἰσιν καὶ ἰδιῶται,
4:19 ὁ δὲ **Πέτρος** καὶ Ἰωάννης ἀποκριθέντες εἶπον πρὸς αὐτούς,
5: 3 εἶπεν δὲ ὁ **Πέτρος,** Ἁνανία, διὰ τί ἐπλήρωσεν ὁ Σατανᾶς τὴν καρδίαν σου,
5: 8 ἀπεκρίθη δὲ πρὸς αὐτὴν **Πέτρος,** Εἰπέ μοι, εἰ τοσούτου τὸ χωρίον ἀπέδοσθε;
5: 9 ὁ δὲ **Πέτρος** πρὸς αὐτήν, Τί ὅτι συνεφωνήθη ὑμῖν πειράσαι τὸ πνεῦμα κυρίου;
5:15 ἵνα ἐρχομένου **Πέτρου** κἂν ἡ σκιὰ ἐπισκιάσῃ τινὶ αὐτῶν.
5:29 ἀποκριθεὶς δὲ **Πέτρος** καὶ οἱ ἀπόστολοι εἶπαν, Πειθαρχεῖν δεῖ θεῷ μᾶλλον ἢ ἀνθρώποις.
8:14 Ἀκούσαντες δὲ οἱ ἐν Ἱεροσολύμοις ἀπόστολοι ὅτι δέδεκται ἡ Σαμάρεια τὸν λόγον τοῦ θεοῦ, ἀπέστειλαν πρὸς αὐτοὺς **Πέτρον** καὶ Ἰωάννην,
8:20 **Πέτρος** δὲ εἶπεν πρὸς αὐτόν, Τὸ ἀργύριόν σου σὺν σοὶ εἴη εἰς ἀπώλειαν ὅτι τὴν δωρεὰν τοῦ θεοῦ ἐνόμισας διὰ χρημάτων
9:32 Ἐγένετο δὲ **Πέτρον** διερχόμενον διὰ πάντων κατελθεῖν καὶ πρὸς τοὺς ἁγίους τοὺς κατοικοῦντας Λύδδα.
9:34 καὶ εἶπεν αὐτῷ ὁ **Πέτρος,** Αἰνέα, ἰᾶταί σε Ἰησοῦς Χριστός·
9:38 ἐγγὺς δὲ οὔσης Λύδδας τῇ Ἰόππῃ οἱ μαθηταὶ ἀκούσαντες ὅτι **Πέτρος** ἐστὶν ἐν αὐτῇ ἀπέστειλαν δύο ἄνδρας πρὸς αὐτὸν
9:39 ἀναστὰς δὲ **Πέτρος** συνῆλθεν αὐτοῖς· ὃν παραγενόμενον ἀνήγαγον εἰς τὸ ὑπερῷον καὶ παρέστησαν αὐτῷ πᾶσαι
9:40 ἐκβαλὼν δὲ ἔξω πάντας ὁ **Πέτρος** καὶ θεὶς τὰ γόνατα προσηύξατο καὶ ἐπιστρέψας πρὸς τὸ σῶμα εἶπεν, Ταβιθά, ἀνάστηθι. ἡ δὲ ἤνοιξεν τοὺς ὀφθαλμοὺς αὐτῆς, καὶ ἰδοῦσα τὸν **Πέτρον** ἀνεκάθισεν.
10: 5 καὶ νῦν πέμψον ἄνδρας εἰς Ἰόππην καὶ μετάπεμψαι Σίμωνά τινα ὃς ἐπικαλεῖται **Πέτρος·**
10: 9 ἀνέβη **Πέτρος** ἐπὶ τὸ δῶμα προσεύξασθαι περὶ ὥραν ἕκτην.
10:13 καὶ ἐγένετο φωνὴ πρὸς αὐτόν, Ἀναστάς, **Πέτρε,** θῦσον καὶ φάγε.

10:14 ὁ δὲ **Πέτρος** εἶπεν, Μηδαμῶς, κύριε, ὅτι οὐδέποτε ἔφαγον πᾶν κοινὸν καὶ ἀκάθαρτον.
10:17 Ὡς δὲ ἐν ἑαυτῷ διηπόρει ὁ **Πέτρος** τί ἂν εἴη τὸ ὅραμα ὃ εἶδεν,
10:18 καὶ φωνήσαντες ἐπυνθάνοντο εἰ Σίμων ὁ ἐπικαλούμενος **Πέτρος** ἐνθάδε ξενίζεται.
10:19 τοῦ δὲ **Πέτρου** διενθυμουμένου περὶ τοῦ ὁράματος εἶπεν [αὐτῷ] τὸ πνεῦμα,
10:21 καταβὰς δὲ **Πέτρος** πρὸς τοὺς ἄνδρας εἶπεν, Ἰδοὺ ἐγώ εἰμι ὃν ζητεῖτε·
10:25 ὡς δὲ ἐγένετο τοῦ εἰσελθεῖν τὸν **Πέτρον,** συναντήσας αὐτῷ ὁ Κορνήλιος πεσὼν ἐπὶ τοὺς πόδας προσεκύνησεν.
10:26 ὁ δὲ **Πέτρος** ἤγειρεν αὐτὸν λέγων, Ἀνάστηθι· καὶ ἐγὼ αὐτὸς ἄνθρωπός εἰμι.
10:32 πέμψον οὖν εἰς Ἰόππην καὶ μετακάλεσαι Σίμωνα ὃς ἐπικαλεῖται **Πέτρος,**
10:34 Ἀνοίξας δὲ **Πέτρος** τὸ στόμα εἶπεν, Ἐπ' ἀληθείας καταλαμβάνομαι ὅτι οὐκ ἔστιν προσωπολήμπτης ὁ θεός,
10:44 Ἔτι λαλοῦντος τοῦ **Πέτρου** τὰ ῥήματα ταῦτα ἐπέπεσεν τὸ πνεῦμα τὸ ἅγιον ἐπὶ πάντας τοὺς ἀκούοντας τὸν λόγον.
10:45 καὶ ἐξέστησαν οἱ ἐκ περιτομῆς πιστοὶ ὅσοι συνῆλθαν τῷ **Πέτρῳ,**
10:46 ἤκουον γὰρ αὐτῶν λαλούντων γλώσσαις καὶ μεγαλυνόντων τὸν θεόν. τότε ἀπεκρίθη **Πέτρος,**
11: 2 ὅτε δὲ ἀνέβη **Πέτρος** εἰς Ἰερουσαλήμ, διεκρίνοντο πρὸς αὐτὸν οἱ ἐκ περιτομῆς
11: 4 ἀρξάμενος δὲ **Πέτρος** ἐξετίθετο αὐτοῖς καθεξῆς λέγων,
11: 7 ἤκουσα δὲ καὶ φωνῆς λεγούσης μοι, Ἀναστάς, **Πέτρε,** θῦσον καὶ φάγε.
11:13 Ἀπόστειλον εἰς Ἰόππην καὶ μετάπεμψαι Σίμωνα τὸν ἐπικαλούμενον **Πέτρον,**
12: 3 ἰδὼν δὲ ὅτι ἀρεστόν ἐστιν τοῖς Ἰουδαίοις προσέθετο συλλαβεῖν καὶ **Πέτρον,–**
12: 5 ὁ μὲν οὖν **Πέτρος** ἐτηρεῖτο ἐν τῇ φυλακῇ·
12: 6 τῇ νυκτὶ ἐκείνῃ ἦν ὁ **Πέτρος** κοιμώμενος μεταξὺ δύο στρατιωτῶν δεδεμένος ἁλύσεσιν δυσὶν φύλακές τε πρὸ τῆς θύρας ἐτήρουν τὴν φυλακήν.
12: 7 πατάξας δὲ τὴν πλευρὰν τοῦ **Πέτρου** ἤγειρεν αὐτὸν λέγων,
12:11 καὶ ὁ **Πέτρος** ἐν ἑαυτῷ γενόμενος εἶπεν, Νῦν οἶδα ἀληθῶς ὅτι ἐξαπέστειλεν [ὁ] κύριος τὸν ἄγγελον αὐτοῦ καὶ ἐξείλατό με
12:14 καὶ ἐπιγνοῦσα τὴν φωνὴν τοῦ **Πέτρου** ἀπὸ τῆς χαρᾶς οὐκ ἤνοιξεν τὸν πυλῶνα, εἰσδραμοῦσα δὲ ἀπήγγειλεν ἑστάναι τὸν **Πέτρον** πρὸ τοῦ πυλῶνος.
12:16 ὁ δὲ **Πέτρος** ἐπέμενεν κρούων· ἀνοίξαντες δὲ εἶδαν αὐτὸν καὶ ἐξέστησαν.
12:18 Γενομένης δὲ ἡμέρας ἦν τάραχος οὐκ ὀλίγος ἐν τοῖς στρατιώταις τί ἄρα ὁ **Πέτρος** ἐγένετο.
15: 7 πολλῆς δὲ ζητήσεως γενομένης ἀναστὰς **Πέτρος** εἶπεν πρὸς αὐτούς,
Gal 2: 7 ἀλλὰ τοὐναντίον ἰδόντες ὅτι πεπίστευμαι τὸ εὐαγγέλιον τῆς ἀκροβυστίας καθὼς **Πέτρος** τῆς περιτομῆς,
2: 8 ὁ γὰρ ἐνεργήσας **Πέτρῳ** εἰς ἀποστολὴν τῆς περιτομῆς ἐνήργησεν καὶ ἐμοὶ εἰς τὰ ἔθνη,
1Pe 1: 1 **Πέτρος** ἀπόστολος Ἰησοῦ Χριστοῦ ἐκλεκτοῖς παρεπιδήμοις διασπορᾶς Πόντου,
2Pe 1: 1 Συμεὼν **Πέτρος** δοῦλος καὶ ἀπόστολος Ἰησοῦ Χριστοῦ τοῖς ἰσότιμον ἡμῖν λαχοῦσιν πίστιν ἐν δικαιοσύνῃ τοῦ θεοῦ ἡμῶν

4378 πετρώδης [4]

√ *4376 + 1626*

Mt 13: 5 ἄλλα δὲ ἔπεσεν ἐπὶ τὰ **πετρώδη** ὅπου οὐκ εἶχεν γῆν πολλήν,
13:20 ὁ δὲ ἐπὶ τὰ **πετρώδη** σπαρείς, οὗτός ἐστιν ὁ τὸν λόγον ἀκούων καὶ εὐθὺς μετὰ χαρᾶς λαμβάνων αὐτόν,
Mk 4: 5 καὶ ἄλλο ἔπεσεν ἐπὶ τὸ **πετρῶδες** ὅπου οὐκ εἶχεν γῆν πολλήν,
4:16 καὶ οὗτοί εἰσιν οἱ ἐπὶ τὰ **πετρώδη** σπειρόμενοι,

4379 πήγανον [1]

Lk 11:42 ὅτι ἀποδεκατοῦτε τὸ ἡδύοσμον καὶ τὸ **πήγανον** καὶ πᾶν λάχανον καὶ παρέρχεσθε τὴν κρίσιν καὶ τὴν ἀγάπην τοῦ θεοῦ·

4380 πηγή [11]

Mk 5:29 καὶ εὐθὺς ἐξηράνθη ἡ **πηγὴ** τοῦ αἵματος αὐτῆς καὶ ἔγνω τῷ σώματι ὅτι ἴαται ἀπὸ τῆς μάστιγος.
Jn 4: 6 ἦν δὲ ἐκεῖ **πηγὴ** τοῦ Ἰακώβ. ὁ οὖν Ἰησοῦς κεκοπιακὼς ἐκ τῆς ὁδοιπορίας ἐκαθέζετο οὕτως ἐπὶ τῇ **πηγῇ·**
4:14 ἀλλὰ τὸ ὕδωρ ὃ δώσω αὐτῷ γενήσεται ἐν αὐτῷ **πηγὴ** ὕδατος ἁλλομένου εἰς ζωὴν αἰώνιον.
Jas 3:11 μήτι ἡ **πηγὴ** ἐκ τῆς αὐτῆς ὀπῆς βρύει τὸ γλυκὺ καὶ τὸ πικρόν;
2Pe 2:17 Οὗτοί εἰσιν **πηγαὶ** ἄνυδροι καὶ ὁμίχλαι ὑπὸ λαίλαπος ἐλαυνόμεναι,
Rev 7:17 ὅτι τὸ ἀρνίον τὸ ἀνὰ μέσον τοῦ θρόνου ποιμανεῖ αὐτοὺς καὶ ὁδηγήσει αὐτοὺς ἐπὶ ζωῆς **πηγὰς** ὑδάτων,
8:10 ἐκ τοῦ οὐρανοῦ ἀστὴρ μέγας καιόμενος ὡς λαμπὰς καὶ ἔπεσεν ἐπὶ τὸ τρίτον τῶν ποταμῶν καὶ ἐπὶ τὰς **πηγὰς** τῶν ὑδάτων,
14: 7 καὶ προσκυνήσατε τῷ ποιήσαντι τὸν οὐρανὸν καὶ τὴν γῆν καὶ θάλασσαν καὶ **πηγὰς** ὑδάτων.
16: 4 Καὶ ὁ τρίτος ἐξέχεεν τὴν φιάλην αὐτοῦ εἰς τοὺς ποταμοὺς καὶ τὰς **πηγὰς** τῶν ὑδάτων,
21: 6 ἐγὼ τῷ διψῶντι δώσω ἐκ τῆς **πηγῆς** τοῦ ὕδατος τῆς ζωῆς δωρεάν.

4381 πήγνυμι [1]

→ *4074, 4075, 4699, 5009*

Heb 8: 2 τῶν ἁγίων λειτουργὸς καὶ τῆς σκηνῆς τῆς ἀληθινῆς, ἣν **ἔπηξεν** ὁ κύριος, οὐκ ἄνθρωπος.

4382 πηδάλιον [2]

Ac 27:40 ἅμα ἀνέντες τὰς ζευκτηρίας τῶν **πηδαλίων** καὶ ἐπάραντες τὸν ἀρτέμωνα τῇ πνεούσῃ κατεῖχον εἰς τὸν αἰγιαλόν.
Jas 3: 4 μετάγεται ὑπὸ ἐλαχίστου **πηδαλίου** ὅπου ἡ ὁρμὴ τοῦ εὐθύνοντος βούλεται,

4383 πηλίκος [2]

√ *2462*

Gal 6:11 Ἴδετε **πηλίκοις** ὑμῖν γράμμασιν ἔγραψα τῇ ἐμῇ χειρί.
Heb 7: 4 Θεωρεῖτε δὲ **πηλίκος** οὗτος, ᾧ [καὶ] δεκάτην Ἀβραὰμ ἔδωκεν ἐκ τῶν ἀκροθινίων ὁ πατριάρχης.

4384 πηλός [6]

Jn 9: 6 ταῦτα εἰπὼν ἔπτυσεν χαμαὶ καὶ ἐποίησεν **πηλὸν** ἐκ τοῦ πτύσματος καὶ ἐπέχρισεν αὐτοῦ τὸν **πηλὸν** ἐπὶ τοὺς ὀφθαλμοὺς
9:11 ὁ λεγόμενος Ἰησοῦς **πηλὸν** ἐποίησεν καὶ ἐπέχρισέν μου τοὺς ὀφθαλμοὺς καὶ εἶπέν μοι ὅτι Ὕπαγε εἰς τὸν Σιλωὰμ καὶ νίψαι·
9:14 ἦν δὲ σάββατον ἐν ᾗ ἡμέρᾳ τὸν **πηλὸν** ἐποίησεν ὁ Ἰησοῦς καὶ ἀνέῳξεν αὐτοῦ τοὺς ὀφθαλμούς.
9:15 **Πηλὸν** ἐπέθηκέν μου ἐπὶ τοὺς ὀφθαλμούς, καὶ ἐνιψάμην καὶ βλέπω.
Ro 9:21 ἢ οὐκ ἔχει ἐξουσίαν ὁ κεραμεὺς τοῦ **πηλοῦ** ἐκ τοῦ αὐτοῦ φυράματος ποιῆσαι ὃ μὲν εἰς τιμὴν σκεῦος ὃ δὲ εἰς ἀτιμίαν;

4385 πήρα [6]

Mt 10:10 μὴ **πήραν** εἰς ὁδὸν μηδὲ δύο χιτῶνας μηδὲ ὑποδήματα μηδὲ ῥάβδον·
Mk 6: 8 μὴ ἄρτον, μὴ **πήραν,** μὴ εἰς τὴν ζώνην χαλκόν,
Lk 9: 3 μήτε ῥάβδον μήτε **πήραν** μήτε ἄρτον μήτε ἀργύριον μήτε [ἀνὰ] δύο χιτῶνας ἔχειν.
10: 4 μὴ βαστάζετε βαλλάντιον, μὴ **πήραν,** μὴ ὑποδήματα, καὶ μηδένα κατὰ τὴν ὁδὸν ἀσπάσησθε.
22:35 Ὅτε ἀπέστειλα ὑμᾶς ἄτερ βαλλαντίου καὶ **πήρας** καὶ ὑποδημάτων,
22:36 Ἀλλὰ νῦν ὁ ἔχων βαλλάντιον ἀράτω, ὁμοίως καὶ **πήραν,**

4386 πηρόω Not used in UBS/NIV

→ *401, 4387*

4387 πήρωσις Not used in UBS/NIV

√ *4386*

4388 πῆχυς [4]

Mt 6:27 τίς δὲ ἐξ ὑμῶν μεριμνῶν δύναται προσθεῖναι ἐπὶ τὴν ἡλικίαν αὐτοῦ **πῆχυν** ἕνα;
Lk 12:25 τίς δὲ ἐξ ὑμῶν μεριμνῶν δύναται ἐπὶ τὴν ἡλικίαν αὐτοῦ προσθεῖναι **πῆχυν;** [UBS; NIV **πῆχυν** ἕνα;]

Jn 21: 8 οὐ γὰρ ἦσαν μακρὰν ἀπὸ τῆς γῆς ἀλλὰ ὡς ἀπὸ **πηχῶν** διακοσίων,
Rev 21:17 καὶ ἐμέτρησεν τὸ τεῖχος αὐτῆς ἑκατὸν τεσσεράκοντα τεσσάρων **πηχῶν** μέτρον ἀνθρώπου,

4389 πιάζω [12]

√ *4390*

Jn 7:30 Ἐζήτουν οὖν αὐτὸν **πιάσαι,** καὶ οὐδεὶς ἐπέβαλεν ἐπ᾽ αὐτὸν τὴν χεῖρα,
7:32 καὶ ἀπέστειλαν οἱ ἀρχιερεῖς καὶ οἱ Φαρισαῖοι ὑπηρέτας ἵνα **πιάσωσιν** αὐτόν.
7:44 τινὲς δὲ ἤθελον ἐξ αὐτῶν **πιάσαι** αὐτόν, ἀλλ᾽ οὐδεὶς ἐπέβαλεν ἐπ᾽ αὐτὸν τὰς χεῖρας.
8:20 καὶ οὐδεὶς **ἐπίασεν** αὐτόν, ὅτι οὔπω ἐληλύθει ἡ ὥρα αὐτοῦ.
10:39 Ἐζήτουν [οὖν] αὐτὸν πάλιν **πιάσαι,** καὶ ἐξῆλθεν ἐκ τῆς χειρὸς αὐτῶν.
11:57 δεδώκεισαν δὲ οἱ ἀρχιερεῖς καὶ οἱ Φαρισαῖοι ἐντολὰς ἵνα ἐάν τις γνῷ ποῦ ἐστιν μηνύσῃ, ὅπως **πιάσωσιν** αὐτόν.
21: 3 ἐξῆλθον καὶ ἐνέβησαν εἰς τὸ πλοῖον, καὶ ἐν ἐκείνῃ τῇ νυκτὶ **ἐπίασαν** οὐδέν.
21:10 λέγει αὐτοῖς ὁ Ἰησοῦς, Ἐνέγκατε ἀπὸ τῶν ὀψαρίων ὧν **ἐπιάσατε** νῦν.
Ac 3: 7 καὶ **πιάσας** αὐτὸν τῆς δεξιᾶς χειρὸς ἤγειρεν αὐτόν·
12: 4 ὃν καὶ **πιάσας** ἔθετο εἰς φυλακὴν παραδοὺς τέσσαρσιν τετραδίοις στρατιωτῶν φυλάσσειν αὐτόν,
2Co 11:32 ἐν Δαμασκῷ ὁ ἐθνάρχης Ἁρέτα τοῦ βασιλέως ἐφρούρει τὴν πόλιν Δαμασκηνῶν **πιάσαι** με,
Rev 19:20 καὶ **ἐπιάσθη** τὸ θηρίον καὶ μετ᾽ αὐτοῦ ὁ ψευδοπροφήτης ὁ ποιήσας τὰ σημεῖα ἐνώπιον αὐτοῦ,

4390 πιέζω [1]

→ *4389*

Lk 6:38 μέτρον καλὸν **πεπιεσμένον** σεσαλευμένον ὑπερεκχυννόμενον δώσουσιν εἰς τὸν κόλπον ὑμῶν·

4391 πιθανολογία [1]

√ *4275 + 3306*

Col 2: 4 Τοῦτο λέγω, ἵνα μηδεὶς ὑμᾶς παραλογίζηται ἐν **πιθανολογίᾳ.**

4392 πιθός Not used in UBS/NIV

√ *4275*

4393 πικραίνω [4]

√ *4395*

Col 3:19 ἀγαπᾶτε τὰς γυναῖκας καὶ μὴ **πικραίνεσθε** πρὸς αὐτάς.
Rev 8:11 καὶ ἐγένετο τὸ τρίτον τῶν ὑδάτων εἰς ἄψινθον καὶ πολλοὶ τῶν ἀνθρώπων ἀπέθανον ἐκ τῶν ὑδάτων ὅτι **ἐπικράνθησαν.**
10: 9 Λάβε καὶ κατάφαγε αὐτό, καὶ **πικρανεῖ** σου τὴν κοιλίαν,
10:10 καὶ ἦν ἐν τῷ στόματί μου ὡς μέλι γλυκὺ καὶ ὅτε ἔφαγον αὐτό, **ἐπικράνθη** ἡ κοιλία μου.

4394 πικρία [4]

√ *4395*

Ac 8:23 εἰς γὰρ χολὴν **πικρίας** καὶ σύνδεσμον ἀδικίας ὁρῶ σε ὄντα.
Ro 3:14 ὧν τὸ στόμα ἀρᾶς καὶ **πικρίας** γέμει,
Eph 4:31 πᾶσα **πικρία** καὶ θυμὸς καὶ ὀργὴ καὶ κραυγὴ καὶ βλασφημία ἀρθήτω ἀφ᾽ ὑμῶν σὺν πάσῃ κακίᾳ.
Heb 12:15 μή τις ῥίζα **πικρίας** ἄνω φύουσα ἐνοχλῇ καὶ δι᾽ αὐτῆς μιανθῶσιν πολλοί,

4395 πικρός [2]

→ *4176, 4177, 4393, 4394, 4396*

Jas 3:11 μήτι ἡ πηγὴ ἐκ τῆς αὐτῆς ὀπῆς βρύει τὸ γλυκὺ καὶ τὸ **πικρόν;**
3:14 εἰ δὲ ζῆλον **πικρὸν** ἔχετε καὶ ἐριθείαν ἐν τῇ καρδίᾳ ὑμῶν,

4396 πικρῶς [2]

√ *4395*

Mt 26:75 καὶ ἐμνήσθη ὁ Πέτρος τοῦ ῥήματος Ἰησοῦ εἰρηκότος ὅτι Πρὶν ἀλέκτορα φωνῆσαι τρὶς ἀπαρνήσῃ με· καὶ ἐξελθὼν ἔξω ἔκλαυσεν **πικρῶς.**
Lk 22:62 καὶ ἐξελθὼν ἔξω ἔκλαυσεν **πικρῶς.**

4397 Πιλᾶτος [55]

→ *4276*

Mt 27: 2 καὶ δήσαντες αὐτὸν ἀπήγαγον καὶ παρέδωκαν **Πιλάτῳ** τῷ ἡγεμόνι.
27:13 τότε λέγει αὐτῷ ὁ **Πιλᾶτος,** Οὐκ ἀκούεις πόσα σου καταμαρτυροῦσιν;
27:17 συνηγμένων οὖν αὐτῶν εἶπεν αὐτοῖς ὁ **Πιλᾶτος,** Τίνα θέλετε ἀπολύσω ὑμῖν,
27:22 λέγει αὐτοῖς ὁ **Πιλᾶτος,** Τί οὖν ποιήσω Ἰησοῦν τὸν λεγόμενον Χριστόν;
27:24 ἰδὼν δὲ ὁ **Πιλᾶτος** ὅτι οὐδὲν ὠφελεῖ ἀλλὰ μᾶλλον θόρυβος γίνεται,
27:58 οὗτος προσελθὼν τῷ **Πιλάτῳ** ᾐτήσατο τὸ σῶμα τοῦ Ἰησοῦ. τότε ὁ **Πιλᾶτος** ἐκέλευσεν ἀποδοθῆναι.
27:62 συνήχθησαν οἱ ἀρχιερεῖς καὶ οἱ Φαρισαῖοι πρὸς **Πιλᾶτον**
27:65 ἔφη αὐτοῖς ὁ **Πιλᾶτος,** Ἔχετε κουστωδίαν· ὑπάγετε ἀσφαλίσασθε ὡς οἴδατε.
Mk 15: 1 μετὰ τῶν πρεσβυτέρων καὶ γραμματέων καὶ ὅλον τὸ συνέδριον, δήσαντες τὸν Ἰησοῦν ἀπήνεγκαν καὶ παρέδωκαν **Πιλάτῳ.**
15: 2 ἐπηρώτησεν αὐτὸν ὁ **Πιλᾶτος,** Σὺ εἶ ὁ βασιλεὺς τῶν Ἰουδαίων;
15: 4 ὁ δὲ **Πιλᾶτος** πάλιν ἐπηρώτα αὐτὸν λέγων, Οὐκ ἀποκρίνῃ οὐδέν;
15: 5 Ἰησοῦς οὐκέτι οὐδὲν ἀπεκρίθη, ὥστε θαυμάζειν τὸν **Πιλᾶτον.**
15: 9 ὁ δὲ **Πιλᾶτος** ἀπεκρίθη αὐτοῖς λέγων, Θέλετε ἀπολύσω ὑμῖν τὸν βασιλέα τῶν Ἰουδαίων;
15:12 ὁ δὲ **Πιλᾶτος** πάλιν ἀποκριθεὶς ἔλεγεν αὐτοῖς, Τί οὖν [θέλετε] ποιήσω [ὃν λέγετε] τὸν βασιλέα τῶν Ἰουδαίων;
15:14 ὁ δὲ **Πιλᾶτος** ἔλεγεν αὐτοῖς, Τί γὰρ ἐποίησεν κακόν;
15:15 ὁ δὲ **Πιλᾶτος** βουλόμενος τῷ ὄχλῳ τὸ ἱκανὸν ποιῆσαι ἀπέλυσεν αὐτοῖς τὸν Βαραββᾶν,
15:43 τολμήσας εἰσῆλθεν πρὸς τὸν **Πιλᾶτον** καὶ ᾐτήσατο τὸ σῶμα τοῦ Ἰησοῦ.
15:44 **Πιλᾶτος** ἐθαύμασεν εἰ ἤδη τέθνηκεν καὶ προσκαλεσάμενος τὸν κεντυρίωνα ἐπηρώτησεν αὐτὸν εἰ πάλαι ἀπέθανεν·
Lk 3: 1 ἡγεμονεύοντος Ποντίου **Πιλάτου** τῆς Ἰουδαίας, καὶ τετρααρχοῦντος τῆς Γαλιλαίας Ἡρῴδου,
13: 1 ἀπαγγέλλοντες αὐτῷ περὶ τῶν Γαλιλαίων ὧν τὸ αἷμα **Πιλᾶτος** ἔμιξεν μετὰ τῶν θυσιῶν αὐτῶν.
23: 1 Καὶ ἀναστὰν ἅπαν τὸ πλῆθος αὐτῶν ἤγαγον αὐτὸν ἐπὶ τὸν **Πιλᾶτον.**
23: 3 ὁ δὲ **Πιλᾶτος** ἠρώτησεν αὐτὸν λέγων, Σὺ εἶ ὁ βασιλεὺς τῶν Ἰουδαίων;
23: 4 ὁ δὲ **Πιλᾶτος** εἶπεν πρὸς τοὺς ἀρχιερεῖς καὶ τοὺς ὄχλους,
23: 6 **Πιλᾶτος** δὲ ἀκούσας ἐπηρώτησεν εἰ ὁ ἄνθρωπος Γαλιλαῖός ἐστιν,
23:11 ἐξουθενήσας δὲ αὐτὸν [καὶ] ὁ Ἡρῴδης σὺν τοῖς στρατεύμασιν αὐτοῦ καὶ ἐμπαίξας περιβαλὼν ἐσθῆτα λαμπρὰν ἀνέπεμψεν αὐτὸν τῷ **Πιλάτῳ.**
23:12 ἐγένοντο δὲ φίλοι ὅ τε Ἡρῴδης καὶ ὁ **Πιλᾶτος** ἐν αὐτῇ τῇ ἡμέρᾳ μετ᾽ ἀλλήλων·
23:13 **Πιλᾶτος** δὲ συγκαλεσάμενος τοὺς ἀρχιερεῖς καὶ τοὺς ἄρχοντας καὶ τὸν λαὸν
23:20 πάλιν δὲ ὁ **Πιλᾶτος** προσεφώνησεν αὐτοῖς θέλων ἀπολῦσαι τὸν Ἰησοῦν.
23:24 καὶ **Πιλᾶτος** ἐπέκρινεν γενέσθαι τὸ αἴτημα αὐτῶν·
23:52 οὗτος προσελθὼν τῷ **Πιλάτῳ** ᾐτήσατο τὸ σῶμα τοῦ Ἰησοῦ
Jn 18:29 ἐξῆλθεν οὖν ὁ **Πιλᾶτος** ἔξω πρὸς αὐτοὺς καὶ φησίν,
18:31 εἶπεν οὖν αὐτοῖς ὁ **Πιλᾶτος,** Λάβετε αὐτὸν ὑμεῖς καὶ κατὰ τὸν νόμον ὑμῶν κρίνατε αὐτόν.
18:33 Εἰσῆλθεν οὖν πάλιν εἰς τὸ πραιτώριον ὁ **Πιλᾶτος** καὶ ἐφώνησεν τὸν Ἰησοῦν καὶ εἶπεν αὐτῷ,
18:35 ἀπεκρίθη ὁ **Πιλᾶτος,** Μήτι ἐγὼ Ἰουδαῖός εἰμι; τὸ ἔθνος τὸ σὸν καὶ οἱ ἀρχιερεῖς παρέδωκάν σε ἐμοί·
18:37 εἶπεν οὖν αὐτῷ ὁ **Πιλᾶτος,** Οὐκοῦν βασιλεὺς εἶ σύ;
18:38 λέγει αὐτῷ ὁ **Πιλᾶτος,** Τί ἐστιν ἀλήθεια; Καὶ τοῦτο εἰπὼν πάλιν ἐξῆλθεν πρὸς τοὺς Ἰουδαίους καὶ λέγει αὐτοῖς,

19: 1 Τότε οὖν ἔλαβεν ὁ **Πιλᾶτος** τὸν Ἰησοῦν καὶ ἐμαστίγωσεν.
19: 4 Καὶ ἐξῆλθεν πάλιν ἔξω ὁ **Πιλᾶτος** καὶ λέγει αὐτοῖς,
19: 6 λέγει αὐτοῖς ὁ **Πιλᾶτος,** Λάβετε αὐτὸν ὑμεῖς καὶ σταυρώσατε·
19: 8 Ὅτε οὖν ἤκουσεν ὁ **Πιλᾶτος** τοῦτον τὸν λόγον,
19:10 λέγει οὖν αὐτῷ ὁ **Πιλᾶτος,** Ἐμοὶ οὐ λαλεῖς;
19:12 ἐκ τούτου ὁ **Πιλᾶτος** ἐζήτει ἀπολῦσαι αὐτόν· οἱ δὲ Ἰουδαῖοι ἐκραύγασαν λέγοντες,
19:13 Ὁ οὖν **Πιλᾶτος** ἀκούσας τῶν λόγων τούτων ἤγαγεν ἔξω τὸν Ἰησοῦν καὶ ἐκάθισεν ἐπὶ βήματος
19:15 λέγει αὐτοῖς ὁ **Πιλᾶτος,** Τὸν βασιλέα ὑμῶν σταυρώσω;
19:19 ἔγραψεν δὲ καὶ τίτλον ὁ **Πιλᾶτος** καὶ ἔθηκεν ἐπὶ τοῦ σταυροῦ·
19:21 ἔλεγον οὖν τῷ **Πιλάτῳ** οἱ ἀρχιερεῖς τῶν Ἰουδαίων,
19:22 ἀπεκρίθη ὁ **Πιλᾶτος,** Ὃ γέγραφα, γέγραφα.
19:31 ἠρώτησαν τὸν **Πιλᾶτον** ἵνα κατεαγῶσιν αὐτῶν τὰ σκέλη καὶ ἀρθῶσιν.
19:38 Μετὰ δὲ ταῦτα ἠρώτησεν τὸν **Πιλᾶτον** Ἰωσὴφ [ὁ] ἀπὸ Ἁριμαθαίας, ὢν μαθητὴς τοῦ Ἰησοῦ κεκρυμμένος δὲ διὰ τὸν φόβον τῶν Ἰουδαίων, ἵνα ἄρῃ τὸ σῶμα τοῦ Ἰησοῦ· καὶ ἐπέτρεψεν ὁ **Πιλᾶτος.**
Ac 3:13 ἐδόξασεν τὸν παῖδα αὐτοῦ Ἰησοῦν ὃν ὑμεῖς μὲν παρεδώκατε καὶ ἠρνήσασθε κατὰ πρόσωπον **Πιλάτου,**
4:27 Ἡρῴδης τε καὶ Πόντιος **Πιλᾶτος** σὺν ἔθνεσιν καὶ λαοῖς Ἰσραήλ,
13:28 καὶ μηδεμίαν αἰτίαν θανάτου εὑρόντες ᾐτήσαντο **Πιλᾶτον** ἀναιρεθῆναι αὐτόν.
1Ti 6:13 παραγγέλλω [σοι] ἐνώπιον τοῦ θεοῦ τοῦ ζῳογονοῦντος τὰ πάντα καὶ Χριστοῦ Ἰησοῦ τοῦ μαρτυρήσαντος ἐπὶ Ποντίου **Πιλάτου** τὴν καλὴν ὁμολογίαν,

4398 πίμπλημι [24]

→ *1854, 1855, 1857, 1858, 4101, 4113, 4436, 4437, 4439, 4447, 4496*

Mt 22:10 πονηρούς τε καὶ ἀγαθούς· καὶ **ἐπλήσθη** ὁ γάμος ἀνακειμένων.
27:48 καὶ εὐθέως δραμὼν εἷς ἐξ αὐτῶν καὶ λαβὼν σπόγγον **πλήσας** τε ὄξους καὶ περιθεὶς καλάμῳ ἐπότιζεν αὐτόν.
Lk 1:15 καὶ πνεύματος ἁγίου **πλησθήσεται** ἔτι ἐκ κοιλίας μητρὸς αὐτοῦ,
1:23 καὶ ἐγένετο ὡς **ἐπλήσθησαν** αἱ ἡμέραι τῆς λειτουργίας αὐτοῦ,
1:41 ἐσκίρτησεν τὸ βρέφος ἐν τῇ κοιλίᾳ αὐτῆς, καὶ **ἐπλήσθη** πνεύματος ἁγίου ἡ Ἐλισάβετ,
1:57 Τῇ δὲ Ἐλισάβετ **ἐπλήσθη** ὁ χρόνος τοῦ τεκεῖν αὐτὴν καὶ ἐγέννησεν υἱόν.
1:67 Καὶ Ζαχαρίας ὁ πατὴρ αὐτοῦ **ἐπλήσθη** πνεύματος ἁγίου καὶ ἐπροφήτευσεν λέγων,
2: 6 ἐγένετο δὲ ἐν τῷ εἶναι αὐτοὺς ἐκεῖ **ἐπλήσθησαν** αἱ ἡμέραι τοῦ τεκεῖν αὐτήν,
2:21 Καὶ ὅτε **ἐπλήσθησαν** ἡμέραι ὀκτὼ τοῦ περιτεμεῖν αὐτὸν καὶ ἐκλήθη τὸ ὄνομα αὐτοῦ Ἰησοῦς,
2:22 Καὶ ὅτε **ἐπλήσθησαν** αἱ ἡμέραι τοῦ καθαρισμοῦ αὐτῶν κατὰ τὸν νόμον Μωϋσέως,
4:28 καὶ **ἐπλήσθησαν** πάντες θυμοῦ ἐν τῇ συναγωγῇ ἀκούοντες ταῦτα
5: 7 καὶ ἦλθον καὶ **ἔπλησαν** ἀμφότερα τὰ πλοῖα ὥστε βυθίζεσθαι αὐτά.
5:26 καὶ ἔκστασις ἔλαβεν ἅπαντας καὶ ἐδόξαζον τὸν θεὸν καὶ **ἐπλήσθησαν** φόβου λέγοντες ὅτι Εἴδομεν παράδοξα σήμερον.
6:11 αὐτοὶ δὲ **ἐπλήσθησαν** ἀνοίας καὶ διελάλουν πρὸς ἀλλήλους τί ἂν ποιήσαιεν τῷ Ἰησοῦ.
21:22 ὅτι ἡμέραι ἐκδικήσεως αὗταί εἰσιν τοῦ **πλησθῆναι** πάντα τὰ γεγραμμένα.
Ac 2: 4 καὶ **ἐπλήσθησαν** πάντες πνεύματος ἁγίου καὶ ἤρξαντο λαλεῖν ἑτέραις γλώσσαις καθὼς τὸ πνεῦμα ἐδίδου ἀποφθέγγεσθαι
3:10 καθήμενος ἐπὶ τῇ Ὡραίᾳ Πύλῃ τοῦ ἱεροῦ καὶ **ἐπλήσθησαν** θάμβους καὶ ἐκστάσεως ἐπὶ τῷ συμβεβηκότι αὐτῷ.
4: 8 τότε Πέτρος **πλησθεὶς** πνεύματος ἁγίου εἶπεν πρὸς αὐτούς,
4:31 καὶ **ἐπλήσθησαν** ἅπαντες τοῦ ἁγίου πνεύματος καὶ ἐλάλουν τὸν λόγον τοῦ θεοῦ μετὰ παρρησίας.
5:17 Ἀναστὰς δὲ ὁ ἀρχιερεὺς καὶ πάντες οἱ σὺν αὐτῷ, ἡ οὖσα αἵρεσις τῶν Σαδδουκαίων, **ἐπλήσθησαν** ζήλου
9:17 Ἰησοῦς ὁ ὀφθείς σοι ἐν τῇ ὁδῷ ᾗ ἤρχου, ὅπως ἀναβλέψῃς καὶ **πλησθῇς** πνεύματος ἁγίου.
13: 9 ὁ καὶ Παῦλος, **πλησθεὶς** πνεύματος ἁγίου ἀτενίσας εἰς αὐτὸν
13:45 ἰδόντες δὲ οἱ Ἰουδαῖοι τοὺς ὄχλους **ἐπλήσθησαν** ζήλου καὶ ἀντέλεγον τοῖς ὑπὸ Παύλου λαλουμένοις βλασφημοῦντες.
19:29 καὶ **ἐπλήσθη** ἡ πόλις τῆς συγχύσεως, ὥρμησάν τε ὁμοθυμαδὸν εἰς τὸ θέατρον συναρπάσαντες Γάϊον καὶ Ἀρίσταρχον Μακεδόνας,

4399 πίμπρημι [1]

→ *1856, 1859, 1868, 2926*

Ac 28: 6 οἱ δὲ προσεδόκων αὐτὸν μέλλειν **πίμπρασθαι** ἢ καταπίπτειν ἄφνω νεκρόν.

4400 πινακίδιον [1]

√ *4402*

Lk 1:63 καὶ αἰτήσας **πινακίδιον** ἔγραψεν λέγων, Ἰωάννης ἐστὶν ὄνομα αὐτοῦ.

4401 πινακίς Not used in UBS/NIV

√ *4402*

4402 πίναξ [5]

→ *4400, 4401*

Mt 14: 8 ὧδε ἐπὶ **πίνακι** τὴν κεφαλὴν Ἰωάννου τοῦ βαπτιστοῦ.
14:11 καὶ ἠνέχθη ἡ κεφαλὴ αὐτοῦ ἐπὶ **πίνακι** καὶ ἐδόθη τῷ κορασίῳ,
Mk 6:25 Θέλω ἵνα ἐξαυτῆς δῷς μοι ἐπὶ **πίνακι** τὴν κεφαλὴν Ἰωάννου τοῦ βαπτιστοῦ.
6:28 καὶ ἤνεγκεν τὴν κεφαλὴν αὐτοῦ ἐπὶ **πίνακι** καὶ ἔδωκεν αὐτὴν τῷ κορασίῳ,
Lk 11:39 Νῦν ὑμεῖς οἱ Φαρισαῖοι τὸ ἔξωθεν τοῦ ποτηρίου καὶ τοῦ **πίνακος** καθαρίζετε,

4403 πίνω [73]

→ *2927, 3884, 4503, 4530, 4539, 4540, 4542, 5228, 5234, 5235, 5621; cf. 4532*

ἐσθίω ... πίνω [33] Mt 6:25,31; 11:18,19; 24:49; Lk 5:30,33; 7:33,34; 10:7; 12:19,29,45; 13:26; 17:8,8,27,28; 22:30; Ac 9:9; 23:12,21; Ro 14:21; 1Co 9:4; 10:7,31; 11:22,26,27,28,29,29; 15:32

πεῖν [5] Jn 4:7,9,10; 1Co 9:4; 10:7

πίνω ἀπό [1] Lk 22:18

πίνω ἐκ [10] Mt 26:27,29; Mk 14:23,25; Jn 4:12,13,14; 1Co 10:4; 11:28; Rev 14:10

Mt 6:25 μὴ μεριμνᾶτε τῇ ψυχῇ ὑμῶν τί φάγητε [ἢ τί **πίητε,]**
6:31 Τί φάγωμεν; ἤ, Τί **πίωμεν;** ἤ, Τί περιβαλώμεθα;
11:18 ἦλθεν γὰρ Ἰωάννης μήτε ἐσθίων μήτε **πίνων,** καὶ λέγουσιν,
11:19 ἦλθεν ὁ υἱὸς τοῦ ἀνθρώπου ἐσθίων καὶ **πίνων,**
20:22 δύνασθε **πιεῖν** τὸ ποτήριον ὃ ἐγὼ μέλλω **πίνειν;**
20:23 λέγει αὐτοῖς, Τὸ μὲν ποτήριόν μου **πίεσθε,** τὸ δὲ καθίσαι ἐκ δεξιῶν μου καὶ ἐξ εὐωνύμων οὐκ ἔστιν ἐμὸν [τοῦτο] δοῦναι,
24:38 ὡς γὰρ ἦσαν ἐν ταῖς ἡμέραις [ἐκείναις] ταῖς πρὸ τοῦ κατακλυσμοῦ τρώγοντες καὶ **πίνοντες,**
24:49 καὶ ἄρξηται τύπτειν τοὺς συνδούλους αὐτοῦ, ἐσθίῃ δὲ καὶ **πίνῃ** μετὰ τῶν μεθυόντων,
26:27 καὶ λαβὼν ποτήριον καὶ εὐχαριστήσας ἔδωκεν αὐτοῖς λέγων, **Πίετε** ἐξ αὐτοῦ πάντες,
26:29 οὐ μὴ **πίω** ἀπ' ἄρτι ἐκ τούτου τοῦ γενήματος τῆς ἀμπέλου ἕως τῆς ἡμέρας ἐκείνης ὅταν αὐτὸ **πίνω** μεθ' ὑμῶν καινὸν ἐν τῇ βασιλείᾳ τοῦ πατρός μου.
26:42 εἰ οὐ δύναται τοῦτο παρελθεῖν ἐὰν μὴ αὐτὸ **πίω,**
27:34 ἔδωκαν αὐτῷ **πιεῖν** οἶνον μετὰ χολῆς μεμιγμένον· καὶ γευσάμενος οὐκ ἠθέλησεν **πιεῖν.**
Mk 10:38 δύνασθε **πιεῖν** τὸ ποτήριον ὃ ἐγὼ **πίνω** ἢ τὸ βάπτισμα ὃ ἐγὼ βαπτίζομαι βαπτισθῆναι;
10:39 Τὸ ποτήριον ὃ ἐγὼ **πίνω πίεσθε** καὶ τὸ βάπτισμα ὃ ἐγὼ βαπτίζομαι βαπτισθήσεσθε,
14:23 καὶ λαβὼν ποτήριον εὐχαριστήσας ἔδωκεν αὐτοῖς, καὶ **ἔπιον** ἐξ αὐτοῦ πάντες.
14:25 ἀμὴν λέγω ὑμῖν ὅτι οὐκέτι οὐ μὴ **πίω** ἐκ τοῦ γενήματος τῆς ἀμπέλου ἕως τῆς ἡμέρας ἐκείνης ὅταν αὐτὸ **πίνω** καινὸν ἐν τῇ βασιλείᾳ τοῦ θεοῦ.

16:18 [[καὶ ἐν ταῖς χερσὶν] ὄφεις ἀροῦσιν κἂν θανάσιμόν τι **πίωσιν** οὐ μὴ αὐτοὺς βλάψῃ,]]
Lk 1:15 ἔσται γὰρ μέγας ἐνώπιον [τοῦ] κυρίου, καὶ οἶνον καὶ σίκερα οὐ μὴ **πίῃ,**
5:30 Διὰ τί μετὰ τῶν τελωνῶν καὶ ἁμαρτωλῶν ἐσθίετε καὶ **πίνετε;**
5:33 Οἱ μαθηταὶ Ἰωάννου νηστεύουσιν πυκνὰ καὶ δεήσεις ποιοῦνται ὁμοίως καὶ οἱ τῶν Φαρισαίων, οἱ δὲ σοὶ ἐσθίουσιν καὶ **πίνουσιν.**
5:39 [καὶ] οὐδεὶς **πιὼν** παλαιὸν θέλει νέον· λέγει γάρ,
7:33 ἐλήλυθεν γὰρ Ἰωάννης ὁ βαπτιστὴς μὴ ἐσθίων ἄρτον μήτε **πίνων** οἶνον,
7:34 ἐλήλυθεν ὁ υἱὸς τοῦ ἀνθρώπου ἐσθίων καὶ **πίνων,**
10: 7 ἐν αὐτῇ δὲ τῇ οἰκίᾳ μένετε ἐσθίοντες καὶ **πίνοντες** τὰ παρ' αὐτῶν·
12:19 ἔχεις πολλὰ ἀγαθὰ κείμενα εἰς ἔτη πολλά· ἀναπαύου, φάγε, **πίε,** εὐφραίνου.
12:29 καὶ ὑμεῖς μὴ ζητεῖτε τί φάγητε καὶ τί **πίητε** καὶ μὴ μετεωρίζεσθε·
12:45 καὶ ἄρξηται τύπτειν τοὺς παῖδας καὶ τὰς παιδίσκας, ἐσθίειν τε καὶ **πίνειν** καὶ μεθύσκεσθαι,
13:26 Ἐφάγομεν ἐνώπιόν σου καὶ **ἐπίομεν** καὶ ἐν ταῖς πλατείαις ἡμῶν ἐδίδαξας·
17: 8 Ἑτοίμασον τί δειπνήσω καὶ περιζωσάμενος διακόνει μοι ἕως φάγω καὶ **πίω,** καὶ μετὰ ταῦτα φάγεσαι καὶ **πίεσαι** σύ;
17:27 ἤσθιον, **ἔπινον,** ἐγάμουν, ἐγαμίζοντο, ἄχρι ἧς ἡμέρας εἰσῆλθεν Νῶε εἰς τὴν κιβωτὸν καὶ ἦλθεν ὁ κατακλυσμὸς καὶ ἀπώλεσεν πάντας.
17:28 ὁμοίως καθὼς ἐγένετο ἐν ταῖς ἡμέραις Λώτ· ἤσθιον, **ἔπινον,** ἠγόραζον, ἐπώλουν, ἐφύτευον, ᾠκοδόμουν·
22:18 [ὅτι] οὐ μὴ **πίω** ἀπὸ τοῦ νῦν ἀπὸ τοῦ γενήματος τῆς ἀμπέλου ἕως οὗ ἡ βασιλεία τοῦ θεοῦ ἔλθῃ.
22:30 ἵνα ἔσθητε καὶ **πίνητε** ἐπὶ τῆς τραπέζης μου ἐν τῇ βασιλείᾳ μου,
Jn 4: 7 Ἔρχεται γυνὴ ἐκ τῆς Σαμαρείας ἀντλῆσαι ὕδωρ. λέγει αὐτῇ ὁ Ἰησοῦς, Δός μοι **πεῖν·**
4: 9 Πῶς σὺ Ἰουδαῖος ὢν παρ' ἐμοῦ **πεῖν** αἰτεῖς γυναικὸς Σαμαρίτιδος οὔσης;
4:10 Δός μοι **πεῖν,** σὺ ἂν ᾔτησας αὐτὸν καὶ ἔδωκεν ἄν σοι ὕδωρ ζῶν.
4:12 ὃς ἔδωκεν ἡμῖν τὸ φρέαρ καὶ αὐτὸς ἐξ αὐτοῦ **ἔπιεν** καὶ οἱ υἱοὶ αὐτοῦ καὶ τὰ θρέμματα αὐτοῦ;
4:13 Πᾶς ὁ **πίνων** ἐκ τοῦ ὕδατος τούτου διψήσει πάλιν·
4:14 ὃς δ' ἂν **πίῃ** ἐκ τοῦ ὕδατος οὗ ἐγὼ δώσω αὐτῷ,
6:53 ἐὰν μὴ φάγητε τὴν σάρκα τοῦ υἱοῦ τοῦ ἀνθρώπου καὶ **πίητε** αὐτοῦ τὸ αἷμα,
6:54 ὁ τρώγων μου τὴν σάρκα καὶ **πίνων** μου τὸ αἷμα ἔχει ζωὴν αἰώνιον,
6:56 ὁ τρώγων μου τὴν σάρκα καὶ **πίνων** μου τὸ αἷμα ἐν ἐμοὶ μένει κἀγὼ ἐν αὐτῷ.
7:37 Ἐάν τις διψᾷ ἐρχέσθω πρός με καὶ **πινέτω.**
18:11 τὸ ποτήριον ὃ δέδωκέν μοι ὁ πατὴρ οὐ μὴ **πίω** αὐτό;
Ac 9: 9 καὶ ἦν ἡμέρας τρεῖς μὴ βλέπων καὶ οὐκ ἔφαγεν οὐδὲ **ἔπιεν.**
23:12 οἱ Ἰουδαῖοι ἀνεθεμάτισαν ἑαυτοὺς λέγοντες μήτε φαγεῖν μήτε **πιεῖν** ἕως οὗ ἀποκτείνωσιν τὸν Παῦλον.
23:21 οἵτινες ἀνεθεμάτισαν ἑαυτοὺς μήτε φαγεῖν μήτε **πιεῖν** ἕως οὗ ἀνέλωσιν αὐτόν,
Ro 14:21 καλὸν τὸ μὴ φαγεῖν κρέα μηδὲ **πιεῖν** οἶνον μηδὲ ἐν ᾧ ὁ ἀδελφός σου προσκόπτει.
1Co 9: 4 μὴ οὐκ ἔχομεν ἐξουσίαν φαγεῖν καὶ **πεῖν;**
10: 4 καὶ πάντες τὸ αὐτὸ πνευματικὸν **ἔπιον** πόμα· **ἔπινον** γὰρ ἐκ πνευματικῆς ἀκολουθούσης πέτρας, ἡ πέτρα δὲ ἦν ὁ Χριστός.
10: 7 Ἐκάθισεν ὁ λαὸς φαγεῖν καὶ **πεῖν** καὶ ἀνέστησαν παίζειν.
10:21 οὐ δύνασθε ποτήριον κυρίου **πίνειν** καὶ ποτήριον δαιμονίων,
10:31 εἴτε οὖν ἐσθίετε εἴτε **πίνετε** εἴτε τι ποιεῖτε,
11:22 μὴ γὰρ οἰκίας οὐκ ἔχετε εἰς τὸ ἐσθίειν καὶ **πίνειν;**
11:25 τοῦτο ποιεῖτε, ὁσάκις ἐὰν **πίνητε,** εἰς τὴν ἐμὴν ἀνάμνησιν.
11:26 ὁσάκις γὰρ ἐὰν ἐσθίητε τὸν ἄρτον τοῦτον καὶ τὸ ποτήριον **πίνητε,**
11:27 Ὥστε ὃς ἂν ἐσθίῃ τὸν ἄρτον ἢ **πίνῃ** τὸ ποτήριον τοῦ κυρίου ἀναξίως,
11:28 δοκιμαζέτω δὲ ἄνθρωπος ἑαυτὸν καὶ οὕτως ἐκ τοῦ ἄρτου ἐσθιέτω καὶ ἐκ τοῦ ποτηρίου **πινέτω·**
11:29 ὁ γὰρ ἐσθίων καὶ **πίνων** κρίμα ἑαυτῷ ἐσθίει καὶ **πίνει** μὴ διακρίνων τὸ σῶμα.
15:32 εἰ νεκροὶ οὐκ ἐγείρονται, Φάγωμεν καὶ **πίωμεν,** αὔριον γὰρ ἀποθνῄσκομεν.
Heb 6: 7 γῆ γὰρ ἡ **πιοῦσα** τὸν ἐπ' αὐτῆς ἐρχόμενον πολλάκις ὑετὸν καὶ τίκτουσα βοτάνην εὔθετον ἐκείνοις δι' οὓς καὶ γεωργεῖται,
Rev 14:10 καὶ αὐτὸς **πίεται** ἐκ τοῦ οἴνου τοῦ θυμοῦ τοῦ θεοῦ τοῦ κεκερασμένου ἀκράτου ἐν τῷ ποτηρίῳ τῆς ὀργῆς αὐτοῦ
16: 6 ὅτι αἷμα ἁγίων καὶ προφητῶν ἐξέχεαν καὶ αἷμα αὐτοῖς [δ]έδωκας **πιεῖν,**
18: 3 ὅτι ἐκ τοῦ οἴνου τοῦ θυμοῦ τῆς πορνείας αὐτῆς **πέπωκαν** πάντα τὰ ἔθνη καὶ οἱ βασιλεῖς τῆς γῆς μετ' αὐτῆς ἐπόρνευσαν

4404 πιότης [1]

Ro 11:17 σὺ δὲ ἀγριέλαιος ὢν ἐνεκεντρίσθης ἐν αὐτοῖς καὶ συγκοινωνὸς τῆς ῥίζης τῆς **πιότητος** τῆς ἐλαίας ἐγένου,

4405 πιπράσκω [9]

√ *4305*

Mt 13:46 εὑρὼν δὲ ἕνα πολύτιμον μαργαρίτην ἀπελθὼν **πέπρακεν** πάντα ὅσα εἶχεν καὶ ἠγόρασεν αὐτόν.
18:25 μὴ ἔχοντος δὲ αὐτοῦ ἀποδοῦναι ἐκέλευσεν αὐτὸν ὁ κύριος **πραθῆναι** καὶ τὴν γυναῖκα καὶ τὰ τέκνα καὶ πάντα ὅσα ἔχει,
26: 9 ἐδύνατο γὰρ τοῦτο **πραθῆναι** πολλοῦ καὶ δοθῆναι πτωχοῖς.
Mk 14: 5 ἠδύνατο γὰρ τοῦτο τὸ μύρον **πραθῆναι** ἐπάνω δηναρίων τριακοσίων καὶ δοθῆναι τοῖς πτωχοῖς·
Jn 12: 5 Διὰ τί τοῦτο τὸ μύρον οὐκ **ἐπράθη** τριακοσίων δηναρίων καὶ ἐδόθη πτωχοῖς;
Ac 2:45 καὶ τὰ κτήματα καὶ τὰς ὑπάρξεις **ἐπίπρασκον** καὶ διεμέριζον αὐτὰ πᾶσιν καθότι ἄν τις χρείαν εἶχεν·
4:34 ὅσοι γὰρ κτήτορες χωρίων ἢ οἰκιῶν ὑπῆρχον, πωλοῦντες ἔφερον τὰς τιμὰς τῶν **πιπρασκομένων**
5: 4 οὐχὶ μένον σοὶ ἔμενεν καὶ **πραθὲν** ἐν τῇ σῇ ἐξουσίᾳ ὑπῆρχεν;
Ro 7:14 ἐγὼ δὲ σάρκινός εἰμι **πεπραμένος** ὑπὸ τὴν ἁμαρτίαν.

4406 πίπτω [90]

→ *404, 528, 674, 1206, 1479, 1738, 1860, 2158, 2928, 4178, 4183, 4346, 4637, 4700, 4773, 4774, 5229*

ἔπεσα [4] Ac 22:7; Rev 1:17; 19:10; 22:8

πίπτω ἀπό [4] Mt 15:27; 24:29; Lk 16:21; Ac 20:9

πίπτω ἐκ [4] Mk 13:25; Lk 10:18; Rev 8:10; 9:1

πίπτω παρά [5] Mt 13:4; Mk 4:4; Lk 8:5,41; 17:16

πίπτω πρός [4] Mk 5:22; Jn 11:32; Ac 5:10; Rev 1:17

πίπτω ὑπό [1] Jas 5:12

Mt 2:11 καὶ **πεσόντες** προσεκύνησαν αὐτῷ καὶ ἀνοίξαντες τοὺς θησαυροὺς αὐτῶν προσήνεγκαν αὐτῷ δῶρα,
4: 9 Ταῦτά σοι πάντα δώσω, ἐὰν **πεσὼν** προσκυνήσῃς μοι.
7:25 καὶ οὐκ **ἔπεσεν,** τεθεμελίωτο γὰρ ἐπὶ τὴν πέτραν.
7:27 καὶ **ἔπεσεν** καὶ ἦν ἡ πτῶσις αὐτῆς μεγάλη.
10:29 καὶ ἓν ἐξ αὐτῶν οὐ **πεσεῖται** ἐπὶ τὴν γῆν ἄνευ τοῦ πατρὸς ὑμῶν.
13: 4 καὶ ἐν τῷ σπείρειν αὐτὸν ἃ μὲν **ἔπεσεν** παρὰ τὴν ὁδόν,
13: 5 ἄλλα δὲ **ἔπεσεν** ἐπὶ τὰ πετρώδη ὅπου οὐκ εἶχεν γῆν πολλήν,
13: 7 ἄλλα δὲ **ἔπεσεν** ἐπὶ τὰς ἀκάνθας, καὶ ἀνέβησαν αἱ ἄκανθαι καὶ ἔπνιξαν αὐτά.
13: 8 ἄλλα δὲ **ἔπεσεν** ἐπὶ τὴν γῆν τὴν καλὴν καὶ ἐδίδου καρπόν,
15:14 τυφλὸς δὲ τυφλὸν ἐὰν ὁδηγῇ, ἀμφότεροι εἰς βόθυνον **πεσοῦνται.**
15:27 καὶ γὰρ τὰ κυνάρια ἐσθίει ἀπὸ τῶν ψιχίων τῶν **πιπτόντων** ἀπὸ τῆς τραπέζης τῶν κυρίων αὐτῶν.
17: 6 καὶ ἀκούσαντες οἱ μαθηταὶ **ἔπεσαν** ἐπὶ πρόσωπον αὐτῶν καὶ ἐφοβήθησαν σφόδρα.
17:15 πολλάκις γὰρ **πίπτει** εἰς τὸ πῦρ καὶ πολλάκις εἰς τὸ ὕδωρ.
18:26 **πεσὼν** οὖν ὁ δοῦλος προσεκύνει αὐτῷ λέγων, Μακροθύμησον ἐπ' ἐμοί,
18:29 **πεσὼν** οὖν ὁ σύνδουλος αὐτοῦ παρεκάλει αὐτὸν λέγων,
21:44 [Καὶ ὁ **πεσὼν** ἐπὶ τὸν λίθον τοῦτον συνθλασθήσεται· ἐφ' ὃν δ' ἂν **πέσῃ** λικμήσει αὐτόν.]
24:29 καὶ οἱ ἀστέρες **πεσοῦνται** ἀπὸ τοῦ οὐρανοῦ, καὶ αἱ δυνάμεις τῶν οὐρανῶν σαλευθήσονται.
26:39 καὶ προελθὼν μικρὸν **ἔπεσεν** ἐπὶ πρόσωπον αὐτοῦ προσευχόμενος καὶ λέγων,
Mk 4: 4 καὶ ἐγένετο ἐν τῷ σπείρειν ὃ μὲν **ἔπεσεν** παρὰ τὴν ὁδόν,
4: 5 καὶ ἄλλο **ἔπεσεν** ἐπὶ τὸ πετρῶδες ὅπου οὐκ εἶχεν γῆν πολλήν,

4: 7 καὶ ἄλλο **ἔπεσεν** εἰς τὰς ἀκάνθας, καὶ ἀνέβησαν αἱ ἄκανθαι καὶ συνέπνιξαν αὐτό,
4: 8 καὶ ἄλλα **ἔπεσεν** εἰς τὴν γῆν τὴν καλὴν καὶ ἐδίδου καρπὸν ἀναβαίνοντα καὶ αὐξανόμενα καὶ ἔφερεν ἓν τριάκοντα
5:22 καὶ ἰδὼν αὐτὸν **πίπτει** πρὸς τοὺς πόδας αὐτοῦ
9:20 καὶ ἰδὼν αὐτὸν τὸ πνεῦμα εὐθὺς συνεσπάραξεν αὐτόν, καὶ **πεσὼν** ἐπὶ τῆς γῆς ἐκυλίετο ἀφρίζων.
13:25 καὶ οἱ ἀστέρες ἔσονται ἐκ τοῦ οὐρανοῦ **πίπτοντες,**
14:35 καὶ προελθὼν μικρὸν **ἔπιπτεν** ἐπὶ τῆς γῆς καὶ προσηύχετο ἵνα εἰ δυνατόν ἐστιν παρέλθῃ ἀπ᾿ αὐτοῦ ἡ ὥρα,
Lk 5:12 ἰδὼν δὲ τὸν Ἰησοῦν, **πεσὼν** ἐπὶ πρόσωπον ἐδεήθη αὐτοῦ λέγων,
8: 5 καὶ ἐν τῷ σπείρειν αὐτὸν ὃ μὲν **ἔπεσεν** παρὰ τὴν ὁδὸν καὶ κατεπατήθη,
8: 7 καὶ ἕτερον **ἔπεσεν** ἐν μέσῳ τῶν ἀκανθῶν, καὶ συμφυεῖσαι αἱ ἄκανθαι ἀπέπνιξαν αὐτό.
8: 8 καὶ ἕτερον **ἔπεσεν** εἰς τὴν γῆν τὴν ἀγαθὴν καὶ φυὲν ἐποίησεν καρπὸν ἑκατονταπλασίονα.
8:14 τὸ δὲ εἰς τὰς ἀκάνθας **πεσόν,** οὗτοί εἰσιν οἱ ἀκούσαντες,
8:41 καὶ **πεσὼν** παρὰ τοὺς πόδας [τοῦ] Ἰησοῦ παρεκάλει αὐτὸν εἰσελθεῖν εἰς τὸν οἶκον αὐτοῦ,
10:18 Ἐθεώρουν τὸν Σατανᾶν ὡς ἀστραπὴν ἐκ τοῦ οὐρανοῦ **πεσόντα.**
11:17 Πᾶσα βασιλεία ἐφ᾿ ἑαυτὴν διαμερισθεῖσα ἐρημοῦται καὶ οἶκος ἐπὶ οἶκον **πίπτει.**
13: 4 ἢ ἐκεῖνοι οἱ δεκαοκτὼ ἐφ᾿ οὓς **ἔπεσεν** ὁ πύργος ἐν τῷ Σιλωὰμ καὶ ἀπέκτεινεν αὐτούς,
14: 5 Τίνος ὑμῶν υἱὸς ἢ βοῦς εἰς φρέαρ **πεσεῖται,**
16:17 Εὐκοπώτερον δέ ἐστιν τὸν οὐρανὸν καὶ τὴν γῆν παρελθεῖν ἢ τοῦ νόμου μίαν κεραίαν **πεσεῖν.**
16:21 καὶ ἐπιθυμῶν χορτασθῆναι ἀπὸ τῶν **πιπτόντων** ἀπὸ τῆς τραπέζης τοῦ πλουσίου·
17:16 καὶ **ἔπεσεν** ἐπὶ πρόσωπον παρὰ τοὺς πόδας αὐτοῦ εὐχαριστῶν αὐτῷ·
20:18 πᾶς ὁ **πεσὼν** ἐπ᾿ ἐκεῖνον τὸν λίθον συνθλασθήσεται· ἐφ᾿ ὃν δ᾿ ἂν **πέσῃ,** λικμήσει αὐτόν.
21:24 καὶ **πεσοῦνται** στόματι μαχαίρης καὶ αἰχμαλωτισθήσονται εἰς τὰ ἔθνη πάντα,
23:30 **Πέσετε** ἐφ᾿ ἡμᾶς, καὶ τοῖς βουνοῖς, Καλύψατε ἡμᾶς·
Jn 11:32 ἡ οὖν Μαριὰμ ὡς ἦλθεν ὅπου ἦν Ἰησοῦς ἰδοῦσα αὐτὸν **ἔπεσεν** αὐτοῦ πρὸς τοὺς πόδας λέγουσα αὐτῷ,
12:24 ἐὰν μὴ ὁ κόκκος τοῦ σίτου **πεσὼν** εἰς τὴν γῆν ἀποθάνῃ,
18: 6 Ἐγώ εἰμι, ἀπῆλθον εἰς τὰ ὀπίσω καὶ **ἔπεσαν** χαμαί.
Ac 1:26 καὶ ἔδωκαν κλήρους αὐτοῖς καὶ **ἔπεσεν** ὁ κλῆρος ἐπὶ Μαθθίαν καὶ συγκατεψηφίσθη μετὰ τῶν ἕνδεκα ἀποστόλων.
5: 5 ἀκούων δὲ ὁ Ἁνανίας τοὺς λόγους τούτους **πεσὼν** ἐξέψυξεν,
5:10 **ἔπεσεν** δὲ παραχρῆμα πρὸς τοὺς πόδας αὐτοῦ καὶ ἐξέψυξεν·
9: 4 καὶ **πεσὼν** ἐπὶ τὴν γῆν ἤκουσεν φωνὴν λέγουσαν αὐτῷ,
10:25 συναντήσας αὐτῷ ὁ Κορνήλιος **πεσὼν** ἐπὶ τοὺς πόδας προσεκύνησεν.
13:11 παραχρῆμά τε **ἔπεσεν** ἐπ᾿ αὐτὸν ἀχλὺς καὶ σκότος καὶ περιάγων ἐζήτει χειραγωγούς.
15:16 Μετὰ ταῦτα ἀναστρέψω καὶ ἀνοικοδομήσω τὴν σκηνὴν Δαυὶδ τὴν **πεπτωκυῖαν** καὶ τὰ κατεσκαμμένα αὐτῆς ἀνοικοδομήσω
20: 9 κατενεχθεὶς ἀπὸ τοῦ ὕπνου **ἔπεσεν** ἀπὸ τοῦ τριστέγου κάτω καὶ ἤρθη νεκρός.
22: 7 **ἔπεσά** τε εἰς τὸ ἔδαφος καὶ ἤκουσα φωνῆς λεγούσης μοι,
Ro 11:11 Λέγω οὖν, μὴ ἔπταισαν ἵνα **πέσωσιν;** μὴ γένοιτο·
11:22 ἐπὶ μὲν τοὺς **πεσόντας** ἀποτομία, ἐπὶ δὲ σὲ χρηστότης θεοῦ,
14: 4 τῷ ἰδίῳ κυρίῳ στήκει ἢ **πίπτει·** σταθήσεται δέ,
1Co 10: 8 καθώς τινες αὐτῶν ἐπόρνευσαν καὶ **ἔπεσαν** μιᾷ ἡμέρᾳ εἴκοσι τρεῖς χιλιάδες.
10:12 ὥστε ὁ δοκῶν ἑστάναι βλεπέτω μὴ **πέσῃ.**
13: 8 Ἡ ἀγάπη οὐδέποτε **πίπτει·** εἴτε δὲ προφητεῖαι, καταργηθήσονται·
14:25 καὶ οὕτως **πεσὼν** ἐπὶ πρόσωπον προσκυνήσει τῷ θεῷ ἀπαγγέλλων ὅτι Ὄντως ὁ θεὸς ἐν ὑμῖν ἐστιν.
Heb 3:17 οὐχὶ τοῖς ἁμαρτήσασιν, ὧν τὰ κῶλα **ἔπεσεν** ἐν τῇ ἐρήμῳ;
4:11 ἵνα μὴ ἐν τῷ αὐτῷ τις ὑποδείγματι **πέσῃ** τῆς ἀπειθείας.
11:30 Πίστει τὰ τείχη Ἰεριχὼ **ἔπεσαν** κυκλωθέντα ἐπὶ ἑπτὰ ἡμέρας.
Jas 5:12 ἤτω δὲ ὑμῶν τὸ Ναὶ ναὶ καὶ τὸ Οὒ οὔ, ἵνα μὴ ὑπὸ κρίσιν **πέσητε.**
Rev 1:17 Καὶ ὅτε εἶδον αὐτόν, **ἔπεσα** πρὸς τοὺς πόδας αὐτοῦ ὡς νεκρός,
2: 5 μνημόνευε οὖν πόθεν **πέπτωκας** καὶ μετανόησον καὶ τὰ πρῶτα ἔργα ποίησον·
4:10 **πεσοῦνται** οἱ εἴκοσι τέσσαρες πρεσβύτεροι ἐνώπιον τοῦ καθημένου ἐπὶ τοῦ θρόνου καὶ προσκυνήσουσιν τῷ ζῶντι
5: 8 τὰ τέσσαρα ζῷα καὶ οἱ εἴκοσι τέσσαρες πρεσβύτεροι **ἔπεσαν** ἐνώπιον τοῦ ἀρνίου ἔχοντες ἕκαστος κιθάραν καὶ φιάλας
5:14 καὶ τὰ τέσσαρα ζῷα ἔλεγον, Ἀμήν. καὶ οἱ πρεσβύτεροι **ἔπεσαν** καὶ προσεκύνησαν.
6:13 καὶ οἱ ἀστέρες τοῦ οὐρανοῦ **ἔπεσαν** εἰς τὴν γῆν,
6:16 **Πέσετε** ἐφ᾿ ἡμᾶς καὶ κρύψατε ἡμᾶς ἀπὸ προσώπου τοῦ καθημένου ἐπὶ τοῦ θρόνου καὶ ἀπὸ τῆς ὀργῆς τοῦ ἀρνίου,
7:11 καὶ πάντες οἱ ἄγγελοι εἱστήκεισαν κύκλῳ τοῦ θρόνου καὶ τῶν πρεσβυτέρων καὶ τῶν τεσσάρων ζῴων καὶ **ἔπεσαν** ἐνώπιον τοῦ θρόνου ἐπὶ τὰ πρόσωπα αὐτῶν καὶ προσεκύνησαν τῷ θεῷ
7:16 οὐ πεινάσουσιν ἔτι οὐδὲ διψήσουσιν ἔτι οὐδὲ μὴ **πέσῃ** ἐπ᾿ αὐτοὺς ὁ ἥλιος οὐδὲ πᾶν καῦμα,
8:10 καὶ **ἔπεσεν** ἐκ τοῦ οὐρανοῦ ἀστὴρ μέγας καιόμενος ὡς λαμπὰς καὶ **ἔπεσεν** ἐπὶ τὸ τρίτον τῶν ποταμῶν καὶ ἐπὶ τὰς πηγὰς τῶν ὑδάτων,
9: 1 καὶ εἶδον ἀστέρα ἐκ τοῦ οὐρανοῦ **πεπτωκότα** εἰς τὴν γῆν,
11:13 Καὶ ἐν ἐκείνῃ τῇ ὥρᾳ ἐγένετο σεισμὸς μέγας καὶ τὸ δέκατον τῆς πόλεως **ἔπεσεν** καὶ ἀπεκτάνθησαν ἐν τῷ σεισμῷ ὀνόματα ἀνθρώπων χιλιάδες ἑπτὰ καὶ οἱ λοιποὶ ἔμφοβοι ἐγένοντο καὶ ἔδωκαν δόξαν τῷ θεῷ τοῦ οὐρανοῦ.
11:16 καὶ οἱ εἴκοσι τέσσαρες πρεσβύτεροι [οἱ] ἐνώπιον τοῦ θεοῦ καθήμενοι ἐπὶ τοὺς θρόνους αὐτῶν **ἔπεσαν** ἐπὶ τὰ πρόσωπα αὐτῶν καὶ προσεκύνησαν τῷ θεῷ
14: 8 **Ἔπεσεν ἔπεσεν** Βαβυλὼν ἡ μεγάλη ἣ ἐκ τοῦ οἴνου τοῦ θυμοῦ τῆς πορνείας αὐτῆς πεπότικεν πάντα τὰ ἔθνη.
16:19 καὶ ἐγένετο ἡ πόλις ἡ μεγάλη εἰς τρία μέρη καὶ αἱ πόλεις τῶν ἐθνῶν **ἔπεσαν.**
17:10 οἱ πέντε **ἔπεσαν,** ὁ εἷς ἔστιν, ὁ ἄλλος οὔπω ἦλθεν,
18: 2 καὶ ἔκραξεν ἐν ἰσχυρᾷ φωνῇ λέγων, **Ἔπεσεν ἔπεσεν** Βαβυλὼν ἡ μεγάλη,
19: 4 καὶ **ἔπεσαν** οἱ πρεσβύτεροι οἱ εἴκοσι τέσσαρες καὶ τὰ τέσσαρα ζῷα καὶ προσεκύνησαν τῷ θεῷ τῷ καθημένῳ ἐπὶ τῷ θρόνῳ λέγοντες,
19:10 καὶ **ἔπεσα** ἔμπροσθεν τῶν ποδῶν αὐτοῦ προσκυνῆσαι αὐτῷ.
22: 8 **ἔπεσα** προσκυνῆσαι ἔμπροσθεν τῶν ποδῶν τοῦ ἀγγέλου τοῦ δεικνύοντός μοι ταῦτα.

4407 Πισιδία [1]

→ *4408*

Ac 14:24 καὶ διελθόντες τὴν **Πισιδίαν** ἦλθον εἰς τὴν Παμφυλίαν

4408 Πισίδιος [1]

√ *4407*

Ac 13:14 αὐτοὶ δὲ διελθόντες ἀπὸ τῆς Πέργης παρεγένοντο εἰς Ἀντιόχειαν τὴν **Πισιδίαν,**

4409 πιστεύω [241]

√ *4412*

πιστεύω εἰς [48] Mt 18:6; Mk 9:42; Jn 1:12; 2:11,23; 3:16,18,18,36; 4:39; 6:29,35,40; 7:5,31,38,39,48; 8:30; 9:35,36; 10:42; 11:25,26,45,48; 12:36,37,42,44,44,46; 14:1,1,12; 16:9; 17:20; Ac 10:43; 19:4; Ro 4:18; 10:10,14; Gal 2:16; Php 1:29; 1Pe 1:8; 1Jn 5:10,10,13

πιστεύω [ἐν] καρδίᾳ [2] Ro 10:9,10

πιστεύω ἐπί [12] Mt 27:42; Lk 24:25; Ac 9:42; 11:17; 16:31; 22:19; Ro 4:5,24; 9:33; 10:11; 1Ti 1:16; 1Pe 2:6

Mt 8:13 καὶ εἶπεν ὁ Ἰησοῦς τῷ ἑκατοντάρχῃ, Ὕπαγε, ὡς **ἐπίστευσας** γενηθήτω σοι.
9:28 καὶ λέγει αὐτοῖς ὁ Ἰησοῦς, **Πιστεύετε** ὅτι δύναμαι τοῦτο ποιῆσαι;
18: 6 Ὃς δ᾿ ἂν σκανδαλίσῃ ἕνα τῶν μικρῶν τούτων τῶν **πιστευόντων** εἰς ἐμέ,
21:22 καὶ πάντα ὅσα ἂν αἰτήσητε ἐν τῇ προσευχῇ **πιστεύοντες** λήμψεσθε.
21:25 ἐρεῖ ἡμῖν, Διὰ τί οὖν οὐκ **ἐπιστεύσατε** αὐτῷ;
21:32 καὶ οὐκ **ἐπιστεύσατε** αὐτῷ, οἱ δὲ τελῶναι καὶ αἱ πόρναι **ἐπίστευσαν** αὐτῷ· ὑμεῖς δὲ ἰδόντες οὐδὲ μετεμελήθητε ὕστερον τοῦ **πιστεῦσαι** αὐτῷ.
24:23 Ἰδοὺ ὧδε ὁ Χριστός, ἤ, Ὧδε, μὴ **πιστεύσητε·**
24:26 μὴ ἐξέλθητε· Ἰδοὺ ἐν τοῖς ταμείοις, μὴ **πιστεύσητε·**

27:42 καταβάτω νῦν ἀπὸ τοῦ σταυροῦ καὶ **πιστεύσομεν** ἐπ' αὐτόν.
Mk 1:15 καὶ λέγων ὅτι Πεπλήρωται ὁ καιρὸς καὶ ἤγγικεν ἡ βασιλεία τοῦ θεοῦ· μετανοεῖτε καὶ **πιστεύετε** ἐν τῷ εὐαγγελίῳ.
5:36 ὁ δὲ Ἰησοῦς παρακούσας τὸν λόγον λαλούμενον λέγει τῷ ἀρχισυναγώγῳ, Μὴ φοβοῦ, μόνον **πίστευε.**
9:23 ὁ δὲ Ἰησοῦς εἶπεν αὐτῷ, Τὸ Εἰ δύνῃ, πάντα δυνατὰ τῷ **πιστεύοντι.**
9:24 εὐθὺς κράξας ὁ πατὴρ τοῦ παιδίου ἔλεγεν, **Πιστεύω·**
9:42 Καὶ ὃς ἂν σκανδαλίσῃ ἕνα τῶν μικρῶν τούτων τῶν **πιστευόντων** [εἰς ἐμέ,]
11:23 καὶ μὴ διακριθῇ ἐν τῇ καρδίᾳ αὐτοῦ ἀλλὰ **πιστεύῃ** ὅτι ὃ λαλεῖ γίνεται,
11:24 πάντα ὅσα προσεύχεσθε καὶ αἰτεῖσθε, **πιστεύετε** ὅτι ἐλάβετε, καὶ ἔσται ὑμῖν.
11:31 Ἐξ οὐρανοῦ, ἐρεῖ, Διὰ τί [οὖν] οὐκ **ἐπιστεύσατε** αὐτῷ;
13:21 Ἴδε ὧδε ὁ Χριστός, Ἴδε ἐκεῖ, μὴ **πιστεύετε·**
15:32 ὁ Χριστὸς ὁ βασιλεὺς Ἰσραὴλ καταβάτω νῦν ἀπὸ τοῦ σταυροῦ, ἵνα ἴδωμεν καὶ **πιστεύσωμεν.**
16:13 ⟦κἀκεῖνοι ἀπελθόντες ἀπήγγειλαν τοῖς λοιποῖς· οὐδὲ ἐκείνοις **ἐπίστευσαν.**⟧
16:14 ⟦καὶ ὠνείδισεν τὴν ἀπιστίαν αὐτῶν καὶ σκληροκαρδίαν ὅτι τοῖς θεασαμένοις αὐτὸν ἐγηγερμένον οὐκ **ἐπίστευσαν.**⟧
16:16 ⟦ὁ **πιστεύσας** καὶ βαπτισθεὶς σωθήσεται, ὁ δὲ ἀπιστήσας κατακριθήσεται.⟧
16:17 ⟦σημεῖα δὲ τοῖς **πιστεύσασιν** ταῦτα παρακολουθήσει· ἐν τῷ ὀνόματί μου δαιμόνια ἐκβαλοῦσιν,⟧
Lk 1:20 ἀνθ' ὧν οὐκ **ἐπίστευσας** τοῖς λόγοις μου, οἵτινες πληρωθήσονται εἰς τὸν καιρὸν αὐτῶν.
1:45 καὶ μακαρία ἡ **πιστεύσασα** ὅτι ἔσται τελείωσις τοῖς λελαλημένοις αὐτῇ παρὰ κυρίου.
8:12 εἶτα ἔρχεται ὁ διάβολος καὶ αἴρει τὸν λόγον ἀπὸ τῆς καρδίας αὐτῶν, ἵνα μὴ **πιστεύσαντες** σωθῶσιν.
8:13 οἳ πρὸς καιρὸν **πιστεύουσιν** καὶ ἐν καιρῷ πειρασμοῦ ἀφίστανται.
8:50 ὁ δὲ Ἰησοῦς ἀκούσας ἀπεκρίθη αὐτῷ, Μὴ φοβοῦ, μόνον **πίστευσον,** καὶ σωθήσεται.
16:11 εἰ οὖν ἐν τῷ ἀδίκῳ μαμωνᾷ πιστοὶ οὐκ ἐγένεσθε, τὸ ἀληθινὸν τίς ὑμῖν **πιστεύσει;**
20:5 Ἐξ οὐρανοῦ, ἐρεῖ, Διὰ τί οὐκ **ἐπιστεύσατε** αὐτῷ;
22:67 εἶπεν δὲ αὐτοῖς, Ἐὰν ὑμῖν εἴπω, οὐ μὴ **πιστεύσητε·**
24:25 Ὦ ἀνόητοι καὶ βραδεῖς τῇ καρδίᾳ τοῦ **πιστεύειν** ἐπὶ πᾶσιν οἷς ἐλάλησαν οἱ προφῆται·
Jn 1:7 οὗτος ἦλθεν εἰς μαρτυρίαν ἵνα μαρτυρήσῃ περὶ τοῦ φωτός, ἵνα πάντες **πιστεύσωσιν** δι' αὐτοῦ.
1:12 ἔδωκεν αὐτοῖς ἐξουσίαν τέκνα θεοῦ γενέσθαι, τοῖς **πιστεύουσιν** εἰς τὸ ὄνομα αὐτοῦ,
1:50 Ὅτι εἶπόν σοι ὅτι εἶδόν σε ὑποκάτω τῆς συκῆς, **πιστεύεις;**
2:11 Ταύτην ἐποίησεν ἀρχὴν τῶν σημείων ὁ Ἰησοῦς ἐν Κανὰ τῆς Γαλιλαίας καὶ ἐφανέρωσεν τὴν δόξαν αὐτοῦ, καὶ **ἐπίστευσαν** εἰς αὐτὸν οἱ μαθηταὶ αὐτοῦ.
2:22 καὶ **ἐπίστευσαν** τῇ γραφῇ καὶ τῷ λόγῳ ὃν εἶπεν ὁ Ἰησοῦς.
2:23 πολλοὶ **ἐπίστευσαν** εἰς τὸ ὄνομα αὐτοῦ θεωροῦντες αὐτοῦ τὰ σημεῖα ἃ ἐποίει·
2:24 αὐτὸς δὲ Ἰησοῦς οὐκ **ἐπίστευεν** αὐτὸν αὐτοῖς διὰ τὸ αὐτὸν γινώσκειν πάντας
3:12 εἰ τὰ ἐπίγεια εἶπον ὑμῖν καὶ οὐ **πιστεύετε,** πῶς ἐὰν εἴπω ὑμῖν τὰ ἐπουράνια **πιστεύσετε;**
3:15 ἵνα πᾶς ὁ **πιστεύων** ἐν αὐτῷ ἔχῃ ζωὴν αἰώνιον.
3:16 ἵνα πᾶς ὁ **πιστεύων** εἰς αὐτὸν μὴ ἀπόληται ἀλλ' ἔχῃ ζωὴν αἰώνιον.
3:18 ὁ **πιστεύων** εἰς αὐτὸν οὐ κρίνεται· ὁ δὲ μὴ **πιστεύων** ἤδη κέκριται, ὅτι μὴ **πεπίστευκεν** εἰς τὸ ὄνομα τοῦ μονογενοῦς υἱοῦ τοῦ θεοῦ.
3:36 ὁ **πιστεύων** εἰς τὸν υἱὸν ἔχει ζωὴν αἰώνιον·
4:21 **Πίστευέ** μοι, γύναι, ὅτι ἔρχεται ὥρα ὅτε οὔτε ἐν τῷ ὄρει τούτῳ οὔτε ἐν Ἱεροσολύμοις προσκυνήσετε τῷ πατρί.
4:39 Ἐκ δὲ τῆς πόλεως ἐκείνης πολλοὶ **ἐπίστευσαν** εἰς αὐτὸν τῶν Σαμαριτῶν διὰ τὸν λόγον τῆς γυναικὸς μαρτυρούσης ὅτι Εἶπέν μοι πάντα ἃ ἐποίησα
4:41 καὶ πολλῷ πλείους **ἐπίστευσαν** διὰ τὸν λόγον αὐτοῦ,
4:42 τῇ τε γυναικὶ ἔλεγον ὅτι Οὐκέτι διὰ τὴν σὴν λαλιὰν **πιστεύομεν,**
4:48 Ἐὰν μὴ σημεῖα καὶ τέρατα ἴδητε, οὐ μὴ **πιστεύσητε.**
4:50 **ἐπίστευσεν** ὁ ἄνθρωπος τῷ λόγῳ ὃν εἶπεν αὐτῷ ὁ Ἰησοῦς καὶ ἐπορεύετο.
4:53 καὶ **ἐπίστευσεν** αὐτὸς καὶ ἡ οἰκία αὐτοῦ ὅλη.
5:24 ὅτι ὁ τὸν λόγον μου ἀκούων καὶ **πιστεύων** τῷ πέμψαντί με ἔχει ζωὴν αἰώνιον καὶ εἰς κρίσιν οὐκ ἔρχεται,
5:38 ὅτι ὃν ἀπέστειλεν ἐκεῖνος, τούτῳ ὑμεῖς οὐ **πιστεύετε.**
5:44 πῶς δύνασθε ὑμεῖς **πιστεῦσαι** δόξαν παρὰ ἀλλήλων λαμβάνοντες,
5:46 εἰ γὰρ **ἐπιστεύετε** Μωϋσεῖ, **ἐπιστεύετε** ἂν ἐμοί· περὶ γὰρ ἐμοῦ ἐκεῖνος ἔγραψεν.
5:47 εἰ δὲ τοῖς ἐκείνου γράμμασιν οὐ **πιστεύετε,** πῶς τοῖς ἐμοῖς ῥήμασιν **πιστεύσετε;**
6:29 Τοῦτό ἐστιν τὸ ἔργον τοῦ θεοῦ, ἵνα **πιστεύητε** εἰς ὃν ἀπέστειλεν ἐκεῖνος.
6:30 Τί οὖν ποιεῖς σὺ σημεῖον, ἵνα ἴδωμεν καὶ **πιστεύσωμέν** σοι;
6:35 καὶ ὁ **πιστεύων** εἰς ἐμὲ οὐ μὴ διψήσει πώποτε.
6:36 ἀλλ' εἶπον ὑμῖν ὅτι καὶ ἑωράκατέ [με] καὶ οὐ **πιστεύετε.**
6:40 ἵνα πᾶς ὁ θεωρῶν τὸν υἱὸν καὶ **πιστεύων** εἰς αὐτὸν ἔχῃ ζωὴν αἰώνιον,
6:47 ἀμὴν ἀμὴν λέγω ὑμῖν, ὁ **πιστεύων** ἔχει ζωὴν αἰώνιον.
6:64 ἀλλ' εἰσὶν ἐξ ὑμῶν τινες οἳ οὐ **πιστεύουσιν.** ᾔδει γὰρ ἐξ ἀρχῆς ὁ Ἰησοῦς τίνες εἰσὶν οἱ μὴ **πιστεύοντες** καὶ τίς ἐστιν ὁ παραδώσων αὐτόν.
6:69 καὶ ἡμεῖς **πεπιστεύκαμεν** καὶ ἐγνώκαμεν ὅτι σὺ εἶ ὁ ἅγιος τοῦ θεοῦ.
7:5 οὐδὲ γὰρ οἱ ἀδελφοὶ αὐτοῦ **ἐπίστευον** εἰς αὐτόν.
7:31 Ἐκ τοῦ ὄχλου δὲ πολλοὶ **ἐπίστευσαν** εἰς αὐτὸν καὶ ἔλεγον,
7:38 ὁ **πιστεύων** εἰς ἐμέ, καθὼς εἶπεν ἡ γραφή,
7:39 τοῦτο δὲ εἶπεν περὶ τοῦ πνεύματος ὃ ἔμελλον λαμβάνειν οἱ **πιστεύσαντες** εἰς αὐτόν·
7:48 μή τις ἐκ τῶν ἀρχόντων **ἐπίστευσεν** εἰς αὐτὸν ἢ ἐκ τῶν Φαρισαίων;
8:24 ἐὰν γὰρ μὴ **πιστεύσητε** ὅτι ἐγώ εἰμι, ἀποθανεῖσθε ἐν ταῖς ἁμαρτίαις ὑμῶν.
8:30 Ταῦτα αὐτοῦ λαλοῦντος πολλοὶ **ἐπίστευσαν** εἰς αὐτόν.
8:31 Ἔλεγεν οὖν ὁ Ἰησοῦς πρὸς τοὺς **πεπιστευκότας** αὐτῷ Ἰουδαίους,
8:45 ἐγὼ δὲ ὅτι τὴν ἀλήθειαν λέγω, οὐ **πιστεύετέ** μοι.
8:46 εἰ ἀλήθειαν λέγω, διὰ τί ὑμεῖς οὐ **πιστεύετέ** μοι;
9:18 Οὐκ **ἐπίστευσαν** οὖν οἱ Ἰουδαῖοι περὶ αὐτοῦ ὅτι ἦν τυφλὸς καὶ ἀνέβλεψεν ἕως ὅτου ἐφώνησαν τοὺς γονεῖς αὐτοῦ
9:35 Ἤκουσεν Ἰησοῦς ὅτι ἐξέβαλον αὐτὸν ἔξω καὶ εὑρὼν αὐτὸν εἶπεν, Σὺ **πιστεύεις** εἰς τὸν υἱὸν τοῦ ἀνθρώπου;
9:36 Καὶ τίς ἐστιν, κύριε, ἵνα **πιστεύσω** εἰς αὐτόν;
9:38 ὁ δὲ ἔφη, **Πιστεύω,** κύριε· καὶ προσεκύνησεν αὐτῷ.
10:25 ἀπεκρίθη αὐτοῖς ὁ Ἰησοῦς, Εἶπον ὑμῖν καὶ οὐ **πιστεύετε·**
10:26 ἀλλὰ ὑμεῖς οὐ **πιστεύετε,** ὅτι οὐκ ἐστὲ ἐκ τῶν προβάτων τῶν ἐμῶν.
10:37 εἰ οὐ ποιῶ τὰ ἔργα τοῦ πατρός μου, μὴ **πιστεύετέ** μοι·
10:38 εἰ δὲ ποιῶ, κἂν ἐμοὶ μὴ **πιστεύητε,** τοῖς ἔργοις **πιστεύετε,**
10:42 καὶ πολλοὶ **ἐπίστευσαν** εἰς αὐτὸν ἐκεῖ.
11:15 καὶ χαίρω δι' ὑμᾶς ἵνα **πιστεύσητε,** ὅτι οὐκ ἤμην ἐκεῖ·
11:25 Ἐγώ εἰμι ἡ ἀνάστασις καὶ ἡ ζωή· ὁ **πιστεύων** εἰς ἐμὲ κἂν ἀποθάνῃ ζήσεται,
11:26 καὶ πᾶς ὁ ζῶν καὶ **πιστεύων** εἰς ἐμὲ οὐ μὴ ἀποθάνῃ εἰς τὸν αἰῶνα. **πιστεύεις** τοῦτο;
11:27 ἐγὼ **πεπίστευκα** ὅτι σὺ εἶ ὁ Χριστὸς ὁ υἱὸς τοῦ θεοῦ ὁ εἰς τὸν κόσμον ἐρχόμενος.
11:40 Οὐκ εἶπόν σοι ὅτι ἐὰν **πιστεύσῃς** ὄψῃ τὴν δόξαν τοῦ θεοῦ;
11:42 ἀλλὰ διὰ τὸν ὄχλον τὸν περιεστῶτα εἶπον, ἵνα **πιστεύσωσιν** ὅτι σύ με ἀπέστειλας.
11:45 Πολλοὶ οὖν ἐκ τῶν Ἰουδαίων οἱ ἐλθόντες πρὸς τὴν Μαριὰμ καὶ θεασάμενοι ἃ ἐποίησεν **ἐπίστευσαν** εἰς αὐτόν·
11:48 ἐὰν ἀφῶμεν αὐτὸν οὕτως, πάντες **πιστεύσουσιν** εἰς αὐτόν,
12:11 ὅτι πολλοὶ δι' αὐτὸν ὑπῆγον τῶν Ἰουδαίων καὶ **ἐπίστευον** εἰς τὸν Ἰησοῦν.
12:36 **πιστεύετε** εἰς τὸ φῶς, ἵνα υἱοὶ φωτὸς γένησθε.
12:37 Τοσαῦτα δὲ αὐτοῦ σημεῖα πεποιηκότος ἔμπροσθεν αὐτῶν οὐκ **ἐπίστευον** εἰς αὐτόν,
12:38 ἵνα ὁ λόγος Ἠσαΐου τοῦ προφήτου πληρωθῇ ὃν εἶπεν, Κύριε, τίς **ἐπίστευσεν** τῇ ἀκοῇ ἡμῶν;
12:39 διὰ τοῦτο οὐκ ἠδύναντο **πιστεύειν,** ὅτι πάλιν εἶπεν Ἠσαΐας,
12:42 ὅμως μέντοι καὶ ἐκ τῶν ἀρχόντων πολλοὶ **ἐπίστευσαν** εἰς αὐτόν,
12:44 Ὁ **πιστεύων** εἰς ἐμὲ οὐ **πιστεύει** εἰς ἐμὲ ἀλλὰ εἰς τὸν πέμψαντά με,
12:46 ἵνα πᾶς ὁ **πιστεύων** εἰς ἐμὲ ἐν τῇ σκοτίᾳ μὴ μείνῃ.
13:19 ἀπ' ἄρτι λέγω ὑμῖν πρὸ τοῦ γενέσθαι, ἵνα **πιστεύσητε** ὅταν γένηται ὅτι ἐγώ εἰμι.

14: 1 **πιστεύετε** εἰς τὸν θεὸν καὶ εἰς ἐμὲ **πιστεύετε.**
14:10 οὐ **πιστεύεις** ὅτι ἐγὼ ἐν τῷ πατρὶ καὶ ὁ πατὴρ ἐν ἐμοί ἐστιν;
14:11 **πιστεύετέ** μοι ὅτι ἐγὼ ἐν τῷ πατρὶ καὶ ὁ πατὴρ ἐν ἐμοί· εἰ δὲ μή, διὰ τὰ ἔργα αὐτὰ **πιστεύετε.**
14:12 ὁ **πιστεύων** εἰς ἐμὲ τὰ ἔργα ἃ ἐγὼ ποιῶ κἀκεῖνος ποιήσει καὶ μείζονα τούτων ποιήσει,
14:29 καὶ νῦν εἴρηκα ὑμῖν πρὶν γενέσθαι, ἵνα ὅταν γένηται **πιστεύσητε.**
16: 9 περὶ ἁμαρτίας μέν, ὅτι οὐ **πιστεύουσιν** εἰς ἐμέ·
16:27 ὅτι ὑμεῖς ἐμὲ πεφιλήκατε καὶ **πεπιστεύκατε** ὅτι ἐγὼ παρὰ [τοῦ] θεοῦ ἐξῆλθον.
16:30 νῦν οἴδαμεν ὅτι οἶδας πάντα καὶ οὐ χρείαν ἔχεις ἵνα τίς σε ἐρωτᾷ· ἐν τούτῳ **πιστεύομεν** ὅτι ἀπὸ θεοῦ ἐξῆλθες.
16:31 ἀπεκρίθη αὐτοῖς Ἰησοῦς, Ἄρτι **πιστεύετε;**
17: 8 καὶ αὐτοὶ ἔλαβον καὶ ἔγνωσαν ἀληθῶς ὅτι παρὰ σοῦ ἐξῆλθον, καὶ **ἐπίστευσαν** ὅτι σύ με ἀπέστειλας.
17:20 ἀλλὰ καὶ περὶ τῶν **πιστευόντων** διὰ τοῦ λόγου αὐτῶν εἰς ἐμέ,
17:21 ἵνα ὁ κόσμος **πιστεύῃ** ὅτι σύ με ἀπέστειλας.
19:35 καὶ ἐκεῖνος οἶδεν ὅτι ἀληθῆ λέγει, ἵνα καὶ ὑμεῖς **πιστεύ[σ]ητε.**
20: 8 τότε οὖν εἰσῆλθεν καὶ ὁ ἄλλος μαθητὴς ὁ ἐλθὼν πρῶτος εἰς τὸ μνημεῖον καὶ εἶδεν καὶ **ἐπίστευσεν·**
20:25 Ἐὰν μὴ ἴδω ἐν ταῖς χερσὶν αὐτοῦ τὸν τύπον τῶν ἥλων καὶ βάλω τὸν δάκτυλόν μου εἰς τὸν τύπον τῶν ἥλων καὶ βάλω μου τὴν χεῖρα εἰς τὴν πλευρὰν αὐτοῦ, οὐ μὴ **πιστεύσω.**
20:29 λέγει αὐτῷ ὁ Ἰησοῦς, Ὅτι ἑώρακάς με **πεπίστευκας;** μακάριοι οἱ μὴ ἰδόντες καὶ **πιστεύσαντες.**
20:31 ταῦτα δὲ γέγραπται ἵνα **πιστεύ[σ]ητε** ὅτι Ἰησοῦς ἐστιν ὁ Χριστὸς ὁ υἱὸς τοῦ θεοῦ, καὶ ἵνα **πιστεύοντες** ζωὴν ἔχητε ἐν τῷ ὀνόματι αὐτοῦ.

Ac 2:44 πάντες δὲ οἱ **πιστεύοντες** ἦσαν ἐπὶ τὸ αὐτὸ καὶ εἶχον ἅπαντα κοινὰ
4: 4 πολλοὶ δὲ τῶν ἀκουσάντων τὸν λόγον **ἐπίστευσαν,** καὶ ἐγενήθη [ὁ] ἀριθμὸς τῶν ἀνδρῶν [ὡς] χιλιάδες πέντε.
4:32 Τοῦ δὲ πλήθους τῶν **πιστευσάντων** ἦν καρδία καὶ ψυχὴ μία,
5:14 μᾶλλον δὲ προσετίθεντο **πιστεύοντες** τῷ κυρίῳ, πλήθη ἀνδρῶν τε καὶ γυναικῶν,
8:12 ὅτε δὲ **ἐπίστευσαν** τῷ Φιλίππῳ εὐαγγελιζομένῳ περὶ τῆς βασιλείας τοῦ θεοῦ καὶ τοῦ ὀνόματος Ἰησοῦ Χριστοῦ,
8:13 ὁ δὲ Σίμων καὶ αὐτὸς **ἐπίστευσεν** καὶ βαπτισθεὶς ἦν προσκαρτερῶν τῷ Φιλίππῳ,
9:26 καὶ πάντες ἐφοβοῦντο αὐτὸν μὴ **πιστεύοντες** ὅτι ἐστὶν μαθητής.
9:42 γνωστὸν δὲ ἐγένετο καθ' ὅλης τῆς Ἰόππης καὶ **ἐπίστευσαν** πολλοὶ ἐπὶ τὸν κύριον.
10:43 τούτῳ πάντες οἱ προφῆται μαρτυροῦσιν ἄφεσιν ἁμαρτιῶν λαβεῖν διὰ τοῦ ὀνόματος αὐτοῦ πάντα τὸν **πιστεύοντα** εἰς αὐτόν.
11:17 εἰ οὖν τὴν ἴσην δωρεὰν ἔδωκεν αὐτοῖς ὁ θεὸς ὡς καὶ ἡμῖν **πιστεύσασιν** ἐπὶ τὸν κύριον Ἰησοῦν Χριστόν,
11:21 πολύς τε ἀριθμὸς ὁ **πιστεύσας** ἐπέστρεψεν ἐπὶ τὸν κύριον.
13:12 τότε ἰδὼν ὁ ἀνθύπατος τὸ γεγονὸς **ἐπίστευσεν** ἐκπλησσόμενος ἐπὶ τῇ διδαχῇ τοῦ κυρίου.
13:39 ἐν τούτῳ πᾶς ὁ **πιστεύων** δικαιοῦται.
13:41 ἔργον ὃ οὐ μὴ **πιστεύσητε** ἐάν τις ἐκδιηγῆται ὑμῖν.
13:48 τὰ ἔθνη ἔχαιρον καὶ ἐδόξαζον τὸν λόγον τοῦ κυρίου καὶ **ἐπίστευσαν** ὅσοι ἦσαν τεταγμένοι εἰς ζωὴν αἰώνιον·
14: 1 εἰς τὴν συναγωγὴν τῶν Ἰουδαίων καὶ λαλῆσαι οὕτως ὥστε **πιστεῦσαι** Ἰουδαίων τε καὶ Ἑλλήνων πολὺ πλῆθος.
14:23 προσευξάμενοι μετὰ νηστειῶν παρέθεντο αὐτοὺς τῷ κυρίῳ εἰς ὃν **πεπιστεύκεισαν.**
15: 5 ἐξανέστησαν δέ τινες τῶν ἀπὸ τῆς αἱρέσεως τῶν Φαρισαίων **πεπιστευκότες** λέγοντες ὅτι δεῖ περιτέμνειν αὐτοὺς παραγγέλλειν τε τηρεῖν τὸν νόμον Μωϋσέως.
15: 7 ἐν ὑμῖν ἐξελέξατο ὁ θεὸς διὰ τοῦ στόματός μου ἀκοῦσαι τὰ ἔθνη τὸν λόγον τοῦ εὐαγγελίου καὶ **πιστεῦσαι.**
15:11 ἀλλὰ διὰ τῆς χάριτος τοῦ κυρίου Ἰησοῦ **πιστεύομεν** σωθῆναι καθ' ὃν τρόπον κἀκεῖνοι.
16:31 **Πίστευσον** ἐπὶ τὸν κύριον Ἰησοῦν καὶ σωθήσῃ σὺ καὶ ὁ οἶκός σου.
16:34 ἀναγαγών τε αὐτοὺς εἰς τὸν οἶκον παρέθηκεν τράπεζαν καὶ ἠγαλλιάσατο πανοικεὶ **πεπιστευκὼς** τῷ θεῷ.
17:12 πολλοὶ μὲν οὖν ἐξ αὐτῶν **ἐπίστευσαν** καὶ τῶν Ἑλληνίδων γυναικῶν τῶν εὐσχημόνων καὶ ἀνδρῶν οὐκ ὀλίγοι.
17:34 τινὲς δὲ ἄνδρες κολληθέντες αὐτῷ **ἐπίστευσαν,** ἐν οἷς καὶ Διονύσιος ὁ Ἀρεοπαγίτης καὶ γυνὴ ὀνόματι Δάμαρις
18: 8 Κρίσπος δὲ ὁ ἀρχισυνάγωγος **ἐπίστευσεν** τῷ κυρίῳ σὺν ὅλῳ τῷ οἴκῳ αὐτοῦ, καὶ πολλοὶ τῶν Κορινθίων ἀκούοντες **ἐπίστευον** καὶ ἐβαπτίζοντο.
18:27 ὃς παραγενόμενος συνεβάλετο πολὺ τοῖς **πεπιστευκόσιν** διὰ τῆς χάριτος·
19: 2 εἶπέν τε πρὸς αὐτούς, Εἰ πνεῦμα ἅγιον ἐλάβετε **πιστεύσαντες;**
19: 4 Ἰωάννης ἐβάπτισεν βάπτισμα μετανοίας τῷ λαῷ λέγων εἰς τὸν ἐρχόμενον μετ' αὐτὸν ἵνα **πιστεύσωσιν,**
19:18 πολλοί τε τῶν **πεπιστευκότων** ἤρχοντο ἐξομολογούμενοι καὶ ἀναγγέλλοντες τὰς πράξεις αὐτῶν.
21:20 πόσαι μυριάδες εἰσὶν ἐν τοῖς Ἰουδαίοις τῶν **πεπιστευκότων** καὶ πάντες ζηλωταὶ τοῦ νόμου ὑπάρχουσιν·
21:25 περὶ δὲ τῶν **πεπιστευκότων** ἐθνῶν ἡμεῖς ἐπεστείλαμεν κρίναντες φυλάσσεσθαι αὐτοὺς τό τε εἰδωλόθυτον καὶ αἷμα καὶ πνικτὸν καὶ πορνείαν.
22:19 αὐτοὶ ἐπίστανται ὅτι ἐγὼ ἤμην φυλακίζων καὶ δέρων κατὰ τὰς συναγωγὰς τοὺς **πιστεύοντας** ἐπὶ σέ,
24:14 οὕτως λατρεύω τῷ πατρῴῳ θεῷ **πιστεύων** πᾶσι τοῖς κατὰ τὸν νόμον καὶ τοῖς ἐν τοῖς προφήταις γεγραμμένοις,
26:27 **πιστεύεις,** βασιλεῦ Ἀγρίππα, τοῖς προφήταις; οἶδα ὅτι **πιστεύεις.**
27:25 **πιστεύω** γὰρ τῷ θεῷ ὅτι οὕτως ἔσται καθ' ὃν τρόπον λελάληταί μοι.

Ro 1:16 δύναμις γὰρ θεοῦ ἐστιν εἰς σωτηρίαν παντὶ τῷ **πιστεύοντι,**
3: 2 πρῶτον μὲν [γὰρ] ὅτι **ἐπιστεύθησαν** τὰ λόγια τοῦ θεοῦ.
3:22 δικαιοσύνη δὲ θεοῦ διὰ πίστεως Ἰησοῦ Χριστοῦ εἰς πάντας τοὺς **πιστεύοντας.**
4: 3 **Ἐπίστευσεν** δὲ Ἀβραὰμ τῷ θεῷ καὶ ἐλογίσθη αὐτῷ εἰς δικαιοσύνην.
4: 5 τῷ δὲ μὴ ἐργαζομένῳ **πιστεύοντι** δὲ ἐπὶ τὸν δικαιοῦντα τὸν ἀσεβῆ λογίζεται ἡ πίστις αὐτοῦ εἰς δικαιοσύνην·
4:11 εἰς τὸ εἶναι αὐτὸν πατέρα πάντων τῶν **πιστευόντων** δι' ἀκροβυστίας,
4:17 κατέναντι οὗ **ἐπίστευσεν** θεοῦ τοῦ ζῳοποιοῦντος τοὺς νεκροὺς καὶ καλοῦντος τὰ μὴ ὄντα ὡς ὄντα·
4:18 ὃς παρ' ἐλπίδα ἐπ' ἐλπίδι **ἐπίστευσεν** εἰς τὸ γενέσθαι αὐτὸν πατέρα πολλῶν ἐθνῶν κατὰ τὸ εἰρημένον,
4:24 τοῖς **πιστεύουσιν** ἐπὶ τὸν ἐγείραντα Ἰησοῦν τὸν κύριον ἡμῶν ἐκ νεκρῶν,
6: 8 εἰ δὲ ἀπεθάνομεν σὺν Χριστῷ, **πιστεύομεν** ὅτι καὶ συζήσομεν αὐτῷ,
9:33 Ἰδοὺ τίθημι ἐν Σιὼν λίθον προσκόμματος καὶ πέτραν σκανδάλου, καὶ ὁ **πιστεύων** ἐπ' αὐτῷ οὐ καταισχυνθήσεται.
10: 4 τέλος γὰρ νόμου Χριστὸς εἰς δικαιοσύνην παντὶ τῷ **πιστεύοντι.**
10: 9 ὅτι ἐὰν ὁμολογήσῃς ἐν τῷ στόματί σου κύριον Ἰησοῦν καὶ **πιστεύσῃς** ἐν τῇ καρδίᾳ σου ὅτι ὁ θεὸς αὐτὸν ἤγειρεν ἐκ νεκρῶν, σωθήσῃ·
10:10 καρδίᾳ γὰρ **πιστεύεται** εἰς δικαιοσύνην, στόματι δὲ ὁμολογεῖται εἰς σωτηρίαν.
10:11 λέγει γὰρ ἡ γραφή, Πᾶς ὁ **πιστεύων** ἐπ' αὐτῷ οὐ καταισχυνθήσεται.
10:14 Πῶς οὖν ἐπικαλέσωνται εἰς ὃν οὐκ **ἐπίστευσαν;** πῶς δὲ **πιστεύσωσιν** οὗ οὐκ ἤκουσαν; πῶς δὲ ἀκούσωσιν χωρὶς κηρύσσοντος;
10:16 Ἠσαΐας γὰρ λέγει, Κύριε, τίς **ἐπίστευσεν** τῇ ἀκοῇ ἡμῶν;
13:11 νῦν γὰρ ἐγγύτερον ἡμῶν ἡ σωτηρία ἢ ὅτε **ἐπιστεύσαμεν.**
14: 2 ὃς μὲν **πιστεύει** φαγεῖν πάντα, ὁ δὲ ἀσθενῶν λάχανα ἐσθίει.
15:13 ὁ δὲ θεὸς τῆς ἐλπίδος πληρώσαι ὑμᾶς πάσης χαρᾶς καὶ εἰρήνης ἐν τῷ **πιστεύειν,**

1Co 1:21 εὐδόκησεν ὁ θεὸς διὰ τῆς μωρίας τοῦ κηρύγματος σῶσαι τοὺς **πιστεύοντας·**
3: 5 διάκονοι δι' ὧν **ἐπιστεύσατε,** καὶ ἑκάστῳ ὡς ὁ κύριος ἔδωκεν.
9:17 εἰ γὰρ ἑκὼν τοῦτο πράσσω, μισθὸν ἔχω· εἰ δὲ ἄκων, οἰκονομίαν **πεπίστευμαι·**
11:18 πρῶτον μὲν γὰρ συνερχομένων ὑμῶν ἐν ἐκκλησίᾳ ἀκούω σχίσματα ἐν ὑμῖν ὑπάρχειν καὶ μέρος τι **πιστεύω.**
13: 7 πάντα στέγει, πάντα **πιστεύει,** πάντα ἐλπίζει, πάντα ὑπομένει.
14:22 ὥστε αἱ γλῶσσαι εἰς σημεῖόν εἰσιν οὐ τοῖς **πιστεύουσιν** ἀλλὰ τοῖς ἀπίστοις, ἡ δὲ προφητεία οὐ τοῖς ἀπίστοις ἀλλὰ τοῖς **πιστεύουσιν.**
15: 2 τίνι λόγῳ εὐηγγελισάμην ὑμῖν εἰ κατέχετε, ἐκτὸς εἰ μὴ εἰκῇ **ἐπιστεύσατε.**
15:11 εἴτε οὖν ἐγὼ εἴτε ἐκεῖνοι, οὕτως κηρύσσομεν καὶ οὕτως **ἐπιστεύσατε.**

2Co 4:13 **Ἐπίστευσα,** διὸ ἐλάλησα, καὶ ἡμεῖς **πιστεύομεν,** διὸ καὶ λαλοῦμεν,
Gal 2: 7 ἀλλὰ τοὐναντίον ἰδόντες ὅτι **πεπίστευμαι** τὸ εὐαγγέλιον τῆς ἀκροβυστίας καθὼς Πέτρος τῆς περιτομῆς,
2:16 καὶ ἡμεῖς εἰς Χριστὸν Ἰησοῦν **ἐπιστεύσαμεν,** ἵνα δικαιωθῶμεν ἐκ πίστεως Χριστοῦ καὶ οὐκ ἐξ ἔργων νόμου,
3: 6 καθὼς Ἀβραὰμ **ἐπίστευσεν** τῷ θεῷ, καὶ ἐλογίσθη αὐτῷ εἰς δικαιοσύνην.
3:22 ἵνα ἡ ἐπαγγελία ἐκ πίστεως Ἰησοῦ Χριστοῦ δοθῇ τοῖς **πιστεύουσιν.**
Eph 1:13 ἐν ᾧ καὶ **πιστεύσαντες** ἐσφραγίσθητε τῷ πνεύματι τῆς ἐπαγγελίας τῷ ἁγίῳ,
1:19 τί τὸ ὑπερβάλλον μέγεθος τῆς δυνάμεως αὐτοῦ εἰς ἡμᾶς τοὺς **πιστεύοντας** κατὰ τὴν ἐνέργειαν τοῦ κράτους τῆς ἰσχύος
Php 1:29 οὐ μόνον τὸ εἰς αὐτὸν **πιστεύειν** ἀλλὰ καὶ τὸ ὑπὲρ αὐτοῦ πάσχειν,
1Th 1: 7 ὥστε γενέσθαι ὑμᾶς τύπον πᾶσιν τοῖς **πιστεύουσιν** ἐν τῇ Μακεδονίᾳ καὶ ἐν τῇ Ἀχαΐᾳ.
2: 4 ἀλλὰ καθὼς δεδοκιμάσμεθα ὑπὸ τοῦ θεοῦ **πιστευθῆναι** τὸ εὐαγγέλιον,
2:10 ὡς ὁσίως καὶ δικαίως καὶ ἀμέμπτως ὑμῖν τοῖς **πιστεύουσιν** ἐγενήθημεν,
2:13 ἐδέξασθε οὐ λόγον ἀνθρώπων ἀλλὰ καθώς ἐστιν ἀληθῶς λόγον θεοῦ, ὃς καὶ ἐνεργεῖται ἐν ὑμῖν τοῖς **πιστεύουσιν.**
4:14 εἰ γὰρ **πιστεύομεν** ὅτι Ἰησοῦς ἀπέθανεν καὶ ἀνέστη,
2Th 1:10 ὅταν ἔλθῃ ἐνδοξασθῆναι ἐν τοῖς ἁγίοις αὐτοῦ καὶ θαυμασθῆναι ἐν πᾶσιν τοῖς **πιστεύσασιν,** ὅτι **ἐπιστεύθη** τὸ μαρτύριον ἡμῶν ἐφ᾽ ὑμᾶς, ἐν τῇ ἡμέρᾳ ἐκείνῃ.
2:11 καὶ διὰ τοῦτο πέμπει αὐτοῖς ὁ θεὸς ἐνέργειαν πλάνης εἰς τὸ **πιστεῦσαι** αὐτοὺς τῷ ψεύδει,
2:12 ἵνα κριθῶσιν πάντες οἱ μὴ **πιστεύσαντες** τῇ ἀληθείᾳ ἀλλὰ εὐδοκήσαντες τῇ ἀδικίᾳ.
1Ti 1:11 κατὰ τὸ εὐαγγέλιον τῆς δόξης τοῦ μακαρίου θεοῦ, ὃ **ἐπιστεύθην** ἐγώ.
1:16 ἵνα ἐν ἐμοὶ πρώτῳ ἐνδείξηται Χριστὸς Ἰησοῦς τὴν ἅπασαν μακροθυμίαν πρὸς ὑποτύπωσιν τῶν μελλόντων **πιστεύειν** ἐπ᾽ αὐτῷ εἰς ζωὴν αἰώνιον.
3:16 ἐκηρύχθη ἐν ἔθνεσιν, **ἐπιστεύθη** ἐν κόσμῳ, ἀνελήμφθη ἐν δόξῃ.
2Ti 1:12 οἶδα γὰρ ᾧ **πεπίστευκα** καὶ πέπεισμαι ὅτι δυνατός ἐστιν τὴν παραθήκην μου φυλάξαι εἰς ἐκείνην τὴν ἡμέραν.
Tit 1: 3 ὃ **ἐπιστεύθην** ἐγὼ κατ᾽ ἐπιταγὴν τοῦ σωτῆρος ἡμῶν θεοῦ,
3: 8 ἵνα φροντίζωσιν καλῶν ἔργων προΐστασθαι οἱ **πεπιστευκότες** θεῷ·
Heb 4: 3 εἰσερχόμεθα γὰρ εἰς [τὴν] κατάπαυσιν οἱ **πιστεύσαντες,** καθὼς εἴρηκεν,
11: 6 **πιστεῦσαι** γὰρ δεῖ τὸν προσερχόμενον τῷ θεῷ ὅτι ἔστιν καὶ τοῖς ἐκζητοῦσιν αὐτὸν μισθαποδότης γίνεται.
Jas 2:19 σὺ **πιστεύεις** ὅτι εἷς ἐστιν ὁ θεός, καλῶς ποιεῖς· καὶ τὰ δαιμόνια **πιστεύουσιν** καὶ φρίσσουσιν.
2:23 ἐπληρώθη ἡ γραφὴ ἡ λέγουσα, **Ἐπίστευσεν** δὲ Ἀβραὰμ τῷ θεῷ,
1Pe 1: 8 εἰς ὃν ἄρτι μὴ ὁρῶντες **πιστεύοντες** δὲ ἀγαλλιᾶσθε χαρᾷ ἀνεκλαλήτῳ καὶ δεδοξασμένῃ
2: 6 Ἰδοὺ τίθημι ἐν Σιὼν λίθον ἀκρογωνιαῖον ἐκλεκτὸν ἔντιμον καὶ ὁ **πιστεύων** ἐπ᾽ αὐτῷ οὐ μὴ καταισχυνθῇ.
2: 7 ὑμῖν οὖν ἡ τιμὴ τοῖς **πιστεύουσιν,** ἀπιστοῦσιν δὲ λίθος ὃν ἀπεδοκίμασαν οἱ οἰκοδομοῦντες,
1Jn 3:23 ἵνα **πιστεύσωμεν** τῷ ὀνόματι τοῦ υἱοῦ αὐτοῦ Ἰησοῦ Χριστοῦ καὶ ἀγαπῶμεν ἀλλήλους,
4: 1 μὴ παντὶ πνεύματι **πιστεύετε** ἀλλὰ δοκιμάζετε τὰ πνεύματα εἰ ἐκ τοῦ θεοῦ ἐστιν,
4:16 καὶ ἡμεῖς ἐγνώκαμεν καὶ **πεπιστεύκαμεν** τὴν ἀγάπην ἣν ἔχει ὁ θεὸς ἐν ἡμῖν.
5: 1 Πᾶς ὁ **πιστεύων** ὅτι Ἰησοῦς ἐστιν ὁ Χριστός,
5: 5 τίς [δέ] ἐστιν ὁ νικῶν τὸν κόσμον εἰ μὴ ὁ **πιστεύων** ὅτι Ἰησοῦς ἐστιν ὁ υἱὸς τοῦ θεοῦ;
5:10 ὁ **πιστεύων** εἰς τὸν υἱὸν τοῦ θεοῦ ἔχει τὴν μαρτυρίαν ἐν ἑαυτῷ, ὁ μὴ **πιστεύων** τῷ θεῷ ψεύστην πεποίηκεν αὐτόν, ὅτι οὐ **πεπίστευκεν** εἰς τὴν μαρτυρίαν ἣν μεμαρτύρηκεν ὁ θεὸς περὶ τοῦ υἱοῦ αὐτοῦ.
5:13 τοῖς **πιστεύουσιν** εἰς τὸ ὄνομα τοῦ υἱοῦ τοῦ θεοῦ.
Jude 1: 5 εἰδότας [ὑμᾶς] πάντα ὅτι [ὁ] κύριος ἅπαξ λαὸν ἐκ γῆς Αἰγύπτου σώσας τὸ δεύτερον τοὺς μὴ **πιστεύσαντας** ἀπώλεσεν,

4410 πιστικός [2]

√ 4412

Mk 14: 3 κατακειμένου αὐτοῦ ἦλθεν γυνὴ ἔχουσα ἀλάβαστρον μύρου νάρδου **πιστικῆς** πολυτελοῦς,
Jn 12: 3 ἡ οὖν Μαριὰμ λαβοῦσα λίτραν μύρου νάρδου **πιστικῆς** πολυτίμου ἤλειψεν τοὺς πόδας τοῦ Ἰησοῦ

4411 πίστις [243]

√ 4412

τῇ πίστει [56] Ac 3:16; 6:7; 14:22; 15:9; 16:5; 26:18; Ro 3:28; 4:20; 5:2; 11:20; 1Co 16:13; 2Co 1:24; 8:7; 13:5; Gal 2:20; Php 1:27; 3:9; Col 1:23; 2:7; 2Th 2:13; 1Ti 1:2,4; 2:7,15; 3:13; 4:12; 2Ti 1:13; 3:10; Tit 1:13; 2:2; 3:15; Heb 4:2; 11:3,4,5,7,8,9,11,17,20,21,22,23,24,27,28,29,30,31; Jas 1:6; 2:5; 1Pe 5:9; 2Pe 1:5; Jude 1:3,20

ἀσθενέω τῇ πίστει [2] Ro 4:19; 14:1

δικαιοσύνη κατὰ πίστιν [1] Heb 11:7

δικαιοσύνη πίστεως [6] Ro 4:11,13; 9:30; 10:6; Gal 5:5; Php 3:9

ἐκ πίστεως [23] Ro 1:17,17; 3:26,30; 4:16,16; 5:1; 9:30,32; 10:6; 14:23,23; Gal 2:16; 3:7,8,9,11,12,22,24; 5:5; Heb 10:38; Jas 2:24

ἔργον τῆς πίστεως [1] 1Th 1:3

ἔχω πίστις [13] Mt 17:20; 21:21; Mk 4:40; 11:22; Lk 17:6; Ac 14:9; Ro 14:22; 1Co 13:2; 1Ti 1:19; Phm 1:5; Jas 2:1,14,18

κατὰ πίστιν [6] Mt 9:29; Eph 1:15; Tit 1:1,4; Heb 11:7,13

κοινωνία πίστεως [1] Phm 1:6

λόγος τῆς πίστεως [1] 1Ti 4:6

μέγας πίστις [1] Mt 15:28

πίστις ἀπὸ θεοῦ [1] Eph 6:23

ἡ πίστις τοῦ εὐαγγελίου [1] Php 1:27

πίστις θεοῦ [2] Mk 11:22; Ro 3:3

πίστις εἰς θεόν [1] 1Pe 1:21

πίστις εἰς Ἰησοῦν [2] Ac 20:21; 24:24

πίστις ἐν Ἰησοῦς [7] Gal 3:26; Eph 1:15; Col 1:4; 1Ti 1:14; 3:13; 2Ti 1:13; 3:15

πίστις ἐπὶ θεόν [1] Heb 6:1

πίστις ... ἔργον [22] Ro 3:27,28; 9:32; Gal 2:16,16; 3:2,5; 1Th 1:3; 2Th 1:11; Heb 6:1; Jas 2:14,14,17,18,18,18,20,22,22,24,26; Rev 2:19

πίστις πρὸς θεὸν [1] 1Th 1:8

πίστις Ἰησοῦ [5] Ro 3:22,26; Gal 2:16; 3:22; Rev 14:12

πλούσιος ἐν πίστει [1] Jas 2:5

τοσοῦτος πίστις [2] Mt 8:10; Lk 7:9

Mt 8:10 παρ᾽ οὐδενὶ τοσαύτην **πίστιν** ἐν τῷ Ἰσραὴλ εὗρον.
9: 2 καὶ ἰδὼν ὁ Ἰησοῦς τὴν **πίστιν** αὐτῶν εἶπεν τῷ παραλυτικῷ,
9:22 ὁ δὲ Ἰησοῦς στραφεὶς καὶ ἰδὼν αὐτὴν εἶπεν, Θάρσει, θύγατερ· ἡ **πίστις** σου σέσωκέν σε.
9:29 τότε ἥψατο τῶν ὀφθαλμῶν αὐτῶν λέγων, Κατὰ τὴν **πίστιν** ὑμῶν γενηθήτω ὑμῖν.
15:28 τότε ἀποκριθεὶς ὁ Ἰησοῦς εἶπεν αὐτῇ, Ὦ γύναι, μεγάλη σου ἡ **πίστις·**
17:20 ἐὰν ἔχητε **πίστιν** ὡς κόκκον σινάπεως, ἐρεῖτε τῷ ὄρει τούτῳ,
21:21 Ἀμὴν λέγω ὑμῖν, ἐὰν ἔχητε **πίστιν** καὶ μὴ διακριθῆτε,
23:23 τὴν κρίσιν καὶ τὸ ἔλεος καὶ τὴν **πίστιν·**
Mk 2: 5 καὶ ἰδὼν ὁ Ἰησοῦς τὴν **πίστιν** αὐτῶν λέγει τῷ παραλυτικῷ,
4:40 καὶ εἶπεν αὐτοῖς, Τί δειλοί ἐστε; οὔπω ἔχετε **πίστιν;**
5:34 ὁ δὲ εἶπεν αὐτῇ, Θυγάτηρ, ἡ **πίστις** σου σέσωκέν σε·
10:52 καὶ ὁ Ἰησοῦς εἶπεν αὐτῷ, Ὕπαγε, ἡ **πίστις** σου σέσωκέν σε.
11:22 καὶ ἀποκριθεὶς ὁ Ἰησοῦς λέγει αὐτοῖς, Ἔχετε **πίστιν** θεοῦ.

Lk 5:20 καὶ ἰδὼν τὴν **πίστιν** αὐτῶν εἶπεν, Ἄνθρωπε, ἀφέωνταί σοι αἱ ἁμαρτίαι σου.
7: 9 Λέγω ὑμῖν, οὐδὲ ἐν τῷ Ἰσραὴλ τοσαύτην **πίστιν** εὗρον.
7:50 εἶπεν δὲ πρὸς τὴν γυναῖκα, Ἡ **πίστις** σου σέσωκέν σε·
8:25 εἶπεν δὲ αὐτοῖς, Ποῦ ἡ **πίστις** ὑμῶν; φοβηθέντες δὲ ἐθαύμασαν λέγοντες πρὸς ἀλλήλους,
8:48 ὁ δὲ εἶπεν αὐτῇ, Θυγάτηρ, ἡ **πίστις** σου σέσωκέν σε·
17: 5 Καὶ εἶπαν οἱ ἀπόστολοι τῷ κυρίῳ, Πρόσθες ἡμῖν **πίστιν.**
17: 6 εἶπεν δὲ ὁ κύριος, Εἰ ἔχετε **πίστιν** ὡς κόκκον σινάπεως,
17:19 καὶ εἶπεν αὐτῷ, Ἀναστὰς πορεύου· ἡ **πίστις** σου σέσωκέν σε.
18: 8 πλὴν ὁ υἱὸς τοῦ ἀνθρώπου ἐλθὼν ἆρα εὑρήσει τὴν **πίστιν** ἐπὶ τῆς γῆς;
18:42 ὁ Ἰησοῦς εἶπεν αὐτῷ, Ἀνάβλεψον· ἡ **πίστις** σου σέσωκέν σε.
22:32 ἐγὼ δὲ ἐδεήθην περὶ σοῦ ἵνα μὴ ἐκλίπῃ ἡ **πίστις** σου·
Ac 3:16 καὶ ἐπὶ τῇ **πίστει** τοῦ ὀνόματος αὐτοῦ τοῦτον ὃν θεωρεῖτε καὶ οἴδατε, ἐστερέωσεν τὸ ὄνομα αὐτοῦ, καὶ ἡ **πίστις** ἡ δι' αὐτοῦ ἔδωκεν αὐτῷ τὴν ὁλοκληρίαν ταύτην ἀπέναντι πάντων ὑμῶν.
6: 5 ἤρεσεν ὁ λόγος ἐνώπιον παντὸς τοῦ πλήθους καὶ ἐξελέξαντο Στέφανον, ἄνδρα πλήρης **πίστεως** καὶ πνεύματος ἁγίου,
6: 7 πολύς τε ὄχλος τῶν ἱερέων ὑπήκουον τῇ **πίστει.**
11:24 ὅτι ἦν ἀνὴρ ἀγαθὸς καὶ πλήρης πνεύματος ἁγίου καὶ **πίστεως.**
13: 8 οὕτως γὰρ μεθερμηνεύεται τὸ ὄνομα αὐτοῦ, ζητῶν διαστρέψαι τὸν ἀνθύπατον ἀπὸ τῆς **πίστεως.**
14: 9 ὃς ἀτενίσας αὐτῷ καὶ ἰδὼν ὅτι ἔχει **πίστιν** τοῦ σωθῆναι,
14:22 παρακαλοῦντες ἐμμένειν τῇ **πίστει** καὶ ὅτι διὰ πολλῶν θλίψεων δεῖ ἡμᾶς εἰσελθεῖν εἰς τὴν βασιλείαν τοῦ θεοῦ.
14:27 καὶ συναγαγόντες τὴν ἐκκλησίαν ἀνήγγελλον ὅσα ἐποίησεν ὁ θεὸς μετ' αὐτῶν καὶ ὅτι ἤνοιξεν τοῖς ἔθνεσιν θύραν **πίστεως.**
15: 9 καὶ οὐθὲν διέκρινεν μεταξὺ ἡμῶν τε καὶ αὐτῶν τῇ **πίστει** καθαρίσας τὰς καρδίας αὐτῶν.
16: 5 αἱ μὲν οὖν ἐκκλησίαι ἐστερεοῦντο τῇ **πίστει** καὶ ἐπερίσσευον τῷ ἀριθμῷ καθ' ἡμέραν.
17:31 μέλλει κρίνειν τὴν οἰκουμένην ἐν δικαιοσύνῃ ἐν ἀνδρὶ ᾧ ὥρισεν, **πίστιν** παρασχὼν πᾶσιν ἀναστήσας αὐτὸν ἐκ νεκρῶν.
20:21 διαμαρτυρόμενος Ἰουδαίοις τε καὶ Ἕλλησιν τὴν εἰς θεὸν μετάνοιαν καὶ **πίστιν** εἰς τὸν κύριον ἡμῶν Ἰησοῦν.
24:24 μετεπέμψατο τὸν Παῦλον καὶ ἤκουσεν αὐτοῦ περὶ τῆς εἰς Χριστὸν Ἰησοῦν **πίστεως.**
26:18 τοῦ λαβεῖν αὐτοὺς ἄφεσιν ἁμαρτιῶν καὶ κλῆρον ἐν τοῖς ἡγιασμένοις **πίστει** τῇ εἰς ἐμέ.
Ro 1: 5 δι' οὗ ἐλάβομεν χάριν καὶ ἀποστολὴν εἰς ὑπακοὴν **πίστεως** ἐν πᾶσιν τοῖς ἔθνεσιν ὑπὲρ τοῦ ὀνόματος αὐτοῦ,
1: 8 εὐχαριστῶ τῷ θεῷ μου διὰ Ἰησοῦ Χριστοῦ περὶ πάντων ὑμῶν ὅτι ἡ **πίστις** ὑμῶν καταγγέλλεται ἐν ὅλῳ τῷ κόσμῳ.
1:12 τοῦτο δέ ἐστιν συμπαρακληθῆναι ἐν ὑμῖν διὰ τῆς ἐν ἀλλήλοις **πίστεως** ὑμῶν τε καὶ ἐμοῦ.
1:17 δικαιοσύνη γὰρ θεοῦ ἐν αὐτῷ ἀποκαλύπτεται ἐκ **πίστεως** εἰς **πίστιν,** καθὼς γέγραπται, Ὁ δὲ δίκαιος ἐκ **πίστεως** ζήσεται.
3: 3 μὴ ἡ ἀπιστία αὐτῶν τὴν **πίστιν** τοῦ θεοῦ καταργήσει;
3:22 δικαιοσύνη δὲ θεοῦ διὰ **πίστεως** Ἰησοῦ Χριστοῦ εἰς πάντας τοὺς πιστεύοντας.
3:25 ὃν προέθετο ὁ θεὸς ἱλαστήριον διὰ [τῆς] **πίστεως** ἐν τῷ αὐτοῦ αἵματι εἰς ἔνδειξιν τῆς δικαιοσύνης αὐτοῦ διὰ τὴν πάρεσιν τῶν προγεγονότων ἁμαρτημάτων
3:26 εἰς τὸ εἶναι αὐτὸν δίκαιον καὶ δικαιοῦντα τὸν ἐκ **πίστεως** Ἰησοῦ.
3:27 διὰ ποίου νόμου; τῶν ἔργων; οὐχί, ἀλλὰ διὰ νόμου **πίστεως.**
3:28 λογιζόμεθα γὰρ δικαιοῦσθαι **πίστει** ἄνθρωπον χωρὶς ἔργων νόμου.
3:30 εἴπερ εἷς ὁ θεὸς ὃς δικαιώσει περιτομὴν ἐκ **πίστεως** καὶ ἀκροβυστίαν διὰ τῆς **πίστεως.**
3:31 νόμον οὖν καταργοῦμεν διὰ τῆς **πίστεως;** μὴ γένοιτο·
4: 5 τῷ δὲ μὴ ἐργαζομένῳ πιστεύοντι δὲ ἐπὶ τὸν δικαιοῦντα τὸν ἀσεβῆ λογίζεται ἡ **πίστις** αὐτοῦ εἰς δικαιοσύνην·
4: 9 λέγομεν γάρ, Ἐλογίσθη τῷ Ἀβραὰμ ἡ **πίστις** εἰς δικαιοσύνην.
4:11 καὶ σημεῖον ἔλαβεν περιτομῆς σφραγῖδα τῆς δικαιοσύνης τῆς **πίστεως** τῆς ἐν τῇ ἀκροβυστίᾳ,
4:12 καὶ πατέρα περιτομῆς τοῖς οὐκ ἐκ περιτομῆς μόνον ἀλλὰ καὶ τοῖς στοιχοῦσιν τοῖς ἴχνεσιν τῆς ἐν ἀκροβυστίᾳ **πίστεως** τοῦ πατρὸς ἡμῶν Ἀβραάμ.
4:13 τὸ κληρονόμον αὐτὸν εἶναι κόσμου, ἀλλὰ διὰ δικαιοσύνης **πίστεως.**
4:14 εἰ γὰρ οἱ ἐκ νόμου κληρονόμοι, κεκένωται ἡ **πίστις** καὶ κατήργηται ἡ ἐπαγγελία·
4:16 διὰ τοῦτο ἐκ **πίστεως,** ἵνα κατὰ χάριν, εἰς τὸ εἶναι βεβαίαν τὴν ἐπαγγελίαν παντὶ τῷ σπέρματι, οὐ τῷ ἐκ τοῦ νόμου μόνον ἀλλὰ καὶ τῷ ἐκ **πίστεως** Ἀβραάμ,
4:19 καὶ μὴ ἀσθενήσας τῇ **πίστει** κατενόησεν τὸ ἑαυτοῦ σῶμα [ἤδη] νενεκρωμένον,
4:20 εἰς δὲ τὴν ἐπαγγελίαν τοῦ θεοῦ οὐ διεκρίθη τῇ ἀπιστίᾳ ἀλλ' ἐνεδυναμώθη τῇ **πίστει,**
5: 1 Δικαιωθέντες οὖν ἐκ **πίστεως** εἰρήνην ἔχομεν πρὸς τὸν θεὸν διὰ τοῦ κυρίου ἡμῶν Ἰησοῦ Χριστοῦ
5: 2 τὴν προσαγωγὴν ἐσχήκαμεν [τῇ **πίστει**] εἰς τὴν χάριν ταύτην ἐν ᾗ ἑστήκαμεν καὶ καυχώμεθα ἐπ' ἐλπίδι τῆς δόξης τοῦ θεοῦ.
9:30 ὅτι ἔθνη τὰ μὴ διώκοντα δικαιοσύνην κατέλαβεν δικαιοσύνην, δικαιοσύνην δὲ τὴν ἐκ **πίστεως,**
9:32 ὅτι οὐκ ἐκ **πίστεως** ἀλλ' ὡς ἐξ ἔργων·
10: 6 ἡ δὲ ἐκ **πίστεως** δικαιοσύνη οὕτως λέγει, Μὴ εἴπῃς ἐν τῇ καρδίᾳ σου,
10: 8 τοῦτ' ἔστιν τὸ ῥῆμα τῆς **πίστεως** ὃ κηρύσσομεν.
10:17 ἄρα ἡ **πίστις** ἐξ ἀκοῆς, ἡ δὲ ἀκοὴ διὰ ῥήματος Χριστοῦ.
11:20 τῇ ἀπιστίᾳ ἐξεκλάσθησαν, σὺ δὲ τῇ **πίστει** ἕστηκας.
12: 3 μὴ ὑπερφρονεῖν παρ' ὃ δεῖ φρονεῖν ἀλλὰ φρονεῖν εἰς τὸ σωφρονεῖν, ἑκάστῳ ὡς ὁ θεὸς ἐμέρισεν μέτρον **πίστεως.**
12: 6 ἔχοντες δὲ χαρίσματα κατὰ τὴν χάριν τὴν δοθεῖσαν ἡμῖν διάφορα, εἴτε προφητείαν κατὰ τὴν ἀναλογίαν τῆς **πίστεως,**
14: 1 Τὸν δὲ ἀσθενοῦντα τῇ **πίστει** προσλαμβάνεσθε, μὴ εἰς διακρίσεις διαλογισμῶν.
14:22 σὺ **πίστιν** [ἣν] ἔχεις κατὰ σεαυτὸν ἔχε ἐνώπιον τοῦ θεοῦ.
14:23 ὁ δὲ διακρινόμενος ἐὰν φάγῃ κατακέκριται, ὅτι οὐκ ἐκ **πίστεως·** πᾶν δὲ ὃ οὐκ ἐκ **πίστεως** ἁμαρτία ἐστίν.
16:26 [φανερωθέντος δὲ νῦν διά τε γραφῶν προφητικῶν κατ' ἐπιταγὴν τοῦ αἰωνίου θεοῦ εἰς ὑπακοὴν **πίστεως** εἰς πάντα τὰ ἔθνη γνωρισθέντος,]
1Co 2: 5 ἵνα ἡ **πίστις** ὑμῶν μὴ ᾖ ἐν σοφίᾳ ἀνθρώπων ἀλλ' ἐν δυνάμει θεοῦ.
12: 9 ἑτέρῳ **πίστις** ἐν τῷ αὐτῷ πνεύματι, ἄλλῳ δὲ χαρίσματα ἰαμάτων ἐν τῷ ἑνὶ πνεύματι,
13: 2 καὶ εἰδῶ τὰ μυστήρια πάντα καὶ πᾶσαν τὴν γνῶσιν καὶ ἐὰν ἔχω πᾶσαν τὴν **πίστιν** ὥστε ὄρη μεθιστάναι,
13:13 νυνὶ δὲ μένει **πίστις,** ἐλπίς, ἀγάπη, τὰ τρία ταῦτα·
15:14 κενὸν ἄρα [καὶ] τὸ κήρυγμα ἡμῶν, κενὴ καὶ ἡ **πίστις** ὑμῶν·
15:17 εἰ δὲ Χριστὸς οὐκ ἐγήγερται, ματαία ἡ **πίστις** ὑμῶν,
16:13 Γρηγορεῖτε, στήκετε ἐν τῇ **πίστει,** ἀνδρίζεσθε, κραταιοῦσθε.
2Co 1:24 οὐχ ὅτι κυριεύομεν ὑμῶν τῆς **πίστεως** ἀλλὰ συνεργοί ἐσμεν τῆς χαρᾶς ὑμῶν· τῇ γὰρ **πίστει** ἑστήκατε.
4:13 ἔχοντες δὲ τὸ αὐτὸ πνεῦμα τῆς **πίστεως** κατὰ τὸ γεγραμμένον,
5: 7 διὰ **πίστεως** γὰρ περιπατοῦμεν, οὐ διὰ εἴδους·
8: 7 **πίστει** καὶ λόγῳ καὶ γνώσει καὶ πάσῃ σπουδῇ καὶ τῇ ἐξ ἡμῶν ἐν ὑμῖν ἀγάπῃ,
10:15 ἐλπίδα δὲ ἔχοντες αὐξανομένης τῆς **πίστεως** ὑμῶν ἐν ὑμῖν μεγαλυνθῆναι κατὰ τὸν κανόνα ἡμῶν εἰς περισσείαν
13: 5 Ἑαυτοὺς πειράζετε εἰ ἐστὲ ἐν τῇ **πίστει,** ἑαυτοὺς δοκιμάζετε·
Gal 1:23 μόνον δὲ ἀκούοντες ἦσαν ὅτι Ὁ διώκων ἡμᾶς ποτε νῦν εὐαγγελίζεται τὴν **πίστιν** ἥν ποτε ἐπόρθει,
2:16 εἰδότες [δὲ] ὅτι οὐ δικαιοῦται ἄνθρωπος ἐξ ἔργων νόμου ἐὰν μὴ διὰ **πίστεως** Ἰησοῦ Χριστοῦ, καὶ ἡμεῖς εἰς Χριστὸν Ἰησοῦν ἐπιστεύσαμεν, ἵνα δικαιωθῶμεν ἐκ **πίστεως** Χριστοῦ καὶ οὐκ ἐξ ἔργων νόμου,
2:20 ἐν **πίστει** ζῶ τῇ τοῦ υἱοῦ τοῦ θεοῦ τοῦ ἀγαπήσαντός με καὶ παραδόντος ἑαυτὸν ὑπὲρ ἐμοῦ.
3: 2 ἐξ ἔργων νόμου τὸ πνεῦμα ἐλάβετε ἢ ἐξ ἀκοῆς **πίστεως;**
3: 5 ὁ οὖν ἐπιχορηγῶν ὑμῖν τὸ πνεῦμα καὶ ἐνεργῶν δυνάμεις ἐν ὑμῖν, ἐξ ἔργων νόμου ἢ ἐξ ἀκοῆς **πίστεως;**
3: 7 Γινώσκετε ἄρα ὅτι οἱ ἐκ **πίστεως,** οὗτοι υἱοί εἰσιν Ἀβραάμ.
3: 8 προϊδοῦσα δὲ ἡ γραφὴ ὅτι ἐκ **πίστεως** δικαιοῖ τὰ ἔθνη ὁ θεός,
3: 9 ὥστε οἱ ἐκ **πίστεως** εὐλογοῦνται σὺν τῷ πιστῷ Ἀβραάμ.
3:11 ὅτι δὲ ἐν νόμῳ οὐδεὶς δικαιοῦται παρὰ τῷ θεῷ δῆλον, ὅτι Ὁ δίκαιος ἐκ **πίστεως** ζήσεται·
3:12 ὁ δὲ νόμος οὐκ ἔστιν ἐκ **πίστεως,** ἀλλ' Ὁ ποιήσας αὐτὰ ζήσεται ἐν αὐτοῖς.
3:14 ἵνα τὴν ἐπαγγελίαν τοῦ πνεύματος λάβωμεν διὰ τῆς **πίστεως.**
3:22 ἵνα ἡ ἐπαγγελία ἐκ **πίστεως** Ἰησοῦ Χριστοῦ δοθῇ τοῖς πιστεύουσιν.
3:23 Πρὸ τοῦ δὲ ἐλθεῖν τὴν **πίστιν** ὑπὸ νόμον ἐφρουρούμεθα συγκλειόμενοι εἰς τὴν μέλλουσαν **πίστιν** ἀποκαλυφθῆναι,
3:24 ὥστε ὁ νόμος παιδαγωγὸς ἡμῶν γέγονεν εἰς Χριστόν, ἵνα ἐκ **πίστεως** δικαιωθῶμεν·
3:25 ἐλθούσης δὲ τῆς **πίστεως** οὐκέτι ὑπὸ παιδαγωγόν ἐσμεν.

3:26 Πάντες γὰρ υἱοὶ θεοῦ ἐστε διὰ τῆς **πίστεως** ἐν Χριστῷ Ἰησοῦ·
5: 5 ἡμεῖς γὰρ πνεύματι ἐκ **πίστεως** ἐλπίδα δικαιοσύνης ἀπεκδεχόμεθα.
5: 6 ἐν γὰρ Χριστῷ Ἰησοῦ οὔτε περιτομή τι ἰσχύει οὔτε ἀκροβυστία ἀλλὰ **πίστις** δι' ἀγάπης ἐνεργουμένη.
5:22 Ὁ δὲ καρπὸς τοῦ πνεύματός ἐστιν ἀγάπη χαρὰ εἰρήνη, μακροθυμία χρηστότης ἀγαθωσύνη, **πίστις**
6:10 ἐργαζώμεθα τὸ ἀγαθὸν πρὸς πάντας, μάλιστα δὲ πρὸς τοὺς οἰκείους τῆς **πίστεως.**

Eph 1:15 Διὰ τοῦτο κἀγὼ ἀκούσας τὴν καθ' ὑμᾶς **πίστιν** ἐν τῷ κυρίῳ Ἰησοῦ καὶ τὴν ἀγάπην τὴν εἰς πάντας τοὺς ἁγίους
2: 8 τῇ γὰρ χάριτί ἐστε σεσῳσμένοι διὰ **πίστεως·** καὶ τοῦτο οὐκ ἐξ ὑμῶν,
3:12 ἐν ᾧ ἔχομεν τὴν παρρησίαν καὶ προσαγωγὴν ἐν πεποιθήσει διὰ τῆς **πίστεως** αὐτοῦ.
3:17 κατοικῆσαι τὸν Χριστὸν διὰ τῆς **πίστεως** ἐν ταῖς καρδίαις ὑμῶν,
4: 5 εἷς κύριος, μία **πίστις,** ἓν βάπτισμα,
4:13 μέχρι καταντήσωμεν οἱ πάντες εἰς τὴν ἑνότητα τῆς **πίστεως** καὶ τῆς ἐπιγνώσεως τοῦ υἱοῦ τοῦ θεοῦ,
6:16 ἀναλαβόντες τὸν θυρεὸν τῆς **πίστεως,** ἐν ᾧ δυνήσεσθε πάντα τὰ βέλη τοῦ πονηροῦ [τὰ] πεπυρωμένα σβέσαι·
6:23 Εἰρήνη τοῖς ἀδελφοῖς καὶ ἀγάπη μετὰ **πίστεως** ἀπὸ θεοῦ πατρὸς καὶ κυρίου Ἰησοῦ Χριστοῦ.

Php 1:25 καὶ τοῦτο πεποιθὼς οἶδα ὅτι μενῶ καὶ παραμενῶ πᾶσιν ὑμῖν εἰς τὴν ὑμῶν προκοπὴν καὶ χαρὰν τῆς **πίστεως,**
1:27 ὅτι στήκετε ἐν ἑνὶ πνεύματι, μιᾷ ψυχῇ συναθλοῦντες τῇ **πίστει** τοῦ εὐαγγελίου
2:17 ἀλλὰ εἰ καὶ σπένδομαι ἐπὶ τῇ θυσίᾳ καὶ λειτουργίᾳ τῆς **πίστεως** ὑμῶν,
3: 9 μὴ ἔχων ἐμὴν δικαιοσύνην τὴν ἐκ νόμου ἀλλὰ τὴν διὰ **πίστεως** Χριστοῦ, τὴν ἐκ θεοῦ δικαιοσύνην ἐπὶ τῇ **πίστει,**

Col 1: 4 ἀκούσαντες τὴν **πίστιν** ὑμῶν ἐν Χριστῷ Ἰησοῦ καὶ τὴν ἀγάπην ἣν ἔχετε εἰς πάντας τοὺς ἁγίους
1:23 εἴ γε ἐπιμένετε τῇ **πίστει** τεθεμελιωμένοι καὶ ἑδραῖοι καὶ μὴ μετακινούμενοι ἀπὸ τῆς ἐλπίδος τοῦ εὐαγγελίου οὗ ἠκούσατε,
2: 5 χαίρων καὶ βλέπων ὑμῶν τὴν τάξιν καὶ τὸ στερέωμα τῆς εἰς Χριστὸν **πίστεως** ὑμῶν.
2: 7 ἐρριζωμένοι καὶ ἐποικοδομούμενοι ἐν αὐτῷ καὶ βεβαιούμενοι τῇ **πίστει** καθὼς ἐδιδάχθητε,
2:12 ἐν ᾧ καὶ συνηγέρθητε διὰ τῆς **πίστεως** τῆς ἐνεργείας τοῦ θεοῦ τοῦ ἐγείραντος αὐτὸν ἐκ νεκρῶν·

1Th 1: 3 μνημονεύοντες ὑμῶν τοῦ ἔργου τῆς **πίστεως** καὶ τοῦ κόπου τῆς ἀγάπης καὶ τῆς ὑπομονῆς τῆς ἐλπίδος τοῦ κυρίου ἡμῶν
1: 8 ἀλλ' ἐν παντὶ τόπῳ ἡ **πίστις** ὑμῶν ἡ πρὸς τὸν θεὸν ἐξελήλυθεν,
3: 2 εἰς τὸ στηρίξαι ὑμᾶς καὶ παρακαλέσαι ὑπὲρ τῆς **πίστεως** ὑμῶν
3: 5 διὰ τοῦτο κἀγὼ μηκέτι στέγων ἔπεμψα εἰς τὸ γνῶναι τὴν **πίστιν** ὑμῶν,
3: 6 Ἄρτι δὲ ἐλθόντος Τιμοθέου πρὸς ἡμᾶς ἀφ' ὑμῶν καὶ εὐαγγελισαμένου ἡμῖν τὴν **πίστιν** καὶ τὴν ἀγάπην ὑμῶν
3: 7 ἐφ' ὑμῖν ἐπὶ πάσῃ τῇ ἀνάγκῃ καὶ θλίψει ἡμῶν διὰ τῆς ὑμῶν **πίστεως,**
3:10 ὑπερεκπερισσοῦ δεόμενοι εἰς τὸ ἰδεῖν ὑμῶν τὸ πρόσωπον καὶ καταρτίσαι τὰ ὑστερήματα τῆς **πίστεως** ὑμῶν;
5: 8 ἡμεῖς δὲ ἡμέρας ὄντες νήφωμεν ἐνδυσάμενοι θώρακα **πίστεως** καὶ ἀγάπης καὶ περικεφαλαίαν ἐλπίδα σωτηρίας·

2Th 1: 3 ὅτι ὑπεραυξάνει ἡ **πίστις** ὑμῶν καὶ πλεονάζει ἡ ἀγάπη ἑνὸς ἑκάστου πάντων ὑμῶν εἰς ἀλλήλους,
1: 4 ὑπὲρ τῆς ὑπομονῆς ὑμῶν καὶ **πίστεως** ἐν πᾶσιν τοῖς διωγμοῖς ὑμῶν καὶ ταῖς θλίψεσιν αἷς ἀνέχεσθε,
1:11 ἵνα ὑμᾶς ἀξιώσῃ τῆς κλήσεως ὁ θεὸς ἡμῶν καὶ πληρώσῃ πᾶσαν εὐδοκίαν ἀγαθωσύνης καὶ ἔργον **πίστεως** ἐν δυνάμει,
2:13 ὅτι εἵλατο ὑμᾶς ὁ θεὸς ἀπαρχὴν εἰς σωτηρίαν ἐν ἁγιασμῷ πνεύματος καὶ **πίστει** ἀληθείας,
3: 2 καὶ ἵνα ῥυσθῶμεν ἀπὸ τῶν ἀτόπων καὶ πονηρῶν ἀνθρώπων· οὐ γὰρ πάντων ἡ **πίστις.**

1Ti 1: 2 Τιμοθέῳ γνησίῳ τέκνῳ ἐν **πίστει,** χάρις ἔλεος εἰρήνη ἀπὸ θεοῦ πατρὸς καὶ Χριστοῦ Ἰησοῦ τοῦ κυρίου ἡμῶν.
1: 4 αἵτινες ἐκζητήσεις παρέχουσιν μᾶλλον ἢ οἰκονομίαν θεοῦ τὴν ἐν **πίστει.**
1: 5 τὸ δὲ τέλος τῆς παραγγελίας ἐστὶν ἀγάπη ἐκ καθαρᾶς καρδίας καὶ συνειδήσεως ἀγαθῆς καὶ **πίστεως** ἀνυποκρίτου,
1:14 ὑπερεπλεόνασεν δὲ ἡ χάρις τοῦ κυρίου ἡμῶν μετὰ **πίστεως** καὶ ἀγάπης τῆς ἐν Χριστῷ Ἰησοῦ.
1:19 ἔχων **πίστιν** καὶ ἀγαθὴν συνείδησιν, ἥν τινες ἀπωσάμενοι περὶ τὴν **πίστιν** ἐναυάγησαν,
2: 7 ἀλήθειαν λέγω οὐ ψεύδομαι, διδάσκαλος ἐθνῶν ἐν **πίστει** καὶ ἀληθείᾳ.
2:15 ἐὰν μείνωσιν ἐν **πίστει** καὶ ἀγάπῃ καὶ ἁγιασμῷ μετὰ σωφροσύνης·
3: 9 ἔχοντας τὸ μυστήριον τῆς **πίστεως** ἐν καθαρᾷ συνειδήσει.
3:13 καλῶς διακονήσαντες βαθμὸν ἑαυτοῖς καλὸν περιποιοῦνται καὶ πολλὴν παρρησίαν ἐν **πίστει** τῇ ἐν Χριστῷ Ἰησοῦ.
4: 1 ὅτι ἐν ὑστέροις καιροῖς ἀποστήσονταί τινες τῆς **πίστεως** προσέχοντες πνεύμασιν πλάνοις καὶ διδασκαλίαις δαιμονίων,
4: 6 ἐντρεφόμενος τοῖς λόγοις τῆς **πίστεως** καὶ τῆς καλῆς διδασκαλίας ᾗ παρηκολούθηκας·
4:12 ἐν ἀναστροφῇ, ἐν ἀγάπῃ, ἐν **πίστει,** ἐν ἁγνείᾳ.
5: 8 εἰ δέ τις τῶν ἰδίων καὶ μάλιστα οἰκείων οὐ προνοεῖ, τὴν **πίστιν** ἤρνηται καὶ ἔστιν ἀπίστου χείρων.
5:12 ἔχουσαι κρίμα ὅτι τὴν πρώτην **πίστιν** ἠθέτησαν·
6:10 ἧς τινες ὀρεγόμενοι ἀπεπλανήθησαν ἀπὸ τῆς **πίστεως** καὶ ἑαυτοὺς περιέπειραν ὀδύναις πολλαῖς.
6:11 δίωκε δὲ δικαιοσύνην εὐσέβειαν **πίστιν,** ἀγάπην ὑπομονὴν πραϋπαθίαν.
6:12 ἀγωνίζου τὸν καλὸν ἀγῶνα τῆς **πίστεως,** ἐπιλαβοῦ τῆς αἰωνίου ζωῆς,
6:21 ἥν τινες ἐπαγγελλόμενοι περὶ τὴν **πίστιν** ἠστόχησαν. Ἡ χάρις μεθ' ὑμῶν.

2Ti 1: 5 ὑπόμνησιν λαβὼν τῆς ἐν σοὶ ἀνυποκρίτου **πίστεως,** ἥτις ἐνῴκησεν πρῶτον ἐν τῇ μάμμῃ σου Λωΐδι καὶ τῇ μητρί σου Εὐνίκῃ,
1:13 ὑποτύπωσιν ἔχε ὑγιαινόντων λόγων ὧν παρ' ἐμοῦ ἤκουσας ἐν **πίστει** καὶ ἀγάπῃ τῇ ἐν Χριστῷ Ἰησοῦ·
2:18 λέγοντες [τὴν] ἀνάστασιν ἤδη γεγονέναι, καὶ ἀνατρέπουσιν τήν τινων **πίστιν.**
2:22 δίωκε δὲ δικαιοσύνην **πίστιν** ἀγάπην εἰρήνην μετὰ τῶν ἐπικαλουμένων τὸν κύριον ἐκ καθαρᾶς καρδίας.
3: 8 ἄνθρωποι κατεφθαρμένοι τὸν νοῦν, ἀδόκιμοι περὶ τὴν **πίστιν.**
3:10 τῇ **πίστει,** τῇ μακροθυμίᾳ, τῇ ἀγάπῃ, τῇ ὑπομονῇ,
3:15 τὰ δυνάμενά σε σοφίσαι εἰς σωτηρίαν διὰ **πίστεως** τῆς ἐν Χριστῷ Ἰησοῦ.
4: 7 τὸν καλὸν ἀγῶνα ἠγώνισμαι, τὸν δρόμον τετέλεκα, τὴν **πίστιν** τετήρηκα·

Tit 1: 1 ἀπόστολος δὲ Ἰησοῦ Χριστοῦ κατὰ **πίστιν** ἐκλεκτῶν θεοῦ καὶ ἐπίγνωσιν ἀληθείας τῆς κατ' εὐσέβειαν
1: 4 Τίτῳ γνησίῳ τέκνῳ κατὰ κοινὴν **πίστιν,** χάρις καὶ εἰρήνη ἀπὸ θεοῦ πατρὸς καὶ Χριστοῦ Ἰησοῦ τοῦ σωτῆρος ἡμῶν.
1:13 δι' ἣν αἰτίαν ἔλεγχε αὐτοὺς ἀποτόμως, ἵνα ὑγιαίνωσιν ἐν τῇ **πίστει,**
2: 2 σεμνούς, σώφρονας, ὑγιαίνοντας τῇ **πίστει,** τῇ ἀγάπῃ, τῇ ὑπομονῇ·
2:10 ἀλλὰ πᾶσαν **πίστιν** ἐνδεικνυμένους ἀγαθήν, ἵνα τὴν διδασκαλίαν τὴν τοῦ σωτῆρος ἡμῶν θεοῦ κοσμῶσιν ἐν πᾶσιν.
3:15 Ἄσπασαι τοὺς φιλοῦντας ἡμᾶς ἐν **πίστει.**

Phm 1: 5 ἀκούων σου τὴν ἀγάπην καὶ τὴν **πίστιν,** ἣν ἔχεις πρὸς τὸν κύριον Ἰησοῦν καὶ εἰς πάντας τοὺς ἁγίους,
1: 6 ὅπως ἡ κοινωνία τῆς **πίστεώς** σου ἐνεργὴς γένηται ἐν ἐπιγνώσει παντὸς ἀγαθοῦ τοῦ ἐν ἡμῖν εἰς Χριστόν.

Heb 4: 2 ἀλλ' οὐκ ὠφέλησεν ὁ λόγος τῆς ἀκοῆς ἐκείνους μὴ συγκεκερασμένους τῇ **πίστει** τοῖς ἀκούσασιν.
6: 1 μὴ πάλιν θεμέλιον καταβαλλόμενοι μετανοίας ἀπὸ νεκρῶν ἔργων καὶ **πίστεως** ἐπὶ θεόν,
6:12 μιμηταὶ δὲ τῶν διὰ **πίστεως** καὶ μακροθυμίας κληρονομούντων τὰς ἐπαγγελίας.
10:22 προσερχώμεθα μετὰ ἀληθινῆς καρδίας ἐν πληροφορίᾳ **πίστεως** ῥεραντισμένοι τὰς καρδίας ἀπὸ συνειδήσεως πονηρᾶς
10:38 ὁ δὲ δίκαιός μου ἐκ **πίστεως** ζήσεται, καὶ ἐὰν ὑποστείληται,
10:39 ἡμεῖς δὲ οὐκ ἐσμὲν ὑποστολῆς εἰς ἀπώλειαν ἀλλὰ **πίστεως** εἰς περιποίησιν ψυχῆς.
11: 1 Ἔστιν δὲ **πίστις** ἐλπιζομένων ὑπόστασις, πραγμάτων ἔλεγχος οὐ βλεπομένων.
11: 3 **Πίστει** νοοῦμεν κατηρτίσθαι τοὺς αἰῶνας ῥήματι θεοῦ, εἰς τὸ μὴ ἐκ φαινομένων τὸ βλεπόμενον γεγονέναι.
11: 4 **Πίστει** πλείονα θυσίαν Ἄβελ παρὰ Κάϊν προσήνεγκεν τῷ θεῷ,
11: 5 **Πίστει** Ἑνὼχ μετετέθη τοῦ μὴ ἰδεῖν θάνατον, καὶ οὐχ ηὑρίσκετο διότι μετέθηκεν αὐτὸν ὁ θεός.
11: 6 χωρὶς δὲ **πίστεως** ἀδύνατον εὐαρεστῆσαι· πιστεῦσαι γὰρ δεῖ τὸν προσερχόμενον τῷ θεῷ ὅτι ἔστιν καὶ τοῖς ἐκζητοῦσιν αὐτὸν μισθαποδότης γίνεται.

11: 7 **Πίστει** χρηματισθεὶς Νῶε περὶ τῶν μηδέπω βλεπομένων, εὐλαβηθεὶς κατεσκεύασεν κιβωτὸν εἰς σωτηρίαν τοῦ οἴκου αὐτοῦ δι' ἧς κατέκρινεν τὸν κόσμον, καὶ τῆς κατὰ **πίστιν** δικαιοσύνης ἐγένετο κληρονόμος.
11: 8 **Πίστει** καλούμενος Ἀβραὰμ ὑπήκουσεν ἐξελθεῖν εἰς τόπον ὃν ἤμελλεν λαμβάνειν εἰς κληρονομίαν,
11: 9 **Πίστει** παρῴκησεν εἰς γῆν τῆς ἐπαγγελίας ὡς ἀλλοτρίαν ἐν σκηναῖς κατοικήσας μετὰ Ἰσαὰκ καὶ Ἰακὼβ τῶν συγκληρονόμων τῆς ἐπαγγελίας τῆς αὐτῆς·
11:11 **Πίστει** καὶ αὐτὴ Σάρρα στεῖρα δύναμιν εἰς καταβολὴν σπέρματος ἔλαβεν καὶ παρὰ καιρὸν ἡλικίας,
11:13 Κατὰ **πίστιν** ἀπέθανον οὗτοι πάντες, μὴ λαβόντες τὰς ἐπαγγελίας ἀλλὰ πόρρωθεν αὐτὰς ἰδόντες καὶ ἀσπασάμενοι
11:17 **Πίστει** προσενήνοχεν Ἀβραὰμ τὸν Ἰσαὰκ πειραζόμενος καὶ τὸν μονογενῆ προσέφερεν,
11:20 **Πίστει** καὶ περὶ μελλόντων εὐλόγησεν Ἰσαὰκ τὸν Ἰακὼβ καὶ τὸν Ἠσαῦ.
11:21 **Πίστει** Ἰακὼβ ἀποθνῄσκων ἕκαστον τῶν υἱῶν Ἰωσὴφ εὐλόγησεν καὶ προσεκύνησεν ἐπὶ τὸ ἄκρον τῆς ῥάβδου αὐτοῦ.
11:22 **Πίστει** Ἰωσὴφ τελευτῶν περὶ τῆς ἐξόδου τῶν υἱῶν Ἰσραὴλ ἐμνημόνευσεν καὶ περὶ τῶν ὀστέων αὐτοῦ ἐνετείλατο.
11:23 **Πίστει** Μωϋσῆς γεννηθεὶς ἐκρύβη τρίμηνον ὑπὸ τῶν πατέρων αὐτοῦ,
11:24 **Πίστει** Μωϋσῆς μέγας γενόμενος ἠρνήσατο λέγεσθαι υἱὸς θυγατρὸς Φαραώ,
11:27 **Πίστει** κατέλιπεν Αἴγυπτον μὴ φοβηθεὶς τὸν θυμὸν τοῦ βασιλέως·
11:28 **Πίστει** πεποίηκεν τὸ πάσχα καὶ τὴν πρόσχυσιν τοῦ αἵματος,
11:29 **Πίστει** διέβησαν τὴν Ἐρυθρὰν Θάλασσαν ὡς διὰ ξηρᾶς γῆς,
11:30 **Πίστει** τὰ τείχη Ἰεριχὼ ἔπεσαν κυκλωθέντα ἐπὶ ἑπτὰ ἡμέρας.
11:31 **Πίστει** Ῥαὰβ ἡ πόρνη οὐ συναπώλετο τοῖς ἀπειθήσασιν δεξαμένη τοὺς κατασκόπους μετ' εἰρήνης.
11:33 οἳ διὰ **πίστεως** κατηγωνίσαντο βασιλείας, εἰργάσαντο δικαιοσύνην, ἐπέτυχον ἐπαγγελιῶν,
11:39 Καὶ οὗτοι πάντες μαρτυρηθέντες διὰ τῆς **πίστεως** οὐκ ἐκομίσαντο τὴν ἐπαγγελίαν,
12: 2 ἀφορῶντες εἰς τὸν τῆς **πίστεως** ἀρχηγὸν καὶ τελειωτὴν Ἰησοῦν,
13: 7 ὧν ἀναθεωροῦντες τὴν ἔκβασιν τῆς ἀναστροφῆς μιμεῖσθε τὴν **πίστιν.**

Jas 1: 3 γινώσκοντες ὅτι τὸ δοκίμιον ὑμῶν τῆς **πίστεως** κατεργάζεται ὑπομονήν.
1: 6 αἰτείτω δὲ ἐν **πίστει** μηδὲν διακρινόμενος· ὁ γὰρ διακρινόμενος ἔοικεν κλύδωνι θαλάσσης ἀνεμιζομένῳ
2: 1 μὴ ἐν προσωπολημψίαις ἔχετε τὴν **πίστιν** τοῦ κυρίου ἡμῶν Ἰησοῦ Χριστοῦ τῆς δόξης.
2: 5 οὐχ ὁ θεὸς ἐξελέξατο τοὺς πτωχοὺς τῷ κόσμῳ πλουσίους ἐν **πίστει** καὶ κληρονόμους τῆς βασιλείας ἧς ἐπηγγείλατο τοῖς ἀγαπῶσιν αὐτόν;
2:14 ἐὰν **πίστιν** λέγῃ τις ἔχειν ἔργα δὲ μὴ ἔχῃ; μὴ δύναται ἡ **πίστις** σῶσαι αὐτόν;
2:17 οὕτως καὶ ἡ **πίστις,** ἐὰν μὴ ἔχῃ ἔργα, νεκρά ἐστιν καθ' ἑαυτήν.
2:18 Ἀλλ' ἐρεῖ τις, Σὺ **πίστιν** ἔχεις, κἀγὼ ἔργα ἔχω· δεῖξόν μοι τὴν **πίστιν** σου χωρὶς τῶν ἔργων, κἀγώ σοι δείξω ἐκ τῶν ἔργων μου τὴν **πίστιν.**
2:20 ὅτι ἡ **πίστις** χωρὶς τῶν ἔργων ἀργή ἐστιν;
2:22 βλέπεις ὅτι ἡ **πίστις** συνήργει τοῖς ἔργοις αὐτοῦ καὶ ἐκ τῶν ἔργων ἡ **πίστις** ἐτελειώθη,
2:24 ὁρᾶτε ὅτι ἐξ ἔργων δικαιοῦται ἄνθρωπος καὶ οὐκ ἐκ **πίστεως** μόνον.
2:26 οὕτως καὶ ἡ **πίστις** χωρὶς ἔργων νεκρά ἐστιν.
5:15 καὶ ἡ εὐχὴ τῆς **πίστεως** σώσει τὸν κάμνοντα καὶ ἐγερεῖ αὐτὸν ὁ κύριος·

1Pe 1: 5 τοὺς ἐν δυνάμει θεοῦ φρουρουμένους διὰ **πίστεως** εἰς σωτηρίαν ἑτοίμην ἀποκαλυφθῆναι ἐν καιρῷ ἐσχάτῳ.
1: 7 ἵνα τὸ δοκίμιον ὑμῶν τῆς **πίστεως** πολυτιμότερον χρυσίου τοῦ ἀπολλυμένου διὰ πυρὸς δὲ δοκιμαζομένου,
1: 9 κομιζόμενοι τὸ τέλος τῆς **πίστεως** [ὑμῶν] σωτηρίαν ψυχῶν.
1:21 ὥστε τὴν **πίστιν** ὑμῶν καὶ ἐλπίδα εἶναι εἰς θεόν.
5: 9 ᾧ ἀντίστητε στερεοὶ τῇ **πίστει** εἰδότες τὰ αὐτὰ τῶν παθημάτων τῇ ἐν [τῷ] κόσμῳ ὑμῶν ἀδελφότητι ἐπιτελεῖσθαι.

2Pe 1: 1 Συμεὼν Πέτρος δοῦλος καὶ ἀπόστολος Ἰησοῦ Χριστοῦ τοῖς ἰσότιμον ἡμῖν λαχοῦσιν **πίστιν** ἐν δικαιοσύνῃ τοῦ θεοῦ ἡμῶν
1: 5 καὶ αὐτὸ τοῦτο δὲ σπουδὴν πᾶσαν παρεισενέγκαντες ἐπιχορηγήσατε ἐν τῇ **πίστει** ὑμῶν τὴν ἀρετήν,

1Jn 5: 4 καὶ αὕτη ἐστὶν ἡ νίκη ἡ νικήσασα τὸν κόσμον, ἡ **πίστις** ἡμῶν.

Jude 1: 3 ἀνάγκην ἔσχον γράψαι ὑμῖν παρακαλῶν ἐπαγωνίζεσθαι τῇ ἅπαξ παραδοθείσῃ τοῖς ἁγίοις **πίστει.**
1:20 ὑμεῖς δέ, ἀγαπητοί, ἐποικοδομοῦντες ἑαυτοὺς τῇ ἁγιωτάτῃ ὑμῶν **πίστει,**

Rev 2:13 καὶ κρατεῖς τὸ ὄνομά μου καὶ οὐκ ἠρνήσω τὴν **πίστιν** μου καὶ ἐν ταῖς ἡμέραις Ἀντιπᾶς ὁ μάρτυς μου ὁ πιστός μου,
2:19 Οἶδά σου τὰ ἔργα καὶ τὴν ἀγάπην καὶ τὴν **πίστιν** καὶ τὴν διακονίαν καὶ τὴν ὑπομονήν σου,
13:10 Ὧδέ ἐστιν ἡ ὑπομονὴ καὶ ἡ **πίστις** τῶν ἁγίων.
14:12 οἱ τηροῦντες τὰς ἐντολὰς τοῦ θεοῦ καὶ τὴν **πίστιν** Ἰησοῦ.

4412 πιστός [67]

→ *601, 602, 603, 3898, 3899, 4409, 4410, 4411, 4413; cf. 4275*

Mt 24:45 Τίς ἄρα ἐστὶν ὁ **πιστὸς** δοῦλος καὶ φρόνιμος ὃν κατέστησεν ὁ κύριος ἐπὶ τῆς οἰκετείας αὐτοῦ τοῦ δοῦναι αὐτοῖς τὴν τροφὴν ἐν καιρῷ;
25:21 Εὖ, δοῦλε ἀγαθὲ καὶ **πιστέ,** ἐπὶ ὀλίγα ἦς **πιστός,** ἐπὶ πολλῶν σε καταστήσω·
25:23 Εὖ, δοῦλε ἀγαθὲ καὶ **πιστέ,** ἐπὶ ὀλίγα ἦς **πιστός,** ἐπὶ πολλῶν σε καταστήσω·

Lk 12:42 Τίς ἄρα ἐστὶν ὁ **πιστὸς** οἰκονόμος ὁ φρόνιμος,
16:10 ὁ **πιστὸς** ἐν ἐλαχίστῳ καὶ ἐν πολλῷ **πιστός** ἐστιν,
16:11 εἰ οὖν ἐν τῷ ἀδίκῳ μαμωνᾷ **πιστοὶ** οὐκ ἐγένεσθε,
16:12 καὶ εἰ ἐν τῷ ἀλλοτρίῳ **πιστοὶ** οὐκ ἐγένεσθε,
19:17 Εὖγε, ἀγαθὲ δοῦλε, ὅτι ἐν ἐλαχίστῳ **πιστὸς** ἐγένου,

Jn 20:27 καὶ ἴδε τὰς χεῖράς μου καὶ φέρε τὴν χεῖρά σου καὶ βάλε εἰς τὴν πλευράν μου, καὶ μὴ γίνου ἄπιστος ἀλλὰ **πιστός.**

Ac 10:45 ἐξέστησαν οἱ ἐκ περιτομῆς **πιστοὶ** ὅσοι συνῆλθαν τῷ Πέτρῳ,
13:34 οὕτως εἴρηκεν ὅτι Δώσω ὑμῖν τὰ ὅσια Δαυὶδ τὰ **πιστά.**
16: 1 καὶ ἰδοὺ μαθητής τις ἦν ἐκεῖ ὀνόματι Τιμόθεος, υἱὸς γυναικὸς Ἰουδαίας **πιστῆς,** πατρὸς δὲ Ἕλληνος,
16:15 παρεκάλεσεν λέγουσα, Εἰ κεκρίκατέ με **πιστὴν** τῷ κυρίῳ εἶναι,

1Co 1: 9 **πιστὸς** ὁ θεός, δι' οὗ ἐκλήθητε εἰς κοινωνίαν τοῦ υἱοῦ αὐτοῦ Ἰησοῦ Χριστοῦ τοῦ κυρίου ἡμῶν.
4: 2 ὧδε λοιπὸν ζητεῖται ἐν τοῖς οἰκονόμοις, ἵνα **πιστός** τις εὑρεθῇ.
4:17 ὅς ἐστίν μου τέκνον ἀγαπητὸν καὶ **πιστὸν** ἐν κυρίῳ,
7:25 γνώμην δὲ δίδωμι ὡς ἠλεημένος ὑπὸ κυρίου **πιστὸς** εἶναι.
10:13 **πιστὸς** δὲ ὁ θεός, ὃς οὐκ ἐάσει ὑμᾶς πειρασθῆναι ὑπὲρ ὃ δύνασθε ἀλλὰ ποιήσει σὺν τῷ πειρασμῷ καὶ τὴν ἔκβασιν τοῦ δύνασθαι ὑπενεγκεῖν.

2Co 1:18 **πιστὸς** δὲ ὁ θεὸς ὅτι ὁ λόγος ἡμῶν ὁ πρὸς ὑμᾶς οὐκ ἔστιν Ναὶ καὶ Οὔ.
6:15 τίς δὲ συμφώνησις Χριστοῦ πρὸς Βελιάρ, ἢ τίς μερὶς **πιστῷ** μετὰ ἀπίστου;

Gal 3: 9 ὥστε οἱ ἐκ πίστεως εὐλογοῦνται σὺν τῷ **πιστῷ** Ἀβραάμ.

Eph 1: 1 Παῦλος ἀπόστολος Χριστοῦ Ἰησοῦ διὰ θελήματος θεοῦ τοῖς ἁγίοις τοῖς οὖσιν [ἐν Ἐφέσῳ] καὶ **πιστοῖς** ἐν Χριστῷ Ἰησοῦ,
6:21 πάντα γνωρίσει ὑμῖν Τυχικὸς ὁ ἀγαπητὸς ἀδελφὸς καὶ **πιστὸς** διάκονος ἐν κυρίῳ,

Col 1: 2 τοῖς ἐν Κολοσσαῖς ἁγίοις καὶ **πιστοῖς** ἀδελφοῖς ἐν Χριστῷ,
1: 7 ὅς ἐστιν **πιστὸς** ὑπὲρ ὑμῶν διάκονος τοῦ Χριστοῦ,
4: 7 Τὰ κατ' ἐμὲ πάντα γνωρίσει ὑμῖν Τυχικὸς ὁ ἀγαπητὸς ἀδελφὸς καὶ **πιστὸς** διάκονος καὶ σύνδουλος ἐν κυρίῳ,
4: 9 σὺν Ὀνησίμῳ τῷ **πιστῷ** καὶ ἀγαπητῷ ἀδελφῷ, ὅς ἐστιν ἐξ ὑμῶν·

1Th 5:24 **πιστὸς** ὁ καλῶν ὑμᾶς, ὃς καὶ ποιήσει.

2Th 3: 3 **πιστὸς** δέ ἐστιν ὁ κύριος, ὃς στηρίξει ὑμᾶς καὶ φυλάξει ἀπὸ τοῦ πονηροῦ.

1Ti 1:12 Χάριν ἔχω τῷ ἐνδυναμώσαντί με Χριστῷ Ἰησοῦ τῷ κυρίῳ ἡμῶν, ὅτι **πιστόν** με ἡγήσατο θέμενος εἰς διακονίαν
1:15 **πιστὸς** ὁ λόγος καὶ πάσης ἀποδοχῆς ἄξιος, ὅτι Χριστὸς Ἰησοῦς ἦλθεν εἰς τὸν κόσμον ἁμαρτωλοὺς σῶσαι,
3: 1 **πιστὸς** [UBS; NIV **Πιστὸς ὁ λόγος· εἴ**] ὁ λόγος. Εἴ τις ἐπισκοπῆς ὀρέγεται, καλοῦ ἔργου ἐπιθυμεῖ.
3:11 γυναῖκας ὡσαύτως σεμνάς, μὴ διαβόλους, νηφαλίους, **πιστὰς** ἐν πᾶσιν.
4: 3 ἃ ὁ θεὸς ἔκτισεν εἰς μετάλημψιν μετὰ εὐχαριστίας τοῖς **πιστοῖς** καὶ ἐπεγνωκόσι τὴν ἀλήθειαν.
4: 9 **πιστὸς** ὁ λόγος καὶ πάσης ἀποδοχῆς ἄξιος·
4:10 ὅτι ἠλπίκαμεν ἐπὶ θεῷ ζῶντι, ὅς ἐστιν σωτὴρ πάντων ἀνθρώπων μάλιστα **πιστῶν.**
4:12 ἀλλὰ τύπος γίνου τῶν **πιστῶν** ἐν λόγῳ, ἐν ἀναστροφῇ,

5:16 εἴ τις **πιστὴ** ἔχει χήρας, ἐπαρκείτω αὐταῖς καὶ μὴ βαρείσθω ἡ ἐκκλησία,
6: 2 οἱ δὲ **πιστοὺς** ἔχοντες δεσπότας μὴ καταφρονείτωσαν, ὅτι ἀδελφοί εἰσιν, ἀλλὰ μᾶλλον δουλευέτωσαν, ὅτι **πιστοί** εἰσιν καὶ ἀγαπητοὶ οἱ τῆς εὐεργεσίας ἀντιλαμβανόμενοι.
2Ti 2: 2 ταῦτα παράθου **πιστοῖς** ἀνθρώποις, οἵτινες ἱκανοὶ ἔσονται καὶ ἑτέρους διδάξαι.
2:11 **πιστὸς** ὁ λόγος· εἰ γὰρ συναπεθάνομεν, καὶ συζήσομεν·
2:13 εἰ ἀπιστοῦμεν, ἐκεῖνος **πιστὸς** μένει, ἀρνήσασθαι γὰρ ἑαυτὸν οὐ δύναται.
Tit 1: 6 εἴ τίς ἐστιν ἀνέγκλητος, μιᾶς γυναικὸς ἀνήρ, τέκνα ἔχων **πιστά,**
1: 9 ἀντεχόμενον τοῦ κατὰ τὴν διδαχὴν **πιστοῦ** λόγου, ἵνα δυνατὸς ᾖ καὶ παρακαλεῖν ἐν τῇ διδασκαλίᾳ τῇ ὑγιαινούσῃ καὶ τοὺς ἀντιλέγοντας ἐλέγχειν.
3: 8 **Πιστὸς** ὁ λόγος· καὶ περὶ τούτων βούλομαί σε διαβεβαιοῦσθαι,
Heb 2:17 ἵνα ἐλεήμων γένηται καὶ **πιστὸς** ἀρχιερεὺς τὰ πρὸς τὸν θεὸν εἰς τὸ ἱλάσκεσθαι τὰς ἁμαρτίας τοῦ λαοῦ.
3: 2 **πιστὸν** ὄντα τῷ ποιήσαντι αὐτὸν ὡς καὶ Μωϋσῆς ἐν [ὅλῳ] τῷ οἴκῳ αὐτοῦ.
3: 5 καὶ Μωϋσῆς μὲν **πιστὸς** ἐν ὅλῳ τῷ οἴκῳ αὐτοῦ ὡς θεράπων εἰς μαρτύριον τῶν λαληθησομένων,
10:23 κατέχωμεν τὴν ὁμολογίαν τῆς ἐλπίδος ἀκλινῆ, **πιστὸς** γὰρ ὁ ἐπαγγειλάμενος,
11:11 Πίστει καὶ αὐτὴ Σάρρα στεῖρα δύναμιν εἰς καταβολὴν σπέρματος ἔλαβεν καὶ παρὰ καιρὸν ἡλικίας, ἐπεὶ **πιστὸν** ἡγήσατο τὸν ἐπαγγειλάμενον.
1Pe 1:21 τοὺς δι᾽ αὐτοῦ **πιστοὺς** εἰς θεὸν τὸν ἐγείραντα αὐτὸν ἐκ νεκρῶν καὶ δόξαν αὐτῷ δόντα,
4:19 ὥστε καὶ οἱ πάσχοντες κατὰ τὸ θέλημα τοῦ θεοῦ **πιστῷ** κτίστῃ παρατιθέσθωσαν τὰς ψυχὰς αὐτῶν ἐν ἀγαθοποιΐᾳ.
5:12 Διὰ Σιλουανοῦ ὑμῖν τοῦ **πιστοῦ** ἀδελφοῦ, ὡς λογίζομαι,
1Jn 1: 9 ἐὰν ὁμολογῶμεν τὰς ἁμαρτίας ἡμῶν, **πιστός** ἐστιν καὶ δίκαιος,
3Jn 1: 5 **πιστὸν** ποιεῖς ὃ ἐὰν ἐργάσῃ εἰς τοὺς ἀδελφοὺς καὶ τοῦτο ξένους,
Rev 1: 5 καὶ ἀπὸ Ἰησοῦ Χριστοῦ, ὁ μάρτυς, ὁ **πιστός,**
2:10 γίνου **πιστὸς** ἄχρι θανάτου, καὶ δώσω σοι τὸν στέφανον τῆς ζωῆς.
2:13 καὶ κρατεῖς τὸ ὄνομά μου καὶ οὐκ ἠρνήσω τὴν πίστιν μου καὶ ἐν ταῖς ἡμέραις Ἀντιπᾶς ὁ μάρτυς μου ὁ **πιστός** μου,
3:14 Τάδε λέγει ὁ Ἀμήν, ὁ μάρτυς ὁ **πιστὸς** καὶ ἀληθινός,
17:14 ὅτι κύριος κυρίων ἐστὶν καὶ βασιλεὺς βασιλέων καὶ οἱ μετ᾽ αὐτοῦ κλητοὶ καὶ ἐκλεκτοὶ καὶ **πιστοί.**
19:11 καὶ ἰδοὺ ἵππος λευκὸς καὶ ὁ καθήμενος ἐπ᾽ αὐτὸν [καλούμενος] **πιστὸς** καὶ ἀληθινός,
21: 5 ὅτι οὗτοι οἱ λόγοι **πιστοὶ** καὶ ἀληθινοί εἰσιν.
22: 6 Καὶ εἶπέν μοι, Οὗτοι οἱ λόγοι **πιστοὶ** καὶ ἀληθινοί,

4413 πιστόω [1]

√ *4412*

2Ti 3:14 σὺ δὲ μένε ἐν οἷς ἔμαθες καὶ **ἐπιστώθης,**

4414 πλανάω [39]

√ *4415*

μὴ πλανᾶσθε [4] 1Co 6:9; 15:33; Gal 6:7; Jas 1:16

πλανάω ἀπό [1] Jas 5:19

Mt 18:12 ἐὰν γένηταί τινι ἀνθρώπῳ ἑκατὸν πρόβατα καὶ **πλανηθῇ** ἓν ἐξ αὐτῶν, οὐχὶ ἀφήσει τὰ ἐνενήκοντα ἐννέα ἐπὶ τὰ ὄρη καὶ πορευθεὶς ζητεῖ τὸ **πλανώμενον;**
18:13 ἀμὴν λέγω ὑμῖν ὅτι χαίρει ἐπ᾽ αὐτῷ μᾶλλον ἢ ἐπὶ τοῖς ἐνενήκοντα ἐννέα τοῖς μὴ **πεπλανημένοις.**
22:29 **Πλανᾶσθε** μὴ εἰδότες τὰς γραφὰς μηδὲ τὴν δύναμιν τοῦ θεοῦ·
24: 4 καὶ ἀποκριθεὶς ὁ Ἰησοῦς εἶπεν αὐτοῖς, Βλέπετε μή τις ὑμᾶς **πλανήσῃ·**
24: 5 πολλοὶ γὰρ ἐλεύσονται ἐπὶ τῷ ὀνόματί μου λέγοντες, Ἐγώ εἰμι ὁ Χριστός, καὶ πολλοὺς **πλανήσουσιν.**
24:11 καὶ πολλοὶ ψευδοπροφῆται ἐγερθήσονται καὶ **πλανήσουσιν** πολλούς·
24:24 ἐγερθήσονται γὰρ ψευδόχριστοι καὶ ψευδοπροφῆται καὶ δώσουσιν σημεῖα μεγάλα καὶ τέρατα ὥστε **πλανῆσαι,**
Mk 12:24 Οὐ διὰ τοῦτο **πλανᾶσθε** μὴ εἰδότες τὰς γραφὰς μηδὲ τὴν δύναμιν τοῦ θεοῦ;
12:27 οὐκ ἔστιν θεὸς νεκρῶν ἀλλὰ ζώντων· πολὺ **πλανᾶσθε.**
13: 5 ὁ δὲ Ἰησοῦς ἤρξατο λέγειν αὐτοῖς, Βλέπετε μή τις ὑμᾶς **πλανήσῃ·**
13: 6 πολλοὶ ἐλεύσονται ἐπὶ τῷ ὀνόματί μου λέγοντες ὅτι Ἐγώ εἰμι, καὶ πολλοὺς **πλανήσουσιν.**
Lk 21: 8 ὁ δὲ εἶπεν, Βλέπετε μὴ **πλανηθῆτε·** πολλοὶ γὰρ ἐλεύσονται ἐπὶ τῷ ὀνόματί μου λέγοντες,
Jn 7:12 ἄλλοι [δὲ] ἔλεγον, Οὔ, ἀλλὰ **πλανᾷ** τὸν ὄχλον.
7:47 ἀπεκρίθησαν οὖν αὐτοῖς οἱ Φαρισαῖοι, Μὴ καὶ ὑμεῖς **πεπλάνησθε;**
1Co 6: 9 μὴ **πλανᾶσθε·** οὔτε πόρνοι οὔτε εἰδωλολάτραι οὔτε μοιχοὶ οὔτε μαλακοὶ οὔτε ἀρσενοκοῖται
15:33 μὴ **πλανᾶσθε·** Φθείρουσιν ἤθη χρηστὰ ὁμιλίαι κακαί.
Gal 6: 7 Μὴ **πλανᾶσθε,** θεὸς οὐ μυκτηρίζεται. ὃ γὰρ ἐὰν σπείρῃ ἄνθρωπος,
2Ti 3:13 πονηροὶ δὲ ἄνθρωποι καὶ γόητες προκόψουσιν ἐπὶ τὸ χεῖρον πλανῶντες καὶ **πλανώμενοι.**
Tit 3: 3 ἀπειθεῖς, **πλανώμενοι,** δουλεύοντες ἐπιθυμίαις καὶ ἡδοναῖς ποικίλαις, ἐν κακίᾳ καὶ φθόνῳ διάγοντες,
Heb 3:10 Ἀεὶ **πλανῶνται** τῇ καρδίᾳ, αὐτοὶ δὲ οὐκ ἔγνωσαν τὰς ὁδούς μου,
5: 2 μετριοπαθεῖν δυνάμενος τοῖς ἀγνοοῦσιν καὶ **πλανωμένοις,** ἐπεὶ καὶ αὐτὸς περίκειται ἀσθένειαν
11:38 ἐπὶ ἐρημίαις **πλανώμενοι** καὶ ὄρεσιν καὶ σπηλαίοις καὶ ταῖς ὀπαῖς τῆς γῆς.
Jas 1:16 Μὴ **πλανᾶσθε,** ἀδελφοί μου ἀγαπητοί.
5:19 ἐάν τις ἐν ὑμῖν **πλανηθῇ** ἀπὸ τῆς ἀληθείας καὶ ἐπιστρέψῃ τις αὐτόν,
1Pe 2:25 ἦτε γὰρ ὡς πρόβατα **πλανώμενοι,** ἀλλὰ ἐπεστράφητε νῦν ἐπὶ τὸν ποιμένα καὶ ἐπίσκοπον τῶν ψυχῶν ὑμῶν.
2Pe 2:15 καταλείποντες εὐθεῖαν ὁδὸν **ἐπλανήθησαν,** ἐξακολουθήσαντες τῇ ὁδῷ τοῦ Βαλαὰμ τοῦ Βοσόρ,
1Jn 1: 8 ἑαυτοὺς **πλανῶμεν** καὶ ἡ ἀλήθεια οὐκ ἔστιν ἐν ἡμῖν.
2:26 Ταῦτα ἔγραψα ὑμῖν περὶ τῶν **πλανώντων** ὑμᾶς.
3: 7 Τεκνία, μηδεὶς **πλανάτω** ὑμᾶς· ὁ ποιῶν τὴν δικαιοσύνην δίκαιός ἐστιν,
Rev 2:20 ἡ λέγουσα ἑαυτὴν προφῆτιν καὶ διδάσκει καὶ **πλανᾷ** τοὺς ἐμοὺς δούλους πορνεῦσαι καὶ φαγεῖν εἰδωλόθυτα.
12: 9 ὁ **πλανῶν** τὴν οἰκουμένην ὅλην, ἐβλήθη εἰς τὴν γῆν,
13:14 καὶ **πλανᾷ** τοὺς κατοικοῦντας ἐπὶ τῆς γῆς διὰ τὰ σημεῖα ἃ ἐδόθη αὐτῷ ποιῆσαι ἐνώπιον τοῦ θηρίου,
18:23 ὅτι ἐν τῇ φαρμακείᾳ σου **ἐπλανήθησαν** πάντα τὰ ἔθνη,
19:20 ἐν οἷς **ἐπλάνησεν** τοὺς λαβόντας τὸ χάραγμα τοῦ θηρίου καὶ τοὺς προσκυνοῦντας τῇ εἰκόνι αὐτοῦ·
20: 3 ἵνα μὴ **πλανήσῃ** ἔτι τὰ ἔθνη ἄχρι τελεσθῇ τὰ χίλια ἔτη.
20: 8 καὶ ἐξελεύσεται **πλανῆσαι** τὰ ἔθνη τὰ ἐν ταῖς τέσσαρσιν γωνίαις τῆς γῆς,
20:10 καὶ ὁ διάβολος ὁ **πλανῶν** αὐτοὺς ἐβλήθη εἰς τὴν λίμνην τοῦ πυρὸς καὶ θείου ὅπου καὶ τὸ θηρίον καὶ ὁ ψευδοπροφήτης,

4415 πλάνη [10]

→ *675, 4414, 4416, 4417, 4418*

Mt 27:64 καὶ ἔσται ἡ ἐσχάτη **πλάνη** χείρων τῆς πρώτης.
Ro 1:27 ἄρσενες ἐν ἄρσεσιν τὴν ἀσχημοσύνην κατεργαζόμενοι καὶ τὴν ἀντιμισθίαν ἣν ἔδει τῆς **πλάνης** αὐτῶν ἐν ἑαυτοῖς ἀπολαμβάνοντες.
Eph 4:14 καὶ περιφερόμενοι παντὶ ἀνέμῳ τῆς διδασκαλίας ἐν τῇ κυβείᾳ τῶν ἀνθρώπων, ἐν πανουργίᾳ πρὸς τὴν μεθοδείαν τῆς **πλάνης,**
1Th 2: 3 ἡ γὰρ παράκλησις ἡμῶν οὐκ ἐκ **πλάνης** οὐδὲ ἐξ ἀκαθαρσίας οὐδὲ ἐν δόλῳ,
2Th 2:11 καὶ διὰ τοῦτο πέμπει αὐτοῖς ὁ θεὸς ἐνέργειαν **πλάνης** εἰς τὸ πιστεῦσαι αὐτοὺς τῷ ψεύδει,
Jas 5:20 γινωσκέτω ὅτι ὁ ἐπιστρέψας ἁμαρτωλὸν ἐκ **πλάνης** ὁδοῦ αὐτοῦ σώσει ψυχὴν αὐτοῦ ἐκ θανάτου καὶ καλύψει πλῆθος ἁμαρτιῶν.
2Pe 2:18 δελεάζουσιν ἐν ἐπιθυμίαις σαρκὸς ἀσελγείαις τοὺς ὀλίγως ἀποφεύγοντας τοὺς ἐν **πλάνῃ** ἀναστρεφομένους,
3:17 ἵνα μὴ τῇ τῶν ἀθέσμων **πλάνῃ** συναπαχθέντες ἐκπέσητε τοῦ ἰδίου στηριγμοῦ,
1Jn 4: 6 ἐκ τούτου γινώσκομεν τὸ πνεῦμα τῆς ἀληθείας καὶ τὸ πνεῦμα τῆς **πλάνης.**
Jude 1:11 ὅτι τῇ ὁδῷ τοῦ Κάϊν ἐπορεύθησαν καὶ τῇ **πλάνῃ** τοῦ Βαλαὰμ μισθοῦ ἐξεχύθησαν καὶ τῇ ἀντιλογίᾳ τοῦ Κόρε ἀπώλοντο.

4416 πλάνης Not used in UBS/NIV

√ *4415*

4417 πλανήτης [1]

√ *4415*

Jude 1:13 ἀστέρες **πλανῆται** οἷς ὁ ζόφος τοῦ σκότους εἰς αἰῶνα τετήρηται.

4418 πλάνος [5]

√ *4415*

Mt 27:63 ἐμνήσθημεν ὅτι ἐκεῖνος ὁ **πλάνος** εἶπεν ἔτι ζῶν,
2Co 6: 8 διὰ δυσφημίας καὶ εὐφημίας· ὡς **πλάνοι** καὶ ἀληθεῖς,
1Ti 4: 1 Τὸ δὲ πνεῦμα ῥητῶς λέγει ὅτι ἐν ὑστέροις καιροῖς ἀποστήσονταί τινες τῆς πίστεως προσέχοντες πνεύμασιν **πλάνοις** καὶ διδασκαλίαις δαιμονίων,
2Jn 1: 7 ὅτι πολλοὶ **πλάνοι** ἐξῆλθον εἰς τὸν κόσμον, οἱ μὴ ὁμολογοῦντες Ἰησοῦν Χριστὸν ἐρχόμενον ἐν σαρκί· οὗτός ἐστιν ὁ **πλάνος** καὶ ὁ ἀντίχριστος.

4419 πλάξ [3]

2Co 3: 3 οὐκ ἐν **πλαξὶν** λιθίναις ἀλλ᾽ ἐν **πλαξὶν** καρδίαις σαρκίναις.
Heb 9: 4 ἐν ᾗ στάμνος χρυσῆ ἔχουσα τὸ μάννα καὶ ἡ ῥάβδος Ἀαρὼν ἡ βλαστήσασα καὶ αἱ **πλάκες** τῆς διαθήκης,

4420 πλάσμα [1]

√ *4421*

Ro 9:20 μὴ ἐρεῖ τὸ **πλάσμα** τῷ πλάσαντι, Τί με ἐποίησας οὕτως;

4421 πλάσσω [2]

→ *4420, 4422*

Ro 9:20 μὴ ἐρεῖ τὸ πλάσμα τῷ **πλάσαντι,** Τί με ἐποίησας οὕτως;
1Ti 2:13 Ἀδὰμ γὰρ πρῶτος **ἐπλάσθη,** εἶτα Εὕα.

4422 πλαστός [1]

√ *4421*

2Pe 2: 3 καὶ ἐν πλεονεξίᾳ **πλαστοῖς** λόγοις ὑμᾶς ἐμπορεύσονται, οἷς τὸ κρίμα ἔκπαλαι οὐκ ἀργεῖ καὶ ἡ ἀπώλεια αὐτῶν οὐ νυστάζει.

4423 πλατεῖα [9]

√ *4426*

Mt 6: 5 ὅτι φιλοῦσιν ἐν ταῖς συναγωγαῖς καὶ ἐν ταῖς γωνίαις τῶν **πλατειῶν** ἑστῶτες προσεύχεσθαι,
12:19 οὐδὲ ἀκούσει τις ἐν ταῖς **πλατείαις** τὴν φωνὴν αὐτοῦ.
Lk 10:10 εἰς ἣν δ᾽ ἂν πόλιν εἰσέλθητε καὶ μὴ δέχωνται ὑμᾶς, ἐξελθόντες εἰς τὰς **πλατείας** αὐτῆς εἴπατε,
13:26 Ἐφάγομεν ἐνώπιόν σου καὶ ἐπίομεν καὶ ἐν ταῖς **πλατείαις** ἡμῶν ἐδίδαξας·
14:21 Ἔξελθε ταχέως εἰς τὰς **πλατείας** καὶ ῥύμας τῆς πόλεως καὶ τοὺς πτωχοὺς καὶ ἀναπείρους καὶ τυφλοὺς καὶ χωλοὺς
Ac 5:15 ὥστε καὶ εἰς τὰς **πλατείας** ἐκφέρειν τοὺς ἀσθενεῖς καὶ τιθέναι ἐπὶ κλιναρίων καὶ κραβάττων,
Rev 11: 8 τὸ πτῶμα αὐτῶν ἐπὶ τῆς **πλατείας** τῆς πόλεως τῆς μεγάλης,
21:21 καὶ ἡ **πλατεῖα** τῆς πόλεως χρυσίον καθαρὸν ὡς ὕαλος διαυγής.
22: 2 ἐν μέσῳ τῆς **πλατείας** αὐτῆς καὶ τοῦ ποταμοῦ ἐντεῦθεν καὶ ἐκεῖθεν ξύλον ζωῆς ποιοῦν καρποὺς δώδεκα,

4424 πλάτος [4]

√ *4426*

Eph 3:18 ἵνα ἐξισχύσητε καταλαβέσθαι σὺν πᾶσιν τοῖς ἁγίοις τί τὸ **πλάτος** καὶ μῆκος καὶ ὕψος καὶ βάθος,
Rev 20: 9 καὶ ἀνέβησαν ἐπὶ τὸ **πλάτος** τῆς γῆς καὶ ἐκύκλευσαν τὴν παρεμβολὴν τῶν ἁγίων καὶ τὴν πόλιν τὴν ἠγαπημένην,
21:16 καὶ ἡ πόλις τετράγωνος κεῖται καὶ τὸ μῆκος αὐτῆς ὅσον [καὶ] τὸ **πλάτος.** καὶ ἐμέτρησεν τὴν πόλιν τῷ καλάμῳ ἐπὶ σταδίων δώδεκα χιλιάδων, τὸ μῆκος καὶ τὸ **πλάτος** καὶ τὸ ὕψος αὐτῆς ἴσα ἐστίν.

4425 πλατύνω [3]

√ *4426*

Mt 23: 5 **πλατύνουσιν** γὰρ τὰ φυλακτήρια αὐτῶν καὶ μεγαλύνουσιν τὰ κράσπεδα,
2Co 6:11 Τὸ στόμα ἡμῶν ἀνέῳγεν πρὸς ὑμᾶς, Κορίνθιοι, ἡ καρδία ἡμῶν **πεπλάτυνται·**
6:13 τὴν δὲ αὐτὴν ἀντιμισθίαν, ὡς τέκνοις λέγω, **πλατύνθητε** καὶ ὑμεῖς.

4426 πλατύς [1]

→ *4423, 4424, 4425*

Mt 7:13 ὅτι **πλατεῖα** ἡ πύλη καὶ εὐρύχωρος ἡ ὁδὸς ἡ ἀπάγουσα εἰς τὴν ἀπώλειαν καὶ πολλοί εἰσιν οἱ εἰσερχόμενοι δι᾽ αὐτῆς·

4427 πλέγμα [1]

√ *4428*

1Ti 2: 9 μὴ ἐν **πλέγμασιν** καὶ χρυσίῳ ἢ μαργαρίταις ἢ ἱματισμῷ πολυτελεῖ,

4428 πλέκω [3]

→ *1861, 1862, 4427, 4451*

Mt 27:29 καὶ **πλέξαντες** στέφανον ἐξ ἀκανθῶν ἐπέθηκαν ἐπὶ τῆς κεφαλῆς αὐτοῦ καὶ κάλαμον ἐν τῇ δεξιᾷ αὐτοῦ,
Mk 15:17 καὶ ἐνδιδύσκουσιν αὐτὸν πορφύραν καὶ περιτιθέασιν αὐτῷ **πλέξαντες** ἀκάνθινον στέφανον·
Jn 19: 2 καὶ οἱ στρατιῶται **πλέξαντες** στέφανον ἐξ ἀκανθῶν ἐπέθηκαν αὐτοῦ τῇ κεφαλῇ καὶ ἱμάτιον πορφυροῦν περιέβαλον αὐτὸν

4429 πλεονάζω [9]

√ *4444*

Ro 5:20 νόμος δὲ παρεισῆλθεν, ἵνα **πλεονάσῃ** τὸ παράπτωμα· οὗ δὲ **ἐπλεόνασεν** ἡ ἁμαρτία, ὑπερεπερίσσευσεν ἡ χάρις,
6: 1 Τί οὖν ἐροῦμεν; ἐπιμένωμεν τῇ ἁμαρτίᾳ, ἵνα ἡ χάρις **πλεονάσῃ;**
2Co 4:15 ἵνα ἡ χάρις **πλεονάσασα** διὰ τῶν πλειόνων τὴν εὐχαριστίαν περισσεύσῃ εἰς τὴν δόξαν τοῦ θεοῦ.
8:15 καθὼς γέγραπται, Ὁ τὸ πολὺ οὐκ **ἐπλεόνασεν,** καὶ ὁ τὸ ὀλίγον οὐκ ἠλαττόνησεν.
Php 4:17 ἀλλὰ ἐπιζητῶ τὸν καρπὸν τὸν **πλεονάζοντα** εἰς λόγον ὑμῶν.
1Th 3:12 ὑμᾶς δὲ ὁ κύριος **πλεονάσαι** καὶ περισσεύσαι τῇ ἀγάπῃ εἰς ἀλλήλους καὶ εἰς πάντας καθάπερ καὶ ἡμεῖς εἰς ὑμᾶς,
2Th 1: 3 ὅτι ὑπεραυξάνει ἡ πίστις ὑμῶν καὶ **πλεονάζει** ἡ ἀγάπη ἑνὸς ἑκάστου πάντων ὑμῶν εἰς ἀλλήλους,
2Pe 1: 8 ὑμῖν ὑπάρχοντα καὶ **πλεονάζοντα** οὐκ ἀργοὺς οὐδὲ ἀκάρπους καθίστησιν εἰς τὴν τοῦ κυρίου ἡμῶν Ἰησοῦ Χριστοῦ ἐπίγνωσιν·

4430 πλεονεκτέω [5]

√ *4444 + 2400*

2Co 2:11 ἵνα μὴ **πλεονεκτηθῶμεν** ὑπὸ τοῦ Σατανᾶ· οὐ γὰρ αὐτοῦ τὰ νοήματα ἀγνοοῦμεν.
7: 2 Χωρήσατε ἡμᾶς· οὐδένα ἠδικήσαμεν, οὐδένα ἐφθείραμεν, οὐδένα **ἐπλεονεκτήσαμεν.**
12:17 μή τινα ὧν ἀπέσταλκα πρὸς ὑμᾶς, δι᾽ αὐτοῦ **ἐπλεονέκτησα** ὑμᾶς;
12:18 παρεκάλεσα Τίτον καὶ συναπέστειλα τὸν ἀδελφόν· μήτι **ἐπλεονέκτησεν** ὑμᾶς Τίτος;
1Th 4: 6 τὸ μὴ ὑπερβαίνειν καὶ **πλεονεκτεῖν** ἐν τῷ πράγματι τὸν ἀδελφὸν αὐτοῦ,

4431 πλεονέκτης [4]

√ *4444 + 2400*

1Co 5:10 οὐ πάντως τοῖς πόρνοις τοῦ κόσμου τούτου ἢ τοῖς **πλεονέκταις** καὶ ἅρπαξιν ἢ εἰδωλολάτραις,
5:11 μὴ συναναμίγνυσθαι ἐάν τις ἀδελφὸς ὀνομαζόμενος ᾖ πόρνος ἢ **πλεονέκτης** ἢ εἰδωλολάτρης ἢ λοίδορος ἢ μέθυσος ἢ ἅρπαξ,
6:10 οὔτε κλέπται οὔτε **πλεονέκται,** οὐ μέθυσοι, οὐ λοίδοροι,

Eph 5: 5 ὅτι πᾶς πόρνος ἢ ἀκάθαρτος ἢ **πλεονέκτης,** ὅ ἐστιν εἰδωλολάτρης,

4432 πλεονεξία [10]

√ *4444 + 2400*

Mk 7:22 μοιχεῖαι, **πλεονεξίαι,** πονηρίαι, δόλος, ἀσέλγεια, ὀφθαλμὸς πονηρός, βλασφημία,

Lk 12:15 εἶπεν δὲ πρὸς αὐτούς, Ὁρᾶτε καὶ φυλάσσεσθε ἀπὸ πάσης **πλεονεξίας,**

Ro 1:29 πεπληρωμένους πάσῃ ἀδικίᾳ πονηρίᾳ **πλεονεξίᾳ** κακίᾳ, μεστοὺς φθόνου φόνου ἔριδος δόλου κακοηθείας,

2Co 9: 5 ταύτην ἑτοίμην εἶναι οὕτως ὡς εὐλογίαν καὶ μὴ ὡς **πλεονεξίαν.**

Eph 4:19 οἵτινες ἀπηλγηκότες ἑαυτοὺς παρέδωκαν τῇ ἀσελγείᾳ εἰς ἐργασίαν ἀκαθαρσίας πάσης ἐν **πλεονεξίᾳ.**

5: 3 πορνεία δὲ καὶ ἀκαθαρσία πᾶσα ἢ **πλεονεξία** μηδὲ ὀνομαζέσθω ἐν ὑμῖν,

Col 3: 5 πορνείαν ἀκαθαρσίαν πάθος ἐπιθυμίαν κακήν, καὶ τὴν **πλεονεξίαν,** ἥτις ἐστὶν εἰδωλολατρία,

1Th 2: 5 καθὼς οἴδατε, οὔτε ἐν προφάσει **πλεονεξίας,** θεὸς μάρτυς,

2Pe 2: 3 καὶ ἐν **πλεονεξίᾳ** πλαστοῖς λόγοις ὑμᾶς ἐμπορεύσονται, οἷς τὸ κρίμα ἔκπαλαι οὐκ ἀργεῖ καὶ ἡ ἀπώλεια αὐτῶν οὐ νυστάζει.

2:14 δελεάζοντες ψυχὰς ἀστηρίκτους, καρδίαν γεγυμνασμένην **πλεονεξίας** ἔχοντες, κατάρας τέκνα·

4433 πλευρά [5]

Jn 19:34 ἀλλ' εἷς τῶν στρατιωτῶν λόγχῃ αὐτοῦ τὴν **πλευρὰν** ἔνυξεν,

20:20 καὶ τοῦτο εἰπὼν ἔδειξεν τὰς χεῖρας καὶ τὴν **πλευρὰν** αὐτοῖς.

20:25 καὶ βάλω τὸν δάκτυλόν μου εἰς τὸν τύπον τῶν ἥλων καὶ βάλω μου τὴν χεῖρα εἰς τὴν **πλευρὰν** αὐτοῦ,

20:27 Φέρε τὸν δάκτυλόν σου ὧδε καὶ ἴδε τὰς χεῖράς μου καὶ φέρε τὴν χεῖρά σου καὶ βάλε εἰς τὴν **πλευράν** μου,

Ac 12: 7 πατάξας δὲ τὴν **πλευρὰν** τοῦ Πέτρου ἤγειρεν αὐτὸν λέγων,

4434 πλέω [6]

→ *676, 1095, 1386, 1739, 2929, 4179, 4449, 4450, 4452, 4453, 5709*

Lk 8:23 **πλεόντων** δὲ αὐτῶν ἀφύπνωσεν. καὶ κατέβη λαῖλαψ ἀνέμου εἰς τὴν λίμνην καὶ συνεπληροῦντο καὶ ἐκινδύνευον.

Ac 21: 3 ἀναφάναντες δὲ τὴν Κύπρον καὶ καταλιπόντες αὐτὴν εὐώνυμον **ἐπλέομεν** εἰς Συρίαν καὶ κατήλθομεν εἰς Τύρον·

27: 2 ἐπιβάντες δὲ πλοίῳ Ἀδραμυττηνῷ μέλλοντι **πλεῖν** εἰς τοὺς κατὰ τὴν Ἀσίαν τόπους ἀνήχθημεν

27: 6 κἀκεῖ εὑρὼν ὁ ἑκατοντάρχης πλοῖον Ἀλεξανδρῖνον **πλέον** εἰς τὴν Ἰταλίαν ἐνεβίβασεν ἡμᾶς εἰς αὐτό.

27:24 καὶ ἰδοὺ κεχάρισταί σοι ὁ θεὸς πάντας τοὺς **πλέοντας** μετὰ σοῦ.

Rev 18:17 Καὶ πᾶς κυβερνήτης καὶ πᾶς ὁ ἐπὶ τόπον **πλέων** καὶ ναῦται καὶ ὅσοι τὴν θάλασσαν ἐργάζονται,

4435 πληγή [22]

√ *4448*

Lk 10:30 οἳ καὶ ἐκδύσαντες αὐτὸν καὶ **πληγὰς** ἐπιθέντες ἀπῆλθον ἀφέντες ἡμιθανῆ.

12:48 ὁ δὲ μὴ γνούς, ποιήσας δὲ ἄξια **πληγῶν** δαρήσεται ὀλίγας.

Ac 16:23 πολλάς τε ἐπιθέντες αὐτοῖς **πληγὰς** ἔβαλον εἰς φυλακὴν παραγγείλαντες τῷ δεσμοφύλακι ἀσφαλῶς τηρεῖν αὐτούς.

16:33 καὶ παραλαβὼν αὐτοὺς ἐν ἐκείνῃ τῇ ὥρᾳ τῆς νυκτὸς ἔλουσεν ἀπὸ τῶν **πληγῶν,**

2Co 6: 5 ἐν **πληγαῖς,** ἐν φυλακαῖς, ἐν ἀκαταστασίαις, ἐν κόποις,

11:23 ἐν φυλακαῖς περισσοτέρως, ἐν **πληγαῖς** ὑπερβαλλόντως, ἐν θανάτοις πολλάκις.

Rev 9:18 ἀπὸ τῶν τριῶν **πληγῶν** τούτων ἀπεκτάνθησαν τὸ τρίτον τῶν ἀνθρώπων,

9:20 Καὶ οἱ λοιποὶ τῶν ἀνθρώπων, οἳ οὐκ ἀπεκτάνθησαν ἐν ταῖς **πληγαῖς** ταύταις,

11: 6 καὶ ἐξουσίαν ἔχουσιν ἐπὶ τῶν ὑδάτων στρέφειν αὐτὰ εἰς αἷμα καὶ πατάξαι τὴν γῆν ἐν πάσῃ **πληγῇ** ὁσάκις ἐὰν θελήσωσιν.

13: 3 καὶ μίαν ἐκ τῶν κεφαλῶν αὐτοῦ ὡς ἐσφαγμένην εἰς θάνατον, καὶ ἡ **πληγὴ** τοῦ θανάτου αὐτοῦ ἐθεραπεύθη.

13:12 καὶ τοὺς ἐν αὐτῇ κατοικοῦντας ἵνα προσκυνήσουσιν τὸ θηρίον τὸ πρῶτον, οὗ ἐθεραπεύθη ἡ **πληγὴ** τοῦ θανάτου αὐτοῦ.

13:14 ὃς ἔχει τὴν **πληγὴν** τῆς μαχαίρης καὶ ἔζησεν.

15: 1 ἀγγέλους ἑπτὰ ἔχοντας **πληγὰς** ἑπτὰ τὰς ἐσχάτας, ὅτι ἐν αὐταῖς ἐτελέσθη ὁ θυμὸς τοῦ θεοῦ.

15: 6 καὶ ἐξῆλθον οἱ ἑπτὰ ἄγγελοι [οἱ] ἔχοντες τὰς ἑπτὰ **πληγὰς** ἐκ τοῦ ναοῦ ἐνδεδυμένοι λίνον καθαρὸν λαμπρὸν

15: 8 καὶ οὐδεὶς ἐδύνατο εἰσελθεῖν εἰς τὸν ναὸν ἄχρι τελεσθῶσιν αἱ ἑπτὰ **πληγαὶ** τῶν ἑπτὰ ἀγγέλων.

16: 9 καὶ ἐκαυματίσθησαν οἱ ἄνθρωποι καῦμα μέγα καὶ ἐβλασφήμησαν τὸ ὄνομα τοῦ θεοῦ τοῦ ἔχοντος τὴν ἐξουσίαν ἐπὶ τὰς **πληγὰς** ταύτας καὶ οὐ μετενόησαν δοῦναι αὐτῷ δόξαν.

16:21 καὶ ἐβλασφήμησαν οἱ ἄνθρωποι τὸν θεὸν ἐκ τῆς **πληγῆς** τῆς χαλάζης, ὅτι μεγάλη ἐστὶν ἡ **πληγὴ** αὐτῆς σφόδρα.

18: 4 καὶ ἐκ τῶν **πληγῶν** αὐτῆς ἵνα μὴ λάβητε,

18: 8 διὰ τοῦτο ἐν μιᾷ ἡμέρᾳ ἥξουσιν αἱ **πληγαὶ** αὐτῆς,

21: 9 Καὶ ἦλθεν εἷς ἐκ τῶν ἑπτὰ ἀγγέλων τῶν ἐχόντων τὰς ἑπτὰ φιάλας τῶν γεμόντων τῶν ἑπτὰ **πληγῶν** τῶν ἐσχάτων

22:18 ἐπιθήσει ὁ θεὸς ἐπ' αὐτὸν τὰς **πληγὰς** τὰς γεγραμμένας ἐν τῷ βιβλίῳ τούτῳ,

4436 πλῆθος [31]

√ *4398*

Mk 3: 7 καὶ πολὺ **πλῆθος** ἀπὸ τῆς Γαλιλαίας [ἠκολούθησεν,] καὶ ἀπὸ τῆς Ἰουδαίας

3: 8 **πλῆθος** πολὺ ἀκούοντες ὅσα ἐποίει ἦλθον πρὸς αὐτόν.

Lk 1:10 καὶ πᾶν τὸ **πλῆθος** ἦν τοῦ λαοῦ προσευχόμενον ἔξω τῇ ὥρᾳ τοῦ θυμιάματος.

2:13 καὶ ἐξαίφνης ἐγένετο σὺν τῷ ἀγγέλῳ **πλῆθος** στρατιᾶς οὐρανίου αἰνούντων τὸν θεὸν καὶ λεγόντων,

5: 6 καὶ τοῦτο ποιήσαντες συνέκλεισαν **πλῆθος** ἰχθύων πολύ, διερρήσσετο δὲ τὰ δίκτυα αὐτῶν.

6:17 καὶ **πλῆθος** πολὺ τοῦ λαοῦ ἀπὸ πάσης τῆς Ἰουδαίας καὶ Ἰερουσαλὴμ καὶ τῆς παραλίου Τύρου καὶ Σιδῶνος,

8:37 καὶ ἠρώτησεν αὐτὸν ἅπαν τὸ **πλῆθος** τῆς περιχώρου τῶν Γερασηνῶν ἀπελθεῖν ἀπ' αὐτῶν,

19:37 ἤρξαντο ἅπαν τὸ **πλῆθος** τῶν μαθητῶν χαίροντες αἰνεῖν τὸν θεὸν φωνῇ μεγάλῃ περὶ πασῶν ὧν εἶδον δυνάμεων,

23: 1 Καὶ ἀναστὰν ἅπαν τὸ **πλῆθος** αὐτῶν ἤγαγον αὐτὸν ἐπὶ τὸν Πιλᾶτον.

23:27 Ἠκολούθει δὲ αὐτῷ πολὺ **πλῆθος** τοῦ λαοῦ καὶ γυναικῶν αἳ ἐκόπτοντο καὶ ἐθρήνουν αὐτόν.

Jn 5: 3 ἐν ταύταις κατέκειτο **πλῆθος** τῶν ἀσθενούντων, τυφλῶν, χωλῶν,

21: 6 καὶ οὐκέτι αὐτὸ ἑλκύσαι ἴσχυον ἀπὸ τοῦ **πλήθους** τῶν ἰχθύων.

Ac 2: 6 γενομένης δὲ τῆς φωνῆς ταύτης συνῆλθεν τὸ **πλῆθος** καὶ συνεχύθη,

4:32 Τοῦ δὲ **πλήθους** τῶν πιστευσάντων ἦν καρδία καὶ ψυχὴ μία,

5:14 μᾶλλον δὲ προσετίθεντο πιστεύοντες τῷ κυρίῳ, **πλήθη** ἀνδρῶν τε καὶ γυναικῶν,

5:16 συνήρχετο δὲ καὶ τὸ **πλῆθος** τῶν πέριξ πόλεων Ἰερουσαλὴμ φέροντες ἀσθενεῖς καὶ ὀχλουμένους ὑπὸ πνευμάτων ἀκαθάρτων,

6: 2 προσκαλεσάμενοι δὲ οἱ δώδεκα τὸ **πλῆθος** τῶν μαθητῶν εἶπαν,

6: 5 καὶ ἤρεσεν ὁ λόγος ἐνώπιον παντὸς τοῦ **πλήθους** καὶ ἐξελέξαντο Στέφανον,

14: 1 εἰς τὴν συναγωγὴν τῶν Ἰουδαίων καὶ λαλῆσαι οὕτως ὥστε πιστεῦσαι Ἰουδαίων τε καὶ Ἑλλήνων πολὺ **πλῆθος.**

14: 4 ἐσχίσθη δὲ τὸ **πλῆθος** τῆς πόλεως, καὶ οἱ μὲν ἦσαν σὺν τοῖς Ἰουδαίοις,

15:12 Ἐσίγησεν δὲ πᾶν τὸ **πλῆθος** καὶ ἤκουον Βαρναβᾶ καὶ Παύλου ἐξηγουμένων ὅσα ἐποίησεν ὁ θεὸς σημεῖα καὶ τέρατα

15:30 Οἱ μὲν οὖν ἀπολυθέντες κατῆλθον εἰς Ἀντιόχειαν, καὶ συναγαγόντες τὸ **πλῆθος** ἐπέδωκαν τὴν ἐπιστολήν.

17: 4 τῶν τε σεβομένων Ἑλλήνων **πλῆθος** πολύ, γυναικῶν τε τῶν πρώτων οὐκ ὀλίγαι.

19: 9 ὡς δέ τινες ἐσκληρύνοντο καὶ ἠπείθουν κακολογοῦντες τὴν ὁδὸν ἐνώπιον τοῦ **πλήθους,**

21:36 ἠκολούθει γὰρ τὸ **πλῆθος** τοῦ λαοῦ κράζοντες, Αἶρε αὐτόν.

23: 7 τοῦτο δὲ αὐτοῦ εἰπόντος ἐγένετο στάσις τῶν Φαρισαίων καὶ Σαδδουκαίων καὶ ἐσχίσθη τὸ **πλῆθος.**

25:24 περὶ οὗ ἅπαν τὸ **πλῆθος** τῶν Ἰουδαίων ἐνέτυχόν μοι ἔν τε Ἱεροσολύμοις καὶ ἐνθάδε βοῶντες μὴ δεῖν αὐτὸν ζῆν μηκέτι.

28: 3 συστρέψαντος δὲ τοῦ Παύλου φρυγάνων τι **πλῆθος** καὶ ἐπιθέντος ἐπὶ τὴν πυράν,

Heb 11:12 καθὼς τὰ ἄστρα τοῦ οὐρανοῦ τῷ **πλήθει** καὶ ὡς ἡ ἄμμος ἡ παρὰ τὸ χεῖλος τῆς θαλάσσης ἡ ἀναρίθμητος.

Jas 5:20 γινωσκέτω ὅτι ὁ ἐπιστρέψας ἁμαρτωλὸν ἐκ πλάνης ὁδοῦ αὐτοῦ σώσει ψυχὴν αὐτοῦ ἐκ θανάτου καὶ καλύψει **πλῆθος** ἁμαρτιῶν.
1Pe 4: 8 πρὸ πάντων τὴν εἰς ἑαυτοὺς ἀγάπην ἐκτενῆ ἔχοντες, ὅτι ἀγάπη καλύπτει **πλῆθος** ἁμαρτιῶν.

4437 πληθύνω [12]

√ *4398*

Mt 24:12 καὶ διὰ τὸ **πληθυνθῆναι** τὴν ἀνομίαν ψυγήσεται ἡ ἀγάπη τῶν πολλῶν.
Ac 6: 1 Ἐν δὲ ταῖς ἡμέραις ταύταις **πληθυνόντων** τῶν μαθητῶν ἐγένετο γογγυσμὸς τῶν Ἑλληνιστῶν πρὸς τοὺς Ἑβραίους,
6: 7 Καὶ ὁ λόγος τοῦ θεοῦ ηὔξανεν καὶ **ἐπληθύνετο** ὁ ἀριθμὸς τῶν μαθητῶν ἐν Ἰερουσαλὴμ σφόδρα,
7:17 Καθὼς δὲ ἤγγιζεν ὁ χρόνος τῆς ἐπαγγελίας ἧς ὡμολόγησεν ὁ θεὸς τῷ Ἀβραάμ, ηὔξησεν ὁ λαὸς καὶ **ἐπληθύνθη** ἐν Αἰγύπτῳ
9:31 εἶχεν εἰρήνην οἰκοδομουμένη καὶ πορευομένη τῷ φόβῳ τοῦ κυρίου καὶ τῇ παρακλήσει τοῦ ἁγίου πνεύματος **ἐπληθύνετο.**
12:24 Ὁ δὲ λόγος τοῦ θεοῦ ηὔξανεν καὶ **ἐπληθύνετο.**
2Co 9:10 ὁ δὲ ἐπιχορηγῶν σπόρον τῷ σπείροντι καὶ ἄρτον εἰς βρῶσιν χορηγήσει καὶ **πληθυνεῖ** τὸν σπόρον ὑμῶν καὶ αὐξήσει τὰ γενήματα τῆς δικαιοσύνης ὑμῶν·
Heb 6:14 Εἰ μὴν εὐλογῶν εὐλογήσω σε καὶ **πληθύνων πληθυνῶ** σε·
1Pe 1: 2 ἐν ἁγιασμῷ πνεύματος εἰς ὑπακοὴν καὶ ῥαντισμὸν αἵματος Ἰησοῦ Χριστοῦ, χάρις ὑμῖν καὶ εἰρήνη **πληθυνθείη.**
2Pe 1: 2 χάρις ὑμῖν καὶ εἰρήνη **πληθυνθείη** ἐν ἐπιγνώσει τοῦ θεοῦ καὶ Ἰησοῦ τοῦ κυρίου ἡμῶν.
Jude 1: 2 ἔλεος ὑμῖν καὶ εἰρήνη καὶ ἀγάπη **πληθυνθείη.**

4438 πλήκτης [2]

√ *4448*

1Ti 3: 3 μὴ πάροινον μὴ **πλήκτην,** ἀλλὰ ἐπιεικῆ ἄμαχον ἀφιλάργυρον,
Tit 1: 7 μὴ ὀργίλον, μὴ πάροινον, μὴ **πλήκτην,** μὴ αἰσχροκερδῆ,

4439 πλήμμυρα [1]

√ *4398*

Lk 6:48 **πλημμύρης** δὲ γενομένης προσέρηξεν ὁ ποταμὸς τῇ οἰκίᾳ ἐκείνῃ,

4440 πλήν [31]

√ *4444*

μέν ... πλήν [1] Lk 22:22

πλὴν ἰδού [1] Lk 22:21

Mt 11:22 **πλὴν** λέγω ὑμῖν, Τύρῳ καὶ Σιδῶνι ἀνεκτότερον ἔσται ἐν ἡμέρᾳ κρίσεως ἢ ὑμῖν.
11:24 **πλὴν** λέγω ὑμῖν ὅτι γῇ Σοδόμων ἀνεκτότερον ἔσται ἐν ἡμέρᾳ κρίσεως ἢ σοί.
18: 7 **πλὴν** οὐαὶ τῷ ἀνθρώπῳ δι' οὗ τὸ σκάνδαλον ἔρχεται.
26:39 **πλὴν** οὐχ ὡς ἐγὼ θέλω ἀλλ' ὡς σύ.
26:64 **πλὴν** λέγω ὑμῖν, ἀπ' ἄρτι ὄψεσθε τὸν υἱὸν τοῦ ἀνθρώπου καθήμενον ἐκ δεξιῶν τῆς δυνάμεως καὶ ἐρχόμενον
Mk 12:32 ἐπ' ἀληθείας εἶπες ὅτι εἷς ἐστιν καὶ οὐκ ἔστιν ἄλλος **πλὴν** αὐτοῦ·
Lk 6:24 **Πλὴν** οὐαὶ ὑμῖν τοῖς πλουσίοις, ὅτι ἀπέχετε τὴν παράκλησιν ὑμῶν.
6:35 **πλὴν** ἀγαπᾶτε τοὺς ἐχθροὺς ὑμῶν καὶ ἀγαθοποιεῖτε καὶ δανίζετε μηδὲν ἀπελπίζοντες·
10:11 **πλὴν** τοῦτο γινώσκετε ὅτι ἤγγικεν ἡ βασιλεία τοῦ θεοῦ.
10:14 **πλὴν** Τύρῳ καὶ Σιδῶνι ἀνεκτότερον ἔσται ἐν τῇ κρίσει ἢ ὑμῖν.
10:20 **πλὴν** ἐν τούτῳ μὴ χαίρετε ὅτι τὰ πνεύματα ὑμῖν ὑποτάσσεται,
11:41 **πλὴν** τὰ ἐνόντα δότε ἐλεημοσύνην, καὶ ἰδοὺ πάντα καθαρὰ ὑμῖν ἐστιν.
12:31 **πλὴν** ζητεῖτε τὴν βασιλείαν αὐτοῦ, καὶ ταῦτα προστεθήσεται ὑμῖν.
13:33 **πλὴν** δεῖ με σήμερον καὶ αὔριον καὶ τῇ ἐχομένῃ πορεύεσθαι,
17: 1 Ἀνένδεκτόν ἐστιν τοῦ τὰ σκάνδαλα μὴ ἐλθεῖν, **πλὴν** οὐαὶ δι' οὗ ἔρχεται·
18: 8 **πλὴν** ὁ υἱὸς τοῦ ἀνθρώπου ἐλθὼν ἆρα εὑρήσει τὴν πίστιν ἐπὶ τῆς γῆς;
19:27 **πλὴν** τοὺς ἐχθρούς μου τούτους τοὺς μὴ θελήσαντάς με βασιλεῦσαι ἐπ' αὐτοὺς ἀγάγετε ὧδε καὶ κατασφάξατε αὐτοὺς
22:21 **πλὴν** ἰδοὺ ἡ χεὶρ τοῦ παραδιδόντος με μετ' ἐμοῦ ἐπὶ τῆς τραπέζης.
22:22 **πλὴν** οὐαὶ τῷ ἀνθρώπῳ ἐκείνῳ δι' οὗ παραδίδοται.
22:42 **πλὴν** μὴ τὸ θέλημά μου ἀλλὰ τὸ σὸν γινέσθω.
23:28 **πλὴν** ἐφ' ἑαυτὰς κλαίετε καὶ ἐπὶ τὰ τέκνα ὑμῶν,
Ac 8: 1 πάντες δὲ διεσπάρησαν κατὰ τὰς χώρας τῆς Ἰουδαίας καὶ Σαμαρείας **πλὴν** τῶν ἀποστόλων.
15:28 ἔδοξεν γὰρ τῷ πνεύματι τῷ ἁγίῳ καὶ ἡμῖν μηδὲν πλέον ἐπιτίθεσθαι ὑμῖν βάρος **πλὴν** τούτων τῶν ἐπάναγκες,
20:23 **πλὴν** ὅτι τὸ πνεῦμα τὸ ἅγιον κατὰ πόλιν διαμαρτύρεταί μοι λέγον ὅτι δεσμὰ καὶ θλίψεις με μένουσιν.
27:22 ἀποβολὴ γὰρ ψυχῆς οὐδεμία ἔσται ἐξ ὑμῶν **πλὴν** τοῦ πλοίου.
1Co 11:11 **πλὴν** οὔτε γυνὴ χωρὶς ἀνδρὸς οὔτε ἀνὴρ χωρὶς γυναικὸς ἐν κυρίῳ·
Eph 5:33 **πλὴν** καὶ ὑμεῖς οἱ καθ' ἕνα, ἕκαστος τὴν ἑαυτοῦ γυναῖκα οὕτως ἀγαπάτω ὡς ἑαυτόν,
Php 1:18 **πλὴν** ὅτι παντὶ τρόπῳ, εἴτε προφάσει εἴτε ἀληθείᾳ,
3:16 **πλὴν** εἰς ὃ ἐφθάσαμεν, τῷ αὐτῷ στοιχεῖν.
4:14 **πλὴν** καλῶς ἐποιήσατε συγκοινωνήσαντές μου τῇ θλίψει.
Rev 2:25 **πλὴν** ὃ ἔχετε κρατήσατε ἄχρι[ς] οὗ ἂν ἥξω.

4441 πλήρης [16]

√ *4444*

Mt 14:20 ἦραν τὸ περισσεῦον τῶν κλασμάτων δώδεκα κοφίνους **πλήρεις.**
15:37 τὸ περισσεῦον τῶν κλασμάτων ἦραν ἑπτὰ σπυρίδας **πλήρεις.**
Mk 4:28 πρῶτον χόρτον εἶτα στάχυν εἶτα **πλήρη[ς]** σῖτον ἐν τῷ στάχυϊ.
8:19 ὅτε τοὺς πέντε ἄρτους ἔκλασα εἰς τοὺς πεντακισχιλίους, πόσους κοφίνους κλασμάτων **πλήρεις** ἤρατε;
Lk 4: 1 Ἰησοῦς δὲ **πλήρης** πνεύματος ἁγίου ὑπέστρεψεν ἀπὸ τοῦ Ἰορδάνου καὶ ἤγετο ἐν τῷ πνεύματι ἐν τῇ ἐρήμῳ
5:12 Καὶ ἐγένετο ἐν τῷ εἶναι αὐτὸν ἐν μιᾷ τῶν πόλεων καὶ ἰδοὺ ἀνὴρ **πλήρης** λέπρας·
Jn 1:14 δόξαν ὡς μονογενοῦς παρὰ πατρός, **πλήρης** χάριτος καὶ ἀληθείας.
Ac 6: 3 ἄνδρας ἐξ ὑμῶν μαρτυρουμένους ἑπτά, **πλήρεις** πνεύματος καὶ σοφίας,
6: 5 ἤρεσεν ὁ λόγος ἐνώπιον παντὸς τοῦ πλήθους καὶ ἐξελέξαντο Στέφανον, ἄνδρα **πλήρης** πίστεως καὶ πνεύματος ἁγίου,
6: 8 Στέφανος δὲ **πλήρης** χάριτος καὶ δυνάμεως ἐποίει τέρατα καὶ σημεῖα μεγάλα ἐν τῷ λαῷ.
7:55 **πλήρης** πνεύματος ἁγίου ἀτενίσας εἰς τὸν οὐρανὸν εἶδεν δόξαν θεοῦ καὶ Ἰησοῦν ἑστῶτα ἐκ δεξιῶν τοῦ θεοῦ
9:36 αὕτη ἦν **πλήρης** ἔργων ἀγαθῶν καὶ ἐλεημοσυνῶν ὧν ἐποίει.
11:24 ὅτι ἦν ἀνὴρ ἀγαθὸς καὶ **πλήρης** πνεύματος ἁγίου καὶ πίστεως.
13:10 εἶπεν, Ὦ **πλήρης** παντὸς δόλου καὶ πάσης ῥᾳδιουργίας,
19:28 Ἀκούσαντες δὲ καὶ γενόμενοι **πλήρεις** θυμοῦ ἔκραζον λέγοντες,
2Jn 1: 8 ἵνα μὴ ἀπολέσητε ἃ εἰργασάμεθα ἀλλὰ μισθὸν **πλήρη** ἀπολάβητε.

4442 πληροφορέω [6]

√ *4444 + 5770*

Lk 1: 1 Ἐπειδήπερ πολλοὶ ἐπεχείρησαν ἀνατάξασθαι διήγησιν περὶ τῶν **πεπληροφορημένων** ἐν ἡμῖν πραγμάτων,
Ro 4:21 καὶ **πληροφορηθεὶς** ὅτι ὃ ἐπήγγελται δυνατός ἐστιν καὶ ποιῆσαι.
14: 5 ὃς δὲ κρίνει πᾶσαν ἡμέραν· ἕκαστος ἐν τῷ ἰδίῳ νοῒ **πληροφορείσθω.**
Col 4:12 ἵνα σταθῆτε τέλειοι καὶ **πεπληροφορημένοι** ἐν παντὶ θελήματι τοῦ θεοῦ.
2Ti 4: 5 κακοπάθησον, ἔργον ποίησον εὐαγγελιστοῦ, τὴν διακονίαν σου **πληροφόρησον.**
4:17 ἵνα δι' ἐμοῦ τὸ κήρυγμα **πληροφορηθῇ** καὶ ἀκούσωσιν πάντα τὰ ἔθνη,

4443 πληροφορία [4]

√ *4444 + 5770*

Col 2: 2 ἵνα παρακληθῶσιν αἱ καρδίαι αὐτῶν συμβιβασθέντες ἐν ἀγάπῃ καὶ εἰς πᾶν πλοῦτος τῆς **πληροφορίας** τῆς συνέσεως,
1Th 1: 5 ὅτι τὸ εὐαγγέλιον ἡμῶν οὐκ ἐγενήθη εἰς ὑμᾶς ἐν λόγῳ μόνον ἀλλὰ καὶ ἐν δυνάμει καὶ ἐν πνεύματι ἁγίῳ καὶ [ἐν] **πληροφορίᾳ** πολλῇ,

Heb 6:11 ἐπιθυμοῦμεν δὲ ἕκαστον ὑμῶν τὴν αὐτὴν ἐνδείκνυσθαι σπουδὴν πρὸς τὴν **πληροφορίαν** τῆς ἐλπίδος ἄχρι τέλους,
10:22 προσερχώμεθα μετὰ ἀληθινῆς καρδίας ἐν **πληροφορίᾳ** πίστεως ῥεραντισμένοι τὰς καρδίας ἀπὸ συνειδήσεως πονηρᾶς

4444 πληρόω [86]

→ *405, 499, 1740, 1741, 4429, 4430, 4431, 4432, 4440, 4441, 4442, 4443, 4445, 4650, 5230, 5670*

πληρόω εἰς [2] Lk 1:20; Eph 3:19

πληρόω ἐκ [1] Jn 12:3

πληρόω ... πνεῦμα [2] Ac 13:52; Eph 5:18

Mt 1:22 Τοῦτο δὲ ὅλον γέγονεν ἵνα **πληρωθῇ** τὸ ῥηθὲν ὑπὸ κυρίου διὰ τοῦ προφήτου λέγοντος,
2:15 ἵνα **πληρωθῇ** τὸ ῥηθὲν ὑπὸ κυρίου διὰ τοῦ προφήτου λέγοντος,
2:17 τότε **ἐπληρώθη** τὸ ῥηθὲν διὰ Ἰερεμίου τοῦ προφήτου λέγοντος,
2:23 ὅπως **πληρωθῇ** τὸ ῥηθὲν διὰ τῶν προφητῶν ὅτι Ναζωραῖος κληθήσεται.
3:15 οὕτως γὰρ πρέπον ἐστὶν ἡμῖν **πληρῶσαι** πᾶσαν δικαιοσύνην.
4:14 ἵνα **πληρωθῇ** τὸ ῥηθὲν διὰ Ἠσαΐου τοῦ προφήτου λέγοντος,
5:17 Μὴ νομίσητε ὅτι ἦλθον καταλῦσαι τὸν νόμον ἢ τοὺς προφήτας· οὐκ ἦλθον καταλῦσαι ἀλλὰ **πληρῶσαι.**
8:17 ὅπως **πληρωθῇ** τὸ ῥηθὲν διὰ Ἠσαΐου τοῦ προφήτου λέγοντος,
12:17 ἵνα **πληρωθῇ** τὸ ῥηθὲν διὰ Ἠσαΐου τοῦ προφήτου λέγοντος,
13:35 ὅπως **πληρωθῇ** τὸ ῥηθὲν διὰ τοῦ προφήτου λέγοντος,
13:48 ἣν ὅτε **ἐπληρώθη** ἀναβιβάσαντες ἐπὶ τὸν αἰγιαλὸν καὶ καθίσαντες συνέλεξαν τὰ καλὰ εἰς ἄγγη,
21:4 Τοῦτο δὲ γέγονεν ἵνα **πληρωθῇ** τὸ ῥηθὲν διὰ τοῦ προφήτου λέγοντος,
23:32 καὶ ὑμεῖς **πληρώσατε** τὸ μέτρον τῶν πατέρων ὑμῶν.
26:54 πῶς οὖν **πληρωθῶσιν** αἱ γραφαὶ ὅτι οὕτως δεῖ γενέσθαι;
26:56 τοῦτο δὲ ὅλον γέγονεν ἵνα **πληρωθῶσιν** αἱ γραφαὶ τῶν προφητῶν.
27:9 τότε **ἐπληρώθη** τὸ ῥηθὲν διὰ Ἰερεμίου τοῦ προφήτου λέγοντος,
Mk 1:15 καὶ λέγων ὅτι **Πεπλήρωται** ὁ καιρὸς καὶ ἤγγικεν ἡ βασιλεία τοῦ θεοῦ·
14:49 καθ᾽ ἡμέραν ἤμην πρὸς ὑμᾶς ἐν τῷ ἱερῷ διδάσκων καὶ οὐκ ἐκρατήσατέ με· ἀλλ᾽ ἵνα **πληρωθῶσιν** αἱ γραφαί.
Lk 1:20 ἀνθ᾽ ὧν οὐκ ἐπίστευσας τοῖς λόγοις μου, οἵτινες **πληρωθήσονται** εἰς τὸν καιρὸν αὐτῶν.
2:40 Τὸ δὲ παιδίον ηὔξανεν καὶ ἐκραταιοῦτο **πληρούμενον** σοφίᾳ,
3:5 πᾶσα φάραγξ **πληρωθήσεται** καὶ πᾶν ὄρος καὶ βουνὸς ταπεινωθήσεται,
4:21 ἤρξατο δὲ λέγειν πρὸς αὐτοὺς ὅτι Σήμερον **πεπλήρωται** ἡ γραφὴ αὕτη ἐν τοῖς ὠσὶν ὑμῶν.
7:1 Ἐπειδὴ **ἐπλήρωσεν** πάντα τὰ ῥήματα αὐτοῦ εἰς τὰς ἀκοὰς τοῦ λαοῦ,
9:31 οἳ ὀφθέντες ἐν δόξῃ ἔλεγον τὴν ἔξοδον αὐτοῦ, ἣν ἤμελλεν **πληροῦν** ἐν Ἰερουσαλήμ.
21:24 καὶ Ἰερουσαλὴμ ἔσται πατουμένη ὑπὸ ἐθνῶν, ἄχρι οὗ **πληρωθῶσιν** καιροὶ ἐθνῶν.
22:16 λέγω γὰρ ὑμῖν ὅτι οὐ μὴ φάγω αὐτὸ ἕως ὅτου **πληρωθῇ** ἐν τῇ βασιλείᾳ τοῦ θεοῦ.
24:44 ὅτι δεῖ **πληρωθῆναι** πάντα τὰ γεγραμμένα ἐν τῷ νόμῳ Μωϋσέως καὶ τοῖς προφήταις καὶ ψαλμοῖς περὶ ἐμοῦ.
Jn 3:29 ὁ ἑστηκὼς καὶ ἀκούων αὐτοῦ χαρᾷ χαίρει διὰ τὴν φωνὴν τοῦ νυμφίου. αὕτη οὖν ἡ χαρὰ ἡ ἐμὴ **πεπλήρωται.**
7:8 ἐγὼ οὐκ ἀναβαίνω εἰς τὴν ἑορτὴν ταύτην, ὅτι ὁ ἐμὸς καιρὸς οὔπω **πεπλήρωται.**
12:3 ἡ δὲ οἰκία **ἐπληρώθη** ἐκ τῆς ὀσμῆς τοῦ μύρου.
12:38 ἵνα ὁ λόγος Ἠσαΐου τοῦ προφήτου **πληρωθῇ** ὃν εἶπεν,
13:18 ἀλλ᾽ ἵνα ἡ γραφὴ **πληρωθῇ,** Ὁ τρώγων μου τὸν ἄρτον ἐπῆρεν ἐπ᾽ ἐμὲ τὴν πτέρναν αὐτοῦ.
15:11 Ταῦτα λελάληκα ὑμῖν ἵνα ἡ χαρὰ ἡ ἐμὴ ἐν ὑμῖν ᾖ καὶ ἡ χαρὰ ὑμῶν **πληρωθῇ.**
15:25 ἀλλ᾽ ἵνα **πληρωθῇ** ὁ λόγος ὁ ἐν τῷ νόμῳ αὐτῶν γεγραμμένος ὅτι Ἐμίσησάν με δωρεάν.
16:6 ἀλλ᾽ ὅτι ταῦτα λελάληκα ὑμῖν ἡ λύπη **πεπλήρωκεν** ὑμῶν τὴν καρδίαν.
16:24 αἰτεῖτε καὶ λήμψεσθε, ἵνα ἡ χαρὰ ὑμῶν ᾖ **πεπληρωμένη.**
17:12 καὶ οὐδεὶς ἐξ αὐτῶν ἀπώλετο εἰ μὴ ὁ υἱὸς τῆς ἀπωλείας, ἵνα ἡ γραφὴ **πληρωθῇ.**
17:13 νῦν δὲ πρὸς σὲ ἔρχομαι καὶ ταῦτα λαλῶ ἐν τῷ κόσμῳ ἵνα ἔχωσιν τὴν χαρὰν τὴν ἐμὴν **πεπληρωμένην** ἐν ἑαυτοῖς.
18:9 ἵνα **πληρωθῇ** ὁ λόγος ὃν εἶπεν ὅτι Οὓς δέδωκάς μοι οὐκ ἀπώλεσα ἐξ αὐτῶν οὐδένα.
18:32 ἵνα ὁ λόγος τοῦ Ἰησοῦ **πληρωθῇ** ὃν εἶπεν σημαίνων ποίῳ θανάτῳ ἤμελλεν ἀποθνῄσκειν.
19:24 ἵνα ἡ γραφὴ **πληρωθῇ** [ἡ λέγουσα,] Διεμερίσαντο τὰ ἱμάτιά μου ἑαυτοῖς καὶ ἐπὶ τὸν ἱματισμόν μου ἔβαλον κλῆρον.
19:36 ἐγένετο γὰρ ταῦτα ἵνα ἡ γραφὴ **πληρωθῇ,** Ὀστοῦν οὐ συντριβήσεται αὐτοῦ.
Ac 1:16 ἔδει **πληρωθῆναι** τὴν γραφὴν ἣν προεῖπεν τὸ πνεῦμα τὸ ἅγιον διὰ στόματος Δαυὶδ περὶ Ἰούδα τοῦ γενομένου ὁδηγοῦ
2:2 καὶ ἐγένετο ἄφνω ἐκ τοῦ οὐρανοῦ ἦχος ὥσπερ φερομένης πνοῆς βιαίας καὶ **ἐπλήρωσεν** ὅλον τὸν οἶκον οὗ ἦσαν καθήμενοι
2:28 ἐγνώρισάς μοι ὁδοὺς ζωῆς, **πληρώσεις** με εὐφροσύνης μετὰ τοῦ προσώπου σου.
3:18 ἃ προκατήγγειλεν διὰ στόματος πάντων τῶν προφητῶν παθεῖν τὸν Χριστὸν αὐτοῦ, **ἐπλήρωσεν** οὕτως.
5:3 διὰ τί **ἐπλήρωσεν** ὁ Σατανᾶς τὴν καρδίαν σου,
5:28 καὶ ἰδοὺ **πεπληρώκατε** τὴν Ἰερουσαλὴμ τῆς διδαχῆς ὑμῶν καὶ βούλεσθε ἐπαγαγεῖν ἐφ᾽ ἡμᾶς τὸ αἷμα τοῦ ἀνθρώπου τούτου.
7:23 Ὡς δὲ **ἐπληροῦτο** αὐτῷ τεσσερακονταετὴς χρόνος, ἀνέβη ἐπὶ τὴν καρδίαν αὐτοῦ ἐπισκέψασθαι τοὺς ἀδελφοὺς αὐτοῦ
7:30 Καὶ **πληρωθέντων** ἐτῶν τεσσεράκοντα ὤφθη αὐτῷ ἐν τῇ ἐρήμῳ τοῦ ὄρους Σινᾶ ἄγγελος ἐν φλογὶ πυρὸς βάτου.
9:23 Ὡς δὲ **ἐπληροῦντο** ἡμέραι ἱκαναί, συνεβουλεύσαντο οἱ Ἰουδαῖοι ἀνελεῖν αὐτόν·
12:25 Βαρναβᾶς δὲ καὶ Σαῦλος ὑπέστρεψαν εἰς Ἰερουσαλὴμ **πληρώσαντες** τὴν διακονίαν,
13:25 ὡς δὲ **ἐπλήρου** Ἰωάννης τὸν δρόμον, ἔλεγεν, Τί ἐμὲ ὑπονοεῖτε εἶναι;
13:27 οἱ γὰρ κατοικοῦντες ἐν Ἰερουσαλὴμ καὶ οἱ ἄρχοντες αὐτῶν τοῦτον ἀγνοήσαντες καὶ τὰς φωνὰς τῶν προφητῶν τὰς κατὰ πᾶν σάββατον ἀναγινωσκομένας κρίναντες **ἐπλήρωσαν,**
13:52 οἵ τε μαθηταὶ **ἐπληροῦντο** χαρᾶς καὶ πνεύματος ἁγίου.
14:26 ὅθεν ἦσαν παραδεδομένοι τῇ χάριτι τοῦ θεοῦ εἰς τὸ ἔργον ὃ **ἐπλήρωσαν.**
19:21 Ὡς δὲ **ἐπληρώθη** ταῦτα, ἔθετο ὁ Παῦλος ἐν τῷ πνεύματι διελθὼν τὴν Μακεδονίαν καὶ Ἀχαΐαν
24:27 Διετίας δὲ **πληρωθείσης** ἔλαβεν διάδοχον ὁ Φῆλιξ Πόρκιον Φῆστον,
Ro 1:29 **πεπληρωμένους** πάσῃ ἀδικίᾳ πονηρίᾳ πλεονεξίᾳ κακίᾳ, μεστοὺς φθόνου φόνου ἔριδος δόλου κακοηθείας,
8:4 ἵνα τὸ δικαίωμα τοῦ νόμου **πληρωθῇ** ἐν ἡμῖν τοῖς μὴ κατὰ σάρκα περιπατοῦσιν ἀλλὰ κατὰ πνεῦμα.
13:8 Μηδενὶ μηδὲν ὀφείλετε εἰ μὴ τὸ ἀλλήλους ἀγαπᾶν· ὁ γὰρ ἀγαπῶν τὸν ἕτερον νόμον **πεπλήρωκεν.**
15:13 ὁ δὲ θεὸς τῆς ἐλπίδος **πληρώσαι** ὑμᾶς πάσης χαρᾶς καὶ εἰρήνης ἐν τῷ πιστεύειν,
15:14 **πεπληρωμένοι** πάσης [τῆς] γνώσεως, δυνάμενοι καὶ ἀλλήλους νουθετεῖν.
15:19 ὥστε με ἀπὸ Ἰερουσαλὴμ καὶ κύκλῳ μέχρι τοῦ Ἰλλυρικοῦ **πεπληρωκέναι** τὸ εὐαγγέλιον τοῦ Χριστοῦ,
2Co 7:4 **πεπλήρωμαι** τῇ παρακλήσει, ὑπερπερισσεύομαι τῇ χαρᾷ ἐπὶ πάσῃ τῇ θλίψει ἡμῶν.
10:6 καὶ ἐν ἑτοίμῳ ἔχοντες ἐκδικῆσαι πᾶσαν παρακοήν, ὅταν **πληρωθῇ** ὑμῶν ἡ ὑπακοή.
Gal 5:14 ὁ γὰρ πᾶς νόμος ἐν ἑνὶ λόγῳ **πεπλήρωται,**
Eph 1:23 τὸ πλήρωμα τοῦ τὰ πάντα ἐν πᾶσιν **πληρουμένου.**
3:19 ἵνα **πληρωθῆτε** εἰς πᾶν τὸ πλήρωμα τοῦ θεοῦ.
4:10 ὁ καταβὰς αὐτός ἐστιν καὶ ὁ ἀναβὰς ὑπεράνω πάντων τῶν οὐρανῶν, ἵνα **πληρώσῃ** τὰ πάντα.
5:18 ἐν ᾧ ἐστιν ἀσωτία, ἀλλὰ **πληροῦσθε** ἐν πνεύματι,
Php 1:11 **πεπληρωμένοι** καρπὸν δικαιοσύνης τὸν διὰ Ἰησοῦ Χριστοῦ εἰς δόξαν καὶ ἔπαινον θεοῦ.
2:2 **πληρώσατέ** μου τὴν χαρὰν ἵνα τὸ αὐτὸ φρονῆτε,
4:18 **πεπλήρωμαι** δεξάμενος παρὰ Ἐπαφροδίτου τὰ παρ᾽ ὑμῶν, ὀσμὴν εὐωδίας,
4:19 ὁ δὲ θεός μου **πληρώσει** πᾶσαν χρείαν ὑμῶν κατὰ τὸ πλοῦτος αὐτοῦ ἐν δόξῃ ἐν Χριστῷ Ἰησοῦ.
Col 1:9 ἵνα **πληρωθῆτε** τὴν ἐπίγνωσιν τοῦ θελήματος αὐτοῦ ἐν πάσῃ σοφίᾳ καὶ συνέσει πνευματικῇ,
1:25 ἧς ἐγενόμην ἐγὼ διάκονος κατὰ τὴν οἰκονομίαν τοῦ θεοῦ τὴν δοθεῖσάν μοι εἰς ὑμᾶς **πληρῶσαι** τὸν λόγον τοῦ θεοῦ,
2:10 καὶ ἐστὲ ἐν αὐτῷ **πεπληρωμένοι,** ὅς ἐστιν ἡ κεφαλὴ πάσης ἀρχῆς καὶ ἐξουσίας.
4:17 Βλέπε τὴν διακονίαν ἣν παρέλαβες ἐν κυρίῳ, ἵνα αὐτὴν **πληροῖς.**

2Th 1:11 ἵνα ὑμᾶς ἀξιώσῃ τῆς κλήσεως ὁ θεὸς ἡμῶν καὶ **πληρώσῃ** πᾶσαν εὐδοκίαν ἀγαθωσύνης καὶ ἔργον πίστεως ἐν δυνάμει,
2Ti 1: 4 ἐπιποθῶν σε ἰδεῖν, μεμνημένος σου τῶν δακρύων, ἵνα χαρᾶς **πληρωθῶ,**
Jas 2:23 καὶ **ἐπληρώθη** ἡ γραφὴ ἡ λέγουσα, Ἐπίστευσεν δὲ Ἀβραὰμ τῷ θεῷ,
1Jn 1: 4 καὶ ταῦτα γράφομεν ἡμεῖς, ἵνα ἡ χαρὰ ἡμῶν ᾖ **πεπληρωμένη.**
2Jn 1:12 ἀλλὰ ἐλπίζω γενέσθαι πρὸς ὑμᾶς καὶ στόμα πρὸς στόμα λαλῆσαι, ἵνα ἡ χαρὰ ἡμῶν **πεπληρωμένη** ᾖ.
Rev 3: 2 οὐ γὰρ εὕρηκά σου τὰ ἔργα **πεπληρωμένα** ἐνώπιον τοῦ θεοῦ μου.
6:11 ἕως **πληρωθῶσιν** καὶ οἱ σύνδουλοι αὐτῶν καὶ οἱ ἀδελφοὶ αὐτῶν οἱ μέλλοντες ἀποκτέννεσθαι ὡς καὶ αὐτοί.

4445 πλήρωμα [17]

√ *4444*

Mt 9:16 αἴρει γὰρ τὸ **πλήρωμα** αὐτοῦ ἀπὸ τοῦ ἱματίου καὶ χεῖρον σχίσμα γίνεται.
Mk 2:21 αἴρει τὸ **πλήρωμα** ἀπ᾽ αὐτοῦ τὸ καινὸν τοῦ παλαιοῦ καὶ χεῖρον σχίσμα γίνεται.
6:43 καὶ ἦραν κλάσματα δώδεκα κοφίνων **πληρώματα** καὶ ἀπὸ τῶν ἰχθύων.
8:20 Ὅτε τοὺς ἑπτὰ εἰς τοὺς τετρακισχιλίους, πόσων σπυρίδων **πληρώματα** κλασμάτων ἤρατε;
Jn 1:16 ὅτι ἐκ τοῦ **πληρώματος** αὐτοῦ ἡμεῖς πάντες ἐλάβομεν καὶ χάριν ἀντὶ χάριτος·
Ro 11:12 εἰ δὲ τὸ παράπτωμα αὐτῶν πλοῦτος κόσμου καὶ τὸ ἥττημα αὐτῶν πλοῦτος ἐθνῶν, πόσῳ μᾶλλον τὸ **πλήρωμα** αὐτῶν.
11:25 ὅτι πώρωσις ἀπὸ μέρους τῷ Ἰσραὴλ γέγονεν ἄχρις οὗ τὸ **πλήρωμα** τῶν ἐθνῶν εἰσέλθῃ
13:10 ἡ ἀγάπη τῷ πλησίον κακὸν οὐκ ἐργάζεται· **πλήρωμα** οὖν νόμου ἡ ἀγάπη.
15:29 οἶδα δὲ ὅτι ἐρχόμενος πρὸς ὑμᾶς ἐν **πληρώματι** εὐλογίας Χριστοῦ ἐλεύσομαι.
1Co 10:26 τοῦ κυρίου γὰρ ἡ γῆ καὶ τὸ **πλήρωμα** αὐτῆς.
Gal 4: 4 ὅτε δὲ ἦλθεν τὸ **πλήρωμα** τοῦ χρόνου, ἐξαπέστειλεν ὁ θεὸς τὸν υἱὸν αὐτοῦ,
Eph 1:10 εἰς οἰκονομίαν τοῦ **πληρώματος** τῶν καιρῶν, ἀνακεφαλαιώσασθαι τὰ πάντα ἐν τῷ Χριστῷ,
1:23 τὸ **πλήρωμα** τοῦ τὰ πάντα ἐν πᾶσιν πληρουμένου.
3:19 ἵνα πληρωθῆτε εἰς πᾶν τὸ **πλήρωμα** τοῦ θεοῦ.
4:13 εἰς ἄνδρα τέλειον, εἰς μέτρον ἡλικίας τοῦ **πληρώματος** τοῦ Χριστοῦ,
Col 1:19 ὅτι ἐν αὐτῷ εὐδόκησεν πᾶν τὸ **πλήρωμα** κατοικῆσαι
2: 9 ὅτι ἐν αὐτῷ κατοικεῖ πᾶν τὸ **πλήρωμα** τῆς θεότητος σωματικῶς,

4446 πλησίον [17]

→ *4180, 4181*

ἀγαπήσεις πλησίον [9] Mt 5:43; 19:19; 22:39; Mk 12:31,33; Lk 10:27; Ro 13:9; Gal 5:14; Jas 2:8

πλησίον τοῦ χωρίου [1] Jn 4:5

Mt 5:43 Ἀγαπήσεις τὸν **πλησίον** σου καὶ μισήσεις τὸν ἐχθρόν σου.
19:19 Τίμα τὸν πατέρα καὶ τὴν μητέρα, καί, Ἀγαπήσεις τὸν **πλησίον** σου ὡς σεαυτόν.
22:39 δευτέρα δὲ ὁμοία αὐτῇ, Ἀγαπήσεις τὸν **πλησίον** σου ὡς σεαυτόν.
Mk 12:31 δευτέρα αὕτη, Ἀγαπήσεις τὸν **πλησίον** σου ὡς σεαυτόν.
12:33 καὶ τὸ ἀγαπᾶν τὸν **πλησίον** ὡς ἑαυτὸν περισσότερόν ἐστιν πάντων τῶν ὁλοκαυτωμάτων καὶ θυσιῶν.
Lk 10:27 Ἀγαπήσεις κύριον τὸν θεόν σου ἐξ ὅλης [τῆς] καρδίας σου καὶ ἐν ὅλῃ τῇ ψυχῇ σου καὶ ἐν ὅλῃ τῇ ἰσχύϊ σου καὶ ἐν ὅλῃ τῇ διανοίᾳ σου, καὶ τὸν **πλησίον** σου ὡς σεαυτόν.
10:29 ὁ δὲ θέλων δικαιῶσαι ἑαυτὸν εἶπεν πρὸς τὸν Ἰησοῦν, Καὶ τίς ἐστίν μου **πλησίον;**
10:36 τίς τούτων τῶν τριῶν **πλησίον** δοκεῖ σοι γεγονέναι τοῦ ἐμπεσόντος εἰς τοὺς λῃστάς;
Jn 4: 5 ἔρχεται οὖν εἰς πόλιν τῆς Σαμαρείας λεγομένην Συχὰρ **πλησίον** τοῦ χωρίου ὃ ἔδωκεν Ἰακὼβ [τῷ] Ἰωσὴφ τῷ υἱῷ αὐτοῦ·
Ac 7:27 ὁ δὲ ἀδικῶν τὸν **πλησίον** ἀπώσατο αὐτὸν εἰπών,
Ro 13: 9 ἐν τῷ λόγῳ τούτῳ ἀνακεφαλαιοῦται [ἐν τῷ] Ἀγαπήσεις τὸν **πλησίον** σου ὡς σεαυτόν.
13:10 ἡ ἀγάπη τῷ **πλησίον** κακὸν οὐκ ἐργάζεται· πλήρωμα οὖν νόμου ἡ ἀγάπη.
15: 2 ἕκαστος ἡμῶν τῷ **πλησίον** ἀρεσκέτω εἰς τὸ ἀγαθὸν πρὸς οἰκοδομήν·
Gal 5:14 ἐν τῷ Ἀγαπήσεις τὸν **πλησίον** σου ὡς σεαυτόν.
Eph 4:25 Διὸ ἀποθέμενοι τὸ ψεῦδος λαλεῖτε ἀλήθειαν ἕκαστος μετὰ τοῦ **πλησίον** αὐτοῦ,
Jas 2: 8 Ἀγαπήσεις τὸν **πλησίον** σου ὡς σεαυτόν, καλῶς ποιεῖτε·
4:12 σὺ δὲ τίς εἶ ὁ κρίνων τὸν **πλησίον;**

4447 πλησμονή [1]

√ *4398*

Col 2:23 οὐκ ἐν τιμῇ τινι πρὸς **πλησμονὴν** τῆς σαρκός.

4448 πλήσσω [1]

→ *1742, 2159, 4435, 4438*

Rev 8:12 καὶ **ἐπλήγη** τὸ τρίτον τοῦ ἡλίου καὶ τὸ τρίτον τῆς σελήνης καὶ τὸ τρίτον τῶν ἀστέρων,

4449 πλοιάριον [5]

√ *4434*

Mk 3: 9 καὶ εἶπεν τοῖς μαθηταῖς αὐτοῦ ἵνα **πλοιάριον** προσκαρτερῇ αὐτῷ διὰ τὸν ὄχλον ἵνα μὴ θλίβωσιν αὐτόν·
Jn 6:22 Τῇ ἐπαύριον ὁ ὄχλος ὁ ἑστηκὼς πέραν τῆς θαλάσσης εἶδον ὅτι **πλοιάριον** ἄλλο οὐκ ἦν ἐκεῖ εἰ μὴ ἓν καὶ ὅτι οὐ συνεισῆλθεν
6:23 ἄλλα ἦλθεν **πλοιά[ρια]** ἐκ Τιβεριάδος ἐγγὺς τοῦ τόπου ὅπου ἔφαγον τὸν ἄρτον εὐχαριστήσαντος τοῦ κυρίου.
6:24 ἐνέβησαν αὐτοὶ εἰς τὰ **πλοιάρια** καὶ ἦλθον εἰς Καφαρναοὺμ ζητοῦντες τὸν Ἰησοῦν.
21: 8 οἱ δὲ ἄλλοι μαθηταὶ τῷ **πλοιαρίῳ** ἦλθον, οὐ γὰρ ἦσαν μακρὰν ἀπὸ τῆς γῆς ἀλλὰ ὡς ἀπὸ πηχῶν διακοσίων,

4450 πλοῖον [67 / 68]

√ *4434*

Mt 4:21 ἐν τῷ **πλοίῳ** μετὰ Ζεβεδαίου τοῦ πατρὸς αὐτῶν καταρτίζοντας τὰ δίκτυα αὐτῶν,
4:22 οἱ δὲ εὐθέως ἀφέντες τὸ **πλοῖον** καὶ τὸν πατέρα αὐτῶν ἠκολούθησαν αὐτῷ.
8:23 Καὶ ἐμβάντι αὐτῷ εἰς τὸ **πλοῖον** ἠκολούθησαν αὐτῷ οἱ μαθηταὶ αὐτοῦ.
8:24 ὥστε τὸ **πλοῖον** καλύπτεσθαι ὑπὸ τῶν κυμάτων, αὐτὸς δὲ ἐκάθευδεν.
9: 1 Καὶ ἐμβὰς εἰς **πλοῖον** διεπέρασεν καὶ ἦλθεν εἰς τὴν ἰδίαν πόλιν.
13: 2 καὶ συνήχθησαν πρὸς αὐτὸν ὄχλοι πολλοί, ὥστε αὐτὸν εἰς **πλοῖον** ἐμβάντα καθῆσθαι,
14:13 Ἀκούσας δὲ ὁ Ἰησοῦς ἀνεχώρησεν ἐκεῖθεν ἐν **πλοίῳ** εἰς ἔρημον τόπον κατ᾽ ἰδίαν·
14:22 Καὶ εὐθέως ἠνάγκασεν τοὺς μαθητὰς ἐμβῆναι εἰς τὸ **πλοῖον** καὶ προάγειν αὐτὸν εἰς τὸ πέραν,
14:24 τὸ δὲ **πλοῖον** ἤδη σταδίους πολλοὺς ἀπὸ τῆς γῆς ἀπεῖχεν βασανιζόμενον ὑπὸ τῶν κυμάτων,
14:29 καὶ καταβὰς ἀπὸ τοῦ **πλοίου** [ὁ] Πέτρος περιεπάτησεν ἐπὶ τὰ ὕδατα καὶ ἦλθεν πρὸς τὸν Ἰησοῦν.
14:32 καὶ ἀναβάντων αὐτῶν εἰς τὸ **πλοῖον** ἐκόπασεν ὁ ἄνεμος.
14:33 οἱ δὲ ἐν τῷ **πλοίῳ** προσεκύνησαν αὐτῷ λέγοντες,
15:39 Καὶ ἀπολύσας τοὺς ὄχλους ἐνέβη εἰς τὸ **πλοῖον** καὶ ἦλθεν εἰς τὰ ὅρια Μαγαδάν.
Mk 1:19 εἶδεν Ἰάκωβον τὸν τοῦ Ζεβεδαίου καὶ Ἰωάννην τὸν ἀδελφὸν αὐτοῦ καὶ αὐτοὺς ἐν τῷ **πλοίῳ** καταρτίζοντας τὰ δίκτυα,
1:20 καὶ ἀφέντες τὸν πατέρα αὐτῶν Ζεβεδαῖον ἐν τῷ **πλοίῳ** μετὰ τῶν μισθωτῶν ἀπῆλθον ὀπίσω αὐτοῦ.
4: 1 ὥστε αὐτὸν εἰς **πλοῖον** ἐμβάντα καθῆσθαι ἐν τῇ θαλάσσῃ,
4:36 καὶ ἀφέντες τὸν ὄχλον παραλαμβάνουσιν αὐτὸν ὡς ἦν ἐν τῷ **πλοίῳ,** καὶ ἄλλα **πλοῖα** ἦν μετ᾽ αὐτοῦ.
4:37 καὶ γίνεται λαῖλαψ μεγάλη ἀνέμου καὶ τὰ κύματα ἐπέβαλλεν εἰς τὸ **πλοῖον,** ὥστε ἤδη γεμίζεσθαι τὸ **πλοῖον.**
5: 2 καὶ ἐξελθόντος αὐτοῦ ἐκ τοῦ **πλοίου** εὐθὺς ὑπήντησεν αὐτῷ ἐκ τῶν μνημείων ἄνθρωπος ἐν πνεύματι ἀκαθάρτῳ,
5:18 καὶ ἐμβαίνοντος αὐτοῦ εἰς τὸ **πλοῖον** παρεκάλει αὐτὸν ὁ δαιμονισθεὶς ἵνα μετ᾽ αὐτοῦ ᾖ.

5:21 Καὶ διαπεράσαντος τοῦ Ἰησοῦ [ἐν τῷ **πλοίῳ**] πάλιν εἰς τὸ πέραν συνήχθη ὄχλος πολὺς ἐπ᾽ αὐτόν,
6:32 καὶ ἀπῆλθον ἐν τῷ **πλοίῳ** εἰς ἔρημον τόπον κατ᾽ ἰδίαν.
6:45 Καὶ εὐθὺς ἠνάγκασεν τοὺς μαθητὰς αὐτοῦ ἐμβῆναι εἰς τὸ **πλοῖον** καὶ προάγειν εἰς τὸ πέραν πρὸς Βηθσαϊδάν,
6:47 καὶ ὀψίας γενομένης ἦν τὸ **πλοῖον** ἐν μέσῳ τῆς θαλάσσης,
6:51 καὶ ἀνέβη πρὸς αὐτοὺς εἰς τὸ **πλοῖον** καὶ ἐκόπασεν ὁ ἄνεμος,
6:54 καὶ ἐξελθόντων αὐτῶν ἐκ τοῦ **πλοίου** εὐθὺς ἐπιγνόντες αὐτὸν
8:10 Καὶ εὐθὺς ἐμβὰς εἰς τὸ **πλοῖον** μετὰ τῶν μαθητῶν αὐτοῦ ἦλθεν εἰς τὰ μέρη Δαλμανουθά.
8:13 καὶ ἀφεὶς αὐτοὺς πάλιν ἐμβὰς εἰς τὸ **πλοῖον**[UBS-] ἀπῆλθεν εἰς τὸ πέραν.
8:14 Καὶ ἐπελάθοντο λαβεῖν ἄρτους καὶ εἰ μὴ ἕνα ἄρτον οὐκ εἶχον μεθ᾽ ἑαυτῶν ἐν τῷ **πλοίῳ.**
Lk 5: 2 καὶ εἶδεν δύο **πλοῖα** ἑστῶτα παρὰ τὴν λίμνην·
5: 3 ἐμβὰς δὲ εἰς ἓν τῶν **πλοίων,** ὃ ἦν Σίμωνος, ἠρώτησεν αὐτὸν ἀπὸ τῆς γῆς ἐπαναγαγεῖν ὀλίγον, καθίσας δὲ ἐκ τοῦ **πλοίου** ἐδίδασκεν τοὺς ὄχλους.
5: 7 καὶ κατένευσαν τοῖς μετόχοις ἐν τῷ ἑτέρῳ **πλοίῳ** τοῦ ἐλθόντας συλλαβέσθαι αὐτοῖς· καὶ ἦλθον καὶ ἔπλησαν ἀμφότερα τὰ **πλοῖα** ὥστε βυθίζεσθαι αὐτά.
5:11 καὶ καταγαγόντες τὰ **πλοῖα** ἐπὶ τὴν γῆν ἀφέντες πάντα ἠκολούθησαν αὐτῷ.
8:22 Ἐγένετο δὲ ἐν μιᾷ τῶν ἡμερῶν καὶ αὐτὸς ἐνέβη εἰς **πλοῖον** καὶ οἱ μαθηταὶ αὐτοῦ καὶ εἶπεν πρὸς αὐτούς,
8:37 ὅτι φόβῳ μεγάλῳ συνείχοντο· αὐτὸς δὲ ἐμβὰς εἰς **πλοῖον** ὑπέστρεψεν.
Jn 6:17 καὶ ἐμβάντες εἰς **πλοῖον** ἤρχοντο πέραν τῆς θαλάσσης εἰς Καφαρναούμ.
6:19 ἐληλακότες οὖν ὡς σταδίους εἴκοσι πέντε ἢ τριάκοντα θεωροῦσιν τὸν Ἰησοῦν περιπατοῦντα ἐπὶ τῆς θαλάσσης καὶ ἐγγὺς τοῦ **πλοίου** γινόμενον,
6:21 ἤθελον οὖν λαβεῖν αὐτὸν εἰς τὸ **πλοῖον,** καὶ εὐθέως ἐγένετο τὸ **πλοῖον** ἐπὶ τῆς γῆς εἰς ἣν ὑπῆγον.
6:22 εἶδον ὅτι πλοιάριον ἄλλο οὐκ ἦν ἐκεῖ εἰ μὴ ἓν καὶ ὅτι οὐ συνεισῆλθεν τοῖς μαθηταῖς αὐτοῦ ὁ Ἰησοῦς εἰς τὸ **πλοῖον**
21: 3 ἐξῆλθον καὶ ἐνέβησαν εἰς τὸ **πλοῖον,** καὶ ἐν ἐκείνῃ τῇ νυκτὶ ἐπίασαν οὐδέν.
21: 6 Βάλετε εἰς τὰ δεξιὰ μέρη τοῦ **πλοίου** τὸ δίκτυον,
Ac 20:13 Ἡμεῖς δὲ προελθόντες ἐπὶ τὸ **πλοῖον** ἀνήχθημεν ἐπὶ τὴν Ἆσσον ἐκεῖθεν μέλλοντες ἀναλαμβάνειν τὸν Παῦλον·
20:38 ὅτι οὐκέτι μέλλουσιν τὸ πρόσωπον αὐτοῦ θεωρεῖν. προέπεμπον δὲ αὐτὸν εἰς τὸ **πλοῖον.**
21: 2 εὑρόντες **πλοῖον** διαπερῶν εἰς Φοινίκην ἐπιβάντες ἀνήχθημεν.
21: 3 ἐκεῖσε γὰρ τὸ **πλοῖον** ἦν ἀποφορτιζόμενον τὸν γόμον.
21: 6 ἀπησπασάμεθα ἀλλήλους καὶ ἀνέβημεν εἰς τὸ **πλοῖον,** ἐκεῖνοι δὲ ὑπέστρεψαν εἰς τὰ ἴδια.
27: 2 ἐπιβάντες δὲ **πλοίῳ** Ἀδραμυττηνῷ μέλλοντι πλεῖν εἰς τοὺς κατὰ τὴν Ἀσίαν τόπους ἀνήχθημεν
27: 6 κἀκεῖ εὑρὼν ὁ ἑκατοντάρχης **πλοῖον** Ἀλεξανδρῖνον πλέον εἰς τὴν Ἰταλίαν ἐνεβίβασεν ἡμᾶς εἰς αὐτό.
27:10 μετὰ ὕβρεως καὶ πολλῆς ζημίας οὐ μόνον τοῦ φορτίου καὶ τοῦ **πλοίου** ἀλλὰ καὶ τῶν ψυχῶν ἡμῶν μέλλειν ἔσεσθαι τὸν πλοῦν.
27:15 συναρπασθέντος δὲ τοῦ **πλοίου** καὶ μὴ δυναμένου ἀντοφθαλμεῖν τῷ ἀνέμῳ ἐπιδόντες ἐφερόμεθα.
27:17 ἣν ἄραντες βοηθείαις ἐχρῶντο ὑποζωννύντες τὸ **πλοῖον,** φοβούμενοί τε μὴ εἰς τὴν Σύρτιν ἐκπέσωσιν,
27:19 καὶ τῇ τρίτῃ αὐτόχειρες τὴν σκευὴν τοῦ **πλοίου** ἔρριψαν.
27:22 ἀποβολὴ γὰρ ψυχῆς οὐδεμία ἔσται ἐξ ὑμῶν πλὴν τοῦ **πλοίου.**
27:30 τῶν δὲ ναυτῶν ζητούντων φυγεῖν ἐκ τοῦ **πλοίου** καὶ χαλασάντων τὴν σκάφην εἰς τὴν θάλασσαν προφάσει
27:31 Ἐὰν μὴ οὗτοι μείνωσιν ἐν τῷ **πλοίῳ,** ὑμεῖς σωθῆναι οὐ δύνασθε.
27:37 ἤμεθα δὲ αἱ πᾶσαι ψυχαὶ ἐν τῷ **πλοίῳ** διακόσιαι ἑβδομήκοντα ἕξ.
27:38 κορεσθέντες δὲ τροφῆς ἐκούφιζον τὸ **πλοῖον** ἐκβαλλόμενοι τὸν σῖτον εἰς τὴν θάλασσαν.
27:39 κόλπον δέ τινα κατενόουν ἔχοντα αἰγιαλὸν εἰς ὃν ἐβουλεύοντο εἰ δύναιντο ἐξῶσαι τὸ **πλοῖον.**
27:44 οὓς δὲ ἐπί τινων τῶν ἀπὸ τοῦ **πλοίου.**
28:11 Μετὰ δὲ τρεῖς μῆνας ἀνήχθημεν ἐν **πλοίῳ** παρακεχειμακότι ἐν τῇ νήσῳ,
Jas 3: 4 ἰδοὺ καὶ τὰ **πλοῖα** τηλικαῦτα ὄντα καὶ ὑπὸ ἀνέμων σκληρῶν ἐλαυνόμενα,
Rev 8: 9 καὶ ἀπέθανεν τὸ τρίτον τῶν κτισμάτων τῶν ἐν τῇ θαλάσσῃ τὰ ἔχοντα ψυχὰς καὶ τὸ τρίτον τῶν **πλοίων** διεφθάρησαν.
18:19 ἐν ᾗ ἐπλούτησαν πάντες οἱ ἔχοντες τὰ **πλοῖα** ἐν τῇ θαλάσσῃ ἐκ τῆς τιμιότητος αὐτῆς,

4451 πλοκή Not used in UBS/NIV

√ 4428

4452 πλόος [3]

√ 4434

Ac 21: 7 Ἡμεῖς δὲ τὸν **πλοῦν** διανύσαντες ἀπὸ Τύρου κατηντήσαμεν εἰς Πτολεμαΐδα καὶ ἀσπασάμενοι τοὺς ἀδελφοὺς ἐμείναμεν
27: 9 Ἱκανοῦ δὲ χρόνου διαγενομένου καὶ ὄντος ἤδη ἐπισφαλοῦς τοῦ **πλοὸς** διὰ τὸ καὶ τὴν νηστείαν ἤδη παρεληλυθέναι
27:10 θεωρῶ ὅτι μετὰ ὕβρεως καὶ πολλῆς ζημίας οὐ μόνον τοῦ φορτίου καὶ τοῦ πλοίου ἀλλὰ καὶ τῶν ψυχῶν ἡμῶν μέλλειν ἔσεσθαι τὸν **πλοῦν.**

4453 πλοῦς Not used in UBS/NIV

√ 4434

4454 πλούσιος [28]

√ 4458

θεός ὢν πλούσιος [1] Eph 2:4

πλούσιος ἐν πίστει [1] Jas 2:5

Mt 19:23 Ἀμὴν λέγω ὑμῖν ὅτι **πλούσιος** δυσκόλως εἰσελεύσεται εἰς τὴν βασιλείαν τῶν οὐρανῶν.
19:24 εὐκοπώτερόν ἐστιν κάμηλον διὰ τρυπήματος ῥαφίδος διελθεῖν ἢ **πλούσιον** εἰσελθεῖν εἰς τὴν βασιλείαν τοῦ θεοῦ.
27:57 Ὀψίας δὲ γενομένης ἦλθεν ἄνθρωπος **πλούσιος** ἀπὸ Ἁριμαθαίας,
Mk 10:25 εὐκοπώτερόν ἐστιν κάμηλον διὰ [τῆς] τρυμαλιᾶς [τῆς] ῥαφίδος διελθεῖν ἢ **πλούσιον** εἰς τὴν βασιλείαν τοῦ θεοῦ εἰσελθεῖν.
12:41 Καὶ καθίσας κατέναντι τοῦ γαζοφυλακίου ἐθεώρει πῶς ὁ ὄχλος βάλλει χαλκὸν εἰς τὸ γαζοφυλάκιον. καὶ πολλοὶ **πλούσιοι** ἔβαλλον πολλά·
Lk 6:24 Πλὴν οὐαὶ ὑμῖν τοῖς **πλουσίοις,** ὅτι ἀπέχετε τὴν παράκλησιν ὑμῶν.
12:16 Εἶπεν δὲ παραβολὴν πρὸς αὐτοὺς λέγων, Ἀνθρώπου τινὸς **πλουσίου** εὐφόρησεν ἡ χώρα.
14:12 μὴ φώνει τοὺς φίλους σου μηδὲ τοὺς ἀδελφούς σου μηδὲ τοὺς συγγενεῖς σου μηδὲ γείτονας **πλουσίους,**
16: 1 Ἔλεγεν δὲ καὶ πρὸς τοὺς μαθητάς, Ἄνθρωπός τις ἦν **πλούσιος** ὃς εἶχεν οἰκονόμον,
16:19 Ἄνθρωπος δέ τις ἦν **πλούσιος,** καὶ ἐνεδιδύσκετο πορφύραν καὶ βύσσον εὐφραινόμενος καθ᾽ ἡμέραν λαμπρῶς.
16:21 καὶ ἐπιθυμῶν χορτασθῆναι ἀπὸ τῶν πιπτόντων ἀπὸ τῆς τραπέζης τοῦ **πλουσίου·**
16:22 ἀποθανεῖν τὸν πτωχὸν καὶ ἀπενεχθῆναι αὐτὸν ὑπὸ τῶν ἀγγέλων εἰς τὸν κόλπον Ἀβραάμ· ἀπέθανεν δὲ καὶ ὁ **πλούσιος**
18:23 ὁ δὲ ἀκούσας ταῦτα περίλυπος ἐγενήθη· ἦν γὰρ **πλούσιος** σφόδρα.
18:25 εὐκοπώτερον γάρ ἐστιν κάμηλον διὰ τρήματος βελόνης εἰσελθεῖν ἢ **πλούσιον** εἰς τὴν βασιλείαν τοῦ θεοῦ εἰσελθεῖν.
19: 2 καὶ ἰδοὺ ἀνὴρ ὀνόματι καλούμενος Ζακχαῖος, καὶ αὐτὸς ἦν ἀρχιτελώνης καὶ αὐτὸς **πλούσιος·**
21: 1 Ἀναβλέψας δὲ εἶδεν τοὺς βάλλοντας εἰς τὸ γαζοφυλάκιον τὰ δῶρα αὐτῶν **πλουσίους.**
2Co 8: 9 ὅτι δι᾽ ὑμᾶς ἐπτώχευσεν **πλούσιος** ὤν, ἵνα ὑμεῖς τῇ ἐκείνου πτωχείᾳ πλουτήσητε.
Eph 2: 4 ὁ δὲ θεὸς **πλούσιος** ὢν ἐν ἐλέει, διὰ τὴν πολλὴν ἀγάπην αὐτοῦ ἣν ἠγάπησεν ἡμᾶς,
1Ti 6:17 Τοῖς **πλουσίοις** ἐν τῷ νῦν αἰῶνι παράγγελλε μὴ ὑψηλοφρονεῖν μηδὲ ἠλπικέναι ἐπὶ πλούτου ἀδηλότητι ἀλλ᾽ ἐπὶ θεῷ τῷ παρέχοντι ἡμῖν πάντα πλουσίως εἰς ἀπόλαυσιν,
Jas 1:10 ὁ δὲ **πλούσιος** ἐν τῇ ταπεινώσει αὐτοῦ, ὅτι ὡς ἄνθος χόρτου παρελεύσεται.
1:11 οὕτως καὶ ὁ **πλούσιος** ἐν ταῖς πορείαις αὐτοῦ μαρανθήσεται.
2: 5 οὐχ ὁ θεὸς ἐξελέξατο τοὺς πτωχοὺς τῷ κόσμῳ **πλουσίους** ἐν πίστει καὶ κληρονόμους τῆς βασιλείας ἧς ἐπηγγείλατο
2: 6 οὐχ οἱ **πλούσιοι** καταδυναστεύουσιν ὑμῶν καὶ αὐτοὶ ἕλκουσιν ὑμᾶς εἰς κριτήρια;

5: 1 Ἄγε νῦν οἱ **πλούσιοι,** κλαύσατε ὀλολύζοντες ἐπὶ ταῖς ταλαιπωρίαις ὑμῶν ταῖς ἐπερχομέναις.
Rev 2: 9 Οἶδά σου τὴν θλῖψιν καὶ τὴν πτωχείαν, ἀλλὰ **πλούσιος** εἶ,
3:17 ὅτι λέγεις ὅτι **Πλούσιός** εἰμι καὶ πεπλούτηκα καὶ οὐδὲν χρείαν ἔχω,
6:15 καὶ οἱ βασιλεῖς τῆς γῆς καὶ οἱ μεγιστᾶνες καὶ οἱ χιλίαρχοι καὶ οἱ **πλούσιοι** καὶ οἱ ἰσχυροὶ καὶ πᾶς δοῦλος καὶ ἐλεύθερος
13:16 τοὺς μικροὺς καὶ τοὺς μεγάλους, καὶ τοὺς **πλουσίους** καὶ τοὺς πτωχούς,

4455 πλουσίως [4]

√ *4458*

Col 3:16 ὁ λόγος τοῦ Χριστοῦ ἐνοικείτω ἐν ὑμῖν **πλουσίως,**
1Ti 6:17 μὴ ὑψηλοφρονεῖν μηδὲ ἠλπικέναι ἐπὶ πλούτου ἀδηλότητι ἀλλ' ἐπὶ θεῷ τῷ παρέχοντι ἡμῖν πάντα **πλουσίως** εἰς ἀπόλαυσιν,
Tit 3: 6 οὗ ἐξέχεεν ἐφ' ἡμᾶς **πλουσίως** διὰ Ἰησοῦ Χριστοῦ τοῦ σωτῆρος ἡμῶν,
2Pe 1:11 **πλουσίως** ἐπιχορηγηθήσεται ὑμῖν ἡ εἴσοδος εἰς τὴν αἰώνιον βασιλείαν τοῦ κυρίου ἡμῶν καὶ σωτῆρος Ἰησοῦ Χριστοῦ.

4456 πλουτέω [12]

√ *4458*

Lk 1:53 πεινῶντας ἐνέπλησεν ἀγαθῶν καὶ **πλουτοῦντας** ἐξαπέστειλεν κενούς.
12:21 οὕτως ὁ θησαυρίζων ἑαυτῷ καὶ μὴ εἰς θεὸν **πλουτῶν.**
Ro 10:12 ὁ γὰρ αὐτὸς κύριος πάντων, **πλουτῶν** εἰς πάντας τοὺς ἐπικαλουμένους αὐτόν·
1Co 4: 8 ἤδη κεκορεσμένοι ἐστέ, ἤδη **ἐπλουτήσατε,** χωρὶς ἡμῶν ἐβασιλεύσατε·
2Co 8: 9 ὅτι δι' ὑμᾶς ἐπτώχευσεν πλούσιος ὤν, ἵνα ὑμεῖς τῇ ἐκείνου πτωχείᾳ **πλουτήσητε.**
1Ti 6: 9 οἱ δὲ βουλόμενοι **πλουτεῖν** ἐμπίπτουσιν εἰς πειρασμὸν καὶ παγίδα καὶ ἐπιθυμίας πολλὰς ἀνοήτους καὶ βλαβεράς,
6:18 ἀγαθοεργεῖν, **πλουτεῖν** ἐν ἔργοις καλοῖς, εὐμεταδότους εἶναι, κοινωνικούς,
Rev 3:17 ὅτι λέγεις ὅτι Πλούσιός εἰμι καὶ **πεπλούτηκα** καὶ οὐδὲν χρείαν ἔχω,
3:18 συμβουλεύω σοι ἀγοράσαι παρ' ἐμοῦ χρυσίον πεπυρωμένον ἐκ πυρὸς ἵνα **πλουτήσῃς,**
18: 3 καὶ οἱ ἔμποροι τῆς γῆς ἐκ τῆς δυνάμεως τοῦ στρήνους αὐτῆς **ἐπλούτησαν.**
18:15 οἱ ἔμποροι τούτων οἱ **πλουτήσαντες** ἀπ' αὐτῆς ἀπὸ μακρόθεν στήσονται διὰ τὸν φόβον τοῦ βασανισμοῦ αὐτῆς κλαίοντες
18:19 ἐν ᾗ **ἐπλούτησαν** πάντες οἱ ἔχοντες τὰ πλοῖα ἐν τῇ θαλάσσῃ ἐκ τῆς τιμιότητος αὐτῆς,

4457 πλουτίζω [3]

√ *4458*

1Co 1: 5 ὅτι ἐν παντὶ **ἐπλουτίσθητε** ἐν αὐτῷ, ἐν παντὶ λόγῳ καὶ πάσῃ γνώσει,
2Co 6:10 ὡς λυπούμενοι ἀεὶ δὲ χαίροντες, ὡς πτωχοὶ πολλοὺς δὲ **πλουτίζοντες,**
9:11 ἐν παντὶ **πλουτιζόμενοι** εἰς πᾶσαν ἁπλότητα, ἥτις κατεργάζεται δι' ἡμῶν εὐχαριστίαν τῷ θεῷ·

4458 πλοῦτος [22]

→ *4454, 4455, 4456, 4457*

τὸ πλοῦτος [8] 2Co 8:2; Eph 1:7; 2:7; 3:8,16; Php 4:19; Col 1:27; 2:2

Mt 13:22 καὶ ἡ μέριμνα τοῦ αἰῶνος καὶ ἡ ἀπάτη τοῦ **πλούτου** συμπνίγει τὸν λόγον καὶ ἄκαρπος γίνεται.
Mk 4:19 καὶ αἱ μέριμναι τοῦ αἰῶνος καὶ ἡ ἀπάτη τοῦ **πλούτου** καὶ αἱ περὶ τὰ λοιπὰ ἐπιθυμίαι εἰσπορευόμεναι συμπνίγουσιν τὸν λόγον καὶ ἄκαρπος γίνεται.
Lk 8:14 καὶ ὑπὸ μεριμνῶν καὶ **πλούτου** καὶ ἡδονῶν τοῦ βίου πορευόμενοι συμπνίγονται καὶ οὐ τελεσφοροῦσιν.
Ro 2: 4 ἢ τοῦ **πλούτου** τῆς χρηστότητος αὐτοῦ καὶ τῆς ἀνοχῆς καὶ τῆς μακροθυμίας καταφρονεῖς,
9:23 καὶ ἵνα γνωρίσῃ τὸν **πλοῦτον** τῆς δόξης αὐτοῦ ἐπὶ σκεύη ἐλέους ἃ προητοίμασεν εἰς δόξαν;
11:12 εἰ δὲ τὸ παράπτωμα αὐτῶν **πλοῦτος** κόσμου καὶ τὸ ἥττημα αὐτῶν **πλοῦτος** ἐθνῶν,
11:33 Ὦ βάθος **πλούτου** καὶ σοφίας καὶ γνώσεως θεοῦ·
2Co 8: 2 ὅτι ἐν πολλῇ δοκιμῇ θλίψεως ἡ περισσεία τῆς χαρᾶς αὐτῶν καὶ ἡ κατὰ βάθους πτωχεία αὐτῶν ἐπερίσσευσεν εἰς τὸ **πλοῦτος** τῆς ἁπλότητος αὐτῶν·
Eph 1: 7 τὴν ἄφεσιν τῶν παραπτωμάτων, κατὰ τὸ **πλοῦτος** τῆς χάριτος αὐτοῦ
1:18 τίς ὁ **πλοῦτος** τῆς δόξης τῆς κληρονομίας αὐτοῦ ἐν τοῖς ἁγίοις,
2: 7 ἵνα ἐνδείξηται ἐν τοῖς αἰῶσιν τοῖς ἐπερχομένοις τὸ ὑπερβάλλον **πλοῦτος** τῆς χάριτος αὐτοῦ ἐν χρηστότητι ἐφ' ἡμᾶς ἐν Χριστῷ Ἰησοῦ.
3: 8 τοῖς ἔθνεσιν εὐαγγελίσασθαι τὸ ἀνεξιχνίαστον **πλοῦτος** τοῦ Χριστοῦ
3:16 ἵνα δῷ ὑμῖν κατὰ τὸ **πλοῦτος** τῆς δόξης αὐτοῦ δυνάμει κραταιωθῆναι διὰ τοῦ πνεύματος αὐτοῦ εἰς τὸν ἔσω ἄνθρωπον,
Php 4:19 ὁ δὲ θεός μου πληρώσει πᾶσαν χρείαν ὑμῶν κατὰ τὸ **πλοῦτος** αὐτοῦ ἐν δόξῃ ἐν Χριστῷ Ἰησοῦ.
Col 1:27 οἷς ἠθέλησεν ὁ θεὸς γνωρίσαι τί τὸ **πλοῦτος** τῆς δόξης τοῦ μυστηρίου τούτου ἐν τοῖς ἔθνεσιν,
2: 2 ἵνα παρακληθῶσιν αἱ καρδίαι αὐτῶν συμβιβασθέντες ἐν ἀγάπῃ καὶ εἰς πᾶν **πλοῦτος** τῆς πληροφορίας τῆς συνέσεως,
1Ti 6:17 Τοῖς πλουσίοις ἐν τῷ νῦν αἰῶνι παράγγελλε μὴ ὑψηλοφρονεῖν μηδὲ ἠλπικέναι ἐπὶ **πλούτου** ἀδηλότητι ἀλλ' ἐπὶ θεῷ τῷ παρέχοντι ἡμῖν πάντα πλουσίως εἰς ἀπόλαυσιν,
Heb 11:26 μείζονα **πλοῦτον** ἡγησάμενος τῶν Αἰγύπτου θησαυρῶν τὸν ὀνειδισμὸν τοῦ Χριστοῦ·
Jas 5: 2 ὁ **πλοῦτος** ὑμῶν σέσηπεν καὶ τὰ ἱμάτια ὑμῶν σητόβρωτα γέγονεν,
Rev 5:12 Ἄξιόν ἐστιν τὸ ἀρνίον τὸ ἐσφαγμένον λαβεῖν τὴν δύναμιν καὶ **πλοῦτον** καὶ σοφίαν καὶ ἰσχὺν καὶ τιμὴν καὶ δόξαν καὶ εὐλογίαν.
18:17 ὅτι μιᾷ ὥρᾳ ἠρημώθη ὁ τοσοῦτος **πλοῦτος.** Καὶ πᾶς κυβερνήτης καὶ πᾶς ὁ ἐπὶ τόπον πλέων καὶ ναῦται

4459 πλύνω [3]

→ *677*

Lk 5: 2 οἱ δὲ ἁλιεῖς ἀπ' αὐτῶν ἀποβάντες **ἔπλυνον** τὰ δίκτυα.
Rev 7:14 οἱ ἐρχόμενοι ἐκ τῆς θλίψεως τῆς μεγάλης καὶ **ἔπλυναν** τὰς στολὰς αὐτῶν καὶ ἐλεύκαναν αὐτὰς ἐν τῷ αἵματι τοῦ ἀρνίου.
22:14 Μακάριοι οἱ **πλύνοντες** τὰς στολὰς αὐτῶν, ἵνα ἔσται ἡ ἐξουσία αὐτῶν ἐπὶ τὸ ξύλον τῆς ζωῆς

4460 πνεῦμα [379]

√ *4463*

plural [34] Mt 8:16; 10:1; 12:45; Mk 1:27; 3:11; 5:13; 6:7; Lk 4:36; 6:18; 7:21; 8:2; 10:20; 11:26; Ac 5:16; 8:7; 19:12,13; 1Co 12:10; 14:12,32; 1Ti 4:1; Heb 1:7,14; 12:9,23; 1Pe 3:19; 1Jn 4:1; Rev 1:4; 3:1; 4:5; 5:6; 16:13,14; 22:6

ἄγεσθαι [τῷ] πνεύματι [3] Lk 4:1; Ro 8:14; Gal 5:18

αἰώνιος πνεῦμα [1] Heb 9:14

ἀκάθαρτος πνεῦμα [23] Mt 10:1; 12:43; Mk 1:23,26,27; 3:11,30; 5:2,8,13; 6:7; 7:25; 9:25; Lk 4:33,36; 6:18; 8:29; 9:42; 11:24; Ac 5:16; 8:7; Rev 16:13; 18:2

ἄλαλος πνεῦμα [2] Mk 9:17,25

βλασφημία τοῦ πνεύματος [1] Mt 12:31

δύναμις [τοῦ ἁγίου] πνεύματος [4] Lk 4:14; Ac 1:8; Ro 15:13,19

ἐν πνεύματι [30] Mt 12:28; 22:43; Lk 1:17; 2:27; 4:1; Jn 4:23,24; Ac 19:21; Ro 1:9; 2:29; 8:9; 1Co 6:11; 12:3,13; 14:16; 2Co 6:6; Gal 6:1; Eph 2:18,22; 3:5; 5:18; 6:18; Php 1:27; Col 1:8; 1Th 1:5; 1Ti 3:16; Rev 1:10; 4:2; 17:3; 21:10

ἔχω πνεῦμα [9] Mk 3:30; 7:25; 9:17; Ac 8:7; 16:16; Ro 8:9; 1Co 7:40; Jude 1:19; Rev 3:1

καρπός τοῦ πνεύματος [1] Gal 5:22

κοινωνία πνεύματος [2] 2Co 13:13; Php 2:1

μάχαιρα τοῦ πνεύματος [1] Eph 6:17

ναός πνεύματος [1] 1Co 6:19

νόμος πνεύματος [1] Ro 8:2

πειράσαι τὸ πνεῦμα [1] Ac 5:9

πληρόω ... πνεῦμα [2] Ac 13:52; Eph 5:18

πνεῦμα ἅγιος [90] Mt 1:18,20; 3:11; 12:32; 28:19; Mk 1:8; 3:29; 12:36; 13:11; Lk 1:15,35,41,67; 2:25,26; 3:16,22; 4:1; 10:21; 11:13; 12:10,12; Jn 1:33; 14:26; 20:22; Ac 1:2,5,8,16; 2:4,33,38; 4:8,25,31; 5:3,32; 6:5; 7:51,55; 8:15,17,19; 9:17,31; 10:38,44,45,47; 11:15,16,24; 13:2,4,9,52; 15:8,28; 16:6; 19:2,2,6; 20:23,28; 21:11; 28:25; Ro 5:5; 9:1; 14:17; 15:13,16; 1Co 6:19; 12:3; 2Co 6:6; 13:13; Eph 1:13; 4:30; 1Th 1:5,6; 4:8; 2Ti 1:14; Tit 3:5; Heb 2:4; 3:7; 6:4; 9:8; 10:15; 1Pe 1:12; 2Pe 1:21; Jude 1:20

πνεῦμα [ἅγιος] καὶ δύναμις [4] Lk 1:17; Ac 10:38; 1Co 2:4; Gal 3:5

πνεῦμα ... γράμμα [4] Ro 2:29; 7:6; 2Co 3:6,6

πνεῦμα δαιμονίου [1] Rev 16:14

πνεῦμα τῆς δόξης [1] 1Pe 4:14

πνεῦμα ἐκ θεοῦ [2] 1Co 2:12; Rev 11:11

πνεῦμα ζωῆς [2] Ro 8:2; Rev 11:11

πνεῦμα Ἠλίου [1] Lk 1:17

πνεῦμα θεοῦ [19] Mt 3:16; 12:28; Ro 8:9,14; 15:19; 1Co 2:11,14; 3:16; 6:11; 7:40; 12:3; 2Co 3:3; Eph 4:30; Php 3:3; 1Pe 4:14; 1Jn 4:2; Rev 3:1; 4:5; 5:6

πνεῦμα Ἰησοῦ [2] Ac 16:7; Php 1:19

πνεῦμα κόσμου [1] 1Co 2:12

πνεῦμα κυρίου [5] Lk 4:18; Ac 5:9; 8:39; 2Co 3:17,18

πνεῦμα τοῦ προφήτου [2] 1Co 14:32; Rev 22:6

πνεῦμα πύθωνα [1] Ac 16:16

πνεῦμα ... σάρξ [33] Mt 26:41; Mk 14:38; Lk 24:39; Jn 3:6,6; 6:63,63; Ac 2:17; Ro 8:4,5,5,6,9,9,9,13; 1Co 5:5; 2Co 7:1; Gal 3:3; 4:29; 5:16,17,17; 6:8,8; Php 3:3; Col 2:5; 1Ti 3:16; Heb 12:9; 1Pe 3:18; 4:6; 1Jn 4:2,2

πνεῦμα σοφίας [1] Eph 1:17

πνεῦμα ... σῶμα [13] Ro 8:10,11,11,13,23; 1Co 5:3; 6:19; 7:34; 12:13,13; Eph 4:4; 1Th 5:23; Jas 2:26

πνεῦμα Χριστοῦ [3] Ro 8:9; Php 1:19; 1Pe 1:11

πονηρός πνεῦμα [8] Mt 12:45; Lk 7:21; 8:2; 11:26; Ac 19:12,13,15,16

ὕδωρ ... πνεῦμα [14] Mt 3:11,16; Mk 1:8,10; Lk 3:16; Jn 1:33; 3:5; Ac 1:5; 8:39; 10:47; 11:16; 1Jn 5:6,8; Rev 22:17

ψυχή ... πνεῦμα [6] Mt 12:18; Lk 1:47; 1Co 15:45; Php 1:27; 1Th 5:23; Heb 4:12

Mt 1:18 πρὶν ἢ συνελθεῖν αὐτοὺς εὑρέθη ἐν γαστρὶ ἔχουσα ἐκ **πνεύματος** ἁγίου.
1:20 τὸ γὰρ ἐν αὐτῇ γεννηθὲν ἐκ **πνεύματός** ἐστιν ἁγίου.
3:11 αὐτὸς ὑμᾶς βαπτίσει ἐν **πνεύματι** ἁγίῳ καὶ πυρί·
3:16 καὶ εἶδεν [τὸ] **πνεῦμα** [τοῦ] θεοῦ καταβαῖνον ὡσεὶ περιστερὰν [καὶ] ἐρχόμενον ἐπ' αὐτόν·
4: 1 Τότε ὁ Ἰησοῦς ἀνήχθη εἰς τὴν ἔρημον ὑπὸ τοῦ **πνεύματος** πειρασθῆναι ὑπὸ τοῦ διαβόλου.
5: 3 Μακάριοι οἱ πτωχοὶ τῷ **πνεύματι,** ὅτι αὐτῶν ἐστιν ἡ βασιλεία τῶν οὐρανῶν.
8:16 καὶ ἐξέβαλεν τὰ **πνεύματα** λόγῳ καὶ πάντας τοὺς κακῶς ἔχοντας ἐθεράπευσεν,
10: 1 Καὶ προσκαλεσάμενος τοὺς δώδεκα μαθητὰς αὐτοῦ ἔδωκεν αὐτοῖς ἐξουσίαν **πνευμάτων** ἀκαθάρτων ὥστε ἐκβάλλειν αὐτὰ
10:20 οὐ γὰρ ὑμεῖς ἐστε οἱ λαλοῦντες ἀλλὰ τὸ **πνεῦμα** τοῦ πατρὸς ὑμῶν τὸ λαλοῦν ἐν ὑμῖν.
12:18 θήσω τὸ **πνεῦμά** μου ἐπ' αὐτόν, καὶ κρίσιν τοῖς ἔθνεσιν ἀπαγγελεῖ.
12:28 εἰ δὲ ἐν **πνεύματι** θεοῦ ἐγὼ ἐκβάλλω τὰ δαιμόνια,
12:31 πᾶσα ἁμαρτία καὶ βλασφημία ἀφεθήσεται τοῖς ἀνθρώποις, ἡ δὲ τοῦ **πνεύματος** βλασφημία οὐκ ἀφεθήσεται.
12:32 ὃς δ' ἂν εἴπῃ κατὰ τοῦ **πνεύματος** τοῦ ἁγίου,
12:43 Ὅταν δὲ τὸ ἀκάθαρτον **πνεῦμα** ἐξέλθῃ ἀπὸ τοῦ ἀνθρώπου,
12:45 τότε πορεύεται καὶ παραλαμβάνει μεθ' ἑαυτοῦ ἑπτὰ ἕτερα **πνεύματα** πονηρότερα ἑαυτοῦ καὶ εἰσελθόντα κατοικεῖ ἐκεῖ·
22:43 Πῶς οὖν Δαυὶδ ἐν **πνεύματι** καλεῖ αὐτὸν κύριον λέγων,
26:41 τὸ μὲν **πνεῦμα** πρόθυμον ἡ δὲ σὰρξ ἀσθενής.
27:50 ὁ δὲ Ἰησοῦς πάλιν κράξας φωνῇ μεγάλῃ ἀφῆκεν τὸ **πνεῦμα.**
28:19 βαπτίζοντες αὐτοὺς εἰς τὸ ὄνομα τοῦ πατρὸς καὶ τοῦ υἱοῦ καὶ τοῦ ἁγίου **πνεύματος,**

Mk 1: 8 ἐγὼ ἐβάπτισα ὑμᾶς ὕδατι, αὐτὸς δὲ βαπτίσει ὑμᾶς ἐν **πνεύματι** ἁγίῳ.
1:10 καὶ εὐθὺς ἀναβαίνων ἐκ τοῦ ὕδατος εἶδεν σχιζομένους τοὺς οὐρανοὺς καὶ τὸ **πνεῦμα** ὡς περιστερὰν καταβαῖνον εἰς αὐτόν·
1:12 Καὶ εὐθὺς τὸ **πνεῦμα** αὐτὸν ἐκβάλλει εἰς τὴν ἔρημον.
1:23 καὶ εὐθὺς ἦν ἐν τῇ συναγωγῇ αὐτῶν ἄνθρωπος ἐν **πνεύματι** ἀκαθάρτῳ καὶ ἀνέκραξεν
1:26 καὶ σπαράξαν αὐτὸν τὸ **πνεῦμα** τὸ ἀκάθαρτον καὶ φωνῆσαν φωνῇ μεγάλῃ ἐξῆλθεν ἐξ αὐτοῦ.
1:27 καὶ τοῖς **πνεύμασι** τοῖς ἀκαθάρτοις ἐπιτάσσει, καὶ ὑπακούουσιν αὐτῷ.
2: 8 καὶ εὐθὺς ἐπιγνοὺς ὁ Ἰησοῦς τῷ **πνεύματι** αὐτοῦ ὅτι οὕτως διαλογίζονται ἐν ἑαυτοῖς λέγει αὐτοῖς,
3:11 καὶ τὰ **πνεύματα** τὰ ἀκάθαρτα, ὅταν αὐτὸν ἐθεώρουν,
3:29 ὃς δ' ἂν βλασφημήσῃ εἰς τὸ **πνεῦμα** τὸ ἅγιον,
3:30 ὅτι ἔλεγον, **Πνεῦμα** ἀκάθαρτον ἔχει.
5: 2 καὶ ἐξελθόντος αὐτοῦ ἐκ τοῦ πλοίου εὐθὺς ὑπήντησεν αὐτῷ ἐκ τῶν μνημείων ἄνθρωπος ἐν **πνεύματι** ἀκαθάρτῳ,
5: 8 Ἔξελθε τὸ **πνεῦμα** τὸ ἀκάθαρτον ἐκ τοῦ ἀνθρώπου.
5:13 καὶ ἐξελθόντα τὰ **πνεύματα** τὰ ἀκάθαρτα εἰσῆλθον εἰς τοὺς χοίρους,
6: 7 καὶ ἤρξατο αὐτοὺς ἀποστέλλειν δύο δύο καὶ ἐδίδου αὐτοῖς ἐξουσίαν τῶν **πνευμάτων** τῶν ἀκαθάρτων,
7:25 ἧς εἶχεν τὸ θυγάτριον αὐτῆς **πνεῦμα** ἀκάθαρτον, ἐλθοῦσα προσέπεσεν πρὸς τοὺς πόδας αὐτοῦ·
8:12 καὶ ἀναστενάξας τῷ **πνεύματι** αὐτοῦ λέγει, Τί ἡ γενεὰ αὕτη ζητεῖ σημεῖον;
9:17 ἤνεγκα τὸν υἱόν μου πρὸς σέ, ἔχοντα **πνεῦμα** ἄλαλον·
9:20 καὶ ἰδὼν αὐτὸν τὸ **πνεῦμα** εὐθὺς συνεσπάραξεν αὐτόν,
9:25 ἐπετίμησεν τῷ **πνεύματι** τῷ ἀκαθάρτῳ λέγων αὐτῷ, Τὸ ἄλαλον καὶ κωφὸν **πνεῦμα,** ἐγὼ ἐπιτάσσω σοι,
12:36 αὐτὸς Δαυὶδ εἶπεν ἐν τῷ **πνεύματι** τῷ ἁγίῳ,
13:11 οὐ γάρ ἐστε ὑμεῖς οἱ λαλοῦντες ἀλλὰ τὸ **πνεῦμα** τὸ ἅγιον.
14:38 τὸ μὲν **πνεῦμα** πρόθυμον ἡ δὲ σὰρξ ἀσθενής.

Lk 1:15 **πνεύματος** ἁγίου πλησθήσεται ἔτι ἐκ κοιλίας μητρὸς αὐτοῦ,
1:17 καὶ αὐτὸς προελεύσεται ἐνώπιον αὐτοῦ ἐν **πνεύματι** καὶ δυνάμει Ἠλίου,
1:35 **Πνεῦμα** ἅγιον ἐπελεύσεται ἐπὶ σὲ καὶ δύναμις ὑψίστου ἐπισκιάσει σοι·
1:41 ἐσκίρτησεν τὸ βρέφος ἐν τῇ κοιλίᾳ αὐτῆς, καὶ ἐπλήσθη **πνεύματος** ἁγίου ἡ Ἐλισάβετ,
1:47 καὶ ἠγαλλίασεν τὸ **πνεῦμά** μου ἐπὶ τῷ θεῷ τῷ σωτῆρί μου,
1:67 Καὶ Ζαχαρίας ὁ πατὴρ αὐτοῦ ἐπλήσθη **πνεύματος** ἁγίου καὶ ἐπροφήτευσεν λέγων,
1:80 Τὸ δὲ παιδίον ηὔξανεν καὶ ἐκραταιοῦτο **πνεύματι,** καὶ ἦν ἐν ταῖς ἐρήμοις ἕως ἡμέρας ἀναδείξεως αὐτοῦ πρὸς τὸν Ἰσραήλ.
2:25 ὁ ἄνθρωπος οὗτος δίκαιος καὶ εὐλαβὴς προσδεχόμενος παράκλησιν τοῦ Ἰσραήλ, καὶ **πνεῦμα** ἦν ἅγιον ἐπ' αὐτόν·
2:26 καὶ ἦν αὐτῷ κεχρηματισμένον ὑπὸ τοῦ **πνεύματος** τοῦ ἁγίου μὴ ἰδεῖν θάνατον πρὶν [ἢ] ἂν ἴδῃ τὸν Χριστὸν κυρίου.
2:27 καὶ ἦλθεν ἐν τῷ **πνεύματι** εἰς τὸ ἱερόν·
3:16 αὐτὸς ὑμᾶς βαπτίσει ἐν **πνεύματι** ἁγίῳ καὶ πυρί·
3:22 καὶ καταβῆναι τὸ **πνεῦμα** τὸ ἅγιον σωματικῷ εἴδει ὡς περιστερὰν ἐπ' αὐτόν,
4: 1 Ἰησοῦς δὲ πλήρης **πνεύματος** ἁγίου ὑπέστρεψεν ἀπὸ τοῦ Ἰορδάνου καὶ ἤγετο ἐν τῷ **πνεύματι** ἐν τῇ ἐρήμῳ
4:14 Καὶ ὑπέστρεψεν ὁ Ἰησοῦς ἐν τῇ δυνάμει τοῦ **πνεύματος** εἰς τὴν Γαλιλαίαν.
4:18 **Πνεῦμα** κυρίου ἐπ' ἐμὲ οὗ εἵνεκεν ἔχρισέν με εὐαγγελίσασθαι πτωχοῖς,
4:33 καὶ ἐν τῇ συναγωγῇ ἦν ἄνθρωπος ἔχων **πνεῦμα** δαιμονίου ἀκαθάρτου καὶ ἀνέκραξεν φωνῇ μεγάλῃ,
4:36 Τίς ὁ λόγος οὗτος ὅτι ἐν ἐξουσίᾳ καὶ δυνάμει ἐπιτάσσει τοῖς ἀκαθάρτοις **πνεύμασιν** καὶ ἐξέρχονται;

6:18 οἳ ἦλθον ἀκοῦσαι αὐτοῦ καὶ ἰαθῆναι ἀπὸ τῶν νόσων αὐτῶν· καὶ οἱ ἐνοχλούμενοι ἀπὸ **πνευμάτων** ἀκαθάρτων ἐθεραπεύοντο,
7:21 ἐθεράπευσεν πολλοὺς ἀπὸ νόσων καὶ μαστίγων καὶ **πνευμάτων** πονηρῶν καὶ τυφλοῖς πολλοῖς ἐχαρίσατο βλέπειν.
8: 2 καὶ γυναῖκές τινες αἳ ἦσαν τεθεραπευμέναι ἀπὸ **πνευμάτων** πονηρῶν καὶ ἀσθενειῶν,
8:29 παρήγγειλεν γὰρ τῷ **πνεύματι** τῷ ἀκαθάρτῳ ἐξελθεῖν ἀπὸ τοῦ ἀνθρώπου.
8:55 καὶ ἐπέστρεψεν τὸ **πνεῦμα** αὐτῆς καὶ ἀνέστη παραχρῆμα καὶ διέταξεν αὐτῇ δοθῆναι φαγεῖν.
9:39 καὶ ἰδοὺ **πνεῦμα** λαμβάνει αὐτὸν καὶ ἐξαίφνης κράζει καὶ σπαράσσει αὐτὸν μετὰ ἀφροῦ καὶ μόγις ἀποχωρεῖ ἀπ᾽ αὐτοῦ
9:42 ἐπετίμησεν δὲ ὁ Ἰησοῦς τῷ **πνεύματι** τῷ ἀκαθάρτῳ καὶ ἰάσατο τὸν παῖδα καὶ ἀπέδωκεν αὐτὸν τῷ πατρὶ αὐτοῦ.
10:20 πλὴν ἐν τούτῳ μὴ χαίρετε ὅτι τὰ **πνεύματα** ὑμῖν ὑποτάσσεται,
10:21 Ἐν αὐτῇ τῇ ὥρᾳ ἠγαλλιάσατο [ἐν] τῷ **πνεύματι** τῷ ἁγίῳ καὶ εἶπεν,
11:13 πόσῳ μᾶλλον ὁ πατὴρ [ὁ] ἐξ οὐρανοῦ δώσει **πνεῦμα** ἅγιον τοῖς αἰτοῦσιν αὐτόν.
11:24 Ὅταν τὸ ἀκάθαρτον **πνεῦμα** ἐξέλθῃ ἀπὸ τοῦ ἀνθρώπου,
11:26 τότε πορεύεται καὶ παραλαμβάνει ἕτερα **πνεύματα** πονηρότερα ἑαυτοῦ ἑπτὰ καὶ εἰσελθόντα κατοικεῖ ἐκεῖ·
12:10 τῷ δὲ εἰς τὸ ἅγιον **πνεῦμα** βλασφημήσαντι οὐκ ἀφεθήσεται.
12:12 τὸ γὰρ ἅγιον **πνεῦμα** διδάξει ὑμᾶς ἐν αὐτῇ τῇ ὥρᾳ ἃ δεῖ εἰπεῖν.
13:11 καὶ ἰδοὺ γυνὴ **πνεῦμα** ἔχουσα ἀσθενείας ἔτη δεκαοκτὼ καὶ ἦν συγκύπτουσα καὶ μὴ δυναμένη ἀνακύψαι εἰς τὸ παντελές.
23:46 Πάτερ, εἰς χεῖράς σου παρατίθεμαι τὸ **πνεῦμά** μου.
24:37 πτοηθέντες δὲ καὶ ἔμφοβοι γενόμενοι ἐδόκουν **πνεῦμα** θεωρεῖν.
24:39 ὅτι **πνεῦμα** σάρκα καὶ ὀστέα οὐκ ἔχει καθὼς ἐμὲ θεωρεῖτε ἔχοντα.

Jn 1:32 Καὶ ἐμαρτύρησεν Ἰωάννης λέγων ὅτι Τεθέαμαι τὸ **πνεῦμα** καταβαῖνον ὡς περιστερὰν ἐξ οὐρανοῦ καὶ ἔμεινεν ἐπ᾽ αὐτόν.
1:33 Ἐφ᾽ ὃν ἂν ἴδῃς τὸ **πνεῦμα** καταβαῖνον καὶ μένον ἐπ᾽ αὐτόν, οὗτός ἐστιν ὁ βαπτίζων ἐν **πνεύματι** ἁγίῳ.
3: 5 ἐὰν μή τις γεννηθῇ ἐξ ὕδατος καὶ **πνεύματος,**
3: 6 καὶ τὸ γεγεννημένον ἐκ τοῦ **πνεύματος πνεῦμά** ἐστιν.
3: 8 τὸ **πνεῦμα** ὅπου θέλει πνεῖ καὶ τὴν φωνὴν αὐτοῦ ἀκούεις, ἀλλ᾽ οὐκ οἶδας πόθεν ἔρχεται καὶ ποῦ ὑπάγει· οὕτως ἐστὶν πᾶς ὁ γεγεννημένος ἐκ τοῦ **πνεύματος.**
3:34 ὃν γὰρ ἀπέστειλεν ὁ θεὸς τὰ ῥήματα τοῦ θεοῦ λαλεῖ, οὐ γὰρ ἐκ μέτρου δίδωσιν τὸ **πνεῦμα.**
4:23 ὅτε οἱ ἀληθινοὶ προσκυνηταὶ προσκυνήσουσιν τῷ πατρὶ ἐν **πνεύματι** καὶ ἀληθείᾳ·
4:24 **πνεῦμα** ὁ θεός, καὶ τοὺς προσκυνοῦντας αὐτὸν ἐν **πνεύματι** καὶ ἀληθείᾳ δεῖ προσκυνεῖν.
6:63 τὸ **πνεῦμά** ἐστιν τὸ ζῳοποιοῦν, ἡ σὰρξ οὐκ ὠφελεῖ οὐδέν· τὰ ῥήματα ἃ ἐγὼ λελάληκα ὑμῖν **πνεῦμά** ἐστιν καὶ ζωή ἐστιν.
7:39 τοῦτο δὲ εἶπεν περὶ τοῦ **πνεύματος** ὃ ἔμελλον λαμβάνειν οἱ πιστεύσαντες εἰς αὐτόν· οὔπω γὰρ ἦν **πνεῦμα,** ὅτι Ἰησοῦς οὐδέπω ἐδοξάσθη.
11:33 εἶδεν αὐτὴν κλαίουσαν καὶ τοὺς συνελθόντας αὐτῇ Ἰουδαίους κλαίοντας, ἐνεβριμήσατο τῷ **πνεύματι** καὶ ἐτάραξεν ἑαυτὸν
13:21 Ταῦτα εἰπὼν [ὁ] Ἰησοῦς ἐταράχθη τῷ **πνεύματι** καὶ ἐμαρτύρησεν καὶ εἶπεν,
14:17 τὸ **πνεῦμα** τῆς ἀληθείας, ὃ ὁ κόσμος οὐ δύναται λαβεῖν,
14:26 ὁ δὲ παράκλητος, τὸ **πνεῦμα** τὸ ἅγιον, ὃ πέμψει ὁ πατὴρ ἐν τῷ ὀνόματί μου,
15:26 τὸ **πνεῦμα** τῆς ἀληθείας ὃ παρὰ τοῦ πατρὸς ἐκπορεύεται,
16:13 ὅταν δὲ ἔλθῃ ἐκεῖνος, τὸ **πνεῦμα** τῆς ἀληθείας,
19:30 Τετέλεσται, καὶ κλίνας τὴν κεφαλὴν παρέδωκεν τὸ **πνεῦμα.**
20:22 καὶ τοῦτο εἰπὼν ἐνεφύσησεν καὶ λέγει αὐτοῖς, Λάβετε **πνεῦμα** ἅγιον·

Ac 1: 2 ἄχρι ἧς ἡμέρας ἐντειλάμενος τοῖς ἀποστόλοις διὰ **πνεύματος** ἁγίου οὓς ἐξελέξατο ἀνελήμφθη·
1: 5 ὑμεῖς δὲ ἐν **πνεύματι** βαπτισθήσεσθε ἁγίῳ οὐ μετὰ πολλὰς ταύτας ἡμέρας.
1: 8 ἀλλὰ λήμψεσθε δύναμιν ἐπελθόντος τοῦ ἁγίου **πνεύματος** ἐφ᾽ ὑμᾶς καὶ ἔσεσθέ μου μάρτυρες ἔν τε Ἰερουσαλὴμ καὶ [ἐν] πάσῃ τῇ Ἰουδαίᾳ καὶ Σαμαρείᾳ καὶ ἕως ἐσχάτου τῆς γῆς.
1:16 ἔδει πληρωθῆναι τὴν γραφὴν ἣν προεῖπεν τὸ **πνεῦμα** τὸ ἅγιον διὰ στόματος Δαυὶδ περὶ Ἰούδα τοῦ γενομένου ὁδηγοῦ τοῖς συλλαβοῦσιν Ἰησοῦν,
2: 4 καὶ ἐπλήσθησαν πάντες **πνεύματος** ἁγίου καὶ ἤρξαντο λαλεῖν ἑτέραις γλώσσαις καθὼς τὸ **πνεῦμα** ἐδίδου ἀποφθέγγεσθαι αὐτοῖς.
2:17 ἐκχεῶ ἀπὸ τοῦ **πνεύματός** μου ἐπὶ πᾶσαν σάρκα,
2:18 καί γε ἐπὶ τοὺς δούλους μου καὶ ἐπὶ τὰς δούλας μου ἐν ταῖς ἡμέραις ἐκείναις ἐκχεῶ ἀπὸ τοῦ **πνεύματός** μου,
2:33 τήν τε ἐπαγγελίαν τοῦ **πνεύματος** τοῦ ἁγίου λαβὼν παρὰ τοῦ πατρός,
2:38 καὶ βαπτισθήτω ἕκαστος ὑμῶν ἐπὶ τῷ ὀνόματι Ἰησοῦ Χριστοῦ εἰς ἄφεσιν τῶν ἁμαρτιῶν ὑμῶν καὶ λήμψεσθε τὴν δωρεὰν τοῦ ἁγίου **πνεύματος.**
4: 8 τότε Πέτρος πλησθεὶς **πνεύματος** ἁγίου εἶπεν πρὸς αὐτούς,
4:25 ὁ τοῦ πατρὸς ἡμῶν διὰ **πνεύματος** ἁγίου στόματος Δαυὶδ παιδός σου εἰπών,
4:31 καὶ ἐπλήσθησαν ἅπαντες τοῦ ἁγίου **πνεύματος** καὶ ἐλάλουν τὸν λόγον τοῦ θεοῦ μετὰ παρρησίας.
5: 3 ψεύσασθαί σε τὸ **πνεῦμα** τὸ ἅγιον καὶ νοσφίσασθαι ἀπὸ τῆς τιμῆς τοῦ χωρίου;
5: 9 Τί ὅτι συνεφωνήθη ὑμῖν πειράσαι τὸ **πνεῦμα** κυρίου;
5:16 συνήρχετο δὲ καὶ τὸ πλῆθος τῶν πέριξ πόλεων Ἰερουσαλὴμ φέροντες ἀσθενεῖς καὶ ὀχλουμένους ὑπὸ **πνευμάτων** ἀκαθάρτων,
5:32 καὶ ἡμεῖς ἐσμεν μάρτυρες τῶν ῥημάτων τούτων καὶ τὸ **πνεῦμα** τὸ ἅγιον ὃ ἔδωκεν ὁ θεὸς τοῖς πειθαρχοῦσιν αὐτῷ.
6: 3 ἄνδρας ἐξ ὑμῶν μαρτυρουμένους ἑπτά, πλήρεις **πνεύματος** καὶ σοφίας,
6: 5 ἤρεσεν ὁ λόγος ἐνώπιον παντὸς τοῦ πλήθους καὶ ἐξελέξαντο Στέφανον, ἄνδρα πλήρης πίστεως καὶ **πνεύματος** ἁγίου,
6:10 καὶ οὐκ ἴσχυον ἀντιστῆναι τῇ σοφίᾳ καὶ τῷ **πνεύματι** ᾧ ἐλάλει.
7:51 ὑμεῖς ἀεὶ τῷ **πνεύματι** τῷ ἁγίῳ ἀντιπίπτετε ὡς οἱ πατέρες ὑμῶν καὶ ὑμεῖς.
7:55 πλήρης **πνεύματος** ἁγίου ἀτενίσας εἰς τὸν οὐρανὸν εἶδεν δόξαν θεοῦ καὶ Ἰησοῦν ἑστῶτα ἐκ δεξιῶν τοῦ θεοῦ
7:59 καὶ ἐλιθοβόλουν τὸν Στέφανον ἐπικαλούμενον καὶ λέγοντα, Κύριε Ἰησοῦ, δέξαι τὸ **πνεῦμά** μου.
8: 7 πολλοὶ γὰρ τῶν ἐχόντων **πνεύματα** ἀκάθαρτα βοῶντα φωνῇ μεγάλῃ ἐξήρχοντο,
8:15 οἵτινες καταβάντες προσηύξαντο περὶ αὐτῶν ὅπως λάβωσιν **πνεῦμα** ἅγιον·
8:17 τότε ἐπετίθεσαν τὰς χεῖρας ἐπ᾽ αὐτοὺς καὶ ἐλάμβανον **πνεῦμα** ἅγιον.
8:18 ἰδὼν δὲ ὁ Σίμων ὅτι διὰ τῆς ἐπιθέσεως τῶν χειρῶν τῶν ἀποστόλων δίδοται τὸ **πνεῦμα,**
8:19 Δότε κἀμοὶ τὴν ἐξουσίαν ταύτην ἵνα ᾧ ἐὰν ἐπιθῶ τὰς χεῖρας λαμβάνῃ **πνεῦμα** ἅγιον.
8:29 εἶπεν δὲ τὸ **πνεῦμα** τῷ **Φιλίππῳ,** Πρόσελθε καὶ κολλήθητι τῷ ἅρματι τούτῳ.
8:39 **πνεῦμα** κυρίου ἥρπασεν τὸν **Φίλιππον** καὶ οὐκ εἶδεν αὐτὸν οὐκέτι ὁ εὐνοῦχος,
9:17 Ἰησοῦς ὁ ὀφθείς σοι ἐν τῇ ὁδῷ ᾗ ἤρχου, ὅπως ἀναβλέψῃς καὶ πλησθῇς **πνεύματος** ἁγίου.
9:31 εἶχεν εἰρήνην οἰκοδομουμένη καὶ πορευομένη τῷ φόβῳ τοῦ κυρίου καὶ τῇ παρακλήσει τοῦ ἁγίου **πνεύματος** ἐπληθύνετο.
10:19 τοῦ δὲ Πέτρου διενθυμουμένου περὶ τοῦ ὁράματος εἶπεν [αὐτῷ] τὸ **πνεῦμα,**
10:38 ὡς ἔχρισεν αὐτὸν ὁ θεὸς **πνεύματι** ἁγίῳ καὶ δυνάμει,
10:44 Ἔτι λαλοῦντος τοῦ Πέτρου τὰ ῥήματα ταῦτα ἐπέπεσεν τὸ **πνεῦμα** τὸ ἅγιον ἐπὶ πάντας τοὺς ἀκούοντας τὸν λόγον.
10:45 ὅτι καὶ ἐπὶ τὰ ἔθνη ἡ δωρεὰ τοῦ ἁγίου **πνεύματος** ἐκκέχυται·
10:47 οἵτινες τὸ **πνεῦμα** τὸ ἅγιον ἔλαβον ὡς καὶ ἡμεῖς;
11:12 εἶπεν δὲ τὸ **πνεῦμά** μοι συνελθεῖν αὐτοῖς μηδὲν διακρίναντα.
11:15 ἐν δὲ τῷ ἄρξασθαί με λαλεῖν ἐπέπεσεν τὸ **πνεῦμα** τὸ ἅγιον ἐπ᾽ αὐτοὺς ὥσπερ καὶ ἐφ᾽ ἡμᾶς ἐν ἀρχῇ.
11:16 Ἰωάννης μὲν ἐβάπτισεν ὕδατι, ὑμεῖς δὲ βαπτισθήσεσθε ἐν **πνεύματι** ἁγίῳ.
11:24 ὅτι ἦν ἀνὴρ ἀγαθὸς καὶ πλήρης **πνεύματος** ἁγίου καὶ πίστεως.
11:28 εἷς ἐξ αὐτῶν ὀνόματι Ἅγαβος ἐσήμανεν διὰ τοῦ **πνεύματος** λιμὸν μεγάλην μέλλειν ἔσεσθαι ἐφ᾽ ὅλην τὴν οἰκουμένην,
13: 2 λειτουργούντων δὲ αὐτῶν τῷ κυρίῳ καὶ νηστευόντων εἶπεν τὸ **πνεῦμα** τὸ ἅγιον,
13: 4 Αὐτοὶ μὲν οὖν ἐκπεμφθέντες ὑπὸ τοῦ ἁγίου **πνεύματος** κατῆλθον εἰς Σελεύκειαν,
13: 9 ὁ καὶ Παῦλος, πλησθεὶς **πνεύματος** ἁγίου ἀτενίσας εἰς αὐτὸν
13:52 οἵ τε μαθηταὶ ἐπληροῦντο χαρᾶς καὶ **πνεύματος** ἁγίου.
15: 8 καὶ ὁ καρδιογνώστης θεὸς ἐμαρτύρησεν αὐτοῖς δοὺς τὸ **πνεῦμα** τὸ ἅγιον καθὼς καὶ ἡμῖν
15:28 ἔδοξεν γὰρ τῷ **πνεύματι** τῷ ἁγίῳ καὶ ἡμῖν μηδὲν πλέον ἐπιτίθεσθαι ὑμῖν βάρος πλὴν τούτων τῶν ἐπάναγκες,

16: 6 Διῆλθον δὲ τὴν Φρυγίαν καὶ Γαλατικὴν χώραν κωλυθέντες ὑπὸ τοῦ ἁγίου **πνεύματος** λαλῆσαι τὸν λόγον ἐν τῇ Ἀσίᾳ·
16: 7 ἐλθόντες δὲ κατὰ τὴν Μυσίαν ἐπείραζον εἰς τὴν Βιθυνίαν πορευθῆναι, καὶ οὐκ εἴασεν αὐτοὺς τὸ **πνεῦμα** Ἰησοῦ·
16: 16 Ἐγένετο δὲ πορευομένων ἡμῶν εἰς τὴν προσευχὴν παιδίσκην τινὰ ἔχουσαν **πνεῦμα** πύθωνα ὑπαντῆσαι ἡμῖν,
16: 18 διαπονηθεὶς δὲ Παῦλος καὶ ἐπιστρέψας τῷ **πνεύματι** εἶπεν,
17: 16 Ἐν δὲ ταῖς Ἀθήναις ἐκδεχομένου αὐτοὺς τοῦ Παύλου παρωξύνετο τὸ **πνεῦμα** αὐτοῦ ἐν αὐτῷ θεωροῦντος κατείδωλον
18: 25 οὗτος ἦν κατηχημένος τὴν ὁδὸν τοῦ κυρίου καὶ ζέων τῷ **πνεύματι** ἐλάλει καὶ ἐδίδασκεν ἀκριβῶς τὰ περὶ τοῦ Ἰησοῦ,
19: 2 εἶπέν τε πρὸς αὐτούς, Εἰ **πνεῦμα** ἅγιον ἐλάβετε πιστεύσαντες; οἱ δὲ πρὸς αὐτόν, Ἀλλ' οὐδ' εἰ **πνεῦμα** ἅγιον ἔστιν ἠκούσαμεν.
19: 6 καὶ ἐπιθέντος αὐτοῖς τοῦ Παύλου [τὰς] χεῖρας ἦλθε τὸ **πνεῦμα** τὸ ἅγιον ἐπ' αὐτούς,
19: 12 ὥστε καὶ ἐπὶ τοὺς ἀσθενοῦντας ἀποφέρεσθαι ἀπὸ τοῦ χρωτὸς αὐτοῦ σουδάρια ἢ σιμικίνθια καὶ ἀπαλλάσσεσθαι ἀπ' αὐτῶν τὰς νόσους, τά τε **πνεύματα** τὰ πονηρὰ ἐκπορεύεσθαι.
19: 13 ἐπεχείρησαν δέ τινες καὶ τῶν περιερχομένων Ἰουδαίων ἐξορκιστῶν ὀνομάζειν ἐπὶ τοὺς ἔχοντας τὰ **πνεύματα** τὰ πονηρὰ τὸ ὄνομα τοῦ κυρίου Ἰησοῦ λέγοντες,
19: 15 ἀποκριθὲν δὲ τὸ **πνεῦμα** τὸ πονηρὸν εἶπεν αὐτοῖς,
19: 16 καὶ ἐφαλόμενος ὁ ἄνθρωπος ἐπ' αὐτοὺς ἐν ᾧ ἦν τὸ **πνεῦμα** τὸ πονηρόν,
19: 21 ἔθετο ὁ Παῦλος ἐν τῷ **πνεύματι** διελθὼν τὴν Μακεδονίαν καὶ Ἀχαΐαν πορεύεσθαι εἰς Ἱεροσόλυμα
20: 22 καὶ νῦν ἰδοὺ δεδεμένος ἐγὼ τῷ **πνεύματι** πορεύομαι εἰς Ἰερουσαλὴμ τὰ ἐν αὐτῇ συναντήσοντά μοι μὴ εἰδώς,
20: 23 πλὴν ὅτι τὸ **πνεῦμα** τὸ ἅγιον κατὰ πόλιν διαμαρτύρεταί μοι λέγον ὅτι δεσμὰ καὶ θλίψεις με μένουσιν.
20: 28 ἐν ᾧ ὑμᾶς τὸ **πνεῦμα** τὸ ἅγιον ἔθετο ἐπισκόπους ποιμαίνειν τὴν ἐκκλησίαν τοῦ θεοῦ,
21: 4 οἵτινες τῷ Παύλῳ ἔλεγον διὰ τοῦ **πνεύματος** μὴ ἐπιβαίνειν εἰς Ἱεροσόλυμα.
21: 11 Τάδε λέγει τὸ **πνεῦμα** τὸ ἅγιον, Τὸν ἄνδρα οὗ ἐστιν ἡ ζώνη αὕτη,
23: 8 Σαδδουκαῖοι μὲν γὰρ λέγουσιν μὴ εἶναι ἀνάστασιν μήτε ἄγγελον μήτε **πνεῦμα,**
23: 9 Οὐδὲν κακὸν εὑρίσκομεν ἐν τῷ ἀνθρώπῳ τούτῳ· εἰ δὲ **πνεῦμα** ἐλάλησεν αὐτῷ ἢ ἄγγελος;
28: 25 ὅτι Καλῶς τὸ **πνεῦμα** τὸ ἅγιον ἐλάλησεν διὰ Ἠσαΐου τοῦ προφήτου πρὸς τοὺς πατέρας ὑμῶν

Ro 1: 4 τοῦ ὁρισθέντος υἱοῦ θεοῦ ἐν δυνάμει κατὰ **πνεῦμα** ἁγιωσύνης ἐξ ἀναστάσεως νεκρῶν,
1: 9 ᾧ λατρεύω ἐν τῷ **πνεύματί** μου ἐν τῷ εὐαγγελίῳ τοῦ υἱοῦ αὐτοῦ,
2: 29 ἀλλ' ὁ ἐν τῷ κρυπτῷ Ἰουδαῖος, καὶ περιτομὴ καρδίας ἐν **πνεύματι** οὐ γράμματι,
5: 5 ὅτι ἡ ἀγάπη τοῦ θεοῦ ἐκκέχυται ἐν ταῖς καρδίαις ἡμῶν διὰ **πνεύματος** ἁγίου τοῦ δοθέντος ἡμῖν.
7: 6 ὥστε δουλεύειν ἡμᾶς ἐν καινότητι **πνεύματος** καὶ οὐ παλαιότητι γράμματος.
8: 2 ὁ γὰρ νόμος τοῦ **πνεύματος** τῆς ζωῆς ἐν Χριστῷ Ἰησοῦ ἠλευθέρωσέν σε ἀπὸ τοῦ νόμου τῆς ἁμαρτίας καὶ τοῦ θανάτου.
8: 4 ἵνα τὸ δικαίωμα τοῦ νόμου πληρωθῇ ἐν ἡμῖν τοῖς μὴ κατὰ σάρκα περιπατοῦσιν ἀλλὰ κατὰ **πνεῦμα.**
8: 5 οἱ γὰρ κατὰ σάρκα ὄντες τὰ τῆς σαρκὸς φρονοῦσιν, οἱ δὲ κατὰ **πνεῦμα** τὰ τοῦ **πνεύματος.**
8: 6 τὸ δὲ φρόνημα τοῦ **πνεύματος** ζωὴ καὶ εἰρήνη·
8: 9 ὑμεῖς δὲ οὐκ ἐστὲ ἐν σαρκὶ ἀλλὰ ἐν **πνεύματι,** εἴπερ **πνεῦμα** θεοῦ οἰκεῖ ἐν ὑμῖν. εἰ δέ τις **πνεῦμα** Χριστοῦ οὐκ ἔχει, οὗτος οὐκ ἔστιν αὐτοῦ.
8: 10 τὸ μὲν σῶμα νεκρὸν διὰ ἁμαρτίαν τὸ δὲ **πνεῦμα** ζωὴ διὰ δικαιοσύνην.
8: 11 εἰ δὲ τὸ **πνεῦμα** τοῦ ἐγείραντος τὸν Ἰησοῦν ἐκ νεκρῶν οἰκεῖ ἐν ὑμῖν, ὁ ἐγείρας Χριστὸν ἐκ νεκρῶν ζῳοποιήσει καὶ τὰ θνητὰ σώματα ὑμῶν διὰ τοῦ ἐνοικοῦντος αὐτοῦ **πνεύματος** ἐν ὑμῖν.
8: 13 εἰ δὲ **πνεύματι** τὰς πράξεις τοῦ σώματος θανατοῦτε,
8: 14 ὅσοι γὰρ **πνεύματι** θεοῦ ἄγονται, οὗτοι υἱοὶ θεοῦ εἰσιν.
8: 15 οὐ γὰρ ἐλάβετε **πνεῦμα** δουλείας πάλιν εἰς φόβον ἀλλὰ ἐλάβετε **πνεῦμα** υἱοθεσίας ἐν ᾧ κράζομεν, Αββα ὁ πατήρ.
8: 16 αὐτὸ τὸ **πνεῦμα** συμμαρτυρεῖ τῷ **πνεύματι** ἡμῶν ὅτι ἐσμὲν τέκνα θεοῦ.
8: 23 ἀλλὰ καὶ αὐτοὶ τὴν ἀπαρχὴν τοῦ **πνεύματος** ἔχοντες,
8: 26 Ὡσαύτως δὲ καὶ τὸ **πνεῦμα** συναντιλαμβάνεται τῇ ἀσθενείᾳ ἡμῶν· τὸ γὰρ τί προσευξώμεθα καθὸ δεῖ οὐκ οἴδαμεν, ἀλλὰ αὐτὸ τὸ **πνεῦμα** ὑπερεντυγχάνει στεναγμοῖς ἀλαλήτοις·
8: 27 ὁ δὲ ἐραυνῶν τὰς καρδίας οἶδεν τί τὸ φρόνημα τοῦ **πνεύματος,**
9: 1 συμμαρτυρούσης μοι τῆς συνειδήσεώς μου ἐν **πνεύματι** ἁγίῳ,
11: 8 καθὼς γέγραπται, Ἔδωκεν αὐτοῖς ὁ θεὸς **πνεῦμα** κατανύξεως,
12: 11 τῇ σπουδῇ μὴ ὀκνηροί, τῷ **πνεύματι** ζέοντες, τῷ κυρίῳ δουλεύοντες,
14: 17 οὐ γάρ ἐστιν ἡ βασιλεία τοῦ θεοῦ βρῶσις καὶ πόσις ἀλλὰ δικαιοσύνη καὶ εἰρήνη καὶ χαρὰ ἐν **πνεύματι** ἁγίῳ·
15: 13 εἰς τὸ περισσεύειν ὑμᾶς ἐν τῇ ἐλπίδι ἐν δυνάμει **πνεύματος** ἁγίου.
15: 16 ἵνα γένηται ἡ προσφορὰ τῶν ἐθνῶν εὐπρόσδεκτος, ἡγιασμένη ἐν **πνεύματι** ἁγίῳ.
15: 19 ἐν δυνάμει σημείων καὶ τεράτων, ἐν δυνάμει **πνεύματος** [θεοῦ·]
15: 30 καὶ διὰ τῆς ἀγάπης τοῦ **πνεύματος** συναγωνίσασθαί μοι ἐν ταῖς προσευχαῖς ὑπὲρ ἐμοῦ πρὸς τὸν θεόν,

1Co 2: 4 καὶ ὁ λόγος μου καὶ τὸ κήρυγμά μου οὐκ ἐν πειθο[ῖ]ς σοφίας [λόγοις] ἀλλ' ἐν ἀποδείξει **πνεύματος** καὶ δυνάμεως,
2: 10 ἡμῖν δὲ ἀπεκάλυψεν ὁ θεὸς διὰ τοῦ **πνεύματος·** τὸ γὰρ **πνεῦμα** πάντα ἐραυνᾷ, καὶ τὰ βάθη τοῦ θεοῦ.
2: 11 τίς γὰρ οἶδεν ἀνθρώπων τὰ τοῦ ἀνθρώπου εἰ μὴ τὸ **πνεῦμα** τοῦ ἀνθρώπου τὸ ἐν αὐτῷ; οὕτως καὶ τὰ τοῦ θεοῦ οὐδεὶς ἔγνωκεν εἰ μὴ τὸ **πνεῦμα** τοῦ θεοῦ.
2: 12 ἡμεῖς δὲ οὐ τὸ **πνεῦμα** τοῦ κόσμου ἐλάβομεν ἀλλὰ τὸ **πνεῦμα** τὸ ἐκ τοῦ θεοῦ,
2: 13 ἃ καὶ λαλοῦμεν οὐκ ἐν διδακτοῖς ἀνθρωπίνης σοφίας λόγοις ἀλλ' ἐν διδακτοῖς **πνεύματος,**
2: 14 ψυχικὸς δὲ ἄνθρωπος οὐ δέχεται τὰ τοῦ **πνεύματος** τοῦ θεοῦ·
3: 16 οὐκ οἴδατε ὅτι ναὸς θεοῦ ἐστε καὶ τὸ **πνεῦμα** τοῦ θεοῦ οἰκεῖ ἐν ὑμῖν;
4: 21 ἐν ῥάβδῳ ἔλθω πρὸς ὑμᾶς ἢ ἐν ἀγάπῃ **πνεύματί** τε πραΰτητος;
5: 3 ἐγὼ μὲν γάρ, ἀπὼν τῷ σώματι παρὼν δὲ τῷ **πνεύματι,**
5: 4 ἐν τῷ ὀνόματι τοῦ κυρίου [ἡμῶν] Ἰησοῦ συναχθέντων ὑμῶν καὶ τοῦ ἐμοῦ **πνεύματος** σὺν τῇ δυνάμει τοῦ κυρίου ἡμῶν Ἰησοῦ,
5: 5 ἵνα τὸ **πνεῦμα** σωθῇ ἐν τῇ ἡμέρᾳ τοῦ κυρίου.
6: 11 ἀλλὰ ἐδικαιώθητε ἐν τῷ ὀνόματι τοῦ κυρίου Ἰησοῦ Χριστοῦ καὶ ἐν τῷ **πνεύματι** τοῦ θεοῦ ἡμῶν.
6: 17 ὁ δὲ κολλώμενος τῷ κυρίῳ ἓν **πνεῦμά** ἐστιν.
6: 19 ἢ οὐκ οἴδατε ὅτι τὸ σῶμα ὑμῶν ναὸς τοῦ ἐν ὑμῖν ἁγίου **πνεύματός** ἐστιν οὗ ἔχετε ἀπὸ θεοῦ,
7: 34 ἵνα ᾖ ἁγία καὶ τῷ σώματι καὶ τῷ **πνεύματι·**
7: 40 κατὰ τὴν ἐμὴν γνώμην· δοκῶ δὲ κἀγὼ **πνεῦμα** θεοῦ ἔχειν.
12: 3 διὸ γνωρίζω ὑμῖν ὅτι οὐδεὶς ἐν **πνεύματι** θεοῦ λαλῶν λέγει, Ἀνάθεμα Ἰησοῦς, καὶ οὐδεὶς δύναται εἰπεῖν, Κύριος Ἰησοῦς, εἰ μὴ ἐν **πνεύματι** ἁγίῳ.
12: 4 Διαιρέσεις δὲ χαρισμάτων εἰσίν, τὸ δὲ αὐτὸ **πνεῦμα·**
12: 7 ἑκάστῳ δὲ δίδοται ἡ φανέρωσις τοῦ **πνεύματος** πρὸς τὸ συμφέρον.
12: 8 ᾧ μὲν γὰρ διὰ τοῦ **πνεύματος** δίδοται λόγος σοφίας, ἄλλῳ δὲ λόγος γνώσεως κατὰ τὸ αὐτὸ **πνεῦμα,**
12: 9 ἑτέρῳ πίστις ἐν τῷ αὐτῷ **πνεύματι,** ἄλλῳ δὲ χαρίσματα ἰαμάτων ἐν τῷ ἑνὶ **πνεύματι,**
12: 10 ἄλλῳ [δὲ] προφητεία, ἄλλῳ [δὲ] διακρίσεις **πνευμάτων,** ἑτέρῳ γένη γλωσσῶν,
12: 11 πάντα δὲ ταῦτα ἐνεργεῖ τὸ ἓν καὶ τὸ αὐτὸ **πνεῦμα** διαιροῦν ἰδίᾳ ἑκάστῳ καθὼς βούλεται.
12: 13 καὶ γὰρ ἐν ἑνὶ **πνεύματι** ἡμεῖς πάντες εἰς ἓν σῶμα ἐβαπτίσθημεν, εἴτε Ἰουδαῖοι εἴτε Ἕλληνες εἴτε δοῦλοι εἴτε ἐλεύθεροι, καὶ πάντες ἓν **πνεῦμα** ἐποτίσθημεν.
14: 2 ὁ γὰρ λαλῶν γλώσσῃ οὐκ ἀνθρώποις λαλεῖ ἀλλὰ θεῷ· οὐδεὶς γὰρ ἀκούει, **πνεύματι** δὲ λαλεῖ μυστήρια·
14: 12 οὕτως καὶ ὑμεῖς, ἐπεὶ ζηλωταί ἐστε **πνευμάτων,** πρὸς τὴν οἰκοδομὴν τῆς ἐκκλησίας ζητεῖτε ἵνα περισσεύητε.
14: 14 ἐὰν [γὰρ] προσεύχωμαι γλώσσῃ, τὸ **πνεῦμά** μου προσεύχεται,
14: 15 προσεύξομαι τῷ **πνεύματι,** προσεύξομαι δὲ καὶ τῷ νοΐ· ψαλῶ τῷ **πνεύματι,** ψαλῶ δὲ καὶ τῷ νοΐ.
14: 16 ἐπεὶ ἐὰν εὐλογῇς [ἐν] **πνεύματι,** ὁ ἀναπληρῶν τὸν τόπον τοῦ ἰδιώτου πῶς ἐρεῖ τὸ Ἀμήν ἐπὶ τῇ σῇ εὐχαριστίᾳ;
14: 32 καὶ **πνεύματα** προφητῶν προφήταις ὑποτάσσεται,
15: 45 Ἐγένετο ὁ πρῶτος ἄνθρωπος Ἀδὰμ εἰς ψυχὴν ζῶσαν, ὁ ἔσχατος Ἀδὰμ εἰς **πνεῦμα** ζῳοποιοῦν.
16: 18 ἀνέπαυσαν γὰρ τὸ ἐμὸν **πνεῦμα** καὶ τὸ ὑμῶν.

2Co 1: 22 ὁ καὶ σφραγισάμενος ἡμᾶς καὶ δοὺς τὸν ἀρραβῶνα τοῦ **πνεύματος** ἐν ταῖς καρδίαις ἡμῶν.

2:13 οὐκ ἔσχηκα ἄνεσιν τῷ **πνεύματί** μου τῷ μὴ εὑρεῖν με Τίτον τὸν ἀδελφόν μου,
3: 3 φανερούμενοι ὅτι ἐστὲ ἐπιστολὴ Χριστοῦ διακονηθεῖσα ὑφ' ἡμῶν, ἐγγεγραμμένη οὐ μέλανι ἀλλὰ **πνεύματι** θεοῦ ζῶντος,
3: 6 ὃς καὶ ἱκάνωσεν ἡμᾶς διακόνους καινῆς διαθήκης, οὐ γράμματος ἀλλὰ **πνεύματος·** τὸ γὰρ γράμμα ἀποκτέννει, τὸ δὲ **πνεῦμα** ζῳοποιεῖ.
3: 8 πῶς οὐχὶ μᾶλλον ἡ διακονία τοῦ **πνεύματος** ἔσται ἐν δόξῃ;
3:17 ὁ δὲ κύριος τὸ **πνεῦμά** ἐστιν· οὗ δὲ τὸ **πνεῦμα** κυρίου, ἐλευθερία.
3:18 ἡμεῖς δὲ πάντες ἀνακεκαλυμμένῳ προσώπῳ τὴν δόξαν κυρίου κατοπτριζόμενοι τὴν αὐτὴν εἰκόνα μεταμορφούμεθα ἀπὸ δόξης εἰς δόξαν καθάπερ ἀπὸ κυρίου **πνεύματος.**
4:13 ἔχοντες δὲ τὸ αὐτὸ **πνεῦμα** τῆς πίστεως κατὰ τὸ γεγραμμένον,
5: 5 ὁ δὲ κατεργασάμενος ἡμᾶς εἰς αὐτὸ τοῦτο θεός, ὁ δοὺς ἡμῖν τὸν ἀρραβῶνα τοῦ **πνεύματος.**
6: 6 ἐν γνώσει, ἐν μακροθυμίᾳ, ἐν χρηστότητι, ἐν **πνεύματι** ἁγίῳ,
7: 1 καθαρίσωμεν ἑαυτοὺς ἀπὸ παντὸς μολυσμοῦ σαρκὸς καὶ **πνεύματος,**
7:13 ὅτι ἀναπέπαυται τὸ **πνεῦμα** αὐτοῦ ἀπὸ πάντων ὑμῶν·
11: 4 ἢ **πνεῦμα** ἕτερον λαμβάνετε ὃ οὐκ ἐλάβετε, ἢ εὐαγγέλιον ἕτερον ὃ οὐκ ἐδέξασθε,
12:18 οὐ τῷ αὐτῷ **πνεύματι** περιεπατήσαμεν; οὐ τοῖς αὐτοῖς ἴχνεσιν;
13:13 Ἡ χάρις τοῦ κυρίου Ἰησοῦ Χριστοῦ καὶ ἡ ἀγάπη τοῦ θεοῦ καὶ ἡ κοινωνία τοῦ ἁγίου **πνεύματος** μετὰ πάντων ὑμῶν.

Gal 3: 2 ἐξ ἔργων νόμου τὸ **πνεῦμα** ἐλάβετε ἢ ἐξ ἀκοῆς πίστεως;
3: 3 οὕτως ἀνόητοί ἐστε, ἐναρξάμενοι **πνεύματι** νῦν σαρκὶ ἐπιτελεῖσθε;
3: 5 ὁ οὖν ἐπιχορηγῶν ὑμῖν τὸ **πνεῦμα** καὶ ἐνεργῶν δυνάμεις ἐν ὑμῖν,
3:14 ἵνα τὴν ἐπαγγελίαν τοῦ **πνεύματος** λάβωμεν διὰ τῆς πίστεως.
4: 6 ἐξαπέστειλεν ὁ θεὸς τὸ **πνεῦμα** τοῦ υἱοῦ αὐτοῦ εἰς τὰς καρδίας ἡμῶν κρᾶζον,
4:29 ἀλλ' ὥσπερ τότε ὁ κατὰ σάρκα γεννηθεὶς ἐδίωκεν τὸν κατὰ **πνεῦμα,**
5: 5 ἡμεῖς γὰρ **πνεύματι** ἐκ πίστεως ἐλπίδα δικαιοσύνης ἀπεκδεχόμεθα.
5:16 **πνεύματι** περιπατεῖτε καὶ ἐπιθυμίαν σαρκὸς οὐ μὴ τελέσητε.
5:17 ἡ γὰρ σὰρξ ἐπιθυμεῖ κατὰ τοῦ **πνεύματος,** τὸ δὲ **πνεῦμα** κατὰ τῆς σαρκός, ταῦτα γὰρ ἀλλήλοις ἀντίκειται,
5:18 εἰ δὲ **πνεύματι** ἄγεσθε, οὐκ ἐστὲ ὑπὸ νόμον.
5:22 Ὁ δὲ καρπὸς τοῦ **πνεύματός** ἐστιν ἀγάπη χαρὰ εἰρήνη,
5:25 εἰ ζῶμεν **πνεύματι, πνεύματι** καὶ στοιχῶμεν.
6: 1 ὑμεῖς οἱ πνευματικοὶ καταρτίζετε τὸν τοιοῦτον ἐν **πνεύματι** πραΰτητος,
6: 8 ὁ δὲ σπείρων εἰς τὸ **πνεῦμα** ἐκ τοῦ **πνεύματος** θερίσει ζωὴν αἰώνιον.
6:18 Ἡ χάρις τοῦ κυρίου ἡμῶν Ἰησοῦ Χριστοῦ μετὰ τοῦ **πνεύματος** ὑμῶν,

Eph 1:13 ἐν ᾧ καὶ πιστεύσαντες ἐσφραγίσθητε τῷ **πνεύματι** τῆς ἐπαγγελίας τῷ ἁγίῳ,
1:17 δώῃ ὑμῖν **πνεῦμα** σοφίας καὶ ἀποκαλύψεως ἐν ἐπιγνώσει αὐτοῦ,
2: 2 τοῦ **πνεύματος** τοῦ νῦν ἐνεργοῦντος ἐν τοῖς υἱοῖς τῆς ἀπειθείας·
2:18 ὅτι δι' αὐτοῦ ἔχομεν τὴν προσαγωγὴν οἱ ἀμφότεροι ἐν ἑνὶ **πνεύματι** πρὸς τὸν πατέρα.
2:22 ἐν ᾧ καὶ ὑμεῖς συνοικοδομεῖσθε εἰς κατοικητήριον τοῦ θεοῦ ἐν **πνεύματι.**
3: 5 ὃ ἑτέραις γενεαῖς οὐκ ἐγνωρίσθη τοῖς υἱοῖς τῶν ἀνθρώπων ὡς νῦν ἀπεκαλύφθη τοῖς ἁγίοις ἀποστόλοις αὐτοῦ καὶ προφήταις ἐν **πνεύματι,**
3:16 ἵνα δῷ ὑμῖν κατὰ τὸ πλοῦτος τῆς δόξης αὐτοῦ δυνάμει κραταιωθῆναι διὰ τοῦ **πνεύματος** αὐτοῦ εἰς τὸν ἔσω ἄνθρωπον,
4: 3 σπουδάζοντες τηρεῖν τὴν ἑνότητα τοῦ **πνεύματος** ἐν τῷ συνδέσμῳ τῆς εἰρήνης·
4: 4 ἓν σῶμα καὶ ἓν **πνεῦμα,** καθὼς καὶ ἐκλήθητε ἐν μιᾷ ἐλπίδι τῆς κλήσεως ὑμῶν·
4:23 ἀνανεοῦσθαι δὲ τῷ **πνεύματι** τοῦ νοὸς ὑμῶν
4:30 καὶ μὴ λυπεῖτε τὸ **πνεῦμα** τὸ ἅγιον τοῦ θεοῦ,
5:18 ἐν ᾧ ἐστιν ἀσωτία, ἀλλὰ πληροῦσθε ἐν **πνεύματι,**
6:17 καὶ τὴν περικεφαλαίαν τοῦ σωτηρίου δέξασθε καὶ τὴν μάχαιραν τοῦ **πνεύματος,**
6:18 διὰ πάσης προσευχῆς καὶ δεήσεως προσευχόμενοι ἐν παντὶ καιρῷ ἐν **πνεύματι,**

Php 1:19 οἶδα γὰρ ὅτι τοῦτό μοι ἀποβήσεται εἰς σωτηρίαν διὰ τῆς ὑμῶν δεήσεως καὶ ἐπιχορηγίας τοῦ **πνεύματος** Ἰησοῦ Χριστοῦ
1:27 ὅτι στήκετε ἐν ἑνὶ **πνεύματι,** μιᾷ ψυχῇ συναθλοῦντες τῇ πίστει τοῦ εὐαγγελίου
2: 1 εἴ τι παραμύθιον ἀγάπης, εἴ τις κοινωνία **πνεύματος,**
3: 3 οἱ **πνεύματι** θεοῦ λατρεύοντες καὶ καυχώμενοι ἐν Χριστῷ Ἰησοῦ καὶ οὐκ ἐν σαρκὶ πεποιθότες,
4:23 ἡ χάρις τοῦ κυρίου Ἰησοῦ Χριστοῦ μετὰ τοῦ **πνεύματος** ὑμῶν.

Col 1: 8 ὁ καὶ δηλώσας ἡμῖν τὴν ὑμῶν ἀγάπην ἐν **πνεύματι.**
2: 5 εἰ γὰρ καὶ τῇ σαρκὶ ἄπειμι, ἀλλὰ τῷ **πνεύματι** σὺν ὑμῖν εἰμι,

1Th 1: 5 ὅτι τὸ εὐαγγέλιον ἡμῶν οὐκ ἐγενήθη εἰς ὑμᾶς ἐν λόγῳ μόνον ἀλλὰ καὶ ἐν δυνάμει καὶ ἐν **πνεύματι** ἁγίῳ καὶ [ἐν] πληροφορίᾳ
1: 6 δεξάμενοι τὸν λόγον ἐν θλίψει πολλῇ μετὰ χαρᾶς **πνεύματος** ἁγίου,
4: 8 τοιγαροῦν ὁ ἀθετῶν οὐκ ἄνθρωπον ἀθετεῖ ἀλλὰ τὸν θεὸν τὸν [καὶ] διδόντα τὸ **πνεῦμα** αὐτοῦ τὸ ἅγιον εἰς ὑμᾶς.
5:19 τὸ **πνεῦμα** μὴ σβέννυτε,
5:23 ὁλόκληρον ὑμῶν τὸ **πνεῦμα** καὶ ἡ ψυχὴ καὶ τὸ σῶμα ἀμέμπτως ἐν τῇ παρουσίᾳ τοῦ κυρίου ἡμῶν Ἰησοῦ Χριστοῦ τηρηθείη.

2Th 2: 2 μήτε διὰ **πνεύματος** μήτε διὰ λόγου μήτε δι' ἐπιστολῆς ὡς δι' ἡμῶν,
2: 8 ὃν ὁ κύριος [Ἰησοῦς] ἀνελεῖ τῷ **πνεύματι** τοῦ στόματος αὐτοῦ καὶ καταργήσει τῇ ἐπιφανείᾳ τῆς παρουσίας αὐτοῦ,
2:13 ὅτι εἵλατο ὑμᾶς ὁ θεὸς ἀπαρχὴν εἰς σωτηρίαν ἐν ἁγιασμῷ **πνεύματος** καὶ πίστει ἀληθείας,

1Ti 3:16 ἐδικαιώθη ἐν **πνεύματι,** ὤφθη ἀγγέλοις, ἐκηρύχθη ἐν ἔθνεσιν,
4: 1 Τὸ δὲ **πνεῦμα** ῥητῶς λέγει ὅτι ἐν ὑστέροις καιροῖς ἀποστήσονταί τινες τῆς πίστεως προσέχοντες **πνεύμασιν** πλάνοις καὶ διδασκαλίαις δαιμονίων,

2Ti 1: 7 οὐ γὰρ ἔδωκεν ἡμῖν ὁ θεὸς **πνεῦμα** δειλίας ἀλλὰ δυνάμεως καὶ ἀγάπης καὶ σωφρονισμοῦ.
1:14 τὴν καλὴν παραθήκην φύλαξον διὰ **πνεύματος** ἁγίου τοῦ ἐνοικοῦντος ἐν ἡμῖν.
4:22 Ὁ κύριος μετὰ τοῦ **πνεύματός** σου. ἡ χάρις μεθ' ὑμῶν.

Tit 3: 5 οὐκ ἐξ ἔργων τῶν ἐν δικαιοσύνῃ ἃ ἐποιήσαμεν ἡμεῖς ἀλλὰ κατὰ τὸ αὐτοῦ ἔλεος ἔσωσεν ἡμᾶς διὰ λουτροῦ παλιγγενεσίας καὶ ἀνακαινώσεως **πνεύματος** ἁγίου,

Phm 1:25 Ἡ χάρις τοῦ κυρίου Ἰησοῦ Χριστοῦ μετὰ τοῦ **πνεύματος** ὑμῶν.

Heb 1: 7 Ὁ ποιῶν τοὺς ἀγγέλους αὐτοῦ **πνεύματα** καὶ τοὺς λειτουργοὺς αὐτοῦ πυρὸς φλόγα,
1:14 οὐχὶ πάντες εἰσὶν λειτουργικὰ **πνεύματα** εἰς διακονίαν ἀποστελλόμενα διὰ τοὺς μέλλοντας κληρονομεῖν σωτηρίαν;
2: 4 συνεπιμαρτυροῦντος τοῦ θεοῦ σημείοις τε καὶ τέρασιν καὶ ποικίλαις δυνάμεσιν καὶ **πνεύματος** ἁγίου μερισμοῖς κατὰ τὴν αὐτοῦ θέλησιν;
3: 7 Διό, καθὼς λέγει τὸ **πνεῦμα** τὸ ἅγιον, Σήμερον ἐὰν τῆς φωνῆς αὐτοῦ ἀκούσητε,
4:12 Ζῶν γὰρ ὁ λόγος τοῦ θεοῦ καὶ ἐνεργὴς καὶ τομώτερος ὑπὲρ πᾶσαν μάχαιραν δίστομον καὶ διϊκνούμενος ἄχρι μερισμοῦ ψυχῆς καὶ **πνεύματος,**
6: 4 γευσαμένους τε τῆς δωρεᾶς τῆς ἐπουρανίου καὶ μετόχους γενηθέντας **πνεύματος** ἁγίου
9: 8 τοῦτο δηλοῦντος τοῦ **πνεύματος** τοῦ ἁγίου, μήπω πεφανερῶσθαι τὴν τῶν ἁγίων ὁδὸν ἔτι τῆς πρώτης σκηνῆς ἐχούσης στάσιν,
9:14 ὃς διὰ **πνεύματος** αἰωνίου ἑαυτὸν προσήνεγκεν ἄμωμον τῷ θεῷ,
10:15 Μαρτυρεῖ δὲ ἡμῖν καὶ τὸ **πνεῦμα** τὸ ἅγιον·
10:29 ἐν ᾧ ἡγιάσθη, καὶ τὸ **πνεῦμα** τῆς χάριτος ἐνυβρίσας;
12: 9 οὐ πολὺ [δὲ] μᾶλλον ὑποταγησόμεθα τῷ πατρὶ τῶν **πνευμάτων** καὶ ζήσομεν;
12:23 καὶ ἐκκλησίᾳ πρωτοτόκων ἀπογεγραμμένων ἐν οὐρανοῖς καὶ κριτῇ θεῷ πάντων καὶ **πνεύμασι** δικαίων τετελειωμένων

Jas 2:26 ὥσπερ γὰρ τὸ σῶμα χωρὶς **πνεύματος** νεκρόν ἐστιν,
4: 5 Πρὸς φθόνον ἐπιποθεῖ τὸ **πνεῦμα** ὃ κατῴκισεν ἐν ἡμῖν,

1Pe 1: 2 κατὰ πρόγνωσιν θεοῦ πατρὸς ἐν ἁγιασμῷ **πνεύματος** εἰς ὑπακοὴν καὶ ῥαντισμὸν αἵματος Ἰησοῦ Χριστοῦ,
1:11 ἐραυνῶντες εἰς τίνα ἢ ποῖον καιρὸν ἐδήλου τὸ ἐν αὐτοῖς **πνεῦμα** Χριστοῦ προμαρτυρόμενον τὰ εἰς Χριστὸν παθήματα
1:12 ἃ νῦν ἀνηγγέλη ὑμῖν διὰ τῶν εὐαγγελισαμένων ὑμᾶς [ἐν] **πνεύματι** ἁγίῳ ἀποσταλέντι ἀπ' οὐρανοῦ,
3: 4 ἀλλ' ὁ κρυπτὸς τῆς καρδίας ἄνθρωπος ἐν τῷ ἀφθάρτῳ τοῦ πραέως καὶ ἡσυχίου **πνεύματος,**
3:18 ἵνα ὑμᾶς προσαγάγῃ τῷ θεῷ θανατωθεὶς μὲν σαρκὶ ζῳοποιηθεὶς δὲ **πνεύματι·**
3:19 ἐν ᾧ καὶ τοῖς ἐν φυλακῇ **πνεύμασιν** πορευθεὶς ἐκήρυξεν,
4: 6 ἵνα κριθῶσι μὲν κατὰ ἀνθρώπους σαρκὶ ζῶσι δὲ κατὰ θεὸν **πνεύματι.**
4:14 ὅτι τὸ τῆς δόξης καὶ τὸ τοῦ θεοῦ **πνεῦμα** ἐφ' ὑμᾶς ἀναπαύεται.

2Pe 1:21 ἀλλὰ ὑπὸ **πνεύματος** ἁγίου φερόμενοι ἐλάλησαν ἀπὸ θεοῦ ἄνθρωποι.
1Jn 3:24 καὶ ἐν τούτῳ γινώσκομεν ὅτι μένει ἐν ἡμῖν, ἐκ τοῦ **πνεύματος** οὗ ἡμῖν ἔδωκεν.
4: 1 μὴ παντὶ **πνεύματι** πιστεύετε ἀλλὰ δοκιμάζετε τὰ **πνεύματα** εἰ ἐκ τοῦ θεοῦ ἐστιν,
4: 2 ἐν τούτῳ γινώσκετε τὸ **πνεῦμα** τοῦ θεοῦ· πᾶν **πνεῦμα** ὃ ὁμολογεῖ Ἰησοῦν Χριστὸν ἐν σαρκὶ ἐληλυθότα ἐκ τοῦ θεοῦ ἐστιν,
4: 3 καὶ πᾶν **πνεῦμα** ὃ μὴ ὁμολογεῖ τὸν Ἰησοῦν ἐκ τοῦ θεοῦ οὐκ ἔστιν·
4: 6 ἐκ τούτου γινώσκομεν τὸ **πνεῦμα** τῆς ἀληθείας καὶ τὸ **πνεῦμα** τῆς πλάνης.
4:13 Ἐν τούτῳ γινώσκομεν ὅτι ἐν αὐτῷ μένομεν καὶ αὐτὸς ἐν ἡμῖν, ὅτι ἐκ τοῦ **πνεύματος** αὐτοῦ δέδωκεν ἡμῖν.
5: 6 καὶ τὸ **πνεῦμά** ἐστιν τὸ μαρτυροῦν, ὅτι τὸ **πνεῦμά** ἐστιν ἡ ἀλήθεια.
5: 8 τὸ **πνεῦμα** καὶ τὸ ὕδωρ καὶ τὸ αἷμα,
Jude 1:19 Οὗτοί εἰσιν οἱ ἀποδιορίζοντες, ψυχικοί, **πνεῦμα** μὴ ἔχοντες.
1:20 ἐποικοδομοῦντες ἑαυτοὺς τῇ ἁγιωτάτῃ ὑμῶν πίστει, ἐν **πνεύματι** ἁγίῳ προσευχόμενοι,
Rev 1: 4 χάρις ὑμῖν καὶ εἰρήνη ἀπὸ ὁ ὢν καὶ ὁ ἦν καὶ ὁ ἐρχόμενος καὶ ἀπὸ τῶν ἑπτὰ **πνευμάτων** ἃ ἐνώπιον τοῦ θρόνου αὐτοῦ
1:10 ἐγενόμην ἐν **πνεύματι** ἐν τῇ κυριακῇ ἡμέρᾳ καὶ ἤκουσα ὀπίσω μου φωνὴν μεγάλην ὡς σάλπιγγος
2: 7 ὁ ἔχων οὖς ἀκουσάτω τί τὸ **πνεῦμα** λέγει ταῖς ἐκκλησίαις.
2:11 ὁ ἔχων οὖς ἀκουσάτω τί τὸ **πνεῦμα** λέγει ταῖς ἐκκλησίαις.
2:17 ὁ ἔχων οὖς ἀκουσάτω τί τὸ **πνεῦμα** λέγει ταῖς ἐκκλησίαις.
2:29 ὁ ἔχων οὖς ἀκουσάτω τί τὸ **πνεῦμα** λέγει ταῖς ἐκκλησίαις.
3: 1 Τάδε λέγει ὁ ἔχων τὰ ἑπτὰ **πνεύματα** τοῦ θεοῦ καὶ τοὺς ἑπτὰ ἀστέρας·
3: 6 ὁ ἔχων οὖς ἀκουσάτω τί τὸ **πνεῦμα** λέγει ταῖς ἐκκλησίαις.
3:13 ὁ ἔχων οὖς ἀκουσάτω τί τὸ **πνεῦμα** λέγει ταῖς ἐκκλησίαις.
3:22 ὁ ἔχων οὖς ἀκουσάτω τί τὸ **πνεῦμα** λέγει ταῖς ἐκκλησίαις.
4: 2 εὐθέως ἐγενόμην ἐν **πνεύματι,** καὶ ἰδοὺ θρόνος ἔκειτο ἐν τῷ οὐρανῷ,
4: 5 καὶ ἑπτὰ λαμπάδες πυρὸς καιόμεναι ἐνώπιον τοῦ θρόνου, ἅ εἰσιν τὰ ἑπτὰ **πνεύματα** τοῦ θεοῦ,
5: 6 ἀρνίον ἑστηκὸς ὡς ἐσφαγμένον ἔχων κέρατα ἑπτὰ καὶ ὀφθαλμοὺς ἑπτὰ οἵ εἰσιν τὰ [ἑπτὰ] **πνεύματα** τοῦ θεοῦ ἀπεσταλμένοι εἰς πᾶσαν τὴν γῆν.
11:11 καὶ μετὰ τὰς τρεῖς ἡμέρας καὶ ἥμισυ **πνεῦμα** ζωῆς ἐκ τοῦ θεοῦ εἰσῆλθεν ἐν αὐτοῖς,
13:15 καὶ ἐδόθη αὐτῷ δοῦναι **πνεῦμα** τῇ εἰκόνι τοῦ θηρίου,
14:13 ναί, λέγει τὸ **πνεῦμα,** ἵνα ἀναπαήσονται ἐκ τῶν κόπων αὐτῶν,
16:13 καὶ ἐκ τοῦ στόματος τοῦ θηρίου καὶ ἐκ τοῦ στόματος τοῦ ψευδοπροφήτου **πνεύματα** τρία ἀκάθαρτα ὡς βάτραχοι·
16:14 εἰσὶν γὰρ **πνεύματα** δαιμονίων ποιοῦντα σημεῖα, ἃ ἐκπορεύεται ἐπὶ τοὺς βασιλεῖς τῆς οἰκουμένης ὅλης
17: 3 καὶ ἀπήνεγκέν με εἰς ἔρημον ἐν **πνεύματι.** καὶ εἶδον γυναῖκα καθημένην ἐπὶ θηρίον κόκκινον,
18: 2 καὶ ἐγένετο κατοικητήριον δαιμονίων καὶ φυλακὴ παντὸς **πνεύματος** ἀκαθάρτου καὶ φυλακὴ παντὸς ὀρνέου ἀκαθάρτου
19:10 ἡ γὰρ μαρτυρία Ἰησοῦ ἐστιν τὸ **πνεῦμα** τῆς προφητείας.
21:10 καὶ ἀπήνεγκέν με ἐν **πνεύματι** ἐπὶ ὄρος μέγα καὶ ὑψηλόν,
22: 6 καὶ ὁ κύριος ὁ θεὸς τῶν **πνευμάτων** τῶν προφητῶν ἀπέστειλεν τὸν ἄγγελον αὐτοῦ δεῖξαι τοῖς δούλοις αὐτοῦ ἃ δεῖ γενέσθαι
22:17 Καὶ τὸ **πνεῦμα** καὶ ἡ νύμφη λέγουσιν, Ἔρχου.

4461 πνευματικός [26]

√ *4463*

Ro 1:11 ἵνα τι μεταδῶ χάρισμα ὑμῖν **πνευματικὸν** εἰς τὸ στηριχθῆναι ὑμᾶς,
7:14 οἴδαμεν γὰρ ὅτι ὁ νόμος **πνευματικός** ἐστιν, ἐγὼ δὲ σάρκινός εἰμι πεπραμένος ὑπὸ τὴν ἁμαρτίαν.
15:27 εἰ γὰρ τοῖς **πνευματικοῖς** αὐτῶν ἐκοινώνησαν τὰ ἔθνη,
1Co 2:13 ἃ καὶ λαλοῦμεν οὐκ ἐν διδακτοῖς ἀνθρωπίνης σοφίας λόγοις ἀλλ' ἐν διδακτοῖς πνεύματος, **πνευματικοῖς πνευματικὰ** συγκρίνοντες.
2:15 ὁ δὲ **πνευματικὸς** ἀνακρίνει [τὰ] πάντα, αὐτὸς δὲ ὑπ' οὐδενὸς ἀνακρίνεται.
3: 1 οὐκ ἠδυνήθην λαλῆσαι ὑμῖν ὡς **πνευματικοῖς** ἀλλ' ὡς σαρκίνοις,
9:11 εἰ ἡμεῖς ὑμῖν τὰ **πνευματικὰ** ἐσπείραμεν, μέγα εἰ ἡμεῖς ὑμῶν τὰ σαρκικὰ θερίσομεν;
10: 3 καὶ πάντες τὸ αὐτὸ **πνευματικὸν** βρῶμα ἔφαγον
10: 4 καὶ πάντες τὸ αὐτὸ **πνευματικὸν** ἔπιον πόμα· ἔπινον γὰρ ἐκ **πνευματικῆς** ἀκολουθούσης πέτρας, ἡ πέτρα δὲ ἦν ὁ Χριστός.
12: 1 Περὶ δὲ τῶν **πνευματικῶν,** ἀδελφοί, οὐ θέλω ὑμᾶς ἀγνοεῖν.
14: 1 Διώκετε τὴν ἀγάπην, ζηλοῦτε δὲ τὰ **πνευματικά,** μᾶλλον δὲ ἵνα προφητεύητε.
14:37 Εἴ τις δοκεῖ προφήτης εἶναι ἢ **πνευματικός,** ἐπιγινωσκέτω ἃ γράφω ὑμῖν ὅτι κυρίου ἐστὶν ἐντολή·
15:44 σπείρεται σῶμα ψυχικόν, ἐγείρεται σῶμα **πνευματικόν.** εἰ ἔστιν σῶμα ψυχικόν, ἔστιν καὶ **πνευματικόν.**
15:46 ἀλλ' οὐ πρῶτον τὸ **πνευματικὸν** ἀλλὰ τὸ ψυχικόν, ἔπειτα τὸ **πνευματικόν.**
Gal 6: 1 ὑμεῖς οἱ **πνευματικοὶ** καταρτίζετε τὸν τοιοῦτον ἐν πνεύματι πραΰτητος,
Eph 1: 3 ὁ εὐλογήσας ἡμᾶς ἐν πάσῃ εὐλογίᾳ **πνευματικῇ** ἐν τοῖς ἐπουρανίοις ἐν Χριστῷ,
5:19 λαλοῦντες ἑαυτοῖς [ἐν] ψαλμοῖς καὶ ὕμνοις καὶ ᾠδαῖς **πνευματικαῖς,**
6:12 πρὸς τὰ **πνευματικὰ** τῆς πονηρίας ἐν τοῖς ἐπουρανίοις.
Col 1: 9 ἵνα πληρωθῆτε τὴν ἐπίγνωσιν τοῦ θελήματος αὐτοῦ ἐν πάσῃ σοφίᾳ καὶ συνέσει **πνευματικῇ,**
3:16 ψαλμοῖς ὕμνοις ᾠδαῖς **πνευματικαῖς** ἐν [τῇ] χάριτι ᾄδοντες ἐν ταῖς καρδίαις ὑμῶν τῷ θεῷ·
1Pe 2: 5 καὶ αὐτοὶ ὡς λίθοι ζῶντες οἰκοδομεῖσθε οἶκος **πνευματικὸς** εἰς ἱεράτευμα ἅγιον ἀνενέγκαι **πνευματικὰς** θυσίας εὐπροσδέκτους [τῷ] θεῷ διὰ Ἰησοῦ Χριστοῦ.

4462 πνευματικῶς [2]

√ *4463*

1Co 2:14 μωρία γὰρ αὐτῷ ἐστιν καὶ οὐ δύναται γνῶναι, ὅτι **πνευματικῶς** ἀνακρίνεται.
Rev 11: 8 ἥτις καλεῖται **πνευματικῶς** Σόδομα καὶ Αἴγυπτος, ὅπου καὶ ὁ κύριος αὐτῶν ἐσταυρώθη.

4463 πνέω [7]

→ *1743, 1863, 2535, 4460, 4461, 4462, 4466, 5710*

Mt 7:25 καὶ κατέβη ἡ βροχὴ καὶ ἦλθον οἱ ποταμοὶ καὶ **ἔπνευσαν** οἱ ἄνεμοι καὶ προσέπεσαν τῇ οἰκίᾳ ἐκείνῃ,
7:27 καὶ κατέβη ἡ βροχὴ καὶ ἦλθον οἱ ποταμοὶ καὶ **ἔπνευσαν** οἱ ἄνεμοι καὶ προσέκοψαν τῇ οἰκίᾳ ἐκείνῃ,
Lk 12:55 καὶ ὅταν νότον **πνέοντα,** λέγετε ὅτι Καύσων ἔσται,
Jn 3: 8 τὸ πνεῦμα ὅπου θέλει **πνεῖ** καὶ τὴν φωνὴν αὐτοῦ ἀκούεις,
6:18 ἥ τε θάλασσα ἀνέμου μεγάλου **πνέοντος** διεγείρετο.
Ac 27:40 ἅμα ἀνέντες τὰς ζευκτηρίας τῶν πηδαλίων καὶ ἐπάραντες τὸν ἀρτέμωνα τῇ **πνεούσῃ** κατεῖχον εἰς τὸν αἰγιαλόν.
Rev 7: 1 κρατοῦντας τοὺς τέσσαρας ἀνέμους τῆς γῆς ἵνα μὴ **πνέῃ** ἄνεμος ἐπὶ τῆς γῆς μήτε ἐπὶ τῆς θαλάσσης

4464 πνίγω [3]

→ *678, 4465, 5231*

Mt 13: 7 ἄλλα δὲ ἔπεσεν ἐπὶ τὰς ἀκάνθας, καὶ ἀνέβησαν αἱ ἄκανθαι καὶ **ἔπνιξαν** αὐτά.
18:28 καὶ κρατήσας αὐτὸν **ἔπνιγεν** λέγων, Ἀπόδος εἴ τι ὀφείλεις.
Mk 5:13 καὶ ὥρμησεν ἡ ἀγέλη κατὰ τοῦ κρημνοῦ εἰς τὴν θάλασσαν, ὡς δισχίλιοι, καὶ **ἐπνίγοντο** ἐν τῇ θαλάσσῃ.

4465 πνικτός [3]

√ *4464*

Ac 15:20 ἀλλὰ ἐπιστεῖλαι αὐτοῖς τοῦ ἀπέχεσθαι τῶν ἀλισγημάτων τῶν εἰδώλων καὶ τῆς πορνείας καὶ τοῦ **πνικτοῦ** καὶ τοῦ αἵματος.
15:29 ἀπέχεσθαι εἰδωλοθύτων καὶ αἵματος καὶ **πνικτῶν** καὶ πορνείας,
21:25 ἡμεῖς ἐπεστείλαμεν κρίναντες φυλάσσεσθαι αὐτούς τό τε εἰδωλόθυτον καὶ αἷμα καὶ **πνικτὸν** καὶ πορνείαν.

4466 πνοή [2]

√ *4463*

Ac 2: 2 καὶ ἐγένετο ἄφνω ἐκ τοῦ οὐρανοῦ ἦχος ὥσπερ φερομένης **πνοῆς** βιαίας καὶ ἐπλήρωσεν ὅλον τὸν οἶκον οὗ ἦσαν καθήμενοι

17:25 αὐτὸς διδοὺς πᾶσι ζωὴν καὶ **πνοὴν** καὶ τὰ πάντα·

4467 ποδαπός Not used in UBS/NIV

√ *608 + 4544*

4468 ποδήρης [1]

√ *4546*

Rev 1:13 καὶ ἐν μέσῳ τῶν λυχνιῶν ὅμοιον υἱὸν ἀνθρώπου ἐνδεδυμένον **ποδήρη** καὶ περιεζωσμένον πρὸς τοῖς μαστοῖς ζώνην χρυσᾶν.

4469 ποδονιπτήρ Not used in UBS/NIV

√ *4546 + 3782*

4470 πόθεν [29]

Mt 13:27 οὐχὶ καλὸν σπέρμα ἔσπειρας ἐν τῷ σῷ ἀγρῷ; **πόθεν** οὖν ἔχει ζιζάνια;
13:54 **Πόθεν** τούτῳ ἡ σοφία αὕτη καὶ αἱ δυνάμεις;
13:56 καὶ αἱ ἀδελφαὶ αὐτοῦ οὐχὶ πᾶσαι πρὸς ἡμᾶς εἰσιν; **πόθεν** οὖν τούτῳ ταῦτα πάντα;
15:33 **Πόθεν** ἡμῖν ἐν ἐρημίᾳ ἄρτοι τοσοῦτοι ὥστε χορτάσαι ὄχλον τοσοῦτον;
21:25 τὸ βάπτισμα τὸ Ἰωάννου **πόθεν** ἦν; ἐξ οὐρανοῦ ἢ ἐξ ἀνθρώπων;
Mk 6: 2 πολλοὶ ἀκούοντες ἐξεπλήσσοντο λέγοντες, **Πόθεν** τούτῳ ταῦτα,
8: 4 καὶ ἀπεκρίθησαν αὐτῷ οἱ μαθηταὶ αὐτοῦ ὅτι **Πόθεν** τούτους δυνήσεταί τις ὧδε χορτάσαι ἄρτων ἐπ' ἐρημίας;
12:37 αὐτὸς Δαυὶδ λέγει αὐτὸν κύριον, καὶ **πόθεν** αὐτοῦ ἐστιν υἱός;
Lk 1:43 καὶ **πόθεν** μοι τοῦτο ἵνα ἔλθῃ ἡ μήτηρ τοῦ κυρίου μου πρὸς ἐμέ;
13:25 καὶ ἀποκριθεὶς ἐρεῖ ὑμῖν, Οὐκ οἶδα ὑμᾶς **πόθεν** ἐστέ.
13:27 καὶ ἐρεῖ λέγων ὑμῖν, Οὐκ οἶδα [ὑμᾶς] **πόθεν** ἐστέ·
20: 7 καὶ ἀπεκρίθησαν μὴ εἰδέναι **πόθεν.**
Jn 1:48 λέγει αὐτῷ Ναθαναήλ, **Πόθεν** με γινώσκεις; ἀπεκρίθη Ἰησοῦς καὶ εἶπεν αὐτῷ,
2: 9 ὡς δὲ ἐγεύσατο ὁ ἀρχιτρίκλινος τὸ ὕδωρ οἶνον γεγενημένον καὶ οὐκ ᾔδει **πόθεν** ἐστίν,
3: 8 ἀλλ' οὐκ οἶδας **πόθεν** ἔρχεται καὶ ποῦ ὑπάγει·
4:11 οὔτε ἄντλημα ἔχεις καὶ τὸ φρέαρ ἐστὶν βαθύ· **πόθεν** οὖν ἔχεις τὸ ὕδωρ τὸ ζῶν;
6: 5 καὶ θεασάμενος ὅτι πολὺς ὄχλος ἔρχεται πρὸς αὐτὸν λέγει πρὸς Φίλιππον, **Πόθεν** ἀγοράσωμεν ἄρτους ἵνα φάγωσιν οὗτοι;
7:27 ἀλλὰ τοῦτον οἴδαμεν **πόθεν** ἐστίν· ὁ δὲ Χριστὸς ὅταν ἔρχηται οὐδεὶς γινώσκει **πόθεν** ἐστίν.
7:28 ἔκραξεν οὖν ἐν τῷ ἱερῷ διδάσκων ὁ Ἰησοῦς καὶ λέγων, Κἀμὲ οἴδατε καὶ οἴδατε **πόθεν** εἰμί·
8:14 ἀληθής ἐστιν ἡ μαρτυρία μου, ὅτι οἶδα **πόθεν** ἦλθον καὶ ποῦ ὑπάγω· ὑμεῖς δὲ οὐκ οἴδατε **πόθεν** ἔρχομαι ἢ ποῦ ὑπάγω.
9:29 ἡμεῖς οἴδαμεν ὅτι Μωϋσεῖ λελάληκεν ὁ θεός, τοῦτον δὲ οὐκ οἴδαμεν **πόθεν** ἐστίν.
9:30 ὅτι ὑμεῖς οὐκ οἴδατε **πόθεν** ἐστίν, καὶ ἤνοιξέν μου τοὺς ὀφθαλμούς.
19: 9 καὶ εἰσῆλθεν εἰς τὸ πραιτώριον πάλιν καὶ λέγει τῷ Ἰησοῦ, **Πόθεν** εἶ σύ;
Jas 4: 1 **Πόθεν** πόλεμοι καὶ **πόθεν** μάχαι ἐν ὑμῖν; οὐκ ἐντεῦθεν,
Rev 2: 5 μνημόνευε οὖν **πόθεν** πέπτωκας καὶ μετανόησον καὶ τὰ πρῶτα ἔργα ποίησον·
7:13 Οὗτοι οἱ περιβεβλημένοι τὰς στολὰς τὰς λευκὰς τίνες εἰσὶν καὶ **πόθεν** ἦλθον;

4471 ποία Not used in UBS/NIV

√ *4478 (or) 4481*

4472 ποιέω [568]

→ *16, 17, 18, 942, 1647, 1648, 2343, 2443, 2803, 2804, 2818, 3674, 3846, 4062, 4347, 4348, 4473, 4474, 4475, 4701, 5010, 5188, 5935*

seq. **ἐν** [15] Mt 6:2; 12:2; 17:12; 20:15; Lk 1:51; Jn 4:45; 5:16; 10:25; 15:24; Ac 10:39; 26:10; Eph 3:11; Col 3:17; 1Ti 1:13; Heb 13:21

seq. **ἵνα** [14] Mt 19:16; Mk 10:17; Lk 16:4; Jn 6:28,30; 11:37; Ac 16:30; Ro 3:8; 2Co 11:12; Col 4:16; Heb 12:27; 13:19; Rev 3:9; 13:15

seq. **μετά** [8] Mt 26:18; Lk 1:72; 10:37; Ac 14:27; 15:4; Rev 12:17; 13:7; 19:19

δεῖπνον ποιεῖν [4] Mk 6:21; Lk 14:12,16; Jn 12:2

δικαιοσύνη ποιεῖν [5] Mt 6:1; 1Jn 2:29; 3:7,10; Rev 22:11

καλός ποιεῖν [12] Mt 3:10; 7:17,18,19; 12:33,33; Lk 3:9; 6:43; Ro 7:21; 2Co 13:7; Gal 6:9; Jas 4:17

καλῶς ποιεῖν [11] Mt 12:12; Mk 7:37; Lk 6:27; Ac 10:33; 1Co 7:37,38; Php 4:14; Jas 2:8,19; 2Pe 1:19; 3Jn 1:6

κρίσις ποιεῖν [2] Jn 5:27; Jude 1:15

ὁδὸν ποιεῖν [1] Mk 2:23

ποιέω ἀλήθειαν [2] Jn 3:21; 1Jn 1:6

ποιεῖν ἁμαρτίαν [8] Jn 8:34; 2Co 5:21; 11:7; Jas 5:15; 1Pe 2:22; 1Jn 3:4,8,9

ποιεῖν ἐλεημοσύνη [5] Mt 6:2,3; Ac 9:36; 10:2; 24:17

ποιεῖν κακός [9] Mt 27:23; Mk 15:14; Lk 23:22; Jn 18:30; Ac 9:13; Ro 3:8; 13:4; 2Co 13:7; 1Pe 3:12

ποιεῖν καρπός [17] Mt 3:8,10; 7:17,17,18,18,19; 12:33; 13:26; 21:43; Lk 3:8,9; 6:43,43; 8:8; 13:9; Rev 22:2

ποιέω μνείαν [4] Ro 1:9; Eph 1:16; 1Th 1:2; Phm 1:4

ποιέω χαρά [1] Ac 15:3

πορεία ποιέω [1] Lk 13:22

Mt 1:24 ἐγερθεὶς δὲ ὁ Ἰωσὴφ ἀπὸ τοῦ ὕπνου **ἐποίησεν** ὡς προσέταξεν αὐτῷ ὁ ἄγγελος κυρίου καὶ παρέλαβεν τὴν γυναῖκα αὐτοῦ,
3: 3 Ἑτοιμάσατε τὴν ὁδὸν κυρίου, εὐθείας **ποιεῖτε** τὰς τρίβους αὐτοῦ.
3: 8 **ποιήσατε** οὖν καρπὸν ἄξιον τῆς μετανοίας
3:10 πᾶν οὖν δένδρον μὴ **ποιοῦν** καρπὸν καλὸν ἐκκόπτεται καὶ εἰς πῦρ βάλλεται.
4:19 Δεῦτε ὀπίσω μου, καὶ **ποιήσω** ὑμᾶς ἁλιεῖς ἀνθρώπων.
5:19 ὃς δ' ἂν **ποιήσῃ** καὶ διδάξῃ, οὗτος μέγας κληθήσεται ἐν τῇ βασιλείᾳ τῶν οὐρανῶν.
5:32 ἐγὼ δὲ λέγω ὑμῖν ὅτι πᾶς ὁ ἀπολύων τὴν γυναῖκα αὐτοῦ παρεκτὸς λόγου πορνείας **ποιεῖ** αὐτὴν μοιχευθῆναι,
5:36 ὅτι οὐ δύνασαι μίαν τρίχα λευκὴν **ποιῆσαι** ἢ μέλαιναν.
5:46 τίνα μισθὸν ἔχετε; οὐχὶ καὶ οἱ τελῶναι τὸ αὐτὸ **ποιοῦσιν;**
5:47 καὶ ἐὰν ἀσπάσησθε τοὺς ἀδελφοὺς ὑμῶν μόνον, τί περισσὸν **ποιεῖτε;** οὐχὶ καὶ οἱ ἐθνικοὶ τὸ αὐτὸ **ποιοῦσιν;**
6: 1 Προσέχετε [δὲ] τὴν δικαιοσύνην ὑμῶν μὴ **ποιεῖν** ἔμπροσθεν τῶν ἀνθρώπων πρὸς τὸ θεαθῆναι αὐτοῖς·
6: 2 Ὅταν οὖν **ποιῇς** ἐλεημοσύνην, μὴ σαλπίσῃς ἔμπροσθέν σου, ὥσπερ οἱ ὑποκριταὶ **ποιοῦσιν** ἐν ταῖς συναγωγαῖς καὶ ἐν ταῖς ῥύμαις,
6: 3 σοῦ δὲ **ποιοῦντος** ἐλεημοσύνην μὴ γνώτω ἡ ἀριστερά σου τί **ποιεῖ** ἡ δεξιά σου,
7:12 Πάντα οὖν ὅσα ἐὰν θέλητε ἵνα **ποιῶσιν** ὑμῖν οἱ ἄνθρωποι, οὕτως καὶ ὑμεῖς **ποιεῖτε** αὐτοῖς·
7:17 οὕτως πᾶν δένδρον ἀγαθὸν καρποὺς καλοὺς **ποιεῖ,** τὸ δὲ σαπρὸν δένδρον καρποὺς πονηροὺς **ποιεῖ.**
7:18 οὐ δύναται δένδρον ἀγαθὸν καρποὺς πονηροὺς **ποιεῖν** οὐδὲ δένδρον σαπρὸν καρποὺς καλοὺς **ποιεῖν.**
7:19 πᾶν δένδρον μὴ **ποιοῦν** καρπὸν καλὸν ἐκκόπτεται καὶ εἰς πῦρ βάλλεται.
7:21 ἀλλ' ὁ **ποιῶν** τὸ θέλημα τοῦ πατρός μου τοῦ ἐν τοῖς οὐρανοῖς.
7:22 καὶ τῷ σῷ ὀνόματι δαιμόνια ἐξεβάλομεν, καὶ τῷ σῷ ὀνόματι δυνάμεις πολλὰς **ἐποιήσαμεν;**
7:24 Πᾶς οὖν ὅστις ἀκούει μου τοὺς λόγους τούτους καὶ **ποιεῖ** αὐτούς,
7:26 καὶ πᾶς ὁ ἀκούων μου τοὺς λόγους τούτους καὶ μὴ **ποιῶν** αὐτοὺς ὁμοιωθήσεται ἀνδρὶ μωρῷ,
8: 9 καὶ τῷ δούλῳ μου, **Ποίησον** τοῦτο, καὶ **ποιεῖ.**
9:28 καὶ λέγει αὐτοῖς ὁ Ἰησοῦς, Πιστεύετε ὅτι δύναμαι τοῦτο **ποιῆσαι;**
12: 2 Ἰδοὺ οἱ μαθηταί σου **ποιοῦσιν** ὃ οὐκ ἔξεστιν **ποιεῖν** ἐν σαββάτῳ.
12: 3 Οὐκ ἀνέγνωτε τί **ἐποίησεν** Δαυὶδ ὅτε ἐπείνασεν καὶ οἱ μετ' αὐτοῦ,
12:12 πόσῳ οὖν διαφέρει ἄνθρωπος προβάτου. ὥστε ἔξεστιν τοῖς σάββασιν καλῶς **ποιεῖν.**

12:16 καὶ ἐπετίμησεν αὐτοῖς ἵνα μὴ φανερὸν αὐτὸν **ποιήσωσιν,**
12:33 Ἢ **ποιήσατε** τὸ δένδρον καλὸν καὶ τὸν καρπὸν αὐτοῦ καλόν, ἢ **ποιήσατε** τὸ δένδρον σαπρὸν καὶ τὸν καρπὸν αὐτοῦ σαπρόν·
12:50 ὅστις γὰρ ἂν **ποιήσῃ** τὸ θέλημα τοῦ πατρός μου τοῦ ἐν οὐρανοῖς αὐτός μου ἀδελφὸς καὶ ἀδελφὴ καὶ μήτηρ ἐστίν.
13:23 ὃς δὴ καρποφορεῖ καὶ **ποιεῖ** ὃ μὲν ἑκατόν,
13:26 ὅτε δὲ ἐβλάστησεν ὁ χόρτος καὶ καρπὸν **ἐποίησεν,**
13:28 ὁ δὲ ἔφη αὐτοῖς, Ἐχθρὸς ἄνθρωπος τοῦτο **ἐποίησεν.**
13:41 καὶ συλλέξουσιν ἐκ τῆς βασιλείας αὐτοῦ πάντα τὰ σκάνδαλα καὶ τοὺς **ποιοῦντας** τὴν ἀνομίαν
13:58 οὐκ **ἐποίησεν** ἐκεῖ δυνάμεις πολλὰς διὰ τὴν ἀπιστίαν αὐτῶν.
17: 4 εἰ θέλεις, **ποιήσω** ὧδε τρεῖς σκηνάς, σοὶ μίαν καὶ Μωϋσεῖ μίαν καὶ Ἠλίᾳ μίαν.
17:12 καὶ οὐκ ἐπέγνωσαν αὐτὸν ἀλλὰ **ἐποίησαν** ἐν αὐτῷ ὅσα ἠθέλησαν·
18:35 Οὕτως καὶ ὁ πατήρ μου ὁ οὐράνιος **ποιήσει** ὑμῖν,
19: 4 Οὐκ ἀνέγνωτε ὅτι ὁ κτίσας ἀπ᾽ ἀρχῆς ἄρσεν καὶ θῆλυ **ἐποίησεν** αὐτούς;
19:16 Διδάσκαλε, τί ἀγαθὸν **ποιήσω** ἵνα σχῶ ζωὴν αἰώνιον;
20: 5 πάλιν [δὲ] ἐξελθὼν περὶ ἕκτην καὶ ἐνάτην ὥραν **ἐποίησεν** ὡσαύτως.
20:12 λέγοντες, Οὗτοι οἱ ἔσχατοι μίαν ὥραν **ἐποίησαν,** καὶ ἴσους ἡμῖν αὐτοὺς **ἐποίησας** τοῖς βαστάσασι τὸ βάρος τῆς ἡμέρας καὶ τὸν καύσωνα.
20:15 [ἢ] οὐκ ἔξεστίν μοι ὃ θέλω **ποιῆσαι** ἐν τοῖς ἐμοῖς;
20:32 καὶ στὰς ὁ Ἰησοῦς ἐφώνησεν αὐτοὺς καὶ εἶπεν, Τί θέλετε **ποιήσω** ὑμῖν;
21: 6 πορευθέντες δὲ οἱ μαθηταὶ καὶ **ποιήσαντες** καθὼς συνέταξεν αὐτοῖς ὁ Ἰησοῦς
21:13 Ὁ οἶκός μου οἶκος προσευχῆς κληθήσεται, ὑμεῖς δὲ αὐτὸν **ποιεῖτε** σπήλαιον λῃστῶν.
21:15 ἰδόντες δὲ οἱ ἀρχιερεῖς καὶ οἱ γραμματεῖς τὰ θαυμάσια ἃ **ἐποίησεν** καὶ τοὺς παῖδας τοὺς κράζοντας ἐν τῷ ἱερῷ
21:21 οὐ μόνον τὸ τῆς συκῆς **ποιήσετε,** ἀλλὰ κἂν τῷ ὄρει τούτῳ εἴπητε,
21:23 προσῆλθον αὐτῷ διδάσκοντι οἱ ἀρχιερεῖς καὶ οἱ πρεσβύτεροι τοῦ λαοῦ λέγοντες, Ἐν ποίᾳ ἐξουσίᾳ ταῦτα **ποιεῖς;**
21:24 ὃν ἐὰν εἴπητέ μοι κἀγὼ ὑμῖν ἐρῶ ἐν ποίᾳ ἐξουσίᾳ ταῦτα **ποιῶ·**
21:27 Οὐδὲ ἐγὼ λέγω ὑμῖν ἐν ποίᾳ ἐξουσίᾳ ταῦτα **ποιῶ.**
21:31 τίς ἐκ τῶν δύο **ἐποίησεν** τὸ θέλημα τοῦ πατρός;
21:36 πάλιν ἀπέστειλεν ἄλλους δούλους πλείονας τῶν πρώτων, καὶ **ἐποίησαν** αὐτοῖς ὡσαύτως.
21:40 ὅταν οὖν ἔλθῃ ὁ κύριος τοῦ ἀμπελῶνος, τί **ποιήσει** τοῖς γεωργοῖς ἐκείνοις;
21:43 διὰ τοῦτο λέγω ὑμῖν ὅτι ἀρθήσεται ἀφ᾽ ὑμῶν ἡ βασιλεία τοῦ θεοῦ καὶ δοθήσεται ἔθνει **ποιοῦντι** τοὺς καρποὺς αὐτῆς.
22: 2 Ὡμοιώθη ἡ βασιλεία τῶν οὐρανῶν ἀνθρώπῳ βασιλεῖ, ὅστις **ἐποίησεν** γάμους τῷ υἱῷ αὐτοῦ.
23: 3 πάντα οὖν ὅσα ἐὰν εἴπωσιν ὑμῖν **ποιήσατε** καὶ τηρεῖτε, κατὰ δὲ τὰ ἔργα αὐτῶν μὴ **ποιεῖτε·** λέγουσιν γὰρ καὶ οὐ **ποιοῦσιν.**
23: 5 πάντα δὲ τὰ ἔργα αὐτῶν **ποιοῦσιν** πρὸς τὸ θεαθῆναι τοῖς ἀνθρώποις·
23:15 ὅτι περιάγετε τὴν θάλασσαν καὶ τὴν ξηρὰν **ποιῆσαι** ἕνα προσήλυτον, καὶ ὅταν γένηται **ποιεῖτε** αὐτὸν υἱὸν γεέννης διπλότερον ὑμῶν.
23:23 τὴν κρίσιν καὶ τὸ ἔλεος καὶ τὴν πίστιν· ταῦτα [δὲ] ἔδει **ποιῆσαι** κἀκεῖνα μὴ ἀφιέναι.
24:46 μακάριος ὁ δοῦλος ἐκεῖνος ὃν ἐλθὼν ὁ κύριος αὐτοῦ εὑρήσει οὕτως **ποιοῦντα·**
25:40 ἐφ᾽ ὅσον **ἐποιήσατε** ἑνὶ τούτων τῶν ἀδελφῶν μου τῶν ἐλαχίστων, ἐμοὶ **ἐποιήσατε.**
25:45 ἐφ᾽ ὅσον οὐκ **ἐποιήσατε** ἑνὶ τούτων τῶν ἐλαχίστων, οὐδὲ ἐμοὶ **ἐποιήσατε.**
26:12 βαλοῦσα γὰρ αὕτη τὸ μύρον τοῦτο ἐπὶ τοῦ σώματός μου πρὸς τὸ ἐνταφιάσαι με **ἐποίησεν.**
26:13 λαληθήσεται καὶ ὃ **ἐποίησεν** αὕτη εἰς μνημόσυνον αὐτῆς.
26:18 πρὸς σὲ **ποιῶ** τὸ πάσχα μετὰ τῶν μαθητῶν μου.
26:19 καὶ **ἐποίησαν** οἱ μαθηταὶ ὡς συνέταξεν αὐτοῖς ὁ Ἰησοῦς καὶ ἡτοίμασαν τὸ πάσχα.
26:73 καὶ γὰρ ἡ λαλιά σου δῆλόν σε **ποιεῖ.**
27:22 λέγει αὐτοῖς ὁ Πιλᾶτος, Τί οὖν **ποιήσω** Ἰησοῦν τὸν λεγόμενον Χριστόν;
27:23 ὁ δὲ ἔφη, Τί γὰρ κακὸν **ἐποίησεν;** οἱ δὲ περισσῶς ἔκραζον
28:14 καὶ ἐὰν ἀκουσθῇ τοῦτο ἐπὶ τοῦ ἡγεμόνος, ἡμεῖς πείσομεν [αὐτὸν] καὶ ὑμᾶς ἀμερίμνους **ποιήσομεν.**
28:15 οἱ δὲ λαβόντες τὰ ἀργύρια **ἐποίησαν** ὡς ἐδιδάχθησαν.

Mk 1: 3 Ἑτοιμάσατε τὴν ὁδὸν κυρίου, εὐθείας **ποιεῖτε** τὰς τρίβους αὐτοῦ,
1:17 Δεῦτε ὀπίσω μου, καὶ **ποιήσω** ὑμᾶς γενέσθαι ἁλιεῖς ἀνθρώπων.
2:23 καὶ οἱ μαθηταὶ αὐτοῦ ἤρξαντο ὁδὸν **ποιεῖν** τίλλοντες τοὺς στάχυας.
2:24 Ἴδε τί **ποιοῦσιν** τοῖς σάββασιν ὃ οὐκ ἔξεστιν;
2:25 Οὐδέποτε ἀνέγνωτε τί **ἐποίησεν** Δαυὶδ ὅτε χρείαν ἔσχεν καὶ ἐπείνασεν αὐτὸς καὶ οἱ μετ᾽ αὐτοῦ,
3: 4 καὶ λέγει αὐτοῖς, Ἔξεστιν τοῖς σάββασιν ἀγαθὸν **ποιῆσαι** ἢ κακοποιῆσαι,
3: 8 πλῆθος πολὺ ἀκούοντες ὅσα **ἐποίει** ἦλθον πρὸς αὐτόν.
3:12 καὶ πολλὰ ἐπετίμα αὐτοῖς ἵνα μὴ αὐτὸν φανερὸν **ποιήσωσιν.**
3:14 καὶ **ἐποίησεν** δώδεκα [οὓς καὶ ἀποστόλους ὠνόμασεν] ἵνα ὦσιν μετ᾽ αὐτοῦ καὶ ἵνα ἀποστέλλῃ αὐτοὺς κηρύσσειν
3:16 [καὶ **ἐποίησεν** τοὺς δώδεκα,] καὶ ἐπέθηκεν ὄνομα τῷ Σίμωνι Πέτρον,
3:35 ὃς [γὰρ] ἂν **ποιήσῃ** τὸ θέλημα τοῦ θεοῦ,
4:32 ἀναβαίνει καὶ γίνεται μεῖζον πάντων τῶν λαχάνων καὶ **ποιεῖ** κλάδους μεγάλους,
5:19 Ὕπαγε εἰς τὸν οἶκόν σου πρὸς τοὺς σοὺς καὶ ἀπάγγειλον αὐτοῖς ὅσα ὁ κύριός σοι **πεποίηκεν** καὶ ἠλέησέν σε.
5:20 καὶ ἀπῆλθεν καὶ ἤρξατο κηρύσσειν ἐν τῇ Δεκαπόλει ὅσα **ἐποίησεν** αὐτῷ ὁ Ἰησοῦς,
5:32 καὶ περιεβλέπετο ἰδεῖν τὴν τοῦτο **ποιήσασαν.**
6: 5 καὶ οὐκ ἐδύνατο ἐκεῖ **ποιῆσαι** οὐδεμίαν δύναμιν, εἰ μὴ ὀλίγοις ἀρρώστοις ἐπιθεὶς τὰς χεῖρας ἐθεράπευσεν.
6:21 Καὶ γενομένης ἡμέρας εὐκαίρου ὅτε Ἡρῴδης τοῖς γενεσίοις αὐτοῦ δεῖπνον **ἐποίησεν** τοῖς μεγιστᾶσιν αὐτοῦ καὶ τοῖς χιλιάρχοις καὶ τοῖς πρώτοις τῆς Γαλιλαίας,
6:30 Καὶ συνάγονται οἱ ἀπόστολοι πρὸς τὸν Ἰησοῦν καὶ ἀπήγγειλαν αὐτῷ πάντα ὅσα **ἐποίησαν** καὶ ὅσα ἐδίδαξαν.
7:12 οὐκέτι ἀφίετε αὐτὸν οὐδὲν **ποιῆσαι** τῷ πατρὶ ἢ τῇ μητρί,
7:13 ἀκυροῦντες τὸν λόγον τοῦ θεοῦ τῇ παραδόσει ὑμῶν ᾗ παρεδώκατε· καὶ παρόμοια τοιαῦτα πολλὰ **ποιεῖτε.**
7:37 καὶ ὑπερπερισσῶς ἐξεπλήσσοντο λέγοντες, Καλῶς πάντα **πεποίηκεν,** καὶ τοὺς κωφοὺς **ποιεῖ** ἀκούειν καὶ [τοὺς] ἀλάλους λαλεῖν.
9: 5 καλόν ἐστιν ἡμᾶς ὧδε εἶναι, καὶ **ποιήσωμεν** τρεῖς σκηνάς,
9:13 καὶ **ἐποίησαν** αὐτῷ ὅσα ἤθελον, καθὼς γέγραπται ἐπ᾽ αὐτόν.
9:39 οὐδεὶς γάρ ἐστιν ὃς **ποιήσει** δύναμιν ἐπὶ τῷ ὀνόματί μου καὶ δυνήσεται ταχὺ κακολογῆσαί με·
10: 6 ἀπὸ δὲ ἀρχῆς κτίσεως ἄρσεν καὶ θῆλυ **ἐποίησεν** αὐτούς·
10:17 Διδάσκαλε ἀγαθέ, τί **ποιήσω** ἵνα ζωὴν αἰώνιον κληρονομήσω;
10:35 θέλομεν ἵνα ὃ ἐὰν αἰτήσωμέν σε **ποιήσῃς** ἡμῖν.
10:36 ὁ δὲ εἶπεν αὐτοῖς, Τί θέλετέ [με] **ποιήσω** ὑμῖν;
10:51 καὶ ἀποκριθεὶς αὐτῷ ὁ Ἰησοῦς εἶπεν, Τί σοι θέλεις **ποιήσω;**
11: 3 καὶ ἐάν τις ὑμῖν εἴπῃ, Τί **ποιεῖτε** τοῦτο;
11: 5 καί τινες τῶν ἐκεῖ ἑστηκότων ἔλεγον αὐτοῖς, Τί **ποιεῖτε** λύοντες τὸν πῶλον;
11:17 Οὐ γέγραπται ὅτι Ὁ οἶκός μου οἶκος προσευχῆς κληθήσεται πᾶσιν τοῖς ἔθνεσιν; ὑμεῖς δὲ **πεποιήκατε** αὐτὸν σπήλαιον λῃστῶν.
11:28 καὶ ἔλεγον αὐτῷ, Ἐν ποίᾳ ἐξουσίᾳ ταῦτα **ποιεῖς;** ἢ τίς σοι ἔδωκεν τὴν ἐξουσίαν ταύτην ἵνα ταῦτα **ποιῇς;**
11:29 καὶ ἀποκρίθητέ μοι καὶ ἐρῶ ὑμῖν ἐν ποίᾳ ἐξουσίᾳ ταῦτα **ποιῶ·**
11:33 Οὐδὲ ἐγὼ λέγω ὑμῖν ἐν ποίᾳ ἐξουσίᾳ ταῦτα **ποιῶ.**
12: 9 τί [οὖν] **ποιήσει** ὁ κύριος τοῦ ἀμπελῶνος; ἐλεύσεται καὶ ἀπολέσει τοὺς γεωργοὺς καὶ δώσει τὸν ἀμπελῶνα ἄλλοις.
14: 7 πάντοτε γὰρ τοὺς πτωχοὺς ἔχετε μεθ᾽ ἑαυτῶν καὶ ὅταν θέλητε δύνασθε αὐτοῖς εὖ **ποιῆσαι,**
14: 8 ὃ ἔσχεν **ἐποίησεν·** προέλαβεν μυρίσαι τὸ σῶμά μου εἰς τὸν ἐνταφιασμόν.
14: 9 καὶ ὃ **ἐποίησεν** αὕτη λαληθήσεται εἰς μνημόσυνον αὐτῆς.
15: 1 Καὶ εὐθὺς πρωῒ συμβούλιον **ποιήσαντες** οἱ ἀρχιερεῖς μετὰ τῶν πρεσβυτέρων καὶ γραμματέων καὶ ὅλον τὸ συνέδριον,
15: 7 ἦν δὲ ὁ λεγόμενος Βαραββᾶς μετὰ τῶν στασιαστῶν δεδεμένος οἵτινες ἐν τῇ στάσει φόνον **πεποιήκεισαν.**
15: 8 καὶ ἀναβὰς ὁ ὄχλος ἤρξατο αἰτεῖσθαι καθὼς **ἐποίει** αὐτοῖς.
15:12 Τί οὖν [θέλετε] **ποιήσω** [ὃν λέγετε] τὸν βασιλέα τῶν Ἰουδαίων;
15:14 ὁ δὲ Πιλᾶτος ἔλεγεν αὐτοῖς, Τί γὰρ **ἐποίησεν** κακόν;
15:15 ὁ δὲ Πιλᾶτος βουλόμενος τῷ ὄχλῳ τὸ ἱκανὸν **ποιῆσαι** ἀπέλυσεν αὐτοῖς τὸν Βαραββᾶν,

Lk 1:25 ὅτι Οὕτως μοι **πεποίηκεν** κύριος ἐν ἡμέραις αἷς ἐπεῖδεν ἀφελεῖν ὄνειδός μου ἐν ἀνθρώποις.
1:49 ὅτι **ἐποίησέν** μοι μεγάλα ὁ δυνατός. καὶ ἅγιον τὸ ὄνομα αὐτοῦ,

1:51 **Ἐποίησεν** κράτος ἐν βραχίονι αὐτοῦ, διεσκόρπισεν ὑπερηφάνους διανοίᾳ καρδίας αὐτῶν·
1:68 ὅτι ἐπεσκέψατο καὶ **ἐποίησεν** λύτρωσιν τῷ λαῷ αὐτοῦ,
1:72 **ποιῆσαι** ἔλεος μετὰ τῶν πατέρων ἡμῶν καὶ μνησθῆναι διαθήκης ἁγίας αὐτοῦ,
2:27 καὶ ἐν τῷ εἰσαγαγεῖν τοὺς γονεῖς τὸ παιδίον Ἰησοῦν τοῦ **ποιῆσαι** αὐτοὺς κατὰ τὸ εἰθισμένον τοῦ νόμου περὶ αὐτοῦ
2:48 καὶ εἶπεν πρὸς αὐτὸν ἡ μήτηρ αὐτοῦ, Τέκνον, τί **ἐποίησας** ἡμῖν οὕτως;
3: 4 Ἑτοιμάσατε τὴν ὁδὸν κυρίου, εὐθείας **ποιεῖτε** τὰς τρίβους αὐτοῦ·
3: 8 **ποιήσατε** οὖν καρποὺς ἀξίους τῆς μετανοίας καὶ μὴ ἄρξησθε λέγειν ἐν ἑαυτοῖς,
3: 9 πᾶν οὖν δένδρον μὴ **ποιοῦν** καρπὸν καλὸν ἐκκόπτεται καὶ εἰς πῦρ βάλλεται.
3:10 Καὶ ἐπηρώτων αὐτὸν οἱ ὄχλοι λέγοντες, Τί οὖν **ποιήσωμεν;**
3:11 Ὁ ἔχων δύο χιτῶνας μεταδότω τῷ μὴ ἔχοντι, καὶ ὁ ἔχων βρώματα ὁμοίως **ποιείτω.**
3:12 ἦλθον δὲ καὶ τελῶναι βαπτισθῆναι καὶ εἶπαν πρὸς αὐτόν, Διδάσκαλε, τί **ποιήσωμεν;**
3:14 ἐπηρώτων δὲ αὐτὸν καὶ στρατευόμενοι λέγοντες, Τί **ποιήσωμεν** καὶ ἡμεῖς;
3:19 περὶ Ἡρῳδιάδος τῆς γυναικὸς τοῦ ἀδελφοῦ αὐτοῦ καὶ περὶ πάντων ὧν **ἐποίησεν** πονηρῶν ὁ Ἡρῴδης,
4:23 ὅσα ἠκούσαμεν γενόμενα εἰς τὴν Καφαρναοὺμ **ποίησον** καὶ ὧδε ἐν τῇ πατρίδι σου.
5: 6 καὶ τοῦτο **ποιήσαντες** συνέκλεισαν πλῆθος ἰχθύων πολύ, διερρήσσετο δὲ τὰ δίκτυα αὐτῶν.
5:29 Καὶ **ἐποίησεν** δοχὴν μεγάλην Λευὶς αὐτῷ ἐν τῇ οἰκίᾳ αὐτοῦ,
5:33 Οἱ μαθηταὶ Ἰωάννου νηστεύουσιν πυκνὰ καὶ δεήσεις **ποιοῦνται** ὁμοίως καὶ οἱ τῶν Φαρισαίων,
5:34 Μὴ δύνασθε τοὺς υἱοὺς τοῦ νυμφῶνος ἐν ᾧ ὁ νυμφίος μετ' αὐτῶν ἐστιν **ποιῆσαι** νηστεῦσαι;
6: 2 τινὲς δὲ τῶν Φαρισαίων εἶπαν, Τί **ποιεῖτε** ὃ οὐκ ἔξεστιν τοῖς σάββασιν;
6: 3 Οὐδὲ τοῦτο ἀνέγνωτε ὃ **ἐποίησεν** Δαυὶδ ὅτε ἐπείνασεν αὐτὸς καὶ οἱ μετ' αὐτοῦ [ὄντες,]
6:10 ὁ δὲ **ἐποίησεν** καὶ ἀπεκατεστάθη ἡ χεὶρ αὐτοῦ.
6:11 αὐτοὶ δὲ ἐπλήσθησαν ἀνοίας καὶ διελάλουν πρὸς ἀλλήλους τί ἂν **ποιήσαιεν** τῷ Ἰησοῦ.
6:23 κατὰ τὰ αὐτὰ γὰρ **ἐποίουν** τοῖς προφήταις οἱ πατέρες αὐτῶν.
6:26 κατὰ τὰ αὐτὰ γὰρ **ἐποίουν** τοῖς ψευδοπροφήταις οἱ πατέρες αὐτῶν.
6:27 ἀγαπᾶτε τοὺς ἐχθροὺς ὑμῶν, καλῶς **ποιεῖτε** τοῖς μισοῦσιν ὑμᾶς,
6:31 καὶ καθὼς θέλετε ἵνα **ποιῶσιν** ὑμῖν οἱ ἄνθρωποι **ποιεῖτε** αὐτοῖς ὁμοίως.
6:33 ποία ὑμῖν χάρις ἐστίν; καὶ οἱ ἁμαρτωλοὶ τὸ αὐτὸ **ποιοῦσιν.**
6:43 Οὐ γάρ ἐστιν δένδρον καλὸν **ποιοῦν** καρπὸν σαπρόν, οὐδὲ πάλιν δένδρον σαπρὸν **ποιοῦν** καρπὸν καλόν.
6:46 Τί δέ με καλεῖτε, Κύριε κύριε, καὶ οὐ **ποιεῖτε** ἃ λέγω;
6:47 πᾶς ὁ ἐρχόμενος πρός με καὶ ἀκούων μου τῶν λόγων καὶ **ποιῶν** αὐτούς,
6:49 ὁ δὲ ἀκούσας καὶ μὴ **ποιήσας** ὅμοιός ἐστιν ἀνθρώπῳ οἰκοδομήσαντι οἰκίαν ἐπὶ τὴν γῆν χωρὶς θεμελίου,
7: 8 καὶ τῷ δούλῳ μου, **Ποίησον** τοῦτο, καὶ **ποιεῖ.**
8: 8 καὶ ἕτερον ἔπεσεν εἰς τὴν γῆν τὴν ἀγαθὴν καὶ φυὲν **ἐποίησεν** καρπὸν ἑκατονταπλασίονα.
8:21 Μήτηρ μου καὶ ἀδελφοί μου οὗτοί εἰσιν οἱ τὸν λόγον τοῦ θεοῦ ἀκούοντες καὶ **ποιοῦντες.**
8:39 Ὑπόστρεφε εἰς τὸν οἶκόν σου καὶ διηγοῦ ὅσα σοι **ἐποίησεν** ὁ θεός. καὶ ἀπῆλθεν καθ' ὅλην τὴν πόλιν κηρύσσων ὅσα **ἐποίησεν** αὐτῷ ὁ Ἰησοῦς.
9:10 Καὶ ὑποστρέψαντες οἱ ἀπόστολοι διηγήσαντο αὐτῷ ὅσα **ἐποίησαν.**
9:15 καὶ **ἐποίησαν** οὕτως καὶ κατέκλιναν ἅπαντας.
9:33 καλόν ἐστιν ἡμᾶς ὧδε εἶναι, καὶ **ποιήσωμεν** σκηνὰς τρεῖς,
9:43 Πάντων δὲ θαυμαζόντων ἐπὶ πᾶσιν οἷς **ἐποίει** εἶπεν πρὸς τοὺς μαθητὰς αὐτοῦ,
10:25 Καὶ ἰδοὺ νομικός τις ἀνέστη ἐκπειράζων αὐτὸν λέγων, Διδάσκαλε, τί **ποιήσας** ζωὴν αἰώνιον κληρονομήσω;
10:28 εἶπεν δὲ αὐτῷ, Ὀρθῶς ἀπεκρίθης· τοῦτο **ποίει** καὶ ζήσῃ.
10:37 ὁ δὲ εἶπεν, Ὁ **ποιήσας** τὸ ἔλεος μετ' αὐτοῦ. εἶπεν δὲ αὐτῷ ὁ Ἰησοῦς, Πορεύου καὶ σὺ **ποίει** ὁμοίως.
11:40 οὐχ ὁ **ποιήσας** τὸ ἔξωθεν καὶ τὸ ἔσωθεν **ἐποίησεν;**
11:42 ὅτι ἀποδεκατοῦτε τὸ ἡδύοσμον καὶ τὸ πήγανον καὶ πᾶν λάχανον καὶ παρέρχεσθε τὴν κρίσιν καὶ τὴν ἀγάπην τοῦ θεοῦ· ταῦτα δὲ ἔδει **ποιῆσαι** κἀκεῖνα μὴ παρεῖναι.
12: 4 μὴ φοβηθῆτε ἀπὸ τῶν ἀποκτεινόντων τὸ σῶμα καὶ μετὰ ταῦτα μὴ ἐχόντων περισσότερόν τι **ποιῆσαι.**
12:17 καὶ διελογίζετο ἐν ἑαυτῷ λέγων, Τί **ποιήσω,** ὅτι οὐκ ἔχω ποῦ συνάξω τοὺς καρπούς μου;
12:18 Τοῦτο **ποιήσω,** καθελῶ μου τὰς ἀποθήκας καὶ μείζονας οἰκοδομήσω καὶ συνάξω ἐκεῖ πάντα τὸν σῖτον καὶ τὰ ἀγαθά μου
12:33 **ποιήσατε** ἑαυτοῖς βαλλάντια μὴ παλαιούμενα, θησαυρὸν ἀνέκλειπτον ἐν τοῖς οὐρανοῖς,
12:43 ὃν ἐλθὼν ὁ κύριος αὐτοῦ εὑρήσει **ποιοῦντα** οὕτως.
12:47 ἐκεῖνος δὲ ὁ δοῦλος ὁ γνοὺς τὸ θέλημα τοῦ κυρίου αὐτοῦ καὶ μὴ ἑτοιμάσας ἢ **ποιήσας** πρὸς τὸ θέλημα αὐτοῦ δαρήσεται πολλάς·
12:48 ὁ δὲ μὴ γνούς, **ποιήσας** δὲ ἄξια πληγῶν δαρήσεται ὀλίγας.
13: 9 κἂν μὲν **ποιήσῃ** καρπὸν εἰς τὸ μέλλον· εἰ δὲ μή γε,
13:22 Καὶ διεπορεύετο κατὰ πόλεις καὶ κώμας διδάσκων καὶ πορείαν **ποιούμενος** εἰς Ἱεροσόλυμα.
14:12 Ἔλεγεν δὲ καὶ τῷ κεκληκότι αὐτόν, Ὅταν **ποιῇς** ἄριστον ἢ δεῖπνον,
14:13 ἀλλ' ὅταν δοχὴν **ποιῇς,** κάλει πτωχούς, ἀναπείρους, χωλούς,
14:16 Ἄνθρωπός τις **ἐποίει** δεῖπνον μέγα, καὶ ἐκάλεσεν πολλοὺς
15:19 οὐκέτι εἰμὶ ἄξιος κληθῆναι υἱός σου· **ποίησόν** με ὡς ἕνα τῶν μισθίων σου.
16: 3 εἶπεν δὲ ἐν ἑαυτῷ ὁ οἰκονόμος, Τί **ποιήσω,**
16: 4 ἔγνων τί **ποιήσω,** ἵνα ὅταν μετασταθῶ ἐκ τῆς οἰκονομίας δέξωνταί με εἰς τοὺς οἴκους αὐτῶν.
16: 8 καὶ ἐπῄνεσεν ὁ κύριος τὸν οἰκονόμον τῆς ἀδικίας ὅτι φρονίμως **ἐποίησεν·**
16: 9 ἑαυτοῖς **ποιήσατε** φίλους ἐκ τοῦ μαμωνᾶ τῆς ἀδικίας,
17: 9 μὴ ἔχει χάριν τῷ δούλῳ ὅτι **ἐποίησεν** τὰ διαταχθέντα;
17:10 οὕτως καὶ ὑμεῖς, ὅταν **ποιήσητε** πάντα τὰ διαταχθέντα ὑμῖν, λέγετε ὅτι Δοῦλοι ἀχρεῖοί ἐσμεν, ὃ ὠφείλομεν **ποιῆσαι** **πεποιήκαμεν.**
18: 7 ὁ δὲ θεὸς οὐ μὴ **ποιήσῃ** τὴν ἐκδίκησιν τῶν ἐκλεκτῶν αὐτοῦ τῶν βοώντων αὐτῷ ἡμέρας καὶ νυκτός,
18: 8 λέγω ὑμῖν ὅτι **ποιήσει** τὴν ἐκδίκησιν αὐτῶν ἐν τάχει.
18:18 Καὶ ἐπηρώτησέν τις αὐτὸν ἄρχων λέγων, Διδάσκαλε ἀγαθέ, τί **ποιήσας** ζωὴν αἰώνιον κληρονομήσω;
18:41 Τί σοι θέλεις **ποιήσω;** ὁ δὲ εἶπεν, Κύριε,
19:18 καὶ ἦλθεν ὁ δεύτερος λέγων, Ἡ μνᾶ σου, κύριε, **ἐποίησεν** πέντε μνᾶς.
19:46 Καὶ ἔσται ὁ οἶκός μου οἶκος προσευχῆς, ὑμεῖς δὲ αὐτὸν **ἐποιήσατε** σπήλαιον λῃστῶν.
19:48 καὶ οὐχ εὕρισκον τὸ τί **ποιήσωσιν,** ὁ λαὸς γὰρ ἅπας ἐξεκρέματο αὐτοῦ ἀκούων.
20: 2 καὶ εἶπαν λέγοντες πρὸς αὐτόν, Εἰπὸν ἡμῖν ἐν ποίᾳ ἐξουσίᾳ ταῦτα **ποιεῖς,**
20: 8 Οὐδὲ ἐγὼ λέγω ὑμῖν ἐν ποίᾳ ἐξουσίᾳ ταῦτα **ποιῶ.**
20:13 εἶπεν δὲ ὁ κύριος τοῦ ἀμπελῶνος, Τί **ποιήσω;**
20:15 τί οὖν **ποιήσει** αὐτοῖς ὁ κύριος τοῦ ἀμπελῶνος;
22:19 Τοῦτό ἐστιν τὸ σῶμά μου τὸ ὑπὲρ ὑμῶν διδόμενον· τοῦτο **ποιεῖτε** εἰς τὴν ἐμὴν ἀνάμνησιν.
23:22 ὁ δὲ τρίτον εἶπεν πρὸς αὐτούς, Τί γὰρ κακὸν **ἐποίησεν** οὗτος;
23:31 ὅτι εἰ ἐν τῷ ὑγρῷ ξύλῳ ταῦτα **ποιοῦσιν,**
23:34 ⟦Πάτερ, ἄφες αὐτοῖς, οὐ γὰρ οἴδασιν τί **ποιοῦσιν.**⟧

Jn 2: 5 λέγει ἡ μήτηρ αὐτοῦ τοῖς διακόνοις, Ὅ τι ἂν λέγῃ ὑμῖν **ποιήσατε.**
2:11 Ταύτην **ἐποίησεν** ἀρχὴν τῶν σημείων ὁ Ἰησοῦς ἐν Κανὰ τῆς Γαλιλαίας καὶ ἐφανέρωσεν τὴν δόξαν αὐτοῦ,
2:15 καὶ **ποιήσας** φραγέλλιον ἐκ σχοινίων πάντας ἐξέβαλεν ἐκ τοῦ ἱεροῦ τά τε πρόβατα καὶ τοὺς βόας,
2:16 μὴ **ποιεῖτε** τὸν οἶκον τοῦ πατρός μου οἶκον ἐμπορίου.
2:18 ἀπεκρίθησαν οὖν οἱ Ἰουδαῖοι καὶ εἶπαν αὐτῷ, Τί σημεῖον δεικνύεις ἡμῖν ὅτι ταῦτα **ποιεῖς;**
2:23 πολλοὶ ἐπίστευσαν εἰς τὸ ὄνομα αὐτοῦ θεωροῦντες αὐτοῦ τὰ σημεῖα ἃ **ἐποίει·**
3: 2 οὐδεὶς γὰρ δύναται ταῦτα τὰ σημεῖα **ποιεῖν** ἃ σὺ **ποιεῖς,**
3:21 ὁ δὲ **ποιῶν** τὴν ἀλήθειαν ἔρχεται πρὸς τὸ φῶς,
4: 1 Ὡς οὖν ἔγνω ὁ Ἰησοῦς ὅτι ἤκουσαν οἱ Φαρισαῖοι ὅτι Ἰησοῦς πλείονας μαθητὰς **ποιεῖ** καὶ βαπτίζει ἢ Ἰωάννης
4:29 Δεῦτε ἴδετε ἄνθρωπον ὃς εἶπέν μοι πάντα ὅσα **ἐποίησα,**
4:34 Ἐμὸν βρῶμά ἐστιν ἵνα **ποιήσω** τὸ θέλημα τοῦ πέμψαντός με καὶ τελειώσω αὐτοῦ τὸ ἔργον.
4:39 πολλοὶ ἐπίστευσαν εἰς αὐτὸν τῶν Σαμαριτῶν διὰ τὸν λόγον τῆς γυναικὸς μαρτυρούσης ὅτι Εἶπέν μοι πάντα ἃ **ἐποίησα**

4:45 ἐδέξαντο αὐτὸν οἱ Γαλιλαῖοι πάντα ἑωρακότες ὅσα **ἐποίησεν** ἐν Ἱεροσολύμοις ἐν τῇ ἑορτῇ,
4:46 Ἦλθεν οὖν πάλιν εἰς τὴν Κανὰ τῆς Γαλιλαίας, ὅπου **ἐποίησεν** τὸ ὕδωρ οἶνον.
4:54 Τοῦτο [δὲ] πάλιν δεύτερον σημεῖον **ἐποίησεν** ὁ Ἰησοῦς ἐλθὼν ἐκ τῆς Ἰουδαίας εἰς τὴν Γαλιλαίαν.
5:11 ὁ δὲ ἀπεκρίθη αὐτοῖς, Ὁ **ποιήσας** με ὑγιῆ ἐκεῖνός μοι εἶπεν,
5:15 ἀπῆλθεν ὁ ἄνθρωπος καὶ ἀνήγγειλεν τοῖς Ἰουδαίοις ὅτι Ἰησοῦς ἐστιν ὁ **ποιήσας** αὐτὸν ὑγιῆ.
5:16 καὶ διὰ τοῦτο ἐδίωκον οἱ Ἰουδαῖοι τὸν Ἰησοῦν, ὅτι ταῦτα **ἐποίει** ἐν σαββάτῳ.
5:18 ἀλλὰ καὶ πατέρα ἴδιον ἔλεγεν τὸν θεὸν ἴσον ἑαυτὸν **ποιῶν** τῷ θεῷ.
5:19 οὐ δύναται ὁ υἱὸς **ποιεῖν** ἀφ᾽ ἑαυτοῦ οὐδὲν ἐὰν μή τι βλέπῃ τὸν πατέρα **ποιοῦντα·** ἃ γὰρ ἂν ἐκεῖνος **ποιῇ,** ταῦτα καὶ ὁ υἱὸς ὁμοίως **ποιεῖ.**
5:20 ὁ γὰρ πατὴρ φιλεῖ τὸν υἱὸν καὶ πάντα δείκνυσιν αὐτῷ ἃ αὐτὸς **ποιεῖ,**
5:27 ἐξουσίαν ἔδωκεν αὐτῷ κρίσιν **ποιεῖν,** ὅτι υἱὸς ἀνθρώπου ἐστίν.
5:29 ἐκπορεύσονται οἱ τὰ ἀγαθὰ **ποιήσαντες** εἰς ἀνάστασιν ζωῆς,
5:30 Οὐ δύναμαι ἐγὼ **ποιεῖν** ἀπ᾽ ἐμαυτοῦ οὐδέν· καθὼς ἀκούω κρίνω,
5:36 αὐτὰ τὰ ἔργα ἃ **ποιῶ** μαρτυρεῖ περὶ ἐμοῦ ὅτι ὁ πατήρ με ἀπέσταλκεν.
6: 2 ὅτι ἐθεώρουν τὰ σημεῖα ἃ **ἐποίει** ἐπὶ τῶν ἀσθενούντων.
6: 6 τοῦτο δὲ ἔλεγεν πειράζων αὐτόν· αὐτὸς γὰρ ᾔδει τί ἔμελλεν **ποιεῖν.**
6:10 εἶπεν ὁ Ἰησοῦς, **Ποιήσατε** τοὺς ἀνθρώπους ἀναπεσεῖν. ἦν δὲ χόρτος πολὺς ἐν τῷ τόπῳ.
6:14 Οἱ οὖν ἄνθρωποι ἰδόντες ὃ **ἐποίησεν** σημεῖον ἔλεγον ὅτι Οὗτός ἐστιν ἀληθῶς ὁ προφήτης ὁ ἐρχόμενος εἰς τὸν κόσμον.
6:15 Ἰησοῦς οὖν γνοὺς ὅτι μέλλουσιν ἔρχεσθαι καὶ ἁρπάζειν αὐτὸν ἵνα **ποιήσωσιν** βασιλέα,
6:28 Τί **ποιῶμεν** ἵνα ἐργαζώμεθα τὰ ἔργα τοῦ θεοῦ;
6:30 εἶπον οὖν αὐτῷ, Τί οὖν **ποιεῖς** σὺ σημεῖον,
6:38 ὅτι καταβέβηκα ἀπὸ τοῦ οὐρανοῦ οὐχ ἵνα **ποιῶ** τὸ θέλημα τὸ ἐμὸν ἀλλὰ τὸ θέλημα τοῦ πέμψαντός με.
7: 3 ἵνα καὶ οἱ μαθηταί σου θεωρήσουσιν σοῦ τὰ ἔργα ἃ **ποιεῖς·**
7: 4 οὐδεὶς γάρ τι ἐν κρυπτῷ **ποιεῖ** καὶ ζητεῖ αὐτὸς ἐν παρρησίᾳ εἶναι. εἰ ταῦτα **ποιεῖς,** φανέρωσον σεαυτὸν τῷ κόσμῳ.
7:17 ἐάν τις θέλῃ τὸ θέλημα αὐτοῦ **ποιεῖν,** γνώσεται περὶ τῆς διδαχῆς πότερον ἐκ τοῦ θεοῦ ἐστιν ἢ ἐγὼ ἀπ᾽ ἐμαυτοῦ λαλῶ.
7:19 καὶ οὐδεὶς ἐξ ὑμῶν **ποιεῖ** τὸν νόμον. τί με ζητεῖτε ἀποκτεῖναι;
7:21 ἀπεκρίθη Ἰησοῦς καὶ εἶπεν αὐτοῖς, Ἓν ἔργον **ἐποίησα** καὶ πάντες θαυμάζετε.
7:23 ἐμοὶ χολᾶτε ὅτι ὅλον ἄνθρωπον ὑγιῆ **ἐποίησα** ἐν σαββάτῳ;
7:31 Ὁ Χριστὸς ὅταν ἔλθῃ μὴ πλείονα σημεῖα **ποιήσει** ὧν οὗτος **ἐποίησεν;**
7:51 Μὴ ὁ νόμος ἡμῶν κρίνει τὸν ἄνθρωπον ἐὰν μὴ ἀκούσῃ πρῶτον παρ᾽ αὐτοῦ καὶ γνῷ τί **ποιεῖ;**
8:28 τότε γνώσεσθε ὅτι ἐγώ εἰμι, καὶ ἀπ᾽ ἐμαυτοῦ **ποιῶ** οὐδέν,
8:29 οὐκ ἀφῆκέν με μόνον, ὅτι ἐγὼ τὰ ἀρεστὰ αὐτῷ **ποιῶ** πάντοτε.
8:34 Ἀμὴν ἀμὴν λέγω ὑμῖν ὅτι πᾶς ὁ **ποιῶν** τὴν ἁμαρτίαν δοῦλός ἐστιν τῆς ἁμαρτίας.
8:38 καὶ ὑμεῖς οὖν ἃ ἠκούσατε παρὰ τοῦ πατρὸς **ποιεῖτε.**
8:39 Εἰ τέκνα τοῦ Ἀβραάμ ἐστε, τὰ ἔργα τοῦ Ἀβραὰμ **ἐποιεῖτε·**
8:40 νῦν δὲ ζητεῖτέ με ἀποκτεῖναι ἄνθρωπον ὃς τὴν ἀλήθειαν ὑμῖν λελάληκα ἣν ἤκουσα παρὰ τοῦ θεοῦ· τοῦτο Ἀβραὰμ οὐκ **ἐποίησεν.**
8:41 ὑμεῖς **ποιεῖτε** τὰ ἔργα τοῦ πατρὸς ὑμῶν. εἶπαν [οὖν] αὐτῷ,
8:44 ὑμεῖς ἐκ τοῦ πατρὸς τοῦ διαβόλου ἐστὲ καὶ τὰς ἐπιθυμίας τοῦ πατρὸς ὑμῶν θέλετε **ποιεῖν.**
8:53 ὅστις ἀπέθανεν; καὶ οἱ προφῆται ἀπέθανον. τίνα σεαυτὸν **ποιεῖς;**
9: 6 ταῦτα εἰπὼν ἔπτυσεν χαμαὶ καὶ **ἐποίησεν** πηλὸν ἐκ τοῦ πτύσματος καὶ ἐπέχρισεν αὐτοῦ τὸν πηλὸν ἐπὶ τοὺς ὀφθαλμοὺς
9:11 ὁ λεγόμενος Ἰησοῦς πηλὸν **ἐποίησεν** καὶ ἐπέχρισέν μου τοὺς ὀφθαλμοὺς καὶ εἶπέν μοι ὅτι Ὕπαγε εἰς τὸν Σιλωὰμ καὶ νίψαι·
9:14 ἦν δὲ σάββατον ἐν ᾗ ἡμέρᾳ τὸν πηλὸν **ἐποίησεν** ὁ Ἰησοῦς καὶ ἀνέῳξεν αὐτοῦ τοὺς ὀφθαλμούς.
9:16 ἄλλοι [δὲ] ἔλεγον, Πῶς δύναται ἄνθρωπος ἁμαρτωλὸς τοιαῦτα σημεῖα **ποιεῖν;**
9:26 εἶπον οὖν αὐτῷ, Τί **ἐποίησέν** σοι; πῶς ἤνοιξέν σου τοὺς ὀφθαλμούς;
9:31 ἀλλ᾽ ἐάν τις θεοσεβὴς ᾖ καὶ τὸ θέλημα αὐτοῦ **ποιῇ** τούτου ἀκούει.
9:33 εἰ μὴ ἦν οὗτος παρὰ θεοῦ, οὐκ ἠδύνατο **ποιεῖν** οὐδέν.
10:25 τὰ ἔργα ἃ ἐγὼ **ποιῶ** ἐν τῷ ὀνόματι τοῦ πατρός μου ταῦτα μαρτυρεῖ περὶ ἐμοῦ·
10:33 καὶ ὅτι σὺ ἄνθρωπος ὢν **ποιεῖς** σεαυτὸν θεόν.
10:37 εἰ οὐ **ποιῶ** τὰ ἔργα τοῦ πατρός μου,
10:38 εἰ δὲ **ποιῶ,** κἂν ἐμοὶ μὴ πιστεύητε, τοῖς ἔργοις πιστεύετε,
10:41 καὶ πολλοὶ ἦλθον πρὸς αὐτὸν καὶ ἔλεγον ὅτι Ἰωάννης μὲν σημεῖον **ἐποίησεν** οὐδέν,
11:37 Οὐκ ἐδύνατο οὗτος ὁ ἀνοίξας τοὺς ὀφθαλμοὺς τοῦ τυφλοῦ **ποιῆσαι** ἵνα καὶ οὗτος μὴ ἀποθάνῃ;
11:45 Πολλοὶ οὖν ἐκ τῶν Ἰουδαίων οἱ ἐλθόντες πρὸς τὴν Μαριὰμ καὶ θεασάμενοι ἃ **ἐποίησεν** ἐπίστευσαν εἰς αὐτόν·
11:46 τινὲς δὲ ἐξ αὐτῶν ἀπῆλθον πρὸς τοὺς Φαρισαίους καὶ εἶπαν αὐτοῖς ἃ **ἐποίησεν** Ἰησοῦς.
11:47 Τί **ποιοῦμεν** ὅτι οὗτος ὁ ἄνθρωπος πολλὰ **ποιεῖ** σημεῖα;
12: 2 **ἐποίησαν** οὖν αὐτῷ δεῖπνον ἐκεῖ, καὶ ἡ Μάρθα διηκόνει,
12:16 ἀλλ᾽ ὅτε ἐδοξάσθη Ἰησοῦς τότε ἐμνήσθησαν ὅτι ταῦτα ἦν ἐπ᾽ αὐτῷ γεγραμμένα καὶ ταῦτα **ἐποίησαν** αὐτῷ.
12:18 διὰ τοῦτο [καὶ] ὑπήντησεν αὐτῷ ὁ ὄχλος, ὅτι ἤκουσαν τοῦτο αὐτὸν **πεποιηκέναι** τὸ σημεῖον.
12:37 Τοσαῦτα δὲ αὐτοῦ σημεῖα **πεποιηκότος** ἔμπροσθεν αὐτῶν οὐκ ἐπίστευον εἰς αὐτόν,
13: 7 Ὃ ἐγὼ **ποιῶ** σὺ οὐκ οἶδας ἄρτι, γνώσῃ δὲ μετὰ ταῦτα.
13:12 ἔνιψεν τοὺς πόδας αὐτῶν [καὶ] ἔλαβεν τὰ ἱμάτια αὐτοῦ καὶ ἀνέπεσεν πάλιν, εἶπεν αὐτοῖς, Γινώσκετε τί **πεποίηκα** ὑμῖν;
13:15 ὑπόδειγμα γὰρ ἔδωκα ὑμῖν ἵνα καθὼς ἐγὼ **ἐποίησα** ὑμῖν καὶ ὑμεῖς **ποιῆτε.**
13:17 εἰ ταῦτα οἴδατε, μακάριοί ἐστε ἐὰν **ποιῆτε** αὐτά.
13:27 λέγει οὖν αὐτῷ ὁ Ἰησοῦς, Ὃ **ποιεῖς ποίησον** τάχιον.
14:10 ὁ δὲ πατὴρ ἐν ἐμοὶ μένων **ποιεῖ** τὰ ἔργα αὐτοῦ.
14:12 ὁ πιστεύων εἰς ἐμὲ τὰ ἔργα ἃ ἐγὼ **ποιῶ** κἀκεῖνος **ποιήσει** καὶ μείζονα τούτων **ποιήσει,**
14:13 καὶ ὅ τι ἂν αἰτήσητε ἐν τῷ ὀνόματί μου τοῦτο **ποιήσω,**
14:14 ἐάν τι αἰτήσητέ με ἐν τῷ ὀνόματί μου ἐγὼ **ποιήσω.**
14:23 καὶ ὁ πατήρ μου ἀγαπήσει αὐτὸν καὶ πρὸς αὐτὸν ἐλευσόμεθα καὶ μονὴν παρ᾽ αὐτῷ **ποιησόμεθα.**
14:31 καὶ καθὼς ἐνετείλατο μοι ὁ πατήρ, οὕτως **ποιῶ.**
15: 5 ὁ μένων ἐν ἐμοὶ κἀγὼ ἐν αὐτῷ οὗτος φέρει καρπὸν πολύν, ὅτι χωρὶς ἐμοῦ οὐ δύνασθε **ποιεῖν** οὐδέν.
15:14 ὑμεῖς φίλοι μού ἐστε ἐὰν **ποιῆτε** ἃ ἐγὼ ἐντέλλομαι ὑμῖν.
15:15 ὅτι ὁ δοῦλος οὐκ οἶδεν τί **ποιεῖ** αὐτοῦ ὁ κύριος·
15:21 ἀλλὰ ταῦτα πάντα **ποιήσουσιν** εἰς ὑμᾶς διὰ τὸ ὄνομά μου,
15:24 εἰ τὰ ἔργα μὴ **ἐποίησα** ἐν αὐτοῖς ἃ οὐδεὶς ἄλλος **ἐποίησεν,**
16: 2 ἀποσυναγώγους **ποιήσουσιν** ὑμᾶς· ἀλλ᾽ ἔρχεται ὥρα ἵνα πᾶς ὁ ἀποκτείνας ὑμᾶς δόξῃ λατρείαν προσφέρειν τῷ θεῷ.
16: 3 καὶ ταῦτα **ποιήσουσιν** ὅτι οὐκ ἔγνωσαν τὸν πατέρα οὐδὲ ἐμέ.
17: 4 ἐγώ σε ἐδόξασα ἐπὶ τῆς γῆς τὸ ἔργον τελειώσας ὃ δέδωκάς μοι ἵνα **ποιήσω·**
18:18 εἱστήκεισαν δὲ οἱ δοῦλοι καὶ οἱ ὑπηρέται ἀνθρακιὰν **πεποιηκότες,**
18:30 ἀπεκρίθησαν καὶ εἶπαν αὐτῷ, Εἰ μὴ ἦν οὗτος κακὸν **ποιῶν,**
18:35 τὸ ἔθνος τὸ σὸν καὶ οἱ ἀρχιερεῖς παρέδωκάν σε ἐμοί· τί **ἐποίησας;**
19: 7 Ἡμεῖς νόμον ἔχομεν καὶ κατὰ τὸν νόμον ὀφείλει ἀποθανεῖν, ὅτι υἱὸν θεοῦ ἑαυτὸν **ἐποίησεν.**
19:12 πᾶς ὁ βασιλέα ἑαυτὸν **ποιῶν** ἀντιλέγει τῷ Καίσαρι.
19:23 ἔλαβον τὰ ἱμάτια αὐτοῦ καὶ **ἐποίησαν** τέσσαρα μέρη,
19:24 Διεμερίσαντο τὰ ἱμάτιά μου ἑαυτοῖς καὶ ἐπὶ τὸν ἱματισμόν μου ἔβαλον κλῆρον. Οἱ μὲν οὖν στρατιῶται ταῦτα **ἐποίησαν.**
20:30 Πολλὰ μὲν οὖν καὶ ἄλλα σημεῖα **ἐποίησεν** ὁ Ἰησοῦς ἐνώπιον τῶν μαθητῶν [αὐτοῦ,]
21:25 Ἔστιν δὲ καὶ ἄλλα πολλὰ ἃ **ἐποίησεν** ὁ Ἰησοῦς,

Ac 1: 1 Τὸν μὲν πρῶτον λόγον **ἐποιησάμην** περὶ πάντων, ὦ Θεόφιλε, ὧν ἤρξατο ὁ Ἰησοῦς **ποιεῖν** τε καὶ διδάσκειν,
2:22 ἄνδρα ἀποδεδειγμένον ἀπὸ τοῦ θεοῦ εἰς ὑμᾶς δυνάμεσι καὶ τέρασι καὶ σημείοις οἷς **ἐποίησεν** δι᾽ αὐτοῦ ὁ θεὸς ἐν μέσῳ
2:36 ἀσφαλῶς οὖν γινωσκέτω πᾶς οἶκος Ἰσραὴλ ὅτι καὶ κύριον αὐτὸν καὶ Χριστὸν **ἐποίησεν** ὁ θεός,
2:37 Ἀκούσαντες δὲ κατενύγησαν τὴν καρδίαν εἶπόν τε πρὸς τὸν Πέτρον καὶ τοὺς λοιποὺς ἀποστόλους, Τί **ποιήσωμεν,**
3:12 τί θαυμάζετε ἐπὶ τούτῳ ἢ ἡμῖν τί ἀτενίζετε ὡς ἰδίᾳ δυνάμει ἢ εὐσεβείᾳ **πεποιηκόσιν** τοῦ περιπατεῖν αὐτόν;
4: 7 Ἐν ποίᾳ δυνάμει ἢ ἐν ποίῳ ὀνόματι **ἐποιήσατε** τοῦτο ὑμεῖς;
4:16 λέγοντες, Τί **ποιήσωμεν** τοῖς ἀνθρώποις τούτοις; ὅτι μὲν γὰρ γνωστὸν σημεῖον γέγονεν δι᾽ αὐτῶν πᾶσιν τοῖς κατοικοῦσιν Ἰερουσαλὴμ φανερὸν καὶ οὐ δυνάμεθα ἀρνεῖσθαι·

4:24 σὺ ὁ **ποιήσας** τὸν οὐρανὸν καὶ τὴν γῆν καὶ τὴν θάλασσαν καὶ πάντα τὰ ἐν αὐτοῖς,
4:28 **ποιῆσαι** ὅσα ἡ χείρ σου καὶ ἡ βουλή [σου] προώρισεν γενέσθαι.
5:34 νομοδιδάσκαλος τίμιος παντὶ τῷ λαῷ, ἐκέλευσεν ἔξω βραχὺ τοὺς ἀνθρώπους **ποιῆσαι**
6: 8 Στέφανος δὲ πλήρης χάριτος καὶ δυνάμεως **ἐποίει** τέρατα καὶ σημεῖα μεγάλα ἐν τῷ λαῷ.
7:19 ἐκάκωσεν τοὺς πατέρας [ἡμῶν] τοῦ **ποιεῖν** τὰ βρέφη ἔκθετα αὐτῶν εἰς τὸ μὴ ζῳογονεῖσθαι.
7:24 καὶ ἰδών τινα ἀδικούμενον ἠμύνατο καὶ **ἐποίησεν** ἐκδίκησιν τῷ καταπονουμένῳ πατάξας τὸν Αἰγύπτιον.
7:36 οὗτος ἐξήγαγεν αὐτοὺς **ποιήσας** τέρατα καὶ σημεῖα ἐν γῇ Αἰγύπτῳ καὶ ἐν Ἐρυθρᾷ Θαλάσσῃ καὶ ἐν τῇ ἐρήμῳ
7:40 εἰπόντες τῷ Ἀαρών, **Ποίησον** ἡμῖν θεοὺς οἳ προπορεύσονται ἡμῶν·
7:43 τοὺς τύπους οὓς **ἐποιήσατε** προσκυνεῖν αὐτοῖς, καὶ μετοικιῶ ὑμᾶς ἐπέκεινα Βαβυλῶνος.
7:44 ἦν τοῖς πατράσιν ἡμῶν ἐν τῇ ἐρήμῳ καθὼς διετάξατο ὁ λαλῶν τῷ Μωϋσῇ **ποιῆσαι** αὐτὴν κατὰ τὸν τύπον ὃν ἑωράκει·
7:50 οὐχὶ ἡ χείρ μου **ἐποίησεν** ταῦτα πάντα;
8: 2 συνεκόμισαν δὲ τὸν Στέφανον ἄνδρες εὐλαβεῖς καὶ **ἐποίησαν** κοπετὸν μέγαν ἐπ' αὐτῷ.
8: 6 προσεῖχον δὲ οἱ ὄχλοι τοῖς λεγομένοις ὑπὸ τοῦ Φιλίππου ὁμοθυμαδὸν ἐν τῷ ἀκούειν αὐτοὺς καὶ βλέπειν τὰ σημεῖα ἃ **ἐποίει.**
9: 6 ἀλλὰ ἀνάστηθι καὶ εἴσελθε εἰς τὴν πόλιν καὶ λαληθήσεταί σοι ὅ τί σε δεῖ **ποιεῖν.**
9:13 ἤκουσα ἀπὸ πολλῶν περὶ τοῦ ἀνδρὸς τούτου ὅσα κακὰ τοῖς ἁγίοις σου **ἐποίησεν** ἐν Ἰερουσαλήμ·
9:36 αὕτη ἦν πλήρης ἔργων ἀγαθῶν καὶ ἐλεημοσυνῶν ὧν **ἐποίει.**
9:39 πᾶσαι αἱ χῆραι κλαίουσαι καὶ ἐπιδεικνύμεναι χιτῶνας καὶ ἱμάτια ὅσα **ἐποίει** μετ' αὐτῶν οὖσα ἡ Δορκάς.
10: 2 **ποιῶν** ἐλεημοσύνας πολλὰς τῷ λαῷ καὶ δεόμενος τοῦ θεοῦ διὰ παντός,
10:33 ἐξαυτῆς οὖν ἔπεμψα πρὸς σέ, σύ τε καλῶς **ἐποίησας** παραγενόμενος.
10:39 καὶ ἡμεῖς μάρτυρες πάντων ὧν **ἐποίησεν** ἔν τε τῇ χώρᾳ τῶν Ἰουδαίων καὶ [ἐν] Ἰερουσαλήμ.
11:30 ὃ καὶ **ἐποίησαν** ἀποστείλαντες πρὸς τοὺς πρεσβυτέρους διὰ χειρὸς Βαρναβᾶ καὶ Σαύλου.
12: 8 **ἐποίησεν** δὲ οὕτως. καὶ λέγει αὐτῷ, Περιβαλοῦ τὸ ἱμάτιόν σου καὶ ἀκολούθει μοι.
13:22 ἄνδρα κατὰ τὴν καρδίαν μου, ὃς **ποιήσει** πάντα τὰ θελήματά μου.
14:11 οἵ τε ὄχλοι ἰδόντες ὃ **ἐποίησεν** Παῦλος ἐπῆραν τὴν φωνὴν αὐτῶν Λυκαονιστὶ λέγοντες,
14:15 Ἄνδρες, τί ταῦτα **ποιεῖτε;** καὶ ἡμεῖς ὁμοιοπαθεῖς ἐσμεν ὑμῖν ἄνθρωποι εὐαγγελιζόμενοι ὑμᾶς ἀπὸ τούτων τῶν ματαίων ἐπιστρέφειν ἐπὶ θεὸν ζῶντα, ὃς **ἐποίησεν** τὸν οὐρανὸν καὶ τὴν γῆν καὶ τὴν θάλασσαν καὶ πάντα τὰ ἐν αὐτοῖς·
14:27 παραγενόμενοι δὲ καὶ συναγαγόντες τὴν ἐκκλησίαν ἀνήγγελλον ὅσα **ἐποίησεν** ὁ θεὸς μετ' αὐτῶν
15: 3 Οἱ μὲν οὖν προπεμφθέντες ὑπὸ τῆς ἐκκλησίας διήρχοντο τήν τε Φοινίκην καὶ Σαμάρειαν ἐκδιηγούμενοι τὴν ἐπιστροφὴν τῶν ἐθνῶν καὶ **ἐποίουν** χαρὰν μεγάλην πᾶσιν τοῖς ἀδελφοῖς.
15: 4 ἀνήγγειλάν τε ὅσα ὁ θεὸς **ἐποίησεν** μετ' αὐτῶν.
15:12 καὶ ἤκουον Βαρναβᾶ καὶ Παύλου ἐξηγουμένων ὅσα **ἐποίησεν** ὁ θεὸς σημεῖα καὶ τέρατα ἐν τοῖς ἔθνεσιν δι' αὐτῶν.
15:17 καὶ πάντα τὰ ἔθνη ἐφ' οὓς ἐπικέκληται τὸ ὄνομά μου ἐπ' αὐτούς, λέγει κύριος **ποιῶν** ταῦτα
15:33 **ποιήσαντες** δὲ χρόνον ἀπελύθησαν μετ' εἰρήνης ἀπὸ τῶν ἀδελφῶν πρὸς τοὺς ἀποστείλαντας αὐτούς.
16:18 τοῦτο δὲ **ἐποίει** ἐπὶ πολλὰς ἡμέρας. διαπονηθεὶς δὲ Παῦλος καὶ ἐπιστρέψας τῷ πνεύματι εἶπεν,
16:21 καὶ καταγγέλλουσιν ἔθη ἃ οὐκ ἔξεστιν ἡμῖν παραδέχεσθαι οὐδὲ **ποιεῖν** Ῥωμαίοις οὖσιν.
16:30 καὶ προαγαγὼν αὐτοὺς ἔξω ἔφη, Κύριοι, τί με δεῖ **ποιεῖν** ἵνα σωθῶ;
17:24 ὁ θεὸς ὁ **ποιήσας** τὸν κόσμον καὶ πάντα τὰ ἐν αὐτῷ,
17:26 **ἐποίησέν** τε ἐξ ἑνὸς πᾶν ἔθνος ἀνθρώπων κατοικεῖν ἐπὶ παντὸς προσώπου τῆς γῆς,
18:23 καὶ **ποιήσας** χρόνον τινὰ ἐξῆλθεν διερχόμενος καθεξῆς τὴν Γαλατικὴν χώραν καὶ Φρυγίαν,
19:11 Δυνάμεις τε οὐ τὰς τυχούσας ὁ θεὸς **ἐποίει** διὰ τῶν χειρῶν Παύλου,
19:14 ἦσαν δέ τινος Σκευᾶ Ἰουδαίου ἀρχιερέως ἑπτὰ υἱοὶ τοῦτο **ποιοῦντες.**
19:24 **ποιῶν** ναοὺς ἀργυροῦς Ἀρτέμιδος παρείχετο τοῖς τεχνίταις οὐκ ὀλίγην ἐργασίαν,
20: 3 **ποιήσας** τε μῆνας τρεῖς· γενομένης ἐπιβουλῆς αὐτῷ ὑπὸ τῶν Ἰουδαίων μέλλοντι ἀνάγεσθαι εἰς τὴν Συρίαν,
20:24 ἀλλ' οὐδενὸς λόγου **ποιοῦμαι** τὴν ψυχὴν τιμίαν ἐμαυτῷ ὡς τελειῶσαι τὸν δρόμον μου καὶ τὴν διακονίαν ἣν ἔλαβον
21:13 Τί **ποιεῖτε** κλαίοντες καὶ συνθρύπτοντές μου τὴν καρδίαν;
21:19 ὧν **ἐποίησεν** ὁ θεὸς ἐν τοῖς ἔθνεσιν διὰ τῆς διακονίας αὐτοῦ.
21:23 τοῦτο οὖν **ποίησον** ὅ σοι λέγομεν· εἰσὶν ἡμῖν ἄνδρες τέσσαρες εὐχὴν ἔχοντες ἐφ' ἑαυτῶν.
21:33 καὶ ἐπυνθάνετο τίς εἴη καὶ τί ἐστιν **πεποιηκώς.**
22:10 εἶπον δέ, Τί **ποιήσω,** κύριε; ὁ δὲ κύριος εἶπεν πρός με, Ἀναστὰς πορεύου εἰς Δαμασκὸν κἀκεῖ σοι λαληθήσεται περὶ πάντων ὧν τέτακταί σοι **ποιῆσαι.**
22:26 ἀκούσας δὲ ὁ ἑκατοντάρχης προσελθὼν τῷ χιλιάρχῳ ἀπήγγειλεν λέγων, Τί μέλλεις **ποιεῖν;**
23:12 Γενομένης δὲ ἡμέρας **ποιήσαντες** συστροφὴν οἱ Ἰουδαῖοι ἀνεθεμάτισαν ἑαυτοὺς λέγοντες μήτε φαγεῖν μήτε πιεῖν
23:13 ἦσαν δὲ πλείους τεσσεράκοντα οἱ ταύτην τὴν συνωμοσίαν **ποιησάμενοι,**
24:12 καὶ οὔτε ἐν τῷ ἱερῷ εὗρόν με πρός τινα διαλεγόμενον ἢ ἐπίστασιν **ποιοῦντα** ὄχλου οὔτε ἐν ταῖς συναγωγαῖς
24:17 δι' ἐτῶν δὲ πλειόνων ἐλεημοσύνας **ποιήσων** εἰς τὸ ἔθνος μου παρεγενόμην καὶ προσφοράς,
25: 3 αἰτούμενοι χάριν κατ' αὐτοῦ ὅπως μεταπέμψηται αὐτὸν εἰς Ἰερουσαλήμ, ἐνέδραν **ποιοῦντες** ἀνελεῖν αὐτὸν κατὰ τὴν ὁδόν.
25:17 συνελθόντων οὖν [αὐτῶν] ἐνθάδε ἀναβολὴν μηδεμίαν **ποιησάμενος** τῇ ἑξῆς καθίσας ἐπὶ τοῦ βήματος
26:10 ὃ καὶ **ἐποίησα** ἐν Ἱεροσολύμοις, καὶ πολλούς τε τῶν ἁγίων ἐγὼ ἐν φυλακαῖς κατέκλεισα τὴν παρὰ τῶν ἀρχιερέων ἐξουσίαν
26:28 ὁ δὲ Ἀγρίππας πρὸς τὸν Παῦλον, Ἐν ὀλίγῳ με πείθεις Χριστιανὸν **ποιῆσαι.**
27:18 σφοδρῶς δὲ χειμαζομένων ἡμῶν τῇ ἑξῆς ἐκβολὴν **ἐποιοῦντο**
28:17 οὐδὲν ἐναντίον **ποιήσας** τῷ λαῷ ἢ τοῖς ἔθεσι τοῖς πατρῴοις δέσμιος ἐξ Ἱεροσολύμων παρεδόθην εἰς τὰς χεῖρας τῶν Ῥωμαίων,

Ro 1: 9 ᾧ λατρεύω ἐν τῷ πνεύματί μου ἐν τῷ εὐαγγελίῳ τοῦ υἱοῦ αὐτοῦ, ὡς ἀδιαλείπτως μνείαν ὑμῶν **ποιοῦμαι**
1:28 παρέδωκεν αὐτοὺς ὁ θεὸς εἰς ἀδόκιμον νοῦν, **ποιεῖν** τὰ μὴ καθήκοντα,
1:32 οὐ μόνον αὐτὰ **ποιοῦσιν** ἀλλὰ καὶ συνευδοκοῦσιν τοῖς πράσσουσιν.
2: 3 ὦ ἄνθρωπε ὁ κρίνων τοὺς τὰ τοιαῦτα πράσσοντας καὶ **ποιῶν** αὐτά,
2:14 ὅταν γὰρ ἔθνη τὰ μὴ νόμον ἔχοντα φύσει τὰ τοῦ νόμου **ποιῶσιν,**
3: 8 καὶ μὴ καθὼς βλασφημούμεθα καὶ καθώς φασίν τινες ἡμᾶς λέγειν ὅτι **Ποιήσωμεν** τὰ κακά,
3:12 οὐκ ἔστιν ὁ **ποιῶν** χρηστότητα, [οὐκ ἔστιν] ἕως ἑνός.
4:21 καὶ πληροφορηθεὶς ὅτι ὃ ἐπήγγελται δυνατός ἐστιν καὶ **ποιῆσαι.**
7:15 οὐ γὰρ ὃ θέλω τοῦτο πράσσω, ἀλλ' ὃ μισῶ τοῦτο **ποιῶ.**
7:16 εἰ δὲ ὃ οὐ θέλω τοῦτο **ποιῶ,** σύμφημι τῷ νόμῳ ὅτι καλός.
7:19 οὐ γὰρ ὃ θέλω **ποιῶ** ἀγαθόν, ἀλλὰ ὃ οὐ θέλω κακὸν τοῦτο πράσσω.
7:20 εἰ δὲ ὃ οὐ θέλω [ἐγὼ] τοῦτο **ποιῶ,**
7:21 Εὑρίσκω ἄρα τὸν νόμον, τῷ θέλοντι ἐμοὶ **ποιεῖν** τὸ καλόν,
9:20 μὴ ἐρεῖ τὸ πλάσμα τῷ πλάσαντι, Τί με **ἐποίησας** οὕτως;
9:21 ἢ οὐκ ἔχει ἐξουσίαν ὁ κεραμεὺς τοῦ πηλοῦ ἐκ τοῦ αὐτοῦ φυράματος **ποιῆσαι** ὃ μὲν εἰς τιμὴν σκεῦος ὃ δὲ εἰς ἀτιμίαν;
9:28 λόγον γὰρ συντελῶν καὶ συντέμνων **ποιήσει** κύριος ἐπὶ τῆς γῆς.
10: 5 Μωϋσῆς γὰρ γράφει τὴν δικαιοσύνην τὴν ἐκ [τοῦ] νόμου ὅτι ὁ **ποιήσας** αὐτὰ ἄνθρωπος ζήσεται ἐν αὐτοῖς.
12:20 τοῦτο γὰρ **ποιῶν** ἄνθρακας πυρὸς σωρεύσεις ἐπὶ τὴν κεφαλὴν αὐτοῦ.
13: 3 τὸ ἀγαθὸν **ποίει,** καὶ ἕξεις ἔπαινον ἐξ αὐτῆς·
13: 4 ἐὰν δὲ τὸ κακὸν **ποιῇς,** φοβοῦ· οὐ γὰρ εἰκῇ τὴν μάχαιραν φορεῖ·
13:14 ἀλλὰ ἐνδύσασθε τὸν κύριον Ἰησοῦν Χριστὸν καὶ τῆς σαρκὸς πρόνοιαν μὴ **ποιεῖσθε** εἰς ἐπιθυμίας.
15:26 εὐδόκησαν γὰρ Μακεδονία καὶ Ἀχαΐα κοινωνίαν τινὰ **ποιήσασθαι** εἰς τοὺς πτωχοὺς τῶν ἁγίων τῶν ἐν Ἰερουσαλήμ.
16:17 σκοπεῖν τοὺς τὰς διχοστασίας καὶ τὰ σκάνδαλα παρὰ τὴν διδαχὴν ἣν ὑμεῖς ἐμάθετε **ποιοῦντας,**

1Co 6:15 ἄρας οὖν τὰ μέλη τοῦ Χριστοῦ **ποιήσω** πόρνης μέλη;
6:18 πᾶν ἁμάρτημα ὃ ἐὰν **ποιήσῃ** ἄνθρωπος ἐκτὸς τοῦ σώματός ἐστιν·
7:36 ἐὰν ᾖ ὑπέρακμος καὶ οὕτως ὀφείλει γίνεσθαι, ὃ θέλει **ποιείτω,** οὐχ ἁμαρτάνει, γαμείτωσαν.
7:37 ἐξουσίαν δὲ ἔχει περὶ τοῦ ἰδίου θελήματος καὶ τοῦτο κέκρικεν ἐν τῇ ἰδίᾳ καρδίᾳ, τηρεῖν τὴν ἑαυτοῦ παρθένον, καλῶς **ποιήσει.**
7:38 ὥστε καὶ ὁ γαμίζων τὴν ἑαυτοῦ παρθένον καλῶς **ποιεῖ** καὶ ὁ μὴ γαμίζων κρεῖσσον **ποιήσει.**
9:23 πάντα δὲ **ποιῶ** διὰ τὸ εὐαγγέλιον, ἵνα συγκοινωνὸς αὐτοῦ γένωμαι.
10:13 ὃς οὐκ ἐάσει ὑμᾶς πειρασθῆναι ὑπὲρ ὃ δύνασθε ἀλλὰ **ποιήσει** σὺν τῷ πειρασμῷ καὶ τὴν ἔκβασιν τοῦ δύνασθαι ὑπενεγκεῖν.
10:31 εἴτε οὖν ἐσθίετε εἴτε πίνετε εἴτε τι **ποιεῖτε,** πάντα εἰς δόξαν θεοῦ **ποιεῖτε.**
11:24 Τοῦτό μού ἐστιν τὸ σῶμα τὸ ὑπὲρ ὑμῶν· τοῦτο **ποιεῖτε** εἰς τὴν ἐμὴν ἀνάμνησιν.
11:25 τοῦτο **ποιεῖτε,** ὁσάκις ἐὰν πίνητε, εἰς τὴν ἐμὴν ἀνάμνησιν.
15:29 Ἐπεὶ τί **ποιήσουσιν** οἱ βαπτιζόμενοι ὑπὲρ τῶν νεκρῶν;
16:1 Περὶ δὲ τῆς λογείας τῆς εἰς τοὺς ἁγίους ὥσπερ διέταξα ταῖς ἐκκλησίαις τῆς Γαλατίας, οὕτως καὶ ὑμεῖς **ποιήσατε.**
2Co 5:21 τὸν μὴ γνόντα ἁμαρτίαν ὑπὲρ ἡμῶν ἁμαρτίαν **ἐποίησεν,**
8:10 οἵτινες οὐ μόνον τὸ **ποιῆσαι** ἀλλὰ καὶ τὸ θέλειν προενήρξασθε ἀπὸ πέρυσι·
8:11 νυνὶ δὲ καὶ τὸ **ποιῆσαι** ἐπιτελέσατε, ὅπως καθάπερ ἡ προθυμία τοῦ θέλειν,
11:7 Ἢ ἁμαρτίαν **ἐποίησα** ἐμαυτὸν ταπεινῶν ἵνα ὑμεῖς ὑψωθῆτε,
11:12 Ὃ δὲ **ποιῶ,** καὶ **ποιήσω,** ἵνα ἐκκόψω τὴν ἀφορμὴν τῶν θελόντων ἀφορμήν,
11:25 ἅπαξ ἐλιθάσθην, τρὶς ἐναυάγησα, νυχθήμερον ἐν τῷ βυθῷ **πεποίηκα·**
13:7 εὐχόμεθα δὲ πρὸς τὸν θεὸν μὴ **ποιῆσαι** ὑμᾶς κακὸν μηδέν, οὐχ ἵνα ἡμεῖς δόκιμοι φανῶμεν, ἀλλ' ἵνα ὑμεῖς τὸ καλὸν **ποιῆτε,** ἡμεῖς δὲ ὡς ἀδόκιμοι ὦμεν.
Gal 2:10 μόνον τῶν πτωχῶν ἵνα μνημονεύωμεν, ὃ καὶ ἐσπούδασα αὐτὸ τοῦτο **ποιῆσαι.**
3:10 γέγραπται γὰρ ὅτι Ἐπικατάρατος πᾶς ὃς οὐκ ἐμμένει πᾶσιν τοῖς γεγραμμένοις ἐν τῷ βιβλίῳ τοῦ νόμου τοῦ **ποιῆσαι** αὐτά.
3:12 ὁ δὲ νόμος οὐκ ἔστιν ἐκ πίστεως, ἀλλ' Ὁ **ποιήσας** αὐτὰ ζήσεται ἐν αὐτοῖς.
5:3 μαρτύρομαι δὲ πάλιν παντὶ ἀνθρώπῳ περιτεμνομένῳ ὅτι ὀφειλέτης ἐστὶν ὅλον τὸν νόμον **ποιῆσαι.**
5:17 ταῦτα γὰρ ἀλλήλοις ἀντίκειται, ἵνα μὴ ἃ ἐὰν θέλητε ταῦτα **ποιῆτε.**
6:9 τὸ δὲ καλὸν **ποιοῦντες** μὴ ἐγκακῶμεν, καιρῷ γὰρ ἰδίῳ θερίσομεν μὴ ἐκλυόμενοι.
Eph 1:16 οὐ παύομαι εὐχαριστῶν ὑπὲρ ὑμῶν μνείαν **ποιούμενος** ἐπὶ τῶν προσευχῶν μου,
2:3 ἀνεστράφημέν ποτε ἐν ταῖς ἐπιθυμίαις τῆς σαρκὸς ἡμῶν **ποιοῦντες** τὰ θελήματα τῆς σαρκὸς καὶ τῶν διανοιῶν,
2:14 ὁ **ποιήσας** τὰ ἀμφότερα ἓν καὶ τὸ μεσότοιχον τοῦ φραγμοῦ λύσας,
2:15 ἵνα τοὺς δύο κτίσῃ ἐν αὐτῷ εἰς ἕνα καινὸν ἄνθρωπον **ποιῶν** εἰρήνην
3:11 κατὰ πρόθεσιν τῶν αἰώνων ἣν **ἐποίησεν** ἐν τῷ Χριστῷ Ἰησοῦ τῷ κυρίῳ ἡμῶν,
3:20 Τῷ δὲ δυναμένῳ ὑπὲρ πάντα **ποιῆσαι** ὑπερεκπερισσοῦ ὧν αἰτούμεθα ἢ νοοῦμεν κατὰ τὴν δύναμιν τὴν ἐνεργουμένην ἐν ἡμῖν,
4:16 κατ' ἐνέργειαν ἐν μέτρῳ ἑνὸς ἑκάστου μέρους τὴν αὔξησιν τοῦ σώματος **ποιεῖται** εἰς οἰκοδομὴν ἑαυτοῦ ἐν ἀγάπῃ.
6:6 μὴ κατ' ὀφθαλμοδουλίαν ὡς ἀνθρωπάρεσκοι ἀλλ' ὡς δοῦλοι Χριστοῦ **ποιοῦντες** τὸ θέλημα τοῦ θεοῦ ἐκ ψυχῆς,
6:8 εἰδότες ὅτι ἕκαστος ἐάν τι **ποιήσῃ** ἀγαθόν, τοῦτο κομίσεται παρὰ κυρίου εἴτε δοῦλος εἴτε ἐλεύθερος.
6:9 τὰ αὐτὰ **ποιεῖτε** πρὸς αὐτούς, ἀνιέντες τὴν ἀπειλήν,
Php 1:4 πάντοτε ἐν πάσῃ δεήσει μου ὑπὲρ πάντων ὑμῶν, μετὰ χαρᾶς τὴν δέησιν **ποιούμενος,**
2:14 πάντα **ποιεῖτε** χωρὶς γογγυσμῶν καὶ διαλογισμῶν,
4:14 πλὴν καλῶς **ἐποιήσατε** συγκοινωνήσαντές μου τῇ θλίψει.
Col 3:17 καὶ πᾶν ὅ τι ἐὰν **ποιῆτε** ἐν λόγῳ ἢ ἐν ἔργῳ,
3:23 ὃ ἐὰν **ποιῆτε,** ἐκ ψυχῆς ἐργάζεσθε ὡς τῷ κυρίῳ καὶ οὐκ ἀνθρώποις,
4:16 **ποιήσατε** ἵνα καὶ ἐν τῇ Λαοδικέων ἐκκλησίᾳ ἀναγνωσθῇ,
1Th 1:2 Εὐχαριστοῦμεν τῷ θεῷ πάντοτε περὶ πάντων ὑμῶν μνείαν **ποιούμενοι** ἐπὶ τῶν προσευχῶν ἡμῶν,
4:10 καὶ γὰρ **ποιεῖτε** αὐτὸ εἰς πάντας τοὺς ἀδελφοὺς [τοὺς] ἐν ὅλῃ τῇ Μακεδονίᾳ.
5:11 Διὸ παρακαλεῖτε ἀλλήλους καὶ οἰκοδομεῖτε εἷς τὸν ἕνα, καθὼς καὶ **ποιεῖτε.**
5:24 πιστὸς ὁ καλῶν ὑμᾶς, ὃς καὶ **ποιήσει.**
2Th 3:4 πεποίθαμεν δὲ ἐν κυρίῳ ἐφ' ὑμᾶς, ὅτι ἃ παραγγέλλομεν [καὶ] **ποιεῖτε** καὶ **ποιήσετε.**
1Ti 1:13 τὸ πρότερον ὄντα βλάσφημον καὶ διώκτην καὶ ὑβριστήν, ἀλλὰ ἠλεήθην, ὅτι ἀγνοῶν **ἐποίησα** ἐν ἀπιστίᾳ·
2:1 Παρακαλῶ οὖν πρῶτον πάντων **ποιεῖσθαι** δεήσεις προσευχὰς ἐντεύξεις εὐχαριστίας ὑπὲρ πάντων ἀνθρώπων,
4:16 τοῦτο γὰρ **ποιῶν** καὶ σεαυτὸν σώσεις καὶ τοὺς ἀκούοντάς σου.
5:21 ἵνα ταῦτα φυλάξῃς χωρὶς προκρίματος, μηδὲν **ποιῶν** κατὰ πρόσκλισιν.
2Ti 4:5 κακοπάθησον, ἔργον **ποίησον** εὐαγγελιστοῦ, τὴν διακονίαν σου πληροφόρησον.
Tit 3:5 οὐκ ἐξ ἔργων τῶν ἐν δικαιοσύνῃ ἃ **ἐποιήσαμεν** ἡμεῖς ἀλλὰ κατὰ τὸ αὐτοῦ ἔλεος ἔσωσεν ἡμᾶς διὰ λουτροῦ παλιγγενεσίας
Phm 1:4 Εὐχαριστῶ τῷ θεῷ μου πάντοτε μνείαν σου **ποιούμενος** ἐπὶ τῶν προσευχῶν μου,
1:14 χωρὶς δὲ τῆς σῆς γνώμης οὐδὲν ἠθέλησα **ποιῆσαι,**
1:21 Πεποιθὼς τῇ ὑπακοῇ σου ἔγραψά σοι, εἰδὼς ὅτι καὶ ὑπὲρ ἃ λέγω **ποιήσεις.**
Heb 1:2 ὃν ἔθηκεν κληρονόμον πάντων, δι' οὗ καὶ **ἐποίησεν** τοὺς αἰῶνας·
1:3 καθαρισμὸν τῶν ἁμαρτιῶν **ποιησάμενος** ἐκάθισεν ἐν δεξιᾷ τῆς μεγαλωσύνης ἐν ὑψηλοῖς,
1:7 Ὁ **ποιῶν** τοὺς ἀγγέλους αὐτοῦ πνεύματα καὶ τοὺς λειτουργοὺς αὐτοῦ πυρὸς φλόγα,
3:2 πιστὸν ὄντα τῷ **ποιήσαντι** αὐτὸν ὡς καὶ Μωϋσῆς ἐν [ὅλῳ] τῷ οἴκῳ αὐτοῦ.
6:3 καὶ τοῦτο **ποιήσομεν,** ἐάνπερ ἐπιτρέπῃ ὁ θεός.
7:27 πρότερον ὑπὲρ τῶν ἰδίων ἁμαρτιῶν θυσίας ἀναφέρειν ἔπειτα τῶν τοῦ λαοῦ· τοῦτο γὰρ **ἐποίησεν** ἐφάπαξ ἑαυτὸν ἀνενέγκας.
8:5 **ποιήσεις** πάντα κατὰ τὸν τύπον τὸν δειχθέντα σοι ἐν τῷ ὄρει·
8:9 ἣν **ἐποίησα** τοῖς πατράσιν αὐτῶν ἐν ἡμέρᾳ ἐπιλαβομένου μου τῆς χειρὸς αὐτῶν ἐξαγαγεῖν αὐτοὺς ἐκ γῆς Αἰγύπτου,
10:7 ἐν κεφαλίδι βιβλίου γέγραπται περὶ ἐμοῦ, τοῦ **ποιῆσαι** ὁ θεὸς τὸ θέλημά σου.
10:9 τότε εἴρηκεν, Ἰδοὺ ἥκω τοῦ **ποιῆσαι** τὸ θέλημά σου.
10:36 ὑπομονῆς γὰρ ἔχετε χρείαν ἵνα τὸ θέλημα τοῦ θεοῦ **ποιήσαντες** κομίσησθε τὴν ἐπαγγελίαν.
11:28 Πίστει **πεποίηκεν** τὸ πάσχα καὶ τὴν πρόσχυσιν τοῦ αἵματος,
12:13 καὶ τροχιὰς ὀρθὰς **ποιεῖτε** τοῖς ποσὶν ὑμῶν, ἵνα μὴ τὸ χωλὸν ἐκτραπῇ,
12:27 τὸ δὲ Ἔτι ἅπαξ δηλοῖ [τὴν] τῶν σαλευομένων μετάθεσιν ὡς **πεποιημένων,**
13:6 Κύριος ἐμοὶ βοηθός, [καὶ] οὐ φοβηθήσομαι, τί **ποιήσει** μοι ἄνθρωπος;
13:17 ἵνα μετὰ χαρᾶς τοῦτο **ποιῶσιν** καὶ μὴ στενάζοντες·
13:19 περισσοτέρως δὲ παρακαλῶ τοῦτο **ποιῆσαι,** ἵνα τάχιον ἀποκατασταθῶ ὑμῖν.
13:21 καταρτίσαι ὑμᾶς ἐν παντὶ ἀγαθῷ εἰς τὸ **ποιῆσαι** τὸ θέλημα αὐτοῦ, **ποιῶν** ἐν ἡμῖν τὸ εὐάρεστον ἐνώπιον αὐτοῦ διὰ Ἰησοῦ Χριστοῦ,
Jas 2:8 Ἀγαπήσεις τὸν πλησίον σου ὡς σεαυτόν, καλῶς **ποιεῖτε·**
2:12 οὕτως λαλεῖτε καὶ οὕτως **ποιεῖτε** ὡς διὰ νόμου ἐλευθερίας μέλλοντες κρίνεσθαι.
2:13 ἡ γὰρ κρίσις ἀνέλεος τῷ μὴ **ποιήσαντι** ἔλεος·
2:19 σὺ πιστεύεις ὅτι εἷς ἐστιν ὁ θεός, καλῶς **ποιεῖς·**
3:12 συκῆ ἐλαίας **ποιῆσαι** ἢ ἄμπελος σῦκα; συκῆ ἐλαίας ποιῆσαι ἢ ἄμπελος σῦκα; οὔτε ἁλυκὸν γλυκὺ **ποιῆσαι** ὕδωρ.
3:18 καρπὸς δὲ δικαιοσύνης ἐν εἰρήνῃ σπείρεται τοῖς **ποιοῦσιν** εἰρήνην.
4:13 Σήμερον ἢ αὔριον πορευσόμεθα εἰς τήνδε τὴν πόλιν καὶ **ποιήσομεν** ἐκεῖ ἐνιαυτὸν καὶ ἐμπορευσόμεθα καὶ κερδήσομεν·
4:15 Ἐὰν ὁ κύριος θελήσῃ καὶ ζήσομεν καὶ **ποιήσομεν** τοῦτο ἢ ἐκεῖνο.
4:17 εἰδότι οὖν καλὸν **ποιεῖν** καὶ μὴ **ποιοῦντι,** ἁμαρτία αὐτῷ ἐστιν.
5:15 καὶ ἡ εὐχὴ τῆς πίστεως σώσει τὸν κάμνοντα καὶ ἐγερεῖ αὐτὸν ὁ κύριος· κἂν ἁμαρτίας ᾖ **πεποιηκώς,** ἀφεθήσεται αὐτῷ.
1Pe 2:22 ὃς ἁμαρτίαν οὐκ **ἐποίησεν** οὐδὲ εὑρέθη δόλος ἐν τῷ στόματι αὐτοῦ,
3:11 ἐκκλινάτω δὲ ἀπὸ κακοῦ καὶ **ποιησάτω** ἀγαθόν, ζητησάτω εἰρήνην καὶ διωξάτω αὐτήν·

3:12 ὅτι ὀφθαλμοὶ κυρίου ἐπὶ δικαίους καὶ ὦτα αὐτοῦ εἰς δέησιν αὐτῶν, πρόσωπον δὲ κυρίου ἐπὶ **ποιοῦντας** κακά.
2Pe 1:10 σπουδάσατε βεβαίαν ὑμῶν τὴν κλῆσιν καὶ ἐκλογὴν **ποιεῖσθαι·** ταῦτα γὰρ **ποιοῦντες** οὐ μὴ πταίσητέ ποτε.
1:15 σπουδάσω δὲ καὶ ἑκάστοτε ἔχειν ὑμᾶς μετὰ τὴν ἐμὴν ἔξοδον τὴν τούτων μνήμην **ποιεῖσθαι.**
1:19 ᾧ καλῶς **ποιεῖτε** προσέχοντες ὡς λύχνῳ φαίνοντι ἐν αὐχμηρῷ τόπῳ,
1Jn 1: 6 Ἐὰν εἴπωμεν ὅτι κοινωνίαν ἔχομεν μετ' αὐτοῦ καὶ ἐν τῷ σκότει περιπατῶμεν, ψευδόμεθα καὶ οὐ **ποιοῦμεν** τὴν ἀλήθειαν·
1:10 ψεύστην **ποιοῦμεν** αὐτὸν καὶ ὁ λόγος αὐτοῦ οὐκ ἔστιν ἐν ἡμῖν.
2:17 ὁ δὲ **ποιῶν** τὸ θέλημα τοῦ θεοῦ μένει εἰς τὸν αἰῶνα.
2:29 γινώσκετε ὅτι καὶ πᾶς ὁ **ποιῶν** τὴν δικαιοσύνην ἐξ αὐτοῦ γεγέννηται.
3: 4 Πᾶς ὁ **ποιῶν** τὴν ἁμαρτίαν καὶ τὴν ἀνομίαν **ποιεῖ,**
3: 7 ὁ **ποιῶν** τὴν δικαιοσύνην δίκαιός ἐστιν, καθὼς ἐκεῖνος δίκαιός ἐστιν·
3: 8 ὁ **ποιῶν** τὴν ἁμαρτίαν ἐκ τοῦ διαβόλου ἐστίν,
3: 9 Πᾶς ὁ γεγεννημένος ἐκ τοῦ θεοῦ ἁμαρτίαν οὐ **ποιεῖ,**
3:10 πᾶς ὁ μὴ **ποιῶν** δικαιοσύνην οὐκ ἔστιν ἐκ τοῦ θεοῦ,
3:22 ὅτι τὰς ἐντολὰς αὐτοῦ τηροῦμεν καὶ τὰ ἀρεστὰ ἐνώπιον αὐτοῦ **ποιοῦμεν.**
5: 2 ὅταν τὸν θεὸν ἀγαπῶμεν καὶ τὰς ἐντολὰς αὐτοῦ **ποιῶμεν.**
5:10 ὁ μὴ πιστεύων τῷ θεῷ ψεύστην **πεποίηκεν** αὐτόν,
3Jn 1: 5 πιστὸν **ποιεῖς** ὃ ἐὰν ἐργάσῃ εἰς τοὺς ἀδελφοὺς καὶ τοῦτο ξένους,
1: 6 οἳ ἐμαρτύρησάν σου τῇ ἀγάπῃ ἐνώπιον ἐκκλησίας, οὓς καλῶς **ποιήσεις** προπέμψας ἀξίως τοῦ θεοῦ·
1:10 ὑπομνήσω αὐτοῦ τὰ ἔργα ἃ **ποιεῖ** λόγοις πονηροῖς φλυαρῶν ἡμᾶς,
Jude 1: 3 πᾶσαν σπουδὴν **ποιούμενος** γράφειν ὑμῖν περὶ τῆς κοινῆς ἡμῶν σωτηρίας ἀνάγκην ἔσχον γράψαι ὑμῖν
1:15 **ποιῆσαι** κρίσιν κατὰ πάντων καὶ ἐλέγξαι πᾶσαν ψυχὴν περὶ πάντων τῶν ἔργων ἀσεβείας αὐτῶν ὧν ἠσέβησαν
Rev 1: 6 καὶ **ἐποίησεν** ἡμᾶς βασιλείαν, ἱερεῖς τῷ θεῷ καὶ πατρὶ αὐτοῦ,
2: 5 μνημόνευε οὖν πόθεν πέπτωκας καὶ μετανόησον καὶ τὰ πρῶτα ἔργα **ποίησον·**
3: 9 ἰδοὺ **ποιήσω** αὐτοὺς ἵνα ἥξουσιν καὶ προσκυνήσουσιν ἐνώπιον τῶν ποδῶν σου καὶ γνῶσιν ὅτι ἐγὼ ἠγάπησά σε.
3:12 ὁ νικῶν **ποιήσω** αὐτὸν στῦλον ἐν τῷ ναῷ τοῦ θεοῦ μου καὶ ἔξω οὐ μὴ ἐξέλθῃ ἔτι καὶ γράψω ἐπ' αὐτὸν τὸ ὄνομα τοῦ θεοῦ μου
5:10 καὶ **ἐποίησας** αὐτοὺς τῷ θεῷ ἡμῶν βασιλείαν καὶ ἱερεῖς,
11: 7 τὸ θηρίον τὸ ἀναβαῖνον ἐκ τῆς ἀβύσσου **ποιήσει** μετ' αὐτῶν πόλεμον καὶ νικήσει αὐτοὺς καὶ ἀποκτενεῖ αὐτούς.
12:15 καὶ ἔβαλεν ὁ ὄφις ἐκ τοῦ στόματος αὐτοῦ ὀπίσω τῆς γυναικὸς ὕδωρ ὡς ποταμόν, ἵνα αὐτὴν ποταμοφόρητον **ποιήσῃ.**
12:17 καὶ ὠργίσθη ὁ δράκων ἐπὶ τῇ γυναικὶ καὶ ἀπῆλθεν **ποιῆσαι** πόλεμον μετὰ τῶν λοιπῶν τοῦ σπέρματος αὐτῆς
13: 5 Καὶ ἐδόθη αὐτῷ στόμα λαλοῦν μεγάλα καὶ βλασφημίας καὶ ἐδόθη αὐτῷ ἐξουσία **ποιῆσαι** μῆνας τεσσεράκοντα [καὶ] δύο.
13: 7 καὶ ἐδόθη αὐτῷ **ποιῆσαι** πόλεμον μετὰ τῶν ἁγίων καὶ νικῆσαι αὐτούς,
13:12 καὶ τὴν ἐξουσίαν τοῦ πρώτου θηρίου πᾶσαν **ποιεῖ** ἐνώπιον αὐτοῦ, καὶ **ποιεῖ** τὴν γῆν καὶ τοὺς ἐν αὐτῇ κατοικοῦντας ἵνα προσκυνήσουσιν τὸ θηρίον τὸ πρῶτον,
13:13 καὶ **ποιεῖ** σημεῖα μεγάλα, ἵνα καὶ πῦρ **ποιῇ** ἐκ τοῦ οὐρανοῦ καταβαίνειν εἰς τὴν γῆν ἐνώπιον τῶν ἀνθρώπων,
13:14 καὶ πλανᾷ τοὺς κατοικοῦντας ἐπὶ τῆς γῆς διὰ τὰ σημεῖα ἃ ἐδόθη αὐτῷ **ποιῆσαι** ἐνώπιον τοῦ θηρίου, λέγων τοῖς κατοικοῦσιν ἐπὶ τῆς γῆς **ποιῆσαι** εἰκόνα τῷ θηρίῳ,
13:15 ἵνα καὶ λαλήσῃ ἡ εἰκὼν τοῦ θηρίου καὶ **ποιήσῃ** [ἵνα] ὅσοι ἐὰν μὴ προσκυνήσωσιν τῇ εἰκόνι τοῦ θηρίου ἀποκτανθῶσιν.
13:16 καὶ **ποιεῖ** πάντας, τοὺς μικροὺς καὶ τοὺς μεγάλους,
14: 7 καὶ προσκυνήσατε τῷ **ποιήσαντι** τὸν οὐρανὸν καὶ τὴν γῆν καὶ θάλασσαν καὶ πηγὰς ὑδάτων.
16:14 εἰσὶν γὰρ πνεύματα δαιμονίων **ποιοῦντα** σημεῖα, ἃ ἐκπορεύεται ἐπὶ τοὺς βασιλεῖς τῆς οἰκουμένης ὅλης
17:16 καὶ τὰ δέκα κέρατα ἃ εἶδες καὶ τὸ θηρίον οὗτοι μισήσουσιν τὴν πόρνην καὶ ἠρημωμένην **ποιήσουσιν** αὐτὴν καὶ γυμνὴν
17:17 ὁ γὰρ θεὸς ἔδωκεν εἰς τὰς καρδίας αὐτῶν **ποιῆσαι** τὴν γνώμην αὐτοῦ καὶ **ποιῆσαι** μίαν γνώμην καὶ δοῦναι τὴν βασιλείαν αὐτῶν τῷ θηρίῳ ἄχρι τελεσθήσονται οἱ λόγοι τοῦ θεοῦ.
19:19 Καὶ εἶδον τὸ θηρίον καὶ τοὺς βασιλεῖς τῆς γῆς καὶ τὰ στρατεύματα αὐτῶν συνηγμένα **ποιῆσαι** τὸν πόλεμον
19:20 καὶ ἐπιάσθη τὸ θηρίον καὶ μετ' αὐτοῦ ὁ ψευδοπροφήτης ὁ **ποιήσας** τὰ σημεῖα ἐνώπιον αὐτοῦ,
21: 5 Καὶ εἶπεν ὁ καθήμενος ἐπὶ τῷ θρόνῳ, Ἰδοὺ καινὰ **ποιῶ** πάντα, καὶ λέγει, Γράψον,
21:27 οὐ μὴ εἰσέλθῃ εἰς αὐτὴν πᾶν κοινὸν καὶ [ὁ] **ποιῶν** βδέλυγμα καὶ ψεῦδος εἰ μὴ οἱ γεγραμμένοι ἐν τῷ βιβλίῳ τῆς ζωῆς
22: 2 ἐν μέσῳ τῆς πλατείας αὐτῆς καὶ τοῦ ποταμοῦ ἐντεῦθεν καὶ ἐκεῖθεν ξύλον ζωῆς **ποιοῦν** καρποὺς δώδεκα,
22:11 καὶ ὁ δίκαιος δικαιοσύνην **ποιησάτω** ἔτι καὶ ὁ ἅγιος ἁγιασθήτω ἔτι.
22:15 ἔξω οἱ κύνες καὶ οἱ φάρμακοι καὶ οἱ πόρνοι καὶ οἱ φονεῖς καὶ οἱ εἰδωλολάτραι καὶ πᾶς φιλῶν καὶ **ποιῶν** ψεῦδος.

4473 ποίημα [2]

√ *4472*

Ro 1:20 τὰ γὰρ ἀόρατα αὐτοῦ ἀπὸ κτίσεως κόσμου τοῖς **ποιήμασιν** νοούμενα καθορᾶται,
Eph 2:10 αὐτοῦ γάρ ἐσμεν **ποίημα,** κτισθέντες ἐν Χριστῷ Ἰησοῦ ἐπὶ ἔργοις ἀγαθοῖς οἷς προητοίμασεν ὁ θεός,

4474 ποίησις [1]

√ *4472*

Jas 1:25 οὐκ ἀκροατὴς ἐπιλησμονῆς γενόμενος ἀλλὰ ποιητὴς ἔργου, οὗτος μακάριος ἐν τῇ **ποιήσει** αὐτοῦ ἔσται.

4475 ποιητής [6]

√ *4472*

Ac 17:28 ὡς καί τινες τῶν καθ' ὑμᾶς **ποιητῶν** εἰρήκασιν,
Ro 2:13 οὐ γὰρ οἱ ἀκροαταὶ νόμου δίκαιοι παρὰ [τῷ] θεῷ, ἀλλ' οἱ **ποιηταὶ** νόμου δικαιωθήσονται.
Jas 1:22 Γίνεσθε δὲ **ποιηταὶ** λόγου καὶ μὴ μόνον ἀκροαταὶ παραλογιζόμενοι ἑαυτούς.
1:23 ὅτι εἴ τις ἀκροατὴς λόγου ἐστὶν καὶ οὐ **ποιητής,**
1:25 οὐκ ἀκροατὴς ἐπιλησμονῆς γενόμενος ἀλλὰ **ποιητὴς** ἔργου, οὗτος μακάριος ἐν τῇ ποιήσει αὐτοῦ ἔσται.
4:11 εἰ δὲ νόμον κρίνεις, οὐκ εἶ **ποιητὴς** νόμου ἀλλὰ κριτής.

4476 ποικίλος [10]

→ *4497*

Mt 4:24 καὶ προσήνεγκαν αὐτῷ πάντας τοὺς κακῶς ἔχοντας **ποικίλαις** νόσοις καὶ βασάνοις συνεχομένους [καὶ] δαιμονιζομένους
Mk 1:34 καὶ ἐθεράπευσεν πολλοὺς κακῶς ἔχοντας **ποικίλαις** νόσοις καὶ δαιμόνια πολλὰ ἐξέβαλεν καὶ οὐκ ἤφιεν λαλεῖν τὰ δαιμόνια,
Lk 4:40 Δύνοντος δὲ τοῦ ἡλίου ἅπαντες ὅσοι εἶχον ἀσθενοῦντας νόσοις **ποικίλαις** ἤγαγον αὐτοὺς πρὸς αὐτόν·
2Ti 3: 6 οἱ ἐνδύνοντες εἰς τὰς οἰκίας καὶ αἰχμαλωτίζοντες γυναικάρια σεσωρευμένα ἁμαρτίαις, ἀγόμενα ἐπιθυμίαις **ποικίλαις,**
Tit 3: 3 ἀπειθεῖς, πλανώμενοι, δουλεύοντες ἐπιθυμίαις καὶ ἡδοναῖς **ποικίλαις,** ἐν κακίᾳ καὶ φθόνῳ διάγοντες,
Heb 2: 4 συνεπιμαρτυροῦντος τοῦ θεοῦ σημείοις τε καὶ τέρασιν καὶ **ποικίλαις** δυνάμεσιν καὶ πνεύματος ἁγίου μερισμοῖς
13: 9 διδαχαῖς **ποικίλαις** καὶ ξέναις μὴ παραφέρεσθε· καλὸν γὰρ χάριτι βεβαιοῦσθαι τὴν καρδίαν,
Jas 1: 2 Πᾶσαν χαρὰν ἡγήσασθε, ἀδελφοί μου, ὅταν πειρασμοῖς περιπέσητε **ποικίλοις,**
1Pe 1: 6 ὀλίγον ἄρτι εἰ δέον [ἐστὶν] λυπηθέντες ἐν **ποικίλοις** πειρασμοῖς,
4:10 ἕκαστος καθὼς ἔλαβεν χάρισμα εἰς ἑαυτοὺς αὐτὸ διακονοῦντες ὡς καλοὶ οἰκονόμοι **ποικίλης** χάριτος θεοῦ.

4477 ποιμαίνω [11]

√ *4478*

Mt 2: 6 ἐκ σοῦ γὰρ ἐξελεύσεται ἡγούμενος, ὅστις **ποιμανεῖ** τὸν λαόν μου τὸν Ἰσραήλ.
Lk 17: 7 Τίς δὲ ἐξ ὑμῶν δοῦλον ἔχων ἀροτριῶντα ἢ **ποιμαίνοντα,**
Jn 21:16 σὺ οἶδας ὅτι φιλῶ σε. λέγει αὐτῷ, **Ποίμαινε** τὰ πρόβατά μου.
Ac 20:28 ἐν ᾧ ὑμᾶς τὸ πνεῦμα τὸ ἅγιον ἔθετο ἐπισκόπους **ποιμαίνειν** τὴν ἐκκλησίαν τοῦ θεοῦ,
1Co 9: 7 ἢ τίς **ποιμαίνει** ποίμνην καὶ ἐκ τοῦ γάλακτος τῆς ποίμνης οὐκ ἐσθίει;
1Pe 5: 2 **ποιμάνατε** τὸ ἐν ὑμῖν ποίμνιον τοῦ θεοῦ [ἐπισκοποῦντες] μὴ ἀναγκαστῶς ἀλλὰ ἑκουσίως κατὰ θεόν,

Jude 1:12 ἑαυτοὺς **ποιμαίνοντες,** νεφέλαι ἄνυδροι ὑπὸ ἀνέμων παραφερόμεναι, δένδρα φθινοπωρινὰ ἄκαρπα δὶς ἀποθανόντα
Rev 2:27 καὶ **ποιμανεῖ** αὐτοὺς ἐν ῥάβδῳ σιδηρᾷ ὡς τὰ σκεύη τὰ κεραμικὰ συντρίβεται,
7:17 ὅτι τὸ ἀρνίον τὸ ἀνὰ μέσον τοῦ θρόνου **ποιμανεῖ** αὐτοὺς καὶ ὁδηγήσει αὐτοὺς ἐπὶ ζωῆς πηγὰς ὑδάτων,
12: 5 ὃς μέλλει **ποιμαίνειν** πάντα τὰ ἔθνη ἐν ῥάβδῳ σιδηρᾷ.
19:15 ἵνα ἐν αὐτῇ πατάξῃ τὰ ἔθνη, καὶ αὐτὸς **ποιμανεῖ** αὐτοὺς ἐν ῥάβδῳ σιδηρᾷ,

4478 ποιμήν [18]

→ 799, 4471?, 4477, 4479, 4480

ὁ ποιμὴν ὁ καλός [3] Jn 10:11,11,14

ὁ ποιμὴν ὁ μέγας [1] Heb 13:20

Mt 9:36 ὅτι ἦσαν ἐσκυλμένοι καὶ ἐρριμμένοι ὡσεὶ πρόβατα μὴ ἔχοντα **ποιμένα.**
25:32 ὥσπερ ὁ **ποιμὴν** ἀφορίζει τὰ πρόβατα ἀπὸ τῶν ἐρίφων,
26:31 γέγραπται γάρ, Πατάξω τὸν **ποιμένα,** καὶ διασκορπισθήσονται τὰ πρόβατα τῆς ποίμνης.
Mk 6:34 ὅτι ἦσαν ὡς πρόβατα μὴ ἔχοντα **ποιμένα,** καὶ ἤρξατο διδάσκειν αὐτοὺς πολλά.
14:27 ὅτι γέγραπται, Πατάξω τὸν **ποιμένα,** καὶ τὰ πρόβατα διασκορπισθήσονται.
Lk 2: 8 Καὶ **ποιμένες** ἦσαν ἐν τῇ χώρᾳ τῇ αὐτῇ ἀγραυλοῦντες καὶ φυλάσσοντες φυλακὰς τῆς νυκτὸς ἐπὶ τὴν ποίμνην αὐτῶν.
2:15 Καὶ ἐγένετο ὡς ἀπῆλθον ἀπ' αὐτῶν εἰς τὸν οὐρανὸν οἱ ἄγγελοι, οἱ **ποιμένες** ἐλάλουν πρὸς ἀλλήλους,
2:18 καὶ πάντες οἱ ἀκούσαντες ἐθαύμασαν περὶ τῶν λαληθέντων ὑπὸ τῶν **ποιμένων** πρὸς αὐτούς·
2:20 ὑπέστρεψαν οἱ **ποιμένες** δοξάζοντες καὶ αἰνοῦντες τὸν θεὸν ἐπὶ πᾶσιν οἷς ἤκουσαν καὶ εἶδον καθὼς ἐλαλήθη πρὸς αὐτούς.
Jn 10: 2 ὁ δὲ εἰσερχόμενος διὰ τῆς θύρας **ποιμήν** ἐστιν τῶν προβάτων.
10:11 Ἐγώ εἰμι ὁ **ποιμὴν** ὁ καλός. ὁ **ποιμὴν** ὁ καλὸς τὴν ψυχὴν αὐτοῦ τίθησιν ὑπὲρ τῶν προβάτων·
10:12 ὁ μισθωτὸς καὶ οὐκ ὢν **ποιμήν,** οὗ οὐκ ἔστιν τὰ πρόβατα ἴδια,
10:14 Ἐγώ εἰμι ὁ **ποιμὴν** ὁ καλὸς καὶ γινώσκω τὰ ἐμὰ καὶ γινώσκουσί με τὰ ἐμά,
10:16 κἀκεῖνα δεῖ με ἀγαγεῖν καὶ τῆς φωνῆς μου ἀκούσουσιν, καὶ γενήσονται μία ποίμνη, εἷς **ποιμήν.**
Eph 4:11 τοὺς δὲ εὐαγγελιστάς, τοὺς δὲ **ποιμένας** καὶ διδασκάλους,
Heb 13:20 ὁ ἀναγαγὼν ἐκ νεκρῶν τὸν **ποιμένα** τῶν προβάτων τὸν μέγαν ἐν αἵματι διαθήκης αἰωνίου,
1Pe 2:25 ἀλλὰ ἐπεστράφητε νῦν ἐπὶ τὸν **ποιμένα** καὶ ἐπίσκοπον τῶν ψυχῶν ὑμῶν.

4479 ποίμνη [5]

√ 4478

Mt 26:31 Πατάξω τὸν ποιμένα, καὶ διασκορπισθήσονται τὰ πρόβατα τῆς **ποίμνης.**
Lk 2: 8 Καὶ ποιμένες ἦσαν ἐν τῇ χώρᾳ τῇ αὐτῇ ἀγραυλοῦντες καὶ φυλάσσοντες φυλακὰς τῆς νυκτὸς ἐπὶ τὴν **ποίμνην** αὐτῶν.
Jn 10:16 κἀκεῖνα δεῖ με ἀγαγεῖν καὶ τῆς φωνῆς μου ἀκούσουσιν, καὶ γενήσονται μία **ποίμνη,** εἷς ποιμήν.
1Co 9: 7 ἢ τίς ποιμαίνει **ποίμνην** καὶ ἐκ τοῦ γάλακτος τῆς **ποίμνης** οὐκ ἐσθίει;

4480 ποίμνιον [5]

√ 4478

Lk 12:32 Μὴ φοβοῦ, τὸ μικρὸν **ποίμνιον,** ὅτι εὐδόκησεν ὁ πατὴρ ὑμῶν δοῦναι ὑμῖν τὴν βασιλείαν.
Ac 20:28 προσέχετε ἑαυτοῖς καὶ παντὶ τῷ **ποιμνίῳ,** ἐν ᾧ ὑμᾶς τὸ πνεῦμα τὸ ἅγιον ἔθετο ἐπισκόπους ποιμαίνειν τὴν ἐκκλησίαν
20:29 ἐγὼ οἶδα ὅτι εἰσελεύσονται μετὰ τὴν ἄφιξίν μου λύκοι βαρεῖς εἰς ὑμᾶς μὴ φειδόμενοι τοῦ **ποιμνίου,**
1Pe 5: 2 ποιμάνατε τὸ ἐν ὑμῖν **ποίμνιον** τοῦ θεοῦ [ἐπισκοποῦντες] μὴ ἀναγκαστῶς ἀλλὰ ἑκουσίως κατὰ θεόν,
5: 3 μηδ' ὡς κατακυριεύοντες τῶν κλήρων ἀλλὰ τύποι γινόμενοι τοῦ **ποιμνίου·**

4481 ποῖος [33]

√ 3888, 4471?

ἐν ποίᾳ ἐξουσίᾳ [8] Mt 21:23,24,27; Mk 11:28,29,33; Lk 20:2,8

Mt 19:18 λέγει αὐτῷ, **Ποίας;** ὁ δὲ Ἰησοῦς εἶπεν, Τὸ Οὐ φονεύσεις,
21:23 προσῆλθον αὐτῷ διδάσκοντι οἱ ἀρχιερεῖς καὶ οἱ πρεσβύτεροι τοῦ λαοῦ λέγοντες, Ἐν **ποίᾳ** ἐξουσίᾳ ταῦτα ποιεῖς;
21:24 ὃν ἐὰν εἴπητέ μοι κἀγὼ ὑμῖν ἐρῶ ἐν **ποίᾳ** ἐξουσίᾳ ταῦτα ποιῶ·
21:27 Οὐδὲ ἐγὼ λέγω ὑμῖν ἐν **ποίᾳ** ἐξουσίᾳ ταῦτα ποιῶ.
22:36 Διδάσκαλε, **ποία** ἐντολὴ μεγάλη ἐν τῷ νόμῳ;
24:42 ὅτι οὐκ οἴδατε **ποίᾳ** ἡμέρᾳ ὁ κύριος ὑμῶν ἔρχεται.
24:43 ἐκεῖνο δὲ γινώσκετε ὅτι εἰ ᾔδει ὁ οἰκοδεσπότης **ποίᾳ** φυλακῇ ὁ κλέπτης ἔρχεται,
Mk 11:28 καὶ ἔλεγον αὐτῷ, Ἐν **ποίᾳ** ἐξουσίᾳ ταῦτα ποιεῖς;
11:29 καὶ ἀποκρίθητέ μοι καὶ ἐρῶ ὑμῖν ἐν **ποίᾳ** ἐξουσίᾳ ταῦτα ποιῶ·
11:33 Οὐδὲ ἐγὼ λέγω ὑμῖν ἐν **ποίᾳ** ἐξουσίᾳ ταῦτα ποιῶ.
12:28 ἰδὼν ὅτι καλῶς ἀπεκρίθη αὐτοῖς ἐπηρώτησεν αὐτόν, **Ποία** ἐστὶν ἐντολὴ πρώτη πάντων;
Lk 5:19 καὶ μὴ εὑρόντες **ποίας** εἰσενέγκωσιν αὐτὸν διὰ τὸν ὄχλον,
6:32 καὶ εἰ ἀγαπᾶτε τοὺς ἀγαπῶντας ὑμᾶς, **ποία** ὑμῖν χάρις ἐστίν;
6:33 καὶ [γὰρ] ἐὰν ἀγαθοποιῆτε τοὺς ἀγαθοποιοῦντας ὑμᾶς, **ποία** ὑμῖν χάρις ἐστίν;
6:34 καὶ ἐὰν δανίσητε παρ' ὧν ἐλπίζετε λαβεῖν, **ποία** ὑμῖν χάρις [ἐστίν;]
12:39 τοῦτο δὲ γινώσκετε ὅτι εἰ ᾔδει ὁ οἰκοδεσπότης **ποίᾳ** ὥρᾳ ὁ κλέπτης ἔρχεται,
20: 2 καὶ εἶπαν λέγοντες πρὸς αὐτόν, Εἰπὸν ἡμῖν ἐν **ποίᾳ** ἐξουσίᾳ ταῦτα ποιεῖς,
20: 8 Οὐδὲ ἐγὼ λέγω ὑμῖν ἐν **ποίᾳ** ἐξουσίᾳ ταῦτα ποιῶ.
24:19 καὶ εἶπεν αὐτοῖς, **Ποῖα;** οἱ δὲ εἶπαν αὐτῷ,
Jn 10:32 Πολλὰ ἔργα καλὰ ἔδειξα ὑμῖν ἐκ τοῦ πατρός· διὰ **ποῖον** αὐτῶν ἔργον ἐμὲ λιθάζετε;
12:33 τοῦτο δὲ ἔλεγεν σημαίνων **ποίῳ** θανάτῳ ἤμελλεν ἀποθνῄσκειν.
18:32 ἵνα ὁ λόγος τοῦ Ἰησοῦ πληρωθῇ ὃν εἶπεν σημαίνων **ποίῳ** θανάτῳ ἤμελλεν ἀποθνῄσκειν.
21:19 τοῦτο δὲ εἶπεν σημαίνων **ποίῳ** θανάτῳ δοξάσει τὸν θεόν.
Ac 4: 7 Ἐν **ποίᾳ** δυνάμει ἢ ἐν **ποίῳ** ὀνόματι ἐποιήσατε τοῦτο ὑμεῖς;
7:49 **ποῖον** οἶκον οἰκοδομήσετέ μοι, λέγει κύριος, ἢ τίς τόπος τῆς καταπαύσεώς μου;
23:34 ἀναγνοὺς δὲ καὶ ἐπερωτήσας ἐκ **ποίας** ἐπαρχείας ἐστίν,
Ro 3:27 ἐξεκλείσθη. διὰ **ποίου** νόμου; τῶν ἔργων; οὐχί, ἀλλὰ διὰ νόμου πίστεως.
1Co 15:35 Πῶς ἐγείρονται οἱ νεκροί; **ποίῳ** δὲ σώματι ἔρχονται;
Jas 4:14 οἵτινες οὐκ ἐπίστασθε τὸ τῆς αὔριον **ποία** ἡ ζωὴ ὑμῶν·
1Pe 1:11 ἐραυνῶντες εἰς τίνα ἢ **ποῖον** καιρὸν ἐδήλου τὸ ἐν αὐτοῖς πνεῦμα Χριστοῦ προμαρτυρόμενον τὰ εἰς Χριστὸν παθήματα
2:20 **ποῖον** γὰρ κλέος εἰ ἁμαρτάνοντες καὶ κολαφιζόμενοι ὑπομενεῖτε;
Rev 3: 3 καὶ οὐ μὴ γνῷς **ποίαν** ὥραν ἥξω ἐπὶ σέ.

4482 πολεμέω [7]

√ 4483

Jas 4: 2 μάχεσθε καὶ **πολεμεῖτε,** οὐκ ἔχετε διὰ τὸ μὴ αἰτεῖσθαι ὑμᾶς,
Rev 2:16 ἔρχομαί σοι ταχὺ καὶ **πολεμήσω** μετ' αὐτῶν ἐν τῇ ῥομφαίᾳ τοῦ στόματός μου.
12: 7 ὁ Μιχαὴλ καὶ οἱ ἄγγελοι αὐτοῦ τοῦ **πολεμῆσαι** μετὰ τοῦ δράκοντος. καὶ ὁ δράκων **ἐπολέμησεν** καὶ οἱ ἄγγελοι αὐτοῦ,
13: 4 Τίς ὅμοιος τῷ θηρίῳ καὶ τίς δύναται **πολεμῆσαι** μετ' αὐτοῦ;
17:14 οὗτοι μετὰ τοῦ ἀρνίου **πολεμήσουσιν** καὶ τὸ ἀρνίον νικήσει αὐτούς,
19:11 καὶ ἰδοὺ ἵππος λευκὸς καὶ ὁ καθήμενος ἐπ' αὐτὸν [καλούμενος] πιστὸς καὶ ἀληθινός, καὶ ἐν δικαιοσύνῃ κρίνει καὶ **πολεμεῖ.**

4483 πόλεμος [18]

→ 4482

Mt 24: 6 μελλήσετε δὲ ἀκούειν **πολέμους** καὶ ἀκοὰς **πολέμων·** ὁρᾶτε μὴ θροεῖσθε·
Mk 13: 7 ὅταν δὲ ἀκούσητε **πολέμους** καὶ ἀκοὰς **πολέμων,** μὴ θροεῖσθε·
Lk 14:31 ἢ τίς βασιλεὺς πορευόμενος ἑτέρῳ βασιλεῖ συμβαλεῖν εἰς **πόλεμον** οὐχὶ καθίσας πρῶτον βουλεύσεται εἰ δυνατός ἐστιν
21: 9 ὅταν δὲ ἀκούσητε **πολέμους** καὶ ἀκαταστασίας, μὴ πτοηθῆτε·

1Co 14: 8 καὶ γὰρ ἐὰν ἄδηλον σάλπιγξ φωνὴν δῷ, τίς παρασκευάσεται εἰς **πόλεμον;**
Heb 11:34 ἐδυναμώθησαν ἀπὸ ἀσθενείας, ἐγενήθησαν ἰσχυροὶ ἐν **πολέμῳ,** παρεμβολὰς ἔκλιναν ἀλλοτρίων.
Jas 4: 1 Πόθεν **πόλεμοι** καὶ πόθεν μάχαι ἐν ὑμῖν; οὐκ ἐντεῦθεν,
Rev 9: 7 Καὶ τὰ ὁμοιώματα τῶν ἀκρίδων ὅμοια ἵπποις ἡτοιμασμένοις εἰς **πόλεμον,**
9: 9 καὶ ἡ φωνὴ τῶν πτερύγων αὐτῶν ὡς φωνὴ ἁρμάτων ἵππων πολλῶν τρεχόντων εἰς **πόλεμον,**
11: 7 τὸ θηρίον τὸ ἀναβαῖνον ἐκ τῆς ἀβύσσου ποιήσει μετ' αὐτῶν **πόλεμον** καὶ νικήσει αὐτοὺς καὶ ἀποκτενεῖ αὐτούς.
12: 7 Καὶ ἐγένετο **πόλεμος** ἐν τῷ οὐρανῷ, ὁ Μιχαὴλ καὶ οἱ ἄγγελοι αὐτοῦ τοῦ πολεμῆσαι μετὰ τοῦ δράκοντος.
12:17 καὶ ὠργίσθη ὁ δράκων ἐπὶ τῇ γυναικὶ καὶ ἀπῆλθεν ποιῆσαι **πόλεμον** μετὰ τῶν λοιπῶν τοῦ σπέρματος αὐτῆς
13: 7 καὶ ἐδόθη αὐτῷ ποιῆσαι **πόλεμον** μετὰ τῶν ἁγίων καὶ νικῆσαι αὐτούς,
16:14 συναγαγεῖν αὐτοὺς εἰς τὸν **πόλεμον** τῆς ἡμέρας τῆς μεγάλης τοῦ θεοῦ τοῦ παντοκράτορος.
19:19 τὸ θηρίον καὶ τοὺς βασιλεῖς τῆς γῆς καὶ τὰ στρατεύματα αὐτῶν συνηγμένα ποιῆσαι τὸν **πόλεμον** μετὰ τοῦ καθημένου
20: 8 τὸν Γὼγ καὶ Μαγώγ, συναγαγεῖν αὐτοὺς εἰς τὸν **πόλεμον,**

4484 πόλις [162]

→ *315, 1279, 2631, 3268, 3619, 3735, 3736, 3776, 4485, 4486, 4487, 4488, 4489, 5232*

ἅγιος πόλις [6] Mt 4:5; 27:53; Rev 11:2; 21:2,10; 22:19

κατὰ πόλιν [9] Lk 8:1,4,39; 13:22; Ac 15:21,36; 20:23; 24:12; Tit 1:5

πόλις θεοῦ [2] Heb 12:22; Rev 3:12

Mt 2:23 κατῴκησεν εἰς **πόλιν** λεγομένην Ναζαρέτ· ὅπως πληρωθῇ τὸ ῥηθὲν διὰ τῶν προφητῶν ὅτι Ναζωραῖος κληθήσεται.
4: 5 Τότε παραλαμβάνει αὐτὸν ὁ διάβολος εἰς τὴν ἁγίαν **πόλιν** καὶ ἔστησεν αὐτὸν ἐπὶ τὸ πτερύγιον τοῦ ἱεροῦ
5:14 Ὑμεῖς ἐστε τὸ φῶς τοῦ κόσμου. οὐ δύναται **πόλις** κρυβῆναι ἐπάνω ὄρους κειμένη·
5:35 μήτε εἰς Ἱεροσόλυμα, ὅτι **πόλις** ἐστὶν τοῦ μεγάλου βασιλέως,
8:33 καὶ ἀπελθόντες εἰς τὴν **πόλιν** ἀπήγγειλαν πάντα καὶ τὰ τῶν δαιμονιζομένων.
8:34 καὶ ἰδοὺ πᾶσα ἡ **πόλις** ἐξῆλθεν εἰς ὑπάντησιν τῷ Ἰησοῦ καὶ ἰδόντες αὐτὸν παρεκάλεσαν ὅπως μεταβῇ ἀπὸ τῶν ὁρίων αὐτῶν.
9: 1 Καὶ ἐμβὰς εἰς πλοῖον διεπέρασεν καὶ ἦλθεν εἰς τὴν ἰδίαν **πόλιν.**
9:35 Καὶ περιῆγεν ὁ Ἰησοῦς τὰς **πόλεις** πάσας καὶ τὰς κώμας διδάσκων ἐν ταῖς συναγωγαῖς αὐτῶν καὶ κηρύσσων
10: 5 Εἰς ὁδὸν ἐθνῶν μὴ ἀπέλθητε καὶ εἰς **πόλιν** Σαμαριτῶν μὴ εἰσέλθητε·
10:11 εἰς ἣν δ' ἂν **πόλιν** ἢ κώμην εἰσέλθητε,
10:14 ἐξερχόμενοι ἔξω τῆς οἰκίας ἢ τῆς **πόλεως** ἐκείνης ἐκτινάξατε τὸν κονιορτὸν τῶν ποδῶν ὑμῶν.
10:15 ἀνεκτότερον ἔσται γῇ Σοδόμων καὶ Γομόρρων ἐν ἡμέρᾳ κρίσεως ἢ τῇ **πόλει** ἐκείνῃ.
10:23 ὅταν δὲ διώκωσιν ὑμᾶς ἐν τῇ **πόλει** ταύτῃ, φεύγετε εἰς τὴν ἑτέραν· ἀμὴν γὰρ λέγω ὑμῖν, οὐ μὴ τελέσητε τὰς **πόλεις** τοῦ Ἰσραὴλ ἕως ἂν ἔλθῃ ὁ υἱὸς τοῦ ἀνθρώπου.
11: 1 μετέβη ἐκεῖθεν τοῦ διδάσκειν καὶ κηρύσσειν ἐν ταῖς **πόλεσιν** αὐτῶν.
11:20 Τότε ἤρξατο ὀνειδίζειν τὰς **πόλεις** ἐν αἷς ἐγένοντο αἱ πλεῖσται δυνάμεις αὐτοῦ,
12:25 Πᾶσα βασιλεία μερισθεῖσα καθ' ἑαυτῆς ἐρημοῦται καὶ πᾶσα **πόλις** ἢ οἰκία μερισθεῖσα καθ' ἑαυτῆς οὐ σταθήσεται.
14:13 καὶ ἀκούσαντες οἱ ὄχλοι ἠκολούθησαν αὐτῷ πεζῇ ἀπὸ τῶν **πόλεων.**
21:10 καὶ εἰσελθόντος αὐτοῦ εἰς Ἱεροσόλυμα ἐσείσθη πᾶσα ἡ **πόλις** λέγουσα,
21:17 Καὶ καταλιπὼν αὐτοὺς ἐξῆλθεν ἔξω τῆς **πόλεως** εἰς Βηθανίαν καὶ ηὐλίσθη ἐκεῖ.
21:18 Πρωῒ δὲ ἐπανάγων εἰς τὴν **πόλιν** ἐπείνασεν.
22: 7 ὁ δὲ βασιλεὺς ὠργίσθη καὶ πέμψας τὰ στρατεύματα αὐτοῦ ἀπώλεσεν τοὺς φονεῖς ἐκείνους καὶ τὴν **πόλιν** αὐτῶν ἐνέπρησεν.
23:34 ἀποκτενεῖτε καὶ σταυρώσετε καὶ ἐξ αὐτῶν μαστιγώσετε ἐν ταῖς συναγωγαῖς ὑμῶν καὶ διώξετε ἀπὸ **πόλεως** εἰς **πόλιν·**
26:18 Ὑπάγετε εἰς τὴν **πόλιν** πρὸς τὸν δεῖνα καὶ εἴπατε αὐτῷ,
27:53 καὶ ἐξελθόντες ἐκ τῶν μνημείων μετὰ τὴν ἔγερσιν αὐτοῦ εἰσῆλθον εἰς τὴν ἁγίαν **πόλιν** καὶ ἐνεφανίσθησαν πολλοῖς.
28:11 ἰδού τινες τῆς κουστωδίας ἐλθόντες εἰς τὴν **πόλιν** ἀπήγγειλαν τοῖς ἀρχιερεῦσιν ἅπαντα τὰ γενόμενα.
Mk 1:33 καὶ ἦν ὅλη ἡ **πόλις** ἐπισυνηγμένη πρὸς τὴν θύραν.
1:45 ὥστε μηκέτι αὐτὸν δύνασθαι φανερῶς εἰς **πόλιν** εἰσελθεῖν,
5:14 καὶ οἱ βόσκοντες αὐτοὺς ἔφυγον καὶ ἀπήγγειλαν εἰς τὴν **πόλιν** καὶ εἰς τοὺς ἀγρούς·
6:33 καὶ εἶδον αὐτοὺς ὑπάγοντας καὶ ἐπέγνωσαν πολλοὶ καὶ πεζῇ ἀπὸ πασῶν τῶν **πόλεων** συνέδραμον ἐκεῖ καὶ προῆλθον αὐτούς.
6:56 καὶ ὅπου ἂν εἰσεπορεύετο εἰς κώμας ἢ εἰς **πόλεις** ἢ εἰς ἀγρούς,
11:19 Καὶ ὅταν ὀψὲ ἐγένετο, ἐξεπορεύοντο ἔξω τῆς **πόλεως.**
14:13 Ὑπάγετε εἰς τὴν **πόλιν,** καὶ ἀπαντήσει ὑμῖν ἄνθρωπος κεράμιον ὕδατος βαστάζων·
14:16 καὶ ἐξῆλθον οἱ μαθηταὶ καὶ ἦλθον εἰς τὴν **πόλιν** καὶ εὗρον καθὼς εἶπεν αὐτοῖς καὶ ἡτοίμασαν τὸ πάσχα.
Lk 1:26 Ἐν δὲ τῷ μηνὶ τῷ ἕκτῳ ἀπεστάλη ὁ ἄγγελος Γαβριὴλ ἀπὸ τοῦ θεοῦ εἰς **πόλιν** τῆς Γαλιλαίας ᾗ ὄνομα Ναζαρὲθ
1:39 Ἀναστᾶσα δὲ Μαριὰμ ἐν ταῖς ἡμέραις ταύταις ἐπορεύθη εἰς τὴν ὀρεινὴν μετὰ σπουδῆς εἰς **πόλιν** Ἰούδα,
2: 3 καὶ ἐπορεύοντο πάντες ἀπογράφεσθαι, ἕκαστος εἰς τὴν ἑαυτοῦ **πόλιν.**
2: 4 Ἀνέβη δὲ καὶ Ἰωσὴφ ἀπὸ τῆς Γαλιλαίας ἐκ **πόλεως** Ναζαρὲθ εἰς τὴν Ἰουδαίαν εἰς **πόλιν** Δαυὶδ ἥτις καλεῖται Βηθλέεμ,
2:11 ὅτι ἐτέχθη ὑμῖν σήμερον σωτὴρ ὅς ἐστιν Χριστὸς κύριος ἐν **πόλει** Δαυίδ.
2:39 ἐπέστρεψαν εἰς τὴν Γαλιλαίαν εἰς **πόλιν** ἑαυτῶν Ναζαρέθ.
4:29 καὶ ἀναστάντες ἐξέβαλον αὐτὸν ἔξω τῆς **πόλεως** καὶ ἤγαγον αὐτὸν ἕως ὀφρύος τοῦ ὄρους ἐφ' οὗ ἡ **πόλις** ᾠκοδόμητο αὐτῶν
4:31 Καὶ κατῆλθεν εἰς Καφαρναοὺμ **πόλιν** τῆς Γαλιλαίας. καὶ ἦν διδάσκων αὐτοὺς ἐν τοῖς σάββασιν·
4:43 ὁ δὲ εἶπεν πρὸς αὐτοὺς ὅτι Καὶ ταῖς ἑτέραις **πόλεσιν** εὐαγγελίσασθαί με δεῖ τὴν βασιλείαν τοῦ θεοῦ,
5:12 Καὶ ἐγένετο ἐν τῷ εἶναι αὐτὸν ἐν μιᾷ τῶν **πόλεων** καὶ ἰδοὺ ἀνὴρ πλήρης λέπρας·
7:11 Καὶ ἐγένετο ἐν τῷ ἑξῆς ἐπορεύθη εἰς **πόλιν** καλουμένην Ναΐν καὶ συνεπορεύοντο αὐτῷ οἱ μαθηταὶ αὐτοῦ καὶ ὄχλος πολύς.
7:12 ὡς δὲ ἤγγισεν τῇ πύλῃ τῆς **πόλεως,** καὶ ἰδοὺ ἐξεκομίζετο τεθνηκὼς μονογενὴς υἱὸς τῇ μητρὶ αὐτοῦ καὶ αὐτὴ ἦν χήρα, καὶ ὄχλος τῆς **πόλεως** ἱκανὸς ἦν σὺν αὐτῇ.
7:37 καὶ ἰδοὺ γυνὴ ἥτις ἦν ἐν τῇ **πόλει** ἁμαρτωλός,
8: 1 ἐν τῷ καθεξῆς καὶ αὐτὸς διώδευεν κατὰ **πόλιν** καὶ κώμην κηρύσσων καὶ εὐαγγελιζόμενος τὴν βασιλείαν τοῦ θεοῦ
8: 4 Συνιόντος δὲ ὄχλου πολλοῦ καὶ τῶν κατὰ **πόλιν** ἐπιπορευομένων πρὸς αὐτὸν εἶπεν διὰ παραβολῆς,
8:27 ἐξελθόντι δὲ αὐτῷ ἐπὶ τὴν γῆν ὑπήντησεν ἀνήρ τις ἐκ τῆς **πόλεως** ἔχων δαιμόνια καὶ χρόνῳ ἱκανῷ οὐκ ἐνεδύσατο ἱμάτιον
8:34 ἰδόντες δὲ οἱ βόσκοντες τὸ γεγονὸς ἔφυγον καὶ ἀπήγγειλαν εἰς τὴν **πόλιν** καὶ εἰς τοὺς ἀγρούς.
8:39 καὶ ἀπῆλθεν καθ' ὅλην τὴν **πόλιν** κηρύσσων ὅσα ἐποίησεν αὐτῷ ὁ Ἰησοῦς.
9: 5 ἐξερχόμενοι ἀπὸ τῆς **πόλεως** ἐκείνης τὸν κονιορτὸν ἀπὸ τῶν ποδῶν ὑμῶν ἀποτινάσσετε εἰς μαρτύριον ἐπ' αὐτούς.
9:10 καὶ παραλαβὼν αὐτοὺς ὑπεχώρησεν κατ' ἰδίαν εἰς **πόλιν** καλουμένην Βηθσαϊδά.
10: 1 καὶ ἀπέστειλεν αὐτοὺς ἀνὰ δύο [δύο] πρὸ προσώπου αὐτοῦ εἰς πᾶσαν **πόλιν** καὶ τόπον οὗ ἤμελλεν αὐτὸς ἔρχεσθαι.
10: 8 καὶ εἰς ἣν ἂν **πόλιν** εἰσέρχησθε καὶ δέχωνται ὑμᾶς,
10:10 εἰς ἣν δ' ἂν **πόλιν** εἰσέλθητε καὶ μὴ δέχωνται ὑμᾶς,
10:11 Καὶ τὸν κονιορτὸν τὸν κολληθέντα ἡμῖν ἐκ τῆς **πόλεως** ὑμῶν εἰς τοὺς πόδας ἀπομασσόμεθα ὑμῖν·
10:12 λέγω ὑμῖν ὅτι Σοδόμοις ἐν τῇ ἡμέρᾳ ἐκείνῃ ἀνεκτότερον ἔσται ἢ τῇ **πόλει** ἐκείνῃ.
13:22 Καὶ διεπορεύετο κατὰ **πόλεις** καὶ κώμας διδάσκων καὶ πορείαν ποιούμενος εἰς Ἱεροσόλυμα.
14:21 Ἔξελθε ταχέως εἰς τὰς πλατείας καὶ ῥύμας τῆς **πόλεως** καὶ τοὺς πτωχοὺς καὶ ἀναπείρους καὶ τυφλοὺς καὶ χωλοὺς
18: 2 Κριτής τις ἦν ἔν τινι **πόλει** τὸν θεὸν μὴ φοβούμενος καὶ ἄνθρωπον μὴ ἐντρεπόμενος.
18: 3 χήρα δὲ ἦν ἐν τῇ **πόλει** ἐκείνῃ καὶ ἤρχετο πρὸς αὐτὸν λέγουσα,
19:17 ὅτι ἐν ἐλαχίστῳ πιστὸς ἐγένου, ἴσθι ἐξουσίαν ἔχων ἐπάνω δέκα **πόλεων.**
19:19 εἶπεν δὲ καὶ τούτῳ, Καὶ σὺ ἐπάνω γίνου πέντε **πόλεων.**
19:41 Καὶ ὡς ἤγγισεν ἰδὼν τὴν **πόλιν** ἔκλαυσεν ἐπ' αὐτήν

22:10 Ἰδοὺ εἰσελθόντων ὑμῶν εἰς τὴν **πόλιν** συναντήσει ὑμῖν ἄνθρωπος κεράμιον ὕδατος βαστάζων·
23:19 ὅστις ἦν διὰ στάσιν τινὰ γενομένην ἐν τῇ **πόλει** καὶ φόνον βληθεὶς ἐν τῇ φυλακῇ.
23:51 ἀπὸ Ἀριμαθαίας **πόλεως** τῶν Ἰουδαίων, ὃς προσεδέχετο τὴν βασιλείαν τοῦ θεοῦ,
24:49 ὑμεῖς δὲ καθίσατε ἐν τῇ **πόλει** ἕως οὗ ἐνδύσησθε ἐξ ὕψους δύναμιν.
Jn 1:44 ἦν δὲ ὁ Φίλιππος ἀπὸ Βηθσαϊδά, ἐκ τῆς **πόλεως** Ἀνδρέου καὶ Πέτρου.
4: 5 ἔρχεται οὖν εἰς **πόλιν** τῆς Σαμαρείας λεγομένην Συχὰρ πλησίον τοῦ χωρίου ὃ ἔδωκεν Ἰακὼβ [τῷ] Ἰωσὴφ τῷ υἱῷ αὐτοῦ·
4: 8 οἱ γὰρ μαθηταὶ αὐτοῦ ἀπεληλύθεισαν εἰς τὴν **πόλιν** ἵνα τροφὰς ἀγοράσωσιν.
4:28 ἀφῆκεν οὖν τὴν ὑδρίαν αὐτῆς ἡ γυνὴ καὶ ἀπῆλθεν εἰς τὴν **πόλιν** καὶ λέγει τοῖς ἀνθρώποις,
4:30 ἐξῆλθον ἐκ τῆς **πόλεως** καὶ ἤρχοντο πρὸς αὐτόν.
4:39 Ἐκ δὲ τῆς **πόλεως** ἐκείνης πολλοὶ ἐπίστευσαν εἰς αὐτὸν τῶν Σαμαριτῶν διὰ τὸν λόγον τῆς γυναικὸς μαρτυρούσης
11:54 εἰς Ἐφραὶμ λεγομένην **πόλιν,** κἀκεῖ ἔμεινεν μετὰ τῶν μαθητῶν.
19:20 ὅτι ἐγγὺς ἦν ὁ τόπος τῆς **πόλεως** ὅπου ἐσταυρώθη ὁ Ἰησοῦς·
Ac 4:27 συνήχθησαν γὰρ ἐπ᾽ ἀληθείας ἐν τῇ **πόλει** ταύτῃ ἐπὶ τὸν ἅγιον παῖδά σου Ἰησοῦν ὃν ἔχρισας,
5:16 συνήρχετο δὲ καὶ τὸ πλῆθος τῶν πέριξ **πόλεων** Ἰερουσαλὴμ φέροντες ἀσθενεῖς καὶ ὀχλουμένους ὑπὸ πνευμάτων ἀκαθάρτων,
7:58 καὶ ἐκβαλόντες ἔξω τῆς **πόλεως** ἐλιθοβόλουν.
8: 5 Φίλιππος δὲ κατελθὼν εἰς [τὴν] **πόλιν** τῆς Σαμαρείας ἐκήρυσσεν αὐτοῖς τὸν Χριστόν.
8: 8 ἐγένετο δὲ πολλὴ χαρὰ ἐν τῇ **πόλει** ἐκείνῃ.
8: 9 Ἀνὴρ δέ τις ὀνόματι Σίμων προϋπῆρχεν ἐν τῇ **πόλει** μαγεύων καὶ ἐξιστάνων τὸ ἔθνος τῆς Σαμαρείας,
8:40 καὶ διερχόμενος εὐηγγελίζετο τὰς **πόλεις** πάσας ἕως τοῦ ἐλθεῖν αὐτὸν εἰς Καισάρειαν.
9: 6 ἀλλὰ ἀνάστηθι καὶ εἴσελθε εἰς τὴν **πόλιν** καὶ λαληθήσεταί σοι ὅ τί σε δεῖ ποιεῖν.
10: 9 Τῇ δὲ ἐπαύριον, ὁδοιπορούντων ἐκείνων καὶ τῇ **πόλει** ἐγγιζόντων,
11: 5 Ἐγὼ ἤμην ἐν **πόλει** Ἰόππῃ προσευχόμενος καὶ εἶδον ἐν ἐκστάσει ὅραμα,
12:10 διελθόντες δὲ πρώτην φυλακὴν καὶ δευτέραν ἦλθαν ἐπὶ τὴν πύλην τὴν σιδηρᾶν τὴν φέρουσαν εἰς τὴν **πόλιν,**
13:44 Τῷ δὲ ἐρχομένῳ σαββάτῳ σχεδὸν πᾶσα ἡ **πόλις** συνήχθη ἀκοῦσαι τὸν λόγον τοῦ κυρίου.
13:50 οἱ δὲ Ἰουδαῖοι παρώτρυναν τὰς σεβομένας γυναῖκας τὰς εὐσχήμονας καὶ τοὺς πρώτους τῆς **πόλεως** καὶ ἐπήγειραν
14: 4 ἐσχίσθη δὲ τὸ πλῆθος τῆς **πόλεως,** καὶ οἱ μὲν ἦσαν σὺν τοῖς Ἰουδαίοις,
14: 6 συνιδόντες κατέφυγον εἰς τὰς **πόλεις** τῆς Λυκαονίας Λύστραν καὶ Δέρβην καὶ τὴν περίχωρον,
14:13 ὅ τε ἱερεὺς τοῦ Διὸς τοῦ ὄντος πρὸ τῆς **πόλεως** ταύρους καὶ στέμματα ἐπὶ τοὺς πυλῶνας ἐνέγκας σὺν τοῖς ὄχλοις
14:19 Ἰουδαῖοι καὶ πείσαντες τοὺς ὄχλους καὶ λιθάσαντες τὸν Παῦλον ἔσυρον ἔξω τῆς **πόλεως** νομίζοντες αὐτὸν τεθνηκέναι.
14:20 κυκλωσάντων δὲ τῶν μαθητῶν αὐτὸν ἀναστὰς εἰσῆλθεν εἰς τὴν **πόλιν.**
14:21 Εὐαγγελισάμενοί τε τὴν **πόλιν** ἐκείνην καὶ μαθητεύσαντες ἱκανοὺς ὑπέστρεψαν εἰς τὴν Λύστραν καὶ εἰς Ἰκόνιον
15:21 Μωϋσῆς γὰρ ἐκ γενεῶν ἀρχαίων κατὰ **πόλιν** τοὺς κηρύσσοντας αὐτὸν ἔχει ἐν ταῖς συναγωγαῖς κατὰ πᾶν σάββατον ἀναγινωσκόμενος.
15:36 Ἐπιστρέψαντες δὴ ἐπισκεψώμεθα τοὺς ἀδελφοὺς κατὰ **πόλιν** πᾶσαν ἐν αἷς κατηγγείλαμεν τὸν λόγον τοῦ κυρίου
16: 4 ὡς δὲ διεπορεύοντο τὰς **πόλεις,** παρεδίδοσαν αὐτοῖς φυλάσσειν τὰ δόγματα τὰ κεκριμένα ὑπὸ τῶν ἀποστόλων
16:12 ἥτις ἐστὶν πρώτη[ς] μερίδος τῆς Μακεδονίας **πόλις,** κολωνία. ἦμεν δὲ ἐν ταύτῃ τῇ **πόλει** διατρίβοντες ἡμέρας τινάς.
16:14 καί τις γυνὴ ὀνόματι Λυδία, πορφυρόπωλις **πόλεως** Θυατείρων σεβομένη τὸν θεόν, ἤκουεν,
16:20 Οὗτοι οἱ ἄνθρωποι ἐκταράσσουσιν ἡμῶν τὴν **πόλιν,** Ἰουδαῖοι ὑπάρχοντες,
16:39 καὶ ἐλθόντες παρεκάλεσαν αὐτοὺς καὶ ἐξαγαγόντες ἠρώτων ἀπελθεῖν ἀπὸ τῆς **πόλεως.**
17: 5 Ζηλώσαντες δὲ οἱ Ἰουδαῖοι καὶ προσλαβόμενοι τῶν ἀγοραίων ἄνδρας τινὰς πονηροὺς καὶ ὀχλοποιήσαντες ἐθορύβουν τὴν **πόλιν** καὶ ἐπιστάντες τῇ οἰκίᾳ Ἰάσονος
17:16 Ἐν δὲ ταῖς Ἀθήναις ἐκδεχομένου αὐτοὺς τοῦ Παύλου παρωξύνετο τὸ πνεῦμα αὐτοῦ ἐν αὐτῷ θεωροῦντος κατείδωλον οὖσαν τὴν **πόλιν.**
18:10 διότι λαός ἐστί μοι πολὺς ἐν τῇ **πόλει** ταύτῃ.
19:29 καὶ ἐπλήσθη ἡ **πόλις** τῆς συγχύσεως, ὥρμησάν τε ὁμοθυμαδὸν εἰς τὸ θέατρον συναρπάσαντες Γάϊον καὶ Ἀρίσταρχον
19:35 τίς γάρ ἐστιν ἀνθρώπων ὃς οὐ γινώσκει τὴν Ἐφεσίων **πόλιν** νεωκόρον οὖσαν τῆς μεγάλης Ἀρτέμιδος καὶ τοῦ διοπετοῦς;
20:23 πλὴν ὅτι τὸ πνεῦμα τὸ ἅγιον κατὰ **πόλιν** διαμαρτύρεταί μοι λέγον ὅτι δεσμὰ καὶ θλίψεις με μένουσιν.
21: 5 ἐξελθόντες ἐπορευόμεθα προπεμπόντων ἡμᾶς πάντων σὺν γυναιξὶ καὶ τέκνοις ἕως ἔξω τῆς **πόλεως,**
21:29 ἦσαν γὰρ προεωρακότες Τρόφιμον τὸν Ἐφέσιον ἐν τῇ **πόλει** σὺν αὐτῷ,
21:30 ἐκινήθη τε ἡ **πόλις** ὅλη καὶ ἐγένετο συνδρομὴ τοῦ λαοῦ,
21:39 Ἐγὼ ἄνθρωπος μέν εἰμι Ἰουδαῖος, Ταρσεὺς τῆς Κιλικίας, οὐκ ἀσήμου **πόλεως** πολίτης·
22: 3 γεγεννημένος ἐν Ταρσῷ τῆς Κιλικίας, ἀνατεθραμμένος δὲ ἐν τῇ **πόλει** ταύτῃ,
24:12 εὗρόν με πρός τινα διαλεγόμενον ἢ ἐπίστασιν ποιοῦντα ὄχλου οὔτε ἐν ταῖς συναγωγαῖς οὔτε κατὰ τὴν **πόλιν,**
25:23 σύν τε χιλιάρχοις καὶ ἀνδράσιν τοῖς κατ᾽ ἐξοχὴν τῆς **πόλεως** καὶ κελεύσαντος τοῦ Φήστου ἤχθη ὁ Παῦλος.
26:11 πολλάκις τιμωρῶν αὐτοὺς ἠνάγκαζον βλασφημεῖν περισσῶς τε ἐμμαινόμενος αὐτοῖς ἐδίωκον ἕως καὶ εἰς τὰς ἔξω **πόλεις.**
27: 8 μόλις τε παραλεγόμενοι αὐτὴν ἤλθομεν εἰς τόπον τινὰ καλούμενον Καλοὺς λιμένας ᾧ ἐγγὺς **πόλις** ἦν Λασαία.
Ro 16:23 ἀσπάζεται ὑμᾶς Ἔραστος ὁ οἰκονόμος τῆς **πόλεως** καὶ Κούαρτος ὁ ἀδελφός.
2Co 11:26 κινδύνοις ἐν **πόλει,** κινδύνοις ἐν ἐρημίᾳ, κινδύνοις ἐν θαλάσσῃ,
11:32 ἐν Δαμασκῷ ὁ ἐθνάρχης Ἁρέτα τοῦ βασιλέως ἐφρούρει τὴν **πόλιν** Δαμασκηνῶν πιάσαι με,
Tit 1: 5 ἵνα τὰ λείποντα ἐπιδιορθώσῃ καὶ καταστήσῃς κατὰ **πόλιν** πρεσβυτέρους,
Heb 11:10 ἐξεδέχετο γὰρ τὴν τοὺς θεμελίους ἔχουσαν **πόλιν** ἧς τεχνίτης καὶ δημιουργὸς ὁ θεός.
11:16 διὸ οὐκ ἐπαισχύνεται αὐτοὺς ὁ θεὸς θεὸς ἐπικαλεῖσθαι αὐτῶν· ἡτοίμασεν γὰρ αὐτοῖς **πόλιν.**
12:22 ἀλλὰ προσεληλύθατε Σιὼν ὄρει καὶ **πόλει** θεοῦ ζῶντος,
13:14 οὐ γὰρ ἔχομεν ὧδε μένουσαν **πόλιν** ἀλλὰ τὴν μέλλουσαν ἐπιζητοῦμεν.
Jas 4:13 Σήμερον ἢ αὔριον πορευσόμεθα εἰς τήνδε τὴν **πόλιν** καὶ ποιήσομεν ἐκεῖ ἐνιαυτὸν καὶ ἐμπορευσόμεθα καὶ κερδήσομεν·
2Pe 2: 6 καὶ **πόλεις** Σοδόμων καὶ Γομόρρας τεφρώσας [καταστροφῇ] κατέκρινεν ὑπόδειγμα μελλόντων ἀσεβέ[σ]ιν τεθεικώς,
Jude 1: 7 ὡς Σόδομα καὶ Γόμορρα καὶ αἱ περὶ αὐτὰς **πόλεις** τὸν ὅμοιον τρόπον τούτοις ἐκπορνεύσασαι καὶ ἀπελθοῦσαι ὀπίσω σαρκὸς ἑτέρας,
Rev 3:12 καὶ γράψω ἐπ᾽ αὐτὸν τὸ ὄνομα τοῦ θεοῦ μου καὶ τὸ ὄνομα τῆς **πόλεως** τοῦ θεοῦ μου,
11: 2 καὶ τὴν **πόλιν** τὴν ἁγίαν πατήσουσιν μῆνας τεσσεράκοντα [καὶ] δύο.
11: 8 καὶ τὸ πτῶμα αὐτῶν ἐπὶ τῆς πλατείας τῆς **πόλεως** τῆς μεγάλης,
11:13 Καὶ ἐν ἐκείνῃ τῇ ὥρᾳ ἐγένετο σεισμὸς μέγας καὶ τὸ δέκατον τῆς **πόλεως** ἔπεσεν καὶ ἀπεκτάνθησαν ἐν τῷ σεισμῷ
14:20 καὶ ἐπατήθη ἡ ληνὸς ἔξωθεν τῆς **πόλεως** καὶ ἐξῆλθεν αἷμα ἐκ τῆς ληνοῦ ἄχρι τῶν χαλινῶν τῶν ἵππων
16:19 καὶ ἐγένετο ἡ **πόλις** ἡ μεγάλη εἰς τρία μέρη καὶ αἱ **πόλεις** τῶν ἐθνῶν ἔπεσαν.
17:18 καὶ ἡ γυνὴ ἣν εἶδες ἔστιν ἡ **πόλις** ἡ μεγάλη ἡ ἔχουσα βασιλείαν ἐπὶ τῶν βασιλέων τῆς γῆς.
18:10 Οὐαὶ οὐαί, ἡ **πόλις** ἡ μεγάλη, Βαβυλὼν ἡ **πόλις** ἡ ἰσχυρά,
18:16 Οὐαὶ οὐαί, ἡ **πόλις** ἡ μεγάλη, ἡ περιβεβλημένη βύσσινον καὶ πορφυροῦν καὶ κόκκινον καὶ κεχρυσωμένη [ἐν] χρυσίῳ καὶ λίθῳ
18:18 καὶ ἔκραζον βλέποντες τὸν καπνὸν τῆς πυρώσεως αὐτῆς λέγοντες, Τίς ὁμοία τῇ **πόλει** τῇ μεγάλῃ;
18:19 καὶ ἔβαλον χοῦν ἐπὶ τὰς κεφαλὰς αὐτῶν καὶ ἔκραζον κλαίοντες καὶ πενθοῦντες λέγοντες, Οὐαὶ οὐαί, ἡ **πόλις** ἡ μεγάλη,
18:21 Οὕτως ὁρμήματι βληθήσεται Βαβυλὼν ἡ μεγάλη **πόλις** καὶ οὐ μὴ εὑρεθῇ ἔτι.
20: 9 καὶ ἀνέβησαν ἐπὶ τὸ πλάτος τῆς γῆς καὶ ἐκύκλευσαν τὴν παρεμβολὴν τῶν ἁγίων καὶ τὴν **πόλιν** τὴν ἠγαπημένην,
21: 2 καὶ τὴν **πόλιν** τὴν ἁγίαν Ἰερουσαλὴμ καινὴν εἶδον καταβαίνουσαν ἐκ τοῦ οὐρανοῦ ἀπὸ τοῦ θεοῦ ἡτοιμασμένην ὡς νύμφην κεκοσμημένην τῷ ἀνδρὶ αὐτῆς.

21:10 καὶ ἔδειξέν μοι τὴν **πόλιν** τὴν ἁγίαν Ἰερουσαλὴμ καταβαίνουσαν ἐκ τοῦ οὐρανοῦ ἀπὸ τοῦ θεοῦ
21:14 καὶ τὸ τεῖχος τῆς **πόλεως** ἔχων θεμελίους δώδεκα καὶ ἐπ' αὐτῶν δώδεκα ὀνόματα τῶν δώδεκα ἀποστόλων τοῦ ἀρνίου.
21:15 ἵνα μετρήσῃ τὴν **πόλιν** καὶ τοὺς πυλῶνας αὐτῆς καὶ τὸ τεῖχος αὐτῆς.
21:16 καὶ ἡ **πόλις** τετράγωνος κεῖται καὶ τὸ μῆκος αὐτῆς ὅσον [καὶ] τὸ πλάτος. καὶ ἐμέτρησεν τὴν **πόλιν** τῷ καλάμῳ ἐπὶ σταδίων δώδεκα χιλιάδων,
21:18 καὶ ἡ ἐνδώμησις τοῦ τείχους αὐτῆς ἴασπις καὶ ἡ **πόλις** χρυσίον καθαρὸν ὅμοιον ὑάλῳ καθαρῷ.
21:19 οἱ θεμέλιοι τοῦ τείχους τῆς **πόλεως** παντὶ λίθῳ τιμίῳ κεκοσμημένοι·
21:21 καὶ ἡ πλατεῖα τῆς **πόλεως** χρυσίον καθαρὸν ὡς ὕαλος διαυγής.
21:23 καὶ ἡ **πόλις** οὐ χρείαν ἔχει τοῦ ἡλίου οὐδὲ τῆς σελήνης ἵνα φαίνωσιν αὐτῇ,
22:14 ἵνα ἔσται ἡ ἐξουσία αὐτῶν ἐπὶ τὸ ξύλον τῆς ζωῆς καὶ τοῖς πυλῶσιν εἰσέλθωσιν εἰς τὴν **πόλιν.**
22:19 ἀφελεῖ ὁ θεὸς τὸ μέρος αὐτοῦ ἀπὸ τοῦ ξύλου τῆς ζωῆς καὶ ἐκ τῆς **πόλεως** τῆς ἁγίας τῶν γεγραμμένων ἐν τῷ βιβλίῳ τούτῳ.

4485 πολιτάρχης [2]

√ 4484 + 806

Ac 17: 6 ἔσυρον Ἰάσονα καί τινας ἀδελφοὺς ἐπὶ τοὺς **πολιτάρχας** βοῶντες ὅτι Οἱ τὴν οἰκουμένην ἀναστατώσαντες οὗτοι καὶ ἐνθάδε πάρεισιν,
17: 8 ἐτάραξαν δὲ τὸν ὄχλον καὶ τοὺς **πολιτάρχας** ἀκούοντας ταῦτα,

4486 πολιτεία [2]

√ 4484

Ac 22:28 ἀπεκρίθη δὲ ὁ χιλίαρχος, Ἐγὼ πολλοῦ κεφαλαίου τὴν **πολιτείαν** ταύτην ἐκτησάμην.
Eph 2:12 ἀπηλλοτριωμένοι τῆς **πολιτείας** τοῦ Ἰσραὴλ καὶ ξένοι τῶν διαθηκῶν τῆς ἐπαγγελίας,

4487 πολίτευμα [1]

√ 4484

Php 3:20 ἡμῶν γὰρ τὸ **πολίτευμα** ἐν οὐρανοῖς ὑπάρχει, ἐξ οὗ καὶ σωτῆρα ἀπεκδεχόμεθα κύριον Ἰησοῦν Χριστόν,

4488 πολιτεύομαι [2]

√ 4484

Ac 23: 1 ἐγὼ πάσῃ συνειδήσει ἀγαθῇ **πεπολίτευμαι** τῷ θεῷ ἄχρι ταύτης τῆς ἡμέρας.
Php 1:27 Μόνον ἀξίως τοῦ εὐαγγελίου τοῦ Χριστοῦ **πολιτεύεσθε,** ἵνα εἴτε ἐλθὼν καὶ ἰδὼν ὑμᾶς εἴτε ἀπὼν ἀκούω τὰ περὶ ὑμῶν,

4489 πολίτης [4]

√ 4484

Lk 15:15 καὶ πορευθεὶς ἐκολλήθη ἑνὶ τῶν **πολιτῶν** τῆς χώρας ἐκείνης,
19:14 οἱ δὲ **πολῖται** αὐτοῦ ἐμίσουν αὐτὸν καὶ ἀπέστειλαν πρεσβείαν ὀπίσω αὐτοῦ λέγοντες,
Ac 21:39 Ἐγὼ ἄνθρωπος μέν εἰμι Ἰουδαῖος, Ταρσεὺς τῆς Κιλικίας, οὐκ ἀσήμου πόλεως **πολίτης·**
Heb 8:11 καὶ οὐ μὴ διδάξωσιν ἕκαστος τὸν **πολίτην** αὐτοῦ καὶ ἕκαστος τὸν ἀδελφὸν αὐτοῦ λέγων,

4490 πολλάκις [18]

√ 4498

Mt 17:15 **πολλάκις** γὰρ πίπτει εἰς τὸ πῦρ καὶ **πολλάκις** εἰς τὸ ὕδωρ.
Mk 5: 4 διὰ τὸ αὐτὸν **πολλάκις** πέδαις καὶ ἁλύσεσιν δεδέσθαι καὶ διεσπάσθαι ὑπ' αὐτοῦ τὰς ἁλύσεις καὶ τὰς πέδας συντετρῖφθαι,
9:22 καὶ **πολλάκις** καὶ εἰς πῦρ αὐτὸν ἔβαλεν καὶ εἰς ὕδατα ἵνα ἀπολέσῃ αὐτόν·
Jn 18: 2 ὅτι **πολλάκις** συνήχθη Ἰησοῦς ἐκεῖ μετὰ τῶν μαθητῶν αὐτοῦ.
Ac 26:11 καὶ κατὰ πάσας τὰς συναγωγὰς **πολλάκις** τιμωρῶν αὐτοὺς ἠνάγκαζον βλασφημεῖν περισσῶς τε ἐμμαινόμενος αὐτοῖς
Ro 1:13 ἀδελφοί, ὅτι **πολλάκις** προεθέμην ἐλθεῖν πρὸς ὑμᾶς, καὶ ἐκωλύθην ἄχρι τοῦ δεῦρο,
2Co 8:22 συνεπέμψαμεν δὲ αὐτοῖς τὸν ἀδελφὸν ἡμῶν ὃν ἐδοκιμάσαμεν ἐν πολλοῖς **πολλάκις** σπουδαῖον ὄντα,
11:23 ἐν φυλακαῖς περισσοτέρως, ἐν πληγαῖς ὑπερβαλλόντως, ἐν θανάτοις **πολλάκις.**
11:26 ὁδοιπορίαις **πολλάκις,** κινδύνοις ποταμῶν, κινδύνοις λῃστῶν, κινδύνοις ἐκ γένους,
11:27 κόπῳ καὶ μόχθῳ, ἐν ἀγρυπνίαις **πολλάκις,** ἐν λιμῷ καὶ δίψει, ἐν νηστείαις **πολλάκις,** ἐν ψύχει καὶ γυμνότητι·
Php 3:18 πολλοὶ γὰρ περιπατοῦσιν οὓς **πολλάκις** ἔλεγον ὑμῖν, νῦν δὲ καὶ κλαίων λέγω,
2Ti 1:16 ὅτι **πολλάκις** με ἀνέψυξεν καὶ τὴν ἅλυσίν μου οὐκ ἐπαισχύνθη,
Heb 6: 7 γῆ γὰρ ἡ πιοῦσα τὸν ἐπ' αὐτῆς ἐρχόμενον **πολλάκις** ὑετὸν καὶ τίκτουσα βοτάνην εὔθετον ἐκείνοις δι' οὓς καὶ γεωργεῖται,
9:25 οὐδ' ἵνα **πολλάκις** προσφέρῃ ἑαυτόν, ὥσπερ ὁ ἀρχιερεὺς εἰσέρχεται εἰς τὰ ἅγια κατ' ἐνιαυτὸν ἐν αἵματι ἀλλοτρίῳ,
9:26 ἐπεὶ ἔδει αὐτὸν **πολλάκις** παθεῖν ἀπὸ καταβολῆς κόσμου·
10:11 Καὶ πᾶς μὲν ἱερεὺς ἕστηκεν καθ' ἡμέραν λειτουργῶν καὶ τὰς αὐτὰς **πολλάκις** προσφέρων θυσίας,

4491 πολλαπλασίων [1]

√ 4498

Lk 18:30 ὃς οὐχὶ μὴ [ἀπο]λάβῃ **πολλαπλασίονα** ἐν τῷ καιρῷ τούτῳ καὶ ἐν τῷ αἰῶνι τῷ ἐρχομένῳ ζωὴν αἰώνιον.

4492 πολυεύσπλαγχνος Not used in UBS/NIV

√ 4498 + 2292 + 5073

4493 πολύλαλος Not used in UBS/NIV

√ 4498 + 3281

4494 πολυλογία [1]

√ 4498 + 3306

Mt 6: 7 δοκοῦσιν γὰρ ὅτι ἐν τῇ **πολυλογίᾳ** αὐτῶν εἰσακουσθήσονται.

4495 πολυμερῶς [1]

√ 4498 + 3538

Heb 1: 1 **Πολυμερῶς** καὶ πολυτρόπως πάλαι ὁ θεὸς λαλήσας τοῖς πατράσιν ἐν τοῖς προφήταις

4496 πολυπλήθεια Not used in UBS/NIV

√ 4498 + 4398

4497 πολυποίκιλος [1]

√ 4498 + 4476

Eph 3:10 ἵνα γνωρισθῇ νῦν ταῖς ἀρχαῖς καὶ ταῖς ἐξουσίαις ἐν τοῖς ἐπουρανίοις διὰ τῆς ἐκκλησίας ἡ **πολυποίκιλος** σοφία τοῦ θεοῦ,

4498 πολύς [416 / 413]

→ 4102, 4490, 4491, 4492, 4493, 4494, 4495, 4496, 4497, 4499, 4500, 4501, 4502

comparative [54] Mt 5:20; 6:25; 12:41,42; 20:10; 21:36; 26:53; Mk 12:43; Lk 3:13; 7:42,43; 9:13; 11:31,32,53; 12:23; 21:3; Jn 4:1,41; 7:31; 15:2; 21:15; Ac 2:40; 4:17,22; 13:31; 15:28; 18:20; 19:32; 20:9; 21:10; 23:13,21; 24:4,11,17; 25:14; 27:12,20; 28:23; 1Co 9:19; 10:5; 15:6; 2Co 2:6; 4:15; 9:2; Php 1:14; 2Ti 2:16; 3:9; Heb 3:3,3; 7:23; 11:4; Rev 2:19

superlative [4] Mt 11:20; 21:8; Mk 4:1; 1Co 14:27

οἱ πολλοί [10] Mt 24:12; 1Co 10:33; Mk 9:26; Ro 5:15; Ro 5:15,19,19; 12:5; 1Co 10:17; 2Co 2:17

seq. **ἐκ** [9] Jn 6:60,66; 7:31; 10:20; 11:19,45; 12:9,42; Ac 17:12

with **ἡμέρα** [11] Lk 2:36; 7:21; 15:13; Jn 2:12; Ac 1:5; 13:31; 16:18; 21:10; 24:11; 25:14; 27:20

λύτρον ἀντὶ πολλῶν [2] Mt 20:28; Mk 10:45

περισσεύω πλεῖον [1] Mt 5:20

πολὺς μᾶλλον [14] Mt 6:30; Mk 10:48; Lk 18:39; Ro 5:9,10,15,17; 1Co 12:22; 2Co 3:9,11; Php 1:23; 2:12; Heb 12:9,25

πολύς ὄχλος [31] Mt 4:25; 8:1; 13:2; 14:14; 15:30; 19:2; 20:29; 21:8; 26:47; Mk 5:21,24; 6:34; 8:1; 9:14; 12:37; Lk 5:15,29; 6:17; 7:11; 8:4; 9:37; 14:25; Jn 6:2,5; 7:12; 12:9,12; Ac 6:7; Rev 7:9; 19:1,6

πολύς χρόνος [4] Mt 25:19; Lk 8:29; Jn 5:6; Ac 18:20

ὥρα πολλή [2] Mk 6:35,35

Mt 2:18 Φωνὴ ἐν Ῥαμὰ ἠκούσθη, κλαυθμὸς καὶ ὀδυρμὸς **πολύς·**
3: 7 Ἰδὼν δὲ **πολλοὺς** τῶν Φαρισαίων καὶ Σαδδουκαίων ἐρχομένους ἐπὶ τὸ βάπτισμα αὐτοῦ εἶπεν αὐτοῖς,
4:25 καὶ ἠκολούθησαν αὐτῷ ὄχλοι **πολλοὶ** ἀπὸ τῆς Γαλιλαίας καὶ Δεκαπόλεως καὶ Ἱεροσολύμων καὶ Ἰουδαίας
5:12 ὅτι ὁ μισθὸς ὑμῶν **πολὺς** ἐν τοῖς οὐρανοῖς·
5:20 λέγω γὰρ ὑμῖν ὅτι ἐὰν μὴ περισσεύσῃ ὑμῶν ἡ δικαιοσύνη **πλεῖον** τῶν γραμματέων καὶ Φαρισαίων,
6:25 οὐχὶ ἡ ψυχὴ **πλεῖόν** ἐστιν τῆς τροφῆς καὶ τὸ σῶμα τοῦ ἐνδύματος;
6:30 εἰ δὲ τὸν χόρτον τοῦ ἀγροῦ σήμερον ὄντα καὶ αὔριον εἰς κλίβανον βαλλόμενον ὁ θεὸς οὕτως ἀμφιέννυσιν, οὐ **πολλῷ** μᾶλλον ὑμᾶς, ὀλιγόπιστοι;
7:13 ὅτι πλατεῖα ἡ πύλη καὶ εὐρύχωρος ἡ ὁδὸς ἡ ἀπάγουσα εἰς τὴν ἀπώλειαν καὶ **πολλοί** εἰσιν οἱ εἰσερχόμενοι δι᾽ αὐτῆς·
7:22 **πολλοὶ** ἐροῦσίν μοι ἐν ἐκείνῃ τῇ ἡμέρᾳ, Κύριε κύριε, οὐ τῷ σῷ ὀνόματι ἐπροφητεύσαμεν, καὶ τῷ σῷ ὀνόματι δαιμόνια ἐξεβάλομεν, καὶ τῷ σῷ ὀνόματι δυνάμεις **πολλὰς** ἐποιήσαμεν;
8: 1 Καταβάντος δὲ αὐτοῦ ἀπὸ τοῦ ὄρους ἠκολούθησαν αὐτῷ ὄχλοι **πολλοί.**
8:11 λέγω δὲ ὑμῖν ὅτι **πολλοὶ** ἀπὸ ἀνατολῶν καὶ δυσμῶν ἥξουσιν καὶ ἀνακλιθήσονται μετὰ Ἀβραὰμ καὶ Ἰσαὰκ καὶ Ἰακὼβ
8:16 Ὀψίας δὲ γενομένης προσήνεγκαν αὐτῷ δαιμονιζομένους **πολλούς·** καὶ ἐξέβαλεν τὰ πνεύματα λόγῳ
8:30 ἦν δὲ μακρὰν ἀπ᾽ αὐτῶν ἀγέλη χοίρων **πολλῶν** βοσκομένη.
9:10 καὶ ἰδοὺ **πολλοὶ** τελῶναι καὶ ἁμαρτωλοὶ ἐλθόντες συνανέκειντο τῷ Ἰησοῦ καὶ τοῖς μαθηταῖς αὐτοῦ.
9:14 Διὰ τί ἡμεῖς καὶ οἱ Φαρισαῖοι νηστεύομεν [**πολλά,**[NIV-]]
9:37 Ὁ μὲν θερισμὸς **πολύς,** οἱ δὲ ἐργάται ὀλίγοι·
10:31 μὴ οὖν φοβεῖσθε· **πολλῶν** στρουθίων διαφέρετε ὑμεῖς.
11:20 Τότε ἤρξατο ὀνειδίζειν τὰς πόλεις ἐν αἷς ἐγένοντο αἱ **πλεῖσται** δυνάμεις αὐτοῦ,
12:15 καὶ ἠκολούθησαν αὐτῷ [ὄχλοι] **πολλοί,** καὶ ἐθεράπευσεν αὐτοὺς πάντας
12:41 ὅτι μετενόησαν εἰς τὸ κήρυγμα Ἰωνᾶ, καὶ ἰδοὺ **πλεῖον** Ἰωνᾶ ὧδε.
12:42 ὅτι ἦλθεν ἐκ τῶν περάτων τῆς γῆς ἀκοῦσαι τὴν σοφίαν Σολομῶνος, καὶ ἰδοὺ **πλεῖον** Σολομῶνος ὧδε.
13: 2 καὶ συνήχθησαν πρὸς αὐτὸν ὄχλοι **πολλοί,** ὥστε αὐτὸν εἰς πλοῖον ἐμβάντα καθῆσθαι,
13: 3 καὶ ἐλάλησεν αὐτοῖς **πολλὰ** ἐν παραβολαῖς λέγων, Ἰδοὺ ἐξῆλθεν ὁ σπείρων τοῦ σπείρειν.
13: 5 ἄλλα δὲ ἔπεσεν ἐπὶ τὰ πετρώδη ὅπου οὐκ εἶχεν γῆν **πολλήν,**
13:17 ἀμὴν γὰρ λέγω ὑμῖν ὅτι **πολλοὶ** προφῆται καὶ δίκαιοι ἐπεθύμησαν ἰδεῖν ἃ βλέπετε καὶ οὐκ εἶδαν,
13:58 καὶ οὐκ ἐποίησεν ἐκεῖ δυνάμεις **πολλὰς** διὰ τὴν ἀπιστίαν αὐτῶν.
14:14 καὶ ἐξελθὼν εἶδεν **πολὺν** ὄχλον καὶ ἐσπλαγχνίσθη ἐπ᾽ αὐτοῖς καὶ ἐθεράπευσεν τοὺς ἀρρώστους αὐτῶν.
14:24 τὸ δὲ πλοῖον ἤδη σταδίους **πολλοὺς** ἀπὸ τῆς γῆς ἀπεῖχεν βασανιζόμενον ὑπὸ τῶν κυμάτων,
15:30 καὶ προσῆλθον αὐτῷ ὄχλοι **πολλοὶ** ἔχοντες μεθ᾽ ἑαυτῶν χωλούς, τυφλούς, κυλλούς, κωφούς, καὶ ἑτέρους **πολλοὺς** καὶ ἔρριψαν αὐτοὺς παρὰ τοὺς πόδας αὐτοῦ,
16:21 Ἀπὸ τότε ἤρξατο ὁ Ἰησοῦς δεικνύειν τοῖς μαθηταῖς αὐτοῦ ὅτι δεῖ αὐτὸν εἰς Ἱεροσόλυμα ἀπελθεῖν καὶ **πολλὰ** παθεῖν
19: 2 ἠκολούθησαν αὐτῷ ὄχλοι **πολλοί,** καὶ ἐθεράπευσεν αὐτοὺς ἐκεῖ.
19:22 ἀκούσας δὲ ὁ νεανίσκος τὸν λόγον ἀπῆλθεν λυπούμενος· ἦν γὰρ ἔχων κτήματα **πολλά.**
19:30 **Πολλοὶ** δὲ ἔσονται πρῶτοι ἔσχατοι καὶ ἔσχατοι πρῶτοι.
20:10 καὶ ἐλθόντες οἱ πρῶτοι ἐνόμισαν ὅτι **πλεῖον** λήμψονται·
20:28 ὥσπερ ὁ υἱὸς τοῦ ἀνθρώπου οὐκ ἦλθεν διακονηθῆναι ἀλλὰ διακονῆσαι καὶ δοῦναι τὴν ψυχὴν αὐτοῦ λύτρον ἀντὶ **πολλῶν.**
20:29 Καὶ ἐκπορευομένων αὐτῶν ἀπὸ Ἰεριχὼ ἠκολούθησεν αὐτῷ ὄχλος **πολύς.**
21: 8 ὁ δὲ **πλεῖστος** ὄχλος ἔστρωσαν ἑαυτῶν τὰ ἱμάτια ἐν τῇ ὁδῷ,
21:36 πάλιν ἀπέστειλεν ἄλλους δούλους **πλείονας** τῶν πρώτων, καὶ ἐποίησαν αὐτοῖς ὡσαύτως.
22:14 **πολλοὶ** γάρ εἰσιν κλητοί, ὀλίγοι δὲ ἐκλεκτοί.
24: 5 **πολλοὶ** γὰρ ἐλεύσονται ἐπὶ τῷ ὀνόματί μου λέγοντες, Ἐγώ εἰμι ὁ Χριστός, καὶ **πολλοὺς** πλανήσουσιν.
24:10 καὶ τότε σκανδαλισθήσονται **πολλοὶ** καὶ ἀλλήλους παραδώσουσιν καὶ μισήσουσιν ἀλλήλους·
24:11 καὶ **πολλοὶ** ψευδοπροφῆται ἐγερθήσονται καὶ πλανήσουσιν **πολλούς·**
24:12 καὶ διὰ τὸ πληθυνθῆναι τὴν ἀνομίαν ψυγήσεται ἡ ἀγάπη τῶν **πολλῶν.**
24:30 καὶ ὄψονται τὸν υἱὸν τοῦ ἀνθρώπου ἐρχόμενον ἐπὶ τῶν νεφελῶν τοῦ οὐρανοῦ μετὰ δυνάμεως καὶ δόξης **πολλῆς·**
25:19 μετὰ δὲ **πολὺν** χρόνον ἔρχεται ὁ κύριος τῶν δούλων ἐκείνων καὶ συναίρει λόγον μετ᾽ αὐτῶν.
25:21 ἐπὶ ὀλίγα ἦς πιστός, ἐπὶ **πολλῶν** σε καταστήσω·
25:23 ἐπὶ ὀλίγα ἦς πιστός, ἐπὶ **πολλῶν** σε καταστήσω·
26: 9 ἐδύνατο γὰρ τοῦτο πραθῆναι **πολλοῦ** καὶ δοθῆναι πτωχοῖς.
26:28 τοῦτο γάρ ἐστιν τὸ αἷμά μου τῆς διαθήκης τὸ περὶ **πολλῶν** ἐκχυννόμενον εἰς ἄφεσιν ἁμαρτιῶν.
26:47 Καὶ ἔτι αὐτοῦ λαλοῦντος ἰδοὺ Ἰούδας εἷς τῶν δώδεκα ἦλθεν καὶ μετ᾽ αὐτοῦ ὄχλος **πολὺς** μετὰ μαχαιρῶν καὶ ξύλων
26:53 καὶ παραστήσει μοι ἄρτι **πλείω** δώδεκα λεγιῶνας ἀγγέλων;
26:60 καὶ οὐχ εὗρον **πολλῶν** προσελθόντων ψευδομαρτύρων. ὕστερον δὲ προσελθόντες δύο
27:19 **πολλὰ** γὰρ ἔπαθον σήμερον κατ᾽ ὄναρ δι᾽ αὐτόν.
27:52 καὶ τὰ μνημεῖα ἀνεῴχθησαν καὶ **πολλὰ** σώματα τῶν κεκοιμημένων ἁγίων ἠγέρθησαν,
27:53 καὶ ἐξελθόντες ἐκ τῶν μνημείων μετὰ τὴν ἔγερσιν αὐτοῦ εἰσῆλθον εἰς τὴν ἁγίαν πόλιν καὶ ἐνεφανίσθησαν **πολλοῖς.**
27:55 Ἦσαν δὲ ἐκεῖ γυναῖκες **πολλαὶ** ἀπὸ μακρόθεν θεωροῦσαι,
Mk 1:34 καὶ ἐθεράπευσεν **πολλοὺς** κακῶς ἔχοντας ποικίλαις νόσοις καὶ δαιμόνια **πολλὰ** ἐξέβαλεν καὶ οὐκ ἤφιεν λαλεῖν τὰ δαιμόνια,
1:45 ὁ δὲ ἐξελθὼν ἤρξατο κηρύσσειν **πολλὰ** καὶ διαφημίζειν τὸν λόγον,
2: 2 καὶ συνήχθησαν **πολλοὶ** ὥστε μηκέτι χωρεῖν μηδὲ τὰ πρὸς τὴν θύραν,
2:15 καὶ **πολλοὶ** τελῶναι καὶ ἁμαρτωλοὶ συνανέκειντο τῷ Ἰησοῦ καὶ τοῖς μαθηταῖς αὐτοῦ· ἦσαν γὰρ **πολλοὶ** καὶ ἠκολούθουν αὐτῷ.
3: 7 καὶ **πολὺ** πλῆθος ἀπὸ τῆς Γαλιλαίας [ἠκολούθησεν,] καὶ ἀπὸ τῆς Ἰουδαίας
3: 8 πλῆθος **πολὺ** ἀκούοντες ὅσα ἐποίει ἦλθον πρὸς αὐτόν.
3:10 **πολλοὺς** γὰρ ἐθεράπευσεν, ὥστε ἐπιπίπτειν αὐτῷ ἵνα αὐτοῦ ἅψωνται ὅσοι εἶχον μάστιγας.
3:12 καὶ **πολλὰ** ἐπετίμα αὐτοῖς ἵνα μὴ αὐτὸν φανερὸν ποιήσωσιν.
4: 1 καὶ συνάγεται πρὸς αὐτὸν ὄχλος **πλεῖστος,** ὥστε αὐτὸν εἰς πλοῖον ἐμβάντα καθῆσθαι ἐν τῇ θαλάσσῃ,
4: 2 καὶ ἐδίδασκεν αὐτοὺς ἐν παραβολαῖς **πολλά** καὶ ἔλεγεν αὐτοῖς ἐν τῇ διδαχῇ αὐτοῦ,
4: 5 καὶ ἄλλο ἔπεσεν ἐπὶ τὸ πετρῶδες ὅπου οὐκ εἶχεν γῆν **πολλήν,**
4:33 Καὶ τοιαύταις παραβολαῖς **πολλαῖς** ἐλάλει αὐτοῖς τὸν λόγον καθὼς ἠδύναντο ἀκούειν·
5: 9 καὶ λέγει αὐτῷ, Λεγιὼν ὄνομά μοι, ὅτι **πολλοί** ἐσμεν.
5:10 καὶ παρεκάλει αὐτὸν **πολλὰ** ἵνα μὴ αὐτὰ ἀποστείλῃ ἔξω τῆς χώρας.
5:21 Καὶ διαπεράσαντος τοῦ Ἰησοῦ [ἐν τῷ πλοίῳ] πάλιν εἰς τὸ πέραν συνήχθη ὄχλος **πολὺς** ἐπ᾽ αὐτόν,
5:23 καὶ παρακαλεῖ αὐτὸν **πολλὰ** λέγων ὅτι Τὸ θυγάτριόν μου ἐσχάτως ἔχει,
5:24 Καὶ ἠκολούθει αὐτῷ ὄχλος **πολὺς** καὶ συνέθλιβον αὐτόν.
5:26 καὶ **πολλὰ** παθοῦσα ὑπὸ **πολλῶν** ἰατρῶν καὶ δαπανήσασα τὰ παρ᾽ αὐτῆς πάντα καὶ μηδὲν ὠφεληθεῖσα ἀλλὰ μᾶλλον εἰς τὸ χεῖρον ἐλθοῦσα,
5:38 καὶ θεωρεῖ θόρυβον καὶ κλαίοντας καὶ ἀλαλάζοντας **πολλά,**
5:43 καὶ διεστείλατο αὐτοῖς **πολλὰ** ἵνα μηδεὶς γνοῖ τοῦτο,
6: 2 καὶ **πολλοὶ** ἀκούοντες ἐξεπλήσσοντο λέγοντες, Πόθεν τούτῳ ταῦτα,
6:13 καὶ δαιμόνια **πολλὰ** ἐξέβαλλον, καὶ ἤλειφον ἐλαίῳ **πολλοὺς** ἀρρώστους καὶ ἐθεράπευον.
6:20 καὶ συνετήρει αὐτόν, καὶ ἀκούσας αὐτοῦ **πολλὰ** ἠπόρει,
6:23 καὶ ὤμοσεν αὐτῇ [**πολλά,**][NIV-] Ὅ τι ἐάν με αἰτήσῃς δώσω σοι ἕως ἡμίσους τῆς βασιλείας μου.
6:31 ἦσαν γὰρ οἱ ἐρχόμενοι καὶ οἱ ὑπάγοντες **πολλοί,**

6:33 καὶ εἶδον αὐτοὺς ὑπάγοντας καὶ ἐπέγνωσαν **πολλοὶ** καὶ πεζῇ ἀπὸ πασῶν τῶν πόλεων συνέδραμον ἐκεῖ καὶ προῆλθον αὐτούς.
6:34 καὶ ἐξελθὼν εἶδεν **πολὺν** ὄχλον καὶ ἐσπλαγχνίσθη ἐπ' αὐτούς, ὅτι ἦσαν ὡς πρόβατα μὴ ἔχοντα ποιμένα, καὶ ἤρξατο διδάσκειν αὐτοὺς **πολλά.**
6:35 Καὶ ἤδη ὥρας **πολλῆς** γενομένης προσελθόντες αὐτῷ οἱ μαθηταὶ αὐτοῦ ἔλεγον ὅτι Ἔρημός ἐστιν ὁ τόπος καὶ ἤδη ὥρα **πολλή·**
7: 4 καὶ ἄλλα **πολλά** ἐστιν ἃ παρέλαβον κρατεῖν, βαπτισμοὺς ποτηρίων καὶ ξεστῶν καὶ χαλκίων [καὶ κλινῶν–]
7:13 ἀκυροῦντες τὸν λόγον τοῦ θεοῦ τῇ παραδόσει ὑμῶν ᾗ παρεδώκατε· καὶ παρόμοια τοιαῦτα **πολλὰ** ποιεῖτε.
8: 1 Ἐν ἐκείναις ταῖς ἡμέραις πάλιν **πολλοῦ** ὄχλου ὄντος καὶ μὴ ἐχόντων τί φάγωσιν,
8:31 Καὶ ἤρξατο διδάσκειν αὐτοὺς ὅτι δεῖ τὸν υἱὸν τοῦ ἀνθρώπου **πολλὰ** παθεῖν καὶ ἀποδοκιμασθῆναι ὑπὸ τῶν πρεσβυτέρων
9:12 καὶ πῶς γέγραπται ἐπὶ τὸν υἱὸν τοῦ ἀνθρώπου ἵνα **πολλὰ** πάθῃ καὶ ἐξουδενηθῇ;
9:14 Καὶ ἐλθόντες πρὸς τοὺς μαθητὰς εἶδον ὄχλον **πολὺν** περὶ αὐτοὺς καὶ γραμματεῖς συζητοῦντας πρὸς αὐτούς.
9:26 καὶ κράξας καὶ **πολλὰ** σπαράξας ἐξῆλθεν· καὶ ἐγένετο ὡσεὶ νεκρός, ὥστε τοὺς **πολλοὺς** λέγειν ὅτι ἀπέθανεν.
10:22 ὁ δὲ στυγνάσας ἐπὶ τῷ λόγῳ ἀπῆλθεν λυπούμενος· ἦν γὰρ ἔχων κτήματα **πολλά.**
10:31 **πολλοὶ** δὲ ἔσονται πρῶτοι ἔσχατοι καὶ [οἱ] ἔσχατοι πρῶτοι.
10:45 καὶ γὰρ ὁ υἱὸς τοῦ ἀνθρώπου οὐκ ἦλθεν διακονηθῆναι ἀλλὰ διακονῆσαι καὶ δοῦναι τὴν ψυχὴν αὐτοῦ λύτρον ἀντὶ **πολλῶν.**
10:48 καὶ ἐπετίμων αὐτῷ **πολλοὶ** ἵνα σιωπήσῃ· ὁ δὲ **πολλῷ** μᾶλλον ἔκραζεν, Υἱὲ Δαυίδ, ἐλέησόν με.
11: 8 καὶ **πολλοὶ** τὰ ἱμάτια αὐτῶν ἔστρωσαν εἰς τὴν ὁδόν,
12: 5 κἀκεῖνον ἀπέκτειναν, καὶ **πολλοὺς** ἄλλους, οὓς μὲν δέροντες,
12:27 οὐκ ἔστιν θεὸς νεκρῶν ἀλλὰ ζώντων· **πολὺ** πλανᾶσθε.
12:37 καὶ πόθεν αὐτοῦ ἐστιν υἱός; καὶ [ὁ] **πολὺς** ὄχλος ἤκουεν αὐτοῦ ἡδέως.
12:41 Καὶ καθίσας κατέναντι τοῦ γαζοφυλακίου ἐθεώρει πῶς ὁ ὄχλος βάλλει χαλκὸν εἰς τὸ γαζοφυλάκιον. καὶ **πολλοὶ** πλούσιοι ἔβαλλον **πολλά·**
12:43 Ἀμὴν λέγω ὑμῖν ὅτι ἡ χήρα αὕτη ἡ πτωχὴ **πλεῖον** πάντων ἔβαλεν τῶν βαλλόντων εἰς τὸ γαζοφυλάκιον·
13: 6 **πολλοὶ** ἐλεύσονται ἐπὶ τῷ ὀνόματί μου λέγοντες ὅτι Ἐγώ εἰμι, καὶ **πολλοὺς** πλανήσουσιν.
13:26 καὶ τότε ὄψονται τὸν υἱὸν τοῦ ἀνθρώπου ἐρχόμενον ἐν νεφέλαις μετὰ δυνάμεως **πολλῆς** καὶ δόξης.
14:24 Τοῦτό ἐστιν τὸ αἷμά μου τῆς διαθήκης τὸ ἐκχυννόμενον ὑπὲρ **πολλῶν.**
14:56 **πολλοὶ** γὰρ ἐψευδομαρτύρουν κατ' αὐτοῦ, καὶ ἴσαι αἱ μαρτυρίαι οὐκ ἦσαν.
15: 3 καὶ κατηγόρουν αὐτοῦ οἱ ἀρχιερεῖς **πολλά.**
15:41 καὶ ἄλλαι **πολλαὶ** αἱ συναναβᾶσαι αὐτῷ εἰς Ἱεροσόλυμα.

Lk 1: 1 Ἐπειδήπερ **πολλοὶ** ἐπεχείρησαν ἀνατάξασθαι διήγησιν περὶ τῶν πεπληροφορημένων ἐν ἡμῖν πραγμάτων,
1:14 καὶ ἔσται χαρά σοι καὶ ἀγαλλίασις καὶ **πολλοὶ** ἐπὶ τῇ γενέσει αὐτοῦ χαρήσονται.
1:16 καὶ **πολλοὺς** τῶν υἱῶν Ἰσραὴλ ἐπιστρέψει ἐπὶ κύριον τὸν θεὸν αὐτῶν.
2:34 Ἰδοὺ οὗτος κεῖται εἰς πτῶσιν καὶ ἀνάστασιν **πολλῶν** ἐν τῷ Ἰσραὴλ καὶ εἰς σημεῖον ἀντιλεγόμενον
2:35 –καὶ σοῦ [δὲ] αὐτῆς τὴν ψυχὴν διελεύσεται ῥομφαία–, ὅπως ἂν ἀποκαλυφθῶσιν ἐκ **πολλῶν** καρδιῶν διαλογισμοί.
2:36 αὕτη προβεβηκυῖα ἐν ἡμέραις **πολλαῖς,** ζήσασα μετὰ ἀνδρὸς ἔτη ἑπτὰ ἀπὸ τῆς παρθενίας αὐτῆς
3:13 ὁ δὲ εἶπεν πρὸς αὐτούς, Μηδὲν **πλέον** παρὰ τὸ διατεταγμένον ὑμῖν πράσσετε.
3:18 **Πολλὰ** μὲν οὖν καὶ ἕτερα παρακαλῶν εὐηγγελίζετο τὸν λαόν.
4:25 **πολλαὶ** χῆραι ἦσαν ἐν ταῖς ἡμέραις Ἠλίου ἐν τῷ Ἰσραήλ,
4:27 καὶ **πολλοὶ** λεπροὶ ἦσαν ἐν τῷ Ἰσραὴλ ἐπὶ Ἐλισαίου τοῦ προφήτου,
4:41 ἐξήρχετο δὲ καὶ δαιμόνια ἀπὸ **πολλῶν** κρ[αυγ]άζοντα καὶ λέγοντα ὅτι Σὺ εἶ ὁ υἱὸς τοῦ θεοῦ.
5: 6 καὶ τοῦτο ποιήσαντες συνέκλεισαν πλῆθος ἰχθύων **πολύ,** διερρήσσετο δὲ τὰ δίκτυα αὐτῶν.
5:15 καὶ συνήρχοντο ὄχλοι **πολλοὶ** ἀκούειν καὶ θεραπεύεσθαι ἀπὸ τῶν ἀσθενειῶν αὐτῶν·
5:29 καὶ ἦν ὄχλος **πολὺς** τελωνῶν καὶ ἄλλων οἳ ἦσαν μετ' αὐτῶν κατακείμενοι.
6:17 ἔστη ἐπὶ τόπου πεδινοῦ, καὶ ὄχλος **πολὺς** μαθητῶν αὐτοῦ, καὶ πλῆθος **πολὺ** τοῦ λαοῦ ἀπὸ πάσης τῆς Ἰουδαίας καὶ Ἰερουσαλὴμ καὶ τῆς παραλίου Τύρου καὶ Σιδῶνος,
6:23 ἰδοὺ γὰρ ὁ μισθὸς ὑμῶν **πολὺς** ἐν τῷ οὐρανῷ·
6:35 καὶ ἔσται ὁ μισθὸς ὑμῶν **πολύς,** καὶ ἔσεσθε υἱοὶ ὑψίστου,
7:11 Καὶ ἐγένετο ἐν τῷ ἑξῆς ἐπορεύθη εἰς πόλιν καλουμένην Ναῒν καὶ συνεπορεύοντο αὐτῷ οἱ μαθηταὶ αὐτοῦ καὶ ὄχλος **πολύς.**
7:21 ἐν ἐκείνῃ τῇ ὥρᾳ ἐθεράπευσεν **πολλοὺς** ἀπὸ νόσων καὶ μαστίγων καὶ πνευμάτων πονηρῶν καὶ τυφλοῖς **πολλοῖς** ἐχαρίσατο βλέπειν.
7:42 μὴ ἐχόντων αὐτῶν ἀποδοῦναι ἀμφοτέροις ἐχαρίσατο. τίς οὖν αὐτῶν **πλεῖον** ἀγαπήσει αὐτόν;
7:43 ἀποκριθεὶς Σίμων εἶπεν, Ὑπολαμβάνω ὅτι ᾧ τὸ **πλεῖον** ἐχαρίσατο.
7:47 ἀφέωνται αἱ ἁμαρτίαι αὐτῆς αἱ **πολλαί,** ὅτι ἠγάπησεν **πολύ·**
8: 3 καὶ Ἰωάννα γυνὴ Χουζᾶ ἐπιτρόπου Ἡρῴδου καὶ Σουσάννα καὶ ἕτεραι **πολλαί,**
8: 4 Συνιόντος δὲ ὄχλου **πολλοῦ** καὶ τῶν κατὰ πόλιν ἐπιπορευομένων πρὸς αὐτὸν εἶπεν διὰ παραβολῆς,
8:29 **πολλοῖς** γὰρ χρόνοις συνηρπάκει αὐτὸν καὶ ἐδεσμεύετο ἁλύσεσιν καὶ πέδαις φυλασσόμενος καὶ διαρρήσσων τὰ δεσμὰ
8:30 ὁ δὲ εἶπεν, Λεγιών, ὅτι εἰσῆλθεν δαιμόνια **πολλὰ** εἰς αὐτόν.
9:13 Οὐκ εἰσὶν ἡμῖν **πλεῖον** ἢ ἄρτοι πέντε καὶ ἰχθύες δύο,
9:22 εἰπὼν ὅτι Δεῖ τὸν υἱὸν τοῦ ἀνθρώπου **πολλὰ** παθεῖν καὶ ἀποδοκιμασθῆναι ἀπὸ τῶν πρεσβυτέρων καὶ ἀρχιερέων
9:37 Ἐγένετο δὲ τῇ ἑξῆς ἡμέρᾳ κατελθόντων αὐτῶν ἀπὸ τοῦ ὄρους συνήντησεν αὐτῷ ὄχλος **πολύς.**
10: 2 Ὁ μὲν θερισμὸς **πολύς,** οἱ δὲ ἐργάται ὀλίγοι·
10:24 λέγω γὰρ ὑμῖν ὅτι **πολλοὶ** προφῆται καὶ βασιλεῖς ἠθέλησαν ἰδεῖν ἃ ὑμεῖς βλέπετε καὶ οὐκ εἶδαν,
10:40 ἡ δὲ Μάρθα περιεσπᾶτο περὶ **πολλὴν** διακονίαν· ἐπιστᾶσα δὲ εἶπεν,
10:41 ἀποκριθεὶς δὲ εἶπεν αὐτῇ ὁ κύριος, Μάρθα Μάρθα, μεριμνᾷς καὶ θορυβάζῃ περὶ **πολλά,**
11:31 ὅτι ἦλθεν ἐκ τῶν περάτων τῆς γῆς ἀκοῦσαι τὴν σοφίαν Σολομῶνος, καὶ ἰδοὺ **πλεῖον** Σολομῶνος ὧδε.
11:32 ὅτι μετενόησαν εἰς τὸ κήρυγμα Ἰωνᾶ, καὶ ἰδοὺ **πλεῖον** Ἰωνᾶ ὧδε.
11:53 ἤρξαντο οἱ γραμματεῖς καὶ οἱ Φαρισαῖοι δεινῶς ἐνέχειν καὶ ἀποστοματίζειν αὐτὸν περὶ **πλειόνων,**
12: 7 ἀλλὰ καὶ αἱ τρίχες τῆς κεφαλῆς ὑμῶν πᾶσαι ἠρίθμηνται. μὴ φοβεῖσθε· **πολλῶν** στρουθίων διαφέρετε.
12:19 Ψυχή, ἔχεις **πολλὰ** ἀγαθὰ κείμενα εἰς ἔτη **πολλά·**
12:23 ἡ γὰρ ψυχὴ **πλεῖόν** ἐστιν τῆς τροφῆς καὶ τὸ σῶμα τοῦ ἐνδύματος.
12:47 δοῦλος ὁ γνοὺς τὸ θέλημα τοῦ κυρίου αὐτοῦ καὶ μὴ ἑτοιμάσας ἢ ποιήσας πρὸς τὸ θέλημα αὐτοῦ δαρήσεται **πολλάς·**
12:48 παντὶ δὲ ᾧ ἐδόθη **πολύ, πολὺ** ζητηθήσεται παρ' αὐτοῦ, καὶ ᾧ παρέθεντο **πολύ,** περισσότερον αἰτήσουσιν αὐτόν.
13:24 ὅτι **πολλοί,** λέγω ὑμῖν, ζητήσουσιν εἰσελθεῖν καὶ οὐκ ἰσχύσουσιν.
14:16 Ἄνθρωπός τις ἐποίει δεῖπνον μέγα, καὶ ἐκάλεσεν **πολλοὺς**
14:25 Συνεπορεύοντο δὲ αὐτῷ ὄχλοι **πολλοί,** καὶ στραφεὶς εἶπεν πρὸς αὐτούς,
15:13 καὶ μετ' οὐ **πολλὰς** ἡμέρας συναγαγὼν πάντα ὁ νεώτερος υἱὸς ἀπεδήμησεν εἰς χώραν μακρὰν καὶ ἐκεῖ διεσκόρπισεν
16:10 ὁ πιστὸς ἐν ἐλαχίστῳ καὶ ἐν **πολλῷ** πιστός ἐστιν, καὶ ὁ ἐν ἐλαχίστῳ ἄδικος καὶ ἐν **πολλῷ** ἄδικός ἐστιν.
17:25 πρῶτον δὲ δεῖ αὐτὸν **πολλὰ** παθεῖν καὶ ἀποδοκιμασθῆναι ἀπὸ τῆς γενεᾶς ταύτης.
18:39 αὐτὸς δὲ **πολλῷ** μᾶλλον ἔκραζεν, Υἱὲ Δαυίδ, ἐλέησόν με.
21: 3 Ἀληθῶς λέγω ὑμῖν ὅτι ἡ χήρα αὕτη ἡ πτωχὴ **πλεῖον** πάντων ἔβαλεν·
21: 8 **πολλοὶ** γὰρ ἐλεύσονται ἐπὶ τῷ ὀνόματί μου λέγοντες,
21:27 καὶ τότε ὄψονται τὸν υἱὸν τοῦ ἀνθρώπου ἐρχόμενον ἐν νεφέλῃ μετὰ δυνάμεως καὶ δόξης **πολλῆς.**
22:65 καὶ ἕτερα **πολλὰ** βλασφημοῦντες ἔλεγον εἰς αὐτόν.
23:27 Ἠκολούθει δὲ αὐτῷ **πολὺ** πλῆθος τοῦ λαοῦ καὶ γυναικῶν αἳ ἐκόπτοντο καὶ ἐθρήνουν αὐτόν.

Jn 2:12 αὐτὸς καὶ ἡ μήτηρ αὐτοῦ καὶ οἱ ἀδελφοὶ [αὐτοῦ] καὶ οἱ μαθηταὶ αὐτοῦ καὶ ἐκεῖ ἔμειναν οὐ **πολλὰς** ἡμέρας.
2:23 **πολλοὶ** ἐπίστευσαν εἰς τὸ ὄνομα αὐτοῦ θεωροῦντες αὐτοῦ τὰ σημεῖα ἃ ἐποίει·
3:23 ὅτι ὕδατα **πολλὰ** ἦν ἐκεῖ, καὶ παρεγίνοντο καὶ ἐβαπτίζοντο·
4: 1 Ὡς οὖν ἔγνω ὁ Ἰησοῦς ὅτι ἤκουσαν οἱ Φαρισαῖοι ὅτι Ἰησοῦς **πλείονας** μαθητὰς ποιεῖ καὶ βαπτίζει ἢ Ἰωάννης

4:39 Ἐκ δὲ τῆς πόλεως ἐκείνης **πολλοὶ** ἐπίστευσαν εἰς αὐτὸν τῶν Σαμαριτῶν διὰ τὸν λόγον τῆς γυναικὸς μαρτυρούσης
4:41 καὶ **πολλῷ πλείους** ἐπίστευσαν διὰ τὸν λόγον αὐτοῦ,
5:6 τοῦτον ἰδὼν ὁ Ἰησοῦς κατακείμενον καὶ γνοὺς ὅτι **πολὺν** ἤδη χρόνον ἔχει,
6:2 ἠκολούθει δὲ αὐτῷ ὄχλος **πολύς,** ὅτι ἐθεώρουν τὰ σημεῖα ἃ ἐποίει ἐπὶ τῶν ἀσθενούντων.
6:5 ἐπάρας οὖν τοὺς ὀφθαλμοὺς ὁ Ἰησοῦς καὶ θεασάμενος ὅτι **πολὺς** ὄχλος ἔρχεται πρὸς αὐτὸν λέγει πρὸς Φίλιππον,
6:10 Ποιήσατε τοὺς ἀνθρώπους ἀναπεσεῖν. ἦν δὲ χόρτος **πολὺς** ἐν τῷ τόπῳ.
6:60 **Πολλοὶ** οὖν ἀκούσαντες ἐκ τῶν μαθητῶν αὐτοῦ εἶπαν,
6:66 Ἐκ τούτου **πολλοὶ** [ἐκ] τῶν μαθητῶν αὐτοῦ ἀπῆλθον εἰς τὰ ὀπίσω καὶ οὐκέτι μετ᾽ αὐτοῦ περιεπάτουν.
7:12 καὶ γογγυσμὸς περὶ αὐτοῦ ἦν **πολὺς** ἐν τοῖς ὄχλοις·
7:31 Ἐκ τοῦ ὄχλου δὲ **πολλοὶ** ἐπίστευσαν εἰς αὐτὸν καὶ ἔλεγον, Ὁ Χριστὸς ὅταν ἔλθῃ μὴ **πλείονα** σημεῖα ποιήσει ὧν οὗτος ἐποίησεν;
8:26 **πολλὰ** ἔχω περὶ ὑμῶν λαλεῖν καὶ κρίνειν, ἀλλ᾽ ὁ πέμψας με ἀληθής ἐστιν,
8:30 Ταῦτα αὐτοῦ λαλοῦντος **πολλοὶ** ἐπίστευσαν εἰς αὐτόν.
10:20 ἔλεγον δὲ **πολλοὶ** ἐξ αὐτῶν, Δαιμόνιον ἔχει καὶ μαίνεται·
10:32 **Πολλὰ** ἔργα καλὰ ἔδειξα ὑμῖν ἐκ τοῦ πατρός·
10:41 καὶ **πολλοὶ** ἦλθον πρὸς αὐτὸν καὶ ἔλεγον ὅτι Ἰωάννης μὲν σημεῖον ἐποίησεν οὐδέν,
10:42 καὶ **πολλοὶ** ἐπίστευσαν εἰς αὐτὸν ἐκεῖ.
11:19 **πολλοὶ** δὲ ἐκ τῶν Ἰουδαίων ἐληλύθεισαν πρὸς τὴν Μάρθαν καὶ Μαριὰμ ἵνα παραμυθήσωνται αὐτὰς περὶ τοῦ ἀδελφοῦ.
11:45 **Πολλοὶ** οὖν ἐκ τῶν Ἰουδαίων οἱ ἐλθόντες πρὸς τὴν Μαριὰμ καὶ θεασάμενοι ἃ ἐποίησεν ἐπίστευσαν εἰς αὐτόν·
11:47 Τί ποιοῦμεν ὅτι οὗτος ὁ ἄνθρωπος **πολλὰ** ποιεῖ σημεῖα;
11:55 καὶ ἀνέβησαν **πολλοὶ** εἰς Ἱεροσόλυμα ἐκ τῆς χώρας πρὸ τοῦ πάσχα ἵνα ἁγνίσωσιν ἑαυτούς.
12:9 Ἔγνω οὖν [ὁ] ὄχλος **πολὺς** ἐκ τῶν Ἰουδαίων ὅτι ἐκεῖ ἐστιν καὶ ἦλθον οὐ διὰ τὸν Ἰησοῦν μόνον,
12:11 ὅτι **πολλοὶ** δι᾽ αὐτὸν ὑπῆγον τῶν Ἰουδαίων καὶ ἐπίστευον εἰς τὸν Ἰησοῦν.
12:12 Τῇ ἐπαύριον ὁ ὄχλος **πολὺς** ὁ ἐλθὼν εἰς τὴν ἑορτήν,
12:24 αὐτὸς μόνος μένει· ἐὰν δὲ ἀποθάνῃ, **πολὺν** καρπὸν φέρει.
12:42 ὅμως μέντοι καὶ ἐκ τῶν ἀρχόντων **πολλοὶ** ἐπίστευσαν εἰς αὐτόν,
14:2 ἐν τῇ οἰκίᾳ τοῦ πατρός μου μοναὶ **πολλαί** εἰσιν·
14:30 οὐκέτι **πολλὰ** λαλήσω μεθ᾽ ὑμῶν, ἔρχεται γὰρ ὁ τοῦ κόσμου ἄρχων·
15:2 πᾶν τὸ καρπὸν φέρον καθαίρει αὐτὸ ἵνα καρπὸν **πλείονα** φέρῃ.
15:5 ὁ μένων ἐν ἐμοὶ κἀγὼ ἐν αὐτῷ οὗτος φέρει καρπὸν **πολύν,**
15:8 ἵνα καρπὸν **πολὺν** φέρητε καὶ γένησθε ἐμοὶ μαθηταί.
16:12 Ἔτι **πολλὰ** ἔχω ὑμῖν λέγειν, ἀλλ᾽ οὐ δύνασθε βαστάζειν ἄρτι·
19:20 τοῦτον οὖν τὸν τίτλον **πολλοὶ** ἀνέγνωσαν τῶν Ἰουδαίων,
20:30 **Πολλὰ** μὲν οὖν καὶ ἄλλα σημεῖα ἐποίησεν ὁ Ἰησοῦς ἐνώπιον τῶν μαθητῶν [αὐτοῦ,]
21:15 Ὅτε οὖν ἠρίστησαν λέγει τῷ Σίμωνι Πέτρῳ ὁ Ἰησοῦς, Σίμων Ἰωάννου, ἀγαπᾷς με **πλέον** τούτων;
21:25 Ἔστιν δὲ καὶ ἄλλα **πολλὰ** ἃ ἐποίησεν ὁ Ἰησοῦς,
Ac 1:3 οἷς καὶ παρέστησεν ἑαυτὸν ζῶντα μετὰ τὸ παθεῖν αὐτὸν ἐν **πολλοῖς** τεκμηρίοις,
1:5 ὑμεῖς δὲ ἐν πνεύματι βαπτισθήσεσθε ἁγίῳ οὐ μετὰ **πολλὰς** ταύτας ἡμέρας.
2:40 ἑτέροις τε λόγοις **πλείοσιν** διεμαρτύρατο καὶ παρεκάλει αὐτοὺς λέγων,
2:43 **πολλά** τε τέρατα καὶ σημεῖα διὰ τῶν ἀποστόλων ἐγίνετο.
4:4 **πολλοὶ** δὲ τῶν ἀκουσάντων τὸν λόγον ἐπίστευσαν, καὶ ἐγενήθη [ὁ] ἀριθμὸς τῶν ἀνδρῶν [ὡς] χιλιάδες πέντε.
4:17 ἀλλ᾽ ἵνα μὴ ἐπὶ **πλεῖον** διανεμηθῇ εἰς τὸν λαὸν ἀπειλησώμεθα αὐτοῖς μηκέτι λαλεῖν ἐπὶ τῷ ὀνόματι τούτῳ μηδενὶ ἀνθρώπων.
4:22 ἐτῶν γὰρ ἦν **πλειόνων** τεσσεράκοντα ὁ ἄνθρωπος ἐφ᾽ ὃν γεγόνει τὸ σημεῖον τοῦτο τῆς ἰάσεως.
5:12 Διὰ δὲ τῶν χειρῶν τῶν ἀποστόλων ἐγίνετο σημεῖα καὶ τέρατα **πολλὰ** ἐν τῷ λαῷ.
6:7 **πολύς** τε ὄχλος τῶν ἱερέων ὑπήκουον τῇ πίστει.
8:7 **πολλοὶ** γὰρ τῶν ἐχόντων πνεύματα ἀκάθαρτα βοῶντα φωνῇ μεγάλῃ ἐξήρχοντο, **πολλοὶ** δὲ παραλελυμένοι καὶ χωλοὶ ἐθεραπεύθησαν·
8:8 ἐγένετο δὲ **πολλὴ** χαρὰ ἐν τῇ πόλει ἐκείνῃ.
8:25 καὶ λαλήσαντες τὸν λόγον τοῦ κυρίου ὑπέστρεφον εἰς Ἱεροσόλυμα, **πολλάς** τε κώμας τῶν Σαμαριτῶν εὐηγγελίζοντο.
9:13 ἤκουσα ἀπὸ **πολλῶν** περὶ τοῦ ἀνδρὸς τούτου ὅσα κακὰ τοῖς ἁγίοις σου ἐποίησεν ἐν Ἰερουσαλήμ·
9:42 γνωστὸν δὲ ἐγένετο καθ᾽ ὅλης τῆς Ἰόππης καὶ ἐπίστευσαν **πολλοὶ** ἐπὶ τὸν κύριον.
10:2 ποιῶν ἐλεημοσύνας **πολλὰς** τῷ λαῷ καὶ δεόμενος τοῦ θεοῦ διὰ παντός,
10:27 καὶ συνομιλῶν αὐτῷ εἰσῆλθεν καὶ εὑρίσκει συνεληλυθότας **πολλούς,**
11:21 **πολύς** τε ἀριθμὸς ὁ πιστεύσας ἐπέστρεψεν ἐπὶ τὸν κύριον.
13:31 ὃς ὤφθη ἐπὶ ἡμέρας **πλείους** τοῖς συναναβᾶσιν αὐτῷ ἀπὸ τῆς Γαλιλαίας εἰς Ἰερουσαλήμ,
13:43 λυθείσης δὲ τῆς συναγωγῆς ἠκολούθησαν **πολλοὶ** τῶν Ἰουδαίων καὶ τῶν σεβομένων προσηλύτων τῷ Παύλῳ καὶ τῷ Βαρναβᾷ,
14:1 εἰς τὴν συναγωγὴν τῶν Ἰουδαίων καὶ λαλῆσαι οὕτως ὥστε πιστεῦσαι Ἰουδαίων τε καὶ Ἑλλήνων **πολὺ** πλῆθος.
14:22 παρακαλοῦντες ἐμμένειν τῇ πίστει καὶ ὅτι διὰ **πολλῶν** θλίψεων δεῖ ἡμᾶς εἰσελθεῖν εἰς τὴν βασιλείαν τοῦ θεοῦ.
15:7 **πολλῆς** δὲ ζητήσεως γενομένης ἀναστὰς Πέτρος εἶπεν πρὸς αὐτούς,
15:28 ἔδοξεν γὰρ τῷ πνεύματι τῷ ἁγίῳ καὶ ἡμῖν μηδὲν **πλέον** ἐπιτίθεσθαι ὑμῖν βάρος πλὴν τούτων τῶν ἐπάναγκες,
15:32 Ἰούδας τε καὶ Σιλᾶς καὶ αὐτοὶ προφῆται ὄντες διὰ λόγου **πολλοῦ** παρεκάλεσαν τοὺς ἀδελφοὺς καὶ ἐπεστήριξαν,
15:35 Παῦλος δὲ καὶ Βαρναβᾶς διέτριβον ἐν Ἀντιοχείᾳ διδάσκοντες καὶ εὐαγγελιζόμενοι μετὰ καὶ ἑτέρων **πολλῶν** τὸν λόγον
16:16 ἥτις ἐργασίαν **πολλὴν** παρεῖχεν τοῖς κυρίοις αὐτῆς μαντευομένη.
16:18 τοῦτο δὲ ἐποίει ἐπὶ **πολλὰς** ἡμέρας. διαπονηθεὶς δὲ Παῦλος καὶ ἐπιστρέψας τῷ πνεύματι εἶπεν,
16:23 **πολλάς** τε ἐπιθέντες αὐτοῖς πληγὰς ἔβαλον εἰς φυλακὴν παραγγείλαντες τῷ δεσμοφύλακι ἀσφαλῶς τηρεῖν αὐτούς.
17:4 τῶν τε σεβομένων Ἑλλήνων πλῆθος **πολύ,** γυναικῶν τε τῶν πρώτων οὐκ ὀλίγαι.
17:12 **πολλοὶ** μὲν οὖν ἐξ αὐτῶν ἐπίστευσαν καὶ τῶν Ἑλληνίδων γυναικῶν τῶν εὐσχημόνων καὶ ἀνδρῶν οὐκ ὀλίγοι.
18:8 καὶ **πολλοὶ** τῶν Κορινθίων ἀκούοντες ἐπίστευον καὶ ἐβαπτίζοντο.
18:10 διότι λαός ἐστί μοι **πολὺς** ἐν τῇ πόλει ταύτῃ.
18:20 ἐρωτώντων δὲ αὐτῶν ἐπὶ **πλείονα** χρόνον μεῖναι οὐκ ἐπένευσεν,
18:27 ὃς παραγενόμενος συνεβάλετο **πολὺ** τοῖς πεπιστευκόσιν διὰ τῆς χάριτος·
19:18 **πολλοί** τε τῶν πεπιστευκότων ἤρχοντο ἐξομολογούμενοι καὶ ἀναγγέλλοντες τὰς πράξεις αὐτῶν.
19:32 ἦν γὰρ ἡ ἐκκλησία συγκεχυμένη καὶ οἱ **πλείους** οὐκ ᾔδεισαν τίνος ἕνεκα συνεληλύθεισαν.
20:2 διελθὼν δὲ τὰ μέρη ἐκεῖνα καὶ παρακαλέσας αὐτοὺς λόγῳ **πολλῷ** ἦλθεν εἰς τὴν Ἑλλάδα
20:9 καταφερόμενος ὕπνῳ βαθεῖ διαλεγομένου τοῦ Παύλου ἐπὶ **πλεῖον,**
21:10 ἐπιμενόντων δὲ ἡμέρας **πλείους** κατῆλθέν τις ἀπὸ τῆς Ἰουδαίας προφήτης ὀνόματι Ἅγαβος,
21:40 **πολλῆς** δὲ σιγῆς γενομένης προσεφώνησεν τῇ Ἑβραΐδι διαλέκτῳ λέγων,
22:28 ἀπεκρίθη δὲ ὁ χιλίαρχος, Ἐγὼ **πολλοῦ** κεφαλαίου τὴν πολιτείαν ταύτην ἐκτησάμην.
23:10 **Πολλῆς** δὲ γινομένης στάσεως φοβηθεὶς ὁ χιλίαρχος μὴ διασπασθῇ ὁ Παῦλος ὑπ᾽ αὐτῶν ἐκέλευσεν τὸ στράτευμα
23:13 ἦσαν δὲ **πλείους** τεσσεράκοντα οἱ ταύτην τὴν συνωμοσίαν ποιησάμενοι,
23:21 ἐνεδρεύουσιν γὰρ αὐτὸν ἐξ αὐτῶν ἄνδρες **πλείους** τεσσεράκοντα,
24:2 **Πολλῆς** εἰρήνης τυγχάνοντες διὰ σοῦ καὶ διορθωμάτων γινομένων τῷ ἔθνει τούτῳ διὰ τῆς σῆς προνοίας,
24:4 ἵνα δὲ μὴ ἐπὶ **πλεῖόν** σε ἐγκόπτω, παρακαλῶ ἀκοῦσαί σε ἡμῶν συντόμως τῇ σῇ ἐπιεικείᾳ.
24:10 Ἐκ **πολλῶν** ἐτῶν ὄντα σε κριτὴν τῷ ἔθνει τούτῳ ἐπιστάμενος εὐθύμως τὰ περὶ ἐμαυτοῦ ἀπολογοῦμαι,
24:11 δυναμένου σου ἐπιγνῶναι ὅτι οὐ **πλείους** εἰσίν μοι ἡμέραι δώδεκα ἀφ᾽ ἧς ἀνέβην προσκυνήσων εἰς Ἰερουσαλήμ.
24:17 δι᾽ ἐτῶν δὲ **πλειόνων** ἐλεημοσύνας ποιήσων εἰς τὸ ἔθνος μου παρεγενόμην καὶ προσφοράς,
25:6 Διατρίψας δὲ ἐν αὐτοῖς ἡμέρας οὐ **πλείους**[NIV-] ὀκτὼ ἢ δέκα,
25:7 οἱ ἀπὸ Ἱεροσολύμων καταβεβηκότες Ἰουδαῖοι **πολλὰ** καὶ βαρέα αἰτιώματα καταφέροντες ἃ οὐκ ἴσχυον ἀποδεῖξαι,
25:14 ὡς δὲ **πλείους** ἡμέρας διέτριβον ἐκεῖ, ὁ Φῆστος τῷ βασιλεῖ ἀνέθετο τὰ κατὰ τὸν Παῦλον λέγων,

25:23 Τῇ οὖν ἐπαύριον ἐλθόντος τοῦ Ἀγρίππα καὶ τῆς Βερνίκης μετὰ **πολλῆς** φαντασίας καὶ εἰσελθόντων εἰς τὸ ἀκροατήριον
26: 9 ἐγὼ μὲν οὖν ἔδοξα ἐμαυτῷ πρὸς τὸ ὄνομα Ἰησοῦ τοῦ Ναζωραίου δεῖν **πολλὰ** ἐναντία πρᾶξαι,
26:10 καὶ **πολλούς** τε τῶν ἁγίων ἐγὼ ἐν φυλακαῖς κατέκλεισα τὴν παρὰ τῶν ἀρχιερέων ἐξουσίαν λαβὼν ἀναιρουμένων τε αὐτῶν κατήνεγκα ψῆφον.
26:24 Παῦλε· τὰ **πολλά** σε γράμματα εἰς μανίαν περιτρέπει.
27:10 θεωρῶ ὅτι μετὰ ὕβρεως καὶ **πολλῆς** ζημίας οὐ μόνον τοῦ φορτίου καὶ τοῦ πλοίου ἀλλὰ καὶ τῶν ψυχῶν ἡμῶν
27:12 ἀνευθέτου δὲ τοῦ λιμένος ὑπάρχοντος πρὸς παραχειμασίαν οἱ **πλείονες** ἔθεντο βουλὴν ἀναχθῆναι ἐκεῖθεν,
27:14 μετ' οὐ **πολὺ** δὲ ἔβαλεν κατ' αὐτῆς ἄνεμος τυφωνικὸς ὁ καλούμενος Εὐρακύλων·
27:20 μήτε δὲ ἡλίου μήτε ἄστρων ἐπιφαινόντων ἐπὶ **πλείονας** ἡμέρας,
27:21 **Πολλῆς** τε ἀσιτίας ὑπαρχούσης τότε σταθεὶς ὁ Παῦλος ἐν μέσῳ αὐτῶν εἶπεν,
28: 6 ἐπὶ **πολὺ** δὲ αὐτῶν προσδοκώντων καὶ θεωρούντων μηδὲν ἄτοπον εἰς αὐτὸν γινόμενον μεταβαλόμενοι ἔλεγον αὐτὸν εἶναι θεόν.
28:10 οἳ καὶ **πολλαῖς** τιμαῖς ἐτίμησαν ἡμᾶς καὶ ἀναγομένοις ἐπέθεντο τὰ πρὸς τὰς χρείας.
28:23 ἦλθον πρὸς αὐτὸν εἰς τὴν ξενίαν **πλείονες** οἷς ἐξετίθετο διαμαρτυρόμενος τὴν βασιλείαν τοῦ θεοῦ,
Ro 3: 2 **πολὺ** κατὰ πάντα τρόπον. πρῶτον μὲν [γὰρ] ὅτι ἐπιστεύθησαν τὰ λόγια τοῦ θεοῦ.
4:17 καθὼς γέγραπται ὅτι Πατέρα **πολλῶν** ἐθνῶν τέθεικά σε,
4:18 ὃς παρ' ἐλπίδα ἐπ' ἐλπίδι ἐπίστευσεν εἰς τὸ γενέσθαι αὐτὸν πατέρα **πολλῶν** ἐθνῶν κατὰ τὸ εἰρημένον,
5: 9 **πολλῷ** οὖν μᾶλλον δικαιωθέντες νῦν ἐν τῷ αἵματι αὐτοῦ σωθησόμεθα δι' αὐτοῦ ἀπὸ τῆς ὀργῆς.
5:10 **πολλῷ** μᾶλλον καταλλαγέντες σωθησόμεθα ἐν τῇ ζωῇ αὐτοῦ·
5:15 εἰ γὰρ τῷ τοῦ ἑνὸς παραπτώματι οἱ **πολλοὶ** ἀπέθανον, **πολλῷ** μᾶλλον ἡ χάρις τοῦ θεοῦ καὶ ἡ δωρεὰ ἐν χάριτι τῇ τοῦ ἑνὸς ἀνθρώπου Ἰησοῦ Χριστοῦ εἰς τοὺς **πολλοὺς** ἐπερίσσευσεν.
5:16 τὸ δὲ χάρισμα ἐκ **πολλῶν** παραπτωμάτων εἰς δικαίωμα.
5:17 **πολλῷ** μᾶλλον οἱ τὴν περισσείαν τῆς χάριτος καὶ τῆς δωρεᾶς τῆς δικαιοσύνης λαμβάνοντες ἐν ζωῇ βασιλεύσουσιν διὰ τοῦ ἑνὸς Ἰησοῦ Χριστοῦ.
5:19 ὥσπερ γὰρ διὰ τῆς παρακοῆς τοῦ ἑνὸς ἀνθρώπου ἁμαρτωλοὶ κατεστάθησαν οἱ **πολλοί,** οὕτως καὶ διὰ τῆς ὑπακοῆς τοῦ ἑνὸς δίκαιοι κατασταθήσονται οἱ **πολλοί.**
8:29 εἰς τὸ εἶναι αὐτὸν πρωτότοκον ἐν **πολλοῖς** ἀδελφοῖς·
9:22 εἰ δὲ θέλων ὁ θεὸς ἐνδείξασθαι τὴν ὀργὴν καὶ γνωρίσαι τὸ δυνατὸν αὐτοῦ ἤνεγκεν ἐν **πολλῇ** μακροθυμίᾳ σκεύη ὀργῆς κατηρτισμένα εἰς ἀπώλειαν,
12: 4 καθάπερ γὰρ ἐν ἑνὶ σώματι **πολλὰ** μέλη ἔχομεν,
12: 5 οὕτως οἱ **πολλοὶ** ἓν σῶμά ἐσμεν ἐν Χριστῷ,
15:22 Διὸ καὶ ἐνεκοπτόμην τὰ **πολλὰ** τοῦ ἐλθεῖν πρὸς ὑμᾶς·
15:23 ἐπιποθίαν δὲ ἔχων τοῦ ἐλθεῖν πρὸς ὑμᾶς ἀπὸ **πολλῶν** ἐτῶν,
16: 2 καὶ γὰρ αὐτὴ προστάτις **πολλῶν** ἐγενήθη καὶ ἐμοῦ αὐτοῦ.
16: 6 ἀσπάσασθε Μαρίαν, ἥτις **πολλὰ** ἐκοπίασεν εἰς ὑμᾶς.
16:12 ἀσπάσασθε Περσίδα τὴν ἀγαπητήν, ἥτις **πολλὰ** ἐκοπίασεν ἐν κυρίῳ.
1Co 1:26 ἀδελφοί, ὅτι οὐ **πολλοὶ** σοφοὶ κατὰ σάρκα, οὐ **πολλοὶ** δυνατοί, οὐ **πολλοὶ** εὐγενεῖς·
2: 3 κἀγὼ ἐν ἀσθενείᾳ καὶ ἐν φόβῳ καὶ ἐν τρόμῳ **πολλῷ** ἐγενόμην πρὸς ὑμᾶς,
4:15 ἐὰν γὰρ μυρίους παιδαγωγοὺς ἔχητε ἐν Χριστῷ ἀλλ' οὐ **πολλοὺς** πατέρας·
8: 5 καὶ γὰρ εἴπερ εἰσὶν λεγόμενοι θεοὶ εἴτε ἐν οὐρανῷ εἴτε ἐπὶ γῆς, ὥσπερ εἰσὶν θεοὶ **πολλοὶ** καὶ κύριοι **πολλοί,**
9:19 Ἐλεύθερος γὰρ ὢν ἐκ πάντων πᾶσιν ἐμαυτὸν ἐδούλωσα, ἵνα τοὺς **πλείονας** κερδήσω·
10: 5 ἀλλ' οὐκ ἐν τοῖς **πλείοσιν** αὐτῶν εὐδόκησεν ὁ θεός,
10:17 ὅτι εἷς ἄρτος, ἓν σῶμα οἱ **πολλοί** ἐσμεν,
10:33 καθὼς κἀγὼ πάντα πᾶσιν ἀρέσκω μὴ ζητῶν τὸ ἐμαυτοῦ σύμφορον ἀλλὰ τὸ τῶν **πολλῶν,**
11:30 διὰ τοῦτο ἐν ὑμῖν **πολλοὶ** ἀσθενεῖς καὶ ἄρρωστοι καὶ κοιμῶνται ἱκανοί.
12:12 Καθάπερ γὰρ τὸ σῶμα ἕν ἐστιν καὶ μέλη **πολλὰ** ἔχει, πάντα δὲ τὰ μέλη τοῦ σώματος **πολλὰ** ὄντα ἕν ἐστιν σῶμα,
12:14 καὶ γὰρ τὸ σῶμα οὐκ ἔστιν ἓν μέλος ἀλλὰ **πολλά.**
12:20 νῦν δὲ **πολλὰ** μὲν μέλη, ἓν δὲ σῶμα.
12:22 ἀλλὰ **πολλῷ** μᾶλλον τὰ δοκοῦντα μέλη τοῦ σώματος ἀσθενέστερα ὑπάρχειν ἀναγκαῖά ἐστιν,
14:27 κατὰ δύο ἢ τὸ **πλεῖστον** τρεῖς καὶ ἀνὰ μέρος,
15: 6 ἐξ ὧν οἱ **πλείονες** μένουσιν ἕως ἄρτι, τινὲς δὲ ἐκοιμήθησαν·
16: 9 θύρα γάρ μοι ἀνέῳγεν μεγάλη καὶ ἐνεργής, καὶ ἀντικείμενοι **πολλοί.**
16:12 Περὶ δὲ Ἀπολλῶ τοῦ ἀδελφοῦ, **πολλὰ** παρεκάλεσα αὐτόν,
16:19 ἀσπάζεται ὑμᾶς ἐν κυρίῳ **πολλὰ** Ἀκύλας καὶ Πρίσκα σὺν τῇ κατ' οἶκον αὐτῶν ἐκκλησίᾳ.
2Co 1:11 ἵνα ἐκ **πολλῶν** προσώπων τὸ εἰς ἡμᾶς χάρισμα διὰ **πολλῶν** εὐχαριστηθῇ ὑπὲρ ἡμῶν.
2: 4 ἐκ γὰρ **πολλῆς** θλίψεως καὶ συνοχῆς καρδίας ἔγραψα ὑμῖν διὰ **πολλῶν** δακρύων,
2: 6 ἱκανὸν τῷ τοιούτῳ ἡ ἐπιτιμία αὕτη ἡ ὑπὸ τῶν **πλειόνων,**
2:17 οὐ γάρ ἐσμεν ὡς οἱ **πολλοὶ** καπηλεύοντες τὸν λόγον τοῦ θεοῦ,
3: 9 **πολλῷ** μᾶλλον περισσεύει ἡ διακονία τῆς δικαιοσύνης δόξῃ.
3:11 εἰ γὰρ τὸ καταργούμενον διὰ δόξης, **πολλῷ** μᾶλλον τὸ μένον ἐν δόξῃ.
3:12 Ἔχοντες οὖν τοιαύτην ἐλπίδα **πολλῇ** παρρησίᾳ χρώμεθα
4:15 ἵνα ἡ χάρις πλεονάσασα διὰ τῶν **πλειόνων** τὴν εὐχαριστίαν περισσεύσῃ εἰς τὴν δόξαν τοῦ θεοῦ.
6: 4 ἐν ὑπομονῇ **πολλῇ,** ἐν θλίψεσιν, ἐν ἀνάγκαις, ἐν στενοχωρίαις,
6:10 ὡς λυπούμενοι ἀεὶ δὲ χαίροντες, ὡς πτωχοὶ **πολλοὺς** δὲ πλουτίζοντες,
7: 4 **πολλή** μοι παρρησία πρὸς ὑμᾶς, **πολλή** μοι καύχησις ὑπὲρ ὑμῶν·
8: 2 ὅτι ἐν **πολλῇ** δοκιμῇ θλίψεως ἡ περισσεία τῆς χαρᾶς αὐτῶν καὶ ἡ κατὰ βάθους πτωχεία αὐτῶν ἐπερίσσευσεν εἰς τὸ πλοῦτος τῆς ἁπλότητος αὐτῶν·
8: 4 μετὰ **πολλῆς** παρακλήσεως δεόμενοι ἡμῶν τὴν χάριν καὶ τὴν κοινωνίαν τῆς διακονίας τῆς εἰς τοὺς ἁγίους,
8:15 καθὼς γέγραπται, Ὁ τὸ **πολὺ** οὐκ ἐπλεόνασεν, καὶ ὁ τὸ ὀλίγον οὐκ ἠλαττόνησεν.
8:22 συνεπέμψαμεν δὲ αὐτοῖς τὸν ἀδελφὸν ἡμῶν ὃν ἐδοκιμάσαμεν ἐν **πολλοῖς** πολλάκις σπουδαῖον ὄντα, νυνὶ δὲ **πολὺ** σπουδαιότερον πεποιθήσει **πολλῇ** τῇ εἰς ὑμᾶς.
9: 2 ὅτι Ἀχαΐα παρεσκεύασται ἀπὸ πέρυσι, καὶ τὸ ὑμῶν ζῆλος ἠρέθισεν τοὺς **πλείονας.**
9:12 ἀλλὰ καὶ περισσεύουσα διὰ **πολλῶν** εὐχαριστιῶν τῷ θεῷ·
11:18 ἐπεὶ **πολλοὶ** καυχῶνται κατὰ σάρκα, κἀγὼ καυχήσομαι.
12:21 μὴ πάλιν ἐλθόντος μου ταπεινώσῃ με ὁ θεός μου πρὸς ὑμᾶς καὶ πενθήσω **πολλοὺς** τῶν προημαρτηκότων
Gal 1:14 καὶ προέκοπτον ἐν τῷ Ἰουδαϊσμῷ ὑπὲρ **πολλοὺς** συνηλικιώτας ἐν τῷ γένει μου,
3:16 Καὶ τοῖς σπέρμασιν, ὡς ἐπὶ **πολλῶν** ἀλλ' ὡς ἐφ' ἑνός,
4:27 ὅτι **πολλὰ** τὰ τέκνα τῆς ἐρήμου μᾶλλον ἢ τῆς ἐχούσης τὸν ἄνδρα.
Eph 2: 4 διὰ τὴν **πολλὴν** ἀγάπην αὐτοῦ ἣν ἠγάπησεν ἡμᾶς,
Php 1:14 καὶ τοὺς **πλείονας** τῶν ἀδελφῶν ἐν κυρίῳ πεποιθότας τοῖς δεσμοῖς μου περισσοτέρως τολμᾶν ἀφόβως τὸν λόγον λαλεῖν.
1:23 τὴν ἐπιθυμίαν ἔχων εἰς τὸ ἀναλῦσαι καὶ σὺν Χριστῷ εἶναι, **πολλῷ** [γὰρ] μᾶλλον κρεῖσσον·
2:12 μὴ ὡς ἐν τῇ παρουσίᾳ μου μόνον ἀλλὰ νῦν **πολλῷ** μᾶλλον ἐν τῇ ἀπουσίᾳ μου,
3:18 **πολλοὶ** γὰρ περιπατοῦσιν οὓς πολλάκις ἔλεγον ὑμῖν, νῦν δὲ καὶ κλαίων λέγω,
Col 4:13 μαρτυρῶ γὰρ αὐτῷ ὅτι ἔχει **πολὺν** πόνον ὑπὲρ ὑμῶν καὶ τῶν ἐν Λαοδικείᾳ καὶ τῶν ἐν Ἱεραπόλει.
1Th 1: 5 ὅτι τὸ εὐαγγέλιον ἡμῶν οὐκ ἐγενήθη εἰς ὑμᾶς ἐν λόγῳ μόνον ἀλλὰ καὶ ἐν δυνάμει καὶ ἐν πνεύματι ἁγίῳ καὶ [ἐν] πληροφορίᾳ **πολλῇ,**
1: 6 δεξάμενοι τὸν λόγον ἐν θλίψει **πολλῇ** μετὰ χαρᾶς πνεύματος ἁγίου,
2: 2 ἐν Φιλίπποις ἐπαρρησιασάμεθα ἐν τῷ θεῷ ἡμῶν λαλῆσαι πρὸς ὑμᾶς τὸ εὐαγγέλιον τοῦ θεοῦ ἐν **πολλῷ** ἀγῶνι.
2:17 περισσοτέρως ἐσπουδάσαμεν τὸ πρόσωπον ὑμῶν ἰδεῖν ἐν **πολλῇ** ἐπιθυμίᾳ.
1Ti 3: 8 μὴ διλόγους, μὴ οἴνῳ **πολλῷ** προσέχοντας, μὴ αἰσχροκερδεῖς,
3:13 καλῶς διακονήσαντες βαθμὸν ἑαυτοῖς καλὸν περιποιοῦνται καὶ **πολλὴν** παρρησίαν ἐν πίστει τῇ ἐν Χριστῷ Ἰησοῦ.
6: 9 οἱ δὲ βουλόμενοι πλουτεῖν ἐμπίπτουσιν εἰς πειρασμὸν καὶ παγίδα καὶ ἐπιθυμίας **πολλὰς** ἀνοήτους καὶ βλαβεράς,
6:10 ἧς τινες ὀρεγόμενοι ἀπεπλανήθησαν ἀπὸ τῆς πίστεως καὶ ἑαυτοὺς περιέπειραν ὀδύναις **πολλαῖς.**
6:12 εἰς ἣν ἐκλήθης καὶ ὡμολόγησας τὴν καλὴν ὁμολογίαν ἐνώπιον **πολλῶν** μαρτύρων.

2Ti 2: 2 καὶ ἃ ἤκουσας παρ᾽ ἐμοῦ διὰ **πολλῶν** μαρτύρων,
2: 16 τὰς δὲ βεβήλους κενοφωνίας περιΐστασο· ἐπὶ **πλεῖον** γὰρ προκόψουσιν ἀσεβείας
3: 9 ἀλλ᾽ οὐ προκόψουσιν ἐπὶ **πλεῖον·** ἡ γὰρ ἄνοια αὐτῶν ἔκδηλος ἔσται πᾶσιν,
4: 14 Ἀλέξανδρος ὁ χαλκεὺς **πολλά** μοι κακὰ ἐνεδείξατο· ἀποδώσει αὐτῷ ὁ κύριος κατὰ τὰ ἔργα αὐτοῦ·
Tit 1: 10 Εἰσὶν γὰρ **πολλοὶ** [καὶ] ἀνυπότακτοι, ματαιολόγοι καὶ φρεναπάται,
2: 3 πρεσβύτιδας ὡσαύτως ἐν καταστήματι ἱεροπρεπεῖς, μὴ διαβόλους μηδὲ οἴνῳ **πολλῷ** δεδουλωμένας, καλοδιδασκάλους,
Phm 1: 7 χαρὰν γὰρ **πολλὴν** ἔσχον καὶ παράκλησιν ἐπὶ τῇ ἀγάπῃ σου,
1: 8 Διὸ **πολλὴν** ἐν Χριστῷ παρρησίαν ἔχων ἐπιτάσσειν σοι τὸ ἀνῆκον
Heb 2: 10 **πολλοὺς** υἱοὺς εἰς δόξαν ἀγαγόντα τὸν ἀρχηγὸν τῆς σωτηρίας αὐτῶν διὰ παθημάτων τελειῶσαι.
3: 3 **πλείονος** γὰρ οὗτος δόξης παρὰ Μωϋσῆν ἠξίωται, καθ᾽ ὅσον **πλείονα** τιμὴν ἔχει τοῦ οἴκου ὁ κατασκευάσας αὐτόν·
5: 11 Περὶ οὗ **πολὺς** ἡμῖν ὁ λόγος καὶ δυσερμήνευτος λέγειν,
7: 23 καὶ οἱ μὲν **πλείονές** εἰσιν γεγονότες ἱερεῖς διὰ τὸ θανάτῳ κωλύεσθαι παραμένειν·
9: 28 οὕτως καὶ ὁ Χριστὸς ἅπαξ προσενεχθεὶς εἰς τὸ **πολλῶν** ἀνενεγκεῖν ἁμαρτίας,
10: 32 Ἀναμιμνῄσκεσθε δὲ τὰς πρότερον ἡμέρας, ἐν αἷς φωτισθέντες **πολλὴν** ἄθλησιν ὑπεμείνατε παθημάτων,
11: 4 Πίστει **πλείονα** θυσίαν Ἅβελ παρὰ Κάϊν προσήνεγκεν τῷ θεῷ,
12: 9 οὐ **πολὺ** [δὲ] μᾶλλον ὑποταγησόμεθα τῷ πατρὶ τῶν πνευμάτων καὶ ζήσομεν;
12: 15 μή τις ῥίζα πικρίας ἄνω φύουσα ἐνοχλῇ καὶ δι᾽ αὐτῆς μιανθῶσιν **πολλοί,**
12: 25 **πολὺ** μᾶλλον ἡμεῖς οἱ τὸν ἀπ᾽ οὐρανῶν ἀποστρεφόμενοι,
Jas 3: 1 Μὴ **πολλοὶ** διδάσκαλοι γίνεσθε, ἀδελφοί μου, εἰδότες ὅτι μεῖζον κρίμα λημψόμεθα.
3: 2 **πολλὰ** γὰρ πταίομεν ἅπαντες. εἴ τις ἐν λόγῳ οὐ πταίει,
5: 16 ἐξομολογεῖσθε οὖν ἀλλήλοις τὰς ἁμαρτίας καὶ εὔχεσθε ὑπὲρ ἀλλήλων ὅπως ἰαθῆτε. **πολὺ** ἰσχύει δέησις δικαίου ἐνεργουμένη.
1Pe 1: 3 ὁ κατὰ τὸ **πολὺ** αὐτοῦ ἔλεος ἀναγεννήσας ἡμᾶς εἰς ἐλπίδα ζῶσαν δι᾽ ἀναστάσεως Ἰησοῦ Χριστοῦ ἐκ νεκρῶν,
2Pe 2: 2 καὶ **πολλοὶ** ἐξακολουθήσουσιν αὐτῶν ταῖς ἀσελγείαις δι᾽ οὓς ἡ ὁδὸς τῆς ἀληθείας βλασφημηθήσεται,
1Jn 2: 18 καὶ νῦν ἀντίχριστοι **πολλοὶ** γεγόνασιν, ὅθεν γινώσκομεν ὅτι ἐσχάτη ὥρα ἐστίν.
4: 1 ἀλλὰ δοκιμάζετε τὰ πνεύματα εἰ ἐκ τοῦ θεοῦ ἐστιν, ὅτι **πολλοὶ** ψευδοπροφῆται ἐξεληλύθασιν εἰς τὸν κόσμον.
2Jn 1: 7 ὅτι **πολλοὶ** πλάνοι ἐξῆλθον εἰς τὸν κόσμον, οἱ μὴ ὁμολογοῦντες Ἰησοῦν Χριστὸν ἐρχόμενον ἐν σαρκί·
1: 12 **Πολλὰ** ἔχων ὑμῖν γράφειν οὐκ ἐβουλήθην διὰ χάρτου καὶ μέλανος,
3Jn 1: 13 **Πολλὰ** εἶχον γράψαι σοι ἀλλ᾽ οὐ θέλω διὰ μέλανος καὶ καλάμου σοι γράφειν·
Rev 1: 15 καὶ οἱ πόδες αὐτοῦ ὅμοιοι χαλκολιβάνῳ ὡς ἐν καμίνῳ πεπυρωμένης καὶ ἡ φωνὴ αὐτοῦ ὡς φωνὴ ὑδάτων **πολλῶν,**
2: 19 καὶ τὰ ἔργα σου τὰ ἔσχατα **πλείονα** τῶν πρώτων.
5: 4 καὶ ἔκλαιον **πολύ,** ὅτι οὐδεὶς ἄξιος εὑρέθη ἀνοῖξαι τὸ βιβλίον οὔτε βλέπειν αὐτό.
5: 11 καὶ ἤκουσα φωνὴν ἀγγέλων **πολλῶν** κύκλῳ τοῦ θρόνου καὶ τῶν ζῴων καὶ τῶν πρεσβυτέρων,
7: 9 Μετὰ ταῦτα εἶδον, καὶ ἰδοὺ ὄχλος **πολύς,** ὃν ἀριθμῆσαι αὐτὸν οὐδεὶς ἐδύνατο,
8: 3 Καὶ ἄλλος ἄγγελος ἦλθεν καὶ ἐστάθη ἐπὶ τοῦ θυσιαστηρίου ἔχων λιβανωτὸν χρυσοῦν, καὶ ἐδόθη αὐτῷ θυμιάματα **πολλά,**
8: 11 καὶ ἐγένετο τὸ τρίτον τῶν ὑδάτων εἰς ἄψινθον καὶ **πολλοὶ** τῶν ἀνθρώπων ἀπέθανον ἐκ τῶν ὑδάτων ὅτι ἐπικράνθησαν.
9: 9 καὶ ἡ φωνὴ τῶν πτερύγων αὐτῶν ὡς φωνὴ ἁρμάτων ἵππων **πολλῶν** τρεχόντων εἰς πόλεμον,
10: 11 Δεῖ σε πάλιν προφητεῦσαι ἐπὶ λαοῖς καὶ ἔθνεσιν καὶ γλώσσαις καὶ βασιλεῦσιν **πολλοῖς.**
14: 2 καὶ ἤκουσα φωνὴν ἐκ τοῦ οὐρανοῦ ὡς φωνὴν ὑδάτων **πολλῶν** καὶ ὡς φωνὴν βροντῆς μεγάλης,
17: 1 δείξω σοι τὸ κρίμα τῆς πόρνης τῆς μεγάλης τῆς καθημένης ἐπὶ ὑδάτων **πολλῶν,**
19: 1 Μετὰ ταῦτα ἤκουσα ὡς φωνὴν μεγάλην ὄχλου **πολλοῦ** ἐν τῷ οὐρανῷ λεγόντων,
19: 6 καὶ ἤκουσα ὡς φωνὴν ὄχλου **πολλοῦ** καὶ ὡς φωνὴν ὑδάτων **πολλῶν** καὶ ὡς φωνὴν βροντῶν ἰσχυρῶν λεγόντων,
19: 12 οἱ δὲ ὀφθαλμοὶ αὐτοῦ [ὡς] φλὸξ πυρός, καὶ ἐπὶ τὴν κεφαλὴν αὐτοῦ διαδήματα **πολλά,**

4499 πολύσπλαγχνος [1]

√ *4498 + 5073*

Jas 5: 11 τὴν ὑπομονὴν Ἰὼβ ἠκούσατε καὶ τὸ τέλος κυρίου εἴδετε, ὅτι **πολύσπλαγχνός** ἐστιν ὁ κύριος καὶ οἰκτίρμων.

4500 πολυτελής [3]

√ *4498 + 5465*

Mk 14: 3 κατακειμένου αὐτοῦ ἦλθεν γυνὴ ἔχουσα ἀλάβαστρον μύρου νάρδου πιστικῆς **πολυτελοῦς,**
1Ti 2: 9 μὴ ἐν πλέγμασιν καὶ χρυσίῳ ἢ μαργαρίταις ἢ ἱματισμῷ **πολυτελεῖ,**
1Pe 3: 4 ἀλλ᾽ ὁ κρυπτὸς τῆς καρδίας ἄνθρωπος ἐν τῷ ἀφθάρτῳ τοῦ πραέως καὶ ἡσυχίου πνεύματος, ὅ ἐστιν ἐνώπιον τοῦ θεοῦ **πολυτελές.**

4501 πολύτιμος [3]

√ *4498 + 5507*

Mt 13: 46 εὑρὼν δὲ ἕνα **πολύτιμον** μαργαρίτην ἀπελθὼν πέπρακεν πάντα ὅσα εἶχεν καὶ ἠγόρασεν αὐτόν.
Jn 12: 3 ἡ οὖν Μαριὰμ λαβοῦσα λίτραν μύρου νάρδου πιστικῆς **πολυτίμου** ἤλειψεν τοὺς πόδας τοῦ Ἰησοῦ καὶ ἐξέμαξεν ταῖς θριξὶν αὐτῆς τοὺς πόδας αὐτοῦ·
1Pe 1: 7 ἵνα τὸ δοκίμιον ὑμῶν τῆς πίστεως **πολυτιμότερον** χρυσίου τοῦ ἀπολλυμένου διὰ πυρὸς δὲ δοκιμαζομένου,

4502 πολυτρόπως [1]

√ *4498 + 5572*

Heb 1: 1 Πολυμερῶς καὶ **πολυτρόπως** πάλαι ὁ θεὸς λαλήσας τοῖς πατράσιν ἐν τοῖς προφήταις

4503 πόμα [2]

√ *4403*

1Co 10: 4 καὶ πάντες τὸ αὐτὸ πνευματικὸν ἔπιον **πόμα·** ἔπινον γὰρ ἐκ πνευματικῆς ἀκολουθούσης πέτρας,
Heb 9: 10 μόνον ἐπὶ βρώμασιν καὶ **πόμασιν** καὶ διαφόροις βαπτισμοῖς,

4504 πονηρία [7]

√ *4505*

Mt 22: 18 γνοὺς δὲ ὁ Ἰησοῦς τὴν **πονηρίαν** αὐτῶν εἶπεν,
Mk 7: 22 μοιχεῖαι, πλεονεξίαι, **πονηρίαι,** δόλος, ἀσέλγεια, ὀφθαλμὸς πονηρός, βλασφημία,
Lk 11: 39 τὸ δὲ ἔσωθεν ὑμῶν γέμει ἁρπαγῆς καὶ **πονηρίας.**
Ac 3: 26 ὑμῖν πρῶτον ἀναστήσας ὁ θεὸς τὸν παῖδα αὐτοῦ ἀπέστειλεν αὐτὸν εὐλογοῦντα ὑμᾶς ἐν τῷ ἀποστρέφειν ἕκαστον ἀπὸ τῶν **πονηριῶν** ὑμῶν.
Ro 1: 29 πεπληρωμένους πάσῃ ἀδικίᾳ **πονηρίᾳ** πλεονεξίᾳ κακίᾳ, μεστοὺς φθόνου φόνου ἔριδος δόλου κακοηθείας,
1Co 5: 8 ὥστε ἑορτάζωμεν μὴ ἐν ζύμῃ παλαιᾷ μηδὲ ἐν ζύμῃ κακίας καὶ **πονηρίας** ἀλλ᾽ ἐν ἀζύμοις εἰλικρινείας καὶ ἀληθείας.
Eph 6: 12 πρὸς τὰ πνευματικὰ τῆς **πονηρίας** ἐν τοῖς ἐπουρανίοις.

4505 πονηρός [78]

→ *4504; cf. 4506*

ὁ πονηρός [18] Mt 5:37,39; 6:13; 13:19,38; Lk 6:45,45,45; Jn 17:15; Ro 12:9; 1Co 5:13; Eph 6:16; 2Th 3:3; 1Jn 2:13,14; 3:12; 5:18,19

καλός ... πονηρός [3] Mt 7:17,18; 13:38

πονηρὰ καὶ μοιχαλὶς [2] Mt 12:39; 16:4

πονηρός δοῦλος [3] Mt 18:32; 25:26; Lk 19:22

πονηρός ἔργον [6] Jn 3:19; 7:7; Col 1:21; 2Ti 4:18; 1Jn 3:12; 2Jn 1:11

πονηρός ... ἡμέρα [2] Eph 5:16; 6:13

πονηρός καρπός [2] Mt 7:17,18

πονηρός ὀφθαλμός [4] Mt 6:23; 20:15; Mk 7:22; Lk 11:34

πονηρός πνεῦμα [8] Mt 12:45; Lk 7:21; 8:2; 11:26; Ac 19:12,13,15,16

πονηρότερα [2] Mt 12:45; Lk 11:26

οἱ υἱοὶ τοῦ πονηροῦ [1] Mt 13:38

Mt 5:11 μακάριοί ἐστε ὅταν ὀνειδίσωσιν ὑμᾶς καὶ διώξωσιν καὶ εἴπωσιν πᾶν **πονηρὸν** καθ' ὑμῶν [ψευδόμενοι] ἕνεκεν ἐμοῦ.
5:37 τὸ δὲ περισσὸν τούτων ἐκ τοῦ **πονηροῦ** ἐστιν.
5:39 ἐγὼ δὲ λέγω ὑμῖν μὴ ἀντιστῆναι τῷ **πονηρῷ·**
5:45 ὅτι τὸν ἥλιον αὐτοῦ ἀνατέλλει ἐπὶ **πονηροὺς** καὶ ἀγαθοὺς καὶ βρέχει ἐπὶ δικαίους καὶ ἀδίκους.
6:13 καὶ μὴ εἰσενέγκῃς ἡμᾶς εἰς πειρασμόν, ἀλλὰ ῥῦσαι ἡμᾶς ἀπὸ τοῦ **πονηροῦ.**
6:23 ἐὰν δὲ ὁ ὀφθαλμός σου **πονηρὸς** ᾖ, ὅλον τὸ σῶμά σου σκοτεινὸν ἔσται.
7:11 εἰ οὖν ὑμεῖς **πονηροὶ** ὄντες οἴδατε δόματα ἀγαθὰ διδόναι τοῖς τέκνοις ὑμῶν,
7:17 οὕτως πᾶν δένδρον ἀγαθὸν καρποὺς καλοὺς ποιεῖ, τὸ δὲ σαπρὸν δένδρον καρποὺς **πονηροὺς** ποιεῖ.
7:18 οὐ δύναται δένδρον ἀγαθὸν καρποὺς **πονηροὺς** ποιεῖν οὐδὲ δένδρον σαπρὸν καρποὺς καλοὺς ποιεῖν.
9: 4 καὶ ἰδὼν ὁ Ἰησοῦς τὰς ἐνθυμήσεις αὐτῶν εἶπεν, Ἱνατί ἐνθυμεῖσθε **πονηρὰ** ἐν ταῖς καρδίαις ὑμῶν;
12:34 γεννήματα ἐχιδνῶν, πῶς δύνασθε ἀγαθὰ λαλεῖν **πονηροὶ** ὄντες;
12:35 καὶ ὁ **πονηρὸς** ἄνθρωπος ἐκ τοῦ **πονηροῦ** θησαυροῦ ἐκβάλλει **πονηρά.**
12:39 ὁ δὲ ἀποκριθεὶς εἶπεν αὐτοῖς, Γενεὰ **πονηρὰ** καὶ μοιχαλὶς σημεῖον ἐπιζητεῖ,
12:45 τότε πορεύεται καὶ παραλαμβάνει μεθ' ἑαυτοῦ ἑπτὰ ἕτερα πνεύματα **πονηρότερα** ἑαυτοῦ καὶ εἰσελθόντα κατοικεῖ ἐκεῖ· καὶ γίνεται τὰ ἔσχατα τοῦ ἀνθρώπου ἐκείνου χείρονα τῶν πρώτων. οὕτως ἔσται καὶ τῇ γενεᾷ ταύτῃ τῇ **πονηρᾷ.**
13:19 παντὸς ἀκούοντος τὸν λόγον τῆς βασιλείας καὶ μὴ συνιέντος ἔρχεται ὁ **πονηρὸς** καὶ ἁρπάζει τὸ ἐσπαρμένον ἐν τῇ καρδίᾳ
13:38 τὰ δὲ ζιζάνιά εἰσιν οἱ υἱοὶ τοῦ **πονηροῦ,**
13:49 ἐξελεύσονται οἱ ἄγγελοι καὶ ἀφοριοῦσιν τοὺς **πονηροὺς** ἐκ μέσου τῶν δικαίων
15:19 ἐκ γὰρ τῆς καρδίας ἐξέρχονται διαλογισμοὶ **πονηροί,** φόνοι,
16: 4 Γενεὰ **πονηρὰ** καὶ μοιχαλὶς σημεῖον ἐπιζητεῖ, καὶ σημεῖον οὐ δοθήσεται αὐτῇ εἰ μὴ τὸ σημεῖον Ἰωνᾶ.
18:32 Δοῦλε **πονηρέ,** πᾶσαν τὴν ὀφειλὴν ἐκείνην ἀφῆκά σοι,
20:15 ἢ ὁ ὀφθαλμός σου **πονηρός** ἐστιν ὅτι ἐγὼ ἀγαθός εἰμι;
22:10 καὶ ἐξελθόντες οἱ δοῦλοι ἐκεῖνοι εἰς τὰς ὁδοὺς συνήγαγον πάντας οὓς εὗρον, **πονηρούς** τε καὶ ἀγαθούς·
25:26 ἀποκριθεὶς δὲ ὁ κύριος αὐτοῦ εἶπεν αὐτῷ, **Πονηρὲ** δοῦλε καὶ ὀκνηρέ,

Mk 7:22 πονηρίαι, δόλος, ἀσέλγεια, ὀφθαλμὸς **πονηρός,** βλασφημία, ὑπερηφανία, ἀφροσύνη·
7:23 πάντα ταῦτα τὰ **πονηρὰ** ἔσωθεν ἐκπορεύεται καὶ κοινοῖ τὸν ἄνθρωπον.

Lk 3:19 περὶ Ἡρῳδιάδος τῆς γυναικὸς τοῦ ἀδελφοῦ αὐτοῦ καὶ περὶ πάντων ὧν ἐποίησεν **πονηρῶν** ὁ Ἡρῴδης,
6:22 μακάριοί ἐστε ὅταν μισήσωσιν ὑμᾶς οἱ ἄνθρωποι καὶ ὅταν ἀφορίσωσιν ὑμᾶς καὶ ὀνειδίσωσιν καὶ ἐκβάλωσιν τὸ ὄνομα ὑμῶν ὡς **πονηρὸν** ἕνεκα τοῦ υἱοῦ τοῦ ἀνθρώπου·
6:35 ὅτι αὐτὸς χρηστός ἐστιν ἐπὶ τοὺς ἀχαρίστους καὶ **πονηρούς.**
6:45 καὶ ὁ **πονηρὸς** ἐκ τοῦ **πονηροῦ** προφέρει τὸ **πονηρόν·**
7:21 ἐθεράπευσεν πολλοὺς ἀπὸ νόσων καὶ μαστίγων καὶ πνευμάτων **πονηρῶν** καὶ τυφλοῖς πολλοῖς ἐχαρίσατο βλέπειν.
8: 2 καὶ γυναῖκές τινες αἳ ἦσαν τεθεραπευμέναι ἀπὸ πνευμάτων **πονηρῶν** καὶ ἀσθενειῶν,
11:13 εἰ οὖν ὑμεῖς **πονηροὶ** ὑπάρχοντες οἴδατε δόματα ἀγαθὰ διδόναι τοῖς τέκνοις ὑμῶν,
11:26 τότε πορεύεται καὶ παραλαμβάνει ἕτερα πνεύματα **πονηρότερα** ἑαυτοῦ ἑπτὰ καὶ εἰσελθόντα κατοικεῖ ἐκεῖ·
11:29 Τῶν δὲ ὄχλων ἐπαθροιζομένων ἤρξατο λέγειν, Ἡ γενεὰ αὕτη γενεὰ **πονηρά** ἐστιν·
11:34 ἐπὰν δὲ **πονηρὸς** ᾖ, καὶ τὸ σῶμά σου σκοτεινόν.
19:22 Ἐκ τοῦ στόματός σου κρίνω σε, **πονηρὲ** δοῦλε.

Jn 3:19 ὅτι τὸ φῶς ἐλήλυθεν εἰς τὸν κόσμον καὶ ἠγάπησαν οἱ ἄνθρωποι μᾶλλον τὸ σκότος ἢ τὸ φῶς· ἦν γὰρ αὐτῶν **πονηρὰ** τὰ ἔργα.
7: 7 ὅτι ἐγὼ μαρτυρῶ περὶ αὐτοῦ ὅτι τὰ ἔργα αὐτοῦ **πονηρά** ἐστιν.
17:15 οὐκ ἐρωτῶ ἵνα ἄρῃς αὐτοὺς ἐκ τοῦ κόσμου, ἀλλ' ἵνα τηρήσῃς αὐτοὺς ἐκ τοῦ **πονηροῦ.**

Ac 17: 5 Ζηλώσαντες δὲ οἱ Ἰουδαῖοι καὶ προσλαβόμενοι τῶν ἀγοραίων ἄνδρας τινὰς **πονηροὺς** καὶ ὀχλοποιήσαντες ἐθορύβουν
18:14 Εἰ μὲν ἦν ἀδίκημά τι ἢ ῥᾳδιούργημα **πονηρόν,**
19:12 ὥστε καὶ ἐπὶ τοὺς ἀσθενοῦντας ἀποφέρεσθαι ἀπὸ τοῦ χρωτὸς αὐτοῦ σουδάρια ἢ σιμικίνθια καὶ ἀπαλλάσσεσθαι ἀπ' αὐτῶν τὰς νόσους, τά τε πνεύματα τὰ **πονηρὰ** ἐκπορεύεσθαι.
19:13 ἐπεχείρησαν δέ τινες καὶ τῶν περιερχομένων Ἰουδαίων ἐξορκιστῶν ὀνομάζειν ἐπὶ τοὺς ἔχοντας τὰ πνεύματα τὰ **πονηρὰ** τὸ ὄνομα τοῦ κυρίου Ἰησοῦ λέγοντες,
19:15 ἀποκριθὲν δὲ τὸ πνεῦμα τὸ **πονηρὸν** εἶπεν αὐτοῖς,
19:16 καὶ ἐφαλόμενος ὁ ἄνθρωπος ἐπ' αὐτοὺς ἐν ᾧ ἦν τὸ πνεῦμα τὸ **πονηρόν,**
25:18 περὶ οὗ σταθέντες οἱ κατήγοροι οὐδεμίαν αἰτίαν ἔφερον ὧν ἐγὼ ὑπενόουν **πονηρῶν,**
28:21 περὶ σοῦ ἐδεξάμεθα ἀπὸ τῆς Ἰουδαίας οὔτε παραγενόμενός τις τῶν ἀδελφῶν ἀπήγγειλεν ἢ ἐλάλησέν τι περὶ σοῦ **πονηρόν.**

Ro 12: 9 Ἡ ἀγάπη ἀνυπόκριτος. ἀποστυγοῦντες τὸ **πονηρόν,** κολλώμενοι τῷ ἀγαθῷ,

1Co 5:13 τοὺς δὲ ἔξω ὁ θεὸς κρινεῖ. ἐξάρατε τὸν **πονηρὸν** ἐξ ὑμῶν αὐτῶν.

Gal 1: 4 ὅπως ἐξέληται ἡμᾶς ἐκ τοῦ αἰῶνος τοῦ ἐνεστῶτος **πονηροῦ** κατὰ τὸ θέλημα τοῦ θεοῦ καὶ πατρὸς ἡμῶν,

Eph 5:16 ἐξαγοραζόμενοι τὸν καιρόν, ὅτι αἱ ἡμέραι **πονηραί** εἰσιν.
6:13 ἵνα δυνηθῆτε ἀντιστῆναι ἐν τῇ ἡμέρᾳ τῇ **πονηρᾷ** καὶ ἅπαντα κατεργασάμενοι στῆναι.
6:16 ἐν ᾧ δυνήσεσθε πάντα τὰ βέλη τοῦ **πονηροῦ** [τὰ] πεπυρωμένα σβέσαι·

Col 1:21 Καὶ ὑμᾶς ποτε ὄντας ἀπηλλοτριωμένους καὶ ἐχθροὺς τῇ διανοίᾳ ἐν τοῖς ἔργοις τοῖς **πονηροῖς,**

1Th 5:22 ἀπὸ παντὸς εἴδους **πονηροῦ** ἀπέχεσθε.

2Th 3: 2 καὶ ἵνα ῥυσθῶμεν ἀπὸ τῶν ἀτόπων καὶ **πονηρῶν** ἀνθρώπων·
3: 3 ὃς στηρίξει ὑμᾶς καὶ φυλάξει ἀπὸ τοῦ **πονηροῦ.**

1Ti 6: 4 ἐξ ὧν γίνεται φθόνος ἔρις βλασφημίαι, ὑπόνοιαι **πονηραί,**

2Ti 3:13 **πονηροὶ** δὲ ἄνθρωποι καὶ γόητες προκόψουσιν ἐπὶ τὸ χεῖρον πλανῶντες καὶ πλανώμενοι.
4:18 ῥύσεταί με ὁ κύριος ἀπὸ παντὸς ἔργου **πονηροῦ** καὶ σώσει εἰς τὴν βασιλείαν αὐτοῦ τὴν ἐπουράνιον·

Heb 3:12 μήποτε ἔσται ἔν τινι ὑμῶν καρδία **πονηρὰ** ἀπιστίας ἐν τῷ ἀποστῆναι ἀπὸ θεοῦ ζῶντος,
10:22 προσερχώμεθα μετὰ ἀληθινῆς καρδίας ἐν πληροφορίᾳ πίστεως ῥεραντισμένοι τὰς καρδίας ἀπὸ συνειδήσεως **πονηρᾶς**

Jas 2: 4 οὐ διεκρίθητε ἐν ἑαυτοῖς καὶ ἐγένεσθε κριταὶ διαλογισμῶν **πονηρῶν;**
4:16 νῦν δὲ καυχᾶσθε ἐν ταῖς ἀλαζονείαις ὑμῶν· πᾶσα καύχησις τοιαύτη **πονηρά** ἐστιν.

1Jn 2:13 ὅτι ἐγνώκατε τὸν ἀπ' ἀρχῆς. γράφω ὑμῖν, νεανίσκοι, ὅτι νενικήκατε τὸν **πονηρόν.**
2:14 ὅτι ἰσχυροί ἐστε καὶ ὁ λόγος τοῦ θεοῦ ἐν ὑμῖν μένει καὶ νενικήκατε τὸν **πονηρόν.**
3:12 οὐ καθὼς Κάϊν ἐκ τοῦ **πονηροῦ** ἦν καὶ ἔσφαξεν τὸν ἀδελφὸν αὐτοῦ· καὶ χάριν τίνος ἔσφαξεν αὐτόν; ὅτι τὰ ἔργα αὐτοῦ **πονηρὰ** ἦν τὰ δὲ τοῦ ἀδελφοῦ αὐτοῦ δίκαια.
5:18 ἀλλ' ὁ γεννηθεὶς ἐκ τοῦ θεοῦ τηρεῖ αὐτὸν καὶ ὁ **πονηρὸς** οὐχ ἅπτεται αὐτοῦ.
5:19 οἴδαμεν ὅτι ἐκ τοῦ θεοῦ ἐσμεν καὶ ὁ κόσμος ὅλος ἐν τῷ **πονηρῷ** κεῖται.

2Jn 1:11 ὁ λέγων γὰρ αὐτῷ χαίρειν κοινωνεῖ τοῖς ἔργοις αὐτοῦ τοῖς **πονηροῖς.**

3Jn 1:10 ὑπομνήσω αὐτοῦ τὰ ἔργα ἃ ποιεῖ λόγοις **πονηροῖς** φλυαρῶν ἡμᾶς,

Rev 16: 2 ἕλκος κακὸν καὶ **πονηρὸν** ἐπὶ τοὺς ἀνθρώπους τοὺς ἔχοντας τὸ χάραγμα τοῦ θηρίου καὶ τοὺς προσκυνοῦντας τῇ εἰκόνι αὐτοῦ.

4506 πόνος [4]

→ *1387, 2930; cf. 4288, 4505*

Col 4:13 μαρτυρῶ γὰρ αὐτῷ ὅτι ἔχει πολὺν **πόνον** ὑπὲρ ὑμῶν καὶ τῶν ἐν Λαοδικείᾳ καὶ τῶν ἐν Ἱεραπόλει.

Rev 16:10 καὶ ἐμασῶντο τὰς γλώσσας αὐτῶν ἐκ τοῦ **πόνου,**
16:11 ἐβλασφήμησαν τὸν θεὸν τοῦ οὐρανοῦ ἐκ τῶν **πόνων** αὐτῶν καὶ ἐκ τῶν ἑλκῶν αὐτῶν καὶ οὐ μετενόησαν ἐκ τῶν ἔργων αὐτῶν.
21: 4 καὶ ὁ θάνατος οὐκ ἔσται ἔτι οὔτε πένθος οὔτε κραυγὴ οὔτε **πόνος** οὐκ ἔσται ἔτι,

4507 Ποντικός [1]

√ 4509

Ac 18: 2 **Ποντικὸν** τῷ γένει προσφάτως ἐληλυθότα ἀπὸ τῆς Ἰταλίας καὶ Πρίσκιλλαν γυναῖκα αὐτοῦ,

4508 Πόντιος [3]

Lk 3: 1 ἡγεμονεύοντος **Ποντίου** Πιλάτου τῆς Ἰουδαίας, καὶ τετρααρχοῦντος τῆς Γαλιλαίας Ἡρῴδου,
Ac 4: 27 Ἡρῴδης τε καὶ **Πόντιος** Πιλᾶτος σὺν ἔθνεσιν καὶ λαοῖς Ἰσραήλ,
1Ti 6: 13 καὶ Χριστοῦ Ἰησοῦ τοῦ μαρτυρήσαντος ἐπὶ **Ποντίου** Πιλάτου τὴν καλὴν ὁμολογίαν,

4509 πόντος Not used in UBS/NIV

→ *2931, 4507, 4510*

4510 Πόντος [2]

√ 4509

Ac 2: 9 Ἰουδαίαν τε καὶ Καππαδοκίαν, **Πόντον** καὶ τὴν Ἀσίαν,
1Pe 1: 1 Πέτρος ἀπόστολος Ἰησοῦ Χριστοῦ ἐκλεκτοῖς παρεπιδήμοις διασπορᾶς **Πόντου,**

4511 Πόπλιος [2]

Ac 28: 7 Ἐν δὲ τοῖς περὶ τὸν τόπον ἐκεῖνον ὑπῆρχεν χωρία τῷ πρώτῳ τῆς νήσου ὀνόματι **Ποπλίῳ,**
28: 8 ἐγένετο δὲ τὸν πατέρα τοῦ **Ποπλίου** πυρετοῖς καὶ δυσεντερίῳ συνεχόμενον κατακεῖσθαι,

4512 πορεία [2]

√ 4513

πορεία ποιέω [1] Lk 13:22

Lk 13: 22 Καὶ διεπορεύετο κατὰ πόλεις καὶ κώμας διδάσκων καὶ **πορείαν** ποιούμενος εἰς Ἱεροσόλυμα.
Jas 1: 11 οὕτως καὶ ὁ πλούσιος ἐν ταῖς **πορείαις** αὐτοῦ μαρανθήσεται.

4513 πορεύομαι [153]

→ *679, 680, 1388, 1389, 1660, 1744, 1864, 1865, 1866, 1867, 1989, 2164, 2344, 2345, 3844, 3845, 4182, 4512, 4515, 4516, 4638, 4702, 5233, 5294; cf. 4305*

πορεύομαι εἰς [ἐν] εἰρήνη[ν] [3] Lk 7:50; 8:48; Ac 16:36

πορεύομαι ἔμπροσθεν [2] Lk 19:28; Jn 10:4

πορεύομαι ἐν [4] Lk 1:6; 9:57; Ac 9:11; 1Pe 4:3

πορεύομαι ἐπί [5] Mt 22:9; Lk 15:4; Ac 8:26; 17:14; 25:12

Mt 2: 8 καὶ πέμψας αὐτοὺς εἰς Βηθλέεμ εἶπεν, **Πορευθέντες** ἐξετάσατε ἀκριβῶς περὶ τοῦ παιδίου·
2: 9 οἱ δὲ ἀκούσαντες τοῦ βασιλέως **ἐπορεύθησαν** καὶ ἰδοὺ ὁ ἀστήρ,
2: 20 Ἐγερθεὶς παράλαβε τὸ παιδίον καὶ τὴν μητέρα αὐτοῦ καὶ **πορεύου** εἰς γῆν Ἰσραήλ·
8: 9 **Πορεύθητι,** καὶ **πορεύεται,** καὶ ἄλλῳ, Ἔρχου, καὶ ἔρχεται,
9: 13 **πορευθέντες** δὲ μάθετε τί ἐστιν, Ἔλεος θέλω καὶ οὐ θυσίαν·
10: 6 **πορεύεσθε** δὲ μᾶλλον πρὸς τὰ πρόβατα τὰ ἀπολωλότα οἴκου Ἰσραήλ.
10: 7 **πορευόμενοι** δὲ κηρύσσετε λέγοντες ὅτι Ἤγγικεν ἡ βασιλεία τῶν οὐρανῶν.
11: 4 καὶ ἀποκριθεὶς ὁ Ἰησοῦς εἶπεν αὐτοῖς, **Πορευθέντες** ἀπαγγείλατε Ἰωάννῃ ἃ ἀκούετε καὶ βλέπετε·
11: 7 Τούτων δὲ **πορευομένων** ἤρξατο ὁ Ἰησοῦς λέγειν τοῖς ὄχλοις περὶ Ἰωάννου,
12: 1 Ἐν ἐκείνῳ τῷ καιρῷ **ἐπορεύθη** ὁ Ἰησοῦς τοῖς σάββασιν διὰ τῶν σπορίμων·
12: 45 τότε **πορεύεται** καὶ παραλαμβάνει μεθ' ἑαυτοῦ ἑπτὰ ἕτερα πνεύματα πονηρότερα ἑαυτοῦ καὶ εἰσελθόντα κατοικεῖ ἐκεῖ·
17: 27 **πορευθεὶς** εἰς θάλασσαν βάλε ἄγκιστρον καὶ τὸν ἀναβάντα πρῶτον ἰχθὺν ἆρον,
18: 12 οὐχὶ ἀφήσει τὰ ἐνενήκοντα ἐννέα ἐπὶ τὰ ὄρη καὶ **πορευθεὶς** ζητεῖ τὸ πλανώμενον;
19: 15 καὶ ἐπιθεὶς τὰς χεῖρας αὐτοῖς **ἐπορεύθη** ἐκεῖθεν.
21: 2 λέγων αὐτοῖς, **Πορεύεσθε** εἰς τὴν κώμην τὴν κατέναντι ὑμῶν,
21: 6 **πορευθέντες** δὲ οἱ μαθηταὶ καὶ ποιήσαντες καθὼς συνέταξεν αὐτοῖς ὁ Ἰησοῦς
22: 9 **πορεύεσθε** οὖν ἐπὶ τὰς διεξόδους τῶν ὁδῶν καὶ ὅσους ἐὰν εὕρητε καλέσατε εἰς τοὺς γάμους.
22: 15 Τότε **πορευθέντες** οἱ Φαρισαῖοι συμβούλιον ἔλαβον ὅπως αὐτὸν παγιδεύσωσιν ἐν λόγῳ.
24: 1 Καὶ ἐξελθὼν ὁ Ἰησοῦς ἀπὸ τοῦ ἱεροῦ **ἐπορεύετο,**
25: 9 **πορεύεσθε** μᾶλλον πρὸς τοὺς πωλοῦντας καὶ ἀγοράσατε ἑαυταῖς.
25: 16 **πορευθεὶς** ὁ τὰ πέντε τάλαντα λαβὼν ἠργάσατο ἐν αὐτοῖς καὶ ἐκέρδησεν ἄλλα πέντε·
25: 41 **Πορεύεσθε** ἀπ' ἐμοῦ [οἱ] κατηραμένοι εἰς τὸ πῦρ τὸ αἰώνιον τὸ ἡτοιμασμένον τῷ διαβόλῳ καὶ τοῖς ἀγγέλοις αὐτοῦ.
26: 14 Τότε **πορευθεὶς** εἷς τῶν δώδεκα, ὁ λεγόμενος Ἰούδας Ἰσκαριώτης,
27: 66 οἱ δὲ **πορευθέντες** ἠσφαλίσαντο τὸν τάφον σφραγίσαντες τὸν λίθον μετὰ τῆς κουστωδίας.
28: 7 καὶ ταχὺ **πορευθεῖσαι** εἴπατε τοῖς μαθηταῖς αὐτοῦ ὅτι Ἠγέρθη ἀπὸ τῶν νεκρῶν,
28: 11 **Πορευομένων** δὲ αὐτῶν ἰδού τινες τῆς κουστωδίας ἐλθόντες εἰς τὴν πόλιν ἀπήγγειλαν τοῖς ἀρχιερεῦσιν ἅπαντα
28: 16 Οἱ δὲ ἕνδεκα μαθηταὶ **ἐπορεύθησαν** εἰς τὴν Γαλιλαίαν εἰς τὸ ὄρος οὗ ἐτάξατο αὐτοῖς ὁ Ἰησοῦς,
28: 19 **πορευθέντες** οὖν μαθητεύσατε πάντα τὰ ἔθνη, βαπτίζοντες αὐτοὺς εἰς τὸ ὄνομα τοῦ πατρὸς καὶ τοῦ υἱοῦ καὶ τοῦ ἁγίου πνεύματος,
Mk 16: 10 ⟦ἐκείνη **πορευθεῖσα** ἀπήγγειλεν τοῖς μετ' αὐτοῦ γενομένοις πενθοῦσι καὶ κλαίουσιν·⟧
16: 12 ⟦Μετὰ δὲ ταῦτα δυσὶν ἐξ αὐτῶν περιπατοῦσιν ἐφανερώθη ἐν ἑτέρᾳ μορφῇ **πορευομένοις** εἰς ἀγρόν·⟧
16: 15 ⟦**Πορευθέντες** εἰς τὸν κόσμον ἅπαντα κηρύξατε τὸ εὐαγγέλιον πάσῃ τῇ κτίσει.⟧
Lk 1: 6 **πορευόμενοι** ἐν πάσαις ταῖς ἐντολαῖς καὶ δικαιώμασιν τοῦ κυρίου ἄμεμπτοι.
1: 39 Ἀναστᾶσα δὲ Μαριὰμ ἐν ταῖς ἡμέραις ταύταις **ἐπορεύθη** εἰς τὴν ὀρεινὴν μετὰ σπουδῆς εἰς πόλιν Ἰούδα,
2: 3 καὶ **ἐπορεύοντο** πάντες ἀπογράφεσθαι, ἕκαστος εἰς τὴν ἑαυτοῦ πόλιν.
2: 41 Καὶ **ἐπορεύοντο** οἱ γονεῖς αὐτοῦ κατ' ἔτος εἰς Ἰερουσαλὴμ τῇ ἑορτῇ τοῦ πάσχα.
4: 30 αὐτὸς δὲ διελθὼν διὰ μέσου αὐτῶν **ἐπορεύετο.**
4: 42 Γενομένης δὲ ἡμέρας ἐξελθὼν **ἐπορεύθη** εἰς ἔρημον τόπον· καὶ οἱ ὄχλοι ἐπεζήτουν αὐτὸν καὶ ἦλθον ἕως αὐτοῦ καὶ κατεῖχον αὐτὸν τοῦ μὴ **πορεύεσθαι** ἀπ' αὐτῶν.
5: 24 ἔγειρε καὶ ἄρας τὸ κλινίδιόν σου **πορεύου** εἰς τὸν οἶκόν σου.
7: 6 ὁ δὲ Ἰησοῦς **ἐπορεύετο** σὺν αὐτοῖς. ἤδη δὲ αὐτοῦ οὐ μακρὰν ἀπέχοντος ἀπὸ τῆς οἰκίας ἔπεμψεν φίλους ὁ ἑκατοντάρχης
7: 8 **Πορεύθητι,** καὶ **πορεύεται,** καὶ ἄλλῳ, Ἔρχου, καὶ ἔρχεται,
7: 11 Καὶ ἐγένετο ἐν τῷ ἑξῆς **ἐπορεύθη** εἰς πόλιν καλουμένην Ναΐν καὶ συνεπορεύοντο αὐτῷ οἱ μαθηταὶ αὐτοῦ καὶ ὄχλος πολύς.
7: 22 καὶ ἀποκριθεὶς εἶπεν αὐτοῖς, **Πορευθέντες** ἀπαγγείλατε Ἰωάννῃ ἃ εἴδετε καὶ ἠκούσατε·
7: 50 Ἡ πίστις σου σέσωκέν σε· **πορεύου** εἰς εἰρήνην.
8: 14 καὶ ὑπὸ μεριμνῶν καὶ πλούτου καὶ ἡδονῶν τοῦ βίου **πορευόμενοι** συμπνίγονται καὶ οὐ τελεσφοροῦσιν.
8: 48 ἡ πίστις σου σέσωκέν σε· **πορεύου** εἰς εἰρήνην.
9: 12 ἵνα **πορευθέντες** εἰς τὰς κύκλῳ κώμας καὶ ἀγροὺς καταλύσωσιν καὶ εὕρωσιν ἐπισιτισμόν,
9: 13 εἰ μήτι **πορευθέντες** ἡμεῖς ἀγοράσωμεν εἰς πάντα τὸν λαὸν τοῦτον βρώματα.
9: 51 ἐν τῷ συμπληροῦσθαι τὰς ἡμέρας τῆς ἀναλήμψεως αὐτοῦ καὶ αὐτὸς τὸ πρόσωπον ἐστήρισεν τοῦ **πορεύεσθαι** εἰς Ἰερουσαλήμ.
9: 52 καὶ **πορευθέντες** εἰσῆλθον εἰς κώμην Σαμαριτῶν ὡς ἑτοιμάσαι αὐτῷ·
9: 53 ὅτι τὸ πρόσωπον αὐτοῦ ἦν **πορευόμενον** εἰς Ἰερουσαλήμ.
9: 56 καὶ **ἐπορεύθησαν** εἰς ἑτέραν κώμην.
9: 57 Καὶ **πορευομένων** αὐτῶν ἐν τῇ ὁδῷ εἶπέν τις πρὸς αὐτόν,
10: 37 εἶπεν δὲ αὐτῷ ὁ Ἰησοῦς, **Πορεύου** καὶ σὺ ποίει ὁμοίως.
10: 38 Ἐν δὲ τῷ **πορεύεσθαι** αὐτοὺς αὐτὸς εἰσῆλθεν εἰς κώμην τινά·
11: 5 Τίς ἐξ ὑμῶν ἕξει φίλον καὶ **πορεύσεται** πρὸς αὐτὸν μεσονυκτίου καὶ εἴπῃ αὐτῷ,
11: 26 τότε **πορεύεται** καὶ παραλαμβάνει ἕτερα πνεύματα πονηρότερα ἑαυτοῦ ἑπτὰ καὶ εἰσελθόντα κατοικεῖ ἐκεῖ·

13:31 Ἔξελθε καὶ **πορεύου** ἐντεῦθεν, ὅτι Ἡρῴδης θέλει σε ἀποκτεῖναι.
13:32 καὶ εἶπεν αὐτοῖς, **Πορευθέντες** εἴπατε τῇ ἀλώπεκι ταύτῃ,
13:33 πλὴν δεῖ με σήμερον καὶ αὔριον καὶ τῇ ἐχομένῃ **πορεύεσθαι,**
14:10 ἀλλ' ὅταν κληθῇς, **πορευθεὶς** ἀνάπεσε εἰς τὸν ἔσχατον τόπον,
14:19 Ζεύγη βοῶν ἠγόρασα πέντε καὶ **πορεύομαι** δοκιμάσαι αὐτά·
14:31 ἢ τίς βασιλεὺς **πορευόμενος** ἑτέρῳ βασιλεῖ συμβαλεῖν εἰς πόλεμον οὐχὶ καθίσας πρῶτον βουλεύσεται εἰ δυνατός ἐστιν
15: 4 καὶ ἀπολέσας ἐξ αὐτῶν ἓν οὐ καταλείπει τὰ ἐνενήκοντα ἐννέα ἐν τῇ ἐρήμῳ καὶ **πορεύεται** ἐπὶ τὸ ἀπολωλὸς ἕως εὕρῃ αὐτό;
15:15 καὶ **πορευθεὶς** ἐκολλήθη ἑνὶ τῶν πολιτῶν τῆς χώρας ἐκείνης,
15:18 ἀναστὰς **πορεύσομαι** πρὸς τὸν πατέρα μου καὶ ἐρῶ αὐτῷ,
16:30 ἀλλ' ἐάν τις ἀπὸ νεκρῶν **πορευθῇ** πρὸς αὐτοὺς μετανοήσουσιν.
17:11 Καὶ ἐγένετο ἐν τῷ **πορεύεσθαι** εἰς Ἰερουσαλὴμ καὶ αὐτὸς διήρχετο διὰ μέσον Σαμαρείας καὶ Γαλιλαίας.
17:14 καὶ ἰδὼν εἶπεν αὐτοῖς, **Πορευθέντες** ἐπιδείξατε ἑαυτοὺς τοῖς ἱερεῦσιν.
17:19 καὶ εἶπεν αὐτῷ, Ἀναστὰς **πορεύου·** ἡ πίστις σου σέσωκέν σε.
19:12 Ἄνθρωπός τις εὐγενὴς **ἐπορεύθη** εἰς χώραν μακρὰν λαβεῖν ἑαυτῷ βασιλείαν καὶ ὑποστρέψαι.
19:28 Καὶ εἰπὼν ταῦτα **ἐπορεύετο** ἔμπροσθεν ἀναβαίνων εἰς Ἱεροσόλυμα.
19:36 **πορευομένου** δὲ αὐτοῦ ὑπεστρώννυον τὰ ἱμάτια αὐτῶν ἐν τῇ ὁδῷ.
21: 8 καί, Ὁ καιρὸς ἤγγικεν. μὴ **πορευθῆτε** ὀπίσω αὐτῶν.
22: 8 καὶ ἀπέστειλεν Πέτρον καὶ Ἰωάννην εἰπών, **Πορευθέντες** ἑτοιμάσατε ἡμῖν τὸ πάσχα ἵνα φάγωμεν.
22:22 ὅτι ὁ υἱὸς μὲν τοῦ ἀνθρώπου κατὰ τὸ ὡρισμένον **πορεύεται,**
22:33 μετὰ σοῦ ἕτοιμός εἰμι καὶ εἰς φυλακὴν καὶ εἰς θάνατον **πορεύεσθαι.**
22:39 Καὶ ἐξελθὼν **ἐπορεύθη** κατὰ τὸ ἔθος εἰς τὸ Ὄρος τῶν Ἐλαιῶν,
24:13 Καὶ ἰδοὺ δύο ἐξ αὐτῶν ἐν αὐτῇ τῇ ἡμέρᾳ ἦσαν **πορευόμενοι** εἰς κώμην ἀπέχουσαν σταδίους ἑξήκοντα ἀπὸ Ἰερουσαλήμ,
24:28 Καὶ ἤγγισαν εἰς τὴν κώμην οὗ **ἐπορεύοντο,** καὶ αὐτὸς προσεποιήσατο πορρώτερον **πορεύεσθαι.**

Jn 4:50 λέγει αὐτῷ ὁ Ἰησοῦς, **Πορεύου,** ὁ υἱός σου ζῇ. ἐπίστευσεν ὁ ἄνθρωπος τῷ λόγῳ ὃν εἶπεν αὐτῷ ὁ Ἰησοῦς καὶ **ἐπορεύετο.**
7:35 Ποῦ οὗτος μέλλει **πορεύεσθαι** ὅτι ἡμεῖς οὐχ εὑρήσομεν αὐτόν; μὴ εἰς τὴν διασπορὰν τῶν Ἑλλήνων μέλλει **πορεύεσθαι** καὶ διδάσκειν τοὺς Ἕλληνας;
7:53 ⟦Καὶ **ἐπορεύθησαν** ἕκαστος εἰς τὸν οἶκον αὐτοῦ,⟧
8: 1 ⟦Ἰησοῦς δὲ **ἐπορεύθη** εἰς τὸ Ὄρος τῶν Ἐλαιῶν.⟧
8:11 ⟦Οὐδὲ ἐγώ σε κατακρίνω· **πορεύου,** [καὶ] ἀπὸ τοῦ νῦν μηκέτι ἁμάρτανε.⟧
10: 4 ἔμπροσθεν αὐτῶν **πορεύεται,** καὶ τὰ πρόβατα αὐτῷ ἀκολουθεῖ,
11:11 Λάζαρος ὁ φίλος ἡμῶν κεκοίμηται· ἀλλὰ **πορεύομαι** ἵνα ἐξυπνίσω αὐτόν.
14: 2 εἶπον ἂν ὑμῖν ὅτι **πορεύομαι** ἑτοιμάσαι τόπον ὑμῖν;
14: 3 καὶ ἐὰν **πορευθῶ** καὶ ἑτοιμάσω τόπον ὑμῖν, πάλιν ἔρχομαι καὶ παραλήμψομαι ὑμᾶς πρὸς ἐμαυτόν,
14:12 ὁ πιστεύων εἰς ἐμὲ τὰ ἔργα ἃ ἐγὼ ποιῶ κἀκεῖνος ποιήσει καὶ μείζονα τούτων ποιήσει, ὅτι ἐγὼ πρὸς τὸν πατέρα **πορεύομαι·**
14:28 εἰ ἠγαπᾶτέ με ἐχάρητε ἂν ὅτι **πορεύομαι** πρὸς τὸν πατέρα,
16: 7 ὁ παράκλητος οὐκ ἐλεύσεται πρὸς ὑμᾶς· ἐὰν δὲ **πορευθῶ,** πέμψω αὐτὸν πρὸς ὑμᾶς.
16:28 πάλιν ἀφίημι τὸν κόσμον καὶ **πορεύομαι** πρὸς τὸν πατέρα.
20:17 **πορεύου** δὲ πρὸς τοὺς ἀδελφούς μου καὶ εἰπὲ αὐτοῖς,

Ac 1:10 καὶ ὡς ἀτενίζοντες ἦσαν εἰς τὸν οὐρανὸν **πορευομένου** αὐτοῦ,
1:11 οὗτος ὁ Ἰησοῦς ὁ ἀναλημφθεὶς ἀφ' ὑμῶν εἰς τὸν οὐρανὸν οὕτως ἐλεύσεται ὃν τρόπον ἐθεάσασθε αὐτὸν **πορευόμενον** εἰς τὸν οὐρανόν.
1:25 λαβεῖν τὸν τόπον τῆς διακονίας ταύτης καὶ ἀποστολῆς ἀφ' ἧς παρέβη Ἰούδας **πορευθῆναι** εἰς τὸν τόπον τὸν ἴδιον.
5:20 **Πορεύεσθε** καὶ σταθέντες λαλεῖτε ἐν τῷ ἱερῷ τῷ λαῷ πάντα τὰ ῥήματα τῆς ζωῆς ταύτης.
5:41 Οἱ μὲν οὖν **ἐπορεύοντο** χαίροντες ἀπὸ προσώπου τοῦ συνεδρίου,
8:26 Ἀνάστηθι καὶ **πορεύου** κατὰ μεσημβρίαν ἐπὶ τὴν ὁδὸν τὴν καταβαίνουσαν ἀπὸ Ἰερουσαλὴμ εἰς Γάζαν,
8:27 καὶ ἀναστὰς **ἐπορεύθη.** καὶ ἰδοὺ ἀνὴρ Αἰθίοψ εὐνοῦχος δυνάστης Κανδάκης βασιλίσσης Αἰθιόπων,
8:36 ὡς δὲ **ἐπορεύοντο** κατὰ τὴν ὁδόν, ἦλθον ἐπί τι ὕδωρ,
8:39 πνεῦμα κυρίου ἥρπασεν τὸν Φίλιππον καὶ οὐκ εἶδεν αὐτὸν οὐκέτι ὁ εὐνοῦχος, **ἐπορεύετο** γὰρ τὴν ὁδὸν αὐτοῦ χαίρων.
9: 3 ἐν δὲ τῷ **πορεύεσθαι** ἐγένετο αὐτὸν ἐγγίζειν τῇ Δαμασκῷ,
9:11 Ἀναστὰς **πορεύθητι** ἐπὶ τὴν ῥύμην τὴν καλουμένην Εὐθεῖαν καὶ ζήτησον ἐν οἰκίᾳ Ἰούδα Σαῦλον ὀνόματι Ταρσέα·
9:15 εἶπεν δὲ πρὸς αὐτὸν ὁ κύριος, **Πορεύου,** ὅτι σκεῦος ἐκλογῆς ἐστίν μοι οὗτος τοῦ βαστάσαι τὸ ὄνομά μου ἐνώπιον ἐθνῶν
9:31 εἶχεν εἰρήνην οἰκοδομουμένη καὶ **πορευομένη** τῷ φόβῳ τοῦ κυρίου καὶ τῇ παρακλήσει τοῦ ἁγίου πνεύματος ἐπληθύνετο.
10:20 ἀλλὰ ἀναστὰς κατάβηθι καὶ **πορεύου** σὺν αὐτοῖς μηδὲν διακρινόμενος ὅτι ἐγὼ ἀπέσταλκα αὐτούς.
12:17 Ἀπαγγείλατε Ἰακώβῳ καὶ τοῖς ἀδελφοῖς ταῦτα. καὶ ἐξελθὼν **ἐπορεύθη** εἰς ἕτερον τόπον.
14:16 ὃς ἐν ταῖς παρῳχημέναις γενεαῖς εἴασεν πάντα τὰ ἔθνη **πορεύεσθαι** ταῖς ὁδοῖς αὐτῶν·
16: 7 ἐλθόντες δὲ κατὰ τὴν Μυσίαν ἐπείραζον εἰς τὴν Βιθυνίαν **πορευθῆναι,**
16:16 Ἐγένετο δὲ **πορευομένων** ἡμῶν εἰς τὴν προσευχὴν παιδίσκην τινὰ ἔχουσαν πνεῦμα πύθωνα ὑπαντῆσαι ἡμῖν,
16:36 πρὸς τὸν Παῦλον ὅτι Ἀπέσταλκαν οἱ στρατηγοὶ ἵνα ἀπολυθῆτε· νῦν οὖν ἐξελθόντες **πορεύεσθε** ἐν εἰρήνῃ.
17:14 εὐθέως δὲ τότε τὸν Παῦλον ἐξαπέστειλαν οἱ ἀδελφοὶ **πορεύεσθαι** ἕως ἐπὶ τὴν θάλασσαν,
18: 6 καθαρὸς ἐγὼ ἀπὸ τοῦ νῦν εἰς τὰ ἔθνη **πορεύσομαι.**
19:21 ἔθετο ὁ Παῦλος ἐν τῷ πνεύματι διελθὼν τὴν Μακεδονίαν καὶ Ἀχαΐαν **πορεύεσθαι** εἰς Ἱεροσόλυμα
20: 1 Μετὰ δὲ τὸ παύσασθαι τὸν θόρυβον μεταπεμψάμενος ὁ Παῦλος τοὺς μαθητὰς καὶ παρακαλέσας, ἀσπασάμενος ἐξῆλθεν **πορεύεσθαι** εἰς Μακεδονίαν.
20:22 καὶ νῦν ἰδοὺ δεδεμένος ἐγὼ τῷ πνεύματι **πορεύομαι** εἰς Ἰερουσαλὴμ τὰ ἐν αὐτῇ συναντήσοντά μοι μὴ εἰδώς,
21: 5 ἐξελθόντες **ἐπορευόμεθα** προπεμπόντων ἡμᾶς πάντων σὺν γυναιξὶ καὶ τέκνοις ἕως ἔξω τῆς πόλεως,
22: 5 παρ' ὧν καὶ ἐπιστολὰς δεξάμενος πρὸς τοὺς ἀδελφοὺς εἰς Δαμασκὸν **ἐπορευόμην,**
22: 6 Ἐγένετο δέ μοι **πορευομένῳ** καὶ ἐγγίζοντι τῇ Δαμασκῷ περὶ μεσημβρίαν ἐξαίφνης ἐκ τοῦ οὐρανοῦ περιαστράψαι φῶς
22:10 Ἀναστὰς **πορεύου** εἰς Δαμασκὸν κἀκεῖ σοι λαληθήσεται περὶ πάντων ὧν τέτακταί σοι ποιῆσαι.
22:21 καὶ εἶπεν πρός με, **Πορεύου,** ὅτι ἐγὼ εἰς ἔθνη μακρὰν ἐξαποστελῶ σε.
23:23 δύο [τινὰς] τῶν ἑκατονταρχῶν εἶπεν, Ἑτοιμάσατε στρατιώτας διακοσίους, ὅπως **πορευθῶσιν** ἕως Καισαρείας,
24:25 Τὸ νῦν ἔχον **πορεύου,** καιρὸν δὲ μεταλαβὼν μετακαλέσομαί σε,
25:12 τότε ὁ Φῆστος συλλαλήσας μετὰ τοῦ συμβουλίου ἀπεκρίθη, Καίσαρα ἐπικέκλησαι, ἐπὶ Καίσαρα **πορεύσῃ.**
25:20 ἀπορούμενος δὲ ἐγὼ τὴν περὶ τούτων ζήτησιν ἔλεγον εἰ βούλοιτο **πορεύεσθαι** εἰς Ἱεροσόλυμα κἀκεῖ κρίνεσθαι
26:12 Ἐν οἷς **πορευόμενος** εἰς τὴν Δαμασκὸν μετ' ἐξουσίας καὶ ἐπιτροπῆς τῆς τῶν ἀρχιερέων
26:13 οὐρανόθεν ὑπὲρ τὴν λαμπρότητα τοῦ ἡλίου περιλάμψαν με φῶς καὶ τοὺς σὺν ἐμοὶ **πορευομένους.**
27: 3 φιλανθρώπως τε ὁ Ἰούλιος τῷ Παύλῳ χρησάμενος ἐπέτρεψεν πρὸς τοὺς φίλους **πορευθέντι** ἐπιμελείας τυχεῖν.
28:26 λέγων, **Πορεύθητι** πρὸς τὸν λαὸν τοῦτον καὶ εἰπόν,

Ro 15:24 ὡς ἂν **πορεύωμαι** εἰς τὴν Σπανίαν· ἐλπίζω γὰρ διαπορευόμενος θεάσασθαι ὑμᾶς καὶ ὑφ' ὑμῶν προπεμφθῆναι
15:25 νυνὶ δὲ **πορεύομαι** εἰς Ἰερουσαλὴμ διακονῶν τοῖς ἁγίοις.

1Co 10:27 εἴ τις καλεῖ ὑμᾶς τῶν ἀπίστων καὶ θέλετε **πορεύεσθαι,**
16: 4 ἐὰν δὲ ἄξιον ᾖ τοῦ κἀμὲ **πορεύεσθαι,** σὺν ἐμοὶ **πορεύσονται.**
16: 6 πρὸς ὑμᾶς δὲ τυχὸν παραμενῶ ἢ καὶ παραχειμάσω, ἵνα ὑμεῖς με προπέμψητε οὗ ἐὰν **πορεύωμαι.**

1Ti 1: 3 Καθὼς παρεκάλεσά σε προσμεῖναι ἐν Ἐφέσῳ **πορευόμενος** εἰς Μακεδονίαν,

2Ti 4:10 Δημᾶς γάρ με ἐγκατέλιπεν ἀγαπήσας τὸν νῦν αἰῶνα καὶ **ἐπορεύθη** εἰς Θεσσαλονίκην,

Jas 4:13 Σήμερον ἢ αὔριον **πορευσόμεθα** εἰς τήνδε τὴν πόλιν καὶ ποιήσομεν ἐκεῖ ἐνιαυτὸν καὶ ἐμπορευσόμεθα καὶ κερδήσομεν·

1Pe 3:19 ἐν ᾧ καὶ τοῖς ἐν φυλακῇ πνεύμασιν **πορευθεὶς** ἐκήρυξεν,
3:22 ὅς ἐστιν ἐν δεξιᾷ [τοῦ] θεοῦ **πορευθεὶς** εἰς οὐρανὸν ὑποταγέντων αὐτῷ ἀγγέλων καὶ ἐξουσιῶν καὶ δυνάμεων.
4: 3 ἀρκετὸς γὰρ ὁ παρεληλυθὼς χρόνος τὸ βούλημα τῶν ἐθνῶν κατειργάσθαι **πεπορευμένους** ἐν ἀσελγείαις,

2Pe 2:10 μάλιστα δὲ τοὺς ὀπίσω σαρκὸς ἐν ἐπιθυμίᾳ μιασμοῦ **πορευομένους** καὶ κυριότητος καταφρονοῦντας.
3: 3 ὅτι ἐλεύσονται ἐπ' ἐσχάτων τῶν ἡμερῶν [ἐν] ἐμπαιγμονῇ ἐμπαῖκται κατὰ τὰς ἰδίας ἐπιθυμίας αὐτῶν **πορευόμενοι**

Jude 1:11 ὅτι τῇ ὁδῷ τοῦ Κάϊν **ἐπορεύθησαν** καὶ τῇ πλάνῃ τοῦ Βαλαὰμ μισθοῦ ἐξεχύθησαν καὶ τῇ ἀντιλογίᾳ τοῦ Κόρε ἀπώλοντο.

1:16 Οὗτοί εἰσιν γογγυσταὶ μεμψίμοιροι κατὰ τὰς ἐπιθυμίας ἑαυτῶν **πορευόμενοι,**
1:18 [ὅτι] Ἐπ᾽ ἐσχάτου [τοῦ] χρόνου ἔσονται ἐμπαῖκται κατὰ τὰς ἑαυτῶν ἐπιθυμίας **πορευόμενοι** τῶν ἀσεβειῶν.

4514 πορθέω [3]

Ac 9:21 Οὐχ οὗτός ἐστιν ὁ **πορθήσας** εἰς Ἰερουσαλὴμ τοὺς ἐπικαλουμένους τὸ ὄνομα τοῦτο,
Gal 1:13 ὅτι καθ᾽ ὑπερβολὴν ἐδίωκον τὴν ἐκκλησίαν τοῦ θεοῦ καὶ **ἐπόρθουν** αὐτήν,
1:23 μόνον δὲ ἀκούοντες ἦσαν ὅτι Ὁ διώκων ἡμᾶς ποτε νῦν εὐαγγελίζεται τὴν πίστιν ἥν ποτε **ἐπόρθει,**

4515 πορία Not used in UBS/NIV

√ 4513

4516 πορισμός [2]

√ 4513

1Ti 6: 5 διαπαρατριβαὶ διεφθαρμένων ἀνθρώπων τὸν νοῦν καὶ ἀπεστερημένων τῆς ἀληθείας, νομιζόντων **πορισμὸν** εἶναι τὴν εὐσέβειαν.
6: 6 ἔστιν δὲ **πορισμὸς** μέγας ἡ εὐσέβεια μετὰ αὐταρκείας·

4517 Πόρκιος [1]

Ac 24:27 Διετίας δὲ πληρωθείσης ἔλαβεν διάδοχον ὁ Φῆλιξ **Πόρκιον** Φῆστον,

4518 πορνεία [25]

√ 4520

Mt 5:32 ἐγὼ δὲ λέγω ὑμῖν ὅτι πᾶς ὁ ἀπολύων τὴν γυναῖκα αὐτοῦ παρεκτὸς λόγου **πορνείας** ποιεῖ αὐτὴν μοιχευθῆναι,
15:19 ἐκ γὰρ τῆς καρδίας ἐξέρχονται διαλογισμοὶ πονηροί, φόνοι, μοιχεῖαι, **πορνεῖαι,** κλοπαί, ψευδομαρτυρίαι, βλασφημίαι.
19: 9 λέγω δὲ ὑμῖν ὅτι ὃς ἂν ἀπολύσῃ τὴν γυναῖκα αὐτοῦ μὴ ἐπὶ **πορνείᾳ** καὶ γαμήσῃ ἄλλην μοιχᾶται.
Mk 7:21 ἔσωθεν γὰρ ἐκ τῆς καρδίας τῶν ἀνθρώπων οἱ διαλογισμοὶ οἱ κακοὶ ἐκπορεύονται, **πορνεῖαι,** κλοπαί, φόνοι,
Jn 8:41 εἶπαν [οὖν] αὐτῷ, Ἡμεῖς ἐκ **πορνείας** οὐ γεγεννήμεθα·
Ac 15:20 ἀλλὰ ἐπιστεῖλαι αὐτοῖς τοῦ ἀπέχεσθαι τῶν ἀλισγημάτων τῶν εἰδώλων καὶ τῆς **πορνείας** καὶ τοῦ πνικτοῦ καὶ τοῦ αἵματος.
15:29 ἀπέχεσθαι εἰδωλοθύτων καὶ αἵματος καὶ πνικτῶν καὶ **πορνείας,**
21:25 ἡμεῖς ἐπεστείλαμεν κρίναντες φυλάσσεσθαι αὐτοὺς τό τε εἰδωλόθυτον καὶ αἷμα καὶ πνικτὸν καὶ **πορνείαν.**
1Co 5: 1 Ὅλως ἀκούεται ἐν ὑμῖν **πορνεία,** καὶ τοιαύτη **πορνεία** ἥτις οὐδὲ ἐν τοῖς ἔθνεσιν,
6:13 τὸ δὲ σῶμα οὐ τῇ **πορνείᾳ** ἀλλὰ τῷ κυρίῳ,
6:18 φεύγετε τὴν **πορνείαν.** πᾶν ἁμάρτημα ὃ ἐὰν ποιήσῃ ἄνθρωπος ἐκτὸς τοῦ σώματός ἐστιν·
7: 2 διὰ δὲ τὰς **πορνείας** ἕκαστος τὴν ἑαυτοῦ γυναῖκα ἐχέτω καὶ ἑκάστη τὸν ἴδιον ἄνδρα ἐχέτω.
2Co 12:21 πενθήσω πολλοὺς τῶν προημαρτηκότων καὶ μὴ μετανοησάντων ἐπὶ τῇ ἀκαθαρσίᾳ καὶ **πορνείᾳ** καὶ ἀσελγείᾳ ᾗ ἔπραξαν.
Gal 5:19 φανερὰ δέ ἐστιν τὰ ἔργα τῆς σαρκός, ἅτινά ἐστιν **πορνεία,** ἀκαθαρσία, ἀσέλγεια,
Eph 5: 3 **πορνεία** δὲ καὶ ἀκαθαρσία πᾶσα ἢ πλεονεξία μηδὲ ὀνομαζέσθω ἐν ὑμῖν,
Col 3: 5 **πορνείαν** ἀκαθαρσίαν πάθος ἐπιθυμίαν κακήν, καὶ τὴν πλεονεξίαν,
1Th 4: 3 ὁ ἁγιασμὸς ὑμῶν, ἀπέχεσθαι ὑμᾶς ἀπὸ τῆς **πορνείας,**
Rev 2:21 καὶ οὐ θέλει μετανοῆσαι ἐκ τῆς **πορνείας** αὐτῆς.
9:21 καὶ οὐ μετενόησαν ἐκ τῶν φόνων αὐτῶν οὔτε ἐκ τῶν φαρμάκων αὐτῶν οὔτε ἐκ τῆς **πορνείας** αὐτῶν οὔτε ἐκ τῶν κλεμμάτων
14: 8 Ἔπεσεν ἔπεσεν Βαβυλὼν ἡ μεγάλη ἣ ἐκ τοῦ οἴνου τοῦ θυμοῦ τῆς **πορνείας** αὐτῆς πεπότικεν πάντα τὰ ἔθνη.
17: 2 μεθ᾽ ἧς ἐπόρνευσαν οἱ βασιλεῖς τῆς γῆς καὶ ἐμεθύσθησαν οἱ κατοικοῦντες τὴν γῆν ἐκ τοῦ οἴνου τῆς **πορνείας** αὐτῆς
17: 4 ἔχουσα ποτήριον χρυσοῦν ἐν τῇ χειρὶ αὐτῆς γέμον βδελυγμάτων καὶ τὰ ἀκάθαρτα τῆς **πορνείας** αὐτῆς
18: 3 ὅτι ἐκ τοῦ οἴνου τοῦ θυμοῦ τῆς **πορνείας** αὐτῆς πέπωκαν πάντα τὰ ἔθνη καὶ οἱ βασιλεῖς τῆς γῆς μετ᾽ αὐτῆς ἐπόρνευσαν
19: 2 ὅτι ἔκρινεν τὴν πόρνην τὴν μεγάλην ἥτις ἔφθειρεν τὴν γῆν ἐν τῇ **πορνείᾳ** αὐτῆς,

4519 πορνεύω [8]

√ 4520

1Co 6:18 ὁ δὲ **πορνεύων** εἰς τὸ ἴδιον σῶμα ἁμαρτάνει.
10: 8 μηδὲ **πορνεύωμεν,** καθώς τινες αὐτῶν **ἐπόρνευσαν** καὶ ἔπεσαν μιᾷ ἡμέρᾳ εἴκοσι τρεῖς χιλιάδες.
Rev 2:14 ὃς ἐδίδασκεν τῷ Βαλὰκ βαλεῖν σκάνδαλον ἐνώπιον τῶν υἱῶν Ἰσραὴλ φαγεῖν εἰδωλόθυτα καὶ **πορνεῦσαι.**
2:20 ἡ λέγουσα ἑαυτὴν προφῆτιν καὶ διδάσκει καὶ πλανᾷ τοὺς ἐμοὺς δούλους **πορνεῦσαι** καὶ φαγεῖν εἰδωλόθυτα.
17: 2 μεθ᾽ ἧς **ἐπόρνευσαν** οἱ βασιλεῖς τῆς γῆς καὶ ἐμεθύσθησαν οἱ κατοικοῦντες τὴν γῆν ἐκ τοῦ οἴνου τῆς πορνείας αὐτῆς
18: 3 οἱ βασιλεῖς τῆς γῆς μετ᾽ αὐτῆς **ἐπόρνευσαν** καὶ οἱ ἔμποροι τῆς γῆς ἐκ τῆς δυνάμεως τοῦ στρήνους αὐτῆς ἐπλούτησαν.
18: 9 Καὶ κλαύσουσιν καὶ κόψονται ἐπ᾽ αὐτὴν οἱ βασιλεῖς τῆς γῆς οἱ μετ᾽ αὐτῆς **πορνεύσαντες** καὶ στρηνιάσαντες,

4520 πόρνη [12]

→ 1745, 4518, 4519, 4521

Mt 21:31 Ἀμὴν λέγω ὑμῖν ὅτι οἱ τελῶναι καὶ αἱ **πόρναι** προάγουσιν ὑμᾶς εἰς τὴν βασιλείαν τοῦ θεοῦ.
21:32 οἱ δὲ τελῶναι καὶ αἱ **πόρναι** ἐπίστευσαν αὐτῷ·
Lk 15:30 ὅτε δὲ ὁ υἱός σου οὗτος ὁ καταφαγών σου τὸν βίον μετὰ **πορνῶν** ἦλθεν,
1Co 6:15 ἄρας οὖν τὰ μέλη τοῦ Χριστοῦ ποιήσω **πόρνης** μέλη;
6:16 [ἢ] οὐκ οἴδατε ὅτι ὁ κολλώμενος τῇ **πόρνῃ** ἓν σῶμά ἐστιν;
Heb 11:31 Πίστει Ῥαὰβ ἡ **πόρνη** οὐ συναπώλετο τοῖς ἀπειθήσασιν δεξαμένη τοὺς κατασκόπους μετ᾽ εἰρήνης.
Jas 2:25 ὁμοίως δὲ καὶ Ῥαὰβ ἡ **πόρνη** οὐκ ἐξ ἔργων ἐδικαιώθη ὑποδεξαμένη τοὺς ἀγγέλους καὶ ἑτέρᾳ ὁδῷ ἐκβαλοῦσα;
Rev 17: 1 δείξω σοι τὸ κρίμα τῆς **πόρνης** τῆς μεγάλης τῆς καθημένης ἐπὶ ὑδάτων πολλῶν,
17: 5 ἡ μήτηρ τῶν **πορνῶν** καὶ τῶν βδελυγμάτων τῆς γῆς.
17:15 Τὰ ὕδατα ἃ εἶδες οὗ ἡ **πόρνη** κάθηται,
17:16 καὶ τὰ δέκα κέρατα ἃ εἶδες καὶ τὸ θηρίον οὗτοι μισήσουσιν τὴν **πόρνην** καὶ ἠρημωμένην ποιήσουσιν αὐτὴν καὶ γυμνὴν
19: 2 ὅτι ἔκρινεν τὴν **πόρνην** τὴν μεγάλην ἥτις ἔφθειρεν τὴν γῆν ἐν τῇ πορνείᾳ αὐτῆς,

4521 πόρνος [10]

√ 4520

1Co 5: 9 Ἔγραψα ὑμῖν ἐν τῇ ἐπιστολῇ μὴ συναναμίγνυσθαι **πόρνοις,**
5:10 οὐ πάντως τοῖς **πόρνοις** τοῦ κόσμου τούτου ἢ τοῖς πλεονέκταις καὶ ἅρπαξιν ἢ εἰδωλολάτραις,
5:11 νῦν δὲ ἔγραψα ὑμῖν μὴ συναναμίγνυσθαι ἐάν τις ἀδελφὸς ὀνομαζόμενος ᾖ **πόρνος** ἢ πλεονέκτης ἢ εἰδωλολάτρης
6: 9 οὔτε **πόρνοι** οὔτε εἰδωλολάτραι οὔτε μοιχοὶ οὔτε μαλακοὶ οὔτε ἀρσενοκοῖται
Eph 5: 5 ὅτι πᾶς **πόρνος** ἢ ἀκάθαρτος ἢ πλεονέκτης, ὅ ἐστιν εἰδωλολάτρης,
1Ti 1:10 **πόρνοις** ἀρσενοκοίταις ἀνδραποδισταῖς ψεύσταις ἐπιόρκοις, καὶ εἴ τι ἕτερον τῇ ὑγιαινούσῃ διδασκαλίᾳ ἀντίκειται
Heb 12:16 μή τις **πόρνος** ἢ βέβηλος ὡς Ἠσαῦ, ὃς ἀντὶ βρώσεως μιᾶς ἀπέδετο τὰ πρωτοτόκια ἑαυτοῦ.
13: 4 Τίμιος ὁ γάμος ἐν πᾶσιν καὶ ἡ κοίτη ἀμίαντος, **πόρνους** γὰρ καὶ μοιχοὺς κρινεῖ ὁ θεός.
Rev 21: 8 καὶ **πόρνοις** καὶ φαρμάκοις καὶ εἰδωλολάτραις καὶ πᾶσιν τοῖς ψευδέσιν τὸ μέρος αὐτῶν ἐν τῇ λίμνῃ τῇ καιομένῃ πυρὶ
22:15 ἔξω οἱ κύνες καὶ οἱ φάρμακοι καὶ οἱ **πόρνοι** καὶ οἱ φονεῖς καὶ οἱ εἰδωλολάτραι καὶ πᾶς φιλῶν καὶ ποιῶν ψεῦδος.

4522 πόρρω [4]

√ 4574

πορρώτερος [1] Lk 24:28

Mt 15: 8 ἡ δὲ καρδία αὐτῶν **πόρρω** ἀπέχει ἀπ᾽ ἐμοῦ·
Mk 7: 6 ἡ δὲ καρδία αὐτῶν **πόρρω** ἀπέχει ἀπ᾽ ἐμοῦ·
Lk 14:32 ἔτι αὐτοῦ **πόρρω** ὄντος πρεσβείαν ἀποστείλας ἐρωτᾷ τὰ πρὸς εἰρήνην.
24:28 Καὶ ἤγγισαν εἰς τὴν κώμην οὗ ἐπορεύοντο, καὶ αὐτὸς προσεποιήσατο **πορρώτερον** πορεύεσθαι.

4523 πόρρωθεν [2]

√ 4574

Lk 17:12 καὶ εἰσερχομένου αὐτοῦ εἴς τινα κώμην ἀπήντησαν [αὐτῷ] δέκα λεπροὶ ἄνδρες, οἳ ἔστησαν **πόρρωθεν**
Heb 11:13 μὴ λαβόντες τὰς ἐπαγγελίας ἀλλὰ **πόρρωθεν** αὐτὰς ἰδόντες καὶ ἀσπασάμενοι καὶ ὁμολογήσαντες ὅτι ξένοι καὶ παρεπίδημοί εἰσιν ἐπὶ τῆς γῆς.

4524 πορρωτέρω Not used in UBS/NIV

√ 4574

4525 πορφύρα [4]

→ 4526, 4527, 4528

Mk 15:17 καὶ ἐνδιδύσκουσιν αὐτὸν **πορφύραν** καὶ περιτιθέασιν αὐτῷ πλέξαντες ἀκάνθινον στέφανον·
15:20 ἐξέδυσαν αὐτὸν τὴν **πορφύραν** καὶ ἐνέδυσαν αὐτὸν τὰ ἱμάτια αὐτοῦ.
Lk 16:19 καὶ ἐνεδιδύσκετο **πορφύραν** καὶ βύσσον εὐφραινόμενος καθ' ἡμέραν λαμπρῶς.
Rev 18:12 γόμον χρυσοῦ καὶ ἀργύρου καὶ λίθου τιμίου καὶ μαργαριτῶν καὶ βυσσίνου καὶ **πορφύρας** καὶ σιρικοῦ καὶ κοκκίνου,

4526 πορφύρεος Not used in UBS/NIV

√ 4525

4527 πορφυρόπωλις [1]

√ 4525 + 4797

Ac 16:14 καί τις γυνὴ ὀνόματι Λυδία, **πορφυρόπωλις** πόλεως Θυατείρων σεβομένη τὸν θεόν, ἤκουεν,

4528 πορφυροῦς [4]

√ 4525

Jn 19: 2 καὶ οἱ στρατιῶται πλέξαντες στέφανον ἐξ ἀκανθῶν ἐπέθηκαν αὐτοῦ τῇ κεφαλῇ καὶ ἱμάτιον **πορφυροῦν** περιέβαλον αὐτὸν
19: 5 φορῶν τὸν ἀκάνθινον στέφανον καὶ τὸ **πορφυροῦν** ἱμάτιον.
Rev 17: 4 καὶ ἡ γυνὴ ἦν περιβεβλημένη **πορφυροῦν** καὶ κόκκινον καὶ κεχρυσωμένη χρυσίῳ καὶ λίθῳ τιμίῳ καὶ μαργαρίταις,
18:16 ἡ περιβεβλημένη βύσσινον καὶ **πορφυροῦν** καὶ κόκκινον καὶ κεχρυσωμένη [ἐν] χρυσίῳ καὶ λίθῳ τιμίῳ καὶ μαργαρίτῃ,

4529 ποσάκις [3]

√ 4005

Mt 18:21 **ποσάκις** ἁμαρτήσει εἰς ἐμὲ ὁ ἀδελφός μου καὶ ἀφήσω αὐτῷ;
23:37 **ποσάκις** ἠθέλησα ἐπισυναγαγεῖν τὰ τέκνα σου, ὃν τρόπον ὄρνις ἐπισυνάγει τὰ νοσσία αὐτῆς ὑπὸ τὰς πτέρυγας,
Lk 13:34 **ποσάκις** ἠθέλησα ἐπισυνάξαι τὰ τέκνα σου ὃν τρόπον ὄρνις τὴν ἑαυτῆς νοσσιὰν ὑπὸ τὰς πτέρυγας,

4530 πόσις [3]

√ 4403

Jn 6:55 ἡ γὰρ σάρξ μου ἀληθής ἐστιν βρῶσις, καὶ τὸ αἷμά μου ἀληθής ἐστιν **πόσις.**
Ro 14:17 οὐ γάρ ἐστιν ἡ βασιλεία τοῦ θεοῦ βρῶσις καὶ **πόσις** ἀλλὰ δικαιοσύνη καὶ εἰρήνη καὶ χαρὰ ἐν πνεύματι ἁγίῳ·
Col 2:16 Μὴ οὖν τις ὑμᾶς κρινέτω ἐν βρώσει καὶ ἐν **πόσει** ἢ ἐν μέρει ἑορτῆς ἢ νεομηνίας ἢ σαββάτων·

4531 πόσος [27]

√ 4012

πόσῳ μᾶλλον [9] Mt 7:11; 10:25; Lk 11:13; 12:24,28; Ro 11:12,24; Phm 1:16; Heb 9:14

πόσος χρόνος [1] Mk 9:21

Mt 6:23 εἰ οὖν τὸ φῶς τὸ ἐν σοὶ σκότος ἐστίν, τὸ σκότος **πόσον.**
7:11 **πόσῳ** μᾶλλον ὁ πατὴρ ὑμῶν ὁ ἐν τοῖς οὐρανοῖς δώσει ἀγαθὰ τοῖς αἰτοῦσιν αὐτόν.
10:25 εἰ τὸν οἰκοδεσπότην Βεελζεβοὺλ ἐπεκάλεσαν, **πόσῳ** μᾶλλον τοὺς οἰκιακοὺς αὐτοῦ.
12:12 **πόσῳ** οὖν διαφέρει ἄνθρωπος προβάτου. ὥστε ἔξεστιν τοῖς σάββασιν καλῶς ποιεῖν.
15:34 καὶ λέγει αὐτοῖς ὁ Ἰησοῦς, **Πόσους** ἄρτους ἔχετε;
16: 9 οὐδὲ μνημονεύετε τοὺς πέντε ἄρτους τῶν πεντακισχιλίων καὶ **πόσους** κοφίνους ἐλάβετε;
16:10 οὐδὲ τοὺς ἑπτὰ ἄρτους τῶν τετρακισχιλίων καὶ **πόσας** σπυρίδας ἐλάβετε;
27:13 τότε λέγει αὐτῷ ὁ Πιλᾶτος, Οὐκ ἀκούεις **πόσα** σου καταμαρτυροῦσιν;
Mk 6:38 ὁ δὲ λέγει αὐτοῖς, **Πόσους** ἄρτους ἔχετε; ὑπάγετε ἴδετε.
8: 5 καὶ ἠρώτα αὐτούς, **Πόσους** ἔχετε ἄρτους; οἱ δὲ εἶπαν,
8:19 ὅτε τοὺς πέντε ἄρτους ἔκλασα εἰς τοὺς πεντακισχιλίους, **πόσους** κοφίνους κλασμάτων πλήρεις ἤρατε;
8:20 Ὅτε τοὺς ἑπτὰ εἰς τοὺς τετρακισχιλίους, **πόσων** σπυρίδων πληρώματα κλασμάτων ἤρατε;
9:21 καὶ ἐπηρώτησεν τὸν πατέρα αὐτοῦ, **Πόσος** χρόνος ἐστὶν ὡς τοῦτο γέγονεν αὐτῷ;
15: 4 ὁ δὲ Πιλᾶτος πάλιν ἐπηρώτα αὐτὸν λέγων, Οὐκ ἀποκρίνῃ οὐδέν; ἴδε **πόσα** σου κατηγοροῦσιν.
Lk 11:13 **πόσῳ** μᾶλλον ὁ πατὴρ [ὁ] ἐξ οὐρανοῦ δώσει πνεῦμα ἅγιον τοῖς αἰτοῦσιν αὐτόν.
12:24 καὶ ὁ θεὸς τρέφει αὐτούς· **πόσῳ** μᾶλλον ὑμεῖς διαφέρετε τῶν πετεινῶν.
12:28 εἰ δὲ ἐν ἀγρῷ τὸν χόρτον ὄντα σήμερον καὶ αὔριον εἰς κλίβανον βαλλόμενον ὁ θεὸς οὕτως ἀμφιέζει, **πόσῳ** μᾶλλον ὑμᾶς, ὀλιγόπιστοι.
15:17 **Πόσοι** μίσθιοι τοῦ πατρός μου περισσεύονται ἄρτων, ἐγὼ δὲ λιμῷ ὧδε ἀπόλλυμαι.
16: 5 καὶ προσκαλεσάμενος ἕνα ἕκαστον τῶν χρεοφειλετῶν τοῦ κυρίου ἑαυτοῦ ἔλεγεν τῷ πρώτῳ, **Πόσον** ὀφείλεις τῷ κυρίῳ μου;
16: 7 ἔπειτα ἑτέρῳ εἶπεν, Σὺ δὲ **πόσον** ὀφείλεις; ὁ δὲ εἶπεν,
Ac 21:20 **πόσαι** μυριάδες εἰσὶν ἐν τοῖς Ἰουδαίοις τῶν πεπιστευκότων καὶ πάντες ζηλωταὶ τοῦ νόμου ὑπάρχουσιν·
Ro 11:12 εἰ δὲ τὸ παράπτωμα αὐτῶν πλοῦτος κόσμου καὶ τὸ ἥττημα αὐτῶν πλοῦτος ἐθνῶν, **πόσῳ** μᾶλλον τὸ πλήρωμα αὐτῶν.
11:24 **πόσῳ** μᾶλλον οὗτοι οἱ κατὰ φύσιν ἐγκεντρισθήσονται τῇ ἰδίᾳ ἐλαίᾳ.
2Co 7:11 ἰδοὺ γὰρ αὐτὸ τοῦτο τὸ κατὰ θεὸν λυπηθῆναι **πόσην** κατειργάσατο ὑμῖν σπουδήν,
Phm 1:16 **πόσῳ** δὲ μᾶλλον σοὶ καὶ ἐν σαρκὶ καὶ ἐν κυρίῳ.
Heb 9:14 **πόσῳ** μᾶλλον τὸ αἷμα τοῦ Χριστοῦ, ὃς διὰ πνεύματος αἰωνίου ἑαυτὸν προσήνεγκεν ἄμωμον τῷ θεῷ,
10:29 **πόσῳ** δοκεῖτε χείρονος ἀξιωθήσεται τιμωρίας ὁ τὸν υἱὸν τοῦ θεοῦ καταπατήσας καὶ τὸ αἷμα τῆς διαθήκης κοινὸν ἡγησάμενος,

4532 ποταμός [17]

→ 3544, 4533; cf. 4403

Mt 3: 6 καὶ ἐβαπτίζοντο ἐν τῷ Ἰορδάνῃ **ποταμῷ** ὑπ' αὐτοῦ ἐξομολογούμενοι τὰς ἁμαρτίας αὐτῶν.
7:25 καὶ κατέβη ἡ βροχὴ καὶ ἦλθον οἱ **ποταμοὶ** καὶ ἔπνευσαν οἱ ἄνεμοι καὶ προσέπεσαν τῇ οἰκίᾳ ἐκείνῃ,
7:27 καὶ κατέβη ἡ βροχὴ καὶ ἦλθον οἱ **ποταμοὶ** καὶ ἔπνευσαν οἱ ἄνεμοι καὶ προσέκοψαν τῇ οἰκίᾳ ἐκείνῃ,
Mk 1: 5 καὶ ἐβαπτίζοντο ὑπ' αὐτοῦ ἐν τῷ Ἰορδάνῃ **ποταμῷ** ἐξομολογούμενοι τὰς ἁμαρτίας αὐτῶν.
Lk 6:48 πλημμύρης δὲ γενομένης προσέρηξεν ὁ **ποταμὸς** τῇ οἰκίᾳ ἐκείνῃ,
6:49 ᾗ προσέρηξεν ὁ **ποταμός,** καὶ εὐθὺς συνέπεσεν καὶ ἐγένετο τὸ ῥῆγμα τῆς οἰκίας ἐκείνης μέγα.
Jn 7:38 **ποταμοὶ** ἐκ τῆς κοιλίας αὐτοῦ ῥεύσουσιν ὕδατος ζῶντος.
Ac 16:13 τῇ τε ἡμέρᾳ τῶν σαββάτων ἐξήλθομεν ἔξω τῆς πύλης παρὰ **ποταμὸν** οὗ ἐνομίζομεν προσευχὴν εἶναι,
2Co 11:26 ὁδοιπορίαις πολλάκις, κινδύνοις **ποταμῶν,** κινδύνοις λῃστῶν, κινδύνοις ἐκ γένους,
Rev 8:10 καὶ ἔπεσεν ἐκ τοῦ οὐρανοῦ ἀστὴρ μέγας καιόμενος ὡς λαμπὰς καὶ ἔπεσεν ἐπὶ τὸ τρίτον τῶν **ποταμῶν** καὶ ἐπὶ τὰς πηγὰς
9:14 Λῦσον τοὺς τέσσαρας ἀγγέλους τοὺς δεδεμένους ἐπὶ τῷ **ποταμῷ** τῷ μεγάλῳ Εὐφράτῃ.
12:15 καὶ ἔβαλεν ὁ ὄφις ἐκ τοῦ στόματος αὐτοῦ ὀπίσω τῆς γυναικὸς ὕδωρ ὡς **ποταμόν,**

12:16 καὶ ἤνοιξεν ἡ γῆ τὸ στόμα αὐτῆς καὶ κατέπιεν τὸν **ποταμὸν** ὃν ἔβαλεν ὁ δράκων ἐκ τοῦ στόματος αὐτοῦ.
16: 4 Καὶ ὁ τρίτος ἐξέχεεν τὴν φιάλην αὐτοῦ εἰς τοὺς **ποταμοὺς** καὶ τὰς πηγὰς τῶν ὑδάτων,
16:12 Καὶ ὁ ἕκτος ἐξέχεεν τὴν φιάλην αὐτοῦ ἐπὶ τὸν **ποταμὸν** τὸν μέγαν τὸν Εὐφράτην,
22: 1 Καὶ ἔδειξέν μοι **ποταμὸν** ὕδατος ζωῆς λαμπρὸν ὡς κρύσταλλον,
22: 2 ἐν μέσῳ τῆς πλατείας αὐτῆς καὶ τοῦ **ποταμοῦ** ἐντεῦθεν καὶ ἐκεῖθεν ξύλον ζωῆς ποιοῦν καρποὺς δώδεκα,

4533 ποταμοφόρητος [1]

√ *4532 + 5770*

Rev 12:15 καὶ ἔβαλεν ὁ ὄφις ἐκ τοῦ στόματος αὐτοῦ ὀπίσω τῆς γυναικὸς ὕδωρ ὡς ποταμόν, ἵνα αὐτὴν **ποταμοφόρητον** ποιήσῃ.

4534 ποταπός [7]

√ *4544 + 608*

Mt 8:27 **Ποταπός** ἐστιν οὗτος ὅτι καὶ οἱ ἄνεμοι καὶ ἡ θάλασσα αὐτῷ ὑπακούουσιν;
Mk 13: 1 Καὶ ἐκπορευομένου αὐτοῦ ἐκ τοῦ ἱεροῦ λέγει αὐτῷ εἷς τῶν μαθητῶν αὐτοῦ, Διδάσκαλε, ἴδε **ποταποὶ** λίθοι καὶ **ποταπαὶ** οἰκοδομαί.
Lk 1:29 ἡ δὲ ἐπὶ τῷ λόγῳ διεταράχθη καὶ διελογίζετο **ποταπὸς** εἴη ὁ ἀσπασμὸς οὗτος.
7:39 ἐγίνωσκεν ἂν τίς καὶ **ποταπὴ** ἡ γυνὴ ἥτις ἅπτεται αὐτοῦ,
2Pe 3:11 τούτων οὕτως πάντων λυομένων **ποταποὺς** δεῖ ὑπάρχειν [ὑμᾶς] ἐν ἁγίαις ἀναστροφαῖς καὶ εὐσεβείαις,
1Jn 3: 1 ἴδετε **ποταπὴν** ἀγάπην δέδωκεν ἡμῖν ὁ πατήρ, ἵνα τέκνα θεοῦ κληθῶμεν,

4535 ποταπῶς Not used in UBS/NIV

√ *4544 + 608*

4536 πότε [19]

√ *4544*

ἕως πότε [7] Mt 17:17,17; Mk 9:19,19; Lk 9:41; Jn 10:24; Rev 6:10

Mt 17:17 Ὦ γενεὰ ἄπιστος καὶ διεστραμμένη, ἕως **πότε** μεθ᾽ ὑμῶν ἔσομαι; ἕως **πότε** ἀνέξομαι ὑμῶν; φέρετέ μοι αὐτὸν ὧδε.
24: 3 Εἰπὲ ἡμῖν **πότε** ταῦτα ἔσται καὶ τί τὸ σημεῖον τῆς σῆς παρουσίας καὶ συντελείας τοῦ αἰῶνος;
25:37 Κύριε, **πότε** σε εἴδομεν πεινῶντα καὶ ἐθρέψαμεν, ἢ διψῶντα καὶ ἐποτίσαμεν;
25:38 **πότε** δέ σε εἴδομεν ξένον καὶ συνηγάγομεν, ἢ γυμνὸν καὶ περιεβάλομεν;
25:39 **πότε** δέ σε εἴδομεν ἀσθενοῦντα ἢ ἐν φυλακῇ καὶ ἤλθομεν πρός σε;
25:44 **πότε** σε εἴδομεν πεινῶντα ἢ διψῶντα ἢ ξένον ἢ γυμνὸν ἢ ἀσθενῆ ἢ ἐν φυλακῇ καὶ οὐ διηκονήσαμέν σοι;
Mk 9:19 Ὦ γενεὰ ἄπιστος, ἕως **πότε** πρὸς ὑμᾶς ἔσομαι; ἕως **πότε** ἀνέξομαι ὑμῶν; φέρετε αὐτὸν πρός με.
13: 4 **πότε** ταῦτα ἔσται καὶ τί τὸ σημεῖον ὅταν μέλλῃ ταῦτα συντελεῖσθαι πάντα;
13:33 ἀγρυπνεῖτε· οὐκ οἴδατε γὰρ **πότε** ὁ καιρός ἐστιν.
13:35 οὐκ οἴδατε γὰρ **πότε** ὁ κύριος τῆς οἰκίας ἔρχεται,
Lk 9:41 ἕως **πότε** ἔσομαι πρὸς ὑμᾶς καὶ ἀνέξομαι ὑμῶν;
12:36 καὶ ὑμεῖς ὅμοιοι ἀνθρώποις προσδεχομένοις τὸν κύριον ἑαυτῶν **πότε** ἀναλύσῃ ἐκ τῶν γάμων,
17:20 Ἐπερωτηθεὶς δὲ ὑπὸ τῶν Φαρισαίων **πότε** ἔρχεται ἡ βασιλεία τοῦ θεοῦ ἀπεκρίθη αὐτοῖς καὶ εἶπεν,
21: 7 **πότε** οὖν ταῦτα ἔσται καὶ τί τὸ σημεῖον ὅταν μέλλῃ ταῦτα γίνεσθαι;
Jn 6:25 καὶ εὑρόντες αὐτὸν πέραν τῆς θαλάσσης εἶπον αὐτῷ, Ῥαββί, **πότε** ὧδε γέγονας;
10:24 ἐκύκλωσαν οὖν αὐτὸν οἱ Ἰουδαῖοι καὶ ἔλεγον αὐτῷ, Ἕως **πότε** τὴν ψυχὴν ἡμῶν αἴρεις;
Rev 6:10 καὶ ἔκραξαν φωνῇ μεγάλῃ λέγοντες, Ἕως **πότε,** ὁ δεσπότης ὁ ἅγιος καὶ ἀληθινός,

4537 ποτέ [29]

√ *4544*

ἤδη ποτέ [2] Ro 1:10; Php 4:10

οὐ ... ποτέ [2] 2Pe 1:10,21

οὔτε ... ποτέ [1] 1Th 2:5

ποτέ ... νῦν [5] Ro 11:30; Gal 1:23,23; Eph 5:8; 1Pe 2:10

Lk 22:32 καὶ σύ **ποτε** ἐπιστρέψας στήρισον τοὺς ἀδελφούς σου.
Jn 9:13 Ἄγουσιν αὐτὸν πρὸς τοὺς Φαρισαίους τόν **ποτε** τυφλόν.
Ro 1:10 πάντοτε ἐπὶ τῶν προσευχῶν μου δεόμενος εἴ πως ἤδη **ποτὲ** εὐοδωθήσομαι ἐν τῷ θελήματι τοῦ θεοῦ ἐλθεῖν πρὸς ὑμᾶς.
7: 9 ἐγὼ δὲ ἔζων χωρὶς νόμου **ποτέ,** ἐλθούσης δὲ τῆς ἐντολῆς ἡ ἁμαρτία ἀνέζησεν,
11:30 ὥσπερ γὰρ ὑμεῖς **ποτε** ἠπειθήσατε τῷ θεῷ, νῦν δὲ ἠλεήθητε τῇ τούτων ἀπειθείᾳ,
1Co 9: 7 τίς στρατεύεται ἰδίοις ὀψωνίοις **ποτέ;** τίς φυτεύει ἀμπελῶνα καὶ τὸν καρπὸν αὐτοῦ οὐκ ἐσθίει;
Gal 1:13 Ἠκούσατε γὰρ τὴν ἐμὴν ἀναστροφήν **ποτε** ἐν τῷ Ἰουδαϊσμῷ,
1:23 μόνον δὲ ἀκούοντες ἦσαν ὅτι Ὁ διώκων ἡμᾶς **ποτε** νῦν εὐαγγελίζεται τὴν πίστιν ἥν **ποτε** ἐπόρθει,
2: 6 ὁποῖοί **ποτε** ἦσαν οὐδέν μοι διαφέρει· πρόσωπον [ὁ] θεὸς ἀνθρώπου οὐ λαμβάνει-
Eph 2: 2 ἐν αἷς **ποτε** περιεπατήσατε κατὰ τὸν αἰῶνα τοῦ κόσμου τούτου,
2: 3 καὶ ἡμεῖς πάντες ἀνεστράφημέν **ποτε** ἐν ταῖς ἐπιθυμίαις τῆς σαρκὸς ἡμῶν ποιοῦντες τὰ θελήματα τῆς σαρκὸς
2:11 Διὸ μνημονεύετε ὅτι **ποτὲ** ὑμεῖς τὰ ἔθνη ἐν σαρκί,
2:13 νυνὶ δὲ ἐν Χριστῷ Ἰησοῦ ὑμεῖς οἵ **ποτε** ὄντες μακρὰν ἐγενήθητε ἐγγὺς ἐν τῷ αἵματι τοῦ Χριστοῦ.
5: 8 ἦτε γάρ **ποτε** σκότος, νῦν δὲ φῶς ἐν κυρίῳ·
5:29 οὐδεὶς γάρ **ποτε** τὴν ἑαυτοῦ σάρκα ἐμίσησεν ἀλλὰ ἐκτρέφει καὶ θάλπει αὐτήν,
Php 4:10 Ἐχάρην δὲ ἐν κυρίῳ μεγάλως ὅτι ἤδη **ποτὲ** ἀνεθάλετε τὸ ὑπὲρ ἐμοῦ φρονεῖν,
Col 1:21 Καὶ ὑμᾶς **ποτε** ὄντας ἀπηλλοτριωμένους καὶ ἐχθροὺς τῇ διανοίᾳ ἐν τοῖς ἔργοις τοῖς πονηροῖς,
3: 7 ἐν οἷς καὶ ὑμεῖς περιεπατήσατέ **ποτε,** ὅτε ἐζῆτε ἐν τούτοις·
1Th 2: 5 οὔτε γάρ **ποτε** ἐν λόγῳ κολακείας ἐγενήθημεν, καθὼς οἴδατε,
Tit 3: 3 Ἦμεν γάρ **ποτε** καὶ ἡμεῖς ἀνόητοι, ἀπειθεῖς, πλανώμενοι,
Phm 1:11 τόν **ποτέ** σοι ἄχρηστον νυνὶ δὲ [καὶ] σοὶ καὶ ἐμοὶ εὔχρηστον,
Heb 1: 5 Τίνι γὰρ εἶπέν **ποτε** τῶν ἀγγέλων, Υἱός μου εἶ σύ,
1:13 πρὸς τίνα δὲ τῶν ἀγγέλων εἴρηκέν **ποτε,** Κάθου ἐκ δεξιῶν μου,
1Pe 2:10 οἵ **ποτε** οὐ λαὸς νῦν δὲ λαὸς θεοῦ,
3: 5 οὕτως γάρ **ποτε** καὶ αἱ ἅγιαι γυναῖκες αἱ ἐλπίζουσαι εἰς θεὸν ἐκόσμουν ἑαυτὰς ὑποτασσόμεναι τοῖς ἰδίοις ἀνδράσιν,
3:20 ἀπειθήσασίν **ποτε** ὅτε ἀπεξεδέχετο ἡ τοῦ θεοῦ μακροθυμία ἐν ἡμέραις Νῶε κατασκευαζομένης κιβωτοῦ εἰς ἣν ὀλίγοι,
2Pe 1:10 σπουδάσατε βεβαίαν ὑμῶν τὴν κλῆσιν καὶ ἐκλογὴν ποιεῖσθαι· ταῦτα γὰρ ποιοῦντες οὐ μὴ πταίσητέ **ποτε.**
1:21 οὐ γὰρ θελήματι ἀνθρώπου ἠνέχθη προφητεία **ποτέ,** ἀλλὰ ὑπὸ πνεύματος ἁγίου φερόμενοι ἐλάλησαν ἀπὸ θεοῦ ἄνθρωποι.

4538 πότερον [1]

√ *4544 + 2283*

Jn 7:17 γνώσεται περὶ τῆς διδαχῆς **πότερον** ἐκ τοῦ θεοῦ ἐστιν ἢ ἐγὼ ἀπ᾽ ἐμαυτοῦ λαλῶ.

4539 ποτήριον [31]

√ *4403*

ποτήριον εὐλογίας [1] 1Co 10:16

ποτήριον κυρίου [2] 1Co 10:21; 11:27

Mt 10:42 καὶ ὃς ἂν ποτίσῃ ἕνα τῶν μικρῶν τούτων **ποτήριον** ψυχροῦ μόνον εἰς ὄνομα μαθητοῦ,
20:22 δύνασθε πιεῖν τὸ **ποτήριον** ὃ ἐγὼ μέλλω πίνειν;
20:23 λέγει αὐτοῖς, Τὸ μὲν **ποτήριόν** μου πίεσθε, τὸ δὲ καθίσαι ἐκ δεξιῶν μου καὶ ἐξ εὐωνύμων οὐκ ἔστιν ἐμὸν [τοῦτο] δοῦναι,
23:25 ὅτι καθαρίζετε τὸ ἔξωθεν τοῦ **ποτηρίου** καὶ τῆς παροψίδος,
23:26 Φαρισαῖε τυφλέ, καθάρισον πρῶτον τὸ ἐντὸς τοῦ **ποτηρίου,** [UBS; NIV **ποτηρίου** καὶ τῆς παροψίδος,]
26:27 καὶ λαβὼν **ποτήριον** καὶ εὐχαριστήσας ἔδωκεν αὐτοῖς λέγων,

26:39 εἰ δυνατόν ἐστιν, παρελθάτω ἀπ' ἐμοῦ τὸ **ποτήριον** τοῦτο·
Mk 7: 4 βαπτισμοὺς **ποτηρίων** καὶ ξεστῶν καὶ χαλκίων [καὶ κλινῶν–]
9:41 Ὃς γὰρ ἂν ποτίσῃ ὑμᾶς **ποτήριον** ὕδατος ἐν ὀνόματι ὅτι Χριστοῦ ἐστε,
10:38 δύνασθε πιεῖν τὸ **ποτήριον** ὃ ἐγὼ πίνω ἢ τὸ βάπτισμα ὃ ἐγὼ βαπτίζομαι βαπτισθῆναι;
10:39 Τὸ **ποτήριον** ὃ ἐγὼ πίνω πίεσθε καὶ τὸ βάπτισμα ὃ ἐγὼ βαπτίζομαι βαπτισθήσεσθε,
14:23 καὶ λαβὼν **ποτήριον** εὐχαριστήσας ἔδωκεν αὐτοῖς, καὶ ἔπιον ἐξ αὐτοῦ πάντες.
14:36 πάντα δυνατά σοι· παρένεγκε τὸ **ποτήριον** τοῦτο ἀπ' ἐμοῦ·
Lk 11:39 Νῦν ὑμεῖς οἱ Φαρισαῖοι τὸ ἔξωθεν τοῦ **ποτηρίου** καὶ τοῦ πίνακος καθαρίζετε,
22:17 καὶ δεξάμενος **ποτήριον** εὐχαριστήσας εἶπεν, Λάβετε τοῦτο καὶ διαμερίσατε εἰς ἑαυτούς·
22:20 καὶ τὸ **ποτήριον** ὡσαύτως μετὰ τὸ δειπνῆσαι, λέγων, Τοῦτο τὸ **ποτήριον** ἡ καινὴ διαθήκη ἐν τῷ αἵματί μου τὸ ὑπὲρ ὑμῶν ἐκχυννόμενον.
22:42 εἰ βούλει παρένεγκε τοῦτο τὸ **ποτήριον** ἀπ' ἐμοῦ·
Jn 18:11 τὸ **ποτήριον** ὃ δέδωκέν μοι ὁ πατὴρ οὐ μὴ πίω αὐτό;
1Co 10:16 τὸ **ποτήριον** τῆς εὐλογίας ὃ εὐλογοῦμεν, οὐχὶ κοινωνία ἐστὶν τοῦ αἵματος τοῦ Χριστοῦ;
10:21 οὐ δύνασθε **ποτήριον** κυρίου πίνειν καὶ **ποτήριον** δαιμονίων,
11:25 ὡσαύτως καὶ τὸ **ποτήριον** μετὰ τὸ δειπνῆσαι λέγων, Τοῦτο τὸ **ποτήριον** ἡ καινὴ διαθήκη ἐστὶν ἐν τῷ ἐμῷ αἵματι·
11:26 ὁσάκις γὰρ ἐὰν ἐσθίητε τὸν ἄρτον τοῦτον καὶ τὸ **ποτήριον** πίνητε,
11:27 Ὥστε ὃς ἂν ἐσθίῃ τὸν ἄρτον ἢ πίνῃ τὸ **ποτήριον** τοῦ κυρίου ἀναξίως,
11:28 δοκιμαζέτω δὲ ἄνθρωπος ἑαυτὸν καὶ οὕτως ἐκ τοῦ ἄρτου ἐσθιέτω καὶ ἐκ τοῦ **ποτηρίου** πινέτω·
Rev 14:10 καὶ αὐτὸς πίεται ἐκ τοῦ οἴνου τοῦ θυμοῦ τοῦ θεοῦ τοῦ κεκερασμένου ἀκράτου ἐν τῷ **ποτηρίῳ** τῆς ὀργῆς αὐτοῦ
16:19 καὶ Βαβυλὼν ἡ μεγάλη ἐμνήσθη ἐνώπιον τοῦ θεοῦ δοῦναι αὐτῇ τὸ **ποτήριον** τοῦ οἴνου τοῦ θυμοῦ τῆς ὀργῆς αὐτοῦ.
17: 4 ἔχουσα **ποτήριον** χρυσοῦν ἐν τῇ χειρὶ αὐτῆς γέμον βδελυγμάτων καὶ τὰ ἀκάθαρτα τῆς πορνείας αὐτῆς
18: 6 ἐν τῷ **ποτηρίῳ** ᾧ ἐκέρασεν κεράσατε αὐτῇ διπλοῦν,

4540 ποτίζω [15]

√ *4403*

Mt 10:42 καὶ ὃς ἂν **ποτίσῃ** ἕνα τῶν μικρῶν τούτων ποτήριον ψυχροῦ μόνον εἰς ὄνομα μαθητοῦ,
25:35 ἐδίψησα καὶ **ἐποτίσατέ** με, ξένος ἤμην καὶ συνηγάγετέ με,
25:37 πότε σε εἴδομεν πεινῶντα καὶ ἐθρέψαμεν, ἢ διψῶντα καὶ **ἐποτίσαμεν;**
25:42 ἐπείνασα γὰρ καὶ οὐκ ἐδώκατέ μοι φαγεῖν, ἐδίψησα καὶ οὐκ **ἐποτίσατέ** με,
27:48 καὶ εὐθέως δραμὼν εἷς ἐξ αὐτῶν καὶ λαβὼν σπόγγον πλήσας τε ὄξους καὶ περιθεὶς καλάμῳ **ἐπότιζεν** αὐτόν.
Mk 9:41 Ὃς γὰρ ἂν **ποτίσῃ** ὑμᾶς ποτήριον ὕδατος ἐν ὀνόματι ὅτι Χριστοῦ ἐστε,
15:36 δραμὼν δέ τις [καὶ] γεμίσας σπόγγον ὄξους περιθεὶς καλάμῳ **ἐπότιζεν** αὐτὸν λέγων,
Lk 13:15 ἕκαστος ὑμῶν τῷ σαββάτῳ οὐ λύει τὸν βοῦν αὐτοῦ ἢ τὸν ὄνον ἀπὸ τῆς φάτνης καὶ ἀπαγαγὼν **ποτίζει;**
Ro 12:20 ἀλλὰ ἐὰν πεινᾷ ὁ ἐχθρός σου, ψώμιζε αὐτόν· ἐὰν διψᾷ, **πότιζε** αὐτόν·
1Co 3: 2 γάλα ὑμᾶς **ἐπότισα,** οὐ βρῶμα· οὔπω γὰρ ἐδύνασθε.
3: 6 ἐγὼ ἐφύτευσα, Ἀπολλῶς **ἐπότισεν,** ἀλλὰ ὁ θεὸς ηὔξανεν·
3: 7 ὥστε οὔτε ὁ φυτεύων ἐστίν τι οὔτε ὁ **ποτίζων** ἀλλ' ὁ αὐξάνων θεός.
3: 8 ὁ φυτεύων δὲ καὶ ὁ **ποτίζων** ἕν εἰσιν,
12:13 εἴτε Ἰουδαῖοι εἴτε Ἕλληνες εἴτε δοῦλοι εἴτε ἐλεύθεροι, καὶ πάντες ἓν πνεῦμα **ἐποτίσθημεν.**
Rev 14: 8 Ἔπεσεν ἔπεσεν Βαβυλὼν ἡ μεγάλη ἣ ἐκ τοῦ οἴνου τοῦ θυμοῦ τῆς πορνείας αὐτῆς **πεπότικεν** πάντα τὰ ἔθνη.

4541 Ποτίολοι [1]

Ac 28:13 καὶ μετὰ μίαν ἡμέραν ἐπιγενομένου νότου δευτεραῖοι ἤλθομεν εἰς **Ποτιόλους,**

4542 πότος [1]

√ *4403*

1Pe 4: 3 ἀρκετὸς γὰρ ὁ παρεληλυθὼς χρόνος τὸ βούλημα τῶν ἐθνῶν κατειργάσθαι πεπορευμένους ἐν ἀσελγείαις, ἐπιθυμίαις, οἰνοφλυγίαις, κώμοις, **πότοις** καὶ ἀθεμίτοις εἰδωλολατρίαις.

4543 πού [4]

√ *4544*

Ac 27:29 φοβούμενοί τε μή **που** κατὰ τραχεῖς τόπους ἐκπέσωμεν,
Ro 4:19 ἑκατονταετής **που** ὑπάρχων, καὶ τὴν νέκρωσιν τῆς μήτρας Σάρρας·
Heb 2: 6 διεμαρτύρατο δέ **πού** τις λέγων, Τί ἐστιν ἄνθρωπος ὅτι μιμνῄσκῃ αὐτοῦ,
4: 4 εἴρηκεν γάρ **που** περὶ τῆς ἑβδόμης οὕτως, Καὶ κατέπαυσεν ὁ θεὸς ἐν τῇ ἡμέρᾳ τῇ ἑβδόμῃ ἀπὸ πάντων τῶν ἔργων αὐτοῦ,

4544 ποῦ [48]

→ *1325, 1326, 1327, 1643, 3595, 3607, 3608, 3610, 3889, 3961, 3962, 3963, 3968, 4030, 4467, 4534, 4535, 4536, 4537, 4538, 4543*

Mt 2: 2 λέγοντες, **Ποῦ** ἐστιν ὁ τεχθεὶς βασιλεὺς τῶν Ἰουδαίων;
2: 4 καὶ συναγαγὼν πάντας τοὺς ἀρχιερεῖς καὶ γραμματεῖς τοῦ λαοῦ ἐπυνθάνετο παρ' αὐτῶν **ποῦ** ὁ Χριστὸς γεννᾶται.
8:20 ὁ δὲ υἱὸς τοῦ ἀνθρώπου οὐκ ἔχει **ποῦ** τὴν κεφαλὴν κλίνῃ.
26:17 Τῇ δὲ πρώτῃ τῶν ἀζύμων προσῆλθον οἱ μαθηταὶ τῷ Ἰησοῦ λέγοντες, **Ποῦ** θέλεις ἑτοιμάσωμέν σοι φαγεῖν τὸ πάσχα;
Mk 14:12 **Ποῦ** θέλεις ἀπελθόντες ἑτοιμάσωμεν ἵνα φάγῃς τὸ πάσχα;
14:14 **Ποῦ** ἐστιν τὸ κατάλυμά μου ὅπου τὸ πάσχα μετὰ τῶν μαθητῶν μου φάγω;
15:47 ἡ δὲ Μαρία ἡ Μαγδαληνὴ καὶ Μαρία ἡ Ἰωσῆτος ἐθεώρουν **ποῦ** τέθειται.
Lk 8:25 εἶπεν δὲ αὐτοῖς, **Ποῦ** ἡ πίστις ὑμῶν; φοβηθέντες δὲ ἐθαύμασαν λέγοντες πρὸς ἀλλήλους,
9:58 ὁ δὲ υἱὸς τοῦ ἀνθρώπου οὐκ ἔχει **ποῦ** τὴν κεφαλὴν κλίνῃ.
12:17 ὅτι οὐκ ἔχω **ποῦ** συνάξω τοὺς καρπούς μου;
17:17 Οὐχὶ οἱ δέκα ἐκαθαρίσθησαν; οἱ δὲ ἐννέα **ποῦ;**
17:37 καὶ ἀποκριθέντες λέγουσιν αὐτῷ, **Ποῦ,** κύριε; ὁ δὲ εἶπεν αὐτοῖς,
22: 9 οἱ δὲ εἶπαν αὐτῷ, **Ποῦ** θέλεις ἑτοιμάσωμεν;
22:11 **Ποῦ** ἐστιν τὸ κατάλυμα ὅπου τὸ πάσχα μετὰ τῶν μαθητῶν μου φάγω;
Jn 1:38 οἱ δὲ εἶπαν αὐτῷ, Ῥαββί, ὃ λέγεται μεθερμηνευόμενον Διδάσκαλε, **ποῦ** μένεις;
1:39 ἦλθαν οὖν καὶ εἶδαν **ποῦ** μένει καὶ παρ' αὐτῷ ἔμειναν τὴν ἡμέραν ἐκείνην·
3: 8 ἀλλ' οὐκ οἶδας πόθεν ἔρχεται καὶ **ποῦ** ὑπάγει·
7:11 οἱ οὖν Ἰουδαῖοι ἐζήτουν αὐτὸν ἐν τῇ ἑορτῇ καὶ ἔλεγον, **Ποῦ** ἐστιν ἐκεῖνος;
7:35 **Ποῦ** οὗτος μέλλει πορεύεσθαι ὅτι ἡμεῖς οὐχ εὑρήσομεν αὐτόν;
8:10 ⟦ἀνακύψας δὲ ὁ Ἰησοῦς εἶπεν αὐτῇ, Γύναι, **ποῦ** εἰσιν;⟧
8:14 ἀληθής ἐστιν ἡ μαρτυρία μου, ὅτι οἶδα πόθεν ἦλθον καὶ **ποῦ** ὑπάγω· ὑμεῖς δὲ οὐκ οἴδατε πόθεν ἔρχομαι ἢ **ποῦ** ὑπάγω.
8:19 ἔλεγον οὖν αὐτῷ, **Ποῦ** ἐστιν ὁ πατήρ σου;
9:12 καὶ εἶπαν αὐτῷ, **Ποῦ** ἐστιν ἐκεῖνος; λέγει, Οὐκ οἶδα.
11:34 καὶ εἶπεν, **Ποῦ** τεθείκατε αὐτόν; λέγουσιν αὐτῷ, Κύριε,
11:57 δεδώκεισαν δὲ οἱ ἀρχιερεῖς καὶ οἱ Φαρισαῖοι ἐντολὰς ἵνα ἐάν τις γνῷ **ποῦ** ἐστιν μηνύσῃ,
12:35 καὶ ὁ περιπατῶν ἐν τῇ σκοτίᾳ οὐκ οἶδεν **ποῦ** ὑπάγει.
13:36 Λέγει αὐτῷ Σίμων Πέτρος, Κύριε, **ποῦ** ὑπάγεις; ἀπεκρίθη [αὐτῷ] Ἰησοῦς,
14: 5 Λέγει αὐτῷ Θωμᾶς, Κύριε, οὐκ οἴδαμεν **ποῦ** ὑπάγεις·
16: 5 καὶ οὐδεὶς ἐξ ὑμῶν ἐρωτᾷ με, **Ποῦ** ὑπάγεις;
20: 2 Ἦραν τὸν κύριον ἐκ τοῦ μνημείου καὶ οὐκ οἴδαμεν **ποῦ** ἔθηκαν αὐτόν.
20:13 λέγει αὐτοῖς ὅτι Ἦραν τὸν κύριόν μου, καὶ οὐκ οἶδα **ποῦ** ἔθηκαν αὐτόν.
20:15 εἰπέ μοι **ποῦ** ἔθηκας αὐτόν, κἀγὼ αὐτὸν ἀρῶ.
Ro 3:27 **Ποῦ** οὖν ἡ καύχησις; ἐξεκλείσθη. διὰ ποίου νόμου;
1Co 1:20 **ποῦ** σοφός; **ποῦ** γραμματεύς; **ποῦ** συζητητὴς τοῦ αἰῶνος τούτου;
12:17 εἰ ὅλον τὸ σῶμα ὀφθαλμός, **ποῦ** ἡ ἀκοή; εἰ ὅλον ἀκοή, **ποῦ** ἡ ὄσφρησις;
12:19 εἰ δὲ ἦν τὰ πάντα ἓν μέλος, **ποῦ** τὸ σῶμα;

15:55 **ποῦ** σου, θάνατε, τὸ νῖκος; **ποῦ** σου, θάνατε, τὸ κέντρον;
Gal 4:15 **ποῦ** οὖν ὁ μακαρισμὸς ὑμῶν; μαρτυρῶ γὰρ ὑμῖν ὅτι εἰ δυνατὸν τοὺς ὀφθαλμοὺς ὑμῶν ἐξορύξαντες ἐδώκατέ μοι.
Heb 11: 8 Πίστει καλούμενος Ἀβραὰμ ὑπήκουσεν ἐξελθεῖν εἰς τόπον ὃν ἤμελλεν λαμβάνειν εἰς κληρονομίαν, καὶ ἐξῆλθεν μὴ ἐπιστάμενος **ποῦ** ἔρχεται.
1Pe 4:18 καὶ εἰ ὁ δίκαιος μόλις σῴζεται, ὁ ἀσεβὴς καὶ ἁμαρτωλὸς **ποῦ** φανεῖται;
2Pe 3: 4 καὶ λέγοντες, **Ποῦ** ἐστιν ἡ ἐπαγγελία τῆς παρουσίας αὐτοῦ;
1Jn 2:11 ὁ δὲ μισῶν τὸν ἀδελφὸν αὐτοῦ ἐν τῇ σκοτίᾳ ἐστὶν καὶ ἐν τῇ σκοτίᾳ περιπατεῖ καὶ οὐκ οἶδεν **ποῦ** ὑπάγει,
Rev 2:13 Οἶδα **ποῦ** κατοικεῖς, ὅπου ὁ θρόνος τοῦ Σατανᾶ,

4545 Πούδης [1]

2Ti 4:21 Ἀσπάζεταί σε Εὔβουλος καὶ **Πούδης** καὶ Λίνος καὶ Κλαυδία καὶ οἱ ἀδελφοὶ πάντες.

4546 πούς [93]

→ *435, 3980, 4468, 4469, 5488, 5711*

ἔμπροσθεν ποδῶν [2] Rev 19:10; 22:8

νίπτω πούς [8] Jn 13:5,6,8,10,12,14,14; 1Ti 5:10

παρὰ πόδας [9] Mt 15:30; Lk 7:38; 8:35,41; 17:16; Ac 4:35; 5:2; 7:58; 22:3

πρὸς πόδας [7] Mk 5:22; 7:25; Lk 10:39; Jn 11:32; Ac 4:37; 5:10; Rev 1:17

Mt 4: 6 ὅτι Τοῖς ἀγγέλοις αὐτοῦ ἐντελεῖται περὶ σοῦ καὶ ἐπὶ χειρῶν ἀροῦσίν σε, μήποτε προσκόψῃς πρὸς λίθον τὸν **πόδα** σου.
5:35 ὅτι ὑποπόδιόν ἐστιν τῶν **ποδῶν** αὐτοῦ, μήτε εἰς Ἱεροσόλυμα,
7: 6 μήποτε καταπατήσουσιν αὐτοὺς ἐν τοῖς **ποσὶν** αὐτῶν καὶ στραφέντες ῥήξωσιν ὑμᾶς.
10:14 ἐξερχόμενοι ἔξω τῆς οἰκίας ἢ τῆς πόλεως ἐκείνης ἐκτινάξατε τὸν κονιορτὸν τῶν **ποδῶν** ὑμῶν.
15:30 καὶ ἑτέρους πολλοὺς καὶ ἔρριψαν αὐτοὺς παρὰ τοὺς **πόδας** αὐτοῦ,
18: 8 Εἰ δὲ ἡ χείρ σου ἢ ὁ **πούς** σου σκανδαλίζει σε, ἔκκοψον αὐτὸν καὶ βάλε ἀπὸ σοῦ· καλόν σοί ἐστιν εἰσελθεῖν εἰς τὴν ζωὴν κυλλὸν ἢ χωλὸν ἢ δύο χεῖρας ἢ δύο **πόδας** ἔχοντα βληθῆναι εἰς τὸ πῦρ τὸ αἰώνιον.
22:13 Δήσαντες αὐτοῦ **πόδας** καὶ χεῖρας ἐκβάλετε αὐτὸν εἰς τὸ σκότος τὸ ἐξώτερον·
22:44 ἕως ἂν θῶ τοὺς ἐχθρούς σου ὑποκάτω τῶν **ποδῶν** σου;
28: 9 αἱ δὲ προσελθοῦσαι ἐκράτησαν αὐτοῦ τοὺς **πόδας** καὶ προσεκύνησαν αὐτῷ.
Mk 5:22 καὶ ἰδὼν αὐτὸν πίπτει πρὸς τοὺς **πόδας** αὐτοῦ
6:11 ἐκπορευόμενοι ἐκεῖθεν ἐκτινάξατε τὸν χοῦν τὸν ὑποκάτω τῶν **ποδῶν** ὑμῶν εἰς μαρτύριον αὐτοῖς.
7:25 ἧς εἶχεν τὸ θυγάτριον αὐτῆς πνεῦμα ἀκάθαρτον, ἐλθοῦσα προσέπεσεν πρὸς τοὺς **πόδας** αὐτοῦ·
9:45 καὶ ἐὰν ὁ **πούς** σου σκανδαλίζῃ σε, ἀπόκοψον αὐτόν· καλόν ἐστίν σε εἰσελθεῖν εἰς τὴν ζωὴν χωλὸν ἢ τοὺς δύο **πόδας** ἔχοντα βληθῆναι εἰς τὴν γέενναν.
12:36 ἕως ἂν θῶ τοὺς ἐχθρούς σου ὑποκάτω τῶν **ποδῶν** σου.
Lk 1:79 τοῦ κατευθῦναι τοὺς **πόδας** ἡμῶν εἰς ὁδὸν εἰρήνης.
4:11 καὶ ὅτι Ἐπὶ χειρῶν ἀροῦσίν σε, μήποτε προσκόψῃς πρὸς λίθον τὸν **πόδα** σου.
7:38 καὶ στᾶσα ὀπίσω παρὰ τοὺς **πόδας** αὐτοῦ κλαίουσα τοῖς δάκρυσιν ἤρξατο βρέχειν τοὺς **πόδας** αὐτοῦ καὶ ταῖς θριξὶν τῆς κεφαλῆς αὐτῆς ἐξέμασσεν καὶ κατεφίλει τοὺς **πόδας** αὐτοῦ καὶ ἤλειφεν τῷ μύρῳ.
7:44 εἰσῆλθόν σου εἰς τὴν οἰκίαν, ὕδωρ μοι ἐπὶ **πόδας** οὐκ ἔδωκας· αὕτη δὲ τοῖς δάκρυσιν ἔβρεξέν μου τοὺς **πόδας** καὶ ταῖς θριξὶν αὐτῆς ἐξέμαξεν.
7:45 αὕτη δὲ ἀφ' ἧς εἰσῆλθον οὐ διέλιπεν καταφιλοῦσά μου τοὺς **πόδας.**
7:46 ἐλαίῳ τὴν κεφαλήν μου οὐκ ἤλειψας· αὕτη δὲ μύρῳ ἤλειψεν τοὺς **πόδας** μου.
8:35 εὗρον καθήμενον τὸν ἄνθρωπον ἀφ' οὗ τὰ δαιμόνια ἐξῆλθεν ἱματισμένον καὶ σωφρονοῦντα παρὰ τοὺς **πόδας** τοῦ Ἰησοῦ,
8:41 καὶ πεσὼν παρὰ τοὺς **πόδας** [τοῦ] Ἰησοῦ παρεκάλει αὐτὸν εἰσελθεῖν εἰς τὸν οἶκον αὐτοῦ,
9: 5 ἐξερχόμενοι ἀπὸ τῆς πόλεως ἐκείνης τὸν κονιορτὸν ἀπὸ τῶν **ποδῶν** ὑμῶν ἀποτινάσσετε εἰς μαρτύριον ἐπ' αὐτούς.
10:11 Καὶ τὸν κονιορτὸν τὸν κολληθέντα ἡμῖν ἐκ τῆς πόλεως ὑμῶν εἰς τοὺς **πόδας** ἀπομασσόμεθα ὑμῖν·
10:39 [ἣ] καὶ παρακαθεσθεῖσα πρὸς τοὺς **πόδας** τοῦ κυρίου ἤκουεν τὸν λόγον αὐτοῦ.
15:22 καὶ δότε δακτύλιον εἰς τὴν χεῖρα αὐτοῦ καὶ ὑποδήματα εἰς τοὺς **πόδας,**
17:16 καὶ ἔπεσεν ἐπὶ πρόσωπον παρὰ τοὺς **πόδας** αὐτοῦ εὐχαριστῶν αὐτῷ·
20:43 ἕως ἂν θῶ τοὺς ἐχθρούς σου ὑποπόδιον τῶν **ποδῶν** σου.
24:39 ἴδετε τὰς χεῖράς μου καὶ τοὺς **πόδας** μου ὅτι ἐγώ εἰμι αὐτός·
24:40 καὶ τοῦτο εἰπὼν ἔδειξεν αὐτοῖς τὰς χεῖρας καὶ τοὺς **πόδας.**
Jn 11: 2 ἦν δὲ Μαριὰμ ἡ ἀλείψασα τὸν κύριον μύρῳ καὶ ἐκμάξασα τοὺς **πόδας** αὐτοῦ ταῖς θριξὶν αὐτῆς,
11:32 ἡ οὖν Μαριὰμ ὡς ἦλθεν ὅπου ἦν Ἰησοῦς ἰδοῦσα αὐτὸν ἔπεσεν αὐτοῦ πρὸς τοὺς **πόδας** λέγουσα αὐτῷ,
11:44 ἐξῆλθεν ὁ τεθνηκὼς δεδεμένος τοὺς **πόδας** καὶ τὰς χεῖρας κειρίαις καὶ ἡ ὄψις αὐτοῦ σουδαρίῳ περιεδέδετο.
12: 3 ἡ οὖν Μαριὰμ λαβοῦσα λίτραν μύρου νάρδου πιστικῆς πολυτίμου ἤλειψεν τοὺς **πόδας** τοῦ Ἰησοῦ καὶ ἐξέμαξεν ταῖς θριξὶν αὐτῆς τοὺς **πόδας** αὐτοῦ·
13: 5 εἶτα βάλλει ὕδωρ εἰς τὸν νιπτῆρα καὶ ἤρξατο νίπτειν τοὺς **πόδας** τῶν μαθητῶν καὶ ἐκμάσσειν τῷ λεντίῳ
13: 6 λέγει αὐτῷ, Κύριε, σύ μου νίπτεις τοὺς **πόδας;**
13: 8 Οὐ μὴ νίψῃς μου τοὺς **πόδας** εἰς τὸν αἰῶνα.
13: 9 μὴ τοὺς **πόδας** μου μόνον ἀλλὰ καὶ τὰς χεῖρας καὶ τὴν κεφαλήν.
13:10 Ὁ λελουμένος οὐκ ἔχει χρείαν εἰ μὴ τοὺς **πόδας** νίψασθαι,
13:12 Ὅτε οὖν ἔνιψεν τοὺς **πόδας** αὐτῶν [καὶ] ἔλαβεν τὰ ἱμάτια αὐτοῦ καὶ ἀνέπεσεν πάλιν,
13:14 εἰ οὖν ἐγὼ ἔνιψα ὑμῶν τοὺς **πόδας** ὁ κύριος καὶ ὁ διδάσκαλος, καὶ ὑμεῖς ὀφείλετε ἀλλήλων νίπτειν τοὺς **πόδας·**
20:12 ἕνα πρὸς τῇ κεφαλῇ καὶ ἕνα πρὸς τοῖς **ποσίν,**
Ac 2:35 ἕως ἂν θῶ τοὺς ἐχθρούς σου ὑποπόδιον τῶν **ποδῶν** σου.
4:35 καὶ ἐτίθουν παρὰ τοὺς **πόδας** τῶν ἀποστόλων, διεδίδετο δὲ ἑκάστῳ καθότι ἄν τις χρείαν εἶχεν.
4:37 ὑπάρχοντος αὐτῷ ἀγροῦ πωλήσας ἤνεγκεν τὸ χρῆμα καὶ ἔθηκεν πρὸς τοὺς **πόδας** τῶν ἀποστόλων.
5: 2 καὶ ἐνέγκας μέρος τι παρὰ τοὺς **πόδας** τῶν ἀποστόλων ἔθηκεν.
5: 9 ἰδοὺ οἱ **πόδες** τῶν θαψάντων τὸν ἄνδρα σου ἐπὶ τῇ θύρᾳ καὶ ἐξοίσουσίν σε.
5:10 ἔπεσεν δὲ παραχρῆμα πρὸς τοὺς **πόδας** αὐτοῦ καὶ ἐξέψυξεν·
7: 5 καὶ οὐκ ἔδωκεν αὐτῷ κληρονομίαν ἐν αὐτῇ οὐδὲ βῆμα **ποδὸς** καὶ ἐπηγγείλατο δοῦναι αὐτῷ εἰς κατάσχεσιν αὐτὴν
7:33 εἶπεν δὲ αὐτῷ ὁ κύριος, Λῦσον τὸ ὑπόδημα τῶν **ποδῶν** σου,
7:49 Ὁ οὐρανός μοι θρόνος, ἡ δὲ γῆ ὑποπόδιον τῶν **ποδῶν** μου·
7:58 καὶ οἱ μάρτυρες ἀπέθεντο τὰ ἱμάτια αὐτῶν παρὰ τοὺς **πόδας** νεανίου καλουμένου Σαύλου,
10:25 συναντήσας αὐτῷ ὁ Κορνήλιος πεσὼν ἐπὶ τοὺς **πόδας** προσεκύνησεν.
13:25 ἀλλ' ἰδοὺ ἔρχεται μετ' ἐμὲ οὗ οὐκ εἰμὶ ἄξιος τὸ ὑπόδημα τῶν **ποδῶν** λῦσαι.
13:51 οἱ δὲ ἐκτιναξάμενοι τὸν κονιορτὸν τῶν **ποδῶν** ἐπ' αὐτοὺς ἦλθον εἰς Ἰκόνιον,
14: 8 Καί τις ἀνὴρ ἀδύνατος ἐν Λύστροις τοῖς **ποσὶν** ἐκάθητο,
14:10 εἶπεν μεγάλῃ φωνῇ, Ἀνάστηθι ἐπὶ τοὺς **πόδας** σου ὀρθός.
16:24 λαβὼν ἔβαλεν αὐτοὺς εἰς τὴν ἐσωτέραν φυλακὴν καὶ τοὺς **πόδας** ἠσφαλίσατο αὐτῶν εἰς τὸ ξύλον.
21:11 δήσας ἑαυτοῦ τοὺς **πόδας** καὶ τὰς χεῖρας εἶπεν,
22: 3 παρὰ τοὺς **πόδας** Γαμαλιὴλ πεπαιδευμένος κατὰ ἀκρίβειαν τοῦ πατρῴου νόμου,
26:16 ἀλλὰ ἀνάστηθι καὶ στῆθι ἐπὶ τοὺς **πόδας** σου·
Ro 3:15 ὀξεῖς οἱ **πόδες** αὐτῶν ἐκχέαι αἷμα,
10:15 Ὡς ὡραῖοι οἱ **πόδες** τῶν εὐαγγελιζομένων [τὰ] ἀγαθά.
16:20 ὁ δὲ θεὸς τῆς εἰρήνης συντρίψει τὸν Σατανᾶν ὑπὸ τοὺς **πόδας** ὑμῶν ἐν τάχει.
1Co 12:15 ἐὰν εἴπῃ ὁ **πούς,** Ὅτι οὐκ εἰμὶ χείρ,
12:21 ἢ πάλιν ἡ κεφαλὴ τοῖς **ποσίν,** Χρείαν ὑμῶν οὐκ ἔχω·
15:25 δεῖ γὰρ αὐτὸν βασιλεύειν ἄχρι οὗ θῇ πάντας τοὺς ἐχθροὺς ὑπὸ τοὺς **πόδας** αὐτοῦ.
15:27 πάντα γὰρ ὑπέταξεν ὑπὸ τοὺς **πόδας** αὐτοῦ. ὅταν δὲ εἴπῃ ὅτι πάντα ὑποτέτακται,
Eph 1:22 καὶ πάντα ὑπέταξεν ὑπὸ τοὺς **πόδας** αὐτοῦ καὶ αὐτὸν ἔδωκεν κεφαλὴν ὑπὲρ πάντα τῇ ἐκκλησίᾳ,
6:15 καὶ ὑποδησάμενοι τοὺς **πόδας** ἐν ἑτοιμασίᾳ τοῦ εὐαγγελίου τῆς εἰρήνης,
1Ti 5:10 εἰ ἐτεκνοτρόφησεν, εἰ ἐξενοδόχησεν, εἰ ἁγίων **πόδας** ἔνιψεν,

Heb 1:13 ἕως ἂν θῶ τοὺς ἐχθρούς σου ὑποπόδιον τῶν **ποδῶν** σου;
2: 8 πάντα ὑπέταξας ὑποκάτω τῶν **ποδῶν** αὐτοῦ. ἐν τῷ γὰρ ὑποτάξαι [αὐτῷ] τὰ πάντα οὐδὲν ἀφῆκεν αὐτῷ ἀνυπότακτον.
10:13 τὸ λοιπὸν ἐκδεχόμενος ἕως τεθῶσιν οἱ ἐχθροὶ αὐτοῦ ὑποπόδιον τῶν **ποδῶν** αὐτοῦ.
12:13 καὶ τροχιὰς ὀρθὰς ποιεῖτε τοῖς **ποσὶν** ὑμῶν, ἵνα μὴ τὸ χωλὸν ἐκτραπῇ,
Rev 1:15 καὶ οἱ **πόδες** αὐτοῦ ὅμοιοι χαλκολιβάνῳ ὡς ἐν καμίνῳ πεπυρωμένης καὶ ἡ φωνὴ αὐτοῦ ὡς φωνὴ ὑδάτων πολλῶν,
1:17 Καὶ ὅτε εἶδον αὐτόν, ἔπεσα πρὸς τοὺς **πόδας** αὐτοῦ ὡς νεκρός,
2:18 ὁ ἔχων τοὺς ὀφθαλμοὺς αὐτοῦ ὡς φλόγα πυρὸς καὶ οἱ **πόδες** αὐτοῦ ὅμοιοι χαλκολιβάνῳ·
3: 9 ἰδοὺ ποιήσω αὐτοὺς ἵνα ἥξουσιν καὶ προσκυνήσουσιν ἐνώπιον τῶν **ποδῶν** σου καὶ γνῶσιν ὅτι ἐγὼ ἠγάπησά σε.
10: 1 καὶ ἡ ἶρις ἐπὶ τῆς κεφαλῆς αὐτοῦ καὶ τὸ πρόσωπον αὐτοῦ ὡς ὁ ἥλιος καὶ οἱ **πόδες** αὐτοῦ ὡς στῦλοι πυρός,
10: 2 καὶ ἔθηκεν τὸν **πόδα** αὐτοῦ τὸν δεξιὸν ἐπὶ τῆς θαλάσσης,
11:11 καὶ ἔστησαν ἐπὶ τοὺς **πόδας** αὐτῶν, καὶ φόβος μέγας ἐπέπεσεν ἐπὶ τοὺς θεωροῦντας αὐτούς.
12: 1 καὶ ἡ σελήνη ὑποκάτω τῶν **ποδῶν** αὐτῆς καὶ ἐπὶ τῆς κεφαλῆς αὐτῆς στέφανος ἀστέρων δώδεκα,
13: 2 καὶ τὸ θηρίον ὃ εἶδον ἦν ὅμοιον παρδάλει καὶ οἱ **πόδες** αὐτοῦ ὡς ἄρκου καὶ τὸ στόμα αὐτοῦ ὡς στόμα λέοντος.
19:10 καὶ ἔπεσα ἔμπροσθεν τῶν **ποδῶν** αὐτοῦ προσκυνῆσαι αὐτῷ.
22: 8 ἔπεσα προσκυνῆσαι ἔμπροσθεν τῶν **ποδῶν** τοῦ ἀγγέλου τοῦ δεικνύοντός μοι ταῦτα.

4547 πρᾶγμα [11]

√ *4556*

Mt 18:19 Πάλιν [ἀμὴν] λέγω ὑμῖν ὅτι ἐὰν δύο συμφωνήσωσιν ἐξ ὑμῶν ἐπὶ τῆς γῆς περὶ παντὸς **πράγματος** οὗ ἐὰν αἰτήσωνται,
Lk 1: 1 Ἐπειδήπερ πολλοὶ ἐπεχείρησαν ἀνατάξασθαι διήγησιν περὶ τῶν πεπληροφορημένων ἐν ἡμῖν **πραγμάτων,**
Ac 5: 4 τί ὅτι ἔθου ἐν τῇ καρδίᾳ σου τὸ **πρᾶγμα** τοῦτο;
Ro 16: 2 ἵνα αὐτὴν προσδέξησθε ἐν κυρίῳ ἀξίως τῶν ἁγίων καὶ παραστῆτε αὐτῇ ἐν ᾧ ἂν ὑμῶν χρῄζῃ **πράγματι·**
1Co 6: 1 Τολμᾷ τις ὑμῶν **πρᾶγμα** ἔχων πρὸς τὸν ἕτερον κρίνεσθαι ἐπὶ τῶν ἀδίκων καὶ οὐχὶ ἐπὶ τῶν ἁγίων;
2Co 7:11 ἐν παντὶ συνεστήσατε ἑαυτοὺς ἁγνοὺς εἶναι τῷ **πράγματι.**
1Th 4: 6 τὸ μὴ ὑπερβαίνειν καὶ πλεονεκτεῖν ἐν τῷ **πράγματι** τὸν ἀδελφὸν αὐτοῦ,
Heb 6:18 ἵνα διὰ δύο **πραγμάτων** ἀμεταθέτων, ἐν οἷς ἀδύνατον ψεύσασθαι [τὸν] θεόν,
10: 1 Σκιὰν γὰρ ἔχων ὁ νόμος τῶν μελλόντων ἀγαθῶν, οὐκ αὐτὴν τὴν εἰκόνα τῶν **πραγμάτων,**
11: 1 Ἔστιν δὲ πίστις ἐλπιζομένων ὑπόστασις, **πραγμάτων** ἔλεγχος οὐ βλεπομένων.
Jas 3:16 ὅπου γὰρ ζῆλος καὶ ἐριθεία, ἐκεῖ ἀκαταστασία καὶ πᾶν φαῦλον **πρᾶγμα.**

4548 πραγματεία [1]

√ *4556*

2Ti 2: 4 οὐδεὶς στρατευόμενος ἐμπλέκεται ταῖς τοῦ βίου **πραγματείαις,** ἵνα τῷ στρατολογήσαντι ἀρέσῃ.

4549 πραγματεύομαι [1]

√ *4556*

Lk 19:13 καλέσας δὲ δέκα δούλους ἑαυτοῦ ἔδωκεν αὐτοῖς δέκα μνᾶς καὶ εἶπεν πρὸς αὐτούς, **Πραγματεύσασθε** ἐν ᾧ ἔρχομαι.

4550 πραιτώριον [8]

Mt 27:27 Τότε οἱ στρατιῶται τοῦ ἡγεμόνος παραλαβόντες τὸν Ἰησοῦν εἰς τὸ **πραιτώριον** συνήγαγον ἐπ' αὐτὸν ὅλην τὴν σπεῖραν.
Mk 15:16 ὅ ἐστιν **πραιτώριον,** καὶ συγκαλοῦσιν ὅλην τὴν σπεῖραν.
Jn 18:28 Ἄγουσιν οὖν τὸν Ἰησοῦν ἀπὸ τοῦ Καϊάφα εἰς τὸ **πραιτώριον·** ἦν δὲ πρωΐ· καὶ αὐτοὶ οὐκ εἰσῆλθον εἰς τὸ **πραιτώριον,** ἵνα μὴ μιανθῶσιν ἀλλὰ φάγωσιν τὸ πάσχα.
18:33 Εἰσῆλθεν οὖν πάλιν εἰς τὸ **πραιτώριον** ὁ Πιλᾶτος καὶ ἐφώνησεν τὸν Ἰησοῦν καὶ εἶπεν αὐτῷ,
19: 9 καὶ εἰσῆλθεν εἰς τὸ **πραιτώριον** πάλιν καὶ λέγει τῷ Ἰησοῦ,
Ac 23:35 κελεύσας ἐν τῷ **πραιτωρίῳ** τοῦ Ἡρῴδου φυλάσσεσθαι αὐτόν.
Php 1:13 ὥστε τοὺς δεσμούς μου φανεροὺς ἐν Χριστῷ γενέσθαι ἐν ὅλῳ τῷ **πραιτωρίῳ** καὶ τοῖς λοιποῖς πᾶσιν,

4551 πράκτωρ [2]

√ *4556*

Lk 12:58 μήποτε κατασύρῃ σε πρὸς τὸν κριτήν, καὶ ὁ κριτής σε παραδώσει τῷ **πράκτορι,** καὶ ὁ **πράκτωρ** σε βαλεῖ εἰς φυλακήν.

4552 πρᾶξις [6]

√ *4556*

Mt 16:27 καὶ τότε ἀποδώσει ἑκάστῳ κατὰ τὴν **πρᾶξιν** αὐτοῦ.
Lk 23:51 οὗτος οὐκ ἦν συγκατατεθειμένος τῇ βουλῇ καὶ τῇ **πράξει** αὐτῶν
Ac 19:18 πολλοί τε τῶν πεπιστευκότων ἤρχοντο ἐξομολογούμενοι καὶ ἀναγγέλλοντες τὰς **πράξεις** αὐτῶν.
Ro 8:13 εἰ δὲ πνεύματι τὰς **πράξεις** τοῦ σώματος θανατοῦτε,
12: 4 τὰ δὲ μέλη πάντα οὐ τὴν αὐτὴν ἔχει **πρᾶξιν,**
Col 3: 9 ἀπεκδυσάμενοι τὸν παλαιὸν ἄνθρωπον σὺν ταῖς **πράξεσιν** αὐτοῦ

4553 πρᾶος Not used in UBS/NIV

√ *4558*

4554 πραότης Not used in UBS/NIV

√ *4558*

4555 πρασιά [2]

→ *5995*

Mk 6:40 καὶ ἀνέπεσαν **πρασιαὶ πρασιαὶ** κατὰ ἑκατὸν καὶ κατὰ πεντήκοντα.

4556 πράσσω [39]

→ *407, 1390, 4547, 4548, 4549, 4551, 4552*

πράσσω κακός [2] Ac 16:28; Ro 13:4

πράσσω ... φαῦλος [4] Jn 3:20; 5:29; Ro 9:11; 2Co 5:10

Lk 3:13 ὁ δὲ εἶπεν πρὸς αὐτούς, Μηδὲν πλέον παρὰ τὸ διατεταγμένον ὑμῖν **πράσσετε.**
19:23 καὶ διὰ τί οὐκ ἔδωκάς μου τὸ ἀργύριον ἐπὶ τράπεζαν; κἀγὼ ἐλθὼν σὺν τόκῳ ἂν αὐτὸ **ἔπραξα.**
22:23 καὶ αὐτοὶ ἤρξαντο συζητεῖν πρὸς ἑαυτοὺς τὸ τίς ἄρα εἴη ἐξ αὐτῶν ὁ τοῦτο μέλλων **πράσσειν.**
23:15 καὶ ἰδοὺ οὐδὲν ἄξιον θανάτου ἐστὶν **πεπραγμένον** αὐτῷ·
23:41 καὶ ἡμεῖς μὲν δικαίως, ἄξια γὰρ ὧν **ἐπράξαμεν** ἀπολαμβάνομεν· οὗτος δὲ οὐδὲν ἄτοπον **ἔπραξεν.**
Jn 3:20 πᾶς γὰρ ὁ φαῦλα **πράσσων** μισεῖ τὸ φῶς καὶ οὐκ ἔρχεται πρὸς τὸ φῶς,
5:29 οἱ δὲ τὰ φαῦλα **πράξαντες** εἰς ἀνάστασιν κρίσεως.
Ac 3:17 οἶδα ὅτι κατὰ ἄγνοιαν **ἐπράξατε** ὥσπερ καὶ οἱ ἄρχοντες ὑμῶν·
5:35 προσέχετε ἑαυτοῖς ἐπὶ τοῖς ἀνθρώποις τούτοις τί μέλλετε **πράσσειν.**
15:29 ἀπέχεσθαι εἰδωλοθύτων καὶ αἵματος καὶ πνικτῶν καὶ πορνείας, ἐξ ὧν διατηροῦντες ἑαυτοὺς εὖ **πράξετε.**
16:28 Μηδὲν **πράξῃς** σεαυτῷ κακόν, ἅπαντες γάρ ἐσμεν ἐνθάδε.
17: 7 καὶ οὗτοι πάντες ἀπέναντι τῶν δογμάτων Καίσαρος **πράσσουσι** βασιλέα ἕτερον λέγοντες εἶναι Ἰησοῦν.
19:19 ἱκανοὶ δὲ τῶν τὰ περίεργα **πραξάντων** συνενέγκαντες τὰς βίβλους κατέκαιον ἐνώπιον πάντων,
19:36 ἀναντιρρήτων οὖν ὄντων τούτων δέον ἐστὶν ὑμᾶς κατεσταλμένους ὑπάρχειν καὶ μηδὲν προπετὲς **πράσσειν.**
25:11 εἰ μὲν οὖν ἀδικῶ καὶ ἄξιον θανάτου **πέπραχά** τι,
25:25 ἐγὼ δὲ κατελαβόμην μηδὲν ἄξιον αὐτὸν θανάτου **πεπραχέναι,**
26: 9 ἐγὼ μὲν οὖν ἔδοξα ἐμαυτῷ πρὸς τὸ ὄνομα Ἰησοῦ τοῦ Ναζωραίου δεῖν πολλὰ ἐναντία **πρᾶξαι,**
26:20 καὶ τοῖς ἔθνεσιν ἀπήγγελλον μετανοεῖν καὶ ἐπιστρέφειν ἐπὶ τὸν θεόν, ἄξια τῆς μετανοίας ἔργα **πράσσοντας.**
26:26 λανθάνειν γὰρ αὐτὸν [τι] τούτων οὐ πείθομαι οὐθέν· οὐ γάρ ἐστιν ἐν γωνίᾳ **πεπραγμένον** τοῦτο.
26:31 καὶ ἀναχωρήσαντες ἐλάλουν πρὸς ἀλλήλους λέγοντες ὅτι Οὐδὲν θανάτου ἢ δεσμῶν ἄξιον [τι] **πράσσει** ὁ ἄνθρωπος οὗτος.

Ro 1:32 οἵτινες τὸ δικαίωμα τοῦ θεοῦ ἐπιγνόντες ὅτι οἱ τὰ τοιαῦτα **πράσσοντες** ἄξιοι θανάτου εἰσίν, οὐ μόνον αὐτὰ ποιοῦσιν ἀλλὰ καὶ συνευδοκοῦσιν τοῖς **πράσσουσιν.**
2: 1 σεαυτὸν κατακρίνεις, τὰ γὰρ αὐτὰ **πράσσεις** ὁ κρίνων.
2: 2 οἴδαμεν δὲ ὅτι τὸ κρίμα τοῦ θεοῦ ἐστιν κατὰ ἀλήθειαν ἐπὶ τοὺς τὰ τοιαῦτα **πράσσοντας.**
2: 3 ὦ ἄνθρωπε ὁ κρίνων τοὺς τὰ τοιαῦτα **πράσσοντας** καὶ ποιῶν αὐτά,
2:25 περιτομὴ μὲν γὰρ ὠφελεῖ ἐὰν νόμον **πράσσῃς·** ἐὰν δὲ παραβάτης νόμου ᾖς,
7:15 οὐ γὰρ ὃ θέλω τοῦτο **πράσσω,** ἀλλ' ὃ μισῶ τοῦτο ποιῶ.
7:19 οὐ γὰρ ὃ θέλω ποιῶ ἀγαθόν, ἀλλὰ ὃ οὐ θέλω κακὸν τοῦτο **πράσσω.**
9:11 μήπω γὰρ γεννηθέντων μηδὲ **πραξάντων** τι ἀγαθὸν ἢ φαῦλον,
13: 4 θεοῦ γὰρ διάκονός ἐστιν ἔκδικος εἰς ὀργὴν τῷ τὸ κακὸν **πράσσοντι.**
1Co 5: 2 ἵνα ἀρθῇ ἐκ μέσου ὑμῶν ὁ τὸ ἔργον τοῦτο **πράξας;**
9:17 εἰ γὰρ ἑκὼν τοῦτο **πράσσω,** μισθὸν ἔχω· εἰ δὲ ἄκων,
2Co 5:10 ἵνα κομίσηται ἕκαστος τὰ διὰ τοῦ σώματος πρὸς ἃ **ἔπραξεν,**
12:21 πενθήσω πολλοὺς τῶν προημαρτηκότων καὶ μὴ μετανοησάντων ἐπὶ τῇ ἀκαθαρσίᾳ καὶ πορνείᾳ καὶ ἀσελγείᾳ ᾗ **ἔπραξαν.**
Gal 5:21 ἃ προλέγω ὑμῖν καθὼς προεῖπον ὅτι οἱ τὰ τοιαῦτα **πράσσοντες** βασιλείαν θεοῦ οὐ κληρονομήσουσιν.
Eph 6:21 Ἵνα δὲ εἰδῆτε καὶ ὑμεῖς τὰ κατ' ἐμέ, τί **πράσσω,**
Php 4: 9 ἃ καὶ ἐμάθετε καὶ παρελάβετε καὶ ἠκούσατε καὶ εἴδετε ἐν ἐμοί, ταῦτα **πράσσετε·**
1Th 4:11 καὶ φιλοτιμεῖσθαι ἡσυχάζειν καὶ **πράσσειν** τὰ ἴδια καὶ ἐργάζεσθαι ταῖς [ἰδίαις] χερσὶν ὑμῶν,

4557 πραϋπαθία [1]

√ *4558 + 4248*

1Ti 6:11 δίωκε δὲ δικαιοσύνην εὐσέβειαν πίστιν, ἀγάπην ὑπομονὴν **πραϋπαθίαν.**

4558 πραΰς [4]

→ *4553, 4554, 4557, 4559*

Mt 5: 5 μακάριοι οἱ **πραεῖς,** ὅτι αὐτοὶ κληρονομήσουσιν τὴν γῆν.
11:29 ὅτι **πραΰς** εἰμι καὶ ταπεινὸς τῇ καρδίᾳ, καὶ εὑρήσετε ἀνάπαυσιν ταῖς ψυχαῖς ὑμῶν·
21: 5 Ἰδοὺ ὁ βασιλεύς σου ἔρχεταί σοι **πραῢς** καὶ ἐπιβεβηκὼς ἐπὶ ὄνον καὶ ἐπὶ πῶλον υἱὸν ὑποζυγίου.
1Pe 3: 4 ἀλλ' ὁ κρυπτὸς τῆς καρδίας ἄνθρωπος ἐν τῷ ἀφθάρτῳ τοῦ **πραέως** καὶ ἡσυχίου πνεύματος,

4559 πραΰτης [11]

√ *4558*

1Co 4:21 ἐν ῥάβδῳ ἔλθω πρὸς ὑμᾶς ἢ ἐν ἀγάπῃ πνεύματί τε **πραΰτητος;**
2Co 10: 1 Αὐτὸς δὲ ἐγὼ Παῦλος παρακαλῶ ὑμᾶς διὰ τῆς **πραΰτητος** καὶ ἐπιεικείας τοῦ Χριστοῦ,
Gal 5:23 **πραΰτης** ἐγκράτεια· κατὰ τῶν τοιούτων οὐκ ἔστιν νόμος.
6: 1 ὑμεῖς οἱ πνευματικοὶ καταρτίζετε τὸν τοιοῦτον ἐν πνεύματι **πραΰτητος,**
Eph 4: 2 μετὰ πάσης ταπεινοφροσύνης καὶ **πραΰτητος,** μετὰ μακροθυμίας, ἀνεχόμενοι ἀλλήλων ἐν ἀγάπῃ,
Col 3:12 ἐκλεκτοὶ τοῦ θεοῦ ἅγιοι καὶ ἠγαπημένοι, σπλάγχνα οἰκτιρμοῦ χρηστότητα ταπεινοφροσύνην **πραΰτητα** μακροθυμίαν,
2Ti 2:25 ἐν **πραΰτητι** παιδεύοντα τοὺς ἀντιδιατιθεμένους, μήποτε δώῃ αὐτοῖς ὁ θεὸς μετάνοιαν εἰς ἐπίγνωσιν ἀληθείας
Tit 3: 2 ἀμάχους εἶναι, ἐπιεικεῖς, πᾶσαν ἐνδεικνυμένους **πραΰτητα** πρὸς πάντας ἀνθρώπους.
Jas 1:21 διὸ ἀποθέμενοι πᾶσαν ῥυπαρίαν καὶ περισσείαν κακίας ἐν **πραΰτητι,**
3:13 δειξάτω ἐκ τῆς καλῆς ἀναστροφῆς τὰ ἔργα αὐτοῦ ἐν **πραΰτητι** σοφίας.
1Pe 3:16 ἀλλὰ μετὰ **πραΰτητος** καὶ φόβου, συνείδησιν ἔχοντες ἀγαθήν,

4560 πρέπω [7]

→ *2346, 2640, 3485*

Mt 3:15 οὕτως γὰρ **πρέπον** ἐστὶν ἡμῖν πληρῶσαι πᾶσαν δικαιοσύνην.
1Co 11:13 ἐν ὑμῖν αὐτοῖς κρίνατε· **πρέπον** ἐστὶν γυναῖκα ἀκατακάλυπτον τῷ θεῷ προσεύχεσθαι;
Eph 5: 3 πορνεία δὲ καὶ ἀκαθαρσία πᾶσα ἢ πλεονεξία μηδὲ ὀνομαζέσθω ἐν ὑμῖν, καθὼς **πρέπει** ἁγίοις,
1Ti 2:10 ἀλλ' ὃ **πρέπει** γυναιξὶν ἐπαγγελλομέναις θεοσέβειαν, δι' ἔργων ἀγαθῶν.
Tit 2: 1 Σὺ δὲ λάλει ἃ **πρέπει** τῇ ὑγιαινούσῃ διδασκαλίᾳ.
Heb 2:10 **Ἔπρεπεν** γὰρ αὐτῷ, δι' ὃν τὰ πάντα καὶ δι' οὗ τὰ πάντα,
7:26 Τοιοῦτος γὰρ ἡμῖν καὶ **ἔπρεπεν** ἀρχιερεύς, ὅσιος ἄκακος ἀμίαντος,

4561 πρεσβεία [2]

√ *4565*

Lk 14:32 ἔτι αὐτοῦ πόρρω ὄντος **πρεσβείαν** ἀποστείλας ἐρωτᾷ τὰ πρὸς εἰρήνην.
19:14 οἱ δὲ πολῖται αὐτοῦ ἐμίσουν αὐτὸν καὶ ἀπέστειλαν **πρεσβείαν** ὀπίσω αὐτοῦ λέγοντες,

4562 πρεσβευτής Not used in UBS/NIV

√ *4565*

4563 πρεσβεύω [2]

√ *4565*

2Co 5:20 ὑπὲρ Χριστοῦ οὖν **πρεσβεύομεν** ὡς τοῦ θεοῦ παρακαλοῦντος δι' ἡμῶν·
Eph 6:20 ὑπὲρ οὗ **πρεσβεύω** ἐν ἁλύσει, ἵνα ἐν αὐτῷ παρρησιάσωμαι ὡς δεῖ με λαλῆσαι.

4564 πρεσβυτέριον [3]

√ *4565*

Lk 22:66 συνήχθη τὸ **πρεσβυτέριον** τοῦ λαοῦ, ἀρχιερεῖς τε καὶ γραμματεῖς,
Ac 22: 5 ὡς καὶ ὁ ἀρχιερεὺς μαρτυρεῖ μοι καὶ πᾶν τὸ **πρεσβυτέριον,**
1Ti 4:14 ὃ ἐδόθη σοι διὰ προφητείας μετὰ ἐπιθέσεως τῶν χειρῶν τοῦ **πρεσβυτερίου.**

4565 πρεσβύτερος [66]

→ *4561, 4562, 4563, 4564, 4566, 4567, 5236*

πρεσβύτεραι [1] 1Ti 5:2

ἀπόστολοι καὶ πρεσβύτεροι [6] Ac 15:2,4,6,22,23; 16:4

οἱ ἀρχιερεῖς καὶ πρεσβύτεροι [17] Mt 16:21; 21:23; 26:3,47; 27:1,3,12,20; Mk 8:31; 11:27; 14:43,53; Lk 9:22; 22:52; Ac 4:23; 23:14; 25:15

ἄρχων καὶ πρεσβύτεροι [2] Ac 4:5,8

γραμματεῖς καὶ πρεσβύτεροι [with other groups present] [12] Mt 16:21; 26:57; 27:41; Mk 8:31; 11:27; 14:43,53; 15:1; Lk 9:22; 20:1; Ac 4:5; 6:12

λαός καὶ πρεσβύτεροι [2] Lk 20:1; Ac 6:12

παράδοσις πρεσβυτέρων [3] Mt 15:2; Mk 7:3,5

πρεσβύτεροι Ἰουδαίων [2] Lk 7:3; Ac 25:15

πρεσβύτεροι τοῦ λαοῦ [5] Mt 21:23; 26:3,47; 27:1; Ac 4:8

Mt 15: 2 Διὰ τί οἱ μαθηταί σου παραβαίνουσιν τὴν παράδοσιν τῶν **πρεσβυτέρων;**
16:21 ὅτι δεῖ αὐτὸν εἰς Ἱεροσόλυμα ἀπελθεῖν καὶ πολλὰ παθεῖν ἀπὸ τῶν **πρεσβυτέρων** καὶ ἀρχιερέων καὶ γραμματέων
21:23 Καὶ ἐλθόντος αὐτοῦ εἰς τὸ ἱερὸν προσῆλθον αὐτῷ διδάσκοντι οἱ ἀρχιερεῖς καὶ οἱ **πρεσβύτεροι** τοῦ λαοῦ λέγοντες,
26: 3 Τότε συνήχθησαν οἱ ἀρχιερεῖς καὶ οἱ **πρεσβύτεροι** τοῦ λαοῦ εἰς τὴν αὐλὴν τοῦ ἀρχιερέως τοῦ λεγομένου Καϊάφα
26:47 Καὶ ἔτι αὐτοῦ λαλοῦντος ἰδοὺ Ἰούδας εἷς τῶν δώδεκα ἦλθεν καὶ μετ' αὐτοῦ ὄχλος πολὺς μετὰ μαχαιρῶν καὶ ξύλων ἀπὸ τῶν ἀρχιερέων καὶ **πρεσβυτέρων** τοῦ λαοῦ.
26:57 Οἱ δὲ κρατήσαντες τὸν Ἰησοῦν ἀπήγαγον πρὸς Καϊάφαν τὸν ἀρχιερέα, ὅπου οἱ γραμματεῖς καὶ οἱ **πρεσβύτεροι** συνήχθησαν.
27: 1 συμβούλιον ἔλαβον πάντες οἱ ἀρχιερεῖς καὶ οἱ **πρεσβύτεροι** τοῦ λαοῦ κατὰ τοῦ Ἰησοῦ ὥστε θανατῶσαι αὐτόν·
27: 3 μεταμεληθεὶς ἔστρεψεν τὰ τριάκοντα ἀργύρια τοῖς ἀρχιερεῦσιν καὶ **πρεσβυτέροις**

27:12 καὶ ἐν τῷ κατηγορεῖσθαι αὐτὸν ὑπὸ τῶν ἀρχιερέων καὶ **πρεσβυτέρων** οὐδὲν ἀπεκρίνατο.
27:20 Οἱ δὲ ἀρχιερεῖς καὶ οἱ **πρεσβύτεροι** ἔπεισαν τοὺς ὄχλους ἵνα αἰτήσωνται τὸν Βαραββᾶν,
27:41 ὁμοίως καὶ οἱ ἀρχιερεῖς ἐμπαίζοντες μετὰ τῶν γραμματέων καὶ **πρεσβυτέρων** ἔλεγον,
28:12 καὶ συναχθέντες μετὰ τῶν **πρεσβυτέρων** συμβούλιόν τε λαβόντες ἀργύρια ἱκανὰ ἔδωκαν τοῖς στρατιώταις
Mk 7: 3 –οἱ γὰρ Φαρισαῖοι καὶ πάντες οἱ Ἰουδαῖοι ἐὰν μὴ πυγμῇ νίψωνται τὰς χεῖρας οὐκ ἐσθίουσιν, κρατοῦντες τὴν παράδοσιν τῶν **πρεσβυτέρων,**
7: 5 Διὰ τί οὐ περιπατοῦσιν οἱ μαθηταί σου κατὰ τὴν παράδοσιν τῶν **πρεσβυτέρων,**
8:31 Καὶ ἤρξατο διδάσκειν αὐτοὺς ὅτι δεῖ τὸν υἱὸν τοῦ ἀνθρώπου πολλὰ παθεῖν καὶ ἀποδοκιμασθῆναι ὑπὸ τῶν **πρεσβυτέρων**
11:27 καὶ ἐν τῷ ἱερῷ περιπατοῦντος αὐτοῦ ἔρχονται πρὸς αὐτὸν οἱ ἀρχιερεῖς καὶ οἱ γραμματεῖς καὶ οἱ **πρεσβύτεροι**
14:43 καὶ μετ᾽ αὐτοῦ ὄχλος μετὰ μαχαιρῶν καὶ ξύλων παρὰ τῶν ἀρχιερέων καὶ τῶν γραμματέων καὶ τῶν **πρεσβυτέρων.**
14:53 καὶ συνέρχονται πάντες οἱ ἀρχιερεῖς καὶ οἱ **πρεσβύτεροι** καὶ οἱ γραμματεῖς.
15: 1 Καὶ εὐθὺς πρωῒ συμβούλιον ποιήσαντες οἱ ἀρχιερεῖς μετὰ τῶν **πρεσβυτέρων** καὶ γραμματέων καὶ ὅλον τὸ συνέδριον,
Lk 7: 3 ἀκούσας δὲ περὶ τοῦ Ἰησοῦ ἀπέστειλεν πρὸς αὐτὸν **πρεσβυτέρους** τῶν Ἰουδαίων ἐρωτῶν αὐτὸν ὅπως ἐλθὼν
9:22 εἰπὼν ὅτι Δεῖ τὸν υἱὸν τοῦ ἀνθρώπου πολλὰ παθεῖν καὶ ἀποδοκιμασθῆναι ἀπὸ τῶν **πρεσβυτέρων** καὶ ἀρχιερέων καὶ γραμματέων καὶ ἀποκτανθῆναι καὶ τῇ τρίτῃ ἡμέρᾳ ἐγερθῆναι.
15:25 Ἦν δὲ ὁ υἱὸς αὐτοῦ ὁ **πρεσβύτερος** ἐν ἀγρῷ·
20: 1 ἐν τῷ ἱερῷ καὶ εὐαγγελιζομένου ἐπέστησαν οἱ ἀρχιερεῖς καὶ οἱ γραμματεῖς σὺν τοῖς **πρεσβυτέροις**
22:52 εἶπεν δὲ Ἰησοῦς πρὸς τοὺς παραγενομένους ἐπ᾽ αὐτὸν ἀρχιερεῖς καὶ στρατηγοὺς τοῦ ἱεροῦ καὶ **πρεσβυτέρους,**
Jn 8: 9 ⟦οἱ δὲ ἀκούσαντες ἐξήρχοντο εἷς καθ᾽ εἷς ἀρξάμενοι ἀπὸ τῶν **πρεσβυτέρων** καὶ κατελείφθη μόνος καὶ ἡ γυνὴ ἐν μέσῳ οὖσα.⟧
Ac 2:17 καὶ οἱ νεανίσκοι ὑμῶν ὁράσεις ὄψονται καὶ οἱ **πρεσβύτεροι** ὑμῶν ἐνυπνίοις ἐνυπνιασθήσονται·
4: 5 Ἐγένετο δὲ ἐπὶ τὴν αὔριον συναχθῆναι αὐτῶν τοὺς ἄρχοντας καὶ τοὺς **πρεσβυτέρους** καὶ τοὺς γραμματεῖς ἐν Ἰερουσαλήμ,
4: 8 τότε Πέτρος πλησθεὶς πνεύματος ἁγίου εἶπεν πρὸς αὐτούς, Ἄρχοντες τοῦ λαοῦ καὶ **πρεσβύτεροι,**
4:23 Ἀπολυθέντες δὲ ἦλθον πρὸς τοὺς ἰδίους καὶ ἀπήγγειλαν ὅσα πρὸς αὐτοὺς οἱ ἀρχιερεῖς καὶ οἱ **πρεσβύτεροι** εἶπαν.
6:12 συνεκίνησάν τε τὸν λαὸν καὶ τοὺς **πρεσβυτέρους** καὶ τοὺς γραμματεῖς καὶ ἐπιστάντες συνήρπασαν αὐτὸν καὶ ἤγαγον
11:30 ὃ καὶ ἐποίησαν ἀποστείλαντες πρὸς τοὺς **πρεσβυτέρους** διὰ χειρὸς Βαρναβᾶ καὶ Σαύλου.
14:23 χειροτονήσαντες δὲ αὐτοῖς κατ᾽ ἐκκλησίαν **πρεσβυτέρους,** προσευξάμενοι μετὰ νηστειῶν παρέθεντο αὐτοὺς τῷ κυρίῳ
15: 2 καί τινας ἄλλους ἐξ αὐτῶν πρὸς τοὺς ἀποστόλους καὶ **πρεσβυτέρους** εἰς Ἰερουσαλὴμ περὶ τοῦ ζητήματος τούτου.
15: 4 παραγενόμενοι δὲ εἰς Ἰερουσαλὴμ παρεδέχθησαν ἀπὸ τῆς ἐκκλησίας καὶ τῶν ἀποστόλων καὶ τῶν **πρεσβυτέρων,**
15: 6 Συνήχθησάν τε οἱ ἀπόστολοι καὶ οἱ **πρεσβύτεροι** ἰδεῖν περὶ τοῦ λόγου τούτου.
15:22 Τότε ἔδοξε τοῖς ἀποστόλοις καὶ τοῖς **πρεσβυτέροις** σὺν ὅλῃ τῇ ἐκκλησίᾳ ἐκλεξαμένους ἄνδρας ἐξ αὐτῶν πέμψαι
15:23 Οἱ ἀπόστολοι καὶ οἱ **πρεσβύτεροι** ἀδελφοὶ τοῖς κατὰ τὴν Ἀντιόχειαν καὶ Συρίαν καὶ Κιλικίαν ἀδελφοῖς τοῖς ἐξ ἐθνῶν
16: 4 παρεδίδοσαν αὐτοῖς φυλάσσειν τὰ δόγματα τὰ κεκριμένα ὑπὸ τῶν ἀποστόλων καὶ **πρεσβυτέρων** τῶν ἐν Ἱεροσολύμοις.
20:17 Ἀπὸ δὲ τῆς Μιλήτου πέμψας εἰς Ἔφεσον μετεκαλέσατο τοὺς **πρεσβυτέρους** τῆς ἐκκλησίας.
21:18 τῇ δὲ ἐπιούσῃ εἰσῄει ὁ Παῦλος σὺν ἡμῖν πρὸς Ἰάκωβον, πάντες τε παρεγένοντο οἱ **πρεσβύτεροι.**
23:14 οἵτινες προσελθόντες τοῖς ἀρχιερεῦσιν καὶ τοῖς **πρεσβυτέροις** εἶπαν,
24: 1 Μετὰ δὲ πέντε ἡμέρας κατέβη ὁ ἀρχιερεὺς Ἁνανίας μετὰ **πρεσβυτέρων** τινῶν καὶ ῥήτορος Τερτύλλου τινός,
25:15 εἰς Ἱεροσόλυμα ἐνεφάνισαν οἱ ἀρχιερεῖς καὶ οἱ **πρεσβύτεροι** τῶν Ἰουδαίων αἰτούμενοι κατ᾽ αὐτοῦ καταδίκην.
1Ti 5: 1 **Πρεσβυτέρῳ** μὴ ἐπιπλήξῃς ἀλλὰ παρακάλει ὡς πατέρα, νεωτέρους ὡς ἀδελφούς,
5: 2 **πρεσβυτέρας** ὡς μητέρας, νεωτέρας ὡς ἀδελφὰς ἐν πάσῃ ἁγνείᾳ.
5:17 Οἱ καλῶς προεστῶτες **πρεσβύτεροι** διπλῆς τιμῆς ἀξιούσθωσαν, μάλιστα οἱ κοπιῶντες ἐν λόγῳ καὶ διδασκαλίᾳ.
5:19 κατὰ **πρεσβυτέρου** κατηγορίαν μὴ παραδέχου, ἐκτὸς εἰ μὴ ἐπὶ δύο ἢ τριῶν μαρτύρων.
Tit 1: 5 ἵνα τὰ λείποντα ἐπιδιορθώσῃ καὶ καταστήσῃς κατὰ πόλιν **πρεσβυτέρους,**
Heb 11: 2 ἐν ταύτῃ γὰρ ἐμαρτυρήθησαν οἱ **πρεσβύτεροι.**
Jas 5:14 προσκαλεσάσθω τοὺς **πρεσβυτέρους** τῆς ἐκκλησίας καὶ προσευξάσθωσαν ἐπ᾽ αὐτὸν ἀλείψαντες [αὐτὸν] ἐλαίῳ ἐν τῷ ὀνόματι τοῦ κυρίου.
1Pe 5: 1 **Πρεσβυτέρους** οὖν ἐν ὑμῖν παρακαλῶ ὁ συμπρεσβύτερος καὶ μάρτυς τῶν τοῦ Χριστοῦ παθημάτων,
5: 5 Ὁμοίως, νεώτεροι, ὑποτάγητε **πρεσβυτέροις·** πάντες δὲ ἀλλήλοις τὴν ταπεινοφροσύνην ἐγκομβώσασθε,
2Jn 1: 1 Ὁ **πρεσβύτερος** ἐκλεκτῇ κυρίᾳ καὶ τοῖς τέκνοις αὐτῆς,
3Jn 1: 1 Ὁ **πρεσβύτερος** Γαΐῳ τῷ ἀγαπητῷ, ὃν ἐγὼ ἀγαπῶ ἐν ἀληθείᾳ.
Rev 4: 4 καὶ ἐπὶ τοὺς θρόνους εἴκοσι τέσσαρας **πρεσβυτέρους** καθημένους περιβεβλημένους ἐν ἱματίοις λευκοῖς
4:10 πεσοῦνται οἱ εἴκοσι τέσσαρες **πρεσβύτεροι** ἐνώπιον τοῦ καθημένου ἐπὶ τοῦ θρόνου καὶ προσκυνήσουσιν τῷ ζῶντι
5: 5 καὶ εἷς ἐκ τῶν **πρεσβυτέρων** λέγει μοι, Μὴ κλαῖε,
5: 6 Καὶ εἶδον ἐν μέσῳ τοῦ θρόνου καὶ τῶν τεσσάρων ζῴων καὶ ἐν μέσῳ τῶν **πρεσβυτέρων** ἀρνίον ἑστηκὸς ὡς ἐσφαγμένον
5: 8 τὰ τέσσαρα ζῷα καὶ οἱ εἴκοσι τέσσαρες **πρεσβύτεροι** ἔπεσαν ἐνώπιον τοῦ ἀρνίου ἔχοντες ἕκαστος κιθάραν καὶ φιάλας
5:11 καὶ ἤκουσα φωνὴν ἀγγέλων πολλῶν κύκλῳ τοῦ θρόνου καὶ τῶν ζῴων καὶ τῶν **πρεσβυτέρων,**
5:14 καὶ τὰ τέσσαρα ζῷα ἔλεγον, Ἀμήν. καὶ οἱ **πρεσβύτεροι** ἔπεσαν καὶ προσεκύνησαν.
7:11 ἄγγελοι εἱστήκεισαν κύκλῳ τοῦ θρόνου καὶ τῶν **πρεσβυτέρων** καὶ τῶν τεσσάρων ζῴων καὶ ἔπεσαν ἐνώπιον τοῦ θρόνου
7:13 Καὶ ἀπεκρίθη εἷς ἐκ τῶν **πρεσβυτέρων** λέγων μοι,
11:16 καὶ οἱ εἴκοσι τέσσαρες **πρεσβύτεροι** [οἱ] ἐνώπιον τοῦ θεοῦ καθήμενοι ἐπὶ τοὺς θρόνους αὐτῶν ἔπεσαν ἐπὶ τὰ πρόσωπα
14: 3 καὶ ᾄδουσιν [ὡς] ᾠδὴν καινὴν ἐνώπιον τοῦ θρόνου καὶ ἐνώπιον τῶν τεσσάρων ζῴων καὶ τῶν **πρεσβυτέρων,**
19: 4 ἔπεσαν οἱ **πρεσβύτεροι** οἱ εἴκοσι τέσσαρες καὶ τὰ τέσσαρα ζῷα καὶ προσεκύνησαν τῷ θεῷ τῷ καθημένῳ ἐπὶ τῷ θρόνῳ

4566 πρεσβύτης [3]

√ *4565*

Lk 1:18 ἐγὼ γάρ εἰμι **πρεσβύτης** καὶ ἡ γυνή μου προβεβηκυῖα ἐν ταῖς ἡμέραις αὐτῆς.
Tit 2: 2 **πρεσβύτας** νηφαλίους εἶναι, σεμνούς, σώφρονας, ὑγιαίνοντας τῇ πίστει,
Phm 1: 9 τοιοῦτος ὢν ὡς Παῦλος **πρεσβύτης** νυνὶ δὲ καὶ δέσμιος Χριστοῦ Ἰησοῦ·

4567 πρεσβῦτις [1]

√ *4565*

Tit 2: 3 **πρεσβύτιδας** ὡσαύτως ἐν καταστήματι ἱεροπρεπεῖς, μὴ διαβόλους μηδὲ οἴνῳ πολλῷ δεδουλωμένας,

4568 πρηνής [1]

Ac 1:18 Οὗτος μὲν οὖν ἐκτήσατο χωρίον ἐκ μισθοῦ τῆς ἀδικίας καὶ **πρηνὴς** γενόμενος ἐλάκησεν μέσος καὶ ἐξεχύθη πάντα τὰ σπλάγχνα αὐτοῦ·

4569 πρίζω [1]

√ *4573*

Heb 11:37 ἐλιθάσθησαν, **ἐπρίσθησαν,** ἐν φόνῳ μαχαίρης ἀπέθανον, περιῆλθον ἐν μηλωταῖς,

4570 πρίν [13]

√ *4574*

πρὶν ἤ [5] Mt 1:18; Mk 14:30; Lk 2:26; Ac 7:2; 25:16

Mt 1:18 **πρὶν** ἢ συνελθεῖν αὐτοὺς εὑρέθη ἐν γαστρὶ ἔχουσα ἐκ πνεύματος ἁγίου.
26:34 Ἀμὴν λέγω σοι ὅτι ἐν ταύτῃ τῇ νυκτὶ **πρὶν** ἀλέκτορα φωνῆσαι τρὶς ἀπαρνήσῃ με.

26:75 καὶ ἐμνήσθη ὁ Πέτρος τοῦ ῥήματος Ἰησοῦ εἰρηκότος ὅτι **Πρὶν** ἀλέκτορα φωνῆσαι τρὶς ἀπαρνήσῃ με·
Mk 14:30 Ἀμὴν λέγω σοι ὅτι σὺ σήμερον ταύτῃ τῇ νυκτὶ **πρὶν** ἢ δὶς ἀλέκτορα φωνῆσαι τρίς με ἀπαρνήσῃ.
14:72 καὶ ἀνεμνήσθη ὁ Πέτρος τὸ ῥῆμα ὡς εἶπεν αὐτῷ ὁ Ἰησοῦς ὅτι **Πρὶν** ἀλέκτορα φωνῆσαι δὶς τρίς με ἀπαρνήσῃ·
Lk 2:26 καὶ ἦν αὐτῷ κεχρηματισμένον ὑπὸ τοῦ πνεύματος τοῦ ἁγίου μὴ ἰδεῖν θάνατον **πρὶν** [ἢ] ἂν ἴδῃ τὸν Χριστὸν κυρίου.
22:61 καὶ ὑπεμνήσθη ὁ Πέτρος τοῦ ῥήματος τοῦ κυρίου ὡς εἶπεν αὐτῷ ὅτι **Πρὶν** ἀλέκτορα φωνῆσαι σήμερον ἀπαρνήσῃ με τρίς.
Jn 4:49 λέγει πρὸς αὐτὸν ὁ βασιλικός, Κύριε, κατάβηθι **πρὶν** ἀποθανεῖν τὸ παιδίον μου.
8:58 Ἀμὴν ἀμὴν λέγω ὑμῖν, **πρὶν** Ἀβραὰμ γενέσθαι ἐγὼ εἰμί.
14:29 καὶ νῦν εἴρηκα ὑμῖν **πρὶν** γενέσθαι, ἵνα ὅταν γένηται πιστεύσητε.
Ac 2:20 **πρὶν** ἐλθεῖν ἡμέραν κυρίου τὴν μεγάλην καὶ ἐπιφανῆ.
7:2 Ὁ θεὸς τῆς δόξης ὤφθη τῷ πατρὶ ἡμῶν Ἀβραὰμ ὄντι ἐν τῇ Μεσοποταμίᾳ **πρὶν** ἢ κατοικῆσαι αὐτὸν ἐν Χαρρὰν
25:16 οὐκ ἔστιν ἔθος Ῥωμαίοις χαρίζεσθαί τινα ἄνθρωπον **πρὶν** ἢ ὁ κατηγορούμενος κατὰ πρόσωπον ἔχοι τοὺς κατηγόρους τόπον τε ἀπολογίας λάβοι περὶ τοῦ ἐγκλήματος.

4571 **Πρίσκα** [6]

→ *4572*

Ac 18:2 Ποντικὸν τῷ γένει προσφάτως ἐληλυθότα ἀπὸ τῆς Ἰταλίας καὶ **Πρίσκιλλαν** γυναῖκα αὐτοῦ,
18:18 καὶ σὺν αὐτῷ **Πρίσκιλλα** καὶ Ἀκύλας, κειράμενος ἐν Κεγχρεαῖς τὴν κεφαλήν,
18:26 ἀκούσαντες δὲ αὐτοῦ **Πρίσκιλλα** καὶ Ἀκύλας προσελάβοντο αὐτὸν καὶ ἀκριβέστερον αὐτῷ ἐξέθεντο τὴν ὁδὸν [τοῦ θεοῦ.]
Ro 16:3 Ἀσπάσασθε **Πρίσκαν** καὶ Ἀκύλαν τοὺς συνεργούς μου ἐν Χριστῷ Ἰησοῦ,
1Co 16:19 ἀσπάζεται ὑμᾶς ἐν κυρίῳ πολλὰ Ἀκύλας καὶ **Πρίσκα** σὺν τῇ κατ' οἶκον αὐτῶν ἐκκλησίᾳ.
2Ti 4:19 Ἄσπασαι **Πρίσκαν** καὶ Ἀκύλαν καὶ τὸν Ὀνησιφόρου οἶκον.

4572 **Πρίσκιλλα** Not used in UBS/NIV

√ *4571*

4573 **πρίω** Not used in UBS/NIV

→ *1391, 4569*

4574 **πρό** [47]

→ *4522, 4523, 4524, 4570, 4575, 4576, 4577, 4578, 4579, 4580, 4581, 4582, 4583, 4584, 4585, 4586, 4587, 4588, 4589, 4590, 4591, 4592, 4593, 4594, 4595, 4596, 4597, 4598, 4599, 4600, 4601, 4602, 4603, 4604, 4605, 4606, 4607, 4608, 4609, 4610, 4611, 4612, 4613, 4614, 4615, 4616, 4617, 4618, 4619, 4620, 4621, 4622, 4623, 4624, 4625, 4626, 4627, 4628, 4629, 4630, 4631, 4632, 4633, 4634, 4635, 4636, 4637, 4638, 4640, 4706, 4710, 4711, 4726, 4727, 4728, 4729, 4730, 4731, 4732, 4733, 4734, 4735, 4740, 4741, 4742, 4743, 4749, 5864; cf. 4745, 4755*

πρό τοῦ with infinitive [9] Mt 6:8; Lk 2:21; 22:15; Jn 1:48; 13:19; 17:5; Ac 23:15; Gal 2:12; 3:23

πρὸ προσώπου [6] Mt 11:10; Mk 1:2; Lk 7:27; 9:52; 10:1; Ac 13:24

Mt 5:12 οὕτως γὰρ ἐδίωξαν τοὺς προφήτας τοὺς **πρὸ** ὑμῶν.
6:8 οἶδεν γὰρ ὁ πατὴρ ὑμῶν ὧν χρείαν ἔχετε **πρὸ** τοῦ ὑμᾶς αἰτῆσαι αὐτόν.
8:29 υἱὲ τοῦ θεοῦ; ἦλθες ὧδε **πρὸ** καιροῦ βασανίσαι ἡμᾶς;
11:10 Ἰδοὺ ἐγὼ ἀποστέλλω τὸν ἄγγελόν μου **πρὸ** προσώπου σου,
24:38 ὡς γὰρ ἦσαν ἐν ταῖς ἡμέραις [ἐκείναις] ταῖς **πρὸ** τοῦ κατακλυσμοῦ τρώγοντες καὶ πίνοντες,
Mk 1:2 Ἰδοὺ ἀποστέλλω τὸν ἄγγελόν μου **πρὸ** προσώπου σου,
Lk 2:21 τὸ κληθὲν ὑπὸ τοῦ ἀγγέλου **πρὸ** τοῦ συλλημφθῆναι αὐτὸν ἐν τῇ κοιλίᾳ.
7:27 Ἰδοὺ ἀποστέλλω τὸν ἄγγελόν μου **πρὸ** προσώπου σου,
9:52 ἀπέστειλεν ἀγγέλους **πρὸ** προσώπου αὐτοῦ. καὶ πορευθέντες εἰσῆλθον εἰς κώμην Σαμαριτῶν ὡς ἑτοιμάσαι αὐτῷ·
10:1 καὶ ἀπέστειλεν αὐτοὺς ἀνὰ δύο [δύο] **πρὸ** προσώπου αὐτοῦ εἰς πᾶσαν πόλιν καὶ τόπον οὗ ἤμελλεν αὐτὸς ἔρχεσθαι.
11:38 ὁ δὲ **Φαρισαῖος** ἰδὼν ἐθαύμασεν ὅτι οὐ πρῶτον ἐβαπτίσθη **πρὸ** τοῦ ἀρίστου.
21:12 **πρὸ** δὲ τούτων πάντων ἐπιβαλοῦσιν ἐφ' ὑμᾶς τὰς χεῖρας αὐτῶν καὶ διώξουσιν,
22:15 Ἐπιθυμίᾳ ἐπεθύμησα τοῦτο τὸ πάσχα φαγεῖν μεθ' ὑμῶν **πρὸ** τοῦ με παθεῖν·
Jn 1:48 **Πρὸ** τοῦ σε **Φίλιππον** φωνῆσαι ὄντα ὑπὸ τὴν συκῆν εἶδόν σε.
5:7 ἐν ᾧ δὲ ἔρχομαι ἐγώ, ἄλλος **πρὸ** ἐμοῦ καταβαίνει.
10:8 πάντες ὅσοι ἦλθον [**πρὸ** ἐμοῦ] κλέπται εἰσὶν καὶ λῃσταί,
11:55 καὶ ἀνέβησαν πολλοὶ εἰς Ἱεροσόλυμα ἐκ τῆς χώρας **πρὸ** τοῦ πάσχα ἵνα ἁγνίσωσιν ἑαυτούς.
12:1 Ὁ οὖν Ἰησοῦς **πρὸ** ἓξ ἡμερῶν τοῦ πάσχα ἦλθεν εἰς Βηθανίαν,
13:1 **Πρὸ** δὲ τῆς ἑορτῆς τοῦ πάσχα εἰδὼς ὁ Ἰησοῦς ὅτι ἦλθεν αὐτοῦ ἡ ὥρα ἵνα μεταβῇ ἐκ τοῦ κόσμου τούτου πρὸς τὸν πατέρα,
13:19 ἀπ' ἄρτι λέγω ὑμῖν **πρὸ** τοῦ γενέσθαι, ἵνα πιστεύσητε ὅταν γένηται ὅτι ἐγώ εἰμι.
17:5 παρὰ σεαυτῷ τῇ δόξῃ ᾗ εἶχον **πρὸ** τοῦ τὸν κόσμον εἶναι παρὰ σοί.
17:24 ἣν δέδωκάς μοι ὅτι ἠγάπησάς με **πρὸ** καταβολῆς κόσμου.
Ac 5:36 **πρὸ** γὰρ τούτων τῶν ἡμερῶν ἀνέστη Θευδᾶς λέγων εἶναί τινα ἑαυτόν,
12:6 κοιμώμενος μεταξὺ δύο στρατιωτῶν δεδεμένος ἁλύσεσιν δυσὶν φύλακές τε **πρὸ** τῆς θύρας ἐτήρουν τὴν φυλακήν.
12:14 εἰσδραμοῦσα δὲ ἀπήγγειλεν ἑστάναι τὸν Πέτρον **πρὸ** τοῦ πυλῶνος.
13:24 προκηρύξαντος Ἰωάννου **πρὸ** προσώπου τῆς εἰσόδου αὐτοῦ βάπτισμα μετανοίας παντὶ τῷ λαῷ Ἰσραήλ.
14:13 ὅ τε ἱερεὺς τοῦ Διὸς τοῦ ὄντος **πρὸ** τῆς πόλεως ταύρους καὶ στέμματα ἐπὶ τοὺς πυλῶνας ἐνέγκας σὺν τοῖς ὄχλοις
21:38 οὐκ ἄρα σὺ εἶ ὁ Αἰγύπτιος ὁ **πρὸ** τούτων τῶν ἡμερῶν ἀναστατώσας καὶ ἐξαγαγὼν εἰς τὴν ἔρημον
23:15 ἡμεῖς δὲ **πρὸ** τοῦ ἐγγίσαι αὐτὸν ἕτοιμοί ἐσμεν τοῦ ἀνελεῖν αὐτόν.
Ro 16:7 οἵτινές εἰσιν ἐπίσημοι ἐν τοῖς ἀποστόλοις, οἳ καὶ **πρὸ** ἐμοῦ γέγοναν ἐν Χριστῷ.
1Co 2:7 ἣν προώρισεν ὁ θεὸς **πρὸ** τῶν αἰώνων εἰς δόξαν ἡμῶν,
4:5 ὥστε μὴ **πρὸ** καιροῦ τι κρίνετε ἕως ἂν ἔλθῃ ὁ κύριος,
2Co 12:2 οἶδα ἄνθρωπον ἐν Χριστῷ **πρὸ** ἐτῶν δεκατεσσάρων, εἴτε ἐν σώματι οὐκ οἶδα,
Gal 1:17 οὐδὲ ἀνῆλθον εἰς Ἱεροσόλυμα πρὸς τοὺς **πρὸ** ἐμοῦ ἀποστόλους,
2:12 **πρὸ** τοῦ γὰρ ἐλθεῖν τινας ἀπὸ Ἰακώβου μετὰ τῶν ἐθνῶν συνήσθιεν·
3:23 **Πρὸ** τοῦ δὲ ἐλθεῖν τὴν πίστιν ὑπὸ νόμον ἐφρουρούμεθα συγκλειόμενοι εἰς τὴν μέλλουσαν πίστιν ἀποκαλυφθῆναι,
Eph 1:4 καθὼς ἐξελέξατο ἡμᾶς ἐν αὐτῷ **πρὸ** καταβολῆς κόσμου εἶναι ἡμᾶς ἁγίους καὶ ἀμώμους κατενώπιον αὐτοῦ ἐν ἀγάπῃ,
Col 1:17 καὶ αὐτός ἐστιν **πρὸ** πάντων καὶ τὰ πάντα ἐν αὐτῷ συνέστηκεν,
2Ti 1:9 τὴν δοθεῖσαν ἡμῖν ἐν Χριστῷ Ἰησοῦ **πρὸ** χρόνων αἰωνίων,
4:21 Σπούδασον **πρὸ** χειμῶνος ἐλθεῖν. Ἀσπάζεταί σε Εὔβουλος καὶ Πούδης καὶ Λίνος καὶ Κλαυδία καὶ οἱ ἀδελφοὶ πάντες.
Tit 1:2 ἣν ἐπηγγείλατο ὁ ἀψευδὴς θεὸς **πρὸ** χρόνων αἰωνίων,
Heb 11:5 **πρὸ** γὰρ τῆς μεταθέσεως μεμαρτύρηται εὐαρεστηκέναι τῷ θεῷ·
Jas 5:9 κατ' ἀλλήλων ἵνα μὴ κριθῆτε· ἰδοὺ ὁ κριτὴς **πρὸ** τῶν θυρῶν ἕστηκεν.
5:12 **Πρὸ** πάντων δέ, ἀδελφοί μου, μὴ ὀμνύετε μήτε τὸν οὐρανὸν μήτε τὴν γῆν μήτε ἄλλον τινὰ ὅρκον·
1Pe 1:20 προεγνωσμένου μὲν **πρὸ** καταβολῆς κόσμου φανερωθέντος δὲ ἐπ' ἐσχάτου τῶν χρόνων δι' ὑμᾶς
4:8 **πρὸ** πάντων τὴν εἰς ἑαυτοὺς ἀγάπην ἐκτενῆ ἔχοντες,
Jude 1:25 μόνῳ θεῷ σωτῆρι ἡμῶν διὰ Ἰησοῦ Χριστοῦ τοῦ κυρίου ἡμῶν δόξα μεγαλωσύνη κράτος καὶ ἐξουσία **πρὸ** παντὸς τοῦ αἰῶνος καὶ νῦν καὶ εἰς πάντας τοὺς αἰῶνας,

4575 **προάγω** [20]

√ *4574 + 72*

Mt 2:9 ὃν εἶδον ἐν τῇ ἀνατολῇ, **προῆγεν** αὐτούς, ἕως ἐλθὼν ἐστάθη ἐπάνω οὗ ἦν τὸ παιδίον.
14:22 Καὶ εὐθέως ἠνάγκασεν τοὺς μαθητὰς ἐμβῆναι εἰς τὸ πλοῖον καὶ **προάγειν** αὐτὸν εἰς τὸ πέραν,
21:9 οἱ δὲ ὄχλοι οἱ **προάγοντες** αὐτὸν καὶ οἱ ἀκολουθοῦντες ἔκραζον λέγοντες,

21:31 Ἀμὴν λέγω ὑμῖν ὅτι οἱ τελῶναι καὶ αἱ πόρναι **προάγουσιν** ὑμᾶς εἰς τὴν βασιλείαν τοῦ θεοῦ.
26:32 μετὰ δὲ τὸ ἐγερθῆναί με **προάξω** ὑμᾶς εἰς τὴν Γαλιλαίαν.
28: 7 καὶ ἰδοὺ **προάγει** ὑμᾶς εἰς τὴν Γαλιλαίαν, ἐκεῖ αὐτὸν ὄψεσθε·
Mk 6:45 Καὶ εὐθὺς ἠνάγκασεν τοὺς μαθητὰς αὐτοῦ ἐμβῆναι εἰς τὸ πλοῖον καὶ **προάγειν** εἰς τὸ πέραν πρὸς Βηθσαϊδάν,
10:32 καὶ ἦν **προάγων** αὐτοὺς ὁ Ἰησοῦς, καὶ ἐθαμβοῦντο,
11: 9 καὶ οἱ **προάγοντες** καὶ οἱ ἀκολουθοῦντες ἔκραζον, Ὡσαννά·
14:28 ἀλλὰ μετὰ τὸ ἐγερθῆναί με **προάξω** ὑμᾶς εἰς τὴν Γαλιλαίαν.
16: 7 ἀλλὰ ὑπάγετε εἴπατε τοῖς μαθηταῖς αὐτοῦ καὶ τῷ Πέτρῳ ὅτι **Προάγει** ὑμᾶς εἰς τὴν Γαλιλαίαν·
Lk 18:39 καὶ οἱ **προάγοντες** ἐπετίμων αὐτῷ ἵνα σιγήσῃ, αὐτὸς δὲ πολλῷ μᾶλλον ἔκραζεν,
Ac 12: 6 Ὅτε δὲ ἤμελλεν **προαγαγεῖν** αὐτὸν ὁ Ἡρῴδης, τῇ νυκτὶ ἐκείνῃ ἦν ὁ Πέτρος κοιμώμενος μεταξὺ δύο στρατιωτῶν
16:30 καὶ **προαγαγὼν** αὐτοὺς ἔξω ἔφη, Κύριοι, τί με δεῖ ποιεῖν ἵνα σωθῶ;
17: 5 καὶ ὀχλοποιήσαντες ἐθορύβουν τὴν πόλιν καὶ ἐπιστάντες τῇ οἰκίᾳ Ἰάσονος ἐζήτουν αὐτοὺς **προαγαγεῖν** εἰς τὸν δῆμον·
25:26 διὸ **προήγαγον** αὐτὸν ἐφ' ὑμῶν καὶ μάλιστα ἐπὶ σοῦ,
1Ti 1:18 τέκνον Τιμόθεε, κατὰ τὰς **προαγούσας** ἐπὶ σὲ προφητείας,
5:24 Τινῶν ἀνθρώπων αἱ ἁμαρτίαι πρόδηλοί εἰσιν **προάγουσαι** εἰς κρίσιν,
Heb 7:18 ἀθέτησις μὲν γὰρ γίνεται **προαγούσης** ἐντολῆς διὰ τὸ αὐτῆς ἀσθενὲς καὶ ἀνωφελές–
2Jn 1: 9 πᾶς ὁ **προάγων** καὶ μὴ μένων ἐν τῇ διδαχῇ τοῦ Χριστοῦ θεὸν οὐκ ἔχει·

4576 προαιρέω [1]

√ *4574 + 145*

2Co 9: 7 ἕκαστος καθὼς **προήρηται** τῇ καρδίᾳ, μὴ ἐκ λύπης ἢ ἐξ ἀνάγκης·

4577 προαιτιάομαι [1]

√ *4574 + 162*

Ro 3: 9 **προῃτιασάμεθα** γὰρ Ἰουδαίους τε καὶ Ἕλληνας πάντας ὑφ' ἁμαρτίαν εἶναι,

4578 προακούω [1]

√ *4574 + 201*

Col 1: 5 ἣν **προηκούσατε** ἐν τῷ λόγῳ τῆς ἀληθείας τοῦ εὐαγγελίου

4579 προαμαρτάνω [2]

√ *4574 + 279*

2Co 12:21 καὶ πενθήσω πολλοὺς τῶν **προημαρτηκότων** καὶ μὴ μετανοησάντων ἐπὶ τῇ ἀκαθαρσίᾳ καὶ πορνείᾳ καὶ ἀσελγείᾳ
13: 2 ὡς παρὼν τὸ δεύτερον καὶ ἀπὼν νῦν, τοῖς **προημαρτηκόσιν** καὶ τοῖς λοιποῖς πᾶσιν,

4580 προαύλιον [1]

√ *4574 + 885*

Mk 14:68 καὶ ἐξῆλθεν ἔξω εἰς τὸ **προαύλιον** [UBS; NIV **προαύλιον.** and omit bracketed words] [καὶ ἀλέκτωρ ἐφώνησεν.]

4581 προβαίνω [5]

√ *4574 + 326*

Mt 4:21 Καὶ **προβὰς** ἐκεῖθεν εἶδεν ἄλλους δύο ἀδελφούς, Ἰάκωβον τὸν τοῦ Ζεβεδαίου καὶ Ἰωάννην τὸν ἀδελφὸν αὐτοῦ,
Mk 1:19 Καὶ **προβὰς** ὀλίγον εἶδεν Ἰάκωβον τὸν τοῦ Ζεβεδαίου καὶ Ἰωάννην τὸν ἀδελφὸν αὐτοῦ καὶ αὐτοὺς ἐν τῷ πλοίῳ
Lk 1: 7 καὶ ἀμφότεροι **προβεβηκότες** ἐν ταῖς ἡμέραις αὐτῶν ἦσαν.
1:18 ἐγὼ γάρ εἰμι πρεσβύτης καὶ ἡ γυνή μου **προβεβηκυῖα** ἐν ταῖς ἡμέραις αὐτῆς.
2:36 αὕτη **προβεβηκυῖα** ἐν ἡμέραις πολλαῖς, ζήσασα μετὰ ἀνδρὸς ἔτη ἑπτὰ ἀπὸ τῆς παρθενίας αὐτῆς

4582 προβάλλω [2]

√ *4574 + 965*

Lk 21:30 ὅταν **προβάλωσιν** ἤδη, βλέποντες ἀφ' ἑαυτῶν γινώσκετε ὅτι ἤδη ἐγγὺς τὸ θέρος ἐστίν·
Ac 19:33 ἐκ δὲ τοῦ ὄχλου συνεβίβασαν Ἀλέξανδρον, **προβαλόντων** αὐτὸν τῶν Ἰουδαίων·

4583 προβατικός [1]

√ *4574 + 326*

Jn 5: 2 ἔστιν δὲ ἐν τοῖς Ἱεροσολύμοις ἐπὶ τῇ **προβατικῇ** κολυμβήθρα ἡ ἐπιλεγομένη Ἑβραϊστὶ Βηθζαθὰ πέντε στοὰς ἔχουσα.

4584 προβάτιον Not used in UBS/NIV

√ *4574 + 326*

4585 πρόβατον [39]

√ *4574 + 326*

ἑκατὸν πρόβατα [2] Mt 18:12; Lk 15:4

Mt 7:15 Προσέχετε ἀπὸ τῶν ψευδοπροφητῶν, οἵτινες ἔρχονται πρὸς ὑμᾶς ἐν ἐνδύμασιν **προβάτων,**
9:36 ὅτι ἦσαν ἐσκυλμένοι καὶ ἐρριμμένοι ὡσεὶ **πρόβατα** μὴ ἔχοντα ποιμένα.
10: 6 πορεύεσθε δὲ μᾶλλον πρὸς τὰ **πρόβατα** τὰ ἀπολωλότα οἴκου Ἰσραήλ.
10:16 Ἰδοὺ ἐγὼ ἀποστέλλω ὑμᾶς ὡς **πρόβατα** ἐν μέσῳ λύκων·
12:11 Τίς ἔσται ἐξ ὑμῶν ἄνθρωπος ὃς ἕξει **πρόβατον** ἓν καὶ ἐὰν ἐμπέσῃ τοῦτο τοῖς σάββασιν εἰς βόθυνον,
12:12 πόσῳ οὖν διαφέρει ἄνθρωπος **προβάτου.** ὥστε ἔξεστιν τοῖς σάββασιν καλῶς ποιεῖν.
15:24 Οὐκ ἀπεστάλην εἰ μὴ εἰς τὰ **πρόβατα** τὰ ἀπολωλότα οἴκου Ἰσραήλ.
18:12 ἐὰν γένηταί τινι ἀνθρώπῳ ἑκατὸν **πρόβατα** καὶ πλανηθῇ ἓν ἐξ αὐτῶν,
25:32 ὥσπερ ὁ ποιμὴν ἀφορίζει τὰ **πρόβατα** ἀπὸ τῶν ἐρίφων,
25:33 καὶ στήσει τὰ μὲν **πρόβατα** ἐκ δεξιῶν αὐτοῦ,
26:31 Πατάξω τὸν ποιμένα, καὶ διασκορπισθήσονται τὰ **πρόβατα** τῆς ποίμνης.
Mk 6:34 ὅτι ἦσαν ὡς **πρόβατα** μὴ ἔχοντα ποιμένα, καὶ ἤρξατο διδάσκειν αὐτοὺς πολλά.
14:27 ὅτι γέγραπται, Πατάξω τὸν ποιμένα, καὶ τὰ **πρόβατα** διασκορπισθήσονται.
Lk 15: 4 Τίς ἄνθρωπος ἐξ ὑμῶν ἔχων ἑκατὸν **πρόβατα** καὶ ἀπολέσας ἐξ αὐτῶν ἓν οὐ καταλείπει τὰ ἐνενήκοντα ἐννέα ἐν τῇ ἐρήμῳ
15: 6 Συγχάρητέ μοι, ὅτι εὗρον τὸ **πρόβατόν** μου τὸ ἀπολωλός.
Jn 2:14 καὶ εὗρεν ἐν τῷ ἱερῷ τοὺς πωλοῦντας βόας καὶ **πρόβατα** καὶ περιστερὰς καὶ τοὺς κερματιστὰς καθημένους,
2:15 καὶ ποιήσας φραγέλλιον ἐκ σχοινίων πάντας ἐξέβαλεν ἐκ τοῦ ἱεροῦ τά τε **πρόβατα** καὶ τοὺς βόας,
10: 1 ὁ μὴ εἰσερχόμενος διὰ τῆς θύρας εἰς τὴν αὐλὴν τῶν **προβάτων** ἀλλὰ ἀναβαίνων ἀλλαχόθεν ἐκεῖνος κλέπτης ἐστὶν καὶ λῃστής·
10: 2 ὁ δὲ εἰσερχόμενος διὰ τῆς θύρας ποιμήν ἐστιν τῶν **προβάτων.**
10: 3 καὶ τὰ **πρόβατα** τῆς φωνῆς αὐτοῦ ἀκούει αἱ τὰ ἴδια **πρόβατα** φωνεῖ κατ' ὄνομα καὶ ἐξάγει αὐτά.
10: 4 ἔμπροσθεν αὐτῶν πορεύεται, καὶ τὰ **πρόβατα** αὐτῷ ἀκολουθεῖ,
10: 7 Ἀμὴν ἀμὴν λέγω ὑμῖν ὅτι ἐγώ εἰμι ἡ θύρα τῶν **προβάτων.**
10: 8 πάντες ὅσοι ἦλθον [πρὸ ἐμοῦ] κλέπται εἰσὶν καὶ λῃσταί, ἀλλ' οὐκ ἤκουσαν αὐτῶν τὰ **πρόβατα.**
10:11 ὁ ποιμὴν ὁ καλὸς τὴν ψυχὴν αὐτοῦ τίθησιν ὑπὲρ τῶν **προβάτων·**
10:12 ὁ μισθωτὸς καὶ οὐκ ὢν ποιμήν, οὗ οὐκ ἔστιν τὰ **πρόβατα** ἴδια, θεωρεῖ τὸν λύκον ἐρχόμενον καὶ ἀφίησιν τὰ **πρόβατα** καὶ φεύγει–
10:13 ὅτι μισθωτός ἐστιν καὶ οὐ μέλει αὐτῷ περὶ τῶν **προβάτων.**
10:15 καὶ τὴν ψυχήν μου τίθημι ὑπὲρ τῶν **προβάτων.**
10:16 καὶ ἄλλα **πρόβατα** ἔχω ἃ οὐκ ἔστιν ἐκ τῆς αὐλῆς ταύτης·
10:26 ὅτι οὐκ ἐστὲ ἐκ τῶν **προβάτων** τῶν ἐμῶν.
10:27 τὰ **πρόβατα** τὰ ἐμὰ τῆς φωνῆς μου ἀκούουσιν,
21:16 σὺ οἶδας ὅτι φιλῶ σε. λέγει αὐτῷ, Ποίμαινε τὰ **πρόβατά** μου.
21:17 λέγει αὐτῷ [ὁ Ἰησοῦς,] Βόσκε τὰ **πρόβατά** μου.
Ac 8:32 Ὡς **πρόβατον** ἐπὶ σφαγὴν ἤχθη καὶ ὡς ἀμνὸς ἐναντίον τοῦ κείραντος αὐτὸν ἄφωνος,

Ro 8:36 καθὼς γέγραπται ὅτι Ἕνεκεν σοῦ θανατούμεθα ὅλην τὴν ἡμέραν, ἐλογίσθημεν ὡς **πρόβατα** σφαγῆς.
Heb 13:20 ὁ ἀναγαγὼν ἐκ νεκρῶν τὸν ποιμένα τῶν **προβάτων** τὸν μέγαν ἐν αἵματι διαθήκης αἰωνίου,
1Pe 2:25 ἦτε γὰρ ὡς **πρόβατα** πλανώμενοι, ἀλλὰ ἐπεστράφητε νῦν ἐπὶ τὸν ποιμένα καὶ ἐπίσκοπον τῶν ψυχῶν ὑμῶν.
Rev 18:13 καὶ ἄμωμον καὶ θυμιάματα καὶ μύρον καὶ λίβανον καὶ οἶνον καὶ ἔλαιον καὶ σεμίδαλιν καὶ σῖτον καὶ κτήνη καὶ **πρόβατα,**

4586 προβιβάζω [1]

√ *4574 + 326*

Mt 14: 8 ἡ δὲ **προβιβασθεῖσα** ὑπὸ τῆς μητρὸς αὐτῆς, Δός μοι,

4587 προβλέπω [1]

√ *4574 + 1063*

Heb 11:40 τοῦ θεοῦ περὶ ἡμῶν κρεῖττόν τι **προβλεψαμένου,** ἵνα μὴ χωρὶς ἡμῶν τελειωθῶσιν.

4588 προγίνομαι [1]

√ *4574 + 1181*

Ro 3:25 ὃν προέθετο ὁ θεὸς ἱλαστήριον διὰ [τῆς] πίστεως ἐν τῷ αὐτοῦ αἵματι εἰς ἔνδειξιν τῆς δικαιοσύνης αὐτοῦ διὰ τὴν πάρεσιν τῶν **προγεγονότων** ἁμαρτημάτων

4589 προγινώσκω [5]

√ *4574 + 1182*

Ac 26: 5 **προγινώσκοντές** με ἄνωθεν, ἐὰν θέλωσι μαρτυρεῖν, ὅτι κατὰ τὴν ἀκριβεστάτην αἵρεσιν τῆς ἡμετέρας θρησκείας ἔζησα Φαρισαῖος.
Ro 8:29 ὅτι οὓς **προέγνω,** καὶ προώρισεν συμμόρφους τῆς εἰκόνος τοῦ υἱοῦ αὐτοῦ,
11: 2 οὐκ ἀπώσατο ὁ θεὸς τὸν λαὸν αὐτοῦ ὃν **προέγνω.**
1Pe 1:20 **προεγνωσμένου** μὲν πρὸ καταβολῆς κόσμου φανερωθέντος δὲ ἐπ᾽ ἐσχάτου τῶν χρόνων δι᾽ ὑμᾶς
2Pe 3:17 Ὑμεῖς οὖν, ἀγαπητοί, **προγινώσκοντες** φυλάσσεσθε, ἵνα μὴ τῇ τῶν ἀθέσμων πλάνῃ συναπαχθέντες ἐκπέσητε τοῦ ἰδίου στηριγμοῦ,

4590 πρόγνωσις [2]

√ *4574 + 1182*

Ac 2:23 τοῦτον τῇ ὡρισμένῃ βουλῇ καὶ **προγνώσει** τοῦ θεοῦ ἔκδοτον διὰ χειρὸς ἀνόμων προσπήξαντες ἀνείλατε,
1Pe 1: 2 κατὰ **πρόγνωσιν** θεοῦ πατρὸς ἐν ἁγιασμῷ πνεύματος εἰς ὑπακοὴν καὶ ῥαντισμὸν αἵματος Ἰησοῦ Χριστοῦ,

4591 πρόγονος [2]

√ *4574 + 1181*

1Ti 5: 4 μανθανέτωσαν πρῶτον τὸν ἴδιον οἶκον εὐσεβεῖν καὶ ἀμοιβὰς ἀποδιδόναι τοῖς **προγόνοις·**
2Ti 1: 3 Χάριν ἔχω τῷ θεῷ, ᾧ λατρεύω ἀπὸ **προγόνων** ἐν καθαρᾷ συνειδήσει,

4592 προγράφω [4]

√ *4574 + 1211*

Ro 15: 4 ὅσα γὰρ **προεγράφη,** εἰς τὴν ἡμετέραν διδασκαλίαν ἐγράφη,
Gal 3: 1 τίς ὑμᾶς ἐβάσκανεν, οἷς κατ᾽ ὀφθαλμοὺς Ἰησοῦς Χριστὸς **προεγράφη** ἐσταυρωμένος;
Eph 3: 3 [ὅτι] κατὰ ἀποκάλυψιν ἐγνωρίσθη μοι τὸ μυστήριον, καθὼς **προέγραψα** ἐν ὀλίγῳ,
Jude 1: 4 οἱ πάλαι **προγεγραμμένοι** εἰς τοῦτο τὸ κρίμα, ἀσεβεῖς,

4593 πρόδηλος [3]

√ *4574 + 1316*

1Ti 5:24 Τινῶν ἀνθρώπων αἱ ἁμαρτίαι **πρόδηλοί** εἰσιν προάγουσαι εἰς κρίσιν,
5:25 ὡσαύτως καὶ τὰ ἔργα τὰ καλὰ **πρόδηλα,** καὶ τὰ ἄλλως ἔχοντα κρυβῆναι οὐ δύνανται.
Heb 7:14 **πρόδηλον** γὰρ ὅτι ἐξ Ἰούδα ἀνατέταλκεν ὁ κύριος ἡμῶν,

4594 προδίδωμι [1]

√ *4574 + 1443*

Ro 11:35 ἢ τίς **προέδωκεν** αὐτῷ, καὶ ἀνταποδοθήσεται αὐτῷ;

4595 προδότης [3]

√ *4574 + 1443*

Lk 6:16 καὶ Ἰούδαν Ἰακώβου καὶ Ἰούδαν Ἰσκαριώθ, ὃς ἐγένετο **προδότης.**
Ac 7:52 καὶ ἀπέκτειναν τοὺς προκαταγγείλαντας περὶ τῆς ἐλεύσεως τοῦ δικαίου, οὗ νῦν ὑμεῖς **προδόται** καὶ φονεῖς ἐγένεσθε,
2Ti 3: 4 **προδόται** προπετεῖς τετυφωμένοι, φιλήδονοι μᾶλλον ἢ φιλόθεοι,

4596 πρόδρομος [1]

√ *4574 + 5556*

Heb 6:20 ὅπου **πρόδρομος** ὑπὲρ ἡμῶν εἰσῆλθεν Ἰησοῦς, κατὰ τὴν τάξιν Μελχισέδεκ ἀρχιερεὺς γενόμενος εἰς τὸν αἰῶνα.

4597 προεῖπον Not used in UBS/NIV

√ *4574 + 3306*

4598 προελπίζω [1]

√ *4574 + 1828*

Eph 1:12 εἰς τὸ εἶναι ἡμᾶς εἰς ἔπαινον δόξης αὐτοῦ τοὺς **προηλπικότας** ἐν τῷ Χριστῷ.

4599 προενάρχομαι [2]

√ *4574 + 1877 + 806*

2Co 8: 6 ἵνα καθὼς **προενήρξατο** οὕτως καὶ ἐπιτελέσῃ εἰς ὑμᾶς καὶ τὴν χάριν ταύτην.
8:10 οἵτινες οὐ μόνον τὸ ποιῆσαι ἀλλὰ καὶ τὸ θέλειν **προενήρξασθε** ἀπὸ πέρυσι·

4600 προεπαγγέλλω [2]

√ *4574 + 2093 + 34*

Ro 1: 2 ὃ **προεπηγγείλατο** διὰ τῶν προφητῶν αὐτοῦ ἐν γραφαῖς ἁγίαις
2Co 9: 5 ἵνα προέλθωσιν εἰς ὑμᾶς καὶ προκαταρτίσωσιν τὴν **προεπηγγελμένην** εὐλογίαν ὑμῶν,

4601 προέρχομαι [9]

√ *4574 + 2262*

Mt 26:39 καὶ **προελθὼν** μικρὸν ἔπεσεν ἐπὶ πρόσωπον αὐτοῦ προσευχόμενος καὶ λέγων,
Mk 6:33 καὶ εἶδον αὐτοὺς ὑπάγοντας καὶ ἐπέγνωσαν πολλοὶ καὶ πεζῇ ἀπὸ πασῶν τῶν πόλεων συνέδραμον ἐκεῖ καὶ **προῆλθον** αὐτούς.
14:35 καὶ **προελθὼν** μικρὸν ἔπιπτεν ἐπὶ τῆς γῆς καὶ προσηύχετο ἵνα εἰ δυνατόν ἐστιν παρέλθῃ ἀπ᾽ αὐτοῦ ἡ ὥρα,
Lk 1:17 καὶ αὐτὸς **προελεύσεται** ἐνώπιον αὐτοῦ ἐν πνεύματι καὶ δυνάμει Ἠλίου,
22:47 καὶ ὁ λεγόμενος Ἰούδας εἷς τῶν δώδεκα **προήρχετο** αὐτοὺς καὶ ἤγγισεν τῷ Ἰησοῦ φιλῆσαι αὐτόν.
Ac 12:10 ἥτις αὐτομάτη ἠνοίγη αὐτοῖς καὶ ἐξελθόντες **προῆλθον** ῥύμην μίαν,
20: 5 οὗτοι δὲ **προελθόντες** ἔμενον ἡμᾶς ἐν Τρῳάδι,
20:13 Ἡμεῖς δὲ **προελθόντες** ἐπὶ τὸ πλοῖον ἀνήχθημεν ἐπὶ τὴν Ἄσσον ἐκεῖθεν μέλλοντες ἀναλαμβάνειν τὸν Παῦλον·
2Co 9: 5 ἵνα **προέλθωσιν** εἰς ὑμᾶς καὶ προκαταρτίσωσιν τὴν προεπηγγελμένην εὐλογίαν ὑμῶν,

4602 προετοιμάζω [2]

√ 4574 + 2289

Ro 9:23 καὶ ἵνα γνωρίσῃ τὸν πλοῦτον τῆς δόξης αὐτοῦ ἐπὶ σκεύη ἐλέους ἃ **προητοίμασεν** εἰς δόξαν;
Eph 2:10 κτισθέντες ἐν Χριστῷ Ἰησοῦ ἐπὶ ἔργοις ἀγαθοῖς οἷς **προητοίμασεν** ὁ θεός,

4603 προευαγγελίζομαι [1]

√ 4574 + 2292 + 34

Gal 3: 8 **προευηγγελίσατο** τῷ Ἀβραὰμ ὅτι Ἐνευλογηθήσονται ἐν σοὶ πάντα τὰ ἔθνη·

4604 προέχω [1]

√ 4574 + 2400

Ro 3: 9 **προεχόμεθα;** οὐ πάντως· προῃτιασάμεθα γὰρ Ἰουδαίους τε καὶ Ἕλληνας πάντας ὑφ' ἁμαρτίαν εἶναι,

4605 προηγέομαι [1]

√ 4574 + 72

Ro 12:10 τῇ φιλαδελφίᾳ εἰς ἀλλήλους φιλόστοργοι, τῇ τιμῇ ἀλλήλους **προηγούμενοι,**

4606 πρόθεσις [12]

√ 4574 + 5502

τοὺς ἄρτους τῆς προθέσεως [3] Mt 12:4; Mk 2:26; Lk 6:4
πρόθεσις ἄρτων [1] Heb 9:2

Mt 12: 4 πῶς εἰσῆλθεν εἰς τὸν οἶκον τοῦ θεοῦ καὶ τοὺς ἄρτους τῆς **προθέσεως** ἔφαγον,
Mk 2:26 πῶς εἰσῆλθεν εἰς τὸν οἶκον τοῦ θεοῦ ἐπὶ Ἀβιαθὰρ ἀρχιερέως καὶ τοὺς ἄρτους τῆς **προθέσεως** ἔφαγεν,
Lk 6: 4 [ὡς] εἰσῆλθεν εἰς τὸν οἶκον τοῦ θεοῦ καὶ τοὺς ἄρτους τῆς **προθέσεως** λαβὼν ἔφαγεν καὶ ἔδωκεν τοῖς μετ' αὐτοῦ,
Ac 11:23 ἐχάρη καὶ παρεκάλει πάντας τῇ **προθέσει** τῆς καρδίας προσμένειν τῷ κυρίῳ,
27:13 Ὑποπνεύσαντος δὲ νότου δόξαντες τῆς **προθέσεως** κεκρατηκέναι, ἄραντες ἆσσον παρελέγοντο τὴν Κρήτην.
Ro 8:28 οἴδαμεν δὲ ὅτι τοῖς ἀγαπῶσιν τὸν θεὸν πάντα συνεργεῖ εἰς ἀγαθόν, τοῖς κατὰ **πρόθεσιν** κλητοῖς οὖσιν.
9:11 ἵνα ἡ κατ' ἐκλογὴν **πρόθεσις** τοῦ θεοῦ μένῃ,
Eph 1:11 ἐν ᾧ καὶ ἐκληρώθημεν προορισθέντες κατὰ **πρόθεσιν** τοῦ τὰ πάντα ἐνεργοῦντος κατὰ τὴν βουλὴν τοῦ θελήματος αὐτοῦ
3:11 κατὰ **πρόθεσιν** τῶν αἰώνων ἣν ἐποίησεν ἐν τῷ Χριστῷ Ἰησοῦ τῷ κυρίῳ ἡμῶν,
2Ti 1: 9 οὐ κατὰ τὰ ἔργα ἡμῶν ἀλλὰ κατὰ ἰδίαν **πρόθεσιν** καὶ χάριν,
3:10 τῇ **προθέσει,** τῇ πίστει, τῇ μακροθυμίᾳ, τῇ ἀγάπῃ,
Heb 9: 2 σκηνὴ γὰρ κατεσκευάσθη ἡ πρώτη ἐν ᾗ ἥ τε λυχνία καὶ ἡ τράπεζα καὶ ἡ **πρόθεσις** τῶν ἄρτων,

4607 προθεσμία [1]

√ 4574 + 5502

Gal 4: 2 ἀλλὰ ὑπὸ ἐπιτρόπους ἐστὶν καὶ οἰκονόμους ἄχρι τῆς **προθεσμίας** τοῦ πατρός.

4608 προθυμία [5]

√ 4574 + 2596

Ac 17:11 οἵτινες ἐδέξαντο τὸν λόγον μετὰ πάσης **προθυμίας** καθ' ἡμέραν ἀνακρίνοντες τὰς γραφὰς εἰ ἔχοι ταῦτα οὕτως.
2Co 8:11 νυνὶ δὲ καὶ τὸ ποιῆσαι ἐπιτελέσατε, ὅπως καθάπερ ἡ **προθυμία** τοῦ θέλειν,
8:12 εἰ γὰρ ἡ **προθυμία** πρόκειται, καθὸ ἐὰν ἔχῃ εὐπρόσδεκτος,
8:19 ἀλλὰ καὶ χειροτονηθεὶς ὑπὸ τῶν ἐκκλησιῶν συνέκδημος ἡμῶν σὺν τῇ χάριτι ταύτῃ τῇ διακονουμένῃ ὑφ' ἡμῶν πρὸς τὴν [αὐτοῦ] τοῦ κυρίου δόξαν καὶ **προθυμίαν** ἡμῶν,
9: 2 οἶδα γὰρ τὴν **προθυμίαν** ὑμῶν ἣν ὑπὲρ ὑμῶν καυχῶμαι Μακεδόσιν,

4609 πρόθυμος [3]

√ 4574 + 2596

Mt 26:41 τὸ μὲν πνεῦμα **πρόθυμον** ἡ δὲ σὰρξ ἀσθενής.
Mk 14:38 τὸ μὲν πνεῦμα **πρόθυμον** ἡ δὲ σὰρξ ἀσθενής.
Ro 1:15 οὕτως τὸ κατ' ἐμὲ **πρόθυμον** καὶ ὑμῖν τοῖς ἐν Ῥώμῃ εὐαγγελίσασθαι.

4610 προθύμως [1]

√ 4574 + 2596

1Pe 5: 2 ποιμάνατε τὸ ἐν ὑμῖν ποίμνιον τοῦ θεοῦ [ἐπισκοποῦντες] μὴ ἀναγκαστῶς ἀλλὰ ἑκουσίως κατὰ θεόν, μηδὲ αἰσχροκερδῶς ἀλλὰ **προθύμως,**

4611 πρόϊμος [1]

√ 4574

Jas 5: 7 ἰδοὺ ὁ γεωργὸς ἐκδέχεται τὸν τίμιον καρπὸν τῆς γῆς μακροθυμῶν ἐπ' αὐτῷ ἕως λάβῃ **πρόϊμον** καὶ ὄψιμον.

4612 πρωϊνός Not used in UBS/NIV

√ 4574

4613 προΐστημι [8]

√ 4574 + 2705

Ro 12: 8 ὁ **προϊστάμενος** ἐν σπουδῇ, ὁ ἐλεῶν ἐν ἱλαρότητι.
1Th 5:12 εἰδέναι τοὺς κοπιῶντας ἐν ὑμῖν καὶ **προϊσταμένους** ὑμῶν ἐν κυρίῳ καὶ νουθετοῦντας ὑμᾶς
1Ti 3: 4 τοῦ ἰδίου οἴκου καλῶς **προϊστάμενον,** τέκνα ἔχοντα ἐν ὑποταγῇ,
3: 5 (εἰ δέ τις τοῦ ἰδίου οἴκου **προστῆναι** οὐκ οἶδεν,
3:12 διάκονοι ἔστωσαν μιᾶς γυναικὸς ἄνδρες, τέκνων καλῶς **προϊστάμενοι** καὶ τῶν ἰδίων οἴκων.
5:17 Οἱ καλῶς **προεστῶτες** πρεσβύτεροι διπλῆς τιμῆς ἀξιούσθωσαν, μάλιστα οἱ κοπιῶντες ἐν λόγῳ καὶ διδασκαλίᾳ.
Tit 3: 8 ἵνα φροντίζωσιν καλῶν ἔργων **προΐστασθαι** οἱ πεπιστευκότες θεῷ·
3:14 μανθανέτωσαν δὲ καὶ οἱ ἡμέτεροι καλῶν ἔργων **προΐστασθαι** εἰς τὰς ἀναγκαίας χρείας,

4614 προκαλέω [1]

√ 4574 + 2813

Gal 5:26 μὴ γινώμεθα κενόδοξοι, ἀλλήλους **προκαλούμενοι,** ἀλλήλοις φθονοῦντες.

4615 προκαταγγέλλω [2]

√ 4574 + 2848 + 34

Ac 3:18 ἃ **προκατήγγειλεν** διὰ στόματος πάντων τῶν προφητῶν παθεῖν τὸν Χριστὸν αὐτοῦ,
7:52 καὶ ἀπέκτειναν τοὺς **προκαταγγείλαντας** περὶ τῆς ἐλεύσεως τοῦ δικαίου,

4616 προκαταρτίζω [1]

√ 4574 + 2848 + 785

2Co 9: 5 ἵνα προέλθωσιν εἰς ὑμᾶς καὶ **προκαταρτίσωσιν** τὴν προεπηγγελμένην εὐλογίαν ὑμῶν,

4617 προκατέχω Not used in UBS/NIV

√ 4574 + 2848 + 2400

4618 πρόκειμαι [5]

√ 4574 + 3023

2Co 8:12 εἰ γὰρ ἡ προθυμία **πρόκειται,** καθὸ ἐὰν ἔχῃ εὐπρόσδεκτος,
Heb 6:18 ἰσχυρὰν παράκλησιν ἔχωμεν οἱ καταφυγόντες κρατῆσαι τῆς **προκειμένης** ἐλπίδος·
12: 1 ὄγκον ἀποθέμενοι πάντα καὶ τὴν εὐπερίστατον ἁμαρτίαν, δι' ὑπομονῆς τρέχωμεν τὸν **προκείμενον** ἡμῖν ἀγῶνα

12: 2 ὃς ἀντὶ τῆς **προκειμένης** αὐτῷ χαρᾶς ὑπέμεινεν σταυρὸν αἰσχύνης καταφρονήσας ἐν δεξιᾷ τε τοῦ θρόνου τοῦ θεοῦ κεκάθικεν.
Jude 1: 7 ἐκπορνεύσασαι καὶ ἀπελθοῦσαι ὀπίσω σαρκὸς ἑτέρας, **πρόκεινται** δεῖγμα πυρὸς αἰωνίου δίκην ὑπέχουσαι.

4619 προκηρύσσω [1]

√ *4574 + 3061*

Ac 13:24 **προκηρύξαντος** Ἰωάννου πρὸ προσώπου τῆς εἰσόδου αὐτοῦ βάπτισμα μετανοίας παντὶ τῷ λαῷ Ἰσραήλ.

4620 προκοπή [3]

√ *4574 + 3164*

Php 1:12 ὅτι τὰ κατ᾿ ἐμὲ μᾶλλον εἰς **προκοπὴν** τοῦ εὐαγγελίου ἐλήλυθεν,
1:25 καὶ τοῦτο πεποιθὼς οἶδα ὅτι μενῶ καὶ παραμενῶ πᾶσιν ὑμῖν εἰς τὴν ὑμῶν **προκοπὴν** καὶ χαρὰν τῆς πίστεως,
1Ti 4:15 ἐν τούτοις ἴσθι, ἵνα σου ἡ **προκοπὴ** φανερὰ ᾖ πᾶσιν.

4621 προκόπτω [6]

√ *4574 + 3164*

Lk 2:52 Καὶ Ἰησοῦς **προέκοπτεν** [ἐν τῇ] σοφίᾳ καὶ ἡλικίᾳ καὶ χάριτι παρὰ θεῷ καὶ ἀνθρώποις.
Ro 13:12 ἡ νὺξ **προέκοψεν,** ἡ δὲ ἡμέρα ἤγγικεν. ἀποθώμεθα οὖν τὰ ἔργα τοῦ σκότους,
Gal 1:14 καὶ **προέκοπτον** ἐν τῷ Ἰουδαϊσμῷ ὑπὲρ πολλοὺς συνηλικιώτας ἐν τῷ γένει μου,
2Ti 2:16 τὰς δὲ βεβήλους κενοφωνίας περιΐστασο· ἐπὶ πλεῖον γὰρ **προκόψουσιν** ἀσεβείας
3: 9 ἀλλ᾿ οὐ **προκόψουσιν** ἐπὶ πλεῖον· ἡ γὰρ ἄνοια αὐτῶν ἔκδηλος ἔσται πᾶσιν,
3:13 πονηροὶ δὲ ἄνθρωποι καὶ γόητες **προκόψουσιν** ἐπὶ τὸ χεῖρον πλανῶντες καὶ πλανώμενοι.

4622 πρόκριμα [1]

√ *4574 + 3212*

1Ti 5:21 ἵνα ταῦτα φυλάξῃς χωρὶς **προκρίματος,** μηδὲν ποιῶν κατὰ πρόσκλισιν.

4623 προκυρόω [1]

√ *4574 + 3263*

Gal 3:17 διαθήκην **προκεκυρωμένην** ὑπὸ τοῦ θεοῦ ὁ μετὰ τετρακόσια καὶ τριάκοντα ἔτη γεγονὼς νόμος οὐκ ἀκυροῖ εἰς τὸ καταργῆσαι τὴν ἐπαγγελίαν.

4624 προλαμβάνω [3]

√ *4574 + 3284*

Mk 14: 8 **προέλαβεν** μυρίσαι τὸ σῶμά μου εἰς τὸν ἐνταφιασμόν.
1Co 11:21 ἕκαστος γὰρ τὸ ἴδιον δεῖπνον **προλαμβάνει** ἐν τῷ φαγεῖν,
Gal 6: 1 Ἀδελφοί, ἐὰν καὶ **προλημφθῇ** ἄνθρωπος ἔν τινι παραπτώματι,

4625 προλέγω [15]

√ *4574 + 3306*

Mt 24:25 ἰδοὺ **προείρηκα** ὑμῖν.
Mk 13:23 ὑμεῖς δὲ βλέπετε· **προείρηκα** ὑμῖν πάντα.
Ac 1:16 ἔδει πληρωθῆναι τὴν γραφὴν ἣν **προεῖπεν** τὸ πνεῦμα τὸ ἅγιον διὰ στόματος Δαυὶδ περὶ Ἰούδα τοῦ γενομένου ὁδηγοῦ τοῖς συλλαβοῦσιν Ἰησοῦν,
Ro 9:29 καὶ καθὼς **προείρηκεν** Ἠσαΐας, Εἰ μὴ κύριος Σαβαὼθ ἐγκατέλιπεν ἡμῖν σπέρμα,
2Co 7: 3 **προείρηκα** γὰρ ὅτι ἐν ταῖς καρδίαις ἡμῶν ἐστε εἰς τὸ συναποθανεῖν καὶ συζῆν.
13: 2 **προείρηκα** καὶ **προλέγω,** ὡς παρὼν τὸ δεύτερον καὶ ἀπὼν νῦν,
Gal 1: 9 ὡς **προειρήκαμεν** καὶ ἄρτι πάλιν λέγω, εἴ τις ὑμᾶς εὐαγγελίζεται παρ᾿ ὃ παρελάβετε,
5:21 ἃ **προλέγω** ὑμῖν καθὼς **προεῖπον** ὅτι οἱ τὰ τοιαῦτα πράσσοντες βασιλείαν θεοῦ οὐ κληρονομήσουσιν.
1Th 3: 4 **προελέγομεν** ὑμῖν ὅτι μέλλομεν θλίβεσθαι, καθὼς καὶ ἐγένετο καὶ οἴδατε.
4: 6 διότι ἔκδικος κύριος περὶ πάντων τούτων, καθὼς καὶ **προείπαμεν** ὑμῖν καὶ διεμαρτυράμεθα.
Heb 4: 7 καθὼς **προείρηται,** Σήμερον ἐὰν τῆς φωνῆς αὐτοῦ ἀκούσητε,
2Pe 3: 2 μνησθῆναι τῶν **προειρημένων** ῥημάτων ὑπὸ τῶν ἁγίων προφητῶν καὶ τῆς τῶν ἀποστόλων ὑμῶν ἐντολῆς τοῦ κυρίου
Jude 1:17 μνήσθητε τῶν ῥημάτων τῶν **προειρημένων** ὑπὸ τῶν ἀποστόλων τοῦ κυρίου ἡμῶν Ἰησοῦ Χριστοῦ

4626 προμαρτύρομαι [1]

√ *4574 + 3459*

1Pe 1:11 ἐραυνῶντες εἰς τίνα ἢ ποῖον καιρὸν ἐδήλου τὸ ἐν αὐτοῖς πνεῦμα Χριστοῦ **προμαρτυρόμενον** τὰ εἰς Χριστὸν παθήματα

4627 προμελετάω [1]

√ *4574 + 3508*

Lk 21:14 θέτε οὖν ἐν ταῖς καρδίαις ὑμῶν μὴ **προμελετᾶν** ἀπολογηθῆναι·

4628 προμεριμνάω [1]

√ *4574 + 3533*

Mk 13:11 καὶ ὅταν ἄγωσιν ὑμᾶς παραδιδόντες, μὴ **προμεριμνᾶτε** τί λαλήσητε,

4629 προνοέω [3]

√ *4574 + 3808*

Ro 12:17 μηδενὶ κακὸν ἀντὶ κακοῦ ἀποδιδόντες, **προνοούμενοι** καλὰ ἐνώπιον πάντων ἀνθρώπων·
2Co 8:21 **προνοοῦμεν** γὰρ καλὰ οὐ μόνον ἐνώπιον κυρίου ἀλλὰ καὶ ἐνώπιον ἀνθρώπων.
1Ti 5: 8 εἰ δέ τις τῶν ἰδίων καὶ μάλιστα οἰκείων οὐ **προνοεῖ,**

4630 πρόνοια [2]

√ *4574 + 3808*

Ac 24: 2 Πολλῆς εἰρήνης τυγχάνοντες διὰ σοῦ καὶ διορθωμάτων γινομένων τῷ ἔθνει τούτῳ διὰ τῆς σῆς **προνοίας,**
Ro 13:14 ἀλλὰ ἐνδύσασθε τὸν κύριον Ἰησοῦν Χριστὸν καὶ τῆς σαρκὸς **πρόνοιαν** μὴ ποιεῖσθε εἰς ἐπιθυμίας.

4631 πρόοιδα Not used in UBS/NIV

√ *4574 + 3857*

4632 προοράω [4]

√ *4574 + 3972*

Ac 2:25 Δαυὶδ γὰρ λέγει εἰς αὐτόν, **Προορώμην** τὸν κύριον ἐνώπιόν μου διὰ παντός,
2:31 **προϊδὼν** ἐλάλησεν περὶ τῆς ἀναστάσεως τοῦ Χριστοῦ ὅτι οὔτε ἐγκατελείφθη εἰς ᾅδην οὔτε ἡ σὰρξ αὐτοῦ εἶδεν διαφθοράν.
21:29 ἦσαν γὰρ **προεωρακότες** Τρόφιμον τὸν Ἐφέσιον ἐν τῇ πόλει σὺν αὐτῷ,
Gal 3: 8 **προϊδοῦσα** δὲ ἡ γραφὴ ὅτι ἐκ πίστεως δικαιοῖ τὰ ἔθνη ὁ θεός,

4633 προορίζω [6]

√ *4574 + 4000*

Ac 4:28 ποιῆσαι ὅσα ἡ χείρ σου καὶ ἡ βουλὴ [σου] **προώρισεν** γενέσθαι.
Ro 8:29 καὶ **προώρισεν** συμμόρφους τῆς εἰκόνος τοῦ υἱοῦ αὐτοῦ,
8:30 οὓς δὲ **προώρισεν,** τούτους καὶ ἐκάλεσεν· καὶ οὓς ἐκάλεσεν,
1Co 2: 7 ἣν **προώρισεν** ὁ θεὸς πρὸ τῶν αἰώνων εἰς δόξαν ἡμῶν,
Eph 1: 5 **προορίσας** ἡμᾶς εἰς υἱοθεσίαν διὰ Ἰησοῦ Χριστοῦ εἰς αὐτόν,
1:11 ἐν ᾧ καὶ ἐκληρώθημεν **προορισθέντες** κατὰ πρόθεσιν τοῦ τὰ πάντα ἐνεργοῦντος κατὰ τὴν βουλὴν τοῦ θελήματος αὐτοῦ

4634 προπάσχω [1]

√ *4574 + 4248*

1Th 2: 2 ἀλλὰ **προπαθόντες** καὶ ὑβρισθέντες, καθὼς οἴδατε, ἐν Φιλίπποις ἐπαρρησιασάμεθα ἐν τῷ θεῷ ἡμῶν

4635 προπάτωρ [1]

√ *4574 + 4252*

Ro 4: 1 Τί οὖν ἐροῦμεν εὑρηκέναι Ἀβραὰμ τὸν **προπάτορα** ἡμῶν κατὰ σάρκα;

4636 προπέμπω [9]

√ *4574 + 4287*

Ac 15: 3 Οἱ μὲν οὖν **προπεμφθέντες** ὑπὸ τῆς ἐκκλησίας διήρχοντο τήν τε Φοινίκην καὶ Σαμάρειαν ἐκδιηγούμενοι τὴν ἐπιστροφὴν τῶν ἐθνῶν καὶ ἐποίουν χαρὰν μεγάλην πᾶσιν τοῖς ἀδελφοῖς.
20:38 ὅτι οὐκέτι μέλλουσιν τὸ πρόσωπον αὐτοῦ θεωρεῖν. **προέπεμπον** δὲ αὐτὸν εἰς τὸ πλοῖον.
21: 5 ἐξελθόντες ἐπορευόμεθα **προπεμπόντων** ἡμᾶς πάντων σὺν γυναιξὶ καὶ τέκνοις ἕως ἔξω τῆς πόλεως,
Ro 15:24 ἐλπίζω γὰρ διαπορευόμενος θεάσασθαι ὑμᾶς καὶ ὑφ' ὑμῶν **προπεμφθῆναι** ἐκεῖ ἐὰν ὑμῶν πρῶτον ἀπὸ μέρους ἐμπλησθῶ.
1Co 16: 6 πρὸς ὑμᾶς δὲ τυχὸν παραμενῶ ἢ καὶ παραχειμάσω, ἵνα ὑμεῖς με **προπέμψητε** οὗ ἐὰν πορεύωμαι.
16:11 **προπέμψατε** δὲ αὐτὸν ἐν εἰρήνῃ, ἵνα ἔλθῃ πρός με·
2Co 1:16 καὶ πάλιν ἀπὸ Μακεδονίας ἐλθεῖν πρὸς ὑμᾶς καὶ ὑφ' ὑμῶν **προπεμφθῆναι** εἰς τὴν Ἰουδαίαν.
Tit 3:13 Ζηνᾶν τὸν νομικὸν καὶ Ἀπολλῶν σπουδαίως **πρόπεμψον,** ἵνα μηδὲν αὐτοῖς λείπῃ.
3Jn 1: 6 οἳ ἐμαρτύρησάν σου τῇ ἀγάπῃ ἐνώπιον ἐκκλησίας, οὓς καλῶς ποιήσεις **προπέμψας** ἀξίως τοῦ θεοῦ·

4637 προπετής [2]

√ *4574 + 4406*

Ac 19:36 ἀναντιρρήτων οὖν ὄντων τούτων δέον ἐστὶν ὑμᾶς κατεσταλμένους ὑπάρχειν καὶ μηδὲν **προπετὲς** πράσσειν.
2Ti 3: 4 προδόται **προπετεῖς** τετυφωμένοι, φιλήδονοι μᾶλλον ἢ φιλόθεοι,

4638 προπορεύομαι [2]

√ *4574 + 4513*

Lk 1:76 προφήτης ὑψίστου κληθήσῃ· **προπορεύσῃ** γὰρ ἐνώπιον κυρίου ἑτοιμάσαι ὁδοὺς αὐτοῦ,
Ac 7:40 εἰπόντες τῷ Ἀαρών, Ποίησον ἡμῖν θεοὺς οἳ **προπορεύσονται** ἡμῶν·

4639 πρός [700 / 698] See Index of Articles, Etc.

→ *717, 718, 1869, 2347, 2348, 4641, 4642, 4643, 4644, 4645, 4646, 4647, 4648, 4649, 4650, 4651, 4652, 4653, 4654, 4655, 4656, 4657, 4658, 4659, 4660, 4661, 4662, 4663, 4664, 4665, 4666, 4667, 4668, 4669, 4670, 4671, 4672, 4673, 4674, 4675, 4676, 4677, 4678, 4679, 4680, 4681, 4682, 4683, 4684, 4685, 4688, 4689, 4690, 4691, 4692, 4693, 4694, 4695, 4696, 4697, 4698, 4699, 4700, 4701, 4702, 4703, 4704, 4705, 4707, 4708, 4709, 4712, 4713, 4714, 4715, 4716, 4717, 4718, 4725; cf. 4686*

πρὸς ὀλίγας ἡμέρας [1] Heb 12:10

πρός τὸ with infin. [12] Mt 5:28; 6:1; 13:30; 23:5; 26:12; Mk 13:22; Lk 18:1,1; Eph 6:11,11; 1Th 2:9; 2Th 3:8

πρόσωπον πρὸς πρόσωπον [1] 1Co 13:12

στόμα πρὸς στόμα [2] 2Jn 1:12; 3Jn 1:14

4640 προσάββατον [1]

√ *4574 + 4879*

Mk 15:42 Καὶ ἤδη ὀψίας γενομένης, ἐπεὶ ἦν παρασκευὴ ὅ ἐστιν **προσάββατον,**

4641 προσαγορεύω [1]

√ *4639 + 72*

Heb 5:10 **προσαγορευθεὶς** ὑπὸ τοῦ θεοῦ ἀρχιερεὺς κατὰ τὴν τάξιν Μελχισέδεκ.

4642 προσάγω [4]

√ *4639 + 72*

Lk 9:41 ἕως πότε ἔσομαι πρὸς ὑμᾶς καὶ ἀνέξομαι ὑμῶν; **προσάγαγε** ὧδε τὸν υἱόν σου.
Ac 16:20 καὶ **προσαγαγόντες** αὐτοὺς τοῖς στρατηγοῖς εἶπαν, Οὗτοι οἱ ἄνθρωποι ἐκταράσσουσιν ἡμῶν τὴν πόλιν,
27:27 κατὰ μέσον τῆς νυκτὸς ὑπενόουν οἱ ναῦται **προσάγειν** τινὰ αὐτοῖς χώραν.
1Pe 3:18 ἵνα ὑμᾶς **προσαγάγῃ** τῷ θεῷ θανατωθεὶς μὲν σαρκὶ ζῳοποιηθεὶς δὲ πνεύματι·

4643 προσαγωγή [3]

√ *4639 + 72*

Ro 5: 2 τὴν **προσαγωγὴν** ἐσχήκαμεν [τῇ πίστει] εἰς τὴν χάριν ταύτην ἐν ᾗ ἑστήκαμεν καὶ καυχώμεθα ἐπ' ἐλπίδι τῆς δόξης τοῦ θεοῦ.
Eph 2:18 ὅτι δι' αὐτοῦ ἔχομεν τὴν **προσαγωγὴν** οἱ ἀμφότεροι ἐν ἑνὶ πνεύματι πρὸς τὸν πατέρα.
3:12 ἐν ᾧ ἔχομεν τὴν παρρησίαν καὶ **προσαγωγὴν** ἐν πεποιθήσει διὰ τῆς πίστεως αὐτοῦ.

4644 προσαιτέω [1 / 2]

√ *4639 + 160*

Mk 10:46 ὁ υἱὸς Τιμαίου Βαρτιμαῖος, τυφλὸς ἐκάθητο παρὰ τὴν ὁδὸν **προσαιτῶν.**[NIV; UBS *4645*]
Jn 9: 8 καὶ οἱ θεωροῦντες αὐτὸν τὸ πρότερον ὅτι προσαίτης ἦν ἔλεγον, Οὐχ οὗτός ἐστιν ὁ καθήμενος καὶ **προσαιτῶν;**

4645 προσαίτης [2 / 1]

√ *4639 + 160*

Mk 10:46 καὶ ἐκπορευομένου αὐτοῦ ἀπὸ Ἰεριχὼ καὶ τῶν μαθητῶν αὐτοῦ καὶ ὄχλου ἱκανοῦ ὁ υἱὸς Τιμαίου Βαρτιμαῖος, τυφλὸς **προσαίτης,**[UBS; NIV *4644*] ἐκάθητο παρὰ τὴν ὁδόν.
Jn 9: 8 Οἱ οὖν γείτονες καὶ οἱ θεωροῦντες αὐτὸν τὸ πρότερον ὅτι **προσαίτης** ἦν ἔλεγον,

4646 προσαναβαίνω [1]

√ *4639 + 324 + 326*

Lk 14:10 ἵνα ὅταν ἔλθῃ ὁ κεκληκώς σε ἐρεῖ σοι, **Φίλε, προσανάβηθι** ἀνώτερον·

4647 προσαναλαμβάνω Not used in UBS/NIV

√ *4639 + 324 + 3284*

4648 προσαναλίσκω Not used in UBS/NIV

√ *4639 + 324 + 274*

4649 προσαναλόω [1 / 0]

√ *4639 + 324 + 274*

Lk 8:43 ἥτις [ἰατροῖς **προσαναλώσασα**[NIV-] ὅλον τὸν βίον] οὐκ ἴσχυσεν ἀπ' οὐδενὸς θεραπευθῆναι,

4650 προσαναπληρόω [2]

√ *4639 + 324 + 4444*

2Co 9:12 ὅτι ἡ διακονία τῆς λειτουργίας ταύτης οὐ μόνον ἐστὶν **προσαναπληροῦσα** τὰ ὑστερήματα τῶν ἁγίων,
11: 9 τὸ γὰρ ὑστέρημά μου **προσανεπλήρωσαν** οἱ ἀδελφοὶ ἐλθόντες ἀπὸ Μακεδονίας,

4651 προσανατίθημι [2]

√ *4639 + 324 + 5502*

Gal 1:16 ἵνα εὐαγγελίζωμαι αὐτὸν ἐν τοῖς ἔθνεσιν, εὐθέως οὐ **προσανεθέμην** σαρκὶ καὶ αἵματι
2: 6 πρόσωπον [ὁ] θεὸς ἀνθρώπου οὐ λαμβάνει– ἐμοὶ γὰρ οἱ δοκοῦντες οὐδὲν **προσανέθεντο,**

4652 προσανέχω Not used in UBS/NIV

√ *4639 + 324 + 2400*

4653 προσαπειλέω [1]

√ *4639 + 581*

Ac 4:21 οἱ δὲ **προσαπειλησάμενοι** ἀπέλυσαν αὐτούς, μηδὲν εὑρίσκοντες τὸ πῶς κολάσωνται αὐτούς,

4654 προσαχέω Not used in UBS/NIV

√ *4639 + 2491*

4655 προσδαπανάω [1]

√ *4639 + 1252*

Lk 10:35 καὶ ὅ τι ἂν **προσδαπανήσῃς** ἐγὼ ἐν τῷ ἐπανέρχεσθαί με ἀποδώσω σοι.

4656 προσδέομαι [1]

√ *4639 + 1289*

Ac 17:25 οὐδὲ ὑπὸ χειρῶν ἀνθρωπίνων θεραπεύεται **προσδεόμενός** τινος, αὐτὸς διδοὺς πᾶσι ζωὴν καὶ πνοὴν καὶ τὰ πάντα·

4657 προσδέχομαι [14]

√ *4639 + 1312*

Mk 15:43 ὃς καὶ αὐτὸς ἦν **προσδεχόμενος** τὴν βασιλείαν τοῦ θεοῦ,
Lk 2:25 ἐν Ἰερουσαλὴμ ᾧ ὄνομα Συμεὼν καὶ ὁ ἄνθρωπος οὗτος δίκαιος καὶ εὐλαβὴς **προσδεχόμενος** παράκλησιν τοῦ Ἰσραήλ,
2:38 καὶ αὐτῇ τῇ ὥρᾳ ἐπιστᾶσα ἀνθωμολογεῖτο τῷ θεῷ καὶ ἐλάλει περὶ αὐτοῦ πᾶσιν τοῖς **προσδεχομένοις** λύτρωσιν Ἰερουσαλήμ.
12:36 καὶ ὑμεῖς ὅμοιοι ἀνθρώποις **προσδεχομένοις** τὸν κύριον ἑαυτῶν πότε ἀναλύσῃ ἐκ τῶν γάμων,
15:2 καὶ διεγόγγυζον οἵ τε Φαρισαῖοι καὶ οἱ γραμματεῖς λέγοντες ὅτι Οὗτος ἁμαρτωλοὺς **προσδέχεται** καὶ συνεσθίει αὐτοῖς.
23:51 ἀπὸ Ἁριμαθαίας πόλεως τῶν Ἰουδαίων, ὃς **προσεδέχετο** τὴν βασιλείαν τοῦ θεοῦ,
Ac 23:21 καὶ νῦν εἰσιν ἕτοιμοι **προσδεχόμενοι** τὴν ἀπὸ σοῦ ἐπαγγελίαν.
24:15 ἐλπίδα ἔχων εἰς τὸν θεὸν ἣν καὶ αὐτοὶ οὗτοι **προσδέχονται,**
Ro 16:2 ἵνα αὐτὴν **προσδέξησθε** ἐν κυρίῳ ἀξίως τῶν ἁγίων καὶ παραστῆτε αὐτῇ ἐν ᾧ ἂν ὑμῶν χρῄζῃ πράγματι·
Php 2:29 **προσδέχεσθε** οὖν αὐτὸν ἐν κυρίῳ μετὰ πάσης χαρᾶς καὶ τοὺς τοιούτους ἐντίμους ἔχετε,
Tit 2:13 **προσδεχόμενοι** τὴν μακαρίαν ἐλπίδα καὶ ἐπιφάνειαν τῆς δόξης τοῦ μεγάλου θεοῦ καὶ σωτῆρος ἡμῶν Ἰησοῦ Χριστοῦ,
Heb 10:34 καὶ γὰρ τοῖς δεσμίοις συνεπαθήσατε καὶ τὴν ἁρπαγὴν τῶν ὑπαρχόντων ὑμῶν μετὰ χαρᾶς **προσεδέξασθε** γινώσκοντες ἔχειν ἑαυτοὺς κρείττονα ὕπαρξιν καὶ μένουσαν.
11:35 ἄλλοι δὲ ἐτυμπανίσθησαν οὐ **προσδεξάμενοι** τὴν ἀπολύτρωσιν, ἵνα κρείττονος ἀναστάσεως τύχωσιν·
Jude 1:21 ἑαυτοὺς ἐν ἀγάπῃ θεοῦ τηρήσατε **προσδεχόμενοι** τὸ ἔλεος τοῦ κυρίου ἡμῶν Ἰησοῦ Χριστοῦ εἰς ζωὴν αἰώνιον.

4658 προσδίδωμι Not used in UBS/NIV

√ *4639 + 1443*

4659 προσδοκάω [16]

√ *4639 + 1506*

Mt 11:3 εἶπεν αὐτῷ, Σὺ εἶ ὁ ἐρχόμενος ἢ ἕτερον **προσδοκῶμεν;**
24:50 ἥξει ὁ κύριος τοῦ δούλου ἐκείνου ἐν ἡμέρᾳ ᾗ οὐ **προσδοκᾷ** καὶ ἐν ὥρᾳ ᾗ οὐ γινώσκει,
Lk 1:21 Καὶ ἦν ὁ λαὸς **προσδοκῶν** τὸν Ζαχαρίαν καὶ ἐθαύμαζον ἐν τῷ χρονίζειν ἐν τῷ ναῷ αὐτόν.
3:15 **Προσδοκῶντος** δὲ τοῦ λαοῦ καὶ διαλογιζομένων πάντων ἐν ταῖς καρδίαις αὐτῶν περὶ τοῦ Ἰωάννου,
7:19 ἔπεμψεν πρὸς τὸν κύριον λέγων, Σὺ εἶ ὁ ἐρχόμενος ἢ ἄλλον **προσδοκῶμεν;**
7:20 Ἰωάννης ὁ βαπτιστὴς ἀπέστειλεν ἡμᾶς πρὸς σὲ λέγων, Σὺ εἶ ὁ ἐρχόμενος ἢ ἄλλον **προσδοκῶμεν;**
8:40 Ἐν δὲ τῷ ὑποστρέφειν τὸν Ἰησοῦν ἀπεδέξατο αὐτὸν ὁ ὄχλος· ἦσαν γὰρ πάντες **προσδοκῶντες** αὐτόν.
12:46 ἥξει ὁ κύριος τοῦ δούλου ἐκείνου ἐν ἡμέρᾳ ᾗ οὐ **προσδοκᾷ** καὶ ἐν ὥρᾳ ᾗ οὐ γινώσκει,
Ac 3:5 ὁ δὲ ἐπεῖχεν αὐτοῖς **προσδοκῶν** τι παρ᾽ αὐτῶν λαβεῖν.
10:24 ὁ δὲ Κορνήλιος ἦν **προσδοκῶν** αὐτοὺς συγκαλεσάμενος τοὺς συγγενεῖς αὐτοῦ καὶ τοὺς ἀναγκαίους φίλους.
27:33 Τεσσαρεσκαιδεκάτην σήμερον ἡμέραν **προσδοκῶντες** ἄσιτοι διατελεῖτε μηθὲν προσλαβόμενοι.
28:6 οἱ δὲ **προσεδόκων** αὐτὸν μέλλειν πίμπρασθαι ἢ καταπίπτειν ἄφνω νεκρόν. ἐπὶ πολὺ δὲ αὐτῶν **προσδοκώντων** καὶ θεωρούντων μηδὲν ἄτοπον εἰς αὐτὸν γινόμενον μεταβαλόμενοι ἔλεγον αὐτὸν εἶναι θεόν.
2Pe 3:12 **προσδοκῶντας** καὶ σπεύδοντας τὴν παρουσίαν τῆς τοῦ θεοῦ ἡμέρας δι᾽ ἣν οὐρανοὶ πυρούμενοι λυθήσονται
3:13 καινοὺς δὲ οὐρανοὺς καὶ γῆν καινὴν κατὰ τὸ ἐπάγγελμα αὐτοῦ **προσδοκῶμεν,**
3:14 ταῦτα **προσδοκῶντες** σπουδάσατε ἄσπιλοι καὶ ἀμώμητοι αὐτῷ εὑρεθῆναι ἐν εἰρήνῃ

4660 προσδοκία [2]

√ *4639 + 1506*

Lk 21:26 ἀποψυχόντων ἀνθρώπων ἀπὸ φόβου καὶ **προσδοκίας** τῶν ἐπερχομένων τῇ οἰκουμένῃ,
Ac 12:11 Νῦν οἶδα ἀληθῶς ὅτι ἐξαπέστειλεν [ὁ] κύριος τὸν ἄγγελον αὐτοῦ καὶ ἐξείλατό με ἐκ χειρὸς Ἡρῴδου καὶ πάσης τῆς **προσδοκίας** τοῦ λαοῦ τῶν Ἰουδαίων.

4661 προσεάω [1]

√ *4639 + 1572*

Ac 27:7 μὴ **προσεῶντος** ἡμᾶς τοῦ ἀνέμου ὑπεπλεύσαμεν τὴν Κρήτην κατὰ Σαλμώνην,

4662 προσεγγίζω Not used in UBS/NIV

√ *4639 + 1584*

4663 προσεδρεύω Not used in UBS/NIV

√ *4639 + 1612*

4664 προσεργάζομαι [1]

√ *4639 + 2240*

Lk 19:16 παρεγένετο δὲ ὁ πρῶτος λέγων, Κύριε, ἡ μνᾶ σου δέκα **προσηργάσατο** μνᾶς.

4665 προσέρχομαι [86]

√ *4639 + 2262*

προσέρχομαι τῷ θεῷ [2] Heb 7:25; 11:6

Mt 4:3 Καὶ **προσελθὼν** ὁ πειράζων εἶπεν αὐτῷ, Εἰ υἱὸς εἶ τοῦ θεοῦ,
4:11 Τότε ἀφίησιν αὐτὸν ὁ διάβολος, καὶ ἰδοὺ ἄγγελοι **προσῆλθον** καὶ διηκόνουν αὐτῷ.
5:1 καὶ καθίσαντος αὐτοῦ **προσῆλθαν** αὐτῷ οἱ μαθηταὶ αὐτοῦ·
8:2 καὶ ἰδοὺ λεπρὸς **προσελθὼν** προσεκύνει αὐτῷ λέγων, Κύριε,
8:5 Εἰσελθόντος δὲ αὐτοῦ εἰς Καφαρναοὺμ **προσῆλθεν** αὐτῷ ἑκατόνταρχος παρακαλῶν αὐτὸν
8:19 καὶ **προσελθὼν** εἷς γραμματεὺς εἶπεν αὐτῷ, Διδάσκαλε, ἀκολουθήσω σοι ὅπου ἐὰν ἀπέρχῃ.
8:25 καὶ **προσελθόντες** ἤγειραν αὐτὸν λέγοντες, Κύριε, σῶσον, ἀπολλύμεθα.
9:14 Τότε **προσέρχονται** αὐτῷ οἱ μαθηταὶ Ἰωάννου λέγοντες, Διὰ τί ἡμεῖς καὶ οἱ Φαρισαῖοι νηστεύομεν [πολλά,]
9:20 Καὶ ἰδοὺ γυνὴ αἱμορροοῦσα δώδεκα ἔτη **προσελθοῦσα** ὄπισθεν ἥψατο τοῦ κρασπέδου τοῦ ἱματίου αὐτοῦ·
9:28 ἐλθόντι δὲ εἰς τὴν οἰκίαν **προσῆλθον** αὐτῷ οἱ τυφλοί,
13:10 Καὶ **προσελθόντες** οἱ μαθηταὶ εἶπαν αὐτῷ, Διὰ τί ἐν παραβολαῖς λαλεῖς αὐτοῖς;
13:27 **προσελθόντες** δὲ οἱ δοῦλοι τοῦ οἰκοδεσπότου εἶπον αὐτῷ,
13:36 καὶ **προσῆλθον** αὐτῷ οἱ μαθηταὶ αὐτοῦ λέγοντες, Διασάφησον ἡμῖν τὴν παραβολὴν τῶν ζιζανίων τοῦ ἀγροῦ.
14:12 καὶ **προσελθόντες** οἱ μαθηταὶ αὐτοῦ ἦραν τὸ πτῶμα καὶ ἔθαψαν αὐτό[ν]
14:15 ὀψίας δὲ γενομένης **προσῆλθον** αὐτῷ οἱ μαθηταὶ λέγοντες,

15: 1 Τότε **προσέρχονται** τῷ Ἰησοῦ ἀπὸ Ἱεροσολύμων Φαρισαῖοι καὶ γραμματεῖς λέγοντες,
15:12 Τότε **προσελθόντες** οἱ μαθηταὶ λέγουσιν αὐτῷ, Οἶδας ὅτι οἱ Φαρισαῖοι ἀκούσαντες τὸν λόγον ἐσκανδαλίσθησαν;
15:23 καὶ **προσελθόντες** οἱ μαθηταὶ αὐτοῦ ἠρώτουν αὐτὸν λέγοντες,
15:30 καὶ **προσῆλθον** αὐτῷ ὄχλοι πολλοὶ ἔχοντες μεθ' ἑαυτῶν χωλούς,
16: 1 Καὶ **προσελθόντες** οἱ Φαρισαῖοι καὶ Σαδδουκαῖοι πειράζοντες ἐπηρώτησαν αὐτὸν σημεῖον ἐκ τοῦ οὐρανοῦ ἐπιδεῖξαι αὐτοῖς.
17: 7 καὶ **προσῆλθεν** ὁ Ἰησοῦς καὶ ἁψάμενος αὐτῶν εἶπεν,
17:14 Καὶ ἐλθόντων πρὸς τὸν ὄχλον **προσῆλθεν** αὐτῷ ἄνθρωπος γονυπετῶν αὐτὸν
17:19 Τότε **προσελθόντες** οἱ μαθηταὶ τῷ Ἰησοῦ κατ' ἰδίαν εἶπον,
17:24 Ἐλθόντων δὲ αὐτῶν εἰς Καφαρναοὺμ **προσῆλθον** οἱ τὰ δίδραχμα λαμβάνοντες τῷ Πέτρῳ καὶ εἶπαν,
18: 1 Ἐν ἐκείνῃ τῇ ὥρᾳ **προσῆλθον** οἱ μαθηταὶ τῷ Ἰησοῦ λέγοντες,
18:21 Τότε **προσελθὼν** ὁ Πέτρος εἶπεν αὐτῷ, Κύριε, ποσάκις ἁμαρτήσει εἰς ἐμὲ ὁ ἀδελφός μου καὶ ἀφήσω αὐτῷ;
19: 3 Καὶ **προσῆλθον** αὐτῷ Φαρισαῖοι πειράζοντες αὐτὸν καὶ λέγοντες,
19:16 Καὶ ἰδοὺ εἷς **προσελθὼν** αὐτῷ εἶπεν, Διδάσκαλε, τί ἀγαθὸν ποιήσω ἵνα σχῶ ζωὴν αἰώνιον;
20:20 Τότε **προσῆλθεν** αὐτῷ ἡ μήτηρ τῶν υἱῶν Ζεβεδαίου μετὰ τῶν υἱῶν αὐτῆς προσκυνοῦσα καὶ αἰτοῦσά τι ἀπ' αὐτοῦ.
21:14 Καὶ **προσῆλθον** αὐτῷ τυφλοὶ καὶ χωλοὶ ἐν τῷ ἱερῷ,
21:23 Καὶ ἐλθόντος αὐτοῦ εἰς τὸ ἱερὸν **προσῆλθον** αὐτῷ διδάσκοντι οἱ ἀρχιερεῖς καὶ οἱ πρεσβύτεροι τοῦ λαοῦ λέγοντες,
21:28 καὶ **προσελθὼν** τῷ πρώτῳ εἶπεν, Τέκνον, ὕπαγε σήμερον ἐργάζου ἐν τῷ ἀμπελῶνι.
21:30 **προσελθὼν** δὲ τῷ ἑτέρῳ εἶπεν ὡσαύτως. ὁ δὲ ἀποκριθεὶς εἶπεν,
22:23 Ἐν ἐκείνῃ τῇ ἡμέρᾳ **προσῆλθον** αὐτῷ Σαδδουκαῖοι, λέγοντες μὴ εἶναι ἀνάστασιν,
24: 1 καὶ **προσῆλθον** οἱ μαθηταὶ αὐτοῦ ἐπιδεῖξαι αὐτῷ τὰς οἰκοδομὰς τοῦ ἱεροῦ.
24: 3 Καθημένου δὲ αὐτοῦ ἐπὶ τοῦ Ὄρους τῶν Ἐλαιῶν **προσῆλθον** αὐτῷ οἱ μαθηταὶ κατ' ἰδίαν λέγοντες,
25:20 καὶ **προσελθὼν** ὁ τὰ πέντε τάλαντα λαβὼν προσήνεγκεν ἄλλα πέντε τάλαντα λέγων,
25:22 **προσελθὼν** [δὲ] καὶ ὁ τὰ δύο τάλαντα εἶπεν,
25:24 **προσελθὼν** δὲ καὶ ὁ τὸ ἓν τάλαντον εἰληφὼς εἶπεν,
26: 7 **προσῆλθεν** αὐτῷ γυνὴ ἔχουσα ἀλάβαστρον μύρου βαρυτίμου καὶ κατέχεεν ἐπὶ τῆς κεφαλῆς αὐτοῦ ἀνακειμένου.
26:17 Τῇ δὲ πρώτῃ τῶν ἀζύμων **προσῆλθον** οἱ μαθηταὶ τῷ Ἰησοῦ λέγοντες,
26:49 καὶ εὐθέως **προσελθὼν** τῷ Ἰησοῦ εἶπεν, Χαῖρε, ῥαββί,
26:50 τότε **προσελθόντες** ἐπέβαλον τὰς χεῖρας ἐπὶ τὸν Ἰησοῦν καὶ ἐκράτησαν αὐτόν.
26:60 καὶ οὐχ εὗρον πολλῶν **προσελθόντων** ψευδομαρτύρων. ὕστερον δὲ **προσελθόντες** δύο
26:69 καὶ **προσῆλθεν** αὐτῷ μία παιδίσκη λέγουσα, Καὶ σὺ ἦσθα μετὰ Ἰησοῦ τοῦ Γαλιλαίου.
26:73 μετὰ μικρὸν δὲ **προσελθόντες** οἱ ἑστῶτες εἶπον τῷ Πέτρῳ,
27:58 οὗτος **προσελθὼν** τῷ Πιλάτῳ ᾐτήσατο τὸ σῶμα τοῦ Ἰησοῦ.
28: 2 ἄγγελος γὰρ κυρίου καταβὰς ἐξ οὐρανοῦ καὶ **προσελθὼν** ἀπεκύλισεν τὸν λίθον καὶ ἐκάθητο ἐπάνω αὐτοῦ.
28: 9 αἱ δὲ **προσελθοῦσαι** ἐκράτησαν αὐτοῦ τοὺς πόδας καὶ προσεκύνησαν αὐτῷ.
28:18 καὶ **προσελθὼν** ὁ Ἰησοῦς ἐλάλησεν αὐτοῖς λέγων, Ἐδόθη μοι πᾶσα ἐξουσία ἐν οὐρανῷ καὶ ἐπὶ [τῆς] γῆς.
Mk 1:31 καὶ **προσελθὼν** ἤγειρεν αὐτὴν κρατήσας τῆς χειρός· καὶ ἀφῆκεν αὐτὴν ὁ πυρετός,
6:35 Καὶ ἤδη ὥρας πολλῆς γενομένης **προσελθόντες** αὐτῷ οἱ μαθηταὶ αὐτοῦ ἔλεγον ὅτι Ἔρημός ἐστιν ὁ τόπος
10: 2 καὶ **προσελθόντες** Φαρισαῖοι ἐπηρώτων αὐτὸν εἰ ἔξεστιν ἀνδρὶ γυναῖκα ἀπολῦσαι,
12:28 Καὶ **προσελθὼν** εἷς τῶν γραμματέων ἀκούσας αὐτῶν συζητούντων,
14:45 καὶ ἐλθὼν εὐθὺς **προσελθὼν** αὐτῷ λέγει, Ῥαββί, καὶ κατεφίλησεν αὐτόν·
Lk 7:14 καὶ **προσελθὼν** ἥψατο τῆς σοροῦ, οἱ δὲ βαστάζοντες ἔστησαν,
8:24 **προσελθόντες** δὲ διήγειραν αὐτὸν λέγοντες, Ἐπιστάτα ἐπιστάτα, ἀπολλύμεθα.
8:44 **προσελθοῦσα** ὄπισθεν ἥψατο τοῦ κρασπέδου τοῦ ἱματίου αὐτοῦ καὶ παραχρῆμα ἔστη ἡ ῥύσις τοῦ αἵματος αὐτῆς.
9:12 **προσελθόντες** δὲ οἱ δώδεκα εἶπαν αὐτῷ, Ἀπόλυσον τὸν ὄχλον,
9:42 ἔτι δὲ **προσερχομένου** αὐτοῦ ἔρρηξεν αὐτὸν τὸ δαιμόνιον καὶ συνεσπάραξεν·
10:34 καὶ **προσελθὼν** κατέδησεν τὰ τραύματα αὐτοῦ ἐπιχέων ἔλαιον καὶ οἶνον,
13:31 Ἐν αὐτῇ τῇ ὥρᾳ **προσῆλθάν** τινες Φαρισαῖοι λέγοντες αὐτῷ,
20:27 **Προσελθόντες** δέ τινες τῶν Σαδδουκαίων, οἱ [ἀντι]λέγοντες ἀνάστασιν μὴ εἶναι,
23:36 ἐνέπαιξαν δὲ αὐτῷ καὶ οἱ στρατιῶται **προσερχόμενοι,** ὄξος προσφέροντες αὐτῷ
23:52 οὗτος **προσελθὼν** τῷ Πιλάτῳ ᾐτήσατο τὸ σῶμα τοῦ Ἰησοῦ
Jn 12:21 οὗτοι οὖν **προσῆλθον** Φιλίππῳ τῷ ἀπὸ Βηθσαϊδὰ τῆς Γαλιλαίας καὶ ἠρώτων αὐτὸν λέγοντες,
Ac 7:31 ὁ δὲ Μωϋσῆς ἰδὼν ἐθαύμαζεν τὸ ὅραμα, **προσερχομένου** δὲ αὐτοῦ κατανοῆσαι ἐγένετο φωνὴ κυρίου,
8:29 εἶπεν δὲ τὸ πνεῦμα τῷ Φιλίππῳ, **Πρόσελθε** καὶ κολλήθητι τῷ ἅρματι τούτῳ.
9: 1 Ὁ δὲ Σαῦλος ἔτι ἐμπνέων ἀπειλῆς καὶ φόνου εἰς τοὺς μαθητὰς τοῦ κυρίου, **προσελθὼν** τῷ ἀρχιερεῖ
10:28 Ὑμεῖς ἐπίστασθε ὡς ἀθέμιτόν ἐστιν ἀνδρὶ Ἰουδαίῳ κολλᾶσθαι ἢ **προσέρχεσθαι** ἀλλοφύλῳ·
12:13 κρούσαντος δὲ αὐτοῦ τὴν θύραν τοῦ πυλῶνος **προσῆλθεν** παιδίσκη ὑπακοῦσαι ὀνόματι Ῥόδη,
18: 2 διὰ τὸ διατεταχέναι Κλαύδιον χωρίζεσθαι πάντας τοὺς Ἰουδαίους ἀπὸ τῆς Ῥώμης, **προσῆλθεν** αὐτοῖς
22:26 ἀκούσας δὲ ὁ ἑκατοντάρχης **προσελθὼν** τῷ χιλιάρχῳ ἀπήγγειλεν λέγων,
22:27 **προσελθὼν** δὲ ὁ χιλίαρχος εἶπεν αὐτῷ, Λέγε μοι,
23:14 οἵτινες **προσελθόντες** τοῖς ἀρχιερεῦσιν καὶ τοῖς πρεσβυτέροις εἶπαν,
28: 9 τούτου δὲ γενομένου καὶ οἱ λοιποὶ οἱ ἐν τῇ νήσῳ ἔχοντες ἀσθενείας **προσήρχοντο** καὶ ἐθεραπεύοντο,
1Ti 6: 3 εἴ τις ἑτεροδιδασκαλεῖ καὶ μὴ **προσέρχεται** ὑγιαίνουσιν λόγοις τοῖς τοῦ κυρίου ἡμῶν Ἰησοῦ Χριστοῦ
Heb 4:16 **προσερχώμεθα** οὖν μετὰ παρρησίας τῷ θρόνῳ τῆς χάριτος,
7:25 ὅθεν καὶ σῴζειν εἰς τὸ παντελὲς δύναται τοὺς **προσερχομένους** δι' αὐτοῦ τῷ θεῷ,
10: 1 κατ' ἐνιαυτὸν ταῖς αὐταῖς θυσίαις ἃς προσφέρουσιν εἰς τὸ διηνεκὲς οὐδέποτε δύναται τοὺς **προσερχομένους** τελειῶσαι·
10:22 **προσερχώμεθα** μετὰ ἀληθινῆς καρδίας ἐν πληροφορίᾳ πίστεως ῥεραντισμένοι τὰς καρδίας ἀπὸ συνειδήσεως πονηρᾶς
11: 6 πιστεῦσαι γὰρ δεῖ τὸν **προσερχόμενον** τῷ θεῷ ὅτι ἔστιν καὶ τοῖς ἐκζητοῦσιν αὐτὸν μισθαποδότης γίνεται.
12:18 Οὐ γὰρ **προσεληλύθατε** ψηλαφωμένῳ καὶ κεκαυμένῳ πυρὶ καὶ γνόφῳ καὶ ζόφῳ καὶ θυέλλῃ
12:22 ἀλλὰ **προσεληλύθατε** Σιὼν ὄρει καὶ πόλει θεοῦ ζῶντος,
1Pe 2: 4 πρὸς ὃν **προσερχόμενοι** λίθον ζῶντα ὑπὸ ἀνθρώπων μὲν ἀποδεδοκιμασμένον παρὰ δὲ θεῷ ἐκλεκτὸν ἔντιμον,

4666 προσευχή [36]

√ *4639 + 2377*

οἶκος προσευχῆς [3] Mt 21:13; Mk 11:17; Lk 19:46

προσευχὴ τῶν ἁγίων [3] Rev 5:8; 8:3,4

προσευχὴ πρὸς τὸν θεόν [1] Ro 15:30

προσευχὴ τοῦ θεοῦ [2] Lk 6:12; Ac 12:5

προσεύχομαι ... προσευχή [3] Lk 6:12; Eph 6:18; Jas 5:17

Mt 21:13 καὶ λέγει αὐτοῖς, Γέγραπται, Ὁ οἶκός μου οἶκος **προσευχῆς** κληθήσεται,
21:22 καὶ πάντα ὅσα ἂν αἰτήσητε ἐν τῇ **προσευχῇ** πιστεύοντες λήμψεσθε.
Mk 9:29 Τοῦτο τὸ γένος ἐν οὐδενὶ δύναται ἐξελθεῖν εἰ μὴ ἐν **προσευχῇ.**
11:17 Οὐ γέγραπται ὅτι Ὁ οἶκός μου οἶκος **προσευχῆς** κληθήσεται πᾶσιν τοῖς ἔθνεσιν;
Lk 6:12 καὶ ἦν διανυκτερεύων ἐν τῇ **προσευχῇ** τοῦ θεοῦ.
19:46 Γέγραπται, Καὶ ἔσται ὁ οἶκός μου οἶκος **προσευχῆς,**
22:45 καὶ ἀναστὰς ἀπὸ τῆς **προσευχῆς** ἐλθὼν πρὸς τοὺς μαθητὰς εὗρεν κοιμωμένους αὐτοὺς ἀπὸ τῆς λύπης,
Ac 1:14 οὗτοι πάντες ἦσαν προσκαρτεροῦντες ὁμοθυμαδὸν τῇ **προσευχῇ** σὺν γυναιξὶν καὶ Μαριὰμ τῇ μητρὶ τοῦ Ἰησοῦ καὶ τοῖς ἀδελφοῖς αὐτοῦ.
2:42 ἦσαν δὲ προσκαρτεροῦντες τῇ διδαχῇ τῶν ἀποστόλων καὶ τῇ κοινωνίᾳ, τῇ κλάσει τοῦ ἄρτου καὶ ταῖς **προσευχαῖς.**
3: 1 Πέτρος δὲ καὶ Ἰωάννης ἀνέβαινον εἰς τὸ ἱερὸν ἐπὶ τὴν ὥραν τῆς **προσευχῆς** τὴν ἐνάτην.

6: 4 ἡμεῖς δὲ τῇ **προσευχῇ** καὶ τῇ διακονίᾳ τοῦ λόγου προσκαρτερήσομεν.
10: 4 Αἱ **προσευχαί** σου καὶ αἱ ἐλεημοσύναι σου ἀνέβησαν εἰς μνημόσυνον ἔμπροσθεν τοῦ θεοῦ.
10:31 εἰσηκούσθη σου ἡ **προσευχὴ** καὶ αἱ ἐλεημοσύναι σου ἐμνήσθησαν ἐνώπιον τοῦ θεοῦ.
12: 5 **προσευχὴ** δὲ ἦν ἐκτενῶς γινομένη ὑπὸ τῆς ἐκκλησίας πρὸς τὸν θεὸν περὶ αὐτοῦ.
16:13 τῇ τε ἡμέρᾳ τῶν σαββάτων ἐξήλθομεν ἔξω τῆς πύλης παρὰ ποταμὸν οὗ ἐνομίζομεν **προσευχὴν** εἶναι,
16:16 Ἐγένετο δὲ πορευομένων ἡμῶν εἰς τὴν **προσευχὴν** παιδίσκην τινὰ ἔχουσαν πνεῦμα πύθωνα ὑπαντῆσαι ἡμῖν,
Ro 1:10 πάντοτε ἐπὶ τῶν **προσευχῶν** μου δεόμενος εἴ πως ἤδη ποτὲ εὐοδωθήσομαι ἐν τῷ θελήματι τοῦ θεοῦ ἐλθεῖν πρὸς ὑμᾶς.
12:12 τῇ ἐλπίδι χαίροντες, τῇ θλίψει ὑπομένοντες, τῇ **προσευχῇ** προσκαρτεροῦντες,
15:30 καὶ διὰ τῆς ἀγάπης τοῦ πνεύματος συναγωνίσασθαί μοι ἐν ταῖς **προσευχαῖς** ὑπὲρ ἐμοῦ πρὸς τὸν θεόν,
1Co 7: 5 ἵνα σχολάσητε τῇ **προσευχῇ** καὶ πάλιν ἐπὶ τὸ αὐτὸ ἦτε,
Eph 1:16 οὐ παύομαι εὐχαριστῶν ὑπὲρ ὑμῶν μνείαν ποιούμενος ἐπὶ τῶν **προσευχῶν** μου,
6:18 διὰ πάσης **προσευχῆς** καὶ δεήσεως προσευχόμενοι ἐν παντὶ καιρῷ ἐν πνεύματι,
Php 4: 6 ἀλλ' ἐν παντὶ τῇ **προσευχῇ** καὶ τῇ δεήσει μετὰ εὐχαριστίας τὰ αἰτήματα ὑμῶν γνωριζέσθω πρὸς τὸν θεόν.
Col 4: 2 Τῇ **προσευχῇ** προσκαρτερεῖτε, γρηγοροῦντες ἐν αὐτῇ ἐν εὐχαριστίᾳ,
4:12 δοῦλος Χριστοῦ [Ἰησοῦ,] πάντοτε ἀγωνιζόμενος ὑπὲρ ὑμῶν ἐν ταῖς **προσευχαῖς,**
1Th 1: 2 Εὐχαριστοῦμεν τῷ θεῷ πάντοτε περὶ πάντων ὑμῶν μνείαν ποιούμενοι ἐπὶ τῶν **προσευχῶν** ἡμῶν,
1Ti 2: 1 Παρακαλῶ οὖν πρῶτον πάντων ποιεῖσθαι δεήσεις **προσευχὰς** ἐντεύξεις εὐχαριστίας ὑπὲρ πάντων ἀνθρώπων,
5: 5 ὄντως χήρα καὶ μεμονωμένη ἤλπικεν ἐπὶ θεὸν καὶ προσμένει ταῖς δεήσεσιν καὶ ταῖς **προσευχαῖς** νυκτὸς καὶ ἡμέρας,
Phm 1: 4 Εὐχαριστῶ τῷ θεῷ μου πάντοτε μνείαν σου ποιούμενος ἐπὶ τῶν **προσευχῶν** μου,
1:22 ἐλπίζω γὰρ ὅτι διὰ τῶν **προσευχῶν** ὑμῶν χαρισθήσομαι ὑμῖν.
Jas 5:17 Ἠλίας ἄνθρωπος ἦν ὁμοιοπαθὴς ἡμῖν, καὶ **προσευχῇ** προσηύξατο τοῦ μὴ βρέξαι,
1Pe 3: 7 ἀπονέμοντες τιμὴν ὡς καὶ συγκληρονόμοις χάριτος ζωῆς εἰς τὸ μὴ ἐγκόπτεσθαι τὰς **προσευχὰς** ὑμῶν.
4: 7 Πάντων δὲ τὸ τέλος ἤγγικεν. σωφρονήσατε οὖν καὶ νήψατε εἰς **προσευχάς·**
Rev 5: 8 καὶ οἱ εἴκοσι τέσσαρες πρεσβύτεροι ἔπεσαν ἐνώπιον τοῦ ἀρνίου ἔχοντες ἕκαστος κιθάραν καὶ φιάλας χρυσᾶς γεμούσας θυμιαμάτων, αἵ εἰσιν αἱ **προσευχαὶ** τῶν ἁγίων,
8: 3 ἵνα δώσει ταῖς **προσευχαῖς** τῶν ἁγίων πάντων ἐπὶ τὸ θυσιαστήριον τὸ χρυσοῦν τὸ ἐνώπιον τοῦ θρόνου.
8: 4 καὶ ἀνέβη ὁ καπνὸς τῶν θυμιαμάτων ταῖς **προσευχαῖς** τῶν ἁγίων ἐκ χειρὸς τοῦ ἀγγέλου ἐνώπιον τοῦ θεοῦ.

4667 προσεύχομαι [85]

√ 4639 + 2377

προσεύχομαι περί [8] Lk 6:28; Ac 8:15; Col 1:3; 4:3; 1Th 5:25; 2Th 1:11; 3:1; Heb 13:18

προσεύχομαι ... προσευχή [3] Lk 6:12; Eph 6:18; Jas 5:17

προσεύχομαι ὑπέρ [2] Mt 5:44; Col 1:9

Mt 5:44 ἀγαπᾶτε τοὺς ἐχθροὺς ὑμῶν καὶ **προσεύχεσθε** ὑπὲρ τῶν διωκόντων ὑμᾶς,
6: 5 Καὶ ὅταν **προσεύχησθε,** οὐκ ἔσεσθε ὡς οἱ ὑποκριταί, ὅτι φιλοῦσιν ἐν ταῖς συναγωγαῖς καὶ ἐν ταῖς γωνίαις τῶν πλατειῶν ἑστῶτες **προσεύχεσθαι,**
6: 6 σὺ δὲ ὅταν **προσεύχῃ,** εἴσελθε εἰς τὸ ταμεῖόν σου καὶ κλείσας τὴν θύραν σου **πρόσευξαι** τῷ πατρί σου τῷ ἐν τῷ κρυπτῷ·
6: 7 **Προσευχόμενοι** δὲ μὴ βατταλογήσητε ὥσπερ οἱ ἐθνικοί, δοκοῦσιν γὰρ ὅτι ἐν τῇ πολυλογίᾳ αὐτῶν εἰσακουσθήσονται.
6: 9 Οὕτως οὖν **προσεύχεσθε** ὑμεῖς· Πάτερ ἡμῶν ὁ ἐν τοῖς οὐρανοῖς·
14:23 καὶ ἀπολύσας τοὺς ὄχλους ἀνέβη εἰς τὸ ὄρος κατ' ἰδίαν **προσεύξασθαι.**
19:13 Τότε προσηνέχθησαν αὐτῷ παιδία ἵνα τὰς χεῖρας ἐπιθῇ αὐτοῖς καὶ **προσεύξηται·**
24:20 **προσεύχεσθε** δὲ ἵνα μὴ γένηται ἡ φυγὴ ὑμῶν χειμῶνος μηδὲ σαββάτῳ.
26:36 εἰς χωρίον λεγόμενον Γεθσημανὶ καὶ λέγει τοῖς μαθηταῖς, Καθίσατε αὐτοῦ ἕως [οὗ] ἀπελθὼν ἐκεῖ **προσεύξωμαι.**
26:39 καὶ προελθὼν μικρὸν ἔπεσεν ἐπὶ πρόσωπον αὐτοῦ **προσευχόμενος** καὶ λέγων,
26:41 γρηγορεῖτε καὶ **προσεύχεσθε,** ἵνα μὴ εἰσέλθητε εἰς πειρασμόν·
26:42 πάλιν ἐκ δευτέρου ἀπελθὼν **προσηύξατο** λέγων, Πάτερ μου,
26:44 καὶ ἀφεὶς αὐτοὺς πάλιν ἀπελθὼν **προσηύξατο** ἐκ τρίτου τὸν αὐτὸν λόγον εἰπὼν πάλιν.
Mk 1:35 Καὶ πρωῒ ἔννυχα λίαν ἀναστὰς ἐξῆλθεν καὶ ἀπῆλθεν εἰς ἔρημον τόπον κἀκεῖ **προσηύχετο.**
6:46 καὶ ἀποταξάμενος αὐτοῖς ἀπῆλθεν εἰς τὸ ὄρος **προσεύξασθαι.**
11:24 πάντα ὅσα **προσεύχεσθε** καὶ αἰτεῖσθε, πιστεύετε ὅτι ἐλάβετε,
11:25 καὶ ὅταν στήκετε **προσευχόμενοι,** ἀφίετε εἴ τι ἔχετε κατά τινος,
12:40 οἱ κατεσθίοντες τὰς οἰκίας τῶν χηρῶν καὶ προφάσει μακρὰ **προσευχόμενοι·**
13:18 **προσεύχεσθε** δὲ ἵνα μὴ γένηται χειμῶνος·
14:32 Καὶ ἔρχονται εἰς χωρίον οὗ τὸ ὄνομα Γεθσημανὶ καὶ λέγει τοῖς μαθηταῖς αὐτοῦ, Καθίσατε ὧδε ἕως **προσεύξωμαι.**
14:35 καὶ προελθὼν μικρὸν ἔπιπτεν ἐπὶ τῆς γῆς καὶ **προσηύχετο** ἵνα εἰ δυνατόν ἐστιν παρέλθῃ ἀπ' αὐτοῦ ἡ ὥρα,
14:38 γρηγορεῖτε καὶ **προσεύχεσθε,** ἵνα μὴ ἔλθητε εἰς πειρασμόν·
14:39 καὶ πάλιν ἀπελθὼν **προσηύξατο** τὸν αὐτὸν λόγον εἰπών.
Lk 1:10 καὶ πᾶν τὸ πλῆθος ἦν τοῦ λαοῦ **προσευχόμενον** ἔξω τῇ ὥρᾳ τοῦ θυμιάματος.
3:21 Ἐγένετο δὲ ἐν τῷ βαπτισθῆναι ἅπαντα τὸν λαὸν καὶ Ἰησοῦ βαπτισθέντος καὶ **προσευχομένου** ἀνεῳχθῆναι τὸν οὐρανὸν
5:16 αὐτὸς δὲ ἦν ὑποχωρῶν ἐν ταῖς ἐρήμοις καὶ **προσευχόμενος.**
6:12 Ἐγένετο δὲ ἐν ταῖς ἡμέραις ταύταις ἐξελθεῖν αὐτὸν εἰς τὸ ὄρος **προσεύξασθαι,**
6:28 εὐλογεῖτε τοὺς καταρωμένους ὑμᾶς, **προσεύχεσθε** περὶ τῶν ἐπηρεαζόντων ὑμᾶς.
9:18 Καὶ ἐγένετο ἐν τῷ εἶναι αὐτὸν **προσευχόμενον** κατὰ μόνας συνῆσαν αὐτῷ οἱ μαθηταί,
9:28 Ἐγένετο δὲ μετὰ τοὺς λόγους τούτους ὡσεὶ ἡμέραι ὀκτὼ [καὶ] παραλαβὼν Πέτρον καὶ Ἰωάννην καὶ Ἰάκωβον ἀνέβη εἰς τὸ ὄρος **προσεύξασθαι.**
9:29 καὶ ἐγένετο ἐν τῷ **προσεύχεσθαι** αὐτὸν τὸ εἶδος τοῦ προσώπου αὐτοῦ ἕτερον καὶ ὁ ἱματισμὸς αὐτοῦ λευκὸς ἐξαστράπτων.
11: 1 ἐν τῷ εἶναι αὐτὸν ἐν τόπῳ τινὶ **προσευχόμενον,** ὡς ἐπαύσατο, εἶπέν τις τῶν μαθητῶν αὐτοῦ πρὸς αὐτόν, Κύριε, δίδαξον ἡμᾶς **προσεύχεσθαι,** καθὼς καὶ Ἰωάννης ἐδίδαξεν τοὺς μαθητὰς
11: 2 εἶπεν δὲ αὐτοῖς, Ὅταν **προσεύχησθε** λέγετε, Πάτερ, ἁγιασθήτω τὸ ὄνομά σου·
18: 1 Ἔλεγεν δὲ παραβολὴν αὐτοῖς πρὸς τὸ δεῖν πάντοτε **προσεύχεσθαι** αὐτοὺς καὶ μὴ ἐγκακεῖν,
18:10 Ἄνθρωποι δύο ἀνέβησαν εἰς τὸ ἱερὸν **προσεύξασθαι,** ὁ εἷς Φαρισαῖος καὶ ὁ ἕτερος τελώνης.
18:11 ὁ Φαρισαῖος σταθεὶς πρὸς ἑαυτὸν ταῦτα **προσηύχετο,** Ὁ θεός,
20:47 οἳ κατεσθίουσιν τὰς οἰκίας τῶν χηρῶν καὶ προφάσει μακρὰ **προσεύχονται·**
22:40 γενόμενος δὲ ἐπὶ τοῦ τόπου εἶπεν αὐτοῖς, **Προσεύχεσθε** μὴ εἰσελθεῖν εἰς πειρασμόν.
22:41 καὶ αὐτὸς ἀπεσπάσθη ἀπ' αὐτῶν ὡσεὶ λίθου βολὴν καὶ θεὶς τὰ γόνατα **προσηύχετο**
22:44 ⟦καὶ γενόμενος ἐν ἀγωνίᾳ ἐκτενέστερον **προσηύχετο·** καὶ ἐγένετο ὁ ἱδρὼς αὐτοῦ ὡσεὶ θρόμβοι αἵματος καταβαίνοντες ἐπὶ τὴν γῆν.⟧
22:46 Τί καθεύδετε; ἀναστάντες **προσεύχεσθε,** ἵνα μὴ εἰσέλθητε εἰς πειρασμόν.
Ac 1:24 καὶ **προσευξάμενοι** εἶπαν, Σὺ κύριε καρδιογνῶστα πάντων, ἀνάδειξον ὃν ἐξελέξω ἐκ τούτων τῶν δύο ἕνα
6: 6 οὓς ἔστησαν ἐνώπιον τῶν ἀποστόλων, καὶ **προσευξάμενοι** ἐπέθηκαν αὐτοῖς τὰς χεῖρας.
8:15 οἵτινες καταβάντες **προσηύξαντο** περὶ αὐτῶν ὅπως λάβωσιν πνεῦμα ἅγιον·
9:11 πορεύθητι ἐπὶ τὴν ῥύμην τὴν καλουμένην Εὐθεῖαν καὶ ζήτησον ἐν οἰκίᾳ Ἰούδα Σαῦλον ὀνόματι Ταρσέα· ἰδοὺ γὰρ **προσεύχεται**
9:40 ἐκβαλὼν δὲ ἔξω πάντας ὁ Πέτρος καὶ θεὶς τὰ γόνατα **προσηύξατο** καὶ ἐπιστρέψας πρὸς τὸ σῶμα εἶπεν,
10: 9 ἀνέβη Πέτρος ἐπὶ τὸ δῶμα **προσεύξασθαι** περὶ ὥραν ἕκτην.
10:30 Ἀπὸ τετάρτης ἡμέρας μέχρι ταύτης τῆς ὥρας ἤμην τὴν ἐνάτην **προσευχόμενος** ἐν τῷ οἴκῳ μου,

11: 5 Ἐγὼ ἤμην ἐν πόλει Ἰόππῃ **προσευχόμενος** καὶ εἶδον ἐν ἐκστάσει ὅραμα,
12:12 οἰκίαν τῆς Μαρίας τῆς μητρὸς Ἰωάννου τοῦ ἐπικαλουμένου Μάρκου, οὗ ἦσαν ἱκανοὶ συνηθροισμένοι καὶ **προσευχόμενοι.**
13: 3 τότε νηστεύσαντες καὶ **προσευξάμενοι** καὶ ἐπιθέντες τὰς χεῖρας αὐτοῖς ἀπέλυσαν.
14:23 **προσευξάμενοι** μετὰ νηστειῶν παρέθεντο αὐτοὺς τῷ κυρίῳ εἰς ὃν πεπιστεύκεισαν.
16:25 Κατὰ δὲ τὸ μεσονύκτιον Παῦλος καὶ Σιλᾶς **προσευχόμενοι** ὕμνουν τὸν θεόν,
20:36 Καὶ ταῦτα εἰπὼν θεὶς τὰ γόνατα αὐτοῦ σὺν πᾶσιν αὐτοῖς **προσηύξατο.**
21: 5 καὶ θέντες τὰ γόνατα ἐπὶ τὸν αἰγιαλὸν **προσευξάμενοι**
22:17 Ἐγένετο δέ μοι ὑποστρέψαντι εἰς Ἰερουσαλὴμ καὶ **προσευχομένου** μου ἐν τῷ ἱερῷ γενέσθαι με ἐν ἐκστάσει
28: 8 πρὸς ὃν ὁ Παῦλος εἰσελθὼν καὶ **προσευξάμενος** ἐπιθεὶς τὰς χεῖρας αὐτῷ ἰάσατο αὐτόν.
Ro 8:26 τὸ γὰρ τί **προσευξώμεθα** καθὸ δεῖ οὐκ οἴδαμεν,
1Co 11: 4 πᾶς ἀνὴρ **προσευχόμενος** ἢ προφητεύων κατὰ κεφαλῆς ἔχων καταισχύνει τὴν κεφαλὴν αὐτοῦ.
11: 5 πᾶσα δὲ γυνὴ **προσευχομένη** ἢ προφητεύουσα ἀκατακαλύπτῳ τῇ κεφαλῇ καταισχύνει τὴν κεφαλὴν αὐτῆς·
11:13 ἐν ὑμῖν αὐτοῖς κρίνατε· πρέπον ἐστὶν γυναῖκα ἀκατακάλυπτον τῷ θεῷ **προσεύχεσθαι;**
14:13 διὸ ὁ λαλῶν γλώσσῃ **προσευχέσθω** ἵνα διερμηνεύῃ.
14:14 ἐὰν [γὰρ] **προσεύχωμαι** γλώσσῃ, τὸ πνεῦμά μου **προσεύχεται,**
14:15 **προσεύξομαι** τῷ πνεύματι, **προσεύξομαι** δὲ καὶ τῷ νοΐ·
Eph 6:18 διὰ πάσης προσευχῆς καὶ δεήσεως **προσευχόμενοι** ἐν παντὶ καιρῷ ἐν πνεύματι,
Php 1: 9 καὶ τοῦτο **προσεύχομαι,** ἵνα ἡ ἀγάπη ὑμῶν ἔτι μᾶλλον καὶ μᾶλλον περισσεύῃ ἐν ἐπιγνώσει καὶ πάσῃ αἰσθήσει
Col 1: 3 Εὐχαριστοῦμεν τῷ θεῷ πατρὶ τοῦ κυρίου ἡμῶν Ἰησοῦ Χριστοῦ πάντοτε περὶ ὑμῶν **προσευχόμενοι,**
1: 9 ἀφ' ἧς ἡμέρας ἠκούσαμεν, οὐ παυόμεθα ὑπὲρ ὑμῶν **προσευχόμενοι** καὶ αἰτούμενοι,
4: 3 **προσευχόμενοι** ἅμα καὶ περὶ ἡμῶν, ἵνα ὁ θεὸς ἀνοίξῃ ἡμῖν θύραν τοῦ λόγου λαλῆσαι τὸ μυστήριον τοῦ Χριστοῦ,
1Th 5:17 ἀδιαλείπτως **προσεύχεσθε,**
5:25 Ἀδελφοί, **προσεύχεσθε** [καὶ] περὶ ἡμῶν.
2Th 1:11 εἰς ὃ καὶ **προσευχόμεθα** πάντοτε περὶ ὑμῶν, ἵνα ὑμᾶς ἀξιώσῃ τῆς κλήσεως ὁ θεὸς ἡμῶν καὶ πληρώσῃ πᾶσαν εὐδοκίαν
3: 1 Τὸ λοιπὸν **προσεύχεσθε,** ἀδελφοί, περὶ ἡμῶν, ἵνα ὁ λόγος τοῦ κυρίου τρέχῃ καὶ δοξάζηται καθὼς καὶ πρὸς ὑμᾶς,
1Ti 2: 8 Βούλομαι οὖν **προσεύχεσθαι** τοὺς ἄνδρας ἐν παντὶ τόπῳ ἐπαίροντας ὁσίους χεῖρας χωρὶς ὀργῆς καὶ διαλογισμοῦ.
Heb 13:18 **Προσεύχεσθε** περὶ ἡμῶν· πειθόμεθα γὰρ ὅτι καλὴν συνείδησιν ἔχομεν,
Jas 5:13 Κακοπαθεῖ τις ἐν ὑμῖν, **προσευχέσθω·** εὐθυμεῖ τις, ψαλλέτω·
5:14 προσκαλεσάσθω τοὺς πρεσβυτέρους τῆς ἐκκλησίας καὶ **προσευξάσθωσαν** ἐπ' αὐτὸν ἀλείψαντες [αὐτὸν] ἐλαίῳ ἐν τῷ ὀνόματι τοῦ κυρίου.
5:17 Ἠλίας ἄνθρωπος ἦν ὁμοιοπαθὴς ἡμῖν, καὶ προσευχῇ **προσηύξατο** τοῦ μὴ βρέξαι,
5:18 καὶ πάλιν **προσηύξατο,** καὶ ὁ οὐρανὸς ὑετὸν ἔδωκεν καὶ ἡ γῆ ἐβλάστησεν τὸν καρπὸν αὐτῆς.
Jude 1:20 ἐποικοδομοῦντες ἑαυτοὺς τῇ ἁγιωτάτῃ ὑμῶν πίστει, ἐν πνεύματι ἁγίῳ **προσευχόμενοι,**

4668 προσέχω [24]

√ *4639 + 2400*

Mt 6: 1 **Προσέχετε** [δὲ] τὴν δικαιοσύνην ὑμῶν μὴ ποιεῖν ἔμπροσθεν τῶν ἀνθρώπων πρὸς τὸ θεαθῆναι αὐτοῖς·
7:15 **Προσέχετε** ἀπὸ τῶν ψευδοπροφητῶν, οἵτινες ἔρχονται πρὸς ὑμᾶς ἐν ἐνδύμασιν προβάτων,
10:17 **προσέχετε** δὲ ἀπὸ τῶν ἀνθρώπων· παραδώσουσιν γὰρ ὑμᾶς εἰς συνέδρια καὶ ἐν ταῖς συναγωγαῖς αὐτῶν μαστιγώσουσιν ὑμᾶς·
16: 6 Ὁρᾶτε καὶ **προσέχετε** ἀπὸ τῆς ζύμης τῶν Φαρισαίων καὶ Σαδδουκαίων.
16:11 **προσέχετε** δὲ ἀπὸ τῆς ζύμης τῶν Φαρισαίων καὶ Σαδδουκαίων.
16:12 τότε συνῆκαν ὅτι οὐκ εἶπεν **προσέχειν** ἀπὸ τῆς ζύμης τῶν ἄρτων ἀλλὰ ἀπὸ τῆς διδαχῆς τῶν Φαρισαίων καὶ Σαδδουκαίων.
Lk 12: 1 **Προσέχετε** ἑαυτοῖς ἀπὸ τῆς ζύμης, ἥτις ἐστὶν ὑπόκρισις,
17: 3 **προσέχετε** ἑαυτοῖς. ἐὰν ἁμάρτῃ ὁ ἀδελφός σου ἐπιτίμησον αὐτῷ,
20:46 **Προσέχετε** ἀπὸ τῶν γραμματέων τῶν θελόντων περιπατεῖν ἐν στολαῖς καὶ φιλούντων ἀσπασμοὺς ἐν ταῖς ἀγοραῖς
21:34 **Προσέχετε** δὲ ἑαυτοῖς μήποτε βαρηθῶσιν ὑμῶν αἱ καρδίαι ἐν κραιπάλῃ καὶ μέθῃ καὶ μερίμναις βιωτικαῖς
Ac 5:35 **προσέχετε** ἑαυτοῖς ἐπὶ τοῖς ἀνθρώποις τούτοις τί μέλλετε πράσσειν.
8: 6 **προσεῖχον** δὲ οἱ ὄχλοι τοῖς λεγομένοις ὑπὸ τοῦ Φιλίππου ὁμοθυμαδὸν ἐν τῷ ἀκούειν αὐτοὺς καὶ βλέπειν τὰ σημεῖα
8:10 ᾧ **προσεῖχον** πάντες ἀπὸ μικροῦ ἕως μεγάλου λέγοντες,
8:11 **προσεῖχον** δὲ αὐτῷ διὰ τὸ ἱκανῷ χρόνῳ ταῖς μαγείαις ἐξεστακέναι αὐτούς.
16:14 ἧς ὁ κύριος διήνοιξεν τὴν καρδίαν **προσέχειν** τοῖς λαλουμένοις ὑπὸ τοῦ Παύλου.
20:28 **προσέχετε** ἑαυτοῖς καὶ παντὶ τῷ ποιμνίῳ, ἐν ᾧ ὑμᾶς τὸ πνεῦμα τὸ ἅγιον ἔθετο ἐπισκόπους ποιμαίνειν τὴν ἐκκλησίαν
1Ti 1: 4 μηδὲ **προσέχειν** μύθοις καὶ γενεαλογίαις ἀπεράντοις, αἵτινες ἐκζητήσεις παρέχουσιν μᾶλλον ἢ οἰκονομίαν θεοῦ
3: 8 μὴ διλόγους, μὴ οἴνῳ πολλῷ **προσέχοντας,** μὴ αἰσχροκερδεῖς,
4: 1 ὅτι ἐν ὑστέροις καιροῖς ἀποστήσονταί τινες τῆς πίστεως **προσέχοντες** πνεύμασιν πλάνοις καὶ διδασκαλίαις δαιμονίων,
4:13 ἕως ἔρχομαι **πρόσεχε** τῇ ἀναγνώσει, τῇ παρακλήσει, τῇ διδασκαλίᾳ.
Tit 1:14 μὴ **προσέχοντες** Ἰουδαϊκοῖς μύθοις καὶ ἐντολαῖς ἀνθρώπων ἀποστρεφομένων τὴν ἀλήθειαν.
Heb 2: 1 Διὰ τοῦτο δεῖ περισσοτέρως **προσέχειν** ἡμᾶς τοῖς ἀκουσθεῖσιν,
7:13 φυλῆς ἑτέρας μετέσχηκεν, ἀφ' ἧς οὐδεὶς **προσέσχηκεν** τῷ θυσιαστηρίῳ·
2Pe 1:19 ᾧ καλῶς ποιεῖτε **προσέχοντες** ὡς λύχνῳ φαίνοντι ἐν αὐχμηρῷ τόπῳ,

4669 προσηλόω [1]

√ *4639 + 2464*

Col 2:14 καὶ αὐτὸ ἦρκεν ἐκ τοῦ μέσου **προσηλώσας** αὐτὸ τῷ σταυρῷ·

4670 προσήλυτος [4]

√ *4639 + 2262*

Mt 23:15 ὅτι περιάγετε τὴν θάλασσαν καὶ τὴν ξηρὰν ποιῆσαι ἕνα **προσήλυτον,**
Ac 2:11 Ἰουδαῖοί τε καὶ **προσήλυτοι,** Κρῆτες καὶ Ἄραβες, ἀκούομεν λαλούντων αὐτῶν ταῖς ἡμετέραις γλώσσαις τὰ μεγαλεῖα τοῦ θεοῦ.
6: 5 καὶ Φίλιππον καὶ Πρόχορον καὶ Νικάνορα καὶ Τίμωνα καὶ Παρμενᾶν καὶ Νικόλαον **προσήλυτον** Ἀντιοχέα,
13:43 λυθείσης δὲ τῆς συναγωγῆς ἠκολούθησαν πολλοὶ τῶν Ἰουδαίων καὶ τῶν σεβομένων **προσηλύτων** τῷ Παύλῳ καὶ τῷ Βαρναβᾷ,

4671 πρόσθεσις Not used in UBS/NIV

√ *4639 + 5502*

4672 πρόσκαιρος [4]

√ *4639 + 2789*

Mt 13:21 οὐκ ἔχει δὲ ῥίζαν ἐν ἑαυτῷ ἀλλὰ **πρόσκαιρός** ἐστιν,
Mk 4:17 καὶ οὐκ ἔχουσιν ῥίζαν ἐν ἑαυτοῖς ἀλλὰ **πρόσκαιροί** εἰσιν,
2Co 4:18 τὰ γὰρ βλεπόμενα **πρόσκαιρα,** τὰ δὲ μὴ βλεπόμενα αἰώνια.
Heb 11:25 μᾶλλον ἑλόμενος συγκακουχεῖσθαι τῷ λαῷ τοῦ θεοῦ ἢ **πρόσκαιρον** ἔχειν ἁμαρτίας ἀπόλαυσιν,

4673 προσκαλέω [29]

√ *4639 + 2813*

Mt 10: 1 Καὶ **προσκαλεσάμενος** τοὺς δώδεκα μαθητὰς αὐτοῦ ἔδωκεν αὐτοῖς ἐξουσίαν πνευμάτων ἀκαθάρτων ὥστε ἐκβάλλειν αὐτὰ
15:10 Καὶ **προσκαλεσάμενος** τὸν ὄχλον εἶπεν αὐτοῖς, Ἀκούετε καὶ συνίετε·
15:32 Ὁ δὲ Ἰησοῦς **προσκαλεσάμενος** τοὺς μαθητὰς αὐτοῦ εἶπεν,
18: 2 καὶ **προσκαλεσάμενος** παιδίον ἔστησεν αὐτὸ ἐν μέσῳ αὐτῶν
18:32 τότε **προσκαλεσάμενος** αὐτὸν ὁ κύριος αὐτοῦ λέγει αὐτῷ,
20:25 ὁ δὲ Ἰησοῦς **προσκαλεσάμενος** αὐτοὺς εἶπεν, Οἴδατε ὅτι οἱ ἄρχοντες τῶν ἐθνῶν κατακυριεύουσιν αὐτῶν καὶ οἱ μεγάλοι κατεξουσιάζουσιν αὐτῶν.
Mk 3:13 Καὶ ἀναβαίνει εἰς τὸ ὄρος καὶ **προσκαλεῖται** οὓς ἤθελεν αὐτός,

3:23 καὶ **προσκαλεσάμενος** αὐτοὺς ἐν παραβολαῖς ἔλεγεν αὐτοῖς, Πῶς δύναται Σατανᾶς Σατανᾶν ἐκβάλλειν;
6: 7 **προσκαλεῖται** τοὺς δώδεκα καὶ ἤρξατο αὐτοὺς ἀποστέλλειν δύο δύο καὶ ἐδίδου αὐτοῖς ἐξουσίαν τῶν πνευμάτων
7:14 Καὶ **προσκαλεσάμενος** πάλιν τὸν ὄχλον ἔλεγεν αὐτοῖς, Ἀκούσατέ μου πάντες καὶ σύνετε.
8: 1 πάλιν πολλοῦ ὄχλου ὄντος καὶ μὴ ἐχόντων τί φάγωσιν, **προσκαλεσάμενος** τοὺς μαθητὰς λέγει αὐτοῖς,
8:34 Καὶ **προσκαλεσάμενος** τὸν ὄχλον σὺν τοῖς μαθηταῖς αὐτοῦ εἶπεν αὐτοῖς,
10:42 καὶ **προσκαλεσάμενος** αὐτοὺς ὁ Ἰησοῦς λέγει αὐτοῖς, Οἴδατε ὅτι οἱ δοκοῦντες ἄρχειν τῶν ἐθνῶν κατακυριεύουσιν αὐτῶν
12:43 καὶ **προσκαλεσάμενος** τοὺς μαθητὰς αὐτοῦ εἶπεν αὐτοῖς, Ἀμὴν λέγω ὑμῖν ὅτι ἡ χήρα αὕτη ἡ πτωχὴ πλεῖον πάντων
15:44 Πιλᾶτος ἐθαύμασεν εἰ ἤδη τέθνηκεν καὶ **προσκαλεσάμενος** τὸν κεντυρίωνα ἐπηρώτησεν αὐτὸν εἰ πάλαι ἀπέθανεν·

Lk 7:18 **προσκαλεσάμενος** δύο τινὰς τῶν μαθητῶν αὐτοῦ ὁ Ἰωάννης
15:26 καὶ **προσκαλεσάμενος** ἕνα τῶν παίδων ἐπυνθάνετο τί ἂν εἴη ταῦτα.
16: 5 καὶ **προσκαλεσάμενος** ἕνα ἕκαστον τῶν χρεοφειλετῶν τοῦ κυρίου ἑαυτοῦ ἔλεγεν τῷ πρώτῳ,
18:16 ὁ δὲ Ἰησοῦς **προσεκαλέσατο** αὐτὰ λέγων, Ἄφετε τὰ παιδία ἔρχεσθαι πρός με καὶ μὴ κωλύετε αὐτά,

Ac 2:39 ὑμῖν γάρ ἐστιν ἡ ἐπαγγελία καὶ τοῖς τέκνοις ὑμῶν καὶ πᾶσιν τοῖς εἰς μακράν, ὅσους ἂν **προσκαλέσηται** κύριος ὁ θεὸς ἡμῶν.
5:40 **προσκαλεσάμενοι** τοὺς ἀποστόλους δείραντες παρήγγειλαν μὴ λαλεῖν ἐπὶ τῷ ὀνόματι τοῦ Ἰησοῦ καὶ ἀπέλυσαν.
6: 2 **προσκαλεσάμενοι** δὲ οἱ δώδεκα τὸ πλῆθος τῶν μαθητῶν εἶπαν,
13: 2 Ἀφορίσατε δή μοι τὸν Βαρναβᾶν καὶ Σαῦλον εἰς τὸ ἔργον ὃ **προσκέκλημαι** αὐτούς.
13: 7 οὗτος **προσκαλεσάμενος** Βαρναβᾶν καὶ Σαῦλον ἐπεζήτησεν ἀκοῦσαι τὸν λόγον τοῦ θεοῦ.
16:10 εὐθέως ἐζητήσαμεν ἐξελθεῖν εἰς Μακεδονίαν συμβιβάζοντες ὅτι **προσκέκληται** ἡμᾶς ὁ θεὸς εὐαγγελίσασθαι αὐτούς.
23:17 **προσκαλεσάμενος** δὲ ὁ Παῦλος ἕνα τῶν ἑκατονταρχῶν ἔφη,
23:18 Ὁ δέσμιος Παῦλος **προσκαλεσάμενός** με ἠρώτησεν τοῦτον τὸν νεανίσκον ἀγαγεῖν πρὸς σὲ ἔχοντά τι λαλῆσαί σοι.
23:23 Καὶ **προσκαλεσάμενος** δύο [τινὰς] τῶν ἑκατονταρχῶν εἶπεν, Ἑτοιμάσατε στρατιώτας διακοσίους,

Jas 5:14 **προσκαλεσάσθω** τοὺς πρεσβυτέρους τῆς ἐκκλησίας καὶ προσευξάσθωσαν ἐπ' αὐτὸν ἀλείψαντες [αὐτὸν] ἐλαίῳ ἐν τῷ ὀνόματι τοῦ κυρίου.

4674 προσκαρτερέω [10]

√ *4639 + 2846*

Mk 3: 9 καὶ εἶπεν τοῖς μαθηταῖς αὐτοῦ ἵνα πλοιάριον **προσκαρτερῇ** αὐτῷ διὰ τὸν ὄχλον ἵνα μὴ θλίβωσιν αὐτόν·

Ac 1:14 οὗτοι πάντες ἦσαν **προσκαρτεροῦντες** ὁμοθυμαδὸν τῇ προσευχῇ σὺν γυναιξὶν καὶ Μαριὰμ τῇ μητρὶ τοῦ Ἰησοῦ καὶ τοῖς ἀδελφοῖς αὐτοῦ.
2:42 ἦσαν δὲ **προσκαρτεροῦντες** τῇ διδαχῇ τῶν ἀποστόλων καὶ τῇ κοινωνίᾳ,
2:46 καθ' ἡμέραν τε **προσκαρτεροῦντες** ὁμοθυμαδὸν ἐν τῷ ἱερῷ,
6: 4 ἡμεῖς δὲ τῇ προσευχῇ καὶ τῇ διακονίᾳ τοῦ λόγου **προσκαρτερήσομεν.**
8:13 ὁ δὲ Σίμων καὶ αὐτὸς ἐπίστευσεν καὶ βαπτισθεὶς ἦν **προσκαρτερῶν** τῷ Φιλίππῳ,
10: 7 φωνήσας δύο τῶν οἰκετῶν καὶ στρατιώτην εὐσεβῆ τῶν **προσκαρτερούντων** αὐτῷ

Ro 12:12 τῇ ἐλπίδι χαίροντες, τῇ θλίψει ὑπομένοντες, τῇ προσευχῇ **προσκαρτεροῦντες,**
13: 6 λειτουργοὶ γὰρ θεοῦ εἰσιν εἰς αὐτὸ τοῦτο **προσκαρτεροῦντες.**

Col 4: 2 Τῇ προσευχῇ **προσκαρτερεῖτε,** γρηγοροῦντες ἐν αὐτῇ ἐν εὐχαριστίᾳ,

4675 προσκαρτέρησις [1]

√ *4639 + 2846*

Eph 6:18 καὶ εἰς αὐτὸ ἀγρυπνοῦντες ἐν πάσῃ **προσκαρτερήσει** καὶ δεήσει περὶ πάντων τῶν ἁγίων

4676 προσκεφάλαιον [1]

√ *4639 + 3051*

Mk 4:38 καὶ αὐτὸς ἦν ἐν τῇ πρύμνῃ ἐπὶ τὸ **προσκεφάλαιον** καθεύδων.

4677 προσκληρόω [1]

√ *4639 + 3102*

Ac 17: 4 καί τινες ἐξ αὐτῶν ἐπείσθησαν καὶ **προσεκληρώθησαν** τῷ Παύλῳ καὶ τῷ Σιλᾷ,

4678 πρόσκλησις Not used in UBS/NIV

√ *4639 + 2813*

4679 προσκλίνω [1]

√ *4639 + 3111*

Ac 5:36 πρὸ γὰρ τούτων τῶν ἡμερῶν ἀνέστη Θευδᾶς λέγων εἶναί τινα ἑαυτόν, ᾧ **προσεκλίθη** ἀνδρῶν ἀριθμὸς ὡς τετρακοσίων·

4680 πρόσκλισις [1]

√ *4639 + 3111*

1Ti 5:21 ἵνα ταῦτα φυλάξῃς χωρὶς προκρίματος, μηδὲν ποιῶν κατὰ **πρόσκλισιν.**

4681 προσκολλάω [2]

√ *4639 + 3140*

Mk 10: 7 ἕνεκεν τούτου καταλείψει ἄνθρωπος τὸν πατέρα αὐτοῦ καὶ τὴν μητέρα [καὶ **προσκολληθήσεται** πρὸς τὴν γυναῖκα αὐτοῦ,]

Eph 5:31 ἀντὶ τούτου καταλείψει ἄνθρωπος [τὸν] πατέρα καὶ [τὴν] μητέρα καὶ **προσκολληθήσεται** πρὸς τὴν γυναῖκα αὐτοῦ,

4682 πρόσκομμα [6]

√ *4639 + 3164*

Ro 9:32 ὅτι οὐκ ἐκ πίστεως ἀλλ' ὡς ἐξ ἔργων· προσέκοψαν τῷ λίθῳ τοῦ **προσκόμματος,**
9:33 Ἰδοὺ τίθημι ἐν Σιὼν λίθον **προσκόμματος** καὶ πέτραν σκανδάλου,
14:13 τὸ μὴ τιθέναι **πρόσκομμα** τῷ ἀδελφῷ ἢ σκάνδαλον.
14:20 ἀλλὰ κακὸν τῷ ἀνθρώπῳ τῷ διὰ **προσκόμματος** ἐσθίοντι.

1Co 8: 9 βλέπετε δὲ μή πως ἡ ἐξουσία ὑμῶν αὕτη **πρόσκομμα** γένηται τοῖς ἀσθενέσιν.

1Pe 2: 8 καὶ λίθος **προσκόμματος** καὶ πέτρα σκανδάλου· οἳ προσκόπτουσιν τῷ λόγῳ ἀπειθοῦντες εἰς ὃ καὶ ἐτέθησαν.

4683 προσκοπή [1]

√ *4639 + 3164*

2Co 6: 3 μηδεμίαν ἐν μηδενὶ διδόντες **προσκοπήν,** ἵνα μὴ μωμηθῇ ἡ διακονία,

4684 προσκόπτω [8]

√ *4639 + 3164*

Mt 4: 6 ὅτι Τοῖς ἀγγέλοις αὐτοῦ ἐντελεῖται περὶ σοῦ καὶ ἐπὶ χειρῶν ἀροῦσίν σε, μήποτε **προσκόψῃς** πρὸς λίθον τὸν πόδα σου.
7:27 καὶ κατέβη ἡ βροχὴ καὶ ἦλθον οἱ ποταμοὶ καὶ ἔπνευσαν οἱ ἄνεμοι καὶ **προσέκοψαν** τῇ οἰκίᾳ ἐκείνῃ,

Lk 4:11 καὶ ὅτι Ἐπὶ χειρῶν ἀροῦσίν σε, μήποτε **προσκόψῃς** πρὸς λίθον τὸν πόδα σου.

Jn 11: 9 ἐάν τις περιπατῇ ἐν τῇ ἡμέρᾳ, οὐ **προσκόπτει,**
11:10 **προσκόπτει,** ὅτι τὸ φῶς οὐκ ἔστιν ἐν αὐτῷ.

Ro 9:32 ὅτι οὐκ ἐκ πίστεως ἀλλ' ὡς ἐξ ἔργων· **προσέκοψαν** τῷ λίθῳ τοῦ προσκόμματος,
14:21 καλὸν τὸ μὴ φαγεῖν κρέα μηδὲ πιεῖν οἶνον μηδὲ ἐν ᾧ ὁ ἀδελφός σου **προσκόπτει.**

1Pe 2: 8 οἳ **προσκόπτουσιν** τῷ λόγῳ ἀπειθοῦντες εἰς ὃ καὶ ἐτέθησαν.

4685 προσκυλίω [2]

√ *4639 + 3244*

Mt 27:60 καὶ ἔθηκεν αὐτὸ ἐν τῷ καινῷ αὐτοῦ μνημείῳ ὃ ἐλατόμησεν ἐν τῇ πέτρᾳ καὶ **προσκυλίσας** λίθον μέγαν τῇ θύρᾳ τοῦ μνημείου ἀπῆλθεν.
Mk 15:46 καὶ ἀγοράσας σινδόνα καθελὼν αὐτὸν ἐνείλησεν τῇ σινδόνι καὶ ἔθηκεν αὐτὸν ἐν μνημείῳ ὃ ἦν λελατομημένον ἐκ πέτρας καὶ **προσεκύλισεν** λίθον ἐπὶ τὴν θύραν τοῦ μνημείου.

4686 προσκυνέω [60]

→ *4687; cf. 4639*

προσκυνέω ἔμπροσθεν [1] Rev 22:8

προσκυνέω ἐνώπιον [3] Lk 4:7; Rev 3:9; 15:4

Mt 2: 2 εἴδομεν γὰρ αὐτοῦ τὸν ἀστέρα ἐν τῇ ἀνατολῇ καὶ ἤλθομεν **προσκυνῆσαι** αὐτῷ.
2: 8 ἐπὰν δὲ εὕρητε, ἀπαγγείλατέ μοι, ὅπως κἀγὼ ἐλθὼν **προσκυνήσω** αὐτῷ.
2:11 καὶ πεσόντες **προσεκύνησαν** αὐτῷ καὶ ἀνοίξαντες τοὺς θησαυροὺς αὐτῶν προσήνεγκαν αὐτῷ δῶρα,
4: 9 Ταῦτά σοι πάντα δώσω, ἐὰν πεσὼν **προσκυνήσῃς** μοι.
4:10 Κύριον τὸν θεόν σου **προσκυνήσεις** καὶ αὐτῷ μόνῳ λατρεύσεις.
8: 2 καὶ ἰδοὺ λεπρὸς προσελθὼν **προσεκύνει** αὐτῷ λέγων, Κύριε,
9:18 Ταῦτα αὐτοῦ λαλοῦντος αὐτοῖς ἰδοὺ ἄρχων εἷς ἐλθὼν **προσεκύνει** αὐτῷ λέγων ὅτι Ἡ θυγάτηρ μου ἄρτι ἐτελεύτησεν·
14:33 οἱ δὲ ἐν τῷ πλοίῳ **προσεκύνησαν** αὐτῷ λέγοντες,
15:25 ἡ δὲ ἐλθοῦσα **προσεκύνει** αὐτῷ λέγουσα, Κύριε, βοήθει μοι.
18:26 πεσὼν οὖν ὁ δοῦλος **προσεκύνει** αὐτῷ λέγων, Μακροθύμησον ἐπ' ἐμοί,
20:20 Τότε προσῆλθεν αὐτῷ ἡ μήτηρ τῶν υἱῶν Ζεβεδαίου μετὰ τῶν υἱῶν αὐτῆς **προσκυνοῦσα** καὶ αἰτοῦσά τι ἀπ' αὐτοῦ.
28: 9 αἱ δὲ προσελθοῦσαι ἐκράτησαν αὐτοῦ τοὺς πόδας καὶ **προσεκύνησαν** αὐτῷ.
28:17 καὶ ἰδόντες αὐτὸν **προσεκύνησαν,** οἱ δὲ ἐδίστασαν.
Mk 5: 6 καὶ ἰδὼν τὸν Ἰησοῦν ἀπὸ μακρόθεν ἔδραμεν καὶ **προσεκύνησεν** αὐτῷ
15:19 καὶ ἔτυπτον αὐτοῦ τὴν κεφαλὴν καλάμῳ καὶ ἐνέπτυον αὐτῷ καὶ τιθέντες τὰ γόνατα **προσεκύνουν** αὐτῷ.
Lk 4: 7 σὺ οὖν ἐὰν **προσκυνήσῃς** ἐνώπιον ἐμοῦ, ἔσται σοῦ πᾶσα.
4: 8 Κύριον τὸν θεόν σου **προσκυνήσεις** καὶ αὐτῷ μόνῳ λατρεύσεις.
24:52 καὶ αὐτοὶ **προσκυνήσαντες** αὐτὸν ὑπέστρεψαν εἰς Ἰερουσαλὴμ μετὰ χαρᾶς μεγάλης
Jn 4:20 οἱ πατέρες ἡμῶν ἐν τῷ ὄρει τούτῳ **προσεκύνησαν·** καὶ ὑμεῖς λέγετε ὅτι ἐν Ἱεροσολύμοις ἐστὶν ὁ τόπος ὅπου **προσκυνεῖν** δεῖ.
4:21 ὅτι ἔρχεται ὥρα ὅτε οὔτε ἐν τῷ ὄρει τούτῳ οὔτε ἐν Ἱεροσολύμοις **προσκυνήσετε** τῷ πατρί.
4:22 ὑμεῖς **προσκυνεῖτε** ὃ οὐκ οἴδατε· ἡμεῖς **προσκυνοῦμεν** ὃ οἴδαμεν, ὅτι ἡ σωτηρία ἐκ τῶν Ἰουδαίων ἐστίν.
4:23 ὅτε οἱ ἀληθινοὶ προσκυνηταὶ **προσκυνήσουσιν** τῷ πατρὶ ἐν πνεύματι καὶ ἀληθείᾳ· καὶ γὰρ ὁ πατὴρ τοιούτους ζητεῖ τοὺς **προσκυνοῦντας** αὐτόν.
4:24 καὶ τοὺς **προσκυνοῦντας** αὐτὸν ἐν πνεύματι καὶ ἀληθείᾳ δεῖ **προσκυνεῖν.**
9:38 ὁ δὲ ἔφη, Πιστεύω, κύριε· καὶ **προσεκύνησεν** αὐτῷ.
12:20 Ἦσαν δὲ Ἕλληνές τινες ἐκ τῶν ἀναβαινόντων ἵνα **προσκυνήσωσιν** ἐν τῇ ἑορτῇ·
Ac 7:43 τοὺς τύπους οὓς ἐποιήσατε **προσκυνεῖν** αὐτοῖς, καὶ μετοικιῶ ὑμᾶς ἐπέκεινα Βαβυλῶνος.
8:27 ὃς ἦν ἐπὶ πάσης τῆς γάζης αὐτῆς, ὃς ἐληλύθει **προσκυνήσων** εἰς Ἰερουσαλήμ,
10:25 συναντήσας αὐτῷ ὁ Κορνήλιος πεσὼν ἐπὶ τοὺς πόδας **προσεκύνησεν.**
24:11 δυναμένου σου ἐπιγνῶναι ὅτι οὐ πλείους εἰσίν μοι ἡμέραι δώδεκα ἀφ' ἧς ἀνέβην **προσκυνήσων** εἰς Ἰερουσαλήμ.
1Co 14:25 καὶ οὕτως πεσὼν ἐπὶ πρόσωπον **προσκυνήσει** τῷ θεῷ ἀπαγγέλλων ὅτι Ὄντως ὁ θεὸς ἐν ὑμῖν ἐστιν.
Heb 1: 6 ὅταν δὲ πάλιν εἰσαγάγῃ τὸν πρωτότοκον εἰς τὴν οἰκουμένην, λέγει, Καὶ **προσκυνησάτωσαν** αὐτῷ πάντες ἄγγελοι θεοῦ.
11:21 Πίστει Ἰακὼβ ἀποθνῄσκων ἕκαστον τῶν υἱῶν Ἰωσὴφ εὐλόγησεν καὶ **προσεκύνησεν** ἐπὶ τὸ ἄκρον τῆς ῥάβδου αὐτοῦ.
Rev 3: 9 ἰδοὺ ποιήσω αὐτοὺς ἵνα ἥξουσιν καὶ **προσκυνήσουσιν** ἐνώπιον τῶν ποδῶν σου καὶ γνῶσιν ὅτι ἐγὼ ἠγάπησά σε.
4:10 καὶ **προσκυνήσουσιν** τῷ ζῶντι εἰς τοὺς αἰῶνας τῶν αἰώνων καὶ βαλοῦσιν τοὺς στεφάνους αὐτῶν ἐνώπιον τοῦ θρόνου λέγοντες,
5:14 καὶ τὰ τέσσαρα ζῷα ἔλεγον, Ἀμήν. καὶ οἱ πρεσβύτεροι ἔπεσαν καὶ **προσεκύνησαν.**
7:11 καὶ πάντες οἱ ἄγγελοι εἱστήκεισαν κύκλῳ τοῦ θρόνου καὶ τῶν πρεσβυτέρων καὶ τῶν τεσσάρων ζῴων καὶ ἔπεσαν ἐνώπιον τοῦ θρόνου ἐπὶ τὰ πρόσωπα αὐτῶν καὶ **προσεκύνησαν** τῷ θεῷ
9:20 ἵνα μὴ **προσκυνήσουσιν** τὰ δαιμόνια καὶ τὰ εἴδωλα τὰ χρυσᾶ καὶ τὰ ἀργυρᾶ καὶ τὰ χαλκᾶ καὶ τὰ λίθινα καὶ τὰ ξύλινα,
11: 1 Ἔγειρε καὶ μέτρησον τὸν ναὸν τοῦ θεοῦ καὶ τὸ θυσιαστήριον καὶ τοὺς **προσκυνοῦντας** ἐν αὐτῷ.
11:16 καὶ οἱ εἴκοσι τέσσαρες πρεσβύτεροι [οἱ] ἐνώπιον τοῦ θεοῦ καθήμενοι ἐπὶ τοὺς θρόνους αὐτῶν ἔπεσαν ἐπὶ τὰ πρόσωπα αὐτῶν καὶ **προσεκύνησαν** τῷ θεῷ
13: 4 καὶ **προσεκύνησαν** τῷ δράκοντι, ὅτι ἔδωκεν τὴν ἐξουσίαν τῷ θηρίῳ, καὶ **προσεκύνησαν** τῷ θηρίῳ λέγοντες,
13: 8 καὶ **προσκυνήσουσιν** αὐτὸν πάντες οἱ κατοικοῦντες ἐπὶ τῆς γῆς,
13:12 καὶ ποιεῖ τὴν γῆν καὶ τοὺς ἐν αὐτῇ κατοικοῦντας ἵνα **προσκυνήσουσιν** τὸ θηρίον τὸ πρῶτον,
13:15 ἵνα καὶ λαλήσῃ ἡ εἰκὼν τοῦ θηρίου καὶ ποιήσῃ [ἵνα] ὅσοι ἐὰν μὴ **προσκυνήσωσιν** τῇ εἰκόνι τοῦ θηρίου ἀποκτανθῶσιν.
14: 7 καὶ **προσκυνήσατε** τῷ ποιήσαντι τὸν οὐρανὸν καὶ τὴν γῆν καὶ θάλασσαν καὶ πηγὰς ὑδάτων.
14: 9 Εἴ τις **προσκυνεῖ** τὸ θηρίον καὶ τὴν εἰκόνα αὐτοῦ καὶ λαμβάνει χάραγμα ἐπὶ τοῦ μετώπου αὐτοῦ ἢ ἐπὶ τὴν χεῖρα αὐτοῦ,
14:11 καὶ οὐκ ἔχουσιν ἀνάπαυσιν ἡμέρας καὶ νυκτὸς οἱ **προσκυνοῦντες** τὸ θηρίον καὶ τὴν εἰκόνα αὐτοῦ
15: 4 ὅτι πάντα τὰ ἔθνη ἥξουσιν καὶ **προσκυνήσουσιν** ἐνώπιόν σου,
16: 2 ἕλκος κακὸν καὶ πονηρὸν ἐπὶ τοὺς ἀνθρώπους τοὺς ἔχοντας τὸ χάραγμα τοῦ θηρίου καὶ τοὺς **προσκυνοῦντας** τῇ εἰκόνι αὐτοῦ.
19: 4 καὶ ἔπεσαν οἱ πρεσβύτεροι οἱ εἴκοσι τέσσαρες καὶ τὰ τέσσαρα ζῷα καὶ **προσεκύνησαν** τῷ θεῷ τῷ καθημένῳ ἐπὶ τῷ θρόνῳ
19:10 καὶ ἔπεσα ἔμπροσθεν τῶν ποδῶν αὐτοῦ **προσκυνῆσαι** αὐτῷ. καὶ λέγει μοι, Ὅρα μή· σύνδουλός σού εἰμι καὶ τῶν ἀδελφῶν σου τῶν ἐχόντων τὴν μαρτυρίαν Ἰησοῦ· τῷ θεῷ **προσκύνησον.**
19:20 ἐν οἷς ἐπλάνησεν τοὺς λαβόντας τὸ χάραγμα τοῦ θηρίου καὶ τοὺς **προσκυνοῦντας** τῇ εἰκόνι αὐτοῦ·
20: 4 καὶ οἵτινες οὐ **προσεκύνησαν** τὸ θηρίον οὐδὲ τὴν εἰκόνα αὐτοῦ καὶ οὐκ ἔλαβον τὸ χάραγμα ἐπὶ τὸ μέτωπον καὶ ἐπὶ τὴν χεῖρα
22: 8 ἔπεσα **προσκυνῆσαι** ἔμπροσθεν τῶν ποδῶν τοῦ ἀγγέλου τοῦ δεικνύοντός μοι ταῦτα.
22: 9 σύνδουλός σού εἰμι καὶ τῶν ἀδελφῶν σου τῶν προφητῶν καὶ τῶν τηρούντων τοὺς λόγους τοῦ βιβλίου τούτου· τῷ θεῷ **προσκύνησον.**

4687 προσκυνητής [1]

√ *4686*

Jn 4:23 ὅτε οἱ ἀληθινοὶ **προσκυνηταὶ** προσκυνήσουσιν τῷ πατρὶ ἐν πνεύματι καὶ ἀληθείᾳ·

4688 προσλαλέω [2]

√ *4639 + 3281*

Ac 13:43 οἵτινες **προσλαλοῦντες** αὐτοῖς ἔπειθον αὐτοὺς προσμένειν τῇ χάριτι τοῦ θεοῦ.
28:20 διὰ ταύτην οὖν τὴν αἰτίαν παρεκάλεσα ὑμᾶς ἰδεῖν καὶ **προσλαλῆσαι,**

4689 προσλαμβάνω [12]

√ *4639 + 3284*

Mt 16:22 καὶ **προσλαβόμενος** αὐτὸν ὁ Πέτρος ἤρξατο ἐπιτιμᾶν αὐτῷ λέγων,
Mk 8:32 καὶ **προσλαβόμενος** ὁ Πέτρος αὐτὸν ἤρξατο ἐπιτιμᾶν αὐτῷ.
Ac 17: 5 Ζηλώσαντες δὲ οἱ Ἰουδαῖοι καὶ **προσλαβόμενοι** τῶν ἀγοραίων ἄνδρας τινὰς πονηροὺς καὶ ὀχλοποιήσαντες ἐθορύβουν
18:26 ἀκούσαντες δὲ αὐτοῦ Πρίσκιλλα καὶ Ἀκύλας **προσελάβοντο** αὐτὸν καὶ ἀκριβέστερον αὐτῷ ἐξέθεντο τὴν ὁδὸν [τοῦ θεοῦ.]
27:33 Τεσσαρεσκαιδεκάτην σήμερον ἡμέραν προσδοκῶντες ἄσιτοι διατελεῖτε μηθὲν **προσλαβόμενοι.**
27:36 εὔθυμοι δὲ γενόμενοι πάντες καὶ αὐτοὶ **προσελάβοντο** τροφῆς.
28: 2 ἅψαντες γὰρ πυρὰν **προσελάβοντο** πάντας ἡμᾶς διὰ τὸν ὑετὸν τὸν ἐφεστῶτα καὶ διὰ τὸ ψῦχος.

Ro 14: 1 Τὸν δὲ ἀσθενοῦντα τῇ πίστει **προσλαμβάνεσθε,** μὴ εἰς διακρίσεις διαλογισμῶν.
14: 3 ὁ δὲ μὴ ἐσθίων τὸν ἐσθίοντα μὴ κρινέτω, ὁ θεὸς γὰρ αὐτὸν **προσελάβετο.**
15: 7 Διὸ **προσλαμβάνεσθε** ἀλλήλους, καθὼς καὶ ὁ Χριστὸς **προσελάβετο** ὑμᾶς εἰς δόξαν τοῦ θεοῦ.
Phm 1:17 Εἰ οὖν με ἔχεις κοινωνόν, **προσλαβοῦ** αὐτὸν ὡς ἐμέ.

4690 προσλέγω Not used in UBS/NIV

√ *4639 + 3306*

4691 πρόσλημψις [1]

√ *4639 + 3284*

Ro 11:15 τίς ἡ **πρόσλημψις** εἰ μὴ ζωὴ ἐκ νεκρῶν;

4692 πρόσληψις Not used in UBS/NIV

√ *4639 + 3284*

4693 προσμένω [7]

√ *4639 + 3531*

Mt 15:32 ὅτι ἤδη ἡμέραι τρεῖς **προσμένουσίν** μοι καὶ οὐκ ἔχουσιν τί φάγωσιν·
Mk 8: 2 ὅτι ἤδη ἡμέραι τρεῖς **προσμένουσίν** μοι καὶ οὐκ ἔχουσιν τί φάγωσιν·
Ac 11:23 ἐχάρη καὶ παρεκάλει πάντας τῇ προθέσει τῆς καρδίας **προσμένειν** τῷ κυρίῳ,
13:43 οἵτινες προσλαλοῦντες αὐτοῖς ἔπειθον αὐτοὺς **προσμένειν** τῇ χάριτι τοῦ θεοῦ.
18:18 Ὁ δὲ Παῦλος ἔτι **προσμείνας** ἡμέρας ἱκανὰς τοῖς ἀδελφοῖς ἀποταξάμενος ἐξέπλει εἰς τὴν Συρίαν,
1Ti 1: 3 Καθὼς παρεκάλεσά σε **προσμεῖναι** ἐν Ἐφέσῳ πορευόμενος εἰς Μακεδονίαν,
5: 5 ἡ δὲ ὄντως χήρα καὶ μεμονωμένη ἤλπικεν ἐπὶ θεὸν καὶ **προσμένει** ταῖς δεήσεσιν καὶ ταῖς προσευχαῖς νυκτὸς καὶ ἡμέρας,

4694 προσορμίζω [1]

√ *4639 + 1649*

Mk 6:53 Καὶ διαπεράσαντες ἐπὶ τὴν γῆν ἦλθον εἰς Γεννησαρὲτ καὶ **προσωρμίσθησαν.**

4695 προσοφείλω [1]

√ *4639 + 4053*

Phm 1:19 ἵνα μὴ λέγω σοι ὅτι καὶ σεαυτόν μοι **προσοφείλεις.**

4696 προσοχθίζω [2]

√ *4639*

Heb 3:10 διὸ **προσώχθισα** τῇ γενεᾷ ταύτῃ καὶ εἶπον, Ἀεὶ πλανῶνται τῇ καρδίᾳ,
3:17 τίσιν δὲ **προσώχθισεν** τεσσεράκοντα ἔτη; οὐχὶ τοῖς ἁμαρτήσασιν,

4697 προσπαίω Not used in UBS/NIV

√ *4639 + 4091*

4698 πρόσπεινος [1]

√ *4639 + 4277*

Ac 10:10 ἐγένετο δὲ **πρόσπεινος** καὶ ἤθελεν γεύσασθαι. παρασκευαζόντων δὲ αὐτῶν ἐγένετο ἐπ᾽ αὐτὸν ἔκστασις

4699 προσπήγνυμι [1]

√ *4639 + 4381*

Ac 2:23 τοῦτον τῇ ὡρισμένῃ βουλῇ καὶ προγνώσει τοῦ θεοῦ ἔκδοτον διὰ χειρὸς ἀνόμων **προσπήξαντες** ἀνείλατε,

4700 προσπίπτω [8]

√ *4639 + 4406*

Mt 7:25 καὶ κατέβη ἡ βροχὴ καὶ ἦλθον οἱ ποταμοὶ καὶ ἔπνευσαν οἱ ἄνεμοι καὶ **προσέπεσαν** τῇ οἰκίᾳ ἐκείνῃ,
Mk 3:11 **προσέπιπτον** αὐτῷ καὶ ἔκραζον λέγοντες ὅτι Σὺ εἶ ὁ υἱὸς τοῦ θεοῦ.
5:33 ἦλθεν καὶ **προσέπεσεν** αὐτῷ καὶ εἶπεν αὐτῷ πᾶσαν τὴν ἀλήθειαν.
7:25 ἧς εἶχεν τὸ θυγάτριον αὐτῆς πνεῦμα ἀκάθαρτον, ἐλθοῦσα **προσέπεσεν** πρὸς τοὺς πόδας αὐτοῦ·
Lk 5: 8 ἰδὼν δὲ Σίμων Πέτρος **προσέπεσεν** τοῖς γόνασιν Ἰησοῦ λέγων,
8:28 ἰδὼν δὲ τὸν Ἰησοῦν ἀνακράξας **προσέπεσεν** αὐτῷ καὶ φωνῇ μεγάλῃ εἶπεν,
8:47 τρέμουσα ἦλθεν καὶ **προσπεσοῦσα** αὐτῷ δι᾽ ἣν αἰτίαν ἥψατο αὐτοῦ ἀπήγγειλεν ἐνώπιον παντὸς τοῦ λαοῦ καὶ ὡς ἰάθη
Ac 16:29 αἰτήσας δὲ φῶτα εἰσεπήδησεν καὶ ἔντρομος γενόμενος **προσέπεσεν** τῷ Παύλῳ καὶ [τῷ] Σιλᾷ

4701 προσποιέω [1]

√ *4639 + 4472*

Lk 24:28 Καὶ ἤγγισαν εἰς τὴν κώμην οὗ ἐπορεύοντο, καὶ αὐτὸς **προσεποιήσατο** πορρώτερον πορεύεσθαι.

4702 προσπορεύομαι [1]

√ *4639 + 4513*

Mk 10:35 Καὶ **προσπορεύονται** αὐτῷ Ἰάκωβος καὶ Ἰωάννης οἱ υἱοὶ Ζεβεδαίου λέγοντες αὐτῷ,

4703 προσρήγνυμι [2]

√ *4639 + 4838*

Lk 6:48 πλημμύρης δὲ γενομένης **προσέρηξεν** ὁ ποταμὸς τῇ οἰκίᾳ ἐκείνῃ,
6:49 ᾗ **προσέρηξεν** ὁ ποταμός, καὶ εὐθὺς συνέπεσεν καὶ ἐγένετο τὸ ῥῆγμα τῆς οἰκίας ἐκείνης μέγα.

4704 προσρήσσω Not used in UBS/NIV

√ *4639 + 4838*

4705 προστάσσω [7]

√ *4639 + 5435*

Mt 1:24 ἐγερθεὶς δὲ ὁ Ἰωσὴφ ἀπὸ τοῦ ὕπνου ἐποίησεν ὡς **προσέταξεν** αὐτῷ ὁ ἄγγελος κυρίου καὶ παρέλαβεν τὴν γυναῖκα αὐτοῦ,
8: 4 ἀλλὰ ὕπαγε σεαυτὸν δεῖξον τῷ ἱερεῖ καὶ προσένεγκον τὸ δῶρον ὃ **προσέταξεν** Μωϋσῆς,
Mk 1:44 ἀλλὰ ὕπαγε σεαυτὸν δεῖξον τῷ ἱερεῖ καὶ προσένεγκε περὶ τοῦ καθαρισμοῦ σου ἃ **προσέταξεν** Μωϋσῆς,
Lk 5:14 ἀλλὰ ἀπελθὼν δεῖξον σεαυτὸν τῷ ἱερεῖ καὶ προσένεγκε περὶ τοῦ καθαρισμοῦ σου καθὼς **προσέταξεν** Μωϋσῆς,
Ac 10:33 νῦν οὖν πάντες ἡμεῖς ἐνώπιον τοῦ θεοῦ πάρεσμεν ἀκοῦσαι πάντα τὰ **προστεταγμένα** σοι ὑπὸ τοῦ κυρίου.
10:48 **προσέταξεν** δὲ αὐτοὺς ἐν τῷ ὀνόματι Ἰησοῦ Χριστοῦ βαπτισθῆναι.
17:26 ὁρίσας **προστεταγμένους** καιροὺς καὶ τὰς ὁροθεσίας τῆς κατοικίας αὐτῶν

4706 προστάτις [1]

√ *4574 + 2705*

Ro 16: 2 καὶ γὰρ αὐτὴ **προστάτις** πολλῶν ἐγενήθη καὶ ἐμοῦ αὐτοῦ.

4707 προστίθημι [18]

√ *4639 + 5502*

seq. infinitive [3] Lk 20:11,12; Ac 12:3

Mt 6:27 τίς δὲ ἐξ ὑμῶν μεριμνῶν δύναται **προσθεῖναι** ἐπὶ τὴν ἡλικίαν αὐτοῦ πῆχυν ἕνα;
6:33 ζητεῖτε δὲ πρῶτον τὴν βασιλείαν [τοῦ θεοῦ] καὶ τὴν δικαιοσύνην αὐτοῦ, καὶ ταῦτα πάντα **προστεθήσεται** ὑμῖν.

Mk 4:24 ἐν ᾧ μέτρῳ μετρεῖτε μετρηθήσεται ὑμῖν καὶ **προστεθήσεται** ὑμῖν.
Lk 3:20 **προσέθηκεν** καὶ τοῦτο ἐπὶ πᾶσιν [καὶ] κατέκλεισεν τὸν Ἰωάννην ἐν φυλακῇ.
12:25 τίς δὲ ἐξ ὑμῶν μεριμνῶν δύναται ἐπὶ τὴν ἡλικίαν αὐτοῦ **προσθεῖναι** πῆχυν;
12:31 πλὴν ζητεῖτε τὴν βασιλείαν αὐτοῦ, καὶ ταῦτα **προστεθήσεται** ὑμῖν.
17: 5 Καὶ εἶπαν οἱ ἀπόστολοι τῷ κυρίῳ, **Πρόσθες** ἡμῖν πίστιν.
19:11 Ἀκουόντων δὲ αὐτῶν ταῦτα **προσθεὶς** εἶπεν παραβολὴν διὰ τὸ ἐγγὺς εἶναι Ἰερουσαλὴμ αὐτὸν καὶ δοκεῖν αὐτοὺς ὅτι παραχρῆμα μέλλει ἡ βασιλεία τοῦ θεοῦ ἀναφαίνεσθαι.
20:11 καὶ **προσέθετο** ἕτερον πέμψαι δοῦλον· οἱ δὲ κἀκεῖνον δείραντες καὶ ἀτιμάσαντες ἐξαπέστειλαν κενόν.
20:12 καὶ **προσέθετο** τρίτον πέμψαι· οἱ δὲ καὶ τοῦτον τραυματίσαντες ἐξέβαλον.
Ac 2:41 οἱ μὲν οὖν ἀποδεξάμενοι τὸν λόγον αὐτοῦ ἐβαπτίσθησαν καὶ **προσετέθησαν** ἐν τῇ ἡμέρᾳ ἐκείνῃ ψυχαὶ ὡσεὶ τρισχίλιαι.
2:47 ὁ δὲ κύριος **προσετίθει** τοὺς σῳζομένους καθ' ἡμέραν ἐπὶ τὸ αὐτό.
5:14 μᾶλλον δὲ **προσετίθεντο** πιστεύοντες τῷ κυρίῳ, πλήθη ἀνδρῶν τε καὶ γυναικῶν,
11:24 ὅτι ἦν ἀνὴρ ἀγαθὸς καὶ πλήρης πνεύματος ἁγίου καὶ πίστεως. καὶ **προσετέθη** ὄχλος ἱκανὸς τῷ κυρίῳ.
12: 3 ἰδὼν δὲ ὅτι ἀρεστόν ἐστιν τοῖς Ἰουδαίοις **προσέθετο** συλλαβεῖν καὶ Πέτρον,–
13:36 Δαυὶδ μὲν γὰρ ἰδίᾳ γενεᾷ ὑπηρετήσας τῇ τοῦ θεοῦ βουλῇ ἐκοιμήθη καὶ **προσετέθη** πρὸς τοὺς πατέρας αὐτοῦ
Gal 3:19 τῶν παραβάσεων χάριν **προσετέθη,** ἄχρις οὗ ἔλθῃ τὸ σπέρμα ᾧ ἐπήγγελται,
Heb 12:19 ἧς οἱ ἀκούσαντες παρῃτήσαντο μὴ **προστεθῆναι** αὐτοῖς λόγον,

4708 προστρέχω [3]

√ *4639 + 5556*

Mk 9:15 καὶ εὐθὺς πᾶς ὁ ὄχλος ἰδόντες αὐτὸν ἐξεθαμβήθησαν καὶ **προστρέχοντες** ἠσπάζοντο αὐτόν.
10:17 Καὶ ἐκπορευομένου αὐτοῦ εἰς ὁδὸν **προσδραμὼν** εἷς καὶ γονυπετήσας αὐτὸν ἐπηρώτα αὐτόν,
Ac 8:30 **προσδραμὼν** δὲ ὁ **Φίλιππος** ἤκουσεν αὐτοῦ ἀναγινώσκοντος Ἠσαΐαν τὸν προφήτην καὶ εἶπεν,

4709 προσφάγιον [1]

√ *4639 + 5741*

Jn 21: 5 λέγει οὖν αὐτοῖς [ὁ] Ἰησοῦς, Παιδία, μή τι **προσφάγιον** ἔχετε;

4710 πρόσφατος [1]

√ *4574 + 5777 (or) 5840*

Heb 10:20 ἣν ἐνεκαίνισεν ἡμῖν ὁδὸν **πρόσφατον** καὶ ζῶσαν διὰ τοῦ καταπετάσματος,

4711 προσφάτως [1]

√ *4574 + 5777 (or) 5840*

Ac 18: 2 Ποντικὸν τῷ γένει **προσφάτως** ἐληλυθότα ἀπὸ τῆς Ἰταλίας καὶ Πρίσκιλλαν γυναῖκα αὐτοῦ,

4712 προσφέρω [47]

√ *4639 + 5770*

προσφέρω δῶρον [8] Mt 2:11; 5:23,24; 8:4; Heb 5:1; 8:3,4; 9:9

προσφέρω θυσίαν [8] Ac 7:42; Heb 5:1; 8:3; 9:9; 10:1,11,12; 11:4

προσφέρω λατρείαν [1] Jn 16:2

προσφέρω περί [3] Mk 1:44; Lk 5:14; Heb 5:3

προσφέρω ... προσφορά [1] Ac 21:26

προσφέρω ὑπέρ [3] Ac 21:26; Heb 5:1; 9:7

Mt 2:11 καὶ πεσόντες προσεκύνησαν αὐτῷ καὶ ἀνοίξαντες τοὺς θησαυροὺς αὐτῶν **προσήνεγκαν** αὐτῷ δῶρα,
4:24 καὶ **προσήνεγκαν** αὐτῷ πάντας τοὺς κακῶς ἔχοντας ποικίλαις νόσοις καὶ βασάνοις συνεχομένους [καὶ] δαιμονιζομένους
5:23 ἐὰν οὖν **προσφέρῃς** τὸ δῶρόν σου ἐπὶ τὸ θυσιαστήριον κἀκεῖ μνησθῇς ὅτι ὁ ἀδελφός σου ἔχει τι κατὰ σοῦ,
5:24 ἄφες ἐκεῖ τὸ δῶρόν σου ἔμπροσθεν τοῦ θυσιαστηρίου καὶ ὕπαγε πρῶτον διαλλάγηθι τῷ ἀδελφῷ σου, καὶ τότε ἐλθὼν **πρόσφερε** τὸ δῶρόν σου.
8: 4 ἀλλὰ ὕπαγε σεαυτὸν δεῖξον τῷ ἱερεῖ καὶ **προσένεγκον** τὸ δῶρον ὃ προσέταξεν Μωϋσῆς,
8:16 Ὀψίας δὲ γενομένης **προσήνεγκαν** αὐτῷ δαιμονιζομένους πολλούς· καὶ ἐξέβαλεν τὰ πνεύματα λόγῳ
9: 2 καὶ ἰδοὺ **προσέφερον** αὐτῷ παραλυτικὸν ἐπὶ κλίνης βεβλημένον.
9:32 Αὐτῶν δὲ ἐξερχομένων ἰδοὺ **προσήνεγκαν** αὐτῷ ἄνθρωπον κωφὸν δαιμονιζόμενον.
12:22 Τότε **προσηνέχθη** [UBS; NIV **προσήνεγκαν** αὐτῷ δαιμονιζόμενον τυφλὸν καὶ κωφόν,] αὐτῷ δαιμονιζόμενος τυφλὸς καὶ κωφός, καὶ ἐθεράπευσεν αὐτόν,
14:35 ἀπέστειλαν εἰς ὅλην τὴν περίχωρον ἐκείνην καὶ **προσήνεγκαν** αὐτῷ πάντας τοὺς κακῶς ἔχοντας
17:16 καὶ **προσήνεγκα** αὐτὸν τοῖς μαθηταῖς σου, καὶ οὐκ ἠδυνήθησαν αὐτὸν θεραπεῦσαι.
18:24 ἀρξαμένου δὲ αὐτοῦ συναίρειν **προσηνέχθη** αὐτῷ εἷς ὀφειλέτης μυρίων ταλάντων.
19:13 Τότε **προσηνέχθησαν** αὐτῷ παιδία ἵνα τὰς χεῖρας ἐπιθῇ αὐτοῖς καὶ προσεύξηται·
22:19 ἐπιδείξατέ μοι τὸ νόμισμα τοῦ κήνσου. οἱ δὲ **προσήνεγκαν** αὐτῷ δηνάριον.
25:20 καὶ προσελθὼν ὁ τὰ πέντε τάλαντα λαβὼν **προσήνεγκεν** ἄλλα πέντε τάλαντα λέγων,
Mk 1:44 ἀλλὰ ὕπαγε σεαυτὸν δεῖξον τῷ ἱερεῖ καὶ **προσένεγκε** περὶ τοῦ καθαρισμοῦ σου ἃ προσέταξεν Μωϋσῆς,
2: 4 καὶ μὴ δυνάμενοι **προσενέγκαι** αὐτῷ διὰ τὸν ὄχλον ἀπεστέγασαν τὴν στέγην ὅπου ἦν,
10:13 Καὶ **προσέφερον** αὐτῷ παιδία ἵνα αὐτῶν ἅψηται· οἱ δὲ μαθηταὶ ἐπετίμησαν αὐτοῖς.
Lk 5:14 ἀλλὰ ἀπελθὼν δεῖξον σεαυτὸν τῷ ἱερεῖ καὶ **προσένεγκε** περὶ τοῦ καθαρισμοῦ σου καθὼς προσέταξεν Μωϋσῆς,
18:15 **Προσέφερον** δὲ αὐτῷ καὶ τὰ βρέφη ἵνα αὐτῶν ἅπτηται·
23:14 **Προσηνέγκατέ** μοι τὸν ἄνθρωπον τοῦτον ὡς ἀποστρέφοντα τὸν λαόν,
23:36 ἐνέπαιξαν δὲ αὐτῷ καὶ οἱ στρατιῶται προσερχόμενοι, ὄξος **προσφέροντες** αὐτῷ
Jn 16: 2 ἀλλ' ἔρχεται ὥρα ἵνα πᾶς ὁ ἀποκτείνας ὑμᾶς δόξῃ λατρείαν **προσφέρειν** τῷ θεῷ.
19:29 σπόγγον οὖν μεστὸν τοῦ ὄξους ὑσσώπῳ περιθέντες **προσήνεγκαν** αὐτοῦ τῷ στόματι.
Ac 7:42 Μὴ σφάγια καὶ θυσίας **προσηνέγκατέ** μοι ἔτη τεσσεράκοντα ἐν τῇ ἐρήμῳ,
8:18 ἰδὼν δὲ ὁ Σίμων ὅτι διὰ τῆς ἐπιθέσεως τῶν χειρῶν τῶν ἀποστόλων δίδοται τὸ πνεῦμα, **προσήνεγκεν** αὐτοῖς χρήματα
21:26 εἰσῄει εἰς τὸ ἱερὸν διαγγέλλων τὴν ἐκπλήρωσιν τῶν ἡμερῶν τοῦ ἁγνισμοῦ ἕως οὗ **προσηνέχθη** ὑπὲρ ἑνὸς ἑκάστου αὐτῶν ἡ προσφορά.
Heb 5: 1 ἵνα **προσφέρῃ** δῶρά τε καὶ θυσίας ὑπὲρ ἁμαρτιῶν,
5: 3 καθὼς περὶ τοῦ λαοῦ, οὕτως καὶ περὶ αὐτοῦ **προσφέρειν** περὶ ἁμαρτιῶν.
5: 7 δεήσεις τε καὶ ἱκετηρίας πρὸς τὸν δυνάμενον σῴζειν αὐτὸν ἐκ θανάτου μετὰ κραυγῆς ἰσχυρᾶς καὶ δακρύων **προσενέγκας** καὶ εἰσακουσθεὶς ἀπὸ τῆς εὐλαβείας,
8: 3 πᾶς γὰρ ἀρχιερεὺς εἰς τὸ **προσφέρειν** δῶρά τε καὶ θυσίας καθίσταται· ὅθεν ἀναγκαῖον ἔχειν τι καὶ τοῦτον ὃ **προσενέγκῃ.**
8: 4 οὐδ' ἂν ἦν ἱερεύς, ὄντων τῶν **προσφερόντων** κατὰ νόμον τὰ δῶρα·
9: 7 οὐ χωρὶς αἵματος ὃ **προσφέρει** ὑπὲρ ἑαυτοῦ καὶ τῶν τοῦ λαοῦ ἀγνοημάτων,
9: 9 καθ' ἣν δῶρά τε καὶ θυσίαι **προσφέρονται** μὴ δυνάμεναι κατὰ συνείδησιν τελειῶσαι τὸν λατρεύοντα,
9:14 ὃς διὰ πνεύματος αἰωνίου ἑαυτὸν **προσήνεγκεν** ἄμωμον τῷ θεῷ,
9:25 οὐδ' ἵνα πολλάκις **προσφέρῃ** ἑαυτόν, ὥσπερ ὁ ἀρχιερεὺς εἰσέρχεται εἰς τὰ ἅγια κατ' ἐνιαυτὸν ἐν αἵματι ἀλλοτρίῳ,
9:28 οὕτως καὶ ὁ Χριστὸς ἅπαξ **προσενεχθεὶς** εἰς τὸ πολλῶν ἀνενεγκεῖν ἁμαρτίας,
10: 1 κατ' ἐνιαυτὸν ταῖς αὐταῖς θυσίαις ἃς **προσφέρουσιν** εἰς τὸ διηνεκὲς οὐδέποτε δύναται τοὺς προσερχομένους τελειῶσαι·

10: 2 ἐπεὶ οὐκ ἂν ἐπαύσαντο **προσφερόμεναι** διὰ τὸ μηδεμίαν ἔχειν ἔτι συνείδησιν ἁμαρτιῶν τοὺς λατρεύοντας ἅπαξ κεκαθαρισμένους;
10: 8 ἀνώτερον λέγων ὅτι Θυσίας καὶ προσφορὰς καὶ ὁλοκαυτώματα καὶ περὶ ἁμαρτίας οὐκ ἠθέλησας οὐδὲ εὐδόκησας, αἵτινες κατὰ νόμον **προσφέρονται,**
10: 11 Καὶ πᾶς μὲν ἱερεὺς ἕστηκεν καθ᾽ ἡμέραν λειτουργῶν καὶ τὰς αὐτὰς πολλάκις **προσφέρων** θυσίας,
10: 12 οὗτος δὲ μίαν ὑπὲρ ἁμαρτιῶν **προσενέγκας** θυσίαν εἰς τὸ διηνεκὲς ἐκάθισεν ἐν δεξιᾷ τοῦ θεοῦ,
11: 4 Πίστει πλείονα θυσίαν Ἅβελ παρὰ Κάϊν **προσήνεγκεν** τῷ θεῷ,
11: 17 Πίστει **προσενήνοχεν** Ἀβραὰμ τὸν Ἰσαὰκ πειραζόμενος καὶ τὸν μονογενῆ **προσέφερεν,**
12: 7 εἰς παιδείαν ὑπομένετε, ὡς υἱοῖς ὑμῖν **προσφέρεται** ὁ θεός.

4713 προσφιλής [1]

√ *4639 + 5813*

Php 4: 8 ὅσα δίκαια, ὅσα ἁγνά, ὅσα **προσφιλῆ,** ὅσα εὔφημα,

4714 προσφορά [9]

√ *4639 + 5770*

προσφέρω ... προσφορά [1] Ac 21:26

Ac 21: 26 εἰσῄει εἰς τὸ ἱερὸν διαγγέλλων τὴν ἐκπλήρωσιν τῶν ἡμερῶν τοῦ ἁγνισμοῦ ἕως οὗ προσηνέχθη ὑπὲρ ἑνὸς ἑκάστου αὐτῶν ἡ **προσφορά.**
24: 17 δι᾽ ἐτῶν δὲ πλειόνων ἐλεημοσύνας ποιήσων εἰς τὸ ἔθνος μου παρεγενόμην καὶ **προσφοράς,**
Ro 15: 16 ἵνα γένηται ἡ **προσφορὰ** τῶν ἐθνῶν εὐπρόσδεκτος, ἡγιασμένη ἐν πνεύματι ἁγίῳ.
Eph 5: 2 καθὼς καὶ ὁ Χριστὸς ἠγάπησεν ἡμᾶς καὶ παρέδωκεν ἑαυτὸν ὑπὲρ ἡμῶν **προσφορὰν** καὶ θυσίαν τῷ θεῷ εἰς ὀσμὴν εὐωδίας.
Heb 10: 5 Θυσίαν καὶ **προσφορὰν** οὐκ ἠθέλησας, σῶμα δὲ κατηρτίσω μοι·
10: 8 ἀνώτερον λέγων ὅτι Θυσίας καὶ **προσφορὰς** καὶ ὁλοκαυτώματα καὶ περὶ ἁμαρτίας οὐκ ἠθέλησας οὐδὲ εὐδόκησας,
10: 10 ἐν ᾧ θελήματι ἡγιασμένοι ἐσμὲν διὰ τῆς **προσφορᾶς** τοῦ σώματος Ἰησοῦ Χριστοῦ ἐφάπαξ.
10: 14 μιᾷ γὰρ **προσφορᾷ** τετελείωκεν εἰς τὸ διηνεκὲς τοὺς ἁγιαζομένους.
10: 18 ὅπου δὲ ἄφεσις τούτων, οὐκέτι **προσφορὰ** περὶ ἁμαρτίας.

4715 προσφωνέω [7]

√ *4639 + 5889*

Mt 11: 16 ὁμοία ἐστὶν παιδίοις καθημένοις ἐν ταῖς ἀγοραῖς ἃ **προσφωνοῦντα** τοῖς ἑτέροις
Lk 6: 13 καὶ ὅτε ἐγένετο ἡμέρα, **προσεφώνησεν** τοὺς μαθητὰς αὐτοῦ,
7: 32 ὅμοιοί εἰσιν παιδίοις τοῖς ἐν ἀγορᾷ καθημένοις καὶ **προσφωνοῦσιν** ἀλλήλοις ἃ λέγει,
13: 12 ἰδὼν δὲ αὐτὴν ὁ Ἰησοῦς **προσεφώνησεν** καὶ εἶπεν αὐτῇ,
23: 20 πάλιν δὲ ὁ Πιλᾶτος **προσεφώνησεν** αὐτοῖς θέλων ἀπολῦσαι τὸν Ἰησοῦν.
Ac 21: 40 πολλῆς δὲ σιγῆς γενομένης **προσεφώνησεν** τῇ Ἑβραΐδι διαλέκτῳ λέγων,
22: 2 ἀκούσαντες δὲ ὅτι τῇ Ἑβραΐδι διαλέκτῳ **προσεφώνει** αὐτοῖς,

4716 προσχαίρω Not used in UBS/NIV

√ *4639 + 5897*

4717 πρόσχυσις [1]

√ *1772; cf. 4639*

Heb 11: 28 Πίστει πεποίηκεν τὸ πάσχα καὶ τὴν **πρόσχυσιν** τοῦ αἵματος,

4718 προσψαύω [1]

√ *4639 + 6041*

Lk 11: 46 καὶ αὐτοὶ ἑνὶ τῶν δακτύλων ὑμῶν οὐ **προσψαύετε** τοῖς φορτίοις.

4719 προσωπολημπτέω [1]

√ *4725 + 3284*

Jas 2: 9 εἰ δὲ **προσωπολημπτεῖτε,** ἁμαρτίαν ἐργάζεσθε ἐλεγχόμενοι ὑπὸ τοῦ νόμου ὡς παραβάται.

4720 προσωπολήμπτης [1]

√ *4725 + 3284*

Ac 10: 34 Ἀνοίξας δὲ Πέτρος τὸ στόμα εἶπεν, Ἐπ᾽ ἀληθείας καταλαμβάνομαι ὅτι οὐκ ἔστιν **προσωπολήμπτης** ὁ θεός,

4721 προσωπολημψία [4]

√ *4725 + 3284*

Ro 2: 11 οὐ γάρ ἐστιν **προσωπολημψία** παρὰ τῷ θεῷ.
Eph 6: 9 εἰδότες ὅτι καὶ αὐτῶν καὶ ὑμῶν ὁ κύριός ἐστιν ἐν οὐρανοῖς καὶ **προσωπολημψία** οὐκ ἔστιν παρ᾽ αὐτῷ.
Col 3: 25 ὁ γὰρ ἀδικῶν κομίσεται ὃ ἠδίκησεν, καὶ οὐκ ἔστιν **προσωπολημψία.**
Jas 2: 1 μὴ ἐν **προσωπολημψίαις** ἔχετε τὴν πίστιν τοῦ κυρίου ἡμῶν Ἰησοῦ Χριστοῦ τῆς δόξης.

4722 προσωποληπτέω Not used in UBS/NIV

√ *4725 + 3284*

4723 προσωπολήπτης Not used in UBS/NIV

√ *4725 + 3284*

4724 προσωποληψία Not used in UBS/NIV

√ *4725 + 3284*

4725 πρόσωπον [76]

→ *719, 2349, 4719, 4720, 4721, 4722, 4723, 4724; cf. 4639 + 3972*

ἀπὸ προσώπου [7] Ac 3:20; 5:41; 7:45; 2Th 1:9; Rev 6:16; 12:14; 20:11

βλέπω εἰς πρόσωπον ἀνθρώπων [2] Mt 22:16; Mk 12:14

βλέπω πρόσωπον [2] Mt 18:10; 2Co 10:7

θαυμάζοντες πρόσωπα [1] Jude 1:16

κατὰ πρόσωπον [6] Lk 2:31; Ac 3:13; 25:16; 2Co 10:1,7; Gal 2:11

λαμβάνω πρόσωπον [2] Lk 20:21; Gal 2:6

πρὸ προσώπου [6] Mt 11:10; Mk 1:2; Lk 7:27; 9:52; 10:1; Ac 13:24

πρόσωπον θεοῦ [1] Heb 9:24

πρόσωπον ... καρδία [2] 2Co 5:12; 1Th 2:17

πρόσωπον κυρίου [3] Ac 3:20; 2Th 1:9; 1Pe 3:12

πρόσωπον πρὸς πρόσωπον [1] 1Co 13:12

στηρίζω τὸ πρόσωπον [1] Lk 9:51

Mt 6: 16 ἀφανίζουσιν γὰρ τὰ **πρόσωπα** αὐτῶν ὅπως φανῶσιν τοῖς ἀνθρώποις νηστεύοντες·
6: 17 σὺ δὲ νηστεύων ἄλειψαί σου τὴν κεφαλὴν καὶ τὸ **πρόσωπόν** σου νίψαι,
11: 10 Ἰδοὺ ἐγὼ ἀποστέλλω τὸν ἄγγελόν μου πρὸ **προσώπου** σου,
16: 3 [τὸ μὲν **πρόσωπον** τοῦ οὐρανοῦ γινώσκετε διακρίνειν, τὰ δὲ σημεῖα τῶν καιρῶν οὐ δύνασθε;]
17: 2 καὶ ἔλαμψεν τὸ **πρόσωπον** αὐτοῦ ὡς ὁ ἥλιος,
17: 6 καὶ ἀκούσαντες οἱ μαθηταὶ ἔπεσαν ἐπὶ **πρόσωπον** αὐτῶν καὶ ἐφοβήθησαν σφόδρα.
18: 10 λέγω γὰρ ὑμῖν ὅτι οἱ ἄγγελοι αὐτῶν ἐν οὐρανοῖς διὰ παντὸς βλέπουσι τὸ **πρόσωπον** τοῦ πατρός μου τοῦ ἐν οὐρανοῖς.
22: 16 καὶ τὴν ὁδὸν τοῦ θεοῦ ἐν ἀληθείᾳ διδάσκεις καὶ οὐ μέλει σοι περὶ οὐδενός· οὐ γὰρ βλέπεις εἰς **πρόσωπον** ἀνθρώπων.
26: 39 καὶ προελθὼν μικρὸν ἔπεσεν ἐπὶ **πρόσωπον** αὐτοῦ προσευχόμενος καὶ λέγων,

26:67 Τότε ἐνέπτυσαν εἰς τὸ **πρόσωπον** αὐτοῦ καὶ ἐκολάφισαν αὐτόν,
Mk 1: 2 Ἰδοὺ ἀποστέλλω τὸν ἄγγελόν μου πρὸ **προσώπου** σου,
12:14 οὐ γὰρ βλέπεις εἰς **πρόσωπον** ἀνθρώπων, ἀλλ' ἐπ' ἀληθείας τὴν ὁδὸν τοῦ θεοῦ διδάσκεις·
14:65 Καὶ ἤρξαντό τινες ἐμπτύειν αὐτῷ καὶ περικαλύπτειν αὐτοῦ τὸ **πρόσωπον** καὶ κολαφίζειν αὐτὸν καὶ λέγειν αὐτῷ,
Lk 2:31 ὃ ἡτοίμασας κατὰ **πρόσωπον** πάντων τῶν λαῶν,
5:12 ἰδὼν δὲ τὸν Ἰησοῦν, πεσὼν ἐπὶ **πρόσωπον** ἐδεήθη αὐτοῦ λέγων, Κύριε,
7:27 Ἰδοὺ ἀποστέλλω τὸν ἄγγελόν μου πρὸ **προσώπου** σου,
9:29 καὶ ἐγένετο ἐν τῷ προσεύχεσθαι αὐτὸν τὸ εἶδος τοῦ **προσώπου** αὐτοῦ ἕτερον καὶ ὁ ἱματισμὸς αὐτοῦ λευκὸς ἐξαστράπτων.
9:51 ἐν τῷ συμπληροῦσθαι τὰς ἡμέρας τῆς ἀναλήμψεως αὐτοῦ καὶ αὐτὸς τὸ **πρόσωπον** ἐστήρισεν τοῦ πορεύεσθαι εἰς Ἰερουσαλήμ.
9:52 ἀπέστειλεν ἀγγέλους πρὸ **προσώπου** αὐτοῦ. καὶ πορευθέντες εἰσῆλθον εἰς κώμην Σαμαριτῶν ὡς ἑτοιμάσαι αὐτῷ·
9:53 ὅτι τὸ **πρόσωπον** αὐτοῦ ἦν πορευόμενον εἰς Ἰερουσαλήμ.
10: 1 καὶ ἀπέστειλεν αὐτοὺς ἀνὰ δύο [δύο] πρὸ **προσώπου** αὐτοῦ εἰς πᾶσαν πόλιν καὶ τόπον οὗ ἤμελλεν αὐτὸς ἔρχεσθαι.
12:56 τὸ **πρόσωπον** τῆς γῆς καὶ τοῦ οὐρανοῦ οἴδατε δοκιμάζειν,
17:16 καὶ ἔπεσεν ἐπὶ **πρόσωπον** παρὰ τοὺς πόδας αὐτοῦ εὐχαριστῶν αὐτῷ·
20:21 οἴδαμεν ὅτι ὀρθῶς λέγεις καὶ διδάσκεις καὶ οὐ λαμβάνεις **πρόσωπον,**
21:35 ἐπεισελεύσεται γὰρ ἐπὶ πάντας τοὺς καθημένους ἐπὶ **πρόσωπον** πάσης τῆς γῆς.
24: 5 ἐμφόβων δὲ γενομένων αὐτῶν καὶ κλινουσῶν τὰ **πρόσωπα** εἰς τὴν γῆν εἶπαν πρὸς αὐτάς,
Ac 2:28 ἐγνώρισάς μοι ὁδοὺς ζωῆς, πληρώσεις με εὐφροσύνης μετὰ τοῦ **προσώπου** σου.
3:13 ἐδόξασεν τὸν παῖδα αὐτοῦ Ἰησοῦν ὃν ὑμεῖς μὲν παρεδώκατε καὶ ἠρνήσασθε κατὰ **πρόσωπον** Πιλάτου,
3:20 ὅπως ἂν ἔλθωσιν καιροὶ ἀναψύξεως ἀπὸ **προσώπου** τοῦ κυρίου καὶ ἀποστείλῃ τὸν προκεχειρισμένον ὑμῖν Χριστόν Ἰησοῦν,
5:41 Οἱ μὲν οὖν ἐπορεύοντο χαίροντες ἀπὸ **προσώπου** τοῦ συνεδρίου,
6:15 καὶ ἀτενίσαντες εἰς αὐτὸν πάντες οἱ καθεζόμενοι ἐν τῷ συνεδρίῳ εἶδον τὸ **πρόσωπον** αὐτοῦ ὡσεὶ **πρόσωπον** ἀγγέλου.
7:45 ὧν ἐξῶσεν ὁ θεὸς ἀπὸ **προσώπου** τῶν πατέρων ἡμῶν ἕως τῶν ἡμερῶν Δαυίδ,
13:24 προκηρύξαντος Ἰωάννου πρὸ **προσώπου** τῆς εἰσόδου αὐτοῦ βάπτισμα μετανοίας παντὶ τῷ λαῷ Ἰσραήλ.
17:26 ἐποίησέν τε ἐξ ἑνὸς πᾶν ἔθνος ἀνθρώπων κατοικεῖν ἐπὶ παντὸς **προσώπου** τῆς γῆς,
20:25 Καὶ νῦν ἰδοὺ ἐγὼ οἶδα ὅτι οὐκέτι ὄψεσθε τὸ **πρόσωπόν** μου ὑμεῖς πάντες ἐν οἷς διῆλθον κηρύσσων τὴν βασιλείαν.
20:38 ὀδυνώμενοι μάλιστα ἐπὶ τῷ λόγῳ ᾧ εἰρήκει, ὅτι οὐκέτι μέλλουσιν τὸ **πρόσωπον** αὐτοῦ θεωρεῖν.
25:16 οὐκ ἔστιν ἔθος Ῥωμαίοις χαρίζεσθαί τινα ἄνθρωπον πρὶν ἢ ὁ κατηγορούμενος κατὰ **πρόσωπον** ἔχοι τοὺς κατηγόρους τόπον τε ἀπολογίας λάβοι περὶ τοῦ ἐγκλήματος.
1Co 13:12 βλέπομεν γὰρ ἄρτι δι' ἐσόπτρου ἐν αἰνίγματι, τότε δὲ **πρόσωπον** πρὸς **πρόσωπον·**
14:25 καὶ οὕτως πεσὼν ἐπὶ **πρόσωπον** προσκυνήσει τῷ θεῷ ἀπαγγέλλων ὅτι Ὄντως ὁ θεὸς ἐν ὑμῖν ἐστιν.
2Co 1:11 ἵνα ἐκ πολλῶν **προσώπων** τὸ εἰς ἡμᾶς χάρισμα διὰ πολλῶν εὐχαριστηθῇ ὑπὲρ ἡμῶν.
2:10 εἴ τι κεχάρισμαι, δι' ὑμᾶς ἐν **προσώπῳ** Χριστοῦ,
3: 7 ὥστε μὴ δύνασθαι ἀτενίσαι τοὺς υἱοὺς Ἰσραὴλ εἰς τὸ **πρόσωπον** Μωϋσέως διὰ τὴν δόξαν τοῦ **προσώπου** αὐτοῦ τὴν καταργουμένην,
3:13 καὶ οὐ καθάπερ Μωϋσῆς ἐτίθει κάλυμμα ἐπὶ τὸ **πρόσωπον** αὐτοῦ πρὸς τὸ μὴ ἀτενίσαι τοὺς υἱοὺς Ἰσραὴλ εἰς τὸ τέλος τοῦ καταργουμένου.
3:18 ἡμεῖς δὲ πάντες ἀνακεκαλυμμένῳ **προσώπῳ** τὴν δόξαν κυρίου κατοπτριζόμενοι τὴν αὐτὴν εἰκόνα μεταμορφούμεθα ἀπὸ δόξης εἰς δόξαν καθάπερ ἀπὸ κυρίου πνεύματος.
4: 6 ὃς ἔλαμψεν ἐν ταῖς καρδίαις ἡμῶν πρὸς φωτισμὸν τῆς γνώσεως τῆς δόξης τοῦ θεοῦ ἐν **προσώπῳ** [Ἰησοῦ] Χριστοῦ.
5:12 ἵνα ἔχητε πρὸς τοὺς ἐν **προσώπῳ** καυχωμένους καὶ μὴ ἐν καρδίᾳ.
8:24 τὴν οὖν ἔνδειξιν τῆς ἀγάπης ὑμῶν καὶ ἡμῶν καυχήσεως ὑπὲρ ὑμῶν εἰς αὐτοὺς ἐνδεικνύμενοι εἰς **πρόσωπον** τῶν ἐκκλησιῶν.
10: 1 ὃς κατὰ **πρόσωπον** μὲν ταπεινὸς ἐν ὑμῖν, ἀπὼν δὲ θαρρῶ εἰς ὑμᾶς·
10: 7 Τὰ κατὰ **πρόσωπον** βλέπετε. εἴ τις πέποιθεν ἑαυτῷ Χριστοῦ εἶναι,
11:20 εἴ τις ἐπαίρεται, εἴ τις εἰς **πρόσωπον** ὑμᾶς δέρει.
Gal 1:22 ἤμην δὲ ἀγνοούμενος τῷ **προσώπῳ** ταῖς ἐκκλησίαις τῆς Ἰουδαίας ταῖς ἐν Χριστῷ.
2: 6 **πρόσωπον** [ὁ] θεὸς ἀνθρώπου οὐ λαμβάνει– ἐμοὶ γὰρ οἱ δοκοῦντες οὐδὲν προσανέθεντο,
2:11 Ὅτε δὲ ἦλθεν Κηφᾶς εἰς Ἀντιόχειαν, κατὰ **πρόσωπον** αὐτῷ ἀντέστην, ὅτι κατεγνωσμένος ἦν.
Col 2: 1 Θέλω γὰρ ὑμᾶς εἰδέναι ἡλίκον ἀγῶνα ἔχω ὑπὲρ ὑμῶν καὶ τῶν ἐν Λαοδικείᾳ καὶ ὅσοι οὐχ ἑόρακαν τὸ **πρόσωπόν** μου ἐν σαρκί,
1Th 2:17 ἀπορφανισθέντες ἀφ' ὑμῶν πρὸς καιρὸν ὥρας, **προσώπῳ** οὐ καρδίᾳ, περισσοτέρως ἐσπουδάσαμεν τὸ **πρόσωπον** ὑμῶν ἰδεῖν ἐν πολλῇ ἐπιθυμίᾳ.
3:10 ὑπερεκπερισσοῦ δεόμενοι εἰς τὸ ἰδεῖν ὑμῶν τὸ **πρόσωπον** καὶ καταρτίσαι τὰ ὑστερήματα τῆς πίστεως ὑμῶν;
2Th 1: 9 οἵτινες δίκην τίσουσιν ὄλεθρον αἰώνιον ἀπὸ **προσώπου** τοῦ κυρίου καὶ ἀπὸ τῆς δόξης τῆς ἰσχύος αὐτοῦ,
Heb 9:24 νῦν ἐμφανισθῆναι τῷ **προσώπῳ** τοῦ θεοῦ ὑπὲρ ἡμῶν·
Jas 1:11 ἀνέτειλεν γὰρ ὁ ἥλιος σὺν τῷ καύσωνι καὶ ἐξήρανεν τὸν χόρτον καὶ τὸ ἄνθος αὐτοῦ ἐξέπεσεν καὶ ἡ εὐπρέπεια τοῦ **προσώπου** αὐτοῦ ἀπώλετο·
1:23 οὗτος ἔοικεν ἀνδρὶ κατανοοῦντι τὸ **πρόσωπον** τῆς γενέσεως αὐτοῦ ἐν ἐσόπτρῳ·
1Pe 3:12 ὅτι ὀφθαλμοὶ κυρίου ἐπὶ δικαίους καὶ ὦτα αὐτοῦ εἰς δέησιν αὐτῶν, **πρόσωπον** δὲ κυρίου ἐπὶ ποιοῦντας κακά.
Jude 1:16 καὶ τὸ στόμα αὐτῶν λαλεῖ ὑπέρογκα, θαυμάζοντες **πρόσωπα** ὠφελείας χάριν.
Rev 4: 7 καὶ τὸ τρίτον ζῷον ἔχων τὸ **πρόσωπον** ὡς ἀνθρώπου καὶ τὸ τέταρτον ζῷον ὅμοιον ἀετῷ πετομένῳ.
6:16 Πέσετε ἐφ' ἡμᾶς καὶ κρύψατε ἡμᾶς ἀπὸ **προσώπου** τοῦ καθημένου ἐπὶ τοῦ θρόνου καὶ ἀπὸ τῆς ὀργῆς τοῦ ἀρνίου,
7:11 καὶ πάντες οἱ ἄγγελοι εἱστήκεισαν κύκλῳ τοῦ θρόνου καὶ τῶν πρεσβυτέρων καὶ τῶν τεσσάρων ζῴων καὶ ἔπεσαν ἐνώπιον τοῦ θρόνου ἐπὶ τὰ **πρόσωπα** αὐτῶν καὶ προσεκύνησαν τῷ θεῷ
9: 7 καὶ ἐπὶ τὰς κεφαλὰς αὐτῶν ὡς στέφανοι ὅμοιοι χρυσῷ, καὶ τὰ **πρόσωπα** αὐτῶν ὡς **πρόσωπα** ἀνθρώπων,
10: 1 καὶ ἡ ἶρις ἐπὶ τῆς κεφαλῆς αὐτοῦ καὶ τὸ **πρόσωπον** αὐτοῦ ὡς ὁ ἥλιος καὶ οἱ πόδες αὐτοῦ ὡς στῦλοι πυρός,
11:16 [οἱ] ἐνώπιον τοῦ θεοῦ καθήμενοι ἐπὶ τοὺς θρόνους αὐτῶν ἔπεσαν ἐπὶ τὰ **πρόσωπα** αὐτῶν καὶ προσεκύνησαν τῷ θεῷ
12:14 ὅπου τρέφεται ἐκεῖ καιρὸν καὶ καιροὺς καὶ ἥμισυ καιροῦ ἀπὸ **προσώπου** τοῦ ὄφεως.
20:11 οὗ ἀπὸ τοῦ **προσώπου** ἔφυγεν ἡ γῆ καὶ ὁ οὐρανὸς καὶ τόπος οὐχ εὑρέθη αὐτοῖς.
22: 4 καὶ ὄψονται τὸ **πρόσωπον** αὐτοῦ, καὶ τὸ ὄνομα αὐτοῦ ἐπὶ τῶν μετώπων αὐτῶν.

4726 προτάσσω Not used in UBS/NIV

√ *4574 + 5435*

4727 προτείνω [1]

√ *1753; cf. 4574*

Ac 22:25 ὡς δὲ **προέτειναν** αὐτὸν τοῖς ἱμᾶσιν, εἶπεν πρὸς τὸν ἑστῶτα ἑκατόνταρχον ὁ Παῦλος,

4728 πρότερος [11]

√ *4574*

Jn 6:62 ἐὰν οὖν θεωρῆτε τὸν υἱὸν τοῦ ἀνθρώπου ἀναβαίνοντα ὅπου ἦν τὸ **πρότερον;**
7:50 ὁ ἐλθὼν πρὸς αὐτὸν [τὸ] **πρότερον,** εἷς ὢν ἐξ αὐτῶν,
9: 8 Οἱ οὖν γείτονες καὶ οἱ θεωροῦντες αὐτὸν τὸ **πρότερον** ὅτι προσαίτης ἦν ἔλεγον,
2Co 1:15 Καὶ ταύτῃ τῇ πεποιθήσει ἐβουλόμην **πρότερον** πρὸς ὑμᾶς ἐλθεῖν,
Gal 4:13 οἴδατε δὲ ὅτι δι' ἀσθένειαν τῆς σαρκὸς εὐηγγελισάμην ὑμῖν τὸ **πρότερον,**
Eph 4:22 ἀποθέσθαι ὑμᾶς κατὰ τὴν **προτέραν** ἀναστροφὴν τὸν παλαιὸν ἄνθρωπον τὸν φθειρόμενον κατὰ τὰς ἐπιθυμίας τῆς ἀπάτης,
1Ti 1:13 τὸ **πρότερον** ὄντα βλάσφημον καὶ διώκτην καὶ ὑβριστήν,
Heb 4: 6 καὶ οἱ **πρότερον** εὐαγγελισθέντες οὐκ εἰσῆλθον δι' ἀπείθειαν,
7:27 **πρότερον** ὑπὲρ τῶν ἰδίων ἁμαρτιῶν θυσίας ἀναφέρειν ἔπειτα τῶν τοῦ λαοῦ·

10:32 Ἀναμιμνῄσκεσθε δὲ τὰς **πρότερον** ἡμέρας, ἐν αἷς φωτισθέντες πολλὴν ἄθλησιν ὑπεμείνατε παθημάτων,
1Pe 1:14 ὡς τέκνα ὑπακοῆς μὴ συσχηματιζόμενοι ταῖς **πρότερον** ἐν τῇ ἀγνοίᾳ ὑμῶν ἐπιθυμίαις

4729 προτίθημι [3]

√ *4574 + 5502*

Ro 1:13 ἀδελφοί, ὅτι πολλάκις **προεθέμην** ἐλθεῖν πρὸς ὑμᾶς, καὶ ἐκωλύθην ἄχρι τοῦ δεῦρο,
3:25 ὃν **προέθετο** ὁ θεὸς ἱλαστήριον διὰ [τῆς] πίστεως ἐν τῷ αὐτοῦ αἵματι εἰς ἔνδειξιν τῆς δικαιοσύνης αὐτοῦ
Eph 1: 9 κατὰ τὴν εὐδοκίαν αὐτοῦ ἣν **προέθετο** ἐν αὐτῷ

4730 προτρέπω [1]

√ *4574 + 5572*

Ac 18:27 **προτρεψάμενοι** οἱ ἀδελφοὶ ἔγραψαν τοῖς μαθηταῖς ἀποδέξασθαι αὐτόν,

4731 προτρέχω [2]

√ *4574 + 5556*

Lk 19: 4 καὶ **προδραμὼν** εἰς τὸ ἔμπροσθεν ἀνέβη ἐπὶ συκομορέαν ἵνα ἴδῃ αὐτὸν ὅτι ἐκείνης ἤμελλεν διέρχεσθαι.
Jn 20: 4 καὶ ὁ ἄλλος μαθητὴς **προέδραμεν** τάχιον τοῦ Πέτρου καὶ ἦλθεν πρῶτος εἰς τὸ μνημεῖον,

4732 προϋπάρχω [2]

√ *4574 + 5679 + 806*

Lk 23:12 φίλοι ὅ τε Ἡρῴδης καὶ ὁ Πιλᾶτος ἐν αὐτῇ τῇ ἡμέρᾳ μετ' ἀλλήλων· **προϋπῆρχον** γὰρ ἐν ἔχθρᾳ ὄντες πρὸς αὐτούς.
Ac 8: 9 Ἀνὴρ δέ τις ὀνόματι Σίμων **προϋπῆρχεν** ἐν τῇ πόλει μαγεύων καὶ ἐξιστάνων τὸ ἔθνος τῆς Σαμαρείας,

4733 πρόφασις [6]

√ *4574 + 5743*

Mk 12:40 οἱ κατεσθίοντες τὰς οἰκίας τῶν χηρῶν καὶ **προφάσει** μακρὰ προσευχόμενοι·
Lk 20:47 οἳ κατεσθίουσιν τὰς οἰκίας τῶν χηρῶν καὶ **προφάσει** μακρὰ προσεύχονται·
Jn 15:22 νῦν δὲ **πρόφασιν** οὐκ ἔχουσιν περὶ τῆς ἁμαρτίας αὐτῶν.
Ac 27:30 τῶν δὲ ναυτῶν ζητούντων φυγεῖν ἐκ τοῦ πλοίου καὶ χαλασάντων τὴν σκάφην εἰς τὴν θάλασσαν **προφάσει** ὡς ἐκ πρῴρης ἀγκύρας μελλόντων ἐκτείνειν,
Php 1:18 εἴτε **προφάσει** εἴτε ἀληθείᾳ, Χριστὸς καταγγέλλεται, καὶ ἐν τούτῳ χαίρω.
1Th 2: 5 καθὼς οἴδατε, οὔτε ἐν **προφάσει** πλεονεξίας, θεὸς μάρτυς,

4734 προφέρω [2]

√ *4574 + 5770*

Lk 6:45 ὁ ἀγαθὸς ἄνθρωπος ἐκ τοῦ ἀγαθοῦ θησαυροῦ τῆς καρδίας **προφέρει** τὸ ἀγαθόν, καὶ ὁ πονηρὸς ἐκ τοῦ πονηροῦ **προφέρει** τὸ πονηρόν·

4735 προφητεία [19]

→ *4736, 4737, 4738, 4739, 6021; cf. 4574 + 5774*

Mt 13:14 καὶ ἀναπληροῦται αὐτοῖς ἡ **προφητεία** Ἠσαΐου ἡ λέγουσα,
Ro 12: 6 ἔχοντες δὲ χαρίσματα κατὰ τὴν χάριν τὴν δοθεῖσαν ἡμῖν διάφορα, εἴτε **προφητείαν** κατὰ τὴν ἀναλογίαν τῆς πίστεως,
1Co 12:10 ἄλλῳ [δὲ] **προφητεία,** ἄλλῳ [δὲ] διακρίσεις πνευμάτων, ἑτέρῳ γένη γλωσσῶν,
13: 2 καὶ ἐὰν ἔχω **προφητείαν** καὶ εἰδῶ τὰ μυστήρια πάντα καὶ πᾶσαν τὴν γνῶσιν καὶ ἐὰν ἔχω πᾶσαν τὴν πίστιν ὥστε ὄρη μεθιστάναι,
13: 8 εἴτε δὲ **προφητεῖαι,** καταργηθήσονται· εἴτε γλῶσσαι, παύσονται· εἴτε γνῶσις,
14: 6 τί ὑμᾶς ὠφελήσω ἐὰν μὴ ὑμῖν λαλήσω ἢ ἐν ἀποκαλύψει ἢ ἐν γνώσει ἢ ἐν **προφητείᾳ** ἢ [ἐν] διδαχῇ;
14:22 ἡ δὲ **προφητεία** οὐ τοῖς ἀπίστοις ἀλλὰ τοῖς πιστεύουσιν.
1Th 5:20 **προφητείας** μὴ ἐξουθενεῖτε,
1Ti 1:18 τέκνον Τιμόθεε, κατὰ τὰς προαγούσας ἐπὶ σὲ **προφητείας,**
4:14 ὃ ἐδόθη σοι διὰ **προφητείας** μετὰ ἐπιθέσεως τῶν χειρῶν τοῦ πρεσβυτερίου.
2Pe 1:20 τοῦτο πρῶτον γινώσκοντες ὅτι πᾶσα **προφητεία** γραφῆς ἰδίας ἐπιλύσεως οὐ γίνεται·
1:21 οὐ γὰρ θελήματι ἀνθρώπου ἠνέχθη **προφητεία** ποτέ, ἀλλὰ ὑπὸ πνεύματος ἁγίου φερόμενοι ἐλάλησαν ἀπὸ θεοῦ ἄνθρωποι.
Rev 1: 3 μακάριος ὁ ἀναγινώσκων καὶ οἱ ἀκούοντες τοὺς λόγους τῆς **προφητείας** καὶ τηροῦντες τὰ ἐν αὐτῇ γεγραμμένα,
11: 6 ἵνα μὴ ὑετὸς βρέχῃ τὰς ἡμέρας τῆς **προφητείας** αὐτῶν,
19:10 ἡ γὰρ μαρτυρία Ἰησοῦ ἐστιν τὸ πνεῦμα τῆς **προφητείας.**
22: 7 μακάριος ὁ τηρῶν τοὺς λόγους τῆς **προφητείας** τοῦ βιβλίου τούτου.
22:10 Μὴ σφραγίσῃς τοὺς λόγους τῆς **προφητείας** τοῦ βιβλίου τούτου,
22:18 Μαρτυρῶ ἐγὼ παντὶ τῷ ἀκούοντι τοὺς λόγους τῆς **προφητείας** τοῦ βιβλίου τούτου·
22:19 καὶ ἐάν τις ἀφέλῃ ἀπὸ τῶν λόγων τοῦ βιβλίου τῆς **προφητείας** ταύτης,

4736 προφητεύω [28]

√ *4735*

Mt 7:22 Κύριε κύριε, οὐ τῷ σῷ ὀνόματι **ἐπροφητεύσαμεν,** καὶ τῷ σῷ ὀνόματι δαιμόνια ἐξεβάλομεν,
11:13 πάντες γὰρ οἱ προφῆται καὶ ὁ νόμος ἕως Ἰωάννου **ἐπροφήτευσαν·**
15: 7 ὑποκριταί, καλῶς **ἐπροφήτευσεν** περὶ ὑμῶν Ἠσαΐας λέγων,
26:68 λέγοντες, **Προφήτευσον** ἡμῖν, Χριστέ, τίς ἐστιν ὁ παίσας σε;
Mk 7: 6 ὁ δὲ εἶπεν αὐτοῖς, Καλῶς **ἐπροφήτευσεν** Ἠσαΐας περὶ ὑμῶν τῶν ὑποκριτῶν,
14:65 ἐμπτύειν αὐτῷ καὶ περικαλύπτειν αὐτοῦ τὸ πρόσωπον καὶ κολαφίζειν αὐτὸν καὶ λέγειν αὐτῷ, **Προφήτευσον,**
Lk 1:67 Καὶ Ζαχαρίας ὁ πατὴρ αὐτοῦ ἐπλήσθη πνεύματος ἁγίου καὶ **ἐπροφήτευσεν** λέγων,
22:64 καὶ περικαλύψαντες αὐτὸν ἐπηρώτων λέγοντες, **Προφήτευσον,** τίς ἐστιν ὁ παίσας σε;
Jn 11:51 ἀλλὰ ἀρχιερεὺς ὢν τοῦ ἐνιαυτοῦ ἐκείνου **ἐπροφήτευσεν** ὅτι ἔμελλεν Ἰησοῦς ἀποθνῄσκειν ὑπὲρ τοῦ ἔθνους,
Ac 2:17 καὶ **προφητεύσουσιν** οἱ υἱοὶ ὑμῶν καὶ αἱ θυγατέρες ὑμῶν καὶ οἱ νεανίσκοι ὑμῶν ὁράσεις ὄψονται καὶ οἱ πρεσβύτεροι ὑμῶν ἐνυπνίοις ἐνυπνιασθήσονται·
2:18 ἐπὶ τοὺς δούλους μου καὶ ἐπὶ τὰς δούλας μου ἐν ταῖς ἡμέραις ἐκείναις ἐκχεῶ ἀπὸ τοῦ πνεύματός μου, καὶ **προφητεύσουσιν.**
19: 6 καὶ ἐπιθέντος αὐτοῖς τοῦ Παύλου [τὰς] χεῖρας ἦλθε τὸ πνεῦμα τὸ ἅγιον ἐπ' αὐτούς, ἐλάλουν τε γλώσσαις καὶ **ἐπροφήτευον.**
21: 9 τούτῳ δὲ ἦσαν θυγατέρες τέσσαρες παρθένοι **προφητεύουσαι.**
1Co 11: 4 πᾶς ἀνὴρ προσευχόμενος ἢ **προφητεύων** κατὰ κεφαλῆς ἔχων καταισχύνει τὴν κεφαλὴν αὐτοῦ.
11: 5 πᾶσα δὲ γυνὴ προσευχομένη ἢ **προφητεύουσα** ἀκατακαλύπτῳ τῇ κεφαλῇ καταισχύνει τὴν κεφαλὴν αὐτῆς·
13: 9 ἐκ μέρους γὰρ γινώσκομεν καὶ ἐκ μέρους **προφητεύομεν·**
14: 1 ζηλοῦτε δὲ τὰ πνευματικά, μᾶλλον δὲ ἵνα **προφητεύητε.**
14: 3 ὁ δὲ **προφητεύων** ἀνθρώποις λαλεῖ οἰκοδομὴν καὶ παράκλησιν καὶ παραμυθίαν.
14: 4 ὁ λαλῶν γλώσσῃ ἑαυτὸν οἰκοδομεῖ· ὁ δὲ **προφητεύων** ἐκκλησίαν οἰκοδομεῖ.
14: 5 θέλω δὲ πάντας ὑμᾶς λαλεῖν γλώσσαις, μᾶλλον δὲ ἵνα **προφητεύητε·** μείζων δὲ ὁ **προφητεύων** ἢ ὁ λαλῶν γλώσσαις ἐκτὸς εἰ μὴ διερμηνεύῃ,
14:24 ἐὰν δὲ πάντες **προφητεύωσιν,** εἰσέλθῃ δέ τις ἄπιστος ἢ ἰδιώτης,
14:31 δύνασθε γὰρ καθ' ἕνα πάντες **προφητεύειν,** ἵνα πάντες μανθάνωσιν καὶ πάντες παρακαλῶνται.
14:39 ζηλοῦτε τὸ **προφητεύειν** καὶ τὸ λαλεῖν μὴ κωλύετε γλώσσαις·
1Pe 1:10 Περὶ ἧς σωτηρίας ἐξεζήτησαν καὶ ἐξηραύνησαν προφῆται οἱ περὶ τῆς εἰς ὑμᾶς χάριτος **προφητεύσαντες,**
Jude 1:14 **Προεφήτευσεν** δὲ καὶ τούτοις ἕβδομος ἀπὸ Ἀδὰμ Ἑνὼχ λέγων,
Rev 10:11 Δεῖ σε πάλιν **προφητεῦσαι** ἐπὶ λαοῖς καὶ ἔθνεσιν καὶ γλώσσαις καὶ βασιλεῦσιν πολλοῖς.
11: 3 καὶ δώσω τοῖς δυσὶν μάρτυσίν μου καὶ **προφητεύσουσιν** ἡμέρας χιλίας διακοσίας ἑξήκοντα περιβεβλημένοι σάκκους.

4737 προφήτης [144]

√ *4735*

ἀπόστολος used with **προφήτης** [8] Lk 11:49; 1Co 12:28, 29; Eph 2:20; 3:5; 4:11; 2Pe 3:2; Rev 18:20

βιβλίον προφήτου [1] Lk 4:17

βίβλος προφητῶν [1] Ac 7:42

γραφαὶ προφητῶν [1] Mt 26:56

διὰ τοῦ προφήτου, -τῶν [18] Mt 1:22; 2:5,15,17,23; 3:3; 4:14; 8:17; 12:17; 13:35; 21:4; 24:15; 27:9; Lk 1:70; 18:31; Ac 2:16; 28:25; Ro 1:2

μέγας προφήτης [1] Lk 7:16

νόμος ... προφῆται [11] Mt 5:17; 7:12; 11:13; 22:40; Lk 16:16; 24:44; Jn 1:45; Ac 13:15; 24:14; 28:23; Ro 3:21

πνεῦμα τοῦ προφήτου [2] 1Co 14:32; Rev 22:6

υἱοὶ τῶν προφητῶν [1] Ac 3:25

Mt 1:22 Τοῦτο δὲ ὅλον γέγονεν ἵνα πληρωθῇ τὸ ῥηθὲν ὑπὸ κυρίου διὰ τοῦ **προφήτου** λέγοντος,
2: 5 Ἐν Βηθλέεμ τῆς Ἰουδαίας· οὕτως γὰρ γέγραπται διὰ τοῦ **προφήτου·**
2:15 ἵνα πληρωθῇ τὸ ῥηθὲν ὑπὸ κυρίου διὰ τοῦ **προφήτου** λέγοντος,
2:17 τότε ἐπληρώθη τὸ ῥηθὲν διὰ Ἰερεμίου τοῦ **προφήτου** λέγοντος,
2:23 ὅπως πληρωθῇ τὸ ῥηθὲν διὰ τῶν **προφητῶν** ὅτι Ναζωραῖος κληθήσεται.
3: 3 οὗτος γάρ ἐστιν ὁ ῥηθεὶς διὰ Ἠσαΐου τοῦ **προφήτου** λέγοντος,
4:14 ἵνα πληρωθῇ τὸ ῥηθὲν διὰ Ἠσαΐου τοῦ **προφήτου** λέγοντος,
5:12 οὕτως γὰρ ἐδίωξαν τοὺς **προφήτας** τοὺς πρὸ ὑμῶν.
5:17 Μὴ νομίσητε ὅτι ἦλθον καταλῦσαι τὸν νόμον ἢ τοὺς **προφήτας·**
7:12 οὗτος γάρ ἐστιν ὁ νόμος καὶ οἱ **προφῆται.**
8:17 ὅπως πληρωθῇ τὸ ῥηθὲν διὰ Ἠσαΐου τοῦ **προφήτου** λέγοντος,
10:41 ὁ δεχόμενος **προφήτην** εἰς ὄνομα **προφήτου** μισθὸν **προφήτου** λήμψεται,
11: 9 ἀλλὰ τί ἐξήλθατε ἰδεῖν; **προφήτην;** ναί λέγω ὑμῖν, καὶ περισσότερον **προφήτου.**
11:13 πάντες γὰρ οἱ **προφῆται** καὶ ὁ νόμος ἕως Ἰωάννου ἐπροφήτευσαν·
12:17 ἵνα πληρωθῇ τὸ ῥηθὲν διὰ Ἠσαΐου τοῦ **προφήτου** λέγοντος,
12:39 καὶ σημεῖον οὐ δοθήσεται αὐτῇ εἰ μὴ τὸ σημεῖον Ἰωνᾶ τοῦ **προφήτου.**
13:17 ἀμὴν γὰρ λέγω ὑμῖν ὅτι πολλοὶ **προφῆται** καὶ δίκαιοι ἐπεθύμησαν ἰδεῖν ἃ βλέπετε καὶ οὐκ εἶδαν,
13:35 ὅπως πληρωθῇ τὸ ῥηθὲν διὰ τοῦ **προφήτου** λέγοντος,
13:57 Οὐκ ἔστιν **προφήτης** ἄτιμος εἰ μὴ ἐν τῇ πατρίδι καὶ ἐν τῇ οἰκίᾳ αὐτοῦ.
14: 5 καὶ θέλων αὐτὸν ἀποκτεῖναι ἐφοβήθη τὸν ὄχλον, ὅτι ὡς **προφήτην** αὐτὸν εἶχον.
16:14 ἄλλοι δὲ Ἠλίαν, ἕτεροι δὲ Ἰερεμίαν ἢ ἕνα τῶν **προφητῶν.**
21: 4 Τοῦτο δὲ γέγονεν ἵνα πληρωθῇ τὸ ῥηθὲν διὰ τοῦ **προφήτου** λέγοντος,
21:11 Οὗτός ἐστιν ὁ **προφήτης** Ἰησοῦς ὁ ἀπὸ Ναζαρὲθ τῆς Γαλιλαίας.
21:26 φοβούμεθα τὸν ὄχλον, πάντες γὰρ ὡς **προφήτην** ἔχουσιν τὸν Ἰωάννην.
21:46 καὶ ζητοῦντες αὐτὸν κρατῆσαι ἐφοβήθησαν τοὺς ὄχλους, ἐπεὶ εἰς **προφήτην** αὐτὸν εἶχον.
22:40 ἐν ταύταις ταῖς δυσὶν ἐντολαῖς ὅλος ὁ νόμος κρέμαται καὶ οἱ **προφῆται.**
23:29 ὅτι οἰκοδομεῖτε τοὺς τάφους τῶν **προφητῶν** καὶ κοσμεῖτε τὰ μνημεῖα τῶν δικαίων,
23:30 οὐκ ἂν ἤμεθα αὐτῶν κοινωνοὶ ἐν τῷ αἵματι τῶν **προφητῶν.**
23:31 ὥστε μαρτυρεῖτε ἑαυτοῖς ὅτι υἱοί ἐστε τῶν φονευσάντων τοὺς **προφήτας.**
23:34 διὰ τοῦτο ἰδοὺ ἐγὼ ἀποστέλλω πρὸς ὑμᾶς **προφήτας** καὶ σοφοὺς καὶ γραμματεῖς·
23:37 ἡ ἀποκτείνουσα τοὺς **προφήτας** καὶ λιθοβολοῦσα τοὺς ἀπεσταλμένους πρὸς αὐτήν,
24:15 Ὅταν οὖν ἴδητε τὸ βδέλυγμα τῆς ἐρημώσεως τὸ ῥηθὲν διὰ Δανιὴλ τοῦ **προφήτου** ἑστὸς ἐν τόπῳ ἁγίῳ,
26:56 τοῦτο δὲ ὅλον γέγονεν ἵνα πληρωθῶσιν αἱ γραφαὶ τῶν **προφητῶν.**
27: 9 τότε ἐπληρώθη τὸ ῥηθὲν διὰ Ἰερεμίου τοῦ **προφήτου** λέγοντος,
Mk 1: 2 Καθὼς γέγραπται ἐν τῷ Ἠσαΐᾳ τῷ **προφήτῃ,** Ἰδοὺ ἀποστέλλω τὸν ἄγγελόν μου πρὸ προσώπου σου,
6: 4 καὶ ἔλεγεν αὐτοῖς ὁ Ἰησοῦς ὅτι Οὐκ ἔστιν **προφήτης** ἄτιμος εἰ μὴ ἐν τῇ πατρίδι αὐτοῦ καὶ ἐν τοῖς συγγενεῦσιν αὐτοῦ καὶ ἐν τῇ οἰκίᾳ αὐτοῦ.
6:15 ἄλλοι δὲ ἔλεγον ὅτι **προφήτης** ὡς εἷς τῶν **προφητῶν.**
8:28 καὶ ἄλλοι, Ἠλίαν, ἄλλοι δὲ ὅτι εἷς τῶν **προφητῶν.**
11:32 ἅπαντες γὰρ εἶχον τὸν Ἰωάννην ὄντως ὅτι **προφήτης** ἦν.
Lk 1:70 καθὼς ἐλάλησεν διὰ στόματος τῶν ἁγίων ἀπ' αἰῶνος **προφητῶν** αὐτοῦ,
1:76 Καὶ σὺ δέ, παιδίον, **προφήτης** ὑψίστου κληθήσῃ· προπορεύσῃ γὰρ ἐνώπιον κυρίου ἑτοιμάσαι ὁδοὺς αὐτοῦ,
3: 4 ὡς γέγραπται ἐν βίβλῳ λόγων Ἠσαΐου τοῦ **προφήτου,**
4:17 καὶ ἐπεδόθη αὐτῷ βιβλίον τοῦ **προφήτου** Ἠσαΐου καὶ ἀναπτύξας τὸ βιβλίον εὗρεν τὸν τόπον οὗ ἦν γεγραμμένον,
4:24 Ἀμὴν λέγω ὑμῖν ὅτι οὐδεὶς **προφήτης** δεκτός ἐστιν ἐν τῇ πατρίδι αὐτοῦ.
4:27 καὶ πολλοὶ λεπροὶ ἦσαν ἐν τῷ Ἰσραὴλ ἐπὶ Ἐλισαίου τοῦ **προφήτου,**
6:23 κατὰ τὰ αὐτὰ γὰρ ἐποίουν τοῖς **προφήταις** οἱ πατέρες αὐτῶν.
7:16 ἔλαβεν δὲ φόβος πάντας καὶ ἐδόξαζον τὸν θεὸν λέγοντες ὅτι **Προφήτης** μέγας ἠγέρθη ἐν ἡμῖν καὶ ὅτι Ἐπεσκέψατο ὁ θεὸς τὸν λαὸν αὐτοῦ.
7:26 ἀλλὰ τί ἐξήλθατε ἰδεῖν; **προφήτην;** ναί λέγω ὑμῖν, καὶ περισσότερον **προφήτου.**
7:39 Οὗτος εἰ ἦν **προφήτης,** ἐγίνωσκεν ἂν τίς καὶ ποταπὴ ἡ γυνὴ ἥτις ἅπτεται αὐτοῦ,
9: 8 ἄλλων δὲ ὅτι **προφήτης** τις τῶν ἀρχαίων ἀνέστη.
9:19 ἄλλοι δὲ ὅτι **προφήτης** τις τῶν ἀρχαίων ἀνέστη.
10:24 λέγω γὰρ ὑμῖν ὅτι πολλοὶ **προφῆται** καὶ βασιλεῖς ἠθέλησαν ἰδεῖν ἃ ὑμεῖς βλέπετε καὶ οὐκ εἶδαν,
11:47 οὐαὶ ὑμῖν, ὅτι οἰκοδομεῖτε τὰ μνημεῖα τῶν **προφητῶν,**
11:49 Ἀποστελῶ εἰς αὐτοὺς **προφήτας** καὶ ἀποστόλους, καὶ ἐξ αὐτῶν ἀποκτενοῦσιν καὶ διώξουσιν,
11:50 ἵνα ἐκζητηθῇ τὸ αἷμα πάντων τῶν **προφητῶν** τὸ ἐκκεχυμένον ἀπὸ καταβολῆς κόσμου ἀπὸ τῆς γενεᾶς ταύτης,
13:28 ὅταν ὄψεσθε Ἀβραὰμ καὶ Ἰσαὰκ καὶ Ἰακὼβ καὶ πάντας τοὺς **προφήτας** ἐν τῇ βασιλείᾳ τοῦ θεοῦ,
13:33 πλὴν δεῖ με σήμερον καὶ αὔριον καὶ τῇ ἐχομένῃ πορεύεσθαι, ὅτι οὐκ ἐνδέχεται **προφήτην** ἀπολέσθαι ἔξω Ἰερουσαλήμ.
13:34 ἡ ἀποκτείνουσα τοὺς **προφήτας** καὶ λιθοβολοῦσα τοὺς ἀπεσταλμένους πρὸς αὐτήν,
16:16 Ὁ νόμος καὶ οἱ **προφῆται** μέχρι Ἰωάννου· ἀπὸ τότε ἡ βασιλεία τοῦ θεοῦ εὐαγγελίζεται καὶ πᾶς εἰς αὐτὴν βιάζεται.
16:29 λέγει δὲ Ἀβραάμ, Ἔχουσι Μωϋσέα καὶ τοὺς **προφήτας·**
16:31 εἶπεν δὲ αὐτῷ, Εἰ Μωϋσέως καὶ τῶν **προφητῶν** οὐκ ἀκούουσιν,
18:31 καὶ τελεσθήσεται πάντα τὰ γεγραμμένα διὰ τῶν **προφητῶν** τῷ υἱῷ τοῦ ἀνθρώπου·
20: 6 ὁ λαὸς ἅπας καταλιθάσει ἡμᾶς, πεπεισμένος γάρ ἐστιν Ἰωάννην **προφήτην** εἶναι.
24:19 ὃς ἐγένετο ἀνὴρ **προφήτης** δυνατὸς ἐν ἔργῳ καὶ λόγῳ ἐναντίον τοῦ θεοῦ καὶ παντὸς τοῦ λαοῦ,
24:25 Ὦ ἀνόητοι καὶ βραδεῖς τῇ καρδίᾳ τοῦ πιστεύειν ἐπὶ πᾶσιν οἷς ἐλάλησαν οἱ **προφῆται·**
24:27 καὶ ἀρξάμενος ἀπὸ Μωϋσέως καὶ ἀπὸ πάντων τῶν **προφητῶν** διερμήνευσεν αὐτοῖς ἐν πάσαις ταῖς γραφαῖς τὰ περὶ ἑαυτοῦ.
24:44 ὅτι δεῖ πληρωθῆναι πάντα τὰ γεγραμμένα ἐν τῷ νόμῳ Μωϋσέως καὶ τοῖς **προφήταις** καὶ ψαλμοῖς περὶ ἐμοῦ.
Jn 1:21 Οὐκ εἰμί. Ὁ **προφήτης** εἶ σύ; καὶ ἀπεκρίθη, Οὔ.
1:23 Εὐθύνατε τὴν ὁδὸν κυρίου, καθὼς εἶπεν Ἠσαΐας ὁ **προφήτης.**
1:25 Τί οὖν βαπτίζεις εἰ σὺ οὐκ εἶ ὁ Χριστὸς οὐδὲ Ἠλίας οὐδὲ ὁ **προφήτης;**
1:45 Ὃν ἔγραψεν Μωϋσῆς ἐν τῷ νόμῳ καὶ οἱ **προφῆται** εὑρήκαμεν,
4:19 λέγει αὐτῷ ἡ γυνή, Κύριε, θεωρῶ ὅτι **προφήτης** εἶ σύ.
4:44 αὐτὸς γὰρ Ἰησοῦς ἐμαρτύρησεν ὅτι **προφήτης** ἐν τῇ ἰδίᾳ πατρίδι τιμὴν οὐκ ἔχει.
6:14 Οἱ οὖν ἄνθρωποι ἰδόντες ὃ ἐποίησεν σημεῖον ἔλεγον ὅτι Οὗτός ἐστιν ἀληθῶς ὁ **προφήτης** ὁ ἐρχόμενος εἰς τὸν κόσμον.
6:45 ἔστιν γεγραμμένον ἐν τοῖς **προφήταις,** Καὶ ἔσονται πάντες διδακτοὶ θεοῦ·
7:40 Ἐκ τοῦ ὄχλου οὖν ἀκούσαντες τῶν λόγων τούτων ἔλεγον, Οὗτός ἐστιν ἀληθῶς ὁ **προφήτης·**
7:52 ἐραύνησον καὶ ἴδε ὅτι ἐκ τῆς Γαλιλαίας **προφήτης** οὐκ ἐγείρεται.
8:52 Ἀβραὰμ ἀπέθανεν καὶ οἱ **προφῆται,** καὶ σὺ λέγεις,

8:53 μὴ σὺ μείζων εἶ τοῦ πατρὸς ἡμῶν Ἀβραάμ, ὅστις ἀπέθανεν; καὶ οἱ **προφῆται** ἀπέθανον.
9:17 ὅτι ἠνέῳξέν σου τοὺς ὀφθαλμούς; ὁ δὲ εἶπεν ὅτι **Προφήτης** ἐστίν.
12:38 ἵνα ὁ λόγος Ἠσαΐου τοῦ **προφήτου** πληρωθῇ ὃν εἶπεν,
Ac 2:16 ἀλλὰ τοῦτό ἐστιν τὸ εἰρημένον διὰ τοῦ **προφήτου** Ἰωήλ,
2:30 **προφήτης** οὖν ὑπάρχων, καὶ εἰδὼς ὅτι ὅρκῳ ὤμοσεν αὐτῷ ὁ θεὸς ἐκ καρποῦ τῆς ὀσφύος αὐτοῦ καθίσαι ἐπὶ τὸν θρόνον
3:18 ἃ προκατήγγειλεν διὰ στόματος πάντων τῶν **προφητῶν** παθεῖν τὸν Χριστὸν αὐτοῦ,
3:21 ὃν δεῖ οὐρανὸν μὲν δέξασθαι ἄχρι χρόνων ἀποκαταστάσεως πάντων ὧν ἐλάλησεν ὁ θεὸς διὰ στόματος τῶν ἁγίων ἀπ' αἰῶνος αὐτοῦ **προφητῶν.**
3:22 Μωϋσῆς μὲν εἶπεν ὅτι **Προφήτην** ὑμῖν ἀναστήσει κύριος ὁ θεὸς ὑμῶν ἐκ τῶν ἀδελφῶν ὑμῶν ὡς ἐμέ·
3:23 ἔσται δὲ πᾶσα ψυχὴ ἥτις ἐὰν μὴ ἀκούσῃ τοῦ **προφήτου** ἐκείνου ἐξολεθρευθήσεται ἐκ τοῦ λαοῦ.
3:24 καὶ πάντες δὲ οἱ **προφῆται** ἀπὸ Σαμουὴλ καὶ τῶν καθεξῆς ὅσοι ἐλάλησαν καὶ κατήγγειλαν τὰς ἡμέρας ταύτας.
3:25 ὑμεῖς ἐστε οἱ υἱοὶ τῶν **προφητῶν** καὶ τῆς διαθήκης ἧς διέθετο ὁ θεὸς πρὸς τοὺς πατέρας ὑμῶν λέγων πρὸς Ἀβραάμ,
7:37 **Προφήτην** ὑμῖν ἀναστήσει ὁ θεὸς ἐκ τῶν ἀδελφῶν ὑμῶν ὡς ἐμέ.
7:42 ἔστρεψεν δὲ ὁ θεὸς καὶ παρέδωκεν αὐτοὺς λατρεύειν τῇ στρατιᾷ τοῦ οὐρανοῦ καθὼς γέγραπται ἐν βίβλῳ τῶν **προφητῶν,**
7:48 ἀλλ' οὐχ ὁ ὕψιστος ἐν χειροποιήτοις κατοικεῖ, καθὼς ὁ **προφήτης** λέγει,
7:52 τίνα τῶν **προφητῶν** οὐκ ἐδίωξαν οἱ πατέρες ὑμῶν;
8:28 ἦν τε ὑποστρέφων καὶ καθήμενος ἐπὶ τοῦ ἅρματος αὐτοῦ καὶ ἀνεγίνωσκεν τὸν **προφήτην** Ἠσαΐαν.
8:30 προσδραμὼν δὲ ὁ Φίλιππος ἤκουσεν αὐτοῦ ἀναγινώσκοντος Ἠσαΐαν τὸν **προφήτην** καὶ εἶπεν,
8:34 Δέομαί σου, περὶ τίνος ὁ **προφήτης** λέγει τοῦτο;
10:43 πάντες οἱ **προφῆται** μαρτυροῦσιν ἄφεσιν ἁμαρτιῶν λαβεῖν διὰ τοῦ ὀνόματος αὐτοῦ πάντα τὸν πιστεύοντα εἰς αὐτόν.
11:27 Ἐν ταύταις δὲ ταῖς ἡμέραις κατῆλθον ἀπὸ Ἱεροσολύμων **προφῆται** εἰς Ἀντιόχειαν.
13: 1 Ἦσαν δὲ ἐν Ἀντιοχείᾳ κατὰ τὴν οὖσαν ἐκκλησίαν **προφῆται** καὶ διδάσκαλοι ὅ τε Βαρναβᾶς καὶ Συμεὼν ὁ καλούμενος Νίγερ
13:15 μετὰ δὲ τὴν ἀνάγνωσιν τοῦ νόμου καὶ τῶν **προφητῶν** ἀπέστειλαν οἱ ἀρχισυνάγωγοι πρὸς αὐτοὺς λέγοντες,
13:20 καὶ μετὰ ταῦτα ἔδωκεν κριτὰς ἕως Σαμουὴλ [τοῦ] **προφήτου.**
13:27 τοῦτον ἀγνοήσαντες καὶ τὰς φωνὰς τῶν **προφητῶν** τὰς κατὰ πᾶν σάββατον ἀναγινωσκομένας κρίναντες ἐπλήρωσαν,
13:40 βλέπετε οὖν μὴ ἐπέλθῃ τὸ εἰρημένον ἐν τοῖς **προφήταις,**
15:15 καὶ τούτῳ συμφωνοῦσιν οἱ λόγοι τῶν **προφητῶν** καθὼς γέγραπται,
15:32 Ἰούδας τε καὶ Σιλᾶς καὶ αὐτοὶ **προφῆται** ὄντες διὰ λόγου πολλοῦ παρεκάλεσαν τοὺς ἀδελφοὺς καὶ ἐπεστήριξαν,
21:10 ἐπιμενόντων δὲ ἡμέρας πλείους κατῆλθέν τις ἀπὸ τῆς Ἰουδαίας **προφήτης** ὀνόματι Ἅγαβος,
24:14 οὕτως λατρεύω τῷ πατρῴῳ θεῷ πιστεύων πᾶσι τοῖς κατὰ τὸν νόμον καὶ τοῖς ἐν τοῖς **προφήταις** γεγραμμένοις,
26:22 ἕστηκα μαρτυρόμενος μικρῷ τε καὶ μεγάλῳ οὐδὲν ἐκτὸς λέγων ὧν τε οἱ **προφῆται** ἐλάλησαν μελλόντων γίνεσθαι καὶ Μωϋσῆς,
26:27 πιστεύεις, βασιλεῦ Ἀγρίππα, τοῖς **προφήταις;** οἶδα ὅτι πιστεύεις.
28:23 πείθων τε αὐτοὺς περὶ τοῦ Ἰησοῦ ἀπό τε τοῦ νόμου Μωϋσέως καὶ τῶν **προφητῶν,**
28:25 ὅτι Καλῶς τὸ πνεῦμα τὸ ἅγιον ἐλάλησεν διὰ Ἠσαΐου τοῦ **προφήτου** πρὸς τοὺς πατέρας ὑμῶν
Ro 1: 2 ὃ προεπηγγείλατο διὰ τῶν **προφητῶν** αὐτοῦ ἐν γραφαῖς ἁγίαις
3:21 Νυνὶ δὲ χωρὶς νόμου δικαιοσύνη θεοῦ πεφανέρωται μαρτυρουμένη ὑπὸ τοῦ νόμου καὶ τῶν **προφητῶν,**
11: 3 Κύριε, τοὺς **προφήτας** σου ἀπέκτειναν, τὰ θυσιαστήριά σου κατέσκαψαν,
1Co 12:28 δεύτερον **προφήτας,** τρίτον διδασκάλους, ἔπειτα δυνάμεις, ἔπειτα χαρίσματα ἰαμάτων,
12:29 μὴ πάντες **προφῆται;** μὴ πάντες διδάσκαλοι; μὴ πάντες δυνάμεις;
14:29 **προφῆται** δὲ δύο ἢ τρεῖς λαλείτωσαν καὶ οἱ ἄλλοι διακρινέτωσαν·
14:32 καὶ πνεύματα **προφητῶν προφήταις** ὑποτάσσεται,
14:37 Εἴ τις δοκεῖ **προφήτης** εἶναι ἢ πνευματικός, ἐπιγινωσκέτω ἃ γράφω ὑμῖν ὅτι κυρίου ἐστὶν ἐντολή·
Eph 2:20 ἐποικοδομηθέντες ἐπὶ τῷ θεμελίῳ τῶν ἀποστόλων καὶ **προφητῶν,**
3: 5 ὃ ἑτέραις γενεαῖς οὐκ ἐγνωρίσθη τοῖς υἱοῖς τῶν ἀνθρώπων ὡς νῦν ἀπεκαλύφθη τοῖς ἁγίοις ἀποστόλοις αὐτοῦ καὶ **προφήταις** ἐν πνεύματι,
4:11 τοὺς δὲ **προφήτας,** τοὺς δὲ εὐαγγελιστάς, τοὺς δὲ ποιμένας καὶ διδασκάλους,
1Th 2:15 τῶν καὶ τὸν κύριον ἀποκτεινάντων Ἰησοῦν καὶ τοὺς **προφήτας** καὶ ἡμᾶς ἐκδιωξάντων καὶ θεῷ μὴ ἀρεσκόντων
Tit 1:12 εἶπέν τις ἐξ αὐτῶν ἴδιος αὐτῶν **προφήτης,** Κρῆτες ἀεὶ ψεῦσται,
Heb 1: 1 Πολυμερῶς καὶ πολυτρόπως πάλαι ὁ θεὸς λαλήσας τοῖς πατράσιν ἐν τοῖς **προφήταις**
11:32 Ἰεφθάε, Δαυίδ τε καὶ Σαμουὴλ καὶ τῶν **προφητῶν,**
Jas 5:10 τῆς κακοπαθείας καὶ τῆς μακροθυμίας τοὺς **προφήτας** οἳ ἐλάλησαν ἐν τῷ ὀνόματι κυρίου.
1Pe 1:10 Περὶ ἧς σωτηρίας ἐξεζήτησαν καὶ ἐξηραύνησαν **προφῆται** οἱ περὶ τῆς εἰς ὑμᾶς χάριτος προφητεύσαντες,
2Pe 2:16 ὑποζύγιον ἄφωνον ἐν ἀνθρώπου φωνῇ φθεγξάμενον ἐκώλυσεν τὴν τοῦ **προφήτου** παραφρονίαν.
3: 2 μνησθῆναι τῶν προειρημένων ῥημάτων ὑπὸ τῶν ἁγίων **προφητῶν** καὶ τῆς τῶν ἀποστόλων ὑμῶν ἐντολῆς τοῦ κυρίου
Rev 10: 7 καὶ ἐτελέσθη τὸ μυστήριον τοῦ θεοῦ, ὡς εὐηγγέλισεν τοὺς ἑαυτοῦ δούλους τοὺς **προφήτας.**
11:10 ὅτι οὗτοι οἱ δύο **προφῆται** ἐβασάνισαν τοὺς κατοικοῦντας ἐπὶ τῆς γῆς.
11:18 καὶ δοῦναι τὸν μισθὸν τοῖς δούλοις σου τοῖς **προφήταις** καὶ τοῖς ἁγίοις καὶ τοῖς φοβουμένοις τὸ ὄνομά σου,
16: 6 ὅτι αἷμα ἁγίων καὶ **προφητῶν** ἐξέχεαν καὶ αἷμα αὐτοῖς [δ]έδωκας πιεῖν,
18:20 οὐρανὲ καὶ οἱ ἅγιοι καὶ οἱ ἀπόστολοι καὶ οἱ **προφῆται,**
18:24 καὶ ἐν αὐτῇ αἷμα **προφητῶν** καὶ ἁγίων εὑρέθη καὶ πάντων τῶν ἐσφαγμένων ἐπὶ τῆς γῆς.
22: 6 καὶ ὁ κύριος ὁ θεὸς τῶν πνευμάτων τῶν **προφητῶν** ἀπέστειλεν τὸν ἄγγελον αὐτοῦ δεῖξαι τοῖς δούλοις αὐτοῦ ἃ δεῖ γενέσθαι
22: 9 σύνδουλός σού εἰμι καὶ τῶν ἀδελφῶν σου τῶν **προφητῶν** καὶ τῶν τηρούντων τοὺς λόγους τοῦ βιβλίου τούτου·

4738 προφητικός [2]

√ *4735*

Ro 16:26 [φανερωθέντος δὲ νῦν διά τε γραφῶν **προφητικῶν** κατ' ἐπιταγὴν τοῦ αἰωνίου θεοῦ εἰς ὑπακοὴν πίστεως εἰς πάντα τὰ ἔθνη γνωρισθέντος,]
2Pe 1:19 καὶ ἔχομεν βεβαιότερον τὸν **προφητικὸν** λόγον, ᾧ καλῶς ποιεῖτε προσέχοντες ὡς λύχνῳ φαίνοντι ἐν αὐχμηρῷ τόπῳ,

4739 προφῆτις [2]

√ *4735*

Lk 2:36 Καὶ ἦν Ἅννα **προφῆτις,** θυγάτηρ Φανουήλ, ἐκ φυλῆς Ἀσήρ·
Rev 2:20 ἡ λέγουσα ἑαυτὴν **προφῆτιν** καὶ διδάσκει καὶ πλανᾷ τοὺς ἐμοὺς δούλους πορνεῦσαι καὶ φαγεῖν εἰδωλόθυτα.

4740 προφθάνω [1]

√ *4574 + 5777*

Mt 17:25 καὶ ἐλθόντα εἰς τὴν οἰκίαν **προέφθασεν** αὐτὸν ὁ Ἰησοῦς λέγων,

4741 προχειρίζω [3]

√ *4574 + 5931*

Ac 3:20 ὅπως ἂν ἔλθωσιν καιροὶ ἀναψύξεως ἀπὸ προσώπου τοῦ κυρίου καὶ ἀποστείλῃ τὸν **προκεχειρισμένον** ὑμῖν Χριστὸν Ἰησοῦν,
22:14 Ὁ θεὸς τῶν πατέρων ἡμῶν **προεχειρίσατό** σε γνῶναι τὸ θέλημα αὐτοῦ καὶ ἰδεῖν τὸν δίκαιον καὶ ἀκοῦσαι φωνὴν ἐκ τοῦ στόματος αὐτοῦ,
26:16 **προχειρίσασθαί** σε ὑπηρέτην καὶ μάρτυρα ὧν τε εἶδές [με] ὧν τε ὀφθήσομαί σοι,

4742 προχειροτονέω [1]

√ *1753; cf. 4574 + 5931*

Ac 10:41 οὐ παντὶ τῷ λαῷ ἀλλὰ μάρτυσιν τοῖς **προκεχειροτονημένοις** ὑπὸ τοῦ θεοῦ,

4743 Πρόχορος [1]

√ 4574 + 5962

Ac 6: 5 καὶ Φίλιππον καὶ **Πρόχορον** καὶ Νικάνορα καὶ Τίμωνα καὶ Παρμενᾶν καὶ Νικόλαον προσήλυτον Ἀντιοχέα,

4744 πρύμνα [3]

Mk 4:38 καὶ αὐτὸς ἦν ἐν τῇ **πρύμνῃ** ἐπὶ τὸ προσκεφάλαιον καθεύδων.
Ac 27:29 ἐκ **πρύμνης** ῥίψαντες ἀγκύρας τέσσαρας ηὔχοντο ἡμέραν γενέσθαι.
27:41 ἡ δὲ **πρύμνα** ἐλύετο ὑπὸ τῆς βίας [τῶν κυμάτων.]

4745 πρωΐ [12]

→ 4746, 4747, 4748; cf. 4574

Mt 16: 3 [καὶ **πρωΐ**, Σήμερον χειμών, πυρράζει γὰρ στυγνάζων ὁ οὐρανός.]
20: 1 ὅστις ἐξῆλθεν ἅμα **πρωῒ** μισθώσασθαι ἐργάτας εἰς τὸν ἀμπελῶνα αὐτοῦ.
21:18 **Πρωῒ** δὲ ἐπανάγων εἰς τὴν πόλιν ἐπείνασεν.
Mk 1:35 Καὶ **πρωῒ** ἔννυχα λίαν ἀναστὰς ἐξῆλθεν καὶ ἀπῆλθεν εἰς ἔρημον τόπον κἀκεῖ προσηύχετο.
11:20 Καὶ παραπορευόμενοι **πρωῒ** εἶδον τὴν συκῆν ἐξηραμμένην ἐκ ῥιζῶν.
13:35 ἢ ὀψὲ ἢ μεσονύκτιον ἢ ἀλεκτοροφωνίας ἢ **πρωΐ**,
15: 1 Καὶ εὐθὺς **πρωῒ** συμβούλιον ποιήσαντες οἱ ἀρχιερεῖς μετὰ τῶν πρεσβυτέρων καὶ γραμματέων καὶ ὅλον τὸ συνέδριον,
16: 2 καὶ λίαν **πρωῒ** τῇ μιᾷ τῶν σαββάτων ἔρχονται ἐπὶ τὸ μνημεῖον ἀνατείλαντος τοῦ ἡλίου.
16: 9 [[Ἀναστὰς δὲ **πρωῒ** πρώτῃ σαββάτου ἐφάνη πρῶτον Μαρίᾳ τῇ Μαγδαληνῇ,]]
Jn 18:28 ἦν δὲ **πρωΐ**· καὶ αὐτοὶ οὐκ εἰσῆλθον εἰς τὸ πραιτώριον,
20: 1 Τῇ δὲ μιᾷ τῶν σαββάτων Μαρία ἡ Μαγδαληνὴ ἔρχεται **πρωῒ** σκοτίας ἔτι οὔσης εἰς τὸ μνημεῖον καὶ βλέπει τὸν λίθον ἠρμένον ἐκ τοῦ μνημείου.
Ac 28:23 πείθων τε αὐτοὺς περὶ τοῦ Ἰησοῦ ἀπό τε τοῦ νόμου Μωϋσέως καὶ τῶν προφητῶν, ἀπὸ **πρωῒ** ἕως ἑσπέρας.

4746 πρωΐα [2]

√ 4745

Mt 27: 1 **Πρωΐας** δὲ γενομένης συμβούλιον ἔλαβον πάντες οἱ ἀρχιερεῖς καὶ οἱ πρεσβύτεροι τοῦ λαοῦ κατὰ τοῦ Ἰησοῦ ὥστε θανατῶσαι αὐτόν·
Jn 21: 4 **πρωΐας** δὲ ἤδη γενομένης ἔστη Ἰησοῦς εἰς τὸν αἰγιαλόν,

4747 πρώϊμος Not used in UBS/NIV

√ 4745

4748 πρωϊνός [2]

√ 4745

ἀστήρ πρωϊνός [2] Rev 2:28; 22:16

Rev 2:28 ὡς κἀγὼ εἴληφα παρὰ τοῦ πατρός μου, καὶ δώσω αὐτῷ τὸν ἀστέρα τὸν **πρωϊνόν.**
22:16 ἐγώ εἰμι ἡ ῥίζα καὶ τὸ γένος Δαυίδ, ὁ ἀστὴρ ὁ λαμπρὸς ὁ **πρωϊνός.**

4749 πρῷρα [2]

√ 4574

Ac 27:30 τῶν δὲ ναυτῶν ζητούντων φυγεῖν ἐκ τοῦ πλοίου καὶ χαλασάντων τὴν σκάφην εἰς τὴν θάλασσαν προφάσει ὡς ἐκ **πρῴρης** ἀγκύρας μελλόντων ἐκτείνειν,
27:41 περιπεσόντες δὲ εἰς τόπον διθάλασσον ἐπέκειλαν τὴν ναῦν καὶ ἡ μὲν **πρῷρα** ἐρείσασα ἔμεινεν ἀσάλευτος,

4750 πρωτεύω [1]

√ 4755

Col 1:18 πρωτότοκος ἐκ τῶν νεκρῶν, ἵνα γένηται ἐν πᾶσιν αὐτὸς **πρωτεύων,**

4751 πρωτοκαθεδρία [4]

√ 4755 + 2757

Mt 23: 6 φιλοῦσιν δὲ τὴν πρωτοκλισίαν ἐν τοῖς δείπνοις καὶ τὰς **πρωτοκαθεδρίας** ἐν ταῖς συναγωγαῖς
Mk 12:39 καὶ **πρωτοκαθεδρίας** ἐν ταῖς συναγωγαῖς καὶ πρωτοκλισίας ἐν τοῖς δείπνοις,
Lk 11:43 ὅτι ἀγαπᾶτε τὴν **πρωτοκαθεδρίαν** ἐν ταῖς συναγωγαῖς καὶ τοὺς ἀσπασμοὺς ἐν ταῖς ἀγοραῖς.
20:46 φιλούντων ἀσπασμοὺς ἐν ταῖς ἀγοραῖς καὶ **πρωτοκαθεδρίας** ἐν ταῖς συναγωγαῖς καὶ πρωτοκλισίας ἐν τοῖς δείπνοις,

4752 πρωτοκλισία [5]

√ 4755 + 3111

Mt 23: 6 φιλοῦσιν δὲ τὴν **πρωτοκλισίαν** ἐν τοῖς δείπνοις καὶ τὰς πρωτοκαθεδρίας ἐν ταῖς συναγωγαῖς
Mk 12:39 καὶ πρωτοκαθεδρίας ἐν ταῖς συναγωγαῖς καὶ **πρωτοκλισίας** ἐν τοῖς δείπνοις,
Lk 14: 7 ἐπέχων πῶς τὰς **πρωτοκλισίας** ἐξελέγοντο, λέγων πρὸς αὐτούς,
14: 8 Ὅταν κληθῇς ὑπό τινος εἰς γάμους, μὴ κατακλιθῇς εἰς τὴν **πρωτοκλισίαν,**
20:46 καὶ φιλούντων ἀσπασμοὺς ἐν ταῖς ἀγοραῖς καὶ πρωτοκαθεδρίας ἐν ταῖς συναγωγαῖς καὶ **πρωτοκλισίας** ἐν τοῖς δείπνοις,

4753 πρωτόμαρτυς Not used in UBS/NIV

√ 4755 + 3459

4754 πρῶτον [60]

√ 4755

τὸ πρῶτον [3] Jn 10:40; 12:16; 19:39

πρῶτον ... δεύτερον [1] 1Co 12:28

πρῶτον ... εἶτα [2] Mk 4:28; 1Ti 3:10

πρῶτον ... ἔπειτα [4] 1Co 12:28; 15:46; Heb 7:2; Jas 3:17

Mt 5:24 ἄφες ἐκεῖ τὸ δῶρόν σου ἔμπροσθεν τοῦ θυσιαστηρίου καὶ ὕπαγε **πρῶτον** διαλλάγηθι τῷ ἀδελφῷ σου,
6:33 ζητεῖτε δὲ **πρῶτον** τὴν βασιλείαν [τοῦ θεοῦ] καὶ τὴν δικαιοσύνην αὐτοῦ,
7: 5 ἔκβαλε **πρῶτον** ἐκ τοῦ ὀφθαλμοῦ σοῦ τὴν δοκόν,
8:21 ἐπίτρεψόν μοι **πρῶτον** ἀπελθεῖν καὶ θάψαι τὸν πατέρα μου.
12:29 ἢ πῶς δύναταί τις εἰσελθεῖν εἰς τὴν οἰκίαν τοῦ ἰσχυροῦ καὶ τὰ σκεύη αὐτοῦ ἁρπάσαι, ἐὰν μὴ **πρῶτον** δήσῃ τὸν ἰσχυρόν;
13:30 Συλλέξατε **πρῶτον** τὰ ζιζάνια καὶ δήσατε αὐτὰ εἰς δέσμας πρὸς τὸ κατακαῦσαι αὐτά,
17:10 Τί οὖν οἱ γραμματεῖς λέγουσιν ὅτι Ἠλίαν δεῖ ἐλθεῖν **πρῶτον;**
23:26 Φαρισαῖε τυφλέ, καθάρισον **πρῶτον** τὸ ἐντὸς τοῦ ποτηρίου,
Mk 3:27 ἐὰν μὴ **πρῶτον** τὸν ἰσχυρὸν δήσῃ, καὶ τότε τὴν οἰκίαν αὐτοῦ διαρπάσει.
4:28 **πρῶτον** χόρτον εἶτα στάχυν εἶτα πλήρη[ς] σῖτον ἐν τῷ στάχυϊ.
7:27 καὶ ἔλεγεν αὐτῇ, Ἄφες **πρῶτον** χορτασθῆναι τὰ τέκνα,
9:11 Ὅτι λέγουσιν οἱ γραμματεῖς ὅτι Ἠλίαν δεῖ ἐλθεῖν **πρῶτον;**
9:12 ὁ δὲ ἔφη αὐτοῖς, Ἠλίας μὲν ἐλθὼν **πρῶτον** ἀποκαθιστάνει πάντα·
13:10 καὶ εἰς πάντα τὰ ἔθνη **πρῶτον** δεῖ κηρυχθῆναι τὸ εὐαγγέλιον.
16: 9 [[Ἀναστὰς δὲ πρωῒ πρώτῃ σαββάτου ἐφάνη **πρῶτον** Μαρίᾳ τῇ Μαγδαληνῇ,]]
Lk 6:42 ἔκβαλε **πρῶτον** τὴν δοκὸν ἐκ τοῦ ὀφθαλμοῦ σοῦ,
9:59 ἐπίτρεψόν μοι ἀπελθόντι **πρῶτον** θάψαι τὸν πατέρα μου.
9:61 **πρῶτον** δὲ ἐπίτρεψόν μοι ἀποτάξασθαι τοῖς εἰς τὸν οἶκόν μου.
10: 5 εἰς ἣν δ' ἂν εἰσέλθητε οἰκίαν, **πρῶτον** λέγετε, Εἰρήνη τῷ οἴκῳ τούτῳ.
11:38 ὁ δὲ Φαρισαῖος ἰδὼν ἐθαύμασεν ὅτι οὐ **πρῶτον** ἐβαπτίσθη πρὸ τοῦ ἀρίστου.
12: 1 ὥστε καταπατεῖν ἀλλήλους, ἤρξατο λέγειν πρὸς τοὺς μαθητὰς αὐτοῦ **πρῶτον,**
14:28 τίς γὰρ ἐξ ὑμῶν θέλων πύργον οἰκοδομῆσαι οὐχὶ **πρῶτον** καθίσας ψηφίζει τὴν δαπάνην,
14:31 **πρῶτον** βουλεύσεται εἰ δυνατός ἐστιν ἐν δέκα χιλιάσιν ὑπαντῆσαι τῷ μετὰ εἴκοσι χιλιάδων ἐρχομένῳ ἐπ' αὐτόν;

17:25 **πρῶτον** δὲ δεῖ αὐτὸν πολλὰ παθεῖν καὶ ἀποδοκιμασθῆναι ἀπὸ τῆς γενεᾶς ταύτης.
21: 9 δεῖ γὰρ ταῦτα γενέσθαι **πρῶτον,** ἀλλ' οὐκ εὐθέως τὸ τέλος.
Jn 1:41 εὑρίσκει οὗτος **πρῶτον** τὸν ἀδελφὸν τὸν ἴδιον Σίμωνα καὶ λέγει αὐτῷ,
2:10 Πᾶς ἄνθρωπος **πρῶτον** τὸν καλὸν οἶνον τίθησιν καὶ ὅταν μεθυσθῶσιν τὸν ἐλάσσω·
7:51 Μὴ ὁ νόμος ἡμῶν κρίνει τὸν ἄνθρωπον ἐὰν μὴ ἀκούσῃ **πρῶτον** παρ' αὐτοῦ καὶ γνῷ τί ποιεῖ;
10:40 Καὶ ἀπῆλθεν πάλιν πέραν τοῦ Ἰορδάνου εἰς τὸν τόπον ὅπου ἦν Ἰωάννης τὸ **πρῶτον** βαπτίζων καὶ ἔμεινεν ἐκεῖ.
12:16 ταῦτα οὐκ ἔγνωσαν αὐτοῦ οἱ μαθηταὶ τὸ **πρῶτον,**
15:18 Εἰ ὁ κόσμος ὑμᾶς μισεῖ, γινώσκετε ὅτι ἐμὲ **πρῶτον** ὑμῶν μεμίσηκεν.
18:13 καὶ ἤγαγον πρὸς Ἄνναν **πρῶτον·** ἦν γὰρ πενθερὸς τοῦ Καϊάφα,
19:39 ἦλθεν δὲ καὶ Νικόδημος, ὁ ἐλθὼν πρὸς αὐτὸν νυκτὸς τὸ **πρῶτον,**
Ac 3:26 ὑμῖν **πρῶτον** ἀναστήσας ὁ θεὸς τὸν παῖδα αὐτοῦ ἀπέστειλεν αὐτὸν εὐλογοῦντα ὑμᾶς ἐν τῷ ἀποστρέφειν ἕκαστον
7:12 ἀκούσας δὲ Ἰακὼβ ὄντα σιτία εἰς Αἴγυπτον ἐξαπέστειλεν τοὺς πατέρας ἡμῶν **πρῶτον.**
13:46 Ὑμῖν ἦν ἀναγκαῖον **πρῶτον** λαληθῆναι τὸν λόγον τοῦ θεοῦ·
15:14 Συμεὼν ἐξηγήσατο καθὼς **πρῶτον** ὁ θεὸς ἐπεσκέψατο λαβεῖν ἐξ ἐθνῶν λαὸν τῷ ὀνόματι αὐτοῦ.
26:20 ἀλλὰ τοῖς ἐν Δαμασκῷ **πρῶτόν** τε καὶ Ἱεροσολύμοις,
Ro 1: 8 **Πρῶτον** μὲν εὐχαριστῶ τῷ θεῷ μου διὰ Ἰησοῦ Χριστοῦ περὶ πάντων ὑμῶν ὅτι ἡ πίστις ὑμῶν καταγγέλλεται ἐν ὅλῳ τῷ κόσμῳ.
1:16 δύναμις γὰρ θεοῦ ἐστιν εἰς σωτηρίαν παντὶ τῷ πιστεύοντι, Ἰουδαίῳ τε **πρῶτον** καὶ Ἕλληνι.
2: 9 θλῖψις καὶ στενοχωρία ἐπὶ πᾶσαν ψυχὴν ἀνθρώπου τοῦ κατεργαζομένου τὸ κακόν, Ἰουδαίου τε **πρῶτον** καὶ Ἕλληνος·
2:10 δόξα δὲ καὶ τιμὴ καὶ εἰρήνη παντὶ τῷ ἐργαζομένῳ τὸ ἀγαθόν, Ἰουδαίῳ τε **πρῶτον** καὶ Ἕλληνι·
3: 2 **πρῶτον** μὲν [γὰρ] ὅτι ἐπιστεύθησαν τὰ λόγια τοῦ θεοῦ.
15:24 ἐλπίζω γὰρ διαπορευόμενος θεάσασθαι ὑμᾶς καὶ ὑφ' ὑμῶν προπεμφθῆναι ἐκεῖ ἐὰν ὑμῶν **πρῶτον** ἀπὸ μέρους ἐμπλησθῶ.
1Co 11:18 **πρῶτον** μὲν γὰρ συνερχομένων ὑμῶν ἐν ἐκκλησίᾳ ἀκούω σχίσματα ἐν ὑμῖν ὑπάρχειν καὶ μέρος τι πιστεύω.
12:28 καὶ οὓς μὲν ἔθετο ὁ θεὸς ἐν τῇ ἐκκλησίᾳ **πρῶτον** ἀποστόλους,
15:46 ἀλλ' οὐ **πρῶτον** τὸ πνευματικὸν ἀλλὰ τὸ ψυχικόν,
2Co 8: 5 καὶ οὐ καθὼς ἠλπίσαμεν ἀλλ' ἑαυτοὺς ἔδωκαν **πρῶτον** τῷ κυρίῳ καὶ ἡμῖν διὰ θελήματος θεοῦ
1Th 4:16 καταβήσεται ἀπ' οὐρανοῦ καὶ οἱ νεκροὶ ἐν Χριστῷ ἀναστήσονται **πρῶτον,**
2Th 2: 3 ὅτι ἐὰν μὴ ἔλθῃ ἡ ἀποστασία **πρῶτον** καὶ ἀποκαλυφθῇ ὁ ἄνθρωπος τῆς ἀνομίας,
1Ti 2: 1 Παρακαλῶ οὖν **πρῶτον** πάντων ποιεῖσθαι δεήσεις προσευχὰς ἐντεύξεις εὐχαριστίας ὑπὲρ πάντων ἀνθρώπων,
3:10 καὶ οὗτοι δὲ δοκιμαζέσθωσαν **πρῶτον,** εἶτα διακονείτωσαν ἀνέγκλητοι ὄντες.
5: 4 μανθανέτωσαν **πρῶτον** τὸν ἴδιον οἶκον εὐσεβεῖν καὶ ἀμοιβὰς ἀποδιδόναι τοῖς προγόνοις·
2Ti 1: 5 ἥτις ἐνῴκησεν **πρῶτον** ἐν τῇ μάμμῃ σου Λωΐδι καὶ τῇ μητρί σου Εὐνίκῃ,
2: 6 τὸν κοπιῶντα γεωργὸν δεῖ **πρῶτον** τῶν καρπῶν μεταλαμβάνειν.
Heb 7: 2 **πρῶτον** μὲν ἑρμηνευόμενος βασιλεὺς δικαιοσύνης ἔπειτα δὲ καὶ βασιλεὺς Σαλήμ,
Jas 3:17 ἡ δὲ ἄνωθεν σοφία **πρῶτον** μὲν ἁγνή ἐστιν,
1Pe 4:17 εἰ δὲ **πρῶτον** ἀφ' ἡμῶν, τί τὸ τέλος τῶν ἀπειθούντων τῷ τοῦ θεοῦ εὐαγγελίῳ;
2Pe 1:20 τοῦτο **πρῶτον** γινώσκοντες ὅτι πᾶσα προφητεία γραφῆς ἰδίας ἐπιλύσεως οὐ γίνεται·
3: 3 τοῦτο **πρῶτον** γινώσκοντες ὅτι ἐλεύσονται ἐπ' ἐσχάτων τῶν ἡμερῶν [ἐν] ἐμπαιγμονῇ ἐμπαῖκται κατὰ τὰς ἰδίας ἐπιθυμίας αὐτῶν πορευόμενοι

4755 πρῶτος [95]

→ 1310, 4750, 4751, 4752, 4753, 4754, 4756, 4757, 4758, 4759, 5812; cf. 4574

πρῶτοι λαοῦ [1] Lk 19:47

πρῶτος γῆ [2] Rev 21:1,1

πρῶτος διαθήκη [1] Heb 9:15

πρῶτος οὐρανός [1] Rev 21:1

πρώτη σαββάτου [1] Mk 16:9

Mt 10: 2 **πρῶτος** Σίμων ὁ λεγόμενος Πέτρος καὶ Ἀνδρέας ὁ ἀδελφὸς αὐτοῦ,
12:45 καὶ γίνεται τὰ ἔσχατα τοῦ ἀνθρώπου ἐκείνου χείρονα τῶν **πρώτων.**
17:27 πορευθεὶς εἰς θάλασσαν βάλε ἄγκιστρον καὶ τὸν ἀναβάντα **πρῶτον** ἰχθὺν ἆρον,
19:30 Πολλοὶ δὲ ἔσονται **πρῶτοι** ἔσχατοι καὶ ἔσχατοι **πρῶτοι.**
20: 8 Κάλεσον τοὺς ἐργάτας καὶ ἀπόδος αὐτοῖς τὸν μισθὸν ἀρξάμενος ἀπὸ τῶν ἐσχάτων ἕως τῶν **πρώτων.**
20:10 καὶ ἐλθόντες οἱ **πρῶτοι** ἐνόμισαν ὅτι πλεῖον λήμψονται·
20:16 Οὕτως ἔσονται οἱ ἔσχατοι **πρῶτοι** καὶ οἱ **πρῶτοι** ἔσχατοι.
20:27 καὶ ὃς ἂν θέλῃ ἐν ὑμῖν εἶναι **πρῶτος** ἔσται ὑμῶν δοῦλος·
21:28 καὶ προσελθὼν τῷ **πρώτῳ** εἶπεν, Τέκνον, ὕπαγε σήμερον ἐργάζου ἐν τῷ ἀμπελῶνι.
21:31 τίς ἐκ τῶν δύο ἐποίησεν τὸ θέλημα τοῦ πατρός; λέγουσιν, Ὁ **πρῶτος.**
21:36 πάλιν ἀπέστειλεν ἄλλους δούλους πλείονας τῶν **πρώτων,** καὶ ἐποίησαν αὐτοῖς ὡσαύτως.
22:25 καὶ ὁ **πρῶτος** γήμας ἐτελεύτησεν, καὶ μὴ ἔχων σπέρμα ἀφῆκεν τὴν γυναῖκα αὐτοῦ τῷ ἀδελφῷ αὐτοῦ·
22:38 αὕτη ἐστὶν ἡ μεγάλη καὶ **πρώτη** ἐντολή.
26:17 Τῇ δὲ **πρώτῃ** τῶν ἀζύμων προσῆλθον οἱ μαθηταὶ τῷ Ἰησοῦ λέγοντες,
27:64 καὶ ἔσται ἡ ἐσχάτη πλάνη χείρων τῆς **πρώτης.**
Mk 6:21 Καὶ γενομένης ἡμέρας εὐκαίρου ὅτε Ἡρῴδης τοῖς γενεσίοις αὐτοῦ δεῖπνον ἐποίησεν τοῖς μεγιστᾶσιν αὐτοῦ καὶ τοῖς χιλιάρχοις καὶ τοῖς **πρώτοις** τῆς Γαλιλαίας,
9:35 Εἴ τις θέλει **πρῶτος** εἶναι, ἔσται πάντων ἔσχατος καὶ πάντων διάκονος.
10:31 πολλοὶ δὲ ἔσονται **πρῶτοι** ἔσχατοι καὶ [οἱ] ἔσχατοι **πρῶτοι.**
10:44 καὶ ὃς ἂν θέλῃ ἐν ὑμῖν εἶναι **πρῶτος** ἔσται πάντων δοῦλος·
12:20 ὁ **πρῶτος** ἔλαβεν γυναῖκα καὶ ἀποθνῄσκων οὐκ ἀφῆκεν σπέρμα·
12:28 ἰδὼν ὅτι καλῶς ἀπεκρίθη αὐτοῖς ἐπηρώτησεν αὐτόν, Ποία ἐστὶν ἐντολὴ **πρώτη** πάντων;
12:29 ἀπεκρίθη ὁ Ἰησοῦς ὅτι **Πρώτη** ἐστίν, Ἄκουε, Ἰσραήλ,
14:12 Καὶ τῇ **πρώτῃ** ἡμέρᾳ τῶν ἀζύμων, ὅτε τὸ πάσχα ἔθυον,
16: 9 ⟦Ἀναστὰς δὲ πρωῒ **πρώτῃ** σαββάτου ἐφάνη πρῶτον Μαρίᾳ τῇ Μαγδαληνῇ,⟧
Lk 2: 2 αὕτη ἀπογραφὴ **πρώτη** ἐγένετο ἡγεμονεύοντος τῆς Συρίας Κυρηνίου.
11:26 καὶ γίνεται τὰ ἔσχατα τοῦ ἀνθρώπου ἐκείνου χείρονα τῶν **πρώτων.**
13:30 καὶ ἰδοὺ εἰσὶν ἔσχατοι οἳ ἔσονται **πρῶτοι** καὶ εἰσὶν **πρῶτοι** οἳ ἔσονται ἔσχατοι.
14:18 ὁ **πρῶτος** εἶπεν αὐτῷ, Ἀγρὸν ἠγόρασα καὶ ἔχω ἀνάγκην ἐξελθὼν ἰδεῖν αὐτόν·
15:22 Ταχὺ ἐξενέγκατε στολὴν τὴν **πρώτην** καὶ ἐνδύσατε αὐτόν,
16: 5 καὶ προσκαλεσάμενος ἕνα ἕκαστον τῶν χρεοφειλετῶν τοῦ κυρίου ἑαυτοῦ ἔλεγεν τῷ **πρώτῳ,**
19:16 παρεγένετο δὲ ὁ **πρῶτος** λέγων, Κύριε, ἡ μνᾶ σου δέκα προσηργάσατο μνᾶς.
19:47 οἱ δὲ ἀρχιερεῖς καὶ οἱ γραμματεῖς ἐζήτουν αὐτὸν ἀπολέσαι καὶ οἱ **πρῶτοι** τοῦ λαοῦ,
20:29 ἑπτὰ οὖν ἀδελφοὶ ἦσαν· καὶ ὁ **πρῶτος** λαβὼν γυναῖκα ἀπέθανεν ἄτεκνος·
Jn 1:15 Ὁ ὀπίσω μου ἐρχόμενος ἔμπροσθέν μου γέγονεν, ὅτι **πρῶτός** μου ἦν.
1:30 Ὀπίσω μου ἔρχεται ἀνὴρ ὃς ἔμπροσθέν μου γέγονεν, ὅτι **πρῶτός** μου ἦν.
8: 7 ⟦Ὁ ἀναμάρτητος ὑμῶν **πρῶτος** ἐπ' αὐτὴν βαλέτω λίθον.⟧
19:32 ἦλθον οὖν οἱ στρατιῶται καὶ τοῦ μὲν **πρώτου** κατέαξαν τὰ σκέλη καὶ τοῦ ἄλλου τοῦ συσταυρωθέντος αὐτῷ·
20: 4 καὶ ὁ ἄλλος μαθητὴς προέδραμεν τάχιον τοῦ Πέτρου καὶ ἦλθεν **πρῶτος** εἰς τὸ μνημεῖον,
20: 8 τότε οὖν εἰσῆλθεν καὶ ὁ ἄλλος μαθητὴς ὁ ἐλθὼν **πρῶτος** εἰς τὸ μνημεῖον καὶ εἶδεν καὶ ἐπίστευσεν·
Ac 1: 1 Τὸν μὲν **πρῶτον** λόγον ἐποιησάμην περὶ πάντων, ὦ Θεόφιλε,
12:10 διελθόντες δὲ **πρώτην** φυλακὴν καὶ δευτέραν ἦλθαν ἐπὶ τὴν πύλην τὴν σιδηρᾶν τὴν φέρουσαν εἰς τὴν πόλιν,
13:50 οἱ δὲ Ἰουδαῖοι παρώτρυναν τὰς σεβομένας γυναῖκας τὰς εὐσχήμονας καὶ τοὺς **πρώτους** τῆς πόλεως καὶ ἐπήγειραν διωγμὸν ἐπὶ τὸν Παῦλον καὶ Βαρναβᾶν
16:12 ἥτις ἐστὶν **πρώτη[ς]** [UBS; NIV **πρώτη** τῆς μερίδος] μερίδος τῆς Μακεδονίας πόλις, κολωνία.

17: 4 τῶν τε σεβομένων Ἑλλήνων πλῆθος πολύ, γυναικῶν τε τῶν **πρώτων** οὐκ ὀλίγαι.
20:18 ἀπὸ **πρώτης** ἡμέρας ἀφ' ἧς ἐπέβην εἰς τὴν Ἀσίαν,
25: 2 ἐνεφάνισάν τε αὐτῷ οἱ ἀρχιερεῖς καὶ οἱ **πρῶτοι** τῶν Ἰουδαίων κατὰ τοῦ Παύλου καὶ παρεκάλουν αὐτὸν
26:23 εἰ **πρῶτος** ἐξ ἀναστάσεως νεκρῶν φῶς μέλλει καταγγέλλειν τῷ τε λαῷ καὶ τοῖς ἔθνεσιν.
27:43 ἐκέλευσέν τε τοὺς δυναμένους κολυμβᾶν ἀπορίψαντας **πρώτους** ἐπὶ τὴν γῆν ἐξιέναι
28: 7 Ἐν δὲ τοῖς περὶ τὸν τόπον ἐκεῖνον ὑπῆρχεν χωρία τῷ **πρώτῳ** τῆς νήσου ὀνόματι Ποπλίῳ,
28:17 Ἐγένετο δὲ μετὰ ἡμέρας τρεῖς συγκαλέσασθαι αὐτὸν τοὺς ὄντας τῶν Ἰουδαίων **πρώτους·**
Ro 10:19 **πρῶτος** Μωϋσῆς λέγει, Ἐγὼ παραζηλώσω ὑμᾶς ἐπ' οὐκ ἔθνει,
1Co 14:30 ἐὰν δὲ ἄλλῳ ἀποκαλυφθῇ καθημένῳ, ὁ **πρῶτος** σιγάτω.
15: 3 παρέδωκα γὰρ ὑμῖν ἐν **πρώτοις,** ὃ καὶ παρέλαβον,
15:45 Ἐγένετο ὁ **πρῶτος** ἄνθρωπος Ἀδὰμ εἰς ψυχὴν ζῶσαν,
15:47 ὁ **πρῶτος** ἄνθρωπος ἐκ γῆς χοϊκός, ὁ δεύτερος ἄνθρωπος ἐξ οὐρανοῦ.
Eph 6: 2 τίμα τὸν πατέρα σου καὶ τὴν μητέρα, ἥτις ἐστὶν ἐντολὴ **πρώτη** ἐν ἐπαγγελίᾳ,
Php 1: 5 ἐπὶ τῇ κοινωνίᾳ ὑμῶν εἰς τὸ εὐαγγέλιον ἀπὸ τῆς **πρώτης** ἡμέρας ἄχρι τοῦ νῦν,
1Ti 1:15 ὅτι Χριστὸς Ἰησοῦς ἦλθεν εἰς τὸν κόσμον ἁμαρτωλοὺς σῶσαι, ὧν **πρῶτός** εἰμι ἐγώ.
1:16 ἵνα ἐν ἐμοὶ **πρώτῳ** ἐνδείξηται Χριστὸς Ἰησοῦς τὴν ἅπασαν μακροθυμίαν πρὸς ὑποτύπωσιν τῶν μελλόντων πιστεύειν ἐπ' αὐτῷ εἰς ζωὴν αἰώνιον.
2:13 Ἀδὰμ γὰρ **πρῶτος** ἐπλάσθη, εἶτα Εὕα.
5:12 ἔχουσαι κρίμα ὅτι τὴν **πρώτην** πίστιν ἠθέτησαν·
2Ti 4:16 Ἐν τῇ **πρώτῃ** μου ἀπολογίᾳ οὐδείς μοι παρεγένετο,
Heb 8: 7 Εἰ γὰρ ἡ **πρώτη** ἐκείνη ἦν ἄμεμπτος, οὐκ ἂν δευτέρας ἐζητεῖτο τόπος.
8:13 ἐν τῷ λέγειν Καινὴν πεπαλαίωκεν τὴν **πρώτην·** τὸ δὲ παλαιούμενον καὶ γηράσκον ἐγγὺς ἀφανισμοῦ.
9: 1 Εἶχε μὲν οὖν [καὶ] ἡ **πρώτη** δικαιώματα λατρείας τό τε ἅγιον κοσμικόν.
9: 2 σκηνὴ γὰρ κατεσκευάσθη ἡ **πρώτη** ἐν ᾗ ἥ τε λυχνία καὶ ἡ τράπεζα καὶ ἡ πρόθεσις τῶν ἄρτων,
9: 6 Τούτων δὲ οὕτως κατεσκευασμένων εἰς μὲν τὴν **πρώτην** σκηνὴν διὰ παντὸς εἰσίασιν οἱ ἱερεῖς τὰς λατρείας ἐπιτελοῦντες,
9: 8 μήπω πεφανερῶσθαι τὴν τῶν ἁγίων ὁδὸν ἔτι τῆς **πρώτης** σκηνῆς ἐχούσης στάσιν,
9:15 ὅπως θανάτου γενομένου εἰς ἀπολύτρωσιν τῶν ἐπὶ τῇ **πρώτῃ** διαθήκῃ παραβάσεων τὴν ἐπαγγελίαν λάβωσιν οἱ κεκλημένοι τῆς αἰωνίου κληρονομίας.
9:18 ὅθεν οὐδὲ ἡ **πρώτη** χωρὶς αἵματος ἐγκεκαίνισται·
10: 9 Ἰδοὺ ἥκω τοῦ ποιῆσαι τὸ θέλημά σου. ἀναιρεῖ τὸ **πρῶτον** ἵνα τὸ δεύτερον στήσῃ,
2Pe 2:20 τούτοις δὲ πάλιν ἐμπλακέντες ἡττῶνται, γέγονεν αὐτοῖς τὰ ἔσχατα χείρονα τῶν **πρώτων.**
1Jn 4:19 ἡμεῖς ἀγαπῶμεν, ὅτι αὐτὸς **πρῶτος** ἠγάπησεν ἡμᾶς.
Rev 1:17 Μὴ φοβοῦ· ἐγώ εἰμι ὁ **πρῶτος** καὶ ὁ ἔσχατος
2: 4 ἀλλὰ ἔχω κατὰ σοῦ ὅτι τὴν ἀγάπην σου τὴν **πρώτην** ἀφῆκες.
2: 5 μνημόνευε οὖν πόθεν πέπτωκας καὶ μετανόησον καὶ τὰ **πρῶτα** ἔργα ποίησον·
2: 8 Τάδε λέγει ὁ **πρῶτος** καὶ ὁ ἔσχατος, ὃς ἐγένετο νεκρὸς καὶ ἔζησεν·
2:19 καὶ τὰ ἔργα σου τὰ ἔσχατα πλείονα τῶν **πρώτων.**
4: 1 καὶ ἡ φωνὴ ἡ **πρώτη** ἣν ἤκουσα ὡς σάλπιγγος λαλούσης μετ' ἐμοῦ λέγων,
4: 7 καὶ τὸ ζῷον τὸ **πρῶτον** ὅμοιον λέοντι καὶ τὸ δεύτερον ζῷον ὅμοιον μόσχῳ καὶ τὸ τρίτον ζῷον ἔχων τὸ πρόσωπον ὡς ἀνθρώπου καὶ τὸ τέταρτον ζῷον ὅμοιον ἀετῷ πετομένῳ.
8: 7 Καὶ ὁ **πρῶτος** ἐσάλπισεν· καὶ ἐγένετο χάλαζα καὶ πῦρ μεμιγμένα ἐν αἵματι καὶ ἐβλήθη εἰς τὴν γῆν,
13:12 καὶ τὴν ἐξουσίαν τοῦ **πρώτου** θηρίου πᾶσαν ποιεῖ ἐνώπιον αὐτοῦ, καὶ ποιεῖ τὴν γῆν καὶ τοὺς ἐν αὐτῇ κατοικοῦντας ἵνα προσκυνήσουσιν τὸ θηρίον τὸ **πρῶτον,**
16: 2 Καὶ ἀπῆλθεν ὁ **πρῶτος** καὶ ἐξέχεεν τὴν φιάλην αὐτοῦ εἰς τὴν γῆν,
20: 5 οἱ λοιποὶ τῶν νεκρῶν οὐκ ἔζησαν ἄχρι τελεσθῇ τὰ χίλια ἔτη. αὕτη ἡ ἀνάστασις ἡ **πρώτη.**
20: 6 μακάριος καὶ ἅγιος ὁ ἔχων μέρος ἐν τῇ ἀναστάσει τῇ **πρώτῃ·**
21: 1 ὁ γὰρ **πρῶτος** οὐρανὸς καὶ ἡ **πρώτη** γῆ ἀπῆλθαν καὶ ἡ θάλασσα οὐκ ἔστιν ἔτι.
21: 4 καὶ ὁ θάνατος οὐκ ἔσται ἔτι οὔτε πένθος οὔτε κραυγὴ οὔτε πόνος οὐκ ἔσται ἔτι, [ὅτι] τὰ **πρῶτα** ἀπῆλθαν.
21:19 ὁ θεμέλιος ὁ **πρῶτος** ἴασπις, ὁ δεύτερος σάπφιρος,
22:13 ὁ **πρῶτος** καὶ ὁ ἔσχατος, ἡ ἀρχὴ καὶ τὸ τέλος.

4756 πρωτοστάτης [1]

√ *4755 + 2705*

Ac 24: 5 εὑρόντες γὰρ τὸν ἄνδρα τοῦτον λοιμὸν καὶ κινοῦντα στάσεις πᾶσιν τοῖς Ἰουδαίοις τοῖς κατὰ τὴν οἰκουμένην **πρωτοστάτην** τε τῆς τῶν Ναζωραίων αἱρέσεως,

4757 πρωτοτόκια [1]

√ *4755 + 5503*

Heb 12:16 ὃς ἀντὶ βρώσεως μιᾶς ἀπέδετο τὰ **πρωτοτόκια** ἑαυτοῦ.

4758 πρωτότοκος [8]

√ *4755 + 5503*

Lk 2: 7 καὶ ἔτεκεν τὸν υἱὸν αὐτῆς τὸν **πρωτότοκον,** καὶ ἐσπαργάνωσεν αὐτὸν καὶ ἀνέκλινεν αὐτὸν ἐν φάτνῃ,
Ro 8:29 εἰς τὸ εἶναι αὐτὸν **πρωτότοκον** ἐν πολλοῖς ἀδελφοῖς·
Col 1:15 ὅς ἐστιν εἰκὼν τοῦ θεοῦ τοῦ ἀοράτου, **πρωτότοκος** πάσης κτίσεως,
1:18 ὅς ἐστιν ἀρχή, **πρωτότοκος** ἐκ τῶν νεκρῶν, ἵνα γένηται ἐν πᾶσιν αὐτὸς πρωτεύων,
Heb 1: 6 ὅταν δὲ πάλιν εἰσαγάγῃ τὸν **πρωτότοκον** εἰς τὴν οἰκουμένην,
11:28 ἵνα μὴ ὁ ὀλοθρεύων τὰ **πρωτότοκα** θίγῃ αὐτῶν.
12:23 καὶ ἐκκλησίᾳ **πρωτοτόκων** ἀπογεγραμμένων ἐν οὐρανοῖς καὶ κριτῇ θεῷ πάντων καὶ πνεύμασι δικαίων τετελειωμένων
Rev 1: 5 ὁ **πρωτότοκος** τῶν νεκρῶν καὶ ὁ ἄρχων τῶν βασιλέων τῆς γῆς.

4759 πρώτως [1]

√ *4755*

Ac 11:26 χρηματίσαι τε **πρώτως** ἐν Ἀντιοχείᾳ τοὺς μαθητὰς Χριστιανούς.

4760 πταίω [5]

→ *720*

Ro 11:11 Λέγω οὖν, μὴ **ἔπταισαν** ἵνα πέσωσιν; μὴ γένοιτο·
Jas 2:10 ὅστις γὰρ ὅλον τὸν νόμον τηρήσῃ **πταίσῃ** δὲ ἐν ἑνί,
3: 2 πολλὰ γὰρ **πταίομεν** ἅπαντες. εἴ τις ἐν λόγῳ οὐ **πταίει,** οὗτος τέλειος ἀνὴρ δυνατὸς χαλιναγωγῆσαι καὶ ὅλον τὸ σῶμα.
2Pe 1:10 σπουδάσατε βεβαίαν ὑμῶν τὴν κλῆσιν καὶ ἐκλογὴν ποιεῖσθαι· ταῦτα γὰρ ποιοῦντες οὐ μὴ **πταίσητέ** ποτε.

4761 πτέρνα [1]

Jn 13:18 Ὁ τρώγων μου τὸν ἄρτον ἐπῆρεν ἐπ' ἐμὲ τὴν **πτέρναν** αὐτοῦ.

4762 πτερύγιον [2]

√ *4375*

Mt 4: 5 Τότε παραλαμβάνει αὐτὸν ὁ διάβολος εἰς τὴν ἁγίαν πόλιν καὶ ἔστησεν αὐτὸν ἐπὶ τὸ **πτερύγιον** τοῦ ἱεροῦ
Lk 4: 9 Ἤγαγεν δὲ αὐτὸν εἰς Ἰερουσαλὴμ καὶ ἔστησεν ἐπὶ τὸ **πτερύγιον** τοῦ ἱεροῦ καὶ εἶπεν αὐτῷ,

4763 πτέρυξ [5]

√ *4375*

Mt 23:37 ὃν τρόπον ὄρνις ἐπισυνάγει τὰ νοσσία αὐτῆς ὑπὸ τὰς **πτέρυγας,**
Lk 13:34 ποσάκις ἠθέλησα ἐπισυνάξαι τὰ τέκνα σου ὃν τρόπον ὄρνις τὴν ἑαυτῆς νοσσιὰν ὑπὸ τὰς **πτέρυγας,**
Rev 4: 8 ἓν καθ' ἓν αὐτῶν ἔχων ἀνὰ **πτέρυγας** ἕξ,
9: 9 καὶ ἡ φωνὴ τῶν **πτερύγων** αὐτῶν ὡς φωνὴ ἁρμάτων ἵππων πολλῶν τρεχόντων εἰς πόλεμον,
12:14 καὶ ἐδόθησαν τῇ γυναικὶ αἱ δύο **πτέρυγες** τοῦ ἀετοῦ τοῦ μεγάλου,

4764 πτηνός [1]

√ 4375

1Co 15:39 ἄλλη δὲ σὰρξ κτηνῶν, ἄλλη δὲ σὰρξ **πτηνῶν,** ἄλλη δὲ ἰχθύων.

4765 πτοέω [2]

→ 4766

Lk 21: 9 ὅταν δὲ ἀκούσητε πολέμους καὶ ἀκαταστασίας, μὴ **πτοηθῆτε·**
24:37 **πτοηθέντες** δὲ καὶ ἔμφοβοι γενόμενοι ἐδόκουν πνεῦμα θεωρεῖν.

4766 πτόησις [1]

√ 4765

1Pe 3: 6 ἧς ἐγενήθητε τέκνα ἀγαθοποιοῦσαι καὶ μὴ φοβούμεναι μηδεμίαν **πτόησιν.**

4767 Πτολεμαΐς [1]

Ac 21: 7 Ἡμεῖς δὲ τὸν πλοῦν διανύσαντες ἀπὸ Τύρου κατηντήσαμεν εἰς **Πτολεμαΐδα** καὶ ἀσπασάμενοι τοὺς ἀδελφοὺς ἐμείναμεν

4768 πτύον [2]

√ 4772

Mt 3:12 οὗ τὸ **πτύον** ἐν τῇ χειρὶ αὐτοῦ καὶ διακαθαριεῖ τὴν ἅλωνα αὐτοῦ καὶ συνάξει τὸν σῖτον αὐτοῦ εἰς τὴν ἀποθήκην,
Lk 3:17 οὗ τὸ **πτύον** ἐν τῇ χειρὶ αὐτοῦ διακαθᾶραι τὴν ἅλωνα αὐτοῦ καὶ συναγαγεῖν τὸν σῖτον εἰς τὴν ἀποθήκην αὐτοῦ,

4769 πτύρω [1]

Php 1:28 καὶ μὴ **πτυρόμενοι** ἐν μηδενὶ ὑπὸ τῶν ἀντικειμένων,

4770 πτύσμα [1]

√ 4772

Jn 9: 6 ἔπτυσεν χαμαὶ καὶ ἐποίησεν πηλὸν ἐκ τοῦ **πτύσματος** καὶ ἐπέχρισεν αὐτοῦ τὸν πηλὸν ἐπὶ τοὺς ὀφθαλμοὺς

4771 πτύσσω [1]

→ 408

Lk 4:20 καὶ **πτύξας** τὸ βιβλίον ἀποδοὺς τῷ ὑπηρέτῃ ἐκάθισεν·

4772 πτύω [3]

→ 1746, 1870, 4768, 4770

Mk 7:33 ἔβαλεν τοὺς δακτύλους αὐτοῦ εἰς τὰ ὦτα αὐτοῦ καὶ **πτύσας** ἥψατο τῆς γλώσσης αὐτοῦ,
8:23 καὶ ἐπιλαβόμενος τῆς χειρὸς τοῦ τυφλοῦ ἐξήνεγκεν αὐτὸν ἔξω τῆς κώμης καὶ **πτύσας** εἰς τὰ ὄμματα αὐτοῦ,
Jn 9: 6 ταῦτα εἰπὼν **ἔπτυσεν** χαμαὶ καὶ ἐποίησεν πηλὸν ἐκ τοῦ πτύσματος καὶ ἐπέχρισεν αὐτοῦ τὸν πηλὸν ἐπὶ τοὺς ὀφθαλμοὺς

4773 πτῶμα [7]

√ 4406

Mt 14:12 καὶ προσελθόντες οἱ μαθηταὶ αὐτοῦ ἦραν τὸ **πτῶμα** καὶ ἔθαψαν αὐτὸ[ν]
24:28 ὅπου ἐὰν ᾖ τὸ **πτῶμα,** ἐκεῖ συναχθήσονται οἱ ἀετοί.
Mk 6:29 καὶ ἀκούσαντες οἱ μαθηταὶ αὐτοῦ ἦλθον καὶ ἦραν τὸ **πτῶμα** αὐτοῦ καὶ ἔθηκαν αὐτὸ ἐν μνημείῳ.
15:45 γνοὺς ἀπὸ τοῦ κεντυρίωνος ἐδωρήσατο τὸ **πτῶμα** τῷ Ἰωσήφ.
Rev 11: 8 τὸ **πτῶμα** αὐτῶν ἐπὶ τῆς πλατείας τῆς πόλεως τῆς μεγάλης,
11: 9 καὶ βλέπουσιν ἐκ τῶν λαῶν καὶ φυλῶν καὶ γλωσσῶν καὶ ἐθνῶν τὸ **πτῶμα** αὐτῶν ἡμέρας τρεῖς καὶ ἥμισυ καὶ τὰ **πτώματα** αὐτῶν οὐκ ἀφίουσιν τεθῆναι εἰς μνῆμα.

4774 πτῶσις [2]

√ 4406

Mt 7:27 καὶ ἔπεσεν καὶ ἦν ἡ **πτῶσις** αὐτῆς μεγάλη.
Lk 2:34 Ἰδοὺ οὗτος κεῖται εἰς **πτῶσιν** καὶ ἀνάστασιν πολλῶν ἐν τῷ Ἰσραὴλ καὶ εἰς σημεῖον ἀντιλεγόμενον

4775 πτωχεία [3]

√ 4777

2Co 8: 2 ὅτι ἐν πολλῇ δοκιμῇ θλίψεως ἡ περισσεία τῆς χαρᾶς αὐτῶν καὶ ἡ κατὰ βάθους **πτωχεία** αὐτῶν ἐπερίσσευσεν εἰς τὸ πλοῦτος τῆς ἁπλότητος αὐτῶν·
8: 9 ὅτι δι᾽ ὑμᾶς ἐπτώχευσεν πλούσιος ὤν, ἵνα ὑμεῖς τῇ ἐκείνου **πτωχείᾳ** πλουτήσητε.
Rev 2: 9 Οἶδά σου τὴν θλῖψιν καὶ τὴν **πτωχείαν,** ἀλλὰ πλούσιος εἶ,

4776 πτωχεύω [1]

√ 4777

2Co 8: 9 ὅτι δι᾽ ὑμᾶς **ἐπτώχευσεν** πλούσιος ὤν, ἵνα ὑμεῖς τῇ ἐκείνου πτωχείᾳ πλουτήσητε.

4777 πτωχός [34]

→ 4775, 4776

μακάριοι οἱ πτωχοί [2] Mt 5:3; Lk 6:20

Mt 5: 3 Μακάριοι οἱ **πτωχοὶ** τῷ πνεύματι, ὅτι αὐτῶν ἐστιν ἡ βασιλεία τῶν οὐρανῶν.
11: 5 λεπροὶ καθαρίζονται καὶ κωφοὶ ἀκούουσιν, καὶ νεκροὶ ἐγείρονται καὶ **πτωχοὶ** εὐαγγελίζονται·
19:21 ὕπαγε πώλησόν σου τὰ ὑπάρχοντα καὶ δὸς [τοῖς] **πτωχοῖς,**
26: 9 ἐδύνατο γὰρ τοῦτο πραθῆναι πολλοῦ καὶ δοθῆναι **πτωχοῖς.**
26:11 πάντοτε γὰρ τοὺς **πτωχοὺς** ἔχετε μεθ᾽ ἑαυτῶν, ἐμὲ δὲ οὐ πάντοτε ἔχετε·
Mk 10:21 ὕπαγε, ὅσα ἔχεις πώλησον καὶ δὸς [τοῖς] **πτωχοῖς,**
12:42 καὶ ἐλθοῦσα μία χήρα **πτωχὴ** ἔβαλεν λεπτὰ δύο,
12:43 Ἀμὴν λέγω ὑμῖν ὅτι ἡ χήρα αὕτη ἡ **πτωχὴ** πλεῖον πάντων ἔβαλεν τῶν βαλλόντων εἰς τὸ γαζοφυλάκιον·
14: 5 ἠδύνατο γὰρ τοῦτο τὸ μύρον πραθῆναι ἐπάνω δηναρίων τριακοσίων καὶ δοθῆναι τοῖς **πτωχοῖς·**
14: 7 πάντοτε γὰρ τοὺς **πτωχοὺς** ἔχετε μεθ᾽ ἑαυτῶν καὶ ὅταν θέλητε δύνασθε αὐτοῖς εὖ ποιῆσαι,
Lk 4:18 Πνεῦμα κυρίου ἐπ᾽ ἐμὲ οὗ εἵνεκεν ἔχρισέν με εὐαγγελίσασθαι **πτωχοῖς,**
6:20 Μακάριοι οἱ **πτωχοί,** ὅτι ὑμετέρα ἐστὶν ἡ βασιλεία τοῦ θεοῦ.
7:22 λεπροὶ καθαρίζονται καὶ κωφοὶ ἀκούουσιν, νεκροὶ ἐγείρονται, **πτωχοὶ** εὐαγγελίζονται·
14:13 ἀλλ᾽ ὅταν δοχὴν ποιῇς, κάλει **πτωχούς,** ἀναπείρους, χωλούς, τυφλούς·
14:21 Ἔξελθε ταχέως εἰς τὰς πλατείας καὶ ῥύμας τῆς πόλεως καὶ τοὺς **πτωχοὺς** καὶ ἀναπείρους καὶ τυφλοὺς καὶ χωλοὺς
16:20 **πτωχὸς** δέ τις ὀνόματι Λάζαρος ἐβέβλητο πρὸς τὸν πυλῶνα αὐτοῦ εἱλκωμένος
16:22 ἐγένετο δὲ ἀποθανεῖν τὸν **πτωχὸν** καὶ ἀπενεχθῆναι αὐτὸν ὑπὸ τῶν ἀγγέλων εἰς τὸν κόλπον Ἀβραάμ·
18:22 πάντα ὅσα ἔχεις πώλησον καὶ διάδος **πτωχοῖς,** καὶ ἕξεις θησαυρὸν ἐν [τοῖς] οὐρανοῖς,
19: 8 Ἰδοὺ τὰ ἡμίσιά μου τῶν ὑπαρχόντων, κύριε, τοῖς **πτωχοῖς** δίδωμι,
21: 3 Ἀληθῶς λέγω ὑμῖν ὅτι ἡ χήρα αὕτη ἡ **πτωχὴ** πλεῖον πάντων ἔβαλεν·
Jn 12: 5 Διὰ τί τοῦτο τὸ μύρον οὐκ ἐπράθη τριακοσίων δηναρίων καὶ ἐδόθη **πτωχοῖς;**
12: 6 εἶπεν δὲ τοῦτο οὐχ ὅτι περὶ τῶν **πτωχῶν** ἔμελεν αὐτῷ,
12: 8 τοὺς **πτωχοὺς** γὰρ πάντοτε ἔχετε μεθ᾽ ἑαυτῶν, ἐμὲ δὲ οὐ πάντοτε ἔχετε.
13:29 Ἀγόρασον ὧν χρείαν ἔχομεν εἰς τὴν ἑορτήν, ἢ τοῖς **πτωχοῖς** ἵνα τι δῷ.
Ro 15:26 εὐδόκησαν γὰρ Μακεδονία καὶ Ἀχαΐα κοινωνίαν τινὰ ποιήσασθαι εἰς τοὺς **πτωχοὺς** τῶν ἁγίων τῶν ἐν Ἰερουσαλήμ.
2Co 6:10 ὡς λυπούμενοι ἀεὶ δὲ χαίροντες, ὡς **πτωχοὶ** πολλοὺς δὲ πλουτίζοντες,
Gal 2:10 μόνον τῶν **πτωχῶν** ἵνα μνημονεύωμεν, ὃ καὶ ἐσπούδασα αὐτὸ τοῦτο ποιῆσαι.
4: 9 πῶς ἐπιστρέφετε πάλιν ἐπὶ τὰ ἀσθενῆ καὶ **πτωχὰ** στοιχεῖα οἷς πάλιν ἄνωθεν δουλεύειν θέλετε;
Jas 2: 2 ἐὰν γὰρ εἰσέλθῃ εἰς συναγωγὴν ὑμῶν ἀνὴρ χρυσοδακτύλιος ἐν ἐσθῆτι λαμπρᾷ, εἰσέλθῃ δὲ καὶ **πτωχὸς** ἐν ῥυπαρᾷ ἐσθῆτι,
2: 3 Σὺ κάθου ὧδε καλῶς, καὶ τῷ **πτωχῷ** εἴπητε,

2: 5 οὐχ ὁ θεὸς ἐξελέξατο τοὺς **πτωχοὺς** τῷ κόσμῳ πλουσίους ἐν πίστει καὶ κληρονόμους τῆς βασιλείας ἧς ἐπηγγείλατο
2: 6 ὑμεῖς δὲ ἠτιμάσατε τὸν **πτωχόν.** οὐχ οἱ πλούσιοι καταδυναστεύουσιν ὑμῶν καὶ αὐτοὶ ἕλκουσιν ὑμᾶς εἰς κριτήρια;
Rev 3: 17 καὶ οὐκ οἶδας ὅτι σὺ εἶ ὁ ταλαίπωρος καὶ ἐλεεινὸς καὶ **πτωχὸς** καὶ τυφλὸς καὶ γυμνός,
13: 16 τοὺς μικροὺς καὶ τοὺς μεγάλους, καὶ τοὺς πλουσίους καὶ τοὺς **πτωχούς,**

4778 πυγμή [1]

→ *4781, 4782*

Mk 7: 3 ¬οἱ γὰρ **Φαρισαῖοι** καὶ πάντες οἱ Ἰουδαῖοι ἐὰν μὴ **πυγμῇ** νίψωνται τὰς χεῖρας οὐκ ἐσθίουσιν,

4779 Πύθιος Not used in UBS/NIV

4780 πύθων [1]

Ac 16: 16 Ἐγένετο δὲ πορευομένων ἡμῶν εἰς τὴν προσευχὴν παιδίσκην τινὰ ἔχουσαν πνεῦμα **πύθωνα** ὑπαντῆσαι ἡμῖν,

4781 πυκνός [3]

√ *4778*

adverb [1] Lk 5:33

πυκνότερον [1] Ac 24:26

Lk 5: 33 Οἱ μαθηταὶ Ἰωάννου νηστεύουσιν **πυκνὰ** καὶ δεήσεις ποιοῦνται ὁμοίως καὶ οἱ τῶν **Φαρισαίων,**
Ac 24: 26 ἅμα καὶ ἐλπίζων ὅτι χρήματα δοθήσεται αὐτῷ ὑπὸ τοῦ Παύλου· διὸ καὶ **πυκνότερον** αὐτὸν μεταπεμπόμενος ὡμίλει αὐτῷ.
1Ti 5: 23 ἀλλὰ οἴνῳ ὀλίγῳ χρῶ διὰ τὸν στόμαχον καὶ τὰς **πυκνάς** σου ἀσθενείας.

4782 πυκτεύω [1]

√ *4778*

1Co 9: 26 ἐγὼ τοίνυν οὕτως τρέχω ὡς οὐκ ἀδήλως, οὕτως **πυκτεύω** ὡς οὐκ ἀέρα δέρων·

4783 πύλη [10]

→ *4784*

Mt 7: 13 Εἰσέλθατε διὰ τῆς στενῆς **πύλης·** ὅτι πλατεῖα ἡ **πύλη** καὶ εὐρύχωρος ἡ ὁδὸς ἡ ἀπάγουσα εἰς τὴν ἀπώλειαν καὶ πολλοί εἰσιν οἱ εἰσερχόμενοι δι' αὐτῆς·
7: 14 τί στενὴ ἡ **πύλη** καὶ τεθλιμμένη ἡ ὁδὸς ἡ ἀπάγουσα εἰς τὴν ζωὴν καὶ ὀλίγοι εἰσὶν οἱ εὑρίσκοντες αὐτήν.
16: 18 καὶ ἐπὶ ταύτῃ τῇ πέτρᾳ οἰκοδομήσω μου τὴν ἐκκλησίαν καὶ **πύλαι** ᾅδου οὐ κατισχύσουσιν αὐτῆς.
Lk 7: 12 ὡς δὲ ἤγγισεν τῇ **πύλῃ** τῆς πόλεως, καὶ ἰδοὺ ἐξεκομίζετο τεθνηκὼς μονογενὴς υἱὸς τῇ μητρὶ αὐτοῦ καὶ αὐτὴ ἦν χήρα,
Ac 3: 10 ἐπεγίνωσκον δὲ αὐτὸν ὅτι αὐτὸς ἦν ὁ πρὸς τὴν ἐλεημοσύνην καθήμενος ἐπὶ τῇ Ὡραίᾳ **Πύλῃ** τοῦ ἱεροῦ
9: 24 παρετηροῦντο δὲ καὶ τὰς **πύλας** ἡμέρας τε καὶ νυκτὸς ὅπως αὐτὸν ἀνέλωσιν·
12: 10 διελθόντες δὲ πρώτην φυλακὴν καὶ δευτέραν ἦλθαν ἐπὶ τὴν **πύλην** τὴν σιδηρᾶν τὴν φέρουσαν εἰς τὴν πόλιν,
16: 13 τῇ τε ἡμέρᾳ τῶν σαββάτων ἐξήλθομεν ἔξω τῆς **πύλης** παρὰ ποταμὸν οὗ ἐνομίζομεν προσευχὴν εἶναι,
Heb 13: 12 ἵνα ἁγιάσῃ διὰ τοῦ ἰδίου αἵματος τὸν λαόν, ἔξω τῆς **πύλης** ἔπαθεν.

4784 πυλών [18]

√ *4783*

Mt 26: 71 ἐξελθόντα δὲ εἰς τὸν **πυλῶνα** εἶδεν αὐτὸν ἄλλη καὶ λέγει τοῖς ἐκεῖ,
Lk 16: 20 πτωχὸς δέ τις ὀνόματι Λάζαρος ἐβέβλητο πρὸς τὸν **πυλῶνα** αὐτοῦ εἱλκωμένος
Ac 10: 17 οἱ ἄνδρες οἱ ἀπεσταλμένοι ὑπὸ τοῦ Κορνηλίου διερωτήσαντες τὴν οἰκίαν τοῦ Σίμωνος ἐπέστησαν ἐπὶ τὸν **πυλῶνα,**
12: 13 κρούσαντος δὲ αὐτοῦ τὴν θύραν τοῦ **πυλῶνος** προσῆλθεν παιδίσκη ὑπακοῦσαι ὀνόματι Ῥόδη,
12: 14 καὶ ἐπιγνοῦσα τὴν φωνὴν τοῦ Πέτρου ἀπὸ τῆς χαρᾶς οὐκ ἤνοιξεν τὸν **πυλῶνα,** εἰσδραμοῦσα δὲ ἀπήγγειλεν ἑστάναι τὸν Πέτρον πρὸ τοῦ **πυλῶνος.**
14: 13 ὅ τε ἱερεὺς τοῦ Διὸς τοῦ ὄντος πρὸ τῆς πόλεως ταύρους καὶ στέμματα ἐπὶ τοὺς **πυλῶνας** ἐνέγκας σὺν τοῖς ὄχλοις ἤθελεν θύειν.
Rev 21: 12 ἔχουσα **πυλῶνας** δώδεκα καὶ ἐπὶ τοῖς **πυλῶσιν** ἀγγέλους δώδεκα καὶ ὀνόματα ἐπιγεγραμμένα,
21: 13 ἀπὸ ἀνατολῆς **πυλῶνες** τρεῖς καὶ ἀπὸ βορρᾶ **πυλῶνες** τρεῖς καὶ ἀπὸ νότου **πυλῶνες** τρεῖς καὶ ἀπὸ δυσμῶν **πυλῶνες** τρεῖς.
21: 15 ἵνα μετρήσῃ τὴν πόλιν καὶ τοὺς **πυλῶνας** αὐτῆς καὶ τὸ τεῖχος αὐτῆς.
21: 21 καὶ οἱ δώδεκα **πυλῶνες** δώδεκα μαργαρῖται, ἀνὰ εἷς ἕκαστος τῶν **πυλώνων** ἦν ἐξ ἑνὸς μαργαρίτου.
21: 25 καὶ οἱ **πυλῶνες** αὐτῆς οὐ μὴ κλεισθῶσιν ἡμέρας,
22: 14 ἵνα ἔσται ἡ ἐξουσία αὐτῶν ἐπὶ τὸ ξύλον τῆς ζωῆς καὶ τοῖς **πυλῶσιν** εἰσέλθωσιν εἰς τὴν πόλιν.

4785 πυνθάνομαι [12]

Mt 2: 4 καὶ συναγαγὼν πάντας τοὺς ἀρχιερεῖς καὶ γραμματεῖς τοῦ λαοῦ **ἐπυνθάνετο** παρ' αὐτῶν ποῦ ὁ Χριστὸς γεννᾶται.
Lk 15: 26 καὶ προσκαλεσάμενος ἕνα τῶν παίδων **ἐπυνθάνετο** τί ἂν εἴη ταῦτα.
18: 36 ἀκούσας δὲ ὄχλου διαπορευομένου **ἐπυνθάνετο** τί εἴη τοῦτο.
Jn 4: 52 **ἐπύθετο** οὖν τὴν ὥραν παρ' αὐτῶν ἐν ᾗ κομψότερον ἔσχεν·
13: 24 νεύει οὖν τούτῳ Σίμων Πέτρος **πυθέσθαι** τίς ἂν εἴη περὶ οὗ λέγει.
Ac 4: 7 καὶ στήσαντες αὐτοὺς ἐν τῷ μέσῳ **ἐπυνθάνοντο,** Ἐν ποίᾳ δυνάμει ἢ ἐν ποίῳ ὀνόματι ἐποιήσατε τοῦτο ὑμεῖς;
10: 18 καὶ φωνήσαντες **ἐπυνθάνοντο** εἰ Σίμων ὁ ἐπικαλούμενος Πέτρος ἐνθάδε ξενίζεται.
10: 29 διὸ καὶ ἀναντιρρήτως ἦλθον μεταπεμφθείς. **πυνθάνομαι** οὖν τίνι λόγῳ μετεπέμψασθέ με;
21: 33 καὶ **ἐπυνθάνετο** τίς εἴη καὶ τί ἐστιν πεποιηκώς.
23: 19 ἐπιλαβόμενος δὲ τῆς χειρὸς αὐτοῦ ὁ χιλίαρχος καὶ ἀναχωρήσας κατ' ἰδίαν **ἐπυνθάνετο,**
23: 20 εἶπεν δὲ ὅτι Οἱ Ἰουδαῖοι συνέθεντο τοῦ ἐρωτῆσαί σε ὅπως αὔριον τὸν Παῦλον καταγάγῃς εἰς τὸ συνέδριον ὡς μέλλον τι ἀκριβέστερον **πυνθάνεσθαι** περὶ αὐτοῦ.
23: 34 ἀναγνοὺς δὲ καὶ ἐπερωτήσας ἐκ ποίας ἐπαρχείας ἐστίν, καὶ **πυθόμενος** ὅτι ἀπὸ Κιλικίας,

4786 πῦρ [71]

→ *351, 1747, 4787, 4789, 4790, 4791, 4792, 4793, 4794, 4795, 4796*

αἰώνιος πῦρ [3] Mt 18:8; 25:41; Jude 1:7

ἄσβεστος πῦρ [3] Mt 3:12; Mk 9:43; Lk 3:17

γέεννα τοῦ πυρός [2] Mt 5:22; 18:9

κάμινος πῦρ [2] Mt 13:42,50

λίμνη πυρός [6] Rev 19:20; 20:10,14,14,15; 21:8

σωρεύω ἄνθρακας πυρὸς [1] Ro 12:20

φλόξ πυρός [6] Ac 7:30; 2Th 1:8; Heb 1:7; Rev 1:14; 2:18; 19:12

Mt 3: 10 πᾶν οὖν δένδρον μὴ ποιοῦν καρπὸν καλὸν ἐκκόπτεται καὶ εἰς **πῦρ** βάλλεται.
3: 11 αὐτὸς ὑμᾶς βαπτίσει ἐν πνεύματι ἁγίῳ καὶ **πυρί·**
3: 12 καὶ διακαθαριεῖ τὴν ἅλωνα αὐτοῦ καὶ συνάξει τὸν σῖτον αὐτοῦ εἰς τὴν ἀποθήκην, τὸ δὲ ἄχυρον κατακαύσει **πυρὶ** ἀσβέστῳ.
5: 22 Μωρέ, ἔνοχος ἔσται εἰς τὴν γέενναν τοῦ **πυρός.**
7: 19 πᾶν δένδρον μὴ ποιοῦν καρπὸν καλὸν ἐκκόπτεται καὶ εἰς **πῦρ** βάλλεται.
13: 40 ὥσπερ οὖν συλλέγεται τὰ ζιζάνια καὶ **πυρὶ** [κατα]καίεται,
13: 42 καὶ βαλοῦσιν αὐτοὺς εἰς τὴν κάμινον τοῦ **πυρός·**
13: 50 καὶ βαλοῦσιν αὐτοὺς εἰς τὴν κάμινον τοῦ **πυρός·**
17: 15 πολλάκις γὰρ πίπτει εἰς τὸ **πῦρ** καὶ πολλάκις εἰς τὸ ὕδωρ.
18: 8 καλόν σοί ἐστιν εἰσελθεῖν εἰς τὴν ζωὴν κυλλὸν ἢ χωλὸν ἢ δύο χεῖρας ἢ δύο πόδας ἔχοντα βληθῆναι εἰς τὸ **πῦρ** τὸ αἰώνιον.
18: 9 καλόν σοί ἐστιν μονόφθαλμον εἰς τὴν ζωὴν εἰσελθεῖν ἢ δύο ὀφθαλμοὺς ἔχοντα βληθῆναι εἰς τὴν γέενναν τοῦ **πυρός.**

25:41 Πορεύεσθε ἀπ᾽ ἐμοῦ [οἱ] κατηραμένοι εἰς τὸ **πῦρ** τὸ αἰώνιον τὸ ἡτοιμασμένον τῷ διαβόλῳ καὶ τοῖς ἀγγέλοις αὐτοῦ.
Mk 9:22 καὶ πολλάκις καὶ εἰς **πῦρ** αὐτὸν ἔβαλεν καὶ εἰς ὕδατα ἵνα ἀπολέσῃ αὐτόν·
9:43 καλόν ἐστίν σε κυλλὸν εἰσελθεῖν εἰς τὴν ζωὴν ἢ τὰς δύο χεῖρας ἔχοντα ἀπελθεῖν εἰς τὴν γέενναν, εἰς τὸ **πῦρ** τὸ ἄσβεστον.
9:48 ὅπου ὁ σκώληξ αὐτῶν οὐ τελευτᾷ καὶ τὸ **πῦρ** οὐ σβέννυται.
9:49 πᾶς γὰρ **πυρὶ** ἁλισθήσεται.
Lk 3: 9 πᾶν οὖν δένδρον μὴ ποιοῦν καρπὸν καλὸν ἐκκόπτεται καὶ εἰς **πῦρ** βάλλεται.
3:16 αὐτὸς ὑμᾶς βαπτίσει ἐν πνεύματι ἁγίῳ καὶ **πυρί·**
3:17 διακαθᾶραι τὴν ἅλωνα αὐτοῦ καὶ συναγαγεῖν τὸν σῖτον εἰς τὴν ἀποθήκην αὐτοῦ, τὸ δὲ ἄχυρον κατακαύσει **πυρὶ** ἀσβέστῳ.
9:54 θέλεις εἴπωμεν **πῦρ** καταβῆναι ἀπὸ τοῦ οὐρανοῦ καὶ ἀναλῶσαι αὐτούς;
12:49 **Πῦρ** ἦλθον βαλεῖν ἐπὶ τὴν γῆν, καὶ τί θέλω εἰ ἤδη ἀνήφθη.
17:29 ἔβρεξεν **πῦρ** καὶ θεῖον ἀπ᾽ οὐρανοῦ καὶ ἀπώλεσεν πάντας.
22:55 περιαψάντων δὲ **πῦρ** ἐν μέσῳ τῆς αὐλῆς καὶ συγκαθισάντων ἐκάθητο ὁ Πέτρος μέσος αὐτῶν.
Jn 15: 6 ἐβλήθη ἔξω ὡς τὸ κλῆμα καὶ ἐξηράνθη καὶ συνάγουσιν αὐτὰ καὶ εἰς τὸ **πῦρ** βάλλουσιν καὶ καίεται.
Ac 2: 3 καὶ ὤφθησαν αὐτοῖς διαμεριζόμεναι γλῶσσαι ὡσεὶ **πυρὸς** καὶ ἐκάθισεν ἐφ᾽ ἕνα ἕκαστον αὐτῶν,
2:19 καὶ δώσω τέρατα ἐν τῷ οὐρανῷ ἄνω καὶ σημεῖα ἐπὶ τῆς γῆς κάτω, αἷμα καὶ **πῦρ** καὶ ἀτμίδα καπνοῦ·
7:30 Καὶ πληρωθέντων ἐτῶν τεσσεράκοντα ὤφθη αὐτῷ ἐν τῇ ἐρήμῳ τοῦ ὄρους Σινᾶ ἄγγελος ἐν φλογὶ **πυρὸς** βάτου.
28: 5 ὁ μὲν οὖν ἀποτινάξας τὸ θηρίον εἰς τὸ **πῦρ** ἔπαθεν οὐδὲν κακόν,
Ro 12:20 τοῦτο γὰρ ποιῶν ἄνθρακας **πυρὸς** σωρεύσεις ἐπὶ τὴν κεφαλὴν αὐτοῦ.
1Co 3:13 ἡ γὰρ ἡμέρα δηλώσει, ὅτι ἐν **πυρὶ** ἀποκαλύπτεται· καὶ ἑκάστου τὸ ἔργον ὁποῖόν ἐστιν τὸ **πῦρ** [αὐτὸ] δοκιμάσει.
3:15 αὐτὸς δὲ σωθήσεται, οὕτως δὲ ὡς διὰ **πυρός.**
2Th 1: 8 ἐν **πυρὶ** φλογός, διδόντος ἐκδίκησιν τοῖς μὴ εἰδόσιν θεὸν καὶ τοῖς μὴ ὑπακούουσιν τῷ εὐαγγελίῳ τοῦ κυρίου ἡμῶν Ἰησοῦ,
Heb 1: 7 Ὁ ποιῶν τοὺς ἀγγέλους αὐτοῦ πνεύματα καὶ τοὺς λειτουργοὺς αὐτοῦ **πυρὸς** φλόγα,
10:27 φοβερὰ δέ τις ἐκδοχὴ κρίσεως καὶ **πυρὸς** ζῆλος ἐσθίειν μέλλοντος τοὺς ὑπεναντίους.
11:34 ἔσβεσαν δύναμιν **πυρός,** ἔφυγον στόματα μαχαίρης, ἐδυναμώθησαν ἀπὸ ἀσθενείας,
12:18 Οὐ γὰρ προσεληλύθατε ψηλαφωμένῳ καὶ κεκαυμένῳ **πυρὶ** καὶ γνόφῳ καὶ ζόφῳ καὶ θυέλλῃ
12:29 καὶ γὰρ ὁ θεὸς ἡμῶν **πῦρ** καταναλίσκον.
Jas 3: 5 οὕτως καὶ ἡ γλῶσσα μικρὸν μέλος ἐστὶν καὶ μεγάλα αὐχεῖ. Ἰδοὺ ἡλίκον **πῦρ** ἡλίκην ὕλην ἀνάπτει·
3: 6 καὶ ἡ γλῶσσα **πῦρ·** ὁ κόσμος τῆς ἀδικίας ἡ γλῶσσα καθίσταται ἐν τοῖς μέλεσιν ἡμῶν,
5: 3 ὁ χρυσὸς ὑμῶν καὶ ὁ ἄργυρος κατίωται καὶ ὁ ἰὸς αὐτῶν εἰς μαρτύριον ὑμῖν ἔσται καὶ φάγεται τὰς σάρκας ὑμῶν ὡς **πῦρ.**
1Pe 1: 7 ἵνα τὸ δοκίμιον ὑμῶν τῆς πίστεως πολυτιμότερον χρυσίου τοῦ ἀπολλυμένου διὰ **πυρὸς** δὲ δοκιμαζομένου,
2Pe 3: 7 οἱ δὲ νῦν οὐρανοὶ καὶ ἡ γῆ τῷ αὐτῷ λόγῳ τεθησαυρισμένοι εἰσὶν **πυρὶ** τηρούμενοι εἰς ἡμέραν κρίσεως καὶ ἀπωλείας τῶν ἀσεβῶν ἀνθρώπων.
Jude 1: 7 ὡς Σόδομα καὶ Γόμορρα καὶ αἱ περὶ αὐτὰς πόλεις τὸν ὅμοιον τρόπον τούτοις ἐκπορνεύσασαι καὶ ἀπελθοῦσαι ὀπίσω σαρκὸς ἑτέρας, πρόκεινται δεῖγμα **πυρὸς** αἰωνίου δίκην ὑπέχουσαι.
1:23 οὓς δὲ σῴζετε ἐκ **πυρὸς** ἁρπάζοντες, οὓς δὲ ἐλεᾶτε ἐν φόβῳ μισοῦντες καὶ τὸν ἀπὸ τῆς σαρκὸς ἐσπιλωμένον χιτῶνα.
Rev 1:14 ἡ δὲ κεφαλὴ αὐτοῦ καὶ αἱ τρίχες λευκαὶ ὡς ἔριον λευκὸν ὡς χιὼν καὶ οἱ ὀφθαλμοὶ αὐτοῦ ὡς φλὸξ **πυρὸς**
2:18 ὁ ἔχων τοὺς ὀφθαλμοὺς αὐτοῦ ὡς φλόγα **πυρὸς** καὶ οἱ πόδες αὐτοῦ ὅμοιοι χαλκολιβάνῳ·
3:18 συμβουλεύω σοι ἀγοράσαι παρ᾽ ἐμοῦ χρυσίον πεπυρωμένον ἐκ **πυρὸς** ἵνα πλουτήσῃς,
4: 5 καὶ ἑπτὰ λαμπάδες **πυρὸς** καιόμεναι ἐνώπιον τοῦ θρόνου,
8: 5 καὶ εἴληφεν ὁ ἄγγελος τὸν λιβανωτὸν καὶ ἐγέμισεν αὐτὸν ἐκ τοῦ **πυρὸς** τοῦ θυσιαστηρίου καὶ ἔβαλεν εἰς τὴν γῆν,
8: 7 καὶ ἐγένετο χάλαζα καὶ **πῦρ** μεμιγμένα ἐν αἵματι καὶ ἐβλήθη εἰς τὴν γῆν,
8: 8 καὶ ὡς ὄρος μέγα **πυρὶ** καιόμενον ἐβλήθη εἰς τὴν θάλασσαν,
9:17 καὶ ἐκ τῶν στομάτων αὐτῶν ἐκπορεύεται **πῦρ** καὶ καπνὸς καὶ θεῖον.
9:18 ἐκ τοῦ **πυρὸς** καὶ τοῦ καπνοῦ καὶ τοῦ θείου τοῦ ἐκπορευομένου ἐκ τῶν στομάτων αὐτῶν.
10: 1 καὶ ἡ ἶρις ἐπὶ τῆς κεφαλῆς αὐτοῦ καὶ τὸ πρόσωπον αὐτοῦ ὡς ὁ ἥλιος καὶ οἱ πόδες αὐτοῦ ὡς στῦλοι **πυρός,**
11: 5 καὶ εἴ τις αὐτοὺς θέλει ἀδικῆσαι **πῦρ** ἐκπορεύεται ἐκ τοῦ στόματος αὐτῶν καὶ κατεσθίει τοὺς ἐχθροὺς αὐτῶν·
13:13 ἵνα καὶ **πῦρ** ποιῇ ἐκ τοῦ οὐρανοῦ καταβαίνειν εἰς τὴν γῆν ἐνώπιον τῶν ἀνθρώπων,
14:10 καὶ βασανισθήσεται ἐν **πυρὶ** καὶ θείῳ ἐνώπιον ἀγγέλων ἁγίων καὶ ἐνώπιον τοῦ ἀρνίου.
14:18 Καὶ ἄλλος ἄγγελος [ἐξῆλθεν] ἐκ τοῦ θυσιαστηρίου [ὁ] ἔχων ἐξουσίαν ἐπὶ τοῦ **πυρός,**
15: 2 Καὶ εἶδον ὡς θάλασσαν ὑαλίνην μεμιγμένην **πυρὶ** καὶ τοὺς νικῶντας ἐκ τοῦ θηρίου καὶ ἐκ τῆς εἰκόνος αὐτοῦ
16: 8 καὶ ἐδόθη αὐτῷ καυματίσαι τοὺς ἀνθρώπους ἐν **πυρί.**
17:16 καὶ τὰ δέκα κέρατα ἃ εἶδες καὶ τὸ θηρίον οὗτοι μισήσουσιν τὴν πόρνην καὶ ἠρημωμένην ποιήσουσιν αὐτὴν καὶ γυμνὴν καὶ τὰς σάρκας αὐτῆς φάγονται καὶ αὐτὴν κατακαύσουσιν ἐν **πυρί.**
18: 8 θάνατος καὶ πένθος καὶ λιμός, καὶ ἐν **πυρὶ** κατακαυθήσεται,
19:12 οἱ δὲ ὀφθαλμοὶ αὐτοῦ [ὡς] φλὸξ **πυρός,** καὶ ἐπὶ τὴν κεφαλὴν αὐτοῦ διαδήματα πολλά,
19:20 ζῶντες ἐβλήθησαν οἱ δύο εἰς τὴν λίμνην τοῦ **πυρὸς** τῆς καιομένης ἐν θείῳ.
20: 9 καὶ κατέβη **πῦρ** ἐκ τοῦ οὐρανοῦ καὶ κατέφαγεν αὐτούς.
20:10 καὶ ὁ διάβολος ὁ πλανῶν αὐτοὺς ἐβλήθη εἰς τὴν λίμνην τοῦ **πυρὸς** καὶ θείου ὅπου καὶ τὸ θηρίον καὶ ὁ ψευδοπροφήτης,
20:14 καὶ ὁ θάνατος καὶ ὁ ᾅδης ἐβλήθησαν εἰς τὴν λίμνην τοῦ **πυρός.** οὗτος ὁ θάνατος ὁ δεύτερός ἐστιν, ἡ λίμνη τοῦ **πυρός.**
20:15 καὶ εἴ τις οὐχ εὑρέθη ἐν τῇ βίβλῳ τῆς ζωῆς γεγραμμένος, ἐβλήθη εἰς τὴν λίμνην τοῦ **πυρός.**
21: 8 καὶ φαρμάκοις καὶ εἰδωλολάτραις καὶ πᾶσιν τοῖς ψευδέσιν τὸ μέρος αὐτῶν ἐν τῇ λίμνῃ τῇ καιομένῃ **πυρὶ** καὶ θείῳ,

4787 πυρά [2]

√ 4786

ἅπτω πυράν [1] Ac 28:2

Ac 28: 2 ἅψαντες γὰρ **πυρὰν** προσελάβοντο πάντας ἡμᾶς διὰ τὸν ὑετὸν τὸν ἐφεστῶτα καὶ διὰ τὸ ψῦχος.
28: 3 συστρέψαντος δὲ τοῦ Παύλου φρυγάνων τι πλῆθος καὶ ἐπιθέντος ἐπὶ τὴν **πυράν,**

4788 πύργος [4]

Mt 21:33 ὅστις ἐφύτευσεν ἀμπελῶνα καὶ φραγμὸν αὐτῷ περιέθηκεν καὶ ὤρυξεν ἐν αὐτῷ ληνὸν καὶ ᾠκοδόμησεν **πύργον** καὶ ἐξέδετο
Mk 12: 1 Ἀμπελῶνα ἄνθρωπος ἐφύτευσεν καὶ περιέθηκεν φραγμὸν καὶ ὤρυξεν ὑπολήνιον καὶ ᾠκοδόμησεν **πύργον** καὶ ἐξέδετο αὐτὸν
Lk 13: 4 ἢ ἐκεῖνοι οἱ δεκαοκτὼ ἐφ᾽ οὓς ἔπεσεν ὁ **πύργος** ἐν τῷ Σιλωὰμ καὶ ἀπέκτεινεν αὐτούς,
14:28 τίς γὰρ ἐξ ὑμῶν θέλων **πύργον** οἰκοδομῆσαι οὐχὶ πρῶτον καθίσας ψηφίζει τὴν δαπάνην,

4789 πυρέσσω [2]

√ 4786

Mt 8:14 Καὶ ἐλθὼν ὁ Ἰησοῦς εἰς τὴν οἰκίαν Πέτρου εἶδεν τὴν πενθερὰν αὐτοῦ βεβλημένην καὶ **πυρέσσουσαν·**
Mk 1:30 ἡ δὲ πενθερὰ Σίμωνος κατέκειτο **πυρέσσουσα,** καὶ εὐθὺς λέγουσιν αὐτῷ περὶ αὐτῆς.

4790 πυρετός [6]

√ 4786

Mt 8:15 καὶ ἀφῆκεν αὐτὴν ὁ **πυρετός,** καὶ ἠγέρθη καὶ διηκόνει αὐτῷ.
Mk 1:31 καὶ ἀφῆκεν αὐτὴν ὁ **πυρετός,** καὶ διηκόνει αὐτοῖς.
Lk 4:38 πενθερὰ δὲ τοῦ Σίμωνος ἦν συνεχομένη **πυρετῷ** μεγάλῳ καὶ ἠρώτησαν αὐτὸν περὶ αὐτῆς.
4:39 καὶ ἐπιστὰς ἐπάνω αὐτῆς ἐπετίμησεν τῷ **πυρετῷ** καὶ ἀφῆκεν αὐτήν·
Jn 4:52 εἶπαν οὖν αὐτῷ ὅτι Ἐχθὲς ὥραν ἑβδόμην ἀφῆκεν αὐτὸν ὁ **πυρετός.**
Ac 28: 8 ἐγένετο δὲ τὸν πατέρα τοῦ Ποπλίου **πυρετοῖς** καὶ δυσεντερίῳ συνεχόμενον κατακεῖσθαι,

4791 πύρινος [1]

√ 4786

Rev 9:17 ἔχοντας θώρακας **πυρίνους** καὶ ὑακινθίνους καὶ θειώδεις, καὶ αἱ κεφαλαὶ τῶν ἵππων ὡς κεφαλαὶ λεόντων,

4792 πυρόω [6]

√ 4786

1Co 7: 9 εἰ δὲ οὐκ ἐγκρατεύονται, γαμησάτωσαν, κρεῖττον γάρ ἐστιν γαμῆσαι ἢ **πυροῦσθαι.**

2Co 11:29 τίς ἀσθενεῖ καὶ οὐκ ἀσθενῶ; τίς σκανδαλίζεται καὶ οὐκ ἐγὼ **πυροῦμαι;**

Eph 6:16 ἐν ᾧ δυνήσεσθε πάντα τὰ βέλη τοῦ πονηροῦ [τὰ] **πεπυρωμένα** σβέσαι·

2Pe 3:12 σπεύδοντας τὴν παρουσίαν τῆς τοῦ θεοῦ ἡμέρας δι' ἣν οὐρανοὶ **πυρούμενοι** λυθήσονται καὶ στοιχεῖα καυσούμενα τήκεται.

Rev 1:15 καὶ οἱ πόδες αὐτοῦ ὅμοιοι χαλκολιβάνῳ ὡς ἐν καμίνῳ **πεπυρωμένης** καὶ ἡ φωνὴ αὐτοῦ ὡς φωνὴ ὑδάτων πολλῶν,

3:18 συμβουλεύω σοι ἀγοράσαι παρ' ἐμοῦ χρυσίον **πεπυρωμένον** ἐκ πυρὸς ἵνα πλουτήσῃς,

4793 πυρράζω [2]

√ 4786

Mt 16: 2 [Ὀψίας γενομένης λέγετε, Εὐδία, **πυρράζει** γὰρ ὁ οὐρανός·]

16: 3 [καὶ πρωΐ, Σήμερον χειμών, **πυρράζει** γὰρ στυγνάζων ὁ οὐρανός.]

4794 πυρρός [2]

√ 4786

Rev 6: 4 καὶ ἐξῆλθεν ἄλλος ἵππος **πυρρός,** καὶ τῷ καθημένῳ ἐπ' αὐτὸν ἐδόθη αὐτῷ λαβεῖν τὴν εἰρήνην ἐκ τῆς γῆς

12: 3 καὶ ἰδοὺ δράκων μέγας **πυρρὸς** ἔχων κεφαλὰς ἑπτὰ καὶ κέρατα δέκα καὶ ἐπὶ τὰς κεφαλὰς αὐτοῦ ἑπτὰ διαδήματα,

4795 Πύρρος [1]

√ 4786

Ac 20: 4 συνείπετο δὲ αὐτῷ Σώπατρος **Πύρρου** Βεροιαῖος, Θεσσαλονικέων δὲ Ἀρίσταρχος καὶ Σεκοῦνδος,

4796 πύρωσις [3]

√ 4786

1Pe 4:12 μὴ ξενίζεσθε τῇ ἐν ὑμῖν **πυρώσει** πρὸς πειρασμὸν ὑμῖν γινομένῃ ὡς ξένου ὑμῖν συμβαίνοντος,

Rev 18: 9 οἱ μετ' αὐτῆς πορνεύσαντες καὶ στρηνιάσαντες, ὅταν βλέπωσιν τὸν καπνὸν τῆς **πυρώσεως** αὐτῆς,

18:18 ἔκραζον βλέποντες τὸν καπνὸν τῆς **πυρώσεως** αὐτῆς λέγοντες,

4797 πωλέω [22]

→ 4527

Mt 10:29 οὐχὶ δύο στρουθία ἀσσαρίου **πωλεῖται;** καὶ ἓν ἐξ αὐτῶν οὐ πεσεῖται ἐπὶ τὴν γῆν ἄνευ τοῦ πατρὸς ὑμῶν.

13:44 καὶ ἀπὸ τῆς χαρᾶς αὐτοῦ ὑπάγει καὶ **πωλεῖ** πάντα ὅσα ἔχει καὶ ἀγοράζει τὸν ἀγρὸν ἐκεῖνον.

19:21 ὕπαγε **πώλησόν** σου τὰ ὑπάρχοντα καὶ δὸς [τοῖς] πτωχοῖς,

21:12 Καὶ εἰσῆλθεν Ἰησοῦς εἰς τὸ ἱερὸν καὶ ἐξέβαλεν πάντας τοὺς **πωλοῦντας** καὶ ἀγοράζοντας ἐν τῷ ἱερῷ, καὶ τὰς τραπέζας τῶν κολλυβιστῶν κατέστρεψεν καὶ τὰς καθέδρας τῶν **πωλούντων** τὰς περιστεράς,

25: 9 πορεύεσθε μᾶλλον πρὸς τοὺς **πωλοῦντας** καὶ ἀγοράσατε ἑαυταῖς.

Mk 10:21 ὕπαγε, ὅσα ἔχεις **πώλησον** καὶ δὸς [τοῖς] πτωχοῖς,

11:15 καὶ εἰσελθὼν εἰς τὸ ἱερὸν ἤρξατο ἐκβάλλειν τοὺς **πωλοῦντας** καὶ τοὺς ἀγοράζοντας ἐν τῷ ἱερῷ, καὶ τὰς τραπέζας τῶν κολλυβιστῶν καὶ τὰς καθέδρας τῶν **πωλούντων** τὰς περιστερὰς κατέστρεψεν,

Lk 12: 6 οὐχὶ πέντε στρουθία **πωλοῦνται** ἀσσαρίων δύο; καὶ ἓν ἐξ αὐτῶν οὐκ ἔστιν ἐπιλελησμένον ἐνώπιον τοῦ θεοῦ.

12:33 **Πωλήσατε** τὰ ὑπάρχοντα ὑμῶν καὶ δότε ἐλεημοσύνην· ποιήσατε ἑαυτοῖς βαλλάντια μὴ παλαιούμενα,

17:28 ὁμοίως καθὼς ἐγένετο ἐν ταῖς ἡμέραις Λώτ· ἤσθιον, ἔπινον, ἠγόραζον, **ἐπώλουν,** ἐφύτευον, ᾠκοδόμουν·

18:22 πάντα ὅσα ἔχεις **πώλησον** καὶ διάδος πτωχοῖς, καὶ ἕξεις θησαυρὸν ἐν [τοῖς] οὐρανοῖς,

19:45 Καὶ εἰσελθὼν εἰς τὸ ἱερὸν ἤρξατο ἐκβάλλειν τοὺς **πωλοῦντας**

22:36 καὶ ὁ μὴ ἔχων **πωλησάτω** τὸ ἱμάτιον αὐτοῦ καὶ ἀγορασάτω μάχαιραν.

Jn 2:14 καὶ εὗρεν ἐν τῷ ἱερῷ τοὺς **πωλοῦντας** βόας καὶ πρόβατα καὶ περιστερὰς καὶ τοὺς κερματιστὰς καθημένους,

2:16 τοῖς τὰς περιστερὰς **πωλοῦσιν** εἶπεν, Ἄρατε ταῦτα ἐντεῦθεν,

Ac 4:34 ὅσοι γὰρ κτήτορες χωρίων ἢ οἰκιῶν ὑπῆρχον, **πωλοῦντες** ἔφερον τὰς τιμὰς τῶν πιπρασκομένων

4:37 ὑπάρχοντος αὐτῷ ἀγροῦ **πωλήσας** ἤνεγκεν τὸ χρῆμα καὶ ἔθηκεν πρὸς τοὺς πόδας τῶν ἀποστόλων.

5: 1 Ἀνὴρ δέ τις Ἁνανίας ὀνόματι σὺν Σαπφίρῃ τῇ γυναικὶ αὐτοῦ **ἐπώλησεν** κτῆμα

1Co 10:25 Πᾶν τὸ ἐν μακέλλῳ **πωλούμενον** ἐσθίετε μηδὲν ἀνακρίνοντες διὰ τὴν συνείδησιν·

Rev 13:17 καὶ ἵνα μή τις δύνηται ἀγοράσαι ἢ **πωλῆσαι** εἰ μὴ ὁ ἔχων τὸ χάραγμα τὸ ὄνομα τοῦ θηρίου ἢ τὸν ἀριθμὸν τοῦ ὀνόματος

4798 πῶλος [12]

Mt 21: 2 καὶ εὐθέως εὑρήσετε ὄνον δεδεμένην καὶ **πῶλον** μετ' αὐτῆς·

21: 5 Ἰδοὺ ὁ βασιλεύς σου ἔρχεταί σοι πραῢς καὶ ἐπιβεβηκὼς ἐπὶ ὄνον καὶ ἐπὶ **πῶλον** υἱὸν ὑποζυγίου.

21: 7 ἤγαγον τὴν ὄνον καὶ τὸν **πῶλον** καὶ ἐπέθηκαν ἐπ' αὐτῶν τὰ ἱμάτια,

Mk 11: 2 καὶ εὐθὺς εἰσπορευόμενοι εἰς αὐτὴν εὑρήσετε **πῶλον** δεδεμένον ἐφ' ὃν οὐδεὶς οὔπω ἀνθρώπων ἐκάθισεν·

11: 4 καὶ ἀπῆλθον καὶ εὗρον **πῶλον** δεδεμένον πρὸς θύραν ἔξω ἐπὶ τοῦ ἀμφόδου καὶ λύουσιν αὐτόν.

11: 5 καί τινες τῶν ἐκεῖ ἑστηκότων ἔλεγον αὐτοῖς, Τί ποιεῖτε λύοντες τὸν **πῶλον;**

11: 7 καὶ φέρουσιν τὸν **πῶλον** πρὸς τὸν Ἰησοῦν καὶ ἐπιβάλλουσιν αὐτῷ τὰ ἱμάτια αὐτῶν,

Lk 19:30 Ὑπάγετε εἰς τὴν κατέναντι κώμην, ἐν ᾗ εἰσπορευόμενοι εὑρήσετε **πῶλον** δεδεμένον,

19:33 λυόντων δὲ αὐτῶν τὸν **πῶλον** εἶπαν οἱ κύριοι αὐτοῦ πρὸς αὐτούς, Τί λύετε τὸν **πῶλον;**

19:35 καὶ ἤγαγον αὐτὸν πρὸς τὸν Ἰησοῦν καὶ ἐπιρίψαντες αὐτῶν τὰ ἱμάτια ἐπὶ τὸν **πῶλον** ἐπεβίβασαν τὸν Ἰησοῦν.

Jn 12:15 ἰδοὺ ὁ βασιλεύς σου ἔρχεται, καθήμενος ἐπὶ **πῶλον** ὄνου.

4799 πώποτε [6]

Lk 19:30 ἐφ' ὃν οὐδεὶς **πώποτε** ἀνθρώπων ἐκάθισεν, καὶ λύσαντες αὐτὸν ἀγάγετε.

Jn 1:18 θεὸν οὐδεὶς ἑώρακεν **πώποτε·** μονογενὴς θεὸς ὁ ὢν εἰς τὸν κόλπον τοῦ πατρὸς ἐκεῖνος ἐξηγήσατο.

5:37 οὔτε φωνὴν αὐτοῦ **πώποτε** ἀκηκόατε οὔτε εἶδος αὐτοῦ ἑωράκατε,

6:35 καὶ ὁ πιστεύων εἰς ἐμὲ οὐ μὴ διψήσει **πώποτε.**

8:33 ἀπεκρίθησαν πρὸς αὐτόν, Σπέρμα Ἀβραάμ ἐσμεν καὶ οὐδενὶ δεδουλεύκαμεν **πώποτε·**

1Jn 4:12 θεὸν οὐδεὶς **πώποτε** τεθέαται. ἐὰν ἀγαπῶμεν ἀλλήλους, ὁ θεὸς ἐν ἡμῖν μένει καὶ ἡ ἀγάπη αὐτοῦ ἐν ἡμῖν τετελειωμένη ἐστιν.

4800 πωρόω [5]

→ 4801

πωροῦν καρδία [3] Mk 6:52; 8:17; Jn 12:40

Mk 6:52 οὐ γὰρ συνῆκαν ἐπὶ τοῖς ἄρτοις, ἀλλ' ἦν αὐτῶν ἡ καρδία **πεπωρωμένη.**

8:17 οὔπω νοεῖτε οὐδὲ συνίετε; **πεπωρωμένην** ἔχετε τὴν καρδίαν ὑμῶν;

Jn 12:40 Τετύφλωκεν αὐτῶν τοὺς ὀφθαλμοὺς καὶ **ἐπώρωσεν** αὐτῶν τὴν καρδίαν,

Ro 11: 7 ἡ δὲ ἐκλογὴ ἐπέτυχεν· οἱ δὲ λοιποὶ **ἐπωρώθησαν,**

2Co 3:14 ἀλλὰ **ἐπωρώθη** τὰ νοήματα αὐτῶν. ἄχρι γὰρ τῆς σήμερον ἡμέρας τὸ αὐτὸ κάλυμμα ἐπὶ τῇ ἀναγνώσει τῆς παλαιᾶς διαθήκης μένει,

4801 πώρωσις [3]

√ *4800*

πώρωσις καρδίας [2] Mk 3:5; Eph 4:18

Mk 3: 5 συλλυπούμενος ἐπὶ τῇ **πωρώσει** τῆς καρδίας αὐτῶν λέγει τῷ ἀνθρώπῳ,
Ro 11:25 ὅτι **πώρωσις** ἀπὸ μέρους τῷ Ἰσραὴλ γέγονεν ἄχρις οὗ τὸ πλήρωμα τῶν ἐθνῶν εἰσέλθῃ
Eph 4:18 ἀπηλλοτριωμένοι τῆς ζωῆς τοῦ θεοῦ διὰ τὴν ἄγνοιαν τὴν οὖσαν ἐν αὐτοῖς, διὰ τὴν **πώρωσιν** τῆς καρδίας αὐτῶν,

4802 πῶς [103 / 102]

βλέπετε πῶς [3] Lk 8:18; 1Co 3:10; Eph 5:15

ζητέω πῶς [5] Mk 11:18; 14:1,11; Lk 22:2; Jn 5:44

ἤ πῶς [4] Mt 7:4; 10:19; 12:29; Lk 12:11

πῶς οὐ, οὐκ, οὐχί [4] Mt 16:11; Lk 12:56; Ro 8:32; 2Co 3:8

πῶς οὖν [7] Mt 12:26; 22:43; 26:54; Jn 9:10,19; Ro 4:10; 10:14

Mt 6:28 καταμάθετε τὰ κρίνα τοῦ ἀγροῦ **πῶς** αὐξάνουσιν· οὐ κοπιῶσιν οὐδὲ νήθουσιν·
7: 4 ἢ **πῶς** ἐρεῖς τῷ ἀδελφῷ σου, Ἄφες ἐκβάλω τὸ κάρφος ἐκ τοῦ ὀφθαλμοῦ σου,
10:19 ὅταν δὲ παραδῶσιν ὑμᾶς, μὴ μεριμνήσητε **πῶς** ἢ τί λαλήσητε·
12: 4 **πῶς** εἰσῆλθεν εἰς τὸν οἶκον τοῦ θεοῦ καὶ τοὺς ἄρτους τῆς προθέσεως ἔφαγον,
12:26 ἐφ᾽ ἑαυτὸν ἐμερίσθη· **πῶς** οὖν σταθήσεται ἡ βασιλεία αὐτοῦ;
12:29 ἢ **πῶς** δύναταί τις εἰσελθεῖν εἰς τὴν οἰκίαν τοῦ ἰσχυροῦ καὶ τὰ σκεύη αὐτοῦ ἁρπάσαι,
12:34 γεννήματα ἐχιδνῶν, **πῶς** δύνασθε ἀγαθὰ λαλεῖν πονηροὶ ὄντες;
16:11 **πῶς** οὐ νοεῖτε ὅτι οὐ περὶ ἄρτων εἶπον ὑμῖν;
21:20 καὶ ἰδόντες οἱ μαθηταὶ ἐθαύμασαν λέγοντες, **Πῶς** παραχρῆμα ἐξηράνθη ἡ συκῆ;
22:12 Ἑταῖρε, **πῶς** εἰσῆλθες ὧδε μὴ ἔχων ἔνδυμα γάμου;
22:43 **Πῶς** οὖν Δαυὶδ ἐν πνεύματι καλεῖ αὐτὸν κύριον λέγων,
22:45 εἰ οὖν Δαυὶδ καλεῖ αὐτὸν κύριον, **πῶς** υἱὸς αὐτοῦ ἐστιν;
23:33 γεννήματα ἐχιδνῶν, **πῶς** φύγητε ἀπὸ τῆς κρίσεως τῆς γεέννης;
26:54 **πῶς** οὖν πληρωθῶσιν αἱ γραφαὶ ὅτι οὕτως δεῖ γενέσθαι;
Mk 2:26 **πῶς**[NIV-] εἰσῆλθεν εἰς τὸν οἶκον τοῦ θεοῦ ἐπὶ Ἀβιαθὰρ ἀρχιερέως καὶ τοὺς ἄρτους τῆς προθέσεως ἔφαγεν,
3:23 καὶ προσκαλεσάμενος αὐτοὺς ἐν παραβολαῖς ἔλεγεν αὐτοῖς, **Πῶς** δύναται Σατανᾶς Σατανᾶν ἐκβάλλειν;
4:13 Οὐκ οἴδατε τὴν παραβολὴν ταύτην, καὶ **πῶς** πάσας τὰς παραβολὰς γνώσεσθε;
4:30 **Πῶς** ὁμοιώσωμεν τὴν βασιλείαν τοῦ θεοῦ ἢ ἐν τίνι αὐτὴν παραβολῇ θῶμεν;
5:16 καὶ διηγήσαντο αὐτοῖς οἱ ἰδόντες **πῶς** ἐγένετο τῷ δαιμονιζομένῳ καὶ περὶ τῶν χοίρων.
9:12 καὶ **πῶς** γέγραπται ἐπὶ τὸν υἱὸν τοῦ ἀνθρώπου ἵνα πολλὰ πάθῃ καὶ ἐξουδενηθῇ;
10:23 **Πῶς** δυσκόλως οἱ τὰ χρήματα ἔχοντες εἰς τὴν βασιλείαν τοῦ θεοῦ εἰσελεύσονται.
10:24 **πῶς** δύσκολόν ἐστιν εἰς τὴν βασιλείαν τοῦ θεοῦ εἰσελθεῖν·
11:18 καὶ ἤκουσαν οἱ ἀρχιερεῖς καὶ οἱ γραμματεῖς καὶ ἐζήτουν **πῶς** αὐτὸν ἀπολέσωσιν·
12:26 περὶ δὲ τῶν νεκρῶν ὅτι ἐγείρονται οὐκ ἀνέγνωτε ἐν τῇ βίβλῳ Μωϋσέως ἐπὶ τοῦ βάτου **πῶς** εἶπεν αὐτῷ ὁ θεὸς λέγων,
12:35 **Πῶς** λέγουσιν οἱ γραμματεῖς ὅτι ὁ Χριστὸς υἱὸς Δαυίδ ἐστιν;
12:41 Καὶ καθίσας κατέναντι τοῦ γαζοφυλακίου ἐθεώρει **πῶς** ὁ ὄχλος βάλλει χαλκὸν εἰς τὸ γαζοφυλάκιον.
14: 1 καὶ ἐζήτουν οἱ ἀρχιερεῖς καὶ οἱ γραμματεῖς **πῶς** αὐτὸν ἐν δόλῳ κρατήσαντες ἀποκτείνωσιν·
14:11 οἱ δὲ ἀκούσαντες ἐχάρησαν καὶ ἐπηγγείλαντο αὐτῷ ἀργύριον δοῦναι. καὶ ἐζήτει **πῶς** αὐτὸν εὐκαίρως παραδοῖ.
Lk 1:34 εἶπεν δὲ Μαριὰμ πρὸς τὸν ἄγγελον, **Πῶς** ἔσται τοῦτο, ἐπεὶ ἄνδρα οὐ γινώσκω;
6:42 **πῶς** δύνασαι λέγειν τῷ ἀδελφῷ σου, Ἀδελφέ, ἄφες ἐκβάλω τὸ κάρφος τὸ ἐν τῷ ὀφθαλμῷ σου,
8:18 βλέπετε οὖν **πῶς** ἀκούετε· ὃς ἂν γὰρ ἔχῃ,
8:36 ἀπήγγειλαν δὲ αὐτοῖς οἱ ἰδόντες **πῶς** ἐσώθη ὁ δαιμονισθείς.
10:26 ὁ δὲ εἶπεν πρὸς αὐτόν, Ἐν τῷ νόμῳ τί γέγραπται; **πῶς** ἀναγινώσκεις;
11:18 εἰ δὲ καὶ ὁ Σατανᾶς ἐφ᾽ ἑαυτὸν διεμερίσθη, **πῶς** σταθήσεται ἡ βασιλεία αὐτοῦ;
12:11 μὴ μεριμνήσητε **πῶς** ἢ τί ἀπολογήσησθε ἢ τί εἴπητε·
12:27 κατανοήσατε τὰ κρίνα **πῶς** αὐξάνει· οὐ κοπιᾷ οὐδὲ νήθει·
12:50 βάπτισμα δὲ ἔχω βαπτισθῆναι, καὶ **πῶς** συνέχομαι ἕως ὅτου τελεσθῇ.
12:56 τὸν καιρὸν δὲ τοῦτον **πῶς** οὐκ οἴδατε δοκιμάζειν;
14: 7 ἐπέχων **πῶς** τὰς πρωτοκλισίας ἐξελέγοντο, λέγων πρὸς αὐτούς,
18:24 **Πῶς** δυσκόλως οἱ τὰ χρήματα ἔχοντες εἰς τὴν βασιλείαν τοῦ θεοῦ εἰσπορεύονται·
20:41 Εἶπεν δὲ πρὸς αὐτούς, **Πῶς** λέγουσιν τὸν Χριστὸν εἶναι Δαυὶδ υἱόν;
20:44 Δαυὶδ οὖν κύριον αὐτὸν καλεῖ, καὶ **πῶς** αὐτοῦ υἱός ἐστιν;
22: 2 καὶ ἐζήτουν οἱ ἀρχιερεῖς καὶ οἱ γραμματεῖς τὸ **πῶς** ἀνέλωσιν αὐτόν,
22: 4 καὶ ἀπελθὼν συνελάλησεν τοῖς ἀρχιερεῦσιν καὶ στρατηγοῖς τὸ **πῶς** αὐτοῖς παραδῷ αὐτόν.
Jn 3: 4 λέγει πρὸς αὐτὸν [ὁ] Νικόδημος, **Πῶς** δύναται ἄνθρωπος γεννηθῆναι γέρων ὤν;
3: 9 ἀπεκρίθη Νικόδημος καὶ εἶπεν αὐτῷ, **Πῶς** δύναται ταῦτα γενέσθαι;
3:12 εἰ τὰ ἐπίγεια εἶπον ὑμῖν καὶ οὐ πιστεύετε, **πῶς** ἐὰν εἴπω ὑμῖν τὰ ἐπουράνια πιστεύσετε;
4: 9 **Πῶς** σὺ Ἰουδαῖος ὢν παρ᾽ ἐμοῦ πεῖν αἰτεῖς γυναικὸς Σαμαρίτιδος οὔσης;
5:44 **πῶς** δύνασθε ὑμεῖς πιστεῦσαι δόξαν παρὰ ἀλλήλων λαμβάνοντες,
5:47 εἰ δὲ τοῖς ἐκείνου γράμμασιν οὐ πιστεύετε, **πῶς** τοῖς ἐμοῖς ῥήμασιν πιστεύσετε;
6:42 **πῶς** νῦν λέγει ὅτι Ἐκ τοῦ οὐρανοῦ καταβέβηκα;
6:52 **Πῶς** δύναται οὗτος ἡμῖν δοῦναι τὴν σάρκα [αὐτοῦ] φαγεῖν;
7:15 ἐθαύμαζον οὖν οἱ Ἰουδαῖοι λέγοντες, **Πῶς** οὗτος γράμματα οἶδεν μὴ μεμαθηκώς;
8:33 Σπέρμα Ἀβραάμ ἐσμεν καὶ οὐδενὶ δεδουλεύκαμεν πώποτε· **πῶς** σὺ λέγεις ὅτι Ἐλεύθεροι γενήσεσθε;
9:10 ἔλεγον οὖν αὐτῷ, **Πῶς** [οὖν] ἠνεῴχθησάν σου οἱ ὀφθαλμοί;
9:15 πάλιν οὖν ἠρώτων αὐτὸν καὶ οἱ Φαρισαῖοι **πῶς** ἀνέβλεψεν.
9:16 ἄλλοι [δὲ] ἔλεγον, **Πῶς** δύναται ἄνθρωπος ἁμαρτωλὸς τοιαῦτα σημεῖα ποιεῖν;
9:19 ὃν ὑμεῖς λέγετε ὅτι τυφλὸς ἐγεννήθη; **πῶς** οὖν βλέπει ἄρτι;
9:21 **πῶς** δὲ νῦν βλέπει οὐκ οἴδαμεν, ἢ τίς ἤνοιξεν αὐτοῦ τοὺς ὀφθαλμοὺς ἡμεῖς οὐκ οἴδαμεν·
9:26 Τί ἐποίησέν σοι; **πῶς** ἤνοιξέν σου τοὺς ὀφθαλμούς;
11:36 ἔλεγον οὖν οἱ Ἰουδαῖοι, Ἴδε **πῶς** ἐφίλει αὐτόν.
12:34 καὶ **πῶς** λέγεις σὺ ὅτι δεῖ ὑψωθῆναι τὸν υἱὸν τοῦ ἀνθρώπου;
14: 5 οὐκ οἴδαμεν ποῦ ὑπάγεις· **πῶς** δυνάμεθα τὴν ὁδὸν εἰδέναι;
14: 9 ὁ ἑωρακὼς ἐμὲ ἑώρακεν τὸν πατέρα· **πῶς** σὺ λέγεις, Δεῖξον ἡμῖν τὸν πατέρα;
Ac 2: 8 καὶ **πῶς** ἡμεῖς ἀκούομεν ἕκαστος τῇ ἰδίᾳ διαλέκτῳ ἡμῶν ἐν ᾗ ἐγεννήθημεν;
4:21 μηδὲν εὑρίσκοντες τὸ **πῶς** κολάσωνται αὐτούς, διὰ τὸν λαόν,
8:31 **Πῶς** γὰρ ἂν δυναίμην ἐὰν μή τις ὁδηγήσει με;
9:27 ἤγαγεν πρὸς τοὺς ἀποστόλους καὶ διηγήσατο αὐτοῖς **πῶς** ἐν τῇ ὁδῷ εἶδεν τὸν κύριον καὶ ὅτι ἐλάλησεν αὐτῷ καὶ **πῶς** ἐν Δαμασκῷ ἐπαρρησιάσατο ἐν τῷ ὀνόματι τοῦ Ἰησοῦ.
11:13 ἀπήγγειλεν δὲ ἡμῖν **πῶς** εἶδεν [τὸν] ἄγγελον ἐν τῷ οἴκῳ αὐτοῦ σταθέντα καὶ εἰπόντα,
12:17 κατασείσας δὲ αὐτοῖς τῇ χειρὶ σιγᾶν διηγήσατο [αὐτοῖς] **πῶς** ὁ κύριος αὐτὸν ἐξήγαγεν ἐκ τῆς φυλακῆς εἶπέν τε,
15:36 ἐπισκεψώμεθα τοὺς ἀδελφοὺς κατὰ πόλιν πᾶσαν ἐν αἷς κατηγγείλαμεν τὸν λόγον τοῦ κυρίου **πῶς** ἔχουσιν.
20:18 ἀπὸ πρώτης ἡμέρας ἀφ᾽ ἧς ἐπέβην εἰς τὴν Ἀσίαν, **πῶς** μεθ᾽ ὑμῶν τὸν πάντα χρόνον ἐγενόμην,
Ro 3: 6 μὴ γένοιτο· ἐπεὶ **πῶς** κρινεῖ ὁ θεὸς τὸν κόσμον;
4:10 **πῶς** οὖν ἐλογίσθη; ἐν περιτομῇ ὄντι ἢ ἐν ἀκροβυστίᾳ;
6: 2 οἵτινες ἀπεθάνομεν τῇ ἁμαρτίᾳ, **πῶς** ἔτι ζήσομεν ἐν αὐτῇ;
8:32 **πῶς** οὐχὶ καὶ σὺν αὐτῷ τὰ πάντα ἡμῖν χαρίσεται;
10:14 **Πῶς** οὖν ἐπικαλέσωνται εἰς ὃν οὐκ ἐπίστευσαν; **πῶς** δὲ πιστεύσωσιν οὗ οὐκ ἤκουσαν; **πῶς** δὲ ἀκούσωσιν χωρὶς κηρύσσοντος;
10:15 **πῶς** δὲ κηρύξωσιν ἐὰν μὴ ἀποσταλῶσιν; καθὼς γέγραπται,
1Co 3:10 ἄλλος δὲ ἐποικοδομεῖ. ἕκαστος δὲ βλεπέτω **πῶς** ἐποικοδομεῖ.
7:32 ὁ ἄγαμος μεριμνᾷ τὰ τοῦ κυρίου, **πῶς** ἀρέσῃ τῷ κυρίῳ·
7:33 ὁ δὲ γαμήσας μεριμνᾷ τὰ τοῦ κόσμου, **πῶς** ἀρέσῃ τῇ γυναικί,
7:34 ἡ δὲ γαμήσασα μεριμνᾷ τὰ τοῦ κόσμου, **πῶς** ἀρέσῃ τῷ ἀνδρί.
14: 7 ἐὰν διαστολὴν τοῖς φθόγγοις μὴ δῷ, **πῶς** γνωσθήσεται τὸ αὐλούμενον ἢ τὸ κιθαριζόμενον;

14: 9 οὕτως καὶ ὑμεῖς διὰ τῆς γλώσσης ἐὰν μὴ εὔσημον λόγον δῶτε, **πῶς** γνωσθήσεται τὸ λαλούμενον;
14:16 ὁ ἀναπληρῶν τὸν τόπον τοῦ ἰδιώτου **πῶς** ἐρεῖ τὸ Ἀμήν ἐπὶ τῇ σῇ εὐχαριστίᾳ;
15:12 **πῶς** λέγουσιν ἐν ὑμῖν τινες ὅτι ἀνάστασις νεκρῶν οὐκ ἔστιν;
15:35 Ἀλλὰ ἐρεῖ τις, **Πῶς** ἐγείρονται οἱ νεκροί; ποίῳ δὲ σώματι ἔρχονται;
2Co 3: 8 **πῶς** οὐχὶ μᾶλλον ἡ διακονία τοῦ πνεύματος ἔσται ἐν δόξῃ;
Gal 2:14 Εἰ σὺ Ἰουδαῖος ὑπάρχων ἐθνικῶς καὶ οὐχὶ Ἰουδαϊκῶς ζῇς, **πῶς** τὰ ἔθνη ἀναγκάζεις Ἰουδαΐζειν;
4: 9 **πῶς** ἐπιστρέφετε πάλιν ἐπὶ τὰ ἀσθενῆ καὶ πτωχὰ στοιχεῖα οἷς πάλιν ἄνωθεν δουλεύειν θέλετε;
Eph 5:15 Βλέπετε οὖν ἀκριβῶς **πῶς** περιπατεῖτε μὴ ὡς ἄσοφοι ἀλλ' ὡς σοφοί,
Col 4: 6 ἅλατι ἠρτυμένος, εἰδέναι **πῶς** δεῖ ὑμᾶς ἑνὶ ἑκάστῳ ἀποκρίνεσθαι.
1Th 1: 9 καὶ **πῶς** ἐπεστρέψατε πρὸς τὸν θεὸν ἀπὸ τῶν εἰδώλων δουλεύειν θεῷ ζῶντι καὶ ἀληθινῷ
4: 1 ἵνα καθὼς παρελάβετε παρ' ἡμῶν τὸ **πῶς** δεῖ ὑμᾶς περιπατεῖν καὶ ἀρέσκειν θεῷ,
2Th 3: 7 αὐτοὶ γὰρ οἴδατε **πῶς** δεῖ μιμεῖσθαι ἡμᾶς, ὅτι οὐκ ἠτακτήσαμεν ἐν ὑμῖν
1Ti 3: 5 (εἰ δέ τις τοῦ ἰδίου οἴκου προστῆναι οὐκ οἶδεν, **πῶς** ἐκκλησίας θεοῦ ἐπιμελήσεται;),
3:15 ἵνα εἰδῇς **πῶς** δεῖ ἐν οἴκῳ θεοῦ ἀναστρέφεσθαι,
Heb 2: 3 **πῶς** ἡμεῖς ἐκφευξόμεθα τηλικαύτης ἀμελήσαντες σωτηρίας, ἥτις ἀρχὴν λαβοῦσα λαλεῖσθαι διὰ τοῦ κυρίου ὑπὸ τῶν ἀκουσάντων εἰς ἡμᾶς ἐβεβαιώθη,
1Jn 3:17 **πῶς** ἡ ἀγάπη τοῦ θεοῦ μένει ἐν αὐτῷ;
Rev 3: 3 μνημόνευε οὖν **πῶς** εἴληφας καὶ ἤκουσας καὶ τήρει καὶ μετανόησον.

4803 πώς [15 / 14]

εἴ πως [4] Ac 27:12; Ro 1:10; 11:14; Php 3:11

Ac 27:12 εἴ **πως** δύναιντο καταντήσαντες εἰς Φοίνικα παραχειμάσαι λιμένα τῆς Κρήτης βλέποντα κατὰ λίβα καὶ κατὰ χῶρον.
Ro 1:10 πάντοτε ἐπὶ τῶν προσευχῶν μου δεόμενος εἴ **πως** ἤδη ποτὲ εὐοδωθήσομαι ἐν τῷ θελήματι τοῦ θεοῦ ἐλθεῖν πρὸς ὑμᾶς.
11:14 εἴ **πως** παραζηλώσω μου τὴν σάρκα καὶ σώσω τινὰς ἐξ αὐτῶν.
11:21 εἰ γὰρ ὁ θεὸς τῶν κατὰ φύσιν κλάδων οὐκ ἐφείσατο, [μή **πως**[NIV-]] οὐδὲ σοῦ φείσεται.
1Co 8: 9 βλέπετε δὲ μή **πως** ἡ ἐξουσία ὑμῶν αὕτη πρόσκομμα γένηται τοῖς ἀσθενέσιν.
9:27 ἀλλὰ ὑπωπιάζω μου τὸ σῶμα καὶ δουλαγωγῶ, μή **πως** ἄλλοις κηρύξας αὐτὸς ἀδόκιμος γένωμαι.
2Co 2: 7 μή **πως** τῇ περισσοτέρᾳ λύπῃ καταποθῇ ὁ τοιοῦτος.
9: 4 μή **πως** ἐὰν ἔλθωσιν σὺν ἐμοὶ Μακεδόνες καὶ εὕρωσιν ὑμᾶς ἀπαρασκευάστους καταισχυνθῶμεν ἡμεῖς,
11: 3 φοβοῦμαι δὲ μή **πως,** ὡς ὁ ὄφις ἐξηπάτησεν Εὕαν ἐν τῇ πανουργίᾳ αὐτοῦ,
12:20 φοβοῦμαι γὰρ μή **πως** ἐλθὼν οὐχ οἵους θέλω εὕρω ὑμᾶς κἀγὼ εὑρεθῶ ὑμῖν οἷον οὐ θέλετε· μή **πως** ἔρις, ζῆλος, θυμοί, ἐριθεῖαι, καταλαλιαί, ψιθυρισμοί,
Gal 2: 2 κατ' ἰδίαν δὲ τοῖς δοκοῦσιν, μή **πως** εἰς κενὸν τρέχω ἢ ἔδραμον.
4:11 φοβοῦμαι ὑμᾶς μή **πως** εἰκῇ κεκοπίακα εἰς ὑμᾶς.
Php 3:11 εἴ **πως** καταντήσω εἰς τὴν ἐξανάστασιν τὴν ἐκ νεκρῶν.
1Th 3: 5 μή **πως** ἐπείρασεν ὑμᾶς ὁ πειράζων καὶ εἰς κενὸν γένηται ὁ κόπος ἡμῶν.

Ρ, ρ

4804 ρ Not used in UBS/NIV

4805 Ῥαάβ [2]

Heb 11:31 Πίστει **Ῥαὰβ** ἡ πόρνη οὐ συναπώλετο τοῖς ἀπειθήσασιν δεξαμένη τοὺς κατασκόπους μετ' εἰρήνης.
Jas 2:25 ὁμοίως δὲ καὶ **Ῥαὰβ** ἡ πόρνη οὐκ ἐξ ἔργων ἐδικαιώθη ὑποδεξαμένη τοὺς ἀγγέλους καὶ ἑτέρᾳ ὁδῷ ἐκβαλοῦσα;

4806 ῥαββί [15]

→ *4807, 4808, 4809*

Mt 23: 7 καὶ τοὺς ἀσπασμοὺς ἐν ταῖς ἀγοραῖς καὶ καλεῖσθαι ὑπὸ τῶν ἀνθρώπων, **Ῥαββί.**
23: 8 ὑμεῖς δὲ μὴ κληθῆτε, **Ῥαββί·** εἷς γάρ ἐστιν ὑμῶν ὁ διδάσκαλος,
26:25 ἀποκριθεὶς δὲ Ἰούδας ὁ παραδιδοὺς αὐτὸν εἶπεν, Μήτι ἐγώ εἰμι, **ῥαββί;**
26:49 καὶ εὐθέως προσελθὼν τῷ Ἰησοῦ εἶπεν, Χαῖρε, **ῥαββί,** καὶ κατεφίλησεν αὐτόν.
Mk 9: 5 **Ῥαββί,** καλόν ἐστιν ἡμᾶς ὧδε εἶναι, καὶ ποιήσωμεν τρεῖς σκηνάς,
11:21 καὶ ἀναμνησθεὶς ὁ Πέτρος λέγει αὐτῷ, **Ῥαββί,** ἴδε ἡ συκῆ ἣν κατηράσω ἐξήρανται.
14:45 καὶ ἐλθὼν εὐθὺς προσελθὼν αὐτῷ λέγει, **Ῥαββί,** καὶ κατεφίλησεν αὐτόν·
Jn 1:38 οἱ δὲ εἶπαν αὐτῷ, **Ῥαββί,** ὃ λέγεται μεθερμηνευόμενον Διδάσκαλε, ποῦ μένεις;
1:49 ἀπεκρίθη αὐτῷ Ναθαναήλ, **Ῥαββί,** σὺ εἶ ὁ υἱὸς τοῦ θεοῦ,
3: 2 οὗτος ἦλθεν πρὸς αὐτὸν νυκτὸς καὶ εἶπεν αὐτῷ, **Ῥαββί,** οἴδαμεν ὅτι ἀπὸ θεοῦ ἐλήλυθας διδάσκαλος·
3:26 **Ῥαββί,** ὃς ἦν μετὰ σοῦ πέραν τοῦ Ἰορδάνου,
4:31 Ἐν τῷ μεταξὺ ἠρώτων αὐτὸν οἱ μαθηταὶ λέγοντες, **Ῥαββί,** φάγε.
6:25 καὶ εὑρόντες αὐτὸν πέραν τῆς θαλάσσης εἶπον αὐτῷ, **Ῥαββί,** πότε ὧδε γέγονας;
9: 2 **Ῥαββί,** τίς ἥμαρτεν, οὗτος ἢ οἱ γονεῖς αὐτοῦ,
11: 8 λέγουσιν αὐτῷ οἱ μαθηταί, **Ῥαββί,** νῦν ἐζήτουν σε λιθάσαι οἱ Ἰουδαῖοι,

4807 ῥαββονί Not used in UBS/NIV

√ *4806*

4808 ῥαββουνί [2]

√ *4806*

Mk 10:51 ὁ δὲ τυφλὸς εἶπεν αὐτῷ, **Ραββουνι,** ἵνα ἀναβλέψω.
Jn 20:16 στραφεῖσα ἐκείνη λέγει αὐτῷ Ἑβραϊστί, **Ραββουνι** (ὃ λέγεται Διδάσκαλε).

4809 ῥαββωνί Not used in UBS/NIV

√ *4806*

4810 ῥαβδίζω [2]

√ *4811*

Ac 16:22 καὶ συνεπέστη ὁ ὄχλος κατ' αὐτῶν καὶ οἱ στρατηγοὶ περιρήξαντες αὐτῶν τὰ ἱμάτια ἐκέλευον **ῥαβδίζειν,**
2Co 11:25 τρὶς **ἐραβδίσθην,** ἅπαξ ἐλιθάσθην, τρὶς ἐναυάγησα, νυχθήμερον ἐν τῷ βυθῷ πεποίηκα·

4811 ῥάβδος [12]

→ *4810, 4812, 4824, 4825*

Mt 10:10 μὴ πήραν εἰς ὁδὸν μηδὲ δύο χιτῶνας μηδὲ ὑποδήματα μηδὲ **ῥάβδον·**
Mk 6: 8 καὶ παρήγγειλεν αὐτοῖς ἵνα μηδὲν αἴρωσιν εἰς ὁδὸν εἰ μὴ **ῥάβδον** μόνον,
Lk 9: 3 μήτε **ῥάβδον** μήτε πήραν μήτε ἄρτον μήτε ἀργύριον μήτε [ἀνὰ] δύο χιτῶνας ἔχειν.
1Co 4:21 ἐν **ῥάβδῳ** ἔλθω πρὸς ὑμᾶς ἢ ἐν ἀγάπῃ πνεύματί τε πραΰτητος;
Heb 1: 8 καὶ ἡ **ῥάβδος** τῆς εὐθύτητος **ῥάβδος** τῆς βασιλείας σου.
9: 4 ἐν ᾗ στάμνος χρυσῆ ἔχουσα τὸ μάννα καὶ ἡ **ῥάβδος** Ἀαρὼν ἡ βλαστήσασα καὶ αἱ πλάκες τῆς διαθήκης,
11:21 Πίστει Ἰακὼβ ἀποθνῄσκων ἕκαστον τῶν υἱῶν Ἰωσὴφ εὐλόγησεν καὶ προσεκύνησεν ἐπὶ τὸ ἄκρον τῆς **ῥάβδου** αὐτοῦ.
Rev 2:27 καὶ ποιμανεῖ αὐτοὺς ἐν **ῥάβδῳ** σιδηρᾷ ὡς τὰ σκεύη τὰ κεραμικὰ συντρίβεται,
11: 1 Καὶ ἐδόθη μοι κάλαμος ὅμοιος **ῥάβδῳ,** λέγων, Ἔγειρε καὶ μέτρησον τὸν ναὸν τοῦ θεοῦ καὶ τὸ θυσιαστήριον καὶ τοὺς προσκυνοῦντας ἐν αὐτῷ.
12: 5 ὃς μέλλει ποιμαίνειν πάντα τὰ ἔθνη ἐν **ῥάβδῳ** σιδηρᾷ.
19:15 ἵνα ἐν αὐτῇ πατάξῃ τὰ ἔθνη, καὶ αὐτὸς ποιμανεῖ αὐτοὺς ἐν **ῥάβδῳ** σιδηρᾷ,

4812 ῥαβδοῦχος [2]

√ *4811 + 2400*

Ac 16:35 Ἡμέρας δὲ γενομένης ἀπέστειλαν οἱ στρατηγοὶ τοὺς **ῥαβδούχους** λέγοντες,
16:38 ἀπήγγειλαν δὲ τοῖς στρατηγοῖς οἱ **ῥαβδοῦχοι** τὰ ῥήματα ταῦτα.

4813 ῥαβιθά Not used in UBS/NIV

√ *cf. 5420*

4814 Ῥαγαύ [1]

Lk 3:35 τοῦ Σερούχ τοῦ **Ῥαγαὺ** τοῦ Φάλεκ τοῦ Ἔβερ τοῦ Σαλὰ

4815 ῥᾳδιούργημα [1]

√ *4816*

Ac 18:14 Εἰ μὲν ἦν ἀδίκημά τι ἢ **ῥᾳδιούργημα** πονηρόν,

4816 ῥᾳδιουργία [1]

→ *4815; cf. 2240*

Ac 13:10 εἶπεν, Ὦ πλήρης παντὸς δόλου καὶ πάσης **ῥᾳδιουργίας,**

4817 ῥαίνω Not used in UBS/NIV

→ *4349, 4350, 4822, 4823*

4818 Ῥαιφάν [1]

→ *4833, 4834, 4854*

Ac 7:43 καὶ ἀνελάβετε τὴν σκηνὴν τοῦ Μολὸχ καὶ τὸ ἄστρον τοῦ θεοῦ [ὑμῶν] **Ῥαιφάν,**

4819 ῥακά [1]

→ *4828*

Mt 5:22 ὃς δ' ἂν εἴπῃ τῷ ἀδελφῷ αὐτοῦ, **Ῥακά,** ἔνοχος ἔσται τῷ συνεδρίῳ·

4820 ῥάκος [2]

Mt 9:16 οὐδεὶς δὲ ἐπιβάλλει ἐπίβλημα **ῥάκους** ἀγνάφου ἐπὶ ἱματίῳ παλαιῷ·
Mk 2:21 οὐδεὶς ἐπίβλημα **ῥάκους** ἀγνάφου ἐπιράπτει ἐπὶ ἱμάτιον παλαιόν·

4821 Ῥαμά [1]

Mt 2:18 Φωνὴ ἐν **Ῥαμὰ** ἠκούσθη, κλαυθμὸς καὶ ὀδυρμὸς πολύς·

4822 ῥαντίζω [4]

√ *4817*

Heb 9:13 εἰ γὰρ τὸ αἷμα τράγων καὶ ταύρων καὶ σποδὸς δαμάλεως **ῥαντίζουσα** τοὺς κεκοινωμένους ἁγιάζει πρὸς τὴν τῆς σαρκὸς καθαρότητα,
9:19 λαβὼν τὸ αἷμα τῶν μόσχων [καὶ τῶν τράγων] μετὰ ὕδατος καὶ ἐρίου κοκκίνου καὶ ὑσσώπου αὐτό τε τὸ βιβλίον καὶ πάντα τὸν λαὸν **ἐράντισεν**
9:21 καὶ τὴν σκηνὴν δὲ καὶ πάντα τὰ σκεύη τῆς λειτουργίας τῷ αἵματι ὁμοίως **ἐράντισεν.**
10:22 προσερχώμεθα μετὰ ἀληθινῆς καρδίας ἐν πληροφορίᾳ πίστεως **ῥεραντισμένοι** τὰς καρδίας ἀπὸ συνειδήσεως πονηρᾶς καὶ λελουσμένοι τὸ σῶμα ὕδατι καθαρῷ·

4823 ῥαντισμός [2]

√ *4817*

Heb 12:24 καὶ διαθήκης νέας μεσίτῃ Ἰησοῦ καὶ αἵματι **ῥαντισμοῦ** κρεῖττον λαλοῦντι παρὰ τὸν Ἅβελ.
1Pe 1:2 κατὰ πρόγνωσιν θεοῦ πατρὸς ἐν ἁγιασμῷ πνεύματος εἰς ὑπακοὴν καὶ **ῥαντισμὸν** αἵματος Ἰησοῦ Χριστοῦ,

4824 ῥαπίζω [2]

√ *4811*

Mt 5:39 ἀλλ' ὅστις σε **ῥαπίζει** εἰς τὴν δεξιὰν σιαγόνα [σου,]
26:67 Τότε ἐνέπτυσαν εἰς τὸ πρόσωπον αὐτοῦ καὶ ἐκολάφισαν αὐτόν, οἱ δὲ **ἐράπισαν**

4825 ῥάπισμα [3]

√ *4811*

Mk 14:65 καὶ κολαφίζειν αὐτὸν καὶ λέγειν αὐτῷ, Προφήτευσον, καὶ οἱ ὑπηρέται **ῥαπίσμασιν** αὐτὸν ἔλαβον.
Jn 18:22 ταῦτα δὲ αὐτοῦ εἰπόντος εἷς παρεστηκὼς τῶν ὑπηρετῶν ἔδωκεν **ῥάπισμα** τῷ Ἰησοῦ εἰπών,
19:3 Χαῖρε ὁ βασιλεὺς τῶν Ἰουδαίων· καὶ ἐδίδοσαν αὐτῷ **ῥαπίσματα.**

4826 ῥάσσω Not used in UBS/NIV

√ *4838*

4827 ῥαφίς [2]

→ *731, 2165*

Mt 19:24 εὐκοπώτερόν ἐστιν κάμηλον διὰ τρυπήματος **ῥαφίδος** διελθεῖν ἢ πλούσιον εἰσελθεῖν εἰς τὴν βασιλείαν τοῦ θεοῦ.
Mk 10:25 εὐκοπώτερόν ἐστιν κάμηλον διὰ [τῆς] τρυμαλιᾶς [τῆς] **ῥαφίδος** διελθεῖν ἢ πλούσιον εἰς τὴν βασιλείαν τοῦ θεοῦ εἰσελθεῖν.

4828 ῥαχά Not used in UBS/NIV

√ *4819*

4829 Ῥαχάβ [1]

Mt 1:5 Σαλμὼν δὲ ἐγέννησεν τὸν Βόες ἐκ τῆς **Ῥαχάβ,**

4830 Ῥαχήλ [1]

Mt 2:18 **Ῥαχὴλ** κλαίουσα τὰ τέκνα αὐτῆς, καὶ οὐκ ἤθελεν παρακληθῆναι,

4831 Ῥεβέκκα [1]

Ro 9:10 οὐ μόνον δέ, ἀλλὰ καὶ **Ῥεβέκκα** ἐξ ἑνὸς κοίτην ἔχουσα,

4832 ῥέδη [1]

Rev 18:13 καὶ ἵππων καὶ **ῥεδῶν** καὶ σωμάτων, καὶ ψυχὰς ἀνθρώπων.

4833 Ῥεμφάν Not used in UBS/NIV

√ *4818*

4834 Ῥεφάν Not used in UBS/NIV

√ *4818*

4835 ῥέω [1]

→ *137, 4184, 4868, 5929*

Jn 7:38 ποταμοὶ ἐκ τῆς κοιλίας αὐτοῦ **ῥεύσουσιν** ὕδατος ζῶντος.

4836 Ῥήγιον [1]

Ac 28:13 ὅθεν περιελόντες κατηντήσαμεν εἰς **Ῥήγιον.** καὶ μετὰ μίαν ἡμέραν ἐπιγενομένου νότου δευτεραῖοι ἤλθομεν εἰς Ποτιόλους,

4837 ῥῆγμα [1]

√ *4838*

Lk 6:49 καὶ εὐθὺς συνέπεσεν καὶ ἐγένετο τὸ **ῥῆγμα** τῆς οἰκίας ἐκείνης μέγα.

4838 ῥήγνυμι [7]

→ *1392, 1393, 1396, 4351, 4703, 4704, 4826, 4837, 4841, 5357*

ῥήσσει [1] Mk 9:18

Mt 7: 6 μήποτε καταπατήσουσιν αὐτοὺς ἐν τοῖς ποσὶν αὐτῶν καὶ στραφέντες **ῥήξωσιν** ὑμᾶς.
9: 17 **ῥήγνυνται** οἱ ἀσκοὶ καὶ ὁ οἶνος ἐκχεῖται καὶ οἱ ἀσκοὶ ἀπόλλυνται·
Mk 2: 22 **ῥήξει** ὁ οἶνος τοὺς ἀσκοὺς καὶ ὁ οἶνος ἀπόλλυται καὶ οἱ ἀσκοί·
9: 18 καὶ ὅπου ἐὰν αὐτὸν καταλάβῃ **ῥήσσει** αὐτόν, καὶ ἀφρίζει καὶ τρίζει τοὺς ὀδόντας καὶ ξηραίνεται·
Lk 5: 37 **ῥήξει** ὁ οἶνος ὁ νέος τοὺς ἀσκοὺς καὶ αὐτὸς ἐκχυθήσεται καὶ οἱ ἀσκοὶ ἀπολοῦνται·
9: 42 ἔτι δὲ προσερχομένου αὐτοῦ **ἔρρηξεν** αὐτὸν τὸ δαιμόνιον καὶ συνεσπάραξεν·
Gal 4: 27 στεῖρα ἡ οὐ τίκτουσα, **ῥῆξον** καὶ βόησον, ἡ οὐκ ὠδίνουσα·

4839 ῥῆμα [68]

→ *394, 395, 777, 4244, 4245, 4842, 4843*

ἄρρητος ῥῆμα [1] 2Co 12:4

λαμβάνω ῥήματα [2] Jn 12:48; 17:8

ῥῆμα ἀργὸν [1] Mt 12:36

ῥῆμα θεοῦ [6] Lk 3:2; Jn 3:34; 8:47; Eph 6:17; Heb 6:5; 11:3

ῥῆμα κυρίου [3] Lk 22:61; Ac 11:16; 1Pe 1:25

Mt 4: 4 ἀλλ' ἐπὶ παντὶ **ῥήματι** ἐκπορευομένῳ διὰ στόματος θεοῦ.
12: 36 λέγω δὲ ὑμῖν ὅτι πᾶν **ῥῆμα** ἀργὸν ὃ λαλήσουσιν οἱ ἄνθρωποι ἀποδώσουσιν περὶ αὐτοῦ λόγον ἐν ἡμέρᾳ κρίσεως·
18: 16 ἵνα ἐπὶ στόματος δύο μαρτύρων ἢ τριῶν σταθῇ πᾶν **ῥῆμα·**
26: 75 καὶ ἐμνήσθη ὁ Πέτρος τοῦ **ῥήματος** Ἰησοῦ εἰρηκότος ὅτι Πρὶν ἀλέκτορα φωνῆσαι τρὶς ἀπαρνήσῃ με·
27: 14 καὶ οὐκ ἀπεκρίθη αὐτῷ πρὸς οὐδὲ ἓν **ῥῆμα,**
Mk 9: 32 οἱ δὲ ἠγνόουν τὸ **ῥῆμα,** καὶ ἐφοβοῦντο αὐτὸν ἐπερωτῆσαι.
14: 72 καὶ ἀνεμνήσθη ὁ Πέτρος τὸ **ῥῆμα** ὡς εἶπεν αὐτῷ ὁ Ἰησοῦς ὅτι Πρὶν ἀλέκτορα φωνῆσαι δὶς τρίς με ἀπαρνήσῃ·
Lk 1: 37 ὅτι οὐκ ἀδυνατήσει παρὰ τοῦ θεοῦ πᾶν **ῥῆμα.**
1: 38 Ἰδοὺ ἡ δούλη κυρίου· γένοιτό μοι κατὰ τὸ **ῥῆμά** σου.
1: 65 καὶ ἐν ὅλῃ τῇ ὀρεινῇ τῆς Ἰουδαίας διελαλεῖτο πάντα τὰ **ῥήματα** ταῦτα,
2: 15 Διέλθωμεν δὴ ἕως Βηθλέεμ καὶ ἴδωμεν τὸ **ῥῆμα** τοῦτο τὸ γεγονὸς ὃ ὁ κύριος ἐγνώρισεν ἡμῖν.
2: 17 ἰδόντες δὲ ἐγνώρισαν περὶ τοῦ **ῥήματος** τοῦ λαληθέντος αὐτοῖς περὶ τοῦ παιδίου τούτου.
2: 19 ἡ δὲ Μαριὰμ πάντα συνετήρει τὰ **ῥήματα** ταῦτα συμβάλλουσα ἐν τῇ καρδίᾳ αὐτῆς.
2: 29 Νῦν ἀπολύεις τὸν δοῦλόν σου, δέσποτα, κατὰ τὸ **ῥῆμά** σου ἐν εἰρήνῃ·
2: 50 καὶ αὐτοὶ οὐ συνῆκαν τὸ **ῥῆμα** ὃ ἐλάλησεν αὐτοῖς.
2: 51 καὶ ἡ μήτηρ αὐτοῦ διετήρει πάντα τὰ **ῥήματα** ἐν τῇ καρδίᾳ αὐτῆς.
3: 2 ἐγένετο **ῥῆμα** θεοῦ ἐπὶ Ἰωάννην τὸν Ζαχαρίου υἱὸν ἐν τῇ ἐρήμῳ.
5: 5 ἐπὶ δὲ τῷ **ῥήματί** σου χαλάσω τὰ δίκτυα.
7: 1 Ἐπειδὴ ἐπλήρωσεν πάντα τὰ **ῥήματα** αὐτοῦ εἰς τὰς ἀκοὰς τοῦ λαοῦ,
9: 45 οἱ δὲ ἠγνόουν τὸ **ῥῆμα** τοῦτο καὶ ἦν παρακεκαλυμμένον ἀπ' αὐτῶν ἵνα μὴ αἴσθωνται αὐτό, καὶ ἐφοβοῦντο ἐρωτῆσαι αὐτὸν περὶ τοῦ **ῥήματος** τούτου.
18: 34 καὶ αὐτοὶ οὐδὲν τούτων συνῆκαν καὶ ἦν τὸ **ῥῆμα** τοῦτο κεκρυμμένον ἀπ' αὐτῶν καὶ οὐκ ἐγίνωσκον τὰ λεγόμενα.
20: 26 καὶ οὐκ ἴσχυσαν ἐπιλαβέσθαι αὐτοῦ **ῥήματος** ἐναντίον τοῦ λαοῦ καὶ θαυμάσαντες ἐπὶ τῇ ἀποκρίσει αὐτοῦ ἐσίγησαν.
22: 61 καὶ ὑπεμνήσθη ὁ Πέτρος τοῦ **ῥήματος** τοῦ κυρίου ὡς εἶπεν αὐτῷ ὅτι Πρὶν ἀλέκτορα φωνῆσαι σήμερον ἀπαρνήσῃ με τρίς.
24: 8 καὶ ἐμνήσθησαν τῶν **ῥημάτων** αὐτοῦ.
24: 11 καὶ ἐφάνησαν ἐνώπιον αὐτῶν ὡσεὶ λῆρος τὰ **ῥήματα** ταῦτα,
Jn 3: 34 ὃν γὰρ ἀπέστειλεν ὁ θεὸς τὰ **ῥήματα** τοῦ θεοῦ λαλεῖ,
5: 47 εἰ δὲ τοῖς ἐκείνου γράμμασιν οὐ πιστεύετε, πῶς τοῖς ἐμοῖς **ῥήμασιν** πιστεύσετε;
6: 63 τὰ **ῥήματα** ἃ ἐγὼ λελάληκα ὑμῖν πνεῦμά ἐστιν καὶ ζωή ἐστιν.
6: 68 Κύριε, πρὸς τίνα ἀπελευσόμεθα; **ῥήματα** ζωῆς αἰωνίου ἔχεις,
8: 20 Ταῦτα τὰ **ῥήματα** ἐλάλησεν ἐν τῷ γαζοφυλακίῳ διδάσκων ἐν τῷ ἱερῷ·
8: 47 ὁ ὢν ἐκ τοῦ θεοῦ τὰ **ῥήματα** τοῦ θεοῦ ἀκούει·
10: 21 ἄλλοι ἔλεγον, Ταῦτα τὰ **ῥήματα** οὐκ ἔστιν δαιμονιζομένου·
12: 47 καὶ ἐάν τίς μου ἀκούσῃ τῶν **ῥημάτων** καὶ μὴ φυλάξῃ,
12: 48 ὁ ἀθετῶν ἐμὲ καὶ μὴ λαμβάνων τὰ **ῥήματά** μου ἔχει τὸν κρίνοντα αὐτόν·
14: 10 τὰ **ῥήματα** ἃ ἐγὼ λέγω ὑμῖν ἀπ' ἐμαυτοῦ οὐ λαλῶ,
15: 7 ἐὰν μείνητε ἐν ἐμοὶ καὶ τὰ **ῥήματά** μου ἐν ὑμῖν μείνῃ,
17: 8 ὅτι τὰ **ῥήματα** ἃ ἔδωκάς μοι δέδωκα αὐτοῖς, καὶ αὐτοὶ ἔλαβον καὶ ἔγνωσαν ἀληθῶς ὅτι παρὰ σοῦ ἐξῆλθον,
Ac 2: 14 τοῦτο ὑμῖν γνωστὸν ἔστω καὶ ἐνωτίσασθε τὰ **ῥήματά** μου.
5: 20 Πορεύεσθε καὶ σταθέντες λαλεῖτε ἐν τῷ ἱερῷ τῷ λαῷ πάντα τὰ **ῥήματα** τῆς ζωῆς ταύτης.
5: 32 καὶ ἡμεῖς ἐσμεν μάρτυρες τῶν **ῥημάτων** τούτων καὶ τὸ πνεῦμα τὸ ἅγιον ὃ ἔδωκεν ὁ θεὸς τοῖς πειθαρχοῦσιν αὐτῷ.
6: 11 τότε ὑπέβαλον ἄνδρας λέγοντας ὅτι Ἀκηκόαμεν αὐτοῦ λαλοῦντος **ῥήματα** βλάσφημα εἰς Μωϋσῆν καὶ τὸν θεόν·
6: 13 Ὁ ἄνθρωπος οὗτος οὐ παύεται λαλῶν **ῥήματα** κατὰ τοῦ τόπου τοῦ ἁγίου [τούτου] καὶ τοῦ νόμου·
10: 22 ἐχρηματίσθη ὑπὸ ἀγγέλου ἁγίου μεταπέμψασθαί σε εἰς τὸν οἶκον αὐτοῦ καὶ ἀκοῦσαι **ῥήματα** παρὰ σοῦ.
10: 37 ὑμεῖς οἴδατε τὸ γενόμενον **ῥῆμα** καθ' ὅλης τῆς Ἰουδαίας,
10: 44 Ἔτι λαλοῦντος τοῦ Πέτρου τὰ **ῥήματα** ταῦτα ἐπέπεσεν τὸ πνεῦμα τὸ ἅγιον ἐπὶ πάντας τοὺς ἀκούοντας τὸν λόγον.
11: 14 ὃς λαλήσει **ῥήματα** πρὸς σὲ ἐν οἷς σωθήσῃ σὺ καὶ πᾶς ὁ οἶκός σου.
11: 16 ἐμνήσθην δὲ τοῦ **ῥήματος** τοῦ κυρίου ὡς ἔλεγεν,
13: 42 Ἐξιόντων δὲ αὐτῶν παρεκάλουν εἰς τὸ μεταξὺ σάββατον λαληθῆναι αὐτοῖς τὰ **ῥήματα** ταῦτα.
16: 38 ἀπήγγειλαν δὲ τοῖς στρατηγοῖς οἱ ῥαβδοῦχοι τὰ **ῥήματα** ταῦτα.
26: 25 κράτιστε Φῆστε, ἀλλὰ ἀληθείας καὶ σωφροσύνης **ῥήματα** ἀποφθέγγομαι.
28: 25 ἀσύμφωνοι δὲ ὄντες πρὸς ἀλλήλους ἀπελύοντο εἰπόντος τοῦ Παύλου **ῥῆμα** ἕν,
Ro 10: 8 Ἐγγύς σου τὸ **ῥῆμά** ἐστιν ἐν τῷ στόματί σου καὶ ἐν τῇ καρδίᾳ σου, τοῦτ' ἔστιν τὸ **ῥῆμα** τῆς πίστεως ὃ κηρύσσομεν.
10: 17 ἄρα ἡ πίστις ἐξ ἀκοῆς, ἡ δὲ ἀκοὴ διὰ **ῥήματος** Χριστοῦ.
10: 18 Εἰς πᾶσαν τὴν γῆν ἐξῆλθεν ὁ φθόγγος αὐτῶν καὶ εἰς τὰ πέρατα τῆς οἰκουμένης τὰ **ῥήματα** αὐτῶν.
2Co 12: 4 ὅτι ἡρπάγη εἰς τὸν παράδεισον καὶ ἤκουσεν ἄρρητα **ῥήματα** ἃ οὐκ ἐξὸν ἀνθρώπῳ λαλῆσαι.
13: 1 ἐπὶ στόματος δύο μαρτύρων καὶ τριῶν σταθήσεται πᾶν **ῥῆμα.**
Eph 5: 26 ἵνα αὐτὴν ἁγιάσῃ καθαρίσας τῷ λουτρῷ τοῦ ὕδατος ἐν **ῥήματι,**
6: 17 καὶ τὴν περικεφαλαίαν τοῦ σωτηρίου δέξασθε καὶ τὴν μάχαιραν τοῦ πνεύματος, ὅ ἐστιν **ῥῆμα** θεοῦ.
Heb 1: 3 φέρων τε τὰ πάντα τῷ **ῥήματι** τῆς δυνάμεως αὐτοῦ,
6: 5 καὶ καλὸν γευσαμένους θεοῦ **ῥῆμα** δυνάμεις τε μέλλοντος αἰῶνος
11: 3 Πίστει νοοῦμεν κατηρτίσθαι τοὺς αἰῶνας **ῥήματι** θεοῦ, εἰς τὸ μὴ ἐκ φαινομένων τὸ βλεπόμενον γεγονέναι.
12: 19 καὶ σάλπιγγος ἤχῳ καὶ φωνῇ **ῥημάτων,** ἧς οἱ ἀκούσαντες παρῃτήσαντο μὴ προστεθῆναι αὐτοῖς λόγον,
1Pe 1: 25 τὸ δὲ **ῥῆμα** κυρίου μένει εἰς τὸν αἰῶνα. τοῦτο δέ ἐστιν τὸ **ῥῆμα** τὸ εὐαγγελισθὲν εἰς ὑμᾶς.
2Pe 3: 2 μνησθῆναι τῶν προειρημένων **ῥημάτων** ὑπὸ τῶν ἁγίων προφητῶν καὶ τῆς τῶν ἀποστόλων ὑμῶν ἐντολῆς τοῦ κυρίου καὶ σωτῆρος.
Jude 1: 17 μνήσθητε τῶν **ῥημάτων** τῶν προειρημένων ὑπὸ τῶν ἀποστόλων τοῦ κυρίου ἡμῶν Ἰησοῦ Χριστοῦ

4840 Ῥησά [1]

Lk 3: 27 τοῦ Ἰωανὰν τοῦ **Ῥησὰ** τοῦ Ζοροβαβὲλ τοῦ Σαλαθιὴλ τοῦ Νηρὶ

4841 ῥήσσω Not used in UBS/NIV

√ *4838*

4842 ῥήτωρ [1]

√ *4839*

Ac 24: 1 Μετὰ δὲ πέντε ἡμέρας κατέβη ὁ ἀρχιερεὺς Ἁνανίας μετὰ πρεσβυτέρων τινῶν καὶ **ῥήτορος** Τερτύλλου τινός,

4843 ῥητῶς [1]

√ *4839*

1Ti 4: 1 Τὸ δὲ πνεῦμα **ῥητῶς** λέγει ὅτι ἐν ὑστέροις καιροῖς ἀποστήσονταί τινες τῆς πίστεως προσέχοντες πνεύμασιν πλάνοις καὶ διδασκαλίαις δαιμονίων,

4844 ῥίζα [17]

→ *1748, 4845*

Mt 3:10 ἤδη δὲ ἡ ἀξίνη πρὸς τὴν **ῥίζαν** τῶν δένδρων κεῖται·
13: 6 ἡλίου δὲ ἀνατείλαντος ἐκαυματίσθη καὶ διὰ τὸ μὴ ἔχειν **ῥίζαν** ἐξηράνθη.
13:21 οὐκ ἔχει δὲ **ῥίζαν** ἐν ἑαυτῷ ἀλλὰ πρόσκαιρός ἐστιν,
Mk 4: 6 καὶ ὅτε ἀνέτειλεν ὁ ἥλιος ἐκαυματίσθη καὶ διὰ τὸ μὴ ἔχειν **ῥίζαν** ἐξηράνθη.
4:17 καὶ οὐκ ἔχουσιν **ῥίζαν** ἐν ἑαυτοῖς ἀλλὰ πρόσκαιροί εἰσιν,
11:20 Καὶ παραπορευόμενοι πρωῒ εἶδον τὴν συκῆν ἐξηραμμένην ἐκ **ῥιζῶν.**
Lk 3: 9 ἤδη δὲ καὶ ἡ ἀξίνη πρὸς τὴν **ῥίζαν** τῶν δένδρων κεῖται·
8:13 καὶ οὗτοι **ῥίζαν** οὐκ ἔχουσιν, οἳ πρὸς καιρὸν πιστεύουσιν καὶ ἐν καιρῷ πειρασμοῦ ἀφίστανται.
Ro 11:16 καὶ εἰ ἡ **ῥίζα** ἁγία, καὶ οἱ κλάδοι.
11:17 σὺ δὲ ἀγριέλαιος ὢν ἐνεκεντρίσθης ἐν αὐτοῖς καὶ συγκοινωνὸς τῆς **ῥίζης** τῆς πιότητος τῆς ἐλαίας ἐγένου,
11:18 μὴ κατακαυχῶ τῶν κλάδων· εἰ δὲ κατακαυχᾶσαι οὐ σὺ τὴν **ῥίζαν** βαστάζεις ἀλλὰ ἡ **ῥίζα** σέ.
15:12 Ἔσται ἡ **ῥίζα** τοῦ Ἰεσσαί καὶ ὁ ἀνιστάμενος ἄρχειν ἐθνῶν,
1Ti 6:10 **ῥίζα** γὰρ πάντων τῶν κακῶν ἐστιν ἡ φιλαργυρία,
Heb 12:15 μή τις **ῥίζα** πικρίας ἄνω φύουσα ἐνοχλῇ καὶ δι᾽ αὐτῆς μιανθῶσιν πολλοί,
Rev 5: 5 ἡ **ῥίζα** Δαυίδ, ἀνοῖξαι τὸ βιβλίον καὶ τὰς ἑπτὰ σφραγῖδας αὐτοῦ.
22:16 ἐγώ εἰμι ἡ **ῥίζα** καὶ τὸ γένος Δαυίδ,

4845 ῥιζόω [2]

√ *4844*

Eph 3:17 κατοικῆσαι τὸν Χριστὸν διὰ τῆς πίστεως ἐν ταῖς καρδίαις ὑμῶν, ἐν ἀγάπῃ **ἐρριζωμένοι** καὶ τεθεμελιωμένοι,
Col 2: 7 **ἐρριζωμένοι** καὶ ἐποικοδομούμενοι ἐν αὐτῷ καὶ βεβαιούμενοι τῇ πίστει καθὼς ἐδιδάχθητε,

4846 ῥιπή [1]

√ *4849*

1Co 15:52 ἐν ἀτόμῳ, ἐν **ῥιπῇ** ὀφθαλμοῦ, ἐν τῇ ἐσχάτῃ σάλπιγγι·

4847 ῥιπίζω [1]

√ *4849*

Jas 1: 6 ὁ γὰρ διακρινόμενος ἔοικεν κλύδωνι θαλάσσης ἀνεμιζομένῳ καὶ **ῥιπιζομένῳ.**

4848 ῥιπτέω [1]

√ *4849*

Ac 22:23 κραυγαζόντων τε αὐτῶν καὶ **ῥιπτούντων** τὰ ἱμάτια καὶ κονιορτὸν βαλλόντων εἰς τὸν ἀέρα,

4849 ῥίπτω [7]

→ *681, 2166, 4846, 4847, 4848*

Mt 9:36 ὅτι ἦσαν ἐσκυλμένοι καὶ **ἐρριμμένοι** ὡσεὶ πρόβατα μὴ ἔχοντα ποιμένα.
15:30 καὶ ἑτέρους πολλοὺς καὶ **ἔρριψαν** αὐτοὺς παρὰ τοὺς πόδας αὐτοῦ,
27: 5 καὶ **ῥίψας** τὰ ἀργύρια εἰς τὸν ναὸν ἀνεχώρησεν,
Lk 4:35 καὶ **ῥίψαν** αὐτὸν τὸ δαιμόνιον εἰς τὸ μέσον ἐξῆλθεν ἀπ᾽ αὐτοῦ μηδὲν βλάψαν αὐτόν.
17: 2 λυσιτελεῖ αὐτῷ εἰ λίθος μυλικὸς περίκειται περὶ τὸν τράχηλον αὐτοῦ καὶ **ἔρριπται** εἰς τὴν θάλασσαν ἢ ἵνα σκανδαλίσῃ τῶν μικρῶν τούτων ἕνα.
Ac 27:19 καὶ τῇ τρίτῃ αὐτόχειρες τὴν σκευὴν τοῦ πλοίου **ἔρριψαν.**
27:29 ἐκ πρύμνης **ῥίψαντες** ἀγκύρας τέσσαρας ηὔχοντο ἡμέραν γενέσθαι.

4850 Ῥοβοάμ [2]

Mt 1: 7 Σολομὼν δὲ ἐγέννησεν τὸν **Ῥοβοάμ, Ῥοβοὰμ** δὲ ἐγέννησεν τὸν Ἀβιά, Ἀβιὰ δὲ ἐγέννησεν τὸν Ἀσάφ,

4851 Ῥόδη [1]

Ac 12:13 κρούσαντος δὲ αὐτοῦ τὴν θύραν τοῦ πυλῶνος προσῆλθεν παιδίσκη ὑπακοῦσαι ὀνόματι **Ῥόδη,**

4852 Ῥόδος [1]

Ac 21: 1 τῇ δὲ ἑξῆς εἰς τὴν **Ῥόδον** κἀκεῖθεν εἰς Πάταρα,

4853 ῥοιζηδόν [1]

2Pe 3:10 ἐν ᾗ οἱ οὐρανοὶ **ῥοιζηδὸν** παρελεύσονται στοιχεῖα δὲ καυσούμενα λυθήσεται καὶ γῆ καὶ τὰ ἐν αὐτῇ ἔργα εὑρεθήσεται.

4854 Ῥομφά Not used in UBS/NIV

√ *4818*

4855 ῥομφαία [7]

Lk 2:35 –καὶ σοῦ [δὲ] αὐτῆς τὴν ψυχὴν διελεύσεται **ῥομφαία–,**
Rev 1:16 καὶ ἔχων ἐν τῇ δεξιᾷ χειρὶ αὐτοῦ ἀστέρας ἑπτὰ καὶ ἐκ τοῦ στόματος αὐτοῦ **ῥομφαία** δίστομος ὀξεῖα ἐκπορευομένη
2:12 Τάδε λέγει ὁ ἔχων τὴν **ῥομφαίαν** τὴν δίστομον τὴν ὀξεῖαν·
2:16 ἔρχομαί σοι ταχὺ καὶ πολεμήσω μετ᾽ αὐτῶν ἐν τῇ **ῥομφαίᾳ** τοῦ στόματός μου.
6: 8 καὶ ἐδόθη αὐτοῖς ἐξουσία ἐπὶ τὸ τέταρτον τῆς γῆς ἀποκτεῖναι ἐν **ῥομφαίᾳ** καὶ ἐν λιμῷ καὶ ἐν θανάτῳ καὶ ὑπὸ τῶν θηρίων
19:15 καὶ ἐκ τοῦ στόματος αὐτοῦ ἐκπορεύεται **ῥομφαία** ὀξεῖα,
19:21 καὶ οἱ λοιποὶ ἀπεκτάνθησαν ἐν τῇ **ῥομφαίᾳ** τοῦ καθημένου ἐπὶ τοῦ ἵππου τῇ ἐξελθούσῃ ἐκ τοῦ στόματος αὐτοῦ,

4856 ῥοπή Not used in UBS/NIV

4857 Ῥουβήν [1]

Rev 7: 5 ἐκ φυλῆς **Ῥουβὴν** δώδεκα χιλιάδες, ἐκ φυλῆς Γὰδ δώδεκα χιλιάδες,

4858 Ῥούθ [1]

Mt 1: 5 Βόες δὲ ἐγέννησεν τὸν Ἰωβὴδ ἐκ τῆς **Ῥούθ,**

4859 Ῥοῦφος [2]

Mk 15:21 τὸν πατέρα Ἀλεξάνδρου καὶ **Ῥούφου,** ἵνα ἄρῃ τὸν σταυρὸν αὐτοῦ.
Ro 16:13 ἀσπάσασθε **Ῥοῦφον** τὸν ἐκλεκτὸν ἐν κυρίῳ καὶ τὴν μητέρα αὐτοῦ καὶ ἐμοῦ.

4860 ῥύμη [4]

Mt 6: 2 ὥσπερ οἱ ὑποκριταὶ ποιοῦσιν ἐν ταῖς συναγωγαῖς καὶ ἐν ταῖς **ῥύμαις,**
Lk 14:21 Ἔξελθε ταχέως εἰς τὰς πλατείας καὶ **ῥύμας** τῆς πόλεως καὶ τοὺς πτωχοὺς καὶ ἀναπείρους καὶ τυφλοὺς καὶ χωλοὺς εἰσάγαγε ὧδε.
Ac 9:11 Ἀναστὰς πορεύθητι ἐπὶ τὴν **ῥύμην** τὴν καλουμένην Εὐθεῖαν καὶ ζήτησον ἐν οἰκίᾳ Ἰούδα Σαῦλον ὀνόματι Ταρσέα·
12:10 ἥτις αὐτομάτη ἠνοίγη αὐτοῖς καὶ ἐξελθόντες προῆλθον **ῥύμην** μίαν,

4861 ῥύομαι [17]

Mt 6:13 καὶ μὴ εἰσενέγκῃς ἡμᾶς εἰς πειρασμόν, ἀλλὰ **ῥῦσαι** ἡμᾶς ἀπὸ τοῦ πονηροῦ.
27:43 πέποιθεν ἐπὶ τὸν θεόν, **ῥυσάσθω** νῦν εἰ θέλει αὐτόν·
Lk 1:74 ἀφόβως ἐκ χειρὸς ἐχθρῶν **ῥυσθέντας** λατρεύειν αὐτῷ
Ro 7:24 τίς με **ῥύσεται** ἐκ τοῦ σώματος τοῦ θανάτου τούτου;
11:26 καθὼς γέγραπται, Ἥξει ἐκ Σιὼν ὁ **ῥυόμενος,** ἀποστρέψει ἀσεβείας ἀπὸ Ἰακώβ.
15:31 ἵνα **ῥυσθῶ** ἀπὸ τῶν ἀπειθούντων ἐν τῇ Ἰουδαίᾳ καὶ ἡ διακονία μου ἡ εἰς Ἰερουσαλὴμ εὐπρόσδεκτος τοῖς ἁγίοις γένηται,

2Co 1:10 ὃς ἐκ τηλικούτου θανάτου **ἐρρύσατο** ἡμᾶς καὶ **ῥύσεται,** εἰς ὃν ἠλπίκαμεν [ὅτι] καὶ ἔτι **ῥύσεται,**
Col 1:13 ὃς **ἐρρύσατο** ἡμᾶς ἐκ τῆς ἐξουσίας τοῦ σκότους καὶ μετέστησεν εἰς τὴν βασιλείαν τοῦ υἱοῦ τῆς ἀγάπης αὐτοῦ,
1Th 1:10 Ἰησοῦν τὸν **ῥυόμενον** ἡμᾶς ἐκ τῆς ὀργῆς τῆς ἐρχομένης.
2Th 3: 2 καὶ ἵνα **ῥυσθῶμεν** ἀπὸ τῶν ἀτόπων καὶ πονηρῶν ἀνθρώπων·
2Ti 3:11 οἵους διωγμοὺς ὑπήνεγκα καὶ ἐκ πάντων με **ἐρρύσατο** ὁ κύριος.
4:17 ἵνα δι᾽ ἐμοῦ τὸ κήρυγμα πληροφορηθῇ καὶ ἀκούσωσιν πάντα τὰ ἔθνη, καὶ **ἐρρύσθην** ἐκ στόματος λέοντος.
4:18 **ῥύσεταί** με ὁ κύριος ἀπὸ παντὸς ἔργου πονηροῦ καὶ σώσει εἰς τὴν βασιλείαν αὐτοῦ τὴν ἐπουράνιον·
2Pe 2: 7 καὶ δίκαιον Λὼτ καταπονούμενον ὑπὸ τῆς τῶν ἀθέσμων ἐν ἀσελγείᾳ ἀναστροφῆς **ἐρρύσατο·**
2: 9 οἶδεν κύριος εὐσεβεῖς ἐκ πειρασμοῦ **ῥύεσθαι,** ἀδίκους δὲ εἰς ἡμέραν κρίσεως κολαζομένους τηρεῖν,

4862 ῥυπαίνω [1]

√ *4866*

Rev 22:11 ὁ ἀδικῶν ἀδικησάτω ἔτι καὶ ὁ ῥυπαρὸς **ῥυπανθήτω** ἔτι,

4863 ῥυπαρεύω Not used in UBS/NIV

√ *4866*

4864 ῥυπαρία [1]

√ *4866*

Jas 1:21 διὸ ἀποθέμενοι πᾶσαν **ῥυπαρίαν** καὶ περισσείαν κακίας ἐν πραΰτητι,

4865 ῥυπαρός [2]

√ *4866*

Jas 2: 2 ἐὰν γὰρ εἰσέλθῃ εἰς συναγωγὴν ὑμῶν ἀνὴρ χρυσοδακτύλιος ἐν ἐσθῆτι λαμπρᾷ, εἰσέλθῃ δὲ καὶ πτωχὸς ἐν **ῥυπαρᾷ** ἐσθῆτι,
Rev 22:11 ὁ ἀδικῶν ἀδικησάτω ἔτι καὶ ὁ **ῥυπαρὸς** ῥυπανθήτω ἔτι,

4866 ῥύπος [1]

→ *4862, 4863, 4864, 4865, 4867*

1Pe 3:21 οὐ σαρκὸς ἀπόθεσις **ῥύπου** ἀλλὰ συνειδήσεως ἀγαθῆς ἐπερώτημα εἰς θεόν,

4867 ῥυπόω Not used in UBS/NIV

√ *4866*

4868 ῥύσις [3]

√ *4835*

Mk 5:25 καὶ γυνὴ οὖσα ἐν **ῥύσει** αἵματος δώδεκα ἔτη
Lk 8:43 καὶ γυνὴ οὖσα ἐν **ῥύσει** αἵματος ἀπὸ ἐτῶν δώδεκα,
8:44 προσελθοῦσα ὄπισθεν ἥψατο τοῦ κρασπέδου τοῦ ἱματίου αὐτοῦ καὶ παραχρῆμα ἔστη ἡ **ῥύσις** τοῦ αἵματος αὐτῆς.

4869 ῥυτίς [1]

Eph 5:27 μὴ ἔχουσαν σπίλον ἢ **ῥυτίδα** ἤ τι τῶν τοιούτων,

4870 Ῥωμαϊκός Not used in UBS/NIV

√ *4873*

4871 Ῥωμαῖος [12]

√ *4873*

Jn 11:48 καὶ ἐλεύσονται οἱ **Ῥωμαῖοι** καὶ ἀροῦσιν ἡμῶν καὶ τὸν τόπον καὶ τὸ ἔθνος.
Ac 2:10 Αἴγυπτον καὶ τὰ μέρη τῆς Λιβύης τῆς κατὰ Κυρήνην, καὶ οἱ ἐπιδημοῦντες **Ῥωμαῖοι,**
16:21 καὶ καταγγέλλουσιν ἔθη ἃ οὐκ ἔξεστιν ἡμῖν παραδέχεσθαι οὐδὲ ποιεῖν **Ῥωμαίοις** οὖσιν.
16:37 Δείραντες ἡμᾶς δημοσίᾳ ἀκατακρίτους, ἀνθρώπους **Ῥωμαίους** ὑπάρχοντας, ἔβαλαν εἰς φυλακήν,
16:38 ἀπήγγειλαν δὲ τοῖς στρατηγοῖς οἱ ῥαβδοῦχοι τὰ ῥήματα ταῦτα. ἐφοβήθησαν δὲ ἀκούσαντες ὅτι **Ῥωμαῖοί** εἰσιν,
22:25 Εἰ ἄνθρωπον **Ῥωμαῖον** καὶ ἀκατάκριτον ἔξεστιν ὑμῖν μαστίζειν;
22:26 Τί μέλλεις ποιεῖν; ὁ γὰρ ἄνθρωπος οὗτος **Ῥωμαῖός** ἐστιν.
22:27 προσελθὼν δὲ ὁ χιλίαρχος εἶπεν αὐτῷ, Λέγε μοι, σὺ **Ῥωμαῖος** εἶ;
22:29 καὶ ὁ χιλίαρχος δὲ ἐφοβήθη ἐπιγνοὺς ὅτι **Ῥωμαῖός** ἐστιν καὶ ὅτι αὐτὸν ἦν δεδεκώς.
23:27 καὶ μέλλοντα ἀναιρεῖσθαι ὑπ᾽ αὐτῶν ἐπιστὰς σὺν τῷ στρατεύματι ἐξειλάμην μαθὼν ὅτι **Ῥωμαῖός** ἐστιν.
25:16 ὅτι οὐκ ἔστιν ἔθος **Ῥωμαίοις** χαρίζεσθαί τινα ἄνθρωπον πρὶν ἢ ὁ κατηγορούμενος κατὰ πρόσωπον ἔχοι τοὺς κατηγόρους τόπον τε ἀπολογίας λάβοι περὶ τοῦ ἐγκλήματος.
28:17 οὐδὲν ἐναντίον ποιήσας τῷ λαῷ ἢ τοῖς ἔθεσι τοῖς πατρῴοις δέσμιος ἐξ Ἱεροσολύμων παρεδόθην εἰς τὰς χεῖρας τῶν **Ῥωμαίων,**

4872 Ῥωμαϊστί [1]

√ *4873*

Jn 19:20 ὅτι ἐγγὺς ἦν ὁ τόπος τῆς πόλεως ὅπου ἐσταυρώθη ὁ Ἰησοῦς· καὶ ἦν γεγραμμένον Ἑβραϊστί, **Ῥωμαϊστί,** Ἑλληνιστί.

4873 Ῥώμη [8]

→ *4870, 4871, 4872*

Ac 18: 2 διὰ τὸ διατεταχέναι Κλαύδιον χωρίζεσθαι πάντας τοὺς Ἰουδαίους ἀπὸ τῆς **Ῥώμης,**
19:21 πορεύεσθαι εἰς Ἱεροσόλυμα εἰπὼν ὅτι Μετὰ τὸ γενέσθαι με ἐκεῖ δεῖ με καὶ **Ῥώμην** ἰδεῖν.
23:11 ὡς γὰρ διεμαρτύρω τὰ περὶ ἐμοῦ εἰς Ἰερουσαλήμ, οὕτω σε δεῖ καὶ εἰς **Ῥώμην** μαρτυρῆσαι.
28:14 οὗ εὑρόντες ἀδελφοὺς παρεκλήθημεν παρ᾽ αὐτοῖς ἐπιμεῖναι ἡμέρας ἑπτά· καὶ οὕτως εἰς τὴν **Ῥώμην** ἤλθαμεν.
28:16 Ὅτε δὲ εἰσήλθομεν εἰς **Ῥώμην,** ἐπετράπη τῷ Παύλῳ μένειν καθ᾽ ἑαυτὸν σὺν τῷ φυλάσσοντι αὐτὸν στρατιώτῃ.
Ro 1: 7 πᾶσιν τοῖς οὖσιν ἐν **Ῥώμῃ** ἀγαπητοῖς θεοῦ, κλητοῖς ἁγίοις,
1:15 οὕτως τὸ κατ᾽ ἐμὲ πρόθυμον καὶ ὑμῖν τοῖς ἐν **Ῥώμῃ** εὐαγγελίσασθαι.
2Ti 1:17 ἀλλὰ γενόμενος ἐν **Ῥώμῃ** σπουδαίως ἐζήτησέν με καὶ εὗρεν·

4874 ῥώννυμι [1]

→ *778, 779*

Ac 15:29 ἀπέχεσθαι εἰδωλοθύτων καὶ αἵματος καὶ πνικτῶν καὶ πορνείας, ἐξ ὧν διατηροῦντες ἑαυτοὺς εὖ πράξετε. **Ἔρρωσθε.**

Σ, σ

4875 σ Not used in UBS/NIV

4876 σαβαχθάνι [2]

√ *cf. 2407*

Mt 27:46 περὶ δὲ τὴν ἐνάτην ὥραν ἀνεβόησεν ὁ Ἰησοῦς φωνῇ μεγάλῃ λέγων, Ηλι ηλι λεμα **σαβαχθανι;**
Mk 15:34 καὶ τῇ ἐνάτῃ ὥρᾳ ἐβόησεν ὁ Ἰησοῦς φωνῇ μεγάλῃ, Ελωι ελωι λεμα **σαβαχθανι;**

4877 Σαβαώθ [2]

κύριος Σαβαώθ [2] Ro 9:29; Jas 5:4

Ro 9:29 καὶ καθὼς προείρηκεν Ἠσαΐας, Εἰ μὴ κύριος **Σαβαὼθ** ἐγκατέλιπεν ἡμῖν σπέρμα,
Jas 5: 4 καὶ αἱ βοαὶ τῶν θερισάντων εἰς τὰ ὦτα κυρίου **Σαβαὼθ** εἰσεληλύθασιν.

4878 σαββατισμός [1]

√ *4879*

Heb 4: 9 ἄρα ἀπολείπεται **σαββατισμὸς** τῷ λαῷ τοῦ θεοῦ.

4879 σάββατον [68]

→ *4640, 4878*

plural [25] Mt 12:1,5,10,11,12; 28:1,1; Mk 1:21; 2:23,24; 3:2,4; 16:2; Lk 4:16,31; 6:2; 13:10; 24:1; Jn 20:1,19; Ac 13:14; 16:13; 17:2; 20:7; Col 2:16

ἡμέρα σάββατον [6] Lk 4:16; 13:14,16; 14:5; Ac 13:14; 16:13

κύριος σαββάτου [3] Mt 12:8; Mk 2:28; Lk 6:5

λύω ... σάββατον [1] Jn 5:18

μέγας σάββατον [1] Jn 19:31

μία [τῶν] σαββάτων [7] Mt 28:1; Mk 16:2; Lk 24:1; Jn 20:1,19; Ac 20:7; 1Co 16:2

πρώτη σαββάτου [1] Mk 16:9

σαββάτου ἡμέρα ὁδόν [2] Lk 2:44; Ac 1:12

Mt 12: 1 Ἐν ἐκείνῳ τῷ καιρῷ ἐπορεύθη ὁ Ἰησοῦς τοῖς **σάββασιν** διὰ τῶν σπορίμων·
12: 2 Ἰδοὺ οἱ μαθηταί σου ποιοῦσιν ὃ οὐκ ἔξεστιν ποιεῖν ἐν **σαββάτῳ.**
12: 5 ἢ οὐκ ἀνέγνωτε ἐν τῷ νόμῳ ὅτι τοῖς **σάββασιν** οἱ ἱερεῖς ἐν τῷ ἱερῷ τὸ **σάββατον** βεβηλοῦσιν καὶ ἀναίτιοί εἰσιν;
12: 8 κύριος γάρ ἐστιν τοῦ **σαββάτου** ὁ υἱὸς τοῦ ἀνθρώπου.
12:10 καὶ ἐπηρώτησαν αὐτὸν λέγοντες, Εἰ ἔξεστιν τοῖς **σάββασιν** θεραπεῦσαι;
12:11 Τίς ἔσται ἐξ ὑμῶν ἄνθρωπος ὃς ἕξει πρόβατον ἓν καὶ ἐὰν ἐμπέσῃ τοῦτο τοῖς **σάββασιν** εἰς βόθυνον,
12:12 πόσῳ οὖν διαφέρει ἄνθρωπος προβάτου. ὥστε ἔξεστιν τοῖς **σάββασιν** καλῶς ποιεῖν.
24:20 προσεύχεσθε δὲ ἵνα μὴ γένηται ἡ φυγὴ ὑμῶν χειμῶνος μηδὲ **σαββάτῳ.**
28: 1 Ὀψὲ δὲ **σαββάτων,** τῇ ἐπιφωσκούσῃ εἰς μίαν **σαββάτων** ἦλθεν Μαριὰμ ἡ Μαγδαληνὴ καὶ ἡ ἄλλη Μαρία θεωρῆσαι τὸν τάφον.
Mk 1:21 καὶ εὐθὺς τοῖς **σάββασιν** εἰσελθὼν εἰς τὴν συναγωγὴν ἐδίδασκεν.
2:23 Καὶ ἐγένετο αὐτὸν ἐν τοῖς **σάββασιν** παραπορεύεσθαι διὰ τῶν σπορίμων,
2:24 Ἴδε τί ποιοῦσιν τοῖς **σάββασιν** ὃ οὐκ ἔξεστιν;
2:27 Τὸ **σάββατον** διὰ τὸν ἄνθρωπον ἐγένετο καὶ οὐχ ὁ ἄνθρωπος διὰ τὸ **σάββατον·**
2:28 ὥστε κύριός ἐστιν ὁ υἱὸς τοῦ ἀνθρώπου καὶ τοῦ **σαββάτου.**
3: 2 καὶ παρετήρουν αὐτὸν εἰ τοῖς **σάββασιν** θεραπεύσει αὐτόν,
3: 4 καὶ λέγει αὐτοῖς, Ἔξεστιν τοῖς **σάββασιν** ἀγαθὸν ποιῆσαι ἢ κακοποιῆσαι,
6: 2 καὶ γενομένου **σαββάτου** ἤρξατο διδάσκειν ἐν τῇ συναγωγῇ,
16: 1 Καὶ διαγενομένου τοῦ **σαββάτου** Μαρία ἡ Μαγδαληνὴ καὶ Μαρία ἡ [τοῦ] Ἰακώβου καὶ Σαλώμη ἠγόρασαν ἀρώματα
16: 2 καὶ λίαν πρωῒ τῇ μιᾷ τῶν **σαββάτων** ἔρχονται ἐπὶ τὸ μνημεῖον ἀνατείλαντος τοῦ ἡλίου.
16: 9 ⟦Ἀναστὰς δὲ πρωῒ πρώτῃ **σαββάτου** ἐφάνη πρῶτον Μαρίᾳ τῇ Μαγδαληνῇ,⟧
Lk 4:16 καὶ εἰσῆλθεν κατὰ τὸ εἰωθὸς αὐτῷ ἐν τῇ ἡμέρᾳ τῶν **σαββάτων** εἰς τὴν συναγωγὴν καὶ ἀνέστη ἀναγνῶναι.
4:31 Καὶ κατῆλθεν εἰς Καφαρναοὺμ πόλιν τῆς Γαλιλαίας. καὶ ἦν διδάσκων αὐτοὺς ἐν τοῖς **σάββασιν·**
6: 1 Ἐγένετο δὲ ἐν **σαββάτῳ** διαπορεύεσθαι αὐτὸν διὰ σπορίμων,
6: 2 τινὲς δὲ τῶν Φαρισαίων εἶπαν, Τί ποιεῖτε ὃ οὐκ ἔξεστιν τοῖς **σάββασιν;**
6: 5 Κύριός ἐστιν τοῦ **σαββάτου** ὁ υἱὸς τοῦ ἀνθρώπου.
6: 6 Ἐγένετο δὲ ἐν ἑτέρῳ **σαββάτῳ** εἰσελθεῖν αὐτὸν εἰς τὴν συναγωγὴν καὶ διδάσκειν.
6: 7 παρετηροῦντο δὲ αὐτὸν οἱ γραμματεῖς καὶ οἱ Φαρισαῖοι εἰ ἐν τῷ **σαββάτῳ** θεραπεύει,
6: 9 Ἐπερωτῶ ὑμᾶς εἰ ἔξεστιν τῷ **σαββάτῳ** ἀγαθοποιῆσαι ἢ κακοποιῆσαι,
13:10 Ἦν δὲ διδάσκων ἐν μιᾷ τῶν συναγωγῶν ἐν τοῖς **σάββασιν.**
13:14 ἀγανακτῶν ὅτι τῷ **σαββάτῳ** ἐθεράπευσεν ὁ Ἰησοῦς, ἔλεγεν τῷ ὄχλῳ ὅτι Ἓξ ἡμέραι εἰσὶν ἐν αἷς δεῖ ἐργάζεσθαι· ἐν αὐταῖς οὖν ἐρχόμενοι θεραπεύεσθε καὶ μὴ τῇ ἡμέρᾳ τοῦ **σαββάτου.**
13:15 ἕκαστος ὑμῶν τῷ **σαββάτῳ** οὐ λύει τὸν βοῦν αὐτοῦ ἢ τὸν ὄνον ἀπὸ τῆς φάτνης καὶ ἀπαγαγὼν ποτίζει;
13:16 οὐκ ἔδει λυθῆναι ἀπὸ τοῦ δεσμοῦ τούτου τῇ ἡμέρᾳ τοῦ **σαββάτου;**
14: 1 εἰς οἶκόν τινος τῶν ἀρχόντων [τῶν] Φαρισαίων **σαββάτῳ** φαγεῖν ἄρτον καὶ αὐτοὶ ἦσαν παρατηρούμενοι αὐτόν.
14: 3 καὶ ἀποκριθεὶς ὁ Ἰησοῦς εἶπεν πρὸς τοὺς νομικοὺς καὶ Φαρισαίους λέγων, Ἔξεστιν τῷ **σαββάτῳ** θεραπεῦσαι ἢ οὔ;
14: 5 καὶ οὐκ εὐθέως ἀνασπάσει αὐτὸν ἐν ἡμέρᾳ τοῦ **σαββάτου;**
18:12 νηστεύω δὶς τοῦ **σαββάτου,** ἀποδεκατῶ πάντα ὅσα κτῶμαι.
23:54 καὶ ἡμέρα ἦν παρασκευῆς καὶ **σάββατον** ἐπέφωσκεν.
23:56 Καὶ τὸ μὲν **σάββατον** ἡσύχασαν κατὰ τὴν ἐντολήν.
24: 1 τῇ δὲ μιᾷ τῶν **σαββάτων** ὄρθρου βαθέως ἐπὶ τὸ μνῆμα ἦλθον φέρουσαι ἃ ἡτοίμασαν ἀρώματα.
Jn 5: 9 καὶ εὐθέως ἐγένετο ὑγιὴς ὁ ἄνθρωπος καὶ ἦρεν τὸν κράβαττον αὐτοῦ καὶ περιεπάτει. Ἦν δὲ **σάββατον** ἐν ἐκείνῃ τῇ ἡμέρᾳ.
5:10 ἔλεγον οὖν οἱ Ἰουδαῖοι τῷ τεθεραπευμένῳ, **Σάββατόν** ἐστιν,
5:16 καὶ διὰ τοῦτο ἐδίωκον οἱ Ἰουδαῖοι τὸν Ἰησοῦν, ὅτι ταῦτα ἐποίει ἐν **σαββάτῳ.**
5:18 διὰ τοῦτο οὖν μᾶλλον ἐζήτουν αὐτὸν οἱ Ἰουδαῖοι ἀποκτεῖναι, ὅτι οὐ μόνον ἔλυεν τὸ **σάββατον,**
7:22 οὐχ ὅτι ἐκ τοῦ Μωϋσέως ἐστὶν ἀλλ᾽ ἐκ τῶν πατέρων– καὶ ἐν **σαββάτῳ** περιτέμνετε ἄνθρωπον.
7:23 εἰ περιτομὴν λαμβάνει ἄνθρωπος ἐν **σαββάτῳ** ἵνα μὴ λυθῇ ὁ νόμος Μωϋσέως, ἐμοὶ χολᾶτε ὅτι ὅλον ἄνθρωπον ὑγιῆ ἐποίησα ἐν **σαββάτῳ;**
9:14 ἦν δὲ **σάββατον** ἐν ᾗ ἡμέρᾳ τὸν πηλὸν ἐποίησεν ὁ Ἰησοῦς καὶ ἀνέῳξεν αὐτοῦ τοὺς ὀφθαλμούς.
9:16 Οὐκ ἔστιν οὗτος παρὰ θεοῦ ὁ ἄνθρωπος, ὅτι τὸ **σάββατον** οὐ τηρεῖ.
19:31 ἵνα μὴ μείνῃ ἐπὶ τοῦ σταυροῦ τὰ σώματα ἐν τῷ **σαββάτῳ,** ἦν γὰρ μεγάλη ἡ ἡμέρα ἐκείνου τοῦ **σαββάτου,**
20: 1 Τῇ δὲ μιᾷ τῶν **σαββάτων** Μαρία ἡ Μαγδαληνὴ ἔρχεται πρωῒ σκοτίας ἔτι οὔσης εἰς τὸ μνημεῖον καὶ βλέπει τὸν λίθον
20:19 Οὔσης οὖν ὀψίας τῇ ἡμέρᾳ ἐκείνῃ τῇ μιᾷ **σαββάτων** καὶ τῶν θυρῶν κεκλεισμένων ὅπου ἦσαν οἱ μαθηταὶ διὰ τὸν φόβον
Ac 1:12 Τότε ὑπέστρεψαν εἰς Ἰερουσαλὴμ ἀπὸ ὄρους τοῦ καλουμένου Ἐλαιῶνος, ὅ ἐστιν ἐγγὺς Ἰερουσαλὴμ **σαββάτου** ἔχον ὁδόν.
13:14 καὶ [εἰσ]ελθόντες εἰς τὴν συναγωγὴν τῇ ἡμέρᾳ τῶν **σαββάτων** ἐκάθισαν.
13:27 οἱ γὰρ κατοικοῦντες ἐν Ἰερουσαλὴμ καὶ οἱ ἄρχοντες αὐτῶν τοῦτον ἀγνοήσαντες καὶ τὰς φωνὰς τῶν προφητῶν τὰς κατὰ πᾶν **σάββατον** ἀναγινωσκομένας κρίναντες ἐπλήρωσαν,
13:42 Ἐξιόντων δὲ αὐτῶν παρεκάλουν εἰς τὸ μεταξὺ **σάββατον** λαληθῆναι αὐτοῖς τὰ ῥήματα ταῦτα.
13:44 Τῷ δὲ ἐρχομένῳ **σαββάτῳ** σχεδὸν πᾶσα ἡ πόλις συνήχθη ἀκοῦσαι τὸν λόγον τοῦ κυρίου.
15:21 Μωϋσῆς γὰρ ἐκ γενεῶν ἀρχαίων κατὰ πόλιν τοὺς κηρύσσοντας αὐτὸν ἔχει ἐν ταῖς συναγωγαῖς κατὰ πᾶν **σάββατον** ἀναγινωσκόμενος.
16:13 τῇ τε ἡμέρᾳ τῶν **σαββάτων** ἐξήλθομεν ἔξω τῆς πύλης παρὰ ποταμὸν οὗ ἐνομίζομεν προσευχὴν εἶναι,
17: 2 κατὰ δὲ τὸ εἰωθὸς τῷ Παύλῳ εἰσῆλθεν πρὸς αὐτοὺς καὶ ἐπὶ **σάββατα** τρία διελέξατο αὐτοῖς ἀπὸ τῶν γραφῶν,
18: 4 διελέγετο δὲ ἐν τῇ συναγωγῇ κατὰ πᾶν **σάββατον** ἔπειθέν τε Ἰουδαίους καὶ Ἕλληνας.
20: 7 Ἐν δὲ τῇ μιᾷ τῶν **σαββάτων** συνηγμένων ἡμῶν κλάσαι ἄρτον,
1Co 16: 2 κατὰ μίαν **σαββάτου** ἕκαστος ὑμῶν παρ᾽ ἑαυτῷ τιθέτω θησαυρίζων ὅ τι ἐὰν εὐοδῶται,
Col 2:16 Μὴ οὖν τις ὑμᾶς κρινέτω ἐν βρώσει καὶ ἐν πόσει ἢ ἐν μέρει ἑορτῆς ἢ νεομηνίας ἢ **σαββάτων·**

4880 σαγήνη [1]

Mt 13:47 Πάλιν ὁμοία ἐστὶν ἡ βασιλεία τῶν οὐρανῶν **σαγήνῃ** βληθείσῃ εἰς τὴν θάλασσαν καὶ ἐκ παντὸς γένους συναγαγούσῃ·

4881 Σαδδουκαῖος [14]

√ *cf. 4882*

Φαρισαῖοι καὶ Σαδδουκαῖοι [6] Mt 3:7; 16:1,6,11,12; Ac 23:7

Mt 3: 7 Ἰδὼν δὲ πολλοὺς τῶν Φαρισαίων καὶ **Σαδδουκαίων** ἐρχομένους ἐπὶ τὸ βάπτισμα αὐτοῦ εἶπεν αὐτοῖς,
16: 1 Καὶ προσελθόντες οἱ Φαρισαῖοι καὶ **Σαδδουκαῖοι** πειράζοντες ἐπηρώτησαν αὐτὸν σημεῖον ἐκ τοῦ οὐρανοῦ ἐπιδεῖξαι αὐτοῖς.
16: 6 Ὁρᾶτε καὶ προσέχετε ἀπὸ τῆς ζύμης τῶν Φαρισαίων καὶ **Σαδδουκαίων.**
16:11 προσέχετε δὲ ἀπὸ τῆς ζύμης τῶν Φαρισαίων καὶ **Σαδδουκαίων.**

16:12 τότε συνῆκαν ὅτι οὐκ εἶπεν προσέχειν ἀπὸ τῆς ζύμης τῶν ἄρτων ἀλλὰ ἀπὸ τῆς διδαχῆς τῶν Φαρισαίων καὶ **Σαδδουκαίων.**
22:23 Ἐν ἐκείνῃ τῇ ἡμέρᾳ προσῆλθον αὐτῷ **Σαδδουκαῖοι,** λέγοντες μὴ εἶναι ἀνάστασιν,
22:34 Οἱ δὲ Φαρισαῖοι ἀκούσαντες ὅτι ἐφίμωσεν τοὺς **Σαδδουκαίους** συνήχθησαν ἐπὶ τὸ αὐτό,
Mk 12:18 Καὶ ἔρχονται **Σαδδουκαῖοι** πρὸς αὐτόν, οἵτινες λέγουσιν ἀνάστασιν μὴ εἶναι,
Lk 20:27 Προσελθόντες δέ τινες τῶν **Σαδδουκαίων,** οἱ [ἀντι]λέγοντες ἀνάστασιν μὴ εἶναι,
Ac 4: 1 Λαλούντων δὲ αὐτῶν πρὸς τὸν λαὸν ἐπέστησαν αὐτοῖς οἱ ἱερεῖς καὶ ὁ στρατηγὸς τοῦ ἱεροῦ καὶ οἱ **Σαδδουκαῖοι,**
5:17 Ἀναστὰς δὲ ὁ ἀρχιερεὺς καὶ πάντες οἱ σὺν αὐτῷ, ἡ οὖσα αἵρεσις τῶν **Σαδδουκαίων,** ἐπλήσθησαν ζήλου
23: 6 Γνοὺς δὲ ὁ Παῦλος ὅτι τὸ ἓν μέρος ἐστὶν **Σαδδουκαίων** τὸ δὲ ἕτερον Φαρισαίων ἔκραζεν ἐν τῷ συνεδρίῳ,
23: 7 τοῦτο δὲ αὐτοῦ εἰπόντος ἐγένετο στάσις τῶν Φαρισαίων καὶ **Σαδδουκαίων** καὶ ἐσχίσθη τὸ πλῆθος.
23: 8 **Σαδδουκαῖοι** μὲν γὰρ λέγουσιν μὴ εἶναι ἀνάστασιν μήτε ἄγγελον μήτε πνεῦμα,

4882 Σαδώκ [2]

√ *cf. 4881*

Mt 1:14 Ἀζὼρ δὲ ἐγέννησεν τὸν **Σαδώκ, Σαδὼκ** δὲ ἐγέννησεν τὸν Ἀχίμ, Ἀχὶμ δὲ ἐγέννησεν τὸν Ἐλιούδ,

4883 σαίνω [1]

1Th 3: 3 τὸ μηδένα **σαίνεσθαι** ἐν ταῖς θλίψεσιν ταύταις. αὐτοὶ γὰρ οἴδατε ὅτι εἰς τοῦτο κείμεθα·

4884 σάκκος [4]

Mt 11:21 ὅτι εἰ ἐν Τύρῳ καὶ Σιδῶνι ἐγένοντο αἱ δυνάμεις αἱ γενόμεναι ἐν ὑμῖν, πάλαι ἂν ἐν **σάκκῳ** καὶ σποδῷ μετενόησαν.
Lk 10:13 πάλαι ἂν ἐν **σάκκῳ** καὶ σποδῷ καθήμενοι μετενόησαν.
Rev 6:12 καὶ σεισμὸς μέγας ἐγένετο καὶ ὁ ἥλιος ἐγένετο μέλας ὡς **σάκκος** τρίχινος καὶ ἡ σελήνη ὅλη ἐγένετο ὡς αἷμα
11: 3 καὶ δώσω τοῖς δυσὶν μάρτυσίν μου καὶ προφητεύσουσιν ἡμέρας χιλίας διακοσίας ἑξήκοντα περιβεβλημένοι **σάκκους.**

4885 Σαλά [2 / 1]

Lk 3:32 τοῦ Ἰεσσαὶ τοῦ Ἰωβὴδ τοῦ Βόος τοῦ **Σαλὰ**[UBS; NIV *4891*] τοῦ Ναασσὼν
3:35 τοῦ Σεροὺχ τοῦ Ῥαγαὺ τοῦ **Φάλεκ** τοῦ Ἔβερ τοῦ **Σαλὰ**

4886 Σαλαθιήλ [3]

Mt 1:12 Μετὰ δὲ τὴν μετοικεσίαν Βαβυλῶνος Ἰεχονίας ἐγέννησεν τὸν **Σαλαθιήλ, Σαλαθιὴλ** δὲ ἐγέννησεν τὸν Ζοροβαβέλ,
Lk 3:27 τοῦ Ἰωανὰν τοῦ Ῥησὰ τοῦ Ζοροβαβὲλ τοῦ **Σαλαθιὴλ** τοῦ Νηρὶ

4887 Σαλαμίς [1]

Ac 13: 5 καὶ γενόμενοι ἐν **Σαλαμῖνι** κατήγγελλον τὸν λόγον τοῦ θεοῦ ἐν ταῖς συναγωγαῖς τῶν Ἰουδαίων.

4888 σαλεύω [15]

→ *810, 4893; cf. 256*

Mt 11: 7 Τί ἐξήλθατε εἰς τὴν ἔρημον θεάσασθαι; κάλαμον ὑπὸ ἀνέμου **σαλευόμενον;**
24:29 καὶ οἱ ἀστέρες πεσοῦνται ἀπὸ τοῦ οὐρανοῦ, καὶ αἱ δυνάμεις τῶν οὐρανῶν **σαλευθήσονται.**
Mk 13:25 καὶ αἱ δυνάμεις αἱ ἐν τοῖς οὐρανοῖς **σαλευθήσονται.**
Lk 6:38 μέτρον καλὸν πεπιεσμένον **σεσαλευμένον** ὑπερεκχυννόμενον δώσουσιν εἰς τὸν κόλπον ὑμῶν·
6:48 οὐκ ἴσχυσεν **σαλεῦσαι** αὐτὴν διὰ τὸ καλῶς οἰκοδομῆσθαι αὐτήν.
7:24 Τί ἐξήλθατε εἰς τὴν ἔρημον θεάσασθαι; κάλαμον ὑπὸ ἀνέμου **σαλευόμενον;**
21:26 ἀποψυχόντων ἀνθρώπων ἀπὸ φόβου καὶ προσδοκίας τῶν ἐπερχομένων τῇ οἰκουμένῃ, αἱ γὰρ δυνάμεις τῶν οὐρανῶν **σαλευθήσονται.**
Ac 2:25 ὅτι ἐκ δεξιῶν μού ἐστιν ἵνα μὴ **σαλευθῶ.**
4:31 καὶ δεηθέντων αὐτῶν **ἐσαλεύθη** ὁ τόπος ἐν ᾧ ἦσαν συνηγμένοι,
16:26 ἄφνω δὲ σεισμὸς ἐγένετο μέγας ὥστε **σαλευθῆναι** τὰ θεμέλια τοῦ δεσμωτηρίου·
17:13 Ὡς δὲ ἔγνωσαν οἱ ἀπὸ τῆς Θεσσαλονίκης Ἰουδαῖοι ὅτι καὶ ἐν τῇ Βεροίᾳ κατηγγέλη ὑπὸ τοῦ Παύλου ὁ λόγος τοῦ θεοῦ, ἦλθον κἀκεῖ **σαλεύοντες** καὶ ταράσσοντες τοὺς ὄχλους.
2Th 2: 2 εἰς τὸ μὴ ταχέως **σαλευθῆναι** ὑμᾶς ἀπὸ τοῦ νοὸς μηδὲ θροεῖσθαι,
Heb 12:26 οὗ ἡ φωνὴ τὴν γῆν **ἐσάλευσεν** τότε, νῦν δὲ ἐπήγγελται λέγων,
12:27 τὸ δὲ Ἔτι ἅπαξ δηλοῖ [τὴν] τῶν **σαλευομένων** μετάθεσιν ὡς πεποιημένων, ἵνα μείνῃ τὰ μὴ **σαλευόμενα.**

4889 Σαλήμ [2]

Heb 7: 1 Οὗτος γὰρ ὁ Μελχισέδεκ, βασιλεὺς **Σαλήμ,** ἱερεὺς τοῦ θεοῦ τοῦ ὑψίστου,
7: 2 πρῶτον μὲν ἑρμηνευόμενος βασιλεὺς δικαιοσύνης ἔπειτα δὲ καὶ βασιλεὺς **Σαλήμ,**

4890 Σαλίμ [1]

Jn 3:23 ἦν δὲ καὶ ὁ Ἰωάννης βαπτίζων ἐν Αἰνὼν ἐγγὺς τοῦ **Σαλείμ,**

4891 Σαλμών [2 / 3]

Mt 1: 4 Ἀμιναδὰβ δὲ ἐγέννησεν τὸν Ναασσών, Ναασσὼν δὲ ἐγέννησεν τὸν **Σαλμών,**
1: 5 **Σαλμὼν** δὲ ἐγέννησεν τὸν Βόες ἐκ τῆς Ῥαχάβ,
Lk 3:32 τοῦ Ἰεσσαὶ τοῦ Ἰωβὴδ τοῦ Βόος τοῦ **Σαλμὼν**[NIV; UBS *4885*] τοῦ Ναασσὼν

4892 Σαλμώνη [1]

Ac 27: 7 μὴ προσεῶντος ἡμᾶς τοῦ ἀνέμου ὑπεπλεύσαμεν τὴν Κρήτην κατὰ **Σαλμώνην,**

4893 σάλος [1]

√ *4888*

Lk 21:25 καὶ ἐπὶ τῆς γῆς συνοχὴ ἐθνῶν ἐν ἀπορίᾳ ἤχους θαλάσσης καὶ **σάλου,**

4894 σάλπιγξ [11]

√ *4895*

Mt 24:31 καὶ ἀποστελεῖ τοὺς ἀγγέλους αὐτοῦ μετὰ **σάλπιγγος** μεγάλης,
1Co 14: 8 καὶ γὰρ ἐὰν ἄδηλον **σάλπιγξ** φωνὴν δῷ, τίς παρασκευάσεται εἰς πόλεμον;
15:52 ἐν ἀτόμῳ, ἐν ῥιπῇ ὀφθαλμοῦ, ἐν τῇ ἐσχάτῃ **σάλπιγγι·**
1Th 4:16 ὅτι αὐτὸς ὁ κύριος ἐν κελεύσματι, ἐν φωνῇ ἀρχαγγέλου καὶ ἐν **σάλπιγγι** θεοῦ,
Heb 12:19 καὶ **σάλπιγγος** ἤχῳ καὶ φωνῇ ῥημάτων, ἧς οἱ ἀκούσαντες παρῃτήσαντο μὴ προστεθῆναι αὐτοῖς λόγον,
Rev 1:10 ἐγενόμην ἐν πνεύματι ἐν τῇ κυριακῇ ἡμέρᾳ καὶ ἤκουσα ὀπίσω μου φωνὴν μεγάλην ὡς **σάλπιγγος**
4: 1 καὶ ἡ φωνὴ ἡ πρώτη ἣν ἤκουσα ὡς **σάλπιγγος** λαλούσης μετ᾽ ἐμοῦ λέγων,
8: 2 καὶ εἶδον τοὺς ἑπτὰ ἀγγέλους οἳ ἐνώπιον τοῦ θεοῦ ἑστήκασιν, καὶ ἐδόθησαν αὐτοῖς ἑπτὰ **σάλπιγγες.**
8: 6 Καὶ οἱ ἑπτὰ ἄγγελοι οἱ ἔχοντες τὰς ἑπτὰ **σάλπιγγας** ἡτοίμασαν αὐτοὺς ἵνα σαλπίσωσιν.
8:13 οὐαὶ τοὺς κατοικοῦντας ἐπὶ τῆς γῆς ἐκ τῶν λοιπῶν φωνῶν τῆς **σάλπιγγος** τῶν τριῶν ἀγγέλων τῶν μελλόντων σαλπίζειν.
9:14 λέγοντα τῷ ἕκτῳ ἀγγέλῳ, ὁ ἔχων τὴν **σάλπιγγα,**

4895 σαλπίζω [12]

→ *4894, 4896*

Mt 6: 2 Ὅταν οὖν ποιῇς ἐλεημοσύνην, μὴ **σαλπίσῃς** ἔμπροσθέν σου,
1Co 15:52 **σαλπίσει** γὰρ καὶ οἱ νεκροὶ ἐγερθήσονται ἄφθαρτοι καὶ ἡμεῖς ἀλλαγησόμεθα.
Rev 8: 6 Καὶ οἱ ἑπτὰ ἄγγελοι οἱ ἔχοντες τὰς ἑπτὰ σάλπιγγας ἡτοίμασαν αὐτοὺς ἵνα **σαλπίσωσιν.**
8: 7 Καὶ ὁ πρῶτος **ἐσάλπισεν·** καὶ ἐγένετο χάλαζα καὶ πῦρ μεμιγμένα ἐν αἵματι καὶ ἐβλήθη εἰς τὴν γῆν,
8: 8 Καὶ ὁ δεύτερος ἄγγελος **ἐσάλπισεν·** καὶ ὡς ὄρος μέγα πυρὶ καιόμενον ἐβλήθη εἰς τὴν θάλασσαν,

8:10 Καὶ ὁ τρίτος ἄγγελος **ἐσάλπισεν·** καὶ ἔπεσεν ἐκ τοῦ οὐρανοῦ ἀστὴρ μέγας καιόμενος ὡς λαμπὰς
8:12 Καὶ ὁ τέταρτος ἄγγελος **ἐσάλπισεν·** καὶ ἐπλήγη τὸ τρίτον τοῦ ἡλίου καὶ τὸ τρίτον τῆς σελήνης καὶ τὸ τρίτον τῶν ἀστέρων,
8:13 οὐαὶ τοὺς κατοικοῦντας ἐπὶ τῆς γῆς ἐκ τῶν λοιπῶν φωνῶν τῆς σάλπιγγος τῶν τριῶν ἀγγέλων τῶν μελλόντων **σαλπίζειν.**
9: 1 Καὶ ὁ πέμπτος ἄγγελος **ἐσάλπισεν·** καὶ εἶδον ἀστέρα ἐκ τοῦ οὐρανοῦ πεπτωκότα εἰς τὴν γῆν,
9:13 Καὶ ὁ ἕκτος ἄγγελος **ἐσάλπισεν·** καὶ ἤκουσα φωνὴν μίαν ἐκ τῶν [τεσσάρων] κεράτων τοῦ θυσιαστηρίου τοῦ χρυσοῦ
10: 7 ὅταν μέλλῃ **σαλπίζειν,** καὶ ἐτελέσθη τὸ μυστήριον τοῦ θεοῦ,
11:15 Καὶ ὁ ἕβδομος ἄγγελος **ἐσάλπισεν·** καὶ ἐγένοντο φωναὶ μεγάλαι ἐν τῷ οὐρανῷ λέγοντες,

4896 σαλπιστής [1]

√ *4895*

Rev 18:22 καὶ φωνὴ κιθαρῳδῶν καὶ μουσικῶν καὶ αὐλητῶν καὶ **σαλπιστῶν** οὐ μὴ ἀκουσθῇ ἐν σοὶ ἔτι,

4897 Σαλώμη [2]

Mk 15:40 ἐν αἷς καὶ Μαρία ἡ Μαγδαληνὴ καὶ Μαρία ἡ Ἰακώβου τοῦ μικροῦ καὶ Ἰωσῆτος μήτηρ καὶ **Σαλώμη,**
16: 1 Καὶ διαγενομένου τοῦ σαββάτου Μαρία ἡ Μαγδαληνὴ καὶ Μαρία ἡ [τοῦ] Ἰακώβου καὶ **Σαλώμη** ἠγόρασαν ἀρώματα

4898 Σαλωμών Not used in UBS/NIV

√ *5048*

4899 Σαμάρεια [11]

→ *4900, 4901, 4902*

Lk 17:11 Καὶ ἐγένετο ἐν τῷ πορεύεσθαι εἰς Ἰερουσαλὴμ καὶ αὐτὸς διήρχετο διὰ μέσον **Σαμαρείας** καὶ Γαλιλαίας.
Jn 4: 4 ἔδει δὲ αὐτὸν διέρχεσθαι διὰ τῆς **Σαμαρείας.**
4: 5 ἔρχεται οὖν εἰς πόλιν τῆς **Σαμαρείας** λεγομένην Συχὰρ πλησίον τοῦ χωρίου ὃ ἔδωκεν Ἰακὼβ [τῷ] Ἰωσὴφ τῷ υἱῷ αὐτοῦ·
4: 7 Ἔρχεται γυνὴ ἐκ τῆς **Σαμαρείας** ἀντλῆσαι ὕδωρ. λέγει αὐτῇ ὁ Ἰησοῦς,
Ac 1: 8 καὶ ἔσεσθέ μου μάρτυρες ἔν τε Ἰερουσαλὴμ καὶ [ἐν] πάσῃ τῇ Ἰουδαίᾳ καὶ **Σαμαρείᾳ** καὶ ἕως ἐσχάτου τῆς γῆς.
8: 1 πάντες δὲ διεσπάρησαν κατὰ τὰς χώρας τῆς Ἰουδαίας καὶ **Σαμαρείας** πλὴν τῶν ἀποστόλων.
8: 5 Φίλιππος δὲ κατελθὼν εἰς [τὴν] πόλιν τῆς **Σαμαρείας** ἐκήρυσσεν αὐτοῖς τὸν Χριστόν.
8: 9 Ἀνὴρ δέ τις ὀνόματι Σίμων προϋπῆρχεν ἐν τῇ πόλει μαγεύων καὶ ἐξιστάνων τὸ ἔθνος τῆς **Σαμαρείας,**
8:14 Ἀκούσαντες δὲ οἱ ἐν Ἱεροσολύμοις ἀπόστολοι ὅτι δέδεκται ἡ **Σαμάρεια** τὸν λόγον τοῦ θεοῦ,
9:31 Ἡ μὲν οὖν ἐκκλησία καθ᾽ ὅλης τῆς Ἰουδαίας καὶ Γαλιλαίας καὶ **Σαμαρείας** εἶχεν εἰρήνην οἰκοδομουμένη
15: 3 Οἱ μὲν οὖν προπεμφθέντες ὑπὸ τῆς ἐκκλησίας διήρχοντο τήν τε Φοινίκην καὶ **Σαμάρειαν** ἐκδιηγούμενοι τὴν ἐπιστροφὴν τῶν ἐθνῶν καὶ ἐποίουν χαρὰν μεγάλην πᾶσιν τοῖς ἀδελφοῖς.

4900 Σαμαρία Not used in UBS/NIV

√ *4899*

4901 Σαμαρίτης [9]

√ *4899*

Mt 10: 5 Εἰς ὁδὸν ἐθνῶν μὴ ἀπέλθητε καὶ εἰς πόλιν **Σαμαριτῶν** μὴ εἰσέλθητε·
Lk 9:52 καὶ πορευθέντες εἰσῆλθον εἰς κώμην **Σαμαριτῶν** ὡς ἑτοιμάσαι αὐτῷ·
10:33 **Σαμαρίτης** δέ τις ὁδεύων ἦλθεν κατ᾽ αὐτὸν καὶ ἰδὼν ἐσπλαγχνίσθη,
17:16 καὶ ἔπεσεν ἐπὶ πρόσωπον παρὰ τοὺς πόδας αὐτοῦ εὐχαριστῶν αὐτῷ· καὶ αὐτὸς ἦν **Σαμαρίτης.**
Jn 4: 9 Πῶς σὺ Ἰουδαῖος ὢν παρ᾽ ἐμοῦ πεῖν αἰτεῖς γυναικὸς Σαμαρίτιδος οὔσης; οὐ γὰρ συγχρῶνται Ἰουδαῖοι **Σαμαρίταις.**
4:39 Ἐκ δὲ τῆς πόλεως ἐκείνης πολλοὶ ἐπίστευσαν εἰς αὐτὸν τῶν **Σαμαριτῶν** διὰ τὸν λόγον τῆς γυναικὸς
4:40 ὡς οὖν ἦλθον πρὸς αὐτὸν οἱ **Σαμαρῖται,** ἠρώτων αὐτὸν μεῖναι παρ᾽ αὐτοῖς·
8:48 Οὐ καλῶς λέγομεν ἡμεῖς ὅτι **Σαμαρίτης** εἶ σὺ καὶ δαιμόνιον ἔχεις;
Ac 8:25 καὶ λαλήσαντες τὸν λόγον τοῦ κυρίου ὑπέστρεφον εἰς Ἱεροσόλυμα, πολλάς τε κώμας τῶν **Σαμαριτῶν** εὐηγγελίζοντο.

4902 Σαμαρῖτις [2]

√ *4899*

Jn 4: 9 λέγει οὖν αὐτῷ ἡ γυνὴ ἡ **Σαμαρῖτις,** Πῶς σὺ Ἰουδαῖος ὢν παρ᾽ ἐμοῦ πεῖν αἰτεῖς γυναικὸς **Σαμαρίτιδος** οὔσης;

4903 Σαμοθρᾴκη [1]

Ac 16:11 Ἀναχθέντες δὲ ἀπὸ Τρῳάδος εὐθυδρομήσαμεν εἰς **Σαμοθρᾴκην,** τῇ δὲ ἐπιούσῃ εἰς Νέαν

4904 Σάμος [1]

Ac 20:15 τῇ δὲ ἑτέρᾳ παρεβάλομεν εἰς **Σάμον,** τῇ δὲ ἐχομένῃ ἤλθομεν εἰς Μίλητον.

4905 Σαμουήλ [3]

Ac 3:24 καὶ πάντες δὲ οἱ προφῆται ἀπὸ **Σαμουὴλ** καὶ τῶν καθεξῆς ὅσοι ἐλάλησαν καὶ κατήγγειλαν τὰς ἡμέρας ταύτας.
13:20 καὶ μετὰ ταῦτα ἔδωκεν κριτὰς ἕως **Σαμουὴλ** [τοῦ] προφήτου.
Heb 11:32 Ἰεφθάε, Δαυίδ τε καὶ **Σαμουὴλ** καὶ τῶν προφητῶν,

4906 Σαμφουρειν Not used in UBS/NIV

4907 Σαμψών [1]

Heb 11:32 Βαράκ, **Σαμψών,** Ἰεφθάε, Δαυίδ τε καὶ Σαμουὴλ καὶ τῶν προφητῶν,

4908 σανδάλιον [2]

Mk 6: 9 ἀλλὰ ὑποδεδεμένους **σανδάλια,** καὶ μὴ ἐνδύσησθε δύο χιτῶνας.
Ac 12: 8 εἶπεν δὲ ὁ ἄγγελος πρὸς αὐτόν, Ζῶσαι καὶ ὑπόδησαι τὰ **σανδάλιά** σου.

4909 σανίς [1]

Ac 27:44 καὶ τοὺς λοιποὺς οὓς μὲν ἐπὶ **σανίσιν,** οὓς δὲ ἐπί τινων τῶν ἀπὸ τοῦ πλοίου.

4910 Σαούλ [9]

Ac 9: 4 καὶ πεσὼν ἐπὶ τὴν γῆν ἤκουσεν φωνὴν λέγουσαν αὐτῷ, **Σαοὺλ Σαούλ,** τί με διώκεις;
9:17 **Σαοὺλ** ἀδελφέ, ὁ κύριος ἀπέσταλκέν με, Ἰησοῦς ὁ ὀφθείς σοι ἐν τῇ ὁδῷ ᾗ ἤρχου,
13:21 κἀκεῖθεν ᾐτήσαντο βασιλέα καὶ ἔδωκεν αὐτοῖς ὁ θεὸς τὸν **Σαοὺλ** υἱὸν Κίς,
22: 7 ἔπεσά τε εἰς τὸ ἔδαφος καὶ ἤκουσα φωνῆς λεγούσης μοι, **Σαοὺλ Σαούλ,** τί με διώκεις;
22:13 ἐλθὼν πρός με καὶ ἐπιστὰς εἶπέν μοι, **Σαοὺλ** ἀδελφέ, ἀνάβλεψον.
26:14 πάντων τε καταπεσόντων ἡμῶν εἰς τὴν γῆν ἤκουσα φωνὴν λέγουσαν πρός με τῇ Ἑβραΐδι διαλέκτῳ, **Σαοὺλ Σαούλ,** τί με διώκεις;

4911 σαπρός [8]

√ *4960*

δένδρον σαπρόν [4] Mt 7:17,18; 12:33; Lk 6:43

καλός ... σαπρός [7] Mt 7:17,18; 12:33,33; 13:48; Lk 6:43,43

καρπὸς σαπρός [2] Mt 12:33; Lk 6:43

Mt 7:17 οὕτως πᾶν δένδρον ἀγαθὸν καρποὺς καλοὺς ποιεῖ, τὸ δὲ **σαπρὸν** δένδρον καρποὺς πονηροὺς ποιεῖ.
7:18 οὐ δύναται δένδρον ἀγαθὸν καρποὺς πονηροὺς ποιεῖν οὐδὲ δένδρον **σαπρὸν** καρποὺς καλοὺς ποιεῖν.
12:33 ἢ ποιήσατε τὸ δένδρον **σαπρὸν** καὶ τὸν καρπὸν αὐτοῦ **σαπρόν·**
13:48 ἣν ὅτε ἐπληρώθη ἀναβιβάσαντες ἐπὶ τὸν αἰγιαλὸν καὶ καθίσαντες συνέλεξαν τὰ καλὰ εἰς ἄγγη, τὰ δὲ **σαπρὰ** ἔξω ἔβαλον.

Lk 6:43 Οὐ γάρ ἐστιν δένδρον καλὸν ποιοῦν καρπὸν **σαπρόν,** οὐδὲ πάλιν δένδρον **σαπρὸν** ποιοῦν καρπὸν καλόν.
Eph 4:29 πᾶς λόγος **σαπρὸς** ἐκ τοῦ στόματος ὑμῶν μὴ ἐκπορευέσθω,

4912 Σάπφιρα [1]

√ *4913*

Ac 5: 1 Ἀνὴρ δέ τις Ἁνανίας ὀνόματι σὺν **Σαπφίρῃ** τῇ γυναικὶ αὐτοῦ ἐπώλησεν κτῆμα

4913 σάπφιρος [1]

→ *4912*

Rev 21:19 ὁ δεύτερος **σάπφιρος,** ὁ τρίτος χαλκηδών, ὁ τέταρτος σμάραγδος,

4914 σαργάνη [1]

2Co 11:33 καὶ διὰ θυρίδος ἐν **σαργάνῃ** ἐχαλάσθην διὰ τοῦ τείχους καὶ ἐξέφυγον τὰς χεῖρας αὐτοῦ.

4915 Σάρδεις [3]

Rev 1:11 εἰς Ἔφεσον καὶ εἰς Σμύρναν καὶ εἰς Πέργαμον καὶ εἰς Θυάτειρα καὶ εἰς **Σάρδεις** καὶ εἰς Φιλαδέλφειαν
3: 1 Καὶ τῷ ἀγγέλῳ τῆς ἐν **Σάρδεσιν** ἐκκλησίας γράψον·
3: 4 ἀλλὰ ἔχεις ὀλίγα ὀνόματα ἐν **Σάρδεσιν** ἃ οὐκ ἐμόλυναν τὰ ἱμάτια αὐτῶν,

4916 σάρδινος Not used in UBS/NIV

√ *4917*

4917 σάρδιον [2]

→ *4916, 4918*

Rev 4: 3 καὶ ὁ καθήμενος ὅμοιος ὁράσει λίθῳ ἰάσπιδι καὶ **σαρδίῳ,**
21:20 ὁ ἕκτος **σάρδιον,** ὁ ἕβδομος χρυσόλιθος, ὁ ὄγδοος βήρυλλος,

4918 σαρδόνυξ [1]

√ *4917*

Rev 21:20 ὁ πέμπτος **σαρδόνυξ,** ὁ ἕκτος σάρδιον, ὁ ἕβδομος χρυσόλιθος,

4919 Σάρεπτα [1]

Lk 4:26 καὶ πρὸς οὐδεμίαν αὐτῶν ἐπέμφθη Ἠλίας εἰ μὴ εἰς **Σάρεπτα** τῆς Σιδωνίας πρὸς γυναῖκα χήραν.

4920 σαρκικός [7]

√ *4922*

σοφία σαρκικός [1] 2Co 1:12

Ro 15:27 εἰ γὰρ τοῖς πνευματικοῖς αὐτῶν ἐκοινώνησαν τὰ ἔθνη, ὀφείλουσιν καὶ ἐν τοῖς **σαρκικοῖς** λειτουργῆσαι αὐτοῖς.
1Co 3: 3 ἔτι γὰρ **σαρκικοί** ἐστε. ὅπου γὰρ ἐν ὑμῖν ζῆλος καὶ ἔρις, οὐχὶ **σαρκικοί** ἐστε καὶ κατὰ ἄνθρωπον περιπατεῖτε;
9:11 εἰ ἡμεῖς ὑμῖν τὰ πνευματικὰ ἐσπείραμεν, μέγα εἰ ἡμεῖς ὑμῶν τὰ **σαρκικὰ** θερίσομεν;
2Co 1:12 [καὶ] οὐκ ἐν σοφίᾳ **σαρκικῇ** ἀλλ᾽ ἐν χάριτι θεοῦ,
10: 4 τὰ γὰρ ὅπλα τῆς στρατείας ἡμῶν οὐ **σαρκικὰ** ἀλλὰ δυνατὰ τῷ θεῷ πρὸς καθαίρεσιν ὀχυρωμάτων,
1Pe 2:11 παρακαλῶ ὡς παροίκους καὶ παρεπιδήμους ἀπέχεσθαι τῶν **σαρκικῶν** ἐπιθυμιῶν αἵτινες στρατεύονται κατὰ τῆς ψυχῆς·

4921 σάρκινος [4]

√ *4922*

Ro 7:14 ἐγὼ δὲ **σάρκινός** εἰμι πεπραμένος ὑπὸ τὴν ἁμαρτίαν.
1Co 3: 1 οὐκ ἠδυνήθην λαλῆσαι ὑμῖν ὡς πνευματικοῖς ἀλλ᾽ ὡς **σαρκίνοις,**
2Co 3: 3 οὐκ ἐν πλαξὶν λιθίναις ἀλλ᾽ ἐν πλαξὶν καρδίαις **σαρκίναις.**
Heb 7:16 ὃς οὐ κατὰ νόμον ἐντολῆς **σαρκίνης** γέγονεν ἀλλὰ κατὰ δύναμιν ζωῆς ἀκαταλύτου.

4922 σάρξ [147]

→ *4920, 4921*

ἐν σαρκί [26] Ro 2:28; 7:5,18; 8:3,8,9; 2Co 10:3; Gal 2:20; 4:14; 6:12,13; Eph 2:11,11,14; Php 1:22,24; 3:3,4,4; Col 1:24; 2:1; 1Ti 3:16; Phm 1:16; 1Pe 4:2; 1Jn 4:2; 2Jn 1:7

τὰ ἔργα τοῦ σάρκος [1] Gal 5:19

Ἰσραὴλ κατὰ σάρκα [1] 1Co 10:18

κατὰ σάρκα [21] Jn 8:15; Ro 1:3; 4:1; 8:4,5,12,13; 9:3,5; 1Co 1:26; 10:18; 2Co 1:17; 5:16,16; 10:2,3; 11:18; Gal 4:23,29; Eph 6:5; Col 3:22

κρίνω κατὰ τὴν σάρκα [1] Jn 8:15

πνεῦμα ... σάρξ [33] Mt 26:41; Mk 14:38; Lk 24:39; Jn 3:6,6; 6:63,63; Ac 2:17; Ro 8:4,5,5,6,9,9,9,13; 1Co 5:5; 2Co 7:1; Gal 3:3; 4:29; 5:16,17,17; 6:8,8; Php 3:3; Col 2:5; 1Ti 3:16; Heb 12:9; 1Pe 3:18; 4:6; 1Jn 4:2,2

σαρκὶ χρόνον [1] 1Pe 4:2

σάρξ καὶ αἷμα [5] Mt 16:17; 1Co 15:50; Gal 1:16; Eph 6:12; Heb 2:14

σάρξ ... νοῦς [2] Ro 7:25; Col 2:18

σταυρόω τὴν σάρκα [1] Gal 5:24

σῶμα σαρκός [2] Col 1:22; 2:11

τὰ τῆς σαρκὸς [2] Ro 8:5; 9:8

τέκνον σαρκὸς [1] Ro 9:8

Mt 16:17 ὅτι **σὰρξ** καὶ αἷμα οὐκ ἀπεκάλυψέν σοι ἀλλ᾽ ὁ πατήρ μου ὁ ἐν τοῖς οὐρανοῖς.
19: 5 Ἕνεκα τούτου καταλείψει ἄνθρωπος τὸν πατέρα καὶ τὴν μητέρα καὶ κολληθήσεται τῇ γυναικὶ αὐτοῦ, καὶ ἔσονται οἱ δύο εἰς **σάρκα** μίαν.
19: 6 ὥστε οὐκέτι εἰσὶν δύο ἀλλὰ **σὰρξ** μία. ὃ οὖν ὁ θεὸς συνέζευξεν ἄνθρωπος μὴ χωριζέτω.
24:22 καὶ εἰ μὴ ἐκολοβώθησαν αἱ ἡμέραι ἐκεῖναι, οὐκ ἂν ἐσώθη πᾶσα **σάρξ·**
26:41 τὸ μὲν πνεῦμα πρόθυμον ἡ δὲ **σὰρξ** ἀσθενής.
Mk 10: 8 καὶ ἔσονται οἱ δύο εἰς **σάρκα** μίαν· ὥστε οὐκέτι εἰσὶν δύο ἀλλὰ μία **σάρξ.**
13:20 καὶ εἰ μὴ ἐκολόβωσεν κύριος τὰς ἡμέρας, οὐκ ἂν ἐσώθη πᾶσα **σάρξ·**
14:38 τὸ μὲν πνεῦμα πρόθυμον ἡ δὲ **σὰρξ** ἀσθενής.
Lk 3: 6 καὶ ὄψεται πᾶσα **σὰρξ** τὸ σωτήριον τοῦ θεοῦ.
24:39 ὅτι πνεῦμα **σάρκα** καὶ ὀστέα οὐκ ἔχει καθὼς ἐμὲ θεωρεῖτε ἔχοντα.
Jn 1:13 οἳ οὐκ ἐξ αἱμάτων οὐδὲ ἐκ θελήματος **σαρκὸς** οὐδὲ ἐκ θελήματος ἀνδρὸς ἀλλ᾽ ἐκ θεοῦ ἐγεννήθησαν.
1:14 Καὶ ὁ λόγος **σὰρξ** ἐγένετο καὶ ἐσκήνωσεν ἐν ἡμῖν,
3: 6 τὸ γεγεννημένον ἐκ τῆς **σαρκὸς σάρξ** ἐστιν, καὶ τὸ γεγεννημένον ἐκ τοῦ πνεύματος πνεῦμά ἐστιν.
6:51 καὶ ὁ ἄρτος δὲ ὃν ἐγὼ δώσω ἡ **σάρξ** μού ἐστιν ὑπὲρ τῆς τοῦ κόσμου ζωῆς.
6:52 Πῶς δύναται οὗτος ἡμῖν δοῦναι τὴν **σάρκα** [αὐτοῦ] φαγεῖν;
6:53 ἐὰν μὴ φάγητε τὴν **σάρκα** τοῦ υἱοῦ τοῦ ἀνθρώπου καὶ πίητε αὐτοῦ τὸ αἷμα,
6:54 ὁ τρώγων μου τὴν **σάρκα** καὶ πίνων μου τὸ αἷμα ἔχει ζωὴν αἰώνιον,
6:55 ἡ γὰρ **σάρξ** μου ἀληθής ἐστιν βρῶσις, καὶ τὸ αἷμά μου ἀληθής ἐστιν πόσις.
6:56 ὁ τρώγων μου τὴν **σάρκα** καὶ πίνων μου τὸ αἷμα ἐν ἐμοὶ μένει κἀγὼ ἐν αὐτῷ.
6:63 τὸ πνεῦμά ἐστιν τὸ ζῳοποιοῦν, ἡ **σὰρξ** οὐκ ὠφελεῖ οὐδέν·
8:15 ὑμεῖς κατὰ τὴν **σάρκα** κρίνετε, ἐγὼ οὐ κρίνω οὐδένα.
17: 2 καθὼς ἔδωκας αὐτῷ ἐξουσίαν πάσης **σαρκός,** ἵνα πᾶν ὃ δέδωκας αὐτῷ δώσῃ αὐτοῖς ζωὴν αἰώνιον.
Ac 2:17 ἐκχεῶ ἀπὸ τοῦ πνεύματός μου ἐπὶ πᾶσαν **σάρκα,**
2:26 ἔτι δὲ καὶ ἡ **σάρξ** μου κατασκηνώσει ἐπ᾽ ἐλπίδι,
2:31 προϊδὼν ἐλάλησεν περὶ τῆς ἀναστάσεως τοῦ Χριστοῦ ὅτι οὔτε ἐγκατελείφθη εἰς ᾅδην οὔτε ἡ **σὰρξ** αὐτοῦ εἶδεν διαφθοράν.
Ro 1: 3 περὶ τοῦ υἱοῦ αὐτοῦ τοῦ γενομένου ἐκ σπέρματος Δαυὶδ κατὰ **σάρκα,**

2:28 οὐ γὰρ ὁ ἐν τῷ φανερῷ Ἰουδαῖός ἐστιν οὐδὲ ἡ ἐν τῷ φανερῷ ἐν **σαρκὶ** περιτομή,
3:20 διότι ἐξ ἔργων νόμου οὐ δικαιωθήσεται πᾶσα **σὰρξ** ἐνώπιον αὐτοῦ,
4: 1 Τί οὖν ἐροῦμεν εὑρηκέναι Ἀβραὰμ τὸν προπάτορα ἡμῶν κατὰ **σάρκα;**
6:19 ἀνθρώπινον λέγω διὰ τὴν ἀσθένειαν τῆς **σαρκὸς** ὑμῶν.
7: 5 ὅτε γὰρ ἦμεν ἐν τῇ **σαρκί,** τὰ παθήματα τῶν ἁμαρτιῶν τὰ διὰ τοῦ νόμου ἐνηργεῖτο ἐν τοῖς μέλεσιν ἡμῶν,
7:18 οἶδα γὰρ ὅτι οὐκ οἰκεῖ ἐν ἐμοί, τοῦτ᾽ ἔστιν ἐν τῇ **σαρκί** μου, ἀγαθόν·
7:25 ἄρα οὖν αὐτὸς ἐγὼ τῷ μὲν νοῒ δουλεύω νόμῳ θεοῦ τῇ δὲ **σαρκὶ** νόμῳ ἁμαρτίας.
8: 3 τὸ γὰρ ἀδύνατον τοῦ νόμου ἐν ᾧ ἠσθένει διὰ τῆς **σαρκός,** ὁ θεὸς τὸν ἑαυτοῦ υἱὸν πέμψας ἐν ὁμοιώματι **σαρκὸς** ἁμαρτίας καὶ περὶ ἁμαρτίας κατέκρινεν τὴν ἁμαρτίαν ἐν τῇ **σαρκί,**
8: 4 ἵνα τὸ δικαίωμα τοῦ νόμου πληρωθῇ ἐν ἡμῖν τοῖς μὴ κατὰ **σάρκα** περιπατοῦσιν ἀλλὰ κατὰ πνεῦμα.
8: 5 οἱ γὰρ κατὰ **σάρκα** ὄντες τὰ τῆς **σαρκὸς** φρονοῦσιν,
8: 6 τὸ γὰρ φρόνημα τῆς **σαρκὸς** θάνατος, τὸ δὲ φρόνημα τοῦ πνεύματος ζωὴ καὶ εἰρήνη·
8: 7 διότι τὸ φρόνημα τῆς **σαρκὸς** ἔχθρα εἰς θεόν,
8: 8 οἱ δὲ ἐν **σαρκὶ** ὄντες θεῷ ἀρέσαι οὐ δύνανται.
8: 9 ὑμεῖς δὲ οὐκ ἐστὲ ἐν **σαρκὶ** ἀλλὰ ἐν πνεύματι,
8:12 ὀφειλέται ἐσμὲν οὐ τῇ **σαρκὶ** τοῦ κατὰ **σάρκα** ζῆν,
8:13 εἰ γὰρ κατὰ **σάρκα** ζῆτε, μέλλετε ἀποθνῄσκειν· εἰ δὲ πνεύματι τὰς πράξεις τοῦ σώματος θανατοῦτε,
9: 3 ηὐχόμην γὰρ ἀνάθεμα εἶναι αὐτὸς ἐγὼ ἀπὸ τοῦ Χριστοῦ ὑπὲρ τῶν ἀδελφῶν μου τῶν συγγενῶν μου κατὰ **σάρκα,**
9: 5 ὧν οἱ πατέρες καὶ ἐξ ὧν ὁ Χριστὸς τὸ κατὰ **σάρκα,**
9: 8 οὐ τὰ τέκνα τῆς **σαρκὸς** ταῦτα τέκνα τοῦ θεοῦ ἀλλὰ τὰ τέκνα τῆς ἐπαγγελίας λογίζεται εἰς σπέρμα.
11:14 εἴ πως παραζηλώσω μου τὴν **σάρκα** καὶ σώσω τινὰς ἐξ αὐτῶν.
13:14 ἀλλὰ ἐνδύσασθε τὸν κύριον Ἰησοῦν Χριστὸν καὶ τῆς **σαρκὸς** πρόνοιαν μὴ ποιεῖσθε εἰς ἐπιθυμίας.

1Co 1:26 ἀδελφοί, ὅτι οὐ πολλοὶ σοφοὶ κατὰ **σάρκα,** οὐ πολλοὶ δυνατοί,
1:29 ὅπως μὴ καυχήσηται πᾶσα **σὰρξ** ἐνώπιον τοῦ θεοῦ.
5: 5 παραδοῦναι τὸν τοιοῦτον τῷ Σατανᾷ εἰς ὄλεθρον τῆς **σαρκός,**
6:16 Ἔσονται γάρ, φησίν, οἱ δύο εἰς **σάρκα** μίαν.
7:28 θλῖψιν δὲ τῇ **σαρκὶ** ἕξουσιν οἱ τοιοῦτοι, ἐγὼ δὲ ὑμῶν φείδομαι.
10:18 βλέπετε τὸν Ἰσραὴλ κατὰ **σάρκα·** οὐχ οἱ ἐσθίοντες τὰς θυσίας κοινωνοὶ τοῦ θυσιαστηρίου εἰσίν;
15:39 οὐ πᾶσα **σὰρξ** ἡ αὐτὴ **σὰρξ** ἀλλὰ ἄλλη μὲν ἀνθρώπων, ἄλλη δὲ **σὰρξ** κτηνῶν, ἄλλη δὲ **σὰρξ** πτηνῶν, ἄλλη δὲ ἰχθύων.
15:50 ὅτι **σὰρξ** καὶ αἷμα βασιλείαν θεοῦ κληρονομῆσαι οὐ δύναται οὐδὲ ἡ φθορὰ τὴν ἀφθαρσίαν κληρονομεῖ.

2Co 1:17 ἢ ἃ βουλεύομαι κατὰ **σάρκα** βουλεύομαι, ἵνα ᾖ παρ᾽ ἐμοὶ τὸ Ναὶ ναὶ καὶ τὸ Οὒ οὔ;
4:11 ἵνα καὶ ἡ ζωὴ τοῦ Ἰησοῦ φανερωθῇ ἐν τῇ θνητῇ **σαρκὶ** ἡμῶν.
5:16 Ὥστε ἡμεῖς ἀπὸ τοῦ νῦν οὐδένα οἴδαμεν κατὰ **σάρκα·** εἰ καὶ ἐγνώκαμεν κατὰ **σάρκα** Χριστόν, ἀλλὰ νῦν οὐκέτι γινώσκομεν.
7: 1 καθαρίσωμεν ἑαυτοὺς ἀπὸ παντὸς μολυσμοῦ **σαρκὸς** καὶ πνεύματος,
7: 5 Καὶ γὰρ ἐλθόντων ἡμῶν εἰς Μακεδονίαν οὐδεμίαν ἔσχηκεν ἄνεσιν ἡ **σὰρξ** ἡμῶν ἀλλ᾽ ἐν παντὶ θλιβόμενοι·
10: 2 δέομαι δὲ τὸ μὴ παρὼν θαρρῆσαι τῇ πεποιθήσει ᾗ λογίζομαι τολμῆσαι ἐπί τινας τοὺς λογιζομένους ἡμᾶς ὡς κατὰ **σάρκα** περιπατοῦντας.
10: 3 ἐν **σαρκὶ** γὰρ περιπατοῦντες οὐ κατὰ **σάρκα** στρατευόμεθα,
11:18 ἐπεὶ πολλοὶ καυχῶνται κατὰ **σάρκα,** κἀγὼ καυχήσομαι.
12: 7 ἐδόθη μοι σκόλοψ τῇ **σαρκί,** ἄγγελος Σατανᾶ, ἵνα με κολαφίζῃ,

Gal 1:16 ἵνα εὐαγγελίζωμαι αὐτὸν ἐν τοῖς ἔθνεσιν, εὐθέως οὐ προσανεθέμην **σαρκὶ** καὶ αἵματι
2:16 ὅτι ἐξ ἔργων νόμου οὐ δικαιωθήσεται πᾶσα **σάρξ.**
2:20 ὃ δὲ νῦν ζῶ ἐν **σαρκί,** ἐν πίστει ζῶ τῇ τοῦ υἱοῦ τοῦ θεοῦ τοῦ ἀγαπήσαντός με καὶ παραδόντος ἑαυτὸν ὑπὲρ ἐμοῦ.
3: 3 οὕτως ἀνόητοί ἐστε, ἐναρξάμενοι πνεύματι νῦν **σαρκὶ** ἐπιτελεῖσθε;
4:13 οἴδατε δὲ ὅτι δι᾽ ἀσθένειαν τῆς **σαρκὸς** εὐηγγελισάμην ὑμῖν τὸ πρότερον,
4:14 καὶ τὸν πειρασμὸν ὑμῶν ἐν τῇ **σαρκί** μου οὐκ ἐξουθενήσατε οὐδὲ ἐξεπτύσατε,
4:23 ἀλλ᾽ ὁ μὲν ἐκ τῆς παιδίσκης κατὰ **σάρκα** γεγέννηται,
4:29 ἀλλ᾽ ὥσπερ τότε ὁ κατὰ **σάρκα** γεννηθεὶς ἐδίωκεν τὸν κατὰ πνεῦμα,
5:13 μόνον μὴ τὴν ἐλευθερίαν εἰς ἀφορμὴν τῇ **σαρκί,**
5:16 πνεύματι περιπατεῖτε καὶ ἐπιθυμίαν **σαρκὸς** οὐ μὴ τελέσητε.
5:17 ἡ γὰρ **σὰρξ** ἐπιθυμεῖ κατὰ τοῦ πνεύματος, τὸ δὲ πνεῦμα κατὰ τῆς **σαρκός,** ταῦτα γὰρ ἀλλήλοις ἀντίκειται,
5:19 φανερὰ δέ ἐστιν τὰ ἔργα τῆς **σαρκός,** ἅτινά ἐστιν πορνεία,
5:24 οἱ δὲ τοῦ Χριστοῦ [Ἰησοῦ] τὴν **σάρκα** ἐσταύρωσαν σὺν τοῖς παθήμασιν καὶ ταῖς ἐπιθυμίαις.
6: 8 ὅτι ὁ σπείρων εἰς τὴν **σάρκα** ἑαυτοῦ ἐκ τῆς **σαρκὸς** θερίσει φθοράν,
6:12 ὅσοι θέλουσιν εὐπροσωπῆσαι ἐν **σαρκί,** οὗτοι ἀναγκάζουσιν ὑμᾶς περιτέμνεσθαι,
6:13 οὐδὲ γὰρ οἱ περιτεμνόμενοι αὐτοὶ νόμον φυλάσσουσιν ἀλλὰ θέλουσιν ὑμᾶς περιτέμνεσθαι, ἵνα ἐν τῇ ὑμετέρᾳ **σαρκὶ** καυχήσωνται.

Eph 2: 3 ἐν οἷς καὶ ἡμεῖς πάντες ἀνεστράφημέν ποτε ἐν ταῖς ἐπιθυμίαις τῆς **σαρκὸς** ἡμῶν ποιοῦντες τὰ θελήματα τῆς **σαρκὸς** καὶ τῶν διανοιῶν,
2:11 Διὸ μνημονεύετε ὅτι ποτὲ ὑμεῖς τὰ ἔθνη ἐν **σαρκί,** οἱ λεγόμενοι ἀκροβυστία ὑπὸ τῆς λεγομένης περιτομῆς ἐν **σαρκὶ** χειροποιήτου,
2:14 ὁ ποιήσας τὰ ἀμφότερα ἓν καὶ τὸ μεσότοιχον τοῦ φραγμοῦ λύσας, τὴν ἔχθραν ἐν τῇ **σαρκὶ** αὐτοῦ,
5:29 οὐδεὶς γάρ ποτε τὴν ἑαυτοῦ **σάρκα** ἐμίσησεν ἀλλὰ ἐκτρέφει καὶ θάλπει αὐτήν,
5:31 ἀντὶ τούτου καταλείψει ἄνθρωπος [τὸν] πατέρα καὶ [τὴν] μητέρα καὶ προσκολληθήσεται πρὸς τὴν γυναῖκα αὐτοῦ, καὶ ἔσονται οἱ δύο εἰς **σάρκα** μίαν.
6: 5 ὑπακούετε τοῖς κατὰ **σάρκα** κυρίοις μετὰ φόβου καὶ τρόμου ἐν ἁπλότητι τῆς καρδίας ὑμῶν ὡς τῷ Χριστῷ,
6:12 ὅτι οὐκ ἔστιν ἡμῖν ἡ πάλη πρὸς αἷμα καὶ **σάρκα,**

Php 1:22 εἰ δὲ τὸ ζῆν ἐν **σαρκί,** τοῦτό μοι καρπὸς ἔργου,
1:24 τὸ δὲ ἐπιμένειν [ἐν] τῇ **σαρκὶ** ἀναγκαιότερον δι᾽ ὑμᾶς.
3: 3 οἱ πνεύματι θεοῦ λατρεύοντες καὶ καυχώμενοι ἐν Χριστῷ Ἰησοῦ καὶ οὐκ ἐν **σαρκὶ** πεποιθότες,
3: 4 καίπερ ἐγὼ ἔχων πεποίθησιν καὶ ἐν **σαρκί.** εἴ τις δοκεῖ ἄλλος πεποιθέναι ἐν **σαρκί,** ἐγὼ μᾶλλον·

Col 1:22 νυνὶ δὲ ἀποκατήλλαξεν ἐν τῷ σώματι τῆς **σαρκὸς** αὐτοῦ διὰ τοῦ θανάτου παραστῆσαι ὑμᾶς ἁγίους καὶ ἀμώμους
1:24 Νῦν χαίρω ἐν τοῖς παθήμασιν ὑπὲρ ὑμῶν καὶ ἀνταναπληρῶ τὰ ὑστερήματα τῶν θλίψεων τοῦ Χριστοῦ ἐν τῇ **σαρκί** μου ὑπὲρ τοῦ σώματος αὐτοῦ,
2: 1 Θέλω γὰρ ὑμᾶς εἰδέναι ἡλίκον ἀγῶνα ἔχω ὑπὲρ ὑμῶν καὶ τῶν ἐν Λαοδικείᾳ καὶ ὅσοι οὐχ ἑόρακαν τὸ πρόσωπόν μου ἐν **σαρκί,**
2: 5 εἰ γὰρ καὶ τῇ **σαρκὶ** ἄπειμι, ἀλλὰ τῷ πνεύματι σὺν ὑμῖν εἰμι,
2:11 ἐν ᾧ καὶ περιετμήθητε περιτομῇ ἀχειροποιήτῳ ἐν τῇ ἀπεκδύσει τοῦ σώματος τῆς **σαρκός,**
2:13 καὶ ὑμᾶς νεκροὺς ὄντας [ἐν] τοῖς παραπτώμασιν καὶ τῇ ἀκροβυστίᾳ τῆς **σαρκὸς** ὑμῶν,
2:18 εἰκῇ φυσιούμενος ὑπὸ τοῦ νοὸς τῆς **σαρκὸς** αὐτοῦ,
2:23 οὐκ ἐν τιμῇ τινι πρὸς πλησμονὴν τῆς **σαρκός.**
3:22 Οἱ δοῦλοι, ὑπακούετε κατὰ πάντα τοῖς κατὰ **σάρκα** κυρίοις,

1Ti 3:16 Ὃς ἐφανερώθη ἐν **σαρκί,** ἐδικαιώθη ἐν πνεύματι, ὤφθη ἀγγέλοις,

Phm 1:16 πόσῳ δὲ μᾶλλον σοὶ καὶ ἐν **σαρκὶ** καὶ ἐν κυρίῳ.

Heb 2:14 ἐπεὶ οὖν τὰ παιδία κεκοινώνηκεν αἵματος καὶ **σαρκός,**
5: 7 ὃς ἐν ταῖς ἡμέραις τῆς **σαρκὸς** αὐτοῦ δεήσεις τε καὶ ἱκετηρίας πρὸς τὸν δυνάμενον σῴζειν αὐτὸν ἐκ θανάτου
9:10 μόνον ἐπὶ βρώμασιν καὶ πόμασιν καὶ διαφόροις βαπτισμοῖς, δικαιώματα **σαρκὸς** μέχρι καιροῦ διορθώσεως ἐπικείμενα.
9:13 εἰ γὰρ τὸ αἷμα τράγων καὶ ταύρων καὶ σποδὸς δαμάλεως ῥαντίζουσα τοὺς κεκοινωμένους ἁγιάζει πρὸς τὴν τῆς **σαρκὸς** καθαρότητα,
10:20 ἣν ἐνεκαίνισεν ἡμῖν ὁδὸν πρόσφατον καὶ ζῶσαν διὰ τοῦ καταπετάσματος, τοῦτ᾽ ἔστιν τῆς **σαρκὸς** αὐτοῦ,
12: 9 εἶτα τοὺς μὲν τῆς **σαρκὸς** ἡμῶν πατέρας εἴχομεν παιδευτὰς καὶ ἐνετρεπόμεθα·

Jas 5: 3 ὁ χρυσὸς ὑμῶν καὶ ὁ ἄργυρος κατίωται καὶ ὁ ἰὸς αὐτῶν εἰς μαρτύριον ὑμῖν ἔσται καὶ φάγεται τὰς **σάρκας** ὑμῶν ὡς πῦρ.

1Pe 1:24 διότι πᾶσα **σὰρξ** ὡς χόρτος καὶ πᾶσα δόξα αὐτῆς ὡς ἄνθος χόρτου·
3:18 ἵνα ὑμᾶς προσαγάγῃ τῷ θεῷ θανατωθεὶς μὲν **σαρκὶ** ζῳοποιηθεὶς δὲ πνεύματι·
3:21 οὐ **σαρκὸς** ἀπόθεσις ῥύπου ἀλλὰ συνειδήσεως ἀγαθῆς ἐπερώτημα εἰς θεόν,
4: 1 Χριστοῦ οὖν παθόντος **σαρκὶ** καὶ ὑμεῖς τὴν αὐτὴν ἔννοιαν ὁπλίσασθε, ὅτι ὁ παθὼν **σαρκὶ** πέπαυται ἁμαρτίας

4: 2 εἰς τὸ μηκέτι ἀνθρώπων ἐπιθυμίαις ἀλλὰ θελήματι θεοῦ τὸν ἐπίλοιπον ἐν **σαρκὶ** βιῶσαι χρόνον.
4: 6 ἵνα κριθῶσι μὲν κατὰ ἀνθρώπους **σαρκὶ** ζῶσι δὲ κατὰ θεὸν πνεύματι.
2Pe 2: 10 μάλιστα δὲ τοὺς ὀπίσω **σαρκὸς** ἐν ἐπιθυμίᾳ μιασμοῦ πορευομένους καὶ κυριότητος καταφρονοῦντας.
2: 18 ὑπέρογκα γὰρ ματαιότητος φθεγγόμενοι δελεάζουσιν ἐν ἐπιθυμίαις **σαρκὸς** ἀσελγείαις τοὺς ὀλίγως ἀποφεύγοντας τοὺς ἐν πλάνῃ ἀναστρεφομένους,
1Jn 2: 16 ἡ ἐπιθυμία τῆς **σαρκὸς** καὶ ἡ ἐπιθυμία τῶν ὀφθαλμῶν καὶ ἡ ἀλαζονεία τοῦ βίου,
4: 2 πᾶν πνεῦμα ὃ ὁμολογεῖ Ἰησοῦν Χριστὸν ἐν **σαρκὶ** ἐληλυθότα ἐκ τοῦ θεοῦ ἐστιν,
2Jn 1: 7 οἱ μὴ ὁμολογοῦντες Ἰησοῦν Χριστὸν ἐρχόμενον ἐν **σαρκί·**
Jude 1: 7 ὡς Σόδομα καὶ Γόμορρα καὶ αἱ περὶ αὐτὰς πόλεις τὸν ὅμοιον τρόπον τούτοις ἐκπορνεύσασαι καὶ ἀπελθοῦσαι ὀπίσω **σαρκὸς** ἑτέρας,
1: 8 Ὁμοίως μέντοι καὶ οὗτοι ἐνυπνιαζόμενοι **σάρκα** μὲν μιαίνουσιν κυριότητα δὲ ἀθετοῦσιν δόξας δὲ βλασφημοῦσιν.
1: 23 οὓς δὲ ἐλεᾶτε ἐν φόβῳ μισοῦντες καὶ τὸν ἀπὸ τῆς **σαρκὸς** ἐσπιλωμένον χιτῶνα.
Rev 17: 16 καὶ ἠρημωμένην ποιήσουσιν αὐτὴν καὶ γυμνὴν καὶ τὰς **σάρκας** αὐτῆς φάγονται καὶ αὐτὴν κατακαύσουσιν ἐν πυρί.
19: 18 ἵνα φάγητε **σάρκας** βασιλέων καὶ **σάρκας** χιλιάρχων καὶ **σάρκας** ἰσχυρῶν καὶ **σάρκας** ἵππων καὶ τῶν καθημένων ἐπ' αὐτῶν καὶ **σάρκας** πάντων ἐλευθέρων τε καὶ δούλων καὶ μικρῶν καὶ μεγάλων.
19: 21 καὶ πάντα τὰ ὄρνεα ἐχορτάσθησαν ἐκ τῶν **σαρκῶν** αὐτῶν.

4923 Σαρούχ Not used in UBS/NIV

√ *4952*

4924 σαρόω [3]

Mt 12: 44 Εἰς τὸν οἶκόν μου ἐπιστρέψω ὅθεν ἐξῆλθον· καὶ ἐλθὸν εὑρίσκει σχολάζοντα **σεσαρωμένον** καὶ κεκοσμημένον.
Lk 11: 25 καὶ ἐλθὸν εὑρίσκει **σεσαρωμένον** καὶ κεκοσμημένον.
15: 8 οὐχὶ ἅπτει λύχνον καὶ **σαροῖ** τὴν οἰκίαν καὶ ζητεῖ ἐπιμελῶς ἕως οὗ εὕρῃ;

4925 Σάρρα [4]

Ro 4: 19 ἑκατονταετής που ὑπάρχων, καὶ τὴν νέκρωσιν τῆς μήτρας **Σάρρας·**
9: 9 Κατὰ τὸν καιρὸν τοῦτον ἐλεύσομαι καὶ ἔσται τῇ **Σάρρᾳ** υἱός.
Heb 11: 11 Πίστει καὶ αὐτὴ **Σάρρα** στεῖρα δύναμιν εἰς καταβολὴν σπέρματος ἔλαβεν καὶ παρὰ καιρὸν ἡλικίας,
1Pe 3: 6 ὡς **Σάρρα** ὑπήκουσεν τῷ Ἀβραάμ κύριον αὐτὸν καλοῦσα,

4926 Σαρών [1]

√ *cf. 838*

Ac 9: 35 καὶ εἶδαν αὐτὸν πάντες οἱ κατοικοῦντες Λύδδα καὶ τὸν **Σαρῶνα,**

4927 Σατάν Not used in UBS/NIV

→ *4928*

4928 Σατανᾶς [36]

√ *4927*

θρόνος τοῦ Σατανᾶ [1] Rev 2:13

συναγωγή τοῦ Σατανᾶ [2] Rev 2:9; 3:9

Ὕπαγε [ὀπίσω μου,] Σατανᾶ [3] Mt 4:10; 16:23; Mk 8:33

Mt 4: 10 τότε λέγει αὐτῷ ὁ Ἰησοῦς, Ὕπαγε, **Σατανᾶ·** γέγραπται γάρ,
12: 26 καὶ εἰ ὁ **Σατανᾶς** τὸν **Σατανᾶν** ἐκβάλλει, ἐφ' ἑαυτὸν ἐμερίσθη·
16: 23 ὁ δὲ στραφεὶς εἶπεν τῷ Πέτρῳ, Ὕπαγε ὀπίσω μου, **Σατανᾶ·**
Mk 1: 13 καὶ ἦν ἐν τῇ ἐρήμῳ τεσσεράκοντα ἡμέρας πειραζόμενος ὑπὸ τοῦ **Σατανᾶ,**
3: 23 καὶ προσκαλεσάμενος αὐτοὺς ἐν παραβολαῖς ἔλεγεν αὐτοῖς, Πῶς δύναται **Σατανᾶς Σατανᾶν** ἐκβάλλειν;
3: 26 καὶ εἰ ὁ **Σατανᾶς** ἀνέστη ἐφ' ἑαυτὸν καὶ ἐμερίσθη,
4: 15 εὐθὺς ἔρχεται ὁ **Σατανᾶς** καὶ αἴρει τὸν λόγον τὸν ἐσπαρμένον εἰς αὐτούς.
8: 33 Ὕπαγε ὀπίσω μου, **Σατανᾶ,** ὅτι οὐ φρονεῖς τὰ τοῦ θεοῦ ἀλλὰ τὰ τῶν ἀνθρώπων.
Lk 10: 18 Ἐθεώρουν τὸν **Σατανᾶν** ὡς ἀστραπὴν ἐκ τοῦ οὐρανοῦ πεσόντα.
11: 18 εἰ δὲ καὶ ὁ **Σατανᾶς** ἐφ' ἑαυτὸν διεμερίσθη,
13: 16 ἣν ἔδησεν ὁ **Σατανᾶς** ἰδοὺ δέκα καὶ ὀκτὼ ἔτη,
22: 3 Εἰσῆλθεν δὲ **Σατανᾶς** εἰς Ἰούδαν τὸν καλούμενον Ἰσκαριώτην,
22: 31 ἰδοὺ ὁ **Σατανᾶς** ἐξῃτήσατο ὑμᾶς τοῦ σινιάσαι ὡς τὸν σῖτον·
Jn 13: 27 καὶ μετὰ τὸ ψωμίον τότε εἰσῆλθεν εἰς ἐκεῖνον ὁ **Σατανᾶς.**
Ac 5: 3 διὰ τί ἐπλήρωσεν ὁ **Σατανᾶς** τὴν καρδίαν σου,
26: 18 τοῦ ἐπιστρέψαι ἀπὸ σκότους εἰς φῶς καὶ τῆς ἐξουσίας τοῦ **Σατανᾶ** ἐπὶ τὸν θεόν,
Ro 16: 20 ὁ δὲ θεὸς τῆς εἰρήνης συντρίψει τὸν **Σατανᾶν** ὑπὸ τοὺς πόδας ὑμῶν ἐν τάχει.
1Co 5: 5 παραδοῦναι τὸν τοιοῦτον τῷ **Σατανᾷ** εἰς ὄλεθρον τῆς σαρκός,
7: 5 ἵνα μὴ πειράζῃ ὑμᾶς ὁ **Σατανᾶς** διὰ τὴν ἀκρασίαν ὑμῶν.
2Co 2: 11 ἵνα μὴ πλεονεκτηθῶμεν ὑπὸ τοῦ **Σατανᾶ·** οὐ γὰρ αὐτοῦ τὰ νοήματα ἀγνοοῦμεν.
11: 14 αὐτὸς γὰρ ὁ **Σατανᾶς** μετασχηματίζεται εἰς ἄγγελον φωτός.
12: 7 ἄγγελος **Σατανᾶ,** ἵνα με κολαφίζῃ, ἵνα μὴ ὑπεραίρωμαι.
1Th 2: 18 ἐγὼ μὲν Παῦλος καὶ ἅπαξ καὶ δίς, καὶ ἐνέκοψεν ἡμᾶς ὁ **Σατανᾶς.**
2Th 2: 9 οὗ ἐστιν ἡ παρουσία κατ' ἐνέργειαν τοῦ **Σατανᾶ** ἐν πάσῃ δυνάμει καὶ σημείοις καὶ τέρασιν ψεύδους
1Ti 1: 20 οὓς παρέδωκα τῷ **Σατανᾷ,** ἵνα παιδευθῶσιν μὴ βλασφημεῖν.
5: 15 ἤδη γάρ τινες ἐξετράπησαν ὀπίσω τοῦ **Σατανᾶ.**
Rev 2: 9 καὶ τὴν βλασφημίαν ἐκ τῶν λεγόντων Ἰουδαίους εἶναι ἑαυτοὺς καὶ οὐκ εἰσὶν ἀλλὰ συναγωγὴ τοῦ **Σατανᾶ.**
2: 13 Οἶδα ποῦ κατοικεῖς, ὅπου ὁ θρόνος τοῦ **Σατανᾶ,** καὶ κρατεῖς τὸ ὄνομά μου καὶ οὐκ ἠρνήσω τὴν πίστιν μου καὶ ἐν ταῖς ἡμέραις Ἀντιπᾶς ὁ μάρτυς μου ὁ πιστός μου, ὃς ἀπεκτάνθη παρ' ὑμῖν, ὅπου ὁ **Σατανᾶς** κατοικεῖ.
2: 24 οἵτινες οὐκ ἔγνωσαν τὰ βαθέα τοῦ **Σατανᾶ** ὡς λέγουσιν·
3: 9 ἰδοὺ διδῶ ἐκ τῆς συναγωγῆς τοῦ **Σατανᾶ** τῶν λεγόντων ἑαυτοὺς Ἰουδαίους εἶναι,
12: 9 ὁ ὄφις ὁ ἀρχαῖος, ὁ καλούμενος Διάβολος καὶ ὁ **Σατανᾶς,**
20: 2 ὁ ὄφις ὁ ἀρχαῖος, ὅς ἐστιν Διάβολος καὶ ὁ **Σατανᾶς,**
20: 7 Καὶ ὅταν τελεσθῇ τὰ χίλια ἔτη, λυθήσεται ὁ **Σατανᾶς** ἐκ τῆς φυλακῆς αὐτοῦ

4929 σάτον [2]

Mt 13: 33 ἣν λαβοῦσα γυνὴ ἐνέκρυψεν εἰς ἀλεύρου **σάτα** τρία ἕως οὗ ἐζυμώθη ὅλον.
Lk 13: 21 ἣν λαβοῦσα γυνὴ [ἐν]έκρυψεν εἰς ἀλεύρου **σάτα** τρία ἕως οὗ ἐζυμώθη ὅλον.

4930 Σαῦλος [15]

Ac 7: 58 καὶ οἱ μάρτυρες ἀπέθεντο τὰ ἱμάτια αὐτῶν παρὰ τοὺς πόδας νεανίου καλουμένου **Σαύλου,**
8: 1 **Σαῦλος** δὲ ἦν συνευδοκῶν τῇ ἀναιρέσει αὐτοῦ.
8: 3 **Σαῦλος** δὲ ἐλυμαίνετο τὴν ἐκκλησίαν κατὰ τοὺς οἴκους εἰσπορευόμενος,
9: 1 Ὁ δὲ **Σαῦλος** ἔτι ἐμπνέων ἀπειλῆς καὶ φόνου εἰς τοὺς μαθητὰς τοῦ κυρίου,
9: 8 ἠγέρθη δὲ **Σαῦλος** ἀπὸ τῆς γῆς, ἀνεῳγμένων δὲ τῶν ὀφθαλμῶν αὐτοῦ οὐδὲν ἔβλεπεν·
9: 11 Ἀναστὰς πορεύθητι ἐπὶ τὴν ῥύμην τὴν καλουμένην Εὐθεῖαν καὶ ζήτησον ἐν οἰκίᾳ Ἰούδα **Σαῦλον** ὀνόματι Ταρσέα·
9: 22 **Σαῦλος** δὲ μᾶλλον ἐνεδυναμοῦτο καὶ συνέχυννεν [τοὺς] Ἰουδαίους τοὺς κατοικοῦντας ἐν Δαμασκῷ συμβιβάζων ὅτι οὗτός ἐστιν ὁ Χριστός.
9: 24 ἐγνώσθη δὲ τῷ **Σαύλῳ** ἡ ἐπιβουλὴ αὐτῶν. παρετηροῦντο δὲ καὶ τὰς πύλας ἡμέρας τε καὶ νυκτὸς ὅπως αὐτὸν ἀνέλωσιν·
11: 25 ἐξῆλθεν δὲ εἰς Ταρσὸν ἀναζητῆσαι **Σαῦλον,**
11: 30 ὃ καὶ ἐποίησαν ἀποστείλαντες πρὸς τοὺς πρεσβυτέρους διὰ χειρὸς Βαρναβᾶ καὶ **Σαύλου.**
12: 25 Βαρναβᾶς δὲ καὶ **Σαῦλος** ὑπέστρεψαν εἰς Ἰερουσαλὴμ πληρώσαντες τὴν διακονίαν,
13: 1 Μαναήν τε Ἡρῴδου τοῦ τετραάρχου σύντροφος καὶ **Σαῦλος.**
13: 2 Ἀφορίσατε δή μοι τὸν Βαρναβᾶν καὶ **Σαῦλον** εἰς τὸ ἔργον ὃ προσκέκλημαι αὐτούς.
13: 7 οὗτος προσκαλεσάμενος Βαρναβᾶν καὶ **Σαῦλον** ἐπεζήτησεν ἀκοῦσαι τὸν λόγον τοῦ θεοῦ.
13: 9 **Σαῦλος** δέ, ὁ καὶ Παῦλος, πλησθεὶς πνεύματος ἁγίου ἀτενίσας εἰς αὐτὸν

4931 σβέννυμι [6]

→ *812, 2410*

Mt 12:20 κάλαμον συντετριμμένον οὐ κατεάξει καὶ λίνον τυφόμενον οὐ **σβέσει,**
25: 8 Δότε ἡμῖν ἐκ τοῦ ἐλαίου ὑμῶν, ὅτι αἱ λαμπάδες ἡμῶν **σβέννυνται.**
Mk 9:48 ὅπου ὁ σκώληξ αὐτῶν οὐ τελευτᾷ καὶ τὸ πῦρ οὐ **σβέννυται.**
Eph 6:16 ἐν ᾧ δυνήσεσθε πάντα τὰ βέλη τοῦ πονηροῦ [τὰ] πεπυρωμένα **σβέσαι·**
1Th 5:19 τὸ πνεῦμα μὴ **σβέννυτε,**
Heb 11:34 **ἔσβεσαν** δύναμιν πυρός, ἔφυγον στόματα μαχαίρης, ἐδυναμώθησαν ἀπὸ ἀσθενείας,

4932 σεαυτοῦ [43]

√ *5148 + 899*

Mt 4: 6 Εἰ υἱὸς εἶ τοῦ θεοῦ, βάλε **σεαυτὸν** κάτω·
8: 4 ἀλλὰ ὕπαγε **σεαυτὸν** δεῖξον τῷ ἱερεῖ καὶ προσένεγκον τὸ δῶρον ὃ προσέταξεν Μωϋσῆς,
19:19 Τίμα τὸν πατέρα καὶ τὴν μητέρα, καί, Ἀγαπήσεις τὸν πλησίον σου ὡς **σεαυτόν.**
22:39 δευτέρα δὲ ὁμοία αὐτῇ, Ἀγαπήσεις τὸν πλησίον σου ὡς **σεαυτόν.**
27:40 σῶσον **σεαυτόν,** εἰ υἱὸς εἶ τοῦ θεοῦ, [καὶ] κατάβηθι ἀπὸ τοῦ σταυροῦ.
Mk 1:44 ἀλλὰ ὕπαγε **σεαυτὸν** δεῖξον τῷ ἱερεῖ καὶ προσένεγκε περὶ τοῦ καθαρισμοῦ σου ἃ προσέταξεν Μωϋσῆς,
12:31 δευτέρα αὕτη, Ἀγαπήσεις τὸν πλησίον σου ὡς **σεαυτόν.**
15:30 σῶσον **σεαυτὸν** καταβὰς ἀπὸ τοῦ σταυροῦ.
Lk 4: 9 Εἰ υἱὸς εἶ τοῦ θεοῦ, βάλε **σεαυτὸν** ἐντεῦθεν κάτω·
4:23 Πάντως ἐρεῖτέ μοι τὴν παραβολὴν ταύτην· Ἰατρέ, θεράπευσον **σεαυτόν·**
5:14 ἀλλὰ ἀπελθὼν δεῖξον **σεαυτὸν** τῷ ἱερεῖ καὶ προσένεγκε περὶ τοῦ καθαρισμοῦ σου καθὼς προσέταξεν Μωϋσῆς,
10:27 Ἀγαπήσεις κύριον τὸν θεόν σου ἐξ ὅλης [τῆς] καρδίας σου καὶ ἐν ὅλῃ τῇ ψυχῇ σου καὶ ἐν ὅλῃ τῇ ἰσχύϊ σου καὶ ἐν ὅλῃ τῇ διανοίᾳ σου, καὶ τὸν πλησίον σου ὡς **σεαυτόν.**
23:37 Εἰ σὺ εἶ ὁ βασιλεὺς τῶν Ἰουδαίων, σῶσον **σεαυτόν.**
23:39 Οὐχὶ σὺ εἶ ὁ Χριστός; σῶσον **σεαυτὸν** καὶ ἡμᾶς.
Jn 1:22 ἵνα ἀπόκρισιν δῶμεν τοῖς πέμψασιν ἡμᾶς· τί λέγεις περὶ **σεαυτοῦ;**
7: 4 οὐδεὶς γάρ τι ἐν κρυπτῷ ποιεῖ καὶ ζητεῖ αὐτὸς ἐν παρρησίᾳ εἶναι. εἰ ταῦτα ποιεῖς, φανέρωσον **σεαυτὸν** τῷ κόσμῳ.
8:13 εἶπον οὖν αὐτῷ οἱ Φαρισαῖοι, Σὺ περὶ **σεαυτοῦ** μαρτυρεῖς·
8:53 ὅστις ἀπέθανεν; καὶ οἱ προφῆται ἀπέθανον. τίνα **σεαυτὸν** ποιεῖς;
10:33 καὶ ὅτι σὺ ἄνθρωπος ὢν ποιεῖς **σεαυτὸν** θεόν.
14:22 [καὶ] τί γέγονεν ὅτι ἡμῖν μέλλεις ἐμφανίζειν **σεαυτὸν** καὶ οὐχὶ τῷ κόσμῳ;
17: 5 παρὰ **σεαυτῷ** τῇ δόξῃ ᾗ εἶχον πρὸ τοῦ τὸν κόσμον εἶναι παρὰ σοί.
18:34 Ἀπὸ **σεαυτοῦ** σὺ τοῦτο λέγεις ἢ ἄλλοι εἶπόν σοι περὶ ἐμοῦ;
21:18 ὅτε ἦς νεώτερος, ἐζώννυες **σεαυτὸν** καὶ περιεπάτεις ὅπου ἤθελες·
Ac 9:34 ἰᾶταί σε Ἰησοῦς Χριστός· ἀνάστηθι καὶ στρῶσον **σεαυτῷ.**
16:28 Μηδὲν πράξῃς **σεαυτῷ** κακόν, ἅπαντες γάρ ἐσμεν ἐνθάδε.
26: 1 Ἀγρίππας δὲ πρὸς τὸν Παῦλον ἔφη, Ἐπιτρέπεταί σοι περὶ **σεαυτοῦ** λέγειν.
Ro 2: 1 **σεαυτὸν** κατακρίνεις, τὰ γὰρ αὐτὰ πράσσεις ὁ κρίνων.
2: 5 κατὰ δὲ τὴν σκληρότητά σου καὶ ἀμετανόητον καρδίαν θησαυρίζεις **σεαυτῷ** ὀργὴν ἐν ἡμέρᾳ ὀργῆς καὶ ἀποκαλύψεως δικαιοκρισίας τοῦ θεοῦ
2:19 πέποιθάς τε **σεαυτὸν** ὁδηγὸν εἶναι τυφλῶν, φῶς τῶν ἐν σκότει,
2:21 ὁ οὖν διδάσκων ἕτερον **σεαυτὸν** οὐ διδάσκεις; ὁ κηρύσσων μὴ κλέπτειν κλέπτεις;
13: 9 ἐν τῷ λόγῳ τούτῳ ἀνακεφαλαιοῦται [ἐν τῷ] Ἀγαπήσεις τὸν πλησίον σου ὡς **σεαυτόν.**
14:22 σὺ πίστιν [ἣν] ἔχεις κατὰ **σεαυτὸν** ἔχε ἐνώπιον τοῦ θεοῦ.
Gal 5:14 ἐν τῷ Ἀγαπήσεις τὸν πλησίον σου ὡς **σεαυτόν.**
6: 1 ὑμεῖς οἱ πνευματικοὶ καταρτίζετε τὸν τοιοῦτον ἐν πνεύματι πραΰτητος, σκοπῶν **σεαυτὸν** μὴ καὶ σὺ πειρασθῇς.
1Ti 4: 7 τοὺς δὲ βεβήλους καὶ γραώδεις μύθους παραιτοῦ. γύμναζε δὲ **σεαυτὸν** πρὸς εὐσέβειαν·
4:16 ἔπεχε **σεαυτῷ** καὶ τῇ διδασκαλίᾳ, ἐπίμενε αὐτοῖς· τοῦτο γὰρ ποιῶν καὶ **σεαυτὸν** σώσεις καὶ τοὺς ἀκούοντάς σου.
5:22 Χεῖρας ταχέως μηδενὶ ἐπιτίθει μηδὲ κοινώνει ἁμαρτίαις ἀλλοτρίαις· **σεαυτὸν** ἁγνὸν τήρει.
2Ti 2:15 σπούδασον **σεαυτὸν** δόκιμον παραστῆσαι τῷ θεῷ, ἐργάτην ἀνεπαίσχυντον,
4:11 Μᾶρκον ἀναλαβὼν ἄγε μετὰ **σεαυτοῦ,** ἔστιν γάρ μοι εὔχρηστος εἰς διακονίαν.
Tit 2: 7 περὶ πάντα, **σεαυτὸν** παρεχόμενος τύπον καλῶν ἔργων, ἐν τῇ διδασκαλίᾳ ἀφθορίαν,
Phm 1:19 ἵνα μὴ λέγω σοι ὅτι καὶ **σεαυτόν** μοι προσοφείλεις.
Jas 2: 8 Ἀγαπήσεις τὸν πλησίον σου ὡς **σεαυτόν,** καλῶς ποιεῖτε·

4933 σεβάζομαι [1]

√ *4936*

Ro 1:25 οἵτινες μετήλλαξαν τὴν ἀλήθειαν τοῦ θεοῦ ἐν τῷ ψεύδει καὶ **ἐσεβάσθησαν** καὶ ἐλάτρευσαν τῇ κτίσει παρὰ τὸν κτίσαντα,

4934 σέβασμα [2]

√ *4936*

Ac 17:23 διερχόμενος γὰρ καὶ ἀναθεωρῶν τὰ **σεβάσματα** ὑμῶν εὗρον καὶ βωμὸν ἐν ᾧ ἐπεγέγραπτο,
2Th 2: 4 ὁ ἀντικείμενος καὶ ὑπεραιρόμενος ἐπὶ πάντα λεγόμενον θεὸν ἢ **σέβασμα,**

4935 σεβαστός [3]

√ *4936*

ἐπικαλεῖν Σεβαστόν [2] Ac 25:21,25

Ac 25:21 τοῦ δὲ Παύλου ἐπικαλεσαμένου τηρηθῆναι αὐτὸν εἰς τὴν τοῦ **Σεβαστοῦ** διάγνωσιν,
25:25 αὐτοῦ δὲ τούτου ἐπικαλεσαμένου τὸν **Σεβαστὸν** ἔκρινα πέμπειν.
27: 1 παρεδίδουν τόν τε Παῦλον καί τινας ἑτέρους δεσμώτας ἑκατοντάρχῃ ὀνόματι Ἰουλίῳ σπείρης **Σεβαστῆς.**

4936 σέβω [10]

→ *813, 814, 815, 2354, 2355, 2356, 2357, 2537, 2538, 4933, 4934, 4935, 4948, 4949*

Mt 15: 9 μάτην δὲ **σέβονταί** με διδάσκοντες διδασκαλίας ἐντάλματα ἀνθρώπων.
Mk 7: 7 μάτην δὲ **σέβονταί** με διδάσκοντες διδασκαλίας ἐντάλματα ἀνθρώπων.
Ac 13:43 λυθείσης δὲ τῆς συναγωγῆς ἠκολούθησαν πολλοὶ τῶν Ἰουδαίων καὶ τῶν **σεβομένων** προσηλύτων τῷ Παύλῳ καὶ τῷ Βαρναβᾷ,
13:50 οἱ δὲ Ἰουδαῖοι παρώτρυναν τὰς **σεβομένας** γυναῖκας τὰς εὐσχήμονας καὶ τοὺς πρώτους τῆς πόλεως καὶ ἐπήγειραν διωγμὸν ἐπὶ τὸν Παῦλον καὶ Βαρναβᾶν καὶ ἐξέβαλον αὐτοὺς
16:14 καί τις γυνὴ ὀνόματι Λυδία, πορφυρόπωλις πόλεως Θυατείρων **σεβομένη** τὸν θεόν, ἤκουεν,
17: 4 τῶν τε **σεβομένων** Ἑλλήνων πλῆθος πολύ, γυναικῶν τε τῶν πρώτων οὐκ ὀλίγαι.
17:17 διελέγετο μὲν οὖν ἐν τῇ συναγωγῇ τοῖς Ἰουδαίοις καὶ τοῖς **σεβομένοις** καὶ ἐν τῇ ἀγορᾷ κατὰ πᾶσαν ἡμέραν πρὸς τοὺς παρατυγχάνοντας.
18: 7 καὶ μεταβὰς ἐκεῖθεν εἰσῆλθεν εἰς οἰκίαν τινὸς ὀνόματι Τιτίου Ἰούστου **σεβομένου** τὸν θεόν,
18:13 λέγοντες ὅτι Παρὰ τὸν νόμον ἀναπείθει οὗτος τοὺς ἀνθρώπους **σέβεσθαι** τὸν θεόν.
19:27 μέλλειν τε καὶ καθαιρεῖσθαι τῆς μεγαλειότητος αὐτῆς ἣν ὅλη ἡ Ἀσία καὶ ἡ οἰκουμένη **σέβεται.**

4937 σειρά [1 / 0]

√ *1649*

2Pe 2: 4 Εἰ γὰρ ὁ θεὸς ἀγγέλων ἁμαρτησάντων οὐκ ἐφείσατο ἀλλὰ **σειραῖς**[UBS; NIV *4987*] ζόφου ταρταρώσας παρέδωκεν εἰς κρίσιν τηρουμένους,

4938 σειρός Not used in UBS/NIV

√ *4987*

4939 σεισμός [14]

√ 4940

Mt 8:24 καὶ ἰδοὺ **σεισμὸς** μέγας ἐγένετο ἐν τῇ θαλάσσῃ,
24: 7 ἐγερθήσεται γὰρ ἔθνος ἐπὶ ἔθνος καὶ βασιλεία ἐπὶ βασιλείαν καὶ ἔσονται λιμοὶ καὶ **σεισμοὶ** κατὰ τόπους·
27:54 Ὁ δὲ ἑκατόνταρχος καὶ οἱ μετ᾽ αὐτοῦ τηροῦντες τὸν Ἰησοῦν ἰδόντες τὸν **σεισμὸν** καὶ τὰ γενόμενα ἐφοβήθησαν σφόδρα,
28: 2 καὶ ἰδοὺ **σεισμὸς** ἐγένετο μέγας· ἄγγελος γὰρ κυρίου καταβὰς ἐξ οὐρανοῦ καὶ προσελθὼν ἀπεκύλισεν τὸν λίθον
Mk 13: 8 ἐγερθήσεται γὰρ ἔθνος ἐπ᾽ ἔθνος καὶ βασιλεία ἐπὶ βασιλείαν, ἔσονται **σεισμοὶ** κατὰ τόπους, ἔσονται λιμοί·
Lk 21:11 **σεισμοί** τε μεγάλοι καὶ κατὰ τόπους λιμοὶ καὶ λοιμοὶ ἔσονται,
Ac 16:26 ἄφνω δὲ **σεισμὸς** ἐγένετο μέγας ὥστε σαλευθῆναι τὰ θεμέλια τοῦ δεσμωτηρίου·
Rev 6:12 καὶ **σεισμὸς** μέγας ἐγένετο καὶ ὁ ἥλιος ἐγένετο μέλας ὡς σάκκος τρίχινος καὶ ἡ σελήνη ὅλη ἐγένετο ὡς αἷμα
8: 5 καὶ ἐγένοντο βρονταὶ καὶ φωναὶ καὶ ἀστραπαὶ καὶ **σεισμός.**
11:13 Καὶ ἐν ἐκείνῃ τῇ ὥρᾳ ἐγένετο **σεισμὸς** μέγας καὶ τὸ δέκατον τῆς πόλεως ἔπεσεν καὶ ἀπεκτάνθησαν ἐν τῷ **σεισμῷ** ὀνόματα ἀνθρώπων χιλιάδες ἑπτὰ καὶ οἱ λοιποὶ ἔμφοβοι ἐγένοντο
11:19 καὶ ἐγένοντο ἀστραπαὶ καὶ φωναὶ καὶ βρονταὶ καὶ **σεισμὸς** καὶ χάλαζα μεγάλη.
16:18 καὶ ἐγένοντο ἀστραπαὶ καὶ φωναὶ καὶ βρονταὶ καὶ **σεισμὸς** ἐγένετο μέγας, οἷος οὐκ ἐγένετο ἀφ᾽ οὗ ἄνθρωπος ἐγένετο ἐπὶ τῆς γῆς τηλικοῦτος **σεισμὸς** οὕτω μέγας.

4940 σείω [5]

→ *411, 1398, 2167, 2939, 4939*

Mt 21:10 καὶ εἰσελθόντος αὐτοῦ εἰς Ἱεροσόλυμα **ἐσείσθη** πᾶσα ἡ πόλις λέγουσα,
27:51 Καὶ ἰδοὺ τὸ καταπέτασμα τοῦ ναοῦ ἐσχίσθη ἀπ᾽ ἄνωθεν ἕως κάτω εἰς δύο καὶ ἡ γῆ **ἐσείσθη** καὶ αἱ πέτραι ἐσχίσθησαν,
28: 4 ἀπὸ δὲ τοῦ φόβου αὐτοῦ **ἐσείσθησαν** οἱ τηροῦντες καὶ ἐγενήθησαν ὡς νεκροί.
Heb 12:26 Ἔτι ἅπαξ ἐγὼ **σείσω** οὐ μόνον τὴν γῆν ἀλλὰ καὶ τὸν οὐρανόν.
Rev 6:13 ὡς συκῆ βάλλει τοὺς ὀλύνθους αὐτῆς ὑπὸ ἀνέμου μεγάλου **σειομένη,**

4941 Σεκοῦνδος [1]

Ac 20: 4 Θεσσαλονικέων δὲ Ἀρίσταρχος καὶ **Σεκοῦνδος,** καὶ Γάϊος Δερβαῖος καὶ Τιμόθεος,

4942 Σελεύκεια [1]

Ac 13: 4 Αὐτοὶ μὲν οὖν ἐκπεμφθέντες ὑπὸ τοῦ ἁγίου πνεύματος κατῆλθον εἰς **Σελεύκειαν,**

4943 σελήνη [9]

→ *4944*

Mt 24:29 καὶ ἡ **σελήνη** οὐ δώσει τὸ φέγγος αὐτῆς,
Mk 13:24 καὶ ἡ **σελήνη** οὐ δώσει τὸ φέγγος αὐτῆς,
Lk 21:25 Καὶ ἔσονται σημεῖα ἐν ἡλίῳ καὶ **σελήνῃ** καὶ ἄστροις,
Ac 2:20 ὁ ἥλιος μεταστραφήσεται εἰς σκότος καὶ ἡ **σελήνη** εἰς αἷμα,
1Co 15:41 ἄλλη δόξα ἡλίου, καὶ ἄλλη δόξα **σελήνης,** καὶ ἄλλη δόξα ἀστέρων·
Rev 6:12 καὶ σεισμὸς μέγας ἐγένετο καὶ ὁ ἥλιος ἐγένετο μέλας ὡς σάκκος τρίχινος καὶ ἡ **σελήνη** ὅλη ἐγένετο ὡς αἷμα
8:12 καὶ ἐπλήγη τὸ τρίτον τοῦ ἡλίου καὶ τὸ τρίτον τῆς **σελήνης** καὶ τὸ τρίτον τῶν ἀστέρων,
12: 1 καὶ ἡ **σελήνη** ὑποκάτω τῶν ποδῶν αὐτῆς καὶ ἐπὶ τῆς κεφαλῆς αὐτῆς στέφανος ἀστέρων δώδεκα,
21:23 καὶ ἡ πόλις οὐ χρείαν ἔχει τοῦ ἡλίου οὐδὲ τῆς **σελήνης** ἵνα φαίνωσιν αὐτῇ,

4944 σεληνιάζομαι [2]

√ 4943

Mt 4:24 καὶ προσήνεγκαν αὐτῷ πάντας τοὺς κακῶς ἔχοντας ποικίλαις νόσοις καὶ βασάνοις συνεχομένους [καὶ] δαιμονιζομένους καὶ **σεληνιαζομένους** καὶ παραλυτικούς,
17:15 ἐλέησόν μου τὸν υἱόν, ὅτι **σεληνιάζεται** καὶ κακῶς πάσχει·

4945 Σεμεΐ Not used in UBS/NIV

√ 4946

4946 Σεμεΐν [1]

→ *4945*

Lk 3:26 τοῦ Μάαθ τοῦ Ματταθίου τοῦ **Σεμεΐν** τοῦ Ἰωσὴχ τοῦ Ἰωδὰ

4947 σεμίδαλις [1]

Rev 18:13 καὶ κιννάμωμον καὶ ἄμωμον καὶ θυμιάματα καὶ μύρον καὶ λίβανον καὶ οἶνον καὶ ἔλαιον καὶ **σεμίδαλιν** καὶ σῖτον

4948 σεμνός [4]

√ 4936

Php 4: 8 ὅσα **σεμνά,** ὅσα δίκαια, ὅσα ἁγνά, ὅσα προσφιλῆ,
1Ti 3: 8 Διακόνους ὡσαύτως **σεμνούς,** μὴ διλόγους, μὴ οἴνῳ πολλῷ προσέχοντας,
3:11 γυναῖκας ὡσαύτως **σεμνάς,** μὴ διαβόλους, νηφαλίους, πιστὰς ἐν πᾶσιν.
Tit 2: 2 **σεμνούς,** σώφρονας, ὑγιαίνοντας τῇ πίστει, τῇ ἀγάπῃ, τῇ ὑπομονῇ·

4949 σεμνότης [3]

√ 4936

1Ti 2: 2 ἵνα ἤρεμον καὶ ἡσύχιον βίον διάγωμεν ἐν πάσῃ εὐσεβείᾳ καὶ **σεμνότητι.**
3: 4 τοῦ ἰδίου οἴκου καλῶς προϊστάμενον, τέκνα ἔχοντα ἐν ὑποταγῇ, μετὰ πάσης **σεμνότητος**
Tit 2: 7 σεαυτὸν παρεχόμενος τύπον καλῶν ἔργων, ἐν τῇ διδασκαλίᾳ ἀφθορίαν, **σεμνότητα,**

4950 Σέργιος [1]

Ac 13: 7 ὃς ἦν σὺν τῷ ἀνθυπάτῳ **Σεργίῳ** Παύλῳ, ἀνδρὶ συνετῷ.

4951 Σερούκ Not used in UBS/NIV

√ 4952

4952 Σερούχ [1]

→ *4923, 4951*

Lk 3:35 τοῦ **Σεροὺχ** τοῦ Ῥαγαὺ τοῦ Φάλεκ τοῦ Ἔβερ τοῦ Σαλὰ

4953 Σήθ [1]

Lk 3:38 τοῦ Ἐνὼς τοῦ **Σὴθ** τοῦ Ἀδὰμ τοῦ θεοῦ.

4954 Σήμ [1]

Lk 3:36 τοῦ Καϊνὰμ τοῦ Ἀρφαξὰδ τοῦ **Σὴμ** τοῦ Νῶε τοῦ Λάμεχ

4955 σημαίνω [6]

√ 4956

Jn 12:33 τοῦτο δὲ ἔλεγεν **σημαίνων** ποίῳ θανάτῳ ἤμελλεν ἀποθνῄσκειν.
18:32 ἵνα ὁ λόγος τοῦ Ἰησοῦ πληρωθῇ ὃν εἶπεν **σημαίνων** ποίῳ θανάτῳ ἤμελλεν ἀποθνῄσκειν.
21:19 τοῦτο δὲ εἶπεν **σημαίνων** ποίῳ θανάτῳ δοξάσει τὸν θεόν.
Ac 11:28 ἀναστὰς δὲ εἷς ἐξ αὐτῶν ὀνόματι Ἅγαβος **ἐσήμανεν** διὰ τοῦ πνεύματος λιμὸν μεγάλην μέλλειν ἔσεσθαι ἐφ᾽ ὅλην τὴν οἰκουμένην,
25:27 ἄλογον γάρ μοι δοκεῖ πέμποντα δέσμιον μὴ καὶ τὰς κατ᾽ αὐτοῦ αἰτίας **σημᾶναι.**
Rev 1: 1 καὶ **ἐσήμανεν** ἀποστείλας διὰ τοῦ ἀγγέλου αὐτοῦ τῷ δούλῳ αὐτοῦ Ἰωάννῃ,

4956 σημεῖον [77]

→ *817, 2168, 2358, 4185, 4955, 4957, 5361*

γνωστὸν σημεῖον [1] Ac 4:16

σημεῖον Ἰωνᾶ [3] Mt 12:39; 16:4; Lk 11:29

σημεῖον καὶ τέρας [16] Mt 24:24; Mk 13:22; Jn 4:48; Ac 2:19,22,43; 4:30; 5:12; 6:8; 7:36; 14:3; 15:12; Ro 15:19; 2Co 12:12; 2Th 2:9; Heb 2:4

Mt 12:38 Τότε ἀπεκρίθησαν αὐτῷ τινες τῶν γραμματέων καὶ Φαρισαίων λέγοντες, Διδάσκαλε, θέλομεν ἀπὸ σοῦ **σημεῖον** ἰδεῖν.
12:39 ὁ δὲ ἀποκριθεὶς εἶπεν αὐτοῖς, Γενεὰ πονηρὰ καὶ μοιχαλὶς **σημεῖον** ἐπιζητεῖ, καὶ **σημεῖον** οὐ δοθήσεται αὐτῇ εἰ μὴ τὸ **σημεῖον** Ἰωνᾶ τοῦ προφήτου.
16: 1 Καὶ προσελθόντες οἱ Φαρισαῖοι καὶ Σαδδουκαῖοι πειράζοντες ἐπηρώτησαν αὐτὸν **σημεῖον** ἐκ τοῦ οὐρανοῦ ἐπιδεῖξαι αὐτοῖς.
16: 3 [τὸ μὲν πρόσωπον τοῦ οὐρανοῦ γινώσκετε διακρίνειν, τὰ δὲ **σημεῖα** τῶν καιρῶν οὐ δύνασθε;]
16: 4 Γενεὰ πονηρὰ καὶ μοιχαλὶς **σημεῖον** ἐπιζητεῖ, καὶ **σημεῖον** οὐ δοθήσεται αὐτῇ εἰ μὴ τὸ **σημεῖον** Ἰωνᾶ.
24: 3 Εἰπὲ ἡμῖν πότε ταῦτα ἔσται καὶ τί τὸ **σημεῖον** τῆς σῆς παρουσίας καὶ συντελείας τοῦ αἰῶνος;
24:24 ἐγερθήσονται γὰρ ψευδόχριστοι καὶ ψευδοπροφῆται καὶ δώσουσιν **σημεῖα** μεγάλα καὶ τέρατα ὥστε πλανῆσαι,
24:30 καὶ τότε φανήσεται τὸ **σημεῖον** τοῦ υἱοῦ τοῦ ἀνθρώπου ἐν οὐρανῷ,
26:48 ὁ δὲ παραδιδοὺς αὐτὸν ἔδωκεν αὐτοῖς **σημεῖον** λέγων,
Mk 8:11 ζητοῦντες παρ' αὐτοῦ **σημεῖον** ἀπὸ τοῦ οὐρανοῦ, πειράζοντες αὐτόν.
8:12 καὶ ἀναστενάξας τῷ πνεύματι αὐτοῦ λέγει, Τί ἡ γενεὰ αὕτη ζητεῖ **σημεῖον;** ἀμὴν λέγω ὑμῖν, εἰ δοθήσεται τῇ γενεᾷ ταύτῃ **σημεῖον.**
13: 4 πότε ταῦτα ἔσται καὶ τί τὸ **σημεῖον** ὅταν μέλλῃ ταῦτα συντελεῖσθαι πάντα;
13:22 ἐγερθήσονται γὰρ ψευδόχριστοι καὶ ψευδοπροφῆται καὶ δώσουσιν **σημεῖα** καὶ τέρατα πρὸς τὸ ἀποπλανᾶν,
16:17 ⟦**σημεῖα** δὲ τοῖς πιστεύσασιν ταῦτα παρακολουθήσει· ἐν τῷ ὀνόματί μου δαιμόνια ἐκβαλοῦσιν,⟧
16:20 ⟦τοῦ κυρίου συνεργοῦντος καὶ τὸν λόγον βεβαιοῦντος διὰ τῶν ἐπακολουθούντων **σημείων.**⟧
Lk 2:12 καὶ τοῦτο ὑμῖν τὸ **σημεῖον,** εὑρήσετε βρέφος ἐσπαργανωμένον καὶ κείμενον ἐν φάτνῃ.
2:34 Ἰδοὺ οὗτος κεῖται εἰς πτῶσιν καὶ ἀνάστασιν πολλῶν ἐν τῷ Ἰσραὴλ καὶ εἰς **σημεῖον** ἀντιλεγόμενον
11:16 ἕτεροι δὲ πειράζοντες **σημεῖον** ἐξ οὐρανοῦ ἐζήτουν παρ' αὐτοῦ.
11:29 **σημεῖον** ζητεῖ, καὶ **σημεῖον** οὐ δοθήσεται αὐτῇ εἰ μὴ τὸ **σημεῖον** Ἰωνᾶ.
11:30 καθὼς γὰρ ἐγένετο Ἰωνᾶς τοῖς Νινευίταις **σημεῖον,** οὕτως ἔσται καὶ ὁ υἱὸς τοῦ ἀνθρώπου τῇ γενεᾷ ταύτῃ.
21: 7 πότε οὖν ταῦτα ἔσται καὶ τί τὸ **σημεῖον** ὅταν μέλλῃ ταῦτα γίνεσθαι;
21:11 φόβητρά τε καὶ ἀπ' οὐρανοῦ **σημεῖα** μεγάλα ἔσται.
21:25 Καὶ ἔσονται **σημεῖα** ἐν ἡλίῳ καὶ σελήνῃ καὶ ἄστροις,
23: 8 ἦν γὰρ ἐξ ἱκανῶν χρόνων θέλων ἰδεῖν αὐτὸν διὰ τὸ ἀκούειν περὶ αὐτοῦ καὶ ἤλπιζέν τι **σημεῖον** ἰδεῖν ὑπ' αὐτοῦ γινόμενον.
Jn 2:11 Ταύτην ἐποίησεν ἀρχὴν τῶν **σημείων** ὁ Ἰησοῦς ἐν Κανὰ τῆς Γαλιλαίας καὶ ἐφανέρωσεν τὴν δόξαν αὐτοῦ,
2:18 ἀπεκρίθησαν οὖν οἱ Ἰουδαῖοι καὶ εἶπαν αὐτῷ, Τί **σημεῖον** δεικνύεις ἡμῖν ὅτι ταῦτα ποιεῖς;
2:23 πολλοὶ ἐπίστευσαν εἰς τὸ ὄνομα αὐτοῦ θεωροῦντες αὐτοῦ τὰ **σημεῖα** ἃ ἐποίει·
3: 2 οὐδεὶς γὰρ δύναται ταῦτα τὰ **σημεῖα** ποιεῖν ἃ σὺ ποιεῖς,
4:48 Ἐὰν μὴ **σημεῖα** καὶ τέρατα ἴδητε, οὐ μὴ πιστεύσητε.
4:54 Τοῦτο [δὲ] πάλιν δεύτερον **σημεῖον** ἐποίησεν ὁ Ἰησοῦς ἐλθὼν ἐκ τῆς Ἰουδαίας εἰς τὴν Γαλιλαίαν.
6: 2 ὅτι ἐθεώρουν τὰ **σημεῖα** ἃ ἐποίει ἐπὶ τῶν ἀσθενούντων.
6:14 Οἱ οὖν ἄνθρωποι ἰδόντες ὃ ἐποίησεν **σημεῖον** ἔλεγον ὅτι Οὗτός ἐστιν ἀληθῶς ὁ προφήτης ὁ ἐρχόμενος εἰς τὸν κόσμον.
6:26 Ἀμὴν ἀμὴν λέγω ὑμῖν, ζητεῖτέ με οὐχ ὅτι εἴδετε **σημεῖα,**
6:30 εἶπον οὖν αὐτῷ, Τί οὖν ποιεῖς σὺ **σημεῖον,**
7:31 Ὁ Χριστὸς ὅταν ἔλθῃ μὴ πλείονα **σημεῖα** ποιήσει ὧν οὗτος ἐποίησεν;
9:16 ἄλλοι [δὲ] ἔλεγον, Πῶς δύναται ἄνθρωπος ἁμαρτωλὸς τοιαῦτα **σημεῖα** ποιεῖν;
10:41 καὶ πολλοὶ ἦλθον πρὸς αὐτὸν καὶ ἔλεγον ὅτι Ἰωάννης μὲν **σημεῖον** ἐποίησεν οὐδέν,
11:47 Τί ποιοῦμεν ὅτι οὗτος ὁ ἄνθρωπος πολλὰ ποιεῖ **σημεῖα;**
12:18 διὰ τοῦτο [καὶ] ὑπήντησεν αὐτῷ ὁ ὄχλος, ὅτι ἤκουσαν τοῦτο αὐτὸν πεποιηκέναι τὸ **σημεῖον.**
12:37 Τοσαῦτα δὲ αὐτοῦ **σημεῖα** πεποιηκότος ἔμπροσθεν αὐτῶν οὐκ ἐπίστευον εἰς αὐτόν,
20:30 Πολλὰ μὲν οὖν καὶ ἄλλα **σημεῖα** ἐποίησεν ὁ Ἰησοῦς ἐνώπιον τῶν μαθητῶν [αὐτοῦ,]
Ac 2:19 καὶ δώσω τέρατα ἐν τῷ οὐρανῷ ἄνω καὶ **σημεῖα** ἐπὶ τῆς γῆς κάτω,
2:22 ἄνδρα ἀποδεδειγμένον ἀπὸ τοῦ θεοῦ εἰς ὑμᾶς δυνάμεσι καὶ τέρασι καὶ **σημείοις** οἷς ἐποίησεν δι' αὐτοῦ ὁ θεὸς ἐν μέσῳ
2:43 πολλά τε τέρατα καὶ **σημεῖα** διὰ τῶν ἀποστόλων ἐγίνετο.
4:16 ὅτι μὲν γὰρ γνωστὸν **σημεῖον** γέγονεν δι' αὐτῶν πᾶσιν τοῖς κατοικοῦσιν Ἰερουσαλὴμ φανερὸν καὶ οὐ δυνάμεθα ἀρνεῖσθαι·
4:22 ἐτῶν γὰρ ἦν πλειόνων τεσσεράκοντα ὁ ἄνθρωπος ἐφ' ὃν γεγόνει τὸ **σημεῖον** τοῦτο τῆς ἰάσεως.
4:30 τὴν χεῖρά [σου] ἐκτείνειν σε εἰς ἴασιν καὶ **σημεῖα** καὶ τέρατα γίνεσθαι διὰ τοῦ ὀνόματος τοῦ ἁγίου παιδός σου Ἰησοῦ.
5:12 Διὰ δὲ τῶν χειρῶν τῶν ἀποστόλων ἐγίνετο **σημεῖα** καὶ τέρατα πολλὰ ἐν τῷ λαῷ.
6: 8 Στέφανος δὲ πλήρης χάριτος καὶ δυνάμεως ἐποίει τέρατα καὶ **σημεῖα** μεγάλα ἐν τῷ λαῷ.
7:36 οὗτος ἐξήγαγεν αὐτοὺς ποιήσας τέρατα καὶ **σημεῖα** ἐν γῇ Αἰγύπτῳ καὶ ἐν Ἐρυθρᾷ Θαλάσσῃ καὶ ἐν τῇ ἐρήμῳ
8: 6 προσεῖχον δὲ οἱ ὄχλοι τοῖς λεγομένοις ὑπὸ τοῦ Φιλίππου ὁμοθυμαδὸν ἐν τῷ ἀκούειν αὐτοὺς καὶ βλέπειν τὰ **σημεῖα**
8:13 θεωρῶν τε **σημεῖα** καὶ δυνάμεις μεγάλας γινομένας ἐξίστατο.
14: 3 διδόντι **σημεῖα** καὶ τέρατα γίνεσθαι διὰ τῶν χειρῶν αὐτῶν.
15:12 Ἐσίγησεν δὲ πᾶν τὸ πλῆθος καὶ ἤκουον Βαρναβᾶ καὶ Παύλου ἐξηγουμένων ὅσα ἐποίησεν ὁ θεὸς **σημεῖα** καὶ τέρατα ἐν τοῖς ἔθνεσιν δι' αὐτῶν.
Ro 4:11 καὶ **σημεῖον** ἔλαβεν περιτομῆς σφραγῖδα τῆς δικαιοσύνης τῆς πίστεως τῆς ἐν τῇ ἀκροβυστίᾳ,
15:19 ἐν δυνάμει **σημείων** καὶ τεράτων, ἐν δυνάμει πνεύματος [θεοῦ·]
1Co 1:22 ἐπειδὴ καὶ Ἰουδαῖοι **σημεῖα** αἰτοῦσιν καὶ Ἕλληνες σοφίαν ζητοῦσιν,
14:22 ὥστε αἱ γλῶσσαι εἰς **σημεῖόν** εἰσιν οὐ τοῖς πιστεύουσιν ἀλλὰ τοῖς ἀπίστοις,
2Co 12:12 τὰ μὲν **σημεῖα** τοῦ ἀποστόλου κατειργάσθη ἐν ὑμῖν ἐν πάσῃ ὑπομονῇ, **σημείοις** τε καὶ τέρασιν καὶ δυνάμεσιν.
2Th 2: 9 οὗ ἐστιν ἡ παρουσία κατ' ἐνέργειαν τοῦ Σατανᾶ ἐν πάσῃ δυνάμει καὶ **σημείοις** καὶ τέρασιν ψεύδους
3:17 Ὁ ἀσπασμὸς τῇ ἐμῇ χειρὶ Παύλου, ὅ ἐστιν **σημεῖον** ἐν πάσῃ ἐπιστολῇ·
Heb 2: 4 συνεπιμαρτυροῦντος τοῦ θεοῦ **σημείοις** τε καὶ τέρασιν καὶ ποικίλαις δυνάμεσιν καὶ πνεύματος ἁγίου μερισμοῖς κατὰ τὴν αὐτοῦ θέλησιν;
Rev 12: 1 Καὶ **σημεῖον** μέγα ὤφθη ἐν τῷ οὐρανῷ, γυνὴ περιβεβλημένη τὸν ἥλιον,
12: 3 καὶ ὤφθη ἄλλο **σημεῖον** ἐν τῷ οὐρανῷ, καὶ ἰδοὺ δράκων μέγας πυρρὸς ἔχων κεφαλὰς ἑπτὰ καὶ κέρατα δέκα
13:13 καὶ ποιεῖ **σημεῖα** μεγάλα, ἵνα καὶ πῦρ ποιῇ ἐκ τοῦ οὐρανοῦ καταβαίνειν εἰς τὴν γῆν ἐνώπιον τῶν ἀνθρώπων,
13:14 καὶ πλανᾷ τοὺς κατοικοῦντας ἐπὶ τῆς γῆς διὰ τὰ **σημεῖα** ἃ ἐδόθη αὐτῷ ποιῆσαι ἐνώπιον τοῦ θηρίου,
15: 1 Καὶ εἶδον ἄλλο **σημεῖον** ἐν τῷ οὐρανῷ μέγα καὶ θαυμαστόν,
16:14 εἰσὶν γὰρ πνεύματα δαιμονίων ποιοῦντα **σημεῖα,** ἃ ἐκπορεύεται ἐπὶ τοὺς βασιλεῖς τῆς οἰκουμένης ὅλης
19:20 καὶ ἐπιάσθη τὸ θηρίον καὶ μετ' αὐτοῦ ὁ ψευδοπροφήτης ὁ ποιήσας τὰ **σημεῖα** ἐνώπιον αὐτοῦ,

4957 σημειόω [1]

√ *4956*

2Th 3:14 εἰ δέ τις οὐχ ὑπακούει τῷ λόγῳ ἡμῶν διὰ τῆς ἐπιστολῆς, τοῦτον **σημειοῦσθε** μὴ συναναμίγνυσθαι αὐτῷ, ἵνα ἐντραπῇ·

4958 σήμερον [41]

√ *2465*

τῆς σήμερον [6] Mt 11:23; 27:8; 28:15; Ac 19:40; Ro 11:8; 2Co 3:14

Mt 6:11 Τὸν ἄρτον ἡμῶν τὸν ἐπιούσιον δὸς ἡμῖν **σήμερον·**
6:30 εἰ δὲ τὸν χόρτον τοῦ ἀγροῦ **σήμερον** ὄντα καὶ αὔριον εἰς κλίβανον βαλλόμενον ὁ θεὸς οὕτως ἀμφιέννυσιν,
11:23 ὅτι εἰ ἐν Σοδόμοις ἐγενήθησαν αἱ δυνάμεις αἱ γενόμεναι ἐν σοί, ἔμεινεν ἂν μέχρι τῆς **σήμερον.**
16: 3 [καὶ πρωΐ, **Σήμερον** χειμών, πυρράζει γὰρ στυγνάζων ὁ οὐρανός.]

21:28 καὶ προσελθὼν τῷ πρώτῳ εἶπεν, Τέκνον, ὕπαγε **σήμερον** ἐργάζου ἐν τῷ ἀμπελῶνι.
27: 8 διὸ ἐκλήθη ὁ ἀγρὸς ἐκεῖνος Ἀγρὸς Αἵματος ἕως τῆς **σήμερον.**
27:19 πολλὰ γὰρ ἔπαθον **σήμερον** κατ' ὄναρ δι' αὐτόν.
28:15 Καὶ διεφημίσθη ὁ λόγος οὗτος παρὰ Ἰουδαίοις μέχρι τῆς **σήμερον** [ἡμέρας.]
Mk 14:30 Ἀμὴν λέγω σοι ὅτι σὺ **σήμερον** ταύτῃ τῇ νυκτὶ πρὶν ἢ δὶς ἀλέκτορα φωνῆσαι τρίς με ἀπαρνήσῃ.
Lk 2:11 ὅτι ἐτέχθη ὑμῖν **σήμερον** σωτὴρ ὅς ἐστιν Χριστὸς κύριος ἐν πόλει Δαυίδ.
4:21 ἤρξατο δὲ λέγειν πρὸς αὐτοὺς ὅτι **Σήμερον** πεπλήρωται ἡ γραφὴ αὕτη ἐν τοῖς ὠσὶν ὑμῶν.
5:26 καὶ ἔκστασις ἔλαβεν ἅπαντας καὶ ἐδόξαζον τὸν θεὸν καὶ ἐπλήσθησαν φόβου λέγοντες ὅτι Εἴδομεν παράδοξα **σήμερον.**
12:28 εἰ δὲ ἐν ἀγρῷ τὸν χόρτον ὄντα **σήμερον** καὶ αὔριον εἰς κλίβανον βαλλόμενον ὁ θεὸς οὕτως ἀμφιέζει,
13:32 Ἰδοὺ ἐκβάλλω δαιμόνια καὶ ἰάσεις ἀποτελῶ **σήμερον** καὶ αὔριον καὶ τῇ τρίτῃ τελειοῦμαι.
13:33 πλὴν δεῖ με **σήμερον** καὶ αὔριον καὶ τῇ ἐχομένῃ πορεύεσθαι,
19: 5 **σήμερον** γὰρ ἐν τῷ οἴκῳ σου δεῖ με μεῖναι.
19: 9 εἶπεν δὲ πρὸς αὐτὸν ὁ Ἰησοῦς ὅτι **Σήμερον** σωτηρία τῷ οἴκῳ τούτῳ ἐγένετο,
22:34 οὐ φωνήσει **σήμερον** ἀλέκτωρ ἕως τρίς με ἀπαρνήσῃ εἰδέναι.
22:61 καὶ ὑπεμνήσθη ὁ Πέτρος τοῦ ῥήματος τοῦ κυρίου ὡς εἶπεν αὐτῷ ὅτι Πρὶν ἀλέκτορα φωνῆσαι **σήμερον** ἀπαρνήσῃ με τρίς.
23:43 Ἀμήν σοι λέγω, **σήμερον** μετ' ἐμοῦ ἔσῃ ἐν τῷ παραδείσῳ.
Ac 4: 9 εἰ ἡμεῖς **σήμερον** ἀνακρινόμεθα ἐπὶ εὐεργεσίᾳ ἀνθρώπου ἀσθενοῦς ἐν τίνι οὗτος σέσωται,
13:33 Υἱός μου εἶ σύ, ἐγὼ **σήμερον** γεγέννηκά σε.
19:40 καὶ γὰρ κινδυνεύομεν ἐγκαλεῖσθαι στάσεως περὶ τῆς **σήμερον,**
20:26 διότι μαρτύρομαι ὑμῖν ἐν τῇ **σήμερον** ἡμέρᾳ ὅτι καθαρός εἰμι ἀπὸ τοῦ αἵματος πάντων·
22: 3 ζηλωτὴς ὑπάρχων τοῦ θεοῦ καθὼς πάντες ὑμεῖς ἐστε **σήμερον·**
24:21 ἢ περὶ μιᾶς ταύτης φωνῆς ἧς ἐκέκραξα ἐν αὐτοῖς ἑστὼς ὅτι Περὶ ἀναστάσεως νεκρῶν ἐγὼ κρίνομαι **σήμερον** ἐφ' ὑμῶν.
26: 2 ἥγημαι ἐμαυτὸν μακάριον ἐπὶ σοῦ μέλλων **σήμερον** ἀπολογεῖσθαι
26:29 Εὐξαίμην ἂν τῷ θεῷ καὶ ἐν ὀλίγῳ καὶ ἐν μεγάλῳ οὐ μόνον σὲ ἀλλὰ καὶ πάντας τοὺς ἀκούοντάς μου **σήμερον** γενέσθαι τοιούτους ὁποῖος καὶ ἐγώ εἰμι παρεκτὸς τῶν δεσμῶν τούτων.
27:33 Τεσσαρεσκαιδεκάτην **σήμερον** ἡμέραν προσδοκῶντες ἄσιτοι διατελεῖτε μηθὲν προσλαβόμενοι.
Ro 11: 8 ὀφθαλμοὺς τοῦ μὴ βλέπειν καὶ ὦτα τοῦ μὴ ἀκούειν, ἕως τῆς **σήμερον** ἡμέρας.
2Co 3:14 ἄχρι γὰρ τῆς **σήμερον** ἡμέρας τὸ αὐτὸ κάλυμμα ἐπὶ τῇ ἀναγνώσει τῆς παλαιᾶς διαθήκης μένει,
3:15 ἀλλ' ἕως **σήμερον** ἡνίκα ἂν ἀναγινώσκηται Μωϋσῆς, κάλυμμα ἐπὶ τὴν καρδίαν αὐτῶν κεῖται·
Heb 1: 5 Υἱός μου εἶ σύ, ἐγὼ **σήμερον** γεγέννηκά σε;
3: 7 καθὼς λέγει τὸ πνεῦμα τὸ ἅγιον, **Σήμερον** ἐὰν τῆς φωνῆς αὐτοῦ ἀκούσητε,
3:13 ἀλλὰ παρακαλεῖτε ἑαυτοὺς καθ' ἑκάστην ἡμέραν, ἄχρις οὗ τὸ **Σήμερον** καλεῖται,
3:15 ἐν τῷ λέγεσθαι, **Σήμερον** ἐὰν τῆς φωνῆς αὐτοῦ ἀκούσητε,
4: 7 πάλιν τινὰ ὁρίζει ἡμέραν, **Σήμερον,** ἐν Δαυὶδ λέγων μετὰ τοσοῦτον χρόνον, καθὼς προείρηται, **Σήμερον** ἐὰν τῆς φωνῆς αὐτοῦ ἀκούσητε,
5: 5 Υἱός μου εἶ σύ, ἐγὼ **σήμερον** γεγέννηκά σε·
13: 8 Ἰησοῦς Χριστὸς ἐχθὲς καὶ **σήμερον** ὁ αὐτὸς καὶ εἰς τοὺς αἰῶνας.
Jas 4:13 **Σήμερον** ἢ αὔριον πορευσόμεθα εἰς τήνδε τὴν πόλιν καὶ ποιήσομεν ἐκεῖ ἐνιαυτὸν καὶ ἐμπορευσόμεθα καὶ κερδήσομεν·

4959 σημικίνθιον Not used in UBS/NIV

√ 4980

4960 σήπω [1]

→ 4911

Jas 5: 2 ὁ πλοῦτος ὑμῶν **σέσηπεν** καὶ τὰ ἱμάτια ὑμῶν σητόβρωτα γέγονεν,

4961 σηρικός Not used in UBS/NIV

4962 σής [3]

→ 4963

Mt 6:19 ὅπου **σὴς** καὶ βρῶσις ἀφανίζει καὶ ὅπου κλέπται διορύσσουσιν καὶ κλέπτουσιν·
6:20 ὅπου οὔτε **σὴς** οὔτε βρῶσις ἀφανίζει καὶ ὅπου κλέπται οὐ διορύσσουσιν οὐδὲ κλέπτουσιν·
Lk 12:33 θησαυρὸν ἀνέκλειπτον ἐν τοῖς οὐρανοῖς, ὅπου κλέπτης οὐκ ἐγγίζει οὐδὲ **σὴς** διαφθείρει·

4963 σητόβρωτος [1]

√ 4962 + 1048

Jas 5: 2 ὁ πλοῦτος ὑμῶν σέσηπεν καὶ τὰ ἱμάτια ὑμῶν **σητόβρωτα** γέγονεν,

4964 σθενόω [1]

→ 819, 820, 821, 822

1Pe 5:10 ὁ καλέσας ὑμᾶς εἰς τὴν αἰώνιον αὐτοῦ δόξαν ἐν Χριστῷ [Ἰησοῦ,] ὀλίγον παθόντας αὐτὸς καταρτίσει, στηρίξει, **σθενώσει,** θεμελιώσει.

4965 σιαγών [2]

Mt 5:39 ἀλλ' ὅστις σε ῥαπίζει εἰς τὴν δεξιὰν **σιαγόνα** [σου,]
Lk 6:29 τῷ τύπτοντί σε ἐπὶ τὴν **σιαγόνα** πάρεχε καὶ τὴν ἄλλην,

4966 σιαίνομαι Not used in UBS/NIV

4967 σιγάω [10]

→ 4968

Lk 9:36 καὶ αὐτοὶ **ἐσίγησαν** καὶ οὐδενὶ ἀπήγγειλαν ἐν ἐκείναις ταῖς ἡμέραις οὐδὲν ὧν ἑώρακαν.
18:39 καὶ οἱ προάγοντες ἐπετίμων αὐτῷ ἵνα **σιγήσῃ,** αὐτὸς δὲ πολλῷ μᾶλλον ἔκραζεν,
20:26 καὶ οὐκ ἴσχυσαν ἐπιλαβέσθαι αὐτοῦ ῥήματος ἐναντίον τοῦ λαοῦ καὶ θαυμάσαντες ἐπὶ τῇ ἀποκρίσει αὐτοῦ **ἐσίγησαν.**
Ac 12:17 κατασείσας δὲ αὐτοῖς τῇ χειρὶ **σιγᾶν** διηγήσατο [αὐτοῖς] πῶς ὁ κύριος αὐτὸν ἐξήγαγεν ἐκ τῆς φυλακῆς εἶπέν τε,
15:12 **Ἐσίγησεν** δὲ πᾶν τὸ πλῆθος καὶ ἤκουον Βαρναβᾶ καὶ Παύλου ἐξηγουμένων ὅσα ἐποίησεν ὁ θεὸς σημεῖα καὶ τέρατα
15:13 Μετὰ δὲ τὸ **σιγῆσαι** αὐτοὺς ἀπεκρίθη Ἰάκωβος λέγων,
Ro 16:25 [Τῷ δὲ δυναμένῳ ὑμᾶς στηρίξαι κατὰ τὸ εὐαγγέλιόν μου καὶ τὸ κήρυγμα Ἰησοῦ Χριστοῦ, κατὰ ἀποκάλυψιν μυστηρίου χρόνοις αἰωνίοις **σεσιγημένου,]**
1Co 14:28 ἐὰν δὲ μὴ ᾖ διερμηνευτής, **σιγάτω** ἐν ἐκκλησίᾳ,
14:30 ἐὰν δὲ ἄλλῳ ἀποκαλυφθῇ καθημένῳ, ὁ πρῶτος **σιγάτω.**
14:34 αἱ γυναῖκες ἐν ταῖς ἐκκλησίαις **σιγάτωσαν·** οὐ γὰρ ἐπιτρέπεται αὐταῖς λαλεῖν,

4968 σιγή [2]

√ 4967

Ac 21:40 πολλῆς δὲ **σιγῆς** γενομένης προσεφώνησεν τῇ Ἑβραΐδι διαλέκτῳ λέγων,
Rev 8: 1 Καὶ ὅταν ἤνοιξεν τὴν σφραγῖδα τὴν ἑβδόμην, ἐγένετο **σιγὴ** ἐν τῷ οὐρανῷ ὡς ἡμιώριον.

4969 σιδήρεος Not used in UBS/NIV

√ 4970

4970 σίδηρος [1]

→ 4969, 4971

Rev 18:12 καὶ πᾶν ξύλον θύϊνον καὶ πᾶν σκεῦος ἐλεφάντινον καὶ πᾶν σκεῦος ἐκ ξύλου τιμιωτάτου καὶ χαλκοῦ καὶ **σιδήρου** καὶ μαρμάρου,

4971 σιδηροῦς [5]

√ *4970*

Ac 12:10 διελθόντες δὲ πρώτην φυλακὴν καὶ δευτέραν ἦλθαν ἐπὶ τὴν πύλην τὴν **σιδηρᾶν** τὴν φέρουσαν εἰς τὴν πόλιν,
Rev 2:27 καὶ ποιμανεῖ αὐτοὺς ἐν ῥάβδῳ **σιδηρᾷ** ὡς τὰ σκεύη τὰ κεραμικὰ συντρίβεται,
9: 9 καὶ εἶχον θώρακας ὡς θώρακας **σιδηροῦς,** καὶ ἡ φωνὴ τῶν πτερύγων αὐτῶν ὡς φωνὴ ἁρμάτων ἵππων πολλῶν τρεχόντων
12: 5 ὃς μέλλει ποιμαίνειν πάντα τὰ ἔθνη ἐν ῥάβδῳ **σιδηρᾷ.**
19:15 ἵνα ἐν αὐτῇ πατάξῃ τὰ ἔθνη, καὶ αὐτὸς ποιμανεῖ αὐτοὺς ἐν ῥάβδῳ **σιδηρᾷ,**

4972 Σιδών [9]

→ *4973*

Mt 11:21 ὅτι εἰ ἐν Τύρῳ καὶ **Σιδῶνι** ἐγένοντο αἱ δυνάμεις αἱ γενόμεναι ἐν ὑμῖν,
11:22 Τύρῳ καὶ **Σιδῶνι** ἀνεκτότερον ἔσται ἐν ἡμέρᾳ κρίσεως ἢ ὑμῖν.
15:21 Καὶ ἐξελθὼν ἐκεῖθεν ὁ Ἰησοῦς ἀνεχώρησεν εἰς τὰ μέρη Τύρου καὶ **Σιδῶνος.**
Mk 3: 8 καὶ ἀπὸ Ἱεροσολύμων καὶ ἀπὸ τῆς Ἰδουμαίας καὶ πέραν τοῦ Ἰορδάνου καὶ περὶ Τύρον καὶ **Σιδῶνα,**
7:31 Καὶ πάλιν ἐξελθὼν ἐκ τῶν ὁρίων Τύρου ἦλθεν διὰ **Σιδῶνος** εἰς τὴν θάλασσαν τῆς Γαλιλαίας ἀνὰ μέσον τῶν ὁρίων Δεκαπόλεως.
Lk 6:17 καὶ πλῆθος πολὺ τοῦ λαοῦ ἀπὸ πάσης τῆς Ἰουδαίας καὶ Ἰερουσαλὴμ καὶ τῆς παραλίου Τύρου καὶ **Σιδῶνος,**
10:13 ὅτι εἰ ἐν Τύρῳ καὶ **Σιδῶνι** ἐγενήθησαν αἱ δυνάμεις αἱ γενόμεναι ἐν ὑμῖν,
10:14 πλὴν Τύρῳ καὶ **Σιδῶνι** ἀνεκτότερον ἔσται ἐν τῇ κρίσει ἢ ὑμῖν.
Ac 27: 3 τῇ τε ἑτέρᾳ κατήχθημεν εἰς **Σιδῶνα,** φιλανθρώπως τε ὁ Ἰούλιος τῷ Παύλῳ χρησάμενος ἐπέτρεψεν πρὸς τοὺς φίλους

4973 Σιδώνιος [2]

√ *4972*

Lk 4:26 καὶ πρὸς οὐδεμίαν αὐτῶν ἐπέμφθη Ἠλίας εἰ μὴ εἰς Σάρεπτα τῆς **Σιδωνίας** πρὸς γυναῖκα χήραν.
Ac 12:20 Ἦν δὲ θυμομαχῶν Τυρίοις καὶ **Σιδωνίοις·** ὁμοθυμαδὸν δὲ παρῆσαν πρὸς αὐτὸν καὶ πείσαντες Βλάστον,

4974 σικάριος [1]

√ *cf. 5000, 5001 [?]*

Ac 21:38 οὐκ ἄρα σὺ εἶ ὁ Αἰγύπτιος ὁ πρὸ τούτων τῶν ἡμερῶν ἀναστατώσας καὶ ἐξαγαγὼν εἰς τὴν ἔρημον τοὺς τετρακισχιλίους ἄνδρας τῶν **σικαρίων;**

4975 σίκερα [1]

Lk 1:15 ἔσται γὰρ μέγας ἐνώπιον [τοῦ] κυρίου, καὶ οἶνον καὶ **σίκερα** οὐ μὴ πίῃ,

4976 Σίλας [12]

→ *4977*

Ac 15:22 Ἰούδαν τὸν καλούμενον Βαρσαββᾶν καὶ **Σιλᾶν,** ἄνδρας ἡγουμένους ἐν τοῖς ἀδελφοῖς,
15:27 ἀπεστάλκαμεν οὖν Ἰούδαν καὶ **Σιλᾶν** καὶ αὐτοὺς διὰ λόγου ἀπαγγέλλοντας τὰ αὐτά.
15:32 Ἰούδας τε καὶ **Σιλᾶς** καὶ αὐτοὶ προφῆται ὄντες διὰ λόγου πολλοῦ παρεκάλεσαν τοὺς ἀδελφοὺς καὶ ἐπεστήριξαν,
15:40 Παῦλος δὲ ἐπιλεξάμενος **Σιλᾶν** ἐξῆλθεν παραδοθεὶς τῇ χάριτι τοῦ κυρίου ὑπὸ τῶν ἀδελφῶν.
16:19 ἐπιλαβόμενοι τὸν Παῦλον καὶ τὸν **Σιλᾶν** εἵλκυσαν εἰς τὴν ἀγορὰν ἐπὶ τοὺς ἄρχοντας
16:25 Κατὰ δὲ τὸ μεσονύκτιον Παῦλος καὶ **Σιλᾶς** προσευχόμενοι ὕμνουν τὸν θεόν,
16:29 αἰτήσας δὲ φῶτα εἰσεπήδησεν καὶ ἔντρομος γενόμενος προσέπεσεν τῷ Παύλῳ καὶ [τῷ] **Σιλᾷ**
17: 4 καί τινες ἐξ αὐτῶν ἐπείσθησαν καὶ προσεκληρώθησαν τῷ Παύλῳ καὶ τῷ **Σιλᾷ,**
17:10 Οἱ δὲ ἀδελφοὶ εὐθέως διὰ νυκτὸς ἐξέπεμψαν τόν τε Παῦλον καὶ τὸν **Σιλᾶν** εἰς Βέροιαν,
17:14 ὑπέμεινάν τε ὅ τε **Σιλᾶς** καὶ ὁ Τιμόθεος ἐκεῖ.
17:15 καὶ λαβόντες ἐντολὴν πρὸς τὸν **Σιλᾶν** καὶ τὸν Τιμόθεον ἵνα ὡς τάχιστα ἔλθωσιν πρὸς αὐτὸν ἐξῄεσαν.
18: 5 Ὡς δὲ κατῆλθον ἀπὸ τῆς Μακεδονίας ὅ τε **Σιλᾶς** καὶ ὁ Τιμόθεος,

4977 Σιλουανός [4]

√ *4976*

2Co 1:19 δι' ἐμοῦ καὶ **Σιλουανοῦ** καὶ Τιμοθέου, οὐκ ἐγένετο Ναὶ καὶ Οὒ ἀλλὰ Ναὶ ἐν αὐτῷ γέγονεν.
1Th 1: 1 Παῦλος καὶ **Σιλουανὸς** καὶ Τιμόθεος τῇ ἐκκλησίᾳ Θεσσαλονικέων ἐν θεῷ πατρὶ καὶ κυρίῳ Ἰησοῦ Χριστῷ,
2Th 1: 1 Παῦλος καὶ **Σιλουανὸς** καὶ Τιμόθεος τῇ ἐκκλησίᾳ Θεσσαλονικέων ἐν θεῷ πατρὶ ἡμῶν καὶ κυρίῳ Ἰησοῦ Χριστῷ,
1Pe 5:12 Διὰ **Σιλουανοῦ** ὑμῖν τοῦ πιστοῦ ἀδελφοῦ, ὡς λογίζομαι,

4978 Σιλωάμ [3]

Lk 13: 4 ἢ ἐκεῖνοι οἱ δεκαοκτὼ ἐφ' οὓς ἔπεσεν ὁ πύργος ἐν τῷ **Σιλωὰμ** καὶ ἀπέκτεινεν αὐτούς,
Jn 9: 7 Ὕπαγε νίψαι εἰς τὴν κολυμβήθραν τοῦ **Σιλωάμ** (ὃ ἑρμηνεύεται Ἀπεσταλμένος).
9:11 ὁ λεγόμενος Ἰησοῦς πηλὸν ἐποίησεν καὶ ἐπέχρισέν μου τοὺς ὀφθαλμοὺς καὶ εἶπέν μοι ὅτι Ὕπαγε εἰς τὸν **Σιλωὰμ** καὶ νίψαι·

4979 Σιμαίας Not used in UBS/NIV

4980 σιμικίνθιον [1]

→ *4959*

Ac 19:12 ὥστε καὶ ἐπὶ τοὺς ἀσθενοῦντας ἀποφέρεσθαι ἀπὸ τοῦ χρωτὸς αὐτοῦ σουδάρια ἢ **σιμικίνθια** καὶ ἀπαλλάσσεσθαι ἀπ' αὐτῶν τὰς νόσους,

4981 Σίμων [75]

→ *5208*

Mt 4:18 **Σίμωνα** τὸν λεγόμενον Πέτρον καὶ Ἀνδρέαν τὸν ἀδελφὸν αὐτοῦ,
10: 2 πρῶτος **Σίμων** ὁ λεγόμενος Πέτρος καὶ Ἀνδρέας ὁ ἀδελφὸς αὐτοῦ,
10: 4 **Σίμων** ὁ Καναναῖος καὶ Ἰούδας ὁ Ἰσκαριώτης ὁ καὶ παραδοὺς αὐτόν.
13:55 οὐχ ἡ μήτηρ αὐτοῦ λέγεται Μαριὰμ καὶ οἱ ἀδελφοὶ αὐτοῦ Ἰάκωβος καὶ Ἰωσὴφ καὶ **Σίμων** καὶ Ἰούδας;
16:16 ἀποκριθεὶς δὲ **Σίμων** Πέτρος εἶπεν, Σὺ εἶ ὁ Χριστὸς ὁ υἱὸς τοῦ θεοῦ τοῦ ζῶντος.
16:17 ἀποκριθεὶς δὲ ὁ Ἰησοῦς εἶπεν αὐτῷ, Μακάριος εἶ, **Σίμων** Βαριωνᾶ,
17:25 καὶ ἐλθόντα εἰς τὴν οἰκίαν προέφθασεν αὐτὸν ὁ Ἰησοῦς λέγων, Τί σοι δοκεῖ, **Σίμων;**
26: 6 Τοῦ δὲ Ἰησοῦ γενομένου ἐν Βηθανίᾳ ἐν οἰκίᾳ **Σίμωνος** τοῦ λεπροῦ,
27:32 Ἐξερχόμενοι δὲ εὗρον ἄνθρωπον Κυρηναῖον ὀνόματι **Σίμωνα,** τοῦτον ἠγγάρευσαν ἵνα ἄρῃ τὸν σταυρὸν αὐτοῦ.
Mk 1:16 Καὶ παράγων παρὰ τὴν θάλασσαν τῆς Γαλιλαίας εἶδεν **Σίμωνα** καὶ Ἀνδρέαν τὸν ἀδελφὸν **Σίμωνος** ἀμφιβάλλοντας
1:29 Καὶ εὐθὺς ἐκ τῆς συναγωγῆς ἐξελθόντες ἦλθον εἰς τὴν οἰκίαν **Σίμωνος** καὶ Ἀνδρέου μετὰ Ἰακώβου καὶ Ἰωάννου.
1:30 ἡ δὲ πενθερὰ **Σίμωνος** κατέκειτο πυρέσσουσα, καὶ εὐθὺς λέγουσιν αὐτῷ περὶ αὐτῆς.
1:36 καὶ κατεδίωξεν αὐτὸν **Σίμων** καὶ οἱ μετ' αὐτοῦ,
3:16 [καὶ ἐποίησεν τοὺς δώδεκα,] καὶ ἐπέθηκεν ὄνομα τῷ **Σίμωνι** Πέτρον,
3:18 καὶ Βαρθολομαῖον καὶ Μαθθαῖον καὶ Θωμᾶν καὶ Ἰάκωβον τὸν τοῦ Ἁλφαίου καὶ Θαδδαῖον καὶ **Σίμωνα** τὸν Καναναῖον
6: 3 ὁ υἱὸς τῆς Μαρίας καὶ ἀδελφὸς Ἰακώβου καὶ Ἰωσῆτος καὶ Ἰούδα καὶ **Σίμωνος;**
14: 3 Καὶ ὄντος αὐτοῦ ἐν Βηθανίᾳ ἐν τῇ οἰκίᾳ **Σίμωνος** τοῦ λεπροῦ,
14:37 καὶ ἔρχεται καὶ εὑρίσκει αὐτοὺς καθεύδοντας, καὶ λέγει τῷ Πέτρῳ, **Σίμων,** καθεύδεις;
15:21 Καὶ ἀγγαρεύουσιν παράγοντά τινα **Σίμωνα** Κυρηναῖον ἐρχόμενον ἀπ' ἀγροῦ,
Lk 4:38 Ἀναστὰς δὲ ἀπὸ τῆς συναγωγῆς εἰσῆλθεν εἰς τὴν οἰκίαν **Σίμωνος.** πενθερὰ δὲ τοῦ **Σίμωνος** ἦν συνεχομένη πυρετῷ μεγάλῳ καὶ ἠρώτησαν αὐτὸν περὶ αὐτῆς.

5: 3 ἐμβὰς δὲ εἰς ἓν τῶν πλοίων, ὃ ἦν **Σίμωνος,**
5: 4 ὡς δὲ ἐπαύσατο λαλῶν, εἶπεν πρὸς τὸν **Σίμωνα,**
5: 5 καὶ ἀποκριθεὶς **Σίμων** εἶπεν, Ἐπιστάτα, δι᾽ ὅλης νυκτὸς κοπιάσαντες οὐδὲν ἐλάβομεν·
5: 8 ἰδὼν δὲ **Σίμων** Πέτρος προσέπεσεν τοῖς γόνασιν Ἰησοῦ λέγων,
5:10 ὁμοίως δὲ καὶ Ἰάκωβον καὶ Ἰωάννην υἱοὺς Ζεβεδαίου, οἳ ἦσαν κοινωνοὶ τῷ **Σίμωνι.** καὶ εἶπεν πρὸς τὸν **Σίμωνα** ὁ Ἰησοῦς, Μὴ φοβοῦ· ἀπὸ τοῦ νῦν ἀνθρώπους ἔσῃ ζωγρῶν.
6:14 **Σίμωνα** ὃν καὶ ὠνόμασεν Πέτρον, καὶ Ἀνδρέαν τὸν ἀδελφὸν αὐτοῦ,
6:15 καὶ Μαθθαῖον καὶ Θωμᾶν καὶ Ἰάκωβον Ἁλφαίου καὶ **Σίμωνα** τὸν καλούμενον Ζηλωτὴν
7:40 καὶ ἀποκριθεὶς ὁ Ἰησοῦς εἶπεν πρὸς αὐτόν, **Σίμων,** ἔχω σοί τι εἰπεῖν.
7:43 ἀποκριθεὶς **Σίμων** εἶπεν, Ὑπολαμβάνω ὅτι ᾧ τὸ πλεῖον ἐχαρίσατο.
7:44 καὶ στραφεὶς πρὸς τὴν γυναῖκα τῷ **Σίμωνι** ἔφη,
22:31 **Σίμων Σίμων,** ἰδοὺ ὁ Σατανᾶς ἐξῃτήσατο ὑμᾶς τοῦ σινιάσαι ὡς τὸν σῖτον·
23:26 ἐπιλαβόμενοι **Σίμωνά** τινα Κυρηναῖον ἐρχόμενον ἀπ᾽ ἀγροῦ ἐπέθηκαν αὐτῷ τὸν σταυρὸν φέρειν ὄπισθεν τοῦ Ἰησοῦ.
24:34 λέγοντας ὅτι ὄντως ἠγέρθη ὁ κύριος καὶ ὤφθη **Σίμωνι.**
Jn 1:40 Ἦν Ἀνδρέας ὁ ἀδελφὸς **Σίμωνος** Πέτρου εἷς ἐκ τῶν δύο τῶν ἀκουσάντων παρὰ Ἰωάννου καὶ ἀκολουθησάντων αὐτῷ·
1:41 εὑρίσκει οὗτος πρῶτον τὸν ἀδελφὸν τὸν ἴδιον **Σίμωνα** καὶ λέγει αὐτῷ,
1:42 Σὺ εἶ **Σίμων** ὁ υἱὸς Ἰωάννου, σὺ κληθήσῃ Κηφᾶς,
6: 8 λέγει αὐτῷ εἷς ἐκ τῶν μαθητῶν αὐτοῦ, Ἀνδρέας ὁ ἀδελφὸς **Σίμωνος** Πέτρου,
6:68 ἀπεκρίθη αὐτῷ **Σίμων** Πέτρος, Κύριε, πρὸς τίνα ἀπελευσόμεθα;
6:71 ἔλεγεν δὲ τὸν Ἰούδαν **Σίμωνος** Ἰσκαριώτου· οὗτος γὰρ ἔμελλεν παραδιδόναι αὐτόν,
13: 2 τοῦ διαβόλου ἤδη βεβληκότος εἰς τὴν καρδίαν ἵνα παραδοῖ αὐτὸν Ἰούδας **Σίμωνος** Ἰσκαριώτου,
13: 6 ἔρχεται οὖν πρὸς **Σίμωνα** Πέτρον· λέγει αὐτῷ, Κύριε,
13: 9 λέγει αὐτῷ **Σίμων** Πέτρος, Κύριε, μὴ τοὺς πόδας μου μόνον ἀλλὰ καὶ τὰς χεῖρας καὶ τὴν κεφαλήν.
13:24 νεύει οὖν τούτῳ **Σίμων** Πέτρος πυθέσθαι τίς ἂν εἴη περὶ οὗ λέγει.
13:26 βάψας οὖν τὸ ψωμίον [λαμβάνει καὶ] δίδωσιν Ἰούδᾳ **Σίμωνος** Ἰσκαριώτου.
13:36 Λέγει αὐτῷ **Σίμων** Πέτρος, Κύριε, ποῦ ὑπάγεις;
18:10 **Σίμων** οὖν Πέτρος ἔχων μάχαιραν εἵλκυσεν αὐτὴν καὶ ἔπαισεν τὸν τοῦ ἀρχιερέως δοῦλον καὶ ἀπέκοψεν αὐτοῦ τὸ ὠτάριον
18:15 Ἠκολούθει δὲ τῷ Ἰησοῦ **Σίμων** Πέτρος καὶ ἄλλος μαθητής.
18:25 Ἦν δὲ **Σίμων** Πέτρος ἑστὼς καὶ θερμαινόμενος. εἶπον οὖν αὐτῷ,
20: 2 τρέχει οὖν καὶ ἔρχεται πρὸς **Σίμωνα** Πέτρον καὶ πρὸς τὸν ἄλλον μαθητὴν ὃν ἐφίλει ὁ Ἰησοῦς καὶ λέγει αὐτοῖς,
20: 6 ἔρχεται οὖν καὶ **Σίμων** Πέτρος ἀκολουθῶν αὐτῷ καὶ εἰσῆλθεν εἰς τὸ μνημεῖον,
21: 2 ἦσαν ὁμοῦ **Σίμων** Πέτρος καὶ Θωμᾶς ὁ λεγόμενος Δίδυμος καὶ Ναθαναὴλ ὁ ἀπὸ Κανὰ τῆς Γαλιλαίας καὶ οἱ τοῦ Ζεβεδαίου
21: 3 λέγει αὐτοῖς **Σίμων** Πέτρος, Ὑπάγω ἁλιεύειν. λέγουσιν αὐτῷ,
21: 7 **Σίμων** οὖν Πέτρος ἀκούσας ὅτι ὁ κύριός ἐστιν τὸν ἐπενδύτην διεζώσατο,
21:11 ἀνέβη οὖν **Σίμων** Πέτρος καὶ εἵλκυσεν τὸ δίκτυον εἰς τὴν γῆν μεστὸν ἰχθύων μεγάλων ἑκατὸν πεντήκοντα τριῶν·
21:15 Ὅτε οὖν ἠρίστησαν λέγει τῷ **Σίμωνι** Πέτρῳ ὁ Ἰησοῦς, **Σίμων** Ἰωάννου, ἀγαπᾷς με πλέον τούτων;
21:16 λέγει αὐτῷ πάλιν δεύτερον, **Σίμων** Ἰωάννου, ἀγαπᾷς με;
21:17 λέγει αὐτῷ τὸ τρίτον, **Σίμων** Ἰωάννου, φιλεῖς με;
Ac 1:13 Ἰάκωβος Ἁλφαίου καὶ **Σίμων** ὁ ζηλωτὴς καὶ Ἰούδας Ἰακώβου.
8: 9 Ἀνὴρ δέ τις ὀνόματι **Σίμων** προϋπῆρχεν ἐν τῇ πόλει μαγεύων καὶ ἐξιστάνων τὸ ἔθνος τῆς Σαμαρείας,
8:13 ὁ δὲ **Σίμων** καὶ αὐτὸς ἐπίστευσεν καὶ βαπτισθεὶς ἦν προσκαρτερῶν τῷ **Φιλίππῳ,**
8:18 ἰδὼν δὲ ὁ **Σίμων** ὅτι διὰ τῆς ἐπιθέσεως τῶν χειρῶν τῶν ἀποστόλων δίδοται τὸ πνεῦμα,
8:24 ἀποκριθεὶς δὲ ὁ **Σίμων** εἶπεν, Δεήθητε ὑμεῖς ὑπὲρ ἐμοῦ πρὸς τὸν κύριον ὅπως μηδὲν ἐπέλθῃ ἐπ᾽ ἐμὲ ὧν εἰρήκατε.
9:43 Ἐγένετο δὲ ἡμέρας ἱκανὰς μεῖναι ἐν Ἰόππῃ παρά τινι **Σίμωνι** βυρσεῖ.
10: 5 καὶ νῦν πέμψον ἄνδρας εἰς Ἰόππην καὶ μετάπεμψαι **Σίμωνά** τινα ὃς ἐπικαλεῖται Πέτρος·
10: 6 οὗτος ξενίζεται παρά τινι **Σίμωνι** βυρσεῖ, ᾧ ἐστιν οἰκία παρὰ θάλασσαν.
10:17 οἱ ἄνδρες οἱ ἀπεσταλμένοι ὑπὸ τοῦ Κορνηλίου διερωτήσαντες τὴν οἰκίαν τοῦ **Σίμωνος** ἐπέστησαν ἐπὶ τὸν πυλῶνα,
10:18 καὶ φωνήσαντες ἐπυνθάνοντο εἰ **Σίμων** ὁ ἐπικαλούμενος Πέτρος ἐνθάδε ξενίζεται.
10:32 πέμψον οὖν εἰς Ἰόππην καὶ μετακάλεσαι **Σίμωνα** ὃς ἐπικαλεῖται Πέτρος, οὗτος ξενίζεται ἐν οἰκίᾳ **Σίμωνος** βυρσέως παρὰ θάλασσαν.
11:13 Ἀπόστειλον εἰς Ἰόππην καὶ μετάπεμψαι **Σίμωνα** τὸν ἐπικαλούμενον Πέτρον,

4982 Σινά [4]

ὄρος Σινᾶ [4] Ac 7:30,38; Gal 4:24,25

Ac 7:30 Καὶ πληρωθέντων ἐτῶν τεσσεράκοντα ὤφθη αὐτῷ ἐν τῇ ἐρήμῳ τοῦ ὄρους **Σινᾶ** ἄγγελος ἐν φλογὶ πυρὸς βάτου.
7:38 ὁ γενόμενος ἐν τῇ ἐκκλησίᾳ ἐν τῇ ἐρήμῳ μετὰ τοῦ ἀγγέλου τοῦ λαλοῦντος αὐτῷ ἐν τῷ ὄρει **Σινᾶ** καὶ τῶν πατέρων ἡμῶν,
Gal 4:24 μία μὲν ἀπὸ ὄρους **Σινᾶ** εἰς δουλείαν γεννῶσα,
4:25 τὸ δὲ Ἁγὰρ **Σινᾶ** ὄρος ἐστὶν ἐν τῇ Ἀραβίᾳ·

4983 σίναπι [5]

Mt 13:31 Ὁμοία ἐστὶν ἡ βασιλεία τῶν οὐρανῶν κόκκῳ **σινάπεως,**
17:20 ἐὰν ἔχητε πίστιν ὡς κόκκον **σινάπεως,** ἐρεῖτε τῷ ὄρει τούτῳ,
Mk 4:31 ὡς κόκκῳ **σινάπεως,** ὃς ὅταν σπαρῇ ἐπὶ τῆς γῆς,
Lk 13:19 ὁμοία ἐστὶν κόκκῳ **σινάπεως,** ὃν λαβὼν ἄνθρωπος ἔβαλεν εἰς κῆπον ἑαυτοῦ,
17: 6 εἶπεν δὲ ὁ κύριος, Εἰ ἔχετε πίστιν ὡς κόκκον **σινάπεως,**

4984 σινδών [6]

Mt 27:59 καὶ λαβὼν τὸ σῶμα ὁ Ἰωσὴφ ἐνετύλιξεν αὐτὸ [ἐν] **σινδόνι** καθαρᾷ
Mk 14:51 Καὶ νεανίσκος τις συνηκολούθει αὐτῷ περιβεβλημένος **σινδόνα** ἐπὶ γυμνοῦ,
14:52 ὁ δὲ καταλιπὼν τὴν **σινδόνα** γυμνὸς ἔφυγεν.
15:46 καὶ ἀγοράσας **σινδόνα** καθελὼν αὐτὸν ἐνείλησεν τῇ **σινδόνι** καὶ ἔθηκεν αὐτὸν ἐν μνημείῳ ὃ ἦν λελατομημένον ἐκ πέτρας
Lk 23:53 καὶ καθελὼν ἐνετύλιξεν αὐτὸ **σινδόνι** καὶ ἔθηκεν αὐτὸν ἐν μνήματι λαξευτῷ οὗ οὐκ ἦν οὐδεὶς οὔπω κείμενος.

4985 σινιάζω [1]

Lk 22:31 ἰδοὺ ὁ Σατανᾶς ἐξῃτήσατο ὑμᾶς τοῦ **σινιάσαι** ὡς τὸν σῖτον·

4986 σιρικός [1]

Rev 18:12 γόμον χρυσοῦ καὶ ἀργύρου καὶ λίθου τιμίου καὶ μαργαριτῶν καὶ βυσσίνου καὶ πορφύρας καὶ **σιρικοῦ** καὶ κοκκίνου,

4987 σιρός [0 / 1]

→ *4938*

2Pe 2: 4 Εἰ γὰρ ὁ θεὸς ἀγγέλων ἁμαρτησάντων οὐκ ἐφείσατο ἀλλὰ **σιροῖς**[NIV; UBS *4937*] ζόφου ταρταρώσας παρέδωκεν εἰς κρίσιν τηρουμένους,

4988 σιτευτός [3]

√ *4992*

Lk 15:23 καὶ φέρετε τὸν μόσχον τὸν **σιτευτόν,** θύσατε, καὶ φαγόντες εὐφρανθῶμεν,
15:27 καὶ ἔθυσεν ὁ πατήρ σου τὸν μόσχον τὸν **σιτευτόν,**
15:30 ὅτε δὲ ὁ υἱός σου οὗτος ὁ καταφαγών σου τὸν βίον μετὰ πορνῶν ἦλθεν, ἔθυσας αὐτῷ τὸν **σιτευτὸν** μόσχον.

4989 σιτίον [1]

√ *4992*

Ac 7:12 ἀκούσας δὲ Ἰακὼβ ὄντα **σιτία** εἰς Αἴγυπτον ἐξαπέστειλεν τοὺς πατέρας ἡμῶν πρῶτον.

4990 σιτιστός [1]

√ *4992*

Mt 22: 4 οἱ ταῦροί μου καὶ τὰ **σιτιστὰ** τεθυμένα καὶ πάντα ἕτοιμα·

4991 σιτομέτριον [1]

√ *4992 + 3586*

Lk 12:42 ὃν καταστήσει ὁ κύριος ἐπὶ τῆς θεραπείας αὐτοῦ τοῦ διδόναι ἐν καιρῷ [τὸ] **σιτομέτριον;**

4992 σῖτος [14]

→ *826, 827, 2169, 4988, 4989, 4990, 4991*

Mt 3:12 οὗ τὸ πτύον ἐν τῇ χειρὶ αὐτοῦ καὶ διακαθαριεῖ τὴν ἅλωνα αὐτοῦ καὶ συνάξει τὸν **σῖτον** αὐτοῦ εἰς τὴν ἀποθήκην,
13:25 ἐν δὲ τῷ καθεύδειν τοὺς ἀνθρώπους ἦλθεν αὐτοῦ ὁ ἐχθρὸς καὶ ἐπέσπειρεν ζιζάνια ἀνὰ μέσον τοῦ **σίτου** καὶ ἀπῆλθεν.
13:29 μήποτε συλλέγοντες τὰ ζιζάνια ἐκριζώσητε ἅμα αὐτοῖς τὸν **σῖτον.**
13:30 τὸν δὲ **σῖτον** συναγάγετε εἰς τὴν ἀποθήκην μου.
Mk 4:28 πρῶτον χόρτον εἶτα στάχυν εἶτα πλήρη[ς] **σῖτον** ἐν τῷ στάχυϊ.
Lk 3:17 οὗ τὸ πτύον ἐν τῇ χειρὶ αὐτοῦ διακαθᾶραι τὴν ἅλωνα αὐτοῦ καὶ συναγαγεῖν τὸν **σῖτον** εἰς τὴν ἀποθήκην αὐτοῦ,
12:18 καθελῶ μου τὰς ἀποθήκας καὶ μείζονας οἰκοδομήσω καὶ συνάξω ἐκεῖ πάντα τὸν **σῖτον** καὶ τὰ ἀγαθά μου
16: 7 ὁ δὲ εἶπεν, Ἑκατὸν κόρους **σίτου.** λέγει αὐτῷ,
22:31 ἰδοὺ ὁ Σατανᾶς ἐξῃτήσατο ὑμᾶς τοῦ σινιάσαι ὡς τὸν **σῖτον·**
Jn 12:24 ἐὰν μὴ ὁ κόκκος τοῦ **σίτου** πεσὼν εἰς τὴν γῆν ἀποθάνῃ,
Ac 27:38 κορεσθέντες δὲ τροφῆς ἐκούφιζον τὸ πλοῖον ἐκβαλλόμενοι τὸν **σῖτον** εἰς τὴν θάλασσαν.
1Co 15:37 οὐ τὸ σῶμα τὸ γενησόμενον σπείρεις ἀλλὰ γυμνὸν κόκκον εἰ τύχοι **σίτου** ἤ τινος τῶν λοιπῶν·
Rev 6: 6 Χοῖνιξ **σίτου** δηναρίου καὶ τρεῖς χοίνικες κριθῶν δηναρίου,
18:13 καὶ ἄμωμον καὶ θυμιάματα καὶ μύρον καὶ λίβανον καὶ οἶνον καὶ ἔλαιον καὶ σεμίδαλιν καὶ **σῖτον** καὶ κτήνη καὶ πρόβατα,

4993 Σιχάρ Not used in UBS/NIV

√ *5373*

4994 Σιών [7]

θυγάτηρ Σιών [2] Mt 21:5; Jn 12:15

ὄρος Σιών [2] Heb 12:22; Rev 14:1

Mt 21: 5 Εἴπατε τῇ θυγατρὶ **Σιών,** Ἰδοὺ ὁ βασιλεύς σου ἔρχεταί σοι πραῢς καὶ ἐπιβεβηκὼς ἐπὶ ὄνον καὶ ἐπὶ πῶλον υἱὸν ὑποζυγίου.
Jn 12:15 Μὴ φοβοῦ, θυγάτηρ **Σιών·** ἰδοὺ ὁ βασιλεύς σου ἔρχεται,
Ro 9:33 Ἰδοὺ τίθημι ἐν **Σιὼν** λίθον προσκόμματος καὶ πέτραν σκανδάλου,
11:26 καθὼς γέγραπται, Ἥξει ἐκ **Σιὼν** ὁ ῥυόμενος, ἀποστρέψει ἀσεβείας ἀπὸ Ἰακώβ.
Heb 12:22 ἀλλὰ προσεληλύθατε **Σιὼν** ὄρει καὶ πόλει θεοῦ ζῶντος,
1Pe 2: 6 Ἰδοὺ τίθημι ἐν **Σιὼν** λίθον ἀκρογωνιαῖον ἐκλεκτὸν ἔντιμον καὶ ὁ πιστεύων ἐπ' αὐτῷ οὐ μὴ καταισχυνθῇ.
Rev 14: 1 καὶ ἰδοὺ τὸ ἀρνίον ἑστὸς ἐπὶ τὸ ὄρος **Σιὼν** καὶ μετ' αὐτοῦ ἑκατὸν τεσσεράκοντα τέσσαρες χιλιάδες ἔχουσαι τὸ ὄνομα αὐτοῦ καὶ τὸ ὄνομα τοῦ πατρὸς αὐτοῦ γεγραμμένον ἐπὶ τῶν μετώπων αὐτῶν.

4995 σιωπάω [10]

→ *4996*

Mt 20:31 ὁ δὲ ὄχλος ἐπετίμησεν αὐτοῖς ἵνα **σιωπήσωσιν·** οἱ δὲ μεῖζον ἔκραξαν λέγοντες,
26:63 ὁ δὲ Ἰησοῦς **ἐσιώπα.** καὶ ὁ ἀρχιερεὺς εἶπεν αὐτῷ,
Mk 3: 4 Ἔξεστιν τοῖς σάββασιν ἀγαθὸν ποιῆσαι ἢ κακοποιῆσαι, ψυχὴν σῶσαι ἢ ἀποκτεῖναι; οἱ δὲ **ἐσιώπων.**
4:39 καὶ διεγερθεὶς ἐπετίμησεν τῷ ἀνέμῳ καὶ εἶπεν τῇ θαλάσσῃ, **Σιώπα,** πεφίμωσο.
9:34 οἱ δὲ **ἐσιώπων·** πρὸς ἀλλήλους γὰρ διελέχθησαν ἐν τῇ ὁδῷ τίς μείζων.
10:48 καὶ ἐπετίμων αὐτῷ πολλοὶ ἵνα **σιωπήσῃ·** ὁ δὲ πολλῷ μᾶλλον ἔκραζεν,
14:61 ὁ δὲ **ἐσιώπα** καὶ οὐκ ἀπεκρίνατο οὐδέν. πάλιν ὁ ἀρχιερεὺς ἐπηρώτα αὐτὸν καὶ λέγει αὐτῷ,
Lk 1:20 καὶ ἰδοὺ ἔσῃ **σιωπῶν** καὶ μὴ δυνάμενος λαλῆσαι ἄχρι ἧς ἡμέρας γένηται ταῦτα,
19:40 Λέγω ὑμῖν, ἐὰν οὗτοι **σιωπήσουσιν,** οἱ λίθοι κράξουσιν.
Ac 18: 9 εἶπεν δὲ ὁ κύριος ἐν νυκτὶ δι' ὁράματος τῷ Παύλῳ, Μὴ φοβοῦ, ἀλλὰ λάλει καὶ μὴ **σιωπήσῃς,**

4996 σιωπῇ Not used in UBS/NIV

√ *4995*

4997 σκανδαλίζω [29]

→ *4998*

Mt 5:29 εἰ δὲ ὁ ὀφθαλμός σου ὁ δεξιὸς **σκανδαλίζει** σε,
5:30 καὶ εἰ ἡ δεξιά σου χεὶρ **σκανδαλίζει** σε,
11: 6 καὶ μακάριός ἐστιν ὃς ἐὰν μὴ **σκανδαλισθῇ** ἐν ἐμοί.
13:21 γενομένης δὲ θλίψεως ἢ διωγμοῦ διὰ τὸν λόγον εὐθὺς **σκανδαλίζεται.**
13:57 καὶ **ἐσκανδαλίζοντο** ἐν αὐτῷ. ὁ δὲ Ἰησοῦς εἶπεν αὐτοῖς,
15:12 Οἶδας ὅτι οἱ Φαρισαῖοι ἀκούσαντες τὸν λόγον **ἐσκανδαλίσθησαν;**
17:27 ἵνα δὲ μὴ **σκανδαλίσωμεν** αὐτούς, πορευθεὶς εἰς θάλασσαν βάλε ἄγκιστρον καὶ τὸν ἀναβάντα πρῶτον ἰχθὺν ἆρον,
18: 6 Ὃς δ' ἂν **σκανδαλίσῃ** ἕνα τῶν μικρῶν τούτων τῶν πιστευόντων εἰς ἐμέ,
18: 8 Εἰ δὲ ἡ χείρ σου ἢ ὁ πούς σου **σκανδαλίζει** σε,
18: 9 καὶ εἰ ὁ ὀφθαλμός σου **σκανδαλίζει** σε, ἔξελε αὐτὸν καὶ βάλε ἀπὸ σοῦ·
24:10 καὶ τότε **σκανδαλισθήσονται** πολλοὶ καὶ ἀλλήλους παραδώσουσιν καὶ μισήσουσιν ἀλλήλους·
26:31 Πάντες ὑμεῖς **σκανδαλισθήσεσθε** ἐν ἐμοὶ ἐν τῇ νυκτὶ ταύτῃ,
26:33 Εἰ πάντες **σκανδαλισθήσονται** ἐν σοί, ἐγὼ οὐδέποτε **σκανδαλισθήσομαι.**
Mk 4:17 εἶτα γενομένης θλίψεως ἢ διωγμοῦ διὰ τὸν λόγον εὐθὺς **σκανδαλίζονται.**
6: 3 καὶ οὐκ εἰσὶν αἱ ἀδελφαὶ αὐτοῦ ὧδε πρὸς ἡμᾶς; καὶ **ἐσκανδαλίζοντο** ἐν αὐτῷ.
9:42 Καὶ ὃς ἂν **σκανδαλίσῃ** ἕνα τῶν μικρῶν τούτων τῶν πιστευόντων [εἰς ἐμέ,]
9:43 Καὶ ἐὰν **σκανδαλίζῃ** σε ἡ χείρ σου, ἀπόκοψον αὐτήν·
9:45 καὶ ἐὰν ὁ πούς σου **σκανδαλίζῃ** σε, ἀπόκοψον αὐτόν·
9:47 καὶ ἐὰν ὁ ὀφθαλμός σου **σκανδαλίζῃ** σε, ἔκβαλε αὐτόν·
14:27 Καὶ λέγει αὐτοῖς ὁ Ἰησοῦς ὅτι Πάντες **σκανδαλισθήσεσθε,**
14:29 ὁ δὲ Πέτρος ἔφη αὐτῷ, Εἰ καὶ πάντες **σκανδαλισθήσονται,** ἀλλ' οὐκ ἐγώ.
Lk 7:23 καὶ μακάριός ἐστιν ὃς ἐὰν μὴ **σκανδαλισθῇ** ἐν ἐμοί.
17: 2 λυσιτελεῖ αὐτῷ εἰ λίθος μυλικὸς περίκειται περὶ τὸν τράχηλον αὐτοῦ καὶ ἔρριπται εἰς τὴν θάλασσαν ἢ ἵνα **σκανδαλίσῃ** τῶν μικρῶν τούτων ἕνα.
Jn 6:61 εἰδὼς δὲ ὁ Ἰησοῦς ἐν ἑαυτῷ ὅτι γογγύζουσιν περὶ τούτου οἱ μαθηταὶ αὐτοῦ εἶπεν αὐτοῖς, Τοῦτο ὑμᾶς **σκανδαλίζει;**
16: 1 Ταῦτα λελάληκα ὑμῖν ἵνα μὴ **σκανδαλισθῆτε.**
1Co 8:13 διόπερ εἰ βρῶμα **σκανδαλίζει** τὸν ἀδελφόν μου, οὐ μὴ φάγω κρέα εἰς τὸν αἰῶνα, ἵνα μὴ τὸν ἀδελφόν μου **σκανδαλίσω.**
2Co 11:29 τίς ἀσθενεῖ καὶ οὐκ ἀσθενῶ; τίς **σκανδαλίζεται** καὶ οὐκ ἐγὼ πυροῦμαι;

4998 σκάνδαλον [15]

√ *4997*

πέτρα σκανδάλου [2] Ro 9:33; 1Pe 2:8

Mt 13:41 καὶ συλλέξουσιν ἐκ τῆς βασιλείας αὐτοῦ πάντα τὰ **σκάνδαλα** καὶ τοὺς ποιοῦντας τὴν ἀνομίαν
16:23 **σκάνδαλον** εἶ ἐμοῦ, ὅτι οὐ φρονεῖς τὰ τοῦ θεοῦ ἀλλὰ τὰ τῶν ἀνθρώπων.
18: 7 οὐαὶ τῷ κόσμῳ ἀπὸ τῶν **σκανδάλων·** ἀνάγκη γὰρ ἐλθεῖν τὰ **σκάνδαλα,** πλὴν οὐαὶ τῷ ἀνθρώπῳ δι' οὗ τὸ **σκάνδαλον** ἔρχεται.
Lk 17: 1 Ἀνένδεκτόν ἐστιν τοῦ τὰ **σκάνδαλα** μὴ ἐλθεῖν, πλὴν οὐαὶ δι' οὗ ἔρχεται·
Ro 9:33 Ἰδοὺ τίθημι ἐν Σιὼν λίθον προσκόμματος καὶ πέτραν **σκανδάλου,**

11: 9 Γενηθήτω ἡ τράπεζα αὐτῶν εἰς παγίδα καὶ εἰς θήραν καὶ εἰς **σκάνδαλον** καὶ εἰς ἀνταπόδομα αὐτοῖς,
14:13 τὸ μὴ τιθέναι πρόσκομμα τῷ ἀδελφῷ ἢ **σκάνδαλον.**
16:17 σκοπεῖν τοὺς τὰς διχοστασίας καὶ τὰ **σκάνδαλα** παρὰ τὴν διδαχὴν ἣν ὑμεῖς ἐμάθετε ποιοῦντας,
1Co 1:23 ἡμεῖς δὲ κηρύσσομεν Χριστὸν ἐσταυρωμένον, Ἰουδαίοις μὲν **σκάνδαλον,** ἔθνεσιν δὲ μωρίαν,
Gal 5:11 τί ἔτι διώκομαι; ἄρα κατήργηται τὸ **σκάνδαλον** τοῦ σταυροῦ.
1Pe 2: 8 καὶ λίθος προσκόμματος καὶ πέτρα **σκανδάλου·** οἳ προσκόπτουσιν τῷ λόγῳ ἀπειθοῦντες εἰς ὃ καὶ ἐτέθησαν.
1Jn 2:10 ὁ ἀγαπῶν τὸν ἀδελφὸν αὐτοῦ ἐν τῷ φωτὶ μένει καὶ **σκάνδαλον** ἐν αὐτῷ οὐκ ἔστιν·
Rev 2:14 ὃς ἐδίδασκεν τῷ Βαλὰκ βαλεῖν **σκάνδαλον** ἐνώπιον τῶν υἱῶν Ἰσραὴλ φαγεῖν εἰδωλόθυτα καὶ πορνεῦσαι.

4999 σκάπτω [3]

→ 2940, 5002

Lk 6:48 ὅμοιός ἐστιν ἀνθρώπῳ οἰκοδομοῦντι οἰκίαν ὃς **ἔσκαψεν** καὶ ἐβάθυνεν καὶ ἔθηκεν θεμέλιον ἐπὶ τὴν πέτραν·
13: 8 ἕως ὅτου **σκάψω** περὶ αὐτὴν καὶ βάλω κόπρια,
16: 3 ὅτι ὁ κύριός μου ἀφαιρεῖται τὴν οἰκονομίαν ἀπ' ἐμοῦ; **σκάπτειν** οὐκ ἰσχύω, ἐπαιτεῖν αἰσχύνομαι.

5000 Σκαριώθ Not used in UBS/NIV

√ 2696; cf. 4974 [?]

5001 Σκαριώτης Not used in UBS/NIV

√ 2696; cf. 4974 [?]

5002 σκάφη [3]

√ 4999

Ac 27:16 νησίον δέ τι ὑποδραμόντες καλούμενον Καῦδα ἰσχύσαμεν μόλις περικρατεῖς γενέσθαι τῆς **σκάφης,**
27:30 τῶν δὲ ναυτῶν ζητούντων φυγεῖν ἐκ τοῦ πλοίου καὶ χαλασάντων τὴν **σκάφην** εἰς τὴν θάλασσαν προφάσει ὡς ἐκ πρῴρης ἀγκύρας μελλόντων ἐκτείνειν,
27:32 τότε ἀπέκοψαν οἱ στρατιῶται τὰ σχοινία τῆς **σκάφης** καὶ εἴασαν αὐτὴν ἐκπεσεῖν.

5003 σκέλος [3]

Jn 19:31 ἠρώτησαν τὸν Πιλᾶτον ἵνα κατεαγῶσιν αὐτῶν τὰ **σκέλη** καὶ ἀρθῶσιν.
19:32 ἦλθον οὖν οἱ στρατιῶται καὶ τοῦ μὲν πρώτου κατέαξαν τὰ **σκέλη** καὶ τοῦ ἄλλου τοῦ συσταυρωθέντος αὐτῷ·
19:33 ὡς εἶδον ἤδη αὐτὸν τεθνηκότα, οὐ κατέαξαν αὐτοῦ τὰ **σκέλη,**

5004 σκέπασμα [1]

1Ti 6: 8 ἔχοντες δὲ διατροφὰς καὶ **σκεπάσματα,** τούτοις ἀρκεσθησόμεθα.

5005 Σκευᾶς [1]

Ac 19:14 ἦσαν δέ τινος **Σκευᾶ** Ἰουδαίου ἀρχιερέως ἑπτὰ υἱοὶ τοῦτο ποιοῦντες.

5006 σκευή [1]

√ 5007

Ac 27:19 καὶ τῇ τρίτῃ αὐτόχειρες τὴν **σκευὴν** τοῦ πλοίου ἔρριψαν.

5007 σκεῦος [23]

→ 412, 564, 683, 2171, 2941, 4186, 4187, 5006

ἐκλογή σκεῦος [1] Ac 9:15

σκεῦος εἰς τιμήν [2] Ro 9:21; 2Ti 2:21

σκεῦος ἐλέους [1] Ro 9:23

σκεῦος ὀργῆς [1] Ro 9:22

Mt 12:29 ἢ πῶς δύναταί τις εἰσελθεῖν εἰς τὴν οἰκίαν τοῦ ἰσχυροῦ καὶ τὰ **σκεύη** αὐτοῦ ἁρπάσαι,
Mk 3:27 ἀλλ' οὐ δύναται οὐδεὶς εἰς τὴν οἰκίαν τοῦ ἰσχυροῦ εἰσελθὼν τὰ **σκεύη** αὐτοῦ διαρπάσαι,
11:16 καὶ οὐκ ἤφιεν ἵνα τις διενέγκῃ **σκεῦος** διὰ τοῦ ἱεροῦ.
Lk 8:16 Οὐδεὶς δὲ λύχνον ἅψας καλύπτει αὐτὸν **σκεύει** ἢ ὑποκάτω κλίνης τίθησιν,
17:31 ἐν ἐκείνῃ τῇ ἡμέρᾳ ὃς ἔσται ἐπὶ τοῦ δώματος καὶ τὰ **σκεύη** αὐτοῦ ἐν τῇ οἰκίᾳ,
Jn 19:29 **σκεῦος** ἔκειτο ὄξους μεστόν· σπόγγον οὖν μεστὸν τοῦ ὄξους ὑσσώπῳ περιθέντες προσήνεγκαν αὐτοῦ τῷ στόματι.
Ac 9:15 ὅτι **σκεῦος** ἐκλογῆς ἐστίν μοι οὗτος τοῦ βαστάσαι τὸ ὄνομά μου ἐνώπιον ἐθνῶν τε καὶ βασιλέων υἱῶν τε Ἰσραήλ·
10:11 καὶ θεωρεῖ τὸν οὐρανὸν ἀνεῳγμένον καὶ καταβαῖνον **σκεῦός** τι ὡς ὀθόνην μεγάλην τέσσαρσιν ἀρχαῖς καθιέμενον ἐπὶ τῆς γῆς,
10:16 τοῦτο δὲ ἐγένετο ἐπὶ τρὶς καὶ εὐθὺς ἀνελήμφθη τὸ **σκεῦος** εἰς τὸν οὐρανόν.
11: 5 καταβαῖνον **σκεῦός** τι ὡς ὀθόνην μεγάλην τέσσαρσιν ἀρχαῖς καθιεμένην ἐκ τοῦ οὐρανοῦ,
27:17 φοβούμενοί τε μὴ εἰς τὴν Σύρτιν ἐκπέσωσιν, χαλάσαντες τὸ **σκεῦος,** οὕτως ἐφέροντο.
Ro 9:21 ἢ οὐκ ἔχει ἐξουσίαν ὁ κεραμεὺς τοῦ πηλοῦ ἐκ τοῦ αὐτοῦ φυράματος ποιῆσαι ὃ μὲν εἰς τιμὴν **σκεῦος** ὃ δὲ εἰς ἀτιμίαν;
9:22 εἰ δὲ θέλων ὁ θεὸς ἐνδείξασθαι τὴν ὀργὴν καὶ γνωρίσαι τὸ δυνατὸν αὐτοῦ ἤνεγκεν ἐν πολλῇ μακροθυμίᾳ **σκεύη** ὀργῆς κατηρτισμένα εἰς ἀπώλειαν,
9:23 καὶ ἵνα γνωρίσῃ τὸν πλοῦτον τῆς δόξης αὐτοῦ ἐπὶ **σκεύη** ἐλέους ἃ προητοίμασεν εἰς δόξαν;
2Co 4: 7 Ἔχομεν δὲ τὸν θησαυρὸν τοῦτον ἐν ὀστρακίνοις **σκεύεσιν,**
1Th 4: 4 εἰδέναι ἕκαστον ὑμῶν τὸ ἑαυτοῦ **σκεῦος** κτᾶσθαι ἐν ἁγιασμῷ καὶ τιμῇ,
2Ti 2:20 Ἐν μεγάλῃ δὲ οἰκίᾳ οὐκ ἔστιν μόνον **σκεύη** χρυσᾶ καὶ ἀργυρᾶ ἀλλὰ καὶ ξύλινα καὶ ὀστράκινα,
2:21 ἔσται **σκεῦος** εἰς τιμήν, ἡγιασμένον, εὔχρηστον τῷ δεσπότῃ,
Heb 9:21 καὶ τὴν σκηνὴν δὲ καὶ πάντα τὰ **σκεύη** τῆς λειτουργίας τῷ αἵματι ὁμοίως ἐράντισεν.
1Pe 3: 7 συνοικοῦντες κατὰ γνῶσιν ὡς ἀσθενεστέρῳ **σκεύει** τῷ γυναικείῳ,
Rev 2:27 καὶ ποιμανεῖ αὐτοὺς ἐν ῥάβδῳ σιδηρᾷ ὡς τὰ **σκεύη** τὰ κεραμικὰ συντρίβεται,
18:12 πᾶν ξύλον θύϊνον καὶ πᾶν **σκεῦος** ἐλεφάντινον καὶ πᾶν **σκεῦος** ἐκ ξύλου τιμιωτάτου καὶ χαλκοῦ καὶ σιδήρου καὶ μαρμάρου,

5008 σκηνή [20]

→ 2172, 2942, 2943, 5009, 5010, 5011, 5012, 5013

σκηνή μαρτυρίου [2] Ac 7:44; Rev 15:5

Mt 17: 4 εἰ θέλεις, ποιήσω ὧδε τρεῖς **σκηνάς,** σοὶ μίαν καὶ Μωϋσεῖ μίαν καὶ Ἠλίᾳ μίαν.
Mk 9: 5 καλόν ἐστιν ἡμᾶς ὧδε εἶναι, καὶ ποιήσωμεν τρεῖς **σκηνάς,**
Lk 9:33 καλόν ἐστιν ἡμᾶς ὧδε εἶναι, καὶ ποιήσωμεν **σκηνὰς** τρεῖς,
16: 9 ἵνα ὅταν ἐκλίπῃ δέξωνται ὑμᾶς εἰς τὰς αἰωνίους **σκηνάς.**
Ac 7:43 καὶ ἀνελάβετε τὴν **σκηνὴν** τοῦ Μολὸχ καὶ τὸ ἄστρον τοῦ θεοῦ [ὑμῶν] Ῥαιφάν,
7:44 Ἡ **σκηνὴ** τοῦ μαρτυρίου ἦν τοῖς πατράσιν ἡμῶν ἐν τῇ ἐρήμῳ καθὼς διετάξατο ὁ λαλῶν τῷ Μωϋσῇ ποιῆσαι αὐτὴν
15:16 Μετὰ ταῦτα ἀναστρέψω καὶ ἀνοικοδομήσω τὴν **σκηνὴν** Δαυὶδ τὴν πεπτωκυῖαν καὶ τὰ κατεσκαμμένα αὐτῆς ἀνοικοδομήσω
Heb 8: 2 τῶν ἁγίων λειτουργὸς καὶ τῆς **σκηνῆς** τῆς ἀληθινῆς,
8: 5 καθὼς κεχρημάτισται Μωϋσῆς μέλλων ἐπιτελεῖν τὴν **σκηνήν,** Ὅρα γάρ φησίν,
9: 2 **σκηνὴ** γὰρ κατεσκευάσθη ἡ πρώτη ἐν ᾗ ἥ τε λυχνία καὶ ἡ τράπεζα καὶ ἡ πρόθεσις τῶν ἄρτων,
9: 3 μετὰ δὲ τὸ δεύτερον καταπέτασμα **σκηνὴ** ἡ λεγομένη Ἅγια Ἁγίων,
9: 6 οὕτως κατεσκευασμένων εἰς μὲν τὴν πρώτην **σκηνὴν** διὰ παντὸς εἰσίασιν οἱ ἱερεῖς τὰς λατρείας ἐπιτελοῦντες,
9: 8 μήπω πεφανερῶσθαι τὴν τῶν ἁγίων ὁδὸν ἔτι τῆς πρώτης **σκηνῆς** ἐχούσης στάσιν,
9:11 Χριστὸς δὲ παραγενόμενος ἀρχιερεὺς τῶν γενομένων ἀγαθῶν διὰ τῆς μείζονος καὶ τελειοτέρας **σκηνῆς** οὐ χειροποιήτου,
9:21 καὶ τὴν **σκηνὴν** δὲ καὶ πάντα τὰ σκεύη τῆς λειτουργίας τῷ αἵματι ὁμοίως ἐράντισεν.
11: 9 Πίστει παρῴκησεν εἰς γῆν τῆς ἐπαγγελίας ὡς ἀλλοτρίαν ἐν **σκηναῖς** κατοικήσας μετὰ Ἰσαὰκ καὶ Ἰακὼβ
13:10 ἔχομεν θυσιαστήριον ἐξ οὗ φαγεῖν οὐκ ἔχουσιν ἐξουσίαν οἱ τῇ **σκηνῇ** λατρεύοντες.

Rev 13: 6 καὶ ἤνοιξεν τὸ στόμα αὐτοῦ εἰς βλασφημίας πρὸς τὸν θεὸν βλασφημῆσαι τὸ ὄνομα αὐτοῦ καὶ τὴν **σκηνὴν** αὐτοῦ,
15: 5 καὶ ἠνοίγη ὁ ναὸς τῆς **σκηνῆς** τοῦ μαρτυρίου ἐν τῷ οὐρανῷ,
21: 3 Ἰδοὺ ἡ **σκηνὴ** τοῦ θεοῦ μετὰ τῶν ἀνθρώπων,

5009 σκηνοπηγία [1]

√ 5008 + 4381

Jn 7: 2 ἦν δὲ ἐγγὺς ἡ ἑορτὴ τῶν Ἰουδαίων ἡ **σκηνοπηγία.**

5010 σκηνοποιός [1]

√ 5008 + 4472

Ac 18: 3 καὶ διὰ τὸ ὁμότεχνον εἶναι ἔμενεν παρ᾽ αὐτοῖς, καὶ ἠργάζετο· ἦσαν γὰρ **σκηνοποιοὶ** τῇ τέχνῃ.

5011 σκῆνος [2]

√ 5008

2Co 5: 1 Οἴδαμεν γὰρ ὅτι ἐὰν ἡ ἐπίγειος ἡμῶν οἰκία τοῦ **σκήνους** καταλυθῇ,
5: 4 καὶ γὰρ οἱ ὄντες ἐν τῷ **σκήνει** στενάζομεν βαρούμενοι,

5012 σκηνόω [5]

√ 5008

Jn 1: 14 Καὶ ὁ λόγος σὰρξ ἐγένετο καὶ **ἐσκήνωσεν** ἐν ἡμῖν,
Rev 7: 15 καὶ ὁ καθήμενος ἐπὶ τοῦ θρόνου **σκηνώσει** ἐπ᾽ αὐτούς.
12: 12 διὰ τοῦτο εὐφραίνεσθε, [οἱ] οὐρανοὶ καὶ οἱ ἐν αὐτοῖς **σκηνοῦντες.**
13: 6 εἰς βλασφημίας πρὸς τὸν θεὸν βλασφημῆσαι τὸ ὄνομα αὐτοῦ καὶ τὴν σκηνὴν αὐτοῦ, τοὺς ἐν τῷ οὐρανῷ **σκηνοῦντας.**
21: 3 καὶ **σκηνώσει** μετ᾽ αὐτῶν, καὶ αὐτοὶ λαοὶ αὐτοῦ ἔσονται,

5013 σκήνωμα [3]

√ 5008

Ac 7: 46 ὃς εὗρεν χάριν ἐνώπιον τοῦ θεοῦ καὶ ᾐτήσατο εὑρεῖν **σκήνωμα** τῷ οἴκῳ Ἰακώβ.
2Pe 1: 13 δίκαιον δὲ ἡγοῦμαι, ἐφ᾽ ὅσον εἰμὶ ἐν τούτῳ τῷ **σκηνώματι,**
1: 14 εἰδὼς ὅτι ταχινή ἐστιν ἡ ἀπόθεσις τοῦ **σκηνώματός** μου καθὼς καὶ ὁ κύριος ἡμῶν Ἰησοῦς Χριστὸς ἐδήλωσέν μοι,

5014 σκιά [7]

→ 684, 2173, 2944

Mt 4: 16 καὶ τοῖς καθημένοις ἐν χώρᾳ καὶ **σκιᾷ** θανάτου φῶς ἀνέτειλεν αὐτοῖς.
Mk 4: 32 ὥστε δύνασθαι ὑπὸ τὴν **σκιὰν** αὐτοῦ τὰ πετεινὰ τοῦ οὐρανοῦ κατασκηνοῦν.
Lk 1: 79 ἐπιφᾶναι τοῖς ἐν σκότει καὶ **σκιᾷ** θανάτου καθημένοις,
Ac 5: 15 ἵνα ἐρχομένου Πέτρου κἂν ἡ **σκιὰ** ἐπισκιάσῃ τινὶ αὐτῶν.
Col 2: 17 ἅ ἐστιν **σκιὰ** τῶν μελλόντων, τὸ δὲ σῶμα τοῦ Χριστοῦ.
Heb 8: 5 οἵτινες ὑποδείγματι καὶ **σκιᾷ** λατρεύουσιν τῶν ἐπουρανίων, καθὼς κεχρημάτισται Μωϋσῆς μέλλων ἐπιτελεῖν τὴν σκηνήν,
10: 1 **Σκιὰν** γὰρ ἔχων ὁ νόμος τῶν μελλόντων ἀγαθῶν,

5015 σκιρτάω [3]

Lk 1: 41 **ἐσκίρτησεν** τὸ βρέφος ἐν τῇ κοιλίᾳ αὐτῆς, καὶ ἐπλήσθη πνεύματος ἁγίου ἡ Ἐλισάβετ,
1: 44 **ἐσκίρτησεν** ἐν ἀγαλλιάσει τὸ βρέφος ἐν τῇ κοιλίᾳ μου.
6: 23 χάρητε ἐν ἐκείνῃ τῇ ἡμέρᾳ καὶ **σκιρτήσατε,** ἰδοὺ γὰρ ὁ μισθὸς ὑμῶν πολὺς ἐν τῷ οὐρανῷ·

5016 σκληροκαρδία [3]

√ 5020 + 2840

Mt 19: 8 λέγει αὐτοῖς ὅτι Μωϋσῆς πρὸς τὴν **σκληροκαρδίαν** ὑμῶν ἐπέτρεψεν ὑμῖν ἀπολῦσαι τὰς γυναῖκας ὑμῶν,
Mk 10: 5 Πρὸς τὴν **σκληροκαρδίαν** ὑμῶν ἔγραψεν ὑμῖν τὴν ἐντολὴν ταύτην.
16: 14 ⟦Ὕστερον [δὲ] ἀνακειμένοις αὐτοῖς τοῖς ἕνδεκα ἐφανερώθη καὶ ὠνείδισεν τὴν ἀπιστίαν αὐτῶν καὶ **σκληροκαρδίαν** ὅτι τοῖς θεασαμένοις αὐτὸν ἐγηγερμένον οὐκ ἐπίστευσαν.⟧

5017 σκληρός [5]

√ 5020

Mt 25: 24 Κύριε, ἔγνων σε ὅτι **σκληρὸς** εἶ ἄνθρωπος, θερίζων ὅπου οὐκ ἔσπειρας καὶ συνάγων ὅθεν οὐ διεσκόρπισας,
Jn 6: 60 Πολλοὶ οὖν ἀκούσαντες ἐκ τῶν μαθητῶν αὐτοῦ εἶπαν, **Σκληρός** ἐστιν ὁ λόγος οὗτος·
Ac 26: 14 τί με διώκεις; **σκληρόν** σοι πρὸς κέντρα λακτίζειν.
Jas 3: 4 ἰδοὺ καὶ τὰ πλοῖα τηλικαῦτα ὄντα καὶ ὑπὸ ἀνέμων **σκληρῶν** ἐλαυνόμενα,
Jude 1: 15 ποιῆσαι κρίσιν κατὰ πάντων καὶ ἐλέγξαι πᾶσαν ψυχὴν περὶ πάντων τῶν ἔργων ἀσεβείας αὐτῶν ὧν ἠσέβησαν καὶ περὶ πάντων τῶν **σκληρῶν** ὧν ἐλάλησαν κατ᾽ αὐτοῦ ἁμαρτωλοὶ

5018 σκληρότης [1]

√ 5020

Ro 2: 5 κατὰ δὲ τὴν **σκληρότητά** σου καὶ ἀμετανόητον καρδίαν θησαυρίζεις σεαυτῷ ὀργὴν ἐν ἡμέρᾳ ὀργῆς

5019 σκληροτράχηλος [1]

√ 5020 + 5549

Ac 7: 51 **Σκληροτράχηλοι** καὶ ἀπερίτμητοι καρδίαις καὶ τοῖς ὠσίν, ὑμεῖς ἀεὶ τῷ πνεύματι τῷ ἁγίῳ ἀντιπίπτετε ὡς οἱ πατέρες

5020 σκληρύνω [6]

→ 5016, 5017, 5018, 5019

σκληρύνητε καρδίας ὑμῶν [3] Heb 3:8,15; 4:7

Ac 19: 9 ὡς δέ τινες **ἐσκληρύνοντο** καὶ ἠπείθουν κακολογοῦντες τὴν ὁδὸν ἐνώπιον τοῦ πλήθους,
Ro 9: 18 ἄρα οὖν ὃν θέλει ἐλεεῖ, ὃν δὲ θέλει **σκληρύνει.**
Heb 3: 8 μὴ **σκληρύνητε** τὰς καρδίας ὑμῶν ὡς ἐν τῷ παραπικρασμῷ κατὰ τὴν ἡμέραν τοῦ πειρασμοῦ ἐν τῇ ἐρήμῳ,
3: 13 ἵνα μὴ **σκληρυνθῇ** τις ἐξ ὑμῶν ἀπάτῃ τῆς ἁμαρτίας–
3: 15 Μὴ **σκληρύνητε** τὰς καρδίας ὑμῶν ὡς ἐν τῷ παραπικρασμῷ.
4: 7 Σήμερον ἐὰν τῆς φωνῆς αὐτοῦ ἀκούσητε, μὴ **σκληρύνητε** τὰς καρδίας ὑμῶν.

5021 σκολιός [4]

Lk 3: 5 καὶ ἔσται τὰ **σκολιὰ** εἰς εὐθείαν καὶ αἱ τραχεῖαι εἰς ὁδοὺς λείας·
Ac 2: 40 ἑτέροις τε λόγοις πλείοσιν διεμαρτύρατο καὶ παρεκάλει αὐτοὺς λέγων, Σώθητε ἀπὸ τῆς γενεᾶς τῆς **σκολιᾶς** ταύτης.
Php 2: 15 τέκνα θεοῦ ἄμωμα μέσον γενεᾶς **σκολιᾶς** καὶ διεστραμμένης,
1Pe 2: 18 οὐ μόνον τοῖς ἀγαθοῖς καὶ ἐπιεικέσιν ἀλλὰ καὶ τοῖς **σκολιοῖς.**

5022 σκόλοψ [1]

2Co 12: 7 ἐδόθη μοι **σκόλοψ** τῇ σαρκί, ἄγγελος Σατανᾶ, ἵνα με κολαφίζῃ,

5023 σκοπέω [6]

→ 258, 2170, 2174, 2175, 2176, 2945, 2946, 5024, 5297

Lk 11: 35 **σκόπει** οὖν μὴ τὸ φῶς τὸ ἐν σοὶ σκότος ἐστίν.
Ro 16: 17 **σκοπεῖν** τοὺς τὰς διχοστασίας καὶ τὰ σκάνδαλα παρὰ τὴν διδαχὴν ἣν ὑμεῖς ἐμάθετε ποιοῦντας,
2Co 4: 18 μὴ **σκοπούντων** ἡμῶν τὰ βλεπόμενα ἀλλὰ τὰ μὴ βλεπόμενα·
Gal 6: 1 ὑμεῖς οἱ πνευματικοὶ καταρτίζετε τὸν τοιοῦτον ἐν πνεύματι πραΰτητος, **σκοπῶν** σεαυτὸν μὴ καὶ σὺ πειρασθῇς.
Php 2: 4 μὴ τὰ ἑαυτῶν ἕκαστος **σκοποῦντες** ἀλλὰ [καὶ] τὰ ἑτέρων ἕκαστοι.
3: 17 καὶ **σκοπεῖτε** τοὺς οὕτω περιπατοῦντας καθὼς ἔχετε τύπον ἡμᾶς.

5024 σκοπός [1]

√ 5023

Php 3: 14 κατὰ **σκοπὸν** διώκω εἰς τὸ βραβεῖον τῆς ἄνω κλήσεως τοῦ θεοῦ ἐν Χριστῷ Ἰησοῦ.

5025 σκορπίζω [5]

→ *1399, 5026*

Mt 12:30 ὁ μὴ ὢν μετ᾽ ἐμοῦ κατ᾽ ἐμοῦ ἐστιν, καὶ ὁ μὴ συνάγων μετ᾽ ἐμοῦ **σκορπίζει.**
Lk 11:23 ὁ μὴ ὢν μετ᾽ ἐμοῦ κατ᾽ ἐμοῦ ἐστιν, καὶ ὁ μὴ συνάγων μετ᾽ ἐμοῦ **σκορπίζει.**
Jn 10:12 θεωρεῖ τὸν λύκον ἐρχόμενον καὶ ἀφίησιν τὰ πρόβατα καὶ φεύγει– καὶ ὁ λύκος ἁρπάζει αὐτὰ καὶ **σκορπίζει–**
16:32 ἰδοὺ ἔρχεται ὥρα καὶ ἐλήλυθεν ἵνα **σκορπισθῆτε** ἕκαστος εἰς τὰ ἴδια κἀμὲ μόνον ἀφῆτε·
2Co 9: 9 καθὼς γέγραπται, **Ἐσκόρπισεν,** ἔδωκεν τοῖς πένησιν, ἡ δικαιοσύνη αὐτοῦ μένει εἰς τὸν αἰῶνα.

5026 σκορπίος [5]

√ *5025*

Lk 10:19 ἰδοὺ δέδωκα ὑμῖν τὴν ἐξουσίαν τοῦ πατεῖν ἐπάνω ὄφεων καὶ **σκορπίων,**
11:12 ἢ καὶ αἰτήσει ᾠόν, ἐπιδώσει αὐτῷ **σκορπίον;**
Rev 9: 3 καὶ ἐδόθη αὐταῖς ἐξουσία ὡς ἔχουσιν ἐξουσίαν οἱ **σκορπίοι** τῆς γῆς.
9: 5 καὶ ὁ βασανισμὸς αὐτῶν ὡς βασανισμὸς **σκορπίου** ὅταν παίσῃ ἄνθρωπον.
9:10 καὶ ἔχουσιν οὐρὰς ὁμοίας **σκορπίοις** καὶ κέντρα, καὶ ἐν ταῖς οὐραῖς αὐτῶν ἡ ἐξουσία αὐτῶν ἀδικῆσαι τοὺς ἀνθρώπους

5027 σκοτεινός [3]

√ *5030*

Mt 6:23 ἐὰν δὲ ὁ ὀφθαλμός σου πονηρὸς ᾖ, ὅλον τὸ σῶμά σου **σκοτεινὸν** ἔσται.
Lk 11:34 ἐπὰν δὲ πονηρὸς ᾖ, καὶ τὸ σῶμά σου **σκοτεινόν.**
11:36 εἰ οὖν τὸ σῶμά σου ὅλον φωτεινόν, μὴ ἔχον μέρος τι **σκοτεινόν,**

5028 σκοτία [16]

√ *5030*

Mt 10:27 ὃ λέγω ὑμῖν ἐν τῇ **σκοτίᾳ** εἴπατε ἐν τῷ φωτί,
Lk 12: 3 ἀνθ᾽ ὧν ὅσα ἐν τῇ **σκοτίᾳ** εἴπατε ἐν τῷ φωτὶ ἀκουσθήσεται,
Jn 1: 5 καὶ τὸ φῶς ἐν τῇ **σκοτίᾳ** φαίνει, καὶ ἡ **σκοτία** αὐτὸ οὐ κατέλαβεν.
6:17 καὶ **σκοτία** ἤδη ἐγεγόνει καὶ οὔπω ἐληλύθει πρὸς αὐτοὺς ὁ Ἰησοῦς,
8:12 ὁ ἀκολουθῶν ἐμοὶ οὐ μὴ περιπατήσῃ ἐν τῇ **σκοτίᾳ,**
12:35 περιπατεῖτε ὡς τὸ φῶς ἔχετε, ἵνα μὴ **σκοτία** ὑμᾶς καταλάβῃ· καὶ ὁ περιπατῶν ἐν τῇ **σκοτίᾳ** οὐκ οἶδεν ποῦ ὑπάγει.
12:46 ἵνα πᾶς ὁ πιστεύων εἰς ἐμὲ ἐν τῇ **σκοτίᾳ** μὴ μείνῃ.
20: 1 Τῇ δὲ μιᾷ τῶν σαββάτων Μαρία ἡ Μαγδαληνὴ ἔρχεται πρωῒ **σκοτίας** ἔτι οὔσης εἰς τὸ μνημεῖον καὶ βλέπει τὸν λίθον ἠρμένον ἐκ τοῦ μνημείου.
1Jn 1: 5 ὅτι ὁ θεὸς φῶς ἐστιν καὶ **σκοτία** ἐν αὐτῷ οὐκ ἔστιν οὐδεμία.
2: 8 ὅτι ἡ **σκοτία** παράγεται καὶ τὸ φῶς τὸ ἀληθινὸν ἤδη φαίνει.
2: 9 ὁ λέγων ἐν τῷ φωτὶ εἶναι καὶ τὸν ἀδελφὸν αὐτοῦ μισῶν ἐν τῇ **σκοτίᾳ** ἐστὶν ἕως ἄρτι.
2:11 ὁ δὲ μισῶν τὸν ἀδελφὸν αὐτοῦ ἐν τῇ **σκοτίᾳ** ἐστὶν καὶ ἐν τῇ **σκοτίᾳ** περιπατεῖ καὶ οὐκ οἶδεν ποῦ ὑπάγει, ὅτι ἡ **σκοτία** ἐτύφλωσεν τοὺς ὀφθαλμοὺς αὐτοῦ.

5029 σκοτίζομαι [5]

√ *5030*

with **ὀφθαλμός** [1] Ro 11:10

Mt 24:29 Εὐθέως δὲ μετὰ τὴν θλῖψιν τῶν ἡμερῶν ἐκείνων ὁ ἥλιος **σκοτισθήσεται,**
Mk 13:24 Ἀλλὰ ἐν ἐκείναις ταῖς ἡμέραις μετὰ τὴν θλῖψιν ἐκείνην ὁ ἥλιος **σκοτισθήσεται,**
Ro 1:21 ἀλλ᾽ ἐματαιώθησαν ἐν τοῖς διαλογισμοῖς αὐτῶν καὶ **ἐσκοτίσθη** ἡ ἀσύνετος αὐτῶν καρδία.
11:10 **σκοτισθήτωσαν** οἱ ὀφθαλμοὶ αὐτῶν τοῦ μὴ βλέπειν καὶ τὸν νῶτον αὐτῶν διὰ παντὸς σύγκαμψον.
Rev 8:12 ἵνα **σκοτισθῇ** τὸ τρίτον αὐτῶν καὶ ἡ ἡμέρα μὴ φάνῃ τὸ τρίτον αὐτῆς καὶ ἡ νὺξ ὁμοίως.

5030 σκότος [31]

→ *5027, 5028, 5029, 5031*

τὰ ἔργα σκότους [2] Ro 13:12; Eph 5:11

Mt 4:16 ὁ λαὸς ὁ καθήμενος ἐν **σκότει** φῶς εἶδεν μέγα,
6:23 εἰ οὖν τὸ φῶς τὸ ἐν σοὶ **σκότος** ἐστίν, τὸ **σκότος** πόσον.
8:12 οἱ δὲ υἱοὶ τῆς βασιλείας ἐκβληθήσονται εἰς τὸ **σκότος** τὸ ἐξώτερον·
22:13 Δήσαντες αὐτοῦ πόδας καὶ χεῖρας ἐκβάλετε αὐτὸν εἰς τὸ **σκότος** τὸ ἐξώτερον·
25:30 καὶ τὸν ἀχρεῖον δοῦλον ἐκβάλετε εἰς τὸ **σκότος** τὸ ἐξώτερον·
27:45 Ἀπὸ δὲ ἕκτης ὥρας **σκότος** ἐγένετο ἐπὶ πᾶσαν τὴν γῆν ἕως ὥρας ἐνάτης.
Mk 15:33 Καὶ γενομένης ὥρας ἕκτης **σκότος** ἐγένετο ἐφ᾽ ὅλην τὴν γῆν ἕως ὥρας ἐνάτης.
Lk 1:79 ἐπιφᾶναι τοῖς ἐν **σκότει** καὶ σκιᾷ θανάτου καθημένοις,
11:35 σκόπει οὖν μὴ τὸ φῶς τὸ ἐν σοὶ **σκότος** ἐστίν.
22:53 ἀλλ᾽ αὕτη ἐστὶν ὑμῶν ἡ ὥρα καὶ ἡ ἐξουσία τοῦ **σκότους.**
23:44 Καὶ ἦν ἤδη ὡσεὶ ὥρα ἕκτη καὶ **σκότος** ἐγένετο ἐφ᾽ ὅλην τὴν γῆν ἕως ὥρας ἐνάτης
Jn 3:19 αὕτη δέ ἐστιν ἡ κρίσις ὅτι τὸ φῶς ἐλήλυθεν εἰς τὸν κόσμον καὶ ἠγάπησαν οἱ ἄνθρωποι μᾶλλον τὸ **σκότος** ἢ τὸ φῶς·
Ac 2:20 ὁ ἥλιος μεταστραφήσεται εἰς **σκότος** καὶ ἡ σελήνη εἰς αἷμα,
13:11 παραχρῆμά τε ἔπεσεν ἐπ᾽ αὐτὸν ἀχλὺς καὶ **σκότος** καὶ περιάγων ἐζήτει χειραγωγούς.
26:18 τοῦ ἐπιστρέψαι ἀπὸ **σκότους** εἰς φῶς καὶ τῆς ἐξουσίας τοῦ Σατανᾶ ἐπὶ τὸν θεόν,
Ro 2:19 πέποιθάς τε σεαυτὸν ὁδηγὸν εἶναι τυφλῶν, φῶς τῶν ἐν **σκότει,**
13:12 ἀποθώμεθα οὖν τὰ ἔργα τοῦ **σκότους,** ἐνδυσώμεθα [δὲ] τὰ ὅπλα τοῦ φωτός.
1Co 4: 5 ὃς καὶ φωτίσει τὰ κρυπτὰ τοῦ **σκότους** καὶ φανερώσει τὰς βουλὰς τῶν καρδιῶν·
2Co 4: 6 ὅτι ὁ θεὸς ὁ εἰπών, Ἐκ **σκότους** φῶς λάμψει,
6:14 τίς γὰρ μετοχὴ δικαιοσύνῃ καὶ ἀνομίᾳ ἢ τίς κοινωνία φωτὶ πρὸς **σκότος;**
Eph 5: 8 ἦτε γάρ ποτε **σκότος,** νῦν δὲ φῶς ἐν κυρίῳ·
5:11 καὶ μὴ συγκοινωνεῖτε τοῖς ἔργοις τοῖς ἀκάρποις τοῦ **σκότους,**
6:12 πρὸς τὰς ἐξουσίας, πρὸς τοὺς κοσμοκράτορας τοῦ **σκότους** τούτου,
Col 1:13 ὃς ἐρρύσατο ἡμᾶς ἐκ τῆς ἐξουσίας τοῦ **σκότους** καὶ μετέστησεν εἰς τὴν βασιλείαν τοῦ υἱοῦ τῆς ἀγάπης αὐτοῦ,
1Th 5: 4 ὑμεῖς δέ, ἀδελφοί, οὐκ ἐστὲ ἐν **σκότει,** ἵνα ἡ ἡμέρα ὑμᾶς ὡς κλέπτης καταλάβῃ·
5: 5 πάντες γὰρ ὑμεῖς υἱοὶ φωτός ἐστε καὶ υἱοὶ ἡμέρας. οὐκ ἐσμὲν νυκτὸς οὐδὲ **σκότους·**
1Pe 2: 9 ὅπως τὰς ἀρετὰς ἐξαγγείλητε τοῦ ἐκ **σκότους** ὑμᾶς καλέσαντος εἰς τὸ θαυμαστὸν αὐτοῦ φῶς·
2Pe 2:17 Οὗτοί εἰσιν πηγαὶ ἄνυδροι καὶ ὁμίχλαι ὑπὸ λαίλαπος ἐλαυνόμεναι, οἷς ὁ ζόφος τοῦ **σκότους** τετήρηται.
1Jn 1: 6 Ἐὰν εἴπωμεν ὅτι κοινωνίαν ἔχομεν μετ᾽ αὐτοῦ καὶ ἐν τῷ **σκότει** περιπατῶμεν,
Jude 1:13 ἀστέρες πλανῆται οἷς ὁ ζόφος τοῦ **σκότους** εἰς αἰῶνα τετήρηται.

5031 σκοτόω [3]

√ *5030*

Eph 4:18 **ἐσκοτωμένοι** τῇ διανοίᾳ ὄντες, ἀπηλλοτριωμένοι τῆς ζωῆς τοῦ θεοῦ διὰ τὴν ἄγνοιαν τὴν οὖσαν ἐν αὐτοῖς,
Rev 9: 2 καὶ **ἐσκοτώθη** ὁ ἥλιος καὶ ὁ ἀὴρ ἐκ τοῦ καπνοῦ τοῦ φρέατος.
16:10 καὶ ἐγένετο ἡ βασιλεία αὐτοῦ **ἐσκοτωμένη,** καὶ ἐμασῶντο τὰς γλώσσας αὐτῶν ἐκ τοῦ πόνου,

5032 σκύβαλον [1]

Php 3: 8 δι᾽ ὃν τὰ πάντα ἐζημιώθην, καὶ ἡγοῦμαι **σκύβαλα,** ἵνα Χριστὸν κερδήσω

5033 Σκύθης [1]

Col 3:11 ὅπου οὐκ ἔνι Ἕλλην καὶ Ἰουδαῖος, περιτομὴ καὶ ἀκροβυστία, βάρβαρος, **Σκύθης,** δοῦλος, ἐλεύθερος,

5034 σκυθρωπός [2]

√ *3972*

Mt 6:16 Ὅταν δὲ νηστεύητε, μὴ γίνεσθε ὡς οἱ ὑποκριταὶ **σκυθρωποί,**
Lk 24:17 Τίνες οἱ λόγοι οὗτοι οὓς ἀντιβάλλετε πρὸς ἀλλήλους περιπατοῦντες; καὶ ἐστάθησαν **σκυθρωποί.**

5035 σκύλλω [4]

→ *5036*

Mt 9:36 ὅτι ἦσαν **ἐσκυλμένοι** καὶ ἐρριμμένοι ὡσεὶ πρόβατα μὴ ἔχοντα ποιμένα.
Mk 5:35 ἔρχονται ἀπὸ τοῦ ἀρχισυναγώγου λέγοντες ὅτι Ἡ θυγάτηρ σου ἀπέθανεν· τί ἔτι **σκύλλεις** τὸν διδάσκαλον;
Lk 7:6 Κύριε, μὴ **σκύλλου,** οὐ γὰρ ἱκανός εἰμι ἵνα ὑπὸ τὴν στέγην μου εἰσέλθης·
8:49 ἔρχεταί τις παρὰ τοῦ ἀρχισυναγώγου λέγων ὅτι Τέθνηκεν ἡ θυγάτηρ σου· μηκέτι **σκύλλε** τὸν διδάσκαλον.

5036 σκῦλον [1]

√ *5035*

Lk 11:22 τὴν πανοπλίαν αὐτοῦ αἴρει ἐφ' ᾗ ἐπεποίθει καὶ τὰ **σκῦλα** αὐτοῦ διαδίδωσιν.

5037 σκωληκόβρωτος [1]

√ *5038 + 1048*

Ac 12:23 ἐπάταξεν αὐτὸν ἄγγελος κυρίου ἀνθ' ὧν οὐκ ἔδωκεν τὴν δόξαν τῷ θεῷ, καὶ γενόμενος **σκωληκόβρωτος** ἐξέψυξεν.

5038 σκώληξ [1]

→ *5037*

Mk 9:48 ὅπου ὁ **σκώληξ** αὐτῶν οὐ τελευτᾷ καὶ τὸ πῦρ οὐ σβέννυται.

5039 σμαράγδινος [1]

√ *5040*

Rev 4:3 καὶ ἶρις κυκλόθεν τοῦ θρόνου ὅμοιος ὁράσει **σμαραγδίνῳ.**

5040 σμάραγδος [1]

→ *5039*

Rev 21:19 ὁ δεύτερος σάπφιρος, ὁ τρίτος χαλκηδών, ὁ τέταρτος **σμάραγδος,**

5041 σμῆγμα Not used in UBS/NIV

5042 σμίγμα Not used in UBS/NIV

√ *3502*

5043 σμύρνα[1] [2]

→ *2430, 5044, 5045, 5046*

Mt 2:11 προσεκύνησαν αὐτῷ καὶ ἀνοίξαντες τοὺς θησαυροὺς αὐτῶν προσήνεγκαν αὐτῷ δῶρα, χρυσὸν καὶ λίβανον καὶ **σμύρναν.**
Jn 19:39 φέρων μίγμα **σμύρνης** καὶ ἀλόης ὡς λίτρας ἑκατόν.

5044 Σμύρνα[2] [2]

√ *5043*

Rev 1:11 εἰς Ἔφεσον καὶ εἰς **Σμύρναν** καὶ εἰς Πέργαμον καὶ εἰς Θυάτειρα καὶ εἰς Σάρδεις καὶ εἰς **Φιλαδέλφειαν**
2:8 Καὶ τῷ ἀγγέλῳ τῆς ἐν **Σμύρνῃ** ἐκκλησίας γράψον·

5045 Σμυρναῖος Not used in UBS/NIV

√ *5043*

5046 σμυρνίζω [1]

√ *5043*

Mk 15:23 καὶ ἐδίδουν αὐτῷ **ἐσμυρνισμένον** οἶνον· ὃς δὲ οὐκ ἔλαβεν.

5047 Σόδομα [9]

Mt 10:15 ἀνεκτότερον ἔσται γῇ **Σοδόμων** καὶ Γομόρρων ἐν ἡμέρᾳ κρίσεως ἢ τῇ πόλει ἐκείνῃ.
11:23 ὅτι εἰ ἐν **Σοδόμοις** ἐγενήθησαν αἱ δυνάμεις αἱ γενόμεναι ἐν σοί,
11:24 πλὴν λέγω ὑμῖν ὅτι γῇ **Σοδόμων** ἀνεκτότερον ἔσται ἐν ἡμέρᾳ κρίσεως ἢ σοί.
Lk 10:12 λέγω ὑμῖν ὅτι **Σοδόμοις** ἐν τῇ ἡμέρᾳ ἐκείνῃ ἀνεκτότερον ἔσται ἢ τῇ πόλει ἐκείνῃ.
17:29 ᾗ δὲ ἡμέρᾳ ἐξῆλθεν Λὼτ ἀπὸ **Σοδόμων,** ἔβρεξεν πῦρ καὶ θεῖον ἀπ' οὐρανοῦ καὶ ἀπώλεσεν πάντας.
Ro 9:29 ὡς **Σόδομα** ἂν ἐγενήθημεν καὶ ὡς Γόμορρα ἂν ὡμοιώθημεν.
2Pe 2:6 καὶ πόλεις **Σοδόμων** καὶ Γομόρρας τεφρώσας [καταστροφῇ] κατέκρινεν ὑπόδειγμα μελλόντων ἀσεβέ[σ]ιν τεθεικώς,
Jude 1:7 ὡς **Σόδομα** καὶ Γόμορρα καὶ αἱ περὶ αὐτὰς πόλεις τὸν ὅμοιον τρόπον τούτοις ἐκπορνεύσασαι καὶ ἀπελθοῦσαι ὀπίσω σαρκὸς ἑτέρας,
Rev 11:8 ἥτις καλεῖται πνευματικῶς **Σόδομα** καὶ Αἴγυπτος, ὅπου καὶ ὁ κύριος αὐτῶν ἐσταυρώθη.

5048 Σολομών [12]

→ *4898*

Mt 1:6 Δαυὶδ δὲ ἐγέννησεν τὸν **Σολομῶνα** ἐκ τῆς τοῦ Οὐρίου,
1:7 **Σολομὼν** δὲ ἐγέννησεν τὸν Ῥοβοάμ, Ῥοβοὰμ δὲ ἐγέννησεν τὸν Ἀβιά,
6:29 λέγω δὲ ὑμῖν ὅτι οὐδὲ **Σολομὼν** ἐν πάσῃ τῇ δόξῃ αὐτοῦ περιεβάλετο ὡς ἓν τούτων.
12:42 ὅτι ἦλθεν ἐκ τῶν περάτων τῆς γῆς ἀκοῦσαι τὴν σοφίαν **Σολομῶνος,** καὶ ἰδοὺ πλεῖον **Σολομῶνος** ὧδε.
Lk 11:31 ὅτι ἦλθεν ἐκ τῶν περάτων τῆς γῆς ἀκοῦσαι τὴν σοφίαν **Σολομῶνος,** καὶ ἰδοὺ πλεῖον **Σολομῶνος** ὧδε.
12:27 οὐδὲ **Σολομὼν** ἐν πάσῃ τῇ δόξῃ αὐτοῦ περιεβάλετο ὡς ἓν τούτων.
Jn 10:23 καὶ περιεπάτει ὁ Ἰησοῦς ἐν τῷ ἱερῷ ἐν τῇ στοᾷ τοῦ **Σολομῶνος.**
Ac 3:11 Κρατοῦντος δὲ αὐτοῦ τὸν Πέτρον καὶ τὸν Ἰωάννην συνέδραμεν πᾶς ὁ λαὸς πρὸς αὐτοὺς ἐπὶ τῇ στοᾷ τῇ καλουμένῃ **Σολομῶντος** ἔκθαμβοι.
5:12 καὶ ἦσαν ὁμοθυμαδὸν ἅπαντες ἐν τῇ Στοᾷ **Σολομῶντος,**
7:47 **Σολομῶν** δὲ οἰκοδόμησεν αὐτῷ οἶκον.

5049 σορός [1]

Lk 7:14 καὶ προσελθὼν ἥψατο τῆς **σοροῦ,** οἱ δὲ βαστάζοντες ἔστησαν,

5050 σός [27]

√ *5148*

Mt 7:3 τὴν δὲ ἐν τῷ **σῷ** ὀφθαλμῷ δοκὸν οὐ κατανοεῖς;
7:22 Κύριε κύριε, οὐ τῷ **σῷ** ὀνόματι ἐπροφητεύσαμεν, καὶ τῷ **σῷ** ὀνόματι δαιμόνια ἐξεβάλομεν, καὶ τῷ **σῷ** ὀνόματι δυνάμεις πολλὰς ἐποιήσαμεν;
13:27 οὐχὶ καλὸν σπέρμα ἔσπειρας ἐν τῷ **σῷ** ἀγρῷ;
20:14 ἆρον τὸ **σὸν** καὶ ὕπαγε. θέλω δὲ τούτῳ τῷ ἐσχάτῳ δοῦναι ὡς καὶ σοί·
24:3 Εἰπὲ ἡμῖν πότε ταῦτα ἔσται καὶ τί τὸ σημεῖον τῆς **σῆς** παρουσίας καὶ συντελείας τοῦ αἰῶνος;
25:25 καὶ φοβηθεὶς ἀπελθὼν ἔκρυψα τὸ τάλαντόν σου ἐν τῇ γῇ· ἴδε ἔχεις τὸ **σόν.**
Mk 2:18 Διὰ τί οἱ μαθηταὶ Ἰωάννου καὶ οἱ μαθηταὶ τῶν **Φαρισαίων** νηστεύουσιν, οἱ δὲ **σοὶ** μαθηταὶ οὐ νηστεύουσιν;
5:19 Ὕπαγε εἰς τὸν οἶκόν σου πρὸς τοὺς **σοὺς** καὶ ἀπάγγειλον αὐτοῖς ὅσα ὁ κύριός σοι πεποίηκεν καὶ ἠλέησέν σε.
Lk 5:33 Οἱ μαθηταὶ Ἰωάννου νηστεύουσιν πυκνὰ καὶ δεήσεις ποιοῦνται ὁμοίως καὶ οἱ τῶν **Φαρισαίων,** οἱ δὲ **σοὶ** ἐσθίουσιν καὶ πίνουσιν.
6:30 καὶ ἀπὸ τοῦ αἴροντος τὰ **σὰ** μὴ ἀπαίτει.
15:31 σὺ πάντοτε μετ' ἐμοῦ εἶ, καὶ πάντα τὰ ἐμὰ **σά** ἐστιν·
22:42 πλὴν μὴ τὸ θέλημά μου ἀλλὰ τὸ **σὸν** γινέσθω.
Jn 4:42 τῇ τε γυναικὶ ἔλεγον ὅτι Οὐκέτι διὰ τὴν **σὴν** λαλιὰν πιστεύομεν,
17:6 **σοὶ** ἦσαν κἀμοὶ αὐτοὺς ἔδωκας καὶ τὸν λόγον σου τετήρηκαν.
17:9 οὐ περὶ τοῦ κόσμου ἐρωτῶ ἀλλὰ περὶ ὧν δέδωκάς μοι, ὅτι **σοί** εἰσιν,
17:10 καὶ τὰ ἐμὰ πάντα **σά** ἐστιν καὶ τὰ **σὰ** ἐμά,

17:17 ἁγίασον αὐτοὺς ἐν τῇ ἀληθείᾳ· ὁ λόγος ὁ **σὸς** ἀλήθειά ἐστιν.
18:35 τὸ ἔθνος τὸ **σὸν** καὶ οἱ ἀρχιερεῖς παρέδωκάν σε ἐμοί·
Ac 5: 4 οὐχὶ μένον σοὶ ἔμενεν καὶ πραθὲν ἐν τῇ **σῇ** ἐξουσίᾳ ὑπῆρχεν;
24: 2 Πολλῆς εἰρήνης τυγχάνοντες διὰ σοῦ καὶ διορθωμάτων γινομένων τῷ ἔθνει τούτῳ διὰ τῆς **σῆς** προνοίας,
24: 4 παρακαλῶ ἀκοῦσαί σε ἡμῶν συντόμως τῇ **σῇ** ἐπιεικείᾳ.
1Co 8:11 ἀπόλλυται γὰρ ὁ ἀσθενῶν ἐν τῇ **σῇ** γνώσει,
14:16 ὁ ἀναπληρῶν τὸν τόπον τοῦ ἰδιώτου πῶς ἐρεῖ τὸ Ἀμήν ἐπὶ τῇ **σῇ** εὐχαριστίᾳ;
Phm 1:14 χωρὶς δὲ τῆς **σῆς** γνώμης οὐδὲν ἠθέλησα ποιῆσαι,

5051 σουδάριον [4]

Lk 19:20 ἰδοὺ ἡ μνᾶ σου ἣν εἶχον ἀποκειμένην ἐν **σουδαρίῳ**·
Jn 11:44 ἐξῆλθεν ὁ τεθνηκὼς δεδεμένος τοὺς πόδας καὶ τὰς χεῖρας κειρίαις καὶ ἡ ὄψις αὐτοῦ **σουδαρίῳ** περιεδέδετο.
20: 7 καὶ τὸ **σουδάριον,** ὃ ἦν ἐπὶ τῆς κεφαλῆς αὐτοῦ,
Ac 19:12 ὥστε καὶ ἐπὶ τοὺς ἀσθενοῦντας ἀποφέρεσθαι ἀπὸ τοῦ χρωτὸς αὐτοῦ **σουδάρια** ἢ σιμικίνθια καὶ ἀπαλλάσσεσθαι ἀπ' αὐτῶν τὰς νόσους,

5052 Σουσάννα [1]

Lk 8: 3 καὶ Ἰωάννα γυνὴ Χουζᾶ ἐπιτρόπου Ἡρῴδου καὶ **Σουσάννα** καὶ ἕτεραι πολλαί,

5053 σοφία [51]

√ *5055*

ἀνθρώπινος σοφία [1] 1Co 2:13

λόγος σοφίας [1] 1Co 12:8

πνεῦμα σοφίας [1] Eph 1:17

σοφία αἰῶνος [1] 1Co 2:6

σοφία θεοῦ [7] Lk 11:49; Ro 11:33; 1Co 1:21,24,30; 2:7; Eph 3:10

σοφία κοσμοῦ [3] 1Co 1:20,21; 3:19

σοφία σαρκικός [1] 2Co 1:12

Mt 11:19 καὶ ἐδικαιώθη ἡ **σοφία** ἀπὸ τῶν ἔργων αὐτῆς.
12:42 ὅτι ἦλθεν ἐκ τῶν περάτων τῆς γῆς ἀκοῦσαι τὴν **σοφίαν** Σολομῶνος,
13:54 Πόθεν τούτῳ ἡ **σοφία** αὕτη καὶ αἱ δυνάμεις;
Mk 6: 2 Πόθεν τούτῳ ταῦτα, καὶ τίς ἡ **σοφία** ἡ δοθεῖσα τούτῳ,
Lk 2:40 Τὸ δὲ παιδίον ηὔξανεν καὶ ἐκραταιοῦτο πληρούμενον **σοφίᾳ,**
2:52 Καὶ Ἰησοῦς προέκοπτεν [ἐν τῇ] **σοφίᾳ** καὶ ἡλικίᾳ καὶ χάριτι παρὰ θεῷ καὶ ἀνθρώποις.
7:35 καὶ ἐδικαιώθη ἡ **σοφία** ἀπὸ πάντων τῶν τέκνων αὐτῆς.
11:31 ὅτι ἦλθεν ἐκ τῶν περάτων τῆς γῆς ἀκοῦσαι τὴν **σοφίαν** Σολομῶνος,
11:49 διὰ τοῦτο καὶ ἡ **σοφία** τοῦ θεοῦ εἶπεν,
21:15 ἐγὼ γὰρ δώσω ὑμῖν στόμα καὶ **σοφίαν** ᾗ οὐ δυνήσονται ἀντιστῆναι ἢ ἀντειπεῖν ἅπαντες οἱ ἀντικείμενοι ὑμῖν.
Ac 6: 3 ἄνδρας ἐξ ὑμῶν μαρτυρουμένους ἑπτά, πλήρεις πνεύματος καὶ **σοφίας,**
6:10 καὶ οὐκ ἴσχυον ἀντιστῆναι τῇ **σοφίᾳ** καὶ τῷ πνεύματι ᾧ ἐλάλει.
7:10 καὶ ἐξείλατο αὐτὸν ἐκ πασῶν τῶν θλίψεων αὐτοῦ καὶ ἔδωκεν αὐτῷ χάριν καὶ **σοφίαν** ἐναντίον Φαραὼ βασιλέως Αἰγύπτου
7:22 καὶ ἐπαιδεύθη Μωϋσῆς [ἐν] πάσῃ **σοφίᾳ** Αἰγυπτίων, ἦν δὲ δυνατὸς ἐν λόγοις καὶ ἔργοις αὐτοῦ.
Ro 11:33 Ὦ βάθος πλούτου καὶ **σοφίας** καὶ γνώσεως θεοῦ·
1Co 1:17 οὐκ ἐν **σοφίᾳ** λόγου, ἵνα μὴ κενωθῇ ὁ σταυρὸς τοῦ Χριστοῦ.
1:19 Ἀπολῶ τὴν **σοφίαν** τῶν σοφῶν καὶ τὴν σύνεσιν τῶν συνετῶν ἀθετήσω.
1:20 οὐχὶ ἐμώρανεν ὁ θεὸς τὴν **σοφίαν** τοῦ κόσμου;
1:21 ἐπειδὴ γὰρ ἐν τῇ **σοφίᾳ** τοῦ θεοῦ οὐκ ἔγνω ὁ κόσμος διὰ τῆς **σοφίας** τὸν θεόν,
1:22 ἐπειδὴ καὶ Ἰουδαῖοι σημεῖα αἰτοῦσιν καὶ Ἕλληνες **σοφίαν** ζητοῦσιν,
1:24 Ἰουδαίοις τε καὶ Ἕλλησιν, Χριστὸν θεοῦ δύναμιν καὶ θεοῦ **σοφίαν**·
1:30 ὃς ἐγενήθη **σοφία** ἡμῖν ἀπὸ θεοῦ, δικαιοσύνη τε καὶ ἁγιασμὸς καὶ ἀπολύτρωσις,
2: 1 ἦλθον οὐ καθ' ὑπεροχὴν λόγου ἢ **σοφίας** καταγγέλλων ὑμῖν τὸ μυστήριον τοῦ θεοῦ.
2: 4 καὶ ὁ λόγος μου καὶ τὸ κήρυγμά μου οὐκ ἐν πειθο[ῖ]ς] **σοφίας** [λόγοις] ἀλλ' ἐν ἀποδείξει πνεύματος καὶ δυνάμεως,
2: 5 ἵνα ἡ πίστις ὑμῶν μὴ ᾖ ἐν **σοφίᾳ** ἀνθρώπων ἀλλ' ἐν δυνάμει θεοῦ.
2: 6 **Σοφίαν** δὲ λαλοῦμεν ἐν τοῖς τελείοις, **σοφίαν** δὲ οὐ τοῦ αἰῶνος τούτου οὐδὲ τῶν ἀρχόντων τοῦ αἰῶνος τούτου τῶν καταργουμένων·
2: 7 ἀλλὰ λαλοῦμεν θεοῦ **σοφίαν** ἐν μυστηρίῳ τὴν ἀποκεκρυμμένην,
2:13 ἃ καὶ λαλοῦμεν οὐκ ἐν διδακτοῖς ἀνθρωπίνης **σοφίας** λόγοις ἀλλ' ἐν διδακτοῖς πνεύματος,
3:19 ἡ γὰρ **σοφία** τοῦ κόσμου τούτου μωρία παρὰ τῷ θεῷ ἐστιν.
12: 8 ᾧ μὲν γὰρ διὰ τοῦ πνεύματος δίδοται λόγος **σοφίας,**
2Co 1:12 [καὶ] οὐκ ἐν **σοφίᾳ** σαρκικῇ ἀλλ' ἐν χάριτι θεοῦ,
Eph 1: 8 ἧς ἐπερίσσευσεν εἰς ἡμᾶς, ἐν πάσῃ **σοφίᾳ** καὶ φρονήσει,
1:17 δώῃ ὑμῖν πνεῦμα **σοφίας** καὶ ἀποκαλύψεως ἐν ἐπιγνώσει αὐτοῦ,
3:10 ἵνα γνωρισθῇ νῦν ταῖς ἀρχαῖς καὶ ταῖς ἐξουσίαις ἐν τοῖς ἐπουρανίοις διὰ τῆς ἐκκλησίας ἡ πολυποίκιλος **σοφία** τοῦ θεοῦ,
Col 1: 9 ἵνα πληρωθῆτε τὴν ἐπίγνωσιν τοῦ θελήματος αὐτοῦ ἐν πάσῃ **σοφίᾳ** καὶ συνέσει πνευματικῇ,
1:28 ὃν ἡμεῖς καταγγέλλομεν νουθετοῦντες πάντα ἄνθρωπον καὶ διδάσκοντες πάντα ἄνθρωπον ἐν πάσῃ **σοφίᾳ,**
2: 3 ἐν ᾧ εἰσιν πάντες οἱ θησαυροὶ τῆς **σοφίας** καὶ γνώσεως ἀπόκρυφοι.
2:23 ἅτινά ἐστιν λόγον μὲν ἔχοντα **σοφίας** ἐν ἐθελοθρησκίᾳ καὶ ταπεινοφροσύνῃ [καὶ] ἀφειδίᾳ σώματος,
3:16 ὁ λόγος τοῦ Χριστοῦ ἐνοικείτω ἐν ὑμῖν πλουσίως, ἐν πάσῃ **σοφίᾳ** διδάσκοντες καὶ νουθετοῦντες ἑαυτούς,
4: 5 Ἐν **σοφίᾳ** περιπατεῖτε πρὸς τοὺς ἔξω τὸν καιρὸν ἐξαγοραζόμενοι.
Jas 1: 5 Εἰ δέ τις ὑμῶν λείπεται **σοφίας,** αἰτείτω παρὰ τοῦ διδόντος θεοῦ πᾶσιν ἁπλῶς καὶ μὴ ὀνειδίζοντος καὶ δοθήσεται αὐτῷ.
3:13 δειξάτω ἐκ τῆς καλῆς ἀναστροφῆς τὰ ἔργα αὐτοῦ ἐν πραΰτητι **σοφίας.**
3:15 οὐκ ἔστιν αὕτη ἡ **σοφία** ἄνωθεν κατερχομένη ἀλλὰ ἐπίγειος,
3:17 ἡ δὲ ἄνωθεν **σοφία** πρῶτον μὲν ἁγνή ἐστιν,
2Pe 3:15 καθὼς καὶ ὁ ἀγαπητὸς ἡμῶν ἀδελφὸς Παῦλος κατὰ τὴν δοθεῖσαν αὐτῷ **σοφίαν** ἔγραψεν ὑμῖν,
Rev 5:12 Ἄξιόν ἐστιν τὸ ἀρνίον τὸ ἐσφαγμένον λαβεῖν τὴν δύναμιν καὶ πλοῦτον καὶ **σοφίαν** καὶ ἰσχὺν καὶ τιμὴν καὶ δόξαν καὶ εὐλογίαν.
7:12 ἡ εὐλογία καὶ ἡ δόξα καὶ ἡ **σοφία** καὶ ἡ εὐχαριστία καὶ ἡ τιμὴ καὶ ἡ δύναμις καὶ ἡ ἰσχὺς τῷ θεῷ ἡμῶν εἰς τοὺς αἰῶνας τῶν αἰώνων·
13:18 Ὧδε ἡ **σοφία** ἐστίν. ὁ ἔχων νοῦν ψηφισάτω τὸν ἀριθμὸν τοῦ θηρίου,
17: 9 ὧδε ὁ νοῦς ὁ ἔχων **σοφίαν.** αἱ ἑπτὰ κεφαλαὶ ἑπτὰ ὄρη εἰσίν,

5054 σοφίζω [2]

√ *5055*

2Ti 3:15 τὰ δυνάμενά σε **σοφίσαι** εἰς σωτηρίαν διὰ πίστεως τῆς ἐν Χριστῷ Ἰησοῦ.
2Pe 1:16 Οὐ γὰρ **σεσοφισμένοις** μύθοις ἐξακολουθήσαντες ἐγνωρίσαμεν ὑμῖν τὴν τοῦ κυρίου ἡμῶν Ἰησοῦ Χριστοῦ δύναμιν

5055 σοφός [20]

→ *831, 2947, 5053, 5054, 5814, 5815*

σοφώτερον [1] 1Co 1:25

Mt 11:25 ὅτι ἔκρυψας ταῦτα ἀπὸ **σοφῶν** καὶ συνετῶν καὶ ἀπεκάλυψας αὐτὰ νηπίοις·
23:34 διὰ τοῦτο ἰδοὺ ἐγὼ ἀποστέλλω πρὸς ὑμᾶς προφήτας καὶ **σοφοὺς** καὶ γραμματεῖς·
Lk 10:21 ὅτι ἀπέκρυψας ταῦτα ἀπὸ **σοφῶν** καὶ συνετῶν καὶ ἀπεκάλυψας αὐτὰ νηπίοις·
Ro 1:14 Ἕλλησίν τε καὶ βαρβάροις, **σοφοῖς** τε καὶ ἀνοήτοις ὀφειλέτης εἰμί,
1:22 φάσκοντες εἶναι **σοφοὶ** ἐμωράνθησαν
16:19 θέλω δὲ ὑμᾶς **σοφοὺς** εἶναι εἰς τὸ ἀγαθόν,
16:27 [μόνῳ **σοφῷ** θεῷ, διὰ Ἰησοῦ Χριστοῦ, ᾧ ἡ δόξα εἰς τοὺς αἰῶνας,]
1Co 1:19 Ἀπολῶ τὴν σοφίαν τῶν **σοφῶν** καὶ τὴν σύνεσιν τῶν συνετῶν ἀθετήσω.
1:20 ποῦ **σοφός;** ποῦ γραμματεύς; ποῦ συζητητὴς τοῦ αἰῶνος τούτου;

1:25 ὅτι τὸ μωρὸν τοῦ θεοῦ **σοφώτερον** τῶν ἀνθρώπων ἐστὶν καὶ τὸ ἀσθενὲς τοῦ θεοῦ ἰσχυρότερον τῶν ἀνθρώπων.
1:26 ἀδελφοί, ὅτι οὐ πολλοὶ **σοφοὶ** κατὰ σάρκα, οὐ πολλοὶ δυνατοί,
1:27 ἵνα καταισχύνῃ τοὺς **σοφούς,** καὶ τὰ ἀσθενῆ τοῦ κόσμου ἐξελέξατο ὁ θεός,
3:10 Κατὰ τὴν χάριν τοῦ θεοῦ τὴν δοθεῖσάν μοι ὡς **σοφὸς** ἀρχιτέκτων θεμέλιον ἔθηκα,
3:18 εἴ τις δοκεῖ **σοφὸς** εἶναι ἐν ὑμῖν ἐν τῷ αἰῶνι τούτῳ, μωρὸς γενέσθω, ἵνα γένηται **σοφός.**
3:19 Ὁ δρασσόμενος τοὺς **σοφοὺς** ἐν τῇ πανουργίᾳ αὐτῶν·
3:20 Κύριος γινώσκει τοὺς διαλογισμοὺς τῶν **σοφῶν** ὅτι εἰσὶν μάταιοι.
6: 5 οὕτως οὐκ ἔνι ἐν ὑμῖν οὐδεὶς **σοφός,** ὃς δυνήσεται διακρῖναι ἀνὰ μέσον τοῦ ἀδελφοῦ αὐτοῦ;

Eph 5:15 Βλέπετε οὖν ἀκριβῶς πῶς περιπατεῖτε μὴ ὡς ἄσοφοι ἀλλ' ὡς **σοφοί,**

Jas 3:13 Τίς **σοφὸς** καὶ ἐπιστήμων ἐν ὑμῖν; δειξάτω ἐκ τῆς καλῆς ἀναστροφῆς τὰ ἔργα αὐτοῦ ἐν πραΰτητι σοφίας.

5056 Σπανία [2]

Ro 15:24 ὡς ἂν πορεύωμαι εἰς τὴν **Σπανίαν·** ἐλπίζω γὰρ διαπορευόμενος θεάσασθαι ὑμᾶς καὶ ὑφ' ὑμῶν προπεμφθῆναι
15:28 τοῦτο οὖν ἐπιτελέσας καὶ σφραγισάμενος αὐτοῖς τὸν καρπὸν τοῦτον, ἀπελεύσομαι δι' ὑμῶν εἰς **Σπανίαν·**

5057 σπαράσσω [3]

√ *5060*

Mk 1:26 καὶ **σπαράξαν** αὐτὸν τὸ πνεῦμα τὸ ἀκάθαρτον καὶ φωνῆσαν φωνῇ μεγάλῃ ἐξῆλθεν ἐξ αὐτοῦ.
9:26 καὶ κράξας καὶ πολλὰ **σπαράξας** ἐξῆλθεν· καὶ ἐγένετο ὡσεὶ νεκρός,

Lk 9:39 καὶ ἰδοὺ πνεῦμα λαμβάνει αὐτὸν καὶ ἐξαίφνης κράζει καὶ **σπαράσσει** αὐτὸν μετὰ ἀφροῦ καὶ μόγις ἀποχωρεῖ ἀπ' αὐτοῦ

5058 σπαργανόω [2]

Lk 2: 7 καὶ **ἐσπαργάνωσεν** αὐτὸν καὶ ἀνέκλινεν αὐτὸν ἐν φάτνῃ,
2:12 καὶ τοῦτο ὑμῖν τὸ σημεῖον, εὑρήσετε βρέφος **ἐσπαργανωμένον** καὶ κείμενον ἐν φάτνῃ.

5059 σπαταλάω [2]

1Ti 5: 6 ἡ δὲ **σπαταλῶσα** ζῶσα τέθνηκεν.

Jas 5: 5 ἐτρυφήσατε ἐπὶ τῆς γῆς καὶ **ἐσπαταλήσατε,** ἐθρέψατε τὰς καρδίας ὑμῶν ἐν ἡμέρᾳ σφαγῆς,

5060 σπάω [2]

→ *413, 597, 685, 1400, 2177, 2341, 4352, 5057, 5360*

Mk 14:47 [τις] τῶν παρεστηκότων **σπασάμενος** τὴν μάχαιραν ἔπαισεν τὸν δοῦλον τοῦ ἀρχιερέως καὶ ἀφεῖλεν αὐτοῦ τὸ ὠτάριον.

Ac 16:27 **σπασάμενος** [τὴν] μάχαιραν ἤμελλεν ἑαυτὸν ἀναιρεῖν νομίζων ἐκπεφευγέναι τοὺς δεσμίους.

5061 σπεῖρα [7]

Mt 27:27 Τότε οἱ στρατιῶται τοῦ ἡγεμόνος παραλαβόντες τὸν Ἰησοῦν εἰς τὸ πραιτώριον συνήγαγον ἐπ' αὐτὸν ὅλην τὴν **σπεῖραν.**

Mk 15:16 ὅ ἐστιν πραιτώριον, καὶ συγκαλοῦσιν ὅλην τὴν **σπεῖραν.**

Jn 18: 3 ὁ οὖν Ἰούδας λαβὼν τὴν **σπεῖραν** καὶ ἐκ τῶν ἀρχιερέων καὶ ἐκ τῶν Φαρισαίων ὑπηρέτας ἔρχεται ἐκεῖ μετὰ φανῶν
18:12 Ἡ οὖν **σπεῖρα** καὶ ὁ χιλίαρχος καὶ οἱ ὑπηρέται τῶν Ἰουδαίων συνέλαβον τὸν Ἰησοῦν καὶ ἔδησαν αὐτὸν

Ac 10: 1 Ἀνὴρ δέ τις ἐν Καισαρείᾳ ὀνόματι Κορνήλιος, ἑκατοντάρχης ἐκ **σπείρης** τῆς καλουμένης Ἰταλικῆς,
21:31 ζητούντων τε αὐτὸν ἀποκτεῖναι ἀνέβη φάσις τῷ χιλιάρχῳ τῆς **σπείρης** ὅτι ὅλη συγχύννεται Ἰερουσαλήμ.
27: 1 παρεδίδουν τόν τε Παῦλον καί τινας ἑτέρους δεσμώτας ἑκατοντάρχῃ ὀνόματι Ἰουλίῳ **σπείρης** Σεβαστῆς.

5062 σπείρω [52]

→ *1401, 1402, 2178, 5065, 5066, 5076, 5077, 5078*

σπείρω ... σπέρμα [4] Mt 13:24,27,37; Mk 4:31

Mt 6:26 ἐμβλέψατε εἰς τὰ πετεινὰ τοῦ οὐρανοῦ ὅτι οὐ **σπείρουσιν** οὐδὲ θερίζουσιν οὐδὲ συνάγουσιν εἰς ἀποθήκας,
13: 3 καὶ ἐλάλησεν αὐτοῖς πολλὰ ἐν παραβολαῖς λέγων, Ἰδοὺ ἐξῆλθεν ὁ **σπείρων** τοῦ **σπείρειν.**
13: 4 καὶ ἐν τῷ **σπείρειν** αὐτὸν ἃ μὲν ἔπεσεν παρὰ τὴν ὁδόν,
13:18 Ὑμεῖς οὖν ἀκούσατε τὴν παραβολὴν τοῦ **σπείραντος.**
13:19 παντὸς ἀκούοντος τὸν λόγον τῆς βασιλείας καὶ μὴ συνιέντος ἔρχεται ὁ πονηρὸς καὶ ἁρπάζει τὸ **ἐσπαρμένον** ἐν τῇ καρδίᾳ αὐτοῦ, οὗτός ἐστιν ὁ παρὰ τὴν ὁδὸν **σπαρείς.**
13:20 ὁ δὲ ἐπὶ τὰ πετρώδη **σπαρείς,** οὗτός ἐστιν ὁ τὸν λόγον ἀκούων καὶ εὐθὺς μετὰ χαρᾶς λαμβάνων αὐτόν,
13:22 ὁ δὲ εἰς τὰς ἀκάνθας **σπαρείς,** οὗτός ἐστιν ὁ τὸν λόγον ἀκούων,
13:23 ὁ δὲ ἐπὶ τὴν καλὴν γῆν **σπαρείς,** οὗτός ἐστιν ὁ τὸν λόγον ἀκούων καὶ συνιείς,
13:24 Ὡμοιώθη ἡ βασιλεία τῶν οὐρανῶν ἀνθρώπῳ **σπείραντι** καλὸν σπέρμα ἐν τῷ ἀγρῷ αὐτοῦ.
13:27 οὐχὶ καλὸν σπέρμα **ἔσπειρας** ἐν τῷ σῷ ἀγρῷ;
13:31 ὃν λαβὼν ἄνθρωπος **ἔσπειρεν** ἐν τῷ ἀγρῷ αὐτοῦ·
13:37 Ὁ **σπείρων** τὸ καλὸν σπέρμα ἐστὶν ὁ υἱὸς τοῦ ἀνθρώπου,
13:39 ὁ δὲ ἐχθρὸς ὁ **σπείρας** αὐτά ἐστιν ὁ διάβολος,
25:24 θερίζων ὅπου οὐκ **ἔσπειρας** καὶ συνάγων ὅθεν οὐ διεσκόρπισας,
25:26 ᾔδεις ὅτι θερίζω ὅπου οὐκ **ἔσπειρα** καὶ συνάγω ὅθεν οὐ διεσκόρπισα;

Mk 4: 3 Ἀκούετε. ἰδοὺ ἐξῆλθεν ὁ **σπείρων σπεῖραι.**
4: 4 καὶ ἐγένετο ἐν τῷ **σπείρειν** ὃ μὲν ἔπεσεν παρὰ τὴν ὁδόν,
4:14 ὁ **σπείρων** τὸν λόγον **σπείρει.**
4:15 ὅπου **σπείρεται** ὁ λόγος καὶ ὅταν ἀκούσωσιν, εὐθὺς ἔρχεται ὁ Σατανᾶς καὶ αἴρει τὸν λόγον τὸν **ἐσπαρμένον** εἰς αὐτούς.
4:16 καὶ οὗτοί εἰσιν οἱ ἐπὶ τὰ πετρώδη **σπειρόμενοι,**
4:18 καὶ ἄλλοι εἰσὶν οἱ εἰς τὰς ἀκάνθας **σπειρόμενοι·**
4:20 καὶ ἐκεῖνοί εἰσιν οἱ ἐπὶ τὴν γῆν τὴν καλὴν **σπαρέντες,**
4:31 ὡς κόκκῳ σινάπεως, ὃς ὅταν **σπαρῇ** ἐπὶ τῆς γῆς,
4:32 καὶ ὅταν **σπαρῇ,** ἀναβαίνει καὶ γίνεται μεῖζον πάντων τῶν λαχάνων καὶ ποιεῖ κλάδους μεγάλους,

Lk 8: 5 Ἐξῆλθεν ὁ **σπείρων** τοῦ **σπεῖραι** τὸν σπόρον αὐτοῦ. καὶ ἐν τῷ **σπείρειν** αὐτὸν ὃ μὲν ἔπεσεν παρὰ τὴν ὁδὸν καὶ κατεπατήθη,
12:24 κατανοήσατε τοὺς κόρακας ὅτι οὐ **σπείρουσιν** οὐδὲ θερίζουσιν,
19:21 αἴρεις ὃ οὐκ ἔθηκας καὶ θερίζεις ὃ οὐκ **ἔσπειρας.**
19:22 αἴρων ὃ οὐκ ἔθηκα καὶ θερίζων ὃ οὐκ **ἔσπειρα;**

Jn 4:36 ἵνα ὁ **σπείρων** ὁμοῦ χαίρῃ καὶ ὁ θερίζων.
4:37 ἐν γὰρ τούτῳ ὁ λόγος ἐστὶν ἀληθινὸς ὅτι Ἄλλος ἐστὶν ὁ **σπείρων** καὶ ἄλλος ὁ θερίζων.

1Co 9:11 εἰ ἡμεῖς ὑμῖν τὰ πνευματικὰ **ἐσπείραμεν,** μέγα εἰ ἡμεῖς ὑμῶν τὰ σαρκικὰ θερίσομεν;
15:36 ἄφρων, σὺ ὃ **σπείρεις,** οὐ ζῳοποιεῖται ἐὰν μὴ ἀποθάνῃ·
15:37 καὶ ὃ **σπείρεις,** οὐ τὸ σῶμα τὸ γενησόμενον **σπείρεις** ἀλλὰ γυμνὸν κόκκον εἰ τύχοι σίτου ἤ τινος τῶν λοιπῶν·
15:42 Οὕτως καὶ ἡ ἀνάστασις τῶν νεκρῶν. **σπείρεται** ἐν φθορᾷ, ἐγείρεται ἐν ἀφθαρσίᾳ·
15:43 **σπείρεται** ἐν ἀτιμίᾳ, ἐγείρεται ἐν δόξῃ· **σπείρεται** ἐν ἀσθενείᾳ, ἐγείρεται ἐν δυνάμει·
15:44 **σπείρεται** σῶμα ψυχικόν, ἐγείρεται σῶμα πνευματικόν. εἰ ἔστιν σῶμα ψυχικόν,

2Co 9: 6 Τοῦτο δέ, ὁ **σπείρων** φειδομένως φειδομένως καὶ θερίσει, καὶ ὁ **σπείρων** ἐπ' εὐλογίαις ἐπ' εὐλογίαις καὶ θερίσει.
9:10 ὁ δὲ ἐπιχορηγῶν σπόρον τῷ **σπείροντι** καὶ ἄρτον εἰς βρῶσιν χορηγήσει καὶ πληθυνεῖ τὸν σπόρον ὑμῶν καὶ αὐξήσει τὰ γενήματα τῆς δικαιοσύνης ὑμῶν·

Gal 6: 7 ὃ γὰρ ἐὰν **σπείρῃ** ἄνθρωπος, τοῦτο καὶ θερίσει·
6: 8 ὅτι ὁ **σπείρων** εἰς τὴν σάρκα ἑαυτοῦ ἐκ τῆς σαρκὸς θερίσει φθοράν, ὁ δὲ **σπείρων** εἰς τὸ πνεῦμα ἐκ τοῦ πνεύματος θερίσει ζωὴν αἰώνιον.

Jas 3:18 καρπὸς δὲ δικαιοσύνης ἐν εἰρήνῃ **σπείρεται** τοῖς ποιοῦσιν εἰρήνην.

5063 σπεκουλάτωρ [1]

Mk 6:27 καὶ εὐθὺς ἀποστείλας ὁ βασιλεὺς **σπεκουλάτορα** ἐπέταξεν ἐνέγκαι τὴν κεφαλὴν αὐτοῦ.

5064 σπένδω [2]

→ *836*

Php 2:17 ἀλλὰ εἰ καὶ **σπένδομαι** ἐπὶ τῇ θυσίᾳ καὶ λειτουργίᾳ τῆς πίστεως ὑμῶν,

2Ti 4: 6 Ἐγὼ γὰρ ἤδη **σπένδομαι,** καὶ ὁ καιρὸς τῆς ἀναλύσεώς μου ἐφέστηκεν.

5065 σπέρμα [43]

√ *5062*

σπέρμα Ἀαβραάμ [11] Lk 1:55; Jn 8:33,37; Ac 3:25; Ro 4:13,16; 9:7; 11:1; 2Co 11:22; Gal 3:16; Heb 2:16

σπέρμα Δαυίδ [3] Jn 7:42; Ro 1:3; 2Ti 2:8

Mt 13:24 Ὡμοιώθη ἡ βασιλεία τῶν οὐρανῶν ἀνθρώπῳ σπείραντι καλὸν **σπέρμα** ἐν τῷ ἀγρῷ αὐτοῦ.
13:27 οὐχὶ καλὸν **σπέρμα** ἔσπειρας ἐν τῷ σῷ ἀγρῷ;
13:32 ὃ μικρότερον μέν ἐστιν πάντων τῶν **σπερμάτων,** ὅταν δὲ αὐξηθῇ μεῖζον τῶν λαχάνων ἐστὶν καὶ γίνεται δένδρον,
13:37 Ὁ σπείρων τὸ καλὸν **σπέρμα** ἐστὶν ὁ υἱὸς τοῦ ἀνθρώπου,
13:38 τὸ δὲ καλὸν **σπέρμα** οὗτοί εἰσιν οἱ υἱοὶ τῆς βασιλείας·
22:24 ἐπιγαμβρεύσει ὁ ἀδελφὸς αὐτοῦ τὴν γυναῖκα αὐτοῦ καὶ ἀναστήσει **σπέρμα** τῷ ἀδελφῷ αὐτοῦ.
22:25 καὶ μὴ ἔχων **σπέρμα** ἀφῆκεν τὴν γυναῖκα αὐτοῦ τῷ ἀδελφῷ αὐτοῦ·
Mk 4:31 μικρότερον ὂν πάντων τῶν **σπερμάτων** τῶν ἐπὶ τῆς γῆς,
12:19 ἵνα λάβῃ ὁ ἀδελφὸς αὐτοῦ τὴν γυναῖκα καὶ ἐξαναστήσῃ **σπέρμα** τῷ ἀδελφῷ αὐτοῦ.
12:20 καὶ ὁ πρῶτος ἔλαβεν γυναῖκα καὶ ἀποθνῄσκων οὐκ ἀφῆκεν **σπέρμα·**
12:21 καὶ ὁ δεύτερος ἔλαβεν αὐτὴν καὶ ἀπέθανεν μὴ καταλιπὼν **σπέρμα·**
12:22 καὶ οἱ ἑπτὰ οὐκ ἀφῆκαν **σπέρμα.** ἔσχατον πάντων καὶ ἡ γυνὴ ἀπέθανεν.
Lk 1:55 τῷ Ἀβραὰμ καὶ τῷ **σπέρματι** αὐτοῦ εἰς τὸν αἰῶνα.
20:28 ἵνα λάβῃ ὁ ἀδελφὸς αὐτοῦ τὴν γυναῖκα καὶ ἐξαναστήσῃ **σπέρμα** τῷ ἀδελφῷ αὐτοῦ.
Jn 7:42 οὐχ ἡ γραφὴ εἶπεν ὅτι ἐκ τοῦ **σπέρματος** Δαυὶδ καὶ ἀπὸ Βηθλέεμ τῆς κώμης ὅπου ἦν Δαυὶδ ἔρχεται ὁ Χριστός;
8:33 ἀπεκρίθησαν πρὸς αὐτόν, **Σπέρμα** Ἀβραάμ ἐσμεν καὶ οὐδενὶ δεδουλεύκαμεν πώποτε·
8:37 οἶδα ὅτι **σπέρμα** Ἀβραάμ ἐστε· ἀλλὰ ζητεῖτέ με ἀποκτεῖναι,
Ac 3:25 Καὶ ἐν τῷ **σπέρματί** σου [ἐν]ευλογηθήσονται πᾶσαι αἱ πατριαὶ τῆς γῆς.
7: 5 καὶ οὐκ ἔδωκεν αὐτῷ κληρονομίαν ἐν αὐτῇ οὐδὲ βῆμα ποδὸς καὶ ἐπηγγείλατο δοῦναι αὐτῷ εἰς κατάσχεσιν αὐτὴν καὶ τῷ **σπέρματι** αὐτοῦ μετ᾽ αὐτόν,
7: 6 ὅτι ἔσται τὸ **σπέρμα** αὐτοῦ πάροικον ἐν γῇ ἀλλοτρίᾳ καὶ δουλώσουσιν αὐτὸ καὶ κακώσουσιν ἔτη τετρακόσια·
13:23 τούτου ὁ θεὸς ἀπὸ τοῦ **σπέρματος** κατ᾽ ἐπαγγελίαν ἤγαγεν τῷ Ἰσραὴλ σωτῆρα Ἰησοῦν,
Ro 1: 3 περὶ τοῦ υἱοῦ αὐτοῦ τοῦ γενομένου ἐκ **σπέρματος** Δαυὶδ κατὰ σάρκα,
4:13 Οὐ γὰρ διὰ νόμου ἡ ἐπαγγελία τῷ Ἀβραὰμ ἢ τῷ **σπέρματι** αὐτοῦ,
4:16 εἰς τὸ εἶναι βεβαίαν τὴν ἐπαγγελίαν παντὶ τῷ **σπέρματι,**
4:18 ὃς παρ᾽ ἐλπίδα ἐπ᾽ ἐλπίδι ἐπίστευσεν εἰς τὸ γενέσθαι αὐτὸν πατέρα πολλῶν ἐθνῶν κατὰ τὸ εἰρημένον, Οὕτως ἔσται τὸ **σπέρμα** σου,
9: 7 οὐδ᾽ ὅτι εἰσὶν **σπέρμα** Ἀβραὰμ πάντες τέκνα, ἀλλ᾽, Ἐν Ἰσαὰκ κληθήσεταί σοι **σπέρμα.**
9: 8 οὐ τὰ τέκνα τῆς σαρκὸς ταῦτα τέκνα τοῦ θεοῦ ἀλλὰ τὰ τέκνα τῆς ἐπαγγελίας λογίζεται εἰς **σπέρμα.**
9:29 καὶ καθὼς προείρηκεν Ἠσαΐας, Εἰ μὴ κύριος Σαβαὼθ ἐγκατέλιπεν ἡμῖν **σπέρμα,**
11: 1 καὶ γὰρ ἐγὼ Ἰσραηλίτης εἰμί, ἐκ **σπέρματος** Ἀβραάμ, φυλῆς Βενιαμίν.
1Co 15:38 ὁ δὲ θεὸς δίδωσιν αὐτῷ σῶμα καθὼς ἠθέλησεν, καὶ ἑκάστῳ τῶν **σπερμάτων** ἴδιον σῶμα.
2Co 11:22 κἀγώ. Ἰσραηλῖταί εἰσιν; κἀγώ. **σπέρμα** Ἀβραάμ εἰσιν; κἀγώ.
Gal 3:16 τῷ δὲ Ἀβραὰμ ἐρρέθησαν αἱ ἐπαγγελίαι καὶ τῷ **σπέρματι** αὐτοῦ. οὐ λέγει, Καὶ τοῖς **σπέρμασιν,** ὡς ἐπὶ πολλῶν ἀλλ᾽ ὡς ἐφ᾽ ἑνός, Καὶ τῷ **σπέρματί** σου, ὅς ἐστιν Χριστός.
3:19 τῶν παραβάσεων χάριν προσετέθη, ἄχρις οὗ ἔλθῃ τὸ **σπέρμα** ᾧ ἐπήγγελται,
3:29 ἄρα τοῦ Ἀβραὰμ **σπέρμα** ἐστέ, κατ᾽ ἐπαγγελίαν κληρονόμοι.
2Ti 2: 8 Μνημόνευε Ἰησοῦν Χριστὸν ἐγηγερμένον ἐκ νεκρῶν, ἐκ **σπέρματος** Δαυίδ, κατὰ τὸ εὐαγγέλιόν μου,
Heb 2:16 οὐ γὰρ δήπου ἀγγέλων ἐπιλαμβάνεται ἀλλὰ **σπέρματος** Ἀβραὰμ ἐπιλαμβάνεται.
11:11 Πίστει καὶ αὐτὴ Σάρρα στεῖρα δύναμιν εἰς καταβολὴν **σπέρματος** ἔλαβεν καὶ παρὰ καιρὸν ἡλικίας,
11:18 πρὸς ὃν ἐλαλήθη ὅτι Ἐν Ἰσαὰκ κληθήσεταί σοι **σπέρμα,**
1Jn 3: 9 ὅτι **σπέρμα** αὐτοῦ ἐν αὐτῷ μένει, καὶ οὐ δύναται ἁμαρτάνειν,
Rev 12:17 καὶ ὠργίσθη ὁ δράκων ἐπὶ τῇ γυναικὶ καὶ ἀπῆλθεν ποιῆσαι πόλεμον μετὰ τῶν λοιπῶν τοῦ **σπέρματος** αὐτῆς

5066 σπερμολόγος [1]

√ *5062 + 3306*

Ac 17:18 καί τινες ἔλεγον, Τί ἂν θέλοι ὁ **σπερμολόγος** οὗτος λέγειν;

5067 σπεύδω [6]

→ *5079, 5080, 5081, 5082*

Lk 2:16 καὶ ἦλθαν **σπεύσαντες** καὶ ἀνεῦραν τήν τε Μαριὰμ καὶ τὸν Ἰωσὴφ καὶ τὸ βρέφος κείμενον ἐν τῇ φάτνῃ·
19: 5 ἀναβλέψας ὁ Ἰησοῦς εἶπεν πρὸς αὐτόν, Ζακχαῖε, **σπεύσας** κατάβηθι,
19: 6 καὶ **σπεύσας** κατέβη καὶ ὑπεδέξατο αὐτὸν χαίρων.
Ac 20:16 **ἔσπευδεν** γὰρ εἰ δυνατὸν εἴη αὐτῷ τὴν ἡμέραν τῆς πεντηκοστῆς γενέσθαι εἰς Ἱεροσόλυμα.
22:18 καὶ ἰδεῖν αὐτὸν λέγοντά μοι, **Σπεῦσον** καὶ ἔξελθε ἐν τάχει ἐξ Ἰερουσαλήμ,
2Pe 3:12 προσδοκῶντας καὶ **σπεύδοντας** τὴν παρουσίαν τῆς τοῦ θεοῦ ἡμέρας δι᾽ ἣν οὐρανοὶ πυρούμενοι λυθήσονται

5068 σπήλαιον [6]

Mt 21:13 Ὁ οἶκός μου οἶκος προσευχῆς κληθήσεται, ὑμεῖς δὲ αὐτὸν ποιεῖτε **σπήλαιον** λῃστῶν.
Mk 11:17 ὅτι Ὁ οἶκός μου οἶκος προσευχῆς κληθήσεται πᾶσιν τοῖς ἔθνεσιν; ὑμεῖς δὲ πεποιήκατε αὐτὸν **σπήλαιον** λῃστῶν.
Lk 19:46 Καὶ ἔσται ὁ οἶκός μου οἶκος προσευχῆς, ὑμεῖς δὲ αὐτὸν ἐποιήσατε **σπήλαιον** λῃστῶν.
Jn 11:38 ἦν δὲ **σπήλαιον** καὶ λίθος ἐπέκειτο ἐπ᾽ αὐτῷ.
Heb 11:38 ἐπὶ ἐρημίαις πλανώμενοι καὶ ὄρεσιν καὶ **σπηλαίοις** καὶ ταῖς ὀπαῖς τῆς γῆς.
Rev 6:15 καὶ οἱ ἰσχυροὶ καὶ πᾶς δοῦλος καὶ ἐλεύθερος ἔκρυψαν ἑαυτοὺς εἰς τὰ **σπήλαια** καὶ εἰς τὰς πέτρας τῶν ὀρέων

5069 σπιλάς [1]

√ *5070*

Jude 1:12 οὗτοί εἰσιν οἱ ἐν ταῖς ἀγάπαις ὑμῶν **σπιλάδες** συνευωχούμενοι ἀφόβως,

5070 σπίλος [2]

→ *834, 5069, 5071*

Eph 5:27 μὴ ἔχουσαν **σπίλον** ἢ ῥυτίδα ἤ τι τῶν τοιούτων,
2Pe 2:13 **σπίλοι** καὶ μῶμοι ἐντρυφῶντες ἐν ταῖς ἀπάταις αὐτῶν συνευωχούμενοι ὑμῖν,

5071 σπιλόω [2]

√ *5070*

Jas 3: 6 ἡ **σπιλοῦσα** ὅλον τὸ σῶμα καὶ φλογίζουσα τὸν τροχὸν τῆς γενέσεως καὶ φλογιζομένη ὑπὸ τῆς γεέννης.
Jude 1:23 οὓς δὲ ἐλεᾶτε ἐν φόβῳ μισοῦντες καὶ τὸν ἀπὸ τῆς σαρκὸς **ἐσπιλωμένον** χιτῶνα.

5072 σπλαγχνίζομαι [12]

√ *5073*

Mt 9:36 Ἰδὼν δὲ τοὺς ὄχλους **ἐσπλαγχνίσθη** περὶ αὐτῶν, ὅτι ἦσαν ἐσκυλμένοι καὶ ἐρριμμένοι ὡσεὶ πρόβατα μὴ ἔχοντα ποιμένα.
14:14 καὶ ἐξελθὼν εἶδεν πολὺν ὄχλον καὶ **ἐσπλαγχνίσθη** ἐπ᾽ αὐτοῖς καὶ ἐθεράπευσεν τοὺς ἀρρώστους αὐτῶν.
15:32 Ὁ δὲ Ἰησοῦς προσκαλεσάμενος τοὺς μαθητὰς αὐτοῦ εἶπεν, **Σπλαγχνίζομαι** ἐπὶ τὸν ὄχλον,
18:27 **σπλαγχνισθεὶς** δὲ ὁ κύριος τοῦ δούλου ἐκείνου ἀπέλυσεν αὐτὸν καὶ τὸ δάνειον ἀφῆκεν αὐτῷ.

20:34 **σπλαγχνισθεὶς** δὲ ὁ Ἰησοῦς ἥψατο τῶν ὀμμάτων αὐτῶν,
Mk 1:41 καὶ **σπλαγχνισθεὶς** ἐκτείνας τὴν χεῖρα αὐτοῦ ἥψατο καὶ λέγει αὐτῷ,
6:34 καὶ ἐξελθὼν εἶδεν πολὺν ὄχλον καὶ **ἐσπλαγχνίσθη** ἐπ' αὐτούς,
8:2 **Σπλαγχνίζομαι** ἐπὶ τὸν ὄχλον, ὅτι ἤδη ἡμέραι τρεῖς προσμένουσίν μοι καὶ οὐκ ἔχουσιν τί φάγωσιν·
9:22 ἀλλ' εἴ τι δύνῃ, βοήθησον ἡμῖν **σπλαγχνισθεὶς** ἐφ' ἡμᾶς.
Lk 7:13 καὶ ἰδὼν αὐτὴν ὁ κύριος **ἐσπλαγχνίσθη** ἐπ' αὐτῇ καὶ εἶπεν αὐτῇ,
10:33 Σαμαρίτης δέ τις ὁδεύων ἦλθεν κατ' αὐτὸν καὶ ἰδὼν **ἐσπλαγχνίσθη,**
15:20 ἔτι δὲ αὐτοῦ μακρὰν ἀπέχοντος εἶδεν αὐτὸν ὁ πατὴρ αὐτοῦ καὶ **ἐσπλαγχνίσθη** καὶ δραμὼν ἐπέπεσεν ἐπὶ τὸν τράχηλον αὐτοῦ καὶ κατεφίλησεν αὐτόν.

5073 σπλάγχνον [11]

→ *2359, 4492, 4499, 5072*

κλείω τὰ σπλάγχνα [1] 1Jn 3:17

Lk 1:78 διὰ **σπλάγχνα** ἐλέους θεοῦ ἡμῶν, ἐν οἷς ἐπισκέψεται ἡμᾶς ἀνατολὴ ἐξ ὕψους,
Ac 1:18 Οὗτος μὲν οὖν ἐκτήσατο χωρίον ἐκ μισθοῦ τῆς ἀδικίας καὶ πρηνὴς γενόμενος ἐλάκησεν μέσος καὶ ἐξεχύθη πάντα τὰ **σπλάγχνα** αὐτοῦ·
2Co 6:12 οὐ στενοχωρεῖσθε ἐν ἡμῖν, στενοχωρεῖσθε δὲ ἐν τοῖς **σπλάγχνοις** ὑμῶν·
7:15 καὶ τὰ **σπλάγχνα** αὐτοῦ περισσοτέρως εἰς ὑμᾶς ἐστιν ἀναμιμνῃσκομένου τὴν πάντων ὑμῶν ὑπακοήν,
Php 1:8 μάρτυς γάρ μου ὁ θεὸς ὡς ἐπιποθῶ πάντας ὑμᾶς ἐν **σπλάγχνοις** Χριστοῦ Ἰησοῦ.
2:1 εἴ τις κοινωνία πνεύματος, εἴ τις **σπλάγχνα** καὶ οἰκτιρμοί,
Col 3:12 ἐκλεκτοὶ τοῦ θεοῦ ἅγιοι καὶ ἠγαπημένοι, **σπλάγχνα** οἰκτιρμοῦ χρηστότητα ταπεινοφροσύνην πραΰτητα μακροθυμίαν,
Phm 1:7 ὅτι τὰ **σπλάγχνα** τῶν ἁγίων ἀναπέπαυται διὰ σοῦ,
1:12 ὃν ἀνέπεμψά σοι, αὐτόν, τοῦτ' ἔστιν τὰ ἐμὰ **σπλάγχνα·**
1:20 ἐγώ σου ὀναίμην ἐν κυρίῳ· ἀνάπαυσόν μου τὰ **σπλάγχνα** ἐν Χριστῷ.
1Jn 3:17 ὃς δ' ἂν ἔχῃ τὸν βίον τοῦ κόσμου καὶ θεωρῇ τὸν ἀδελφὸν αὐτοῦ χρείαν ἔχοντα καὶ κλείσῃ τὰ **σπλάγχνα** αὐτοῦ ἀπ' αὐτοῦ,

5074 σπόγγος [3]

Mt 27:48 καὶ εὐθέως δραμὼν εἷς ἐξ αὐτῶν καὶ λαβὼν **σπόγγον** πλήσας τε ὄξους καὶ περιθεὶς καλάμῳ ἐπότιζεν αὐτόν.
Mk 15:36 δραμὼν δέ τις [καὶ] γεμίσας **σπόγγον** ὄξους περιθεὶς καλάμῳ ἐπότιζεν αὐτὸν λέγων,
Jn 19:29 **σπόγγον** οὖν μεστὸν τοῦ ὄξους ὑσσώπῳ περιθέντες προσήνεγκαν αὐτοῦ τῷ στόματι.

5075 σποδός [3]

Mt 11:21 ὅτι εἰ ἐν Τύρῳ καὶ Σιδῶνι ἐγένοντο αἱ δυνάμεις αἱ γενόμεναι ἐν ὑμῖν, πάλαι ἂν ἐν σάκκῳ καὶ **σποδῷ** μετενόησαν.
Lk 10:13 πάλαι ἂν ἐν σάκκῳ καὶ **σποδῷ** καθήμενοι μετενόησαν.
Heb 9:13 εἰ γὰρ τὸ αἷμα τράγων καὶ ταύρων καὶ **σποδὸς** δαμάλεως ῥαντίζουσα τοὺς κεκοινωμένους ἁγιάζει πρὸς τὴν τῆς σαρκὸς καθαρότητα,

5076 σπορά [1]

√ *5062*

1Pe 1:23 ἀναγεγεννημένοι οὐκ ἐκ **σπορᾶς** φθαρτῆς ἀλλὰ ἀφθάρτου διὰ λόγου ζῶντος θεοῦ καὶ μένοντος.

5077 σπόριμος [3]

√ *5062*

Mt 12:1 Ἐν ἐκείνῳ τῷ καιρῷ ἐπορεύθη ὁ Ἰησοῦς τοῖς σάββασιν διὰ τῶν **σπορίμων·**
Mk 2:23 Καὶ ἐγένετο αὐτὸν ἐν τοῖς σάββασιν παραπορεύεσθαι διὰ τῶν **σπορίμων,**
Lk 6:1 Ἐγένετο δὲ ἐν σαββάτῳ διαπορεύεσθαι αὐτὸν διὰ **σπορίμων,**

5078 σπόρος [6]

√ *5062*

Mk 4:26 Οὕτως ἐστὶν ἡ βασιλεία τοῦ θεοῦ ὡς ἄνθρωπος βάλῃ τὸν **σπόρον** ἐπὶ τῆς γῆς
4:27 καὶ ὁ **σπόρος** βλαστᾷ καὶ μηκύνηται ὡς οὐκ οἶδεν αὐτός.
Lk 8:5 Ἐξῆλθεν ὁ σπείρων τοῦ σπεῖραι τὸν **σπόρον** αὐτοῦ.
8:11 Ἔστιν δὲ αὕτη ἡ παραβολή· Ὁ **σπόρος** ἐστὶν ὁ λόγος τοῦ θεοῦ.
2Co 9:10 ὁ δὲ ἐπιχορηγῶν **σπόρον** τῷ σπείροντι καὶ ἄρτον εἰς βρῶσιν χορηγήσει καὶ πληθυνεῖ τὸν **σπόρον** ὑμῶν καὶ αὐξήσει τὰ γενήματα τῆς δικαιοσύνης ὑμῶν·

5079 σπουδάζω [11]

√ *5067*

Gal 2:10 μόνον τῶν πτωχῶν ἵνα μνημονεύωμεν, ὃ καὶ **ἐσπούδασα** αὐτὸ τοῦτο ποιῆσαι.
Eph 4:3 **σπουδάζοντες** τηρεῖν τὴν ἑνότητα τοῦ πνεύματος ἐν τῷ συνδέσμῳ τῆς εἰρήνης·
1Th 2:17 περισσοτέρως **ἐσπουδάσαμεν** τὸ πρόσωπον ὑμῶν ἰδεῖν ἐν πολλῇ ἐπιθυμίᾳ.
2Ti 2:15 **σπούδασον** σεαυτὸν δόκιμον παραστῆσαι τῷ θεῷ, ἐργάτην ἀνεπαίσχυντον,
4:9 **Σπούδασον** ἐλθεῖν πρός με ταχέως·
4:21 **Σπούδασον** πρὸ χειμῶνος ἐλθεῖν. Ἀσπάζεταί σε Εὔβουλος καὶ Πούδης καὶ Λίνος καὶ Κλαυδία καὶ οἱ ἀδελφοὶ πάντες.
Tit 3:12 **σπούδασον** ἐλθεῖν πρός με εἰς Νικόπολιν, ἐκεῖ γὰρ κέκρικα παραχειμάσαι.
Heb 4:11 **σπουδάσωμεν** οὖν εἰσελθεῖν εἰς ἐκείνην τὴν κατάπαυσιν, ἵνα μὴ ἐν τῷ αὐτῷ τις ὑποδείγματι πέσῃ τῆς ἀπειθείας.
2Pe 1:10 **σπουδάσατε** βεβαίαν ὑμῶν τὴν κλῆσιν καὶ ἐκλογὴν ποιεῖσθαι·
1:15 **σπουδάσω** δὲ καὶ ἑκάστοτε ἔχειν ὑμᾶς μετὰ τὴν ἐμὴν ἔξοδον τὴν τούτων μνήμην ποιεῖσθαι.
3:14 ταῦτα προσδοκῶντες **σπουδάσατε** ἄσπιλοι καὶ ἀμώμητοι αὐτῷ εὑρεθῆναι ἐν εἰρήνῃ

5080 σπουδαῖος [3]

√ *5067*

2Co 8:17 ὅτι τὴν μὲν παράκλησιν ἐδέξατο, **σπουδαιότερος** δὲ ὑπάρχων αὐθαίρετος ἐξῆλθεν πρὸς ὑμᾶς.
8:22 συνεπέμψαμεν δὲ αὐτοῖς τὸν ἀδελφὸν ἡμῶν ὃν ἐδοκιμάσαμεν ἐν πολλοῖς πολλάκις **σπουδαῖον** ὄντα, νυνὶ δὲ πολὺ **σπουδαιότερον** πεποιθήσει πολλῇ τῇ εἰς ὑμᾶς.

5081 σπουδαίως [4]

√ *5067*

Lk 7:4 οἱ δὲ παραγενόμενοι πρὸς τὸν Ἰησοῦν παρεκάλουν αὐτὸν **σπουδαίως** λέγοντες ὅτι Ἄξιός ἐστιν ᾧ παρέξῃ τοῦτο·
Php 2:28 **σπουδαιοτέρως** οὖν ἔπεμψα αὐτόν, ἵνα ἰδόντες αὐτὸν πάλιν χαρῆτε κἀγὼ ἀλυπότερος ὦ.
2Ti 1:17 ἀλλὰ γενόμενος ἐν Ῥώμῃ **σπουδαίως** ἐζήτησέν με καὶ εὗρεν·
Tit 3:13 Ζηνᾶν τὸν νομικὸν καὶ Ἀπολλῶν **σπουδαίως** πρόπεμψον, ἵνα μηδὲν αὐτοῖς λείπῃ.

5082 σπουδή [12]

√ *5067*

Mk 6:25 καὶ εἰσελθοῦσα εὐθὺς μετὰ **σπουδῆς** πρὸς τὸν βασιλέα ᾐτήσατο λέγουσα,
Lk 1:39 Ἀναστᾶσα δὲ Μαριὰμ ἐν ταῖς ἡμέραις ταύταις ἐπορεύθη εἰς τὴν ὀρεινὴν μετὰ **σπουδῆς** εἰς πόλιν Ἰούδα,
Ro 12:8 ὁ προϊστάμενος ἐν **σπουδῇ**, ὁ ἐλεῶν ἐν ἱλαρότητι.
12:11 τῇ **σπουδῇ** μὴ ὀκνηροί, τῷ πνεύματι ζέοντες, τῷ κυρίῳ δουλεύοντες,
2Co 7:11 ἰδοὺ γὰρ αὐτὸ τοῦτο τὸ κατὰ θεὸν λυπηθῆναι πόσην κατειργάσατο ὑμῖν **σπουδήν,**
7:12 οὐχ ἕνεκεν τοῦ ἀδικήσαντος οὐδὲ ἕνεκεν τοῦ ἀδικηθέντος ἀλλ' ἕνεκεν τοῦ φανερωθῆναι τὴν **σπουδὴν** ὑμῶν τὴν ὑπὲρ ἡμῶν πρὸς ὑμᾶς ἐνώπιον τοῦ θεοῦ.
8:7 πίστει καὶ λόγῳ καὶ γνώσει καὶ πάσῃ **σπουδῇ** καὶ τῇ ἐξ ἡμῶν ἐν ὑμῖν ἀγάπῃ,
8:8 Οὐ κατ' ἐπιταγὴν λέγω ἀλλὰ διὰ τῆς ἑτέρων **σπουδῆς** καὶ τὸ τῆς ὑμετέρας ἀγάπης γνήσιον δοκιμάζων·

8:16 Χάρις δὲ τῷ θεῷ τῷ δόντι τὴν αὐτὴν **σπουδὴν** ὑπὲρ ὑμῶν ἐν τῇ καρδίᾳ Τίτου,
Heb 6:11 ἐπιθυμοῦμεν δὲ ἕκαστον ὑμῶν τὴν αὐτὴν ἐνδείκνυσθαι **σπουδὴν** πρὸς τὴν πληροφορίαν τῆς ἐλπίδος ἄχρι τέλους,
2Pe 1: 5 καὶ αὐτὸ τοῦτο δὲ **σπουδὴν** πᾶσαν παρεισενέγκαντες ἐπιχορηγήσατε ἐν τῇ πίστει ὑμῶν τὴν ἀρετήν,
Jude 1: 3 πᾶσαν **σπουδὴν** ποιούμενος γράφειν ὑμῖν περὶ τῆς κοινῆς ἡμῶν σωτηρίας ἀνάγκην ἔσχον γράψαι ὑμῖν

5083 σπυρίς [5]

Mt 15:37 καὶ τὸ περισσεῦον τῶν κλασμάτων ἦραν ἑπτὰ **σπυρίδας** πλήρεις.
16:10 οὐδὲ τοὺς ἑπτὰ ἄρτους τῶν τετρακισχιλίων καὶ πόσας **σπυρίδας** ἐλάβετε;
Mk 8: 8 καὶ ἔφαγον καὶ ἐχορτάσθησαν, καὶ ἦραν περισσεύματα κλασμάτων ἑπτὰ **σπυρίδας.**
8:20 Ὅτε τοὺς ἑπτὰ εἰς τοὺς τετρακισχιλίους, πόσων **σπυρίδων** πληρώματα κλασμάτων ἤρατε;
Ac 9:25 λαβόντες δὲ οἱ μαθηταὶ αὐτοῦ νυκτὸς διὰ τοῦ τείχους καθῆκαν αὐτὸν χαλάσαντες ἐν **σπυρίδι.**

5084 στάδιον [7]

√ *2705*

Mt 14:24 τὸ δὲ πλοῖον ἤδη **σταδίους** πολλοὺς ἀπὸ τῆς γῆς ἀπεῖχεν βασανιζόμενον ὑπὸ τῶν κυμάτων,
Lk 24:13 Καὶ ἰδοὺ δύο ἐξ αὐτῶν ἐν αὐτῇ τῇ ἡμέρᾳ ἦσαν πορευόμενοι εἰς κώμην ἀπέχουσαν **σταδίους** ἑξήκοντα ἀπὸ Ἰερουσαλήμ,
Jn 6:19 ἐληλακότες οὖν ὡς **σταδίους** εἴκοσι πέντε ἢ τριάκοντα θεωροῦσιν τὸν Ἰησοῦν περιπατοῦντα ἐπὶ τῆς θαλάσσης
11:18 ἦν δὲ ἡ Βηθανία ἐγγὺς τῶν Ἱεροσολύμων ὡς ἀπὸ **σταδίων** δεκαπέντε.
1Co 9:24 Οὐκ οἴδατε ὅτι οἱ ἐν **σταδίῳ** τρέχοντες πάντες μὲν τρέχουσιν,
Rev 14:20 καὶ ἐξῆλθεν αἷμα ἐκ τῆς ληνοῦ ἄχρι τῶν χαλινῶν τῶν ἵππων ἀπὸ **σταδίων** χιλίων ἑξακοσίων.
21:16 καὶ ἐμέτρησεν τὴν πόλιν τῷ καλάμῳ ἐπὶ **σταδίων** δώδεκα χιλιάδων,

5085 στάμνος [1]

√ *2705*

Heb 9: 4 ἐν ᾗ **στάμνος** χρυσῆ ἔχουσα τὸ μάννα καὶ ἡ ῥάβδος Ἀαρὼν ἡ βλαστήσασα καὶ αἱ πλάκες τῆς διαθήκης,

5086 στασιαστής [1]

√ *2705*

Mk 15: 7 ἦν δὲ ὁ λεγόμενος Βαραββᾶς μετὰ τῶν **στασιαστῶν** δεδεμένος οἵτινες ἐν τῇ στάσει φόνον πεποιήκεισαν.

5087 στάσις [9]

√ *2705*

Mk 15: 7 ἦν δὲ ὁ λεγόμενος Βαραββᾶς μετὰ τῶν στασιαστῶν δεδεμένος οἵτινες ἐν τῇ **στάσει** φόνον πεποιήκεισαν.
Lk 23:19 ὅστις ἦν διὰ **στάσιν** τινὰ γενομένην ἐν τῇ πόλει καὶ φόνον βληθεὶς ἐν τῇ φυλακῇ.
23:25 ἀπέλυσεν δὲ τὸν διὰ **στάσιν** καὶ φόνον βεβλημένον εἰς φυλακὴν ὃν ᾐτοῦντο,
Ac 15: 2 γενομένης δὲ **στάσεως** καὶ ζητήσεως οὐκ ὀλίγης τῷ Παύλῳ καὶ τῷ Βαρναβᾷ πρὸς αὐτούς,
19:40 καὶ γὰρ κινδυνεύομεν ἐγκαλεῖσθαι **στάσεως** περὶ τῆς σήμερον,
23: 7 τοῦτο δὲ αὐτοῦ εἰπόντος ἐγένετο **στάσις** τῶν Φαρισαίων καὶ Σαδδουκαίων καὶ ἐσχίσθη τὸ πλῆθος.
23:10 Πολλῆς δὲ γινομένης **στάσεως** φοβηθεὶς ὁ χιλίαρχος μὴ διασπασθῇ ὁ Παῦλος ὑπ᾽ αὐτῶν ἐκέλευσεν τὸ στράτευμα καταβὰν ἁρπάσαι αὐτὸν ἐκ μέσου αὐτῶν ἄγειν τε εἰς τὴν παρεμβολήν.
24: 5 εὑρόντες γὰρ τὸν ἄνδρα τοῦτον λοιμὸν καὶ κινοῦντα **στάσεις** πᾶσιν τοῖς Ἰουδαίοις τοῖς κατὰ τὴν οἰκουμένην πρωτοστάτην τε τῆς τῶν Ναζωραίων αἱρέσεως,
Heb 9: 8 μήπω πεφανερῶσθαι τὴν τῶν ἁγίων ὁδὸν ἔτι τῆς πρώτης σκηνῆς ἐχούσης **στάσιν,**

5088 στατήρ [1]

√ *2705*

Mt 17:27 βάλε ἄγκιστρον καὶ τὸν ἀναβάντα πρῶτον ἰχθὺν ἆρον, καὶ ἀνοίξας τὸ στόμα αὐτοῦ εὑρήσεις **στατῆρα·**

5089 σταυρός [27]

→ *416, 5090, 5365; cf. 2705*

διὰ σταυροῦ [2] Eph 2:16; Col 1:20
ἐχθρός τοῦ σταυροῦ Χριστοῦ [1] Php 3:18
λόγος σταυροῦ [1] 1Co 1:18
σταυρός Χριστοῦ [3] 1Co 1:17; Gal 6:12,14

Mt 10:38 καὶ ὃς οὐ λαμβάνει τὸν **σταυρὸν** αὐτοῦ καὶ ἀκολουθεῖ ὀπίσω μου,
16:24 ἀπαρνησάσθω ἑαυτὸν καὶ ἀράτω τὸν **σταυρὸν** αὐτοῦ καὶ ἀκολουθείτω μοι.
27:32 Ἐξερχόμενοι δὲ εὗρον ἄνθρωπον Κυρηναῖον ὀνόματι Σίμωνα, τοῦτον ἠγγάρευσαν ἵνα ἄρῃ τὸν **σταυρὸν** αὐτοῦ.
27:40 εἰ υἱὸς εἶ τοῦ θεοῦ, [καὶ] κατάβηθι ἀπὸ τοῦ **σταυροῦ.**
27:42 καταβάτω νῦν ἀπὸ τοῦ **σταυροῦ** καὶ πιστεύσομεν ἐπ᾽ αὐτόν.
Mk 8:34 ἀπαρνησάσθω ἑαυτὸν καὶ ἀράτω τὸν **σταυρὸν** αὐτοῦ καὶ ἀκολουθείτω μοι.
15:21 τὸν πατέρα Ἀλεξάνδρου καὶ Ῥούφου, ἵνα ἄρῃ τὸν **σταυρὸν** αὐτοῦ.
15:30 σῶσον σεαυτὸν καταβὰς ἀπὸ τοῦ **σταυροῦ.**
15:32 ὁ Χριστὸς ὁ βασιλεὺς Ἰσραὴλ καταβάτω νῦν ἀπὸ τοῦ **σταυροῦ,**
Lk 9:23 ἀρνησάσθω ἑαυτὸν καὶ ἀράτω τὸν **σταυρὸν** αὐτοῦ καθ᾽ ἡμέραν καὶ ἀκολουθείτω μοι.
14:27 ὅστις οὐ βαστάζει τὸν **σταυρὸν** ἑαυτοῦ καὶ ἔρχεται ὀπίσω μου,
23:26 ἐπιλαβόμενοι Σίμωνά τινα Κυρηναῖον ἐρχόμενον ἀπ᾽ ἀγροῦ ἐπέθηκαν αὐτῷ τὸν **σταυρὸν** φέρειν ὄπισθεν τοῦ Ἰησοῦ.
Jn 19:17 καὶ βαστάζων ἑαυτῷ τὸν **σταυρὸν** ἐξῆλθεν εἰς τὸν λεγόμενον Κρανίου Τόπον,
19:19 ἔγραψεν δὲ καὶ τίτλον ὁ Πιλᾶτος καὶ ἔθηκεν ἐπὶ τοῦ **σταυροῦ·**
19:25 εἱστήκεισαν δὲ παρὰ τῷ **σταυρῷ** τοῦ Ἰησοῦ ἡ μήτηρ αὐτοῦ καὶ ἡ ἀδελφὴ τῆς μητρὸς αὐτοῦ,
19:31 ἵνα μὴ μείνῃ ἐπὶ τοῦ **σταυροῦ** τὰ σώματα ἐν τῷ σαββάτῳ,
1Co 1:17 οὐκ ἐν σοφίᾳ λόγου, ἵνα μὴ κενωθῇ ὁ **σταυρὸς** τοῦ Χριστοῦ.
1:18 Ὁ λόγος γὰρ ὁ τοῦ **σταυροῦ** τοῖς μὲν ἀπολλυμένοις μωρία ἐστίν,
Gal 5:11 τί ἔτι διώκομαι; ἄρα κατήργηται τὸ σκάνδαλον τοῦ **σταυροῦ.**
6:12 μόνον ἵνα τῷ **σταυρῷ** τοῦ Χριστοῦ μὴ διώκωνται.
6:14 ἐμοὶ δὲ μὴ γένοιτο καυχᾶσθαι εἰ μὴ ἐν τῷ **σταυρῷ** τοῦ κυρίου ἡμῶν Ἰησοῦ Χριστοῦ,
Eph 2:16 καὶ ἀποκαταλλάξῃ τοὺς ἀμφοτέρους ἐν ἑνὶ σώματι τῷ θεῷ διὰ τοῦ **σταυροῦ,**
Php 2: 8 ἐταπείνωσεν ἑαυτὸν γενόμενος ὑπήκοος μέχρι θανάτου, θανάτου δὲ **σταυροῦ.**
3:18 νῦν δὲ καὶ κλαίων λέγω, τοὺς ἐχθροὺς τοῦ **σταυροῦ** τοῦ Χριστοῦ,
Col 1:20 καὶ δι᾽ αὐτοῦ ἀποκαταλλάξαι τὰ πάντα εἰς αὐτόν, εἰρηνοποιήσας διὰ τοῦ αἵματος τοῦ **σταυροῦ** αὐτοῦ,
2:14 καὶ αὐτὸ ἦρκεν ἐκ τοῦ μέσου προσηλώσας αὐτὸ τῷ **σταυρῷ·**
Heb 12: 2 ὃς ἀντὶ τῆς προκειμένης αὐτῷ χαρᾶς ὑπέμεινεν **σταυρὸν** αἰσχύνης καταφρονήσας ἐν δεξιᾷ τε τοῦ θρόνου τοῦ θεοῦ κεκάθικεν.

5090 σταυρόω [46]

√ *5089*

ἐσταύρωται κόσμῳ [1] Gal 6:14
σταυρόω τὴν σάρκα [1] Gal 5:24

Mt 20:19 καὶ παραδώσουσιν αὐτὸν τοῖς ἔθνεσιν εἰς τὸ ἐμπαῖξαι καὶ μαστιγῶσαι καὶ **σταυρῶσαι,**
23:34 ἐξ αὐτῶν ἀποκτενεῖτε καὶ **σταυρώσετε** καὶ ἐξ αὐτῶν μαστιγώσετε ἐν ταῖς συναγωγαῖς ὑμῶν
26: 2 καὶ ὁ υἱὸς τοῦ ἀνθρώπου παραδίδοται εἰς τὸ **σταυρωθῆναι.**
27:22 Τί οὖν ποιήσω Ἰησοῦν τὸν λεγόμενον Χριστόν; λέγουσιν πάντες, **Σταυρωθήτω.**
27:23 Τί γὰρ κακὸν ἐποίησεν; οἱ δὲ περισσῶς ἔκραζον λέγοντες, **Σταυρωθήτω.**

27:26 τότε ἀπέλυσεν αὐτοῖς τὸν Βαραββᾶν, τὸν δὲ Ἰησοῦν φραγελλώσας παρέδωκεν ἵνα **σταυρωθῇ.**
27:31 ἐξέδυσαν αὐτὸν τὴν χλαμύδα καὶ ἐνέδυσαν αὐτὸν τὰ ἱμάτια αὐτοῦ καὶ ἀπήγαγον αὐτὸν εἰς τὸ **σταυρῶσαι.**
27:35 **σταυρώσαντες** δὲ αὐτὸν διεμερίσαντο τὰ ἱμάτια αὐτοῦ βάλλοντες κλῆρον,
27:38 Τότε **σταυροῦνται** σὺν αὐτῷ δύο λῃσταί, εἷς ἐκ δεξιῶν καὶ εἷς ἐξ εὐωνύμων.
28: 5 Μὴ φοβεῖσθε ὑμεῖς, οἶδα γὰρ ὅτι Ἰησοῦν τὸν **ἐσταυρωμένον** ζητεῖτε·
Mk 15:13 οἱ δὲ πάλιν ἔκραξαν, **Σταύρωσον** αὐτόν.
15:14 Τί γὰρ ἐποίησεν κακόν; οἱ δὲ περισσῶς ἔκραξαν, **Σταύρωσον** αὐτόν.
15:15 ἀπέλυσεν αὐτοῖς τὸν Βαραββᾶν, καὶ παρέδωκεν τὸν Ἰησοῦν φραγελλώσας ἵνα **σταυρωθῇ.**
15:20 ἐξέδυσαν αὐτὸν τὴν πορφύραν καὶ ἐνέδυσαν αὐτὸν τὰ ἱμάτια αὐτοῦ. καὶ ἐξάγουσιν αὐτὸν ἵνα **σταυρώσωσιν** αὐτόν.
15:24 καὶ **σταυροῦσιν** αὐτὸν καὶ διαμερίζονται τὰ ἱμάτια αὐτοῦ,
15:25 ἦν δὲ ὥρα τρίτη καὶ **ἐσταύρωσαν** αὐτόν.
15:27 Καὶ σὺν αὐτῷ **σταυροῦσιν** δύο λῃστάς, ἕνα ἐκ δεξιῶν καὶ ἕνα ἐξ εὐωνύμων αὐτοῦ.
16: 6 Ἰησοῦν ζητεῖτε τὸν Ναζαρηνὸν τὸν **ἐσταυρωμένον·** ἠγέρθη, οὐκ ἔστιν ὧδε·
Lk 23:21 οἱ δὲ ἐπεφώνουν λέγοντες, **Σταύρου σταύρου** αὐτόν.
23:23 οἱ δὲ ἐπέκειντο φωναῖς μεγάλαις αἰτούμενοι αὐτὸν **σταυρωθῆναι,**
23:33 ἐκεῖ **ἐσταύρωσαν** αὐτὸν καὶ τοὺς κακούργους, ὃν μὲν ἐκ δεξιῶν ὃν δὲ ἐξ ἀριστερῶν.
24: 7 λέγων τὸν υἱὸν τοῦ ἀνθρώπου ὅτι δεῖ παραδοθῆναι εἰς χεῖρας ἀνθρώπων ἁμαρτωλῶν καὶ **σταυρωθῆναι** καὶ τῇ τρίτῃ ἡμέρᾳ ἀναστῆναι.
24:20 ὅπως τε παρέδωκαν αὐτὸν οἱ ἀρχιερεῖς καὶ οἱ ἄρχοντες ἡμῶν εἰς κρίμα θανάτου καὶ **ἐσταύρωσαν** αὐτόν.
Jn 19: 6 ὅτε οὖν εἶδον αὐτὸν οἱ ἀρχιερεῖς καὶ οἱ ὑπηρέται ἐκραύγασαν λέγοντες, **Σταύρωσον σταύρωσον.** λέγει αὐτοῖς ὁ Πιλᾶτος, Λάβετε αὐτὸν ὑμεῖς καὶ **σταυρώσατε·**
19:10 οὐκ οἶδας ὅτι ἐξουσίαν ἔχω ἀπολῦσαί σε καὶ ἐξουσίαν ἔχω **σταυρῶσαί** σε;
19:15 ἐκραύγασαν οὖν ἐκεῖνοι, Ἆρον ἆρον, **σταύρωσον** αὐτόν. λέγει αὐτοῖς ὁ Πιλᾶτος, Τὸν βασιλέα ὑμῶν **σταυρώσω;**
19:16 τότε οὖν παρέδωκεν αὐτὸν αὐτοῖς ἵνα **σταυρωθῇ.** Παρέλαβον οὖν τὸν Ἰησοῦν,
19:18 ὅπου αὐτὸν **ἐσταύρωσαν,** καὶ μετ᾽ αὐτοῦ ἄλλους δύο ἐντεῦθεν καὶ ἐντεῦθεν,
19:20 ὅτι ἐγγὺς ἦν ὁ τόπος τῆς πόλεως ὅπου **ἐσταυρώθη** ὁ Ἰησοῦς·
19:23 Οἱ οὖν στρατιῶται, ὅτε **ἐσταύρωσαν** τὸν Ἰησοῦν, ἔλαβον τὰ ἱμάτια αὐτοῦ καὶ ἐποίησαν τέσσαρα μέρη,
19:41 ἦν δὲ ἐν τῷ τόπῳ ὅπου **ἐσταυρώθη** κῆπος,
Ac 2:36 ἀσφαλῶς οὖν γινωσκέτω πᾶς οἶκος Ἰσραὴλ ὅτι καὶ κύριον αὐτὸν καὶ Χριστὸν ἐποίησεν ὁ θεός, τοῦτον τὸν Ἰησοῦν ὃν ὑμεῖς **ἐσταυρώσατε.**
4:10 γνωστὸν ἔστω πᾶσιν ὑμῖν καὶ παντὶ τῷ λαῷ Ἰσραὴλ ὅτι ἐν τῷ ὀνόματι Ἰησοῦ Χριστοῦ τοῦ Ναζωραίου ὃν ὑμεῖς **ἐσταυρώσατε,**
1Co 1:13 μὴ Παῦλος **ἐσταυρώθη** ὑπὲρ ὑμῶν, ἢ εἰς τὸ ὄνομα Παύλου ἐβαπτίσθητε;
1:23 ἡμεῖς δὲ κηρύσσομεν Χριστὸν **ἐσταυρωμένον,** Ἰουδαίοις μὲν σκάνδαλον,
2: 2 οὐ γὰρ ἔκρινά τι εἰδέναι ἐν ὑμῖν εἰ μὴ Ἰησοῦν Χριστὸν καὶ τοῦτον **ἐσταυρωμένον.**
2: 8 εἰ γὰρ ἔγνωσαν, οὐκ ἂν τὸν κύριον τῆς δόξης **ἐσταύρωσαν.**
2Co 13: 4 καὶ γὰρ **ἐσταυρώθη** ἐξ ἀσθενείας, ἀλλὰ ζῇ ἐκ δυνάμεως θεοῦ.
Gal 3: 1 τίς ὑμᾶς ἐβάσκανεν, οἷς κατ᾽ ὀφθαλμοὺς Ἰησοῦς Χριστὸς προεγράφη **ἐσταυρωμένος;**
5:24 οἱ δὲ τοῦ Χριστοῦ [Ἰησοῦ] τὴν σάρκα **ἐσταύρωσαν** σὺν τοῖς παθήμασιν καὶ ταῖς ἐπιθυμίαις.
6:14 μὴ γένοιτο καυχᾶσθαι εἰ μὴ ἐν τῷ σταυρῷ τοῦ κυρίου ἡμῶν Ἰησοῦ Χριστοῦ, δι᾽ οὗ ἐμοὶ κόσμος **ἐσταύρωται** κἀγὼ κόσμῳ.
Rev 11: 8 ἥτις καλεῖται πνευματικῶς Σόδομα καὶ Αἴγυπτος, ὅπου καὶ ὁ κύριος αὐτῶν **ἐσταυρώθη.**

5091 σταφυλή [3]

Mt 7:16 μήτι συλλέγουσιν ἀπὸ ἀκανθῶν **σταφυλὰς** ἢ ἀπὸ τριβόλων σῦκα;
Lk 6:44 οὐ γὰρ ἐξ ἀκανθῶν συλλέγουσιν σῦκα οὐδὲ ἐκ βάτου **σταφυλὴν** τρυγῶσιν.
Rev 14:18 Πέμψον σου τὸ δρέπανον τὸ ὀξὺ καὶ τρύγησον τοὺς βότρυας τῆς ἀμπέλου τῆς γῆς, ὅτι ἤκμασαν αἱ **σταφυλαὶ** αὐτῆς.

5092 στάχυς¹ [5]

→ *5093*

Mt 12: 1 οἱ δὲ μαθηταὶ αὐτοῦ ἐπείνασαν καὶ ἤρξαντο τίλλειν **στάχυας** καὶ ἐσθίειν.
Mk 2:23 καὶ οἱ μαθηταὶ αὐτοῦ ἤρξαντο ὁδὸν ποιεῖν τίλλοντες τοὺς **στάχυας.**
4:28 πρῶτον χόρτον εἶτα **στάχυν** εἶτα πλήρη[ς] σῖτον ἐν τῷ **στάχυϊ.**
Lk 6: 1 καὶ ἔτιλλον οἱ μαθηταὶ αὐτοῦ καὶ ἤσθιον τοὺς **στάχυας** ψώχοντες ταῖς χερσίν.

5093 Στάχυς² [1]

√ *5092*

Ro 16: 9 ἀσπάσασθε Οὐρβανὸν τὸν συνεργὸν ἡμῶν ἐν Χριστῷ καὶ **Στάχυν** τὸν ἀγαπητόν μου.

5094 στέγη [3]

√ *5095*

Mt 8: 8 οὐκ εἰμὶ ἱκανὸς ἵνα μου ὑπὸ τὴν **στέγην** εἰσέλθῃς,
Mk 2: 4 καὶ μὴ δυνάμενοι προσενέγκαι αὐτῷ διὰ τὸν ὄχλον ἀπεστέγασαν τὴν **στέγην** ὅπου ἦν,
Lk 7: 6 οὐ γὰρ ἱκανός εἰμι ἵνα ὑπὸ τὴν **στέγην** μου εἰσέλθῃς·

5095 στέγω [4]

→ *689, 5094, 5566*

1Co 9:12 Ἀλλ᾽ οὐκ ἐχρησάμεθα τῇ ἐξουσίᾳ ταύτῃ, ἀλλὰ πάντα **στέγομεν,**
13: 7 πάντα **στέγει,** πάντα πιστεύει, πάντα ἐλπίζει, πάντα ὑπομένει.
1Th 3: 1 Διὸ μηκέτι **στέγοντες** εὐδοκήσαμεν καταλειφθῆναι ἐν Ἀθήναις μόνοι
3: 5 διὰ τοῦτο κἀγὼ μηκέτι **στέγων** ἔπεμψα εἰς τὸ γνῶναι τὴν πίστιν ὑμῶν,

5096 στεῖρα [5]

√ *5104*

Lk 1: 7 καὶ οὐκ ἦν αὐτοῖς τέκνον, καθότι ἦν ἡ Ἐλισάβετ **στεῖρα,**
1:36 Ἐλισάβετ ἡ συγγενίς σου καὶ αὐτὴ συνείληφεν υἱὸν ἐν γήρει αὐτῆς καὶ οὗτος μὴν ἕκτος ἐστὶν αὐτῇ τῇ καλουμένῃ **στείρᾳ·**
23:29 Μακάριαι αἱ **στεῖραι** καὶ αἱ κοιλίαι αἳ οὐκ ἐγέννησαν καὶ μαστοὶ οἳ οὐκ ἔθρεψαν.
Gal 4:27 γέγραπται γάρ, Εὐφράνθητι, **στεῖρα** ἡ οὐ τίκτουσα, ῥῆξον καὶ βόησον,
Heb 11:11 Πίστει καὶ αὐτὴ Σάρρα **στεῖρα** δύναμιν εἰς καταβολὴν σπέρματος ἔλαβεν καὶ παρὰ καιρὸν ἡλικίας,

5097 στέλλω [2]

→ *690, 1403, 1405, 2186, 2948, 2950, 5124, 5366, 5713, 5714*

2Co 8:20 **στελλόμενοι** τοῦτο, μή τις ἡμᾶς μωμήσηται ἐν τῇ ἁδρότητι ταύτῃ τῇ διακονουμένῃ ὑφ᾽ ἡμῶν·
2Th 3: 6 ἐν ὀνόματι τοῦ κυρίου [ἡμῶν] Ἰησοῦ Χριστοῦ **στέλλεσθαι** ὑμᾶς ἀπὸ παντὸς ἀδελφοῦ ἀτάκτως περιπατοῦντος καὶ μὴ κατὰ τὴν παράδοσιν ἣν παρελάβοσαν παρ᾽ ἡμῶν.

5098 στέμμα [1]

√ *5110*

Ac 14:13 ὅ τε ἱερεὺς τοῦ Διὸς τοῦ ὄντος πρὸ τῆς πόλεως ταύρους καὶ **στέμματα** ἐπὶ τοὺς πυλῶνας ἐνέγκας σὺν τοῖς ὄχλοις ἤθελεν θύειν.

5099 στεναγμός [2]

√ *5101*

Ac 7:34 ἰδὼν εἶδον τὴν κάκωσιν τοῦ λαοῦ μου τοῦ ἐν Αἰγύπτῳ καὶ τοῦ **στεναγμοῦ** αὐτῶν ἤκουσα,

Ro 8:26 τὸ γὰρ τί προσευξώμεθα καθὸ δεῖ οὐκ οἴδαμεν, ἀλλὰ αὐτὸ τὸ πνεῦμα ὑπερεντυγχάνει **στεναγμοῖς** ἀλαλήτοις·

5100 στενάζω [6]

√ 5101

Mk 7:34 καὶ ἀναβλέψας εἰς τὸν οὐρανὸν **ἐστέναξεν** καὶ λέγει αὐτῷ,
Ro 8:23 ἡμεῖς καὶ αὐτοὶ ἐν ἑαυτοῖς **στενάζομεν** υἱοθεσίαν ἀπεκδεχόμενοι,
2Co 5: 2 καὶ γὰρ ἐν τούτῳ **στενάζομεν** τὸ οἰκητήριον ἡμῶν τὸ ἐξ οὐρανοῦ ἐπενδύσασθαι ἐπιποθοῦντες,
5: 4 καὶ γὰρ οἱ ὄντες ἐν τῷ σκήνει **στενάζομεν** βαρούμενοι,
Heb 13:17 ἵνα μετὰ χαρᾶς τοῦτο ποιῶσιν καὶ μὴ **στενάζοντες·**
Jas 5: 9 μὴ **στενάζετε,** ἀδελφοί, κατ' ἀλλήλων ἵνα μὴ κριθῆτε·

5101 στενός [3]

→ 417, 5099, 5100, 5102, 5103, 5367

Mt 7:13 Εἰσέλθατε διὰ τῆς **στενῆς** πύλης· ὅτι πλατεῖα ἡ πύλη καὶ εὐρύχωρος ἡ ὁδὸς ἡ ἀπάγουσα εἰς τὴν ἀπώλειαν
7:14 τί **στενὴ** ἡ πύλη καὶ τεθλιμμένη ἡ ὁδὸς ἡ ἀπάγουσα εἰς τὴν ζωὴν καὶ ὀλίγοι εἰσὶν οἱ εὑρίσκοντες αὐτήν.
Lk 13:24 Ἀγωνίζεσθε εἰσελθεῖν διὰ τῆς **στενῆς** θύρας, ὅτι πολλοί,

5102 στενοχωρέω [3]

√ 5101 + 6003

2Co 4: 8 ἐν παντὶ θλιβόμενοι ἀλλ' οὐ **στενοχωρούμενοι,** ἀπορούμενοι ἀλλ' οὐκ ἐξαπορούμενοι,
6:12 οὐ **στενοχωρεῖσθε** ἐν ἡμῖν, **στενοχωρεῖσθε** δὲ ἐν τοῖς σπλάγχνοις ὑμῶν·

5103 στενοχωρία [4]

√ 5101 + 6003

Ro 2: 9 θλῖψις καὶ **στενοχωρία** ἐπὶ πᾶσαν ψυχὴν ἀνθρώπου τοῦ κατεργαζομένου τὸ κακόν,
8:35 θλῖψις ἢ **στενοχωρία** ἢ διωγμὸς ἢ λιμὸς ἢ γυμνότης ἢ κίνδυνος ἢ μάχαιρα;
2Co 6: 4 ἐν ὑπομονῇ πολλῇ, ἐν θλίψεσιν, ἐν ἀνάγκαις, ἐν **στενοχωρίαις,**
12:10 ἐν ἀνάγκαις, ἐν διωγμοῖς καὶ **στενοχωρίαις,** ὑπὲρ Χριστοῦ·

5104 στερεός [4]

→ 5096, 5105, 5106

2Ti 2:19 ὁ μέντοι **στερεὸς** θεμέλιος τοῦ θεοῦ ἕστηκεν, ἔχων τὴν σφραγῖδα ταύτην·
Heb 5:12 πάλιν χρείαν ἔχετε τοῦ διδάσκειν ὑμᾶς τινὰ τὰ στοιχεῖα τῆς ἀρχῆς τῶν λογίων τοῦ θεοῦ καὶ γεγόνατε χρείαν ἔχοντες γάλακτος [καὶ] οὐ **στερεᾶς** τροφῆς.
5:14 τελείων δέ ἐστιν ἡ **στερεὰ** τροφή, τῶν διὰ τὴν ἕξιν τὰ αἰσθητήρια γεγυμνασμένα ἐχόντων πρὸς διάκρισιν καλοῦ τε καὶ κακοῦ.
1Pe 5: 9 ᾧ ἀντίστητε **στερεοὶ** τῇ πίστει εἰδότες τὰ αὐτὰ τῶν παθημάτων τῇ ἐν [τῷ] κόσμῳ ὑμῶν ἀδελφότητι ἐπιτελεῖσθαι.

5105 στερεόω [3]

√ 5104

Ac 3: 7 παραχρῆμα δὲ **ἐστερεώθησαν** αἱ βάσεις αὐτοῦ καὶ τὰ σφυδρά,
3:16 καὶ ἐπὶ τῇ πίστει τοῦ ὀνόματος αὐτοῦ τοῦτον ὃν θεωρεῖτε καὶ οἴδατε, **ἐστερέωσεν** τὸ ὄνομα αὐτοῦ,
16: 5 αἱ μὲν οὖν ἐκκλησίαι **ἐστερεοῦντο** τῇ πίστει καὶ ἐπερίσσευον τῷ ἀριθμῷ καθ' ἡμέραν.

5106 στερέωμα [1]

√ 5104

Col 2: 5 χαίρων καὶ βλέπων ὑμῶν τὴν τάξιν καὶ τὸ **στερέωμα** τῆς εἰς Χριστὸν πίστεως ὑμῶν.

5107 Στεφανᾶς [3]

√ 5110

1Co 1:16 ἐβάπτισα δὲ καὶ τὸν **Στεφανᾶ** οἶκον, λοιπὸν οὐκ οἶδα εἴ τινα ἄλλον ἐβάπτισα.
16:15 οἴδατε τὴν οἰκίαν **Στεφανᾶ,** ὅτι ἐστὶν ἀπαρχὴ τῆς Ἀχαΐας καὶ εἰς διακονίαν τοῖς ἁγίοις ἔταξαν ἑαυτούς·
16:17 χαίρω δὲ ἐπὶ τῇ παρουσίᾳ **Στεφανᾶ** καὶ Φορτουνάτου καὶ Ἀχαϊκοῦ,

5108 Στέφανος[1] [7]

√ 5110

Ac 6: 5 καὶ ἤρεσεν ὁ λόγος ἐνώπιον παντὸς τοῦ πλήθους καὶ ἐξελέξαντο **Στέφανον,**
6: 8 **Στέφανος** δὲ πλήρης χάριτος καὶ δυνάμεως ἐποίει τέρατα καὶ σημεῖα μεγάλα ἐν τῷ λαῷ.
6: 9 ἀνέστησαν δέ τινες τῶν ἐκ τῆς συναγωγῆς τῆς λεγομένης Λιβερτίνων καὶ Κυρηναίων καὶ Ἀλεξανδρέων καὶ τῶν ἀπὸ Κιλικίας καὶ Ἀσίας συζητοῦντες τῷ **Στεφάνῳ,**
7:59 καὶ ἐλιθοβόλουν τὸν **Στέφανον** ἐπικαλούμενον καὶ λέγοντα, Κύριε Ἰησοῦ,
8: 2 συνεκόμισαν δὲ τὸν **Στέφανον** ἄνδρες εὐλαβεῖς καὶ ἐποίησαν κοπετὸν μέγαν ἐπ' αὐτῷ.
11:19 Οἱ μὲν οὖν διασπαρέντες ἀπὸ τῆς θλίψεως τῆς γενομένης ἐπὶ **Στεφάνῳ** διῆλθον ἕως Φοινίκης καὶ Κύπρου καὶ Ἀντιοχείας
22:20 καὶ ὅτε ἐξεχύννετο τὸ αἷμα **Στεφάνου** τοῦ μάρτυρός σου,

5109 στέφανος[2] [18]

√ 5110

Mt 27:29 καὶ πλέξαντες **στέφανον** ἐξ ἀκανθῶν ἐπέθηκαν ἐπὶ τῆς κεφαλῆς αὐτοῦ καὶ κάλαμον ἐν τῇ δεξιᾷ αὐτοῦ,
Mk 15:17 καὶ ἐνδιδύσκουσιν αὐτὸν πορφύραν καὶ περιτιθέασιν αὐτῷ πλέξαντες ἀκάνθινον **στέφανον·**
Jn 19: 2 καὶ οἱ στρατιῶται πλέξαντες **στέφανον** ἐξ ἀκανθῶν ἐπέθηκαν αὐτοῦ τῇ κεφαλῇ καὶ ἱμάτιον πορφυροῦν περιέβαλον αὐτὸν
19: 5 φορῶν τὸν ἀκάνθινον **στέφανον** καὶ τὸ πορφυροῦν ἱμάτιον.
1Co 9:25 ἐκεῖνοι μὲν οὖν ἵνα φθαρτὸν **στέφανον** λάβωσιν, ἡμεῖς δὲ ἄφθαρτον.
Php 4: 1 χαρὰ καὶ **στέφανός** μου, οὕτως στήκετε ἐν κυρίῳ,
1Th 2:19 τίς γὰρ ἡμῶν ἐλπὶς ἢ χαρὰ ἢ **στέφανος** καυχήσεως–
2Ti 4: 8 λοιπὸν ἀπόκειταί μοι ὁ τῆς δικαιοσύνης **στέφανος,** ὃν ἀποδώσει μοι ὁ κύριος ἐν ἐκείνῃ τῇ ἡμέρᾳ,
Jas 1:12 ὅτι δόκιμος γενόμενος λήμψεται τὸν **στέφανον** τῆς ζωῆς ὃν ἐπηγγείλατο τοῖς ἀγαπῶσιν αὐτόν.
1Pe 5: 4 καὶ φανερωθέντος τοῦ ἀρχιποίμενος κομιεῖσθε τὸν ἀμαράντινον τῆς δόξης **στέφανον.**
Rev 2:10 γίνου πιστὸς ἄχρι θανάτου, καὶ δώσω σοι τὸν **στέφανον** τῆς ζωῆς.
3:11 κράτει ὃ ἔχεις, ἵνα μηδεὶς λάβῃ τὸν **στέφανόν** σου.
4: 4 πρεσβυτέρους καθημένους περιβεβλημένους ἐν ἱματίοις λευκοῖς καὶ ἐπὶ τὰς κεφαλὰς αὐτῶν **στεφάνους** χρυσοῦς.
4:10 ἐνώπιον τοῦ καθημένου ἐπὶ τοῦ θρόνου καὶ προσκυνήσουσιν τῷ ζῶντι εἰς τοὺς αἰῶνας τῶν αἰώνων καὶ βαλοῦσιν τοὺς **στεφάνους** αὐτῶν ἐνώπιον τοῦ θρόνου λέγοντες,
6: 2 καὶ ὁ καθήμενος ἐπ' αὐτὸν ἔχων τόξον καὶ ἐδόθη αὐτῷ **στέφανος** καὶ ἐξῆλθεν νικῶν καὶ ἵνα νικήσῃ.
9: 7 καὶ ἐπὶ τὰς κεφαλὰς αὐτῶν ὡς **στέφανοι** ὅμοιοι χρυσῷ,
12: 1 καὶ ἡ σελήνη ὑποκάτω τῶν ποδῶν αὐτῆς καὶ ἐπὶ τῆς κεφαλῆς αὐτῆς **στέφανος** ἀστέρων δώδεκα,
14:14 ἔχων ἐπὶ τῆς κεφαλῆς αὐτοῦ **στέφανον** χρυσοῦν καὶ ἐν τῇ χειρὶ αὐτοῦ δρέπανον ὀξύ.

5110 στεφανόω [3]

→ 5098, 5107, 5108, 5109

2Ti 2: 5 ἐὰν δὲ καὶ ἀθλῇ τις, οὐ **στεφανοῦται** ἐὰν μὴ νομίμως ἀθλήσῃ.
Heb 2: 7 ἠλάττωσας αὐτὸν βραχύ τι παρ' ἀγγέλους, δόξῃ καὶ τιμῇ **ἐστεφάνωσας** αὐτόν,
2: 9 τὸν δὲ βραχύ τι παρ' ἀγγέλους ἠλαττωμένον βλέπομεν Ἰησοῦν διὰ τὸ πάθημα τοῦ θανάτου δόξῃ καὶ τιμῇ **ἐστεφανωμένον,**

5111 στῆθος [5]

Lk 18:13 ἀλλ᾽ ἔτυπτεν τὸ **στῆθος** αὐτοῦ λέγων, Ὁ θεός,
23:48 πάντες οἱ συμπαραγενόμενοι ὄχλοι ἐπὶ τὴν θεωρίαν ταύτην, θεωρήσαντες τὰ γενόμενα, τύπτοντες τὰ **στήθη** ὑπέστρεφον.
Jn 13:25 ἀναπεσὼν οὖν ἐκεῖνος οὕτως ἐπὶ τὸ **στῆθος** τοῦ Ἰησοῦ λέγει αὐτῷ,
21:20 ὃς καὶ ἀνέπεσεν ἐν τῷ δείπνῳ ἐπὶ τὸ **στῆθος** αὐτοῦ καὶ εἶπεν,
Rev 15: 6 ἐξῆλθον οἱ ἑπτὰ ἄγγελοι [οἱ] ἔχοντες τὰς ἑπτὰ πληγὰς ἐκ τοῦ ναοῦ ἐνδεδυμένοι λίνον καθαρὸν λαμπρὸν καὶ περιεζωσμένοι περὶ τὰ **στήθη** ζώνας χρυσᾶς.

5112 στήκω [9]

√ 2705

see also **ἵστημι**

Mk 3:31 Καὶ ἔρχεται ἡ μήτηρ αὐτοῦ καὶ οἱ ἀδελφοὶ αὐτοῦ καὶ ἔξω **στήκοντες** ἀπέστειλαν πρὸς αὐτὸν καλοῦντες αὐτόν.
11:25 καὶ ὅταν **στήκετε** προσευχόμενοι, ἀφίετε εἴ τι ἔχετε κατά τινος,
Ro 14: 4 τῷ ἰδίῳ κυρίῳ **στήκει** ἢ πίπτει· σταθήσεται δέ,
1Co 16:13 Γρηγορεῖτε, **στήκετε** ἐν τῇ πίστει, ἀνδρίζεσθε, κραταιοῦσθε.
Gal 5: 1 **στήκετε** οὖν καὶ μὴ πάλιν ζυγῷ δουλείας ἐνέχεσθε.
Php 1:27 ὅτι **στήκετε** ἐν ἑνὶ πνεύματι, μιᾷ ψυχῇ συναθλοῦντες τῇ πίστει τοῦ εὐαγγελίου
4: 1 χαρὰ καὶ στέφανός μου, οὕτως **στήκετε** ἐν κυρίῳ, ἀγαπητοί.
1Th 3: 8 ὅτι νῦν ζῶμεν ἐὰν ὑμεῖς **στήκετε** ἐν κυρίῳ.
2Th 2:15 ἄρα οὖν, ἀδελφοί, **στήκετε,** καὶ κρατεῖτε τὰς παραδόσεις ἃς ἐδιδάχθητε εἴτε διὰ λόγου εἴτε δι᾽ ἐπιστολῆς ἡμῶν.

5113 στηριγμός [1]

√ 5114

2Pe 3:17 ἵνα μὴ τῇ τῶν ἀθέσμων πλάνῃ συναπαχθέντες ἐκπέσητε τοῦ ἰδίου **στηριγμοῦ,**

5114 στηρίζω [13]

→ 844, 2185, 5113

στηρίζω τὸ πρόσωπον [1] Lk 9:51

Lk 9:51 ἐν τῷ συμπληροῦσθαι τὰς ἡμέρας τῆς ἀναλήμψεως αὐτοῦ καὶ αὐτὸς τὸ πρόσωπον **ἐστήρισεν** τοῦ πορεύεσθαι εἰς Ἰερουσαλήμ.
16:26 καὶ ἐν πᾶσι τούτοις μεταξὺ ἡμῶν καὶ ὑμῶν χάσμα μέγα **ἐστήρικται,**
22:32 καὶ σύ ποτε ἐπιστρέψας **στήρισον** τοὺς ἀδελφούς σου.
Ro 1:11 ἵνα τι μεταδῶ χάρισμα ὑμῖν πνευματικὸν εἰς τὸ **στηριχθῆναι** ὑμᾶς,
16:25 [Τῷ δὲ δυναμένῳ ὑμᾶς **στηρίξαι** κατὰ τὸ εὐαγγέλιόν μου καὶ τὸ κήρυγμα Ἰησοῦ Χριστοῦ,]
1Th 3: 2 εἰς τὸ **στηρίξαι** ὑμᾶς καὶ παρακαλέσαι ὑπὲρ τῆς πίστεως ὑμῶν
3:13 εἰς τὸ **στηρίξαι** ὑμῶν τὰς καρδίας ἀμέμπτους ἐν ἁγιωσύνῃ ἔμπροσθεν τοῦ θεοῦ καὶ πατρὸς ἡμῶν ἐν τῇ παρουσίᾳ
2Th 2:17 παρακαλέσαι ὑμῶν τὰς καρδίας καὶ **στηρίξαι** ἐν παντὶ ἔργῳ καὶ λόγῳ ἀγαθῷ.
3: 3 ὃς **στηρίξει** ὑμᾶς καὶ φυλάξει ἀπὸ τοῦ πονηροῦ.
Jas 5: 8 μακροθυμήσατε καὶ ὑμεῖς, **στηρίξατε** τὰς καρδίας ὑμῶν, ὅτι ἡ παρουσία τοῦ κυρίου ἤγγικεν.
1Pe 5:10 ὁ καλέσας ὑμᾶς εἰς τὴν αἰώνιον αὐτοῦ δόξαν ἐν Χριστῷ [Ἰησοῦ,] ὀλίγον παθόντας αὐτὸς καταρτίσει, **στηρίξει,** σθενώσει, θεμελιώσει.
2Pe 1:12 Διὸ μελλήσω ἀεὶ ὑμᾶς ὑπομιμνῄσκειν περὶ τούτων καίπερ εἰδότας καὶ **ἐστηριγμένους** ἐν τῇ παρούσῃ ἀληθείᾳ.
Rev 3: 2 γίνου γρηγορῶν καὶ **στήρισον** τὰ λοιπὰ ἃ ἔμελλον ἀποθανεῖν,

5115 στιβάς [1]

Mk 11: 8 καὶ πολλοὶ τὰ ἱμάτια αὐτῶν ἔστρωσαν εἰς τὴν ὁδόν, ἄλλοι δὲ **στιβάδας** κόψαντες ἐκ τῶν ἀγρῶν.

5116 στίγμα [1]

→ 5117

Gal 6:17 ἐγὼ γὰρ τὰ **στίγματα** τοῦ Ἰησοῦ ἐν τῷ σώματί μου βαστάζω.

5117 στιγμή [1]

√ 5116

Lk 4: 5 Καὶ ἀναγαγὼν αὐτὸν ἔδειξεν αὐτῷ πάσας τὰς βασιλείας τῆς οἰκουμένης ἐν **στιγμῇ** χρόνου

5118 στίλβω [1]

Mk 9: 3 καὶ τὰ ἱμάτια αὐτοῦ ἐγένετο **στίλβοντα** λευκὰ λίαν,

5119 στοά [4]

→ 5121, 5147; cf. 2705

Jn 5: 2 ἔστιν δὲ ἐν τοῖς Ἱεροσολύμοις ἐπὶ τῇ προβατικῇ κολυμβήθρα ἡ ἐπιλεγομένη Ἑβραϊστὶ Βηθζαθὰ πέντε **στοὰς** ἔχουσα.
10:23 περιεπάτει ὁ Ἰησοῦς ἐν τῷ ἱερῷ ἐν τῇ **στοᾷ** τοῦ Σολομῶνος.
Ac 3:11 τὸν Πέτρον καὶ τὸν Ἰωάννην συνέδραμεν πᾶς ὁ λαὸς πρὸς αὐτοὺς ἐπὶ τῇ **στοᾷ** τῇ καλουμένῃ Σολομῶντος ἔκθαμβοι.
5:12 καὶ ἦσαν ὁμοθυμαδὸν ἅπαντες ἐν τῇ **Στοᾷ** Σολομῶντος,

5120 στοιβάς Not used in UBS/NIV

5121 Στοϊκός [1]

√ 5119

Ac 17:18 τινὲς δὲ καὶ τῶν Ἐπικουρείων καὶ **Στοϊκῶν** φιλοσόφων συνέβαλλον αὐτῷ,

5122 στοιχεῖον [7]

√ 5123

στοιχεῖον κόσμου [3] Gal 4:3; Col 2:8,20

Gal 4: 3 ὅτε ἦμεν νήπιοι, ὑπὸ τὰ **στοιχεῖα** τοῦ κόσμου ἤμεθα δεδουλωμένοι·
4: 9 πῶς ἐπιστρέφετε πάλιν ἐπὶ τὰ ἀσθενῆ καὶ πτωχὰ **στοιχεῖα** οἷς πάλιν ἄνωθεν δουλεύειν θέλετε;
Col 2: 8 κατὰ τὰ **στοιχεῖα** τοῦ κόσμου καὶ οὐ κατὰ Χριστόν·
2:20 Εἰ ἀπεθάνετε σὺν Χριστῷ ἀπὸ τῶν **στοιχείων** τοῦ κόσμου,
Heb 5:12 πάλιν χρείαν ἔχετε τοῦ διδάσκειν ὑμᾶς τινὰ τὰ **στοιχεῖα** τῆς ἀρχῆς τῶν λογίων τοῦ θεοῦ
2Pe 3:10 οἱ οὐρανοὶ ῥοιζηδὸν παρελεύσονται **στοιχεῖα** δὲ καυσούμενα λυθήσεται καὶ γῆ καὶ τὰ ἐν αὐτῇ ἔργα εὑρεθήσεται.
3:12 σπεύδοντας τὴν παρουσίαν τῆς τοῦ θεοῦ ἡμέρας δι᾽ ἣν οὐρανοὶ πυρούμενοι λυθήσονται καὶ **στοιχεῖα** καυσούμενα τήκεται.

5123 στοιχέω [5]

→ 5122, 5368

Ac 21:24 καὶ γνώσονται πάντες ὅτι ὧν κατήχηνται περὶ σοῦ οὐδέν ἐστιν ἀλλὰ **στοιχεῖς** καὶ αὐτὸς φυλάσσων τὸν νόμον.
Ro 4:12 καὶ πατέρα περιτομῆς τοῖς οὐκ ἐκ περιτομῆς μόνον ἀλλὰ καὶ τοῖς **στοιχοῦσιν** τοῖς ἴχνεσιν τῆς ἐν ἀκροβυστίᾳ πίστεως τοῦ πατρὸς ἡμῶν Ἀβραάμ.
Gal 5:25 εἰ ζῶμεν πνεύματι, πνεύματι καὶ **στοιχῶμεν.**
6:16 καὶ ὅσοι τῷ κανόνι τούτῳ **στοιχήσουσιν,** εἰρήνη ἐπ᾽ αὐτοὺς καὶ ἔλεος καὶ ἐπὶ τὸν Ἰσραὴλ τοῦ θεοῦ.
Php 3:16 πλὴν εἰς ὃ ἐφθάσαμεν, τῷ αὐτῷ **στοιχεῖν.**

5124 στολή [9]

√ 5097

Mk 12:38 Βλέπετε ἀπὸ τῶν γραμματέων τῶν θελόντων ἐν **στολαῖς** περιπατεῖν καὶ ἀσπασμοὺς ἐν ταῖς ἀγοραῖς
16: 5 καὶ εἰσελθοῦσαι εἰς τὸ μνημεῖον εἶδον νεανίσκον καθήμενον ἐν τοῖς δεξιοῖς περιβεβλημένον **στολὴν** λευκήν,
Lk 15:22 Ταχὺ ἐξενέγκατε **στολὴν** τὴν πρώτην καὶ ἐνδύσατε αὐτόν,
20:46 Προσέχετε ἀπὸ τῶν γραμματέων τῶν θελόντων περιπατεῖν ἐν **στολαῖς** καὶ φιλούντων ἀσπασμοὺς ἐν ταῖς ἀγοραῖς
Rev 6:11 καὶ ἐδόθη αὐτοῖς ἑκάστῳ **στολὴ** λευκὴ καὶ ἐρρέθη αὐτοῖς ἵνα ἀναπαύσονται ἔτι χρόνον μικρόν,
7: 9 ἐνώπιον τοῦ θρόνου καὶ ἐνώπιον τοῦ ἀρνίου περιβεβλημένους **στολὰς** λευκὰς καὶ φοίνικες ἐν ταῖς χερσὶν αὐτῶν,
7:13 Οὗτοι οἱ περιβεβλημένοι τὰς **στολὰς** τὰς λευκὰς τίνες εἰσὶν καὶ πόθεν ἦλθον;

7:14 οἱ ἐρχόμενοι ἐκ τῆς θλίψεως τῆς μεγάλης καὶ ἔπλυναν τὰς **στολὰς** αὐτῶν καὶ ἐλεύκαναν αὐτὰς ἐν τῷ αἵματι τοῦ ἀρνίου.
22:14 Μακάριοι οἱ πλύνοντες τὰς **στολὰς** αὐτῶν, ἵνα ἔσται ἡ ἐξουσία αὐτῶν ἐπὶ τὸ ξύλον τῆς ζωῆς

5125 στόμα [78]

→ *694, 1492, 2187, 5126*

ἀνοίγω τὸ στόμα [11] Mt 5:2; 13:35; 17:27; Lk 1:64; Ac 8:32,35; 10:34; 18:14; 2Co 6:11; Rev 12:16; 13:6

διὰ στόματος [6] Mt 4:4; Lk 1:70; Ac 1:16; 3:18,21; 15:7

στόμα θεοῦ [1] Mt 4:4

στόμα μαχαίρης [2] Lk 21:24; Heb 11:34

στόμα πρὸς στόμα [2] 2Jn 1:12; 3Jn 1:14

Mt 4: 4 ἀλλ' ἐπὶ παντὶ ῥήματι ἐκπορευομένῳ διὰ **στόματος** θεοῦ.
5: 2 καὶ ἀνοίξας τὸ **στόμα** αὐτοῦ ἐδίδασκεν αὐτοὺς λέγων,
12:34 ἐκ γὰρ τοῦ περισσεύματος τῆς καρδίας τὸ **στόμα** λαλεῖ.
13:35 Ἀνοίξω ἐν παραβολαῖς τὸ **στόμα** μου, ἐρεύξομαι κεκρυμμένα ἀπὸ καταβολῆς [κόσμου.]
15:11 οὐ τὸ εἰσερχόμενον εἰς τὸ **στόμα** κοινοῖ τὸν ἄνθρωπον, ἀλλὰ τὸ ἐκπορευόμενον ἐκ τοῦ **στόματος** τοῦτο κοινοῖ τὸν ἄνθρωπον.
15:17 οὐ νοεῖτε ὅτι πᾶν τὸ εἰσπορευόμενον εἰς τὸ **στόμα** εἰς τὴν κοιλίαν χωρεῖ καὶ εἰς ἀφεδρῶνα ἐκβάλλεται;
15:18 τὰ δὲ ἐκπορευόμενα ἐκ τοῦ **στόματος** ἐκ τῆς καρδίας ἐξέρχεται,
17:27 βάλε ἄγκιστρον καὶ τὸν ἀναβάντα πρῶτον ἰχθὺν ἆρον, καὶ ἀνοίξας τὸ **στόμα** αὐτοῦ εὑρήσεις στατῆρα·
18:16 ἵνα ἐπὶ **στόματος** δύο μαρτύρων ἢ τριῶν σταθῇ πᾶν ῥῆμα·
21:16 οὐδέποτε ἀνέγνωτε ὅτι Ἐκ **στόματος** νηπίων καὶ θηλαζόντων κατηρτίσω αἶνον;
Lk 1:64 ἀνεῴχθη δὲ τὸ **στόμα** αὐτοῦ παραχρῆμα καὶ ἡ γλῶσσα αὐτοῦ,
1:70 καθὼς ἐλάλησεν διὰ **στόματος** τῶν ἁγίων ἀπ' αἰῶνος προφητῶν αὐτοῦ,
4:22 Καὶ πάντες ἐμαρτύρουν αὐτῷ καὶ ἐθαύμαζον ἐπὶ τοῖς λόγοις τῆς χάριτος τοῖς ἐκπορευομένοις ἐκ τοῦ **στόματος** αὐτοῦ
6:45 ἐκ γὰρ περισσεύματος καρδίας λαλεῖ τὸ **στόμα** αὐτοῦ.
11:54 ἐνεδρεύοντες αὐτὸν θηρεῦσαί τι ἐκ τοῦ **στόματος** αὐτοῦ.
19:22 Ἐκ τοῦ **στόματός** σου κρίνω σε, πονηρὲ δοῦλε.
21:15 ἐγὼ γὰρ δώσω ὑμῖν **στόμα** καὶ σοφίαν ᾗ οὐ δυνήσονται ἀντιστῆναι ἢ ἀντειπεῖν ἅπαντες οἱ ἀντικείμενοι ὑμῖν.
21:24 καὶ πεσοῦνται **στόματι** μαχαίρης καὶ αἰχμαλωτισθήσονται εἰς τὰ ἔθνη πάντα,
22:71 Τί ἔτι ἔχομεν μαρτυρίας χρείαν; αὐτοὶ γὰρ ἠκούσαμεν ἀπὸ τοῦ **στόματος** αὐτοῦ.
Jn 19:29 σπόγγον οὖν μεστὸν τοῦ ὄξους ὑσσώπῳ περιθέντες προσήνεγκαν αὐτοῦ τῷ **στόματι.**
Ac 1:16 ἔδει πληρωθῆναι τὴν γραφὴν ἣν προεῖπεν τὸ πνεῦμα τὸ ἅγιον διὰ **στόματος** Δαυὶδ περὶ Ἰούδα τοῦ γενομένου ὁδηγοῦ τοῖς συλλαβοῦσιν Ἰησοῦν,
3:18 ἃ προκατήγγειλεν διὰ **στόματος** πάντων τῶν προφητῶν παθεῖν τὸν Χριστὸν αὐτοῦ,
3:21 ὃν δεῖ οὐρανὸν μὲν δέξασθαι ἄχρι χρόνων ἀποκαταστάσεως πάντων ὧν ἐλάλησεν ὁ θεὸς διὰ **στόματος** τῶν ἁγίων ἀπ' αἰῶνος αὐτοῦ προφητῶν.
4:25 ὁ τοῦ πατρὸς ἡμῶν διὰ πνεύματος ἁγίου **στόματος** Δαυὶδ παιδός σου εἰπών,
8:32 Ὡς πρόβατον ἐπὶ σφαγὴν ἤχθη καὶ ὡς ἀμνὸς ἐναντίον τοῦ κείραντος αὐτὸν ἄφωνος, οὕτως οὐκ ἀνοίγει τὸ **στόμα** αὐτοῦ.
8:35 ἀνοίξας δὲ ὁ Φίλιππος τὸ **στόμα** αὐτοῦ καὶ ἀρξάμενος ἀπὸ τῆς γραφῆς ταύτης εὐηγγελίσατο αὐτῷ τὸν Ἰησοῦν.
10:34 Ἀνοίξας δὲ Πέτρος τὸ **στόμα** εἶπεν, Ἐπ' ἀληθείας καταλαμβάνομαι ὅτι οὐκ ἔστιν προσωπολήμπτης ὁ θεός,
11: 8 ὅτι κοινὸν ἢ ἀκάθαρτον οὐδέποτε εἰσῆλθεν εἰς τὸ **στόμα** μου.
15: 7 ἐν ὑμῖν ἐξελέξατο ὁ θεὸς διὰ τοῦ **στόματός** μου ἀκοῦσαι τὰ ἔθνη τὸν λόγον τοῦ εὐαγγελίου καὶ πιστεῦσαι.
18:14 μέλλοντος δὲ τοῦ Παύλου ἀνοίγειν τὸ **στόμα** εἶπεν ὁ Γαλλίων πρὸς τοὺς Ἰουδαίους,
22:14 Ὁ θεὸς τῶν πατέρων ἡμῶν προεχειρίσατό σε γνῶναι τὸ θέλημα αὐτοῦ καὶ ἰδεῖν τὸν δίκαιον καὶ ἀκοῦσαι φωνὴν ἐκ τοῦ **στόματος** αὐτοῦ,
23: 2 ὁ δὲ ἀρχιερεὺς Ἁνανίας ἐπέταξεν τοῖς παρεστῶσιν αὐτῷ τύπτειν αὐτοῦ τὸ **στόμα.**
Ro 3:14 ὧν τὸ **στόμα** ἀρᾶς καὶ πικρίας γέμει,
3:19 ἵνα πᾶν **στόμα** φραγῇ καὶ ὑπόδικος γένηται πᾶς ὁ κόσμος τῷ θεῷ·
10: 8 Ἐγγύς σου τὸ ῥῆμά ἐστιν ἐν τῷ **στόματί** σου καὶ ἐν τῇ καρδίᾳ σου,
10: 9 ὅτι ἐὰν ὁμολογήσῃς ἐν τῷ **στόματί** σου κύριον Ἰησοῦν καὶ πιστεύσῃς ἐν τῇ καρδίᾳ σου ὅτι ὁ θεὸς αὐτὸν ἤγειρεν ἐκ νεκρῶν, σωθήσῃ·
10:10 καρδίᾳ γὰρ πιστεύεται εἰς δικαιοσύνην, **στόματι** δὲ ὁμολογεῖται εἰς σωτηρίαν.
15: 6 ἵνα ὁμοθυμαδὸν ἐν ἑνὶ **στόματι** δοξάζητε τὸν θεὸν καὶ πατέρα τοῦ κυρίου ἡμῶν Ἰησοῦ Χριστοῦ.
2Co 6:11 Τὸ **στόμα** ἡμῶν ἀνέῳγεν πρὸς ὑμᾶς, Κορίνθιοι, ἡ καρδία ἡμῶν πεπλάτυνται·
13: 1 ἐπὶ **στόματος** δύο μαρτύρων καὶ τριῶν σταθήσεται πᾶν ῥῆμα.
Eph 4:29 πᾶς λόγος σαπρὸς ἐκ τοῦ **στόματος** ὑμῶν μὴ ἐκπορευέσθω,
6:19 ἵνα μοι δοθῇ λόγος ἐν ἀνοίξει τοῦ **στόματός** μου,
Col 3: 8 θυμόν, κακίαν, βλασφημίαν, αἰσχρολογίαν ἐκ τοῦ **στόματος** ὑμῶν·
2Th 2: 8 ὃν ὁ κύριος [Ἰησοῦς] ἀνελεῖ τῷ πνεύματι τοῦ **στόματος** αὐτοῦ καὶ καταργήσει τῇ ἐπιφανείᾳ τῆς παρουσίας αὐτοῦ,
2Ti 4:17 ἵνα δι' ἐμοῦ τὸ κήρυγμα πληροφορηθῇ καὶ ἀκούσωσιν πάντα τὰ ἔθνη, καὶ ἐρρύσθην ἐκ **στόματος** λέοντος.
Heb 11:33 οἳ διὰ πίστεως κατηγωνίσαντο βασιλείας, εἰργάσαντο δικαιοσύνην, ἐπέτυχον ἐπαγγελιῶν, ἔφραξαν **στόματα** λεόντων,
11:34 ἔσβεσαν δύναμιν πυρός, ἔφυγον **στόματα** μαχαίρης, ἐδυναμώθησαν ἀπὸ ἀσθενείας,
Jas 3: 3 εἰ δὲ τῶν ἵππων τοὺς χαλινοὺς εἰς τὰ **στόματα** βάλλομεν εἰς τὸ πείθεσθαι αὐτοὺς ἡμῖν,
3:10 ἐκ τοῦ αὐτοῦ **στόματος** ἐξέρχεται εὐλογία καὶ κατάρα.
1Pe 2:22 ὃς ἁμαρτίαν οὐκ ἐποίησεν οὐδὲ εὑρέθη δόλος ἐν τῷ **στόματι** αὐτοῦ,
2Jn 1:12 ἀλλὰ ἐλπίζω γενέσθαι πρὸς ὑμᾶς καὶ **στόμα** πρὸς **στόμα** λαλῆσαι,
3Jn 1:14 ἐλπίζω δὲ εὐθέως σε ἰδεῖν, καὶ **στόμα** πρὸς **στόμα** λαλήσομεν.
Jude 1:16 καὶ τὸ **στόμα** αὐτῶν λαλεῖ ὑπέρογκα, θαυμάζοντες πρόσωπα ὠφελείας χάριν.
Rev 1:16 καὶ ἔχων ἐν τῇ δεξιᾷ χειρὶ αὐτοῦ ἀστέρας ἑπτὰ καὶ ἐκ τοῦ **στόματος** αὐτοῦ ῥομφαία δίστομος ὀξεῖα ἐκπορευομένη
2:16 ἔρχομαί σοι ταχὺ καὶ πολεμήσω μετ' αὐτῶν ἐν τῇ ῥομφαίᾳ τοῦ **στόματός** μου.
3:16 οὕτως ὅτι χλιαρὸς εἶ καὶ οὔτε ζεστὸς οὔτε ψυχρός, μέλλω σε ἐμέσαι ἐκ τοῦ **στόματός** μου.
9:17 ἐκ τῶν **στομάτων** αὐτῶν ἐκπορεύεται πῦρ καὶ καπνὸς καὶ θεῖον.
9:18 ἐκ τοῦ πυρὸς καὶ τοῦ καπνοῦ καὶ τοῦ θείου τοῦ ἐκπορευομένου ἐκ τῶν **στομάτων** αὐτῶν.
9:19 ἡ γὰρ ἐξουσία τῶν ἵππων ἐν τῷ **στόματι** αὐτῶν ἐστιν καὶ ἐν ταῖς οὐραῖς αὐτῶν,
10: 9 ἀλλ' ἐν τῷ **στόματί** σου ἔσται γλυκὺ ὡς μέλι.
10:10 καὶ ἦν ἐν τῷ **στόματί** μου ὡς μέλι γλυκὺ καὶ ὅτε ἔφαγον αὐτό,
11: 5 καὶ εἴ τις αὐτοὺς θέλει ἀδικῆσαι πῦρ ἐκπορεύεται ἐκ τοῦ **στόματος** αὐτῶν καὶ κατεσθίει τοὺς ἐχθροὺς αὐτῶν·
12:15 καὶ ἔβαλεν ὁ ὄφις ἐκ τοῦ **στόματος** αὐτοῦ ὀπίσω τῆς γυναικὸς ὕδωρ ὡς ποταμόν,
12:16 καὶ ἐβοήθησεν ἡ γῆ τῇ γυναικὶ καὶ ἤνοιξεν ἡ γῆ τὸ **στόμα** αὐτῆς καὶ κατέπιεν τὸν ποταμὸν ὃν ἔβαλεν ὁ δράκων ἐκ τοῦ **στόματος** αὐτοῦ.
13: 2 καὶ τὸ θηρίον ὃ εἶδον ἦν ὅμοιον παρδάλει καὶ οἱ πόδες αὐτοῦ ὡς ἄρκου καὶ τὸ **στόμα** αὐτοῦ ὡς **στόμα** λέοντος.
13: 5 Καὶ ἐδόθη αὐτῷ **στόμα** λαλοῦν μεγάλα καὶ βλασφημίας καὶ ἐδόθη αὐτῷ ἐξουσία ποιῆσαι μῆνας τεσσεράκοντα [καὶ] δύο.
13: 6 καὶ ἤνοιξεν τὸ **στόμα** αὐτοῦ εἰς βλασφημίας πρὸς τὸν θεὸν βλασφημῆσαι τὸ ὄνομα αὐτοῦ καὶ τὴν σκηνὴν αὐτοῦ,
14: 5 καὶ ἐν τῷ **στόματι** αὐτῶν οὐχ εὑρέθη ψεῦδος,
16:13 Καὶ εἶδον ἐκ τοῦ **στόματος** τοῦ δράκοντος καὶ ἐκ τοῦ **στόματος** τοῦ θηρίου καὶ ἐκ τοῦ **στόματος** τοῦ ψευδοπροφήτου πνεύματα τρία ἀκάθαρτα ὡς βάτραχοι·
19:15 καὶ ἐκ τοῦ **στόματος** αὐτοῦ ἐκπορεύεται ῥομφαία ὀξεῖα,
19:21 καὶ οἱ λοιποὶ ἀπεκτάνθησαν ἐν τῇ ῥομφαίᾳ τοῦ καθημένου ἐπὶ τοῦ ἵππου τῇ ἐξελθούσῃ ἐκ τοῦ **στόματος** αὐτοῦ,

5126 στόμαχος [1]

√ *5125*

1Ti 5:23 ἀλλὰ οἴνῳ ὀλίγῳ χρῶ διὰ τὸν **στόμαχον** καὶ τὰς πυκνάς σου ἀσθενείας.

5127 στρατεία [2]

√ *5131*

2Co 10: 4 τὰ γὰρ ὅπλα τῆς **στρατείας** ἡμῶν οὐ σαρκικὰ ἀλλὰ δυνατὰ τῷ θεῷ πρὸς καθαίρεσιν ὀχυρωμάτων,
1Ti 1:18 κατὰ τὰς προαγούσας ἐπὶ σὲ προφητείας, ἵνα στρατεύῃ ἐν αὐταῖς τὴν καλὴν **στρατείαν**

5128 στράτευμα [8]

√ *5131*

Mt 22: 7 ὁ δὲ βασιλεὺς ὠργίσθη καὶ πέμψας τὰ **στρατεύματα** αὐτοῦ ἀπώλεσεν τοὺς φονεῖς ἐκείνους
Lk 23:11 ἐξουθενήσας δὲ αὐτὸν [καὶ] ὁ Ἡρῴδης σὺν τοῖς **στρατεύμασιν** αὐτοῦ καὶ ἐμπαίξας περιβαλὼν ἐσθῆτα λαμπρὰν
Ac 23:10 φοβηθεὶς ὁ χιλίαρχος μὴ διασπασθῇ ὁ Παῦλος ὑπ᾽ αὐτῶν ἐκέλευσεν τὸ **στράτευμα** καταβὰν ἁρπάσαι αὐτὸν ἐκ μέσου
23:27 Τὸν ἄνδρα τοῦτον συλλημφθέντα ὑπὸ τῶν Ἰουδαίων καὶ μέλλοντα ἀναιρεῖσθαι ὑπ᾽ αὐτῶν ἐπιστὰς σὺν τῷ **στρατεύματι** ἐξειλάμην μαθὼν ὅτι Ῥωμαῖός ἐστιν.
Rev 9:16 καὶ ὁ ἀριθμὸς τῶν **στρατευμάτων** τοῦ ἱππικοῦ δισμυριάδες μυριάδων,
19:14 καὶ τὰ **στρατεύματα** [τὰ] ἐν τῷ οὐρανῷ ἠκολούθει αὐτῷ ἐφ᾽ ἵπποις λευκοῖς,
19:19 τὸ θηρίον καὶ τοὺς βασιλεῖς τῆς γῆς καὶ τὰ **στρατεύματα** αὐτῶν συνηγμένα ποιῆσαι τὸν πόλεμον μετὰ τοῦ καθημένου ἐπὶ τοῦ ἵππου καὶ μετὰ τοῦ **στρατεύματος** αὐτοῦ.

5129 στρατεύομαι [7]

√ *5131*

Lk 3:14 ἐπηρώτων δὲ αὐτὸν καὶ **στρατευόμενοι** λέγοντες, Τί ποιήσωμεν καὶ ἡμεῖς;
1Co 9: 7 τίς **στρατεύεται** ἰδίοις ὀψωνίοις ποτέ; τίς φυτεύει ἀμπελῶνα καὶ τὸν καρπὸν αὐτοῦ οὐκ ἐσθίει;
2Co 10: 3 ἐν σαρκὶ γὰρ περιπατοῦντες οὐ κατὰ σάρκα **στρατευόμεθα,**
1Ti 1:18 κατὰ τὰς προαγούσας ἐπὶ σὲ προφητείας, ἵνα **στρατεύῃ** ἐν αὐταῖς τὴν καλὴν στρατείαν
2Ti 2: 4 οὐδεὶς **στρατευόμενος** ἐμπλέκεται ταῖς τοῦ βίου πραγματείαις, ἵνα τῷ στρατολογήσαντι ἀρέσῃ.
Jas 4: 1 ἐκ τῶν ἡδονῶν ὑμῶν τῶν **στρατευομένων** ἐν τοῖς μέλεσιν ὑμῶν;
1Pe 2:11 παρακαλῶ ὡς παροίκους καὶ παρεπιδήμους ἀπέχεσθαι τῶν σαρκικῶν ἐπιθυμιῶν αἵτινες **στρατεύονται** κατὰ τῆς ψυχῆς·

5130 στρατηγός [10]

√ *5131 + 72*

Lk 22: 4 καὶ ἀπελθὼν συνελάλησεν τοῖς ἀρχιερεῦσιν καὶ **στρατηγοῖς** τὸ πῶς αὐτοῖς παραδῷ αὐτόν.
22:52 εἶπεν δὲ Ἰησοῦς πρὸς τοὺς παραγενομένους ἐπ᾽ αὐτὸν ἀρχιερεῖς καὶ **στρατηγοὺς** τοῦ ἱεροῦ καὶ πρεσβυτέρους,
Ac 4: 1 Λαλούντων δὲ αὐτῶν πρὸς τὸν λαὸν ἐπέστησαν αὐτοῖς οἱ ἱερεῖς καὶ ὁ **στρατηγὸς** τοῦ ἱεροῦ καὶ οἱ Σαδδουκαῖοι,
5:24 ὡς δὲ ἤκουσαν τοὺς λόγους τούτους ὅ τε **στρατηγὸς** τοῦ ἱεροῦ καὶ οἱ ἀρχιερεῖς,
5:26 τότε ἀπελθὼν ὁ **στρατηγὸς** σὺν τοῖς ὑπηρέταις ἦγεν αὐτοὺς οὐ μετὰ βίας,
16:20 καὶ προσαγαγόντες αὐτοὺς τοῖς **στρατηγοῖς** εἶπαν, Οὗτοι οἱ ἄνθρωποι ἐκταράσσουσιν ἡμῶν τὴν πόλιν,
16:22 καὶ συνεπέστη ὁ ὄχλος κατ᾽ αὐτῶν καὶ οἱ **στρατηγοὶ** περιρήξαντες αὐτῶν τὰ ἱμάτια ἐκέλευον ῥαβδίζειν,
16:35 Ἡμέρας δὲ γενομένης ἀπέστειλαν οἱ **στρατηγοὶ** τοὺς ῥαβδούχους λέγοντες,
16:36 ἀπήγγειλεν δὲ ὁ δεσμοφύλαξ τοὺς λόγους [τούτους] πρὸς τὸν Παῦλον ὅτι Ἀπέσταλκαν οἱ **στρατηγοὶ** ἵνα ἀπολυθῆτε·
16:38 ἀπήγγειλαν δὲ τοῖς **στρατηγοῖς** οἱ ῥαβδοῦχοι τὰ ῥήματα ταῦτα.

5131 στρατιά [2]

→ *529, 5127, 5128, 5129, 5130, 5132, 5133, 5134, 5135, 5136, 5369*

Lk 2:13 καὶ ἐξαίφνης ἐγένετο σὺν τῷ ἀγγέλῳ πλῆθος **στρατιᾶς** οὐρανίου αἰνούντων τὸν θεὸν καὶ λεγόντων,
Ac 7:42 ἔστρεψεν δὲ ὁ θεὸς καὶ παρέδωκεν αὐτοὺς λατρεύειν τῇ **στρατιᾷ** τοῦ οὐρανοῦ καθὼς γέγραπται ἐν βίβλῳ τῶν προφητῶν,

5132 στρατιώτης [26]

√ *5131*

Mt 8: 9 ἔχων ὑπ᾽ ἐμαυτὸν **στρατιώτας,** καὶ λέγω τούτῳ, Πορεύθητι,
27:27 Τότε οἱ **στρατιῶται** τοῦ ἡγεμόνος παραλαβόντες τὸν Ἰησοῦν εἰς τὸ πραιτώριον συνήγαγον ἐπ᾽ αὐτὸν ὅλην τὴν σπεῖραν.
28:12 καὶ συναχθέντες μετὰ τῶν πρεσβυτέρων συμβούλιόν τε λαβόντες ἀργύρια ἱκανὰ ἔδωκαν τοῖς **στρατιώταις**
Mk 15:16 Οἱ δὲ **στρατιῶται** ἀπήγαγον αὐτὸν ἔσω τῆς αὐλῆς,
Lk 7: 8 καὶ γὰρ ἐγὼ ἄνθρωπός εἰμι ὑπὸ ἐξουσίαν τασσόμενος ἔχων ὑπ᾽ ἐμαυτὸν **στρατιώτας,**
23:36 ἐνέπαιξαν δὲ αὐτῷ καὶ οἱ **στρατιῶται** προσερχόμενοι, ὄξος προσφέροντες αὐτῷ
Jn 19: 2 καὶ οἱ **στρατιῶται** πλέξαντες στέφανον ἐξ ἀκανθῶν ἐπέθηκαν αὐτοῦ τῇ κεφαλῇ καὶ ἱμάτιον πορφυροῦν περιέβαλον αὐτὸν
19:23 Οἱ οὖν **στρατιῶται,** ὅτε ἐσταύρωσαν τὸν Ἰησοῦν, ἔλαβον τὰ ἱμάτια αὐτοῦ καὶ ἐποίησαν τέσσαρα μέρη, ἑκάστῳ **στρατιώτῃ** μέρος, καὶ τὸν χιτῶνα.
19:24 Διεμερίσαντο τὰ ἱμάτιά μου ἑαυτοῖς καὶ ἐπὶ τὸν ἱματισμόν μου ἔβαλον κλῆρον. Οἱ μὲν οὖν **στρατιῶται** ταῦτα ἐποίησαν.
19:32 ἦλθον οὖν οἱ **στρατιῶται** καὶ τοῦ μὲν πρώτου κατέαξαν τὰ σκέλη καὶ τοῦ ἄλλου τοῦ συσταυρωθέντος αὐτῷ·
19:34 ἀλλ᾽ εἷς τῶν **στρατιωτῶν** λόγχῃ αὐτοῦ τὴν πλευρὰν ἔνυξεν,
Ac 10: 7 φωνήσας δύο τῶν οἰκετῶν καὶ **στρατιώτην** εὐσεβῆ τῶν προσκαρτερούντων αὐτῷ
12: 4 ὃν καὶ πιάσας ἔθετο εἰς φυλακὴν παραδοὺς τέσσαρσιν τετραδίοις **στρατιωτῶν** φυλάσσειν αὐτόν,
12: 6 τῇ νυκτὶ ἐκείνῃ ἦν ὁ Πέτρος κοιμώμενος μεταξὺ δύο **στρατιωτῶν** δεδεμένος ἁλύσεσιν δυσὶν φύλακές
12:18 Γενομένης δὲ ἡμέρας ἦν τάραχος οὐκ ὀλίγος ἐν τοῖς **στρατιώταις** τί ἄρα ὁ Πέτρος ἐγένετο.
21:32 ὃς ἐξαυτῆς παραλαβὼν **στρατιώτας** καὶ ἑκατοντάρχας κατέδραμεν ἐπ᾽ αὐτούς, οἱ δὲ ἰδόντες τὸν χιλίαρχον καὶ τοὺς **στρατιώτας** ἐπαύσαντο τύπτοντες τὸν Παῦλον.
21:35 συνέβη βαστάζεσθαι αὐτὸν ὑπὸ τῶν **στρατιωτῶν** διὰ τὴν βίαν τοῦ ὄχλου,
23:23 Καὶ προσκαλεσάμενος δύο [τινὰς] τῶν ἑκατονταρχῶν εἶπεν, Ἑτοιμάσατε **στρατιώτας** διακοσίους, ὅπως πορευθῶσιν ἕως Καισαρείας,
23:31 Οἱ μὲν οὖν **στρατιῶται** κατὰ τὸ διατεταγμένον αὐτοῖς ἀναλαβόντες τὸν Παῦλον ἤγαγον διὰ νυκτὸς εἰς τὴν Ἀντιπατρίδα,
27:31 εἶπεν ὁ Παῦλος τῷ ἑκατοντάρχῃ καὶ τοῖς **στρατιώταις,**
27:32 τότε ἀπέκοψαν οἱ **στρατιῶται** τὰ σχοινία τῆς σκάφης καὶ εἴασαν αὐτὴν ἐκπεσεῖν.
27:42 τῶν δὲ **στρατιωτῶν** βουλὴ ἐγένετο ἵνα τοὺς δεσμώτας ἀποκτείνωσιν,
28:16 ἐπετράπη τῷ Παύλῳ μένειν καθ᾽ ἑαυτὸν σὺν τῷ φυλάσσοντι αὐτὸν **στρατιώτῃ.**
2Ti 2: 3 συγκακοπάθησον ὡς καλὸς **στρατιώτης** Χριστοῦ Ἰησοῦ.

5133 στρατολογέω [1]

√ *5131 + 3306*

2Ti 2: 4 οὐδεὶς στρατευόμενος ἐμπλέκεται ταῖς τοῦ βίου πραγματείαις, ἵνα τῷ **στρατολογήσαντι** ἀρέσῃ.

5134 στρατοπεδάρχης Not used in UBS/NIV

√ *5131 + 4269 + 806*

5135 στρατοπέδαρχος Not used in UBS/NIV

√ *5131 + 4269 + 806*

5136 στρατόπεδον [1]

√ *5131 + 4269*

Lk 21:20 Ὅταν δὲ ἴδητε κυκλουμένην ὑπὸ **στρατοπέδων** Ἰερουσαλήμ, τότε γνῶτε ὅτι ἤγγικεν ἡ ἐρήμωσις αὐτῆς.

5137 στρεβλόω [1]

√ *5138*

2Pe 3:16 ἅ οἱ ἀμαθεῖς καὶ ἀστήρικτοι **στρεβλοῦσιν** ὡς καὶ τὰς λοιπὰς γραφὰς πρὸς τὴν ἰδίαν αὐτῶν ἀπώλειαν.

5138 στρέφω [21]

→ *418, 419, 695, 1406, 1750, 2188, 2189, 2951, 2953, 3570, 5137, 5266, 5370, 5371, 5715*

Mt 5:39 ἀλλ' ὅστις σε ῥαπίζει εἰς τὴν δεξιὰν σιαγόνα [σου,] **στρέψον** αὐτῷ καὶ τὴν ἄλλην·
7: 6 μήποτε καταπατήσουσιν αὐτοὺς ἐν τοῖς ποσὶν αὐτῶν καὶ **στραφέντες** ῥήξωσιν ὑμᾶς.
9:22 ὁ δὲ Ἰησοῦς **στραφεὶς** καὶ ἰδὼν αὐτὴν εἶπεν,
16:23 ὁ δὲ **στραφεὶς** εἶπεν τῷ Πέτρῳ, Ὕπαγε ὀπίσω μου,
18: 3 ἐὰν μὴ **στραφῆτε** καὶ γένησθε ὡς τὰ παιδία,
27: 3 μεταμεληθεὶς **ἔστρεψεν** τὰ τριάκοντα ἀργύρια τοῖς ἀρχιερεῦσιν καὶ πρεσβυτέροις
Lk 7: 9 ἀκούσας δὲ ταῦτα ὁ Ἰησοῦς ἐθαύμασεν αὐτὸν καὶ **στραφεὶς** τῷ ἀκολουθοῦντι αὐτῷ ὄχλῳ εἶπεν,
7:44 καὶ **στραφεὶς** πρὸς τὴν γυναῖκα τῷ Σίμωνι ἔφη,
9:55 **στραφεὶς** δὲ ἐπετίμησεν αὐτοῖς.
10:23 Καὶ **στραφεὶς** πρὸς τοὺς μαθητὰς κατ' ἰδίαν εἶπεν,
14:25 Συνεπορεύοντο δὲ αὐτῷ ὄχλοι πολλοί, καὶ **στραφεὶς** εἶπεν πρὸς αὐτούς,
22:61 καὶ **στραφεὶς** ὁ κύριος ἐνέβλεψεν τῷ Πέτρῳ, καὶ ὑπεμνήσθη ὁ Πέτρος τοῦ ῥήματος τοῦ κυρίου ὡς εἶπεν αὐτῷ ὅτι Πρὶν ἀλέκτορα φωνῆσαι σήμερον ἀπαρνήσῃ με τρίς.
23:28 **στραφεὶς** δὲ πρὸς αὐτὰς [ὁ] Ἰησοῦς εἶπεν, Θυγατέρες Ἰερουσαλήμ,
Jn 1:38 **στραφεὶς** δὲ ὁ Ἰησοῦς καὶ θεασάμενος αὐτοὺς ἀκολουθοῦντας λέγει αὐτοῖς,
12:40 ἵνα μὴ ἴδωσιν τοῖς ὀφθαλμοῖς καὶ νοήσωσιν τῇ καρδίᾳ καὶ **στραφῶσιν,**
20:14 ταῦτα εἰποῦσα **ἐστράφη** εἰς τὰ ὀπίσω καὶ θεωρεῖ τὸν Ἰησοῦν ἑστῶτα καὶ οὐκ ᾔδει ὅτι Ἰησοῦς ἐστιν.
20:16 **στραφεῖσα** ἐκείνη λέγει αὐτῷ Ἑβραϊστί, Ραββουνι (ὃ λέγεται Διδάσκαλε).
Ac 7:39 ἀλλὰ ἀπώσαντο καὶ **ἐστράφησαν** ἐν ταῖς καρδίαις αὐτῶν εἰς Αἴγυπτον
7:42 **ἔστρεψεν** δὲ ὁ θεὸς καὶ παρέδωκεν αὐτοὺς λατρεύειν τῇ στρατιᾷ τοῦ οὐρανοῦ καθὼς γέγραπται ἐν βίβλῳ τῶν προφητῶν,
13:46 ἐπειδὴ ἀπωθεῖσθε αὐτὸν καὶ οὐκ ἀξίους κρίνετε ἑαυτοὺς τῆς αἰωνίου ζωῆς, ἰδοὺ **στρεφόμεθα** εἰς τὰ ἔθνη.
Rev 11: 6 καὶ ἐξουσίαν ἔχουσιν ἐπὶ τῶν ὑδάτων **στρέφειν** αὐτὰ εἰς αἷμα καὶ πατάξαι τὴν γῆν ἐν πάσῃ πληγῇ ὁσάκις ἐὰν θελήσωσιν.

5139 στρηνιάω [2]

√ *5140*

Rev 18: 7 ὅσα ἐδόξασεν αὐτὴν καὶ **ἐστρηνίασεν,** τοσοῦτον δότε αὐτῇ βασανισμὸν καὶ πένθος.
18: 9 Καὶ κλαύσουσιν καὶ κόψονται ἐπ' αὐτὴν οἱ βασιλεῖς τῆς γῆς οἱ μετ' αὐτῆς πορνεύσαντες καὶ **στρηνιάσαντες,**

5140 στρῆνος [1]

→ *2952, 5139*

Rev 18: 3 καὶ οἱ βασιλεῖς τῆς γῆς μετ' αὐτῆς ἐπόρνευσαν καὶ οἱ ἔμποροι τῆς γῆς ἐκ τῆς δυνάμεως τοῦ **στρήνους** αὐτῆς ἐπλούτησαν.

5141 στρουθίον [4]

Mt 10:29 οὐχὶ δύο **στρουθία** ἀσσαρίου πωλεῖται; καὶ ἓν ἐξ αὐτῶν οὐ πεσεῖται ἐπὶ τὴν γῆν ἄνευ τοῦ πατρὸς ὑμῶν.
10:31 μὴ οὖν φοβεῖσθε· πολλῶν **στρουθίων** διαφέρετε ὑμεῖς.
Lk 12: 6 οὐχὶ πέντε **στρουθία** πωλοῦνται ἀσσαρίων δύο; καὶ ἓν ἐξ αὐτῶν οὐκ ἔστιν ἐπιλελησμένον ἐνώπιον τοῦ θεοῦ.
12: 7 ἀλλὰ καὶ αἱ τρίχες τῆς κεφαλῆς ὑμῶν πᾶσαι ἠρίθμηνται. μὴ φοβεῖσθε· πολλῶν **στρουθίων** διαφέρετε.

5142 στρώννυμι Not used in UBS/NIV

√ *5143*

5143 στρωννύω [6]

→ *2954, 3346, 5142, 5716*

Mt 21: 8 ὁ δὲ πλεῖστος ὄχλος **ἔστρωσαν** ἑαυτῶν τὰ ἱμάτια ἐν τῇ ὁδῷ, ἄλλοι δὲ ἔκοπτον κλάδους ἀπὸ τῶν δένδρων καὶ **ἐστρώννυον** ἐν τῇ ὁδῷ.
Mk 11: 8 καὶ πολλοὶ τὰ ἱμάτια αὐτῶν **ἔστρωσαν** εἰς τὴν ὁδόν,
14:15 καὶ αὐτὸς ὑμῖν δείξει ἀνάγαιον μέγα **ἐστρωμένον** ἕτοιμον·
Lk 22:12 κἀκεῖνος ὑμῖν δείξει ἀνάγαιον μέγα **ἐστρωμένον·** ἐκεῖ ἑτοιμάσατε.
Ac 9:34 ἰᾶταί σε Ἰησοῦς Χριστός· ἀνάστηθι καὶ **στρῶσον** σεαυτῷ.

5144 στυγητός [1]

→ *696, 2539, 5145*

Tit 3: 3 ἐν κακίᾳ καὶ φθόνῳ διάγοντες, **στυγητοί,** μισοῦντες ἀλλήλους.

5145 στυγνάζω [2]

√ *5144*

Mt 16: 3 [καὶ πρωΐ, Σήμερον χειμών, πυρράζει γὰρ **στυγνάζων** ὁ οὐρανός.]
Mk 10:22 ὁ δὲ **στυγνάσας** ἐπὶ τῷ λόγῳ ἀπῆλθεν λυπούμενος·

5146 στῦλος [4]

Gal 2: 9 Ἰάκωβος καὶ Κηφᾶς καὶ Ἰωάννης, οἱ δοκοῦντες **στῦλοι** εἶναι,
1Ti 3:15 ἥτις ἐστὶν ἐκκλησία θεοῦ ζῶντος, **στῦλος** καὶ ἑδραίωμα τῆς ἀληθείας.
Rev 3:12 ὁ νικῶν ποιήσω αὐτὸν **στῦλον** ἐν τῷ ναῷ τοῦ θεοῦ μου καὶ ἔξω οὐ μὴ ἐξέλθῃ ἔτι καὶ γράψω ἐπ' αὐτὸν τὸ ὄνομα τοῦ θεοῦ μου
10: 1 καὶ ἡ ἶρις ἐπὶ τῆς κεφαλῆς αὐτοῦ καὶ τὸ πρόσωπον αὐτοῦ ὡς ὁ ἥλιος καὶ οἱ πόδες αὐτοῦ ὡς **στῦλοι** πυρός,

5147 Στωϊκός Not used in UBS/NIV

√ *5119*

5148 σύ [2905 / 2900] See Index of Articles, Etc.

→ *4932, 5050, 5629*

τί ἐμοὶ καὶ σοί [6] Mt 8:29; Mk 1:24; 5:7; Lk 4:34; 8:28; Jn 2:4

5149 συγγένεια [3]

√ *5250 + 1181*

Lk 1:61 καὶ εἶπαν πρὸς αὐτὴν ὅτι Οὐδείς ἐστιν ἐκ τῆς **συγγενείας** σου ὃς καλεῖται τῷ ὀνόματι τούτῳ.
Ac 7: 3 Ἔξελθε ἐκ τῆς γῆς σου καὶ [ἐκ] τῆς **συγγενείας** σου,
7:14 ἀποστείλας δὲ Ἰωσὴφ μετεκαλέσατο Ἰακὼβ τὸν πατέρα αὐτοῦ καὶ πᾶσαν τὴν **συγγένειαν** ἐν ψυχαῖς ἑβδομήκοντα πέντε.

5150 συγγενής [11]

√ *5250 + 1181*

Mk 6: 4 ὅτι Οὐκ ἔστιν προφήτης ἄτιμος εἰ μὴ ἐν τῇ πατρίδι αὐτοῦ καὶ ἐν τοῖς **συγγενεῦσιν** αὐτοῦ καὶ ἐν τῇ οἰκίᾳ αὐτοῦ.
Lk 1:58 ἤκουσαν οἱ περίοικοι καὶ οἱ **συγγενεῖς** αὐτῆς ὅτι ἐμεγάλυνεν κύριος τὸ ἔλεος αὐτοῦ μετ' αὐτῆς καὶ συνέχαιρον αὐτῇ.
2:44 νομίσαντες δὲ αὐτὸν εἶναι ἐν τῇ συνοδίᾳ ἦλθον ἡμέρας ὁδὸν καὶ ἀνεζήτουν αὐτὸν ἐν τοῖς **συγγενεῦσιν** καὶ τοῖς γνωστοῖς,
14:12 μὴ φώνει τοὺς φίλους σου μηδὲ τοὺς ἀδελφούς σου μηδὲ τοὺς **συγγενεῖς** σου μηδὲ γείτονας πλουσίους,
21:16 παραδοθήσεσθε δὲ καὶ ὑπὸ γονέων καὶ ἀδελφῶν καὶ **συγγενῶν** καὶ φίλων,
Jn 18:26 λέγει εἷς ἐκ τῶν δούλων τοῦ ἀρχιερέως, **συγγενὴς** ὢν οὗ ἀπέκοψεν Πέτρος τὸ ὠτίον,
Ac 10:24 ὁ δὲ Κορνήλιος ἦν προσδοκῶν αὐτοὺς συγκαλεσάμενος τοὺς **συγγενεῖς** αὐτοῦ καὶ τοὺς ἀναγκαίους φίλους.
Ro 9: 3 ηὐχόμην γὰρ ἀνάθεμα εἶναι αὐτὸς ἐγὼ ἀπὸ τοῦ Χριστοῦ ὑπὲρ τῶν ἀδελφῶν μου τῶν **συγγενῶν** μου κατὰ σάρκα,
16: 7 ἀσπάσασθε Ἀνδρόνικον καὶ Ἰουνιᾶν τοὺς **συγγενεῖς** μου καὶ συναιχμαλώτους μου,
16:11 ἀσπάσασθε Ἡρῳδίωνα τὸν **συγγενῆ** μου. ἀσπάσασθε τοὺς ἐκ τῶν Ναρκίσσου τοὺς ὄντας ἐν κυρίῳ.
16:21 καὶ Λούκιος καὶ Ἰάσων καὶ Σωσίπατρος οἱ **συγγενεῖς** μου.

5151 συγγενίς [1]

√ 5250 + 1181

Lk 1:36 Ἐλισάβετ ἡ **συγγενίς** σου καὶ αὐτὴ συνείληφεν υἱὸν ἐν γήρει αὐτῆς καὶ οὗτος μὴν ἕκτος ἐστὶν αὐτῇ τῇ καλουμένῃ στείρᾳ·

5152 συγγνώμη [1]

√ 5250 + 1182

1Co 7: 6 τοῦτο δὲ λέγω κατὰ **συγγνώμην** οὐ κατ᾽ ἐπιταγήν.

5153 συγκάθημαι [2]

√ 5250 + 2757

Mk 14:54 καὶ ὁ Πέτρος ἀπὸ μακρόθεν ἠκολούθησεν αὐτῷ ἕως ἔσω εἰς τὴν αὐλὴν τοῦ ἀρχιερέως καὶ ἦν **συγκαθήμενος** μετὰ τῶν ὑπηρετῶν

Ac 26:30 Ἀνέστη τε ὁ βασιλεὺς καὶ ὁ ἡγεμὼν ἥ τε Βερνίκη καὶ οἱ **συγκαθήμενοι** αὐτοῖς,

5154 συγκαθίζω [2]

√ 5250 + 2767

Lk 22:55 περιαψάντων δὲ πῦρ ἐν μέσῳ τῆς αὐλῆς καὶ **συγκαθισάντων** ἐκάθητο ὁ Πέτρος μέσος αὐτῶν.

Eph 2: 6 καὶ συνήγειρεν καὶ **συνεκάθισεν** ἐν τοῖς ἐπουρανίοις ἐν Χριστῷ Ἰησοῦ,

5155 συγκακοπαθέω [2]

√ 5250 + 2805 + 4248

2Ti 1: 8 ἀλλὰ **συγκακοπάθησον** τῷ εὐαγγελίῳ κατὰ δύναμιν θεοῦ,

2: 3 **συγκακοπάθησον** ὡς καλὸς στρατιώτης Χριστοῦ Ἰησοῦ.

5156 συγκακουχέομαι [1]

√ 5250 + 2805 + 2400

Heb 11:25 μᾶλλον ἑλόμενος **συγκακουχεῖσθαι** τῷ λαῷ τοῦ θεοῦ ἢ πρόσκαιρον ἔχειν ἁμαρτίας ἀπόλαυσιν,

5157 συγκαλέω [8]

√ 5250 + 2813

Mk 15:16 ὅ ἐστιν πραιτώριον, καὶ **συγκαλοῦσιν** ὅλην τὴν σπεῖραν.

Lk 9: 1 **Συγκαλεσάμενος** δὲ τοὺς δώδεκα ἔδωκεν αὐτοῖς δύναμιν καὶ ἐξουσίαν ἐπὶ πάντα τὰ δαιμόνια καὶ νόσους θεραπεύειν

15: 6 καὶ ἐλθὼν εἰς τὸν οἶκον **συγκαλεῖ** τοὺς φίλους καὶ τοὺς γείτονας λέγων αὐτοῖς,

15: 9 καὶ εὑροῦσα **συγκαλεῖ** τὰς φίλας καὶ γείτονας λέγουσα,

23:13 Πιλᾶτος δὲ **συγκαλεσάμενος** τοὺς ἀρχιερεῖς καὶ τοὺς ἄρχοντας καὶ τὸν λαὸν

Ac 5:21 Παραγενόμενος δὲ ὁ ἀρχιερεὺς καὶ οἱ σὺν αὐτῷ **συνεκάλεσαν** τὸ συνέδριον καὶ πᾶσαν τὴν γερουσίαν τῶν υἱῶν Ἰσραὴλ

10:24 ὁ δὲ Κορνήλιος ἦν προσδοκῶν αὐτοὺς **συγκαλεσάμενος** τοὺς συγγενεῖς αὐτοῦ καὶ τοὺς ἀναγκαίους φίλους.

28:17 Ἐγένετο δὲ μετὰ ἡμέρας τρεῖς **συγκαλέσασθαι** αὐτὸν τοὺς ὄντας τῶν Ἰουδαίων πρώτους·

5158 συγκαλύπτω [1]

√ 5250 + 2821

Lk 12: 2 οὐδὲν δὲ **συγκεκαλυμμένον** ἐστὶν ὃ οὐκ ἀποκαλυφθήσεται καὶ κρυπτὸν ὃ οὐ γνωσθήσεται.

5159 συγκάμπτω [1]

√ 5250 + 2828

Ro 11:10 σκοτισθήτωσαν οἱ ὀφθαλμοὶ αὐτῶν τοῦ μὴ βλέπειν καὶ τὸν νῶτον αὐτῶν διὰ παντὸς **σύγκαμψον.**

5160 συγκαταβαίνω [1]

√ 5250 + 2848 + 326

Ac 25: 5 δυνατοὶ **συγκαταβάντες** εἴ τί ἐστιν ἐν τῷ ἀνδρὶ ἄτοπον κατηγορείτωσαν αὐτοῦ.

5161 συγκατάθεσις [1]

√ 5250 + 2848 + 5502

2Co 6:16 τίς δὲ **συγκατάθεσις** ναῷ θεοῦ μετὰ εἰδώλων; ἡμεῖς γὰρ ναὸς θεοῦ ἐσμεν ζῶντος,

5162 συγκατανεύω Not used in UBS/NIV

√ 5250 + 2848 + 3748

5163 συγκατατίθημι [1]

√ 5250 + 2848 + 5502

Lk 23:51 –οὗτος οὐκ ἦν **συγκατατεθειμένος** τῇ βουλῇ καὶ τῇ πράξει αὐτῶν–

5164 συγκαταψηφίζομαι [1]

√ 5250 + 2848 + 6029

Ac 1:26 καὶ ἔδωκαν κλήρους αὐτοῖς καὶ ἔπεσεν ὁ κλῆρος ἐπὶ Μαθθίαν καὶ **συγκατεψηφίσθη** μετὰ τῶν ἕνδεκα ἀποστόλων.

5165 σύγκειμαι Not used in UBS/NIV

√ 5250 + 3023

5166 συγκεράννυμι [2]

√ 5250 + 3042

1Co 12:24 ἀλλὰ ὁ θεὸς **συνεκέρασεν** τὸ σῶμα τῷ ὑστερουμένῳ περισσοτέραν δοὺς τιμήν,

Heb 4: 2 ἀλλ᾽ οὐκ ὠφέλησεν ὁ λόγος τῆς ἀκοῆς ἐκείνους μὴ **συγκεκερασμένους** [UBS; NIV **συγκεκερασμένος**] τῇ πίστει τοῖς ἀκούσασιν.

5167 συγκινέω [1]

√ 5250 + 3075

Ac 6:12 **συνεκίνησάν** τε τὸν λαὸν καὶ τοὺς πρεσβυτέρους καὶ τοὺς γραμματεῖς καὶ ἐπιστάντες συνήρπασαν αὐτὸν καὶ ἤγαγον εἰς τὸ συνέδριον,

5168 συγκλείω [4]

√ 5250 + 3091

Lk 5: 6 καὶ τοῦτο ποιήσαντες **συνέκλεισαν** πλῆθος ἰχθύων πολύ, διερρήσσετο δὲ τὰ δίκτυα αὐτῶν.

Ro 11:32 **συνέκλεισεν** γὰρ ὁ θεὸς τοὺς πάντας εἰς ἀπείθειαν,

Gal 3:22 ἀλλὰ **συνέκλεισεν** ἡ γραφὴ τὰ πάντα ὑπὸ ἁμαρτίαν,

3:23 Πρὸ τοῦ δὲ ἐλθεῖν τὴν πίστιν ὑπὸ νόμον ἐφρουρούμεθα **συγκλειόμενοι** εἰς τὴν μέλλουσαν πίστιν ἀποκαλυφθῆναι,

5169 συγκληρονόμος [4]

√ 5250 + 3102 + 3795

Ro 8:17 κληρονόμοι μὲν θεοῦ, **συγκληρονόμοι** δὲ Χριστοῦ, εἴπερ συμπάσχομεν ἵνα καὶ συνδοξασθῶμεν.

Eph 3: 6 εἶναι τὰ ἔθνη **συγκληρονόμα** καὶ σύσσωμα καὶ συμμέτοχα τῆς ἐπαγγελίας ἐν Χριστῷ Ἰησοῦ διὰ τοῦ εὐαγγελίου,

Heb 11: 9 Πίστει παρῴκησεν εἰς γῆν τῆς ἐπαγγελίας ὡς ἀλλοτρίαν ἐν σκηναῖς κατοικήσας μετὰ Ἰσαὰκ καὶ Ἰακὼβ τῶν **συγκληρονόμων** τῆς ἐπαγγελίας τῆς αὐτῆς·

1Pe 3: 7 ἀπονέμοντες τιμὴν ὡς καὶ **συγκληρονόμοις** χάριτος ζωῆς εἰς τὸ μὴ ἐγκόπτεσθαι τὰς προσευχὰς ὑμῶν.

5170 συγκοινωνέω [3]

√ 5250 + 3123

Eph 5:11 καὶ μὴ **συγκοινωνεῖτε** τοῖς ἔργοις τοῖς ἀκάρποις τοῦ σκότους,

Php 4:14 πλὴν καλῶς ἐποιήσατε **συγκοινωνήσαντές** μου τῇ θλίψει.

Rev 18: 4 Ἐξέλθατε ὁ λαός μου ἐξ αὐτῆς ἵνα μὴ **συγκοινωνήσητε** ταῖς ἁμαρτίαις αὐτῆς,

5171 συγκοινωνός [4]

√ 5250 + 3123

Ro 11:17 σὺ δὲ ἀγριέλαιος ὢν ἐνεκεντρίσθης ἐν αὐτοῖς καὶ **συγκοινωνὸς** τῆς ῥίζης τῆς πιότητος τῆς ἐλαίας ἐγένου,
1Co 9:23 πάντα δὲ ποιῶ διὰ τὸ εὐαγγέλιον, ἵνα **συγκοινωνὸς** αὐτοῦ γένωμαι.
Php 1: 7 ἔν τε τοῖς δεσμοῖς μου καὶ ἐν τῇ ἀπολογίᾳ καὶ βεβαιώσει τοῦ εὐαγγελίου **συγκοινωνούς** μου τῆς χάριτος πάντας ὑμᾶς ὄντας.
Rev 1: 9 ὁ ἀδελφὸς ὑμῶν καὶ **συγκοινωνὸς** ἐν τῇ θλίψει καὶ βασιλείᾳ καὶ ὑπομονῇ ἐν Ἰησοῦ,

5172 συγκομίζω [1]

√ 5250 + 3180

Ac 8: 2 **συνεκόμισαν** δὲ τὸν Στέφανον ἄνδρες εὐλαβεῖς καὶ ἐποίησαν κοπετὸν μέγαν ἐπ' αὐτῷ.

5173 συγκρίνω [3]

√ 5250 + 3212

1Co 2:13 ἃ καὶ λαλοῦμεν οὐκ ἐν διδακτοῖς ἀνθρωπίνης σοφίας λόγοις ἀλλ' ἐν διδακτοῖς πνεύματος, πνευματικοῖς πνευματικὰ **συγκρίνοντες.**
2Co 10:12 Οὐ γὰρ τολμῶμεν ἐγκρῖναι ἢ **συγκρῖναι** ἑαυτούς τισιν τῶν ἑαυτοὺς συνιστανόντων, ἀλλὰ αὐτοὶ ἐν ἑαυτοῖς ἑαυτοὺς μετροῦντες καὶ **συγκρίνοντες** ἑαυτοὺς ἑαυτοῖς οὐ συνιᾶσιν.

5174 συγκύπτω [1]

√ 5250 + 3252

Lk 13:11 καὶ ἰδοὺ γυνὴ πνεῦμα ἔχουσα ἀσθενείας ἔτη δεκαοκτὼ καὶ ἦν **συγκύπτουσα** καὶ μὴ δυναμένη ἀνακύψαι εἰς τὸ παντελές.

5175 συγκυρία [1]

√ 5250

Lk 10:31 κατὰ **συγκυρίαν** δὲ ἱερεύς τις κατέβαινεν ἐν τῇ ὁδῷ ἐκείνῃ καὶ ἰδὼν αὐτὸν ἀντιπαρῆλθεν·

5176 συγχαίρω [7]

√ 5250 + 5897

Lk 1:58 ἤκουσαν οἱ περίοικοι καὶ οἱ συγγενεῖς αὐτῆς ὅτι ἐμεγάλυνεν κύριος τὸ ἔλεος αὐτοῦ μετ' αὐτῆς καὶ **συνέχαιρον** αὐτῇ.
15: 6 **Συγχάρητέ** μοι, ὅτι εὗρον τὸ πρόβατόν μου τὸ ἀπολωλός.
15: 9 **Συγχάρητέ** μοι, ὅτι εὗρον τὴν δραχμὴν ἣν ἀπώλεσα.
1Co 12:26 εἴτε δοξάζεται [ἓν] μέλος, **συγχαίρει** πάντα τὰ μέλη.
13: 6 οὐ χαίρει ἐπὶ τῇ ἀδικίᾳ, **συγχαίρει** δὲ τῇ ἀληθείᾳ·
Php 2:17 ἀλλὰ εἰ καὶ σπένδομαι ἐπὶ τῇ θυσίᾳ καὶ λειτουργίᾳ τῆς πίστεως ὑμῶν, χαίρω καὶ **συγχαίρω** πᾶσιν ὑμῖν·
2:18 τὸ δὲ αὐτὸ καὶ ὑμεῖς χαίρετε καὶ **συγχαίρετέ** μοι.

5177 συγχέω [5]

√ 1772; cf. 5250

Ac 2: 6 γενομένης δὲ τῆς φωνῆς ταύτης συνῆλθεν τὸ πλῆθος καὶ **συνεχύθη,**
9:22 Σαῦλος δὲ μᾶλλον ἐνεδυναμοῦτο καὶ **συνέχυννεν** [τοὺς] Ἰουδαίους τοὺς κατοικοῦντας ἐν Δαμασκῷ συμβιβάζων ὅτι οὗτός ἐστιν ὁ Χριστός.
19:32 ἦν γὰρ ἡ ἐκκλησία **συγκεχυμένη** καὶ οἱ πλείους οὐκ ᾔδεισαν τίνος ἕνεκα συνεληλύθεισαν.
21:27 οἱ ἀπὸ τῆς Ἀσίας Ἰουδαῖοι θεασάμενοι αὐτὸν ἐν τῷ ἱερῷ **συνέχεον** πάντα τὸν ὄχλον καὶ ἐπέβαλον ἐπ' αὐτὸν τὰς χεῖρας
21:31 ζητούντων τε αὐτὸν ἀποκτεῖναι ἀνέβη φάσις τῷ χιλιάρχῳ τῆς σπείρης ὅτι ὅλη **συγχύννεται** Ἰερουσαλήμ.

5178 συγχράομαι [1]

√ 5250 + 5968

Jn 4: 9 Πῶς σὺ Ἰουδαῖος ὢν παρ' ἐμοῦ πεῖν αἰτεῖς γυναικὸς Σαμαρίτιδος οὔσης; οὐ γὰρ **συγχρῶνται** Ἰουδαῖοι Σαμαρίταις.

5179 συγχύνω Not used in UBS/NIV

√ 1772; cf. 5250

5180 σύγχυσις [1]

√ 1772; cf. 5250

Ac 19:29 ἐπλήσθη ἡ πόλις τῆς **συγχύσεως,** ὥρμησάν τε ὁμοθυμαδὸν εἰς τὸ θέατρον συναρπάσαντες Γάϊον καὶ Ἀρίσταρχον Μακεδόνας,

5181 συγχωρέω Not used in UBS/NIV

√ 5250 + 6003

5182 συζάω [3]

√ 5250 + 2409

Ro 6: 8 εἰ δὲ ἀπεθάνομεν σὺν Χριστῷ, πιστεύομεν ὅτι καὶ **συζήσομεν** αὐτῷ,
2Co 7: 3 προείρηκα γὰρ ὅτι ἐν ταῖς καρδίαις ἡμῶν ἐστε εἰς τὸ συναποθανεῖν καὶ **συζῆν.**
2Ti 2:11 πιστὸς ὁ λόγος· εἰ γὰρ συναπεθάνομεν, καὶ **συζήσομεν·**

5183 συζεύγνυμι [2]

√ 5250 + 2413

Mt 19: 6 ὃ οὖν ὁ θεὸς **συνέζευξεν** ἄνθρωπος μὴ χωριζέτω.
Mk 10: 9 ὃ οὖν ὁ θεὸς **συνέζευξεν** ἄνθρωπος μὴ χωριζέτω.

5184 συζητέω [10]

√ 5250 + 2426

Mk 1:27 ἐθαμβήθησαν ἅπαντες ὥστε **συζητεῖν** πρὸς ἑαυτοὺς λέγοντας,
8:11 Καὶ ἐξῆλθον οἱ Φαρισαῖοι καὶ ἤρξαντο **συζητεῖν** αὐτῷ,
9:10 καὶ τὸν λόγον ἐκράτησαν πρὸς ἑαυτοὺς **συζητοῦντες** τί ἐστιν τὸ ἐκ νεκρῶν ἀναστῆναι.
9:14 Καὶ ἐλθόντες πρὸς τοὺς μαθητὰς εἶδον ὄχλον πολὺν περὶ αὐτοὺς καὶ γραμματεῖς **συζητοῦντας** πρὸς αὐτούς.
9:16 καὶ ἐπηρώτησεν αὐτούς, Τί **συζητεῖτε** πρὸς αὐτούς;
12:28 Καὶ προσελθὼν εἷς τῶν γραμματέων ἀκούσας αὐτῶν **συζητούντων,**
Lk 22:23 καὶ αὐτοὶ ἤρξαντο **συζητεῖν** πρὸς ἑαυτοὺς τὸ τίς ἄρα εἴη ἐξ αὐτῶν ὁ τοῦτο μέλλων πράσσειν.
24:15 καὶ ἐγένετο ἐν τῷ ὁμιλεῖν αὐτοὺς καὶ **συζητεῖν** καὶ αὐτὸς Ἰησοῦς ἐγγίσας συνεπορεύετο αὐτοῖς,
Ac 6: 9 ἀνέστησαν δέ τινες τῶν ἐκ τῆς συναγωγῆς τῆς λεγομένης Λιβερτίνων καὶ Κυρηναίων καὶ Ἀλεξανδρέων καὶ τῶν ἀπὸ Κιλικίας καὶ Ἀσίας **συζητοῦντες** τῷ Στεφάνῳ,
9:29 ἐλάλει τε καὶ **συνεζήτει** πρὸς τοὺς Ἑλληνιστάς, οἱ δὲ ἐπεχείρουν ἀνελεῖν αὐτόν.

5185 συζήτησις Not used in UBS/NIV

√ 5250 + 2426

5186 συζητητής [1]

√ 5250 + 2426

1Co 1:20 ποῦ σοφός; ποῦ γραμματεύς; ποῦ **συζητητὴς** τοῦ αἰῶνος τούτου;

5187 σύζυγος [1]

√ 5250 + 2413

Php 4: 3 ναὶ ἐρωτῶ καὶ σέ, γνήσιε **σύζυγε,** συλλαμβάνου αὐταῖς,

5188 συζωοποιέω [2]

√ 5250 + 2409 + 4472

Eph 2: 5 καὶ ὄντας ἡμᾶς νεκροὺς τοῖς παραπτώμασιν **συνεζωοποίησεν** τῷ Χριστῷ,–
Col 2:13 **συνεζωοποίησεν** ὑμᾶς σὺν αὐτῷ, χαρισάμενος ἡμῖν πάντα τὰ παραπτώματα.

5189 συκάμινος [1]

Lk 17: 6 ἐλέγετε ἂν τῇ **συκαμίνῳ** [ταύτῃ,] Ἐκριζώθητι καὶ φυτεύθητι ἐν τῇ θαλάσσῃ·

5190 συκῆ [16]

√ 5192

Mt 21:19 καὶ ἰδὼν **συκῆν** μίαν ἐπὶ τῆς ὁδοῦ ἦλθεν ἐπ᾽ αὐτὴν καὶ οὐδὲν εὗρεν ἐν αὐτῇ εἰ μὴ φύλλα μόνον, καὶ λέγει αὐτῇ, Μηκέτι ἐκ σοῦ καρπὸς γένηται εἰς τὸν αἰῶνα. καὶ ἐξηράνθη παραχρῆμα ἡ **συκῆ.**
21:20 καὶ ἰδόντες οἱ μαθηταὶ ἐθαύμασαν λέγοντες, Πῶς παραχρῆμα ἐξηράνθη ἡ **συκῆ;**
21:21 οὐ μόνον τὸ τῆς **συκῆς** ποιήσετε, ἀλλὰ κἂν τῷ ὄρει τούτῳ εἴπητε,
24:32 Ἀπὸ δὲ τῆς **συκῆς** μάθετε τὴν παραβολήν· ὅταν ἤδη ὁ κλάδος αὐτῆς γένηται ἁπαλὸς καὶ τὰ φύλλα ἐκφύῃ,
Mk 11:13 καὶ ἰδὼν **συκῆν** ἀπὸ μακρόθεν ἔχουσαν φύλλα ἦλθεν,
11:20 Καὶ παραπορευόμενοι πρωῒ εἶδον τὴν **συκῆν** ἐξηραμμένην ἐκ ῥιζῶν.
11:21 καὶ ἀναμνησθεὶς ὁ Πέτρος λέγει αὐτῷ, Ῥαββί, ἴδε ἡ **συκῆ** ἣν κατηράσω ἐξήρανται.
13:28 Ἀπὸ δὲ τῆς **συκῆς** μάθετε τὴν παραβολήν· ὅταν ἤδη ὁ κλάδος αὐτῆς ἁπαλὸς γένηται καὶ ἐκφύῃ τὰ φύλλα,
Lk 13: 6 **Συκῆν** εἶχέν τις πεφυτευμένην ἐν τῷ ἀμπελῶνι αὐτοῦ,
13: 7 Ἰδοὺ τρία ἔτη ἀφ᾽ οὗ ἔρχομαι ζητῶν καρπὸν ἐν τῇ **συκῇ** ταύτῃ καὶ οὐχ εὑρίσκω·
21:29 Καὶ εἶπεν παραβολὴν αὐτοῖς· Ἴδετε τὴν **συκῆν** καὶ πάντα τὰ δένδρα·
Jn 1:48 Πρὸ τοῦ σε **Φίλιππον** φωνῆσαι ὄντα ὑπὸ τὴν **συκῆν** εἶδόν σε.
1:50 Ὅτι εἶπόν σοι ὅτι εἶδόν σε ὑποκάτω τῆς **συκῆς,**
Jas 3:12 ἀδελφοί μου, **συκῆ** ἐλαίας ποιῆσαι ἢ ἄμπελος σῦκα;
Rev 6:13 ὡς **συκῆ** βάλλει τοὺς ὀλύνθους αὐτῆς ὑπὸ ἀνέμου μεγάλου σειομένη,

5191 συκομορέα [1]

√ 5192

Lk 19: 4 καὶ προδραμὼν εἰς τὸ ἔμπροσθεν ἀνέβη ἐπὶ **συκομορέαν** ἵνα ἴδῃ αὐτὸν ὅτι ἐκείνης ἤμελλεν διέρχεσθαι.

5192 σῦκον [4]

→ 5190, 5191, 5193

Mt 7:16 μήτι συλλέγουσιν ἀπὸ ἀκανθῶν σταφυλὰς ἢ ἀπὸ τριβόλων **σῦκα;**
Mk 11:13 καὶ ἐλθὼν ἐπ᾽ αὐτὴν οὐδὲν εὗρεν εἰ μὴ φύλλα· ὁ γὰρ καιρὸς οὐκ ἦν **σύκων.**
Lk 6:44 οὐ γὰρ ἐξ ἀκανθῶν συλλέγουσιν **σῦκα** οὐδὲ ἐκ βάτου σταφυλὴν τρυγῶσιν.
Jas 3:12 ἀδελφοί μου, συκῆ ἐλαίας ποιῆσαι ἢ ἄμπελος **σῦκα;**

5193 συκοφαντέω [2]

√ 5192 + 5743

Lk 3:14 Μηδένα διασείσητε μηδὲ **συκοφαντήσητε** καὶ ἀρκεῖσθε τοῖς ὀψωνίοις ὑμῶν.
19: 8 τοῖς πτωχοῖς δίδωμι, καὶ εἴ τινός τι **ἐσυκοφάντησα** ἀποδίδωμι τετραπλοῦν.

5194 συλαγωγέω [1]

√ 5195 + 72

Col 2: 8 βλέπετε μή τις ὑμᾶς ἔσται ὁ **συλαγωγῶν** διὰ τῆς φιλοσοφίας καὶ κενῆς ἀπάτης κατὰ τὴν παράδοσιν τῶν ἀνθρώπων,

5195 συλάω [1]

→ 2644, 2645, 5194

2Co 11: 8 ἄλλας ἐκκλησίας **ἐσύλησα** λαβὼν ὀψώνιον πρὸς τὴν ὑμῶν διακονίαν,

5196 συλλαλέω [6]

√ 5250 + 3281

Mt 17: 3 καὶ ἰδοὺ ὤφθη αὐτοῖς Μωϋσῆς καὶ Ἠλίας **συλλαλοῦντες** μετ᾽ αὐτοῦ.
Mk 9: 4 καὶ ὤφθη αὐτοῖς Ἠλίας σὺν Μωϋσεῖ καὶ ἦσαν **συλλαλοῦντες** τῷ Ἰησοῦ.
Lk 4:36 καὶ ἐγένετο θάμβος ἐπὶ πάντας καὶ **συνελάλουν** πρὸς ἀλλήλους λέγοντες,
9:30 καὶ ἰδοὺ ἄνδρες δύο **συνελάλουν** αὐτῷ, οἵτινες ἦσαν Μωϋσῆς καὶ Ἠλίας,
22: 4 καὶ ἀπελθὼν **συνελάλησεν** τοῖς ἀρχιερεῦσιν καὶ στρατηγοῖς τὸ πῶς αὐτοῖς παραδῷ αὐτόν.
Ac 25:12 τότε ὁ Φῆστος **συλλαλήσας** μετὰ τοῦ συμβουλίου ἀπεκρίθη,

5197 συλλαμβάνω [16]

√ 5250 + 3284

συλλαμβάνω ἐν γαστρί [1] Lk 1:31

συλλαμβάνω ἐν τῇ κοιλίᾳ [1] Lk 2:21

Mt 26:55 Ὡς ἐπὶ λῃστὴν ἐξήλθατε μετὰ μαχαιρῶν καὶ ξύλων **συλλαβεῖν** με;
Mk 14:48 Ὡς ἐπὶ λῃστὴν ἐξήλθατε μετὰ μαχαιρῶν καὶ ξύλων **συλλαβεῖν** με;
Lk 1:24 Μετὰ δὲ ταύτας τὰς ἡμέρας **συνέλαβεν** Ἐλισάβετ ἡ γυνὴ αὐτοῦ καὶ περιέκρυβεν ἑαυτὴν μῆνας πέντε λέγουσα
1:31 καὶ ἰδοὺ **συλλήμψῃ** ἐν γαστρὶ καὶ τέξῃ υἱὸν καὶ καλέσεις τὸ ὄνομα αὐτοῦ Ἰησοῦν.
1:36 Ἐλισάβετ ἡ συγγενίς σου καὶ αὐτὴ **συνείληφεν** υἱὸν ἐν γήρει αὐτῆς καὶ οὗτος μὴν ἕκτος ἐστὶν αὐτῇ τῇ καλουμένῃ στείρᾳ·
2:21 τὸ κληθὲν ὑπὸ τοῦ ἀγγέλου πρὸ τοῦ **συλλημφθῆναι** αὐτὸν ἐν τῇ κοιλίᾳ.
5: 7 καὶ κατένευσαν τοῖς μετόχοις ἐν τῷ ἑτέρῳ πλοίῳ τοῦ ἐλθόντας **συλλαβέσθαι** αὐτοῖς·
5: 9 θάμβος γὰρ περιέσχεν αὐτὸν καὶ πάντας τοὺς σὺν αὐτῷ ἐπὶ τῇ ἄγρᾳ τῶν ἰχθύων ὧν **συνέλαβον,**
22:54 **Συλλαβόντες** δὲ αὐτὸν ἤγαγον καὶ εἰσήγαγον εἰς τὴν οἰκίαν τοῦ ἀρχιερέως·
Jn 18:12 Ἡ οὖν σπεῖρα καὶ ὁ χιλίαρχος καὶ οἱ ὑπηρέται τῶν Ἰουδαίων **συνέλαβον** τὸν Ἰησοῦν καὶ ἔδησαν αὐτὸν
Ac 1:16 ἔδει πληρωθῆναι τὴν γραφὴν ἣν προεῖπεν τὸ πνεῦμα τὸ ἅγιον διὰ στόματος Δαυὶδ περὶ Ἰούδα τοῦ γενομένου ὁδηγοῦ τοῖς **συλλαβοῦσιν** Ἰησοῦν,
12: 3 ἰδὼν δὲ ὅτι ἀρεστόν ἐστιν τοῖς Ἰουδαίοις προσέθετο **συλλαβεῖν** καὶ Πέτρον,–
23:27 Τὸν ἄνδρα τοῦτον **συλλημφθέντα** ὑπὸ τῶν Ἰουδαίων καὶ μέλλοντα ἀναιρεῖσθαι ὑπ᾽ αὐτῶν ἐπιστὰς σὺν τῷ στρατεύματι ἐξειλάμην μαθὼν ὅτι Ῥωμαῖός ἐστιν.
26:21 ἕνεκα τούτων με Ἰουδαῖοι **συλλαβόμενοι** [ὄντα] ἐν τῷ ἱερῷ ἐπειρῶντο διαχειρίσασθαι.
Php 4: 3 ναὶ ἐρωτῶ καὶ σέ, γνήσιε σύζυγε, **συλλαμβάνου** αὐταῖς,
Jas 1:15 εἶτα ἡ ἐπιθυμία **συλλαβοῦσα** τίκτει ἁμαρτίαν, ἡ δὲ ἁμαρτία ἀποτελεσθεῖσα ἀποκύει θάνατον.

5198 συλλέγω [8]

√ 5250 + 3306

Mt 7:16 μήτι **συλλέγουσιν** ἀπὸ ἀκανθῶν σταφυλὰς ἢ ἀπὸ τριβόλων σῦκα;
13:28 οἱ δὲ δοῦλοι λέγουσιν αὐτῷ, Θέλεις οὖν ἀπελθόντες **συλλέξωμεν** αὐτά;
13:29 μήποτε **συλλέγοντες** τὰ ζιζάνια ἐκριζώσητε ἅμα αὐτοῖς τὸν σῖτον.
13:30 **Συλλέξατε** πρῶτον τὰ ζιζάνια καὶ δήσατε αὐτὰ εἰς δέσμας πρὸς τὸ κατακαῦσαι αὐτά,
13:40 ὥσπερ οὖν **συλλέγεται** τὰ ζιζάνια καὶ πυρὶ [κατα]καίεται,
13:41 καὶ **συλλέξουσιν** ἐκ τῆς βασιλείας αὐτοῦ πάντα τὰ σκάνδαλα καὶ τοὺς ποιοῦντας τὴν ἀνομίαν
13:48 ἣν ὅτε ἐπληρώθη ἀναβιβάσαντες ἐπὶ τὸν αἰγιαλὸν καὶ καθίσαντες **συνέλεξαν** τὰ καλὰ εἰς ἄγγη,
Lk 6:44 οὐ γὰρ ἐξ ἀκανθῶν **συλλέγουσιν** σῦκα οὐδὲ ἐκ βάτου σταφυλὴν τρυγῶσιν.

5199 συλλογίζομαι [1]

√ 5250 + 3306

Lk 20: 5 οἱ δὲ **συνελογίσαντο** πρὸς ἑαυτοὺς λέγοντες ὅτι Ἐὰν εἴπωμεν,

5200 συλλυπέω [1]

√ 5250 + 3383

Mk 3: 5 **συλλυπούμενος** ἐπὶ τῇ πωρώσει τῆς καρδίας αὐτῶν λέγει τῷ ἀνθρώπῳ,

5201 συμβαίνω [8]

√ 5250 + 326

Mk 10:32 καὶ παραλαβὼν πάλιν τοὺς δώδεκα ἤρξατο αὐτοῖς λέγειν τὰ μέλλοντα αὐτῷ **συμβαίνειν**

Lk 24:14 καὶ αὐτοὶ ὡμίλουν πρὸς ἀλλήλους περὶ πάντων τῶν **συμβεβηκότων** τούτων.

Ac 3:10 ἐπεγίνωσκον δὲ αὐτὸν ὅτι αὐτὸς ἦν ὁ πρὸς τὴν ἐλεημοσύνην καθήμενος ἐπὶ τῇ Ὡραίᾳ Πύλῃ τοῦ ἱεροῦ καὶ ἐπλήσθησαν θάμβους καὶ ἐκστάσεως ἐπὶ τῷ **συμβεβηκότι** αὐτῷ.

20:19 δουλεύων τῷ κυρίῳ μετὰ πάσης ταπεινοφροσύνης καὶ δακρύων καὶ πειρασμῶν τῶν **συμβάντων** μοι ἐν ταῖς ἐπιβουλαῖς

21:35 **συνέβη** βαστάζεσθαι αὐτὸν ὑπὸ τῶν στρατιωτῶν διὰ τὴν βίαν τοῦ ὄχλου,

1Co 10:11 ταῦτα δὲ τυπικῶς **συνέβαινεν** ἐκείνοις, ἐγράφη δὲ πρὸς νουθεσίαν ἡμῶν,

1Pe 4:12 μὴ ξενίζεσθε τῇ ἐν ὑμῖν πυρώσει πρὸς πειρασμὸν ὑμῖν γινομένῃ ὡς ξένου ὑμῖν **συμβαίνοντος,**

2Pe 2:22 **συμβέβηκεν** αὐτοῖς τὸ τῆς ἀληθοῦς παροιμίας, Κύων ἐπιστρέψας ἐπὶ τὸ ἴδιον ἐξέραμα,

5202 συμβάλλω [6]

√ 5250 + 965

Lk 2:19 ἡ δὲ Μαριὰμ πάντα συνετήρει τὰ ῥήματα ταῦτα **συμβάλλουσα** ἐν τῇ καρδίᾳ αὐτῆς.

14:31 ἢ τίς βασιλεὺς πορευόμενος ἑτέρῳ βασιλεῖ **συμβαλεῖν** εἰς πόλεμον οὐχὶ καθίσας πρῶτον βουλεύσεται εἰ δυνατός ἐστιν

Ac 4:15 κελεύσαντες δὲ αὐτοὺς ἔξω τοῦ συνεδρίου ἀπελθεῖν **συνέβαλλον** πρὸς ἀλλήλους

17:18 τινὲς δὲ καὶ τῶν Ἐπικουρείων καὶ Στοϊκῶν φιλοσόφων **συνέβαλλον** αὐτῷ,

18:27 ὃς παραγενόμενος **συνεβάλετο** πολὺ τοῖς πεπιστευκόσιν διὰ τῆς χάριτος·

20:14 ὡς δὲ **συνέβαλλεν** ἡμῖν εἰς τὴν Ἆσσον, ἀναλαβόντες αὐτὸν ἤλθομεν εἰς Μιτυλήνην,

5203 συμβασιλεύω [2]

√ 5250 + 995

1Co 4: 8 καὶ ὄφελόν γε ἐβασιλεύσατε, ἵνα καὶ ἡμεῖς ὑμῖν **συμβασιλεύσωμεν.**

2Ti 2:12 εἰ ὑπομένομεν, καὶ **συμβασιλεύσομεν·** εἰ ἀρνησόμεθα, κἀκεῖνος ἀρνήσεται ἡμᾶς·

5204 συμβιβάζω [7]

√ 5250 + 326

Ac 9:22 Σαῦλος δὲ μᾶλλον ἐνεδυναμοῦτο καὶ συνέχυννεν [τοὺς] Ἰουδαίους τοὺς κατοικοῦντας ἐν Δαμασκῷ **συμβιβάζων** ὅτι οὗτός ἐστιν ὁ Χριστός.

16:10 εὐθέως ἐζητήσαμεν ἐξελθεῖν εἰς Μακεδονίαν **συμβιβάζοντες** ὅτι προσκέκληται ἡμᾶς ὁ θεὸς εὐαγγελίσασθαι αὐτούς.

19:33 ἐκ δὲ τοῦ ὄχλου **συνεβίβασαν** Ἀλέξανδρον, προβαλόντων αὐτὸν τῶν Ἰουδαίων·

1Co 2:16 τίς γὰρ ἔγνω νοῦν κυρίου, ὃς **συμβιβάσει** αὐτόν;

Eph 4:16 ἐξ οὗ πᾶν τὸ σῶμα συναρμολογούμενον καὶ **συμβιβαζόμενον** διὰ πάσης ἁφῆς τῆς ἐπιχορηγίας κατ' ἐνέργειαν ἐν μέτρῳ

Col 2: 2 ἵνα παρακληθῶσιν αἱ καρδίαι αὐτῶν **συμβιβασθέντες** ἐν ἀγάπῃ καὶ εἰς πᾶν πλοῦτος τῆς πληροφορίας τῆς συνέσεως,

2:19 ἐξ οὗ πᾶν τὸ σῶμα διὰ τῶν ἁφῶν καὶ συνδέσμων ἐπιχορηγούμενον καὶ **συμβιβαζόμενον** αὔξει τὴν αὔξησιν τοῦ θεοῦ.

5205 συμβουλεύω [4]

√ 5250 + 1089

Mt 26: 4 καὶ **συνεβουλεύσαντο** ἵνα τὸν Ἰησοῦν δόλῳ κρατήσωσιν καὶ ἀποκτείνωσιν·

Jn 18:14 ἦν δὲ Καϊάφας ὁ **συμβουλεύσας** τοῖς Ἰουδαίοις ὅτι συμφέρει ἕνα ἄνθρωπον ἀποθανεῖν ὑπὲρ τοῦ λαοῦ.

Ac 9:23 Ὡς δὲ ἐπληροῦντο ἡμέραι ἱκαναί, **συνεβουλεύσαντο** οἱ Ἰουδαῖοι ἀνελεῖν αὐτόν·

Rev 3:18 **συμβουλεύω** σοι ἀγοράσαι παρ' ἐμοῦ χρυσίον πεπυρωμένον ἐκ πυρὸς ἵνα πλουτήσῃς,

5206 συμβούλιον [8]

√ 5250 + 1089

Mt 12:14 ἐξελθόντες δὲ οἱ Φαρισαῖοι **συμβούλιον** ἔλαβον κατ' αὐτοῦ ὅπως αὐτὸν ἀπολέσωσιν.

22:15 Τότε πορευθέντες οἱ Φαρισαῖοι **συμβούλιον** ἔλαβον ὅπως αὐτὸν παγιδεύσωσιν ἐν λόγῳ.

27: 1 Πρωΐας δὲ γενομένης **συμβούλιον** ἔλαβον πάντες οἱ ἀρχιερεῖς καὶ οἱ πρεσβύτεροι τοῦ λαοῦ κατὰ τοῦ Ἰησοῦ ὥστε θανατῶσαι αὐτόν·

27: 7 **συμβούλιον** δὲ λαβόντες ἠγόρασαν ἐξ αὐτῶν τὸν Ἀγρὸν τοῦ Κεραμέως εἰς ταφὴν τοῖς ξένοις.

28:12 καὶ συναχθέντες μετὰ τῶν πρεσβυτέρων **συμβούλιόν** τε λαβόντες ἀργύρια ἱκανὰ ἔδωκαν τοῖς στρατιώταις

Mk 3: 6 καὶ ἐξελθόντες οἱ Φαρισαῖοι εὐθὺς μετὰ τῶν Ἡρῳδιανῶν **συμβούλιον** ἐδίδουν κατ' αὐτοῦ ὅπως αὐτὸν ἀπολέσωσιν.

15: 1 Καὶ εὐθὺς πρωῒ **συμβούλιον** ποιήσαντες οἱ ἀρχιερεῖς μετὰ τῶν πρεσβυτέρων καὶ γραμματέων καὶ ὅλον τὸ συνέδριον,

Ac 25:12 τότε ὁ Φῆστος συλλαλήσας μετὰ τοῦ **συμβουλίου** ἀπεκρίθη,

5207 σύμβουλος [1]

√ 5250 + 1089

Ro 11:34 Τίς γὰρ ἔγνω νοῦν κυρίου; ἢ τίς **σύμβουλος** αὐτοῦ ἐγένετο;

5208 Συμεών [7]

√ 4981

Lk 2:25 ἐν Ἰερουσαλὴμ ᾧ ὄνομα **Συμεὼν** καὶ ὁ ἄνθρωπος οὗτος δίκαιος καὶ εὐλαβὴς προσδεχόμενος παράκλησιν τοῦ Ἰσραήλ,

2:34 καὶ εὐλόγησεν αὐτοὺς **Συμεὼν** καὶ εἶπεν πρὸς Μαριὰμ τὴν μητέρα αὐτοῦ,

3:30 τοῦ **Συμεὼν** τοῦ Ἰούδα τοῦ Ἰωσὴφ τοῦ Ἰωνὰμ τοῦ Ἐλιακὶμ

Ac 13: 1 Ἦσαν δὲ ἐν Ἀντιοχείᾳ κατὰ τὴν οὖσαν ἐκκλησίαν προφῆται καὶ διδάσκαλοι ὅ τε Βαρναβᾶς καὶ **Συμεὼν** ὁ καλούμενος Νίγερ

15:14 **Συμεὼν** ἐξηγήσατο καθὼς πρῶτον ὁ θεὸς ἐπεσκέψατο λαβεῖν ἐξ ἐθνῶν λαὸν τῷ ὀνόματι αὐτοῦ.

2Pe 1: 1 **Συμεὼν** Πέτρος δοῦλος καὶ ἀπόστολος Ἰησοῦ Χριστοῦ τοῖς ἰσότιμον ἡμῖν λαχοῦσιν πίστιν ἐν δικαιοσύνῃ τοῦ θεοῦ ἡμῶν

Rev 7: 7 ἐκ φυλῆς **Συμεὼν** δώδεκα χιλιάδες, ἐκ φυλῆς Λευὶ δώδεκα χιλιάδες,

5209 συμμαθητής [1]

√ 5250 + 3443

Jn 11:16 εἶπεν οὖν Θωμᾶς ὁ λεγόμενος Δίδυμος τοῖς **συμμαθηταῖς,**

5210 συμμαρτυρέω [3]

√ 5250 + 3459

Ro 2:15 **συμμαρτυρούσης** αὐτῶν τῆς συνειδήσεως καὶ μεταξὺ ἀλλήλων τῶν λογισμῶν κατηγορούντων ἢ καὶ ἀπολογουμένων,

8:16 αὐτὸ τὸ πνεῦμα **συμμαρτυρεῖ** τῷ πνεύματι ἡμῶν ὅτι ἐσμὲν τέκνα θεοῦ.

9: 1 **συμμαρτυρούσης** μοι τῆς συνειδήσεώς μου ἐν πνεύματι ἁγίῳ,

5211 συμμερίζομαι [1]

√ 5250 + 3538

1Co 9:13 οὐκ οἴδατε ὅτι οἱ τὰ ἱερὰ ἐργαζόμενοι [τὰ] ἐκ τοῦ ἱεροῦ ἐσθίουσιν, οἱ τῷ θυσιαστηρίῳ παρεδρεύοντες τῷ θυσιαστηρίῳ **συμμερίζονται;**

5212 συμμέτοχος [2]

√ 5250 + 3552 + 2400

Eph 3: 6 εἶναι τὰ ἔθνη συγκληρονόμα καὶ σύσσωμα καὶ **συμμέτοχα** τῆς ἐπαγγελίας ἐν Χριστῷ Ἰησοῦ διὰ τοῦ εὐαγγελίου,
5: 7 μὴ οὖν γίνεσθε **συμμέτοχοι** αὐτῶν·

5213 συμμιμητής [1]

√ 5250 + 3628

Php 3:17 **Συμμιμηταί** μου γίνεσθε, ἀδελφοί, καὶ σκοπεῖτε τοὺς οὕτω περιπατοῦντας καθὼς ἔχετε τύπον ἡμᾶς.

5214 συμμορφίζω [1]

√ 5250 + 3671

Php 3:10 τοῦ γνῶναι αὐτὸν καὶ τὴν δύναμιν τῆς ἀναστάσεως αὐτοῦ καὶ [τὴν] κοινωνίαν [τῶν] παθημάτων αὐτοῦ, **συμμορφιζόμενος** τῷ θανάτῳ αὐτοῦ,

5215 σύμμορφος [2]

√ 5250 + 3671

Ro 8:29 καὶ προώρισεν **συμμόρφους** τῆς εἰκόνος τοῦ υἱοῦ αὐτοῦ,
Php 3:21 ὃς μετασχηματίσει τὸ σῶμα τῆς ταπεινώσεως ἡμῶν **σύμμορφον** τῷ σώματι τῆς δόξης αὐτοῦ κατὰ τὴν ἐνέργειαν τοῦ δύνασθαι αὐτὸν καὶ ὑποτάξαι αὐτῷ τὰ πάντα.

5216 συμμορφόω Not used in UBS/NIV

√ 5250 + 3671

5217 συμπαθέω [2]

√ 5250 + 4248

Heb 4:15 οὐ γὰρ ἔχομεν ἀρχιερέα μὴ δυνάμενον **συμπαθῆσαι** ταῖς ἀσθενείαις ἡμῶν,
10:34 καὶ γὰρ τοῖς δεσμίοις **συνεπαθήσατε** καὶ τὴν ἁρπαγὴν τῶν ὑπαρχόντων ὑμῶν μετὰ χαρᾶς προσεδέξασθε γινώσκοντες ἔχειν ἑαυτοὺς κρείττονα ὕπαρξιν καὶ μένουσαν.

5218 συμπαθής [1]

√ 5250 + 4248

1Pe 3: 8 Τὸ δὲ τέλος πάντες ὁμόφρονες, **συμπαθεῖς**, φιλάδελφοι, εὔσπλαγχνοι, ταπεινόφρονες,

5219 συμπαραγίνομαι [1]

√ 5250 + 4123 + 1181

Lk 23:48 πάντες οἱ **συμπαραγενόμενοι** ὄχλοι ἐπὶ τὴν θεωρίαν ταύτην, θεωρήσαντες τὰ γενόμενα, τύπτοντες τὰ στήθη ὑπέστρεφον.

5220 συμπαρακαλέω [1]

√ 5250 + 4123 + 2813

Ro 1:12 τοῦτο δέ ἐστιν **συμπαρακληθῆναι** ἐν ὑμῖν διὰ τῆς ἐν ἀλλήλοις πίστεως ὑμῶν τε καὶ ἐμοῦ.

5221 συμπαραλαμβάνω [4]

√ 5250 + 4123 + 3284

Ac 12:25 Βαρναβᾶς δὲ καὶ Σαῦλος ὑπέστρεψαν εἰς Ἰερουσαλὴμ πληρώσαντες τὴν διακονίαν, **συμπαραλαβόντες** Ἰωάννην τὸν ἐπικληθέντα Μᾶρκον.
15:37 Βαρναβᾶς δὲ ἐβούλετο **συμπαραλαβεῖν** καὶ τὸν Ἰωάννην τὸν καλούμενον Μᾶρκον·
15:38 τὸν ἀποστάντα ἀπ' αὐτῶν ἀπὸ Παμφυλίας καὶ μὴ συνελθόντα αὐτοῖς εἰς τὸ ἔργον μὴ **συμπαραλαμβάνειν** τοῦτον.
Gal 2: 1 Ἔπειτα διὰ δεκατεσσάρων ἐτῶν πάλιν ἀνέβην εἰς Ἱεροσόλυμα μετὰ Βαρναβᾶ **συμπαραλαβὼν** καὶ Τίτον·

5222 συμπαραμένω Not used in UBS/NIV

√ 5250 + 4123 + 3531

5223 συμπάρειμι [1]

√ 5250 + 4123 + 1639

Ac 25:24 Ἀγρίππα βασιλεῦ καὶ πάντες οἱ **συμπαρόντες** ἡμῖν ἄνδρες,

5224 συμπάσχω [2]

√ 5250 + 4248

Ro 8:17 συγκληρονόμοι δὲ Χριστοῦ, εἴπερ **συμπάσχομεν** ἵνα καὶ συνδοξασθῶμεν.
1Co 12:26 καὶ εἴτε πάσχει ἓν μέλος, **συμπάσχει** πάντα τὰ μέλη·

5225 συμπέμπω [2]

√ 5250 + 4287

2Co 8:18 **συνεπέμψαμεν** δὲ μετ' αὐτοῦ τὸν ἀδελφὸν οὗ ὁ ἔπαινος ἐν τῷ εὐαγγελίῳ διὰ πασῶν τῶν ἐκκλησιῶν,
8:22 **συνεπέμψαμεν** δὲ αὐτοῖς τὸν ἀδελφὸν ἡμῶν ὃν ἐδοκιμάσαμεν ἐν πολλοῖς πολλάκις σπουδαῖον ὄντα,

5226 συμπεριέχω Not used in UBS/NIV

√ 5250 + 4309 + 2400

5227 συμπεριλαμβάνω [1]

√ 5250 + 4309 + 3284

Ac 20:10 καταβὰς δὲ ὁ Παῦλος ἐπέπεσεν αὐτῷ καὶ **συμπεριλαβὼν** εἶπεν,

5228 συμπίνω [1]

√ 5250 + 4403

Ac 10:41 οἵτινες συνεφάγομεν καὶ **συνεπίομεν** αὐτῷ μετὰ τὸ ἀναστῆναι αὐτὸν ἐκ νεκρῶν·

5229 συμπίπτω [1]

√ 5250 + 4406

Lk 6:49 καὶ εὐθὺς **συνέπεσεν** καὶ ἐγένετο τὸ ῥῆγμα τῆς οἰκίας ἐκείνης μέγα.

5230 συμπληρόω [3]

√ 5250 + 4444

Lk 8:23 καὶ κατέβη λαῖλαψ ἀνέμου εἰς τὴν λίμνην καὶ **συνεπληροῦντο** καὶ ἐκινδύνευον.
9:51 Ἐγένετο δὲ ἐν τῷ **συμπληροῦσθαι** τὰς ἡμέρας τῆς ἀναλήμψεως αὐτοῦ καὶ αὐτὸς τὸ πρόσωπον ἐστήρισεν τοῦ πορεύεσθαι εἰς Ἰερουσαλήμ.
Ac 2: 1 Καὶ ἐν τῷ **συμπληροῦσθαι** τὴν ἡμέραν τῆς πεντηκοστῆς ἦσαν πάντες ὁμοῦ ἐπὶ τὸ αὐτό.

5231 συμπνίγω [5]

√ 5250 + 4464

Mt 13:22 καὶ ἡ μέριμνα τοῦ αἰῶνος καὶ ἡ ἀπάτη τοῦ πλούτου **συμπνίγει** τὸν λόγον καὶ ἄκαρπος γίνεται.
Mk 4: 7 καὶ ἀνέβησαν αἱ ἄκανθαι καὶ **συνέπνιξαν** αὐτό, καὶ καρπὸν οὐκ ἔδωκεν.
4:19 καὶ αἱ μέριμναι τοῦ αἰῶνος καὶ ἡ ἀπάτη τοῦ πλούτου καὶ αἱ περὶ τὰ λοιπὰ ἐπιθυμίαι εἰσπορευόμεναι **συμπνίγουσιν** τὸν λόγον καὶ ἄκαρπος γίνεται.
Lk 8:14 καὶ ὑπὸ μεριμνῶν καὶ πλούτου καὶ ἡδονῶν τοῦ βίου πορευόμενοι **συμπνίγονται** καὶ οὐ τελεσφοροῦσιν.
8:42 Ἐν δὲ τῷ ὑπάγειν αὐτὸν οἱ ὄχλοι **συνέπνιγον** αὐτόν.

5232 συμπολίτης [1]

√ 5250 + 4484

Eph 2:19 ἄρα οὖν οὐκέτι ἐστὲ ξένοι καὶ πάροικοι ἀλλὰ ἐστὲ **συμπολῖται** τῶν ἁγίων καὶ οἰκεῖοι τοῦ θεοῦ,

5233 συμπορεύομαι [4]

√ 5250 + 4513

Mk 10: 1 καὶ **συμπορεύονται** πάλιν ὄχλοι πρὸς αὐτόν, καὶ ὡς εἰώθει πάλιν ἐδίδασκεν αὐτούς.
Lk 7:11 Καὶ ἐγένετο ἐν τῷ ἑξῆς ἐπορεύθη εἰς πόλιν καλουμένην Ναΐν καὶ **συνεπορεύοντο** αὐτῷ οἱ μαθηταὶ αὐτοῦ καὶ ὄχλος πολύς.
14:25 **Συνεπορεύοντο** δὲ αὐτῷ ὄχλοι πολλοί, καὶ στραφεὶς εἶπεν πρὸς αὐτούς,
24:15 καὶ ἐγένετο ἐν τῷ ὁμιλεῖν αὐτοὺς καὶ συζητεῖν καὶ αὐτὸς Ἰησοῦς ἐγγίσας **συνεπορεύετο** αὐτοῖς,

5234 συμποσία Not used in UBS/NIV

√ 5250 + 4403

5235 συμπόσιον [2]

√ 5250 + 4403

Mk 6:39 καὶ ἐπέταξεν αὐτοῖς ἀνακλῖναι πάντας **συμπόσια συμπόσια** ἐπὶ τῷ χλωρῷ χόρτῳ.

5236 συμπρεσβύτερος [1]

√ 5250 + 4565

1Pe 5: 1 Πρεσβυτέρους οὖν ἐν ὑμῖν παρακαλῶ ὁ **συμπρεσβύτερος** καὶ μάρτυς τῶν τοῦ Χριστοῦ παθημάτων,

5237 συμφέρω [15]

√ 5250 + 5770

Mt 5:29 **συμφέρει** γάρ σοι ἵνα ἀπόληται ἓν τῶν μελῶν σου καὶ μὴ ὅλον τὸ σῶμά σου βληθῇ εἰς γέενναν.
5:30 **συμφέρει** γάρ σοι ἵνα ἀπόληται ἓν τῶν μελῶν σου καὶ μὴ ὅλον τὸ σῶμά σου εἰς γέενναν ἀπέλθῃ.
18: 6 **συμφέρει** αὐτῷ ἵνα κρεμασθῇ μύλος ὀνικὸς περὶ τὸν τράχηλον αὐτοῦ καὶ καταποντισθῇ ἐν τῷ πελάγει τῆς θαλάσσης.
19:10 Εἰ οὕτως ἐστὶν ἡ αἰτία τοῦ ἀνθρώπου μετὰ τῆς γυναικός, οὐ **συμφέρει** γαμῆσαι.
Jn 11:50 οὐδὲ λογίζεσθε ὅτι **συμφέρει** ὑμῖν ἵνα εἷς ἄνθρωπος ἀποθάνῃ ὑπὲρ τοῦ λαοῦ καὶ μὴ ὅλον τὸ ἔθνος ἀπόληται.
16: 7 ἀλλ᾽ ἐγὼ τὴν ἀλήθειαν λέγω ὑμῖν, **συμφέρει** ὑμῖν ἵνα ἐγὼ ἀπέλθω.
18:14 ἦν δὲ Καϊάφας ὁ συμβουλεύσας τοῖς Ἰουδαίοις ὅτι **συμφέρει** ἕνα ἄνθρωπον ἀποθανεῖν ὑπὲρ τοῦ λαοῦ.
Ac 19:19 ἱκανοὶ δὲ τῶν τὰ περίεργα πραξάντων **συνενέγκαντες** τὰς βίβλους κατέκαιον ἐνώπιον πάντων,
20:20 ὡς οὐδὲν ὑπεστειλάμην τῶν **συμφερόντων** τοῦ μὴ ἀναγγεῖλαι ὑμῖν καὶ διδάξαι ὑμᾶς δημοσίᾳ καὶ κατ᾽ οἴκους,
1Co 6:12 Πάντα μοι ἔξεστιν ἀλλ᾽ οὐ πάντα **συμφέρει**· πάντα μοι ἔξεστιν ἀλλ᾽ οὐκ ἐγὼ ἐξουσιασθήσομαι ὑπό τινος.
10:23 Πάντα ἔξεστιν ἀλλ᾽ οὐ πάντα **συμφέρει**· πάντα ἔξεστιν ἀλλ᾽ οὐ πάντα οἰκοδομεῖ.
12: 7 ἑκάστῳ δὲ δίδοται ἡ φανέρωσις τοῦ πνεύματος πρὸς τὸ **συμφέρον.**
2Co 8:10 τοῦτο γὰρ ὑμῖν **συμφέρει,** οἵτινες οὐ μόνον τὸ ποιῆσαι ἀλλὰ καὶ τὸ θέλειν προενήρξασθε ἀπὸ πέρυσι·
12: 1 Καυχᾶσθαι δεῖ, οὐ **συμφέρον** μέν, ἐλεύσομαι δὲ εἰς ὀπτασίας καὶ ἀποκαλύψεις κυρίου.
Heb 12:10 ὁ δὲ ἐπὶ τὸ **συμφέρον** εἰς τὸ μεταλαβεῖν τῆς ἁγιότητος αὐτοῦ.

5238 σύμφημι [1]

√ 5250 + 5774

Ro 7:16 εἰ δὲ ὃ οὐ θέλω τοῦτο ποιῶ, **σύμφημι** τῷ νόμῳ ὅτι καλός.

5239 σύμφορος [2]

√ 5250 + 5770

1Co 7:35 τοῦτο δὲ πρὸς τὸ ὑμῶν αὐτῶν **σύμφορον** λέγω,
10:33 καθὼς κἀγὼ πάντα πᾶσιν ἀρέσκω μὴ ζητῶν τὸ ἐμαυτοῦ **σύμφορον** ἀλλὰ τὸ τῶν πολλῶν,

5240 συμφορτίζω Not used in UBS/NIV

√ 5250 + 5770

5241 συμφυλέτης [1]

√ 5250 + 5876

1Th 2:14 ὅτι τὰ αὐτὰ ἐπάθετε καὶ ὑμεῖς ὑπὸ τῶν ἰδίων **συμφυλετῶν** καθὼς καὶ αὐτοὶ ὑπὸ τῶν Ἰουδαίων,

5242 σύμφυτος [1]

√ 5250 + 5886

Ro 6: 5 εἰ γὰρ **σύμφυτοι** γεγόναμεν τῷ ὁμοιώματι τοῦ θανάτου αὐτοῦ,

5243 συμφύω [1]

√ 5250 + 5886

Lk 8: 7 καὶ ἕτερον ἔπεσεν ἐν μέσῳ τῶν ἀκανθῶν, καὶ **συμφυεῖσαι** αἱ ἄκανθαι ἀπέπνιξαν αὐτό.

5244 συμφωνέω [6]

√ 5250 + 5889

Mt 18:19 Πάλιν [ἀμὴν] λέγω ὑμῖν ὅτι ἐὰν δύο **συμφωνήσωσιν** ἐξ ὑμῶν ἐπὶ τῆς γῆς περὶ παντὸς πράγματος οὗ ἐὰν αἰτήσωνται,
20: 2 **συμφωνήσας** δὲ μετὰ τῶν ἐργατῶν ἐκ δηναρίου τὴν ἡμέραν ἀπέστειλεν αὐτοὺς εἰς τὸν ἀμπελῶνα αὐτοῦ.
20:13 Ἑταῖρε, οὐκ ἀδικῶ σε· οὐχὶ δηναρίου **συνεφώνησάς** μοι;
Lk 5:36 καὶ τὸ καινὸν σχίσει καὶ τῷ παλαιῷ οὐ **συμφωνήσει** τὸ ἐπίβλημα τὸ ἀπὸ τοῦ καινοῦ.
Ac 5: 9 Τί ὅτι **συνεφωνήθη** ὑμῖν πειράσαι τὸ πνεῦμα κυρίου;
15:15 καὶ τούτῳ **συμφωνοῦσιν** οἱ λόγοι τῶν προφητῶν καθὼς γέγραπται,

5245 συμφώνησις [1]

√ 5250 + 5889

2Co 6:15 τίς δὲ **συμφώνησις** Χριστοῦ πρὸς Βελιάρ, ἢ τίς μερὶς πιστῷ μετὰ ἀπίστου;

5246 συμφωνία [1]

√ 5250 + 5889

Lk 15:25 ὡς ἐρχόμενος ἤγγισεν τῇ οἰκίᾳ, ἤκουσεν **συμφωνίας** καὶ χορῶν,

5247 σύμφωνος [1]

√ 5250 + 5889

1Co 7: 5 μὴ ἀποστερεῖτε ἀλλήλους, εἰ μήτι ἂν ἐκ **συμφώνου** πρὸς καιρόν,

5248 συμψηφίζω [1]

√ 5250 + 6029

Ac 19:19 καὶ **συνεψήφισαν** τὰς τιμὰς αὐτῶν καὶ εὗρον ἀργυρίου μυριάδας πέντε.

5249 σύμψυχος [1]

√ 5250 + 6038

Php 2: 2 τὴν αὐτὴν ἀγάπην ἔχοντες, **σύμψυχοι,** τὸ ἓν φρονοῦντες,

5250 σύν [128]

→ 850, 851, 852, 853, 2190, 2192, 2194, 3568, 5149, 5150, 5151, 5152, 5153, 5154, 5155, 5156, 5157, 5158, 5159, 5160, 5161, 5162, 5163, 5164, 5165, 5166, 5167, 5168, 5169, 5170, 5171, 5172, 5173, 5174, 5175, 5176, 5177, 5178, 5179, 5180, 5181, 5182, 5183, 5184, 5185, 5186, 5187, 5188, 5196, 5197, 5198, 5199, 5200, 5201, 5202, 5203, 5204, 5205, 5206, 5207, 5209, 5210, 5211, 5212, 5213, 5214, 5215, 5216, 5217, 5218, 5219, 5220, 5221, 5222, 5223, 5224, 5225, 5226, 5227, 5228, 5229, 5230, 5231, 5232, 5233, 5234, 5235, 5236, 5237, 5238, 5239, 5240, 5241, 5242, 5243, 5244, 5245, 5246, 5247, 5248,

5249, 5251, 5252, 5253, 5254, 5255, 5256, 5257, 5258, 5260, 5261, 5262, 5263, 5264, 5265, 5266, 5267, 5268, 5269, 5270, 5271, 5272, 5273, 5274, 5275, 5276, 5277, 5278, 5279, 5280, 5281, 5282, 5283, 5284, 5285, 5286, 5287, 5288, 5289, 5290, 5291, 5292, 5293, 5294, 5295, 5296, 5297, 5298, 5299, 5300, 5301, 5302, 5303, 5304, 5305, 5306, 5307, 5308, 5309, 5310, 5311, 5312, 5313, 5314, 5315, 5316, 5317, 5318, 5319, 5320, 5321, 5322, 5323, 5324, 5325, 5326, 5327, 5328, 5329, 5330, 5331, 5332, 5333, 5334, 5335, 5336, 5337, 5338, 5339, 5340, 5341, 5342, 5343, 5344, 5345, 5346, 5347, 5348, 5349, 5350, 5357, 5360, 5361, 5362, 5363, 5364, 5365, 5366, 5367, 5368, 5369, 5370, 5371, 5372

οἱ σύν [5] Lk 9:32; Ac 5:17,21; 19:38; 22:9

ἅμα σύν [2] 1Th 4:17; 5:10

Mt 25:27 καὶ ἐλθὼν ἐγὼ ἐκομισάμην ἂν τὸ ἐμὸν **σὺν** τόκῳ.
26:35 Κἂν δέῃ με **σὺν** σοὶ ἀποθανεῖν, οὐ μή σε ἀπαρνήσομαι.
27:38 Τότε σταυροῦνται **σὺν** αὐτῷ δύο λῃσταί, εἷς ἐκ δεξιῶν καὶ εἷς ἐξ εὐωνύμων.
27:44 τὸ δ' αὐτὸ καὶ οἱ λῃσταὶ οἱ συσταυρωθέντες **σὺν** αὐτῷ ὠνείδιζον αὐτόν.
Mk 2:26 οὓς οὐκ ἔξεστιν φαγεῖν εἰ μὴ τοὺς ἱερεῖς, καὶ ἔδωκεν καὶ τοῖς **σὺν** αὐτῷ οὖσιν;
4:10 ἠρώτων αὐτὸν οἱ περὶ αὐτὸν **σὺν** τοῖς δώδεκα τὰς παραβολάς.
8:34 Καὶ προσκαλεσάμενος τὸν ὄχλον **σὺν** τοῖς μαθηταῖς αὐτοῦ εἶπεν αὐτοῖς,
9:4 καὶ ὤφθη αὐτοῖς Ἠλίας **σὺν** Μωϋσεῖ καὶ ἦσαν συλλαλοῦντες τῷ Ἰησοῦ.
15:27 Καὶ **σὺν** αὐτῷ σταυροῦσιν δύο λῃστάς, ἕνα ἐκ δεξιῶν καὶ ἕνα ἐξ εὐωνύμων αὐτοῦ.
15:32 ἵνα ἴδωμεν καὶ πιστεύσωμεν. καὶ οἱ συνεσταυρωμένοι **σὺν** αὐτῷ ὠνείδιζον αὐτόν.
Lk 1:56 Ἔμεινεν δὲ Μαριὰμ **σὺν** αὐτῇ ὡς μῆνας τρεῖς,
2:5 ἀπογράψασθαι **σὺν** Μαριὰμ τῇ ἐμνηστευμένῃ αὐτῷ, οὔσῃ ἐγκύῳ.
2:13 καὶ ἐξαίφνης ἐγένετο **σὺν** τῷ ἀγγέλῳ πλῆθος στρατιᾶς οὐρανίου αἰνούντων τὸν θεὸν καὶ λεγόντων,
5:9 θάμβος γὰρ περιέσχεν αὐτὸν καὶ πάντας τοὺς **σὺν** αὐτῷ ἐπὶ τῇ ἄγρᾳ τῶν ἰχθύων ὧν συνέλαβον,
5:19 ἀναβάντες ἐπὶ τὸ δῶμα διὰ τῶν κεράμων καθῆκαν αὐτὸν **σὺν** τῷ κλινιδίῳ εἰς τὸ μέσον ἔμπροσθεν τοῦ Ἰησοῦ.
7:6 ὁ δὲ Ἰησοῦς ἐπορεύετο **σὺν** αὐτοῖς. ἤδη δὲ αὐτοῦ οὐ μακρὰν ἀπέχοντος ἀπὸ τῆς οἰκίας ἔπεμψεν φίλους ὁ ἑκατοντάρχης
7:12 καὶ ὄχλος τῆς πόλεως ἱκανὸς ἦν **σὺν** αὐτῇ.
8:1 διώδευεν κατὰ πόλιν καὶ κώμην κηρύσσων καὶ εὐαγγελιζόμενος τὴν βασιλείαν τοῦ θεοῦ καὶ οἱ δώδεκα **σὺν** αὐτῷ,
8:38 ἐδεῖτο δὲ αὐτοῦ ὁ ἀνὴρ ἀφ' οὗ ἐξεληλύθει τὰ δαιμόνια εἶναι **σὺν** αὐτῷ·
8:51 οὐκ ἀφῆκεν εἰσελθεῖν τινα **σὺν** αὐτῷ εἰ μὴ Πέτρον καὶ Ἰωάννην καὶ Ἰάκωβον καὶ τὸν πατέρα τῆς παιδὸς
9:32 ὁ δὲ Πέτρος καὶ οἱ **σὺν** αὐτῷ ἦσαν βεβαρημένοι ὕπνῳ·
19:23 καὶ διὰ τί οὐκ ἔδωκάς μου τὸ ἀργύριον ἐπὶ τράπεζαν; κἀγὼ ἐλθὼν **σὺν** τόκῳ ἂν αὐτὸ ἔπραξα.
20:1 καὶ εὐαγγελιζομένου ἐπέστησαν οἱ ἀρχιερεῖς καὶ οἱ γραμματεῖς **σὺν** τοῖς πρεσβυτέροις
22:14 Καὶ ὅτε ἐγένετο ἡ ὥρα, ἀνέπεσεν καὶ οἱ ἀπόστολοι **σὺν** αὐτῷ.
22:56 ἰδοῦσα δὲ αὐτὸν παιδίσκη τις καθήμενον πρὸς τὸ φῶς καὶ ἀτενίσασα αὐτῷ εἶπεν, Καὶ οὗτος **σὺν** αὐτῷ ἦν.
23:11 ἐξουθενήσας δὲ αὐτὸν [καὶ] ὁ Ἡρῴδης **σὺν** τοῖς στρατεύμασιν αὐτοῦ καὶ ἐμπαίξας περιβαλὼν ἐσθῆτα λαμπρὰν
23:32 Ἤγοντο δὲ καὶ ἕτεροι κακοῦργοι δύο **σὺν** αὐτῷ ἀναιρεθῆναι.
24:10 ἦσαν δὲ ἡ Μαγδαληνὴ Μαρία καὶ Ἰωάννα καὶ Μαρία ἡ Ἰακώβου καὶ αἱ λοιπαὶ **σὺν** αὐταῖς.
24:21 ἀλλά γε καὶ **σὺν** πᾶσιν τούτοις τρίτην ταύτην ἡμέραν ἄγει ἀφ' οὗ ταῦτα ἐγένετο.
24:24 καὶ ἀπῆλθόν τινες τῶν **σὺν** ἡμῖν ἐπὶ τὸ μνημεῖον καὶ εὗρον οὕτως καθὼς καὶ αἱ γυναῖκες εἶπον,
24:29 ὅτι πρὸς ἑσπέραν ἐστὶν καὶ κέκλικεν ἤδη ἡ ἡμέρα. καὶ εἰσῆλθεν τοῦ μεῖναι **σὺν** αὐτοῖς.
24:33 καὶ ἀναστάντες αὐτῇ τῇ ὥρᾳ ὑπέστρεψαν εἰς Ἰερουσαλὴμ καὶ εὗρον ἠθροισμένους τοὺς ἕνδεκα καὶ τοὺς **σὺν** αὐτοῖς,
24:44 Οὗτοι οἱ λόγοι μου οὓς ἐλάλησα πρὸς ὑμᾶς ἔτι ὢν **σὺν** ὑμῖν,
Jn 12:2 ὁ δὲ Λάζαρος εἷς ἦν ἐκ τῶν ἀνακειμένων **σὺν** αὐτῷ.
18:1 Ταῦτα εἰπὼν Ἰησοῦς ἐξῆλθεν **σὺν** τοῖς μαθηταῖς αὐτοῦ πέραν τοῦ χειμάρρου τοῦ Κεδρὼν ὅπου ἦν κῆπος,
21:3 Ὑπάγω ἁλιεύειν. λέγουσιν αὐτῷ, Ἐρχόμεθα καὶ ἡμεῖς **σὺν** σοί.
Ac 1:14 οὗτοι πάντες ἦσαν προσκαρτεροῦντες ὁμοθυμαδὸν τῇ προσευχῇ **σὺν** γυναιξὶν καὶ Μαριὰμ τῇ μητρὶ τοῦ Ἰησοῦ καὶ τοῖς ἀδελφοῖς αὐτοῦ.
1:22 μάρτυρα τῆς ἀναστάσεως αὐτοῦ **σὺν** ἡμῖν γενέσθαι ἕνα τούτων.
2:14 Σταθεὶς δὲ ὁ Πέτρος **σὺν** τοῖς ἕνδεκα ἐπῆρεν τὴν φωνὴν αὐτοῦ καὶ ἀπεφθέγξατο αὐτοῖς,
3:4 ἀτενίσας δὲ Πέτρος εἰς αὐτὸν **σὺν** τῷ Ἰωάννῃ εἶπεν,
3:8 καὶ ἐξαλλόμενος ἔστη καὶ περιεπάτει καὶ εἰσῆλθεν **σὺν** αὐτοῖς εἰς τὸ ἱερὸν περιπατῶν καὶ ἀλλόμενος καὶ αἰνῶν τὸν θεόν.
4:13 ἐθαύμαζον ἐπεγίνωσκόν τε αὐτοὺς ὅτι **σὺν** τῷ Ἰησοῦ ἦσαν,
4:14 τόν τε ἄνθρωπον βλέποντες **σὺν** αὐτοῖς ἑστῶτα τὸν τεθεραπευμένον οὐδὲν εἶχον ἀντειπεῖν.
4:27 Ἡρῴδης τε καὶ Πόντιος Πιλᾶτος **σὺν** ἔθνεσιν καὶ λαοῖς Ἰσραήλ,
5:1 Ἀνὴρ δέ τις Ἁνανίας ὀνόματι **σὺν** Σαπφίρῃ τῇ γυναικὶ αὐτοῦ ἐπώλησεν κτῆμα
5:17 Ἀναστὰς δὲ ὁ ἀρχιερεὺς καὶ πάντες οἱ **σὺν** αὐτῷ,
5:21 Παραγενόμενος δὲ ὁ ἀρχιερεὺς καὶ οἱ **σὺν** αὐτῷ συνεκάλεσαν τὸ συνέδριον καὶ πᾶσαν τὴν γερουσίαν τῶν υἱῶν Ἰσραὴλ
5:26 τότε ἀπελθὼν ὁ στρατηγὸς **σὺν** τοῖς ὑπηρέταις ἦγεν αὐτοὺς οὐ μετὰ βίας,
7:35 τοῦτον ὁ θεὸς [καὶ] ἄρχοντα καὶ λυτρωτὴν ἀπέσταλκεν **σὺν** χειρὶ ἀγγέλου τοῦ ὀφθέντος αὐτῷ ἐν τῇ βάτῳ.
8:20 Τὸ ἀργύριόν σου **σὺν** σοὶ εἴη εἰς ἀπώλειαν ὅτι τὴν δωρεὰν τοῦ θεοῦ ἐνόμισας διὰ χρημάτων κτᾶσθαι.
8:31 παρεκάλεσέν τε τὸν **Φίλιππον** ἀναβάντα καθίσαι **σὺν** αὐτῷ.
10:2 εὐσεβὴς καὶ φοβούμενος τὸν θεὸν **σὺν** παντὶ τῷ οἴκῳ αὐτοῦ,
10:20 ἀλλὰ ἀναστὰς κατάβηθι καὶ πορεύου **σὺν** αὐτοῖς μηδὲν διακρινόμενος ὅτι ἐγὼ ἀπέσταλκα αὐτούς.
10:23 Τῇ δὲ ἐπαύριον ἀναστὰς ἐξῆλθεν **σὺν** αὐτοῖς καί τινες τῶν ἀδελφῶν τῶν ἀπὸ Ἰόππης συνῆλθον αὐτῷ.
11:12 ἦλθον δὲ **σὺν** ἐμοὶ καὶ οἱ ἓξ ἀδελφοὶ οὗτοι καὶ εἰσήλθομεν εἰς τὸν οἶκον τοῦ ἀνδρός.
13:7 ὃς ἦν **σὺν** τῷ ἀνθυπάτῳ Σεργίῳ Παύλῳ, ἀνδρὶ συνετῷ.
14:4 οἱ μὲν ἦσαν **σὺν** τοῖς Ἰουδαίοις, οἱ δὲ **σὺν** τοῖς ἀποστόλοις.
14:5 ὡς δὲ ἐγένετο ὁρμὴ τῶν ἐθνῶν τε καὶ Ἰουδαίων **σὺν** τοῖς ἄρχουσιν αὐτῶν ὑβρίσαι καὶ λιθοβολῆσαι αὐτούς,
14:13 ταύρους καὶ στέμματα ἐπὶ τοὺς πυλῶνας ἐνέγκας **σὺν** τοῖς ὄχλοις ἤθελεν θύειν.
14:20 καὶ τῇ ἐπαύριον ἐξῆλθεν **σὺν** τῷ Βαρναβᾷ εἰς Δέρβην.
14:28 διέτριβον δὲ χρόνον οὐκ ὀλίγον **σὺν** τοῖς μαθηταῖς.
15:22 Τότε ἔδοξε τοῖς ἀποστόλοις καὶ τοῖς πρεσβυτέροις **σὺν** ὅλῃ τῇ ἐκκλησίᾳ ἐκλεξαμένους ἄνδρας ἐξ αὐτῶν πέμψαι εἰς Ἀντιόχειαν **σὺν** τῷ Παύλῳ καὶ Βαρναβᾷ,
15:25 ἐκλεξαμένοις ἄνδρας πέμψαι πρὸς ὑμᾶς **σὺν** τοῖς ἀγαπητοῖς ἡμῶν Βαρναβᾷ καὶ Παύλῳ,
16:3 τοῦτον ἠθέλησεν ὁ Παῦλος **σὺν** αὐτῷ ἐξελθεῖν, καὶ λαβὼν περιέτεμεν αὐτὸν διὰ τοὺς Ἰουδαίους
16:32 καὶ ἐλάλησαν αὐτῷ τὸν λόγον τοῦ κυρίου **σὺν** πᾶσιν τοῖς ἐν τῇ οἰκίᾳ αὐτοῦ.
17:34 ἐν οἷς καὶ Διονύσιος ὁ Ἀρεοπαγίτης καὶ γυνὴ ὀνόματι Δάμαρις καὶ ἕτεροι **σὺν** αὐτοῖς.
18:8 Κρίσπος δὲ ὁ ἀρχισυνάγωγος ἐπίστευσεν τῷ κυρίῳ **σὺν** ὅλῳ τῷ οἴκῳ αὐτοῦ,
18:18 καὶ **σὺν** αὐτῷ Πρίσκιλλα καὶ Ἀκύλας, κειράμενος ἐν Κεγχρεαῖς τὴν κεφαλήν,
19:38 εἰ μὲν οὖν Δημήτριος καὶ οἱ **σὺν** αὐτῷ τεχνῖται ἔχουσι πρός τινα λόγον,
20:36 Καὶ ταῦτα εἰπὼν θεὶς τὰ γόνατα αὐτοῦ **σὺν** πᾶσιν αὐτοῖς προσηύξατο.
21:5 ἐξελθόντες ἐπορευόμεθα προπεμπόντων ἡμᾶς πάντων **σὺν** γυναιξὶ καὶ τέκνοις ἕως ἔξω τῆς πόλεως,
21:16 συνῆλθον δὲ καὶ τῶν μαθητῶν ἀπὸ Καισαρείας **σὺν** ἡμῖν,
21:18 τῇ δὲ ἐπιούσῃ εἰσῄει ὁ Παῦλος **σὺν** ἡμῖν πρὸς Ἰάκωβον,
21:24 τούτους παραλαβὼν ἁγνίσθητι **σὺν** αὐτοῖς καὶ δαπάνησον ἐπ' αὐτοῖς ἵνα ξυρήσονται τὴν κεφαλήν,
21:26 τότε ὁ Παῦλος παραλαβὼν τοὺς ἄνδρας τῇ ἐχομένῃ ἡμέρᾳ **σὺν** αὐτοῖς ἁγνισθείς,
21:29 ἦσαν γὰρ προεωρακότες Τρόφιμον τὸν Ἐφέσιον ἐν τῇ πόλει **σὺν** αὐτῷ,
22:9 οἱ δὲ **σὺν** ἐμοὶ ὄντες τὸ μὲν φῶς ἐθεάσαντο τὴν δὲ φωνὴν οὐκ ἤκουσαν τοῦ λαλοῦντός μοι.

23:15 νῦν οὖν ὑμεῖς ἐμφανίσατε τῷ χιλιάρχῳ **σὺν** τῷ συνεδρίῳ ὅπως καταγάγῃ αὐτὸν εἰς ὑμᾶς
23:27 καὶ μέλλοντα ἀναιρεῖσθαι ὑπ' αὐτῶν ἐπιστὰς **σὺν** τῷ στρατεύματι ἐξειλάμην μαθὼν ὅτι Ῥωμαῖός ἐστιν.
23:32 τῇ δὲ ἐπαύριον ἐάσαντες τοὺς ἱππεῖς ἀπέρχεσθαι **σὺν** αὐτῷ ὑπέστρεψαν εἰς τὴν παρεμβολήν·
24:24 Μετὰ δὲ ἡμέρας τινὰς παραγενόμενος ὁ Φῆλιξ **σὺν** Δρουσίλλῃ τῇ ἰδίᾳ γυναικὶ οὔσῃ Ἰουδαίᾳ μετεπέμψατο τὸν Παῦλον
25:23 τοῦ Ἀγρίππα καὶ τῆς Βερνίκης μετὰ πολλῆς φαντασίας καὶ εἰσελθόντων εἰς τὸ ἀκροατήριον **σύν** τε χιλιάρχοις
26:13 οὐρανόθεν ὑπὲρ τὴν λαμπρότητα τοῦ ἡλίου περιλάμψαν με φῶς καὶ τοὺς **σὺν** ἐμοὶ πορευομένους.
27: 2 μέλλοντι πλεῖν εἰς τοὺς κατὰ τὴν Ἀσίαν τόπους ἀνήχθημεν ὄντος **σὺν** ἡμῖν Ἀριστάρχου Μακεδόνος Θεσσαλονικέως.
28:16 ἐπετράπη τῷ Παύλῳ μένειν καθ' ἑαυτὸν **σὺν** τῷ φυλάσσοντι αὐτὸν στρατιώτῃ.
Ro 6: 8 εἰ δὲ ἀπεθάνομεν **σὺν** Χριστῷ, πιστεύομεν ὅτι καὶ συζήσομεν αὐτῷ,
8:32 πῶς οὐχὶ καὶ **σὺν** αὐτῷ τὰ πάντα ἡμῖν χαρίσεται;
16:14 Ἑρμῆν, Πατροβᾶν, Ἑρμᾶν καὶ τοὺς **σὺν** αὐτοῖς ἀδελφούς.
16:15 καὶ Ὀλυμπᾶν καὶ τοὺς **σὺν** αὐτοῖς πάντας ἁγίους.
1Co 1: 2 **σὺν** πᾶσιν τοῖς ἐπικαλουμένοις τὸ ὄνομα τοῦ κυρίου ἡμῶν Ἰησοῦ Χριστοῦ ἐν παντὶ τόπῳ,
5: 4 ἐν τῷ ὀνόματι τοῦ κυρίου [ἡμῶν] Ἰησοῦ συναχθέντων ὑμῶν καὶ τοῦ ἐμοῦ πνεύματος **σὺν** τῇ δυνάμει τοῦ κυρίου ἡμῶν Ἰησοῦ,
10:13 ὃς οὐκ ἐάσει ὑμᾶς πειρασθῆναι ὑπὲρ ὃ δύνασθε ἀλλὰ ποιήσει **σὺν** τῷ πειρασμῷ καὶ τὴν ἔκβασιν τοῦ δύνασθαι ὑπενεγκεῖν.
11:32 κρινόμενοι δὲ ὑπὸ [τοῦ] κυρίου παιδευόμεθα, ἵνα μὴ **σὺν** τῷ κόσμῳ κατακριθῶμεν.
15:10 οὐκ ἐγὼ δὲ ἀλλὰ ἡ χάρις τοῦ θεοῦ [ἡ] **σὺν** ἐμοί.
16: 4 ἐὰν δὲ ἄξιον ᾖ τοῦ κἀμὲ πορεύεσθαι, **σὺν** ἐμοὶ πορεύσονται.
16:19 ἀσπάζεται ὑμᾶς ἐν κυρίῳ πολλὰ Ἀκύλας καὶ Πρίσκα **σὺν** τῇ κατ' οἶκον αὐτῶν ἐκκλησίᾳ.
2Co 1: 1 τῇ ἐκκλησίᾳ τοῦ θεοῦ τῇ οὔσῃ ἐν Κορίνθῳ **σὺν** τοῖς ἁγίοις πᾶσιν τοῖς οὖσιν ἐν ὅλῃ τῇ Ἀχαΐᾳ,
1:21 ὁ δὲ βεβαιῶν ἡμᾶς **σὺν** ὑμῖν εἰς Χριστὸν καὶ χρίσας ἡμᾶς θεός,
4:14 εἰδότες ὅτι ὁ ἐγείρας τὸν κύριον Ἰησοῦν καὶ ἡμᾶς **σὺν** Ἰησοῦ ἐγερεῖ καὶ παραστήσει **σὺν** ὑμῖν.
8:19 ἀλλὰ καὶ χειροτονηθεὶς ὑπὸ τῶν ἐκκλησιῶν συνέκδημος ἡμῶν **σὺν** τῇ χάριτι ταύτῃ τῇ διακονουμένῃ ὑφ' ἡμῶν
9: 4 μή πως ἐὰν ἔλθωσιν **σὺν** ἐμοὶ Μακεδόνες καὶ εὕρωσιν ὑμᾶς ἀπαρασκευάστους καταισχυνθῶμεν ἡμεῖς,
13: 4 ἀλλὰ ζήσομεν **σὺν** αὐτῷ ἐκ δυνάμεως θεοῦ εἰς ὑμᾶς.
Gal 1: 2 καὶ οἱ **σὺν** ἐμοὶ πάντες ἀδελφοὶ ταῖς ἐκκλησίαις τῆς Γαλατίας,
2: 3 ἀλλ' οὐδὲ Τίτος ὁ **σὺν** ἐμοί, Ἕλλην ὤν,
3: 9 ὥστε οἱ ἐκ πίστεως εὐλογοῦνται **σὺν** τῷ πιστῷ Ἀβραάμ.
5:24 οἱ δὲ τοῦ Χριστοῦ [Ἰησοῦ] τὴν σάρκα ἐσταύρωσαν **σὺν** τοῖς παθήμασιν καὶ ταῖς ἐπιθυμίαις.
Eph 3:18 ἵνα ἐξισχύσητε καταλαβέσθαι **σὺν** πᾶσιν τοῖς ἁγίοις τί τὸ πλάτος καὶ μῆκος καὶ ὕψος καὶ βάθος,
4:31 πᾶσα πικρία καὶ θυμὸς καὶ ὀργὴ καὶ κραυγὴ καὶ βλασφημία ἀρθήτω ἀφ' ὑμῶν **σὺν** πάσῃ κακίᾳ.
Php 1: 1 πᾶσιν τοῖς ἁγίοις ἐν Χριστῷ Ἰησοῦ τοῖς οὖσιν ἐν Φιλίπποις **σὺν** ἐπισκόποις καὶ διακόνοις,
1:23 τὴν ἐπιθυμίαν ἔχων εἰς τὸ ἀναλῦσαι καὶ **σὺν** Χριστῷ εἶναι,
2:22 ὅτι ὡς πατρὶ τέκνον **σὺν** ἐμοὶ ἐδούλευσεν εἰς τὸ εὐαγγέλιον.
4:21 Ἀσπάσασθε πάντα ἅγιον ἐν Χριστῷ Ἰησοῦ. ἀσπάζονται ὑμᾶς οἱ **σὺν** ἐμοὶ ἀδελφοί.
Col 2: 5 εἰ γὰρ καὶ τῇ σαρκὶ ἄπειμι, ἀλλὰ τῷ πνεύματι **σὺν** ὑμῖν εἰμι,
2:13 συνεζωοποίησεν ὑμᾶς **σὺν** αὐτῷ, χαρισάμενος ἡμῖν πάντα τὰ παραπτώματα.
2:20 Εἰ ἀπεθάνετε **σὺν** Χριστῷ ἀπὸ τῶν στοιχείων τοῦ κόσμου,
3: 3 ἀπεθάνετε γὰρ καὶ ἡ ζωὴ ὑμῶν κέκρυπται **σὺν** τῷ Χριστῷ ἐν τῷ θεῷ·
3: 4 τότε καὶ ὑμεῖς **σὺν** αὐτῷ φανερωθήσεσθε ἐν δόξῃ.
3: 9 ἀπεκδυσάμενοι τὸν παλαιὸν ἄνθρωπον **σὺν** ταῖς πράξεσιν αὐτοῦ
4: 9 **σὺν** Ὀνησίμῳ τῷ πιστῷ καὶ ἀγαπητῷ ἀδελφῷ, ὅς ἐστιν ἐξ ὑμῶν·
1Th 4:14 οὕτως καὶ ὁ θεὸς τοὺς κοιμηθέντας διὰ τοῦ Ἰησοῦ ἄξει **σὺν** αὐτῷ.
4:17 ἔπειτα ἡμεῖς οἱ ζῶντες οἱ περιλειπόμενοι ἅμα **σὺν** αὐτοῖς ἁρπαγησόμεθα ἐν νεφέλαις εἰς ἀπάντησιν τοῦ κυρίου εἰς ἀέρα· καὶ οὕτως πάντοτε **σὺν** κυρίῳ ἐσόμεθα.
5:10 ἵνα εἴτε γρηγορῶμεν εἴτε καθεύδωμεν ἅμα **σὺν** αὐτῷ ζήσωμεν.
Jas 1:11 ἀνέτειλεν γὰρ ὁ ἥλιος **σὺν** τῷ καύσωνι καὶ ἐξήρανεν τὸν χόρτον καὶ τὸ ἄνθος αὐτοῦ ἐξέπεσεν
2Pe 1:18 καὶ ταύτην τὴν φωνὴν ἡμεῖς ἠκούσαμεν ἐξ οὐρανοῦ ἐνεχθεῖσαν **σὺν** αὐτῷ ὄντες ἐν τῷ ἁγίῳ ὄρει.

5251 συνάγω [59]

√ *5250 + 72*

Mt 2: 4 καὶ **συναγαγὼν** πάντας τοὺς ἀρχιερεῖς καὶ γραμματεῖς τοῦ λαοῦ ἐπυνθάνετο παρ' αὐτῶν ποῦ ὁ Χριστὸς γεννᾶται.
3:12 οὗ τὸ πτύον ἐν τῇ χειρὶ αὐτοῦ καὶ διακαθαριεῖ τὴν ἅλωνα αὐτοῦ καὶ **συνάξει** τὸν σῖτον αὐτοῦ εἰς τὴν ἀποθήκην,
6:26 ἐμβλέψατε εἰς τὰ πετεινὰ τοῦ οὐρανοῦ ὅτι οὐ σπείρουσιν οὐδὲ θερίζουσιν οὐδὲ **συνάγουσιν** εἰς ἀποθήκας,
12:30 ὁ μὴ ὢν μετ' ἐμοῦ κατ' ἐμοῦ ἐστιν, καὶ ὁ μὴ **συνάγων** μετ' ἐμοῦ σκορπίζει.
13: 2 καὶ **συνήχθησαν** πρὸς αὐτὸν ὄχλοι πολλοί, ὥστε αὐτὸν εἰς πλοῖον ἐμβάντα καθῆσθαι,
13:30 τὸν δὲ σῖτον **συναγάγετε** εἰς τὴν ἀποθήκην μου.
13:47 Πάλιν ὁμοία ἐστὶν ἡ βασιλεία τῶν οὐρανῶν σαγήνῃ βληθείσῃ εἰς τὴν θάλασσαν καὶ ἐκ παντὸς γένους **συναγαγούσῃ**·
18:20 οὗ γάρ εἰσιν δύο ἢ τρεῖς **συνηγμένοι** εἰς τὸ ἐμὸν ὄνομα,
22:10 καὶ ἐξελθόντες οἱ δοῦλοι ἐκεῖνοι εἰς τὰς ὁδοὺς **συνήγαγον** πάντας οὓς εὗρον,
22:34 Οἱ δὲ Φαρισαῖοι ἀκούσαντες ὅτι ἐφίμωσεν τοὺς Σαδδουκαίους **συνήχθησαν** ἐπὶ τὸ αὐτό,
22:41 **Συνηγμένων** δὲ τῶν Φαρισαίων ἐπηρώτησεν αὐτοὺς ὁ Ἰησοῦς
24:28 ὅπου ἐὰν ᾖ τὸ πτῶμα, ἐκεῖ **συναχθήσονται** οἱ ἀετοί.
25:24 θερίζων ὅπου οὐκ ἔσπειρας καὶ **συνάγων** ὅθεν οὐ διεσκόρπισας,
25:26 ᾔδεις ὅτι θερίζω ὅπου οὐκ ἔσπειρα καὶ **συνάγω** ὅθεν οὐ διεσκόρπισα;
25:32 καὶ **συναχθήσονται** ἔμπροσθεν αὐτοῦ πάντα τὰ ἔθνη, καὶ ἀφορίσει αὐτοὺς ἀπ' ἀλλήλων,
25:35 ἐδίψησα καὶ ἐποτίσατέ με, ξένος ἤμην καὶ **συνηγάγετέ** με,
25:38 πότε δέ σε εἴδομεν ξένον καὶ **συνηγάγομεν,** ἢ γυμνὸν καὶ περιεβάλομεν;
25:43 ξένος ἤμην καὶ οὐ **συνηγάγετέ** με, γυμνὸς καὶ οὐ περιεβάλετέ με,
26: 3 Τότε **συνήχθησαν** οἱ ἀρχιερεῖς καὶ οἱ πρεσβύτεροι τοῦ λαοῦ εἰς τὴν αὐλὴν τοῦ ἀρχιερέως τοῦ λεγομένου Καϊάφα
26:57 Οἱ δὲ κρατήσαντες τὸν Ἰησοῦν ἀπήγαγον πρὸς Καϊάφαν τὸν ἀρχιερέα, ὅπου οἱ γραμματεῖς καὶ οἱ πρεσβύτεροι **συνήχθησαν.**
27:17 **συνηγμένων** οὖν αὐτῶν εἶπεν αὐτοῖς ὁ Πιλᾶτος, Τίνα θέλετε ἀπολύσω ὑμῖν,
27:27 Τότε οἱ στρατιῶται τοῦ ἡγεμόνος παραλαβόντες τὸν Ἰησοῦν εἰς τὸ πραιτώριον **συνήγαγον** ἐπ' αὐτὸν ὅλην τὴν σπεῖραν.
27:62 **συνήχθησαν** οἱ ἀρχιερεῖς καὶ οἱ Φαρισαῖοι πρὸς Πιλᾶτον
28:12 καὶ **συναχθέντες** μετὰ τῶν πρεσβυτέρων συμβούλιόν τε λαβόντες ἀργύρια ἱκανὰ ἔδωκαν τοῖς στρατιώταις
Mk 2: 2 καὶ **συνήχθησαν** πολλοὶ ὥστε μηκέτι χωρεῖν μηδὲ τὰ πρὸς τὴν θύραν,
4: 1 καὶ **συνάγεται** πρὸς αὐτὸν ὄχλος πλεῖστος, ὥστε αὐτὸν εἰς πλοῖον ἐμβάντα καθῆσθαι ἐν τῇ θαλάσσῃ,
5:21 Καὶ διαπεράσαντος τοῦ Ἰησοῦ [ἐν τῷ πλοίῳ] πάλιν εἰς τὸ πέραν **συνήχθη** ὄχλος πολὺς ἐπ' αὐτόν,
6:30 Καὶ **συνάγονται** οἱ ἀπόστολοι πρὸς τὸν Ἰησοῦν καὶ ἀπήγγειλαν αὐτῷ πάντα ὅσα ἐποίησαν καὶ ὅσα ἐδίδαξαν.
7: 1 Καὶ **συνάγονται** πρὸς αὐτὸν οἱ Φαρισαῖοι καί τινες τῶν γραμματέων ἐλθόντες ἀπὸ Ἱεροσολύμων.
Lk 3:17 οὗ τὸ πτύον ἐν τῇ χειρὶ αὐτοῦ διακαθᾶραι τὴν ἅλωνα αὐτοῦ καὶ **συναγαγεῖν** τὸν σῖτον εἰς τὴν ἀποθήκην αὐτοῦ,
11:23 ὁ μὴ ὢν μετ' ἐμοῦ κατ' ἐμοῦ ἐστιν, καὶ ὁ μὴ **συνάγων** μετ' ἐμοῦ σκορπίζει.
12:17 ὅτι οὐκ ἔχω ποῦ **συνάξω** τοὺς καρπούς μου;
12:18 καθελῶ μου τὰς ἀποθήκας καὶ μείζονας οἰκοδομήσω καὶ **συνάξω** ἐκεῖ πάντα τὸν σῖτον καὶ τὰ ἀγαθά μου
15:13 καὶ μετ' οὐ πολλὰς ἡμέρας **συναγαγὼν** πάντα ὁ νεώτερος υἱὸς ἀπεδήμησεν εἰς χώραν μακρὰν καὶ ἐκεῖ διεσκόρπισεν
22:66 **συνήχθη** τὸ πρεσβυτέριον τοῦ λαοῦ, ἀρχιερεῖς τε καὶ γραμματεῖς,
Jn 4:36 ὁ θερίζων μισθὸν λαμβάνει καὶ **συνάγει** καρπὸν εἰς ζωὴν αἰώνιον,
6:12 **Συναγάγετε** τὰ περισσεύσαντα κλάσματα, ἵνα μή τι ἀπόληται.
6:13 **συνήγαγον** οὖν καὶ ἐγέμισαν δώδεκα κοφίνους κλασμάτων ἐκ τῶν πέντε ἄρτων τῶν κριθίνων ἃ ἐπερίσσευσαν
11:47 **συνήγαγον** οὖν οἱ ἀρχιερεῖς καὶ οἱ Φαρισαῖοι συνέδριον καὶ ἔλεγον,

11:52 καὶ οὐχ ὑπὲρ τοῦ ἔθνους μόνον ἀλλ' ἵνα καὶ τὰ τέκνα τοῦ θεοῦ τὰ διεσκορπισμένα **συναγάγῃ** εἰς ἕν.
15: 6 ἐβλήθη ἔξω ὡς τὸ κλῆμα καὶ ἐξηράνθη καὶ **συνάγουσιν** αὐτὰ καὶ εἰς τὸ πῦρ βάλλουσιν καὶ καίεται.
18: 2 ὅτι πολλάκις **συνήχθη** Ἰησοῦς ἐκεῖ μετὰ τῶν μαθητῶν αὐτοῦ.
Ac 4: 5 Ἐγένετο δὲ ἐπὶ τὴν αὔριον **συναχθῆναι** αὐτῶν τοὺς ἄρχοντας καὶ τοὺς πρεσβυτέρους καὶ τοὺς γραμματεῖς ἐν Ἰερουσαλήμ,
4:26 παρέστησαν οἱ βασιλεῖς τῆς γῆς καὶ οἱ ἄρχοντες **συνήχθησαν** ἐπὶ τὸ αὐτὸ κατὰ τοῦ κυρίου καὶ κατὰ τοῦ Χριστοῦ αὐτοῦ.
4:27 **συνήχθησαν** γὰρ ἐπ' ἀληθείας ἐν τῇ πόλει ταύτῃ ἐπὶ τὸν ἅγιον παῖδά σου Ἰησοῦν ὃν ἔχρισας,
4:31 καὶ δεηθέντων αὐτῶν ἐσαλεύθη ὁ τόπος ἐν ᾧ ἦσαν **συνηγμένοι,**
11:26 ἐγένετο δὲ αὐτοῖς καὶ ἐνιαυτὸν ὅλον **συναχθῆναι** ἐν τῇ ἐκκλησίᾳ καὶ διδάξαι ὄχλον ἱκανόν,
13:44 Τῷ δὲ ἐρχομένῳ σαββάτῳ σχεδὸν πᾶσα ἡ πόλις **συνήχθη** ἀκοῦσαι τὸν λόγον τοῦ κυρίου.
14:27 παραγενόμενοι δὲ καὶ **συναγαγόντες** τὴν ἐκκλησίαν ἀνήγγελλον ὅσα ἐποίησεν ὁ θεὸς μετ' αὐτῶν
15: 6 **Συνήχθησάν** τε οἱ ἀπόστολοι καὶ οἱ πρεσβύτεροι ἰδεῖν περὶ τοῦ λόγου τούτου.
15:30 Οἱ μὲν οὖν ἀπολυθέντες κατῆλθον εἰς Ἀντιόχειαν, καὶ **συναγαγόντες** τὸ πλῆθος ἐπέδωκαν τὴν ἐπιστολήν.
20: 7 Ἐν δὲ τῇ μιᾷ τῶν σαββάτων **συνηγμένων** ἡμῶν κλάσαι ἄρτον,
20: 8 ἦσαν δὲ λαμπάδες ἱκαναὶ ἐν τῷ ὑπερῴῳ οὗ ἦμεν **συνηγμένοι.**
1Co 5: 4 ἐν τῷ ὀνόματι τοῦ κυρίου [ἡμῶν] Ἰησοῦ **συναχθέντων** ὑμῶν καὶ τοῦ ἐμοῦ πνεύματος σὺν τῇ δυνάμει τοῦ κυρίου ἡμῶν
Rev 16:14 ἃ ἐκπορεύεται ἐπὶ τοὺς βασιλεῖς τῆς οἰκουμένης ὅλης **συναγαγεῖν** αὐτοὺς εἰς τὸν πόλεμον τῆς ἡμέρας τῆς μεγάλης τοῦ θεοῦ τοῦ παντοκράτορος.
16:16 καὶ **συνήγαγεν** αὐτοὺς εἰς τὸν τόπον τὸν καλούμενον Ἑβραϊστὶ Ἁρμαγεδών.
19:17 Δεῦτε **συνάχθητε** εἰς τὸ δεῖπνον τὸ μέγα τοῦ θεοῦ
19:19 Καὶ εἶδον τὸ θηρίον καὶ τοὺς βασιλεῖς τῆς γῆς καὶ τὰ στρατεύματα αὐτῶν **συνηγμένα** ποιῆσαι τὸν πόλεμον μετὰ τοῦ καθημένου ἐπὶ τοῦ ἵππου καὶ μετὰ τοῦ στρατεύματος
20: 8 τὸν Γὼγ καὶ Μαγώγ, **συναγαγεῖν** αὐτοὺς εἰς τὸν πόλεμον,

5252 συναγωγή [56 / 57]

→ 697, 801, 2191; cf. 5250 + 72

λύω ... συναγωγή [1] Ac 13:43

συναγωγή Ἰουδαίων [4] Ac 13:5; 14:1; 17:1,10

συναγωγή τοῦ Σατανᾶ [2] Rev 2:9; 3:9

συναγωγή ὑμῶν [2] Mt 23:34; Jas 2:2

Mt 4:23 περιῆγεν ἐν ὅλῃ τῇ Γαλιλαίᾳ διδάσκων ἐν ταῖς **συναγωγαῖς** αὐτῶν καὶ κηρύσσων τὸ εὐαγγέλιον τῆς βασιλείας
6: 2 ὥσπερ οἱ ὑποκριταὶ ποιοῦσιν ἐν ταῖς **συναγωγαῖς** καὶ ἐν ταῖς ῥύμαις,
6: 5 ὅτι φιλοῦσιν ἐν ταῖς **συναγωγαῖς** καὶ ἐν ταῖς γωνίαις τῶν πλατειῶν ἑστῶτες προσεύχεσθαι,
9:35 Καὶ περιῆγεν ὁ Ἰησοῦς τὰς πόλεις πάσας καὶ τὰς κώμας διδάσκων ἐν ταῖς **συναγωγαῖς** αὐτῶν καὶ κηρύσσων
10:17 παραδώσουσιν γὰρ ὑμᾶς εἰς συνέδρια καὶ ἐν ταῖς **συναγωγαῖς** αὐτῶν μαστιγώσουσιν ὑμᾶς·
12: 9 Καὶ μεταβὰς ἐκεῖθεν ἦλθεν εἰς τὴν **συναγωγὴν** αὐτῶν·
13:54 καὶ ἐλθὼν εἰς τὴν πατρίδα αὐτοῦ ἐδίδασκεν αὐτοὺς ἐν τῇ **συναγωγῇ** αὐτῶν,
23: 6 φιλοῦσιν δὲ τὴν πρωτοκλισίαν ἐν τοῖς δείπνοις καὶ τὰς πρωτοκαθεδρίας ἐν ταῖς **συναγωγαῖς**
23:34 ἐξ αὐτῶν ἀποκτενεῖτε καὶ σταυρώσετε καὶ ἐξ αὐτῶν μαστιγώσετε ἐν ταῖς **συναγωγαῖς** ὑμῶν καὶ διώξετε
Mk 1:21 εὐθὺς τοῖς σάββασιν εἰσελθὼν εἰς τὴν **συναγωγὴν** ἐδίδασκεν.
1:23 καὶ εὐθὺς ἦν ἐν τῇ **συναγωγῇ** αὐτῶν ἄνθρωπος ἐν πνεύματι ἀκαθάρτῳ καὶ ἀνέκραξεν
1:29 Καὶ εὐθὺς ἐκ τῆς **συναγωγῆς** ἐξελθόντες ἦλθον εἰς τὴν οἰκίαν Σίμωνος καὶ Ἀνδρέου μετὰ Ἰακώβου καὶ Ἰωάννου.
1:39 καὶ ἦλθεν κηρύσσων εἰς τὰς **συναγωγὰς** αὐτῶν εἰς ὅλην τὴν Γαλιλαίαν καὶ τὰ δαιμόνια ἐκβάλλων.
3: 1 Καὶ εἰσῆλθεν πάλιν εἰς τὴν **συναγωγήν.** καὶ ἦν ἐκεῖ ἄνθρωπος ἐξηραμμένην ἔχων τὴν χεῖρα.
6: 2 καὶ γενομένου σαββάτου ἤρξατο διδάσκειν ἐν τῇ **συναγωγῇ,**
12:39 καὶ πρωτοκαθεδρίας ἐν ταῖς **συναγωγαῖς** καὶ πρωτοκλισίας ἐν τοῖς δείπνοις,
13: 9 παραδώσουσιν ὑμᾶς εἰς συνέδρια καὶ εἰς **συναγωγὰς** δαρήσεσθε καὶ ἐπὶ ἡγεμόνων καὶ βασιλέων σταθήσεσθε
Lk 4:15 καὶ αὐτὸς ἐδίδασκεν ἐν ταῖς **συναγωγαῖς** αὐτῶν δοξαζόμενος ὑπὸ πάντων.
4:16 καὶ εἰσῆλθεν κατὰ τὸ εἰωθὸς αὐτῷ ἐν τῇ ἡμέρᾳ τῶν σαββάτων εἰς τὴν **συναγωγὴν** καὶ ἀνέστη ἀναγνῶναι.
4:20 καὶ πάντων οἱ ὀφθαλμοὶ ἐν τῇ **συναγωγῇ** ἦσαν ἀτενίζοντες αὐτῷ.
4:28 καὶ ἐπλήσθησαν πάντες θυμοῦ ἐν τῇ **συναγωγῇ** ἀκούοντες ταῦτα
4:33 καὶ ἐν τῇ **συναγωγῇ** ἦν ἄνθρωπος ἔχων πνεῦμα δαιμονίου ἀκαθάρτου καὶ ἀνέκραξεν φωνῇ μεγάλῃ,
4:38 Ἀναστὰς δὲ ἀπὸ τῆς **συναγωγῆς** εἰσῆλθεν εἰς τὴν οἰκίαν Σίμωνος.
4:44 καὶ ἦν κηρύσσων εἰς τὰς **συναγωγὰς** τῆς Ἰουδαίας.
6: 6 Ἐγένετο δὲ ἐν ἑτέρῳ σαββάτῳ εἰσελθεῖν αὐτὸν εἰς τὴν **συναγωγὴν** καὶ διδάσκειν.
7: 5 ἀγαπᾷ γὰρ τὸ ἔθνος ἡμῶν καὶ τὴν **συναγωγὴν** αὐτὸς ᾠκοδόμησεν ἡμῖν.
8:41 καὶ ἰδοὺ ἦλθεν ἀνὴρ ᾧ ὄνομα Ἰάϊρος καὶ οὗτος ἄρχων τῆς **συναγωγῆς** ὑπῆρχεν,
11:43 ὅτι ἀγαπᾶτε τὴν πρωτοκαθεδρίαν ἐν ταῖς **συναγωγαῖς** καὶ τοὺς ἀσπασμοὺς ἐν ταῖς ἀγοραῖς.
12:11 ὅταν δὲ εἰσφέρωσιν ὑμᾶς ἐπὶ τὰς **συναγωγὰς** καὶ τὰς ἀρχὰς καὶ τὰς ἐξουσίας,
13:10 Ἦν δὲ διδάσκων ἐν μιᾷ τῶν **συναγωγῶν** ἐν τοῖς σάββασιν.
20:46 φιλούντων ἀσπασμοὺς ἐν ταῖς ἀγοραῖς καὶ πρωτοκαθεδρίας ἐν ταῖς **συναγωγαῖς** καὶ πρωτοκλισίας ἐν τοῖς δείπνοις,
21:12 παραδιδόντες εἰς τὰς **συναγωγὰς** καὶ φυλακάς, ἀπαγομένους ἐπὶ βασιλεῖς καὶ ἡγεμόνας ἕνεκεν τοῦ ὀνόματός μου·
Jn 6:59 Ταῦτα εἶπεν ἐν **συναγωγῇ** διδάσκων ἐν Καφαρναούμ.
18:20 ἐγὼ πάντοτε ἐδίδαξα ἐν **συναγωγῇ** καὶ ἐν τῷ ἱερῷ,
Ac 6: 9 ἀνέστησαν δέ τινες τῶν ἐκ τῆς **συναγωγῆς** τῆς λεγομένης Λιβερτίνων καὶ Κυρηναίων καὶ Ἀλεξανδρέων καὶ τῶν ἀπὸ Κιλικίας καὶ Ἀσίας συζητοῦντες τῷ Στεφάνῳ,
9: 2 ᾐτήσατο παρ' αὐτοῦ ἐπιστολὰς εἰς Δαμασκὸν πρὸς τὰς **συναγωγάς,**
9:20 καὶ εὐθέως ἐν ταῖς **συναγωγαῖς** ἐκήρυσσεν τὸν Ἰησοῦν ὅτι οὗτός ἐστιν ὁ υἱὸς τοῦ θεοῦ.
13: 5 καὶ γενόμενοι ἐν Σαλαμῖνι κατήγγελλον τὸν λόγον τοῦ θεοῦ ἐν ταῖς **συναγωγαῖς** τῶν Ἰουδαίων.
13:14 καὶ [εἰσ]ελθόντες εἰς τὴν **συναγωγὴν** τῇ ἡμέρᾳ τῶν σαββάτων ἐκάθισαν.
13:42 Ἐξιόντων δὲ αὐτῶν ἐκ τῆς **συναγωγῆς**[UBS-] παρεκάλουν εἰς τὸ μεταξὺ σάββατον λαληθῆναι αὐτοῖς τὰ ῥήματα ταῦτα.
13:43 λυθείσης δὲ τῆς **συναγωγῆς** ἠκολούθησαν πολλοὶ τῶν Ἰουδαίων καὶ τῶν σεβομένων προσηλύτων τῷ Παύλῳ
14: 1 Ἐγένετο δὲ ἐν Ἰκονίῳ κατὰ τὸ αὐτὸ εἰσελθεῖν αὐτοὺς εἰς τὴν **συναγωγὴν** τῶν Ἰουδαίων καὶ λαλῆσαι οὕτως ὥστε πιστεῦσαι
15:21 Μωϋσῆς γὰρ ἐκ γενεῶν ἀρχαίων κατὰ πόλιν τοὺς κηρύσσοντας αὐτὸν ἔχει ἐν ταῖς **συναγωγαῖς** κατὰ πᾶν σάββατον ἀναγινωσκόμενος.
17: 1 Διοδεύσαντες δὲ τὴν Ἀμφίπολιν καὶ τὴν Ἀπολλωνίαν ἦλθον εἰς Θεσσαλονίκην ὅπου ἦν **συναγωγὴ** τῶν Ἰουδαίων.
17:10 οἵτινες παραγενόμενοι εἰς τὴν **συναγωγὴν** τῶν Ἰουδαίων ἀπῄεσαν.
17:17 διελέγετο μὲν οὖν ἐν τῇ **συναγωγῇ** τοῖς Ἰουδαίοις καὶ τοῖς σεβομένοις καὶ ἐν τῇ ἀγορᾷ κατὰ πᾶσαν ἡμέραν
18: 4 διελέγετο δὲ ἐν τῇ **συναγωγῇ** κατὰ πᾶν σάββατον ἔπειθέν τε Ἰουδαίους καὶ Ἕλληνας.
18: 7 εἰσῆλθεν εἰς οἰκίαν τινὸς ὀνόματι Τιτίου Ἰούστου σεβομένου τὸν θεόν, οὗ ἡ οἰκία ἦν συνομοροῦσα τῇ **συναγωγῇ.**
18:19 αὐτὸς δὲ εἰσελθὼν εἰς τὴν **συναγωγὴν** διελέξατο τοῖς Ἰουδαίοις.
18:26 οὗτός τε ἤρξατο παρρησιάζεσθαι ἐν τῇ **συναγωγῇ.** ἀκούσαντες δὲ αὐτοῦ Πρίσκιλλα καὶ Ἀκύλας προσελάβοντο αὐτὸν καὶ ἀκριβέστερον αὐτῷ ἐξέθεντο τὴν ὁδὸν [τοῦ θεοῦ.]
19: 8 Εἰσελθὼν δὲ εἰς τὴν **συναγωγὴν** ἐπαρρησιάζετο ἐπὶ μῆνας τρεῖς διαλεγόμενος καὶ πείθων [τὰ] περὶ τῆς βασιλείας
22:19 αὐτοὶ ἐπίστανται ὅτι ἐγὼ ἤμην φυλακίζων καὶ δέρων κατὰ τὰς **συναγωγὰς** τοὺς πιστεύοντας ἐπὶ σέ,
24:12 καὶ οὔτε ἐν τῷ ἱερῷ εὗρόν με πρός τινα διαλεγόμενον ἢ ἐπίστασιν ποιοῦντα ὄχλου οὔτε ἐν ταῖς **συναγωγαῖς**
26:11 καὶ κατὰ πάσας τὰς **συναγωγὰς** πολλάκις τιμωρῶν αὐτοὺς ἠνάγκαζον βλασφημεῖν περισσῶς τε ἐμμαινόμενος αὐτοῖς ἐδίωκον ἕως καὶ εἰς τὰς ἔξω πόλεις.

Jas 2: 2 ἐὰν γὰρ εἰσέλθῃ εἰς **συναγωγὴν** ὑμῶν ἀνὴρ χρυσοδακτύλιος ἐν ἐσθῆτι λαμπρᾷ,
Rev 2: 9 καὶ τὴν βλασφημίαν ἐκ τῶν λεγόντων Ἰουδαίους εἶναι ἑαυτοὺς καὶ οὐκ εἰσὶν ἀλλὰ **συναγωγὴ** τοῦ Σατανᾶ.
3: 9 ἰδοὺ διδῶ ἐκ τῆς **συναγωγῆς** τοῦ Σατανᾶ τῶν λεγόντων ἑαυτοὺς Ἰουδαίους εἶναι,

5253 συναγωνίζομαι [1]

√ 5250 + 74

Ro 15:30 διὰ τοῦ κυρίου ἡμῶν Ἰησοῦ Χριστοῦ καὶ διὰ τῆς ἀγάπης τοῦ πνεύματος **συναγωνίσασθαί** μοι ἐν ταῖς προσευχαῖς

5254 συναθλέω [2]

√ 5250 + 123

Php 1:27 ὅτι στήκετε ἐν ἑνὶ πνεύματι, μιᾷ ψυχῇ **συναθλοῦντες** τῇ πίστει τοῦ εὐαγγελίου
4: 3 αἵτινες ἐν τῷ εὐαγγελίῳ **συνήθλησάν** μοι μετὰ καὶ Κλήμεντος καὶ τῶν λοιπῶν συνεργῶν μου,

5255 συναθροίζω [2]

√ 5250 + 125

Ac 12:12 συνιδών τε ἦλθεν ἐπὶ τὴν οἰκίαν τῆς Μαρίας τῆς μητρὸς Ἰωάννου τοῦ ἐπικαλουμένου Μάρκου, οὗ ἦσαν ἱκανοὶ **συνηθροισμένοι** καὶ προσευχόμενοι.
19:25 οὓς **συναθροίσας** καὶ τοὺς περὶ τὰ τοιαῦτα ἐργάτας εἶπεν,

5256 συναίρω [3]

√ 5250 + 149

Mt 18:23 ὃς ἠθέλησεν **συνᾶραι** λόγον μετὰ τῶν δούλων αὐτοῦ.
18:24 ἀρξαμένου δὲ αὐτοῦ **συναίρειν** προσηνέχθη αὐτῷ εἷς ὀφειλέτης μυρίων ταλάντων.
25:19 μετὰ δὲ πολὺν χρόνον ἔρχεται ὁ κύριος τῶν δούλων ἐκείνων καὶ **συναίρει** λόγον μετ᾽ αὐτῶν.

5257 συναιχμάλωτος [3]

√ 5250 + 171

Ro 16: 7 ἀσπάσασθε Ἀνδρόνικον καὶ Ἰουνιᾶν τοὺς συγγενεῖς μου καὶ **συναιχμαλώτους** μου,
Col 4:10 Ἀσπάζεται ὑμᾶς Ἀρίσταρχος ὁ **συναιχμάλωτός** μου καὶ Μᾶρκος ὁ ἀνεψιὸς Βαρναβᾶ (περὶ οὗ ἐλάβετε ἐντολάς,
Phm 1:23 Ἀσπάζεταί σε Ἐπαφρᾶς ὁ **συναιχμάλωτός** μου ἐν Χριστῷ Ἰησοῦ,

5258 συνακολουθέω [3]

√ 5250 + 199 [1.3]

Mk 5:37 καὶ οὐκ ἀφῆκεν οὐδένα μετ᾽ αὐτοῦ **συνακολουθῆσαι** εἰ μὴ τὸν Πέτρον καὶ Ἰάκωβον καὶ Ἰωάννην τὸν ἀδελφὸν Ἰακώβου.
14:51 Καὶ νεανίσκος τις **συνηκολούθει** αὐτῷ περιβεβλημένος σινδόνα ἐπὶ γυμνοῦ,
Lk 23:49 εἱστήκεισαν δὲ πάντες οἱ γνωστοὶ αὐτῷ ἀπὸ μακρόθεν καὶ γυναῖκες αἱ **συνακολουθοῦσαι** αὐτῷ ἀπὸ τῆς Γαλιλαίας ὁρῶσαι ταῦτα.

5259 συναλίζω [1]

Ac 1: 4 καὶ **συναλιζόμενος** παρήγγειλεν αὐτοῖς ἀπὸ Ἱεροσολύμων μὴ χωρίζεσθαι ἀλλὰ περιμένειν τὴν ἐπαγγελίαν τοῦ πατρὸς ἣν ἠκούσατέ μου,

5260 συναλίσκομαι Not used in UBS/NIV

√ 5250 + 274

5261 συναλλάσσω [1]

√ 5250 + 248

Ac 7:26 τῇ τε ἐπιούσῃ ἡμέρᾳ ὤφθη αὐτοῖς μαχομένοις καὶ **συνήλλασσεν** αὐτοὺς εἰς εἰρήνην εἰπών,

5262 συναναβαίνω [2]

√ 5250 + 324 + 326

Mk 15:41 καὶ ἄλλαι πολλαὶ αἱ **συναναβᾶσαι** αὐτῷ εἰς Ἱεροσόλυμα.
Ac 13:31 ὃς ὤφθη ἐπὶ ἡμέρας πλείους τοῖς **συναναβᾶσιν** αὐτῷ ἀπὸ τῆς Γαλιλαίας εἰς Ἰερουσαλήμ,

5263 συνανάκειμαι [7]

√ 5250 + 324 + 3023

Mt 9:10 καὶ ἰδοὺ πολλοὶ τελῶναι καὶ ἁμαρτωλοὶ ἐλθόντες **συνανέκειντο** τῷ Ἰησοῦ καὶ τοῖς μαθηταῖς αὐτοῦ.
14: 9 καὶ λυπηθεὶς ὁ βασιλεὺς διὰ τοὺς ὅρκους καὶ τοὺς **συνανακειμένους** ἐκέλευσεν δοθῆναι,
Mk 2:15 καὶ πολλοὶ τελῶναι καὶ ἁμαρτωλοὶ **συνανέκειντο** τῷ Ἰησοῦ καὶ τοῖς μαθηταῖς αὐτοῦ·
6:22 καὶ εἰσελθούσης τῆς θυγατρὸς αὐτοῦ Ἡρῳδιάδος καὶ ὀρχησαμένης ἤρεσεν τῷ Ἡρῴδῃ καὶ τοῖς **συνανακειμένοις.**
Lk 7:49 καὶ ἤρξαντο οἱ **συνανακείμενοι** λέγειν ἐν ἑαυτοῖς, Τίς οὗτός ἐστιν ὃς καὶ ἁμαρτίας ἀφίησιν;
14:10 τότε ἔσται σοι δόξα ἐνώπιον πάντων τῶν **συνανακειμένων** σοι.
14:15 Ἀκούσας δέ τις τῶν **συνανακειμένων** ταῦτα εἶπεν αὐτῷ,

5264 συναναμείγνυμι [3]

√ 5250 + 324 + 3502

1Co 5: 9 Ἔγραψα ὑμῖν ἐν τῇ ἐπιστολῇ μὴ **συναναμίγνυσθαι** πόρνοις,
5:11 νῦν δὲ ἔγραψα ὑμῖν μὴ **συναναμίγνυσθαι** ἐάν τις ἀδελφὸς ὀνομαζόμενος ᾖ πόρνος ἢ πλεονέκτης ἢ εἰδωλολάτρης
2Th 3:14 εἰ δέ τις οὐχ ὑπακούει τῷ λόγῳ ἡμῶν διὰ τῆς ἐπιστολῆς, τοῦτον σημειοῦσθε μὴ **συναναμίγνυσθαι** αὐτῷ, ἵνα ἐντραπῇ·

5265 συναναπαύομαι [1]

√ 5250 + 324 + 4264

Ro 15:32 ἵνα ἐν χαρᾷ ἐλθὼν πρὸς ὑμᾶς διὰ θελήματος θεοῦ **συναναπαύσωμαι** ὑμῖν.

5266 συναναστρέφομαι Not used in UBS/NIV

√ 5250 + 324 + 5138

5267 συναντάω [6]

√ 5250 + 505

Lk 9:37 Ἐγένετο δὲ τῇ ἑξῆς ἡμέρᾳ κατελθόντων αὐτῶν ἀπὸ τοῦ ὄρους **συνήντησεν** αὐτῷ ὄχλος πολύς.
22:10 Ἰδοὺ εἰσελθόντων ὑμῶν εἰς τὴν πόλιν **συναντήσει** ὑμῖν ἄνθρωπος κεράμιον ὕδατος βαστάζων·
Ac 10:25 **συναντήσας** αὐτῷ ὁ Κορνήλιος πεσὼν ἐπὶ τοὺς πόδας προσεκύνησεν.
20:22 καὶ νῦν ἰδοὺ δεδεμένος ἐγὼ τῷ πνεύματι πορεύομαι εἰς Ἰερουσαλὴμ τὰ ἐν αὐτῇ **συναντήσοντά** μοι μὴ εἰδώς,
Heb 7: 1 ὁ **συναντήσας** Ἀβραὰμ ὑποστρέφοντι ἀπὸ τῆς κοπῆς τῶν βασιλέων καὶ εὐλογήσας αὐτόν,
7:10 ἔτι γὰρ ἐν τῇ ὀσφύϊ τοῦ πατρὸς ἦν ὅτε **συνήντησεν** αὐτῷ Μελχισέδεκ.

5268 συνάντησις Not used in UBS/NIV

√ 5250 + 505

5269 συναντιλαμβάνομαι [2]

√ 5250 + 505 + 3284

Lk 10:40 οὐ μέλει σοι ὅτι ἡ ἀδελφή μου μόνην με κατέλιπεν διακονεῖν; εἰπὲ οὖν αὐτῇ ἵνα μοι **συναντιλάβηται.**
Ro 8:26 Ὡσαύτως δὲ καὶ τὸ πνεῦμα **συναντιλαμβάνεται** τῇ ἀσθενείᾳ ἡμῶν·

5270 συναπάγω [3]

√ 5250 + 608 + 72

Ro 12:16 μὴ τὰ ὑψηλὰ φρονοῦντες ἀλλὰ τοῖς ταπεινοῖς **συναπαγόμενοι.**

Gal 2:13 καὶ συνυπεκρίθησαν αὐτῷ [καὶ] οἱ λοιποὶ Ἰουδαῖοι, ὥστε καὶ Βαρναβᾶς **συναπήχθη** αὐτῶν τῇ ὑποκρίσει.
2Pe 3:17 ἵνα μὴ τῇ τῶν ἀθέσμων πλάνῃ **συναπαχθέντες** ἐκπέσητε τοῦ ἰδίου στηριγμοῦ,

5271 συναποθνῄσκω [3]

√ *5250 + 608 + 2569*

Mk 14:31 Ἐὰν δέῃ με **συναποθανεῖν** σοι, οὐ μή σε ἀπαρνήσομαι.
2Co 7: 3 προείρηκα γὰρ ὅτι ἐν ταῖς καρδίαις ἡμῶν ἐστε εἰς τὸ **συναποθανεῖν** καὶ συζῆν.
2Ti 2:11 πιστὸς ὁ λόγος· εἰ γὰρ **συναπεθάνομεν,** καὶ συζήσομεν·

5272 συναπόλλυμι [1]

√ *5250 + 608 + 3897*

Heb 11:31 Πίστει Ῥαὰβ ἡ πόρνη οὐ **συναπώλετο** τοῖς ἀπειθήσασιν δεξαμένη τοὺς κατασκόπους μετ᾽ εἰρήνης.

5273 συναποστέλλω [1]

√ *5250 + 690*

2Co 12:18 παρεκάλεσα Τίτον καὶ **συναπέστειλα** τὸν ἀδελφόν· μήτι ἐπλεονέκτησεν ὑμᾶς Τίτος;

5274 συναρμολογέω [2]

√ *5250 + 764 + 3306*

Eph 2:21 ἐν ᾧ πᾶσα οἰκοδομὴ **συναρμολογουμένη** αὔξει εἰς ναὸν ἅγιον ἐν κυρίῳ,
4:16 ἐξ οὗ πᾶν τὸ σῶμα **συναρμολογούμενον** καὶ συμβιβαζόμενον διὰ πάσης ἁφῆς τῆς ἐπιχορηγίας κατ᾽ ἐνέργειαν ἐν μέτρῳ

5275 συναρπάζω [4]

√ *5250 + 773*

Lk 8:29 πολλοῖς γὰρ χρόνοις **συνηρπάκει** αὐτὸν καὶ ἐδεσμεύετο ἁλύσεσιν καὶ πέδαις φυλασσόμενος καὶ διαρρήσσων τὰ δεσμὰ
Ac 6:12 τὸν λαὸν καὶ τοὺς πρεσβυτέρους καὶ τοὺς γραμματεῖς καὶ ἐπιστάντες **συνήρπασαν** αὐτὸν καὶ ἤγαγον εἰς τὸ συνέδριον,
19:29 ὥρμησάν τε ὁμοθυμαδὸν εἰς τὸ θέατρον **συναρπάσαντες** Γάϊον καὶ Ἀρίσταρχον Μακεδόνας,
27:15 **συναρπασθέντος** δὲ τοῦ πλοίου καὶ μὴ δυναμένου ἀντοφθαλμεῖν τῷ ἀνέμῳ ἐπιδόντες ἐφερόμεθα.

5276 συναυλίζομαι Not used in UBS/NIV

√ *5250 + 887*

5277 συναυξάνω [1]

√ *5250 + 889*

Mt 13:30 ἄφετε **συναυξάνεσθαι** ἀμφότερα ἕως τοῦ θερισμοῦ, καὶ ἐν καιρῷ τοῦ θερισμοῦ ἐρῶ τοῖς θερισταῖς,

5278 σύνδεσμος [4]

√ *5250 + 1313*

Ac 8:23 εἰς γὰρ χολὴν πικρίας καὶ **σύνδεσμον** ἀδικίας ὁρῶ σε ὄντα.
Eph 4: 3 σπουδάζοντες τηρεῖν τὴν ἑνότητα τοῦ πνεύματος ἐν τῷ **συνδέσμῳ** τῆς εἰρήνης·
Col 2:19 ἐξ οὗ πᾶν τὸ σῶμα διὰ τῶν ἁφῶν καὶ **συνδέσμων** ἐπιχορηγούμενον καὶ συμβιβαζόμενον αὔξει τὴν αὔξησιν τοῦ θεοῦ.
3:14 ἐπὶ πᾶσιν δὲ τούτοις τὴν ἀγάπην, ὅ ἐστιν **σύνδεσμος** τῆς τελειότητος.

5279 συνδέω [1]

√ *5250 + 1313*

Heb 13: 3 μιμνῄσκεσθε τῶν δεσμίων ὡς **συνδεδεμένοι,** τῶν κακουχουμένων ὡς καὶ αὐτοὶ ὄντες ἐν σώματι.

5280 συνδοξάζω [1]

√ *5250 + 1518*

Ro 8:17 συγκληρονόμοι δὲ Χριστοῦ, εἴπερ συμπάσχομεν ἵνα καὶ **συνδοξασθῶμεν.**

5281 σύνδουλος [10]

√ *5250 + 1528*

Mt 18:28 ἐξελθὼν δὲ ὁ δοῦλος ἐκεῖνος εὗρεν ἕνα τῶν **συνδούλων** αὐτοῦ,
18:29 πεσὼν οὖν ὁ **σύνδουλος** αὐτοῦ παρεκάλει αὐτὸν λέγων,
18:31 ἰδόντες οὖν οἱ **σύνδουλοι** αὐτοῦ τὰ γενόμενα ἐλυπήθησαν σφόδρα καὶ ἐλθόντες διεσάφησαν τῷ κυρίῳ ἑαυτῶν
18:33 οὐκ ἔδει καὶ σὲ ἐλεῆσαι τὸν **σύνδουλόν** σου,
24:49 καὶ ἄρξηται τύπτειν τοὺς **συνδούλους** αὐτοῦ, ἐσθίῃ δὲ καὶ πίνῃ μετὰ τῶν μεθυόντων,
Col 1: 7 καθὼς ἐμάθετε ἀπὸ Ἐπαφρᾶ τοῦ ἀγαπητοῦ **συνδούλου** ἡμῶν,
4: 7 Τὰ κατ᾽ ἐμὲ πάντα γνωρίσει ὑμῖν Τυχικὸς ὁ ἀγαπητὸς ἀδελφὸς καὶ πιστὸς διάκονος καὶ **σύνδουλος** ἐν κυρίῳ,
Rev 6:11 ἕως πληρωθῶσιν καὶ οἱ **σύνδουλοι** αὐτῶν καὶ οἱ ἀδελφοὶ αὐτῶν οἱ μέλλοντες ἀποκτέννεσθαι ὡς καὶ αὐτοί.
19:10 **σύνδουλός** σού εἰμι καὶ τῶν ἀδελφῶν σου τῶν ἐχόντων τὴν μαρτυρίαν Ἰησοῦ·
22: 9 **σύνδουλός** σού εἰμι καὶ τῶν ἀδελφῶν σου τῶν προφητῶν καὶ τῶν τηρούντων τοὺς λόγους τοῦ βιβλίου τούτου·

5282 συνδρομή [1]

√ *5250 + 5556*

Ac 21:30 ἐκινήθη τε ἡ πόλις ὅλη καὶ ἐγένετο **συνδρομὴ** τοῦ λαοῦ,

5283 συνεγείρω [3]

√ *5250 + 1586*

Eph 2: 6 καὶ **συνήγειρεν** καὶ συνεκάθισεν ἐν τοῖς ἐπουρανίοις ἐν Χριστῷ Ἰησοῦ,
Col 2:12 ἐν ᾧ καὶ **συνηγέρθητε** διὰ τῆς πίστεως τῆς ἐνεργείας τοῦ θεοῦ τοῦ ἐγείραντος αὐτὸν ἐκ νεκρῶν·
3: 1 Εἰ οὖν **συνηγέρθητε** τῷ Χριστῷ, τὰ ἄνω ζητεῖτε,

5284 συνέδριον [22]

√ *5250 + 1612*

Mt 5:22 ὃς δ᾽ ἂν εἴπῃ τῷ ἀδελφῷ αὐτοῦ, Ῥακά, ἔνοχος ἔσται τῷ **συνεδρίῳ·**
10:17 παραδώσουσιν γὰρ ὑμᾶς εἰς **συνέδρια** καὶ ἐν ταῖς συναγωγαῖς αὐτῶν μαστιγώσουσιν ὑμᾶς·
26:59 οἱ δὲ ἀρχιερεῖς καὶ τὸ **συνέδριον** ὅλον ἐζήτουν ψευδομαρτυρίαν κατὰ τοῦ Ἰησοῦ ὅπως αὐτὸν θανατώσωσιν,
Mk 13: 9 παραδώσουσιν ὑμᾶς εἰς **συνέδρια** καὶ εἰς συναγωγὰς δαρήσεσθε καὶ ἐπὶ ἡγεμόνων καὶ βασιλέων σταθήσεσθε
14:55 οἱ δὲ ἀρχιερεῖς καὶ ὅλον τὸ **συνέδριον** ἐζήτουν κατὰ τοῦ Ἰησοῦ μαρτυρίαν εἰς τὸ θανατῶσαι αὐτόν,
15: 1 Καὶ εὐθὺς πρωῒ συμβούλιον ποιήσαντες οἱ ἀρχιερεῖς μετὰ τῶν πρεσβυτέρων καὶ γραμματέων καὶ ὅλον τὸ **συνέδριον,**
Lk 22:66 ἀρχιερεῖς τε καὶ γραμματεῖς, καὶ ἀπήγαγον αὐτὸν εἰς τὸ **συνέδριον** αὐτῶν
Jn 11:47 συνήγαγον οὖν οἱ ἀρχιερεῖς καὶ οἱ Φαρισαῖοι **συνέδριον** καὶ ἔλεγον, Τί ποιοῦμεν ὅτι οὗτος ὁ ἄνθρωπος πολλὰ ποιεῖ σημεῖα;
Ac 4:15 κελεύσαντες δὲ αὐτοὺς ἔξω τοῦ **συνεδρίου** ἀπελθεῖν συνέβαλλον πρὸς ἀλλήλους
5:21 Παραγενόμενος δὲ ὁ ἀρχιερεὺς καὶ οἱ σὺν αὐτῷ συνεκάλεσαν τὸ **συνέδριον** καὶ πᾶσαν τὴν γερουσίαν τῶν υἱῶν Ἰσραὴλ καὶ ἀπέστειλαν εἰς τὸ δεσμωτήριον ἀχθῆναι αὐτούς.
5:27 Ἀγαγόντες δὲ αὐτοὺς ἔστησαν ἐν τῷ **συνεδρίῳ.** καὶ ἐπηρώτησεν αὐτοὺς ὁ ἀρχιερεὺς
5:34 ἀναστὰς δέ τις ἐν τῷ **συνεδρίῳ** Φαρισαῖος ὀνόματι Γαμαλιήλ,
5:41 Οἱ μὲν οὖν ἐπορεύοντο χαίροντες ἀπὸ προσώπου τοῦ **συνεδρίου,**
6:12 τὸν λαὸν καὶ τοὺς πρεσβυτέρους καὶ τοὺς γραμματεῖς καὶ ἐπιστάντες συνήρπασαν αὐτὸν καὶ ἤγαγον εἰς τὸ **συνέδριον,**
6:15 καὶ ἀτενίσαντες εἰς αὐτὸν πάντες οἱ καθεζόμενοι ἐν τῷ **συνεδρίῳ** εἶδον τὸ πρόσωπον αὐτοῦ ὡσεὶ πρόσωπον ἀγγέλου.
22:30 ἔλυσεν αὐτὸν καὶ ἐκέλευσεν συνελθεῖν τοὺς ἀρχιερεῖς καὶ πᾶν τὸ **συνέδριον,**

23: 1 ἀτενίσας δὲ ὁ Παῦλος τῷ **συνεδρίῳ** εἶπεν, Ἄνδρες ἀδελφοί,
23: 6 Γνοὺς δὲ ὁ Παῦλος ὅτι τὸ ἓν μέρος ἐστὶν Σαδδουκαίων τὸ δὲ ἕτερον Φαρισαίων ἔκραζεν ἐν τῷ **συνεδρίῳ,**
23:15 νῦν οὖν ὑμεῖς ἐμφανίσατε τῷ χιλιάρχῳ σὺν τῷ **συνεδρίῳ** ὅπως καταγάγῃ αὐτὸν εἰς ὑμᾶς ὡς μέλλοντας διαγινώσκειν ἀκριβέστερον τὰ περὶ αὐτοῦ·
23:20 εἶπεν δὲ ὅτι Οἱ Ἰουδαῖοι συνέθεντο τοῦ ἐρωτῆσαί σε ὅπως αὔριον τὸν Παῦλον καταγάγῃς εἰς τὸ **συνέδριον** ὡς μέλλον τι ἀκριβέστερον πυνθάνεσθαι περὶ αὐτοῦ.
23:28 βουλόμενός τε ἐπιγνῶναι τὴν αἰτίαν δι᾽ ἣν ἐνεκάλουν αὐτῷ, κατήγαγον εἰς τὸ **συνέδριον** αὐτῶν
24:20 ἢ αὐτοὶ οὗτοι εἰπάτωσαν τί εὗρον ἀδίκημα στάντος μου ἐπὶ τοῦ **συνεδρίου,**

5285 συνέδριος Not used in UBS/NIV

√ *5250 + 1612*

5286 σύνεδρος Not used in UBS/NIV

√ *5250 + 1612*

5287 συνείδησις [30]

√ *5250 + 3857 (or) 3972*

ἀγαθός συνείδησις [5] Ac 23:1; 1Ti 1:5,19; 1Pe 3:16,21

ἀπρόσκοπος συνείδησις [1] Ac 24:16

ἀσθενέω, ἀσθενής ... συνείδησις [3] 1Co 8:7,10,12

καθαρίζω συνείδησις [1] Heb 9:14

καθαρός συνείδησις [2] 1Ti 3:9; 2Ti 1:3

καλός συνείδησις [1] Heb 13:18

μιαίνω συνείδησις [1] Tit 1:15

συνείδησις εἰς θεόν [1] 1Pe 3:21

συνείδησις θεοῦ [1] 1Pe 2:19

συνείδησις πρὸς τὸν θεὸν [1] Ac 24:16

τελειόω συνείδησις [1] Heb 9:9

Ac 23: 1 ἐγὼ πάσῃ **συνειδήσει** ἀγαθῇ πεπολίτευμαι τῷ θεῷ ἄχρι ταύτης τῆς ἡμέρας.
24:16 ἐν τούτῳ καὶ αὐτὸς ἀσκῶ ἀπρόσκοπον **συνείδησιν** ἔχειν πρὸς τὸν θεὸν καὶ τοὺς ἀνθρώπους διὰ παντός.
Ro 2:15 συμμαρτυρούσης αὐτῶν τῆς **συνειδήσεως** καὶ μεταξὺ ἀλλήλων τῶν λογισμῶν κατηγορούντων ἢ καὶ ἀπολογουμένων,
9: 1 συμμαρτυρούσης μοι τῆς **συνειδήσεώς** μου ἐν πνεύματι ἁγίῳ,
13: 5 οὐ μόνον διὰ τὴν ὀργὴν ἀλλὰ καὶ διὰ τὴν **συνείδησιν.**
1Co 8: 7 τινὲς δὲ τῇ συνηθείᾳ ἕως ἄρτι τοῦ εἰδώλου ὡς εἰδωλόθυτον ἐσθίουσιν, καὶ ἡ **συνείδησις** αὐτῶν ἀσθενὴς οὖσα μολύνεται.
8:10 οὐχὶ ἡ **συνείδησις** αὐτοῦ ἀσθενοῦς ὄντος οἰκοδομηθήσεται εἰς τὸ τὰ εἰδωλόθυτα ἐσθίειν;
8:12 οὕτως δὲ ἁμαρτάνοντες εἰς τοὺς ἀδελφοὺς καὶ τύπτοντες αὐτῶν τὴν **συνείδησιν** ἀσθενοῦσαν εἰς Χριστὸν ἁμαρτάνετε.
10:25 Πᾶν τὸ ἐν μακέλλῳ πωλούμενον ἐσθίετε μηδὲν ἀνακρίνοντες διὰ τὴν **συνείδησιν·**
10:27 πᾶν τὸ παρατιθέμενον ὑμῖν ἐσθίετε μηδὲν ἀνακρίνοντες διὰ τὴν **συνείδησιν.**
10:28 μὴ ἐσθίετε δι᾽ ἐκεῖνον τὸν μηνύσαντα καὶ τὴν **συνείδησιν·**
10:29 **συνείδησιν** δὲ λέγω οὐχὶ τὴν ἑαυτοῦ ἀλλὰ τὴν τοῦ ἑτέρου. ἱνατί γὰρ ἡ ἐλευθερία μου κρίνεται ὑπὸ ἄλλης **συνειδήσεως;**
2Co 1:12 Ἡ γὰρ καύχησις ἡμῶν αὕτη ἐστίν, τὸ μαρτύριον τῆς **συνειδήσεως** ἡμῶν,
4: 2 ἀλλὰ τῇ φανερώσει τῆς ἀληθείας συνιστάνοντες ἑαυτοὺς πρὸς πᾶσαν **συνείδησιν** ἀνθρώπων ἐνώπιον τοῦ θεοῦ.
5:11 ἐλπίζω δὲ καὶ ἐν ταῖς **συνειδήσεσιν** ὑμῶν πεφανερῶσθαι.
1Ti 1: 5 τὸ δὲ τέλος τῆς παραγγελίας ἐστὶν ἀγάπη ἐκ καθαρᾶς καρδίας καὶ **συνειδήσεως** ἀγαθῆς καὶ πίστεως ἀνυποκρίτου,
1:19 ἔχων πίστιν καὶ ἀγαθὴν **συνείδησιν,** ἥν τινες ἀπωσάμενοι περὶ τὴν πίστιν ἐναυάγησαν,
3: 9 ἔχοντας τὸ μυστήριον τῆς πίστεως ἐν καθαρᾷ **συνειδήσει.**
4: 2 ἐν ὑποκρίσει ψευδολόγων, κεκαυστηριασμένων τὴν ἰδίαν **συνείδησιν,**
2Ti 1: 3 Χάριν ἔχω τῷ θεῷ, ᾧ λατρεύω ἀπὸ προγόνων ἐν καθαρᾷ **συνειδήσει,**
Tit 1:15 ἀλλὰ μεμίανται αὐτῶν καὶ ὁ νοῦς καὶ ἡ **συνείδησις.**
Heb 9: 9 καθ᾽ ἣν δῶρά τε καὶ θυσίαι προσφέρονται μὴ δυνάμεναι κατὰ **συνείδησιν** τελειῶσαι τὸν λατρεύοντα,
9:14 καθαριεῖ τὴν **συνείδησιν** ἡμῶν ἀπὸ νεκρῶν ἔργων εἰς τὸ λατρεύειν θεῷ ζῶντι.
10: 2 ἐπεὶ οὐκ ἂν ἐπαύσαντο προσφερόμεναι διὰ τὸ μηδεμίαν ἔχειν ἔτι **συνείδησιν** ἁμαρτιῶν τοὺς λατρεύοντας ἅπαξ κεκαθαρισμένους;
10:22 προσερχώμεθα μετὰ ἀληθινῆς καρδίας ἐν πληροφορίᾳ πίστεως ῥεραντισμένοι τὰς καρδίας ἀπὸ **συνειδήσεως** πονηρᾶς καὶ λελουσμένοι τὸ σῶμα ὕδατι καθαρῷ·
13:18 πειθόμεθα γὰρ ὅτι καλὴν **συνείδησιν** ἔχομεν, ἐν πᾶσιν καλῶς θέλοντες ἀναστρέφεσθαι.
1Pe 2:19 τοῦτο γὰρ χάρις εἰ διὰ **συνείδησιν** θεοῦ ὑποφέρει τις λύπας πάσχων ἀδίκως.
3:16 ἀλλὰ μετὰ πραΰτητος καὶ φόβου, **συνείδησιν** ἔχοντες ἀγαθήν,
3:21 οὐ σαρκὸς ἀπόθεσις ῥύπου ἀλλὰ **συνειδήσεως** ἀγαθῆς ἐπερώτημα εἰς θεόν,

5288 συνείδω Not used in UBS/NIV

√ *5250 + 3857 (or) 3972*

5289 σύνειμι¹ [2]

√ *5250 + 1639*

Lk 9:18 Καὶ ἐγένετο ἐν τῷ εἶναι αὐτὸν προσευχόμενον κατὰ μόνας **συνῆσαν** αὐτῷ οἱ μαθηταί,
Ac 22:11 χειραγωγούμενος ὑπὸ τῶν **συνόντων** μοι ἦλθον εἰς Δαμασκόν.

5290 σύνειμι² [1]

√ *5250 + 1640*

Lk 8: 4 **Συνιόντος** δὲ ὄχλου πολλοῦ καὶ τῶν κατὰ πόλιν ἐπιπορευομένων πρὸς αὐτὸν εἶπεν διὰ παραβολῆς,

5291 συνεισέρχομαι [2]

√ *5250 + 1650 + 2262*

Jn 6:22 εἶδον ὅτι πλοιάριον ἄλλο οὐκ ἦν ἐκεῖ εἰ μὴ ἓν καὶ ὅτι οὐ **συνεισῆλθεν** τοῖς μαθηταῖς αὐτοῦ ὁ Ἰησοῦς εἰς τὸ πλοῖον
18:15 ὁ δὲ μαθητὴς ἐκεῖνος ἦν γνωστὸς τῷ ἀρχιερεῖ καὶ **συνεισῆλθεν** τῷ Ἰησοῦ εἰς τὴν αὐλὴν τοῦ ἀρχιερέως,

5292 συνέκδημος [2]

√ *5250 + 1666 + 1322*

Ac 19:29 ὥρμησάν τε ὁμοθυμαδὸν εἰς τὸ θέατρον συναρπάσαντες Γάϊον καὶ Ἀρίσταρχον Μακεδόνας, **συνεκδήμους** Παύλου.
2Co 8:19 ἀλλὰ καὶ χειροτονηθεὶς ὑπὸ τῶν ἐκκλησιῶν **συνέκδημος** ἡμῶν σὺν τῇ χάριτι ταύτῃ τῇ διακονουμένῃ ὑφ᾽ ἡμῶν πρὸς τὴν [αὐτοῦ] τοῦ κυρίου δόξαν καὶ προθυμίαν ἡμῶν,

5293 συνεκλεκτός [1]

√ *5250 + 1666 + 3306*

1Pe 5:13 Ἀσπάζεται ὑμᾶς ἡ ἐν Βαβυλῶνι **συνεκλεκτὴ** καὶ Μᾶρκος ὁ υἱός μου.

5294 συνεκπορεύομαι Not used in UBS/NIV

√ *5250 + 1666 + 4513*

5295 συνελαύνω Not used in UBS/NIV

√ *5250 + 1785*

5296 συνεπιμαρτυρέω [1]

√ *5250 + 2093 + 3459*

Heb 2: 4 **συνεπιμαρτυροῦντος** τοῦ θεοῦ σημείοις τε καὶ τέρασιν καὶ ποικίλαις δυνάμεσιν καὶ πνεύματος ἁγίου μερισμοῖς κατὰ τὴν αὐτοῦ θέλησιν;

5297 συνεπίσκοπος Not used in UBS/NIV

√ *5250 + 2093 + 5023*

5298 συνεπιτίθημι [1]

√ 5250 + 2093 + 5502

Ac 24: 9 **συνεπέθεντο** δὲ καὶ οἱ Ἰουδαῖοι φάσκοντες ταῦτα οὕτως ἔχειν.

5299 συνέπομαι [1]

√ 5250

Ac 20: 4 **συνείπετο** δὲ αὐτῷ Σώπατρος Πύρρου Βεροιαῖος, Θεσσαλονικέων δὲ Ἀρίσταρχος καὶ Σεκοῦνδος,

5300 συνεργέω [5]

√ 5250 + 2240

Mk 16:20 ⟦τοῦ κυρίου **συνεργοῦντος** καὶ τὸν λόγον βεβαιοῦντος διὰ τῶν ἐπακολουθούντων σημείων.⟧

Ro 8:28 οἴδαμεν δὲ ὅτι τοῖς ἀγαπῶσιν τὸν θεὸν πάντα **συνεργεῖ** εἰς ἀγαθόν,

1Co 16:16 ἵνα καὶ ὑμεῖς ὑποτάσσησθε τοῖς τοιούτοις καὶ παντὶ τῷ **συνεργοῦντι** καὶ κοπιῶντι.

2Co 6: 1 **Συνεργοῦντες** δὲ καὶ παρακαλοῦμεν μὴ εἰς κενὸν τὴν χάριν τοῦ θεοῦ δέξασθαι ὑμᾶς·

Jas 2:22 βλέπεις ὅτι ἡ πίστις **συνήργει** τοῖς ἔργοις αὐτοῦ καὶ ἐκ τῶν ἔργων ἡ πίστις ἐτελειώθη,

5301 συνεργός [13]

√ 5250 + 2240

Ro 16: 3 Ἀσπάσασθε Πρίσκαν καὶ Ἀκύλαν τοὺς **συνεργούς** μου ἐν Χριστῷ Ἰησοῦ,

16: 9 ἀσπάσασθε Οὐρβανὸν τὸν **συνεργὸν** ἡμῶν ἐν Χριστῷ καὶ Στάχυν τὸν ἀγαπητόν μου.

16:21 Ἀσπάζεται ὑμᾶς Τιμόθεος ὁ **συνεργός** μου, καὶ Λούκιος καὶ Ἰάσων καὶ Σωσίπατρος οἱ συγγενεῖς μου.

1Co 3: 9 θεοῦ γάρ ἐσμεν **συνεργοί,** θεοῦ γεώργιον, θεοῦ οἰκοδομή ἐστε.

2Co 1:24 οὐχ ὅτι κυριεύομεν ὑμῶν τῆς πίστεως ἀλλὰ **συνεργοί** ἐσμεν τῆς χαρᾶς ὑμῶν·

8:23 εἴτε ὑπὲρ Τίτου, κοινωνὸς ἐμὸς καὶ εἰς ὑμᾶς **συνεργός·**

Php 2:25 Ἀναγκαῖον δὲ ἡγησάμην Ἐπαφρόδιτον τὸν ἀδελφὸν καὶ **συνεργὸν** καὶ συστρατιώτην μου,

4: 3 αἵτινες ἐν τῷ εὐαγγελίῳ συνήθλησάν μοι μετὰ καὶ Κλήμεντος καὶ τῶν λοιπῶν **συνεργῶν** μου,

Col 4:11 οὗτοι μόνοι **συνεργοὶ** εἰς τὴν βασιλείαν τοῦ θεοῦ,

1Th 3: 2 τὸν ἀδελφὸν ἡμῶν καὶ **συνεργὸν** τοῦ θεοῦ ἐν τῷ εὐαγγελίῳ τοῦ Χριστοῦ,

Phm 1: 1 Παῦλος δέσμιος Χριστοῦ Ἰησοῦ καὶ Τιμόθεος ὁ ἀδελφὸς Φιλήμονι τῷ ἀγαπητῷ καὶ **συνεργῷ** ἡμῶν

1:24 Μᾶρκος, Ἀρίσταρχος, Δημᾶς, Λουκᾶς, οἱ **συνεργοί** μου.

3Jn 1: 8 ἡμεῖς οὖν ὀφείλομεν ὑπολαμβάνειν τοὺς τοιούτους, ἵνα **συνεργοὶ** γινώμεθα τῇ ἀληθείᾳ.

5302 συνέρχομαι [30]

√ 5250 + 2262

Mt 1:18 πρὶν ἢ **συνελθεῖν** αὐτοὺς εὑρέθη ἐν γαστρὶ ἔχουσα ἐκ πνεύματος ἁγίου.

Mk 3:20 καὶ **συνέρχεται** πάλιν [ὁ] ὄχλος, ὥστε μὴ δύνασθαι αὐτοὺς μηδὲ ἄρτον φαγεῖν.

14:53 καὶ **συνέρχονται** πάντες οἱ ἀρχιερεῖς καὶ οἱ πρεσβύτεροι καὶ οἱ γραμματεῖς.

Lk 5:15 καὶ **συνήρχοντο** ὄχλοι πολλοὶ ἀκούειν καὶ θεραπεύεσθαι ἀπὸ τῶν ἀσθενειῶν αὐτῶν·

23:55 Κατακολουθήσασαι δὲ αἱ γυναῖκες, αἵτινες ἦσαν **συνεληλυθυῖαι** ἐκ τῆς Γαλιλαίας αὐτῷ,

Jn 11:33 Ἰησοῦς οὖν ὡς εἶδεν αὐτὴν κλαίουσαν καὶ τοὺς **συνελθόντας** αὐτῇ Ἰουδαίους κλαίοντας,

18:20 ὅπου πάντες οἱ Ἰουδαῖοι **συνέρχονται,** καὶ ἐν κρυπτῷ ἐλάλησα οὐδέν.

Ac 1: 6 Οἱ μὲν οὖν **συνελθόντες** ἠρώτων αὐτὸν λέγοντες, Κύριε,

1:21 δεῖ οὖν τῶν **συνελθόντων** ἡμῖν ἀνδρῶν ἐν παντὶ χρόνῳ ᾧ εἰσῆλθεν καὶ ἐξῆλθεν ἐφ' ἡμᾶς ὁ κύριος Ἰησοῦς,

2: 6 γενομένης δὲ τῆς φωνῆς ταύτης **συνῆλθεν** τὸ πλῆθος καὶ συνεχύθη,

5:16 **συνήρχετο** δὲ καὶ τὸ πλῆθος τῶν πέριξ πόλεων Ἰερουσαλὴμ φέροντες ἀσθενεῖς καὶ ὀχλουμένους ὑπὸ πνευμάτων ἀκαθάρτων,

9:39 ἀναστὰς δὲ Πέτρος **συνῆλθεν** αὐτοῖς· ὃν παραγενόμενον ἀνήγαγον εἰς τὸ ὑπερῷον

10:23 Τῇ δὲ ἐπαύριον ἀναστὰς ἐξῆλθεν σὺν αὐτοῖς καί τινες τῶν ἀδελφῶν τῶν ἀπὸ Ἰόππης **συνῆλθον** αὐτῷ.

10:27 καὶ συνομιλῶν αὐτῷ εἰσῆλθεν καὶ εὑρίσκει **συνεληλυθότας** πολλούς,

10:45 καὶ ἐξέστησαν οἱ ἐκ περιτομῆς πιστοὶ ὅσοι **συνῆλθαν** τῷ Πέτρῳ,

11:12 εἶπεν δὲ τὸ πνεῦμά μοι **συνελθεῖν** αὐτοῖς μηδὲν διακρίναντα.

15:38 τὸν ἀποστάντα ἀπ' αὐτῶν ἀπὸ Παμφυλίας καὶ μὴ **συνελθόντα** αὐτοῖς εἰς τὸ ἔργον μὴ συμπαραλαμβάνειν τοῦτον.

16:13 ἔξω τῆς πύλης παρὰ ποταμὸν οὗ ἐνομίζομεν προσευχὴν εἶναι, καὶ καθίσαντες ἐλαλοῦμεν ταῖς **συνελθούσαις** γυναιξίν.

19:32 ἦν γὰρ ἡ ἐκκλησία συγκεχυμένη καὶ οἱ πλείους οὐκ ᾔδεισαν τίνος ἕνεκα **συνεληλύθεισαν.**

21:16 **συνῆλθον** δὲ καὶ τῶν μαθητῶν ἀπὸ Καισαρείας σὺν ἡμῖν,

22:30 ἔλυσεν αὐτὸν καὶ ἐκέλευσεν **συνελθεῖν** τοὺς ἀρχιερεῖς καὶ πᾶν τὸ συνέδριον,

25:17 **συνελθόντων** οὖν [αὐτῶν] ἐνθάδε ἀναβολὴν μηδεμίαν ποιησάμενος τῇ ἑξῆς καθίσας ἐπὶ τοῦ βήματος

28:17 **συνελθόντων** δὲ αὐτῶν ἔλεγεν πρὸς αὐτούς, Ἐγώ, ἄνδρες ἀδελφοί,

1Co 11:17 Τοῦτο δὲ παραγγέλλων οὐκ ἐπαινῶ ὅτι οὐκ εἰς τὸ κρεῖσσον ἀλλὰ εἰς τὸ ἧσσον **συνέρχεσθε.**

11:18 πρῶτον μὲν γὰρ **συνερχομένων** ὑμῶν ἐν ἐκκλησίᾳ ἀκούω σχίσματα ἐν ὑμῖν ὑπάρχειν καὶ μέρος τι πιστεύω.

11:20 **Συνερχομένων** οὖν ὑμῶν ἐπὶ τὸ αὐτὸ οὐκ ἔστιν κυριακὸν δεῖπνον φαγεῖν·

11:33 ἀδελφοί μου, **συνερχόμενοι** εἰς τὸ φαγεῖν ἀλλήλους ἐκδέχεσθε.

11:34 ἐν οἴκῳ ἐσθιέτω, ἵνα μὴ εἰς κρίμα **συνέρχησθε.**

14:23 Ἐὰν οὖν **συνέλθῃ** ἡ ἐκκλησία ὅλη ἐπὶ τὸ αὐτὸ καὶ πάντες λαλῶσιν γλώσσαις,

14:26 ὅταν **συνέρχησθε,** ἕκαστος ψαλμὸν ἔχει, διδαχὴν ἔχει, ἀποκάλυψιν ἔχει,

5303 συνεσθίω [5]

√ 5250 + 2266

Lk 15: 2 καὶ διεγόγγυζον οἵ τε Φαρισαῖοι καὶ οἱ γραμματεῖς λέγοντες ὅτι Οὗτος ἁμαρτωλοὺς προσδέχεται καὶ **συνεσθίει** αὐτοῖς.

Ac 10:41 οἵτινες **συνεφάγομεν** καὶ συνεπίομεν αὐτῷ μετὰ τὸ ἀναστῆναι αὐτὸν ἐκ νεκρῶν·

11: 3 λέγοντες ὅτι Εἰσῆλθες πρὸς ἄνδρας ἀκροβυστίαν ἔχοντας καὶ **συνέφαγες** αὐτοῖς.

1Co 5:11 νῦν δὲ ἔγραψα ὑμῖν μὴ συναναμίγνυσθαι ἐάν τις ἀδελφὸς ὀνομαζόμενος ᾖ πόρνος ἢ πλεονέκτης ἢ εἰδωλολάτρης ἢ λοίδορος ἢ μέθυσος ἢ ἅρπαξ, τῷ τοιούτῳ μηδὲ **συνεσθίειν.**

Gal 2:12 πρὸ τοῦ γὰρ ἐλθεῖν τινας ἀπὸ Ἰακώβου μετὰ τῶν ἐθνῶν **συνήσθιεν·**

5304 σύνεσις [7]

√ 918; cf. 5250

Mk 12:33 καὶ τὸ ἀγαπᾶν αὐτὸν ἐξ ὅλης τῆς καρδίας καὶ ἐξ ὅλης τῆς **συνέσεως** καὶ ἐξ ὅλης τῆς ἰσχύος καὶ τὸ ἀγαπᾶν τὸν πλησίον ὡς ἑαυτὸν περισσότερόν ἐστιν πάντων τῶν ὁλοκαυτωμάτων καὶ θυσιῶν.

Lk 2:47 ἐξίσταντο δὲ πάντες οἱ ἀκούοντες αὐτοῦ ἐπὶ τῇ **συνέσει** καὶ ταῖς ἀποκρίσεσιν αὐτοῦ.

1Co 1:19 Ἀπολῶ τὴν σοφίαν τῶν σοφῶν καὶ τὴν **σύνεσιν** τῶν συνετῶν ἀθετήσω.

Eph 3: 4 πρὸς ὃ δύνασθε ἀναγινώσκοντες νοῆσαι τὴν **σύνεσίν** μου ἐν τῷ μυστηρίῳ τοῦ Χριστοῦ,

Col 1: 9 ἵνα πληρωθῆτε τὴν ἐπίγνωσιν τοῦ θελήματος αὐτοῦ ἐν πάσῃ σοφίᾳ καὶ **συνέσει** πνευματικῇ,

2: 2 ἵνα παρακληθῶσιν αἱ καρδίαι αὐτῶν συμβιβασθέντες ἐν ἀγάπῃ καὶ εἰς πᾶν πλοῦτος τῆς πληροφορίας τῆς **συνέσεως,**

2Ti 2: 7 δώσει γάρ σοι ὁ κύριος **σύνεσιν** ἐν πᾶσιν.

5305 συνετός [4]

√ 918; cf. 5250

Mt 11:25 ὅτι ἔκρυψας ταῦτα ἀπὸ σοφῶν καὶ **συνετῶν** καὶ ἀπεκάλυψας αὐτὰ νηπίοις·

Lk 10:21 ὅτι ἀπέκρυψας ταῦτα ἀπὸ σοφῶν καὶ **συνετῶν** καὶ ἀπεκάλυψας αὐτὰ νηπίοις·
Ac 13: 7 ὃς ἦν σὺν τῷ ἀνθυπάτῳ Σεργίῳ Παύλῳ, ἀνδρὶ **συνετῷ.**
1Co 1:19 Ἀπολῶ τὴν σοφίαν τῶν σοφῶν καὶ τὴν σύνεσιν τῶν **συνετῶν** ἀθετήσω.

5306 συνευδοκέω [6]

√ *5250 + 2292 + 1506*

Lk 11:48 ἄρα μάρτυρές ἐστε καὶ **συνευδοκεῖτε** τοῖς ἔργοις τῶν πατέρων ὑμῶν,
Ac 8: 1 Σαῦλος δὲ ἦν **συνευδοκῶν** τῇ ἀναιρέσει αὐτοῦ.
22:20 καὶ αὐτὸς ἤμην ἐφεστὼς καὶ **συνευδοκῶν** καὶ φυλάσσων τὰ ἱμάτια τῶν ἀναιρούντων αὐτόν.
Ro 1:32 οὐ μόνον αὐτὰ ποιοῦσιν ἀλλὰ καὶ **συνευδοκοῦσιν** τοῖς πράσσουσιν.
1Co 7:12 εἴ τις ἀδελφὸς γυναῖκα ἔχει ἄπιστον καὶ αὕτη **συνευδοκεῖ** οἰκεῖν μετ' αὐτοῦ,
7:13 καὶ γυνὴ εἴ τις ἔχει ἄνδρα ἄπιστον καὶ οὗτος **συνευδοκεῖ** οἰκεῖν μετ' αὐτῆς,

5307 συνευωχέομαι [2]

√ *5250 + 2292 + 2400*

2Pe 2:13 σπίλοι καὶ μῶμοι ἐντρυφῶντες ἐν ταῖς ἀπάταις αὐτῶν **συνευωχούμενοι** ὑμῖν,
Jude 1:12 οὗτοί εἰσιν οἱ ἐν ταῖς ἀγάπαις ὑμῶν σπιλάδες **συνευωχούμενοι** ἀφόβως,

5308 συνεφίστημι [1]

√ *5250 + 2093 + 2705*

Ac 16:22 καὶ **συνεπέστη** ὁ ὄχλος κατ' αὐτῶν καὶ οἱ στρατηγοὶ περιρήξαντες αὐτῶν τὰ ἱμάτια ἐκέλευον ῥαβδίζειν,

5309 συνέχω [12]

√ *5250 + 2400*

Mt 4:24 καὶ προσήνεγκαν αὐτῷ πάντας τοὺς κακῶς ἔχοντας ποικίλαις νόσοις καὶ βασάνοις **συνεχομένους** [καὶ] δαιμονιζομένους
Lk 4:38 πενθερὰ δὲ τοῦ Σίμωνος ἦν **συνεχομένη** πυρετῷ μεγάλῳ καὶ ἠρώτησαν αὐτὸν περὶ αὐτῆς.
8:37 καὶ ἠρώτησεν αὐτὸν ἅπαν τὸ πλῆθος τῆς περιχώρου τῶν Γερασηνῶν ἀπελθεῖν ἀπ' αὐτῶν, ὅτι φόβῳ μεγάλῳ **συνείχοντο·**
8:45 ἀρνουμένων δὲ πάντων εἶπεν ὁ Πέτρος, Ἐπιστάτα, οἱ ὄχλοι **συνέχουσίν** σε καὶ ἀποθλίβουσιν.
12:50 βάπτισμα δὲ ἔχω βαπτισθῆναι, καὶ πῶς **συνέχομαι** ἕως ὅτου τελεσθῇ.
19:43 καὶ παρεμβαλοῦσιν οἱ ἐχθροί σου χάρακά σοι καὶ περικυκλώσουσίν σε καὶ **συνέξουσίν** σε πάντοθεν,
22:63 Καὶ οἱ ἄνδρες οἱ **συνέχοντες** αὐτὸν ἐνέπαιζον αὐτῷ δέροντες,
Ac 7:57 κράξαντες δὲ φωνῇ μεγάλῃ **συνέσχον** τὰ ὦτα αὐτῶν καὶ ὥρμησαν ὁμοθυμαδὸν ἐπ' αὐτὸν
18: 5 **συνείχετο** τῷ λόγῳ ὁ Παῦλος διαμαρτυρόμενος τοῖς Ἰουδαίοις εἶναι τὸν Χριστὸν Ἰησοῦν.
28: 8 ἐγένετο δὲ τὸν πατέρα τοῦ Ποπλίου πυρετοῖς καὶ δυσεντερίῳ **συνεχόμενον** κατακεῖσθαι,
2Co 5:14 ἡ γὰρ ἀγάπη τοῦ Χριστοῦ **συνέχει** ἡμᾶς, κρίναντας τοῦτο,
Php 1:23 **συνέχομαι** δὲ ἐκ τῶν δύο, τὴν ἐπιθυμίαν ἔχων εἰς τὸ ἀναλῦσαι καὶ σὺν Χριστῷ εἶναι,

5310 συνήδομαι [1]

√ *5250 + 2454*

Ro 7:22 **συνήδομαι** γὰρ τῷ νόμῳ τοῦ θεοῦ κατὰ τὸν ἔσω ἄνθρωπον,

5311 συνήθεια [3]

√ *5250 + 1621*

Jn 18:39 ἔστιν δὲ **συνήθεια** ὑμῖν ἵνα ἕνα ἀπολύσω ὑμῖν ἐν τῷ πάσχα·
1Co 8: 7 τινὲς δὲ τῇ **συνηθείᾳ** ἕως ἄρτι τοῦ εἰδώλου ὡς εἰδωλόθυτον ἐσθίουσιν,
11:16 ἡμεῖς τοιαύτην **συνήθειαν** οὐκ ἔχομεν οὐδὲ αἱ ἐκκλησίαι τοῦ θεοῦ.

5312 συνηλικιώτης [1]

√ *5250 + 2462*

Gal 1:14 καὶ προέκοπτον ἐν τῷ Ἰουδαϊσμῷ ὑπὲρ πολλοὺς **συνηλικιώτας** ἐν τῷ γένει μου,

5313 συνθάπτω [2]

√ *5250 + 2507*

Ro 6: 4 **συνετάφημεν** οὖν αὐτῷ διὰ τοῦ βαπτίσματος εἰς τὸν θάνατον,
Col 2:12 **συνταφέντες** αὐτῷ ἐν τῷ βαπτισμῷ, ἐν ᾧ καὶ συνηγέρθητε διὰ τῆς πίστεως τῆς ἐνεργείας τοῦ θεοῦ τοῦ ἐγείραντος αὐτὸν ἐκ νεκρῶν·

5314 συνθλάω [2]

√ *5250*

Mt 21:44 [Καὶ ὁ πεσὼν ἐπὶ τὸν λίθον τοῦτον **συνθλασθήσεται·**]
Lk 20:18 πᾶς ὁ πεσὼν ἐπ' ἐκεῖνον τὸν λίθον **συνθλασθήσεται·**

5315 συνθλίβω [2]

√ *5250 + 2567*

Mk 5:24 Καὶ ἠκολούθει αὐτῷ ὄχλος πολὺς καὶ **συνέθλιβον** αὐτόν.
5:31 Βλέπεις τὸν ὄχλον **συνθλίβοντά** σε καὶ λέγεις, Τίς μου ἥψατο;

5316 συνθρύπτω [1]

√ *5250 + 2586*

Ac 21:13 Τί ποιεῖτε κλαίοντες καὶ **συνθρύπτοντές** μου τὴν καρδίαν;

5317 συνίημι [26]

√ *918; cf. 5250*

Mt 13:13 ὅτι βλέποντες οὐ βλέπουσιν καὶ ἀκούοντες οὐκ ἀκούουσιν οὐδὲ **συνίουσιν,**
13:14 Ἀκοῇ ἀκούσετε καὶ οὐ μὴ **συνῆτε,** καὶ βλέποντες βλέψετε καὶ οὐ μὴ ἴδητε.
13:15 μήποτε ἴδωσιν τοῖς ὀφθαλμοῖς καὶ τοῖς ὠσὶν ἀκούσωσιν καὶ τῇ καρδίᾳ **συνῶσιν** καὶ ἐπιστρέψωσιν καὶ ἰάσομαι αὐτούς.
13:19 παντὸς ἀκούοντος τὸν λόγον τῆς βασιλείας καὶ μὴ **συνιέντος** ἔρχεται ὁ πονηρὸς καὶ ἁρπάζει τὸ ἐσπαρμένον ἐν τῇ καρδίᾳ
13:23 οὗτός ἐστιν ὁ τὸν λόγον ἀκούων καὶ **συνιείς,**
13:51 **Συνήκατε** ταῦτα πάντα; λέγουσιν αὐτῷ, Ναί.
15:10 Καὶ προσκαλεσάμενος τὸν ὄχλον εἶπεν αὐτοῖς, Ἀκούετε καὶ **συνίετε·**
16:12 τότε **συνῆκαν** ὅτι οὐκ εἶπεν προσέχειν ἀπὸ τῆς ζύμης τῶν ἄρτων ἀλλὰ ἀπὸ τῆς διδαχῆς τῶν Φαρισαίων καὶ Σαδδουκαίων.
17:13 τότε **συνῆκαν** οἱ μαθηταὶ ὅτι περὶ Ἰωάννου τοῦ βαπτιστοῦ εἶπεν αὐτοῖς.
Mk 4:12 καὶ ἀκούοντες ἀκούωσιν καὶ μὴ **συνιῶσιν,** μήποτε ἐπιστρέψωσιν καὶ ἀφεθῇ αὐτοῖς.
6:52 οὐ γὰρ **συνῆκαν** ἐπὶ τοῖς ἄρτοις, ἀλλ' ἦν αὐτῶν ἡ καρδία πεπωρωμένη.
7:14 Καὶ προσκαλεσάμενος πάλιν τὸν ὄχλον ἔλεγεν αὐτοῖς, Ἀκούσατέ μου πάντες καὶ **σύνετε.**
8:17 οὔπω νοεῖτε οὐδὲ **συνίετε;** πεπωρωμένην ἔχετε τὴν καρδίαν ὑμῶν;
8:21 καὶ ἔλεγεν αὐτοῖς, Οὔπω **συνίετε;**
Lk 2:50 καὶ αὐτοὶ οὐ **συνῆκαν** τὸ ῥῆμα ὃ ἐλάλησεν αὐτοῖς.
8:10 ἵνα βλέποντες μὴ βλέπωσιν καὶ ἀκούοντες μὴ **συνιῶσιν.**
18:34 καὶ αὐτοὶ οὐδὲν τούτων **συνῆκαν** καὶ ἦν τὸ ῥῆμα τοῦτο κεκρυμμένον ἀπ' αὐτῶν καὶ οὐκ ἐγίνωσκον τὰ λεγόμενα.
24:45 τότε διήνοιξεν αὐτῶν τὸν νοῦν τοῦ **συνιέναι** τὰς γραφάς·
Ac 7:25 ἐνόμιζεν δὲ **συνιέναι** τοὺς ἀδελφοὺς [αὐτοῦ] ὅτι ὁ θεὸς διὰ χειρὸς αὐτοῦ δίδωσιν σωτηρίαν αὐτοῖς· οἱ δὲ οὐ **συνῆκαν.**
28:26 Ἀκοῇ ἀκούσετε καὶ οὐ μὴ **συνῆτε** καὶ βλέποντες βλέψετε καὶ οὐ μὴ ἴδητε·
28:27 μήποτε ἴδωσιν τοῖς ὀφθαλμοῖς καὶ τοῖς ὠσὶν ἀκούσωσιν καὶ τῇ καρδίᾳ **συνῶσιν** καὶ ἐπιστρέψωσιν,
Ro 3:11 οὐκ ἔστιν ὁ **συνίων,** οὐκ ἔστιν ὁ ἐκζητῶν τὸν θεόν.
15:21 Οἷς οὐκ ἀνηγγέλη περὶ αὐτοῦ ὄψονται, καὶ οἳ οὐκ ἀκηκόασιν **συνήσουσιν.**

2Co 10:12 ἀλλὰ αὐτοὶ ἐν ἑαυτοῖς ἑαυτοὺς μετροῦντες καὶ συγκρίνοντες ἑαυτοὺς ἑαυτοῖς οὐ **συνιᾶσιν.**
Eph 5:17 διὰ τοῦτο μὴ γίνεσθε ἄφρονες, ἀλλὰ **συνίετε** τί τὸ θέλημα τοῦ κυρίου.

5318 συνιστάω Not used in UBS/NIV

√ 5250 + 2705

5319 συνίστημι [16]

√ 5250 + 2705

Lk 9:32 διαγρηγορήσαντες δὲ εἶδον τὴν δόξαν αὐτοῦ καὶ τοὺς δύο ἄνδρας τοὺς **συνεστῶτας** αὐτῷ.
Ro 3: 5 εἰ δὲ ἡ ἀδικία ἡμῶν θεοῦ δικαιοσύνην **συνίστησιν,**
5: 8 **συνίστησιν** δὲ τὴν ἑαυτοῦ ἀγάπην εἰς ἡμᾶς ὁ θεός,
16: 1 **Συνίστημι** δὲ ὑμῖν Φοίβην τὴν ἀδελφὴν ἡμῶν, οὖσαν [καὶ] διάκονον τῆς ἐκκλησίας τῆς ἐν Κεγχρεαῖς,
2Co 3: 1 Ἀρχόμεθα πάλιν ἑαυτοὺς **συνιστάνειν;** ἢ μὴ χρῄζομεν ὥς τινες συστατικῶν ἐπιστολῶν πρὸς ὑμᾶς ἢ ἐξ ὑμῶν;
4: 2 ἀλλὰ τῇ φανερώσει τῆς ἀληθείας **συνιστάνοντες** ἑαυτοὺς πρὸς πᾶσαν συνείδησιν ἀνθρώπων ἐνώπιον τοῦ θεοῦ.
5:12 οὐ πάλιν ἑαυτοὺς **συνιστάνομεν** ὑμῖν ἀλλὰ ἀφορμὴν διδόντες ὑμῖν καυχήματος ὑπὲρ ἡμῶν,
6: 4 ἀλλ' ἐν παντὶ **συνιστάντες** ἑαυτοὺς ὡς θεοῦ διάκονοι,
7:11 ἐν παντὶ **συνεστήσατε** ἑαυτοὺς ἁγνοὺς εἶναι τῷ πράγματι.
10:12 Οὐ γὰρ τολμῶμεν ἐγκρῖναι ἢ συγκρῖναι ἑαυτούς τισιν τῶν ἑαυτοὺς **συνιστανόντων,**
10:18 οὐ γὰρ ὁ ἑαυτὸν **συνιστάνων,** ἐκεῖνός ἐστιν δόκιμος, ἀλλὰ ὃν ὁ κύριος **συνίστησιν.**
12:11 ἐγὼ γὰρ ὤφειλον ὑφ' ὑμῶν **συνίστασθαι·** οὐδὲν γὰρ ὑστέρησα τῶν ὑπερλίαν ἀποστόλων εἰ καὶ οὐδέν εἰμι.
Gal 2:18 εἰ γὰρ ἃ κατέλυσα ταῦτα πάλιν οἰκοδομῶ, παραβάτην ἐμαυτὸν **συνιστάνω.**
Col 1:17 καὶ αὐτός ἐστιν πρὸ πάντων καὶ τὰ πάντα ἐν αὐτῷ **συνέστηκεν,**
2Pe 3: 5 λανθάνει γὰρ αὐτοὺς τοῦτο θέλοντας ὅτι οὐρανοὶ ἦσαν ἔκπαλαι καὶ γῆ ἐξ ὕδατος καὶ δι' ὕδατος **συνεστῶσα** τῷ τοῦ θεοῦ λόγῳ,

5320 συνίω Not used in UBS/NIV

√ 918; cf. 5250

5321 συνοδεύω [1]

√ 5250 + 3847

Ac 9: 7 οἱ δὲ ἄνδρες οἱ **συνοδεύοντες** αὐτῷ εἱστήκεισαν ἐνεοί,

5322 συνοδία [1]

√ 5250 + 3847

Lk 2:44 νομίσαντες δὲ αὐτὸν εἶναι ἐν τῇ **συνοδίᾳ** ἦλθον ἡμέρας ὁδὸν καὶ ἀνεζήτουν αὐτὸν ἐν τοῖς συγγενεῦσιν καὶ τοῖς γνωστοῖς,

5323 σύνοιδα [2]

√ 5250 + 3857

Ac 5: 2 καὶ ἐνοσφίσατο ἀπὸ τῆς τιμῆς, **συνειδυίης** καὶ τῆς γυναικός,
1Co 4: 4 οὐδὲν γὰρ ἐμαυτῷ **σύνοιδα,** ἀλλ' οὐκ ἐν τούτῳ δεδικαίωμαι,

5324 συνοικέω [1]

√ 5250 + 3875

1Pe 3: 7 **συνοικοῦντες** κατὰ γνῶσιν ὡς ἀσθενεστέρῳ σκεύει τῷ γυναικείῳ,

5325 συνοικοδομέω [1]

√ 5250 + 3875 + 1560

Eph 2:22 ἐν ᾧ καὶ ὑμεῖς **συνοικοδομεῖσθε** εἰς κατοικητήριον τοῦ θεοῦ ἐν πνεύματι.

5326 συνομιλέω [1]

√ 5250 + 3917

Ac 10:27 καὶ **συνομιλῶν** αὐτῷ εἰσῆλθεν καὶ εὑρίσκει συνεληλυθότας πολλούς,

5327 συνομορέω [1]

√ 5250 + 3927 + 4000

Ac 18: 7 εἰσῆλθεν εἰς οἰκίαν τινὸς ὀνόματι Τιτίου Ἰούστου σεβομένου τὸν θεόν, οὗ ἡ οἰκία ἦν **συνομοροῦσα** τῇ συναγωγῇ.

5328 συνοράω [2]

√ 5250 + 3972

Ac 12:12 **συνιδών** τε ἦλθεν ἐπὶ τὴν οἰκίαν τῆς Μαρίας τῆς μητρὸς Ἰωάννου τοῦ ἐπικαλουμένου Μάρκου,
14: 6 **συνιδόντες** κατέφυγον εἰς τὰς πόλεις τῆς Λυκαονίας Λύστραν καὶ Δέρβην καὶ τὴν περίχωρον,

5329 συνορία Not used in UBS/NIV

√ 5250 + 4000

5330 συνοχή [2]

√ 5250 + 2400

Lk 21:25 καὶ ἐπὶ τῆς γῆς **συνοχὴ** ἐθνῶν ἐν ἀπορίᾳ ἤχους θαλάσσης καὶ σάλου,
2Co 2: 4 ἐκ γὰρ πολλῆς θλίψεως καὶ **συνοχῆς** καρδίας ἔγραψα ὑμῖν διὰ πολλῶν δακρύων,

5331 συνταράσσω Not used in UBS/NIV

√ 5250 + 5429

5332 συντάσσω [3]

√ 5250 + 5435

Mt 21: 6 πορευθέντες δὲ οἱ μαθηταὶ καὶ ποιήσαντες καθὼς **συνέταξεν** αὐτοῖς ὁ Ἰησοῦς
26:19 καὶ ἐποίησαν οἱ μαθηταὶ ὡς **συνέταξεν** αὐτοῖς ὁ Ἰησοῦς καὶ ἡτοίμασαν τὸ πάσχα.
27:10 καὶ ἔδωκαν αὐτὰ εἰς τὸν ἀγρὸν τοῦ κεραμέως, καθὰ **συνέταξέν** μοι κύριος.

5333 συντέλεια [6]

√ 5250 + 5465

Mt 13:39 ὁ δὲ θερισμὸς **συντέλεια** αἰῶνός ἐστιν, οἱ δὲ θερισταὶ ἄγγελοί εἰσιν.
13:40 ὥσπερ οὖν συλλέγεται τὰ ζιζάνια καὶ πυρὶ [κατα]καίεται, οὕτως ἔσται ἐν τῇ **συντελείᾳ** τοῦ αἰῶνος·
13:49 οὕτως ἔσται ἐν τῇ **συντελείᾳ** τοῦ αἰῶνος· ἐξελεύσονται οἱ ἄγγελοι καὶ ἀφοριοῦσιν τοὺς πονηροὺς ἐκ μέσου τῶν δικαίων
24: 3 Εἰπὲ ἡμῖν πότε ταῦτα ἔσται καὶ τί τὸ σημεῖον τῆς σῆς παρουσίας καὶ **συντελείας** τοῦ αἰῶνος;
28:20 καὶ ἰδοὺ ἐγὼ μεθ' ὑμῶν εἰμι πάσας τὰς ἡμέρας ἕως τῆς **συντελείας** τοῦ αἰῶνος.
Heb 9:26 νυνὶ δὲ ἅπαξ ἐπὶ **συντελείᾳ** τῶν αἰώνων εἰς ἀθέτησιν [τῆς] ἁμαρτίας διὰ τῆς θυσίας αὐτοῦ πεφανέρωται.

5334 συντελέω [6]

√ 5250 + 5465

Mk 13: 4 πότε ταῦτα ἔσται καὶ τί τὸ σημεῖον ὅταν μέλλῃ ταῦτα **συντελεῖσθαι** πάντα;
Lk 4: 2 καὶ οὐκ ἔφαγεν οὐδὲν ἐν ταῖς ἡμέραις ἐκείναις καὶ **συντελεσθεισῶν** αὐτῶν ἐπείνασεν.
4:13 Καὶ **συντελέσας** πάντα πειρασμὸν ὁ διάβολος ἀπέστη ἀπ' αὐτοῦ ἄχρι καιροῦ.
Ac 21:27 Ὡς δὲ ἔμελλον αἱ ἑπτὰ ἡμέραι **συντελεῖσθαι,** οἱ ἀπὸ τῆς Ἀσίας Ἰουδαῖοι θεασάμενοι αὐτὸν ἐν τῷ ἱερῷ συνέχεον πάντα τὸν ὄχλον καὶ ἐπέβαλον ἐπ' αὐτὸν τὰς χεῖρας

Ro 9:28 λόγον γὰρ **συντελῶν** καὶ συντέμνων ποιήσει κύριος ἐπὶ τῆς γῆς.
Heb 8: 8 καὶ **συντελέσω** ἐπὶ τὸν οἶκον Ἰσραὴλ καὶ ἐπὶ τὸν οἶκον Ἰούδα διαθήκην καινήν,

5335 συντέμνω [1]

√ *5250 + 5533*

Ro 9:28 λόγον γὰρ συντελῶν καὶ **συντέμνων** ποιήσει κύριος ἐπὶ τῆς γῆς.

5336 συντεχνίτης Not used in UBS/NIV

√ *5250 + 5492*

5337 συντηρέω [3]

√ *5250 + 5498*

Mt 9:17 ἀλλὰ βάλλουσιν οἶνον νέον εἰς ἀσκοὺς καινούς, καὶ ἀμφότεροι **συντηροῦνται.**
Mk 6:20 καὶ **συνετήρει** αὐτόν, καὶ ἀκούσας αὐτοῦ πολλὰ ἠπόρει,
Lk 2:19 ἡ δὲ Μαριὰμ πάντα **συνετήρει** τὰ ῥήματα ταῦτα συμβάλλουσα ἐν τῇ καρδίᾳ αὐτῆς.

5338 συντίθημι [3]

√ *5250 + 5502*

Lk 22: 5 καὶ ἐχάρησαν καὶ **συνέθεντο** αὐτῷ ἀργύριον δοῦναι.
Jn 9:22 ἤδη γὰρ **συνετέθειντο** οἱ Ἰουδαῖοι ἵνα ἐάν τις αὐτὸν ὁμολογήσῃ Χριστόν,
Ac 23:20 εἶπεν δὲ ὅτι Οἱ Ἰουδαῖοι **συνέθεντο** τοῦ ἐρωτῆσαί σε ὅπως αὔριον τὸν Παῦλον καταγάγῃς εἰς τὸ συνέδριον

5339 συντόμως [2 / 1]

√ *5250 + 5533*

Mk 16: S ⟦Πάντα δὲ τὰ παρηγγελμένα τοῖς περὶ τὸν Πέτρον **συντόμως**[NIV-] ἐξήγγειλαν.⟧
Ac 24: 4 παρακαλῶ ἀκοῦσαί σε ἡμῶν **συντόμως** τῇ σῇ ἐπιεικείᾳ.

5340 συντρέχω [3]

√ *5250 + 5556*

Mk 6:33 καὶ εἶδον αὐτοὺς ὑπάγοντας καὶ ἐπέγνωσαν πολλοὶ καὶ πεζῇ ἀπὸ πασῶν τῶν πόλεων **συνέδραμον** ἐκεῖ καὶ προῆλθον αὐτούς.
Ac 3:11 Κρατοῦντος δὲ αὐτοῦ τὸν Πέτρον καὶ τὸν Ἰωάννην **συνέδραμεν** πᾶς ὁ λαὸς πρὸς αὐτοὺς ἐπὶ τῇ στοᾷ τῇ καλουμένῃ Σολομῶντος ἔκθαμβοι.
1Pe 4: 4 ἐν ᾧ ξενίζονται μὴ **συντρεχόντων** ὑμῶν εἰς τὴν αὐτὴν τῆς ἀσωτίας ἀνάχυσιν βλασφημοῦντες,

5341 συντρίβω [7]

√ *5250 + 5561*

Mt 12:20 κάλαμον **συντετριμμένον** οὐ κατεάξει καὶ λίνον τυφόμενον οὐ σβέσει,
Mk 5: 4 πολλάκις πέδαις καὶ ἁλύσεσιν δεδέσθαι καὶ διεσπάσθαι ὑπ' αὐτοῦ τὰς ἁλύσεις καὶ τὰς πέδας **συντετρῖφθαι,**
14: 3 κατακειμένου αὐτοῦ ἦλθεν γυνὴ ἔχουσα ἀλάβαστρον μύρου νάρδου πιστικῆς πολυτελοῦς, **συντρίψασα** τὴν ἀλάβαστρον κατέχεεν αὐτοῦ τῆς κεφαλῆς.
Lk 9:39 καὶ ἰδοὺ πνεῦμα λαμβάνει αὐτὸν καὶ ἐξαίφνης κράζει καὶ σπαράσσει αὐτὸν μετὰ ἀφροῦ καὶ μόγις ἀποχωρεῖ ἀπ' αὐτοῦ **συντρῖβον** αὐτόν·
Jn 19:36 ἐγένετο γὰρ ταῦτα ἵνα ἡ γραφὴ πληρωθῇ, Ὀστοῦν οὐ **συντριβήσεται** αὐτοῦ.
Ro 16:20 ὁ δὲ θεὸς τῆς εἰρήνης **συντρίψει** τὸν Σατανᾶν ὑπὸ τοὺς πόδας ὑμῶν ἐν τάχει.
Rev 2:27 καὶ ποιμανεῖ αὐτοὺς ἐν ῥάβδῳ σιδηρᾷ ὡς τὰ σκεύη τὰ κεραμικὰ **συντρίβεται,**

5342 σύντριμμα [1]

√ *5250 + 5561*

Ro 3:16 **σύντριμμα** καὶ ταλαιπωρία ἐν ταῖς ὁδοῖς αὐτῶν,

5343 σύντροφος [1]

√ *5250 + 5555*

Ac 13: 1 Μαναήν τε Ἡρῴδου τοῦ τετραάρχου **σύντροφος** καὶ Σαῦλος.

5344 συντυγχάνω [1]

√ *5250 + 5593*

Lk 8:19 Παρεγένετο δὲ πρὸς αὐτὸν ἡ μήτηρ καὶ οἱ ἀδελφοὶ αὐτοῦ καὶ οὐκ ἠδύναντο **συντυχεῖν** αὐτῷ διὰ τὸν ὄχλον.

5345 Συντύχη [1]

√ *5250 + 5593*

Php 4: 2 Εὐοδίαν παρακαλῶ καὶ **Συντύχην** παρακαλῶ τὸ αὐτὸ φρονεῖν ἐν κυρίῳ.

5346 συντυχία Not used in UBS/NIV

√ *5250 + 5593*

5347 συνυποκρίνομαι [1]

√ *5250 + 5679 + 3212*

Gal 2:13 καὶ **συνυπεκρίθησαν** αὐτῷ [καὶ] οἱ λοιποὶ Ἰουδαῖοι, ὥστε καὶ Βαρναβᾶς συναπήχθη αὐτῶν τῇ ὑποκρίσει.

5348 συνυπουργέω [1]

√ *5250 + 5679 + 2240*

2Co 1:11 **συνυπουργούντων** καὶ ὑμῶν ὑπὲρ ἡμῶν τῇ δεήσει, ἵνα ἐκ πολλῶν προσώπων τὸ εἰς ἡμᾶς χάρισμα διὰ πολλῶν εὐχαριστηθῇ ὑπὲρ ἡμῶν.

5349 συνωδίνω [1]

√ *5250 + 6047*

Ro 8:22 οἴδαμεν γὰρ ὅτι πᾶσα ἡ κτίσις συστενάζει καὶ **συνωδίνει** ἄχρι τοῦ νῦν·

5350 συνωμοσία [1]

√ *5250 + 3923*

Ac 23:13 ἦσαν δὲ πλείους τεσσεράκοντα οἱ ταύτην τὴν **συνωμοσίαν** ποιησάμενοι,

5351 Σύρα Not used in UBS/NIV

√ *5354*

5352 Συράκουσαι [1]

Ac 28:12 καὶ καταχθέντες εἰς **Συρακούσας** ἐπεμείναμεν ἡμέρας τρεῖς,

5353 Συρία [8]

√ *5354*

Mt 4:24 καὶ ἀπῆλθεν ἡ ἀκοὴ αὐτοῦ εἰς ὅλην τὴν **Συρίαν·**
Lk 2: 2 αὕτη ἀπογραφὴ πρώτη ἐγένετο ἡγεμονεύοντος τῆς **Συρίας** Κυρηνίου.
Ac 15:23 Οἱ ἀπόστολοι καὶ οἱ πρεσβύτεροι ἀδελφοὶ τοῖς κατὰ τὴν Ἀντιόχειαν καὶ **Συρίαν** καὶ Κιλικίαν ἀδελφοῖς τοῖς ἐξ ἐθνῶν
15:41 διήρχετο δὲ τὴν **Συρίαν** καὶ [τὴν] Κιλικίαν ἐπιστηρίζων τὰς ἐκκλησίας.
18:18 Ὁ δὲ Παῦλος ἔτι προσμείνας ἡμέρας ἱκανὰς τοῖς ἀδελφοῖς ἀποταξάμενος ἐξέπλει εἰς τὴν **Συρίαν,**
20: 3 γενομένης ἐπιβουλῆς αὐτῷ ὑπὸ τῶν Ἰουδαίων μέλλοντι ἀνάγεσθαι εἰς τὴν **Συρίαν,**
21: 3 ἀναφάναντες δὲ τὴν Κύπρον καὶ καταλιπόντες αὐτὴν εὐώνυμον ἐπλέομεν εἰς **Συρίαν** καὶ κατήλθομεν εἰς Τύρον·
Gal 1:21 ἔπειτα ἦλθον εἰς τὰ κλίματα τῆς **Συρίας** καὶ τῆς Κιλικίας·

5354 Σύρος [1]

→ *5351, 5353, 5355, 5356*

Lk 4:27 καὶ οὐδεὶς αὐτῶν ἐκαθαρίσθη εἰ μὴ Ναιμὰν ὁ **Σύρος.**

5355 Συροφοινίκισσα [1]

√ 5354 + 5836

Mk 7:26 ἡ δὲ γυνὴ ἦν Ἑλληνίς, **Συροφοινίκισσα** τῷ γένει·

5356 Συροφοίνισσα Not used in UBS/NIV

√ 5354 + 5836

5357 συρρήγνυμι Not used in UBS/NIV

√ 5250 + 4838

5358 Σύρτις [1]

√ 5359

Ac 27:17 φοβούμενοί τε μὴ εἰς τὴν **Σύρτιν** ἐκπέσωσιν, χαλάσαντες τὸ σκεῦος,

5359 σύρω [5]

→ 2955, 5358

Jn 21: 8 οὐ γὰρ ἦσαν μακρὰν ἀπὸ τῆς γῆς ἀλλὰ ὡς ἀπὸ πηχῶν διακοσίων, **σύροντες** τὸ δίκτυον τῶν ἰχθύων.

Ac 8: 3 **σύρων** τε ἄνδρας καὶ γυναῖκας παρεδίδου εἰς φυλακήν.

14:19 Ἰουδαῖοι καὶ πείσαντες τοὺς ὄχλους καὶ λιθάσαντες τὸν Παῦλον **ἔσυρον** ἔξω τῆς πόλεως νομίζοντες αὐτὸν τεθνηκέναι.

17: 6 μὴ εὑρόντες δὲ αὐτοὺς **ἔσυρον** Ἰάσονα καί τινας ἀδελφοὺς ἐπὶ τοὺς πολιτάρχας βοῶντες

Rev 12: 4 καὶ ἡ οὐρὰ αὐτοῦ **σύρει** τὸ τρίτον τῶν ἀστέρων τοῦ οὐρανοῦ καὶ ἔβαλεν αὐτοὺς εἰς τὴν γῆν.

5360 συσπαράσσω [2]

√ 5250 + 5060

Mk 9:20 καὶ ἰδὼν αὐτὸν τὸ πνεῦμα εὐθὺς **συνεσπάραξεν** αὐτόν,

Lk 9:42 ἔτι δὲ προσερχομένου αὐτοῦ ἔρρηξεν αὐτὸν τὸ δαιμόνιον καὶ **συνεσπάραξεν**·

5361 σύσσημον [1]

√ 5250 + 4956

Mk 14:44 δεδώκει δὲ ὁ παραδιδοὺς αὐτὸν **σύσσημον** αὐτοῖς λέγων,

5362 σύσσωμος [1]

√ 5250 + 5393

Eph 3: 6 εἶναι τὰ ἔθνη συγκληρονόμα καὶ **σύσσωμα** καὶ συμμέτοχα τῆς ἐπαγγελίας ἐν Χριστῷ Ἰησοῦ διὰ τοῦ εὐαγγελίου,

5363 συστασιαστής Not used in UBS/NIV

√ 5250 + 2705

5364 συστατικός [1]

√ 5250 + 2705

2Co 3: 1 ἢ μὴ χρῄζομεν ὥς τινες **συστατικῶν** ἐπιστολῶν πρὸς ὑμᾶς ἢ ἐξ ὑμῶν;

5365 συσταυρόω [5]

√ 5250 + 5089

Mt 27:44 τὸ δ' αὐτὸ καὶ οἱ λῃσταὶ οἱ **συσταυρωθέντες** σὺν αὐτῷ ὠνείδιζον αὐτόν.

Mk 15:32 ἵνα ἴδωμεν καὶ πιστεύσωμεν. καὶ οἱ **συνεσταυρωμένοι** σὺν αὐτῷ ὠνείδιζον αὐτόν.

Jn 19:32 ἦλθον οὖν οἱ στρατιῶται καὶ τοῦ μὲν πρώτου κατέαξαν τὰ σκέλη καὶ τοῦ ἄλλου τοῦ **συσταυρωθέντος** αὐτῷ·

Ro 6: 6 τοῦτο γινώσκοντες ὅτι ὁ παλαιὸς ἡμῶν ἄνθρωπος **συνεσταυρώθη,**

Gal 2:19 ἐγὼ γὰρ διὰ νόμου νόμῳ ἀπέθανον, ἵνα θεῷ ζήσω. Χριστῷ **συνεσταύρωμαι**·

5366 συστέλλω [2]

√ 5250 + 5097

Ac 5: 6 ἀναστάντες δὲ οἱ νεώτεροι **συνέστειλαν** αὐτὸν καὶ ἐξενέγκαντες ἔθαψαν.

1Co 7:29 τοῦτο δέ φημι, ἀδελφοί, ὁ καιρὸς **συνεσταλμένος** ἐστίν·

5367 συστενάζω [1]

√ 5250 + 5101

Ro 8:22 οἴδαμεν γὰρ ὅτι πᾶσα ἡ κτίσις **συστενάζει** καὶ συνωδίνει ἄχρι τοῦ νῦν·

5368 συστοιχέω [1]

√ 5250 + 5123

Gal 4:25 **συστοιχεῖ** δὲ τῇ νῦν Ἰερουσαλήμ, δουλεύει γὰρ μετὰ τῶν τέκνων αὐτῆς.

5369 συστρατιώτης [2]

√ 5250 + 5131

Php 2:25 Ἀναγκαῖον δὲ ἡγησάμην Ἐπαφρόδιτον τὸν ἀδελφὸν καὶ συνεργὸν καὶ **συστρατιώτην** μου,

Phm 1: 2 καὶ Ἀπφίᾳ τῇ ἀδελφῇ καὶ Ἀρχίππῳ τῷ **συστρατιώτῃ** ἡμῶν καὶ τῇ κατ' οἶκόν σου ἐκκλησίᾳ,

5370 συστρέφω [2]

√ 5250 + 5138

Mt 17:22 **Συστρεφομένων** δὲ αὐτῶν ἐν τῇ Γαλιλαίᾳ εἶπεν αὐτοῖς ὁ Ἰησοῦς,

Ac 28: 3 **συστρέψαντος** δὲ τοῦ Παύλου φρυγάνων τι πλῆθος καὶ ἐπιθέντος ἐπὶ τὴν πυράν,

5371 συστροφή [2]

√ 5250 + 5138

Ac 19:40 μηδενὸς αἰτίου ὑπάρχοντος περὶ οὗ [οὐ] δυνησόμεθα ἀποδοῦναι λόγον περὶ τῆς **συστροφῆς** ταύτης.

23:12 Γενομένης δὲ ἡμέρας ποιήσαντες **συστροφὴν** οἱ Ἰουδαῖοι ἀνεθεμάτισαν ἑαυτοὺς λέγοντες μήτε φαγεῖν μήτε πιεῖν ἕως οὗ ἀποκτείνωσιν τὸν Παῦλον.

5372 συσχηματίζω [2]

√ 5250 + 5386

Ro 12: 2 καὶ μὴ **συσχηματίζεσθε** τῷ αἰῶνι τούτῳ, ἀλλὰ μεταμορφοῦσθε τῇ ἀνακαινώσει τοῦ νοὸς εἰς τὸ δοκιμάζειν ὑμᾶς τί τὸ θέλημα τοῦ θεοῦ,

1Pe 1:14 ὡς τέκνα ὑπακοῆς μὴ **συσχηματιζόμενοι** ταῖς πρότερον ἐν τῇ ἀγνοίᾳ ὑμῶν ἐπιθυμίαις

5373 Συχάρ [1]

→ 4993

Jn 4: 5 ἔρχεται οὖν εἰς πόλιν τῆς Σαμαρείας λεγομένην **Συχὰρ** πλησίον τοῦ χωρίου ὃ ἔδωκεν Ἰακὼβ [τῷ] Ἰωσὴφ τῷ υἱῷ αὐτοῦ·

5374 Συχέμ [2]

Ac 7:16 καὶ μετετέθησαν εἰς **Συχὲμ** καὶ ἐτέθησαν ἐν τῷ μνήματι ᾧ ὠνήσατο Ἀβραὰμ τιμῆς ἀργυρίου παρὰ τῶν υἱῶν Ἑμμὼρ ἐν **Συχέμ.**

5375 σφαγή [3]

√ 5377

ἡμέρα σφαγῆς [1] Jas 5:5

Ac 8:32 Ὡς πρόβατον ἐπὶ **σφαγὴν** ἤχθη καὶ ὡς ἀμνὸς ἐναντίον τοῦ κείραντος αὐτὸν ἄφωνος,

Ro 8:36 καθὼς γέγραπται ὅτι Ἕνεκεν σοῦ θανατούμεθα ὅλην τὴν ἡμέραν, ἐλογίσθημεν ὡς πρόβατα **σφαγῆς.**

Jas 5: 5 ἐτρυφήσατε ἐπὶ τῆς γῆς καὶ ἐσπαταλήσατε, ἐθρέψατε τὰς καρδίας ὑμῶν ἐν ἡμέρᾳ **σφαγῆς,**

5376 σφάγιον [1]

√ 5377

Ac 7:42 Μὴ **σφάγια** καὶ θυσίας προσηνέγκατέ μοι ἔτη τεσσεράκοντα ἐν τῇ ἐρήμῳ,

5377 σφάζω [10]

→ 2956, 2957, 5375, 5376

1Jn 3:12 οὐ καθὼς Κάϊν ἐκ τοῦ πονηροῦ ἦν καὶ **ἔσφαξεν** τὸν ἀδελφὸν αὐτοῦ· καὶ χάριν τίνος **ἔσφαξεν** αὐτόν;

Rev 5: 6 ἀρνίον ἑστηκὸς ὡς **ἐσφαγμένον** ἔχων κέρατα ἑπτὰ καὶ ὀφθαλμοὺς ἑπτὰ οἵ εἰσιν τὰ [ἑπτὰ] πνεύματα τοῦ θεοῦ

5: 9 ὅτι **ἐσφάγης** καὶ ἠγόρασας τῷ θεῷ ἐν τῷ αἵματί σου ἐκ πάσης φυλῆς καὶ γλώσσης καὶ λαοῦ καὶ ἔθνους

5:12 Ἄξιόν ἐστιν τὸ ἀρνίον τὸ **ἐσφαγμένον** λαβεῖν τὴν δύναμιν καὶ πλοῦτον καὶ σοφίαν καὶ ἰσχὺν καὶ τιμὴν καὶ δόξαν καὶ εὐλογίαν.

6: 4 καὶ τῷ καθημένῳ ἐπ᾽ αὐτὸν ἐδόθη αὐτῷ λαβεῖν τὴν εἰρήνην ἐκ τῆς γῆς καὶ ἵνα ἀλλήλους **σφάξουσιν** καὶ ἐδόθη αὐτῷ μάχαιρα μεγάλη.

6: 9 εἶδον ὑποκάτω τοῦ θυσιαστηρίου τὰς ψυχὰς τῶν **ἐσφαγμένων** διὰ τὸν λόγον τοῦ θεοῦ καὶ διὰ τὴν μαρτυρίαν ἣν εἶχον.

13: 3 καὶ μίαν ἐκ τῶν κεφαλῶν αὐτοῦ ὡς **ἐσφαγμένην** εἰς θάνατον,

13: 8 οὗ οὐ γέγραπται τὸ ὄνομα αὐτοῦ ἐν τῷ βιβλίῳ τῆς ζωῆς τοῦ ἀρνίου τοῦ **ἐσφαγμένου** ἀπὸ καταβολῆς κόσμου.

18:24 καὶ ἐν αὐτῇ αἷμα προφητῶν καὶ ἁγίων εὑρέθη καὶ πάντων τῶν **ἐσφαγμένων** ἐπὶ τῆς γῆς.

5378 σφάλλω Not used in UBS/NIV

→ 854, 855, 856, 857, 2195

5379 σφόδρα [11]

→ 5380

Mt 2:10 ἰδόντες δὲ τὸν ἀστέρα ἐχάρησαν χαρὰν μεγάλην **σφόδρα.**

17: 6 καὶ ἀκούσαντες οἱ μαθηταὶ ἔπεσαν ἐπὶ πρόσωπον αὐτῶν καὶ ἐφοβήθησαν **σφόδρα.**

17:23 καὶ τῇ τρίτῃ ἡμέρᾳ ἐγερθήσεται. καὶ ἐλυπήθησαν **σφόδρα.**

18:31 ἰδόντες οὖν οἱ σύνδουλοι αὐτοῦ τὰ γενόμενα ἐλυπήθησαν **σφόδρα** καὶ ἐλθόντες διεσάφησαν τῷ κυρίῳ ἑαυτῶν πάντα

19:25 ἀκούσαντες δὲ οἱ μαθηταὶ ἐξεπλήσσοντο **σφόδρα** λέγοντες, Τίς ἄρα δύναται σωθῆναι;

26:22 καὶ λυπούμενοι **σφόδρα** ἤρξαντο λέγειν αὐτῷ εἷς ἕκαστος,

27:54 Ὁ δὲ ἑκατόνταρχος καὶ οἱ μετ᾽ αὐτοῦ τηροῦντες τὸν Ἰησοῦν ἰδόντες τὸν σεισμὸν καὶ τὰ γενόμενα ἐφοβήθησαν **σφόδρα,**

Mk 16: 4 καὶ ἀναβλέψασαι θεωροῦσιν ὅτι ἀποκεκύλισται ὁ λίθος· ἦν γὰρ μέγας **σφόδρα.**

Lk 18:23 ὁ δὲ ἀκούσας ταῦτα περίλυπος ἐγενήθη· ἦν γὰρ πλούσιος **σφόδρα.**

Ac 6: 7 Καὶ ὁ λόγος τοῦ θεοῦ ηὔξανεν καὶ ἐπληθύνετο ὁ ἀριθμὸς τῶν μαθητῶν ἐν Ἰερουσαλὴμ **σφόδρα,**

Rev 16:21 καὶ ἐβλασφήμησαν οἱ ἄνθρωποι τὸν θεὸν ἐκ τῆς πληγῆς τῆς χαλάζης, ὅτι μεγάλη ἐστὶν ἡ πληγὴ αὐτῆς **σφόδρα.**

5380 σφοδρῶς [1]

√ 5379

Ac 27:18 **σφοδρῶς** δὲ χειμαζομένων ἡμῶν τῇ ἑξῆς ἐκβολὴν ἐποιοῦντο

5381 σφραγίζω [15]

√ 5382

Mt 27:66 οἱ δὲ πορευθέντες ἠσφαλίσαντο τὸν τάφον **σφραγίσαντες** τὸν λίθον μετὰ τῆς κουστωδίας.

Jn 3:33 ὁ λαβὼν αὐτοῦ τὴν μαρτυρίαν **ἐσφράγισεν** ὅτι ὁ θεὸς ἀληθής ἐστιν.

6:27 ἣν ὁ υἱὸς τοῦ ἀνθρώπου ὑμῖν δώσει· τοῦτον γὰρ ὁ πατὴρ **ἐσφράγισεν** ὁ θεός.

Ro 15:28 τοῦτο οὖν ἐπιτελέσας καὶ **σφραγισάμενος** αὐτοῖς τὸν καρπὸν τοῦτον,

2Co 1:22 ὁ καὶ **σφραγισάμενος** ἡμᾶς καὶ δοὺς τὸν ἀρραβῶνα τοῦ πνεύματος ἐν ταῖς καρδίαις ἡμῶν.

Eph 1:13 ἐν ᾧ καὶ πιστεύσαντες **ἐσφραγίσθητε** τῷ πνεύματι τῆς ἐπαγγελίας τῷ ἁγίῳ,

4:30 καὶ μὴ λυπεῖτε τὸ πνεῦμα τὸ ἅγιον τοῦ θεοῦ, ἐν ᾧ **ἐσφραγίσθητε** εἰς ἡμέραν ἀπολυτρώσεως.

Rev 7: 3 ἄχρι **σφραγίσωμεν** τοὺς δούλους τοῦ θεοῦ ἡμῶν ἐπὶ τῶν μετώπων αὐτῶν.

7: 4 καὶ ἤκουσα τὸν ἀριθμὸν τῶν **ἐσφραγισμένων,** ἑκατὸν τεσσεράκοντα τέσσαρες χιλιάδες, **ἐσφραγισμένοι** ἐκ πάσης φυλῆς υἱῶν Ἰσραήλ·

7: 5 ἐκ φυλῆς Ἰούδα δώδεκα χιλιάδες **ἐσφραγισμένοι,** ἐκ φυλῆς Ῥουβὴν δώδεκα χιλιάδες,

7: 8 ἐκ φυλῆς Ἰωσὴφ δώδεκα χιλιάδες, ἐκ φυλῆς Βενιαμὶν δώδεκα χιλιάδες **ἐσφραγισμένοι.**

10: 4 **Σφράγισον** ἃ ἐλάλησαν αἱ ἑπτὰ βρονταί, καὶ μὴ αὐτὰ γράψῃς.

20: 3 καὶ ἔβαλεν αὐτὸν εἰς τὴν ἄβυσσον καὶ ἔκλεισεν καὶ **ἐσφράγισεν** ἐπάνω αὐτοῦ,

22:10 Μὴ **σφραγίσῃς** τοὺς λόγους τῆς προφητείας τοῦ βιβλίου τούτου,

5382 σφραγίς [16]

→ 2958, 5381

Ro 4:11 καὶ σημεῖον ἔλαβεν περιτομῆς **σφραγῖδα** τῆς δικαιοσύνης τῆς πίστεως τῆς ἐν τῇ ἀκροβυστίᾳ,

1Co 9: 2 ἡ γὰρ **σφραγίς** μου τῆς ἀποστολῆς ὑμεῖς ἐστε ἐν κυρίῳ.

2Ti 2:19 ὁ μέντοι στερεὸς θεμέλιος τοῦ θεοῦ ἕστηκεν, ἔχων τὴν **σφραγῖδα** ταύτην·

Rev 5: 1 Καὶ εἶδον ἐπὶ τὴν δεξιὰν τοῦ καθημένου ἐπὶ τοῦ θρόνου βιβλίον γεγραμμένον ἔσωθεν καὶ ὄπισθεν κατεσφραγισμένον **σφραγῖσιν** ἑπτά.

5: 2 Τίς ἄξιος ἀνοῖξαι τὸ βιβλίον καὶ λῦσαι τὰς **σφραγῖδας** αὐτοῦ;

5: 5 ἀνοῖξαι τὸ βιβλίον καὶ τὰς ἑπτὰ **σφραγῖδας** αὐτοῦ.

5: 9 Ἄξιος εἶ λαβεῖν τὸ βιβλίον καὶ ἀνοῖξαι τὰς **σφραγῖδας** αὐτοῦ,

6: 1 Καὶ εἶδον ὅτε ἤνοιξεν τὸ ἀρνίον μίαν ἐκ τῶν ἑπτὰ **σφραγίδων,**

6: 3 Καὶ ὅτε ἤνοιξεν τὴν **σφραγῖδα** τὴν δευτέραν, ἤκουσα τοῦ δευτέρου ζῴου λέγοντος,

6: 5 Καὶ ὅτε ἤνοιξεν τὴν **σφραγῖδα** τὴν τρίτην, ἤκουσα τοῦ τρίτου ζῴου λέγοντος,

6: 7 Καὶ ὅτε ἤνοιξεν τὴν **σφραγῖδα** τὴν τετάρτην, ἤκουσα φωνὴν τοῦ τετάρτου ζῴου λέγοντος,

6: 9 Καὶ ὅτε ἤνοιξεν τὴν πέμπτην **σφραγῖδα,** εἶδον ὑποκάτω τοῦ θυσιαστηρίου τὰς ψυχὰς τῶν ἐσφαγμένων διὰ τὸν λόγον τοῦ θεοῦ καὶ διὰ τὴν μαρτυρίαν ἣν εἶχον.

6:12 Καὶ εἶδον ὅτε ἤνοιξεν τὴν **σφραγῖδα** τὴν ἕκτην,

7: 2 καὶ εἶδον ἄλλον ἄγγελον ἀναβαίνοντα ἀπὸ ἀνατολῆς ἡλίου ἔχοντα **σφραγῖδα** θεοῦ ζῶντος,

8: 1 Καὶ ὅταν ἤνοιξεν τὴν **σφραγῖδα** τὴν ἑβδόμην, ἐγένετο σιγὴ ἐν τῷ οὐρανῷ ὡς ἡμιώριον.

9: 4 εἰ μὴ τοὺς ἀνθρώπους οἵτινες οὐκ ἔχουσι τὴν **σφραγῖδα** τοῦ θεοῦ ἐπὶ τῶν μετώπων.

5383 σφυδρόν [1]

√ 5384

Ac 3: 7 παραχρῆμα δὲ ἐστερεώθησαν αἱ βάσεις αὐτοῦ καὶ τὰ **σφυδρά,**

5384 σφυρόν Not used in UBS/NIV

→ 5383

5385 σχεδόν [3]

√ 2400

Ac 13:44 Τῷ δὲ ἐρχομένῳ σαββάτῳ **σχεδὸν** πᾶσα ἡ πόλις συνήχθη ἀκοῦσαι τὸν λόγον τοῦ κυρίου.

19:26 καὶ θεωρεῖτε καὶ ἀκούετε ὅτι οὐ μόνον Ἐφέσου ἀλλὰ **σχεδὸν** πάσης τῆς Ἀσίας ὁ Παῦλος οὗτος πείσας μετέστησεν ἱκανὸν ὄχλον λέγων ὅτι οὐκ εἰσὶν θεοὶ οἱ διὰ χειρῶν γινόμενοι.

Heb 9:22 καὶ **σχεδὸν** ἐν αἵματι πάντα καθαρίζεται κατὰ τὸν νόμον καὶ χωρὶς αἱματεκχυσίας οὐ γίνεται ἄφεσις.

5386 σχῆμα [2]

→ *858, 859, 860, 2360, 2361, 2362, 2363, 3571, 5372; cf. 2400*

1Co 7:31 καὶ οἱ χρώμενοι τὸν κόσμον ὡς μὴ καταχρώμενοι· παράγει γὰρ τὸ **σχῆμα** τοῦ κόσμου τούτου.
Php 2: 7 ἐν ὁμοιώματι ἀνθρώπων γενόμενος· καὶ **σχήματι** εὑρεθεὶς ὡς ἄνθρωπος

5387 σχίζω [11]

→ *5388*

Mt 27:51 Καὶ ἰδοὺ τὸ καταπέτασμα τοῦ ναοῦ **ἐσχίσθη** ἀπ' ἄνωθεν ἕως κάτω εἰς δύο καὶ ἡ γῆ ἐσείσθη καὶ αἱ πέτραι **ἐσχίσθησαν,**
Mk 1:10 καὶ εὐθὺς ἀναβαίνων ἐκ τοῦ ὕδατος εἶδεν **σχιζομένους** τοὺς οὐρανοὺς καὶ τὸ πνεῦμα ὡς περιστερὰν καταβαῖνον εἰς αὐτόν·
15:38 Καὶ τὸ καταπέτασμα τοῦ ναοῦ **ἐσχίσθη** εἰς δύο ἀπ' ἄνωθεν ἕως κάτω.
Lk 5:36 Ἔλεγεν δὲ καὶ παραβολὴν πρὸς αὐτοὺς ὅτι Οὐδεὶς ἐπίβλημα ἀπὸ ἱματίου καινοῦ **σχίσας** ἐπιβάλλει ἐπὶ ἱμάτιον παλαιόν· εἰ δὲ μή γε, καὶ τὸ καινὸν **σχίσει** καὶ τῷ παλαιῷ οὐ συμφωνήσει τὸ ἐπίβλημα τὸ ἀπὸ τοῦ καινοῦ.
23:45 τοῦ ἡλίου ἐκλιπόντος, **ἐσχίσθη** δὲ τὸ καταπέτασμα τοῦ ναοῦ μέσον.
Jn 19:24 εἶπαν οὖν πρὸς ἀλλήλους, Μὴ **σχίσωμεν** αὐτόν, ἀλλὰ λάχωμεν περὶ αὐτοῦ τίνος ἔσται·
21:11 μεστὸν ἰχθύων μεγάλων ἑκατὸν πεντήκοντα τριῶν· καὶ τοσούτων ὄντων οὐκ **ἐσχίσθη** τὸ δίκτυον.
Ac 14: 4 **ἐσχίσθη** δὲ τὸ πλῆθος τῆς πόλεως, καὶ οἱ μὲν ἦσαν σὺν τοῖς Ἰουδαίοις,
23: 7 τοῦτο δὲ αὐτοῦ εἰπόντος ἐγένετο στάσις τῶν Φαρισαίων καὶ Σαδδουκαίων καὶ **ἐσχίσθη** τὸ πλῆθος.

5388 σχίσμα [8]

√ *5387*

Mt 9:16 αἴρει γὰρ τὸ πλήρωμα αὐτοῦ ἀπὸ τοῦ ἱματίου καὶ χεῖρον **σχίσμα** γίνεται.
Mk 2:21 αἴρει τὸ πλήρωμα ἀπ' αὐτοῦ τὸ καινὸν τοῦ παλαιοῦ καὶ χεῖρον **σχίσμα** γίνεται.
Jn 7:43 **σχίσμα** οὖν ἐγένετο ἐν τῷ ὄχλῳ δι' αὐτόν·
9:16 Πῶς δύναται ἄνθρωπος ἁμαρτωλὸς τοιαῦτα σημεῖα ποιεῖν; καὶ **σχίσμα** ἦν ἐν αὐτοῖς.
10:19 **Σχίσμα** πάλιν ἐγένετο ἐν τοῖς Ἰουδαίοις διὰ τοὺς λόγους τούτους.
1Co 1:10 ἵνα τὸ αὐτὸ λέγητε πάντες καὶ μὴ ᾖ ἐν ὑμῖν **σχίσματα,**
11:18 πρῶτον μὲν γὰρ συνερχομένων ὑμῶν ἐν ἐκκλησίᾳ ἀκούω **σχίσματα** ἐν ὑμῖν ὑπάρχειν καὶ μέρος τι πιστεύω.
12:25 ἵνα μὴ ᾖ **σχίσμα** ἐν τῷ σώματι ἀλλὰ τὸ αὐτὸ ὑπὲρ ἀλλήλων μεριμνῶσιν τὰ μέλη.

5389 σχοινίον [2]

Jn 2:15 καὶ ποιήσας φραγέλλιον ἐκ **σχοινίων** πάντας ἐξέβαλεν ἐκ τοῦ ἱεροῦ τά τε πρόβατα καὶ τοὺς βόας,
Ac 27:32 τότε ἀπέκοψαν οἱ στρατιῶται τὰ **σχοινία** τῆς σκάφης καὶ εἴασαν αὐτὴν ἐκπεσεῖν.

5390 σχολάζω [2]

√ *5391*

Mt 12:44 Εἰς τὸν οἶκόν μου ἐπιστρέψω ὅθεν ἐξῆλθον· καὶ ἐλθὸν εὑρίσκει **σχολάζοντα** σεσαρωμένον καὶ κεκοσμημένον.
1Co 7: 5 ἵνα **σχολάσητε** τῇ προσευχῇ καὶ πάλιν ἐπὶ τὸ αὐτὸ ἦτε,

5391 σχολή [1]

→ *5390*

Ac 19: 9 ἀποστὰς ἀπ' αὐτῶν ἀφώρισεν τοὺς μαθητὰς καθ' ἡμέραν διαλεγόμενος ἐν τῇ **σχολῇ** Τυράννου.

5392 σῴζω [106]

→ *420, 861, 862, 1407, 1751, 5396, 5399, 5400, 5401, 5402, 5403*

Mt 1:21 αὐτὸς γὰρ **σώσει** τὸν λαὸν αὐτοῦ ἀπὸ τῶν ἁμαρτιῶν αὐτῶν.
8:25 καὶ προσελθόντες ἤγειραν αὐτὸν λέγοντες, Κύριε, **σῶσον,** ἀπολλύμεθα.
9:21 ἔλεγεν γὰρ ἐν ἑαυτῇ, Ἐὰν μόνον ἅψωμαι τοῦ ἱματίου αὐτοῦ **σωθήσομαι.**
9:22 ὁ δὲ Ἰησοῦς στραφεὶς καὶ ἰδὼν αὐτὴν εἶπεν, Θάρσει, θύγατερ· ἡ πίστις σου **σέσωκέν** σε. καὶ **ἐσώθη** ἡ γυνὴ ἀπὸ τῆς ὥρας ἐκείνης.
10:22 καὶ ἔσεσθε μισούμενοι ὑπὸ πάντων διὰ τὸ ὄνομά μου· ὁ δὲ ὑπομείνας εἰς τέλος οὗτος **σωθήσεται.**
14:30 ἀρξάμενος καταποντίζεσθαι ἔκραξεν λέγων, Κύριε, **σῶσόν** με.
16:25 ὃς γὰρ ἐὰν θέλῃ τὴν ψυχὴν αὐτοῦ **σῶσαι** ἀπολέσει αὐτήν·
19:25 ἀκούσαντες δὲ οἱ μαθηταὶ ἐξεπλήσσοντο σφόδρα λέγοντες, Τίς ἄρα δύναται **σωθῆναι;**
24:13 ὁ δὲ ὑπομείνας εἰς τέλος οὗτος **σωθήσεται.**
24:22 καὶ εἰ μὴ ἐκολοβώθησαν αἱ ἡμέραι ἐκεῖναι, οὐκ ἂν **ἐσώθη** πᾶσα σάρξ·
27:40 **σῶσον** σεαυτόν, εἰ υἱὸς εἶ τοῦ θεοῦ, [καὶ] κατάβηθι ἀπὸ τοῦ σταυροῦ.
27:42 Ἄλλους **ἔσωσεν,** ἑαυτὸν οὐ δύναται **σῶσαι·** βασιλεὺς Ἰσραήλ ἐστιν,
27:49 οἱ δὲ λοιποὶ ἔλεγον, Ἄφες ἴδωμεν εἰ ἔρχεται Ἠλίας **σώσων** αὐτόν.
Mk 3: 4 Ἔξεστιν τοῖς σάββασιν ἀγαθὸν ποιῆσαι ἢ κακοποιῆσαι, ψυχὴν **σῶσαι** ἢ ἀποκτεῖναι;
5:23 ἵνα ἐλθὼν ἐπιθῇς τὰς χεῖρας αὐτῇ ἵνα **σωθῇ** καὶ ζήσῃ.
5:28 ἔλεγεν γὰρ ὅτι Ἐὰν ἅψωμαι κἂν τῶν ἱματίων αὐτοῦ **σωθήσομαι.**
5:34 ὁ δὲ εἶπεν αὐτῇ, Θυγάτηρ, ἡ πίστις σου **σέσωκέν** σε·
6:56 καὶ παρεκάλουν αὐτὸν ἵνα κἂν τοῦ κρασπέδου τοῦ ἱματίου αὐτοῦ ἅψωνται· καὶ ὅσοι ἂν ἥψαντο αὐτοῦ **ἐσῴζοντο.**
8:35 ὃς γὰρ ἐὰν θέλῃ τὴν ψυχὴν αὐτοῦ **σῶσαι** ἀπολέσει αὐτήν· ὃς δ' ἂν ἀπολέσει τὴν ψυχὴν αὐτοῦ ἕνεκεν ἐμοῦ καὶ τοῦ εὐαγγελίου **σώσει** αὐτήν.
10:26 οἱ δὲ περισσῶς ἐξεπλήσσοντο λέγοντες πρὸς ἑαυτούς, Καὶ τίς δύναται **σωθῆναι;**
10:52 καὶ ὁ Ἰησοῦς εἶπεν αὐτῷ, Ὕπαγε, ἡ πίστις σου **σέσωκέν** σε.
13:13 καὶ ἔσεσθε μισούμενοι ὑπὸ πάντων διὰ τὸ ὄνομά μου. ὁ δὲ ὑπομείνας εἰς τέλος οὗτος **σωθήσεται.**
13:20 εἰ μὴ ἐκολόβωσεν κύριος τὰς ἡμέρας, οὐκ ἂν **ἐσώθη** πᾶσα σάρξ·
15:30 **σῶσον** σεαυτὸν καταβὰς ἀπὸ τοῦ σταυροῦ.
15:31 ὁμοίως καὶ οἱ ἀρχιερεῖς ἐμπαίζοντες πρὸς ἀλλήλους μετὰ τῶν γραμματέων ἔλεγον, Ἄλλους **ἔσωσεν,** ἑαυτὸν οὐ δύναται **σῶσαι·**
16:16 ⟦ὁ πιστεύσας καὶ βαπτισθεὶς **σωθήσεται,** ὁ δὲ ἀπιστήσας κατακριθήσεται.⟧
Lk 6: 9 Ἐπερωτῶ ὑμᾶς εἰ ἔξεστιν τῷ σαββάτῳ ἀγαθοποιῆσαι ἢ κακοποιῆσαι, ψυχὴν **σῶσαι** ἢ ἀπολέσαι;
7:50 εἶπεν δὲ πρὸς τὴν γυναῖκα, Ἡ πίστις σου **σέσωκέν** σε·
8:12 εἶτα ἔρχεται ὁ διάβολος καὶ αἴρει τὸν λόγον ἀπὸ τῆς καρδίας αὐτῶν, ἵνα μὴ πιστεύσαντες **σωθῶσιν.**
8:36 ἀπήγγειλαν δὲ αὐτοῖς οἱ ἰδόντες πῶς **ἐσώθη** ὁ δαιμονισθείς.
8:48 ὁ δὲ εἶπεν αὐτῇ, Θυγάτηρ, ἡ πίστις σου **σέσωκέν** σε·
8:50 ὁ δὲ Ἰησοῦς ἀκούσας ἀπεκρίθη αὐτῷ, Μὴ φοβοῦ, μόνον πίστευσον, καὶ **σωθήσεται.**
9:24 ὃς γὰρ ἂν θέλῃ τὴν ψυχὴν αὐτοῦ **σῶσαι** ἀπολέσει αὐτήν· ὃς δ' ἂν ἀπολέσῃ τὴν ψυχὴν αὐτοῦ ἕνεκεν ἐμοῦ οὗτος **σώσει** αὐτήν.
13:23 εἶπεν δέ τις αὐτῷ, Κύριε, εἰ ὀλίγοι οἱ **σῳζόμενοι;**
17:19 καὶ εἶπεν αὐτῷ, Ἀναστὰς πορεύου· ἡ πίστις σου **σέσωκέν** σε.
18:26 εἶπαν δὲ οἱ ἀκούσαντες, Καὶ τίς δύναται **σωθῆναι;**
18:42 ὁ Ἰησοῦς εἶπεν αὐτῷ, Ἀνάβλεψον· ἡ πίστις σου **σέσωκέν** σε.
19:10 ἦλθεν γὰρ ὁ υἱὸς τοῦ ἀνθρώπου ζητῆσαι καὶ **σῶσαι** τὸ ἀπολωλός.
23:35 ἐξεμυκτήριζον δὲ καὶ οἱ ἄρχοντες λέγοντες, Ἄλλους **ἔσωσεν, σωσάτω** ἑαυτόν,
23:37 Εἰ σὺ εἶ ὁ βασιλεὺς τῶν Ἰουδαίων, **σῶσον** σεαυτόν.
23:39 Οὐχὶ σὺ εἶ ὁ Χριστός; **σῶσον** σεαυτὸν καὶ ἡμᾶς.
Jn 3:17 οὐ γὰρ ἀπέστειλεν ὁ θεὸς τὸν υἱὸν εἰς τὸν κόσμον ἵνα κρίνῃ τὸν κόσμον, ἀλλ' ἵνα **σωθῇ** ὁ κόσμος δι' αὐτοῦ.
5:34 ἐγὼ δὲ οὐ παρὰ ἀνθρώπου τὴν μαρτυρίαν λαμβάνω, ἀλλὰ ταῦτα λέγω ἵνα ὑμεῖς **σωθῆτε.**
10: 9 δι' ἐμοῦ ἐάν τις εἰσέλθῃ **σωθήσεται** καὶ εἰσελεύσεται καὶ ἐξελεύσεται καὶ νομὴν εὑρήσει.
11:12 εἶπαν οὖν οἱ μαθηταὶ αὐτῷ, Κύριε, εἰ κεκοίμηται **σωθήσεται.**
12:27 καὶ τί εἴπω; Πάτερ, **σῶσόν** με ἐκ τῆς ὥρας ταύτης;
12:47 οὐ γὰρ ἦλθον ἵνα κρίνω τὸν κόσμον, ἀλλ' ἵνα **σώσω** τὸν κόσμον.
Ac 2:21 καὶ ἔσται πᾶς ὃς ἂν ἐπικαλέσηται τὸ ὄνομα κυρίου **σωθήσεται.**

2:40 ἑτέροις τε λόγοις πλείοσιν διεμαρτύρατο καὶ παρεκάλει αὐτοὺς λέγων, **Σώθητε** ἀπὸ τῆς γενεᾶς τῆς σκολιᾶς ταύτης.
2:47 ὁ δὲ κύριος προσετίθει τοὺς **σῳζομένους** καθ᾽ ἡμέραν ἐπὶ τὸ αὐτό.
4: 9 εἰ ἡμεῖς σήμερον ἀνακρινόμεθα ἐπὶ εὐεργεσίᾳ ἀνθρώπου ἀσθενοῦς ἐν τίνι οὗτος **σέσωται,**
4:12 οὐδὲ γὰρ ὄνομά ἐστιν ἕτερον ὑπὸ τὸν οὐρανὸν τὸ δεδομένον ἐν ἀνθρώποις ἐν ᾧ δεῖ **σωθῆναι** ἡμᾶς.
11:14 ὃς λαλήσει ῥήματα πρὸς σὲ ἐν οἷς **σωθήσῃ** σὺ καὶ πᾶς ὁ οἶκός σου.
14: 9 ὃς ἀτενίσας αὐτῷ καὶ ἰδὼν ὅτι ἔχει πίστιν τοῦ **σωθῆναι,**
15: 1 Καί τινες κατελθόντες ἀπὸ τῆς Ἰουδαίας ἐδίδασκον τοὺς ἀδελφοὺς ὅτι Ἐὰν μὴ περιτμηθῆτε τῷ ἔθει τῷ Μωϋσέως, οὐ δύνασθε **σωθῆναι.**
15:11 ἀλλὰ διὰ τῆς χάριτος τοῦ κυρίου Ἰησοῦ πιστεύομεν **σωθῆναι** καθ᾽ ὃν τρόπον κἀκεῖνοι.
16:30 καὶ προαγαγὼν αὐτοὺς ἔξω ἔφη, Κύριοι, τί με δεῖ ποιεῖν ἵνα **σωθῶ;**
16:31 Πίστευσον ἐπὶ τὸν κύριον Ἰησοῦν καὶ **σωθήσῃ** σὺ καὶ ὁ οἶκός σου.
27:20 χειμῶνός τε οὐκ ὀλίγου ἐπικειμένου, λοιπὸν περιῃρεῖτο ἐλπὶς πᾶσα τοῦ **σῴζεσθαι** ἡμᾶς.
27:31 Ἐὰν μὴ οὗτοι μείνωσιν ἐν τῷ πλοίῳ, ὑμεῖς **σωθῆναι** οὐ δύνασθε.

Ro 5: 9 πολλῷ οὖν μᾶλλον δικαιωθέντες νῦν ἐν τῷ αἵματι αὐτοῦ **σωθησόμεθα** δι᾽ αὐτοῦ ἀπὸ τῆς ὀργῆς.
5:10 πολλῷ μᾶλλον καταλλαγέντες **σωθησόμεθα** ἐν τῇ ζωῇ αὐτοῦ·
8:24 τῇ γὰρ ἐλπίδι **ἐσώθημεν·** ἐλπὶς δὲ βλεπομένη οὐκ ἔστιν ἐλπίς·
9:27 Ἐὰν ᾖ ὁ ἀριθμὸς τῶν υἱῶν Ἰσραὴλ ὡς ἡ ἄμμος τῆς θαλάσσης, τὸ ὑπόλειμμα **σωθήσεται·**
10: 9 ὅτι ἐὰν ὁμολογήσῃς ἐν τῷ στόματί σου κύριον Ἰησοῦν καὶ πιστεύσῃς ἐν τῇ καρδίᾳ σου ὅτι ὁ θεὸς αὐτὸν ἤγειρεν ἐκ νεκρῶν, **σωθήσῃ·**
10:13 Πᾶς γὰρ ὃς ἂν ἐπικαλέσηται τὸ ὄνομα κυρίου **σωθήσεται.**
11:14 εἴ πως παραζηλώσω μου τὴν σάρκα καὶ **σώσω** τινὰς ἐξ αὐτῶν.
11:26 καὶ οὕτως πᾶς Ἰσραὴλ **σωθήσεται,** καθὼς γέγραπται, Ἥξει ἐκ Σιὼν ὁ ῥυόμενος,

1Co 1:18 Ὁ λόγος γὰρ ὁ τοῦ σταυροῦ τοῖς μὲν ἀπολλυμένοις μωρία ἐστίν, τοῖς δὲ **σῳζομένοις** ἡμῖν δύναμις θεοῦ ἐστιν.
1:21 εὐδόκησεν ὁ θεὸς διὰ τῆς μωρίας τοῦ κηρύγματος **σῶσαι** τοὺς πιστεύοντας·
3:15 ζημιωθήσεται, αὐτὸς δὲ **σωθήσεται,** οὕτως δὲ ὡς διὰ πυρός.
5: 5 ἵνα τὸ πνεῦμα **σωθῇ** ἐν τῇ ἡμέρᾳ τοῦ κυρίου.
7:16 τί γὰρ οἶδας, γύναι, εἰ τὸν ἄνδρα **σώσεις;** ἢ τί οἶδας, ἄνερ, εἰ τὴν γυναῖκα **σώσεις;**
9:22 τοῖς πᾶσιν γέγονα πάντα, ἵνα πάντως τινὰς **σώσω.**
10:33 καθὼς κἀγὼ πάντα πᾶσιν ἀρέσκω μὴ ζητῶν τὸ ἐμαυτοῦ σύμφορον ἀλλὰ τὸ τῶν πολλῶν, ἵνα **σωθῶσιν.**
15: 2 δι᾽ οὗ καὶ **σῴζεσθε,** τίνι λόγῳ εὐηγγελισάμην ὑμῖν εἰ κατέχετε,

2Co 2:15 ὅτι Χριστοῦ εὐωδία ἐσμὲν τῷ θεῷ ἐν τοῖς **σῳζομένοις** καὶ ἐν τοῖς ἀπολλυμένοις,

Eph 2: 5 καὶ ὄντας ἡμᾶς νεκροὺς τοῖς παραπτώμασιν συνεζωοποίησεν τῷ Χριστῷ,– χάριτί ἐστε **σεσῳσμένοι–**
2: 8 τῇ γὰρ χάριτί ἐστε **σεσῳσμένοι** διὰ πίστεως· καὶ τοῦτο οὐκ ἐξ ὑμῶν,

1Th 2:16 κωλυόντων ἡμᾶς τοῖς ἔθνεσιν λαλῆσαι ἵνα **σωθῶσιν,** εἰς τὸ ἀναπληρῶσαι αὐτῶν τὰς ἁμαρτίας πάντοτε.

2Th 2:10 ἀνθ᾽ ὧν τὴν ἀγάπην τῆς ἀληθείας οὐκ ἐδέξαντο εἰς τὸ **σωθῆναι** αὐτούς.

1Ti 1:15 ὅτι Χριστὸς Ἰησοῦς ἦλθεν εἰς τὸν κόσμον ἁμαρτωλοὺς **σῶσαι,**
2: 4 ὃς πάντας ἀνθρώπους θέλει **σωθῆναι** καὶ εἰς ἐπίγνωσιν ἀληθείας ἐλθεῖν.
2:15 **σωθήσεται** δὲ διὰ τῆς τεκνογονίας, ἐὰν μείνωσιν ἐν πίστει καὶ ἀγάπῃ καὶ ἁγιασμῷ μετὰ σωφροσύνης·
4:16 τοῦτο γὰρ ποιῶν καὶ σεαυτὸν **σώσεις** καὶ τοὺς ἀκούοντάς σου.

2Ti 1: 9 τοῦ **σώσαντος** ἡμᾶς καὶ καλέσαντος κλήσει ἁγίᾳ, οὐ κατὰ τὰ ἔργα ἡμῶν ἀλλὰ κατὰ ἰδίαν πρόθεσιν καὶ χάριν,
4:18 ῥύσεταί με ὁ κύριος ἀπὸ παντὸς ἔργου πονηροῦ καὶ **σώσει** εἰς τὴν βασιλείαν αὐτοῦ τὴν ἐπουράνιον·

Tit 3: 5 οὐκ ἐξ ἔργων τῶν ἐν δικαιοσύνῃ ἃ ἐποιήσαμεν ἡμεῖς ἀλλὰ κατὰ τὸ αὐτοῦ ἔλεος **ἔσωσεν** ἡμᾶς διὰ λουτροῦ παλιγγενεσίας καὶ ἀνακαινώσεως πνεύματος ἁγίου,

Heb 5: 7 ὃς ἐν ταῖς ἡμέραις τῆς σαρκὸς αὐτοῦ δεήσεις τε καὶ ἱκετηρίας πρὸς τὸν δυνάμενον **σῴζειν** αὐτὸν ἐκ θανάτου
7:25 ὅθεν καὶ **σῴζειν** εἰς τὸ παντελὲς δύναται τοὺς προσερχομένους δι᾽ αὐτοῦ τῷ θεῷ,

Jas 1:21 δέξασθε τὸν ἔμφυτον λόγον τὸν δυνάμενον **σῶσαι** τὰς ψυχὰς ὑμῶν.
2:14 ἐὰν πίστιν λέγῃ τις ἔχειν ἔργα δὲ μὴ ἔχῃ; μὴ δύναται ἡ πίστις **σῶσαι** αὐτόν;
4:12 εἷς ἐστιν [ὁ] νομοθέτης καὶ κριτὴς ὁ δυνάμενος **σῶσαι** καὶ ἀπολέσαι·
5:15 καὶ ἡ εὐχὴ τῆς πίστεως **σώσει** τὸν κάμνοντα καὶ ἐγερεῖ αὐτὸν ὁ κύριος·
5:20 γινωσκέτω ὅτι ὁ ἐπιστρέψας ἁμαρτωλὸν ἐκ πλάνης ὁδοῦ αὐτοῦ **σώσει** ψυχὴν αὐτοῦ ἐκ θανάτου καὶ καλύψει πλῆθος ἁμαρτιῶν.

1Pe 3:21 ὃ καὶ ὑμᾶς ἀντίτυπον νῦν **σῴζει** βάπτισμα, οὐ σαρκὸς ἀπόθεσις ῥύπου ἀλλὰ συνειδήσεως ἀγαθῆς ἐπερώτημα εἰς θεόν,
4:18 καὶ εἰ ὁ δίκαιος μόλις **σῴζεται,** ὁ ἀσεβὴς καὶ ἁμαρτωλὸς ποῦ φανεῖται;

Jude 1: 5 εἰδότας [ὑμᾶς] πάντα ὅτι [ὁ] κύριος ἅπαξ λαὸν ἐκ γῆς Αἰγύπτου **σώσας** τὸ δεύτερον τοὺς μὴ πιστεύσαντας ἀπώλεσεν,
1:23 οὓς δὲ **σῴζετε** ἐκ πυρὸς ἁρπάζοντες, οὓς δὲ ἐλεᾶτε ἐν φόβῳ μισοῦντες καὶ τὸν ἀπὸ τῆς σαρκὸς ἐσπιλωμένον χιτῶνα.

5393 σῶμα [142]

→ *5362, 5394, 5395*

ὅλος σῶμα [10] Mt 5:29,30; 6:22,23; Lk 11:34,36; 1Co 12:17; Jas 3:2,3,6

πνεῦμα ... σῶμα [13] Ro 8:10,11,11,13,23; 1Co 5:3; 6:19; 7:34; 12:13,13; Eph 4:4; 1Th 5:23; Jas 2:26

σῶμα ἁμαρτίας [1] Ro 6:6

σῶμα Ἰησοῦ [13] Mt 26:26; 27:58; Mk 14:22; 15:43; Lk 23:52; 24:3; Jn 19:38,38,40; 20:12; Ro 8:11; 2Co 4:10; Heb 10:10

σῶμα σαρκός [2] Col 1:22; 2:11

σῶμα ... ψυχη [8] Mt 6:25,25; 10:28,28; Lk 12:22,23; 1Th 5:23; Rev 18:13

Mt 5:29 συμφέρει γάρ σοι ἵνα ἀπόληται ἓν τῶν μελῶν σου καὶ μὴ ὅλον τὸ **σῶμά** σου βληθῇ εἰς γέενναν.
5:30 συμφέρει γάρ σοι ἵνα ἀπόληται ἓν τῶν μελῶν σου καὶ μὴ ὅλον τὸ **σῶμά** σου εἰς γέενναν ἀπέλθῃ.
6:22 Ὁ λύχνος τοῦ **σώματός** ἐστιν ὁ ὀφθαλμός. ἐὰν οὖν ᾖ ὁ ὀφθαλμός σου ἁπλοῦς, ὅλον τὸ **σῶμά** σου φωτεινὸν ἔσται·
6:23 ἐὰν δὲ ὁ ὀφθαλμός σου πονηρὸς ᾖ, ὅλον τὸ **σῶμά** σου σκοτεινὸν ἔσται.
6:25 μὴ μεριμνᾶτε τῇ ψυχῇ ὑμῶν τί φάγητε [ἢ τί πίητε,] μηδὲ τῷ **σώματι** ὑμῶν τί ἐνδύσησθε. οὐχὶ ἡ ψυχὴ πλεῖόν ἐστιν τῆς τροφῆς καὶ τὸ **σῶμα** τοῦ ἐνδύματος;
10:28 καὶ μὴ φοβεῖσθε ἀπὸ τῶν ἀποκτεννόντων τὸ **σῶμα,** τὴν δὲ ψυχὴν μὴ δυναμένων ἀποκτεῖναι· φοβεῖσθε δὲ μᾶλλον τὸν δυνάμενον καὶ ψυχὴν καὶ **σῶμα** ἀπολέσαι ἐν γεέννῃ.
26:12 βαλοῦσα γὰρ αὕτη τὸ μύρον τοῦτο ἐπὶ τοῦ **σώματός** μου πρὸς τὸ ἐνταφιάσαι με ἐποίησεν.
26:26 λαβὼν ὁ Ἰησοῦς ἄρτον καὶ εὐλογήσας ἔκλασεν καὶ δοὺς τοῖς μαθηταῖς εἶπεν, Λάβετε φάγετε, τοῦτό ἐστιν τὸ **σῶμά** μου.
27:52 καὶ τὰ μνημεῖα ἀνεῴχθησαν καὶ πολλὰ **σώματα** τῶν κεκοιμημένων ἁγίων ἠγέρθησαν,
27:58 οὗτος προσελθὼν τῷ Πιλάτῳ ᾐτήσατο τὸ **σῶμα** τοῦ Ἰησοῦ.
27:59 λαβὼν τὸ **σῶμα** ὁ Ἰωσὴφ ἐνετύλιξεν αὐτὸ [ἐν] σινδόνι καθαρᾷ

Mk 5:29 καὶ εὐθὺς ἐξηράνθη ἡ πηγὴ τοῦ αἵματος αὐτῆς καὶ ἔγνω τῷ **σώματι** ὅτι ἴαται ἀπὸ τῆς μάστιγος.
14: 8 προέλαβεν μυρίσαι τὸ **σῶμά** μου εἰς τὸν ἐνταφιασμόν.
14:22 Καὶ ἐσθιόντων αὐτῶν λαβὼν ἄρτον εὐλογήσας ἔκλασεν καὶ ἔδωκεν αὐτοῖς καὶ εἶπεν, Λάβετε, τοῦτό ἐστιν τὸ **σῶμά** μου.
15:43 τολμήσας εἰσῆλθεν πρὸς τὸν Πιλᾶτον καὶ ᾐτήσατο τὸ **σῶμα** τοῦ Ἰησοῦ.

Lk 11:34 ὁ λύχνος τοῦ **σώματός** ἐστιν ὁ ὀφθαλμός σου. ὅταν ὁ ὀφθαλμός σου ἁπλοῦς ᾖ, καὶ ὅλον τὸ **σῶμά** σου φωτεινόν ἐστιν· ἐπὰν δὲ πονηρὸς ᾖ, καὶ τὸ **σῶμά** σου σκοτεινόν.
11:36 εἰ οὖν τὸ **σῶμά** σου ὅλον φωτεινόν, μὴ ἔχον μέρος τι σκοτεινόν,
12: 4 μὴ φοβηθῆτε ἀπὸ τῶν ἀποκτεινόντων τὸ **σῶμα** καὶ μετὰ ταῦτα μὴ ἐχόντων περισσότερόν τι ποιῆσαι.
12:22 μὴ μεριμνᾶτε τῇ ψυχῇ τί φάγητε, μηδὲ τῷ **σώματι** τί ἐνδύσησθε.
12:23 ἡ γὰρ ψυχὴ πλεῖόν ἐστιν τῆς τροφῆς καὶ τὸ **σῶμα** τοῦ ἐνδύματος.

17:37 ὁ δὲ εἶπεν αὐτοῖς, Ὅπου τὸ **σῶμα,** ἐκεῖ καὶ οἱ ἀετοὶ ἐπισυναχθήσονται.
22:19 Τοῦτό ἐστιν τὸ **σῶμά** μου τὸ ὑπὲρ ὑμῶν διδόμενον·
23:52 οὗτος προσελθὼν τῷ Πιλάτῳ ᾐτήσατο τὸ **σῶμα** τοῦ Ἰησοῦ
23:55 ἐθεάσαντο τὸ μνημεῖον καὶ ὡς ἐτέθη τὸ **σῶμα** αὐτοῦ,
24: 3 εἰσελθοῦσαι δὲ οὐχ εὗρον τὸ **σῶμα** τοῦ κυρίου Ἰησοῦ.
24:23 καὶ μὴ εὑροῦσαι τὸ **σῶμα** αὐτοῦ ἦλθον λέγουσαι καὶ ὀπτασίαν ἀγγέλων ἑωρακέναι,
Jn 2:21 ἐκεῖνος δὲ ἔλεγεν περὶ τοῦ ναοῦ τοῦ **σώματος** αὐτοῦ.
19:31 ἵνα μὴ μείνῃ ἐπὶ τοῦ σταυροῦ τὰ **σώματα** ἐν τῷ σαββάτῳ,
19:38 Μετὰ δὲ ταῦτα ἠρώτησεν τὸν Πιλᾶτον Ἰωσὴφ [ὁ] ἀπὸ Ἁριμαθαίας, ὢν μαθητὴς τοῦ Ἰησοῦ κεκρυμμένος δὲ διὰ τὸν φόβον τῶν Ἰουδαίων, ἵνα ἄρῃ τὸ **σῶμα** τοῦ Ἰησοῦ· καὶ ἐπέτρεψεν ὁ Πιλᾶτος. ἦλθεν οὖν καὶ ἦρεν τὸ **σῶμα** αὐτοῦ.
19:40 ἔλαβον οὖν τὸ **σῶμα** τοῦ Ἰησοῦ καὶ ἔδησαν αὐτὸ ὀθονίοις μετὰ τῶν ἀρωμάτων,
20:12 ἕνα πρὸς τῇ κεφαλῇ καὶ ἕνα πρὸς τοῖς ποσίν, ὅπου ἔκειτο τὸ **σῶμα** τοῦ Ἰησοῦ.
Ac 9:40 ἐκβαλὼν δὲ ἔξω πάντας ὁ Πέτρος καὶ θεὶς τὰ γόνατα προσηύξατο καὶ ἐπιστρέψας πρὸς τὸ **σῶμα** εἶπεν,
Ro 1:24 Διὸ παρέδωκεν αὐτοὺς ὁ θεὸς ἐν ταῖς ἐπιθυμίαις τῶν καρδιῶν αὐτῶν εἰς ἀκαθαρσίαν τοῦ ἀτιμάζεσθαι τὰ **σώματα** αὐτῶν ἐν αὐτοῖς·
4:19 καὶ μὴ ἀσθενήσας τῇ πίστει κατενόησεν τὸ ἑαυτοῦ **σῶμα** [ἤδη] νενεκρωμένον,
6: 6 ἵνα καταργηθῇ τὸ **σῶμα** τῆς ἁμαρτίας, τοῦ μηκέτι δουλεύειν ἡμᾶς τῇ ἁμαρτίᾳ·
6:12 Μὴ οὖν βασιλευέτω ἡ ἁμαρτία ἐν τῷ θνητῷ ὑμῶν **σώματι** εἰς τὸ ὑπακούειν ταῖς ἐπιθυμίαις αὐτοῦ,
7: 4 καὶ ὑμεῖς ἐθανατώθητε τῷ νόμῳ διὰ τοῦ **σώματος** τοῦ Χριστοῦ,
7:24 τίς με ῥύσεται ἐκ τοῦ **σώματος** τοῦ θανάτου τούτου;
8:10 τὸ μὲν **σῶμα** νεκρὸν διὰ ἁμαρτίαν τὸ δὲ πνεῦμα ζωὴ διὰ δικαιοσύνην.
8:11 ὁ ἐγείρας Χριστὸν ἐκ νεκρῶν ζῳοποιήσει καὶ τὰ θνητὰ **σώματα** ὑμῶν διὰ τοῦ ἐνοικοῦντος αὐτοῦ πνεύματος ἐν ὑμῖν.
8:13 εἰ δὲ πνεύματι τὰς πράξεις τοῦ **σώματος** θανατοῦτε,
8:23 ἡμεῖς καὶ αὐτοὶ ἐν ἑαυτοῖς στενάζομεν υἱοθεσίαν ἀπεκδεχόμενοι, τὴν ἀπολύτρωσιν τοῦ **σώματος** ἡμῶν.
12: 1 διὰ τῶν οἰκτιρμῶν τοῦ θεοῦ παραστῆσαι τὰ **σώματα** ὑμῶν θυσίαν ζῶσαν ἁγίαν εὐάρεστον τῷ θεῷ,
12: 4 καθάπερ γὰρ ἐν ἑνὶ **σώματι** πολλὰ μέλη ἔχομεν,
12: 5 οὕτως οἱ πολλοὶ ἓν **σῶμά** ἐσμεν ἐν Χριστῷ,
1Co 5: 3 ἐγὼ μὲν γάρ, ἀπὼν τῷ **σώματι** παρὼν δὲ τῷ πνεύματι,
6:13 τὸ δὲ **σῶμα** οὐ τῇ πορνείᾳ ἀλλὰ τῷ κυρίῳ, καὶ ὁ κύριος τῷ **σώματι·**
6:15 οὐκ οἴδατε ὅτι τὰ **σώματα** ὑμῶν μέλη Χριστοῦ ἐστιν;
6:16 [ἢ] οὐκ οἴδατε ὅτι ὁ κολλώμενος τῇ πόρνῃ ἓν **σῶμά** ἐστιν;
6:18 πᾶν ἁμάρτημα ὃ ἐὰν ποιήσῃ ἄνθρωπος ἐκτὸς τοῦ **σώματός** ἐστιν· ὁ δὲ πορνεύων εἰς τὸ ἴδιον **σῶμα** ἁμαρτάνει.
6:19 ἢ οὐκ οἴδατε ὅτι τὸ **σῶμα** ὑμῶν ναὸς τοῦ ἐν ὑμῖν ἁγίου πνεύματός ἐστιν οὗ ἔχετε ἀπὸ θεοῦ,
6:20 δοξάσατε δὴ τὸν θεὸν ἐν τῷ **σώματι** ὑμῶν.
7: 4 ἡ γυνὴ τοῦ ἰδίου **σώματος** οὐκ ἐξουσιάζει ἀλλὰ ὁ ἀνήρ, ὁμοίως δὲ καὶ ὁ ἀνὴρ τοῦ ἰδίου **σώματος** οὐκ ἐξουσιάζει ἀλλὰ ἡ γυνή.
7:34 ἵνα ᾖ ἁγία καὶ τῷ **σώματι** καὶ τῷ πνεύματι·
9:27 ἀλλὰ ὑπωπιάζω μου τὸ **σῶμα** καὶ δουλαγωγῶ, μή πως ἄλλοις κηρύξας αὐτὸς ἀδόκιμος γένωμαι.
10:16 τὸν ἄρτον ὃν κλῶμεν, οὐχὶ κοινωνία τοῦ **σώματος** τοῦ Χριστοῦ ἐστιν;
10:17 ὅτι εἷς ἄρτος, ἓν **σῶμα** οἱ πολλοί ἐσμεν,
11:24 Τοῦτό μού ἐστιν τὸ **σῶμα** τὸ ὑπὲρ ὑμῶν·
11:27 ἔνοχος ἔσται τοῦ **σώματος** καὶ τοῦ αἵματος τοῦ κυρίου.
11:29 ὁ γὰρ ἐσθίων καὶ πίνων κρίμα ἑαυτῷ ἐσθίει καὶ πίνει μὴ διακρίνων τὸ **σῶμα.** [UBS; NIV **σῶμα** τοῦ κυρίου.]
12:12 Καθάπερ γὰρ τὸ **σῶμα** ἕν ἐστιν καὶ μέλη πολλὰ ἔχει, πάντα δὲ τὰ μέλη τοῦ **σώματος** πολλὰ ὄντα ἕν ἐστιν **σῶμα,**
12:13 καὶ γὰρ ἐν ἑνὶ πνεύματι ἡμεῖς πάντες εἰς ἓν **σῶμα** ἐβαπτίσθημεν,
12:14 καὶ γὰρ τὸ **σῶμα** οὐκ ἔστιν ἓν μέλος ἀλλὰ πολλά.
12:15 ἐὰν εἴπῃ ὁ πούς, Ὅτι οὐκ εἰμὶ χείρ, οὐκ εἰμὶ ἐκ τοῦ **σώματος,** οὐ παρὰ τοῦτο οὐκ ἔστιν ἐκ τοῦ **σώματος;**
12:16 καὶ ἐὰν εἴπῃ τὸ οὖς, Ὅτι οὐκ εἰμὶ ὀφθαλμός, οὐκ εἰμὶ ἐκ τοῦ **σώματος,** οὐ παρὰ τοῦτο οὐκ ἔστιν ἐκ τοῦ **σώματος;**
12:17 εἰ ὅλον τὸ **σῶμα** ὀφθαλμός, ποῦ ἡ ἀκοή;
12:18 ἓν ἕκαστον αὐτῶν ἐν τῷ **σώματι** καθὼς ἠθέλησεν.
12:19 εἰ δὲ ἦν τὰ πάντα ἓν μέλος, ποῦ τὸ **σῶμα;**
12:20 νῦν δὲ πολλὰ μὲν μέλη, ἓν δὲ **σῶμα.**
12:22 ἀλλὰ πολλῷ μᾶλλον τὰ δοκοῦντα μέλη τοῦ **σώματος** ἀσθενέστερα ὑπάρχειν ἀναγκαῖά ἐστιν,
12:23 καὶ ἃ δοκοῦμεν ἀτιμότερα εἶναι τοῦ **σώματος** τούτοις τιμὴν περισσοτέραν περιτίθεμεν,
12:24 ἀλλὰ ὁ θεὸς συνεκέρασεν τὸ **σῶμα** τῷ ὑστερουμένῳ περισσοτέραν δοὺς τιμήν,
12:25 ἵνα μὴ ᾖ σχίσμα ἐν τῷ **σώματι** ἀλλὰ τὸ αὐτὸ ὑπὲρ ἀλλήλων μεριμνῶσιν τὰ μέλη.
12:27 Ὑμεῖς δέ ἐστε **σῶμα** Χριστοῦ καὶ μέλη ἐκ μέρους.
13: 3 κἂν ψωμίσω πάντα τὰ ὑπάρχοντά μου καὶ ἐὰν παραδῶ τὸ **σῶμά** μου ἵνα καυχήσωμαι,
15:35 Πῶς ἐγείρονται οἱ νεκροί; ποίῳ δὲ **σώματι** ἔρχονται;
15:37 οὐ τὸ **σῶμα** τὸ γενησόμενον σπείρεις ἀλλὰ γυμνὸν κόκκον εἰ τύχοι σίτου ἤ τινος τῶν λοιπῶν·
15:38 ὁ δὲ θεὸς δίδωσιν αὐτῷ **σῶμα** καθὼς ἠθέλησεν, καὶ ἑκάστῳ τῶν σπερμάτων ἴδιον **σῶμα.**
15:40 καὶ **σώματα** ἐπουράνια, καὶ **σώματα** ἐπίγεια· ἀλλὰ ἑτέρα μὲν ἡ τῶν ἐπουρανίων δόξα,
15:44 σπείρεται **σῶμα** ψυχικόν, ἐγείρεται **σῶμα** πνευματικόν. εἰ ἔστιν **σῶμα** ψυχικόν, ἔστιν καὶ πνευματικόν.
2Co 4:10 πάντοτε τὴν νέκρωσιν τοῦ Ἰησοῦ ἐν τῷ **σώματι** περιφέροντες, ἵνα καὶ ἡ ζωὴ τοῦ Ἰησοῦ ἐν τῷ **σώματι** ἡμῶν φανερωθῇ.
5: 6 Θαρροῦντες οὖν πάντοτε καὶ εἰδότες ὅτι ἐνδημοῦντες ἐν τῷ **σώματι** ἐκδημοῦμεν ἀπὸ τοῦ κυρίου·
5: 8 θαρροῦμεν δὲ καὶ εὐδοκοῦμεν μᾶλλον ἐκδημῆσαι ἐκ τοῦ **σώματος** καὶ ἐνδημῆσαι πρὸς τὸν κύριον.
5:10 ἵνα κομίσηται ἕκαστος τὰ διὰ τοῦ **σώματος** πρὸς ἃ ἔπραξεν,
10:10 ἡ δὲ παρουσία τοῦ **σώματος** ἀσθενὴς καὶ ὁ λόγος ἐξουθενημένος.
12: 2 εἴτε ἐν **σώματι** οὐκ οἶδα, εἴτε ἐκτὸς τοῦ **σώματος** οὐκ οἶδα, ὁ θεὸς οἶδεν, ἁρπαγέντα τὸν τοιοῦτον ἕως τρίτου οὐρανοῦ.
12: 3 καὶ οἶδα τὸν τοιοῦτον ἄνθρωπον, εἴτε ἐν **σώματι** εἴτε χωρὶς τοῦ **σώματος** οὐκ οἶδα,
Gal 6:17 ἐγὼ γὰρ τὰ στίγματα τοῦ Ἰησοῦ ἐν τῷ **σώματί** μου βαστάζω.
Eph 1:23 ἥτις ἐστὶν τὸ **σῶμα** αὐτοῦ, τὸ πλήρωμα τοῦ τὰ πάντα ἐν πᾶσιν πληρουμένου.
2:16 καὶ ἀποκαταλλάξῃ τοὺς ἀμφοτέρους ἐν ἑνὶ **σώματι** τῷ θεῷ διὰ τοῦ σταυροῦ,
4: 4 ἓν **σῶμα** καὶ ἓν πνεῦμα, καθὼς καὶ ἐκλήθητε ἐν μιᾷ ἐλπίδι τῆς κλήσεως ὑμῶν·
4:12 πρὸς τὸν καταρτισμὸν τῶν ἁγίων εἰς ἔργον διακονίας, εἰς οἰκοδομὴν τοῦ **σώματος** τοῦ Χριστοῦ,
4:16 ἐξ οὗ πᾶν τὸ **σῶμα** συναρμολογούμενον καὶ συμβιβαζόμενον διὰ πάσης ἁφῆς τῆς ἐπιχορηγίας κατ᾽ ἐνέργειαν ἐν μέτρῳ ἑνὸς ἑκάστου μέρους τὴν αὔξησιν τοῦ **σώματος** ποιεῖται εἰς οἰκοδομὴν ἑαυτοῦ ἐν ἀγάπῃ.
5:23 ὅτι ἀνήρ ἐστιν κεφαλὴ τῆς γυναικὸς ὡς καὶ ὁ Χριστὸς κεφαλὴ τῆς ἐκκλησίας, αὐτὸς σωτὴρ τοῦ **σώματος·**
5:28 οὕτως ὀφείλουσιν [καὶ] οἱ ἄνδρες ἀγαπᾶν τὰς ἑαυτῶν γυναῖκας ὡς τὰ ἑαυτῶν **σώματα.**
5:30 ὅτι μέλη ἐσμὲν τοῦ **σώματος** αὐτοῦ.
Php 1:20 ὅτι ἐν οὐδενὶ αἰσχυνθήσομαι ἀλλ᾽ ἐν πάσῃ παρρησίᾳ ὡς πάντοτε καὶ νῦν μεγαλυνθήσεται Χριστὸς ἐν τῷ **σώματί** μου,
3:21 ὃς μετασχηματίσει τὸ **σῶμα** τῆς ταπεινώσεως ἡμῶν σύμμορφον τῷ **σώματι** τῆς δόξης αὐτοῦ κατὰ τὴν ἐνέργειαν τοῦ δύνασθαι αὐτὸν καὶ ὑποτάξαι αὐτῷ τὰ πάντα.
Col 1:18 καὶ αὐτός ἐστιν ἡ κεφαλὴ τοῦ **σώματος** τῆς ἐκκλησίας·
1:22 νυνὶ δὲ ἀποκατήλλαξεν ἐν τῷ **σώματι** τῆς σαρκὸς αὐτοῦ διὰ τοῦ θανάτου παραστῆσαι ὑμᾶς ἁγίους καὶ ἀμώμους
1:24 Νῦν χαίρω ἐν τοῖς παθήμασιν ὑπὲρ ὑμῶν καὶ ἀνταναπληρῶ τὰ ὑστερήματα τῶν θλίψεων τοῦ Χριστοῦ ἐν τῇ σαρκί μου ὑπὲρ τοῦ **σώματος** αὐτοῦ,
2:11 ἐν ᾧ καὶ περιετμήθητε περιτομῇ ἀχειροποιήτῳ ἐν τῇ ἀπεκδύσει τοῦ **σώματος** τῆς σαρκός,
2:17 ἅ ἐστιν σκιὰ τῶν μελλόντων, τὸ δὲ **σῶμα** τοῦ Χριστοῦ.
2:19 ἐξ οὗ πᾶν τὸ **σῶμα** διὰ τῶν ἁφῶν καὶ συνδέσμων ἐπιχορηγούμενον καὶ συμβιβαζόμενον αὔξει τὴν αὔξησιν τοῦ θεοῦ.
2:23 ἅτινά ἐστιν λόγον μὲν ἔχοντα σοφίας ἐν ἐθελοθρησκίᾳ καὶ ταπεινοφροσύνῃ [καὶ] ἀφειδίᾳ **σώματος,**
3:15 καὶ ἡ εἰρήνη τοῦ Χριστοῦ βραβευέτω ἐν ταῖς καρδίαις ὑμῶν, εἰς ἣν καὶ ἐκλήθητε ἐν ἑνὶ **σώματι·**
1Th 5:23 ὁλόκληρον ὑμῶν τὸ πνεῦμα καὶ ἡ ψυχὴ καὶ τὸ **σῶμα** ἀμέμπτως ἐν τῇ παρουσίᾳ τοῦ κυρίου ἡμῶν Ἰησοῦ Χριστοῦ τηρηθείη.
Heb 10: 5 Θυσίαν καὶ προσφορὰν οὐκ ἠθέλησας, **σῶμα** δὲ κατηρτίσω μοι·

10:10 ἐν ᾧ θελήματι ἡγιασμένοι ἐσμὲν διὰ τῆς προσφορᾶς τοῦ **σώματος** Ἰησοῦ Χριστοῦ ἐφάπαξ.
10:22 προσερχώμεθα μετὰ ἀληθινῆς καρδίας ἐν πληροφορίᾳ πίστεως ῥεραντισμένοι τὰς καρδίας ἀπὸ συνειδήσεως πονηρᾶς καὶ λελουσμένοι τὸ **σῶμα** ὕδατι καθαρῷ·
13: 3 τῶν κακουχουμένων ὡς καὶ αὐτοὶ ὄντες ἐν **σώματι.**
13:11 ὧν γὰρ εἰσφέρεται ζῴων τὸ αἷμα περὶ ἁμαρτίας εἰς τὰ ἅγια διὰ τοῦ ἀρχιερέως, τούτων τὰ **σώματα** κατακαίεται ἔξω τῆς παρεμβολῆς.
Jas 2:16 μὴ δῶτε δὲ αὐτοῖς τὰ ἐπιτήδεια τοῦ **σώματος,**
2:26 ὥσπερ γὰρ τὸ **σῶμα** χωρὶς πνεύματος νεκρόν ἐστιν,
3: 2 οὗτος τέλειος ἀνὴρ δυνατὸς χαλιναγωγῆσαι καὶ ὅλον τὸ **σῶμα.**
3: 3 εἰ δὲ τῶν ἵππων τοὺς χαλινοὺς εἰς τὰ στόματα βάλλομεν εἰς τὸ πείθεσθαι αὐτοὺς ἡμῖν, καὶ ὅλον τὸ **σῶμα** αὐτῶν μετάγομεν.
3: 6 ἡ σπιλοῦσα ὅλον τὸ **σῶμα** καὶ φλογίζουσα τὸν τροχὸν τῆς γενέσεως καὶ φλογιζομένη ὑπὸ τῆς γεέννης.
1Pe 2:24 ὃς τὰς ἁμαρτίας ἡμῶν αὐτὸς ἀνήνεγκεν ἐν τῷ **σώματι** αὐτοῦ ἐπὶ τὸ ξύλον,
Jude 1: 9 ὅτε τῷ διαβόλῳ διακρινόμενος διελέγετο περὶ τοῦ Μωϋσέως **σώματος,**
Rev 18:13 καὶ ἵππων καὶ ῥεδῶν καὶ **σωμάτων,** καὶ ψυχὰς ἀνθρώπων.

5394 σωματικός [2]

√ *5393*

Lk 3:22 καὶ καταβῆναι τὸ πνεῦμα τὸ ἅγιον **σωματικῷ** εἴδει ὡς περιστερὰν ἐπ' αὐτόν,
1Ti 4: 8 ἡ γὰρ **σωματικὴ** γυμνασία πρὸς ὀλίγον ἐστὶν ὠφέλιμος,

5395 σωματικῶς [1]

√ *5393*

Col 2: 9 ὅτι ἐν αὐτῷ κατοικεῖ πᾶν τὸ πλήρωμα τῆς θεότητος **σωματικῶς,**

5396 Σώπατρος [1]

√ *5392 + 4252*

Ac 20: 4 συνείπετο δὲ αὐτῷ **Σώπατρος** Πύρρου Βεροιαῖος, Θεσσαλονικέων δὲ Ἀρίσταρχος καὶ Σεκοῦνδος,

5397 σωρεύω [2]

→ *2197*

σωρεύω ἄνθρακας πυρὸς [1] Ro 12:20

Ro 12:20 τοῦτο γὰρ ποιῶν ἄνθρακας πυρὸς **σωρεύσεις** ἐπὶ τὴν κεφαλὴν αὐτοῦ.
2Ti 3: 6 ἐκ τούτων γάρ εἰσιν οἱ ἐνδύνοντες εἰς τὰς οἰκίας καὶ αἰχμαλωτίζοντες γυναικάρια **σεσωρευμένα** ἁμαρτίαις,

5398 Σωσθένης [2]

Ac 18:17 ἐπιλαβόμενοι δὲ πάντες **Σωσθένην** τὸν ἀρχισυνάγωγον ἔτυπτον ἔμπροσθεν τοῦ βήματος·
1Co 1: 1 Παῦλος κλητὸς ἀπόστολος Χριστοῦ Ἰησοῦ διὰ θελήματος θεοῦ καὶ **Σωσθένης** ὁ ἀδελφὸς

5399 Σωσίπατρος [1]

√ *5392 + 4252*

Ro 16:21 καὶ Λούκιος καὶ Ἰάσων καὶ **Σωσίπατρος** οἱ συγγενεῖς μου.

5400 σωτήρ [24]

√ *5392*

θεός σωτήρ [ἡμῶν, μοῦ] [10] Lk 1:47; 1Ti 1:1; 2:3; 4:10; Tit 1:3; 2:10,13; 3:4; 2Pe 1:1; Jude 1:25

σωτήρ Ἰησοῦς [9] Ac 13:23; Php 3:20; 2Ti 1:10; Tit 1:4; 2:13; 2Pe 1:1,11; 2:20; 3:18

σωτήρ καὶ ἀρχηγός [1] Ac 5:31

σωτήρ τοῦ κόσμου [2] Jn 4:42; 1Jn 4:14

Lk 1:47 καὶ ἠγαλλίασεν τὸ πνεῦμά μου ἐπὶ τῷ θεῷ τῷ **σωτῆρί** μου,
2:11 ὅτι ἐτέχθη ὑμῖν σήμερον **σωτὴρ** ὅς ἐστιν Χριστὸς κύριος ἐν πόλει Δαυίδ.
Jn 4:42 αὐτοὶ γὰρ ἀκηκόαμεν καὶ οἴδαμεν ὅτι οὗτός ἐστιν ἀληθῶς ὁ **σωτὴρ** τοῦ κόσμου.
Ac 5:31 τοῦτον ὁ θεὸς ἀρχηγὸν καὶ **σωτῆρα** ὕψωσεν τῇ δεξιᾷ αὐτοῦ [τοῦ] δοῦναι μετάνοιαν τῷ Ἰσραὴλ καὶ ἄφεσιν ἁμαρτιῶν.
13:23 τούτου ὁ θεὸς ἀπὸ τοῦ σπέρματος κατ' ἐπαγγελίαν ἤγαγεν τῷ Ἰσραὴλ **σωτῆρα** Ἰησοῦν,
Eph 5:23 ὅτι ἀνήρ ἐστιν κεφαλὴ τῆς γυναικὸς ὡς καὶ ὁ Χριστὸς κεφαλὴ τῆς ἐκκλησίας, αὐτὸς **σωτὴρ** τοῦ σώματος·
Php 3:20 ἐξ οὗ καὶ **σωτῆρα** ἀπεκδεχόμεθα κύριον Ἰησοῦν Χριστόν,
1Ti 1: 1 Παῦλος ἀπόστολος Χριστοῦ Ἰησοῦ κατ' ἐπιταγὴν θεοῦ **σωτῆρος** ἡμῶν καὶ Χριστοῦ Ἰησοῦ τῆς ἐλπίδος ἡμῶν
2: 3 τοῦτο καλὸν καὶ ἀπόδεκτον ἐνώπιον τοῦ **σωτῆρος** ἡμῶν θεοῦ,
4:10 ὅτι ἠλπίκαμεν ἐπὶ θεῷ ζῶντι, ὅς ἐστιν **σωτὴρ** πάντων ἀνθρώπων μάλιστα πιστῶν.
2Ti 1:10 φανερωθεῖσαν δὲ νῦν διὰ τῆς ἐπιφανείας τοῦ **σωτῆρος** ἡμῶν Χριστοῦ Ἰησοῦ,
Tit 1: 3 ὃ ἐπιστεύθην ἐγὼ κατ' ἐπιταγὴν τοῦ **σωτῆρος** ἡμῶν θεοῦ,
1: 4 χάρις καὶ εἰρήνη ἀπὸ θεοῦ πατρὸς καὶ Χριστοῦ Ἰησοῦ τοῦ **σωτῆρος** ἡμῶν.
2:10 ἵνα τὴν διδασκαλίαν τὴν τοῦ **σωτῆρος** ἡμῶν θεοῦ κοσμῶσιν ἐν πᾶσιν.
2:13 προσδεχόμενοι τὴν μακαρίαν ἐλπίδα καὶ ἐπιφάνειαν τῆς δόξης τοῦ μεγάλου θεοῦ καὶ **σωτῆρος** ἡμῶν Ἰησοῦ Χριστοῦ,
3: 4 ὅτε δὲ ἡ χρηστότης καὶ ἡ φιλανθρωπία ἐπεφάνη τοῦ **σωτῆρος** ἡμῶν θεοῦ,
3: 6 οὗ ἐξέχεεν ἐφ' ἡμᾶς πλουσίως διὰ Ἰησοῦ Χριστοῦ τοῦ **σωτῆρος** ἡμῶν,
2Pe 1: 1 τοῖς ἰσότιμον ἡμῖν λαχοῦσιν πίστιν ἐν δικαιοσύνῃ τοῦ θεοῦ ἡμῶν καὶ **σωτῆρος** Ἰησοῦ Χριστοῦ,
1:11 πλουσίως ἐπιχορηγηθήσεται ὑμῖν ἡ εἴσοδος εἰς τὴν αἰώνιον βασιλείαν τοῦ κυρίου ἡμῶν καὶ **σωτῆρος** Ἰησοῦ Χριστοῦ.
2:20 εἰ γὰρ ἀποφυγόντες τὰ μιάσματα τοῦ κόσμου ἐν ἐπιγνώσει τοῦ κυρίου [ἡμῶν] καὶ **σωτῆρος** Ἰησοῦ Χριστοῦ,
3: 2 μνησθῆναι τῶν προειρημένων ῥημάτων ὑπὸ τῶν ἁγίων προφητῶν καὶ τῆς τῶν ἀποστόλων ὑμῶν ἐντολῆς τοῦ κυρίου καὶ **σωτῆρος.**
3:18 αὐξάνετε δὲ ἐν χάριτι καὶ γνώσει τοῦ κυρίου ἡμῶν καὶ **σωτῆρος** Ἰησοῦ Χριστοῦ.
1Jn 4:14 καὶ ἡμεῖς τεθεάμεθα καὶ μαρτυροῦμεν ὅτι ὁ πατὴρ ἀπέσταλκεν τὸν υἱὸν **σωτῆρα** τοῦ κόσμου.
Jude 1:25 μόνῳ θεῷ **σωτῆρι** ἡμῶν διὰ Ἰησοῦ Χριστοῦ τοῦ κυρίου ἡμῶν δόξα μεγαλωσύνη κράτος καὶ ἐξουσία πρὸ παντὸς τοῦ αἰῶνος

5401 σωτηρία [46 / 45]

√ *5392*

αἰώνιος σωτηρία [1] Heb 5:9

εἰς σωτηρίαν [13] Ac 13:47; Ro 1:16; 10:1,10; 2Co 7:10; Php 1:19; 1Th 5:9; 2Th 2:13; 2Ti 3:15; Heb 9:28; 11:7; 1Pe 1:5; 2:2

ἐλπίς σωτηρίας [1] 1Th 5:8

ἡμέρα σωτηρίας [2] 2Co 6:2,2

κέρας σωτηρίας [1] Lk 1:69

λόγος σωτηρίας [1] Ac 13:26

ὁδός σωτηρίας [1] Ac 16:17

σωτηρία διά [2] 1Th 5:9; 2Ti 3:15

σωτηρία ἐν [1] 2Th 2:13

Mk 16: S ⟦Μετὰ δὲ ταῦτα καὶ αὐτὸς ὁ Ἰησοῦς ἀπὸ ἀνατολῆς καὶ ἄχρι δύσεως ἐξαπέστειλεν δι' αὐτῶν τὸ ἱερὸν καὶ ἄφθαρτον κήρυγμα τῆς αἰωνίου **σωτηρίας.**[NIV-]⟧
Lk 1:69 καὶ ἤγειρεν κέρας **σωτηρίας** ἡμῖν ἐν οἴκῳ Δαυὶδ παιδὸς αὐτοῦ,
1:71 **σωτηρίαν** ἐξ ἐχθρῶν ἡμῶν καὶ ἐκ χειρὸς πάντων τῶν μισούντων ἡμᾶς,
1:77 τοῦ δοῦναι γνῶσιν **σωτηρίας** τῷ λαῷ αὐτοῦ ἐν ἀφέσει ἁμαρτιῶν αὐτῶν,
19: 9 εἶπεν δὲ πρὸς αὐτὸν ὁ Ἰησοῦς ὅτι Σήμερον **σωτηρία** τῷ οἴκῳ τούτῳ ἐγένετο,
Jn 4:22 ἡμεῖς προσκυνοῦμεν ὃ οἴδαμεν, ὅτι ἡ **σωτηρία** ἐκ τῶν Ἰουδαίων ἐστίν.
Ac 4:12 καὶ οὐκ ἔστιν ἐν ἄλλῳ οὐδενὶ ἡ **σωτηρία,**

7:25 ἐνόμιζεν δὲ συνιέναι τοὺς ἀδελφοὺς [αὐτοῦ] ὅτι ὁ θεὸς διὰ χειρὸς αὐτοῦ δίδωσιν **σωτηρίαν** αὐτοῖς·
13:26 υἱοὶ γένους Ἀβραὰμ καὶ οἱ ἐν ὑμῖν φοβούμενοι τὸν θεόν, ἡμῖν ὁ λόγος τῆς **σωτηρίας** ταύτης ἐξαπεστάλη.
13:47 Τέθεικά σε εἰς φῶς ἐθνῶν τοῦ εἶναί σε εἰς **σωτηρίαν** ἕως ἐσχάτου τῆς γῆς.
16:17 Οὗτοι οἱ ἄνθρωποι δοῦλοι τοῦ θεοῦ τοῦ ὑψίστου εἰσίν, οἵτινες καταγγέλλουσιν ὑμῖν ὁδὸν **σωτηρίας.**
27:34 τοῦτο γὰρ πρὸς τῆς ὑμετέρας **σωτηρίας** ὑπάρχει, οὐδενὸς γὰρ ὑμῶν θρὶξ ἀπὸ τῆς κεφαλῆς ἀπολεῖται.
Ro 1:16 δύναμις γὰρ θεοῦ ἐστιν εἰς **σωτηρίαν** παντὶ τῷ πιστεύοντι,
10: 1 ἡ μὲν εὐδοκία τῆς ἐμῆς καρδίας καὶ ἡ δέησις πρὸς τὸν θεὸν ὑπὲρ αὐτῶν εἰς **σωτηρίαν.**
10:10 καρδίᾳ γὰρ πιστεύεται εἰς δικαιοσύνην, στόματι δὲ ὁμολογεῖται εἰς **σωτηρίαν.**
11:11 ἀλλὰ τῷ αὐτῶν παραπτώματι ἡ **σωτηρία** τοῖς ἔθνεσιν εἰς τὸ παραζηλῶσαι αὐτούς.
13:11 νῦν γὰρ ἐγγύτερον ἡμῶν ἡ **σωτηρία** ἢ ὅτε ἐπιστεύσαμεν.
2Co 1: 6 εἴτε δὲ θλιβόμεθα, ὑπὲρ τῆς ὑμῶν παρακλήσεως καὶ **σωτηρίας·**
6: 2 Καιρῷ δεκτῷ ἐπήκουσά σου καὶ ἐν ἡμέρᾳ **σωτηρίας** ἐβοήθησά σοι. ἰδοὺ νῦν καιρὸς εὐπρόσδεκτος, ἰδοὺ νῦν ἡμέρα **σωτηρίας·**
7:10 ἡ γὰρ κατὰ θεὸν λύπη μετάνοιαν εἰς **σωτηρίαν** ἀμεταμέλητον ἐργάζεται·
Eph 1:13 ἐν ᾧ καὶ ὑμεῖς ἀκούσαντες τὸν λόγον τῆς ἀληθείας, τὸ εὐαγγέλιον τῆς **σωτηρίας** ὑμῶν,
Php 1:19 οἶδα γὰρ ὅτι τοῦτό μοι ἀποβήσεται εἰς **σωτηρίαν** διὰ τῆς ὑμῶν δεήσεως καὶ ἐπιχορηγίας τοῦ πνεύματος Ἰησοῦ Χριστοῦ
1:28 ἥτις ἐστὶν αὐτοῖς ἔνδειξις ἀπωλείας, ὑμῶν δὲ **σωτηρίας,** καὶ τοῦτο ἀπὸ θεοῦ·
2:12 μετὰ φόβου καὶ τρόμου τὴν ἑαυτῶν **σωτηρίαν** κατεργάζεσθε·
1Th 5: 8 ἡμεῖς δὲ ἡμέρας ὄντες νήφωμεν ἐνδυσάμενοι θώρακα πίστεως καὶ ἀγάπης καὶ περικεφαλαίαν ἐλπίδα **σωτηρίας·**
5: 9 ὅτι οὐκ ἔθετο ἡμᾶς ὁ θεὸς εἰς ὀργὴν ἀλλὰ εἰς περιποίησιν **σωτηρίας** διὰ τοῦ κυρίου ἡμῶν Ἰησοῦ Χριστοῦ
2Th 2:13 ὅτι εἵλατο ὑμᾶς ὁ θεὸς ἀπαρχὴν εἰς **σωτηρίαν** ἐν ἁγιασμῷ πνεύματος καὶ πίστει ἀληθείας,
2Ti 2:10 ἵνα καὶ αὐτοὶ **σωτηρίας** τύχωσιν τῆς ἐν Χριστῷ Ἰησοῦ μετὰ δόξης αἰωνίου.
3:15 τὰ δυνάμενά σε σοφίσαι εἰς **σωτηρίαν** διὰ πίστεως τῆς ἐν Χριστῷ Ἰησοῦ.
Heb 1:14 οὐχὶ πάντες εἰσὶν λειτουργικὰ πνεύματα εἰς διακονίαν ἀποστελλόμενα διὰ τοὺς μέλλοντας κληρονομεῖν **σωτηρίαν;**
2: 3 πῶς ἡμεῖς ἐκφευξόμεθα τηλικαύτης ἀμελήσαντες **σωτηρίας,** ἥτις ἀρχὴν λαβοῦσα λαλεῖσθαι διὰ τοῦ κυρίου ὑπὸ τῶν ἀκουσάντων εἰς ἡμᾶς ἐβεβαιώθη,
2:10 πολλοὺς υἱοὺς εἰς δόξαν ἀγαγόντα τὸν ἀρχηγὸν τῆς **σωτηρίας** αὐτῶν διὰ παθημάτων τελειῶσαι.
5: 9 καὶ τελειωθεὶς ἐγένετο πᾶσιν τοῖς ὑπακούουσιν αὐτῷ αἴτιος **σωτηρίας** αἰωνίου,
6: 9 ἀγαπητοί, τὰ κρείσσονα καὶ ἐχόμενα **σωτηρίας,** εἰ καὶ οὕτως λαλοῦμεν.
9:28 ἐκ δευτέρου χωρὶς ἁμαρτίας ὀφθήσεται τοῖς αὐτὸν ἀπεκδεχομένοις εἰς **σωτηρίαν.**
11: 7 εὐλαβηθεὶς κατεσκεύασεν κιβωτὸν εἰς **σωτηρίαν** τοῦ οἴκου αὐτοῦ δι᾽ ἧς κατέκρινεν τὸν κόσμον,
1Pe 1: 5 τοὺς ἐν δυνάμει θεοῦ φρουρουμένους διὰ πίστεως εἰς **σωτηρίαν** ἑτοίμην ἀποκαλυφθῆναι ἐν καιρῷ ἐσχάτῳ.
1: 9 κομιζόμενοι τὸ τέλος τῆς πίστεως [ὑμῶν] **σωτηρίαν** ψυχῶν.
1:10 Περὶ ἧς **σωτηρίας** ἐξεζήτησαν καὶ ἐξηραύνησαν προφῆται οἱ περὶ τῆς εἰς ὑμᾶς χάριτος προφητεύσαντες,
2: 2 ὡς ἀρτιγέννητα βρέφη τὸ λογικὸν ἄδολον γάλα ἐπιποθήσατε, ἵνα ἐν αὐτῷ αὐξηθῆτε εἰς **σωτηρίαν,**
2Pe 3:15 καὶ τὴν τοῦ κυρίου ἡμῶν μακροθυμίαν **σωτηρίαν** ἡγεῖσθε,
Jude 1: 3 πᾶσαν σπουδὴν ποιούμενος γράφειν ὑμῖν περὶ τῆς κοινῆς ἡμῶν **σωτηρίας** ἀνάγκην ἔσχον γράψαι ὑμῖν παρακαλῶν ἐπαγωνίζεσθαι τῇ ἅπαξ παραδοθείσῃ τοῖς ἁγίοις πίστει.
Rev 7:10 Ἡ **σωτηρία** τῷ θεῷ ἡμῶν τῷ καθημένῳ ἐπὶ τῷ θρόνῳ καὶ τῷ ἀρνίῳ.
12:10 Ἄρτι ἐγένετο ἡ **σωτηρία** καὶ ἡ δύναμις καὶ ἡ βασιλεία τοῦ θεοῦ ἡμῶν καὶ ἡ ἐξουσία τοῦ Χριστοῦ αὐτοῦ,
19: 1 ἡ **σωτηρία** καὶ ἡ δόξα καὶ ἡ δύναμις τοῦ θεοῦ ἡμῶν,

5402 σωτήριον [4]

√ *5392*

see also **σωτήριος**

ὁράω σωτήριον [2] Lk 2:30; 3:6

Lk 2:30 ὅτι εἶδον οἱ ὀφθαλμοί μου τὸ **σωτήριόν** σου,
3: 6 καὶ ὄψεται πᾶσα σὰρξ τὸ **σωτήριον** τοῦ θεοῦ.
Ac 28:28 γνωστὸν οὖν ἔστω ὑμῖν ὅτι τοῖς ἔθνεσιν ἀπεστάλη τοῦτο τὸ **σωτήριον** τοῦ θεοῦ·
Eph 6:17 καὶ τὴν περικεφαλαίαν τοῦ **σωτηρίου** δέξασθε καὶ τὴν μάχαιραν τοῦ πνεύματος,

5403 σωτήριος [1]

√ *5392*

see also **σωτήριον**

Tit 2:11 Ἐπεφάνη γὰρ ἡ χάρις τοῦ θεοῦ **σωτήριος** πᾶσιν ἀνθρώποις

5404 σωφρονέω [6]

→ *5405, 5406, 5407, 5408, 5409; cf. 5856*

Mk 5:15 καὶ ἔρχονται πρὸς τὸν Ἰησοῦν καὶ θεωροῦσιν τὸν δαιμονιζόμενον καθήμενον ἱματισμένον καὶ **σωφρονοῦντα,**
Lk 8:35 ἐξῆλθον δὲ ἰδεῖν τὸ γεγονὸς καὶ ἦλθον πρὸς τὸν Ἰησοῦν καὶ εὗρον καθήμενον τὸν ἄνθρωπον ἀφ᾽ οὗ τὰ δαιμόνια ἐξῆλθεν ἱματισμένον καὶ **σωφρονοῦντα** παρὰ τοὺς πόδας τοῦ Ἰησοῦ,
Ro 12: 3 διὰ τῆς χάριτος τῆς δοθείσης μοι παντὶ τῷ ὄντι ἐν ὑμῖν μὴ ὑπερφρονεῖν παρ᾽ ὃ δεῖ φρονεῖν ἀλλὰ φρονεῖν εἰς τὸ **σωφρονεῖν,**
2Co 5:13 εἴτε γὰρ ἐξέστημεν, θεῷ· εἴτε **σωφρονοῦμεν,** ὑμῖν.
Tit 2: 6 τοὺς νεωτέρους ὡσαύτως παρακάλει **σωφρονεῖν**
1Pe 4: 7 Πάντων δὲ τὸ τέλος ἤγγικεν. **σωφρονήσατε** οὖν καὶ νήψατε εἰς προσευχάς·

5405 σωφρονίζω [1]

√ *5404*

Tit 2: 4 ἵνα **σωφρονίζωσιν** τὰς νέας φιλάνδρους εἶναι, φιλοτέκνους

5406 σωφρονισμός [1]

√ *5404*

2Ti 1: 7 οὐ γὰρ ἔδωκεν ἡμῖν ὁ θεὸς πνεῦμα δειλίας ἀλλὰ δυνάμεως καὶ ἀγάπης καὶ **σωφρονισμοῦ.**

5407 σωφρόνως [1]

√ *5404*

Tit 2:12 ἵνα ἀρνησάμενοι τὴν ἀσέβειαν καὶ τὰς κοσμικὰς ἐπιθυμίας **σωφρόνως** καὶ δικαίως καὶ εὐσεβῶς ζήσωμεν ἐν τῷ νῦν αἰῶνι,

5408 σωφροσύνη [3]

√ *5404*

Ac 26:25 κράτιστε Φῆστε, ἀλλὰ ἀληθείας καὶ **σωφροσύνης** ῥήματα ἀποφθέγγομαι.
1Ti 2: 9 ὡσαύτως [καὶ] γυναῖκας ἐν καταστολῇ κοσμίῳ μετὰ αἰδοῦς καὶ **σωφροσύνης** κοσμεῖν ἑαυτάς,
2:15 ἐὰν μείνωσιν ἐν πίστει καὶ ἀγάπῃ καὶ ἁγιασμῷ μετὰ **σωφροσύνης·** [UBS; NIV **σωφροσύνης.**]

5409 σώφρων [4]

√ *5404*

1Ti 3: 2 μιᾶς γυναικὸς ἄνδρα, νηφάλιον **σώφρονα** κόσμιον φιλόξενον διδακτικόν,
Tit 1: 8 ἀλλὰ φιλόξενον φιλάγαθον **σώφρονα** δίκαιον ὅσιον ἐγκρατῆ,
2: 2 σεμνούς, **σώφρονας,** ὑγιαίνοντας τῇ πίστει, τῇ ἀγάπῃ, τῇ ὑπομονῇ·
2: 5 **σώφρονας** ἁγνὰς οἰκουργοὺς ἀγαθάς, ὑποτασσομένας τοῖς ἰδίοις ἀνδράσιν,

Τ, τ

5410 τ Not used in UBS/NIV

5411 ταβέρναι Not used in UBS/NIV

→ *5553*

5412 Ταβιθά [2]

√ *cf. 2496*

Ac 9:36 Ἐν Ἰόππῃ δέ τις ἦν μαθήτρια ὀνόματι **Ταβιθά,**
9:40 ὁ Πέτρος καὶ θεὶς τὰ γόνατα προσηύξατο καὶ ἐπιστρέψας πρὸς τὸ σῶμα εἶπεν, **Ταβιθά,** ἀνάστηθι.

5413 τάγμα [1]

√ *5435*

1Co 15:23 ἕκαστος δὲ ἐν τῷ ἰδίῳ **τάγματι·** ἀπαρχὴ Χριστός,

5414 τακτός [1]

√ *5435*

Ac 12:21 **τακτῇ** δὲ ἡμέρᾳ ὁ Ἡρῴδης ἐνδυσάμενος ἐσθῆτα βασιλικὴν [καὶ] καθίσας ἐπὶ τοῦ βήματος ἐδημηγόρει πρὸς αὐτούς,

5415 ταλαιπωρέω [1]

√ *5417*

Jas 4: 9 **ταλαιπωρήσατε** καὶ πενθήσατε καὶ κλαύσατε. ὁ γέλως ὑμῶν εἰς πένθος μετατραπήτω καὶ ἡ χαρὰ εἰς κατήφειαν.

5416 ταλαιπωρία [2]

√ *5417*

Ro 3:16 σύντριμμα καὶ **ταλαιπωρία** ἐν ταῖς ὁδοῖς αὐτῶν,
Jas 5: 1 κλαύσατε ὀλολύζοντες ἐπὶ ταῖς **ταλαιπωρίαις** ὑμῶν ταῖς ἐπερχομέναις.

5417 ταλαίπωρος [2]

→ *5415, 5416*

Ro 7:24 **ταλαίπωρος** ἐγὼ ἄνθρωπος· τίς με ῥύσεται ἐκ τοῦ σώματος τοῦ θανάτου τούτου;
Rev 3:17 καὶ οὐκ οἶδας ὅτι σὺ εἶ ὁ **ταλαίπωρος** καὶ ἐλεεινὸς καὶ πτωχὸς καὶ τυφλὸς καὶ γυμνός,

5418 ταλαντιαῖος [1]

√ *5419*

Rev 16:21 καὶ χάλαζα μεγάλη ὡς **ταλαντιαία** καταβαίνει ἐκ τοῦ οὐρανοῦ ἐπὶ τοὺς ἀνθρώπους,

5419 τάλαντον [14]

→ *5418*

Mt 18:24 ἀρξαμένου δὲ αὐτοῦ συναίρειν προσηνέχθη αὐτῷ εἷς ὀφειλέτης μυρίων **ταλάντων.**
25:15 καὶ ᾧ μὲν ἔδωκεν πέντε **τάλαντα,** ᾧ δὲ δύο,
25:16 πορευθεὶς ὁ τὰ πέντε **τάλαντα** λαβὼν ἠργάσατο ἐν αὐτοῖς καὶ ἐκέρδησεν ἄλλα πέντε·
25:20 καὶ προσελθὼν ὁ τὰ πέντε **τάλαντα** λαβὼν προσήνεγκεν ἄλλα πέντε **τάλαντα** λέγων, Κύριε, πέντε **τάλαντά** μοι παρέδωκας· ἴδε ἄλλα πέντε **τάλαντα** ἐκέρδησα.
25:22 προσελθὼν [δὲ] καὶ ὁ τὰ δύο **τάλαντα** εἶπεν, Κύριε, δύο **τάλαντά** μοι παρέδωκας· ἴδε ἄλλα δύο **τάλαντα** ἐκέρδησα.
25:24 προσελθὼν δὲ καὶ ὁ τὸ ἓν **τάλαντον** εἰληφὼς εἶπεν,
25:25 καὶ φοβηθεὶς ἀπελθὼν ἔκρυψα τὸ **τάλαντόν** σου ἐν τῇ γῇ·
25:28 ἄρατε οὖν ἀπ' αὐτοῦ τὸ **τάλαντον** καὶ δότε τῷ ἔχοντι τὰ δέκα **τάλαντα·**

5420 ταλιθά [1]

√ *cf. 4813*

Mk 5:41 **Ταλιθα** κουμ, ὅ ἐστιν μεθερμηνευόμενον Τὸ κοράσιον, σοὶ λέγω,

5421 ταμεῖον [4]

√ *5533*

Mt 6: 6 εἴσελθε εἰς τὸ **ταμεῖόν** σου καὶ κλείσας τὴν θύραν σου πρόσευξαι τῷ πατρί σου τῷ ἐν τῷ κρυπτῷ·
24:26 μὴ ἐξέλθητε· Ἰδοὺ ἐν τοῖς **ταμείοις,** μὴ πιστεύσητε·
Lk 12: 3 καὶ ὃ πρὸς τὸ οὖς ἐλαλήσατε ἐν τοῖς **ταμείοις** κηρυχθήσεται ἐπὶ τῶν δωμάτων.
12:24 οἷς οὐκ ἔστιν **ταμεῖον** οὐδὲ ἀποθήκη, καὶ ὁ θεὸς τρέφει αὐτούς·

5422 τανῦν Not used in UBS/NIV

√ *3836 + 3814*

5423 τάξις [9]

√ *5435*

Lk 1: 8 Ἐγένετο δὲ ἐν τῷ ἱερατεύειν αὐτὸν ἐν τῇ **τάξει** τῆς ἐφημερίας αὐτοῦ ἔναντι τοῦ θεοῦ,
1Co 14:40 πάντα δὲ εὐσχημόνως καὶ κατὰ **τάξιν** γινέσθω.
Col 2: 5 χαίρων καὶ βλέπων ὑμῶν τὴν **τάξιν** καὶ τὸ στερέωμα τῆς εἰς Χριστὸν πίστεως ὑμῶν.
Heb 5: 6 Σὺ ἱερεὺς εἰς τὸν αἰῶνα κατὰ τὴν **τάξιν** Μελχισέδεκ,
5:10 προσαγορευθεὶς ὑπὸ τοῦ θεοῦ ἀρχιερεὺς κατὰ τὴν **τάξιν** Μελχισέδεκ.
6:20 κατὰ τὴν **τάξιν** Μελχισέδεκ ἀρχιερεὺς γενόμενος εἰς τὸν αἰῶνα.
7:11 τίς ἔτι χρεία κατὰ τὴν **τάξιν** Μελχισέδεκ ἕτερον ἀνίστασθαι ἱερέα καὶ οὐ κατὰ τὴν **τάξιν** Ἀαρὼν λέγεσθαι;
7:17 μαρτυρεῖται γὰρ ὅτι Σὺ ἱερεὺς εἰς τὸν αἰῶνα κατὰ τὴν **τάξιν** Μελχισέδεκ.

5424 ταπεινός [8]

→ *5425, 5426, 5427, 5428*

ταπεινός τῇ καρδίᾳ [1] Mt 11:29

Mt 11:29 ὅτι πραΰς εἰμι καὶ **ταπεινὸς** τῇ καρδίᾳ, καὶ εὑρήσετε ἀνάπαυσιν ταῖς ψυχαῖς ὑμῶν·
Lk 1:52 καθεῖλεν δυνάστας ἀπὸ θρόνων καὶ ὕψωσεν **ταπεινούς,**
Ro 12:16 μὴ τὰ ὑψηλὰ φρονοῦντες ἀλλὰ τοῖς **ταπεινοῖς** συναπαγόμενοι.
2Co 7: 6 ἀλλ' ὁ παρακαλῶν τοὺς **ταπεινοὺς** παρεκάλεσεν ἡμᾶς ὁ θεὸς ἐν τῇ παρουσίᾳ Τίτου,
10: 1 ὃς κατὰ πρόσωπον μὲν **ταπεινὸς** ἐν ὑμῖν, ἀπὼν δὲ θαρρῶ εἰς ὑμᾶς·
Jas 1: 9 Καυχάσθω δὲ ὁ ἀδελφὸς ὁ **ταπεινὸς** ἐν τῷ ὕψει αὐτοῦ,
4: 6 Ὁ θεὸς ὑπερηφάνοις ἀντιτάσσεται, **ταπεινοῖς** δὲ δίδωσιν χάριν.
1Pe 5: 5 ὅτι [Ὁ] θεὸς ὑπερηφάνοις ἀντιτάσσεται, **ταπεινοῖς** δὲ δίδωσιν χάριν.

5425 ταπεινοφροσύνη [7]

√ *5424 + 5856*

Ac 20:19 δουλεύων τῷ κυρίῳ μετὰ πάσης **ταπεινοφροσύνης** καὶ δακρύων καὶ πειρασμῶν τῶν συμβάντων μοι ἐν ταῖς ἐπιβουλαῖς τῶν Ἰουδαίων,
Eph 4: 2 μετὰ πάσης **ταπεινοφροσύνης** καὶ πραΰτητος, μετὰ μακροθυμίας, ἀνεχόμενοι ἀλλήλων ἐν ἀγάπῃ,
Php 2: 3 μηδὲν κατ' ἐριθείαν μηδὲ κατὰ κενοδοξίαν ἀλλὰ τῇ **ταπεινοφροσύνῃ** ἀλλήλους ἡγούμενοι ὑπερέχοντας ἑαυτῶν,
Col 2:18 μηδεὶς ὑμᾶς καταβραβευέτω θέλων ἐν **ταπεινοφροσύνῃ** καὶ θρησκείᾳ τῶν ἀγγέλων,
2:23 ἅτινά ἐστιν λόγον μὲν ἔχοντα σοφίας ἐν ἐθελοθρησκίᾳ καὶ **ταπεινοφροσύνῃ** [καὶ] ἀφειδίᾳ σώματος,
3:12 ὡς ἐκλεκτοὶ τοῦ θεοῦ ἅγιοι καὶ ἠγαπημένοι, σπλάγχνα οἰκτιρμοῦ χρηστότητα **ταπεινοφροσύνην** πραΰτητα μακροθυμίαν,
1Pe 5: 5 πάντες δὲ ἀλλήλοις τὴν **ταπεινοφροσύνην** ἐγκομβώσασθε, ὅτι [Ὁ] θεὸς ὑπερηφάνοις ἀντιτάσσεται,

5426 ταπεινόφρων [1]

√ *5424 + 5856*

1Pe 3: 8 Τὸ δὲ τέλος πάντες ὁμόφρονες, συμπαθεῖς, φιλάδελφοι, εὔσπλαγχνοι, **ταπεινόφρονες,**

5427 ταπεινόω [14]

√ *5424*

Mt 18: 4 ὅστις οὖν **ταπεινώσει** ἑαυτὸν ὡς τὸ παιδίον τοῦτο,
23:12 ὅστις δὲ ὑψώσει ἑαυτὸν **ταπεινωθήσεται** καὶ ὅστις **ταπεινώσει** ἑαυτὸν ὑψωθήσεται.
Lk 3: 5 πᾶσα φάραγξ πληρωθήσεται καὶ πᾶν ὄρος καὶ βουνὸς **ταπεινωθήσεται,**
14:11 ὅτι πᾶς ὁ ὑψῶν ἑαυτὸν **ταπεινωθήσεται,** καὶ ὁ **ταπεινῶν** ἑαυτὸν ὑψωθήσεται.
18:14 ὅτι πᾶς ὁ ὑψῶν ἑαυτὸν **ταπεινωθήσεται,** ὁ δὲ **ταπεινῶν** ἑαυτὸν ὑψωθήσεται.
2Co 11: 7 Ἢ ἁμαρτίαν ἐποίησα ἐμαυτὸν **ταπεινῶν** ἵνα ὑμεῖς ὑψωθῆτε,
12:21 μὴ πάλιν ἐλθόντος μου **ταπεινώσῃ** με ὁ θεός μου πρὸς ὑμᾶς καὶ πενθήσω πολλοὺς τῶν προημαρτηκότων
Php 2: 8 **ἐταπείνωσεν** ἑαυτὸν γενόμενος ὑπήκοος μέχρι θανάτου, θανάτου δὲ σταυροῦ.
4:12 οἶδα καὶ **ταπεινοῦσθαι,** οἶδα καὶ περισσεύειν· ἐν παντὶ καὶ ἐν πᾶσιν μεμύημαι,
Jas 4:10 **ταπεινώθητε** ἐνώπιον κυρίου καὶ ὑψώσει ὑμᾶς.
1Pe 5: 6 **Ταπεινώθητε** οὖν ὑπὸ τὴν κραταιὰν χεῖρα τοῦ θεοῦ,

5428 ταπείνωσις [4]

√ *5424*

Lk 1:48 ὅτι ἐπέβλεψεν ἐπὶ τὴν **ταπείνωσιν** τῆς δούλης αὐτοῦ.
Ac 8:33 Ἐν τῇ **ταπεινώσει** [αὐτοῦ] ἡ κρίσις αὐτοῦ ἤρθη·
Php 3:21 ὃς μετασχηματίσει τὸ σῶμα τῆς **ταπεινώσεως** ἡμῶν σύμμορφον τῷ σώματι τῆς δόξης αὐτοῦ
Jas 1:10 ὁ δὲ πλούσιος ἐν τῇ **ταπεινώσει** αὐτοῦ, ὅτι ὡς ἄνθος χόρτου παρελεύσεται.

5429 ταράσσω [17]

→ *1410, 1752, 5331, 5430, 5431*

Mt 2: 3 ἀκούσας δὲ ὁ βασιλεὺς Ἡρῴδης **ἐταράχθη** καὶ πᾶσα Ἱεροσόλυμα μετ᾽ αὐτοῦ,
14:26 οἱ δὲ μαθηταὶ ἰδόντες αὐτὸν ἐπὶ τῆς θαλάσσης περιπατοῦντα **ἐταράχθησαν** λέγοντες ὅτι Φάντασμά ἐστιν,
Mk 6:50 πάντες γὰρ αὐτὸν εἶδον καὶ **ἐταράχθησαν.** ὁ δὲ εὐθὺς ἐλάλησεν μετ᾽ αὐτῶν,
Lk 1:12 καὶ **ἐταράχθη** Ζαχαρίας ἰδὼν καὶ φόβος ἐπέπεσεν ἐπ᾽ αὐτόν.
24:38 Τί **τεταραγμένοι** ἐστὲ καὶ διὰ τί διαλογισμοὶ ἀναβαίνουσιν ἐν τῇ καρδίᾳ ὑμῶν;
Jn 5: 7 ἄνθρωπον οὐκ ἔχω ἵνα ὅταν **ταραχθῇ** τὸ ὕδωρ βάλῃ με εἰς τὴν κολυμβήθραν·
11:33 εἶδεν αὐτὴν κλαίουσαν καὶ τοὺς συνελθόντας αὐτῇ Ἰουδαίους κλαίοντας, ἐνεβριμήσατο τῷ πνεύματι καὶ **ἐτάραξεν** ἑαυτὸν
12:27 Νῦν ἡ ψυχή μου **τετάρακται,** καὶ τί εἴπω;
13:21 Ταῦτα εἰπὼν [ὁ] Ἰησοῦς **ἐταράχθη** τῷ πνεύματι καὶ ἐμαρτύρησεν καὶ εἶπεν,
14: 1 Μὴ **ταρασσέσθω** ὑμῶν ἡ καρδία· πιστεύετε εἰς τὸν θεὸν καὶ εἰς ἐμὲ πιστεύετε.
14:27 οὐ καθὼς ὁ κόσμος δίδωσιν ἐγὼ δίδωμι ὑμῖν. μὴ **ταρασσέσθω** ὑμῶν ἡ καρδία μηδὲ δειλιάτω.
Ac 15:24 Ἐπειδὴ ἠκούσαμεν ὅτι τινὲς ἐξ ἡμῶν [ἐξελθόντες] **ἐτάραξαν** ὑμᾶς λόγοις ἀνασκευάζοντες τὰς ψυχὰς ὑμῶν
17: 8 **ἐτάραξαν** δὲ τὸν ὄχλον καὶ τοὺς πολιτάρχας ἀκούοντας ταῦτα,
17:13 Ὡς δὲ ἔγνωσαν οἱ ἀπὸ τῆς Θεσσαλονίκης Ἰουδαῖοι ὅτι καὶ ἐν τῇ Βεροίᾳ κατηγγέλη ὑπὸ τοῦ Παύλου ὁ λόγος τοῦ θεοῦ, ἦλθον κἀκεῖ σαλεύοντες καὶ **ταράσσοντες** τοὺς ὄχλους.
Gal 1: 7 εἰ μή τινές εἰσιν οἱ **ταράσσοντες** ὑμᾶς καὶ θέλοντες μεταστρέψαι τὸ εὐαγγέλιον τοῦ Χριστοῦ.
5:10 ὁ δὲ **ταράσσων** ὑμᾶς βαστάσει τὸ κρίμα, ὅστις ἐὰν ᾖ.
1Pe 3:14 τὸν δὲ φόβον αὐτῶν μὴ φοβηθῆτε μηδὲ **ταραχθῆτε,**

5430 ταραχή Not used in UBS/NIV

√ *5429*

5431 τάραχος [2]

√ *5429*

Ac 12:18 Γενομένης δὲ ἡμέρας ἦν **τάραχος** οὐκ ὀλίγος ἐν τοῖς στρατιώταις τί ἄρα ὁ Πέτρος ἐγένετο.
19:23 Ἐγένετο δὲ κατὰ τὸν καιρὸν ἐκεῖνον **τάραχος** οὐκ ὀλίγος περὶ τῆς ὁδοῦ.

5432 Ταρσεύς [2]

√ *5433*

Ac 9:11 Ἀναστὰς πορεύθητι ἐπὶ τὴν ῥύμην τὴν καλουμένην Εὐθεῖαν καὶ ζήτησον ἐν οἰκίᾳ Ἰούδα Σαῦλον ὀνόματι **Ταρσέα·**
21:39 Ἐγὼ ἄνθρωπος μέν εἰμι Ἰουδαῖος, **Ταρσεὺς** τῆς Κιλικίας, οὐκ ἀσήμου πόλεως πολίτης·

5433 Ταρσός [3]

→ *5432*

Ac 9:30 ἐπιγνόντες δὲ οἱ ἀδελφοὶ κατήγαγον αὐτὸν εἰς Καισάρειαν καὶ ἐξαπέστειλαν αὐτὸν εἰς **Ταρσόν.**
11:25 ἐξῆλθεν δὲ εἰς **Ταρσὸν** ἀναζητῆσαι Σαῦλον,
22: 3 Ἐγώ εἰμι ἀνὴρ Ἰουδαῖος, γεγεννημένος ἐν **Ταρσῷ** τῆς Κιλικίας,

5434 ταρταρόω [1]

2Pe 2: 4 Εἰ γὰρ ὁ θεὸς ἀγγέλων ἁμαρτησάντων οὐκ ἐφείσατο ἀλλὰ σειραῖς ζόφου **ταρταρώσας** παρέδωκεν εἰς κρίσιν τηρουμένους,

5435 τάσσω [8]

→ *421, 530, 538, 698, 863, 864, 865, 1408, 1409, 1411, 2112, 2198, 2199, 4705, 4726, 5332, 5413, 5414, 5423, 5717, 5718*

Mt 28:16 Οἱ δὲ ἕνδεκα μαθηταὶ ἐπορεύθησαν εἰς τὴν Γαλιλαίαν εἰς τὸ ὄρος οὗ **ἐτάξατο** αὐτοῖς ὁ Ἰησοῦς,
Lk 7: 8 καὶ γὰρ ἐγὼ ἄνθρωπός εἰμι ὑπὸ ἐξουσίαν **τασσόμενος** ἔχων ὑπ᾽ ἐμαυτὸν στρατιώτας,
Ac 13:48 τὰ ἔθνη ἔχαιρον καὶ ἐδόξαζον τὸν λόγον τοῦ κυρίου καὶ ἐπίστευσαν ὅσοι ἦσαν **τεταγμένοι** εἰς ζωὴν αἰώνιον·
15: 2 **ἔταξαν** ἀναβαίνειν Παῦλον καὶ Βαρναβᾶν καί τινας ἄλλους ἐξ αὐτῶν πρὸς τοὺς ἀποστόλους καὶ πρεσβυτέρους
22:10 Ἀναστὰς πορεύου εἰς Δαμασκὸν κἀκεῖ σοι λαληθήσεται περὶ πάντων ὧν **τέτακταί** σοι ποιῆσαι.
28:23 **Ταξάμενοι** δὲ αὐτῷ ἡμέραν ἦλθον πρὸς αὐτὸν εἰς τὴν ξενίαν πλείονες οἷς ἐξετίθετο διαμαρτυρόμενος τὴν βασιλείαν
Ro 13: 1 οὐ γὰρ ἔστιν ἐξουσία εἰ μὴ ὑπὸ θεοῦ, αἱ δὲ οὖσαι ὑπὸ θεοῦ **τεταγμέναι** εἰσίν.
1Co 16:15 ὅτι ἐστὶν ἀπαρχὴ τῆς Ἀχαΐας καὶ εἰς διακονίαν τοῖς ἁγίοις **ἔταξαν** ἑαυτούς·

5436 ταῦρος [4]

Mt 22: 4 οἱ **ταῦροί** μου καὶ τὰ σιτιστὰ τεθυμένα καὶ πάντα ἕτοιμα·
Ac 14:13 τοῦ Διὸς τοῦ ὄντος πρὸ τῆς πόλεως **ταύρους** καὶ στέμματα ἐπὶ τοὺς πυλῶνας ἐνέγκας σὺν τοῖς ὄχλοις ἤθελεν θύειν.
Heb 9:13 εἰ γὰρ τὸ αἷμα τράγων καὶ **ταύρων** καὶ σποδὸς δαμάλεως ῥαντίζουσα τοὺς κεκοινωμένους ἁγιάζει πρὸς τὴν τῆς σαρκὸς καθαρότητα,
10: 4 ἀδύνατον γὰρ αἷμα **ταύρων** καὶ τράγων ἀφαιρεῖν ἁμαρτίας.

5437 ταὐτά Not used in UBS/NIV

√ *3836 + 899*

5438 ταφή [1]

√ *5439*

Mt 27: 7 συμβούλιον δὲ λαβόντες ἠγόρασαν ἐξ αὐτῶν τὸν Ἀγρὸν τοῦ Κεραμέως εἰς **ταφὴν** τοῖς ξένοις.

5439 τάφος [7]

→ *1946, 1947, 5438; cf. 2507*

Mt 23:27 γραμματεῖς καὶ Φαρισαῖοι ὑποκριταί, ὅτι παρομοιάζετε **τάφοις** κεκονιαμένοις,

23:29 ὅτι οἰκοδομεῖτε τοὺς **τάφους** τῶν προφητῶν καὶ κοσμεῖτε τὰ μνημεῖα τῶν δικαίων,
27:61 ἦν δὲ ἐκεῖ Μαριὰμ ἡ Μαγδαληνὴ καὶ ἡ ἄλλη Μαρία καθήμεναι ἀπέναντι τοῦ **τάφου.**
27:64 κέλευσον οὖν ἀσφαλισθῆναι τὸν **τάφον** ἕως τῆς τρίτης ἡμέρας,
27:66 οἱ δὲ πορευθέντες ἠσφαλίσαντο τὸν **τάφον** σφραγίσαντες τὸν λίθον μετὰ τῆς κουστωδίας.
28: 1 τῇ ἐπιφωσκούσῃ εἰς μίαν σαββάτων ἦλθεν Μαριὰμ ἡ Μαγδαληνὴ καὶ ἡ ἄλλη Μαρία θεωρῆσαι τὸν **τάφον.**
Ro 3:13 **τάφος** ἀνεῳγμένος ὁ λάρυγξ αὐτῶν, ταῖς γλώσσαις αὐτῶν ἐδολιοῦσαν,

5440 τάχα [2]

√ *5444*

Ro 5: 7 ὑπὲρ γὰρ τοῦ ἀγαθοῦ **τάχα** τις καὶ τολμᾷ ἀποθανεῖν·
Phm 1:15 **τάχα** γὰρ διὰ τοῦτο ἐχωρίσθη πρὸς ὥραν, ἵνα αἰώνιον αὐτὸν ἀπέχῃς,

5441 ταχέως [15]

√ *5444*

Lk 14:21 Ἔξελθε **ταχέως** εἰς τὰς πλατείας καὶ ῥύμας τῆς πόλεως καὶ τοὺς πτωχοὺς καὶ ἀναπείρους καὶ τυφλοὺς καὶ χωλοὺς
16: 6 Δέξαι σου τὰ γράμματα καὶ καθίσας **ταχέως** γράψον πεντήκοντα.
Jn 11:31 ἰδόντες τὴν Μαριὰμ ὅτι **ταχέως** ἀνέστη καὶ ἐξῆλθεν,
13:27 λέγει οὖν αὐτῷ ὁ Ἰησοῦς, Ὃ ποιεῖς ποίησον **τάχιον.**
20: 4 καὶ ὁ ἄλλος μαθητὴς προέδραμεν **τάχιον** τοῦ Πέτρου καὶ ἦλθεν πρῶτος εἰς τὸ μνημεῖον,
Ac 17:15 καὶ λαβόντες ἐντολὴν πρὸς τὸν Σιλᾶν καὶ τὸν Τιμόθεον ἵνα ὡς **τάχιστα** ἔλθωσιν πρὸς αὐτὸν ἐξῄεσαν.
1Co 4:19 ἐλεύσομαι δὲ **ταχέως** πρὸς ὑμᾶς ἐὰν ὁ κύριος θελήσῃ,
Gal 1: 6 Θαυμάζω ὅτι οὕτως **ταχέως** μετατίθεσθε ἀπὸ τοῦ καλέσαντος ὑμᾶς ἐν χάριτι [Χριστοῦ] εἰς ἕτερον εὐαγγέλιον,
Php 2:19 Ἐλπίζω δὲ ἐν κυρίῳ Ἰησοῦ Τιμόθεον **ταχέως** πέμψαι ὑμῖν,
2:24 πέποιθα δὲ ἐν κυρίῳ ὅτι καὶ αὐτὸς **ταχέως** ἐλεύσομαι.
2Th 2: 2 εἰς τὸ μὴ **ταχέως** σαλευθῆναι ὑμᾶς ἀπὸ τοῦ νοὸς μηδὲ θροεῖσθαι,
1Ti 5:22 Χεῖρας **ταχέως** μηδενὶ ἐπιτίθει μηδὲ κοινώνει ἁμαρτίαις ἀλλοτρίαις·
2Ti 4: 9 Σπούδασον ἐλθεῖν πρός με **ταχέως·**
Heb 13:19 περισσοτέρως δὲ παρακαλῶ τοῦτο ποιῆσαι, ἵνα **τάχιον** ἀποκατασταθῶ ὑμῖν.
13:23 Γινώσκετε τὸν ἀδελφὸν ἡμῶν Τιμόθεον ἀπολελυμένον, μεθ' οὗ ἐὰν **τάχιον** ἔρχηται ὄψομαι ὑμᾶς.

5442 ταχινός [2]

√ *5444*

2Pe 1:14 εἰδὼς ὅτι **ταχινή** ἐστιν ἡ ἀπόθεσις τοῦ σκηνώματός μου καθὼς καὶ ὁ κύριος ἡμῶν Ἰησοῦς Χριστὸς ἐδήλωσέν μοι,
2: 1 οἵτινες παρεισάξουσιν αἱρέσεις ἀπωλείας καὶ τὸν ἀγοράσαντα αὐτοὺς δεσπότην ἀρνούμενοι. ἐπάγοντες ἑαυτοῖς **ταχινὴν** ἀπώλειαν,

5443 τάχος [8]

√ *5444*

Lk 18: 8 λέγω ὑμῖν ὅτι ποιήσει τὴν ἐκδίκησιν αὐτῶν ἐν **τάχει.**
Ac 12: 7 πατάξας δὲ τὴν πλευρὰν τοῦ Πέτρου ἤγειρεν αὐτὸν λέγων, Ἀνάστα ἐν **τάχει.**
22:18 καὶ ἰδεῖν αὐτὸν λέγοντά μοι, Σπεῦσον καὶ ἔξελθε ἐν **τάχει** ἐξ Ἰερουσαλήμ,
25: 4 ὁ μὲν οὖν Φῆστος ἀπεκρίθη τηρεῖσθαι τὸν Παῦλον εἰς Καισάρειαν, ἑαυτὸν δὲ μέλλειν ἐν **τάχει** ἐκπορεύεσθαι·
Ro 16:20 ὁ δὲ θεὸς τῆς εἰρήνης συντρίψει τὸν Σατανᾶν ὑπὸ τοὺς πόδας ὑμῶν ἐν **τάχει.**
1Ti 3:14 Ταῦτά σοι γράφω ἐλπίζων ἐλθεῖν πρὸς σὲ ἐν **τάχει·**
Rev 1: 1 Ἀποκάλυψις Ἰησοῦ Χριστοῦ ἣν ἔδωκεν αὐτῷ ὁ θεὸς δεῖξαι τοῖς δούλοις αὐτοῦ ἃ δεῖ γενέσθαι ἐν **τάχει,**
22: 6 καὶ ὁ κύριος ὁ θεὸς τῶν πνευμάτων τῶν προφητῶν ἀπέστειλεν τὸν ἄγγελον αὐτοῦ δεῖξαι τοῖς δούλοις αὐτοῦ ἃ δεῖ γενέσθαι ἐν **τάχει.**

5444 ταχύς [13]

→ *5440, 5441, 5442, 5443*

Mt 5:25 ἴσθι εὐνοῶν τῷ ἀντιδίκῳ σου **ταχύ,** ἕως ὅτου εἶ μετ' αὐτοῦ ἐν τῇ ὁδῷ,
28: 7 καὶ **ταχὺ** πορευθεῖσαι εἴπατε τοῖς μαθηταῖς αὐτοῦ ὅτι Ἠγέρθη ἀπὸ τῶν νεκρῶν,
28: 8 καὶ ἀπελθοῦσαι **ταχὺ** ἀπὸ τοῦ μνημείου μετὰ φόβου καὶ χαρᾶς μεγάλης ἔδραμον ἀπαγγεῖλαι τοῖς μαθηταῖς αὐτοῦ.
Mk 9:39 οὐδεὶς γάρ ἐστιν ὃς ποιήσει δύναμιν ἐπὶ τῷ ὀνόματί μου καὶ δυνήσεται **ταχὺ** κακολογῆσαί με·
Lk 15:22 **Ταχὺ** ἐξενέγκατε στολὴν τὴν πρώτην καὶ ἐνδύσατε αὐτόν,
Jn 11:29 ἐκείνη δὲ ὡς ἤκουσεν ἠγέρθη **ταχὺ** καὶ ἤρχετο πρὸς αὐτόν.
Jas 1:19 ἔστω δὲ πᾶς ἄνθρωπος **ταχὺς** εἰς τὸ ἀκοῦσαι,
Rev 2:16 ἔρχομαί σοι **ταχὺ** καὶ πολεμήσω μετ' αὐτῶν ἐν τῇ ῥομφαίᾳ τοῦ στόματός μου.
3:11 ἔρχομαι **ταχύ·** κράτει ὃ ἔχεις, ἵνα μηδεὶς λάβῃ τὸν στέφανόν σου.
11:14 Ἡ οὐαὶ ἡ δευτέρα ἀπῆλθεν· ἰδοὺ ἡ οὐαὶ ἡ τρίτη ἔρχεται **ταχύ.**
22: 7 καὶ ἰδοὺ ἔρχομαι **ταχύ.** μακάριος ὁ τηρῶν τοὺς λόγους τῆς προφητείας τοῦ βιβλίου τούτου.
22:12 Ἰδοὺ ἔρχομαι **ταχύ,** καὶ ὁ μισθός μου μετ' ἐμοῦ ἀποδοῦναι ἑκάστῳ ὡς τὸ ἔργον ἐστὶν αὐτοῦ.
22:20 Λέγει ὁ μαρτυρῶν ταῦτα, Ναί, ἔρχομαι **ταχύ.** Ἀμήν,

5445 τέ [215]

→ *1664, 1668, 3612, 4020, 4021, 4030, 4046, 4121, 5538, 6063*

5446 τεῖχος [9]

→ *3546, 5526*

Ac 9:25 λαβόντες δὲ οἱ μαθηταὶ αὐτοῦ νυκτὸς διὰ τοῦ **τείχους** καθῆκαν αὐτὸν χαλάσαντες ἐν σπυρίδι.
2Co 11:33 καὶ διὰ θυρίδος ἐν σαργάνῃ ἐχαλάσθην διὰ τοῦ **τείχους** καὶ ἐξέφυγον τὰς χεῖρας αὐτοῦ.
Heb 11:30 Πίστει τὰ **τείχη** Ἰεριχὼ ἔπεσαν κυκλωθέντα ἐπὶ ἑπτὰ ἡμέρας.
Rev 21:12 ἔχουσα **τεῖχος** μέγα καὶ ὑψηλόν, ἔχουσα πυλῶνας δώδεκα καὶ ἐπὶ τοῖς πυλῶσιν ἀγγέλους δώδεκα καὶ ὀνόματα ἐπιγεγραμμένα,
21:14 καὶ τὸ **τεῖχος** τῆς πόλεως ἔχων θεμελίους δώδεκα καὶ ἐπ' αὐτῶν δώδεκα ὀνόματα τῶν δώδεκα ἀποστόλων τοῦ ἀρνίου.
21:15 ἵνα μετρήσῃ τὴν πόλιν καὶ τοὺς πυλῶνας αὐτῆς καὶ τὸ **τεῖχος** αὐτῆς.
21:17 καὶ ἐμέτρησεν τὸ **τεῖχος** αὐτῆς ἑκατὸν τεσσεράκοντα τεσσάρων πηχῶν μέτρον ἀνθρώπου,
21:18 καὶ ἡ ἐνδώμησις τοῦ **τείχους** αὐτῆς ἴασπις καὶ ἡ πόλις χρυσίον καθαρὸν ὅμοιον ὑάλῳ καθαρῷ.
21:19 οἱ θεμέλιοι τοῦ **τείχους** τῆς πόλεως παντὶ λίθῳ τιμίῳ κεκοσμημένοι·

5447 τεκμήριον [1]

Ac 1: 3 οἷς καὶ παρέστησεν ἑαυτὸν ζῶντα μετὰ τὸ παθεῖν αὐτὸν ἐν πολλοῖς **τεκμηρίοις,**

5448 τεκνίον [8]

√ *5503*

vocative **τεκνία** [8] Jn 13:33; 1Jn 2:1,12,28; 3:7,18; 4:4; 5:21

Jn 13:33 **τεκνία,** ἔτι μικρὸν μεθ' ὑμῶν εἰμι· ζητήσετέ με,
1Jn 2: 1 **Τεκνία** μου, ταῦτα γράφω ὑμῖν ἵνα μὴ ἁμάρτητε.
2:12 Γράφω ὑμῖν, **τεκνία,** ὅτι ἀφέωνται ὑμῖν αἱ ἁμαρτίαι διὰ τὸ ὄνομα αὐτοῦ.
2:28 Καὶ νῦν, **τεκνία,** μένετε ἐν αὐτῷ, ἵνα ἐὰν φανερωθῇ σχῶμεν παρρησίαν καὶ μὴ αἰσχυνθῶμεν ἀπ' αὐτοῦ ἐν τῇ παρουσίᾳ αὐτοῦ.
3: 7 **Τεκνία,** μηδεὶς πλανάτω ὑμᾶς· ὁ ποιῶν τὴν δικαιοσύνην δίκαιός ἐστιν,
3:18 **Τεκνία,** μὴ ἀγαπῶμεν λόγῳ μηδὲ τῇ γλώσσῃ ἀλλὰ ἐν ἔργῳ καὶ ἀληθείᾳ.
4: 4 ὑμεῖς ἐκ τοῦ θεοῦ ἐστε, **τεκνία,** καὶ νενικήκατε αὐτούς,
5:21 **Τεκνία,** φυλάξατε ἑαυτὰ ἀπὸ τῶν εἰδώλων.

5449 τεκνογονέω [1]

√ 5503 + 1181

1Ti 5:14 βούλομαι οὖν νεωτέρας γαμεῖν, **τεκνογονεῖν,** οἰκοδεσποτεῖν, μηδεμίαν ἀφορμὴν διδόναι τῷ ἀντικειμένῳ λοιδορίας χάριν·

5450 τεκνογονία [1]

√ 5503 + 1181

1Ti 2:15 σωθήσεται δὲ διὰ τῆς **τεκνογονίας,** ἐὰν μείνωσιν ἐν πίστει καὶ ἀγάπῃ καὶ ἁγιασμῷ μετὰ σωφροσύνης·

5451 τέκνον [99]

√ 5503

vocative **τέκνα** [4] Mk 10:24; Gal 4:19; Eph 6:1; Col 3:20

vocative **τέκνον** [8] Mt 9:2; 21:28; Mk 2:5; Lk 2:48; 15:31; 16:25; 1Ti 1:18; 2Ti 2:1

ἀγαπητός τέκνον [4] 1Co 4:14,17; Eph 5:1; 2Ti 1:2

γνήσιος τέκνον [2] 1Ti 1:2; Tit 1:4

ἐγείρω τέκνα [2] Mt 3:9; Lk 3:8

τέκνα διαβόλου [1] 1Jn 3:10

τέκνα ἐπαγγελίας [2] Ro 9:8; Gal 4:28

τέκνον θεοῦ [10] Jn 1:12; 11:52; Ro 8:16,21; 9:8; Php 2:15; 1Jn 3:1,2,10; 5:2

τέκνον ὀργῆς [1] Eph 2:3

τέκνον σαρκός [1] Ro 9:8

τέκνα φωτός [1] Eph 5:8

Mt 2:18 Ῥαχὴλ κλαίουσα τὰ **τέκνα** αὐτῆς, καὶ οὐκ ἤθελεν παρακληθῆναι,
3: 9 λέγω γὰρ ὑμῖν ὅτι δύναται ὁ θεὸς ἐκ τῶν λίθων τούτων ἐγεῖραι **τέκνα** τῷ Ἀβραάμ.
7:11 εἰ οὖν ὑμεῖς πονηροὶ ὄντες οἴδατε δόματα ἀγαθὰ διδόναι τοῖς **τέκνοις** ὑμῶν,
9: 2 καὶ ἰδὼν ὁ Ἰησοῦς τὴν πίστιν αὐτῶν εἶπεν τῷ παραλυτικῷ, Θάρσει, **τέκνον,** ἀφίενταί σου αἱ ἁμαρτίαι.
10:21 παραδώσει δὲ ἀδελφὸς ἀδελφὸν εἰς θάνατον καὶ πατὴρ **τέκνον,** καὶ ἐπαναστήσονται **τέκνα** ἐπὶ γονεῖς καὶ θανατώσουσιν αὐτούς.
15:26 Οὐκ ἔστιν καλὸν λαβεῖν τὸν ἄρτον τῶν **τέκνων** καὶ βαλεῖν τοῖς κυναρίοις.
18:25 μὴ ἔχοντος δὲ αὐτοῦ ἀποδοῦναι ἐκέλευσεν αὐτὸν ὁ κύριος πραθῆναι καὶ τὴν γυναῖκα καὶ τὰ **τέκνα** καὶ πάντα ὅσα ἔχει,
19:29 καὶ πᾶς ὅστις ἀφῆκεν οἰκίας ἢ ἀδελφοὺς ἢ ἀδελφὰς ἢ πατέρα ἢ μητέρα ἢ **τέκνα** ἢ ἀγροὺς ἕνεκεν τοῦ ὀνόματός μου,
21:28 Τί δὲ ὑμῖν δοκεῖ; ἄνθρωπος εἶχεν **τέκνα** δύο. καὶ προσελθὼν τῷ πρώτῳ εἶπεν, **Τέκνον,** ὕπαγε σήμερον ἐργάζου ἐν τῷ ἀμπελῶνι.
22:24 Μωϋσῆς εἶπεν, Ἐάν τις ἀποθάνῃ μὴ ἔχων **τέκνα,**
23:37 ποσάκις ἠθέλησα ἐπισυναγαγεῖν τὰ **τέκνα** σου, ὃν τρόπον ὄρνις ἐπισυνάγει τὰ νοσσία αὐτῆς ὑπὸ τὰς πτέρυγας,
27:25 Τὸ αἷμα αὐτοῦ ἐφ' ἡμᾶς καὶ ἐπὶ τὰ **τέκνα** ἡμῶν.
Mk 2: 5 καὶ ἰδὼν ὁ Ἰησοῦς τὴν πίστιν αὐτῶν λέγει τῷ παραλυτικῷ, **Τέκνον,** ἀφίενταί σου αἱ ἁμαρτίαι.
7:27 Ἄφες πρῶτον χορτασθῆναι τὰ **τέκνα,** οὐ γάρ ἐστιν καλὸν λαβεῖν τὸν ἄρτον τῶν **τέκνων** καὶ τοῖς κυναρίοις βαλεῖν.
10:24 ὁ δὲ Ἰησοῦς πάλιν ἀποκριθεὶς λέγει αὐτοῖς, **Τέκνα,**
10:29 οὐδείς ἐστιν ὃς ἀφῆκεν οἰκίαν ἢ ἀδελφοὺς ἢ ἀδελφὰς ἢ μητέρα ἢ πατέρα ἢ **τέκνα** ἢ ἀγροὺς ἕνεκεν ἐμοῦ καὶ ἕνεκεν τοῦ εὐαγγελίου,
10:30 ἐὰν μὴ λάβῃ ἑκατονταπλασίονα νῦν ἐν τῷ καιρῷ τούτῳ οἰκίας καὶ ἀδελφοὺς καὶ ἀδελφὰς καὶ μητέρας καὶ **τέκνα** καὶ ἀγροὺς μετὰ διωγμῶν,
12:19 Μωϋσῆς ἔγραψεν ἡμῖν ὅτι ἐάν τινος ἀδελφὸς ἀποθάνῃ καὶ καταλίπῃ γυναῖκα καὶ μὴ ἀφῇ **τέκνον,**
13:12 καὶ παραδώσει ἀδελφὸς ἀδελφὸν εἰς θάνατον καὶ πατὴρ **τέκνον,** καὶ ἐπαναστήσονται **τέκνα** ἐπὶ γονεῖς καὶ θανατώσουσιν αὐτούς·
Lk 1: 7 καὶ οὐκ ἦν αὐτοῖς **τέκνον,** καθότι ἦν ἡ Ἐλισάβετ στεῖρα,
1:17 ἐπιστρέψαι καρδίας πατέρων ἐπὶ **τέκνα** καὶ ἀπειθεῖς ἐν φρονήσει δικαίων,
2:48 καὶ εἶπεν πρὸς αὐτὸν ἡ μήτηρ αὐτοῦ, **Τέκνον,** τί ἐποίησας ἡμῖν οὕτως;
3: 8 λέγω γὰρ ὑμῖν ὅτι δύναται ὁ θεὸς ἐκ τῶν λίθων τούτων ἐγεῖραι **τέκνα** τῷ Ἀβραάμ.
7:35 καὶ ἐδικαιώθη ἡ σοφία ἀπὸ πάντων τῶν **τέκνων** αὐτῆς.
11:13 εἰ οὖν ὑμεῖς πονηροὶ ὑπάρχοντες οἴδατε δόματα ἀγαθὰ διδόναι τοῖς **τέκνοις** ὑμῶν,
13:34 ποσάκις ἠθέλησα ἐπισυνάξαι τὰ **τέκνα** σου ὃν τρόπον ὄρνις τὴν ἑαυτῆς νοσσιὰν ὑπὸ τὰς πτέρυγας,
14:26 Εἴ τις ἔρχεται πρός με καὶ οὐ μισεῖ τὸν πατέρα ἑαυτοῦ καὶ τὴν μητέρα καὶ τὴν γυναῖκα καὶ τὰ **τέκνα** καὶ τοὺς ἀδελφοὺς
15:31 ὁ δὲ εἶπεν αὐτῷ, **Τέκνον,** σὺ πάντοτε μετ' ἐμοῦ εἶ,
16:25 εἶπεν δὲ Ἀβραάμ, **Τέκνον,** μνήσθητι ὅτι ἀπέλαβες τὰ ἀγαθά σου ἐν τῇ ζωῇ σου,
18:29 Ἀμὴν λέγω ὑμῖν ὅτι οὐδείς ἐστιν ὃς ἀφῆκεν οἰκίαν ἢ γυναῖκα ἢ ἀδελφοὺς ἢ γονεῖς ἢ **τέκνα** ἕνεκεν τῆς βασιλείας τοῦ θεοῦ,
19:44 καὶ ἐδαφιοῦσίν σε καὶ τὰ **τέκνα** σου ἐν σοί,
20:31 ὡσαύτως δὲ καὶ οἱ ἑπτὰ οὐ κατέλιπον **τέκνα** καὶ ἀπέθανον.
23:28 πλὴν ἐφ' ἑαυτὰς κλαίετε καὶ ἐπὶ τὰ **τέκνα** ὑμῶν,
Jn 1:12 ὅσοι δὲ ἔλαβον αὐτόν, ἔδωκεν αὐτοῖς ἐξουσίαν **τέκνα** θεοῦ γενέσθαι,
8:39 λέγει αὐτοῖς ὁ Ἰησοῦς, Εἰ **τέκνα** τοῦ Ἀβραάμ ἐστε,
11:52 καὶ οὐχ ὑπὲρ τοῦ ἔθνους μόνον ἀλλ' ἵνα καὶ τὰ **τέκνα** τοῦ θεοῦ τὰ διεσκορπισμένα συναγάγῃ εἰς ἕν.
Ac 2:39 ὑμῖν γάρ ἐστιν ἡ ἐπαγγελία καὶ τοῖς **τέκνοις** ὑμῶν καὶ πᾶσιν τοῖς εἰς μακράν,
7: 5 καὶ ἐπηγγείλατο δοῦναι αὐτῷ εἰς κατάσχεσιν αὐτὴν καὶ τῷ σπέρματι αὐτοῦ μετ' αὐτόν, οὐκ ὄντος αὐτῷ **τέκνου.**
13:33 ὅτι ταύτην ὁ θεὸς ἐκπεπλήρωκεν τοῖς **τέκνοις** [αὐτῶν] ἡμῖν ἀναστήσας Ἰησοῦν ὡς καὶ ἐν τῷ ψαλμῷ γέγραπται τῷ δευτέρῳ,
21: 5 ἐξελθόντες ἐπορευόμεθα προπεμπόντων ἡμᾶς πάντων σὺν γυναιξὶ καὶ **τέκνοις** ἕως ἔξω τῆς πόλεως,
21:21 κατηχήθησαν δὲ περὶ σοῦ ὅτι ἀποστασίαν διδάσκεις ἀπὸ Μωϋσέως τοὺς κατὰ τὰ ἔθνη πάντας Ἰουδαίους λέγων μὴ περιτέμνειν αὐτοὺς τὰ **τέκνα** μηδὲ τοῖς ἔθεσιν περιπατεῖν.
Ro 8:16 αὐτὸ τὸ πνεῦμα συμμαρτυρεῖ τῷ πνεύματι ἡμῶν ὅτι ἐσμὲν **τέκνα** θεοῦ.
8:17 εἰ δὲ **τέκνα,** καὶ κληρονόμοι· κληρονόμοι μὲν θεοῦ,
8:21 ὅτι καὶ αὐτὴ ἡ κτίσις ἐλευθερωθήσεται ἀπὸ τῆς δουλείας τῆς φθορᾶς εἰς τὴν ἐλευθερίαν τῆς δόξης τῶν **τέκνων** τοῦ θεοῦ.
9: 7 οὐδ' ὅτι εἰσὶν σπέρμα Ἀβραὰμ πάντες **τέκνα,** ἀλλ',
9: 8 οὐ τὰ **τέκνα** τῆς σαρκὸς ταῦτα **τέκνα** τοῦ θεοῦ ἀλλὰ τὰ **τέκνα** τῆς ἐπαγγελίας λογίζεται εἰς σπέρμα.
1Co 4:14 Οὐκ ἐντρέπων ὑμᾶς γράφω ταῦτα ἀλλ' ὡς **τέκνα** μου ἀγαπητὰ νουθετῶ[ν].
4:17 ὅς ἐστίν μου **τέκνον** ἀγαπητὸν καὶ πιστὸν ἐν κυρίῳ,
7:14 ἐπεὶ ἄρα τὰ **τέκνα** ὑμῶν ἀκάθαρτά ἐστιν, νῦν δὲ ἅγιά ἐστιν.
2Co 6:13 τὴν δὲ αὐτὴν ἀντιμισθίαν, ὡς **τέκνοις** λέγω, πλατύνθητε καὶ ὑμεῖς.
12:14 οὐ γὰρ ὀφείλει τὰ **τέκνα** τοῖς γονεῦσιν θησαυρίζειν ἀλλὰ οἱ γονεῖς τοῖς **τέκνοις.**
Gal 4:19 **τέκνα** μου, οὓς πάλιν ὠδίνω μέχρις οὗ μορφωθῇ Χριστὸς ἐν ὑμῖν·
4:25 συστοιχεῖ δὲ τῇ νῦν Ἰερουσαλήμ, δουλεύει γὰρ μετὰ τῶν **τέκνων** αὐτῆς.
4:27 ὅτι πολλὰ τὰ **τέκνα** τῆς ἐρήμου μᾶλλον ἢ τῆς ἐχούσης τὸν ἄνδρα.
4:28 ὑμεῖς δέ, ἀδελφοί, κατὰ Ἰσαὰκ ἐπαγγελίας **τέκνα** ἐστέ.
4:31 ἀδελφοί, οὐκ ἐσμὲν παιδίσκης **τέκνα** ἀλλὰ τῆς ἐλευθέρας.
Eph 2: 3 καὶ ἤμεθα **τέκνα** φύσει ὀργῆς ὡς καὶ οἱ λοιποί·
5: 1 γίνεσθε οὖν μιμηταὶ τοῦ θεοῦ ὡς **τέκνα** ἀγαπητὰ
5: 8 νῦν δὲ φῶς ἐν κυρίῳ· ὡς **τέκνα** φωτὸς περιπατεῖτε
6: 1 Τὰ **τέκνα,** ὑπακούετε τοῖς γονεῦσιν ὑμῶν [ἐν κυρίῳ·]
6: 4 μὴ παροργίζετε τὰ **τέκνα** ὑμῶν ἀλλὰ ἐκτρέφετε αὐτὰ ἐν παιδείᾳ καὶ νουθεσίᾳ κυρίου.
Php 2:15 **τέκνα** θεοῦ ἄμωμα μέσον γενεᾶς σκολιᾶς καὶ διεστραμμένης,
2:22 ὅτι ὡς πατρὶ **τέκνον** σὺν ἐμοὶ ἐδούλευσεν εἰς τὸ εὐαγγέλιον.
Col 3:20 Τὰ **τέκνα,** ὑπακούετε τοῖς γονεῦσιν κατὰ πάντα, τοῦτο γὰρ εὐάρεστόν ἐστιν ἐν κυρίῳ.
3:21 Οἱ πατέρες, μὴ ἐρεθίζετε τὰ **τέκνα** ὑμῶν, ἵνα μὴ ἀθυμῶσιν.
1Th 2: 7 ἀλλὰ ἐγενήθημεν νήπιοι ἐν μέσῳ ὑμῶν, ὡς ἐὰν τροφὸς θάλπῃ τὰ ἑαυτῆς **τέκνα,**
2:11 ὡς ἕνα ἕκαστον ὑμῶν ὡς πατὴρ **τέκνα** ἑαυτοῦ

1Ti 1: 2 Τιμοθέῳ γνησίῳ **τέκνῳ** ἐν πίστει, χάρις ἔλεος εἰρήνη ἀπὸ θεοῦ πατρὸς καὶ Χριστοῦ Ἰησοῦ τοῦ κυρίου ἡμῶν.
1:18 Ταύτην τὴν παραγγελίαν παρατίθεμαί σοι, **τέκνον** Τιμόθεε, κατὰ τὰς προαγούσας ἐπὶ σὲ προφητείας,
3: 4 τοῦ ἰδίου οἴκου καλῶς προϊστάμενον, **τέκνα** ἔχοντα ἐν ὑποταγῇ, μετὰ πάσης σεμνότητος
3:12 διάκονοι ἔστωσαν μιᾶς γυναικὸς ἄνδρες, **τέκνων** καλῶς προϊστάμενοι καὶ τῶν ἰδίων οἴκων.
5: 4 εἰ δέ τις χήρα **τέκνα** ἢ ἔκγονα ἔχει,
2Ti 1: 2 Τιμοθέῳ ἀγαπητῷ **τέκνῳ,** χάρις ἔλεος εἰρήνη ἀπὸ θεοῦ πατρὸς καὶ Χριστοῦ Ἰησοῦ τοῦ κυρίου ἡμῶν.
2: 1 Σὺ οὖν, **τέκνον** μου, ἐνδυναμοῦ ἐν τῇ χάριτι τῇ ἐν Χριστῷ Ἰησοῦ,
Tit 1: 4 Τίτῳ γνησίῳ **τέκνῳ** κατὰ κοινὴν πίστιν, χάρις καὶ εἰρήνη ἀπὸ θεοῦ πατρὸς καὶ Χριστοῦ Ἰησοῦ τοῦ σωτῆρος ἡμῶν.
1: 6 εἴ τίς ἐστιν ἀνέγκλητος, μιᾶς γυναικὸς ἀνήρ, **τέκνα** ἔχων πιστά,
Phm 1:10 παρακαλῶ σε περὶ τοῦ ἐμοῦ **τέκνου,** ὃν ἐγέννησα ἐν τοῖς δεσμοῖς,
1Pe 1:14 ὡς **τέκνα** ὑπακοῆς μὴ συσχηματιζόμενοι ταῖς πρότερον ἐν τῇ ἀγνοίᾳ ὑμῶν ἐπιθυμίαις
3: 6 ἧς ἐγενήθητε **τέκνα** ἀγαθοποιοῦσαι καὶ μὴ φοβούμεναι μηδεμίαν πτόησιν.
2Pe 2:14 δελεάζοντες ψυχὰς ἀστηρίκτους, καρδίαν γεγυμνασμένην πλεονεξίας ἔχοντες, κατάρας **τέκνα·**
1Jn 3: 1 ἴδετε ποταπὴν ἀγάπην δέδωκεν ἡμῖν ὁ πατήρ, ἵνα **τέκνα** θεοῦ κληθῶμεν, καὶ ἐσμέν.
3: 2 Ἀγαπητοί, νῦν **τέκνα** θεοῦ ἐσμεν, καὶ οὔπω ἐφανερώθη τί ἐσόμεθα.
3:10 ἐν τούτῳ φανερά ἐστιν τὰ **τέκνα** τοῦ θεοῦ καὶ τὰ **τέκνα** τοῦ διαβόλου·
5: 2 ἐν τούτῳ γινώσκομεν ὅτι ἀγαπῶμεν τὰ **τέκνα** τοῦ θεοῦ,
2Jn 1: 1 Ὁ πρεσβύτερος ἐκλεκτῇ κυρίᾳ καὶ τοῖς **τέκνοις** αὐτῆς,
1: 4 Ἐχάρην λίαν ὅτι εὕρηκα ἐκ τῶν **τέκνων** σου περιπατοῦντας ἐν ἀληθείᾳ,
1:13 Ἀσπάζεταί σε τὰ **τέκνα** τῆς ἀδελφῆς σου τῆς ἐκλεκτῆς.
3Jn 1: 4 ἵνα ἀκούω τὰ ἐμὰ **τέκνα** ἐν τῇ ἀληθείᾳ περιπατοῦντα.
Rev 2:23 τὰ **τέκνα** αὐτῆς ἀποκτενῶ ἐν θανάτῳ. καὶ γνώσονται πᾶσαι αἱ ἐκκλησίαι ὅτι ἐγώ εἰμι ὁ ἐραυνῶν νεφροὺς καὶ καρδίας,
12: 4 καὶ ὁ δράκων ἕστηκεν ἐνώπιον τῆς γυναικὸς τῆς μελλούσης τεκεῖν, ἵνα ὅταν τέκῃ τὸ **τέκνον** αὐτῆς καταφάγῃ.
12: 5 καὶ ἡρπάσθη τὸ **τέκνον** αὐτῆς πρὸς τὸν θεὸν καὶ πρὸς τὸν θρόνον αὐτοῦ.

5452 τεκνοτροφέω [1]

√ *5503 + 5555*

1Ti 5:10 εἰ **ἐτεκνοτρόφησεν,** εἰ ἐξενοδόχησεν, εἰ ἁγίων πόδας ἔνιψεν,

5453 τεκνόω Not used in UBS/NIV

√ *5503*

5454 τέκτων [2]

√ *5492*

Mt 13:55 οὐχ οὗτός ἐστιν ὁ τοῦ **τέκτονος** υἱός; οὐχ ἡ μήτηρ αὐτοῦ λέγεται Μαριὰμ καὶ οἱ ἀδελφοὶ αὐτοῦ Ἰάκωβος καὶ Ἰωσὴφ καὶ Σίμων καὶ Ἰούδας;
Mk 6: 3 οὐχ οὗτός ἐστιν ὁ **τέκτων,** ὁ υἱὸς τῆς Μαρίας καὶ ἀδελφὸς Ἰακώβου καὶ Ἰωσῆτος καὶ Ἰούδα καὶ Σίμωνος;

5455 τέλειος [19]

√ *5465*

τελειοτέρας [1] Heb 9:11

Mt 5:48 Ἔσεσθε οὖν ὑμεῖς **τέλειοι** ὡς ὁ πατὴρ ὑμῶν ὁ οὐράνιος **τέλειός** ἐστιν.
19:21 ἔφη αὐτῷ ὁ Ἰησοῦς, Εἰ θέλεις **τέλειος** εἶναι,
Ro 12: 2 ἀλλὰ μεταμορφοῦσθε τῇ ἀνακαινώσει τοῦ νοὸς εἰς τὸ δοκιμάζειν ὑμᾶς τί τὸ θέλημα τοῦ θεοῦ, τὸ ἀγαθὸν καὶ εὐάρεστον καὶ **τέλειον.**
1Co 2: 6 Σοφίαν δὲ λαλοῦμεν ἐν τοῖς **τελείοις,** σοφίαν δὲ οὐ τοῦ αἰῶνος τούτου οὐδὲ τῶν ἀρχόντων τοῦ αἰῶνος τούτου
13:10 ὅταν δὲ ἔλθῃ τὸ **τέλειον,** τὸ ἐκ μέρους καταργηθήσεται.
14:20 μὴ παιδία γίνεσθε ταῖς φρεσὶν ἀλλὰ τῇ κακίᾳ νηπιάζετε, ταῖς δὲ φρεσὶν **τέλειοι** γίνεσθε.
Eph 4:13 εἰς ἄνδρα **τέλειον,** εἰς μέτρον ἡλικίας τοῦ πληρώματος τοῦ Χριστοῦ,
Php 3:15 Ὅσοι οὖν **τέλειοι,** τοῦτο φρονῶμεν· καὶ εἴ τι ἑτέρως φρονεῖτε,
Col 1:28 ὃν ἡμεῖς καταγγέλλομεν νουθετοῦντες πάντα ἄνθρωπον καὶ διδάσκοντες πάντα ἄνθρωπον ἐν πάσῃ σοφίᾳ, ἵνα παραστήσωμεν πάντα ἄνθρωπον **τέλειον** ἐν Χριστῷ·
4:12 ἵνα σταθῆτε **τέλειοι** καὶ πεπληροφορημένοι ἐν παντὶ θελήματι τοῦ θεοῦ.
Heb 5:14 **τελείων** δέ ἐστιν ἡ στερεὰ τροφή, τῶν διὰ τὴν ἕξιν τὰ αἰσθητήρια γεγυμνασμένα ἐχόντων πρὸς διάκρισιν καλοῦ τε καὶ κακοῦ.
9:11 Χριστὸς δὲ παραγενόμενος ἀρχιερεὺς τῶν γενομένων ἀγαθῶν διὰ τῆς μείζονος καὶ **τελειοτέρας** σκηνῆς οὐ χειροποιήτου,
Jas 1: 4 ἡ δὲ ὑπομονὴ ἔργον **τέλειον** ἐχέτω, ἵνα ἦτε **τέλειοι** καὶ ὁλόκληροι ἐν μηδενὶ λειπόμενοι.
1:17 πᾶσα δόσις ἀγαθὴ καὶ πᾶν δώρημα **τέλειον** ἄνωθέν ἐστιν καταβαῖνον ἀπὸ τοῦ πατρὸς τῶν φώτων,
1:25 ὁ δὲ παρακύψας εἰς νόμον **τέλειον** τὸν τῆς ἐλευθερίας καὶ παραμείνας,
3: 2 οὗτος **τέλειος** ἀνὴρ δυνατὸς χαλιναγωγῆσαι καὶ ὅλον τὸ σῶμα.
1Jn 4:18 φόβος οὐκ ἔστιν ἐν τῇ ἀγάπῃ ἀλλ' ἡ **τελεία** ἀγάπη ἔξω βάλλει τὸν φόβον,

5456 τελειότης [2]

√ *5465*

Col 3:14 ἐπὶ πᾶσιν δὲ τούτοις τὴν ἀγάπην, ὅ ἐστιν σύνδεσμος τῆς **τελειότητος.**
Heb 6: 1 Διὸ ἀφέντες τὸν τῆς ἀρχῆς τοῦ Χριστοῦ λόγον ἐπὶ τὴν **τελειότητα** φερώμεθα,

5457 τελειόω [23]

√ *5465*

τελειόω συνείδησις [1] Heb 9:9

Lk 2:43 καὶ **τελειωσάντων** τὰς ἡμέρας, ἐν τῷ ὑποστρέφειν αὐτοὺς ὑπέμεινεν Ἰησοῦς ὁ παῖς ἐν Ἰερουσαλήμ,
13:32 Ἰδοὺ ἐκβάλλω δαιμόνια καὶ ἰάσεις ἀποτελῶ σήμερον καὶ αὔριον καὶ τῇ τρίτῃ **τελειοῦμαι.**
Jn 4:34 Ἐμὸν βρῶμά ἐστιν ἵνα ποιήσω τὸ θέλημα τοῦ πέμψαντός με καὶ **τελειώσω** αὐτοῦ τὸ ἔργον.
5:36 τὰ γὰρ ἔργα ἃ δέδωκέν μοι ὁ πατὴρ ἵνα **τελειώσω** αὐτά,
17: 4 ἐγώ σε ἐδόξασα ἐπὶ τῆς γῆς τὸ ἔργον **τελειώσας** ὃ δέδωκάς μοι ἵνα ποιήσω·
17:23 ἐγὼ ἐν αὐτοῖς καὶ σὺ ἐν ἐμοί, ἵνα ὦσιν **τετελειωμένοι** εἰς ἕν,
19:28 Μετὰ τοῦτο εἰδὼς ὁ Ἰησοῦς ὅτι ἤδη πάντα τετέλεσται, ἵνα **τελειωθῇ** ἡ γραφή, λέγει, Διψῶ.
Ac 20:24 ἀλλ' οὐδενὸς λόγου ποιοῦμαι τὴν ψυχὴν τιμίαν ἐμαυτῷ ὡς **τελειῶσαι** τὸν δρόμον μου καὶ τὴν διακονίαν ἣν ἔλαβον παρὰ τοῦ κυρίου Ἰησοῦ,
Php 3:12 Οὐχ ὅτι ἤδη ἔλαβον ἢ ἤδη **τετελείωμαι,** διώκω δὲ εἰ καὶ καταλάβω,
Heb 2:10 πολλοὺς υἱοὺς εἰς δόξαν ἀγαγόντα τὸν ἀρχηγὸν τῆς σωτηρίας αὐτῶν διὰ παθημάτων **τελειῶσαι.**
5: 9 καὶ **τελειωθεὶς** ἐγένετο πᾶσιν τοῖς ὑπακούουσιν αὐτῷ αἴτιος σωτηρίας αἰωνίου,
7:19 οὐδὲν γὰρ **ἐτελείωσεν** ὁ νόμος– ἐπεισαγωγὴ δὲ κρείττονος ἐλπίδος δι' ἧς ἐγγίζομεν τῷ θεῷ.
7:28 ὁ λόγος δὲ τῆς ὁρκωμοσίας τῆς μετὰ τὸν νόμον υἱὸν εἰς τὸν αἰῶνα **τετελειωμένον.**
9: 9 καθ' ἣν δῶρά τε καὶ θυσίαι προσφέρονται μὴ δυνάμεναι κατὰ συνείδησιν **τελειῶσαι** τὸν λατρεύοντα,
10: 1 κατ' ἐνιαυτὸν ταῖς αὐταῖς θυσίαις ἃς προσφέρουσιν εἰς τὸ διηνεκὲς οὐδέποτε δύναται τοὺς προσερχομένους **τελειῶσαι·**
10:14 μιᾷ γὰρ προσφορᾷ **τετελείωκεν** εἰς τὸ διηνεκὲς τοὺς ἁγιαζομένους.
11:40 τοῦ θεοῦ περὶ ἡμῶν κρεῖττόν τι προβλεψαμένου, ἵνα μὴ χωρὶς ἡμῶν **τελειωθῶσιν.**
12:23 καὶ ἐκκλησίᾳ πρωτοτόκων ἀπογεγραμμένων ἐν οὐρανοῖς καὶ κριτῇ θεῷ πάντων καὶ πνεύμασι δικαίων **τετελειωμένων**
Jas 2:22 βλέπεις ὅτι ἡ πίστις συνήργει τοῖς ἔργοις αὐτοῦ καὶ ἐκ τῶν ἔργων ἡ πίστις **ἐτελειώθη,**
1Jn 2: 5 ἀληθῶς ἐν τούτῳ ἡ ἀγάπη τοῦ θεοῦ **τετελείωται,**

4:12 ὁ θεὸς ἐν ἡμῖν μένει καὶ ἡ ἀγάπη αὐτοῦ ἐν ἡμῖν **τετελειωμένη** ἐστιν.
4:17 ἐν τούτῳ **τετελείωται** ἡ ἀγάπη μεθ' ἡμῶν, ἵνα παρρησίαν ἔχωμεν ἐν τῇ ἡμέρᾳ τῆς κρίσεως,
4:18 ὁ δὲ φοβούμενος οὐ **τετελείωται** ἐν τῇ ἀγάπῃ.

5458 τελείως [1]

√ *5465*

1Pe 1:13 Διὸ ἀναζωσάμενοι τὰς ὀσφύας τῆς διανοίας ὑμῶν νήφοντες **τελείως** ἐλπίσατε ἐπὶ τὴν φερομένην ὑμῖν χάριν ἐν ἀποκαλύψει Ἰησοῦ Χριστοῦ.

5459 τελείωσις [2]

√ *5465*

Lk 1:45 καὶ μακαρία ἡ πιστεύσασα ὅτι ἔσται **τελείωσις** τοῖς λελαλημένοις αὐτῇ παρὰ κυρίου.
Heb 7:11 Εἰ μὲν οὖν **τελείωσις** διὰ τῆς Λευιτικῆς ἱερωσύνης ἦν,

5460 τελειωτής [1]

√ *5465*

Heb 12:2 ἀφορῶντες εἰς τὸν τῆς πίστεως ἀρχηγὸν καὶ **τελειωτὴν** Ἰησοῦν,

5461 τελεσφορέω [1]

√ *5465 + 5770*

Lk 8:14 καὶ ὑπὸ μεριμνῶν καὶ πλούτου καὶ ἡδονῶν τοῦ βίου πορευόμενοι συμπνίγονται καὶ οὐ **τελεσφοροῦσιν.**

5462 τελευτάω [11]

→ *5463; cf. 5465*

Mt 2:19 **Τελευτήσαντος** δὲ τοῦ Ἡρῴδου ἰδοὺ ἄγγελος κυρίου φαίνεται κατ' ὄναρ τῷ Ἰωσὴφ ἐν Αἰγύπτῳ
9:18 Ταῦτα αὐτοῦ λαλοῦντος αὐτοῖς ἰδοὺ ἄρχων εἷς ἐλθὼν προσεκύνει αὐτῷ λέγων ὅτι Ἡ θυγάτηρ μου ἄρτι **ἐτελεύτησεν·**
15:4 καί, Ὁ κακολογῶν πατέρα ἢ μητέρα θανάτῳ **τελευτάτω.**
22:25 καὶ ὁ πρῶτος γήμας **ἐτελεύτησεν,** καὶ μὴ ἔχων σπέρμα ἀφῆκεν τὴν γυναῖκα αὐτοῦ τῷ ἀδελφῷ αὐτοῦ·
Mk 7:10 καί, Ὁ κακολογῶν πατέρα ἢ μητέρα θανάτῳ **τελευτάτω.**
9:48 ὅπου ὁ σκώληξ αὐτῶν οὐ **τελευτᾷ** καὶ τὸ πῦρ οὐ σβέννυται.
Lk 7:2 Ἑκατοντάρχου δέ τινος δοῦλος κακῶς ἔχων ἤμελλεν **τελευτᾶν,**
Jn 11:39 λέγει αὐτῷ ἡ ἀδελφὴ τοῦ **τετελευτηκότος** Μάρθα, Κύριε,
Ac 2:29 ἐξὸν εἰπεῖν μετὰ παρρησίας πρὸς ὑμᾶς περὶ τοῦ πατριάρχου Δαυὶδ ὅτι καὶ **ἐτελεύτησεν** καὶ ἐτάφη,
7:15 καὶ κατέβη Ἰακὼβ εἰς Αἴγυπτον καὶ **ἐτελεύτησεν** αὐτὸς καὶ οἱ πατέρες ἡμῶν,
Heb 11:22 Πίστει Ἰωσὴφ **τελευτῶν** περὶ τῆς ἐξόδου τῶν υἱῶν Ἰσραὴλ ἐμνημόνευσεν καὶ περὶ τῶν ὀστέων αὐτοῦ ἐνετείλατο.

5463 τελευτή [1]

√ *5462*

Mt 2:15 καὶ ἦν ἐκεῖ ἕως τῆς **τελευτῆς** Ἡρῴδου· ἵνα πληρωθῇ τὸ ῥηθὲν ὑπὸ κυρίου διὰ τοῦ προφήτου λέγοντος,

5464 τελέω [28]

√ *5465*

τελεῖτε δίδραχμον [1] Mt 17:24

τελεῖτε φόρους [1] Ro 13:6

Mt 7:28 Καὶ ἐγένετο ὅτε **ἐτέλεσεν** ὁ Ἰησοῦς τοὺς λόγους τούτους,
10:23 οὐ μὴ **τελέσητε** τὰς πόλεις τοῦ Ἰσραὴλ ἕως ἂν ἔλθῃ ὁ υἱὸς τοῦ ἀνθρώπου.
11:1 Καὶ ἐγένετο ὅτε **ἐτέλεσεν** ὁ Ἰησοῦς διατάσσων τοῖς δώδεκα μαθηταῖς αὐτοῦ,
13:53 Καὶ ἐγένετο ὅτε **ἐτέλεσεν** ὁ Ἰησοῦς τὰς παραβολὰς ταύτας,
17:24 εἰς Καφαρναοὺμ προσῆλθον οἱ τὰ δίδραχμα λαμβάνοντες τῷ Πέτρῳ καὶ εἶπαν, Ὁ διδάσκαλος ὑμῶν οὐ **τελεῖ** [τὰ] δίδραχμα;
19:1 Καὶ ἐγένετο ὅτε **ἐτέλεσεν** ὁ Ἰησοῦς τοὺς λόγους τούτους,
26:1 Καὶ ἐγένετο ὅτε **ἐτέλεσεν** ὁ Ἰησοῦς πάντας τοὺς λόγους τούτους,
Lk 2:39 Καὶ ὡς **ἐτέλεσαν** πάντα τὰ κατὰ τὸν νόμον κυρίου,
12:50 βάπτισμα δὲ ἔχω βαπτισθῆναι, καὶ πῶς συνέχομαι ἕως ὅτου **τελεσθῇ.**
18:31 καὶ **τελεσθήσεται** πάντα τὰ γεγραμμένα διὰ τῶν προφητῶν τῷ υἱῷ τοῦ ἀνθρώπου·
22:37 λέγω γὰρ ὑμῖν ὅτι τοῦτο τὸ γεγραμμένον δεῖ **τελεσθῆναι** ἐν ἐμοί,
Jn 19:28 Μετὰ τοῦτο εἰδὼς ὁ Ἰησοῦς ὅτι ἤδη πάντα **τετέλεσται,**
19:30 **Τετέλεσται,** καὶ κλίνας τὴν κεφαλὴν παρέδωκεν τὸ πνεῦμα.
Ac 13:29 ὡς δὲ **ἐτέλεσαν** πάντα τὰ περὶ αὐτοῦ γεγραμμένα,
Ro 2:27 καὶ κρινεῖ ἡ ἐκ φύσεως ἀκροβυστία τὸν νόμον **τελοῦσα** σὲ τὸν διὰ γράμματος καὶ περιτομῆς παραβάτην νόμου.
13:6 διὰ τοῦτο γὰρ καὶ φόρους **τελεῖτε·** λειτουργοὶ γὰρ θεοῦ εἰσιν εἰς αὐτὸ τοῦτο προσκαρτεροῦντες.
2Co 12:9 Ἀρκεῖ σοι ἡ χάρις μου, ἡ γὰρ δύναμις ἐν ἀσθενείᾳ **τελεῖται.**
Gal 5:16 πνεύματι περιπατεῖτε καὶ ἐπιθυμίαν σαρκὸς οὐ μὴ **τελέσητε.**
2Ti 4:7 τὸν καλὸν ἀγῶνα ἠγώνισμαι, τὸν δρόμον **τετέλεκα,** τὴν πίστιν τετήρηκα·
Jas 2:8 εἰ μέντοι νόμον **τελεῖτε** βασιλικὸν κατὰ τὴν γραφήν,
Rev 10:7 ὅταν μέλλῃ σαλπίζειν, καὶ **ἐτελέσθη** τὸ μυστήριον τοῦ θεοῦ,
11:7 καὶ ὅταν **τελέσωσιν** τὴν μαρτυρίαν αὐτῶν, τὸ θηρίον τὸ ἀναβαῖνον ἐκ τῆς ἀβύσσου ποιήσει μετ' αὐτῶν πόλεμον
15:1 ὅτι ἐν αὐταῖς **ἐτελέσθη** ὁ θυμὸς τοῦ θεοῦ.
15:8 καὶ οὐδεὶς ἐδύνατο εἰσελθεῖν εἰς τὸν ναὸν ἄχρι **τελεσθῶσιν** αἱ ἑπτὰ πληγαὶ τῶν ἑπτὰ ἀγγέλων.
17:17 καὶ ποιῆσαι μίαν γνώμην καὶ δοῦναι τὴν βασιλείαν αὐτῶν τῷ θηρίῳ ἄχρι **τελεσθήσονται** οἱ λόγοι τοῦ θεοῦ.
20:3 ἵνα μὴ πλανήσῃ ἔτι τὰ ἔθνη ἄχρι **τελεσθῇ** τὰ χίλια ἔτη.
20:5 οἱ λοιποὶ τῶν νεκρῶν οὐκ ἔζησαν ἄχρι **τελεσθῇ** τὰ χίλια ἔτη.
20:7 Καὶ ὅταν **τελεσθῇ** τὰ χίλια ἔτη, λυθήσεται ὁ Σατανᾶς ἐκ τῆς φυλακῆς αὐτοῦ

5465 τέλος [40]

→ *269, 699, 1412, 1754, 2200, 3387, 3911, 4117, 4500, 5333, 5334, 5455, 5456, 5457, 5458, 5459, 5460, 5461, 5464; cf. 5462, 5467*

ἀποδίδωμι ... τέλος [1] Ro 13:7

ἄχρι τέλους [2] Heb 6:11; Rev 2:26

ἀρχή ... τέλος [4] Heb 3:14; 7:3; Rev 21:6; 22:13

εἰς τέλος [6] Mt 10:22; 24:13; Mk 13:13; Lk 18:5; Jn 13:1; 1Th 2:16

ἕως τέλους [2] 1Co 1:8; 2Co 1:13

λαμβάνω ... τέλη [1] Mt 17:25

μέχρι τέλους [1] Heb 3:14

τέλη τῶν αἰώνων [1] 1Co 10:11

Mt 10:22 καὶ ἔσεσθε μισούμενοι ὑπὸ πάντων διὰ τὸ ὄνομά μου· ὁ δὲ ὑπομείνας εἰς **τέλος** οὗτος σωθήσεται.
17:25 οἱ βασιλεῖς τῆς γῆς ἀπὸ τίνων λαμβάνουσιν **τέλη** ἢ κῆνσον;
24:6 δεῖ γὰρ γενέσθαι, ἀλλ' οὔπω ἐστὶν τὸ **τέλος.**
24:13 ὁ δὲ ὑπομείνας εἰς **τέλος** οὗτος σωθήσεται.
24:14 καὶ κηρυχθήσεται τοῦτο τὸ εὐαγγέλιον τῆς βασιλείας ἐν ὅλῃ τῇ οἰκουμένῃ εἰς μαρτύριον πᾶσιν τοῖς ἔθνεσιν, καὶ τότε ἥξει τὸ **τέλος.**
26:58 ὁ δὲ Πέτρος ἠκολούθει αὐτῷ ἀπὸ μακρόθεν ἕως τῆς αὐλῆς τοῦ ἀρχιερέως καὶ εἰσελθὼν ἔσω ἐκάθητο μετὰ τῶν ὑπηρετῶν ἰδεῖν τὸ **τέλος.**
Mk 3:26 καὶ εἰ ὁ Σατανᾶς ἀνέστη ἐφ' ἑαυτὸν καὶ ἐμερίσθη, οὐ δύναται στῆναι ἀλλὰ **τέλος** ἔχει.
13:7 μὴ θροεῖσθε· δεῖ γενέσθαι, ἀλλ' οὔπω τὸ **τέλος.**
13:13 καὶ ἔσεσθε μισούμενοι ὑπὸ πάντων διὰ τὸ ὄνομά μου. ὁ δὲ ὑπομείνας εἰς **τέλος** οὗτος σωθήσεται.
Lk 1:33 καὶ βασιλεύσει ἐπὶ τὸν οἶκον Ἰακὼβ εἰς τοὺς αἰῶνας καὶ τῆς βασιλείας αὐτοῦ οὐκ ἔσται **τέλος.**
18:5 διά γε τὸ παρέχειν μοι κόπον τὴν χήραν ταύτην ἐκδικήσω αὐτήν, ἵνα μὴ εἰς **τέλος** ἐρχομένη ὑπωπιάζῃ με.
21:9 δεῖ γὰρ ταῦτα γενέσθαι πρῶτον, ἀλλ' οὐκ εὐθέως τὸ **τέλος.**
22:37 τὸ Καὶ μετὰ ἀνόμων ἐλογίσθη· καὶ γὰρ τὸ περὶ ἐμοῦ **τέλος** ἔχει.

Jn 13: 1 ἀγαπήσας τοὺς ἰδίους τοὺς ἐν τῷ κόσμῳ εἰς **τέλος** ἠγάπησεν αὐτούς.
Ro 6:21 ἐφ' οἷς νῦν ἐπαισχύνεσθε, τὸ γὰρ **τέλος** ἐκείνων θάνατος.
6:22 νυνὶ δὲ ἐλευθερωθέντες ἀπὸ τῆς ἁμαρτίας δουλωθέντες δὲ τῷ θεῷ ἔχετε τὸν καρπὸν ὑμῶν εἰς ἁγιασμόν, τὸ δὲ **τέλος** ζωὴν αἰώνιον.
10: 4 **τέλος** γὰρ νόμου Χριστὸς εἰς δικαιοσύνην παντὶ τῷ πιστεύοντι.
13: 7 ἀπόδοτε πᾶσιν τὰς ὀφειλάς, τῷ τὸν φόρον τὸν φόρον, τῷ τὸ **τέλος** τὸ **τέλος,** τῷ τὸν φόβον τὸν φόβον,
1Co 1: 8 ὃς καὶ βεβαιώσει ὑμᾶς ἕως **τέλους** ἀνεγκλήτους ἐν τῇ ἡμέρᾳ τοῦ κυρίου ἡμῶν Ἰησοῦ [Χριστοῦ.]
10:11 ἐγράφη δὲ πρὸς νουθεσίαν ἡμῶν, εἰς οὓς τὰ **τέλη** τῶν αἰώνων κατήντηκεν.
15:24 εἶτα τὸ **τέλος,** ὅταν παραδιδῷ τὴν βασιλείαν τῷ θεῷ καὶ πατρί,
2Co 1:13 οὐ γὰρ ἄλλα γράφομεν ὑμῖν ἀλλ' ἢ ἃ ἀναγινώσκετε ἢ καὶ ἐπιγινώσκετε· ἐλπίζω δὲ ὅτι ἕως **τέλους** ἐπιγνώσεσθε,
3:13 Μωϋσῆς ἐτίθει κάλυμμα ἐπὶ τὸ πρόσωπον αὐτοῦ πρὸς τὸ μὴ ἀτενίσαι τοὺς υἱοὺς Ἰσραὴλ εἰς τὸ **τέλος** τοῦ καταργουμένου.
11:15 ὧν τὸ **τέλος** ἔσται κατὰ τὰ ἔργα αὐτῶν.
Php 3:19 ὧν τὸ **τέλος** ἀπώλεια, ὧν ὁ θεὸς ἡ κοιλία καὶ ἡ δόξα ἐν τῇ αἰσχύνῃ αὐτῶν,
1Th 2:16 ἔφθασεν δὲ ἐπ' αὐτοὺς ἡ ὀργὴ εἰς **τέλος.**
1Ti 1: 5 τὸ δὲ **τέλος** τῆς παραγγελίας ἐστὶν ἀγάπη ἐκ καθαρᾶς καρδίας καὶ συνειδήσεως ἀγαθῆς καὶ πίστεως ἀνυποκρίτου,
Heb 3:14 ἐάνπερ τὴν ἀρχὴν τῆς ὑποστάσεως μέχρι **τέλους** βεβαίαν κατάσχωμεν–
6: 8 ἀδόκιμος καὶ κατάρας ἐγγύς, ἧς τὸ **τέλος** εἰς καῦσιν.
6:11 ἐπιθυμοῦμεν δὲ ἕκαστον ὑμῶν τὴν αὐτὴν ἐνδείκνυσθαι σπουδὴν πρὸς τὴν πληροφορίαν τῆς ἐλπίδος ἄχρι **τέλους,**
7: 3 ἀπάτωρ ἀμήτωρ ἀγενεαλόγητος, μήτε ἀρχὴν ἡμερῶν μήτε ζωῆς **τέλος** ἔχων,
Jas 5:11 τὴν ὑπομονὴν Ἰὼβ ἠκούσατε καὶ τὸ **τέλος** κυρίου εἴδετε,
1Pe 1: 9 κομιζόμενοι τὸ **τέλος** τῆς πίστεως [ὑμῶν] σωτηρίαν ψυχῶν.
3: 8 Τὸ δὲ **τέλος** πάντες ὁμόφρονες, συμπαθεῖς, φιλάδελφοι, εὔσπλαγχνοι,
4: 7 Πάντων δὲ τὸ **τέλος** ἤγγικεν. σωφρονήσατε οὖν καὶ νήψατε εἰς προσευχάς·
4:17 τί τὸ **τέλος** τῶν ἀπειθούντων τῷ τοῦ θεοῦ εὐαγγελίῳ;
Rev 2:26 καὶ ὁ νικῶν καὶ ὁ τηρῶν ἄχρι **τέλους** τὰ ἔργα μου,
21: 6 ἐγώ [εἰμι] τὸ Ἄλφα καὶ τὸ Ὦ, ἡ ἀρχὴ καὶ τὸ **τέλος.**
22:13 ὁ πρῶτος καὶ ὁ ἔσχατος, ἡ ἀρχὴ καὶ τὸ **τέλος.**

5466 τελωνεῖον Not used in UBS/NIV

√ 5467

5467 τελώνης [21]

→ 803, 5466, 5467, 5468; cf. 5465 + 6050

Mt 5:46 τίνα μισθὸν ἔχετε; οὐχὶ καὶ οἱ **τελῶναι** τὸ αὐτὸ ποιοῦσιν;
9:10 καὶ ἰδοὺ πολλοὶ **τελῶναι** καὶ ἁμαρτωλοὶ ἐλθόντες συνανέκειντο τῷ Ἰησοῦ καὶ τοῖς μαθηταῖς αὐτοῦ.
9:11 Διὰ τί μετὰ τῶν **τελωνῶν** καὶ ἁμαρτωλῶν ἐσθίει ὁ διδάσκαλος ὑμῶν;
10: 3 Φίλιππος καὶ Βαρθολομαῖος, Θωμᾶς καὶ Μαθθαῖος ὁ **τελώνης,**
11:19 Ἰδοὺ ἄνθρωπος φάγος καὶ οἰνοπότης, **τελωνῶν** φίλος καὶ ἁμαρτωλῶν.
18:17 ἔστω σοι ὥσπερ ὁ ἐθνικὸς καὶ ὁ **τελώνης.**
21:31 Ἀμὴν λέγω ὑμῖν ὅτι οἱ **τελῶναι** καὶ αἱ πόρναι προάγουσιν ὑμᾶς εἰς τὴν βασιλείαν τοῦ θεοῦ.
21:32 οἱ δὲ **τελῶναι** καὶ αἱ πόρναι ἐπίστευσαν αὐτῷ·
Mk 2:15 καὶ πολλοὶ **τελῶναι** καὶ ἁμαρτωλοὶ συνανέκειντο τῷ Ἰησοῦ καὶ τοῖς μαθηταῖς αὐτοῦ·
2:16 καὶ οἱ γραμματεῖς τῶν Φαρισαίων ἰδόντες ὅτι ἐσθίει μετὰ τῶν ἁμαρτωλῶν καὶ **τελωνῶν** ἔλεγον τοῖς μαθηταῖς αὐτοῦ, Ὅτι μετὰ τῶν **τελωνῶν** καὶ ἁμαρτωλῶν ἐσθίει;
Lk 3:12 ἦλθον δὲ καὶ **τελῶναι** βαπτισθῆναι καὶ εἶπαν πρὸς αὐτόν,
5:27 Καὶ μετὰ ταῦτα ἐξῆλθεν καὶ ἐθεάσατο **τελώνην** ὀνόματι Λευὶν καθήμενον ἐπὶ τὸ τελώνιον,
5:29 καὶ ἦν ὄχλος πολὺς **τελωνῶν** καὶ ἄλλων οἳ ἦσαν μετ' αὐτῶν κατακείμενοι.
5:30 Διὰ τί μετὰ τῶν **τελωνῶν** καὶ ἁμαρτωλῶν ἐσθίετε καὶ πίνετε;
7:29 Καὶ πᾶς ὁ λαὸς ἀκούσας καὶ οἱ **τελῶναι** ἐδικαίωσαν τὸν θεὸν βαπτισθέντες τὸ βάπτισμα Ἰωάννου·
7:34 Ἰδοὺ ἄνθρωπος φάγος καὶ οἰνοπότης, φίλος **τελωνῶν** καὶ ἁμαρτωλῶν.
15: 1 Ἦσαν δὲ αὐτῷ ἐγγίζοντες πάντες οἱ **τελῶναι** καὶ οἱ ἁμαρτωλοὶ ἀκούειν αὐτοῦ.
18:10 Ἄνθρωποι δύο ἀνέβησαν εἰς τὸ ἱερὸν προσεύξασθαι, ὁ εἷς Φαρισαῖος καὶ ὁ ἕτερος **τελώνης.**
18:11 ἄδικοι, μοιχοί, ἢ καὶ ὡς οὗτος ὁ **τελώνης·**
18:13 ὁ δὲ **τελώνης** μακρόθεν ἑστὼς οὐκ ἤθελεν οὐδὲ τοὺς ὀφθαλμοὺς ἐπᾶραι εἰς τὸν οὐρανόν,

5468 τελώνιον [3]

√ 5467

Mt 9: 9 Καὶ παράγων ὁ Ἰησοῦς ἐκεῖθεν εἶδεν ἄνθρωπον καθήμενον ἐπὶ τὸ **τελώνιον,**
Mk 2:14 καὶ παράγων εἶδεν Λευὶν τὸν τοῦ Ἁλφαίου καθήμενον ἐπὶ τὸ **τελώνιον,**
Lk 5:27 Καὶ μετὰ ταῦτα ἐξῆλθεν καὶ ἐθεάσατο τελώνην ὀνόματι Λευὶν καθήμενον ἐπὶ τὸ **τελώνιον,**

5469 τέρας [16]

σημεῖον καὶ τέρας [16] Mt 24:24; Mk 13:22; Jn 4:48; Ac 2:19,22,43; 4:30; 5:12; 6:8; 7:36; 14:3; 15:12; Ro 15:19; 2Co 12:12; 2Th 2:9; Heb 2:4

Mt 24:24 ἐγερθήσονται γὰρ ψευδόχριστοι καὶ ψευδοπροφῆται καὶ δώσουσιν σημεῖα μεγάλα καὶ **τέρατα** ὥστε πλανῆσαι,
Mk 13:22 ἐγερθήσονται γὰρ ψευδόχριστοι καὶ ψευδοπροφῆται καὶ δώσουσιν σημεῖα καὶ **τέρατα** πρὸς τὸ ἀποπλανᾶν,
Jn 4:48 Ἐὰν μὴ σημεῖα καὶ **τέρατα** ἴδητε, οὐ μὴ πιστεύσητε.
Ac 2:19 δώσω **τέρατα** ἐν τῷ οὐρανῷ ἄνω καὶ σημεῖα ἐπὶ τῆς γῆς κάτω,
2:22 ἄνδρα ἀποδεδειγμένον ἀπὸ τοῦ θεοῦ εἰς ὑμᾶς δυνάμεσι καὶ **τέρασι** καὶ σημείοις οἷς ἐποίησεν δι' αὐτοῦ ὁ θεὸς ἐν μέσῳ
2:43 πολλά τε **τέρατα** καὶ σημεῖα διὰ τῶν ἀποστόλων ἐγίνετο.
4:30 τὴν χεῖρά [σου] ἐκτείνειν σε εἰς ἴασιν καὶ σημεῖα καὶ **τέρατα** γίνεσθαι διὰ τοῦ ὀνόματος τοῦ ἁγίου παιδός σου Ἰησοῦ.
5:12 Διὰ δὲ τῶν χειρῶν τῶν ἀποστόλων ἐγίνετο σημεῖα καὶ **τέρατα** πολλὰ ἐν τῷ λαῷ.
6: 8 Στέφανος δὲ πλήρης χάριτος καὶ δυνάμεως ἐποίει **τέρατα** καὶ σημεῖα μεγάλα ἐν τῷ λαῷ.
7:36 οὗτος ἐξήγαγεν αὐτοὺς ποιήσας **τέρατα** καὶ σημεῖα ἐν γῇ Αἰγύπτῳ καὶ ἐν Ἐρυθρᾷ Θαλάσσῃ καὶ ἐν τῇ ἐρήμῳ ἔτη τεσσεράκοντα.
14: 3 διδόντι σημεῖα καὶ **τέρατα** γίνεσθαι διὰ τῶν χειρῶν αὐτῶν.
15:12 καὶ ἤκουον Βαρναβᾶ καὶ Παύλου ἐξηγουμένων ὅσα ἐποίησεν ὁ θεὸς σημεῖα καὶ **τέρατα** ἐν τοῖς ἔθνεσιν δι' αὐτῶν.
Ro 15:19 ἐν δυνάμει σημείων καὶ **τεράτων,** ἐν δυνάμει πνεύματος [θεοῦ·]
2Co 12:12 τὰ μὲν σημεῖα τοῦ ἀποστόλου κατειργάσθη ἐν ὑμῖν ἐν πάσῃ ὑπομονῇ, σημείοις τε καὶ **τέρασιν** καὶ δυνάμεσιν.
2Th 2: 9 οὗ ἐστιν ἡ παρουσία κατ' ἐνέργειαν τοῦ Σατανᾶ ἐν πάσῃ δυνάμει καὶ σημείοις καὶ **τέρασιν** ψεύδους
Heb 2: 4 συνεπιμαρτυροῦντος τοῦ θεοῦ σημείοις τε καὶ **τέρασιν** καὶ ποικίλαις δυνάμεσιν καὶ πνεύματος ἁγίου μερισμοῖς κατὰ τὴν αὐτοῦ θέλησιν;

5470 Τέρτιος [1]

Ro 16:22 ἀσπάζομαι ὑμᾶς ἐγὼ **Τέρτιος** ὁ γράψας τὴν ἐπιστολὴν ἐν κυρίῳ.

5471 Τέρτουλλος Not used in UBS/NIV

5472 Τέρτυλλος [2]

Ac 24: 1 Μετὰ δὲ πέντε ἡμέρας κατέβη ὁ ἀρχιερεὺς Ἁνανίας μετὰ πρεσβυτέρων τινῶν καὶ ῥήτορος **Τερτύλλου** τινός,
24: 2 κληθέντος δὲ αὐτοῦ ἤρξατο κατηγορεῖν ὁ **Τέρτυλλος** λέγων,

5473 τεσσαράκοντα Not used in UBS/NIV

√ 5475

5474 τεσσαρακονταετής Not used in UBS/NIV

√ 5475 + 2291

5475 τέσσαρες [41 / 40]

→ *1280, 5473, 5474, 5476, 5477, 5478, 5479, 5480, 5481, 5482, 5483, 5484, 5485, 5486, 5487, 5488, 5489, 5490, 5544, 5545*

τέσσαρες ἄνεμοι [3] Mt 24:31; Mk 13:27; Rev 7:1

Mt 24:31 καὶ ἐπισυνάξουσιν τοὺς ἐκλεκτοὺς αὐτοῦ ἐκ τῶν **τεσσάρων** ἀνέμων ἀπ᾽ ἄκρων οὐρανῶν ἕως [τῶν] ἄκρων αὐτῶν.
Mk 2:3 καὶ ἔρχονται φέροντες πρὸς αὐτὸν παραλυτικὸν αἰρόμενον ὑπὸ **τεσσάρων.**
13:27 καὶ τότε ἀποστελεῖ τοὺς ἀγγέλους καὶ ἐπισυνάξει τοὺς ἐκλεκτοὺς [αὐτοῦ] ἐκ τῶν **τεσσάρων** ἀνέμων ἀπ᾽ ἄκρου γῆς ἕως ἄκρου οὐρανοῦ.
Lk 2:37 καὶ αὐτὴ χήρα ἕως ἐτῶν ὀγδοήκοντα **τεσσάρων,** ἣ οὐκ ἀφίστατο τοῦ ἱεροῦ νηστείαις καὶ δεήσεσιν λατρεύουσα
Jn 11:17 Ἐλθὼν οὖν ὁ Ἰησοῦς εὗρεν αὐτὸν **τέσσαρας** ἤδη ἡμέρας ἔχοντα ἐν τῷ μνημείῳ.
19:23 ἔλαβον τὰ ἱμάτια αὐτοῦ καὶ ἐποίησαν **τέσσαρα** μέρη,
Ac 10:11 καὶ θεωρεῖ τὸν οὐρανὸν ἀνεῳγμένον καὶ καταβαῖνον σκεῦός τι ὡς ὀθόνην μεγάλην **τέσσαρσιν** ἀρχαῖς καθιέμενον ἐπὶ τῆς γῆς,
11:5 καταβαῖνον σκεῦός τι ὡς ὀθόνην μεγάλην **τέσσαρσιν** ἀρχαῖς καθιεμένην ἐκ τοῦ οὐρανοῦ,
12:4 ὃν καὶ πιάσας ἔθετο εἰς φυλακὴν παραδοὺς **τέσσαρσιν** τετραδίοις στρατιωτῶν φυλάσσειν αὐτόν,
21:9 τούτῳ δὲ ἦσαν θυγατέρες **τέσσαρες** παρθένοι προφητεύουσαι.
21:23 εἰσὶν ἡμῖν ἄνδρες **τέσσαρες** εὐχὴν ἔχοντες ἐφ᾽ ἑαυτῶν.
27:29 ἐκ πρύμνης ῥίψαντες ἀγκύρας **τέσσαρας** ηὔχοντο ἡμέραν γενέσθαι.
Rev 4:4 καὶ κυκλόθεν τοῦ θρόνου θρόνους εἴκοσι **τέσσαρες,** καὶ ἐπὶ τοὺς θρόνους εἴκοσι **τέσσαρας** πρεσβυτέρους καθημένους
4:6 Καὶ ἐν μέσῳ τοῦ θρόνου καὶ κύκλῳ τοῦ θρόνου **τέσσαρα** ζῷα γέμοντα ὀφθαλμῶν ἔμπροσθεν καὶ ὄπισθεν.
4:8 καὶ τὰ **τέσσαρα** ζῷα, ἓν καθ᾽ ἓν αὐτῶν ἔχων ἀνὰ πτέρυγας ἕξ,
4:10 πεσοῦνται οἱ εἴκοσι **τέσσαρες** πρεσβύτεροι ἐνώπιον τοῦ καθημένου ἐπὶ τοῦ θρόνου καὶ προσκυνήσουσιν τῷ ζῶντι
5:6 Καὶ εἶδον ἐν μέσῳ τοῦ θρόνου καὶ τῶν **τεσσάρων** ζῴων καὶ ἐν μέσῳ τῶν πρεσβυτέρων ἀρνίον ἑστηκὸς ὡς ἐσφαγμένον
5:8 τὰ **τέσσαρα** ζῷα καὶ οἱ εἴκοσι **τέσσαρες** πρεσβύτεροι ἔπεσαν ἐνώπιον τοῦ ἀρνίου ἔχοντες ἕκαστος κιθάραν καὶ φιάλας χρυσᾶς γεμούσας θυμιαμάτων,
5:14 καὶ τὰ **τέσσαρα** ζῷα ἔλεγον, Ἀμήν. καὶ οἱ πρεσβύτεροι ἔπεσαν καὶ προσεκύνησαν.
6:1 καὶ ἤκουσα ἑνὸς ἐκ τῶν **τεσσάρων** ζῴων λέγοντος ὡς φωνὴ βροντῆς,
6:6 καὶ ἤκουσα ὡς φωνὴν ἐν μέσῳ τῶν **τεσσάρων** ζῴων λέγουσαν,
7:1 Μετὰ τοῦτο εἶδον **τέσσαρας** ἀγγέλους ἑστῶτας ἐπὶ τὰς **τέσσαρας** γωνίας τῆς γῆς, κρατοῦντας τοὺς **τέσσαρας** ἀνέμους τῆς γῆς ἵνα μὴ πνέῃ ἄνεμος ἐπὶ τῆς γῆς
7:2 καὶ ἔκραξεν φωνῇ μεγάλῃ τοῖς **τέσσαρσιν** ἀγγέλοις οἷς ἐδόθη αὐτοῖς ἀδικῆσαι τὴν γῆν καὶ τὴν θάλασσαν
7:4 ἑκατὸν τεσσεράκοντα **τέσσαρες** χιλιάδες, ἐσφραγισμένοι ἐκ πάσης φυλῆς υἱῶν Ἰσραήλ·
7:11 τῶν πρεσβυτέρων καὶ τῶν **τεσσάρων** ζῴων καὶ ἔπεσαν ἐνώπιον τοῦ θρόνου ἐπὶ τὰ πρόσωπα αὐτῶν καὶ προσεκύνησαν τῷ θεῷ
9:13 καὶ ἤκουσα φωνὴν μίαν ἐκ τῶν **[τεσσάρων]**[NIV-] κεράτων τοῦ θυσιαστηρίου τοῦ χρυσοῦ τοῦ ἐνώπιον τοῦ θεοῦ,
9:14 Λῦσον τοὺς **τέσσαρας** ἀγγέλους τοὺς δεδεμένους ἐπὶ τῷ ποταμῷ τῷ μεγάλῳ Εὐφράτῃ.
9:15 καὶ ἐλύθησαν οἱ **τέσσαρες** ἄγγελοι οἱ ἡτοιμασμένοι εἰς τὴν ὥραν καὶ ἡμέραν καὶ μῆνα καὶ ἐνιαυτόν,
11:16 καὶ οἱ εἴκοσι **τέσσαρες** πρεσβύτεροι [οἱ] ἐνώπιον τοῦ θεοῦ καθήμενοι ἐπὶ τοὺς θρόνους αὐτῶν ἔπεσαν ἐπὶ τὰ πρόσωπα
14:1 τὸ ἀρνίον ἑστὸς ἐπὶ τὸ ὄρος Σιὼν καὶ μετ᾽ αὐτοῦ ἑκατὸν τεσσεράκοντα **τέσσαρες** χιλιάδες ἔχουσαι τὸ ὄνομα αὐτοῦ
14:3 καὶ ᾄδουσιν [ὡς] ᾠδὴν καινὴν ἐνώπιον τοῦ θρόνου καὶ ἐνώπιον τῶν **τεσσάρων** ζῴων καὶ τῶν πρεσβυτέρων, καὶ οὐδεὶς ἐδύνατο μαθεῖν τὴν ᾠδὴν εἰ μὴ αἱ ἑκατὸν τεσσεράκοντα **τέσσαρες** χιλιάδες,
15:7 καὶ ἓν ἐκ τῶν **τεσσάρων** ζῴων ἔδωκεν τοῖς ἑπτὰ ἀγγέλοις ἑπτὰ φιάλας χρυσᾶς γεμούσας τοῦ θυμοῦ τοῦ θεοῦ τοῦ ζῶντος εἰς τοὺς αἰῶνας τῶν αἰώνων.
19:4 ἔπεσαν οἱ πρεσβύτεροι οἱ εἴκοσι **τέσσαρες** καὶ τὰ **τέσσαρα** ζῷα καὶ προσεκύνησαν τῷ θεῷ τῷ καθημένῳ ἐπὶ τῷ θρόνῳ
20:8 καὶ ἐξελεύσεται πλανῆσαι τὰ ἔθνη τὰ ἐν ταῖς **τέσσαρσιν** γωνίαις τῆς γῆς,
21:17 καὶ ἐμέτρησεν τὸ τεῖχος αὐτῆς ἑκατὸν τεσσεράκοντα **τεσσάρων** πηχῶν μέτρον ἀνθρώπου,

5476 τεσσαρεσκαιδέκατος [2]

√ *5475 + 2779 + 1274*

Ac 27:27 Ὡς δὲ **τεσσαρεσκαιδεκάτη** νὺξ ἐγένετο διαφερομένων ἡμῶν ἐν τῷ Ἀδρίᾳ,
27:33 **Τεσσαρεσκαιδεκάτην** σήμερον ἡμέραν προσδοκῶντες ἄσιτοι διατελεῖτε μηθὲν προσλαβόμενοι.

5477 τεσσεράκοντα [22]

√ *5475*

Mt 4:2 καὶ νηστεύσας ἡμέρας **τεσσεράκοντα** καὶ νύκτας **τεσσεράκοντα,** ὕστερον ἐπείνασεν.
Mk 1:13 καὶ ἦν ἐν τῇ ἐρήμῳ **τεσσεράκοντα** ἡμέρας πειραζόμενος ὑπὸ τοῦ Σατανᾶ,
Lk 4:2 ἡμέρας **τεσσεράκοντα** πειραζόμενος ὑπὸ τοῦ διαβόλου. καὶ οὐκ ἔφαγεν οὐδὲν ἐν ταῖς ἡμέραις ἐκείναις
Jn 2:20 **Τεσσεράκοντα** καὶ ἓξ ἔτεσιν οἰκοδομήθη ὁ ναὸς οὗτος,
Ac 1:3 δι᾽ ἡμερῶν **τεσσεράκοντα** ὀπτανόμενος αὐτοῖς καὶ λέγων τὰ περὶ τῆς βασιλείας τοῦ θεοῦ·
4:22 ἐτῶν γὰρ ἦν πλειόνων **τεσσεράκοντα** ὁ ἄνθρωπος ἐφ᾽ ὃν γεγόνει τὸ σημεῖον τοῦτο τῆς ἰάσεως.
7:30 Καὶ πληρωθέντων ἐτῶν **τεσσεράκοντα** ὤφθη αὐτῷ ἐν τῇ ἐρήμῳ τοῦ ὄρους Σινᾶ ἄγγελος ἐν φλογὶ πυρὸς βάτου.
7:36 ἐξήγαγεν αὐτοὺς ποιήσας τέρατα καὶ σημεῖα ἐν γῇ Αἰγύπτῳ καὶ ἐν Ἐρυθρᾷ Θαλάσσῃ καὶ ἐν τῇ ἐρήμῳ ἔτη **τεσσεράκοντα.**
7:42 Μὴ σφάγια καὶ θυσίας προσηνέγκατέ μοι ἔτη **τεσσεράκοντα** ἐν τῇ ἐρήμῳ,
13:21 κἀκεῖθεν ᾐτήσαντο βασιλέα καὶ ἔδωκεν αὐτοῖς ὁ θεὸς τὸν Σαοὺλ υἱὸν Κίς, ἄνδρα ἐκ φυλῆς Βενιαμίν, ἔτη **τεσσεράκοντα,**
23:13 ἦσαν δὲ πλείους **τεσσεράκοντα** οἱ ταύτην τὴν συνωμοσίαν ποιησάμενοι,
23:21 ἐνεδρεύουσιν γὰρ αὐτὸν ἐξ αὐτῶν ἄνδρες πλείους **τεσσεράκοντα,**
2Co 11:24 ὑπὸ Ἰουδαίων πεντάκις **τεσσεράκοντα** παρὰ μίαν ἔλαβον,
Heb 3:10 **τεσσεράκοντα** ἔτη· διὸ προσώχθισα τῇ γενεᾷ ταύτῃ καὶ εἶπον,
3:17 τίσιν δὲ προσώχθισεν **τεσσεράκοντα** ἔτη; οὐχὶ τοῖς ἁμαρτήσασιν,
Rev 7:4 ἑκατὸν **τεσσεράκοντα** τέσσαρες χιλιάδες, ἐσφραγισμένοι ἐκ πάσης φυλῆς υἱῶν Ἰσραήλ·
11:2 καὶ τὴν πόλιν τὴν ἁγίαν πατήσουσιν μῆνας **τεσσεράκοντα** [καὶ] δύο.
13:5 Καὶ ἐδόθη αὐτῷ στόμα λαλοῦν μεγάλα καὶ βλασφημίας καὶ ἐδόθη αὐτῷ ἐξουσία ποιῆσαι μῆνας **τεσσεράκοντα** [καὶ] δύο.
14:1 τὸ ἀρνίον ἑστὸς ἐπὶ τὸ ὄρος Σιὼν καὶ μετ᾽ αὐτοῦ ἑκατὸν **τεσσεράκοντα** τέσσαρες χιλιάδες ἔχουσαι τὸ ὄνομα αὐτοῦ
14:3 καὶ οὐδεὶς ἐδύνατο μαθεῖν τὴν ᾠδὴν εἰ μὴ αἱ ἑκατὸν **τεσσεράκοντα** τέσσαρες χιλιάδες,
21:17 καὶ ἐμέτρησεν τὸ τεῖχος αὐτῆς ἑκατὸν **τεσσεράκοντα** τεσσάρων πηχῶν μέτρον ἀνθρώπου,

5478 τεσσερακονταετής [2]

√ *5475 + 2291*

Ac 7:23 Ὡς δὲ ἐπληροῦτο αὐτῷ **τεσσερακονταετὴς** χρόνος, ἀνέβη ἐπὶ τὴν καρδίαν αὐτοῦ ἐπισκέψασθαι τοὺς ἀδελφοὺς αὐτοῦ τοὺς υἱοὺς Ἰσραήλ.
13:18 καὶ ὡς **τεσσερακονταετῆ** χρόνον ἐτροποφόρησεν αὐτοὺς ἐν τῇ ἐρήμῳ

5479 τεταρταῖος [1]

√ *5475*

Jn 11:39 λέγει αὐτῷ ἡ ἀδελφὴ τοῦ τετελευτηκότος Μάρθα, Κύριε, ἤδη ὄζει, **τεταρταῖος** γάρ ἐστιν.

5480 τέταρτος [10]

√ *5475*

Mt 14:25 **τετάρτῃ** δὲ φυλακῇ τῆς νυκτὸς ἦλθεν πρὸς αὐτοὺς περιπατῶν ἐπὶ τὴν θάλασσαν.

Mk 6:48 περὶ **τετάρτην** φυλακὴν τῆς νυκτὸς ἔρχεται πρὸς αὐτοὺς περιπατῶν ἐπὶ τῆς θαλάσσης καὶ ἤθελεν παρελθεῖν αὐτούς.
Ac 10:30 Ἀπὸ **τετάρτης** ἡμέρας μέχρι ταύτης τῆς ὥρας ἤμην τὴν ἐνάτην προσευχόμενος ἐν τῷ οἴκῳ μου,
Rev 4: 7 καὶ τὸ τρίτον ζῷον ἔχων τὸ πρόσωπον ὡς ἀνθρώπου καὶ τὸ **τέταρτον** ζῷον ὅμοιον ἀετῷ πετομένῳ.
6: 7 Καὶ ὅτε ἤνοιξεν τὴν σφραγῖδα τὴν **τετάρτην,** ἤκουσα φωνὴν τοῦ **τετάρτου** ζῴου λέγοντος, Ἔρχου.
6: 8 καὶ ἐδόθη αὐτοῖς ἐξουσία ἐπὶ τὸ **τέταρτον** τῆς γῆς ἀποκτεῖναι ἐν ῥομφαίᾳ καὶ ἐν λιμῷ καὶ ἐν θανάτῳ καὶ ὑπὸ τῶν θηρίων
8:12 Καὶ ὁ **τέταρτος** ἄγγελος ἐσάλπισεν· καὶ ἐπλήγη τὸ τρίτον τοῦ ἡλίου καὶ τὸ τρίτον τῆς σελήνης καὶ τὸ τρίτον τῶν ἀστέρων,
16: 8 Καὶ ὁ **τέταρτος** ἐξέχεεν τὴν φιάλην αὐτοῦ ἐπὶ τὸν ἥλιον,
21:19 ὁ δεύτερος σάπφιρος, ὁ τρίτος χαλκηδών, ὁ **τέταρτος** σμάραγδος,

5481 τετράγωνος [1]

√ *5475 + 1224*

Rev 21:16 καὶ ἡ πόλις **τετράγωνος** κεῖται καὶ τὸ μῆκος αὐτῆς ὅσον [καὶ] τὸ πλάτος.

5482 τετράδιον [1]

√ *5475*

Ac 12: 4 ὃν καὶ πιάσας ἔθετο εἰς φυλακὴν παραδοὺς τέσσαρσιν **τετραδίοις** στρατιωτῶν φυλάσσειν αὐτόν,

5483 τετρακισχίλιοι [5]

√ *5475 + 5943*

Mt 15:38 οἱ δὲ ἐσθίοντες ἦσαν **τετρακισχίλιοι** ἄνδρες χωρὶς γυναικῶν καὶ παιδίων.
16:10 οὐδὲ τοὺς ἑπτὰ ἄρτους τῶν **τετρακισχιλίων** καὶ πόσας σπυρίδας ἐλάβετε;
Mk 8: 9 ἦσαν δὲ ὡς **τετρακισχίλιοι.** καὶ ἀπέλυσεν αὐτούς.
8:20 Ὅτε τοὺς ἑπτὰ εἰς τοὺς **τετρακισχιλίους,** πόσων σπυρίδων πληρώματα κλασμάτων ἤρατε;
Ac 21:38 οὐκ ἄρα σὺ εἶ ὁ Αἰγύπτιος ὁ πρὸ τούτων τῶν ἡμερῶν ἀναστατώσας καὶ ἐξαγαγὼν εἰς τὴν ἔρημον τοὺς **τετρακισχιλίους** ἄνδρας τῶν σικαρίων;

5484 τετρακόσιοι [4]

√ *5475*

Ac 5:36 πρὸ γὰρ τούτων τῶν ἡμερῶν ἀνέστη Θευδᾶς λέγων εἶναί τινα ἑαυτόν, ᾧ προσεκλίθη ἀνδρῶν ἀριθμὸς ὡς **τετρακοσίων·**
7: 6 ἐλάλησεν δὲ οὕτως ὁ θεὸς ὅτι ἔσται τὸ σπέρμα αὐτοῦ πάροικον ἐν γῇ ἀλλοτρίᾳ καὶ δουλώσουσιν αὐτὸ καὶ κακώσουσιν ἔτη **τετρακόσια·**
13:20 ὡς ἔτεσιν **τετρακοσίοις** καὶ πεντήκοντα. καὶ μετὰ ταῦτα ἔδωκεν κριτὰς ἕως Σαμουὴλ [τοῦ] προφήτου.
Gal 3:17 διαθήκην προκεκυρωμένην ὑπὸ τοῦ θεοῦ ὁ μετὰ **τετρακόσια** καὶ τριάκοντα ἔτη γεγονὼς νόμος οὐκ ἀκυροῖ εἰς τὸ καταργῆσαι τὴν ἐπαγγελίαν.

5485 τετράμηνος [1]

√ *5475 + 3604*

Jn 4:35 οὐχ ὑμεῖς λέγετε ὅτι Ἔτι **τετράμηνός** ἐστιν καὶ ὁ θερισμὸς ἔρχεται;

5486 τετραπλόος Not used in UBS/NIV

√ *5475*

5487 τετραπλοῦς [1]

√ *5475*

Lk 19: 8 τοῖς πτωχοῖς δίδωμι, καὶ εἴ τινός τι ἐσυκοφάντησα ἀποδίδωμι **τετραπλοῦν.**

5488 τετράπους [3]

√ *5475 + 4546*

Ac 10:12 ἐν ᾧ ὑπῆρχεν πάντα τὰ **τετράποδα** καὶ ἑρπετὰ τῆς γῆς καὶ πετεινὰ τοῦ οὐρανοῦ.
11: 6 εἰς ἣν ἀτενίσας κατενόουν καὶ εἶδον τὰ **τετράποδα** τῆς γῆς καὶ τὰ θηρία καὶ τὰ ἑρπετὰ καὶ τὰ πετεινὰ τοῦ οὐρανοῦ.
Ro 1:23 ἤλλαξαν τὴν δόξαν τοῦ ἀφθάρτου θεοῦ ἐν ὁμοιώματι εἰκόνος φθαρτοῦ ἀνθρώπου καὶ πετεινῶν καὶ **τετραπόδων** καὶ ἑρπετῶν.

5489 τετραρχέω [3]

√ *5475 + 806*

Lk 3: 1 ἡγεμονεύοντος Ποντίου Πιλάτου τῆς Ἰουδαίας, καὶ **τετρααρχοῦντος** τῆς Γαλιλαίας Ἡρῴδου, Φιλίππου δὲ τοῦ ἀδελφοῦ αὐτοῦ **τετρααρχοῦντος** τῆς Ἰτουραίας καὶ Τραχωνίτιδος χώρας, καὶ Λυσανίου τῆς Ἀβιληνῆς **τετρααρχοῦντος,**

5490 τετράρχης [4]

√ *5475 + 806*

Mt 14: 1 Ἐν ἐκείνῳ τῷ καιρῷ ἤκουσεν Ἡρῴδης ὁ **τετραάρχης** τὴν ἀκοὴν Ἰησοῦ,
Lk 3:19 ὁ δὲ Ἡρῴδης ὁ **τετραάρχης,** ἐλεγχόμενος ὑπ' αὐτοῦ περὶ Ἡρῳδιάδος τῆς γυναικὸς τοῦ ἀδελφοῦ αὐτοῦ
9: 7 Ἤκουσεν δὲ Ἡρῴδης ὁ **τετραάρχης** τὰ γινόμενα πάντα καὶ διηπόρει διὰ τὸ λέγεσθαι ὑπό τινων ὅτι Ἰωάννης ἠγέρθη ἐκ νεκρῶν,
Ac 13: 1 Μαναήν τε Ἡρῴδου τοῦ **τετραάρχου** σύντροφος καὶ Σαῦλος.

5491 τεφρόω [1]

√ *5606*

2Pe 2: 6 καὶ πόλεις Σοδόμων καὶ Γομόρρας **τεφρώσας** [καταστροφῇ] κατέκρινεν ὑπόδειγμα μελλόντων ἀσεβέ[σ]ιν τεθεικώς,

5492 τέχνη [3]

→ *802, 3937, 5336, 5454, 5493; cf. 5503*

Ac 17:29 χαράγματι **τέχνης** καὶ ἐνθυμήσεως ἀνθρώπου, τὸ θεῖον εἶναι ὅμοιον.
18: 3 καὶ διὰ τὸ ὁμότεχνον εἶναι ἔμενεν παρ' αὐτοῖς, καὶ ἠργάζετο· ἦσαν γὰρ σκηνοποιοὶ τῇ **τέχνῃ.**
Rev 18:22 καὶ πᾶς τεχνίτης πάσης **τέχνης** οὐ μὴ εὑρεθῇ ἐν σοὶ ἔτι,

5493 τεχνίτης [4]

√ *5492*

Ac 19:24 ποιῶν ναοὺς ἀργυροῦς Ἀρτέμιδος παρείχετο τοῖς **τεχνίταις** οὐκ ὀλίγην ἐργασίαν,
19:38 εἰ μὲν οὖν Δημήτριος καὶ οἱ σὺν αὐτῷ **τεχνῖται** ἔχουσι πρός τινα λόγον,
Heb 11:10 ἐξεδέχετο γὰρ τὴν τοὺς θεμελίους ἔχουσαν πόλιν ἧς **τεχνίτης** καὶ δημιουργὸς ὁ θεός.
Rev 18:22 καὶ πᾶς **τεχνίτης** πάσης τέχνης οὐ μὴ εὑρεθῇ ἐν σοὶ ἔτι,

5494 τήκομαι [1]

2Pe 3:12 σπεύδοντας τὴν παρουσίαν τῆς τοῦ θεοῦ ἡμέρας δι' ἣν οὐρανοὶ πυρούμενοι λυθήσονται καὶ στοιχεῖα καυσούμενα **τήκεται.**

5495 τηλαυγῶς [1]

√ *879*

Mk 8:25 καὶ διέβλεψεν καὶ ἀπεκατέστη καὶ ἐνέβλεπεν **τηλαυγῶς** ἅπαντα.

5496 τηλικοῦτος [4]

√ *2462 + 4047*

2Co 1:10 ὃς ἐκ **τηλικούτου** θανάτου ἐρρύσατο ἡμᾶς καὶ ῥύσεται,
Heb 2: 3 πῶς ἡμεῖς ἐκφευξόμεθα **τηλικαύτης** ἀμελήσαντες σωτηρίας, ἥτις ἀρχὴν λαβοῦσα λαλεῖσθαι διὰ τοῦ κυρίου ὑπὸ τῶν ἀκουσάντων εἰς ἡμᾶς ἐβεβαιώθη,

Jas 3: 4 ἰδοὺ καὶ τὰ πλοῖα **τηλικαῦτα** ὄντα καὶ ὑπὸ ἀνέμων σκληρῶν ἐλαυνόμενα,
Rev 16: 18 οἷος οὐκ ἐγένετο ἀφ' οὗ ἄνθρωπος ἐγένετο ἐπὶ τῆς γῆς **τηλικοῦτος** σεισμὸς οὕτω μέγας.

5497 τηνικαῦτα Not used in UBS/NIV

5498 τηρέω [70 / 71]

→ *1413, 4190, 4191, 5337, 5499*

τηρέω ἐκ [2] Jn 17:15; Rev 3:10

τηρέω ἐμαυτοῦ, σεαυτοῦ, ἑαυτοῦ [6] 1Co 7:37; 2Co 11:9; 1Ti 5:22; Jas 1:27; Jude 1:6,21

τηρέω ἐντολάς [13] Mt 19:17; Jn 14:15,21; 15:10,10; 1Ti 6:14; 1Jn 2:3,4; 3:22,24; 5:3; Rev 12:17; 14:12

τηρέω λόγον [12] Jn 8:51,52,55; 14:23,24; 15:20; 17:6; 1Jn 2:5; Rev 3:8,10; 22:7,9

τηρέω νόμον [2] Ac 15:5; Jas 2:10

τηρέω παράδοσιν [1] Mk 7:9[NIV]

Mt 19: 17 εἰ δὲ θέλεις εἰς τὴν ζωὴν εἰσελθεῖν, **τήρησον** τὰς ἐντολάς.
23: 3 πάντα οὖν ὅσα ἐὰν εἴπωσιν ὑμῖν ποιήσατε καὶ **τηρεῖτε,**
27: 36 καὶ καθήμενοι **ἐτήρουν** αὐτὸν ἐκεῖ.
27: 54 Ὁ δὲ ἑκατόνταρχος καὶ οἱ μετ' αὐτοῦ **τηροῦντες** τὸν Ἰησοῦν ἰδόντες τὸν σεισμὸν καὶ τὰ γενόμενα ἐφοβήθησαν σφόδρα,
28: 4 ἀπὸ δὲ τοῦ φόβου αὐτοῦ ἐσείσθησαν οἱ **τηροῦντες** καὶ ἐγενήθησαν ὡς νεκροί.
28: 20 διδάσκοντες αὐτοὺς **τηρεῖν** πάντα ὅσα ἐνετειλάμην ὑμῖν· καὶ ἰδοὺ ἐγὼ μεθ' ὑμῶν εἰμι πάσας τὰς ἡμέρας
Mk 7: 9 Καλῶς ἀθετεῖτε τὴν ἐντολὴν τοῦ θεοῦ, ἵνα τὴν παράδοσιν ὑμῶν **τηρήσητε.**[NIV; UBS *2705*]
Jn 2: 10 πρῶτον τὸν καλὸν οἶνον τίθησιν καὶ ὅταν μεθυσθῶσιν τὸν ἐλάσσω· σὺ **τετήρηκας** τὸν καλὸν οἶνον ἕως ἄρτι.
8: 51 ἀμὴν ἀμὴν λέγω ὑμῖν, ἐάν τις τὸν ἐμὸν λόγον **τηρήσῃ,**
8: 52 καὶ σὺ λέγεις, Ἐάν τις τὸν λόγον μου **τηρήσῃ,**
8: 55 ἀλλὰ οἶδα αὐτὸν καὶ τὸν λόγον αὐτοῦ **τηρῶ.**
9: 16 Οὐκ ἔστιν οὗτος παρὰ θεοῦ ὁ ἄνθρωπος, ὅτι τὸ σάββατον οὐ **τηρεῖ.**
12: 7 ἵνα εἰς τὴν ἡμέραν τοῦ ἐνταφιασμοῦ μου **τηρήσῃ** αὐτό·
14: 15 Ἐὰν ἀγαπᾶτέ με, τὰς ἐντολὰς τὰς ἐμὰς **τηρήσετε·**
14: 21 ὁ ἔχων τὰς ἐντολάς μου καὶ **τηρῶν** αὐτὰς ἐκεῖνός ἐστιν ὁ ἀγαπῶν με·
14: 23 Ἐάν τις ἀγαπᾷ με τὸν λόγον μου **τηρήσει,**
14: 24 ὁ μὴ ἀγαπῶν με τοὺς λόγους μου οὐ **τηρεῖ·**
15: 10 ἐὰν τὰς ἐντολάς μου **τηρήσητε,** μενεῖτε ἐν τῇ ἀγάπῃ μου, καθὼς ἐγὼ τὰς ἐντολὰς τοῦ πατρός μου **τετήρηκα** καὶ μένω αὐτοῦ ἐν τῇ ἀγάπῃ.
15: 20 εἰ τὸν λόγον μου **ἐτήρησαν,** καὶ τὸν ὑμέτερον **τηρήσουσιν.**
17: 6 σοὶ ἦσαν κἀμοὶ αὐτοὺς ἔδωκας καὶ τὸν λόγον σου **τετήρηκαν.**
17: 11 **τήρησον** αὐτοὺς ἐν τῷ ὀνόματί σου ᾧ δέδωκάς μοι,
17: 12 ὅτε ἤμην μετ' αὐτῶν ἐγὼ **ἐτήρουν** αὐτοὺς ἐν τῷ ὀνόματί σου ᾧ δέδωκάς μοι,
17: 15 οὐκ ἐρωτῶ ἵνα ἄρῃς αὐτοὺς ἐκ τοῦ κόσμου, ἀλλ' ἵνα **τηρήσῃς** αὐτοὺς ἐκ τοῦ πονηροῦ.
Ac 12: 5 ὁ μὲν οὖν Πέτρος **ἐτηρεῖτο** ἐν τῇ φυλακῇ·
12: 6 τῇ νυκτὶ ἐκείνῃ ἦν ὁ Πέτρος κοιμώμενος μεταξὺ δύο στρατιωτῶν δεδεμένος ἁλύσεσιν δυσὶν φύλακές τε πρὸ τῆς θύρας **ἐτήρουν** τὴν φυλακήν.
15: 5 ἐξανέστησαν δέ τινες τῶν ἀπὸ τῆς αἱρέσεως τῶν Φαρισαίων πεπιστευκότες λέγοντες ὅτι δεῖ περιτέμνειν αὐτοὺς παραγγέλλειν τε **τηρεῖν** τὸν νόμον Μωϋσέως.
16: 23 πολλάς τε ἐπιθέντες αὐτοῖς πληγὰς ἔβαλον εἰς φυλακὴν παραγγείλαντες τῷ δεσμοφύλακι ἀσφαλῶς **τηρεῖν** αὐτούς.
24: 23 διαταξάμενος τῷ ἑκατοντάρχῃ **τηρεῖσθαι** αὐτὸν ἔχειν τε ἄνεσιν καὶ μηδένα κωλύειν τῶν ἰδίων αὐτοῦ ὑπηρετεῖν αὐτῷ.
25: 4 ὁ μὲν οὖν Φῆστος ἀπεκρίθη **τηρεῖσθαι** τὸν Παῦλον εἰς Καισάρειαν,
25: 21 τοῦ δὲ Παύλου ἐπικαλεσαμένου **τηρηθῆναι** αὐτὸν εἰς τὴν τοῦ Σεβαστοῦ διάγνωσιν, ἐκέλευσα **τηρεῖσθαι** αὐτὸν ἕως οὗ ἀναπέμψω αὐτὸν πρὸς Καίσαρα.
1Co 7: 37 ἐξουσίαν δὲ ἔχει περὶ τοῦ ἰδίου θελήματος καὶ τοῦτο κέκρικεν ἐν τῇ ἰδίᾳ καρδίᾳ, **τηρεῖν** τὴν ἑαυτοῦ παρθένον, καλῶς ποιήσει.
2Co 11: 9 καὶ ἐν παντὶ ἀβαρῆ ἐμαυτὸν ὑμῖν **ἐτήρησα** καὶ **τηρήσω.**
Eph 4: 3 σπουδάζοντες **τηρεῖν** τὴν ἑνότητα τοῦ πνεύματος ἐν τῷ συνδέσμῳ τῆς εἰρήνης·
1Th 5: 23 ὁλόκληρον ὑμῶν τὸ πνεῦμα καὶ ἡ ψυχὴ καὶ τὸ σῶμα ἀμέμπτως ἐν τῇ παρουσίᾳ τοῦ κυρίου ἡμῶν Ἰησοῦ Χριστοῦ **τηρηθείη.**
1Ti 5: 22 Χεῖρας ταχέως μηδενὶ ἐπιτίθει μηδὲ κοινώνει ἁμαρτίαις ἀλλοτρίαις· σεαυτὸν ἁγνὸν **τήρει.**
6: 14 **τηρῆσαί** σε τὴν ἐντολὴν ἄσπιλον ἀνεπίλημπτον μέχρι τῆς ἐπιφανείας τοῦ κυρίου ἡμῶν Ἰησοῦ Χριστοῦ,
2Ti 4: 7 τὸν καλὸν ἀγῶνα ἠγώνισμαι, τὸν δρόμον τετέλεκα, τὴν πίστιν **τετήρηκα·**
Jas 1: 27 ἐπισκέπτεσθαι ὀρφανοὺς καὶ χήρας ἐν τῇ θλίψει αὐτῶν, ἄσπιλον ἑαυτὸν **τηρεῖν** ἀπὸ τοῦ κόσμου.
2: 10 ὅστις γὰρ ὅλον τὸν νόμον **τηρήσῃ** πταίσῃ δὲ ἐν ἑνί,
1Pe 1: 4 εἰς κληρονομίαν ἄφθαρτον καὶ ἀμίαντον καὶ ἀμάραντον, **τετηρημένην** ἐν οὐρανοῖς εἰς ὑμᾶς
2Pe 2: 4 Εἰ γὰρ ὁ θεὸς ἀγγέλων ἁμαρτησάντων οὐκ ἐφείσατο ἀλλὰ σειραῖς ζόφου ταρταρώσας παρέδωκεν εἰς κρίσιν **τηρουμένους,**
2: 9 οἶδεν κύριος εὐσεβεῖς ἐκ πειρασμοῦ ῥύεσθαι, ἀδίκους δὲ εἰς ἡμέραν κρίσεως κολαζομένους **τηρεῖν,**
2: 17 Οὗτοί εἰσιν πηγαὶ ἄνυδροι καὶ ὁμίχλαι ὑπὸ λαίλαπος ἐλαυνόμεναι, οἷς ὁ ζόφος τοῦ σκότους **τετήρηται.**
3: 7 οἱ δὲ νῦν οὐρανοὶ καὶ ἡ γῆ τῷ αὐτῷ λόγῳ τεθησαυρισμένοι εἰσὶν πυρὶ **τηρούμενοι** εἰς ἡμέραν κρίσεως καὶ ἀπωλείας
1Jn 2: 3 Καὶ ἐν τούτῳ γινώσκομεν ὅτι ἐγνώκαμεν αὐτόν, ἐὰν τὰς ἐντολὰς αὐτοῦ **τηρῶμεν.**
2: 4 ὁ λέγων ὅτι Ἔγνωκα αὐτὸν καὶ τὰς ἐντολὰς αὐτοῦ μὴ **τηρῶν,**
2: 5 ὃς δ' ἂν **τηρῇ** αὐτοῦ τὸν λόγον, ἀληθῶς ἐν τούτῳ ἡ ἀγάπη τοῦ θεοῦ τετελείωται,
3: 22 ὅτι τὰς ἐντολὰς αὐτοῦ **τηροῦμεν** καὶ τὰ ἀρεστὰ ἐνώπιον αὐτοῦ ποιοῦμεν.
3: 24 καὶ ὁ **τηρῶν** τὰς ἐντολὰς αὐτοῦ ἐν αὐτῷ μένει καὶ αὐτὸς ἐν αὐτῷ·
5: 3 ἵνα τὰς ἐντολὰς αὐτοῦ **τηρῶμεν,** καὶ αἱ ἐντολαὶ αὐτοῦ βαρεῖαι οὐκ εἰσίν.
5: 18 ἀλλ' ὁ γεννηθεὶς ἐκ τοῦ θεοῦ **τηρεῖ** αὐτὸν καὶ ὁ πονηρὸς οὐχ ἅπτεται αὐτοῦ.
Jude 1: 1 τοῖς ἐν θεῷ πατρὶ ἠγαπημένοις καὶ Ἰησοῦ Χριστῷ **τετηρημένοις** κλητοῖς·
1: 6 ἀγγέλους τε τοὺς μὴ **τηρήσαντας** τὴν ἑαυτῶν ἀρχὴν ἀλλὰ ἀπολιπόντας τὸ ἴδιον οἰκητήριον εἰς κρίσιν μεγάλης ἡμέρας δεσμοῖς ἀϊδίοις ὑπὸ ζόφον **τετήρηκεν,**
1: 13 ἀστέρες πλανῆται οἷς ὁ ζόφος τοῦ σκότους εἰς αἰῶνα **τετήρηται.**
1: 21 ἑαυτοὺς ἐν ἀγάπῃ θεοῦ **τηρήσατε** προσδεχόμενοι τὸ ἔλεος τοῦ κυρίου ἡμῶν Ἰησοῦ Χριστοῦ εἰς ζωὴν αἰώνιον.
Rev 1: 3 μακάριος ὁ ἀναγινώσκων καὶ οἱ ἀκούοντες τοὺς λόγους τῆς προφητείας καὶ **τηροῦντες** τὰ ἐν αὐτῇ γεγραμμένα,
2: 26 καὶ ὁ νικῶν καὶ ὁ **τηρῶν** ἄχρι τέλους τὰ ἔργα μου,
3: 3 μνημόνευε οὖν πῶς εἴληφας καὶ ἤκουσας καὶ **τήρει** καὶ μετανόησον.
3: 8 ὅτι μικρὰν ἔχεις δύναμιν καὶ **ἐτήρησάς** μου τὸν λόγον καὶ οὐκ ἠρνήσω τὸ ὄνομά μου.
3: 10 ὅτι **ἐτήρησας** τὸν λόγον τῆς ὑπομονῆς μου, κἀγώ σε **τηρήσω** ἐκ τῆς ὥρας τοῦ πειρασμοῦ τῆς μελλούσης ἔρχεσθαι ἐπὶ τῆς οἰκουμένης ὅλης πειράσαι τοὺς κατοικοῦντας ἐπὶ τῆς γῆς.
12: 17 ὠργίσθη ὁ δράκων ἐπὶ τῇ γυναικὶ καὶ ἀπῆλθεν ποιῆσαι πόλεμον μετὰ τῶν λοιπῶν τοῦ σπέρματος αὐτῆς τῶν **τηρούντων** τὰς ἐντολὰς τοῦ θεοῦ καὶ ἐχόντων τὴν μαρτυρίαν Ἰησοῦ.
14: 12 οἱ **τηροῦντες** τὰς ἐντολὰς τοῦ θεοῦ καὶ τὴν πίστιν Ἰησοῦ.
16: 15 μακάριος ὁ γρηγορῶν καὶ **τηρῶν** τὰ ἱμάτια αὐτοῦ,
22: 7 μακάριος ὁ **τηρῶν** τοὺς λόγους τῆς προφητείας τοῦ βιβλίου τούτου.
22: 9 σύνδουλός σού εἰμι καὶ τῶν ἀδελφῶν σου τῶν προφητῶν καὶ τῶν **τηρούντων** τοὺς λόγους τοῦ βιβλίου τούτου·

5499 τήρησις [3]

√ *5498*

Ac 4: 3 καὶ ἐπέβαλον αὐτοῖς τὰς χεῖρας καὶ ἔθεντο εἰς **τήρησιν** εἰς τὴν αὔριον·
5: 18 καὶ ἐπέβαλον τὰς χεῖρας ἐπὶ τοὺς ἀποστόλους καὶ ἔθεντο αὐτοὺς ἐν **τηρήσει** δημοσίᾳ.
1Co 7: 19 ἡ περιτομὴ οὐδέν ἐστιν καὶ ἡ ἀκροβυστία οὐδέν ἐστιν, ἀλλὰ **τήρησις** ἐντολῶν θεοῦ.

5500 Τιβεριάς [3]

√ *5501*

θάλασσα Τιβεριάς [2] Jn 6:1; 21:1

Jn 6: 1 Μετὰ ταῦτα ἀπῆλθεν ὁ Ἰησοῦς πέραν τῆς θαλάσσης τῆς Γαλιλαίας τῆς **Τιβεριάδος.**
6:23 ἄλλα ἦλθεν πλοιά[ρια] ἐκ **Τιβεριάδος** ἐγγὺς τοῦ τόπου ὅπου ἔφαγον τὸν ἄρτον εὐχαριστήσαντος τοῦ κυρίου.
21: 1 Μετὰ ταῦτα ἐφανέρωσεν ἑαυτὸν πάλιν ὁ Ἰησοῦς τοῖς μαθηταῖς ἐπὶ τῆς θαλάσσης τῆς **Τιβεριάδος·**

5501 Τιβέριος [1]

→ *5500*

Lk 3: 1 Ἐν ἔτει δὲ πεντεκαιδεκάτῳ τῆς ἡγεμονίας **Τιβερίου** Καίσαρος,

5502 τίθημι [100]

→ *118, 119, 120, 127, 292, 423, 460, 507, 509, 629, 700, 853, 1347, 1415, 1416, 1704, 1758, 1951, 2120, 2202, 2310, 2557, 2874, 2960, 3557, 3572, 3792, 3793, 3794, 3804, 3805, 3999, 4146, 4153, 4192, 4324, 4363, 4606, 4607, 4651, 4671, 4707, 4729, 5161, 5163, 5298, 5338, 5625, 5719; cf. 353, 2529, 2565, 2874*

τίθημι εἰς ὦτα [1] Lk 9:44

τίθημι ἐν καρδίᾳ [3] Lk 1:66; 21:14; Ac 5:4

τίθημι τὰ γόνατα [6] Mk 15:19; Lk 22:41; Ac 7:60; 9:40; 20:36; 21:5

τίθημι τὴν ψυχήν [8] Jn 10:11,15,17; 13:37,38; 15:13; 1Jn 3:16,16

Mt 5:15 οὐδὲ καίουσιν λύχνον καὶ **τιθέασιν** αὐτὸν ὑπὸ τὸν μόδιον ἀλλ' ἐπὶ τὴν λυχνίαν,
12:18 **θήσω** τὸ πνεῦμά μου ἐπ' αὐτόν, καὶ κρίσιν τοῖς ἔθνεσιν ἀπαγγελεῖ.
22:44 ἕως ἂν **θῶ** τοὺς ἐχθρούς σου ὑποκάτω τῶν ποδῶν σου;
24:51 καὶ διχοτομήσει αὐτὸν καὶ τὸ μέρος αὐτοῦ μετὰ τῶν ὑποκριτῶν **θήσει·**
27:60 καὶ **ἔθηκεν** αὐτὸ ἐν τῷ καινῷ αὐτοῦ μνημείῳ ὃ ἐλατόμησεν ἐν τῇ πέτρᾳ καὶ προσκυλίσας λίθον μέγαν τῇ θύρᾳ τοῦ μνημείου ἀπῆλθεν.
Mk 4:21 Μήτι ἔρχεται ὁ λύχνος ἵνα ὑπὸ τὸν μόδιον **τεθῇ** ἢ ὑπὸ τὴν κλίνην; οὐχ ἵνα ἐπὶ τὴν λυχνίαν **τεθῇ;**
4:30 Πῶς ὁμοιώσωμεν τὴν βασιλείαν τοῦ θεοῦ ἢ ἐν τίνι αὐτὴν παραβολῇ **θῶμεν;**
6:29 καὶ ἀκούσαντες οἱ μαθηταὶ αὐτοῦ ἦλθον καὶ ἦραν τὸ πτῶμα αὐτοῦ καὶ **ἔθηκαν** αὐτὸ ἐν μνημείῳ.
6:56 ἐν ταῖς ἀγοραῖς **ἐτίθεσαν** τοὺς ἀσθενοῦντας καὶ παρεκάλουν αὐτὸν ἵνα κἂν τοῦ κρασπέδου τοῦ ἱματίου αὐτοῦ ἅψωνται·
10:16 καὶ ἐναγκαλισάμενος αὐτὰ κατευλόγει **τιθεὶς** τὰς χεῖρας ἐπ' αὐτά.
12:36 ἕως ἂν **θῶ** τοὺς ἐχθρούς σου ὑποκάτω τῶν ποδῶν σου.
15:19 καὶ ἔτυπτον αὐτοῦ τὴν κεφαλὴν καλάμῳ καὶ ἐνέπτυον αὐτῷ καὶ **τιθέντες** τὰ γόνατα προσεκύνουν αὐτῷ.
15:46 καὶ ἀγοράσας σινδόνα καθελὼν αὐτὸν ἐνείλησεν τῇ σινδόνι καὶ **ἔθηκεν** αὐτὸν ἐν μνημείῳ ὃ ἦν λελατομημένον ἐκ πέτρας
15:47 ἡ δὲ Μαρία ἡ Μαγδαληνὴ καὶ Μαρία ἡ Ἰωσῆτος ἐθεώρουν ποῦ **τέθειται.**
16: 6 οὐκ ἔστιν ὧδε· ἴδε ὁ τόπος ὅπου **ἔθηκαν** αὐτόν.
Lk 1:66 καὶ **ἔθεντο** πάντες οἱ ἀκούσαντες ἐν τῇ καρδίᾳ αὐτῶν λέγοντες, Τί ἄρα τὸ παιδίον τοῦτο ἔσται;
5:18 φέροντες ἐπὶ κλίνης ἄνθρωπον ὃς ἦν παραλελυμένος καὶ ἐζήτουν αὐτὸν εἰσενεγκεῖν καὶ **θεῖναι** [αὐτὸν] ἐνώπιον αὐτοῦ.
6:48 ὅμοιός ἐστιν ἀνθρώπῳ οἰκοδομοῦντι οἰκίαν ὃς ἔσκαψεν καὶ ἐβάθυνεν καὶ **ἔθηκεν** θεμέλιον ἐπὶ τὴν πέτραν·
8:16 Οὐδεὶς δὲ λύχνον ἅψας καλύπτει αὐτὸν σκεύει ἢ ὑποκάτω κλίνης **τίθησιν,** ἀλλ' ἐπὶ λυχνίας **τίθησιν,** ἵνα οἱ εἰσπορευόμενοι βλέπωσιν τὸ φῶς.
9:44 **Θέσθε** ὑμεῖς εἰς τὰ ὦτα ὑμῶν τοὺς λόγους τούτους·
11:33 Οὐδεὶς λύχνον ἅψας εἰς κρύπτην **τίθησιν** [οὐδὲ ὑπὸ τὸν μόδιον] ἀλλ' ἐπὶ τὴν λυχνίαν,
12:46 καὶ διχοτομήσει αὐτὸν καὶ τὸ μέρος αὐτοῦ μετὰ τῶν ἀπίστων **θήσει.**
14:29 ἵνα μήποτε **θέντος** αὐτοῦ θεμέλιον καὶ μὴ ἰσχύοντος ἐκτελέσαι πάντες οἱ θεωροῦντες ἄρξωνται αὐτῷ ἐμπαίζειν
19:21 αἴρεις ὃ οὐκ **ἔθηκας** καὶ θερίζεις ὃ οὐκ ἔσπειρας.
19:22 αἴρων ὃ οὐκ **ἔθηκα** καὶ θερίζων ὃ οὐκ ἔσπειρα;
20:43 ἕως ἂν **θῶ** τοὺς ἐχθρούς σου ὑποπόδιον τῶν ποδῶν σου.
21:14 **θέτε** οὖν ἐν ταῖς καρδίαις ὑμῶν μὴ προμελετᾶν ἀπολογηθῆναι·
22:41 καὶ αὐτὸς ἀπεσπάσθη ἀπ' αὐτῶν ὡσεὶ λίθου βολὴν καὶ **θεὶς** τὰ γόνατα προσηύχετο
23:53 καὶ καθελὼν ἐνετύλιξεν αὐτὸ σινδόνι καὶ **ἔθηκεν** αὐτὸν ἐν μνήματι λαξευτῷ οὗ οὐκ ἦν οὐδεὶς οὔπω κείμενος.
23:55 ἐθεάσαντο τὸ μνημεῖον καὶ ὡς **ἐτέθη** τὸ σῶμα αὐτοῦ,
Jn 2:10 Πᾶς ἄνθρωπος πρῶτον τὸν καλὸν οἶνον **τίθησιν** καὶ ὅταν μεθυσθῶσιν τὸν ἐλάσσω·
10:11 ὁ ποιμὴν ὁ καλὸς τὴν ψυχὴν αὐτοῦ **τίθησιν** ὑπὲρ τῶν προβάτων·
10:15 καὶ τὴν ψυχήν μου **τίθημι** ὑπὲρ τῶν προβάτων.
10:17 διὰ τοῦτό με ὁ πατὴρ ἀγαπᾷ ὅτι ἐγὼ **τίθημι** τὴν ψυχήν μου,
10:18 οὐδεὶς αἴρει αὐτὴν ἀπ' ἐμοῦ, ἀλλ' ἐγὼ **τίθημι** αὐτὴν ἀπ' ἐμαυτοῦ. ἐξουσίαν ἔχω **θεῖναι** αὐτήν, καὶ ἐξουσίαν ἔχω πάλιν λαβεῖν αὐτήν·
11:34 καὶ εἶπεν, Ποῦ **τεθείκατε** αὐτόν; λέγουσιν αὐτῷ, Κύριε,
13: 4 ἐγείρεται ἐκ τοῦ δείπνου καὶ **τίθησιν** τὰ ἱμάτια καὶ λαβὼν λέντιον διέζωσεν ἑαυτόν·
13:37 διὰ τί οὐ δύναμαί σοι ἀκολουθῆσαι ἄρτι; τὴν ψυχήν μου ὑπὲρ σοῦ **θήσω.**
13:38 ἀποκρίνεται Ἰησοῦς, Τὴν ψυχήν σου ὑπὲρ ἐμοῦ **θήσεις;**
15:13 ἵνα τις τὴν ψυχὴν αὐτοῦ **θῇ** ὑπὲρ τῶν φίλων αὐτοῦ.
15:16 ἀλλ' ἐγὼ ἐξελεξάμην ὑμᾶς καὶ **ἔθηκα** ὑμᾶς ἵνα ὑμεῖς ὑπάγητε καὶ καρπὸν φέρητε καὶ ὁ καρπὸς ὑμῶν μένῃ,
19:19 ἔγραψεν δὲ καὶ τίτλον ὁ Πιλᾶτος καὶ **ἔθηκεν** ἐπὶ τοῦ σταυροῦ·
19:41 καὶ ἐν τῷ κήπῳ μνημεῖον καινὸν ἐν ᾧ οὐδέπω οὐδεὶς ἦν **τεθειμένος·**
19:42 ὅτι ἐγγὺς ἦν τὸ μνημεῖον, **ἔθηκαν** τὸν Ἰησοῦν.
20: 2 ῏Ηραν τὸν κύριον ἐκ τοῦ μνημείου καὶ οὐκ οἴδαμεν ποῦ **ἔθηκαν** αὐτόν.
20:13 λέγει αὐτοῖς ὅτι ῏Ηραν τὸν κύριόν μου, καὶ οὐκ οἶδα ποῦ **ἔθηκαν** αὐτόν.
20:15 εἰπέ μοι ποῦ **ἔθηκας** αὐτόν, κἀγὼ αὐτὸν ἀρῶ.
Ac 1: 7 Οὐχ ὑμῶν ἐστιν γνῶναι χρόνους ἢ καιροὺς οὓς ὁ πατὴρ **ἔθετο** ἐν τῇ ἰδίᾳ ἐξουσίᾳ,
2:35 ἕως ἂν **θῶ** τοὺς ἐχθρούς σου ὑποπόδιον τῶν ποδῶν σου.
3: 2 ὃν **ἐτίθουν** καθ' ἡμέραν πρὸς τὴν θύραν τοῦ ἱεροῦ τὴν λεγομένην Ὡραίαν τοῦ αἰτεῖν ἐλεημοσύνην
4: 3 καὶ ἐπέβαλον αὐτοῖς τὰς χεῖρας καὶ **ἔθεντο** εἰς τήρησιν εἰς τὴν αὔριον·
4:35 καὶ **ἐτίθουν** παρὰ τοὺς πόδας τῶν ἀποστόλων, διεδίδετο δὲ ἑκάστῳ καθότι ἄν τις χρείαν εἶχεν.
4:37 ὑπάρχοντος αὐτῷ ἀγροῦ πωλήσας ἤνεγκεν τὸ χρῆμα καὶ **ἔθηκεν** πρὸς τοὺς πόδας τῶν ἀποστόλων.
5: 2 καὶ ἐνέγκας μέρος τι παρὰ τοὺς πόδας τῶν ἀποστόλων **ἔθηκεν.**
5: 4 τί ὅτι **ἔθου** ἐν τῇ καρδίᾳ σου τὸ πρᾶγμα τοῦτο;
5:15 ὥστε καὶ εἰς τὰς πλατείας ἐκφέρειν τοὺς ἀσθενεῖς καὶ **τιθέναι** ἐπὶ κλιναρίων καὶ κραβάττων,
5:18 καὶ ἐπέβαλον τὰς χεῖρας ἐπὶ τοὺς ἀποστόλους καὶ **ἔθεντο** αὐτοὺς ἐν τηρήσει δημοσίᾳ.
5:25 τις ἀπήγγειλεν αὐτοῖς ὅτι Ἰδοὺ οἱ ἄνδρες οὓς **ἔθεσθε** ἐν τῇ φυλακῇ εἰσὶν ἐν τῷ ἱερῷ ἑστῶτες καὶ διδάσκοντες τὸν λαόν.
7:16 καὶ μετετέθησαν εἰς Συχὲμ καὶ **ἐτέθησαν** ἐν τῷ μνήματι ᾧ ὠνήσατο Ἀβραὰμ τιμῆς ἀργυρίου παρὰ τῶν υἱῶν Ἑμμὼρ
7:60 **θεὶς** δὲ τὰ γόνατα ἔκραξεν φωνῇ μεγάλῃ, Κύριε,
9:37 ἐγένετο δὲ ἐν ταῖς ἡμέραις ἐκείναις ἀσθενήσασαν αὐτὴν ἀποθανεῖν· λούσαντες δὲ **ἔθηκαν** [αὐτὴν] ἐν ὑπερῴῳ.
9:40 ἐκβαλὼν δὲ ἔξω πάντας ὁ Πέτρος καὶ **θεὶς** τὰ γόνατα προσηύξατο καὶ ἐπιστρέψας πρὸς τὸ σῶμα εἶπεν,
12: 4 ὃν καὶ πιάσας **ἔθετο** εἰς φυλακὴν παραδοὺς τέσσαρσιν τετραδίοις στρατιωτῶν φυλάσσειν αὐτόν,
13:29 ὡς δὲ ἐτέλεσαν πάντα τὰ περὶ αὐτοῦ γεγραμμένα, καθελόντες ἀπὸ τοῦ ξύλου **ἔθηκαν** εἰς μνημεῖον.
13:47 **Τέθεικά** σε εἰς φῶς ἐθνῶν τοῦ εἶναί σε εἰς σωτηρίαν ἕως ἐσχάτου τῆς γῆς.
19:21 **ἔθετο** ὁ Παῦλος ἐν τῷ πνεύματι διελθὼν τὴν Μακεδονίαν καὶ Ἀχαΐαν πορεύεσθαι εἰς Ἱεροσόλυμα
20:28 ἐν ᾧ ὑμᾶς τὸ πνεῦμα τὸ ἅγιον **ἔθετο** ἐπισκόπους ποιμαίνειν τὴν ἐκκλησίαν τοῦ θεοῦ,
20:36 Καὶ ταῦτα εἰπὼν **θεὶς** τὰ γόνατα αὐτοῦ σὺν πᾶσιν αὐτοῖς προσηύξατο.
21: 5 καὶ **θέντες** τὰ γόνατα ἐπὶ τὸν αἰγιαλὸν προσευξάμενοι

27:12 ἀνευθέτου δὲ τοῦ λιμένος ὑπάρχοντος πρὸς παραχειμασίαν οἱ πλείονες **ἔθεντο** βουλὴν ἀναχθῆναι ἐκεῖθεν,
Ro 4:17 καθὼς γέγραπται ὅτι Πατέρα πολλῶν ἐθνῶν **τέθεικά** σε,
9:33 Ἰδοὺ **τίθημι** ἐν Σιὼν λίθον προσκόμματος καὶ πέτραν σκανδάλου,
14:13 τὸ μὴ **τιθέναι** πρόσκομμα τῷ ἀδελφῷ ἢ σκάνδαλον.
1Co 3:10 Κατὰ τὴν χάριν τοῦ θεοῦ τὴν δοθεῖσάν μοι ὡς σοφὸς ἀρχιτέκτων θεμέλιον **ἔθηκα,**
3:11 θεμέλιον γὰρ ἄλλον οὐδεὶς δύναται **θεῖναι** παρὰ τὸν κείμενον,
9:18 ἵνα εὐαγγελιζόμενος ἀδάπανον **θήσω** τὸ εὐαγγέλιον εἰς τὸ μὴ καταχρήσασθαι τῇ ἐξουσίᾳ μου ἐν τῷ εὐαγγελίῳ.
12:18 νυνὶ δὲ ὁ θεὸς **ἔθετο** τὰ μέλη, ἓν ἕκαστον αὐτῶν ἐν τῷ σώματι καθὼς ἠθέλησεν.
12:28 καὶ οὓς μὲν **ἔθετο** ὁ θεὸς ἐν τῇ ἐκκλησίᾳ πρῶτον ἀποστόλους,
15:25 δεῖ γὰρ αὐτὸν βασιλεύειν ἄχρι οὗ **θῇ** πάντας τοὺς ἐχθροὺς ὑπὸ τοὺς πόδας αὐτοῦ.
16: 2 κατὰ μίαν σαββάτου ἕκαστος ὑμῶν παρ' ἑαυτῷ **τιθέτω** θησαυρίζων ὅ τι ἐὰν εὐοδῶται,
2Co 3:13 καὶ οὐ καθάπερ Μωϋσῆς **ἐτίθει** κάλυμμα ἐπὶ τὸ πρόσωπον αὐτοῦ πρὸς τὸ μὴ ἀτενίσαι τοὺς υἱοὺς Ἰσραὴλ εἰς τὸ τέλος
5:19 μὴ λογιζόμενος αὐτοῖς τὰ παραπτώματα αὐτῶν καὶ **θέμενος** ἐν ἡμῖν τὸν λόγον τῆς καταλλαγῆς.
1Th 5: 9 ὅτι οὐκ **ἔθετο** ἡμᾶς ὁ θεὸς εἰς ὀργὴν ἀλλὰ εἰς περιποίησιν σωτηρίας διὰ τοῦ κυρίου ἡμῶν Ἰησοῦ Χριστοῦ
1Ti 1:12 Χάριν ἔχω τῷ ἐνδυναμώσαντί με Χριστῷ Ἰησοῦ τῷ κυρίῳ ἡμῶν, ὅτι πιστόν με ἡγήσατο **θέμενος** εἰς διακονίαν
2: 7 εἰς ὃ **ἐτέθην** ἐγὼ κῆρυξ καὶ ἀπόστολος, ἀλήθειαν λέγω οὐ ψεύδομαι,
2Ti 1:11 εἰς ὃ **ἐτέθην** ἐγὼ κῆρυξ καὶ ἀπόστολος καὶ διδάσκαλος,
Heb 1: 2 ὃν **ἔθηκεν** κληρονόμον πάντων, δι' οὗ καὶ ἐποίησεν τοὺς αἰῶνας·
1:13 ἕως ἂν **θῶ** τοὺς ἐχθρούς σου ὑποπόδιον τῶν ποδῶν σου;
10:13 τὸ λοιπὸν ἐκδεχόμενος ἕως **τεθῶσιν** οἱ ἐχθροὶ αὐτοῦ ὑποπόδιον τῶν ποδῶν αὐτοῦ.
1Pe 2: 6 Ἰδοὺ **τίθημι** ἐν Σιὼν λίθον ἀκρογωνιαῖον ἐκλεκτὸν ἔντιμον καὶ ὁ πιστεύων ἐπ' αὐτῷ οὐ μὴ καταισχυνθῇ.
2: 8 οἳ προσκόπτουσιν τῷ λόγῳ ἀπειθοῦντες εἰς ὃ καὶ **ἐτέθησαν.**
2Pe 2: 6 καὶ πόλεις Σοδόμων καὶ Γομόρρας τεφρώσας [καταστροφῇ] κατέκρινεν ὑπόδειγμα μελλόντων ἀσεβέ[σ]ιν **τεθεικώς,**
1Jn 3:16 ὅτι ἐκεῖνος ὑπὲρ ἡμῶν τὴν ψυχὴν αὐτοῦ **ἔθηκεν·** καὶ ἡμεῖς ὀφείλομεν ὑπὲρ τῶν ἀδελφῶν τὰς ψυχὰς **θεῖναι.**
Rev 1:17 καὶ **ἔθηκεν** τὴν δεξιὰν αὐτοῦ ἐπ' ἐμὲ λέγων,
10: 2 καὶ **ἔθηκεν** τὸν πόδα αὐτοῦ τὸν δεξιὸν ἐπὶ τῆς θαλάσσης,
11: 9 τὸ πτῶμα αὐτῶν ἡμέρας τρεῖς καὶ ἥμισυ καὶ τὰ πτώματα αὐτῶν οὐκ ἀφίουσιν **τεθῆναι** εἰς μνῆμα.

5503 τίκτω [18]

→ *866, 4757, 4758, 5448, 5449, 5450, 5451, 5452, 5453, 5527, 5817; cf. 5492*

Mt 1:21 **τέξεται** δὲ υἱόν, καὶ καλέσεις τὸ ὄνομα αὐτοῦ Ἰησοῦν·
1:23 Ἰδοὺ ἡ παρθένος ἐν γαστρὶ ἕξει καὶ **τέξεται** υἱόν,
1:25 καὶ οὐκ ἐγίνωσκεν αὐτὴν ἕως οὗ **ἔτεκεν** υἱόν·
2: 2 λέγοντες, Ποῦ ἐστιν ὁ **τεχθεὶς** βασιλεὺς τῶν Ἰουδαίων;
Lk 1:31 καὶ ἰδοὺ συλλήμψῃ ἐν γαστρὶ καὶ **τέξῃ** υἱὸν καὶ καλέσεις τὸ ὄνομα αὐτοῦ Ἰησοῦν.
1:57 Τῇ δὲ Ἐλισάβετ ἐπλήσθη ὁ χρόνος τοῦ **τεκεῖν** αὐτὴν καὶ ἐγέννησεν υἱόν.
2: 6 ἐγένετο δὲ ἐν τῷ εἶναι αὐτοὺς ἐκεῖ ἐπλήσθησαν αἱ ἡμέραι τοῦ **τεκεῖν** αὐτήν,
2: 7 καὶ **ἔτεκεν** τὸν υἱὸν αὐτῆς τὸν πρωτότοκον, καὶ ἐσπαργάνωσεν αὐτὸν καὶ ἀνέκλινεν αὐτὸν ἐν φάτνῃ,
2:11 ὅτι **ἐτέχθη** ὑμῖν σήμερον σωτὴρ ὅς ἐστιν Χριστὸς κύριος ἐν πόλει Δαυίδ.
Jn 16:21 ἡ γυνὴ ὅταν **τίκτῃ** λύπην ἔχει, ὅτι ἦλθεν ἡ ὥρα αὐτῆς·
Gal 4:27 γέγραπται γάρ, Εὐφράνθητι, στεῖρα ἡ οὐ **τίκτουσα,** ῥῆξον καὶ βόησον,
Heb 6: 7 γῆ γὰρ ἡ πιοῦσα τὸν ἐπ' αὐτῆς ἐρχόμενον πολλάκις ὑετὸν καὶ **τίκτουσα** βοτάνην εὔθετον ἐκείνοις δι' οὓς καὶ γεωργεῖται,
Jas 1:15 εἶτα ἡ ἐπιθυμία συλλαβοῦσα **τίκτει** ἁμαρτίαν, ἡ δὲ ἁμαρτία ἀποτελεσθεῖσα ἀποκύει θάνατον.
Rev 12: 2 καὶ ἐν γαστρὶ ἔχουσα, καὶ κράζει ὠδίνουσα καὶ βασανιζομένη **τεκεῖν.**
12: 4 καὶ ὁ δράκων ἕστηκεν ἐνώπιον τῆς γυναικὸς τῆς μελλούσης **τεκεῖν,** ἵνα ὅταν **τέκῃ** τὸ τέκνον αὐτῆς καταφάγῃ.
12: 5 καὶ **ἔτεκεν** υἱὸν ἄρσεν, ὃς μέλλει ποιμαίνειν πάντα τὰ ἔθνη ἐν ῥάβδῳ σιδηρᾷ.
12:13 Καὶ ὅτε εἶδεν ὁ δράκων ὅτι ἐβλήθη εἰς τὴν γῆν, ἐδίωξεν τὴν γυναῖκα ἥτις **ἔτεκεν** τὸν ἄρσενα.

5504 τίλλω [3]

Mt 12: 1 οἱ δὲ μαθηταὶ αὐτοῦ ἐπείνασαν καὶ ἤρξαντο **τίλλειν** στάχυας καὶ ἐσθίειν.
Mk 2:23 καὶ οἱ μαθηταὶ αὐτοῦ ἤρξαντο ὁδὸν ποιεῖν **τίλλοντες** τοὺς στάχυας.
Lk 6: 1 καὶ **ἔτιλλον** οἱ μαθηταὶ αὐτοῦ καὶ ἤσθιον τοὺς στάχυας ψώχοντες ταῖς χερσίν.

5505 Τιμαῖος [1]

√ *5507*

Mk 10:46 ὁ υἱὸς **Τιμαίου** Βαρτιμαῖος, τυφλὸς προσαίτης, ἐκάθητο παρὰ τὴν ὁδόν.

5506 τιμάω [21]

√ *5507*

τιμάω ... τιμή [2] Mt 27:9; Ac 28:10

Mt 15: 4 ὁ γὰρ θεὸς εἶπεν, **Τίμα** τὸν πατέρα καὶ τὴν μητέρα, καί,
15: 6 οὐ μὴ **τιμήσει** τὸν πατέρα αὐτοῦ· καὶ ἠκυρώσατε τὸν λόγον τοῦ θεοῦ διὰ τὴν παράδοσιν ὑμῶν.
15: 8 Ὁ λαὸς οὗτος τοῖς χείλεσίν με **τιμᾷ,** ἡ δὲ καρδία αὐτῶν πόρρω ἀπέχει ἀπ' ἐμοῦ·
19:19 **Τίμα** τὸν πατέρα καὶ τὴν μητέρα, καί, Ἀγαπήσεις τὸν πλησίον σου ὡς σεαυτόν.
27: 9 τὴν τιμὴν τοῦ **τετιμημένου** ὃν **ἐτιμήσαντο** ἀπὸ υἱῶν Ἰσραήλ,
Mk 7: 6 ὡς γέγραπται [ὅτι] Οὗτος ὁ λαὸς τοῖς χείλεσίν με **τιμᾷ,**
7:10 **Τίμα** τὸν πατέρα σου καὶ τὴν μητέρα σου,
10:19 Μὴ ἀποστερήσῃς, **Τίμα** τὸν πατέρα σου καὶ τὴν μητέρα.
Lk 18:20 Μὴ ψευδομαρτυρήσῃς, **Τίμα** τὸν πατέρα σου καὶ τὴν μητέρα.
Jn 5:23 ἵνα πάντες **τιμῶσι** τὸν υἱὸν καθὼς **τιμῶσι** τὸν πατέρα. ὁ μὴ **τιμῶν** τὸν υἱὸν οὐ **τιμᾷ** τὸν πατέρα τὸν πέμψαντα αὐτόν.
8:49 ἀλλὰ **τιμῶ** τὸν πατέρα μου, καὶ ὑμεῖς ἀτιμάζετέ με.
12:26 ἐάν τις ἐμοὶ διακονῇ **τιμήσει** αὐτὸν ὁ πατήρ.
Ac 28:10 οἳ καὶ πολλαῖς τιμαῖς **ἐτίμησαν** ἡμᾶς καὶ ἀναγομένοις ἐπέθεντο τὰ πρὸς τὰς χρείας.
Eph 6: 2 **τίμα** τὸν πατέρα σου καὶ τὴν μητέρα, ἥτις ἐστὶν ἐντολὴ πρώτη ἐν ἐπαγγελίᾳ,
1Ti 5: 3 Χήρας **τίμα** τὰς ὄντως χήρας.
1Pe 2:17 πάντας **τιμήσατε,** τὴν ἀδελφότητα ἀγαπᾶτε, τὸν θεὸν φοβεῖσθε, τὸν βασιλέα **τιμᾶτε.**

5507 τιμή [41 / 42]

→ *869, 870, 871, 872, 873, 988, 1952, 2203, 2204, 2700, 4501, 5505, 5506, 5508, 5509, 5510, 5511, 5512, 5513, 5818*

ἀγοράζω τιμῆς [2] 1Co 6:20; 7:23

ἀξιόω τιμῆς [1] 1Ti 5:17

δόξα καὶ τιμή; τιμὴ καὶ δόξα [12] Ro 2:7,10; 1Ti 1:17; Heb 2:7,9; 1Pe 1:7; 2Pe 1:17; Rev 4:9,11; 5:12,13; 21:26

σκεῦος εἰς τιμήν [2] Ro 9:21; 2Ti 2:21

τιμάω ... τιμή [2] Mt 27:9; Ac 28:10

Mt 27: 6 Οὐκ ἔξεστιν βαλεῖν αὐτὰ εἰς τὸν κορβανᾶν, ἐπεὶ **τιμὴ** αἵματός ἐστιν.
27: 9 τὴν **τιμὴν** τοῦ τετιμημένου ὃν ἐτιμήσαντο ἀπὸ υἱῶν Ἰσραήλ,
Jn 4:44 αὐτὸς γὰρ Ἰησοῦς ἐμαρτύρησεν ὅτι προφήτης ἐν τῇ ἰδίᾳ πατρίδι **τιμὴν** οὐκ ἔχει.
Ac 4:34 ὅσοι γὰρ κτήτορες χωρίων ἢ οἰκιῶν ὑπῆρχον, πωλοῦντες ἔφερον τὰς **τιμὰς** τῶν πιπρασκομένων
5: 2 καὶ ἐνοσφίσατο ἀπὸ τῆς **τιμῆς,** συνειδυίης καὶ τῆς γυναικός,
5: 3 ψεύσασθαί σε τὸ πνεῦμα τὸ ἅγιον καὶ νοσφίσασθαι ἀπὸ τῆς **τιμῆς** τοῦ χωρίου;
7:16 καὶ μετετέθησαν εἰς Συχὲμ καὶ ἐτέθησαν ἐν τῷ μνήματι ᾧ ὠνήσατο Ἀβραὰμ **τιμῆς** ἀργυρίου παρὰ τῶν υἱῶν Ἑμμὼρ
19:19 καὶ συνεψήφισαν τὰς **τιμὰς** αὐτῶν καὶ εὗρον ἀργυρίου μυριάδας πέντε.

28:10 οἳ καὶ πολλαῖς **τιμαῖς** ἐτίμησαν ἡμᾶς καὶ ἀναγομένοις ἐπέθεντο τὰ πρὸς τὰς χρείας.
Ro 2: 7 τοῖς μὲν καθ' ὑπομονὴν ἔργου ἀγαθοῦ δόξαν καὶ **τιμὴν** καὶ ἀφθαρσίαν ζητοῦσιν ζωὴν αἰώνιον,
2:10 δόξα δὲ καὶ **τιμὴ** καὶ εἰρήνη παντὶ τῷ ἐργαζομένῳ τὸ ἀγαθόν,
9:21 ἢ οὐκ ἔχει ἐξουσίαν ὁ κεραμεὺς τοῦ πηλοῦ ἐκ τοῦ αὐτοῦ φυράματος ποιῆσαι ὃ μὲν εἰς **τιμὴν** σκεῦος ὃ δὲ εἰς ἀτιμίαν;
12:10 τῇ φιλαδελφίᾳ εἰς ἀλλήλους φιλόστοργοι, τῇ **τιμῇ** ἀλλήλους προηγούμενοι,
13: 7 ἀπόδοτε πᾶσιν τὰς ὀφειλάς, τῷ τὸν φόρον τὸν φόρον, τῷ τὸ τέλος τὸ τέλος, τῷ τὸν φόβον τὸν φόβον, τῷ τὴν **τιμὴν** τὴν **τιμήν.**
1Co 6:20 ἠγοράσθητε γὰρ **τιμῆς·** δοξάσατε δὴ τὸν θεὸν ἐν τῷ σώματι ὑμῶν.
7:23 **τιμῆς** ἠγοράσθητε· μὴ γίνεσθε δοῦλοι ἀνθρώπων.
12:23 καὶ ἃ δοκοῦμεν ἀτιμότερα εἶναι τοῦ σώματος τούτοις **τιμὴν** περισσοτέραν περιτίθεμεν,
12:24 τὰ δὲ εὐσχήμονα ἡμῶν οὐ χρείαν ἔχει **τιμῆς.**[UBS-] ἀλλὰ ὁ θεὸς συνεκέρασεν τὸ σῶμα τῷ ὑστερουμένῳ περισσοτέραν δοὺς **τιμήν,**
Col 2:23 οὐκ ἐν **τιμῇ** τινι πρὸς πλησμονὴν τῆς σαρκός.
1Th 4: 4 εἰδέναι ἕκαστον ὑμῶν τὸ ἑαυτοῦ σκεῦος κτᾶσθαι ἐν ἁγιασμῷ καὶ **τιμῇ,**
1Ti 1:17 **τιμὴ** καὶ δόξα εἰς τοὺς αἰῶνας τῶν αἰώνων,
5:17 Οἱ καλῶς προεστῶτες πρεσβύτεροι διπλῆς **τιμῆς** ἀξιούσθωσαν, μάλιστα οἱ κοπιῶντες ἐν λόγῳ καὶ διδασκαλίᾳ.
6: 1 Ὅσοι εἰσὶν ὑπὸ ζυγὸν δοῦλοι, τοὺς ἰδίους δεσπότας πάσης **τιμῆς** ἀξίους ἡγείσθωσαν,
6:16 ὃν εἶδεν οὐδεὶς ἀνθρώπων οὐδὲ ἰδεῖν δύναται· ᾧ **τιμὴ** καὶ κράτος αἰώνιον, ἀμήν.
2Ti 2:20 καὶ ἃ μὲν εἰς **τιμὴν** ἃ δὲ εἰς ἀτιμίαν·
2:21 ἔσται σκεῦος εἰς **τιμήν,** ἡγιασμένον, εὔχρηστον τῷ δεσπότῃ,
Heb 2: 7 ἠλάττωσας αὐτὸν βραχύ τι παρ' ἀγγέλους, δόξῃ καὶ **τιμῇ** ἐστεφάνωσας αὐτόν,
2: 9 τὸν δὲ βραχύ τι παρ' ἀγγέλους ἠλαττωμένον βλέπομεν Ἰησοῦν διὰ τὸ πάθημα τοῦ θανάτου δόξῃ καὶ **τιμῇ** ἐστεφανωμένον,
3: 3 καθ' ὅσον πλείονα **τιμὴν** ἔχει τοῦ οἴκου ὁ κατασκευάσας αὐτόν·
5: 4 καὶ οὐχ ἑαυτῷ τις λαμβάνει τὴν **τιμὴν** ἀλλὰ καλούμενος ὑπὸ τοῦ θεοῦ καθώσπερ καὶ Ἀαρών.
1Pe 1: 7 εὑρεθῇ εἰς ἔπαινον καὶ δόξαν καὶ **τιμὴν** ἐν ἀποκαλύψει Ἰησοῦ Χριστοῦ·
2: 7 ὑμῖν οὖν ἡ **τιμὴ** τοῖς πιστεύουσιν, ἀπιστοῦσιν δὲ λίθος ὃν ἀπεδοκίμασαν οἱ οἰκοδομοῦντες,
3: 7 ἀπονέμοντες **τιμὴν** ὡς καὶ συγκληρονόμοις χάριτος ζωῆς εἰς τὸ μὴ ἐγκόπτεσθαι τὰς προσευχὰς ὑμῶν.
2Pe 1:17 λαβὼν γὰρ παρὰ θεοῦ πατρὸς **τιμὴν** καὶ δόξαν φωνῆς ἐνεχθείσης αὐτῷ τοιᾶσδε ὑπὸ τῆς μεγαλοπρεποῦς δόξης,
Rev 4: 9 καὶ ὅταν δώσουσιν τὰ ζῷα δόξαν καὶ **τιμὴν** καὶ εὐχαριστίαν τῷ καθημένῳ ἐπὶ τῷ θρόνῳ τῷ ζῶντι εἰς τοὺς αἰῶνας τῶν αἰώνων,
4:11 λαβεῖν τὴν δόξαν καὶ τὴν **τιμὴν** καὶ τὴν δύναμιν,
5:12 Ἄξιόν ἐστιν τὸ ἀρνίον τὸ ἐσφαγμένον λαβεῖν τὴν δύναμιν καὶ πλοῦτον καὶ σοφίαν καὶ ἰσχὺν καὶ **τιμὴν** καὶ δόξαν καὶ εὐλογίαν.
5:13 Τῷ καθημένῳ ἐπὶ τῷ θρόνῳ καὶ τῷ ἀρνίῳ ἡ εὐλογία καὶ ἡ **τιμὴ** καὶ ἡ δόξα καὶ τὸ κράτος εἰς τοὺς αἰῶνας τῶν αἰώνων.
7:12 ἡ εὐλογία καὶ ἡ δόξα καὶ ἡ σοφία καὶ ἡ εὐχαριστία καὶ ἡ **τιμὴ** καὶ ἡ δύναμις καὶ ἡ ἰσχὺς τῷ θεῷ ἡμῶν εἰς τοὺς αἰῶνας τῶν αἰώνων·
21:26 καὶ οἴσουσιν τὴν δόξαν καὶ τὴν **τιμὴν** τῶν ἐθνῶν εἰς αὐτήν.

5508 τίμιος [13]

√ *5507*

λίθος τίμιος [6] 1Co 3:12; Rev 17:4; 18:12,16; 21:11,19

τιμιωτάτου, τιμιωτάτῳ [2] Rev 18:12; 21:11

Ac 5:34 νομοδιδάσκαλος **τίμιος** παντὶ τῷ λαῷ, ἐκέλευσεν ἔξω βραχὺ τοὺς ἀνθρώπους ποιῆσαι
20:24 ἀλλ' οὐδενὸς λόγου ποιοῦμαι τὴν ψυχὴν **τιμίαν** ἐμαυτῷ ὡς τελειῶσαι τὸν δρόμον μου καὶ τὴν διακονίαν ἣν ἔλαβον
1Co 3:12 εἰ δέ τις ἐποικοδομεῖ ἐπὶ τὸν θεμέλιον χρυσόν, ἄργυρον, λίθους **τιμίους,** ξύλα, χόρτον, καλάμην,
Heb 13: 4 **Τίμιος** ὁ γάμος ἐν πᾶσιν καὶ ἡ κοίτη ἀμίαντος,
Jas 5: 7 ἰδοὺ ὁ γεωργὸς ἐκδέχεται τὸν **τίμιον** καρπὸν τῆς γῆς μακροθυμῶν ἐπ' αὐτῷ ἕως λάβῃ πρόϊμον καὶ ὄψιμον.
1Pe 1:19 ἀλλὰ **τιμίῳ** αἵματι ὡς ἀμνοῦ ἀμώμου καὶ ἀσπίλου Χριστοῦ,
2Pe 1: 4 δι' ὧν τὰ **τίμια** καὶ μέγιστα ἡμῖν ἐπαγγέλματα δεδώρηται,
Rev 17: 4 καὶ ἡ γυνὴ ἦν περιβεβλημένη πορφυροῦν καὶ κόκκινον καὶ κεχρυσωμένη χρυσίῳ καὶ λίθῳ **τιμίῳ** καὶ μαργαρίταις,
18:12 γόμον χρυσοῦ καὶ ἀργύρου καὶ λίθου **τιμίου** καὶ μαργαριτῶν καὶ βυσσίνου καὶ πορφύρας καὶ σιρικοῦ καὶ κοκκίνου, καὶ πᾶν ξύλον θύϊνον καὶ πᾶν σκεῦος ἐλεφάντινον καὶ πᾶν σκεῦος ἐκ ξύλου **τιμιωτάτου** καὶ χαλκοῦ καὶ σιδήρου καὶ μαρμάρου,
18:16 ἡ περιβεβλημένη βύσσινον καὶ πορφυροῦν καὶ κόκκινον καὶ κεχρυσωμένη [ἐν] χρυσίῳ καὶ λίθῳ **τιμίῳ** καὶ μαργαρίτῃ,
21:11 ὁ φωστὴρ αὐτῆς ὅμοιος λίθῳ **τιμιωτάτῳ** ὡς λίθῳ ἰάσπιδι κρυσταλλίζοντι.
21:19 οἱ θεμέλιοι τοῦ τείχους τῆς πόλεως παντὶ λίθῳ **τιμίῳ** κεκοσμημένοι·

5509 τιμιότης [1]

√ *5507*

Rev 18:19 ἐν ᾗ ἐπλούτησαν πάντες οἱ ἔχοντες τὰ πλοῖα ἐν τῇ θαλάσσῃ ἐκ τῆς **τιμιότητος** αὐτῆς,

5510 Τιμόθεος [24]

√ *5507 + 2536*

Ac 16: 1 καὶ ἰδοὺ μαθητής τις ἦν ἐκεῖ ὀνόματι **Τιμόθεος,**
17:14 ὑπέμεινάν τε ὅ τε Σιλᾶς καὶ ὁ **Τιμόθεος** ἐκεῖ.
17:15 καὶ λαβόντες ἐντολὴν πρὸς τὸν Σιλᾶν καὶ τὸν **Τιμόθεον** ἵνα ὡς τάχιστα ἔλθωσιν πρὸς αὐτὸν ἐξῄεσαν.
18: 5 Ὡς δὲ κατῆλθον ἀπὸ τῆς Μακεδονίας ὅ τε Σιλᾶς καὶ ὁ **Τιμόθεος,**
19:22 **Τιμόθεον** καὶ Ἔραστον, αὐτὸς ἐπέσχεν χρόνον εἰς τὴν Ἀσίαν.
20: 4 καὶ Γάϊος Δερβαῖος καὶ **Τιμόθεος,** Ἀσιανοὶ δὲ Τυχικὸς καὶ Τρόφιμος.
Ro 16:21 Ἀσπάζεται ὑμᾶς **Τιμόθεος** ὁ συνεργός μου, καὶ Λούκιος καὶ Ἰάσων καὶ Σωσίπατρος οἱ συγγενεῖς μου.
1Co 4:17 διὰ τοῦτο ἔπεμψα ὑμῖν **Τιμόθεον,** ὅς ἐστίν μου τέκνον ἀγαπητὸν καὶ πιστὸν ἐν κυρίῳ,
16:10 Ἐὰν δὲ ἔλθῃ **Τιμόθεος,** βλέπετε, ἵνα ἀφόβως γένηται πρὸς ὑμᾶς·
2Co 1: 1 Παῦλος ἀπόστολος Χριστοῦ Ἰησοῦ διὰ θελήματος θεοῦ καὶ **Τιμόθεος** ὁ ἀδελφὸς τῇ ἐκκλησίᾳ τοῦ θεοῦ τῇ οὔσῃ ἐν Κορίνθῳ
1:19 δι' ἐμοῦ καὶ Σιλουανοῦ καὶ **Τιμοθέου,** οὐκ ἐγένετο Ναὶ καὶ Οὒ ἀλλὰ Ναὶ ἐν αὐτῷ γέγονεν.
Php 1: 1 Παῦλος καὶ **Τιμόθεος** δοῦλοι Χριστοῦ Ἰησοῦ πᾶσιν τοῖς ἁγίοις ἐν Χριστῷ Ἰησοῦ τοῖς οὖσιν ἐν Φιλίπποις
2:19 Ἐλπίζω δὲ ἐν κυρίῳ Ἰησοῦ **Τιμόθεον** ταχέως πέμψαι ὑμῖν,
Col 1: 1 Παῦλος ἀπόστολος Χριστοῦ Ἰησοῦ διὰ θελήματος θεοῦ καὶ **Τιμόθεος** ὁ ἀδελφὸς
1Th 1: 1 Παῦλος καὶ Σιλουανὸς καὶ **Τιμόθεος** τῇ ἐκκλησίᾳ Θεσσαλονικέων ἐν θεῷ πατρὶ καὶ κυρίῳ Ἰησοῦ Χριστῷ,
3: 2 καὶ ἐπέμψαμεν **Τιμόθεον,** τὸν ἀδελφὸν ἡμῶν καὶ συνεργὸν τοῦ θεοῦ ἐν τῷ εὐαγγελίῳ τοῦ Χριστοῦ,
3: 6 Ἄρτι δὲ ἐλθόντος **Τιμοθέου** πρὸς ἡμᾶς ἀφ' ὑμῶν καὶ εὐαγγελισαμένου ἡμῖν τὴν πίστιν καὶ τὴν ἀγάπην ὑμῶν καὶ ὅτι ἔχετε μνείαν ἡμῶν ἀγαθὴν πάντοτε,
2Th 1: 1 Παῦλος καὶ Σιλουανὸς καὶ **Τιμόθεος** τῇ ἐκκλησίᾳ Θεσσαλονικέων ἐν θεῷ πατρὶ ἡμῶν καὶ κυρίῳ Ἰησοῦ Χριστῷ,
1Ti 1: 2 **Τιμοθέῳ** γνησίῳ τέκνῳ ἐν πίστει, χάρις ἔλεος εἰρήνη ἀπὸ θεοῦ πατρὸς καὶ Χριστοῦ Ἰησοῦ τοῦ κυρίου ἡμῶν.
1:18 Ταύτην τὴν παραγγελίαν παρατίθεμαί σοι, τέκνον **Τιμόθεε,** κατὰ τὰς προαγούσας ἐπὶ σὲ προφητείας,
6:20 Ὦ **Τιμόθεε,** τὴν παραθήκην φύλαξον ἐκτρεπόμενος τὰς βεβήλους κενοφωνίας καὶ ἀντιθέσεις τῆς ψευδωνύμου γνώσεως,
2Ti 1: 2 **Τιμοθέῳ** ἀγαπητῷ τέκνῳ, χάρις ἔλεος εἰρήνη ἀπὸ θεοῦ πατρὸς καὶ Χριστοῦ Ἰησοῦ τοῦ κυρίου ἡμῶν.
Phm 1: 1 Παῦλος δέσμιος Χριστοῦ Ἰησοῦ καὶ **Τιμόθεος** ὁ ἀδελφὸς Φιλήμονι τῷ ἀγαπητῷ καὶ συνεργῷ ἡμῶν
Heb 13:23 Γινώσκετε τὸν ἀδελφὸν ἡμῶν **Τιμόθεον** ἀπολελυμένον, μεθ' οὗ ἐὰν τάχιον ἔρχηται ὄψομαι ὑμᾶς.

5511 Τίμων [1]

√ *5507*

Ac 6: 5 καὶ **Φίλιππον** καὶ Πρόχορον καὶ Νικάνορα καὶ **Τίμωνα** καὶ Παρμενᾶν καὶ Νικόλαον προσήλυτον Ἀντιοχέα,

5512 τιμωρέω [2]

√ *5507 + 149*

Ac 22: 5 ἄξων καὶ τοὺς ἐκεῖσε ὄντας δεδεμένους εἰς Ἰερουσαλὴμ ἵνα **τιμωρηθῶσιν.**
26: 11 καὶ κατὰ πάσας τὰς συναγωγὰς πολλάκις **τιμωρῶν** αὐτοὺς ἠνάγκαζον βλασφημεῖν περισσῶς τε ἐμμαινόμενος αὐτοῖς ἐδίωκον ἕως καὶ εἰς τὰς ἔξω πόλεις.

5513 τιμωρία [1]

√ *5507 + 149*

Heb 10: 29 πόσῳ δοκεῖτε χείρονος ἀξιωθήσεται **τιμωρίας** ὁ τὸν υἱὸν τοῦ θεοῦ καταπατήσας καὶ τὸ αἷμα τῆς διαθήκης κοινὸν ἡγησάμενος,

5514 τίνω [1]

→ *702*

2Th 1: 9 οἵτινες δίκην **τίσουσιν** ὄλεθρον αἰώνιον ἀπὸ προσώπου τοῦ κυρίου καὶ ἀπὸ τῆς δόξης τῆς ἰσχύος αὐτοῦ,

5515 τίς [556 / 554] See Index of Articles, Etc.

→ *1414, 1484, 2672, 2776, 4022*

γινώσκω τίς, τί, τίνα [12] Mt 6:3; 12:7; Lk 7:39; 10:22; 16:4; 19:15; Jn 2:25; 7:51; 10:6; 13:12; Ac 17:19,20

διὰ τί [26] Mt 9:11,14; 13:10; 15:2,3; 17:19; 21:25; Mk 2:18; 7:5; 11:31; Lk 5:30; 19:23,31; 20:5; 24:38; Jn 7:45; 8:43,46; 12:5; 13:37; Ac 5:3; Ro 9:32; 1Co 6:7,7; 2Co 11:11; Rev 17:7

εἰς τί [5] Mt 14:31; 26:8; Mk 14:4; 15:34; Ac 19:3

ἢ τίς [21] Mt 6:25,31,31; 7:9; 16:26; Mk 11:28; Lk 12:11; 14:31; 15:8; 20:2; Jn 4:27; 9:21; Ac 7:49; Ro 3:1; 10:7; 11:34,35; 1Co 7:16; 9:7; 2Co 6:14,15

κατὰ τί [1] Lk 1:18

πρὸς τί [1] Jn 13:28

τί ἐμοὶ καὶ σοί [6] Mt 8:29; Mk 1:24; 5:7; Lk 4:34; 8:28; Jn 2:4

τί ἔτι [10] Mt 19:20; 26:65; Mk 5:35; 14:63; Lk 22:71; Ro 3:7; 9:19; Gal 5:11; Heb 7:11; 11:32

τί μοι [2] 1Co 5:12; 15:32

τίνος ἕνεκεν [1] Ac 19:32

τὶς, τίς ἄν [10] Lk 9:46; 10:35; 15:26; Jn 2:5; 13:24; 14:13; 15:16; Ac 5:24; 10:17; 17:18

τίς, τί ἄρα [10] Mt 18:1; 19:25,27; 24:45; Mk 4:41; Lk 1:66; 8:25; 12:42; 22:23; Ac 12:18

τίς, τί γάρ [25] Mt 9:5; 16:26; 23:17,19; 27:23; Mk 8:37; 15:14; Lk 9:25; 22:27; 23:22; Ro 3:3; 4:3; 8:24; 11:34; 1Co 2:11,16; 4:7; 7:16; 2Co 6:14; 12:13; Php 1:18; 1Th 2:19; 3:9; Heb 3:16; 12:7

χάριν τίνος [1] 1Jn 3:12

5516 τὶς [533] See Index of Articles, Etc.

→ *3614, 3615, 4015*

γινώσκω τὶ [1] 1Co 8:2

ἐάν [μή, δέ, οὖν] τις [43] Mt 21:3; 22:24; 24:23; Mk 11:3; 13:21; Lk 16:30,31; 19:31; Jn 3:3,5; 6:51; 7:17,37; 8:51,52; 9:22,31; 10:9; 11:9,10,57; 12:26,26; 14:23; 15:6; Ac 8:31; 13:41; 1Co 5:11; 8:10; 10:28; Col 3:13; 1Ti 1:8; 2Ti 2:5,21; Jas 2:14; 5:19; 1Jn 2:1,15; 4:20; 5:16; Rev 3:20; 22:18,19

εἷς [δὲ] τις [3] Mk 14:47; Lk 22:50; Jn 11:49

εἴ τι [14] Mt 18:28; Mk 8:23; 9:22; 11:25; Ac 19:39; 24:19; 25:5; 1Co 14:35; 2Co 2:10; 7:14; Php 2:1; 3:15; 1Ti 1:10; Phm 1:18

εἴ τις [63] Mt 16:24; Mk 4:23; 8:34; 9:35; Lk 9:23; 14:26; Ac 13:15; Ro 8:9; 13:9; 1Co 3:12,17,18; 7:12,13,36; 8:2,3; 10:27; 11:16,34; 14:37,38; 16:22; 2Co 2:5; 5:17; 10:7; 11:20,20,20, 20,20; Gal 1:9; Eph 4:29; Php 2:1,1,1; 3:4; 4:8,8; 2Th 3:10,14; 1Ti 3:1,5; 5:4,8,16; 6:3; Tit 1:6; Jas 1:5,23,26; 3:2; 1Pe 4:11,11; 2Jn 1:10; Rev 11:5,5; 13:9,10,10; 14:9,11; 20:15

εἶναι τινα, τι [4] Ac 5:36; 8:9; Gal 2:6; 6:3

ὅ τι ἐάν [3] Mk 6:23; 1Co 16:2; Col 3:17

τὶς, τίς ἄν [10] Lk 9:46; 10:35; 15:26; Jn 2:5; 13:24; 14:13; 15:16; Ac 5:24; 10:17; 17:18

5517 Τίτιος [1]

√ *5519*

Ac 18: 7 καὶ μεταβὰς ἐκεῖθεν εἰσῆλθεν εἰς οἰκίαν τινὸς ὀνόματι **Τιτίου** Ἰούστου σεβομένου τὸν θεόν,

5518 τίτλος [2]

Jn 19: 19 ἔγραψεν δὲ καὶ **τίτλον** ὁ Πιλᾶτος καὶ ἔθηκεν ἐπὶ τοῦ σταυροῦ·
19: 20 τοῦτον οὖν τὸν **τίτλον** πολλοὶ ἀνέγνωσαν τῶν Ἰουδαίων,

5519 Τίτος [13]

→ *5517*

2Co 2: 13 οὐκ ἔσχηκα ἄνεσιν τῷ πνεύματί μου τῷ μὴ εὑρεῖν με **Τίτον** τὸν ἀδελφόν μου,
7: 6 ἀλλ' ὁ παρακαλῶν τοὺς ταπεινοὺς παρεκάλεσεν ἡμᾶς ὁ θεὸς ἐν τῇ παρουσίᾳ **Τίτου,**
7: 13 Ἐπὶ δὲ τῇ παρακλήσει ἡμῶν περισσοτέρως μᾶλλον ἐχάρημεν ἐπὶ τῇ χαρᾷ **Τίτου,**
7: 14 οὕτως καὶ ἡ καύχησις ἡμῶν ἡ ἐπὶ **Τίτου** ἀλήθεια ἐγενήθη.
8: 6 εἰς τὸ παρακαλέσαι ἡμᾶς **Τίτον,** ἵνα καθὼς προενήρξατο οὕτως καὶ ἐπιτελέσῃ εἰς ὑμᾶς καὶ τὴν χάριν ταύτην.
8: 16 Χάρις δὲ τῷ θεῷ τῷ δόντι τὴν αὐτὴν σπουδὴν ὑπὲρ ὑμῶν ἐν τῇ καρδίᾳ **Τίτου,**
8: 23 εἴτε ὑπὲρ **Τίτου,** κοινωνὸς ἐμὸς καὶ εἰς ὑμᾶς συνεργός·
12: 18 παρεκάλεσα **Τίτον** καὶ συναπέστειλα τὸν ἀδελφόν· μήτι ἐπλεονέκτησεν ὑμᾶς **Τίτος;**
Gal 2: 1 Ἔπειτα διὰ δεκατεσσάρων ἐτῶν πάλιν ἀνέβην εἰς Ἱεροσόλυμα μετὰ Βαρναβᾶ συμπαραλαβὼν καὶ **Τίτον·**
2: 3 ἀλλ' οὐδὲ **Τίτος** ὁ σὺν ἐμοί, Ἕλλην ὤν,
2Ti 4: 10 Δημᾶς γάρ με ἐγκατέλιπεν ἀγαπήσας τὸν νῦν αἰῶνα καὶ ἐπορεύθη εἰς Θεσσαλονίκην, Κρήσκης εἰς Γαλατίαν, **Τίτος** εἰς Δαλματίαν·
Tit 1: 4 **Τίτῳ** γνησίῳ τέκνῳ κατὰ κοινὴν πίστιν, χάρις καὶ εἰρήνη ἀπὸ θεοῦ πατρὸς καὶ Χριστοῦ Ἰησοῦ τοῦ σωτῆρος ἡμῶν.

5520 τοί Not used in UBS/NIV

→ *2486, 2792, 2793, 3530, 5521, 5522, 5523*

5521 τοιγαροῦν [2]

√ *5520 + 1142 + 4036*

1Th 4: 8 **τοιγαροῦν** ὁ ἀθετῶν οὐκ ἄνθρωπον ἀθετεῖ ἀλλὰ τὸν θεὸν τὸν [καὶ] διδόντα τὸ πνεῦμα αὐτοῦ τὸ ἅγιον εἰς ὑμᾶς.
Heb 12: 1 **Τοιγαροῦν** καὶ ἡμεῖς τοσοῦτον ἔχοντες περικείμενον ἡμῖν νέφος μαρτύρων,

5522 τοίγε Not used in UBS/NIV

√ *5520 + 1145*

5523 τοίνυν [3]

√ *5520 + 3814*

Lk 20: 25 **Τοίνυν** ἀπόδοτε τὰ Καίσαρος Καίσαρι καὶ τὰ τοῦ θεοῦ τῷ θεῷ.
1Co 9: 26 ἐγὼ **τοίνυν** οὕτως τρέχω ὡς οὐκ ἀδήλως, οὕτως πυκτεύω ὡς οὐκ ἀέρα δέρων·
Heb 13: 13 **τοίνυν** ἐξερχώμεθα πρὸς αὐτὸν ἔξω τῆς παρεμβολῆς τὸν ὀνειδισμὸν αὐτοῦ φέροντες·

5524 τοιόσδε [1]

√ 3836

2Pe 1:17 λαβὼν γὰρ παρὰ θεοῦ πατρὸς τιμὴν καὶ δόξαν φωνῆς ἐνεχθείσης αὐτῷ **τοιᾶσδε** ὑπὸ τῆς μεγαλοπρεποῦς δόξης,

5525 τοιοῦτος [57]

√ 3836 + 4047

τοιοῦτος ... οἷος [4] Mk 13:19; 1Co 15:48,48; 2Co 10:11

τοιοῦτος ... ὁποῖος [1] Ac 26:29

τοιοῦτος ... ὅστις [1] 1Co 5:1

τοιοῦτος ... ὡς [1] Phm 1:9

Mt 9: 8 ἰδόντες δὲ οἱ ὄχλοι ἐφοβήθησαν καὶ ἐδόξασαν τὸν θεὸν τὸν δόντα ἐξουσίαν **τοιαύτην** τοῖς ἀνθρώποις.
18: 5 καὶ ὃς ἐὰν δέξηται ἓν παιδίον **τοιοῦτο** ἐπὶ τῷ ὀνόματί μου,
19:14 τῶν γὰρ **τοιούτων** ἐστὶν ἡ βασιλεία τῶν οὐρανῶν.
Mk 4:33 Καὶ **τοιαύταις** παραβολαῖς πολλαῖς ἐλάλει αὐτοῖς τὸν λόγον καθὼς ἠδύναντο ἀκούειν·
6: 2 καὶ αἱ δυνάμεις **τοιαῦται** διὰ τῶν χειρῶν αὐτοῦ γινόμεναι;
7:13 ἀκυροῦντες τὸν λόγον τοῦ θεοῦ τῇ παραδόσει ὑμῶν ᾗ παρεδώκατε· καὶ παρόμοια **τοιαῦτα** πολλὰ ποιεῖτε.
9:37 Ὃς ἂν ἓν τῶν **τοιούτων** παιδίων δέξηται ἐπὶ τῷ ὀνόματί μου,
10:14 τῶν γὰρ **τοιούτων** ἐστὶν ἡ βασιλεία τοῦ θεοῦ.
13:19 αἱ ἡμέραι ἐκεῖναι θλῖψις οἵα οὐ γέγονεν **τοιαύτη** ἀπ᾽ ἀρχῆς κτίσεως ἣν ἔκτισεν ὁ θεὸς ἕως τοῦ νῦν καὶ οὐ μὴ γένηται.
Lk 9: 9 τίς δέ ἐστιν οὗτος περὶ οὗ ἀκούω **τοιαῦτα;**
18:16 τῶν γὰρ **τοιούτων** ἐστὶν ἡ βασιλεία τοῦ θεοῦ.
Jn 4:23 καὶ γὰρ ὁ πατὴρ **τοιούτους** ζητεῖ τοὺς προσκυνοῦντας αὐτόν.
8: 5 [[ἐν δὲ τῷ νόμῳ ἡμῖν Μωϋσῆς ἐνετείλατο τὰς **τοιαύτας** λιθάζειν.]]
9:16 ἄλλοι [δὲ] ἔλεγον, Πῶς δύναται ἄνθρωπος ἁμαρτωλὸς **τοιαῦτα** σημεῖα ποιεῖν;
Ac 16:24 ὃς παραγγελίαν **τοιαύτην** λαβὼν ἔβαλεν αὐτοὺς εἰς τὴν ἐσωτέραν φυλακὴν καὶ τοὺς πόδας ἠσφαλίσατο αὐτῶν
19:25 οὓς συναθροίσας καὶ τοὺς περὶ τὰ **τοιαῦτα** ἐργάτας εἶπεν,
22:22 Αἶρε ἀπὸ τῆς γῆς τὸν **τοιοῦτον,** οὐ γὰρ καθῆκεν αὐτὸν ζῆν.
26:29 Εὐξαίμην ἂν τῷ θεῷ καὶ ἐν ὀλίγῳ καὶ ἐν μεγάλῳ οὐ μόνον σὲ ἀλλὰ καὶ πάντας τοὺς ἀκούοντάς μου σήμερον γενέσθαι **τοιούτους** ὁποῖος καὶ ἐγώ εἰμι παρεκτὸς τῶν δεσμῶν τούτων.
Ro 1:32 οἵτινες τὸ δικαίωμα τοῦ θεοῦ ἐπιγνόντες ὅτι οἱ τὰ **τοιαῦτα** πράσσοντες ἄξιοι θανάτου εἰσίν,
2: 2 οἴδαμεν δὲ ὅτι τὸ κρίμα τοῦ θεοῦ ἐστιν κατὰ ἀλήθειαν ἐπὶ τοὺς τὰ **τοιαῦτα** πράσσοντας.
2: 3 ὦ ἄνθρωπε ὁ κρίνων τοὺς τὰ **τοιαῦτα** πράσσοντας καὶ ποιῶν αὐτά,
16:18 οἱ γὰρ **τοιοῦτοι** τῷ κυρίῳ ἡμῶν Χριστῷ οὐ δουλεύουσιν ἀλλὰ τῇ ἑαυτῶν κοιλίᾳ,
1Co 5: 1 καὶ **τοιαύτη** πορνεία ἥτις οὐδὲ ἐν τοῖς ἔθνεσιν,
5: 5 παραδοῦναι τὸν **τοιοῦτον** τῷ Σατανᾷ εἰς ὄλεθρον τῆς σαρκός,
5:11 νῦν δὲ ἔγραψα ὑμῖν μὴ συναναμίγνυσθαι ἐάν τις ἀδελφὸς ὀνομαζόμενος ᾖ πόρνος ἢ πλεονέκτης ἢ εἰδωλολάτρης ἢ λοίδορος ἢ μέθυσος ἢ ἅρπαξ, τῷ **τοιούτῳ** μηδὲ συνεσθίειν.
7:15 οὐ δεδούλωται ὁ ἀδελφὸς ἢ ἡ ἀδελφὴ ἐν τοῖς **τοιούτοις·**
7:28 θλῖψιν δὲ τῇ σαρκὶ ἕξουσιν οἱ **τοιοῦτοι,** ἐγὼ δὲ ὑμῶν φείδομαι.
11:16 ἡμεῖς **τοιαύτην** συνήθειαν οὐκ ἔχομεν οὐδὲ αἱ ἐκκλησίαι τοῦ θεοῦ.
15:48 οἷος ὁ χοϊκός, **τοιοῦτοι** καὶ οἱ χοϊκοί, καὶ οἷος ὁ ἐπουράνιος, **τοιοῦτοι** καὶ οἱ ἐπουράνιοι·
16:16 ἵνα καὶ ὑμεῖς ὑποτάσσησθε τοῖς **τοιούτοις** καὶ παντὶ τῷ συνεργοῦντι καὶ κοπιῶντι.
16:18 ἀνέπαυσαν γὰρ τὸ ἐμὸν πνεῦμα καὶ τὸ ὑμῶν. ἐπιγινώσκετε οὖν τοὺς **τοιούτους.**
2Co 2: 6 ἱκανὸν τῷ **τοιούτῳ** ἡ ἐπιτιμία αὕτη ἡ ὑπὸ τῶν πλειόνων,
2: 7 μή πως τῇ περισσοτέρᾳ λύπῃ καταποθῇ ὁ **τοιοῦτος.**
3: 4 Πεποίθησιν δὲ **τοιαύτην** ἔχομεν διὰ τοῦ Χριστοῦ πρὸς τὸν θεόν.
3:12 Ἔχοντες οὖν **τοιαύτην** ἐλπίδα πολλῇ παρρησίᾳ χρώμεθα
10:11 τοῦτο λογιζέσθω ὁ **τοιοῦτος,** ὅτι οἷοί ἐσμεν τῷ λόγῳ δι᾽ ἐπιστολῶν ἀπόντες, **τοιοῦτοι** καὶ παρόντες τῷ ἔργῳ.
11:13 οἱ γὰρ **τοιοῦτοι** ψευδαπόστολοι, ἐργάται δόλιοι, μετασχηματιζόμενοι εἰς ἀποστόλους Χριστοῦ.
12: 2 ὁ θεὸς οἶδεν, ἁρπαγέντα τὸν **τοιοῦτον** ἕως τρίτου οὐρανοῦ.
12: 3 καὶ οἶδα τὸν **τοιοῦτον** ἄνθρωπον, εἴτε ἐν σώματι εἴτε χωρὶς τοῦ σώματος οὐκ οἶδα,
12: 5 ὑπὲρ τοῦ **τοιούτου** καυχήσομαι, ὑπὲρ δὲ ἐμαυτοῦ οὐ καυχήσομαι εἰ μὴ ἐν ταῖς ἀσθενείαις.
Gal 5:21 ἃ προλέγω ὑμῖν καθὼς προεῖπον ὅτι οἱ τὰ **τοιαῦτα** πράσσοντες βασιλείαν θεοῦ οὐ κληρονομήσουσιν.
5:23 πραΰτης ἐγκράτεια· κατὰ τῶν **τοιούτων** οὐκ ἔστιν νόμος.
6: 1 ὑμεῖς οἱ πνευματικοὶ καταρτίζετε τὸν **τοιοῦτον** ἐν πνεύματι πραΰτητος,
Eph 5:27 μὴ ἔχουσαν σπίλον ἢ ῥυτίδα ἤ τι τῶν **τοιούτων,**
Php 2:29 προσδέχεσθε οὖν αὐτὸν ἐν κυρίῳ μετὰ πάσης χαρᾶς καὶ τοὺς **τοιούτους** ἐντίμους ἔχετε,
2Th 3:12 τοῖς δὲ **τοιούτοις** παραγγέλλομεν καὶ παρακαλοῦμεν ἐν κυρίῳ Ἰησοῦ Χριστῷ,
Tit 3:11 εἰδὼς ὅτι ἐξέστραπται ὁ **τοιοῦτος** καὶ ἁμαρτάνει ὢν αὐτοκατάκριτος.
Phm 1: 9 **τοιοῦτος** ὢν ὡς Παῦλος πρεσβύτης νυνὶ δὲ καὶ δέσμιος Χριστοῦ Ἰησοῦ·
Heb 7:26 **Τοιοῦτος** γὰρ ἡμῖν καὶ ἔπρεπεν ἀρχιερεύς, ὅσιος ἄκακος ἀμίαντος,
8: 1 Κεφάλαιον δὲ ἐπὶ τοῖς λεγομένοις, **τοιοῦτον** ἔχομεν ἀρχιερέα,
11:14 οἱ γὰρ **τοιαῦτα** λέγοντες ἐμφανίζουσιν ὅτι πατρίδα ἐπιζητοῦσιν.
12: 3 ἀναλογίσασθε γὰρ τὸν **τοιαύτην** ὑπομεμενηκότα ὑπὸ τῶν ἁμαρτωλῶν εἰς ἑαυτὸν ἀντιλογίαν,
13:16 τῆς δὲ εὐποιΐας καὶ κοινωνίας μὴ ἐπιλανθάνεσθε· **τοιαύταις** γὰρ θυσίαις εὐαρεστεῖται ὁ θεός.
Jas 4:16 νῦν δὲ καυχᾶσθε ἐν ταῖς ἀλαζονείαις ὑμῶν· πᾶσα καύχησις **τοιαύτη** πονηρά ἐστιν.
3Jn 1: 8 ἡμεῖς οὖν ὀφείλομεν ὑπολαμβάνειν τοὺς **τοιούτους,** ἵνα συνεργοὶ γινώμεθα τῇ ἀληθείᾳ.

5526 τοῖχος [1]

√ 5446

Ac 23: 3 τότε ὁ Παῦλος πρὸς αὐτὸν εἶπεν, Τύπτειν σε μέλλει ὁ θεός, **τοῖχε** κεκονιαμένε·

5527 τόκος [2]

√ 5503

Mt 25:27 καὶ ἐλθὼν ἐγὼ ἐκομισάμην ἂν τὸ ἐμὸν σὺν **τόκῳ.**
Lk 19:23 καὶ διὰ τί οὐκ ἔδωκάς μου τὸ ἀργύριον ἐπὶ τράπεζαν; κἀγὼ ἐλθὼν σὺν **τόκῳ** ἂν αὐτὸ ἔπραξα.

5528 τολμάω [16]

→ 703, 5529, 5530, 5531, 5532

Mt 22:46 καὶ οὐδεὶς ἐδύνατο ἀποκριθῆναι αὐτῷ λόγον οὐδὲ **ἐτόλμησέν** τις ἀπ᾽ ἐκείνης τῆς ἡμέρας ἐπερωτῆσαι αὐτὸν οὐκέτι.
Mk 12:34 Οὐ μακρὰν εἶ ἀπὸ τῆς βασιλείας τοῦ θεοῦ. καὶ οὐδεὶς οὐκέτι **ἐτόλμα** αὐτὸν ἐπερωτῆσαι.
15:43 **τολμήσας** εἰσῆλθεν πρὸς τὸν Πιλᾶτον καὶ ᾐτήσατο τὸ σῶμα τοῦ Ἰησοῦ.
Lk 20:40 οὐκέτι γὰρ **ἐτόλμων** ἐπερωτᾶν αὐτὸν οὐδέν.
Jn 21:12 οὐδεὶς δὲ **ἐτόλμα** τῶν μαθητῶν ἐξετάσαι αὐτόν, Σὺ τίς εἶ;
Ac 5:13 τῶν δὲ λοιπῶν οὐδεὶς **ἐτόλμα** κολλᾶσθαι αὐτοῖς, ἀλλ᾽ ἐμεγάλυνεν αὐτοὺς ὁ λαός.
7:32 ὁ θεὸς Ἀβραὰμ καὶ Ἰσαὰκ καὶ Ἰακώβ. ἔντρομος δὲ γενόμενος Μωϋσῆς οὐκ **ἐτόλμα** κατανοῆσαι.
Ro 5: 7 ὑπὲρ γὰρ τοῦ ἀγαθοῦ τάχα τις καὶ **τολμᾷ** ἀποθανεῖν·
15:18 οὐ γὰρ **τολμήσω** τι λαλεῖν ὧν οὐ κατειργάσατο Χριστὸς δι᾽ ἐμοῦ εἰς ὑπακοὴν ἐθνῶν,
1Co 6: 1 **Τολμᾷ** τις ὑμῶν πρᾶγμα ἔχων πρὸς τὸν ἕτερον κρίνεσθαι ἐπὶ τῶν ἀδίκων καὶ οὐχὶ ἐπὶ τῶν ἁγίων;
2Co 10: 2 δέομαι δὲ τὸ μὴ παρὼν θαρρῆσαι τῇ πεποιθήσει ᾗ λογίζομαι **τολμῆσαι** ἐπί τινας τοὺς λογιζομένους ἡμᾶς ὡς κατὰ σάρκα περιπατοῦντας.
10:12 Οὐ γὰρ **τολμῶμεν** ἐγκρῖναι ἢ συγκρῖναι ἑαυτούς τισιν τῶν ἑαυτοὺς συνιστανόντων,
11:21 ἐν ᾧ δ᾽ ἄν τις **τολμᾷ,** ἐν ἀφροσύνῃ λέγω, **τολμῶ** κἀγώ.
Php 1:14 καὶ τοὺς πλείονας τῶν ἀδελφῶν ἐν κυρίῳ πεποιθότας τοῖς δεσμοῖς μου περισσοτέρως **τολμᾶν** ἀφόβως τὸν λόγον λαλεῖν.
Jude 1: 9 οὐκ **ἐτόλμησεν** κρίσιν ἐπενεγκεῖν βλασφημίας ἀλλὰ εἶπεν, Ἐπιτιμήσαι σοι κύριος.

5529 τολμηρός [1]

√ *5528*

Ro 15:15 **τολμηρότερον** δὲ ἔγραψα ὑμῖν ἀπὸ μέρους ὡς ἐπαναμιμνῄσκων ὑμᾶς διὰ τὴν χάριν τὴν δοθεῖσάν μοι ὑπὸ τοῦ θεοῦ

5530 τολμηρότερον Not used in UBS/NIV

√ *5528*

5531 τολμηροτέρως Not used in UBS/NIV

√ *5528*

5532 τολμητής [1]

√ *5528*

2Pe 2:10 καὶ κυριότητος καταφρονοῦντας. **Τολμηταὶ** αὐθάδεις, δόξας οὐ τρέμουσιν βλασφημοῦντες,

5533 τομός [1]

→ *598, 704, 705, 875, 1497, 2961, 3982, 4362, 4364, 5335, 5339, 5421*

Heb 4:12 Ζῶν γὰρ ὁ λόγος τοῦ θεοῦ καὶ ἐνεργὴς καὶ **τομώτερος** ὑπὲρ πᾶσαν μάχαιραν δίστομον καὶ διϊκνούμενος ἄχρι μερισμοῦ ψυχῆς καὶ πνεύματος,

5534 τόξον [1]

→ *2962*

Rev 6:2 καὶ ὁ καθήμενος ἐπ' αὐτὸν ἔχων **τόξον** καὶ ἐδόθη αὐτῷ στέφανος καὶ ἐξῆλθεν νικῶν καὶ ἵνα νικήσῃ.

5535 τοπάζιον [1]

Rev 21:20 ὁ ἔνατος **τοπάζιον,** ὁ δέκατος χρυσόπρασος, ὁ ἑνδέκατος ὑάκινθος,

5536 τόπος [94]

→ *876, 1954*

ἀνύδρων τόπων [2] Mt 12:43; Lk 11:24

δίδωμι τόπος [3] Lk 14:9; Ro 12:19; Eph 4:27

ἔρημος τόπος [9] Mt 14:13,15; Mk 1:35,45; 6:31,32,35; Lk 4:42; 9:12

ἔσχατον τόπον [2] Lk 14:9,10

ἔχω τόπος [2] Ro 15:23; Rev 12:6

κατὰ τόπον [6] Mt 24:7; Mk 13:8; Lk 10:32; 21:11; Ac 27:2,29

κατέχω τόπος [1] Lk 14:9

λαμβάνω τόπος [2] Ac 1:25; 25:16

τόπος ἅγιος [3] Mt 24:15; Ac 6:13; 21:28

Mt 12:43 διέρχεται δι' ἀνύδρων **τόπων** ζητοῦν ἀνάπαυσιν καὶ οὐχ εὑρίσκει.
14:13 Ἀκούσας δὲ ὁ Ἰησοῦς ἀνεχώρησεν ἐκεῖθεν ἐν πλοίῳ εἰς ἔρημον **τόπον** κατ' ἰδίαν·
14:15 Ἔρημός ἐστιν ὁ **τόπος** καὶ ἡ ὥρα ἤδη παρῆλθεν·
14:35 καὶ ἐπιγνόντες αὐτὸν οἱ ἄνδρες τοῦ **τόπου** ἐκείνου ἀπέστειλαν εἰς ὅλην τὴν περίχωρον ἐκείνην καὶ προσήνεγκαν αὐτῷ πάντας
24:7 ἐγερθήσεται γὰρ ἔθνος ἐπὶ ἔθνος καὶ βασιλεία ἐπὶ βασιλείαν καὶ ἔσονται λιμοὶ καὶ σεισμοὶ κατὰ **τόπους·**
24:15 Ὅταν οὖν ἴδητε τὸ βδέλυγμα τῆς ἐρημώσεως τὸ ῥηθὲν διὰ Δανιὴλ τοῦ προφήτου ἑστὸς ἐν **τόπῳ** ἁγίῳ,
26:52 Ἀπόστρεψον τὴν μάχαιράν σου εἰς τὸν **τόπον** αὐτῆς·
27:33 Καὶ ἐλθόντες εἰς **τόπον** λεγόμενον Γολγοθᾶ, ὅ ἐστιν Κρανίου **Τόπος** λεγόμενος,
28:6 ἠγέρθη γὰρ καθὼς εἶπεν· δεῦτε ἴδετε τὸν **τόπον** ὅπου ἔκειτο.
Mk 1:35 Καὶ πρωῒ ἔννυχα λίαν ἀναστὰς ἐξῆλθεν καὶ ἀπῆλθεν εἰς ἔρημον **τόπον** κἀκεῖ προσηύχετο.
1:45 ὥστε μηκέτι αὐτὸν δύνασθαι φανερῶς εἰς πόλιν εἰσελθεῖν, ἀλλ' ἔξω ἐπ' ἐρήμοις **τόποις** ἦν·
6:11 καὶ ὃς ἂν **τόπος** μὴ δέξηται ὑμᾶς μηδὲ ἀκούσωσιν ὑμῶν,
6:31 Δεῦτε ὑμεῖς αὐτοὶ κατ' ἰδίαν εἰς ἔρημον **τόπον** καὶ ἀναπαύσασθε ὀλίγον.
6:32 καὶ ἀπῆλθον ἐν τῷ πλοίῳ εἰς ἔρημον **τόπον** κατ' ἰδίαν.
6:35 Καὶ ἤδη ὥρας πολλῆς γενομένης προσελθόντες αὐτῷ οἱ μαθηταὶ αὐτοῦ ἔλεγον ὅτι Ἔρημός ἐστιν ὁ **τόπος** καὶ ἤδη ὥρα πολλή·
13:8 ἐγερθήσεται γὰρ ἔθνος ἐπ' ἔθνος καὶ βασιλεία ἐπὶ βασιλείαν, ἔσονται σεισμοὶ κατὰ **τόπους,** ἔσονται λιμοί·
15:22 καὶ φέρουσιν αὐτὸν ἐπὶ τὸν Γολγοθᾶν **τόπον,** ὅ ἐστιν μεθερμηνευόμενον Κρανίου **Τόπος.**
16:6 οὐκ ἔστιν ὧδε· ἴδε ὁ **τόπος** ὅπου ἔθηκαν αὐτόν.
Lk 2:7 διότι οὐκ ἦν αὐτοῖς **τόπος** ἐν τῷ καταλύματι.
4:17 καὶ ἐπεδόθη αὐτῷ βιβλίον τοῦ προφήτου Ἠσαΐου καὶ ἀναπτύξας τὸ βιβλίον εὗρεν τὸν **τόπον** οὗ ἦν γεγραμμένον,
4:37 καὶ ἐξεπορεύετο ἦχος περὶ αὐτοῦ εἰς πάντα **τόπον** τῆς περιχώρου.
4:42 Γενομένης δὲ ἡμέρας ἐξελθὼν ἐπορεύθη εἰς ἔρημον **τόπον·**
6:17 Καὶ καταβὰς μετ' αὐτῶν ἔστη ἐπὶ **τόπου** πεδινοῦ,
9:12 ἵνα πορευθέντες εἰς τὰς κύκλῳ κώμας καὶ ἀγροὺς καταλύσωσιν καὶ εὕρωσιν ἐπισιτισμόν, ὅτι ὧδε ἐν ἐρήμῳ **τόπῳ** ἐσμέν.
10:1 καὶ ἀπέστειλεν αὐτοὺς ἀνὰ δύο [δύο] πρὸ προσώπου αὐτοῦ εἰς πᾶσαν πόλιν καὶ **τόπον** οὗ ἤμελλεν αὐτὸς ἔρχεσθαι.
10:32 ὁμοίως δὲ καὶ Λευίτης [γενόμενος] κατὰ τὸν **τόπον** ἐλθὼν καὶ ἰδὼν ἀντιπαρῆλθεν.
11:1 Καὶ ἐγένετο ἐν τῷ εἶναι αὐτὸν ἐν **τόπῳ** τινὶ προσευχόμενον,
11:24 διέρχεται δι' ἀνύδρων **τόπων** ζητοῦν ἀνάπαυσιν καὶ μὴ εὑρίσκον·
14:9 Δὸς τούτῳ **τόπον,** καὶ τότε ἄρξῃ μετὰ αἰσχύνης τὸν ἔσχατον **τόπον** κατέχειν.
14:10 ἀλλ' ὅταν κληθῇς, πορευθεὶς ἀνάπεσε εἰς τὸν ἔσχατον **τόπον,**
14:22 Κύριε, γέγονεν ὃ ἐπέταξας, καὶ ἔτι **τόπος** ἐστίν.
16:28 ἵνα μὴ καὶ αὐτοὶ ἔλθωσιν εἰς τὸν **τόπον** τοῦτον τῆς βασάνου.
19:5 καὶ ὡς ἦλθεν ἐπὶ τὸν **τόπον,** ἀναβλέψας ὁ Ἰησοῦς εἶπεν πρὸς αὐτόν,
21:11 σεισμοί τε μεγάλοι καὶ κατὰ **τόπους** λιμοὶ καὶ λοιμοὶ ἔσονται,
22:40 γενόμενος δὲ ἐπὶ τοῦ **τόπου** εἶπεν αὐτοῖς, Προσεύχεσθε μὴ εἰσελθεῖν εἰς πειρασμόν.
23:33 καὶ ὅτε ἦλθον ἐπὶ τὸν **τόπον** τὸν καλούμενον Κρανίον,
Jn 4:20 καὶ ὑμεῖς λέγετε ὅτι ἐν Ἱεροσολύμοις ἐστὶν ὁ **τόπος** ὅπου προσκυνεῖν δεῖ.
5:13 ὁ γὰρ Ἰησοῦς ἐξένευσεν ὄχλου ὄντος ἐν τῷ **τόπῳ.**
6:10 Ποιήσατε τοὺς ἀνθρώπους ἀναπεσεῖν. ἦν δὲ χόρτος πολὺς ἐν τῷ **τόπῳ.**
6:23 ἄλλα ἦλθεν πλοιά[ρια] ἐκ Τιβεριάδος ἐγγὺς τοῦ **τόπου** ὅπου ἔφαγον τὸν ἄρτον εὐχαριστήσαντος τοῦ κυρίου.
10:40 Καὶ ἀπῆλθεν πάλιν πέραν τοῦ Ἰορδάνου εἰς τὸν **τόπον** ὅπου ἦν Ἰωάννης τὸ πρῶτον βαπτίζων καὶ ἔμεινεν ἐκεῖ.
11:6 τότε μὲν ἔμεινεν ἐν ᾧ ἦν **τόπῳ** δύο ἡμέρας,
11:30 ἀλλ' ἦν ἔτι ἐν τῷ **τόπῳ** ὅπου ὑπήντησεν αὐτῷ ἡ Μάρθα.
11:48 καὶ ἐλεύσονται οἱ Ῥωμαῖοι καὶ ἀροῦσιν ἡμῶν καὶ τὸν **τόπον** καὶ τὸ ἔθνος.
14:2 εἶπον ἂν ὑμῖν ὅτι πορεύομαι ἑτοιμάσαι **τόπον** ὑμῖν;
14:3 καὶ ἐὰν πορευθῶ καὶ ἑτοιμάσω **τόπον** ὑμῖν, πάλιν ἔρχομαι καὶ παραλήμψομαι ὑμᾶς πρὸς ἐμαυτόν,
18:2 ᾔδει δὲ καὶ Ἰούδας ὁ παραδιδοὺς αὐτὸν τὸν **τόπον,**
19:13 Πιλᾶτος ἀκούσας τῶν λόγων τούτων ἤγαγεν ἔξω τὸν Ἰησοῦν καὶ ἐκάθισεν ἐπὶ βήματος εἰς **τόπον** λεγόμενον Λιθόστρωτον,
19:17 καὶ βαστάζων ἑαυτῷ τὸν σταυρὸν ἐξῆλθεν εἰς τὸν λεγόμενον Κρανίου **Τόπον,**
19:20 ὅτι ἐγγὺς ἦν ὁ **τόπος** τῆς πόλεως ὅπου ἐσταυρώθη ὁ Ἰησοῦς·
19:41 ἦν δὲ ἐν τῷ **τόπῳ** ὅπου ἐσταυρώθη κῆπος,
20:7 οὐ μετὰ τῶν ὀθονίων κείμενον ἀλλὰ χωρὶς ἐντετυλιγμένον εἰς ἕνα **τόπον.**
Ac 1:25 λαβεῖν τὸν **τόπον** τῆς διακονίας ταύτης καὶ ἀποστολῆς ἀφ' ἧς παρέβη Ἰούδας πορευθῆναι εἰς τὸν **τόπον** τὸν ἴδιον.
4:31 καὶ δεηθέντων αὐτῶν ἐσαλεύθη ὁ **τόπος** ἐν ᾧ ἦσαν συνηγμένοι,
6:13 Ὁ ἄνθρωπος οὗτος οὐ παύεται λαλῶν ῥήματα κατὰ τοῦ **τόπου** τοῦ ἁγίου [τούτου] καὶ τοῦ νόμου·
6:14 ἀκηκόαμεν γὰρ αὐτοῦ λέγοντος ὅτι Ἰησοῦς ὁ Ναζωραῖος οὗτος καταλύσει τὸν **τόπον** τοῦτον καὶ ἀλλάξει τὰ ἔθη ἃ παρέδωκεν ἡμῖν Μωϋσῆς.
7:7 καὶ μετὰ ταῦτα ἐξελεύσονται καὶ λατρεύσουσίν μοι ἐν τῷ **τόπῳ** τούτῳ.
7:33 ὁ γὰρ **τόπος** ἐφ' ᾧ ἕστηκας γῆ ἁγία ἐστίν.
7:49 λέγει κύριος, ἢ τίς **τόπος** τῆς καταπαύσεώς μου;

12:17 Ἀπαγγείλατε Ἰακώβῳ καὶ τοῖς ἀδελφοῖς ταῦτα. καὶ ἐξελθὼν ἐπορεύθη εἰς ἕτερον **τόπον.**
16: 3 καὶ λαβὼν περιέτεμεν αὐτὸν διὰ τοὺς Ἰουδαίους τοὺς ὄντας ἐν τοῖς **τόποις** ἐκείνοις·
21:28 οὗτός ἐστιν ὁ ἄνθρωπος ὁ κατὰ τοῦ λαοῦ καὶ τοῦ νόμου καὶ τοῦ **τόπου** τούτου πάντας πανταχῇ διδάσκων, ἔτι τε καὶ Ἕλληνας εἰσήγαγεν εἰς τὸ ἱερὸν καὶ κεκοίνωκεν τὸν ἅγιον **τόπον** τοῦτον.
25:16 ὅτι οὐκ ἔστιν ἔθος Ῥωμαίοις χαρίζεσθαί τινα ἄνθρωπον πρὶν ἢ ὁ κατηγορούμενος κατὰ πρόσωπον ἔχοι τοὺς κατηγόρους **τόπον** τε ἀπολογίας λάβοι περὶ τοῦ ἐγκλήματος.
27: 2 ἐπιβάντες δὲ πλοίῳ Ἀδραμυττηνῷ μέλλοντι πλεῖν εἰς τοὺς κατὰ τὴν Ἀσίαν **τόπους** ἀνήχθημεν
27: 8 μόλις τε παραλεγόμενοι αὐτὴν ἤλθομεν εἰς **τόπον** τινὰ καλούμενον Καλοὺς λιμένας ᾧ ἐγγὺς πόλις ἦν Λασαία.
27:29 φοβούμενοί τε μή που κατὰ τραχεῖς **τόπους** ἐκπέσωμεν,
27:41 περιπεσόντες δὲ εἰς **τόπον** διθάλασσον ἐπέκειλαν τὴν ναῦν καὶ ἡ μὲν πρῷρα ἐρείσασα ἔμεινεν ἀσάλευτος,
28: 7 Ἐν δὲ τοῖς περὶ τὸν **τόπον** ἐκεῖνον ὑπῆρχεν χωρία τῷ πρώτῳ τῆς νήσου ὀνόματι Ποπλίῳ,

Ro 9:26 καὶ ἔσται ἐν τῷ **τόπῳ** οὗ ἐρρέθη αὐτοῖς,
12:19 ἀγαπητοί, ἀλλὰ δότε **τόπον** τῇ ὀργῇ, γέγραπται γάρ,
15:23 νυνὶ δὲ μηκέτι **τόπον** ἔχων ἐν τοῖς κλίμασι τούτοις,

1Co 1: 2 σὺν πᾶσιν τοῖς ἐπικαλουμένοις τὸ ὄνομα τοῦ κυρίου ἡμῶν Ἰησοῦ Χριστοῦ ἐν παντὶ **τόπῳ,**
14:16 ὁ ἀναπληρῶν τὸν **τόπον** τοῦ ἰδιώτου πῶς ἐρεῖ τὸ Ἀμήν ἐπὶ τῇ σῇ εὐχαριστίᾳ;

2Co 2:14 Τῷ δὲ θεῷ χάρις τῷ πάντοτε θριαμβεύοντι ἡμᾶς ἐν τῷ Χριστῷ καὶ τὴν ὀσμὴν τῆς γνώσεως αὐτοῦ φανεροῦντι δι' ἡμῶν ἐν παντὶ **τόπῳ·**

Eph 4:27 μηδὲ δίδοτε **τόπον** τῷ διαβόλῳ.

1Th 1: 8 ἀλλ' ἐν παντὶ **τόπῳ** ἡ πίστις ὑμῶν ἡ πρὸς τὸν θεὸν ἐξελήλυθεν,

1Ti 2: 8 Βούλομαι οὖν προσεύχεσθαι τοὺς ἄνδρας ἐν παντὶ **τόπῳ** ἐπαίροντας ὁσίους χεῖρας χωρὶς ὀργῆς καὶ διαλογισμοῦ.

Heb 8: 7 Εἰ γὰρ ἡ πρώτη ἐκείνη ἦν ἄμεμπτος, οὐκ ἂν δευτέρας ἐζητεῖτο **τόπος.**
11: 8 Πίστει καλούμενος Ἀβραὰμ ὑπήκουσεν ἐξελθεῖν εἰς **τόπον** ὃν ἤμελλεν λαμβάνειν εἰς κληρονομίαν,
12:17 μετανοίας γὰρ **τόπον** οὐχ εὗρεν καίπερ μετὰ δακρύων ἐκζητήσας αὐτήν.

2Pe 1:19 ᾧ καλῶς ποιεῖτε προσέχοντες ὡς λύχνῳ φαίνοντι ἐν αὐχμηρῷ **τόπῳ,**

Rev 2: 5 ἔρχομαί σοι καὶ κινήσω τὴν λυχνίαν σου ἐκ τοῦ **τόπου** αὐτῆς,
6:14 καὶ ὁ οὐρανὸς ἀπεχωρίσθη ὡς βιβλίον ἑλισσόμενον καὶ πᾶν ὄρος καὶ νῆσος ἐκ τῶν **τόπων** αὐτῶν ἐκινήθησαν.
12: 6 ὅπου ἔχει ἐκεῖ **τόπον** ἡτοιμασμένον ἀπὸ τοῦ θεοῦ,
12: 8 καὶ οὐκ ἴσχυσεν οὐδὲ **τόπος** εὑρέθη αὐτῶν ἔτι ἐν τῷ οὐρανῷ.
12:14 ἵνα πέτηται εἰς τὴν ἔρημον εἰς τὸν **τόπον** αὐτῆς,
16:16 καὶ συνήγαγεν αὐτοὺς εἰς τὸν **τόπον** τὸν καλούμενον Ἑβραϊστὶ Ἁρμαγεδών.
18:17 Καὶ πᾶς κυβερνήτης καὶ πᾶς ὁ ἐπὶ **τόπον** πλέων καὶ ναῦται καὶ ὅσοι τὴν θάλασσαν ἐργάζονται,
20:11 οὗ ἀπὸ τοῦ προσώπου ἔφυγεν ἡ γῆ καὶ ὁ οὐρανὸς καὶ **τόπος** οὐχ εὑρέθη αὐτοῖς.

5537 τοσοῦτος [20]

√ *4047*

τοσοῦτος ... ὅσος [3] Heb 1:4; 10:25; Rev 18:7

τοσοῦτος χρόνος [2] Jn 14:9; Heb 4:7

Mt 8:10 παρ' οὐδενὶ **τοσαύτην** πίστιν ἐν τῷ Ἰσραὴλ εὗρον.
15:33 Πόθεν ἡμῖν ἐν ἐρημίᾳ ἄρτοι **τοσοῦτοι** ὥστε χορτάσαι ὄχλον **τοσοῦτον;**

Lk 7: 9 Λέγω ὑμῖν, οὐδὲ ἐν τῷ Ἰσραὴλ **τοσαύτην** πίστιν εὗρον.
15:29 Ἰδοὺ **τοσαῦτα** ἔτη δουλεύω σοι καὶ οὐδέποτε ἐντολήν σου παρῆλθον,

Jn 6: 9 Ἔστιν παιδάριον ὧδε ὃς ἔχει πέντε ἄρτους κριθίνους καὶ δύο ὀψάρια· ἀλλὰ ταῦτα τί ἐστιν εἰς **τοσούτους;**
12:37 **Τοσαῦτα** δὲ αὐτοῦ σημεῖα πεποιηκότος ἔμπροσθεν αὐτῶν οὐκ ἐπίστευον εἰς αὐτόν,
14: 9 **Τοσούτῳ** χρόνῳ μεθ' ὑμῶν εἰμι καὶ οὐκ ἔγνωκάς με,
21:11 μεστὸν ἰχθύων μεγάλων ἑκατὸν πεντήκοντα τριῶν· καὶ **τοσούτων** ὄντων οὐκ ἐσχίσθη τὸ δίκτυον.

Ac 5: 8 ἀπεκρίθη δὲ πρὸς αὐτὴν Πέτρος, Εἰπέ μοι, εἰ **τοσούτου** τὸ χωρίον ἀπέδοσθε; ἡ δὲ εἶπεν, Ναί, **τοσούτου.**

1Co 14:10 **τοσαῦτα** εἰ τύχοι γένη φωνῶν εἰσιν ἐν κόσμῳ καὶ οὐδὲν ἄφωνον·

Gal 3: 4 **τοσαῦτα** ἐπάθετε εἰκῇ; εἴ γε καὶ εἰκῇ.

Heb 1: 4 **τοσούτῳ** κρείττων γενόμενος τῶν ἀγγέλων ὅσῳ διαφορώτερον παρ' αὐτοὺς κεκληρονόμηκεν ὄνομα.
4: 7 Σήμερον, ἐν Δαυὶδ λέγων μετὰ **τοσοῦτον** χρόνον, καθὼς προείρηται,
7:22 κατὰ **τοσοῦτο** [καὶ] κρείττονος διαθήκης γέγονεν ἔγγυος Ἰησοῦς.
10:25 καὶ **τοσούτῳ** μᾶλλον ὅσῳ βλέπετε ἐγγίζουσαν τὴν ἡμέραν.
12: 1 Τοιγαροῦν καὶ ἡμεῖς **τοσοῦτον** ἔχοντες περικείμενον ἡμῖν νέφος μαρτύρων,

Rev 18: 7 ὅσα ἐδόξασεν αὐτὴν καὶ ἐστρηνίασεν, **τοσοῦτον** δότε αὐτῇ βασανισμὸν καὶ πένθος.
18:17 ὅτι μιᾷ ὥρᾳ ἠρημώθη ὁ **τοσοῦτος** πλοῦτος. Καὶ πᾶς κυβερνήτης καὶ πᾶς ὁ ἐπὶ τόπον πλέων καὶ ναῦται καὶ ὅσοι τὴν θάλασσαν ἐργάζονται,

5538 τότε [160]

√ *4005 + 5445*

ἀπὸ τότε [4] Mt 4:17; 16:21; 26:16; Lk 16:16

ἄρτι ... τότε [3] Mt 3:15; 1Co 13:12,12

εὐθέως ... τότε [2] Mt 26:74; Ac 17:14

ὅταν ... τότε [15] Mt 9:15; 25:31; Mk 2:20; 13:14; Lk 5:35; 11:24; 14:10; 21:20; Jn 8:28; 1Co 15:28,54; 16:2; 2Co 12:10; Col 3:4; 1Th 5:3

ὅτε ... τότε [3] Mt 13:26; 21:1; Jn 12:16

Mt 2: 7 **Τότε** Ἡρῴδης λάθρᾳ καλέσας τοὺς μάγους ἠκρίβωσεν παρ' αὐτῶν τὸν χρόνον τοῦ φαινομένου ἀστέρος,
2:16 **Τότε** Ἡρῴδης ἰδὼν ὅτι ἐνεπαίχθη ὑπὸ τῶν μάγων ἐθυμώθη λίαν,
2:17 **τότε** ἐπληρώθη τὸ ῥηθὲν διὰ Ἰερεμίου τοῦ προφήτου λέγοντος,
3: 5 **τότε** ἐξεπορεύετο πρὸς αὐτὸν Ἱεροσόλυμα καὶ πᾶσα ἡ Ἰουδαία καὶ πᾶσα ἡ περίχωρος τοῦ Ἰορδάνου,
3:13 **Τότε** παραγίνεται ὁ Ἰησοῦς ἀπὸ τῆς Γαλιλαίας ἐπὶ τὸν Ἰορδάνην πρὸς τὸν Ἰωάννην τοῦ βαπτισθῆναι ὑπ' αὐτοῦ.
3:15 οὕτως γὰρ πρέπον ἐστὶν ἡμῖν πληρῶσαι πᾶσαν δικαιοσύνην. **τότε** ἀφίησιν αὐτόν.
4: 1 **Τότε** ὁ Ἰησοῦς ἀνήχθη εἰς τὴν ἔρημον ὑπὸ τοῦ πνεύματος πειρασθῆναι ὑπὸ τοῦ διαβόλου.
4: 5 **Τότε** παραλαμβάνει αὐτὸν ὁ διάβολος εἰς τὴν ἁγίαν πόλιν καὶ ἔστησεν αὐτὸν ἐπὶ τὸ πτερύγιον τοῦ ἱεροῦ
4:10 **τότε** λέγει αὐτῷ ὁ Ἰησοῦς, Ὕπαγε, Σατανᾶ· γέγραπται γάρ,
4:11 **Τότε** ἀφίησιν αὐτὸν ὁ διάβολος, καὶ ἰδοὺ ἄγγελοι προσῆλθον καὶ διηκόνουν αὐτῷ.
4:17 Ἀπὸ **τότε** ἤρξατο ὁ Ἰησοῦς κηρύσσειν καὶ λέγειν,
5:24 ἄφες ἐκεῖ τὸ δῶρόν σου ἔμπροσθεν τοῦ θυσιαστηρίου καὶ ὕπαγε πρῶτον διαλλάγηθι τῷ ἀδελφῷ σου, καὶ **τότε** ἐλθὼν πρόσφερε τὸ δῶρόν σου.
7: 5 καὶ **τότε** διαβλέψεις ἐκβαλεῖν τὸ κάρφος ἐκ τοῦ ὀφθαλμοῦ τοῦ ἀδελφοῦ σου.
7:23 καὶ **τότε** ὁμολογήσω αὐτοῖς ὅτι Οὐδέποτε ἔγνων ὑμᾶς·
8:26 **τότε** ἐγερθεὶς ἐπετίμησεν τοῖς ἀνέμοις καὶ τῇ θαλάσσῃ,
9: 6 **τότε** λέγει τῷ παραλυτικῷ, Ἐγερθεὶς ἆρόν σου τὴν κλίνην καὶ ὕπαγε εἰς τὸν οἶκόν σου.
9:14 **Τότε** προσέρχονται αὐτῷ οἱ μαθηταὶ Ἰωάννου λέγοντες, Διὰ τί ἡμεῖς καὶ οἱ Φαρισαῖοι νηστεύομεν [πολλά,]
9:15 ἐλεύσονται δὲ ἡμέραι ὅταν ἀπαρθῇ ἀπ' αὐτῶν ὁ νυμφίος, καὶ **τότε** νηστεύσουσιν.
9:29 **τότε** ἥψατο τῶν ὀφθαλμῶν αὐτῶν λέγων, Κατὰ τὴν πίστιν ὑμῶν γενηθήτω ὑμῖν.
9:37 **τότε** λέγει τοῖς μαθηταῖς αὐτοῦ, Ὁ μὲν θερισμὸς πολύς,
11:20 **Τότε** ἤρξατο ὀνειδίζειν τὰς πόλεις ἐν αἷς ἐγένοντο αἱ πλεῖσται δυνάμεις αὐτοῦ,
12:13 **τότε** λέγει τῷ ἀνθρώπῳ, Ἔκτεινόν σου τὴν χεῖρα.
12:22 **Τότε** προσηνέχθη αὐτῷ δαιμονιζόμενος τυφλὸς καὶ κωφός, καὶ ἐθεράπευσεν αὐτόν,
12:29 ἐὰν μὴ πρῶτον δήσῃ τὸν ἰσχυρόν; καὶ **τότε** τὴν οἰκίαν αὐτοῦ διαρπάσει.
12:38 **Τότε** ἀπεκρίθησαν αὐτῷ τινες τῶν γραμματέων καὶ Φαρισαίων λέγοντες,
12:44 **τότε** λέγει, Εἰς τὸν οἶκόν μου ἐπιστρέψω ὅθεν ἐξῆλθον·

12:45 **τότε** πορεύεται καὶ παραλαμβάνει μεθ' ἑαυτοῦ ἑπτὰ ἕτερα πνεύματα πονηρότερα ἑαυτοῦ καὶ εἰσελθόντα κατοικεῖ ἐκεῖ·
13:26 ὅτε δὲ ἐβλάστησεν ὁ χόρτος καὶ καρπὸν ἐποίησεν, **τότε** ἐφάνη καὶ τὰ ζιζάνια.
13:36 **Τότε** ἀφεὶς τοὺς ὄχλους ἦλθεν εἰς τὴν οἰκίαν.
13:43 **Τότε** οἱ δίκαιοι ἐκλάμψουσιν ὡς ὁ ἥλιος ἐν τῇ βασιλείᾳ τοῦ πατρὸς αὐτῶν.
15: 1 **Τότε** προσέρχονται τῷ Ἰησοῦ ἀπὸ Ἱεροσολύμων Φαρισαῖοι καὶ γραμματεῖς λέγοντες,
15:12 **Τότε** προσελθόντες οἱ μαθηταὶ λέγουσιν αὐτῷ, Οἶδας ὅτι οἱ Φαρισαῖοι ἀκούσαντες τὸν λόγον ἐσκανδαλίσθησαν;
15:28 **τότε** ἀποκριθεὶς ὁ Ἰησοῦς εἶπεν αὐτῇ, Ὦ γύναι,
16:12 **τότε** συνῆκαν ὅτι οὐκ εἶπεν προσέχειν ἀπὸ τῆς ζύμης τῶν ἄρτων ἀλλὰ ἀπὸ τῆς διδαχῆς τῶν Φαρισαίων καὶ Σαδδουκαίων.
16:20 **τότε** διεστείλατο τοῖς μαθηταῖς ἵνα μηδενὶ εἴπωσιν ὅτι αὐτός ἐστιν ὁ Χριστός.
16:21 Ἀπὸ **τότε** ἤρξατο ὁ Ἰησοῦς δεικνύειν τοῖς μαθηταῖς αὐτοῦ ὅτι δεῖ αὐτὸν εἰς Ἱεροσόλυμα ἀπελθεῖν καὶ πολλὰ παθεῖν
16:24 **Τότε** ὁ Ἰησοῦς εἶπεν τοῖς μαθηταῖς αὐτοῦ, Εἴ τις θέλει ὀπίσω μου ἐλθεῖν,
16:27 καὶ **τότε** ἀποδώσει ἑκάστῳ κατὰ τὴν πρᾶξιν αὐτοῦ.
17:13 **τότε** συνῆκαν οἱ μαθηταὶ ὅτι περὶ Ἰωάννου τοῦ βαπτιστοῦ εἶπεν αὐτοῖς.
17:19 **Τότε** προσελθόντες οἱ μαθηταὶ τῷ Ἰησοῦ κατ' ἰδίαν εἶπον,
18:21 **Τότε** προσελθὼν ὁ Πέτρος εἶπεν αὐτῷ, Κύριε, ποσάκις ἁμαρτήσει εἰς ἐμὲ ὁ ἀδελφός μου καὶ ἀφήσω αὐτῷ;
18:32 **τότε** προσκαλεσάμενος αὐτὸν ὁ κύριος αὐτοῦ λέγει αὐτῷ,
19:13 **Τότε** προσηνέχθησαν αὐτῷ παιδία ἵνα τὰς χεῖρας ἐπιθῇ αὐτοῖς καὶ προσεύξηται·
19:27 **Τότε** ἀποκριθεὶς ὁ Πέτρος εἶπεν αὐτῷ, Ἰδοὺ ἡμεῖς ἀφήκαμεν πάντα καὶ ἠκολουθήσαμέν σοι·
20:20 **Τότε** προσῆλθεν αὐτῷ ἡ μήτηρ τῶν υἱῶν Ζεβεδαίου μετὰ τῶν υἱῶν αὐτῆς προσκυνοῦσα καὶ αἰτοῦσά τι ἀπ' αὐτοῦ.
21: 1 Καὶ ὅτε ἤγγισαν εἰς Ἱεροσόλυμα καὶ ἦλθον εἰς Βηθφαγὴ εἰς τὸ Ὄρος τῶν Ἐλαιῶν, **τότε** Ἰησοῦς ἀπέστειλεν δύο μαθητὰς
22: 8 **τότε** λέγει τοῖς δούλοις αὐτοῦ, Ὁ μὲν γάμος ἕτοιμός ἐστιν,
22:13 **τότε** ὁ βασιλεὺς εἶπεν τοῖς διακόνοις, Δήσαντες αὐτοῦ πόδας καὶ χεῖρας ἐκβάλετε αὐτὸν εἰς τὸ σκότος τὸ ἐξώτερον·
22:15 **Τότε** πορευθέντες οἱ Φαρισαῖοι συμβούλιον ἔλαβον ὅπως αὐτὸν παγιδεύσωσιν ἐν λόγῳ.
22:21 **τότε** λέγει αὐτοῖς, Ἀπόδοτε οὖν τὰ Καίσαρος Καίσαρι καὶ τὰ τοῦ θεοῦ τῷ θεῷ.
23: 1 **Τότε** ὁ Ἰησοῦς ἐλάλησεν τοῖς ὄχλοις καὶ τοῖς μαθηταῖς αὐτοῦ
24: 9 **τότε** παραδώσουσιν ὑμᾶς εἰς θλῖψιν καὶ ἀποκτενοῦσιν ὑμᾶς,
24:10 καὶ **τότε** σκανδαλισθήσονται πολλοὶ καὶ ἀλλήλους παραδώσουσιν καὶ μισήσουσιν ἀλλήλους·
24:14 καὶ κηρυχθήσεται τοῦτο τὸ εὐαγγέλιον τῆς βασιλείας ἐν ὅλῃ τῇ οἰκουμένῃ εἰς μαρτύριον πᾶσιν τοῖς ἔθνεσιν, καὶ **τότε** ἥξει τὸ τέλος.
24:16 **τότε** οἱ ἐν τῇ Ἰουδαίᾳ φευγέτωσαν εἰς τὰ ὄρη,
24:21 ἔσται γὰρ **τότε** θλῖψις μεγάλη οἵα οὐ γέγονεν ἀπ' ἀρχῆς κόσμου ἕως τοῦ νῦν οὐδ' οὐ μὴ γένηται.
24:23 **τότε** ἐάν τις ὑμῖν εἴπῃ, Ἰδοὺ ὧδε ὁ Χριστός,
24:30 καὶ **τότε** φανήσεται τὸ σημεῖον τοῦ υἱοῦ τοῦ ἀνθρώπου ἐν οὐρανῷ, καὶ **τότε** κόψονται πᾶσαι αἱ φυλαὶ τῆς γῆς καὶ ὄψονται τὸν υἱὸν τοῦ ἀνθρώπου ἐρχόμενον ἐπὶ τῶν νεφελῶν
24:40 **τότε** δύο ἔσονται ἐν τῷ ἀγρῷ, εἷς παραλαμβάνεται καὶ εἷς ἀφίεται·
25: 1 **Τότε** ὁμοιωθήσεται ἡ βασιλεία τῶν οὐρανῶν δέκα παρθένοις,
25: 7 **τότε** ἠγέρθησαν πᾶσαι αἱ παρθένοι ἐκεῖναι καὶ ἐκόσμησαν τὰς λαμπάδας ἑαυτῶν.
25:31 Ὅταν δὲ ἔλθῃ ὁ υἱὸς τοῦ ἀνθρώπου ἐν τῇ δόξῃ αὐτοῦ καὶ πάντες οἱ ἄγγελοι μετ' αὐτοῦ, **τότε** καθίσει ἐπὶ θρόνου δόξης
25:34 **τότε** ἐρεῖ ὁ βασιλεὺς τοῖς ἐκ δεξιῶν αὐτοῦ,
25:37 **τότε** ἀποκριθήσονται αὐτῷ οἱ δίκαιοι λέγοντες, Κύριε, πότε σε εἴδομεν πεινῶντα καὶ ἐθρέψαμεν,
25:41 **Τότε** ἐρεῖ καὶ τοῖς ἐξ εὐωνύμων, Πορεύεσθε ἀπ' ἐμοῦ [οἱ] κατηραμένοι εἰς τὸ πῦρ τὸ αἰώνιον τὸ ἡτοιμασμένον τῷ διαβόλῳ καὶ τοῖς ἀγγέλοις αὐτοῦ.
25:44 **τότε** ἀποκριθήσονται καὶ αὐτοὶ λέγοντες, Κύριε, πότε σε εἴδομεν πεινῶντα ἢ διψῶντα ἢ ξένον ἢ γυμνὸν ἢ ἀσθενῆ ἢ ἐν φυλακῇ καὶ οὐ διηκονήσαμέν σοι;
25:45 **τότε** ἀποκριθήσεται αὐτοῖς λέγων, Ἀμὴν λέγω ὑμῖν, ἐφ' ὅσον οὐκ ἐποιήσατε ἑνὶ τούτων τῶν ἐλαχίστων,
26: 3 **Τότε** συνήχθησαν οἱ ἀρχιερεῖς καὶ οἱ πρεσβύτεροι τοῦ λαοῦ εἰς τὴν αὐλὴν τοῦ ἀρχιερέως τοῦ λεγομένου Καϊάφα
26:14 **Τότε** πορευθεὶς εἷς τῶν δώδεκα, ὁ λεγόμενος Ἰούδας Ἰσκαριώτης,
26:16 καὶ ἀπὸ **τότε** ἐζήτει εὐκαιρίαν ἵνα αὐτὸν παραδῷ.
26:31 **Τότε** λέγει αὐτοῖς ὁ Ἰησοῦς, Πάντες ὑμεῖς σκανδαλισθήσεσθε ἐν ἐμοὶ ἐν τῇ νυκτὶ ταύτῃ,
26:36 **Τότε** ἔρχεται μετ' αὐτῶν ὁ Ἰησοῦς εἰς χωρίον λεγόμενον Γεθσημανὶ καὶ λέγει τοῖς μαθηταῖς,
26:38 **τότε** λέγει αὐτοῖς, Περίλυπός ἐστιν ἡ ψυχή μου ἕως θανάτου·
26:45 **τότε** ἔρχεται πρὸς τοὺς μαθητὰς καὶ λέγει αὐτοῖς,
26:50 **τότε** προσελθόντες ἐπέβαλον τὰς χεῖρας ἐπὶ τὸν Ἰησοῦν καὶ ἐκράτησαν αὐτόν.
26:52 **τότε** λέγει αὐτῷ ὁ Ἰησοῦς, Ἀπόστρεψον τὴν μάχαιράν σου εἰς τὸν τόπον αὐτῆς·
26:56 τοῦτο δὲ ὅλον γέγονεν ἵνα πληρωθῶσιν αἱ γραφαὶ τῶν προφητῶν. **Τότε** οἱ μαθηταὶ πάντες ἀφέντες αὐτὸν ἔφυγον.
26:65 **τότε** ὁ ἀρχιερεὺς διέρρηξεν τὰ ἱμάτια αὐτοῦ λέγων,
26:67 **Τότε** ἐνέπτυσαν εἰς τὸ πρόσωπον αὐτοῦ καὶ ἐκολάφισαν αὐτόν,
26:74 **τότε** ἤρξατο καταθεματίζειν καὶ ὀμνύειν ὅτι Οὐκ οἶδα τὸν ἄνθρωπον.
27: 3 **Τότε** ἰδὼν Ἰούδας ὁ παραδιδοὺς αὐτὸν ὅτι κατεκρίθη,
27: 9 **τότε** ἐπληρώθη τὸ ῥηθὲν διὰ Ἰερεμίου τοῦ προφήτου λέγοντος,
27:13 **τότε** λέγει αὐτῷ ὁ Πιλᾶτος, Οὐκ ἀκούεις πόσα σου καταμαρτυροῦσιν;
27:16 εἶχον δὲ **τότε** δέσμιον ἐπίσημον λεγόμενον [Ἰησοῦν] Βαραββᾶν.
27:26 **τότε** ἀπέλυσεν αὐτοῖς τὸν Βαραββᾶν, τὸν δὲ Ἰησοῦν φραγελλώσας παρέδωκεν ἵνα σταυρωθῇ.
27:27 **Τότε** οἱ στρατιῶται τοῦ ἡγεμόνος παραλαβόντες τὸν Ἰησοῦν εἰς τὸ πραιτώριον συνήγαγον ἐπ' αὐτὸν ὅλην τὴν σπεῖραν.
27:38 **Τότε** σταυροῦνται σὺν αὐτῷ δύο λῃσταί, εἷς ἐκ δεξιῶν καὶ εἷς ἐξ εὐωνύμων.
27:58 οὗτος προσελθὼν τῷ Πιλάτῳ ᾐτήσατο τὸ σῶμα τοῦ Ἰησοῦ. **τότε** ὁ Πιλᾶτος ἐκέλευσεν ἀποδοθῆναι.
28:10 **τότε** λέγει αὐταῖς ὁ Ἰησοῦς, Μὴ φοβεῖσθε· ὑπάγετε ἀπαγγείλατε τοῖς ἀδελφοῖς μου
Mk 2:20 ἐλεύσονται δὲ ἡμέραι ὅταν ἀπαρθῇ ἀπ' αὐτῶν ὁ νυμφίος, καὶ **τότε** νηστεύσουσιν ἐν ἐκείνῃ τῇ ἡμέρᾳ.
3:27 ἐὰν μὴ πρῶτον τὸν ἰσχυρὸν δήσῃ, καὶ **τότε** τὴν οἰκίαν αὐτοῦ διαρπάσει.
13:14 **τότε** οἱ ἐν τῇ Ἰουδαίᾳ φευγέτωσαν εἰς τὰ ὄρη,
13:21 καὶ **τότε** ἐάν τις ὑμῖν εἴπῃ, Ἴδε ὧδε ὁ Χριστός,
13:26 καὶ **τότε** ὄψονται τὸν υἱὸν τοῦ ἀνθρώπου ἐρχόμενον ἐν νεφέλαις μετὰ δυνάμεως πολλῆς καὶ δόξης.
13:27 καὶ **τότε** ἀποστελεῖ τοὺς ἀγγέλους καὶ ἐπισυνάξει τοὺς ἐκλεκτοὺς [αὐτοῦ] ἐκ τῶν τεσσάρων ἀνέμων ἀπ' ἄκρου γῆς
Lk 5:35 καὶ ὅταν ἀπαρθῇ ἀπ' αὐτῶν ὁ νυμφίος, **τότε** νηστεύσουσιν ἐν ἐκείναις ταῖς ἡμέραις.
6:42 καὶ **τότε** διαβλέψεις τὸ κάρφος τὸ ἐν τῷ ὀφθαλμῷ τοῦ ἀδελφοῦ σου ἐκβαλεῖν.
11:24 [**τότε**] λέγει, Ὑποστρέψω εἰς τὸν οἶκόν μου ὅθεν ἐξῆλθον·
11:26 **τότε** πορεύεται καὶ παραλαμβάνει ἕτερα πνεύματα πονηρότερα ἑαυτοῦ ἑπτὰ καὶ εἰσελθόντα κατοικεῖ ἐκεῖ·
13:26 **τότε** ἄρξεσθε λέγειν, Ἐφάγομεν ἐνώπιόν σου καὶ ἐπίομεν καὶ ἐν ταῖς πλατείαις ἡμῶν ἐδίδαξας·
14: 9 καὶ **τότε** ἄρξῃ μετὰ αἰσχύνης τὸν ἔσχατον τόπον κατέχειν.
14:10 **τότε** ἔσται σοι δόξα ἐνώπιον πάντων τῶν συνανακειμένων σοι.
14:21 **τότε** ὀργισθεὶς ὁ οἰκοδεσπότης εἶπεν τῷ δούλῳ αὐτοῦ,
16:16 ἀπὸ **τότε** ἡ βασιλεία τοῦ θεοῦ εὐαγγελίζεται καὶ πᾶς εἰς αὐτὴν βιάζεται.
21:10 **Τότε** ἔλεγεν αὐτοῖς, Ἐγερθήσεται ἔθνος ἐπ' ἔθνος καὶ βασιλεία ἐπὶ βασιλείαν,
21:20 Ὅταν δὲ ἴδητε κυκλουμένην ὑπὸ στρατοπέδων Ἰερουσαλήμ, **τότε** γνῶτε ὅτι ἤγγικεν ἡ ἐρήμωσις αὐτῆς.
21:21 **τότε** οἱ ἐν τῇ Ἰουδαίᾳ φευγέτωσαν εἰς τὰ ὄρη καὶ οἱ ἐν μέσῳ αὐτῆς ἐκχωρείτωσαν καὶ οἱ ἐν ταῖς χώραις μὴ εἰσερχέσθωσαν
21:27 καὶ **τότε** ὄψονται τὸν υἱὸν τοῦ ἀνθρώπου ἐρχόμενον ἐν νεφέλῃ μετὰ δυνάμεως καὶ δόξης πολλῆς.
23:30 **τότε** ἄρξονται λέγειν τοῖς ὄρεσιν, Πέσετε ἐφ' ἡμᾶς,
24:45 **τότε** διήνοιξεν αὐτῶν τὸν νοῦν τοῦ συνιέναι τὰς γραφάς·
Jn 7:10 **τότε** καὶ αὐτὸς ἀνέβη οὐ φανερῶς ἀλλὰ [ὡς] ἐν κρυπτῷ.
8:28 **τότε** γνώσεσθε ὅτι ἐγώ εἰμι, καὶ ἀπ' ἐμαυτοῦ ποιῶ οὐδέν,
10:22 Ἐγένετο **τότε** τὰ ἐγκαίνια ἐν τοῖς Ἱεροσολύμοις, χειμὼν ἦν,
11: 6 **τότε** μὲν ἔμεινεν ἐν ᾧ ἦν τόπῳ δύο ἡμέρας,
11:14 **τότε** οὖν εἶπεν αὐτοῖς ὁ Ἰησοῦς παρρησίᾳ, Λάζαρος ἀπέθανεν,
12:16 ἀλλ' ὅτε ἐδοξάσθη Ἰησοῦς **τότε** ἐμνήσθησαν ὅτι ταῦτα ἦν ἐπ' αὐτῷ γεγραμμένα καὶ ταῦτα ἐποίησαν αὐτῷ.
13:27 καὶ μετὰ τὸ ψωμίον **τότε** εἰσῆλθεν εἰς ἐκεῖνον ὁ Σατανᾶς.

19: 1 **Τότε** οὖν ἔλαβεν ὁ Πιλᾶτος τὸν Ἰησοῦν καὶ ἐμαστίγωσεν.
19:16 **τότε** οὖν παρέδωκεν αὐτὸν αὐτοῖς ἵνα σταυρωθῇ. Παρέλαβον οὖν τὸν Ἰησοῦν,
20: 8 **τότε** οὖν εἰσῆλθεν καὶ ὁ ἄλλος μαθητὴς ὁ ἐλθὼν πρῶτος εἰς τὸ μνημεῖον καὶ εἶδεν καὶ ἐπίστευσεν·
Ac 1:12 **Τότε** ὑπέστρεψαν εἰς Ἰερουσαλὴμ ἀπὸ ὄρους τοῦ καλουμένου Ἐλαιῶνος,
4: 8 **τότε** Πέτρος πλησθεὶς πνεύματος ἁγίου εἶπεν πρὸς αὐτούς,
5:26 **τότε** ἀπελθὼν ὁ στρατηγὸς σὺν τοῖς ὑπηρέταις ἦγεν αὐτοὺς οὐ μετὰ βίας,
6:11 **τότε** ὑπέβαλον ἄνδρας λέγοντας ὅτι Ἀκηκόαμεν αὐτοῦ λαλοῦντος ῥήματα βλάσφημα εἰς Μωϋσῆν καὶ τὸν θεόν·
7: 4 **τότε** ἐξελθὼν ἐκ γῆς Χαλδαίων κατῴκησεν ἐν Χαρράν.
8:17 **τότε** ἐπετίθεσαν τὰς χεῖρας ἐπ' αὐτοὺς καὶ ἐλάμβανον πνεῦμα ἅγιον.
10:46 ἤκουον γὰρ αὐτῶν λαλούντων γλώσσαις καὶ μεγαλυνόντων τὸν θεόν. **τότε** ἀπεκρίθη Πέτρος,
10:48 προσέταξεν δὲ αὐτοὺς ἐν τῷ ὀνόματι Ἰησοῦ Χριστοῦ βαπτισθῆναι. **τότε** ἠρώτησαν αὐτὸν ἐπιμεῖναι ἡμέρας τινάς.
13: 3 **τότε** νηστεύσαντες καὶ προσευξάμενοι καὶ ἐπιθέντες τὰς χεῖρας αὐτοῖς ἀπέλυσαν.
13:12 **τότε** ἰδὼν ὁ ἀνθύπατος τὸ γεγονὸς ἐπίστευσεν ἐκπλησσόμενος ἐπὶ τῇ διδαχῇ τοῦ κυρίου.
15:22 **Τότε** ἔδοξε τοῖς ἀποστόλοις καὶ τοῖς πρεσβυτέροις σὺν ὅλῃ τῇ ἐκκλησίᾳ ἐκλεξαμένους ἄνδρας ἐξ αὐτῶν πέμψαι
17:14 εὐθέως δὲ **τότε** τὸν Παῦλον ἐξαπέστειλαν οἱ ἀδελφοὶ πορεύεσθαι ἕως ἐπὶ τὴν θάλασσαν,
21:13 **τότε** ἀπεκρίθη ὁ Παῦλος, Τί ποιεῖτε κλαίοντες καὶ συνθρύπτοντές μου τὴν καρδίαν;
21:26 **τότε** ὁ Παῦλος παραλαβὼν τοὺς ἄνδρας τῇ ἐχομένῃ ἡμέρᾳ σὺν αὐτοῖς ἁγνισθείς,
21:33 **τότε** ἐγγίσας ὁ χιλίαρχος ἐπελάβετο αὐτοῦ καὶ ἐκέλευσεν δεθῆναι ἁλύσεσι δυσί,
23: 3 **τότε** ὁ Παῦλος πρὸς αὐτὸν εἶπεν, Τύπτειν σε μέλλει ὁ θεός,
25:12 **τότε** ὁ Φῆστος συλλαλήσας μετὰ τοῦ συμβουλίου ἀπεκρίθη,
26: 1 Ἐπιτρέπεταί σοι περὶ σεαυτοῦ λέγειν. **τότε** ὁ Παῦλος ἐκτείνας τὴν χεῖρα ἀπελογεῖτο,
27:21 Πολλῆς τε ἀσιτίας ὑπαρχούσης **τότε** σταθεὶς ὁ Παῦλος ἐν μέσῳ αὐτῶν εἶπεν,
27:32 **τότε** ἀπέκοψαν οἱ στρατιῶται τὰ σχοινία τῆς σκάφης καὶ εἴασαν αὐτὴν ἐκπεσεῖν.
28: 1 Καὶ διασωθέντες **τότε** ἐπέγνωμεν ὅτι Μελίτη ἡ νῆσος καλεῖται.
Ro 6:21 τίνα οὖν καρπὸν εἴχετε **τότε**; ἐφ' οἷς νῦν ἐπαισχύνεσθε,
1Co 4: 5 καὶ **τότε** ὁ ἔπαινος γενήσεται ἑκάστῳ ἀπὸ τοῦ θεοῦ.
13:12 βλέπομεν γὰρ ἄρτι δι' ἐσόπτρου ἐν αἰνίγματι, **τότε** δὲ πρόσωπον πρὸς πρόσωπον· ἄρτι γινώσκω ἐκ μέρους, **τότε** δὲ ἐπιγνώσομαι καθὼς καὶ ἐπεγνώσθην.
15:28 **τότε** [καὶ] αὐτὸς ὁ υἱὸς ὑποταγήσεται τῷ ὑποτάξαντι αὐτῷ τὰ πάντα,
15:54 **τότε** γενήσεται ὁ λόγος ὁ γεγραμμένος, Κατεπόθη ὁ θάνατος εἰς νῖκος.
16: 2 ἕκαστος ὑμῶν παρ' ἑαυτῷ τιθέτω θησαυρίζων ὅ τι ἐὰν εὐοδῶται, ἵνα μὴ ὅταν ἔλθω **τότε** λογεῖαι γίνωνται.
2Co 12:10 ὑπὲρ Χριστοῦ· ὅταν γὰρ ἀσθενῶ, **τότε** δυνατός εἰμι.
Gal 4: 8 Ἀλλὰ **τότε** μὲν οὐκ εἰδότες θεὸν ἐδουλεύσατε τοῖς φύσει μὴ οὖσιν θεοῖς·
4:29 ἀλλ' ὥσπερ **τότε** ὁ κατὰ σάρκα γεννηθεὶς ἐδίωκεν τὸν κατὰ πνεῦμα,
6: 4 καὶ **τότε** εἰς ἑαυτὸν μόνον τὸ καύχημα ἕξει καὶ οὐκ εἰς τὸν ἕτερον·
Col 3: 4 **τότε** καὶ ὑμεῖς σὺν αὐτῷ φανερωθήσεσθε ἐν δόξῃ.
1Th 5: 3 **τότε** αἰφνίδιος αὐτοῖς ἐφίσταται ὄλεθρος ὥσπερ ἡ ὠδὶν τῇ ἐν γαστρὶ ἐχούσῃ,
2Th 2: 8 καὶ **τότε** ἀποκαλυφθήσεται ὁ ἄνομος, ὃν ὁ κύριος [Ἰησοῦς] ἀνελεῖ τῷ πνεύματι τοῦ στόματος αὐτοῦ καὶ καταργήσει τῇ ἐπιφανείᾳ τῆς παρουσίας αὐτοῦ,
Heb 10: 7 **τότε** εἶπον, Ἰδοὺ ἥκω, ἐν κεφαλίδι βιβλίου γέγραπται περὶ ἐμοῦ,
10: 9 **τότε** εἴρηκεν, Ἰδοὺ ἥκω τοῦ ποιῆσαι τὸ θέλημά σου.
12:26 οὗ ἡ φωνὴ τὴν γῆν ἐσάλευσεν **τότε,** νῦν δὲ ἐπήγγελται λέγων,
2Pe 3: 6 δι' ὧν ὁ **τότε** κόσμος ὕδατι κατακλυσθεὶς ἀπώλετο·

5539 τοὐναντίον [3]

√ *3836 + 1882*

2Co 2: 7 ὥστε **τοὐναντίον** μᾶλλον ὑμᾶς χαρίσασθαι καὶ παρακαλέσαι, μή πως τῇ περισσοτέρᾳ λύπῃ καταποθῇ ὁ τοιοῦτος.
Gal 2: 7 ἀλλὰ **τοὐναντίον** ἰδόντες ὅτι πεπίστευμαι τὸ εὐαγγέλιον τῆς ἀκροβυστίας καθὼς Πέτρος τῆς περιτομῆς,
1Pe 3: 9 **τοὐναντίον** δὲ εὐλογοῦντες ὅτι εἰς τοῦτο ἐκλήθητε ἵνα εὐλογίαν κληρονομήσητε.

5540 τοὔνομα [1]

√ *3836 + 3950*

Mt 27:57 **τοὔνομα** Ἰωσήφ, ὃς καὶ αὐτὸς ἐμαθητεύθη τῷ Ἰησοῦ·

5541 τοὔπισω Not used in UBS/NIV

√ *3836 + 3958*

5542 τουτέστιν Not used in UBS/NIV

√ *4047 + 1639*

5543 τράγος [4 / 3]

√ *5592*

Heb 9:12 οὐδὲ δι' αἵματος **τράγων** καὶ μόσχων διὰ δὲ τοῦ ἰδίου αἵματος εἰσῆλθεν ἐφάπαξ εἰς τὰ ἅγια αἰωνίαν λύτρωσιν εὑράμενος.
9:13 εἰ γὰρ τὸ αἷμα **τράγων** καὶ ταύρων καὶ σποδὸς δαμάλεως ῥαντίζουσα τοὺς κεκοινωμένους ἁγιάζει πρὸς τὴν τῆς σαρκὸς καθαρότητα,
9:19 λαβὼν τὸ αἷμα τῶν μόσχων [καὶ τῶν **τράγων**[NIV-]] μετὰ ὕδατος καὶ ἐρίου κοκκίνου καὶ ὑσσώπου αὐτό τε τὸ βιβλίον καὶ πάντα τὸν λαὸν ἐράντισεν
10: 4 ἀδύνατον γὰρ αἷμα ταύρων καὶ **τράγων** ἀφαιρεῖν ἁμαρτίας.

5544 τράπεζα [15]

√ *5475 + 4269*

Mt 15:27 καὶ γὰρ τὰ κυνάρια ἐσθίει ἀπὸ τῶν ψιχίων τῶν πιπτόντων ἀπὸ τῆς **τραπέζης** τῶν κυρίων αὐτῶν.
21:12 καὶ τὰς **τραπέζας** τῶν κολλυβιστῶν κατέστρεψεν καὶ τὰς καθέδρας τῶν πωλούντων τὰς περιστεράς,
Mk 7:28 καὶ τὰ κυνάρια ὑποκάτω τῆς **τραπέζης** ἐσθίουσιν ἀπὸ τῶν ψιχίων τῶν παιδίων.
11:15 καὶ τὰς **τραπέζας** τῶν κολλυβιστῶν καὶ τὰς καθέδρας τῶν πωλούντων τὰς περιστερὰς κατέστρεψεν,
Lk 16:21 καὶ ἐπιθυμῶν χορτασθῆναι ἀπὸ τῶν πιπτόντων ἀπὸ τῆς **τραπέζης** τοῦ πλουσίου·
19:23 καὶ διὰ τί οὐκ ἔδωκάς μου τὸ ἀργύριον ἐπὶ **τράπεζαν;**
22:21 πλὴν ἰδοὺ ἡ χεὶρ τοῦ παραδιδόντος με μετ' ἐμοῦ ἐπὶ τῆς **τραπέζης.**
22:30 ἵνα ἔσθητε καὶ πίνητε ἐπὶ τῆς **τραπέζης** μου ἐν τῇ βασιλείᾳ μου,
Jn 2:15 καὶ τῶν κολλυβιστῶν ἐξέχεεν τὸ κέρμα καὶ τὰς **τραπέζας** ἀνέτρεψεν,
Ac 6: 2 Οὐκ ἀρεστόν ἐστιν ἡμᾶς καταλείψαντας τὸν λόγον τοῦ θεοῦ διακονεῖν **τραπέζαις.**
16:34 ἀναγαγών τε αὐτοὺς εἰς τὸν οἶκον παρέθηκεν **τράπεζαν** καὶ ἠγαλλιάσατο πανοικεὶ πεπιστευκὼς τῷ θεῷ.
Ro 11: 9 Γενηθήτω ἡ **τράπεζα** αὐτῶν εἰς παγίδα καὶ εἰς θήραν καὶ εἰς σκάνδαλον καὶ εἰς ἀνταπόδομα αὐτοῖς,
1Co 10:21 οὐ δύνασθε **τραπέζης** κυρίου μετέχειν καὶ **τραπέζης** δαιμονίων.
Heb 9: 2 σκηνὴ γὰρ κατεσκευάσθη ἡ πρώτη ἐν ᾗ ἥ τε λυχνία καὶ ἡ **τράπεζα** καὶ ἡ πρόθεσις τῶν ἄρτων,

5545 τραπεζίτης [1]

√ *5475 + 4269*

Mt 25:27 ἔδει σε οὖν βαλεῖν τὰ ἀργύριά μου τοῖς **τραπεζίταις,**

5546 τραῦμα [1]

→ 1765, 5547

Lk 10:34 καὶ προσελθὼν κατέδησεν τὰ **τραύματα** αὐτοῦ ἐπιχέων ἔλαιον καὶ οἶνον,

5547 τραυματίζω [2]

√ 5546

Lk 20:12 καὶ προσέθετο τρίτον πέμψαι· οἱ δὲ καὶ τοῦτον **τραυματίσαντες** ἐξέβαλον.

Ac 19:16 κατακυριεύσας ἀμφοτέρων ἴσχυσεν κατ᾽ αὐτῶν ὥστε γυμνοὺς καὶ **τετραυματισμένους** ἐκφυγεῖν ἐκ τοῦ οἴκου ἐκείνου.

5548 τραχηλίζω [1]

√ 5549

Heb 4:13 πάντα δὲ γυμνὰ καὶ **τετραχηλισμένα** τοῖς ὀφθαλμοῖς αὐτοῦ,

5549 τράχηλος [7]

→ 5019, 5548

ἐπιπίπτω ἐπὶ τὸν τράχηλν [2] Lk 15:20; Ac 20:37

ὑποτίθημι τὸν τράχηλον [1] Ro 16:4

Mt 18: 6 συμφέρει αὐτῷ ἵνα κρεμασθῇ μύλος ὀνικὸς περὶ τὸν **τράχηλον** αὐτοῦ καὶ καταποντισθῇ ἐν τῷ πελάγει τῆς θαλάσσης.

Mk 9:42 καλόν ἐστιν αὐτῷ μᾶλλον εἰ περίκειται μύλος ὀνικὸς περὶ τὸν **τράχηλον** αὐτοῦ καὶ βέβληται εἰς τὴν θάλασσαν.

Lk 15:20 ἔτι δὲ αὐτοῦ μακρὰν ἀπέχοντος εἶδεν αὐτὸν ὁ πατὴρ αὐτοῦ καὶ ἐσπλαγχνίσθη καὶ δραμὼν ἐπέπεσεν ἐπὶ τὸν **τράχηλον** αὐτοῦ καὶ κατεφίλησεν αὐτόν.

17: 2 λυσιτελεῖ αὐτῷ εἰ λίθος μυλικὸς περίκειται περὶ τὸν **τράχηλον** αὐτοῦ καὶ ἔρριπται εἰς τὴν θάλασσαν ἢ ἵνα σκανδαλίσῃ τῶν μικρῶν τούτων ἕνα.

Ac 15:10 νῦν οὖν τί πειράζετε τὸν θεὸν ἐπιθεῖναι ζυγὸν ἐπὶ τὸν **τράχηλον** τῶν μαθητῶν ὃν οὔτε οἱ πατέρες ἡμῶν οὔτε ἡμεῖς ἰσχύσαμεν βαστάσαι;

20:37 ἱκανὸς δὲ κλαυθμὸς ἐγένετο πάντων καὶ ἐπιπεσόντες ἐπὶ τὸν **τράχηλον** τοῦ Παύλου κατεφίλουν αὐτόν,

Ro 16: 4 οἵτινες ὑπὲρ τῆς ψυχῆς μου τὸν ἑαυτῶν **τράχηλον** ὑπέθηκαν,

5550 τραχύς [2]

→ 5551

Lk 3: 5 καὶ ἔσται τὰ σκολιὰ εἰς εὐθείαν καὶ αἱ **τραχεῖαι** εἰς ὁδοὺς λείας·

Ac 27:29 φοβούμενοί τε μή που κατὰ **τραχεῖς** τόπους ἐκπέσωμεν,

5551 Τραχωνῖτις [1]

√ 5550

Lk 3: 1 Φιλίππου δὲ τοῦ ἀδελφοῦ αὐτοῦ τετρααρχοῦντος τῆς Ἰτουραίας καὶ **Τραχωνίτιδος** χώρας,

5552 τρεῖς [68]

→ 804, 5553, 5558, 5559, 5560, 5562, 5564, 5565, 5566, 5567, 5568, 5569

δύο ἐπὶ τρεῖς [1] Lk 12:52

δύο ἢ τρεῖς [7] Mt 18:16,20; Jn 2:6; 1Co 14:27,29; 1Ti 5:19; Heb 10:28

δύο καὶ τρεῖς [1] 2Co 13:1

Mt 12:40 ὥσπερ γὰρ ἦν Ἰωνᾶς ἐν τῇ κοιλίᾳ τοῦ κήτους **τρεῖς** ἡμέρας καὶ **τρεῖς** νύκτας, οὕτως ἔσται ὁ υἱὸς τοῦ ἀνθρώπου ἐν τῇ καρδίᾳ τῆς γῆς **τρεῖς** ἡμέρας καὶ **τρεῖς** νύκτας.

13:33 ἣν λαβοῦσα γυνὴ ἐνέκρυψεν εἰς ἀλεύρου σάτα **τρία** ἕως οὗ ἐζυμώθη ὅλον.

15:32 ὅτι ἤδη ἡμέραι **τρεῖς** προσμένουσίν μοι καὶ οὐκ ἔχουσιν τί φάγωσιν·

17: 4 εἰ θέλεις, ποιήσω ὧδε **τρεῖς** σκηνάς, σοὶ μίαν καὶ Μωϋσεῖ μίαν καὶ Ἠλίᾳ μίαν.

18:16 ἵνα ἐπὶ στόματος δύο μαρτύρων ἢ **τριῶν** σταθῇ πᾶν ῥῆμα·

18:20 οὗ γάρ εἰσιν δύο ἢ **τρεῖς** συνηγμένοι εἰς τὸ ἐμὸν ὄνομα,

26:61 Δύναμαι καταλῦσαι τὸν ναὸν τοῦ θεοῦ καὶ διὰ **τριῶν** ἡμερῶν οἰκοδομῆσαι.

27:40 Ὁ καταλύων τὸν ναὸν καὶ ἐν **τρισὶν** ἡμέραις οἰκοδομῶν,

27:63 ἐμνήσθημεν ὅτι ἐκεῖνος ὁ πλάνος εἶπεν ἔτι ζῶν, Μετὰ **τρεῖς** ἡμέρας ἐγείρομαι.

Mk 8: 2 ὅτι ἤδη ἡμέραι **τρεῖς** προσμένουσίν μοι καὶ οὐκ ἔχουσιν τί φάγωσιν·

8:31 καὶ ἀποκτανθῆναι καὶ μετὰ **τρεῖς** ἡμέρας ἀναστῆναι·

9: 5 καλόν ἐστιν ἡμᾶς ὧδε εἶναι, καὶ ποιήσωμεν **τρεῖς** σκηνάς,

9:31 καὶ ἀποκτενοῦσιν αὐτόν, καὶ ἀποκτανθεὶς μετὰ **τρεῖς** ἡμέρας ἀναστήσεται.

10:34 καὶ ἐμπτύσουσιν αὐτῷ καὶ μαστιγώσουσιν αὐτὸν καὶ ἀποκτενοῦσιν, καὶ μετὰ **τρεῖς** ἡμέρας ἀναστήσεται.

14:58 ὅτι Ἐγὼ καταλύσω τὸν ναὸν τοῦτον τὸν χειροποίητον καὶ διὰ **τριῶν** ἡμερῶν ἄλλον ἀχειροποίητον οἰκοδομήσω

15:29 Οὐὰ ὁ καταλύων τὸν ναὸν καὶ οἰκοδομῶν ἐν **τρισὶν** ἡμέραις,

Lk 1:56 Ἔμεινεν δὲ Μαριὰμ σὺν αὐτῇ ὡς μῆνας **τρεῖς,**

2:46 καὶ ἐγένετο μετὰ ἡμέρας **τρεῖς** εὗρον αὐτὸν ἐν τῷ ἱερῷ καθεζόμενον ἐν μέσῳ τῶν διδασκάλων καὶ ἀκούοντα αὐτῶν

4:25 ὅτε ἐκλείσθη ὁ οὐρανὸς ἐπὶ ἔτη **τρία** καὶ μῆνας ἕξ,

9:33 καλόν ἐστιν ἡμᾶς ὧδε εἶναι, καὶ ποιήσωμεν σκηνὰς **τρεῖς,**

10:36 τίς τούτων τῶν **τριῶν** πλησίον δοκεῖ σοι γεγονέναι τοῦ ἐμπεσόντος εἰς τοὺς λῃστάς;

11: 5 Τίς ἐξ ὑμῶν ἕξει φίλον καὶ πορεύσεται πρὸς αὐτὸν μεσονυκτίου καὶ εἴπῃ αὐτῷ, Φίλε, χρῆσόν μοι **τρεῖς** ἄρτους,

12:52 ἔσονται γὰρ ἀπὸ τοῦ νῦν πέντε ἐν ἑνὶ οἴκῳ διαμεμερισμένοι, **τρεῖς** ἐπὶ δυσὶν καὶ δύο ἐπὶ **τρισίν,**

13: 7 Ἰδοὺ **τρία** ἔτη ἀφ᾽ οὗ ἔρχομαι ζητῶν καρπὸν ἐν τῇ συκῇ ταύτῃ καὶ οὐχ εὑρίσκω·

13:21 ἣν λαβοῦσα γυνὴ [ἐν]έκρυψεν εἰς ἀλεύρου σάτα **τρία** ἕως οὗ ἐζυμώθη ὅλον.

Jn 2: 6 ἦσαν δὲ ἐκεῖ λίθιναι ὑδρίαι ἓξ κατὰ τὸν καθαρισμὸν τῶν Ἰουδαίων κείμεναι, χωροῦσαι ἀνὰ μετρητὰς δύο ἢ **τρεῖς.**

2:19 Λύσατε τὸν ναὸν τοῦτον καὶ ἐν **τρισὶν** ἡμέραις ἐγερῶ αὐτόν.

2:20 Τεσσεράκοντα καὶ ἓξ ἔτεσιν οἰκοδομήθη ὁ ναὸς οὗτος, καὶ σὺ ἐν **τρισὶν** ἡμέραις ἐγερεῖς αὐτόν;

21:11 ἀνέβη οὖν Σίμων Πέτρος καὶ εἵλκυσεν τὸ δίκτυον εἰς τὴν γῆν μεστὸν ἰχθύων μεγάλων ἑκατὸν πεντήκοντα **τριῶν·**

Ac 5: 7 Ἐγένετο δὲ ὡς ὡρῶν **τριῶν** διάστημα καὶ ἡ γυνὴ αὐτοῦ μὴ εἰδυῖα τὸ γεγονὸς εἰσῆλθεν.

7:20 ὃς ἀνετράφη μῆνας **τρεῖς** ἐν τῷ οἴκῳ τοῦ πατρός,

9: 9 καὶ ἦν ἡμέρας **τρεῖς** μὴ βλέπων καὶ οὐκ ἔφαγεν οὐδὲ ἔπιεν.

10:19 τοῦ δὲ Πέτρου διενθυμουμένου περὶ τοῦ ὁράματος εἶπεν [αὐτῷ] τὸ πνεῦμα, Ἰδοὺ ἄνδρες **τρεῖς** ζητοῦντές σε,

11:11 καὶ ἰδοὺ ἐξαυτῆς **τρεῖς** ἄνδρες ἐπέστησαν ἐπὶ τὴν οἰκίαν

17: 2 κατὰ δὲ τὸ εἰωθὸς τῷ Παύλῳ εἰσῆλθεν πρὸς αὐτοὺς καὶ ἐπὶ σάββατα **τρία** διελέξατο αὐτοῖς ἀπὸ τῶν γραφῶν,

19: 8 εἰς τὴν συναγωγὴν ἐπαρρησιάζετο ἐπὶ μῆνας **τρεῖς** διαλεγόμενος καὶ πείθων [τὰ] περὶ τῆς βασιλείας τοῦ θεοῦ.

20: 3 ποιήσας τε μῆνας **τρεῖς·** γενομένης ἐπιβουλῆς αὐτῷ ὑπὸ τῶν Ἰουδαίων μέλλοντι ἀνάγεσθαι εἰς τὴν Συρίαν,

25: 1 Φῆστος οὖν ἐπιβὰς τῇ ἐπαρχείᾳ μετὰ **τρεῖς** ἡμέρας ἀνέβη εἰς Ἱεροσόλυμα ἀπὸ Καισαρείας,

28: 7 ὑπῆρχεν χωρία τῷ πρώτῳ τῆς νήσου ὀνόματι Ποπλίῳ, ὃς ἀναδεξάμενος ἡμᾶς **τρεῖς** ἡμέρας φιλοφρόνως ἐξένισεν.

28:11 Μετὰ δὲ **τρεῖς** μῆνας ἀνήχθημεν ἐν πλοίῳ παρακεχειμακότι ἐν τῇ νήσῳ,

28:12 καὶ καταχθέντες εἰς Συρακούσας ἐπεμείναμεν ἡμέρας **τρεῖς,**

28:17 Ἐγένετο δὲ μετὰ ἡμέρας **τρεῖς** συγκαλέσασθαι αὐτὸν τοὺς ὄντας τῶν Ἰουδαίων πρώτους·

1Co 10: 8 καθώς τινες αὐτῶν ἐπόρνευσαν καὶ ἔπεσαν μιᾷ ἡμέρᾳ εἴκοσι **τρεῖς** χιλιάδες.

13:13 νυνὶ δὲ μένει πίστις, ἐλπίς, ἀγάπη, τὰ **τρία** ταῦτα·

14:27 κατὰ δύο ἢ τὸ πλεῖστον **τρεῖς** καὶ ἀνὰ μέρος,

14:29 προφῆται δὲ δύο ἢ **τρεῖς** λαλείτωσαν καὶ οἱ ἄλλοι διακρινέτωσαν·

2Co 13: 1 ἐπὶ στόματος δύο μαρτύρων καὶ **τριῶν** σταθήσεται πᾶν ῥῆμα.

Gal 1:18 Ἔπειτα μετὰ ἔτη **τρία** ἀνῆλθον εἰς Ἱεροσόλυμα ἱστορῆσαι Κηφᾶν καὶ ἐπέμεινα πρὸς αὐτὸν ἡμέρας δεκαπέντε,

1Ti 5:19 ἐκτὸς εἰ μὴ ἐπὶ δύο ἢ **τριῶν** μαρτύρων.

Heb 10:28 ἀθετήσας τις νόμον Μωϋσέως χωρὶς οἰκτιρμῶν ἐπὶ δυσὶν ἢ **τρισὶν** μάρτυσιν ἀποθνῄσκει·

Jas 5:17 καὶ οὐκ ἔβρεξεν ἐπὶ τῆς γῆς ἐνιαυτοὺς **τρεῖς** καὶ μῆνας ἕξ·

1Jn 5: 7 ὅτι **τρεῖς** εἰσιν οἱ μαρτυροῦντες,

5: 8 τὸ πνεῦμα καὶ τὸ ὕδωρ καὶ τὸ αἷμα, καὶ οἱ **τρεῖς** εἰς τὸ ἕν εἰσιν.
Rev 6: 6 Χοῖνιξ σίτου δηναρίου καὶ **τρεῖς** χοίνικες κριθῶν δηναρίου,
8:13 Οὐαὶ οὐαὶ οὐαὶ τοὺς κατοικοῦντας ἐπὶ τῆς γῆς ἐκ τῶν λοιπῶν φωνῶν τῆς σάλπιγγος τῶν **τριῶν** ἀγγέλων τῶν μελλόντων σαλπίζειν.
9:18 ἀπὸ τῶν **τριῶν** πληγῶν τούτων ἀπεκτάνθησαν τὸ τρίτον τῶν ἀνθρώπων,
11: 9 καὶ βλέπουσιν ἐκ τῶν λαῶν καὶ φυλῶν καὶ γλωσσῶν καὶ ἐθνῶν τὸ πτῶμα αὐτῶν ἡμέρας **τρεῖς** καὶ ἥμισυ καὶ τὰ πτώματα αὐτῶν οὐκ ἀφίουσιν τεθῆναι εἰς μνῆμα.
11:11 καὶ μετὰ τὰς **τρεῖς** ἡμέρας καὶ ἥμισυ πνεῦμα ζωῆς ἐκ τοῦ θεοῦ εἰσῆλθεν ἐν αὐτοῖς,
16:13 Καὶ εἶδον ἐκ τοῦ στόματος τοῦ δράκοντος καὶ ἐκ τοῦ στόματος τοῦ θηρίου καὶ ἐκ τοῦ στόματος τοῦ ψευδοπροφήτου πνεύματα **τρία** ἀκάθαρτα ὡς βάτραχοι·
16:19 καὶ ἐγένετο ἡ πόλις ἡ μεγάλη εἰς **τρία** μέρη καὶ αἱ πόλεις τῶν ἐθνῶν ἔπεσαν.
21:13 ἀπὸ ἀνατολῆς πυλῶνες **τρεῖς** καὶ ἀπὸ βορρᾶ πυλῶνες **τρεῖς** καὶ ἀπὸ νότου πυλῶνες **τρεῖς** καὶ ἀπὸ δυσμῶν πυλῶνες **τρεῖς.**

5553 Τρεῖς ταβέρναι [1]

√ *5552 + 5411*

Ac 28:15 εἰς ἀπάντησιν ἡμῖν ἄχρι Ἀππίου **Φόρου** καὶ **Τριῶν Ταβερνῶν,** οὓς ἰδὼν ὁ Παῦλος εὐχαριστήσας τῷ θεῷ ἔλαβε θάρσος.

5554 τρέμω [3]

→ *1764, 1958, 5571*

Mk 5:33 ἡ δὲ γυνὴ φοβηθεῖσα καὶ **τρέμουσα,** εἰδυῖα ὃ γέγονεν αὐτῇ,
Lk 8:47 **τρέμουσα** ἦλθεν καὶ προσπεσοῦσα αὐτῷ δι' ἣν αἰτίαν ἥψατο αὐτοῦ ἀπήγγειλεν ἐνώπιον παντὸς τοῦ λαοῦ καὶ ὡς ἰάθη
2Pe 2:10 καὶ κυριότητος καταφρονοῦντας. Τολμηταὶ αὐθάδεις, δόξας οὐ **τρέμουσιν** βλασφημοῦντες,

5555 τρέφω [9]

→ *427, 1418, 1485, 1763, 1957, 2576, 5343, 5452, 5575, 5576, 5577, 5578*

Mt 6:26 καὶ ὁ πατὴρ ὑμῶν ὁ οὐράνιος **τρέφει** αὐτά·
25:37 Κύριε, πότε σε εἴδομεν πεινῶντα καὶ **ἐθρέψαμεν,** ἢ διψῶντα καὶ ἐποτίσαμεν;
Lk 4:16 Καὶ ἦλθεν εἰς Ναζαρά, οὗ ἦν **τεθραμμένος,** καὶ εἰσῆλθεν κατὰ τὸ εἰωθὸς αὐτῷ ἐν τῇ ἡμέρᾳ τῶν σαββάτων εἰς τὴν συναγωγὴν
12:24 οἷς οὐκ ἔστιν ταμεῖον οὐδὲ ἀποθήκη, καὶ ὁ θεὸς **τρέφει** αὐτούς·
23:29 Μακάριαι αἱ στεῖραι καὶ αἱ κοιλίαι αἳ οὐκ ἐγέννησαν καὶ μαστοὶ οἳ οὐκ **ἔθρεψαν.**
Ac 12:20 ᾐτοῦντο εἰρήνην διὰ τὸ **τρέφεσθαι** αὐτῶν τὴν χώραν ἀπὸ τῆς βασιλικῆς.
Jas 5: 5 ἐτρυφήσατε ἐπὶ τῆς γῆς καὶ ἐσπαταλήσατε, **ἐθρέψατε** τὰς καρδίας ὑμῶν ἐν ἡμέρᾳ σφαγῆς,
Rev 12: 6 ἵνα ἐκεῖ **τρέφωσιν** αὐτὴν ἡμέρας χιλίας διακοσίας ἑξήκοντα.
12:14 ὅπου **τρέφεται** ἐκεῖ καιρὸν καὶ καιροὺς καὶ ἥμισυ καιροῦ ἀπὸ προσώπου τοῦ ὄφεως.

5556 τρέχω [20]

→ *1536, 1661, 2192, 2312, 2963, 4366, 4596, 4708, 4731, 5282, 5340, 5579, 5580, 5720*

Mt 27:48 καὶ εὐθέως **δραμὼν** εἷς ἐξ αὐτῶν καὶ λαβὼν σπόγγον πλήσας τε ὄξους καὶ περιθεὶς καλάμῳ ἐπότιζεν αὐτόν.
28: 8 καὶ ἀπελθοῦσαι ταχὺ ἀπὸ τοῦ μνημείου μετὰ φόβου καὶ χαρᾶς μεγάλης **ἔδραμον** ἀπαγγεῖλαι τοῖς μαθηταῖς αὐτοῦ.
Mk 5: 6 καὶ ἰδὼν τὸν Ἰησοῦν ἀπὸ μακρόθεν **ἔδραμεν** καὶ προσεκύνησεν αὐτῷ
15:36 **δραμὼν** δέ τις [καὶ] γεμίσας σπόγγον ὄξους περιθεὶς καλάμῳ ἐπότιζεν αὐτὸν λέγων,
Lk 15:20 ἔτι δὲ αὐτοῦ μακρὰν ἀπέχοντος εἶδεν αὐτὸν ὁ πατὴρ αὐτοῦ καὶ ἐσπλαγχνίσθη καὶ **δραμὼν** ἐπέπεσεν ἐπὶ τὸν τράχηλον αὐτοῦ καὶ κατεφίλησεν αὐτόν.
24:12 Ὁ δὲ Πέτρος ἀναστὰς **ἔδραμεν** ἐπὶ τὸ μνημεῖον καὶ παρακύψας βλέπει τὰ ὀθόνια μόνα,
Jn 20: 2 **τρέχει** οὖν καὶ ἔρχεται πρὸς Σίμωνα Πέτρον καὶ πρὸς τὸν ἄλλον μαθητὴν ὃν ἐφίλει ὁ Ἰησοῦς καὶ λέγει αὐτοῖς,
20: 4 **ἔτρεχον** δὲ οἱ δύο ὁμοῦ· καὶ ὁ ἄλλος μαθητὴς προέδραμεν τάχιον τοῦ Πέτρου καὶ ἦλθεν πρῶτος εἰς τὸ μνημεῖον,
Ro 9:16 ἄρα οὖν οὐ τοῦ θέλοντος οὐδὲ τοῦ **τρέχοντος** ἀλλὰ τοῦ ἐλεῶντος θεοῦ.
1Co 9:24 Οὐκ οἴδατε ὅτι οἱ ἐν σταδίῳ **τρέχοντες** πάντες μὲν **τρέχουσιν,** εἷς δὲ λαμβάνει τὸ βραβεῖον; οὕτως **τρέχετε** ἵνα καταλάβητε.
9:26 ἐγὼ τοίνυν οὕτως **τρέχω** ὡς οὐκ ἀδήλως, οὕτως πυκτεύω ὡς οὐκ ἀέρα δέρων·
Gal 2: 2 κατ' ἰδίαν δὲ τοῖς δοκοῦσιν, μή πως εἰς κενὸν **τρέχω** ἢ **ἔδραμον.**
5: 7 **Ἐτρέχετε** καλῶς· τίς ὑμᾶς ἐνέκοψεν [τῇ] ἀληθείᾳ μὴ πείθεσθαι;
Php 2:16 ὅτι οὐκ εἰς κενὸν **ἔδραμον** οὐδὲ εἰς κενὸν ἐκοπίασα.
2Th 3: 1 ἵνα ὁ λόγος τοῦ κυρίου **τρέχῃ** καὶ δοξάζηται καθὼς καὶ πρὸς ὑμᾶς,
Heb 12: 1 ὄγκον ἀποθέμενοι πάντα καὶ τὴν εὐπερίστατον ἁμαρτίαν, δι' ὑπομονῆς **τρέχωμεν** τὸν προκείμενον ἡμῖν ἀγῶνα
Rev 9: 9 καὶ ἡ φωνὴ τῶν πτερύγων αὐτῶν ὡς φωνὴ ἁρμάτων ἵππων πολλῶν **τρεχόντων** εἰς πόλεμον,

5557 τρῆμα [1]

Lk 18:25 εὐκοπώτερον γάρ ἐστιν κάμηλον διὰ **τρήματος** βελόνης εἰσελθεῖν ἢ πλούσιον εἰς τὴν βασιλείαν τοῦ θεοῦ εἰσελθεῖν.

5558 τριάκοντα [11]

√ *5552*

Mt 13: 8 ὃ μὲν ἑκατόν, ὃ δὲ ἑξήκοντα, ὃ δὲ **τριάκοντα.**
13:23 ὃς δὴ καρποφορεῖ καὶ ποιεῖ ὃ μὲν ἑκατόν, ὃ δὲ ἑξήκοντα, ὃ δὲ **τριάκοντα.**
26:15 κἀγὼ ὑμῖν παραδώσω αὐτόν; οἱ δὲ ἔστησαν αὐτῷ **τριάκοντα** ἀργύρια.
27: 3 μεταμεληθεὶς ἔστρεψεν τὰ **τριάκοντα** ἀργύρια τοῖς ἀρχιερεῦσιν καὶ πρεσβυτέροις
27: 9 Καὶ ἔλαβον τὰ **τριάκοντα** ἀργύρια, τὴν τιμὴν τοῦ τετιμημένου ὃν ἐτιμήσαντο ἀπὸ υἱῶν Ἰσραήλ,
Mk 4: 8 ἔπεσεν εἰς τὴν γῆν τὴν καλὴν καὶ ἐδίδου καρπὸν ἀναβαίνοντα καὶ αὐξανόμενα καὶ ἔφερεν ἓν **τριάκοντα** καὶ ἓν ἑξήκοντα
4:20 οἵτινες ἀκούουσιν τὸν λόγον καὶ παραδέχονται καὶ καρποφοροῦσιν ἓν **τριάκοντα** καὶ ἓν ἑξήκοντα καὶ ἓν ἑκατόν.
Lk 3:23 Καὶ αὐτὸς ἦν Ἰησοῦς ἀρχόμενος ὡσεὶ ἐτῶν **τριάκοντα,**
Jn 5: 5 ἦν δέ τις ἄνθρωπος ἐκεῖ **τριάκοντα** [καὶ] ὀκτὼ ἔτη ἔχων ἐν τῇ ἀσθενείᾳ αὐτοῦ·
6:19 ἐληλακότες οὖν ὡς σταδίους εἴκοσι πέντε ἢ **τριάκοντα** θεωροῦσιν τὸν Ἰησοῦν περιπατοῦντα ἐπὶ τῆς θαλάσσης
Gal 3:17 διαθήκην προκεκυρωμένην ὑπὸ τοῦ θεοῦ ὁ μετὰ τετρακόσια καὶ **τριάκοντα** ἔτη γεγονὼς νόμος οὐκ ἀκυροῖ εἰς τὸ καταργῆσαι τὴν ἐπαγγελίαν.

5559 τριακόσιοι [2]

√ *5552*

Mk 14: 5 ἠδύνατο γὰρ τοῦτο τὸ μύρον πραθῆναι ἐπάνω δηναρίων **τριακοσίων** καὶ δοθῆναι τοῖς πτωχοῖς·
Jn 12: 5 Διὰ τί τοῦτο τὸ μύρον οὐκ ἐπράθη **τριακοσίων** δηναρίων καὶ ἐδόθη πτωχοῖς;

5560 τρίβολος [2]

√ *5552 + 965*

Mt 7:16 μήτι συλλέγουσιν ἀπὸ ἀκανθῶν σταφυλὰς ἢ ἀπὸ **τριβόλων** σῦκα;
Heb 6: 8 ἐκφέρουσα δὲ ἀκάνθας καὶ **τριβόλους,** ἀδόκιμος καὶ κατάρας ἐγγύς,

5561 τρίβος [3]

→ *1384, 1417, 4139, 5341, 5342, 5990*

Mt 3: 3 Ἑτοιμάσατε τὴν ὁδὸν κυρίου, εὐθείας ποιεῖτε τὰς **τρίβους** αὐτοῦ.
Mk 1: 3 Ἑτοιμάσατε τὴν ὁδὸν κυρίου, εὐθείας ποιεῖτε τὰς **τρίβους** αὐτοῦ,
Lk 3: 4 Ἑτοιμάσατε τὴν ὁδὸν κυρίου, εὐθείας ποιεῖτε τὰς **τρίβους** αὐτοῦ·

5562 τριετία [1]

√ 5552 + 2291

Ac 20:31 διὸ γρηγορεῖτε μνημονεύοντες ὅτι **τριετίαν** νύκτα καὶ ἡμέραν οὐκ ἐπαυσάμην μετὰ δακρύων νουθετῶν ἕνα ἕκαστον.

5563 τρίζω [1]

Mk 9:18 καὶ ἀφρίζει καὶ **τρίζει** τοὺς ὀδόντας καὶ ξηραίνεται·

5564 τρίμηνος [1]

√ 5552 + 3604

Heb 11:23 Πίστει Μωϋσῆς γεννηθεὶς ἐκρύβη **τρίμηνον** ὑπὸ τῶν πατέρων αὐτοῦ,

5565 τρίς [12]

√ 5552

Mt 26:34 Ἀμὴν λέγω σοι ὅτι ἐν ταύτῃ τῇ νυκτὶ πρὶν ἀλέκτορα φωνῆσαι **τρὶς** ἀπαρνήσῃ με.
26:75 καὶ ἐμνήσθη ὁ Πέτρος τοῦ ῥήματος Ἰησοῦ εἰρηκότος ὅτι Πρὶν ἀλέκτορα φωνῆσαι **τρὶς** ἀπαρνήσῃ με·
Mk 14:30 Ἀμὴν λέγω σοι ὅτι σὺ σήμερον ταύτῃ τῇ νυκτὶ πρὶν ἢ δὶς ἀλέκτορα φωνῆσαι **τρίς** με ἀπαρνήσῃ.
14:72 καὶ ἀνεμνήσθη ὁ Πέτρος τὸ ῥῆμα ὡς εἶπεν αὐτῷ ὁ Ἰησοῦς ὅτι Πρὶν ἀλέκτορα φωνῆσαι δὶς **τρίς** με ἀπαρνήσῃ·
Lk 22:34 οὐ φωνήσει σήμερον ἀλέκτωρ ἕως **τρίς** με ἀπαρνήσῃ εἰδέναι.
22:61 καὶ ὑπεμνήσθη ὁ Πέτρος τοῦ ῥήματος τοῦ κυρίου ὡς εἶπεν αὐτῷ ὅτι Πρὶν ἀλέκτορα φωνῆσαι σήμερον ἀπαρνήσῃ με **τρίς.**
Jn 13:38 οὐ μὴ ἀλέκτωρ φωνήσῃ ἕως οὗ ἀρνήσῃ με **τρίς.**
Ac 10:16 τοῦτο δὲ ἐγένετο ἐπὶ **τρὶς** καὶ εὐθὺς ἀνελήμφθη τὸ σκεῦος εἰς τὸν οὐρανόν.
11:10 τοῦτο δὲ ἐγένετο ἐπὶ **τρίς,** καὶ ἀνεσπάσθη πάλιν ἅπαντα εἰς τὸν οὐρανόν.
2Co 11:25 **τρὶς** ἐραβδίσθην, ἅπαξ ἐλιθάσθην, **τρὶς** ἐναυάγησα, νυχθήμερον ἐν τῷ βυθῷ πεποίηκα·
12:8 ὑπὲρ τούτου **τρὶς** τὸν κύριον παρεκάλεσα ἵνα ἀποστῇ ἀπ' ἐμοῦ.

5566 τρίστεγον [1]

√ 5552 + 5095

Ac 20:9 κατενεχθεὶς ἀπὸ τοῦ ὕπνου ἔπεσεν ἀπὸ τοῦ **τριστέγου** κάτω καὶ ἤρθη νεκρός.

5567 τρισχίλιοι [1]

√ 5552 + 5943

Ac 2:41 οἱ μὲν οὖν ἀποδεξάμενοι τὸν λόγον αὐτοῦ ἐβαπτίσθησαν καὶ προσετέθησαν ἐν τῇ ἡμέρᾳ ἐκείνῃ ψυχαὶ ὡσεὶ **τρισχίλιαι.**

5568 τρίτον [8]

√ 5552

Mk 14:41 καὶ ἔρχεται τὸ **τρίτον** καὶ λέγει αὐτοῖς, Καθεύδετε τὸ λοιπὸν καὶ ἀναπαύεσθε·
Lk 23:22 ὁ δὲ **τρίτον** εἶπεν πρὸς αὐτούς, Τί γὰρ κακὸν ἐποίησεν οὗτος;
Jn 21:14 τοῦτο ἤδη **τρίτον** ἐφανερώθη Ἰησοῦς τοῖς μαθηταῖς ἐγερθεὶς ἐκ νεκρῶν.
21:17 λέγει αὐτῷ τὸ **τρίτον,** Σίμων Ἰωάννου, φιλεῖς με; ἐλυπήθη ὁ Πέτρος ὅτι εἶπεν αὐτῷ τὸ **τρίτον,** Φιλεῖς με;
1Co 12:28 δεύτερον προφήτας, **τρίτον** διδασκάλους, ἔπειτα δυνάμεις, ἔπειτα χαρίσματα ἰαμάτων,
2Co 12:14 Ἰδοὺ **τρίτον** τοῦτο ἑτοίμως ἔχω ἐλθεῖν πρὸς ὑμᾶς,
13:1 **Τρίτον** τοῦτο ἔρχομαι πρὸς ὑμᾶς· ἐπὶ στόματος δύο μαρτύρων καὶ τριῶν σταθήσεται πᾶν ῥῆμα.

5569 τρίτος [48]

√ 5552

ἐκ τρίτου [1] Mt 26:44

τρίτου οὐρανοῦ [1] 2Co 12:2

Mt 16:21 καὶ πολλὰ παθεῖν ἀπὸ τῶν πρεσβυτέρων καὶ ἀρχιερέων καὶ γραμματέων καὶ ἀποκτανθῆναι καὶ τῇ **τρίτῃ** ἡμέρᾳ ἐγερθῆναι.
17:23 καὶ ἀποκτενοῦσιν αὐτόν, καὶ τῇ **τρίτῃ** ἡμέρᾳ ἐγερθήσεται.
20:3 καὶ ἐξελθὼν περὶ **τρίτην** ὥραν εἶδεν ἄλλους ἑστῶτας ἐν τῇ ἀγορᾷ ἀργοὺς
20:19 καὶ παραδώσουσιν αὐτὸν τοῖς ἔθνεσιν εἰς τὸ ἐμπαῖξαι καὶ μαστιγῶσαι καὶ σταυρῶσαι, καὶ τῇ **τρίτῃ** ἡμέρᾳ ἐγερθήσεται.
22:26 ὁμοίως καὶ ὁ δεύτερος καὶ ὁ **τρίτος** ἕως τῶν ἑπτά.
26:44 καὶ ἀφεὶς αὐτοὺς πάλιν ἀπελθὼν προσηύξατο ἐκ **τρίτου** τὸν αὐτὸν λόγον εἰπὼν πάλιν.
27:64 κέλευσον οὖν ἀσφαλισθῆναι τὸν τάφον ἕως τῆς **τρίτης** ἡμέρας,
Mk 12:21 καὶ ὁ δεύτερος ἔλαβεν αὐτὴν καὶ ἀπέθανεν μὴ καταλιπὼν σπέρμα· καὶ ὁ **τρίτος** ὡσαύτως·
15:25 ἦν δὲ ὥρα **τρίτη** καὶ ἐσταύρωσαν αὐτόν.
Lk 9:22 ἀποδοκιμασθῆναι ἀπὸ τῶν πρεσβυτέρων καὶ ἀρχιερέων καὶ γραμματέων καὶ ἀποκτανθῆναι καὶ τῇ **τρίτῃ** ἡμέρᾳ ἐγερθῆναι.
12:38 ἐν τῇ δευτέρᾳ κἂν ἐν τῇ **τρίτῃ** φυλακῇ ἔλθῃ καὶ εὕρῃ οὕτως,
13:32 Ἰδοὺ ἐκβάλλω δαιμόνια καὶ ἰάσεις ἀποτελῶ σήμερον καὶ αὔριον καὶ τῇ **τρίτῃ** τελειοῦμαι.
18:33 καὶ μαστιγώσαντες ἀποκτενοῦσιν αὐτόν, καὶ τῇ ἡμέρᾳ τῇ **τρίτῃ** ἀναστήσεται.
20:12 καὶ προσέθετο **τρίτον** πέμψαι· οἱ δὲ καὶ τοῦτον τραυματίσαντες ἐξέβαλον.
20:31 καὶ ὁ **τρίτος** ἔλαβεν αὐτήν, ὡσαύτως δὲ καὶ οἱ ἑπτὰ οὐ κατέλιπον τέκνα καὶ ἀπέθανον.
24:7 ὅτι δεῖ παραδοθῆναι εἰς χεῖρας ἀνθρώπων ἁμαρτωλῶν καὶ σταυρωθῆναι καὶ τῇ **τρίτῃ** ἡμέρᾳ ἀναστῆναι.
24:21 ἀλλά γε καὶ σὺν πᾶσιν τούτοις **τρίτην** ταύτην ἡμέραν ἄγει ἀφ' οὗ ταῦτα ἐγένετο.
24:46 καὶ εἶπεν αὐτοῖς ὅτι Οὕτως γέγραπται παθεῖν τὸν Χριστὸν καὶ ἀναστῆναι ἐκ νεκρῶν τῇ **τρίτῃ** ἡμέρᾳ,
Jn 2:1 Καὶ τῇ ἡμέρᾳ τῇ **τρίτῃ** γάμος ἐγένετο ἐν Κανὰ τῆς Γαλιλαίας,
Ac 2:15 οὐ γὰρ ὡς ὑμεῖς ὑπολαμβάνετε οὗτοι μεθύουσιν, ἔστιν γὰρ ὥρα **τρίτη** τῆς ἡμέρας,
10:40 τοῦτον ὁ θεὸς ἤγειρεν [ἐν] τῇ **τρίτῃ** ἡμέρᾳ καὶ ἔδωκεν αὐτὸν ἐμφανῆ γενέσθαι,
23:23 καὶ ἱππεῖς ἑβδομήκοντα καὶ δεξιολάβους διακοσίους ἀπὸ **τρίτης** ὥρας τῆς νυκτός,
27:19 καὶ τῇ **τρίτῃ** αὐτόχειρες τὴν σκευὴν τοῦ πλοίου ἔρριψαν.
1Co 15:4 καὶ ὅτι ἐτάφη καὶ ὅτι ἐγήγερται τῇ ἡμέρᾳ τῇ **τρίτῃ** κατὰ τὰς γραφὰς
2Co 12:2 ὁ θεὸς οἶδεν, ἁρπαγέντα τὸν τοιοῦτον ἕως **τρίτου** οὐρανοῦ.
Rev 4:7 καὶ τὸ ζῷον τὸ πρῶτον ὅμοιον λέοντι καὶ τὸ δεύτερον ζῷον ὅμοιον μόσχῳ καὶ τὸ **τρίτον** ζῷον ἔχων τὸ πρόσωπον ὡς ἀνθρώπου καὶ τὸ τέταρτον ζῷον ὅμοιον ἀετῷ πετομένῳ.
6:5 Καὶ ὅτε ἤνοιξεν τὴν σφραγῖδα τὴν **τρίτην,** ἤκουσα τοῦ **τρίτου** ζῴου λέγοντος, Ἔρχου.
8:7 καὶ τὸ **τρίτον** τῆς γῆς κατεκάη καὶ τὸ **τρίτον** τῶν δένδρων κατεκάη καὶ πᾶς χόρτος χλωρὸς κατεκάη.
8:8 καὶ ὡς ὄρος μέγα πυρὶ καιόμενον ἐβλήθη εἰς τὴν θάλασσαν, καὶ ἐγένετο τὸ **τρίτον** τῆς θαλάσσης αἷμα
8:9 καὶ ἀπέθανεν τὸ **τρίτον** τῶν κτισμάτων τῶν ἐν τῇ θαλάσσῃ τὰ ἔχοντα ψυχὰς καὶ τὸ **τρίτον** τῶν πλοίων διεφθάρησαν.
8:10 Καὶ ὁ **τρίτος** ἄγγελος ἐσάλπισεν· καὶ ἔπεσεν ἐκ τοῦ οὐρανοῦ ἀστὴρ μέγας καιόμενος ὡς λαμπὰς καὶ ἔπεσεν ἐπὶ τὸ **τρίτον** τῶν ποταμῶν καὶ ἐπὶ τὰς πηγὰς τῶν ὑδάτων,
8:11 καὶ ἐγένετο τὸ **τρίτον** τῶν ὑδάτων εἰς ἄψινθον καὶ πολλοὶ τῶν ἀνθρώπων ἀπέθανον ἐκ τῶν ὑδάτων ὅτι ἐπικράνθησαν.
8:12 καὶ ἐπλήγη τὸ **τρίτον** τοῦ ἡλίου καὶ τὸ **τρίτον** τῆς σελήνης καὶ τὸ **τρίτον** τῶν ἀστέρων, ἵνα σκοτισθῇ τὸ **τρίτον** αὐτῶν καὶ ἡ ἡμέρα μὴ φάνῃ τὸ **τρίτον** αὐτῆς καὶ ἡ νὺξ ὁμοίως.
9:15 ἄγγελοι οἱ ἡτοιμασμένοι εἰς τὴν ὥραν καὶ ἡμέραν καὶ μῆνα καὶ ἐνιαυτόν, ἵνα ἀποκτείνωσιν τὸ **τρίτον** τῶν ἀνθρώπων.
9:18 ἀπὸ τῶν τριῶν πληγῶν τούτων ἀπεκτάνθησαν τὸ **τρίτον** τῶν ἀνθρώπων,
11:14 Ἡ οὐαὶ ἡ δευτέρα ἀπῆλθεν· ἰδοὺ ἡ οὐαὶ ἡ **τρίτη** ἔρχεται ταχύ.
12:4 καὶ ἡ οὐρὰ αὐτοῦ σύρει τὸ **τρίτον** τῶν ἀστέρων τοῦ οὐρανοῦ καὶ ἔβαλεν αὐτοὺς εἰς τὴν γῆν.
14:9 Καὶ ἄλλος ἄγγελος **τρίτος** ἠκολούθησεν αὐτοῖς λέγων ἐν φωνῇ μεγάλῃ,
16:4 Καὶ ὁ **τρίτος** ἐξέχεεν τὴν φιάλην αὐτοῦ εἰς τοὺς ποταμοὺς καὶ τὰς πηγὰς τῶν ὑδάτων,
21:19 ὁ δεύτερος σάπφιρος, ὁ **τρίτος** χαλκηδών, ὁ τέταρτος σμάραγδος,

5570 τρίχινος [1]

√ *2582*

Rev 6:12 καὶ σεισμὸς μέγας ἐγένετο καὶ ὁ ἥλιος ἐγένετο μέλας ὡς σάκκος **τρίχινος** καὶ ἡ σελήνη ὅλη ἐγένετο ὡς αἷμα

5571 τρόμος [5]

√ *5554*

Mk 16:8 καὶ ἐξελθοῦσαι ἔφυγον ἀπὸ τοῦ μνημείου, εἶχεν γὰρ αὐτὰς **τρόμος** καὶ ἔκστασις·
1Co 2:3 κἀγὼ ἐν ἀσθενείᾳ καὶ ἐν φόβῳ καὶ ἐν **τρόμῳ** πολλῷ ἐγενόμην πρὸς ὑμᾶς,
2Co 7:15 καὶ τὰ σπλάγχνα αὐτοῦ περισσοτέρως εἰς ὑμᾶς ἐστιν ἀναμιμνῃσκομένου τὴν πάντων ὑμῶν ὑπακοήν, ὡς μετὰ φόβου καὶ **τρόμου** ἐδέξασθε αὐτόν.
Eph 6:5 ὑπακούετε τοῖς κατὰ σάρκα κυρίοις μετὰ φόβου καὶ **τρόμου** ἐν ἁπλότητι τῆς καρδίας ὑμῶν ὡς τῷ Χριστῷ,
Php 2:12 μετὰ φόβου καὶ **τρόμου** τὴν ἑαυτῶν σωτηρίαν κατεργάζεσθε·

5572 τροπή [1]

→ *426, 706, 1762, 1956, 1959, 2205, 2206, 2207, 2208, 2365, 3573, 4365, 4502, 4730, 5573, 5574*

Jas 1:17 παρ᾽ ᾧ οὐκ ἔνι παραλλαγὴ ἢ **τροπῆς** ἀποσκίασμα.

5573 τρόπος [13]

√ *5572*

Mt 23:37 ὃν **τρόπον** ὄρνις ἐπισυνάγει τὰ νοσσία αὐτῆς ὑπὸ τὰς πτέρυγας,
Lk 13:34 ποσάκις ἠθέλησα ἐπισυνάξαι τὰ τέκνα σου ὃν **τρόπον** ὄρνις τὴν ἑαυτῆς νοσσιὰν ὑπὸ τὰς πτέρυγας,
Ac 1:11 οὗτος ὁ Ἰησοῦς ὁ ἀναλημφθεὶς ἀφ᾽ ὑμῶν εἰς τὸν οὐρανὸν οὕτως ἐλεύσεται ὃν **τρόπον** ἐθεάσασθε αὐτὸν πορευόμενον εἰς τὸν οὐρανόν.
7:28 μὴ ἀνελεῖν με σὺ θέλεις ὃν **τρόπον** ἀνεῖλες ἐχθὲς τὸν Αἰγύπτιον;
15:11 ἀλλὰ διὰ τῆς χάριτος τοῦ κυρίου Ἰησοῦ πιστεύομεν σωθῆναι καθ᾽ ὃν **τρόπον** κἀκεῖνοι.
27:25 πιστεύω γὰρ τῷ θεῷ ὅτι οὕτως ἔσται καθ᾽ ὃν **τρόπον** λελάληταί μοι.
Ro 3:2 πολὺ κατὰ πάντα **τρόπον.** πρῶτον μὲν [γὰρ] ὅτι ἐπιστεύθησαν τὰ λόγια τοῦ θεοῦ.
Php 1:18 πλὴν ὅτι παντὶ **τρόπῳ,** εἴτε προφάσει εἴτε ἀληθείᾳ,
2Th 2:3 μή τις ὑμᾶς ἐξαπατήσῃ κατὰ μηδένα **τρόπον.** ὅτι ἐὰν μὴ ἔλθῃ ἡ ἀποστασία πρῶτον καὶ ἀποκαλυφθῇ ὁ ἄνθρωπος τῆς ἀνομίας,
3:16 Αὐτὸς δὲ ὁ κύριος τῆς εἰρήνης δῴη ὑμῖν τὴν εἰρήνην διὰ παντὸς ἐν παντὶ **τρόπῳ.**
2Ti 3:8 ὃν **τρόπον** δὲ Ἰάννης καὶ Ἰαμβρῆς ἀντέστησαν Μωϋσεῖ,
Heb 13:5 Ἀφιλάργυρος ὁ **τρόπος,** ἀρκούμενοι τοῖς παροῦσιν. αὐτὸς γὰρ εἴρηκεν,
Jude 1:7 ὡς Σόδομα καὶ Γόμορρα καὶ αἱ περὶ αὐτὰς πόλεις τὸν ὅμοιον **τρόπον** τούτοις ἐκπορνεύσασαι καὶ ἀπελθοῦσαι ὀπίσω σαρκὸς ἑτέρας,

5574 τροποφορέω [1]

√ *5572 + 5770*

Ac 13:18 καὶ ὡς τεσσερακονταετῆ χρόνον **ἐτροποφόρησεν** αὐτοὺς ἐν τῇ ἐρήμῳ

5575 τροφή [16]

√ *5555*

Mt 3:4 ἡ δὲ **τροφὴ** ἦν αὐτοῦ ἀκρίδες καὶ μέλι ἄγριον.
6:25 οὐχὶ ἡ ψυχὴ πλεῖόν ἐστιν τῆς **τροφῆς** καὶ τὸ σῶμα τοῦ ἐνδύματος;
10:10 μὴ πήραν εἰς ὁδὸν μηδὲ δύο χιτῶνας μηδὲ ὑποδήματα μηδὲ ῥάβδον· ἄξιος γὰρ ὁ ἐργάτης τῆς **τροφῆς** αὐτοῦ.
24:45 ὁ πιστὸς δοῦλος καὶ φρόνιμος ὃν κατέστησεν ὁ κύριος ἐπὶ τῆς οἰκετείας αὐτοῦ τοῦ δοῦναι αὐτοῖς τὴν **τροφὴν** ἐν καιρῷ;
Lk 12:23 ἡ γὰρ ψυχὴ πλεῖόν ἐστιν τῆς **τροφῆς** καὶ τὸ σῶμα τοῦ ἐνδύματος.
Jn 4:8 οἱ γὰρ μαθηταὶ αὐτοῦ ἀπεληλύθεισαν εἰς τὴν πόλιν ἵνα **τροφὰς** ἀγοράσωσιν.
Ac 2:46 κλῶντές τε κατ᾽ οἶκον ἄρτον, μετελάμβανον **τροφῆς** ἐν ἀγαλλιάσει καὶ ἀφελότητι καρδίας
9:19 καὶ λαβὼν **τροφὴν** ἐνίσχυσεν. Ἐγένετο δὲ μετὰ τῶν ἐν Δαμασκῷ μαθητῶν ἡμέρας τινὰς
14:17 οὐρανόθεν ὑμῖν ὑετοὺς διδοὺς καὶ καιροὺς καρποφόρους, ἐμπιπλῶν **τροφῆς** καὶ εὐφροσύνης τὰς καρδίας ὑμῶν.
27:33 Ἄχρι δὲ οὗ ἡμέρα ἤμελλεν γίνεσθαι, παρεκάλει ὁ Παῦλος ἅπαντας μεταλαβεῖν **τροφῆς** λέγων,
27:34 διὸ παρακαλῶ ὑμᾶς μεταλαβεῖν **τροφῆς·** τοῦτο γὰρ πρὸς τῆς ὑμετέρας σωτηρίας ὑπάρχει,
27:36 εὔθυμοι δὲ γενόμενοι πάντες καὶ αὐτοὶ προσελάβοντο **τροφῆς.**
27:38 κορεσθέντες δὲ **τροφῆς** ἐκούφιζον τὸ πλοῖον ἐκβαλλόμενοι τὸν σῖτον εἰς τὴν θάλασσαν.
Heb 5:12 πάλιν χρείαν ἔχετε τοῦ διδάσκειν ὑμᾶς τινὰ τὰ στοιχεῖα τῆς ἀρχῆς τῶν λογίων τοῦ θεοῦ καὶ γεγόνατε χρείαν ἔχοντες γάλακτος [καὶ] οὐ στερεᾶς **τροφῆς.**
5:14 τελείων δέ ἐστιν ἡ στερεὰ **τροφή,** τῶν διὰ τὴν ἕξιν τὰ αἰσθητήρια γεγυμνασμένα ἐχόντων πρὸς διάκρισιν καλοῦ τε καὶ κακοῦ.
Jas 2:15 ἐὰν ἀδελφὸς ἢ ἀδελφὴ γυμνοὶ ὑπάρχωσιν καὶ λειπόμενοι τῆς ἐφημέρου **τροφῆς**

5576 Τρόφιμος [3]

√ *5555*

Ac 20:4 καὶ Γάϊος Δερβαῖος καὶ Τιμόθεος, Ἀσιανοὶ δὲ Τυχικὸς καὶ **Τρόφιμος.**
21:29 ἦσαν γὰρ προεωρακότες **Τρόφιμον** τὸν Ἐφέσιον ἐν τῇ πόλει σὺν αὐτῷ,
2Ti 4:20 Ἔραστος ἔμεινεν ἐν Κορίνθῳ, **Τρόφιμον** δὲ ἀπέλιπον ἐν Μιλήτῳ ἀσθενοῦντα.

5577 τροφός [1]

√ *5555*

1Th 2:7 ἀλλὰ ἐγενήθημεν νήπιοι ἐν μέσῳ ὑμῶν, ὡς ἐὰν **τροφὸς** θάλπῃ τὰ ἑαυτῆς τέκνα,

5578 τροφοφορέω Not used in UBS/NIV

√ *5555 + 5770*

5579 τροχιά [1]

√ *5556*

Heb 12:13 καὶ **τροχιὰς** ὀρθὰς ποιεῖτε τοῖς ποσὶν ὑμῶν, ἵνα μὴ τὸ χωλὸν ἐκτραπῇ,

5580 τροχός [1]

√ *5556*

Jas 3:6 ἡ σπιλοῦσα ὅλον τὸ σῶμα καὶ φλογίζουσα τὸν **τροχὸν** τῆς γενέσεως καὶ φλογιζομένη ὑπὸ τῆς γεέννης.

5581 τρύβλιον [2]

Mt 26:23 Ὁ ἐμβάψας μετ᾽ ἐμοῦ τὴν χεῖρα ἐν τῷ **τρυβλίῳ** οὗτός με παραδώσει.
Mk 14:20 Εἷς τῶν δώδεκα, ὁ ἐμβαπτόμενος μετ᾽ ἐμοῦ εἰς τὸ **τρύβλιον.**

5582 τρυγάω [3]

Lk 6:44 οὐ γὰρ ἐξ ἀκανθῶν συλλέγουσιν σῦκα οὐδὲ ἐκ βάτου σταφυλὴν **τρυγῶσιν.**
Rev 14:18 Πέμψον σου τὸ δρέπανον τὸ ὀξὺ καὶ **τρύγησον** τοὺς βότρυας τῆς ἀμπέλου τῆς γῆς,
14:19 καὶ ἔβαλεν ὁ ἄγγελος τὸ δρέπανον αὐτοῦ εἰς τὴν γῆν καὶ **ἐτρύγησεν** τὴν ἄμπελον τῆς γῆς καὶ ἔβαλεν εἰς τὴν ληνὸν τοῦ θυμοῦ τοῦ θεοῦ τὸν μέγαν.

5583 τρυγών [1]

Lk 2:24 καὶ τοῦ δοῦναι θυσίαν κατὰ τὸ εἰρημένον ἐν τῷ νόμῳ κυρίου, ζεῦγος **τρυγόνων** ἢ δύο νοσσοὺς περιστερῶν.

5584 τρυμαλιά [1]

→ *5585*

Mk 10:25 εὐκοπώτερόν ἐστιν κάμηλον διὰ [τῆς] **τρυμαλιᾶς** [τῆς] ῥαφίδος διελθεῖν ἢ πλούσιον εἰς τὴν βασιλείαν τοῦ θεοῦ εἰσελθεῖν.

5585 τρύπημα [1]

√ *5584*

Mt 19:24 εὐκοπώτερόν ἐστιν κάμηλον διὰ **τρυπήματος** ῥαφίδος διελθεῖν ἢ πλούσιον εἰσελθεῖν εἰς τὴν βασιλείαν τοῦ θεοῦ.

5586 Τρύφαινα [1]

√ *5588*

Ro 16:12 ἀσπάσασθε **Τρύφαιναν** καὶ Τρυφῶσαν τὰς κοπιώσας ἐν κυρίῳ.

5587 τρυφάω [1]

√ *5588*

Jas 5: 5 **ἐτρυφήσατε** ἐπὶ τῆς γῆς καὶ ἐσπαταλήσατε, ἐθρέψατε τὰς καρδίας ὑμῶν ἐν ἡμέρᾳ σφαγῆς,

5588 τρυφή [2]

→ *1960, 5586, 5587, 5589; cf. 2586*

Lk 7:25 ἰδοὺ οἱ ἐν ἱματισμῷ ἐνδόξῳ καὶ **τρυφῇ** ὑπάρχοντες ἐν τοῖς βασιλείοις εἰσίν.
2Pe 2:13 ἀδικούμενοι μισθὸν ἀδικίας, ἡδονὴν ἡγούμενοι τὴν ἐν ἡμέρᾳ **τρυφήν,**

5589 Τρυφῶσα [1]

√ *5588*

Ro 16:12 ἀσπάσασθε Τρύφαιναν καὶ **Τρυφῶσαν** τὰς κοπιώσας ἐν κυρίῳ.

5590 Τρῳάς [6]

Ac 16: 8 παρελθόντες δὲ τὴν Μυσίαν κατέβησαν εἰς **Τρῳάδα.**
16:11 Ἀναχθέντες δὲ ἀπὸ **Τρῳάδος** εὐθυδρομήσαμεν εἰς Σαμοθρᾴκην, τῇ δὲ ἐπιούσῃ εἰς Νέαν
20: 5 οὗτοι δὲ προελθόντες ἔμενον ἡμᾶς ἐν **Τρῳάδι,**
20: 6 ἐξεπλεύσαμεν μετὰ τὰς ἡμέρας τῶν ἀζύμων ἀπὸ Φιλίππων καὶ ἤλθομεν πρὸς αὐτοὺς εἰς τὴν **Τρῳάδα** ἄχρι ἡμερῶν πέντε,
2Co 2:12 Ἐλθὼν δὲ εἰς τὴν **Τρῳάδα** εἰς τὸ εὐαγγέλιον τοῦ Χριστοῦ καὶ θύρας μοι ἀνεῳγμένης ἐν κυρίῳ,
2Ti 4:13 τὸν φαιλόνην ὃν ἀπέλιπον ἐν **Τρῳάδι** παρὰ Κάρπῳ ἐρχόμενος φέρε,

5591 Τρωγύλλιον Not used in UBS/NIV

5592 τρώγω [6]

→ *5543*

τρώγων ἄρτος [2] Jn 6:58; 13:18

Mt 24:38 ὡς γὰρ ἦσαν ἐν ταῖς ἡμέραις [ἐκείναις] ταῖς πρὸ τοῦ κατακλυσμοῦ **τρώγοντες** καὶ πίνοντες,
Jn 6:54 ὁ **τρώγων** μου τὴν σάρκα καὶ πίνων μου τὸ αἷμα ἔχει ζωὴν αἰώνιον,
6:56 ὁ **τρώγων** μου τὴν σάρκα καὶ πίνων μου τὸ αἷμα ἐν ἐμοὶ μένει κἀγὼ ἐν αὐτῷ.
6:57 καὶ ὁ **τρώγων** με κἀκεῖνος ζήσει δι' ἐμέ.
6:58 ὁ **τρώγων** τοῦτον τὸν ἄρτον ζήσει εἰς τὸν αἰῶνα.
13:18 Ὁ **τρώγων** μου τὸν ἄρτον ἐπῆρεν ἐπ' ἐμὲ τὴν πτέρναν αὐτοῦ.

5593 τυγχάνω [12]

→ *1950, 1961, 2209, 2366, 4193, 5344, 5345, 5346, 5608, 5659*

τυχόν [1] 1Co 16:6

Lk 20:35 οἱ δὲ καταξιωθέντες τοῦ αἰῶνος ἐκείνου **τυχεῖν** καὶ τῆς ἀναστάσεως τῆς ἐκ νεκρῶν οὔτε γαμοῦσιν οὔτε γαμίζονται·
Ac 19:11 Δυνάμεις τε οὐ τὰς **τυχούσας** ὁ θεὸς ἐποίει διὰ τῶν χειρῶν Παύλου,
24: 2 Πολλῆς εἰρήνης **τυγχάνοντες** διὰ σοῦ καὶ διορθωμάτων γινομένων τῷ ἔθνει τούτῳ διὰ τῆς σῆς προνοίας,
26:22 ἐπικουρίας οὖν **τυχὼν** τῆς ἀπὸ τοῦ θεοῦ ἄχρι τῆς ἡμέρας ταύτης ἕστηκα μαρτυρόμενος μικρῷ τε καὶ μεγάλῳ
27: 3 φιλανθρώπως τε ὁ Ἰούλιος τῷ Παύλῳ χρησάμενος ἐπέτρεψεν πρὸς τοὺς φίλους πορευθέντι ἐπιμελείας **τυχεῖν.**
28: 2 οἵ τε βάρβαροι παρεῖχον οὐ τὴν **τυχοῦσαν** φιλανθρωπίαν ἡμῖν,
1Co 14:10 τοσαῦτα εἰ **τύχοι** γένη φωνῶν εἰσιν ἐν κόσμῳ καὶ οὐδὲν ἄφωνον·
15:37 οὐ τὸ σῶμα τὸ γενησόμενον σπείρεις ἀλλὰ γυμνὸν κόκκον εἰ **τύχοι** σίτου ἤ τινος τῶν λοιπῶν·
16: 6 πρὸς ὑμᾶς δὲ **τυχὸν** παραμενῶ ἢ καὶ παραχειμάσω,
2Ti 2:10 ἵνα καὶ αὐτοὶ σωτηρίας **τύχωσιν** τῆς ἐν Χριστῷ Ἰησοῦ μετὰ δόξης αἰωνίου.
Heb 8: 6 νυν[ὶ] δὲ διαφορωτέρας **τέτυχεν** λειτουργίας, ὅσῳ καὶ κρείττονός ἐστιν διαθήκης μεσίτης,
11:35 ἄλλοι δὲ ἐτυμπανίσθησαν οὐ προσδεξάμενοι τὴν ἀπολύτρωσιν, ἵνα κρείττονος ἀναστάσεως **τύχωσιν·**

5594 τυμπανίζω [1]

√ *5597*

Heb 11:35 ἄλλοι δὲ **ἐτυμπανίσθησαν** οὐ προσδεξάμενοι τὴν ἀπολύτρωσιν, ἵνα κρείττονος ἀναστάσεως τύχωσιν·

5595 τυπικῶς [1]

√ *5597*

1Co 10:11 ταῦτα δὲ **τυπικῶς** συνέβαινεν ἐκείνοις, ἐγράφη δὲ πρὸς νουθεσίαν ἡμῶν,

5596 τύπος [15]

√ *5597*

Jn 20:25 Ἐὰν μὴ ἴδω ἐν ταῖς χερσὶν αὐτοῦ τὸν **τύπον** τῶν ἥλων καὶ βάλω τὸν δάκτυλόν μου εἰς τὸν **τύπον** τῶν ἥλων καὶ βάλω μου τὴν χεῖρα εἰς τὴν πλευρὰν αὐτοῦ,
Ac 7:43 τοὺς **τύπους** οὓς ἐποιήσατε προσκυνεῖν αὐτοῖς, καὶ μετοικιῶ ὑμᾶς ἐπέκεινα Βαβυλῶνος.
7:44 Ἡ σκηνὴ τοῦ μαρτυρίου ἦν τοῖς πατράσιν ἡμῶν ἐν τῇ ἐρήμῳ καθὼς διετάξατο ὁ λαλῶν τῷ Μωϋσῇ ποιῆσαι αὐτὴν κατὰ τὸν **τύπον** ὃν ἑωράκει·
23:25 γράψας ἐπιστολὴν ἔχουσαν τὸν **τύπον** τοῦτον·
Ro 5:14 καὶ ἐπὶ τοὺς μὴ ἁμαρτήσαντας ἐπὶ τῷ ὁμοιώματι τῆς παραβάσεως Ἀδὰμ ὅς ἐστιν **τύπος** τοῦ μέλλοντος.
6:17 χάρις δὲ τῷ θεῷ ὅτι ἦτε δοῦλοι τῆς ἁμαρτίας ὑπηκούσατε δὲ ἐκ καρδίας εἰς ὃν παρεδόθητε **τύπον** διδαχῆς,
1Co 10: 6 ταῦτα δὲ **τύποι** ἡμῶν ἐγενήθησαν, εἰς τὸ μὴ εἶναι ἡμᾶς ἐπιθυμητὰς κακῶν,
Php 3:17 καὶ σκοπεῖτε τοὺς οὕτω περιπατοῦντας καθὼς ἔχετε **τύπον** ἡμᾶς.
1Th 1: 7 ὥστε γενέσθαι ὑμᾶς **τύπον** πᾶσιν τοῖς πιστεύουσιν ἐν τῇ Μακεδονίᾳ καὶ ἐν τῇ Ἀχαΐᾳ.
2Th 3: 9 ἀλλ' ἵνα ἑαυτοὺς **τύπον** δῶμεν ὑμῖν εἰς τὸ μιμεῖσθαι ἡμᾶς.
1Ti 4:12 ἀλλὰ **τύπος** γίνου τῶν πιστῶν ἐν λόγῳ, ἐν ἀναστροφῇ,
Tit 2: 7 περὶ πάντα, σεαυτὸν παρεχόμενος **τύπον** καλῶν ἔργων, ἐν τῇ διδασκαλίᾳ ἀφθορίαν,
Heb 8: 5 ποιήσεις πάντα κατὰ τὸν **τύπον** τὸν δειχθέντα σοι ἐν τῷ ὄρει·
1Pe 5: 3 μηδ' ὡς κατακυριεύοντες τῶν κλήρων ἀλλὰ **τύποι** γινόμενοι τοῦ ποιμνίου·

5597 τύπτω [13]

→ *531, 1963, 5594, 5595, 5596, 5721*

Mt 24:49 καὶ ἄρξηται **τύπτειν** τοὺς συνδούλους αὐτοῦ, ἐσθίῃ δὲ καὶ πίνῃ μετὰ τῶν μεθυόντων,
27:30 καὶ ἐμπτύσαντες εἰς αὐτὸν ἔλαβον τὸν κάλαμον καὶ **ἔτυπτον** εἰς τὴν κεφαλὴν αὐτοῦ.
Mk 15:19 καὶ **ἔτυπτον** αὐτοῦ τὴν κεφαλὴν καλάμῳ καὶ ἐνέπτυον αὐτῷ καὶ τιθέντες τὰ γόνατα προσεκύνουν αὐτῷ.
Lk 6:29 τῷ **τύπτοντί** σε ἐπὶ τὴν σιαγόνα πάρεχε καὶ τὴν ἄλλην,
12:45 καὶ ἄρξηται **τύπτειν** τοὺς παῖδας καὶ τὰς παιδίσκας,
18:13 ἀλλ' **ἔτυπτεν** τὸ στῆθος αὐτοῦ λέγων, Ὁ θεός,

23:48 πάντες οἱ συμπαραγενόμενοι ὄχλοι ἐπὶ τὴν θεωρίαν ταύτην, θεωρήσαντες τὰ γενόμενα, **τύπτοντες** τὰ στήθη ὑπέστρεφον.
Ac 18:17 ἐπιλαβόμενοι δὲ πάντες Σωσθένην τὸν ἀρχισυνάγωγον **ἔτυπτον** ἔμπροσθεν τοῦ βήματος·
21:32 οἱ δὲ ἰδόντες τὸν χιλίαρχον καὶ τοὺς στρατιώτας ἐπαύσαντο **τύπτοντες** τὸν Παῦλον.
23: 2 ὁ δὲ ἀρχιερεὺς Ἁνανίας ἐπέταξεν τοῖς παρεστῶσιν αὐτῷ **τύπτειν** αὐτοῦ τὸ στόμα.
23: 3 τότε ὁ Παῦλος πρὸς αὐτὸν εἶπεν, **Τύπτειν** σε μέλλει ὁ θεός, τοῖχε κεκονιαμένε· καὶ σὺ κάθῃ κρίνων με κατὰ τὸν νόμον καὶ παρανομῶν κελεύεις με **τύπτεσθαι;**
1Co 8:12 οὕτως δὲ ἁμαρτάνοντες εἰς τοὺς ἀδελφοὺς καὶ **τύπτοντες** αὐτῶν τὴν συνείδησιν ἀσθενοῦσαν εἰς Χριστὸν ἁμαρτάνετε.

5598 Τύραννος¹ [1]

√ *5599*

Ac 19: 9 ἀποστὰς ἀπ' αὐτῶν ἀφώρισεν τοὺς μαθητὰς καθ' ἡμέραν διαλεγόμενος ἐν τῇ σχολῇ **Τυράννου.**

5599 τύραννος² Not used in UBS/NIV

→ *5598*

5600 τυρβάζω Not used in UBS/NIV

5601 Τύριος [1]

√ *5602*

Ac 12:20 Ἦν δὲ θυμομαχῶν **Τυρίοις** καὶ Σιδωνίοις· ὁμοθυμαδὸν δὲ παρῆσαν πρὸς αὐτὸν καὶ πείσαντες Βλάστον,

5602 Τύρος [11]

→ *5601*

Mt 11:21 ὅτι εἰ ἐν **Τύρῳ** καὶ Σιδῶνι ἐγένοντο αἱ δυνάμεις αἱ γενόμεναι ἐν ὑμῖν,
11:22 **Τύρῳ** καὶ Σιδῶνι ἀνεκτότερον ἔσται ἐν ἡμέρᾳ κρίσεως ἢ ὑμῖν.
15:21 Καὶ ἐξελθὼν ἐκεῖθεν ὁ Ἰησοῦς ἀνεχώρησεν εἰς τὰ μέρη **Τύρου** καὶ Σιδῶνος.
Mk 3: 8 καὶ ἀπὸ Ἱεροσολύμων καὶ ἀπὸ τῆς Ἰδουμαίας καὶ πέραν τοῦ Ἰορδάνου καὶ περὶ **Τύρον** καὶ Σιδῶνα,
7:24 Ἐκεῖθεν δὲ ἀναστὰς ἀπῆλθεν εἰς τὰ ὅρια **Τύρου.**
7:31 Καὶ πάλιν ἐξελθὼν ἐκ τῶν ὁρίων **Τύρου** ἦλθεν διὰ Σιδῶνος εἰς τὴν θάλασσαν τῆς Γαλιλαίας ἀνὰ μέσον τῶν ὁρίων Δεκαπόλεως.
Lk 6:17 καὶ πλῆθος πολὺ τοῦ λαοῦ ἀπὸ πάσης τῆς Ἰουδαίας καὶ Ἰερουσαλὴμ καὶ τῆς παραλίου **Τύρου** καὶ Σιδῶνος,
10:13 ὅτι εἰ ἐν **Τύρῳ** καὶ Σιδῶνι ἐγενήθησαν αἱ δυνάμεις αἱ γενόμεναι ἐν ὑμῖν,
10:14 πλὴν **Τύρῳ** καὶ Σιδῶνι ἀνεκτότερον ἔσται ἐν τῇ κρίσει ἢ ὑμῖν.
Ac 21: 3 ἀναφάναντες δὲ τὴν Κύπρον καὶ καταλιπόντες αὐτὴν εὐώνυμον ἐπλέομεν εἰς Συρίαν καὶ κατήλθομεν εἰς **Τύρον·**
21: 7 Ἡμεῖς δὲ τὸν πλοῦν διανύσαντες ἀπὸ **Τύρου** κατηντήσαμεν εἰς Πτολεμαΐδα καὶ ἀσπασάμενοι τοὺς ἀδελφοὺς ἐμείναμεν

5603 τυφλός [50 / 49]

→ *5604*

ὁδηγέω τυφλός [2] Mt 15:14; Lk 6:39
ὁδηγός τυφλός [3] Mt 15:14; 23:16,24
ὁδηγός τυφλῶν [1] Ro 2:19

Mt 9:27 Καὶ παράγοντι ἐκεῖθεν τῷ Ἰησοῦ ἠκολούθησαν [αὐτῷ] δύο **τυφλοὶ** κράζοντες καὶ λέγοντες,
9:28 ἐλθόντι δὲ εἰς τὴν οἰκίαν προσῆλθον αὐτῷ οἱ **τυφλοί,**
11: 5 **τυφλοὶ** ἀναβλέπουσιν καὶ χωλοὶ περιπατοῦσιν, λεπροὶ καθαρίζονται καὶ κωφοὶ ἀκούουσιν,
12:22 Τότε προσηνέχθη αὐτῷ δαιμονιζόμενος **τυφλὸς** [UBS; NIV προσήνεγκαν αὐτῷ δαιμονιζόμενον **τυφλὸν** καὶ κωφόν,] καὶ κωφός, καὶ ἐθεράπευσεν αὐτόν,
15:14 ἄφετε αὐτούς· **τυφλοί** εἰσιν ὁδηγοὶ **[τυφλῶν·]**[NIV-] **τυφλὸς** δὲ **τυφλὸν** ἐὰν ὁδηγῇ, ἀμφότεροι εἰς βόθυνον πεσοῦνται.
15:30 καὶ προσῆλθον αὐτῷ ὄχλοι πολλοὶ ἔχοντες μεθ' ἑαυτῶν χωλούς, **τυφλούς,** κυλλούς, κωφούς,
15:31 κυλλοὺς ὑγιεῖς καὶ χωλοὺς περιπατοῦντας καὶ **τυφλοὺς** βλέποντας·
20:30 καὶ ἰδοὺ δύο **τυφλοὶ** καθήμενοι παρὰ τὴν ὁδὸν ἀκούσαντες ὅτι Ἰησοῦς παράγει,
21:14 Καὶ προσῆλθον αὐτῷ **τυφλοὶ** καὶ χωλοὶ ἐν τῷ ἱερῷ,
23:16 Οὐαὶ ὑμῖν, ὁδηγοὶ **τυφλοὶ** οἱ λέγοντες, Ὃς ἂν ὀμόσῃ ἐν τῷ ναῷ,
23:17 μωροὶ καὶ **τυφλοί,** τίς γὰρ μείζων ἐστίν, ὁ χρυσὸς ἢ ὁ ναὸς ὁ ἁγιάσας τὸν χρυσόν;
23:19 **τυφλοί,** τί γὰρ μεῖζον, τὸ δῶρον ἢ τὸ θυσιαστήριον τὸ ἁγιάζον τὸ δῶρον;
23:24 ὁδηγοὶ **τυφλοί,** οἱ διϋλίζοντες τὸν κώνωπα, τὴν δὲ κάμηλον καταπίνοντες.
23:26 Φαρισαῖε **τυφλέ,** καθάρισον πρῶτον τὸ ἐντὸς τοῦ ποτηρίου,
Mk 8:22 καὶ φέρουσιν αὐτῷ **τυφλὸν** καὶ παρακαλοῦσιν αὐτὸν ἵνα αὐτοῦ ἅψηται.
8:23 καὶ ἐπιλαβόμενος τῆς χειρὸς τοῦ **τυφλοῦ** ἐξήνεγκεν αὐτὸν ἔξω τῆς κώμης καὶ πτύσας εἰς τὰ ὄμματα αὐτοῦ,
10:46 καὶ ἐκπορευομένου αὐτοῦ ἀπὸ Ἰεριχὼ καὶ τῶν μαθητῶν αὐτοῦ καὶ ὄχλου ἱκανοῦ ὁ υἱὸς Τιμαίου Βαρτιμαῖος, **τυφλὸς** προσαίτης, ἐκάθητο παρὰ τὴν ὁδόν.
10:49 καὶ φωνοῦσιν τὸν **τυφλὸν** λέγοντες αὐτῷ, Θάρσει, ἔγειρε,
10:51 ὁ δὲ **τυφλὸς** εἶπεν αὐτῷ, Ραββουνι, ἵνα ἀναβλέψω.
Lk 4:18 ἀπέσταλκέν με, κηρύξαι αἰχμαλώτοις ἄφεσιν καὶ **τυφλοῖς** ἀνάβλεψιν,
6:39 Εἶπεν δὲ καὶ παραβολὴν αὐτοῖς· Μήτι δύναται **τυφλὸς τυφλὸν** ὁδηγεῖν;
7:21 ἐθεράπευσεν πολλοὺς ἀπὸ νόσων καὶ μαστίγων καὶ πνευμάτων πονηρῶν καὶ **τυφλοῖς** πολλοῖς ἐχαρίσατο βλέπειν.
7:22 **τυφλοὶ** ἀναβλέπουσιν, χωλοὶ περιπατοῦσιν, λεπροὶ καθαρίζονται καὶ κωφοὶ ἀκούουσιν,
14:13 ἀλλ' ὅταν δοχὴν ποιῇς, κάλει πτωχούς, ἀναπείρους, χωλούς, **τυφλούς·**
14:21 εἰς τὰς πλατείας καὶ ῥύμας τῆς πόλεως καὶ τοὺς πτωχοὺς καὶ ἀναπείρους καὶ **τυφλοὺς** καὶ χωλοὺς εἰσάγαγε ὧδε.
18:35 Ἐγένετο δὲ ἐν τῷ ἐγγίζειν αὐτὸν εἰς Ἰεριχὼ **τυφλός** τις ἐκάθητο παρὰ τὴν ὁδὸν ἐπαιτῶν.
Jn 5: 3 ἐν ταύταις κατέκειτο πλῆθος τῶν ἀσθενούντων, **τυφλῶν,** χωλῶν, ξηρῶν.
9: 1 Καὶ παράγων εἶδεν ἄνθρωπον **τυφλὸν** ἐκ γενετῆς.
9: 2 οὗτος ἢ οἱ γονεῖς αὐτοῦ, ἵνα **τυφλὸς** γεννηθῇ;
9:13 Ἄγουσιν αὐτὸν πρὸς τοὺς Φαρισαίους τόν ποτε **τυφλόν.**
9:17 λέγουσιν οὖν τῷ **τυφλῷ** πάλιν, Τί σὺ λέγεις περὶ αὐτοῦ,
9:18 Οὐκ ἐπίστευσαν οὖν οἱ Ἰουδαῖοι περὶ αὐτοῦ ὅτι ἦν **τυφλὸς** καὶ ἀνέβλεψεν ἕως ὅτου ἐφώνησαν τοὺς γονεῖς αὐτοῦ
9:19 Οὗτός ἐστιν ὁ υἱὸς ὑμῶν, ὃν ὑμεῖς λέγετε ὅτι **τυφλὸς** ἐγεννήθη;
9:20 Οἴδαμεν ὅτι οὗτός ἐστιν ὁ υἱὸς ἡμῶν καὶ ὅτι **τυφλὸς** ἐγεννήθη·
9:24 Ἐφώνησαν οὖν τὸν ἄνθρωπον ἐκ δευτέρου ὃς ἦν **τυφλὸς** καὶ εἶπαν αὐτῷ,
9:25 Εἰ ἁμαρτωλός ἐστιν οὐκ οἶδα· ἓν οἶδα ὅτι **τυφλὸς** ὢν ἄρτι βλέπω.
9:32 ἐκ τοῦ αἰῶνος οὐκ ἠκούσθη ὅτι ἠνέῳξέν τις ὀφθαλμοὺς **τυφλοῦ** γεγεννημένου·
9:39 ἵνα οἱ μὴ βλέποντες βλέπωσιν καὶ οἱ βλέποντες **τυφλοὶ** γένωνται.
9:40 Ἤκουσαν ἐκ τῶν Φαρισαίων ταῦτα οἱ μετ' αὐτοῦ ὄντες καὶ εἶπον αὐτῷ, Μὴ καὶ ἡμεῖς **τυφλοί** ἐσμεν;
9:41 εἶπεν αὐτοῖς ὁ Ἰησοῦς, Εἰ **τυφλοὶ** ἦτε, οὐκ ἂν εἴχετε ἁμαρτίαν·
10:21 Ταῦτα τὰ ῥήματα οὐκ ἔστιν δαιμονιζομένου· μὴ δαιμόνιον δύναται **τυφλῶν** ὀφθαλμοὺς ἀνοῖξαι;
11:37 Οὐκ ἐδύνατο οὗτος ὁ ἀνοίξας τοὺς ὀφθαλμοὺς τοῦ **τυφλοῦ** ποιῆσαι ἵνα καὶ οὗτος μὴ ἀποθάνῃ;
Ac 13:11 καὶ νῦν ἰδοὺ χεὶρ κυρίου ἐπὶ σὲ καὶ ἔσῃ **τυφλὸς** μὴ βλέπων τὸν ἥλιον ἄχρι καιροῦ.
Ro 2:19 πέποιθάς τε σεαυτὸν ὁδηγὸν εἶναι **τυφλῶν,** φῶς τῶν ἐν σκότει,
2Pe 1: 9 ᾧ γὰρ μὴ πάρεστιν ταῦτα, **τυφλός** ἐστιν μυωπάζων,
Rev 3:17 καὶ οὐκ οἶδας ὅτι σὺ εἶ ὁ ταλαίπωρος καὶ ἐλεεινὸς καὶ πτωχὸς καὶ **τυφλὸς** καὶ γυμνός,

5604 τυφλόω [3]

√ *5603*

with **ὀφθαλμός** [2] Jn 12:40; 1Jn 2:11

Jn 12:40 **Τετύφλωκεν** αὐτῶν τοὺς ὀφθαλμοὺς καὶ ἐπώρωσεν αὐτῶν τὴν καρδίαν,

2Co 4: 4 ἐν οἷς ὁ θεὸς τοῦ αἰῶνος τούτου **ἐτύφλωσεν** τὰ νοήματα τῶν ἀπίστων εἰς τὸ μὴ αὐγάσαι τὸν φωτισμὸν τοῦ εὐαγγελίου
1Jn 2:11 ὁ δὲ μισῶν τὸν ἀδελφὸν αὐτοῦ ἐν τῇ σκοτίᾳ ἐστὶν καὶ ἐν τῇ σκοτίᾳ περιπατεῖ καὶ οὐκ οἶδεν ποῦ ὑπάγει, ὅτι ἡ σκοτία **ἐτύφλωσεν** τοὺς ὀφθαλμοὺς αὐτοῦ.

5605 τυφόομαι [3]

√ *5606*

1Ti 3: 6 ἵνα μὴ **τυφωθεὶς** εἰς κρίμα ἐμπέσῃ τοῦ διαβόλου.
6: 4 **τετύφωται,** μηδὲν ἐπιστάμενος, ἀλλὰ νοσῶν περὶ ζητήσεις καὶ λογομαχίας,
2Ti 3: 4 προδόται προπετεῖς **τετυφωμένοι,** φιλήδονοι μᾶλλον ἢ φιλόθεοι,

5606 τύφω [1]

→ *5491, 5605*

Mt 12:20 κάλαμον συντετριμμένον οὐ κατεάξει καὶ λίνον **τυφόμενον** οὐ σβέσει,

5607 τυφωνικός [1]

Ac 27:14 μετ᾽ οὐ πολὺ δὲ ἔβαλεν κατ᾽ αὐτῆς ἄνεμος **τυφωνικὸς** ὁ καλούμενος Εὐρακύλων·

5608 Τυχικός [5]

√ *5593*

Ac 20: 4 καὶ Γάϊος Δερβαῖος καὶ Τιμόθεος, Ἀσιανοὶ δὲ **Τυχικὸς** καὶ Τρόφιμος.
Eph 6:21 πάντα γνωρίσει ὑμῖν **Τυχικὸς** ὁ ἀγαπητὸς ἀδελφὸς καὶ πιστὸς διάκονος ἐν κυρίῳ,
Col 4: 7 Τὰ κατ᾽ ἐμὲ πάντα γνωρίσει ὑμῖν **Τυχικὸς** ὁ ἀγαπητὸς ἀδελφὸς καὶ πιστὸς διάκονος καὶ σύνδουλος ἐν κυρίῳ,
2Ti 4:12 **Τυχικὸν** δὲ ἀπέστειλα εἰς Ἔφεσον.
Tit 3:12 Ὅταν πέμψω Ἀρτεμᾶν πρὸς σὲ ἢ **Τυχικόν,** σπούδασον ἐλθεῖν πρός με εἰς Νικόπολιν,

---

Υ, υ

5609 υ Not used in UBS/NIV

5610 ὑακίνθινος [1]

√ *5611*

Rev 9:17 ἔχοντας θώρακας πυρίνους καὶ **ὑακινθίνους** καὶ θειώδεις, καὶ αἱ κεφαλαὶ τῶν ἵππων ὡς κεφαλαὶ λεόντων,

5611 ὑάκινθος [1]

→ *5610*

Rev 21:20 ὁ δέκατος χρυσόπρασος, ὁ ἑνδέκατος **ὑάκινθος,** ὁ δωδέκατος ἀμέθυστος,

5612 ὑάλινος [3]

√ *5613*

Rev 4: 6 καὶ ἐνώπιον τοῦ θρόνου ὡς θάλασσα **ὑαλίνη** ὁμοία κρυστάλλῳ.
15: 2 Καὶ εἶδον ὡς θάλασσαν **ὑαλίνην** μεμιγμένην πυρὶ καὶ τοὺς νικῶντας ἐκ τοῦ θηρίου καὶ ἐκ τῆς εἰκόνος αὐτοῦ καὶ ἐκ τοῦ ἀριθμοῦ τοῦ ὀνόματος αὐτοῦ ἑστῶτας ἐπὶ τὴν θάλασσαν τὴν **ὑαλίνην** ἔχοντας κιθάρας τοῦ θεοῦ.

5613 ὕαλος [2]

→ *5612*

Rev 21:18 καὶ ἡ ἐνδώμησις τοῦ τείχους αὐτῆς ἴασπις καὶ ἡ πόλις χρυσίον καθαρὸν ὅμοιον **ὑάλῳ** καθαρῷ.
21:21 καὶ ἡ πλατεῖα τῆς πόλεως χρυσίον καθαρὸν ὡς **ὕαλος** διαυγής.

5614 ὑβρίζω [5]

√ *5615*

Mt 22: 6 οἱ δὲ λοιποὶ κρατήσαντες τοὺς δούλους αὐτοῦ **ὕβρισαν** καὶ ἀπέκτειναν.
Lk 11:45 Ἀποκριθεὶς δέ τις τῶν νομικῶν λέγει αὐτῷ, Διδάσκαλε, ταῦτα λέγων καὶ ἡμᾶς **ὑβρίζεις.**
18:32 παραδοθήσεται γὰρ τοῖς ἔθνεσιν καὶ ἐμπαιχθήσεται καὶ **ὑβρισθήσεται** καὶ ἐμπτυσθήσεται
Ac 14: 5 ὡς δὲ ἐγένετο ὁρμὴ τῶν ἐθνῶν τε καὶ Ἰουδαίων σὺν τοῖς ἄρχουσιν αὐτῶν **ὑβρίσαι** καὶ λιθοβολῆσαι αὐτούς,
1Th 2: 2 ἀλλὰ προπαθόντες καὶ **ὑβρισθέντες,** καθὼς οἴδατε, ἐν Φιλίπποις ἐπαρρησιασάμεθα ἐν τῷ θεῷ ἡμῶν λαλῆσαι

5615 ὕβρις [3]

→ *1964, 5614, 5616*

Ac 27:10 θεωρῶ ὅτι μετὰ **ὕβρεως** καὶ πολλῆς ζημίας οὐ μόνον τοῦ φορτίου καὶ τοῦ πλοίου ἀλλὰ καὶ τῶν ψυχῶν ἡμῶν
27:21 πειθαρχήσαντάς μοι μὴ ἀνάγεσθαι ἀπὸ τῆς Κρήτης κερδῆσαί τε τὴν **ὕβριν** ταύτην καὶ τὴν ζημίαν.
2Co 12:10 ἐν **ὕβρεσιν,** ἐν ἀνάγκαις, ἐν διωγμοῖς καὶ στενοχωρίαις,

5616 ὑβριστής [2]

√ *5615*

Ro 1:30 καταλάλους θεοστυγεῖς **ὑβριστὰς** ὑπερηφάνους ἀλαζόνας, ἐφευρετὰς κακῶν, γονεῦσιν ἀπειθεῖς,
1Ti 1:13 τὸ πρότερον ὄντα βλάσφημον καὶ διώκτην καὶ **ὑβριστήν,**

5617 ὑγιαίνω [12]

√ *5618*

ὑγιαινοῦσα διδασκαλία [4] 1Ti 1:10; 2Ti 4:3; Tit 1:9; 2:1

Lk 5:31 Οὐ χρείαν ἔχουσιν οἱ **ὑγιαίνοντες** ἰατροῦ ἀλλὰ οἱ κακῶς ἔχοντες·
7:10 καὶ ὑποστρέψαντες εἰς τὸν οἶκον οἱ πεμφθέντες εὗρον τὸν δοῦλον **ὑγιαίνοντα.**
15:27 καὶ ἔθυσεν ὁ πατήρ σου τὸν μόσχον τὸν σιτευτόν, ὅτι **ὑγιαίνοντα** αὐτὸν ἀπέλαβεν.
1Ti 1:10 καὶ εἴ τι ἕτερον τῇ **ὑγιαινούσῃ** διδασκαλίᾳ ἀντίκειται
6: 3 εἴ τις ἑτεροδιδασκαλεῖ καὶ μὴ προσέρχεται **ὑγιαίνουσιν** λόγοις τοῖς τοῦ κυρίου ἡμῶν Ἰησοῦ Χριστοῦ καὶ τῇ κατ᾽ εὐσέβειαν διδασκαλίᾳ,
2Ti 1:13 ὑποτύπωσιν ἔχε **ὑγιαινόντων** λόγων ὧν παρ᾽ ἐμοῦ ἤκουσας ἐν πίστει καὶ ἀγάπῃ τῇ ἐν Χριστῷ Ἰησοῦ·
4: 3 ἔσται γὰρ καιρὸς ὅτε τῆς **ὑγιαινούσης** διδασκαλίας οὐκ ἀνέξονται ἀλλὰ κατὰ τὰς ἰδίας ἐπιθυμίας ἑαυτοῖς ἐπισωρεύσουσιν διδασκάλους κνηθόμενοι τὴν ἀκοὴν
Tit 1: 9 ἵνα δυνατὸς ᾖ καὶ παρακαλεῖν ἐν τῇ διδασκαλίᾳ τῇ **ὑγιαινούσῃ** καὶ τοὺς ἀντιλέγοντας ἐλέγχειν.
1:13 δι᾽ ἣν αἰτίαν ἔλεγχε αὐτοὺς ἀποτόμως, ἵνα **ὑγιαίνωσιν** ἐν τῇ πίστει,
2: 1 Σὺ δὲ λάλει ἃ πρέπει τῇ **ὑγιαινούσῃ** διδασκαλίᾳ.
2: 2 σεμνούς, σώφρονας, **ὑγιαίνοντας** τῇ πίστει, τῇ ἀγάπῃ, τῇ ὑπομονῇ·
3Jn 1: 2 Ἀγαπητέ, περὶ πάντων εὔχομαί σε εὐοδοῦσθαι καὶ **ὑγιαίνειν,**

5618 ὑγιής [11]

→ *5617*

Mt 12:13 καὶ ἐξέτεινεν καὶ ἀπεκατεστάθη **ὑγιὴς** ὡς ἡ ἄλλη.
15:31 κυλλοὺς **ὑγιεῖς** καὶ χωλοὺς περιπατοῦντας καὶ τυφλοὺς βλέποντας·
Mk 5:34 ὕπαγε εἰς εἰρήνην καὶ ἴσθι **ὑγιὴς** ἀπὸ τῆς μάστιγός σου.
Jn 5: 6 τοῦτον ἰδὼν ὁ Ἰησοῦς κατακείμενον καὶ γνοὺς ὅτι πολὺν ἤδη χρόνον ἔχει, λέγει αὐτῷ, Θέλεις **ὑγιὴς** γενέσθαι;
5: 9 καὶ εὐθέως ἐγένετο **ὑγιὴς** ὁ ἄνθρωπος καὶ ἦρεν τὸν κράβαττον αὐτοῦ καὶ περιεπάτει.
5:11 ὁ δὲ ἀπεκρίθη αὐτοῖς, Ὁ ποιήσας με **ὑγιῆ** ἐκεῖνός μοι εἶπεν,
5:14 Ἴδε **ὑγιὴς** γέγονας, μηκέτι ἁμάρτανε, ἵνα μὴ χεῖρόν σοί τι γένηται.
5:15 ἀπῆλθεν ὁ ἄνθρωπος καὶ ἀνήγγειλεν τοῖς Ἰουδαίοις ὅτι Ἰησοῦς ἐστιν ὁ ποιήσας αὐτὸν **ὑγιῆ.**

7:23 ἐμοὶ χολᾶτε ὅτι ὅλον ἄνθρωπον **ὑγιῆ** ἐποίησα ἐν σαββάτῳ;
Ac 4:10 ὃν ὁ θεὸς ἤγειρεν ἐκ νεκρῶν, ἐν τούτῳ οὗτος παρέστηκεν ἐνώπιον ὑμῶν **ὑγιής.**
Tit 2: 8 λόγον **ὑγιῆ** ἀκατάγνωστον, ἵνα ὁ ἐξ ἐναντίας ἐντραπῇ μηδὲν ἔχων λέγειν περὶ ἡμῶν φαῦλον.

5619 ὑγρός [1]

√ *5624*

Lk 23:31 ὅτι εἰ ἐν τῷ **ὑγρῷ** ξύλῳ ταῦτα ποιοῦσιν,

5620 ὑδρία [3]

√ *5623*

Jn 2: 6 ἦσαν δὲ ἐκεῖ λίθιναι **ὑδρίαι** ἓξ κατὰ τὸν καθαρισμὸν τῶν Ἰουδαίων κείμεναι,
2: 7 λέγει αὐτοῖς ὁ Ἰησοῦς, Γεμίσατε τὰς **ὑδρίας** ὕδατος.
4:28 ἀφῆκεν οὖν τὴν **ὑδρίαν** αὐτῆς ἡ γυνὴ καὶ ἀπῆλθεν εἰς τὴν πόλιν καὶ λέγει τοῖς ἀνθρώποις,

5621 ὑδροποτέω [1]

√ *5623 + 4403*

1Ti 5:23 Μηκέτι **ὑδροπότει,** ἀλλὰ οἴνῳ ὀλίγῳ χρῶ διὰ τὸν στόμαχον καὶ τὰς πυκνάς σου ἀσθενείας.

5622 ὑδρωπικός [1]

√ *5623*

Lk 14: 2 καὶ ἰδοὺ ἄνθρωπός τις ἦν **ὑδρωπικὸς** ἔμπροσθεν αὐτοῦ.

5623 ὕδωρ [76]

→ *536, 5620, 5621, 5622; cf. 5624*

ἅλλομαι ὕδωρ [1] Jn 4:14

ζῶν ὕδωρ [3] Jn 4:10,11; 7:38

ὕδωρ ζωῆς [4] Rev 7:17; 21:6; 22:1,17

ὕδωρ ... πνεῦμα [13] Mt 3:11,16; Mk 1:8,10; Lk 3:16; Jn 1:33; 3:5; Ac 1:5; 8:39; 10:47; 11:16; 1Jn 5:6,8

Mt 3:11 ἐγὼ μὲν ὑμᾶς βαπτίζω ἐν **ὕδατι** εἰς μετάνοιαν,
3:16 βαπτισθεὶς δὲ ὁ Ἰησοῦς εὐθὺς ἀνέβη ἀπὸ τοῦ **ὕδατος·**
8:32 καὶ ἰδοὺ ὥρμησεν πᾶσα ἡ ἀγέλη κατὰ τοῦ κρημνοῦ εἰς τὴν θάλασσαν καὶ ἀπέθανον ἐν τοῖς **ὕδασιν.**
14:28 κέλευσόν με ἐλθεῖν πρὸς σὲ ἐπὶ τὰ **ὕδατα.**
14:29 καὶ καταβὰς ἀπὸ τοῦ πλοίου [ὁ] Πέτρος περιεπάτησεν ἐπὶ τὰ **ὕδατα** καὶ ἦλθεν πρὸς τὸν Ἰησοῦν.
17:15 πολλάκις γὰρ πίπτει εἰς τὸ πῦρ καὶ πολλάκις εἰς τὸ **ὕδωρ.**
27:24 λαβὼν **ὕδωρ** ἀπενίψατο τὰς χεῖρας ἀπέναντι τοῦ ὄχλου λέγων,
Mk 1: 8 ἐγὼ ἐβάπτισα ὑμᾶς **ὕδατι,** αὐτὸς δὲ βαπτίσει ὑμᾶς ἐν πνεύματι ἁγίῳ.
1:10 καὶ εὐθὺς ἀναβαίνων ἐκ τοῦ **ὕδατος** εἶδεν σχιζομένους τοὺς οὐρανοὺς καὶ τὸ πνεῦμα ὡς περιστερὰν καταβαῖνον εἰς αὐτόν·
9:22 καὶ πολλάκις καὶ εἰς πῦρ αὐτὸν ἔβαλεν καὶ εἰς **ὕδατα** ἵνα ἀπολέσῃ αὐτόν·
9:41 Ὃς γὰρ ἂν ποτίσῃ ὑμᾶς ποτήριον **ὕδατος** ἐν ὀνόματι ὅτι Χριστοῦ ἐστε,
14:13 Ὑπάγετε εἰς τὴν πόλιν, καὶ ἀπαντήσει ὑμῖν ἄνθρωπος κεράμιον **ὕδατος** βαστάζων·
Lk 3:16 ἀπεκρίνατο λέγων πᾶσιν ὁ Ἰωάννης, Ἐγὼ μὲν **ὕδατι** βαπτίζω ὑμᾶς·
7:44 εἰσῆλθόν σου εἰς τὴν οἰκίαν, **ὕδωρ** μοι ἐπὶ πόδας οὐκ ἔδωκας·
8:24 ὁ δὲ διεγερθεὶς ἐπετίμησεν τῷ ἀνέμῳ καὶ τῷ κλύδωνι τοῦ **ὕδατος·**
8:25 Τίς ἄρα οὗτός ἐστιν ὅτι καὶ τοῖς ἀνέμοις ἐπιτάσσει καὶ τῷ **ὕδατι,**
16:24 ἐλέησόν με καὶ πέμψον Λάζαρον ἵνα βάψῃ τὸ ἄκρον τοῦ δακτύλου αὐτοῦ **ὕδατος** καὶ καταψύξῃ τὴν γλῶσσάν μου,
22:10 Ἰδοὺ εἰσελθόντων ὑμῶν εἰς τὴν πόλιν συναντήσει ὑμῖν ἄνθρωπος κεράμιον **ὕδατος** βαστάζων·
Jn 1:26 ἀπεκρίθη αὐτοῖς ὁ Ἰωάννης λέγων, Ἐγὼ βαπτίζω ἐν **ὕδατι·**
1:31 ἀλλ' ἵνα φανερωθῇ τῷ Ἰσραὴλ διὰ τοῦτο ἦλθον ἐγὼ ἐν **ὕδατι** βαπτίζων.
1:33 ἀλλ' ὁ πέμψας με βαπτίζειν ἐν **ὕδατι** ἐκεῖνός μοι εἶπεν,
2: 7 λέγει αὐτοῖς ὁ Ἰησοῦς, Γεμίσατε τὰς ὑδρίας **ὕδατος.**
2: 9 ὡς δὲ ἐγεύσατο ὁ ἀρχιτρίκλινος τὸ **ὕδωρ** οἶνον γεγενημένον καὶ οὐκ ᾔδει πόθεν ἐστίν, οἱ δὲ διάκονοι ᾔδεισαν οἱ ἠντληκότες τὸ **ὕδωρ,**
3: 5 ἐὰν μή τις γεννηθῇ ἐξ **ὕδατος** καὶ πνεύματος,
3:23 ὅτι **ὕδατα** πολλὰ ἦν ἐκεῖ, καὶ παρεγίνοντο καὶ ἐβαπτίζοντο·
4: 7 Ἔρχεται γυνὴ ἐκ τῆς Σαμαρείας ἀντλῆσαι **ὕδωρ.** λέγει αὐτῇ ὁ Ἰησοῦς,
4:10 σὺ ἂν ᾔτησας αὐτὸν καὶ ἔδωκεν ἄν σοι **ὕδωρ** ζῶν.
4:11 οὔτε ἄντλημα ἔχεις καὶ τὸ φρέαρ ἐστὶν βαθύ· πόθεν οὖν ἔχεις τὸ **ὕδωρ** τὸ ζῶν;
4:13 Πᾶς ὁ πίνων ἐκ τοῦ **ὕδατος** τούτου διψήσει πάλιν·
4:14 ὃς δ' ἂν πίῃ ἐκ τοῦ **ὕδατος** οὗ ἐγὼ δώσω αὐτῷ, οὐ μὴ διψήσει εἰς τὸν αἰῶνα, ἀλλὰ τὸ **ὕδωρ** ὃ δώσω αὐτῷ γενήσεται ἐν αὐτῷ πηγὴ **ὕδατος** ἁλλομένου εἰς ζωὴν αἰώνιον.
4:15 λέγει πρὸς αὐτὸν ἡ γυνή, Κύριε, δός μοι τοῦτο τὸ **ὕδωρ,**
4:46 Ἦλθεν οὖν πάλιν εἰς τὴν Κανὰ τῆς Γαλιλαίας, ὅπου ἐποίησεν τὸ **ὕδωρ** οἶνον.
5: 7 ἄνθρωπον οὐκ ἔχω ἵνα ὅταν ταραχθῇ τὸ **ὕδωρ** βάλῃ με εἰς τὴν κολυμβήθραν·
7:38 ποταμοὶ ἐκ τῆς κοιλίας αὐτοῦ ῥεύσουσιν **ὕδατος** ζῶντος.
13: 5 εἶτα βάλλει **ὕδωρ** εἰς τὸν νιπτῆρα καὶ ἤρξατο νίπτειν τοὺς πόδας τῶν μαθητῶν καὶ ἐκμάσσειν τῷ λεντίῳ
19:34 ἀλλ' εἷς τῶν στρατιωτῶν λόγχῃ αὐτοῦ τὴν πλευρὰν ἔνυξεν, καὶ ἐξῆλθεν εὐθὺς αἷμα καὶ **ὕδωρ.**
Ac 1: 5 ὅτι Ἰωάννης μὲν ἐβάπτισεν **ὕδατι,** ὑμεῖς δὲ ἐν πνεύματι βαπτισθήσεσθε ἁγίῳ οὐ μετὰ πολλὰς ταύτας ἡμέρας.
8:36 ἦλθον ἐπί τι **ὕδωρ,** καί φησιν ὁ εὐνοῦχος, Ἰδοὺ **ὕδωρ,** τί κωλύει με βαπτισθῆναι;
8:38 καὶ ἐκέλευσεν στῆναι τὸ ἅρμα καὶ κατέβησαν ἀμφότεροι εἰς τὸ **ὕδωρ,**
8:39 ὅτε δὲ ἀνέβησαν ἐκ τοῦ **ὕδατος,** πνεῦμα κυρίου ἥρπασεν τὸν Φίλιππον καὶ οὐκ εἶδεν αὐτὸν οὐκέτι ὁ εὐνοῦχος,
10:47 Μήτι τὸ **ὕδωρ** δύναται κωλῦσαί τις τοῦ μὴ βαπτισθῆναι τούτους,
11:16 Ἰωάννης μὲν ἐβάπτισεν **ὕδατι,** ὑμεῖς δὲ βαπτισθήσεσθε ἐν πνεύματι ἁγίῳ.
Eph 5:26 ἵνα αὐτὴν ἁγιάσῃ καθαρίσας τῷ λουτρῷ τοῦ **ὕδατος** ἐν ῥήματι,
Heb 9:19 λαβὼν τὸ αἷμα τῶν μόσχων [καὶ τῶν τράγων] μετὰ **ὕδατος** καὶ ἐρίου κοκκίνου καὶ ὑσσώπου αὐτό τε τὸ βιβλίον καὶ πάντα τὸν λαὸν ἐράντισεν
10:22 προσερχώμεθα μετὰ ἀληθινῆς καρδίας ἐν πληροφορίᾳ πίστεως ῥεραντισμένοι τὰς καρδίας ἀπὸ συνειδήσεως πονηρᾶς καὶ λελουσμένοι τὸ σῶμα **ὕδατι** καθαρῷ·
Jas 3:12 συκῆ ἐλαίας ποιῆσαι ἢ ἄμπελος σῦκα; οὔτε ἁλυκὸν γλυκὺ ποιῆσαι **ὕδωρ.**
1Pe 3:20 ἀπειθήσασίν ποτε ὅτε ἀπεξεδέχετο ἡ τοῦ θεοῦ μακροθυμία ἐν ἡμέραις Νῶε κατασκευαζομένης κιβωτοῦ εἰς ἣν ὀλίγοι, τοῦτ' ἔστιν ὀκτὼ ψυχαί, διεσώθησαν δι' **ὕδατος.**
2Pe 3: 5 λανθάνει γὰρ αὐτοὺς τοῦτο θέλοντας ὅτι οὐρανοὶ ἦσαν ἔκπαλαι καὶ γῆ ἐξ **ὕδατος** καὶ δι' **ὕδατος** συνεστῶσα τῷ τοῦ θεοῦ λόγῳ,
3: 6 δι' ὧν ὁ τότε κόσμος **ὕδατι** κατακλυσθεὶς ἀπώλετο·
1Jn 5: 6 Οὗτός ἐστιν ὁ ἐλθὼν δι' **ὕδατος** καὶ αἵματος, Ἰησοῦς Χριστός, οὐκ ἐν τῷ **ὕδατι** μόνον ἀλλ' ἐν τῷ **ὕδατι** καὶ ἐν τῷ αἵματι·
5: 8 τὸ πνεῦμα καὶ τὸ **ὕδωρ** καὶ τὸ αἷμα,
Rev 1:15 καὶ οἱ πόδες αὐτοῦ ὅμοιοι χαλκολιβάνῳ ὡς ἐν καμίνῳ πεπυρωμένης καὶ ἡ φωνὴ αὐτοῦ ὡς φωνὴ **ὑδάτων** πολλῶν,
7:17 ὅτι τὸ ἀρνίον τὸ ἀνὰ μέσον τοῦ θρόνου ποιμανεῖ αὐτοὺς καὶ ὁδηγήσει αὐτοὺς ἐπὶ ζωῆς πηγὰς **ὑδάτων,**
8:10 ἐκ τοῦ οὐρανοῦ ἀστὴρ μέγας καιόμενος ὡς λαμπὰς καὶ ἔπεσεν ἐπὶ τὸ τρίτον τῶν ποταμῶν καὶ ἐπὶ τὰς πηγὰς τῶν **ὑδάτων,**
8:11 καὶ ἐγένετο τὸ τρίτον τῶν **ὑδάτων** εἰς ἄψινθον καὶ πολλοὶ τῶν ἀνθρώπων ἀπέθανον ἐκ τῶν **ὑδάτων** ὅτι ἐπικράνθησαν.
11: 6 καὶ ἐξουσίαν ἔχουσιν ἐπὶ τῶν **ὑδάτων** στρέφειν αὐτὰ εἰς αἷμα καὶ πατάξαι τὴν γῆν ἐν πάσῃ πληγῇ ὁσάκις ἐὰν θελήσωσιν.
12:15 καὶ ἔβαλεν ὁ ὄφις ἐκ τοῦ στόματος αὐτοῦ ὀπίσω τῆς γυναικὸς **ὕδωρ** ὡς ποταμόν,
14: 2 καὶ ἤκουσα φωνὴν ἐκ τοῦ οὐρανοῦ ὡς φωνὴν **ὑδάτων** πολλῶν καὶ ὡς φωνὴν βροντῆς μεγάλης,
14: 7 καὶ προσκυνήσατε τῷ ποιήσαντι τὸν οὐρανὸν καὶ τὴν γῆν καὶ θάλασσαν καὶ πηγὰς **ὑδάτων.**
16: 4 Καὶ ὁ τρίτος ἐξέχεεν τὴν φιάλην αὐτοῦ εἰς τοὺς ποταμοὺς καὶ τὰς πηγὰς τῶν **ὑδάτων,**
16: 5 καὶ ἤκουσα τοῦ ἀγγέλου τῶν **ὑδάτων** λέγοντος, Δίκαιος εἶ,
16:12 καὶ ἐξηράνθη τὸ **ὕδωρ** αὐτοῦ, ἵνα ἑτοιμασθῇ ἡ ὁδὸς τῶν βασιλέων τῶν ἀπὸ ἀνατολῆς ἡλίου.

17: 1 δείξω σοι τὸ κρίμα τῆς πόρνης τῆς μεγάλης τῆς καθημένης ἐπὶ **ὑδάτων** πολλῶν,
17:15 Τὰ **ὕδατα** ἃ εἶδες οὗ ἡ πόρνη κάθηται,
19: 6 καὶ ἤκουσα ὡς φωνὴν ὄχλου πολλοῦ καὶ ὡς φωνὴν **ὑδάτων** πολλῶν καὶ ὡς φωνὴν βροντῶν ἰσχυρῶν λεγόντων,
21: 6 ἐγὼ τῷ διψῶντι δώσω ἐκ τῆς πηγῆς τοῦ **ὕδατος** τῆς ζωῆς δωρεάν.
22: 1 Καὶ ἔδειξέν μοι ποταμὸν **ὕδατος** ζωῆς λαμπρὸν ὡς κρύσταλλον,
22:17 καὶ ὁ διψῶν ἐρχέσθω, ὁ θέλων λαβέτω **ὕδωρ** ζωῆς δωρεάν.

5624 ὑετός [5]

→ 5619; cf. 5623

Ac 14:17 καίτοι οὐκ ἀμάρτυρον αὐτὸν ἀφῆκεν ἀγαθουργῶν, οὐρανόθεν ὑμῖν **ὑετοὺς** διδοὺς καὶ καιροὺς καρποφόρους,
28: 2 ἅψαντες γὰρ πυρὰν προσελάβοντο πάντας ἡμᾶς διὰ τὸν **ὑετὸν** τὸν ἐφεστῶτα καὶ διὰ τὸ ψῦχος.
Heb 6: 7 γῆ γὰρ ἡ πιοῦσα τὸν ἐπ' αὐτῆς ἐρχόμενον πολλάκις **ὑετὸν** καὶ τίκτουσα βοτάνην εὔθετον ἐκείνοις δι' οὓς καὶ γεωργεῖται,
Jas 5:18 καὶ ὁ οὐρανὸς **ὑετὸν** ἔδωκεν καὶ ἡ γῆ ἐβλάστησεν τὸν καρπὸν αὐτῆς.
Rev 11: 6 ἵνα μὴ **ὑετὸς** βρέχῃ τὰς ἡμέρας τῆς προφητείας αὐτῶν,

5625 υἱοθεσία [5]

√ 5626 + 5502

Ro 8:15 οὐ γὰρ ἐλάβετε πνεῦμα δουλείας πάλιν εἰς φόβον ἀλλὰ ἐλάβετε πνεῦμα **υἱοθεσίας** ἐν ᾧ κράζομεν,
8:23 ἡμεῖς καὶ αὐτοὶ ἐν ἑαυτοῖς στενάζομεν **υἱοθεσίαν** ἀπεκδεχόμενοι,
9: 4 ὧν ἡ **υἱοθεσία** καὶ ἡ δόξα καὶ αἱ διαθῆκαι καὶ ἡ νομοθεσία καὶ ἡ λατρεία καὶ αἱ ἐπαγγελίαι,
Gal 4: 5 ἵνα τοὺς ὑπὸ νόμον ἐξαγοράσῃ, ἵνα τὴν **υἱοθεσίαν** ἀπολάβωμεν.
Eph 1: 5 προορίσας ἡμᾶς εἰς **υἱοθεσίαν** διὰ Ἰησοῦ Χριστοῦ εἰς αὐτόν,

5626 υἱός [377 / 376]

→ 5625

οἱ υἱοί [1] Mt 12:27

ἐκλελεγμένος υἱός [1] Lk 9:35

ἐπιγινώσκω υἱόν, πατέρα [1] Mt 11:27

μονογενὴς υἱός [5] Lk 7:12; 9:38; Jn 3:16,18; 1Jn 4:9

υἱὲ Δαυίδ [4] Mk 10:47,48; Lk 18:38,39

υἱοί ἀπειθείας [3] Eph 2:2; 5:6; Col 3:6

υἱοὶ Βροντῆς [1] Mk 3:17

οἱ υἱοὶ τοῦ αἰῶνος τούτου [2] Lk 16:8; 20:34

υἱοὶ ἀναστάσεως [1] Lk 20:36

οἱ υἱοὶ τῶν ἀνθρώπων [2] Mk 3:28; Eph 3:5

υἱοὶ τῆς βασιλείας [2] Mt 8:12; 13:38

υἱοὶ ἡμέρας [1] 1Th 5:5

υἱοὶ θεοῦ [7] Mt 5:9; Lk 20:36; Ro 8:14,19; 9:26; Gal 3:26; 4:6

υἱοὶ Λευὶ [1] Heb 7:5

υἱοὶ νυμφῶνος [3] Mt 9:15; Mk 2:19; Lk 5:34

υἱοὶ πατρός [1] Mt 5:45

υἱοὶ τῶν προφητῶν [1] Ac 3:25

υἱοὶ τῶν φονευσάντων [1] Mt 23:31

οἱ υἱοὶ τοῦ πονηροῦ [1] Mt 13:38

υἱοὶ ὑψίστου [1] Lk 6:35

υἱοὶ φωτός [3] Lk 16:8; Jn 12:36; 1Th 5:5

υἱός Ἀβραάμ [4] Mt 1:1; Lk 19:9; Ac 13:26; Gal 3:7; 4:22

υἱός ἀγαπητός [8] Mt 3:17; 17:5; Mk 1:11; 9:7; 12:6; Lk 3:22; 20:13; 2Pe 1:17

υἱὸς ἀνθρωποῦ [4] Jn 5:27; Heb 2:6; Rev 1:13; 14:14

ὁ υἱὸς τοῦ ἀνθρωποῦ [82] Mt 8:20; 9:6; 10:23; 11:19; 12:8,32,40; 13:37,41; 16:13,27,28; 17:9,12,22; 19:28; 20:18,28; 24:27,30,30,37,39,44; 25:31; 26:2,24,24,45,64; Mk 2:10,28; 8:31,38; 9:9,12,31; 10:33,45; 13:26; 14:21,21,41,62; Lk 5:24; 6:5,22; 7:34; 9:22,26,44,58; 11:30; 12:8,10,40; 17:22,24,26,30; 18:8,31; 19:10; 21:27,36; 22:22,48,69; 24:7; Jn 1:51; 3:13,14; 6:27,53,62; 8:28; 9:35; 12:23,34,34; 13:31; Ac 7:56

υἱὸς τῆς ἀπωλείας [2] Jn 17:12; 2Th 2:3

υἱὸς γεέννης [1] Mt 23:15

υἱός Δαυίδ [11] Mt 1:1,20; 9:27; 12:23; 15:22; 20:30,31; 21:9,15; Mk 12:35; Lk 20:41; cf. Mt 22:42

υἱός διαβόλου [1] Ac 13:10

υἱὸς εἰρήνης [1] Lk 10:6

υἱός εὐλογητοῦ [1] Mk 14:61

υἱός θεοῦ [45] Mt 4:3,6; 8:29; 14:33; 16:16; 26:63; 27:40,43,54; Mk 1:1; 3:11; 5:7; 15:39; Lk 1:35; 4:3,9,41; 8:28; 22:70; Jn 1:34,49; 3:18; 5:25; 10:36; 11:4,27; 19:7; 20:31; Ac 9:20; Ro 1:4; 2Co 1:19; Gal 2:20; Eph 4:13; Heb 4:14; 6:6; 7:3; 10:29; 1Jn 3:8; 4:15; 5:5,10,12,13,20; Rev 2:18

υἱοὶ Ἰσραήλ [14] Mt 27:9; Lk 1:16; Ac 5:21; 7:23,37; 9:15; 10:36; Ro 9:27; 2Co 3:7,13; Heb 11:22; Rev 2:14; 7:4; 21:12

υἱὸς παρακλήσεως [1] Ac 4:36

υἱὸς ὑποζυγίου [1] Mt 21:5

υἱὸς ὑψίστου [3] Mk 5:7; Lk 1:32; 8:28

Mt 1: 1 Βίβλος γενέσεως Ἰησοῦ Χριστοῦ **υἱοῦ** Δαυὶδ **υἱοῦ** Ἀβραάμ.
1:20 Ἰωσὴφ **υἱὸς** Δαυίδ, μὴ φοβηθῇς παραλαβεῖν Μαριὰμ τὴν γυναῖκά σου·
1:21 τέξεται δὲ **υἱόν,** καὶ καλέσεις τὸ ὄνομα αὐτοῦ Ἰησοῦν·
1:23 Ἰδοὺ ἡ παρθένος ἐν γαστρὶ ἕξει καὶ τέξεται **υἱόν,**
1:25 καὶ οὐκ ἐγίνωσκεν αὐτὴν ἕως οὗ ἔτεκεν **υἱόν·**
2:15 ἵνα πληρωθῇ τὸ ῥηθὲν ὑπὸ κυρίου διὰ τοῦ προφήτου λέγοντος, Ἐξ Αἰγύπτου ἐκάλεσα τὸν **υἱόν** μου.
3:17 Οὗτός ἐστιν ὁ **υἱός** μου ὁ ἀγαπητός, ἐν ᾧ εὐδόκησα.
4: 3 Καὶ προσελθὼν ὁ πειράζων εἶπεν αὐτῷ, Εἰ **υἱὸς** εἶ τοῦ θεοῦ,
4: 6 Εἰ **υἱὸς** εἶ τοῦ θεοῦ, βάλε σεαυτὸν κάτω·
5: 9 μακάριοι οἱ εἰρηνοποιοί, ὅτι αὐτοὶ **υἱοὶ** θεοῦ κληθήσονται.
5:45 ὅπως γένησθε **υἱοὶ** τοῦ πατρὸς ὑμῶν τοῦ ἐν οὐρανοῖς,
7: 9 ὃν αἰτήσει ὁ **υἱὸς** αὐτοῦ ἄρτον, μὴ λίθον ἐπιδώσει αὐτῷ;
8:12 οἱ δὲ **υἱοὶ** τῆς βασιλείας ἐκβληθήσονται εἰς τὸ σκότος τὸ ἐξώτερον·
8:20 ὁ δὲ **υἱὸς** τοῦ ἀνθρώπου οὐκ ἔχει ποῦ τὴν κεφαλὴν κλίνῃ.
8:29 καὶ ἰδοὺ ἔκραξαν λέγοντες, Τί ἡμῖν καὶ σοί, **υἱὲ** τοῦ θεοῦ;
9: 6 ἵνα δὲ εἰδῆτε ὅτι ἐξουσίαν ἔχει ὁ **υἱὸς** τοῦ ἀνθρώπου ἐπὶ τῆς γῆς ἀφιέναι ἁμαρτίας–
9:15 Μὴ δύνανται οἱ **υἱοὶ** τοῦ νυμφῶνος πενθεῖν ἐφ' ὅσον μετ' αὐτῶν ἐστιν ὁ νυμφίος;
9:27 Καὶ παράγοντι ἐκεῖθεν τῷ Ἰησοῦ ἠκολούθησαν [αὐτῷ] δύο τυφλοὶ κράζοντες καὶ λέγοντες, Ἐλέησον ἡμᾶς, **υἱὸς** Δαυίδ.
10:23 οὐ μὴ τελέσητε τὰς πόλεις τοῦ Ἰσραὴλ ἕως ἂν ἔλθῃ ὁ **υἱὸς** τοῦ ἀνθρώπου.
10:37 καὶ ὁ φιλῶν **υἱὸν** ἢ θυγατέρα ὑπὲρ ἐμὲ οὐκ ἔστιν μου ἄξιος·
11:19 ἦλθεν ὁ **υἱὸς** τοῦ ἀνθρώπου ἐσθίων καὶ πίνων,
11:27 καὶ οὐδεὶς ἐπιγινώσκει τὸν **υἱὸν** εἰ μὴ ὁ πατήρ, οὐδὲ τὸν πατέρα τις ἐπιγινώσκει εἰ μὴ ὁ **υἱὸς** καὶ ᾧ ἐὰν βούληται ὁ **υἱὸς** ἀποκαλύψαι.
12: 8 κύριος γάρ ἐστιν τοῦ σαββάτου ὁ **υἱὸς** τοῦ ἀνθρώπου.
12:23 καὶ ἐξίσταντο πάντες οἱ ὄχλοι καὶ ἔλεγον, Μήτι οὗτός ἐστιν ὁ **υἱὸς** Δαυίδ;
12:27 καὶ εἰ ἐγὼ ἐν Βεελζεβοὺλ ἐκβάλλω τὰ δαιμόνια, οἱ **υἱοὶ** ὑμῶν ἐν τίνι ἐκβάλλουσιν;
12:32 καὶ ὃς ἐὰν εἴπῃ λόγον κατὰ τοῦ **υἱοῦ** τοῦ ἀνθρώπου,
12:40 οὕτως ἔσται ὁ **υἱὸς** τοῦ ἀνθρώπου ἐν τῇ καρδίᾳ τῆς γῆς τρεῖς ἡμέρας καὶ τρεῖς νύκτας.
13:37 Ὁ σπείρων τὸ καλὸν σπέρμα ἐστὶν ὁ **υἱὸς** τοῦ ἀνθρώπου,
13:38 τὸ δὲ καλὸν σπέρμα οὗτοί εἰσιν οἱ **υἱοὶ** τῆς βασιλείας· τὰ δὲ ζιζάνιά εἰσιν οἱ **υἱοὶ** τοῦ πονηροῦ,
13:41 ἀποστελεῖ ὁ **υἱὸς** τοῦ ἀνθρώπου τοὺς ἀγγέλους αὐτοῦ,
13:55 οὐχ οὗτός ἐστιν ὁ τοῦ τέκτονος **υἱός;** οὐχ ἡ μήτηρ αὐτοῦ λέγεται Μαριὰμ καὶ οἱ ἀδελφοὶ αὐτοῦ Ἰάκωβος καὶ Ἰωσὴφ

14:33 οἱ δὲ ἐν τῷ πλοίῳ προσεκύνησαν αὐτῷ λέγοντες, Ἀληθῶς θεοῦ **υἱὸς** εἶ.
15:22 καὶ ἰδοὺ γυνὴ Χαναναία ἀπὸ τῶν ὁρίων ἐκείνων ἐξελθοῦσα ἔκραζεν λέγουσα, Ἐλέησόν με, κύριε **υἱὸς** Δαυίδ·
16:13 Τίνα λέγουσιν οἱ ἄνθρωποι εἶναι τὸν **υἱὸν** τοῦ ἀνθρώπου;
16:16 Σὺ εἶ ὁ Χριστὸς ὁ **υἱὸς** τοῦ θεοῦ τοῦ ζῶντος.
16:27 μέλλει γὰρ ὁ **υἱὸς** τοῦ ἀνθρώπου ἔρχεσθαι ἐν τῇ δόξῃ τοῦ πατρὸς αὐτοῦ μετὰ τῶν ἀγγέλων αὐτοῦ,
16:28 τῶν ὧδε ἑστώτων οἵτινες οὐ μὴ γεύσωνται θανάτου ἕως ἂν ἴδωσιν τὸν **υἱὸν** τοῦ ἀνθρώπου ἐρχόμενον ἐν τῇ βασιλείᾳ αὐτοῦ.
17: 5 Οὗτός ἐστιν ὁ **υἱός** μου ὁ ἀγαπητός, ἐν ᾧ εὐδόκησα·
17: 9 Μηδενὶ εἴπητε τὸ ὅραμα ἕως οὗ ὁ **υἱὸς** τοῦ ἀνθρώπου ἐκ νεκρῶν ἐγερθῇ.
17:12 οὕτως καὶ ὁ **υἱὸς** τοῦ ἀνθρώπου μέλλει πάσχειν ὑπ' αὐτῶν.
17:15 καὶ λέγων, Κύριε, ἐλέησόν μου τὸν **υἱόν,** ὅτι σεληνιάζεται καὶ κακῶς πάσχει·
17:22 Μέλλει ὁ **υἱὸς** τοῦ ἀνθρώπου παραδίδοσθαι εἰς χεῖρας ἀνθρώπων,
17:25 ἀπὸ τῶν **υἱῶν** αὐτῶν ἢ ἀπὸ τῶν ἀλλοτρίων;
17:26 ἔφη αὐτῷ ὁ Ἰησοῦς, Ἄρα γε ἐλεύθεροί εἰσιν οἱ **υἱοί.**
19:28 ὅταν καθίσῃ ὁ **υἱὸς** τοῦ ἀνθρώπου ἐπὶ θρόνου δόξης αὐτοῦ,
20:18 καὶ ὁ **υἱὸς** τοῦ ἀνθρώπου παραδοθήσεται τοῖς ἀρχιερεῦσιν καὶ γραμματεῦσιν,
20:20 Τότε προσῆλθεν αὐτῷ ἡ μήτηρ τῶν **υἱῶν** Ζεβεδαίου μετὰ τῶν **υἱῶν** αὐτῆς προσκυνοῦσα καὶ αἰτοῦσά τι ἀπ' αὐτοῦ.
20:21 Εἰπὲ ἵνα καθίσωσιν οὗτοι οἱ δύο **υἱοί** μου εἷς ἐκ δεξιῶν σου καὶ εἷς ἐξ εὐωνύμων σου ἐν τῇ βασιλείᾳ σου.
20:28 ὥσπερ ὁ **υἱὸς** τοῦ ἀνθρώπου οὐκ ἦλθεν διακονηθῆναι ἀλλὰ διακονῆσαι καὶ δοῦναι τὴν ψυχὴν αὐτοῦ λύτρον ἀντὶ πολλῶν.
20:30 δύο τυφλοὶ καθήμενοι παρὰ τὴν ὁδὸν ἀκούσαντες ὅτι Ἰησοῦς παράγει, ἔκραξαν λέγοντες, Ἐλέησον ἡμᾶς, [κύριε,] **υἱὸς** Δαυίδ.
20:31 οἱ δὲ μεῖζον ἔκραξαν λέγοντες, Ἐλέησον ἡμᾶς, κύριε, **υἱὸς** Δαυίδ.
21: 5 Ἰδοὺ ὁ βασιλεύς σου ἔρχεταί σοι πραῢς καὶ ἐπιβεβηκὼς ἐπὶ ὄνον καὶ ἐπὶ πῶλον **υἱὸν** ὑποζυγίου.
21: 9 οἱ δὲ ὄχλοι οἱ προάγοντες αὐτὸν καὶ οἱ ἀκολουθοῦντες ἔκραζον λέγοντες, Ὡσαννὰ τῷ **υἱῷ** Δαυίδ·
21:15 τὰ θαυμάσια ἃ ἐποίησεν καὶ τοὺς παῖδας τοὺς κράζοντας ἐν τῷ ἱερῷ καὶ λέγοντας, Ὡσαννὰ τῷ **υἱῷ** Δαυίδ,
21:37 ὕστερον δὲ ἀπέστειλεν πρὸς αὐτοὺς τὸν **υἱὸν** αὐτοῦ λέγων, Ἐντραπήσονται τὸν **υἱόν** μου.
21:38 οἱ δὲ γεωργοὶ ἰδόντες τὸν **υἱὸν** εἶπον ἐν ἑαυτοῖς,
22: 2 Ὡμοιώθη ἡ βασιλεία τῶν οὐρανῶν ἀνθρώπῳ βασιλεῖ, ὅστις ἐποίησεν γάμους τῷ **υἱῷ** αὐτοῦ.
22:42 Τί ὑμῖν δοκεῖ περὶ τοῦ Χριστοῦ; τίνος **υἱός** ἐστιν; λέγουσιν αὐτῷ, Τοῦ Δαυίδ.
22:45 εἰ οὖν Δαυὶδ καλεῖ αὐτὸν κύριον, πῶς **υἱὸς** αὐτοῦ ἐστιν;
23:15 καὶ ὅταν γένηται ποιεῖτε αὐτὸν **υἱὸν** γεέννης διπλότερον ὑμῶν.
23:31 ὥστε μαρτυρεῖτε ἑαυτοῖς ὅτι **υἱοί** ἐστε τῶν φονευσάντων τοὺς προφήτας.
23:35 ὅπως ἔλθῃ ἐφ' ὑμᾶς πᾶν αἷμα δίκαιον ἐκχυννόμενον ἐπὶ τῆς γῆς ἀπὸ τοῦ αἵματος Ἅβελ τοῦ δικαίου ἕως τοῦ αἵματος Ζαχαρίου **υἱοῦ** Βαραχίου,
24:27 οὕτως ἔσται ἡ παρουσία τοῦ **υἱοῦ** τοῦ ἀνθρώπου·
24:30 καὶ τότε φανήσεται τὸ σημεῖον τοῦ **υἱοῦ** τοῦ ἀνθρώπου ἐν οὐρανῷ, καὶ τότε κόψονται πᾶσαι αἱ φυλαὶ τῆς γῆς καὶ ὄψονται τὸν **υἱὸν** τοῦ ἀνθρώπου ἐρχόμενον ἐπὶ τῶν νεφελῶν
24:36 οὐδὲ οἱ ἄγγελοι τῶν οὐρανῶν οὐδὲ ὁ **υἱός,**
24:37 οὕτως ἔσται ἡ παρουσία τοῦ **υἱοῦ** τοῦ ἀνθρώπου.
24:39 οὕτως ἔσται [καὶ] ἡ παρουσία τοῦ **υἱοῦ** τοῦ ἀνθρώπου.
24:44 ὅτι ᾗ οὐ δοκεῖτε ὥρᾳ ὁ **υἱὸς** τοῦ ἀνθρώπου ἔρχεται.
25:31 Ὅταν δὲ ἔλθῃ ὁ **υἱὸς** τοῦ ἀνθρώπου ἐν τῇ δόξῃ αὐτοῦ καὶ πάντες οἱ ἄγγελοι μετ' αὐτοῦ,
26: 2 καὶ ὁ **υἱὸς** τοῦ ἀνθρώπου παραδίδοται εἰς τὸ σταυρωθῆναι.
26:24 ὁ μὲν **υἱὸς** τοῦ ἀνθρώπου ὑπάγει καθὼς γέγραπται περὶ αὐτοῦ, οὐαὶ δὲ τῷ ἀνθρώπῳ ἐκείνῳ δι' οὗ ὁ **υἱὸς** τοῦ ἀνθρώπου παραδίδοται·
26:37 καὶ παραλαβὼν τὸν Πέτρον καὶ τοὺς δύο **υἱοὺς** Ζεβεδαίου ἤρξατο λυπεῖσθαι καὶ ἀδημονεῖν.
26:45 ἰδοὺ ἤγγικεν ἡ ὥρα καὶ ὁ **υἱὸς** τοῦ ἀνθρώπου παραδίδοται εἰς χεῖρας ἁμαρτωλῶν.
26:63 Ἐξορκίζω σε κατὰ τοῦ θεοῦ τοῦ ζῶντος ἵνα ἡμῖν εἴπῃς εἰ σὺ εἶ ὁ Χριστὸς ὁ **υἱὸς** τοῦ θεοῦ.
26:64 ἀπ' ἄρτι ὄψεσθε τὸν **υἱὸν** τοῦ ἀνθρώπου καθήμενον ἐκ δεξιῶν τῆς δυνάμεως καὶ ἐρχόμενον ἐπὶ τῶν νεφελῶν τοῦ οὐρανοῦ.
27: 9 τὴν τιμὴν τοῦ τετιμημένου ὃν ἐτιμήσαντο ἀπὸ **υἱῶν** Ἰσραήλ,
27:40 σῶσον σεαυτόν, εἰ **υἱὸς** εἶ τοῦ θεοῦ, [καὶ] κατάβηθι ἀπὸ τοῦ σταυροῦ.
27:43 ῥυσάσθω νῦν εἰ θέλει αὐτόν· εἶπεν γὰρ ὅτι Θεοῦ εἰμι **υἱός.**
27:54 Ὁ δὲ ἑκατόνταρχος καὶ οἱ μετ' αὐτοῦ τηροῦντες τὸν Ἰησοῦν ἰδόντες τὸν σεισμὸν καὶ τὰ γενόμενα ἐφοβήθησαν σφόδρα, λέγοντες, Ἀληθῶς θεοῦ **υἱὸς** ἦν οὗτος.
27:56 ἐν αἷς ἦν Μαρία ἡ Μαγδαληνὴ καὶ Μαρία ἡ τοῦ Ἰακώβου καὶ Ἰωσὴφ μήτηρ καὶ ἡ μήτηρ τῶν **υἱῶν** Ζεβεδαίου.
28:19 βαπτίζοντες αὐτοὺς εἰς τὸ ὄνομα τοῦ πατρὸς καὶ τοῦ **υἱοῦ** καὶ τοῦ ἁγίου πνεύματος,

Mk 1: 1 Ἀρχὴ τοῦ εὐαγγελίου Ἰησοῦ Χριστοῦ [**υἱοῦ** θεοῦ.]
1:11 Σὺ εἶ ὁ **υἱός** μου ὁ ἀγαπητός, ἐν σοὶ εὐδόκησα.
2:10 ἵνα δὲ εἰδῆτε ὅτι ἐξουσίαν ἔχει ὁ **υἱὸς** τοῦ ἀνθρώπου ἀφιέναι ἁμαρτίας ἐπὶ τῆς γῆς–
2:19 Μὴ δύνανται οἱ **υἱοὶ** τοῦ νυμφῶνος ἐν ᾧ ὁ νυμφίος μετ' αὐτῶν ἐστιν νηστεύειν;
2:28 ὥστε κύριός ἐστιν ὁ **υἱὸς** τοῦ ἀνθρώπου καὶ τοῦ σαββάτου.
3:11 προσέπιπτον αὐτῷ καὶ ἔκραζον λέγοντες ὅτι Σὺ εἶ ὁ **υἱὸς** τοῦ θεοῦ.
3:17 καὶ Ἰάκωβον τὸν τοῦ Ζεβεδαίου καὶ Ἰωάννην τὸν ἀδελφὸν τοῦ Ἰακώβου καὶ ἐπέθηκεν αὐτοῖς ὀνόμα[τα] Βοανηργές, ὅ ἐστιν **Υἱοὶ** Βροντῆς·
3:28 Ἀμὴν λέγω ὑμῖν ὅτι πάντα ἀφεθήσεται τοῖς **υἱοῖς** τῶν ἀνθρώπων τὰ ἁμαρτήματα καὶ αἱ βλασφημίαι ὅσα ἐὰν βλασφημήσωσιν·
5: 7 Τί ἐμοὶ καὶ σοί, Ἰησοῦ **υἱὲ** τοῦ θεοῦ τοῦ ὑψίστου;
6: 3 ὁ **υἱὸς** τῆς Μαρίας καὶ ἀδελφὸς Ἰακώβου καὶ Ἰωσῆτος καὶ Ἰούδα καὶ Σίμωνος;
8:31 Καὶ ἤρξατο διδάσκειν αὐτοὺς ὅτι δεῖ τὸν **υἱὸν** τοῦ ἀνθρώπου πολλὰ παθεῖν καὶ ἀποδοκιμασθῆναι ὑπὸ τῶν πρεσβυτέρων
8:38 καὶ ὁ **υἱὸς** τοῦ ἀνθρώπου ἐπαισχυνθήσεται αὐτόν, ὅταν ἔλθῃ ἐν τῇ δόξῃ τοῦ πατρὸς αὐτοῦ μετὰ τῶν ἀγγέλων τῶν ἁγίων.
9: 7 Οὗτός ἐστιν ὁ **υἱός** μου ὁ ἀγαπητός, ἀκούετε αὐτοῦ.
9: 9 εἰ μὴ ὅταν ὁ **υἱὸς** τοῦ ἀνθρώπου ἐκ νεκρῶν ἀναστῇ.
9:12 καὶ πῶς γέγραπται ἐπὶ τὸν **υἱὸν** τοῦ ἀνθρώπου ἵνα πολλὰ πάθῃ καὶ ἐξουδενηθῇ;
9:17 Διδάσκαλε, ἤνεγκα τὸν **υἱόν** μου πρὸς σέ, ἔχοντα πνεῦμα ἄλαλον·
9:31 ἐδίδασκεν γὰρ τοὺς μαθητὰς αὐτοῦ καὶ ἔλεγεν αὐτοῖς ὅτι Ὁ **υἱὸς** τοῦ ἀνθρώπου παραδίδοται εἰς χεῖρας ἀνθρώπων,
10:33 καὶ ὁ **υἱὸς** τοῦ ἀνθρώπου παραδοθήσεται τοῖς ἀρχιερεῦσιν καὶ τοῖς γραμματεῦσιν,
10:35 Καὶ προσπορεύονται αὐτῷ Ἰάκωβος καὶ Ἰωάννης οἱ **υἱοὶ** Ζεβεδαίου λέγοντες αὐτῷ,
10:45 καὶ γὰρ ὁ **υἱὸς** τοῦ ἀνθρώπου οὐκ ἦλθεν διακονηθῆναι ἀλλὰ διακονῆσαι καὶ δοῦναι τὴν ψυχὴν αὐτοῦ λύτρον ἀντὶ πολλῶν.
10:46 ὁ **υἱὸς** Τιμαίου Βαρτιμαῖος, τυφλὸς προσαίτης, ἐκάθητο παρὰ τὴν ὁδόν.
10:47 καὶ ἀκούσας ὅτι Ἰησοῦς ὁ Ναζαρηνός ἐστιν ἤρξατο κράζειν καὶ λέγειν, **Υἱὲ** Δαυὶδ Ἰησοῦ, ἐλέησόν με.
10:48 ὁ δὲ πολλῷ μᾶλλον ἔκραζεν, **Υἱὲ** Δαυίδ, ἐλέησόν με.
12: 6 ἔτι ἕνα εἶχεν **υἱὸν** ἀγαπητόν· ἀπέστειλεν αὐτὸν ἔσχατον πρὸς αὐτοὺς λέγων ὅτι Ἐντραπήσονται τὸν **υἱόν** μου.
12:35 Πῶς λέγουσιν οἱ γραμματεῖς ὅτι ὁ Χριστὸς **υἱὸς** Δαυίδ ἐστιν;
12:37 αὐτὸς Δαυὶδ λέγει αὐτὸν κύριον, καὶ πόθεν αὐτοῦ ἐστιν **υἱός;**
13:26 καὶ τότε ὄψονται τὸν **υἱὸν** τοῦ ἀνθρώπου ἐρχόμενον ἐν νεφέλαις μετὰ δυνάμεως πολλῆς καὶ δόξης.
13:32 οὐδὲ οἱ ἄγγελοι ἐν οὐρανῷ οὐδὲ ὁ **υἱός,**
14:21 ὅτι ὁ μὲν **υἱὸς** τοῦ ἀνθρώπου ὑπάγει καθὼς γέγραπται περὶ αὐτοῦ, οὐαὶ δὲ τῷ ἀνθρώπῳ ἐκείνῳ δι' οὗ ὁ **υἱὸς** τοῦ ἀνθρώπου παραδίδοται·
14:41 ἰδοὺ παραδίδοται ὁ **υἱὸς** τοῦ ἀνθρώπου εἰς τὰς χεῖρας τῶν ἁμαρτωλῶν.
14:61 Σὺ εἶ ὁ Χριστὸς ὁ **υἱὸς** τοῦ εὐλογητοῦ;
14:62 καὶ ὄψεσθε τὸν **υἱὸν** τοῦ ἀνθρώπου ἐκ δεξιῶν καθήμενον τῆς δυνάμεως καὶ ἐρχόμενον μετὰ τῶν νεφελῶν τοῦ οὐρανοῦ.
15:39 Ἰδὼν δὲ ὁ κεντυρίων ὁ παρεστηκὼς ἐξ ἐναντίας αὐτοῦ ὅτι οὕτως ἐξέπνευσεν εἶπεν, Ἀληθῶς οὗτος ὁ ἄνθρωπος **υἱὸς** θεοῦ

Lk 1:13 καὶ ἡ γυνή σου Ἐλισάβετ γεννήσει **υἱόν** σοι καὶ καλέσεις τὸ ὄνομα αὐτοῦ Ἰωάννην.
1:16 καὶ πολλοὺς τῶν **υἱῶν** Ἰσραὴλ ἐπιστρέψει ἐπὶ κύριον τὸν θεὸν αὐτῶν.
1:31 καὶ ἰδοὺ συλλήμψῃ ἐν γαστρὶ καὶ τέξῃ **υἱὸν** καὶ καλέσεις τὸ ὄνομα αὐτοῦ Ἰησοῦν.
1:32 οὗτος ἔσται μέγας καὶ **υἱὸς** ὑψίστου κληθήσεται καὶ δώσει αὐτῷ κύριος ὁ θεὸς τὸν θρόνον Δαυὶδ τοῦ πατρὸς αὐτοῦ,

1:35 διὸ καὶ τὸ γεννώμενον ἅγιον κληθήσεται **υἱὸς** θεοῦ.
1:36 Ἐλισάβετ ἡ συγγενίς σου καὶ αὐτὴ συνείληφεν **υἱὸν** ἐν γήρει αὐτῆς καὶ οὗτος μὴν ἕκτος ἐστὶν αὐτῇ τῇ καλουμένῃ στείρᾳ·
1:57 Τῇ δὲ Ἐλισάβετ ἐπλήσθη ὁ χρόνος τοῦ τεκεῖν αὐτὴν καὶ ἐγέννησεν **υἱόν.**
2: 7 καὶ ἔτεκεν τὸν **υἱὸν** αὐτῆς τὸν πρωτότοκον, καὶ ἐσπαργάνωσεν αὐτὸν καὶ ἀνέκλινεν αὐτὸν ἐν φάτνῃ,
3: 2 ἐγένετο ῥῆμα θεοῦ ἐπὶ Ἰωάννην τὸν Ζαχαρίου **υἱὸν** ἐν τῇ ἐρήμῳ.
3:22 Σὺ εἶ ὁ **υἱός** μου ὁ ἀγαπητός, ἐν σοὶ εὐδόκησα.
3:23 Καὶ αὐτὸς ἦν Ἰησοῦς ἀρχόμενος ὡσεὶ ἐτῶν τριάκοντα, ὢν **υἱός,** ὡς ἐνομίζετο, Ἰωσὴφ τοῦ Ἠλὶ
4: 3 Εἶπεν δὲ αὐτῷ ὁ διάβολος, Εἰ **υἱὸς** εἶ τοῦ θεοῦ,
4: 9 Εἰ **υἱὸς** εἶ τοῦ θεοῦ, βάλε σεαυτὸν ἐντεῦθεν κάτω·
4:22 ἐπὶ τοῖς λόγοις τῆς χάριτος τοῖς ἐκπορευομένοις ἐκ τοῦ στόματος αὐτοῦ καὶ ἔλεγον, Οὐχὶ **υἱός** ἐστιν Ἰωσὴφ οὗτος;
4:41 ἐξήρχετο δὲ καὶ δαιμόνια ἀπὸ πολλῶν κρ[αυγ]άζοντα καὶ λέγοντα ὅτι Σὺ εἶ ὁ **υἱὸς** τοῦ θεοῦ.
5:10 ὁμοίως δὲ καὶ Ἰάκωβον καὶ Ἰωάννην **υἱοὺς** Ζεβεδαίου,
5:24 ἵνα δὲ εἰδῆτε ὅτι ὁ **υἱὸς** τοῦ ἀνθρώπου ἐξουσίαν ἔχει ἐπὶ τῆς γῆς ἀφιέναι ἁμαρτίας–
5:34 Μὴ δύνασθε τοὺς **υἱοὺς** τοῦ νυμφῶνος ἐν ᾧ ὁ νυμφίος μετ' αὐτῶν ἐστιν ποιῆσαι νηστεῦσαι;
6: 5 Κύριός ἐστιν τοῦ σαββάτου ὁ **υἱὸς** τοῦ ἀνθρώπου.
6:22 μακάριοί ἐστε ὅταν μισήσωσιν ὑμᾶς οἱ ἄνθρωποι καὶ ὅταν ἀφορίσωσιν ὑμᾶς καὶ ὀνειδίσωσιν καὶ ἐκβάλωσιν τὸ ὄνομα ὑμῶν ὡς πονηρὸν ἕνεκα τοῦ **υἱοῦ** τοῦ ἀνθρώπου·
6:35 καὶ ἔσται ὁ μισθὸς ὑμῶν πολύς, καὶ ἔσεσθε **υἱοὶ** ὑψίστου,
7:12 καὶ ἰδοὺ ἐξεκομίζετο τεθνηκὼς μονογενὴς **υἱὸς** τῇ μητρὶ αὐτοῦ καὶ αὐτὴ ἦν χήρα,
7:34 ἐλήλυθεν ὁ **υἱὸς** τοῦ ἀνθρώπου ἐσθίων καὶ πίνων,
8:28 Τί ἐμοὶ καὶ σοί, Ἰησοῦ **υἱὲ** τοῦ θεοῦ τοῦ ὑψίστου;
9:22 εἰπὼν ὅτι Δεῖ τὸν **υἱὸν** τοῦ ἀνθρώπου πολλὰ παθεῖν καὶ ἀποδοκιμασθῆναι ἀπὸ τῶν πρεσβυτέρων καὶ ἀρχιερέων
9:26 ὃς γὰρ ἂν ἐπαισχυνθῇ με καὶ τοὺς ἐμοὺς λόγους, τοῦτον ὁ **υἱὸς** τοῦ ἀνθρώπου ἐπαισχυνθήσεται,
9:35 Οὗτός ἐστιν ὁ **υἱός** μου ὁ ἐκλελεγμένος, αὐτοῦ ἀκούετε.
9:38 Διδάσκαλε, δέομαί σου ἐπιβλέψαι ἐπὶ τὸν **υἱόν** μου,
9:41 ἕως πότε ἔσομαι πρὸς ὑμᾶς καὶ ἀνέξομαι ὑμῶν; προσάγαγε ὧδε τὸν **υἱόν** σου.
9:44 ὁ γὰρ **υἱὸς** τοῦ ἀνθρώπου μέλλει παραδίδοσθαι εἰς χεῖρας ἀνθρώπων.
9:58 ὁ δὲ **υἱὸς** τοῦ ἀνθρώπου οὐκ ἔχει ποῦ τὴν κεφαλὴν κλίνῃ.
10: 6 καὶ ἐὰν ἐκεῖ ᾖ **υἱὸς** εἰρήνης, ἐπαναπαήσεται ἐπ' αὐτὸν ἡ εἰρήνη ὑμῶν·
10:22 οὐδεὶς γινώσκει τίς ἐστιν ὁ **υἱὸς** εἰ μὴ ὁ πατήρ, καὶ τίς ἐστιν ὁ πατὴρ εἰ μὴ ὁ **υἱὸς** καὶ ᾧ ἐὰν βούληται ὁ **υἱὸς** ἀποκαλύψαι.
11:11 τίνα δὲ ἐξ ὑμῶν τὸν πατέρα αἰτήσει ὁ **υἱὸς** ἰχθύν,
11:19 εἰ δὲ ἐγὼ ἐν Βεελζεβοὺλ ἐκβάλλω τὰ δαιμόνια, οἱ **υἱοὶ** ὑμῶν ἐν τίνι ἐκβάλλουσιν;
11:30 οὕτως ἔσται καὶ ὁ **υἱὸς** τοῦ ἀνθρώπου τῇ γενεᾷ ταύτῃ.
12: 8 καὶ ὁ **υἱὸς** τοῦ ἀνθρώπου ὁμολογήσει ἐν αὐτῷ ἔμπροσθεν τῶν ἀγγέλων τοῦ θεοῦ·
12:10 καὶ πᾶς ὃς ἐρεῖ λόγον εἰς τὸν **υἱὸν** τοῦ ἀνθρώπου,
12:40 ὅτι ᾗ ὥρᾳ οὐ δοκεῖτε ὁ **υἱὸς** τοῦ ἀνθρώπου ἔρχεται.
12:53 διαμερισθήσονται πατὴρ ἐπὶ **υἱῷ** καὶ **υἱὸς** ἐπὶ πατρί,
14: 5 Τίνος ὑμῶν **υἱὸς** ἢ βοῦς εἰς φρέαρ πεσεῖται,
15:11 Εἶπεν δέ, Ἄνθρωπός τις εἶχεν δύο **υἱούς.**
15:13 συναγαγὼν πάντα ὁ νεώτερος **υἱὸς** ἀπεδήμησεν εἰς χώραν μακρὰν καὶ ἐκεῖ διεσκόρπισεν τὴν οὐσίαν αὐτοῦ ζῶν ἀσώτως.
15:19 οὐκέτι εἰμὶ ἄξιος κληθῆναι **υἱός** σου· ποίησόν με ὡς ἕνα τῶν μισθίων σου.
15:21 εἶπεν δὲ ὁ **υἱὸς** αὐτῷ, Πάτερ, ἥμαρτον εἰς τὸν οὐρανὸν καὶ ἐνώπιόν σου, οὐκέτι εἰμὶ ἄξιος κληθῆναι **υἱός** σου.
15:24 ὅτι οὗτος ὁ **υἱός** μου νεκρὸς ἦν καὶ ἀνέζησεν,
15:25 Ἦν δὲ ὁ **υἱὸς** αὐτοῦ ὁ πρεσβύτερος ἐν ἀγρῷ·
15:30 ὅτε δὲ ὁ **υἱός** σου οὗτος ὁ καταφαγών σου τὸν βίον μετὰ πορνῶν ἦλθεν,
16: 8 ὅτι οἱ **υἱοὶ** τοῦ αἰῶνος τούτου φρονιμώτεροι ὑπὲρ τοὺς **υἱοὺς** τοῦ φωτὸς εἰς τὴν γενεὰν τὴν ἑαυτῶν εἰσιν.
17:22 Ἐλεύσονται ἡμέραι ὅτε ἐπιθυμήσετε μίαν τῶν ἡμερῶν τοῦ **υἱοῦ** τοῦ ἀνθρώπου ἰδεῖν καὶ οὐκ ὄψεσθε.
17:24 οὕτως ἔσται ὁ **υἱὸς** τοῦ ἀνθρώπου [ἐν τῇ ἡμέρᾳ αὐτοῦ.]
17:26 οὕτως ἔσται καὶ ἐν ταῖς ἡμέραις τοῦ **υἱοῦ** τοῦ ἀνθρώπου·
17:30 κατὰ τὰ αὐτὰ ἔσται ᾗ ἡμέρᾳ ὁ **υἱὸς** τοῦ ἀνθρώπου ἀποκαλύπτεται.
18: 8 πλὴν ὁ **υἱὸς** τοῦ ἀνθρώπου ἐλθὼν ἆρα εὑρήσει τὴν πίστιν ἐπὶ τῆς γῆς;
18:31 καὶ τελεσθήσεται πάντα τὰ γεγραμμένα διὰ τῶν προφητῶν τῷ **υἱῷ** τοῦ ἀνθρώπου·
18:38 καὶ ἐβόησεν λέγων, Ἰησοῦ **υἱὲ** Δαυίδ, ἐλέησόν με.
18:39 αὐτὸς δὲ πολλῷ μᾶλλον ἔκραζεν, **Υἱὲ** Δαυίδ, ἐλέησόν με.
19: 9 εἶπεν δὲ πρὸς αὐτὸν ὁ Ἰησοῦς ὅτι Σήμερον σωτηρία τῷ οἴκῳ τούτῳ ἐγένετο, καθότι καὶ αὐτὸς **υἱὸς** Ἀβραάμ ἐστιν·
19:10 ἦλθεν γὰρ ὁ **υἱὸς** τοῦ ἀνθρώπου ζητῆσαι καὶ σῶσαι τὸ ἀπολωλός.
20:13 πέμψω τὸν **υἱόν** μου τὸν ἀγαπητόν· ἴσως τοῦτον ἐντραπήσονται.
20:34 Οἱ **υἱοὶ** τοῦ αἰῶνος τούτου γαμοῦσιν καὶ γαμίσκονται,
20:36 ἰσάγγελοι γάρ εἰσιν καὶ **υἱοί** εἰσιν θεοῦ τῆς ἀναστάσεως **υἱοὶ** ὄντες.
20:41 Εἶπεν δὲ πρὸς αὐτούς, Πῶς λέγουσιν τὸν Χριστὸν εἶναι Δαυὶδ **υἱόν;**
20:44 Δαυὶδ οὖν κύριον αὐτὸν καλεῖ, καὶ πῶς αὐτοῦ **υἱός** ἐστιν;
21:27 καὶ τότε ὄψονται τὸν **υἱὸν** τοῦ ἀνθρώπου ἐρχόμενον ἐν νεφέλῃ μετὰ δυνάμεως καὶ δόξης πολλῆς.
21:36 δεόμενοι ἵνα κατισχύσητε ἐκφυγεῖν ταῦτα πάντα τὰ μέλλοντα γίνεσθαι καὶ σταθῆναι ἔμπροσθεν τοῦ **υἱοῦ** τοῦ ἀνθρώπου.
22:22 ὅτι ὁ **υἱὸς** μὲν τοῦ ἀνθρώπου κατὰ τὸ ὡρισμένον πορεύεται,
22:48 Ἰησοῦς δὲ εἶπεν αὐτῷ, Ἰούδα, φιλήματι τὸν **υἱὸν** τοῦ ἀνθρώπου παραδίδως;
22:69 ἀπὸ τοῦ νῦν δὲ ἔσται ὁ **υἱὸς** τοῦ ἀνθρώπου καθήμενος ἐκ δεξιῶν τῆς δυνάμεως τοῦ θεοῦ.
22:70 εἶπαν δὲ πάντες, Σὺ οὖν εἶ ὁ **υἱὸς** τοῦ θεοῦ;
24: 7 λέγων τὸν **υἱὸν** τοῦ ἀνθρώπου ὅτι δεῖ παραδοθῆναι εἰς χεῖρας ἀνθρώπων ἁμαρτωλῶν καὶ σταυρωθῆναι καὶ τῇ τρίτῃ ἡμέρᾳ ἀναστῆναι.

Jn 1:34 κἀγὼ ἑώρακα καὶ μεμαρτύρηκα ὅτι οὗτός ἐστιν ὁ **υἱὸς** τοῦ θεοῦ.
1:42 Σὺ εἶ Σίμων ὁ **υἱὸς** Ἰωάννου, σὺ κληθήσῃ Κηφᾶς,
1:45 Ὃν ἔγραψεν Μωϋσῆς ἐν τῷ νόμῳ καὶ οἱ προφῆται εὑρήκαμεν, Ἰησοῦν **υἱὸν** τοῦ Ἰωσὴφ τὸν ἀπὸ Ναζαρέτ.
1:49 ἀπεκρίθη αὐτῷ Ναθαναήλ, Ῥαββί, σὺ εἶ ὁ **υἱὸς** τοῦ θεοῦ,
1:51 ὄψεσθε τὸν οὐρανὸν ἀνεῳγότα καὶ τοὺς ἀγγέλους τοῦ θεοῦ ἀναβαίνοντας καὶ καταβαίνοντας ἐπὶ τὸν **υἱὸν** τοῦ ἀνθρώπου.
3:13 καὶ οὐδεὶς ἀναβέβηκεν εἰς τὸν οὐρανὸν εἰ μὴ ὁ ἐκ τοῦ οὐρανοῦ καταβάς, ὁ **υἱὸς** τοῦ ἀνθρώπου.
3:14 καὶ καθὼς Μωϋσῆς ὕψωσεν τὸν ὄφιν ἐν τῇ ἐρήμῳ, οὕτως ὑψωθῆναι δεῖ τὸν **υἱὸν** τοῦ ἀνθρώπου,
3:16 Οὕτως γὰρ ἠγάπησεν ὁ θεὸς τὸν κόσμον, ὥστε τὸν **υἱὸν** τὸν μονογενῆ ἔδωκεν,
3:17 οὐ γὰρ ἀπέστειλεν ὁ θεὸς τὸν **υἱὸν** εἰς τὸν κόσμον ἵνα κρίνῃ τὸν κόσμον,
3:18 ὅτι μὴ πεπίστευκεν εἰς τὸ ὄνομα τοῦ μονογενοῦς **υἱοῦ** τοῦ θεοῦ.
3:35 ὁ πατὴρ ἀγαπᾷ τὸν **υἱὸν** καὶ πάντα δέδωκεν ἐν τῇ χειρὶ αὐτοῦ.
3:36 ὁ πιστεύων εἰς τὸν **υἱὸν** ἔχει ζωὴν αἰώνιον· ὁ δὲ ἀπειθῶν τῷ **υἱῷ** οὐκ ὄψεται ζωήν,
4: 5 ἔρχεται οὖν εἰς πόλιν τῆς Σαμαρείας λεγομένην Συχὰρ πλησίον τοῦ χωρίου ὃ ἔδωκεν Ἰακὼβ [τῷ] Ἰωσὴφ τῷ **υἱῷ** αὐτοῦ·
4:12 ὃς ἔδωκεν ἡμῖν τὸ φρέαρ καὶ αὐτὸς ἐξ αὐτοῦ ἔπιεν καὶ οἱ **υἱοὶ** αὐτοῦ καὶ τὰ θρέμματα αὐτοῦ;
4:46 καὶ ἦν τις βασιλικὸς οὗ ὁ **υἱὸς** ἠσθένει ἐν Καφαρναούμ.
4:47 Ἰησοῦς ἥκει ἐκ τῆς Ἰουδαίας εἰς τὴν Γαλιλαίαν ἀπῆλθεν πρὸς αὐτὸν καὶ ἠρώτα ἵνα καταβῇ καὶ ἰάσηται αὐτοῦ τὸν **υἱόν,**
4:50 λέγει αὐτῷ ὁ Ἰησοῦς, Πορεύου, ὁ **υἱός** σου ζῇ.
4:53 Ὁ **υἱός** σου ζῇ, καὶ ἐπίστευσεν αὐτὸς καὶ ἡ οἰκία αὐτοῦ ὅλη.
5:19 οὐ δύναται ὁ **υἱὸς** ποιεῖν ἀφ' ἑαυτοῦ οὐδὲν ἐὰν μή τι βλέπῃ τὸν πατέρα ποιοῦντα· ἃ γὰρ ἂν ἐκεῖνος ποιῇ, ταῦτα καὶ ὁ **υἱὸς** ὁμοίως ποιεῖ.
5:20 ὁ γὰρ πατὴρ φιλεῖ τὸν **υἱὸν** καὶ πάντα δείκνυσιν αὐτῷ ἃ αὐτὸς ποιεῖ,
5:21 ὥσπερ γὰρ ὁ πατὴρ ἐγείρει τοὺς νεκροὺς καὶ ζῳοποιεῖ, οὕτως καὶ ὁ **υἱὸς** οὓς θέλει ζῳοποιεῖ.
5:22 οὐδὲ γὰρ ὁ πατὴρ κρίνει οὐδένα, ἀλλὰ τὴν κρίσιν πᾶσαν δέδωκεν τῷ **υἱῷ,**
5:23 ἵνα πάντες τιμῶσι τὸν **υἱὸν** καθὼς τιμῶσι τὸν πατέρα. ὁ μὴ τιμῶν τὸν **υἱὸν** οὐ τιμᾷ τὸν πατέρα τὸν πέμψαντα αὐτόν.
5:25 ἀμὴν ἀμὴν λέγω ὑμῖν ὅτι ἔρχεται ὥρα καὶ νῦν ἐστιν ὅτε οἱ νεκροὶ ἀκούσουσιν τῆς φωνῆς τοῦ **υἱοῦ** τοῦ θεοῦ καὶ οἱ ἀκούσαντες ζήσουσιν.
5:26 οὕτως καὶ τῷ **υἱῷ** ἔδωκεν ζωὴν ἔχειν ἐν ἑαυτῷ.
5:27 ἐξουσίαν ἔδωκεν αὐτῷ κρίσιν ποιεῖν, ὅτι **υἱὸς** ἀνθρώπου ἐστίν.

6:27 ἐργάζεσθε μὴ τὴν βρῶσιν τὴν ἀπολλυμένην ἀλλὰ τὴν βρῶσιν τὴν μένουσαν εἰς ζωὴν αἰώνιον, ἣν ὁ **υἱὸς** τοῦ ἀνθρώπου ὑμῖν δώσει·
6:40 ἵνα πᾶς ὁ θεωρῶν τὸν **υἱὸν** καὶ πιστεύων εἰς αὐτὸν ἔχῃ ζωὴν αἰώνιον,
6:42 καὶ ἔλεγον, Οὐχ οὗτός ἐστιν Ἰησοῦς ὁ **υἱὸς** Ἰωσήφ,
6:53 ἐὰν μὴ φάγητε τὴν σάρκα τοῦ **υἱοῦ** τοῦ ἀνθρώπου καὶ πίητε αὐτοῦ τὸ αἷμα,
6:62 ἐὰν οὖν θεωρῆτε τὸν **υἱὸν** τοῦ ἀνθρώπου ἀναβαίνοντα ὅπου ἦν τὸ πρότερον;
8:28 Ὅταν ὑψώσητε τὸν **υἱὸν** τοῦ ἀνθρώπου, τότε γνώσεσθε ὅτι ἐγώ εἰμι,
8:35 ὁ δὲ δοῦλος οὐ μένει ἐν τῇ οἰκίᾳ εἰς τὸν αἰῶνα, ὁ **υἱὸς** μένει εἰς τὸν αἰῶνα.
8:36 ἐὰν οὖν ὁ **υἱὸς** ὑμᾶς ἐλευθερώσῃ, ὄντως ἐλεύθεροι ἔσεσθε.
9:19 καὶ ἠρώτησαν αὐτοὺς λέγοντες, Οὗτός ἐστιν ὁ **υἱὸς** ὑμῶν,
9:20 Οἴδαμεν ὅτι οὗτός ἐστιν ὁ **υἱὸς** ἡμῶν καὶ ὅτι τυφλὸς ἐγεννήθη·
9:35 Ἤκουσεν Ἰησοῦς ὅτι ἐξέβαλον αὐτὸν ἔξω καὶ εὑρὼν αὐτὸν εἶπεν, Σὺ πιστεύεις εἰς τὸν **υἱὸν** τοῦ ἀνθρώπου;
10:36 ὃν ὁ πατὴρ ἡγίασεν καὶ ἀπέστειλεν εἰς τὸν κόσμον ὑμεῖς λέγετε ὅτι Βλασφημεῖς, ὅτι εἶπον, **Υἱὸς** τοῦ θεοῦ εἰμι;
11: 4 ἵνα δοξασθῇ ὁ **υἱὸς** τοῦ θεοῦ δι' αὐτῆς.
11:27 ἐγὼ πεπίστευκα ὅτι σὺ εἶ ὁ Χριστὸς ὁ **υἱὸς** τοῦ θεοῦ ὁ εἰς τὸν κόσμον ἐρχόμενος.
12:23 Ἐλήλυθεν ἡ ὥρα ἵνα δοξασθῇ ὁ **υἱὸς** τοῦ ἀνθρώπου.
12:34 καὶ πῶς λέγεις σὺ ὅτι δεῖ ὑψωθῆναι τὸν **υἱὸν** τοῦ ἀνθρώπου; τίς ἐστιν οὗτος ὁ **υἱὸς** τοῦ ἀνθρώπου;
12:36 πιστεύετε εἰς τὸ φῶς, ἵνα **υἱοὶ** φωτὸς γένησθε.
13:31 λέγει Ἰησοῦς, Νῦν ἐδοξάσθη ὁ **υἱὸς** τοῦ ἀνθρώπου,
14:13 καὶ ὅ τι ἂν αἰτήσητε ἐν τῷ ὀνόματί μου τοῦτο ποιήσω, ἵνα δοξασθῇ ὁ πατὴρ ἐν τῷ **υἱῷ·**
17: 1 ἐλήλυθεν ἡ ὥρα· δόξασόν σου τὸν **υἱόν,** ἵνα ὁ **υἱὸς** δοξάσῃ σέ,
17:12 καὶ οὐδεὶς ἐξ αὐτῶν ἀπώλετο εἰ μὴ ὁ **υἱὸς** τῆς ἀπωλείας,
19: 7 Ἡμεῖς νόμον ἔχομεν καὶ κατὰ τὸν νόμον ὀφείλει ἀποθανεῖν, ὅτι **υἱὸν** θεοῦ ἑαυτὸν ἐποίησεν.
19:26 λέγει τῇ μητρί, Γύναι, ἴδε ὁ **υἱός** σου.
20:31 ταῦτα δὲ γέγραπται ἵνα πιστεύ[σ]ητε ὅτι Ἰησοῦς ἐστιν ὁ Χριστὸς ὁ **υἱὸς** τοῦ θεοῦ,

Ac 2:17 καὶ προφητεύσουσιν οἱ **υἱοὶ** ὑμῶν καὶ αἱ θυγατέρες ὑμῶν καὶ οἱ νεανίσκοι ὑμῶν ὁράσεις ὄψονται καὶ οἱ πρεσβύτεροι ὑμῶν ἐνυπνίοις ἐνυπνιασθήσονται·
3:25 ὑμεῖς ἐστε οἱ **υἱοὶ** τῶν προφητῶν καὶ τῆς διαθήκης ἧς διέθετο ὁ θεὸς πρὸς τοὺς πατέρας ὑμῶν λέγων πρὸς Ἀβραάμ,
4:36 ὅ ἐστιν μεθερμηνευόμενον **υἱὸς** παρακλήσεως, Λευίτης, Κύπριος τῷ γένει,
5:21 Παραγενόμενος δὲ ὁ ἀρχιερεὺς καὶ οἱ σὺν αὐτῷ συνεκάλεσαν τὸ συνέδριον καὶ πᾶσαν τὴν γερουσίαν τῶν **υἱῶν** Ἰσραὴλ
7:16 καὶ μετετέθησαν εἰς Συχὲμ καὶ ἐτέθησαν ἐν τῷ μνήματι ᾧ ὠνήσατο Ἀβραὰμ τιμῆς ἀργυρίου παρὰ τῶν **υἱῶν** Ἑμμὼρ
7:21 ἐκτεθέντος δὲ αὐτοῦ ἀνείλατο αὐτὸν ἡ θυγάτηρ Φαραὼ καὶ ἀνεθρέψατο αὐτὸν ἑαυτῇ εἰς **υἱόν.**
7:23 ἀνέβη ἐπὶ τὴν καρδίαν αὐτοῦ ἐπισκέψασθαι τοὺς ἀδελφοὺς αὐτοῦ τοὺς **υἱοὺς** Ἰσραήλ.
7:29 ἔφυγεν δὲ Μωϋσῆς ἐν τῷ λόγῳ τούτῳ καὶ ἐγένετο πάροικος ἐν γῇ Μαδιάμ, οὗ ἐγέννησεν **υἱοὺς** δύο.
7:37 οὗτός ἐστιν ὁ Μωϋσῆς ὁ εἴπας τοῖς **υἱοῖς** Ἰσραήλ,
7:56 Ἰδοὺ θεωρῶ τοὺς οὐρανοὺς διηνοιγμένους καὶ τὸν **υἱὸν** τοῦ ἀνθρώπου ἐκ δεξιῶν ἑστῶτα τοῦ θεοῦ.
9:15 ὅτι σκεῦος ἐκλογῆς ἐστίν μοι οὗτος τοῦ βαστάσαι τὸ ὄνομά μου ἐνώπιον ἐθνῶν τε καὶ βασιλέων **υἱῶν** τε Ἰσραήλ·
9:20 καὶ εὐθέως ἐν ταῖς συναγωγαῖς ἐκήρυσσεν τὸν Ἰησοῦν ὅτι οὗτός ἐστιν ὁ **υἱὸς** τοῦ θεοῦ.
10:36 τὸν λόγον [ὃν] ἀπέστειλεν τοῖς **υἱοῖς** Ἰσραὴλ εὐαγγελιζόμενος εἰρήνην διὰ Ἰησοῦ Χριστοῦ,
13:10 Ὦ πλήρης παντὸς δόλου καὶ πάσης ῥᾳδιουργίας, **υἱὲ** διαβόλου, ἐχθρὲ πάσης δικαιοσύνης,
13:21 κἀκεῖθεν ᾐτήσαντο βασιλέα καὶ ἔδωκεν αὐτοῖς ὁ θεὸς τὸν Σαοὺλ **υἱὸν** Κίς,
13:26 **υἱοὶ** γένους Ἀβραὰμ καὶ οἱ ἐν ὑμῖν φοβούμενοι τὸν θεόν,
13:33 **Υἱός** μου εἶ σύ, ἐγὼ σήμερον γεγέννηκά σε.
16: 1 καὶ ἰδοὺ μαθητής τις ἦν ἐκεῖ ὀνόματι Τιμόθεος, **υἱὸς** γυναικὸς Ἰουδαίας πιστῆς, πατρὸς δὲ Ἕλληνος,
19:14 ἦσαν δέ τινος Σκευᾶ Ἰουδαίου ἀρχιερέως ἑπτὰ **υἱοὶ** τοῦτο ποιοῦντες.
23: 6 Ἄνδρες ἀδελφοί, ἐγὼ Φαρισαῖός εἰμι, **υἱὸς** Φαρισαίων, περὶ ἐλπίδος καὶ ἀναστάσεως νεκρῶν [ἐγὼ] κρίνομαι.
23:16 Ἀκούσας δὲ ὁ **υἱὸς** τῆς ἀδελφῆς Παύλου τὴν ἐνέδραν,

Ro 1: 3 περὶ τοῦ **υἱοῦ** αὐτοῦ τοῦ γενομένου ἐκ σπέρματος Δαυὶδ κατὰ σάρκα,
1: 4 τοῦ ὁρισθέντος **υἱοῦ** θεοῦ ἐν δυνάμει κατὰ πνεῦμα ἁγιωσύνης ἐξ ἀναστάσεως νεκρῶν,
1: 9 ᾧ λατρεύω ἐν τῷ πνεύματί μου ἐν τῷ εὐαγγελίῳ τοῦ **υἱοῦ** αὐτοῦ,
5:10 εἰ γὰρ ἐχθροὶ ὄντες κατηλλάγημεν τῷ θεῷ διὰ τοῦ θανάτου τοῦ **υἱοῦ** αὐτοῦ,
8: 3 ὁ θεὸς τὸν ἑαυτοῦ **υἱὸν** πέμψας ἐν ὁμοιώματι σαρκὸς ἁμαρτίας καὶ περὶ ἁμαρτίας κατέκρινεν τὴν ἁμαρτίαν ἐν τῇ σαρκί,
8:14 ὅσοι γὰρ πνεύματι θεοῦ ἄγονται, οὗτοι **υἱοὶ** θεοῦ εἰσιν.
8:19 ἡ γὰρ ἀποκαραδοκία τῆς κτίσεως τὴν ἀποκάλυψιν τῶν **υἱῶν** τοῦ θεοῦ ἀπεκδέχεται.
8:29 καὶ προώρισεν συμμόρφους τῆς εἰκόνος τοῦ **υἱοῦ** αὐτοῦ,
8:32 ὅς γε τοῦ ἰδίου **υἱοῦ** οὐκ ἐφείσατο ἀλλὰ ὑπὲρ ἡμῶν πάντων παρέδωκεν αὐτόν,
9: 9 Κατὰ τὸν καιρὸν τοῦτον ἐλεύσομαι καὶ ἔσται τῇ Σάρρᾳ **υἱός.**
9:26 Οὐ λαός μου ὑμεῖς, ἐκεῖ κληθήσονται **υἱοὶ** θεοῦ ζῶντος.
9:27 Ἐὰν ᾖ ὁ ἀριθμὸς τῶν **υἱῶν** Ἰσραὴλ ὡς ἡ ἄμμος τῆς θαλάσσης,

1Co 1: 9 δι' οὗ ἐκλήθητε εἰς κοινωνίαν τοῦ **υἱοῦ** αὐτοῦ Ἰησοῦ Χριστοῦ τοῦ κυρίου ἡμῶν.
15:28 τότε [καὶ] αὐτὸς ὁ **υἱὸς** ὑποταγήσεται τῷ ὑποτάξαντι αὐτῷ τὰ πάντα,

2Co 1:19 ὁ τοῦ θεοῦ γὰρ **υἱὸς** Ἰησοῦς Χριστὸς ὁ ἐν ὑμῖν δι' ἡμῶν κηρυχθείς,
3: 7 ὥστε μὴ δύνασθαι ἀτενίσαι τοὺς **υἱοὺς** Ἰσραὴλ εἰς τὸ πρόσωπον Μωϋσέως διὰ τὴν δόξαν τοῦ προσώπου αὐτοῦ
3:13 καὶ οὐ καθάπερ Μωϋσῆς ἐτίθει κάλυμμα ἐπὶ τὸ πρόσωπον αὐτοῦ πρὸς τὸ μὴ ἀτενίσαι τοὺς **υἱοὺς** Ἰσραὴλ εἰς τὸ τέλος
6:18 καὶ ἔσομαι ὑμῖν εἰς πατέρα καὶ ὑμεῖς ἔσεσθέ μοι εἰς **υἱοὺς** καὶ θυγατέρας,

Gal 1:16 ἀποκαλύψαι τὸν **υἱὸν** αὐτοῦ ἐν ἐμοί, ἵνα εὐαγγελίζωμαι αὐτὸν ἐν τοῖς ἔθνεσιν,
2:20 ἐν πίστει ζῶ τῇ τοῦ **υἱοῦ** τοῦ θεοῦ τοῦ ἀγαπήσαντός με καὶ παραδόντος ἑαυτὸν ὑπὲρ ἐμοῦ.
3: 7 Γινώσκετε ἄρα ὅτι οἱ ἐκ πίστεως, οὗτοι **υἱοί** εἰσιν Ἀβραάμ.
3:26 Πάντες γὰρ **υἱοὶ** θεοῦ ἐστε διὰ τῆς πίστεως ἐν Χριστῷ Ἰησοῦ·
4: 4 ἐξαπέστειλεν ὁ θεὸς τὸν **υἱὸν** αὐτοῦ, γενόμενον ἐκ γυναικός,
4: 6 Ὅτι δέ ἐστε **υἱοί,** ἐξαπέστειλεν ὁ θεὸς τὸ πνεῦμα τοῦ **υἱοῦ** αὐτοῦ εἰς τὰς καρδίας ἡμῶν κρᾶζον, Αββα ὁ πατήρ.
4: 7 ὥστε οὐκέτι εἶ δοῦλος ἀλλὰ **υἱός·** εἰ δὲ **υἱός,** καὶ κληρονόμος διὰ θεοῦ.
4:22 γέγραπται γὰρ ὅτι Ἀβραὰμ δύο **υἱοὺς** ἔσχεν, ἕνα ἐκ τῆς παιδίσκης καὶ ἕνα ἐκ τῆς ἐλευθέρας.
4:30 Ἔκβαλε τὴν παιδίσκην καὶ τὸν **υἱὸν** αὐτῆς· οὐ γὰρ μὴ κληρονομήσει ὁ **υἱὸς** τῆς παιδίσκης μετὰ τοῦ **υἱοῦ** τῆς ἐλευθέρας.

Eph 2: 2 τοῦ πνεύματος τοῦ νῦν ἐνεργοῦντος ἐν τοῖς **υἱοῖς** τῆς ἀπειθείας·
3: 5 ὃ ἑτέραις γενεαῖς οὐκ ἐγνωρίσθη τοῖς **υἱοῖς** τῶν ἀνθρώπων ὡς νῦν ἀπεκαλύφθη τοῖς ἁγίοις ἀποστόλοις αὐτοῦ καὶ προφήταις ἐν πνεύματι,
4:13 μέχρι καταντήσωμεν οἱ πάντες εἰς τὴν ἑνότητα τῆς πίστεως καὶ τῆς ἐπιγνώσεως τοῦ **υἱοῦ** τοῦ θεοῦ,
5: 6 διὰ ταῦτα γὰρ ἔρχεται ἡ ὀργὴ τοῦ θεοῦ ἐπὶ τοὺς **υἱοὺς** τῆς ἀπειθείας.

Col 1:13 ὃς ἐρρύσατο ἡμᾶς ἐκ τῆς ἐξουσίας τοῦ σκότους καὶ μετέστησεν εἰς τὴν βασιλείαν τοῦ **υἱοῦ** τῆς ἀγάπης αὐτοῦ,
3: 6 δι' ἃ ἔρχεται ἡ ὀργὴ τοῦ θεοῦ [ἐπὶ τοὺς **υἱοὺς**[NIV-] τῆς ἀπειθείας.]

1Th 1:10 καὶ ἀναμένειν τὸν **υἱὸν** αὐτοῦ ἐκ τῶν οὐρανῶν,
5: 5 πάντες γὰρ ὑμεῖς **υἱοὶ** φωτός ἐστε καὶ **υἱοὶ** ἡμέρας.

2Th 2: 3 ὅτι ἐὰν μὴ ἔλθῃ ἡ ἀποστασία πρῶτον καὶ ἀποκαλυφθῇ ὁ ἄνθρωπος τῆς ἀνομίας, ὁ **υἱὸς** τῆς ἀπωλείας,

Heb 1: 2 ἐπ' ἐσχάτου τῶν ἡμερῶν τούτων ἐλάλησεν ἡμῖν ἐν **υἱῷ,**
1: 5 **Υἱός** μου εἶ σύ, ἐγὼ σήμερον γεγέννηκά σε; καὶ πάλιν, Ἐγὼ ἔσομαι αὐτῷ εἰς πατέρα, καὶ αὐτὸς ἔσται μοι εἰς **υἱόν;**
1: 8 πρὸς δὲ τὸν **υἱόν,** Ὁ θρόνος σου ὁ θεὸς εἰς τὸν αἰῶνα τοῦ αἰῶνος,
2: 6 Τί ἐστιν ἄνθρωπος ὅτι μιμνῄσκῃ αὐτοῦ, ἢ **υἱὸς** ἀνθρώπου ὅτι ἐπισκέπτῃ αὐτόν;
2:10 πολλοὺς **υἱοὺς** εἰς δόξαν ἀγαγόντα τὸν ἀρχηγὸν τῆς σωτηρίας αὐτῶν διὰ παθημάτων τελειῶσαι.
3: 6 Χριστὸς δὲ ὡς **υἱὸς** ἐπὶ τὸν οἶκον αὐτοῦ·
4:14 Ἰησοῦν τὸν **υἱὸν** τοῦ θεοῦ, κρατῶμεν τῆς ὁμολογίας.

5: 5 **Υἱός** μου εἶ σύ, ἐγὼ σήμερον γεγέννηκά σε·
5: 8 καίπερ ὢν **υἱός,** ἔμαθεν ἀφ' ὧν ἔπαθεν τὴν ὑπακοήν,
6: 6 ἀνασταυροῦντας ἑαυτοῖς τὸν **υἱὸν** τοῦ θεοῦ καὶ παραδειγματίζοντας.
7: 3 ἀφωμοιωμένος δὲ τῷ **υἱῷ** τοῦ θεοῦ, μένει ἱερεὺς εἰς τὸ διηνεκές.
7: 5 καὶ οἱ μὲν ἐκ τῶν **υἱῶν** Λευὶ τὴν ἱερατείαν λαμβάνοντες ἐντολὴν ἔχουσιν ἀποδεκατοῦν τὸν λαὸν κατὰ τὸν νόμον,
7:28 ὁ λόγος δὲ τῆς ὁρκωμοσίας τῆς μετὰ τὸν νόμον **υἱὸν** εἰς τὸν αἰῶνα τετελειωμένον.
10:29 πόσῳ δοκεῖτε χείρονος ἀξιωθήσεται τιμωρίας ὁ τὸν **υἱὸν** τοῦ θεοῦ καταπατήσας καὶ τὸ αἷμα τῆς διαθήκης κοινὸν ἡγησάμενος,
11:21 Πίστει Ἰακὼβ ἀποθνῄσκων ἕκαστον τῶν **υἱῶν** Ἰωσὴφ εὐλόγησεν καὶ προσεκύνησεν ἐπὶ τὸ ἄκρον τῆς ῥάβδου αὐτοῦ.
11:22 Πίστει Ἰωσὴφ τελευτῶν περὶ τῆς ἐξόδου τῶν **υἱῶν** Ἰσραὴλ ἐμνημόνευσεν καὶ περὶ τῶν ὀστέων αὐτοῦ ἐνετείλατο.
11:24 Πίστει Μωϋσῆς μέγας γενόμενος ἠρνήσατο λέγεσθαι **υἱὸς** θυγατρὸς **Φαραώ,**
12: 5 καὶ ἐκλέλησθε τῆς παρακλήσεως, ἥτις ὑμῖν ὡς **υἱοῖς** διαλέγεται, **Υἱέ** μου,
12: 6 ὃν γὰρ ἀγαπᾷ κύριος παιδεύει, μαστιγοῖ δὲ πάντα **υἱὸν** ὃν παραδέχεται.
12: 7 εἰς παιδείαν ὑπομένετε, ὡς **υἱοῖς** ὑμῖν προσφέρεται ὁ θεός. τίς γὰρ **υἱὸς** ὃν οὐ παιδεύει πατήρ;
12: 8 εἰ δὲ χωρίς ἐστε παιδείας ἧς μέτοχοι γεγόνασιν πάντες, ἄρα νόθοι καὶ οὐχ **υἱοί** ἐστε.
Jas 2:21 Ἀβραὰμ ὁ πατὴρ ἡμῶν οὐκ ἐξ ἔργων ἐδικαιώθη ἀνενέγκας Ἰσαὰκ τὸν **υἱὸν** αὐτοῦ ἐπὶ τὸ θυσιαστήριον;
1Pe 5:13 Ἀσπάζεται ὑμᾶς ἡ ἐν Βαβυλῶνι συνεκλεκτὴ καὶ Μᾶρκος ὁ **υἱός** μου.
2Pe 1:17 Ὁ **υἱός** μου ὁ ἀγαπητός μου οὗτός ἐστιν εἰς ὃν ἐγὼ εὐδόκησα,
1Jn 1: 3 καὶ ἡ κοινωνία δὲ ἡ ἡμετέρα μετὰ τοῦ πατρὸς καὶ μετὰ τοῦ **υἱοῦ** αὐτοῦ Ἰησοῦ Χριστοῦ.
1: 7 κοινωνίαν ἔχομεν μετ' ἀλλήλων καὶ τὸ αἷμα Ἰησοῦ τοῦ **υἱοῦ** αὐτοῦ καθαρίζει ἡμᾶς ἀπὸ πάσης ἁμαρτίας.
2:22 οὗτός ἐστιν ὁ ἀντίχριστος, ὁ ἀρνούμενος τὸν πατέρα καὶ τὸν **υἱόν.**
2:23 πᾶς ὁ ἀρνούμενος τὸν **υἱὸν** οὐδὲ τὸν πατέρα ἔχει, ὁ ὁμολογῶν τὸν **υἱὸν** καὶ τὸν πατέρα ἔχει.
2:24 καὶ ὑμεῖς ἐν τῷ **υἱῷ** καὶ ἐν τῷ πατρὶ μενεῖτε.
3: 8 εἰς τοῦτο ἐφανερώθη ὁ **υἱὸς** τοῦ θεοῦ, ἵνα λύσῃ τὰ ἔργα τοῦ διαβόλου.
3:23 ἵνα πιστεύσωμεν τῷ ὀνόματι τοῦ **υἱοῦ** αὐτοῦ Ἰησοῦ Χριστοῦ καὶ ἀγαπῶμεν ἀλλήλους,
4: 9 ὅτι τὸν **υἱὸν** αὐτοῦ τὸν μονογενῆ ἀπέσταλκεν ὁ θεὸς εἰς τὸν κόσμον ἵνα ζήσωμεν δι' αὐτοῦ.
4:10 οὐχ ὅτι ἡμεῖς ἠγαπήκαμεν τὸν θεὸν ἀλλ' ὅτι αὐτὸς ἠγάπησεν ἡμᾶς καὶ ἀπέστειλεν τὸν **υἱὸν** αὐτοῦ ἱλασμὸν περὶ τῶν ἁμαρτιῶν ἡμῶν.
4:14 καὶ ἡμεῖς τεθεάμεθα καὶ μαρτυροῦμεν ὅτι ὁ πατὴρ ἀπέσταλκεν τὸν **υἱὸν** σωτῆρα τοῦ κόσμου.
4:15 ὃς ἐὰν ὁμολογήσῃ ὅτι Ἰησοῦς ἐστιν ὁ **υἱὸς** τοῦ θεοῦ,
5: 5 τίς [δέ] ἐστιν ὁ νικῶν τὸν κόσμον εἰ μὴ ὁ πιστεύων ὅτι Ἰησοῦς ἐστιν ὁ **υἱὸς** τοῦ θεοῦ;
5: 9 ὅτι αὕτη ἐστὶν ἡ μαρτυρία τοῦ θεοῦ ὅτι μεμαρτύρηκεν περὶ τοῦ **υἱοῦ** αὐτοῦ.
5:10 ὁ πιστεύων εἰς τὸν **υἱὸν** τοῦ θεοῦ ἔχει τὴν μαρτυρίαν ἐν ἑαυτῷ, ὁ μὴ πιστεύων τῷ θεῷ ψεύστην πεποίηκεν αὐτόν, ὅτι οὐ πεπίστευκεν εἰς τὴν μαρτυρίαν ἣν μεμαρτύρηκεν ὁ θεὸς περὶ τοῦ **υἱοῦ** αὐτοῦ.
5:11 καὶ αὕτη ἡ ζωὴ ἐν τῷ **υἱῷ** αὐτοῦ ἐστιν.
5:12 ὁ ἔχων τὸν **υἱὸν** ἔχει τὴν ζωήν· ὁ μὴ ἔχων τὸν **υἱὸν** τοῦ θεοῦ τὴν ζωὴν οὐκ ἔχει.
5:13 τοῖς πιστεύουσιν εἰς τὸ ὄνομα τοῦ **υἱοῦ** τοῦ θεοῦ.
5:20 οἴδαμεν δὲ ὅτι ὁ **υἱὸς** τοῦ θεοῦ ἥκει καὶ δέδωκεν ἡμῖν διάνοιαν ἵνα γινώσκωμεν τὸν ἀληθινόν, καὶ ἐσμὲν ἐν τῷ ἀληθινῷ, ἐν τῷ **υἱῷ** αὐτοῦ Ἰησοῦ Χριστῷ.
2Jn 1: 3 ἔσται μεθ' ἡμῶν χάρις ἔλεος εἰρήνη παρὰ θεοῦ πατρὸς καὶ παρὰ Ἰησοῦ Χριστοῦ τοῦ **υἱοῦ** τοῦ πατρὸς ἐν ἀληθείᾳ καὶ ἀγάπῃ.
1: 9 οὗτος καὶ τὸν πατέρα καὶ τὸν **υἱὸν** ἔχει.
Rev 1:13 καὶ ἐν μέσῳ τῶν λυχνιῶν ὅμοιον **υἱὸν** ἀνθρώπου ἐνδεδυμένον ποδήρη καὶ περιεζωσμένον πρὸς τοῖς μαστοῖς ζώνην χρυσᾶν.
2:14 ὃς ἐδίδασκεν τῷ Βαλὰκ βαλεῖν σκάνδαλον ἐνώπιον τῶν **υἱῶν** Ἰσραὴλ φαγεῖν εἰδωλόθυτα καὶ πορνεῦσαι.
2:18 Τάδε λέγει ὁ **υἱὸς** τοῦ θεοῦ, ὁ ἔχων τοὺς ὀφθαλμοὺς αὐτοῦ ὡς φλόγα πυρὸς καὶ οἱ πόδες αὐτοῦ ὅμοιοι χαλκολιβάνῳ·
7: 4 ἑκατὸν τεσσεράκοντα τέσσαρες χιλιάδες, ἐσφραγισμένοι ἐκ πάσης φυλῆς **υἱῶν** Ἰσραήλ·
12: 5 καὶ ἔτεκεν **υἱὸν** ἄρσεν, ὃς μέλλει ποιμαίνειν πάντα τὰ ἔθνη ἐν ῥάβδῳ σιδηρᾷ.
14:14 καὶ ἐπὶ τὴν νεφέλην καθήμενον ὅμοιον **υἱὸν** ἀνθρώπου,
21: 7 ὁ νικῶν κληρονομήσει ταῦτα καὶ ἔσομαι αὐτῷ θεὸς καὶ αὐτὸς ἔσται μοι **υἱός.**
21:12 ἅ ἐστιν [τὰ ὀνόματα] τῶν δώδεκα φυλῶν **υἱῶν** Ἰσραήλ·

5627 ὕλη [1]

→ *1494*

Jas 3: 5 οὕτως καὶ ἡ γλῶσσα μικρὸν μέλος ἐστὶν καὶ μεγάλα αὐχεῖ. Ἰδοὺ ἡλίκον πῦρ ἡλίκην **ὕλην** ἀνάπτει·

5628 Ὑμέναιος [2]

1Ti 1:20 ὧν ἐστιν **Ὑμέναιος** καὶ Ἀλέξανδρος, οὓς παρέδωκα τῷ Σατανᾷ,
2Ti 2:17 καὶ ὁ λόγος αὐτῶν ὡς γάγγραινα νομὴν ἕξει. ὧν ἐστιν **Ὑμέναιος** καὶ **Φίλητος,**

5629 ὑμέτερος [11]

√ *5148*

Lk 6:20 Μακάριοι οἱ πτωχοί, ὅτι **ὑμετέρα** ἐστὶν ἡ βασιλεία τοῦ θεοῦ.
16:12 καὶ εἰ ἐν τῷ ἀλλοτρίῳ πιστοὶ οὐκ ἐγένεσθε, τὸ **ὑμέτερον** τίς ὑμῖν δώσει;
Jn 7: 6 ὁ δὲ καιρὸς ὁ **ὑμέτερος** πάντοτέ ἐστιν ἕτοιμος.
8:17 καὶ ἐν τῷ νόμῳ δὲ τῷ **ὑμετέρῳ** γέγραπται ὅτι δύο ἀνθρώπων ἡ μαρτυρία ἀληθής ἐστιν.
15:20 εἰ τὸν λόγον μου ἐτήρησαν, καὶ τὸν **ὑμέτερον** τηρήσουσιν.
Ac 27:34 τοῦτο γὰρ πρὸς τῆς **ὑμετέρας** σωτηρίας ὑπάρχει, οὐδενὸς γὰρ ὑμῶν θρὶξ ἀπὸ τῆς κεφαλῆς ἀπολεῖται.
Ro 11:31 οὕτως καὶ οὗτοι νῦν ἠπείθησαν τῷ **ὑμετέρῳ** ἐλέει,
1Co 15:31 καθ' ἡμέραν ἀποθνῄσκω, νὴ τὴν **ὑμετέραν** καύχησιν, [ἀδελφοί,]
16:17 χαίρω δὲ ἐπὶ τῇ παρουσίᾳ **Στεφανᾶ** καὶ **Φορτουνάτου** καὶ Ἀχαϊκοῦ, ὅτι τὸ **ὑμέτερον** ὑστέρημα οὗτοι ἀνεπλήρωσαν·
2Co 8: 8 Οὐ κατ' ἐπιταγὴν λέγω ἀλλὰ διὰ τῆς ἑτέρων σπουδῆς καὶ τὸ τῆς **ὑμετέρας** ἀγάπης γνήσιον δοκιμάζων·
Gal 6:13 οὐδὲ γὰρ οἱ περιτεμνόμενοι αὐτοὶ νόμον φυλάσσουσιν ἀλλὰ θέλουσιν ὑμᾶς περιτέμνεσθαι, ἵνα ἐν τῇ **ὑμετέρᾳ** σαρκὶ καυχήσωνται.

5630 ὑμνέω [4]

√ *5631*

Mt 26:30 Καὶ **ὑμνήσαντες** ἐξῆλθον εἰς τὸ Ὄρος τῶν Ἐλαιῶν.
Mk 14:26 Καὶ **ὑμνήσαντες** ἐξῆλθον εἰς τὸ Ὄρος τῶν Ἐλαιῶν.
Ac 16:25 Κατὰ δὲ τὸ μεσονύκτιον Παῦλος καὶ Σιλᾶς προσευχόμενοι **ὕμνουν** τὸν θεόν,
Heb 2:12 Ἀπαγγελῶ τὸ ὄνομά σου τοῖς ἀδελφοῖς μου, ἐν μέσῳ ἐκκλησίας **ὑμνήσω** σε,

5631 ὕμνος [2]

→ *5630*

Eph 5:19 λαλοῦντες ἑαυτοῖς [ἐν] ψαλμοῖς καὶ **ὕμνοις** καὶ ᾠδαῖς πνευματικαῖς,
Col 3:16 ψαλμοῖς **ὕμνοις** ᾠδαῖς πνευματικαῖς ἐν [τῇ] χάριτι ᾄδοντες ἐν ταῖς καρδίαις ὑμῶν τῷ θεῷ·

5632 ὑπάγω [79]

√ *5679 + 72*

ὑπάγω εἰς [ἐν] εἰρήνη [2] Mk 5:34; Jas 2:16

ὑπάγω ... ἔρχομαι [12] Mt 5:24; Mk 6:31; Jn 3:8; 4:16; 8:14,14,21,22; 9:7; 13:33; 14:28; 21:3

Mt 4:10 τότε λέγει αὐτῷ ὁ Ἰησοῦς, **Ὕπαγε,** Σατανᾶ· γέγραπται γάρ,
5:24 ἄφες ἐκεῖ τὸ δῶρόν σου ἔμπροσθεν τοῦ θυσιαστηρίου καὶ **ὕπαγε** πρῶτον διαλλάγηθι τῷ ἀδελφῷ σου,
5:41 καὶ ὅστις σε ἀγγαρεύσει μίλιον ἕν, **ὕπαγε** μετ' αὐτοῦ δύο.

8: 4 ἀλλὰ **ὕπαγε** σεαυτὸν δεῖξον τῷ ἱερεῖ καὶ προσένεγκον τὸ δῶρον ὃ προσέταξεν Μωϋσῆς,
8: 13 καὶ εἶπεν ὁ Ἰησοῦς τῷ ἑκατοντάρχῃ, **Ὕπαγε,** ὡς ἐπίστευσας γενηθήτω σοι.
8: 32 καὶ εἶπεν αὐτοῖς, **Ὑπάγετε.** οἱ δὲ ἐξελθόντες ἀπῆλθον εἰς τοὺς χοίρους·
9: 6 Ἐγερθεὶς ἆρόν σου τὴν κλίνην καὶ **ὕπαγε** εἰς τὸν οἶκόν σου.
13: 44 καὶ ἀπὸ τῆς χαρᾶς αὐτοῦ **ὑπάγει** καὶ πωλεῖ πάντα ὅσα ἔχει καὶ ἀγοράζει τὸν ἀγρὸν ἐκεῖνον.
16: 23 ὁ δὲ στραφεὶς εἶπεν τῷ Πέτρῳ, **Ὕπαγε** ὀπίσω μου, Σατανᾶ·
18: 15 **ὕπαγε** ἔλεγξον αὐτὸν μεταξὺ σοῦ καὶ αὐτοῦ μόνου.
19: 21 **ὕπαγε** πώλησόν σου τὰ ὑπάρχοντα καὶ δὸς [τοῖς] πτωχοῖς,
20: 4 καὶ ἐκείνοις εἶπεν, **Ὑπάγετε** καὶ ὑμεῖς εἰς τὸν ἀμπελῶνα,
20: 7 λέγει αὐτοῖς, **Ὑπάγετε** καὶ ὑμεῖς εἰς τὸν ἀμπελῶνα.
20: 14 ἆρον τὸ σὸν καὶ **ὕπαγε.** θέλω δὲ τούτῳ τῷ ἐσχάτῳ δοῦναι ὡς καὶ σοί·
21: 28 καὶ προσελθὼν τῷ πρώτῳ εἶπεν, Τέκνον, **ὕπαγε** σήμερον ἐργάζου ἐν τῷ ἀμπελῶνι.
26: 18 **Ὑπάγετε** εἰς τὴν πόλιν πρὸς τὸν δεῖνα καὶ εἴπατε αὐτῷ,
26: 24 ὁ μὲν υἱὸς τοῦ ἀνθρώπου **ὑπάγει** καθὼς γέγραπται περὶ αὐτοῦ,
27: 65 ἔφη αὐτοῖς ὁ Πιλᾶτος, Ἔχετε κουστωδίαν· **ὑπάγετε** ἀσφαλίσασθε ὡς οἴδατε.
28: 10 **ὑπάγετε** ἀπαγγείλατε τοῖς ἀδελφοῖς μου ἵνα ἀπέλθωσιν εἰς τὴν Γαλιλαίαν,

Mk 1: 44 ἀλλὰ **ὕπαγε** σεαυτὸν δεῖξον τῷ ἱερεῖ καὶ προσένεγκε περὶ τοῦ καθαρισμοῦ σου ἃ προσέταξεν Μωϋσῆς,
2: 11 ἔγειρε ἆρον τὸν κράβαττόν σου καὶ **ὕπαγε** εἰς τὸν οἶκόν σου.
5: 19 **Ὕπαγε** εἰς τὸν οἶκόν σου πρὸς τοὺς σοὺς καὶ ἀπάγγειλον αὐτοῖς ὅσα ὁ κύριός σοι πεποίηκεν καὶ ἠλέησέν σε.
5: 34 **ὕπαγε** εἰς εἰρήνην καὶ ἴσθι ὑγιὴς ἀπὸ τῆς μάστιγός σου.
6: 31 ἦσαν γὰρ οἱ ἐρχόμενοι καὶ οἱ **ὑπάγοντες** πολλοί,
6: 33 καὶ εἶδον αὐτοὺς **ὑπάγοντας** καὶ ἐπέγνωσαν πολλοὶ καὶ πεζῇ ἀπὸ πασῶν τῶν πόλεων συνέδραμον ἐκεῖ καὶ προῆλθον αὐτούς.
6: 38 **ὑπάγετε** ἴδετε. καὶ γνόντες λέγουσιν, Πέντε, καὶ δύο ἰχθύας.
7: 29 καὶ εἶπεν αὐτῇ, Διὰ τοῦτον τὸν λόγον **ὕπαγε,**
8: 33 **Ὕπαγε** ὀπίσω μου, Σατανᾶ, ὅτι οὐ φρονεῖς τὰ τοῦ θεοῦ ἀλλὰ τὰ τῶν ἀνθρώπων.
10: 21 **ὕπαγε,** ὅσα ἔχεις πώλησον καὶ δὸς [τοῖς] πτωχοῖς,
10: 52 καὶ ὁ Ἰησοῦς εἶπεν αὐτῷ, **Ὕπαγε,** ἡ πίστις σου σέσωκέν σε.
11: 2 καὶ λέγει αὐτοῖς, **Ὑπάγετε** εἰς τὴν κώμην τὴν κατέναντι ὑμῶν,
14: 13 **Ὑπάγετε** εἰς τὴν πόλιν, καὶ ἀπαντήσει ὑμῖν ἄνθρωπος κεράμιον ὕδατος βαστάζων·
14: 21 ὅτι ὁ μὲν υἱὸς τοῦ ἀνθρώπου **ὑπάγει** καθὼς γέγραπται περὶ αὐτοῦ,
16: 7 ἀλλὰ **ὑπάγετε** εἴπατε τοῖς μαθηταῖς αὐτοῦ καὶ τῷ Πέτρῳ ὅτι Προάγει ὑμᾶς εἰς τὴν Γαλιλαίαν·

Lk 8: 42 Ἐν δὲ τῷ **ὑπάγειν** αὐτὸν οἱ ὄχλοι συνέπνιγον αὐτόν.
10: 3 **ὑπάγετε·** ἰδοὺ ἀποστέλλω ὑμᾶς ὡς ἄρνας ἐν μέσῳ λύκων.
12: 58 ὡς γὰρ **ὑπάγεις** μετὰ τοῦ ἀντιδίκου σου ἐπ' ἄρχοντα,
17: 14 Πορευθέντες ἐπιδείξατε ἑαυτοὺς τοῖς ἱερεῦσιν. καὶ ἐγένετο ἐν τῷ **ὑπάγειν** αὐτοὺς ἐκαθαρίσθησαν.
19: 30 λέγων, **Ὑπάγετε** εἰς τὴν κατέναντι κώμην, ἐν ᾗ εἰσπορευόμενοι εὑρήσετε πῶλον δεδεμένον,

Jn 3: 8 ἀλλ' οὐκ οἶδας πόθεν ἔρχεται καὶ ποῦ **ὑπάγει·**
4: 16 **Ὕπαγε** φώνησον τὸν ἄνδρα σου καὶ ἐλθὲ ἐνθάδε.
6: 21 καὶ εὐθέως ἐγένετο τὸ πλοῖον ἐπὶ τῆς γῆς εἰς ἣν **ὑπῆγον.**
6: 67 εἶπεν οὖν ὁ Ἰησοῦς τοῖς δώδεκα, Μὴ καὶ ὑμεῖς θέλετε **ὑπάγειν;**
7: 3 εἶπον οὖν πρὸς αὐτὸν οἱ ἀδελφοὶ αὐτοῦ, Μετάβηθι ἐντεῦθεν καὶ **ὕπαγε** εἰς τὴν Ἰουδαίαν,
7: 33 Ἔτι χρόνον μικρὸν μεθ' ὑμῶν εἰμι καὶ **ὑπάγω** πρὸς τὸν πέμψαντά με.
8: 14 ἀληθής ἐστιν ἡ μαρτυρία μου, ὅτι οἶδα πόθεν ἦλθον καὶ ποῦ **ὑπάγω·** ὑμεῖς δὲ οὐκ οἴδατε πόθεν ἔρχομαι ἢ ποῦ **ὑπάγω.**
8: 21 Εἶπεν οὖν πάλιν αὐτοῖς, Ἐγὼ **ὑπάγω** καὶ ζητήσετέ με, καὶ ἐν τῇ ἁμαρτίᾳ ὑμῶν ἀποθανεῖσθε· ὅπου ἐγὼ **ὑπάγω** ὑμεῖς οὐ δύνασθε ἐλθεῖν.
8: 22 ὅτι λέγει, Ὅπου ἐγὼ **ὑπάγω** ὑμεῖς οὐ δύνασθε ἐλθεῖν;
9: 7 **Ὕπαγε** νίψαι εἰς τὴν κολυμβήθραν τοῦ Σιλωάμ (ὃ ἑρμηνεύεται Ἀπεσταλμένος).
9: 11 ὁ λεγόμενος Ἰησοῦς πηλὸν ἐποίησεν καὶ ἐπέχρισέν μου τοὺς ὀφθαλμοὺς καὶ εἶπέν μοι ὅτι **Ὕπαγε** εἰς τὸν Σιλωὰμ καὶ νίψαι·
11: 8 νῦν ἐζήτουν σε λιθάσαι οἱ Ἰουδαῖοι, καὶ πάλιν **ὑπάγεις** ἐκεῖ;
11: 31 ἠκολούθησαν αὐτῇ δόξαντες ὅτι **ὑπάγει** εἰς τὸ μνημεῖον ἵνα κλαύσῃ ἐκεῖ.
11: 44 λέγει αὐτοῖς ὁ Ἰησοῦς, Λύσατε αὐτὸν καὶ ἄφετε αὐτὸν **ὑπάγειν.**
12: 11 ὅτι πολλοὶ δι' αὐτὸν **ὑπῆγον** τῶν Ἰουδαίων καὶ ἐπίστευον εἰς τὸν Ἰησοῦν.
12: 35 καὶ ὁ περιπατῶν ἐν τῇ σκοτίᾳ οὐκ οἶδεν ποῦ **ὑπάγει.**
13: 3 εἰδὼς ὅτι πάντα ἔδωκεν αὐτῷ ὁ πατὴρ εἰς τὰς χεῖρας καὶ ὅτι ἀπὸ θεοῦ ἐξῆλθεν καὶ πρὸς τὸν θεὸν **ὑπάγει,**
13: 33 καὶ καθὼς εἶπον τοῖς Ἰουδαίοις ὅτι Ὅπου ἐγὼ **ὑπάγω** ὑμεῖς οὐ δύνασθε ἐλθεῖν,
13: 36 Λέγει αὐτῷ Σίμων Πέτρος, Κύριε, ποῦ **ὑπάγεις;** ἀπεκρίθη [αὐτῷ] Ἰησοῦς, Ὅπου **ὑπάγω** οὐ δύνασαί μοι νῦν ἀκολουθῆσαι, ἀκολουθήσεις δὲ ὕστερον.
14: 4 καὶ ὅπου [ἐγὼ] **ὑπάγω** οἴδατε τὴν ὁδόν.
14: 5 Λέγει αὐτῷ Θωμᾶς, Κύριε, οὐκ οἴδαμεν ποῦ **ὑπάγεις·**
14: 28 ἠκούσατε ὅτι ἐγὼ εἶπον ὑμῖν, **Ὑπάγω** καὶ ἔρχομαι πρὸς ὑμᾶς.
15: 16 ἀλλ' ἐγὼ ἐξελεξάμην ὑμᾶς καὶ ἔθηκα ὑμᾶς ἵνα ὑμεῖς **ὑπάγητε** καὶ καρπὸν φέρητε καὶ ὁ καρπὸς ὑμῶν μένῃ,
16: 5 νῦν δὲ **ὑπάγω** πρὸς τὸν πέμψαντά με, καὶ οὐδεὶς ἐξ ὑμῶν ἐρωτᾷ με, Ποῦ **ὑπάγεις;**
16: 10 ὅτι πρὸς τὸν πατέρα **ὑπάγω** καὶ οὐκέτι θεωρεῖτέ με·
16: 17 καὶ πάλιν μικρὸν καὶ ὄψεσθέ με; καί, Ὅτι **ὑπάγω** πρὸς τὸν πατέρα;
18: 8 Εἶπον ὑμῖν ὅτι ἐγώ εἰμι. εἰ οὖν ἐμὲ ζητεῖτε, ἄφετε τούτους **ὑπάγειν·**
21: 3 λέγει αὐτοῖς Σίμων Πέτρος, **Ὑπάγω** ἁλιεύειν. λέγουσιν αὐτῷ,

Jas 2: 16 εἴπῃ δέ τις αὐτοῖς ἐξ ὑμῶν, **Ὑπάγετε** ἐν εἰρήνῃ, θερμαίνεσθε καὶ χορτάζεσθε,

1Jn 2: 11 ὁ δὲ μισῶν τὸν ἀδελφὸν αὐτοῦ ἐν τῇ σκοτίᾳ ἐστὶν καὶ ἐν τῇ σκοτίᾳ περιπατεῖ καὶ οὐκ οἶδεν ποῦ **ὑπάγει,**

Rev 10: 8 **Ὕπαγε** λάβε τὸ βιβλίον τὸ ἠνεῳγμένον ἐν τῇ χειρὶ τοῦ ἀγγέλου τοῦ ἑστῶτος ἐπὶ τῆς θαλάσσης καὶ ἐπὶ τῆς γῆς.
13: 10 εἴ τις εἰς αἰχμαλωσίαν, εἰς αἰχμαλωσίαν **ὑπάγει·** εἴ τις ἐν μαχαίρῃ ἀποκτανθῆναι αὐτὸν ἐν μαχαίρῃ ἀποκτανθῆναι.
14: 4 οὗτοι οἱ ἀκολουθοῦντες τῷ ἀρνίῳ ὅπου ἂν **ὑπάγῃ.**
16: 1 **Ὑπάγετε** καὶ ἐκχέετε τὰς ἑπτὰ φιάλας τοῦ θυμοῦ τοῦ θεοῦ εἰς τὴν γῆν.
17: 8 τὸ θηρίον ὃ εἶδες ἦν καὶ οὐκ ἔστιν καὶ μέλλει ἀναβαίνειν ἐκ τῆς ἀβύσσου καὶ εἰς ἀπώλειαν **ὑπάγει,**
17: 11 καὶ τὸ θηρίον ὃ ἦν καὶ οὐκ ἔστιν καὶ αὐτὸς ὄγδοός ἐστιν καὶ ἐκ τῶν ἑπτά ἐστιν, καὶ εἰς ἀπώλειαν **ὑπάγει.**

5633 ὑπακοή [15]

√ *5679 + 201*

Ro 1: 5 δι' οὗ ἐλάβομεν χάριν καὶ ἀποστολὴν εἰς **ὑπακοὴν** πίστεως ἐν πᾶσιν τοῖς ἔθνεσιν ὑπὲρ τοῦ ὀνόματος αὐτοῦ,
5: 19 οὕτως καὶ διὰ τῆς **ὑπακοῆς** τοῦ ἑνὸς δίκαιοι κατασταθήσονται οἱ πολλοί.
6: 16 οὐκ οἴδατε ὅτι ᾧ παριστάνετε ἑαυτοὺς δούλους εἰς **ὑπακοήν,** δοῦλοί ἐστε ᾧ ὑπακούετε, ἤτοι ἁμαρτίας εἰς θάνατον ἢ **ὑπακοῆς** εἰς δικαιοσύνην;
15: 18 οὐ γὰρ τολμήσω τι λαλεῖν ὧν οὐ κατειργάσατο Χριστὸς δι' ἐμοῦ εἰς **ὑπακοὴν** ἐθνῶν,
16: 19 ἡ γὰρ ὑμῶν **ὑπακοὴ** εἰς πάντας ἀφίκετο· ἐφ' ὑμῖν οὖν χαίρω,
16: 26 [φανερωθέντος δὲ νῦν διά τε γραφῶν προφητικῶν κατ' ἐπιταγὴν τοῦ αἰωνίου θεοῦ εἰς **ὑπακοὴν** πίστεως εἰς πάντα τὰ ἔθνη γνωρισθέντος,]

2Co 7: 15 καὶ τὰ σπλάγχνα αὐτοῦ περισσοτέρως εἰς ὑμᾶς ἐστιν ἀναμιμνῃσκομένου τὴν πάντων ὑμῶν **ὑπακοήν,**
10: 5 καὶ αἰχμαλωτίζοντες πᾶν νόημα εἰς τὴν **ὑπακοὴν** τοῦ Χριστοῦ,
10: 6 καὶ ἐν ἑτοίμῳ ἔχοντες ἐκδικῆσαι πᾶσαν παρακοήν, ὅταν πληρωθῇ ὑμῶν ἡ **ὑπακοή.**

Phm 1: 21 Πεποιθὼς τῇ **ὑπακοῇ** σου ἔγραψά σοι, εἰδὼς ὅτι καὶ ὑπὲρ ἃ λέγω ποιήσεις.

Heb 5: 8 καίπερ ὢν υἱός, ἔμαθεν ἀφ' ὧν ἔπαθεν τὴν **ὑπακοήν,**

1Pe 1: 2 κατὰ πρόγνωσιν θεοῦ πατρὸς ἐν ἁγιασμῷ πνεύματος εἰς **ὑπακοὴν** καὶ ῥαντισμὸν αἵματος Ἰησοῦ Χριστοῦ,
1: 14 ὡς τέκνα **ὑπακοῆς** μὴ συσχηματιζόμενοι ταῖς πρότερον ἐν τῇ ἀγνοίᾳ ὑμῶν ἐπιθυμίαις
1: 22 Τὰς ψυχὰς ὑμῶν ἡγνικότες ἐν τῇ **ὑπακοῇ** τῆς ἀληθείας εἰς φιλαδελφίαν ἀνυπόκριτον,

5634 ὑπακούω [21]

√ *5679 + 201*

Mt 8: 27 Ποταπός ἐστιν οὗτος ὅτι καὶ οἱ ἄνεμοι καὶ ἡ θάλασσα αὐτῷ **ὑπακούουσιν;**

Mk 1:27 καὶ τοῖς πνεύμασι τοῖς ἀκαθάρτοις ἐπιτάσσει, καὶ **ὑπακούουσιν** αὐτῷ.
4:41 Τίς ἄρα οὗτός ἐστιν ὅτι καὶ ὁ ἄνεμος καὶ ἡ θάλασσα **ὑπακούει** αὐτῷ;
Lk 8:25 Τίς ἄρα οὗτός ἐστιν ὅτι καὶ τοῖς ἀνέμοις ἐπιτάσσει καὶ τῷ ὕδατι, καὶ **ὑπακούουσιν** αὐτῷ;
17: 6 Ἐκριζώθητι καὶ φυτεύθητι ἐν τῇ θαλάσσῃ· καὶ **ὑπήκουσεν** ἂν ὑμῖν.
Ac 6: 7 πολύς τε ὄχλος τῶν ἱερέων **ὑπήκουον** τῇ πίστει.
12:13 κρούσαντος δὲ αὐτοῦ τὴν θύραν τοῦ πυλῶνος προσῆλθεν παιδίσκη **ὑπακοῦσαι** ὀνόματι Ῥόδη,
Ro 6:12 Μὴ οὖν βασιλευέτω ἡ ἁμαρτία ἐν τῷ θνητῷ ὑμῶν σώματι εἰς τὸ **ὑπακούειν** ταῖς ἐπιθυμίαις αὐτοῦ,
6:16 δοῦλοί ἐστε ᾧ **ὑπακούετε,** ἤτοι ἁμαρτίας εἰς θάνατον ἢ ὑπακοῆς εἰς δικαιοσύνην;
6:17 χάρις δὲ τῷ θεῷ ὅτι ἦτε δοῦλοι τῆς ἁμαρτίας **ὑπηκούσατε** δὲ ἐκ καρδίας εἰς ὃν παρεδόθητε τύπον διδαχῆς,
10:16 Ἀλλ᾽ οὐ πάντες **ὑπήκουσαν** τῷ εὐαγγελίῳ. Ἠσαΐας γὰρ λέγει,
Eph 6: 1 Τὰ τέκνα, **ὑπακούετε** τοῖς γονεῦσιν ὑμῶν [ἐν κυρίῳ·]
6: 5 **ὑπακούετε** τοῖς κατὰ σάρκα κυρίοις μετὰ φόβου καὶ τρόμου ἐν ἁπλότητι τῆς καρδίας ὑμῶν ὡς τῷ Χριστῷ,
Php 2:12 ἀγαπητοί μου, καθὼς πάντοτε **ὑπηκούσατε,** μὴ ὡς ἐν τῇ παρουσίᾳ μου μόνον ἀλλὰ νῦν πολλῷ μᾶλλον ἐν τῇ ἀπουσίᾳ μου,
Col 3:20 Τὰ τέκνα, **ὑπακούετε** τοῖς γονεῦσιν κατὰ πάντα, τοῦτο γὰρ εὐάρεστόν ἐστιν ἐν κυρίῳ.
3:22 Οἱ δοῦλοι, **ὑπακούετε** κατὰ πάντα τοῖς κατὰ σάρκα κυρίοις,
2Th 1: 8 διδόντος ἐκδίκησιν τοῖς μὴ εἰδόσιν θεὸν καὶ τοῖς μὴ **ὑπακούουσιν** τῷ εὐαγγελίῳ τοῦ κυρίου ἡμῶν Ἰησοῦ,
3:14 εἰ δέ τις οὐχ **ὑπακούει** τῷ λόγῳ ἡμῶν διὰ τῆς ἐπιστολῆς,
Heb 5: 9 καὶ τελειωθεὶς ἐγένετο πᾶσιν τοῖς **ὑπακούουσιν** αὐτῷ αἴτιος σωτηρίας αἰωνίου,
11: 8 Πίστει καλούμενος Ἀβραὰμ **ὑπήκουσεν** ἐξελθεῖν εἰς τόπον ὃν ἤμελλεν λαμβάνειν εἰς κληρονομίαν,
1Pe 3: 6 ὡς Σάρρα **ὑπήκουσεν** τῷ Ἀβραὰμ κύριον αὐτὸν καλοῦσα,

5635 ὕπανδρος [1]

√ *5679 + 467*

Ro 7: 2 ἡ γὰρ **ὕπανδρος** γυνὴ τῷ ζῶντι ἀνδρὶ δέδεται νόμῳ·

5636 ὑπαντάω [10]

√ *5679 + 505*

Mt 8:28 εἰς τὸ πέραν εἰς τὴν χώραν τῶν Γαδαρηνῶν **ὑπήντησαν** αὐτῷ δύο δαιμονιζόμενοι ἐκ τῶν μνημείων ἐξερχόμενοι,
28: 9 καὶ ἰδοὺ Ἰησοῦς **ὑπήντησεν** αὐταῖς λέγων, Χαίρετε. αἱ δὲ προσελθοῦσαι ἐκράτησαν αὐτοῦ τοὺς πόδας καὶ προσεκύνησαν
Mk 5: 2 καὶ ἐξελθόντος αὐτοῦ ἐκ τοῦ πλοίου εὐθὺς **ὑπήντησεν** αὐτῷ ἐκ τῶν μνημείων ἄνθρωπος ἐν πνεύματι ἀκαθάρτῳ,
Lk 8:27 ἐξελθόντι δὲ αὐτῷ ἐπὶ τὴν γῆν **ὑπήντησεν** ἀνήρ τις ἐκ τῆς πόλεως ἔχων δαιμόνια καὶ χρόνῳ ἱκανῷ οὐκ ἐνεδύσατο ἱμάτιον
14:31 πρῶτον βουλεύσεται εἰ δυνατός ἐστιν ἐν δέκα χιλιάσιν **ὑπαντῆσαι** τῷ μετὰ εἴκοσι χιλιάδων ἐρχομένῳ ἐπ᾽ αὐτόν;
Jn 4:51 ἤδη δὲ αὐτοῦ καταβαίνοντος οἱ δοῦλοι αὐτοῦ **ὑπήντησαν** αὐτῷ λέγοντες ὅτι ὁ παῖς αὐτοῦ ζῇ.
11:20 ἡ οὖν Μάρθα ὡς ἤκουσεν ὅτι Ἰησοῦς ἔρχεται **ὑπήντησεν** αὐτῷ·
11:30 ἀλλ᾽ ἦν ἔτι ἐν τῷ τόπῳ ὅπου **ὑπήντησεν** αὐτῷ ἡ Μάρθα.
12:18 διὰ τοῦτο [καὶ] **ὑπήντησεν** αὐτῷ ὁ ὄχλος, ὅτι ἤκουσαν τοῦτο αὐτὸν πεποιηκέναι τὸ σημεῖον.
Ac 16:16 Ἐγένετο δὲ πορευομένων ἡμῶν εἰς τὴν προσευχὴν παιδίσκην τινὰ ἔχουσαν πνεῦμα πύθωνα **ὑπαντῆσαι** ἡμῖν,

5637 ὑπάντησις [3]

√ *5679 + 505*

Mt 8:34 καὶ ἰδοὺ πᾶσα ἡ πόλις ἐξῆλθεν εἰς **ὑπάντησιν** τῷ Ἰησοῦ καὶ ἰδόντες αὐτὸν παρεκάλεσαν ὅπως μεταβῇ ἀπὸ τῶν ὁρίων αὐτῶν.
25: 1 αἵτινες λαβοῦσαι τὰς λαμπάδας ἑαυτῶν ἐξῆλθον εἰς **ὑπάντησιν** τοῦ νυμφίου.
Jn 12:13 ἔλαβον τὰ βαΐα τῶν φοινίκων καὶ ἐξῆλθον εἰς **ὑπάντησιν** αὐτῷ καὶ ἐκραύγαζον,

5638 ὕπαρξις [2]

√ *5679 + 806*

Ac 2:45 καὶ τὰ κτήματα καὶ τὰς **ὑπάρξεις** ἐπίπρασκον καὶ διεμέριζον αὐτὰ πᾶσιν καθότι ἄν τις χρείαν εἶχεν·
Heb 10:34 τὴν ἁρπαγὴν τῶν ὑπαρχόντων ὑμῶν μετὰ χαρᾶς προσεδέξασθε γινώσκοντες ἔχειν ἑαυτοὺς κρείττονα **ὕπαρξιν** καὶ μένουσαν.

5639 ὑπάρχω [60]

√ *5679 + 806*

τὰ ὑπάρχοντα [6] Mt 19:21; 25:14; Lk 11:21; 12:33; 16:1; 1Co 13:3

τοῖς ὑπάρχουσιν [3] Mt 24:47; Lk 12:44; 14:33

τῶν ὑπαρχόντων [5] Lk 8:3; 12:15; 19:8; Ac 4:32; Heb 10:34

Mt 19:21 ὕπαγε πώλησόν σου τὰ **ὑπάρχοντα** καὶ δὸς [τοῖς] πτωχοῖς,
24:47 ἀμὴν λέγω ὑμῖν ὅτι ἐπὶ πᾶσιν τοῖς **ὑπάρχουσιν** αὐτοῦ καταστήσει αὐτόν.
25:14 Ὥσπερ γὰρ ἄνθρωπος ἀποδημῶν ἐκάλεσεν τοὺς ἰδίους δούλους καὶ παρέδωκεν αὐτοῖς τὰ **ὑπάρχοντα** αὐτοῦ,
Lk 7:25 ἰδοὺ οἱ ἐν ἱματισμῷ ἐνδόξῳ καὶ τρυφῇ **ὑπάρχοντες** ἐν τοῖς βασιλείοις εἰσίν.
8: 3 γυνὴ Χουζᾶ ἐπιτρόπου Ἡρῴδου καὶ Σουσάννα καὶ ἕτεραι πολλαί, αἵτινες διηκόνουν αὐτοῖς ἐκ τῶν **ὑπαρχόντων** αὐταῖς.
8:41 καὶ ἰδοὺ ἦλθεν ἀνὴρ ᾧ ὄνομα Ἰάϊρος καὶ οὗτος ἄρχων τῆς συναγωγῆς **ὑπῆρχεν,**
9:48 ὁ γὰρ μικρότερος ἐν πᾶσιν ὑμῖν **ὑπάρχων** οὗτός ἐστιν μέγας.
11:13 εἰ οὖν ὑμεῖς πονηροὶ **ὑπάρχοντες** οἴδατε δόματα ἀγαθὰ διδόναι τοῖς τέκνοις ὑμῶν,
11:21 ὅταν ὁ ἰσχυρὸς καθωπλισμένος φυλάσσῃ τὴν ἑαυτοῦ αὐλήν, ἐν εἰρήνῃ ἐστὶν τὰ **ὑπάρχοντα** αὐτοῦ·
12:15 ὅτι οὐκ ἐν τῷ περισσεύειν τινὶ ἡ ζωὴ αὐτοῦ ἐστιν ἐκ τῶν **ὑπαρχόντων** αὐτῷ.
12:33 Πωλήσατε τὰ **ὑπάρχοντα** ὑμῶν καὶ δότε ἐλεημοσύνην· ποιήσατε ἑαυτοῖς βαλλάντια μὴ παλαιούμενα,
12:44 ἀληθῶς λέγω ὑμῖν ὅτι ἐπὶ πᾶσιν τοῖς **ὑπάρχουσιν** αὐτοῦ καταστήσει αὐτόν.
14:33 οὕτως οὖν πᾶς ἐξ ὑμῶν ὃς οὐκ ἀποτάσσεται πᾶσιν τοῖς ἑαυτοῦ **ὑπάρχουσιν** οὐ δύναται εἶναί μου μαθητής.
16: 1 οὗτος διεβλήθη αὐτῷ ὡς διασκορπίζων τὰ **ὑπάρχοντα** αὐτοῦ.
16:14 Ἤκουον δὲ ταῦτα πάντα οἱ Φαρισαῖοι φιλάργυροι **ὑπάρχοντες** καὶ ἐξεμυκτήριζον αὐτόν.
16:23 καὶ ἐν τῷ ᾅδῃ ἐπάρας τοὺς ὀφθαλμοὺς αὐτοῦ, **ὑπάρχων** ἐν βασάνοις,
19: 8 Ἰδοὺ τὰ ἡμίσιά μου τῶν **ὑπαρχόντων,** κύριε, τοῖς πτωχοῖς δίδωμι,
23:50 Καὶ ἰδοὺ ἀνὴρ ὀνόματι Ἰωσὴφ βουλευτὴς **ὑπάρχων** [καὶ] ἀνὴρ ἀγαθὸς καὶ δίκαιος
Ac 2:30 προφήτης οὖν **ὑπάρχων,** καὶ εἰδὼς ὅτι ὅρκῳ ὤμοσεν αὐτῷ ὁ θεὸς ἐκ καρποῦ τῆς ὀσφύος αὐτοῦ καθίσαι ἐπὶ τὸν θρόνον
3: 2 καί τις ἀνὴρ χωλὸς ἐκ κοιλίας μητρὸς αὐτοῦ **ὑπάρχων** ἐβαστάζετο,
3: 6 εἶπεν δὲ Πέτρος, Ἀργύριον καὶ χρυσίον οὐχ **ὑπάρχει** μοι,
4:32 καὶ οὐδὲ εἷς τι τῶν **ὑπαρχόντων** αὐτῷ ἔλεγεν ἴδιον εἶναι ἀλλ᾽ ἦν αὐτοῖς ἅπαντα κοινά.
4:34 ὅσοι γὰρ κτήτορες χωρίων ἢ οἰκιῶν **ὑπῆρχον,** πωλοῦντες ἔφερον τὰς τιμὰς τῶν πιπρασκομένων
4:37 **ὑπάρχοντος** αὐτῷ ἀγροῦ πωλήσας ἤνεγκεν τὸ χρῆμα καὶ ἔθηκεν πρὸς τοὺς πόδας τῶν ἀποστόλων.
5: 4 οὐχὶ μένον σοὶ ἔμενεν καὶ πραθὲν ἐν τῇ σῇ ἐξουσίᾳ **ὑπῆρχεν;**
7:55 **ὑπάρχων** δὲ πλήρης πνεύματος ἁγίου ἀτενίσας εἰς τὸν οὐρανὸν εἶδεν δόξαν θεοῦ καὶ Ἰησοῦν ἑστῶτα ἐκ δεξιῶν
8:16 μόνον δὲ βεβαπτισμένοι **ὑπῆρχον** εἰς τὸ ὄνομα τοῦ κυρίου Ἰησοῦ.
10:12 ἐν ᾧ **ὑπῆρχεν** πάντα τὰ τετράποδα καὶ ἑρπετὰ τῆς γῆς καὶ πετεινὰ τοῦ οὐρανοῦ.
16: 3 ᾔδεισαν γὰρ ἅπαντες ὅτι Ἕλλην ὁ πατὴρ αὐτοῦ **ὑπῆρχεν.**
16:20 Οὗτοι οἱ ἄνθρωποι ἐκταράσσουσιν ἡμῶν τὴν πόλιν, Ἰουδαῖοι **ὑπάρχοντες,**
16:37 Δείραντες ἡμᾶς δημοσίᾳ ἀκατακρίτους, ἀνθρώπους Ῥωμαίους **ὑπάρχοντας,** ἔβαλαν εἰς φυλακήν,
17:24 οὗτος οὐρανοῦ καὶ γῆς **ὑπάρχων** κύριος οὐκ ἐν χειροποιήτοις ναοῖς κατοικεῖ

17:27 καί γε οὐ μακρὰν ἀπὸ ἑνὸς ἑκάστου ἡμῶν **ὑπάρχοντα.**

17:29 γένος οὖν **ὑπάρχοντες** τοῦ θεοῦ οὐκ ὀφείλομεν νομίζειν χρυσῷ ἢ ἀργύρῳ ἢ λίθῳ,

19:36 ἀναντιρρήτων οὖν ὄντων τούτων δέον ἐστὶν ὑμᾶς κατεσταλμένους **ὑπάρχειν** καὶ μηδὲν προπετὲς πράσσειν.

19:40 μηδενὸς αἰτίου **ὑπάρχοντος** περὶ οὗ [οὐ] δυνησόμεθα ἀποδοῦναι λόγον περὶ τῆς συστροφῆς ταύτης.

21:20 πόσαι μυριάδες εἰσὶν ἐν τοῖς Ἰουδαίοις τῶν πεπιστευκότων καὶ πάντες ζηλωταὶ τοῦ νόμου **ὑπάρχουσιν·**

22: 3 ζηλωτὴς **ὑπάρχων** τοῦ θεοῦ καθὼς πάντες ὑμεῖς ἐστε σήμερον·

27:12 ἀνευθέτου δὲ τοῦ λιμένος **ὑπάρχοντος** πρὸς παραχειμασίαν οἱ πλείονες ἔθεντο βουλὴν ἀναχθῆναι ἐκεῖθεν,

27:21 Πολλῆς τε ἀσιτίας **ὑπαρχούσης** τότε σταθεὶς ὁ Παῦλος ἐν μέσῳ αὐτῶν εἶπεν,

27:34 τοῦτο γὰρ πρὸς τῆς ὑμετέρας σωτηρίας **ὑπάρχει,** οὐδενὸς γὰρ ὑμῶν θρὶξ ἀπὸ τῆς κεφαλῆς ἀπολεῖται.

28: 7 Ἐν δὲ τοῖς περὶ τὸν τόπον ἐκεῖνον **ὑπῆρχεν** χωρία τῷ πρώτῳ τῆς νήσου ὀνόματι Ποπλίῳ,

28:18 οἵτινες ἀνακρίναντές με ἐβούλοντο ἀπολῦσαι διὰ τὸ μηδεμίαν αἰτίαν θανάτου **ὑπάρχειν** ἐν ἐμοί.

Ro 4:19 ἑκατονταετής που **ὑπάρχων,** καὶ τὴν νέκρωσιν τῆς μήτρας Σάρρας·

1Co 7:26 Νομίζω οὖν τοῦτο καλὸν **ὑπάρχειν** διὰ τὴν ἐνεστῶσαν ἀνάγκην,

11: 7 ἀνὴρ μὲν γὰρ οὐκ ὀφείλει κατακαλύπτεσθαι τὴν κεφαλὴν εἰκὼν καὶ δόξα θεοῦ **ὑπάρχων·**

11:18 πρῶτον μὲν γὰρ συνερχομένων ὑμῶν ἐν ἐκκλησίᾳ ἀκούω σχίσματα ἐν ὑμῖν **ὑπάρχειν** καὶ μέρος τι πιστεύω.

12:22 ἀλλὰ πολλῷ μᾶλλον τὰ δοκοῦντα μέλη τοῦ σώματος ἀσθενέστερα **ὑπάρχειν** ἀναγκαῖά ἐστιν,

13: 3 κἂν ψωμίσω πάντα τὰ **ὑπάρχοντά** μου καὶ ἐὰν παραδῶ τὸ σῶμά μου ἵνα καυχήσωμαι,

2Co 8:17 ὅτι τὴν μὲν παράκλησιν ἐδέξατο, σπουδαιότερος δὲ **ὑπάρχων** αὐθαίρετος ἐξῆλθεν πρὸς ὑμᾶς.

12:16 ἐγὼ οὐ κατεβάρησα ὑμᾶς· ἀλλὰ **ὑπάρχων** πανοῦργος δόλῳ ὑμᾶς ἔλαβον.

Gal 1:14 καὶ προέκοπτον ἐν τῷ Ἰουδαϊσμῷ ὑπὲρ πολλοὺς συνηλικιώτας ἐν τῷ γένει μου, περισσοτέρως ζηλωτὴς **ὑπάρχων** τῶν πατρικῶν μου παραδόσεων.

2:14 Εἰ σὺ Ἰουδαῖος **ὑπάρχων** ἐθνικῶς καὶ οὐχὶ Ἰουδαϊκῶς ζῇς,

Php 2: 6 ὃς ἐν μορφῇ θεοῦ **ὑπάρχων** οὐχ ἁρπαγμὸν ἡγήσατο τὸ εἶναι ἴσα θεῷ,

3:20 ἡμῶν γὰρ τὸ πολίτευμα ἐν οὐρανοῖς **ὑπάρχει,** ἐξ οὗ καὶ σωτῆρα ἀπεκδεχόμεθα κύριον Ἰησοῦν Χριστόν,

Heb 10:34 τὴν ἁρπαγὴν τῶν **ὑπαρχόντων** ὑμῶν μετὰ χαρᾶς προσεδέξασθε γινώσκοντες ἔχειν ἑαυτοὺς κρείττονα ὕπαρξιν καὶ μένουσαν.

Jas 2:15 ἐὰν ἀδελφὸς ἢ ἀδελφὴ γυμνοὶ **ὑπάρχωσιν** καὶ λειπόμενοι τῆς ἐφημέρου τροφῆς

2Pe 1: 8 ταῦτα γὰρ ὑμῖν **ὑπάρχοντα** καὶ πλεονάζοντα οὐκ ἀργοὺς οὐδὲ ἀκάρπους καθίστησιν εἰς τὴν τοῦ κυρίου ἡμῶν Ἰησοῦ Χριστοῦ ἐπίγνωσιν·

2:19 ἐλευθερίαν αὐτοῖς ἐπαγγελλόμενοι, αὐτοὶ δοῦλοι **ὑπάρχοντες** τῆς φθορᾶς·

3:11 τούτων οὕτως πάντων λυομένων ποταποὺς δεῖ **ὑπάρχειν** [ὑμᾶς] ἐν ἁγίαις ἀναστροφαῖς καὶ εὐσεβείαις,

5640 ὑπείκω [1]

√ *5679 + 1634*

Heb 13:17 Πείθεσθε τοῖς ἡγουμένοις ὑμῶν καὶ **ὑπείκετε,** αὐτοὶ γὰρ ἀγρυπνοῦσιν ὑπὲρ τῶν ψυχῶν ὑμῶν ὡς λόγον ἀποδώσοντες,

5641 ὑπεναντίος [2]

√ *5679 + 1882*

Col 2:14 ἐξαλείψας τὸ καθ' ἡμῶν χειρόγραφον τοῖς δόγμασιν ὃ ἦν **ὑπεναντίον** ἡμῖν,

Heb 10:27 φοβερὰ δέ τις ἐκδοχὴ κρίσεως καὶ πυρὸς ζῆλος ἐσθίειν μέλλοντος τοὺς **ὑπεναντίους.**

5642 ὑπέρ [150]

→ *5643, 5644, 5645, 5646, 5647, 5648, 5649, 5650, 5651, 5652, 5653, 5654, 5655, 5656, 5657, 5658, 5659, 5660, 5661, 5662, 5663, 5664, 5665, 5666, 5667, 5668, 5669, 5670, 5671, 5672, 5673*

ὑπέρ Χριστοῦ [5] Ro 9:3; 2Co 5:20,20; 12:10; Php 1:29

accusative object [20] Mt 10:24,24,37,37; Lk 6:40; 16:8; Ac 26:13; Ro 15:9; 1Co 4:6; 10:13; 2Co 1:8; 12:6,13; Gal 1:14; Eph 1:22; 3:20; Php 2:9; Phm 1:16,21; Heb 4:12

genitive object [129] Mt 5:44; Mk 9:40; 14:24; Lk 9:50; 22:19,20; Jn 1:30; 6:51; 10:11,15; 11:4,50,51,52; 13:37,38; 15:13; 17:19; 18:14; Ac 5:41; 8:24; 9:16; 15:26; 21:13,26; Ro 1:5; 5:6,7,7,8; 8:27,31,32,34; 9:3,27; 10:1; 14:15; 15:8,30; 16:4; 1Co 1:13; 4:6; 10:30; 11:24; 12:25; 15:3,29,29; 2Co 1:6,6,7,8,11,11; 5:12,14,15,15,20,20,21; 7:4,7,12,14; 8:16,23,24; 9:2,3,14; 12:5,5,8,10,15,19; 13:8; Gal 1:4; 2:20; 3:13; Eph 1:16; 3:1,13; 5:2,20,25; 6:19,20; Php 1:4,7,29,29; 2:13; 4:10; Col 1:7,9,24,24; 2:1; 4:12,13; 1Th 3:2; 5:10; 2Th 1:4,5; 2:1; 1Ti 2:1,2,6; Tit 2:14; Phm 1:13; Heb 2:9; 5:1,1; 6:20; 7:25,27; 9:7,24; 10:12; 13:17; Jas 5:16; 1Pe 2:21; 3:18; 1Jn 3:16,16; 3Jn 1:7

nominative object [1] 2Co 11:23

Mt 5:44 ἀγαπᾶτε τοὺς ἐχθροὺς ὑμῶν καὶ προσεύχεσθε **ὑπὲρ** τῶν διωκόντων ὑμᾶς,

10:24 Οὐκ ἔστιν μαθητὴς **ὑπὲρ** τὸν διδάσκαλον οὐδὲ δοῦλος **ὑπὲρ** τὸν κύριον αὐτοῦ.

10:37 Ὁ φιλῶν πατέρα ἢ μητέρα **ὑπὲρ** ἐμὲ οὐκ ἔστιν μου ἄξιος, καὶ ὁ φιλῶν υἱὸν ἢ θυγατέρα **ὑπὲρ** ἐμὲ οὐκ ἔστιν μου ἄξιος·

Mk 9:40 ὃς γὰρ οὐκ ἔστιν καθ' ἡμῶν, **ὑπὲρ** ἡμῶν ἐστιν.

14:24 Τοῦτό ἐστιν τὸ αἷμά μου τῆς διαθήκης τὸ ἐκχυννόμενον **ὑπὲρ** πολλῶν.

Lk 6:40 οὐκ ἔστιν μαθητὴς **ὑπὲρ** τὸν διδάσκαλον· κατηρτισμένος δὲ πᾶς ἔσται ὡς ὁ διδάσκαλος αὐτοῦ.

9:50 ὃς γὰρ οὐκ ἔστιν καθ' ὑμῶν, **ὑπὲρ** ὑμῶν ἐστιν.

16: 8 ὅτι οἱ υἱοὶ τοῦ αἰῶνος τούτου φρονιμώτεροι **ὑπὲρ** τοὺς υἱοὺς τοῦ φωτὸς εἰς τὴν γενεὰν τὴν ἑαυτῶν εἰσιν.

22:19 Τοῦτό ἐστιν τὸ σῶμά μου τὸ **ὑπὲρ** ὑμῶν διδόμενον·

22:20 Τοῦτο τὸ ποτήριον ἡ καινὴ διαθήκη ἐν τῷ αἵματί μου τὸ **ὑπὲρ** ὑμῶν ἐκχυννόμενον.

Jn 1:30 οὗτός ἐστιν **ὑπὲρ** οὗ ἐγὼ εἶπον, Ὀπίσω μου ἔρχεται ἀνὴρ ὃς ἔμπροσθέν μου γέγονεν,

6:51 καὶ ὁ ἄρτος δὲ ὃν ἐγὼ δώσω ἡ σάρξ μού ἐστιν **ὑπὲρ** τῆς τοῦ κόσμου ζωῆς.

10:11 ὁ ποιμὴν ὁ καλὸς τὴν ψυχὴν αὐτοῦ τίθησιν **ὑπὲρ** τῶν προβάτων·

10:15 καὶ τὴν ψυχήν μου τίθημι **ὑπὲρ** τῶν προβάτων.

11: 4 Αὕτη ἡ ἀσθένεια οὐκ ἔστιν πρὸς θάνατον ἀλλ' **ὑπὲρ** τῆς δόξης τοῦ θεοῦ,

11:50 οὐδὲ λογίζεσθε ὅτι συμφέρει ὑμῖν ἵνα εἷς ἄνθρωπος ἀποθάνῃ **ὑπὲρ** τοῦ λαοῦ καὶ μὴ ὅλον τὸ ἔθνος ἀπόληται.

11:51 ἀλλὰ ἀρχιερεὺς ὢν τοῦ ἐνιαυτοῦ ἐκείνου ἐπροφήτευσεν ὅτι ἔμελλεν Ἰησοῦς ἀποθνῄσκειν **ὑπὲρ** τοῦ ἔθνους,

11:52 καὶ οὐχ **ὑπὲρ** τοῦ ἔθνους μόνον ἀλλ' ἵνα καὶ τὰ τέκνα τοῦ θεοῦ τὰ διεσκορπισμένα συναγάγῃ εἰς ἕν.

13:37 διὰ τί οὐ δύναμαί σοι ἀκολουθῆσαι ἄρτι; τὴν ψυχήν μου **ὑπὲρ** σοῦ θήσω.

13:38 ἀποκρίνεται Ἰησοῦς, Τὴν ψυχήν σου **ὑπὲρ** ἐμοῦ θήσεις;

15:13 ἵνα τις τὴν ψυχὴν αὐτοῦ θῇ **ὑπὲρ** τῶν φίλων αὐτοῦ.

17:19 καὶ **ὑπὲρ** αὐτῶν ἐγὼ ἁγιάζω ἐμαυτόν, ἵνα ὦσιν καὶ αὐτοὶ ἡγιασμένοι ἐν ἀληθείᾳ.

18:14 ἦν δὲ Καϊάφας ὁ συμβουλεύσας τοῖς Ἰουδαίοις ὅτι συμφέρει ἕνα ἄνθρωπον ἀποθανεῖν **ὑπὲρ** τοῦ λαοῦ.

Ac 5:41 Οἱ μὲν οὖν ἐπορεύοντο χαίροντες ἀπὸ προσώπου τοῦ συνεδρίου, ὅτι κατηξιώθησαν **ὑπὲρ** τοῦ ὀνόματος ἀτιμασθῆναι,

8:24 Δεήθητε ὑμεῖς **ὑπὲρ** ἐμοῦ πρὸς τὸν κύριον ὅπως μηδὲν ἐπέλθῃ ἐπ' ἐμὲ ὧν εἰρήκατε.

9:16 ἐγὼ γὰρ ὑποδείξω αὐτῷ ὅσα δεῖ αὐτὸν **ὑπὲρ** τοῦ ὀνόματός μου παθεῖν.

15:26 ἀνθρώποις παραδεδωκόσι τὰς ψυχὰς αὐτῶν **ὑπὲρ** τοῦ ὀνόματος τοῦ κυρίου ἡμῶν Ἰησοῦ Χριστοῦ.

21:13 ἐγὼ γὰρ οὐ μόνον δεθῆναι ἀλλὰ καὶ ἀποθανεῖν εἰς Ἰερουσαλὴμ ἑτοίμως ἔχω **ὑπὲρ** τοῦ ὀνόματος τοῦ κυρίου Ἰησοῦ.

21:26 εἰσῄει εἰς τὸ ἱερὸν διαγγέλλων τὴν ἐκπλήρωσιν τῶν ἡμερῶν τοῦ ἁγνισμοῦ ἕως οὗ προσηνέχθη **ὑπὲρ** ἑνὸς ἑκάστου αὐτῶν ἡ προσφορά.

26:13 οὐρανόθεν **ὑπὲρ** τὴν λαμπρότητα τοῦ ἡλίου περιλάμψαν με φῶς καὶ τοὺς σὺν ἐμοὶ πορευομένους.

Ro 1: 5 δι' οὗ ἐλάβομεν χάριν καὶ ἀποστολὴν εἰς ὑπακοὴν πίστεως ἐν πᾶσιν τοῖς ἔθνεσιν **ὑπὲρ** τοῦ ὀνόματος αὐτοῦ,

5: 6 ἔτι γὰρ Χριστὸς ὄντων ἡμῶν ἀσθενῶν ἔτι κατὰ καιρὸν **ὑπὲρ** ἀσεβῶν ἀπέθανεν.

5: 7 μόλις γὰρ **ὑπὲρ** δικαίου τις ἀποθανεῖται· **ὑπὲρ** γὰρ τοῦ ἀγαθοῦ τάχα τις καὶ τολμᾷ ἀποθανεῖν·
5: 8 ὅτι ἔτι ἁμαρτωλῶν ὄντων ἡμῶν Χριστὸς **ὑπὲρ** ἡμῶν ἀπέθανεν.
8:27 ὁ δὲ ἐραυνῶν τὰς καρδίας οἶδεν τί τὸ φρόνημα τοῦ πνεύματος, ὅτι κατὰ θεὸν ἐντυγχάνει **ὑπὲρ** ἁγίων.
8:31 εἰ ὁ θεὸς **ὑπὲρ** ἡμῶν, τίς καθ' ἡμῶν;
8:32 ὅς γε τοῦ ἰδίου υἱοῦ οὐκ ἐφείσατο ἀλλὰ **ὑπὲρ** ἡμῶν πάντων παρέδωκεν αὐτόν,
8:34 ὅς καί ἐστιν ἐν δεξιᾷ τοῦ θεοῦ, ὃς καὶ ἐντυγχάνει **ὑπὲρ** ἡμῶν.
9: 3 ηὐχόμην γὰρ ἀνάθεμα εἶναι αὐτὸς ἐγὼ ἀπὸ τοῦ Χριστοῦ **ὑπὲρ** τῶν ἀδελφῶν μου τῶν συγγενῶν μου κατὰ σάρκα,
9:27 Ἠσαΐας δὲ κράζει **ὑπὲρ** τοῦ Ἰσραήλ, Ἐὰν ᾖ ὁ ἀριθμὸς τῶν υἱῶν Ἰσραὴλ ὡς ἡ ἄμμος τῆς θαλάσσης,
10: 1 ἡ μὲν εὐδοκία τῆς ἐμῆς καρδίας καὶ ἡ δέησις πρὸς τὸν θεὸν **ὑπὲρ** αὐτῶν εἰς σωτηρίαν.
14:15 μὴ τῷ βρώματί σου ἐκεῖνον ἀπόλλυε **ὑπὲρ** οὗ Χριστὸς ἀπέθανεν.
15: 8 λέγω γὰρ Χριστὸν διάκονον γεγενῆσθαι περιτομῆς **ὑπὲρ** ἀληθείας θεοῦ,
15: 9 τὰ δὲ ἔθνη **ὑπὲρ** ἐλέους δοξάσαι τὸν θεόν,
15:30 καὶ διὰ τῆς ἀγάπης τοῦ πνεύματος συναγωνίσασθαί μοι ἐν ταῖς προσευχαῖς **ὑπὲρ** ἐμοῦ πρὸς τὸν θεόν,
16: 4 οἵτινες **ὑπὲρ** τῆς ψυχῆς μου τὸν ἑαυτῶν τράχηλον ὑπέθηκαν,
1Co 1:13 μὴ Παῦλος ἐσταυρώθη **ὑπὲρ** ὑμῶν, ἢ εἰς τὸ ὄνομα Παύλου ἐβαπτίσθητε;
4: 6 ἵνα ἐν ἡμῖν μάθητε τὸ Μὴ **ὑπὲρ** ἃ γέγραπται, ἵνα μὴ εἷς **ὑπὲρ** τοῦ ἑνὸς φυσιοῦσθε κατὰ τοῦ ἑτέρου.
10:13 ὃς οὐκ ἐάσει ὑμᾶς πειρασθῆναι **ὑπὲρ** ὃ δύνασθε ἀλλὰ ποιήσει σὺν τῷ πειρασμῷ καὶ τὴν ἔκβασιν τοῦ δύνασθαι ὑπενεγκεῖν.
10:30 εἰ ἐγὼ χάριτι μετέχω, τί βλασφημοῦμαι **ὑπὲρ** οὗ ἐγὼ εὐχαριστῶ;
11:24 Τοῦτό μού ἐστιν τὸ σῶμα τὸ **ὑπὲρ** ὑμῶν·
12:25 ἵνα μὴ ᾖ σχίσμα ἐν τῷ σώματι ἀλλὰ τὸ αὐτὸ **ὑπὲρ** ἀλλήλων μεριμνῶσιν τὰ μέλη.
15: 3 ὅτι Χριστὸς ἀπέθανεν **ὑπὲρ** τῶν ἁμαρτιῶν ἡμῶν κατὰ τὰς γραφὰς
15:29 Ἐπεὶ τί ποιήσουσιν οἱ βαπτιζόμενοι **ὑπὲρ** τῶν νεκρῶν; εἰ ὅλως νεκροὶ οὐκ ἐγείρονται, τί καὶ βαπτίζονται **ὑπὲρ** αὐτῶν;
2Co 1: 6 εἴτε δὲ θλιβόμεθα, **ὑπὲρ** τῆς ὑμῶν παρακλήσεως καὶ σωτηρίας· εἴτε παρακαλούμεθα, **ὑπὲρ** τῆς ὑμῶν παρακλήσεως τῆς ἐνεργουμένης ἐν ὑπομονῇ τῶν αὐτῶν παθημάτων
1: 7 καὶ ἡ ἐλπὶς ἡμῶν βεβαία **ὑπὲρ** ὑμῶν εἰδότες ὅτι ὡς κοινωνοί ἐστε τῶν παθημάτων,
1: 8 **ὑπὲρ** τῆς θλίψεως ἡμῶν τῆς γενομένης ἐν τῇ Ἀσίᾳ, ὅτι καθ' ὑπερβολὴν **ὑπὲρ** δύναμιν ἐβαρήθημεν ὥστε ἐξαπορηθῆναι ἡμᾶς καὶ τοῦ ζῆν·
1:11 συνυπουργούντων καὶ ὑμῶν **ὑπὲρ** ἡμῶν τῇ δεήσει, ἵνα ἐκ πολλῶν προσώπων τὸ εἰς ἡμᾶς χάρισμα διὰ πολλῶν εὐχαριστηθῇ **ὑπὲρ** ἡμῶν.
5:12 οὐ πάλιν ἑαυτοὺς συνιστάνομεν ὑμῖν ἀλλὰ ἀφορμὴν διδόντες ὑμῖν καυχήματος **ὑπὲρ** ἡμῶν,
5:14 κρίναντας τοῦτο, ὅτι εἷς **ὑπὲρ** πάντων ἀπέθανεν, ἄρα οἱ πάντες ἀπέθανον·
5:15 καὶ **ὑπὲρ** πάντων ἀπέθανεν, ἵνα οἱ ζῶντες μηκέτι ἑαυτοῖς ζῶσιν ἀλλὰ τῷ **ὑπὲρ** αὐτῶν ἀποθανόντι καὶ ἐγερθέντι.
5:20 **ὑπὲρ** Χριστοῦ οὖν πρεσβεύομεν ὡς τοῦ θεοῦ παρακαλοῦντος δι' ἡμῶν· δεόμεθα **ὑπὲρ** Χριστοῦ, καταλλάγητε τῷ θεῷ.
5:21 τὸν μὴ γνόντα ἁμαρτίαν **ὑπὲρ** ἡμῶν ἁμαρτίαν ἐποίησεν,
7: 4 πολλή μοι παρρησία πρὸς ὑμᾶς, πολλή μοι καύχησις **ὑπὲρ** ὑμῶν·
7: 7 τὸν ὑμῶν ζῆλον **ὑπὲρ** ἐμοῦ ὥστε με μᾶλλον χαρῆναι.
7:12 οὐχ ἕνεκεν τοῦ ἀδικήσαντος οὐδὲ ἕνεκεν τοῦ ἀδικηθέντος ἀλλ' ἕνεκεν τοῦ φανερωθῆναι τὴν σπουδὴν ὑμῶν τὴν **ὑπὲρ** ἡμῶν πρὸς ὑμᾶς ἐνώπιον τοῦ θεοῦ.
7:14 ὅτι εἴ τι αὐτῷ **ὑπὲρ** ὑμῶν κεκαύχημαι, οὐ κατῃσχύνθην,
8:16 Χάρις δὲ τῷ θεῷ τῷ δόντι τὴν αὐτὴν σπουδὴν **ὑπὲρ** ὑμῶν ἐν τῇ καρδίᾳ Τίτου,
8:23 εἴτε **ὑπὲρ** Τίτου, κοινωνὸς ἐμὸς καὶ εἰς ὑμᾶς συνεργός·
8:24 τὴν οὖν ἔνδειξιν τῆς ἀγάπης ὑμῶν καὶ ἡμῶν καυχήσεως **ὑπὲρ** ὑμῶν εἰς αὐτοὺς ἐνδεικνύμενοι εἰς πρόσωπον τῶν ἐκκλησιῶν.
9: 2 οἶδα γὰρ τὴν προθυμίαν ὑμῶν ἣν **ὑπὲρ** ὑμῶν καυχῶμαι Μακεδόσιν,
9: 3 ἵνα μὴ τὸ καύχημα ἡμῶν τὸ **ὑπὲρ** ὑμῶν κενωθῇ ἐν τῷ μέρει τούτῳ,
9:14 καὶ αὐτῶν δεήσει **ὑπὲρ** ὑμῶν ἐπιποθούντων ὑμᾶς διὰ τὴν ὑπερβάλλουσαν χάριν τοῦ θεοῦ ἐφ' ὑμῖν.
11:23 παραφρονῶν λαλῶ, **ὑπὲρ** ἐγώ· ἐν κόποις περισσοτέρως, ἐν φυλακαῖς περισσοτέρως,
12: 5 **ὑπὲρ** τοῦ τοιούτου καυχήσομαι, **ὑπὲρ** δὲ ἐμαυτοῦ οὐ καυχήσομαι εἰ μὴ ἐν ταῖς ἀσθενείαις.
12: 6 μή τις εἰς ἐμὲ λογίσηται **ὑπὲρ** ὃ βλέπει με ἢ ἀκούει [τι] ἐξ ἐμοῦ
12: 8 **ὑπὲρ** τούτου τρὶς τὸν κύριον παρεκάλεσα ἵνα ἀποστῇ ἀπ' ἐμοῦ.
12:10 ἐν ἀνάγκαις, ἐν διωγμοῖς καὶ στενοχωρίαις, **ὑπὲρ** Χριστοῦ·
12:13 τί γάρ ἐστιν ὃ ἡσσώθητε **ὑπὲρ** τὰς λοιπὰς ἐκκλησίας,
12:15 ἐγὼ δὲ ἥδιστα δαπανήσω καὶ ἐκδαπανηθήσομαι **ὑπὲρ** τῶν ψυχῶν ὑμῶν.
12:19 τὰ δὲ πάντα, ἀγαπητοί, **ὑπὲρ** τῆς ὑμῶν οἰκοδομῆς.
13: 8 οὐ γὰρ δυνάμεθά τι κατὰ τῆς ἀληθείας ἀλλὰ **ὑπὲρ** τῆς ἀληθείας.
Gal 1: 4 τοῦ δόντος ἑαυτὸν **ὑπὲρ** τῶν ἁμαρτιῶν ἡμῶν, ὅπως ἐξέληται ἡμᾶς ἐκ τοῦ αἰῶνος τοῦ ἐνεστῶτος πονηροῦ
1:14 καὶ προέκοπτον ἐν τῷ Ἰουδαϊσμῷ **ὑπὲρ** πολλοὺς συνηλικιώτας ἐν τῷ γένει μου,
2:20 ἐν πίστει ζῶ τῇ τοῦ υἱοῦ τοῦ θεοῦ τοῦ ἀγαπήσαντός με καὶ παραδόντος ἑαυτὸν **ὑπὲρ** ἐμοῦ.
3:13 Χριστὸς ἡμᾶς ἐξηγόρασεν ἐκ τῆς κατάρας τοῦ νόμου γενόμενος **ὑπὲρ** ἡμῶν κατάρα,
Eph 1:16 οὐ παύομαι εὐχαριστῶν **ὑπὲρ** ὑμῶν μνείαν ποιούμενος ἐπὶ τῶν προσευχῶν μου,
1:22 καὶ πάντα ὑπέταξεν ὑπὸ τοὺς πόδας αὐτοῦ καὶ αὐτὸν ἔδωκεν κεφαλὴν **ὑπὲρ** πάντα τῇ ἐκκλησίᾳ,
3: 1 Τούτου χάριν ἐγὼ Παῦλος ὁ δέσμιος τοῦ Χριστοῦ [Ἰησοῦ] **ὑπὲρ** ὑμῶν τῶν ἐθνῶν–
3:13 διὸ αἰτοῦμαι μὴ ἐγκακεῖν ἐν ταῖς θλίψεσίν μου **ὑπὲρ** ὑμῶν,
3:20 Τῷ δὲ δυναμένῳ **ὑπὲρ** πάντα ποιῆσαι ὑπερεκπερισσοῦ ὧν αἰτούμεθα ἢ νοοῦμεν κατὰ τὴν δύναμιν τὴν ἐνεργουμένην
5: 2 καθὼς καὶ ὁ Χριστὸς ἠγάπησεν ἡμᾶς καὶ παρέδωκεν ἑαυτὸν **ὑπὲρ** ἡμῶν προσφορὰν καὶ θυσίαν τῷ θεῷ εἰς ὀσμὴν εὐωδίας.
5:20 εὐχαριστοῦντες πάντοτε **ὑπὲρ** πάντων ἐν ὀνόματι τοῦ κυρίου ἡμῶν Ἰησοῦ Χριστοῦ τῷ θεῷ καὶ πατρί.
5:25 καθὼς καὶ ὁ Χριστὸς ἠγάπησεν τὴν ἐκκλησίαν καὶ ἑαυτὸν παρέδωκεν **ὑπὲρ** αὐτῆς,
6:19 καὶ **ὑπὲρ** ἐμοῦ, ἵνα μοι δοθῇ λόγος ἐν ἀνοίξει τοῦ στόματός μου,
6:20 **ὑπὲρ** οὗ πρεσβεύω ἐν ἁλύσει, ἵνα ἐν αὐτῷ παρρησιάσωμαι ὡς δεῖ με λαλῆσαι.
Php 1: 4 πάντοτε ἐν πάσῃ δεήσει μου **ὑπὲρ** πάντων ὑμῶν,
1: 7 καθώς ἐστιν δίκαιον ἐμοὶ τοῦτο φρονεῖν **ὑπὲρ** πάντων ὑμῶν διὰ τὸ ἔχειν με ἐν τῇ καρδίᾳ ὑμᾶς,
1:29 ὅτι ὑμῖν ἐχαρίσθη τὸ **ὑπὲρ** Χριστοῦ, οὐ μόνον τὸ εἰς αὐτὸν πιστεύειν ἀλλὰ καὶ τὸ **ὑπὲρ** αὐτοῦ πάσχειν,
2: 9 διὸ καὶ ὁ θεὸς αὐτὸν ὑπερύψωσεν καὶ ἐχαρίσατο αὐτῷ τὸ ὄνομα τὸ **ὑπὲρ** πᾶν ὄνομα,
2:13 θεὸς γάρ ἐστιν ὁ ἐνεργῶν ἐν ὑμῖν καὶ τὸ θέλειν καὶ τὸ ἐνεργεῖν **ὑπὲρ** τῆς εὐδοκίας.
4:10 Ἐχάρην δὲ ἐν κυρίῳ μεγάλως ὅτι ἤδη ποτὲ ἀνεθάλετε τὸ **ὑπὲρ** ἐμοῦ φρονεῖν,
Col 1: 7 ὅς ἐστιν πιστὸς **ὑπὲρ** ὑμῶν διάκονος τοῦ Χριστοῦ,
1: 9 ἀφ' ἧς ἡμέρας ἠκούσαμεν, οὐ παυόμεθα **ὑπὲρ** ὑμῶν προσευχόμενοι καὶ αἰτούμενοι,
1:24 Νῦν χαίρω ἐν τοῖς παθήμασιν **ὑπὲρ** ὑμῶν καὶ ἀνταναπληρῶ τὰ ὑστερήματα τῶν θλίψεων τοῦ Χριστοῦ ἐν τῇ σαρκί μου **ὑπὲρ** τοῦ σώματος αὐτοῦ,
2: 1 Θέλω γὰρ ὑμᾶς εἰδέναι ἡλίκον ἀγῶνα ἔχω **ὑπὲρ** ὑμῶν καὶ τῶν ἐν Λαοδικείᾳ καὶ ὅσοι οὐχ ἑόρακαν τὸ πρόσωπόν μου ἐν σαρκί,
4:12 δοῦλος Χριστοῦ [Ἰησοῦ,] πάντοτε ἀγωνιζόμενος **ὑπὲρ** ὑμῶν ἐν ταῖς προσευχαῖς,
4:13 μαρτυρῶ γὰρ αὐτῷ ὅτι ἔχει πολὺν πόνον **ὑπὲρ** ὑμῶν καὶ τῶν ἐν Λαοδικείᾳ καὶ τῶν ἐν Ἱεραπόλει.
1Th 3: 2 εἰς τὸ στηρίξαι ὑμᾶς καὶ παρακαλέσαι **ὑπὲρ** τῆς πίστεως ὑμῶν
5:10 τοῦ ἀποθανόντος **ὑπὲρ** ἡμῶν, ἵνα εἴτε γρηγορῶμεν εἴτε καθεύδωμεν ἅμα σὺν αὐτῷ ζήσωμεν.
2Th 1: 4 ὥστε αὐτοὺς ἡμᾶς ἐν ὑμῖν ἐγκαυχᾶσθαι ἐν ταῖς ἐκκλησίαις τοῦ θεοῦ **ὑπὲρ** τῆς ὑπομονῆς ὑμῶν καὶ πίστεως ἐν πᾶσιν
1: 5 ἔνδειγμα τῆς δικαίας κρίσεως τοῦ θεοῦ εἰς τὸ καταξιωθῆναι ὑμᾶς τῆς βασιλείας τοῦ θεοῦ, **ὑπὲρ** ἧς καὶ πάσχετε,
2: 1 **ὑπὲρ** τῆς παρουσίας τοῦ κυρίου ἡμῶν Ἰησοῦ Χριστοῦ καὶ ἡμῶν ἐπισυναγωγῆς ἐπ' αὐτὸν
1Ti 2: 1 Παρακαλῶ οὖν πρῶτον πάντων ποιεῖσθαι δεήσεις προσευχὰς ἐντεύξεις εὐχαριστίας **ὑπὲρ** πάντων ἀνθρώπων,
2: 2 **ὑπὲρ** βασιλέων καὶ πάντων τῶν ἐν ὑπεροχῇ ὄντων,

2: 6 ὁ δοὺς ἑαυτὸν ἀντίλυτρον **ὑπὲρ** πάντων, τὸ μαρτύριον καιροῖς ἰδίοις.
Tit 2: 14 ὃς ἔδωκεν ἑαυτὸν **ὑπὲρ** ἡμῶν, ἵνα λυτρώσηται ἡμᾶς ἀπὸ πάσης ἀνομίας καὶ καθαρίσῃ ἑαυτῷ λαὸν περιούσιον,
Phm 1: 13 ἵνα **ὑπὲρ** σοῦ μοι διακονῇ ἐν τοῖς δεσμοῖς τοῦ εὐαγγελίου,
1: 16 οὐκέτι ὡς δοῦλον ἀλλὰ **ὑπὲρ** δοῦλον, ἀδελφὸν ἀγαπητόν,
1: 21 Πεποιθὼς τῇ ὑπακοῇ σου ἔγραψά σοι, εἰδὼς ὅτι καὶ **ὑπὲρ** ἃ λέγω ποιήσεις.
Heb 2: 9 τὸν δὲ βραχύ τι παρ' ἀγγέλους ἠλαττωμένον βλέπομεν Ἰησοῦν διὰ τὸ πάθημα τοῦ θανάτου δόξῃ καὶ τιμῇ ἐστεφανωμένον, ὅπως χάριτι θεοῦ **ὑπὲρ** παντὸς γεύσηται θανάτου.
4: 12 Ζῶν γὰρ ὁ λόγος τοῦ θεοῦ καὶ ἐνεργὴς καὶ τομώτερος **ὑπὲρ** πᾶσαν μάχαιραν δίστομον καὶ διϊκνούμενος ἄχρι μερισμοῦ ψυχῆς καὶ πνεύματος,
5: 1 Πᾶς γὰρ ἀρχιερεὺς ἐξ ἀνθρώπων λαμβανόμενος **ὑπὲρ** ἀνθρώπων καθίσταται τὰ πρὸς τὸν θεόν, ἵνα προσφέρῃ δῶρά τε καὶ θυσίας **ὑπὲρ** ἁμαρτιῶν,
6: 20 ὅπου πρόδρομος **ὑπὲρ** ἡμῶν εἰσῆλθεν Ἰησοῦς, κατὰ τὴν τάξιν Μελχισέδεκ ἀρχιερεὺς γενόμενος εἰς τὸν αἰῶνα.
7: 25 ὅθεν καὶ σῴζειν εἰς τὸ παντελὲς δύναται τοὺς προσερχομένους δι' αὐτοῦ τῷ θεῷ, πάντοτε ζῶν εἰς τὸ ἐντυγχάνειν **ὑπὲρ** αὐτῶν.
7: 27 πρότερον **ὑπὲρ** τῶν ἰδίων ἁμαρτιῶν θυσίας ἀναφέρειν ἔπειτα τῶν τοῦ λαοῦ·
9: 7 οὐ χωρὶς αἵματος ὃ προσφέρει **ὑπὲρ** ἑαυτοῦ καὶ τῶν τοῦ λαοῦ ἀγνοημάτων,
9: 24 νῦν ἐμφανισθῆναι τῷ προσώπῳ τοῦ θεοῦ **ὑπὲρ** ἡμῶν·
10: 12 οὗτος δὲ μίαν **ὑπὲρ** ἁμαρτιῶν προσενέγκας θυσίαν εἰς τὸ διηνεκὲς ἐκάθισεν ἐν δεξιᾷ τοῦ θεοῦ,
13: 17 αὐτοὶ γὰρ ἀγρυπνοῦσιν **ὑπὲρ** τῶν ψυχῶν ὑμῶν ὡς λόγον ἀποδώσοντες,
Jas 5: 16 ἐξομολογεῖσθε οὖν ἀλλήλοις τὰς ἁμαρτίας καὶ εὔχεσθε **ὑπὲρ** ἀλλήλων ὅπως ἰαθῆτε.
1Pe 2: 21 ὅτι καὶ Χριστὸς ἔπαθεν **ὑπὲρ** ὑμῶν ὑμῖν ὑπολιμπάνων ὑπογραμμὸν ἵνα ἐπακολουθήσητε τοῖς ἴχνεσιν αὐτοῦ,
3: 18 ὅτι καὶ Χριστὸς ἅπαξ περὶ ἁμαρτιῶν ἔπαθεν, δίκαιος **ὑπὲρ** ἀδίκων,
1Jn 3: 16 ὅτι ἐκεῖνος **ὑπὲρ** ἡμῶν τὴν ψυχὴν αὐτοῦ ἔθηκεν· καὶ ἡμεῖς ὀφείλομεν **ὑπὲρ** τῶν ἀδελφῶν τὰς ψυχὰς θεῖναι.
3Jn 1: 7 **ὑπὲρ** γὰρ τοῦ ὀνόματος ἐξῆλθον μηδὲν λαμβάνοντες ἀπὸ τῶν ἐθνικῶν.

5643 ὑπεραίρομαι [3]

√ 5642 + 149

2Co 12: 7 διὸ ἵνα μὴ **ὑπεραίρωμαι,** ἐδόθη μοι σκόλοψ τῇ σαρκί, ἄγγελος Σατανᾶ, ἵνα με κολαφίζῃ, ἵνα μὴ **ὑπεραίρωμαι.**
2Th 2: 4 ὁ ἀντικείμενος καὶ **ὑπεραιρόμενος** ἐπὶ πάντα λεγόμενον θεὸν ἢ σέβασμα,

5644 ὑπέρακμος [1]

√ 5642 + 216

1Co 7: 36 ἐὰν ᾖ **ὑπέρακμος** καὶ οὕτως ὀφείλει γίνεσθαι, ὃ θέλει ποιείτω,

5645 ὑπεράνω [3]

√ 5642 + 539

Eph 1: 21 **ὑπεράνω** πάσης ἀρχῆς καὶ ἐξουσίας καὶ δυνάμεως καὶ κυριότητος καὶ παντὸς ὀνόματος ὀνομαζομένου,
4: 10 ὁ καταβὰς αὐτός ἐστιν καὶ ὁ ἀναβὰς **ὑπεράνω** πάντων τῶν οὐρανῶν,
Heb 9: 5 **ὑπεράνω** δὲ αὐτῆς Χερουβὶν δόξης κατασκιάζοντα τὸ ἱλαστήριον·

5646 ὑπερασπίζω Not used in UBS/NIV

√ 5642 + 835

5647 ὑπεραυξάνω [1]

√ 5642 + 889

2Th 1: 3 ὅτι **ὑπεραυξάνει** ἡ πίστις ὑμῶν καὶ πλεονάζει ἡ ἀγάπη ἑνὸς ἑκάστου πάντων ὑμῶν εἰς ἀλλήλους,

5648 ὑπερβαίνω [1]

√ 5642 + 326

1Th 4: 6 τὸ μὴ **ὑπερβαίνειν** καὶ πλεονεκτεῖν ἐν τῷ πράγματι τὸν ἀδελφὸν αὐτοῦ,

5649 ὑπερβαλλόντως [1]

√ 5642 + 965

2Co 11: 23 ἐν φυλακαῖς περισσοτέρως, ἐν πληγαῖς **ὑπερβαλλόντως,** ἐν θανάτοις πολλάκις.

5650 ὑπερβάλλω [5]

√ 5642 + 965

2Co 3: 10 καὶ γὰρ οὐ δεδόξασται τὸ δεδοξασμένον ἐν τούτῳ τῷ μέρει εἵνεκεν τῆς **ὑπερβαλλούσης** δόξης.
9: 14 καὶ αὐτῶν δεήσει ὑπὲρ ὑμῶν ἐπιποθούντων ὑμᾶς διὰ τὴν **ὑπερβάλλουσαν** χάριν τοῦ θεοῦ ἐφ' ὑμῖν.
Eph 1: 19 καὶ τί τὸ **ὑπερβάλλον** μέγεθος τῆς δυνάμεως αὐτοῦ εἰς ἡμᾶς τοὺς πιστεύοντας κατὰ τὴν ἐνέργειαν τοῦ κράτους τῆς ἰσχύος
2: 7 ἵνα ἐνδείξηται ἐν τοῖς αἰῶσιν τοῖς ἐπερχομένοις τὸ **ὑπερβάλλον** πλοῦτος τῆς χάριτος αὐτοῦ ἐν χρηστότητι
3: 19 γνῶναί τε τὴν **ὑπερβάλλουσαν** τῆς γνώσεως ἀγάπην τοῦ Χριστοῦ,

5651 ὑπερβολή [8]

√ 5642 + 965

Ro 7: 13 ἵνα γένηται καθ' **ὑπερβολὴν** ἁμαρτωλὸς ἡ ἁμαρτία διὰ τῆς ἐντολῆς.
1Co 12: 31 ζηλοῦτε δὲ τὰ χαρίσματα τὰ μείζονα. Καὶ ἔτι καθ' **ὑπερβολὴν** ὁδὸν ὑμῖν δείκνυμι.
2Co 1: 8 ὅτι καθ' **ὑπερβολὴν** ὑπὲρ δύναμιν ἐβαρήθημεν ὥστε ἐξαπορηθῆναι ἡμᾶς καὶ τοῦ ζῆν·
4: 7 ἵνα ἡ **ὑπερβολὴ** τῆς δυνάμεως ᾖ τοῦ θεοῦ καὶ μὴ ἐξ ἡμῶν·
4: 17 τὸ γὰρ παραυτίκα ἐλαφρὸν τῆς θλίψεως ἡμῶν καθ' **ὑπερβολὴν** εἰς **ὑπερβολὴν** αἰώνιον βάρος δόξης κατεργάζεται ἡμῖν,
12: 7 καὶ τῇ **ὑπερβολῇ** τῶν ἀποκαλύψεων. διὸ ἵνα μὴ ὑπεραίρωμαι,
Gal 1: 13 ὅτι καθ' **ὑπερβολὴν** ἐδίωκον τὴν ἐκκλησίαν τοῦ θεοῦ καὶ ἐπόρθουν αὐτήν,

5652 ὑπερεγώ Not used in UBS/NIV

√ 5642 + 1609

5653 ὑπερείδω Not used in UBS/NIV

√ 5642 + 1626

5654 ὑπερέκεινα [1]

√ 5642 + 1695

2Co 10: 16 εἰς τὰ **ὑπερέκεινα** ὑμῶν εὐαγγελίσασθαι, οὐκ ἐν ἀλλοτρίῳ κανόνι εἰς τὰ ἕτοιμα καυχήσασθαι.

5655 ὑπερεκπερισσοῦ [3]

√ 5642 + 1666 + 4356

Eph 3: 20 Τῷ δὲ δυναμένῳ ὑπὲρ πάντα ποιῆσαι **ὑπερεκπερισσοῦ** ὧν αἰτούμεθα ἢ νοοῦμεν κατὰ τὴν δύναμιν τὴν ἐνεργουμένην ἐν ἡμῖν,
1Th 3: 10 νυκτὸς καὶ ἡμέρας **ὑπερεκπερισσοῦ** δεόμενοι εἰς τὸ ἰδεῖν ὑμῶν τὸ πρόσωπον καὶ καταρτίσαι τὰ ὑστερήματα τῆς πίστεως ὑμῶν;
5: 13 καὶ ἡγεῖσθαι αὐτοὺς **ὑπερεκπερισσοῦ** ἐν ἀγάπῃ διὰ τὸ ἔργον αὐτῶν.

5656 ὑπερεκπερισσῶς Not used in UBS/NIV

√ 5642 + 1666 + 4356

5657 ὑπερεκτείνω [1]

√ 1753; cf. 5642

2Co 10: 14 οὐ γὰρ ὡς μὴ ἐφικνούμενοι εἰς ὑμᾶς **ὑπερεκτείνομεν** ἑαυτούς,

5658 ὑπερεκχύννω [1]

√ *1772; cf. 5642 + 1666*

Lk 6:38 μέτρον καλὸν πεπιεσμένον σεσαλευμένον **ὑπερεκχυννόμενον** δώσουσιν εἰς τὸν κόλπον ὑμῶν·

5659 ὑπερεντυγχάνω [1]

√ *5642 + 1877 + 5593*

Ro 8:26 τὸ γὰρ τί προσευξώμεθα καθὸ δεῖ οὐκ οἴδαμεν, ἀλλὰ αὐτὸ τὸ πνεῦμα **ὑπερεντυγχάνει** στεναγμοῖς ἀλαλήτοις·

5660 ὑπερέχω [5]

√ *5642 + 2400*

Ro 13: 1 Πᾶσα ψυχὴ ἐξουσίαις **ὑπερεχούσαις** ὑποτασσέσθω. οὐ γὰρ ἔστιν ἐξουσία εἰ μὴ ὑπὸ θεοῦ,
Php 2: 3 μηδὲν κατ' ἐριθείαν μηδὲ κατὰ κενοδοξίαν ἀλλὰ τῇ ταπεινοφροσύνῃ ἀλλήλους ἡγούμενοι **ὑπερέχοντας** ἑαυτῶν,
3: 8 ἀλλὰ μενοῦνγε καὶ ἡγοῦμαι πάντα ζημίαν εἶναι διὰ τὸ **ὑπερέχον** τῆς γνώσεως Χριστοῦ Ἰησοῦ τοῦ κυρίου μου,
4: 7 καὶ ἡ εἰρήνη τοῦ θεοῦ ἡ **ὑπερέχουσα** πάντα νοῦν φρουρήσει τὰς καρδίας ὑμῶν καὶ τὰ νοήματα ὑμῶν ἐν Χριστῷ Ἰησοῦ.
1Pe 2:13 Ὑποτάγητε πάσῃ ἀνθρωπίνῃ κτίσει διὰ τὸν κύριον, εἴτε βασιλεῖ ὡς **ὑπερέχοντι,**

5661 ὑπερηφανία [1]

√ *5642 + 5743*

Mk 7:22 πονηρίαι, δόλος, ἀσέλγεια, ὀφθαλμὸς πονηρός, βλασφημία, **ὑπερηφανία,** ἀφροσύνη·

5662 ὑπερήφανος [5]

√ *5642 + 5743*

Lk 1:51 Ἐποίησεν κράτος ἐν βραχίονι αὐτοῦ, διεσκόρπισεν **ὑπερηφάνους** διανοίᾳ καρδίας αὐτῶν·
Ro 1:30 καταλάλους θεοστυγεῖς ὑβριστὰς **ὑπερηφάνους** ἀλαζόνας, ἐφευρετὰς κακῶν, γονεῦσιν ἀπειθεῖς,
2Ti 3: 2 ἔσονται γὰρ οἱ ἄνθρωποι φίλαυτοι φιλάργυροι ἀλαζόνες **ὑπερήφανοι** βλάσφημοι,
Jas 4: 6 διὸ λέγει, Ὁ θεὸς **ὑπερηφάνοις** ἀντιτάσσεται, ταπεινοῖς δὲ δίδωσιν χάριν.
1Pe 5: 5 ὅτι [Ὁ] θεὸς **ὑπερηφάνοις** ἀντιτάσσεται, ταπεινοῖς δὲ δίδωσιν χάριν.

5663 ὑπερλίαν [2]

√ *5642 + 3336*

2Co 11: 5 λογίζομαι γὰρ μηδὲν ὑστερηκέναι τῶν **ὑπερλίαν** ἀποστόλων.
12:11 ἐγὼ γὰρ ὤφειλον ὑφ' ὑμῶν συνίστασθαι· οὐδὲν γὰρ ὑστέρησα τῶν **ὑπερλίαν** ἀποστόλων εἰ καὶ οὐδέν εἰμι.

5664 ὑπερνικάω [1]

√ *5642 + 3772*

Ro 8:37 ἀλλ' ἐν τούτοις πᾶσιν **ὑπερνικῶμεν** διὰ τοῦ ἀγαπήσαντος ἡμᾶς.

5665 ὑπέρογκος [2]

√ *5642 + 3839*

2Pe 2:18 **ὑπέρογκα** γὰρ ματαιότητος φθεγγόμενοι δελεάζουσιν ἐν ἐπιθυμίαις σαρκὸς ἀσελγείαις τοὺς ὀλίγως ἀποφεύγοντας τοὺς ἐν πλάνῃ ἀναστρεφομένους,
Jude 1:16 καὶ τὸ στόμα αὐτῶν λαλεῖ **ὑπέρογκα,** θαυμάζοντες πρόσωπα ὠφελείας χάριν.

5666 ὑπεροράω [1]

√ *5642 + 3972*

Ac 17:30 τοὺς μὲν οὖν χρόνους τῆς ἀγνοίας **ὑπεριδὼν** ὁ θεός,

5667 ὑπεροχή [2]

√ *5642 + 2400*

1Co 2: 1 ἦλθον οὐ καθ' **ὑπεροχὴν** λόγου ἢ σοφίας καταγγέλλων ὑμῖν τὸ μυστήριον τοῦ θεοῦ.
1Ti 2: 2 ὑπὲρ βασιλέων καὶ πάντων τῶν ἐν **ὑπεροχῇ** ὄντων,

5668 ὑπερπερισσεύω [2]

√ *5642 + 4356*

Ro 5:20 οὗ δὲ ἐπλεόνασεν ἡ ἁμαρτία, **ὑπερεπερίσσευσεν** ἡ χάρις,
2Co 7: 4 **ὑπερπερισσεύομαι** τῇ χαρᾷ ἐπὶ πάσῃ τῇ θλίψει ἡμῶν.

5669 ὑπερπερισσῶς [1]

√ *5642 + 4356*

Mk 7:37 καὶ **ὑπερπερισσῶς** ἐξεπλήσσοντο λέγοντες, Καλῶς πάντα πεποίηκεν, καὶ τοὺς κωφοὺς ποιεῖ ἀκούειν καὶ [τοὺς] ἀλάλους λαλεῖν.

5670 ὑπερπλεονάζω [1]

√ *5642 + 4444*

1Ti 1:14 **ὑπερεπλεόνασεν** δὲ ἡ χάρις τοῦ κυρίου ἡμῶν μετὰ πίστεως καὶ ἀγάπης τῆς ἐν Χριστῷ Ἰησοῦ.

5671 ὑπερυψόω [1]

√ *5642 + 5737*

Php 2: 9 διὸ καὶ ὁ θεὸς αὐτὸν **ὑπερύψωσεν** καὶ ἐχαρίσατο αὐτῷ τὸ ὄνομα τὸ ὑπὲρ πᾶν ὄνομα,

5672 ὑπερφρονέω [1]

√ *5642 + 5856*

Ro 12: 3 Λέγω γὰρ διὰ τῆς χάριτος τῆς δοθείσης μοι παντὶ τῷ ὄντι ἐν ὑμῖν μὴ **ὑπερφρονεῖν** παρ' ὃ δεῖ φρονεῖν ἀλλὰ φρονεῖν εἰς τὸ σωφρονεῖν,

5673 ὑπερῷον [4]

√ *5642*

Ac 1:13 καὶ ὅτε εἰσῆλθον, εἰς τὸ **ὑπερῷον** ἀνέβησαν οὗ ἦσαν καταμένοντες,
9:37 ἐγένετο δὲ ἐν ταῖς ἡμέραις ἐκείναις ἀσθενήσασαν αὐτὴν ἀποθανεῖν· λούσαντες δὲ ἔθηκαν [αὐτὴν] ἐν **ὑπερῴῳ.**
9:39 ὃν παραγενόμενον ἀνήγαγον εἰς τὸ **ὑπερῷον** καὶ παρέστησαν αὐτῷ πᾶσαι αἱ χῆραι κλαίουσαι καὶ ἐπιδεικνύμεναι χιτῶνας
20: 8 ἦσαν δὲ λαμπάδες ἱκαναὶ ἐν τῷ **ὑπερῴῳ** οὗ ἦμεν συνηγμένοι.

5674 ὑπέχω [1]

√ *5679 + 2400*

Jude 1: 7 ὡς Σόδομα καὶ Γόμορρα καὶ αἱ περὶ αὐτὰς πόλεις τὸν ὅμοιον τρόπον τούτοις ἐκπορνεύσασαι καὶ ἀπελθοῦσαι ὀπίσω σαρκὸς ἑτέρας, πρόκεινται δεῖγμα πυρὸς αἰωνίου δίκην **ὑπέχουσαι.**

5675 ὑπήκοος [3]

√ *5679 + 201*

Ac 7:39 ᾧ οὐκ ἠθέλησαν **ὑπήκοοι** γενέσθαι οἱ πατέρες ἡμῶν,
2Co 2: 9 ἵνα γνῶ τὴν δοκιμὴν ὑμῶν, εἰ εἰς πάντα **ὑπήκοοί** ἐστε.
Php 2: 8 ἐταπείνωσεν ἑαυτὸν γενόμενος **ὑπήκοος** μέχρι θανάτου, θανάτου δὲ σταυροῦ.

5676 ὑπηρετέω [3]

√ *5677*

Ac 13:36 Δαυὶδ μὲν γὰρ ἰδίᾳ γενεᾷ **ὑπηρετήσας** τῇ τοῦ θεοῦ βουλῇ ἐκοιμήθη καὶ προσετέθη πρὸς τοὺς πατέρας αὐτοῦ
20:34 αὐτοὶ γινώσκετε ὅτι ταῖς χρείαις μου καὶ τοῖς οὖσιν μετ' ἐμοῦ **ὑπηρέτησαν** αἱ χεῖρες αὗται.
24:23 διαταξάμενος τῷ ἑκατοντάρχῃ τηρεῖσθαι αὐτὸν ἔχειν τε ἄνεσιν καὶ μηδένα κωλύειν τῶν ἰδίων αὐτοῦ **ὑπηρετεῖν** αὐτῷ.

5677 ὑπηρέτης [20]

→ *5676; cf. 5679*

Mt 5:25 μήποτέ σε παραδῷ ὁ ἀντίδικος τῷ κριτῇ καὶ ὁ κριτὴς τῷ **ὑπηρέτῃ** καὶ εἰς φυλακὴν βληθήσῃ·
26:58 ὁ δὲ Πέτρος ἠκολούθει αὐτῷ ἀπὸ μακρόθεν ἕως τῆς αὐλῆς τοῦ ἀρχιερέως καὶ εἰσελθὼν ἔσω ἐκάθητο μετὰ τῶν **ὑπηρετῶν** ἰδεῖν
Mk 14:54 καὶ ὁ Πέτρος ἀπὸ μακρόθεν ἠκολούθησεν αὐτῷ ἕως ἔσω εἰς τὴν αὐλὴν τοῦ ἀρχιερέως καὶ ἦν συγκαθήμενος μετὰ τῶν **ὑπηρετῶν**
14:65 καὶ κολαφίζειν αὐτὸν καὶ λέγειν αὐτῷ, Προφήτευσον, καὶ οἱ **ὑπηρέται** ῥαπίσμασιν αὐτὸν ἔλαβον.
Lk 1:2 καθὼς παρέδοσαν ἡμῖν οἱ ἀπ᾽ ἀρχῆς αὐτόπται καὶ **ὑπηρέται** γενόμενοι τοῦ λόγου,
4:20 καὶ πτύξας τὸ βιβλίον ἀποδοὺς τῷ **ὑπηρέτῃ** ἐκάθισεν·
Jn 7:32 καὶ ἀπέστειλαν οἱ ἀρχιερεῖς καὶ οἱ Φαρισαῖοι **ὑπηρέτας** ἵνα πιάσωσιν αὐτόν.
7:45 Ἦλθον οὖν οἱ **ὑπηρέται** πρὸς τοὺς ἀρχιερεῖς καὶ Φαρισαίους,
7:46 ἀπεκρίθησαν οἱ **ὑπηρέται**, Οὐδέποτε ἐλάλησεν οὕτως ἄνθρωπος.
18:3 ὁ οὖν Ἰούδας λαβὼν τὴν σπεῖραν καὶ ἐκ τῶν ἀρχιερέων καὶ ἐκ τῶν Φαρισαίων **ὑπηρέτας** ἔρχεται ἐκεῖ μετὰ φανῶν
18:12 Ἡ οὖν σπεῖρα καὶ ὁ χιλίαρχος καὶ οἱ **ὑπηρέται** τῶν Ἰουδαίων συνέλαβον τὸν Ἰησοῦν καὶ ἔδησαν αὐτὸν
18:18 εἱστήκεισαν δὲ οἱ δοῦλοι καὶ οἱ **ὑπηρέται** ἀνθρακιὰν πεποιηκότες,
18:22 ταῦτα δὲ αὐτοῦ εἰπόντος εἷς παρεστηκὼς τῶν **ὑπηρετῶν** ἔδωκεν ῥάπισμα τῷ Ἰησοῦ εἰπών,
18:36 οἱ **ὑπηρέται** οἱ ἐμοὶ ἠγωνίζοντο [ἂν] ἵνα μὴ παραδοθῶ τοῖς Ἰουδαίοις·
19:6 ὅτε οὖν εἶδον αὐτὸν οἱ ἀρχιερεῖς καὶ οἱ **ὑπηρέται** ἐκραύγασαν λέγοντες,
Ac 5:22 οἱ δὲ παραγενόμενοι **ὑπηρέται** οὐχ εὗρον αὐτοὺς ἐν τῇ φυλακῇ·
5:26 τότε ἀπελθὼν ὁ στρατηγὸς σὺν τοῖς **ὑπηρέταις** ἦγεν αὐτοὺς οὐ μετὰ βίας,
13:5 καὶ γενόμενοι ἐν Σαλαμῖνι κατήγγελλον τὸν λόγον τοῦ θεοῦ ἐν ταῖς συναγωγαῖς τῶν Ἰουδαίων. εἶχον δὲ καὶ Ἰωάννην **ὑπηρέτην**.
26:16 προχειρίσασθαί σε **ὑπηρέτην** καὶ μάρτυρα ὧν τε εἶδές [με] ὧν τε ὀφθήσομαί σοι,
1Co 4:1 Οὕτως ἡμᾶς λογιζέσθω ἄνθρωπος ὡς **ὑπηρέτας** Χριστοῦ καὶ οἰκονόμους μυστηρίων θεοῦ.

5678 ὕπνος [6]

→ *70, 71, 934, 1965, 1966, 2030, 2031*

Mt 1:24 ἐγερθεὶς δὲ ὁ Ἰωσὴφ ἀπὸ τοῦ **ὕπνου** ἐποίησεν ὡς προσέταξεν αὐτῷ ὁ ἄγγελος κυρίου καὶ παρέλαβεν τὴν γυναῖκα αὐτοῦ,
Lk 9:32 ὁ δὲ Πέτρος καὶ οἱ σὺν αὐτῷ ἦσαν βεβαρημένοι **ὕπνῳ**·
Jn 11:13 ἐκεῖνοι δὲ ἔδοξαν ὅτι περὶ τῆς κοιμήσεως τοῦ **ὕπνου** λέγει.
Ac 20:9 καταφερόμενος **ὕπνῳ** βαθεῖ διαλεγομένου τοῦ Παύλου ἐπὶ πλεῖον, κατενεχθεὶς ἀπὸ τοῦ **ὕπνου** ἔπεσεν ἀπὸ τοῦ τριστέγου κάτω καὶ ἤρθη νεκρός.
Ro 13:11 Καὶ τοῦτο εἰδότες τὸν καιρόν, ὅτι ὥρα ἤδη ὑμᾶς ἐξ **ὕπνου** ἐγερθῆναι,

5679 ὑπό [220]

→ *537, 538, 4732, 5347, 5348, 5632, 5633, 5634, 5635, 5636, 5637, 5638, 5639, 5640, 5641, 5674, 5675, 5680, 5681, 5682, 5683, 5684, 5685, 5686, 5687, 5688, 5689, 5690, 5691, 5692, 5693, 5694, 5695, 5696, 5697, 5698, 5699, 5700, 5701, 5702, 5703, 5704, 5705, 5706, 5707, 5708, 5709, 5710, 5711, 5712, 5713, 5714, 5715, 5716, 5717, 5718, 5719, 5720, 5721, 5722, 5723, 5724; cf. 5677*

accusative object [51] Mt 5:15; 8:8,9,9; 23:37; Mk 4:21,21, 32; Lk 7:6,8,8; 11:33; 13:34; 17:24,24; Jn 1:48; Ac 2:5; 4:12; 5:21; 10:42; Ro 3:9,13; 6:14,14,15,15; 7:14; 1Co 9:20,20,20,20; 10:1; 15:25,27; Gal 3:10,22,23,25; 4:2,3,4,5,21; 5:18; Eph 1:22; Col 1:23; 1Ti 6:1; Jas 2:3; 5:12; 1Pe 5:6; Jude 1:6

genitive object [169] Mt 1:22; 2:15,16; 3:6,13,14; 4:1,1; 5:13; 6:2; 8:24; 10:22; 11:7,27; 14:8,24; 17:12; 19:12; 20:23; 22:31; 23:7; 24:9; 27:12; Mk 1:5,9,13; 2:3; 5:4,26; 8:31; 13:13; 16:11; Lk 2:18,21,26; 3:7,19; 4:2,15; 7:24,30; 8:14,29; 9:7,8; 10:22; 13:17; 14:8,8; 16:22; 17:20; 21:16,17,20,24; 23:8; Jn 14:21; Ac 2:24; 4:11; 5:16; 8:6; 10:17,22,22,33,38,41; 12:5; 13:4,45; 15:3,40; 16:2,4,6,14; 17:13,19,25; 20:3; 21:35; 22:11,12,30; 23:10,27,27; 24:26; 25:14; 26:2,6,7; 27:11,41; Ro 3:21; 12:21; 13:1,1; 15:15,24; 16:20; 1Co 1:11; 2:12,15; 4:3,3; 6:12; 7:25; 8:3; 10:9,10,29; 11:32; 14:24,24; 2Co 1:4,16; 2:6,11; 3:2,3; 5:4; 8:19,19,20; 11:24; 12:11; Gal 1:11; 3:17; 4:9; 5:15; Eph 2:11; 5:12,13; Php 1:28; 3:12; Col 2:18; 1Th 1:4; 2:4,14,14; 2Th 2:13; 2Ti 2:26; Heb 2:3; 3:4; 5:4,10; 7:7; 9:19; 11:23; 12:3,5; Jas 1:14; 2:9; 3:4,4,6; 1Pe 2:4; 2Pe 1:17,21; 2:7,17; 3:2; 3Jn 1:12,12; Jude 1:12,17; Rev 6:8,13

Mt 1:22 Τοῦτο δὲ ὅλον γέγονεν ἵνα πληρωθῇ τὸ ῥηθὲν **ὑπὸ** κυρίου διὰ τοῦ προφήτου λέγοντος,
2:15 ἵνα πληρωθῇ τὸ ῥηθὲν **ὑπὸ** κυρίου διὰ τοῦ προφήτου λέγοντος,
2:16 Τότε Ἡρῴδης ἰδὼν ὅτι ἐνεπαίχθη **ὑπὸ** τῶν μάγων ἐθυμώθη λίαν,
3:6 καὶ ἐβαπτίζοντο ἐν τῷ Ἰορδάνῃ ποταμῷ **ὑπ᾽** αὐτοῦ ἐξομολογούμενοι τὰς ἁμαρτίας αὐτῶν.
3:13 Τότε παραγίνεται ὁ Ἰησοῦς ἀπὸ τῆς Γαλιλαίας ἐπὶ τὸν Ἰορδάνην πρὸς τὸν Ἰωάννην τοῦ βαπτισθῆναι **ὑπ᾽** αὐτοῦ.
3:14 Ἐγὼ χρείαν ἔχω **ὑπὸ** σοῦ βαπτισθῆναι, καὶ σὺ ἔρχῃ πρός με;
4:1 Τότε ὁ Ἰησοῦς ἀνήχθη εἰς τὴν ἔρημον **ὑπὸ** τοῦ πνεύματος πειρασθῆναι **ὑπὸ** τοῦ διαβόλου.
5:13 εἰς οὐδὲν ἰσχύει ἔτι εἰ μὴ βληθὲν ἔξω καταπατεῖσθαι **ὑπὸ** τῶν ἀνθρώπων.
5:15 οὐδὲ καίουσιν λύχνον καὶ τιθέασιν αὐτὸν **ὑπὸ** τὸν μόδιον ἀλλ᾽ ἐπὶ τὴν λυχνίαν,
6:2 ὥσπερ οἱ ὑποκριταὶ ποιοῦσιν ἐν ταῖς συναγωγαῖς καὶ ἐν ταῖς ῥύμαις, ὅπως δοξασθῶσιν **ὑπὸ** τῶν ἀνθρώπων·
8:8 οὐκ εἰμὶ ἱκανὸς ἵνα μου **ὑπὸ** τὴν στέγην εἰσέλθῃς,
8:9 καὶ γὰρ ἐγὼ ἄνθρωπός εἰμι **ὑπὸ** ἐξουσίαν, ἔχων **ὑπ᾽** ἐμαυτὸν στρατιώτας, καὶ λέγω τούτῳ, Πορεύθητι, καὶ πορεύεται,
8:24 ὥστε τὸ πλοῖον καλύπτεσθαι **ὑπὸ** τῶν κυμάτων, αὐτὸς δὲ ἐκάθευδεν.
10:22 καὶ ἔσεσθε μισούμενοι **ὑπὸ** πάντων διὰ τὸ ὄνομά μου·
11:7 Τί ἐξήλθατε εἰς τὴν ἔρημον θεάσασθαι; κάλαμον **ὑπὸ** ἀνέμου σαλευόμενον;
11:27 Πάντα μοι παρεδόθη **ὑπὸ** τοῦ πατρός μου, καὶ οὐδεὶς ἐπιγινώσκει τὸν υἱὸν εἰ μὴ ὁ πατήρ,
14:8 ἡ δὲ προβιβασθεῖσα **ὑπὸ** τῆς μητρὸς αὐτῆς, Δός μοι,
14:24 τὸ δὲ πλοῖον ἤδη σταδίους πολλοὺς ἀπὸ τῆς γῆς ἀπεῖχεν βασανιζόμενον **ὑπὸ** τῶν κυμάτων,
17:12 οὕτως καὶ ὁ υἱὸς τοῦ ἀνθρώπου μέλλει πάσχειν **ὑπ᾽** αὐτῶν.
19:12 καὶ εἰσὶν εὐνοῦχοι οἵτινες εὐνουχίσθησαν **ὑπὸ** τῶν ἀνθρώπων,
20:23 τὸ δὲ καθίσαι ἐκ δεξιῶν μου καὶ ἐξ εὐωνύμων οὐκ ἔστιν ἐμὸν [τοῦτο] δοῦναι, ἀλλ᾽ οἷς ἡτοίμασται **ὑπὸ** τοῦ πατρός μου.
22:31 περὶ δὲ τῆς ἀναστάσεως τῶν νεκρῶν οὐκ ἀνέγνωτε τὸ ῥηθὲν ὑμῖν **ὑπὸ** τοῦ θεοῦ λέγοντος,
23:7 καὶ τοὺς ἀσπασμοὺς ἐν ταῖς ἀγοραῖς καὶ καλεῖσθαι **ὑπὸ** τῶν ἀνθρώπων,
23:37 τρόπον ὄρνις ἐπισυνάγει τὰ νοσσία αὐτῆς **ὑπὸ** τὰς πτέρυγας,
24:9 ἔσεσθε μισούμενοι **ὑπὸ** πάντων τῶν ἐθνῶν διὰ τὸ ὄνομά μου.
27:12 καὶ ἐν τῷ κατηγορεῖσθαι αὐτὸν **ὑπὸ** τῶν ἀρχιερέων καὶ πρεσβυτέρων οὐδὲν ἀπεκρίνατο.
Mk 1:5 καὶ ἐβαπτίζοντο **ὑπ᾽** αὐτοῦ ἐν τῷ Ἰορδάνῃ ποταμῷ ἐξομολογούμενοι τὰς ἁμαρτίας αὐτῶν.
1:9 ἐν ἐκείναις ταῖς ἡμέραις ἦλθεν Ἰησοῦς ἀπὸ Ναζαρὲτ τῆς Γαλιλαίας καὶ ἐβαπτίσθη εἰς τὸν Ἰορδάνην **ὑπὸ** Ἰωάννου.
1:13 καὶ ἦν ἐν τῇ ἐρήμῳ τεσσεράκοντα ἡμέρας πειραζόμενος **ὑπὸ** τοῦ Σατανᾶ,
2:3 καὶ ἔρχονται φέροντες πρὸς αὐτὸν παραλυτικὸν αἰρόμενον **ὑπὸ** τεσσάρων.
4:21 Μήτι ἔρχεται ὁ λύχνος ἵνα **ὑπὸ** τὸν μόδιον τεθῇ ἢ **ὑπὸ** τὴν κλίνην;
4:32 ὥστε δύνασθαι **ὑπὸ** τὴν σκιὰν αὐτοῦ τὰ πετεινὰ τοῦ οὐρανοῦ κατασκηνοῦν.
5:4 αὐτὸν πολλάκις πέδαις καὶ ἁλύσεσιν δεδέσθαι καὶ διεσπάσθαι **ὑπ᾽** αὐτοῦ τὰς ἁλύσεις καὶ τὰς πέδας συντετρῖφθαι,
5:26 πολλὰ παθοῦσα **ὑπὸ** πολλῶν ἰατρῶν καὶ δαπανήσασα τὰ παρ᾽ αὐτῆς πάντα καὶ μηδὲν ὠφεληθεῖσα ἀλλὰ μᾶλλον εἰς τὸ χεῖρον
8:31 πολλὰ παθεῖν καὶ ἀποδοκιμασθῆναι **ὑπὸ** τῶν πρεσβυτέρων καὶ τῶν ἀρχιερέων καὶ τῶν γραμματέων καὶ ἀποκτανθῆναι
13:13 καὶ ἔσεσθε μισούμενοι **ὑπὸ** πάντων διὰ τὸ ὄνομά μου.
16:11 ⟦κἀκεῖνοι ἀκούσαντες ὅτι ζῇ καὶ ἐθεάθη **ὑπ᾽** αὐτῆς ἠπίστησαν.⟧
Lk 2:18 καὶ πάντες οἱ ἀκούσαντες ἐθαύμασαν περὶ τῶν λαληθέντων **ὑπὸ** τῶν ποιμένων πρὸς αὐτούς·
2:21 τὸ κληθὲν **ὑπὸ** τοῦ ἀγγέλου πρὸ τοῦ συλλημφθῆναι αὐτὸν ἐν τῇ κοιλίᾳ.

2:26 καὶ ἦν αὐτῷ κεχρηματισμένον **ὑπὸ** τοῦ πνεύματος τοῦ ἁγίου μὴ ἰδεῖν θάνατον πρὶν [ἢ] ἂν ἴδῃ τὸν Χριστὸν κυρίου.
3: 7 Ἔλεγεν οὖν τοῖς ἐκπορευομένοις ὄχλοις βαπτισθῆναι **ὑπ'** αὐτοῦ,
3:19 ἐλεγχόμενος **ὑπ'** αὐτοῦ περὶ Ἡρῳδιάδος τῆς γυναικὸς τοῦ ἀδελφοῦ αὐτοῦ καὶ περὶ πάντων ὧν ἐποίησεν πονηρῶν
4: 2 ἡμέρας τεσσεράκοντα πειραζόμενος **ὑπὸ** τοῦ διαβόλου.
4:15 καὶ αὐτὸς ἐδίδασκεν ἐν ταῖς συναγωγαῖς αὐτῶν δοξαζόμενος **ὑπὸ** πάντων.
7: 6 οὐ γὰρ ἱκανός εἰμι ἵνα **ὑπὸ** τὴν στέγην μου εἰσέλθῃς·
7: 8 καὶ γὰρ ἐγὼ ἄνθρωπός εἰμι **ὑπὸ** ἐξουσίαν τασσόμενος ἔχων **ὑπ'** ἐμαυτὸν στρατιώτας,
7:24 Τί ἐξήλθατε εἰς τὴν ἔρημον θεάσασθαι; κάλαμον **ὑπὸ** ἀνέμου σαλευόμενον;
7:30 οἱ δὲ Φαρισαῖοι καὶ οἱ νομικοὶ τὴν βουλὴν τοῦ θεοῦ ἠθέτησαν εἰς ἑαυτοὺς μὴ βαπτισθέντες **ὑπ'** αὐτοῦ.
8:14 καὶ **ὑπὸ** μεριμνῶν καὶ πλούτου καὶ ἡδονῶν τοῦ βίου πορευόμενοι συμπνίγονται καὶ οὐ τελεσφοροῦσιν.
8:29 καὶ πέδαις φυλασσόμενος καὶ διαρρήσσων τὰ δεσμὰ ἠλαύνετο **ὑπὸ** τοῦ δαιμονίου εἰς τὰς ἐρήμους.
9: 7 Ἤκουσεν δὲ Ἡρῴδης ὁ τετραάρχης τὰ γινόμενα πάντα καὶ διηπόρει διὰ τὸ λέγεσθαι **ὑπό** τινων ὅτι Ἰωάννης ἠγέρθη
9: 8 **ὑπό** τινων δὲ ὅτι Ἠλίας ἐφάνη, ἄλλων δὲ ὅτι προφήτης τις τῶν ἀρχαίων ἀνέστη.
10:22 Πάντα μοι παρεδόθη **ὑπὸ** τοῦ πατρός μου, καὶ οὐδεὶς γινώσκει τίς ἐστιν ὁ υἱὸς εἰ μὴ ὁ πατήρ,
11:33 Οὐδεὶς λύχνον ἅψας εἰς κρύπτην τίθησιν [οὐδὲ **ὑπὸ** τὸν μόδιον] ἀλλ' ἐπὶ τὴν λυχνίαν,
13:17 καὶ πᾶς ὁ ὄχλος ἔχαιρεν ἐπὶ πᾶσιν τοῖς ἐνδόξοις τοῖς γινομένοις **ὑπ'** αὐτοῦ.
13:34 ποσάκις ἠθέλησα ἐπισυνάξαι τὰ τέκνα σου ὃν τρόπον ὄρνις τὴν ἑαυτῆς νοσσιὰν **ὑπὸ** τὰς πτέρυγας,
14: 8 Ὅταν κληθῇς **ὑπό** τινος εἰς γάμους, μὴ κατακλιθῇς εἰς τὴν πρωτοκλισίαν, μήποτε ἐντιμότερός σου ᾖ κεκλημένος **ὑπ'** αὐτοῦ,
16:22 ἐγένετο δὲ ἀποθανεῖν τὸν πτωχὸν καὶ ἀπενεχθῆναι αὐτὸν **ὑπὸ** τῶν ἀγγέλων εἰς τὸν κόλπον Ἀβραάμ·
17:20 Ἐπερωτηθεὶς δὲ **ὑπὸ** τῶν Φαρισαίων πότε ἔρχεται ἡ βασιλεία τοῦ θεοῦ ἀπεκρίθη αὐτοῖς καὶ εἶπεν,
17:24 ὥσπερ γὰρ ἡ ἀστραπὴ ἀστράπτουσα ἐκ τῆς **ὑπὸ** τὸν οὐρανὸν εἰς τὴν **ὑπ'** οὐρανὸν λάμπει,
21:16 παραδοθήσεσθε δὲ καὶ **ὑπὸ** γονέων καὶ ἀδελφῶν καὶ συγγενῶν καὶ φίλων,
21:17 καὶ ἔσεσθε μισούμενοι **ὑπὸ** πάντων διὰ τὸ ὄνομά μου.
21:20 Ὅταν δὲ ἴδητε κυκλουμένην **ὑπὸ** στρατοπέδων Ἰερουσαλήμ, τότε γνῶτε ὅτι ἤγγικεν ἡ ἐρήμωσις αὐτῆς.
21:24 καὶ Ἰερουσαλὴμ ἔσται πατουμένη **ὑπὸ** ἐθνῶν, ἄχρι οὗ πληρωθῶσιν καιροὶ ἐθνῶν.
23: 8 ἦν γὰρ ἐξ ἱκανῶν χρόνων θέλων ἰδεῖν αὐτὸν διὰ τὸ ἀκούειν περὶ αὐτοῦ καὶ ἤλπιζέν τι σημεῖον ἰδεῖν **ὑπ'** αὐτοῦ γινόμενον.

Jn 1:48 Πρὸ τοῦ σε Φίλιππον φωνῆσαι ὄντα **ὑπὸ** τὴν συκῆν εἶδόν σε.
14:21 ὁ δὲ ἀγαπῶν με ἀγαπηθήσεται **ὑπὸ** τοῦ πατρός μου,

Ac 2: 5 ἄνδρες εὐλαβεῖς ἀπὸ παντὸς ἔθνους τῶν **ὑπὸ** τὸν οὐρανόν.
2:24 καθότι οὐκ ἦν δυνατὸν κρατεῖσθαι αὐτὸν **ὑπ'** αὐτοῦ.
4:11 οὗτός ἐστιν ὁ λίθος, ὁ ἐξουθενηθεὶς **ὑφ'** ὑμῶν τῶν οἰκοδόμων,
4:12 οὐδὲ γὰρ ὄνομά ἐστιν ἕτερον **ὑπὸ** τὸν οὐρανὸν τὸ δεδομένον ἐν ἀνθρώποις ἐν ᾧ δεῖ σωθῆναι ἡμᾶς.
5:16 τὸ πλῆθος τῶν πέριξ πόλεων Ἰερουσαλὴμ φέροντες ἀσθενεῖς καὶ ὀχλουμένους **ὑπὸ** πνευμάτων ἀκαθάρτων,
5:21 ἀκούσαντες δὲ εἰσῆλθον **ὑπὸ** τὸν ὄρθρον εἰς τὸ ἱερὸν καὶ ἐδίδασκον.
8: 6 προσεῖχον δὲ οἱ ὄχλοι τοῖς λεγομένοις **ὑπὸ** τοῦ Φιλίππου ὁμοθυμαδὸν ἐν τῷ ἀκούειν αὐτοὺς καὶ βλέπειν τὰ σημεῖα
10:17 οἱ ἄνδρες οἱ ἀπεσταλμένοι **ὑπὸ** τοῦ Κορνηλίου διερωτήσαντες τὴν οἰκίαν τοῦ Σίμωνος ἐπέστησαν ἐπὶ τὸν πυλῶνα,
10:22 μαρτυρούμενός τε **ὑπὸ** ὅλου τοῦ ἔθνους τῶν Ἰουδαίων, ἐχρηματίσθη **ὑπὸ** ἀγγέλου ἁγίου μεταπέμψασθαί σε εἰς τὸν οἶκον αὐτοῦ καὶ ἀκοῦσαι ῥήματα παρὰ σοῦ.
10:33 νῦν οὖν πάντες ἡμεῖς ἐνώπιον τοῦ θεοῦ πάρεσμεν ἀκοῦσαι πάντα τὰ προστεταγμένα σοι **ὑπὸ** τοῦ κυρίου.
10:38 ὃς διῆλθεν εὐεργετῶν καὶ ἰώμενος πάντας τοὺς καταδυναστευομένους **ὑπὸ** τοῦ διαβόλου,
10:41 οὐ παντὶ τῷ λαῷ ἀλλὰ μάρτυσιν τοῖς προκεχειροτονημένοις **ὑπὸ** τοῦ θεοῦ,
10:42 κηρύξαι τῷ λαῷ καὶ διαμαρτύρασθαι ὅτι οὗτός ἐστιν ὁ ὡρισμένος **ὑπὸ** τοῦ θεοῦ κριτὴς ζώντων καὶ νεκρῶν.
12: 5 προσευχὴ δὲ ἦν ἐκτενῶς γινομένη **ὑπὸ** τῆς ἐκκλησίας πρὸς τὸν θεὸν περὶ αὐτοῦ.
13: 4 Αὐτοὶ μὲν οὖν ἐκπεμφθέντες **ὑπὸ** τοῦ ἁγίου πνεύματος κατῆλθον εἰς Σελεύκειαν,
13:45 ἰδόντες δὲ οἱ Ἰουδαῖοι τοὺς ὄχλους ἐπλήσθησαν ζήλου καὶ ἀντέλεγον τοῖς **ὑπὸ** Παύλου λαλουμένοις βλασφημοῦντες.
15: 3 Οἱ μὲν οὖν προπεμφθέντες **ὑπὸ** τῆς ἐκκλησίας διήρχοντο τήν τε Φοινίκην καὶ Σαμάρειαν ἐκδιηγούμενοι τὴν ἐπιστροφὴν
15:40 Παῦλος δὲ ἐπιλεξάμενος Σιλᾶν ἐξῆλθεν παραδοθεὶς τῇ χάριτι τοῦ κυρίου **ὑπὸ** τῶν ἀδελφῶν.
16: 2 ὃς ἐμαρτυρεῖτο **ὑπὸ** τῶν ἐν Λύστροις καὶ Ἰκονίῳ ἀδελφῶν.
16: 4 παρεδίδοσαν αὐτοῖς φυλάσσειν τὰ δόγματα τὰ κεκριμένα **ὑπὸ** τῶν ἀποστόλων καὶ πρεσβυτέρων τῶν ἐν Ἱεροσολύμοις.
16: 6 Διῆλθον δὲ τὴν Φρυγίαν καὶ Γαλατικὴν χώραν κωλυθέντες **ὑπὸ** τοῦ ἁγίου πνεύματος λαλῆσαι τὸν λόγον ἐν τῇ Ἀσίᾳ·
16:14 ἧς ὁ κύριος διήνοιξεν τὴν καρδίαν προσέχειν τοῖς λαλουμένοις **ὑπὸ** τοῦ Παύλου.
17:13 Ὡς δὲ ἔγνωσαν οἱ ἀπὸ τῆς Θεσσαλονίκης Ἰουδαῖοι ὅτι καὶ ἐν τῇ Βεροίᾳ κατηγγέλη **ὑπὸ** τοῦ Παύλου ὁ λόγος τοῦ θεοῦ,
17:19 Δυνάμεθα γνῶναι τίς ἡ καινὴ αὕτη ἡ **ὑπὸ** σοῦ λαλουμένη διδαχή;
17:25 οὐδὲ **ὑπὸ** χειρῶν ἀνθρωπίνων θεραπεύεται προσδεόμενός τινος, αὐτὸς διδοὺς πᾶσι ζωὴν καὶ πνοὴν καὶ τὰ πάντα·
20: 3 γενομένης ἐπιβουλῆς αὐτῷ **ὑπὸ** τῶν Ἰουδαίων μέλλοντι ἀνάγεσθαι εἰς τὴν Συρίαν,
21:35 συνέβη βαστάζεσθαι αὐτὸν **ὑπὸ** τῶν στρατιωτῶν διὰ τὴν βίαν τοῦ ὄχλου,
22:11 χειραγωγούμενος **ὑπὸ** τῶν συνόντων μοι ἦλθον εἰς Δαμασκόν.
22:12 ἀνὴρ εὐλαβὴς κατὰ τὸν νόμον, μαρτυρούμενος **ὑπὸ** πάντων τῶν κατοικούντων Ἰουδαίων,
22:30 Τῇ δὲ ἐπαύριον βουλόμενος γνῶναι τὸ ἀσφαλές, τὸ τί κατηγορεῖται **ὑπὸ** τῶν Ἰουδαίων,
23:10 φοβηθεὶς ὁ χιλίαρχος μὴ διασπασθῇ ὁ Παῦλος **ὑπ'** αὐτῶν ἐκέλευσεν τὸ στράτευμα καταβὰν ἁρπάσαι αὐτὸν ἐκ μέσου
23:27 Τὸν ἄνδρα τοῦτον συλλημφθέντα **ὑπὸ** τῶν Ἰουδαίων καὶ μέλλοντα ἀναιρεῖσθαι **ὑπ'** αὐτῶν ἐπιστὰς σὺν τῷ στρατεύματι ἐξειλάμην μαθὼν ὅτι Ῥωμαῖός ἐστιν.
24:26 ἅμα καὶ ἐλπίζων ὅτι χρήματα δοθήσεται αὐτῷ **ὑπὸ** τοῦ Παύλου·
25:14 ὁ Φῆστος τῷ βασιλεῖ ἀνέθετο τὰ κατὰ τὸν Παῦλον λέγων, Ἀνήρ τίς ἐστιν καταλελειμμένος **ὑπὸ** Φήλικος δέσμιος,
26: 2 Περὶ πάντων ὧν ἐγκαλοῦμαι **ὑπὸ** Ἰουδαίων, βασιλεῦ Ἀγρίππα,
26: 6 καὶ νῦν ἐπ' ἐλπίδι τῆς εἰς τοὺς πατέρας ἡμῶν ἐπαγγελίας γενομένης **ὑπὸ** τοῦ θεοῦ ἕστηκα κρινόμενος,
26: 7 ἐν ἐκτενείᾳ νύκτα καὶ ἡμέραν λατρεῦον ἐλπίζει καταντῆσαι, περὶ ἧς ἐλπίδος ἐγκαλοῦμαι **ὑπὸ** Ἰουδαίων, βασιλεῦ.
27:11 ὁ δὲ ἑκατοντάρχης τῷ κυβερνήτῃ καὶ τῷ ναυκλήρῳ μᾶλλον ἐπείθετο ἢ τοῖς **ὑπὸ** Παύλου λεγομένοις.
27:41 ἡ δὲ πρύμνα ἐλύετο **ὑπὸ** τῆς βίας [τῶν κυμάτων.]

Ro 3: 9 προῃτιασάμεθα γὰρ Ἰουδαίους τε καὶ Ἕλληνας πάντας **ὑφ'** ἁμαρτίαν εἶναι,
3:13 ταῖς γλώσσαις αὐτῶν ἐδολιοῦσαν, ἰὸς ἀσπίδων **ὑπὸ** τὰ χείλη αὐτῶν·
3:21 Νυνὶ δὲ χωρὶς νόμου δικαιοσύνη θεοῦ πεφανέρωται μαρτυρουμένη **ὑπὸ** τοῦ νόμου καὶ τῶν προφητῶν,
6:14 οὐ γάρ ἐστε **ὑπὸ** νόμον ἀλλὰ **ὑπὸ** χάριν.
6:15 ὅτι οὐκ ἐσμὲν **ὑπὸ** νόμον ἀλλὰ **ὑπὸ** χάριν;
7:14 ἐγὼ δὲ σάρκινός εἰμι πεπραμένος **ὑπὸ** τὴν ἁμαρτίαν.
12:21 μὴ νικῶ **ὑπὸ** τοῦ κακοῦ ἀλλὰ νίκα ἐν τῷ ἀγαθῷ τὸ κακόν.
13: 1 οὐ γὰρ ἔστιν ἐξουσία εἰ μὴ **ὑπὸ** θεοῦ, αἱ δὲ οὖσαι **ὑπὸ** θεοῦ τεταγμέναι εἰσίν.
15:15 τολμηρότερον δὲ ἔγραψα ὑμῖν ἀπὸ μέρους ὡς ἐπαναμιμνῄσκων ὑμᾶς διὰ τὴν χάριν τὴν δοθεῖσάν μοι **ὑπὸ** τοῦ θεοῦ
15:24 ἐλπίζω γὰρ διαπορευόμενος θεάσασθαι ὑμᾶς καὶ **ὑφ'** ὑμῶν προπεμφθῆναι ἐκεῖ ἐὰν ὑμῶν πρῶτον ἀπὸ μέρους ἐμπλησθῶ.
16:20 ὁ δὲ θεὸς τῆς εἰρήνης συντρίψει τὸν Σατανᾶν **ὑπὸ** τοὺς πόδας ὑμῶν ἐν τάχει.

1Co 1:11 **ὑπὸ** τῶν Χλόης ὅτι ἔριδες ἐν ὑμῖν εἰσιν.
2:12 ἵνα εἰδῶμεν τὰ **ὑπὸ** τοῦ θεοῦ χαρισθέντα ἡμῖν·
2:15 ὁ δὲ πνευματικὸς ἀνακρίνει [τὰ] πάντα, αὐτὸς δὲ **ὑπ'** οὐδενὸς ἀνακρίνεται.
4: 3 ἵνα **ὑφ'** ὑμῶν ἀνακριθῶ ἢ **ὑπὸ** ἀνθρωπίνης ἡμέρας·
6:12 πάντα μοι ἔξεστιν ἀλλ' οὐκ ἐγὼ ἐξουσιασθήσομαι **ὑπό** τινος.
7:25 γνώμην δὲ δίδωμι ὡς ἠλεημένος **ὑπὸ** κυρίου πιστὸς εἶναι.
8: 3 εἰ δέ τις ἀγαπᾷ τὸν θεόν, οὗτος ἔγνωσται **ὑπ'** αὐτοῦ.
9:20 τοῖς **ὑπὸ** νόμον ὡς **ὑπὸ** νόμον, μὴ ὢν αὐτὸς **ὑπὸ** νόμον, ἵνα τοὺς **ὑπὸ** νόμον κερδήσω·

10: 1 ὅτι οἱ πατέρες ἡμῶν πάντες **ὑπὸ** τὴν νεφέλην ἦσαν καὶ πάντες διὰ τῆς θαλάσσης διῆλθον
10: 9 καθώς τινες αὐτῶν ἐπείρασαν καὶ **ὑπὸ** τῶν ὄφεων ἀπώλλυντο.
10:10 καθάπερ τινὲς αὐτῶν ἐγόγγυσαν καὶ ἀπώλοντο **ὑπὸ** τοῦ ὀλοθρευτοῦ.
10:29 ἱνατί γὰρ ἡ ἐλευθερία μου κρίνεται **ὑπὸ** ἄλλης συνειδήσεως;
11:32 κρινόμενοι δὲ **ὑπὸ** [τοῦ] κυρίου παιδευόμεθα, ἵνα μὴ σὺν τῷ κόσμῳ κατακριθῶμεν.
14:24 εἰσέλθῃ δέ τις ἄπιστος ἢ ἰδιώτης, ἐλέγχεται **ὑπὸ** πάντων, ἀνακρίνεται **ὑπὸ** πάντων,
15:25 δεῖ γὰρ αὐτὸν βασιλεύειν ἄχρι οὗ θῇ πάντας τοὺς ἐχθροὺς **ὑπὸ** τοὺς πόδας αὐτοῦ.
15:27 πάντα γὰρ ὑπέταξεν **ὑπὸ** τοὺς πόδας αὐτοῦ. ὅταν δὲ εἴπῃ ὅτι πάντα ὑποτέτακται,

2Co 1: 4 εἰς τὸ δύνασθαι ἡμᾶς παρακαλεῖν τοὺς ἐν πάσῃ θλίψει διὰ τῆς παρακλήσεως ἧς παρακαλούμεθα αὐτοὶ **ὑπὸ** τοῦ θεοῦ.
1:16 καὶ πάλιν ἀπὸ Μακεδονίας ἐλθεῖν πρὸς ὑμᾶς καὶ **ὑφ'** ὑμῶν προπεμφθῆναι εἰς τὴν Ἰουδαίαν.
2: 6 ἱκανὸν τῷ τοιούτῳ ἡ ἐπιτιμία αὕτη ἡ **ὑπὸ** τῶν πλειόνων,
2:11 ἵνα μὴ πλεονεκτηθῶμεν **ὑπὸ** τοῦ Σατανᾶ· οὐ γὰρ αὐτοῦ τὰ νοήματα ἀγνοοῦμεν.
3: 2 ἐγγεγραμμένη ἐν ταῖς καρδίαις ἡμῶν, γινωσκομένη καὶ ἀναγινωσκομένη **ὑπὸ** πάντων ἀνθρώπων,
3: 3 φανερούμενοι ὅτι ἐστὲ ἐπιστολὴ Χριστοῦ διακονηθεῖσα **ὑφ'** ἡμῶν,
5: 4 ἐφ' ᾧ οὐ θέλομεν ἐκδύσασθαι ἀλλ' ἐπενδύσασθαι, ἵνα καταποθῇ τὸ θνητὸν **ὑπὸ** τῆς ζωῆς.
8:19 ἀλλὰ καὶ χειροτονηθεὶς **ὑπὸ** τῶν ἐκκλησιῶν συνέκδημος ἡμῶν σὺν τῇ χάριτι ταύτῃ τῇ διακονουμένῃ **ὑφ'** ἡμῶν πρὸς τὴν [αὐτοῦ] τοῦ κυρίου δόξαν καὶ προθυμίαν ἡμῶν,
8:20 μή τις ἡμᾶς μωμήσηται ἐν τῇ ἁδρότητι ταύτῃ τῇ διακονουμένῃ **ὑφ'** ἡμῶν·
11:24 **ὑπὸ** Ἰουδαίων πεντάκις τεσσεράκοντα παρὰ μίαν ἔλαβον,
12:11 ἐγὼ γὰρ ὤφειλον **ὑφ'** ὑμῶν συνίστασθαι· οὐδὲν γὰρ ὑστέρησα τῶν ὑπερλίαν ἀποστόλων εἰ καὶ οὐδέν εἰμι.

Gal 1:11 τὸ εὐαγγέλιον τὸ εὐαγγελισθὲν **ὑπ'** ἐμοῦ ὅτι οὐκ ἔστιν κατὰ ἄνθρωπον·
3:10 ὅσοι γὰρ ἐξ ἔργων νόμου εἰσίν, **ὑπὸ** κατάραν εἰσίν·
3:17 διαθήκην προκεκυρωμένην **ὑπὸ** τοῦ θεοῦ ὁ μετὰ τετρακόσια καὶ τριάκοντα ἔτη γεγονὼς νόμος οὐκ ἀκυροῖ εἰς τὸ καταργῆσαι τὴν ἐπαγγελίαν.
3:22 ἀλλὰ συνέκλεισεν ἡ γραφὴ τὰ πάντα **ὑπὸ** ἁμαρτίαν,
3:23 Πρὸ τοῦ δὲ ἐλθεῖν τὴν πίστιν **ὑπὸ** νόμον ἐφρουρούμεθα συγκλειόμενοι εἰς τὴν μέλλουσαν πίστιν ἀποκαλυφθῆναι,
3:25 ἐλθούσης δὲ τῆς πίστεως οὐκέτι **ὑπὸ** παιδαγωγόν ἐσμεν.
4: 2 ἀλλὰ **ὑπὸ** ἐπιτρόπους ἐστὶν καὶ οἰκονόμους ἄχρι τῆς προθεσμίας τοῦ πατρός.
4: 3 ὅτε ἦμεν νήπιοι, **ὑπὸ** τὰ στοιχεῖα τοῦ κόσμου ἤμεθα δεδουλωμένοι·
4: 4 ἐξαπέστειλεν ὁ θεὸς τὸν υἱὸν αὐτοῦ, γενόμενον ἐκ γυναικός, γενόμενον **ὑπὸ** νόμον,
4: 5 ἵνα τοὺς **ὑπὸ** νόμον ἐξαγοράσῃ, ἵνα τὴν υἱοθεσίαν ἀπολάβωμεν.
4: 9 νῦν δὲ γνόντες θεόν, μᾶλλον δὲ γνωσθέντες **ὑπὸ** θεοῦ,
4:21 Λέγετέ μοι, οἱ **ὑπὸ** νόμον θέλοντες εἶναι, τὸν νόμον οὐκ ἀκούετε;
5:15 εἰ δὲ ἀλλήλους δάκνετε καὶ κατεσθίετε, βλέπετε μὴ **ὑπ'** ἀλλήλων ἀναλωθῆτε.
5:18 εἰ δὲ πνεύματι ἄγεσθε, οὐκ ἐστὲ **ὑπὸ** νόμον.

Eph 1:22 καὶ πάντα ὑπέταξεν **ὑπὸ** τοὺς πόδας αὐτοῦ καὶ αὐτὸν ἔδωκεν κεφαλὴν ὑπὲρ πάντα τῇ ἐκκλησίᾳ,
2:11 οἱ λεγόμενοι ἀκροβυστία **ὑπὸ** τῆς λεγομένης περιτομῆς ἐν σαρκὶ χειροποιήτου,
5:12 τὰ γὰρ κρυφῇ γινόμενα **ὑπ'** αὐτῶν αἰσχρόν ἐστιν καὶ λέγειν,
5:13 τὰ δὲ πάντα ἐλεγχόμενα **ὑπὸ** τοῦ φωτὸς φανεροῦται,

Php 1:28 καὶ μὴ πτυρόμενοι ἐν μηδενὶ **ὑπὸ** τῶν ἀντικειμένων,
3:12 διώκω δὲ εἰ καὶ καταλάβω, ἐφ' ᾧ καὶ κατελήμφθην **ὑπὸ** Χριστοῦ [Ἰησοῦ.]

Col 1:23 τοῦ κηρυχθέντος ἐν πάσῃ κτίσει τῇ **ὑπὸ** τὸν οὐρανόν,
2:18 εἰκῇ φυσιούμενος **ὑπὸ** τοῦ νοὸς τῆς σαρκὸς αὐτοῦ,

1Th 1: 4 εἰδότες, ἀδελφοὶ ἠγαπημένοι **ὑπὸ** [τοῦ] θεοῦ, τὴν ἐκλογὴν ὑμῶν,
2: 4 ἀλλὰ καθὼς δεδοκιμάσμεθα **ὑπὸ** τοῦ θεοῦ πιστευθῆναι τὸ εὐαγγέλιον,
2:14 ὅτι τὰ αὐτὰ ἐπάθετε καὶ ὑμεῖς **ὑπὸ** τῶν ἰδίων συμφυλετῶν καθὼς καὶ αὐτοὶ **ὑπὸ** τῶν Ἰουδαίων,

2Th 2:13 Ἡμεῖς δὲ ὀφείλομεν εὐχαριστεῖν τῷ θεῷ πάντοτε περὶ ὑμῶν, ἀδελφοὶ ἠγαπημένοι **ὑπὸ** κυρίου,

1Ti 6: 1 Ὅσοι εἰσὶν **ὑπὸ** ζυγὸν δοῦλοι, τοὺς ἰδίους δεσπότας πάσης τιμῆς ἀξίους ἡγείσθωσαν,

2Ti 2:26 καὶ ἀνανήψωσιν ἐκ τῆς τοῦ διαβόλου παγίδος, ἐζωγρημένοι **ὑπ'** αὐτοῦ εἰς τὸ ἐκείνου θέλημα.

Heb 2: 3 ἥτις ἀρχὴν λαβοῦσα λαλεῖσθαι διὰ τοῦ κυρίου **ὑπὸ** τῶν ἀκουσάντων εἰς ἡμᾶς ἐβεβαιώθη,
3: 4 πᾶς γὰρ οἶκος κατασκευάζεται **ὑπό** τινος, ὁ δὲ πάντα κατασκευάσας θεός.
5: 4 καὶ οὐχ ἑαυτῷ τις λαμβάνει τὴν τιμὴν ἀλλὰ καλούμενος **ὑπὸ** τοῦ θεοῦ καθώσπερ καὶ Ἀαρών.
5:10 προσαγορευθεὶς **ὑπὸ** τοῦ θεοῦ ἀρχιερεὺς κατὰ τὴν τάξιν Μελχισέδεκ.
7: 7 χωρὶς δὲ πάσης ἀντιλογίας τὸ ἔλαττον **ὑπὸ** τοῦ κρείττονος εὐλογεῖται.
9:19 λαληθείσης γὰρ πάσης ἐντολῆς κατὰ τὸν νόμον **ὑπὸ** Μωϋσέως παντὶ τῷ λαῷ,
11:23 Πίστει Μωϋσῆς γεννηθεὶς ἐκρύβη τρίμηνον **ὑπὸ** τῶν πατέρων αὐτοῦ,
12: 3 ἀναλογίσασθε γὰρ τὸν τοιαύτην ὑπομεμενηκότα **ὑπὸ** τῶν ἁμαρτωλῶν εἰς ἑαυτὸν ἀντιλογίαν,
12: 5 μὴ ὀλιγώρει παιδείας κυρίου μηδὲ ἐκλύου **ὑπ'** αὐτοῦ ἐλεγχόμενος·

Jas 1:14 ἕκαστος δὲ πειράζεται **ὑπὸ** τῆς ἰδίας ἐπιθυμίας ἐξελκόμενος καὶ δελεαζόμενος·
2: 3 Σὺ στῆθι ἐκεῖ ἢ κάθου **ὑπὸ** τὸ ὑποπόδιόν μου,
2: 9 ἁμαρτίαν ἐργάζεσθε ἐλεγχόμενοι **ὑπὸ** τοῦ νόμου ὡς παραβάται.
3: 4 ἰδοὺ καὶ τὰ πλοῖα τηλικαῦτα ὄντα καὶ **ὑπὸ** ἀνέμων σκληρῶν ἐλαυνόμενα, μετάγεται **ὑπὸ** ἐλαχίστου πηδαλίου ὅπου ἡ ὁρμὴ τοῦ εὐθύνοντος βούλεται,
3: 6 ἡ σπιλοῦσα ὅλον τὸ σῶμα καὶ φλογίζουσα τὸν τροχὸν τῆς γενέσεως καὶ φλογιζομένη **ὑπὸ** τῆς γεέννης.
5:12 ἤτω δὲ ὑμῶν τὸ Ναὶ ναὶ καὶ τὸ Οὒ οὔ, ἵνα μὴ **ὑπὸ** κρίσιν πέσητε.

1Pe 2: 4 πρὸς ὃν προσερχόμενοι λίθον ζῶντα **ὑπὸ** ἀνθρώπων μὲν ἀποδεδοκιμασμένον παρὰ δὲ θεῷ ἐκλεκτὸν ἔντιμον,
5: 6 Ταπεινώθητε οὖν **ὑπὸ** τὴν κραταιὰν χεῖρα τοῦ θεοῦ,

2Pe 1:17 λαβὼν γὰρ παρὰ θεοῦ πατρὸς τιμὴν καὶ δόξαν φωνῆς ἐνεχθείσης αὐτῷ τοιᾶσδε **ὑπὸ** τῆς μεγαλοπρεποῦς δόξης,
1:21 ἀλλὰ **ὑπὸ** πνεύματος ἁγίου φερόμενοι ἐλάλησαν ἀπὸ θεοῦ ἄνθρωποι.
2: 7 καὶ δίκαιον Λὼτ καταπονούμενον **ὑπὸ** τῆς τῶν ἀθέσμων ἐν ἀσελγείᾳ ἀναστροφῆς ἐρρύσατο·
2:17 Οὗτοί εἰσιν πηγαὶ ἄνυδροι καὶ ὁμίχλαι **ὑπὸ** λαίλαπος ἐλαυνόμεναι,
3: 2 μνησθῆναι τῶν προειρημένων ῥημάτων **ὑπὸ** τῶν ἁγίων προφητῶν καὶ τῆς τῶν ἀποστόλων ὑμῶν ἐντολῆς τοῦ κυρίου καὶ σωτῆρος.

3Jn 1:12 Δημητρίῳ μεμαρτύρηται **ὑπὸ** πάντων καὶ **ὑπὸ** αὐτῆς τῆς ἀληθείας·

Jude 1: 6 ἀγγέλους τε τοὺς μὴ τηρήσαντας τὴν ἑαυτῶν ἀρχὴν ἀλλὰ ἀπολιπόντας τὸ ἴδιον οἰκητήριον εἰς κρίσιν μεγάλης ἡμέρας δεσμοῖς ἀϊδίοις **ὑπὸ** ζόφον τετήρηκεν,
1:12 νεφέλαι ἄνυδροι **ὑπὸ** ἀνέμων παραφερόμεναι, δένδρα φθινοπωρινὰ ἄκαρπα δὶς ἀποθανόντα ἐκριζωθέντα,
1:17 μνήσθητε τῶν ῥημάτων τῶν προειρημένων **ὑπὸ** τῶν ἀποστόλων τοῦ κυρίου ἡμῶν Ἰησοῦ Χριστοῦ

Rev 6: 8 καὶ ἐδόθη αὐτοῖς ἐξουσία ἐπὶ τὸ τέταρτον τῆς γῆς ἀποκτεῖναι ἐν ῥομφαίᾳ καὶ ἐν λιμῷ καὶ ἐν θανάτῳ καὶ **ὑπὸ** τῶν θηρίων τῆς γῆς.
6:13 ὡς συκῆ βάλλει τοὺς ὀλύνθους αὐτῆς **ὑπὸ** ἀνέμου μεγάλου σειομένη,

5680 ὑποβάλλω [1]

√ 5679 + 965

Ac 6:11 τότε **ὑπέβαλον** ἄνδρας λέγοντας ὅτι Ἀκηκόαμεν αὐτοῦ λαλοῦντος ῥήματα βλάσφημα εἰς Μωϋσῆν καὶ τὸν θεόν·

5681 ὑπογραμμός [1]

√ 5679 + 1211

1Pe 2:21 ὅτι καὶ Χριστὸς ἔπαθεν ὑπὲρ ὑμῶν ὑμῖν ὑπολιμπάνων **ὑπογραμμὸν** ἵνα ἐπακολουθήσητε τοῖς ἴχνεσιν αὐτοῦ,

5682 ὑπόδειγμα [6]

√ 5679 + 1257

Jn 13:15 **ὑπόδειγμα** γὰρ ἔδωκα ὑμῖν ἵνα καθὼς ἐγὼ ἐποίησα ὑμῖν καὶ ὑμεῖς ποιῆτε.
Heb 4:11 ἵνα μὴ ἐν τῷ αὐτῷ τις **ὑποδείγματι** πέσῃ τῆς ἀπειθείας.
8:5 οἵτινες **ὑποδείγματι** καὶ σκιᾷ λατρεύουσιν τῶν ἐπουρανίων, καθὼς κεχρημάτισται Μωϋσῆς μέλλων ἐπιτελεῖν τὴν σκηνήν,
9:23 Ἀνάγκη οὖν τὰ μὲν **ὑποδείγματα** τῶν ἐν τοῖς οὐρανοῖς τούτοις καθαρίζεσθαι,
Jas 5:10 **ὑπόδειγμα** λάβετε, ἀδελφοί, τῆς κακοπαθείας καὶ τῆς μακροθυμίας τοὺς προφήτας οἳ ἐλάλησαν ἐν τῷ ὀνόματι κυρίου.
2Pe 2:6 καὶ πόλεις Σοδόμων καὶ Γομόρρας τεφρώσας [καταστροφῇ] κατέκρινεν **ὑπόδειγμα** μελλόντων ἀσεβέ[σ]ιν τεθεικώς,

5683 ὑποδείκνυμι [6]

√ 5679 + 1259

Mt 3:7 τίς **ὑπέδειξεν** ὑμῖν φυγεῖν ἀπὸ τῆς μελλούσης ὀργῆς;
Lk 3:7 τίς **ὑπέδειξεν** ὑμῖν φυγεῖν ἀπὸ τῆς μελλούσης ὀργῆς;
6:47 πᾶς ὁ ἐρχόμενος πρός με καὶ ἀκούων μου τῶν λόγων καὶ ποιῶν αὐτούς, **ὑποδείξω** ὑμῖν τίνι ἐστὶν ὅμοιος·
12:5 **ὑποδείξω** δὲ ὑμῖν τίνα φοβηθῆτε· φοβήθητε τὸν μετὰ τὸ ἀποκτεῖναι ἔχοντα ἐξουσίαν ἐμβαλεῖν εἰς τὴν γέενναν.
Ac 9:16 ἐγὼ γὰρ **ὑποδείξω** αὐτῷ ὅσα δεῖ αὐτὸν ὑπὲρ τοῦ ὀνόματός μου παθεῖν.
20:35 πάντα **ὑπέδειξα** ὑμῖν ὅτι οὕτως κοπιῶντας δεῖ ἀντιλαμβάνεσθαι τῶν ἀσθενούντων,

5684 ὑποδεικνύω Not used in UBS/NIV

√ 5679 + 1259

5685 ὑποδέχομαι [4]

√ 5679 + 1312

Lk 10:38 Ἐν δὲ τῷ πορεύεσθαι αὐτοὺς αὐτὸς εἰσῆλθεν εἰς κώμην τινά· γυνὴ δέ τις ὀνόματι Μάρθα **ὑπεδέξατο** αὐτόν.
19:6 καὶ σπεύσας κατέβη καὶ **ὑπεδέξατο** αὐτὸν χαίρων.
Ac 17:7 οὓς **ὑποδέδεκται** Ἰάσων· καὶ οὗτοι πάντες ἀπέναντι τῶν δογμάτων Καίσαρος πράσσουσι βασιλέα ἕτερον λέγοντες εἶναι Ἰησοῦν.
Jas 2:25 ὁμοίως δὲ καὶ Ῥαὰβ ἡ πόρνη οὐκ ἐξ ἔργων ἐδικαιώθη **ὑποδεξαμένη** τοὺς ἀγγέλους καὶ ἑτέρᾳ ὁδῷ ἐκβαλοῦσα;

5686 ὑποδέω [3]

√ 5679 + 1313

Mk 6:9 ἀλλὰ **ὑποδεδεμένους** σανδάλια, καὶ μὴ ἐνδύσησθε δύο χιτῶνας.
Ac 12:8 εἶπεν δὲ ὁ ἄγγελος πρὸς αὐτόν, Ζῶσαι καὶ **ὑπόδησαι** τὰ σανδάλιά σου.
Eph 6:15 καὶ **ὑποδησάμενοι** τοὺς πόδας ἐν ἑτοιμασίᾳ τοῦ εὐαγγελίου τῆς εἰρήνης,

5687 ὑπόδημα [10]

√ 5679 + 1313

Mt 3:11 ὁ δὲ ὀπίσω μου ἐρχόμενος ἰσχυρότερός μού ἐστιν, οὗ οὐκ εἰμὶ ἱκανὸς τὰ **ὑποδήματα** βαστάσαι·
10:10 μὴ πήραν εἰς ὁδὸν μηδὲ δύο χιτῶνας μηδὲ **ὑποδήματα** μηδὲ ῥάβδον·
Mk 1:7 οὗ οὐκ εἰμὶ ἱκανὸς κύψας λῦσαι τὸν ἱμάντα τῶν **ὑποδημάτων** αὐτοῦ.
Lk 3:16 οὗ οὐκ εἰμὶ ἱκανὸς λῦσαι τὸν ἱμάντα τῶν **ὑποδημάτων** αὐτοῦ·
10:4 μὴ βαστάζετε βαλλάντιον, μὴ πήραν, μὴ **ὑποδήματα,** καὶ μηδένα κατὰ τὴν ὁδὸν ἀσπάσησθε.
15:22 καὶ δότε δακτύλιον εἰς τὴν χεῖρα αὐτοῦ καὶ **ὑποδήματα** εἰς τοὺς πόδας,
22:35 Ὅτε ἀπέστειλα ὑμᾶς ἄτερ βαλλαντίου καὶ πήρας καὶ **ὑποδημάτων,**
Jn 1:27 οὗ οὐκ εἰμὶ [ἐγὼ] ἄξιος ἵνα λύσω αὐτοῦ τὸν ἱμάντα τοῦ **ὑποδήματος.**
Ac 7:33 εἶπεν δὲ αὐτῷ ὁ κύριος, Λῦσον τὸ **ὑπόδημα** τῶν ποδῶν σου,
13:25 ἀλλ' ἰδοὺ ἔρχεται μετ' ἐμὲ οὗ οὐκ εἰμὶ ἄξιος τὸ **ὑπόδημα** τῶν ποδῶν λῦσαι.

5688 ὑπόδικος [1]

√ 5679 + 1472

Ro 3:19 ἵνα πᾶν στόμα φραγῇ καὶ **ὑπόδικος** γένηται πᾶς ὁ κόσμος τῷ θεῷ·

5689 ὑποζύγιον [2]

√ 5679 + 2413

υἱὸν ὑποζυγίου [1] Mt 21:5

Mt 21:5 Ἰδοὺ ὁ βασιλεύς σου ἔρχεταί σοι πραῢς καὶ ἐπιβεβηκὼς ἐπὶ ὄνον καὶ ἐπὶ πῶλον υἱὸν **ὑποζυγίου.**
2Pe 2:16 **ὑποζύγιον** ἄφωνον ἐν ἀνθρώπου φωνῇ φθεγξάμενον ἐκώλυσεν τὴν τοῦ προφήτου παραφρονίαν.

5690 ὑποζώννυμι [1]

√ 5679 + 2439

Ac 27:17 ἣν ἄραντες βοηθείαις ἐχρῶντο **ὑποζωννύντες** τὸ πλοῖον, φοβούμενοί τε μὴ εἰς τὴν Σύρτιν ἐκπέσωσιν,

5691 ὑποκάτω [11]

√ 5679 + 2848

ὑποτάσσω ... ὑποκάτω [3] Heb 2:8,8,8

Mt 22:44 ἕως ἂν θῶ τοὺς ἐχθρούς σου **ὑποκάτω** τῶν ποδῶν σου;
Mk 6:11 ἐκπορευόμενοι ἐκεῖθεν ἐκτινάξατε τὸν χοῦν τὸν **ὑποκάτω** τῶν ποδῶν ὑμῶν εἰς μαρτύριον αὐτοῖς.
7:28 καὶ τὰ κυνάρια **ὑποκάτω** τῆς τραπέζης ἐσθίουσιν ἀπὸ τῶν ψιχίων τῶν παιδίων.
12:36 ἕως ἂν θῶ τοὺς ἐχθρούς σου **ὑποκάτω** τῶν ποδῶν σου.
Lk 8:16 Οὐδεὶς δὲ λύχνον ἅψας καλύπτει αὐτὸν σκεύει ἢ **ὑποκάτω** κλίνης τίθησιν,
Jn 1:50 Ὅτι εἶπόν σοι ὅτι εἶδόν σε **ὑποκάτω** τῆς συκῆς,
Heb 2:8 πάντα ὑπέταξας **ὑποκάτω** τῶν ποδῶν αὐτοῦ. ἐν τῷ γὰρ ὑποτάξαι [αὐτῷ] τὰ πάντα οὐδὲν ἀφῆκεν αὐτῷ ἀνυπότακτον.
Rev 5:3 καὶ οὐδεὶς ἐδύνατο ἐν τῷ οὐρανῷ οὐδὲ ἐπὶ τῆς γῆς οὐδὲ **ὑποκάτω** τῆς γῆς ἀνοῖξαι τὸ βιβλίον οὔτε βλέπειν αὐτό.
5:13 καὶ πᾶν κτίσμα ὃ ἐν τῷ οὐρανῷ καὶ ἐπὶ τῆς γῆς καὶ **ὑποκάτω** τῆς γῆς καὶ ἐπὶ τῆς θαλάσσης καὶ τὰ ἐν αὐτοῖς πάντα ἤκουσα λέγοντας,
6:9 εἶδον **ὑποκάτω** τοῦ θυσιαστηρίου τὰς ψυχὰς τῶν ἐσφαγμένων διὰ τὸν λόγον τοῦ θεοῦ καὶ διὰ τὴν μαρτυρίαν ἣν εἶχον.
12:1 καὶ ἡ σελήνη **ὑποκάτω** τῶν ποδῶν αὐτῆς καὶ ἐπὶ τῆς κεφαλῆς αὐτῆς στέφανος ἀστέρων δώδεκα,

5692 ὑπόκειμαι Not used in UBS/NIV

√ 5679 + 3023

5693 ὑποκρίνομαι [1]

√ 5679 + 3212

Lk 20:20 Καὶ παρατηρήσαντες ἀπέστειλαν ἐγκαθέτους **ὑποκρινομένους** ἑαυτοὺς δικαίους εἶναι,

5694 ὑπόκρισις [6]

√ 5679 + 3212

Mt 23:28 οὕτως καὶ ὑμεῖς ἔξωθεν μὲν φαίνεσθε τοῖς ἀνθρώποις δίκαιοι, ἔσωθεν δέ ἐστε μεστοὶ **ὑποκρίσεως** καὶ ἀνομίας.
Mk 12:15 ὁ δὲ εἰδὼς αὐτῶν τὴν **ὑπόκρισιν** εἶπεν αὐτοῖς,
Lk 12:1 Προσέχετε ἑαυτοῖς ἀπὸ τῆς ζύμης, ἥτις ἐστὶν **ὑπόκρισις,** τῶν Φαρισαίων.
Gal 2:13 καὶ συνυπεκρίθησαν αὐτῷ [καὶ] οἱ λοιποὶ Ἰουδαῖοι, ὥστε καὶ Βαρναβᾶς συναπήχθη αὐτῶν τῇ **ὑποκρίσει.**
1Ti 4:2 ἐν **ὑποκρίσει** ψευδολόγων, κεκαυστηριασμένων τὴν ἰδίαν συνείδησιν,
1Pe 2:1 Ἀποθέμενοι οὖν πᾶσαν κακίαν καὶ πάντα δόλον καὶ **ὑποκρίσεις** καὶ φθόνους καὶ πάσας καταλαλιάς,

5695 ὑποκριτής [17]

√ 5679 + 3212

Mt 6: 2 ὥσπερ οἱ **ὑποκριταὶ** ποιοῦσιν ἐν ταῖς συναγωγαῖς καὶ ἐν ταῖς ῥύμαις,
6: 5 Καὶ ὅταν προσεύχησθε, οὐκ ἔσεσθε ὡς οἱ **ὑποκριταί,**
6: 16 Ὅταν δὲ νηστεύητε, μὴ γίνεσθε ὡς οἱ **ὑποκριταὶ** σκυθρωποί,
7: 5 **ὑποκριτά,** ἔκβαλε πρῶτον ἐκ τοῦ ὀφθαλμοῦ σοῦ τὴν δοκόν,
15: 7 **ὑποκριταί,** καλῶς ἐπροφήτευσεν περὶ ὑμῶν Ἠσαΐας λέγων,
22: 18 γνοὺς δὲ ὁ Ἰησοῦς τὴν πονηρίαν αὐτῶν εἶπεν, Τί με πειράζετε, **ὑποκριταί;**
23: 13 Οὐαὶ δὲ ὑμῖν, γραμματεῖς καὶ Φαρισαῖοι **ὑποκριταί,** ὅτι κλείετε τὴν βασιλείαν τῶν οὐρανῶν ἔμπροσθεν τῶν ἀνθρώπων·
23: 15 Οὐαὶ ὑμῖν, γραμματεῖς καὶ Φαρισαῖοι **ὑποκριταί,** ὅτι περιάγετε τὴν θάλασσαν καὶ τὴν ξηρὰν ποιῆσαι ἕνα προσήλυτον,
23: 23 Οὐαὶ ὑμῖν, γραμματεῖς καὶ Φαρισαῖοι **ὑποκριταί,** ὅτι ἀποδεκατοῦτε τὸ ἡδύοσμον καὶ τὸ ἄνηθον καὶ τὸ κύμινον καὶ ἀφήκατε τὰ βαρύτερα τοῦ νόμου,
23: 25 Οὐαὶ ὑμῖν, γραμματεῖς καὶ Φαρισαῖοι **ὑποκριταί,** ὅτι καθαρίζετε τὸ ἔξωθεν τοῦ ποτηρίου καὶ τῆς παροψίδος,
23: 27 Οὐαὶ ὑμῖν, γραμματεῖς καὶ Φαρισαῖοι **ὑποκριταί,** ὅτι παρομοιάζετε τάφοις κεκονιαμένοις,
23: 29 Οὐαὶ ὑμῖν, γραμματεῖς καὶ Φαρισαῖοι **ὑποκριταί,** ὅτι οἰκοδομεῖτε τοὺς τάφους τῶν προφητῶν
24: 51 καὶ διχοτομήσει αὐτὸν καὶ τὸ μέρος αὐτοῦ μετὰ τῶν **ὑποκριτῶν** θήσει·
Mk 7: 6 ὁ δὲ εἶπεν αὐτοῖς, Καλῶς ἐπροφήτευσεν Ἠσαΐας περὶ ὑμῶν τῶν **ὑποκριτῶν,**
Lk 6: 42 **ὑποκριτά,** ἔκβαλε πρῶτον τὴν δοκὸν ἐκ τοῦ ὀφθαλμοῦ σοῦ,
12: 56 **ὑποκριταί,** τὸ πρόσωπον τῆς γῆς καὶ τοῦ οὐρανοῦ οἴδατε δοκιμάζειν,
13: 15 ἀπεκρίθη δὲ αὐτῷ ὁ κύριος καὶ εἶπεν, **Ὑποκριταί,**

5696 ὑπολαμβάνω [5]

√ 5679 + 3284

Lk 7: 43 ἀποκριθεὶς Σίμων εἶπεν, **Ὑπολαμβάνω** ὅτι ᾧ τὸ πλεῖον ἐχαρίσατο.
10: 30 **ὑπολαβὼν** ὁ Ἰησοῦς εἶπεν, Ἄνθρωπός τις κατέβαινεν ἀπὸ Ἰερουσαλὴμ εἰς Ἰεριχὼ καὶ λῃσταῖς περιέπεσεν,
Ac 1: 9 καὶ ταῦτα εἰπὼν βλεπόντων αὐτῶν ἐπήρθη καὶ νεφέλη **ὑπέλαβεν** αὐτὸν ἀπὸ τῶν ὀφθαλμῶν αὐτῶν.
2: 15 οὐ γὰρ ὡς ὑμεῖς **ὑπολαμβάνετε** οὗτοι μεθύουσιν, ἔστιν γὰρ ὥρα τρίτη τῆς ἡμέρας,
3Jn 1: 8 ἡμεῖς οὖν ὀφείλομεν **ὑπολαμβάνειν** τοὺς τοιούτους, ἵνα συνεργοὶ γινώμεθα τῇ ἀληθείᾳ.

5697 ὑπολαμπάς Not used in UBS/NIV

√ 5679 + 3290

5698 ὑπόλειμμα [1]

√ 5679 + 3309

Ro 9: 27 Ἐὰν ᾖ ὁ ἀριθμὸς τῶν υἱῶν Ἰσραὴλ ὡς ἡ ἄμμος τῆς θαλάσσης, τὸ **ὑπόλειμμα** σωθήσεται·

5699 ὑπολείπω [1]

√ 5679 + 3309

Ro 11: 3 κἀγὼ **ὑπελείφθην** μόνος καὶ ζητοῦσιν τὴν ψυχήν μου.

5700 ὑπολήνιον [1]

√ 5679 + 3332

Mk 12: 1 Ἀμπελῶνα ἄνθρωπος ἐφύτευσεν καὶ περιέθηκεν φραγμὸν καὶ ὤρυξεν **ὑπολήνιον** καὶ ᾠκοδόμησεν πύργον καὶ ἐξέδετο αὐτὸν

5701 ὑπολιμπάνω [1]

√ 5679 + 3309

1Pe 2: 21 ὅτι καὶ Χριστὸς ἔπαθεν ὑπὲρ ὑμῶν ὑμῖν **ὑπολιμπάνων** ὑπογραμμὸν ἵνα ἐπακολουθήσητε τοῖς ἴχνεσιν αὐτοῦ,

5702 ὑπομένω [17]

√ 5679 + 3531

Mt 10: 22 καὶ ἔσεσθε μισούμενοι ὑπὸ πάντων διὰ τὸ ὄνομά μου· ὁ δὲ **ὑπομείνας** εἰς τέλος οὗτος σωθήσεται.
24: 13 ὁ δὲ **ὑπομείνας** εἰς τέλος οὗτος σωθήσεται.
Mk 13: 13 καὶ ἔσεσθε μισούμενοι ὑπὸ πάντων διὰ τὸ ὄνομά μου. ὁ δὲ **ὑπομείνας** εἰς τέλος οὗτος σωθήσεται.
Lk 2: 43 ἐν τῷ ὑποστρέφειν αὐτοὺς **ὑπέμεινεν** Ἰησοῦς ὁ παῖς ἐν Ἰερουσαλήμ,
Ac 17: 14 **ὑπέμεινάν** τε ὅ τε Σιλᾶς καὶ ὁ Τιμόθεος ἐκεῖ.
Ro 12: 12 τῇ ἐλπίδι χαίροντες, τῇ θλίψει **ὑπομένοντες,** τῇ προσευχῇ προσκαρτεροῦντες,
1Co 13: 7 πάντα στέγει, πάντα πιστεύει, πάντα ἐλπίζει, πάντα **ὑπομένει.**
2Ti 2: 10 διὰ τοῦτο πάντα **ὑπομένω** διὰ τοὺς ἐκλεκτούς, ἵνα καὶ αὐτοὶ σωτηρίας τύχωσιν τῆς ἐν Χριστῷ Ἰησοῦ μετὰ δόξης αἰωνίου.
2: 12 εἰ **ὑπομένομεν,** καὶ συμβασιλεύσομεν· εἰ ἀρνησόμεθα, κἀκεῖνος ἀρνήσεται ἡμᾶς·
Heb 10: 32 Ἀναμιμνῄσκεσθε δὲ τὰς πρότερον ἡμέρας, ἐν αἷς φωτισθέντες πολλὴν ἄθλησιν **ὑπεμείνατε** παθημάτων,
12: 2 ὃς ἀντὶ τῆς προκειμένης αὐτῷ χαρᾶς **ὑπέμεινεν** σταυρὸν αἰσχύνης καταφρονήσας ἐν δεξιᾷ τε τοῦ θρόνου τοῦ θεοῦ
12: 3 ἀναλογίσασθε γὰρ τὸν τοιαύτην **ὑπομεμενηκότα** ὑπὸ τῶν ἁμαρτωλῶν εἰς ἑαυτὸν ἀντιλογίαν,
12: 7 εἰς παιδείαν **ὑπομένετε,** ὡς υἱοῖς ὑμῖν προσφέρεται ὁ θεός.
Jas 1: 12 Μακάριος ἀνὴρ ὃς **ὑπομένει** πειρασμόν, ὅτι δόκιμος γενόμενος λήμψεται τὸν στέφανον τῆς ζωῆς ὃν ἐπηγγείλατο
5: 11 ἰδοὺ μακαρίζομεν τοὺς **ὑπομείναντας·** τὴν ὑπομονὴν Ἰὼβ ἠκούσατε καὶ τὸ τέλος κυρίου εἴδετε,
1Pe 2: 20 ποῖον γὰρ κλέος εἰ ἁμαρτάνοντες καὶ κολαφιζόμενοι **ὑπομενεῖτε;** ἀλλ' εἰ ἀγαθοποιοῦντες καὶ πάσχοντες **ὑπομενεῖτε,** τοῦτο χάρις παρὰ θεῷ.

5703 ὑπομιμνῄσκω [7]

√ 5679 + 3648

Lk 22: 61 καὶ **ὑπεμνήσθη** ὁ Πέτρος τοῦ ῥήματος τοῦ κυρίου ὡς εἶπεν αὐτῷ ὅτι Πρὶν ἀλέκτορα φωνῆσαι σήμερον ἀπαρνήσῃ με τρίς.
Jn 14: 26 ἐκεῖνος ὑμᾶς διδάξει πάντα καὶ **ὑπομνήσει** ὑμᾶς πάντα ἃ εἶπον ὑμῖν [ἐγώ.]
2Ti 2: 14 Ταῦτα **ὑπομίμνῃσκε** διαμαρτυρόμενος ἐνώπιον τοῦ θεοῦ μὴ λογομαχεῖν,
Tit 3: 1 **Ὑπομίμνῃσκε** αὐτοὺς ἀρχαῖς ἐξουσίαις ὑποτάσσεσθαι, πειθαρχεῖν, πρὸς πᾶν ἔργον ἀγαθὸν ἑτοίμους εἶναι,
2Pe 1: 12 Διὸ μελλήσω ἀεὶ ὑμᾶς **ὑπομιμνῄσκειν** περὶ τούτων καίπερ εἰδότας καὶ ἐστηριγμένους ἐν τῇ παρούσῃ ἀληθείᾳ.
3Jn 1: 10 **ὑπομνήσω** αὐτοῦ τὰ ἔργα ἃ ποιεῖ λόγοις πονηροῖς φλυαρῶν ἡμᾶς,
Jude 1: 5 **Ὑπομνῆσαι** δὲ ὑμᾶς βούλομαι, εἰδότας [ὑμᾶς] πάντα ὅτι [ὁ] κύριος ἅπαξ λαὸν ἐκ γῆς Αἰγύπτου σώσας

5704 ὑπόμνησις [3]

√ 5679 + 3648

2Ti 1: 5 **ὑπόμνησιν** λαβὼν τῆς ἐν σοὶ ἀνυποκρίτου πίστεως, ἥτις ἐνῴκησεν πρῶτον ἐν τῇ μάμμῃ σου Λωΐδι καὶ τῇ μητρί σου Εὐνίκῃ,
2Pe 1: 13 ἐφ' ὅσον εἰμὶ ἐν τούτῳ τῷ σκηνώματι, διεγείρειν ὑμᾶς ἐν **ὑπομνήσει,**
3: 1 δευτέραν ὑμῖν γράφω ἐπιστολὴν ἐν αἷς διεγείρω ὑμῶν ἐν **ὑπομνήσει** τὴν εἰλικρινῆ διάνοιαν

5705 ὑπομονή [32]

√ 5679 + 3531

θεός τῆς ὑπομονῆς [1] Ro 15:5

Lk 8: 15 οὗτοί εἰσιν οἵτινες ἐν καρδίᾳ καλῇ καὶ ἀγαθῇ ἀκούσαντες τὸν λόγον κατέχουσιν καὶ καρποφοροῦσιν ἐν **ὑπομονῇ.**
21: 19 ἐν τῇ **ὑπομονῇ** ὑμῶν κτήσασθε τὰς ψυχὰς ὑμῶν.
Ro 2: 7 τοῖς μὲν καθ' **ὑπομονὴν** ἔργου ἀγαθοῦ δόξαν καὶ τιμὴν καὶ ἀφθαρσίαν ζητοῦσιν ζωὴν αἰώνιον,
5: 3 ἀλλὰ καὶ καυχώμεθα ἐν ταῖς θλίψεσιν, εἰδότες ὅτι ἡ θλῖψις **ὑπομονὴν** κατεργάζεται,

5: 4 ἡ δὲ **ὑπομονὴ** δοκιμήν, ἡ δὲ δοκιμὴ ἐλπίδα.
8:25 εἰ δὲ ὃ οὐ βλέπομεν ἐλπίζομεν, δι᾽ **ὑπομονῆς** ἀπεκδεχόμεθα.
15: 4 ἵνα διὰ τῆς **ὑπομονῆς** καὶ διὰ τῆς παρακλήσεως τῶν γραφῶν τὴν ἐλπίδα ἔχωμεν.
15: 5 ὁ δὲ θεὸς τῆς **ὑπομονῆς** καὶ τῆς παρακλήσεως δῴη ὑμῖν τὸ αὐτὸ φρονεῖν ἐν ἀλλήλοις κατὰ Χριστὸν Ἰησοῦν,
2Co 1: 6 ὑπὲρ τῆς ὑμῶν παρακλήσεως τῆς ἐνεργουμένης ἐν **ὑπομονῇ** τῶν αὐτῶν παθημάτων ὧν καὶ ἡμεῖς πάσχομεν.
6: 4 ἐν **ὑπομονῇ** πολλῇ, ἐν θλίψεσιν, ἐν ἀνάγκαις, ἐν στενοχωρίαις,
12:12 τὰ μὲν σημεῖα τοῦ ἀποστόλου κατειργάσθη ἐν ὑμῖν ἐν πάσῃ **ὑπομονῇ,**
Col 1:11 ἐν πάσῃ δυνάμει δυναμούμενοι κατὰ τὸ κράτος τῆς δόξης αὐτοῦ εἰς πᾶσαν **ὑπομονὴν** καὶ μακροθυμίαν.
1Th 1: 3 μνημονεύοντες ὑμῶν τοῦ ἔργου τῆς πίστεως καὶ τοῦ κόπου τῆς ἀγάπης καὶ τῆς **ὑπομονῆς** τῆς ἐλπίδος τοῦ κυρίου ἡμῶν Ἰησοῦ
2Th 1: 4 ὥστε αὐτοὺς ἡμᾶς ἐν ὑμῖν ἐγκαυχᾶσθαι ἐν ταῖς ἐκκλησίαις τοῦ θεοῦ ὑπὲρ τῆς **ὑπομονῆς** ὑμῶν καὶ πίστεως ἐν πᾶσιν
3: 5 Ὁ δὲ κύριος κατευθύναι ὑμῶν τὰς καρδίας εἰς τὴν ἀγάπην τοῦ θεοῦ καὶ εἰς τὴν **ὑπομονὴν** τοῦ Χριστοῦ.
1Ti 6:11 δίωκε δὲ δικαιοσύνην εὐσέβειαν πίστιν, ἀγάπην **ὑπομονὴν** πραϋπαθίαν.
2Ti 3:10 τῇ πίστει, τῇ μακροθυμίᾳ, τῇ ἀγάπῃ, τῇ **ὑπομονῇ,**
Tit 2: 2 σώφρονας, ὑγιαίνοντας τῇ πίστει, τῇ ἀγάπῃ, τῇ **ὑπομονῇ·**
Heb 10:36 **ὑπομονῆς** γὰρ ἔχετε χρείαν ἵνα τὸ θέλημα τοῦ θεοῦ ποιήσαντες κομίσησθε τὴν ἐπαγγελίαν.
12: 1 ὄγκον ἀποθέμενοι πάντα καὶ τὴν εὐπερίστατον ἁμαρτίαν, δι᾽ **ὑπομονῆς** τρέχωμεν τὸν προκείμενον ἡμῖν ἀγῶνα
Jas 1: 3 γινώσκοντες ὅτι τὸ δοκίμιον ὑμῶν τῆς πίστεως κατεργάζεται **ὑπομονήν.**
1: 4 ἡ δὲ **ὑπομονὴ** ἔργον τέλειον ἐχέτω, ἵνα ἦτε τέλειοι καὶ ὁλόκληροι ἐν μηδενὶ λειπόμενοι.
5:11 τὴν **ὑπομονὴν** Ἰὼβ ἠκούσατε καὶ τὸ τέλος κυρίου εἴδετε,
2Pe 1: 6 ἐν δὲ τῇ ἐγκρατείᾳ τὴν **ὑπομονήν,** ἐν δὲ τῇ **ὑπομονῇ** τὴν εὐσέβειαν,
Rev 1: 9 ὁ ἀδελφὸς ὑμῶν καὶ συγκοινωνὸς ἐν τῇ θλίψει καὶ βασιλείᾳ καὶ **ὑπομονῇ** ἐν Ἰησοῦ,
2: 2 Οἶδα τὰ ἔργα σου καὶ τὸν κόπον καὶ τὴν **ὑπομονήν** σου καὶ ὅτι οὐ δύνῃ βαστάσαι κακούς,
2: 3 καὶ **ὑπομονὴν** ἔχεις καὶ ἐβάστασας διὰ τὸ ὄνομά μου καὶ οὐ κεκοπίακες.
2:19 Οἶδά σου τὰ ἔργα καὶ τὴν ἀγάπην καὶ τὴν πίστιν καὶ τὴν διακονίαν καὶ τὴν **ὑπομονήν** σου,
3:10 ὅτι ἐτήρησας τὸν λόγον τῆς **ὑπομονῆς** μου, κἀγώ σε τηρήσω ἐκ τῆς ὥρας τοῦ πειρασμοῦ τῆς μελλούσης ἔρχεσθαι ἐπὶ τῆς οἰκουμένης ὅλης πειράσαι τοὺς κατοικοῦντας ἐπὶ τῆς γῆς.
13:10 Ὧδέ ἐστιν ἡ **ὑπομονὴ** καὶ ἡ πίστις τῶν ἁγίων.
14:12 Ὧδε ἡ **ὑπομονὴ** τῶν ἁγίων ἐστίν, οἱ τηροῦντες τὰς ἐντολὰς τοῦ θεοῦ καὶ τὴν πίστιν Ἰησοῦ.

5706 ὑπονοέω [3]

√ *5679 + 3808*

Ac 13:25 ὡς δὲ ἐπλήρου Ἰωάννης τὸν δρόμον, ἔλεγεν, Τί ἐμὲ **ὑπονοεῖτε** εἶναι;
25:18 περὶ οὗ σταθέντες οἱ κατήγοροι οὐδεμίαν αἰτίαν ἔφερον ὧν ἐγὼ **ὑπενόουν** πονηρῶν,
27:27 κατὰ μέσον τῆς νυκτὸς **ὑπενόουν** οἱ ναῦται προσάγειν τινὰ αὐτοῖς χώραν.

5707 ὑπόνοια [1]

√ *5679 + 3808*

1Ti 6: 4 ἐξ ὧν γίνεται φθόνος ἔρις βλασφημίαι, **ὑπόνοιαι** πονηραί,

5708 ὑποπιάζω Not used in UBS/NIV

√ *5679 + 3972*

5709 ὑποπλέω [2]

√ *5679 + 4434*

Ac 27: 4 κἀκεῖθεν ἀναχθέντες **ὑπεπλεύσαμεν** τὴν Κύπρον διὰ τὸ τοὺς ἀνέμους εἶναι ἐναντίους,
27: 7 μὴ προσεῶντος ἡμᾶς τοῦ ἀνέμου **ὑπεπλεύσαμεν** τὴν Κρήτην κατὰ Σαλμώνην,

5710 ὑποπνέω [1]

√ *5679 + 4463*

Ac 27:13 **Ὑποπνεύσαντος** δὲ νότου δόξαντες τῆς προθέσεως κεκρατηκέναι, ἄραντες ἆσσον παρελέγοντο τὴν Κρήτην.

5711 ὑποπόδιον [7]

√ *5679 + 4546*

Mt 5:35 ὅτι **ὑποπόδιόν** ἐστιν τῶν ποδῶν αὐτοῦ, μήτε εἰς Ἱεροσόλυμα,
Lk 20:43 ἕως ἂν θῶ τοὺς ἐχθρούς σου **ὑποπόδιον** τῶν ποδῶν σου.
Ac 2:35 ἕως ἂν θῶ τοὺς ἐχθρούς σου **ὑποπόδιον** τῶν ποδῶν σου.
7:49 Ὁ οὐρανός μοι θρόνος, ἡ δὲ γῆ **ὑποπόδιον** τῶν ποδῶν μου·
Heb 1:13 ἕως ἂν θῶ τοὺς ἐχθρούς σου **ὑποπόδιον** τῶν ποδῶν σου;
10:13 τὸ λοιπὸν ἐκδεχόμενος ἕως τεθῶσιν οἱ ἐχθροὶ αὐτοῦ **ὑποπόδιον** τῶν ποδῶν αὐτοῦ.
Jas 2: 3 Σὺ στῆθι ἐκεῖ ἢ κάθου ὑπὸ τὸ **ὑποπόδιόν** μου,

5712 ὑπόστασις [5]

√ *5679 + 2705*

2Co 9: 4 ἵνα μὴ λέγω ὑμεῖς, ἐν τῇ **ὑποστάσει** ταύτῃ.
11:17 οὐ κατὰ κύριον λαλῶ ἀλλ᾽ ὡς ἐν ἀφροσύνῃ, ἐν ταύτῃ τῇ **ὑποστάσει** τῆς καυχήσεως.
Heb 1: 3 ὃς ὢν ἀπαύγασμα τῆς δόξης καὶ χαρακτὴρ τῆς **ὑποστάσεως** αὐτοῦ,
3:14 ἐάνπερ τὴν ἀρχὴν τῆς **ὑποστάσεως** μέχρι τέλους βεβαίαν κατάσχωμεν–
11: 1 Ἔστιν δὲ πίστις ἐλπιζομένων **ὑπόστασις,** πραγμάτων ἔλεγχος οὐ βλεπομένων.

5713 ὑποστέλλω [4]

√ *5679 + 5097*

Ac 20:20 ὡς οὐδὲν **ὑπεστειλάμην** τῶν συμφερόντων τοῦ μὴ ἀναγγεῖλαι ὑμῖν καὶ διδάξαι ὑμᾶς δημοσίᾳ καὶ κατ᾽ οἴκους,
20:27 οὐ γὰρ **ὑπεστειλάμην** τοῦ μὴ ἀναγγεῖλαι πᾶσαν τὴν βουλὴν τοῦ θεοῦ ὑμῖν.
Gal 2:12 **ὑπέστελλεν** καὶ ἀφώριζεν ἑαυτὸν φοβούμενος τοὺς ἐκ περιτομῆς.
Heb 10:38 καὶ ἐὰν **ὑποστείληται,** οὐκ εὐδοκεῖ ἡ ψυχή μου ἐν αὐτῷ.

5714 ὑποστολή [1]

√ *5679 + 5097*

Heb 10:39 ἡμεῖς δὲ οὐκ ἐσμὲν **ὑποστολῆς** εἰς ἀπώλειαν ἀλλὰ πίστεως εἰς περιποίησιν ψυχῆς.

5715 ὑποστρέφω [35]

√ *5679 + 5138*

Lk 1:56 Ἔμεινεν δὲ Μαριὰμ σὺν αὐτῇ ὡς μῆνας τρεῖς, καὶ **ὑπέστρεψεν** εἰς τὸν οἶκον αὐτῆς.
2:20 καὶ **ὑπέστρεψαν** οἱ ποιμένες δοξάζοντες καὶ αἰνοῦντες τὸν θεὸν ἐπὶ πᾶσιν οἷς ἤκουσαν καὶ εἶδον καθὼς ἐλαλήθη
2:43 ἐν τῷ **ὑποστρέφειν** αὐτοὺς ὑπέμεινεν Ἰησοῦς ὁ παῖς ἐν Ἰερουσαλήμ,
2:45 μὴ εὑρόντες **ὑπέστρεψαν** εἰς Ἰερουσαλὴμ ἀναζητοῦντες αὐτόν.
4: 1 Ἰησοῦς δὲ πλήρης πνεύματος ἁγίου **ὑπέστρεψεν** ἀπὸ τοῦ Ἰορδάνου καὶ ἤγετο ἐν τῷ πνεύματι ἐν τῇ ἐρήμῳ
4:14 Καὶ **ὑπέστρεψεν** ὁ Ἰησοῦς ἐν τῇ δυνάμει τοῦ πνεύματος εἰς τὴν Γαλιλαίαν.
7:10 καὶ **ὑποστρέψαντες** εἰς τὸν οἶκον οἱ πεμφθέντες εὗρον τὸν δοῦλον ὑγιαίνοντα.
8:37 ὅτι φόβῳ μεγάλῳ συνείχοντο· αὐτὸς δὲ ἐμβὰς εἰς πλοῖον **ὑπέστρεψεν.**
8:39 **Ὑπόστρεφε** εἰς τὸν οἶκόν σου καὶ διηγοῦ ὅσα σοι ἐποίησεν ὁ θεός.
8:40 Ἐν δὲ τῷ **ὑποστρέφειν** τὸν Ἰησοῦν ἀπεδέξατο αὐτὸν ὁ ὄχλος·
9:10 Καὶ **ὑποστρέψαντες** οἱ ἀπόστολοι διηγήσαντο αὐτῷ ὅσα ἐποίησαν.
10:17 **Ὑπέστρεψαν** δὲ οἱ ἑβδομήκοντα [δύο] μετὰ χαρᾶς λέγοντες,
11:24 [τότε] λέγει, **Ὑποστρέψω** εἰς τὸν οἶκόν μου ὅθεν ἐξῆλθον·

17:15 ἰδὼν ὅτι ἰάθη, **ὑπέστρεψεν** μετὰ φωνῆς μεγάλης δοξάζων τὸν θεόν,
17:18 οὐχ εὑρέθησαν **ὑποστρέψαντες** δοῦναι δόξαν τῷ θεῷ εἰ μὴ ὁ ἀλλογενὴς οὗτος;
19:12 Ἄνθρωπός τις εὐγενὴς ἐπορεύθη εἰς χώραν μακρὰν λαβεῖν ἑαυτῷ βασιλείαν καὶ **ὑποστρέψαι.**
23:48 πάντες οἱ συμπαραγενόμενοι ὄχλοι ἐπὶ τὴν θεωρίαν ταύτην, θεωρήσαντες τὰ γενόμενα, τύπτοντες τὰ στήθη **ὑπέστρεφον.**
23:56 **ὑποστρέψασαι** δὲ ἡτοίμασαν ἀρώματα καὶ μύρα. Καὶ τὸ μὲν σάββατον ἡσύχασαν κατὰ τὴν ἐντολήν.
24: 9 καὶ **ὑποστρέψασαι** ἀπὸ τοῦ μνημείου ἀπήγγειλαν ταῦτα πάντα τοῖς ἕνδεκα καὶ πᾶσιν τοῖς λοιποῖς.
24:33 καὶ ἀναστάντες αὐτῇ τῇ ὥρᾳ **ὑπέστρεψαν** εἰς Ἰερουσαλὴμ καὶ εὗρον ἠθροισμένους τοὺς ἕνδεκα καὶ τοὺς σὺν αὐτοῖς,
24:52 καὶ αὐτοὶ προσκυνήσαντες αὐτὸν **ὑπέστρεψαν** εἰς Ἰερουσαλὴμ μετὰ χαρᾶς μεγάλης

Ac 1:12 Τότε **ὑπέστρεψαν** εἰς Ἰερουσαλὴμ ἀπὸ ὄρους τοῦ καλουμένου Ἐλαιῶνος,
8:25 Οἱ μὲν οὖν διαμαρτυράμενοι καὶ λαλήσαντες τὸν λόγον τοῦ κυρίου **ὑπέστρεφον** εἰς Ἱεροσόλυμα,
8:28 ἦν τε **ὑποστρέφων** καὶ καθήμενος ἐπὶ τοῦ ἅρματος αὐτοῦ καὶ ἀνεγίνωσκεν τὸν προφήτην Ἠσαΐαν.
12:25 Βαρναβᾶς δὲ καὶ Σαῦλος **ὑπέστρεψαν** εἰς Ἰερουσαλὴμ πληρώσαντες τὴν διακονίαν,
13:13 Ἰωάννης δὲ ἀποχωρήσας ἀπ᾽ αὐτῶν **ὑπέστρεψεν** εἰς Ἱεροσόλυμα.
13:34 ὅτι δὲ ἀνέστησεν αὐτὸν ἐκ νεκρῶν μηκέτι μέλλοντα **ὑποστρέφειν** εἰς διαφθοράν,
14:21 Εὐαγγελισάμενοί τε τὴν πόλιν ἐκείνην καὶ μαθητεύσαντες ἱκανοὺς **ὑπέστρεψαν** εἰς τὴν Λύστραν καὶ εἰς Ἰκόνιον
20: 3 μέλλοντι ἀνάγεσθαι εἰς τὴν Συρίαν, ἐγένετο γνώμης τοῦ **ὑποστρέφειν** διὰ Μακεδονίας.
21: 6 ἀπησπασάμεθα ἀλλήλους καὶ ἀνέβημεν εἰς τὸ πλοῖον, ἐκεῖνοι δὲ **ὑπέστρεψαν** εἰς τὰ ἴδια.
22:17 Ἐγένετο δέ μοι **ὑποστρέψαντι** εἰς Ἰερουσαλὴμ καὶ προσευχομένου μου ἐν τῷ ἱερῷ γενέσθαι με ἐν ἐκστάσει
23:32 τῇ δὲ ἐπαύριον ἐάσαντες τοὺς ἱππεῖς ἀπέρχεσθαι σὺν αὐτῷ **ὑπέστρεψαν** εἰς τὴν παρεμβολήν·

Gal 1:17 ἀλλὰ ἀπῆλθον εἰς Ἀραβίαν καὶ πάλιν **ὑπέστρεψα** εἰς Δαμασκόν.

Heb 7: 1 ὁ συναντήσας Ἀβραὰμ **ὑποστρέφοντι** ἀπὸ τῆς κοπῆς τῶν βασιλέων καὶ εὐλογήσας αὐτόν,

2Pe 2:21 κρεῖττον γὰρ ἦν αὐτοῖς μὴ ἐπεγνωκέναι τὴν ὁδὸν τῆς δικαιοσύνης ἢ ἐπιγνοῦσιν **ὑποστρέψαι** ἐκ τῆς παραδοθείσης αὐτοῖς ἁγίας ἐντολῆς.

5716 ὑποστρωννύω [1]

√ 5679 + 5143

Lk 19:36 πορευομένου δὲ αὐτοῦ **ὑπεστρώννυον** τὰ ἱμάτια αὐτῶν ἐν τῇ ὁδῷ.

5717 ὑποταγή [4]

√ 5679 + 5435

2Co 9:13 διὰ τῆς δοκιμῆς τῆς διακονίας ταύτης δοξάζοντες τὸν θεὸν ἐπὶ τῇ **ὑποταγῇ** τῆς ὁμολογίας ὑμῶν εἰς τὸ εὐαγγέλιον

Gal 2: 5 οἷς οὐδὲ πρὸς ὥραν εἴξαμεν τῇ **ὑποταγῇ,** ἵνα ἡ ἀλήθεια τοῦ εὐαγγελίου διαμείνῃ πρὸς ὑμᾶς.

1Ti 2:11 γυνὴ ἐν ἡσυχίᾳ μανθανέτω ἐν πάσῃ **ὑποταγῇ·**
3: 4 τοῦ ἰδίου οἴκου καλῶς προϊστάμενον, τέκνα ἔχοντα ἐν **ὑποταγῇ,** μετὰ πάσης σεμνότητος

5718 ὑποτάσσω [38]

√ 5679 + 5435

ὑποτάσσω ... ὑπό [5] Ro 13:1; 1Co 15:27,27,27; Eph 1:22

ὑποτάσσω ... ὑποκάτω [3] Heb 2:8,8,8

Lk 2:51 καὶ κατέβη μετ᾽ αὐτῶν καὶ ἦλθεν εἰς Ναζαρὲθ καὶ ἦν **ὑποτασσόμενος** αὐτοῖς.
10:17 καὶ τὰ δαιμόνια **ὑποτάσσεται** ἡμῖν ἐν τῷ ὀνόματί σου.
10:20 πλὴν ἐν τούτῳ μὴ χαίρετε ὅτι τὰ πνεύματα ὑμῖν **ὑποτάσσεται,**

Ro 8: 7 τῷ γὰρ νόμῳ τοῦ θεοῦ οὐχ **ὑποτάσσεται,** οὐδὲ γὰρ δύναται·
8:20 τῇ γὰρ ματαιότητι ἡ κτίσις **ὑπετάγη,** οὐχ ἑκοῦσα ἀλλὰ διὰ τὸν **ὑποτάξαντα,** ἐφ᾽ ἐλπίδι
10: 3 καὶ τὴν ἰδίαν [δικαιοσύνην] ζητοῦντες στῆσαι, τῇ δικαιοσύνῃ τοῦ θεοῦ οὐχ **ὑπετάγησαν·**
13: 1 Πᾶσα ψυχὴ ἐξουσίαις ὑπερεχούσαις **ὑποτασσέσθω.** οὐ γὰρ ἔστιν ἐξουσία εἰ μὴ ὑπὸ θεοῦ,
13: 5 διὸ ἀνάγκη **ὑποτάσσεσθαι,** οὐ μόνον διὰ τὴν ὀργὴν ἀλλὰ καὶ διὰ τὴν συνείδησιν.

1Co 14:32 καὶ πνεύματα προφητῶν προφήταις **ὑποτάσσεται,**
14:34 οὐ γὰρ ἐπιτρέπεται αὐταῖς λαλεῖν, ἀλλὰ **ὑποτασσέσθωσαν,** καθὼς καὶ ὁ νόμος λέγει.
15:27 πάντα γὰρ **ὑπέταξεν** ὑπὸ τοὺς πόδας αὐτοῦ. ὅταν δὲ εἴπῃ ὅτι πάντα **ὑποτέτακται,** δῆλον ὅτι ἐκτὸς τοῦ **ὑποτάξαντος** αὐτῷ τὰ πάντα.
15:28 ὅταν δὲ **ὑποταγῇ** αὐτῷ τὰ πάντα, τότε [καὶ] αὐτὸς ὁ υἱὸς **ὑποταγήσεται** τῷ **ὑποτάξαντι** αὐτῷ τὰ πάντα,
16:16 ἵνα καὶ ὑμεῖς **ὑποτάσσησθε** τοῖς τοιούτοις καὶ παντὶ τῷ συνεργοῦντι καὶ κοπιῶντι.

Eph 1:22 καὶ πάντα **ὑπέταξεν** ὑπὸ τοὺς πόδας αὐτοῦ καὶ αὐτὸν ἔδωκεν κεφαλὴν ὑπὲρ πάντα τῇ ἐκκλησίᾳ,
5:21 **ὑποτασσόμενοι** ἀλλήλοις ἐν φόβῳ Χριστοῦ,
5:24 ἀλλὰ ὡς ἡ ἐκκλησία **ὑποτάσσεται** τῷ Χριστῷ, οὕτως καὶ αἱ γυναῖκες τοῖς ἀνδράσιν ἐν παντί.

Php 3:21 ὃς μετασχηματίσει τὸ σῶμα τῆς ταπεινώσεως ἡμῶν σύμμορφον τῷ σώματι τῆς δόξης αὐτοῦ κατὰ τὴν ἐνέργειαν τοῦ δύνασθαι αὐτὸν καὶ **ὑποτάξαι** αὐτῷ τὰ πάντα.

Col 3:18 Αἱ γυναῖκες, **ὑποτάσσεσθε** τοῖς ἀνδράσιν ὡς ἀνῆκεν ἐν κυρίῳ.

Tit 2: 5 σώφρονας ἁγνὰς οἰκουργοὺς ἀγαθάς, **ὑποτασσομένας** τοῖς ἰδίοις ἀνδράσιν,
2: 9 δούλους ἰδίοις δεσπόταις **ὑποτάσσεσθαι** ἐν πᾶσιν, εὐαρέστους εἶναι,
3: 1 Ὑπομίμνῃσκε αὐτοὺς ἀρχαῖς ἐξουσίαις **ὑποτάσσεσθαι,** πειθαρχεῖν, πρὸς πᾶν ἔργον ἀγαθὸν ἑτοίμους εἶναι,

Heb 2: 5 Οὐ γὰρ ἀγγέλοις **ὑπέταξεν** τὴν οἰκουμένην τὴν μέλλουσαν,
2: 8 πάντα **ὑπέταξας** ὑποκάτω τῶν ποδῶν αὐτοῦ. ἐν τῷ γὰρ **ὑποτάξαι** [αὐτῷ] τὰ πάντα οὐδὲν ἀφῆκεν αὐτῷ ἀνυπότακτον. νῦν δὲ οὔπω ὁρῶμεν αὐτῷ τὰ πάντα **ὑποτεταγμένα·**
12: 9 οὐ πολὺ [δὲ] μᾶλλον **ὑποταγησόμεθα** τῷ πατρὶ τῶν πνευμάτων καὶ ζήσομεν;

Jas 4: 7 **ὑποτάγητε** οὖν τῷ θεῷ, ἀντίστητε δὲ τῷ διαβόλῳ καὶ φεύξεται ἀφ᾽ ὑμῶν,

1Pe 2:13 **Ὑποτάγητε** πάσῃ ἀνθρωπίνῃ κτίσει διὰ τὸν κύριον, εἴτε βασιλεῖ ὡς ὑπερέχοντι,
2:18 Οἱ οἰκέται **ὑποτασσόμενοι** ἐν παντὶ φόβῳ τοῖς δεσπόταις,
3: 1 Ὁμοίως [αἱ] γυναῖκες, **ὑποτασσόμεναι** τοῖς ἰδίοις ἀνδράσιν, ἵνα καὶ εἴ τινες ἀπειθοῦσιν τῷ λόγῳ,
3: 5 οὕτως γάρ ποτε καὶ αἱ ἅγιαι γυναῖκες αἱ ἐλπίζουσαι εἰς θεὸν ἐκόσμουν ἑαυτὰς **ὑποτασσόμεναι** τοῖς ἰδίοις ἀνδράσιν,
3:22 ὅς ἐστιν ἐν δεξιᾷ [τοῦ] θεοῦ πορευθεὶς εἰς οὐρανὸν **ὑποταγέντων** αὐτῷ ἀγγέλων καὶ ἐξουσιῶν καὶ δυνάμεων.
5: 5 Ὁμοίως, νεώτεροι, **ὑποτάγητε** πρεσβυτέροις· πάντες δὲ ἀλλήλοις τὴν ταπεινοφροσύνην ἐγκομβώσασθε,

5719 ὑποτίθημι [2]

√ 5679 + 5502

ὑποτίθημι τὸν τράχηλον [1] Ro 16:4

Ro 16: 4 οἵτινες ὑπὲρ τῆς ψυχῆς μου τὸν ἑαυτῶν τράχηλον **ὑπέθηκαν,**

1Ti 4: 6 Ταῦτα **ὑποτιθέμενος** τοῖς ἀδελφοῖς καλὸς ἔσῃ διάκονος Χριστοῦ Ἰησοῦ,

5720 ὑποτρέχω [1]

√ 5679 + 5556

Ac 27:16 νησίον δέ τι **ὑποδραμόντες** καλούμενον Καῦδα ἰσχύσαμεν μόλις περικρατεῖς γενέσθαι τῆς σκάφης,

5721 ὑποτύπωσις [2]

√ 5679 + 5597

1Ti 1:16 ἵνα ἐν ἐμοὶ πρώτῳ ἐνδείξηται Χριστὸς Ἰησοῦς τὴν ἅπασαν μακροθυμίαν πρὸς **ὑποτύπωσιν** τῶν μελλόντων πιστεύειν ἐπ᾽ αὐτῷ εἰς ζωὴν αἰώνιον.

2Ti 1:13 **ὑποτύπωσιν** ἔχε ὑγιαινόντων λόγων ὧν παρ᾽ ἐμοῦ ἤκουσας ἐν πίστει καὶ ἀγάπῃ τῇ ἐν Χριστῷ Ἰησοῦ·

5722 ὑποφέρω [3]

√ *5679 + 5770*

1Co 10:13 ὃς οὐκ ἐάσει ὑμᾶς πειρασθῆναι ὑπὲρ ὃ δύνασθε ἀλλὰ ποιήσει σὺν τῷ πειρασμῷ καὶ τὴν ἔκβασιν τοῦ δύνασθαι **ὑπενεγκεῖν.**
2Ti 3:11 οἵους διωγμοὺς **ὑπήνεγκα** καὶ ἐκ πάντων με ἐρρύσατο ὁ κύριος.
1Pe 2:19 τοῦτο γὰρ χάρις εἰ διὰ συνείδησιν θεοῦ **ὑποφέρει** τις λύπας πάσχων ἀδίκως.

5723 ὑποχωρέω [2]

√ *5679 + 6003*

Lk 5:16 αὐτὸς δὲ ἦν **ὑποχωρῶν** ἐν ταῖς ἐρήμοις καὶ προσευχόμενος.
9:10 καὶ παραλαβὼν αὐτοὺς **ὑπεχώρησεν** κατ' ἰδίαν εἰς πόλιν καλουμένην Βηθσαϊδά.

5724 ὑπωπιάζω [2]

√ *5679 + 3972*

Lk 18:5 διά γε τὸ παρέχειν μοι κόπον τὴν χήραν ταύτην ἐκδικήσω αὐτήν, ἵνα μὴ εἰς τέλος ἐρχομένη **ὑπωπιάζῃ** με.
1Co 9:27 ἀλλὰ **ὑπωπιάζω** μου τὸ σῶμα καὶ δουλαγωγῶ, μή πως ἄλλοις κηρύξας αὐτὸς ἀδόκιμος γένωμαι.

5725 ὗς [1]

2Pe 2:22 Κύων ἐπιστρέψας ἐπὶ τὸ ἴδιον ἐξέραμα, καί, **Ὗς** λουσαμένη εἰς κυλισμὸν βορβόρου.

5726 ὑσσός Not used in UBS/NIV

5727 ὕσσωπος [2]

Jn 19:29 σπόγγον οὖν μεστὸν τοῦ ὄξους **ὑσσώπῳ** περιθέντες προσήνεγκαν αὐτοῦ τῷ στόματι.
Heb 9:19 λαβὼν τὸ αἷμα τῶν μόσχων [καὶ τῶν τράγων] μετὰ ὕδατος καὶ ἐρίου κοκκίνου καὶ **ὑσσώπου** αὐτό τε τὸ βιβλίον καὶ πάντα τὸν λαὸν ἐράντισεν

5728 ὑστερέω [16]

√ *5731*

Mt 19:20 λέγει αὐτῷ ὁ νεανίσκος, Πάντα ταῦτα ἐφύλαξα· τί ἔτι **ὑστερῶ;**
Mk 10:21 ὁ δὲ Ἰησοῦς ἐμβλέψας αὐτῷ ἠγάπησεν αὐτὸν καὶ εἶπεν αὐτῷ, Ἕν σε **ὑστερεῖ·**
Lk 15:14 δαπανήσαντος δὲ αὐτοῦ πάντα ἐγένετο λιμὸς ἰσχυρὰ κατὰ τὴν χώραν ἐκείνην, καὶ αὐτὸς ἤρξατο **ὑστερεῖσθαι.**
22:35 Ὅτε ἀπέστειλα ὑμᾶς ἄτερ βαλλαντίου καὶ πήρας καὶ ὑποδημάτων, μή τινος **ὑστερήσατε;**
Jn 2:3 καὶ **ὑστερήσαντος** οἴνου λέγει ἡ μήτηρ τοῦ Ἰησοῦ πρὸς αὐτόν,
Ro 3:23 πάντες γὰρ ἥμαρτον καὶ **ὑστεροῦνται** τῆς δόξης τοῦ θεοῦ
1Co 1:7 ὥστε ὑμᾶς μὴ **ὑστερεῖσθαι** ἐν μηδενὶ χαρίσματι ἀπεκδεχομένους τὴν ἀποκάλυψιν τοῦ κυρίου ἡμῶν Ἰησοῦ
8:8 οὔτε ἐὰν μὴ φάγωμεν **ὑστερούμεθα,** οὔτε ἐὰν φάγωμεν περισσεύομεν.
12:24 ἀλλὰ ὁ θεὸς συνεκέρασεν τὸ σῶμα τῷ **ὑστερουμένῳ** περισσοτέραν δοὺς τιμήν,
2Co 11:5 λογίζομαι γὰρ μηδὲν **ὑστερηκέναι** τῶν ὑπερλίαν ἀποστόλων.
11:9 καὶ παρὼν πρὸς ὑμᾶς καὶ **ὑστερηθεὶς** οὐ κατενάρκησα οὐθενός·
12:11 οὐδὲν γὰρ **ὑστέρησα** τῶν ὑπερλίαν ἀποστόλων εἰ καὶ οὐδέν εἰμι.
Php 4:12 καὶ χορτάζεσθαι καὶ πεινᾶν καὶ περισσεύειν καὶ **ὑστερεῖσθαι·**
Heb 4:1 μήποτε καταλειπομένης ἐπαγγελίας εἰσελθεῖν εἰς τὴν κατάπαυσιν αὐτοῦ δοκῇ τις ἐξ ὑμῶν **ὑστερηκέναι.**
11:37 περιῆλθον ἐν μηλωταῖς, ἐν αἰγείοις δέρμασιν, **ὑστερούμενοι,** θλιβόμενοι, κακουχούμενοι,
12:15 ἐπισκοποῦντες μή τις **ὑστερῶν** ἀπὸ τῆς χάριτος τοῦ θεοῦ,

5729 ὑστέρημα [9]

√ *5731*

Lk 21:4 αὕτη δὲ ἐκ τοῦ **ὑστερήματος** αὐτῆς πάντα τὸν βίον ὃν εἶχεν ἔβαλεν.
1Co 16:17 χαίρω δὲ ἐπὶ τῇ παρουσίᾳ Στεφανᾶ καὶ Φορτουνάτου καὶ Ἀχαϊκοῦ, ὅτι τὸ ὑμέτερον **ὑστέρημα** οὗτοι ἀνεπλήρωσαν·
2Co 8:14 ἐν τῷ νῦν καιρῷ τὸ ὑμῶν περίσσευμα εἰς τὸ ἐκείνων **ὑστέρημα,** ἵνα καὶ τὸ ἐκείνων περίσσευμα γένηται εἰς τὸ ὑμῶν **ὑστέρημα,**
9:12 ὅτι ἡ διακονία τῆς λειτουργίας ταύτης οὐ μόνον ἐστὶν προσαναπληροῦσα τὰ **ὑστερήματα** τῶν ἁγίων,
11:9 τὸ γὰρ **ὑστέρημά** μου προσανεπλήρωσαν οἱ ἀδελφοὶ ἐλθόντες ἀπὸ Μακεδονίας,
Php 2:30 ἵνα ἀναπληρώσῃ τὸ ὑμῶν **ὑστέρημα** τῆς πρός με λειτουργίας.
Col 1:24 Νῦν χαίρω ἐν τοῖς παθήμασιν ὑπὲρ ὑμῶν καὶ ἀνταναπληρῶ τὰ **ὑστερήματα** τῶν θλίψεων τοῦ Χριστοῦ ἐν τῇ σαρκί μου
1Th 3:10 ὑπερεκπερισσοῦ δεόμενοι εἰς τὸ ἰδεῖν ὑμῶν τὸ πρόσωπον καὶ καταρτίσαι τὰ **ὑστερήματα** τῆς πίστεως ὑμῶν;

5730 ὑστέρησις [2]

√ *5731*

Mk 12:44 αὕτη δὲ ἐκ τῆς **ὑστερήσεως** αὐτῆς πάντα ὅσα εἶχεν ἔβαλεν ὅλον τὸν βίον αὐτῆς.
Php 4:11 οὐχ ὅτι καθ' **ὑστέρησιν** λέγω, ἐγὼ γὰρ ἔμαθον ἐν οἷς εἰμι αὐτάρκης εἶναι.

5731 ὕστερος [12 / 13]

→ *935, 5728, 5729, 5730*

ὑστέροις καιροῖς [1] 1Ti 4:1

Mt 4:2 νηστεύσας ἡμέρας τεσσεράκοντα καὶ νύκτας τεσσεράκοντα, **ὕστερον** ἐπείνασεν.
21:29 ὁ δὲ ἀποκριθεὶς εἶπεν, Οὐ θέλω, **ὕστερον** δὲ μεταμεληθεὶς ἀπῆλθεν.
21:32 ὑμεῖς δὲ ἰδόντες οὐδὲ μετεμελήθητε **ὕστερον** τοῦ πιστεῦσαι αὐτῷ.
21:37 **ὕστερον** δὲ ἀπέστειλεν πρὸς αὐτοὺς τὸν υἱὸν αὐτοῦ λέγων,
22:27 **ὕστερον** δὲ πάντων ἀπέθανεν ἡ γυνή.
25:11 **ὕστερον** δὲ ἔρχονται καὶ αἱ λοιπαὶ παρθένοι λέγουσαι,
26:60 καὶ οὐχ εὗρον πολλῶν προσελθόντων ψευδομαρτύρων. **ὕστερον** δὲ προσελθόντες δύο
Mk 16:14 ⟦**Ὕστερον** [δὲ] ἀνακειμένοις αὐτοῖς τοῖς ἕνδεκα ἐφανερώθη καὶ ὠνείδισεν τὴν ἀπιστίαν αὐτῶν καὶ σκληροκαρδίαν⟧
Lk 20:32 **ὕστερον** καὶ ἡ γυνὴ ἀπέθανεν.
Jn 13:36 Ὅπου ὑπάγω οὐ δύνασαί μοι νῦν ἀκολουθῆσαι, ἀκολουθήσεις δὲ **ὕστερον.**
1Ti 4:1 Τὸ δὲ πνεῦμα ῥητῶς λέγει ὅτι ἐν **ὑστέροις** καιροῖς ἀποστήσονταί τινες τῆς πίστεως προσέχοντες πνεύμασιν πλάνοις καὶ διδασκαλίαις δαιμονίων,
Heb 10:17 **ὕστερον**[UBS-] λέγει καὶ τῶν ἁμαρτιῶν αὐτῶν καὶ τῶν ἀνομιῶν αὐτῶν οὐ μὴ μνησθήσομαι ἔτι.
12:11 **ὕστερον** δὲ καρπὸν εἰρηνικὸν τοῖς δι' αὐτῆς γεγυμνασμένοις ἀποδίδωσιν δικαιοσύνης.

5732 ὑφαίνω Not used in UBS/NIV

→ *5733*

5733 ὑφαντός [1]

√ *5732*

Jn 19:23 ἦν δὲ ὁ χιτὼν ἄραφος, ἐκ τῶν ἄνωθεν **ὑφαντὸς** δι' ὅλου.

5734 ὑψηλός [11 / 12]

√ *5737*

ὑψηλὸς ὄρος [5] Mt 4:8; 17:1; Mk 9:2; Lk 4:5; Rev 21:10

ὑψηλότερος [1] Heb 7:26

Mt 4:8 Πάλιν παραλαμβάνει αὐτὸν ὁ διάβολος εἰς ὄρος **ὑψηλὸν** λίαν καὶ δείκνυσιν αὐτῷ πάσας τὰς βασιλείας τοῦ κόσμου
17:1 παραλαμβάνει ὁ Ἰησοῦς τὸν Πέτρον καὶ Ἰάκωβον καὶ Ἰωάννην τὸν ἀδελφὸν αὐτοῦ καὶ ἀναφέρει αὐτοὺς εἰς ὄρος **ὑψηλὸν**
Mk 9:2 παραλαμβάνει ὁ Ἰησοῦς τὸν Πέτρον καὶ τὸν Ἰάκωβον καὶ τὸν Ἰωάννην καὶ ἀναφέρει αὐτοὺς εἰς ὄρος **ὑψηλὸν** κατ' ἰδίαν
Lk 4:5 Καὶ ἀναγαγὼν αὐτὸν ὁ διάβολος εἰς ὄρος **ὑψηλὸν**[UBS-] ἔδειξεν αὐτῷ πάσας τὰς βασιλείας τῆς οἰκουμένης ἐν στιγμῇ χρόνου
16:15 ὅτι τὸ ἐν ἀνθρώποις **ὑψηλὸν** βδέλυγμα ἐνώπιον τοῦ θεοῦ.
Ac 13:17 καὶ τὸν λαὸν ὕψωσεν ἐν τῇ παροικίᾳ ἐν γῇ Αἰγύπτου καὶ μετὰ βραχίονος **ὑψηλοῦ** ἐξήγαγεν αὐτοὺς ἐξ αὐτῆς,

Ro 11:20 σὺ δὲ τῇ πίστει ἕστηκας. μὴ **ὑψηλὰ** φρόνει ἀλλὰ φοβοῦ·
12:16 μὴ τὰ **ὑψηλὰ** φρονοῦντες ἀλλὰ τοῖς ταπεινοῖς συναπαγόμενοι.
Heb 1: 3 καθαρισμὸν τῶν ἁμαρτιῶν ποιησάμενος ἐκάθισεν ἐν δεξιᾷ τῆς μεγαλωσύνης ἐν **ὑψηλοῖς,**
7:26 κεχωρισμένος ἀπὸ τῶν ἁμαρτωλῶν καὶ **ὑψηλότερος** τῶν οὐρανῶν γενόμενος,
Rev 21:10 καὶ ἀπήνεγκέν με ἐν πνεύματι ἐπὶ ὄρος μέγα καὶ **ὑψηλόν,**
21:12 ἔχουσα τεῖχος μέγα καὶ **ὑψηλόν,** ἔχουσα πυλῶνας δώδεκα καὶ ἐπὶ τοῖς πυλῶσιν ἀγγέλους δώδεκα

5735 ὑψηλοφρονέω [1]

√ *5737 + 5856*

1Ti 6:17 Τοῖς πλουσίοις ἐν τῷ νῦν αἰῶνι παράγγελλε μὴ **ὑψηλοφρονεῖν** μηδὲ ἠλπικέναι ἐπὶ πλούτου ἀδηλότητι ἀλλ' ἐπὶ θεῷ τῷ παρέχοντι ἡμῖν πάντα πλουσίως εἰς ἀπόλαυσιν,

5736 ὕψιστος [13]

√ *5737*

δόξα ἐν ὑψίστοις [2] Lk 2:14; 19:38

δύναμις ὑψίστου [1] Lk 1:35

υἱοὶ ὑψίστου [1] Lk 6:35

υἱὸς ὑψίστου [3] Mk 5:7; Lk 1:32; 8:28

Mt 21: 9 Εὐλογημένος ὁ ἐρχόμενος ἐν ὀνόματι κυρίου· Ὡσαννὰ ἐν τοῖς **ὑψίστοις.**
Mk 5: 7 Τί ἐμοὶ καὶ σοί, Ἰησοῦ υἱὲ τοῦ θεοῦ τοῦ **ὑψίστου;**
11:10 Εὐλογημένη ἡ ἐρχομένη βασιλεία τοῦ πατρὸς ἡμῶν Δαυίδ· Ὡσαννὰ ἐν τοῖς **ὑψίστοις.**
Lk 1:32 οὗτος ἔσται μέγας καὶ υἱὸς **ὑψίστου** κληθήσεται καὶ δώσει αὐτῷ κύριος ὁ θεὸς τὸν θρόνον Δαυὶδ τοῦ πατρὸς αὐτοῦ,
1:35 Πνεῦμα ἅγιον ἐπελεύσεται ἐπὶ σὲ καὶ δύναμις **ὑψίστου** ἐπισκιάσει σοι·
1:76 Καὶ σὺ δέ, παιδίον, προφήτης **ὑψίστου** κληθήσῃ· προπορεύσῃ γὰρ ἐνώπιον κυρίου ἑτοιμάσαι ὁδοὺς αὐτοῦ,
2:14 Δόξα ἐν **ὑψίστοις** θεῷ καὶ ἐπὶ γῆς εἰρήνη ἐν ἀνθρώποις εὐδοκίας.
6:35 καὶ ἔσται ὁ μισθὸς ὑμῶν πολύς, καὶ ἔσεσθε υἱοὶ **ὑψίστου,**
8:28 Τί ἐμοὶ καὶ σοί, Ἰησοῦ υἱὲ τοῦ θεοῦ τοῦ **ὑψίστου;**
19:38 ὁ βασιλεὺς ἐν ὀνόματι κυρίου· ἐν οὐρανῷ εἰρήνη καὶ δόξα ἐν **ὑψίστοις.**
Ac 7:48 ἀλλ' οὐχ ὁ **ὕψιστος** ἐν χειροποιήτοις κατοικεῖ, καθὼς ὁ προφήτης λέγει,
16:17 Οὗτοι οἱ ἄνθρωποι δοῦλοι τοῦ θεοῦ τοῦ **ὑψίστου** εἰσίν,
Heb 7: 1 Οὗτος γὰρ ὁ Μελχισέδεκ, βασιλεὺς Σαλήμ, ἱερεὺς τοῦ θεοῦ τοῦ **ὑψίστου,**

5737 ὕψος [6]

→ *5671, 5734, 5735, 5736, 5738, 5739*

Lk 1:78 διὰ σπλάγχνα ἐλέους θεοῦ ἡμῶν, ἐν οἷς ἐπισκέψεται ἡμᾶς ἀνατολὴ ἐξ **ὕψους,**
24:49 ὑμεῖς δὲ καθίσατε ἐν τῇ πόλει ἕως οὗ ἐνδύσησθε ἐξ **ὕψους** δύναμιν.
Eph 3:18 ἵνα ἐξισχύσητε καταλαβέσθαι σὺν πᾶσιν τοῖς ἁγίοις τί τὸ πλάτος καὶ μῆκος καὶ **ὕψος** καὶ βάθος,
4: 8 διὸ λέγει, Ἀναβὰς εἰς **ὕψος** ᾐχμαλώτευσεν αἰχμαλωσίαν, ἔδωκεν δόματα τοῖς ἀνθρώποις.
Jas 1: 9 Καυχάσθω δὲ ὁ ἀδελφὸς ὁ ταπεινὸς ἐν τῷ **ὕψει** αὐτοῦ,
Rev 21:16 τὸ μῆκος καὶ τὸ πλάτος καὶ τὸ **ὕψος** αὐτῆς ἴσα ἐστίν.

5738 ὑψόω [20]

√ *5737*

Mt 11:23 καὶ σύ, Καφαρναούμ, μὴ ἕως οὐρανοῦ **ὑψωθήσῃ;** ἕως ᾅδου καταβήσῃ·
23:12 ὅστις δὲ **ὑψώσει** ἑαυτὸν ταπεινωθήσεται καὶ ὅστις ταπεινώσει ἑαυτὸν **ὑψωθήσεται.**
Lk 1:52 καθεῖλεν δυνάστας ἀπὸ θρόνων καὶ **ὕψωσεν** ταπεινούς,
10:15 καὶ σύ, Καφαρναούμ, μὴ ἕως οὐρανοῦ **ὑψωθήσῃ;** ἕως τοῦ ᾅδου καταβήσῃ.
14:11 ὅτι πᾶς ὁ **ὑψῶν** ἑαυτὸν ταπεινωθήσεται, καὶ ὁ ταπεινῶν ἑαυτὸν **ὑψωθήσεται.**
18:14 ὅτι πᾶς ὁ **ὑψῶν** ἑαυτὸν ταπεινωθήσεται, ὁ δὲ ταπεινῶν ἑαυτὸν **ὑψωθήσεται.**
Jn 3:14 καὶ καθὼς Μωϋσῆς **ὕψωσεν** τὸν ὄφιν ἐν τῇ ἐρήμῳ, οὕτως **ὑψωθῆναι** δεῖ τὸν υἱὸν τοῦ ἀνθρώπου,
8:28 Ὅταν **ὑψώσητε** τὸν υἱὸν τοῦ ἀνθρώπου, τότε γνώσεσθε ὅτι ἐγώ εἰμι,
12:32 κἀγὼ ἐὰν **ὑψωθῶ** ἐκ τῆς γῆς, πάντας ἑλκύσω πρὸς ἐμαυτόν.
12:34 καὶ πῶς λέγεις σὺ ὅτι δεῖ **ὑψωθῆναι** τὸν υἱὸν τοῦ ἀνθρώπου;
Ac 2:33 τῇ δεξιᾷ οὖν τοῦ θεοῦ **ὑψωθείς,** τήν τε ἐπαγγελίαν τοῦ πνεύματος τοῦ ἁγίου λαβὼν παρὰ τοῦ πατρός,
5:31 τοῦτον ὁ θεὸς ἀρχηγὸν καὶ σωτῆρα **ὕψωσεν** τῇ δεξιᾷ αὐτοῦ [τοῦ] δοῦναι μετάνοιαν τῷ Ἰσραὴλ καὶ ἄφεσιν ἁμαρτιῶν.
13:17 ὁ θεὸς τοῦ λαοῦ τούτου Ἰσραὴλ ἐξελέξατο τοὺς πατέρας ἡμῶν καὶ τὸν λαὸν **ὕψωσεν** ἐν τῇ παροικίᾳ ἐν γῇ Αἰγύπτου
2Co 11: 7 Ἢ ἁμαρτίαν ἐποίησα ἐμαυτὸν ταπεινῶν ἵνα ὑμεῖς **ὑψωθῆτε,**
Jas 4:10 ταπεινώθητε ἐνώπιον κυρίου καὶ **ὑψώσει** ὑμᾶς.
1Pe 5: 6 Ταπεινώθητε οὖν ὑπὸ τὴν κραταιὰν χεῖρα τοῦ θεοῦ, ἵνα ὑμᾶς **ὑψώσῃ** ἐν καιρῷ,

5739 ὕψωμα [2]

√ *5737*

Ro 8:39 οὔτε **ὕψωμα** οὔτε βάθος οὔτε τις κτίσις ἑτέρα δυνήσεται ἡμᾶς χωρίσαι ἀπὸ τῆς ἀγάπης τοῦ θεοῦ τῆς ἐν Χριστῷ Ἰησοῦ
2Co 10: 5 καὶ πᾶν **ὕψωμα** ἐπαιρόμενον κατὰ τῆς γνώσεως τοῦ θεοῦ,

Φ, φ

5740 φ Not used in UBS/NIV

5741 φάγος [2]

→ *4709; cf. 2266*

Mt 11:19 καὶ λέγουσιν, Ἰδοὺ ἄνθρωπος **φάγος** καὶ οἰνοπότης, τελωνῶν φίλος καὶ ἁμαρτωλῶν.
Lk 7:34 καὶ λέγετε, Ἰδοὺ ἄνθρωπος **φάγος** καὶ οἰνοπότης, φίλος τελωνῶν καὶ ἁμαρτωλῶν.

5742 φαιλόνης [1]

→ *5769*

2Ti 4:13 τὸν **φαιλόνην** ὃν ἀπέλιπον ἐν Τρῳάδι παρὰ Κάρπῳ ἐρχόμενος φέρε,

5743 φαίνω [31]

→ *428, 905, 906, 907, 908, 1421, 1871, 1872, 2210, 2211, 2212, 2213, 2216, 2993, 4733, 5193, 5661, 5662, 5745, 5746, 5747, 5748, 5749, 5751, 5752, 5753, 5762?, 5763?, 5833, 5890, 5891, 5892, 5893, 5894, 5895*

Mt 1:20 ταῦτα δὲ αὐτοῦ ἐνθυμηθέντος ἰδοὺ ἄγγελος κυρίου κατ' ὄναρ **ἐφάνη** αὐτῷ λέγων,
2: 7 Τότε Ἡρῴδης λάθρᾳ καλέσας τοὺς μάγους ἠκρίβωσεν παρ' αὐτῶν τὸν χρόνον τοῦ **φαινομένου** ἀστέρος,
2:13 Ἀναχωρησάντων δὲ αὐτῶν ἰδοὺ ἄγγελος κυρίου **φαίνεται** κατ' ὄναρ τῷ Ἰωσὴφ λέγων,
2:19 Τελευτήσαντος δὲ τοῦ Ἡρῴδου ἰδοὺ ἄγγελος κυρίου **φαίνεται** κατ' ὄναρ τῷ Ἰωσὴφ ἐν Αἰγύπτῳ
6: 5 ἐν ταῖς συναγωγαῖς καὶ ἐν ταῖς γωνίαις τῶν πλατειῶν ἑστῶτες προσεύχεσθαι, ὅπως **φανῶσιν** τοῖς ἀνθρώποις·
6:16 ἀφανίζουσιν γὰρ τὰ πρόσωπα αὐτῶν ὅπως **φανῶσιν** τοῖς ἀνθρώποις νηστεύοντες·
6:18 ὅπως μὴ **φανῇς** τοῖς ἀνθρώποις νηστεύων ἀλλὰ τῷ πατρί σου τῷ ἐν τῷ κρυφαίῳ·
9:33 καὶ ἐθαύμασαν οἱ ὄχλοι λέγοντες, Οὐδέποτε **ἐφάνη** οὕτως ἐν τῷ Ἰσραήλ.
13:26 ὅτε δὲ ἐβλάστησεν ὁ χόρτος καὶ καρπὸν ἐποίησεν, τότε **ἐφάνη** καὶ τὰ ζιζάνια.
23:27 ὅτι παρομοιάζετε τάφοις κεκονιαμένοις, οἵτινες ἔξωθεν μὲν **φαίνονται** ὡραῖοι,
23:28 οὕτως καὶ ὑμεῖς ἔξωθεν μὲν **φαίνεσθε** τοῖς ἀνθρώποις δίκαιοι,
24:27 ὥσπερ γὰρ ἡ ἀστραπὴ ἐξέρχεται ἀπὸ ἀνατολῶν καὶ **φαίνεται** ἕως δυσμῶν,

24:30 καὶ τότε **φανήσεται** τὸ σημεῖον τοῦ υἱοῦ τοῦ ἀνθρώπου ἐν οὐρανῷ,
Mk 14:64 ἠκούσατε τῆς βλασφημίας· τί ὑμῖν **φαίνεται;** οἱ δὲ πάντες κατέκριναν αὐτὸν ἔνοχον εἶναι θανάτου.
16: 9 ⟦Ἀναστὰς δὲ πρωῒ πρώτῃ σαββάτου **ἐφάνη** πρῶτον Μαρίᾳ τῇ Μαγδαληνῇ,⟧
Lk 9: 8 ὑπό τινων δὲ ὅτι Ἠλίας **ἐφάνη,** ἄλλων δὲ ὅτι προφήτης τις τῶν ἀρχαίων ἀνέστη.
24:11 καὶ **ἐφάνησαν** ἐνώπιον αὐτῶν ὡσεὶ λῆρος τὰ ῥήματα ταῦτα,
Jn 1: 5 καὶ τὸ φῶς ἐν τῇ σκοτίᾳ **φαίνει,** καὶ ἡ σκοτία αὐτὸ οὐ κατέλαβεν.
5:35 ἐκεῖνος ἦν ὁ λύχνος ὁ καιόμενος καὶ **φαίνων,**
Ro 7:13 ἀλλὰ ἡ ἁμαρτία, ἵνα **φανῇ** ἁμαρτία, διὰ τοῦ ἀγαθοῦ μοι κατεργαζομένη θάνατον,
2Co 13: 7 οὐχ ἵνα ἡμεῖς δόκιμοι **φανῶμεν,** ἀλλ᾽ ἵνα ὑμεῖς τὸ καλὸν ποιῆτε,
Php 2:15 τέκνα θεοῦ ἄμωμα μέσον γενεᾶς σκολιᾶς καὶ διεστραμμένης, ἐν οἷς **φαίνεσθε** ὡς φωστῆρες ἐν κόσμῳ,
Heb 11: 3 εἰς τὸ μὴ ἐκ **φαινομένων** τὸ βλεπόμενον γεγονέναι.
Jas 4:14 ἀτμὶς γάρ ἐστε ἡ πρὸς ὀλίγον **φαινομένη,** ἔπειτα καὶ ἀφανιζομένη.
1Pe 4:18 καὶ εἰ ὁ δίκαιος μόλις σῴζεται, ὁ ἀσεβὴς καὶ ἁμαρτωλὸς ποῦ **φανεῖται;**
2Pe 1:19 ᾧ καλῶς ποιεῖτε προσέχοντες ὡς λύχνῳ **φαίνοντι** ἐν αὐχμηρῷ τόπῳ,
1Jn 2: 8 ὅτι ἡ σκοτία παράγεται καὶ τὸ φῶς τὸ ἀληθινὸν ἤδη **φαίνει.**
Rev 1:16 ἐκ τοῦ στόματος αὐτοῦ ῥομφαία δίστομος ὀξεῖα ἐκπορευομένη καὶ ἡ ὄψις αὐτοῦ ὡς ὁ ἥλιος **φαίνει** ἐν τῇ δυνάμει αὐτοῦ.
8:12 ἵνα σκοτισθῇ τὸ τρίτον αὐτῶν καὶ ἡ ἡμέρα μὴ **φάνῃ** τὸ τρίτον αὐτῆς καὶ ἡ νὺξ ὁμοίως.
18:23 καὶ φῶς λύχνου οὐ μὴ **φάνῃ** ἐν σοὶ ἔτι,
21:23 καὶ ἡ πόλις οὐ χρείαν ἔχει τοῦ ἡλίου οὐδὲ τῆς σελήνης ἵνα **φαίνωσιν** αὐτῇ,

5744 Φάλεκ [1]

Lk 3:35 τοῦ Σερούχ τοῦ Ῥαγαὺ τοῦ **Φάλεκ** τοῦ Ἔβερ τοῦ Σαλὰ

5745 φανερός [18]

√ *5743*

Mt 12:16 καὶ ἐπετίμησεν αὐτοῖς ἵνα μὴ **φανερὸν** αὐτὸν ποιήσωσιν,
Mk 3:12 καὶ πολλὰ ἐπετίμα αὐτοῖς ἵνα μὴ αὐτὸν **φανερὸν** ποιήσωσιν.
4:22 οὐδὲ ἐγένετο ἀπόκρυφον ἀλλ᾽ ἵνα ἔλθῃ εἰς **φανερόν.**
6:14 Καὶ ἤκουσεν ὁ βασιλεὺς Ἡρῴδης, **φανερὸν** γὰρ ἐγένετο τὸ ὄνομα αὐτοῦ,
Lk 8:17 οὐ γάρ ἐστιν κρυπτὸν ὃ οὐ **φανερὸν** γενήσεται οὐδὲ ἀπόκρυφον ὃ οὐ μὴ γνωσθῇ καὶ εἰς **φανερὸν** ἔλθῃ.
Ac 4:16 ὅτι μὲν γὰρ γνωστὸν σημεῖον γέγονεν δι᾽ αὐτῶν πᾶσιν τοῖς κατοικοῦσιν Ἰερουσαλὴμ **φανερὸν** καὶ οὐ δυνάμεθα ἀρνεῖσθαι·
7:13 καὶ ἐν τῷ δευτέρῳ ἀνεγνωρίσθη Ἰωσὴφ τοῖς ἀδελφοῖς αὐτοῦ καὶ **φανερὸν** ἐγένετο τῷ Φαραὼ τὸ γένος [τοῦ] Ἰωσήφ.
Ro 1:19 διότι τὸ γνωστὸν τοῦ θεοῦ **φανερόν** ἐστιν ἐν αὐτοῖς·
2:28 οὐ γὰρ ὁ ἐν τῷ **φανερῷ** Ἰουδαῖός ἐστιν οὐδὲ ἡ ἐν τῷ **φανερῷ** ἐν σαρκὶ περιτομή,
1Co 3:13 ἑκάστου τὸ ἔργον **φανερὸν** γενήσεται, ἡ γὰρ ἡμέρα δηλώσει,
11:19 ἵνα [καὶ] οἱ δόκιμοι **φανεροὶ** γένωνται ἐν ὑμῖν.
14:25 τὰ κρυπτὰ τῆς καρδίας αὐτοῦ **φανερὰ** γίνεται, καὶ οὕτως πεσὼν ἐπὶ πρόσωπον προσκυνήσει τῷ θεῷ
Gal 5:19 **φανερὰ** δέ ἐστιν τὰ ἔργα τῆς σαρκός, ἅτινά ἐστιν πορνεία,
Php 1:13 ὥστε τοὺς δεσμούς μου **φανεροὺς** ἐν Χριστῷ γενέσθαι ἐν ὅλῳ τῷ πραιτωρίῳ καὶ τοῖς λοιποῖς πᾶσιν,
1Ti 4:15 ἐν τούτοις ἴσθι, ἵνα σου ἡ προκοπὴ **φανερὰ** ᾖ πᾶσιν.
1Jn 3:10 ἐν τούτῳ **φανερά** ἐστιν τὰ τέκνα τοῦ θεοῦ καὶ τὰ τέκνα τοῦ διαβόλου·

5746 φανερόω [49]

√ *5743*

Mk 4:22 οὐ γάρ ἐστιν κρυπτὸν ἐὰν μὴ ἵνα **φανερωθῇ,**
16:12 ⟦Μετὰ δὲ ταῦτα δυσὶν ἐξ αὐτῶν περιπατοῦσιν **ἐφανερώθη** ἐν ἑτέρᾳ μορφῇ πορευομένοις εἰς ἀγρόν·⟧
16:14 ⟦Ὕστερον [δὲ] ἀνακειμένοις αὐτοῖς τοῖς ἕνδεκα **ἐφανερώθη** καὶ ὠνείδισεν τὴν ἀπιστίαν αὐτῶν καὶ σκληροκαρδίαν⟧
Jn 1:31 ἀλλ᾽ ἵνα **φανερωθῇ** τῷ Ἰσραὴλ διὰ τοῦτο ἦλθον ἐγὼ ἐν ὕδατι βαπτίζων.
2:11 Ταύτην ἐποίησεν ἀρχὴν τῶν σημείων ὁ Ἰησοῦς ἐν Κανὰ τῆς Γαλιλαίας καὶ **ἐφανέρωσεν** τὴν δόξαν αὐτοῦ,
3:21 ἵνα **φανερωθῇ** αὐτοῦ τὰ ἔργα ὅτι ἐν θεῷ ἐστιν εἰργασμένα.
7: 4 οὐδεὶς γάρ τι ἐν κρυπτῷ ποιεῖ καὶ ζητεῖ αὐτὸς ἐν παρρησίᾳ εἶναι. εἰ ταῦτα ποιεῖς, **φανέρωσον** σεαυτὸν τῷ κόσμῳ.
9: 3 ἀλλ᾽ ἵνα **φανερωθῇ** τὰ ἔργα τοῦ θεοῦ ἐν αὐτῷ.
17: 6 **Ἐφανέρωσά** σου τὸ ὄνομα τοῖς ἀνθρώποις οὓς ἔδωκάς μοι ἐκ τοῦ κόσμου.
21: 1 Μετὰ ταῦτα **ἐφανέρωσεν** ἑαυτὸν πάλιν ὁ Ἰησοῦς τοῖς μαθηταῖς ἐπὶ τῆς θαλάσσης τῆς Τιβεριάδος· **ἐφανέρωσεν** δὲ οὕτως.
21:14 τοῦτο ἤδη τρίτον **ἐφανερώθη** Ἰησοῦς τοῖς μαθηταῖς ἐγερθεὶς ἐκ νεκρῶν.
Ro 1:19 διότι τὸ γνωστὸν τοῦ θεοῦ φανερόν ἐστιν ἐν αὐτοῖς· ὁ θεὸς γὰρ αὐτοῖς **ἐφανέρωσεν.**
3:21 Νυνὶ δὲ χωρὶς νόμου δικαιοσύνη θεοῦ **πεφανέρωται** μαρτυρουμένη ὑπὸ τοῦ νόμου καὶ τῶν προφητῶν,
16:26 [**φανερωθέντος** δὲ νῦν διά τε γραφῶν προφητικῶν κατ᾽ ἐπιταγὴν τοῦ αἰωνίου θεοῦ εἰς ὑπακοὴν πίστεως εἰς πάντα τὰ ἔθνη γνωρισθέντος,]
1Co 4: 5 ὃς καὶ φωτίσει τὰ κρυπτὰ τοῦ σκότους καὶ **φανερώσει** τὰς βουλὰς τῶν καρδιῶν·
2Co 2:14 τῷ πάντοτε θριαμβεύοντι ἡμᾶς ἐν τῷ Χριστῷ καὶ τὴν ὀσμὴν τῆς γνώσεως αὐτοῦ **φανεροῦντι** δι᾽ ἡμῶν ἐν παντὶ τόπῳ·
3: 3 **φανερούμενοι** ὅτι ἐστὲ ἐπιστολὴ Χριστοῦ διακονηθεῖσα ὑφ᾽ ἡμῶν,
4:10 ἵνα καὶ ἡ ζωὴ τοῦ Ἰησοῦ ἐν τῷ σώματι ἡμῶν **φανερωθῇ.**
4:11 ἵνα καὶ ἡ ζωὴ τοῦ Ἰησοῦ **φανερωθῇ** ἐν τῇ θνητῇ σαρκὶ ἡμῶν.
5:10 τοὺς γὰρ πάντας ἡμᾶς **φανερωθῆναι** δεῖ ἔμπροσθεν τοῦ βήματος τοῦ Χριστοῦ,
5:11 Εἰδότες οὖν τὸν φόβον τοῦ κυρίου ἀνθρώπους πείθομεν, θεῷ δὲ **πεφανερώμεθα·** ἐλπίζω δὲ καὶ ἐν ταῖς συνειδήσεσιν ὑμῶν **πεφανερῶσθαι.**
7:12 οὐδὲ ἕνεκεν τοῦ ἀδικηθέντος ἀλλ᾽ ἕνεκεν τοῦ **φανερωθῆναι** τὴν σπουδὴν ὑμῶν τὴν ὑπὲρ ἡμῶν πρὸς ὑμᾶς ἐνώπιον τοῦ θεοῦ.
11: 6 ἀλλ᾽ ἐν παντὶ **φανερώσαντες** ἐν πᾶσιν εἰς ὑμᾶς.
Eph 5:13 τὰ δὲ πάντα ἐλεγχόμενα ὑπὸ τοῦ φωτὸς **φανεροῦται,**
5:14 πᾶν γὰρ τὸ **φανερούμενον** φῶς ἐστιν. διὸ λέγει,
Col 1:26 τὸ μυστήριον τὸ ἀποκεκρυμμένον ἀπὸ τῶν αἰώνων καὶ ἀπὸ τῶν γενεῶν– νῦν δὲ **ἐφανερώθη** τοῖς ἁγίοις αὐτοῦ,
3: 4 ὅταν ὁ Χριστὸς **φανερωθῇ,** ἡ ζωὴ ὑμῶν, τότε καὶ ὑμεῖς σὺν αὐτῷ **φανερωθήσεσθε** ἐν δόξῃ.
4: 4 ἵνα **φανερώσω** αὐτὸ ὡς δεῖ με λαλῆσαι.
1Ti 3:16 Ὃς **ἐφανερώθη** ἐν σαρκί, ἐδικαιώθη ἐν πνεύματι, ὤφθη ἀγγέλοις,
2Ti 1:10 **φανερωθεῖσαν** δὲ νῦν διὰ τῆς ἐπιφανείας τοῦ σωτῆρος ἡμῶν Χριστοῦ Ἰησοῦ,
Tit 1: 3 **ἐφανέρωσεν** δὲ καιροῖς ἰδίοις τὸν λόγον αὐτοῦ ἐν κηρύγματι,
Heb 9: 8 μήπω **πεφανερῶσθαι** τὴν τῶν ἁγίων ὁδὸν ἔτι τῆς πρώτης σκηνῆς ἐχούσης στάσιν,
9:26 νυνὶ δὲ ἅπαξ ἐπὶ συντελείᾳ τῶν αἰώνων εἰς ἀθέτησιν [τῆς] ἁμαρτίας διὰ τῆς θυσίας αὐτοῦ **πεφανέρωται.**
1Pe 1:20 προεγνωσμένου μὲν πρὸ καταβολῆς κόσμου **φανερωθέντος** δὲ ἐπ᾽ ἐσχάτου τῶν χρόνων δι᾽ ὑμᾶς
5: 4 καὶ **φανερωθέντος** τοῦ ἀρχιποίμενος κομιεῖσθε τὸν ἀμαράντινον τῆς δόξης στέφανον.
1Jn 1: 2 καὶ ἡ ζωὴ **ἐφανερώθη,** καὶ ἑωράκαμεν καὶ μαρτυροῦμεν καὶ ἀπαγγέλλομεν ὑμῖν τὴν ζωὴν τὴν αἰώνιον ἥτις ἦν πρὸς τὸν πατέρα καὶ **ἐφανερώθη** ἡμῖν–
2:19 ἀλλ᾽ ἵνα **φανερωθῶσιν** ὅτι οὐκ εἰσὶν πάντες ἐξ ἡμῶν.
2:28 ἵνα ἐὰν **φανερωθῇ** σχῶμεν παρρησίαν καὶ μὴ αἰσχυνθῶμεν ἀπ᾽ αὐτοῦ ἐν τῇ παρουσίᾳ αὐτοῦ.
3: 2 νῦν τέκνα θεοῦ ἐσμεν, καὶ οὔπω **ἐφανερώθη** τί ἐσόμεθα. οἴδαμεν ὅτι ἐὰν **φανερωθῇ,** ὅμοιοι αὐτῷ ἐσόμεθα, ὅτι ὀψόμεθα αὐτὸν καθώς ἐστιν.
3: 5 καὶ οἴδατε ὅτι ἐκεῖνος **ἐφανερώθη,** ἵνα τὰς ἁμαρτίας ἄρῃ,
3: 8 εἰς τοῦτο **ἐφανερώθη** ὁ υἱὸς τοῦ θεοῦ, ἵνα λύσῃ τὰ ἔργα τοῦ διαβόλου.
4: 9 ἐν τούτῳ **ἐφανερώθη** ἡ ἀγάπη τοῦ θεοῦ ἐν ἡμῖν,
Rev 3:18 καὶ ἱμάτια λευκὰ ἵνα περιβάλῃ καὶ μὴ **φανερωθῇ** ἡ αἰσχύνη τῆς γυμνότητός σου,
15: 4 ὅτι πάντα τὰ ἔθνη ἥξουσιν καὶ προσκυνήσουσιν ἐνώπιόν σου, ὅτι τὰ δικαιώματά σου **ἐφανερώθησαν.**

5747 φανερῶς [3]

√ 5743

Mk 1:45 ὥστε μηκέτι αὐτὸν δύνασθαι **φανερῶς** εἰς πόλιν εἰσελθεῖν,
Jn 7:10 τότε καὶ αὐτὸς ἀνέβη οὐ **φανερῶς** ἀλλὰ [ὡς] ἐν κρυπτῷ.
Ac 10:3 εἶδεν ἐν ὁράματι **φανερῶς** ὡσεὶ περὶ ὥραν ἐνάτην τῆς ἡμέρας ἄγγελον τοῦ θεοῦ εἰσελθόντα πρὸς αὐτὸν καὶ εἰπόντα αὐτῷ,

5748 φανέρωσις [2]

√ 5743

1Co 12:7 ἑκάστῳ δὲ δίδοται ἡ **φανέρωσις** τοῦ πνεύματος πρὸς τὸ συμφέρον.
2Co 4:2 ἀλλὰ τῇ **φανερώσει** τῆς ἀληθείας συνιστάνοντες ἑαυτοὺς πρὸς πᾶσαν συνείδησιν ἀνθρώπων ἐνώπιον τοῦ θεοῦ.

5749 φανός [1]

√ 5743

Jn 18:3 τὴν σπεῖραν καὶ ἐκ τῶν ἀρχιερέων καὶ ἐκ τῶν Φαρισαίων ὑπηρέτας ἔρχεται ἐκεῖ μετὰ **φανῶν** καὶ λαμπάδων καὶ ὅπλων.

5750 Φανουήλ [1]

Lk 2:36 Καὶ ἦν Ἅννα προφῆτις, θυγάτηρ **Φανουήλ,** ἐκ φυλῆς Ἀσήρ·

5751 φαντάζω [1]

√ 5743

Heb 12:21 καί, οὕτω φοβερὸν ἦν τὸ **φανταζόμενον,** Μωϋσῆς εἶπεν,

5752 φαντασία [1]

√ 5743

Ac 25:23 Τῇ οὖν ἐπαύριον ἐλθόντος τοῦ Ἀγρίππα καὶ τῆς Βερνίκης μετὰ πολλῆς **φαντασίας** καὶ εἰσελθόντων εἰς τὸ ἀκροατήριον

5753 φάντασμα [2]

√ 5743

Mt 14:26 οἱ δὲ μαθηταὶ ἰδόντες αὐτὸν ἐπὶ τῆς θαλάσσης περιπατοῦντα ἐταράχθησαν λέγοντες ὅτι **Φάντασμά** ἐστιν,
Mk 6:49 οἱ δὲ ἰδόντες αὐτὸν ἐπὶ τῆς θαλάσσης περιπατοῦντα ἔδοξαν ὅτι **φάντασμά** ἐστιν,

5754 φάραγξ [1]

Lk 3:5 πᾶσα **φάραγξ** πληρωθήσεται καὶ πᾶν ὄρος καὶ βουνὸς ταπεινωθήσεται,

5755 Φαραώ [5]

Ac 7:10 καὶ ἐξείλατο αὐτὸν ἐκ πασῶν τῶν θλίψεων αὐτοῦ καὶ ἔδωκεν αὐτῷ χάριν καὶ σοφίαν ἐναντίον **Φαραὼ** βασιλέως Αἰγύπτου
7:13 καὶ ἐν τῷ δευτέρῳ ἀνεγνωρίσθη Ἰωσὴφ τοῖς ἀδελφοῖς αὐτοῦ καὶ φανερὸν ἐγένετο τῷ **Φαραὼ** τὸ γένος [τοῦ] Ἰωσήφ.
7:21 ἐκτεθέντος δὲ αὐτοῦ ἀνείλατο αὐτὸν ἡ θυγάτηρ **Φαραὼ** καὶ ἀνεθρέψατο αὐτὸν ἑαυτῇ εἰς υἱόν.
Ro 9:17 λέγει γὰρ ἡ γραφὴ τῷ **Φαραὼ** ὅτι Εἰς αὐτὸ τοῦτο ἐξήγειρά σε ὅπως ἐνδείξωμαι ἐν σοὶ τὴν δύναμίν μου
Heb 11:24 Πίστει Μωϋσῆς μέγας γενόμενος ἠρνήσατο λέγεσθαι υἱὸς θυγατρὸς **Φαραώ,**

5756 Φαρές [3]

Mt 1:3 Ἰούδας δὲ ἐγέννησεν τὸν **Φάρες** καὶ τὸν Ζάρα ἐκ τῆς Θαμάρ, **Φάρες** δὲ ἐγέννησεν τὸν Ἑσρώμ,
Lk 3:33 τοῦ Ἀδμὶν τοῦ Ἀρνὶ τοῦ Ἑσρὼμ τοῦ **Φάρες** τοῦ Ἰούδα

5757 Φαρισαῖος [98]

ἀρχιερεῖς καὶ Φαρισαῖοι [7] Mt 21:45; 27:62; Jn 7:32,45; 11:47,57; 18:3

γραμματεῖς καὶ Φαρισαῖοι [19] Mt 5:20; 12:38; 15:1; 23:2,13,15,23,25,27,29; Mk 2:16; 7:1; Lk 5:21,30; 6:7; 11:53; 15:2; Jn 8:3; Ac 23:9

μαθηταὶ Φαρισαίων [2] Mk 2:18; Lk 5:33

Φαρισαῖοι καὶ Σαδδουκαῖοι [6] Mt 3:7; 16:1,6,11,12; Ac 23:7

Mt 3:7 Ἰδὼν δὲ πολλοὺς τῶν **Φαρισαίων** καὶ Σαδδουκαίων ἐρχομένους ἐπὶ τὸ βάπτισμα αὐτοῦ εἶπεν αὐτοῖς,
5:20 λέγω γὰρ ὑμῖν ὅτι ἐὰν μὴ περισσεύσῃ ὑμῶν ἡ δικαιοσύνη πλεῖον τῶν γραμματέων καὶ **Φαρισαίων,**
9:11 καὶ ἰδόντες οἱ **Φαρισαῖοι** ἔλεγον τοῖς μαθηταῖς αὐτοῦ,
9:14 Διὰ τί ἡμεῖς καὶ οἱ **Φαρισαῖοι** νηστεύομεν [πολλά,]
9:34 οἱ δὲ **Φαρισαῖοι** ἔλεγον, Ἐν τῷ ἄρχοντι τῶν δαιμονίων ἐκβάλλει τὰ δαιμόνια.
12:2 οἱ δὲ **Φαρισαῖοι** ἰδόντες εἶπαν αὐτῷ, Ἰδοὺ οἱ μαθηταί σου ποιοῦσιν ὃ οὐκ ἔξεστιν ποιεῖν ἐν σαββάτῳ.
12:14 ἐξελθόντες δὲ οἱ **Φαρισαῖοι** συμβούλιον ἔλαβον κατ᾽ αὐτοῦ ὅπως αὐτὸν ἀπολέσωσιν.
12:24 οἱ δὲ **Φαρισαῖοι** ἀκούσαντες εἶπον, Οὗτος οὐκ ἐκβάλλει τὰ δαιμόνια εἰ μὴ ἐν τῷ Βεελζεβοὺλ ἄρχοντι τῶν δαιμονίων.
12:38 Τότε ἀπεκρίθησαν αὐτῷ τινες τῶν γραμματέων καὶ **Φαρισαίων** λέγοντες,
15:1 Τότε προσέρχονται τῷ Ἰησοῦ ἀπὸ Ἱεροσολύμων **Φαρισαῖοι** καὶ γραμματεῖς λέγοντες,
15:12 Οἶδας ὅτι οἱ **Φαρισαῖοι** ἀκούσαντες τὸν λόγον ἐσκανδαλίσθησαν;
16:1 Καὶ προσελθόντες οἱ **Φαρισαῖοι** καὶ Σαδδουκαῖοι πειράζοντες ἐπηρώτησαν αὐτὸν σημεῖον ἐκ τοῦ οὐρανοῦ ἐπιδεῖξαι αὐτοῖς.
16:6 Ὁρᾶτε καὶ προσέχετε ἀπὸ τῆς ζύμης τῶν **Φαρισαίων** καὶ Σαδδουκαίων.
16:11 προσέχετε δὲ ἀπὸ τῆς ζύμης τῶν **Φαρισαίων** καὶ Σαδδουκαίων.
16:12 τότε συνῆκαν ὅτι οὐκ εἶπεν προσέχειν ἀπὸ τῆς ζύμης τῶν ἄρτων ἀλλὰ ἀπὸ τῆς διδαχῆς τῶν **Φαρισαίων** καὶ Σαδδουκαίων.
19:3 Καὶ προσῆλθον αὐτῷ **Φαρισαῖοι** πειράζοντες αὐτὸν καὶ λέγοντες,
21:45 Καὶ ἀκούσαντες οἱ ἀρχιερεῖς καὶ οἱ **Φαρισαῖοι** τὰς παραβολὰς αὐτοῦ ἔγνωσαν ὅτι περὶ αὐτῶν λέγει·
22:15 Τότε πορευθέντες οἱ **Φαρισαῖοι** συμβούλιον ἔλαβον ὅπως αὐτὸν παγιδεύσωσιν ἐν λόγῳ.
22:34 Οἱ δὲ **Φαρισαῖοι** ἀκούσαντες ὅτι ἐφίμωσεν τοὺς Σαδδουκαίους συνήχθησαν ἐπὶ τὸ αὐτό,
22:41 Συνηγμένων δὲ τῶν **Φαρισαίων** ἐπηρώτησεν αὐτοὺς ὁ Ἰησοῦς
23:2 Ἐπὶ τῆς Μωϋσέως καθέδρας ἐκάθισαν οἱ γραμματεῖς καὶ οἱ **Φαρισαῖοι.**
23:13 Οὐαὶ δὲ ὑμῖν, γραμματεῖς καὶ **Φαρισαῖοι** ὑποκριταί, ὅτι κλείετε τὴν βασιλείαν τῶν οὐρανῶν ἔμπροσθεν τῶν ἀνθρώπων·
23:15 Οὐαὶ ὑμῖν, γραμματεῖς καὶ **Φαρισαῖοι** ὑποκριταί, ὅτι περιάγετε τὴν θάλασσαν καὶ τὴν ξηρὰν ποιῆσαι ἕνα προσήλυτον,
23:23 Οὐαὶ ὑμῖν, γραμματεῖς καὶ **Φαρισαῖοι** ὑποκριταί, ὅτι ἀποδεκατοῦτε τὸ ἡδύοσμον καὶ τὸ ἄνηθον καὶ τὸ κύμινον καὶ ἀφήκατε τὰ βαρύτερα τοῦ νόμου,
23:25 Οὐαὶ ὑμῖν, γραμματεῖς καὶ **Φαρισαῖοι** ὑποκριταί, ὅτι καθαρίζετε τὸ ἔξωθεν τοῦ ποτηρίου καὶ τῆς παροψίδος,
23:26 **Φαρισαῖε** τυφλέ, καθάρισον πρῶτον τὸ ἐντὸς τοῦ ποτηρίου,
23:27 Οὐαὶ ὑμῖν, γραμματεῖς καὶ **Φαρισαῖοι** ὑποκριταί, ὅτι παρομοιάζετε τάφοις κεκονιαμένοις,
23:29 Οὐαὶ ὑμῖν, γραμματεῖς καὶ **Φαρισαῖοι** ὑποκριταί, ὅτι οἰκοδομεῖτε τοὺς τάφους τῶν προφητῶν καὶ κοσμεῖτε τὰ μνημεῖα τῶν δικαίων,
27:62 συνήχθησαν οἱ ἀρχιερεῖς καὶ οἱ **Φαρισαῖοι** πρὸς Πιλᾶτον
Mk 2:16 καὶ οἱ γραμματεῖς τῶν **Φαρισαίων** ἰδόντες ὅτι ἐσθίει μετὰ τῶν ἁμαρτωλῶν καὶ τελωνῶν ἔλεγον τοῖς μαθηταῖς αὐτοῦ,
2:18 Καὶ ἦσαν οἱ μαθηταὶ Ἰωάννου καὶ οἱ **Φαρισαῖοι** νηστεύοντες. καὶ ἔρχονται καὶ λέγουσιν αὐτῷ, Διὰ τί οἱ μαθηταὶ Ἰωάννου καὶ οἱ μαθηταὶ τῶν **Φαρισαίων** νηστεύουσιν,
2:24 καὶ οἱ **Φαρισαῖοι** ἔλεγον αὐτῷ, Ἴδε τί ποιοῦσιν τοῖς σάββασιν ὃ οὐκ ἔξεστιν;
3:6 καὶ ἐξελθόντες οἱ **Φαρισαῖοι** εὐθὺς μετὰ τῶν Ἡρῳδιανῶν συμβούλιον ἐδίδουν κατ᾽ αὐτοῦ ὅπως αὐτὸν ἀπολέσωσιν.
7:1 Καὶ συνάγονται πρὸς αὐτὸν οἱ **Φαρισαῖοι** καί τινες τῶν γραμματέων ἐλθόντες ἀπὸ Ἱεροσολύμων.
7:3 ¬οἱ γὰρ **Φαρισαῖοι** καὶ πάντες οἱ Ἰουδαῖοι ἐὰν μὴ πυγμῇ νίψωνται τὰς χεῖρας οὐκ ἐσθίουσιν,
7:5 καὶ ἐπερωτῶσιν αὐτὸν οἱ **Φαρισαῖοι** καὶ οἱ γραμματεῖς,
8:11 Καὶ ἐξῆλθον οἱ **Φαρισαῖοι** καὶ ἤρξαντο συζητεῖν αὐτῷ,
8:15 βλέπετε ἀπὸ τῆς ζύμης τῶν **Φαρισαίων** καὶ τῆς ζύμης Ἡρῴδου.

10: 2 καὶ προσελθόντες **Φαρισαῖοι** ἐπηρώτων αὐτὸν εἰ ἔξεστιν ἀνδρὶ γυναῖκα ἀπολῦσαι,
12:13 Καὶ ἀποστέλλουσιν πρὸς αὐτόν τινας τῶν **Φαρισαίων** καὶ τῶν Ἡρῳδιανῶν ἵνα αὐτὸν ἀγρεύσωσιν λόγῳ.
Lk 5:17 **Φαρισαῖοι** καὶ νομοδιδάσκαλοι οἳ ἦσαν ἐληλυθότες ἐκ πάσης κώμης τῆς Γαλιλαίας καὶ Ἰουδαίας καὶ Ἰερουσαλήμ·
5:21 καὶ ἤρξαντο διαλογίζεσθαι οἱ γραμματεῖς καὶ οἱ **Φαρισαῖοι** λέγοντες,
5:30 καὶ ἐγόγγυζον οἱ **Φαρισαῖοι** καὶ οἱ γραμματεῖς αὐτῶν πρὸς τοὺς μαθητὰς αὐτοῦ λέγοντες,
5:33 Οἱ μαθηταὶ Ἰωάννου νηστεύουσιν πυκνὰ καὶ δεήσεις ποιοῦνται ὁμοίως καὶ οἱ τῶν **Φαρισαίων,**
6: 2 τινὲς δὲ τῶν **Φαρισαίων** εἶπαν, Τί ποιεῖτε ὃ οὐκ ἔξεστιν τοῖς σάββασιν;
6: 7 παρετηροῦντο δὲ αὐτὸν οἱ γραμματεῖς καὶ οἱ **Φαρισαῖοι** εἰ ἐν τῷ σαββάτῳ θεραπεύει,
7:30 οἱ δὲ **Φαρισαῖοι** καὶ οἱ νομικοὶ τὴν βουλὴν τοῦ θεοῦ ἠθέτησαν εἰς ἑαυτοὺς μὴ βαπτισθέντες ὑπ' αὐτοῦ.
7:36 Ἠρώτα δέ τις αὐτὸν τῶν **Φαρισαίων** ἵνα φάγῃ μετ' αὐτοῦ, καὶ εἰσελθὼν εἰς τὸν οἶκον τοῦ **Φαρισαίου** κατεκλίθη.
7:37 καὶ ἐπιγνοῦσα ὅτι κατάκειται ἐν τῇ οἰκίᾳ τοῦ **Φαρισαίου,**
7:39 ἰδὼν δὲ ὁ **Φαρισαῖος** ὁ καλέσας αὐτὸν εἶπεν ἐν ἑαυτῷ λέγων,
11:37 Ἐν δὲ τῷ λαλῆσαι ἐρωτᾷ αὐτὸν **Φαρισαῖος** ὅπως ἀριστήσῃ παρ' αὐτῷ·
11:38 ὁ δὲ **Φαρισαῖος** ἰδὼν ἐθαύμασεν ὅτι οὐ πρῶτον ἐβαπτίσθη πρὸ τοῦ ἀρίστου.
11:39 Νῦν ὑμεῖς οἱ **Φαρισαῖοι** τὸ ἔξωθεν τοῦ ποτηρίου καὶ τοῦ πίνακος καθαρίζετε,
11:42 ἀλλὰ οὐαὶ ὑμῖν τοῖς **Φαρισαίοις,** ὅτι ἀποδεκατοῦτε τὸ ἡδύοσμον καὶ τὸ πήγανον καὶ πᾶν λάχανον καὶ παρέρχεσθε τὴν κρίσιν καὶ τὴν ἀγάπην τοῦ θεοῦ·
11:43 οὐαὶ ὑμῖν τοῖς **Φαρισαίοις,** ὅτι ἀγαπᾶτε τὴν πρωτοκαθεδρίαν ἐν ταῖς συναγωγαῖς καὶ τοὺς ἀσπασμοὺς ἐν ταῖς ἀγοραῖς.
11:53 ἤρξαντο οἱ γραμματεῖς καὶ οἱ **Φαρισαῖοι** δεινῶς ἐνέχειν καὶ ἀποστοματίζειν αὐτὸν περὶ πλειόνων,
12: 1 Προσέχετε ἑαυτοῖς ἀπὸ τῆς ζύμης, ἥτις ἐστὶν ὑπόκρισις, τῶν **Φαρισαίων.**
13:31 Ἐν αὐτῇ τῇ ὥρᾳ προσῆλθάν τινες **Φαρισαῖοι** λέγοντες αὐτῷ,
14: 1 εἰς οἶκόν τινος τῶν ἀρχόντων [τῶν] **Φαρισαίων** σαββάτῳ φαγεῖν ἄρτον καὶ αὐτοὶ ἦσαν παρατηρούμενοι αὐτόν.
14: 3 καὶ ἀποκριθεὶς ὁ Ἰησοῦς εἶπεν πρὸς τοὺς νομικοὺς καὶ **Φαρισαίους** λέγων,
15: 2 καὶ διεγόγγυζον οἵ τε **Φαρισαῖοι** καὶ οἱ γραμματεῖς λέγοντες ὅτι Οὗτος ἁμαρτωλοὺς προσδέχεται καὶ συνεσθίει αὐτοῖς.
16:14 Ἤκουον δὲ ταῦτα πάντα οἱ **Φαρισαῖοι** φιλάργυροι ὑπάρχοντες καὶ ἐξεμυκτήριζον αὐτόν.
17:20 Ἐπερωτηθεὶς δὲ ὑπὸ τῶν **Φαρισαίων** πότε ἔρχεται ἡ βασιλεία τοῦ θεοῦ ἀπεκρίθη αὐτοῖς καὶ εἶπεν,
18:10 Ἄνθρωποι δύο ἀνέβησαν εἰς τὸ ἱερὸν προσεύξασθαι, ὁ εἷς **Φαρισαῖος** καὶ ὁ ἕτερος τελώνης.
18:11 ὁ **Φαρισαῖος** σταθεὶς πρὸς ἑαυτὸν ταῦτα προσηύχετο, Ὁ θεός,
19:39 καί τινες τῶν **Φαρισαίων** ἀπὸ τοῦ ὄχλου εἶπαν πρὸς αὐτόν,
Jn 1:24 Καὶ ἀπεσταλμένοι ἦσαν ἐκ τῶν **Φαρισαίων.**
3: 1 Ἦν δὲ ἄνθρωπος ἐκ τῶν **Φαρισαίων,** Νικόδημος ὄνομα αὐτῷ,
4: 1 Ὡς οὖν ἔγνω ὁ Ἰησοῦς ὅτι ἤκουσαν οἱ **Φαρισαῖοι** ὅτι Ἰησοῦς πλείονας μαθητὰς ποιεῖ καὶ βαπτίζει ἢ Ἰωάννης
7:32 Ἤκουσαν οἱ **Φαρισαῖοι** τοῦ ὄχλου γογγύζοντος περὶ αὐτοῦ ταῦτα, καὶ ἀπέστειλαν οἱ ἀρχιερεῖς καὶ οἱ **Φαρισαῖοι** ὑπηρέτας ἵνα πιάσωσιν αὐτόν.
7:45 Ἦλθον οὖν οἱ ὑπηρέται πρὸς τοὺς ἀρχιερεῖς καὶ **Φαρισαίους,**
7:47 ἀπεκρίθησαν οὖν αὐτοῖς οἱ **Φαρισαῖοι,** Μὴ καὶ ὑμεῖς πεπλάνησθε;
7:48 μή τις ἐκ τῶν ἀρχόντων ἐπίστευσεν εἰς αὐτὸν ἢ ἐκ τῶν **Φαρισαίων;**
8: 3 ⟦ἄγουσιν δὲ οἱ γραμματεῖς καὶ οἱ **Φαρισαῖοι** γυναῖκα ἐπὶ μοιχείᾳ κατειλημμένην καὶ στήσαντες αὐτὴν ἐν μέσῳ⟧
8:13 εἶπον οὖν αὐτῷ οἱ **Φαρισαῖοι,** Σὺ περὶ σεαυτοῦ μαρτυρεῖς·
9:13 Ἄγουσιν αὐτὸν πρὸς τοὺς **Φαρισαίους** τόν ποτε τυφλόν.
9:15 πάλιν οὖν ἠρώτων αὐτὸν καὶ οἱ **Φαρισαῖοι** πῶς ἀνέβλεψεν.
9:16 ἔλεγον οὖν ἐκ τῶν **Φαρισαίων** τινές, Οὐκ ἔστιν οὗτος παρὰ θεοῦ ὁ ἄνθρωπος,
9:40 Ἤκουσαν ἐκ τῶν **Φαρισαίων** ταῦτα οἱ μετ' αὐτοῦ ὄντες καὶ εἶπον αὐτῷ,
11:46 τινὲς δὲ ἐξ αὐτῶν ἀπῆλθον πρὸς τοὺς **Φαρισαίους** καὶ εἶπαν αὐτοῖς ἃ ἐποίησεν Ἰησοῦς.
11:47 συνήγαγον οὖν οἱ ἀρχιερεῖς καὶ οἱ **Φαρισαῖοι** συνέδριον
11:57 δεδώκεισαν δὲ οἱ ἀρχιερεῖς καὶ οἱ **Φαρισαῖοι** ἐντολὰς ἵνα ἐάν τις γνῷ ποῦ ἐστιν μηνύσῃ,
12:19 οἱ οὖν **Φαρισαῖοι** εἶπαν πρὸς ἑαυτούς, Θεωρεῖτε ὅτι οὐκ ὠφελεῖτε οὐδέν·
12:42 ἀλλὰ διὰ τοὺς **Φαρισαίους** οὐχ ὡμολόγουν ἵνα μὴ ἀποσυνάγωγοι γένωνται·
18: 3 ὁ οὖν Ἰούδας λαβὼν τὴν σπεῖραν καὶ ἐκ τῶν ἀρχιερέων καὶ ἐκ τῶν **Φαρισαίων** ὑπηρέτας ἔρχεται ἐκεῖ μετὰ φανῶν καὶ λαμπάδων καὶ ὅπλων.
Ac 5:34 ἀναστὰς δέ τις ἐν τῷ συνεδρίῳ **Φαρισαῖος** ὀνόματι Γαμαλιήλ,
15: 5 ἐξανέστησαν δέ τινες τῶν ἀπὸ τῆς αἱρέσεως τῶν **Φαρισαίων** πεπιστευκότες λέγοντες ὅτι δεῖ περιτέμνειν αὐτοὺς παραγγέλλειν τε τηρεῖν τὸν νόμον Μωϋσέως.
23: 6 Γνοὺς δὲ ὁ Παῦλος ὅτι τὸ ἓν μέρος ἐστὶν Σαδδουκαίων τὸ δὲ ἕτερον **Φαρισαίων** ἔκραζεν ἐν τῷ συνεδρίῳ, Ἄνδρες ἀδελφοί, ἐγὼ **Φαρισαῖός** εἰμι, υἱὸς **Φαρισαίων,** περὶ ἐλπίδος καὶ ἀναστάσεως νεκρῶν [ἐγὼ] κρίνομαι.
23: 7 τοῦτο δὲ αὐτοῦ εἰπόντος ἐγένετο στάσις τῶν **Φαρισαίων** καὶ Σαδδουκαίων καὶ ἐσχίσθη τὸ πλῆθος.
23: 8 Σαδδουκαῖοι μὲν γὰρ λέγουσιν μὴ εἶναι ἀνάστασιν μήτε ἄγγελον μήτε πνεῦμα, **Φαρισαῖοι** δὲ ὁμολογοῦσιν τὰ ἀμφότερα.
23: 9 καὶ ἀναστάντες τινὲς τῶν γραμματέων τοῦ μέρους τῶν **Φαρισαίων** διεμάχοντο λέγοντες,
26: 5 ὅτι κατὰ τὴν ἀκριβεστάτην αἵρεσιν τῆς ἡμετέρας θρησκείας ἔζησα **Φαρισαῖος.**
Php 3: 5 φυλῆς Βενιαμίν, Ἑβραῖος ἐξ Ἑβραίων, κατὰ νόμον **Φαρισαῖος,**

5758 φαρμακεία [2]

√ *5760*

Gal 5:20 **φαρμακεία,** ἔχθραι, ἔρις, ζῆλος, θυμοί, ἐριθεῖαι, διχοστασίαι,
Rev 18:23 ὅτι ἐν τῇ **φαρμακείᾳ** σου ἐπλανήθησαν πάντα τὰ ἔθνη,

5759 φαρμακεύς Not used in UBS/NIV

√ *5760*

5760 φάρμακον [1]

→ *5758, 5759, 5761*

Rev 9:21 καὶ οὐ μετενόησαν ἐκ τῶν φόνων αὐτῶν οὔτε ἐκ τῶν **φαρμάκων** αὐτῶν οὔτε ἐκ τῆς πορνείας αὐτῶν οὔτε ἐκ τῶν κλεμμάτων

5761 φάρμακος [2]

√ *5760*

Rev 21: 8 καὶ **φαρμάκοις** καὶ εἰδωλολάτραις καὶ πᾶσιν τοῖς ψευδέσιν τὸ μέρος αὐτῶν ἐν τῇ λίμνῃ τῇ καιομένῃ πυρὶ καὶ θείῳ,
22:15 ἔξω οἱ κύνες καὶ οἱ **φάρμακοι** καὶ οἱ πόρνοι καὶ οἱ φονεῖς καὶ οἱ εἰδωλολάτραι καὶ πᾶς φιλῶν καὶ ποιῶν ψεῦδος.

5762 φάσις [1]

√ *5774 (or) 5743*

Ac 21:31 ζητούντων τε αὐτὸν ἀποκτεῖναι ἀνέβη **φάσις** τῷ χιλιάρχῳ τῆς σπείρης ὅτι ὅλη συγχύννεται Ἰερουσαλήμ.

5763 φάσκω [3]

√ *5774 (or) 5743*

Ac 24: 9 συνεπέθεντο δὲ καὶ οἱ Ἰουδαῖοι **φάσκοντες** ταῦτα οὕτως ἔχειν.
25:19 ζητήματα δέ τινα περὶ τῆς ἰδίας δεισιδαιμονίας εἶχον πρὸς αὐτὸν καὶ περί τινος Ἰησοῦ τεθνηκότος ὃν **ἔφασκεν** ὁ Παῦλος ζῆν.
Ro 1:22 **φάσκοντες** εἶναι σοφοὶ ἐμωράνθησαν

5764 φάτνη [4]

Lk 2: 7 καὶ ἐσπαργάνωσεν αὐτὸν καὶ ἀνέκλινεν αὐτὸν ἐν **φάτνῃ,**
2:12 καὶ τοῦτο ὑμῖν τὸ σημεῖον, εὑρήσετε βρέφος ἐσπαργανωμένον καὶ κείμενον ἐν **φάτνῃ.**
2:16 καὶ ἦλθαν σπεύσαντες καὶ ἀνεῦραν τήν τε Μαριὰμ καὶ τὸν Ἰωσὴφ καὶ τὸ βρέφος κείμενον ἐν τῇ **φάτνῃ·**
13:15 ἕκαστος ὑμῶν τῷ σαββάτῳ οὐ λύει τὸν βοῦν αὐτοῦ ἢ τὸν ὄνον ἀπὸ τῆς **φάτνης** καὶ ἀπαγαγὼν ποτίζει;

5765 φαῦλος [6]

πράσσω ... φαῦλος [4] Jn 3:20; 5:29; Ro 9:11; 2Co 5:10

Jn 3:20 πᾶς γὰρ ὁ **φαῦλα** πράσσων μισεῖ τὸ φῶς καὶ οὐκ ἔρχεται πρὸς τὸ φῶς,
5:29 οἱ δὲ τὰ **φαῦλα** πράξαντες εἰς ἀνάστασιν κρίσεως.
Ro 9:11 μήπω γὰρ γεννηθέντων μηδὲ πραξάντων τι ἀγαθὸν ἢ **φαῦλον,**
2Co 5:10 ἵνα κομίσηται ἕκαστος τὰ διὰ τοῦ σώματος πρὸς ἃ ἔπραξεν, εἴτε ἀγαθὸν εἴτε **φαῦλον.**
Tit 2: 8 ἵνα ὁ ἐξ ἐναντίας ἐντραπῇ μηδὲν ἔχων λέγειν περὶ ἡμῶν **φαῦλον.**
Jas 3:16 ὅπου γὰρ ζῆλος καὶ ἐριθεία, ἐκεῖ ἀκαταστασία καὶ πᾶν **φαῦλον** πρᾶγμα.

5766 φέγγος [2]

Mt 24:29 καὶ ἡ σελήνη οὐ δώσει τὸ **φέγγος** αὐτῆς,
Mk 13:24 καὶ ἡ σελήνη οὐ δώσει τὸ **φέγγος** αὐτῆς,

5767 φείδομαι [10]

→ *910, 5768*

Ac 20:29 ἐγὼ οἶδα ὅτι εἰσελεύσονται μετὰ τὴν ἄφιξίν μου λύκοι βαρεῖς εἰς ὑμᾶς μὴ **φειδόμενοι** τοῦ ποιμνίου,
Ro 8:32 ὅς γε τοῦ ἰδίου υἱοῦ οὐκ **ἐφείσατο** ἀλλὰ ὑπὲρ ἡμῶν πάντων παρέδωκεν αὐτόν,
11:21 εἰ γὰρ ὁ θεὸς τῶν κατὰ φύσιν κλάδων οὐκ **ἐφείσατο,** [μή πως] οὐδὲ σοῦ **φείσεται.**
1Co 7:28 θλῖψιν δὲ τῇ σαρκὶ ἕξουσιν οἱ τοιοῦτοι, ἐγὼ δὲ ὑμῶν **φείδομαι.**
2Co 1:23 Ἐγὼ δὲ μάρτυρα τὸν θεὸν ἐπικαλοῦμαι ἐπὶ τὴν ἐμὴν ψυχήν, ὅτι **φειδόμενος** ὑμῶν οὐκέτι ἦλθον εἰς Κόρινθον.
12: 6 **φείδομαι** δέ, μή τις εἰς ἐμὲ λογίσηται ὑπὲρ ὃ βλέπει με ἢ ἀκούει [τι] ἐξ ἐμοῦ
13: 2 ὅτι ἐὰν ἔλθω εἰς τὸ πάλιν οὐ **φείσομαι,**
2Pe 2: 4 Εἰ γὰρ ὁ θεὸς ἀγγέλων ἁμαρτησάντων οὐκ **ἐφείσατο** ἀλλὰ σειραῖς ζόφου ταρταρώσας παρέδωκεν εἰς κρίσιν τηρουμένους,
2: 5 ἀρχαίου κόσμου οὐκ **ἐφείσατο** ἀλλὰ ὄγδοον Νῶε δικαιοσύνης κήρυκα ἐφύλαξεν κατακλυσμὸν κόσμῳ ἀσεβῶν ἐπάξας,

5768 φειδομένως [2]

√ *5767*

2Co 9: 6 Τοῦτο δέ, ὁ σπείρων **φειδομένως φειδομένως** καὶ θερίσει,

5769 φελόνης Not used in UBS/NIV

√ *5742*

5770 φέρω [66]

→ *429, 708, 711, 1022, 1422, 1427, 1457, 1566, 1662, 1766, 2214, 2369, 2504, 2844, 2845, 2965, 3947, 4195, 4210, 4367, 4442, 4443, 4533, 4712, 4714, 4734, 5237, 5239, 5240, 5461, 5574, 5578, 5722, 5841, 5843, 5844, 5845, 5846, 5892*

φέρω καρπόν [9] Mk 4:8; Jn 12:24; 15:2,2,2,4,5,8,16

Mt 14:11 καὶ **ἠνέχθη** ἡ κεφαλὴ αὐτοῦ ἐπὶ πίνακι καὶ ἐδόθη τῷ κορασίῳ, καὶ **ἤνεγκεν** τῇ μητρὶ αὐτῆς.
14:18 ὁ δὲ εἶπεν, **Φέρετέ** μοι ὧδε αὐτούς.
17:17 ἕως πότε ἀνέξομαι ὑμῶν; **φέρετέ** μοι αὐτὸν ὧδε.
Mk 1:32 **ἔφερον** πρὸς αὐτὸν πάντας τοὺς κακῶς ἔχοντας καὶ τοὺς δαιμονιζομένους·
2: 3 καὶ ἔρχονται **φέροντες** πρὸς αὐτὸν παραλυτικὸν αἰρόμενον ὑπὸ τεσσάρων.
4: 8 ἔπεσεν εἰς τὴν γῆν τὴν καλὴν καὶ ἐδίδου καρπὸν ἀναβαίνοντα καὶ αὐξανόμενα καὶ **ἔφερεν** ἓν τριάκοντα καὶ ἓν ἑξήκοντα
6:27 καὶ εὐθὺς ἀποστείλας ὁ βασιλεὺς σπεκουλάτορα ἐπέταξεν **ἐνέγκαι** τὴν κεφαλὴν αὐτοῦ.
6:28 καὶ **ἤνεγκεν** τὴν κεφαλὴν αὐτοῦ ἐπὶ πίνακι καὶ ἔδωκεν αὐτὴν τῷ κορασίῳ,
7:32 καὶ **φέρουσιν** αὐτῷ κωφὸν καὶ μογιλάλον καὶ παρακαλοῦσιν αὐτὸν ἵνα ἐπιθῇ αὐτῷ τὴν χεῖρα.
8:22 καὶ **φέρουσιν** αὐτῷ τυφλὸν καὶ παρακαλοῦσιν αὐτὸν ἵνα αὐτοῦ ἅψηται.
9:17 Διδάσκαλε, **ἤνεγκα** τὸν υἱόν μου πρὸς σέ, ἔχοντα πνεῦμα ἄλαλον·
9:19 ἕως πότε ἀνέξομαι ὑμῶν; **φέρετε** αὐτὸν πρός με.
9:20 καὶ **ἤνεγκαν** αὐτὸν πρὸς αὐτόν. καὶ ἰδὼν αὐτὸν τὸ πνεῦμα εὐθὺς συνεσπάραξεν αὐτόν,
11: 2 εἰσπορευόμενοι εἰς αὐτὴν εὑρήσετε πῶλον δεδεμένον ἐφ' ὃν οὐδεὶς οὔπω ἀνθρώπων ἐκάθισεν· λύσατε αὐτὸν καὶ **φέρετε.**
11: 7 καὶ **φέρουσιν** τὸν πῶλον πρὸς τὸν Ἰησοῦν καὶ ἐπιβάλλουσιν αὐτῷ τὰ ἱμάτια αὐτῶν,
12:15 Τί με πειράζετε; **φέρετέ** μοι δηνάριον ἵνα ἴδω.
12:16 οἱ δὲ **ἤνεγκαν.** καὶ λέγει αὐτοῖς, Τίνος ἡ εἰκὼν αὕτη καὶ ἡ ἐπιγραφή;
15:22 καὶ **φέρουσιν** αὐτὸν ἐπὶ τὸν Γολγοθᾶν τόπον, ὅ ἐστιν μεθερμηνευόμενον Κρανίου Τόπος.
Lk 5:18 ἄνδρες **φέροντες** ἐπὶ κλίνης ἄνθρωπον ὃς ἦν παραλελυμένος καὶ ἐζήτουν αὐτὸν εἰσενεγκεῖν καὶ θεῖναι [αὐτὸν] ἐνώπιον
15:23 καὶ **φέρετε** τὸν μόσχον τὸν σιτευτόν, θύσατε, καὶ φαγόντες εὐφρανθῶμεν,
23:26 ἐπιλαβόμενοι Σίμωνά τινα Κυρηναῖον ἐρχόμενον ἀπ' ἀγροῦ ἐπέθηκαν αὐτῷ τὸν σταυρὸν **φέρειν** ὄπισθεν τοῦ Ἰησοῦ.
24: 1 τῇ δὲ μιᾷ τῶν σαββάτων ὄρθρου βαθέως ἐπὶ τὸ μνῆμα ἦλθον **φέρουσαι** ἃ ἡτοίμασαν ἀρώματα.
Jn 2: 8 καὶ λέγει αὐτοῖς, Ἀντλήσατε νῦν καὶ **φέρετε** τῷ ἀρχιτρικλίνῳ· οἱ δὲ **ἤνεγκαν.**
4:33 ἔλεγον οὖν οἱ μαθηταὶ πρὸς ἀλλήλους, Μή τις **ἤνεγκεν** αὐτῷ φαγεῖν;
12:24 αὐτὸς μόνος μένει· ἐὰν δὲ ἀποθάνῃ, πολὺν καρπὸν **φέρει.**
15: 2 πᾶν κλῆμα ἐν ἐμοὶ μὴ **φέρον** καρπὸν αἴρει αὐτό, καὶ πᾶν τὸ καρπὸν **φέρον** καθαίρει αὐτὸ ἵνα καρπὸν πλείονα **φέρῃ.**
15: 4 καθὼς τὸ κλῆμα οὐ δύναται καρπὸν **φέρειν** ἀφ' ἑαυτοῦ ἐὰν μὴ μένῃ ἐν τῇ ἀμπέλῳ,
15: 5 ὁ μένων ἐν ἐμοὶ κἀγὼ ἐν αὐτῷ οὗτος **φέρει** καρπὸν πολύν,
15: 8 ἵνα καρπὸν πολὺν **φέρητε** καὶ γένησθε ἐμοὶ μαθηταί.
15:16 ἀλλ' ἐγὼ ἐξελεξάμην ὑμᾶς καὶ ἔθηκα ὑμᾶς ἵνα ὑμεῖς ὑπάγητε καὶ καρπὸν **φέρητε** καὶ ὁ καρπὸς ὑμῶν μένῃ,
18:29 ἐξῆλθεν οὖν ὁ Πιλᾶτος ἔξω πρὸς αὐτοὺς καὶ φησίν, Τίνα κατηγορίαν **φέρετε** [κατὰ] τοῦ ἀνθρώπου τούτου;
19:39 **φέρων** μίγμα σμύρνης καὶ ἀλόης ὡς λίτρας ἑκατόν.
20:27 **Φέρε** τὸν δάκτυλόν σου ὧδε καὶ ἴδε τὰς χεῖράς μου καὶ **φέρε** τὴν χεῖρά σου καὶ βάλε εἰς τὴν πλευράν μου,
21:10 λέγει αὐτοῖς ὁ Ἰησοῦς, **Ἐνέγκατε** ἀπὸ τῶν ὀψαρίων ὧν ἐπιάσατε νῦν.
21:18 καὶ ἄλλος σε ζώσει καὶ **οἴσει** ὅπου οὐ θέλεις.
Ac 2: 2 καὶ ἐγένετο ἄφνω ἐκ τοῦ οὐρανοῦ ἦχος ὥσπερ **φερομένης** πνοῆς βιαίας καὶ ἐπλήρωσεν ὅλον τὸν οἶκον οὗ ἦσαν καθήμενοι
4:34 ὅσοι γὰρ κτήτορες χωρίων ἢ οἰκιῶν ὑπῆρχον, πωλοῦντες **ἔφερον** τὰς τιμὰς τῶν πιπρασκομένων
4:37 ὑπάρχοντος αὐτῷ ἀγροῦ πωλήσας **ἤνεγκεν** τὸ χρῆμα καὶ ἔθηκεν πρὸς τοὺς πόδας τῶν ἀποστόλων.
5: 2 καὶ **ἐνέγκας** μέρος τι παρὰ τοὺς πόδας τῶν ἀποστόλων ἔθηκεν.
5:16 τὸ πλῆθος τῶν πέριξ πόλεων Ἰερουσαλὴμ **φέροντες** ἀσθενεῖς καὶ ὀχλουμένους ὑπὸ πνευμάτων ἀκαθάρτων,
12:10 διελθόντες δὲ πρώτην φυλακὴν καὶ δευτέραν ἦλθαν ἐπὶ τὴν πύλην τὴν σιδηρᾶν τὴν **φέρουσαν** εἰς τὴν πόλιν,
14:13 τοῦ Διὸς τοῦ ὄντος πρὸ τῆς πόλεως ταύρους καὶ στέμματα ἐπὶ τοὺς πυλῶνας **ἐνέγκας** σὺν τοῖς ὄχλοις ἤθελεν θύειν.
25:18 περὶ οὗ σταθέντες οἱ κατήγοροι οὐδεμίαν αἰτίαν **ἔφερον** ὧν ἐγὼ ὑπενόουν πονηρῶν,
27:15 συναρπασθέντος δὲ τοῦ πλοίου καὶ μὴ δυναμένου ἀντοφθαλμεῖν τῷ ἀνέμῳ ἐπιδόντες **ἐφερόμεθα.**
27:17 φοβούμενοί τε μὴ εἰς τὴν Σύρτιν ἐκπέσωσιν, χαλάσαντες τὸ σκεῦος, οὕτως **ἐφέροντο.**
Ro 9:22 εἰ δὲ θέλων ὁ θεὸς ἐνδείξασθαι τὴν ὀργὴν καὶ γνωρίσαι τὸ δυνατὸν αὐτοῦ **ἤνεγκεν** ἐν πολλῇ μακροθυμίᾳ σκεύη ὀργῆς
2Ti 4:13 τὸν φαιλόνην ὃν ἀπέλιπον ἐν Τρῳάδι παρὰ Κάρπῳ ἐρχόμενος **φέρε,**
Heb 1: 3 **φέρων** τε τὰ πάντα τῷ ῥήματι τῆς δυνάμεως αὐτοῦ,
6: 1 Διὸ ἀφέντες τὸν τῆς ἀρχῆς τοῦ Χριστοῦ λόγον ἐπὶ τὴν τελειότητα **φερώμεθα,**
9:16 ὅπου γὰρ διαθήκη, θάνατον ἀνάγκη **φέρεσθαι** τοῦ διαθεμένου·
12:20 οὐκ **ἔφερον** γὰρ τὸ διαστελλόμενον, Κἂν θηρίον θίγῃ τοῦ ὄρους,
13:13 τοίνυν ἐξερχώμεθα πρὸς αὐτὸν ἔξω τῆς παρεμβολῆς τὸν ὀνειδισμὸν αὐτοῦ **φέροντες·**
1Pe 1:13 Διὸ ἀναζωσάμενοι τὰς ὀσφύας τῆς διανοίας ὑμῶν νήφοντες τελείως ἐλπίσατε ἐπὶ τὴν **φερομένην** ὑμῖν χάριν
2Pe 1:17 λαβὼν γὰρ παρὰ θεοῦ πατρὸς τιμὴν καὶ δόξαν φωνῆς **ἐνεχθείσης** αὐτῷ τοιᾶσδε ὑπὸ τῆς μεγαλοπρεποῦς δόξης,

1:18 καὶ ταύτην τὴν φωνὴν ἡμεῖς ἠκούσαμεν ἐξ οὐρανοῦ **ἐνεχθεῖσαν** σὺν αὐτῷ ὄντες ἐν τῷ ἁγίῳ ὄρει.
1:21 οὐ γὰρ θελήματι ἀνθρώπου **ἠνέχθη** προφητεία ποτέ, ἀλλὰ ὑπὸ πνεύματος ἁγίου **φερόμενοι** ἐλάλησαν ἀπὸ θεοῦ ἄνθρωποι.
2:11 ὅπου ἄγγελοι ἰσχύϊ καὶ δυνάμει μείζονες ὄντες οὐ **φέρουσιν** κατ' αὐτῶν παρὰ κυρίου βλάσφημον κρίσιν.
2Jn 1:10 εἴ τις ἔρχεται πρὸς ὑμᾶς καὶ ταύτην τὴν διδαχὴν οὐ **φέρει,**
Rev 21:24 καὶ οἱ βασιλεῖς τῆς γῆς **φέρουσιν** τὴν δόξαν αὐτῶν εἰς αὐτήν,
21:26 καὶ **οἴσουσιν** τὴν δόξαν καὶ τὴν τιμὴν τῶν ἐθνῶν εἰς αὐτήν.

5771 φεύγω [29]

→ *709, 1423, 1767, 2966, 5868, 5870*

Mt 2:13 Ἐγερθεὶς παράλαβε τὸ παιδίον καὶ τὴν μητέρα αὐτοῦ καὶ **φεῦγε** εἰς Αἴγυπτον καὶ ἴσθι ἐκεῖ ἕως ἂν εἴπω σοι·
3: 7 τίς ὑπέδειξεν ὑμῖν **φυγεῖν** ἀπὸ τῆς μελλούσης ὀργῆς;
8:33 οἱ δὲ βόσκοντες **ἔφυγον,** καὶ ἀπελθόντες εἰς τὴν πόλιν ἀπήγγειλαν πάντα καὶ τὰ τῶν δαιμονιζομένων.
10:23 ὅταν δὲ διώκωσιν ὑμᾶς ἐν τῇ πόλει ταύτῃ, **φεύγετε** εἰς τὴν ἑτέραν·
23:33 γεννήματα ἐχιδνῶν, πῶς **φύγητε** ἀπὸ τῆς κρίσεως τῆς γεέννης;
24:16 τότε οἱ ἐν τῇ Ἰουδαίᾳ **φευγέτωσαν** εἰς τὰ ὄρη,
26:56 Τότε οἱ μαθηταὶ πάντες ἀφέντες αὐτὸν **ἔφυγον.**
Mk 5:14 καὶ οἱ βόσκοντες αὐτοὺς **ἔφυγον** καὶ ἀπήγγειλαν εἰς τὴν πόλιν καὶ εἰς τοὺς ἀγρούς·
13:14 τότε οἱ ἐν τῇ Ἰουδαίᾳ **φευγέτωσαν** εἰς τὰ ὄρη,
14:50 καὶ ἀφέντες αὐτὸν **ἔφυγον** πάντες.
14:52 ὁ δὲ καταλιπὼν τὴν σινδόνα γυμνὸς **ἔφυγεν.**
16: 8 καὶ ἐξελθοῦσαι **ἔφυγον** ἀπὸ τοῦ μνημείου, εἶχεν γὰρ αὐτὰς τρόμος καὶ ἔκστασις·
Lk 3: 7 τίς ὑπέδειξεν ὑμῖν **φυγεῖν** ἀπὸ τῆς μελλούσης ὀργῆς;
8:34 ἰδόντες δὲ οἱ βόσκοντες τὸ γεγονὸς **ἔφυγον** καὶ ἀπήγγειλαν εἰς τὴν πόλιν καὶ εἰς τοὺς ἀγρούς.
21:21 τότε οἱ ἐν τῇ Ἰουδαίᾳ **φευγέτωσαν** εἰς τὰ ὄρη καὶ οἱ ἐν μέσῳ αὐτῆς ἐκχωρείτωσαν καὶ οἱ ἐν ταῖς χώραις μὴ εἰσερχέσθωσαν
Jn 10: 5 ἀλλοτρίῳ δὲ οὐ μὴ ἀκολουθήσουσιν, ἀλλὰ **φεύξονται** ἀπ' αὐτοῦ,
10:12 θεωρεῖ τὸν λύκον ἐρχόμενον καὶ ἀφίησιν τὰ πρόβατα καὶ **φεύγει**–
Ac 7:29 **ἔφυγεν** δὲ Μωϋσῆς ἐν τῷ λόγῳ τούτῳ καὶ ἐγένετο πάροικος ἐν γῇ Μαδιάμ,
27:30 τῶν δὲ ναυτῶν ζητούντων **φυγεῖν** ἐκ τοῦ πλοίου καὶ χαλασάντων τὴν σκάφην εἰς τὴν θάλασσαν
1Co 6:18 **φεύγετε** τὴν πορνείαν. πᾶν ἁμάρτημα ὃ ἐὰν ποιήσῃ ἄνθρωπος ἐκτὸς τοῦ σώματός ἐστιν·
10:14 Διόπερ, ἀγαπητοί μου, **φεύγετε** ἀπὸ τῆς εἰδωλολατρίας.
1Ti 6:11 Σὺ δέ, ὦ ἄνθρωπε θεοῦ, ταῦτα **φεῦγε·** δίωκε δὲ δικαιοσύνην εὐσέβειαν πίστιν,
2Ti 2:22 τὰς δὲ νεωτερικὰς ἐπιθυμίας **φεῦγε,** δίωκε δὲ δικαιοσύνην πίστιν ἀγάπην εἰρήνην μετὰ τῶν ἐπικαλουμένων τὸν κύριον
Heb 11:34 ἔσβεσαν δύναμιν πυρός, **ἔφυγον** στόματα μαχαίρης, ἐδυναμώθησαν ἀπὸ ἀσθενείας,
Jas 4: 7 ἀντίστητε δὲ τῷ διαβόλῳ καὶ **φεύξεται** ἀφ' ὑμῶν,
Rev 9: 6 καὶ ἐπιθυμήσουσιν ἀποθανεῖν καὶ **φεύγει** ὁ θάνατος ἀπ' αὐτῶν.
12: 6 καὶ ἡ γυνὴ **ἔφυγεν** εἰς τὴν ἔρημον, ὅπου ἔχει ἐκεῖ τόπον ἡτοιμασμένον ἀπὸ τοῦ θεοῦ,
16:20 καὶ πᾶσα νῆσος **ἔφυγεν** καὶ ὄρη οὐχ εὑρέθησαν.
20:11 οὗ ἀπὸ τοῦ προσώπου **ἔφυγεν** ἡ γῆ καὶ ὁ οὐρανὸς καὶ τόπος οὐχ εὑρέθη αὐτοῖς.

5772 Φῆλιξ [9]

Ac 23:24 κτήνη τε παραστῆσαι ἵνα ἐπιβιβάσαντες τὸν Παῦλον διασώσωσι πρὸς **Φήλικα** τὸν ἡγεμόνα,
23:26 Κλαύδιος Λυσίας τῷ κρατίστῳ ἡγεμόνι **Φήλικι** χαίρειν.
24: 3 πάντῃ τε καὶ πανταχοῦ ἀποδεχόμεθα, κράτιστε **Φῆλιξ,** μετὰ πάσης εὐχαριστίας.
24:22 Ἀνεβάλετο δὲ αὐτοὺς ὁ **Φῆλιξ,** ἀκριβέστερον εἰδὼς τὰ περὶ τῆς ὁδοῦ εἴπας,
24:24 Μετὰ δὲ ἡμέρας τινὰς παραγενόμενος ὁ **Φῆλιξ** σὺν Δρουσίλλῃ τῇ ἰδίᾳ γυναικὶ οὔσῃ Ἰουδαίᾳ μετεπέμψατο τὸν Παῦλον καὶ ἤκουσεν αὐτοῦ περὶ τῆς εἰς Χριστὸν Ἰησοῦν πίστεως.
24:25 ἔμφοβος γενόμενος ὁ **Φῆλιξ** ἀπεκρίθη, Τὸ νῦν ἔχον πορεύου,
24:27 Διετίας δὲ πληρωθείσης ἔλαβεν διάδοχον ὁ **Φῆλιξ** Πόρκιον Φῆστον, θέλων τε χάριτα καταθέσθαι τοῖς Ἰουδαίοις ὁ **Φῆλιξ** κατέλιπε τὸν Παῦλον δεδεμένον.
25:14 ὁ Φῆστος τῷ βασιλεῖ ἀνέθετο τὰ κατὰ τὸν Παῦλον λέγων, Ἀνήρ τίς ἐστιν καταλελειμμένος ὑπὸ **Φήλικος** δέσμιος,

5773 φήμη [2]

√ *5774*

Mt 9:26 καὶ ἐξῆλθεν ἡ **φήμη** αὕτη εἰς ὅλην τὴν γῆν ἐκείνην.
Lk 4:14 καὶ **φήμη** ἐξῆλθεν καθ' ὅλης τῆς περιχώρου περὶ αὐτοῦ.

5774 φημί [66]

→ *1424, 2367, 2368, 4735, 5238, 5762?, 5763?, 5773, 5775; cf. 1059, 1555, 4735*

Mt 4: 7 **ἔφη** αὐτῷ ὁ Ἰησοῦς, Πάλιν γέγραπται, Οὐκ ἐκπειράσεις κύριον τὸν θεόν σου.
8: 8 καὶ ἀποκριθεὶς ὁ ἑκατόνταρχος **ἔφη,** Κύριε, οὐκ εἰμὶ ἱκανὸς ἵνα μου ὑπὸ τὴν στέγην εἰσέλθῃς,
13:28 ὁ δὲ **ἔφη** αὐτοῖς, Ἐχθρὸς ἄνθρωπος τοῦτο ἐποίησεν.
13:29 ὁ δέ **φησιν,** Οὔ, μήποτε συλλέγοντες τὰ ζιζάνια ἐκριζώσητε ἅμα αὐτοῖς τὸν σῖτον.
14: 8 ἡ δὲ προβιβασθεῖσα ὑπὸ τῆς μητρὸς αὐτῆς, Δός μοι, **φησίν,**
17:26 εἰπόντος δέ, Ἀπὸ τῶν ἀλλοτρίων, **ἔφη** αὐτῷ ὁ Ἰησοῦς,
19:21 **ἔφη** αὐτῷ ὁ Ἰησοῦς, Εἰ θέλεις τέλειος εἶναι,
21:27 **ἔφη** αὐτοῖς καὶ αὐτός, Οὐδὲ ἐγὼ λέγω ὑμῖν ἐν ποίᾳ ἐξουσίᾳ ταῦτα ποιῶ.
22:37 ὁ δὲ **ἔφη** αὐτῷ, Ἀγαπήσεις κύριον τὸν θεόν σου ἐν ὅλῃ τῇ καρδίᾳ σου καὶ ἐν ὅλῃ τῇ ψυχῇ σου καὶ ἐν ὅλῃ τῇ διανοίᾳ σου·
25:21 **ἔφη** αὐτῷ ὁ κύριος αὐτοῦ, Εὖ, δοῦλε ἀγαθὲ καὶ πιστέ,
25:23 **ἔφη** αὐτῷ ὁ κύριος αὐτοῦ, Εὖ, δοῦλε ἀγαθὲ καὶ πιστέ,
26:34 **ἔφη** αὐτῷ ὁ Ἰησοῦς, Ἀμὴν λέγω σοι ὅτι ἐν ταύτῃ τῇ νυκτὶ πρὶν ἀλέκτορα φωνῆσαι τρὶς ἀπαρνήσῃ με.
26:61 εἶπαν, Οὗτος **ἔφη,** Δύναμαι καταλῦσαι τὸν ναὸν τοῦ θεοῦ καὶ διὰ τριῶν ἡμερῶν οἰκοδομῆσαι.
27:11 Σὺ εἶ ὁ βασιλεὺς τῶν Ἰουδαίων; ὁ δὲ Ἰησοῦς **ἔφη,** Σὺ λέγεις.
27:23 ὁ δὲ **ἔφη,** Τί γὰρ κακὸν ἐποίησεν; οἱ δὲ περισσῶς ἔκραζον λέγοντες,
27:65 **ἔφη** αὐτοῖς ὁ Πιλᾶτος, Ἔχετε κουστωδίαν· ὑπάγετε ἀσφαλίσασθε ὡς οἴδατε.
Mk 9:12 ὁ δὲ **ἔφη** αὐτοῖς, Ἠλίας μὲν ἐλθὼν πρῶτον ἀποκαθιστάνει πάντα·
9:38 **Ἔφη** αὐτῷ ὁ Ἰωάννης, Διδάσκαλε, εἴδομέν τινα ἐν τῷ ὀνόματί σου ἐκβάλλοντα δαιμόνια καὶ ἐκωλύομεν αὐτόν,
10:20 ὁ δὲ **ἔφη** αὐτῷ, Διδάσκαλε, ταῦτα πάντα ἐφυλαξάμην ἐκ νεότητός μου.
10:29 **ἔφη** ὁ Ἰησοῦς, Ἀμὴν λέγω ὑμῖν, οὐδείς ἐστιν ὃς ἀφῆκεν οἰκίαν ἢ ἀδελφοὺς ἢ ἀδελφὰς ἢ μητέρα ἢ πατέρα ἢ τέκνα ἢ ἀγροὺς
12:24 **ἔφη** αὐτοῖς ὁ Ἰησοῦς, Οὐ διὰ τοῦτο πλανᾶσθε μὴ εἰδότες τὰς γραφὰς μηδὲ τὴν δύναμιν τοῦ θεοῦ;
14:29 ὁ δὲ Πέτρος **ἔφη** αὐτῷ, Εἰ καὶ πάντες σκανδαλισθήσονται,
Lk 7:40 ἔχω σοί τι εἰπεῖν. ὁ δέ, Διδάσκαλε, εἰπέ, **φησίν.**
7:44 καὶ στραφεὶς πρὸς τὴν γυναῖκα τῷ Σίμωνι **ἔφη,**
15:17 εἰς ἑαυτὸν δὲ ἐλθὼν **ἔφη,** Πόσοι μίσθιοι τοῦ πατρός μου περισσεύονται ἄρτων,
22:58 καὶ μετὰ βραχὺ ἕτερος ἰδὼν αὐτὸν **ἔφη,** Καὶ σὺ ἐξ αὐτῶν εἶ. ὁ δὲ Πέτρος **ἔφη,** Ἄνθρωπε, οὐκ εἰμί.
22:70 ὁ δὲ πρὸς αὐτοὺς **ἔφη,** Ὑμεῖς λέγετε ὅτι ἐγώ εἰμι.
23: 3 Σὺ εἶ ὁ βασιλεὺς τῶν Ἰουδαίων; ὁ δὲ ἀποκριθεὶς αὐτῷ **ἔφη,** Σὺ λέγεις.
23:40 ἀποκριθεὶς δὲ ὁ ἕτερος ἐπιτιμῶν αὐτῷ **ἔφη,** Οὐδὲ φοβῇ σὺ τὸν θεόν,
Jn 1:23 **ἔφη,** Ἐγὼ φωνὴ βοῶντος ἐν τῇ ἐρήμῳ, Εὐθύνατε τὴν ὁδὸν κυρίου,
9:38 ὁ δὲ **ἔφη,** Πιστεύω, κύριε· καὶ προσεκύνησεν αὐτῷ.
18:29 ἐξῆλθεν οὖν ὁ Πιλᾶτος ἔξω πρὸς αὐτοὺς καὶ **φησίν,**
Ac 2:38 Πέτρος δὲ πρὸς αὐτούς, Μετανοήσατε, **[φησίν,]** καὶ βαπτισθήτω ἕκαστος ὑμῶν ἐπὶ τῷ ὀνόματι Ἰησοῦ Χριστοῦ
7: 2 ὁ δὲ **ἔφη,** Ἄνδρες ἀδελφοὶ καὶ πατέρες, ἀκούσατε.
8:36 καί **φησιν** ὁ εὐνοῦχος, Ἰδοὺ ὕδωρ, τί κωλύει με βαπτισθῆναι;
10:28 **ἔφη** τε πρὸς αὐτούς, Ὑμεῖς ἐπίστασθε ὡς ἀθέμιτόν ἐστιν ἀνδρὶ Ἰουδαίῳ κολλᾶσθαι ἢ προσέρχεσθαι ἀλλοφύλῳ·
10:30 καὶ ὁ Κορνήλιος **ἔφη,** Ἀπὸ τετάρτης ἡμέρας μέχρι ταύτης τῆς ὥρας ἤμην τὴν ἐνάτην προσευχόμενος ἐν τῷ οἴκῳ μου,
10:31 καὶ **φησίν,** Κορνήλιε, εἰσηκούσθη σου ἡ προσευχὴ καὶ αἱ ἐλεημοσύναι σου ἐμνήσθησαν ἐνώπιον τοῦ θεοῦ.

16:30 καὶ προαγαγὼν αὐτοὺς ἔξω **ἔφη,** Κύριοι, τί με δεῖ ποιεῖν ἵνα σωθῶ;
16:37 ὁ δὲ Παῦλος **ἔφη** πρὸς αὐτούς, Δείραντες ἡμᾶς δημοσίᾳ ἀκατακρίτους,
17:22 Σταθεὶς δὲ [ὁ] Παῦλος ἐν μέσῳ τοῦ Ἀρείου **ἔφη,**
19:35 καταστείλας δὲ ὁ γραμματεὺς τὸν ὄχλον **φησίν,** Ἄνδρες Ἐφέσιοι,
21:37 Εἰ ἔξεστίν μοι εἰπεῖν τι πρὸς σέ; ὁ δὲ **ἔφη,** Ἑλληνιστὶ γινώσκεις;
22: 2 ἀκούσαντες δὲ ὅτι τῇ Ἑβραΐδι διαλέκτῳ προσεφώνει αὐτοῖς, μᾶλλον παρέσχον ἡσυχίαν. καὶ **φησίν,**
22:27 Λέγε μοι, σὺ Ῥωμαῖος εἶ; ὁ δὲ **ἔφη,** Ναί.
22:28 ὁ δὲ Παῦλος **ἔφη,** Ἐγὼ δὲ καὶ γεγέννημαι.
23: 5 **ἔφη** τε ὁ Παῦλος, Οὐκ ᾔδειν, ἀδελφοί, ὅτι ἐστὶν ἀρχιερεύς·
23:17 προσκαλεσάμενος δὲ ὁ Παῦλος ἕνα τῶν ἑκατονταρχῶν **ἔφη,**
23:18 ὁ μὲν οὖν παραλαβὼν αὐτὸν ἤγαγεν πρὸς τὸν χιλίαρχον καὶ **φησίν,**
23:35 Διακούσομαί σου, **ἔφη,** ὅταν καὶ οἱ κατήγοροί σου παραγένωνται·
25: 5 Οἱ οὖν ἐν ὑμῖν, **φησίν,** δυνατοὶ συγκαταβάντες εἴ τί ἐστιν ἐν τῷ ἀνδρὶ ἄτοπον κατηγορείτωσαν αὐτοῦ.
25:22 Ἐβουλόμην καὶ αὐτὸς τοῦ ἀνθρώπου ἀκοῦσαι. Αὔριον, **φησίν,** ἀκούσῃ αὐτοῦ.
25:24 καί **φησιν** ὁ Φῆστος, Ἀγρίππα βασιλεῦ καὶ πάντες οἱ συμπαρόντες ἡμῖν ἄνδρες,
26: 1 Ἀγρίππας δὲ πρὸς τὸν Παῦλον **ἔφη,** Ἐπιτρέπεταί σοι περὶ σεαυτοῦ λέγειν.
26:24 Ταῦτα δὲ αὐτοῦ ἀπολογουμένου ὁ Φῆστος μεγάλῃ τῇ φωνῇ **φησιν,**
26:25 ὁ δὲ Παῦλος, Οὐ μαίνομαι, **φησίν,** κράτιστε Φῆστε,
26:32 Ἀγρίππας δὲ τῷ Φήστῳ **ἔφη,** Ἀπολελύσθαι ἐδύνατο ὁ ἄνθρωπος οὗτος εἰ μὴ ἐπεκέκλητο Καίσαρα.
Ro 3: 8 καὶ μὴ καθὼς βλασφημούμεθα καὶ καθώς **φασίν** τινες ἡμᾶς λέγειν ὅτι Ποιήσωμεν τὰ κακά,
1Co 6:16 Ἔσονται γάρ, **φησίν,** οἱ δύο εἰς σάρκα μίαν.
7:29 τοῦτο δέ **φημι,** ἀδελφοί, ὁ καιρὸς συνεσταλμένος ἐστίν·
10:15 ὡς φρονίμοις λέγω· κρίνατε ὑμεῖς ὅ **φημι.**
10:19 τί οὖν **φημι;** ὅτι εἰδωλόθυτόν τί ἐστιν ἢ ὅτι εἴδωλόν τί ἐστιν;
15:50 Τοῦτο δέ **φημι,** ἀδελφοί, ὅτι σὰρξ καὶ αἷμα βασιλείαν θεοῦ κληρονομῆσαι οὐ δύναται οὐδὲ ἡ φθορὰ τὴν ἀφθαρσίαν
2Co 10:10 ὅτι, Αἱ ἐπιστολαὶ μέν, **φησίν,** βαρεῖαι καὶ ἰσχυραί,
Heb 8: 5 καθὼς κεχρημάτισται Μωϋσῆς μέλλων ἐπιτελεῖν τὴν σκηνήν, Ὅρα γάρ **φησίν,**

5775 φημίζω Not used in UBS/NIV

√ *5774*

5776 Φῆστος [13]

Ac 24:27 Διετίας δὲ πληρωθείσης ἔλαβεν διάδοχον ὁ Φῆλιξ Πόρκιον **Φῆστον,**
25: 1 **Φῆστος** οὖν ἐπιβὰς τῇ ἐπαρχείᾳ μετὰ τρεῖς ἡμέρας ἀνέβη εἰς Ἱεροσόλυμα ἀπὸ Καισαρείας,
25: 4 ὁ μὲν οὖν **Φῆστος** ἀπεκρίθη τηρεῖσθαι τὸν Παῦλον εἰς Καισάρειαν,
25: 9 ὁ **Φῆστος** δὲ θέλων τοῖς Ἰουδαίοις χάριν καταθέσθαι ἀποκριθεὶς τῷ Παύλῳ εἶπεν,
25:12 τότε ὁ **Φῆστος** συλλαλήσας μετὰ τοῦ συμβουλίου ἀπεκρίθη,
25:13 Ἡμερῶν δὲ διαγενομένων τινῶν Ἀγρίππας ὁ βασιλεὺς καὶ Βερνίκη κατήντησαν εἰς Καισάρειαν ἀσπασάμενοι τὸν **Φῆστον.**
25:14 ὁ **Φῆστος** τῷ βασιλεῖ ἀνέθετο τὰ κατὰ τὸν Παῦλον λέγων,
25:22 Ἀγρίππας δὲ πρὸς τὸν **Φῆστον,** Ἐβουλόμην καὶ αὐτὸς τοῦ ἀνθρώπου ἀκοῦσαι.
25:23 σύν τε χιλιάρχοις καὶ ἀνδράσιν τοῖς κατ' ἐξοχὴν τῆς πόλεως καὶ κελεύσαντος τοῦ **Φήστου** ἤχθη ὁ Παῦλος.
25:24 καί φησιν ὁ **Φῆστος,** Ἀγρίππα βασιλεῦ καὶ πάντες οἱ συμπαρόντες ἡμῖν ἄνδρες,
26:24 Ταῦτα δὲ αὐτοῦ ἀπολογουμένου ὁ **Φῆστος** μεγάλῃ τῇ φωνῇ φησιν,
26:25 ὁ δὲ Παῦλος, Οὐ μαίνομαι, φησίν, κράτιστε **Φῆστε,**
26:32 Ἀγρίππας δὲ τῷ **Φήστῳ** ἔφη, Ἀπολελύσθαι ἐδύνατο ὁ ἄνθρωπος οὗτος εἰ μὴ ἐπεκέκλητο Καίσαρα.

5777 φθάνω [7]

→ *4710?, 4711?, 4740*

Mt 12:28 ἄρα **ἔφθασεν** ἐφ' ὑμᾶς ἡ βασιλεία τοῦ θεοῦ.
Lk 11:20 ἄρα **ἔφθασεν** ἐφ' ὑμᾶς ἡ βασιλεία τοῦ θεοῦ.
Ro 9:31 Ἰσραὴλ δὲ διώκων νόμον δικαιοσύνης εἰς νόμον οὐκ **ἔφθασεν.**
2Co 10:14 ἄχρι γὰρ καὶ ὑμῶν **ἐφθάσαμεν** ἐν τῷ εὐαγγελίῳ τοῦ Χριστοῦ,
Php 3:16 πλὴν εἰς ὃ **ἐφθάσαμεν,** τῷ αὐτῷ στοιχεῖν.
1Th 2:16 **ἔφθασεν** δὲ ἐπ' αὐτοὺς ἡ ὀργὴ εἰς τέλος.
4:15 ὅτι ἡμεῖς οἱ ζῶντες οἱ περιλειπόμενοι εἰς τὴν παρουσίαν τοῦ κυρίου οὐ μὴ **φθάσωμεν** τοὺς κοιμηθέντας·

5778 φθαρτός [6]

√ *5780*

Ro 1:23 ἤλλαξαν τὴν δόξαν τοῦ ἀφθάρτου θεοῦ ἐν ὁμοιώματι εἰκόνος **φθαρτοῦ** ἀνθρώπου καὶ πετεινῶν καὶ τετραπόδων καὶ ἑρπετῶν.
1Co 9:25 ἐκεῖνοι μὲν οὖν ἵνα **φθαρτὸν** στέφανον λάβωσιν, ἡμεῖς δὲ ἄφθαρτον.
15:53 δεῖ γὰρ τὸ **φθαρτὸν** τοῦτο ἐνδύσασθαι ἀφθαρσίαν καὶ τὸ θνητὸν τοῦτο ἐνδύσασθαι ἀθανασίαν.
15:54 ὅταν δὲ τὸ **φθαρτὸν** τοῦτο ἐνδύσηται ἀφθαρσίαν καὶ τὸ θνητὸν τοῦτο ἐνδύσηται ἀθανασίαν,
1Pe 1:18 εἰδότες ὅτι οὐ **φθαρτοῖς,** ἀργυρίῳ ἢ χρυσίῳ, ἐλυτρώθητε ἐκ τῆς ματαίας ὑμῶν ἀναστροφῆς πατροπαραδότου
1:23 ἀναγεγεννημένοι οὐκ ἐκ σπορᾶς **φθαρτῆς** ἀλλὰ ἀφθάρτου διὰ λόγου ζῶντος θεοῦ καὶ μένοντος.

5779 φθέγγομαι [3]

→ *710, 5782*

Ac 4:18 καὶ καλέσαντες αὐτοὺς παρήγγειλαν τὸ καθόλου μὴ **φθέγγεσθαι** μηδὲ διδάσκειν ἐπὶ τῷ ὀνόματι τοῦ Ἰησοῦ.
2Pe 2:16 ὑποζύγιον ἄφωνον ἐν ἀνθρώπου φωνῇ **φθεγξάμενον** ἐκώλυσεν τὴν τοῦ προφήτου παραφρονίαν.
2:18 ὑπέρογκα γὰρ ματαιότητος **φθεγγόμενοι** δελεάζουσιν ἐν ἐπιθυμίαις σαρκὸς ἀσελγείαις

5780 φθείρω [9]

→ *91, 914, 915, 917, 1425, 1426, 2967, 5778, 5781, 5785*

1Co 3:17 εἴ τις τὸν ναὸν τοῦ θεοῦ **φθείρει, φθερεῖ** τοῦτον ὁ θεός·
15:33 μὴ πλανᾶσθε· **Φθείρουσιν** ἤθη χρηστὰ ὁμιλίαι κακαί.
2Co 7: 2 Χωρήσατε ἡμᾶς· οὐδένα ἠδικήσαμεν, οὐδένα **ἐφθείραμεν,** οὐδένα ἐπλεονεκτήσαμεν.
11: 3 **φθαρῇ** τὰ νοήματα ὑμῶν ἀπὸ τῆς ἁπλότητος [καὶ τῆς ἁγνότητος] τῆς εἰς τὸν Χριστόν.
Eph 4:22 ἀποθέσθαι ὑμᾶς κατὰ τὴν προτέραν ἀναστροφὴν τὸν παλαιὸν ἄνθρωπον τὸν **φθειρόμενον** κατὰ τὰς ἐπιθυμίας τῆς ἀπάτης,
2Pe 2:12 γεγεννημένα φυσικὰ εἰς ἅλωσιν καὶ φθορὰν ἐν οἷς ἀγνοοῦσιν βλασφημοῦντες, ἐν τῇ φθορᾷ αὐτῶν καὶ **φθαρήσονται**
Jude 1:10 ὅσα δὲ φυσικῶς ὡς τὰ ἄλογα ζῷα ἐπίστανται, ἐν τούτοις **φθείρονται.**
Rev 19: 2 ὅτι ἔκρινεν τὴν πόρνην τὴν μεγάλην ἥτις **ἔφθειρεν** τὴν γῆν ἐν τῇ πορνείᾳ αὐτῆς,

5781 φθινοπωρινός [1]

√ *5780 + 3967*

Jude 1:12 νεφέλαι ἄνυδροι ὑπὸ ἀνέμων παραφερόμεναι, δένδρα **φθινοπωρινὰ** ἄκαρπα δὶς ἀποθανόντα ἐκριζωθέντα,

5782 φθόγγος [2]

√ *5779*

Ro 10:18 Εἰς πᾶσαν τὴν γῆν ἐξῆλθεν ὁ **φθόγγος** αὐτῶν καὶ εἰς τὰ πέρατα τῆς οἰκουμένης τὰ ῥήματα αὐτῶν.
1Co 14: 7 εἴτε αὐλὸς εἴτε κιθάρα, ἐὰν διαστολὴν τοῖς **φθόγγοις** μὴ δῷ,

5783 φθονέω [1]

√ *5784*

Gal 5:26 μὴ γινώμεθα κενόδοξοι, ἀλλήλους προκαλούμενοι, ἀλλήλοις **φθονοῦντες.**

5784 φθόνος [9]

→ 916, 5783

Mt 27:18 ἤδει γὰρ ὅτι διὰ **φθόνον** παρέδωκαν αὐτόν.
Mk 15:10 ἐγίνωσκεν γὰρ ὅτι διὰ **φθόνον** παραδεδώκεισαν αὐτὸν οἱ ἀρχιερεῖς.
Ro 1:29 πεπληρωμένους πάσῃ ἀδικίᾳ πονηρίᾳ πλεονεξίᾳ κακίᾳ, μεστοὺς **φθόνου** φόνου ἔριδος δόλου κακοηθείας, ψιθυριστὰς
Gal 5:21 **φθόνοι,** μέθαι, κῶμοι καὶ τὰ ὅμοια τούτοις, ἃ προλέγω ὑμῖν καθὼς προεῖπον ὅτι οἱ τὰ τοιαῦτα πράσσοντες βασιλείαν θεοῦ οὐ κληρονομήσουσιν.
Php 1:15 Τινὲς μὲν καὶ διὰ **φθόνον** καὶ ἔριν, τινὲς δὲ καὶ δι' εὐδοκίαν τὸν Χριστὸν κηρύσσουσιν·
1Ti 6:4 ἐξ ὧν γίνεται **φθόνος** ἔρις βλασφημίαι, ὑπόνοιαι πονηραί,
Tit 3:3 ἐν κακίᾳ καὶ **φθόνῳ** διάγοντες, στυγητοί, μισοῦντες ἀλλήλους.
Jas 4:5 Πρὸς **φθόνον** ἐπιποθεῖ τὸ πνεῦμα ὃ κατῴκισεν ἐν ἡμῖν,
1Pe 2:1 Ἀποθέμενοι οὖν πᾶσαν κακίαν καὶ πάντα δόλον καὶ ὑποκρίσεις καὶ **φθόνους** καὶ πάσας καταλαλιάς,

5785 φθορά [9]

√ 5780

Ro 8:21 ὅτι καὶ αὐτὴ ἡ κτίσις ἐλευθερωθήσεται ἀπὸ τῆς δουλείας τῆς **φθορᾶς** εἰς τὴν ἐλευθερίαν τῆς δόξης τῶν τέκνων τοῦ θεοῦ.
1Co 15:42 Οὕτως καὶ ἡ ἀνάστασις τῶν νεκρῶν. σπείρεται ἐν **φθορᾷ,** ἐγείρεται ἐν ἀφθαρσίᾳ·
15:50 ὅτι σὰρξ καὶ αἷμα βασιλείαν θεοῦ κληρονομῆσαι οὐ δύναται οὐδὲ ἡ **φθορὰ** τὴν ἀφθαρσίαν κληρονομεῖ.
Gal 6:8 ὅτι ὁ σπείρων εἰς τὴν σάρκα ἑαυτοῦ ἐκ τῆς σαρκὸς θερίσει **φθοράν,**
Col 2:22 ἅ ἐστιν πάντα εἰς **φθορὰν** τῇ ἀποχρήσει, κατὰ τὰ ἐντάλματα καὶ διδασκαλίας τῶν ἀνθρώπων,
2Pe 1:4 ἵνα διὰ τούτων γένησθε θείας κοινωνοὶ φύσεως ἀποφυγόντες τῆς ἐν τῷ κόσμῳ ἐν ἐπιθυμίᾳ **φθορᾶς.**
2:12 γεγεννημένα φυσικὰ εἰς ἅλωσιν καὶ **φθορὰν** ἐν οἷς ἀγνοοῦσιν βλασφημοῦντες, ἐν τῇ **φθορᾷ** αὐτῶν καὶ φθαρήσονται
2:19 ἐλευθερίαν αὐτοῖς ἐπαγγελλόμενοι, αὐτοὶ δοῦλοι ὑπάρχοντες τῆς **φθορᾶς·**

5786 φιάλη [12]

Rev 5:8 τὰ τέσσαρα ζῷα καὶ οἱ εἴκοσι τέσσαρες πρεσβύτεροι ἔπεσαν ἐνώπιον τοῦ ἀρνίου ἔχοντες ἕκαστος κιθάραν καὶ **φιάλας** χρυσᾶς γεμούσας θυμιαμάτων,
15:7 καὶ ἓν ἐκ τῶν τεσσάρων ζῴων ἔδωκεν τοῖς ἑπτὰ ἀγγέλοις ἑπτὰ **φιάλας** χρυσᾶς γεμούσας τοῦ θυμοῦ τοῦ θεοῦ τοῦ ζῶντος
16:1 Ὑπάγετε καὶ ἐκχέετε τὰς ἑπτὰ **φιάλας** τοῦ θυμοῦ τοῦ θεοῦ εἰς τὴν γῆν.
16:2 ἀπῆλθεν ὁ πρῶτος καὶ ἐξέχεεν τὴν **φιάλην** αὐτοῦ εἰς τὴν γῆν,
16:3 Καὶ ὁ δεύτερος ἐξέχεεν τὴν **φιάλην** αὐτοῦ εἰς τὴν θάλασσαν,
16:4 Καὶ ὁ τρίτος ἐξέχεεν τὴν **φιάλην** αὐτοῦ εἰς τοὺς ποταμοὺς καὶ τὰς πηγὰς τῶν ὑδάτων,
16:8 Καὶ ὁ τέταρτος ἐξέχεεν τὴν **φιάλην** αὐτοῦ ἐπὶ τὸν ἥλιον,
16:10 Καὶ ὁ πέμπτος ἐξέχεεν τὴν **φιάλην** αὐτοῦ ἐπὶ τὸν θρόνον τοῦ θηρίου,
16:12 Καὶ ὁ ἕκτος ἐξέχεεν τὴν **φιάλην** αὐτοῦ ἐπὶ τὸν ποταμὸν τὸν μέγαν τὸν Εὐφράτην,
16:17 Καὶ ὁ ἕβδομος ἐξέχεεν τὴν **φιάλην** αὐτοῦ ἐπὶ τὸν ἀέρα,
17:1 Καὶ ἦλθεν εἷς ἐκ τῶν ἑπτὰ ἀγγέλων τῶν ἐχόντων τὰς ἑπτὰ **φιάλας** καὶ ἐλάλησεν μετ' ἐμοῦ λέγων,
21:9 Καὶ ἦλθεν εἷς ἐκ τῶν ἑπτὰ ἀγγέλων τῶν ἐχόντων τὰς ἑπτὰ **φιάλας** τῶν γεμόντων τῶν ἑπτὰ πληγῶν τῶν ἐσχάτων

5787 φιλάγαθος [1]

√ 5813 + 19

Tit 1:8 ἀλλὰ φιλόξενον **φιλάγαθον** σώφρονα δίκαιον ὅσιον ἐγκρατῆ,

5788 Φιλαδέλφεια [2]

√ 5813 + 81 [1.3]

Rev 1:11 εἰς Ἔφεσον καὶ εἰς Σμύρναν καὶ εἰς Πέργαμον καὶ εἰς Θυάτειρα καὶ εἰς Σάρδεις καὶ εἰς **Φιλαδέλφειαν** καὶ εἰς Λαοδίκειαν.
3:7 Καὶ τῷ ἀγγέλῳ τῆς ἐν **Φιλαδελφείᾳ** ἐκκλησίας γράψον·

5789 φιλαδελφία [6]

√ 5813 + 81 [1.3]

Ro 12:10 τῇ **φιλαδελφίᾳ** εἰς ἀλλήλους φιλόστοργοι, τῇ τιμῇ ἀλλήλους προηγούμενοι,
1Th 4:9 Περὶ δὲ τῆς **φιλαδελφίας** οὐ χρείαν ἔχετε γράφειν ὑμῖν,
Heb 13:1 Ἡ **φιλαδελφία** μενέτω.
1Pe 1:22 Τὰς ψυχὰς ὑμῶν ἡγνικότες ἐν τῇ ὑπακοῇ τῆς ἀληθείας εἰς **φιλαδελφίαν** ἀνυπόκριτον,
2Pe 1:7 ἐν δὲ τῇ εὐσεβείᾳ τὴν **φιλαδελφίαν,** ἐν δὲ τῇ **φιλαδελφίᾳ** τὴν ἀγάπην.

5790 φιλάδελφος [1]

√ 5813 + 81 [1.3]

1Pe 3:8 Τὸ δὲ τέλος πάντες ὁμόφρονες, συμπαθεῖς, **φιλάδελφοι,** εὔσπλαγχνοι, ταπεινόφρονες,

5791 φίλανδρος [1]

√ 5813 + 467

Tit 2:4 ἵνα σωφρονίζωσιν τὰς νέας **φιλάνδρους** εἶναι, φιλοτέκνους

5792 φιλανθρωπία [2]

√ 5813 + 476

Ac 28:2 οἵ τε βάρβαροι παρεῖχον οὐ τὴν τυχοῦσαν **φιλανθρωπίαν** ἡμῖν,
Tit 3:4 ὅτε δὲ ἡ χρηστότης καὶ ἡ **φιλανθρωπία** ἐπεφάνη τοῦ σωτῆρος ἡμῶν θεοῦ,

5793 φιλανθρώπως [1]

√ 5813 + 476

Ac 27:3 **φιλανθρώπως** τε ὁ Ἰούλιος τῷ Παύλῳ χρησάμενος ἐπέτρεψεν πρὸς τοὺς φίλους πορευθέντι ἐπιμελείας τυχεῖν.

5794 φιλαργυρία [1]

√ 5813 + 738

1Ti 6:10 ῥίζα γὰρ πάντων τῶν κακῶν ἐστιν ἡ **φιλαργυρία,**

5795 φιλάργυρος [2]

√ 5813 + 738

Lk 16:14 Ἤκουον δὲ ταῦτα πάντα οἱ Φαρισαῖοι **φιλάργυροι** ὑπάρχοντες καὶ ἐξεμυκτήριζον αὐτόν.
2Ti 3:2 ἔσονται γὰρ οἱ ἄνθρωποι φίλαυτοι **φιλάργυροι** ἀλαζόνες ὑπερήφανοι βλάσφημοι,

5796 φίλαυτος [1]

√ 5813 + 899

2Ti 3:2 ἔσονται γὰρ οἱ ἄνθρωποι **φίλαυτοι** φιλάργυροι ἀλαζόνες ὑπερήφανοι βλάσφημοι,

5797 φιλέω [25]

√ 5813

Mt 6:5 ὅτι **φιλοῦσιν** ἐν ταῖς συναγωγαῖς καὶ ἐν ταῖς γωνίαις τῶν πλατειῶν ἑστῶτες προσεύχεσθαι,
10:37 Ὁ **φιλῶν** πατέρα ἢ μητέρα ὑπὲρ ἐμὲ οὐκ ἔστιν μου ἄξιος, καὶ ὁ **φιλῶν** υἱὸν ἢ θυγατέρα ὑπὲρ ἐμὲ οὐκ ἔστιν μου ἄξιος·
23:6 **φιλοῦσιν** δὲ τὴν πρωτοκλισίαν ἐν τοῖς δείπνοις καὶ τὰς πρωτοκαθεδρίας ἐν ταῖς συναγωγαῖς
26:48 ὁ δὲ παραδιδοὺς αὐτὸν ἔδωκεν αὐτοῖς σημεῖον λέγων, Ὃν ἂν **φιλήσω** αὐτός ἐστιν, κρατήσατε αὐτόν.
Mk 14:44 Ὃν ἂν **φιλήσω** αὐτός ἐστιν, κρατήσατε αὐτὸν καὶ ἀπάγετε ἀσφαλῶς.
Lk 20:46 Προσέχετε ἀπὸ τῶν γραμματέων τῶν θελόντων περιπατεῖν ἐν στολαῖς καὶ **φιλούντων** ἀσπασμοὺς ἐν ταῖς ἀγοραῖς
22:47 καὶ ὁ λεγόμενος Ἰούδας εἷς τῶν δώδεκα προήρχετο αὐτοὺς καὶ ἤγγισεν τῷ Ἰησοῦ **φιλῆσαι** αὐτόν.
Jn 5:20 ὁ γὰρ πατὴρ **φιλεῖ** τὸν υἱὸν καὶ πάντα δείκνυσιν αὐτῷ ἃ αὐτὸς ποιεῖ,

11: 3 ἀπέστειλαν οὖν αἱ ἀδελφαὶ πρὸς αὐτὸν λέγουσαι, Κύριε, ἴδε ὃν **φιλεῖς** ἀσθενεῖ.
11:36 ἔλεγον οὖν οἱ Ἰουδαῖοι, Ἴδε πῶς **ἐφίλει** αὐτόν.
12:25 ὁ **φιλῶν** τὴν ψυχὴν αὐτοῦ ἀπολλύει αὐτήν, καὶ ὁ μισῶν τὴν ψυχὴν αὐτοῦ ἐν τῷ κόσμῳ τούτῳ εἰς ζωὴν αἰώνιον φυλάξει αὐτήν.
15:19 εἰ ἐκ τοῦ κόσμου ἦτε, ὁ κόσμος ἂν τὸ ἴδιον **ἐφίλει·**
16:27 αὐτὸς γὰρ ὁ πατὴρ **φιλεῖ** ὑμᾶς, ὅτι ὑμεῖς ἐμὲ **πεφιλήκατε** καὶ πεπιστεύκατε ὅτι ἐγὼ παρὰ [τοῦ] θεοῦ ἐξῆλθον.
20: 2 τρέχει οὖν καὶ ἔρχεται πρὸς Σίμωνα Πέτρον καὶ πρὸς τὸν ἄλλον μαθητὴν ὃν **ἐφίλει** ὁ Ἰησοῦς καὶ λέγει αὐτοῖς,
21:15 λέγει αὐτῷ, Ναὶ κύριε, σὺ οἶδας ὅτι **φιλῶ** σε.
21:16 λέγει αὐτῷ, Ναὶ κύριε, σὺ οἶδας ὅτι **φιλῶ** σε.
21:17 λέγει αὐτῷ τὸ τρίτον, Σίμων Ἰωάννου, **φιλεῖς** με; ἐλυπήθη ὁ Πέτρος ὅτι εἶπεν αὐτῷ τὸ τρίτον, **Φιλεῖς** με; καὶ λέγει αὐτῷ, Κύριε, πάντα σὺ οἶδας, σὺ γινώσκεις ὅτι **φιλῶ** σε.
1Co 16:22 εἴ τις οὐ **φιλεῖ** τὸν κύριον, ἤτω ἀνάθεμα.
Tit 3:15 Ἄσπασαι τοὺς **φιλοῦντας** ἡμᾶς ἐν πίστει. ἡ χάρις μετὰ πάντων ὑμῶν.
Rev 3:19 ἐγὼ ὅσους ἐὰν **φιλῶ** ἐλέγχω καὶ παιδεύω· ζήλευε οὖν καὶ μετανόησον.
22:15 ἔξω οἱ κύνες καὶ οἱ φάρμακοι καὶ οἱ πόρνοι καὶ οἱ φονεῖς καὶ οἱ εἰδωλολάτραι καὶ πᾶς **φιλῶν** καὶ ποιῶν ψεῦδος.

5798 φιλήδονος [1]

√ *5813 + 2454*

2Ti 3: 4 προδόται προπετεῖς τετυφωμένοι, **φιλήδονοι** μᾶλλον ἢ φιλόθεοι,

5799 φίλημα [7]

√ *5813*

ἀσπάζω ἐν φιλήματι [5] Ro 16:16; 1Co 16:20; 2Co 13:12; 1Th 5:26; 1Pe 5:14

Lk 7:45 **φίλημά** μοι οὐκ ἔδωκας· αὕτη δὲ ἀφ᾽ ἧς εἰσῆλθον οὐ διέλιπεν καταφιλοῦσά μου τοὺς πόδας.
22:48 Ἰησοῦς δὲ εἶπεν αὐτῷ, Ἰούδα, **φιλήματι** τὸν υἱὸν τοῦ ἀνθρώπου παραδίδως;
Ro 16:16 Ἀσπάσασθε ἀλλήλους ἐν **φιλήματι** ἁγίῳ.
1Co 16:20 Ἀσπάσασθε ἀλλήλους ἐν **φιλήματι** ἁγίῳ.
2Co 13:12 ἀσπάσασθε ἀλλήλους ἐν ἁγίῳ **φιλήματι.**
1Th 5:26 Ἀσπάσασθε τοὺς ἀδελφοὺς πάντας ἐν **φιλήματι** ἁγίῳ.
1Pe 5:14 ἀσπάσασθε ἀλλήλους ἐν **φιλήματι** ἀγάπης.

5800 Φιλήμων [1]

√ *5813*

Phm 1: 1 Παῦλος δέσμιος Χριστοῦ Ἰησοῦ καὶ Τιμόθεος ὁ ἀδελφὸς **Φιλήμονι** τῷ ἀγαπητῷ καὶ συνεργῷ ἡμῶν

5801 Φίλητος [1]

√ *5813*

2Ti 2:17 καὶ ὁ λόγος αὐτῶν ὡς γάγγραινα νομὴν ἕξει. ὧν ἐστιν Ὑμέναιος καὶ **Φίλητος,**

5802 φιλία [1]

√ *5813*

Jas 4: 4 οὐκ οἴδατε ὅτι ἡ **φιλία** τοῦ κόσμου ἔχθρα τοῦ θεοῦ ἐστιν;

5803 Φιλιππήσιος [1]

√ *5813 + 2691*

Php 4:15 Οἴδατε δὲ καὶ ὑμεῖς, **Φιλιππήσιοι,** ὅτι ἐν ἀρχῇ τοῦ εὐαγγελίου,

5804 Φίλιπποι [4]

√ *5813 + 2691*

Ac 16:12 κἀκεῖθεν εἰς **Φιλίππους,** ἥτις ἐστὶν πρώτη[ς] μερίδος τῆς Μακεδονίας πόλις,
20: 6 ἡμεῖς δὲ ἐξεπλεύσαμεν μετὰ τὰς ἡμέρας τῶν ἀζύμων ἀπὸ **Φιλίππων** καὶ ἤλθομεν πρὸς αὐτοὺς εἰς τὴν Τρῳάδα ἄχρι
Php 1: 1 Παῦλος καὶ Τιμόθεος δοῦλοι Χριστοῦ Ἰησοῦ πᾶσιν τοῖς ἁγίοις ἐν Χριστῷ Ἰησοῦ τοῖς οὖσιν ἐν **Φιλίπποις** σὺν ἐπισκόποις
1Th 2: 2 ἐν **Φιλίπποις** ἐπαρρησιασάμεθα ἐν τῷ θεῷ ἡμῶν λαλῆσαι πρὸς ὑμᾶς τὸ εὐαγγέλιον τοῦ θεοῦ ἐν πολλῷ ἀγῶνι.

5805 Φίλιππος [36]

√ *5813 + 2691*

Mt 10: 3 **Φίλιππος** καὶ Βαρθολομαῖος, Θωμᾶς καὶ Μαθθαῖος ὁ τελώνης,
14: 3 Ἡρῴδης κρατήσας τὸν Ἰωάννην ἔδησεν [αὐτὸν] καὶ ἐν φυλακῇ ἀπέθετο διὰ Ἡρῳδιάδα τὴν γυναῖκα **Φιλίππου** τοῦ ἀδελφοῦ
16:13 Ἐλθὼν δὲ ὁ Ἰησοῦς εἰς τὰ μέρη Καισαρείας τῆς **Φιλίππου** ἠρώτα τοὺς μαθητὰς αὐτοῦ λέγων,
Mk 3:18 καὶ Ἀνδρέαν καὶ **Φίλιππον** καὶ Βαρθολομαῖον καὶ Μαθθαῖον καὶ Θωμᾶν καὶ Ἰάκωβον τὸν τοῦ Ἁλφαίου καὶ Θαδδαῖον
6:17 Ἡρῴδης ἀποστείλας ἐκράτησεν τὸν Ἰωάννην καὶ ἔδησεν αὐτὸν ἐν φυλακῇ διὰ Ἡρῳδιάδα τὴν γυναῖκα **Φιλίππου** τοῦ ἀδελφοῦ
8:27 Καὶ ἐξῆλθεν ὁ Ἰησοῦς καὶ οἱ μαθηταὶ αὐτοῦ εἰς τὰς κώμας Καισαρείας τῆς **Φιλίππου·**
Lk 3: 1 **Φιλίππου** δὲ τοῦ ἀδελφοῦ αὐτοῦ τετρααρχοῦντος τῆς Ἰτουραίας καὶ Τραχωνίτιδος χώρας,
6:14 καὶ Ἰάκωβον καὶ Ἰωάννην καὶ **Φίλιππον** καὶ Βαρθολομαῖον
Jn 1:43 Τῇ ἐπαύριον ἠθέλησεν ἐξελθεῖν εἰς τὴν Γαλιλαίαν καὶ εὑρίσκει **Φίλιππον.**
1:44 ἦν δὲ ὁ **Φίλιππος** ἀπὸ Βηθσαϊδά, ἐκ τῆς πόλεως Ἀνδρέου καὶ Πέτρου.
1:45 εὑρίσκει **Φίλιππος** τὸν Ναθαναὴλ καὶ λέγει αὐτῷ, Ὃν ἔγραψεν Μωϋσῆς ἐν τῷ νόμῳ καὶ οἱ προφῆται εὑρήκαμεν,
1:46 Ἐκ Ναζαρὲτ δύναταί τι ἀγαθὸν εἶναι; λέγει αὐτῷ [ὁ] **Φίλιππος,** Ἔρχου καὶ ἴδε.
1:48 Πρὸ τοῦ σε **Φίλιππον** φωνῆσαι ὄντα ὑπὸ τὴν συκῆν εἶδόν σε.
6: 5 ἐπάρας οὖν τοὺς ὀφθαλμοὺς ὁ Ἰησοῦς καὶ θεασάμενος ὅτι πολὺς ὄχλος ἔρχεται πρὸς αὐτὸν λέγει πρὸς **Φίλιππον,**
6: 7 ἀπεκρίθη αὐτῷ [ὁ] **Φίλιππος,** Διακοσίων δηναρίων ἄρτοι οὐκ ἀρκοῦσιν αὐτοῖς ἵνα ἕκαστος βραχὺ [τι] λάβῃ.
12:21 οὗτοι οὖν προσῆλθον **Φιλίππῳ** τῷ ἀπὸ Βηθσαϊδὰ τῆς Γαλιλαίας καὶ ἠρώτων αὐτὸν λέγοντες,
12:22 ἔρχεται ὁ **Φίλιππος** καὶ λέγει τῷ Ἀνδρέᾳ, ἔρχεται Ἀνδρέας καὶ **Φίλιππος** καὶ λέγουσιν τῷ Ἰησοῦ.
14: 8 λέγει αὐτῷ **Φίλιππος,** Κύριε, δεῖξον ἡμῖν τὸν πατέρα,
14: 9 Τοσούτῳ χρόνῳ μεθ᾽ ὑμῶν εἰμι καὶ οὐκ ἔγνωκάς με, **Φίλιππε;**
Ac 1:13 **Φίλιππος** καὶ Θωμᾶς, Βαρθολομαῖος καὶ Μαθθαῖος, Ἰάκωβος Ἁλφαίου καὶ Σίμων ὁ ζηλωτὴς καὶ Ἰούδας Ἰακώβου.
6: 5 καὶ **Φίλιππον** καὶ Πρόχορον καὶ Νικάνορα καὶ Τίμωνα καὶ Παρμενᾶν καὶ Νικόλαον προσήλυτον Ἀντιοχέα,
8: 5 **Φίλιππος** δὲ κατελθὼν εἰς [τὴν] πόλιν τῆς Σαμαρείας ἐκήρυσσεν αὐτοῖς τὸν Χριστόν.
8: 6 προσεῖχον δὲ οἱ ὄχλοι τοῖς λεγομένοις ὑπὸ τοῦ **Φιλίππου** ὁμοθυμαδὸν ἐν τῷ ἀκούειν αὐτοὺς καὶ βλέπειν τὰ σημεῖα
8:12 ὅτε δὲ ἐπίστευσαν τῷ **Φιλίππῳ** εὐαγγελιζομένῳ περὶ τῆς βασιλείας τοῦ θεοῦ καὶ τοῦ ὀνόματος Ἰησοῦ Χριστοῦ,
8:13 ὁ δὲ Σίμων καὶ αὐτὸς ἐπίστευσεν καὶ βαπτισθεὶς ἦν προσκαρτερῶν τῷ **Φιλίππῳ,**
8:26 Ἄγγελος δὲ κυρίου ἐλάλησεν πρὸς **Φίλιππον** λέγων, Ἀνάστηθι καὶ πορεύου κατὰ μεσημβρίαν ἐπὶ τὴν ὁδὸν τὴν καταβαίνουσαν
8:29 εἶπεν δὲ τὸ πνεῦμα τῷ **Φιλίππῳ,** Πρόσελθε καὶ κολλήθητι τῷ ἅρματι τούτῳ.
8:30 προσδραμὼν δὲ ὁ **Φίλιππος** ἤκουσεν αὐτοῦ ἀναγινώσκοντος Ἠσαΐαν τὸν προφήτην καὶ εἶπεν,
8:31 παρεκάλεσέν τε τὸν **Φίλιππον** ἀναβάντα καθίσαι σὺν αὐτῷ.
8:34 Ἀποκριθεὶς δὲ ὁ εὐνοῦχος τῷ **Φιλίππῳ** εἶπεν, Δέομαί σου,
8:35 ἀνοίξας δὲ ὁ **Φίλιππος** τὸ στόμα αὐτοῦ καὶ ἀρξάμενος ἀπὸ τῆς γραφῆς ταύτης εὐηγγελίσατο αὐτῷ τὸν Ἰησοῦν.
8:38 ὅ τε **Φίλιππος** καὶ ὁ εὐνοῦχος, καὶ ἐβάπτισεν αὐτόν.
8:39 πνεῦμα κυρίου ἥρπασεν τὸν **Φίλιππον** καὶ οὐκ εἶδεν αὐτὸν οὐκέτι ὁ εὐνοῦχος,
8:40 **Φίλιππος** δὲ εὑρέθη εἰς Ἄζωτον· καὶ διερχόμενος εὐηγγελίζετο τὰς πόλεις πάσας
21: 8 τῇ δὲ ἐπαύριον ἐξελθόντες ἤλθομεν εἰς Καισάρειαν καὶ εἰσελθόντες εἰς τὸν οἶκον **Φιλίππου** τοῦ εὐαγγελιστοῦ,

5806 φιλόθεος [1]

√ *5813 + 2536*

2Ti 3: 4 προδόται προπετεῖς τετυφωμένοι, φιλήδονοι μᾶλλον ἢ **φιλόθεοι,**

5807 Φιλόλογος [1]

√ *5813 + 3306*

Ro 16:15 ἀσπάσασθε **Φιλόλογον** καὶ Ἰουλίαν, Νηρέα καὶ τὴν ἀδελφὴν αὐτοῦ,

5808 φιλονεικία [1]

→ *5809; cf. 5813*

Lk 22:24 Ἐγένετο δὲ καὶ **φιλονεικία** ἐν αὐτοῖς, τὸ τίς αὐτῶν δοκεῖ εἶναι μείζων.

5809 φιλόνεικος [1]

√ *5808*

1Co 11:16 Εἰ δέ τις δοκεῖ **φιλόνεικος** εἶναι, ἡμεῖς τοιαύτην συνήθειαν οὐκ ἔχομεν οὐδὲ αἱ ἐκκλησίαι τοῦ θεοῦ.

5810 φιλοξενία [2]

√ *5813 + 3828*

Ro 12:13 ταῖς χρείαις τῶν ἁγίων κοινωνοῦντες, τὴν **φιλοξενίαν** διώκοντες.
Heb 13: 2 τῆς **φιλοξενίας** μὴ ἐπιλανθάνεσθε, διὰ ταύτης γὰρ ἔλαθόν τινες ξενίσαντες ἀγγέλους.

5811 φιλόξενος [3]

√ *5813 + 3828*

1Ti 3: 2 μιᾶς γυναικὸς ἄνδρα, νηφάλιον σώφρονα κόσμιον **φιλόξενον** διδακτικόν,
Tit 1: 8 ἀλλὰ **φιλόξενον** φιλάγαθον σώφρονα δίκαιον ὅσιον ἐγκρατῆ,
1Pe 4: 9 **φιλόξενοι** εἰς ἀλλήλους ἄνευ γογγυσμοῦ·

5812 φιλοπρωτεύω [1]

√ *5813 + 4755*

3Jn 1: 9 ἀλλ᾽ ὁ **φιλοπρωτεύων** αὐτῶν Διοτρέφης οὐκ ἐπιδέχεται ἡμᾶς.

5813 φίλος [29]

→ *920, 921, 2541, 2968, 4713, 5787, 5788, 5789, 5790, 5791, 5792, 5793, 5794, 5795, 5796, 5797, 5798, 5799, 5800, 5801, 5802, 5803, 5804, 5805, 5806, 5807, 5810, 5811, 5812, 5814, 5815, 5816, 5817, 5818, 5819, 5820; cf. 5808*

φίλη [1] Lk 15:9

Mt 11:19 Ἰδοὺ ἄνθρωπος φάγος καὶ οἰνοπότης, τελωνῶν **φίλος** καὶ ἁμαρτωλῶν.
Lk 7: 6 ἤδη δὲ αὐτοῦ οὐ μακρὰν ἀπέχοντος ἀπὸ τῆς οἰκίας ἔπεμψεν **φίλους** ὁ ἑκατοντάρχης λέγων αὐτῷ,
7:34 Ἰδοὺ ἄνθρωπος φάγος καὶ οἰνοπότης, **φίλος** τελωνῶν καὶ ἁμαρτωλῶν.
11: 5 Τίς ἐξ ὑμῶν ἕξει **φίλον** καὶ πορεύσεται πρὸς αὐτὸν μεσονυκτίου καὶ εἴπῃ αὐτῷ, **Φίλε,** χρῆσόν μοι τρεῖς ἄρτους,
11: 6 ἐπειδὴ **φίλος** μου παρεγένετο ἐξ ὁδοῦ πρός με καὶ οὐκ ἔχω ὃ παραθήσω αὐτῷ·
11: 8 εἰ καὶ οὐ δώσει αὐτῷ ἀναστὰς διὰ τὸ εἶναι **φίλον** αὐτοῦ,
12: 4 Λέγω δὲ ὑμῖν τοῖς **φίλοις** μου, μὴ φοβηθῆτε ἀπὸ τῶν ἀποκτεινόντων τὸ σῶμα καὶ μετὰ ταῦτα μὴ ἐχόντων περισσότερόν τι ποιῆσαι.
14:10 ἵνα ὅταν ἔλθῃ ὁ κεκληκώς σε ἐρεῖ σοι, **Φίλε,** προσανάβηθι ἀνώτερον·
14:12 μὴ φώνει τοὺς **φίλους** σου μηδὲ τοὺς ἀδελφούς σου μηδὲ τοὺς συγγενεῖς σου μηδὲ γείτονας πλουσίους,
15: 6 καὶ ἐλθὼν εἰς τὸν οἶκον συγκαλεῖ τοὺς **φίλους** καὶ τοὺς γείτονας λέγων αὐτοῖς,
15: 9 καὶ εὑροῦσα συγκαλεῖ τὰς **φίλας** καὶ γείτονας λέγουσα,
15:29 καὶ ἐμοὶ οὐδέποτε ἔδωκας ἔριφον ἵνα μετὰ τῶν **φίλων** μου εὐφρανθῶ·
16: 9 ἑαυτοῖς ποιήσατε **φίλους** ἐκ τοῦ μαμωνᾶ τῆς ἀδικίας,
21:16 παραδοθήσεσθε δὲ καὶ ὑπὸ γονέων καὶ ἀδελφῶν καὶ συγγενῶν καὶ **φίλων,**
23:12 ἐγένοντο δὲ **φίλοι** ὅ τε Ἡρῴδης καὶ ὁ Πιλᾶτος ἐν αὐτῇ τῇ ἡμέρᾳ μετ᾽ ἀλλήλων·
Jn 3:29 ὁ δὲ **φίλος** τοῦ νυμφίου ὁ ἑστηκὼς καὶ ἀκούων αὐτοῦ χαρᾷ χαίρει διὰ τὴν φωνὴν τοῦ νυμφίου.
11:11 μετὰ τοῦτο λέγει αὐτοῖς, Λάζαρος ὁ **φίλος** ἡμῶν κεκοίμηται·
15:13 ἵνα τις τὴν ψυχὴν αὐτοῦ θῇ ὑπὲρ τῶν **φίλων** αὐτοῦ.
15:14 ὑμεῖς **φίλοι** μού ἐστε ἐὰν ποιῆτε ἃ ἐγὼ ἐντέλλομαι ὑμῖν.
15:15 ὑμᾶς δὲ εἴρηκα **φίλους,** ὅτι πάντα ἃ ἤκουσα παρὰ τοῦ πατρός μου ἐγνώρισα ὑμῖν.
19:12 Ἐὰν τοῦτον ἀπολύσῃς, οὐκ εἶ **φίλος** τοῦ Καίσαρος·
Ac 10:24 ὁ δὲ Κορνήλιος ἦν προσδοκῶν αὐτοὺς συγκαλεσάμενος τοὺς συγγενεῖς αὐτοῦ καὶ τοὺς ἀναγκαίους **φίλους.**
19:31 τινὲς δὲ καὶ τῶν Ἀσιαρχῶν, ὄντες αὐτῷ **φίλοι,**
27: 3 φιλανθρώπως τε ὁ Ἰούλιος τῷ Παύλῳ χρησάμενος ἐπέτρεψεν πρὸς τοὺς **φίλους** πορευθέντι ἐπιμελείας τυχεῖν.
Jas 2:23 καὶ ἐλογίσθη αὐτῷ εἰς δικαιοσύνην καὶ **φίλος** θεοῦ ἐκλήθη.
4: 4 ὃς ἐὰν οὖν βουληθῇ **φίλος** εἶναι τοῦ κόσμου,
3Jn 1:15 ἀσπάζονταί σε οἱ **φίλοι.** ἀσπάζου τοὺς **φίλους** κατ᾽ ὄνομα.

5814 φιλοσοφία [1]

√ *5813 + 5055*

Col 2: 8 βλέπετε μή τις ὑμᾶς ἔσται ὁ συλαγωγῶν διὰ τῆς **φιλοσοφίας** καὶ κενῆς ἀπάτης κατὰ τὴν παράδοσιν τῶν ἀνθρώπων,

5815 φιλόσοφος [1]

√ *5813 + 5055*

Ac 17:18 τινὲς δὲ καὶ τῶν Ἐπικουρείων καὶ Στοϊκῶν **φιλοσόφων** συνέβαλλον αὐτῷ,

5816 φιλόστοργος [1]

√ *5813*

Ro 12:10 τῇ φιλαδελφίᾳ εἰς ἀλλήλους **φιλόστοργοι,** τῇ τιμῇ ἀλλήλους προηγούμενοι,

5817 φιλότεκνος [1]

√ *5813 + 5503*

Tit 2: 4 ἵνα σωφρονίζωσιν τὰς νέας φιλάνδρους εἶναι, **φιλοτέκνους**

5818 φιλοτιμέομαι [3]

√ *5813 + 5507*

Ro 15:20 οὕτως δὲ **φιλοτιμούμενον** εὐαγγελίζεσθαι οὐχ ὅπου ὠνομάσθη Χριστός,
2Co 5: 9 διὸ καὶ **φιλοτιμούμεθα,** εἴτε ἐνδημοῦντες εἴτε ἐκδημοῦντες, εὐάρεστοι αὐτῷ εἶναι.
1Th 4:11 καὶ **φιλοτιμεῖσθαι** ἡσυχάζειν καὶ πράσσειν τὰ ἴδια καὶ ἐργάζεσθαι ταῖς [ἰδίαις] χερσὶν ὑμῶν,

5819 φιλοφρόνως [1]

√ *5813 + 5856*

Ac 28: 7 Ἐν δὲ τοῖς περὶ τὸν τόπον ἐκεῖνον ὑπῆρχεν χωρία τῷ πρώτῳ τῆς νήσου ὀνόματι Ποπλίῳ, ὃς ἀναδεξάμενος ἡμᾶς τρεῖς ἡμέρας **φιλοφρόνως** ἐξένισεν.

5820 φιλόφρων Not used in UBS/NIV

√ *5813 + 5856*

5821 φιμόω [7]

Mt 22:12 πῶς εἰσῆλθες ὧδε μὴ ἔχων ἔνδυμα γάμου; ὁ δὲ **ἐφιμώθη.**
22:34 Οἱ δὲ Φαρισαῖοι ἀκούσαντες ὅτι **ἐφίμωσεν** τοὺς Σαδδουκαίους συνήχθησαν ἐπὶ τὸ αὐτό,
Mk 1:25 καὶ ἐπετίμησεν αὐτῷ ὁ Ἰησοῦς λέγων, **Φιμώθητι** καὶ ἔξελθε ἐξ αὐτοῦ.
4:39 καὶ διεγερθεὶς ἐπετίμησεν τῷ ἀνέμῳ καὶ εἶπεν τῇ θαλάσσῃ, Σιώπα, **πεφίμωσο.**
Lk 4:35 καὶ ἐπετίμησεν αὐτῷ ὁ Ἰησοῦς λέγων, **Φιμώθητι** καὶ ἔξελθε ἀπ᾽ αὐτοῦ.
1Ti 5:18 λέγει γὰρ ἡ γραφή, Βοῦν ἀλοῶντα οὐ **φιμώσεις,** καί,
1Pe 2:15 ὅτι οὕτως ἐστὶν τὸ θέλημα τοῦ θεοῦ ἀγαθοποιοῦντας **φιμοῦν** τὴν τῶν ἀφρόνων ἀνθρώπων ἀγνωσίαν,

5822 φλαγελλόω Not used in UBS/NIV

√ 5848

5823 Φλέγων [1]

√ 5825

Ro 16:14 ἀσπάσασθε Ἀσύγκριτον, **Φλέγοντα,** Ἑρμῆν, Πατροβᾶν, Ἑρμᾶν καὶ τοὺς σὺν αὐτοῖς ἀδελφούς.

5824 φλογίζω [2]

√ 5825

Jas 3: 6 ἡ σπιλοῦσα ὅλον τὸ σῶμα καὶ **φλογίζουσα** τὸν τροχὸν τῆς γενέσεως καὶ **φλογιζομένη** ὑπὸ τῆς γεέννης.

5825 φλόξ [7]

→ 5823, 5824

φλόξ πυρός [6] Ac 7:30; 2Th 1:7; Heb 1:7; Rev 1:14; 2:18; 19:12

Lk 16:24 ἐλέησόν με καὶ πέμψον Λάζαρον ἵνα βάψῃ τὸ ἄκρον τοῦ δακτύλου αὐτοῦ ὕδατος καὶ καταψύξῃ τὴν γλῶσσάν μου, ὅτι ὀδυνῶμαι ἐν τῇ **φλογὶ** ταύτῃ.

Ac 7:30 Καὶ πληρωθέντων ἐτῶν τεσσεράκοντα ὤφθη αὐτῷ ἐν τῇ ἐρήμῳ τοῦ ὄρους Σινᾶ ἄγγελος ἐν **φλογὶ** πυρὸς βάτου.

2Th 1: 8 ἐν πυρὶ **φλογός,** διδόντος ἐκδίκησιν τοῖς μὴ εἰδόσιν θεὸν καὶ τοῖς μὴ ὑπακούουσιν τῷ εὐαγγελίῳ τοῦ κυρίου ἡμῶν Ἰησοῦ,

Heb 1: 7 Ὁ ποιῶν τοὺς ἀγγέλους αὐτοῦ πνεύματα καὶ τοὺς λειτουργοὺς αὐτοῦ πυρὸς **φλόγα,**

Rev 1:14 ἡ δὲ κεφαλὴ αὐτοῦ καὶ αἱ τρίχες λευκαὶ ὡς ἔριον λευκὸν ὡς χιὼν καὶ οἱ ὀφθαλμοὶ αὐτοῦ ὡς **φλὸξ** πυρὸς

2:18 ὁ ἔχων τοὺς ὀφθαλμοὺς αὐτοῦ ὡς **φλόγα** πυρὸς καὶ οἱ πόδες αὐτοῦ ὅμοιοι χαλκολιβάνῳ·

19:12 οἱ δὲ ὀφθαλμοὶ αὐτοῦ [ὡς] **φλὸξ** πυρός, καὶ ἐπὶ τὴν κεφαλὴν αὐτοῦ διαδήματα πολλά,

5826 φλυαρέω [1]

√ 5827

3Jn 1:10 ὑπομνήσω αὐτοῦ τὰ ἔργα ἃ ποιεῖ λόγοις πονηροῖς **φλυαρῶν** ἡμᾶς,

5827 φλύαρος [1]

→ 3886, 5826

1Ti 5:13 οὐ μόνον δὲ ἀργαὶ ἀλλὰ καὶ **φλύαροι** καὶ περίεργοι,

5828 φοβέομαι [95]

√ 5832

μὴ φοβοῦ, φοβεῖσθε [30] Mt 1:20; 10:26,28,31; 14:27; 17:7; 28:5,10; Mk 5:36; 6:50; Lk 1:13,30; 2:10; 5:10; 8:50; 9:45; 12:4,7,32; 18:2; Jn 6:20; 12:15; Ac 18:9; 27:24; Ro 13:3; Heb 11:27; 1Pe 3:6,14; Rev 1:17; 15:4

φοβέομαι ἀπό [3] Mt 10:28; Lk 5:10; 12:4

φοβέομαι μή [7] Ac 5:26; 23:10; 27:17,29; 2Co 11:3; 12:20; Gal 4:11

φοβέομαι ... πτόησις [1] 1Pe 3:6

φοβέομαι ... φόβος [5] Mk 4:41; Lk 2:9; Ro 13:3; 1Pe 3:14; 1Jn 4:18

Mt 1:20 Ἰωσὴφ υἱὸς Δαυίδ, μὴ **φοβηθῇς** παραλαβεῖν Μαριὰμ τὴν γυναῖκά σου·

2:22 ἀκούσας δὲ ὅτι Ἀρχέλαος βασιλεύει τῆς Ἰουδαίας ἀντὶ τοῦ πατρὸς αὐτοῦ Ἡρῴδου **ἐφοβήθη** ἐκεῖ ἀπελθεῖν·

9: 8 ἰδόντες δὲ οἱ ὄχλοι **ἐφοβήθησαν** καὶ ἐδόξασαν τὸν θεὸν τὸν δόντα ἐξουσίαν τοιαύτην τοῖς ἀνθρώποις.

10:26 Μὴ οὖν **φοβηθῆτε** αὐτούς· οὐδὲν γάρ ἐστιν κεκαλυμμένον ὃ οὐκ ἀποκαλυφθήσεται καὶ κρυπτὸν ὃ οὐ γνωσθήσεται.

10:28 καὶ μὴ **φοβεῖσθε** ἀπὸ τῶν ἀποκτεννόντων τὸ σῶμα, τὴν δὲ ψυχὴν μὴ δυναμένων ἀποκτεῖναι· **φοβεῖσθε** δὲ μᾶλλον τὸν δυνάμενον καὶ ψυχὴν καὶ σῶμα ἀπολέσαι ἐν γεέννῃ.

10:31 μὴ οὖν **φοβεῖσθε·** πολλῶν στρουθίων διαφέρετε ὑμεῖς.

14: 5 καὶ θέλων αὐτὸν ἀποκτεῖναι **ἐφοβήθη** τὸν ὄχλον, ὅτι ὡς προφήτην αὐτὸν εἶχον.

14:27 εὐθὺς δὲ ἐλάλησεν [ὁ Ἰησοῦς] αὐτοῖς λέγων, Θαρσεῖτε, ἐγώ εἰμι· μὴ **φοβεῖσθε.**

14:30 βλέπων δὲ τὸν ἄνεμον [ἰσχυρὸν] **ἐφοβήθη,** καὶ ἀρξάμενος καταποντίζεσθαι ἔκραξεν λέγων,

17: 6 καὶ ἀκούσαντες οἱ μαθηταὶ ἔπεσαν ἐπὶ πρόσωπον αὐτῶν καὶ **ἐφοβήθησαν** σφόδρα.

17: 7 καὶ προσῆλθεν ὁ Ἰησοῦς καὶ ἁψάμενος αὐτῶν εἶπεν, Ἐγέρθητε καὶ μὴ **φοβεῖσθε.**

21:26 ἐὰν δὲ εἴπωμεν, Ἐξ ἀνθρώπων, **φοβούμεθα** τὸν ὄχλον,

21:46 καὶ ζητοῦντες αὐτὸν κρατῆσαι **ἐφοβήθησαν** τοὺς ὄχλους, ἐπεὶ εἰς προφήτην αὐτὸν εἶχον.

25:25 καὶ **φοβηθεὶς** ἀπελθὼν ἔκρυψα τὸ τάλαντόν σου ἐν τῇ γῇ·

27:54 Ὁ δὲ ἑκατόνταρχος καὶ οἱ μετ᾽ αὐτοῦ τηροῦντες τὸν Ἰησοῦν ἰδόντες τὸν σεισμὸν καὶ τὰ γενόμενα **ἐφοβήθησαν** σφόδρα,

28: 5 Μὴ **φοβεῖσθε** ὑμεῖς, οἶδα γὰρ ὅτι Ἰησοῦν τὸν ἐσταυρωμένον ζητεῖτε·

28:10 λέγει αὐταῖς ὁ Ἰησοῦς, Μὴ **φοβεῖσθε·** ὑπάγετε ἀπαγγείλατε τοῖς ἀδελφοῖς μου ἵνα ἀπέλθωσιν εἰς τὴν Γαλιλαίαν,

Mk 4:41 καὶ **ἐφοβήθησαν** φόβον μέγαν καὶ ἔλεγον πρὸς ἀλλήλους,

5:15 καὶ θεωροῦσιν τὸν δαιμονιζόμενον καθήμενον ἱματισμένον καὶ σωφρονοῦντα, τὸν ἐσχηκότα τὸν λεγιῶνα, καὶ **ἐφοβήθησαν.**

5:33 ἡ δὲ γυνὴ **φοβηθεῖσα** καὶ τρέμουσα, εἰδυῖα ὃ γέγονεν αὐτῇ,

5:36 ὁ δὲ Ἰησοῦς παρακούσας τὸν λόγον λαλούμενον λέγει τῷ ἀρχισυναγώγῳ, Μὴ **φοβοῦ,** μόνον πίστευε.

6:20 ὁ γὰρ Ἡρῴδης **ἐφοβεῖτο** τὸν Ἰωάννην, εἰδὼς αὐτὸν ἄνδρα δίκαιον καὶ ἅγιον,

6:50 καὶ λέγει αὐτοῖς, Θαρσεῖτε, ἐγώ εἰμι· μὴ **φοβεῖσθε.**

9:32 οἱ δὲ ἠγνόουν τὸ ῥῆμα, καὶ **ἐφοβοῦντο** αὐτὸν ἐπερωτῆσαι.

10:32 καὶ ἦν προάγων αὐτοὺς ὁ Ἰησοῦς, καὶ ἐθαμβοῦντο, οἱ δὲ ἀκολουθοῦντες **ἐφοβοῦντο.**

11:18 **ἐφοβοῦντο** γὰρ αὐτόν, πᾶς γὰρ ὁ ὄχλος ἐξεπλήσσετο ἐπὶ τῇ διδαχῇ αὐτοῦ.

11:32 ἀλλὰ εἴπωμεν, Ἐξ ἀνθρώπων;– **ἐφοβοῦντο** τὸν ὄχλον· ἅπαντες γὰρ εἶχον τὸν Ἰωάννην ὄντως ὅτι προφήτης ἦν.

12:12 Καὶ ἐζήτουν αὐτὸν κρατῆσαι, καὶ **ἐφοβήθησαν** τὸν ὄχλον,

16: 8 εἶχεν γὰρ αὐτὰς τρόμος καὶ ἔκστασις· καὶ οὐδενὶ οὐδὲν εἶπαν· **ἐφοβοῦντο** γάρ.

Lk 1:13 Μὴ **φοβοῦ,** Ζαχαρία, διότι εἰσηκούσθη ἡ δέησίς σου,

1:30 καὶ εἶπεν ὁ ἄγγελος αὐτῇ, Μὴ **φοβοῦ,** Μαριάμ,

1:50 τὸ ἔλεος αὐτοῦ εἰς γενεὰς καὶ γενεὰς τοῖς **φοβουμένοις** αὐτόν.

2: 9 καὶ ἄγγελος κυρίου ἐπέστη αὐτοῖς καὶ δόξα κυρίου περιέλαμψεν αὐτούς, καὶ **ἐφοβήθησαν** φόβον μέγαν.

2:10 καὶ εἶπεν αὐτοῖς ὁ ἄγγελος, Μὴ **φοβεῖσθε,** ἰδοὺ γὰρ εὐαγγελίζομαι ὑμῖν χαρὰν μεγάλην ἥτις ἔσται παντὶ τῷ λαῷ,

5:10 καὶ εἶπεν πρὸς τὸν Σίμωνα ὁ Ἰησοῦς, Μὴ **φοβοῦ·**

8:25 **φοβηθέντες** δὲ ἐθαύμασαν λέγοντες πρὸς ἀλλήλους, Τίς ἄρα οὗτός ἐστιν ὅτι καὶ τοῖς ἀνέμοις ἐπιτάσσει καὶ τῷ ὕδατι,

8:35 τὸν ἄνθρωπον ἀφ᾽ οὗ τὰ δαιμόνια ἐξῆλθεν ἱματισμένον καὶ σωφρονοῦντα παρὰ τοὺς πόδας τοῦ Ἰησοῦ, καὶ **ἐφοβήθησαν.**

8:50 ὁ δὲ Ἰησοῦς ἀκούσας ἀπεκρίθη αὐτῷ, Μὴ **φοβοῦ,** μόνον πίστευσον, καὶ σωθήσεται.

9:34 **ἐφοβήθησαν** δὲ ἐν τῷ εἰσελθεῖν αὐτοὺς εἰς τὴν νεφέλην.

9:45 καὶ **ἐφοβοῦντο** ἐρωτῆσαι αὐτὸν περὶ τοῦ ῥήματος τούτου.

12: 4 μὴ **φοβηθῆτε** ἀπὸ τῶν ἀποκτεινόντων τὸ σῶμα καὶ μετὰ ταῦτα μὴ ἐχόντων περισσότερόν τι ποιῆσαι.

12: 5 ὑποδείξω δὲ ὑμῖν τίνα **φοβηθῆτε· φοβήθητε** τὸν μετὰ τὸ ἀποκτεῖναι ἔχοντα ἐξουσίαν ἐμβαλεῖν εἰς τὴν γέενναν. ναὶ λέγω ὑμῖν, τοῦτον **φοβήθητε.**

12: 7 ἀλλὰ καὶ αἱ τρίχες τῆς κεφαλῆς ὑμῶν πᾶσαι ἠρίθμηνται. μὴ **φοβεῖσθε·** πολλῶν στρουθίων διαφέρετε.

12:32 Μὴ **φοβοῦ,** τὸ μικρὸν ποίμνιον, ὅτι εὐδόκησεν ὁ πατὴρ ὑμῶν δοῦναι ὑμῖν τὴν βασιλείαν.

18: 2 Κριτής τις ἦν ἔν τινι πόλει τὸν θεὸν μὴ **φοβούμενος** καὶ ἄνθρωπον μὴ ἐντρεπόμενος.

18: 4 Εἰ καὶ τὸν θεὸν οὐ **φοβοῦμαι** οὐδὲ ἄνθρωπον ἐντρέπομαι,

19:21 **ἐφοβούμην** γάρ σε, ὅτι ἄνθρωπος αὐστηρὸς εἶ, αἴρεις ὃ οὐκ ἔθηκας καὶ θερίζεις ὃ οὐκ ἔσπειρας.

20:19 καὶ **ἐφοβήθησαν** τὸν λαόν, ἔγνωσαν γὰρ ὅτι πρὸς αὐτοὺς εἶπεν τὴν παραβολὴν ταύτην.

22: 2 καὶ ἐζήτουν οἱ ἀρχιερεῖς καὶ οἱ γραμματεῖς τὸ πῶς ἀνέλωσιν αὐτόν, **ἐφοβοῦντο** γὰρ τὸν λαόν.

23:40 Οὐδὲ **φοβῇ** σὺ τὸν θεόν, ὅτι ἐν τῷ αὐτῷ κρίματι εἶ;

Jn 6:19 θεωροῦσιν τὸν Ἰησοῦν περιπατοῦντα ἐπὶ τῆς θαλάσσης καὶ ἐγγὺς τοῦ πλοίου γινόμενον, καὶ **ἐφοβήθησαν.**
6:20 ὁ δὲ λέγει αὐτοῖς, Ἐγώ εἰμι· μὴ **φοβεῖσθε.**
9:22 ταῦτα εἶπαν οἱ γονεῖς αὐτοῦ ὅτι **ἐφοβοῦντο** τοὺς Ἰουδαίους·
12:15 Μὴ **φοβοῦ,** θυγάτηρ Σιών· ἰδοὺ ὁ βασιλεύς σου ἔρχεται,
19: 8 Ὅτε οὖν ἤκουσεν ὁ Πιλᾶτος τοῦτον τὸν λόγον, μᾶλλον **ἐφοβήθη,**
Ac 5:26 τότε ἀπελθὼν ὁ στρατηγὸς σὺν τοῖς ὑπηρέταις ἦγεν αὐτοὺς οὐ μετὰ βίας, **ἐφοβοῦντο** γὰρ τὸν λαὸν μὴ λιθασθῶσιν.
9:26 πάντες **ἐφοβοῦντο** αὐτὸν μὴ πιστεύοντες ὅτι ἐστὶν μαθητής.
10: 2 εὐσεβὴς καὶ **φοβούμενος** τὸν θεὸν σὺν παντὶ τῷ οἴκῳ αὐτοῦ,
10:22 Κορνήλιος ἑκατοντάρχης, ἀνὴρ δίκαιος καὶ **φοβούμενος** τὸν θεόν,
10:35 ἀλλ᾽ ἐν παντὶ ἔθνει ὁ **φοβούμενος** αὐτὸν καὶ ἐργαζόμενος δικαιοσύνην δεκτὸς αὐτῷ ἐστιν.
13:16 Ἄνδρες Ἰσραηλῖται καὶ οἱ **φοβούμενοι** τὸν θεόν, ἀκούσατε.
13:26 υἱοὶ γένους Ἀβραὰμ καὶ οἱ ἐν ὑμῖν **φοβούμενοι** τὸν θεόν,
16:38 ἀπήγγειλαν δὲ τοῖς στρατηγοῖς οἱ ῥαβδοῦχοι τὰ ῥήματα ταῦτα. **ἐφοβήθησαν** δὲ ἀκούσαντες ὅτι Ῥωμαῖοί εἰσιν,
18: 9 εἶπεν δὲ ὁ κύριος ἐν νυκτὶ δι᾽ ὁράματος τῷ Παύλῳ, Μὴ **φοβοῦ,** ἀλλὰ λάλει καὶ μὴ σιωπήσῃς,
22:29 καὶ ὁ χιλίαρχος δὲ **ἐφοβήθη** ἐπιγνοὺς ὅτι Ῥωμαῖός ἐστιν καὶ ὅτι αὐτὸν ἦν δεδεκώς.
23:10 **φοβηθεὶς** ὁ χιλίαρχος μὴ διασπασθῇ ὁ Παῦλος ὑπ᾽ αὐτῶν ἐκέλευσεν τὸ στράτευμα καταβὰν ἁρπάσαι αὐτὸν ἐκ μέσου
27:17 **φοβούμενοί** τε μὴ εἰς τὴν Σύρτιν ἐκπέσωσιν, χαλάσαντες τὸ σκεῦος,
27:24 λέγων, Μὴ **φοβοῦ,** Παῦλε, Καίσαρί σε δεῖ παραστῆναι,
27:29 **φοβούμενοί** τε μή που κατὰ τραχεῖς τόπους ἐκπέσωμεν,
Ro 11:20 σὺ δὲ τῇ πίστει ἕστηκας. μὴ ὑψηλὰ φρόνει ἀλλὰ **φοβοῦ·**
13: 3 θέλεις δὲ μὴ **φοβεῖσθαι** τὴν ἐξουσίαν· τὸ ἀγαθὸν ποίει,
13: 4 ἐὰν δὲ τὸ κακὸν ποιῇς, **φοβοῦ·** οὐ γὰρ εἰκῇ τὴν μάχαιραν φορεῖ·
2Co 11: 3 **φοβοῦμαι** δὲ μή πως, ὡς ὁ ὄφις ἐξηπάτησεν Εὕαν ἐν τῇ πανουργίᾳ αὐτοῦ,
12:20 **φοβοῦμαι** γὰρ μή πως ἐλθὼν οὐχ οἵους θέλω εὕρω ὑμᾶς κἀγὼ εὑρεθῶ ὑμῖν οἷον οὐ θέλετε·
Gal 2:12 ὑπέστελλεν καὶ ἀφώριζεν ἑαυτὸν **φοβούμενος** τοὺς ἐκ περιτομῆς.
4:11 **φοβοῦμαι** ὑμᾶς μή πως εἰκῇ κεκοπίακα εἰς ὑμᾶς.
Eph 5:33 ἕκαστος τὴν ἑαυτοῦ γυναῖκα οὕτως ἀγαπάτω ὡς ἑαυτόν, ἡ δὲ γυνὴ ἵνα **φοβῆται** τὸν ἄνδρα.
Col 3:22 μὴ ἐν ὀφθαλμοδουλίᾳ ὡς ἀνθρωπάρεσκοι, ἀλλ᾽ ἐν ἁπλότητι καρδίας **φοβούμενοι** τὸν κύριον.
Heb 4: 1 **Φοβηθῶμεν** οὖν, μήποτε καταλειπομένης ἐπαγγελίας εἰσελθεῖν εἰς τὴν κατάπαυσιν αὐτοῦ δοκῇ τις ἐξ ὑμῶν ὑστερηκέναι.
11:23 διότι εἶδον ἀστεῖον τὸ παιδίον καὶ οὐκ **ἐφοβήθησαν** τὸ διάταγμα τοῦ βασιλέως.
11:27 Πίστει κατέλιπεν Αἴγυπτον μὴ **φοβηθεὶς** τὸν θυμὸν τοῦ βασιλέως·
13: 6 Κύριος ἐμοὶ βοηθός, [καὶ] οὐ **φοβηθήσομαι,** τί ποιήσει μοι ἄνθρωπος;
1Pe 2:17 τὴν ἀδελφότητα ἀγαπᾶτε, τὸν θεὸν **φοβεῖσθε,** τὸν βασιλέα τιμᾶτε.
3: 6 ἧς ἐγενήθητε τέκνα ἀγαθοποιοῦσαι καὶ μὴ **φοβούμεναι** μηδεμίαν πτόησιν.
3:14 τὸν δὲ φόβον αὐτῶν μὴ **φοβηθῆτε** μηδὲ ταραχθῆτε,
1Jn 4:18 ὁ δὲ **φοβούμενος** οὐ τετελείωται ἐν τῇ ἀγάπῃ.
Rev 1:17 καὶ ἔθηκεν τὴν δεξιὰν αὐτοῦ ἐπ᾽ ἐμὲ λέγων, Μὴ **φοβοῦ·**
2:10 μηδὲν **φοβοῦ** ἃ μέλλεις πάσχειν. ἰδοὺ μέλλει βάλλειν ὁ διάβολος ἐξ ὑμῶν εἰς φυλακὴν ἵνα πειρασθῆτε καὶ ἕξετε θλῖψιν
11:18 κριθῆναι καὶ δοῦναι τὸν μισθὸν τοῖς δούλοις σου τοῖς προφήταις καὶ τοῖς ἁγίοις καὶ τοῖς **φοβουμένοις** τὸ ὄνομά σου,
14: 7 λέγων ἐν φωνῇ μεγάλῃ, **Φοβήθητε** τὸν θεὸν καὶ δότε αὐτῷ δόξαν,
15: 4 τίς οὐ μὴ **φοβηθῇ,** κύριε, καὶ δοξάσει τὸ ὄνομά σου;
19: 5 Αἰνεῖτε τῷ θεῷ ἡμῶν πάντες οἱ δοῦλοι αὐτοῦ [καὶ] οἱ **φοβούμενοι** αὐτόν,

5829 φοβερός [3]

√ *5832*

Heb 10:27 **φοβερὰ** δέ τις ἐκδοχὴ κρίσεως καὶ πυρὸς ζῆλος ἐσθίειν μέλλοντος τοὺς ὑπεναντίους.
10:31 **φοβερὸν** τὸ ἐμπεσεῖν εἰς χεῖρας θεοῦ ζῶντος.
12:21 καί, οὕτω **φοβερὸν** ἦν τὸ φανταζόμενον, Μωϋσῆς εἶπεν,

5830 φοβέω Not used in UBS/NIV

√ *5832*

5831 φόβητρον [1]

√ *5832*

Lk 21:11 **φόβητρά** τε καὶ ἀπ᾽ οὐρανοῦ σημεῖα μεγάλα ἔσται.

5832 φόβος [47]

→ *925, 1768, 1769, 1873, 5828, 5829, 5830, 5831*

μέγας φόβος [6] Mk 4:41; Lk 2:9; 8:37; Ac 5:5,11; Rev 11:11

φοβέομαι ... φόβος [5] Mk 4:41; Lk 2:9; Ro 13:3; 1Pe 3:14; 1Jn 4:18

φόβος θεοῦ [2] Ro 3:18; 2Co 7:1

φόβος κυρίου [2] Ac 9:31; 2Co 5:11

φόβος Χριστοῦ [1] Eph 5:21

Mt 14:26 ἰδόντες αὐτὸν ἐπὶ τῆς θαλάσσης περιπατοῦντα ἐταράχθησαν λέγοντες ὅτι Φάντασμά ἐστιν, καὶ ἀπὸ τοῦ **φόβου** ἔκραξαν.
28: 4 ἀπὸ δὲ τοῦ **φόβου** αὐτοῦ ἐσείσθησαν οἱ τηροῦντες καὶ ἐγενήθησαν ὡς νεκροί.
28: 8 καὶ ἀπελθοῦσαι ταχὺ ἀπὸ τοῦ μνημείου μετὰ **φόβου** καὶ χαρᾶς μεγάλης ἔδραμον ἀπαγγεῖλαι τοῖς μαθηταῖς αὐτοῦ.
Mk 4:41 καὶ ἐφοβήθησαν **φόβον** μέγαν καὶ ἔλεγον πρὸς ἀλλήλους,
Lk 1:12 καὶ ἐταράχθη Ζαχαρίας ἰδὼν καὶ **φόβος** ἐπέπεσεν ἐπ᾽ αὐτόν.
1:65 καὶ ἐγένετο ἐπὶ πάντας **φόβος** τοὺς περιοικοῦντας αὐτούς,
2: 9 καὶ ἄγγελος κυρίου ἐπέστη αὐτοῖς καὶ δόξα κυρίου περιέλαμψεν αὐτούς, καὶ ἐφοβήθησαν **φόβον** μέγαν.
5:26 καὶ ἔκστασις ἔλαβεν ἅπαντας καὶ ἐδόξαζον τὸν θεὸν καὶ ἐπλήσθησαν **φόβου** λέγοντες ὅτι Εἴδομεν παράδοξα σήμερον.
7:16 ἔλαβεν δὲ **φόβος** πάντας καὶ ἐδόξαζον τὸν θεὸν λέγοντες ὅτι Προφήτης μέγας ἠγέρθη ἐν ἡμῖν
8:37 καὶ ἠρώτησεν αὐτὸν ἅπαν τὸ πλῆθος τῆς περιχώρου τῶν Γερασηνῶν ἀπελθεῖν ἀπ᾽ αὐτῶν, ὅτι **φόβῳ** μεγάλῳ συνείχοντο·
21:26 ἀποψυχόντων ἀνθρώπων ἀπὸ **φόβου** καὶ προσδοκίας τῶν ἐπερχομένων τῇ οἰκουμένῃ,
Jn 7:13 οὐδεὶς μέντοι παρρησίᾳ ἐλάλει περὶ αὐτοῦ διὰ τὸν **φόβον** τῶν Ἰουδαίων.
19:38 ὢν μαθητὴς τοῦ Ἰησοῦ κεκρυμμένος δὲ διὰ τὸν **φόβον** τῶν Ἰουδαίων,
20:19 τῇ ἡμέρᾳ ἐκείνῃ τῇ μιᾷ σαββάτων καὶ τῶν θυρῶν κεκλεισμένων ὅπου ἦσαν οἱ μαθηταὶ διὰ τὸν **φόβον** τῶν Ἰουδαίων,
Ac 2:43 Ἐγίνετο δὲ πάσῃ ψυχῇ **φόβος,** πολλά τε τέρατα καὶ σημεῖα διὰ τῶν ἀποστόλων ἐγίνετο.
5: 5 καὶ ἐγένετο **φόβος** μέγας ἐπὶ πάντας τοὺς ἀκούοντας.
5:11 καὶ ἐγένετο **φόβος** μέγας ἐφ᾽ ὅλην τὴν ἐκκλησίαν καὶ ἐπὶ πάντας τοὺς ἀκούοντας ταῦτα.
9:31 εἶχεν εἰρήνην οἰκοδομουμένη καὶ πορευομένη τῷ **φόβῳ** τοῦ κυρίου καὶ τῇ παρακλήσει τοῦ ἁγίου πνεύματος ἐπληθύνετο.
19:17 τοῦτο δὲ ἐγένετο γνωστὸν πᾶσιν Ἰουδαίοις τε καὶ Ἕλλησιν τοῖς κατοικοῦσιν τὴν Ἔφεσον καὶ ἐπέπεσεν **φόβος** ἐπὶ πάντας
Ro 3:18 οὐκ ἔστιν **φόβος** θεοῦ ἀπέναντι τῶν ὀφθαλμῶν αὐτῶν.
8:15 οὐ γὰρ ἐλάβετε πνεῦμα δουλείας πάλιν εἰς **φόβον** ἀλλὰ ἐλάβετε πνεῦμα υἱοθεσίας ἐν ᾧ κράζομεν,
13: 3 οἱ γὰρ ἄρχοντες οὐκ εἰσὶν **φόβος** τῷ ἀγαθῷ ἔργῳ ἀλλὰ τῷ κακῷ.
13: 7 ἀπόδοτε πᾶσιν τὰς ὀφειλάς, τῷ τὸν φόρον τὸν φόρον, τῷ τὸ τέλος τὸ τέλος, τῷ τὸν **φόβον** τὸν **φόβον,**
1Co 2: 3 κἀγὼ ἐν ἀσθενείᾳ καὶ ἐν **φόβῳ** καὶ ἐν τρόμῳ πολλῷ ἐγενόμην πρὸς ὑμᾶς,
2Co 5:11 Εἰδότες οὖν τὸν **φόβον** τοῦ κυρίου ἀνθρώπους πείθομεν,
7: 1 καθαρίσωμεν ἑαυτοὺς ἀπὸ παντὸς μολυσμοῦ σαρκὸς καὶ πνεύματος, ἐπιτελοῦντες ἁγιωσύνην ἐν **φόβῳ** θεοῦ.
7: 5 οὐδεμίαν ἔσχηκεν ἄνεσιν ἡ σὰρξ ἡμῶν ἀλλ᾽ ἐν παντὶ θλιβόμενοι· ἔξωθεν μάχαι, ἔσωθεν **φόβοι.**
7:11 ἀλλὰ **φόβον,** ἀλλὰ ἐπιπόθησιν, ἀλλὰ ζῆλον, ἀλλὰ ἐκδίκησιν.
7:15 ἀναμιμνῃσκομένου τὴν πάντων ὑμῶν ὑπακοήν, ὡς μετὰ **φόβου** καὶ τρόμου ἐδέξασθε αὐτόν.
Eph 5:21 ὑποτασσόμενοι ἀλλήλοις ἐν **φόβῳ** Χριστοῦ,
6: 5 ὑπακούετε τοῖς κατὰ σάρκα κυρίοις μετὰ **φόβου** καὶ τρόμου ἐν ἁπλότητι τῆς καρδίας ὑμῶν ὡς τῷ Χριστῷ,

Php 2:12 μετὰ **φόβου** καὶ τρόμου τὴν ἑαυτῶν σωτηρίαν κατεργάζεσθε·
1Ti 5:20 τοὺς ἁμαρτάνοντας ἐνώπιον πάντων ἔλεγχε, ἵνα καὶ οἱ λοιποὶ **φόβον** ἔχωσιν.
Heb 2:15 ὅσοι **φόβῳ** θανάτου διὰ παντὸς τοῦ ζῆν ἔνοχοι ἦσαν δουλείας.
1Pe 1:17 ἐν **φόβῳ** τὸν τῆς παροικίας ὑμῶν χρόνον ἀναστράφητε,
2:18 Οἱ οἰκέται ὑποτασσόμενοι ἐν παντὶ **φόβῳ** τοῖς δεσπόταις,
3: 2 ἐποπτεύσαντες τὴν ἐν **φόβῳ** ἁγνὴν ἀναστροφὴν ὑμῶν.
3:14 τὸν δὲ **φόβον** αὐτῶν μὴ φοβηθῆτε μηδὲ ταραχθῆτε,
3:16 ἀλλὰ μετὰ πραΰτητος καὶ **φόβου,** συνείδησιν ἔχοντες ἀγαθήν,
1Jn 4:18 **φόβος** οὐκ ἔστιν ἐν τῇ ἀγάπῃ ἀλλ' ἡ τελεία ἀγάπη ἔξω βάλλει τὸν **φόβον,** ὅτι ὁ **φόβος** κόλασιν ἔχει, ὁ δὲ φοβούμενος οὐ τετελείωται ἐν τῇ ἀγάπῃ.
Jude 1:23 οὓς δὲ ἐλεᾶτε ἐν **φόβῳ** μισοῦντες καὶ τὸν ἀπὸ τῆς σαρκὸς ἐσπιλωμένον χιτῶνα.
Rev 11:11 καὶ **φόβος** μέγας ἐπέπεσεν ἐπὶ τοὺς θεωροῦντας αὐτούς.
18:10 ἀπὸ μακρόθεν ἑστηκότες διὰ τὸν **φόβον** τοῦ βασανισμοῦ αὐτῆς
18:15 οἱ ἔμποροι τούτων οἱ πλουτήσαντες ἀπ' αὐτῆς ἀπὸ μακρόθεν στήσονται διὰ τὸν **φόβον** τοῦ βασανισμοῦ αὐτῆς κλαίοντες

5833 Φοίβη [1]

√ *5743*

Ro 16: 1 Συνίστημι δὲ ὑμῖν **Φοίβην** τὴν ἀδελφὴν ἡμῶν, οὖσαν [καὶ] διάκονον τῆς ἐκκλησίας τῆς ἐν Κεγχρεαῖς,

5834 Φοινίκη [3]

√ *5836*

Ac 11:19 Οἱ μὲν οὖν διασπαρέντες ἀπὸ τῆς θλίψεως τῆς γενομένης ἐπὶ Στεφάνῳ διῆλθον ἕως **Φοινίκης** καὶ Κύπρου καὶ Ἀντιοχείας
15: 3 διήρχοντο τήν τε **Φοινίκην** καὶ Σαμάρειαν ἐκδιηγούμενοι τὴν ἐπιστροφὴν τῶν ἐθνῶν καὶ ἐποίουν χαρὰν μεγάλην πᾶσιν
21: 2 εὑρόντες πλοῖον διαπερῶν εἰς **Φοινίκην** ἐπιβάντες ἀνήχθημεν.

5835 Φοινίκισσα Not used in UBS/NIV

√ *5836*

5836 φοῖνιξ¹ [2]

→ *5355, 5356, 5834, 5835, 5837*

Jn 12:13 ἔλαβον τὰ βαΐα τῶν **φοινίκων** καὶ ἐξῆλθον εἰς ὑπάντησιν αὐτῷ καὶ ἐκραύγαζον,
Rev 7: 9 ἐνώπιον τοῦ θρόνου καὶ ἐνώπιον τοῦ ἀρνίου περιβεβλημένους στολὰς λευκὰς καὶ **φοίνικες** ἐν ταῖς χερσὶν αὐτῶν,

5837 Φοῖνιξ² [1]

√ *5836*

Ac 27:12 εἴ πως δύναιντο καταντήσαντες εἰς **Φοίνικα** παραχειμάσαι λιμένα τῆς Κρήτης βλέποντα κατὰ λίβα καὶ κατὰ χῶρον.

5838 φονεύς [7]

√ *5840*

Mt 22: 7 ὁ δὲ βασιλεὺς ὠργίσθη καὶ πέμψας τὰ στρατεύματα αὐτοῦ ἀπώλεσεν τοὺς **φονεῖς** ἐκείνους
Ac 3:14 ὑμεῖς δὲ τὸν ἅγιον καὶ δίκαιον ἠρνήσασθε καὶ ᾐτήσασθε ἄνδρα **φονέα** χαρισθῆναι ὑμῖν,
7:52 καὶ ἀπέκτειναν τοὺς προκαταγγείλαντας περὶ τῆς ἐλεύσεως τοῦ δικαίου, οὗ νῦν ὑμεῖς προδόται καὶ **φονεῖς** ἐγένεσθε,
28: 4 Πάντως **φονεύς** ἐστιν ὁ ἄνθρωπος οὗτος ὃν διασωθέντα ἐκ τῆς θαλάσσης ἡ δίκη ζῆν οὐκ εἴασεν.
1Pe 4:15 μὴ γάρ τις ὑμῶν πασχέτω ὡς **φονεὺς** ἢ κλέπτης ἢ κακοποιὸς ἢ ὡς ἀλλοτριεπίσκοπος·
Rev 21: 8 καὶ ἀπίστοις καὶ ἐβδελυγμένοις καὶ **φονεῦσιν** καὶ πόρνοις καὶ φαρμάκοις καὶ εἰδωλολάτραις καὶ πᾶσιν τοῖς ψευδέσιν τὸ μέρος αὐτῶν ἐν τῇ λίμνῃ τῇ καιομένῃ πυρὶ καὶ θείῳ,
22:15 ἔξω οἱ κύνες καὶ οἱ φάρμακοι καὶ οἱ πόρνοι καὶ οἱ **φονεῖς** καὶ οἱ εἰδωλολάτραι καὶ πᾶς φιλῶν καὶ ποιῶν ψεῦδος.

5839 φονεύω [12]

√ *5840*

υἱοὶ τῶν φονευσάντων [1] Mt 23:31

Mt 5:21 Ἠκούσατε ὅτι ἐρρέθη τοῖς ἀρχαίοις, Οὐ **φονεύσεις·** ὃς δ' ἂν **φονεύσῃ,** ἔνοχος ἔσται τῇ κρίσει.
19:18 Τὸ Οὐ **φονεύσεις,** Οὐ μοιχεύσεις, Οὐ κλέψεις, Οὐ ψευδομαρτυρήσεις,
23:31 ὥστε μαρτυρεῖτε ἑαυτοῖς ὅτι υἱοί ἐστε τῶν **φονευσάντων** τοὺς προφήτας.
23:35 ὃν **ἐφονεύσατε** μεταξὺ τοῦ ναοῦ καὶ τοῦ θυσιαστηρίου.
Mk 10:19 Μὴ **φονεύσῃς,** Μὴ μοιχεύσῃς, Μὴ κλέψῃς, Μὴ ψευδομαρτυρήσῃς,
Lk 18:20 Μὴ μοιχεύσῃς, Μὴ **φονεύσῃς,** Μὴ κλέψῃς, Μὴ ψευδομαρτυρήσῃς,
Ro 13: 9 τὸ γὰρ Οὐ μοιχεύσεις, Οὐ **φονεύσεις,** Οὐ κλέψεις, Οὐκ ἐπιθυμήσεις,
Jas 2:11 ὁ γὰρ εἰπών, Μὴ μοιχεύσῃς, εἶπεν καί, Μὴ **φονεύσῃς·** εἰ δὲ οὐ μοιχεύεις **φονεύεις** δέ, γέγονας παραβάτης νόμου.
4: 2 **φονεύετε** καὶ ζηλοῦτε καὶ οὐ δύνασθε ἐπιτυχεῖν, μάχεσθε καὶ πολεμεῖτε,
5: 6 κατεδικάσατε, **ἐφονεύσατε** τὸν δίκαιον, οὐκ ἀντιτάσσεται ὑμῖν.

5840 φόνος [9]

→ *439, 4710?, 4711?, 5838, 5839*

Mt 15:19 ἐκ γὰρ τῆς καρδίας ἐξέρχονται διαλογισμοὶ πονηροί, **φόνοι,** μοιχεῖαι, πορνεῖαι, κλοπαί, ψευδομαρτυρίαι, βλασφημίαι.
Mk 7:21 ἔσωθεν γὰρ ἐκ τῆς καρδίας τῶν ἀνθρώπων οἱ διαλογισμοὶ οἱ κακοὶ ἐκπορεύονται, πορνεῖαι, κλοπαί, **φόνοι,**
15: 7 ἦν δὲ ὁ λεγόμενος Βαραββᾶς μετὰ τῶν στασιαστῶν δεδεμένος οἵτινες ἐν τῇ στάσει **φόνον** πεποιήκεισαν.
Lk 23:19 ὅστις ἦν διὰ στάσιν τινὰ γενομένην ἐν τῇ πόλει καὶ **φόνον** βληθεὶς ἐν τῇ φυλακῇ.
23:25 ἀπέλυσεν δὲ τὸν διὰ στάσιν καὶ **φόνον** βεβλημένον εἰς φυλακὴν ὃν ᾐτοῦντο,
Ac 9: 1 Ὁ δὲ Σαῦλος ἔτι ἐμπνέων ἀπειλῆς καὶ **φόνου** εἰς τοὺς μαθητὰς τοῦ κυρίου,
Ro 1:29 πεπληρωμένους πάσῃ ἀδικίᾳ πονηρίᾳ πλεονεξίᾳ κακίᾳ, μεστοὺς φθόνου **φόνου** ἔριδος δόλου κακοηθείας, ψιθυριστὰς
Heb 11:37 ἐλιθάσθησαν, ἐπρίσθησαν, ἐν **φόνῳ** μαχαίρης ἀπέθανον, περιῆλθον ἐν μηλωταῖς,
Rev 9:21 καὶ οὐ μετενόησαν ἐκ τῶν **φόνων** αὐτῶν οὔτε ἐκ τῶν φαρμάκων αὐτῶν οὔτε ἐκ τῆς πορνείας αὐτῶν οὔτε ἐκ τῶν κλεμμάτων

5841 φορέω [6]

√ *5770*

Mt 11: 8 ἰδοὺ οἱ τὰ μαλακὰ **φοροῦντες** ἐν τοῖς οἴκοις τῶν βασιλέων εἰσίν.
Jn 19: 5 **φορῶν** τὸν ἀκάνθινον στέφανον καὶ τὸ πορφυροῦν ἱμάτιον.
Ro 13: 4 ἐὰν δὲ τὸ κακὸν ποιῇς, φοβοῦ· οὐ γὰρ εἰκῇ τὴν μάχαιραν **φορεῖ·**
1Co 15:49 καὶ καθὼς **ἐφορέσαμεν** τὴν εἰκόνα τοῦ χοϊκοῦ, **φορέσομεν** καὶ τὴν εἰκόνα τοῦ ἐπουρανίου.
Jas 2: 3 ἐπιβλέψητε δὲ ἐπὶ τὸν **φοροῦντα** τὴν ἐσθῆτα τὴν λαμπρὰν καὶ εἴπητε,

5842 φόρον [1]

Ac 28:15 ἦλθαν εἰς ἀπάντησιν ἡμῖν ἄχρι Ἀππίου **Φόρου** καὶ Τριῶν οὓς ἰδὼν ὁ Παῦλος εὐχαριστήσας τῷ θεῷ ἔλαβε θάρσος.

5843 φόρος [5]

√ *5770*

τελεῖτε φόρους [1] Ro 13:6

Lk 20:22 ἔξεστιν ἡμᾶς Καίσαρι **φόρον** δοῦναι ἢ οὔ;
23: 2 Τοῦτον εὕραμεν διαστρέφοντα τὸ ἔθνος ἡμῶν καὶ κωλύοντα **φόρους** Καίσαρι διδόναι καὶ λέγοντα ἑαυτὸν Χριστὸν βασιλέα εἶναι.
Ro 13: 6 διὰ τοῦτο γὰρ καὶ **φόρους** τελεῖτε· λειτουργοὶ γὰρ θεοῦ εἰσιν εἰς αὐτὸ τοῦτο προσκαρτεροῦντες.
13: 7 ἀπόδοτε πᾶσιν τὰς ὀφειλάς, τῷ τὸν **φόρον** τὸν **φόρον,**

5844 φορτίζω [2]

√ *5770*

Mt 11:28 Δεῦτε πρός με πάντες οἱ κοπιῶντες καὶ **πεφορτισμένοι,**

Lk 11:46 Καὶ ὑμῖν τοῖς νομικοῖς οὐαί, ὅτι **φορτίζετε** τοὺς ἀνθρώπους φορτία δυσβάστακτα,

5845 φορτίον [6]

√ *5770*

Mt 11:30 ὁ γὰρ ζυγός μου χρηστὸς καὶ τὸ **φορτίον** μου ἐλαφρόν ἐστιν.
23: 4 δεσμεύουσιν δὲ **φορτία** βαρέα [καὶ δυσβάστακτα] καὶ ἐπιτιθέασιν ἐπὶ τοὺς ὤμους τῶν ἀνθρώπων,
Lk 11:46 Καὶ ὑμῖν τοῖς νομικοῖς οὐαί, ὅτι φορτίζετε τοὺς ἀνθρώπους **φορτία** δυσβάστακτα, καὶ αὐτοὶ ἑνὶ τῶν δακτύλων ὑμῶν οὐ προσψαύετε τοῖς **φορτίοις.**
Ac 27:10 μετὰ ὕβρεως καὶ πολλῆς ζημίας οὐ μόνον τοῦ **φορτίου** καὶ τοῦ πλοίου ἀλλὰ καὶ τῶν ψυχῶν ἡμῶν μέλλειν ἔσεσθαι τὸν πλοῦν.
Gal 6: 5 ἕκαστος γὰρ τὸ ἴδιον **φορτίον** βαστάσει.

5846 φόρτος Not used in UBS/NIV

√ *5770*

5847 Φορτουνᾶτος [1]

1Co 16:17 χαίρω δὲ ἐπὶ τῇ παρουσίᾳ Στεφανᾶ καὶ **Φορτουνάτου** καὶ Ἀχαϊκοῦ,

5848 φραγέλλιον [1]

→ *5822, 5849*

Jn 2:15 καὶ ποιήσας **φραγέλλιον** ἐκ σχοινίων πάντας ἐξέβαλεν ἐκ τοῦ ἱεροῦ τά τε πρόβατα καὶ τοὺς βόας,

5849 φραγελλόω [2]

√ *5848*

Mt 27:26 τότε ἀπέλυσεν αὐτοῖς τὸν Βαραββᾶν, τὸν δὲ Ἰησοῦν **φραγελλώσας** παρέδωκεν ἵνα σταυρωθῇ.
Mk 15:15 ἀπέλυσεν αὐτοῖς τὸν Βαραββᾶν, καὶ παρέδωκεν τὸν Ἰησοῦν **φραγελλώσας** ἵνα σταυρωθῇ.

5850 φραγμός [4]

√ *5852*

Mt 21:33 Ἄνθρωπος ἦν οἰκοδεσπότης ὅστις ἐφύτευσεν ἀμπελῶνα καὶ **φραγμὸν** αὐτῷ περιέθηκεν καὶ ὤρυξεν ἐν αὐτῷ ληνὸν
Mk 12: 1 Ἀμπελῶνα ἄνθρωπος ἐφύτευσεν καὶ περιέθηκεν **φραγμὸν** καὶ ὤρυξεν ὑπολήνιον καὶ ᾠκοδόμησεν πύργον καὶ ἐξέδετο αὐτὸν
Lk 14:23 Ἔξελθε εἰς τὰς ὁδοὺς καὶ **φραγμοὺς** καὶ ἀνάγκασον εἰσελθεῖν,
Eph 2:14 ὁ ποιήσας τὰ ἀμφότερα ἓν καὶ τὸ μεσότοιχον τοῦ **φραγμοῦ** λύσας,

5851 φράζω [1]

Mt 15:15 Ἀποκριθεὶς δὲ ὁ Πέτρος εἶπεν αὐτῷ, **Φράσον** ἡμῖν τὴν παραβολὴν [ταύτην.]

5852 φράσσω [3]

→ *5850*

Ro 3:19 ἵνα πᾶν στόμα **φραγῇ** καὶ ὑπόδικος γένηται πᾶς ὁ κόσμος τῷ θεῷ·
2Co 11:10 ἔστιν ἀλήθεια Χριστοῦ ἐν ἐμοὶ ὅτι ἡ καύχησις αὕτη οὐ **φραγήσεται** εἰς ἐμὲ ἐν τοῖς κλίμασιν τῆς Ἀχαΐας.
Heb 11:33 οἳ διὰ πίστεως κατηγωνίσαντο βασιλείας, εἰργάσαντο δικαιοσύνην, ἐπέτυχον ἐπαγγελιῶν, **ἔφραξαν** στόματα λεόντων,

5853 φρέαρ [7]

Lk 14: 5 Τίνος ὑμῶν υἱὸς ἢ βοῦς εἰς **φρέαρ** πεσεῖται,
Jn 4:11 οὔτε ἄντλημα ἔχεις καὶ τὸ **φρέαρ** ἐστὶν βαθύ·
4:12 ὃς ἔδωκεν ἡμῖν τὸ **φρέαρ** καὶ αὐτὸς ἐξ αὐτοῦ ἔπιεν καὶ οἱ υἱοὶ αὐτοῦ καὶ τὰ θρέμματα αὐτοῦ;
Rev 9: 1 καὶ ἐδόθη αὐτῷ ἡ κλεὶς τοῦ **φρέατος** τῆς ἀβύσσου
9: 2 καὶ ἤνοιξεν τὸ **φρέαρ** τῆς ἀβύσσου, καὶ ἀνέβη καπνὸς ἐκ τοῦ **φρέατος** ὡς καπνὸς καμίνου μεγάλης, καὶ ἐσκοτώθη ὁ ἥλιος καὶ ὁ ἀὴρ ἐκ τοῦ καπνοῦ τοῦ **φρέατος.**

5854 φρεναπατάω [1]

√ *5856 + 573*

Gal 6: 3 εἰ γὰρ δοκεῖ τις εἶναί τι μηδὲν ὤν, **φρεναπατᾷ** ἑαυτόν.

5855 φρεναπάτης [1]

√ *5856 + 573*

Tit 1:10 ματαιολόγοι καὶ **φρεναπάται,** μάλιστα οἱ ἐκ τῆς περιτομῆς,

5856 φρήν [2]

→ *932, 933, 3939, 4368, 5425, 5426, 5672, 5735, 5819, 5820, 5854, 5855, 5858, 5859, 5860, 5861, 5862, 5863; cf. 2370, 2969, 4196, 5404*

1Co 14:20 μὴ παιδία γίνεσθε ταῖς **φρεσὶν** ἀλλὰ τῇ κακίᾳ νηπιάζετε, ταῖς δὲ **φρεσὶν** τέλειοι γίνεσθε.

5857 φρίσσω [1]

Jas 2:19 καλῶς ποιεῖς· καὶ τὰ δαιμόνια πιστεύουσιν καὶ **φρίσσουσιν.**

5858 φρονέω [26]

√ *5856*

Mt 16:23 ὅτι οὐ **φρονεῖς** τὰ τοῦ θεοῦ ἀλλὰ τὰ τῶν ἀνθρώπων.
Mk 8:33 ὅτι οὐ **φρονεῖς** τὰ τοῦ θεοῦ ἀλλὰ τὰ τῶν ἀνθρώπων.
Ac 28:22 ἀξιοῦμεν δὲ παρὰ σοῦ ἀκοῦσαι ἃ **φρονεῖς,** περὶ μὲν γὰρ τῆς αἱρέσεως ταύτης γνωστὸν ἡμῖν ἐστιν ὅτι πανταχοῦ ἀντιλέγεται.
Ro 8: 5 οἱ γὰρ κατὰ σάρκα ὄντες τὰ τῆς σαρκὸς **φρονοῦσιν,**
11:20 σὺ δὲ τῇ πίστει ἕστηκας. μὴ ὑψηλὰ **φρόνει** ἀλλὰ φοβοῦ·
12: 3 παντὶ τῷ ὄντι ἐν ὑμῖν μὴ ὑπερφρονεῖν παρ᾽ ὃ δεῖ **φρονεῖν** ἀλλὰ **φρονεῖν** εἰς τὸ σωφρονεῖν,
12:16 τὸ αὐτὸ εἰς ἀλλήλους **φρονοῦντες,** μὴ τὰ ὑψηλὰ **φρονοῦντες** ἀλλὰ τοῖς ταπεινοῖς συναπαγόμενοι.
14: 6 ὁ **φρονῶν** τὴν ἡμέραν κυρίῳ **φρονεῖ·** καὶ ὁ ἐσθίων κυρίῳ ἐσθίει,
15: 5 ὁ δὲ θεὸς τῆς ὑπομονῆς καὶ τῆς παρακλήσεως δῴη ὑμῖν τὸ αὐτὸ **φρονεῖν** ἐν ἀλλήλοις κατὰ Χριστὸν Ἰησοῦν,
1Co 13:11 ἐλάλουν ὡς νήπιος, **ἐφρόνουν** ὡς νήπιος, ἐλογιζόμην ὡς νήπιος·
2Co 13:11 ἀδελφοί, χαίρετε, καταρτίζεσθε, παρακαλεῖσθε, τὸ αὐτὸ **φρονεῖτε,** εἰρηνεύετε,
Gal 5:10 ἐγὼ πέποιθα εἰς ὑμᾶς ἐν κυρίῳ ὅτι οὐδὲν ἄλλο **φρονήσετε·**
Php 1: 7 καθώς ἐστιν δίκαιον ἐμοὶ τοῦτο **φρονεῖν** ὑπὲρ πάντων ὑμῶν διὰ τὸ ἔχειν με ἐν τῇ καρδίᾳ ὑμᾶς,
2: 2 πληρώσατέ μου τὴν χαρὰν ἵνα τὸ αὐτὸ **φρονῆτε,** τὴν αὐτὴν ἀγάπην ἔχοντες, σύμψυχοι, τὸ ἓν **φρονοῦντες,**
2: 5 τοῦτο **φρονεῖτε** ἐν ὑμῖν ὃ καὶ ἐν Χριστῷ Ἰησοῦ,
3:15 Ὅσοι οὖν τέλειοι, τοῦτο **φρονῶμεν·** καὶ εἴ τι ἑτέρως **φρονεῖτε,** καὶ τοῦτο ὁ θεὸς ὑμῖν ἀποκαλύψει·
3:19 ὧν ὁ θεὸς ἡ κοιλία καὶ ἡ δόξα ἐν τῇ αἰσχύνῃ αὐτῶν, οἱ τὰ ἐπίγεια **φρονοῦντες.**
4: 2 Εὐοδίαν παρακαλῶ καὶ Συντύχην παρακαλῶ τὸ αὐτὸ **φρονεῖν** ἐν κυρίῳ.
4:10 Ἐχάρην δὲ ἐν κυρίῳ μεγάλως ὅτι ἤδη ποτὲ ἀνεθάλετε τὸ ὑπὲρ ἐμοῦ **φρονεῖν,** ἐφ᾽ ᾧ καὶ **ἐφρονεῖτε,** ἠκαιρεῖσθε δέ.
Col 3: 2 τὰ ἄνω **φρονεῖτε,** μὴ τὰ ἐπὶ τῆς γῆς.

5859 φρόνημα [4]

√ *5856*

Ro 8: 6 τὸ γὰρ **φρόνημα** τῆς σαρκὸς θάνατος, τὸ δὲ **φρόνημα** τοῦ πνεύματος ζωὴ καὶ εἰρήνη·
8: 7 διότι τὸ **φρόνημα** τῆς σαρκὸς ἔχθρα εἰς θεόν,
8:27 ὁ δὲ ἐραυνῶν τὰς καρδίας οἶδεν τί τὸ **φρόνημα** τοῦ πνεύματος,

5860 φρόνησις [2]

√ *5856*

Lk 1:17 ἐπιστρέψαι καρδίας πατέρων ἐπὶ τέκνα καὶ ἀπειθεῖς ἐν **φρονήσει** δικαίων,
Eph 1: 8 ἧς ἐπερίσσευσεν εἰς ἡμᾶς, ἐν πάσῃ σοφίᾳ καὶ **φρονήσει,**

5861 φρόνιμος [14]

√ 5856

Mt 7:24 ὁμοιωθήσεται ἀνδρὶ **φρονίμῳ,** ὅστις ᾠκοδόμησεν αὐτοῦ τὴν οἰκίαν ἐπὶ τὴν πέτραν·
10:16 γίνεσθε οὖν **φρόνιμοι** ὡς οἱ ὄφεις καὶ ἀκέραιοι ὡς αἱ περιστεραί.
24:45 ὁ πιστὸς δοῦλος καὶ **φρόνιμος** ὃν κατέστησεν ὁ κύριος ἐπὶ τῆς οἰκετείας αὐτοῦ τοῦ δοῦναι αὐτοῖς τὴν τροφὴν ἐν καιρῷ;
25: 2 πέντε δὲ ἐξ αὐτῶν ἦσαν μωραὶ καὶ πέντε **φρόνιμοι.**
25: 4 αἱ δὲ **φρόνιμοι** ἔλαβον ἔλαιον ἐν τοῖς ἀγγείοις μετὰ τῶν λαμπάδων ἑαυτῶν.
25: 8 αἱ δὲ μωραὶ ταῖς **φρονίμοις** εἶπαν, Δότε ἡμῖν ἐκ τοῦ ἐλαίου ὑμῶν,
25: 9 ἀπεκρίθησαν δὲ αἱ **φρόνιμοι** λέγουσαι, Μήποτε οὐ μὴ ἀρκέσῃ ἡμῖν καὶ ὑμῖν·
Lk 12:42 Τίς ἄρα ἐστὶν ὁ πιστὸς οἰκονόμος ὁ **φρόνιμος,**
16: 8 ὅτι οἱ υἱοὶ τοῦ αἰῶνος τούτου **φρονιμώτεροι** ὑπὲρ τοὺς υἱοὺς τοῦ φωτὸς εἰς τὴν γενεὰν τὴν ἑαυτῶν εἰσιν.
Ro 11:25 τὸ μυστήριον τοῦτο, ἵνα μὴ ἦτε [παρ'] ἑαυτοῖς **φρόνιμοι,**
12:16 μὴ τὰ ὑψηλὰ φρονοῦντες ἀλλὰ τοῖς ταπεινοῖς συναπαγόμενοι. μὴ γίνεσθε **φρόνιμοι** παρ' ἑαυτοῖς.
1Co 4:10 ἡμεῖς μωροὶ διὰ Χριστόν, ὑμεῖς δὲ **φρόνιμοι** ἐν Χριστῷ·
10:15 ὡς **φρονίμοις** λέγω· κρίνατε ὑμεῖς ὅ φημι.
2Co 11:19 ἡδέως γὰρ ἀνέχεσθε τῶν ἀφρόνων **φρόνιμοι** ὄντες·

5862 φρονίμως [1]

√ 5856

Lk 16: 8 καὶ ἐπῄνεσεν ὁ κύριος τὸν οἰκονόμον τῆς ἀδικίας ὅτι **φρονίμως** ἐποίησεν·

5863 φροντίζω [1]

√ 5856

Tit 3: 8 ἵνα **φροντίζωσιν** καλῶν ἔργων προΐστασθαι οἱ πεπιστευκότες θεῷ·

5864 φρουρέω [4]

√ 4574 + 3972

2Co 11:32 ἐν Δαμασκῷ ὁ ἐθνάρχης Ἁρέτα τοῦ βασιλέως **ἐφρούρει** τὴν πόλιν Δαμασκηνῶν πιάσαι με,
Gal 3:23 Πρὸ τοῦ δὲ ἐλθεῖν τὴν πίστιν ὑπὸ νόμον **ἐφρουρούμεθα** συγκλειόμενοι εἰς τὴν μέλλουσαν πίστιν ἀποκαλυφθῆναι,
Php 4: 7 καὶ ἡ εἰρήνη τοῦ θεοῦ ἡ ὑπερέχουσα πάντα νοῦν **φρουρήσει** τὰς καρδίας ὑμῶν καὶ τὰ νοήματα ὑμῶν ἐν Χριστῷ Ἰησοῦ.
1Pe 1: 5 τοὺς ἐν δυνάμει θεοῦ **φρουρουμένους** διὰ πίστεως εἰς σωτηρίαν ἑτοίμην ἀποκαλυφθῆναι ἐν καιρῷ ἐσχάτῳ.

5865 φρυάσσω [1]

Ac 4:25 πατρὸς ἡμῶν διὰ πνεύματος ἁγίου στόματος Δαυὶδ παιδός σου εἰπών, Ἱνατί **ἐφρύαξαν** ἔθνη καὶ λαοὶ ἐμελέτησαν κενά;

5866 φρύγανον [1]

Ac 28: 3 συστρέψαντος δὲ τοῦ Παύλου **φρυγάνων** τι πλῆθος καὶ ἐπιθέντος ἐπὶ τὴν πυράν,

5867 Φρυγία [3]

Ac 2:10 **Φρυγίαν** τε καὶ Παμφυλίαν, Αἴγυπτον καὶ τὰ μέρη τῆς Λιβύης τῆς κατὰ Κυρήνην,
16: 6 Διῆλθον δὲ τὴν **Φρυγίαν** καὶ Γαλατικὴν χώραν κωλυθέντες ὑπὸ τοῦ ἁγίου πνεύματος λαλῆσαι τὸν λόγον ἐν τῇ Ἀσίᾳ·
18:23 καὶ ποιήσας χρόνον τινὰ ἐξῆλθεν διερχόμενος καθεξῆς τὴν Γαλατικὴν χώραν καὶ **Φρυγίαν,**

5868 φυγαδεύω Not used in UBS/NIV

√ 5771

5869 Φύγελος [1]

2Ti 1:15 ὅτι ἀπεστράφησάν με πάντες οἱ ἐν τῇ Ἀσίᾳ, ὧν ἐστιν **Φύγελος** καὶ Ἑρμογένης.

5870 φυγή [1]

√ 5771

Mt 24:20 προσεύχεσθε δὲ ἵνα μὴ γένηται ἡ **φυγὴ** ὑμῶν χειμῶνος μηδὲ σαββάτῳ.

5871 φυλακή [47 / 46]

√ 5875

time period [4] Mt 14:25; 24:43; Mk 6:48; Lk 12:38

φυλακή ... φυλάσσω [1] Lk 2:8

Mt 5:25 μήποτέ σε παραδῷ ὁ ἀντίδικος τῷ κριτῇ καὶ ὁ κριτὴς τῷ ὑπηρέτῃ καὶ εἰς **φυλακὴν** βληθήσῃ·
14: 3 Ὁ γὰρ Ἡρῴδης κρατήσας τὸν Ἰωάννην ἔδησεν [αὐτὸν] καὶ ἐν **φυλακῇ** ἀπέθετο διὰ Ἡρῳδιάδα τὴν γυναῖκα Φιλίππου
14:10 καὶ πέμψας ἀπεκεφάλισεν [τὸν] Ἰωάννην ἐν τῇ **φυλακῇ.**
14:25 τετάρτῃ δὲ **φυλακῇ** τῆς νυκτὸς ἦλθεν πρὸς αὐτοὺς περιπατῶν ἐπὶ τὴν θάλασσαν.
18:30 ὁ δὲ οὐκ ἤθελεν ἀλλὰ ἀπελθὼν ἔβαλεν αὐτὸν εἰς **φυλακὴν** ἕως ἀποδῷ τὸ ὀφειλόμενον.
24:43 ἐκεῖνο δὲ γινώσκετε ὅτι εἰ ᾔδει ὁ οἰκοδεσπότης ποίᾳ **φυλακῇ** ὁ κλέπτης ἔρχεται,
25:36 ἠσθένησα καὶ ἐπεσκέψασθέ με, ἐν **φυλακῇ** ἤμην καὶ ἤλθατε πρός με.
25:39 πότε δέ σε εἴδομεν ἀσθενοῦντα ἢ ἐν **φυλακῇ** καὶ ἤλθομεν πρός σε;
25:43 ἀσθενὴς καὶ ἐν **φυλακῇ** καὶ οὐκ ἐπεσκέψασθέ με.
25:44 πότε σε εἴδομεν πεινῶντα ἢ διψῶντα ἢ ξένον ἢ γυμνὸν ἢ ἀσθενῆ ἢ ἐν **φυλακῇ** καὶ οὐ διηκονήσαμέν σοι;
Mk 6:17 Ἡρῴδης ἀποστείλας ἐκράτησεν τὸν Ἰωάννην καὶ ἔδησεν αὐτὸν ἐν **φυλακῇ** διὰ Ἡρῳδιάδα τὴν γυναῖκα Φιλίππου τοῦ ἀδελφοῦ
6:27 ἀποστείλας ὁ βασιλεὺς σπεκουλάτορα ἐπέταξεν ἐνέγκαι τὴν κεφαλὴν αὐτοῦ. καὶ ἀπελθὼν ἀπεκεφάλισεν αὐτὸν ἐν τῇ **φυλακῇ**
6:48 περὶ τετάρτην **φυλακὴν** τῆς νυκτὸς ἔρχεται πρὸς αὐτοὺς περιπατῶν ἐπὶ τῆς θαλάσσης καὶ ἤθελεν παρελθεῖν αὐτούς.
Lk 2: 8 Καὶ ποιμένες ἦσαν ἐν τῇ χώρᾳ τῇ αὐτῇ ἀγραυλοῦντες καὶ φυλάσσοντες **φυλακὰς** τῆς νυκτὸς ἐπὶ τὴν ποίμνην αὐτῶν.
3:20 προσέθηκεν καὶ τοῦτο ἐπὶ πᾶσιν [καὶ] κατέκλεισεν τὸν Ἰωάννην ἐν **φυλακῇ.**
12:38 κἂν ἐν τῇ δευτέρᾳ κἂν ἐν τῇ τρίτῃ **φυλακῇ** ἔλθῃ καὶ εὕρῃ οὕτως,
12:58 καὶ ὁ κριτής σε παραδώσει τῷ πράκτορι, καὶ ὁ πράκτωρ σε βαλεῖ εἰς **φυλακήν.**
21:12 παραδιδόντες εἰς τὰς συναγωγὰς καὶ **φυλακάς,** ἀπαγομένους ἐπὶ βασιλεῖς καὶ ἡγεμόνας ἕνεκεν τοῦ ὀνόματός μου·
22:33 μετὰ σοῦ ἕτοιμός εἰμι καὶ εἰς **φυλακὴν** καὶ εἰς θάνατον πορεύεσθαι.
23:19 ὅστις ἦν διὰ στάσιν τινὰ γενομένην ἐν τῇ πόλει καὶ φόνον βληθεὶς ἐν τῇ **φυλακῇ.**
23:25 ἀπέλυσεν δὲ τὸν διὰ στάσιν καὶ φόνον βεβλημένον εἰς **φυλακὴν** ὃν ᾐτοῦντο,
Jn 3:24 οὔπω γὰρ ἦν βεβλημένος εἰς τὴν **φυλακὴν** ὁ Ἰωάννης.
Ac 5:19 ἄγγελος δὲ κυρίου διὰ νυκτὸς ἀνοίξας τὰς θύρας τῆς **φυλακῆς** ἐξαγαγών τε αὐτοὺς εἶπεν,
5:22 οἱ δὲ παραγενόμενοι ὑπηρέται οὐχ εὗρον αὐτοὺς ἐν τῇ **φυλακῇ·**
5:25 τις ἀπήγγειλεν αὐτοῖς ὅτι Ἰδοὺ οἱ ἄνδρες οὓς ἔθεσθε ἐν τῇ **φυλακῇ** εἰσὶν ἐν τῷ ἱερῷ ἑστῶτες καὶ διδάσκοντες τὸν λαόν.
8: 3 σύρων τε ἄνδρας καὶ γυναῖκας παρεδίδου εἰς **φυλακήν.**
12: 4 ὃν καὶ πιάσας ἔθετο εἰς **φυλακὴν** παραδοὺς τέσσαρσιν τετραδίοις στρατιωτῶν φυλάσσειν αὐτόν,
12: 5 ὁ μὲν οὖν Πέτρος ἐτηρεῖτο ἐν τῇ **φυλακῇ·**
12: 6 τῇ νυκτὶ ἐκείνῃ ἦν ὁ Πέτρος κοιμώμενος μεταξὺ δύο στρατιωτῶν δεδεμένος ἁλύσεσιν δυσὶν φύλακές τε πρὸ τῆς θύρας ἐτήρουν τὴν **φυλακήν.**
12:10 διελθόντες δὲ πρώτην **φυλακὴν** καὶ δευτέραν ἦλθαν ἐπὶ τὴν πύλην τὴν σιδηρᾶν τὴν φέρουσαν εἰς τὴν πόλιν,
12:17 κατασείσας δὲ αὐτοῖς τῇ χειρὶ σιγᾶν διηγήσατο [αὐτοῖς] πῶς ὁ κύριος αὐτὸν ἐξήγαγεν ἐκ τῆς **φυλακῆς** εἶπέν τε,
16:23 πολλάς τε ἐπιθέντες αὐτοῖς πληγὰς ἔβαλον εἰς **φυλακὴν** παραγγείλαντες τῷ δεσμοφύλακι ἀσφαλῶς τηρεῖν αὐτούς.
16:24 ὃς παραγγελίαν τοιαύτην λαβὼν ἔβαλεν αὐτοὺς εἰς τὴν ἐσωτέραν **φυλακὴν** καὶ τοὺς πόδας ἠσφαλίσατο αὐτῶν
16:27 ἔξυπνος δὲ γενόμενος ὁ δεσμοφύλαξ καὶ ἰδὼν ἀνεῳγμένας τὰς θύρας τῆς **φυλακῆς,**

16:37 Δείραντες ἡμᾶς δημοσίᾳ ἀκατακρίτους, ἀνθρώπους Ῥωμαίους ὑπάρχοντας, ἔβαλαν εἰς **φυλακήν,**
16:40 ἐξελθόντες δὲ ἀπὸ τῆς **φυλακῆς** εἰσῆλθον πρὸς τὴν Λυδίαν καὶ ἰδόντες παρεκάλεσαν τοὺς ἀδελφοὺς καὶ ἐξῆλθαν.
22: 4 ὃς ταύτην τὴν ὁδὸν ἐδίωξα ἄχρι θανάτου δεσμεύων καὶ παραδιδοὺς εἰς **φυλακὰς** ἄνδρας τε καὶ γυναῖκας,
26:10 καὶ πολλούς τε τῶν ἁγίων ἐγὼ ἐν **φυλακαῖς** κατέκλεισα τὴν παρὰ τῶν ἀρχιερέων ἐξουσίαν λαβὼν ἀναιρουμένων τε αὐτῶν κατήνεγκα ψῆφον.
2Co 6: 5 ἐν **φυλακαῖς,** ἐν ἀκαταστασίαις, ἐν κόποις, ἐν ἀγρυπνίαις,
11:23 ἐν **φυλακαῖς** περισσοτέρως, ἐν πληγαῖς ὑπερβαλλόντως, ἐν θανάτοις πολλάκις.
Heb 11:36 ἕτεροι δὲ ἐμπαιγμῶν καὶ μαστίγων πεῖραν ἔλαβον, ἔτι δὲ δεσμῶν καὶ **φυλακῆς·**
1Pe 3:19 ἐν ᾧ καὶ τοῖς ἐν **φυλακῇ** πνεύμασιν πορευθεὶς ἐκήρυξεν,
Rev 2:10 ἰδοὺ μέλλει βάλλειν ὁ διάβολος ἐξ ὑμῶν εἰς **φυλακὴν** ἵνα πειρασθῆτε καὶ ἕξετε θλῖψιν ἡμερῶν δέκα.
18: 2 καὶ ἐγένετο κατοικητήριον δαιμονίων καὶ **φυλακὴ** παντὸς πνεύματος ἀκαθάρτου καὶ **φυλακὴ** παντὸς ὀρνέου ἀκαθάρτου [καὶ **φυλακὴ**[NIV-] παντὸς θηρίου ἀκαθάρτου] καὶ μεμισημένου,
20: 7 Καὶ ὅταν τελεσθῇ τὰ χίλια ἔτη, λυθήσεται ὁ Σατανᾶς ἐκ τῆς **φυλακῆς** αὐτοῦ

5872 φυλακίζω [1]

√ 5875

Ac 22:19 αὐτοὶ ἐπίστανται ὅτι ἐγὼ ἤμην **φυλακίζων** καὶ δέρων κατὰ τὰς συναγωγὰς τοὺς πιστεύοντας ἐπὶ σέ,

5873 φυλακτήριον [1]

√ 5875

Mt 23: 5 πλατύνουσιν γὰρ τὰ **φυλακτήρια** αὐτῶν καὶ μεγαλύνουσιν τὰ κράσπεδα,

5874 φύλαξ [3]

√ 5875

Ac 5:23 λέγοντες ὅτι Τὸ δεσμωτήριον εὕρομεν κεκλεισμένον ἐν πάσῃ ἀσφαλείᾳ καὶ τοὺς **φύλακας** ἑστῶτας ἐπὶ τῶν θυρῶν,
12: 6 τῇ νυκτὶ ἐκείνῃ ἦν ὁ Πέτρος κοιμώμενος μεταξὺ δύο στρατιωτῶν δεδεμένος ἁλύσεσιν δυσὶν **φύλακές**
12:19 Ἡρῴδης δὲ ἐπιζητήσας αὐτὸν καὶ μὴ εὑρών, ἀνακρίνας τοὺς **φύλακας** ἐκέλευσεν ἀπαχθῆναι,

5875 φυλάσσω [31]

→ 1126, 1302, 1428, 5871, 5872, 5873, 5874

φυλακή ... φυλάσσω [1] Lk 2:8

Mt 19:20 λέγει αὐτῷ ὁ νεανίσκος, Πάντα ταῦτα **ἐφύλαξα·** τί ἔτι ὑστερῶ;
Mk 10:20 ὁ δὲ ἔφη αὐτῷ, Διδάσκαλε, ταῦτα πάντα **ἐφυλαξάμην** ἐκ νεότητός μου.
Lk 2: 8 Καὶ ποιμένες ἦσαν ἐν τῇ χώρᾳ τῇ αὐτῇ ἀγραυλοῦντες καὶ **φυλάσσοντες** φυλακὰς τῆς νυκτὸς ἐπὶ τὴν ποίμνην αὐτῶν.
8:29 πολλοῖς γὰρ χρόνοις συνηρπάκει αὐτὸν καὶ ἐδεσμεύετο ἁλύσεσιν καὶ πέδαις **φυλασσόμενος** καὶ διαρρήσσων τὰ δεσμὰ
11:21 ὅταν ὁ ἰσχυρὸς καθωπλισμένος **φυλάσσῃ** τὴν ἑαυτοῦ αὐλήν,
11:28 Μενοῦν μακάριοι οἱ ἀκούοντες τὸν λόγον τοῦ θεοῦ καὶ **φυλάσσοντες.**
12:15 εἶπεν δὲ πρὸς αὐτούς, Ὁρᾶτε καὶ **φυλάσσεσθε** ἀπὸ πάσης πλεονεξίας,
18:21 ὁ δὲ εἶπεν, Ταῦτα πάντα **ἐφύλαξα** ἐκ νεότητος.
Jn 12:25 καὶ ὁ μισῶν τὴν ψυχὴν αὐτοῦ ἐν τῷ κόσμῳ τούτῳ εἰς ζωὴν αἰώνιον **φυλάξει** αὐτήν.
12:47 καὶ ἐάν τίς μου ἀκούσῃ τῶν ῥημάτων καὶ μὴ **φυλάξῃ,**
17:12 καὶ **ἐφύλαξα,** καὶ οὐδεὶς ἐξ αὐτῶν ἀπώλετο εἰ μὴ ὁ υἱὸς τῆς ἀπωλείας,
Ac 7:53 οἵτινες ἐλάβετε τὸν νόμον εἰς διαταγὰς ἀγγέλων καὶ οὐκ **ἐφυλάξατε.**
12: 4 ὃν καὶ πιάσας ἔθετο εἰς φυλακὴν παραδοὺς τέσσαρσιν τετραδίοις στρατιωτῶν **φυλάσσειν** αὐτόν,
16: 4 παρεδίδοσαν αὐτοῖς **φυλάσσειν** τὰ δόγματα τὰ κεκριμένα ὑπὸ τῶν ἀποστόλων καὶ πρεσβυτέρων τῶν ἐν Ἱεροσολύμοις.
21:24 καὶ γνώσονται πάντες ὅτι ὧν κατήχηνται περὶ σοῦ οὐδέν ἐστιν ἀλλὰ στοιχεῖς καὶ αὐτὸς **φυλάσσων** τὸν νόμον.
21:25 ἡμεῖς ἐπεστείλαμεν κρίναντες **φυλάσσεσθαι** αὐτοὺς τό τε εἰδωλόθυτον καὶ αἷμα καὶ πνικτὸν καὶ πορνείαν.
22:20 καὶ αὐτὸς ἤμην ἐφεστὼς καὶ συνευδοκῶν καὶ **φυλάσσων** τὰ ἱμάτια τῶν ἀναιρούντων αὐτόν.
23:35 κελεύσας ἐν τῷ πραιτωρίῳ τοῦ Ἡρῴδου **φυλάσσεσθαι** αὐτόν.
28:16 ἐπετράπη τῷ Παύλῳ μένειν καθ᾽ ἑαυτὸν σὺν τῷ **φυλάσσοντι** αὐτὸν στρατιώτῃ.
Ro 2:26 ἐὰν οὖν ἡ ἀκροβυστία τὰ δικαιώματα τοῦ νόμου **φυλάσσῃ,**
Gal 6:13 οὐδὲ γὰρ οἱ περιτεμνόμενοι αὐτοὶ νόμον **φυλάσσουσιν** ἀλλὰ θέλουσιν ὑμᾶς περιτέμνεσθαι,
2Th 3: 3 ὃς στηρίξει ὑμᾶς καὶ **φυλάξει** ἀπὸ τοῦ πονηροῦ.
1Ti 5:21 ἵνα ταῦτα **φυλάξῃς** χωρὶς προκρίματος, μηδὲν ποιῶν κατὰ πρόσκλισιν.
6:20 τὴν παραθήκην **φύλαξον** ἐκτρεπόμενος τὰς βεβήλους κενοφωνίας καὶ ἀντιθέσεις τῆς ψευδωνύμου γνώσεως,
2Ti 1:12 οἶδα γὰρ ᾧ πεπίστευκα καὶ πέπεισμαι ὅτι δυνατός ἐστιν τὴν παραθήκην μου **φυλάξαι** εἰς ἐκείνην τὴν ἡμέραν.
1:14 τὴν καλὴν παραθήκην **φύλαξον** διὰ πνεύματος ἁγίου τοῦ ἐνοικοῦντος ἐν ἡμῖν.
4:15 ὃν καὶ σὺ **φυλάσσου,** λίαν γὰρ ἀντέστη τοῖς ἡμετέροις λόγοις.
2Pe 2: 5 ἀρχαίου κόσμου οὐκ ἐφείσατο ἀλλὰ ὄγδοον Νῶε δικαιοσύνης κήρυκα **ἐφύλαξεν** κατακλυσμὸν κόσμῳ ἀσεβῶν ἐπάξας,
3:17 ἀγαπητοί, προγινώσκοντες **φυλάσσεσθε,** ἵνα μὴ τῇ τῶν ἀθέσμων πλάνῃ συναπαχθέντες ἐκπέσητε τοῦ ἰδίου στηριγμοῦ,
1Jn 5:21 Τεκνία, **φυλάξατε** ἑαυτὰ ἀπὸ τῶν εἰδώλων.
Jude 1:24 Τῷ δὲ δυναμένῳ **φυλάξαι** ὑμᾶς ἀπταίστους καὶ στῆσαι κατενώπιον τῆς δόξης αὐτοῦ ἀμώμους ἐν ἀγαλλιάσει,

5876 φυλή [31]

→ 260, 1559, 5241; cf. 5886

Mt 19:28 καθήσεσθε καὶ ὑμεῖς ἐπὶ δώδεκα θρόνους κρίνοντες τὰς δώδεκα **φυλὰς** τοῦ Ἰσραήλ.
24:30 καὶ τότε κόψονται πᾶσαι αἱ **φυλαὶ** τῆς γῆς καὶ ὄψονται τὸν υἱὸν τοῦ ἀνθρώπου ἐρχόμενον ἐπὶ τῶν νεφελῶν τοῦ οὐρανοῦ
Lk 2:36 Καὶ ἦν Ἅννα προφῆτις, θυγάτηρ Φανουήλ, ἐκ **φυλῆς** Ἀσήρ·
22:30 καὶ καθήσεσθε ἐπὶ θρόνων τὰς δώδεκα **φυλὰς** κρίνοντες τοῦ Ἰσραήλ.
Ac 13:21 κἀκεῖθεν ᾐτήσαντο βασιλέα καὶ ἔδωκεν αὐτοῖς ὁ θεὸς τὸν Σαοὺλ υἱὸν Κίς, ἄνδρα ἐκ **φυλῆς** Βενιαμίν, ἔτη τεσσεράκοντα,
Ro 11: 1 καὶ γὰρ ἐγὼ Ἰσραηλίτης εἰμί, ἐκ σπέρματος Ἀβραάμ, **φυλῆς** Βενιαμίν.
Php 3: 5 **φυλῆς** Βενιαμίν, Ἑβραῖος ἐξ Ἑβραίων, κατὰ νόμον Φαρισαῖος,
Heb 7:13 ἐφ᾽ ὃν γὰρ λέγεται ταῦτα, **φυλῆς** ἑτέρας μετέσχηκεν,
7:14 εἰς ἣν **φυλὴν** περὶ ἱερέων οὐδὲν Μωϋσῆς ἐλάλησεν.
Jas 1: 1 Ἰάκωβος θεοῦ καὶ κυρίου Ἰησοῦ Χριστοῦ δοῦλος ταῖς δώδεκα **φυλαῖς** ταῖς ἐν τῇ διασπορᾷ χαίρειν.
Rev 1: 7 καὶ κόψονται ἐπ᾽ αὐτὸν πᾶσαι αἱ **φυλαὶ** τῆς γῆς.
5: 5 ἰδοὺ ἐνίκησεν ὁ λέων ὁ ἐκ τῆς **φυλῆς** Ἰούδα,
5: 9 ὅτι ἐσφάγης καὶ ἠγόρασας τῷ θεῷ ἐν τῷ αἵματί σου ἐκ πάσης **φυλῆς** καὶ γλώσσης καὶ λαοῦ καὶ ἔθνους
7: 4 ἀριθμὸν τῶν ἐσφραγισμένων, ἑκατὸν τεσσεράκοντα τέσσαρες χιλιάδες, ἐσφραγισμένοι ἐκ πάσης **φυλῆς** υἱῶν Ἰσραήλ·
7: 5 ἐκ **φυλῆς** Ἰούδα δώδεκα χιλιάδες ἐσφραγισμένοι, ἐκ **φυλῆς** Ῥουβὴν δώδεκα χιλιάδες, ἐκ **φυλῆς** Γὰδ δώδεκα χιλιάδες,
7: 6 ἐκ **φυλῆς** Ἀσὴρ δώδεκα χιλιάδες, ἐκ **φυλῆς** Νεφθαλὶμ δώδεκα χιλιάδες, ἐκ **φυλῆς** Μανασσῆ δώδεκα χιλιάδες,
7: 7 ἐκ **φυλῆς** Συμεὼν δώδεκα χιλιάδες, ἐκ **φυλῆς** Λευὶ δώδεκα χιλιάδες, ἐκ **φυλῆς** Ἰσσαχὰρ δώδεκα χιλιάδες,
7: 8 ἐκ **φυλῆς** Ζαβουλὼν δώδεκα χιλιάδες, ἐκ **φυλῆς** Ἰωσὴφ δώδεκα χιλιάδες, ἐκ **φυλῆς** Βενιαμὶν δώδεκα χιλιάδες ἐσφραγισμένοι.
7: 9 ἐκ παντὸς ἔθνους καὶ **φυλῶν** καὶ λαῶν καὶ γλωσσῶν ἑστῶτες ἐνώπιον τοῦ θρόνου καὶ ἐνώπιον τοῦ ἀρνίου
11: 9 καὶ βλέπουσιν ἐκ τῶν λαῶν καὶ **φυλῶν** καὶ γλωσσῶν καὶ ἐθνῶν τὸ πτῶμα αὐτῶν ἡμέρας τρεῖς καὶ ἥμισυ
13: 7 καὶ ἐδόθη αὐτῷ ἐξουσία ἐπὶ πᾶσαν **φυλὴν** καὶ λαὸν καὶ γλῶσσαν καὶ ἔθνος.
14: 6 ἔχοντα εὐαγγέλιον αἰώνιον εὐαγγελίσαι ἐπὶ τοὺς καθημένους ἐπὶ τῆς γῆς καὶ ἐπὶ πᾶν ἔθνος καὶ **φυλὴν** καὶ γλῶσσαν καὶ λαόν,
21:12 ἅ ἐστιν [τὰ ὀνόματα] τῶν δώδεκα **φυλῶν** υἱῶν Ἰσραήλ·

5877 φύλλον [6]

Mt 21:19 καὶ ἰδὼν συκῆν μίαν ἐπὶ τῆς ὁδοῦ ἦλθεν ἐπ' αὐτὴν καὶ οὐδὲν εὗρεν ἐν αὐτῇ εἰ μὴ **φύλλα** μόνον,
24:32 ὅταν ἤδη ὁ κλάδος αὐτῆς γένηται ἁπαλὸς καὶ τὰ **φύλλα** ἐκφύῃ,
Mk 11:13 καὶ ἰδὼν συκῆν ἀπὸ μακρόθεν ἔχουσαν **φύλλα** ἦλθεν, εἰ ἄρα τι εὑρήσει ἐν αὐτῇ, καὶ ἐλθὼν ἐπ' αὐτὴν οὐδὲν εὗρεν εἰ μὴ **φύλλα·**
13:28 ὅταν ἤδη ὁ κλάδος αὐτῆς ἁπαλὸς γένηται καὶ ἐκφύῃ τὰ **φύλλα,**
Rev 22: 2 καὶ τὰ **φύλλα** τοῦ ξύλου εἰς θεραπείαν τῶν ἐθνῶν.

5878 φύραμα [5]

Ro 9:21 ἢ οὐκ ἔχει ἐξουσίαν ὁ κεραμεὺς τοῦ πηλοῦ ἐκ τοῦ αὐτοῦ **φυράματος** ποιῆσαι ὃ μὲν εἰς τιμὴν σκεῦος ὃ δὲ εἰς ἀτιμίαν;
11:16 εἰ δὲ ἡ ἀπαρχὴ ἁγία, καὶ τὸ **φύραμα·**
1Co 5: 6 οὐκ οἴδατε ὅτι μικρὰ ζύμη ὅλον τὸ **φύραμα** ζυμοῖ;
5: 7 ἐκκαθάρατε τὴν παλαιὰν ζύμην, ἵνα ἦτε νέον **φύραμα,** καθώς ἐστε ἄζυμοι·
Gal 5: 9 μικρὰ ζύμη ὅλον τὸ **φύραμα** ζυμοῖ.

5879 φυσικός [3]

√ *5886*

Ro 1:26 αἵ τε γὰρ θήλειαι αὐτῶν μετήλλαξαν τὴν **φυσικὴν** χρῆσιν εἰς τὴν παρὰ φύσιν,
1:27 ὁμοίως τε καὶ οἱ ἄρσενες ἀφέντες τὴν **φυσικὴν** χρῆσιν τῆς θηλείας ἐξεκαύθησαν ἐν τῇ ὀρέξει αὐτῶν εἰς ἀλλήλους,
2Pe 2:12 οὗτοι δὲ ὡς ἄλογα ζῷα γεγεννημένα **φυσικὰ** εἰς ἅλωσιν καὶ φθορὰν ἐν οἷς ἀγνοοῦσιν βλασφημοῦντες,

5880 φυσικῶς [1]

√ *5886*

Jude 1:10 ὅσα δὲ **φυσικῶς** ὡς τὰ ἄλογα ζῷα ἐπίστανται,

5881 φυσιόω [7]

√ *5886*

1Co 4: 6 ἵνα μὴ εἷς ὑπὲρ τοῦ ἑνὸς **φυσιοῦσθε** κατὰ τοῦ ἑτέρου.
4:18 ὡς μὴ ἐρχομένου δέ μου πρὸς ὑμᾶς **ἐφυσιώθησάν** τινες·
4:19 γνώσομαι οὐ τὸν λόγον τῶν **πεφυσιωμένων** ἀλλὰ τὴν δύναμιν·
5: 2 καὶ ὑμεῖς **πεφυσιωμένοι** ἐστὲ καὶ οὐχὶ μᾶλλον ἐπενθήσατε,
8: 1 οἴδαμεν ὅτι πάντες γνῶσιν ἔχομεν. ἡ γνῶσις **φυσιοῖ,** ἡ δὲ ἀγάπη οἰκοδομεῖ·
13: 4 οὐ ζηλοῖ, [ἡ ἀγάπη] οὐ περπερεύεται, οὐ **φυσιοῦται,**
Col 2:18 εἰκῇ **φυσιούμενος** ὑπὸ τοῦ νοὸς τῆς σαρκὸς αὐτοῦ,

5882 φύσις [14]

√ *5886*

Ro 1:26 αἵ τε γὰρ θήλειαι αὐτῶν μετήλλαξαν τὴν φυσικὴν χρῆσιν εἰς τὴν παρὰ **φύσιν,**
2:14 ὅταν γὰρ ἔθνη τὰ μὴ νόμον ἔχοντα **φύσει** τὰ τοῦ νόμου ποιῶσιν,
2:27 καὶ κρινεῖ ἡ ἐκ **φύσεως** ἀκροβυστία τὸν νόμον τελοῦσα σὲ τὸν διὰ γράμματος καὶ περιτομῆς παραβάτην νόμου.
11:21 εἰ γὰρ ὁ θεὸς τῶν κατὰ **φύσιν** κλάδων οὐκ ἐφείσατο,
11:24 εἰ γὰρ σὺ ἐκ τῆς κατὰ **φύσιν** ἐξεκόπης ἀγριελαίου καὶ παρὰ **φύσιν** ἐνεκεντρίσθης εἰς καλλιέλαιον, πόσῳ μᾶλλον οὗτοι οἱ κατὰ **φύσιν** ἐγκεντρισθήσονται τῇ ἰδίᾳ ἐλαίᾳ.
1Co 11:14 οὐδὲ ἡ **φύσις** αὐτὴ διδάσκει ὑμᾶς ὅτι ἀνὴρ μὲν ἐὰν κομᾷ ἀτιμία αὐτῷ ἐστιν,
Gal 2:15 Ἡμεῖς **φύσει** Ἰουδαῖοι καὶ οὐκ ἐξ ἐθνῶν ἁμαρτωλοί·
4: 8 Ἀλλὰ τότε μὲν οὐκ εἰδότες θεὸν ἐδουλεύσατε τοῖς **φύσει** μὴ οὖσιν θεοῖς·
Eph 2: 3 καὶ ἤμεθα τέκνα **φύσει** ὀργῆς ὡς καὶ οἱ λοιποί·
Jas 3: 7 πᾶσα γὰρ **φύσις** θηρίων τε καὶ πετεινῶν, ἑρπετῶν τε καὶ ἐναλίων δαμάζεται καὶ δεδάμασται τῇ **φύσει** τῇ ἀνθρωπίνῃ,
2Pe 1: 4 ἵνα διὰ τούτων γένησθε θείας κοινωνοὶ **φύσεως** ἀποφυγόντες τῆς ἐν τῷ κόσμῳ ἐν ἐπιθυμίᾳ φθορᾶς.

5883 φυσίωσις [1]

√ *5886*

2Co 12:20 μή πως ἔρις, ζῆλος, θυμοί, ἐριθεῖαι, καταλαλιαί, ψιθυρισμοί, **φυσιώσεις,** ἀκαταστασίαι·

5884 φυτεία [1]

√ *5886*

Mt 15:13 Πᾶσα **φυτεία** ἣν οὐκ ἐφύτευσεν ὁ πατήρ μου ὁ οὐράνιος ἐκριζωθήσεται.

5885 φυτεύω [11]

√ *5886*

Mt 15:13 Πᾶσα φυτεία ἣν οὐκ **ἐφύτευσεν** ὁ πατήρ μου ὁ οὐράνιος ἐκριζωθήσεται.
21:33 Ἄνθρωπος ἦν οἰκοδεσπότης ὅστις **ἐφύτευσεν** ἀμπελῶνα καὶ φραγμὸν αὐτῷ περιέθηκεν καὶ ὤρυξεν ἐν αὐτῷ ληνὸν
Mk 12: 1 Ἀμπελῶνα ἄνθρωπος **ἐφύτευσεν** καὶ περιέθηκεν φραγμὸν καὶ ὤρυξεν ὑπολήνιον καὶ ᾠκοδόμησεν πύργον καὶ ἐξέδετο αὐτὸν
Lk 13: 6 Συκῆν εἶχέν τις **πεφυτευμένην** ἐν τῷ ἀμπελῶνι αὐτοῦ,
17: 6 ἐλέγετε ἂν τῇ συκαμίνῳ [ταύτῃ,] Ἐκριζώθητι καὶ **φυτεύθητι** ἐν τῇ θαλάσσῃ·
17:28 ὁμοίως καθὼς ἐγένετο ἐν ταῖς ἡμέραις Λώτ· ἤσθιον, ἔπινον, ἠγόραζον, ἐπώλουν, **ἐφύτευον,** ᾠκοδόμουν·
20: 9 Ἄνθρωπός [τις] **ἐφύτευσεν** ἀμπελῶνα καὶ ἐξέδετο αὐτὸν γεωργοῖς καὶ ἀπεδήμησεν χρόνους ἱκανούς.
1Co 3: 6 ἐγὼ **ἐφύτευσα,** Ἀπολλῶς ἐπότισεν, ἀλλὰ ὁ θεὸς ηὔξανεν·
3: 7 ὥστε οὔτε ὁ **φυτεύων** ἐστίν τι οὔτε ὁ ποτίζων ἀλλ' ὁ αὐξάνων θεός.
3: 8 ὁ **φυτεύων** δὲ καὶ ὁ ποτίζων ἕν εἰσιν,
9: 7 τίς **φυτεύει** ἀμπελῶνα καὶ τὸν καρπὸν αὐτοῦ οὐκ ἐσθίει;

5886 φύω [3]

→ *1770, 1874, 1875, 3574, 3745, 4103, 5242, 5243, 5879, 5880, 5881, 5882, 5883, 5884, 5885; cf. 5876*

Lk 8: 6 καὶ **φυὲν** ἐξηράνθη διὰ τὸ μὴ ἔχειν ἰκμάδα.
8: 8 καὶ ἕτερον ἔπεσεν εἰς τὴν γῆν τὴν ἀγαθὴν καὶ **φυὲν** ἐποίησεν καρπὸν ἑκατονταπλασίονα.
Heb 12:15 μή τις ῥίζα πικρίας ἄνω **φύουσα** ἐνοχλῇ καὶ δι' αὐτῆς μιανθῶσιν πολλοί,

5887 φωλεός [2]

Mt 8:20 Αἱ ἀλώπεκες **φωλεοὺς** ἔχουσιν καὶ τὰ πετεινὰ τοῦ οὐρανοῦ κατασκηνώσεις,
Lk 9:58 Αἱ ἀλώπεκες **φωλεοὺς** ἔχουσιν καὶ τὰ πετεινὰ τοῦ οὐρανοῦ κατασκηνώσεις,

5888 φωνέω [43 / 42]

√ *5889*

ἀλέκτωρ φωνῆσαι [11 / 10] Mt 26:34,74,75; Mk 14:30,68[UBS], 72,72; Lk 22:34,60,61; Jn 13:38; 18:27

φωνή ... φωνέω [5] Mk 1:26; Lk 23:46; Jn 10:3; Ac 16:28; Rev 14:18

Mt 20:32 καὶ στὰς ὁ Ἰησοῦς **ἐφώνησεν** αὐτοὺς καὶ εἶπεν,
26:34 Ἀμὴν λέγω σοι ὅτι ἐν ταύτῃ τῇ νυκτὶ πρὶν ἀλέκτορα **φωνῆσαι** τρὶς ἀπαρνήσῃ με.
26:74 τότε ἤρξατο καταθεματίζειν καὶ ὀμνύειν ὅτι Οὐκ οἶδα τὸν ἄνθρωπον. καὶ εὐθέως ἀλέκτωρ **ἐφώνησεν.**
26:75 καὶ ἐμνήσθη ὁ Πέτρος τοῦ ῥήματος Ἰησοῦ εἰρηκότος ὅτι Πρὶν ἀλέκτορα **φωνῆσαι** τρὶς ἀπαρνήσῃ με·
27:47 τινὲς δὲ τῶν ἐκεῖ ἑστηκότων ἀκούσαντες ἔλεγον ὅτι Ἠλίαν **φωνεῖ** οὗτος.
Mk 1:26 καὶ σπαράξαν αὐτὸν τὸ πνεῦμα τὸ ἀκάθαρτον καὶ **φωνῆσαν** φωνῇ μεγάλῃ ἐξῆλθεν ἐξ αὐτοῦ.
9:35 καὶ καθίσας **ἐφώνησεν** τοὺς δώδεκα καὶ λέγει αὐτοῖς,
10:49 καὶ στὰς ὁ Ἰησοῦς εἶπεν, **Φωνήσατε** αὐτόν. καὶ **φωνοῦσιν** τὸν τυφλὸν λέγοντες αὐτῷ, Θάρσει, ἔγειρε, **φωνεῖ** σε.
14:30 Ἀμὴν λέγω σοι ὅτι σὺ σήμερον ταύτῃ τῇ νυκτὶ πρὶν ἢ δὶς ἀλέκτορα **φωνῆσαι** τρίς με ἀπαρνήσῃ.
14:68 καὶ ἐξῆλθεν ἔξω εἰς τὸ προαύλιον [καὶ ἀλέκτωρ **ἐφώνησεν.**[NIV-]]
14:72 καὶ εὐθὺς ἐκ δευτέρου ἀλέκτωρ **ἐφώνησεν.** καὶ ἀνεμνήσθη ὁ Πέτρος τὸ ῥῆμα ὡς εἶπεν αὐτῷ ὁ Ἰησοῦς ὅτι Πρὶν ἀλέκτορα **φωνῆσαι** δὶς τρίς με ἀπαρνήσῃ·
15:35 καί τινες τῶν παρεστηκότων ἀκούσαντες ἔλεγον, Ἴδε Ἠλίαν **φωνεῖ.**

Lk 8: 8 ταῦτα λέγων **ἐφώνει,** Ὁ ἔχων ὦτα ἀκούειν ἀκουέτω.
8: 54 αὐτὸς δὲ κρατήσας τῆς χειρὸς αὐτῆς **ἐφώνησεν** λέγων,
14: 12 μὴ **φώνει** τοὺς φίλους σου μηδὲ τοὺς ἀδελφούς σου μηδὲ τοὺς συγγενεῖς σου μηδὲ γείτονας πλουσίους,
16: 2 καὶ **φωνήσας** αὐτὸν εἶπεν αὐτῷ, Τί τοῦτο ἀκούω περὶ σοῦ;
16: 24 καὶ αὐτὸς **φωνήσας** εἶπεν, Πάτερ Ἀβραάμ, ἐλέησόν με καὶ πέμψον Λάζαρον ἵνα βάψῃ τὸ ἄκρον τοῦ δακτύλου αὐτοῦ
19: 15 λαβόντα τὴν βασιλείαν καὶ εἶπεν **φωνηθῆναι** αὐτῷ τοὺς δούλους τούτους οἷς δεδώκει τὸ ἀργύριον,
22: 34 οὐ **φωνήσει** σήμερον ἀλέκτωρ ἕως τρίς με ἀπαρνήσῃ εἰδέναι.
22: 60 οὐκ οἶδα ὃ λέγεις. καὶ παραχρῆμα ἔτι λαλοῦντος αὐτοῦ **ἐφώνησεν** ἀλέκτωρ.
22: 61 καὶ ὑπεμνήσθη ὁ Πέτρος τοῦ ῥήματος τοῦ κυρίου ὡς εἶπεν αὐτῷ ὅτι Πρὶν ἀλέκτορα **φωνῆσαι** σήμερον ἀπαρνήσῃ με τρίς.
23: 46 καὶ **φωνήσας** φωνῇ μεγάλῃ ὁ Ἰησοῦς εἶπεν, Πάτερ,
Jn 1: 48 Πρὸ τοῦ σε Φίλιππον **φωνῆσαι** ὄντα ὑπὸ τὴν συκῆν εἶδόν σε.
2: 9 οἱ δὲ διάκονοι ᾔδεισαν οἱ ἠντληκότες τὸ ὕδωρ, **φωνεῖ** τὸν νυμφίον ὁ ἀρχιτρίκλινος
4: 16 Ὕπαγε **φώνησον** τὸν ἄνδρα σου καὶ ἐλθὲ ἐνθάδε.
9: 18 Οὐκ ἐπίστευσαν οὖν οἱ Ἰουδαῖοι περὶ αὐτοῦ ὅτι ἦν τυφλὸς καὶ ἀνέβλεψεν ἕως ὅτου **ἐφώνησαν** τοὺς γονεῖς αὐτοῦ
9: 24 **Ἐφώνησαν** οὖν τὸν ἄνθρωπον ἐκ δευτέρου ὃς ἦν τυφλὸς καὶ εἶπαν αὐτῷ,
10: 3 καὶ τὰ πρόβατα τῆς φωνῆς αὐτοῦ ἀκούει καὶ τὰ ἴδια πρόβατα **φωνεῖ** κατ' ὄνομα καὶ ἐξάγει αὐτά.
11: 28 ἀπῆλθεν καὶ **ἐφώνησεν** Μαριὰμ τὴν ἀδελφὴν αὐτῆς λάθρᾳ εἰποῦσα, Ὁ διδάσκαλος πάρεστιν καὶ **φωνεῖ** σε.
12: 17 ἐμαρτύρει οὖν ὁ ὄχλος ὁ ὢν μετ' αὐτοῦ ὅτε τὸν Λάζαρον **ἐφώνησεν** ἐκ τοῦ μνημείου καὶ ἤγειρεν αὐτὸν ἐκ νεκρῶν.
13: 13 ὑμεῖς **φωνεῖτέ** με Ὁ διδάσκαλος καὶ Ὁ κύριος,
13: 38 οὐ μὴ ἀλέκτωρ **φωνήσῃ** ἕως οὗ ἀρνήσῃ με τρίς.
18: 27 πάλιν οὖν ἠρνήσατο Πέτρος, καὶ εὐθέως ἀλέκτωρ **ἐφώνησεν.**
18: 33 Εἰσῆλθεν οὖν πάλιν εἰς τὸ πραιτώριον ὁ Πιλᾶτος καὶ **ἐφώνησεν** τὸν Ἰησοῦν καὶ εἶπεν αὐτῷ,
Ac 9: 41 **φωνήσας** δὲ τοὺς ἁγίους καὶ τὰς χήρας παρέστησεν αὐτὴν ζῶσαν.
10: 7 **φωνήσας** δύο τῶν οἰκετῶν καὶ στρατιώτην εὐσεβῆ τῶν προσκαρτερούντων αὐτῷ
10: 18 καὶ **φωνήσαντες** ἐπυνθάνοντο εἰ Σίμων ὁ ἐπικαλούμενος Πέτρος ἐνθάδε ξενίζεται.
16: 28 **ἐφώνησεν** δὲ μεγάλῃ φωνῇ [ὁ] Παῦλος λέγων, Μηδὲν πράξῃς σεαυτῷ κακόν,
Rev 14: 18 καὶ **ἐφώνησεν** φωνῇ μεγάλῃ τῷ ἔχοντι τὸ δρέπανον τὸ ὀξὺ

5889 φωνή [139]

→ *231, 430, 851, 936, 1771, 1876, 2215, 2787, 2971, 3032, 4715, 5244, 5245, 5246, 5247, 5888*

αἴρω φωνήν [2] Lk 17:13; Ac 4:24

βλέπω φωνήν [1] Rev 1:12

ἐπαίρω φωνήν [4] Lk 11:27; Ac 2:14; 14:11; 22:22

μέγας φωνή [40] Mt 27:46,50; Mk 1:26; 5:7; 15:34,37; Lk 4:33; 8:28; 17:15; 19:37; 23:23,46; Jn 11:43; Ac 7:57,60; 8:7; 14:10; 16:28; 26:24; Rev 1:10; 5:2,12; 6:10; 7:2,10; 8:13; 10:3; 11:12,15; 12:10; 14:2,7,9,15,18; 16:1,17; 19:1,17; 21:3

φωνή ... βοάω [6] Mt 3:3; Mk 1:3; 15:34; Lk 3:4; Jn 1:23; Ac 8:7

φωνή ἐκ [19] Mt 3:17; 17:5; Mk 1:11,26; 9:7; Lk 3:22; 9:35; Jn 12:28; Ac 11:9; 22:14; 2Pe 1:18; Rev 9:13; 10:4; 11:12; 14:2,13; 16:1; 18:4; 21:3

φωνὴ θεοῦ [1] Ac 12:22

φωνή ... κράζω [14] Mt 27:50; Mk 5:7; Ac 7:57,60; 19:34; 24:21; Rev 6:10; 7:2,10; 10:3,3; 14:15; 18:2; 19:17

φωνὴ κυρίου [1] Ac 7:31

φωνή ... φωνέω [5] Mk 1:26; Lk 23:46; Jn 10:3; Ac 16:28; Rev 14:18

Mt 2: 18 **Φωνὴ** ἐν Ῥαμὰ ἠκούσθη, κλαυθμὸς καὶ ὀδυρμὸς πολύς·
3: 3 οὗτος γάρ ἐστιν ὁ ῥηθεὶς διὰ Ἠσαΐου τοῦ προφήτου λέγοντος, **Φωνὴ** βοῶντος ἐν τῇ ἐρήμῳ·
3: 17 καὶ ἰδοὺ **φωνὴ** ἐκ τῶν οὐρανῶν λέγουσα, Οὗτός ἐστιν ὁ υἱός μου ὁ ἀγαπητός,
12: 19 οὐδὲ ἀκούσει τις ἐν ταῖς πλατείαις τὴν **φωνὴν** αὐτοῦ.
17: 5 καὶ ἰδοὺ **φωνὴ** ἐκ τῆς νεφέλης λέγουσα, Οὗτός ἐστιν ὁ υἱός μου ὁ ἀγαπητός,
27: 46 περὶ δὲ τὴν ἐνάτην ὥραν ἀνεβόησεν ὁ Ἰησοῦς **φωνῇ** μεγάλῃ
27: 50 ὁ δὲ Ἰησοῦς πάλιν κράξας **φωνῇ** μεγάλῃ ἀφῆκεν τὸ πνεῦμα.
Mk 1: 3 **φωνὴ** βοῶντος ἐν τῇ ἐρήμῳ, Ἑτοιμάσατε τὴν ὁδὸν κυρίου,
1: 11 καὶ **φωνὴ** ἐγένετο ἐκ τῶν οὐρανῶν, Σὺ εἶ ὁ υἱός μου ὁ ἀγαπητός, ἐν σοὶ εὐδόκησα.
1: 26 καὶ σπαράξαν αὐτὸν τὸ πνεῦμα τὸ ἀκάθαρτον καὶ φωνῆσαν **φωνῇ** μεγάλῃ ἐξῆλθεν ἐξ αὐτοῦ.
5: 7 καὶ κράξας **φωνῇ** μεγάλῃ λέγει, Τί ἐμοὶ καὶ σοί,
9: 7 καὶ ἐγένετο νεφέλη ἐπισκιάζουσα αὐτοῖς, καὶ ἐγένετο **φωνὴ** ἐκ τῆς νεφέλης,
15: 34 καὶ τῇ ἐνάτῃ ὥρᾳ ἐβόησεν ὁ Ἰησοῦς **φωνῇ** μεγάλῃ,
15: 37 ὁ δὲ Ἰησοῦς ἀφεὶς **φωνὴν** μεγάλην ἐξέπνευσεν.
Lk 1: 44 ἰδοὺ γὰρ ὡς ἐγένετο ἡ **φωνὴ** τοῦ ἀσπασμοῦ σου εἰς τὰ ὦτά μου,
3: 4 **Φωνὴ** βοῶντος ἐν τῇ ἐρήμῳ, Ἑτοιμάσατε τὴν ὁδὸν κυρίου,
3: 22 καὶ **φωνὴν** ἐξ οὐρανοῦ γενέσθαι, Σὺ εἶ ὁ υἱός μου ὁ ἀγαπητός,
4: 33 καὶ ἐν τῇ συναγωγῇ ἦν ἄνθρωπος ἔχων πνεῦμα δαιμονίου ἀκαθάρτου καὶ ἀνέκραξεν **φωνῇ** μεγάλῃ,
8: 28 ἰδὼν δὲ τὸν Ἰησοῦν ἀνακράξας προσέπεσεν αὐτῷ καὶ **φωνῇ** μεγάλῃ εἶπεν,
9: 35 καὶ **φωνὴ** ἐγένετο ἐκ τῆς νεφέλης λέγουσα, Οὗτός ἐστιν ὁ υἱός μου ὁ ἐκλελεγμένος,
9: 36 καὶ ἐν τῷ γενέσθαι τὴν **φωνὴν** εὑρέθη Ἰησοῦς μόνος.
11: 27 Ἐγένετο δὲ ἐν τῷ λέγειν αὐτὸν ταῦτα ἐπάρασά τις **φωνὴν** γυνὴ ἐκ τοῦ ὄχλου εἶπεν αὐτῷ,
17: 13 αὐτοὶ ἦραν **φωνὴν** λέγοντες, Ἰησοῦ ἐπιστάτα, ἐλέησον ἡμᾶς.
17: 15 ἰδὼν ὅτι ἰάθη, ὑπέστρεψεν μετὰ **φωνῆς** μεγάλης δοξάζων τὸν θεόν,
19: 37 ἤρξαντο ἅπαν τὸ πλῆθος τῶν μαθητῶν χαίροντες αἰνεῖν τὸν θεὸν **φωνῇ** μεγάλῃ περὶ πασῶν ὧν εἶδον δυνάμεων,
23: 23 οἱ δὲ ἐπέκειντο **φωναῖς** μεγάλαις αἰτούμενοι αὐτὸν σταυρωθῆναι, καὶ κατίσχυον αἱ **φωναὶ** αὐτῶν.
23: 46 καὶ φωνήσας **φωνῇ** μεγάλῃ ὁ Ἰησοῦς εἶπεν, Πάτερ,
Jn 1: 23 Ἐγὼ **φωνὴ** βοῶντος ἐν τῇ ἐρήμῳ, Εὐθύνατε τὴν ὁδὸν κυρίου,
3: 8 τὸ πνεῦμα ὅπου θέλει πνεῖ καὶ τὴν **φωνὴν** αὐτοῦ ἀκούεις,
3: 29 ὁ δὲ φίλος τοῦ νυμφίου ὁ ἑστηκὼς καὶ ἀκούων αὐτοῦ χαρᾷ χαίρει διὰ τὴν **φωνὴν** τοῦ νυμφίου.
5: 25 ὅτι ἔρχεται ὥρα καὶ νῦν ἐστιν ὅτε οἱ νεκροὶ ἀκούσουσιν τῆς **φωνῆς** τοῦ υἱοῦ τοῦ θεοῦ καὶ οἱ ἀκούσαντες ζήσουσιν.
5: 28 ὅτι ἔρχεται ὥρα ἐν ᾗ πάντες οἱ ἐν τοῖς μνημείοις ἀκούσουσιν τῆς **φωνῆς** αὐτοῦ
5: 37 οὔτε **φωνὴν** αὐτοῦ πώποτε ἀκηκόατε οὔτε εἶδος αὐτοῦ ἑωράκατε,
10: 3 καὶ τὰ πρόβατα τῆς **φωνῆς** αὐτοῦ ἀκούει καὶ τὰ ἴδια πρόβατα φωνεῖ κατ' ὄνομα καὶ ἐξάγει αὐτά.
10: 4 καὶ τὰ πρόβατα αὐτῷ ἀκολουθεῖ, ὅτι οἴδασιν τὴν **φωνὴν** αὐτοῦ·
10: 5 ἀλλὰ φεύξονται ἀπ' αὐτοῦ, ὅτι οὐκ οἴδασιν τῶν ἀλλοτρίων τὴν **φωνήν.**
10: 16 κἀκεῖνα δεῖ με ἀγαγεῖν καὶ τῆς **φωνῆς** μου ἀκούσουσιν,
10: 27 τὰ πρόβατα τὰ ἐμὰ τῆς **φωνῆς** μου ἀκούουσιν,
11: 43 καὶ ταῦτα εἰπὼν **φωνῇ** μεγάλῃ ἐκραύγασεν, Λάζαρε, δεῦρο ἔξω.
12: 28 ἦλθεν οὖν **φωνὴ** ἐκ τοῦ οὐρανοῦ, Καὶ ἐδόξασα καὶ πάλιν δοξάσω.
12: 30 Οὐ δι' ἐμὲ ἡ **φωνὴ** αὕτη γέγονεν ἀλλὰ δι' ὑμᾶς.
18: 37 πᾶς ὁ ὢν ἐκ τῆς ἀληθείας ἀκούει μου τῆς **φωνῆς.**
Ac 2: 6 γενομένης δὲ τῆς **φωνῆς** ταύτης συνῆλθεν τὸ πλῆθος καὶ συνεχύθη,
2: 14 Σταθεὶς δὲ ὁ Πέτρος σὺν τοῖς ἕνδεκα ἐπῆρεν τὴν **φωνὴν** αὐτοῦ καὶ ἀπεφθέγξατο αὐτοῖς,
4: 24 οἱ δὲ ἀκούσαντες ὁμοθυμαδὸν ἦραν **φωνὴν** πρὸς τὸν θεὸν καὶ εἶπαν,
7: 31 ὁ δὲ Μωϋσῆς ἰδὼν ἐθαύμαζεν τὸ ὅραμα, προσερχομένου δὲ αὐτοῦ κατανοῆσαι ἐγένετο **φωνὴ** κυρίου,
7: 57 κράξαντες δὲ **φωνῇ** μεγάλῃ συνέσχον τὰ ὦτα αὐτῶν καὶ ὥρμησαν ὁμοθυμαδὸν ἐπ' αὐτὸν
7: 60 θεὶς δὲ τὰ γόνατα ἔκραξεν **φωνῇ** μεγάλῃ, Κύριε,
8: 7 πολλοὶ γὰρ τῶν ἐχόντων πνεύματα ἀκάθαρτα βοῶντα **φωνῇ** μεγάλῃ ἐξήρχοντο,
9: 4 καὶ πεσὼν ἐπὶ τὴν γῆν ἤκουσεν **φωνὴν** λέγουσαν αὐτῷ,
9: 7 οἱ δὲ ἄνδρες οἱ συνοδεύοντες αὐτῷ εἱστήκεισαν ἐνεοί, ἀκούοντες μὲν τῆς **φωνῆς** μηδένα δὲ θεωροῦντες.
10: 13 καὶ ἐγένετο **φωνὴ** πρὸς αὐτόν, Ἀναστάς, Πέτρε, θῦσον καὶ φάγε.
10: 15 καὶ **φωνὴ** πάλιν ἐκ δευτέρου πρὸς αὐτόν, Ἃ ὁ θεὸς ἐκαθάρισεν,
11: 7 ἤκουσα δὲ καὶ **φωνῆς** λεγούσης μοι, Ἀναστάς, Πέτρε,

11: 9 ἀπεκρίθη δὲ **φωνὴ** ἐκ δευτέρου ἐκ τοῦ οὐρανοῦ,
12:14 καὶ ἐπιγνοῦσα τὴν **φωνὴν** τοῦ Πέτρου ἀπὸ τῆς χαρᾶς οὐκ ἤνοιξεν τὸν πυλῶνα,
12:22 ὁ δὲ δῆμος ἐπεφώνει, Θεοῦ **φωνὴ** καὶ οὐκ ἀνθρώπου.
13:27 οἱ γὰρ κατοικοῦντες ἐν Ἰερουσαλὴμ καὶ οἱ ἄρχοντες αὐτῶν τοῦτον ἀγνοήσαντες καὶ τὰς **φωνὰς** τῶν προφητῶν
14:10 εἶπεν μεγάλῃ **φωνῇ**, Ἀνάστηθι ἐπὶ τοὺς πόδας σου ὀρθός.
14:11 οἵ τε ὄχλοι ἰδόντες ὃ ἐποίησεν Παῦλος ἐπῆραν τὴν **φωνὴν** αὐτῶν Λυκαονιστὶ λέγοντες,
16:28 ἐφώνησεν δὲ μεγάλῃ **φωνῇ** [ὁ] Παῦλος λέγων, Μηδὲν πράξῃς σεαυτῷ κακόν,
19:34 **φωνὴ** ἐγένετο μία ἐκ πάντων ὡς ἐπὶ ὥρας δύο κραζόντων,
22: 7 ἔπεσά τε εἰς τὸ ἔδαφος καὶ ἤκουσα **φωνῆς** λεγούσης μοι,
22: 9 οἱ δὲ σὺν ἐμοὶ ὄντες τὸ μὲν φῶς ἐθεάσαντο τὴν δὲ **φωνὴν** οὐκ ἤκουσαν τοῦ λαλοῦντός μοι.
22:14 Ὁ θεὸς τῶν πατέρων ἡμῶν προεχειρίσατό σε γνῶναι τὸ θέλημα αὐτοῦ καὶ ἰδεῖν τὸν δίκαιον καὶ ἀκοῦσαι **φωνὴν**
22:22 Ἤκουον δὲ αὐτοῦ ἄχρι τούτου τοῦ λόγου καὶ ἐπῆραν τὴν **φωνὴν** αὐτῶν λέγοντες,
24:21 ἢ περὶ μιᾶς ταύτης **φωνῆς** ἧς ἐκέκραξα ἐν αὐτοῖς ἑστὼς ὅτι Περὶ ἀναστάσεως νεκρῶν ἐγὼ κρίνομαι σήμερον ἐφ᾽ ὑμῶν.
26:14 πάντων τε καταπεσόντων ἡμῶν εἰς τὴν γῆν ἤκουσα **φωνὴν** λέγουσαν πρός με τῇ Ἑβραΐδι διαλέκτῳ,
26:24 Ταῦτα δὲ αὐτοῦ ἀπολογουμένου ὁ Φῆστος μεγάλῃ τῇ **φωνῇ** φησιν,
1Co 14: 7 ὅμως τὰ ἄψυχα **φωνὴν** διδόντα, εἴτε αὐλὸς εἴτε κιθάρα,
14: 8 καὶ γὰρ ἐὰν ἄδηλον σάλπιγξ **φωνὴν** δῷ, τίς παρασκευάσεται εἰς πόλεμον;
14:10 τοσαῦτα εἰ τύχοι γένη **φωνῶν** εἰσιν ἐν κόσμῳ καὶ οὐδὲν ἄφωνον·
14:11 ἐὰν οὖν μὴ εἰδῶ τὴν δύναμιν τῆς **φωνῆς**,
Gal 4:20 ἤθελον δὲ παρεῖναι πρὸς ὑμᾶς ἄρτι καὶ ἀλλάξαι τὴν **φωνήν** μου,
1Th 4:16 ὅτι αὐτὸς ὁ κύριος ἐν κελεύσματι, ἐν **φωνῇ** ἀρχαγγέλου καὶ ἐν σάλπιγγι θεοῦ,
Heb 3: 7 καθὼς λέγει τὸ πνεῦμα τὸ ἅγιον, Σήμερον ἐὰν τῆς **φωνῆς** αὐτοῦ ἀκούσητε,
3:15 ἐν τῷ λέγεσθαι, Σήμερον ἐὰν τῆς **φωνῆς** αὐτοῦ ἀκούσητε,
4: 7 καθὼς προείρηται, Σήμερον ἐὰν τῆς **φωνῆς** αὐτοῦ ἀκούσητε,
12:19 καὶ σάλπιγγος ἤχῳ καὶ **φωνῇ** ῥημάτων, ἧς οἱ ἀκούσαντες παρῃτήσαντο μὴ προστεθῆναι αὐτοῖς λόγον,
12:26 οὗ ἡ **φωνὴ** τὴν γῆν ἐσάλευσεν τότε, νῦν δὲ ἐπήγγελται λέγων,
2Pe 1:17 λαβὼν γὰρ παρὰ θεοῦ πατρὸς τιμὴν καὶ δόξαν **φωνῆς** ἐνεχθείσης αὐτῷ τοιᾶσδε ὑπὸ τῆς μεγαλοπρεποῦς δόξης,
1:18 καὶ ταύτην τὴν **φωνὴν** ἡμεῖς ἠκούσαμεν ἐξ οὐρανοῦ ἐνεχθεῖσαν σὺν αὐτῷ ὄντες ἐν τῷ ἁγίῳ ὄρει.
2:16 ὑποζύγιον ἄφωνον ἐν ἀνθρώπου **φωνῇ** φθεγξάμενον ἐκώλυσεν τὴν τοῦ προφήτου παραφρονίαν.
Rev 1:10 ἐγενόμην ἐν πνεύματι ἐν τῇ κυριακῇ ἡμέρᾳ καὶ ἤκουσα ὀπίσω μου **φωνὴν** μεγάλην ὡς σάλπιγγος
1:12 Καὶ ἐπέστρεψα βλέπειν τὴν **φωνὴν** ἥτις ἐλάλει μετ᾽ ἐμοῦ,
1:15 καὶ οἱ πόδες αὐτοῦ ὅμοιοι χαλκολιβάνῳ ὡς ἐν καμίνῳ πεπυρωμένης καὶ ἡ **φωνὴ** αὐτοῦ ὡς **φωνὴ** ὑδάτων πολλῶν,
3:20 ἐάν τις ἀκούσῃ τῆς **φωνῆς** μου καὶ ἀνοίξῃ τὴν θύραν,
4: 1 καὶ ἡ **φωνὴ** ἡ πρώτη ἣν ἤκουσα ὡς σάλπιγγος λαλούσης μετ᾽ ἐμοῦ λέγων,
4: 5 καὶ ἐκ τοῦ θρόνου ἐκπορεύονται ἀστραπαὶ καὶ **φωναὶ** καὶ βρονταί,
5: 2 καὶ εἶδον ἄγγελον ἰσχυρὸν κηρύσσοντα ἐν **φωνῇ** μεγάλῃ,
5:11 καὶ ἤκουσα **φωνὴν** ἀγγέλων πολλῶν κύκλῳ τοῦ θρόνου καὶ τῶν ζῴων καὶ τῶν πρεσβυτέρων,
5:12 λέγοντες **φωνῇ** μεγάλῃ, Ἄξιόν ἐστιν τὸ ἀρνίον τὸ ἐσφαγμένον λαβεῖν τὴν δύναμιν καὶ πλοῦτον καὶ σοφίαν καὶ ἰσχὺν
6: 1 ἤκουσα ἑνὸς ἐκ τῶν τεσσάρων ζῴων λέγοντος ὡς **φωνὴ** βροντῆς,
6: 6 καὶ ἤκουσα ὡς **φωνὴν** ἐν μέσῳ τῶν τεσσάρων ζῴων λέγουσαν,
6: 7 Καὶ ὅτε ἤνοιξεν τὴν σφραγῖδα τὴν τετάρτην, ἤκουσα **φωνὴν** τοῦ τετάρτου ζῴου λέγοντος, Ἔρχου.
6:10 καὶ ἔκραξαν **φωνῇ** μεγάλῃ λέγοντες, Ἕως πότε, ὁ δεσπότης ὁ ἅγιος καὶ ἀληθινός,
7: 2 καὶ ἔκραξεν **φωνῇ** μεγάλῃ τοῖς τέσσαρσιν ἀγγέλοις οἷς ἐδόθη αὐτοῖς ἀδικῆσαι τὴν γῆν καὶ τὴν θάλασσαν
7:10 καὶ κράζουσιν **φωνῇ** μεγάλῃ λέγοντες, Ἡ σωτηρία τῷ θεῷ ἡμῶν τῷ καθημένῳ ἐπὶ τῷ θρόνῳ καὶ τῷ ἀρνίῳ.
8: 5 καὶ ἐγένοντο βρονταὶ καὶ **φωναὶ** καὶ ἀστραπαὶ καὶ σεισμός.
8:13 ἐν μεσουρανήματι λέγοντος **φωνῇ** μεγάλῃ, Οὐαὶ οὐαὶ οὐαὶ τοὺς κατοικοῦντας ἐπὶ τῆς γῆς ἐκ τῶν λοιπῶν **φωνῶν** τῆς σάλπιγγος τῶν τριῶν ἀγγέλων τῶν μελλόντων σαλπίζειν.
9: 9 καὶ ἡ **φωνὴ** τῶν πτερύγων αὐτῶν ὡς **φωνὴ** ἁρμάτων ἵππων πολλῶν τρεχόντων εἰς πόλεμον,
9:13 καὶ ἤκουσα **φωνὴν** μίαν ἐκ τῶν [τεσσάρων] κεράτων τοῦ θυσιαστηρίου τοῦ χρυσοῦ τοῦ ἐνώπιον τοῦ θεοῦ,
10: 3 καὶ ἔκραξεν **φωνῇ** μεγάλῃ ὥσπερ λέων μυκᾶται. καὶ ὅτε ἔκραξεν, ἐλάλησαν αἱ ἑπτὰ βρονταὶ τὰς ἑαυτῶν **φωνάς**.
10: 4 ἤμελλον γράφειν, καὶ ἤκουσα **φωνὴν** ἐκ τοῦ οὐρανοῦ λέγουσαν,
10: 7 ἀλλ᾽ ἐν ταῖς ἡμέραις τῆς **φωνῆς** τοῦ ἑβδόμου ἀγγέλου,
10: 8 Καὶ ἡ **φωνὴ** ἣν ἤκουσα ἐκ τοῦ οὐρανοῦ πάλιν λαλοῦσαν μετ᾽ ἐμοῦ καὶ λέγουσαν,
11:12 καὶ ἤκουσαν **φωνῆς** μεγάλης ἐκ τοῦ οὐρανοῦ λεγούσης αὐτοῖς,
11:15 καὶ ἐγένοντο **φωναὶ** μεγάλαι ἐν τῷ οὐρανῷ λέγοντες,
11:19 καὶ ἐγένοντο ἀστραπαὶ καὶ **φωναὶ** καὶ βρονταὶ καὶ σεισμὸς καὶ χάλαζα μεγάλη.
12:10 καὶ ἤκουσα **φωνὴν** μεγάλην ἐν τῷ οὐρανῷ λέγουσαν,
14: 2 καὶ ἤκουσα **φωνὴν** ἐκ τοῦ οὐρανοῦ ὡς **φωνὴν** ὑδάτων πολλῶν καὶ ὡς **φωνὴν** βροντῆς μεγάλης, καὶ ἡ **φωνὴ** ἣν ἤκουσα ὡς κιθαρῳδῶν κιθαριζόντων ἐν ταῖς κιθάραις αὐτῶν.
14: 7 λέγων ἐν **φωνῇ** μεγάλῃ, Φοβήθητε τὸν θεὸν καὶ δότε αὐτῷ δόξαν,
14: 9 Καὶ ἄλλος ἄγγελος τρίτος ἠκολούθησεν αὐτοῖς λέγων ἐν **φωνῇ** μεγάλῃ,
14:13 Καὶ ἤκουσα **φωνῆς** ἐκ τοῦ οὐρανοῦ λεγούσης, Γράψον·
14:15 καὶ ἄλλος ἄγγελος ἐξῆλθεν ἐκ τοῦ ναοῦ κράζων ἐν **φωνῇ** μεγάλῃ τῷ καθημένῳ ἐπὶ τῆς νεφέλης,
14:18 ἐφώνησεν **φωνῇ** μεγάλῃ τῷ ἔχοντι τὸ δρέπανον τὸ ὀξὺ λέγων,
16: 1 Καὶ ἤκουσα μεγάλης **φωνῆς** ἐκ τοῦ ναοῦ λεγούσης τοῖς ἑπτὰ ἀγγέλοις,
16:17 καὶ ἐξῆλθεν **φωνὴ** μεγάλη ἐκ τοῦ ναοῦ ἀπὸ τοῦ θρόνου λέγουσα,
16:18 καὶ ἐγένοντο ἀστραπαὶ καὶ **φωναὶ** καὶ βρονταὶ καὶ σεισμὸς ἐγένετο μέγας,
18: 2 καὶ ἔκραξεν ἐν ἰσχυρᾷ **φωνῇ** λέγων, Ἔπεσεν ἔπεσεν Βαβυλὼν ἡ μεγάλη,
18: 4 Καὶ ἤκουσα ἄλλην **φωνὴν** ἐκ τοῦ οὐρανοῦ λέγουσαν,
18:22 καὶ **φωνὴ** κιθαρῳδῶν καὶ μουσικῶν καὶ αὐλητῶν καὶ σαλπιστῶν οὐ μὴ ἀκουσθῇ ἐν σοὶ ἔτι, καὶ πᾶς τεχνίτης πάσης τέχνης οὐ μὴ εὑρεθῇ ἐν σοὶ ἔτι, καὶ **φωνὴ** μύλου οὐ μὴ ἀκουσθῇ ἐν σοὶ ἔτι,
18:23 καὶ **φωνὴ** νυμφίου καὶ νύμφης οὐ μὴ ἀκουσθῇ ἐν σοὶ ἔτι·
19: 1 Μετὰ ταῦτα ἤκουσα ὡς **φωνὴν** μεγάλην ὄχλου πολλοῦ ἐν τῷ οὐρανῷ λεγόντων,
19: 5 Καὶ **φωνὴ** ἀπὸ τοῦ θρόνου ἐξῆλθεν λέγουσα, Αἰνεῖτε τῷ θεῷ ἡμῶν πάντες οἱ δοῦλοι αὐτοῦ [καὶ] οἱ φοβούμενοι αὐτόν,
19: 6 καὶ ἤκουσα ὡς **φωνὴν** ὄχλου πολλοῦ καὶ ὡς **φωνὴν** ὑδάτων πολλῶν καὶ ὡς **φωνὴν** βροντῶν ἰσχυρῶν λεγόντων,
19:17 ἕνα ἄγγελον ἑστῶτα ἐν τῷ ἡλίῳ καὶ ἔκραξεν [ἐν] **φωνῇ** μεγάλῃ λέγων πᾶσιν τοῖς ὀρνέοις τοῖς πετομένοις ἐν μεσουρανήματι,
21: 3 καὶ ἤκουσα **φωνῆς** μεγάλης ἐκ τοῦ θρόνου λεγούσης,

5890 φῶς [73]

√ *5743*

μέγας φῶς [1] Mt 4:16

πατήρ τῶν φώτων [1] Jas 1:17

τέκνα φωτός [1] Eph 5:8

υἱοὶ φωτός [3] Lk 16:8; Jn 12:36; 1Th 5:5

φῶς ἀνθρώπων [1] Jn 1:4

φῶς ζωῆς [1] Jn 8:12

φῶς τοῦ κόσμου [5] Mt 5:14; Jn 8:12; 9:5; 11:9; 12:46

Mt 4:16 ὁ λαὸς ὁ καθήμενος ἐν σκότει **φῶς** εἶδεν μέγα, καὶ τοῖς καθημένοις ἐν χώρᾳ καὶ σκιᾷ θανάτου **φῶς** ἀνέτειλεν αὐτοῖς.
5:14 Ὑμεῖς ἐστε τὸ **φῶς** τοῦ κόσμου. οὐ δύναται πόλις κρυβῆναι ἐπάνω ὄρους κειμένη·
5:16 οὕτως λαμψάτω τὸ **φῶς** ὑμῶν ἔμπροσθεν τῶν ἀνθρώπων,
6:23 εἰ οὖν τὸ **φῶς** τὸ ἐν σοὶ σκότος ἐστίν,
10:27 ὃ λέγω ὑμῖν ἐν τῇ σκοτίᾳ εἴπατε ἐν τῷ **φωτί**,
17: 2 τὰ δὲ ἱμάτια αὐτοῦ ἐγένετο λευκὰ ὡς τὸ **φῶς**.
Mk 14:54 ἕως ἔσω εἰς τὴν αὐλὴν τοῦ ἀρχιερέως καὶ ἦν συγκαθήμενος μετὰ τῶν ὑπηρετῶν καὶ θερμαινόμενος πρὸς τὸ **φῶς**.
Lk 2:32 **φῶς** εἰς ἀποκάλυψιν ἐθνῶν καὶ δόξαν λαοῦ σου Ἰσραήλ.
8:16 ἐπὶ λυχνίας τίθησιν, ἵνα οἱ εἰσπορευόμενοι βλέπωσιν τὸ **φῶς**.
11:33 Οὐδεὶς λύχνον ἅψας εἰς κρύπτην τίθησιν [οὐδὲ ὑπὸ τὸν μόδιον] ἀλλ᾽ ἐπὶ τὴν λυχνίαν, ἵνα οἱ εἰσπορευόμενοι τὸ **φῶς** βλέπωσιν.

11:35 σκόπει οὖν μὴ τὸ **φῶς** τὸ ἐν σοὶ σκότος ἐστίν.
12: 3 ἀνθ' ὧν ὅσα ἐν τῇ σκοτίᾳ εἴπατε ἐν τῷ **φωτὶ** ἀκουσθήσεται,
16: 8 ὅτι οἱ υἱοὶ τοῦ αἰῶνος τούτου φρονιμώτεροι ὑπὲρ τοὺς υἱοὺς τοῦ **φωτὸς** εἰς τὴν γενεὰν τὴν ἑαυτῶν εἰσιν.
22:56 ἰδοῦσα δὲ αὐτὸν παιδίσκη τις καθήμενον πρὸς τὸ **φῶς** καὶ ἀτενίσασα αὐτῷ εἶπεν,
Jn 1: 4 καὶ ἡ ζωὴ ἦν τὸ **φῶς** τῶν ἀνθρώπων·
1: 5 καὶ τὸ **φῶς** ἐν τῇ σκοτίᾳ φαίνει, καὶ ἡ σκοτία αὐτὸ οὐ κατέλαβεν.
1: 7 οὗτος ἦλθεν εἰς μαρτυρίαν ἵνα μαρτυρήσῃ περὶ τοῦ **φωτός,**
1: 8 οὐκ ἦν ἐκεῖνος τὸ **φῶς,** ἀλλ' ἵνα μαρτυρήσῃ περὶ τοῦ **φωτός.**
1: 9 Ἦν τὸ **φῶς** τὸ ἀληθινόν, ὃ φωτίζει πάντα ἄνθρωπον,
3:19 αὕτη δέ ἐστιν ἡ κρίσις ὅτι τὸ **φῶς** ἐλήλυθεν εἰς τὸν κόσμον καὶ ἠγάπησαν οἱ ἄνθρωποι μᾶλλον τὸ σκότος ἢ τὸ **φῶς·**
3:20 πᾶς γὰρ ὁ φαῦλα πράσσων μισεῖ τὸ **φῶς** καὶ οὐκ ἔρχεται πρὸς τὸ **φῶς,**
3:21 ὁ δὲ ποιῶν τὴν ἀλήθειαν ἔρχεται πρὸς τὸ **φῶς,**
5:35 ὑμεῖς δὲ ἠθελήσατε ἀγαλλιαθῆναι πρὸς ὥραν ἐν τῷ **φωτὶ** αὐτοῦ.
8:12 Πάλιν οὖν αὐτοῖς ἐλάλησεν ὁ Ἰησοῦς λέγων, Ἐγώ εἰμι τὸ **φῶς** τοῦ κόσμου· ὁ ἀκολουθῶν ἐμοὶ οὐ μὴ περιπατήσῃ ἐν τῇ σκοτίᾳ, ἀλλ' ἕξει τὸ **φῶς** τῆς ζωῆς.
9: 5 ὅταν ἐν τῷ κόσμῳ ὦ, **φῶς** εἰμι τοῦ κόσμου.
11: 9 οὐ προσκόπτει, ὅτι τὸ **φῶς** τοῦ κόσμου τούτου βλέπει·
11:10 προσκόπτει, ὅτι τὸ **φῶς** οὐκ ἔστιν ἐν αὐτῷ.
12:35 Ἔτι μικρὸν χρόνον τὸ **φῶς** ἐν ὑμῖν ἐστιν. περιπατεῖτε ὡς τὸ **φῶς** ἔχετε, ἵνα μὴ σκοτία ὑμᾶς καταλάβῃ·
12:36 ὡς τὸ **φῶς** ἔχετε, πιστεύετε εἰς τὸ **φῶς,** ἵνα υἱοὶ **φωτὸς** γένησθε.
12:46 ἐγὼ **φῶς** εἰς τὸν κόσμον ἐλήλυθα, ἵνα πᾶς ὁ πιστεύων εἰς ἐμὲ ἐν τῇ σκοτίᾳ μὴ μείνῃ.
Ac 9: 3 ἐξαίφνης τε αὐτὸν περιήστραψεν **φῶς** ἐκ τοῦ οὐρανοῦ
12: 7 καὶ ἰδοὺ ἄγγελος κυρίου ἐπέστη καὶ **φῶς** ἔλαμψεν ἐν τῷ οἰκήματι·
13:47 Τέθεικά σε εἰς **φῶς** ἐθνῶν τοῦ εἶναί σε εἰς σωτηρίαν ἕως ἐσχάτου τῆς γῆς.
16:29 αἰτήσας δὲ **φῶτα** εἰσεπήδησεν καὶ ἔντρομος γενόμενος προσέπεσεν τῷ Παύλῳ καὶ [τῷ] Σιλᾷ
22: 6 Ἐγένετο δέ μοι πορευομένῳ καὶ ἐγγίζοντι τῇ Δαμασκῷ περὶ μεσημβρίαν ἐξαίφνης ἐκ τοῦ οὐρανοῦ περιαστράψαι **φῶς** ἱκανὸν περὶ ἐμέ,
22: 9 οἱ δὲ σὺν ἐμοὶ ὄντες τὸ μὲν **φῶς** ἐθεάσαντο τὴν δὲ φωνὴν οὐκ ἤκουσαν τοῦ λαλοῦντός μοι.
22:11 ὡς δὲ οὐκ ἐνέβλεπον ἀπὸ τῆς δόξης τοῦ **φωτὸς** ἐκείνου,
26:13 οὐρανόθεν ὑπὲρ τὴν λαμπρότητα τοῦ ἡλίου περιλάμψαν με **φῶς** καὶ τοὺς σὺν ἐμοὶ πορευομένους.
26:18 τοῦ ἐπιστρέψαι ἀπὸ σκότους εἰς **φῶς** καὶ τῆς ἐξουσίας τοῦ Σατανᾶ ἐπὶ τὸν θεόν,
26:23 εἰ πρῶτος ἐξ ἀναστάσεως νεκρῶν **φῶς** μέλλει καταγγέλλειν τῷ τε λαῷ καὶ τοῖς ἔθνεσιν.
Ro 2:19 πέποιθάς τε σεαυτὸν ὁδηγὸν εἶναι τυφλῶν, **φῶς** τῶν ἐν σκότει,
13:12 ἀποθώμεθα οὖν τὰ ἔργα τοῦ σκότους, ἐνδυσώμεθα [δὲ] τὰ ὅπλα τοῦ **φωτός.**
2Co 4: 6 ὅτι ὁ θεὸς ὁ εἰπών, Ἐκ σκότους **φῶς** λάμψει,
6:14 τίς γὰρ μετοχὴ δικαιοσύνῃ καὶ ἀνομίᾳ ἢ τίς κοινωνία **φωτὶ** πρὸς σκότος;
11:14 αὐτὸς γὰρ ὁ Σατανᾶς μετασχηματίζεται εἰς ἄγγελον **φωτός.**
Eph 5: 8 ἦτε γάρ ποτε σκότος, νῦν δὲ **φῶς** ἐν κυρίῳ· ὡς τέκνα **φωτὸς** περιπατεῖτε
5: 9 –ὁ γὰρ καρπὸς τοῦ **φωτὸς** ἐν πάσῃ ἀγαθωσύνῃ καὶ δικαιοσύνῃ καὶ ἀληθείᾳ–
5:13 τὰ δὲ πάντα ἐλεγχόμενα ὑπὸ τοῦ **φωτὸς** φανεροῦται,
5:14 πᾶν γὰρ τὸ φανερούμενον **φῶς** ἐστιν. διὸ λέγει,
Col 1:12 εὐχαριστοῦντες τῷ πατρὶ τῷ ἱκανώσαντι ὑμᾶς εἰς τὴν μερίδα τοῦ κλήρου τῶν ἁγίων ἐν τῷ **φωτί·**
1Th 5: 5 πάντες γὰρ ὑμεῖς υἱοὶ **φωτός** ἐστε καὶ υἱοὶ ἡμέρας.
1Ti 6:16 ὁ μόνος ἔχων ἀθανασίαν, **φῶς** οἰκῶν ἀπρόσιτον, ὃν εἶδεν οὐδεὶς ἀνθρώπων οὐδὲ ἰδεῖν δύναται·
Jas 1:17 πᾶσα δόσις ἀγαθὴ καὶ πᾶν δώρημα τέλειον ἄνωθέν ἐστιν καταβαῖνον ἀπὸ τοῦ πατρὸς τῶν **φώτων,**
1Pe 2: 9 ὅπως τὰς ἀρετὰς ἐξαγγείλητε τοῦ ἐκ σκότους ὑμᾶς καλέσαντος εἰς τὸ θαυμαστὸν αὐτοῦ **φῶς·**
1Jn 1: 5 ὅτι ὁ θεὸς **φῶς** ἐστιν καὶ σκοτία ἐν αὐτῷ οὐκ ἔστιν οὐδεμία.
1: 7 ἐὰν δὲ ἐν τῷ **φωτὶ** περιπατῶμεν ὡς αὐτός ἐστιν ἐν τῷ **φωτί,**
2: 8 ὅτι ἡ σκοτία παράγεται καὶ τὸ **φῶς** τὸ ἀληθινὸν ἤδη φαίνει.
2: 9 ὁ λέγων ἐν τῷ **φωτὶ** εἶναι καὶ τὸν ἀδελφὸν αὐτοῦ μισῶν ἐν τῇ σκοτίᾳ ἐστὶν ἕως ἄρτι.
2:10 ὁ ἀγαπῶν τὸν ἀδελφὸν αὐτοῦ ἐν τῷ **φωτὶ** μένει καὶ σκάνδαλον ἐν αὐτῷ οὐκ ἔστιν·
Rev 18:23 καὶ **φῶς** λύχνου οὐ μὴ φάνῃ ἐν σοὶ ἔτι,
21:24 καὶ περιπατήσουσιν τὰ ἔθνη διὰ τοῦ **φωτὸς** αὐτῆς,
22: 5 καὶ νὺξ οὐκ ἔσται ἔτι καὶ οὐκ ἔχουσιν χρείαν **φωτὸς** λύχνου καὶ **φωτὸς** ἡλίου,

5891 φωστήρ [2]

√ *5743*

Php 2:15 τέκνα θεοῦ ἄμωμα μέσον γενεᾶς σκολιᾶς καὶ διεστραμμένης, ἐν οἷς φαίνεσθε ὡς **φωστῆρες** ἐν κόσμῳ,
Rev 21:11 ὁ **φωστὴρ** αὐτῆς ὅμοιος λίθῳ τιμιωτάτῳ ὡς λίθῳ ἰάσπιδι κρυσταλλίζοντι.

5892 φωσφόρος [1]

√ *5743 + 5770*

2Pe 1:19 ἕως οὗ ἡμέρα διαυγάσῃ καὶ **φωσφόρος** ἀνατείλῃ ἐν ταῖς καρδίαις ὑμῶν,

5893 φωτεινός [5]

√ *5743*

Mt 6:22 ἐὰν οὖν ᾖ ὁ ὀφθαλμός σου ἁπλοῦς, ὅλον τὸ σῶμά σου **φωτεινὸν** ἔσται·
17: 5 ἔτι αὐτοῦ λαλοῦντος ἰδοὺ νεφέλη **φωτεινὴ** ἐπεσκίασεν αὐτούς,
Lk 11:34 ὅταν ὁ ὀφθαλμός σου ἁπλοῦς ᾖ, καὶ ὅλον τὸ σῶμά σου **φωτεινόν** ἐστιν·
11:36 εἰ οὖν τὸ σῶμά σου ὅλον **φωτεινόν,** μὴ ἔχον μέρος τι σκοτεινόν, ἔσται **φωτεινὸν** ὅλον ὡς ὅταν ὁ λύχνος τῇ ἀστραπῇ φωτίζῃ σε.

5894 φωτίζω [11]

√ *5743*

Lk 11:36 ἔσται φωτεινὸν ὅλον ὡς ὅταν ὁ λύχνος τῇ ἀστραπῇ **φωτίζῃ** σε.
Jn 1: 9 ὃ **φωτίζει** πάντα ἄνθρωπον, ἐρχόμενον εἰς τὸν κόσμον.
1Co 4: 5 ὃς καὶ **φωτίσει** τὰ κρυπτὰ τοῦ σκότους καὶ φανερώσει τὰς βουλὰς τῶν καρδιῶν·
Eph 1:18 **πεφωτισμένους** τοὺς ὀφθαλμοὺς τῆς καρδίας [ὑμῶν] εἰς τὸ εἰδέναι ὑμᾶς τίς ἐστιν ἡ ἐλπὶς τῆς κλήσεως αὐτοῦ,
3: 9 καὶ **φωτίσαι** [πάντας] τίς ἡ οἰκονομία τοῦ μυστηρίου τοῦ ἀποκεκρυμμένου ἀπὸ τῶν αἰώνων ἐν τῷ θεῷ τῷ τὰ πάντα κτίσαντι,
2Ti 1:10 καταργήσαντος μὲν τὸν θάνατον **φωτίσαντος** δὲ ζωὴν καὶ ἀφθαρσίαν διὰ τοῦ εὐαγγελίου
Heb 6: 4 Ἀδύνατον γὰρ τοὺς ἅπαξ **φωτισθέντας,** γευσαμένους τε τῆς δωρεᾶς τῆς ἐπουρανίου καὶ μετόχους γενηθέντας πνεύματος ἁγίου
10:32 Ἀναμιμνῄσκεσθε δὲ τὰς πρότερον ἡμέρας, ἐν αἷς **φωτισθέντες** πολλὴν ἄθλησιν ὑπεμείνατε παθημάτων,
Rev 18: 1 καὶ ἡ γῆ **ἐφωτίσθη** ἐκ τῆς δόξης αὐτοῦ.
21:23 ἡ γὰρ δόξα τοῦ θεοῦ **ἐφώτισεν** αὐτήν, καὶ ὁ λύχνος αὐτῆς τὸ ἀρνίον.
22: 5 ὅτι κύριος ὁ θεὸς **φωτίσει** ἐπ' αὐτούς, καὶ βασιλεύσουσιν εἰς τοὺς αἰῶνας τῶν αἰώνων.

5895 φωτισμός [2]

√ *5743*

2Co 4: 4 ἐν οἷς ὁ θεὸς τοῦ αἰῶνος τούτου ἐτύφλωσεν τὰ νοήματα τῶν ἀπίστων εἰς τὸ μὴ αὐγάσαι τὸν **φωτισμὸν** τοῦ εὐαγγελίου τῆς δόξης τοῦ Χριστοῦ,
4: 6 ὃς ἔλαμψεν ἐν ταῖς καρδίαις ἡμῶν πρὸς **φωτισμὸν** τῆς γνώσεως τῆς δόξης τοῦ θεοῦ ἐν προσώπῳ [Ἰησοῦ] Χριστοῦ.

X, χ

5896 χ Not used in UBS/NIV

5897 χαίρω [74]

→ 940, 2373, 2374, 2375, 4716, 5176, 5915, 5919, 5920, 5921, 5922, 5923

χαῖρε [5] Mt 26:49; 27:29; Mk 15:18; Lk 1:28; Jn 19:3

χαίρειν [7] Ac 15:23; 23:26; Ro 12:15; 2Co 2:3; Jas 1:1; 2Jn 1:10,11

χαίρετε [11] Mt 5:12; 28:9; Lk 10:20,20; 2Co 13:11; Php 2:18; 3:1; 4:4,4; 1Th 5:16; 1Pe 4:13

χαίρω ἐν [5] Lk 6:23; 10:20; Php 3:1; 4:4; Col 1:24

χαίρω ... χαρά [8] Mt 2:10; Lk 1:14; Jn 3:29; 16:20,22; 2Co 2:3; 7:13; 1Th 3:9

Mt 2:10 ἰδόντες δὲ τὸν ἀστέρα **ἐχάρησαν** χαρὰν μεγάλην σφόδρα.
5:12 **χαίρετε** καὶ ἀγαλλιᾶσθε, ὅτι ὁ μισθὸς ὑμῶν πολὺς ἐν τοῖς οὐρανοῖς·
18:13 ἀμὴν λέγω ὑμῖν ὅτι **χαίρει** ἐπ᾽ αὐτῷ μᾶλλον ἢ ἐπὶ τοῖς ἐνενήκοντα ἐννέα τοῖς μὴ πεπλανημένοις.
26:49 καὶ εὐθέως προσελθὼν τῷ Ἰησοῦ εἶπεν, **Χαῖρε,** ῥαββί, καὶ κατεφίλησεν αὐτόν.
27:29 καὶ γονυπετήσαντες ἔμπροσθεν αὐτοῦ ἐνέπαιξαν αὐτῷ λέγοντες, **Χαῖρε,** βασιλεῦ τῶν Ἰουδαίων,
28: 9 Ἰησοῦς ὑπήντησεν αὐταῖς λέγων, **Χαίρετε.** αἱ δὲ προσελθοῦσαι ἐκράτησαν αὐτοῦ τοὺς πόδας καὶ προσεκύνησαν αὐτῷ.
Mk 14:11 οἱ δὲ ἀκούσαντες **ἐχάρησαν** καὶ ἐπηγγείλαντο αὐτῷ ἀργύριον δοῦναι.
15:18 καὶ ἤρξαντο ἀσπάζεσθαι αὐτόν, **Χαῖρε,** βασιλεῦ τῶν Ἰουδαίων·
Lk 1:14 καὶ ἔσται χαρά σοι καὶ ἀγαλλίασις καὶ πολλοὶ ἐπὶ τῇ γενέσει αὐτοῦ **χαρήσονται.**
1:28 καὶ εἰσελθὼν πρὸς αὐτὴν εἶπεν, **Χαῖρε,** κεχαριτωμένη, ὁ κύριος μετὰ σοῦ.
6:23 **χάρητε** ἐν ἐκείνῃ τῇ ἡμέρᾳ καὶ σκιρτήσατε, ἰδοὺ γὰρ ὁ μισθὸς ὑμῶν πολὺς ἐν τῷ οὐρανῷ·
10:20 πλὴν ἐν τούτῳ μὴ **χαίρετε** ὅτι τὰ πνεύματα ὑμῖν ὑποτάσσεται, **χαίρετε** δὲ ὅτι τὰ ὀνόματα ὑμῶν ἐγγέγραπται ἐν τοῖς οὐρανοῖς.
13:17 καὶ πᾶς ὁ ὄχλος **ἔχαιρεν** ἐπὶ πᾶσιν τοῖς ἐνδόξοις τοῖς γινομένοις ὑπ᾽ αὐτοῦ.
15: 5 καὶ εὑρὼν ἐπιτίθησιν ἐπὶ τοὺς ὤμους αὐτοῦ **χαίρων**
15:32 εὐφρανθῆναι δὲ καὶ **χαρῆναι** ἔδει, ὅτι ὁ ἀδελφός σου οὗτος νεκρὸς ἦν καὶ ἔζησεν,
19: 6 καὶ σπεύσας κατέβη καὶ ὑπεδέξατο αὐτὸν **χαίρων.**
19:37 ἤρξαντο ἅπαν τὸ πλῆθος τῶν μαθητῶν **χαίροντες** αἰνεῖν τὸν θεὸν φωνῇ μεγάλῃ περὶ πασῶν ὧν εἶδον δυνάμεων,
22: 5 καὶ **ἐχάρησαν** καὶ συνέθεντο αὐτῷ ἀργύριον δοῦναι.
23: 8 ὁ δὲ Ἡρῴδης ἰδὼν τὸν Ἰησοῦν **ἐχάρη** λίαν,
Jn 3:29 ὁ δὲ φίλος τοῦ νυμφίου ὁ ἑστηκὼς καὶ ἀκούων αὐτοῦ χαρᾷ **χαίρει** διὰ τὴν φωνὴν τοῦ νυμφίου.
4:36 ἵνα ὁ σπείρων ὁμοῦ **χαίρῃ** καὶ ὁ θερίζων.
8:56 Ἀβραὰμ ὁ πατὴρ ὑμῶν ἠγαλλιάσατο ἵνα ἴδῃ τὴν ἡμέραν τὴν ἐμήν, καὶ εἶδεν καὶ **ἐχάρη.**
11:15 καὶ **χαίρω** δι᾽ ὑμᾶς ἵνα πιστεύσητε, ὅτι οὐκ ἤμην ἐκεῖ·
14:28 εἰ ἠγαπᾶτέ με **ἐχάρητε** ἂν ὅτι πορεύομαι πρὸς τὸν πατέρα,
16:20 ἀμὴν ἀμὴν λέγω ὑμῖν ὅτι κλαύσετε καὶ θρηνήσετε ὑμεῖς, ὁ δὲ κόσμος **χαρήσεται·**
16:22 πάλιν δὲ ὄψομαι ὑμᾶς, καὶ **χαρήσεται** ὑμῶν ἡ καρδία,
19: 3 καὶ ἤρχοντο πρὸς αὐτὸν καὶ ἔλεγον, **Χαῖρε** ὁ βασιλεὺς τῶν Ἰουδαίων·
20:20 καὶ τοῦτο εἰπὼν ἔδειξεν τὰς χεῖρας καὶ τὴν πλευρὰν αὐτοῖς. **ἐχάρησαν** οὖν οἱ μαθηταὶ ἰδόντες τὸν κύριον.
Ac 5:41 Οἱ μὲν οὖν ἐπορεύοντο **χαίροντες** ἀπὸ προσώπου τοῦ συνεδρίου,
8:39 πνεῦμα κυρίου ἥρπασεν τὸν Φίλιππον καὶ οὐκ εἶδεν αὐτὸν οὐκέτι ὁ εὐνοῦχος, ἐπορεύετο γὰρ τὴν ὁδὸν αὐτοῦ **χαίρων.**
11:23 **ἐχάρη** καὶ παρεκάλει πάντας τῇ προθέσει τῆς καρδίας προσμένειν τῷ κυρίῳ,
13:48 ἀκούοντα δὲ τὰ ἔθνη **ἔχαιρον** καὶ ἐδόξαζον τὸν λόγον τοῦ κυρίου καὶ ἐπίστευσαν ὅσοι ἦσαν τεταγμένοι εἰς ζωὴν αἰώνιον·
15:23 Οἱ ἀπόστολοι καὶ οἱ πρεσβύτεροι ἀδελφοὶ τοῖς κατὰ τὴν Ἀντιόχειαν καὶ Συρίαν καὶ Κιλικίαν ἀδελφοῖς τοῖς ἐξ ἐθνῶν **χαίρειν.**
15:31 ἀναγνόντες δὲ **ἐχάρησαν** ἐπὶ τῇ παρακλήσει.
23:26 Κλαύδιος Λυσίας τῷ κρατίστῳ ἡγεμόνι Φήλικι **χαίρειν.**
Ro 12:12 τῇ ἐλπίδι **χαίροντες,** τῇ θλίψει ὑπομένοντες, τῇ προσευχῇ προσκαρτεροῦντες,
12:15 **χαίρειν** μετὰ **χαιρόντων,** κλαίειν μετὰ κλαιόντων.
16:19 ἐφ᾽ ὑμῖν οὖν **χαίρω,** θέλω δὲ ὑμᾶς σοφοὺς εἶναι εἰς τὸ ἀγαθόν,
1Co 7:30 καὶ οἱ κλαίοντες ὡς μὴ κλαίοντες καὶ οἱ **χαίροντες** ὡς μὴ **χαίροντες** καὶ οἱ ἀγοράζοντες ὡς μὴ κατέχοντες,
13: 6 οὐ **χαίρει** ἐπὶ τῇ ἀδικίᾳ, συγχαίρει δὲ τῇ ἀληθείᾳ·
16:17 **χαίρω** δὲ ἐπὶ τῇ παρουσίᾳ Στεφανᾶ καὶ Φορτουνάτου καὶ Ἀχαϊκοῦ,
2Co 2: 3 ἵνα μὴ ἐλθὼν λύπην σχῶ ἀφ᾽ ὧν ἔδει με **χαίρειν,**
6:10 ὡς λυπούμενοι ἀεὶ δὲ **χαίροντες,** ὡς πτωχοὶ πολλοὺς δὲ πλουτίζοντες,
7: 7 τὸν ὑμῶν ζῆλον ὑπὲρ ἐμοῦ ὥστε με μᾶλλον **χαρῆναι.**
7: 9 νῦν **χαίρω,** οὐχ ὅτι ἐλυπήθητε ἀλλ᾽ ὅτι ἐλυπήθητε εἰς μετάνοιαν·
7:13 Ἐπὶ δὲ τῇ παρακλήσει ἡμῶν περισσοτέρως μᾶλλον **ἐχάρημεν** ἐπὶ τῇ χαρᾷ Τίτου,
7:16 **χαίρω** ὅτι ἐν παντὶ θαρρῶ ἐν ὑμῖν.
13: 9 **χαίρομεν** γὰρ ὅταν ἡμεῖς ἀσθενῶμεν, ὑμεῖς δὲ δυνατοὶ ἦτε·
13:11 Λοιπόν, ἀδελφοί, **χαίρετε,** καταρτίζεσθε, παρακαλεῖσθε, τὸ αὐτὸ φρονεῖτε,
Php 1:18 εἴτε προφάσει εἴτε ἀληθείᾳ, Χριστὸς καταγγέλλεται, καὶ ἐν τούτῳ **χαίρω.** ἀλλὰ καὶ **χαρήσομαι,**
2:17 ἀλλὰ εἰ καὶ σπένδομαι ἐπὶ τῇ θυσίᾳ καὶ λειτουργίᾳ τῆς πίστεως ὑμῶν, **χαίρω** καὶ συγχαίρω πᾶσιν ὑμῖν·
2:18 τὸ δὲ αὐτὸ καὶ ὑμεῖς **χαίρετε** καὶ συγχαίρετέ μοι.
2:28 ἵνα ἰδόντες αὐτὸν πάλιν **χαρῆτε** κἀγὼ ἀλυπότερος ὦ.
3: 1 Τὸ λοιπόν, ἀδελφοί μου, **χαίρετε** ἐν κυρίῳ. τὰ αὐτὰ γράφειν ὑμῖν ἐμοὶ μὲν οὐκ ὀκνηρόν,
4: 4 **Χαίρετε** ἐν κυρίῳ πάντοτε· πάλιν ἐρῶ, **χαίρετε.**
4:10 **Ἐχάρην** δὲ ἐν κυρίῳ μεγάλως ὅτι ἤδη ποτὲ ἀνεθάλετε τὸ ὑπὲρ ἐμοῦ φρονεῖν,
Col 1:24 Νῦν **χαίρω** ἐν τοῖς παθήμασιν ὑπὲρ ὑμῶν καὶ ἀνταναπληρῶ τὰ ὑστερήματα τῶν θλίψεων τοῦ Χριστοῦ ἐν τῇ σαρκί μου
2: 5 **χαίρων** καὶ βλέπων ὑμῶν τὴν τάξιν καὶ τὸ στερέωμα τῆς εἰς Χριστὸν πίστεως ὑμῶν.
1Th 3: 9 τίνα γὰρ εὐχαριστίαν δυνάμεθα τῷ θεῷ ἀνταποδοῦναι περὶ ὑμῶν ἐπὶ πάσῃ τῇ χαρᾷ ᾗ **χαίρομεν** δι᾽ ὑμᾶς ἔμπροσθεν τοῦ θεοῦ ἡμῶν,
5:16 Πάντοτε **χαίρετε,**
Jas 1: 1 Ἰάκωβος θεοῦ καὶ κυρίου Ἰησοῦ Χριστοῦ δοῦλος ταῖς δώδεκα φυλαῖς ταῖς ἐν τῇ διασπορᾷ **χαίρειν.**
1Pe 4:13 καθὸ κοινωνεῖτε τοῖς τοῦ Χριστοῦ παθήμασιν **χαίρετε,** ἵνα καὶ ἐν τῇ ἀποκαλύψει τῆς δόξης αὐτοῦ **χαρῆτε** ἀγαλλιώμενοι.
2Jn 1: 4 **Ἐχάρην** λίαν ὅτι εὕρηκα ἐκ τῶν τέκνων σου περιπατοῦντας ἐν ἀληθείᾳ,
1:10 μὴ λαμβάνετε αὐτὸν εἰς οἰκίαν καὶ **χαίρειν** αὐτῷ μὴ λέγετε·
1:11 ὁ λέγων γὰρ αὐτῷ **χαίρειν** κοινωνεῖ τοῖς ἔργοις αὐτοῦ τοῖς πονηροῖς.
3Jn 1: 3 **ἐχάρην** γὰρ λίαν ἐρχομένων ἀδελφῶν καὶ μαρτυρούντων σου τῇ ἀληθείᾳ,
Rev 11:10 καὶ οἱ κατοικοῦντες ἐπὶ τῆς γῆς **χαίρουσιν** ἐπ᾽ αὐτοῖς καὶ εὐφραίνονται καὶ δῶρα πέμψουσιν ἀλλήλοις,
19: 7 **χαίρωμεν** καὶ ἀγαλλιῶμεν καὶ δώσωμεν τὴν δόξαν αὐτῷ,

5898 χάλαζα [4]

Rev 8: 7 καὶ ἐγένετο **χάλαζα** καὶ πῦρ μεμιγμένα ἐν αἵματι καὶ ἐβλήθη εἰς τὴν γῆν,
11:19 καὶ ἐγένοντο ἀστραπαὶ καὶ φωναὶ καὶ βρονταὶ καὶ σεισμὸς καὶ **χάλαζα** μεγάλη.
16:21 καὶ **χάλαζα** μεγάλη ὡς ταλαντιαία καταβαίνει ἐκ τοῦ οὐρανοῦ ἐπὶ τοὺς ἀνθρώπους, καὶ ἐβλασφήμησαν οἱ ἄνθρωποι τὸν θεὸν ἐκ τῆς πληγῆς τῆς **χαλάζης,**

5899 χαλάω [7]

→ 5902, 5903, 5904

Mk 2: 4 καὶ ἐξορύξαντες **χαλῶσι** τὸν κράβαττον ὅπου ὁ παραλυτικὸς κατέκειτο.

Lk 5: 4 Ἐπανάγαγε εἰς τὸ βάθος καὶ **χαλάσατε** τὰ δίκτυα ὑμῶν εἰς ἄγραν.
5: 5 ἐπὶ δὲ τῷ ῥήματί σου **χαλάσω** τὰ δίκτυα.
Ac 9:25 λαβόντες δὲ οἱ μαθηταὶ αὐτοῦ νυκτὸς διὰ τοῦ τείχους καθῆκαν αὐτὸν **χαλάσαντες** ἐν σπυρίδι.
27:17 φοβούμενοί τε μὴ εἰς τὴν Σύρτιν ἐκπέσωσιν, **χαλάσαντες** τὸ σκεῦος, οὕτως ἐφέροντο.
27:30 τῶν δὲ ναυτῶν ζητούντων φυγεῖν ἐκ τοῦ πλοίου καὶ **χαλασάντων** τὴν σκάφην εἰς τὴν θάλασσαν
2Co 11:33 καὶ διὰ θυρίδος ἐν σαργάνῃ **ἐχαλάσθην** διὰ τοῦ τείχους καὶ ἐξέφυγον τὰς χεῖρας αὐτοῦ.

5900 Χαλδαῖος [1]

Ac 7: 4 τότε ἐξελθὼν ἐκ γῆς **Χαλδαίων** κατῴκησεν ἐν Χαρράν.

5901 χαλεπός [2]

Mt 8:28 **χαλεποὶ** λίαν, ὥστε μὴ ἰσχύειν τινὰ παρελθεῖν διὰ τῆς ὁδοῦ ἐκείνης.
2Ti 3: 1 Τοῦτο δὲ γίνωσκε, ὅτι ἐν ἐσχάταις ἡμέραις ἐνστήσονται καιροὶ **χαλεποί**·

5902 χαλιναγωγέω [2]

√ 5899 + 72

Jas 1:26 Εἴ τις δοκεῖ θρησκὸς εἶναι μὴ **χαλιναγωγῶν** γλῶσσαν αὐτοῦ ἀλλὰ ἀπατῶν καρδίαν αὐτοῦ,
3: 2 οὗτος τέλειος ἀνὴρ δυνατὸς **χαλιναγωγῆσαι** καὶ ὅλον τὸ σῶμα.

5903 χαλινός [2]

√ 5899

Jas 3: 3 εἰ δὲ τῶν ἵππων τοὺς **χαλινοὺς** εἰς τὰ στόματα βάλλομεν εἰς τὸ πείθεσθαι αὐτοὺς ἡμῖν,
Rev 14:20 καὶ ἐξῆλθεν αἷμα ἐκ τῆς ληνοῦ ἄχρι τῶν **χαλινῶν** τῶν ἵππων ἀπὸ σταδίων χιλίων ἑξακοσίων.

5904 χαλινόω Not used in UBS/NIV

√ 5899

5905 χάλκεος Not used in UBS/NIV

√ 5910

5906 χαλκεύς [1]

√ 5910

2Ti 4:14 Ἀλέξανδρος ὁ **χαλκεὺς** πολλά μοι κακὰ ἐνεδείξατο· ἀποδώσει αὐτῷ ὁ κύριος κατὰ τὰ ἔργα αὐτοῦ·

5907 χαλκηδών [1]

√ 5910

Rev 21:19 ὁ δεύτερος σάπφιρος, ὁ τρίτος **χαλκηδών,** ὁ τέταρτος σμάραγδος,

5908 χαλκίον [1]

√ 5910

Mk 7: 4 βαπτισμοὺς ποτηρίων καὶ ξεστῶν καὶ **χαλκίων** [UBS; NIV **χαλκίων–** and omit bracketed words] [καὶ κλινῶν–]

5909 χαλκολίβανον [2]

√ 5910

Rev 1:15 καὶ οἱ πόδες αὐτοῦ ὅμοιοι **χαλκολιβάνῳ** ὡς ἐν καμίνῳ πεπυρωμένης καὶ ἡ φωνὴ αὐτοῦ ὡς φωνὴ ὑδάτων πολλῶν,
2:18 ὁ ἔχων τοὺς ὀφθαλμοὺς αὐτοῦ ὡς φλόγα πυρὸς καὶ οἱ πόδες αὐτοῦ ὅμοιοι **χαλκολιβάνῳ**·

5910 χαλκός [5]

→ 5905, 5906, 5907, 5908, 5909, 5911

Mt 10: 9 Μὴ κτήσησθε χρυσὸν μηδὲ ἄργυρον μηδὲ **χαλκὸν** εἰς τὰς ζώνας ὑμῶν,
Mk 6: 8 μὴ ἄρτον, μὴ πήραν, μὴ εἰς τὴν ζώνην **χαλκόν,**
12:41 Καὶ καθίσας κατέναντι τοῦ γαζοφυλακίου ἐθεώρει πῶς ὁ ὄχλος βάλλει **χαλκὸν** εἰς τὸ γαζοφυλάκιον.
1Co 13: 1 ἀγάπην δὲ μὴ ἔχω, γέγονα **χαλκὸς** ἠχῶν ἢ κύμβαλον ἀλαλάζον.
Rev 18:12 πᾶν ξύλον θύϊνον καὶ πᾶν σκεῦος ἐλεφάντινον καὶ πᾶν σκεῦος ἐκ ξύλου τιμιωτάτου καὶ **χαλκοῦ** καὶ σιδήρου καὶ μαρμάρου,

5911 χαλκοῦς [1]

√ 5910

Rev 9:20 ἵνα μὴ προσκυνήσουσιν τὰ δαιμόνια καὶ τὰ εἴδωλα τὰ χρυσᾶ καὶ τὰ ἀργυρᾶ καὶ τὰ **χαλκᾶ** καὶ τὰ λίθινα καὶ τὰ ξύλινα,

5912 χαμαί [2]

Jn 9: 6 ταῦτα εἰπὼν ἔπτυσεν **χαμαὶ** καὶ ἐποίησεν πηλὸν ἐκ τοῦ πτύσματος καὶ ἐπέχρισεν αὐτοῦ τὸν πηλὸν ἐπὶ τοὺς ὀφθαλμοὺς
18: 6 Ἐγώ εἰμι, ἀπῆλθον εἰς τὰ ὀπίσω καὶ ἔπεσαν **χαμαί.**

5913 Χανάαν [2]

→ 5914

Ac 7:11 ἦλθεν δὲ λιμὸς ἐφ᾽ ὅλην τὴν Αἴγυπτον καὶ **Χανάαν** καὶ θλῖψις μεγάλη,
13:19 καὶ καθελὼν ἔθνη ἑπτὰ ἐν γῇ **Χανάαν** κατεκληρονόμησεν τὴν γῆν αὐτῶν

5914 Χαναναῖος [1]

√ 5913

Mt 15:22 καὶ ἰδοὺ γυνὴ **Χαναναία** ἀπὸ τῶν ὁρίων ἐκείνων ἐξελθοῦσα ἔκραζεν λέγουσα,

5915 χαρά [59]

√ 5897

ἐπὶ χαρά [2] 2Co 7:13; 1Th 3:9

ἔχω χαρά [3] Jn 17:13; Phm 1:7; 3Jn 1:4

μέγας χαρά [5] Mt 2:10; 28:8; Lk 2:10; 24:52; Ac 15:3

μετὰ χαρά [12] Mt 13:20; 28:8; Mk 4:16; Lk 8:13; 10:17; 24:52; Php 1:4; 2:29; Col 1:11; 1Th 1:6; Heb 10:34; 13:17

ποιέω χαρά [1] Ac 15:3

χαίρω ... χαρά [8] Mt 2:10; Lk 1:14; Jn 3:29; 16:20,22; 2Co 2:3; 7:13; 1Th 3:9

Mt 2:10 ἰδόντες δὲ τὸν ἀστέρα ἐχάρησαν **χαρὰν** μεγάλην σφόδρα.
13:20 οὗτός ἐστιν ὁ τὸν λόγον ἀκούων καὶ εὐθὺς μετὰ **χαρᾶς** λαμβάνων αὐτόν,
13:44 καὶ ἀπὸ τῆς **χαρᾶς** αὐτοῦ ὑπάγει καὶ πωλεῖ πάντα ὅσα ἔχει καὶ ἀγοράζει τὸν ἀγρὸν ἐκεῖνον.
25:21 ἐπὶ πολλῶν σε καταστήσω· εἴσελθε εἰς τὴν **χαρὰν** τοῦ κυρίου σου.
25:23 ἐπὶ πολλῶν σε καταστήσω· εἴσελθε εἰς τὴν **χαρὰν** τοῦ κυρίου σου.
28: 8 καὶ ἀπελθοῦσαι ταχὺ ἀπὸ τοῦ μνημείου μετὰ φόβου καὶ **χαρᾶς** μεγάλης ἔδραμον ἀπαγγεῖλαι τοῖς μαθηταῖς αὐτοῦ.
Mk 4:16 οἳ ὅταν ἀκούσωσιν τὸν λόγον εὐθὺς μετὰ **χαρᾶς** λαμβάνουσιν αὐτόν,
Lk 1:14 καὶ ἔσται **χαρά** σοι καὶ ἀγαλλίασις καὶ πολλοὶ ἐπὶ τῇ γενέσει αὐτοῦ χαρήσονται.
2:10 ἰδοὺ γὰρ εὐαγγελίζομαι ὑμῖν **χαρὰν** μεγάλην ἥτις ἔσται παντὶ τῷ λαῷ,
8:13 οἱ δὲ ἐπὶ τῆς πέτρας οἳ ὅταν ἀκούσωσιν μετὰ **χαρᾶς** δέχονται τὸν λόγον,
10:17 Ὑπέστρεψαν δὲ οἱ ἑβδομήκοντα [δύο] μετὰ **χαρᾶς** λέγοντες,
15: 7 λέγω ὑμῖν ὅτι οὕτως **χαρὰ** ἐν τῷ οὐρανῷ ἔσται ἐπὶ ἑνὶ ἁμαρτωλῷ μετανοοῦντι ἢ ἐπὶ ἐνενήκοντα ἐννέα δικαίοις οἵτινες οὐ χρείαν ἔχουσιν μετανοίας.
15:10 γίνεται **χαρὰ** ἐνώπιον τῶν ἀγγέλων τοῦ θεοῦ ἐπὶ ἑνὶ ἁμαρτωλῷ μετανοοῦντι.
24:41 ἔτι δὲ ἀπιστούντων αὐτῶν ἀπὸ τῆς **χαρᾶς** καὶ θαυμαζόντων εἶπεν αὐτοῖς,

24:52 καὶ αὐτοὶ προσκυνήσαντες αὐτὸν ὑπέστρεψαν εἰς Ἰερουσαλὴμ μετὰ **χαρᾶς** μεγάλης
Jn 3:29 ὁ δὲ φίλος τοῦ νυμφίου ὁ ἑστηκὼς καὶ ἀκούων αὐτοῦ **χαρᾷ** χαίρει διὰ τὴν φωνὴν τοῦ νυμφίου. αὕτη οὖν ἡ **χαρὰ** ἡ ἐμὴ πεπλήρωται.
15:11 Ταῦτα λελάληκα ὑμῖν ἵνα ἡ **χαρὰ** ἡ ἐμὴ ἐν ὑμῖν ᾖ καὶ ἡ **χαρὰ** ὑμῶν πληρωθῇ.
16:20 ὑμεῖς λυπηθήσεσθε, ἀλλ᾽ ἡ λύπη ὑμῶν εἰς **χαρὰν** γενήσεται.
16:21 οὐκέτι μνημονεύει τῆς θλίψεως διὰ τὴν **χαρὰν** ὅτι ἐγεννήθη ἄνθρωπος εἰς τὸν κόσμον.
16:22 καὶ τὴν **χαρὰν** ὑμῶν οὐδεὶς αἴρει ἀφ᾽ ὑμῶν.
16:24 αἰτεῖτε καὶ λήμψεσθε, ἵνα ἡ **χαρὰ** ὑμῶν ᾖ πεπληρωμένη.
17:13 νῦν δὲ πρὸς σὲ ἔρχομαι καὶ ταῦτα λαλῶ ἐν τῷ κόσμῳ ἵνα ἔχωσιν τὴν **χαρὰν** τὴν ἐμὴν πεπληρωμένην ἐν ἑαυτοῖς.
Ac 8: 8 ἐγένετο δὲ πολλὴ **χαρὰ** ἐν τῇ πόλει ἐκείνῃ.
12:14 καὶ ἐπιγνοῦσα τὴν φωνὴν τοῦ Πέτρου ἀπὸ τῆς **χαρᾶς** οὐκ ἤνοιξεν τὸν πυλῶνα,
13:52 οἵ τε μαθηταὶ ἐπληροῦντο **χαρᾶς** καὶ πνεύματος ἁγίου.
15: 3 ἐκδιηγούμενοι τὴν ἐπιστροφὴν τῶν ἐθνῶν καὶ ἐποίουν **χαρὰν** μεγάλην πᾶσιν τοῖς ἀδελφοῖς.
Ro 14:17 οὐ γάρ ἐστιν ἡ βασιλεία τοῦ θεοῦ βρῶσις καὶ πόσις ἀλλὰ δικαιοσύνη καὶ εἰρήνη καὶ **χαρὰ** ἐν πνεύματι ἁγίῳ·
15:13 ὁ δὲ θεὸς τῆς ἐλπίδος πληρώσαι ὑμᾶς πάσης **χαρᾶς** καὶ εἰρήνης ἐν τῷ πιστεύειν,
15:32 ἵνα ἐν **χαρᾷ** ἐλθὼν πρὸς ὑμᾶς διὰ θελήματος θεοῦ συναναπαύσωμαι ὑμῖν.
2Co 1:24 οὐχ ὅτι κυριεύομεν ὑμῶν τῆς πίστεως ἀλλὰ συνεργοί ἐσμεν τῆς **χαρᾶς** ὑμῶν·
2: 3 πεποιθὼς ἐπὶ πάντας ὑμᾶς ὅτι ἡ ἐμὴ **χαρὰ** πάντων ὑμῶν ἐστιν.
7: 4 ὑπερπερισσεύομαι τῇ **χαρᾷ** ἐπὶ πάσῃ τῇ θλίψει ἡμῶν.
7:13 Ἐπὶ δὲ τῇ παρακλήσει ἡμῶν περισσοτέρως μᾶλλον ἐχάρημεν ἐπὶ τῇ **χαρᾷ** Τίτου,
8: 2 ὅτι ἐν πολλῇ δοκιμῇ θλίψεως ἡ περισσεία τῆς **χαρᾶς** αὐτῶν καὶ ἡ κατὰ βάθους πτωχεία αὐτῶν ἐπερίσσευσεν εἰς τὸ πλοῦτος τῆς ἁπλότητος αὐτῶν·
Gal 5:22 Ὁ δὲ καρπὸς τοῦ πνεύματός ἐστιν ἀγάπη **χαρὰ** εἰρήνη,
Php 1: 4 πάντοτε ἐν πάσῃ δεήσει μου ὑπὲρ πάντων ὑμῶν, μετὰ **χαρᾶς** τὴν δέησιν ποιούμενος,
1:25 καὶ τοῦτο πεποιθὼς οἶδα ὅτι μενῶ καὶ παραμενῶ πᾶσιν ὑμῖν εἰς τὴν ὑμῶν προκοπὴν καὶ **χαρὰν** τῆς πίστεως,
2: 2 πληρώσατέ μου τὴν **χαρὰν** ἵνα τὸ αὐτὸ φρονῆτε,
2:29 προσδέχεσθε οὖν αὐτὸν ἐν κυρίῳ μετὰ πάσης **χαρᾶς** καὶ τοὺς τοιούτους ἐντίμους ἔχετε,
4: 1 **χαρὰ** καὶ στέφανός μου, οὕτως στήκετε ἐν κυρίῳ,
Col 1:11 ἐν πάσῃ δυνάμει δυναμούμενοι κατὰ τὸ κράτος τῆς δόξης αὐτοῦ εἰς πᾶσαν ὑπομονὴν καὶ μακροθυμίαν. μετὰ **χαρᾶς**
1Th 1: 6 δεξάμενοι τὸν λόγον ἐν θλίψει πολλῇ μετὰ **χαρᾶς** πνεύματος ἁγίου,
2:19 τίς γὰρ ἡμῶν ἐλπὶς ἢ **χαρὰ** ἢ στέφανος καυχήσεως–
2:20 ὑμεῖς γάρ ἐστε ἡ δόξα ἡμῶν καὶ ἡ **χαρά.**
3: 9 τίνα γὰρ εὐχαριστίαν δυνάμεθα τῷ θεῷ ἀνταποδοῦναι περὶ ὑμῶν ἐπὶ πάσῃ τῇ **χαρᾷ** ᾗ χαίρομεν δι᾽ ὑμᾶς ἔμπροσθεν τοῦ θεοῦ ἡμῶν,
2Ti 1: 4 ἐπιποθῶν σε ἰδεῖν, μεμνημένος σου τῶν δακρύων, ἵνα **χαρᾶς** πληρωθῶ,
Phm 1: 7 **χαρὰν** γὰρ πολλὴν ἔσχον καὶ παράκλησιν ἐπὶ τῇ ἀγάπῃ σου,
Heb 10:34 καὶ γὰρ τοῖς δεσμίοις συνεπαθήσατε καὶ τὴν ἁρπαγὴν τῶν ὑπαρχόντων ὑμῶν μετὰ **χαρᾶς** προσεδέξασθε γινώσκοντες ἔχειν ἑαυτοὺς κρείττονα ὕπαρξιν καὶ μένουσαν.
12: 2 ὃς ἀντὶ τῆς προκειμένης αὐτῷ **χαρᾶς** ὑπέμεινεν σταυρὸν αἰσχύνης καταφρονήσας ἐν δεξιᾷ τε τοῦ θρόνου τοῦ θεοῦ κεκάθικεν.
12:11 πᾶσα δὲ παιδεία πρὸς μὲν τὸ παρὸν οὐ δοκεῖ **χαρᾶς** εἶναι ἀλλὰ λύπης,
13:17 ἵνα μετὰ **χαρᾶς** τοῦτο ποιῶσιν καὶ μὴ στενάζοντες·
Jas 1: 2 Πᾶσαν **χαρὰν** ἡγήσασθε, ἀδελφοί μου, ὅταν πειρασμοῖς περιπέσητε ποικίλοις,
4: 9 ὁ γέλως ὑμῶν εἰς πένθος μετατραπήτω καὶ ἡ **χαρὰ** εἰς κατήφειαν.
1Pe 1: 8 εἰς ὃν ἄρτι μὴ ὁρῶντες πιστεύοντες δὲ ἀγαλλιᾶσθε **χαρᾷ** ἀνεκλαλήτῳ καὶ δεδοξασμένῃ
1Jn 1: 4 καὶ ταῦτα γράφομεν ἡμεῖς, ἵνα ἡ **χαρὰ** ἡμῶν ᾖ πεπληρωμένη.
2Jn 1:12 ἀλλὰ ἐλπίζω γενέσθαι πρὸς ὑμᾶς καὶ στόμα πρὸς στόμα λαλῆσαι, ἵνα ἡ **χαρὰ** ἡμῶν πεπληρωμένη ᾖ.
3Jn 1: 4 μειζοτέραν τούτων οὐκ ἔχω **χαράν**, ἵνα ἀκούω τὰ ἐμὰ τέκνα ἐν τῇ ἀληθείᾳ περιπατοῦντα.

5916 χάραγμα [8]

→ 5917, 5918, 5925

Ac 17:29 **χαράγματι** τέχνης καὶ ἐνθυμήσεως ἀνθρώπου, τὸ θεῖον εἶναι ὅμοιον.
Rev 13:16 ἵνα δῶσιν αὐτοῖς **χάραγμα** ἐπὶ τῆς χειρὸς αὐτῶν τῆς δεξιᾶς ἢ ἐπὶ τὸ μέτωπον αὐτῶν
13:17 καὶ ἵνα μή τις δύνηται ἀγοράσαι ἢ πωλῆσαι εἰ μὴ ὁ ἔχων τὸ **χάραγμα** τὸ ὄνομα τοῦ θηρίου ἢ τὸν ἀριθμὸν τοῦ ὀνόματος
14: 9 Εἴ τις προσκυνεῖ τὸ θηρίον καὶ τὴν εἰκόνα αὐτοῦ καὶ λαμβάνει **χάραγμα** ἐπὶ τοῦ μετώπου αὐτοῦ ἢ ἐπὶ τὴν χεῖρα αὐτοῦ,
14:11 οἱ προσκυνοῦντες τὸ θηρίον καὶ τὴν εἰκόνα αὐτοῦ καὶ εἴ τις λαμβάνει τὸ **χάραγμα** τοῦ ὀνόματος αὐτοῦ.
16: 2 ἕλκος κακὸν καὶ πονηρὸν ἐπὶ τοὺς ἀνθρώπους τοὺς ἔχοντας τὸ **χάραγμα** τοῦ θηρίου καὶ τοὺς προσκυνοῦντας τῇ εἰκόνι αὐτοῦ.
19:20 ἐν οἷς ἐπλάνησεν τοὺς λαβόντας τὸ **χάραγμα** τοῦ θηρίου καὶ τοὺς προσκυνοῦντας τῇ εἰκόνι αὐτοῦ·
20: 4 οἵτινες οὐ προσεκύνησαν τὸ θηρίον οὐδὲ τὴν εἰκόνα αὐτοῦ καὶ οὐκ ἔλαβον τὸ **χάραγμα** ἐπὶ τὸ μέτωπον καὶ ἐπὶ τὴν χεῖρα

5917 χαρακτήρ [1]

√ 5916

Heb 1: 3 ὃς ὢν ἀπαύγασμα τῆς δόξης καὶ **χαρακτὴρ** τῆς ὑποστάσεως αὐτοῦ,

5918 χάραξ [1]

√ 5916

Lk 19:43 καὶ παρεμβαλοῦσιν οἱ ἐχθροί σου **χάρακά** σοι καὶ περικυκλώσουσίν σε καὶ συνέξουσίν σε πάντοθεν,

5919 χαρίζομαι [23]

√ 5897

Lk 7:21 ἐθεράπευσεν πολλοὺς ἀπὸ νόσων καὶ μαστίγων καὶ πνευμάτων πονηρῶν καὶ τυφλοῖς πολλοῖς **ἐχαρίσατο** βλέπειν.
7:42 μὴ ἐχόντων αὐτῶν ἀποδοῦναι ἀμφοτέροις **ἐχαρίσατο.** τίς οὖν αὐτῶν πλεῖον ἀγαπήσει αὐτόν;
7:43 ἀποκριθεὶς Σίμων εἶπεν, Ὑπολαμβάνω ὅτι ᾧ τὸ πλεῖον **ἐχαρίσατο.**
Ac 3:14 ὑμεῖς δὲ τὸν ἅγιον καὶ δίκαιον ἠρνήσασθε καὶ ᾐτήσασθε ἄνδρα φονέα **χαρισθῆναι** ὑμῖν,
25:11 εἰ δὲ οὐδέν ἐστιν ὧν οὗτοι κατηγοροῦσίν μου, οὐδείς με δύναται αὐτοῖς **χαρίσασθαι·**
25:16 οὐκ ἔστιν ἔθος Ῥωμαίοις **χαρίζεσθαί** τινα ἄνθρωπον πρὶν ἢ ὁ κατηγορούμενος κατὰ πρόσωπον ἔχοι τοὺς κατηγόρους τόπον
27:24 ἰδοὺ **κεχάρισταί** σοι ὁ θεὸς πάντας τοὺς πλέοντας μετὰ σοῦ.
Ro 8:32 πῶς οὐχὶ καὶ σὺν αὐτῷ τὰ πάντα ἡμῖν **χαρίσεται;**
1Co 2:12 ἵνα εἰδῶμεν τὰ ὑπὸ τοῦ θεοῦ **χαρισθέντα** ἡμῖν·
2Co 2: 7 ὥστε τοὐναντίον μᾶλλον ὑμᾶς **χαρίσασθαι** καὶ παρακαλέσαι, μή πως τῇ περισσοτέρᾳ λύπῃ καταποθῇ ὁ τοιοῦτος.
2:10 ᾧ δέ τι **χαρίζεσθε,** κἀγώ· καὶ γὰρ ἐγὼ ὃ **κεχάρισμαι,** εἴ τι **κεχάρισμαι,** δι᾽ ὑμᾶς ἐν προσώπῳ Χριστοῦ,
12:13 εἰ μὴ ὅτι αὐτὸς ἐγὼ οὐ κατενάρκησα ὑμῶν; **χαρίσασθέ** μοι τὴν ἀδικίαν ταύτην.
Gal 3:18 τῷ δὲ Ἀβραὰμ δι᾽ ἐπαγγελίας **κεχάρισται** ὁ θεός.
Eph 4:32 γίνεσθε [δὲ] εἰς ἀλλήλους χρηστοί, εὔσπλαγχνοι, **χαριζόμενοι** ἑαυτοῖς, καθὼς καὶ ὁ θεὸς ἐν Χριστῷ **ἐχαρίσατο** ὑμῖν.
Php 1:29 ὅτι ὑμῖν **ἐχαρίσθη** τὸ ὑπὲρ Χριστοῦ, οὐ μόνον τὸ εἰς αὐτὸν πιστεύειν ἀλλὰ καὶ τὸ ὑπὲρ αὐτοῦ πάσχειν,
2: 9 διὸ καὶ ὁ θεὸς αὐτὸν ὑπερύψωσεν καὶ **ἐχαρίσατο** αὐτῷ τὸ ὄνομα τὸ ὑπὲρ πᾶν ὄνομα,
Col 2:13 συνεζωοποίησεν ὑμᾶς σὺν αὐτῷ, **χαρισάμενος** ἡμῖν πάντα τὰ παραπτώματα.
3:13 καὶ **χαριζόμενοι** ἑαυτοῖς ἐάν τις πρός τινα ἔχῃ μομφήν· καθὼς καὶ ὁ κύριος **ἐχαρίσατο** ὑμῖν, οὕτως καὶ ὑμεῖς·
Phm 1:22 ἐλπίζω γὰρ ὅτι διὰ τῶν προσευχῶν ὑμῶν **χαρισθήσομαι** ὑμῖν.

5920 χάριν [9]

√ 5897

τούτου χάριν [3] Eph 3:1,14; Tit 1:5

χάριν τίνος [1] 1Jn 3:12

Lk 7:47 οὗ **χάριν** λέγω σοι, ἀφέωνται αἱ ἁμαρτίαι αὐτῆς αἱ πολλαί,
Gal 3:19 τῶν παραβάσεων **χάριν** προσετέθη, ἄχρις οὗ ἔλθῃ τὸ σπέρμα ᾧ ἐπήγγελται,
Eph 3: 1 Τούτου **χάριν** ἐγὼ Παῦλος ὁ δέσμιος τοῦ Χριστοῦ [Ἰησοῦ] ὑπὲρ ὑμῶν τῶν ἐθνῶν–
3:14 Τούτου **χάριν** κάμπτω τὰ γόνατά μου πρὸς τὸν πατέρα,
1Ti 5:14 οἰκοδεσποτεῖν, μηδεμίαν ἀφορμὴν διδόναι τῷ ἀντικειμένῳ λοιδορίας **χάριν·**
Tit 1: 5 Τούτου **χάριν** ἀπέλιπόν σε ἐν Κρήτῃ, ἵνα τὰ λείποντα ἐπιδιορθώσῃ καὶ καταστήσῃς κατὰ πόλιν πρεσβυτέρους,
1:11 οἵτινες ὅλους οἴκους ἀνατρέπουσιν διδάσκοντες ἃ μὴ δεῖ αἰσχροῦ κέρδους **χάριν.**
1Jn 3:12 οὐ καθὼς Κάϊν ἐκ τοῦ πονηροῦ ἦν καὶ ἔσφαξεν τὸν ἀδελφὸν αὐτοῦ· καὶ **χάριν** τίνος ἔσφαξεν αὐτόν;
Jude 1:16 καὶ τὸ στόμα αὐτῶν λαλεῖ ὑπέρογκα, θαυμάζοντες πρόσωπα ὠφελείας **χάριν.**

5921 χάρις [155]

√ *5897*

ἐπιγινώσκω χάριν [1] Col 1:6

εὑρίσκω χάριν [3] Lk 1:30; Ac 7:46; Heb 4:16

ἔχω χάριν [6] Lk 17:9; Ac 2:47; 2Co 1:15; 1Ti 1:12; 2Ti 1:3; Heb 12:28

κατὰ χάριν [6] Ro 4:4,16; 12:6; 1Co 3:10; 2Th 1:12; 2Ti 1:9

τοῖς λόγοις χάριτος [3] Lk 4:22; Ac 14:3; 20:32

ὑπὸ χάριν [2] Ro 6:14,15

χάριν ἀντὶ χάριτος [1] Jn 1:16

χάρις καὶ ἀλήθεια [2] Jn 1:14,17

χάρις καὶ εἰρήνη [17] Ro 1:7; 1Co 1:3; 2Co 1:2; Gal 1:3; Eph 1:2; Php 1:2; Col 1:2; 1Th 1:1; 2Th 1:2; 1Ti 1:2; 2Ti 1:2; Tit 1:4; Phm 1:3; 1Pe 1:2; 2Pe 1:2; 2Jn 1:3; Rev 1:4

χάρις ... ἔλεος [3] 1Ti 1:2; 2Ti 1:2; 2Jn 1:3

χάρις θεοῦ [16] Lk 2:40; Ac 11:23; 13:43; 14:26; 1Co 3:10; 15:10,10; 2Co 8:1; 9:14; Gal 2:21; 2Th 1:12; Tit 2:11; Heb 2:9; 12:15; 1Pe 5:12; Jude 1:4

χάρις τῷ θεῷ [9] Lk 1:30; Ro 6:17; 7:25; 1Co 15:57; 2Co 2:14; 8:16; 9:15; Col 3:16; 2Ti 1:3

χάρις κυρίου [15] Ac 15:11,40; Ro 16:20; 1Co 16:23; 2Co 8:9; 13:13; Gal 6:18; Php 4:23; 1Th 5:28; 2Th 1:12; 3:18; 1Ti 1:14; Phm 1:25; 2Pe 3:18; Rev 22:21

χάρις Χριστοῦ [10] Ro 5:15; 2Co 8:9; 13:14; Gal 1:6; 6:18; Eph 4:7; Php 4:23; 1Th 5:28; 2Th 3:18; Phm 1:25

χάρις τῷ Χριστῷ [1] 1Ti 1:12

Lk 1:30 Μὴ φοβοῦ, Μαριάμ, εὗρες γὰρ **χάριν** παρὰ τῷ θεῷ.
2:40 Τὸ δὲ παιδίον ηὔξανεν καὶ ἐκραταιοῦτο πληρούμενον σοφίᾳ, καὶ **χάρις** θεοῦ ἦν ἐπ' αὐτό.
2:52 Καὶ Ἰησοῦς προέκοπτεν [ἐν τῇ] σοφίᾳ καὶ ἡλικίᾳ καὶ **χάριτι** παρὰ θεῷ καὶ ἀνθρώποις.
4:22 Καὶ πάντες ἐμαρτύρουν αὐτῷ καὶ ἐθαύμαζον ἐπὶ τοῖς λόγοις τῆς **χάριτος** τοῖς ἐκπορευομένοις ἐκ τοῦ στόματος αὐτοῦ
6:32 καὶ εἰ ἀγαπᾶτε τοὺς ἀγαπῶντας ὑμᾶς, ποία ὑμῖν **χάρις** ἐστίν;
6:33 καὶ [γὰρ] ἐὰν ἀγαθοποιῆτε τοὺς ἀγαθοποιοῦντας ὑμᾶς, ποία ὑμῖν **χάρις** ἐστίν;
6:34 καὶ ἐὰν δανίσητε παρ' ὧν ἐλπίζετε λαβεῖν, ποία ὑμῖν **χάρις** [ἐστίν;]
17: 9 μὴ ἔχει **χάριν** τῷ δούλῳ ὅτι ἐποίησεν τὰ διαταχθέντα;
Jn 1:14 δόξαν ὡς μονογενοῦς παρὰ πατρός, πλήρης **χάριτος** καὶ ἀληθείας.
1:16 ὅτι ἐκ τοῦ πληρώματος αὐτοῦ ἡμεῖς πάντες ἐλάβομεν καὶ **χάριν** ἀντὶ **χάριτος·**
1:17 ἡ **χάρις** καὶ ἡ ἀλήθεια διὰ Ἰησοῦ Χριστοῦ ἐγένετο.
Ac 2:47 αἰνοῦντες τὸν θεὸν καὶ ἔχοντες **χάριν** πρὸς ὅλον τὸν λαόν.
4:33 καὶ δυνάμει μεγάλῃ ἀπεδίδουν τὸ μαρτύριον οἱ ἀπόστολοι τῆς ἀναστάσεως τοῦ κυρίου Ἰησοῦ, **χάρις** τε μεγάλη ἦν ἐπὶ πάντας αὐτούς.
6: 8 Στέφανος δὲ πλήρης **χάριτος** καὶ δυνάμεως ἐποίει τέρατα καὶ σημεῖα μεγάλα ἐν τῷ λαῷ.
7:10 καὶ ἐξείλατο αὐτὸν ἐκ πασῶν τῶν θλίψεων αὐτοῦ καὶ ἔδωκεν αὐτῷ **χάριν** καὶ σοφίαν ἐναντίον Φαραὼ βασιλέως Αἰγύπτου
7:46 ὃς εὗρεν **χάριν** ἐνώπιον τοῦ θεοῦ καὶ ᾐτήσατο εὑρεῖν σκήνωμα τῷ οἴκῳ Ἰακώβ.
11:23 ὃς παραγενόμενος καὶ ἰδὼν τὴν **χάριν** [τὴν] τοῦ θεοῦ,
13:43 οἵτινες προσλαλοῦντες αὐτοῖς ἔπειθον αὐτοὺς προσμένειν τῇ **χάριτι** τοῦ θεοῦ.
14: 3 ἱκανὸν μὲν οὖν χρόνον διέτριψαν παρρησιαζόμενοι ἐπὶ τῷ κυρίῳ τῷ μαρτυροῦντι [ἐπὶ] τῷ λόγῳ τῆς **χάριτος** αὐτοῦ,
14:26 ὅθεν ἦσαν παραδεδομένοι τῇ **χάριτι** τοῦ θεοῦ εἰς τὸ ἔργον ὃ ἐπλήρωσαν.
15:11 ἀλλὰ διὰ τῆς **χάριτος** τοῦ κυρίου Ἰησοῦ πιστεύομεν σωθῆναι καθ' ὃν τρόπον κἀκεῖνοι.
15:40 Παῦλος δὲ ἐπιλεξάμενος Σιλᾶν ἐξῆλθεν παραδοθεὶς τῇ **χάριτι** τοῦ κυρίου ὑπὸ τῶν ἀδελφῶν.
18:27 ὃς παραγενόμενος συνεβάλετο πολὺ τοῖς πεπιστευκόσιν διὰ τῆς **χάριτος·**
20:24 καὶ τὴν διακονίαν ἣν ἔλαβον παρὰ τοῦ κυρίου Ἰησοῦ, διαμαρτύρασθαι τὸ εὐαγγέλιον τῆς **χάριτος** τοῦ θεοῦ.
20:32 καὶ τὰ νῦν παρατίθεμαι ὑμᾶς τῷ θεῷ καὶ τῷ λόγῳ τῆς **χάριτος** αὐτοῦ,
24:27 θέλων τε **χάριτα** καταθέσθαι τοῖς Ἰουδαίοις ὁ Φῆλιξ κατέλιπε τὸν Παῦλον δεδεμένον.
25: 3 αἰτούμενοι **χάριν** κατ' αὐτοῦ ὅπως μεταπέμψηται αὐτὸν εἰς Ἰερουσαλήμ,
25: 9 ὁ Φῆστος δὲ θέλων τοῖς Ἰουδαίοις **χάριν** καταθέσθαι ἀποκριθεὶς τῷ Παύλῳ εἶπεν,
Ro 1: 5 δι' οὗ ἐλάβομεν **χάριν** καὶ ἀποστολὴν εἰς ὑπακοὴν πίστεως ἐν πᾶσιν τοῖς ἔθνεσιν ὑπὲρ τοῦ ὀνόματος αὐτοῦ,
1: 7 **χάρις** ὑμῖν καὶ εἰρήνη ἀπὸ θεοῦ πατρὸς ἡμῶν καὶ κυρίου Ἰησοῦ Χριστοῦ.
3:24 δικαιούμενοι δωρεὰν τῇ αὐτοῦ **χάριτι** διὰ τῆς ἀπολυτρώσεως τῆς ἐν Χριστῷ Ἰησοῦ·
4: 4 τῷ δὲ ἐργαζομένῳ ὁ μισθὸς οὐ λογίζεται κατὰ **χάριν** ἀλλὰ κατὰ ὀφείλημα,
4:16 διὰ τοῦτο ἐκ πίστεως, ἵνα κατὰ **χάριν,** εἰς τὸ εἶναι βεβαίαν τὴν ἐπαγγελίαν παντὶ τῷ σπέρματι,
5: 2 δι' οὗ καὶ τὴν προσαγωγὴν ἐσχήκαμεν [τῇ πίστει] εἰς τὴν **χάριν** ταύτην ἐν ᾗ ἑστήκαμεν καὶ καυχώμεθα
5:15 πολλῷ μᾶλλον ἡ **χάρις** τοῦ θεοῦ καὶ ἡ δωρεὰ ἐν **χάριτι** τῇ τοῦ ἑνὸς ἀνθρώπου Ἰησοῦ Χριστοῦ εἰς τοὺς πολλοὺς ἐπερίσσευσεν.
5:17 πολλῷ μᾶλλον οἱ τὴν περισσείαν τῆς **χάριτος** καὶ τῆς δωρεᾶς τῆς δικαιοσύνης λαμβάνοντες ἐν ζωῇ βασιλεύσουσιν διὰ τοῦ ἑνὸς Ἰησοῦ Χριστοῦ.
5:20 οὗ δὲ ἐπλεόνασεν ἡ ἁμαρτία, ὑπερεπερίσσευσεν ἡ **χάρις,**
5:21 οὕτως καὶ ἡ **χάρις** βασιλεύσῃ διὰ δικαιοσύνης εἰς ζωὴν αἰώνιον διὰ Ἰησοῦ Χριστοῦ τοῦ κυρίου ἡμῶν.
6: 1 Τί οὖν ἐροῦμεν; ἐπιμένωμεν τῇ ἁμαρτίᾳ, ἵνα ἡ **χάρις** πλεονάσῃ;
6:14 οὐ γάρ ἐστε ὑπὸ νόμον ἀλλὰ ὑπὸ **χάριν.**
6:15 ὅτι οὐκ ἐσμὲν ὑπὸ νόμον ἀλλὰ ὑπὸ **χάριν;**
6:17 **χάρις** δὲ τῷ θεῷ ὅτι ἦτε δοῦλοι τῆς ἁμαρτίας ὑπηκούσατε δὲ ἐκ καρδίας εἰς ὃν παρεδόθητε τύπον διδαχῆς,
7:25 **χάρις** δὲ τῷ θεῷ διὰ Ἰησοῦ Χριστοῦ τοῦ κυρίου ἡμῶν.
11: 5 οὕτως οὖν καὶ ἐν τῷ νῦν καιρῷ λεῖμμα κατ' ἐκλογὴν **χάριτος** γέγονεν·
11: 6 εἰ δὲ **χάριτι,** οὐκέτι ἐξ ἔργων, ἐπεὶ ἡ **χάρις** οὐκέτι γίνεται **χάρις.**
12: 3 Λέγω γὰρ διὰ τῆς **χάριτος** τῆς δοθείσης μοι παντὶ τῷ ὄντι ἐν ὑμῖν μὴ ὑπερφρονεῖν παρ' ὃ δεῖ φρονεῖν
12: 6 ἔχοντες δὲ χαρίσματα κατὰ τὴν **χάριν** τὴν δοθεῖσαν ἡμῖν διάφορα,
15:15 τολμηρότερον δὲ ἔγραψα ὑμῖν ἀπὸ μέρους ὡς ἐπαναμιμνῄσκων ὑμᾶς διὰ τὴν **χάριν** τὴν δοθεῖσάν μοι ὑπὸ τοῦ θεοῦ
16:20 ἡ **χάρις** τοῦ κυρίου ἡμῶν Ἰησοῦ μεθ' ὑμῶν.
1Co 1: 3 **χάρις** ὑμῖν καὶ εἰρήνη ἀπὸ θεοῦ πατρὸς ἡμῶν καὶ κυρίου Ἰησοῦ Χριστοῦ.
1: 4 Εὐχαριστῶ τῷ θεῷ μου πάντοτε περὶ ὑμῶν ἐπὶ τῇ **χάριτι** τοῦ θεοῦ τῇ δοθείσῃ ὑμῖν ἐν Χριστῷ Ἰησοῦ,
3:10 Κατὰ τὴν **χάριν** τοῦ θεοῦ τὴν δοθεῖσάν μοι ὡς σοφὸς ἀρχιτέκτων θεμέλιον ἔθηκα,
10:30 εἰ ἐγὼ **χάριτι** μετέχω, τί βλασφημοῦμαι ὑπὲρ οὗ ἐγὼ εὐχαριστῶ;
15:10 **χάριτι** δὲ θεοῦ εἰμι ὅ εἰμι, καὶ ἡ **χάρις** αὐτοῦ ἡ εἰς ἐμὲ οὐ κενὴ ἐγενήθη, ἀλλὰ περισσότερον αὐτῶν πάντων ἐκοπίασα, οὐκ ἐγὼ δὲ ἀλλὰ ἡ **χάρις** τοῦ θεοῦ [ἡ] σὺν ἐμοί.

15:57 τῷ δὲ θεῷ **χάρις** τῷ διδόντι ἡμῖν τὸ νῖκος διὰ τοῦ κυρίου ἡμῶν Ἰησοῦ Χριστοῦ.
16: 3 δι' ἐπιστολῶν τούτους πέμψω ἀπενεγκεῖν τὴν **χάριν** ὑμῶν εἰς Ἰερουσαλήμ·
16:23 ἡ **χάρις** τοῦ κυρίου Ἰησοῦ μεθ' ὑμῶν.
2Co 1: 2 **χάρις** ὑμῖν καὶ εἰρήνη ἀπὸ θεοῦ πατρὸς ἡμῶν καὶ κυρίου Ἰησοῦ Χριστοῦ.
1:12 [καὶ] οὐκ ἐν σοφίᾳ σαρκικῇ ἀλλ' ἐν **χάριτι** θεοῦ,
1:15 Καὶ ταύτῃ τῇ πεποιθήσει ἐβουλόμην πρότερον πρὸς ὑμᾶς ἐλθεῖν, ἵνα δευτέραν **χάριν** σχῆτε,
2:14 Τῷ δὲ θεῷ **χάρις** τῷ πάντοτε θριαμβεύοντι ἡμᾶς ἐν τῷ Χριστῷ καὶ τὴν ὀσμὴν τῆς γνώσεως αὐτοῦ φανεροῦντι δι' ἡμῶν
4:15 ἵνα ἡ **χάρις** πλεονάσασα διὰ τῶν πλειόνων τὴν εὐχαριστίαν περισσεύσῃ εἰς τὴν δόξαν τοῦ θεοῦ.
6: 1 Συνεργοῦντες δὲ καὶ παρακαλοῦμεν μὴ εἰς κενὸν τὴν **χάριν** τοῦ θεοῦ δέξασθαι ὑμᾶς·
8: 1 τὴν **χάριν** τοῦ θεοῦ τὴν δεδομένην ἐν ταῖς ἐκκλησίαις τῆς Μακεδονίας,
8: 4 μετὰ πολλῆς παρακλήσεως δεόμενοι ἡμῶν τὴν **χάριν** καὶ τὴν κοινωνίαν τῆς διακονίας τῆς εἰς τοὺς ἁγίους,
8: 6 ἵνα καθὼς προενήρξατο οὕτως καὶ ἐπιτελέσῃ εἰς ὑμᾶς καὶ τὴν **χάριν** ταύτην.
8: 7 πίστει καὶ λόγῳ καὶ γνώσει καὶ πάσῃ σπουδῇ καὶ τῇ ἐξ ἡμῶν ἐν ὑμῖν ἀγάπῃ, ἵνα καὶ ἐν ταύτῃ τῇ **χάριτι** περισσεύητε.
8: 9 γινώσκετε γὰρ τὴν **χάριν** τοῦ κυρίου ἡμῶν Ἰησοῦ Χριστοῦ,
8:16 **Χάρις** δὲ τῷ θεῷ τῷ δόντι τὴν αὐτὴν σπουδὴν ὑπὲρ ὑμῶν ἐν τῇ καρδίᾳ Τίτου,
8:19 ἀλλὰ καὶ χειροτονηθεὶς ὑπὸ τῶν ἐκκλησιῶν συνέκδημος ἡμῶν σὺν τῇ **χάριτι** ταύτῃ τῇ διακονουμένῃ ὑφ' ἡμῶν
9: 8 δυνατεῖ δὲ ὁ θεὸς πᾶσαν **χάριν** περισσεῦσαι εἰς ὑμᾶς,
9:14 καὶ αὐτῶν δεήσει ὑπὲρ ὑμῶν ἐπιποθούντων ὑμᾶς διὰ τὴν ὑπερβάλλουσαν **χάριν** τοῦ θεοῦ ἐφ' ὑμῖν.
9:15 **χάρις** τῷ θεῷ ἐπὶ τῇ ἀνεκδιηγήτῳ αὐτοῦ δωρεᾷ.
12: 9 καὶ εἴρηκέν μοι, Ἀρκεῖ σοι ἡ **χάρις** μου,
13:13 Ἡ **χάρις** τοῦ κυρίου Ἰησοῦ Χριστοῦ καὶ ἡ ἀγάπη τοῦ θεοῦ καὶ ἡ κοινωνία τοῦ ἁγίου πνεύματος μετὰ πάντων ὑμῶν.
Gal 1: 3 **χάρις** ὑμῖν καὶ εἰρήνη ἀπὸ θεοῦ πατρὸς ἡμῶν καὶ κυρίου Ἰησοῦ Χριστοῦ
1: 6 Θαυμάζω ὅτι οὕτως ταχέως μετατίθεσθε ἀπὸ τοῦ καλέσαντος ὑμᾶς ἐν **χάριτι** [Χριστοῦ] εἰς ἕτερον εὐαγγέλιον,
1:15 ὅτε δὲ εὐδόκησεν [ὁ θεὸς] ὁ ἀφορίσας με ἐκ κοιλίας μητρός μου καὶ καλέσας διὰ τῆς **χάριτος** αὐτοῦ
2: 9 καὶ γνόντες τὴν **χάριν** τὴν δοθεῖσάν μοι, Ἰάκωβος καὶ Κηφᾶς καὶ Ἰωάννης,
2:21 οὐκ ἀθετῶ τὴν **χάριν** τοῦ θεοῦ· εἰ γὰρ διὰ νόμου δικαιοσύνη,
5: 4 κατηργήθητε ἀπὸ Χριστοῦ, οἵτινες ἐν νόμῳ δικαιοῦσθε, τῆς **χάριτος** ἐξεπέσατε.
6:18 Ἡ **χάρις** τοῦ κυρίου ἡμῶν Ἰησοῦ Χριστοῦ μετὰ τοῦ πνεύματος ὑμῶν,
Eph 1: 2 **χάρις** ὑμῖν καὶ εἰρήνη ἀπὸ θεοῦ πατρὸς ἡμῶν καὶ κυρίου Ἰησοῦ Χριστοῦ.
1: 6 εἰς ἔπαινον δόξης τῆς **χάριτος** αὐτοῦ ἧς ἐχαρίτωσεν ἡμᾶς ἐν τῷ ἠγαπημένῳ.
1: 7 ἔχομεν τὴν ἀπολύτρωσιν διὰ τοῦ αἵματος αὐτοῦ, τὴν ἄφεσιν τῶν παραπτωμάτων, κατὰ τὸ πλοῦτος τῆς **χάριτος** αὐτοῦ
2: 5 καὶ ὄντας ἡμᾶς νεκροὺς τοῖς παραπτώμασιν συνεζωοποίησεν τῷ Χριστῷ,– **χάριτί** ἐστε σεσῳσμένοι–
2: 7 τὸ ὑπερβάλλον πλοῦτος τῆς **χάριτος** αὐτοῦ ἐν χρηστότητι ἐφ' ἡμᾶς ἐν Χριστῷ Ἰησοῦ.
2: 8 τῇ γὰρ **χάριτί** ἐστε σεσῳσμένοι διὰ πίστεως· καὶ τοῦτο οὐκ ἐξ ὑμῶν,
3: 2 εἴ γε ἠκούσατε τὴν οἰκονομίαν τῆς **χάριτος** τοῦ θεοῦ τῆς δοθείσης μοι εἰς ὑμᾶς,
3: 7 οὗ ἐγενήθην διάκονος κατὰ τὴν δωρεὰν τῆς **χάριτος** τοῦ θεοῦ τῆς δοθείσης μοι κατὰ τὴν ἐνέργειαν τῆς δυνάμεως αὐτοῦ.
3: 8 ἐμοὶ τῷ ἐλαχιστοτέρῳ πάντων ἁγίων ἐδόθη ἡ **χάρις** αὕτη,
4: 7 Ἑνὶ δὲ ἑκάστῳ ἡμῶν ἐδόθη ἡ **χάρις** κατὰ τὸ μέτρον τῆς δωρεᾶς τοῦ Χριστοῦ.
4:29 ἀλλὰ εἴ τις ἀγαθὸς πρὸς οἰκοδομὴν τῆς χρείας, ἵνα δῷ **χάριν** τοῖς ἀκούουσιν.
6:24 ἡ **χάρις** μετὰ πάντων τῶν ἀγαπώντων τὸν κύριον ἡμῶν Ἰησοῦν Χριστὸν ἐν ἀφθαρσίᾳ.
Php 1: 2 **χάρις** ὑμῖν καὶ εἰρήνη ἀπὸ θεοῦ πατρὸς ἡμῶν καὶ κυρίου Ἰησοῦ Χριστοῦ.
1: 7 ἔν τε τοῖς δεσμοῖς μου καὶ ἐν τῇ ἀπολογίᾳ καὶ βεβαιώσει τοῦ εὐαγγελίου συγκοινωνούς μου τῆς **χάριτος** πάντας ὑμᾶς ὄντας.
4:23 ἡ **χάρις** τοῦ κυρίου Ἰησοῦ Χριστοῦ μετὰ τοῦ πνεύματος ὑμῶν.
Col 1: 2 **χάρις** ὑμῖν καὶ εἰρήνη ἀπὸ θεοῦ πατρὸς ἡμῶν.
1: 6 ἀφ' ἧς ἡμέρας ἠκούσατε καὶ ἐπέγνωτε τὴν **χάριν** τοῦ θεοῦ ἐν ἀληθείᾳ·
3:16 ψαλμοῖς ὕμνοις ᾠδαῖς πνευματικαῖς ἐν [τῇ] **χάριτι** ᾄδοντες ἐν ταῖς καρδίαις ὑμῶν τῷ θεῷ·
4: 6 ὁ λόγος ὑμῶν πάντοτε ἐν **χάριτι,** ἅλατι ἠρτυμένος,
4:18 μνημονεύετέ μου τῶν δεσμῶν. ἡ **χάρις** μεθ' ὑμῶν.
1Th 1: 1 τῇ ἐκκλησίᾳ Θεσσαλονικέων ἐν θεῷ πατρὶ καὶ κυρίῳ Ἰησοῦ Χριστῷ, **χάρις** ὑμῖν καὶ εἰρήνη.
5:28 Ἡ **χάρις** τοῦ κυρίου ἡμῶν Ἰησοῦ Χριστοῦ μεθ' ὑμῶν.
2Th 1: 2 **χάρις** ὑμῖν καὶ εἰρήνη ἀπὸ θεοῦ πατρὸς [ἡμῶν] καὶ κυρίου Ἰησοῦ Χριστοῦ.
1:12 κατὰ τὴν **χάριν** τοῦ θεοῦ ἡμῶν καὶ κυρίου Ἰησοῦ Χριστοῦ.
2:16 καὶ [ὁ] θεὸς ὁ πατὴρ ἡμῶν ὁ ἀγαπήσας ἡμᾶς καὶ δοὺς παράκλησιν αἰωνίαν καὶ ἐλπίδα ἀγαθὴν ἐν **χάριτι,**
3:18 ἡ **χάρις** τοῦ κυρίου ἡμῶν Ἰησοῦ Χριστοῦ μετὰ πάντων ὑμῶν.
1Ti 1: 2 **χάρις** ἔλεος εἰρήνη ἀπὸ θεοῦ πατρὸς καὶ Χριστοῦ Ἰησοῦ τοῦ κυρίου ἡμῶν.
1:12 **Χάριν** ἔχω τῷ ἐνδυναμώσαντί με Χριστῷ Ἰησοῦ τῷ κυρίῳ ἡμῶν,
1:14 ὑπερεπλεόνασεν δὲ ἡ **χάρις** τοῦ κυρίου ἡμῶν μετὰ πίστεως καὶ ἀγάπης τῆς ἐν Χριστῷ Ἰησοῦ.
6:21 ἥν τινες ἐπαγγελλόμενοι περὶ τὴν πίστιν ἠστόχησαν. Ἡ **χάρις** μεθ' ὑμῶν.
2Ti 1: 2 **χάρις** ἔλεος εἰρήνη ἀπὸ θεοῦ πατρὸς καὶ Χριστοῦ Ἰησοῦ τοῦ κυρίου ἡμῶν.
1: 3 **Χάριν** ἔχω τῷ θεῷ, ᾧ λατρεύω ἀπὸ προγόνων ἐν καθαρᾷ συνειδήσει,
1: 9 οὐ κατὰ τὰ ἔργα ἡμῶν ἀλλὰ κατὰ ἰδίαν πρόθεσιν καὶ **χάριν,**
2: 1 ἐνδυναμοῦ ἐν τῇ **χάριτι** τῇ ἐν Χριστῷ Ἰησοῦ,
4:22 Ὁ κύριος μετὰ τοῦ πνεύματός σου. ἡ **χάρις** μεθ' ὑμῶν.
Tit 1: 4 **χάρις** καὶ εἰρήνη ἀπὸ θεοῦ πατρὸς καὶ Χριστοῦ Ἰησοῦ τοῦ σωτῆρος ἡμῶν.
2:11 Ἐπεφάνη γὰρ ἡ **χάρις** τοῦ θεοῦ σωτήριος πᾶσιν ἀνθρώποις
3: 7 ἵνα δικαιωθέντες τῇ ἐκείνου **χάριτι** κληρονόμοι γενηθῶμεν κατ' ἐλπίδα ζωῆς αἰωνίου.
3:15 Ἄσπασαι τοὺς φιλοῦντας ἡμᾶς ἐν πίστει. ἡ **χάρις** μετὰ πάντων ὑμῶν.
Phm 1: 3 **χάρις** ὑμῖν καὶ εἰρήνη ἀπὸ θεοῦ πατρὸς ἡμῶν καὶ κυρίου Ἰησοῦ Χριστοῦ.
1:25 Ἡ **χάρις** τοῦ κυρίου Ἰησοῦ Χριστοῦ μετὰ τοῦ πνεύματος ὑμῶν.
Heb 2: 9 τὸν δὲ βραχύ τι παρ' ἀγγέλους ἠλαττωμένον βλέπομεν Ἰησοῦν διὰ τὸ πάθημα τοῦ θανάτου δόξῃ καὶ τιμῇ ἐστεφανωμένον, ὅπως **χάριτι** θεοῦ ὑπὲρ παντὸς γεύσηται θανάτου.
4:16 προσερχώμεθα οὖν μετὰ παρρησίας τῷ θρόνῳ τῆς **χάριτος,** ἵνα λάβωμεν ἔλεος καὶ **χάριν** εὕρωμεν εἰς εὔκαιρον βοήθειαν.
10:29 ἐν ᾧ ἡγιάσθη, καὶ τὸ πνεῦμα τῆς **χάριτος** ἐνυβρίσας;
12:15 ἐπισκοποῦντες μή τις ὑστερῶν ἀπὸ τῆς **χάριτος** τοῦ θεοῦ,
12:28 Διὸ βασιλείαν ἀσάλευτον παραλαμβάνοντες ἔχωμεν **χάριν,** δι' ἧς λατρεύωμεν εὐαρέστως τῷ θεῷ μετὰ εὐλαβείας καὶ δέους·
13: 9 καλὸν γὰρ **χάριτι** βεβαιοῦσθαι τὴν καρδίαν, οὐ βρώμασιν ἐν οἷς οὐκ ὠφελήθησαν οἱ περιπατοῦντες.
13:25 ἡ **χάρις** μετὰ πάντων ὑμῶν.
Jas 4: 6 μείζονα δὲ δίδωσιν **χάριν;** διὸ λέγει, Ὁ θεὸς ὑπερηφάνοις ἀντιτάσσεται, ταπεινοῖς δὲ δίδωσιν **χάριν.**
1Pe 1: 2 ἐν ἁγιασμῷ πνεύματος εἰς ὑπακοὴν καὶ ῥαντισμὸν αἵματος Ἰησοῦ Χριστοῦ, **χάρις** ὑμῖν καὶ εἰρήνη πληθυνθείη.
1:10 Περὶ ἧς σωτηρίας ἐξεζήτησαν καὶ ἐξηραύνησαν προφῆται οἱ περὶ τῆς εἰς ὑμᾶς **χάριτος** προφητεύσαντες,
1:13 Διὸ ἀναζωσάμενοι τὰς ὀσφύας τῆς διανοίας ὑμῶν νήφοντες τελείως ἐλπίσατε ἐπὶ τὴν φερομένην ὑμῖν **χάριν** ἐν ἀποκαλύψει Ἰησοῦ Χριστοῦ.
2:19 τοῦτο γὰρ **χάρις** εἰ διὰ συνείδησιν θεοῦ ὑποφέρει τις λύπας πάσχων ἀδίκως.
2:20 ἀλλ' εἰ ἀγαθοποιοῦντες καὶ πάσχοντες ὑπομενεῖτε, τοῦτο **χάρις** παρὰ θεῷ.
3: 7 ἀπονέμοντες τιμὴν ὡς καὶ συγκληρονόμοις **χάριτος** ζωῆς εἰς τὸ μὴ ἐγκόπτεσθαι τὰς προσευχὰς ὑμῶν.
4:10 ἕκαστος καθὼς ἔλαβεν χάρισμα εἰς ἑαυτοὺς αὐτὸ διακονοῦντες ὡς καλοὶ οἰκονόμοι ποικίλης **χάριτος** θεοῦ.
5: 5 ὅτι [Ὁ] θεὸς ὑπερηφάνοις ἀντιτάσσεται, ταπεινοῖς δὲ δίδωσιν **χάριν.**
5:10 Ὁ δὲ θεὸς πάσης **χάριτος,** ὁ καλέσας ὑμᾶς εἰς τὴν αἰώνιον αὐτοῦ δόξαν ἐν Χριστῷ [Ἰησοῦ,]
5:12 δι' ὀλίγων ἔγραψα παρακαλῶν καὶ ἐπιμαρτυρῶν ταύτην εἶναι ἀληθῆ **χάριν** τοῦ θεοῦ εἰς ἣν στῆτε.

2Pe 1: 2 **χάρις** ὑμῖν καὶ εἰρήνη πληθυνθείη ἐν ἐπιγνώσει τοῦ θεοῦ καὶ Ἰησοῦ τοῦ κυρίου ἡμῶν.
3: 18 αὐξάνετε δὲ ἐν **χάριτι** καὶ γνώσει τοῦ κυρίου ἡμῶν καὶ σωτῆρος Ἰησοῦ Χριστοῦ.
2Jn 1: 3 μεθ' ἡμῶν **χάρις** ἔλεος εἰρήνη παρὰ θεοῦ πατρὸς καὶ παρὰ Ἰησοῦ Χριστοῦ τοῦ υἱοῦ τοῦ πατρὸς ἐν ἀληθείᾳ καὶ ἀγάπῃ.
Jude 1: 4 τὴν τοῦ θεοῦ ἡμῶν **χάριτα** μετατιθέντες εἰς ἀσέλγειαν καὶ τὸν μόνον δεσπότην καὶ κύριον ἡμῶν Ἰησοῦν Χριστὸν ἀρνούμενοι.
Rev 1: 4 **χάρις** ὑμῖν καὶ εἰρήνη ἀπὸ ὁ ὢν καὶ ὁ ἦν καὶ ὁ ἐρχόμενος καὶ ἀπὸ τῶν ἑπτὰ πνευμάτων ἃ ἐνώπιον τοῦ θρόνου αὐτοῦ
22: 21 Ἡ **χάρις** τοῦ κυρίου Ἰησοῦ μετὰ πάντων.

5922 χάρισμα [17]

√ *5897*

Ro 1: 11 ἵνα τι μεταδῶ **χάρισμα** ὑμῖν πνευματικὸν εἰς τὸ στηριχθῆναι ὑμᾶς,
5: 15 Ἀλλ' οὐχ ὡς τὸ παράπτωμα, οὕτως καὶ τὸ **χάρισμα**·
5: 16 τὸ δὲ **χάρισμα** ἐκ πολλῶν παραπτωμάτων εἰς δικαίωμα.
6: 23 τὸ δὲ **χάρισμα** τοῦ θεοῦ ζωὴ αἰώνιος ἐν Χριστῷ Ἰησοῦ τῷ κυρίῳ ἡμῶν.
11: 29 ἀμεταμέλητα γὰρ τὰ **χαρίσματα** καὶ ἡ κλῆσις τοῦ θεοῦ.
12: 6 ἔχοντες δὲ **χαρίσματα** κατὰ τὴν χάριν τὴν δοθεῖσαν ἡμῖν διάφορα,
1Co 1: 7 ὥστε ὑμᾶς μὴ ὑστερεῖσθαι ἐν μηδενὶ **χαρίσματι** ἀπεκδεχομένους τὴν ἀποκάλυψιν τοῦ κυρίου ἡμῶν Ἰησοῦ
7: 7 ἀλλὰ ἕκαστος ἴδιον ἔχει **χάρισμα** ἐκ θεοῦ, ὁ μὲν οὕτως,
12: 4 Διαιρέσεις δὲ **χαρισμάτων** εἰσίν, τὸ δὲ αὐτὸ πνεῦμα·
12: 9 ἄλλῳ δὲ **χαρίσματα** ἰαμάτων ἐν τῷ ἑνὶ πνεύματι,
12: 28 ἔπειτα δυνάμεις, ἔπειτα **χαρίσματα** ἰαμάτων, ἀντιλήμψεις, κυβερνήσεις, γένη γλωσσῶν.
12: 30 μὴ πάντες **χαρίσματα** ἔχουσιν ἰαμάτων; μὴ πάντες γλώσσαις λαλοῦσιν;
12: 31 ζηλοῦτε δὲ τὰ **χαρίσματα** τὰ μείζονα. Καὶ ἔτι καθ' ὑπερβολὴν ὁδὸν ὑμῖν δείκνυμι.
2Co 1: 11 ἵνα ἐκ πολλῶν προσώπων τὸ εἰς ἡμᾶς **χάρισμα** διὰ πολλῶν εὐχαριστηθῇ ὑπὲρ ἡμῶν.
1Ti 4: 14 μὴ ἀμέλει τοῦ ἐν σοὶ **χαρίσματος**, ὃ ἐδόθη σοι διὰ προφητείας μετὰ ἐπιθέσεως τῶν χειρῶν τοῦ πρεσβυτερίου.
2Ti 1: 6 δι' ἣν αἰτίαν ἀναμιμνῄσκω σε ἀναζωπυρεῖν τὸ **χάρισμα** τοῦ θεοῦ,
1Pe 4: 10 ἕκαστος καθὼς ἔλαβεν **χάρισμα** εἰς ἑαυτοὺς αὐτὸ διακονοῦντες ὡς καλοὶ οἰκονόμοι ποικίλης χάριτος θεοῦ.

5923 χαριτόω [2]

√ *5897*

Lk 1: 28 καὶ εἰσελθὼν πρὸς αὐτὴν εἶπεν, Χαῖρε, **κεχαριτωμένη**, ὁ κύριος μετὰ σοῦ.
Eph 1: 6 εἰς ἔπαινον δόξης τῆς χάριτος αὐτοῦ ἧς **ἐχαρίτωσεν** ἡμᾶς ἐν τῷ ἠγαπημένῳ.

5924 Χαρράν [2]

Ac 7: 2 Ὁ θεὸς τῆς δόξης ὤφθη τῷ πατρὶ ἡμῶν Ἀβραὰμ ὄντι ἐν τῇ Μεσοποταμίᾳ πρὶν ἢ κατοικῆσαι αὐτὸν ἐν **Χαρρὰν**
7: 4 τότε ἐξελθὼν ἐκ γῆς Χαλδαίων κατῴκησεν ἐν **Χαρράν**.

5925 χάρτης [1]

√ *5916*

2Jn 1: 12 Πολλὰ ἔχων ὑμῖν γράφειν οὐκ ἐβουλήθην διὰ **χάρτου** καὶ μέλανος,

5926 χάσμα [1]

Lk 16: 26 καὶ ἐν πᾶσι τούτοις μεταξὺ ἡμῶν καὶ ὑμῶν **χάσμα** μέγα ἐστήρικται,

5927 χεῖλος [7]

καρπός χειλέων [1] Heb 13:15

τὸ χεῖλος τοῦ θαλάσσης [1] Heb 11:12

Mt 15: 8 Ὁ λαὸς οὗτος τοῖς **χείλεσίν** με τιμᾷ, ἡ δὲ καρδία αὐτῶν πόρρω ἀπέχει ἀπ' ἐμοῦ·
Mk 7: 6 ὡς γέγραπται [ὅτι] Οὗτος ὁ λαὸς τοῖς **χείλεσίν** με τιμᾷ,
Ro 3: 13 ταῖς γλώσσαις αὐτῶν ἐδολιοῦσαν, ἰὸς ἀσπίδων ὑπὸ τὰ **χείλη** αὐτῶν·
1Co 14: 21 γέγραπται ὅτι Ἐν ἑτερογλώσσοις καὶ ἐν **χείλεσιν** ἑτέρων λαλήσω τῷ λαῷ τούτῳ καὶ οὐδ' οὕτως εἰσακούσονταί μου,
Heb 11: 12 καθὼς τὰ ἄστρα τοῦ οὐρανοῦ τῷ πλήθει καὶ ὡς ἡ ἄμμος ἡ παρὰ τὸ **χεῖλος** τῆς θαλάσσης ἡ ἀναρίθμητος.
13: 15 τοῦτ' ἔστιν καρπὸν **χειλέων** ὁμολογούντων τῷ ὀνόματι αὐτοῦ.
1Pe 3: 10 ὁ γὰρ θέλων ζωὴν ἀγαπᾶν καὶ ἰδεῖν ἡμέρας ἀγαθὰς παυσάτω τὴν γλῶσσαν ἀπὸ κακοῦ καὶ **χείλη** τοῦ μὴ λαλῆσαι δόλον,

5928 χειμάζω [1]

√ *5930*

Ac 27: 18 σφοδρῶς δὲ **χειμαζομένων** ἡμῶν τῇ ἑξῆς ἐκβολὴν ἐποιοῦντο

5929 χείμαρρος [1]

√ *5930 + 4835*

Jn 18: 1 Ταῦτα εἰπὼν Ἰησοῦς ἐξῆλθεν σὺν τοῖς μαθηταῖς αὐτοῦ πέραν τοῦ **χειμάρρου** τοῦ Κεδρὼν ὅπου ἦν κῆπος,

5930 χειμών [6]

→ *5928, 5929*

Mt 16: 3 [καὶ πρωΐ, Σήμερον **χειμών**, πυρράζει γὰρ στυγνάζων ὁ οὐρανός.]
24: 20 προσεύχεσθε δὲ ἵνα μὴ γένηται ἡ φυγὴ ὑμῶν **χειμῶνος** μηδὲ σαββάτῳ.
Mk 13: 18 προσεύχεσθε δὲ ἵνα μὴ γένηται **χειμῶνος**·
Jn 10: 22 Ἐγένετο τότε τὰ ἐγκαίνια ἐν τοῖς Ἱεροσολύμοις, **χειμὼν** ἦν,
Ac 27: 20 **χειμῶνός** τε οὐκ ὀλίγου ἐπικειμένου, λοιπὸν περιῃρεῖτο ἐλπὶς πᾶσα τοῦ σῴζεσθαι ἡμᾶς.
2Ti 4: 21 Σπούδασον πρὸ **χειμῶνος** ἐλθεῖν. Ἀσπάζεταί σε Εὔβουλος καὶ Πούδης καὶ Λίνος καὶ Κλαυδία καὶ οἱ ἀδελφοὶ πάντες.

5931 χείρ [177]

→ *901, 942, 1429, 2217, 2218, 4741, 5932, 5933, 5934, 5935; cf. 4742, 5936*

χεὶρ θεοῦ [2] Heb 10:31; 1Pe 5:6

χεὶρ κυρίου [3] Lk 1:66; Ac 11:21; 13:11; cf. Heb 1:10; 8:9

χεὶρ πατρός [1] Jn 10:29

δεξιός χείρ [6] Mt 5:30; Lk 6:6; Ac 3:7; Rev 1:16; 10:5; 13:16

διὰ χειρῶν [11] Mk 6:2; Ac 2:23; 5:12; 7:25; 8:18; 11:30; 14:3; 15:23; 19:11,26; 2Ti 1:6

ἐκτείνω χεῖρα [14] Mt 8:3; 12:13,49; 14:31; 26:51; Mk 1:41; 3:5,5; Lk 5:13; 6:10; 22:53; Jn 21:18; Ac 4:30; 26:1

ἐπιτίθημι τὴν χεῖρα [20] Mt 9:18; 19:13,15; Mk 5:23; 6:5; 7:32; 8:23,25; 16:18; Lk 4:40; 13:13; Ac 6:6; 8:17,19; 9:12,17; 13:3; 19:6; 28:8; 1Ti 5:22

Mt 3: 12 οὗ τὸ πτύον ἐν τῇ **χειρὶ** αὐτοῦ καὶ διακαθαριεῖ τὴν ἅλωνα αὐτοῦ καὶ συνάξει τὸν σῖτον αὐτοῦ εἰς τὴν ἀποθήκην,
4: 6 γέγραπται γὰρ ὅτι Τοῖς ἀγγέλοις αὐτοῦ ἐντελεῖται περὶ σοῦ καὶ ἐπὶ **χειρῶν** ἀροῦσίν σε,
5: 30 καὶ εἰ ἡ δεξιά σου **χεὶρ** σκανδαλίζει σε,
8: 3 καὶ ἐκτείνας τὴν **χεῖρα** ἥψατο αὐτοῦ λέγων, Θέλω,
8: 15 καὶ ἥψατο τῆς **χειρὸς** αὐτῆς, καὶ ἀφῆκεν αὐτὴν ὁ πυρετός,
9: 18 ἀλλὰ ἐλθὼν ἐπίθες τὴν **χεῖρά** σου ἐπ' αὐτήν,
9: 25 ὅτε δὲ ἐξεβλήθη ὁ ὄχλος εἰσελθὼν ἐκράτησεν τῆς **χειρὸς** αὐτῆς,
12: 10 καὶ ἰδοὺ ἄνθρωπος **χεῖρα** ἔχων ξηράν. καὶ ἐπηρώτησαν αὐτὸν λέγοντες,
12: 13 τότε λέγει τῷ ἀνθρώπῳ, Ἔκτεινόν σου τὴν **χεῖρα**.
12: 49 καὶ ἐκτείνας τὴν **χεῖρα** αὐτοῦ ἐπὶ τοὺς μαθητὰς αὐτοῦ εἶπεν,
14: 31 εὐθέως δὲ ὁ Ἰησοῦς ἐκτείνας τὴν **χεῖρα** ἐπελάβετο αὐτοῦ καὶ λέγει αὐτῷ,
15: 2 οὐ γὰρ νίπτονται τὰς **χεῖρας** [αὐτῶν] ὅταν ἄρτον ἐσθίωσιν.
15: 20 τὸ δὲ ἀνίπτοις **χερσὶν** φαγεῖν οὐ κοινοῖ τὸν ἄνθρωπον.
17: 22 Μέλλει ὁ υἱὸς τοῦ ἀνθρώπου παραδίδοσθαι εἰς **χεῖρας** ἀνθρώπων,

18: 8 Εἰ δὲ ἡ **χείρ** σου ἢ ὁ πούς σου σκανδαλίζει σε, ἔκκοψον αὐτὸν καὶ βάλε ἀπὸ σοῦ· καλόν σοί ἐστιν εἰσελθεῖν εἰς τὴν ζωὴν κυλλὸν ἢ χωλὸν ἢ δύο **χεῖρας** ἢ δύο πόδας ἔχοντα βληθῆναι εἰς τὸ πῦρ τὸ αἰώνιον.
19:13 Τότε προσηνέχθησαν αὐτῷ παιδία ἵνα τὰς **χεῖρας** ἐπιθῇ αὐτοῖς καὶ προσεύξηται·
19:15 καὶ ἐπιθεὶς τὰς **χεῖρας** αὐτοῖς ἐπορεύθη ἐκεῖθεν.
22:13 Δήσαντες αὐτοῦ πόδας καὶ **χεῖρας** ἐκβάλετε αὐτὸν εἰς τὸ σκότος τὸ ἐξώτερον·
26:23 Ὁ ἐμβάψας μετ' ἐμοῦ τὴν **χεῖρα** ἐν τῷ τρυβλίῳ οὗτός με παραδώσει.
26:45 ἰδοὺ ἤγγικεν ἡ ὥρα καὶ ὁ υἱὸς τοῦ ἀνθρώπου παραδίδοται εἰς **χεῖρας** ἁμαρτωλῶν.
26:50 τότε προσελθόντες ἐπέβαλον τὰς **χεῖρας** ἐπὶ τὸν Ἰησοῦν καὶ ἐκράτησαν αὐτόν.
26:51 τῶν μετὰ Ἰησοῦ ἐκτείνας τὴν **χεῖρα** ἀπέσπασεν τὴν μάχαιραν αὐτοῦ καὶ πατάξας τὸν δοῦλον τοῦ ἀρχιερέως ἀφεῖλεν αὐτοῦ
27:24 λαβὼν ὕδωρ ἀπενίψατο τὰς **χεῖρας** ἀπέναντι τοῦ ὄχλου λέγων,
Mk 1:31 καὶ προσελθὼν ἤγειρεν αὐτὴν κρατήσας τῆς **χειρός·** καὶ ἀφῆκεν αὐτὴν ὁ πυρετός,
1:41 καὶ σπλαγχνισθεὶς ἐκτείνας τὴν **χεῖρα** αὐτοῦ ἥψατο καὶ λέγει αὐτῷ,
3: 1 καὶ ἦν ἐκεῖ ἄνθρωπος ἐξηραμμένην ἔχων τὴν **χεῖρα.**
3: 3 καὶ λέγει τῷ ἀνθρώπῳ τῷ τὴν ξηρὰν **χεῖρα** ἔχοντι,
3: 5 συλλυπούμενος ἐπὶ τῇ πωρώσει τῆς καρδίας αὐτῶν λέγει τῷ ἀνθρώπῳ, Ἔκτεινον τὴν **χεῖρα.** καὶ ἐξέτεινεν καὶ ἀπεκατεστάθη ἡ **χεὶρ** αὐτοῦ.
5:23 ἵνα ἐλθὼν ἐπιθῇς τὰς **χεῖρας** αὐτῇ ἵνα σωθῇ καὶ ζήσῃ.
5:41 καὶ κρατήσας τῆς **χειρὸς** τοῦ παιδίου λέγει αὐτῇ,
6: 2 καὶ αἱ δυνάμεις τοιαῦται διὰ τῶν **χειρῶν** αὐτοῦ γινόμεναι;
6: 5 εἰ μὴ ὀλίγοις ἀρρώστοις ἐπιθεὶς τὰς **χεῖρας** ἐθεράπευσεν.
7: 2 καὶ ἰδόντες τινὰς τῶν μαθητῶν αὐτοῦ ὅτι κοιναῖς **χερσίν,**
7: 3 ⌐οἱ γὰρ Φαρισαῖοι καὶ πάντες οἱ Ἰουδαῖοι ἐὰν μὴ πυγμῇ νίψωνται τὰς **χεῖρας** οὐκ ἐσθίουσιν,
7: 5 Διὰ τί οὐ περιπατοῦσιν οἱ μαθηταί σου κατὰ τὴν παράδοσιν τῶν πρεσβυτέρων, ἀλλὰ κοιναῖς **χερσὶν** ἐσθίουσιν τὸν ἄρτον;
7:32 καὶ φέρουσιν αὐτῷ κωφὸν καὶ μογιλάλον καὶ παρακαλοῦσιν αὐτὸν ἵνα ἐπιθῇ αὐτῷ τὴν **χεῖρα.**
8:23 καὶ ἐπιλαβόμενος τῆς **χειρὸς** τοῦ τυφλοῦ ἐξήνεγκεν αὐτὸν ἔξω τῆς κώμης καὶ πτύσας εἰς τὰ ὄμματα αὐτοῦ, ἐπιθεὶς τὰς **χεῖρας** αὐτῷ ἐπηρώτα αὐτόν, Εἴ τι βλέπεις;
8:25 εἶτα πάλιν ἐπέθηκεν τὰς **χεῖρας** ἐπὶ τοὺς ὀφθαλμοὺς αὐτοῦ,
9:27 ὁ δὲ Ἰησοῦς κρατήσας τῆς **χειρὸς** αὐτοῦ ἤγειρεν αὐτόν,
9:31 ἐδίδασκεν γὰρ τοὺς μαθητὰς αὐτοῦ καὶ ἔλεγεν αὐτοῖς ὅτι Ὁ υἱὸς τοῦ ἀνθρώπου παραδίδοται εἰς **χεῖρας** ἀνθρώπων,
9:43 Καὶ ἐὰν σκανδαλίζῃ σε ἡ **χείρ** σου, ἀπόκοψον αὐτήν· καλόν ἐστίν σε κυλλὸν εἰσελθεῖν εἰς τὴν ζωὴν ἢ τὰς δύο **χεῖρας** ἔχοντα ἀπελθεῖν εἰς τὴν γέενναν,
10:16 ἐναγκαλισάμενος αὐτὰ κατευλόγει τιθεὶς τὰς **χεῖρας** ἐπ' αὐτά.
14:41 ἰδοὺ παραδίδοται ὁ υἱὸς τοῦ ἀνθρώπου εἰς τὰς **χεῖρας** τῶν ἁμαρτωλῶν.
14:46 οἱ δὲ ἐπέβαλον τὰς **χεῖρας** αὐτῷ καὶ ἐκράτησαν αὐτόν.
16:18 ⟦[καὶ ἐν ταῖς **χερσὶν**] ὄφεις ἀροῦσιν κἂν θανάσιμόν τι πίωσιν οὐ μὴ αὐτοὺς βλάψῃ, ἐπὶ ἀρρώστους **χεῖρας** ἐπιθήσουσιν καὶ καλῶς ἕξουσιν.⟧
Lk 1:66 Τί ἄρα τὸ παιδίον τοῦτο ἔσται; καὶ γὰρ **χεὶρ** κυρίου ἦν μετ' αὐτοῦ.
1:71 σωτηρίαν ἐξ ἐχθρῶν ἡμῶν καὶ ἐκ **χειρὸς** πάντων τῶν μισούντων ἡμᾶς,
1:74 ἀφόβως ἐκ **χειρὸς** ἐχθρῶν ῥυσθέντας λατρεύειν αὐτῷ
3:17 οὗ τὸ πτύον ἐν τῇ **χειρὶ** αὐτοῦ διακαθᾶραι τὴν ἅλωνα αὐτοῦ καὶ συναγαγεῖν τὸν σῖτον εἰς τὴν ἀποθήκην αὐτοῦ,
4:11 καὶ ὅτι Ἐπὶ **χειρῶν** ἀροῦσίν σε, μήποτε προσκόψῃς πρὸς λίθον τὸν πόδα σου.
4:40 ὁ δὲ ἑνὶ ἑκάστῳ αὐτῶν τὰς **χεῖρας** ἐπιτιθεὶς ἐθεράπευεν αὐτούς.
5:13 καὶ ἐκτείνας τὴν **χεῖρα** ἥψατο αὐτοῦ λέγων, Θέλω,
6: 1 καὶ ἔτιλλον οἱ μαθηταὶ αὐτοῦ καὶ ἤσθιον τοὺς στάχυας ψώχοντες ταῖς **χερσίν.**
6: 6 καὶ ἦν ἄνθρωπος ἐκεῖ καὶ ἡ **χεὶρ** αὐτοῦ ἡ δεξιὰ ἦν ξηρά.
6: 8 εἶπεν δὲ τῷ ἀνδρὶ τῷ ξηρὰν ἔχοντι τὴν **χεῖρα,**
6:10 καὶ περιβλεψάμενος πάντας αὐτοὺς εἶπεν αὐτῷ, Ἔκτεινον τὴν **χεῖρά** σου. ὁ δὲ ἐποίησεν καὶ ἀπεκατεστάθη ἡ **χεὶρ** αὐτοῦ.
8:54 αὐτὸς δὲ κρατήσας τῆς **χειρὸς** αὐτῆς ἐφώνησεν λέγων,
9:44 ὁ γὰρ υἱὸς τοῦ ἀνθρώπου μέλλει παραδίδοσθαι εἰς **χεῖρας** ἀνθρώπων.
9:62 Οὐδεὶς ἐπιβαλὼν τὴν **χεῖρα** ἐπ' ἄροτρον καὶ βλέπων εἰς τὰ ὀπίσω εὔθετός ἐστιν τῇ βασιλείᾳ τοῦ θεοῦ.
13:13 καὶ ἐπέθηκεν αὐτῇ τὰς **χεῖρας·** καὶ παραχρῆμα ἀνωρθώθη καὶ ἐδόξαζεν τὸν θεόν.
15:22 καὶ δότε δακτύλιον εἰς τὴν **χεῖρα** αὐτοῦ καὶ ὑποδήματα εἰς τοὺς πόδας,
20:19 Καὶ ἐζήτησαν οἱ γραμματεῖς καὶ οἱ ἀρχιερεῖς ἐπιβαλεῖν ἐπ' αὐτὸν τὰς **χεῖρας** ἐν αὐτῇ τῇ ὥρᾳ,
21:12 πρὸ δὲ τούτων πάντων ἐπιβαλοῦσιν ἐφ' ὑμᾶς τὰς **χεῖρας** αὐτῶν καὶ διώξουσιν,
22:21 πλὴν ἰδοὺ ἡ **χεὶρ** τοῦ παραδιδόντος με μετ' ἐμοῦ ἐπὶ τῆς τραπέζης.
22:53 καθ' ἡμέραν ὄντος μου μεθ' ὑμῶν ἐν τῷ ἱερῷ οὐκ ἐξετείνατε τὰς **χεῖρας** ἐπ' ἐμέ,
23:46 Πάτερ, εἰς **χεῖράς** σου παρατίθεμαι τὸ πνεῦμά μου.
24: 7 ὅτι δεῖ παραδοθῆναι εἰς **χεῖρας** ἀνθρώπων ἁμαρτωλῶν καὶ σταυρωθῆναι καὶ τῇ τρίτῃ ἡμέρᾳ ἀναστῆναι.
24:39 ἴδετε τὰς **χεῖράς** μου καὶ τοὺς πόδας μου ὅτι ἐγώ εἰμι αὐτός·
24:40 καὶ τοῦτο εἰπὼν ἔδειξεν αὐτοῖς τὰς **χεῖρας** καὶ τοὺς πόδας.
24:50 Ἐξήγαγεν δὲ αὐτοὺς [ἔξω] ἕως πρὸς Βηθανίαν, καὶ ἐπάρας τὰς **χεῖρας** αὐτοῦ εὐλόγησεν αὐτούς.
Jn 3:35 ὁ πατὴρ ἀγαπᾷ τὸν υἱὸν καὶ πάντα δέδωκεν ἐν τῇ **χειρὶ** αὐτοῦ.
7:30 Ἐζήτουν οὖν αὐτὸν πιάσαι, καὶ οὐδεὶς ἐπέβαλεν ἐπ' αὐτὸν τὴν **χεῖρα,**
7:44 τινὲς δὲ ἤθελον ἐξ αὐτῶν πιάσαι αὐτόν, ἀλλ' οὐδεὶς ἐπέβαλεν ἐπ' αὐτὸν τὰς **χεῖρας.**
10:28 κἀγὼ δίδωμι αὐτοῖς ζωὴν αἰώνιον καὶ οὐ μὴ ἀπόλωνται εἰς τὸν αἰῶνα καὶ οὐχ ἁρπάσει τις αὐτὰ ἐκ τῆς **χειρός** μου.
10:29 καὶ οὐδεὶς δύναται ἁρπάζειν ἐκ τῆς **χειρὸς** τοῦ πατρός.
10:39 Ἐζήτουν [οὖν] αὐτὸν πάλιν πιάσαι, καὶ ἐξῆλθεν ἐκ τῆς **χειρὸς** αὐτῶν.
11:44 ἐξῆλθεν ὁ τεθνηκὼς δεδεμένος τοὺς πόδας καὶ τὰς **χεῖρας** κειρίαις καὶ ἡ ὄψις αὐτοῦ σουδαρίῳ περιεδέδετο.
13: 3 εἰδὼς ὅτι πάντα ἔδωκεν αὐτῷ ὁ πατὴρ εἰς τὰς **χεῖρας** καὶ ὅτι ἀπὸ θεοῦ ἐξῆλθεν καὶ πρὸς τὸν θεὸν ὑπάγει,
13: 9 μὴ τοὺς πόδας μου μόνον ἀλλὰ καὶ τὰς **χεῖρας** καὶ τὴν κεφαλήν.
20:20 καὶ τοῦτο εἰπὼν ἔδειξεν τὰς **χεῖρας** καὶ τὴν πλευρὰν αὐτοῖς.
20:25 Ἐὰν μὴ ἴδω ἐν ταῖς **χερσὶν** αὐτοῦ τὸν τύπον τῶν ἥλων καὶ βάλω τὸν δάκτυλόν μου εἰς τὸν τύπον τῶν ἥλων καὶ βάλω μου τὴν **χεῖρα** εἰς τὴν πλευρὰν αὐτοῦ,
20:27 Φέρε τὸν δάκτυλόν σου ὧδε καὶ ἴδε τὰς **χεῖράς** μου καὶ φέρε τὴν **χεῖρά** σου καὶ βάλε εἰς τὴν πλευράν μου,
21:18 ὅταν δὲ γηράσῃς, ἐκτενεῖς τὰς **χεῖράς** σου, καὶ ἄλλος σε ζώσει καὶ οἴσει ὅπου οὐ θέλεις.
Ac 2:23 τοῦτον τῇ ὡρισμένῃ βουλῇ καὶ προγνώσει τοῦ θεοῦ ἔκδοτον διὰ **χειρὸς** ἀνόμων προσπήξαντες ἀνείλατε,
3: 7 καὶ πιάσας αὐτὸν τῆς δεξιᾶς **χειρὸς** ἤγειρεν αὐτόν·
4: 3 καὶ ἐπέβαλον αὐτοῖς τὰς **χεῖρας** καὶ ἔθεντο εἰς τήρησιν εἰς τὴν αὔριον·
4:28 ποιῆσαι ὅσα ἡ **χείρ** σου καὶ ἡ βουλή [σου] προώρισεν γενέσθαι.
4:30 ἐν τῷ τὴν **χεῖρά** [σου] ἐκτείνειν σε εἰς ἴασιν καὶ σημεῖα καὶ τέρατα γίνεσθαι διὰ τοῦ ὀνόματος τοῦ ἁγίου παιδός σου Ἰησοῦ.
5:12 Διὰ δὲ τῶν **χειρῶν** τῶν ἀποστόλων ἐγίνετο σημεῖα καὶ τέρατα πολλὰ ἐν τῷ λαῷ.
5:18 καὶ ἐπέβαλον τὰς **χεῖρας** ἐπὶ τοὺς ἀποστόλους καὶ ἔθεντο αὐτοὺς ἐν τηρήσει δημοσίᾳ.
6: 6 οὓς ἔστησαν ἐνώπιον τῶν ἀποστόλων, καὶ προσευξάμενοι ἐπέθηκαν αὐτοῖς τὰς **χεῖρας.**
7:25 ἐνόμιζεν δὲ συνιέναι τοὺς ἀδελφοὺς [αὐτοῦ] ὅτι ὁ θεὸς διὰ **χειρὸς** αὐτοῦ δίδωσιν σωτηρίαν αὐτοῖς·
7:35 τοῦτον ὁ θεὸς [καὶ] ἄρχοντα καὶ λυτρωτὴν ἀπέσταλκεν σὺν **χειρὶ** ἀγγέλου τοῦ ὀφθέντος αὐτῷ ἐν τῇ βάτῳ.
7:41 ἐμοσχοποίησαν ἐν ταῖς ἡμέραις ἐκείναις καὶ ἀνήγαγον θυσίαν τῷ εἰδώλῳ καὶ εὐφραίνοντο ἐν τοῖς ἔργοις τῶν **χειρῶν** αὐτῶν.
7:50 οὐχὶ ἡ **χείρ** μου ἐποίησεν ταῦτα πάντα;
8:17 τότε ἐπετίθεσαν τὰς **χεῖρας** ἐπ' αὐτοὺς καὶ ἐλάμβανον πνεῦμα ἅγιον.
8:18 ἰδὼν δὲ ὁ Σίμων ὅτι διὰ τῆς ἐπιθέσεως τῶν **χειρῶν** τῶν ἀποστόλων δίδοται τὸ πνεῦμα,
8:19 Δότε κἀμοὶ τὴν ἐξουσίαν ταύτην ἵνα ᾧ ἐὰν ἐπιθῶ τὰς **χεῖρας** λαμβάνῃ πνεῦμα ἅγιον.
9:12 καὶ εἶδεν ἄνδρα [ἐν ὁράματι] Ἁνανίαν ὀνόματι εἰσελθόντα καὶ ἐπιθέντα αὐτῷ [τὰς] **χεῖρας** ὅπως ἀναβλέψῃ.
9:17 Ἀπῆλθεν δὲ Ἁνανίας καὶ εἰσῆλθεν εἰς τὴν οἰκίαν καὶ ἐπιθεὶς ἐπ' αὐτὸν τὰς **χεῖρας** εἶπεν,

9:41 δοὺς δὲ αὐτῇ **χεῖρα** ἀνέστησεν αὐτήν· φωνήσας δὲ τοὺς ἁγίους καὶ τὰς χήρας παρέστησεν αὐτὴν ζῶσαν.
11:21 καὶ ἦν **χεὶρ** κυρίου μετ᾽ αὐτῶν, πολύς τε ἀριθμὸς ὁ πιστεύσας ἐπέστρεψεν ἐπὶ τὸν κύριον.
11:30 ὃ καὶ ἐποίησαν ἀποστείλαντες πρὸς τοὺς πρεσβυτέρους διὰ **χειρὸς** Βαρναβᾶ καὶ Σαύλου.
12: 1 Κατ᾽ ἐκεῖνον δὲ τὸν καιρὸν ἐπέβαλεν Ἡρῴδης ὁ βασιλεὺς τὰς **χεῖρας** κακῶσαί τινας τῶν ἀπὸ τῆς ἐκκλησίας.
12: 7 καὶ ἐξέπεσαν αὐτοῦ αἱ ἁλύσεις ἐκ τῶν **χειρῶν.**
12:11 Νῦν οἶδα ἀληθῶς ὅτι ἐξαπέστειλεν [ὁ] κύριος τὸν ἄγγελον αὐτοῦ καὶ ἐξείλατό με ἐκ **χειρὸς** Ἡρῴδου
12:17 κατασείσας δὲ αὐτοῖς τῇ **χειρὶ** σιγᾶν διηγήσατο [αὐτοῖς] πῶς ὁ κύριος αὐτὸν ἐξήγαγεν ἐκ τῆς φυλακῆς εἶπέν τε,
13: 3 τότε νηστεύσαντες καὶ προσευξάμενοι καὶ ἐπιθέντες τὰς **χεῖρας** αὐτοῖς ἀπέλυσαν.
13:11 καὶ νῦν ἰδοὺ **χεὶρ** κυρίου ἐπὶ σὲ καὶ ἔσῃ τυφλὸς μὴ βλέπων τὸν ἥλιον ἄχρι καιροῦ.
13:16 ἀναστὰς δὲ Παῦλος καὶ κατασείσας τῇ **χειρὶ** εἶπεν·
14: 3 διδόντι σημεῖα καὶ τέρατα γίνεσθαι διὰ τῶν **χειρῶν** αὐτῶν.
15:23 γράψαντες διὰ **χειρὸς** αὐτῶν, Οἱ ἀπόστολοι καὶ οἱ πρεσβύτεροι ἀδελφοὶ τοῖς κατὰ τὴν Ἀντιόχειαν καὶ Συρίαν
17:25 οὐδὲ ὑπὸ **χειρῶν** ἀνθρωπίνων θεραπεύεται προσδεόμενός τινος, αὐτὸς διδοὺς πᾶσι ζωὴν καὶ πνοὴν καὶ τὰ πάντα·
19: 6 καὶ ἐπιθέντος αὐτοῖς τοῦ Παύλου [τὰς] **χεῖρας** ἦλθε τὸ πνεῦμα τὸ ἅγιον ἐπ᾽ αὐτούς,
19:11 Δυνάμεις τε οὐ τὰς τυχούσας ὁ θεὸς ἐποίει διὰ τῶν **χειρῶν** Παύλου,
19:26 σχεδὸν πάσης τῆς Ἀσίας ὁ Παῦλος οὗτος πείσας μετέστησεν ἱκανὸν ὄχλον λέγων ὅτι οὐκ εἰσὶν θεοὶ οἱ διὰ **χειρῶν** γινόμενοι.
19:33 ὁ δὲ Ἀλέξανδρος κατασείσας τὴν **χεῖρα** ἤθελεν ἀπολογεῖσθαι τῷ δήμῳ.
20:34 αὐτοὶ γινώσκετε ὅτι ταῖς χρείαις μου καὶ τοῖς οὖσιν μετ᾽ ἐμοῦ ὑπηρέτησαν αἱ **χεῖρες** αὗται.
21:11 δήσας ἑαυτοῦ τοὺς πόδας καὶ τὰς **χεῖρας** εἶπεν, Τάδε λέγει τὸ πνεῦμα τὸ ἅγιον, Τὸν ἄνδρα οὗ ἐστιν ἡ ζώνη αὕτη, οὕτως δήσουσιν ἐν Ἰερουσαλὴμ οἱ Ἰουδαῖοι καὶ παραδώσουσιν εἰς **χεῖρας** ἐθνῶν.
21:27 οἱ ἀπὸ τῆς Ἀσίας Ἰουδαῖοι θεασάμενοι αὐτὸν ἐν τῷ ἱερῷ συνέχεον πάντα τὸν ὄχλον καὶ ἐπέβαλον ἐπ᾽ αὐτὸν τὰς **χεῖρας**
21:40 ἐπιτρέψαντος δὲ αὐτοῦ ὁ Παῦλος ἑστὼς ἐπὶ τῶν ἀναβαθμῶν κατέσεισεν τῇ **χειρὶ** τῷ λαῷ.
23:19 ἐπιλαβόμενος δὲ τῆς **χειρὸς** αὐτοῦ ὁ χιλίαρχος καὶ ἀναχωρήσας κατ᾽ ἰδίαν ἐπυνθάνετο,
26: 1 Ἐπιτρέπεταί σοι περὶ σεαυτοῦ λέγειν. τότε ὁ Παῦλος ἐκτείνας τὴν **χεῖρα** ἀπελογεῖτο,
28: 3 ἔχιδνα ἀπὸ τῆς θέρμης ἐξελθοῦσα καθῆψεν τῆς **χειρὸς** αὐτοῦ.
28: 4 ὡς δὲ εἶδον οἱ βάρβαροι κρεμάμενον τὸ θηρίον ἐκ τῆς **χειρὸς** αὐτοῦ,
28: 8 πρὸς ὃν ὁ Παῦλος εἰσελθὼν καὶ προσευξάμενος ἐπιθεὶς τὰς **χεῖρας** αὐτῷ ἰάσατο αὐτόν.
28:17 οὐδὲν ἐναντίον ποιήσας τῷ λαῷ ἢ τοῖς ἔθεσι τοῖς πατρῴοις δέσμιος ἐξ Ἱεροσολύμων παρεδόθην εἰς τὰς **χεῖρας** τῶν Ῥωμαίων,
Ro 10:21 Ὅλην τὴν ἡμέραν ἐξεπέτασα τὰς **χεῖράς** μου πρὸς λαὸν ἀπειθοῦντα καὶ ἀντιλέγοντα.
1Co 4:12 καὶ κοπιῶμεν ἐργαζόμενοι ταῖς ἰδίαις **χερσίν·** λοιδορούμενοι εὐλογοῦμεν,
12:15 ἐὰν εἴπῃ ὁ πούς, Ὅτι οὐκ εἰμὶ **χείρ,**
12:21 οὐ δύναται δὲ ὁ ὀφθαλμὸς εἰπεῖν τῇ **χειρί,**
16:21 Ὁ ἀσπασμὸς τῇ ἐμῇ **χειρὶ** Παύλου.
2Co 11:33 καὶ διὰ θυρίδος ἐν σαργάνῃ ἐχαλάσθην διὰ τοῦ τείχους καὶ ἐξέφυγον τὰς **χεῖρας** αὐτοῦ.
Gal 3:19 ἄχρις οὗ ἔλθῃ τὸ σπέρμα ᾧ ἐπήγγελται, διαταγεὶς δι᾽ ἀγγέλων ἐν **χειρὶ** μεσίτου.
6:11 Ἴδετε πηλίκοις ὑμῖν γράμμασιν ἔγραψα τῇ ἐμῇ **χειρί.**
Eph 4:28 μᾶλλον δὲ κοπιάτω ἐργαζόμενος ταῖς [ἰδίαις] **χερσὶν** τὸ ἀγαθόν,
Col 4:18 Ὁ ἀσπασμὸς τῇ ἐμῇ **χειρὶ** Παύλου. μνημονεύετέ μου τῶν δεσμῶν.
1Th 4:11 καὶ φιλοτιμεῖσθαι ἡσυχάζειν καὶ πράσσειν τὰ ἴδια καὶ ἐργάζεσθαι ταῖς [ἰδίαις] **χερσὶν** ὑμῶν,
2Th 3:17 Ὁ ἀσπασμὸς τῇ ἐμῇ **χειρὶ** Παύλου, ὅ ἐστιν σημεῖον ἐν πάσῃ ἐπιστολῇ·
1Ti 2: 8 Βούλομαι οὖν προσεύχεσθαι τοὺς ἄνδρας ἐν παντὶ τόπῳ ἐπαίροντας ὁσίους **χεῖρας** χωρὶς ὀργῆς καὶ διαλογισμοῦ.
4:14 ὃ ἐδόθη σοι διὰ προφητείας μετὰ ἐπιθέσεως τῶν **χειρῶν** τοῦ πρεσβυτερίου.
5:22 **Χεῖρας** ταχέως μηδενὶ ἐπιτίθει μηδὲ κοινώνει ἁμαρτίαις ἀλλοτρίαις·
2Ti 1: 6 ὅ ἐστιν ἐν σοὶ διὰ τῆς ἐπιθέσεως τῶν **χειρῶν** μου.
Phm 1:19 ἐγὼ Παῦλος ἔγραψα τῇ ἐμῇ **χειρί,** ἐγὼ ἀποτίσω·
Heb 1:10 καὶ ἔργα τῶν **χειρῶν** σού εἰσιν οἱ οὐρανοί·
6: 2 βαπτισμῶν διδαχῆς ἐπιθέσεώς τε **χειρῶν,** ἀναστάσεώς τε νεκρῶν καὶ κρίματος αἰωνίου.
8: 9 ἣν ἐποίησα τοῖς πατράσιν αὐτῶν ἐν ἡμέρᾳ ἐπιλαβομένου μου τῆς **χειρὸς** αὐτῶν ἐξαγαγεῖν αὐτοὺς ἐκ γῆς Αἰγύπτου,
10:31 φοβερὸν τὸ ἐμπεσεῖν εἰς **χεῖρας** θεοῦ ζῶντος.
12:12 Διὸ τὰς παρειμένας **χεῖρας** καὶ τὰ παραλελυμένα γόνατα ἀνορθώσατε,
Jas 4: 8 ἐγγίσατε τῷ θεῷ καὶ ἐγγιεῖ ὑμῖν. καθαρίσατε **χεῖρας,** ἁμαρτωλοί, καὶ ἁγνίσατε καρδίας, δίψυχοι.
1Pe 5: 6 Ταπεινώθητε οὖν ὑπὸ τὴν κραταιὰν **χεῖρα** τοῦ θεοῦ,
1Jn 1: 1 ὃ ἐθεασάμεθα καὶ αἱ **χεῖρες** ἡμῶν ἐψηλάφησαν περὶ τοῦ λόγου τῆς ζωῆς—
Rev 1:16 καὶ ἔχων ἐν τῇ δεξιᾷ **χειρὶ** αὐτοῦ ἀστέρας ἑπτὰ καὶ ἐκ τοῦ στόματος αὐτοῦ ῥομφαία δίστομος ὀξεῖα ἐκπορευομένη
6: 5 καὶ ὁ καθήμενος ἐπ᾽ αὐτὸν ἔχων ζυγὸν ἐν τῇ **χειρὶ** αὐτοῦ.
7: 9 ἐκ παντὸς ἔθνους καὶ φυλῶν καὶ λαῶν καὶ γλωσσῶν ἑστῶτες ἐνώπιον τοῦ θρόνου καὶ ἐνώπιον τοῦ ἀρνίου περιβεβλημένους στολὰς λευκὰς καὶ φοίνικες ἐν ταῖς **χερσὶν** αὐτῶν,
8: 4 καὶ ἀνέβη ὁ καπνὸς τῶν θυμιαμάτων ταῖς προσευχαῖς τῶν ἁγίων ἐκ **χειρὸς** τοῦ ἀγγέλου ἐνώπιον τοῦ θεοῦ.
9:20 οὐδὲ μετενόησαν ἐκ τῶν ἔργων τῶν **χειρῶν** αὐτῶν,
10: 2 καὶ ἔχων ἐν τῇ **χειρὶ** αὐτοῦ βιβλαρίδιον ἠνεῳγμένον.
10: 5 ἦρεν τὴν **χεῖρα** αὐτοῦ τὴν δεξιὰν εἰς τὸν οὐρανὸν
10: 8 Ὕπαγε λάβε τὸ βιβλίον τὸ ἠνεῳγμένον ἐν τῇ **χειρὶ** τοῦ ἀγγέλου τοῦ ἑστῶτος ἐπὶ τῆς θαλάσσης καὶ ἐπὶ τῆς γῆς.
10:10 καὶ ἔλαβον τὸ βιβλαρίδιον ἐκ τῆς **χειρὸς** τοῦ ἀγγέλου καὶ κατέφαγον αὐτό,
13:16 ἵνα δῶσιν αὐτοῖς χάραγμα ἐπὶ τῆς **χειρὸς** αὐτῶν τῆς δεξιᾶς ἢ ἐπὶ τὸ μέτωπον αὐτῶν
14: 9 Εἴ τις προσκυνεῖ τὸ θηρίον καὶ τὴν εἰκόνα αὐτοῦ καὶ λαμβάνει χάραγμα ἐπὶ τοῦ μετώπου αὐτοῦ ἢ ἐπὶ τὴν **χεῖρα** αὐτοῦ,
14:14 ἔχων ἐπὶ τῆς κεφαλῆς αὐτοῦ στέφανον χρυσοῦν καὶ ἐν τῇ **χειρὶ** αὐτοῦ δρέπανον ὀξύ.
17: 4 ἔχουσα ποτήριον χρυσοῦν ἐν τῇ **χειρὶ** αὐτῆς γέμον βδελυγμάτων καὶ τὰ ἀκάθαρτα τῆς πορνείας αὐτῆς
19: 2 καὶ ἐξεδίκησεν τὸ αἷμα τῶν δούλων αὐτοῦ ἐκ **χειρὸς** αὐτῆς.
20: 1 Καὶ εἶδον ἄγγελον καταβαίνοντα ἐκ τοῦ οὐρανοῦ ἔχοντα τὴν κλεῖν τῆς ἀβύσσου καὶ ἅλυσιν μεγάλην ἐπὶ τὴν **χεῖρα** αὐτοῦ.
20: 4 οὐ προσεκύνησαν τὸ θηρίον οὐδὲ τὴν εἰκόνα αὐτοῦ καὶ οὐκ ἔλαβον τὸ χάραγμα ἐπὶ τὸ μέτωπον καὶ ἐπὶ τὴν **χεῖρα** αὐτῶν.

5932 χειραγωγέω [2]

√ *5931 + 72*

Ac 9: 8 ἀνεῳγμένων δὲ τῶν ὀφθαλμῶν αὐτοῦ οὐδὲν ἔβλεπεν· **χειραγωγοῦντες** δὲ αὐτὸν εἰσήγαγον εἰς Δαμασκόν.
22:11 **χειραγωγούμενος** ὑπὸ τῶν συνόντων μοι ἦλθον εἰς Δαμασκόν.

5933 χειραγωγός [1]

√ *5931 + 72*

Ac 13:11 παραχρῆμά τε ἔπεσεν ἐπ᾽ αὐτὸν ἀχλὺς καὶ σκότος καὶ περιάγων ἐζήτει **χειραγωγούς.**

5934 χειρόγραφον [1]

√ *5931 + 1211*

Col 2:14 ἐξαλείψας τὸ καθ᾽ ἡμῶν **χειρόγραφον** τοῖς δόγμασιν ὃ ἦν ὑπεναντίον ἡμῖν,

5935 χειροποίητος [6]

√ *5931 + 4472*

Mk 14:58 ὅτι Ἐγὼ καταλύσω τὸν ναὸν τοῦτον τὸν **χειροποίητον** καὶ διὰ τριῶν ἡμερῶν ἄλλον ἀχειροποίητον οἰκοδομήσω
Ac 7:48 ἀλλ᾽ οὐχ ὁ ὕψιστος ἐν **χειροποιήτοις** κατοικεῖ, καθὼς ὁ προφήτης λέγει,

17:24 οὗτος οὐρανοῦ καὶ γῆς ὑπάρχων κύριος οὐκ ἐν **χειροποιήτοις** ναοῖς κατοικεῖ
Eph 2:11 οἱ λεγόμενοι ἀκροβυστία ὑπὸ τῆς λεγομένης περιτομῆς ἐν σαρκὶ **χειροποιήτου,**
Heb 9:11 Χριστὸς δὲ παραγενόμενος ἀρχιερεὺς τῶν γενομένων ἀγαθῶν διὰ τῆς μείζονος καὶ τελειοτέρας σκηνῆς οὐ **χειροποιήτου,**
9:24 οὐ γὰρ εἰς **χειροποίητα** εἰσῆλθεν ἅγια Χριστός, ἀντίτυπα τῶν ἀληθινῶν,

5936 χειροτονέω [2]

√ *1753; cf. 5931*

Ac 14:23 **χειροτονήσαντες** δὲ αὐτοῖς κατ᾽ ἐκκλησίαν πρεσβυτέρους, προσευξάμενοι μετὰ νηστειῶν παρέθεντο αὐτοὺς τῷ κυρίῳ
2Co 8:19 ἀλλὰ καὶ **χειροτονηθεὶς** ὑπὸ τῶν ἐκκλησιῶν συνέκδημος ἡμῶν σὺν τῇ χάριτι ταύτῃ τῇ διακονουμένῃ ὑφ᾽ ἡμῶν πρὸς τὴν [αὐτοῦ] τοῦ κυρίου δόξαν καὶ προθυμίαν ἡμῶν,

5937 χείρων [11]

εἰς τὸ χεῖρον [1] Mk 5:26

ἐπὶ τὸ χεῖρον [1] 2Ti 3:13

Mt 9:16 αἴρει γὰρ τὸ πλήρωμα αὐτοῦ ἀπὸ τοῦ ἱματίου καὶ **χεῖρον** σχίσμα γίνεται.
12:45 καὶ γίνεται τὰ ἔσχατα τοῦ ἀνθρώπου ἐκείνου **χείρονα** τῶν πρώτων.
27:64 καὶ ἔσται ἡ ἐσχάτη πλάνη **χείρων** τῆς πρώτης.
Mk 2:21 αἴρει τὸ πλήρωμα ἀπ᾽ αὐτοῦ τὸ καινὸν τοῦ παλαιοῦ καὶ **χεῖρον** σχίσμα γίνεται.
5:26 καὶ δαπανήσασα τὰ παρ᾽ αὐτῆς πάντα καὶ μηδὲν ὠφεληθεῖσα ἀλλὰ μᾶλλον εἰς τὸ **χεῖρον** ἐλθοῦσα,
Lk 11:26 γίνεται τὰ ἔσχατα τοῦ ἀνθρώπου ἐκείνου **χείρονα** τῶν πρώτων.
Jn 5:14 μηκέτι ἁμάρτανε, ἵνα μὴ **χεῖρόν** σοί τι γένηται.
1Ti 5:8 εἰ δέ τις τῶν ἰδίων καὶ μάλιστα οἰκείων οὐ προνοεῖ, τὴν πίστιν ἤρνηται καὶ ἔστιν ἀπίστου **χείρων.**
2Ti 3:13 πονηροὶ δὲ ἄνθρωποι καὶ γόητες προκόψουσιν ἐπὶ τὸ **χεῖρον** πλανῶντες καὶ πλανώμενοι.
Heb 10:29 πόσῳ δοκεῖτε **χείρονος** ἀξιωθήσεται τιμωρίας ὁ τὸν υἱὸν τοῦ θεοῦ καταπατήσας καὶ τὸ αἷμα τῆς διαθήκης κοινὸν ἡγησάμενος,
2Pe 2:20 τούτοις δὲ πάλιν ἐμπλακέντες ἡττῶνται, γέγονεν αὐτοῖς τὰ ἔσχατα **χείρονα** τῶν πρώτων.

5938 Χερούβ [1]

Heb 9:5 ὑπεράνω δὲ αὐτῆς **Χερουβὶν** δόξης κατασκιάζοντα τὸ ἱλαστήριον·

5939 χήρα [26]

Mk 12:40 οἱ κατεσθίοντες τὰς οἰκίας τῶν **χηρῶν** καὶ προφάσει μακρὰ προσευχόμενοι·
12:42 καὶ ἐλθοῦσα μία **χήρα** πτωχὴ ἔβαλεν λεπτὰ δύο,
12:43 Ἀμὴν λέγω ὑμῖν ὅτι ἡ **χήρα** αὕτη ἡ πτωχὴ πλεῖον πάντων ἔβαλεν τῶν βαλλόντων εἰς τὸ γαζοφυλάκιον·
Lk 2:37 καὶ αὐτὴ **χήρα** ἕως ἐτῶν ὀγδοήκοντα τεσσάρων, ἣ οὐκ ἀφίστατο τοῦ ἱεροῦ νηστείαις καὶ δεήσεσιν λατρεύουσα
4:25 πολλαὶ **χῆραι** ἦσαν ἐν ταῖς ἡμέραις Ἠλίου ἐν τῷ Ἰσραήλ,
4:26 καὶ πρὸς οὐδεμίαν αὐτῶν ἐπέμφθη Ἠλίας εἰ μὴ εἰς Σάρεπτα τῆς Σιδωνίας πρὸς γυναῖκα **χήραν.**
7:12 καὶ ἰδοὺ ἐξεκομίζετο τεθνηκὼς μονογενὴς υἱὸς τῇ μητρὶ αὐτοῦ καὶ αὐτὴ ἦν **χήρα,**
18:3 **χήρα** δὲ ἦν ἐν τῇ πόλει ἐκείνῃ καὶ ἤρχετο πρὸς αὐτὸν λέγουσα,
18:5 διά γε τὸ παρέχειν μοι κόπον τὴν **χήραν** ταύτην ἐκδικήσω αὐτήν,
20:47 οἳ κατεσθίουσιν τὰς οἰκίας τῶν **χηρῶν** καὶ προφάσει μακρὰ προσεύχονται·
21:2 εἶδεν δέ τινα **χήραν** πενιχρὰν βάλλουσαν ἐκεῖ λεπτὰ δύο,
21:3 Ἀληθῶς λέγω ὑμῖν ὅτι ἡ **χήρα** αὕτη ἡ πτωχὴ πλεῖον πάντων ἔβαλεν·
Ac 6:1 ὅτι παρεθεωροῦντο ἐν τῇ διακονίᾳ τῇ καθημερινῇ αἱ **χῆραι** αὐτῶν.
9:39 ὃν παραγενόμενον ἀνήγαγον εἰς τὸ ὑπερῷον καὶ παρέστησαν αὐτῷ πᾶσαι αἱ **χῆραι** κλαίουσαι καὶ ἐπιδεικνύμεναι χιτῶνας
9:41 φωνήσας δὲ τοὺς ἁγίους καὶ τὰς **χήρας** παρέστησεν αὐτὴν ζῶσαν.
1Co 7:8 Λέγω δὲ τοῖς ἀγάμοις καὶ ταῖς **χήραις,** καλὸν αὐτοῖς ἐὰν μείνωσιν ὡς κἀγώ·
1Ti 5:3 **Χήρας** τίμα τὰς ὄντως **χήρας.**
5:4 εἰ δέ τις **χήρα** τέκνα ἢ ἔκγονα ἔχει,
5:5 ὄντως **χήρα** καὶ μεμονωμένη ἤλπικεν ἐπὶ θεὸν καὶ προσμένει ταῖς δεήσεσιν καὶ ταῖς προσευχαῖς νυκτὸς καὶ ἡμέρας,
5:9 **Χήρα** καταλεγέσθω μὴ ἔλαττον ἐτῶν ἑξήκοντα γεγονυῖα, ἑνὸς ἀνδρὸς γυνή,
5:11 νεωτέρας δὲ **χήρας** παραιτοῦ· ὅταν γὰρ καταστρηνιάσωσιν τοῦ Χριστοῦ,
5:16 εἴ τις πιστὴ ἔχει **χήρας,** ἐπαρκείτω αὐταῖς καὶ μὴ βαρείσθω ἡ ἐκκλησία, ἵνα ταῖς ὄντως **χήραις** ἐπαρκέσῃ.
Jas 1:27 ἐπισκέπτεσθαι ὀρφανοὺς καὶ **χήρας** ἐν τῇ θλίψει αὐτῶν,
Rev 18:7 ὅτι ἐν τῇ καρδίᾳ αὐτῆς λέγει ὅτι Κάθημαι βασίλισσα καὶ **χήρα** οὐκ εἰμὶ καὶ πένθος οὐ μὴ ἴδω.

5940 χθές Not used in UBS/NIV

→ *2396*

5941 χιλίαρχος [21]

√ *5943 + 806*

Mk 6:21 ὅτε Ἡρῴδης τοῖς γενεσίοις αὐτοῦ δεῖπνον ἐποίησεν τοῖς μεγιστᾶσιν αὐτοῦ καὶ τοῖς **χιλιάρχοις** καὶ τοῖς πρώτοις
Jn 18:12 Ἡ οὖν σπεῖρα καὶ ὁ **χιλίαρχος** καὶ οἱ ὑπηρέται τῶν Ἰουδαίων συνέλαβον τὸν Ἰησοῦν καὶ ἔδησαν αὐτὸν
Ac 21:31 ζητούντων τε αὐτὸν ἀποκτεῖναι ἀνέβη φάσις τῷ **χιλιάρχῳ** τῆς σπείρης ὅτι ὅλη συγχύννεται Ἰερουσαλήμ.
21:32 οἱ δὲ ἰδόντες τὸν **χιλίαρχον** καὶ τοὺς στρατιώτας ἐπαύσαντο τύπτοντες τὸν Παῦλον.
21:33 τότε ἐγγίσας ὁ **χιλίαρχος** ἐπελάβετο αὐτοῦ καὶ ἐκέλευσεν δεθῆναι ἁλύσεσι δυσί,
21:37 Μέλλων τε εἰσάγεσθαι εἰς τὴν παρεμβολὴν ὁ Παῦλος λέγει τῷ **χιλιάρχῳ,**
22:24 ἐκέλευσεν ὁ **χιλίαρχος** εἰσάγεσθαι αὐτὸν εἰς τὴν παρεμβολήν,
22:26 ἀκούσας δὲ ὁ ἑκατοντάρχης προσελθὼν τῷ **χιλιάρχῳ** ἀπήγγειλεν λέγων,
22:27 προσελθὼν δὲ ὁ **χιλίαρχος** εἶπεν αὐτῷ, Λέγε μοι,
22:28 ἀπεκρίθη δὲ ὁ **χιλίαρχος,** Ἐγὼ πολλοῦ κεφαλαίου τὴν πολιτείαν ταύτην ἐκτησάμην.
22:29 καὶ ὁ **χιλίαρχος** δὲ ἐφοβήθη ἐπιγνοὺς ὅτι Ῥωμαῖός ἐστιν καὶ ὅτι αὐτὸν ἦν δεδεκώς.
23:10 φοβηθεὶς ὁ **χιλίαρχος** μὴ διασπασθῇ ὁ Παῦλος ὑπ᾽ αὐτῶν ἐκέλευσεν τὸ στράτευμα καταβὰν ἁρπάσαι αὐτὸν ἐκ μέσου
23:15 νῦν οὖν ὑμεῖς ἐμφανίσατε τῷ **χιλιάρχῳ** σὺν τῷ συνεδρίῳ ὅπως καταγάγῃ αὐτὸν εἰς ὑμᾶς ὡς μέλλοντας διαγινώσκειν
23:17 Τὸν νεανίαν τοῦτον ἀπάγαγε πρὸς τὸν **χιλίαρχον,** ἔχει γὰρ ἀπαγγεῖλαί τι αὐτῷ.
23:18 ὁ μὲν οὖν παραλαβὼν αὐτὸν ἤγαγεν πρὸς τὸν **χιλίαρχον** καὶ φησίν,
23:19 ἐπιλαβόμενος δὲ τῆς χειρὸς αὐτοῦ ὁ **χιλίαρχος** καὶ ἀναχωρήσας κατ᾽ ἰδίαν ἐπυνθάνετο,
23:22 ὁ μὲν οὖν **χιλίαρχος** ἀπέλυσε τὸν νεανίσκον παραγγείλας μηδενὶ ἐκλαλῆσαι ὅτι ταῦτα ἐνεφάνισας πρός με.
24:22 Ὅταν Λυσίας ὁ **χιλίαρχος** καταβῇ, διαγνώσομαι τὰ καθ᾽ ὑμᾶς·
25:23 σύν τε **χιλιάρχοις** καὶ ἀνδράσιν τοῖς κατ᾽ ἐξοχὴν τῆς πόλεως καὶ κελεύσαντος τοῦ Φήστου ἤχθη ὁ Παῦλος.
Rev 6:15 καὶ οἱ **χιλίαρχοι** καὶ οἱ πλούσιοι καὶ οἱ ἰσχυροὶ καὶ πᾶς δοῦλος καὶ ἐλεύθερος ἔκρυψαν ἑαυτοὺς εἰς τὰ σπήλαια
19:18 ἵνα φάγητε σάρκας βασιλέων καὶ σάρκας **χιλιάρχων** καὶ σάρκας ἰσχυρῶν καὶ σάρκας ἵππων καὶ τῶν καθημένων

5942 χιλιάς [23]

√ *5943*

Lk 14:31 πρῶτον βουλεύσεται εἰ δυνατός ἐστιν ἐν δέκα **χιλιάσιν** ὑπαντῆσαι τῷ μετὰ εἴκοσι **χιλιάδων** ἐρχομένῳ ἐπ᾽ αὐτόν;
Ac 4:4 καὶ ἐγενήθη [ὁ] ἀριθμὸς τῶν ἀνδρῶν [ὡς] **χιλιάδες** πέντε.
1Co 10:8 καθώς τινες αὐτῶν ἐπόρνευσαν καὶ ἔπεσαν μιᾷ ἡμέρᾳ εἴκοσι τρεῖς **χιλιάδες.**
Rev 5:11 καὶ τῶν ζῴων καὶ τῶν πρεσβυτέρων, καὶ ἦν ὁ ἀριθμὸς αὐτῶν μυριάδες μυριάδων καὶ **χιλιάδες χιλιάδων**
7:4 ἑκατὸν τεσσεράκοντα τέσσαρες **χιλιάδες,** ἐσφραγισμένοι ἐκ πάσης φυλῆς υἱῶν Ἰσραήλ·

7: 5 ἐκ φυλῆς Ἰούδα δώδεκα **χιλιάδες** ἐσφραγισμένοι, ἐκ φυλῆς Ῥουβὴν δώδεκα **χιλιάδες,** ἐκ φυλῆς Γὰδ δώδεκα **χιλιάδες,**
7: 6 ἐκ φυλῆς Ἀσὴρ δώδεκα **χιλιάδες,** ἐκ φυλῆς Νεφθαλὶμ δώδεκα **χιλιάδες,** ἐκ φυλῆς Μανασσῆ δώδεκα **χιλιάδες,**
7: 7 ἐκ φυλῆς Συμεὼν δώδεκα **χιλιάδες,** ἐκ φυλῆς Λευὶ δώδεκα **χιλιάδες,** ἐκ φυλῆς Ἰσσαχὰρ δώδεκα **χιλιάδες,**
7: 8 ἐκ φυλῆς Ζαβουλὼν δώδεκα **χιλιάδες,** ἐκ φυλῆς Ἰωσὴφ δώδεκα **χιλιάδες,** ἐκ φυλῆς Βενιαμὶν δώδεκα **χιλιάδες** ἐσφραγισμένοι.
11:13 καὶ ἀπεκτάνθησαν ἐν τῷ σεισμῷ ὀνόματα ἀνθρώπων **χιλιάδες** ἑπτὰ καὶ οἱ λοιποὶ ἔμφοβοι ἐγένοντο καὶ ἔδωκαν δόξαν τῷ θεῷ
14: 1 τὸ ἀρνίον ἑστὸς ἐπὶ τὸ ὄρος Σιὼν καὶ μετ᾽ αὐτοῦ ἑκατὸν τεσσεράκοντα τέσσαρες **χιλιάδες** ἔχουσαι τὸ ὄνομα αὐτοῦ
14: 3 καὶ οὐδεὶς ἐδύνατο μαθεῖν τὴν ᾠδὴν εἰ μὴ αἱ ἑκατὸν τεσσεράκοντα τέσσαρες **χιλιάδες,**
21:16 καὶ ἐμέτρησεν τὴν πόλιν τῷ καλάμῳ ἐπὶ σταδίων δώδεκα **χιλιάδων,**

5943 χίλιοι [11]

→ *1493, 2233, 4295, 5483, 5567, 5941, 5942*

2Pe 3: 8 ὅτι μία ἡμέρα παρὰ κυρίῳ ὡς **χίλια** ἔτη καὶ **χίλια** ἔτη ὡς ἡμέρα μία.
Rev 11: 3 καὶ δώσω τοῖς δυσὶν μάρτυσίν μου καὶ προφητεύσουσιν ἡμέρας **χιλίας** διακοσίας ἑξήκοντα περιβεβλημένοι σάκκους.
12: 6 ἵνα ἐκεῖ τρέφωσιν αὐτὴν ἡμέρας **χιλίας** διακοσίας ἑξήκοντα.
14:20 καὶ ἐπατήθη ἡ ληνὸς ἔξωθεν τῆς πόλεως καὶ ἐξῆλθεν αἷμα ἐκ τῆς ληνοῦ ἄχρι τῶν χαλινῶν τῶν ἵππων ἀπὸ σταδίων **χιλίων** ἑξακοσίων.
20: 2 ὅς ἐστιν Διάβολος καὶ ὁ Σατανᾶς, καὶ ἔδησεν αὐτὸν **χίλια** ἔτη
20: 3 ἵνα μὴ πλανήσῃ ἔτι τὰ ἔθνη ἄχρι τελεσθῇ τὰ **χίλια** ἔτη.
20: 4 καὶ ἔζησαν καὶ ἐβασίλευσαν μετὰ τοῦ Χριστοῦ **χίλια** ἔτη.
20: 5 οἱ λοιποὶ τῶν νεκρῶν οὐκ ἔζησαν ἄχρι τελεσθῇ τὰ **χίλια** ἔτη.
20: 6 ἀλλ᾽ ἔσονται ἱερεῖς τοῦ θεοῦ καὶ τοῦ Χριστοῦ καὶ βασιλεύσουσιν μετ᾽ αὐτοῦ [τὰ] **χίλια** ἔτη.
20: 7 Καὶ ὅταν τελεσθῇ τὰ **χίλια** ἔτη, λυθήσεται ὁ Σατανᾶς ἐκ τῆς φυλακῆς αὐτοῦ

5944 Χίος [1]

Ac 20:15 κἀκεῖθεν ἀποπλεύσαντες τῇ ἐπιούσῃ κατηντήσαμεν ἄντικρυς **Χίου,** τῇ δὲ ἑτέρᾳ παρεβάλομεν εἰς Σάμον,

5945 χιτών [11]

Mt 5:40 καὶ τῷ θέλοντί σοι κριθῆναι καὶ τὸν **χιτῶνά** σου λαβεῖν,
10:10 μὴ πήραν εἰς ὁδὸν μηδὲ δύο **χιτῶνας** μηδὲ ὑποδήματα μηδὲ ῥάβδον·
Mk 6: 9 ἀλλὰ ὑποδεδεμένους σανδάλια, καὶ μὴ ἐνδύσησθε δύο **χιτῶνας.**
14:63 ὁ δὲ ἀρχιερεὺς διαρρήξας τοὺς **χιτῶνας** αὐτοῦ λέγει,
Lk 3:11 Ὁ ἔχων δύο **χιτῶνας** μεταδότω τῷ μὴ ἔχοντι,
6:29 ἀπὸ τοῦ αἴροντός σου τὸ ἱμάτιον καὶ τὸν **χιτῶνα** μὴ κωλύσῃς.
9: 3 μήτε ῥάβδον μήτε πήραν μήτε ἄρτον μήτε ἀργύριον μήτε [ἀνὰ] δύο **χιτῶνας** ἔχειν.
Jn 19:23 ἔλαβον τὰ ἱμάτια αὐτοῦ καὶ ἐποίησαν τέσσαρα μέρη, ἑκάστῳ στρατιώτῃ μέρος, καὶ τὸν **χιτῶνα.** ἦν δὲ ὁ **χιτὼν** ἄραφος, ἐκ τῶν ἄνωθεν ὑφαντὸς δι᾽ ὅλου.
Ac 9:39 αἱ χῆραι κλαίουσαι καὶ ἐπιδεικνύμεναι **χιτῶνας** καὶ ἱμάτια ὅσα ἐποίει μετ᾽ αὐτῶν οὖσα ἡ Δορκάς.
Jude 1:23 οὓς δὲ ἐλεᾶτε ἐν φόβῳ μισοῦντες καὶ τὸν ἀπὸ τῆς σαρκὸς ἐσπιλωμένον **χιτῶνα.**

5946 χιών [2]

→ *4199, 4200*

Mt 28: 3 ἦν δὲ ἡ εἰδέα αὐτοῦ ὡς ἀστραπὴ καὶ τὸ ἔνδυμα αὐτοῦ λευκὸν ὡς **χιών.**
Rev 1:14 ἡ δὲ κεφαλὴ αὐτοῦ καὶ αἱ τρίχες λευκαὶ ὡς ἔριον λευκὸν ὡς **χιὼν** καὶ οἱ ὀφθαλμοὶ αὐτοῦ ὡς φλὸξ πυρὸς

5947 χις' Not used in UBS/NIV

√ *cf. 5953*

5948 χλαμύς [2]

Mt 27:28 καὶ ἐκδύσαντες αὐτὸν **χλαμύδα** κοκκίνην περιέθηκαν αὐτῷ,
27:31 ἐξέδυσαν αὐτὸν τὴν **χλαμύδα** καὶ ἐνέδυσαν αὐτὸν τὰ ἱμάτια αὐτοῦ καὶ ἀπήγαγον αὐτὸν εἰς τὸ σταυρῶσαι.

5949 χλευάζω [1]

→ *1430*

Ac 17:32 Ἀκούσαντες δὲ ἀνάστασιν νεκρῶν οἱ μὲν **ἐχλεύαζον,** οἱ δὲ εἶπαν,

5950 χλιαρός [1]

Rev 3:16 οὕτως ὅτι **χλιαρὸς** εἶ καὶ οὔτε ζεστὸς οὔτε ψυχρός,

5951 Χλόη [1]

→ *5952*

1Co 1:11 ὑπὸ τῶν **Χλόης** ὅτι ἔριδες ἐν ὑμῖν εἰσιν.

5952 χλωρός [4]

√ *5951*

Mk 6:39 καὶ ἐπέταξεν αὐτοῖς ἀνακλῖναι πάντας συμπόσια συμπόσια ἐπὶ τῷ **χλωρῷ** χόρτῳ.
Rev 6: 8 καὶ εἶδον, καὶ ἰδοὺ ἵππος **χλωρός,** καὶ ὁ καθήμενος ἐπάνω αὐτοῦ ὄνομα αὐτῷ [ὁ] Θάνατος,
8: 7 καὶ τὸ τρίτον τῆς γῆς κατεκάη καὶ τὸ τρίτον τῶν δένδρων κατεκάη καὶ πᾶς χόρτος **χλωρὸς** κατεκάη.
9: 4 καὶ ἐρρέθη αὐταῖς ἵνα μὴ ἀδικήσουσιν τὸν χόρτον τῆς γῆς οὐδὲ πᾶν **χλωρὸν** οὐδὲ πᾶν δένδρον,

5953 χξς' Not used in UBS/NIV

√ *cf. 5947*

5954 χοϊκός [4]

√ *1772*

1Co 15:47 ὁ πρῶτος ἄνθρωπος ἐκ γῆς **χοϊκός,** ὁ δεύτερος ἄνθρωπος ἐξ οὐρανοῦ.
15:48 οἷος ὁ **χοϊκός,** τοιοῦτοι καὶ οἱ **χοϊκοί,** καὶ οἷος ὁ ἐπουράνιος,
15:49 καὶ καθὼς ἐφορέσαμεν τὴν εἰκόνα τοῦ **χοϊκοῦ,** φορέσομεν καὶ τὴν εἰκόνα τοῦ ἐπουρανίου.

5955 χοῖνιξ [2]

Rev 6: 6 **Χοῖνιξ** σίτου δηναρίου καὶ τρεῖς **χοίνικες** κριθῶν δηναρίου,

5956 χοῖρος [12]

Mt 7: 6 Μὴ δῶτε τὸ ἅγιον τοῖς κυσὶν μηδὲ βάλητε τοὺς μαργαρίτας ὑμῶν ἔμπροσθεν τῶν **χοίρων,**
8:30 ἦν δὲ μακρὰν ἀπ᾽ αὐτῶν ἀγέλη **χοίρων** πολλῶν βοσκομένη.
8:31 Εἰ ἐκβάλλεις ἡμᾶς, ἀπόστειλον ἡμᾶς εἰς τὴν ἀγέλην τῶν **χοίρων.**
8:32 οἱ δὲ ἐξελθόντες ἀπῆλθον εἰς τοὺς **χοίρους·** καὶ ἰδοὺ ὥρμησεν πᾶσα ἡ ἀγέλη κατὰ τοῦ κρημνοῦ εἰς τὴν θάλασσαν καὶ ἀπέθανον ἐν τοῖς ὕδασιν.
Mk 5:11 Ἦν δὲ ἐκεῖ πρὸς τῷ ὄρει ἀγέλη **χοίρων** μεγάλη βοσκομένη·
5:12 Πέμψον ἡμᾶς εἰς τοὺς **χοίρους,** ἵνα εἰς αὐτοὺς εἰσέλθωμεν.
5:13 καὶ ἐξελθόντα τὰ πνεύματα τὰ ἀκάθαρτα εἰσῆλθον εἰς τοὺς **χοίρους,**
5:16 καὶ διηγήσαντο αὐτοῖς οἱ ἰδόντες πῶς ἐγένετο τῷ δαιμονιζομένῳ καὶ περὶ τῶν **χοίρων.**
Lk 8:32 Ἦν δὲ ἐκεῖ ἀγέλη **χοίρων** ἱκανῶν βοσκομένη ἐν τῷ ὄρει·
8:33 ἐξελθόντα δὲ τὰ δαιμόνια ἀπὸ τοῦ ἀνθρώπου εἰσῆλθον εἰς τοὺς **χοίρους,**
15:15 καὶ ἔπεμψεν αὐτὸν εἰς τοὺς ἀγροὺς αὐτοῦ βόσκειν **χοίρους,**
15:16 καὶ ἐπεθύμει χορτασθῆναι ἐκ τῶν κερατίων ὧν ἤσθιον οἱ **χοῖροι,**

5957 χολάω [1]

√ *5958*

Jn 7:23 ἐμοὶ **χολᾶτε** ὅτι ὅλον ἄνθρωπον ὑγιῆ ἐποίησα ἐν σαββάτῳ;

5958 χολή [2]

→ *5957*

Mt 27:34 ἔδωκαν αὐτῷ πιεῖν οἶνον μετὰ **χολῆς** μεμιγμένον· καὶ γευσάμενος οὐκ ἠθέλησεν πιεῖν.
Ac 8:23 εἰς γὰρ **χολὴν** πικρίας καὶ σύνδεσμον ἀδικίας ὁρῶ σε ὄντα.

5959 χόος Not used in UBS/NIV

√ *1772*

5960 Χοραζίν [2]

→ *6002*

Mt 11:21 Οὐαί σοι, **Χοραζίν,** οὐαί σοι, Βηθσαϊδά· ὅτι εἰ ἐν Τύρῳ καὶ Σιδῶνι ἐγένοντο αἱ δυνάμεις αἱ γενόμεναι ἐν ὑμῖν,
Lk 10:13 Οὐαί σοι, **Χοραζίν,** οὐαί σοι, Βηθσαϊδά· ὅτι εἰ ἐν Τύρῳ καὶ Σιδῶνι ἐγενήθησαν αἱ δυνάμεις αἱ γενόμεναι ἐν ὑμῖν,

5961 χορηγέω [2]

√ *5962 + 72*

2Co 9:10 ὁ δὲ ἐπιχορηγῶν σπόρον τῷ σπείροντι καὶ ἄρτον εἰς βρῶσιν **χορηγήσει** καὶ πληθυνεῖ τὸν σπόρον ὑμῶν καὶ αὐξήσει τὰ γενήματα τῆς δικαιοσύνης ὑμῶν·
1Pe 4:11 εἴ τις διακονεῖ, ὡς ἐξ ἰσχύος ἧς **χορηγεῖ** ὁ θεός,

5962 χορός [1]

→ *2220, 2221, 4743, 5961*

Lk 15:25 ὡς ἐρχόμενος ἤγγισεν τῇ οἰκίᾳ, ἤκουσεν συμφωνίας καὶ **χορῶν,**

5963 χορτάζω [16 / 15]

√ *5965*

Mt 5: 6 μακάριοι οἱ πεινῶντες καὶ διψῶντες τὴν δικαιοσύνην, ὅτι αὐτοὶ **χορτασθήσονται.**
14:20 καὶ ἔφαγον πάντες καὶ **ἐχορτάσθησαν,** καὶ ἦραν τὸ περισσεῦον τῶν κλασμάτων δώδεκα κοφίνους πλήρεις.
15:33 Πόθεν ἡμῖν ἐν ἐρημίᾳ ἄρτοι τοσοῦτοι ὥστε **χορτάσαι** ὄχλον τοσοῦτον;
15:37 καὶ ἔφαγον πάντες καὶ **ἐχορτάσθησαν.** καὶ τὸ περισσεῦον τῶν κλασμάτων ἦραν ἑπτὰ σπυρίδας πλήρεις.
Mk 6:42 καὶ ἔφαγον πάντες καὶ **ἐχορτάσθησαν,**
7:27 καὶ ἔλεγεν αὐτῇ, Ἄφες πρῶτον **χορτασθῆναι** τὰ τέκνα,
8: 4 καὶ ἀπεκρίθησαν αὐτῷ οἱ μαθηταὶ αὐτοῦ ὅτι Πόθεν τούτους δυνήσεταί τις ὧδε **χορτάσαι** ἄρτων ἐπ' ἐρημίας;
8: 8 καὶ ἔφαγον καὶ **ἐχορτάσθησαν,** καὶ ἦραν περισσεύματα κλασμάτων ἑπτὰ σπυρίδας.
Lk 6:21 μακάριοι οἱ πεινῶντες νῦν, ὅτι **χορτασθήσεσθε.** μακάριοι οἱ κλαίοντες νῦν,
9:17 καὶ ἔφαγον καὶ **ἐχορτάσθησαν** πάντες, καὶ ἤρθη τὸ περισσεῦσαν αὐτοῖς κλασμάτων κόφινοι δώδεκα.
15:16 καὶ ἐπεθύμει **χορτασθῆναι**[UBS; NIV *1153*] ἐκ τῶν κερατίων ὧν ἤσθιον οἱ χοῖροι,
16:21 καὶ ἐπιθυμῶν **χορτασθῆναι** ἀπὸ τῶν πιπτόντων ἀπὸ τῆς τραπέζης τοῦ πλουσίου·
Jn 6:26 ἀλλ' ὅτι ἐφάγετε ἐκ τῶν ἄρτων καὶ **ἐχορτάσθητε.**
Php 4:12 καὶ **χορτάζεσθαι** καὶ πεινᾶν καὶ περισσεύειν καὶ ὑστερεῖσθαι·
Jas 2:16 εἴπῃ δέ τις αὐτοῖς ἐξ ὑμῶν, Ὑπάγετε ἐν εἰρήνῃ, θερμαίνεσθε καὶ **χορτάζεσθε,**
Rev 19:21 καὶ πάντα τὰ ὄρνεα **ἐχορτάσθησαν** ἐκ τῶν σαρκῶν αὐτῶν.

5964 χόρτασμα [1]

√ *5965*

Ac 7:11 ἦλθεν δὲ λιμὸς ἐφ' ὅλην τὴν Αἴγυπτον καὶ Χανάαν καὶ θλῖψις μεγάλη, καὶ οὐχ ηὕρισκον **χορτάσματα** οἱ πατέρες ἡμῶν.

5965 χόρτος [15]

→ *5963, 5964*

Mt 6:30 εἰ δὲ τὸν **χόρτον** τοῦ ἀγροῦ σήμερον ὄντα καὶ αὔριον εἰς κλίβανον βαλλόμενον ὁ θεὸς οὕτως ἀμφιέννυσιν,
13:26 ὅτε δὲ ἐβλάστησεν ὁ **χόρτος** καὶ καρπὸν ἐποίησεν,
14:19 καὶ κελεύσας τοὺς ὄχλους ἀνακλιθῆναι ἐπὶ τοῦ **χόρτου,**
Mk 4:28 πρῶτον **χόρτον** εἶτα στάχυν εἶτα πλήρη[ς] σῖτον ἐν τῷ στάχυϊ.
6:39 καὶ ἐπέταξεν αὐτοῖς ἀνακλῖναι πάντας συμπόσια συμπόσια ἐπὶ τῷ χλωρῷ **χόρτῳ.**
Lk 12:28 εἰ δὲ ἐν ἀγρῷ τὸν **χόρτον** ὄντα σήμερον καὶ αὔριον εἰς κλίβανον βαλλόμενον ὁ θεὸς οὕτως ἀμφιέζει,
Jn 6:10 Ποιήσατε τοὺς ἀνθρώπους ἀναπεσεῖν. ἦν δὲ **χόρτος** πολὺς ἐν τῷ τόπῳ.
1Co 3:12 εἰ δέ τις ἐποικοδομεῖ ἐπὶ τὸν θεμέλιον χρυσόν, ἄργυρον, λίθους τιμίους, ξύλα, **χόρτον,** καλάμην,
Jas 1:10 ὁ δὲ πλούσιος ἐν τῇ ταπεινώσει αὐτοῦ, ὅτι ὡς ἄνθος **χόρτου** παρελεύσεται.
1:11 ἀνέτειλεν γὰρ ὁ ἥλιος σὺν τῷ καύσωνι καὶ ἐξήρανεν τὸν **χόρτον** καὶ τὸ ἄνθος αὐτοῦ ἐξέπεσεν καὶ ἡ εὐπρέπεια τοῦ προσώπου αὐτοῦ ἀπώλετο·
1Pe 1:24 διότι πᾶσα σὰρξ ὡς **χόρτος** καὶ πᾶσα δόξα αὐτῆς ὡς ἄνθος **χόρτου·** ἐξηράνθη ὁ **χόρτος** καὶ τὸ ἄνθος ἐξέπεσεν·
Rev 8: 7 καὶ τὸ τρίτον τῆς γῆς κατεκάη καὶ τὸ τρίτον τῶν δένδρων κατεκάη καὶ πᾶς **χόρτος** χλωρὸς κατεκάη.
9: 4 καὶ ἐρρέθη αὐταῖς ἵνα μὴ ἀδικήσουσιν τὸν **χόρτον** τῆς γῆς οὐδὲ πᾶν χλωρὸν οὐδὲ πᾶν δένδρον,

5966 Χουζᾶς [1]

Lk 8: 3 καὶ Ἰωάννα γυνὴ **Χουζᾶ** ἐπιτρόπου Ἡρῴδου καὶ Σουσάννα καὶ ἕτεραι πολλαί,

5967 χοῦς [2]

√ *1772*

Mk 6:11 ἐκπορευόμενοι ἐκεῖθεν ἐκτινάξατε τὸν **χοῦν** τὸν ὑποκάτω τῶν ποδῶν ὑμῶν εἰς μαρτύριον αὐτοῖς.
Rev 18:19 καὶ ἔβαλον **χοῦν** ἐπὶ τὰς κεφαλὰς αὐτῶν καὶ ἔκραζον κλαίοντες καὶ πενθοῦντες λέγοντες,

5968 χράομαι [11]

→ *712, 945, 946, 947, 2378, 2974, 3079, 4201, 4202, 5178, 5970, 5971, 5972, 5973, 5974, 5975, 5978, 5979, 5980, 5981, 5982, 5983; cf. 5969*

Ac 27: 3 φιλανθρώπως τε ὁ Ἰούλιος τῷ Παύλῳ **χρησάμενος** ἐπέτρεψεν πρὸς τοὺς φίλους πορευθέντι ἐπιμελείας τυχεῖν.
27:17 ἣν ἄραντες βοηθείαις **ἐχρῶντο** ὑποζωννύντες τὸ πλοῖον, φοβούμενοί τε μὴ εἰς τὴν Σύρτιν ἐκπέσωσιν,
1Co 7:21 ἀλλ' εἰ καὶ δύνασαι ἐλεύθερος γενέσθαι, μᾶλλον **χρῆσαι.**
7:31 καὶ οἱ **χρώμενοι** τὸν κόσμον ὡς μὴ καταχρώμενοι·
9:12 Ἀλλ' οὐκ **ἐχρησάμεθα** τῇ ἐξουσίᾳ ταύτῃ, ἀλλὰ πάντα στέγομεν,
9:15 ἐγὼ δὲ οὐ **κέχρημαι** οὐδενὶ τούτων. οὐκ ἔγραψα δὲ ταῦτα,
2Co 1:17 τοῦτο οὖν βουλόμενος μήτι ἄρα τῇ ἐλαφρίᾳ **ἐχρησάμην;**
3:12 Ἔχοντες οὖν τοιαύτην ἐλπίδα πολλῇ παρρησίᾳ **χρώμεθα**
13:10 ἵνα παρὼν μὴ ἀποτόμως **χρήσωμαι** κατὰ τὴν ἐξουσίαν ἣν ὁ κύριος ἔδωκέν μοι εἰς οἰκοδομὴν καὶ οὐκ εἰς καθαίρεσιν.
1Ti 1: 8 Οἴδαμεν δὲ ὅτι καλὸς ὁ νόμος, ἐάν τις αὐτῷ νομίμως **χρῆται,**
5:23 ἀλλὰ οἴνῳ ὀλίγῳ **χρῶ** διὰ τὸν στόμαχον καὶ τὰς πυκνάς σου ἀσθενείας.

5969 χράω Not used in UBS/NIV

→ *5976, 5977; cf. 3079, 5968*

5970 χρεία [49]

√ *5968*

Mt 3:14 Ἐγὼ **χρείαν** ἔχω ὑπὸ σοῦ βαπτισθῆναι, καὶ σὺ ἔρχῃ πρός με;
6: 8 οἶδεν γὰρ ὁ πατὴρ ὑμῶν ὧν **χρείαν** ἔχετε πρὸ τοῦ ὑμᾶς αἰτῆσαι αὐτόν.
9:12 Οὐ **χρείαν** ἔχουσιν οἱ ἰσχύοντες ἰατροῦ ἀλλ' οἱ κακῶς ἔχοντες.
14:16 Οὐ **χρείαν** ἔχουσιν ἀπελθεῖν, δότε αὐτοῖς ὑμεῖς φαγεῖν.
21: 3 ἐάν τις ὑμῖν εἴπῃ τι, ἐρεῖτε ὅτι Ὁ κύριος αὐτῶν **χρείαν** ἔχει·
26:65 τότε ὁ ἀρχιερεὺς διέρρηξεν τὰ ἱμάτια αὐτοῦ λέγων, Ἐβλασφήμησεν· τί ἔτι **χρείαν** ἔχομεν μαρτύρων;
Mk 2:17 καὶ ἀκούσας ὁ Ἰησοῦς λέγει αὐτοῖς [ὅτι] Οὐ **χρείαν** ἔχουσιν οἱ ἰσχύοντες ἰατροῦ ἀλλ' οἱ κακῶς ἔχοντες·
2:25 Οὐδέποτε ἀνέγνωτε τί ἐποίησεν Δαυὶδ ὅτε **χρείαν** ἔσχεν καὶ ἐπείνασεν αὐτὸς καὶ οἱ μετ' αὐτοῦ,

11: 3 εἴπατε, Ὁ κύριος αὐτοῦ **χρείαν** ἔχει, καὶ εὐθὺς αὐτὸν ἀποστέλλει πάλιν ὧδε.
14:63 ὁ δὲ ἀρχιερεὺς διαρρήξας τοὺς χιτῶνας αὐτοῦ λέγει, Τί ἔτι **χρείαν** ἔχομεν μαρτύρων;
Lk 5:31 Οὐ **χρείαν** ἔχουσιν οἱ ὑγιαίνοντες ἰατροῦ ἀλλὰ οἱ κακῶς ἔχοντες·
9:11 καὶ ἀποδεξάμενος αὐτοὺς ἐλάλει αὐτοῖς περὶ τῆς βασιλείας τοῦ θεοῦ, καὶ τοὺς **χρείαν** ἔχοντας θεραπείας ἰᾶτο.
10:42 ἑνὸς δέ ἐστιν **χρεία·** Μαριὰμ γὰρ τὴν ἀγαθὴν μερίδα ἐξελέξατο ἥτις οὐκ ἀφαιρεθήσεται αὐτῆς.
15: 7 λέγω ὑμῖν ὅτι οὕτως χαρὰ ἐν τῷ οὐρανῷ ἔσται ἐπὶ ἑνὶ ἁμαρτωλῷ μετανοοῦντι ἢ ἐπὶ ἐνενήκοντα ἐννέα δικαίοις οἵτινες οὐ **χρείαν** ἔχουσιν μετανοίας.
19:31 οὕτως ἐρεῖτε ὅτι Ὁ κύριος αὐτοῦ **χρείαν** ἔχει.
19:34 οἱ δὲ εἶπαν ὅτι Ὁ κύριος αὐτοῦ **χρείαν** ἔχει.
22:71 οἱ δὲ εἶπαν, Τί ἔτι ἔχομεν μαρτυρίας **χρείαν;**
Jn 2:25 καὶ ὅτι οὐ **χρείαν** εἶχεν ἵνα τις μαρτυρήσῃ περὶ τοῦ ἀνθρώπου·
13:10 Ὁ λελουμένος οὐκ ἔχει **χρείαν** εἰ μὴ τοὺς πόδας νίψασθαι,
13:29 ὅτι λέγει αὐτῷ [ὁ] Ἰησοῦς, Ἀγόρασον ὧν **χρείαν** ἔχομεν εἰς τὴν ἑορτήν,
16:30 νῦν οἴδαμεν ὅτι οἶδας πάντα καὶ οὐ **χρείαν** ἔχεις ἵνα τίς σε ἐρωτᾷ·
Ac 2:45 καὶ τὰ κτήματα καὶ τὰς ὑπάρξεις ἐπίπρασκον καὶ διεμέριζον αὐτὰ πᾶσιν καθότι ἄν τις **χρείαν** εἶχεν·
4:35 διεδίδετο δὲ ἑκάστῳ καθότι ἄν τις **χρείαν** εἶχεν.
6: 3 πλήρεις πνεύματος καὶ σοφίας, οὓς καταστήσομεν ἐπὶ τῆς **χρείας** ταύτης,
20:34 αὐτοὶ γινώσκετε ὅτι ταῖς **χρείαις** μου καὶ τοῖς οὖσιν μετ' ἐμοῦ ὑπηρέτησαν αἱ χεῖρες αὗται.
28:10 οἳ καὶ πολλαῖς τιμαῖς ἐτίμησαν ἡμᾶς καὶ ἀναγομένοις ἐπέθεντο τὰ πρὸς τὰς **χρείας.**
Ro 12:13 ταῖς **χρείαις** τῶν ἁγίων κοινωνοῦντες, τὴν φιλοξενίαν διώκοντες.
1Co 12:21 οὐ δύναται δὲ ὁ ὀφθαλμὸς εἰπεῖν τῇ χειρί, **Χρείαν** σου οὐκ ἔχω, ἢ πάλιν ἡ κεφαλὴ τοῖς ποσίν, **Χρείαν** ὑμῶν οὐκ ἔχω·
12:24 τὰ δὲ εὐσχήμονα ἡμῶν οὐ **χρείαν** ἔχει. ἀλλὰ ὁ θεὸς συνεκέρασεν τὸ σῶμα τῷ ὑστερουμένῳ περισσοτέραν δοὺς τιμήν,
Eph 4:28 μᾶλλον δὲ κοπιάτω ἐργαζόμενος ταῖς [ἰδίαις] χερσὶν τὸ ἀγαθόν, ἵνα ἔχῃ μεταδιδόναι τῷ **χρείαν** ἔχοντι.
4:29 ἀλλὰ εἴ τις ἀγαθὸς πρὸς οἰκοδομὴν τῆς **χρείας,**
Php 2:25 ὑμῶν δὲ ἀπόστολον καὶ λειτουργὸν τῆς **χρείας** μου,
4:16 ὅτι καὶ ἐν Θεσσαλονίκῃ καὶ ἅπαξ καὶ δὶς εἰς τὴν **χρείαν** μοι ἐπέμψατε.
4:19 ὁ δὲ θεός μου πληρώσει πᾶσαν **χρείαν** ὑμῶν κατὰ τὸ πλοῦτος αὐτοῦ ἐν δόξῃ ἐν Χριστῷ Ἰησοῦ.
1Th 1: 8 ἀλλ' ἐν παντὶ τόπῳ ἡ πίστις ὑμῶν ἡ πρὸς τὸν θεὸν ἐξελήλυθεν, ὥστε μὴ **χρείαν** ἔχειν ἡμᾶς λαλεῖν τι.
4: 9 Περὶ δὲ τῆς φιλαδελφίας οὐ **χρείαν** ἔχετε γράφειν ὑμῖν,
4:12 ἵνα περιπατῆτε εὐσχημόνως πρὸς τοὺς ἔξω καὶ μηδενὸς **χρείαν** ἔχητε.
5: 1 Περὶ δὲ τῶν χρόνων καὶ τῶν καιρῶν, ἀδελφοί, οὐ **χρείαν** ἔχετε ὑμῖν γράφεσθαι,
Tit 3:14 μανθανέτωσαν δὲ καὶ οἱ ἡμέτεροι καλῶν ἔργων προΐστασθαι εἰς τὰς ἀναγκαίας **χρείας,**
Heb 5:12 πάλιν **χρείαν** ἔχετε τοῦ διδάσκειν ὑμᾶς τινὰ τὰ στοιχεῖα τῆς ἀρχῆς τῶν λογίων τοῦ θεοῦ καὶ γεγόνατε **χρείαν** ἔχοντες γάλακτος [καὶ] οὐ στερεᾶς τροφῆς.
7:11 τίς ἔτι **χρεία** κατὰ τὴν τάξιν Μελχισέδεκ ἕτερον ἀνίστασθαι ἱερέα καὶ οὐ κατὰ τὴν τάξιν Ἀαρὼν λέγεσθαι;
10:36 ὑπομονῆς γὰρ ἔχετε **χρείαν** ἵνα τὸ θέλημα τοῦ θεοῦ ποιήσαντες κομίσησθε τὴν ἐπαγγελίαν.
1Jn 2:27 μένει ἐν ὑμῖν καὶ οὐ **χρείαν** ἔχετε ἵνα τις διδάσκῃ ὑμᾶς,
3:17 ὃς δ' ἂν ἔχῃ τὸν βίον τοῦ κόσμου καὶ θεωρῇ τὸν ἀδελφὸν αὐτοῦ **χρείαν** ἔχοντα καὶ κλείσῃ τὰ σπλάγχνα αὐτοῦ ἀπ' αὐτοῦ,
Rev 3:17 ὅτι λέγεις ὅτι Πλούσιός εἰμι καὶ πεπλούτηκα καὶ οὐδὲν **χρείαν** ἔχω,
21:23 καὶ ἡ πόλις οὐ **χρείαν** ἔχει τοῦ ἡλίου οὐδὲ τῆς σελήνης ἵνα φαίνωσιν αὐτῇ,
22: 5 καὶ νὺξ οὐκ ἔσται ἔτι καὶ οὐκ ἔχουσιν **χρείαν** φωτὸς λύχνου καὶ φωτὸς ἡλίου,

5971 χρεοφειλέτης [2]

√ *5968 + 4053*

Lk 7:41 δύο **χρεοφειλέται** ἦσαν δανιστῇ τινι· ὁ εἷς ὤφειλεν δηνάρια πεντακόσια,
16: 5 καὶ προσκαλεσάμενος ἕνα ἕκαστον τῶν **χρεοφειλετῶν** τοῦ κυρίου ἑαυτοῦ ἔλεγεν τῷ πρώτῳ,

5972 χρεωφειλέτης Not used in UBS/NIV

√ *5968 + 4053*

5973 χρή [1]

√ *5968*

Jas 3:10 ἐκ τοῦ αὐτοῦ στόματος ἐξέρχεται εὐλογία καὶ κατάρα. οὐ **χρή,** ἀδελφοί μου, ταῦτα οὕτως γίνεσθαι.

5974 χρῄζω [5]

√ *5968*

Mt 6:32 οἶδεν γὰρ ὁ πατὴρ ὑμῶν ὁ οὐράνιος ὅτι **χρῄζετε** τούτων ἁπάντων.
Lk 11: 8 διά γε τὴν ἀναίδειαν αὐτοῦ ἐγερθεὶς δώσει αὐτῷ ὅσων **χρῄζει.**
12:30 ὑμῶν δὲ ὁ πατὴρ οἶδεν ὅτι **χρῄζετε** τούτων.
Ro 16: 2 ἵνα αὐτὴν προσδέξησθε ἐν κυρίῳ ἀξίως τῶν ἁγίων καὶ παραστῆτε αὐτῇ ἐν ᾧ ἂν ὑμῶν **χρῄζῃ** πράγματι·
2Co 3: 1 ἢ μὴ **χρῄζομεν** ὥς τινες συστατικῶν ἐπιστολῶν πρὸς ὑμᾶς ἢ ἐξ ὑμῶν;

5975 χρῆμα [6]

√ *5968*

Mk 10:23 Πῶς δυσκόλως οἱ τὰ **χρήματα** ἔχοντες εἰς τὴν βασιλείαν τοῦ θεοῦ εἰσελεύσονται.
Lk 18:24 Πῶς δυσκόλως οἱ τὰ **χρήματα** ἔχοντες εἰς τὴν βασιλείαν τοῦ θεοῦ εἰσπορεύονται·
Ac 4:37 ὑπάρχοντος αὐτῷ ἀγροῦ πωλήσας ἤνεγκεν τὸ **χρῆμα** καὶ ἔθηκεν πρὸς τοὺς πόδας τῶν ἀποστόλων.
8:18 ἰδὼν δὲ ὁ Σίμων ὅτι διὰ τῆς ἐπιθέσεως τῶν χειρῶν τῶν ἀποστόλων δίδοται τὸ πνεῦμα, προσήνεγκεν αὐτοῖς **χρήματα**
8:20 Τὸ ἀργύριόν σου σὺν σοὶ εἴη εἰς ἀπώλειαν ὅτι τὴν δωρεὰν τοῦ θεοῦ ἐνόμισας διὰ **χρημάτων** κτᾶσθαι.
24:26 ἅμα καὶ ἐλπίζων ὅτι **χρήματα** δοθήσεται αὐτῷ ὑπὸ τοῦ Παύλου·

5976 χρηματίζω [9]

√ *5969*

Mt 2:12 καὶ **χρηματισθέντες** κατ' ὄναρ μὴ ἀνακάμψαι πρὸς Ἡρῴδην,
2:22 **χρηματισθεὶς** δὲ κατ' ὄναρ ἀνεχώρησεν εἰς τὰ μέρη τῆς Γαλιλαίας,
Lk 2:26 καὶ ἦν αὐτῷ **κεχρηματισμένον** ὑπὸ τοῦ πνεύματος τοῦ ἁγίου μὴ ἰδεῖν θάνατον πρὶν [ἢ] ἂν ἴδῃ τὸν Χριστὸν κυρίου.
Ac 10:22 **ἐχρηματίσθη** ὑπὸ ἀγγέλου ἁγίου μεταπέμψασθαί σε εἰς τὸν οἶκον αὐτοῦ καὶ ἀκοῦσαι ῥήματα παρὰ σοῦ.
11:26 **χρηματίσαι** τε πρώτως ἐν Ἀντιοχείᾳ τοὺς μαθητὰς Χριστιανούς.
Ro 7: 3 ἄρα οὖν ζῶντος τοῦ ἀνδρὸς μοιχαλὶς **χρηματίσει** ἐὰν γένηται ἀνδρὶ ἑτέρῳ·
Heb 8: 5 καθὼς **κεχρημάτισται** Μωϋσῆς μέλλων ἐπιτελεῖν τὴν σκηνήν, Ὅρα γάρ φησίν,
11: 7 Πίστει **χρηματισθεὶς** Νῶε περὶ τῶν μηδέπω βλεπομένων, εὐλαβηθεὶς κατεσκεύασεν κιβωτὸν εἰς σωτηρίαν τοῦ οἴκου αὐτοῦ δι' ἧς κατέκρινεν τὸν κόσμον,
12:25 εἰ γὰρ ἐκεῖνοι οὐκ ἐξέφυγον ἐπὶ γῆς παραιτησάμενοι τὸν **χρηματίζοντα,**

5977 χρηματισμός [1]

√ *5969*

Ro 11: 4 ἀλλὰ τί λέγει αὐτῷ ὁ **χρηματισμός;** Κατέλιπον ἐμαυτῷ ἑπτακισχιλίους ἄνδρας,

5978 χρήσιμος [1]

√ *5968*

2Ti 2:14 διαμαρτυρόμενος ἐνώπιον τοῦ θεοῦ μὴ λογομαχεῖν, ἐπ' οὐδὲν **χρήσιμον,** ἐπὶ καταστροφῇ τῶν ἀκουόντων.

5979 χρῆσις [2]

√ *5968*

Ro 1:26 αἵ τε γὰρ θήλειαι αὐτῶν μετήλλαξαν τὴν φυσικὴν **χρῆσιν** εἰς τὴν παρὰ φύσιν,
1:27 ὁμοίως τε καὶ οἱ ἄρσενες ἀφέντες τὴν φυσικὴν **χρῆσιν** τῆς θηλείας ἐξεκαύθησαν ἐν τῇ ὀρέξει αὐτῶν εἰς ἀλλήλους,

5980 χρηστεύομαι [1]

√ *5968*

1Co 13:4 Ἡ ἀγάπη μακροθυμεῖ, **χρηστεύεται** ἡ ἀγάπη, οὐ ζηλοῖ,

5981 χρηστολογία [1]

√ *5968 + 3306*

Ro 16:18 καὶ διὰ τῆς **χρηστολογίας** καὶ εὐλογίας ἐξαπατῶσιν τὰς καρδίας τῶν ἀκάκων.

5982 χρηστός [7]

√ *5968*

Mt 11:30 ὁ γὰρ ζυγός μου **χρηστὸς** καὶ τὸ φορτίον μου ἐλαφρόν ἐστιν.
Lk 5:39 [καὶ] οὐδεὶς πιὼν παλαιὸν θέλει νέον· λέγει γάρ, Ὁ παλαιὸς **χρηστός** [UBS; NIV **χρηστότερος**] ἐστιν.
6:35 ὅτι αὐτὸς **χρηστός** ἐστιν ἐπὶ τοὺς ἀχαρίστους καὶ πονηρούς.
Ro 2:4 ἀγνοῶν ὅτι τὸ **χρηστὸν** τοῦ θεοῦ εἰς μετάνοιάν σε ἄγει;
1Co 15:33 μὴ πλανᾶσθε· Φθείρουσιν ἤθη **χρηστὰ** ὁμιλίαι κακαί.
Eph 4:32 γίνεσθε [δὲ] εἰς ἀλλήλους **χρηστοί,** εὔσπλαγχνοι, χαριζόμενοι ἑαυτοῖς,
1Pe 2:3 εἰ ἐγεύσασθε ὅτι **χρηστὸς** ὁ κύριος.

5983 χρηστότης [10]

√ *5968*

Ro 2:4 ἢ τοῦ πλούτου τῆς **χρηστότητος** αὐτοῦ καὶ τῆς ἀνοχῆς καὶ τῆς μακροθυμίας καταφρονεῖς,
3:12 οὐκ ἔστιν ὁ ποιῶν **χρηστότητα,** [οὐκ ἔστιν] ἕως ἑνός.
11:22 ἴδε οὖν **χρηστότητα** καὶ ἀποτομίαν θεοῦ· ἐπὶ μὲν τοὺς πεσόντας ἀποτομία, ἐπὶ δὲ σὲ **χρηστότης** θεοῦ, ἐὰν ἐπιμένῃς τῇ **χρηστότητι,** ἐπεὶ καὶ σὺ ἐκκοπήσῃ.
2Co 6:6 ἐν ἁγνότητι, ἐν γνώσει, ἐν μακροθυμίᾳ, ἐν **χρηστότητι,**
Gal 5:22 Ὁ δὲ καρπὸς τοῦ πνεύματός ἐστιν ἀγάπη χαρὰ εἰρήνη, μακροθυμία **χρηστότης** ἀγαθωσύνη, πίστις
Eph 2:7 ἵνα ἐνδείξηται ἐν τοῖς αἰῶσιν τοῖς ἐπερχομένοις τὸ ὑπερβάλλον πλοῦτος τῆς χάριτος αὐτοῦ ἐν **χρηστότητι** ἐφ' ἡμᾶς ἐν Χριστῷ Ἰησοῦ.
Col 3:12 ἐκλεκτοὶ τοῦ θεοῦ ἅγιοι καὶ ἠγαπημένοι, σπλάγχνα οἰκτιρμοῦ **χρηστότητα** ταπεινοφροσύνην πραΰτητα μακροθυμίαν,
Tit 3:4 ὅτε δὲ ἡ **χρηστότης** καὶ ἡ φιλανθρωπία ἐπεφάνη τοῦ σωτῆρος ἡμῶν θεοῦ,

5984 χρῖσμα [3]

√ *5987*

1Jn 2:20 καὶ ὑμεῖς **χρῖσμα** ἔχετε ἀπὸ τοῦ ἁγίου καὶ οἴδατε πάντες.
2:27 καὶ ὑμεῖς τὸ **χρῖσμα** ὃ ἐλάβετε ἀπ' αὐτοῦ, μένει ἐν ὑμῖν καὶ οὐ χρείαν ἔχετε ἵνα τις διδάσκῃ ὑμᾶς, ἀλλ' ὡς τὸ αὐτοῦ **χρῖσμα** διδάσκει ὑμᾶς περὶ πάντων καὶ ἀληθές ἐστιν καὶ οὐκ ἔστιν ψεῦδος, μένετε ἐν αὐτῷ.

5985 Χριστιανός [3]

√ *5986*

Ac 11:26 χρηματίσαι τε πρώτως ἐν Ἀντιοχείᾳ τοὺς μαθητὰς **Χριστιανούς.**
26:28 ὁ δὲ Ἀγρίππας πρὸς τὸν Παῦλον, Ἐν ὀλίγῳ με πείθεις **Χριστιανὸν** ποιῆσαι.
1Pe 4:16 εἰ δὲ ὡς **Χριστιανός,** μὴ αἰσχυνέσθω, δοξαζέτω δὲ τὸν θεὸν ἐν τῷ ὀνόματι τούτῳ.

5986 Χριστός [529 / 528]

→ *532, 5985, 6023; cf. 5987*

ἀγάπη τοῦ Χριστοῦ [3] Ro 8:35; 2Co 5:14; Eph 3:19

ἀλήθεια Χριστοῦ [1] 2Co 11:10

ἀδελφοὶ Ι. Χ. [21] Mt 12:46,47,48,49; 13:55; 28:10; Mk 3:31,32,33,34,35; Lk 8:19,20,21; Jn 2:12; 7:3,5,10; 20:17; Ac 1:14; 1Co 9:5

αἷμα τοῦ Χριστοῦ [4] 1Co 10:16; Eph 2:13; Heb 9:14; 1Pe 1:19; cf. 1Pe 1:2; Rev 1:5

ἀνάστασις Χριστοῦ [3] Ac 2:31; 1Pe 1:3; 3:21

ἀπόστολος Χριστοῦ [11] 1Co 1:1; 2Co 1:1; 11:13; Eph 1:1; Col 1:1; 1Th 2:7; 1Ti 1:1; 2Ti 1:1; Tit 1:1; 1Pe 1:1; 2Pe 1:1

βασιλεία τοῦ Χριστοῦ [2] Eph 5:5; Rev 11:15

βῆμα τοῦ Χριστοῦ [1] 2Co 5:10

γνῶσις Χριστοῦ [2] Php 3:8; 2Pe 3:18

γινώσκω Χριστόν [2] Jn 17:3; 2Co 5:16

διὰ [Ἰησοῦ] Χριστοῦ [18] Jn 1:17; Ac 10:36; Ro 1:8; 2:16; 5:21; 7:25; 16:27; 2Co 1:5; 3:4; 5:18; Gal 1:1; Eph 1:5; Php 1:11; Tit 3:6; Heb 13:21; 1Pe 2:5; 4:11; Jude 1:25

διάκονος Χριστοῦ [3] 2Co 11:23; Col 1:7; 1Ti 4:6

δόξα [του] Χριστοῦ [3] 2Co 4:4; 8:23; 2Th 2:14

δοῦλος Χριστοῦ [9] Ro 1:1; 1Co 7:22; Gal 1:10; Eph 6:6; Php 1:1; Col 4:12; Jas 1:1; 2Pe 1:1; Jude 1:1

δύναμις Χριστοῦ [1] 2Co 12:9

δέσμιος Χριστοῦ [3] Eph 3:1; Phm 1:1,9

εἰρήνη τοῦ Χριστοῦ [1] Col 3:15

ἐκκλησίαι Χριστοῦ [1] Ro 16:16

ἐν Χριστῷ [84] Ro 3:24; 6:11,23; 8:1,2,39; 9:1; 12:5; 15:17; 16:3,7,9,10; 1Co 1:2,4,30; 3:1; 4:10,15,15,17; 15:18,19,22,31; 16:24; 2Co 2:14,17; 3:14; 5:17,19; 12:2,19; Gal 1:22; 2:4,17; 3:14,26,28; 5:6; Eph 1:1,3,10,12,20; 2:6,7,10,13; 3:6,11,21; 4:32; Php 1:1,13,26; 2:1,5; 3:3,14; 4:7,19,21; Col 1:2,4,28; 1Th 2:14; 4:16; 5:18; 1Ti 1:14; 3:13; 2Ti 1:1,9,13; 2:1,10; 3:12,15; Phm 1:8,20,23; 1Pe 3:16; 5:10,14

τὰ ἔργα τοῦ Χριστοῦ [1] Mt 11:2

τὸ ἔργον τοῦ Χριστοῦ [1] Php 2:30

εὐαγγέλιον τοῦ Χρίστου [10] Mk 1:1; Ro 15:19; 1Co 9:12; 2Co 2:12; 4:4; 9:13; 10:14; Gal 1:7; Php 1:27; 1Th 3:2

ἡμέρα Χριστοῦ [4] 1Co 1:8; Php 1:6,10; 2:16

Ἰησοῦς Χριστός [136 / 135] Mt 1:1,18; Mk 1:1; Jn 1:17; 17:3; Ac 2:38; 3:6; 4:10; 8:12; 9:34; 10:36,48; 11:17; 15:26; 16:18; 28:31; Ro 1:4,6,7,8; 2:16[NIV]; 3:22; 5:1,11,15,17,21; 7:25; 13:14; 15:6,30; 16:25,27; 1Co 1:2,3,7,8,9,10; 2:2; 3:11; 6:11; 8:6; 15:57; 2Co 1:2,3,19; 4:5,6[UBS]; 8:9; 13:5[UBS],13; Gal 1:1,3,12; 2:16; 3:1,22; 6:14,18; Eph 1:2,3,5,17; 5:20; 6:23,24; Php 1:2,11, 19; 2:11,21; 3:20; 4:23; Col 1:3; 1Th 1:1,3; 5:9,23,28; 2Th 1:1,2, 12; 2:1,14,16; 3:6,12,18; 1Ti 6:3,14; 2Ti 2:8; Tit 1:1; 2:13; 3:6; Phm 1:3,25; Heb 10:10; 13:8,21; Jas 1:1; 2:1; 1Pe 1:1,2,3,3,7, 13; 2:5; 3:21; 4:11; 2Pe 1:1,1,8,11,14,16; 2:20; 3:18; 1Jn 1:3; 2:1; 3:23; 4:2; 5:6,20; 2Jn 1:3,7; Jude 1:1,1,4,17,21,25; Rev 1:1,2,5

καυχάομαι ἐν Χριστῷ [1] Php 3:3

κηρύσσω Χριστόν [6] Ac 8:5; 1Co 1:23; 15:12; 2Co 4:5; 11:4; Php 1:15

κύριος Ἰησοῦς Χριστός [69] Ac 10:36; 11:17; 15:26; 28:31; Ro 1:4,7; 5:1,11,21; 7:25; 13:14; 15:6,30; 1Co 1:2,3,7,8,9,10; 6:11; 8:6; 15:57; 2Co 1:2,3; 4:5; 8:9; 13:13; Gal 1:3; 6:14,18; Eph 1:2,3,17; 5:20; 6:23,24; Php 1:2; 2:11; 3:20; 4:23; Col 1:3; 2:6; 1Th 1:1,3; 5:9,23,28; 2Th 1:1,2,12; 2:1,14,16; 3:6,12,18; 1Ti 6:3,14; Phm 1:3,25; Jas 1:1; 2:1; 1Pe 1:3; 2Pe 1:8,14,16; Jude 1:17,21,25

κύριος καὶ Χριστός [1] Ac 2:36

κύριος Χριστός [4] Lk 2:11; Ro 16:18; Col 3:24; 1Pe 3:15

λόγος Χριστοῦ [2] Col 3:16; Heb 6:1

μανθάνω τὸν Χριστόν [1] Eph 4:20

μάρτυς τοῦ Χριστοῦ [1] 1Pe 5:1

μέλος Χριστοῦ [2] 1Co 6:15,15

μυστήριον τοῦ Χριστοῦ [5] Eph 3:4; 5:32; Col 1:27; 2:2; 4:3

νόμος Χριστοῦ [1] Gal 6:2

νοῦς Χριστοῦ [1] 1Co 2:16

ὄνομα Χριστοῦ [7] Ac 2:38; 3:6; 4:10; 8:12; 10:48; 16:18; 1Pe 4:14

ὁράω τὸν Χριστόν [1] Lk 2:26

πνεῦμα Χριστοῦ [3] Ro 8:9; Php 1:19; 1Pe 1:11

σταυρός Χριστοῦ [3] 1Co 1:17; Gal 6:12,14

ὑπέρ Χριστοῦ [5] Ro 9:3; 2Co 5:20,20; 12:10; Php 1:29

φόβος Χριστοῦ [1] Eph 5:21

χάρις Χριστοῦ [10] Ro 5:15; 2Co 8:9; 13:13; Gal 1:6; 6:18; Eph 4:7; Php 4:23; 1Th 5:28; 2Th 3:18; Phm 1:25

χάρις τῷ Χριστῷ [1] 1Ti 1:12

Χριστός Ἰησοῦς [91 / 90] Ac 24:24; Ro 1:1; 2:16[UBS]; 3:24; 6:3,11,23; 8:1,2,34,39; 15:5,16,17; 16:3; 1Co 1:1,2,4,30; 4:15,17; 15:31; 16:24; 2Co 1:1; 13:5[NIV]; Gal 2:4,16; 3:14,26,28; 4:14; 5:6,24; Eph 1:1,1; 2:6,7,10,13,20; 3:1,6,11,21; Php 1:1,1, 6,8,26; 2:5; 3:3,8,12,14; 4:7,19,21; Col 1:1,4; 2:6; 4:12; 1Th 2:14; 5:18; 1Ti 1:1,1,2,12,14,15,16; 2:5; 3:13; 4:6; 5:21; 6:13; 2Ti 1:1,1,2,9,10,13; 2:1,3,10; 3:12,15; 4:1; Tit 1:4; Phm 1:1,9,23; 1Pe 5:10[UBS]

Χριστός κυρίου [1] Lk 2:26

Mt 1: 1 Βίβλος γενέσεως Ἰησοῦ **Χριστοῦ** υἱοῦ Δαυὶδ υἱοῦ Ἀβραάμ.
1:16 Ἰακὼβ δὲ ἐγέννησεν τὸν Ἰωσὴφ τὸν ἄνδρα Μαρίας, ἐξ ἧς ἐγεννήθη Ἰησοῦς ὁ λεγόμενος **Χριστός.**
1:17 καὶ ἀπὸ τῆς μετοικεσίας Βαβυλῶνος ἕως τοῦ **Χριστοῦ** γενεαὶ δεκατέσσαρες.
1:18 Τοῦ δὲ Ἰησοῦ **Χριστοῦ** ἡ γένεσις οὕτως ἦν.
2: 4 καὶ συναγαγὼν πάντας τοὺς ἀρχιερεῖς καὶ γραμματεῖς τοῦ λαοῦ ἐπυνθάνετο παρ' αὐτῶν ποῦ ὁ **Χριστὸς** γεννᾶται.
11: 2 Ὁ δὲ Ἰωάννης ἀκούσας ἐν τῷ δεσμωτηρίῳ τὰ ἔργα τοῦ **Χριστοῦ** πέμψας διὰ τῶν μαθητῶν αὐτοῦ
16:16 Σὺ εἶ ὁ **Χριστὸς** ὁ υἱὸς τοῦ θεοῦ τοῦ ζῶντος.
16:20 τότε διεστείλατο τοῖς μαθηταῖς ἵνα μηδενὶ εἴπωσιν ὅτι αὐτός ἐστιν ὁ **Χριστός.**
22:42 λέγων, Τί ὑμῖν δοκεῖ περὶ τοῦ **Χριστοῦ;** τίνος υἱός ἐστιν;
23:10 μηδὲ κληθῆτε καθηγηταί, ὅτι καθηγητὴς ὑμῶν ἐστιν εἷς ὁ **Χριστός.**
24: 5 πολλοὶ γὰρ ἐλεύσονται ἐπὶ τῷ ὀνόματί μου λέγοντες, Ἐγώ εἰμι ὁ **Χριστός,** καὶ πολλοὺς πλανήσουσιν.
24:23 Ἰδοὺ ὧδε ὁ **Χριστός,** ἤ, Ὧδε, μὴ πιστεύσητε·
26:63 Ἐξορκίζω σε κατὰ τοῦ θεοῦ τοῦ ζῶντος ἵνα ἡμῖν εἴπῃς εἰ σὺ εἶ ὁ **Χριστὸς** ὁ υἱὸς τοῦ θεοῦ.
26:68 λέγοντες, Προφήτευσον ἡμῖν, **Χριστέ,** τίς ἐστιν ὁ παίσας σε;
27:17 [Ἰησοῦν τὸν] Βαραββᾶν ἢ Ἰησοῦν τὸν λεγόμενον **Χριστόν;**
27:22 λέγει αὐτοῖς ὁ Πιλᾶτος, Τί οὖν ποιήσω Ἰησοῦν τὸν λεγόμενον **Χριστόν;**
Mk 1: 1 Ἀρχὴ τοῦ εὐαγγελίου Ἰησοῦ **Χριστοῦ** [υἱοῦ θεοῦ.]
8:29 ἀποκριθεὶς ὁ Πέτρος λέγει αὐτῷ, Σὺ εἶ ὁ **Χριστός.**
9:41 Ὃς γὰρ ἂν ποτίσῃ ὑμᾶς ποτήριον ὕδατος ἐν ὀνόματι ὅτι **Χριστοῦ** ἐστε,
12:35 Πῶς λέγουσιν οἱ γραμματεῖς ὅτι ὁ **Χριστὸς** υἱὸς Δαυίδ ἐστιν;
13:21 Ἴδε ὧδε ὁ **Χριστός,** Ἴδε ἐκεῖ, μὴ πιστεύετε·
14:61 Σὺ εἶ ὁ **Χριστὸς** ὁ υἱὸς τοῦ εὐλογητοῦ;
15:32 ὁ **Χριστὸς** ὁ βασιλεὺς Ἰσραὴλ καταβάτω νῦν ἀπὸ τοῦ σταυροῦ,
Lk 2:11 ὅτι ἐτέχθη ὑμῖν σήμερον σωτὴρ ὅς ἐστιν **Χριστὸς** κύριος ἐν πόλει Δαυίδ.
2:26 καὶ ἦν αὐτῷ κεχρηματισμένον ὑπὸ τοῦ πνεύματος τοῦ ἁγίου μὴ ἰδεῖν θάνατον πρὶν [ἢ] ἂν ἴδῃ τὸν **Χριστὸν** κυρίου.
3:15 Προσδοκῶντος δὲ τοῦ λαοῦ καὶ διαλογιζομένων πάντων ἐν ταῖς καρδίαις αὐτῶν περὶ τοῦ Ἰωάννου, μήποτε αὐτὸς εἴη ὁ **Χριστός,**
4:41 καὶ ἐπιτιμῶν οὐκ εἴα αὐτὰ λαλεῖν, ὅτι ᾔδεισαν τὸν **Χριστὸν** αὐτὸν εἶναι.
9:20 Πέτρος δὲ ἀποκριθεὶς εἶπεν, Τὸν **Χριστὸν** τοῦ θεοῦ.
20:41 Εἶπεν δὲ πρὸς αὐτούς, Πῶς λέγουσιν τὸν **Χριστὸν** εἶναι Δαυὶδ υἱόν;
22:67 λέγοντες, Εἰ σὺ εἶ ὁ **Χριστός,** εἰπὸν ἡμῖν.
23: 2 Τοῦτον εὕραμεν διαστρέφοντα τὸ ἔθνος ἡμῶν καὶ κωλύοντα φόρους Καίσαρι διδόναι καὶ λέγοντα ἑαυτὸν **Χριστὸν** βασιλέα εἶναι.
23:35 εἰ οὗτός ἐστιν ὁ **Χριστὸς** τοῦ θεοῦ ὁ ἐκλεκτός.
23:39 Εἷς δὲ τῶν κρεμασθέντων κακούργων ἐβλασφήμει αὐτὸν λέγων, Οὐχὶ σὺ εἶ ὁ **Χριστός;**
24:26 οὐχὶ ταῦτα ἔδει παθεῖν τὸν **Χριστὸν** καὶ εἰσελθεῖν εἰς τὴν δόξαν αὐτοῦ;
24:46 καὶ εἶπεν αὐτοῖς ὅτι Οὕτως γέγραπται παθεῖν τὸν **Χριστὸν** καὶ ἀναστῆναι ἐκ νεκρῶν τῇ τρίτῃ ἡμέρᾳ,
Jn 1:17 ἡ χάρις καὶ ἡ ἀλήθεια διὰ Ἰησοῦ **Χριστοῦ** ἐγένετο.
1:20 καὶ ὡμολόγησεν ὅτι Ἐγὼ οὐκ εἰμὶ ὁ **Χριστός.**
1:25 Τί οὖν βαπτίζεις εἰ σὺ οὐκ εἶ ὁ **Χριστὸς** οὐδὲ Ἠλίας οὐδὲ ὁ προφήτης;
1:41 πρῶτον τὸν ἀδελφὸν τὸν ἴδιον Σίμωνα καὶ λέγει αὐτῷ, Εὑρήκαμεν τὸν Μεσσίαν, ὅ ἐστιν μεθερμηνευόμενον **Χριστός·**
3:28 αὐτοὶ ὑμεῖς μοι μαρτυρεῖτε ὅτι εἶπον [ὅτι] Οὐκ εἰμὶ ἐγὼ ὁ **Χριστός,**
4:25 λέγει αὐτῷ ἡ γυνή, Οἶδα ὅτι Μεσσίας ἔρχεται ὁ λεγόμενος **Χριστός·**
4:29 Δεῦτε ἴδετε ἄνθρωπον ὃς εἶπέν μοι πάντα ὅσα ἐποίησα, μήτι οὗτός ἐστιν ὁ **Χριστός;**
7:26 μήποτε ἀληθῶς ἔγνωσαν οἱ ἄρχοντες ὅτι οὗτός ἐστιν ὁ **Χριστός;**
7:27 ὁ δὲ **Χριστὸς** ὅταν ἔρχηται οὐδεὶς γινώσκει πόθεν ἐστίν.
7:31 Ὁ **Χριστὸς** ὅταν ἔλθῃ μὴ πλείονα σημεῖα ποιήσει ὧν οὗτος ἐποίησεν;
7:41 ἄλλοι ἔλεγον, Οὗτός ἐστιν ὁ **Χριστός,** οἱ δὲ ἔλεγον, Μὴ γὰρ ἐκ τῆς Γαλιλαίας ὁ **Χριστὸς** ἔρχεται;
7:42 οὐχ ἡ γραφὴ εἶπεν ὅτι ἐκ τοῦ σπέρματος Δαυὶδ καὶ ἀπὸ Βηθλέεμ τῆς κώμης ὅπου ἦν Δαυὶδ ἔρχεται ὁ **Χριστός;**
9:22 ἤδη γὰρ συνετέθειντο οἱ Ἰουδαῖοι ἵνα ἐάν τις αὐτὸν ὁμολογήσῃ **Χριστόν,**
10:24 εἰ σὺ εἶ ὁ **Χριστός,** εἰπὲ ἡμῖν παρρησίᾳ.
11:27 ἐγὼ πεπίστευκα ὅτι σὺ εἶ ὁ **Χριστὸς** ὁ υἱὸς τοῦ θεοῦ ὁ εἰς τὸν κόσμον ἐρχόμενος.
12:34 Ἡμεῖς ἠκούσαμεν ἐκ τοῦ νόμου ὅτι ὁ **Χριστὸς** μένει εἰς τὸν αἰῶνα,
17: 3 αὕτη δέ ἐστιν ἡ αἰώνιος ζωὴ ἵνα γινώσκωσιν σὲ τὸν μόνον ἀληθινὸν θεὸν καὶ ὃν ἀπέστειλας Ἰησοῦν **Χριστόν.**
20:31 ταῦτα δὲ γέγραπται ἵνα πιστεύ[σ]ητε ὅτι Ἰησοῦς ἐστιν ὁ **Χριστὸς** ὁ υἱὸς τοῦ θεοῦ,
Ac 2:31 προϊδὼν ἐλάλησεν περὶ τῆς ἀναστάσεως τοῦ **Χριστοῦ** ὅτι οὔτε ἐγκατελείφθη εἰς ᾅδην οὔτε ἡ σὰρξ αὐτοῦ εἶδεν διαφθοράν.
2:36 ἀσφαλῶς οὖν γινωσκέτω πᾶς οἶκος Ἰσραὴλ ὅτι καὶ κύριον αὐτὸν καὶ **Χριστὸν** ἐποίησεν ὁ θεός,
2:38 καὶ βαπτισθήτω ἕκαστος ὑμῶν ἐπὶ τῷ ὀνόματι Ἰησοῦ **Χριστοῦ** εἰς ἄφεσιν τῶν ἁμαρτιῶν ὑμῶν καὶ λήμψεσθε τὴν δωρεὰν τοῦ ἁγίου πνεύματος.
3: 6 ἐν τῷ ὀνόματι Ἰησοῦ **Χριστοῦ** τοῦ Ναζωραίου [ἔγειρε καὶ] περιπάτει.
3:18 ἃ προκατήγγειλεν διὰ στόματος πάντων τῶν προφητῶν παθεῖν τὸν **Χριστὸν** αὐτοῦ,
3:20 ὅπως ἂν ἔλθωσιν καιροὶ ἀναψύξεως ἀπὸ προσώπου τοῦ κυρίου καὶ ἀποστείλῃ τὸν προκεχειρισμένον ὑμῖν **Χριστόν** Ἰησοῦν,
4:10 γνωστὸν ἔστω πᾶσιν ὑμῖν καὶ παντὶ τῷ λαῷ Ἰσραὴλ ὅτι ἐν τῷ ὀνόματι Ἰησοῦ **Χριστοῦ** τοῦ Ναζωραίου ὃν ὑμεῖς ἐσταυρώσατε,
4:26 παρέστησαν οἱ βασιλεῖς τῆς γῆς καὶ οἱ ἄρχοντες συνήχθησαν ἐπὶ τὸ αὐτὸ κατὰ τοῦ κυρίου καὶ κατὰ τοῦ **Χριστοῦ** αὐτοῦ.

5:42 πᾶσάν τε ἡμέραν ἐν τῷ ἱερῷ καὶ κατ᾽ οἶκον οὐκ ἐπαύοντο διδάσκοντες καὶ εὐαγγελιζόμενοι τὸν **Χριστὸν** Ἰησοῦν.
8: 5 **Φίλιππος** δὲ κατελθὼν εἰς [τὴν] πόλιν τῆς Σαμαρείας ἐκήρυσσεν αὐτοῖς τὸν **Χριστόν.**
8:12 ὅτε δὲ ἐπίστευσαν τῷ **Φιλίππῳ** εὐαγγελιζομένῳ περὶ τῆς βασιλείας τοῦ θεοῦ καὶ τοῦ ὀνόματος Ἰησοῦ **Χριστοῦ,**
9:22 Σαῦλος δὲ μᾶλλον ἐνεδυναμοῦτο καὶ συνέχυννεν [τοὺς] Ἰουδαίους τοὺς κατοικοῦντας ἐν Δαμασκῷ συμβιβάζων ὅτι οὗτός ἐστιν ὁ **Χριστός.**
9:34 καὶ εἶπεν αὐτῷ ὁ Πέτρος, Αἰνέα, ἰᾶταί σε Ἰησοῦς **Χριστός·**
10:36 τὸν λόγον [ὃν] ἀπέστειλεν τοῖς υἱοῖς Ἰσραὴλ εὐαγγελιζόμενος εἰρήνην διὰ Ἰησοῦ **Χριστοῦ,**
10:48 προσέταξεν δὲ αὐτοὺς ἐν τῷ ὀνόματι Ἰησοῦ **Χριστοῦ** βαπτισθῆναι.
11:17 εἰ οὖν τὴν ἴσην δωρεὰν ἔδωκεν αὐτοῖς ὁ θεὸς ὡς καὶ ἡμῖν πιστεύσασιν ἐπὶ τὸν κύριον Ἰησοῦν **Χριστόν,**
15:26 ἀνθρώποις παραδεδωκόσι τὰς ψυχὰς αὐτῶν ὑπὲρ τοῦ ὀνόματος τοῦ κυρίου ἡμῶν Ἰησοῦ **Χριστοῦ.**
16:18 Παραγγέλλω σοι ἐν ὀνόματι Ἰησοῦ **Χριστοῦ** ἐξελθεῖν ἀπ᾽ αὐτῆς·
17: 3 διανοίγων καὶ παρατιθέμενος ὅτι τὸν **Χριστὸν** ἔδει παθεῖν καὶ ἀναστῆναι ἐκ νεκρῶν καὶ ὅτι οὗτός ἐστιν ὁ **Χριστὸς** [ὁ] Ἰησοῦς ὃν ἐγὼ καταγγέλλω ὑμῖν.
18: 5 συνείχετο τῷ λόγῳ ὁ Παῦλος διαμαρτυρόμενος τοῖς Ἰουδαίοις εἶναι τὸν **Χριστὸν** Ἰησοῦν.
18:28 εὐτόνως γὰρ τοῖς Ἰουδαίοις διακατηλέγχετο δημοσίᾳ ἐπιδεικνὺς διὰ τῶν γραφῶν εἶναι τὸν **Χριστὸν** Ἰησοῦν.
24:24 Μετὰ δὲ ἡμέρας τινὰς παραγενόμενος ὁ **Φῆλιξ** σὺν Δρουσίλλῃ τῇ ἰδίᾳ γυναικὶ οὔσῃ Ἰουδαίᾳ μετεπέμψατο τὸν Παῦλον καὶ ἤκουσεν αὐτοῦ περὶ τῆς εἰς **Χριστὸν** Ἰησοῦν πίστεως.
26:23 εἰ παθητὸς ὁ **Χριστός,** εἰ πρῶτος ἐξ ἀναστάσεως νεκρῶν φῶς μέλλει καταγγέλλειν τῷ τε λαῷ καὶ τοῖς ἔθνεσιν.
28:31 κηρύσσων τὴν βασιλείαν τοῦ θεοῦ καὶ διδάσκων τὰ περὶ τοῦ κυρίου Ἰησοῦ **Χριστοῦ** μετὰ πάσης παρρησίας ἀκωλύτως.

Ro 1: 1 Παῦλος δοῦλος **Χριστοῦ** Ἰησοῦ, κλητὸς ἀπόστολος ἀφωρισμένος εἰς εὐαγγέλιον θεοῦ,
1: 4 τοῦ ὁρισθέντος υἱοῦ θεοῦ ἐν δυνάμει κατὰ πνεῦμα ἁγιωσύνης ἐξ ἀναστάσεως νεκρῶν, Ἰησοῦ **Χριστοῦ** τοῦ κυρίου ἡμῶν,
1: 6 ἐν οἷς ἐστε καὶ ὑμεῖς κλητοὶ Ἰησοῦ **Χριστοῦ,**
1: 7 χάρις ὑμῖν καὶ εἰρήνη ἀπὸ θεοῦ πατρὸς ἡμῶν καὶ κυρίου Ἰησοῦ **Χριστοῦ.**
1: 8 μὲν εὐχαριστῶ τῷ θεῷ μου διὰ Ἰησοῦ **Χριστοῦ** περὶ πάντων ὑμῶν ὅτι ἡ πίστις ὑμῶν καταγγέλλεται ἐν ὅλῳ τῷ κόσμῳ.
2:16 ὅτε κρίνει ὁ θεὸς τὰ κρυπτὰ τῶν ἀνθρώπων κατὰ τὸ εὐαγγέλιόν μου διὰ **Χριστοῦ** [UBS; NIV Ἰησοῦ **Χριστοῦ.**] Ἰησοῦ.
3:22 δικαιοσύνη δὲ θεοῦ διὰ πίστεως Ἰησοῦ **Χριστοῦ** εἰς πάντας τοὺς πιστεύοντας.
3:24 δικαιούμενοι δωρεὰν τῇ αὐτοῦ χάριτι διὰ τῆς ἀπολυτρώσεως τῆς ἐν **Χριστῷ** Ἰησοῦ·
5: 1 Δικαιωθέντες οὖν ἐκ πίστεως εἰρήνην ἔχομεν πρὸς τὸν θεὸν διὰ τοῦ κυρίου ἡμῶν Ἰησοῦ **Χριστοῦ**
5: 6 ἔτι γὰρ **Χριστὸς** ὄντων ἡμῶν ἀσθενῶν ἔτι κατὰ καιρὸν ὑπὲρ ἀσεβῶν ἀπέθανεν.
5: 8 ὅτι ἔτι ἁμαρτωλῶν ὄντων ἡμῶν **Χριστὸς** ὑπὲρ ἡμῶν ἀπέθανεν.
5:11 ἀλλὰ καὶ καυχώμενοι ἐν τῷ θεῷ διὰ τοῦ κυρίου ἡμῶν Ἰησοῦ **Χριστοῦ** δι᾽ οὗ νῦν τὴν καταλλαγὴν ἐλάβομεν.
5:15 πολλῷ μᾶλλον ἡ χάρις τοῦ θεοῦ καὶ ἡ δωρεὰ ἐν χάριτι τῇ τοῦ ἑνὸς ἀνθρώπου Ἰησοῦ **Χριστοῦ** εἰς τοὺς πολλοὺς ἐπερίσσευσεν.
5:17 πολλῷ μᾶλλον οἱ τὴν περισσείαν τῆς χάριτος καὶ τῆς δωρεᾶς τῆς δικαιοσύνης λαμβάνοντες ἐν ζωῇ βασιλεύσουσιν διὰ τοῦ ἑνὸς Ἰησοῦ **Χριστοῦ.**
5:21 οὕτως καὶ ἡ χάρις βασιλεύσῃ διὰ δικαιοσύνης εἰς ζωὴν αἰώνιον διὰ Ἰησοῦ **Χριστοῦ** τοῦ κυρίου ἡμῶν.
6: 3 ἢ ἀγνοεῖτε ὅτι, ὅσοι ἐβαπτίσθημεν εἰς **Χριστὸν** Ἰησοῦν,
6: 4 ἵνα ὥσπερ ἠγέρθη **Χριστὸς** ἐκ νεκρῶν διὰ τῆς δόξης τοῦ πατρός,
6: 8 εἰ δὲ ἀπεθάνομεν σὺν **Χριστῷ,** πιστεύομεν ὅτι καὶ συζήσομεν αὐτῷ,
6: 9 εἰδότες ὅτι **Χριστὸς** ἐγερθεὶς ἐκ νεκρῶν οὐκέτι ἀποθνῄσκει,
6:11 οὕτως καὶ ὑμεῖς λογίζεσθε ἑαυτοὺς [εἶναι] νεκροὺς μὲν τῇ ἁμαρτίᾳ ζῶντας δὲ τῷ θεῷ ἐν **Χριστῷ** Ἰησοῦ.
6:23 τὸ δὲ χάρισμα τοῦ θεοῦ ζωὴ αἰώνιος ἐν **Χριστῷ** Ἰησοῦ τῷ κυρίῳ ἡμῶν.
7: 4 καὶ ὑμεῖς ἐθανατώθητε τῷ νόμῳ διὰ τοῦ σώματος τοῦ **Χριστοῦ,**
7:25 χάρις δὲ τῷ θεῷ διὰ Ἰησοῦ **Χριστοῦ** τοῦ κυρίου ἡμῶν.
8: 1 Οὐδὲν ἄρα νῦν κατάκριμα τοῖς ἐν **Χριστῷ** Ἰησοῦ.
8: 2 ὁ γὰρ νόμος τοῦ πνεύματος τῆς ζωῆς ἐν **Χριστῷ** Ἰησοῦ ἠλευθέρωσέν σε ἀπὸ τοῦ νόμου τῆς ἁμαρτίας καὶ τοῦ θανάτου.
8: 9 εἰ δέ τις πνεῦμα **Χριστοῦ** οὐκ ἔχει, οὗτος οὐκ ἔστιν αὐτοῦ.
8:10 εἰ δὲ **Χριστὸς** ἐν ὑμῖν, τὸ μὲν σῶμα νεκρὸν διὰ ἁμαρτίαν τὸ δὲ πνεῦμα ζωὴ διὰ δικαιοσύνην.
8:11 ὁ ἐγείρας **Χριστὸν** ἐκ νεκρῶν ζῳοποιήσει καὶ τὰ θνητὰ σώματα ὑμῶν διὰ τοῦ ἐνοικοῦντος αὐτοῦ πνεύματος ἐν ὑμῖν.
8:17 κληρονόμοι μὲν θεοῦ, συγκληρονόμοι δὲ **Χριστοῦ,** εἴπερ συμπάσχομεν ἵνα καὶ συνδοξασθῶμεν.
8:34 **Χριστὸς** [Ἰησοῦς] ὁ ἀποθανών, μᾶλλον δὲ ἐγερθείς, ὃς καί ἐστιν ἐν δεξιᾷ τοῦ θεοῦ,
8:35 τίς ἡμᾶς χωρίσει ἀπὸ τῆς ἀγάπης τοῦ **Χριστοῦ;**
8:39 οὔτε βάθος οὔτε τις κτίσις ἑτέρα δυνήσεται ἡμᾶς χωρίσαι ἀπὸ τῆς ἀγάπης τοῦ θεοῦ τῆς ἐν **Χριστῷ** Ἰησοῦ τῷ κυρίῳ ἡμῶν.
9: 1 Ἀλήθειαν λέγω ἐν **Χριστῷ,** οὐ ψεύδομαι, συμμαρτυρούσης μοι τῆς συνειδήσεώς μου ἐν πνεύματι ἁγίῳ,
9: 3 ηὐχόμην γὰρ ἀνάθεμα εἶναι αὐτὸς ἐγὼ ἀπὸ τοῦ **Χριστοῦ** ὑπὲρ τῶν ἀδελφῶν μου τῶν συγγενῶν μου κατὰ σάρκα,
9: 5 ὧν οἱ πατέρες καὶ ἐξ ὧν ὁ **Χριστὸς** τὸ κατὰ σάρκα,
10: 4 τέλος γὰρ νόμου **Χριστὸς** εἰς δικαιοσύνην παντὶ τῷ πιστεύοντι.
10: 6 Τίς ἀναβήσεται εἰς τὸν οὐρανόν; τοῦτ᾽ ἔστιν **Χριστὸν** καταγαγεῖν·
10: 7 Τίς καταβήσεται εἰς τὴν ἄβυσσον; τοῦτ᾽ ἔστιν **Χριστὸν** ἐκ νεκρῶν ἀναγαγεῖν.
10:17 ἄρα ἡ πίστις ἐξ ἀκοῆς, ἡ δὲ ἀκοὴ διὰ ῥήματος **Χριστοῦ.**
12: 5 οὕτως οἱ πολλοὶ ἓν σῶμά ἐσμεν ἐν **Χριστῷ,**
13:14 ἀλλὰ ἐνδύσασθε τὸν κύριον Ἰησοῦν **Χριστὸν** καὶ τῆς σαρκὸς πρόνοιαν μὴ ποιεῖσθε εἰς ἐπιθυμίας.
14: 9 εἰς τοῦτο γὰρ **Χριστὸς** ἀπέθανεν καὶ ἔζησεν, ἵνα καὶ νεκρῶν καὶ ζώντων κυριεύσῃ.
14:15 μὴ τῷ βρώματί σου ἐκεῖνον ἀπόλλυε ὑπὲρ οὗ **Χριστὸς** ἀπέθανεν.
14:18 ὁ γὰρ ἐν τούτῳ δουλεύων τῷ **Χριστῷ** εὐάρεστος τῷ θεῷ καὶ δόκιμος τοῖς ἀνθρώποις.
15: 3 καὶ γὰρ ὁ **Χριστὸς** οὐχ ἑαυτῷ ἤρεσεν· ἀλλὰ καθὼς γέγραπται,
15: 5 ὁ δὲ θεὸς τῆς ὑπομονῆς καὶ τῆς παρακλήσεως δῴη ὑμῖν τὸ αὐτὸ φρονεῖν ἐν ἀλλήλοις κατὰ **Χριστὸν** Ἰησοῦν,
15: 6 ἵνα ὁμοθυμαδὸν ἐν ἑνὶ στόματι δοξάζητε τὸν θεὸν καὶ πατέρα τοῦ κυρίου ἡμῶν Ἰησοῦ **Χριστοῦ.**
15: 7 καθὼς καὶ ὁ **Χριστὸς** προσελάβετο ὑμᾶς εἰς δόξαν τοῦ θεοῦ.
15: 8 λέγω γὰρ **Χριστὸν** διάκονον γεγενῆσθαι περιτομῆς ὑπὲρ ἀληθείας θεοῦ,
15:16 εἰς τὸ εἶναί με λειτουργὸν **Χριστοῦ** Ἰησοῦ εἰς τὰ ἔθνη,
15:17 ἔχω οὖν [τὴν] καύχησιν ἐν **Χριστῷ** Ἰησοῦ τὰ πρὸς τὸν θεόν·
15:18 οὐ γὰρ τολμήσω τι λαλεῖν ὧν οὐ κατειργάσατο **Χριστὸς** δι᾽ ἐμοῦ εἰς ὑπακοὴν ἐθνῶν,
15:19 ὥστε με ἀπὸ Ἰερουσαλὴμ καὶ κύκλῳ μέχρι τοῦ Ἰλλυρικοῦ πεπληρωκέναι τὸ εὐαγγέλιον τοῦ **Χριστοῦ,**
15:20 οὕτως δὲ φιλοτιμούμενον εὐαγγελίζεσθαι οὐχ ὅπου ὠνομάσθη **Χριστός,**
15:29 οἶδα δὲ ὅτι ἐρχόμενος πρὸς ὑμᾶς ἐν πληρώματι εὐλογίας **Χριστοῦ** ἐλεύσομαι.
15:30 διὰ τοῦ κυρίου ἡμῶν Ἰησοῦ **Χριστοῦ** καὶ διὰ τῆς ἀγάπης τοῦ πνεύματος συναγωνίσασθαί μοι ἐν ταῖς προσευχαῖς ὑπὲρ ἐμοῦ
16: 3 Ἀσπάσασθε Πρίσκαν καὶ Ἀκύλαν τοὺς συνεργούς μου ἐν **Χριστῷ** Ἰησοῦ,
16: 5 ἀσπάσασθε Ἐπαίνετον τὸν ἀγαπητόν μου, ὅς ἐστιν ἀπαρχὴ τῆς Ἀσίας εἰς **Χριστόν.**
16: 7 οἵτινές εἰσιν ἐπίσημοι ἐν τοῖς ἀποστόλοις, οἳ καὶ πρὸ ἐμοῦ γέγοναν ἐν **Χριστῷ.**
16: 9 ἀσπάσασθε Οὐρβανὸν τὸν συνεργὸν ἡμῶν ἐν **Χριστῷ** καὶ Στάχυν τὸν ἀγαπητόν μου.
16:10 ἀσπάσασθε Ἀπελλῆν τὸν δόκιμον ἐν **Χριστῷ.** ἀσπάσασθε τοὺς ἐκ τῶν Ἀριστοβούλου.
16:16 Ἀσπάσασθε ἀλλήλους ἐν φιλήματι ἁγίῳ. Ἀσπάζονται ὑμᾶς αἱ ἐκκλησίαι πᾶσαι τοῦ **Χριστοῦ.**
16:18 οἱ γὰρ τοιοῦτοι τῷ κυρίῳ ἡμῶν **Χριστῷ** οὐ δουλεύουσιν ἀλλὰ τῇ ἑαυτῶν κοιλίᾳ,
16:25 [Τῷ δὲ δυναμένῳ ὑμᾶς στηρίξαι κατὰ τὸ εὐαγγέλιόν μου καὶ τὸ κήρυγμα Ἰησοῦ **Χριστοῦ,]**
16:27 [μόνῳ σοφῷ θεῷ, διὰ Ἰησοῦ **Χριστοῦ,** ᾧ ἡ δόξα εἰς τοὺς αἰῶνας,]

1Co 1: 1 Παῦλος κλητὸς ἀπόστολος **Χριστοῦ** Ἰησοῦ διὰ θελήματος θεοῦ καὶ Σωσθένης ὁ ἀδελφὸς

1: 2 τῇ ἐκκλησίᾳ τοῦ θεοῦ τῇ οὔσῃ ἐν Κορίνθῳ, ἡγιασμένοις ἐν **Χριστῷ** Ἰησοῦ, κλητοῖς ἁγίοις, σὺν πᾶσιν τοῖς ἐπικαλουμένοις τὸ ὄνομα τοῦ κυρίου ἡμῶν Ἰησοῦ **Χριστοῦ**
1: 3 χάρις ὑμῖν καὶ εἰρήνη ἀπὸ θεοῦ πατρὸς ἡμῶν καὶ κυρίου Ἰησοῦ **Χριστοῦ.**
1: 4 Εὐχαριστῶ τῷ θεῷ μου πάντοτε περὶ ὑμῶν ἐπὶ τῇ χάριτι τοῦ θεοῦ τῇ δοθείσῃ ὑμῖν ἐν **Χριστῷ** Ἰησοῦ,
1: 6 καθὼς τὸ μαρτύριον τοῦ **Χριστοῦ** ἐβεβαιώθη ἐν ὑμῖν,
1: 7 ὑμᾶς μὴ ὑστερεῖσθαι ἐν μηδενὶ χαρίσματι ἀπεκδεχομένους τὴν ἀποκάλυψιν τοῦ κυρίου ἡμῶν Ἰησοῦ **Χριστοῦ·**
1: 8 ὃς καὶ βεβαιώσει ὑμᾶς ἕως τέλους ἀνεγκλήτους ἐν τῇ ἡμέρᾳ τοῦ κυρίου ἡμῶν Ἰησοῦ **[Χριστοῦ.]**
1: 9 δι' οὗ ἐκλήθητε εἰς κοινωνίαν τοῦ υἱοῦ αὐτοῦ Ἰησοῦ **Χριστοῦ** τοῦ κυρίου ἡμῶν.
1:10 διὰ τοῦ ὀνόματος τοῦ κυρίου ἡμῶν Ἰησοῦ **Χριστοῦ,**
1:12 Ἐγὼ δὲ Ἀπολλῶ, Ἐγὼ δὲ Κηφᾶ, Ἐγὼ δὲ **Χριστοῦ.**
1:13 μεμέρισται ὁ **Χριστός;** μὴ Παῦλος ἐσταυρώθη ὑπὲρ ὑμῶν,
1:17 οὐ γὰρ ἀπέστειλέν με **Χριστὸς** βαπτίζειν ἀλλὰ εὐαγγελίζεσθαι, οὐκ ἐν σοφίᾳ λόγου, ἵνα μὴ κενωθῇ ὁ σταυρὸς τοῦ **Χριστοῦ.**
1:23 ἡμεῖς δὲ κηρύσσομεν **Χριστὸν** ἐσταυρωμένον, Ἰουδαίοις μὲν σκάνδαλον,
1:24 Ἰουδαίοις τε καὶ Ἕλλησιν, **Χριστὸν** θεοῦ δύναμιν καὶ θεοῦ σοφίαν·
1:30 ἐξ αὐτοῦ δὲ ὑμεῖς ἐστε ἐν **Χριστῷ** Ἰησοῦ,
2: 2 οὐ γὰρ ἔκρινά τι εἰδέναι ἐν ὑμῖν εἰ μὴ Ἰησοῦν **Χριστὸν** καὶ τοῦτον ἐσταυρωμένον.
2:16 ὃς συμβιβάσει αὐτόν; ἡμεῖς δὲ νοῦν **Χριστοῦ** ἔχομεν.
3: 1 οὐκ ἠδυνήθην λαλῆσαι ὑμῖν ὡς πνευματικοῖς ἀλλ' ὡς σαρκίνοις, ὡς νηπίοις ἐν **Χριστῷ.**
3:11 θεμέλιον γὰρ ἄλλον οὐδεὶς δύναται θεῖναι παρὰ τὸν κείμενον, ὅς ἐστιν Ἰησοῦς **Χριστός.**
3:23 ὑμεῖς δὲ **Χριστοῦ, Χριστὸς** δὲ θεοῦ.
4: 1 Οὕτως ἡμᾶς λογιζέσθω ἄνθρωπος ὡς ὑπηρέτας **Χριστοῦ** καὶ οἰκονόμους μυστηρίων θεοῦ.
4:10 ἡμεῖς μωροὶ διὰ **Χριστόν,** ὑμεῖς δὲ φρόνιμοι ἐν **Χριστῷ·**
4:15 ἐὰν γὰρ μυρίους παιδαγωγοὺς ἔχητε ἐν **Χριστῷ** ἀλλ' οὐ πολλοὺς πατέρας· ἐν γὰρ **Χριστῷ** Ἰησοῦ διὰ τοῦ εὐαγγελίου ἐγὼ ὑμᾶς ἐγέννησα.
4:17 ὃς ὑμᾶς ἀναμνήσει τὰς ὁδούς μου τὰς ἐν **Χριστῷ** [Ἰησοῦ,]
5: 7 καθώς ἐστε ἄζυμοι· καὶ γὰρ τὸ πάσχα ἡμῶν ἐτύθη **Χριστός.**
6:11 ἀλλὰ ἐδικαιώθητε ἐν τῷ ὀνόματι τοῦ κυρίου Ἰησοῦ **Χριστοῦ** καὶ ἐν τῷ πνεύματι τοῦ θεοῦ ἡμῶν.
6:15 οὐκ οἴδατε ὅτι τὰ σώματα ὑμῶν μέλη **Χριστοῦ** ἐστιν; ἄρας οὖν τὰ μέλη τοῦ **Χριστοῦ** ποιήσω πόρνης μέλη;
7:22 ὁ γὰρ ἐν κυρίῳ κληθεὶς δοῦλος ἀπελεύθερος κυρίου ἐστίν, ὁμοίως ὁ ἐλεύθερος κληθεὶς δοῦλός ἐστιν **Χριστοῦ.**
8: 6 καὶ εἷς κύριος Ἰησοῦς **Χριστὸς** δι' οὗ τὰ πάντα καὶ ἡμεῖς δι' αὐτοῦ.
8:11 ἀπόλλυται γὰρ ὁ ἀσθενῶν ἐν τῇ σῇ γνώσει, ὁ ἀδελφὸς δι' ὃν **Χριστὸς** ἀπέθανεν.
8:12 οὕτως δὲ ἁμαρτάνοντες εἰς τοὺς ἀδελφοὺς καὶ τύπτοντες αὐτῶν τὴν συνείδησιν ἀσθενοῦσαν εἰς **Χριστὸν** ἁμαρτάνετε.
9:12 ἵνα μή τινα ἐγκοπὴν δῶμεν τῷ εὐαγγελίῳ τοῦ **Χριστοῦ.**
9:21 μὴ ὢν ἄνομος θεοῦ ἀλλ' ἔννομος **Χριστοῦ,** ἵνα κερδάνω τοὺς ἀνόμους·
10: 4 ἔπινον γὰρ ἐκ πνευματικῆς ἀκολουθούσης πέτρας, ἡ πέτρα δὲ ἦν ὁ **Χριστός.**
10: 9 μηδὲ ἐκπειράζωμεν τὸν **Χριστόν,**[UBS; NIV *3261*] καθώς τινες αὐτῶν ἐπείρασαν καὶ ὑπὸ τῶν ὄφεων ἀπώλλυντο.
10:16 τὸ ποτήριον τῆς εὐλογίας ὃ εὐλογοῦμεν, οὐχὶ κοινωνία ἐστὶν τοῦ αἵματος τοῦ **Χριστοῦ;** τὸν ἄρτον ὃν κλῶμεν, οὐχὶ κοινωνία τοῦ σώματος τοῦ **Χριστοῦ** ἐστιν;
11: 1 μιμηταί μου γίνεσθε καθὼς κἀγὼ **Χριστοῦ.**
11: 3 ὅτι παντὸς ἀνδρὸς ἡ κεφαλὴ ὁ **Χριστός** ἐστιν, κεφαλὴ δὲ γυναικὸς ὁ ἀνήρ, κεφαλὴ δὲ τοῦ **Χριστοῦ** ὁ θεός.
12:12 πάντα δὲ τὰ μέλη τοῦ σώματος πολλὰ ὄντα ἕν ἐστιν σῶμα, οὕτως καὶ ὁ **Χριστός·**
12:27 Ὑμεῖς δέ ἐστε σῶμα **Χριστοῦ** καὶ μέλη ἐκ μέρους.
15: 3 ὅτι **Χριστὸς** ἀπέθανεν ὑπὲρ τῶν ἁμαρτιῶν ἡμῶν κατὰ τὰς γραφὰς
15:12 Εἰ δὲ **Χριστὸς** κηρύσσεται ὅτι ἐκ νεκρῶν ἐγήγερται,
15:13 εἰ δὲ ἀνάστασις νεκρῶν οὐκ ἔστιν, οὐδὲ **Χριστὸς** ἐγήγερται·
15:14 εἰ δὲ **Χριστὸς** οὐκ ἐγήγερται, κενὸν ἄρα [καὶ] τὸ κήρυγμα ἡμῶν,
15:15 ὅτι ἐμαρτυρήσαμεν κατὰ τοῦ θεοῦ ὅτι ἤγειρεν τὸν **Χριστόν,**
15:16 εἰ γὰρ νεκροὶ οὐκ ἐγείρονται, οὐδὲ **Χριστὸς** ἐγήγερται·
15:17 εἰ δὲ **Χριστὸς** οὐκ ἐγήγερται, ματαία ἡ πίστις ὑμῶν,
15:18 ἄρα καὶ οἱ κοιμηθέντες ἐν **Χριστῷ** ἀπώλοντο.
15:19 εἰ ἐν τῇ ζωῇ ταύτῃ ἐν **Χριστῷ** ἠλπικότες ἐσμὲν μόνον,
15:20 Νυνὶ δὲ **Χριστὸς** ἐγήγερται ἐκ νεκρῶν ἀπαρχὴ τῶν κεκοιμημένων.
15:22 ὥσπερ γὰρ ἐν τῷ Ἀδὰμ πάντες ἀποθνῄσκουσιν, οὕτως καὶ ἐν τῷ **Χριστῷ** πάντες ζῳοποιηθήσονται.
15:23 ἕκαστος δὲ ἐν τῷ ἰδίῳ τάγματι· ἀπαρχὴ **Χριστός,** ἔπειτα οἱ τοῦ **Χριστοῦ** ἐν τῇ παρουσίᾳ αὐτοῦ,
15:31 ἣν ἔχω ἐν **Χριστῷ** Ἰησοῦ τῷ κυρίῳ ἡμῶν.
15:57 τῷ δὲ θεῷ χάρις τῷ διδόντι ἡμῖν τὸ νῖκος διὰ τοῦ κυρίου ἡμῶν Ἰησοῦ **Χριστοῦ.**
16:24 ἡ ἀγάπη μου μετὰ πάντων ὑμῶν ἐν **Χριστῷ** Ἰησοῦ.
2Co 1: 1 Παῦλος ἀπόστολος **Χριστοῦ** Ἰησοῦ διὰ θελήματος θεοῦ καὶ Τιμόθεος ὁ ἀδελφὸς τῇ ἐκκλησίᾳ τοῦ θεοῦ τῇ οὔσῃ ἐν Κορίνθῳ
1: 2 χάρις ὑμῖν καὶ εἰρήνη ἀπὸ θεοῦ πατρὸς ἡμῶν καὶ κυρίου Ἰησοῦ **Χριστοῦ.**
1: 3 Εὐλογητὸς ὁ θεὸς καὶ πατὴρ τοῦ κυρίου ἡμῶν Ἰησοῦ **Χριστοῦ,**
1: 5 ὅτι καθὼς περισσεύει τὰ παθήματα τοῦ **Χριστοῦ** εἰς ἡμᾶς, οὕτως διὰ τοῦ **Χριστοῦ** περισσεύει καὶ ἡ παράκλησις ἡμῶν.
1:19 ὁ τοῦ θεοῦ γὰρ υἱὸς Ἰησοῦς **Χριστὸς** ὁ ἐν ὑμῖν δι' ἡμῶν κηρυχθείς,
1:21 ὁ δὲ βεβαιῶν ἡμᾶς σὺν ὑμῖν εἰς **Χριστὸν** καὶ χρίσας ἡμᾶς θεός,
2:10 εἴ τι κεχάρισμαι, δι' ὑμᾶς ἐν προσώπῳ **Χριστοῦ,**
2:12 Ἐλθὼν δὲ εἰς τὴν Τρῳάδα εἰς τὸ εὐαγγέλιον τοῦ **Χριστοῦ** καὶ θύρας μοι ἀνεῳγμένης ἐν κυρίῳ,
2:14 Τῷ δὲ θεῷ χάρις τῷ πάντοτε θριαμβεύοντι ἡμᾶς ἐν τῷ **Χριστῷ** καὶ τὴν ὀσμὴν τῆς γνώσεως αὐτοῦ φανεροῦντι δι' ἡμῶν
2:15 ὅτι **Χριστοῦ** εὐωδία ἐσμὲν τῷ θεῷ ἐν τοῖς σῳζομένοις καὶ ἐν τοῖς ἀπολλυμένοις,
2:17 ἀλλ' ὡς ἐκ θεοῦ κατέναντι θεοῦ ἐν **Χριστῷ** λαλοῦμεν.
3: 3 φανερούμενοι ὅτι ἐστὲ ἐπιστολὴ **Χριστοῦ** διακονηθεῖσα ὑφ' ἡμῶν,
3: 4 Πεποίθησιν δὲ τοιαύτην ἔχομεν διὰ τοῦ **Χριστοῦ** πρὸς τὸν θεόν.
3:14 ἄχρι γὰρ τῆς σήμερον ἡμέρας τὸ αὐτὸ κάλυμμα ἐπὶ τῇ ἀναγνώσει τῆς παλαιᾶς διαθήκης μένει, μὴ ἀνακαλυπτόμενον ὅτι ἐν **Χριστῷ** καταργεῖται·
4: 4 ἐτύφλωσεν τὰ νοήματα τῶν ἀπίστων εἰς τὸ μὴ αὐγάσαι τὸν φωτισμὸν τοῦ εὐαγγελίου τῆς δόξης τοῦ **Χριστοῦ,**
4: 5 οὐ γὰρ ἑαυτοὺς κηρύσσομεν ἀλλὰ Ἰησοῦν **Χριστὸν** κύριον,
4: 6 ὅς ἔλαμψεν ἐν ταῖς καρδίαις ἡμῶν πρὸς φωτισμὸν τῆς γνώσεως τῆς δόξης τοῦ θεοῦ ἐν προσώπῳ [Ἰησοῦ] **Χριστοῦ.**
5:10 τοὺς γὰρ πάντας ἡμᾶς φανερωθῆναι δεῖ ἔμπροσθεν τοῦ βήματος τοῦ **Χριστοῦ,**
5:14 ἡ γὰρ ἀγάπη τοῦ **Χριστοῦ** συνέχει ἡμᾶς, κρίναντας τοῦτο,
5:16 εἰ καὶ ἐγνώκαμεν κατὰ σάρκα **Χριστόν,** ἀλλὰ νῦν οὐκέτι γινώσκομεν.
5:17 ὥστε εἴ τις ἐν **Χριστῷ,** καινὴ κτίσις· τὰ ἀρχαῖα παρῆλθεν,
5:18 τὰ δὲ πάντα ἐκ τοῦ θεοῦ τοῦ καταλλάξαντος ἡμᾶς ἑαυτῷ διὰ **Χριστοῦ** καὶ δόντος ἡμῖν τὴν διακονίαν τῆς καταλλαγῆς,
5:19 ὡς ὅτι θεὸς ἦν ἐν **Χριστῷ** κόσμον καταλλάσσων ἑαυτῷ,
5:20 ὑπὲρ **Χριστοῦ** οὖν πρεσβεύομεν ὡς τοῦ θεοῦ παρακαλοῦντος δι' ἡμῶν· δεόμεθα ὑπὲρ **Χριστοῦ,** καταλλάγητε τῷ θεῷ.
6:15 τίς δὲ συμφώνησις **Χριστοῦ** πρὸς Βελιάρ, ἢ τίς μερὶς πιστῷ μετὰ ἀπίστου;
8: 9 γινώσκετε γὰρ τὴν χάριν τοῦ κυρίου ἡμῶν Ἰησοῦ **Χριστοῦ,**
8:23 κοινωνὸς ἐμὸς καὶ εἰς ὑμᾶς συνεργός· εἴτε ἀδελφοὶ ἡμῶν, ἀπόστολοι ἐκκλησιῶν, δόξα **Χριστοῦ.**
9:13 δοξάζοντες τὸν θεὸν ἐπὶ τῇ ὑποταγῇ τῆς ὁμολογίας ὑμῶν εἰς τὸ εὐαγγέλιον τοῦ **Χριστοῦ** καὶ ἁπλότητι τῆς κοινωνίας
10: 1 Αὐτὸς δὲ ἐγὼ Παῦλος παρακαλῶ ὑμᾶς διὰ τῆς πραΰτητος καὶ ἐπιεικείας τοῦ **Χριστοῦ,**
10: 5 καὶ αἰχμαλωτίζοντες πᾶν νόημα εἰς τὴν ὑπακοὴν τοῦ **Χριστοῦ,**
10: 7 εἴ τις πέποιθεν ἑαυτῷ **Χριστοῦ** εἶναι, τοῦτο λογιζέσθω πάλιν ἐφ' ἑαυτοῦ, ὅτι καθὼς αὐτὸς **Χριστοῦ,** οὕτως καὶ ἡμεῖς.
10:14 ἄχρι γὰρ καὶ ὑμῶν ἐφθάσαμεν ἐν τῷ εὐαγγελίῳ τοῦ **Χριστοῦ,**
11: 2 ἡρμοσάμην γὰρ ὑμᾶς ἑνὶ ἀνδρὶ παρθένον ἁγνὴν παραστῆσαι τῷ **Χριστῷ·**
11: 3 φθαρῇ τὰ νοήματα ὑμῶν ἀπὸ τῆς ἁπλότητος [καὶ τῆς ἁγνότητος] τῆς εἰς τὸν **Χριστόν.**
11:10 ἔστιν ἀλήθεια **Χριστοῦ** ἐν ἐμοὶ ὅτι ἡ καύχησις αὕτη οὐ φραγήσεται εἰς ἐμὲ ἐν τοῖς κλίμασιν τῆς Ἀχαΐας.
11:13 οἱ γὰρ τοιοῦτοι ψευδαπόστολοι, ἐργάται δόλιοι, μετασχηματιζόμενοι εἰς ἀποστόλους **Χριστοῦ.**

11:23 διάκονοι **Χριστοῦ** εἰσιν; παραφρονῶν λαλῶ, ὑπὲρ ἐγώ· ἐν κόποις περισσοτέρως,
12: 2 οἶδα ἄνθρωπον ἐν **Χριστῷ** πρὸ ἐτῶν δεκατεσσάρων, εἴτε ἐν σώματι οὐκ οἶδα,
12: 9 ἵνα ἐπισκηνώσῃ ἐπ' ἐμὲ ἡ δύναμις τοῦ **Χριστοῦ.**
12:10 ἐν ἀνάγκαις, ἐν διωγμοῖς καὶ στενοχωρίαις, ὑπὲρ **Χριστοῦ·**
12:19 κατέναντι θεοῦ ἐν **Χριστῷ** λαλοῦμεν· τὰ δὲ πάντα,
13: 3 ἐπεὶ δοκιμὴν ζητεῖτε τοῦ ἐν ἐμοὶ λαλοῦντος **Χριστοῦ,**
13: 5 ἢ οὐκ ἐπιγινώσκετε ἑαυτοὺς ὅτι **Χριστὸς** [UBS; NIV Ἰησοῦς **Χριστὸς**] Ἰησοῦς ἐν ὑμῖν;
13:13 Ἡ χάρις τοῦ κυρίου Ἰησοῦ **Χριστοῦ** καὶ ἡ ἀγάπη τοῦ θεοῦ καὶ ἡ κοινωνία τοῦ ἁγίου πνεύματος μετὰ πάντων ὑμῶν.

Gal 1: 1 Παῦλος ἀπόστολος οὐκ ἀπ' ἀνθρώπων οὐδὲ δι' ἀνθρώπου ἀλλὰ διὰ Ἰησοῦ **Χριστοῦ** καὶ θεοῦ πατρὸς τοῦ ἐγείραντος αὐτὸν ἐκ νεκρῶν,
1: 3 χάρις ὑμῖν καὶ εἰρήνη ἀπὸ θεοῦ πατρὸς ἡμῶν καὶ κυρίου Ἰησοῦ **Χριστοῦ**
1: 6 Θαυμάζω ὅτι οὕτως ταχέως μετατίθεσθε ἀπὸ τοῦ καλέσαντος ὑμᾶς ἐν χάριτι **[Χριστοῦ]** εἰς ἕτερον εὐαγγέλιον,
1: 7 εἰ μή τινές εἰσιν οἱ ταράσσοντες ὑμᾶς καὶ θέλοντες μεταστρέψαι τὸ εὐαγγέλιον τοῦ **Χριστοῦ.**
1:10 εἰ ἔτι ἀνθρώποις ἤρεσκον, **Χριστοῦ** δοῦλος οὐκ ἂν ἤμην.
1:12 οὐδὲ γὰρ ἐγὼ παρὰ ἀνθρώπου παρέλαβον αὐτὸ οὔτε ἐδιδάχθην ἀλλὰ δι' ἀποκαλύψεως Ἰησοῦ **Χριστοῦ.**
1:22 ἤμην δὲ ἀγνοούμενος τῷ προσώπῳ ταῖς ἐκκλησίαις τῆς Ἰουδαίας ταῖς ἐν **Χριστῷ.**
2: 4 οἵτινες παρεισῆλθον κατασκοπῆσαι τὴν ἐλευθερίαν ἡμῶν ἣν ἔχομεν ἐν **Χριστῷ** Ἰησοῦ,
2:16 εἰδότες [δὲ] ὅτι οὐ δικαιοῦται ἄνθρωπος ἐξ ἔργων νόμου ἐὰν μὴ διὰ πίστεως Ἰησοῦ **Χριστοῦ,** καὶ ἡμεῖς εἰς **Χριστὸν** Ἰησοῦν ἐπιστεύσαμεν, ἵνα δικαιωθῶμεν ἐκ πίστεως **Χριστοῦ** καὶ οὐκ ἐξ ἔργων νόμου,
2:17 εἰ δὲ ζητοῦντες δικαιωθῆναι ἐν **Χριστῷ** εὑρέθημεν καὶ αὐτοὶ ἁμαρτωλοί, ἆρα **Χριστὸς** ἁμαρτίας διάκονος;
2:19 ἐγὼ γὰρ διὰ νόμου νόμῳ ἀπέθανον, ἵνα θεῷ ζήσω. **Χριστῷ** συνεσταύρωμαι·
2:20 ζῶ δὲ οὐκέτι ἐγώ, ζῇ δὲ ἐν ἐμοὶ **Χριστός·**
2:21 εἰ γὰρ διὰ νόμου δικαιοσύνη, ἄρα **Χριστὸς** δωρεὰν ἀπέθανεν.
3: 1 τίς ὑμᾶς ἐβάσκανεν, οἷς κατ' ὀφθαλμοὺς Ἰησοῦς **Χριστὸς** προεγράφη ἐσταυρωμένος;
3:13 **Χριστὸς** ἡμᾶς ἐξηγόρασεν ἐκ τῆς κατάρας τοῦ νόμου γενόμενος ὑπὲρ ἡμῶν κατάρα,
3:14 ἵνα εἰς τὰ ἔθνη ἡ εὐλογία τοῦ Ἀβραὰμ γένηται ἐν **Χριστῷ** Ἰησοῦ,
3:16 ὡς ἐπὶ πολλῶν ἀλλ' ὡς ἐφ' ἑνός, Καὶ τῷ σπέρματί σου, ὅς ἐστιν **Χριστός.**
3:22 ἵνα ἡ ἐπαγγελία ἐκ πίστεως Ἰησοῦ **Χριστοῦ** δοθῇ τοῖς πιστεύουσιν.
3:24 ὥστε ὁ νόμος παιδαγωγὸς ἡμῶν γέγονεν εἰς **Χριστόν,**
3:26 Πάντες γὰρ υἱοὶ θεοῦ ἐστε διὰ τῆς πίστεως ἐν **Χριστῷ** Ἰησοῦ·
3:27 ὅσοι γὰρ εἰς **Χριστὸν** ἐβαπτίσθητε, **Χριστὸν** ἐνεδύσασθε.
3:28 πάντες γὰρ ὑμεῖς εἷς ἐστε ἐν **Χριστῷ** Ἰησοῦ.
3:29 εἰ δὲ ὑμεῖς **Χριστοῦ,** ἄρα τοῦ Ἀβραὰμ σπέρμα ἐστέ,
4:14 ἀλλὰ ὡς ἄγγελον θεοῦ ἐδέξασθέ με, ὡς **Χριστὸν** Ἰησοῦν.
4:19 οὓς πάλιν ὠδίνω μέχρις οὗ μορφωθῇ **Χριστὸς** ἐν ὑμῖν·
5: 1 τῇ ἐλευθερίᾳ ἡμᾶς **Χριστὸς** ἠλευθέρωσεν· στήκετε οὖν καὶ μὴ πάλιν ζυγῷ δουλείας ἐνέχεσθε.
5: 2 Ἴδε ἐγὼ Παῦλος λέγω ὑμῖν ὅτι ἐὰν περιτέμνησθε, **Χριστὸς** ὑμᾶς οὐδὲν ὠφελήσει.
5: 4 κατηργήθητε ἀπὸ **Χριστοῦ,** οἵτινες ἐν νόμῳ δικαιοῦσθε, τῆς χάριτος ἐξεπέσατε.
5: 6 ἐν γὰρ **Χριστῷ** Ἰησοῦ οὔτε περιτομή τι ἰσχύει οὔτε ἀκροβυστία ἀλλὰ πίστις δι' ἀγάπης ἐνεργουμένη.
5:24 οἱ δὲ τοῦ **Χριστοῦ** [Ἰησοῦ] τὴν σάρκα ἐσταύρωσαν σὺν τοῖς παθήμασιν καὶ ταῖς ἐπιθυμίαις.
6: 2 Ἀλλήλων τὰ βάρη βαστάζετε καὶ οὕτως ἀναπληρώσετε τὸν νόμον τοῦ **Χριστοῦ.**
6:12 μόνον ἵνα τῷ σταυρῷ τοῦ **Χριστοῦ** μὴ διώκωνται.
6:14 ἐμοὶ δὲ μὴ γένοιτο καυχᾶσθαι εἰ μὴ ἐν τῷ σταυρῷ τοῦ κυρίου ἡμῶν Ἰησοῦ **Χριστοῦ,**
6:18 Ἡ χάρις τοῦ κυρίου ἡμῶν Ἰησοῦ **Χριστοῦ** μετὰ τοῦ πνεύματος ὑμῶν,

Eph 1: 1 Παῦλος ἀπόστολος **Χριστοῦ** Ἰησοῦ διὰ θελήματος θεοῦ τοῖς ἁγίοις τοῖς οὖσιν [ἐν Ἐφέσῳ] καὶ πιστοῖς ἐν **Χριστῷ** Ἰησοῦ,
1: 2 χάρις ὑμῖν καὶ εἰρήνη ἀπὸ θεοῦ πατρὸς ἡμῶν καὶ κυρίου Ἰησοῦ **Χριστοῦ.**
1: 3 Εὐλογητὸς ὁ θεὸς καὶ πατὴρ τοῦ κυρίου ἡμῶν Ἰησοῦ **Χριστοῦ,** ὁ εὐλογήσας ἡμᾶς ἐν πάσῃ εὐλογίᾳ πνευματικῇ ἐν τοῖς ἐπουρανίοις ἐν **Χριστῷ,**
1: 5 προορίσας ἡμᾶς εἰς υἱοθεσίαν διὰ Ἰησοῦ **Χριστοῦ** εἰς αὐτόν,
1:10 εἰς οἰκονομίαν τοῦ πληρώματος τῶν καιρῶν, ἀνακεφαλαιώσασθαι τὰ πάντα ἐν τῷ **Χριστῷ,**
1:12 εἰς τὸ εἶναι ἡμᾶς εἰς ἔπαινον δόξης αὐτοῦ τοὺς προηλπικότας ἐν τῷ **Χριστῷ.**
1:17 ἵνα ὁ θεὸς τοῦ κυρίου ἡμῶν Ἰησοῦ **Χριστοῦ,**
1:20 ἣν ἐνήργησεν ἐν τῷ **Χριστῷ** ἐγείρας αὐτὸν ἐκ νεκρῶν καὶ καθίσας ἐν δεξιᾷ αὐτοῦ ἐν τοῖς ἐπουρανίοις
2: 5 καὶ ὄντας ἡμᾶς νεκροὺς τοῖς παραπτώμασιν συνεζωοποίησεν τῷ **Χριστῷ,–**
2: 6 καὶ συνήγειρεν καὶ συνεκάθισεν ἐν τοῖς ἐπουρανίοις ἐν **Χριστῷ** Ἰησοῦ,
2: 7 ἵνα ἐνδείξηται ἐν τοῖς αἰῶσιν τοῖς ἐπερχομένοις τὸ ὑπερβάλλον πλοῦτος τῆς χάριτος αὐτοῦ ἐν χρηστότητι ἐφ' ἡμᾶς ἐν **Χριστῷ** Ἰησοῦ.
2:10 κτισθέντες ἐν **Χριστῷ** Ἰησοῦ ἐπὶ ἔργοις ἀγαθοῖς οἷς προητοίμασεν ὁ θεός,
2:12 ὅτι ἦτε τῷ καιρῷ ἐκείνῳ χωρὶς **Χριστοῦ,** ἀπηλλοτριωμένοι τῆς πολιτείας τοῦ Ἰσραὴλ καὶ ξένοι τῶν διαθηκῶν τῆς ἐπαγγελίας,
2:13 νυνὶ δὲ ἐν **Χριστῷ** Ἰησοῦ ὑμεῖς οἵ ποτε ὄντες μακρὰν ἐγενήθητε ἐγγὺς ἐν τῷ αἵματι τοῦ **Χριστοῦ.**
2:20 ἐποικοδομηθέντες ἐπὶ τῷ θεμελίῳ τῶν ἀποστόλων καὶ προφητῶν, ὄντος ἀκρογωνιαίου αὐτοῦ **Χριστοῦ** Ἰησοῦ,
3: 1 Τούτου χάριν ἐγὼ Παῦλος ὁ δέσμιος τοῦ **Χριστοῦ** [Ἰησοῦ] ὑπὲρ ὑμῶν τῶν ἐθνῶν–
3: 4 πρὸς ὃ δύνασθε ἀναγινώσκοντες νοῆσαι τὴν σύνεσίν μου ἐν τῷ μυστηρίῳ τοῦ **Χριστοῦ,**
3: 6 εἶναι τὰ ἔθνη συγκληρονόμα καὶ σύσσωμα καὶ συμμέτοχα τῆς ἐπαγγελίας ἐν **Χριστῷ** Ἰησοῦ διὰ τοῦ εὐαγγελίου,
3: 8 τοῖς ἔθνεσιν εὐαγγελίσασθαι τὸ ἀνεξιχνίαστον πλοῦτος τοῦ **Χριστοῦ**
3:11 κατὰ πρόθεσιν τῶν αἰώνων ἣν ἐποίησεν ἐν τῷ **Χριστῷ** Ἰησοῦ τῷ κυρίῳ ἡμῶν,
3:17 κατοικῆσαι τὸν **Χριστὸν** διὰ τῆς πίστεως ἐν ταῖς καρδίαις ὑμῶν,
3:19 γνῶναί τε τὴν ὑπερβάλλουσαν τῆς γνώσεως ἀγάπην τοῦ **Χριστοῦ,**
3:21 αὐτῷ ἡ δόξα ἐν τῇ ἐκκλησίᾳ καὶ ἐν **Χριστῷ** Ἰησοῦ εἰς πάσας τὰς γενεὰς τοῦ αἰῶνος τῶν αἰώνων,
4: 7 Ἑνὶ δὲ ἑκάστῳ ἡμῶν ἐδόθη ἡ χάρις κατὰ τὸ μέτρον τῆς δωρεᾶς τοῦ **Χριστοῦ.**
4:12 πρὸς τὸν καταρτισμὸν τῶν ἁγίων εἰς ἔργον διακονίας, εἰς οἰκοδομὴν τοῦ σώματος τοῦ **Χριστοῦ,**
4:13 εἰς ἄνδρα τέλειον, εἰς μέτρον ἡλικίας τοῦ πληρώματος τοῦ **Χριστοῦ,**
4:15 ἀληθεύοντες δὲ ἐν ἀγάπῃ αὐξήσωμεν εἰς αὐτὸν τὰ πάντα, ὅς ἐστιν ἡ κεφαλή, **Χριστός,**
4:20 ὑμεῖς δὲ οὐχ οὕτως ἐμάθετε τὸν **Χριστόν,**
4:32 καθὼς καὶ ὁ θεὸς ἐν **Χριστῷ** ἐχαρίσατο ὑμῖν.
5: 2 καθὼς καὶ ὁ **Χριστὸς** ἠγάπησεν ἡμᾶς καὶ παρέδωκεν ἑαυτὸν ὑπὲρ ἡμῶν προσφορὰν καὶ θυσίαν τῷ θεῷ εἰς ὀσμὴν εὐωδίας.
5: 5 οὐκ ἔχει κληρονομίαν ἐν τῇ βασιλείᾳ τοῦ **Χριστοῦ** καὶ θεοῦ.
5:14 καὶ ἀνάστα ἐκ τῶν νεκρῶν, καὶ ἐπιφαύσει σοι ὁ **Χριστός.**
5:20 εὐχαριστοῦντες πάντοτε ὑπὲρ πάντων ἐν ὀνόματι τοῦ κυρίου ἡμῶν Ἰησοῦ **Χριστοῦ** τῷ θεῷ καὶ πατρί.
5:21 ὑποτασσόμενοι ἀλλήλοις ἐν φόβῳ **Χριστοῦ,**
5:23 ὅτι ἀνήρ ἐστιν κεφαλὴ τῆς γυναικὸς ὡς καὶ ὁ **Χριστὸς** κεφαλὴ τῆς ἐκκλησίας,
5:24 ἀλλὰ ὡς ἡ ἐκκλησία ὑποτάσσεται τῷ **Χριστῷ,** οὕτως καὶ αἱ γυναῖκες τοῖς ἀνδράσιν ἐν παντί.
5:25 καθὼς καὶ ὁ **Χριστὸς** ἠγάπησεν τὴν ἐκκλησίαν καὶ ἑαυτὸν παρέδωκεν ὑπὲρ αὐτῆς,
5:29 οὐδεὶς γάρ ποτε τὴν ἑαυτοῦ σάρκα ἐμίσησεν ἀλλὰ ἐκτρέφει καὶ θάλπει αὐτήν, καθὼς καὶ ὁ **Χριστὸς** τὴν ἐκκλησίαν,
5:32 ἐγὼ δὲ λέγω εἰς **Χριστὸν** καὶ εἰς τὴν ἐκκλησίαν.
6: 5 ὑπακούετε τοῖς κατὰ σάρκα κυρίοις μετὰ φόβου καὶ τρόμου ἐν ἁπλότητι τῆς καρδίας ὑμῶν ὡς τῷ **Χριστῷ,**
6: 6 μὴ κατ' ὀφθαλμοδουλίαν ὡς ἀνθρωπάρεσκοι ἀλλ' ὡς δοῦλοι **Χριστοῦ** ποιοῦντες τὸ θέλημα τοῦ θεοῦ ἐκ ψυχῆς,
6:23 Εἰρήνη τοῖς ἀδελφοῖς καὶ ἀγάπη μετὰ πίστεως ἀπὸ θεοῦ πατρὸς καὶ κυρίου Ἰησοῦ **Χριστοῦ.**
6:24 ἡ χάρις μετὰ πάντων τῶν ἀγαπώντων τὸν κύριον ἡμῶν Ἰησοῦν **Χριστὸν** ἐν ἀφθαρσίᾳ.

Php 1: 1 Παῦλος καὶ Τιμόθεος δοῦλοι **Χριστοῦ** Ἰησοῦ πᾶσιν τοῖς ἁγίοις ἐν **Χριστῷ** Ἰησοῦ τοῖς οὖσιν ἐν Φιλίπποις σὺν ἐπισκόποις
1: 2 χάρις ὑμῖν καὶ εἰρήνη ἀπὸ θεοῦ πατρὸς ἡμῶν καὶ κυρίου Ἰησοῦ **Χριστοῦ.**
1: 6 ὅτι ὁ ἐναρξάμενος ἐν ὑμῖν ἔργον ἀγαθὸν ἐπιτελέσει ἄχρι ἡμέρας **Χριστοῦ** Ἰησοῦ·
1: 8 μάρτυς γάρ μου ὁ θεὸς ὡς ἐπιποθῶ πάντας ὑμᾶς ἐν σπλάγχνοις **Χριστοῦ** Ἰησοῦ.
1:10 ἵνα ἦτε εἰλικρινεῖς καὶ ἀπρόσκοποι εἰς ἡμέραν **Χριστοῦ,**
1:11 πεπληρωμένοι καρπὸν δικαιοσύνης τὸν διὰ Ἰησοῦ **Χριστοῦ** εἰς δόξαν καὶ ἔπαινον θεοῦ.
1:13 ὥστε τοὺς δεσμούς μου φανεροὺς ἐν **Χριστῷ** γενέσθαι ἐν ὅλῳ τῷ πραιτωρίῳ καὶ τοῖς λοιποῖς πᾶσιν,
1:15 τινὲς δὲ καὶ δι᾽ εὐδοκίαν τὸν **Χριστὸν** κηρύσσουσιν·
1:17 οἱ δὲ ἐξ ἐριθείας τὸν **Χριστὸν** καταγγέλλουσιν, οὐχ ἁγνῶς,
1:18 εἴτε προφάσει εἴτε ἀληθείᾳ, **Χριστὸς** καταγγέλλεται, καὶ ἐν τούτῳ χαίρω.
1:19 οἶδα γὰρ ὅτι τοῦτό μοι ἀποβήσεται εἰς σωτηρίαν διὰ τῆς ὑμῶν δεήσεως καὶ ἐπιχορηγίας τοῦ πνεύματος Ἰησοῦ **Χριστοῦ**
1:20 ὅτι ἐν οὐδενὶ αἰσχυνθήσομαι ἀλλ᾽ ἐν πάσῃ παρρησίᾳ ὡς πάντοτε καὶ νῦν μεγαλυνθήσεται **Χριστὸς** ἐν τῷ σώματί μου,
1:21 ἐμοὶ γὰρ τὸ ζῆν **Χριστὸς** καὶ τὸ ἀποθανεῖν κέρδος.
1:23 τὴν ἐπιθυμίαν ἔχων εἰς τὸ ἀναλῦσαι καὶ σὺν **Χριστῷ** εἶναι,
1:26 ἵνα τὸ καύχημα ὑμῶν περισσεύῃ ἐν **Χριστῷ** Ἰησοῦ ἐν ἐμοὶ διὰ τῆς ἐμῆς παρουσίας πάλιν πρὸς ὑμᾶς.
1:27 Μόνον ἀξίως τοῦ εὐαγγελίου τοῦ **Χριστοῦ** πολιτεύεσθε, ἵνα εἴτε ἐλθὼν καὶ ἰδὼν ὑμᾶς εἴτε ἀπὼν ἀκούω τὰ περὶ ὑμῶν,
1:29 ὅτι ὑμῖν ἐχαρίσθη τὸ ὑπὲρ **Χριστοῦ,** οὐ μόνον τὸ εἰς αὐτὸν πιστεύειν ἀλλὰ καὶ τὸ ὑπὲρ αὐτοῦ πάσχειν,
2: 1 Εἴ τις οὖν παράκλησις ἐν **Χριστῷ,** εἴ τι παραμύθιον ἀγάπης,
2: 5 τοῦτο φρονεῖτε ἐν ὑμῖν ὃ καὶ ἐν **Χριστῷ** Ἰησοῦ,
2:11 καὶ πᾶσα γλῶσσα ἐξομολογήσηται ὅτι κύριος Ἰησοῦς **Χριστὸς** εἰς δόξαν θεοῦ πατρός.
2:16 λόγον ζωῆς ἐπέχοντες, εἰς καύχημα ἐμοὶ εἰς ἡμέραν **Χριστοῦ,**
2:21 οἱ πάντες γὰρ τὰ ἑαυτῶν ζητοῦσιν, οὐ τὰ Ἰησοῦ **Χριστοῦ.**
2:30 ὅτι διὰ τὸ ἔργον **Χριστοῦ** μέχρι θανάτου ἤγγισεν παραβολευσάμενος τῇ ψυχῇ,
3: 3 οἱ πνεύματι θεοῦ λατρεύοντες καὶ καυχώμενοι ἐν **Χριστῷ** Ἰησοῦ καὶ οὐκ ἐν σαρκὶ πεποιθότες,
3: 7 [ἀλλὰ] ἅτινα ἦν μοι κέρδη, ταῦτα ἥγημαι διὰ τὸν **Χριστὸν** ζημίαν.
3: 8 ἡγοῦμαι πάντα ζημίαν εἶναι διὰ τὸ ὑπερέχον τῆς γνώσεως **Χριστοῦ** Ἰησοῦ τοῦ κυρίου μου, δι᾽ ὃν τὰ πάντα ἐζημιώθην, καὶ ἡγοῦμαι σκύβαλα, ἵνα **Χριστὸν** κερδήσω
3: 9 μὴ ἔχων ἐμὴν δικαιοσύνην τὴν ἐκ νόμου ἀλλὰ τὴν διὰ πίστεως **Χριστοῦ,**
3:12 διώκω δὲ εἰ καὶ καταλάβω, ἐφ᾽ ᾧ καὶ κατελήμφθην ὑπὸ **Χριστοῦ** [Ἰησοῦ.]
3:14 κατὰ σκοπὸν διώκω εἰς τὸ βραβεῖον τῆς ἄνω κλήσεως τοῦ θεοῦ ἐν **Χριστῷ** Ἰησοῦ.
3:18 νῦν δὲ καὶ κλαίων λέγω, τοὺς ἐχθροὺς τοῦ σταυροῦ τοῦ **Χριστοῦ,**
3:20 ἐξ οὗ καὶ σωτῆρα ἀπεκδεχόμεθα κύριον Ἰησοῦν **Χριστόν,**
4: 7 καὶ ἡ εἰρήνη τοῦ θεοῦ ἡ ὑπερέχουσα πάντα νοῦν φρουρήσει τὰς καρδίας ὑμῶν καὶ τὰ νοήματα ὑμῶν ἐν **Χριστῷ** Ἰησοῦ.
4:19 ὁ δὲ θεός μου πληρώσει πᾶσαν χρείαν ὑμῶν κατὰ τὸ πλοῦτος αὐτοῦ ἐν δόξῃ ἐν **Χριστῷ** Ἰησοῦ.
4:21 Ἀσπάσασθε πάντα ἅγιον ἐν **Χριστῷ** Ἰησοῦ. ἀσπάζονται ὑμᾶς οἱ σὺν ἐμοὶ ἀδελφοί.
4:23 ἡ χάρις τοῦ κυρίου Ἰησοῦ **Χριστοῦ** μετὰ τοῦ πνεύματος ὑμῶν.

Col 1: 1 Παῦλος ἀπόστολος **Χριστοῦ** Ἰησοῦ διὰ θελήματος θεοῦ καὶ Τιμόθεος ὁ ἀδελφὸς
1: 2 τοῖς ἐν Κολοσσαῖς ἁγίοις καὶ πιστοῖς ἀδελφοῖς ἐν **Χριστῷ,**
1: 3 Εὐχαριστοῦμεν τῷ θεῷ πατρὶ τοῦ κυρίου ἡμῶν Ἰησοῦ **Χριστοῦ** πάντοτε περὶ ὑμῶν προσευχόμενοι,
1: 4 ἀκούσαντες τὴν πίστιν ὑμῶν ἐν **Χριστῷ** Ἰησοῦ καὶ τὴν ἀγάπην ἣν ἔχετε εἰς πάντας τοὺς ἁγίους
1: 7 ὅς ἐστιν πιστὸς ὑπὲρ ὑμῶν διάκονος τοῦ **Χριστοῦ,**
1:24 Νῦν χαίρω ἐν τοῖς παθήμασιν ὑπὲρ ὑμῶν καὶ ἀνταναπληρῶ τὰ ὑστερήματα τῶν θλίψεων τοῦ **Χριστοῦ** ἐν τῇ σαρκί μου ὑπὲρ τοῦ σώματος αὐτοῦ,
1:27 ὅ ἐστιν **Χριστὸς** ἐν ὑμῖν, ἡ ἐλπὶς τῆς δόξης·
1:28 καὶ διδάσκοντες πάντα ἄνθρωπον ἐν πάσῃ σοφίᾳ, ἵνα παραστήσωμεν πάντα ἄνθρωπον τέλειον ἐν **Χριστῷ·**
2: 2 καὶ εἰς πᾶν πλοῦτος τῆς πληροφορίας τῆς συνέσεως, εἰς ἐπίγνωσιν τοῦ μυστηρίου τοῦ θεοῦ, **Χριστοῦ,**
2: 5 χαίρων καὶ βλέπων ὑμῶν τὴν τάξιν καὶ τὸ στερέωμα τῆς εἰς **Χριστὸν** πίστεως ὑμῶν.
2: 6 Ὡς οὖν παρελάβετε τὸν **Χριστὸν** Ἰησοῦν τὸν κύριον,
2: 8 κατὰ τὰ στοιχεῖα τοῦ κόσμου καὶ οὐ κατὰ **Χριστόν·**
2:11 περιετμήθητε περιτομῇ ἀχειροποιήτῳ ἐν τῇ ἀπεκδύσει τοῦ σώματος τῆς σαρκός, ἐν τῇ περιτομῇ τοῦ **Χριστοῦ,**
2:17 ἅ ἐστιν σκιὰ τῶν μελλόντων, τὸ δὲ σῶμα τοῦ **Χριστοῦ.**
2:20 Εἰ ἀπεθάνετε σὺν **Χριστῷ** ἀπὸ τῶν στοιχείων τοῦ κόσμου,
3: 1 Εἰ οὖν συνηγέρθητε τῷ **Χριστῷ,** τὰ ἄνω ζητεῖτε, οὗ ὁ **Χριστός** ἐστιν ἐν δεξιᾷ τοῦ θεοῦ καθήμενος·
3: 3 ἀπεθάνετε γὰρ καὶ ἡ ζωὴ ὑμῶν κέκρυπται σὺν τῷ **Χριστῷ** ἐν τῷ θεῷ·
3: 4 ὅταν ὁ **Χριστὸς** φανερωθῇ, ἡ ζωὴ ὑμῶν, τότε καὶ ὑμεῖς σὺν αὐτῷ φανερωθήσεσθε ἐν δόξῃ.
3:11 ἐλεύθερος, ἀλλὰ [τὰ] πάντα καὶ ἐν πᾶσιν **Χριστός.**
3:15 καὶ ἡ εἰρήνη τοῦ **Χριστοῦ** βραβευέτω ἐν ταῖς καρδίαις ὑμῶν,
3:16 ὁ λόγος τοῦ **Χριστοῦ** ἐνοικείτω ἐν ὑμῖν πλουσίως,
3:24 εἰδότες ὅτι ἀπὸ κυρίου ἀπολήμψεσθε τὴν ἀνταπόδοσιν τῆς κληρονομίας. τῷ κυρίῳ **Χριστῷ** δουλεύετε·
4: 3 ἵνα ὁ θεὸς ἀνοίξῃ ἡμῖν θύραν τοῦ λόγου λαλῆσαι τὸ μυστήριον τοῦ **Χριστοῦ,**
4:12 ἀσπάζεται ὑμᾶς Ἐπαφρᾶς ὁ ἐξ ὑμῶν, δοῦλος **Χριστοῦ** [Ἰησοῦ,]

1Th 1: 1 Παῦλος καὶ Σιλουανὸς καὶ Τιμόθεος τῇ ἐκκλησίᾳ Θεσσαλονικέων ἐν θεῷ πατρὶ καὶ κυρίῳ Ἰησοῦ **Χριστῷ,**
1: 3 κόπου τῆς ἀγάπης καὶ τῆς ὑπομονῆς τῆς ἐλπίδος τοῦ κυρίου ἡμῶν Ἰησοῦ **Χριστοῦ** ἔμπροσθεν τοῦ θεοῦ καὶ πατρὸς ἡμῶν,
2: 7 δυνάμενοι ἐν βάρει εἶναι ὡς **Χριστοῦ** ἀπόστολοι. ἀλλὰ ἐγενήθημεν νήπιοι ἐν μέσῳ ὑμῶν,
2:14 τῶν ἐκκλησιῶν τοῦ θεοῦ τῶν οὐσῶν ἐν τῇ Ἰουδαίᾳ ἐν **Χριστῷ** Ἰησοῦ,
3: 2 τὸν ἀδελφὸν ἡμῶν καὶ συνεργὸν τοῦ θεοῦ ἐν τῷ εὐαγγελίῳ τοῦ **Χριστοῦ,**
4:16 καταβήσεται ἀπ᾽ οὐρανοῦ καὶ οἱ νεκροὶ ἐν **Χριστῷ** ἀναστήσονται πρῶτον,
5: 9 ὅτι οὐκ ἔθετο ἡμᾶς ὁ θεὸς εἰς ὀργὴν ἀλλὰ εἰς περιποίησιν σωτηρίας διὰ τοῦ κυρίου ἡμῶν Ἰησοῦ **Χριστοῦ**
5:18 τοῦτο γὰρ θέλημα θεοῦ ἐν **Χριστῷ** Ἰησοῦ εἰς ὑμᾶς.
5:23 ὁλόκληρον ὑμῶν τὸ πνεῦμα καὶ ἡ ψυχὴ καὶ τὸ σῶμα ἀμέμπτως ἐν τῇ παρουσίᾳ τοῦ κυρίου ἡμῶν Ἰησοῦ **Χριστοῦ** τηρηθείη.
5:28 Ἡ χάρις τοῦ κυρίου ἡμῶν Ἰησοῦ **Χριστοῦ** μεθ᾽ ὑμῶν.

2Th 1: 1 Παῦλος καὶ Σιλουανὸς καὶ Τιμόθεος τῇ ἐκκλησίᾳ Θεσσαλονικέων ἐν θεῷ πατρὶ ἡμῶν καὶ κυρίῳ Ἰησοῦ **Χριστῷ,**
1: 2 χάρις ὑμῖν καὶ εἰρήνη ἀπὸ θεοῦ πατρὸς [ἡμῶν] καὶ κυρίου Ἰησοῦ **Χριστοῦ.**
1:12 κατὰ τὴν χάριν τοῦ θεοῦ ἡμῶν καὶ κυρίου Ἰησοῦ **Χριστοῦ.**
2: 1 ὑπὲρ τῆς παρουσίας τοῦ κυρίου ἡμῶν Ἰησοῦ **Χριστοῦ** καὶ ἡμῶν ἐπισυναγωγῆς ἐπ᾽ αὐτὸν
2:14 εἰς ὃ [καὶ] ἐκάλεσεν ὑμᾶς διὰ τοῦ εὐαγγελίου ἡμῶν εἰς περιποίησιν δόξης τοῦ κυρίου ἡμῶν Ἰησοῦ **Χριστοῦ.**
2:16 Αὐτὸς δὲ ὁ κύριος ἡμῶν Ἰησοῦς **Χριστὸς** καὶ [ὁ] θεὸς ὁ πατὴρ ἡμῶν ὁ ἀγαπήσας ἡμᾶς καὶ δοὺς παράκλησιν αἰωνίαν
3: 5 Ὁ δὲ κύριος κατευθύναι ὑμῶν τὰς καρδίας εἰς τὴν ἀγάπην τοῦ θεοῦ καὶ εἰς τὴν ὑπομονὴν τοῦ **Χριστοῦ.**
3: 6 ἐν ὀνόματι τοῦ κυρίου [ἡμῶν] Ἰησοῦ **Χριστοῦ** στέλλεσθαι ὑμᾶς ἀπὸ παντὸς ἀδελφοῦ ἀτάκτως περιπατοῦντος
3:12 τοῖς δὲ τοιούτοις παραγγέλλομεν καὶ παρακαλοῦμεν ἐν κυρίῳ Ἰησοῦ **Χριστῷ,**
3:18 ἡ χάρις τοῦ κυρίου ἡμῶν Ἰησοῦ **Χριστοῦ** μετὰ πάντων ὑμῶν.

1Ti 1: 1 Παῦλος ἀπόστολος **Χριστοῦ** Ἰησοῦ κατ᾽ ἐπιταγὴν θεοῦ σωτῆρος ἡμῶν καὶ **Χριστοῦ** Ἰησοῦ τῆς ἐλπίδος ἡμῶν
1: 2 χάρις ἔλεος εἰρήνη ἀπὸ θεοῦ πατρὸς καὶ **Χριστοῦ** Ἰησοῦ τοῦ κυρίου ἡμῶν.
1:12 Χάριν ἔχω τῷ ἐνδυναμώσαντί με **Χριστῷ** Ἰησοῦ τῷ κυρίῳ ἡμῶν,
1:14 ὑπερεπλεόνασεν δὲ ἡ χάρις τοῦ κυρίου ἡμῶν μετὰ πίστεως καὶ ἀγάπης τῆς ἐν **Χριστῷ** Ἰησοῦ.
1:15 ὅτι **Χριστὸς** Ἰησοῦς ἦλθεν εἰς τὸν κόσμον ἁμαρτωλοὺς σῶσαι,
1:16 ἵνα ἐν ἐμοὶ πρώτῳ ἐνδείξηται **Χριστὸς** Ἰησοῦς τὴν ἅπασαν μακροθυμίαν πρὸς ὑποτύπωσιν τῶν μελλόντων πιστεύειν ἐπ᾽ αὐτῷ εἰς ζωὴν αἰώνιον.
2: 5 εἷς καὶ μεσίτης θεοῦ καὶ ἀνθρώπων, ἄνθρωπος **Χριστὸς** Ἰησοῦς,
3:13 καλῶς διακονήσαντες βαθμὸν ἑαυτοῖς καλὸν περιποιοῦνται καὶ πολλὴν παρρησίαν ἐν πίστει τῇ ἐν **Χριστῷ** Ἰησοῦ.
4: 6 Ταῦτα ὑποτιθέμενος τοῖς ἀδελφοῖς καλὸς ἔσῃ διάκονος **Χριστοῦ** Ἰησοῦ,
5:11 νεωτέρας δὲ χήρας παραιτοῦ· ὅταν γὰρ καταστρηνιάσωσιν τοῦ **Χριστοῦ,** γαμεῖν θέλουσιν

5:21 Διαμαρτύρομαι ἐνώπιον τοῦ θεοῦ καὶ **Χριστοῦ** Ἰησοῦ καὶ τῶν ἐκλεκτῶν ἀγγέλων,
6: 3 καὶ μὴ προσέρχεται ὑγιαίνουσιν λόγοις τοῖς τοῦ κυρίου ἡμῶν Ἰησοῦ **Χριστοῦ** καὶ τῇ κατ᾽ εὐσέβειαν διδασκαλίᾳ,
6:13 παραγγέλλω [σοι] ἐνώπιον τοῦ θεοῦ τοῦ ζῳογονοῦντος τὰ πάντα καὶ **Χριστοῦ** Ἰησοῦ τοῦ μαρτυρήσαντος ἐπὶ Ποντίου Πιλάτου τὴν καλὴν ὁμολογίαν,
6:14 τηρῆσαί σε τὴν ἐντολὴν ἄσπιλον ἀνεπίλημπτον μέχρι τῆς ἐπιφανείας τοῦ κυρίου ἡμῶν Ἰησοῦ **Χριστοῦ,**

2Ti 1: 1 Παῦλος ἀπόστολος **Χριστοῦ** Ἰησοῦ διὰ θελήματος θεοῦ κατ᾽ ἐπαγγελίαν ζωῆς τῆς ἐν **Χριστῷ** Ἰησοῦ
1: 2 χάρις ἔλεος εἰρήνη ἀπὸ θεοῦ πατρὸς καὶ **Χριστοῦ** Ἰησοῦ τοῦ κυρίου ἡμῶν.
1: 9 τὴν δοθεῖσαν ἡμῖν ἐν **Χριστῷ** Ἰησοῦ πρὸ χρόνων αἰωνίων,
1:10 φανερωθεῖσαν δὲ νῦν διὰ τῆς ἐπιφανείας τοῦ σωτῆρος ἡμῶν **Χριστοῦ** Ἰησοῦ,
1:13 ὑποτύπωσιν ἔχε ὑγιαινόντων λόγων ὧν παρ᾽ ἐμοῦ ἤκουσας ἐν πίστει καὶ ἀγάπῃ τῇ ἐν **Χριστῷ** Ἰησοῦ·
2: 1 ἐνδυναμοῦ ἐν τῇ χάριτι τῇ ἐν **Χριστῷ** Ἰησοῦ,
2: 3 συγκακοπάθησον ὡς καλὸς στρατιώτης **Χριστοῦ** Ἰησοῦ.
2: 8 Μνημόνευε Ἰησοῦν **Χριστὸν** ἐγηγερμένον ἐκ νεκρῶν, ἐκ σπέρματος Δαυίδ,
2:10 ἵνα καὶ αὐτοὶ σωτηρίας τύχωσιν τῆς ἐν **Χριστῷ** Ἰησοῦ μετὰ δόξης αἰωνίου.
3:12 καὶ πάντες δὲ οἱ θέλοντες εὐσεβῶς ζῆν ἐν **Χριστῷ** Ἰησοῦ διωχθήσονται.
3:15 τὰ δυνάμενά σε σοφίσαι εἰς σωτηρίαν διὰ πίστεως τῆς ἐν **Χριστῷ** Ἰησοῦ.
4: 1 Διαμαρτύρομαι ἐνώπιον τοῦ θεοῦ καὶ **Χριστοῦ** Ἰησοῦ τοῦ μέλλοντος κρίνειν ζῶντας καὶ νεκρούς,

Tit 1: 1 ἀπόστολος δὲ Ἰησοῦ **Χριστοῦ** κατὰ πίστιν ἐκλεκτῶν θεοῦ καὶ ἐπίγνωσιν ἀληθείας τῆς κατ᾽ εὐσέβειαν
1: 4 χάρις καὶ εἰρήνη ἀπὸ θεοῦ πατρὸς καὶ **Χριστοῦ** Ἰησοῦ τοῦ σωτῆρος ἡμῶν.
2:13 προσδεχόμενοι τὴν μακαρίαν ἐλπίδα καὶ ἐπιφάνειαν τῆς δόξης τοῦ μεγάλου θεοῦ καὶ σωτῆρος ἡμῶν Ἰησοῦ **Χριστοῦ,**
3: 6 οὗ ἐξέχεεν ἐφ᾽ ἡμᾶς πλουσίως διὰ Ἰησοῦ **Χριστοῦ** τοῦ σωτῆρος ἡμῶν,

Phm 1: 1 Παῦλος δέσμιος **Χριστοῦ** Ἰησοῦ καὶ Τιμόθεος ὁ ἀδελφὸς Φιλήμονι τῷ ἀγαπητῷ καὶ συνεργῷ ἡμῶν
1: 3 χάρις ὑμῖν καὶ εἰρήνη ἀπὸ θεοῦ πατρὸς ἡμῶν καὶ κυρίου Ἰησοῦ **Χριστοῦ.**
1: 6 ὅπως ἡ κοινωνία τῆς πίστεώς σου ἐνεργὴς γένηται ἐν ἐπιγνώσει παντὸς ἀγαθοῦ τοῦ ἐν ἡμῖν εἰς **Χριστόν.**
1: 8 πολλὴν ἐν **Χριστῷ** παρρησίαν ἔχων ἐπιτάσσειν σοι τὸ ἀνῆκον
1: 9 τοιοῦτος ὢν ὡς Παῦλος πρεσβύτης νυνὶ δὲ καὶ δέσμιος **Χριστοῦ** Ἰησοῦ·
1:20 ἐγώ σου ὀναίμην ἐν κυρίῳ· ἀνάπαυσόν μου τὰ σπλάγχνα ἐν **Χριστῷ.**
1:23 Ἀσπάζεταί σε Ἐπαφρᾶς ὁ συναιχμάλωτός μου ἐν **Χριστῷ** Ἰησοῦ,
1:25 Ἡ χάρις τοῦ κυρίου Ἰησοῦ **Χριστοῦ** μετὰ τοῦ πνεύματος ὑμῶν.

Heb 3: 6 **Χριστὸς** δὲ ὡς υἱὸς ἐπὶ τὸν οἶκον αὐτοῦ·
3:14 μέτοχοι γὰρ τοῦ **Χριστοῦ** γεγόναμεν, ἐάνπερ τὴν ἀρχὴν τῆς ὑποστάσεως μέχρι τέλους βεβαίαν κατάσχωμεν–
5: 5 Οὕτως καὶ ὁ **Χριστὸς** οὐχ ἑαυτὸν ἐδόξασεν γενηθῆναι ἀρχιερέα ἀλλ᾽ ὁ λαλήσας πρὸς αὐτόν,
6: 1 Διὸ ἀφέντες τὸν τῆς ἀρχῆς τοῦ **Χριστοῦ** λόγον ἐπὶ τὴν τελειότητα φερώμεθα,
9:11 **Χριστὸς** δὲ παραγενόμενος ἀρχιερεὺς τῶν γενομένων ἀγαθῶν διὰ τῆς μείζονος καὶ τελειοτέρας σκηνῆς οὐ χειροποιήτου,
9:14 πόσῳ μᾶλλον τὸ αἷμα τοῦ **Χριστοῦ,** ὃς διὰ πνεύματος αἰωνίου ἑαυτὸν προσήνεγκεν ἄμωμον τῷ θεῷ,
9:24 οὐ γὰρ εἰς χειροποίητα εἰσῆλθεν ἅγια **Χριστός,** ἀντίτυπα τῶν ἀληθινῶν,
9:28 οὕτως καὶ ὁ **Χριστὸς** ἅπαξ προσενεχθεὶς εἰς τὸ πολλῶν ἀνενεγκεῖν ἁμαρτίας,
10:10 ἐν ᾧ θελήματι ἡγιασμένοι ἐσμὲν διὰ τῆς προσφορᾶς τοῦ σώματος Ἰησοῦ **Χριστοῦ** ἐφάπαξ.
11:26 μείζονα πλοῦτον ἡγησάμενος τῶν Αἰγύπτου θησαυρῶν τὸν ὀνειδισμὸν τοῦ **Χριστοῦ·**
13: 8 Ἰησοῦς **Χριστὸς** ἐχθὲς καὶ σήμερον ὁ αὐτὸς καὶ εἰς τοὺς αἰῶνας.
13:21 ποιῶν ἐν ἡμῖν τὸ εὐάρεστον ἐνώπιον αὐτοῦ διὰ Ἰησοῦ **Χριστοῦ,**

Jas 1: 1 Ἰάκωβος θεοῦ καὶ κυρίου Ἰησοῦ **Χριστοῦ** δοῦλος ταῖς δώδεκα φυλαῖς ταῖς ἐν τῇ διασπορᾷ χαίρειν.
2: 1 μὴ ἐν προσωπολημψίαις ἔχετε τὴν πίστιν τοῦ κυρίου ἡμῶν Ἰησοῦ **Χριστοῦ** τῆς δόξης.

1Pe 1: 1 Πέτρος ἀπόστολος Ἰησοῦ **Χριστοῦ** ἐκλεκτοῖς παρεπιδήμοις διασπορᾶς Πόντου,
1: 2 κατὰ πρόγνωσιν θεοῦ πατρὸς ἐν ἁγιασμῷ πνεύματος εἰς ὑπακοὴν καὶ ῥαντισμὸν αἵματος Ἰησοῦ **Χριστοῦ,**
1: 3 Εὐλογητὸς ὁ θεὸς καὶ πατὴρ τοῦ κυρίου ἡμῶν Ἰησοῦ **Χριστοῦ,** ὁ κατὰ τὸ πολὺ αὐτοῦ ἔλεος ἀναγεννήσας ἡμᾶς εἰς ἐλπίδα ζῶσαν δι᾽ ἀναστάσεως Ἰησοῦ **Χριστοῦ** ἐκ νεκρῶν,
1: 7 εὑρεθῇ εἰς ἔπαινον καὶ δόξαν καὶ τιμὴν ἐν ἀποκαλύψει Ἰησοῦ **Χριστοῦ·**
1:11 ἐραυνῶντες εἰς τίνα ἢ ποῖον καιρὸν ἐδήλου τὸ ἐν αὐτοῖς πνεῦμα **Χριστοῦ** προμαρτυρόμενον τὰ εἰς **Χριστὸν** παθήματα καὶ τὰς μετὰ ταῦτα δόξας.
1:13 νήφοντες τελείως ἐλπίσατε ἐπὶ τὴν φερομένην ὑμῖν χάριν ἐν ἀποκαλύψει Ἰησοῦ **Χριστοῦ.**
1:19 ἀλλὰ τιμίῳ αἵματι ὡς ἀμνοῦ ἀμώμου καὶ ἀσπίλου **Χριστοῦ,**
2: 5 εἰς ἱεράτευμα ἅγιον ἀνενέγκαι πνευματικὰς θυσίας εὐπροσδέκτους [τῷ] θεῷ διὰ Ἰησοῦ **Χριστοῦ.**
2:21 ὅτι καὶ **Χριστὸς** ἔπαθεν ὑπὲρ ὑμῶν ὑμῖν ὑπολιμπάνων ὑπογραμμὸν ἵνα ἐπακολουθήσητε τοῖς ἴχνεσιν αὐτοῦ,
3:15 κύριον δὲ τὸν **Χριστὸν** ἁγιάσατε ἐν ταῖς καρδίαις ὑμῶν,
3:16 ἵνα ἐν ᾧ καταλαλεῖσθε καταισχυνθῶσιν οἱ ἐπηρεάζοντες ὑμῶν τὴν ἀγαθὴν ἐν **Χριστῷ** ἀναστροφήν.
3:18 καὶ **Χριστὸς** ἅπαξ περὶ ἁμαρτιῶν ἔπαθεν, δίκαιος ὑπὲρ ἀδίκων,
3:21 οὐ σαρκὸς ἀπόθεσις ῥύπου ἀλλὰ συνειδήσεως ἀγαθῆς ἐπερώτημα εἰς θεόν, δι᾽ ἀναστάσεως Ἰησοῦ **Χριστοῦ,**
4: 1 **Χριστοῦ** οὖν παθόντος σαρκὶ καὶ ὑμεῖς τὴν αὐτὴν ἔννοιαν ὁπλίσασθε,
4:11 ἵνα ἐν πᾶσιν δοξάζηται ὁ θεὸς διὰ Ἰησοῦ **Χριστοῦ,**
4:13 ἀλλὰ καθὸ κοινωνεῖτε τοῖς τοῦ **Χριστοῦ** παθήμασιν χαίρετε,
4:14 εἰ ὀνειδίζεσθε ἐν ὀνόματι **Χριστοῦ,** μακάριοι, ὅτι τὸ τῆς δόξης καὶ τὸ τοῦ θεοῦ πνεῦμα ἐφ᾽ ὑμᾶς ἀναπαύεται.
5: 1 Πρεσβυτέρους οὖν ἐν ὑμῖν παρακαλῶ ὁ συμπρεσβύτερος καὶ μάρτυς τῶν τοῦ **Χριστοῦ** παθημάτων,
5:10 ὁ καλέσας ὑμᾶς εἰς τὴν αἰώνιον αὐτοῦ δόξαν ἐν **Χριστῷ** [UBS; NIV **Χριστῷ,** and omit [Ἰησοῦ,]] [Ἰησοῦ,]
5:14 ἀσπάσασθε ἀλλήλους ἐν φιλήματι ἀγάπης. εἰρήνη ὑμῖν πᾶσιν τοῖς ἐν **Χριστῷ.**

2Pe 1: 1 Συμεὼν Πέτρος δοῦλος καὶ ἀπόστολος Ἰησοῦ **Χριστοῦ** τοῖς ἰσότιμον ἡμῖν λαχοῦσιν πίστιν ἐν δικαιοσύνῃ τοῦ θεοῦ ἡμῶν καὶ σωτῆρος Ἰησοῦ **Χριστοῦ,**
1: 8 ὑμῖν ὑπάρχοντα καὶ πλεονάζοντα οὐκ ἀργοὺς οὐδὲ ἀκάρπους καθίστησιν εἰς τὴν τοῦ κυρίου ἡμῶν Ἰησοῦ **Χριστοῦ** ἐπίγνωσιν·
1:11 πλουσίως ἐπιχορηγηθήσεται ὑμῖν ἡ εἴσοδος εἰς τὴν αἰώνιον βασιλείαν τοῦ κυρίου ἡμῶν καὶ σωτῆρος Ἰησοῦ **Χριστοῦ.**
1:14 εἰδὼς ὅτι ταχινή ἐστιν ἡ ἀπόθεσις τοῦ σκηνώματός μου καθὼς καὶ ὁ κύριος ἡμῶν Ἰησοῦς **Χριστὸς** ἐδήλωσέν μοι,
1:16 Οὐ γὰρ σεσοφισμένοις μύθοις ἐξακολουθήσαντες ἐγνωρίσαμεν ὑμῖν τὴν τοῦ κυρίου ἡμῶν Ἰησοῦ **Χριστοῦ** δύναμιν καὶ παρουσίαν ἀλλ᾽ ἐπόπται γενηθέντες τῆς ἐκείνου μεγαλειότητος.
2:20 εἰ γὰρ ἀποφυγόντες τὰ μιάσματα τοῦ κόσμου ἐν ἐπιγνώσει τοῦ κυρίου [ἡμῶν] καὶ σωτῆρος Ἰησοῦ **Χριστοῦ,**
3:18 αὐξάνετε δὲ ἐν χάριτι καὶ γνώσει τοῦ κυρίου ἡμῶν καὶ σωτῆρος Ἰησοῦ **Χριστοῦ.**

1Jn 1: 3 καὶ ἡ κοινωνία δὲ ἡ ἡμετέρα μετὰ τοῦ πατρὸς καὶ μετὰ τοῦ υἱοῦ αὐτοῦ Ἰησοῦ **Χριστοῦ.**
2: 1 παράκλητον ἔχομεν πρὸς τὸν πατέρα Ἰησοῦν **Χριστὸν** δίκαιον·
2:22 Τίς ἐστιν ὁ ψεύστης εἰ μὴ ὁ ἀρνούμενος ὅτι Ἰησοῦς οὐκ ἔστιν ὁ **Χριστός;**
3:23 ἵνα πιστεύσωμεν τῷ ὀνόματι τοῦ υἱοῦ αὐτοῦ Ἰησοῦ **Χριστοῦ** καὶ ἀγαπῶμεν ἀλλήλους,
4: 2 πᾶν πνεῦμα ὃ ὁμολογεῖ Ἰησοῦν **Χριστὸν** ἐν σαρκὶ ἐληλυθότα ἐκ τοῦ θεοῦ ἐστιν,
5: 1 Πᾶς ὁ πιστεύων ὅτι Ἰησοῦς ἐστιν ὁ **Χριστός,**
5: 6 Οὗτός ἐστιν ὁ ἐλθὼν δι᾽ ὕδατος καὶ αἵματος, Ἰησοῦς **Χριστός,**
5:20 καὶ ἐσμὲν ἐν τῷ ἀληθινῷ, ἐν τῷ υἱῷ αὐτοῦ Ἰησοῦ **Χριστῷ.**

2Jn 1: 3 μεθ᾽ ἡμῶν χάρις ἔλεος εἰρήνη παρὰ θεοῦ πατρὸς καὶ παρὰ Ἰησοῦ **Χριστοῦ** τοῦ υἱοῦ τοῦ πατρὸς ἐν ἀληθείᾳ καὶ ἀγάπῃ.
1: 7 οἱ μὴ ὁμολογοῦντες Ἰησοῦν **Χριστὸν** ἐρχόμενον ἐν σαρκί·
1: 9 πᾶς ὁ προάγων καὶ μὴ μένων ἐν τῇ διδαχῇ τοῦ **Χριστοῦ** θεὸν οὐκ ἔχει·

Jude 1: 1 Ἰούδας Ἰησοῦ **Χριστοῦ** δοῦλος, ἀδελφὸς δὲ Ἰακώβου, τοῖς ἐν θεῷ πατρὶ ἠγαπημένοις καὶ Ἰησοῦ **Χριστῷ** τετηρημένοις κλητοῖς·

1: 4 τὴν τοῦ θεοῦ ἡμῶν χάριτα μετατιθέντες εἰς ἀσέλγειαν καὶ τὸν μόνον δεσπότην καὶ κύριον ἡμῶν Ἰησοῦν **Χριστὸν** ἀρνούμενοι.
1:17 μνήσθητε τῶν ῥημάτων τῶν προειρημένων ὑπὸ τῶν ἀποστόλων τοῦ κυρίου ἡμῶν Ἰησοῦ **Χριστοῦ**
1:21 ἑαυτοὺς ἐν ἀγάπῃ θεοῦ τηρήσατε προσδεχόμενοι τὸ ἔλεος τοῦ κυρίου ἡμῶν Ἰησοῦ **Χριστοῦ** εἰς ζωὴν αἰώνιον.
1:25 μόνῳ θεῷ σωτῆρι ἡμῶν διὰ Ἰησοῦ **Χριστοῦ** τοῦ κυρίου ἡμῶν δόξα μεγαλωσύνη κράτος καὶ ἐξουσία πρὸ παντὸς τοῦ αἰῶνος
Rev 1: 1 Ἀποκάλυψις Ἰησοῦ **Χριστοῦ** ἣν ἔδωκεν αὐτῷ ὁ θεὸς δεῖξαι τοῖς δούλοις αὐτοῦ ἃ δεῖ γενέσθαι ἐν τάχει,
1: 2 ὃς ἐμαρτύρησεν τὸν λόγον τοῦ θεοῦ καὶ τὴν μαρτυρίαν Ἰησοῦ **Χριστοῦ** ὅσα εἶδεν.
1: 5 καὶ ἀπὸ Ἰησοῦ **Χριστοῦ,** ὁ μάρτυς, ὁ πιστός,
11:15 Ἐγένετο ἡ βασιλεία τοῦ κόσμου τοῦ κυρίου ἡμῶν καὶ τοῦ **Χριστοῦ** αὐτοῦ,
12:10 Ἄρτι ἐγένετο ἡ σωτηρία καὶ ἡ δύναμις καὶ ἡ βασιλεία τοῦ θεοῦ ἡμῶν καὶ ἡ ἐξουσία τοῦ **Χριστοῦ** αὐτοῦ,
20: 4 καὶ ἔζησαν καὶ ἐβασίλευσαν μετὰ τοῦ **Χριστοῦ** χίλια ἔτη.
20: 6 ἀλλ᾽ ἔσονται ἱερεῖς τοῦ θεοῦ καὶ τοῦ **Χριστοῦ** καὶ βασιλεύσουσιν μετ᾽ αὐτοῦ [τὰ] χίλια ἔτη.

5987 χρίω [5]

→ *1608, 2222, 5984; cf. 5986*

Lk 4:18 Πνεῦμα κυρίου ἐπ᾽ ἐμὲ οὗ εἵνεκεν **ἔχρισέν** με εὐαγγελίσασθαι πτωχοῖς,
Ac 4:27 συνήχθησαν γὰρ ἐπ᾽ ἀληθείας ἐν τῇ πόλει ταύτῃ ἐπὶ τὸν ἅγιον παῖδά σου Ἰησοῦν ὃν **ἔχρισας,**
10:38 ὡς **ἔχρισεν** αὐτὸν ὁ θεὸς πνεύματι ἁγίῳ καὶ δυνάμει,
2Co 1:21 ὁ δὲ βεβαιῶν ἡμᾶς σὺν ὑμῖν εἰς Χριστὸν καὶ **χρίσας** ἡμᾶς θεός,
Heb 1: 9 διὰ τοῦτο **ἔχρισέν** σε ὁ θεὸς ὁ θεός σου ἔλαιον ἀγαλλιάσεως παρὰ τοὺς μετόχους σου.

5988 χρονίζω [5]

√ *5989*

Mt 24:48 ἐὰν δὲ εἴπῃ ὁ κακὸς δοῦλος ἐκεῖνος ἐν τῇ καρδίᾳ αὐτοῦ, **Χρονίζει** μου ὁ κύριος,
25: 5 **χρονίζοντος** δὲ τοῦ νυμφίου ἐνύσταξαν πᾶσαι καὶ ἐκάθευδον.
Lk 1:21 Καὶ ἦν ὁ λαὸς προσδοκῶν τὸν Ζαχαρίαν καὶ ἐθαύμαζον ἐν τῷ **χρονίζειν** ἐν τῷ ναῷ αὐτόν.
12:45 **Χρονίζει** ὁ κύριός μου ἔρχεσθαι, καὶ ἄρξηται τύπτειν τοὺς παῖδας καὶ τὰς παιδίσκας,
Heb 10:37 ἔτι γὰρ μικρὸν ὅσον ὅσον, ὁ ἐρχόμενος ἥξει καὶ οὐ **χρονίσει·**

5989 χρόνος [54]

→ *3432, 5988, 5990*

ἐπὶ χρόνον [2] Lk 18:4; Ac 18:20
ἔσχατος χρόνος [2] 1Pe 1:20; Jude 1:18
ἱκανός χρόνος [6] Lk 8:27; 20:9; 23:8; Ac 8:11; 14:3; 27:9
καθώς ... χρόνος [1] Ac 7:17
κατὰ χρόνον [1] Mt 2:16
ὅσον χρόνον [4] Mk 2:19; Ro 7:1; 1Co 7:39; Gal 4:1
πολύς χρόνος [4] Mt 25:19; Lk 8:29; Jn 5:6; Ac 18:20
πόσος χρόνος [1] Mk 9:21
σαρκὶ χρόνον [1] 1Pe 4:2
τοσοῦτος χρόνος [2] Jn 14:9; Heb 4:7
χρόνοι αἰώνιος [3] Ro 16:25; 2Ti 1:9; Tit 1:2

Mt 2: 7 Τότε Ἡρῴδης λάθρᾳ καλέσας τοὺς μάγους ἠκρίβωσεν παρ᾽ αὐτῶν τὸν **χρόνον** τοῦ φαινομένου ἀστέρος,
2:16 κατὰ τὸν **χρόνον** ὃν ἠκρίβωσεν παρὰ τῶν μάγων.
25:19 μετὰ δὲ πολὺν **χρόνον** ἔρχεται ὁ κύριος τῶν δούλων ἐκείνων καὶ συναίρει λόγον μετ᾽ αὐτῶν.
Mk 2:19 ὅσον **χρόνον** ἔχουσιν τὸν νυμφίον μετ᾽ αὐτῶν οὐ δύνανται νηστεύειν.
9:21 καὶ ἐπηρώτησεν τὸν πατέρα αὐτοῦ, Πόσος **χρόνος** ἐστὶν ὡς τοῦτο γέγονεν αὐτῷ;
Lk 1:57 Τῇ δὲ Ἐλισάβετ ἐπλήσθη ὁ **χρόνος** τοῦ τεκεῖν αὐτὴν καὶ ἐγέννησεν υἱόν.
4: 5 Καὶ ἀναγαγὼν αὐτὸν ἔδειξεν αὐτῷ πάσας τὰς βασιλείας τῆς οἰκουμένης ἐν στιγμῇ **χρόνου**
8:27 ἐξελθόντι δὲ αὐτῷ ἐπὶ τὴν γῆν ὑπήντησεν ἀνήρ τις ἐκ τῆς πόλεως ἔχων δαιμόνια καὶ **χρόνῳ** ἱκανῷ οὐκ ἐνεδύσατο ἱμάτιον
8:29 πολλοῖς γὰρ **χρόνοις** συνηρπάκει αὐτὸν καὶ ἐδεσμεύετο ἁλύσεσιν καὶ πέδαις φυλασσόμενος καὶ διαρρήσσων τὰ δεσμὰ
18: 4 καὶ οὐκ ἤθελεν ἐπὶ **χρόνον.** μετὰ δὲ ταῦτα εἶπεν ἐν ἑαυτῷ,
20: 9 Ἄνθρωπός [τις] ἐφύτευσεν ἀμπελῶνα καὶ ἐξέδετο αὐτὸν γεωργοῖς καὶ ἀπεδήμησεν **χρόνους** ἱκανούς.
23: 8 ἦν γὰρ ἐξ ἱκανῶν **χρόνων** θέλων ἰδεῖν αὐτὸν διὰ τὸ ἀκούειν περὶ αὐτοῦ καὶ ἤλπιζέν τι σημεῖον ἰδεῖν ὑπ᾽ αὐτοῦ γινόμενον.
Jn 5: 6 τοῦτον ἰδὼν ὁ Ἰησοῦς κατακείμενον καὶ γνοὺς ὅτι πολὺν ἤδη **χρόνον** ἔχει,
7:33 Ἔτι **χρόνον** μικρὸν μεθ᾽ ὑμῶν εἰμι καὶ ὑπάγω πρὸς τὸν πέμψαντά με.
12:35 Ἔτι μικρὸν **χρόνον** τὸ φῶς ἐν ὑμῖν ἐστιν.
14: 9 Τοσούτῳ **χρόνῳ** μεθ᾽ ὑμῶν εἰμι καὶ οὐκ ἔγνωκάς με,
Ac 1: 6 εἰ ἐν τῷ **χρόνῳ** τούτῳ ἀποκαθιστάνεις τὴν βασιλείαν τῷ Ἰσραήλ;
1: 7 Οὐχ ὑμῶν ἐστιν γνῶναι **χρόνους** ἢ καιροὺς οὓς ὁ πατὴρ ἔθετο ἐν τῇ ἰδίᾳ ἐξουσίᾳ,
1:21 δεῖ οὖν τῶν συνελθόντων ἡμῖν ἀνδρῶν ἐν παντὶ **χρόνῳ** ᾧ εἰσῆλθεν καὶ ἐξῆλθεν ἐφ᾽ ἡμᾶς ὁ κύριος Ἰησοῦς,
3:21 ὃν δεῖ οὐρανὸν μὲν δέξασθαι ἄχρι **χρόνων** ἀποκαταστάσεως πάντων ὧν ἐλάλησεν ὁ θεὸς διὰ στόματος τῶν ἁγίων ἀπ᾽ αἰῶνος αὐτοῦ προφητῶν.
7:17 Καθὼς δὲ ἤγγιζεν ὁ **χρόνος** τῆς ἐπαγγελίας ἧς ὡμολόγησεν ὁ θεὸς τῷ Ἀβραάμ,
7:23 Ὡς δὲ ἐπληροῦτο αὐτῷ τεσσερακονταετὴς **χρόνος,** ἀνέβη ἐπὶ τὴν καρδίαν αὐτοῦ ἐπισκέψασθαι τοὺς ἀδελφοὺς αὐτοῦ
8:11 προσεῖχον δὲ αὐτῷ διὰ τὸ ἱκανῷ **χρόνῳ** ταῖς μαγείαις ἐξεστακέναι αὐτούς.
13:18 καὶ ὡς τεσσερακονταετῆ **χρόνον** ἐτροποφόρησεν αὐτοὺς ἐν τῇ ἐρήμῳ
14: 3 ἱκανὸν μὲν οὖν **χρόνον** διέτριψαν παρρησιαζόμενοι ἐπὶ τῷ κυρίῳ τῷ μαρτυροῦντι [ἐπὶ] τῷ λόγῳ τῆς χάριτος αὐτοῦ,
14:28 διέτριβον δὲ **χρόνον** οὐκ ὀλίγον σὺν τοῖς μαθηταῖς.
15:33 ποιήσαντες δὲ **χρόνον** ἀπελύθησαν μετ᾽ εἰρήνης ἀπὸ τῶν ἀδελφῶν πρὸς τοὺς ἀποστείλαντας αὐτούς.
17:30 τοὺς μὲν οὖν **χρόνους** τῆς ἀγνοίας ὑπεριδὼν ὁ θεός,
18:20 ἐρωτώντων δὲ αὐτῶν ἐπὶ πλείονα **χρόνον** μεῖναι οὐκ ἐπένευσεν,
18:23 καὶ ποιήσας **χρόνον** τινὰ ἐξῆλθεν διερχόμενος καθεξῆς τὴν Γαλατικὴν χώραν καὶ **Φρυγίαν,**
19:22 Τιμόθεον καὶ Ἔραστον, αὐτὸς ἐπέσχεν **χρόνον** εἰς τὴν Ἀσίαν.
20:18 ἀπὸ πρώτης ἡμέρας ἀφ᾽ ἧς ἐπέβην εἰς τὴν Ἀσίαν, πῶς μεθ᾽ ὑμῶν τὸν πάντα **χρόνον** ἐγενόμην,
27: 9 Ἱκανοῦ δὲ **χρόνου** διαγενομένου καὶ ὄντος ἤδη ἐπισφαλοῦς τοῦ πλοὸς διὰ τὸ καὶ τὴν νηστείαν ἤδη παρεληλυθέναι
Ro 7: 1 ὅτι ὁ νόμος κυριεύει τοῦ ἀνθρώπου ἐφ᾽ ὅσον **χρόνον** ζῇ;
16:25 [Τῷ δὲ δυναμένῳ ὑμᾶς στηρίξαι κατὰ τὸ εὐαγγέλιόν μου καὶ τὸ κήρυγμα Ἰησοῦ Χριστοῦ, κατὰ ἀποκάλυψιν μυστηρίου **χρόνοις** αἰωνίοις σεσιγημένου,]
1Co 7:39 Γυνὴ δέδεται ἐφ᾽ ὅσον **χρόνον** ζῇ ὁ ἀνὴρ αὐτῆς·
16: 7 ἐλπίζω γὰρ **χρόνον** τινὰ ἐπιμεῖναι πρὸς ὑμᾶς ἐὰν ὁ κύριος ἐπιτρέψῃ.
Gal 4: 1 Λέγω δέ, ἐφ᾽ ὅσον **χρόνον** ὁ κληρονόμος νήπιός ἐστιν,
4: 4 ὅτε δὲ ἦλθεν τὸ πλήρωμα τοῦ **χρόνου,** ἐξαπέστειλεν ὁ θεὸς τὸν υἱὸν αὐτοῦ,
1Th 5: 1 Περὶ δὲ τῶν **χρόνων** καὶ τῶν καιρῶν, ἀδελφοί,
2Ti 1: 9 τὴν δοθεῖσαν ἡμῖν ἐν Χριστῷ Ἰησοῦ πρὸ **χρόνων** αἰωνίων,
Tit 1: 2 ἣν ἐπηγγείλατο ὁ ἀψευδὴς θεὸς πρὸ **χρόνων** αἰωνίων,
Heb 4: 7 Σήμερον, ἐν Δαυὶδ λέγων μετὰ τοσοῦτον **χρόνον,** καθὼς προείρηται,
5:12 καὶ γὰρ ὀφείλοντες εἶναι διδάσκαλοι διὰ τὸν **χρόνον,**
11:32 ἐπιλείψει με γὰρ διηγούμενον ὁ **χρόνος** περὶ Γεδεών,
1Pe 1:17 ἐν φόβῳ τὸν τῆς παροικίας ὑμῶν **χρόνον** ἀναστράφητε,
1:20 προεγνωσμένου μὲν πρὸ καταβολῆς κόσμου φανερωθέντος δὲ ἐπ᾽ ἐσχάτου τῶν **χρόνων** δι᾽ ὑμᾶς
4: 2 εἰς τὸ μηκέτι ἀνθρώπων ἐπιθυμίαις ἀλλὰ θελήματι θεοῦ τὸν ἐπίλοιπον ἐν σαρκὶ βιῶσαι **χρόνον.**
4: 3 ἀρκετὸς γὰρ ὁ παρεληλυθὼς **χρόνος** τὸ βούλημα τῶν ἐθνῶν κατειργάσθαι πεπορευμένους ἐν ἀσελγείαις,
Jude 1:18 [ὅτι] Ἐπ᾽ ἐσχάτου [τοῦ] **χρόνου** ἔσονται ἐμπαῖκται κατὰ τὰς ἑαυτῶν ἐπιθυμίας πορευόμενοι τῶν ἀσεβειῶν.
Rev 2:21 καὶ ἔδωκα αὐτῇ **χρόνον** ἵνα μετανοήσῃ, καὶ οὐ θέλει μετανοῆσαι ἐκ τῆς πορνείας αὐτῆς.

6:11 καὶ ἐδόθη αὐτοῖς ἑκάστῳ στολὴ λευκὴ καὶ ἐρρέθη αὐτοῖς ἵνα ἀναπαύσονται ἔτι **χρόνον** μικρόν,
10: 6 ὃς ἔκτισεν τὸν οὐρανὸν καὶ τὰ ἐν αὐτῷ καὶ τὴν γῆν καὶ τὰ ἐν αὐτῇ καὶ τὴν θάλασσαν καὶ τὰ ἐν αὐτῇ, ὅτι **χρόνος** οὐκέτι
20: 3 ἵνα μὴ πλανήσῃ ἔτι τὰ ἔθνη ἄχρι τελεσθῇ τὰ χίλια ἔτη. μετὰ ταῦτα δεῖ λυθῆναι αὐτὸν μικρὸν **χρόνον.**

5990 χρονοτριβέω [1]

√ *5989 + 5561*

Ac 20:16 ὅπως μὴ γένηται αὐτῷ **χρονοτριβῆσαι** ἐν τῇ Ἀσίᾳ·

5991 χρύσεος Not used in UBS/NIV

√ *5996*

5992 χρυσίον [12]

√ *5996*

Ac 3: 6 εἶπεν δὲ Πέτρος, Ἀργύριον καὶ **χρυσίον** οὐχ ὑπάρχει μοι,
20:33 ἀργυρίου ἢ **χρυσίου** ἢ ἱματισμοῦ οὐδενὸς ἐπεθύμησα·
1Ti 2: 9 μὴ ἐν πλέγμασιν καὶ **χρυσίῳ** ἢ μαργαρίταις ἢ ἱματισμῷ πολυτελεῖ,
Heb 9: 4 χρυσοῦν ἔχουσα θυμιατήριον καὶ τὴν κιβωτὸν τῆς διαθήκης περικεκαλυμμένην πάντοθεν **χρυσίῳ,**
1Pe 1: 7 ἵνα τὸ δοκίμιον ὑμῶν τῆς πίστεως πολυτιμότερον **χρυσίου** τοῦ ἀπολλυμένου διὰ πυρὸς δὲ δοκιμαζομένου,
1:18 εἰδότες ὅτι οὐ φθαρτοῖς, ἀργυρίῳ ἢ **χρυσίῳ,** ἐλυτρώθητε ἐκ τῆς ματαίας ὑμῶν ἀναστροφῆς πατροπαραδότου
3: 3 ὧν ἔστω οὐχ ὁ ἔξωθεν ἐμπλοκῆς τριχῶν καὶ περιθέσεως **χρυσίων** ἢ ἐνδύσεως ἱματίων κόσμος
Rev 3:18 συμβουλεύω σοι ἀγοράσαι παρ᾽ ἐμοῦ **χρυσίον** πεπυρωμένον ἐκ πυρὸς ἵνα πλουτήσῃς,
17: 4 καὶ ἡ γυνὴ ἦν περιβεβλημένη πορφυροῦν καὶ κόκκινον καὶ κεχρυσωμένη **χρυσίῳ** καὶ λίθῳ τιμίῳ καὶ μαργαρίταις,
18:16 ἡ περιβεβλημένη βύσσινον καὶ πορφυροῦν καὶ κόκκινον καὶ κεχρυσωμένη [ἐν] **χρυσίῳ** καὶ λίθῳ τιμίῳ καὶ μαργαρίτῃ,
21:18 καὶ ἡ ἐνδώμησις τοῦ τείχους αὐτῆς ἴασπις καὶ ἡ πόλις **χρυσίον** καθαρὸν ὅμοιον ὑάλῳ καθαρῷ.
21:21 καὶ ἡ πλατεῖα τῆς πόλεως **χρυσίον** καθαρὸν ὡς ὕαλος διαυγής.

5993 χρυσοδακτύλιος [1]

√ *5996 + 1235*

Jas 2: 2 ἐὰν γὰρ εἰσέλθῃ εἰς συναγωγὴν ὑμῶν ἀνὴρ **χρυσοδακτύλιος** ἐν ἐσθῆτι λαμπρᾷ,

5994 χρυσόλιθος [1]

√ *5996 + 3345*

Rev 21:20 ὁ ἕβδομος **χρυσόλιθος,** ὁ ὄγδοος βήρυλλος, ὁ ἔνατος τοπάζιον,

5995 χρυσόπρασος [1]

√ *5996 + 4555*

Rev 21:20 ὁ δέκατος **χρυσόπρασος,** ὁ ἑνδέκατος ὑάκινθος, ὁ δωδέκατος ἀμέθυστος,

5996 χρυσός [10]

→ *5991, 5992, 5993, 5994, 5995, 5997, 5998*

Mt 2:11 καὶ πεσόντες προσεκύνησαν αὐτῷ καὶ ἀνοίξαντες τοὺς θησαυροὺς αὐτῶν προσήνεγκαν αὐτῷ δῶρα, **χρυσὸν** καὶ λίβανον καὶ σμύρναν.
10: 9 Μὴ κτήσησθε **χρυσὸν** μηδὲ ἄργυρον μηδὲ χαλκὸν εἰς τὰς ζώνας ὑμῶν,
23:16 ὃς δ᾽ ἂν ὀμόσῃ ἐν τῷ **χρυσῷ** τοῦ ναοῦ, ὀφείλει.
23:17 μωροὶ καὶ τυφλοί, τίς γὰρ μείζων ἐστίν, ὁ **χρυσὸς** ἢ ὁ ναὸς ὁ ἁγιάσας τὸν **χρυσόν;**
Ac 17:29 γένος οὖν ὑπάρχοντες τοῦ θεοῦ οὐκ ὀφείλομεν νομίζειν **χρυσῷ** ἢ ἀργύρῳ ἢ λίθῳ,
1Co 3:12 εἰ δέ τις ἐποικοδομεῖ ἐπὶ τὸν θεμέλιον **χρυσόν,**
Jas 5: 3 ὁ **χρυσὸς** ὑμῶν καὶ ὁ ἄργυρος κατίωται καὶ ὁ ἰὸς αὐτῶν εἰς μαρτύριον ὑμῖν ἔσται καὶ φάγεται τὰς σάρκας ὑμῶν ὡς πῦρ.
Rev 9: 7 καὶ ἐπὶ τὰς κεφαλὰς αὐτῶν ὡς στέφανοι ὅμοιοι **χρυσῷ,**
18:12 γόμον **χρυσοῦ** καὶ ἀργύρου καὶ λίθου τιμίου καὶ μαργαριτῶν καὶ βυσσίνου καὶ πορφύρας καὶ σιρικοῦ καὶ κοκκίνου,

5997 χρυσοῦς [18]

√ *5996*

2Ti 2:20 Ἐν μεγάλῃ δὲ οἰκίᾳ οὐκ ἔστιν μόνον σκεύη **χρυσᾶ** καὶ ἀργυρᾶ ἀλλὰ καὶ ξύλινα καὶ ὀστράκινα,
Heb 9: 4 **χρυσοῦν** ἔχουσα θυμιατήριον καὶ τὴν κιβωτὸν τῆς διαθήκης περικεκαλυμμένην πάντοθεν χρυσίῳ, ἐν ᾗ στάμνος **χρυσῆ** ἔχουσα τὸ μάννα καὶ ἡ ῥάβδος Ἀαρὼν ἡ βλαστήσασα
Rev 1:12 Καὶ ἐπέστρεψα βλέπειν τὴν φωνὴν ἥτις ἐλάλει μετ᾽ ἐμοῦ, καὶ ἐπιστρέψας εἶδον ἑπτὰ λυχνίας **χρυσᾶς**
1:13 καὶ ἐν μέσῳ τῶν λυχνιῶν ὅμοιον υἱὸν ἀνθρώπου ἐνδεδυμένον ποδήρη καὶ περιεζωσμένον πρὸς τοῖς μαστοῖς ζώνην **χρυσᾶν.**
1:20 τὸ μυστήριον τῶν ἑπτὰ ἀστέρων οὓς εἶδες ἐπὶ τῆς δεξιᾶς μου καὶ τὰς ἑπτὰ λυχνίας τὰς **χρυσᾶς·**
2: 1 ὁ περιπατῶν ἐν μέσῳ τῶν ἑπτὰ λυχνιῶν τῶν **χρυσῶν·**
4: 4 πρεσβυτέρους καθημένους περιβεβλημένους ἐν ἱματίοις λευκοῖς καὶ ἐπὶ τὰς κεφαλὰς αὐτῶν στεφάνους **χρυσοῦς.**
5: 8 τὰ τέσσαρα ζῷα καὶ οἱ εἴκοσι τέσσαρες πρεσβύτεροι ἔπεσαν ἐνώπιον τοῦ ἀρνίου ἔχοντες ἕκαστος κιθάραν καὶ φιάλας **χρυσᾶς** γεμούσας θυμιαμάτων,
8: 3 Καὶ ἄλλος ἄγγελος ἦλθεν καὶ ἐστάθη ἐπὶ τοῦ θυσιαστηρίου ἔχων λιβανωτὸν **χρυσοῦν,** καὶ ἐδόθη αὐτῷ θυμιάματα πολλά, ἵνα δώσει ταῖς προσευχαῖς τῶν ἁγίων πάντων ἐπὶ τὸ θυσιαστήριον τὸ **χρυσοῦν** τὸ ἐνώπιον τοῦ θρόνου.
9:13 καὶ ἤκουσα φωνὴν μίαν ἐκ τῶν [τεσσάρων] κεράτων τοῦ θυσιαστηρίου τοῦ **χρυσοῦ** τοῦ ἐνώπιον τοῦ θεοῦ,
9:20 ἵνα μὴ προσκυνήσουσιν τὰ δαιμόνια καὶ τὰ εἴδωλα τὰ **χρυσᾶ** καὶ τὰ ἀργυρᾶ καὶ τὰ χαλκᾶ καὶ τὰ λίθινα καὶ τὰ ξύλινα,
14:14 ἔχων ἐπὶ τῆς κεφαλῆς αὐτοῦ στέφανον **χρυσοῦν** καὶ ἐν τῇ χειρὶ αὐτοῦ δρέπανον ὀξύ.
15: 6 καὶ ἐξῆλθον οἱ ἑπτὰ ἄγγελοι [οἱ] ἔχοντες τὰς ἑπτὰ πληγὰς ἐκ τοῦ ναοῦ ἐνδεδυμένοι λίνον καθαρὸν λαμπρὸν καὶ περιεζωσμένοι περὶ τὰ στήθη ζώνας **χρυσᾶς.**
15: 7 καὶ ἓν ἐκ τῶν τεσσάρων ζῴων ἔδωκεν τοῖς ἑπτὰ ἀγγέλοις ἑπτὰ φιάλας **χρυσᾶς** γεμούσας τοῦ θυμοῦ τοῦ θεοῦ τοῦ ζῶντος
17: 4 ἔχουσα ποτήριον **χρυσοῦν** ἐν τῇ χειρὶ αὐτῆς γέμον βδελυγμάτων καὶ τὰ ἀκάθαρτα τῆς πορνείας αὐτῆς
21:15 Καὶ ὁ λαλῶν μετ᾽ ἐμοῦ εἶχεν μέτρον κάλαμον **χρυσοῦν,**

5998 χρυσόω [2]

√ *5996*

Rev 17: 4 καὶ ἡ γυνὴ ἦν περιβεβλημένη πορφυροῦν καὶ κόκκινον καὶ **κεχρυσωμένη** χρυσίῳ καὶ λίθῳ τιμίῳ καὶ μαργαρίταις,
18:16 ἡ περιβεβλημένη βύσσινον καὶ πορφυροῦν καὶ κόκκινον καὶ **κεχρυσωμένη** [ἐν] χρυσίῳ καὶ λίθῳ τιμίῳ καὶ μαργαρίτῃ,

5999 χρώς [1]

Ac 19:12 ὥστε καὶ ἐπὶ τοὺς ἀσθενοῦντας ἀποφέρεσθαι ἀπὸ τοῦ **χρωτὸς** αὐτοῦ σουδάρια ἢ σιμικίνθια καὶ ἀπαλλάσσεσθαι ἀπ᾽ αὐτῶν τὰς νόσους,

6000 χωλός [14]

Mt 11: 5 τυφλοὶ ἀναβλέπουσιν καὶ **χωλοὶ** περιπατοῦσιν, λεπροὶ καθαρίζονται καὶ κωφοὶ ἀκούουσιν,
15:30 καὶ προσῆλθον αὐτῷ ὄχλοι πολλοὶ ἔχοντες μεθ᾽ ἑαυτῶν **χωλούς,**
15:31 κυλλοὺς ὑγιεῖς καὶ **χωλοὺς** περιπατοῦντας καὶ τυφλοὺς βλέποντας·
18: 8 καλόν σοί ἐστιν εἰσελθεῖν εἰς τὴν ζωὴν κυλλὸν ἢ **χωλὸν** ἢ δύο χεῖρας ἢ δύο πόδας ἔχοντα βληθῆναι εἰς τὸ πῦρ τὸ αἰώνιον.
21:14 Καὶ προσῆλθον αὐτῷ τυφλοὶ καὶ **χωλοὶ** ἐν τῷ ἱερῷ,
Mk 9:45 καλόν ἐστίν σε εἰσελθεῖν εἰς τὴν ζωὴν **χωλὸν** ἢ τοὺς δύο πόδας ἔχοντα βληθῆναι εἰς τὴν γέενναν.
Lk 7:22 τυφλοὶ ἀναβλέπουσιν, **χωλοὶ** περιπατοῦσιν, λεπροὶ καθαρίζονται καὶ κωφοὶ ἀκούουσιν,
14:13 ἀλλ᾽ ὅταν δοχὴν ποιῇς, κάλει πτωχούς, ἀναπείρους, **χωλούς,** τυφλούς·
14:21 εἰς τὰς πλατείας καὶ ῥύμας τῆς πόλεως καὶ τοὺς πτωχοὺς καὶ ἀναπείρους καὶ τυφλοὺς καὶ **χωλοὺς** εἰσάγαγε ὧδε.
Jn 5: 3 ἐν ταύταις κατέκειτο πλῆθος τῶν ἀσθενούντων, τυφλῶν, **χωλῶν,** ξηρῶν.

Ac 3: 2 καί τις ἀνὴρ **χωλὸς** ἐκ κοιλίας μητρὸς αὐτοῦ ὑπάρχων ἐβαστάζετο,
8: 7 πολλοὶ γὰρ τῶν ἐχόντων πνεύματα ἀκάθαρτα βοῶντα φωνῇ μεγάλῃ ἐξήρχοντο, πολλοὶ δὲ παραλελυμένοι καὶ **χωλοὶ** ἐθεραπεύθησαν·
14: 8 **χωλὸς** ἐκ κοιλίας μητρὸς αὐτοῦ ὃς οὐδέποτε περιεπάτησεν.
Heb 12:13 ἵνα μὴ τὸ **χωλὸν** ἐκτραπῇ, ἰαθῇ δὲ μᾶλλον.

6001 χώρα [28]

√ *6003*

Mt 2:12 δι' ἄλλης ὁδοῦ ἀνεχώρησαν εἰς τὴν **χώραν** αὐτῶν.
4:16 καὶ τοῖς καθημένοις ἐν **χώρᾳ** καὶ σκιᾷ θανάτου φῶς ἀνέτειλεν αὐτοῖς.
8:28 Καὶ ἐλθόντος αὐτοῦ εἰς τὸ πέραν εἰς τὴν **χώραν** τῶν Γαδαρηνῶν ὑπήντησαν αὐτῷ δύο δαιμονιζόμενοι ἐκ τῶν μνημείων ἐξερχόμενοι,
Mk 1: 5 καὶ ἐξεπορεύετο πρὸς αὐτὸν πᾶσα ἡ Ἰουδαία **χώρα** καὶ οἱ Ἱεροσολυμῖται πάντες,
5: 1 Καὶ ἦλθον εἰς τὸ πέραν τῆς θαλάσσης εἰς τὴν **χώραν** τῶν Γερασηνῶν.
5:10 παρεκάλει αὐτὸν πολλὰ ἵνα μὴ αὐτὰ ἀποστείλῃ ἔξω τῆς **χώρας.**
6:55 ὅλην τὴν **χώραν** ἐκείνην καὶ ἤρξαντο ἐπὶ τοῖς κραβάττοις τοὺς κακῶς ἔχοντας περιφέρειν ὅπου ἤκουον ὅτι ἐστίν.
Lk 2: 8 Καὶ ποιμένες ἦσαν ἐν τῇ **χώρᾳ** τῇ αὐτῇ ἀγραυλοῦντες καὶ φυλάσσοντες φυλακὰς τῆς νυκτὸς ἐπὶ τὴν ποίμνην αὐτῶν.
3: 1 Φιλίππου δὲ τοῦ ἀδελφοῦ αὐτοῦ τετρααρχοῦντος τῆς Ἰτουραίας καὶ Τραχωνίτιδος **χώρας,**
8:26 Καὶ κατέπλευσαν εἰς τὴν **χώραν** τῶν Γερασηνῶν, ἥτις ἐστὶν ἀντιπέρα τῆς Γαλιλαίας.
12:16 Εἶπεν δὲ παραβολὴν πρὸς αὐτοὺς λέγων, Ἀνθρώπου τινὸς πλουσίου εὐφόρησεν ἡ **χώρα.**
15:13 συναγαγὼν πάντα ὁ νεώτερος υἱὸς ἀπεδήμησεν εἰς **χώραν** μακρὰν καὶ ἐκεῖ διεσκόρπισεν τὴν οὐσίαν αὐτοῦ ζῶν ἀσώτως.
15:14 δαπανήσαντος δὲ αὐτοῦ πάντα ἐγένετο λιμὸς ἰσχυρὰ κατὰ τὴν **χώραν** ἐκείνην,
15:15 καὶ πορευθεὶς ἐκολλήθη ἑνὶ τῶν πολιτῶν τῆς **χώρας** ἐκείνης,
19:12 Ἄνθρωπός τις εὐγενὴς ἐπορεύθη εἰς **χώραν** μακρὰν λαβεῖν ἑαυτῷ βασιλείαν καὶ ὑποστρέψαι.
21:21 τότε οἱ ἐν τῇ Ἰουδαίᾳ φευγέτωσαν εἰς τὰ ὄρη καὶ οἱ ἐν μέσῳ αὐτῆς ἐκχωρείτωσαν καὶ οἱ ἐν ταῖς **χώραις** μὴ εἰσερχέσθωσαν
Jn 4:35 ἐπάρατε τοὺς ὀφθαλμοὺς ὑμῶν καὶ θεάσασθε τὰς **χώρας** ὅτι λευκαί εἰσιν πρὸς θερισμόν.
11:54 ἀλλὰ ἀπῆλθεν ἐκεῖθεν εἰς τὴν **χώραν** ἐγγὺς τῆς ἐρήμου,
11:55 καὶ ἀνέβησαν πολλοὶ εἰς Ἱεροσόλυμα ἐκ τῆς **χώρας** πρὸ τοῦ πάσχα ἵνα ἁγνίσωσιν ἑαυτούς.
Ac 8: 1 πάντες δὲ διεσπάρησαν κατὰ τὰς **χώρας** τῆς Ἰουδαίας καὶ Σαμαρείας πλὴν τῶν ἀποστόλων.
10:39 καὶ ἡμεῖς μάρτυρες πάντων ὧν ἐποίησεν ἔν τε τῇ **χώρᾳ** τῶν Ἰουδαίων καὶ [ἐν] Ἰερουσαλήμ.
12:20 ᾐτοῦντο εἰρήνην διὰ τὸ τρέφεσθαι αὐτῶν τὴν **χώραν** ἀπὸ τῆς βασιλικῆς.
13:49 διεφέρετο δὲ ὁ λόγος τοῦ κυρίου δι' ὅλης τῆς **χώρας.**
16: 6 Διῆλθον δὲ τὴν Φρυγίαν καὶ Γαλατικὴν **χώραν** κωλυθέντες ὑπὸ τοῦ ἁγίου πνεύματος λαλῆσαι τὸν λόγον ἐν τῇ Ἀσίᾳ·
18:23 καὶ ποιήσας χρόνον τινὰ ἐξῆλθεν διερχόμενος καθεξῆς τὴν Γαλατικὴν **χώραν** καὶ Φρυγίαν,
26:20 πᾶσάν τε τὴν **χώραν** τῆς Ἰουδαίας καὶ τοῖς ἔθνεσιν ἀπήγγελλον μετανοεῖν καὶ ἐπιστρέφειν ἐπὶ τὸν θεόν,
27:27 κατὰ μέσον τῆς νυκτὸς ὑπενόουν οἱ ναῦται προσάγειν τινὰ αὐτοῖς **χώραν.**
Jas 5: 4 ἰδοὺ ὁ μισθὸς τῶν ἐργατῶν τῶν ἀμησάντων τὰς **χώρας** ὑμῶν ὁ ἀπεστερημένος ἀφ' ὑμῶν κράζει,

6002 Χοραζίν Not used in UBS/NIV

√ *5960*

6003 χωρέω [10]

→ *432, 713, 1774, 2353, 4369, 5102, 5103, 5181, 5723, 6001, 6005*

Mt 15:17 οὐ νοεῖτε ὅτι πᾶν τὸ εἰσπορευόμενον εἰς τὸ στόμα εἰς τὴν κοιλίαν **χωρεῖ** καὶ εἰς ἀφεδρῶνα ἐκβάλλεται;
19:11 Οὐ πάντες **χωροῦσιν** τὸν λόγον [τοῦτον] ἀλλ' οἷς δέδοται.
19:12 καὶ εἰσὶν εὐνοῦχοι οἵτινες εὐνούχισαν ἑαυτοὺς διὰ τὴν βασιλείαν τῶν οὐρανῶν. ὁ δυνάμενος **χωρεῖν χωρείτω.**
Mk 2: 2 καὶ συνήχθησαν πολλοὶ ὥστε μηκέτι **χωρεῖν** μηδὲ τὰ πρὸς τὴν θύραν,
Jn 2: 6 ἦσαν δὲ ἐκεῖ λίθιναι ὑδρίαι ἓξ κατὰ τὸν καθαρισμὸν τῶν Ἰουδαίων κείμεναι, **χωροῦσαι** ἀνὰ μετρητὰς δύο ἢ τρεῖς.
8:37 ὅτι ὁ λόγος ὁ ἐμὸς οὐ **χωρεῖ** ἐν ὑμῖν.
21:25 οὐδ' αὐτὸν οἶμαι τὸν κόσμον **χωρῆσαι** τὰ γραφόμενα βιβλία.
2Co 7: 2 **Χωρήσατε** ἡμᾶς· οὐδένα ἠδικήσαμεν, οὐδένα ἐφθείραμεν, οὐδένα ἐπλεονεκτήσαμεν.
2Pe 3: 9 μὴ βουλόμενός τινας ἀπολέσθαι ἀλλὰ πάντας εἰς μετάνοιαν **χωρῆσαι.**

6004 χωρίζω [13]

√ *6006*

Mt 19: 6 ὃ οὖν ὁ θεὸς συνέζευξεν ἄνθρωπος μὴ **χωριζέτω.**
Mk 10: 9 ὃ οὖν ὁ θεὸς συνέζευξεν ἄνθρωπος μὴ **χωριζέτω.**
Ac 1: 4 καὶ συναλιζόμενος παρήγγειλεν αὐτοῖς ἀπὸ Ἱεροσολύμων μὴ **χωρίζεσθαι** ἀλλὰ περιμένειν τὴν ἐπαγγελίαν τοῦ πατρὸς
18: 1 Μετὰ ταῦτα **χωρισθεὶς** ἐκ τῶν Ἀθηνῶν ἦλθεν εἰς Κόρινθον.
18: 2 διὰ τὸ διατεταχέναι Κλαύδιον **χωρίζεσθαι** πάντας τοὺς Ἰουδαίους ἀπὸ τῆς Ῥώμης,
Ro 8:35 τίς ἡμᾶς **χωρίσει** ἀπὸ τῆς ἀγάπης τοῦ Χριστοῦ;
8:39 οὔτε βάθος οὔτε τις κτίσις ἑτέρα δυνήσεται ἡμᾶς **χωρίσαι** ἀπὸ τῆς ἀγάπης τοῦ θεοῦ τῆς ἐν Χριστῷ Ἰησοῦ τῷ κυρίῳ ἡμῶν.
1Co 7:10 οὐκ ἐγὼ ἀλλὰ ὁ κύριος, γυναῖκα ἀπὸ ἀνδρὸς μὴ **χωρισθῆναι,**
7:11 ἐὰν δὲ καὶ **χωρισθῇ,** μενέτω ἄγαμος ἢ τῷ ἀνδρὶ καταλλαγήτω,–
7:15 εἰ δὲ ὁ ἄπιστος **χωρίζεται, χωριζέσθω·** οὐ δεδούλωται ὁ ἀδελφὸς ἢ ἡ ἀδελφὴ ἐν τοῖς τοιούτοις·
Phm 1:15 τάχα γὰρ διὰ τοῦτο **ἐχωρίσθη** πρὸς ὥραν, ἵνα αἰώνιον αὐτὸν ἀπέχῃς,
Heb 7:26 **κεχωρισμένος** ἀπὸ τῶν ἁμαρτωλῶν καὶ ὑψηλότερος τῶν οὐρανῶν γενόμενος,

6005 χωρίον [10]

√ *6003*

πλησίον τοῦ χωρίου [1] *Jn 4:5*

Mt 26:36 Τότε ἔρχεται μετ' αὐτῶν ὁ Ἰησοῦς εἰς **χωρίον** λεγόμενον Γεθσημανὶ καὶ λέγει τοῖς μαθηταῖς,
Mk 14:32 Καὶ ἔρχονται εἰς **χωρίον** οὗ τὸ ὄνομα Γεθσημανὶ καὶ λέγει τοῖς μαθηταῖς αὐτοῦ,
Jn 4: 5 ἔρχεται οὖν εἰς πόλιν τῆς Σαμαρείας λεγομένην Συχὰρ πλησίον τοῦ **χωρίου** ὃ ἔδωκεν Ἰακὼβ [τῷ] Ἰωσὴφ τῷ υἱῷ αὐτοῦ·
Ac 1:18 Οὗτος μὲν οὖν ἐκτήσατο **χωρίον** ἐκ μισθοῦ τῆς ἀδικίας καὶ πρηνὴς γενόμενος ἐλάκησεν μέσος καὶ ἐξεχύθη πάντα τὰ σπλάγχνα αὐτοῦ·
1:19 ὥστε κληθῆναι τὸ **χωρίον** ἐκεῖνο τῇ ἰδίᾳ διαλέκτῳ αὐτῶν Ἀκελδαμάχ, τοῦτ' ἔστιν **Χωρίον** Αἵματος.
4:34 ὅσοι γὰρ κτήτορες **χωρίων** ἢ οἰκιῶν ὑπῆρχον, πωλοῦντες ἔφερον τὰς τιμὰς τῶν πιπρασκομένων
5: 3 ψεύσασθαί σε τὸ πνεῦμα τὸ ἅγιον καὶ νοσφίσασθαι ἀπὸ τῆς τιμῆς τοῦ **χωρίου;**
5: 8 ἀπεκρίθη δὲ πρὸς αὐτὴν Πέτρος, Εἰπέ μοι, εἰ τοσούτου τὸ **χωρίον** ἀπέδοσθε;
28: 7 Ἐν δὲ τοῖς περὶ τὸν τόπον ἐκεῖνον ὑπῆρχεν **χωρία** τῷ πρώτῳ τῆς νήσου ὀνόματι Ποπλίῳ,

6006 χωρίς [41]

→ *714, 1431, 6004, 6007*

Mt 13:34 Ταῦτα πάντα ἐλάλησεν ὁ Ἰησοῦς ἐν παραβολαῖς τοῖς ὄχλοις καὶ **χωρὶς** παραβολῆς οὐδὲν ἐλάλει αὐτοῖς,
14:21 οἱ δὲ ἐσθίοντες ἦσαν ἄνδρες ὡσεὶ πεντακισχίλιοι **χωρὶς** γυναικῶν καὶ παιδίων.
15:38 οἱ δὲ ἐσθίοντες ἦσαν τετρακισχίλιοι ἄνδρες **χωρὶς** γυναικῶν καὶ παιδίων.
Mk 4:34 **χωρὶς** δὲ παραβολῆς οὐκ ἐλάλει αὐτοῖς, κατ' ἰδίαν δὲ τοῖς ἰδίοις μαθηταῖς ἐπέλυεν πάντα.
Lk 6:49 ὁ δὲ ἀκούσας καὶ μὴ ποιήσας ὅμοιός ἐστιν ἀνθρώπῳ οἰκοδομήσαντι οἰκίαν ἐπὶ τὴν γῆν **χωρὶς** θεμελίου,
Jn 1: 3 πάντα δι' αὐτοῦ ἐγένετο, καὶ **χωρὶς** αὐτοῦ ἐγένετο οὐδὲ ἕν.
15: 5 ὁ μένων ἐν ἐμοὶ κἀγὼ ἐν αὐτῷ οὗτος φέρει καρπὸν πολύν, ὅτι **χωρὶς** ἐμοῦ οὐ δύνασθε ποιεῖν οὐδέν.

20: 7 οὐ μετὰ τῶν ὀθονίων κείμενον ἀλλὰ **χωρὶς** ἐντετυλιγμένον εἰς ἕνα τόπον.
Ro 3:21 Νυνὶ δὲ **χωρὶς** νόμου δικαιοσύνη θεοῦ πεφανέρωται μαρτυρουμένη ὑπὸ τοῦ νόμου καὶ τῶν προφητῶν,
3:28 λογιζόμεθα γὰρ δικαιοῦσθαι πίστει ἄνθρωπον **χωρὶς** ἔργων νόμου.
4: 6 καθάπερ καὶ Δαυὶδ λέγει τὸν μακαρισμὸν τοῦ ἀνθρώπου ᾧ ὁ θεὸς λογίζεται δικαιοσύνην **χωρὶς** ἔργων,
7: 8 ἀφορμὴν δὲ λαβοῦσα ἡ ἁμαρτία διὰ τῆς ἐντολῆς κατειργάσατο ἐν ἐμοὶ πᾶσαν ἐπιθυμίαν· **χωρὶς** γὰρ νόμου ἁμαρτία νεκρά.
7: 9 ἐγὼ δὲ ἔζων **χωρὶς** νόμου ποτέ, ἐλθούσης δὲ τῆς ἐντολῆς ἡ ἁμαρτία ἀνέζησεν,
10:14 πῶς δὲ πιστεύσωσιν οὗ οὐκ ἤκουσαν; πῶς δὲ ἀκούσωσιν **χωρὶς** κηρύσσοντος;
1Co 4: 8 ἤδη κεκορεσμένοι ἐστέ, ἤδη ἐπλουτήσατε, **χωρὶς** ἡμῶν ἐβασιλεύσατε·
11:11 πλὴν οὔτε γυνὴ **χωρὶς** ἀνδρὸς οὔτε ἀνὴρ **χωρὶς** γυναικὸς ἐν κυρίῳ·
2Co 11:28 **χωρὶς** τῶν παρεκτὸς ἡ ἐπίστασίς μοι ἡ καθ' ἡμέραν,
12: 3 εἴτε ἐν σώματι εἴτε **χωρὶς** τοῦ σώματος οὐκ οἶδα,
Eph 2:12 ὅτι ἦτε τῷ καιρῷ ἐκείνῳ **χωρὶς** Χριστοῦ, ἀπηλλοτριωμένοι τῆς πολιτείας τοῦ Ἰσραὴλ καὶ ξένοι τῶν διαθηκῶν τῆς ἐπαγγελίας,
Php 2:14 πάντα ποιεῖτε **χωρὶς** γογγυσμῶν καὶ διαλογισμῶν,
1Ti 2: 8 Βούλομαι οὖν προσεύχεσθαι τοὺς ἄνδρας ἐν παντὶ τόπῳ ἐπαίροντας ὁσίους χεῖρας **χωρὶς** ὀργῆς καὶ διαλογισμοῦ.
5:21 ἵνα ταῦτα φυλάξῃς **χωρὶς** προκρίματος, μηδὲν ποιῶν κατὰ πρόσκλισιν.
Phm 1:14 **χωρὶς** δὲ τῆς σῆς γνώμης οὐδὲν ἠθέλησα ποιῆσαι,
Heb 4:15 πεπειρασμένον δὲ κατὰ πάντα καθ' ὁμοιότητα **χωρὶς** ἁμαρτίας.
7: 7 **χωρὶς** δὲ πάσης ἀντιλογίας τὸ ἔλαττον ὑπὸ τοῦ κρείττονος εὐλογεῖται.
7:20 Καὶ καθ' ὅσον οὐ **χωρὶς** ὁρκωμοσίας· οἱ μὲν γὰρ **χωρὶς** ὁρκωμοσίας εἰσὶν ἱερεῖς γεγονότες,
9: 7 οὐ **χωρὶς** αἵματος ὃ προσφέρει ὑπὲρ ἑαυτοῦ καὶ τῶν τοῦ λαοῦ ἀγνοημάτων,
9:18 ὅθεν οὐδὲ ἡ πρώτη **χωρὶς** αἵματος ἐγκεκαίνισται·
9:22 καὶ σχεδὸν ἐν αἵματι πάντα καθαρίζεται κατὰ τὸν νόμον καὶ **χωρὶς** αἱματεκχυσίας οὐ γίνεται ἄφεσις.
9:28 ἐκ δευτέρου **χωρὶς** ἁμαρτίας ὀφθήσεται τοῖς αὐτὸν ἀπεκδεχομένοις εἰς σωτηρίαν.
10:28 ἀθετήσας τις νόμον Μωϋσέως **χωρὶς** οἰκτιρμῶν ἐπὶ δυσὶν ἢ τρισὶν μάρτυσιν ἀποθνῄσκει·
11: 6 **χωρὶς** δὲ πίστεως ἀδύνατον εὐαρεστῆσαι· πιστεῦσαι γὰρ δεῖ τὸν προσερχόμενον τῷ θεῷ ὅτι ἔστιν καὶ τοῖς ἐκζητοῦσιν αὐτὸν μισθαποδότης γίνεται.
11:40 τοῦ θεοῦ περὶ ἡμῶν κρεῖττόν τι προβλεψαμένου, ἵνα μὴ **χωρὶς** ἡμῶν τελειωθῶσιν.
12: 8 εἰ δὲ **χωρίς** ἐστε παιδείας ἧς μέτοχοι γεγόνασιν πάντες,
12:14 Εἰρήνην διώκετε μετὰ πάντων καὶ τὸν ἁγιασμόν, οὗ **χωρὶς** οὐδεὶς ὄψεται τὸν κύριον,
Jas 2:18 δεῖξόν μοι τὴν πίστιν σου **χωρὶς** τῶν ἔργων, κἀγώ σοι δείξω ἐκ τῶν ἔργων μου τὴν πίστιν.
2:20 ὅτι ἡ πίστις **χωρὶς** τῶν ἔργων ἀργή ἐστιν;
2:26 ὥσπερ γὰρ τὸ σῶμα **χωρὶς** πνεύματος νεκρόν ἐστιν, οὕτως καὶ ἡ πίστις **χωρὶς** ἔργων νεκρά ἐστιν.

6007 χωρισμός Not used in UBS/NIV

√ *6006*

6008 χῶρος [1]

Ac 27:12 εἴ πως δύναιντο καταντήσαντες εἰς Φοίνικα παραχειμάσαι λιμένα τῆς Κρήτης βλέποντα κατὰ λίβα καὶ κατὰ **χῶρον.**

Ψ, ψ

6009 ψ Not used in UBS/NIV

6010 ψάλλω [5]

→ *6011*

Ro 15: 9 Διὰ τοῦτο ἐξομολογήσομαί σοι ἐν ἔθνεσιν καὶ τῷ ὀνόματί σου **ψαλῶ.**
1Co 14:15 προσεύξομαι τῷ πνεύματι, προσεύξομαι δὲ καὶ τῷ νοΐ· **ψαλῶ** τῷ πνεύματι, **ψαλῶ** δὲ καὶ τῷ νοΐ.
Eph 5:19 ᾄδοντες καὶ **ψάλλοντες** τῇ καρδίᾳ ὑμῶν τῷ κυρίῳ,
Jas 5:13 Κακοπαθεῖ τις ἐν ὑμῖν, προσευχέσθω· εὐθυμεῖ τις, **ψαλλέτω·**

6011 ψαλμός [7]

√ *6010*

Lk 20:42 αὐτὸς γὰρ Δαυὶδ λέγει ἐν βίβλῳ **ψαλμῶν,** Εἶπεν κύριος τῷ κυρίῳ μου,
24:44 ὅτι δεῖ πληρωθῆναι πάντα τὰ γεγραμμένα ἐν τῷ νόμῳ Μωϋσέως καὶ τοῖς προφήταις καὶ **ψαλμοῖς** περὶ ἐμοῦ.
Ac 1:20 Γέγραπται γὰρ ἐν βίβλῳ **ψαλμῶν,** Γενηθήτω ἡ ἔπαυλις αὐτοῦ ἔρημος καὶ μὴ ἔστω ὁ κατοικῶν ἐν αὐτῇ,
13:33 ὅτι ταύτην ὁ θεὸς ἐκπεπλήρωκεν τοῖς τέκνοις [αὐτῶν] ἡμῖν ἀναστήσας Ἰησοῦν ὡς καὶ ἐν τῷ **ψαλμῷ** γέγραπται τῷ δευτέρῳ,
1Co 14:26 ἕκαστος **ψαλμὸν** ἔχει, διδαχὴν ἔχει, ἀποκάλυψιν ἔχει, γλῶσσαν ἔχει,
Eph 5:19 λαλοῦντες ἑαυτοῖς [ἐν] **ψαλμοῖς** καὶ ὕμνοις καὶ ᾠδαῖς πνευματικαῖς,
Col 3:16 **ψαλμοῖς** ὕμνοις ᾠδαῖς πνευματικαῖς ἐν [τῇ] χάριτι ᾄδοντες ἐν ταῖς καρδίαις ὑμῶν τῷ θεῷ·

6012 ψευδάδελφος [2]

√ *6017 + 81 [1.3]*

2Co 11:26 κινδύνοις ἐν ἐρημίᾳ, κινδύνοις ἐν θαλάσσῃ, κινδύνοις ἐν **ψευδαδέλφοις,**
Gal 2: 4 διὰ δὲ τοὺς παρεισάκτους **ψευδαδέλφους,** οἵτινες παρεισῆλθον κατασκοπῆσαι τὴν ἐλευθερίαν ἡμῶν ἣν ἔχομεν ἐν Χριστῷ

6013 ψευδαπόστολος [1]

√ *6017 + 690*

2Co 11:13 οἱ γὰρ τοιοῦτοι **ψευδαπόστολοι,** ἐργάται δόλιοι, μετασχηματιζόμενοι εἰς ἀποστόλους Χριστοῦ.

6014 ψευδής [3]

√ *6017*

Ac 6:13 ἔστησάν τε μάρτυρας **ψευδεῖς** λέγοντας, Ὁ ἄνθρωπος οὗτος οὐ παύεται λαλῶν ῥήματα κατὰ τοῦ τόπου τοῦ ἁγίου [τούτου]
Rev 2: 2 καὶ ἐπείρασας τοὺς λέγοντας ἑαυτοὺς ἀποστόλους καὶ οὐκ εἰσὶν καὶ εὗρες αὐτοὺς **ψευδεῖς,**
21: 8 καὶ φαρμάκοις καὶ εἰδωλολάτραις καὶ πᾶσιν τοῖς **ψευδέσιν** τὸ μέρος αὐτῶν ἐν τῇ λίμνῃ τῇ καιομένῃ πυρὶ καὶ θείῳ,

6015 ψευδοδιδάσκαλος [1]

√ *6017 + 1438*

2Pe 2: 1 Ἐγένοντο δὲ καὶ ψευδοπροφῆται ἐν τῷ λαῷ, ὡς καὶ ἐν ὑμῖν ἔσονται **ψευδοδιδάσκαλοι,**

6016 ψευδολόγος [1]

√ *6017 + 3306*

1Ti 4: 2 ἐν ὑποκρίσει **ψευδολόγων,** κεκαυστηριασμένων τὴν ἰδίαν συνείδησιν,

6017 ψεύδομαι [12]

→ *950, 6012, 6013, 6014, 6015, 6016, 6018, 6019, 6020, 6021, 6022, 6023, 6024, 6025, 6026*

Mt 5:11 μακάριοί ἐστε ὅταν ὀνειδίσωσιν ὑμᾶς καὶ διώξωσιν καὶ εἴπωσιν πᾶν πονηρὸν καθ' ὑμῶν **[ψευδόμενοι]** ἕνεκεν ἐμοῦ.
Ac 5: 3 **ψεύσασθαί** σε τὸ πνεῦμα τὸ ἅγιον καὶ νοσφίσασθαι ἀπὸ τῆς τιμῆς τοῦ χωρίου;
5: 4 τί ὅτι ἔθου ἐν τῇ καρδίᾳ σου τὸ πρᾶγμα τοῦτο; οὐκ **ἐψεύσω** ἀνθρώποις ἀλλὰ τῷ θεῷ.
Ro 9: 1 Ἀλήθειαν λέγω ἐν Χριστῷ, οὐ **ψεύδομαι,** συμμαρτυρούσης μοι τῆς συνειδήσεώς μου ἐν πνεύματι ἁγίῳ,
2Co 11:31 ὁ ὢν εὐλογητὸς εἰς τοὺς αἰῶνας, ὅτι οὐ **ψεύδομαι.**
Gal 1:20 ἃ δὲ γράφω ὑμῖν, ἰδοὺ ἐνώπιον τοῦ θεοῦ ὅτι οὐ **ψεύδομαι.**

Col 3: 9 μὴ **ψεύδεσθε** εἰς ἀλλήλους, ἀπεκδυσάμενοι τὸν παλαιὸν ἄνθρωπον σὺν ταῖς πράξεσιν αὐτοῦ
1Ti 2: 7 ἀλήθειαν λέγω οὐ **ψεύδομαι,** διδάσκαλος ἐθνῶν ἐν πίστει καὶ ἀληθείᾳ.
Heb 6: 18 ἵνα διὰ δύο πραγμάτων ἀμεταθέτων, ἐν οἷς ἀδύνατον **ψεύσασθαι** [τὸν] θεόν,
Jas 3: 14 εἰ δὲ ζῆλον πικρὸν ἔχετε καὶ ἐριθείαν ἐν τῇ καρδίᾳ ὑμῶν, μὴ κατακαυχᾶσθε καὶ **ψεύδεσθε** κατὰ τῆς ἀληθείας.
1Jn 1: 6 Ἐὰν εἴπωμεν ὅτι κοινωνίαν ἔχομεν μετ' αὐτοῦ καὶ ἐν τῷ σκότει περιπατῶμεν, **ψευδόμεθα** καὶ οὐ ποιοῦμεν τὴν ἀλήθειαν·
Rev 3: 9 ἰδοὺ διδῶ ἐκ τῆς συναγωγῆς τοῦ Σατανᾶ τῶν λεγόντων ἑαυτοὺς Ἰουδαίους εἶναι, καὶ οὐκ εἰσὶν ἀλλὰ **ψεύδονται.**

6018 ψευδομαρτυρέω [5]

√ *6017 + 3459*

Mt 19: 18 Τὸ Οὐ φονεύσεις, Οὐ μοιχεύσεις, Οὐ κλέψεις, Οὐ **ψευδομαρτυρήσεις,**
Mk 10: 19 Μὴ μοιχεύσῃς, Μὴ κλέψῃς, Μὴ **ψευδομαρτυρήσῃς,** Μὴ ἀποστερήσῃς,
14: 56 πολλοὶ γὰρ **ἐψευδομαρτύρουν** κατ' αὐτοῦ, καὶ ἴσαι αἱ μαρτυρίαι οὐκ ἦσαν.
14: 57 καί τινες ἀναστάντες **ἐψευδομαρτύρουν** κατ' αὐτοῦ λέγοντες
Lk 18: 20 Μὴ μοιχεύσῃς, Μὴ φονεύσῃς, Μὴ κλέψῃς, Μὴ **ψευδομαρτυρήσῃς,**

6019 ψευδομαρτυρία [2]

√ *6017 + 3459*

Mt 15: 19 ἐκ γὰρ τῆς καρδίας ἐξέρχονται διαλογισμοὶ πονηροί, φόνοι, μοιχεῖαι, πορνεῖαι, κλοπαί, **ψευδομαρτυρίαι,** βλασφημίαι.
26: 59 οἱ δὲ ἀρχιερεῖς καὶ τὸ συνέδριον ὅλον ἐζήτουν **ψευδομαρτυρίαν** κατὰ τοῦ Ἰησοῦ ὅπως αὐτὸν θανατώσωσιν,

6020 ψευδόμαρτυς [2]

√ *6017 + 3459*

Mt 26: 60 καὶ οὐχ εὗρον πολλῶν προσελθόντων **ψευδομαρτύρων.** ὕστερον δὲ προσελθόντες δύο
1Co 15: 15 εὑρισκόμεθα δὲ καὶ **ψευδομάρτυρες** τοῦ θεοῦ, ὅτι ἐμαρτυρήσαμεν κατὰ τοῦ θεοῦ ὅτι ἤγειρεν τὸν Χριστόν,

6021 ψευδοπροφήτης [11]

√ *6017 + 4735*

Mt 7: 15 Προσέχετε ἀπὸ τῶν **ψευδοπροφητῶν,** οἵτινες ἔρχονται πρὸς ὑμᾶς ἐν ἐνδύμασιν προβάτων,
24: 11 καὶ πολλοὶ **ψευδοπροφῆται** ἐγερθήσονται καὶ πλανήσουσιν πολλούς·
24: 24 ἐγερθήσονται γὰρ ψευδόχριστοι καὶ **ψευδοπροφῆται** καὶ δώσουσιν σημεῖα μεγάλα καὶ τέρατα ὥστε πλανῆσαι,
Mk 13: 22 ἐγερθήσονται γὰρ ψευδόχριστοι καὶ **ψευδοπροφῆται** καὶ δώσουσιν σημεῖα καὶ τέρατα πρὸς τὸ ἀποπλανᾶν,
Lk 6: 26 κατὰ τὰ αὐτὰ γὰρ ἐποίουν τοῖς **ψευδοπροφήταις** οἱ πατέρες αὐτῶν.
Ac 13: 6 διελθόντες δὲ ὅλην τὴν νῆσον ἄχρι Πάφου εὗρον ἄνδρα τινὰ μάγον **ψευδοπροφήτην** Ἰουδαῖον ᾧ ὄνομα Βαριησοῦ
2Pe 2: 1 Ἐγένοντο δὲ καὶ **ψευδοπροφῆται** ἐν τῷ λαῷ, ὡς καὶ ἐν ὑμῖν ἔσονται ψευδοδιδάσκαλοι,
1Jn 4: 1 ἀλλὰ δοκιμάζετε τὰ πνεύματα εἰ ἐκ τοῦ θεοῦ ἐστιν, ὅτι πολλοὶ **ψευδοπροφῆται** ἐξεληλύθασιν εἰς τὸν κόσμον.
Rev 16: 13 καὶ ἐκ τοῦ στόματος τοῦ θηρίου καὶ ἐκ τοῦ στόματος τοῦ **ψευδοπροφήτου** πνεύματα τρία ἀκάθαρτα ὡς βάτραχοι·
19: 20 καὶ ἐπιάσθη τὸ θηρίον καὶ μετ' αὐτοῦ ὁ **ψευδοπροφήτης** ὁ ποιήσας τὰ σημεῖα ἐνώπιον αὐτοῦ,
20: 10 καὶ ὁ διάβολος ὁ πλανῶν αὐτοὺς ἐβλήθη εἰς τὴν λίμνην τοῦ πυρὸς καὶ θείου ὅπου καὶ τὸ θηρίον καὶ ὁ **ψευδοπροφήτης,**

6022 ψεῦδος [10]

√ *6017*

Jn 8: 44 ὅταν λαλῇ τὸ **ψεῦδος,** ἐκ τῶν ἰδίων λαλεῖ,
Ro 1: 25 οἵτινες μετήλλαξαν τὴν ἀλήθειαν τοῦ θεοῦ ἐν τῷ **ψεύδει** καὶ ἐσεβάσθησαν καὶ ἐλάτρευσαν τῇ κτίσει παρὰ τὸν κτίσαντα,
Eph 4: 25 Διὸ ἀποθέμενοι τὸ **ψεῦδος** λαλεῖτε ἀλήθειαν ἕκαστος μετὰ τοῦ πλησίον αὐτοῦ,
2Th 2: 9 οὗ ἐστιν ἡ παρουσία κατ' ἐνέργειαν τοῦ Σατανᾶ ἐν πάσῃ δυνάμει καὶ σημείοις καὶ τέρασιν **ψεύδους**
2: 11 καὶ διὰ τοῦτο πέμπει αὐτοῖς ὁ θεὸς ἐνέργειαν πλάνης εἰς τὸ πιστεῦσαι αὐτοὺς τῷ **ψεύδει,**
1Jn 2: 21 οὐκ ἔγραψα ὑμῖν ὅτι οὐκ οἴδατε τὴν ἀλήθειαν ἀλλ' ὅτι οἴδατε αὐτὴν καὶ ὅτι πᾶν **ψεῦδος** ἐκ τῆς ἀληθείας οὐκ ἔστιν.
2: 27 ἀλλ' ὡς τὸ αὐτοῦ χρῖσμα διδάσκει ὑμᾶς περὶ πάντων καὶ ἀληθές ἐστιν καὶ οὐκ ἔστιν **ψεῦδος,**
Rev 14: 5 καὶ ἐν τῷ στόματι αὐτῶν οὐχ εὑρέθη **ψεῦδος,**
21: 27 οὐ μὴ εἰσέλθῃ εἰς αὐτὴν πᾶν κοινὸν καὶ [ὁ] ποιῶν βδέλυγμα καὶ **ψεῦδος** εἰ μὴ οἱ γεγραμμένοι ἐν τῷ βιβλίῳ τῆς ζωῆς
22: 15 ἔξω οἱ κύνες καὶ οἱ φάρμακοι καὶ οἱ πόρνοι καὶ οἱ φονεῖς καὶ οἱ εἰδωλολάτραι καὶ πᾶς φιλῶν καὶ ποιῶν **ψεῦδος.**

6023 ψευδόχριστος [2]

√ *6017 + 5986*

Mt 24: 24 ἐγερθήσονται γὰρ **ψευδόχριστοι** καὶ ψευδοπροφῆται καὶ δώσουσιν σημεῖα μεγάλα καὶ τέρατα ὥστε πλανῆσαι,
Mk 13: 22 ἐγερθήσονται γὰρ **ψευδόχριστοι** καὶ ψευδοπροφῆται καὶ δώσουσιν σημεῖα καὶ τέρατα πρὸς τὸ ἀποπλανᾶν,

6024 ψευδώνυμος [1]

√ *6017 + 3950*

1Ti 6: 20 τὴν παραθήκην φύλαξον ἐκτρεπόμενος τὰς βεβήλους κενοφωνίας καὶ ἀντιθέσεις τῆς **ψευδωνύμου** γνώσεως,

6025 ψεῦσμα [1]

√ *6017*

Ro 3: 7 εἰ δὲ ἡ ἀλήθεια τοῦ θεοῦ ἐν τῷ ἐμῷ **ψεύσματι** ἐπερίσσευσεν εἰς τὴν δόξαν αὐτοῦ,

6026 ψεύστης [10]

√ *6017*

Jn 8: 44 ἐκ τῶν ἰδίων λαλεῖ, ὅτι **ψεύστης** ἐστὶν καὶ ὁ πατὴρ αὐτοῦ.
8: 55 κἂν εἴπω ὅτι οὐκ οἶδα αὐτόν, ἔσομαι ὅμοιος ὑμῖν **ψεύστης·**
Ro 3: 4 γινέσθω δὲ ὁ θεὸς ἀληθής, πᾶς δὲ ἄνθρωπος **ψεύστης,** καθὼς γέγραπται,
1Ti 1: 10 πόρνοις ἀρσενοκοίταις ἀνδραποδισταῖς **ψεύσταις** ἐπιόρκοις, καὶ εἴ τι ἕτερον τῇ ὑγιαινούσῃ διδασκαλίᾳ ἀντίκειται
Tit 1: 12 εἶπέν τις ἐξ αὐτῶν ἴδιος αὐτῶν προφήτης, Κρῆτες ἀεὶ **ψεῦσται,** κακὰ θηρία, γαστέρες ἀργαί.
1Jn 1: 10 **ψεύστην** ποιοῦμεν αὐτὸν καὶ ὁ λόγος αὐτοῦ οὐκ ἔστιν ἐν ἡμῖν.
2: 4 **ψεύστης** ἐστὶν καὶ ἐν τούτῳ ἡ ἀλήθεια οὐκ ἔστιν·
2: 22 Τίς ἐστιν ὁ **ψεύστης** εἰ μὴ ὁ ἀρνούμενος ὅτι Ἰησοῦς οὐκ ἔστιν ὁ Χριστός;
4: 20 ἐάν τις εἴπῃ ὅτι Ἀγαπῶ τὸν θεὸν καὶ τὸν ἀδελφὸν αὐτοῦ μισῇ, **ψεύστης** ἐστίν·
5: 10 ὁ μὴ πιστεύων τῷ θεῷ **ψεύστην** πεποίηκεν αὐτόν,

6027 ψηλαφάω [4]

√ *6041*

Lk 24: 39 **ψηλαφήσατέ** με καὶ ἴδετε, ὅτι πνεῦμα σάρκα καὶ ὀστέα οὐκ ἔχει καθὼς ἐμὲ θεωρεῖτε ἔχοντα.
Ac 17: 27 ζητεῖν τὸν θεόν, εἰ ἄρα γε **ψηλαφήσειαν** αὐτὸν καὶ εὕροιεν,
Heb 12: 18 Οὐ γὰρ προσεληλύθατε **ψηλαφωμένῳ** καὶ κεκαυμένῳ πυρὶ καὶ γνόφῳ καὶ ζόφῳ καὶ θυέλλῃ
1Jn 1: 1 ὃ ἐθεασάμεθα καὶ αἱ χεῖρες ἡμῶν **ἐψηλάφησαν** περὶ τοῦ λόγου τῆς ζωῆς–

6028 ψηφίζω [2]

√ *6029*

Lk 14: 28 τίς γὰρ ἐξ ὑμῶν θέλων πύργον οἰκοδομῆσαι οὐχὶ πρῶτον καθίσας **ψηφίζει** τὴν δαπάνην,
Rev 13: 18 ὁ ἔχων νοῦν **ψηφισάτω** τὸν ἀριθμὸν τοῦ θηρίου,

6029 ψῆφος [3]

→ *2975, 5164, 5248, 6028; cf. 6041*

Ac 26:10 καὶ πολλούς τε τῶν ἁγίων ἐγὼ ἐν φυλακαῖς κατέκλεισα τὴν παρὰ τῶν ἀρχιερέων ἐξουσίαν λαβὼν ἀναιρουμένων τε αὐτῶν κατήνεγκα **ψῆφον.**
Rev 2:17 τῷ νικῶντι δώσω αὐτῷ τοῦ μάννα τοῦ κεκρυμμένου καὶ δώσω αὐτῷ **ψῆφον** λευκήν, καὶ ἐπὶ τὴν **ψῆφον** ὄνομα καινὸν γεγραμμένον ὃ οὐδεὶς οἶδεν εἰ μὴ ὁ λαμβάνων.

6030 ψιθυρισμός [1]

→ *6031*

2Co 12:20 μή πως ἔρις, ζῆλος, θυμοί, ἐριθεῖαι, καταλαλιαί, **ψιθυρισμοί,** φυσιώσεις, ἀκαταστασίαι·

6031 ψιθυριστής [1]

√ *6030*

Ro 1:29 πεπληρωμένους πάσῃ ἀδικίᾳ πονηρίᾳ πλεονεξίᾳ κακίᾳ, μεστοὺς φθόνου φόνου ἔριδος δόλου κακοηθείας, **ψιθυριστὰς**

6032 ψίξ Not used in UBS/NIV

→ *6033*

6033 ψιχίον [2]

√ *6032*

Mt 15:27 καὶ γὰρ τὰ κυνάρια ἐσθίει ἀπὸ τῶν **ψιχίων** τῶν πιπτόντων ἀπὸ τῆς τραπέζης τῶν κυρίων αὐτῶν.
Mk 7:28 καὶ τὰ κυνάρια ὑποκάτω τῆς τραπέζης ἐσθίουσιν ἀπὸ τῶν **ψιχίων** τῶν παιδίων.

6034 ψυχή [103 / 102]

√ *6038*

ἀπολλύειν ψυχή [13] Mt 10:28,39,39; 16:25,25; Mk 8:35,35; Lk 6:9; 9:24,24; 17:33,33; Jn 12:25

δίδωμι ψυχήν [2] Mt 20:28; Mk 10:45

ἐκ ψυχή [3] Mk 12:30; Eph 6:6; Col 3:23

εὑρίσκω ψυχήν [3] Mt 10:39,39; 16:25

καρδία ... ψυχή ... διάνοια [3] Mt 22:37; Mk 12:30; Lk 10:27

σῶμα ... ψυχή [8] Mt 6:25,25; 10:28,28; Lk 12:22,23; 1Th 5:23; Rev 18:13

τίθημι τὴν ψυχήν [8] Jn 10:11,15,17; 13:37,38; 15:13; 1Jn 3:16,16

ψυχή ζωῆς [1] Rev 16:3

ψυχή ... πνεῦμα [6] Mt 12:18; Lk 1:47; 1Co 15:45; Php 1:27; 1Th 5:23; Heb 4:12

Mt 2:20 τεθνήκασιν γὰρ οἱ ζητοῦντες τὴν **ψυχὴν** τοῦ παιδίου.
6:25 μὴ μεριμνᾶτε τῇ **ψυχῇ** ὑμῶν τί φάγητε [ἢ τί πίητε,] μηδὲ τῷ σώματι ὑμῶν τί ἐνδύσησθε. οὐχὶ ἡ **ψυχὴ** πλεῖόν ἐστιν τῆς τροφῆς καὶ τὸ σῶμα τοῦ ἐνδύματος;
10:28 καὶ μὴ φοβεῖσθε ἀπὸ τῶν ἀποκτεννόντων τὸ σῶμα, τὴν δὲ **ψυχὴν** μὴ δυναμένων ἀποκτεῖναι· φοβεῖσθε δὲ μᾶλλον τὸν δυνάμενον καὶ **ψυχὴν** καὶ σῶμα ἀπολέσαι ἐν γεέννῃ.
10:39 ὁ εὑρὼν τὴν **ψυχὴν** αὐτοῦ ἀπολέσει αὐτήν, καὶ ὁ ἀπολέσας τὴν **ψυχὴν** αὐτοῦ ἕνεκεν ἐμοῦ εὑρήσει αὐτήν.
11:29 ὅτι πραΰς εἰμι καὶ ταπεινὸς τῇ καρδίᾳ, καὶ εὑρήσετε ἀνάπαυσιν ταῖς **ψυχαῖς** ὑμῶν·
12:18 ὁ ἀγαπητός μου εἰς ὃν εὐδόκησεν ἡ **ψυχή** μου·
16:25 ὃς γὰρ ἐὰν θέλῃ τὴν **ψυχὴν** αὐτοῦ σῶσαι ἀπολέσει αὐτήν· ὃς δ᾿ ἂν ἀπολέσῃ τὴν **ψυχὴν** αὐτοῦ ἕνεκεν ἐμοῦ εὑρήσει αὐτήν.
16:26 τί γὰρ ὠφεληθήσεται ἄνθρωπος ἐὰν τὸν κόσμον ὅλον κερδήσῃ τὴν δὲ **ψυχὴν** αὐτοῦ ζημιωθῇ; ἢ τί δώσει ἄνθρωπος ἀντάλλαγμα τῆς **ψυχῆς** αὐτοῦ;
20:28 ὥσπερ ὁ υἱὸς τοῦ ἀνθρώπου οὐκ ἦλθεν διακονηθῆναι ἀλλὰ διακονῆσαι καὶ δοῦναι τὴν **ψυχὴν** αὐτοῦ λύτρον ἀντὶ πολλῶν.
22:37 Ἀγαπήσεις κύριον τὸν θεόν σου ἐν ὅλῃ τῇ καρδίᾳ σου καὶ ἐν ὅλῃ τῇ **ψυχῇ** σου καὶ ἐν ὅλῃ τῇ διανοίᾳ σου·
26:38 τότε λέγει αὐτοῖς, Περίλυπός ἐστιν ἡ **ψυχή** μου ἕως θανάτου·
Mk 3:4 Ἔξεστιν τοῖς σάββασιν ἀγαθὸν ποιῆσαι ἢ κακοποιῆσαι, **ψυχὴν** σῶσαι ἢ ἀποκτεῖναι;
8:35 ὃς γὰρ ἐὰν θέλῃ τὴν **ψυχὴν** αὐτοῦ σῶσαι ἀπολέσει αὐτήν· ὃς δ᾿ ἂν ἀπολέσει τὴν **ψυχὴν** αὐτοῦ ἕνεκεν ἐμοῦ καὶ τοῦ εὐαγγελίου σώσει αὐτήν.
8:36 τί γὰρ ὠφελεῖ ἄνθρωπον κερδῆσαι τὸν κόσμον ὅλον καὶ ζημιωθῆναι τὴν **ψυχὴν** αὐτοῦ;
8:37 τί γὰρ δοῖ ἄνθρωπος ἀντάλλαγμα τῆς **ψυχῆς** αὐτοῦ;
10:45 καὶ γὰρ ὁ υἱὸς τοῦ ἀνθρώπου οὐκ ἦλθεν διακονηθῆναι ἀλλὰ διακονῆσαι καὶ δοῦναι τὴν **ψυχὴν** αὐτοῦ λύτρον ἀντὶ πολλῶν.
12:30 καὶ ἀγαπήσεις κύριον τὸν θεόν σου ἐξ ὅλης τῆς καρδίας σου καὶ ἐξ ὅλης τῆς **ψυχῆς** σου καὶ ἐξ ὅλης τῆς διανοίας σου καὶ ἐξ ὅλης τῆς ἰσχύος σου.
14:34 καὶ λέγει αὐτοῖς, Περίλυπός ἐστιν ἡ **ψυχή** μου ἕως θανάτου·
Lk 1:46 Καὶ εἶπεν Μαριάμ, Μεγαλύνει ἡ **ψυχή** μου τὸν κύριον,
2:35 –καὶ σοῦ [δὲ] αὐτῆς τὴν **ψυχὴν** διελεύσεται ῥομφαία–,
6:9 Ἐπερωτῶ ὑμᾶς εἰ ἔξεστιν τῷ σαββάτῳ ἀγαθοποιῆσαι ἢ κακοποιῆσαι, **ψυχὴν** σῶσαι ἢ ἀπολέσαι;
9:24 ὃς γὰρ ἂν θέλῃ τὴν **ψυχὴν** αὐτοῦ σῶσαι ἀπολέσει αὐτήν· ὃς δ᾿ ἂν ἀπολέσῃ τὴν **ψυχὴν** αὐτοῦ ἕνεκεν ἐμοῦ οὗτος σώσει αὐτήν.
10:27 Ἀγαπήσεις κύριον τὸν θεόν σου ἐξ ὅλης [τῆς] καρδίας σου καὶ ἐν ὅλῃ τῇ **ψυχῇ** σου καὶ ἐν ὅλῃ τῇ ἰσχύϊ σου καὶ ἐν ὅλῃ τῇ διανοίᾳ σου,
12:19 καὶ ἐρῶ τῇ **ψυχῇ** μου, **Ψυχή,** ἔχεις πολλὰ ἀγαθὰ κείμενα εἰς ἔτη πολλά·
12:20 ταύτῃ τῇ νυκτὶ τὴν **ψυχήν** σου ἀπαιτοῦσιν ἀπὸ σοῦ·
12:22 μὴ μεριμνᾶτε τῇ **ψυχῇ** τί φάγητε, μηδὲ τῷ σώματι τί ἐνδύσησθε.
12:23 ἡ γὰρ **ψυχὴ** πλεῖόν ἐστιν τῆς τροφῆς καὶ τὸ σῶμα τοῦ ἐνδύματος.
14:26 Εἴ τις ἔρχεται πρός με καὶ οὐ μισεῖ τὸν πατέρα ἑαυτοῦ καὶ τὴν μητέρα καὶ τὴν γυναῖκα καὶ τὰ τέκνα καὶ τοὺς ἀδελφοὺς καὶ τὰς ἀδελφὰς ἔτι τε καὶ τὴν **ψυχὴν** ἑαυτοῦ,
17:33 ὃς ἐὰν ζητήσῃ τὴν **ψυχὴν** αὐτοῦ περιποιήσασθαι ἀπολέσει αὐτήν,
21:19 ἐν τῇ ὑπομονῇ ὑμῶν κτήσασθε τὰς **ψυχὰς** ὑμῶν.
Jn 10:11 ὁ ποιμὴν ὁ καλὸς τὴν **ψυχὴν** αὐτοῦ τίθησιν ὑπὲρ τῶν προβάτων·
10:15 καὶ τὴν **ψυχήν** μου τίθημι ὑπὲρ τῶν προβάτων.
10:17 διὰ τοῦτό με ὁ πατὴρ ἀγαπᾷ ὅτι ἐγὼ τίθημι τὴν **ψυχήν** μου,
10:24 ἐκύκλωσαν οὖν αὐτὸν οἱ Ἰουδαῖοι καὶ ἔλεγον αὐτῷ, Ἕως πότε τὴν **ψυχὴν** ἡμῶν αἴρεις;
12:25 ὁ φιλῶν τὴν **ψυχὴν** αὐτοῦ ἀπολλύει αὐτήν, καὶ ὁ μισῶν τὴν **ψυχὴν** αὐτοῦ ἐν τῷ κόσμῳ τούτῳ εἰς ζωὴν αἰώνιον φυλάξει αὐτήν.
12:27 Νῦν ἡ **ψυχή** μου τετάρακται, καὶ τί εἴπω;
13:37 διὰ τί οὐ δύναμαί σοι ἀκολουθῆσαι ἄρτι; τὴν **ψυχήν** μου ὑπὲρ σοῦ θήσω.
13:38 ἀποκρίνεται Ἰησοῦς, Τὴν **ψυχήν** σου ὑπὲρ ἐμοῦ θήσεις;
15:13 ἵνα τις τὴν **ψυχὴν** αὐτοῦ θῇ ὑπὲρ τῶν φίλων αὐτοῦ.
Ac 2:27 ὅτι οὐκ ἐγκαταλείψεις τὴν **ψυχήν** μου εἰς ᾅδην οὐδὲ δώσεις τὸν ὅσιόν σου ἰδεῖν διαφθοράν.
2:41 οἱ μὲν οὖν ἀποδεξάμενοι τὸν λόγον αὐτοῦ ἐβαπτίσθησαν καὶ προσετέθησαν ἐν τῇ ἡμέρᾳ ἐκείνῃ **ψυχαὶ** ὡσεὶ τρισχίλιαι.
2:43 Ἐγίνετο δὲ πάσῃ **ψυχῇ** φόβος, πολλά τε τέρατα καὶ σημεῖα διὰ τῶν ἀποστόλων ἐγίνετο.
3:23 ἔσται δὲ πᾶσα **ψυχὴ** ἥτις ἐὰν μὴ ἀκούσῃ τοῦ προφήτου ἐκείνου ἐξολεθρευθήσεται ἐκ τοῦ λαοῦ.
4:32 Τοῦ δὲ πλήθους τῶν πιστευσάντων ἦν καρδία καὶ **ψυχὴ** μία,
7:14 ἀποστείλας δὲ Ἰωσὴφ μετεκαλέσατο Ἰακὼβ τὸν πατέρα αὐτοῦ καὶ πᾶσαν τὴν συγγένειαν ἐν **ψυχαῖς** ἑβδομήκοντα πέντε.
14:2 οἱ δὲ ἀπειθήσαντες Ἰουδαῖοι ἐπήγειραν καὶ ἐκάκωσαν τὰς **ψυχὰς** τῶν ἐθνῶν κατὰ τῶν ἀδελφῶν.
14:22 ἐπιστηρίζοντες τὰς **ψυχὰς** τῶν μαθητῶν, παρακαλοῦντες ἐμμένειν τῇ πίστει καὶ ὅτι διὰ πολλῶν θλίψεων δεῖ ἡμᾶς εἰσελθεῖν εἰς τὴν βασιλείαν τοῦ θεοῦ.
15:24 ἠκούσαμεν ὅτι τινὲς ἐξ ἡμῶν [ἐξελθόντες] ἐτάραξαν ὑμᾶς λόγοις ἀνασκευάζοντες τὰς **ψυχὰς** ὑμῶν οἷς οὐ διεστειλάμεθα,
15:26 ἀνθρώποις παραδεδωκόσι τὰς **ψυχὰς** αὐτῶν ὑπὲρ τοῦ ὀνόματος τοῦ κυρίου ἡμῶν Ἰησοῦ Χριστοῦ.
20:10 Μὴ θορυβεῖσθε, ἡ γὰρ **ψυχὴ** αὐτοῦ ἐν αὐτῷ ἐστιν.
20:24 ἀλλ᾿ οὐδενὸς λόγου ποιοῦμαι τὴν **ψυχὴν** τιμίαν ἐμαυτῷ ὡς τελειῶσαι τὸν δρόμον μου καὶ τὴν διακονίαν ἣν ἔλαβον παρὰ τοῦ κυρίου Ἰησοῦ,

27:10 θεωρῶ ὅτι μετὰ ὕβρεως καὶ πολλῆς ζημίας οὐ μόνον τοῦ φορτίου καὶ τοῦ πλοίου ἀλλὰ καὶ τῶν **ψυχῶν** ἡμῶν μέλλειν ἔσεσθαι τὸν πλοῦν.
27:22 ἀποβολὴ γὰρ **ψυχῆς** οὐδεμία ἔσται ἐξ ὑμῶν πλὴν τοῦ πλοίου.
27:37 ἤμεθα δὲ αἱ πᾶσαι **ψυχαὶ** ἐν τῷ πλοίῳ διακόσιαι ἑβδομήκοντα ἕξ.
Ro 2: 9 θλῖψις καὶ στενοχωρία ἐπὶ πᾶσαν **ψυχὴν** ἀνθρώπου τοῦ κατεργαζομένου τὸ κακόν,
11: 3 κἀγὼ ὑπελείφθην μόνος καὶ ζητοῦσιν τὴν **ψυχήν** μου.
13: 1 Πᾶσα **ψυχὴ** ἐξουσίαις ὑπερεχούσαις ὑποτασσέσθω. οὐ γὰρ ἔστιν ἐξουσία εἰ μὴ ὑπὸ θεοῦ,
16: 4 οἵτινες ὑπὲρ τῆς **ψυχῆς** μου τὸν ἑαυτῶν τράχηλον ὑπέθηκαν,
1Co 15:45 Ἐγένετο ὁ πρῶτος ἄνθρωπος Ἀδὰμ εἰς **ψυχὴν** ζῶσαν,
2Co 1:23 Ἐγὼ δὲ μάρτυρα τὸν θεὸν ἐπικαλοῦμαι ἐπὶ τὴν ἐμὴν **ψυχήν,**
12:15 ἐγὼ δὲ ἥδιστα δαπανήσω καὶ ἐκδαπανηθήσομαι ὑπὲρ τῶν **ψυχῶν** ὑμῶν.
Eph 6: 6 μὴ κατ᾽ ὀφθαλμοδουλίαν ὡς ἀνθρωπάρεσκοι ἀλλ᾽ ὡς δοῦλοι Χριστοῦ ποιοῦντες τὸ θέλημα τοῦ θεοῦ ἐκ **ψυχῆς,**
Php 1:27 ὅτι στήκετε ἐν ἑνὶ πνεύματι, μιᾷ **ψυχῇ** συναθλοῦντες τῇ πίστει τοῦ εὐαγγελίου
2:30 ὅτι διὰ τὸ ἔργον Χριστοῦ μέχρι θανάτου ἤγγισεν παραβολευσάμενος τῇ **ψυχῇ,**
Col 3:23 ἐκ **ψυχῆς** ἐργάζεσθε ὡς τῷ κυρίῳ καὶ οὐκ ἀνθρώποις,
1Th 2: 8 οὕτως ὁμειρόμενοι ὑμῶν εὐδοκοῦμεν μεταδοῦναι ὑμῖν οὐ μόνον τὸ εὐαγγέλιον τοῦ θεοῦ ἀλλὰ καὶ τὰς ἑαυτῶν **ψυχάς,**
5:23 ὁλόκληρον ὑμῶν τὸ πνεῦμα καὶ ἡ **ψυχὴ** καὶ τὸ σῶμα ἀμέμπτως ἐν τῇ παρουσίᾳ τοῦ κυρίου ἡμῶν Ἰησοῦ Χριστοῦ τηρηθείη.
Heb 4:12 Ζῶν γὰρ ὁ λόγος τοῦ θεοῦ καὶ ἐνεργὴς καὶ τομώτερος ὑπὲρ πᾶσαν μάχαιραν δίστομον καὶ διϊκνούμενος ἄχρι μερισμοῦ **ψυχῆς** καὶ πνεύματος,
6:19 ἣν ὡς ἄγκυραν ἔχομεν τῆς **ψυχῆς** ἀσφαλῆ τε καὶ βεβαίαν καὶ εἰσερχομένην εἰς τὸ ἐσώτερον τοῦ καταπετάσματος,
10:38 καὶ ἐὰν ὑποστείληται, οὐκ εὐδοκεῖ ἡ **ψυχή** μου ἐν αὐτῷ.
10:39 ἡμεῖς δὲ οὐκ ἐσμὲν ὑποστολῆς εἰς ἀπώλειαν ἀλλὰ πίστεως εἰς περιποίησιν **ψυχῆς.**
12: 3 ἀναλογίσασθε γὰρ τὸν τοιαύτην ὑπομεμενηκότα ὑπὸ τῶν ἁμαρτωλῶν εἰς ἑαυτὸν ἀντιλογίαν, ἵνα μὴ κάμητε ταῖς **ψυχαῖς** ὑμῶν ἐκλυόμενοι.
13:17 αὐτοὶ γὰρ ἀγρυπνοῦσιν ὑπὲρ τῶν **ψυχῶν** ὑμῶν ὡς λόγον ἀποδώσοντες,
Jas 1:21 δέξασθε τὸν ἔμφυτον λόγον τὸν δυνάμενον σῶσαι τὰς **ψυχὰς** ὑμῶν.
5:20 γινωσκέτω ὅτι ὁ ἐπιστρέψας ἁμαρτωλὸν ἐκ πλάνης ὁδοῦ αὐτοῦ σώσει **ψυχὴν** αὐτοῦ ἐκ θανάτου καὶ καλύψει πλῆθος ἁμαρτιῶν.
1Pe 1: 9 κομιζόμενοι τὸ τέλος τῆς πίστεως [ὑμῶν] σωτηρίαν **ψυχῶν.**
1:22 Τὰς **ψυχὰς** ὑμῶν ἡγνικότες ἐν τῇ ὑπακοῇ τῆς ἀληθείας εἰς φιλαδελφίαν ἀνυπόκριτον,
2:11 παρακαλῶ ὡς παροίκους καὶ παρεπιδήμους ἀπέχεσθαι τῶν σαρκικῶν ἐπιθυμιῶν αἵτινες στρατεύονται κατὰ τῆς **ψυχῆς·**
2:25 ἀλλὰ ἐπεστράφητε νῦν ἐπὶ τὸν ποιμένα καὶ ἐπίσκοπον τῶν **ψυχῶν** ὑμῶν.
3:20 ἐν ἡμέραις Νῶε κατασκευαζομένης κιβωτοῦ εἰς ἣν ὀλίγοι, τοῦτ᾽ ἔστιν ὀκτὼ **ψυχαί,** διεσώθησαν δι᾽ ὕδατος.
4:19 ὥστε καὶ οἱ πάσχοντες κατὰ τὸ θέλημα τοῦ θεοῦ πιστῷ κτίστῃ παρατιθέσθωσαν τὰς **ψυχὰς** αὐτῶν ἐν ἀγαθοποιΐᾳ.
2Pe 2: 8 βλέμματι γὰρ καὶ ἀκοῇ ὁ δίκαιος ἐγκατοικῶν ἐν αὐτοῖς ἡμέραν ἐξ ἡμέρας **ψυχὴν** δικαίαν ἀνόμοις ἔργοις ἐβασάνιζεν·
2:14 δελεάζοντες **ψυχὰς** ἀστηρίκτους, καρδίαν γεγυμνασμένην πλεονεξίας ἔχοντες, κατάρας τέκνα·
1Jn 3:16 ὅτι ἐκεῖνος ὑπὲρ ἡμῶν τὴν **ψυχὴν** αὐτοῦ ἔθηκεν· καὶ ἡμεῖς ὀφείλομεν ὑπὲρ τῶν ἀδελφῶν τὰς **ψυχὰς** θεῖναι.
3Jn 1: 2 περὶ πάντων εὔχομαί σε εὐοδοῦσθαι καὶ ὑγιαίνειν, καθὼς εὐοδοῦταί σου ἡ **ψυχή.**
Jude 1:15 ποιῆσαι κρίσιν κατὰ πάντων καὶ ἐλέγξαι πᾶσαν **ψυχὴν**[NIV-] περὶ πάντων τῶν ἔργων ἀσεβείας αὐτῶν ὧν ἠσέβησαν
Rev 6: 9 εἶδον ὑποκάτω τοῦ θυσιαστηρίου τὰς **ψυχὰς** τῶν ἐσφαγμένων διὰ τὸν λόγον τοῦ θεοῦ καὶ διὰ τὴν μαρτυρίαν ἣν εἶχον.
8: 9 καὶ ἀπέθανεν τὸ τρίτον τῶν κτισμάτων τῶν ἐν τῇ θαλάσσῃ τὰ ἔχοντα **ψυχὰς** καὶ τὸ τρίτον τῶν πλοίων διεφθάρησαν.
12:11 διὰ τὸ αἷμα τοῦ ἀρνίου καὶ διὰ τὸν λόγον τῆς μαρτυρίας αὐτῶν καὶ οὐκ ἠγάπησαν τὴν **ψυχὴν** αὐτῶν ἄχρι θανάτου.
16: 3 καὶ πᾶσα **ψυχὴ** ζωῆς ἀπέθανεν τὰ ἐν τῇ θαλάσσῃ.
18:13 καὶ ἵππων καὶ ῥεδῶν καὶ σωμάτων, καὶ **ψυχὰς** ἀνθρώπων.
18:14 καὶ ἡ ὀπώρα σου τῆς ἐπιθυμίας τῆς **ψυχῆς** ἀπῆλθεν ἀπὸ σοῦ,
20: 4 τὰς **ψυχὰς** τῶν πεπελεκισμένων διὰ τὴν μαρτυρίαν Ἰησοῦ καὶ διὰ τὸν λόγον τοῦ θεοῦ καὶ οἵτινες οὐ προσεκύνησαν τὸ θηρίον

6035 ψυχικός [6]

√ *6038*

subst. **τὸ ψυχικόν** [1] 1Co 15:44

1Co 2:14 **ψυχικὸς** δὲ ἄνθρωπος οὐ δέχεται τὰ τοῦ πνεύματος τοῦ θεοῦ·
15:44 σπείρεται σῶμα **ψυχικόν,** ἐγείρεται σῶμα πνευματικόν. εἰ ἔστιν σῶμα **ψυχικόν,** ἔστιν καὶ πνευματικόν.
15:46 ἀλλ᾽ οὐ πρῶτον τὸ πνευματικὸν ἀλλὰ τὸ **ψυχικόν,**
Jas 3:15 οὐκ ἔστιν αὕτη ἡ σοφία ἄνωθεν κατερχομένη ἀλλὰ ἐπίγειος, **ψυχική,** δαιμονιώδης.
Jude 1:19 Οὗτοί εἰσιν οἱ ἀποδιορίζοντες, **ψυχικοί,** πνεῦμα μὴ ἔχοντες.

6036 ψῦχος [3]

√ *6038*

Jn 18:18 εἱστήκεισαν δὲ οἱ δοῦλοι καὶ οἱ ὑπηρέται ἀνθρακιὰν πεποιηκότες, ὅτι **ψῦχος** ἦν, καὶ ἐθερμαίνοντο·
Ac 28: 2 ἅψαντες γὰρ πυρὰν προσελάβοντο πάντας ἡμᾶς διὰ τὸν ὑετὸν τὸν ἐφεστῶτα καὶ διὰ τὸ **ψῦχος.**
2Co 11:27 ἐν λιμῷ καὶ δίψει, ἐν νηστείαις πολλάκις, ἐν **ψύχει** καὶ γυμνότητι·

6037 ψυχρός [4]

√ *6038*

Mt 10:42 καὶ ὃς ἂν ποτίσῃ ἕνα τῶν μικρῶν τούτων ποτήριον **ψυχροῦ** μόνον εἰς ὄνομα μαθητοῦ,
Rev 3:15 Οἶδά σου τὰ ἔργα ὅτι οὔτε **ψυχρὸς** εἶ οὔτε ζεστός. ὄφελον **ψυχρὸς** ἦς ἢ ζεστός.
3:16 οὕτως ὅτι χλιαρὸς εἶ καὶ οὔτε ζεστὸς οὔτε **ψυχρός,**

6038 ψύχω [1]

→ *433, 434, 715, 953, 1500, 1775, 2379, 2701, 2976, 3901, 5249, 6034, 6035, 6036, 6037*

Mt 24:12 καὶ διὰ τὸ πληθυνθῆναι τὴν ἀνομίαν **ψυγήσεται** ἡ ἀγάπη τῶν πολλῶν.

6039 ψωμίζω [2]

√ *6040*

Ro 12:20 ἀλλὰ ἐὰν πεινᾷ ὁ ἐχθρός σου, **ψώμιζε** αὐτόν·
1Co 13: 3 κἂν **ψωμίσω** πάντα τὰ ὑπάρχοντά μου καὶ ἐὰν παραδῶ τὸ σῶμά μου ἵνα καυχήσωμαι,

6040 ψωμίον [4]

→ *6039; cf. 6041*

Jn 13:26 Ἐκεῖνός ἐστιν ᾧ ἐγὼ βάψω τὸ **ψωμίον** καὶ δώσω αὐτῷ. βάψας οὖν τὸ **ψωμίον** [λαμβάνει καὶ] δίδωσιν Ἰούδᾳ Σίμωνος Ἰσκαριώτου.
13:27 καὶ μετὰ τὸ **ψωμίον** τότε εἰσῆλθεν εἰς ἐκεῖνον ὁ Σατανᾶς.
13:30 λαβὼν οὖν τὸ **ψωμίον** ἐκεῖνος ἐξῆλθεν εὐθύς. ἦν δὲ νύξ.

6041 ψώχω [1]

→ *2223, 4370, 4718, 6027; cf. 6029, 6040*

Lk 6: 1 καὶ ἔτιλλον οἱ μαθηταὶ αὐτοῦ καὶ ἤσθιον τοὺς στάχυας **ψώχοντες** ταῖς χερσίν.

Ω, ω

6042 Ὦ¹ [3]

Rev 1: 8 Ἐγώ εἰμι τὸ Ἄλφα καὶ τὸ **Ὦ,** λέγει κύριος ὁ θεός,
21: 6 ἐγώ [εἰμι] τὸ Ἄλφα καὶ τὸ **Ὦ,** ἡ ἀρχὴ καὶ τὸ τέλος.
22:13 ἐγὼ τὸ Ἄλφα καὶ τὸ **Ὦ,** ὁ πρῶτος καὶ ὁ ἔσχατος,

6043 ὦ² [17]

Mt 15:28 τότε ἀποκριθεὶς ὁ Ἰησοῦς εἶπεν αὐτῇ, **Ὦ** γύναι, μεγάλη σου ἡ πίστις·

17:17 Ὦ γενεὰ ἄπιστος καὶ διεστραμμένη, ἕως πότε μεθ' ὑμῶν ἔσομαι;
Mk 9:19 Ὦ γενεὰ ἄπιστος, ἕως πότε πρὸς ὑμᾶς ἔσομαι;
Lk 9:41 ἀποκριθεὶς δὲ ὁ Ἰησοῦς εἶπεν, Ὦ γενεὰ ἄπιστος καὶ διεστραμμένη,
24:25 Ὦ ἀνόητοι καὶ βραδεῖς τῇ καρδίᾳ τοῦ πιστεύειν ἐπὶ πᾶσιν οἷς ἐλάλησαν οἱ προφῆται·
Ac 1: 1 Τὸν μὲν πρῶτον λόγον ἐποιησάμην περὶ πάντων, **ὦ** Θεόφιλε,
13:10 εἶπεν, Ὦ πλήρης παντὸς δόλου καὶ πάσης ῥᾳδιουργίας,
18:14 Εἰ μὲν ἦν ἀδίκημά τι ἢ ῥᾳδιούργημα πονηρόν, **ὦ** Ἰουδαῖοι, κατὰ λόγον ἂν ἀνεσχόμην ὑμῶν,
27:21 Πολλῆς τε ἀσιτίας ὑπαρχούσης τότε σταθεὶς ὁ Παῦλος ἐν μέσῳ αὐτῶν εἶπεν, Ἔδει μέν, **ὦ** ἄνδρες,
Ro 2: 1 Διὸ ἀναπολόγητος εἶ, **ὦ** ἄνθρωπε πᾶς ὁ κρίνων·
2: 3 **ὦ** ἄνθρωπε ὁ κρίνων τοὺς τὰ τοιαῦτα πράσσοντας καὶ ποιῶν αὐτά,
9:20 **ὦ** ἄνθρωπε, μενοῦνγε σὺ τίς εἶ ὁ ἀνταποκρινόμενος τῷ θεῷ;
11:33 Ὦ βάθος πλούτου καὶ σοφίας καὶ γνώσεως θεοῦ·
Gal 3: 1 Ὦ ἀνόητοι Γαλάται, τίς ὑμᾶς ἐβάσκανεν, οἷς κατ' ὀφθαλμοὺς Ἰησοῦς Χριστὸς προεγράφη ἐσταυρωμένος;
1Ti 6:11 Σὺ δέ, **ὦ** ἄνθρωπε θεοῦ, ταῦτα φεῦγε· δίωκε δὲ δικαιοσύνην εὐσέβειαν πίστιν,
6:20 Ὦ Τιμόθεε, τὴν παραθήκην φύλαξον ἐκτρεπόμενος τὰς βεβήλους κενοφωνίας καὶ ἀντιθέσεις τῆς ψευδωνύμου γνώσεως,
Jas 2:20 θέλεις δὲ γνῶναι, **ὦ** ἄνθρωπε κενέ, ὅτι ἡ πίστις χωρὶς τῶν ἔργων ἀργή ἐστιν;

6044 Ὠβήδ Not used in UBS/NIV

√ *2725*

6045 ὧδε [61]

√ *3836*

τὰ ὧδε [1] Col 4:9

Mt 8:29 υἱὲ τοῦ θεοῦ; ἦλθες **ὧδε** πρὸ καιροῦ βασανίσαι ἡμᾶς;
12: 6 λέγω δὲ ὑμῖν ὅτι τοῦ ἱεροῦ μεῖζόν ἐστιν **ὧδε.**
12:41 μετενόησαν εἰς τὸ κήρυγμα Ἰωνᾶ, καὶ ἰδοὺ πλεῖον Ἰωνᾶ **ὧδε.**
12:42 ὅτι ἦλθεν ἐκ τῶν περάτων τῆς γῆς ἀκοῦσαι τὴν σοφίαν Σολομῶνος, καὶ ἰδοὺ πλεῖον Σολομῶνος **ὧδε.**
14: 8 **ὧδε** ἐπὶ πίνακι τὴν κεφαλὴν Ἰωάννου τοῦ βαπτιστοῦ.
14:17 Οὐκ ἔχομεν **ὧδε** εἰ μὴ πέντε ἄρτους καὶ δύο ἰχθύας.
14:18 ὁ δὲ εἶπεν, Φέρετέ μοι **ὧδε** αὐτούς.
16:28 τῶν **ὧδε** ἑστώτων οἵτινες οὐ μὴ γεύσωνται θανάτου ἕως ἂν ἴδωσιν τὸν υἱὸν τοῦ ἀνθρώπου ἐρχόμενον ἐν τῇ βασιλείᾳ αὐτοῦ.
17: 4 ἀποκριθεὶς δὲ ὁ Πέτρος εἶπεν τῷ Ἰησοῦ, Κύριε, καλόν ἐστιν ἡμᾶς **ὧδε** εἶναι· εἰ θέλεις, ποιήσω **ὧδε** τρεῖς σκηνάς, σοὶ μίαν καὶ Μωϋσεῖ μίαν καὶ Ἠλίᾳ μίαν.
17:17 ἕως πότε ἀνέξομαι ὑμῶν; φέρετέ μοι αὐτὸν **ὧδε.**
20: 6 περὶ δὲ τὴν ἑνδεκάτην ἐξελθὼν εὗρεν ἄλλους ἑστῶτας καὶ λέγει αὐτοῖς, Τί **ὧδε** ἑστήκατε ὅλην τὴν ἡμέραν ἀργοί;
22:12 Ἑταῖρε, πῶς εἰσῆλθες **ὧδε** μὴ ἔχων ἔνδυμα γάμου;
24: 2 οὐ μὴ ἀφεθῇ **ὧδε** λίθος ἐπὶ λίθον ὃς οὐ καταλυθήσεται.
24:23 τότε ἐάν τις ὑμῖν εἴπῃ, Ἰδοὺ **ὧδε** ὁ Χριστός, ἤ, **Ὧδε,** μὴ πιστεύσητε·
26:38 Περίλυπός ἐστιν ἡ ψυχή μου ἕως θανάτου· μείνατε **ὧδε** καὶ γρηγορεῖτε μετ' ἐμοῦ.
28: 6 οὐκ ἔστιν **ὧδε,** ἠγέρθη γὰρ καθὼς εἶπεν· δεῦτε ἴδετε τὸν τόπον ὅπου ἔκειτο.
Mk 6: 3 καὶ οὐκ εἰσὶν αἱ ἀδελφαὶ αὐτοῦ **ὧδε** πρὸς ἡμᾶς;
8: 4 καὶ ἀπεκρίθησαν αὐτῷ οἱ μαθηταὶ αὐτοῦ ὅτι Πόθεν τούτους δυνήσεταί τις **ὧδε** χορτάσαι ἄρτων ἐπ' ἐρημίας;
9: 1 τινες **ὧδε** τῶν ἑστηκότων οἵτινες οὐ μὴ γεύσωνται θανάτου ἕως ἂν ἴδωσιν τὴν βασιλείαν τοῦ θεοῦ ἐληλυθυῖαν ἐν δυνάμει.
9: 5 καλόν ἐστιν ἡμᾶς **ὧδε** εἶναι, καὶ ποιήσωμεν τρεῖς σκηνάς,
11: 3 Ὁ κύριος αὐτοῦ χρείαν ἔχει, καὶ εὐθὺς αὐτὸν ἀποστέλλει πάλιν **ὧδε.**
13: 2 οὐ μὴ ἀφεθῇ **ὧδε** λίθος ἐπὶ λίθον ὃς οὐ μὴ καταλυθῇ.
13:21 Ἴδε **ὧδε** ὁ Χριστός, Ἴδε ἐκεῖ, μὴ πιστεύετε·
14:32 Καὶ ἔρχονται εἰς χωρίον οὗ τὸ ὄνομα Γεθσημανὶ καὶ λέγει τοῖς μαθηταῖς αὐτοῦ, Καθίσατε **ὧδε** ἕως προσεύξωμαι.
14:34 Περίλυπός ἐστιν ἡ ψυχή μου ἕως θανάτου· μείνατε **ὧδε** καὶ γρηγορεῖτε.
16: 6 ἠγέρθη, οὐκ ἔστιν **ὧδε·** ἴδε ὁ τόπος ὅπου ἔθηκαν αὐτόν.
Lk 4:23 ὅσα ἠκούσαμεν γενόμενα εἰς τὴν Καφαρναοὺμ ποίησον καὶ **ὧδε** ἐν τῇ πατρίδι σου.
9:12 ἵνα πορευθέντες εἰς τὰς κύκλῳ κώμας καὶ ἀγροὺς καταλύσωσιν καὶ εὕρωσιν ἐπισιτισμόν, ὅτι **ὧδε** ἐν ἐρήμῳ τόπῳ ἐσμέν.
9:33 καλόν ἐστιν ἡμᾶς **ὧδε** εἶναι, καὶ ποιήσωμεν σκηνὰς τρεῖς,
9:41 ἕως πότε ἔσομαι πρὸς ὑμᾶς καὶ ἀνέξομαι ὑμῶν; προσάγαγε **ὧδε** τὸν υἱόν σου.
11:31 ὅτι ἦλθεν ἐκ τῶν περάτων τῆς γῆς ἀκοῦσαι τὴν σοφίαν Σολομῶνος, καὶ ἰδοὺ πλεῖον Σολομῶνος **ὧδε.**
11:32 μετενόησαν εἰς τὸ κήρυγμα Ἰωνᾶ, καὶ ἰδοὺ πλεῖον Ἰωνᾶ **ὧδε.**
14:21 εἰς τὰς πλατείας καὶ ῥύμας τῆς πόλεως καὶ τοὺς πτωχοὺς καὶ ἀναπείρους καὶ τυφλοὺς καὶ χωλοὺς εἰσάγαγε **ὧδε.**
15:17 Πόσοι μίσθιοι τοῦ πατρός μου περισσεύονται ἄρτων, ἐγὼ δὲ λιμῷ **ὧδε** ἀπόλλυμαι.
16:25 καὶ Λάζαρος ὁμοίως τὰ κακά· νῦν δὲ **ὧδε** παρακαλεῖται, σὺ δὲ ὀδυνᾶσαι.
17:21 οὐδὲ ἐροῦσιν, Ἰδοὺ **ὧδε** ἤ, Ἐκεῖ, ἰδοὺ γὰρ ἡ βασιλεία τοῦ θεοῦ ἐντὸς ὑμῶν ἐστιν.
17:23 καὶ ἐροῦσιν ὑμῖν, Ἰδοὺ ἐκεῖ, [ἤ,] Ἰδοὺ **ὧδε·**
19:27 πλὴν τοὺς ἐχθρούς μου τούτους τοὺς μὴ θελήσαντάς με βασιλεῦσαι ἐπ' αὐτοὺς ἀγάγετε **ὧδε** καὶ κατασφάξατε αὐτοὺς
22:38 οἱ δὲ εἶπαν, Κύριε, ἰδοὺ μάχαιραι **ὧδε** δύο.
23: 5 οἱ δὲ ἐπίσχυον λέγοντες ὅτι Ἀνασείει τὸν λαὸν διδάσκων καθ' ὅλης τῆς Ἰουδαίας, καὶ ἀρξάμενος ἀπὸ τῆς Γαλιλαίας ἕως **ὧδε.**
24: 6 οὐκ ἔστιν **ὧδε,** ἀλλὰ ἠγέρθη. μνήσθητε ὡς ἐλάλησεν ὑμῖν ἔτι ὢν ἐν τῇ Γαλιλαίᾳ
Jn 6: 9 Ἔστιν παιδάριον **ὧδε** ὃς ἔχει πέντε ἄρτους κριθίνους καὶ δύο ὀψάρια·
6:25 καὶ εὑρόντες αὐτὸν πέραν τῆς θαλάσσης εἶπον αὐτῷ, Ῥαββί, πότε **ὧδε** γέγονας;
11:21 εἰ ἦς **ὧδε** οὐκ ἂν ἀπέθανεν ὁ ἀδελφός μου·
11:32 εἰ ἦς **ὧδε** οὐκ ἄν μου ἀπέθανεν ὁ ἀδελφός.
20:27 Φέρε τὸν δάκτυλόν σου **ὧδε** καὶ ἴδε τὰς χεῖράς μου καὶ φέρε τὴν χεῖρά σου καὶ βάλε εἰς τὴν πλευράν μου,
Ac 9:14 καὶ **ὧδε** ἔχει ἐξουσίαν παρὰ τῶν ἀρχιερέων δῆσαι πάντας τοὺς ἐπικαλουμένους τὸ ὄνομά σου.
9:21 καὶ **ὧδε** εἰς τοῦτο ἐληλύθει ἵνα δεδεμένους αὐτοὺς ἀγάγῃ ἐπὶ τοὺς ἀρχιερεῖς;
1Co 4: 2 **ὧδε** λοιπὸν ζητεῖται ἐν τοῖς οἰκονόμοις, ἵνα πιστός τις εὑρεθῇ.
Col 4: 9 ὅς ἐστιν ἐξ ὑμῶν· πάντα ὑμῖν γνωρίσουσιν τὰ **ὧδε.**
Heb 7: 8 καὶ **ὧδε** μὲν δεκάτας ἀποθνῄσκοντες ἄνθρωποι λαμβάνουσιν, ἐκεῖ δὲ μαρτυρούμενος ὅτι ζῇ.
13:14 οὐ γὰρ ἔχομεν **ὧδε** μένουσαν πόλιν ἀλλὰ τὴν μέλλουσαν ἐπιζητοῦμεν.
Jas 2: 3 Σὺ κάθου **ὧδε** καλῶς, καὶ τῷ πτωχῷ εἴπητε,
Rev 4: 1 Ἀνάβα **ὧδε,** καὶ δείξω σοι ἃ δεῖ γενέσθαι μετὰ ταῦτα.
11:12 καὶ ἤκουσαν φωνῆς μεγάλης ἐκ τοῦ οὐρανοῦ λεγούσης αὐτοῖς, Ἀνάβατε **ὧδε.**
13:10 **Ὧδέ** ἐστιν ἡ ὑπομονὴ καὶ ἡ πίστις τῶν ἁγίων.
13:18 **Ὧδε** ἡ σοφία ἐστίν. ὁ ἔχων νοῦν ψηφισάτω τὸν ἀριθμὸν τοῦ θηρίου,
14:12 **Ὧδε** ἡ ὑπομονὴ τῶν ἁγίων ἐστίν, οἱ τηροῦντες τὰς ἐντολὰς τοῦ θεοῦ καὶ τὴν πίστιν Ἰησοῦ.
17: 9 **ὧδε** ὁ νοῦς ὁ ἔχων σοφίαν. αἱ ἑπτὰ κεφαλαὶ ἑπτὰ ὄρη εἰσίν,

6046 ᾠδή [7]

→ *106, 3069*

Eph 5:19 λαλοῦντες ἑαυτοῖς [ἐν] ψαλμοῖς καὶ ὕμνοις καὶ **ᾠδαῖς** πνευματικαῖς,
Col 3:16 ψαλμοῖς ὕμνοις **ᾠδαῖς** πνευματικαῖς ἐν [τῇ] χάριτι ᾄδοντες ἐν ταῖς καρδίαις ὑμῶν τῷ θεῷ·
Rev 5: 9 καὶ ᾄδουσιν **ᾠδὴν** καινὴν λέγοντες, Ἄξιος εἶ λαβεῖν τὸ βιβλίον καὶ ἀνοῖξαι τὰς σφραγῖδας αὐτοῦ,
14: 3 καὶ ᾄδουσιν [ὡς] **ᾠδὴν** καινὴν ἐνώπιον τοῦ θρόνου καὶ ἐνώπιον τῶν τεσσάρων ζῴων καὶ τῶν πρεσβυτέρων, καὶ οὐδεὶς ἐδύνατο μαθεῖν τὴν **ᾠδὴν** εἰ μὴ αἱ ἑκατὸν τεσσεράκοντα τέσσαρες χιλιάδες,
15: 3 καὶ ᾄδουσιν τὴν **ᾠδὴν** Μωϋσέως τοῦ δούλου τοῦ θεοῦ καὶ τὴν **ᾠδὴν** τοῦ ἀρνίου λέγοντες,

6047 ὠδίν [4]

→ *5349, 6048*

Mt 24: 8 πάντα δὲ ταῦτα ἀρχὴ **ὠδίνων.**

Mk 13: 8 ἔσονται σεισμοὶ κατὰ τόπους, ἔσονται λιμοί· ἀρχὴ **ὠδίνων** ταῦτα.
Ac 2:24 ὃν ὁ θεὸς ἀνέστησεν λύσας τὰς **ὠδῖνας** τοῦ θανάτου,
1Th 5: 3 τότε αἰφνίδιος αὐτοῖς ἐφίσταται ὄλεθρος ὥσπερ ἡ **ὠδὶν** τῇ ἐν γαστρὶ ἐχούσῃ,

6048 ὠδίνω [3]

√ *6047*

Gal 4:19 οὓς πάλιν **ὠδίνω** μέχρις οὗ μορφωθῇ Χριστὸς ἐν ὑμῖν·
4:27 στεῖρα ἡ οὐ τίκτουσα, ῥῆξον καὶ βόησον, ἡ οὐκ **ὠδίνουσα·**
Rev 12: 2 καὶ ἐν γαστρὶ ἔχουσα, καὶ κράζει **ὠδίνουσα** καὶ βασανιζομένη τεκεῖν.

6049 ὦμος [2]

Mt 23: 4 δεσμεύουσιν δὲ φορτία βαρέα [καὶ δυσβάστακτα] καὶ ἐπιτιθέασιν ἐπὶ τοὺς **ὤμους** τῶν ἀνθρώπων,
Lk 15: 5 καὶ εὑρὼν ἐπιτίθησιν ἐπὶ τοὺς **ὤμους** αὐτοῦ χαίρων

6050 ὠνέομαι [1]

→ *4072; cf. 5467*

Ac 7:16 καὶ μετετέθησαν εἰς Συχὲμ καὶ ἐτέθησαν ἐν τῷ μνήματι ᾧ **ὠνήσατο** Ἀβραὰμ τιμῆς ἀργυρίου παρὰ τῶν υἱῶν Ἐμμὼρ

6051 ᾠόν [1]

Lk 11:12 ἢ καὶ αἰτήσει **ᾠόν,** ἐπιδώσει αὐτῷ σκορπίον;

6052 ὥρα [106]

→ *2469, 2470, 6053*

with a number [31] Mt 20:3,5,9,12; 26:40; 27:45,45,46; Mk 14:37; 15:25,33,33,34; Lk 22:59; 23:44,44; Jn 1:39; 4:6,52; 11:9; 19:14; Ac 2:15; 5:7; 10:3,9; 19:34; 23:23; Rev 17:12; 18:10,17,19

ἐκεῖνος ὥρα [13] Mt 8:13; 9:22; 10:19; 15:28; 17:18; 18:1; 26:55; Mk 13:11; Lk 7:21; Jn 4:53; 19:27; Ac 16:33; Rev 11:13

ἔσχατος ὥρα [2] 1Jn 2:18,18

ἡ ἄρτι ὥρα [1] 1Co 4:11

καιρὸν ὥρας [1] 1Th 2:17

πρός ὥραν [5] Jn 5:35; 2Co 7:8; Gal 2:5; 1Th 2:17; Phm 1:15

ὥρα ἔρχεται [16] Mt 20:9; Mk 14:41; Jn 4:21,23; 5:25,28; 7:30; 8:20; 12:23; 13:1; 16:2,4,21,25,32; 17:1

ὥρα κρίσεως [1] Rev 14:7

ὥρα πολλή [2] Mk 6:35,35

Mt 8:13 καὶ ἰάθη ὁ παῖς [αὐτοῦ] ἐν τῇ **ὥρᾳ** ἐκείνῃ.
9:22 καὶ ἐσώθη ἡ γυνὴ ἀπὸ τῆς **ὥρας** ἐκείνης.
10:19 δοθήσεται γὰρ ὑμῖν ἐν ἐκείνῃ τῇ **ὥρᾳ** τί λαλήσητε·
14:15 Ἔρημός ἐστιν ὁ τόπος καὶ ἡ **ὥρα** ἤδη παρῆλθεν·
15:28 καὶ ἰάθη ἡ θυγάτηρ αὐτῆς ἀπὸ τῆς **ὥρας** ἐκείνης.
17:18 καὶ ἐπετίμησεν αὐτῷ ὁ Ἰησοῦς καὶ ἐξῆλθεν ἀπ' αὐτοῦ τὸ δαιμόνιον καὶ ἐθεραπεύθη ὁ παῖς ἀπὸ τῆς **ὥρας** ἐκείνης.
18: 1 Ἐν ἐκείνῃ τῇ **ὥρᾳ** προσῆλθον οἱ μαθηταὶ τῷ Ἰησοῦ λέγοντες,
20: 3 καὶ ἐξελθὼν περὶ τρίτην **ὥραν** εἶδεν ἄλλους ἑστῶτας ἐν τῇ ἀγορᾷ ἀργοὺς
20: 5 πάλιν [δὲ] ἐξελθὼν περὶ ἕκτην καὶ ἐνάτην **ὥραν** ἐποίησεν ὡσαύτως.
20: 9 καὶ ἐλθόντες οἱ περὶ τὴν ἑνδεκάτην **ὥραν** ἔλαβον ἀνὰ δηνάριον.
20:12 λέγοντες, Οὗτοι οἱ ἔσχατοι μίαν **ὥραν** ἐποίησαν, καὶ ἴσους ἡμῖν αὐτοὺς ἐποίησας τοῖς βαστάσασι τὸ βάρος τῆς ἡμέρας καὶ τὸν καύσωνα.
24:36 Περὶ δὲ τῆς ἡμέρας ἐκείνης καὶ **ὥρας** οὐδεὶς οἶδεν,
24:44 ὅτι ᾗ οὐ δοκεῖτε **ὥρᾳ** ὁ υἱὸς τοῦ ἀνθρώπου ἔρχεται.
24:50 ἥξει ὁ κύριος τοῦ δούλου ἐκείνου ἐν ἡμέρᾳ ᾗ οὐ προσδοκᾷ καὶ ἐν **ὥρᾳ** ᾗ οὐ γινώσκει,
25:13 ὅτι οὐκ οἴδατε τὴν ἡμέραν οὐδὲ τὴν **ὥραν.**
26:40 Οὕτως οὐκ ἰσχύσατε μίαν **ὥραν** γρηγορῆσαι μετ' ἐμοῦ;
26:45 ἰδοὺ ἤγγικεν ἡ **ὥρα** καὶ ὁ υἱὸς τοῦ ἀνθρώπου παραδίδοται εἰς χεῖρας ἁμαρτωλῶν.
26:55 Ἐν ἐκείνῃ τῇ **ὥρᾳ** εἶπεν ὁ Ἰησοῦς τοῖς ὄχλοις,
27:45 Ἀπὸ δὲ ἕκτης **ὥρας** σκότος ἐγένετο ἐπὶ πᾶσαν τὴν γῆν ἕως **ὥρας** ἐνάτης.
27:46 περὶ δὲ τὴν ἐνάτην **ὥραν** ἀνεβόησεν ὁ Ἰησοῦς φωνῇ μεγάλῃ λέγων,
Mk 6:35 Καὶ ἤδη **ὥρας** πολλῆς γενομένης προσελθόντες αὐτῷ οἱ μαθηταὶ αὐτοῦ ἔλεγον ὅτι Ἔρημός ἐστιν ὁ τόπος καὶ ἤδη **ὥρα** πολλή·
11:11 ὀψίας ἤδη οὔσης τῆς **ὥρας,** ἐξῆλθεν εἰς Βηθανίαν μετὰ τῶν δώδεκα.
13:11 ἀλλ' ὃ ἐὰν δοθῇ ὑμῖν ἐν ἐκείνῃ τῇ **ὥρᾳ** τοῦτο λαλεῖτε·
13:32 Περὶ δὲ τῆς ἡμέρας ἐκείνης ἢ τῆς **ὥρας** οὐδεὶς οἶδεν,
14:35 καὶ προελθὼν μικρὸν ἔπιπτεν ἐπὶ τῆς γῆς καὶ προσηύχετο ἵνα εἰ δυνατόν ἐστιν παρέλθῃ ἀπ' αὐτοῦ ἡ **ὥρα,**
14:37 καὶ λέγει τῷ Πέτρῳ, Σίμων, καθεύδεις; οὐκ ἴσχυσας μίαν **ὥραν** γρηγορῆσαι;
14:41 ἦλθεν ἡ **ὥρα,** ἰδοὺ παραδίδοται ὁ υἱὸς τοῦ ἀνθρώπου εἰς τὰς χεῖρας τῶν ἁμαρτωλῶν.
15:25 ἦν δὲ **ὥρα** τρίτη καὶ ἐσταύρωσαν αὐτόν.
15:33 Καὶ γενομένης **ὥρας** ἕκτης σκότος ἐγένετο ἐφ' ὅλην τὴν γῆν ἕως **ὥρας** ἐνάτης.
15:34 καὶ τῇ ἐνάτῃ **ὥρᾳ** ἐβόησεν ὁ Ἰησοῦς φωνῇ μεγάλῃ,
Lk 1:10 καὶ πᾶν τὸ πλῆθος ἦν τοῦ λαοῦ προσευχόμενον ἔξω τῇ **ὥρᾳ** τοῦ θυμιάματος.
2:38 καὶ αὐτῇ τῇ **ὥρᾳ** ἐπιστᾶσα ἀνθωμολογεῖτο τῷ θεῷ καὶ ἐλάλει περὶ αὐτοῦ πᾶσιν τοῖς προσδεχομένοις λύτρωσιν Ἰερουσαλήμ.
7:21 ἐν ἐκείνῃ τῇ **ὥρᾳ** ἐθεράπευσεν πολλοὺς ἀπὸ νόσων καὶ μαστίγων καὶ πνευμάτων πονηρῶν καὶ τυφλοῖς πολλοῖς ἐχαρίσατο βλέπειν.
10:21 Ἐν αὐτῇ τῇ **ὥρᾳ** ἠγαλλιάσατο [ἐν] τῷ πνεύματι τῷ ἁγίῳ καὶ εἶπεν,
12:12 τὸ γὰρ ἅγιον πνεῦμα διδάξει ὑμᾶς ἐν αὐτῇ τῇ **ὥρᾳ** ἃ δεῖ εἰπεῖν.
12:39 τοῦτο δὲ γινώσκετε ὅτι εἰ ᾔδει ὁ οἰκοδεσπότης ποίᾳ **ὥρᾳ** ὁ κλέπτης ἔρχεται,
12:40 ὅτι ᾗ **ὥρᾳ** οὐ δοκεῖτε ὁ υἱὸς τοῦ ἀνθρώπου ἔρχεται.
12:46 ἥξει ὁ κύριος τοῦ δούλου ἐκείνου ἐν ἡμέρᾳ ᾗ οὐ προσδοκᾷ καὶ ἐν **ὥρᾳ** ᾗ οὐ γινώσκει,
13:31 Ἐν αὐτῇ τῇ **ὥρᾳ** προσῆλθάν τινες Φαρισαῖοι λέγοντες αὐτῷ,
14:17 καὶ ἀπέστειλεν τὸν δοῦλον αὐτοῦ τῇ **ὥρᾳ** τοῦ δείπνου εἰπεῖν τοῖς κεκλημένοις,
20:19 Καὶ ἐζήτησαν οἱ γραμματεῖς καὶ οἱ ἀρχιερεῖς ἐπιβαλεῖν ἐπ' αὐτὸν τὰς χεῖρας ἐν αὐτῇ τῇ **ὥρᾳ,**
22:14 Καὶ ὅτε ἐγένετο ἡ **ὥρα,** ἀνέπεσεν καὶ οἱ ἀπόστολοι σὺν αὐτῷ.
22:53 ἀλλ' αὕτη ἐστὶν ὑμῶν ἡ **ὥρα** καὶ ἡ ἐξουσία τοῦ σκότους.
22:59 καὶ διαστάσης ὡσεὶ **ὥρας** μιᾶς ἄλλος τις διϊσχυρίζετο λέγων,
23:44 Καὶ ἦν ἤδη ὡσεὶ **ὥρα** ἕκτη καὶ σκότος ἐγένετο ἐφ' ὅλην τὴν γῆν ἕως **ὥρας** ἐνάτης
24:33 καὶ ἀναστάντες αὐτῇ τῇ **ὥρᾳ** ὑπέστρεψαν εἰς Ἰερουσαλὴμ καὶ εὗρον ἠθροισμένους τοὺς ἕνδεκα καὶ τοὺς σὺν αὐτοῖς,
Jn 1:39 ἦλθαν οὖν καὶ εἶδαν ποῦ μένει καὶ παρ' αὐτῷ ἔμειναν τὴν ἡμέραν ἐκείνην· **ὥρα** ἦν ὡς δεκάτη.
2: 4 Τί ἐμοὶ καὶ σοί, γύναι; οὔπω ἥκει ἡ **ὥρα** μου.
4: 6 ὁ οὖν Ἰησοῦς κεκοπιακὼς ἐκ τῆς ὁδοιπορίας ἐκαθέζετο οὕτως ἐπὶ τῇ πηγῇ· **ὥρα** ἦν ὡς ἕκτη.
4:21 ὅτι ἔρχεται **ὥρα** ὅτε οὔτε ἐν τῷ ὄρει τούτῳ οὔτε ἐν Ἱεροσολύμοις προσκυνήσετε τῷ πατρί.
4:23 ἀλλὰ ἔρχεται **ὥρα** καὶ νῦν ἐστιν, ὅτε οἱ ἀληθινοὶ προσκυνηταὶ προσκυνήσουσιν τῷ πατρὶ ἐν πνεύματι καὶ ἀληθείᾳ·
4:52 ἐπύθετο οὖν τὴν **ὥραν** παρ' αὐτῶν ἐν ᾗ κομψότερον ἔσχεν· εἶπαν οὖν αὐτῷ ὅτι Ἐχθὲς **ὥραν** ἑβδόμην ἀφῆκεν αὐτὸν ὁ πυρετός.
4:53 ἔγνω οὖν ὁ πατὴρ ὅτι [ἐν] ἐκείνῃ τῇ **ὥρᾳ** ἐν ᾗ εἶπεν αὐτῷ ὁ Ἰησοῦς,
5:25 ὅτι ἔρχεται **ὥρα** καὶ νῦν ἐστιν ὅτε οἱ νεκροὶ ἀκούσουσιν τῆς φωνῆς τοῦ υἱοῦ τοῦ θεοῦ καὶ οἱ ἀκούσαντες ζήσουσιν.
5:28 ὅτι ἔρχεται **ὥρα** ἐν ᾗ πάντες οἱ ἐν τοῖς μνημείοις ἀκούσουσιν τῆς φωνῆς αὐτοῦ
5:35 ὑμεῖς δὲ ἠθελήσατε ἀγαλλιαθῆναι πρὸς **ὥραν** ἐν τῷ φωτὶ αὐτοῦ.
7:30 καὶ οὐδεὶς ἐπέβαλεν ἐπ' αὐτὸν τὴν χεῖρα, ὅτι οὔπω ἐληλύθει ἡ **ὥρα** αὐτοῦ.
8:20 καὶ οὐδεὶς ἐπίασεν αὐτόν, ὅτι οὔπω ἐληλύθει ἡ **ὥρα** αὐτοῦ.
11: 9 ἀπεκρίθη Ἰησοῦς, Οὐχὶ δώδεκα **ὧραί** εἰσιν τῆς ἡμέρας;
12:23 Ἐλήλυθεν ἡ **ὥρα** ἵνα δοξασθῇ ὁ υἱὸς τοῦ ἀνθρώπου.
12:27 καὶ **τί εἴπω;** Πάτερ, σῶσόν με ἐκ τῆς **ὥρας** ταύτης; ἀλλὰ διὰ τοῦτο ἦλθον εἰς τὴν **ὥραν** ταύτην.

13: 1 Πρὸ δὲ τῆς ἑορτῆς τοῦ πάσχα εἰδὼς ὁ Ἰησοῦς ὅτι ἦλθεν αὐτοῦ ἡ **ὥρα** ἵνα μεταβῇ ἐκ τοῦ κόσμου τούτου πρὸς τὸν πατέρα,
16: 2 ἀλλ᾽ ἔρχεται **ὥρα** ἵνα πᾶς ὁ ἀποκτείνας ὑμᾶς δόξῃ λατρείαν προσφέρειν τῷ θεῷ.
16: 4 ἀλλὰ ταῦτα λελάληκα ὑμῖν ἵνα ὅταν ἔλθῃ ἡ **ὥρα** αὐτῶν μνημονεύητε αὐτῶν ὅτι ἐγὼ εἶπον ὑμῖν.
16:21 ἡ γυνὴ ὅταν τίκτῃ λύπην ἔχει, ὅτι ἦλθεν ἡ **ὥρα** αὐτῆς·
16:25 ἔρχεται **ὥρα** ὅτε οὐκέτι ἐν παροιμίαις λαλήσω ὑμῖν,
16:32 ἰδοὺ ἔρχεται **ὥρα** καὶ ἐλήλυθεν ἵνα σκορπισθῆτε ἕκαστος εἰς τὰ ἴδια κἀμὲ μόνον ἀφῆτε·
17: 1 Ταῦτα ἐλάλησεν Ἰησοῦς καὶ ἐπάρας τοὺς ὀφθαλμοὺς αὐτοῦ εἰς τὸν οὐρανὸν εἶπεν, Πάτερ, ἐλήλυθεν ἡ **ὥρα·**
19:14 ἦν δὲ παρασκευὴ τοῦ πάσχα, **ὥρα** ἦν ὡς ἕκτη.
19:27 καὶ ἀπ᾽ ἐκείνης τῆς **ὥρας** ἔλαβεν ὁ μαθητὴς αὐτὴν εἰς τὰ ἴδια.
Ac 2:15 οὐ γὰρ ὡς ὑμεῖς ὑπολαμβάνετε οὗτοι μεθύουσιν, ἔστιν γὰρ **ὥρα** τρίτη τῆς ἡμέρας,
3: 1 Πέτρος δὲ καὶ Ἰωάννης ἀνέβαινον εἰς τὸ ἱερὸν ἐπὶ τὴν **ὥραν** τῆς προσευχῆς τὴν ἐνάτην.
5: 7 Ἐγένετο δὲ ὡς **ὡρῶν** τριῶν διάστημα καὶ ἡ γυνὴ αὐτοῦ μὴ εἰδυῖα τὸ γεγονὸς εἰσῆλθεν.
10: 3 εἶδεν ἐν ὁράματι φανερῶς ὡσεὶ περὶ **ὥραν** ἐνάτην τῆς ἡμέρας ἄγγελον τοῦ θεοῦ εἰσελθόντα πρὸς αὐτὸν καὶ εἰπόντα αὐτῷ,
10: 9 ἀνέβη Πέτρος ἐπὶ τὸ δῶμα προσεύξασθαι περὶ **ὥραν** ἕκτην.
10:30 Ἀπὸ τετάρτης ἡμέρας μέχρι ταύτης τῆς **ὥρας** ἤμην τὴν ἐνάτην προσευχόμενος ἐν τῷ οἴκῳ μου,
16:18 Παραγγέλλω σοι ἐν ὀνόματι Ἰησοῦ Χριστοῦ ἐξελθεῖν ἀπ᾽ αὐτῆς· καὶ ἐξῆλθεν αὐτῇ τῇ **ὥρᾳ.**
16:33 καὶ παραλαβὼν αὐτοὺς ἐν ἐκείνῃ τῇ **ὥρᾳ** τῆς νυκτὸς ἔλουσεν ἀπὸ τῶν πληγῶν,
19:34 φωνὴ ἐγένετο μία ἐκ πάντων ὡς ἐπὶ **ὥρας** δύο κραζόντων,
22:13 ἀνάβλεψον. κἀγὼ αὐτῇ τῇ **ὥρᾳ** ἀνέβλεψα εἰς αὐτόν.
23:23 καὶ ἱππεῖς ἑβδομήκοντα καὶ δεξιολάβους διακοσίους ἀπὸ τρίτης **ὥρας** τῆς νυκτός,
Ro 13:11 Καὶ τοῦτο εἰδότες τὸν καιρόν, ὅτι **ὥρα** ἤδη ὑμᾶς ἐξ ὕπνου ἐγερθῆναι,
1Co 4:11 ἄχρι τῆς ἄρτι **ὥρας** καὶ πεινῶμεν καὶ διψῶμεν καὶ γυμνιτεύομεν καὶ κολαφιζόμεθα καὶ ἀστατοῦμεν
15:30 τί καὶ ἡμεῖς κινδυνεύομεν πᾶσαν **ὥραν;**
2Co 7: 8 βλέπω [γὰρ] ὅτι ἡ ἐπιστολὴ ἐκείνη εἰ καὶ πρὸς **ὥραν** ἐλύπησεν ὑμᾶς,
Gal 2: 5 οἷς οὐδὲ πρὸς **ὥραν** εἴξαμεν τῇ ὑποταγῇ, ἵνα ἡ ἀλήθεια τοῦ εὐαγγελίου διαμείνῃ πρὸς ὑμᾶς.
1Th 2:17 Ἡμεῖς δέ, ἀδελφοί, ἀπορφανισθέντες ἀφ᾽ ὑμῶν πρὸς καιρὸν **ὥρας,**
Phm 1:15 τάχα γὰρ διὰ τοῦτο ἐχωρίσθη πρὸς **ὥραν,** ἵνα αἰώνιον αὐτὸν ἀπέχῃς,
1Jn 2:18 Παιδία, ἐσχάτη **ὥρα** ἐστίν, καὶ καθὼς ἠκούσατε ὅτι ἀντίχριστος ἔρχεται, καὶ νῦν ἀντίχριστοι πολλοὶ γεγόνασιν, ὅθεν γινώσκομεν ὅτι ἐσχάτη **ὥρα** ἐστίν.
Rev 3: 3 καὶ οὐ μὴ γνῷς ποίαν **ὥραν** ἥξω ἐπὶ σέ.
3:10 κἀγώ σε τηρήσω ἐκ τῆς **ὥρας** τοῦ πειρασμοῦ τῆς μελλούσης ἔρχεσθαι ἐπὶ τῆς οἰκουμένης ὅλης πειράσαι τοὺς κατοικοῦντας ἐπὶ τῆς γῆς.
9:15 καὶ ἐλύθησαν οἱ τέσσαρες ἄγγελοι οἱ ἡτοιμασμένοι εἰς τὴν **ὥραν** καὶ ἡμέραν καὶ μῆνα καὶ ἐνιαυτόν,
11:13 Καὶ ἐν ἐκείνῃ τῇ **ὥρᾳ** ἐγένετο σεισμὸς μέγας καὶ τὸ δέκατον τῆς πόλεως ἔπεσεν καὶ ἀπεκτάνθησαν ἐν τῷ σεισμῷ
14: 7 Φοβήθητε τὸν θεὸν καὶ δότε αὐτῷ δόξαν, ὅτι ἦλθεν ἡ **ὥρα** τῆς κρίσεως αὐτοῦ,
14:15 ὅτι ἦλθεν ἡ **ὥρα** θερίσαι, ὅτι ἐξηράνθη ὁ θερισμὸς τῆς γῆς.
17:12 ἀλλὰ ἐξουσίαν ὡς βασιλεῖς μίαν **ὥραν** λαμβάνουσιν μετὰ τοῦ θηρίου.
18:10 Βαβυλὼν ἡ πόλις ἡ ἰσχυρά, ὅτι μιᾷ **ὥρᾳ** ἦλθεν ἡ κρίσις σου.
18:17 ὅτι μιᾷ **ὥρᾳ** ἠρημώθη ὁ τοσοῦτος πλοῦτος.
18:19 ἐν ᾗ ἐπλούτησαν πάντες οἱ ἔχοντες τὰ πλοῖα ἐν τῇ θαλάσσῃ ἐκ τῆς τιμιότητος αὐτῆς, ὅτι μιᾷ **ὥρᾳ** ἠρημώθη.

6053 ὡραῖος [4]

√ *6052*

Mt 23:27 ὅτι παρομοιάζετε τάφοις κεκονιαμένοις, οἵτινες ἔξωθεν μὲν φαίνονται **ὡραῖοι,**
Ac 3: 2 ὃν ἐτίθουν καθ᾽ ἡμέραν πρὸς τὴν θύραν τοῦ ἱεροῦ τὴν λεγομένην **Ὡραίαν** τοῦ αἰτεῖν ἐλεημοσύνην παρὰ τῶν εἰσπορευομένων εἰς τὸ ἱερόν·
3:10 ἐπεγίνωσκον δὲ αὐτὸν ὅτι αὐτὸς ἦν ὁ πρὸς τὴν ἐλεημοσύνην καθήμενος ἐπὶ τῇ **Ὡραίᾳ** Πύλῃ τοῦ ἱεροῦ καὶ ἐπλήσθησαν θάμβους καὶ ἐκστάσεως ἐπὶ τῷ συμβεβηκότι αὐτῷ.
Ro 10:15 Ὡς **ὡραῖοι** οἱ πόδες τῶν εὐαγγελιζομένων [τὰ] ἀγαθά.

6054 ὠρύομαι [1]

1Pe 5: 8 ὁ ἀντίδικος ὑμῶν διάβολος ὡς λέων **ὠρυόμενος** περιπατεῖ ζητῶν [τινα] καταπιεῖν·

6055 ὡς [504 / 502]

→ *2777, 2778, 6056, 6058, 6059, 6061, 6062, 6063*

ὡς ἄν [5] Ro 15:24; 1Co 11:34; 12:2; 2Co 10:9; Php 2:23

ὡς ἔπος εἰπεῖν [1] Heb 7:9

Mt 1:24 ἐγερθεὶς δὲ ὁ Ἰωσὴφ ἀπὸ τοῦ ὕπνου ἐποίησεν **ὡς** προσέταξεν αὐτῷ ὁ ἄγγελος κυρίου καὶ παρέλαβεν τὴν γυναῖκα αὐτοῦ,
5:48 Ἔσεσθε οὖν ὑμεῖς τέλειοι **ὡς** ὁ πατὴρ ὑμῶν ὁ οὐράνιος τέλειός ἐστιν.
6: 5 Καὶ ὅταν προσεύχησθε, οὐκ ἔσεσθε **ὡς** οἱ ὑποκριταί,
6:10 γενηθήτω τὸ θέλημά σου, **ὡς** ἐν οὐρανῷ καὶ ἐπὶ γῆς·
6:12 καὶ ἄφες ἡμῖν τὰ ὀφειλήματα ἡμῶν, **ὡς** καὶ ἡμεῖς ἀφήκαμεν τοῖς ὀφειλέταις ἡμῶν·
6:16 Ὅταν δὲ νηστεύητε, μὴ γίνεσθε **ὡς** οἱ ὑποκριταὶ σκυθρωποί,
6:29 λέγω δὲ ὑμῖν ὅτι οὐδὲ Σολομὼν ἐν πάσῃ τῇ δόξῃ αὐτοῦ περιεβάλετο **ὡς** ἓν τούτων.
7:29 ἦν γὰρ διδάσκων αὐτοὺς **ὡς** ἐξουσίαν ἔχων καὶ οὐχ **ὡς** οἱ γραμματεῖς αὐτῶν.
8:13 καὶ εἶπεν ὁ Ἰησοῦς τῷ ἑκατοντάρχῃ, Ὕπαγε, **ὡς** ἐπίστευσας γενηθήτω σοι.
10:16 Ἰδοὺ ἐγὼ ἀποστέλλω ὑμᾶς **ὡς** πρόβατα ἐν μέσῳ λύκων· γίνεσθε οὖν φρόνιμοι **ὡς** οἱ ὄφεις καὶ ἀκέραιοι **ὡς** αἱ περιστεραί.
10:25 ἀρκετὸν τῷ μαθητῇ ἵνα γένηται **ὡς** ὁ διδάσκαλος αὐτοῦ καὶ ὁ δοῦλος **ὡς** ὁ κύριος αὐτοῦ.
12:13 καὶ ἐξέτεινεν καὶ ἀπεκατεστάθη ὑγιὴς **ὡς** ἡ ἄλλη.
13:43 Τότε οἱ δίκαιοι ἐκλάμψουσιν **ὡς** ὁ ἥλιος ἐν τῇ βασιλείᾳ τοῦ πατρὸς αὐτῶν.
14: 5 καὶ θέλων αὐτὸν ἀποκτεῖναι ἐφοβήθη τὸν ὄχλον, ὅτι **ὡς** προφήτην αὐτὸν εἶχον.
15:28 μεγάλη σου ἡ πίστις· γενηθήτω σοι **ὡς** θέλεις.
17: 2 καὶ ἔλαμψεν τὸ πρόσωπον αὐτοῦ **ὡς** ὁ ἥλιος, τὰ δὲ ἱμάτια αὐτοῦ ἐγένετο λευκὰ **ὡς** τὸ φῶς.
17:20 ἐὰν ἔχητε πίστιν **ὡς** κόκκον σινάπεως, ἐρεῖτε τῷ ὄρει τούτῳ,
18: 3 ἐὰν μὴ στραφῆτε καὶ γένησθε **ὡς** τὰ παιδία,
18: 4 ὅστις οὖν ταπεινώσει ἑαυτὸν **ὡς** τὸ παιδίον τοῦτο,
18:33 οὐκ ἔδει καὶ σὲ ἐλεῆσαι τὸν σύνδουλόν σου, **ὡς** κἀγὼ σὲ ἠλέησα;
19:19 Τίμα τὸν πατέρα καὶ τὴν μητέρα, καί, Ἀγαπήσεις τὸν πλησίον σου **ὡς** σεαυτόν.
20:14 θέλω δὲ τούτῳ τῷ ἐσχάτῳ δοῦναι **ὡς** καὶ σοί·
21:26 φοβούμεθα τὸν ὄχλον, πάντες γὰρ **ὡς** προφήτην ἔχουσιν τὸν Ἰωάννην.
22:30 ἐν γὰρ τῇ ἀναστάσει οὔτε γαμοῦσιν οὔτε γαμίζονται, ἀλλ᾽ **ὡς** ἄγγελοι ἐν τῷ οὐρανῷ εἰσιν.
22:39 δευτέρα δὲ ὁμοία αὐτῇ, Ἀγαπήσεις τὸν πλησίον σου **ὡς** σεαυτόν.
24:38 **ὡς** γὰρ ἦσαν ἐν ταῖς ἡμέραις [ἐκείναις] ταῖς πρὸ τοῦ κατακλυσμοῦ τρώγοντες καὶ πίνοντες,
26:19 καὶ ἐποίησαν οἱ μαθηταὶ **ὡς** συνέταξεν αὐτοῖς ὁ Ἰησοῦς καὶ ἡτοίμασαν τὸ πάσχα.
26:39 Πάτερ μου, εἰ δυνατόν ἐστιν, παρελθάτω ἀπ᾽ ἐμοῦ τὸ ποτήριον τοῦτο· πλὴν οὐχ **ὡς** ἐγὼ θέλω ἀλλ᾽ **ὡς** σύ.
26:55 **Ὡς** ἐπὶ λῃστὴν ἐξήλθατε μετὰ μαχαιρῶν καὶ ξύλων συλλαβεῖν με;
27:65 ἔφη αὐτοῖς ὁ Πιλᾶτος, Ἔχετε κουστωδίαν· ὑπάγετε ἀσφαλίσασθε **ὡς** οἴδατε.
28: 3 ἦν δὲ ἡ εἰδέα αὐτοῦ **ὡς** ἀστραπὴ καὶ τὸ ἔνδυμα αὐτοῦ λευκὸν **ὡς** χιών.
28: 4 ἀπὸ δὲ τοῦ φόβου αὐτοῦ ἐσείσθησαν οἱ τηροῦντες καὶ ἐγενήθησαν **ὡς** νεκροί.
28:15 οἱ δὲ λαβόντες τὰ ἀργύρια ἐποίησαν **ὡς** ἐδιδάχθησαν.
Mk 1:10 καὶ εὐθὺς ἀναβαίνων ἐκ τοῦ ὕδατος εἶδεν σχιζομένους τοὺς οὐρανοὺς καὶ τὸ πνεῦμα **ὡς** περιστερὰν καταβαῖνον εἰς αὐτόν·
1:22 ἦν γὰρ διδάσκων αὐτοὺς **ὡς** ἐξουσίαν ἔχων καὶ οὐχ **ὡς** οἱ γραμματεῖς.

4:26 Οὕτως ἐστὶν ἡ βασιλεία τοῦ θεοῦ **ὡς** ἄνθρωπος βάλῃ τὸν σπόρον ἐπὶ τῆς γῆς
4:27 καὶ ὁ σπόρος βλαστᾷ καὶ μηκύνηται **ὡς** οὐκ οἶδεν αὐτός.
4:31 **ὡς** κόκκῳ σινάπεως, ὃς ὅταν σπαρῇ ἐπὶ τῆς γῆς,
4:36 καὶ ἀφέντες τὸν ὄχλον παραλαμβάνουσιν αὐτὸν **ὡς** ἦν ἐν τῷ πλοίῳ,
5:13 καὶ ὥρμησεν ἡ ἀγέλη κατὰ τοῦ κρημνοῦ εἰς τὴν θάλασσαν, **ὡς** δισχίλιοι, καὶ ἐπνίγοντο ἐν τῇ θαλάσσῃ.
6:15 ἄλλοι δὲ ἔλεγον ὅτι προφήτης **ὡς** εἷς τῶν προφητῶν.
6:34 ὅτι ἦσαν **ὡς** πρόβατα μὴ ἔχοντα ποιμένα, καὶ ἤρξατο διδάσκειν αὐτοὺς πολλά.
7: 6 **ὡς** γέγραπται [ὅτι] Οὗτος ὁ λαὸς τοῖς χείλεσίν με τιμᾷ,
8: 9 ἦσαν δὲ **ὡς** τετρακισχίλιοι. καὶ ἀπέλυσεν αὐτούς.
8:24 Βλέπω τοὺς ἀνθρώπους ὅτι **ὡς** δένδρα ὁρῶ περιπατοῦντας.
9:21 καὶ ἐπηρώτησεν τὸν πατέρα αὐτοῦ, Πόσος χρόνος ἐστὶν **ὡς** τοῦτο γέγονεν αὐτῷ;
10: 1 καὶ συμπορεύονται πάλιν ὄχλοι πρὸς αὐτόν, καὶ **ὡς** εἰώθει πάλιν ἐδίδασκεν αὐτούς.
10:15 ὃς ἂν μὴ δέξηται τὴν βασιλείαν τοῦ θεοῦ **ὡς** παιδίον,
12:25 ὅταν γὰρ ἐκ νεκρῶν ἀναστῶσιν οὔτε γαμοῦσιν οὔτε γαμίζονται, ἀλλ᾽ εἰσὶν **ὡς** ἄγγελοι ἐν τοῖς οὐρανοῖς.
12:31 δευτέρα αὕτη, Ἀγαπήσεις τὸν πλησίον σου **ὡς** σεαυτόν.
12:33 καὶ τὸ ἀγαπᾶν τὸν πλησίον **ὡς** ἑαυτὸν περισσότερόν ἐστιν πάντων τῶν ὁλοκαυτωμάτων καὶ θυσιῶν.
13:34 **ὡς** ἄνθρωπος ἀπόδημος ἀφεὶς τὴν οἰκίαν αὐτοῦ καὶ δοὺς τοῖς δούλοις αὐτοῦ τὴν ἐξουσίαν ἑκάστῳ τὸ ἔργον αὐτοῦ
14:48 **Ὡς** ἐπὶ λῃστὴν ἐξήλθατε μετὰ μαχαιρῶν καὶ ξύλων συλλαβεῖν με;
14:72 καὶ ἀνεμνήσθη ὁ Πέτρος τὸ ῥῆμα **ὡς** εἶπεν αὐτῷ ὁ Ἰησοῦς ὅτι Πρὶν ἀλέκτορα φωνῆσαι δὶς τρίς με ἀπαρνήσῃ·

Lk 1:23 καὶ ἐγένετο **ὡς** ἐπλήσθησαν αἱ ἡμέραι τῆς λειτουργίας αὐτοῦ,
1:41 καὶ ἐγένετο **ὡς** ἤκουσεν τὸν ἀσπασμὸν τῆς Μαρίας ἡ Ἐλισάβετ,
1:44 ἰδοὺ γὰρ **ὡς** ἐγένετο ἡ φωνὴ τοῦ ἀσπασμοῦ σου εἰς τὰ ὦτά μου,
1:56 Ἔμεινεν δὲ Μαριὰμ σὺν αὐτῇ **ὡς** μῆνας τρεῖς,
2:15 Καὶ ἐγένετο **ὡς** ἀπῆλθον ἀπ᾽ αὐτῶν εἰς τὸν οὐρανὸν οἱ ἄγγελοι,
2:39 Καὶ **ὡς** ἐτέλεσαν πάντα τὰ κατὰ τὸν νόμον κυρίου,
3: 4 **ὡς** γέγραπται ἐν βίβλῳ λόγων Ἠσαΐου τοῦ προφήτου,
3:22 καὶ καταβῆναι τὸ πνεῦμα τὸ ἅγιον σωματικῷ εἴδει **ὡς** περιστερὰν ἐπ᾽ αὐτόν,
3:23 Καὶ αὐτὸς ἦν Ἰησοῦς ἀρχόμενος ὡσεὶ ἐτῶν τριάκοντα, ὢν υἱός, **ὡς** ἐνομίζετο, Ἰωσὴφ τοῦ Ἠλὶ
4:25 **ὡς** ἐγένετο λιμὸς μέγας ἐπὶ πᾶσαν τὴν γῆν,
5: 4 **ὡς** δὲ ἐπαύσατο λαλῶν, εἶπεν πρὸς τὸν Σίμωνα,
6: 4 [**ὡς**][NIV-] εἰσῆλθεν εἰς τὸν οἶκον τοῦ θεοῦ καὶ τοὺς ἄρτους τῆς προθέσεως λαβὼν ἔφαγεν καὶ ἔδωκεν τοῖς μετ᾽ αὐτοῦ,
6:22 μακάριοί ἐστε ὅταν μισήσωσιν ὑμᾶς οἱ ἄνθρωποι καὶ ὅταν ἀφορίσωσιν ὑμᾶς καὶ ὀνειδίσωσιν καὶ ἐκβάλωσιν τὸ ὄνομα ὑμῶν **ὡς** πονηρὸν ἕνεκα τοῦ υἱοῦ τοῦ ἀνθρώπου·
6:40 κατηρτισμένος δὲ πᾶς ἔσται **ὡς** ὁ διδάσκαλος αὐτοῦ.
7:12 **ὡς** δὲ ἤγγισεν τῇ πύλῃ τῆς πόλεως, καὶ ἰδοὺ ἐξεκομίζετο τεθνηκὼς μονογενὴς υἱὸς τῇ μητρὶ αὐτοῦ καὶ αὐτὴ ἦν χήρα,
8:42 ὅτι θυγάτηρ μονογενὴς ἦν αὐτῷ **ὡς** ἐτῶν δώδεκα καὶ αὐτὴ ἀπέθνῃσκεν.
8:47 ἦλθεν καὶ προσπεσοῦσα αὐτῷ δι᾽ ἣν αἰτίαν ἥψατο αὐτοῦ ἀπήγγειλεν ἐνώπιον παντὸς τοῦ λαοῦ καὶ **ὡς** ἰάθη παραχρῆμα.
9:52 καὶ πορευθέντες εἰσῆλθον εἰς κώμην Σαμαριτῶν **ὡς** ἑτοιμάσαι αὐτῷ·
10: 3 ἰδοὺ ἀποστέλλω ὑμᾶς **ὡς** ἄρνας ἐν μέσῳ λύκων.
10:18 Ἐθεώρουν τὸν Σατανᾶν **ὡς** ἀστραπὴν ἐκ τοῦ οὐρανοῦ πεσόντα.
10:27 Ἀγαπήσεις κύριον τὸν θεόν σου ἐξ ὅλης [τῆς] καρδίας σου καὶ ἐν ὅλῃ τῇ ψυχῇ σου καὶ ἐν ὅλῃ τῇ ἰσχύϊ σου καὶ ἐν ὅλῃ τῇ διανοίᾳ σου, καὶ τὸν πλησίον σου **ὡς** σεαυτόν.
11: 1 **ὡς** ἐπαύσατο, εἶπέν τις τῶν μαθητῶν αὐτοῦ πρὸς αὐτόν,
11:36 ἔσται φωτεινὸν ὅλον **ὡς** ὅταν ὁ λύχνος τῇ ἀστραπῇ φωτίζῃ σε.
11:44 οὐαὶ ὑμῖν, ὅτι ἐστὲ **ὡς** τὰ μνημεῖα τὰ ἄδηλα,
12:27 οὐδὲ Σολομὼν ἐν πάσῃ τῇ δόξῃ αὐτοῦ περιεβάλετο **ὡς** ἓν τούτων.
12:58 **ὡς** γὰρ ὑπάγεις μετὰ τοῦ ἀντιδίκου σου ἐπ᾽ ἄρχοντα,
15:19 οὐκέτι εἰμὶ ἄξιος κληθῆναι υἱός σου· ποίησόν με **ὡς** ἕνα τῶν μισθίων σου.
15:25 καὶ **ὡς** ἐρχόμενος ἤγγισεν τῇ οἰκίᾳ, ἤκουσεν συμφωνίας καὶ χορῶν,
16: 1 καὶ οὗτος διεβλήθη αὐτῷ **ὡς** διασκορπίζων τὰ ὑπάρχοντα αὐτοῦ.
17: 6 εἶπεν δὲ ὁ κύριος, Εἰ ἔχετε πίστιν **ὡς** κόκκον σινάπεως,
18:11 ἄδικοι, μοιχοί, ἢ καὶ **ὡς** οὗτος ὁ τελώνης·
18:17 ὃς ἂν μὴ δέξηται τὴν βασιλείαν τοῦ θεοῦ **ὡς** παιδίον,
19: 5 καὶ **ὡς** ἦλθεν ἐπὶ τὸν τόπον, ἀναβλέψας ὁ Ἰησοῦς εἶπεν πρὸς αὐτόν,
19:29 Καὶ ἐγένετο **ὡς** ἤγγισεν εἰς Βηθφαγὴ καὶ Βηθανία[ν] πρὸς τὸ ὄρος τὸ καλούμενον Ἐλαιῶν,
19:41 Καὶ **ὡς** ἤγγισεν ἰδὼν τὴν πόλιν ἔκλαυσεν ἐπ᾽ αὐτήν
20:37 **ὡς** λέγει κύριον τὸν θεὸν Ἀβραὰμ καὶ θεὸν Ἰσαὰκ καὶ θεὸν Ἰακώβ.
21:35 **ὡς** παγίς· ἐπεισελεύσεται γὰρ ἐπὶ πάντας τοὺς καθημένους ἐπὶ πρόσωπον πάσης τῆς γῆς.
22:26 ἀλλ᾽ ὁ μείζων ἐν ὑμῖν γινέσθω **ὡς** ὁ νεώτερος καὶ ὁ ἡγούμενος **ὡς** ὁ διακονῶν.
22:27 ἐγὼ δὲ ἐν μέσῳ ὑμῶν εἰμι **ὡς** ὁ διακονῶν.
22:31 ἰδοὺ ὁ Σατανᾶς ἐξῃτήσατο ὑμᾶς τοῦ σινιάσαι **ὡς** τὸν σῖτον·
22:52 **Ὡς** ἐπὶ λῃστὴν ἐξήλθατε μετὰ μαχαιρῶν καὶ ξύλων;
22:61 καὶ ὑπεμνήσθη ὁ Πέτρος τοῦ ῥήματος τοῦ κυρίου **ὡς** εἶπεν αὐτῷ ὅτι Πρὶν ἀλέκτορα φωνῆσαι σήμερον ἀπαρνήσῃ με τρίς.
22:66 Καὶ **ὡς** ἐγένετο ἡμέρα, συνήχθη τὸ πρεσβυτέριον τοῦ λαοῦ,
23:14 Προσηνέγκατέ μοι τὸν ἄνθρωπον τοῦτον **ὡς** ἀποστρέφοντα τὸν λαόν,
23:26 Καὶ **ὡς** ἀπήγαγον αὐτόν, ἐπιλαβόμενοι Σίμωνά τινα Κυρηναῖον ἐρχόμενον ἀπ᾽ ἀγροῦ ἐπέθηκαν αὐτῷ τὸν σταυρὸν φέρειν
23:55 ἐθεάσαντο τὸ μνημεῖον καὶ **ὡς** ἐτέθη τὸ σῶμα αὐτοῦ,
24: 6 μνήσθητε **ὡς** ἐλάλησεν ὑμῖν ἔτι ὢν ἐν τῇ Γαλιλαίᾳ
24:32 Οὐχὶ ἡ καρδία ἡμῶν καιομένη ἦν [ἐν ἡμῖν] **ὡς** ἐλάλει ἡμῖν ἐν τῇ ὁδῷ, **ὡς** διήνοιγεν ἡμῖν τὰς γραφάς;
24:35 καὶ αὐτοὶ ἐξηγοῦντο τὰ ἐν τῇ ὁδῷ καὶ **ὡς** ἐγνώσθη αὐτοῖς ἐν τῇ κλάσει τοῦ ἄρτου.

Jn 1:14 δόξαν **ὡς** μονογενοῦς παρὰ πατρός, πλήρης χάριτος καὶ ἀληθείας.
1:32 Καὶ ἐμαρτύρησεν Ἰωάννης λέγων ὅτι Τεθέαμαι τὸ πνεῦμα καταβαῖνον **ὡς** περιστερὰν ἐξ οὐρανοῦ καὶ ἔμεινεν ἐπ᾽ αὐτόν.
1:39 ἦλθαν οὖν καὶ εἶδαν ποῦ μένει καὶ παρ᾽ αὐτῷ ἔμειναν τὴν ἡμέραν ἐκείνην· ὥρα ἦν **ὡς** δεκάτη.
2: 9 **ὡς** δὲ ἐγεύσατο ὁ ἀρχιτρίκλινος τὸ ὕδωρ οἶνον γεγενημένον καὶ οὐκ ᾔδει πόθεν ἐστίν,
2:23 **Ὡς** δὲ ἦν ἐν τοῖς Ἱεροσολύμοις ἐν τῷ πάσχα ἐν τῇ ἑορτῇ,
4: 1 **Ὡς** οὖν ἔγνω ὁ Ἰησοῦς ὅτι ἤκουσαν οἱ Φαρισαῖοι ὅτι Ἰησοῦς πλείονας μαθητὰς ποιεῖ καὶ βαπτίζει ἢ Ἰωάννης
4: 6 ὁ οὖν Ἰησοῦς κεκοπιακὼς ἐκ τῆς ὁδοιπορίας ἐκαθέζετο οὕτως ἐπὶ τῇ πηγῇ· ὥρα ἦν **ὡς** ἕκτη.
4:40 **ὡς** οὖν ἦλθον πρὸς αὐτὸν οἱ Σαμαρῖται, ἠρώτων αὐτὸν μεῖναι παρ᾽ αὐτοῖς·
6:10 ἀνέπεσαν οὖν οἱ ἄνδρες τὸν ἀριθμὸν **ὡς** πεντακισχίλιοι.
6:12 **ὡς** δὲ ἐνεπλήσθησαν, λέγει τοῖς μαθηταῖς αὐτοῦ, Συναγάγετε τὰ περισσεύσαντα κλάσματα,
6:16 **Ὡς** δὲ ὀψία ἐγένετο κατέβησαν οἱ μαθηταὶ αὐτοῦ ἐπὶ τὴν θάλασσαν
6:19 ἐληλακότες οὖν **ὡς** σταδίους εἴκοσι πέντε ἢ τριάκοντα θεωροῦσιν τὸν Ἰησοῦν περιπατοῦντα ἐπὶ τῆς θαλάσσης
7:10 **Ὡς** δὲ ἀνέβησαν οἱ ἀδελφοὶ αὐτοῦ εἰς τὴν ἑορτήν, τότε καὶ αὐτὸς ἀνέβη οὐ φανερῶς ἀλλὰ [**ὡς**] ἐν κρυπτῷ.
8: 7 [[**ὡς** δὲ ἐπέμενον ἐρωτῶντες αὐτόν, ἀνέκυψεν καὶ εἶπεν αὐτοῖς,]]
11: 6 **ὡς** οὖν ἤκουσεν ὅτι ἀσθενεῖ, τότε μὲν ἔμεινεν ἐν ᾧ ἦν τόπῳ δύο ἡμέρας,
11:18 ἦν δὲ ἡ Βηθανία ἐγγὺς τῶν Ἱεροσολύμων **ὡς** ἀπὸ σταδίων δεκαπέντε.
11:20 ἡ οὖν Μάρθα **ὡς** ἤκουσεν ὅτι Ἰησοῦς ἔρχεται ὑπήντησεν αὐτῷ·
11:29 ἐκείνη δὲ **ὡς** ἤκουσεν ἠγέρθη ταχὺ καὶ ἤρχετο πρὸς αὐτόν.
11:32 ἡ οὖν Μαριὰμ **ὡς** ἦλθεν ὅπου ἦν Ἰησοῦς ἰδοῦσα αὐτὸν ἔπεσεν αὐτοῦ πρὸς τοὺς πόδας λέγουσα αὐτῷ,
11:33 Ἰησοῦς οὖν **ὡς** εἶδεν αὐτὴν κλαίουσαν καὶ τοὺς συνελθόντας αὐτῇ Ἰουδαίους κλαίοντας,
12:35 περιπατεῖτε **ὡς** τὸ φῶς ἔχετε, ἵνα μὴ σκοτία ὑμᾶς καταλάβῃ·
12:36 **ὡς** τὸ φῶς ἔχετε, πιστεύετε εἰς τὸ φῶς,
15: 6 ἐβλήθη ἔξω **ὡς** τὸ κλῆμα καὶ ἐξηράνθη καὶ συνάγουσιν αὐτὰ καὶ εἰς τὸ πῦρ βάλλουσιν καὶ καίεται.
18: 6 **ὡς** οὖν εἶπεν αὐτοῖς, Ἐγώ εἰμι, ἀπῆλθον εἰς τὰ ὀπίσω καὶ ἔπεσαν χαμαί.
19:14 ἦν δὲ παρασκευὴ τοῦ πάσχα, ὥρα ἦν **ὡς** ἕκτη.
19:33 **ὡς** εἶδον ἤδη αὐτὸν τεθνηκότα, οὐ κατέαξαν αὐτοῦ τὰ σκέλη,
19:39 φέρων μίγμα σμύρνης καὶ ἀλόης **ὡς** λίτρας ἑκατόν.
20:11 Μαρία δὲ εἱστήκει πρὸς τῷ μνημείῳ ἔξω κλαίουσα. **ὡς** οὖν ἔκλαιεν, παρέκυψεν εἰς τὸ μνημεῖον

21: 8 οὐ γὰρ ἦσαν μακρὰν ἀπὸ τῆς γῆς ἀλλὰ **ὡς** ἀπὸ πηχῶν διακοσίων,
21: 9 **ὡς** οὖν ἀπέβησαν εἰς τὴν γῆν βλέπουσιν ἀνθρακιὰν κειμένην καὶ ὀψάριον ἐπικείμενον καὶ ἄρτον.
Ac 1:10 καὶ **ὡς** ἀτενίζοντες ἦσαν εἰς τὸν οὐρανὸν πορευομένου αὐτοῦ,
2:15 οὐ γὰρ **ὡς** ὑμεῖς ὑπολαμβάνετε οὗτοι μεθύουσιν, ἔστιν γὰρ ὥρα τρίτη τῆς ἡμέρας,
3:12 τί θαυμάζετε ἐπὶ τούτῳ ἢ ἡμῖν τί ἀτενίζετε **ὡς** ἰδίᾳ δυνάμει ἢ εὐσεβείᾳ πεποιηκόσιν τοῦ περιπατεῖν αὐτόν;
3:22 Μωϋσῆς μὲν εἶπεν ὅτι Προφήτην ὑμῖν ἀναστήσει κύριος ὁ θεὸς ὑμῶν ἐκ τῶν ἀδελφῶν ὑμῶν **ὡς** ἐμέ·
4: 4 καὶ ἐγενήθη [ὁ] ἀριθμὸς τῶν ἀνδρῶν [**ὡς**] χιλιάδες πέντε.
5: 7 Ἐγένετο δὲ **ὡς** ὡρῶν τριῶν διάστημα καὶ ἡ γυνὴ αὐτοῦ μὴ εἰδυῖα τὸ γεγονὸς εἰσῆλθεν.
5:24 **ὡς** δὲ ἤκουσαν τοὺς λόγους τούτους ὅ τε στρατηγὸς τοῦ ἱεροῦ καὶ οἱ ἀρχιερεῖς,
5:36 πρὸ γὰρ τούτων τῶν ἡμερῶν ἀνέστη Θευδᾶς λέγων εἶναί τινα ἑαυτόν, ᾧ προσεκλίθη ἀνδρῶν ἀριθμὸς **ὡς** τετρακοσίων·
7:23 **Ὡς** δὲ ἐπληροῦτο αὐτῷ τεσσερακονταετὴς χρόνος, ἀνέβη ἐπὶ τὴν καρδίαν αὐτοῦ ἐπισκέψασθαι τοὺς ἀδελφοὺς αὐτοῦ τοὺς υἱοὺς Ἰσραήλ.
7:37 Προφήτην ὑμῖν ἀναστήσει ὁ θεὸς ἐκ τῶν ἀδελφῶν ὑμῶν **ὡς** ἐμέ.
7:51 ὑμεῖς ἀεὶ τῷ πνεύματι τῷ ἁγίῳ ἀντιπίπτετε **ὡς** οἱ πατέρες ὑμῶν καὶ ὑμεῖς.
8:32 **Ὡς** πρόβατον ἐπὶ σφαγὴν ἤχθη καὶ **ὡς** ἀμνὸς ἐναντίον τοῦ κείραντος αὐτὸν ἄφωνος,
8:36 **ὡς** δὲ ἐπορεύοντο κατὰ τὴν ὁδόν, ἦλθον ἐπί τι ὕδωρ,
9:18 καὶ εὐθέως ἀπέπεσαν αὐτοῦ ἀπὸ τῶν ὀφθαλμῶν **ὡς** λεπίδες,
9:23 **Ὡς** δὲ ἐπληροῦντο ἡμέραι ἱκαναί, συνεβουλεύσαντο οἱ Ἰουδαῖοι ἀνελεῖν αὐτόν·
10: 7 **ὡς** δὲ ἀπῆλθεν ὁ ἄγγελος ὁ λαλῶν αὐτῷ,
10:11 καὶ θεωρεῖ τὸν οὐρανὸν ἀνεῳγμένον καὶ καταβαῖνον σκεῦός τι **ὡς** ὀθόνην μεγάλην τέσσαρσιν ἀρχαῖς καθιέμενον ἐπὶ τῆς γῆς,
10:17 **Ὡς** δὲ ἐν ἑαυτῷ διηπόρει ὁ Πέτρος τί ἂν εἴη τὸ ὅραμα ὃ εἶδεν,
10:25 **ὡς** δὲ ἐγένετο τοῦ εἰσελθεῖν τὸν Πέτρον, συναντήσας αὐτῷ ὁ Κορνήλιος πεσὼν ἐπὶ τοὺς πόδας προσεκύνησεν.
10:28 Ὑμεῖς ἐπίστασθε **ὡς** ἀθέμιτόν ἐστιν ἀνδρὶ Ἰουδαίῳ κολλᾶσθαι ἢ προσέρχεσθαι ἀλλοφύλῳ·
10:38 **ὡς** ἔχρισεν αὐτὸν ὁ θεὸς πνεύματι ἁγίῳ καὶ δυνάμει,
10:47 οἵτινες τὸ πνεῦμα τὸ ἅγιον ἔλαβον **ὡς** καὶ ἡμεῖς;
11: 5 καταβαῖνον σκεῦός τι **ὡς** ὀθόνην μεγάλην τέσσαρσιν ἀρχαῖς καθιεμένην ἐκ τοῦ οὐρανοῦ,
11:16 ἐμνήσθην δὲ τοῦ ῥήματος τοῦ κυρίου **ὡς** ἔλεγεν,
11:17 εἰ οὖν τὴν ἴσην δωρεὰν ἔδωκεν αὐτοῖς ὁ θεὸς **ὡς** καὶ ἡμῖν πιστεύσασιν ἐπὶ τὸν κύριον Ἰησοῦν Χριστόν,
13:18 καὶ **ὡς** τεσσερακονταετῆ χρόνον ἐτροποφόρησεν αὐτοὺς ἐν τῇ ἐρήμῳ
13:20 **ὡς** ἔτεσιν τετρακοσίοις καὶ πεντήκοντα. καὶ μετὰ ταῦτα ἔδωκεν κριτὰς ἕως Σαμουὴλ [τοῦ] προφήτου.
13:25 **ὡς** δὲ ἐπλήρου Ἰωάννης τὸν δρόμον, ἔλεγεν, Τί ἐμὲ ὑπονοεῖτε εἶναι;
13:29 **ὡς** δὲ ἐτέλεσαν πάντα τὰ περὶ αὐτοῦ γεγραμμένα,
13:33 ὅτι ταύτην ὁ θεὸς ἐκπεπλήρωκεν τοῖς τέκνοις [αὐτῶν] ἡμῖν ἀναστήσας Ἰησοῦν **ὡς** καὶ ἐν τῷ ψαλμῷ γέγραπται τῷ δευτέρῳ,
14: 5 **ὡς** δὲ ἐγένετο ὁρμὴ τῶν ἐθνῶν τε καὶ Ἰουδαίων σὺν τοῖς ἄρχουσιν αὐτῶν ὑβρίσαι καὶ λιθοβολῆσαι αὐτούς,
16: 4 **ὡς** δὲ διεπορεύοντο τὰς πόλεις, παρεδίδοσαν αὐτοῖς φυλάσσειν τὰ δόγματα τὰ κεκριμένα ὑπὸ τῶν ἀποστόλων καὶ πρεσβυτέρων
16:10 **ὡς** δὲ τὸ ὅραμα εἶδεν, εὐθέως ἐζητήσαμεν ἐξελθεῖν εἰς Μακεδονίαν συμβιβάζοντες ὅτι προσκέκληται ἡμᾶς ὁ θεὸς εὐαγγελίσασθαι αὐτούς.
16:15 **ὡς** δὲ ἐβαπτίσθη καὶ ὁ οἶκος αὐτῆς, παρεκάλεσεν λέγουσα,
17:13 **Ὡς** δὲ ἔγνωσαν οἱ ἀπὸ τῆς Θεσσαλονίκης Ἰουδαῖοι ὅτι καὶ ἐν τῇ Βεροίᾳ κατηγγέλη ὑπὸ τοῦ Παύλου ὁ λόγος τοῦ θεοῦ,
17:15 καὶ λαβόντες ἐντολὴν πρὸς τὸν Σιλᾶν καὶ τὸν Τιμόθεον ἵνα **ὡς** τάχιστα ἔλθωσιν πρὸς αὐτὸν ἐξῄεσαν.
17:22 Ἄνδρες Ἀθηναῖοι, κατὰ πάντα **ὡς** δεισιδαιμονεστέρους ὑμᾶς θεωρῶ.
17:28 **ὡς** καί τινες τῶν καθ' ὑμᾶς ποιητῶν εἰρήκασιν,
18: 5 **Ὡς** δὲ κατῆλθον ἀπὸ τῆς Μακεδονίας ὅ τε Σιλᾶς καὶ ὁ Τιμόθεος,
19: 9 **ὡς** δέ τινες ἐσκληρύνοντο καὶ ἠπείθουν κακολογοῦντες τὴν ὁδὸν ἐνώπιον τοῦ πλήθους,
19:21 **Ὡς** δὲ ἐπληρώθη ταῦτα, ἔθετο ὁ Παῦλος ἐν τῷ πνεύματι διελθὼν τὴν Μακεδονίαν καὶ Ἀχαΐαν
19:34 φωνὴ ἐγένετο μία ἐκ πάντων **ὡς** ἐπὶ ὥρας δύο κραζόντων,
20:14 **ὡς** δὲ συνέβαλλεν ἡμῖν εἰς τὴν Ἆσσον, ἀναλαβόντες αὐτὸν ἤλθομεν εἰς Μιτυλήνην,
20:18 **ὡς** δὲ παρεγένοντο πρὸς αὐτὸν εἶπεν αὐτοῖς, Ὑμεῖς ἐπίστασθε,
20:20 **ὡς** οὐδὲν ὑπεστειλάμην τῶν συμφερόντων τοῦ μὴ ἀναγγεῖλαι ὑμῖν καὶ διδάξαι ὑμᾶς δημοσίᾳ καὶ κατ' οἴκους,
20:24 ἀλλ' οὐδενὸς λόγου ποιοῦμαι τὴν ψυχὴν τιμίαν ἐμαυτῷ **ὡς** τελειῶσαι τὸν δρόμον μου καὶ τὴν διακονίαν
21: 1 **Ὡς** δὲ ἐγένετο ἀναχθῆναι ἡμᾶς ἀποσπασθέντας ἀπ' αὐτῶν,
21:12 **ὡς** δὲ ἠκούσαμεν ταῦτα, παρεκαλοῦμεν ἡμεῖς τε καὶ οἱ ἐντόπιοι τοῦ μὴ ἀναβαίνειν αὐτὸν εἰς Ἰερουσαλήμ.
21:27 **Ὡς** δὲ ἔμελλον αἱ ἑπτὰ ἡμέραι συντελεῖσθαι, οἱ ἀπὸ τῆς Ἀσίας Ἰουδαῖοι θεασάμενοι αὐτὸν ἐν τῷ ἱερῷ συνέχεον πάντα
22: 5 **ὡς** καὶ ὁ ἀρχιερεὺς μαρτυρεῖ μοι καὶ πᾶν τὸ πρεσβυτέριον,
22:11 **ὡς** δὲ οὐκ ἐνέβλεπον ἀπὸ τῆς δόξης τοῦ φωτὸς ἐκείνου,
22:25 **ὡς** δὲ προέτειναν αὐτὸν τοῖς ἱμᾶσιν, εἶπεν πρὸς τὸν ἑστῶτα ἑκατόνταρχον ὁ Παῦλος,
23:11 **ὡς** γὰρ διεμαρτύρω τὰ περὶ ἐμοῦ εἰς Ἰερουσαλήμ,
23:15 νῦν οὖν ὑμεῖς ἐμφανίσατε τῷ χιλιάρχῳ σὺν τῷ συνεδρίῳ ὅπως καταγάγῃ αὐτὸν εἰς ὑμᾶς **ὡς** μέλλοντας διαγινώσκειν ἀκριβέστερον τὰ περὶ αὐτοῦ·
23:20 εἶπεν δὲ ὅτι Οἱ Ἰουδαῖοι συνέθεντο τοῦ ἐρωτῆσαί σε ὅπως αὔριον τὸν Παῦλον καταγάγῃς εἰς τὸ συνέδριον **ὡς** μέλλον τι ἀκριβέστερον πυνθάνεσθαι περὶ αὐτοῦ.
25:10 Ἰουδαίους οὐδὲν ἠδίκησα **ὡς** καὶ σὺ κάλλιον ἐπιγινώσκεις.
25:14 **ὡς** δὲ πλείους ἡμέρας διέτριβον ἐκεῖ, ὁ Φῆστος τῷ βασιλεῖ ἀνέθετο τὰ κατὰ τὸν Παῦλον λέγων,
27: 1 **Ὡς** δὲ ἐκρίθη τοῦ ἀποπλεῖν ἡμᾶς εἰς τὴν Ἰταλίαν,
27:27 **Ὡς** δὲ τεσσαρεσκαιδεκάτη νὺξ ἐγένετο διαφερομένων ἡμῶν ἐν τῷ Ἀδρίᾳ,
27:30 καὶ χαλασάντων τὴν σκάφην εἰς τὴν θάλασσαν προφάσει **ὡς** ἐκ πρῴρης ἀγκύρας μελλόντων ἐκτείνειν,
28: 4 **ὡς** δὲ εἶδον οἱ βάρβαροι κρεμάμενον τὸ θηρίον ἐκ τῆς χειρὸς αὐτοῦ,
28:19 ἀντιλεγόντων δὲ τῶν Ἰουδαίων ἠναγκάσθην ἐπικαλέσασθαι Καίσαρα οὐχ **ὡς** τοῦ ἔθνους μου ἔχων τι κατηγορεῖν.
Ro 1: 9 ᾧ λατρεύω ἐν τῷ πνεύματί μου ἐν τῷ εὐαγγελίῳ τοῦ υἱοῦ αὐτοῦ, **ὡς** ἀδιαλείπτως μνείαν ὑμῶν ποιοῦμαι
1:21 διότι γνόντες τὸν θεὸν οὐχ **ὡς** θεὸν ἐδόξασαν ἢ ηὐχαρίστησαν,
3: 7 εἰ δὲ ἡ ἀλήθεια τοῦ θεοῦ ἐν τῷ ἐμῷ ψεύσματι ἐπερίσσευσεν εἰς τὴν δόξαν αὐτοῦ, τί ἔτι κἀγὼ **ὡς** ἁμαρτωλὸς κρίνομαι;
4:17 κατέναντι οὗ ἐπίστευσεν θεοῦ τοῦ ζῳοποιοῦντος τοὺς νεκροὺς καὶ καλοῦντος τὰ μὴ ὄντα **ὡς** ὄντα·
5:15 Ἀλλ' οὐχ **ὡς** τὸ παράπτωμα, οὕτως καὶ τὸ χάρισμα·
5:16 καὶ οὐχ **ὡς** δι' ἑνὸς ἁμαρτήσαντος τὸ δώρημα·
5:18 Ἄρα οὖν **ὡς** δι' ἑνὸς παραπτώματος εἰς πάντας ἀνθρώπους εἰς κατάκριμα,
8:36 καθὼς γέγραπται ὅτι Ἕνεκεν σοῦ θανατούμεθα ὅλην τὴν ἡμέραν, ἐλογίσθημεν **ὡς** πρόβατα σφαγῆς.
9:25 **ὡς** καὶ ἐν τῷ Ὡσηὲ λέγει, Καλέσω τὸν οὐ λαόν μου λαόν μου καὶ τὴν οὐκ ἠγαπημένην ἠγαπημένην·
9:27 Ἐὰν ᾖ ὁ ἀριθμὸς τῶν υἱῶν Ἰσραὴλ **ὡς** ἡ ἄμμος τῆς θαλάσσης,
9:29 **ὡς** Σόδομα ἂν ἐγενήθημεν καὶ **ὡς** Γόμορρα ἂν ὡμοιώθημεν.
9:32 ὅτι οὐκ ἐκ πίστεως ἀλλ' **ὡς** ἐξ ἔργων·
10:15 **Ὡς** ὡραῖοι οἱ πόδες τῶν εὐαγγελιζομένων [τὰ] ἀγαθά.
11: 2 ἢ οὐκ οἴδατε ἐν Ἠλίᾳ τί λέγει ἡ γραφή, **ὡς** ἐντυγχάνει τῷ θεῷ κατὰ τοῦ Ἰσραήλ;
11:33 **ὡς** ἀνεξεραύνητα τὰ κρίματα αὐτοῦ καὶ ἀνεξιχνίαστοι αἱ ὁδοὶ αὐτοῦ.
12: 3 Λέγω γὰρ διὰ τῆς χάριτος τῆς δοθείσης μοι παντὶ τῷ ὄντι ἐν ὑμῖν μὴ ὑπερφρονεῖν παρ' ὃ δεῖ φρονεῖν ἀλλὰ φρονεῖν εἰς τὸ σωφρονεῖν, ἑκάστῳ **ὡς** ὁ θεὸς ἐμέρισεν μέτρον πίστεως.
13: 9 ἐν τῷ λόγῳ τούτῳ ἀνακεφαλαιοῦται [ἐν τῷ] Ἀγαπήσεις τὸν πλησίον σου **ὡς** σεαυτόν.
13:13 **ὡς** ἐν ἡμέρᾳ εὐσχημόνως περιπατήσωμεν, μὴ κώμοις καὶ μέθαις,
15:15 τολμηρότερον δὲ ἔγραψα ὑμῖν ἀπὸ μέρους **ὡς** ἐπαναμιμνῄσκων ὑμᾶς διὰ τὴν χάριν τὴν δοθεῖσάν μοι ὑπὸ τοῦ θεοῦ
15:24 **ὡς** ἂν πορεύωμαι εἰς τὴν Σπανίαν· ἐλπίζω γὰρ διαπορευόμενος θεάσασθαι ὑμᾶς καὶ ὑφ' ὑμῶν προπεμφθῆναι ἐκεῖ ἐὰν ὑμῶν πρῶτον ἀπὸ μέρους ἐμπλησθῶ.
1Co 3: 1 οὐκ ἠδυνήθην λαλῆσαι ὑμῖν **ὡς** πνευματικοῖς ἀλλ' **ὡς** σαρκίνοις, **ὡς** νηπίοις ἐν Χριστῷ.
3: 5 διάκονοι δι' ὧν ἐπιστεύσατε, καὶ ἑκάστῳ **ὡς** ὁ κύριος ἔδωκεν.
3:10 Κατὰ τὴν χάριν τοῦ θεοῦ τὴν δοθεῖσάν μοι **ὡς** σοφὸς ἀρχιτέκτων θεμέλιον ἔθηκα,
3:15 αὐτὸς δὲ σωθήσεται, οὕτως δὲ **ὡς** διὰ πυρός.

4: 1 Οὕτως ἡμᾶς λογιζέσθω ἄνθρωπος **ὡς** ὑπηρέτας Χριστοῦ καὶ οἰκονόμους μυστηρίων θεοῦ.
4: 7 εἰ δὲ καὶ ἔλαβες, τί καυχᾶσαι **ὡς** μὴ λαβών;
4: 9 ὁ θεὸς ἡμᾶς τοὺς ἀποστόλους ἐσχάτους ἀπέδειξεν **ὡς** ἐπιθανατίους,
4: 13 **ὡς** περικαθάρματα τοῦ κόσμου ἐγενήθημεν, πάντων περίψημα ἕως ἄρτι.
4: 14 Οὐκ ἐντρέπων ὑμᾶς γράφω ταῦτα ἀλλ' **ὡς** τέκνα μου ἀγαπητὰ νουθετῶ[ν].
4: 18 **ὡς** μὴ ἐρχομένου δέ μου πρὸς ὑμᾶς ἐφυσιώθησάν τινες·
5: 3 ἤδη κέκρικα **ὡς** παρὼν τὸν οὕτως τοῦτο κατεργασάμενον·
7: 7 θέλω δὲ πάντας ἀνθρώπους εἶναι **ὡς** καὶ ἐμαυτόν·
7: 8 Λέγω δὲ τοῖς ἀγάμοις καὶ ταῖς χήραις, καλὸν αὐτοῖς ἐὰν μείνωσιν **ὡς** κἀγώ·
7: 17 Εἰ μὴ ἑκάστῳ **ὡς** ἐμέρισεν ὁ κύριος, ἕκαστον **ὡς** κέκληκεν ὁ θεός, οὕτως περιπατείτω.
7: 25 γνώμην δὲ δίδωμι **ὡς** ἠλεημένος ὑπὸ κυρίου πιστὸς εἶναι.
7: 29 ἵνα καὶ οἱ ἔχοντες γυναῖκας **ὡς** μὴ ἔχοντες ὦσιν
7: 30 καὶ οἱ κλαίοντες **ὡς** μὴ κλαίοντες καὶ οἱ χαίροντες **ὡς** μὴ χαίροντες καὶ οἱ ἀγοράζοντες **ὡς** μὴ κατέχοντες,
7: 31 καὶ οἱ χρώμενοι τὸν κόσμον **ὡς** μὴ καταχρώμενοι·
8: 7 τινὲς δὲ τῇ συνηθείᾳ ἕως ἄρτι τοῦ εἰδώλου **ὡς** εἰδωλόθυτον ἐσθίουσιν,
9: 5 μὴ οὐκ ἔχομεν ἐξουσίαν ἀδελφὴν γυναῖκα περιάγειν **ὡς** καὶ οἱ λοιποὶ ἀπόστολοι καὶ οἱ ἀδελφοὶ τοῦ κυρίου καὶ Κηφᾶς;
9: 20 καὶ ἐγενόμην τοῖς Ἰουδαίοις **ὡς** Ἰουδαῖος, ἵνα Ἰουδαίους κερδήσω· τοῖς ὑπὸ νόμον **ὡς** ὑπὸ νόμον, μὴ ὢν αὐτὸς ὑπὸ νόμον,
9: 21 τοῖς ἀνόμοις **ὡς** ἄνομος, μὴ ὢν ἄνομος θεοῦ ἀλλ' ἔννομος Χριστοῦ,
9: 26 ἐγὼ τοίνυν οὕτως τρέχω **ὡς** οὐκ ἀδήλως, οὕτως πυκτεύω **ὡς** οὐκ ἀέρα δέρων·
10: 15 **ὡς** φρονίμοις λέγω· κρίνατε ὑμεῖς ὅ φημι.
11: 34 ἵνα μὴ εἰς κρίμα συνέρχησθε. Τὰ δὲ λοιπὰ **ὡς** ἂν ἔλθω διατάξομαι.
12: 2 Οἴδατε ὅτι ὅτε ἔθνη ἦτε πρὸς τὰ εἴδωλα τὰ ἄφωνα **ὡς** ἂν ἤγεσθε ἀπαγόμενοι.
13: 11 ἐλάλουν **ὡς** νήπιος, ἐφρόνουν **ὡς** νήπιος, ἐλογιζόμην **ὡς** νήπιος·
14: 33 οὐ γάρ ἐστιν ἀκαταστασίας ὁ θεὸς ἀλλὰ εἰρήνης. **Ὡς** ἐν πάσαις ταῖς ἐκκλησίαις τῶν ἁγίων
16: 10 ἵνα ἀφόβως γένηται πρὸς ὑμᾶς· τὸ γὰρ ἔργον κυρίου ἐργάζεται **ὡς** κἀγώ·
2Co 1: 7 καὶ ἡ ἐλπὶς ἡμῶν βεβαία ὑπὲρ ὑμῶν εἰδότες ὅτι **ὡς** κοινωνοί ἐστε τῶν παθημάτων,
2: 17 οὐ γάρ ἐσμεν **ὡς** οἱ πολλοὶ καπηλεύοντες τὸν λόγον τοῦ θεοῦ, ἀλλ' **ὡς** ἐξ εἰλικρινείας, ἀλλ' **ὡς** ἐκ θεοῦ κατέναντι θεοῦ ἐν Χριστῷ λαλοῦμεν.
3: 1 ἢ μὴ χρῄζομεν **ὥς** τινες συστατικῶν ἐπιστολῶν πρὸς ὑμᾶς ἢ ἐξ ὑμῶν;
3: 5 οὐχ ὅτι ἀφ' ἑαυτῶν ἱκανοί ἐσμεν λογίσασθαί τι **ὡς** ἐξ ἑαυτῶν,
5: 19 **ὡς** ὅτι θεὸς ἦν ἐν Χριστῷ κόσμον καταλλάσσων ἑαυτῷ,
5: 20 ὑπὲρ Χριστοῦ οὖν πρεσβεύομεν **ὡς** τοῦ θεοῦ παρακαλοῦντος δι' ἡμῶν·
6: 4 ἀλλ' ἐν παντὶ συνιστάντες ἑαυτοὺς **ὡς** θεοῦ διάκονοι,
6: 8 διὰ δυσφημίας καὶ εὐφημίας· **ὡς** πλάνοι καὶ ἀληθεῖς,
6: 9 **ὡς** ἀγνοούμενοι καὶ ἐπιγινωσκόμενοι, **ὡς** ἀποθνῄσκοντες καὶ ἰδοὺ ζῶμεν, **ὡς** παιδευόμενοι καὶ μὴ θανατούμενοι,
6: 10 **ὡς** λυπούμενοι ἀεὶ δὲ χαίροντες, **ὡς** πτωχοὶ πολλοὺς δὲ πλουτίζοντες, **ὡς** μηδὲν ἔχοντες καὶ πάντα κατέχοντες.
6: 13 τὴν δὲ αὐτὴν ἀντιμισθίαν, **ὡς** τέκνοις λέγω, πλατύνθητε καὶ ὑμεῖς.
7: 14 οὐ κατῃσχύνθην, ἀλλ' **ὡς** πάντα ἐν ἀληθείᾳ ἐλαλήσαμεν ὑμῖν,
7: 15 καὶ τὰ σπλάγχνα αὐτοῦ περισσοτέρως εἰς ὑμᾶς ἐστιν ἀναμιμνῃσκομένου τὴν πάντων ὑμῶν ὑπακοήν, **ὡς** μετὰ φόβου καὶ τρόμου ἐδέξασθε αὐτόν.
9: 5 ταύτην ἑτοίμην εἶναι οὕτως **ὡς** εὐλογίαν καὶ μὴ **ὡς** πλεονεξίαν.
10: 2 μὴ παρὼν θαρρῆσαι τῇ πεποιθήσει ᾗ λογίζομαι τολμῆσαι ἐπί τινας τοὺς λογιζομένους ἡμᾶς **ὡς** κατὰ σάρκα περιπατοῦντας.
10: 9 ἵνα μὴ δόξω **ὡς** ἂν ἐκφοβεῖν ὑμᾶς διὰ τῶν ἐπιστολῶν·
10: 14 οὐ γὰρ **ὡς** μὴ ἐφικνούμενοι εἰς ὑμᾶς ὑπερεκτείνομεν ἑαυτούς,
11: 3 **ὡς** ὁ ὄφις ἐξηπάτησεν Εὕαν ἐν τῇ πανουργίᾳ αὐτοῦ,
11: 15 οὐ μέγα οὖν εἰ καὶ οἱ διάκονοι αὐτοῦ μετασχηματίζονται **ὡς** διάκονοι δικαιοσύνης·
11: 16 εἰ δὲ μή γε, κἂν **ὡς** ἄφρονα δέξασθέ με,
11: 17 οὐ κατὰ κύριον λαλῶ ἀλλ' **ὡς** ἐν ἀφροσύνῃ,
11: 21 κατὰ ἀτιμίαν λέγω, **ὡς** ὅτι ἡμεῖς ἠσθενήκαμεν. ἐν ᾧ δ' ἄν τις τολμᾷ,
13: 2 προείρηκα καὶ προλέγω, **ὡς** παρὼν τὸ δεύτερον καὶ ἀπὼν νῦν,
13: 7 ἀλλ' ἵνα ὑμεῖς τὸ καλὸν ποιῆτε, ἡμεῖς δὲ **ὡς** ἀδόκιμοι ὦμεν.
Gal 1: 9 **ὡς** προειρήκαμεν καὶ ἄρτι πάλιν λέγω, εἴ τις ὑμᾶς εὐαγγελίζεται παρ' ὃ παρελάβετε,
3: 16 Καὶ τοῖς σπέρμασιν, **ὡς** ἐπὶ πολλῶν ἀλλ' **ὡς** ἐφ' ἑνός,
4: 12 Γίνεσθε **ὡς** ἐγώ, ὅτι κἀγὼ **ὡς** ὑμεῖς, ἀδελφοί, δέομαι ὑμῶν.
4: 14 ἀλλὰ **ὡς** ἄγγελον θεοῦ ἐδέξασθέ με, **ὡς** Χριστὸν Ἰησοῦν.
5: 14 ἐν τῷ Ἀγαπήσεις τὸν πλησίον σου **ὡς** σεαυτόν.
6: 10 ἄρα οὖν **ὡς** καιρὸν ἔχομεν, ἐργαζώμεθα τὸ ἀγαθὸν πρὸς πάντας,
Eph 2: 3 καὶ ἤμεθα τέκνα φύσει ὀργῆς **ὡς** καὶ οἱ λοιποί·
3: 5 ὃ ἑτέραις γενεαῖς οὐκ ἐγνωρίσθη τοῖς υἱοῖς τῶν ἀνθρώπων **ὡς** νῦν ἀπεκαλύφθη τοῖς ἁγίοις ἀποστόλοις αὐτοῦ καὶ προφήταις ἐν πνεύματι,
5: 1 γίνεσθε οὖν μιμηταὶ τοῦ θεοῦ **ὡς** τέκνα ἀγαπητὰ
5: 8 νῦν δὲ φῶς ἐν κυρίῳ· **ὡς** τέκνα φωτὸς περιπατεῖτε
5: 15 Βλέπετε οὖν ἀκριβῶς πῶς περιπατεῖτε μὴ **ὡς** ἄσοφοι ἀλλ' **ὡς** σοφοί,
5: 22 Αἱ γυναῖκες τοῖς ἰδίοις ἀνδράσιν **ὡς** τῷ κυρίῳ,
5: 23 ὅτι ἀνήρ ἐστιν κεφαλὴ τῆς γυναικὸς **ὡς** καὶ ὁ Χριστὸς κεφαλὴ τῆς ἐκκλησίας,
5: 24 ἀλλὰ **ὡς** ἡ ἐκκλησία ὑποτάσσεται τῷ Χριστῷ, οὕτως καὶ αἱ γυναῖκες τοῖς ἀνδράσιν ἐν παντί.
5: 28 οὕτως ὀφείλουσιν [καὶ] οἱ ἄνδρες ἀγαπᾶν τὰς ἑαυτῶν γυναῖκας **ὡς** τὰ ἑαυτῶν σώματα.
5: 33 ἕκαστος τὴν ἑαυτοῦ γυναῖκα οὕτως ἀγαπάτω **ὡς** ἑαυτόν,
6: 5 ὑπακούετε τοῖς κατὰ σάρκα κυρίοις μετὰ φόβου καὶ τρόμου ἐν ἁπλότητι τῆς καρδίας ὑμῶν **ὡς** τῷ Χριστῷ,
6: 6 μὴ κατ' ὀφθαλμοδουλίαν **ὡς** ἀνθρωπάρεσκοι ἀλλ' **ὡς** δοῦλοι Χριστοῦ ποιοῦντες τὸ θέλημα τοῦ θεοῦ ἐκ ψυχῆς,
6: 7 μετ' εὐνοίας δουλεύοντες **ὡς** τῷ κυρίῳ καὶ οὐκ ἀνθρώποις,
6: 20 ἵνα ἐν αὐτῷ παρρησιάσωμαι **ὡς** δεῖ με λαλῆσαι.
Php 1: 8 μάρτυς γάρ μου ὁ θεὸς **ὡς** ἐπιποθῶ πάντας ὑμᾶς ἐν σπλάγχνοις Χριστοῦ Ἰησοῦ.
1: 20 ὅτι ἐν οὐδενὶ αἰσχυνθήσομαι ἀλλ' ἐν πάσῃ παρρησίᾳ **ὡς** πάντοτε καὶ νῦν μεγαλυνθήσεται Χριστὸς ἐν τῷ σώματί μου,
2: 7 ἐν ὁμοιώματι ἀνθρώπων γενόμενος· καὶ σχήματι εὑρεθεὶς **ὡς** ἄνθρωπος
2: 12 μὴ **ὡς** ἐν τῇ παρουσίᾳ μου μόνον ἀλλὰ νῦν πολλῷ μᾶλλον ἐν τῇ ἀπουσίᾳ μου,
2: 15 τέκνα θεοῦ ἄμωμα μέσον γενεᾶς σκολιᾶς καὶ διεστραμμένης, ἐν οἷς φαίνεσθε **ὡς** φωστῆρες ἐν κόσμῳ,
2: 22 ὅτι **ὡς** πατρὶ τέκνον σὺν ἐμοὶ ἐδούλευσεν εἰς τὸ εὐαγγέλιον.
2: 23 τοῦτον μὲν οὖν ἐλπίζω πέμψαι **ὡς** ἂν ἀφίδω τὰ περὶ ἐμὲ ἐξαυτῆς·
Col 2: 6 **Ὡς** οὖν παρελάβετε τὸν Χριστὸν Ἰησοῦν τὸν κύριον,
2: 20 Εἰ ἀπεθάνετε σὺν Χριστῷ ἀπὸ τῶν στοιχείων τοῦ κόσμου, τί **ὡς** ζῶντες ἐν κόσμῳ δογματίζεσθε;
3: 12 Ἐνδύσασθε οὖν, **ὡς** ἐκλεκτοὶ τοῦ θεοῦ ἅγιοι καὶ ἠγαπημένοι,
3: 18 Αἱ γυναῖκες, ὑποτάσσεσθε τοῖς ἀνδράσιν **ὡς** ἀνῆκεν ἐν κυρίῳ.
3: 22 μὴ ἐν ὀφθαλμοδουλίᾳ **ὡς** ἀνθρωπάρεσκοι, ἀλλ' ἐν ἁπλότητι καρδίας φοβούμενοι τὸν κύριον.
3: 23 ἐκ ψυχῆς ἐργάζεσθε **ὡς** τῷ κυρίῳ καὶ οὐκ ἀνθρώποις,
4: 4 ἵνα φανερώσω αὐτὸ **ὡς** δεῖ με λαλῆσαι.
1Th 2: 4 οὐχ **ὡς** ἀνθρώποις ἀρέσκοντες ἀλλὰ θεῷ τῷ δοκιμάζοντι τὰς καρδίας ἡμῶν.
2: 7 δυνάμενοι ἐν βάρει εἶναι **ὡς** Χριστοῦ ἀπόστολοι. ἀλλὰ ἐγενήθημεν νήπιοι ἐν μέσῳ ὑμῶν, **ὡς** ἐὰν τροφὸς θάλπῃ τὰ ἑαυτῆς τέκνα,
2: 10 **ὡς** ὁσίως καὶ δικαίως καὶ ἀμέμπτως ὑμῖν τοῖς πιστεύουσιν ἐγενήθημεν,
2: 11 καθάπερ οἴδατε, **ὡς** ἕνα ἕκαστον ὑμῶν **ὡς** πατὴρ τέκνα ἑαυτοῦ
5: 2 αὐτοὶ γὰρ ἀκριβῶς οἴδατε ὅτι ἡμέρα κυρίου **ὡς** κλέπτης ἐν νυκτὶ οὕτως ἔρχεται.
5: 4 οὐκ ἐστὲ ἐν σκότει, ἵνα ἡ ἡμέρα ὑμᾶς **ὡς** κλέπτης καταλάβῃ·
5: 6 ἄρα οὖν μὴ καθεύδωμεν **ὡς** οἱ λοιποὶ ἀλλὰ γρηγορῶμεν καὶ νήφωμεν.
2Th 2: 2 μήτε διὰ πνεύματος μήτε διὰ λόγου μήτε δι' ἐπιστολῆς **ὡς** δι' ἡμῶν, **ὡς** ὅτι ἐνέστηκεν ἡ ἡμέρα τοῦ κυρίου·
3: 15 καὶ μὴ **ὡς** ἐχθρὸν ἡγεῖσθε, ἀλλὰ νουθετεῖτε **ὡς** ἀδελφόν.
1Ti 5: 1 Πρεσβυτέρῳ μὴ ἐπιπλήξῃς ἀλλὰ παρακάλει **ὡς** πατέρα, νεωτέρους **ὡς** ἀδελφούς,
5: 2 πρεσβυτέρας **ὡς** μητέρας, νεωτέρας **ὡς** ἀδελφὰς ἐν πάσῃ ἁγνείᾳ.
2Ti 1: 3 **ὡς** ἀδιάλειπτον ἔχω τὴν περὶ σοῦ μνείαν ἐν ταῖς δεήσεσίν μου νυκτὸς καὶ ἡμέρας,

2: 3 συγκακοπάθησον **ὡς** καλὸς στρατιώτης Χριστοῦ Ἰησοῦ.
2: 9 ἐν ᾧ κακοπαθῶ μέχρι δεσμῶν **ὡς** κακοῦργος, ἀλλὰ ὁ λόγος τοῦ θεοῦ οὐ δέδεται·
2:17 καὶ ὁ λόγος αὐτῶν **ὡς** γάγγραινα νομὴν ἕξει.
3: 9 ἡ γὰρ ἄνοια αὐτῶν ἔκδηλος ἔσται πᾶσιν, **ὡς** καὶ ἡ ἐκείνων ἐγένετο.
Tit 1: 5 ἵνα τὰ λείποντα ἐπιδιορθώσῃ καὶ καταστήσῃς κατὰ πόλιν πρεσβυτέρους, **ὡς** ἐγώ σοι διεταξάμην,
1: 7 δεῖ γὰρ τὸν ἐπίσκοπον ἀνέγκλητον εἶναι **ὡς** θεοῦ οἰκονόμον,
Phm 1: 9 τοιοῦτος ὢν **ὡς** Παῦλος πρεσβύτης νυνὶ δὲ καὶ δέσμιος Χριστοῦ Ἰησοῦ·
1:14 ἵνα μὴ **ὡς** κατὰ ἀνάγκην τὸ ἀγαθόν σου ᾖ ἀλλὰ κατὰ ἑκούσιον.
1:16 οὐκέτι **ὡς** δοῦλον ἀλλὰ ὑπὲρ δοῦλον, ἀδελφὸν ἀγαπητόν,
1:17 Εἰ οὖν με ἔχεις κοινωνόν, προσλαβοῦ αὐτὸν **ὡς** ἐμέ.
Heb 1:11 σὺ δὲ διαμένεις, καὶ πάντες **ὡς** ἱμάτιον παλαιωθήσονται,
1:12 καὶ ὡσεὶ περιβόλαιον ἑλίξεις αὐτούς, **ὡς** ἱμάτιον καὶ ἀλλαγήσονται·
3: 2 πιστὸν ὄντα τῷ ποιήσαντι αὐτὸν **ὡς** καὶ Μωϋσῆς ἐν [ὅλῳ] τῷ οἴκῳ αὐτοῦ.
3: 5 καὶ Μωϋσῆς μὲν πιστὸς ἐν ὅλῳ τῷ οἴκῳ αὐτοῦ **ὡς** θεράπων εἰς μαρτύριον τῶν λαληθησομένων,
3: 6 Χριστὸς δὲ **ὡς** υἱὸς ἐπὶ τὸν οἶκον αὐτοῦ·
3: 8 μὴ σκληρύνητε τὰς καρδίας ὑμῶν **ὡς** ἐν τῷ παραπικρασμῷ κατὰ τὴν ἡμέραν τοῦ πειρασμοῦ ἐν τῇ ἐρήμῳ,
3:11 **ὡς** ὤμοσα ἐν τῇ ὀργῇ μου· Εἰ εἰσελεύσονται εἰς τὴν κατάπαυσίν μου.
3:15 Μὴ σκληρύνητε τὰς καρδίας ὑμῶν **ὡς** ἐν τῷ παραπικρασμῷ.
4: 3 καθὼς εἴρηκεν, **Ὡς** ὤμοσα ἐν τῇ ὀργῇ μου,
6:19 ἣν **ὡς** ἄγκυραν ἔχομεν τῆς ψυχῆς ἀσφαλῆ τε καὶ βεβαίαν καὶ εἰσερχομένην εἰς τὸ ἐσώτερον τοῦ καταπετάσματος,
7: 9 καὶ **ὡς** ἔπος εἰπεῖν, δι᾽ Ἀβραὰμ καὶ Λευὶ ὁ δεκάτας λαμβάνων δεδεκάτωται·
11: 9 Πίστει παρῴκησεν εἰς γῆν τῆς ἐπαγγελίας **ὡς** ἀλλοτρίαν ἐν σκηναῖς κατοικήσας μετὰ Ἰσαὰκ καὶ Ἰακὼβ
11:12 καθὼς τὰ ἄστρα τοῦ οὐρανοῦ τῷ πλήθει καὶ **ὡς** ἡ ἄμμος ἡ παρὰ τὸ χεῖλος τῆς θαλάσσης ἡ ἀναρίθμητος.
11:27 Πίστει κατέλιπεν Αἴγυπτον μὴ φοβηθεὶς τὸν θυμὸν τοῦ βασιλέως· τὸν γὰρ ἀόρατον **ὡς** ὁρῶν ἐκαρτέρησεν.
11:29 Πίστει διέβησαν τὴν Ἐρυθρὰν Θάλασσαν **ὡς** διὰ ξηρᾶς γῆς,
12: 5 καὶ ἐκλέλησθε τῆς παρακλήσεως, ἥτις ὑμῖν **ὡς** υἱοῖς διαλέγεται, Υἱέ μου,
12: 7 εἰς παιδείαν ὑπομένετε, **ὡς** υἱοῖς ὑμῖν προσφέρεται ὁ θεός.
12:16 μή τις πόρνος ἢ βέβηλος **ὡς** Ἠσαῦ, ὃς ἀντὶ βρώσεως μιᾶς ἀπέδετο τὰ πρωτοτόκια ἑαυτοῦ.
12:27 τὸ δὲ Ἔτι ἅπαξ δηλοῖ [τὴν] τῶν σαλευομένων μετάθεσιν **ὡς** πεποιημένων,
13: 3 μιμνῄσκεσθε τῶν δεσμίων **ὡς** συνδεδεμένοι, τῶν κακουχουμένων **ὡς** καὶ αὐτοὶ ὄντες ἐν σώματι.
13:17 αὐτοὶ γὰρ ἀγρυπνοῦσιν ὑπὲρ τῶν ψυχῶν ὑμῶν **ὡς** λόγον ἀποδώσοντες,
Jas 1:10 ὁ δὲ πλούσιος ἐν τῇ ταπεινώσει αὐτοῦ, ὅτι **ὡς** ἄνθος χόρτου παρελεύσεται.
2: 8 Ἀγαπήσεις τὸν πλησίον σου **ὡς** σεαυτόν, καλῶς ποιεῖτε·
2: 9 ἁμαρτίαν ἐργάζεσθε ἐλεγχόμενοι ὑπὸ τοῦ νόμου **ὡς** παραβάται.
2:12 οὕτως λαλεῖτε καὶ οὕτως ποιεῖτε **ὡς** διὰ νόμου ἐλευθερίας μέλλοντες κρίνεσθαι.
5: 3 ὁ χρυσὸς ὑμῶν καὶ ὁ ἄργυρος κατίωται καὶ ὁ ἰὸς αὐτῶν εἰς μαρτύριον ὑμῖν ἔσται καὶ φάγεται τὰς σάρκας ὑμῶν **ὡς** πῦρ.
1Pe 1:14 **ὡς** τέκνα ὑπακοῆς μὴ συσχηματιζόμενοι ταῖς πρότερον ἐν τῇ ἀγνοίᾳ ὑμῶν ἐπιθυμίαις
1:19 ἀλλὰ τιμίῳ αἵματι **ὡς** ἀμνοῦ ἀμώμου καὶ ἀσπίλου Χριστοῦ,
1:24 διότι πᾶσα σὰρξ **ὡς** χόρτος καὶ πᾶσα δόξα αὐτῆς **ὡς** ἄνθος χόρτου·
2: 2 **ὡς** ἀρτιγέννητα βρέφη τὸ λογικὸν ἄδολον γάλα ἐπιποθήσατε,
2: 5 καὶ αὐτοὶ **ὡς** λίθοι ζῶντες οἰκοδομεῖσθε οἶκος πνευματικὸς εἰς ἱεράτευμα ἅγιον ἀνενέγκαι πνευματικὰς θυσίας
2:11 παρακαλῶ **ὡς** παροίκους καὶ παρεπιδήμους ἀπέχεσθαι τῶν σαρκικῶν ἐπιθυμιῶν αἵτινες στρατεύονται κατὰ τῆς ψυχῆς·
2:12 ἐν ᾧ καταλαλοῦσιν ὑμῶν **ὡς** κακοποιῶν ἐκ τῶν καλῶν ἔργων ἐποπτεύοντες δοξάσωσιν τὸν θεὸν ἐν ἡμέρᾳ ἐπισκοπῆς.
2:13 Ὑποτάγητε πάσῃ ἀνθρωπίνῃ κτίσει διὰ τὸν κύριον, εἴτε βασιλεῖ **ὡς** ὑπερέχοντι,
2:14 εἴτε ἡγεμόσιν **ὡς** δι᾽ αὐτοῦ πεμπομένοις εἰς ἐκδίκησιν κακοποιῶν ἔπαινον δὲ ἀγαθοποιῶν·
2:16 **ὡς** ἐλεύθεροι καὶ μὴ **ὡς** ἐπικάλυμμα ἔχοντες τῆς κακίας τὴν ἐλευθερίαν ἀλλ᾽ **ὡς** θεοῦ δοῦλοι.
2:25 ἦτε γὰρ **ὡς** πρόβατα πλανώμενοι, ἀλλὰ ἐπεστράφητε νῦν ἐπὶ τὸν ποιμένα καὶ ἐπίσκοπον τῶν ψυχῶν ὑμῶν.
3: 6 **ὡς** Σάρρα ὑπήκουσεν τῷ Ἀβραὰμ κύριον αὐτὸν καλοῦσα,
3: 7 συνοικοῦντες κατὰ γνῶσιν **ὡς** ἀσθενεστέρῳ σκεύει τῷ γυναικείῳ, ἀπονέμοντες τιμὴν **ὡς** καὶ συγκληρονόμοις χάριτος ζωῆς εἰς τὸ μὴ ἐγκόπτεσθαι τὰς προσευχὰς ὑμῶν.
4:10 ἕκαστος καθὼς ἔλαβεν χάρισμα εἰς ἑαυτοὺς αὐτὸ διακονοῦντες **ὡς** καλοὶ οἰκονόμοι ποικίλης χάριτος θεοῦ.
4:11 εἴ τις λαλεῖ, **ὡς** λόγια θεοῦ· εἴ τις διακονεῖ, **ὡς** ἐξ ἰσχύος ἧς χορηγεῖ ὁ θεός,
4:12 μὴ ξενίζεσθε τῇ ἐν ὑμῖν πυρώσει πρὸς πειρασμὸν ὑμῖν γινομένῃ **ὡς** ξένου ὑμῖν συμβαίνοντος,
4:15 μὴ γάρ τις ὑμῶν πασχέτω **ὡς** φονεὺς ἢ κλέπτης ἢ κακοποιὸς ἢ **ὡς** ἀλλοτριεπίσκοπος·
4:16 εἰ δὲ **ὡς** Χριστιανός, μὴ αἰσχυνέσθω, δοξαζέτω δὲ τὸν θεὸν ἐν τῷ ὀνόματι τούτῳ.
5: 3 μηδ᾽ **ὡς** κατακυριεύοντες τῶν κλήρων ἀλλὰ τύποι γινόμενοι τοῦ ποιμνίου·
5: 8 ὁ ἀντίδικος ὑμῶν διάβολος **ὡς** λέων ὠρυόμενος περιπατεῖ ζητῶν [τινα] καταπιεῖν·
5:12 Διὰ Σιλουανοῦ ὑμῖν τοῦ πιστοῦ ἀδελφοῦ, **ὡς** λογίζομαι,
2Pe 1: 3 **Ὡς** πάντα ἡμῖν τῆς θείας δυνάμεως αὐτοῦ τὰ πρὸς ζωὴν καὶ εὐσέβειαν δεδωρημένης διὰ τῆς ἐπιγνώσεως τοῦ καλέσαντος ἡμᾶς ἰδίᾳ δόξῃ καὶ ἀρετῇ,
1:19 ᾧ καλῶς ποιεῖτε προσέχοντες **ὡς** λύχνῳ φαίνοντι ἐν αὐχμηρῷ τόπῳ,
2: 1 Ἐγένοντο δὲ καὶ ψευδοπροφῆται ἐν τῷ λαῷ, **ὡς** καὶ ἐν ὑμῖν ἔσονται ψευδοδιδάσκαλοι,
2:12 οὗτοι δὲ **ὡς** ἄλογα ζῷα γεγεννημένα φυσικὰ εἰς ἅλωσιν καὶ φθορὰν ἐν οἷς ἀγνοοῦσιν βλασφημοῦντες,
3: 8 ὅτι μία ἡμέρα παρὰ κυρίῳ **ὡς** χίλια ἔτη καὶ χίλια ἔτη **ὡς** ἡμέρα μία.
3: 9 **ὥς** τινες βραδύτητα ἡγοῦνται, ἀλλὰ μακροθυμεῖ εἰς ὑμᾶς,
3:10 Ἥξει δὲ ἡμέρα κυρίου **ὡς** κλέπτης, ἐν ᾗ οἱ οὐρανοὶ ῥοιζηδὸν παρελεύσονται στοιχεῖα δὲ καυσούμενα λυθήσεται
3:16 **ὡς** καὶ ἐν πάσαις ἐπιστολαῖς λαλῶν ἐν αὐταῖς περὶ τούτων, ἐν αἷς ἐστιν δυσνόητά τινα, ἃ οἱ ἀμαθεῖς καὶ ἀστήρικτοι στρεβλοῦσιν **ὡς** καὶ τὰς λοιπὰς γραφὰς πρὸς τὴν ἰδίαν αὐτῶν ἀπώλειαν.
1Jn 1: 7 ἐὰν δὲ ἐν τῷ φωτὶ περιπατῶμεν **ὡς** αὐτός ἐστιν ἐν τῷ φωτί,
2:27 ἀλλ᾽ **ὡς** τὸ αὐτοῦ χρῖσμα διδάσκει ὑμᾶς περὶ πάντων καὶ ἀληθές ἐστιν καὶ οὐκ ἔστιν ψεῦδος,
2Jn 1: 5 οὐχ **ὡς** ἐντολὴν καινὴν γράφων σοι ἀλλὰ ἣν εἴχομεν ἀπ᾽ ἀρχῆς,
Jude 1: 7 **ὡς** Σόδομα καὶ Γόμορρα καὶ αἱ περὶ αὐτὰς πόλεις τὸν ὅμοιον τρόπον τούτοις ἐκπορνεύσασαι καὶ ἀπελθοῦσαι ὀπίσω σαρκὸς ἑτέρας,
1:10 ὅσα δὲ φυσικῶς **ὡς** τὰ ἄλογα ζῷα ἐπίστανται,
Rev 1:10 ἐγενόμην ἐν πνεύματι ἐν τῇ κυριακῇ ἡμέρᾳ καὶ ἤκουσα ὀπίσω μου φωνὴν μεγάλην **ὡς** σάλπιγγος
1:14 ἡ δὲ κεφαλὴ αὐτοῦ καὶ αἱ τρίχες λευκαὶ **ὡς** ἔριον λευκὸν **ὡς** χιὼν καὶ οἱ ὀφθαλμοὶ αὐτοῦ **ὡς** φλὸξ πυρὸς
1:15 καὶ οἱ πόδες αὐτοῦ ὅμοιοι χαλκολιβάνῳ **ὡς** ἐν καμίνῳ πεπυρωμένης καὶ ἡ φωνὴ αὐτοῦ **ὡς** φωνὴ ὑδάτων πολλῶν,
1:16 καὶ ἔχων ἐν τῇ δεξιᾷ χειρὶ αὐτοῦ ἀστέρας ἑπτὰ καὶ ἐκ τοῦ στόματος αὐτοῦ ῥομφαία δίστομος ὀξεῖα ἐκπορευομένη καὶ ἡ ὄψις αὐτοῦ **ὡς** ὁ ἥλιος φαίνει ἐν τῇ δυνάμει αὐτοῦ.
1:17 Καὶ ὅτε εἶδον αὐτόν, ἔπεσα πρὸς τοὺς πόδας αὐτοῦ **ὡς** νεκρός,
2:18 ὁ ἔχων τοὺς ὀφθαλμοὺς αὐτοῦ **ὡς** φλόγα πυρὸς καὶ οἱ πόδες αὐτοῦ ὅμοιοι χαλκολιβάνῳ·
2:24 οἵτινες οὐκ ἔγνωσαν τὰ βαθέα τοῦ Σατανᾶ **ὡς** λέγουσιν·
2:27 καὶ ποιμανεῖ αὐτοὺς ἐν ῥάβδῳ σιδηρᾷ **ὡς** τὰ σκεύη τὰ κεραμικὰ συντρίβεται,
2:28 **ὡς** κἀγὼ εἴληφα παρὰ τοῦ πατρός μου, καὶ δώσω αὐτῷ τὸν ἀστέρα τὸν πρωϊνόν.
3: 3 ἐὰν οὖν μὴ γρηγορήσῃς, ἥξω **ὡς** κλέπτης, καὶ οὐ μὴ γνῷς ποίαν ὥραν ἥξω ἐπὶ σέ.
3:21 **ὡς** κἀγὼ ἐνίκησα καὶ ἐκάθισα μετὰ τοῦ πατρός μου ἐν τῷ θρόνῳ αὐτοῦ.
4: 1 καὶ ἡ φωνὴ ἡ πρώτη ἣν ἤκουσα **ὡς** σάλπιγγος λαλούσης μετ᾽ ἐμοῦ λέγων,
4: 6 καὶ ἐνώπιον τοῦ θρόνου **ὡς** θάλασσα ὑαλίνη ὁμοία κρυστάλλῳ.
4: 7 καὶ τὸ ζῷον τὸ πρῶτον ὅμοιον λέοντι καὶ τὸ δεύτερον ζῷον ὅμοιον μόσχῳ καὶ τὸ τρίτον ζῷον ἔχων τὸ πρόσωπον **ὡς** ἀνθρώπου καὶ τὸ τέταρτον ζῷον ὅμοιον ἀετῷ πετομένῳ.
5: 6 Καὶ εἶδον ἐν μέσῳ τοῦ θρόνου καὶ τῶν τεσσάρων ζῴων καὶ ἐν μέσῳ τῶν πρεσβυτέρων ἀρνίον ἑστηκὸς **ὡς** ἐσφαγμένον

6: 1 καὶ ἤκουσα ἑνὸς ἐκ τῶν τεσσάρων ζῴων λέγοντος **ὡς** φωνὴ βροντῆς,
6: 6 καὶ ἤκουσα **ὡς** φωνὴν ἐν μέσῳ τῶν τεσσάρων ζῴων λέγουσαν,
6: 11 ἕως πληρωθῶσιν καὶ οἱ σύνδουλοι αὐτῶν καὶ οἱ ἀδελφοὶ αὐτῶν οἱ μέλλοντες ἀποκτέννεσθαι **ὡς** καὶ αὐτοί.
6: 12 καὶ σεισμὸς μέγας ἐγένετο καὶ ὁ ἥλιος ἐγένετο μέλας **ὡς** σάκκος τρίχινος καὶ ἡ σελήνη ὅλη ἐγένετο **ὡς** αἷμα
6: 13 **ὡς** συκῆ βάλλει τοὺς ὀλύνθους αὐτῆς ὑπὸ ἀνέμου μεγάλου σειομένη,
6: 14 καὶ ὁ οὐρανὸς ἀπεχωρίσθη **ὡς** βιβλίον ἑλισσόμενον καὶ πᾶν ὄρος καὶ νῆσος ἐκ τῶν τόπων αὐτῶν ἐκινήθησαν.
8: 1 Καὶ ὅταν ἤνοιξεν τὴν σφραγῖδα τὴν ἑβδόμην, ἐγένετο σιγὴ ἐν τῷ οὐρανῷ **ὡς** ἡμιώριον.
8: 8 καὶ **ὡς** ὄρος μέγα πυρὶ καιόμενον ἐβλήθη εἰς τὴν θάλασσαν,
8: 10 καὶ ἔπεσεν ἐκ τοῦ οὐρανοῦ ἀστὴρ μέγας καιόμενος **ὡς** λαμπὰς καὶ ἔπεσεν ἐπὶ τὸ τρίτον τῶν ποταμῶν καὶ ἐπὶ τὰς πηγὰς
9: 2 καὶ ἀνέβη καπνὸς ἐκ τοῦ φρέατος **ὡς** καπνὸς καμίνου μεγάλης,
9: 3 καὶ ἐδόθη αὐταῖς ἐξουσία **ὡς** ἔχουσιν ἐξουσίαν οἱ σκορπίοι τῆς γῆς.
9: 5 καὶ ὁ βασανισμὸς αὐτῶν **ὡς** βασανισμὸς σκορπίου ὅταν παίσῃ ἄνθρωπον.
9: 7 καὶ ἐπὶ τὰς κεφαλὰς αὐτῶν **ὡς** στέφανοι ὅμοιοι χρυσῷ, καὶ τὰ πρόσωπα αὐτῶν **ὡς** πρόσωπα ἀνθρώπων,
9: 8 καὶ εἶχον τρίχας **ὡς** τρίχας γυναικῶν, καὶ οἱ ὀδόντες αὐτῶν **ὡς** λεόντων ἦσαν,
9: 9 καὶ εἶχον θώρακας **ὡς** θώρακας σιδηροῦς, καὶ ἡ φωνὴ τῶν πτερύγων αὐτῶν **ὡς** φωνὴ ἁρμάτων ἵππων πολλῶν τρεχόντων
9: 17 καὶ αἱ κεφαλαὶ τῶν ἵππων **ὡς** κεφαλαὶ λεόντων,
10: 1 καὶ ἡ ἶρις ἐπὶ τῆς κεφαλῆς αὐτοῦ καὶ τὸ πρόσωπον αὐτοῦ **ὡς** ὁ ἥλιος καὶ οἱ πόδες αὐτοῦ **ὡς** στῦλοι πυρός,
10: 7 καὶ ἐτελέσθη τὸ μυστήριον τοῦ θεοῦ, **ὡς** εὐηγγέλισεν τοὺς ἑαυτοῦ δούλους τοὺς προφήτας.
10: 9 ἀλλ᾽ ἐν τῷ στόματί σου ἔσται γλυκὺ **ὡς** μέλι.
10: 10 καὶ ἦν ἐν τῷ στόματί μου **ὡς** μέλι γλυκὺ καὶ ὅτε ἔφαγον αὐτό,
12: 15 καὶ ἔβαλεν ὁ ὄφις ἐκ τοῦ στόματος αὐτοῦ ὀπίσω τῆς γυναικὸς ὕδωρ **ὡς** ποταμόν,
13: 2 καὶ τὸ θηρίον ὃ εἶδον ἦν ὅμοιον παρδάλει καὶ οἱ πόδες αὐτοῦ **ὡς** ἄρκου καὶ τὸ στόμα αὐτοῦ **ὡς** στόμα λέοντος.
13: 3 καὶ μίαν ἐκ τῶν κεφαλῶν αὐτοῦ **ὡς** ἐσφαγμένην εἰς θάνατον,
13: 11 καὶ εἶχεν κέρατα δύο ὅμοια ἀρνίῳ καὶ ἐλάλει **ὡς** δράκων.
14: 2 καὶ ἤκουσα φωνὴν ἐκ τοῦ οὐρανοῦ **ὡς** φωνὴν ὑδάτων πολλῶν καὶ **ὡς** φωνὴν βροντῆς μεγάλης, καὶ ἡ φωνὴ ἣν ἤκουσα **ὡς** κιθαρῳδῶν κιθαριζόντων ἐν ταῖς κιθάραις αὐτῶν.
14: 3 καὶ ᾄδουσιν [**ὡς**][NIV-] ᾠδὴν καινὴν ἐνώπιον τοῦ θρόνου καὶ ἐνώπιον τῶν τεσσάρων ζῴων καὶ τῶν πρεσβυτέρων,
15: 2 Καὶ εἶδον **ὡς** θάλασσαν ὑαλίνην μεμιγμένην πυρὶ καὶ τοὺς νικῶντας ἐκ τοῦ θηρίου καὶ ἐκ τῆς εἰκόνος αὐτοῦ
16: 3 καὶ ἐγένετο αἷμα **ὡς** νεκροῦ, καὶ πᾶσα ψυχὴ ζωῆς ἀπέθανεν τὰ ἐν τῇ θαλάσσῃ.
16: 13 καὶ ἐκ τοῦ στόματος τοῦ θηρίου καὶ ἐκ τοῦ στόματος τοῦ ψευδοπροφήτου πνεύματα τρία ἀκάθαρτα **ὡς** βάτραχοι·
16: 15 Ἰδοὺ ἔρχομαι **ὡς** κλέπτης. μακάριος ὁ γρηγορῶν καὶ τηρῶν τὰ ἱμάτια αὐτοῦ,
16: 21 καὶ χάλαζα μεγάλη **ὡς** ταλαντιαία καταβαίνει ἐκ τοῦ οὐρανοῦ ἐπὶ τοὺς ἀνθρώπους,
17: 12 ἀλλὰ ἐξουσίαν **ὡς** βασιλεῖς μίαν ὥραν λαμβάνουσιν μετὰ τοῦ θηρίου.
18: 6 ἀπόδοτε αὐτῇ **ὡς** καὶ αὐτὴ ἀπέδωκεν καὶ διπλώσατε τὰ διπλᾶ κατὰ τὰ ἔργα αὐτῆς,
18: 21 Καὶ ἦρεν εἷς ἄγγελος ἰσχυρὸς λίθον **ὡς** μύλινον μέγαν καὶ ἔβαλεν εἰς τὴν θάλασσαν λέγων,
19: 1 Μετὰ ταῦτα ἤκουσα **ὡς** φωνὴν μεγάλην ὄχλου πολλοῦ ἐν τῷ οὐρανῷ λεγόντων,
19: 6 καὶ ἤκουσα **ὡς** φωνὴν ὄχλου πολλοῦ καὶ **ὡς** φωνὴν ὑδάτων πολλῶν καὶ **ὡς** φωνὴν βροντῶν ἰσχυρῶν λεγόντων,
19: 12 οἱ δὲ ὀφθαλμοὶ αὐτοῦ [**ὡς**] φλὸξ πυρός, καὶ ἐπὶ τὴν κεφαλὴν αὐτοῦ διαδήματα πολλά,
20: 8 ὧν ὁ ἀριθμὸς αὐτῶν **ὡς** ἡ ἄμμος τῆς θαλάσσης.
21: 2 τὴν πόλιν τὴν ἁγίαν Ἰερουσαλὴμ καινὴν εἶδον καταβαίνουσαν ἐκ τοῦ οὐρανοῦ ἀπὸ τοῦ θεοῦ ἡτοιμασμένην **ὡς** νύμφην
21: 11 ὁ φωστὴρ αὐτῆς ὅμοιος λίθῳ τιμιωτάτῳ **ὡς** λίθῳ ἰάσπιδι κρυσταλλίζοντι.
21: 21 καὶ ἡ πλατεῖα τῆς πόλεως χρυσίον καθαρὸν **ὡς** ὕαλος διαυγής.
22: 1 Καὶ ἔδειξέν μοι ποταμὸν ὕδατος ζωῆς λαμπρὸν **ὡς** κρύσταλλον,
22: 12 καὶ ὁ μισθός μου μετ᾽ ἐμοῦ ἀποδοῦναι ἑκάστῳ **ὡς** τὸ ἔργον ἐστὶν αὐτοῦ.

6056 ὡσάν Not used in UBS/NIV

√ 6055 + 323

6057 ὡσαννά [6]

Mt 21: 9 οἱ δὲ ὄχλοι οἱ προάγοντες αὐτὸν καὶ οἱ ἀκολουθοῦντες ἔκραζον λέγοντες, **Ὡσαννὰ** τῷ υἱῷ Δαυίδ· Εὐλογημένος ὁ ἐρχόμενος ἐν ὀνόματι κυρίου· **Ὡσαννὰ** ἐν τοῖς ὑψίστοις.
21: 15 τὰ θαυμάσια ἃ ἐποίησεν καὶ τοὺς παῖδας τοὺς κράζοντας ἐν τῷ ἱερῷ καὶ λέγοντας, **Ὡσαννὰ** τῷ υἱῷ Δαυίδ,
Mk 11: 9 καὶ οἱ προάγοντες καὶ οἱ ἀκολουθοῦντες ἔκραζον, **Ὡσαννά·**
11: 10 Εὐλογημένη ἡ ἐρχομένη βασιλεία τοῦ πατρὸς ἡμῶν Δαυίδ· **Ὡσαννὰ** ἐν τοῖς ὑψίστοις.
Jn 12: 13 ἔλαβον τὰ βαΐα τῶν φοινίκων καὶ ἐξῆλθον εἰς ὑπάντησιν αὐτῷ καὶ ἐκραύγαζον, **Ὡσαννά·**

6058 ὡσαύτως [17]

√ 6055 + 899

Mt 20: 5 πάλιν [δὲ] ἐξελθὼν περὶ ἕκτην καὶ ἐνάτην ὥραν ἐποίησεν **ὡσαύτως.**
21: 30 προσελθὼν δὲ τῷ ἑτέρῳ εἶπεν **ὡσαύτως.** ὁ δὲ ἀποκριθεὶς εἶπεν,
21: 36 πάλιν ἀπέστειλεν ἄλλους δούλους πλείονας τῶν πρώτων, καὶ ἐποίησαν αὐτοῖς **ὡσαύτως.**
25: 17 **ὡσαύτως** ὁ τὰ δύο ἐκέρδησεν ἄλλα δύο.
Mk 12: 21 καὶ ὁ δεύτερος ἔλαβεν αὐτὴν καὶ ἀπέθανεν μὴ καταλιπὼν σπέρμα· καὶ ὁ τρίτος **ὡσαύτως·**
14: 31 οὐ μή σε ἀπαρνήσομαι. **ὡσαύτως** δὲ καὶ πάντες ἔλεγον.
Lk 13: 5 λέγω ὑμῖν, ἀλλ᾽ ἐὰν μὴ μετανοῆτε πάντες **ὡσαύτως** ἀπολεῖσθε.
20: 31 **ὡσαύτως** δὲ καὶ οἱ ἑπτὰ οὐ κατέλιπον τέκνα καὶ ἀπέθανον.
22: 20 καὶ τὸ ποτήριον **ὡσαύτως** μετὰ τὸ δειπνῆσαι, λέγων,
Ro 8: 26 **Ὡσαύτως** δὲ καὶ τὸ πνεῦμα συναντιλαμβάνεται τῇ ἀσθενείᾳ ἡμῶν·
1Co 11: 25 **ὡσαύτως** καὶ τὸ ποτήριον μετὰ τὸ δειπνῆσαι λέγων,
1Ti 2: 9 **ὡσαύτως** [καὶ] γυναῖκας ἐν καταστολῇ κοσμίῳ μετὰ αἰδοῦς καὶ σωφροσύνης κοσμεῖν ἑαυτάς,
3: 8 Διακόνους **ὡσαύτως** σεμνούς, μὴ διλόγους, μὴ οἴνῳ πολλῷ προσέχοντας,
3: 11 γυναῖκας **ὡσαύτως** σεμνάς, μὴ διαβόλους, νηφαλίους, πιστὰς ἐν πᾶσιν.
5: 25 **ὡσαύτως** καὶ τὰ ἔργα τὰ καλὰ πρόδηλα, καὶ τὰ ἄλλως ἔχοντα κρυβῆναι οὐ δύνανται.
Tit 2: 3 πρεσβύτιδας **ὡσαύτως** ἐν καταστήματι ἱεροπρεπεῖς, μὴ διαβόλους μηδὲ οἴνῳ πολλῷ δεδουλωμένας,
2: 6 τοὺς νεωτέρους **ὡσαύτως** παρακάλει σωφρονεῖν

6059 ὡσεί [21]

√ 6055 + 1623

Mt 3: 16 καὶ εἶδεν [τὸ] πνεῦμα [τοῦ] θεοῦ καταβαῖνον **ὡσεὶ** περιστερὰν [καὶ] ἐρχόμενον ἐπ᾽ αὐτόν·
9: 36 ὅτι ἦσαν ἐσκυλμένοι καὶ ἐρριμμένοι **ὡσεὶ** πρόβατα μὴ ἔχοντα ποιμένα.
14: 21 οἱ δὲ ἐσθίοντες ἦσαν ἄνδρες **ὡσεὶ** πεντακισχίλιοι χωρὶς γυναικῶν καὶ παιδίων.
Mk 9: 26 καὶ ἐγένετο **ὡσεὶ** νεκρός, ὥστε τοὺς πολλοὺς λέγειν ὅτι ἀπέθανεν.
Lk 3: 23 Καὶ αὐτὸς ἦν Ἰησοῦς ἀρχόμενος **ὡσεὶ** ἐτῶν τριάκοντα,
9: 14 ἦσαν γὰρ **ὡσεὶ** ἄνδρες πεντακισχίλιοι. εἶπεν δὲ πρὸς τοὺς μαθητὰς αὐτοῦ, Κατακλίνατε αὐτοὺς κλισίας [**ὡσεὶ**] ἀνὰ πεντήκοντα.
9: 28 μετὰ τοὺς λόγους τούτους **ὡσεὶ** ἡμέραι ὀκτὼ [καὶ] παραλαβὼν Πέτρον καὶ Ἰωάννην καὶ Ἰάκωβον ἀνέβη εἰς τὸ ὄρος
22: 41 καὶ αὐτὸς ἀπεσπάσθη ἀπ᾽ αὐτῶν **ὡσεὶ** λίθου βολὴν καὶ θεὶς τὰ γόνατα προσηύχετο
22: 44 ⟦καὶ ἐγένετο ὁ ἱδρὼς αὐτοῦ **ὡσεὶ** θρόμβοι αἵματος καταβαίνοντες ἐπὶ τὴν γῆν.⟧
22: 59 καὶ διαστάσης **ὡσεὶ** ὥρας μιᾶς ἄλλος τις διϊσχυρίζετο λέγων,
23: 44 Καὶ ἦν ἤδη **ὡσεὶ** ὥρα ἕκτη καὶ σκότος ἐγένετο ἐφ᾽ ὅλην τὴν γῆν ἕως ὥρας ἐνάτης
24: 11 καὶ ἐφάνησαν ἐνώπιον αὐτῶν **ὡσεὶ** λῆρος τὰ ῥήματα ταῦτα,
Ac 1: 15 ἦν τε ὄχλος ὀνομάτων ἐπὶ τὸ αὐτὸ **ὡσεὶ** ἑκατὸν εἴκοσι·
2: 3 καὶ ὤφθησαν αὐτοῖς διαμεριζόμεναι γλῶσσαι **ὡσεὶ** πυρὸς καὶ ἐκάθισεν ἐφ᾽ ἕνα ἕκαστον αὐτῶν,

2:41 οἱ μὲν οὖν ἀποδεξάμενοι τὸν λόγον αὐτοῦ ἐβαπτίσθησαν καὶ προσετέθησαν ἐν τῇ ἡμέρᾳ ἐκείνῃ ψυχαὶ **ὡσεὶ** τρισχίλιαι.
6:15 καὶ ἀτενίσαντες εἰς αὐτὸν πάντες οἱ καθεζόμενοι ἐν τῷ συνεδρίῳ εἶδον τὸ πρόσωπον αὐτοῦ **ὡσεὶ** πρόσωπον ἀγγέλου.
10: 3 εἶδεν ἐν ὁράματι φανερῶς **ὡσεὶ** περὶ ὥραν ἐνάτην τῆς ἡμέρας ἄγγελον τοῦ θεοῦ εἰσελθόντα πρὸς αὐτὸν καὶ εἰπόντα αὐτῷ,
19: 7 ἦσαν δὲ οἱ πάντες ἄνδρες **ὡσεὶ** δώδεκα.
Ro 6:13 ἀλλὰ παραστήσατε ἑαυτοὺς τῷ θεῷ **ὡσεὶ** ἐκ νεκρῶν ζῶντας καὶ τὰ μέλη ὑμῶν ὅπλα δικαιοσύνης τῷ θεῷ.
Heb 1:12 καὶ **ὡσεὶ** περιβόλαιον ἑλίξεις αὐτούς, ὡς ἱμάτιον καὶ ἀλλαγήσονται·

6060 Ὡσηέ [1]

Ro 9:25 ὡς καὶ ἐν τῷ **Ὡσηὲ** λέγει, Καλέσω τὸν οὐ λαόν μου λαόν μου καὶ τὴν οὐκ ἠγαπημένην ἠγαπημένην·

6061 ὥσπερ [36]

√ *6055 + 4302*

Mt 6: 2 **ὥσπερ** οἱ ὑποκριταὶ ποιοῦσιν ἐν ταῖς συναγωγαῖς καὶ ἐν ταῖς ῥύμαις,
6: 7 Προσευχόμενοι δὲ μὴ βατταλογήσητε **ὥσπερ** οἱ ἐθνικοί, δοκοῦσιν γὰρ ὅτι ἐν τῇ πολυλογίᾳ αὐτῶν εἰσακουσθήσονται.
12:40 **ὥσπερ** γὰρ ἦν Ἰωνᾶς ἐν τῇ κοιλίᾳ τοῦ κήτους τρεῖς ἡμέρας καὶ τρεῖς νύκτας,
13:40 **ὥσπερ** οὖν συλλέγεται τὰ ζιζάνια καὶ πυρὶ [κατα]καίεται,
18:17 ἔστω σοι **ὥσπερ** ὁ ἐθνικὸς καὶ ὁ τελώνης.
20:28 **ὥσπερ** ὁ υἱὸς τοῦ ἀνθρώπου οὐκ ἦλθεν διακονηθῆναι ἀλλὰ διακονῆσαι καὶ δοῦναι τὴν ψυχὴν αὐτοῦ λύτρον ἀντὶ πολλῶν.
24:27 **ὥσπερ** γὰρ ἡ ἀστραπὴ ἐξέρχεται ἀπὸ ἀνατολῶν καὶ φαίνεται ἕως δυσμῶν,
24:37 **ὥσπερ** γὰρ αἱ ἡμέραι τοῦ Νῶε, οὕτως ἔσται ἡ παρουσία τοῦ υἱοῦ τοῦ ἀνθρώπου.
25:14 **Ὥσπερ** γὰρ ἄνθρωπος ἀποδημῶν ἐκάλεσεν τοὺς ἰδίους δούλους καὶ παρέδωκεν αὐτοῖς τὰ ὑπάρχοντα αὐτοῦ,
25:32 **ὥσπερ** ὁ ποιμὴν ἀφορίζει τὰ πρόβατα ἀπὸ τῶν ἐρίφων,
Lk 17:24 **ὥσπερ** γὰρ ἡ ἀστραπὴ ἀστράπτουσα ἐκ τῆς ὑπὸ τὸν οὐρανὸν εἰς τὴν ὑπ᾽ οὐρανὸν λάμπει,
18:11 εὐχαριστῶ σοι ὅτι οὐκ εἰμὶ **ὥσπερ** οἱ λοιποὶ τῶν ἀνθρώπων,
Jn 5:21 **ὥσπερ** γὰρ ὁ πατὴρ ἐγείρει τοὺς νεκροὺς καὶ ζῳοποιεῖ,
5:26 **ὥσπερ** γὰρ ὁ πατὴρ ἔχει ζωὴν ἐν ἑαυτῷ,
Ac 2: 2 καὶ ἐγένετο ἄφνω ἐκ τοῦ οὐρανοῦ ἦχος **ὥσπερ** φερομένης πνοῆς βιαίας καὶ ἐπλήρωσεν ὅλον τὸν οἶκον οὗ ἦσαν καθήμενοι
3:17 οἶδα ὅτι κατὰ ἄγνοιαν ἐπράξατε **ὥσπερ** καὶ οἱ ἄρχοντες ὑμῶν·
11:15 ἐν δὲ τῷ ἄρξασθαί με λαλεῖν ἐπέπεσεν τὸ πνεῦμα τὸ ἅγιον ἐπ᾽ αὐτοὺς **ὥσπερ** καὶ ἐφ᾽ ἡμᾶς ἐν ἀρχῇ.
Ro 5:12 Διὰ τοῦτο **ὥσπερ** δι᾽ ἑνὸς ἀνθρώπου ἡ ἁμαρτία εἰς τὸν κόσμον εἰσῆλθεν καὶ διὰ τῆς ἁμαρτίας ὁ θάνατος,
5:19 **ὥσπερ** γὰρ διὰ τῆς παρακοῆς τοῦ ἑνὸς ἀνθρώπου ἁμαρτωλοὶ κατεστάθησαν οἱ πολλοί,
5:21 ἵνα **ὥσπερ** ἐβασίλευσεν ἡ ἁμαρτία ἐν τῷ θανάτῳ,
6: 4 ἵνα **ὥσπερ** ἠγέρθη Χριστὸς ἐκ νεκρῶν διὰ τῆς δόξης τοῦ πατρός,
6:19 **ὥσπερ** γὰρ παρεστήσατε τὰ μέλη ὑμῶν δοῦλα τῇ ἀκαθαρσίᾳ καὶ τῇ ἀνομίᾳ εἰς τὴν ἀνομίαν,
11:30 **ὥσπερ** γὰρ ὑμεῖς ποτε ἠπειθήσατε τῷ θεῷ, νῦν δὲ ἠλεήθητε τῇ τούτων ἀπειθείᾳ,
1Co 8: 5 καὶ γὰρ εἴπερ εἰσὶν λεγόμενοι θεοὶ εἴτε ἐν οὐρανῷ εἴτε ἐπὶ γῆς, **ὥσπερ** εἰσὶν θεοὶ πολλοὶ καὶ κύριοι πολλοί,
10: 7 μηδὲ εἰδωλολάτραι γίνεσθε καθώς τινες αὐτῶν, **ὥσπερ** γέγραπται,
11:12 **ὥσπερ** γὰρ ἡ γυνὴ ἐκ τοῦ ἀνδρός, οὕτως καὶ ὁ ἀνὴρ διὰ τῆς γυναικός·
15:22 **ὥσπερ** γὰρ ἐν τῷ Ἀδὰμ πάντες ἀποθνῄσκουσιν, οὕτως καὶ ἐν τῷ Χριστῷ πάντες ζῳοποιηθήσονται.
16: 1 Περὶ δὲ τῆς λογείας τῆς εἰς τοὺς ἁγίους **ὥσπερ** διέταξα ταῖς ἐκκλησίαις τῆς Γαλατίας,
2Co 8: 7 ἀλλ᾽ **ὥσπερ** ἐν παντὶ περισσεύετε, πίστει καὶ λόγῳ καὶ γνώσει καὶ πάσῃ σπουδῇ καὶ τῇ ἐξ ἡμῶν ἐν ὑμῖν ἀγάπῃ,
Gal 4:29 ἀλλ᾽ **ὥσπερ** τότε ὁ κατὰ σάρκα γεννηθεὶς ἐδίωκεν τὸν κατὰ πνεῦμα,
1Th 5: 3 τότε αἰφνίδιος αὐτοῖς ἐφίσταται ὄλεθρος **ὥσπερ** ἡ ὠδὶν τῇ ἐν γαστρὶ ἐχούσῃ,
Heb 4:10 ὁ γὰρ εἰσελθὼν εἰς τὴν κατάπαυσιν αὐτοῦ καὶ αὐτὸς κατέπαυσεν ἀπὸ τῶν ἔργων αὐτοῦ **ὥσπερ** ἀπὸ τῶν ἰδίων ὁ θεός.
7:27 ὃς οὐκ ἔχει καθ᾽ ἡμέραν ἀνάγκην, **ὥσπερ** οἱ ἀρχιερεῖς,
9:25 **ὥσπερ** ὁ ἀρχιερεὺς εἰσέρχεται εἰς τὰ ἅγια κατ᾽ ἐνιαυτὸν ἐν αἵματι ἀλλοτρίῳ,
Jas 2:26 **ὥσπερ** γὰρ τὸ σῶμα χωρὶς πνεύματος νεκρόν ἐστιν,
Rev 10: 3 καὶ ἔκραξεν φωνῇ μεγάλῃ **ὥσπερ** λέων μυκᾶται. καὶ ὅτε ἔκραξεν,

6062 ὡσπερεί [1]

√ *6055 + 4302 + 1623*

1Co 15: 8 ἔσχατον δὲ πάντων **ὡσπερεὶ** τῷ ἐκτρώματι ὤφθη κἀμοί.

6063 ὥστε [83]

√ *6055 + 5445*

οὕτως ... ὥστε [2] Jn 3:16; Ac 14:1

ὥστε μή [μηκέτι, μηδέ] [8] Mt 8:28; Mk 1:45; 2:2; 3:20; 1Co 1:7; 4:5; 5:8; 1Th 1:8

Mt 8:24 **ὥστε** τὸ πλοῖον καλύπτεσθαι ὑπὸ τῶν κυμάτων, αὐτὸς δὲ ἐκάθευδεν.
8:28 **ὥστε** μὴ ἰσχύειν τινὰ παρελθεῖν διὰ τῆς ὁδοῦ ἐκείνης.
10: 1 Καὶ προσκαλεσάμενος τοὺς δώδεκα μαθητὰς αὐτοῦ ἔδωκεν αὐτοῖς ἐξουσίαν πνευμάτων ἀκαθάρτων **ὥστε** ἐκβάλλειν αὐτὰ καὶ θεραπεύειν πᾶσαν νόσον καὶ πᾶσαν μαλακίαν.
12:12 πόσῳ οὖν διαφέρει ἄνθρωπος προβάτου. **ὥστε** ἔξεστιν τοῖς σάββασιν καλῶς ποιεῖν.
12:22 καὶ ἐθεράπευσεν αὐτόν, **ὥστε** τὸν κωφὸν λαλεῖν καὶ βλέπειν.
13: 2 καὶ συνήχθησαν πρὸς αὐτὸν ὄχλοι πολλοί, **ὥστε** αὐτὸν εἰς πλοῖον ἐμβάντα καθῆσθαι,
13:32 **ὥστε** ἐλθεῖν τὰ πετεινὰ τοῦ οὐρανοῦ καὶ κατασκηνοῦν ἐν τοῖς κλάδοις αὐτοῦ.
13:54 **ὥστε** ἐκπλήσσεσθαι αὐτοὺς καὶ λέγειν, Πόθεν τούτῳ ἡ σοφία αὕτη καὶ αἱ δυνάμεις;
15:31 **ὥστε** τὸν ὄχλον θαυμάσαι βλέποντας κωφοὺς λαλοῦντας, κυλλοὺς ὑγιεῖς καὶ χωλοὺς περιπατοῦντας καὶ τυφλοὺς βλέποντας·
15:33 Πόθεν ἡμῖν ἐν ἐρημίᾳ ἄρτοι τοσοῦτοι **ὥστε** χορτάσαι ὄχλον τοσοῦτον;
19: 6 **ὥστε** οὐκέτι εἰσὶν δύο ἀλλὰ σὰρξ μία. ὃ οὖν ὁ θεὸς συνέζευξεν ἄνθρωπος μὴ χωριζέτω.
23:31 **ὥστε** μαρτυρεῖτε ἑαυτοῖς ὅτι υἱοί ἐστε τῶν φονευσάντων τοὺς προφήτας.
24:24 ἐγερθήσονται γὰρ ψευδόχριστοι καὶ ψευδοπροφῆται καὶ δώσουσιν σημεῖα μεγάλα καὶ τέρατα **ὥστε** πλανῆσαι,
27: 1 Πρωΐας δὲ γενομένης συμβούλιον ἔλαβον πάντες οἱ ἀρχιερεῖς καὶ οἱ πρεσβύτεροι τοῦ λαοῦ κατὰ τοῦ Ἰησοῦ **ὥστε** θανατῶσαι αὐτόν·
27:14 καὶ οὐκ ἀπεκρίθη αὐτῷ πρὸς οὐδὲ ἓν ῥῆμα, **ὥστε** θαυμάζειν τὸν ἡγεμόνα λίαν.
Mk 1:27 ἐθαμβήθησαν ἅπαντες **ὥστε** συζητεῖν πρὸς ἑαυτοὺς λέγοντας,
1:45 **ὥστε** μηκέτι αὐτὸν δύνασθαι φανερῶς εἰς πόλιν εἰσελθεῖν,
2: 2 καὶ συνήχθησαν πολλοὶ **ὥστε** μηκέτι χωρεῖν μηδὲ τὰ πρὸς τὴν θύραν,
2:12 **ὥστε** ἐξίστασθαι πάντας καὶ δοξάζειν τὸν θεὸν λέγοντας ὅτι Οὕτως οὐδέποτε εἴδομεν.
2:28 **ὥστε** κύριός ἐστιν ὁ υἱὸς τοῦ ἀνθρώπου καὶ τοῦ σαββάτου.
3:10 **ὥστε** ἐπιπίπτειν αὐτῷ ἵνα αὐτοῦ ἅψωνται ὅσοι εἶχον μάστιγας.
3:20 καὶ συνέρχεται πάλιν [ὁ] ὄχλος, **ὥστε** μὴ δύνασθαι αὐτοὺς μηδὲ ἄρτον φαγεῖν.
4: 1 **ὥστε** αὐτὸν εἰς πλοῖον ἐμβάντα καθῆσθαι ἐν τῇ θαλάσσῃ,
4:32 **ὥστε** δύνασθαι ὑπὸ τὴν σκιὰν αὐτοῦ τὰ πετεινὰ τοῦ οὐρανοῦ κατασκηνοῦν.
4:37 καὶ γίνεται λαῖλαψ μεγάλη ἀνέμου καὶ τὰ κύματα ἐπέβαλλεν εἰς τὸ πλοῖον, **ὥστε** ἤδη γεμίζεσθαι τὸ πλοῖον.
9:26 καὶ ἐγένετο ὡσεὶ νεκρός, **ὥστε** τοὺς πολλοὺς λέγειν ὅτι ἀπέθανεν.
10: 8 καὶ ἔσονται οἱ δύο εἰς σάρκα μίαν· **ὥστε** οὐκέτι εἰσὶν δύο ἀλλὰ μία σάρξ.
15: 5 ὁ δὲ Ἰησοῦς οὐκέτι οὐδὲν ἀπεκρίθη, **ὥστε** θαυμάζειν τὸν Πιλᾶτον.
Lk 4:29 καὶ ἀναστάντες ἐξέβαλον αὐτὸν ἔξω τῆς πόλεως καὶ ἤγαγον αὐτὸν ἕως ὀφρύος τοῦ ὄρους ἐφ᾽ οὗ ἡ πόλις ᾠκοδόμητο αὐτῶν **ὥστε** κατακρημνίσαι αὐτόν·

5: 7 καὶ ἦλθον καὶ ἔπλησαν ἀμφότερα τὰ πλοῖα **ὥστε** βυθίζεσθαι αὐτά.
12: 1 **ὥστε** καταπατεῖν ἀλλήλους, ἤρξατο λέγειν πρὸς τοὺς μαθητὰς αὐτοῦ πρῶτον,
20:20 **ὥστε** παραδοῦναι αὐτὸν τῇ ἀρχῇ καὶ τῇ ἐξουσίᾳ τοῦ ἡγεμόνος.
Jn 3:16 Οὕτως γὰρ ἠγάπησεν ὁ θεὸς τὸν κόσμον, **ὥστε** τὸν υἱὸν τὸν μονογενῆ ἔδωκεν,
Ac 1:19 **ὥστε** κληθῆναι τὸ χωρίον ἐκεῖνο τῇ ἰδίᾳ διαλέκτῳ αὐτῶν Ἀκελδαμάχ,
5:15 **ὥστε** καὶ εἰς τὰς πλατείας ἐκφέρειν τοὺς ἀσθενεῖς καὶ τιθέναι ἐπὶ κλιναρίων καὶ κραβάττων,
14: 1 εἰς τὴν συναγωγὴν τῶν Ἰουδαίων καὶ λαλῆσαι οὕτως **ὥστε** πιστεῦσαι Ἰουδαίων τε καὶ Ἑλλήνων πολὺ πλῆθος.
15:39 ἐγένετο δὲ παροξυσμὸς **ὥστε** ἀποχωρισθῆναι αὐτοὺς ἀπ' ἀλλήλων,
16:26 ἄφνω δὲ σεισμὸς ἐγένετο μέγας **ὥστε** σαλευθῆναι τὰ θεμέλια τοῦ δεσμωτηρίου·
19:10 **ὥστε** πάντας τοὺς κατοικοῦντας τὴν Ἀσίαν ἀκοῦσαι τὸν λόγον τοῦ κυρίου,
19:12 **ὥστε** καὶ ἐπὶ τοὺς ἀσθενοῦντας ἀποφέρεσθαι ἀπὸ τοῦ χρωτὸς αὐτοῦ σουδάρια ἢ σιμικίνθια καὶ ἀπαλλάσσεσθαι ἀπ' αὐτῶν τὰς νόσους,
19:16 κατακυριεύσας ἀμφοτέρων ἴσχυσεν κατ' αὐτῶν **ὥστε** γυμνοὺς καὶ τετραυματισμένους ἐκφυγεῖν ἐκ τοῦ οἴκου ἐκείνου.
Ro 7: 4 **ὥστε,** ἀδελφοί μου, καὶ ὑμεῖς ἐθανατώθητε τῷ νόμῳ διὰ τοῦ σώματος τοῦ Χριστοῦ,
7: 6 **ὥστε** δουλεύειν ἡμᾶς ἐν καινότητι πνεύματος καὶ οὐ παλαιότητι γράμματος.
7:12 **ὥστε** ὁ μὲν νόμος ἅγιος καὶ ἡ ἐντολὴ ἁγία καὶ δικαία καὶ ἀγαθή.
13: 2 **ὥστε** ὁ ἀντιτασσόμενος τῇ ἐξουσίᾳ τῇ τοῦ θεοῦ διαταγῇ ἀνθέστηκεν,
15:19 **ὥστε** με ἀπὸ Ἰερουσαλὴμ καὶ κύκλῳ μέχρι τοῦ Ἰλλυρικοῦ πεπληρωκέναι τὸ εὐαγγέλιον τοῦ Χριστοῦ,
1Co 1: 7 **ὥστε** ὑμᾶς μὴ ὑστερεῖσθαι ἐν μηδενὶ χαρίσματι ἀπεκδεχομένους τὴν ἀποκάλυψιν τοῦ κυρίου ἡμῶν Ἰησοῦ Χριστοῦ·
3: 7 **ὥστε** οὔτε ὁ φυτεύων ἐστίν τι οὔτε ὁ ποτίζων ἀλλ' ὁ αὐξάνων θεός.
3:21 **ὥστε** μηδεὶς καυχάσθω ἐν ἀνθρώποις· πάντα γὰρ ὑμῶν ἐστιν,
4: 5 **ὥστε** μὴ πρὸ καιροῦ τι κρίνετε ἕως ἂν ἔλθῃ ὁ κύριος,
5: 1 καὶ τοιαύτη πορνεία ἥτις οὐδὲ ἐν τοῖς ἔθνεσιν, **ὥστε** γυναῖκά τινα τοῦ πατρὸς ἔχειν.
5: 8 **ὥστε** ἑορτάζωμεν μὴ ἐν ζύμῃ παλαιᾷ μηδὲ ἐν ζύμῃ κακίας καὶ πονηρίας ἀλλ' ἐν ἀζύμοις εἰλικρινείας καὶ ἀληθείας.
7:38 **ὥστε** καὶ ὁ γαμίζων τὴν ἑαυτοῦ παρθένον καλῶς ποιεῖ καὶ ὁ μὴ γαμίζων κρεῖσσον ποιήσει.
10:12 **ὥστε** ὁ δοκῶν ἑστάναι βλεπέτω μὴ πέσῃ.
11:27 **Ὥστε** ὃς ἂν ἐσθίῃ τὸν ἄρτον ἢ πίνῃ τὸ ποτήριον τοῦ κυρίου ἀναξίως,
11:33 **ὥστε,** ἀδελφοί μου, συνερχόμενοι εἰς τὸ φαγεῖν ἀλλήλους ἐκδέχεσθε.
13: 2 καὶ ἐὰν ἔχω προφητείαν καὶ εἰδῶ τὰ μυστήρια πάντα καὶ πᾶσαν τὴν γνῶσιν καὶ ἐὰν ἔχω πᾶσαν τὴν πίστιν **ὥστε** ὄρη μεθιστάναι,
14:22 **ὥστε** αἱ γλῶσσαι εἰς σημεῖόν εἰσιν οὐ τοῖς πιστεύουσιν ἀλλὰ τοῖς ἀπίστοις,
14:39 **ὥστε,** ἀδελφοί [μου,] ζηλοῦτε τὸ προφητεύειν καὶ τὸ λαλεῖν μὴ κωλύετε γλώσσαις·
15:58 **Ὥστε,** ἀδελφοί μου ἀγαπητοί, ἑδραῖοι γίνεσθε, ἀμετακίνητοι, περισσεύοντες ἐν τῷ ἔργῳ τοῦ κυρίου πάντοτε,
2Co 1: 8 ὅτι καθ' ὑπερβολὴν ὑπὲρ δύναμιν ἐβαρήθημεν **ὥστε** ἐξαπορηθῆναι ἡμᾶς καὶ τοῦ ζῆν·
2: 7 **ὥστε** τοὐναντίον μᾶλλον ὑμᾶς χαρίσασθαι καὶ παρακαλέσαι, μή πως τῇ περισσοτέρᾳ λύπῃ καταποθῇ ὁ τοιοῦτος.
3: 7 **ὥστε** μὴ δύνασθαι ἀτενίσαι τοὺς υἱοὺς Ἰσραὴλ εἰς τὸ πρόσωπον Μωϋσέως διὰ τὴν δόξαν τοῦ προσώπου αὐτοῦ τὴν καταργουμένην,
4:12 **ὥστε** ὁ θάνατος ἐν ἡμῖν ἐνεργεῖται, ἡ δὲ ζωὴ ἐν ὑμῖν.
5:16 **Ὥστε** ἡμεῖς ἀπὸ τοῦ νῦν οὐδένα οἴδαμεν κατὰ σάρκα·
5:17 **ὥστε** εἴ τις ἐν Χριστῷ, καινὴ κτίσις· τὰ ἀρχαῖα παρῆλθεν,
7: 7 τὸν ὑμῶν ζῆλον ὑπὲρ ἐμοῦ **ὥστε** με μᾶλλον χαρῆναι.
Gal 2:13 καὶ συνυπεκρίθησαν αὐτῷ [καὶ] οἱ λοιποὶ Ἰουδαῖοι, **ὥστε** καὶ Βαρναβᾶς συναπήχθη αὐτῶν τῇ ὑποκρίσει.
3: 9 **ὥστε** οἱ ἐκ πίστεως εὐλογοῦνται σὺν τῷ πιστῷ Ἀβραάμ.
3:24 **ὥστε** ὁ νόμος παιδαγωγὸς ἡμῶν γέγονεν εἰς Χριστόν,
4: 7 **ὥστε** οὐκέτι εἶ δοῦλος ἀλλὰ υἱός· εἰ δὲ υἱός,
4:16 **ὥστε** ἐχθρὸς ὑμῶν γέγονα ἀληθεύων ὑμῖν;
Php 1:13 **ὥστε** τοὺς δεσμούς μου φανεροὺς ἐν Χριστῷ γενέσθαι ἐν ὅλῳ τῷ πραιτωρίῳ καὶ τοῖς λοιποῖς πᾶσιν,
2:12 **Ὥστε,** ἀγαπητοί μου, καθὼς πάντοτε ὑπηκούσατε, μὴ ὡς ἐν τῇ παρουσίᾳ μου μόνον ἀλλὰ νῦν πολλῷ μᾶλλον ἐν τῇ ἀπουσίᾳ μου,
4: 1 **Ὥστε,** ἀδελφοί μου ἀγαπητοὶ καὶ ἐπιπόθητοι, χαρὰ καὶ στέφανός μου,
1Th 1: 7 **ὥστε** γενέσθαι ὑμᾶς τύπον πᾶσιν τοῖς πιστεύουσιν ἐν τῇ Μακεδονίᾳ καὶ ἐν τῇ Ἀχαΐᾳ.
1: 8 ἀλλ' ἐν παντὶ τόπῳ ἡ πίστις ὑμῶν ἡ πρὸς τὸν θεὸν ἐξελήλυθεν, **ὥστε** μὴ χρείαν ἔχειν ἡμᾶς λαλεῖν τι.
4:18 **Ὥστε** παρακαλεῖτε ἀλλήλους ἐν τοῖς λόγοις τούτοις.
2Th 1: 4 **ὥστε** αὐτοὺς ἡμᾶς ἐν ὑμῖν ἐγκαυχᾶσθαι ἐν ταῖς ἐκκλησίαις τοῦ θεοῦ ὑπὲρ τῆς ὑπομονῆς ὑμῶν καὶ πίστεως ἐν πᾶσιν τοῖς διωγμοῖς ὑμῶν καὶ ταῖς θλίψεσιν αἷς ἀνέχεσθε,
2: 4 **ὥστε** αὐτὸν εἰς τὸν ναὸν τοῦ θεοῦ καθίσαι ἀποδεικνύντα ἑαυτὸν ὅτι ἔστιν θεός.
Heb 13: 6 **ὥστε** θαρροῦντας ἡμᾶς λέγειν, Κύριος ἐμοὶ βοηθός, [καὶ] οὐ φοβηθήσομαι,
1Pe 1:21 **ὥστε** τὴν πίστιν ὑμῶν καὶ ἐλπίδα εἶναι εἰς θεόν.
4:19 **ὥστε** καὶ οἱ πάσχοντες κατὰ τὸ θέλημα τοῦ θεοῦ πιστῷ κτίστῃ παρατιθέσθωσαν τὰς ψυχὰς αὐτῶν ἐν ἀγαθοποιΐᾳ.

6064 ὠτάριον [2]

√ *4044*

Mk 14:47 εἷς δέ [τις] τῶν παρεστηκότων σπασάμενος τὴν μάχαιραν ἔπαισεν τὸν δοῦλον τοῦ ἀρχιερέως καὶ ἀφεῖλεν αὐτοῦ τὸ **ὠτάριον.**
Jn 18:10 Σίμων οὖν Πέτρος ἔχων μάχαιραν εἵλκυσεν αὐτὴν καὶ ἔπαισεν τὸν τοῦ ἀρχιερέως δοῦλον καὶ ἀπέκοψεν αὐτοῦ τὸ **ὠτάριον** τὸ δεξιόν·

6065 ὠτίον [3]

√ *4044*

Mt 26:51 καὶ ἰδοὺ εἷς τῶν μετὰ Ἰησοῦ ἐκτείνας τὴν χεῖρα ἀπέσπασεν τὴν μάχαιραν αὐτοῦ καὶ πατάξας τὸν δοῦλον τοῦ ἀρχιερέως ἀφεῖλεν αὐτοῦ τὸ **ὠτίον.**
Lk 22:51 Ἐᾶτε ἕως τούτου· καὶ ἁψάμενος τοῦ **ὠτίου** ἰάσατο αὐτόν.
Jn 18:26 λέγει εἷς ἐκ τῶν δούλων τοῦ ἀρχιερέως, συγγενὴς ὢν οὗ ἀπέκοψεν Πέτρος τὸ **ὠτίον,**

6066 ὠφέλεια [2]

√ *6067*

Ro 3: 1 Τί οὖν τὸ περισσὸν τοῦ Ἰουδαίου ἢ τίς ἡ **ὠφέλεια** τῆς περιτομῆς;
Jude 1:16 καὶ τὸ στόμα αὐτῶν λαλεῖ ὑπέρογκα, θαυμάζοντες πρόσωπα **ὠφελείας** χάριν.

6067 ὠφελέω [15]

→ *543, 4055, 6066, 6068*

Mt 15: 5 Ὃς ἂν εἴπῃ τῷ πατρὶ ἢ τῇ μητρί, Δῶρον ὃ ἐὰν ἐξ ἐμοῦ **ὠφεληθῇς,**
16:26 τί γὰρ **ὠφεληθήσεται** ἄνθρωπος ἐὰν τὸν κόσμον ὅλον κερδήσῃ τὴν δὲ ψυχὴν αὐτοῦ ζημιωθῇ;
27:24 ἰδὼν δὲ ὁ Πιλᾶτος ὅτι οὐδὲν **ὠφελεῖ** ἀλλὰ μᾶλλον θόρυβος γίνεται,
Mk 5:26 καὶ πολλὰ παθοῦσα ὑπὸ πολλῶν ἰατρῶν καὶ δαπανήσασα τὰ παρ' αὐτῆς πάντα καὶ μηδὲν **ὠφεληθεῖσα** ἀλλὰ μᾶλλον εἰς τὸ χεῖρον ἐλθοῦσα,
7:11 ὅ ἐστιν, Δῶρον, ὃ ἐὰν ἐξ ἐμοῦ **ὠφεληθῇς,**
8:36 τί γὰρ **ὠφελεῖ** ἄνθρωπον κερδῆσαι τὸν κόσμον ὅλον καὶ ζημιωθῆναι τὴν ψυχὴν αὐτοῦ;
Lk 9:25 τί γὰρ **ὠφελεῖται** ἄνθρωπος κερδήσας τὸν κόσμον ὅλον ἑαυτὸν δὲ ἀπολέσας ἢ ζημιωθείς;
Jn 6:63 τὸ πνεῦμά ἐστιν τὸ ζῳοποιοῦν, ἡ σὰρξ οὐκ **ὠφελεῖ** οὐδέν·
12:19 οἱ οὖν Φαρισαῖοι εἶπαν πρὸς ἑαυτούς, Θεωρεῖτε ὅτι οὐκ **ὠφελεῖτε** οὐδέν·
Ro 2:25 περιτομὴ μὲν γὰρ **ὠφελεῖ** ἐὰν νόμον πράσσῃς· ἐὰν δὲ παραβάτης νόμου ἦς,

1Co 13: 3 κἂν ψωμίσω πάντα τὰ ὑπάρχοντά μου καὶ ἐὰν παραδῶ τὸ σῶμά μου ἵνα καυχήσωμαι, ἀγάπην δὲ μὴ ἔχω, οὐδὲν **ὠφελοῦμαι.**

14: 6 τί ὑμᾶς **ὠφελήσω** ἐὰν μὴ ὑμῖν λαλήσω ἢ ἐν ἀποκαλύψει ἢ ἐν γνώσει ἢ ἐν προφητείᾳ ἢ [ἐν] διδαχῇ;

Gal 5: 2 Ἴδε ἐγὼ Παῦλος λέγω ὑμῖν ὅτι ἐὰν περιτέμνησθε, Χριστὸς ὑμᾶς οὐδὲν **ὠφελήσει.**

Heb 4: 2 ἀλλ᾽ οὐκ **ὠφέλησεν** ὁ λόγος τῆς ἀκοῆς ἐκείνους μὴ συγκεκερασμένους τῇ πίστει τοῖς ἀκούσασιν.

13: 9 οὐ βρώμασιν ἐν οἷς οὐκ **ὠφελήθησαν** οἱ περιπατοῦντες.

6068 ὠφέλιμος [4]

√ *6067*

1Ti 4: 8 ἡ γὰρ σωματικὴ γυμνασία πρὸς ὀλίγον ἐστὶν **ὠφέλιμος,** ἡ δὲ εὐσέβεια πρὸς πάντα **ὠφέλιμός** ἐστιν ἐπαγγελίαν ἔχουσα ζωῆς τῆς νῦν καὶ τῆς μελλούσης.

2Ti 3:16 πᾶσα γραφὴ θεόπνευστος καὶ **ὠφέλιμος** πρὸς διδασκαλίαν, πρὸς ἐλεγμόν,

Tit 3: 8 ἵνα φροντίζωσιν καλῶν ἔργων προΐστασθαι οἱ πεπιστευκότες θεῷ· ταῦτά ἐστιν καλὰ καὶ **ὠφέλιμα** τοῖς ἀνθρώποις.

Index of Articles, Conjunctions, Particles, Prepositions and Pronouns

247 ἀλλά [638]

Mt 4:4; **5:**15, 17, 39; **6:**13, 18; **7:**21; **8:**4, 8; **9:**12, 13, 17, 18, 24; **10:**20, 34; **11:**8, 9; **13:**21; **15:**11; **16:**12, 17, 23; **17:**12; **18:**22, 30; **19:**6, 11; **20:**23, 26, 28; **21:**21; **22:**30, 32; **24:**6; **26:**39; **27:**24; **Mk 1:**44, 45; **2:**17, 17, 22; **3:**26, 27, 29; **4:**17, 22; **5:**19, 26, 39; **6:**9, 52; **7:**5, 15, 19, 25; **8:**33; **9:**8, 13, 22, 37; **10:**8, 27, 40, 43, 45; **11:**23, 32; **12:**14, 25, 27; **13:**7, 11, 11, 20, 24; **14:**28, 29, 36, 36, 49; **16:**7; **Lk 1:**60; **5:**14, 31, 32, 38; **6:**27; **7:**7, 25, 26; **8:**16, 27, 52; **11:**33, 42; **12:**7, 51; **13:**3, 5; **14:**10, 13; **16:**21, 30; **17:**8; **18:**13; **20:**21, 38; **21:**9; **22:**26, 36, 42, 53; **23:**15; **24:**6, 21, 22; **Jn 1:**8, 13, 31, 33; **3:**8, 16, 17, 28, 36; **4:**2, 14, 23; **5:**18, 22, 24, 30, 34, 42; **6:**9, 22, 26, 27, 32, 36, 38, 39, 64; **7:**10, 12, 16, 22, 24, 27, 28, 44, 49; **8:**12, 16, 26, 28, 37, 42, 49, 55; **9:**3, 9, 31; **10:**1, 5, 8, 18, 26, 33; **11:**4, 11, 15, 22, 30, 42, 51, 52, 54; **12:**6, 9, 16, 27, 30, 42, 44, 47, 49; **13:**9, 10, 10, 18; **14:**24, 31; **15:**16, 19, 21, 25; **16:**2, 4, 6, 7, 12, 13, 20, 25, 33; **17:**9, 15, 20; **18:**28, 40; **19:**21, 24, 34; **20:**7, 27; **21:**8, 23; **Ac 1:**4, 8; **2:**16; **4:**17, 32; **5:**4, 13; **7:**39, 48; **9:**6; **10:**20, 35, 41; **13:**25; **15:**11, 20; **16:**37; **18:**9, 21; **19:**2, 26, 27; **20:**24; **21:**13, 24; **26:**16, 20, 25, 29; **27:**10; **Ro 1:**21, 32; **2:**13, 29, 29; **3:**27, 31; **4:**2, 4, 10, 12, 13, 16, 20, 24; **5:**3, 11, 14, 15; **6:**5, 13, 14, 15; **7:**7, 13, 15, 17, 19, 20; **8:**4, 9, 15, 20, 23, 26, 32, 37; **9:**7, 8, 10, 12, 16, 24, 32; **10:**2, 8, 16, 18, 19; **11:**4, 11, 18, 20; **12:**2, 3, 16, 19, 20, 21; **13:**3, 5, 14; **14:**13, 17, 20; **15:**3, 21; **16:**4, 18; **1Co 1:**17, 27; **2:**4, 5, 7, 9, 12, 13; **3:**1, 2, 6, 7; **4:**3, 4, 14, 15, 19, 20; **5:**8; **6:**6, 8, 11, 11, 11, 12, 12, 13; **7:**4, 4, 7, 10, 19, 21, 35; **8:**6, 7; **9:**2, 12, 12, 21, 27; **10:**5, 13, 20, 23, 23, 24, 29, 33; **11:**8, 9, 17; **12:**14, 22, 24, 25; **14:**2, 17, 19, 20, 22, 22, 33, 34; **15:**10, 10, 35, 37, 39, 40, 46, 46; **2Co 1:**9, 9, 12, 13, 19, 24; **2:**4, 5, 13, 17, 17; **3:**3, 3, 5, 6, 14, 15; **4:**2, 2, 5, 8, 8, 9, 9, 16, 16, 18; **5:**4, 12, 15, 16; **6:**4; **7:**5, 6, 7, 9, 11, 11, 11, 11, 11, 11, 12, 14; **8:**5, 7, 8, 10, 13, 19, 21; **9:**12; **10:**4, 12, 13, 18; **11:**1, 6, 6, 17; **12:**14, 14, 16; **13:**3, 4, 4, 7, 8; **Gal 1:**1, 8, 12, 17; **2:**3, 7, 14; **3:**12, 16, 22; **4:**2, 7, 8, 14, 17, 23, 29, 30, 31; **5:**6, 13; **6:**13, 15; **Eph 1:**21; **2:**19; **4:**29; **5:**4, 15, 17, 18, 24, 27, 29; **6:**4, 6, 12; **Php 1:**18, 20, 29; **2:**3, 4, 7, 12, 17, 27, 27; **3:**7, 8, 9; **4:**6, 17; **Col 2:**5; **3:**11, 22; **1Th 1:**5, 8; **2:**2, 4, 4, 7, 8, 13; **4:**7, 8; **5:**6, 9, 15; **2Th 2:**12; **3:**8, 9, 11, 15; **1Ti 1:**13, 16; **2:**10, 12; **3:**3; **4:**12; **5:**1, 13, 23; **6:**2, 4, 17; **2Ti 1:**7, 8, 9, 12, 17; **2:**9, 20, 24; **3:**9; **4:**3, 8, 16; **Tit 1:**8, 15; **2:**10; **3:**5; **Phm 1:**14, 16; **Heb 2:**16; **3:**13, 16; **4:**2; **5:**4, 5; **7:**16; **9:**24; **10:**3, 25, 39; **11:**13; **12:**11, 22, 26; **13:**14; **Jas 1:**25, 26; **2:**18; **3:**15; **4:**11; **1Pe 1:**15, 19, 23; **2:**16, 18, 20, 25; **3:**4, 14, 16, 21; **4:**2, 13; **5:**2, 2, 3; **2Pe 1:**16, 21; **2:**4, 5; **3:**9, 9; **1Jn 2:**2, 7, 16, 19, 19, 21, 27; **3:**18; **4:**1, 10, 18; **5:**6, 18; **2Jn 1:**1, 5, 8, 12; **3Jn 1:**9, 11, 13; **Jude 1:**6, 9; **Rev 2:**4, 6, 9, 9, 14, 20; **3:**4, 9; **9:**5; **10:**7, 9; **17:**12; **20:**6

608 ἀπό [646 / 648]

Mt 1:17, 17, 17, 21, 24; **2:**1, 16; **3:**4, 7, 13, 16; **4:**17, 25; **5:**18, 29, 30, 42; **6:**13; **7:**15, 16, 16, 16, 20, 23; **8:**1, 11, 30, 34; **9:**15, 16, 22; **10:**17, 28; **11:**12, 19, 25, 29; **12:**38, 43; **13:**12, 35, 44; **14:**2, 13, 24, 26, 29; **15:**1, 8, 22, 27, 27, 28; **16:**6, 11, 12, 12, 21, 21; **17:**18, 18, 25, 25, 25, 26; **18:**7, 8, 9, 35; **19:**1, 4, 8; **20:**8, 20, 29; **21:**8, 11, 43; **22:**46; **23:**33, 34, 35, 39; **24:**1, 21, 27, 29, 31, 32; **25:**28, 29, 32, 32, 34, 41; **26:**16, 29, 39, 47, 58, 64; **27:**9, 21, 24, 40, 42, 45, 51, 55, 55, 57, 64; **28:**4, 7, 8; **Mk 1:**9, 42; **2:**20, 21; **3:**7, 7, 8, 8, 22; **4:**25; **5:**6, 17, 29, 34, 35; **6:**33, 43; **7:**1, 4, 6, 17, 28, 33; **8:**3, 11, 15; **10:**6, 46; **11:**12, 13; **12:**2, 34, 38; **13:**19, 27, 28; **14:**35, 36, 54; **15:**21, 30, 32, 38, 40, 43, 45; **16:**8, S[UBS]; **Lk 1:**2, 26, 38, 48, 52, 70; **2:**4, 15, 36; **3:**7; **4:**1, 13, 35, 35, 38, 41, 42; **5:**2, 3, 8, 10, 13, 15, 35, 36, 36; **6:**13, 17, 18, 18, 29, 30; **7:**6, 21, 35, 45; **8:**2, 2, 12, 18, 29, 33, 35, 37, 38, 43, 43, 46; **9:**5, 5, 22, 33, 37, 38, 39, 45, 54; **10:**21, 30; **11:**24, 50, 50, 51, 51; **12:**1, 4, 15, 20, 52, 57, 58; **13:**7, 15, 16, 25, 27, 29, 29; **14:**18; **15:**16[NIV]; **16:**3, 16, 18, 21, 21, 23, 30; **17:**25, 29, 29; **18:**3, 34; **19:**3, 24, 26, 39, 42; **20:**10, 46; **21:**11, 26, 30; **22:**18, 18, 41, 42, 43, 45, 45, 69, 71; **23:**5, 26, 49, 49, 51; **24:**2, 9, 13, 21, 27, 27, 31, 41, 47, 51; **Jn 1:**44, 45; **3:**2; **5:**19, 30; **6:**38; **7:**17, 18, 28, 42; **8:**9, 11, 28, 42, 44; **10:**5, 18, 18; **11:**1, 18, 51, 53; **12:**21, 36; **13:**3, 19; **14:**7, 10; **15:**4, 27; **16:**13, 22, 30; **18:**28, 34; **19:**27, 38; **21:**2, 6, 8, 8, 10; **Ac 1:**4, 9, 11, 12, 22, 22, 25; **2:**5, 17, 18, 22, 40; **3:**20, 21, 24, 26; **4:**36; **5:**2, 3, 38, 41; **6:**9; **7:**45; **8:**10, 22, 26, 33, 35; **9:**8, 13, 18; **10:**23, 30, 37, 38; **11:**11, 19, 27; **12:**1, 10, 14, 19, 20, 25[NIV]; **13:**8, 13, 13, 14, 23, 29, 31, 38, 50; **14:**15, 19; **15:**1, 4, 5, 7, 18, 19, 33, 38, 38, 39; **16:**11, 18, 33, 39, 40; **17:**2, 13, 27; **18:**2, 2, 5, 6, 16, 21; **19:**9, 12, 12; **20:**6, 9, 9, 17, 18, 18, 26; **21:**1, 7, 10, 16, 21, 27; **22:**11, 22, 29; **23:**21, 23, 34; **24:**11, 19; **25:**1, 7; **26:**4, 18, 22; **27:**21, 34, 44; **28:**3, 21, 23, 23; **Ro 1:**7, 18, 20; **5:**9, 14; **6:**7, 18, 22; **7:**2, 3, 6; **8:**2, 21, 35, 39; **9:**3; **11:**25, 26; **15:**15, 19, 23, 24, 31; **16:**17; **1Co 1:**3, 30; **4:**5; **6:**19; **7:**10, 27; **10:**14; **11:**23; **14:**36; **2Co 1:**2, 14, 16; **2:**3, 5; **3:**5, 18, 18; **5:**6, 16; **7:**1, 13; **8:**10; **9:**2; **11:**3, 9; **12:**8; **Gal 1:**1, 3, 6; **2:**6, 12; **3:**2; **4:**24; **5:**4; **Eph 1:**2; **3:**9; **4:**31; **6:**23; **Php 1:**2, 5, 28; **4:**15; **Col 1:**2, 6, 7, 9, 23, 26, 26; **2:**20; **3:**24; **1Th 1:**8, 9; **2:**6, 6, 17; **3:**6; **4:**3, 16; **5:**22; **2Th 1:**2, 7, 9, 9; **2:**2, 13[NIV]; **3:**2, 3, 6; **1Ti 1:**2; **3:**7; **6:**10; **2Ti 1:**2, 3; **2:**19, 21; **3:**15; **4:**4, 18; **Tit 1:**4; **2:**14; **Phm 1:**3; **Heb 3:**12; **4:**3, 4, 10, 10; **5:**7, 8; **6:**1, 7; **7:**1, 2, 13, 26; **8:**11; **9:**14, 26; **10:**22; **11:**12, 15, 34; **12:**15, 25; **13:**24; **Jas 1:**13, 17, 27; **4:**7; **5:**4, 19; **1Pe 1:**12; **3:**10, 11; **4:**17, 17; **2Pe 1:**21; **3:**4, 4; **1Jn 1:**1, 5, 7, 9; **2:**7, 13, 14, 20, 24, 24, 27, 28; **3:**8, 11, 17, 22; **4:**21; **5:**15, 21; **2Jn 1:**5, 6; **3Jn 1:**7; **Jude 1:**14, 23; **Rev 1:**4, 4, 5; **3:** 12; **6:**16, 16; **7:**2; **9:**6, 18; **12:**6, 14; **13:**8; **14:**3, 4, 13, 20; **16:**12, 17, 18; **17:**8; **18:**10, 14, 14, 15, 15, 17; **19:**5; **20:**11; **21:**2, 10, 13, 13, 13, 13; **22:**19, 19

899 αὐτός [5601 / 5593]

αὐτά [57 / 58]

Mt 6:26; **10:**1; **11:**25; **13:**4, 7, 28, 30, 30, 39; **19:**14; **23:**4; **27:**6, 10; **Mk 5:**10; **8:**7; **10:**14, 16, 16; **15:**24; **Lk 4:**41; **5:**7; **6:**23, 26; **10:**21; **14:**19; **17:**30, 31; **18:**16, 16; **Jn 5:**36, 36; **10:**3, 12, 27, 28, 29[NIV]; **13:**17; **14:**11; **15:**6; **Ac 2:**45; **15:**27; **Ro 1:**32; **2:**1, 3; **10:**5; **Gal 3:**10, 12; **Eph 6:**4, 9; **Php 3:**1; **1Th 2:**14; **Heb 9:**23; **1Pe 1:**12; **5:**9; **Rev 10:**4; **11:**6; **18:**14; **22:**18

αὐταῖς [20]

Mt 28:9, 10; **Mk 16:**6; **Lk 8:**3; **13:**14; **24:**4, 10, 11; **Jn 5:**39; **1Co 14:**34; **Php 4:**3; **1Ti 1:**18; **5:**16; **Heb 10:**1, 3; **2Pe 3:**16; **Rev 9:**3, 4, 19; **15:**1

αὐτάς [12]

Mk 16:8; **Lk 23:**28; **24:**4, 5; **Jn 2:**7; **11:**19; **14:**21; **Col 3:**19; **Heb 10:**11; **11:**13; **Jude 1:**7; **Rev 7:**14

αὐτή [11]

Mk 10:12; **Lk 1:**36; **2:**37; **7:**12; **8:**42; **Ro 8:**21; **16:**2; **1Co 11:**14; **15:**39; **Heb 11:**11; **Rev 18:**6

αὐτῇ [108]

Mt 1:20; **5:**31; **10:**11; **12:**39; **14:**7; **15:**23, 28; **16:**4; **20:**21; **21:**19, 19; **22:**39; **Mk 5:**23, 33, 34, 41, 43; **6:**23; **7:**27, 29; **11:**13, 14; **14:**5, 6; **Lk 1:**30, 35, 36, 45, 56, 58; **2:**8, 38; **7:**12, 13, 13, 48; **8:**48, 55; **10:**7, 9, 21, 40, 41; **11:**29; **12:**12; **13:**6, 12, 13, 31; **20:**19; **23:**12; **24:**13, 18, 33; **Jn 2:**4; **4:**7, 10, 13, 16, 17, 21, 26; **8:**10; **11:**23, 25, 31, 33, 40; **20:**13, 15, 16, 17, 18; **Ac 1:**20; **7:**5; **9:**38, 41; **16:**18; **20:**22; **22:**13; **Ro 6:**2;

9:12; 16:2; 1Co 1:10; 11:15, 15; Col 4:2; Jas 3:9, 9; 2Pe 3:10; 2Jn 1:6; Rev 1:3; 2:21; 10:6, 6; 13:12; 16:19; 18:6, 6, 7, 20, 24; 19:8, 15; 20:13; 21:22, 23; 22:3

αὐτήν [138]

Mt 1:19, 19, 25; 5:28, 28, 30, 32; 7:14; 8:15; 9:18, 22; 10:12, 13, 39, 39; 11:12; 12:41, 42; 14:4; 15:23; 16:25, 25; 19:7; 21:19; 22:28; 23:37; Mk 1:31, 31; 4:30; 6:17, 26, 28, 28; 8:35, 35; 9:43; 10:11, 15; 11:2, 13; 12:21, 23; 14:6; Lk 1:28, 57, 61; 2:6; 4:6, 39; 6:48, 48; 7:13; 8:52; 9:24, 24; 11:32; 13:7, 8, 8, 9, 12, 18, 34; 16:16; 17:33, 33; 18:5, 17; 19:41; 20:31, 33; 21:21; Jn 8:3, 7; 10:17, 18, 18, 18, 18; 11:31, 33; 12:7, 25, 25; 18:10; 19:27; Ac 5:8, 9, 10; 7:5, 44; 9:37, 37, 41, 41; 12:15; 15:16; 21:3; 27:8, 32; Ro 7:3; 12:4; 16:2; 1Co 7:12; 2Co 3:18; 6:13; 8:16; Gal 1:13; Eph 5:26, 29; Php 2:2; Col 4:17; Heb 4:6; 5:3; 6:11; 10:1; 12:17; 1Pe 3:11; 4:1, 4; 1Jn 2:21; Rev 2:22; 3:8; 11:2; 12:6, 15; 17:6, 7, 16, 16; 18:7, 8, 9, 11; 21:23, 24, 26, 27

αὐτῆς [169]

Mt 1:19; 2:16, 18; 6:34; 7:13, 27; 8:15; 9:25; 10:35, 35; 11:19; 14:8, 11; 15:28; 16:18; 20:20; 21:2, 43; 23:37; 24:29, 32; 26:13, 52; Mk 1:30; 5:26, 29; 6:24, 28; 7:25, 26, 30; 10:12; 12:44, 44; 13:24, 28; 14:9; 16:11; Lk 1:5, 18, 36, 38, 41, 56, 58, 58; 2:7, 19, 35, 36, 51; 4:38, 39; 7:35, 38, 44, 47; 8:44, 54, 55, 56; 10:10, 42; 12:53; 21:4, 20, 21; Jn 4:27, 28; 11:1, 2, 4, 5, 28, 31; 12:3; 16:21; Ac 5:10; 8:27; 9:40; 13:17; 15:16; 16:15, 16, 18, 19; 19:27; 27:14; Ro 7:11; 13:3; 1Co 7:13, 39; 10:26; 11:5; Gal 4:25, 30; Eph 5:25; Col 4:15; 2Ti 3:5; Heb 6:7; 7:11, 18; 9:5; 11:4, 9; 12:11, 15; Jas 3:11; 5:18; 1Pe 1:24; 2Jn 1:1; 3Jn 1:12; Rev 2:5, 21, 22, 22, 23; 6:13; 8:12; 12:1, 1, 4, 5, 14, 16, 17; 14:8, 18; 16:21; 17:2, 4, 4, 5, 16; 18:3, 3, 3, 4, 4, 4, 5, 5, 6, 7, 8, 9, 9, 10, 15, 15, 18, 19, 20; 19:2, 2, 3; 21:2, 11, 15, 15, 16, 16, 17, 18, 22, 23, 24, 25; 22:2

αὐτό [105 / 106]

Mt 2:13; 5:46, 47; 12:11; 14:12[NIV]; 17:19; 18:2, 13; 22:34; 26:29, 42; 27:44, 59, 60; Mk 4:4, 7; 6:29; 9:18, 28, 36, 36, 50; 14:25; Lk 1:59, 62; 2:28, 40; 6:33; 8:5, 7; 9:40, 45, 47; 11:14; 14:35; 15:4; 17:35; 19:23; 22:16; 23:53, 53[NIV]; Jn 1:5; 6:39; 12:7, 14; 14:17, 17; 15:2, 2; 18:11; 19:40; 21:6; Ac 1:15; 2:1, 44, 47; 4:26; 7:6; 14:1; 27:6; Ro 7:17, 20; 8:16, 26; 9:17; 12:16; 13:6; 15:5; 1Co 1:10; 3:13[UBS]; 7:5; 10:3, 4; 11:5, 20; 12:4, 8, 11, 25; 14:23; 2Co 2:3; 3:14; 4:13; 5:5; 7:11; 13:11; Gal 1:12; 2:10; Eph 6:18, 22; Php 1:6; 2:2, 18; 4:2; Col 2:14, 14; 4:4, 8; 1Th 4:10; Heb 9:19; 1Pe 4:10; 2Pe 1:5; Rev 5:3, 4; 10:9, 10, 10

αὐτοί [86 / 85]

Mt 5:4, 5, 6, 7, 8, 9; 12:27; 20:10; 23:4; 25:44; Mk 6:31; 7:36; Lk 2:50; 6:11; 9:36; 11:4, 19, 46, 48, 52; 13:4; 14:1, 12; 16:28; 17:13; 18:34; 22:23, 71; 24:14, 35, 52; Jn 3:28; 4:42, 45; 6:24; 17:8, 11, 19, 21; 18:28; Ac 2:22; 13:4, 14; 15:32; 16:37; 18:15; 20:34; 22:19; 24:15, 20; 27:36; 28:28; Ro 8:23[UBS], 23; 11:31; 15:14; 2Co 1:4, 9; 6:16; 10:12; Gal 2:9, 17; 6:13; 1Th 1:9; 2:1, 14; 3:3; 4:9; 5:2; 2Th 3:7; 2Ti 2:10; Heb 1:11; 3:10; 8:9, 10; 13:3, 17; Jas 2:6, 7; 1Pe 1:15; 2:5; 2Pe 2:19; 1Jn 4:5; Rev 6:11; 12:11; 21:3

αὐτοῖς [558]

Mt 3:7; 4:16, 19; 6:1, 8; 7:12, 23; 8:4, 26, 32; 9:15, 18, 28, 30; 10:1, 5, 18; 11:4; 12:3, 11, 16, 25, 39; 13:3, 10, 11[UBS], 13, 14, 24, 28, 29, 31, 33, 34, 51[NIV], 52, 57; 14:14, 16, 16, 27; 15:3, 10, 34; 16:1, 2, 6, 15; 17:3, 9, 13, 20, 22, 27; 18:19; 19:8, 11, 13, 13, 15, 26, 28; 20:6, 7, 8, 17, 23, 31; 21:2, 6, 13, 16, 21, 24, 27, 31, 36, 42; 22:1, 20, 21, 29, 43; 24:2, 4, 45; 25:14, 16, 40, 45; 26:10, 19, 27, 31, 38, 45, 48; 27:17, 21, 22, 26, 65; 28:16, 18; Mk 1:17, 31, 38, 44; 2:2, 8, 17, 19, 25, 27; 3:4, 12, 17, 23, 33; 4:2, 11, 12, 13, 21, 24, 33, 34, 35, 40; 5:13, 16, 19, 39, 43; 6:4, 7, 8, 10, 11, 31, 37, 37, 37, 38, 39, 41, 46, 48, 50; 7:6, 9, 14, 18, 36, 36; 8:1, 15, 17, 21, 27, 30, 34; 9:1, 4, 7, 9, 12, 19, 29, 31, 35, 36; 10:3, 5, 11, 13, 14, 24, 27, 32, 36, 38, 39, 42; 11:2, 5, 6, 17, 22, 29, 33; 12:1, 15, 16, 17, 24, 28, 43, 44; 13:5, 9; 14:7, 10, 13, 16, 20, 22, 23, 24, 27, 34, 41, 44, 48; 15:6, 8, 9, 11, 12, 14, 15; 16:14, 15, 19; Lk 1:7, 22, 22; 2:7, 9, 10, 17, 50, 51; 3:11, 14; 4:39; 5:7, 14; 6:5, 31, 39; 7:6, 22; 8:3, 25, 31, 32, 32, 36, 56; 9:1, 11, 13, 17, 20, 21, 46, 48, 55; 10:9, 18; 11:2, 17; 12:37; 13:2, 32; 15:2, 6, 12; 16:15, 28; 17:14, 20, 37; 18:1, 7, 15, 29; 19:13, 32, 46; 20:8, 15, 17, 34; 21:4, 10, 29; 22:4, 6, 10, 13, 19, 24, 25, 35, 36, 38, 40, 46, 67; 23:20, 34; 24:15, 19, 27, 29, 30, 33, 35, 36, 38, 40, 41, 46; Jn 1:12, 26, 38, 39; 2:7, 8, 19, 24; 4:32, 34, 40; 5:11, 17, 19; 6:7, 20, 26, 29, 31, 32, 35, 43, 53, 61, 70; 7:6, 16, 21, 45, 47; 8:7, 12, 14, 21, 23, 25, 27, 28, 34, 39, 42, 58[UBS]; 9:15, 16, 27, 30, 41; 10:6, 6, 25, 28, 32, 34; 11:11, 14, 44, 46, 49; 12:23, 35; 13:12; 15:22, 24; 16:19, 31; 17:2, 8, 10, 14, 22, 23, 26, 26, 26; 18:4, 5, 6, 21, 31, 38; 19:4, 5, 6, 15, 16; 20:2, 13, 17, 19, 20, 21, 22, 23, 25; 21:3, 5, 6, 10, 12, 13; Ac 1:3, 4, 10, 26; 2:3, 4, 14; 3:5, 8; 4:1, 3, 14, 17, 24, 32, 34; 5:13, 25; 6:6; 7:25, 26, 43, 60; 8:5, 18; 9:27, 39; 10:8, 20, 23; 11:3, 4, 12, 17, 26; 12:10, 17, 17; 13:3, 8, 21, 22, 42, 43; 14:15, 18, 23; 15:8, 8[NIV], 20, 38; 16:4, 23; 17:2, 34; 18:2, 3, 11; 19:6, 15; 20:7, 18, 36; 21:7, 24, 24, 26; 22:2; 23:21, 31; 24:21; 25:6, 11; 26:11, 30; 27:10, 27; 28:14; Ro 1:19, 19, 24; 4:11; 9:26; 10:2, 5; 11:8, 9, 17, 27; 15:27, 28; 16:14, 15; 1Co 1:24; 7:8; 11:13; 2Co 2:13; 5:19; 6:16; 8:22; 12:18; Gal 2:2; 3:12; Eph 2:10; 4:18; Php 1:28; 1Th 4:17; 5:3; 2Th 2:11; 1Ti 4:16; 2Ti 2:25; 4:16; Tit 3:13; Heb 6:16; 8:10; 11:16; 12:10, 19; Jas 2:16, 16; 1Pe 1:11; 2Pe 2:8, 19, 20, 21, 21, 22; Jude 1:11; Rev 5:13; 6:8, 11, 11; 7:2; 8:2; 9:5; 11:10, 11, 12; 12:12; 13:16; 14:9; 16:6; 20:4, 11, 13

αὐτόν [960 / 956]

Mt 3:5, 14, 15, 15, 16; 4:5, 5, 8, 11; 5:15, 29; 6:8; 7:11; 8:5, 7, 18, 25, 31, 34; 9:31; 10:4, 33; 12:10, 14, 16, 18, 22; 13:2, 2, 4, 20, 46; 14:3, 5, 5, 12[UBS], 22, 26, 35, 36; 15:23; 16:1, 21, 22; 17:8, 10, 12, 14, 16, 16, 17, 23, 25; 18:8, 9, 15, 25, 27, 28, 29, 30, 32, 34; 19:3; 20:18, 19; 21:9, 13, 33, 38, 39, 44, 46, 46; 22:13, 15, 22, 23, 35, 43, 45, 46; 23:15, 21; 24:47, 51; 26:15, 16, 25, 44, 48, 48, 49, 50, 56, 59, 67, 71; 27:1, 2, 3, 11, 12, 18, 19, 19, 27, 28, 30, 31, 31, 31, 35, 36, 39, 42, 43, 44, 48, 49, 64; 28:7, 13, 14, 17; Mk 1:5, 10, 12, 26, 32, 34, 36, 37, 40, 40, 43, 45, 45; 2:3, 13, 15, 23; 3:2, 2, 6, 8, 9, 11, 12, 13, 19, 21, 31, 31, 32, 34; 4:1, 1, 10, 10, 16, 36, 38; 5:3, 4, 4, 9, 10, 12, 17, 18, 19, 21, 22, 23, 24; 6:17, 19, 20, 20, 27, 49, 50, 54, 56; 7:1, 5, 12, 15, 15, 17, 18, 26, 32, 33; 8:11, 22, 23, 23, 26, 32, 38; 9:11, 13, 15, 15, 18, 18, 19, 20, 20, 20, 20, 22, 22, 25, 27, 28, 31, 32, 38, 39, 45, 47; 10:1, 2, 2, 10, 17, 17, 21, 33, 33, 34, 49; 11:2, 3, 4, 7, 17, 18, 18, 27; 12:1, 3, 6, 7, 8, 8, 12, 12, 13, 13, 18, 28, 33, 34[UBS], 34, 37; 13:3; 14:1, 10, 11, 39, 44, 44, 45, 46, 50, 51, 55, 61, 64, 65, 65, 69; 15:2, 4, 10, 13, 14, 16, 17, 18, 20, 20, 20, 20, 22, 24, 25, 29, 32, 36, 36, 44, 46, 46; 16:1, 6, 7, 14; Lk 1:8, 12, 13, 21, 50; 2:4, 7, 7, 21, 21, 22, 25, 44, 44, 45, 46, 48, 48; 3:10, 12, 14, 22; 4:4, 5, 9, 29, 29, 29, 35, 35, 38, 40, 41, 42, 42; 5:3, 9, 12, 17, 18, 18, 19, 19, 33; 6:1, 6, 7, 12; 7:3, 3, 4, 9, 15, 20, 36, 39, 40, 42; 8:4, 5, 9, 16, 19, 24, 29, 30, 30, 31, 32, 37, 38, 40, 40, 41, 42, 42; 9:9, 18, 29, 39, 39, 39, 42, 42, 45, 49, 50, 53, 57, 62[UBS]; 10:6, 25, 26, 30, 31, 33, 34, 34, 38; 11:1, 1, 5, 13, 22, 27, 37, 39, 53, 54; 12:44, 46, 48; 14:1, 1, 4, 5, 9, 12, 18, 31; 15:15, 20, 20, 22, 27, 28; 16:2, 14, 22, 27; 17:25; 18:3, 18, 24, 33, 35, 40, 40, 40; 19:4, 5, 6, 9, 11, 14, 15, 30, 35, 39, 46, 47; 20:2, 9, 10, 14, 14, 15, 18, 19, 20, 21, 27, 40, 44; 21:7, 38; 22:2, 4, 6, 43, 47, 49, 51, 52, 54, 56, 57, 58, 63, 64, 65, 66; 23:1, 3, 7, 7, 8, 9, 11, 11, 15, 16, 21, 22, 23, 26, 27, 33, 39, 53, 53[UBS]; 24:16, 18, 20, 20, 23, 24, 29, 30, 31, 51, 52; Jn 1:10, 11, 12, 19[UBS], 19, 21, 25, 29, 31, 32, 33, 33, 42, 47; 2:3, 11, 19, 20, 24, 24; 3:2, 4, 16, 18, 26, 36; 4:4, 10, 15, 23, 24, 30, 31, 39, 40, 40, 45, 47, 48, 49, 52; 5:12, 14, 15, 18, 23; 6:5, 6, 15, 21, 25, 28, 34, 40, 40, 44, 44, 54, 64, 71; 7:1, 3, 5, 11, 18, 29, 30, 30, 31, 32, 35, 39, 43, 44, 44, 45, 48, 50; 8:2, 6, 7, 20, 30, 33, 55, 55, 55, 55, 57, 59; 9:2, 8, 13, 15, 21, 22, 23, 28, 34, 35, 35, 36, 37; 10:24, 31, 39, 41, 42; 11:3, 11, 15, 17, 29, 32, 34, 36, 44, 44, 45, 48, 48, 53, 57; 12:4, 11, 17, 18, 21, 26, 37, 42, 47, 48, 48; 13:2, 11, 16, 32, 32; 14:7, 7, 21, 23, 23; 16:7, 19; 18:2, 4, 5, 12, 24, 30, 31, 31; 19:2, 3, 4, 6, 6, 12, 15, 16, 18, 24, 33, 39; 20:2, 9, 13, 15, 15, 15; 21:12, 22, 23, 25; Ac 1:3, 6, 9, 11; 2:24, 25, 36; 3:4, 7, 7, 9, 10, 12, 26; 5:6; 6:12, 15; 7:2, 3, 4, 5, 8, 10, 10, 21, 21, 27, 54, 57; 8:20, 32, 38, 39, 40; 9:3, 3, 8, 10, 11, 15, 16, 17, 23, 24, 25, 26, 27, 29, 30, 30, 35, 38; 10:3, 10, 13, 15, 26, 35, 38, 40, 41, 43, 48; 11:2; 12:4, 4, 6, 7, 8, 16, 17, 19, 20, 23; 13:9, 11, 22, 28, 30, 34, 46; 14:17, 19, 20; 15:21; 16:3, 9; 17:15, 27, 31; 18:12, 26, 27; 19:2, 4, 30, 31, 33; 20:14, 18, 37, 38; 21:12, 27, 27, 30, 31, 34, 35, 36; 22:13, 18, 20, 22, 24, 24, 25, 29, 29, 30; 23:3, 10, 15, 15, 15, 18, 21, 21, 30, 35; 24:23, 26; 25:2, 3, 3, 7, 19, 21, 21, 21, 24, 25, 26; 26:26; 28:6, 6, 6, 8, 16, 17, 21, 23, 30; Ro 3:26; 4:11, 13, 18, 23; 8:29, 32; 10:9, 12; 11:36; 12:20, 20; 14:3, 4; 15:11; 1Co 2:9, 16; 8:6; 15:25; 16:11, 11, 11, 12; 2Co 2:8; 7:15; Gal 1:1, 16, 18; Eph 1:5, 20, 22; 4:15, 21; Php 1:29, 30; 2:9, 27, 27, 28, 28, 29; 3:10, 21; Col 1:16, 20; 2:12; 3:10; 4:10; 2Th 2:1, 4, 6; Phm 1:12, 15, 17; Heb 2:6, 7, 7; 3:2, 3; 5:5, 7; 7:1, 21, 24; 9:24, 26, 28; 11:5, 6, 19; 13:13; Jas 1:12; 2:5, 14; 5:14, 14, 15, 19; 1Pe 1:21; 3:6; 5:7; 1Jn 1:10; 2:3, 4; 3:1, 2, 6, 6, 12; 5:10, 14, 18; 2Jn 1:10; Rev 1:7, 7, 7, 17; 3:12, 12, 20; 6:2, 4, 5; 7:9; 8:5; 9:6; 11:5; 12:11; 13:8, 10; 17:10; 19:5, 11; 20:2, 3, 3, 11; 22:18

αὐτός [168 / 167]

Mt 1:21; 3:4, 11; 8:17, 24; 11:14; 12:50; 14:2; 16:20; 21:27; 26:48; 27:57; Mk 1:8; 2:25; 3:13; 4:27, 38; 5:40; 6:17, 45, 47; 8:29; 12:36, 37; 14:15, 44; 15:43; 16:S[UBS]; Lk 1:17, 22; 2:28; 3:15, 16, 23; 4:15, 30; 5:1, 14, 16, 17, 37; 6:3, 8, 20, 35, 42; 7:5; 8:1, 22, 37, 54; 9:51; 10:1, 38; 11:17, 28; 15:14; 16:24; 17:11, 16; 18:39; 19:2, 2, 9; 20:42; 22:41; 23:9; 24:15, 21, 25, 28, 31, 36, 39; Jn 2:12, 24, 25; 4:2, 12, 44, 53; 5:20; 6:6, 15; 7:4, 9, 10; 9:21; 12:24, 49; 16:27; 18:1; Ac 2:34; 3:10; 7:15; 8:13; 10:26; 14:12; 16:33; 17:25; 18:19; 19:22; 20:13, 35; 21:24; 22:20; 24:8, 16; 25:22; Ro 7:25; 9:3; 10:12; 15:14; 1Co 2:15; 3:15; 9:20, 27; 12:5, 6; 15:28; 2Co 10:1, 7; 11:14; 12:13; Eph 2:14; 4:10, 11; 5:23, 27; Php 2:24; Col 1:17, 18, 18; 1Th 3:11; 4:16; 5:23; 2Th 2:16; 3:16; Heb 1:5, 12; 2:14, 18; 4:10; 5:2; 13:5, 8; Jas 1:13; 1Pe 2:24; 5:10; 1Jn 1:7; 2:2, 6, 25; 3:24; 4:10, 13, 15, 19; 3Jn 1:10; Rev 3:20; 14:10, 17; 17:11; 19:12, 15, 15; 21:3, 7

αὐτοῦ [1425 / 1424]

Mt 1:2, 11, 18, 20, 21, 21, 23, 24, 25; 2:2, 3, 11, 13, 14, 20, 21, 22; 3:3, 4, 4, 4, 6, 7, 12, 12, 12, 13; 4:6, 18, 21, 24; 5:1, 1, 2, 22, 22, 25, 28, 31, 32, 35, 41, 45; 6:27, 29, 33; 7:9, 24, 26, 28; 8:1, 3, 3, 5, 13, 14, 21, 23, 28; 9:7, 10, 10, 11, 16, 18, 19, 20, 21, 24, 37, 38; 10:1, 2, 2, 10, 24, 25, 25, 25, 35, 36, 38, 39, 39, 42; 11:1, 2, 11, 20; 12:1, 3, 4,

10, 14, 19, 21, 26, 29, 29, 33, 33, 36, 46, 46, 49, 49; 13:12, 19, 24, 25, 31, 32, 36, 41, 41, 44, 52, 54, 55, 55, 56, 57; 14:2, 3, 11, 12, 31, 36; 15:6, 23, 30, 32; 16:13, 21, 24, 24, 25, 25, 26, 26, 27, 27, 27, 28; 17:1, 2, 2, 3, 5, 5, 18, 27; 18:6, 15, 23, 24, 25, 28, 29, 31, 32, 34, 35; 19:3, 5, 9, 10[UBS], 23, 28; 20:1, 2, 8, 20, 28; 21:10, 23, 34, 34, 35, 37, 38, 45; 22:2, 3, 5, 6, 7, 8, 13, 24, 24, 24, 25, 25, 33, 45; 23:1, 18, 20, 22, 26; 24:1, 3, 17, 18, 31, 31, 43, 45, 46, 47, 48, 49, 51; 25:6, 10, 14, 18, 21, 23, 26, 28, 29, 31, 31, 31, 32, 33, 34, 41; 26:1, 7, 24, 27, 36, 39, 47, 47, 51, 51, 65, 67; 27:19, 19, 25, 29, 29, 29, 30, 31, 32, 35, 37, 37, 53, 54, 60, 64; 28:2, 3, 3, 4, 7, 8, 9, 13; **Mk** 1:3, 5, 6, 7, 19, 20, 22, 25, 26, 28, 36, 41, 42; 2:8, 15, 15, 16, 21, 23, 25; 3:2, 5, 6, 7, 9, 10, 14, 21, 27, 27, 31, 31; 4:2, 25, 32, 36; 5:2, 4, 18, 18, 22, 24, 27, 28, 30, 31, 35, 37, 40, 40; 6:1, 1, 2, 3, 4, 4, 4, 14, 17, 20, 20, 21, 21, 22, 27, 28, 29, 29, 35, 41, 45, 56, 56; 7:2, 17, 19, 25, 25, 33, 33, 33, 35, 35; 8:4, 6, 10, 11, 12, 22, 23, 25, 26, 27, 27, 30, 33, 34, 34, 35, 35, 36, 37, 38; 9:3, 7, 21, 25, 27, 28, 28, 31, 41, 42; 10:7, 7, 11, 17, 23, 24, 45, 46, 46, 50; 11:1, 3, 14, 18, 23, 27; 12:19, 19, 32, 37, 37, 38, 43; 13:1, 1, 3, 15, 16, 27, 34, 34, 34; 14:3, 3, 3, 12, 13, 21, 23, 32, 33, 35, 43, 43, 47, 56, 57, 58, 63, 65; 15:3, 19, 20, 21, 24, 26, 27, 39; 16:7, 10; **Lk** 1:8, 13, 14, 15, 17, 23, 23, 24, 31, 32, 33, 48, 49, 50, 51, 54, 55, 58, 59, 60, 62, 63, 64, 64, 66, 67, 68, 69, 70, 72, 75, 76, 77, 80; 2:21, 27, 33, 33, 34, 38, 41, 43, 47, 47, 48, 51; 3:1, 4, 7, 16, 17, 17, 17, 19, 19; 4:10, 13, 14, 22, 24, 32, 32, 35, 35, 37, 42; 5:12, 13, 13, 15, 18, 25, 29, 30; 6:1, 3, 4, 6, 7, 10, 13, 14, 17, 18, 19, 19, 20, 20, 40, 45[NIV], 45; 7:1, 3, 6, 11, 12, 15, 16, 17, 18, 18, 28, 30, 36, 38, 38, 38, 39; 8:5, 9, 18, 19, 22, 38, 41, 44, 47, 49, 53; 9:14, 23, 24, 24, 26, 27, 29, 29, 31, 32, 33, 34, 35, 39, 42, 42, 43, 51, 52, 53; 10:1, 2, 7, 34, 34, 35, 37, 39; 11:1, 1, 8, 8, 16, 18, 21, 22[UBS], 22, 22, 53, 54; 12:1, 15, 22, 25, 27, 31, 39, 42, 43, 44, 45, 46, 47, 47, 48, 58; 13:6, 15, 17, 17, 19; 14:2, 8, 17, 21, 21, 29, 32; 15:1, 5, 13, 14, 15, 16[NIV], 20, 20, 20, 22, 22, 25, 28, 29; 16:1, 18, 20, 21, 23, 23, 24; 17:1, 2, 12, 16, 24, 31, 33; 18:7, 13, 14, 40; 19:14, 14, 24, 31, 33, 34, 36, 37, 48; 20:1, 20, 26, 26, 28, 28, 44, 45; 21:38; 22:36, 44, 47, 50, 59, 60, 71; 23:2, 8, 8, 10, 11, 14, 34, 55; 24:8, 23, 26, 47, 50; **Jn** 1:3, 3, 7, 10, 12, 14, 15, 16, 27, 35, 37, 47; 2:2, 5, 11, 11, 12, 12, 12, 17, 21, 22, 23, 23; 3:2, 4, 8, 17, 20, 21, 22, 29, 32, 33, 35; 4:2, 5, 8, 12, 12, 12, 27, 34, 41, 47, 51, 51, 51, 53; 5:5, 9, 28, 35, 37, 37, 38; 6:3, 8, 12, 16, 22, 22, 24, 39, 41, 50, 52, 53, 60, 60, 61, 66, 66; 7:3, 5, 7, 7, 10, 12, 13, 17, 29, 30, 32, 38, 51, 53; 8:6, 20, 26, 30, 44, 55; 9:2, 2, 3, 6, 14, 17, 18, 18, 20, 21, 22, 23, 27, 31, 40; 10:3, 4, 5, 11, 20; 11:2, 13, 16, 32, 44; 12:3, 4, 16, 17, 19, 25, 25, 37, 41, 41, 50; 13:1, 12, 16, 18, 23; 14:10; 15:10, 13, 13, 15, 20; 16:17, 29; 17:1; 18:1, 1, 2, 10, 19, 19, 22, 25, 26; 19:2, 18, 23, 24, 25, 25, 29, 33, 34, 35, 36, 38; 20:7, 25, 25, 26, 30, 31; 21:2, 20, 24; **Ac** 1:10, 14, 18, 20, 20, 22; 2:14, 22, 24, 29, 30, 30, 31, 41; 3:2, 7, 11, 13, 16, 16, 16, 18, 21, 22, 26; 4:26; 5:1, 7, 10, 31, 37; 6:11, 14, 15; 7:4, 5, 6, 9, 10, 10, 13, 14, 21, 22, 23, 23, 25, 25, 31; 8:1, 28, 30, 32, 33, 33, 33, 33, 35, 39; 9:2, 8, 18, 25; 10:2, 22, 24, 38, 43; 11:13; 12:5, 7, 10, 11, 13, 15; 13:8, 24, 29, 31, 36; 14:3, 8; 15:14; 16:3, 32, 33; 17:16, 19; 18:2, 8, 19, 26, 27; 19:12; 20:10, 32, 36, 38; 21:4, 14, 19, 33, 34, 40; 22:14, 14, 16, 22, 29; 23:2, 7, 15, 19, 20; 24:2, 8, 23, 24, 25; 25:3, 5, 7, 15, 22, 25, 27; 26:24; 28:3, 4; **Ro** 1:2, 3, 5, 9, 20, 20; 2:4, 6, 26; 3:7, 20, 24, 25, 25, 26; 4:5, 13; 5:9, 9, 10, 10; 6:3, 5, 9, 12; 8:9, 11, 29; 9:19, 21, 22, 23; 11:1, 2, 33, 33, 34, 36, 36; 12:20; 15:10, 21; 16:2, 13, 15; **1Co** 1:9, 30; 6:5, 14; 7:12, 36, 37; 8:3, 6, 10; 9:7, 23; 10:22; 11:4; 14:25; 15:10, 23, 25, 27; **2Co** 1:20; 2:11, 14; 3:7, 13; 7:7, 13, 15; 8:18, 19; 9:9, 15; 11:3, 15, 33; 12:17; **Gal** 1:15, 16; 3:16; 4:4, 6; **Eph** 1:4, 5, 6, 7, 7, 9, 9, 11, 12, 14, 17, 18, 18, 19, 19, 20, 22, 23; 2:4, 7, 10, 14, 18, 20; 3:5, 7, 12, 16, 16; 4:25; 5:30, 31; 6:10; **Php** 1:29; 2:22; 3:10, 10, 10, 21; 4:19; **Col** 1:9, 11, 13, 16, 20, 20[UBS], 20, 22, 22, 24, 26, 29; 2:18; 3:9, 17; **1Th** 1:10; 2:19; 3:13; 4:6, 8; **2Th** 1:7, 9, 10; 2:8, 8; **1Ti** 5:18; **2Ti** 1:8; 2:19, 26; 4:1, 1, 8, 14, 18; **Tit** 1:3; 3:5; **Heb** 1:3, 3, 7, 7; 2:4, 6, 8; 3:2, 5, 6, 7, 15, 18; 4:1, 4, 7, 10, 10, 13, 13; 5:3, 7; 6:10, 17; 7:25; 8:11, 11; 9:26; 10:13, 13, 20, 30; 11:4, 7, 21, 22, 23; 12:5, 10; 13:13, 15, 15, 21, 21; **Jas** 1:8, 9, 10, 11, 11, 11, 18, 23, 25, 26, 26; 2:21, 22; 3:10, 13; 4:11; 5:20, 20; **1Pe** 1:3, 21; 2:9, 14, 21, 22, 24; 3:12; 4:13; 5:10; **2Pe** 1:3, 9; 3:4, 13; **1Jn** 1:3, 5, 6, 7, 10; 2:3, 4, 5, 9, 10, 11, 11, 12, 17, 27, 27, 28, 28, 29; 3:9, 10, 12, 12, 12, 15, 16, 17, 17, 17, 19, 22, 22, 22, 23, 23, 24; 4:9, 9, 10, 12, 13, 20, 20, 21, 21; 5:1, 2, 3, 3, 9, 10, 11, 14, 15, 16, 18, 20; **2Jn** 1:6, 11; **3Jn** 1:10; **Jude** 1:14, 15, 24; **Rev** 1:1, 1, 1, 4, 5, 6, 14, 14, 15, 15, 16, 16, 16, 16, 17, 17; 2:1, 18, 18; 3:5, 5, 5, 20, 21; 5:2, 5, 9; 6:5, 8, 8; 7:15; 10:1, 1, 1, 2, 2, 5; 11:15, 19, 19; 12:3, 4, 5, 7, 7, 9, 9, 10, 15, 16; 13:1, 1, 2, 2, 2, 2, 3, 3, 4, 6, 6, 6, 8, 12, 12, 17, 18; 14:1, 1, 1, 7, 9, 9, 9, 10, 11, 11, 14, 14, 16, 19; 15:2, 2, 8; 16:2, 2, 3, 4, 8, 10, 10, 12, 12, 15, 15, 17, 19; 17:14, 17; 18:1; 19:2, 2, 5, 7, 10, 12, 12, 13, 15, 16, 19, 20, 20, 20, 21; 20:1, 3, 4, 6, 7; 21:3; 22:2, 3, 4, 4, 6, 6, 12, 19

αὐτούς [358]

Mt 1:18; 2:8, 9; 4:21, 24; 5:2; 7:6, 16, 20, 24, 26, 29; 10:21, 26; 12:15; 13:15, 42, 50, 54, 54; 14:18, 25; 15:14, 30, 30, 32; 16:4; 17:1, 5, 27; 19:2, 4; 20:2, 12, 25, 32; 21:3, 14, 17, 37, 41; 22:41; 25:32; 26:40, 43, 44; 28:19, 20; **Mk** 1:19, 20, 22; 2:13; 3:5, 14, 20, 23; 4:2, 15; 5:12, 14; 6:7, 33, 33, 34, 34, 36, 48, 48, 48, 51; 8:3, 5, 9, 13, 29, 31; 9:2, 14, 14, 16, 16, 33; 10:1, 6, 32, 42; 11:6; 12:4, 6, 12; 13:12; 14:37, 40; 16:18; **Lk** 1:65; 2:6, 9, 18, 20, 27, 34, 43, 46, 49; 3:13; 4:21, 23, 31, 40, 40, 43; 5:22, 31, 34, 36; 6:3, 9, 10, 32, 47; 8:21, 22; 9:2, 3, 5, 10, 11, 13, 14, 16, 18, 33, 34, 34, 54; 10:1, 2, 38; 11:5, 31, 47, 48, 49; 12:15, 16, 24, 37; 13:4, 23; 14:5, 7, 25; 15:3; 16:30; 17:14; 18:1, 31; 19:11, 13, 27, 27, 33; 20:3, 19, 23, 25, 41; 22:15, 45, 47, 70; 23:12, 14, 22; 24:15, 17, 25, 44, 50, 50, 51; **Jn** 1:38; 6:17; 7:50; 8:2; 9:19; 12:40; 13:1; 17:6, 11, 12, 14, 15, 15, 17, 18, 23; 18:7, 29; 20:10; **Ac** 1:7; 2:38, 40; 3:11; 4:2, 7, 8, 13, 15, 18, 19, 21, 21, 23, 33; 5:13, 18, 19, 21, 22, 26, 27, 27, 33, 35, 38, 39; 7:26, 34, 36, 42; 8:6, 11, 14, 17; 9:21; 10:8, 20, 23, 24, 28, 48; 11:15; 12:21; 13:2, 15, 17, 18, 43, 50, 51; 14:1, 5, 23; 15:2, 5, 7, 13, 17, 27, 33, 39; 16:7, 10, 20, 23, 24, 30, 33, 34, 37, 39; 17:2, 5, 6, 9, 16; 18:6, 16; 19:2, 6, 16, 17; 20:2, 6; 21:19, 21, 25, 32; 22:30; 24:22; 26:11, 18; 27:43; 28:17, 23, 27; **Ro** 1:20, 24, 26, 28; 11:11, 23; **2Co** 8:24; 9:13; **Gal** 4:17; 6:16; **Eph** 6:9; **Col** 2:15; **1Th** 2:16; 5:13; **2Th** 1:4; 2:10, 11; **Tit** 1:13; 3:1; **Heb** 1:4, 12; 2:11; 4:8; 8:8, 9, 10; 10:16, 16; 11:16; **Jas** 3:3; **2Pe** 2:1; 3:5; **1Jn** 4:4; **Rev** 2:2, 27; 3:9; 5:10; 7:15, 16, 17, 17; 8:6; 9:5; 11:5, 5, 7, 7, 11, 12; 12:4, 10; 13:7; 16:14, 16; 17:14; 19:15; 20:4, 8, 9, 10; 22:5

αὐτῷ [859 / 856]

Mt 1:20, 24; 2:2, 5, 8, 11, 11; 3:16[UBS]; 4:3, 6, 7, 8, 9, 10, 10, 11, 20, 22, 24, 25; 5:1, 39, 40; 7:9, 10; 8:1, 2, 4, 5, 7, 15, 16, 19, 20, 21, 22, 23, 23, 27, 28; 9:2, 9, 9, 14, 18, 19, 27, 28, 28, 32; 10:32; 11:3; 12:2, 4, 15, 22, 32, 32, 38, 46, 47, 48; 13:10, 12, 27, 28, 36, 51, 57; 14:2, 4, 13, 15, 17, 28, 31, 33, 35; 15:12, 15, 25, 30, 33; 16:17, 22; 17:12, 14, 18, 26; 18:6, 13, 21, 21, 22, 24, 26, 27, 28, 32; 19:2, 3, 7, 10, 13, 16, 17, 18, 20, 21, 27; 20:7, 20, 21, 22, 29, 33, 34; 21:14, 16, 23, 25, 32, 32, 32, 33, 33, 41, 41; 22:12, 16, 19, 21, 23, 37, 42, 46; 23:20, 21; 24:1, 3; 25:21, 23, 26, 37; 26:7, 15, 18, 22, 24, 25, 33, 34, 35, 50, 52, 58, 62, 63, 64, 69; 27:13, 14, 28, 29, 31, 34, 38, 44, 55; 28:9; **Mk** 1:13, 18, 25, 27, 30, 37, 40, 41, 43, 44; 2:4, 14, 14, 15, 18, 24, 26; 3:9, 10, 11, 32; 4:25, 38, 41; 5:2, 6, 8, 9, 19, 20, 24, 31, 33, 33; 6:1, 3, 14, 19, 30, 35, 37; 7:28, 32, 32, 34; 8:4, 11, 19, 20, 22, 23, 28, 29, 32; 9:13, 17, 21, 23, 25, 38, 42; 10:13, 18, 20, 21, 21, 28, 32, 34, 34, 35, 35, 37, 39, 48, 49, 51, 51, 52, 52; 11:7, 21, 23, 28, 31; 12:14, 16, 17, 26, 32, 34; 13:1, 2; 14:11, 12, 13, 19, 21, 29, 30, 40, 45, 46, 51, 54, 61, 65, 65, 67, 72; 15:2, 17, 19, 19, 20, 23, 27, 32, 41, 41, 41; **Lk** 1:5, 11, 19, 32, 74; 2:5, 26; 4:3, 5, 6, 8, 8, 9, 12, 16, 17, 20, 22, 35; 5:1, 9, 11, 14, 27, 28, 29; 6:10; 7:2, 6, 9, 11, 43; 8:1, 18, 19, 20, 25, 27, 28, 38, 39, 42, 47, 50, 51; 9:10, 11, 12, 18, 30, 32, 32, 37, 52, 58, 60; 10:28, 37; 11:5, 6, 8, 8, 11, 12, 27, 37, 45; 12:8, 10, 13, 14, 15, 20, 36; 13:1, 1, 8, 15, 17, 23, 31; 14:15, 16, 18, 25, 29; 15:1, 16, 18, 21, 27, 30, 31; 16:1, 2, 6, 7, 31; 17:2, 3, 3, 4, 7, 8, 12, 16, 19, 37; 18:7, 15, 19, 22, 37, 39, 42, 43; 19:15, 17, 22, 25; 20:5, 10, 38; 22:5, 9, 10, 14, 33, 39, 43, 48, 56, 56, 61, 63; 23:3, 9, 15, 22, 26, 27, 32, 36, 36, 38, 40, 40, 43, 49, 49, 55; 24:19, 42; **Jn** 1:4, 6, 22, 25, 38, 39, 40, 41, 42, 43, 45, 46, 46, 48, 48, 49, 50, 51; 2:10, 18; 3:1, 2, 3, 9, 10, 15, 26, 27; 4:9, 11, 14, 14, 14, 17, 19, 25, 33, 50, 50, 51, 52, 53; 5:6, 7, 8, 14, 20, 20, 27; 6:2, 7, 8, 25, 30, 56, 65, 68; 7:18, 26, 52; 8:4, 13, 19, 25, 29, 31, 39, 41, 44, 48, 52; 9:3, 7, 9, 10, 12, 24, 26, 34, 37, 38, 40; 10:4, 13, 24, 33; 11:8, 10, 12, 20, 24, 27, 30, 32, 34, 38, 39; 12:2, 2, 6, 13, 16, 16, 18, 29, 34; 13:3, 6, 7, 8, 8, 9, 10, 25, 26, 27, 28, 29, 31, 32, 32, 36, 36[UBS], 37; 14:5, 6, 8, 9, 21, 22, 23, 23; 15:5; 17:2, 2; 18:5, 20, 23, 25, 30, 31, 33, 37, 38, 38; 19:3, 4, 6, 7, 9, 10, 11, 32; 20:6, 15, 16, 25, 28, 29; 21:3, 5, 15, 15, 16, 16, 16, 17, 17, 17, 17, 19, 22, 23; **Ac** 2:30; 3:10, 16; 4:32, 37; 5:17, 21, 32, 36, 37, 39; 7:5, 5, 5, 6[NIV], 8, 10, 23, 30, 33, 35, 38, 40, 47; 8:2, 11, 31, 35; 9:4, 7, 12, 16, 27, 34, 39; 10:3, 4, 4, 7, 7, 19, 23, 25, 27, 35, 41; 12:8; 13:31; 14:9; 16:3, 32; 17:16, 18, 24, 28, 34; 18:18, 26; 19:22, 31, 38; 20:3, 4, 10, 10, 16, 16; 21:8, 20, 29; 22:15, 24, 27; 23:2, 9, 11, 17, 28, 32, 33; 24:10, 23, 26, 26; 25:2; 28:8, 23; **Ro** 1:17; 4:3, 22, 23; 6:4, 8; 8:32; 9:33; 10:11; 11:4, 35, 35, 36; 15:12; **1Co** 1:5, 10; 2:11, 14; 11:14; 12:9; 15:27, 28, 28, 38; **2Co** 1:19, 20; 5:9, 21; 7:14; 12:18; 13:4, 4; **Gal** 2:11, 13; 3:6; **Eph** 1:4, 9, 10; 2:15[UBS], 16; 3:21; 4:21; 6:9, 20; **Php** 2:9; 3:9, 16, 21; **Col** 1:16, 17, 19; 2:6, 7, 9, 10, 12, 13, 15; 3:4; 4:13; **1Th** 4:14; 5:10; **2Th** 1:12; 3:14; **1Ti** 1:8, 16; **2Ti** 1:18; 4:14; **Heb** 1:5, 6; 2:8, 8, 8, 10, 13; 4:11; 5:9; 7:10; 10:38; 12:2; **Jas** 1:5; 2:23; 4:17; 5:7, 15; **1Pe** 1:21; 2:2, 6; 3:22; 5:7, 11; **2Pe** 1:17, 18; 3:7, 14, 15, 18; **1Jn** 1:5; 2:5, 6, 8, 10, 15, 27, 28; 3:2, 3, 5, 6, 9, 15, 17, 24, 24; 4:13, 15, 16; 5:16; **2Jn** 1:10, 11; **Rev** 1:1, 6; 2:7, 17, 17, 26, 28; 3:21; 6:2, 4, 4, 8; 7:14, 15; 8:3; 9:1, 11; 10:6, 9; 11:1; 13:2, 5, 5, 7, 7, 14, 15; 14:7; 16:8, 9; 19:7, 10, 14; 21:7; 22:3

αὐτῶν [567]

Mt 1:21; 2:4, 7, 11, 12, 13; 3:6; 4:8, 21, 21, 22, 23; 5:3, 10; 6:2, 5, 7, 14, 15[NIV], 16, 16, 26; 7:6, 16, 20, 29; 8:30, 34; 9:2, 4, 15, 15, 29, 30, 32, 35, 36; 10:17, 29; 11:1; 12:9, 25; 13:15, 43, 54, 58; 14:14, 32; 15:2, 8, 27; 17:2, 6, 7, 8, 9, 12, 22, 24, 25; 18:2, 10, 12, 17, 20; 20:13, 25, 25, 29, 34; 21:3, 7, 7, 41, 45; 22:7, 16, 18, 35; 23:3, 4, 5, 5, 5[NIV], 30, 34, 34; 24:31; 25:2, 3, 10, 19; 26:21, 26, 36, 43, 73; 27:7, 17, 39, 48; 28:11; **Mk** 1:5, 20, 23, 39; 2:5, 6, 19, 19, 20; 3:5; 5:17; 6:6, 50, 52, 54; 7:6; 8:3, 3; 9:2, 9, 36, 48; 10:13, 42, 42, 42; 11:7, 8, 12; 12:15, 23, 28; 14:18, 22, 40, 59, 69, 70; 15:29; 16:12, 14, S[UBS]; **Lk** 1:7, 16, 20, 51, 66, 77; 2:8, 15, 22, 42, 46, 51; 3:15; 4:2, 6, 15, 26, 27, 29, 30, 40, 42; 5:2, 6, 15, 20, 22, 25, 29, 30, 34, 35; 6:8, 13, 17, 18, 23, 26; 7:42, 42; 8:12, 23, 37; 9:37, 45, 46, 47, 57; 10:7; 11:15, 17, 49; 12:6; 13:1; 15:4, 12; 16:4, 29; 17:15; 18:8, 15, 34; 19:11, 33, 35, 36; 20:23, 33; 21:1, 8, 12; 22:23, 24, 25, 25, 41, 50, 55, 58, 66; 23:1, 23, 24, 25, 51; 24:5, 11, 13, 16, 18[NIV], 30, 31, 31, 36, 36, 41, 43, 45, 51; **Jn** 3:19, 22; 4:38, 52; 7:44, 50; 10:4, 8, 20, 32, 39; 11:37, 46, 49; 12:36, 37, 40, 40; 13:12; 15:22, 25; 16:4[UBS], 4[UBS]; 17:9, 12, 12, 19, 20; 18:5, 9, 18; 19:31; 20:24, 26; **Ac** 1:9, 9, 19; 2:3, 6, 11; 3:5; 4:1, 5, 16, 29, 31; 5:15, 24; 6:1; 7:19, 34, 39, 41, 54, 57, 58; 8:15, 16; 9:24, 28, 39; 10:10, 46; 11:20, 21, 22, 28, 29;

12:20; **13**:2, 13, 19, 27, 33, 42, 50; **14**:3, 5, 11, 14, 16, 27; **15**:2, 4, 9, 9, 12, 22, 23, 26, 38; **16**:19, 22, 22, 24, 25; **17**:4, 12, 26, 33; **18**:6, 20; **19**:9, 12, 16, 18, 19; **20**:30, 30; **21**:1, 26; **22**:22, 23; **23**:10, 10, 21, 27, 28, 29; **25**:17; **26**:10, 18; **27**:21; **28**:6, 17, 27; **Ro 1**:21, 21, 24, 24, 26, 27, 27; **2**:15, 15; **3**:3, 13, 13, 13, 15, 16, 18; **10**:1, 18, 18; **11**:9, 10, 10, 11, 12, 12, 12, 14, 15, 27; **15**:27, 27; **16**:5, 17; **1Co 1**:2; **3**:19; **5**:13; **7**:35; **8**:7, 12; **10**:5, 7, 8, 9, 10; **12**:18; **15**:10, 29; **16**:19; **2Co 1**:6; **3**:14, 15; **5**:15, 19; **6**:16, 17; **8**:2, 2, 2; **9**:14; **11**:15; **Gal 2**:13; **Eph 4**:17, 18; **5**:7, 12; **6**:9; **Php 3**:19; **Col 2**:2; **1Th 2**:16; **5**:13; **2Ti 2**:17; **3**:9; **Tit 1**:12, 12, 15; **Heb 2**:10, 14; **7**:5, 6, 25; **8**:9, 9, 9, 10, 10, 11, 12, 12; **10**:16, 16, 17, 17; **11**:16, 28, 35; **Jas 1**:27; **3**:3; **5**:3; **1Pe 3**:12, 14; **4**:19; **2Pe 2**:2, 3, 11, 12, 13; **3**:3, 16; **1Jn 4**:5; **3Jn 1**:9; **Jude 1**:15, 16; **Rev 2**:16; **3**:4; **4**:4, 8, 10; **5**:11; **6**:11, 11, 14, 17; **7**:3, 9, 11, 14, 17; **8**:12; **9**:5, 6, 7, 7, 8, 9, 10, 10, 11, 16, 17, 17, 18, 19, 19, 19, 20, 21, 21, 21, 21; **11**:5, 5, 6, 7, 7, 8, 8, 9, 9, 11, 12, 16, 16; **12**:8, 11, 11; **13**:16, 16; **14**:1, 2, 5, 11, 13, 13, 13; **16**:10, 11, 11, 11; **17**:9, 13, 17, 17; **18**:11, 19; **19**:18, 19, 21; **20**:4, 8, 12, 13; **21**:3, 3, 3, 4, 8, 14, 24; **22**:4, 14, 14

1142 γάρ [1041 / 1040]

Mt 1:20, 21; **2**:2, 5, 6, 13, 20; **3**:2, 3, 9, 15; **4**:6, 10, 17, 18; **5**:12, 18, 20, 29, 30, 46; **6**:7, 8, 14, 16, 21, 24, 32, 32, 34; **7**:2, 8, 12, 25, 29; **8**:9; **9**:5, 13, 16, 21, 24; **10**:10, 17, 19, 20, 23, 26, 35; **11**:13, 18, 30; **12**:8, 33, 34, 37, 40, 50; **13**:12, 15, 17; **14**:3, 4, 24; **15**:2, 4, 19, 27; **16**:2, 3, 25, 26, 27; **17**:15, 20; **18**:7, 10, 20; **19**:12, 14, 22; **20**:1; **21**:26, 32; **22**:14, 16, 28, 30; **23**:3, 5, 8, 9, 13, 17, 19, 39; **24**:5, 6, 7, 21, 24, 27, 37, 38; **25**:3, 14, 29, 35, 42; **26**:9, 10, 11, 12, 28, 31, 43, 52, 73; **27**:18, 19, 23, 43; **28**:2, 5, 6; **Mk 1**:16, 22, 38; **2**:15; **3**:10, 21, 35; **4**:22, 25; **5**:8, 28, 42; **6**:14, 17, 18, 20, 31, 48, 50, 52; **7**:3, 10, 21, 27, 28[NIV]; **8**:35, 36, 37, 38; **9**:6, 6, 31, 34, 39, 40, 41, 49; **10**:14, 22, 27, 45; **11**:13, 18, 18, 32; **12**:12, 14, 23, 25, 44; **13**:8, 11, 19, 22, 33, 35; **14**:2, 5, 7, 40, 56, 70; **15**:10, 14; **16**:4, 8, 8; **Lk 1**:15, 18, 30, 44, 48, 66, 76; **2**:10; **3**:8; **4**:10; **5**:9, 39; **6**:23, 23, 26, 32, 33[UBS], 38, 43, 44, 44, 45; **7**:5, 6, 8, 33; **8**:17, 18, 29, 29, 40, 46, 52; **9**:14, 24, 25, 26, 44, 48, 50; **10**:7, 24, 42; **11**:4, 10, 30; **12**:12, 23, 30, 34, 52, 58; **14**:14, 24, 28; **16**:2, 13, 28; **17**:21, 24; **18**: 16, 23, 25, 32; **19**:5, 10, 21, 48; **20**:6, 19, 33, 36, 36, 38, 40, 42; **21**:4, 8, 9, 15, 23, 26, 35; **22**:2, 16, 18, 27, 37, 37, 59, 71; **23**:8, 12, 15, 22, 34, 41; **Jn 2**:25; **3**:2, 16, 17, 19, 20, 24, 34, 34; **4**:8, 9, 18, 23, 37, 42, 44, 45, 47; **5**:13, 19, 20, 21, 22, 26, 36, 46, 46; **6**:6, 27, 33, 40, 55, 64, 71; **7**:1, 4, 5, 39, 41; **8**:24, 42, 42; **9**:22, 30; **11**:39; **12**:8, 43, 47; **13**:11, 13, 15, 29; **14**:30; **16**:7, 13, 27; **18**:13; **19**:6, 31, 36; **20**:9, 17; **21**:7, 8; **Ac 1**:20; **2**:15, 15, 25, 34, 39; **4**:3, 12, 16, 20, 22, 27, 34, 34; **5**:26, 36; **6**:14; **7**:33, 40; **8**:7, 16, 21, 23, 31, 39; **9**:11, 16; **10**:46; **13**:8, 27, 36, 47; **15**:21, 28; **16**:3, 28, 37; **17**:20, 23, 28, 28; **18**:3, 18, 28; **19**:24, 32, 35, 37, 40; **20**:10, 13, 16, 16, 27; **21**:3, 13, 29, 36; **22**:22, 26; **23**:5, 8, 11, 17, 21; **24**:5; **25**:27; **26**:16, 26, 26, 26; **27**:22, 23, 25, 34, 34; **28**:2, 20, 22, 27; **Ro 1**:9, 11, 16, 16, 17, 18, 19, 20, 26; **2**:1, 1, 11, 12, 13, 14, 24, 25, 28; **3**:2, 3, 9, 20, 22, 23, 28; **4**:2, 3, 9, 13, 14, 15; **5**:6, 7, 7, 10, 13, 15, 16, 17, 19; **6**:5, 7, 10, 14, 14, 19, 20, 21, 23; **7**:1, 2, 5, 7, 8, 11, 14, 15, 15, 18, 18, 19, 22; **8**:2, 3, 5, 6, 7, 7, 13, 14, 15, 18, 19, 20, 22, 24, 24, 26, 38; **9**:3, 6, 9, 11, 15, 17, 19, 28; **10**:2, 3, 4, 5, 10, 11, 12, 12, 13, 16; **11**:1, 15, 21, 23, 24, 25, 29, 30, 32, 34; **12**:3, 4, 19, 20; **13**:1, 3, 4, 4, 4, 6, 6, 8, 9, 11; **14**:3, 4, 5[UBS], 6, 7, 8, 9, 10, 11, 15, 17, 18; **15**:3, 4, 8, 18, 24, 26, 27, 27; **16**:2, 18, 19; **1Co 1**:11, 17, 18, 19, 21, 26; **2**:2, 8, 10, 11, 14, 16; **3**:2, 3, 3, 4, 9, 11, 13, 17, 19, 19, 21; **4**:4, 7, 9, 15, 15, 20; **5**:3, 7, 12; **6**:16, 20; **7**:9, 14, 16, 22, 31; **8**:5, 10, 11; **9**:2, 9, 10, 15, 16, 16, 16, 17, 19; **10**:1, 4, 5, 17, 26, 29; **11**:5, 6, 7, 8, 9, 12, 18, 19, 21, 22, 23, 26, 29; **12**:8, 12, 13, 14; **13**:9, 12; **14**:2, 2, 8, 9, 14, 17, 31, 33, 34, 35; **15**:3, 9, 16, 21, 22, 25, 27, 32, 34, 41, 52, 53; **16**:5, 7, 7, 9, 10, 11, 18; **2Co 1**:8, 12, 13, 19, 20, 24; **2**:1, 2, 4, 9, 10, 11, 17; **3**:6, 9, 10, 11, 14; **4**:5, 11, 15, 17, 18; **5**:1, 2, 4, 7, 10, 13, 14; **6**:2, 14, 16; **7**:3, 5, 8, 9, 10, 11; **8**:9, 10, 12, 13, 21; **9**:1, 2, 7; **10**:3, 4, 8, 12, 14, 14, 18; **11**:2, 2, 4, 5, 9, 13, 14, 19, 20; **12**:6, 6, 9, 10, 11, 11, 13, 14, 14, 20; **13**:4, 4, 8, 9; **Gal 1**:10, 11, 12, 13; **2**:6, 8, 12, 18, 19, 21; **3**:10, 10, 18, 21, 26, 27, 28; **4**:15, 22, 24, 25, 27, 30; **5**:5, 6, 13, 14, 17, 17; **6**:3, 5, 7, 9, 13, 15, 17; **Eph 2**:8, 10, 14; **5**:5, 6, 8, 9, 12, 14, 29; **6**:1; **Php 1**:8, 18, 19, 21, 23; **2**:13, 20, 21, 27; **3**:3, 18, 20; **4**:11; **Col 2**:1, 5; **3**:3, 20, 25; **4**:13; **1Th 1**:8, 9; **2**:1, 3, 5, 9, 14, 19, 20; **3**:3, 4, 9; **4**:2, 3, 7, 9, 10, 14, 15; **5**:2, 5, 7, 18; **2Th 2**:7; **3**:2, 7, 10, 11; **1Ti 2**:5, 13; **3**:13; **4**:5, 8, 10, 16; **5**:4, 11, 15, 18; **6**:7, 10; **2Ti 1**:7, 12; **2**:7, 11, 13, 16; **3**:2, 6, 9; **4**:3, 6, 10, 11, 15; **Tit 1**:7, 10; **2**:11; **3**:3, 9, 12; **Phm 1**:7, 15, 22; **Heb 1**:5; **2**:2, 5, 8, 10, 11, 16, 18; **3**:3, 4, 14, 16; **4**:2, 3, 4, 8, 10, 12, 15; **5**:1, 12, 13, 13; **6**:4, 7, 10, 13, 16; **7**:1, 10, 11, 12, 13, 14, 17, 18, 19, 20, 26, 27, 28; **8**:3, 5, 7, 8; **9**:2, 13, 16, 17, 19, 24; **10**:1, 4, 14, 15, 23, 26, 30, 34, 36, 37; **11**:2, 5, 6, 10, 14, 16, 26, 27, 32; **12**:3, 6, 7, 10, 17, 17, 18, 20, 25, 29; **13**:2, 4, 5, 9, 11, 14, 16, 17, 17, 18, 22; **Jas 1**:6, 7, 11, 13, 20, 24; **2**:2, 10, 11, 13, 26; **3**:2, 7, 16; **4**:14; **1Pe 2**:19, 20, 21, 25; **3**:5, 10, 17; **4**:3, 6, 15; **2Pe 1**:8, 9, 10, 11, 16, 17, 21; **2**:4, 8, 18, 19, 20, 21; **3**:4, 5; **1Jn 2**:19; **4**:20; **5**:3; **2Jn 1**:11; **3Jn 1**:3, 7; **Jude 1**:4; **Rev 1**:3; **3**:2; **9**:19, 19; **13**:18; **14**:4, 13; **16**:14; **17**:17; **19**:8, 10; **21**:1, 22, 23, 25; **22**:10

1254 δέ [2792 / 2789]

Mt 1:2, 2, 3, 3, 3, 4, 4, 4, 5, 5, 5, 6, 6, 7, 7, 7, 8, 8, 8, 9, 9, 9, 10, 10, 10, 11, 12, 12, 13, 13, 13, 14, 14, 14, 15, 15, 15, 16, 18, 19, 20, 21, 22, 24; **2**:1, 3, 5, 8, 9, 10, 13, 14, 19, 21, 22, 22; **3**:1, 4, 4, 7, 10, 11, 12, 14, 15, 16; **4**:4, 12, 18, 20, 22; **5**:1, 13, 19, 21, 22, 22, 22, 28, 29, 31, 32, 33, 34, 37, 37, 39, 44; **6**:1[UBS], 1, 3, 6, 7, 15, 16, 17, 20, 23, 27, 29, 30, 33; **7**:3, 3, 14[NIV], 15, 17; **8**:1, 5, 10, 11, 12, 16, 18, 20, 21, 22, 24, 27, 30, 31, 32, 33; **9**:6, 8, 12, 13, 14, 15, 16, 17, 22, 25, 28, 31, 32, 34, 36, 37; **10**:2, 6, 7, 11, 12, 13, 17, 18, 19, 21, 22, 23, 28, 28, 30, 33; **11**:2, 7, 11, 12, 16; **12**:1, 2, 3, 6, 7, 11, 14, 15, 24, 25, 28, 31, 32, 36, 39, 43, 47, 48; **13**:5, 6, 7, 8, 8, 8, 11, 11, 12, 16, 20, 21, 21, 22, 23, 23, 23, 25, 26, 27, 28, 28, 29, 30, 32, 37, 38, 38, 38, 39, 39, 39, 46, 48, 52, 57; **14**:6, 8, 13, 15, 16, 17, 18, 19, 21, 23, 24, 25, 26, 27, 28, 29, 30, 31, 33; **15**:3, 5, 8, 9, 13, 14, 15, 16, 18, 20, 23, 24, 25, 26, 27, 32, 34, 36, 38; **16**:2, 3, 6, 7, 8, 11, 13, 14, 14, 14, 15, 16, 17, 18, 23, 25, 26; **17**:2, 4, 8, 11, 12, 17, 20, 22, 24, 26, 27; **18**:6, 8, 15, 16, 17, 17, 24, 25, 27, 28, 30; **19**:4, 8, 9, 11, 13, 14, 17, 17, 18, 22, 23, 24, 25, 26, 26, 28, 30; **20**:2, 5, 5[UBS], 6, 8, 11, 13, 14, 21, 22, 23, 25, 31, 31, 34; **21**:3, 4, 6, 8, 8, 9, 11, 13, 15, 16, 18, 21, 24, 25, 26, 28, 29, 29, 30, 30, 32, 32, 34, 35, 35, 37, 38, 44; **22**:5, 5, 6, 7, 8, 11, 12, 14, 18, 19, 25, 27, 29, 31, 34, 37, 39, 41; **23**:3, 4, 4, 5, 6, 8, 8, 11, 12, 13, 16, 18, 23[UBS], 24, 25, 27, 28; **24**:2, 3, 6, 8, 13, 19, 20, 22, 29, 32, 35, 36, 43, 48, 49; **25**:2, 4, 5, 6, 8, 9, 10, 11, 12, 15, 15, 18, 19, 22, 24, 26, 29, 31, 33, 38, 39, 46; **26**:5, 6, 8, 10, 11, 15, 17, 18, 20, 23, 24, 25, 26, 29, 32, 33, 41, 48, 50, 56, 57, 58, 59, 60, 63, 66, 67, 69, 70, 71, 73; **27**:1, 4, 6, 7, 11, 11, 15, 16, 19, 20, 20, 21, 21, 23, 23, 24, 26, 32, 35, 39, 44, 45, 46, 47, 49, 50, 54, 55, 57, 61, 62, 66; **28**:1, 3, 4, 5, 9, 11, 15, 16, 17; **Mk 1**:8, 14, 30, 32, 45; **2**:6, 10, 18, 20, 21, 22; **3**:4, 29; **4**:11, 15, 29, 34, 34; **5**:11, 33, 34, 36, 40; **6**:15, 15, 16, 19, 24, 37, 38, 49, 50; **7**:6, 6, 7, 11, 20, 24, 26, 28, 36; **8**:5, 9, 28, 28, 29, 33, 35; **9**:12, 19, 21, 23, 25, 27, 32, 34, 39, 50; **10**:3, 4, 5, 6, 13, 14, 18, 20, 21, 22, 24, 24, 26, 31, 32, 32, 36, 37, 38, 39, 39, 40, 43, 48, 50, 51; **11**:6, 8, 17, 29; **12**:5, 7, 15, 16, 16, 17, 26, 44; **13**:5, 7, 9, 13, 14, 15[UBS], 17, 18, 23, 28, 31, 32, 37; **14**:1, 4, 6, 7, 9, 11, 20, 21, 29, 31, 31, 38, 44, 46, 47, 52, 55, 61, 62, 63, 64, 68, 70, 71; **15**:2, 4, 5, 6, 7, 9, 11, 12, 13, 14, 14, 15, 16, 23, 25, 36, 37, 39, 40, 44, 47; **16**:6, 9, 12, 14, 16, 17, 20, S[UBS], S[UBS]; **Lk 1**:6, 8, 11, 13, 22, 24, 26, 29, 34, 38, 39, 56, 57, 62, 64, 76, 80; **2**:1, 4, 6, 17, 19, 35, 40, 44, 47; **3**:1, 1, 9, 11, 12, 13, 14, 15, 16, 17, 19, 21; **4**:1, 3, 9, 21, 24, 25, 30, 38, 38, 39, 40, 40, 41, 42, 43; **5**:1, 2, 3, 3, 4, 5, 6, 8, 10, 12, 15, 16, 22, 24, 33, 33, 34, 35, 36, 36, 37; **6**:1, 2, 6, 7, 8, 8, 9, 10, 11, 12, 39, 40, 41, 41, 46, 48, 49; **7**:2, 3, 4, 6, 6, 9, 12, 14, 16, 20, 24, 28, 30, 36, 39, 40, 41, 43, 44, 45, 46, 47, 48, 50; **8**:4, 9, 10, 10, 11, 12, 13, 14, 15, 16, 19, 20, 21, 22, 23, 24, 24, 25, 25, 27, 28, 30, 30, 32, 33, 34, 35, 36, 37, 38, 38, 40, 42, 45, 46, 47, 48, 50, 51, 52, 52, 54, 56; **9**:1, 6, 7, 8, 8, 9, 9, 11, 12, 12, 13, 13, 14, 16, 19, 19, 19, 20, 20, 20, 21, 23, 24, 25, 27, 28, 32, 32, 34, 34, 37, 41, 42, 42, 43, 43, 45, 46, 47, 49, 50, 51, 54, 55, 58, 59, 59, 60, 60, 61, 61, 62; **10**:1, 2, 2, 5, 6, 7, 10, 16, 17, 18, 20, 26, 27, 28, 29, 31, 32, 33, 34, 37, 37, 38, 38, 40, 40, 41, 42; **11**:2, 11, 14, 15, 16, 17, 18, 19, 20, 22, 27, 28, 29, 34, 37, 37, 38, 39, 39, 42, 45, 46, 47, 48; **12**:2, 4, 5, 8, 9, 10, 11, 13, 14, 15, 16, 20, 20, 22, 25, 27, 28, 30, 39, 41, 45, 47, 48, 48, 48, 50, 54, 56, 57; **13**:1, 6, 7, 8, 9, 10, 12, 14, 15, 16, 23, 23, 28, 35[UBS]; **14**:4, 7, 12, 15, 16, 25, 32, 34; **15**:1, 3, 11, 12, 14, 17, 17, 20, 21, 22, 25, 27, 28, 28, 29, 30, 31, 32; **16**:1, 3, 6, 6, 7, 7, 14, 15, 17, 19, 20, 22, 22, 25, 25, 25, 27, 29, 30, 31; **17**:1, 6, 7, 15, 17, 17, 20, 22, 25, 29, 33, 35, 37; **18**:1, 3, 4, 6, 7, 9, 13, 14, 15, 15, 16, 19, 21, 22, 23, 24, 26, 27, 28, 29, 31, 35, 36, 37, 39, 40, 40, 41; **19**:8, 9, 11, 13, 14, 16, 19, 26, 32, 33, 34, 36, 37, 42, 46, 47; **20**:3, 5, 6, 9, 10, 11, 12, 13, 14, 16, 17, 18, 23, 24, 25, 27, 31, 35, 37, 38, 39, 41, 45; **21**:1, 2, 4, 7, 8, 9, 12, 16, 20, 28, 33, 34, 36, 37, 37; **22**:1, 3, 7, 9, 10, 13, 24, 25, 26, 27, 28, 32, 33, 34, 35, 36, 38, 38, 39, 40, 43, 48, 49, 51, 52, 54, 54, 55, 56, 57, 58, 60, 67, 68, 69, 70, 70, 71; **23**:2, 3, 3, 4, 5, 6, 8, 9, 9, 10, 11, 12, 13, 18, 18, 20, 21, 22, 23, 25, 25, 27, 28, 32, 33, 34, 34, 35, 36, 38, 39, 40, 41, 45, 46, 47, 49, 55, 56; **24**:1, 2, 3, 5, 10, 12, 16, 17, 18, 19, 21, 24, 31, 36, 37, 41, 42, 44, 49, 50; **Jn 1**:12, 26[NIV], 38, 38, 44; **2**:2, 6, 8, 9, 9, 21, 23, 24; **3**:1, 18, 19, 21, 23, 29, 30, 36; **4**:4, 6, 14, 32, 39, 43, 51, 54; **5**:2, 5, 7, 9, 11, 13, 17, 29, 34, 35, 36, 47; **6**:2, 3, 4, 6, 10, 12, 16, 20, 39, 51, 61, 71; **7**:2, 6, 7, 9, 10, 12, 14, 18, 27, 31, 37, 39, 41, 44; **8**:1, 2, 3, 5, 6, 6, 7, 9, 10, 11, 11, 14, 16, 17, 35, 35[NIV], 40, 45, 50, 55, 59; **9**:14, 15, 16, 17, 21, 28, 29, 38, 41; **10**:2, 5, 6, 20, 21[NIV], 38, 41; **11**:1, 2, 4, 5, 10, 13, 13, 18, 19, 20, 29, 30, 37, 38, 41, 42, 46, 49, 51, 55, 57; **12**:2, 3, 4, 6, 8, 10, 14, 20, 23, 24, 33, 37, 44; **13**:1, 7, 20, 28, 30, 36; **14**:2, 10, 11, 19, 21, 26; **15**:15, 19, 22, 24, 27; **16**:4, 5, 7, 10, 11, 13, 20, 21, 22; **17**:3, 13, 20, 25; **18**:2, 5, 7, 10, 14, 15, 15, 16, 18, 18, 22, 23, 25, 28, 36, 39, 40; **19**:9, 12, 13, 14, 18, 19, 19, 23, 25, 33, 38, 38, 39, 41; **20**:1, 4, 11, 17, 24, 25, 31; **21**:1, 4, 6, 8, 12, 18, 19, 21, 23, 25; **Ac 1**:5, 7; **2**:5, 6, 7, 12, 13, 14, 26, 34, 37, 38, 42, 43, 44, 47; **3**:1, 4, 5, 6, 6, 7, 10, 11, 12, 14, 15, 18, 23, 24; **4**:1, 4, 5, 13, 15, 19, 21, 23, 24, 32, 35, 36; **5**:1, 3, 5, 6, 7, 8, 8, 9, 10, 10, 12, 13, 14, 16, 17, 19, 21, 21, 22, 22, 23, 24, 25, 27, 29, 33, 34, 39, 39; **6**:1, 2, 3, 4, 8, 9; **7**:1, 2, 6, 11, 12, 14, 17, 21, 22, 23, 25, 25, 27, 29, 31, 31, 32, 33, 42, 47, 49, 54, 55, 57, 60; **8**:1, 1, 1, 2, 3, 5, 6, 7, 8, 9, 11, 12, 13, 14, 16, 18, 20, 24, 26, 29, 30, 31, 32, 34, 35, 36, 39, 40; **9**:1, 3, 5, 5, 7, 7, 8, 8, 8, 10, 10, 11, 13, 15, 17, 19, 21, 22, 23, 24, 24, 25, 26, 27, 29, 30, 32, 33, 36, 37, 37, 38, 39, 40, 40, 41, 41, 42, 43; **10**:1, 4, 4, 7, 9, 10, 10, 14, 16, 17, 19, 21, 22, 23, 24, 24, 25, 26, 34, 48; **11**:1, 2, 4, 7, 8, 9, 10, 12, 12, 13, 15, 16, 16, 18, 20, 22, 25, 26, 27, 28, 29; **12**:1, 2, 3, 3, 5, 6, 7, 8, 8, 9, 10, 13, 14, 15, 15, 15, 16, 16, 17, 18, 19, 20, 20, 21, 22, 23, 24, 25; **13**:1, 2, 5, 6, 8, 9, 13, 13, 14, 15, 16, 25, 29, 30, 34, 37, 42, 43, 44, 45, 48, 49, 50, 51; **14**:1, 2, 4, 4, 5, 12, 14, 19, 20, 23, 27, 28; **15**:2, 4, 5, 7, 12, 13, 31, 33, 35, 36, 37, 38, 39, 40, 41; **16**:1, 1, 4, 6, 7, 8, 10, 11, 11, 12, 15, 16, 18, 18, 19, 25, 25, 26, 26, 27, 28, 29, 31, 35, 36, 37, 38, 38, 40; **17**:1, 2, 5, 6, 8, 10, 11, 13, 14, 15, 16, 18, 18, 21, 22, 32, 32, 34; **18**:4, 5, 6, 8, 9, 11, 12, 14, 15, 17, 18, 19, 19, 20, 24, 26, 27; **19**:1, 2, 3, 4, 5, 7, 8, 9, 10, 13, 14, 15, 15, 17, 19,

21, 22, 23, 27, 28, 30, 31, 33, 33, 34, 35, 39; 20:1, 2, 4, 4, 4, 5, 6, 7, 8, 9, 10, 11, 12, 13, 14, 15, 15, 17, 18, 37, 38; 21:1, 1, 3, 4, 5, 6, 7, 8, 9, 10, 12, 14, 15, 16, 17, 18, 20, 21, 25, 27, 32, 34, 34, 35, 37, 39, 39, 40, 40; 22:2, 3, 6, 8, 9, 9, 10, 10, 11, 12, 14, 17, 22, 25, 26, 27, 27, 28, 28, 28, 29, 30; 23:1, 2, 4, 6, 6, 7, 8, 9, 9, 10, 11, 12, 13, 15, 16, 17, 19, 20, 29, 30, 32, 34; 24:1, 2, 4, 9, 14, 17, 19, 22, 24, 25, 25, 27; 25:4, 6, 7, 9, 10, 11, 13, 14, 19, 20, 21, 22, 25, 25; 26:1, 15, 15, 24, 25, 28, 29, 32; 27:1, 2, 7, 9, 11, 12, 13, 14, 15, 16, 18, 20, 26, 27, 28, 30, 33, 35, 36, 37, 38, 39, 39, 41, 41, 42, 43, 44; 28:3, 4, 6, 6, 7, 8, 9, 11, 16, 17, 17, 19, 21, 22, 23, 24, 25, 30; Ro 1:12, 13, 17; 2:2, 3, 5, 8, 8, 10, 17, 25; 3:4, 4, 5, 7, 19, 21, 22; 4:3, 4, 5, 5, 15, 20, 23; 5:3, 4, 4, 5, 8, 11, 13, 16, 20, 20; 6:8, 10, 11, 17, 17, 18, 22, 22, 22, 23; 7:2, 3, 6, 8, 9, 9, 10, 14, 16, 17, 18, 20, 23, 25, 25; 8:5, 6, 8, 9, 9, 10, 10, 11, 13, 17, 17, 23, 24, 25, 26, 27, 28, 30, 30, 34; 9:6, 10, 13, 18, 21, 22, 27, 30, 31; 10:6, 10, 14, 14, 15, 17, 20, 21; 11:6, 7, 7, 12, 13, 16, 17, 17, 18, 20, 22, 23, 28, 30; 12:4, 5, 6; 13:1, 2, 3, 4, 12, 12; 14:1, 2, 3, 4, 5, 10, 23, 23; 15:1, 5, 9, 13, 14, 15, 20, 23, 23, 25, 29, 30, 33; 16:1, 17, 19, 19, 20, 25, 26; 1Co 1:10, 10, 12, 12, 12, 12, 16, 18, 23, 23, 24, 30; 2:6, 6, 10, 12, 14, 15, 15, 16; 3:4, 5, 8, 8, 10, 10, 12, 15, 15, 23, 23; 4:3, 4, 6, 7, 7, 10, 10, 10, 18, 19; 5:3, 11, 13; 6:13, 13, 14, 17, 18; 7:1, 2, 3, 4, 6, 7, 7, 8, 9, 10, 11, 12, 14, 15, 15, 25, 25, 28, 28, 28, 29, 32, 33, 34, 35, 36, 37, 37, 39, 40, 40; 8:1, 1, 3, 7, 8, 9, 12; 9:15, 15, 17, 23, 24, 25, 25; 10:4, 6, 11, 11, 13, 20, 28, 29; 11:2, 3, 3, 3, 5, 6, 7, 12, 15, 16, 17, 21, 28, 31, 32, 34; 12:1, 4, 4, 6, 7, 8, 9, 10, 10, 10, 10, 11, 12, 18, 19, 20, 20, 21, 24, 27, 31; 13:1, 2, 3, 6, 8, 10, 12, 12, 13, 13; 14:1, 1, 2, 3, 4, 5, 5, 5, 6, 14, 15, 15, 20, 22, 23, 24, 24, 28, 28, 29, 30, 35, 38, 40; 15:1, 6, 8, 10, 10, 12, 13, 14, 15, 17, 20, 23, 27, 28, 35, 38, 39, 39, 39, 40, 50, 51, 54, 56, 56, 57; 16:1, 3, 4, 5, 6, 8, 10, 11, 12, 12, 15, 17; 2Co 1:6, 12, 13, 18, 21, 23; 2:5, 10, 12, 14, 16; 3:4, 6, 7, 16, 17, 17, 18; 4:3, 5, 7, 12, 13, 18; 5:5, 8, 11, 11, 18; 6:1, 10, 10, 12, 13, 15, 16; 7:7, 10, 13; 8:1, 11, 16, 17, 18, 19, 22, 22; 9:3, 6, 8, 10; 10:1, 1, 2, 10, 13, 15, 17; 11:3, 6, 12, 16, 21; 12:1, 5, 6, 15, 16, 19; 13:6, 7, 7, 9; Gal 1:15, 19, 20, 22, 23; 2:2, 2, 4, 6, 9, 11, 12, 16, 17, 20, 20, 20; 3:8, 11, 12, 16, 17, 18, 20, 20, 23, 25, 29; 4:1, 4, 6, 7, 9, 9, 13, 18, 20, 23, 25, 25, 26, 28; 5:3, 10, 11, 15, 16, 17, 18, 19, 22, 24; 6:4, 6, 8, 9, 10, 14; Eph 2:4, 13; 3:20; 4:7, 9, 11, 11, 11, 15, 20, 23, 28, 32; 5:3, 8, 11, 13, 32, 33; 6:21; Php 1:12, 15, 17, 22, 23, 24, 28; 2:8, 18, 19, 22, 24, 25, 25, 27; 3:1, 12, 13, 13, 18; 4:10, 10, 15, 18, 19, 20, 22; Col 1:22, 26; 2:17; 3:8, 14; 1Th 2:16, 17; 3:6, 11, 12; 4:9, 10, 13; 5:1, 4, 8, 12, 14, 21, 23; 2Th 2:1, 13, 16; 3:3, 4, 5, 6, 12, 13, 14, 16; 1Ti 1:5, 8, 9, 14, 17; 2:12, 14, 15; 3:5, 7, 10, 15; 4:1, 7, 7, 8; 5:4, 5, 6, 8, 11, 13, 13, 24; 6:2, 6, 8, 9, 11, 11; 2Ti 1:5, 10, 10; 2:5, 16, 20, 20, 22, 22, 23, 24; 3:1, 5, 8, 10, 12, 13, 14; 4:4, 5, 8, 12, 17, 20; Tit 1:1, 3, 15, 16; 2:1; 3:4, 9, 14; Phm 1:9, 11, 14, 16, 18, 22; Heb 1:6, 8, 11, 12, 13; 2:6, 8, 9; 3:4, 6, 10, 17, 18; 4:13, 15; 5:14; 6:8, 9, 11, 12; 7:2, 3, 4, 6, 7, 8, 19, 21, 24, 28; 8:1, 6, 13; 9:3, 5, 6, 7, 11, 12, 21, 23, 26, 27; 10:5, 12, 15, 18, 27, 32, 33, 38, 39; 11:1, 6, 16, 35, 36, 36; 12:6, 8, 9, 10, 11, 11, 13, 26, 27; 13:16, 19, 20, 22; Jas 1:4, 5, 6, 9, 10, 13, 14, 15, 19, 22, 25; 2:2, 3, 6, 9, 10, 11, 11, 14, 16, 16, 20, 23, 25; 3:3, 8, 14, 17, 18; 4:6, 6, 7, 11, 12, 16; 5:12, 12; 1Pe 1:7, 8, 12, 20, 25, 25; 2:4, 7, 9, 10, 10, 14, 23; 3:8, 9, 11, 12, 14, 15, 18; 4:6, 7, 16, 16, 17; 5:5, 5, 10; 2Pe 1:5, 5, 6, 6, 6, 7, 7, 13, 15; 2:1, 9, 10, 12, 16, 20; 3:7, 8, 10, 10, 13, 18; 1Jn 1:3, 7; 2:2, 5, 11, 17; 3:12, 17; 4:18; 5:5, 20; 3Jn 1:12, 14; Jude 1:1, 5, 8, 8, 9, 10, 10, 14, 17, 20, 23, 23, 24; Rev 1:14; 2:5, 16, 24; 10:2; 19:12; 21:8

1328 διά [667 / 665]

accusative object [281]

Mt 6:25; 9:11, 14; 10:22; 12:27, 31; 13:5, 6, 10, 13, 21, 52, 58; 14:2, 3, 9; 15:2, 3, 3, 6; 17:19, 20; 18:23; 19:12; 21:25, 43; 23:34; 24:9, 12, 22, 44; 27:18, 19; Mk 2:4, 18, 27, 27; 3:9; 4:5, 6, 17; 5:4; 6:6, 14, 17, 26; 7:5, 29; 11:24, 31; 12:24; 13:13, 20; 15:10; Lk 1:78; 2:4; 5:19, 30; 6:1, 48; 8:6, 19, 47; 9:7; 11:8, 8, 19, 49; 12:22; 14:20; 17:11; 18:5; 19:11, 23, 31; 20:5; 21:17; 23:8, 19, 25; 24:38; Jn 1:31; 2:24; 3:29; 4:39, 41, 42; 5:18; 6:57, 57, 65; 7:13, 22, 43, 45; 8:43, 46, 47; 9:23; 10:17, 19, 32; 11:15, 42; 12:5, 9, 11, 18, 27, 30, 30, 39, 42; 13:11, 37; 14:11; 15:3, 19, 21; 16:15, 21; 19:11, 38, 42; 20:19; Ac 2:26; 4:2, 21; 5:3; 8:11; 10:21; 12:20; 16:3; 18:2, 3; 21:34, 35; 22:24; 23:28; 27:4, 9; 28:2, 2, 18, 20; Ro 1:26; 2:24; 3:25; 4:16, 23, 24, 25, 25; 5:12; 6:19; 8:10, 10, 20; 9:32; 11:28, 28; 13:5, 5, 6; 14:15; 15:9, 15; 1Co 4:6, 10, 17; 6:7, 7; 7:2, 5, 26; 8:11; 9:10, 10, 23; 10:25, 27, 28; 11:9, 9, 10, 10, 30; 2Co 2:10; 3:7; 4:1, 5, 11, 15; 7:13; 8:9; 9:14; 11:11; 13:10; Gal 2:4; 4:13; Eph 1:15; 2:4; 4:18, 18; 5:6, 17; 6:13; Php 1:7, 15, 15, 24; 2:30; 3:7, 8, 8; Col 1:5, 9; 3:6; 4:3; 1Th 1:5; 2:13; 3:5, 7, 9; 5:13; 2Th 2:11; 1Ti 1:16; 5:23; 2Ti 1:6, 12; 2:10, 10; Tit 1:13; Phm 1:9, 15; Heb 1:9, 14; 2:1, 9, 10, 11; 3:19; 4:6; 5:3, 12, 14; 6:7; 7:18, 23, 24; 9:15; 10:2; 13:2; Jas 4:2; 1Pe 1:20; 2:13, 19; 3:14; 2Pe 2:2; 3:12; 1Jn 2:12; 3:1; 4:5; 2Jn 1:2; 3Jn 1:10; Rev 1:9; 2:3; 4:11; 6:9, 9; 7:15; 12:11, 11, 12; 13:14; 17:7; 18:8, 10, 15; 20:4, 4

genitive object [386 / 384]

Mt 1:22; 2:5, 12, 15, 17, 23; 3:3; 4:4, 14; 7:13, 13; 8:17, 28; 11:2; 12:1, 17, 43; 13:35; 18:7, 10; 19:24; 21:4; 24:15; 26:24, 61; 27:9; Mk 2:1, 23; 5:5; 6:2; 7:31; 9:30; 10:25; 11:16; 14:21, 58; 16:20, S[UBS]; Lk 1:70; 4:30; 5:5, 19; 8:4; 11:24; 13:24; 17:1; 18:25, 31; 22:22; 24:53; Jn 1:3, 7, 10, 17, 17; 3:17; 4:4; 5:16; 10:1, 2, 9; 11:4; 14:6; 17:20; 19:23; Ac 1:2, 3, 16; 2:16, 22, 23, 25, 43; 3:16, 18, 21; 4:16, 25, 30; 5:12, 19; 7:25; 8:18, 20; 9:25, 32; 10:2, 36, 43; 11:28, 30; 12:9; 13:38, 49; 14:3, 22; 15:7, 11, 12, 23, 27, 32; 16:9; 17:10; 18:9, 27, 28; 19:11, 26; 20:3, 28; 21:4, 19; 23:31; 24:2, 2, 16, 17; 28:25; Ro 1:2, 5, 8, 12; 2:12, 16, 23, 27; 3:20, 22, 24, 25, 27, 27, 30, 31; 4:11, 13, 13; 5:1, 2, 5, 9, 10, 11, 11, 12, 12, 16, 17, 17, 18, 18, 19, 19, 21, 21; 6:4, 4; 7:4, 5, 7, 8, 11, 11, 13, 13, 25; 8:3, 11, 25, 37; 10:17; 11:10, 36; 12:1, 3; 14:14, 20; 15:4, 4, 18, 28, 30, 30, 32; 16:18, 26, 27; 1Co 1:1, 9, 10, 21, 21; 2:10; 3:5, 15; 4:15; 6:14; 8:6, 6; 10:1; 11:12; 12:8; 13:12; 14:9; 15:2, 21, 21, 57; 16:3; 2Co 1:1, 4, 5, 11, 16, 19, 19, 20, 20; 2:4, 14; 3:4, 11; 4:15; 5:7, 7, 10, 18, 20; 6:7, 8, 8; 8:5, 8, 18; 9:11, 12, 13; 10:1, 9, 11; 11:33, 33; 12:17; Gal 1:1, 1, 12, 15; 2:1, 16, 19, 21; 3:14, 18, 19, 26; 4:7, 23; 5:6, 13; 6:14; Eph 1:1, 5, 7; 2:8, 16, 18; 3:6, 10, 12, 16, 17; 4:6, 16; 6:18; Php 1:11, 19, 20, 20, 26; 3:9; Col 1:1, 16, 20, 20[UBS], 20, 22; 2:8, 12, 19; 3:17; 1Th 3:7; 4:2, 14; 5:9; 2Th 2:2, 2, 2, 2, 14, 15, 15; 3:14, 16; 1Ti 2:10, 15; 4:5, 14; 2Ti 1:1, 6, 10, 10, 14; 2:2; 3:15; 4:17; Tit 3:5, 6; Phm 1:7, 22; Heb 1:2; 2:2, 3, 10, 10, 14, 15; 3:16; 6:12, 18; 7:9, 11, 19, 21, 25; 9:6, 11, 12, 12, 14, 26; 10:10, 20; 11:4, 4, 7, 29, 33, 39; 12:1, 11, 15, 28; 13:11, 12, 15, 15, 21, 22; Jas 2:12; 1Pe 1:3, 5, 7, 12, 21, 23; 2:5, 14; 3:1, 20, 21; 4:11; 5:12, 12; 2Pe 1:3, 4, 4; 3:5, 6; 1Jn 4:9; 5:6; 2Jn 1:12; 3Jn 1:13; Jude 1:25; Rev 1:1; 21:24

1609 ἐγώ [2583 / 2585]

ἐγώ [347]

Mt 3:11, 14; 5:22, 28, 32, 34, 39, 44; 8:7, 9; 10:16; 11:10; 12:27, 28; 14:27; 20:15, 22; 21:27, 30; 22:32; 23:34; 24:5; 25:27; 26:22, 25, 33, 39; 28:20; Mk 1:8; 6:16, 50; 9:25; 10:38, 38, 39, 39; 11:33; 12:26; 13:6; 14:19, 29, 36, 58, 62; Lk 1:18, 19; 3:16; 7:8; 8:46; 9:9; 10:35; 11:19, 20; 15:17; 16:9; 19:22; 20:8; 21:8, 15; 22:27, 32, 70; 23:14; 24:39, 49; Jn 1:20, 23, 26, 27, 30, 31; 3:28; 4:14, 26, 32, 38; 5:7, 30, 31, 34, 36, 43, 45; 6:20, 35, 40, 41, 48, 51, 51, 63, 70; 7:7, 8, 17, 29, 34, 36; 8:11, 12, 14, 15, 16, 16, 18, 21, 21, 22, 23, 23, 24, 28, 29, 38, 42, 45, 49, 50, 54, 55, 58; 9:9, 39; 10:7, 9, 10, 11, 14, 17, 18, 25, 30, 34; 11:25, 27, 42; 12:32, 46, 47, 49, 50; 13:7, 14, 15, 18, 19, 26, 33; 14:3, 4, 6, 10, 10, 11, 12, 12, 14, 19, 20, 26, 27, 28; 15:1, 5, 10, 14, 16, 19, 20, 26; 16:4, 7, 7, 26, 27, 33; 17:4, 9, 12, 14, 14, 16, 19, 23, 24, 25; 18:5, 6, 8, 20, 20, 21, 26, 35, 37, 38; 19:6; Ac 7:7, 32; 9:5, 10, 16; 10:20, 21, 26; 11:5, 17; 13:25, 33, 41; 15:19; 17:3, 23; 18:6, 10, 15; 20:22, 25, 29; 21:13, 39; 22:3, 8, 8, 19, 21, 28, 28; 23:1, 6, 6; 24:21; 25:18, 20, 25; 26:9, 10, 15, 15, 17, 29; 27:23; 28:17; Ro 7:9, 10, 14, 17, 20, 20, 24, 25; 9:3; 10:19; 11:1, 13, 19; 12:19; 14:11; 15:14; 16:4, 22; 1Co 1:12, 12, 12, 12; 3:4, 4, 6; 4:15; 5:3; 6:12; 7:10, 12, 28; 9:6, 15, 26; 10:30, 30; 11:23; 15:9, 10, 11; 2Co 1:23; 2:2, 10; 10:1; 11:23, 29; 12:11, 13, 15, 16; Gal 1:12; 2:19, 20; 4:12; 5:2, 10, 11; 6:17; Eph 3:1; 4:1; 5:32; Php 3:4, 4, 13; 4:11; Col 1:23, 25; 1Th 2:18; 1Ti 1:11, 15; 2:7; 2Ti 1:11; 4:6; Tit 1:3, 5; Phm 1:13, 19, 19, 20; Heb 1:5, 5; 2:13, 13; 5:5; 10:30; 12:26; Jas 1Pe 1:16; 2Pe 1:17; 2Jn 1:1, 1; 3Jn 1:1; Rev 1:8, 9, 17; 2:23; 3:9, 19; 17:7; 21:6, 6; 22:13, 16, 16, 18

ἐμέ [90]

Mt 10:37, 37, 40, 40; 18:5, 6, 21; 26:10, 11; Mk 9:37, 37, 37, 42; 14:7; Lk 1:43; 4:18; 9:48, 48; 10:16, 16; 22:53; 23:28; 24:39; Jn 3:30; 6:35, 35, 37, 37, 45, 57; 7:7, 38; 8:19, 19, 42; 10:32; 11:25, 26; 12:8, 30, 44, 44, 45, 46, 48; 13:18, 20, 20; 14:1, 9, 12; 15:18, 20, 23, 24; 16:3, 9, 14, 23, 27; 17:18, 20, 23; 18:8; Ac 3:22; 7:37; 8:24; 13:25, 25; 22:6; 24:19; 26:18; Ro 1:15; 10:20, 20; 15:3; 1Co 9:3; 15:10; 2Co 2:5; 11:10; 12:6, 9; Eph 6:21; Php 1:12; 2:23, 27; Col 4:7; 2Ti 1:8; Phm 1:17; Rev 1:17

ἐμοί [93]

Mt 10:32; 11:6; 18:26, 29; 25:40, 45; 26:31; Mk 5:7; 14:6; Lk 4:6; 7:23; 8:28; 12:8; 15:29; 22:37; Jn 2:4; 5:46; 6:56; 7:23; 8:12; 10:38, 38; 12:26, 26, 26; 14:10, 10, 11, 20, 30; 15:2, 4, 4, 5, 6, 7, 8; 16:33; 17:21, 23; 18:35; 19:10; Ac 11:12; 22:9; 26:13; 28:18; Ro 7:8, 13, 17, 18, 20, 21, 21; 12:19; 14:11; 1Co 4:3; 9:15; 14:11; 15:10; 16:4; 2Co 1:17; 9:4; 11:10; 13:3; Gal 1:2, 16, 24; 2:3, 6, 8, 9, 20; 6:14, 14; Eph 3:8; Php 1:7, 21, 26, 30, 30; 2:16, 22; 3:1; 4:9, 21; Col 1:29; 1Ti 1:16; 2Ti 4:8; Phm 1:11, 16, 18; Heb 10:30; 13:6

ἐμοῦ [109]

Mt 5:11; 7:23; 10:18, 39; 11:29; 12:30, 30, 30; 15:5, 8; 16:23, 25; 17:27; 25:41; 26:23, 38, 39, 40; Mk 7:6, 11; 8:35; 10:29; 13:9; 14:18, 20, 36; Lk 4:7; 5:8; 8:46; 9:24; 10:16; 11:7, 23, 23, 23; 12:13; 13:27; 15:31; 16:3; 22:21, 28, 37, 42; 23:43; 24:44; Jn 4:9; 5:7, 32, 32, 36, 37, 39, 46; 8:18, 29; 10:8, 9, 18, 25; 13:8, 38; 14:6; 15:5, 26, 27; 16:32; 17:24; 18:34; 19:11; Ac 8:24; 11:5; 20:34; 22:18; 23:11; 25:9; Ro 1:12; 11:27; 15:18, 30; 16:2, 7, 13; 2Co 1:19; 2:2; 7:7; 12:6, 8; Gal 1:11, 17; 2:20; Eph 6:19; Php 4:10; 2Ti 1:13; 2:2; 4:11, 17; Tit 3:15; Heb 10:7; Rev 1:12; 3:4, 18, 20, 21; 4:1; 10:8; 17:1; 21:9, 15; 22:12

ἡμᾶς [166 / 168]

Mt 6:13, 13; 8:25[NIV], 29, 31, 31; 9:27; 13:56; 17:4; 20:7, 30, 31; 27:4, 25; Mk 1:24; 5:12; 6:3; 9:5, 22; Lk 1:71, 78; 4:34; 7:20; 9:33; 11:1, 4, 45; 12:41; 16:26; 17:13; 19:14; 20:6, 22; 23:15, 30, 30, 39; 24:22; Jn 1:22; 9:4, 34; Ac 1:21; 3:4; 4:12; 5:28; 6:2; 7:40; 11:15; 14:11, 22; 16:10, 15, 37, 37, 37; 20:5; 21:1, 5, 5, 11, 17; 27:1, 6, 7, 20, 26; 28:2, 7, 10; Ro 3:8; 4:24; 5:8; 6:6; 7:6; 8:18, 35, 37, 39; 9:24; 1Co 4:1, 9; 6:14; 7:15[NIV]; 8:8; 9:10, 10; 10:6; 2Co 1:4, 4, 5, 8, 10, 11, 14, 21, 21, 22; 2:14; 3:6; 4:14; 5:5, 10, 14, 18; 7:2, 6; 8:6, 20; 10:2; Gal 1:4, 23; 2:4; 3:13; 5:1; Eph 1:3, 4, 4, 5, 6, 8, 12, 19; 2:4, 5, 7; 5:2; Php 3:17; Col 1:13; 1Th 1:8, 10; 2:15, 16, 18; 3:6, 6; 4:7; 5:9; 2Th 1:4; 2:16; 3:7, 9; 2Ti 1:9; 2:12; Tit 2:12, 14; 3:5, 6, 15; Heb 2:1, 3; 13:6; Jas 1:18, 18; 1Pe 1:3; 2Pe 1:3; 1Jn 1:7, 9; 3:1; 4:10, 11, 19; 3Jn 1:9, 10; Rev 1:5, 5, 6; 6:16, 16

ἡμεῖς [127]

Mt 6:12; 9:14; 17:19; 19:27; 28:14; Mk 9:28; 10:28; 14:58; Lk 3:14; 9:13; 18:28; 23:41; 24:21; Jn 1:16; 4:22; 6:42, 69; 7:35; 8:41, 48; 9:21, 24, 28, 29, 40; 11:16; 12:34; 17:11, 22; 19:7; 21:3; Ac 2:8, 32; 3:15; 4:9, 20; 5:32; 6:4; 10:33, 39, 47; 13:32; 14:15; 15:10; 20:6, 13; 21:7, 12, 25; 23:15; 24:8; 28:21; Ro 6:4; 8:23; 15:1; 1Co 1:23; 2:12, 16; 4:8, 10, 10, 10; 8:6, 6; 9:11, 11, 12, 25; 11:16; 12:13; 15:30, 52; 2Co 1:6; 3:18; 4:11, 13; 5:16, 21; 6:16; 9:4; 10:7, 13; 11:12, 21; 13:4, 6, 7, 7, 9; Gal 1:8; 2:9, 15, 16; 4:3; 5:5; Eph 2:3; Php 3:3; Col 1:9, 28; 1Th 2:13, 17; 3:6, 12; 4:15, 17; 5:8; 2Th 2:13; Tit 3:3, 5; Heb 2:3; 3:6; 10:39; 12:1, 25; 2Pe 1:18; 1Jn 1:4; 3:14, 16; 4:6, 10, 11, 14, 16, 17, 19; 3Jn 1:8, 12

ἡμῖν [170]

Mt 3:15; 6:11, 12; 8:29; 13:36; 15:15, 33; 19:27; 20:12; 21:25; 22:17, 25; 24:3; 25:8, 9, 11; 26:63, 68; Mk 1:24; 9:22, 38; 10:35, 37; 12:19; 13:4; 14:15; 16:3; Lk 1:1, 2, 69, 73; 2:15, 48; 4:34; 7:5, 16; 9:13; 10:11, 17; 11:3, 4, 4; 13:25; 17:5; 20:2, 28; 22:8, 67; 23:18; 24:24, 32, 32, 32; Jn 1:14; 2:18; 4:12, 25; 6:34, 52; 8:5; 10:24; 14:8, 8, 9, 22; 16:17; 17:21; 18:31; Ac 1:17, 21, 22; 2:29; 3:12; 6:14; 7:38, 40; 10:41, 42; 11:13, 17; 13:26, 33, 47; 15:8, 25, 28; 16:9, 16, 17, 21; 19:25, 27; 20:14; 21:16, 18, 23; 25:24; 27:2; 28:2, 15, 22; Ro 5:5; 8:4, 32; 9:29; 12:6; 1Co 1:18, 30; 2:10, 12; 4:6; 8:6; 15:57; 2Co 4:12, 17; 5:5, 18, 19; 6:12; 7:7; 8:5, 7; 10:13; Eph 1:9; 3:20; 6:12; Col 1:8; 2:13, 14; 4:3; 1Th 2:8; 3:6; 1Ti 6:17; 2Ti 1:7, 9, 14; Phm 1:6; Heb 1:2; 4:13; 5:11; 7:26; 10:15, 20; 12:1, 1; 13:21; Jas 3:3; 4:5; 5:17; 2Pe 1:1, 3, 4; 1Jn 1:2, 8, 9, 10; 2:25; 3:1, 23, 24, 24; 4:9, 12, 12, 13, 13, 16; 5:11, 20; 2Jn 1:2

ἡμῶν [402 / 400]

Mt 1:23; 6:9, 11, 12, 12; 8:17; 15:23; 20:33; 21:42; 23:30; 25:8; 27:25; 28:13; Mk 9:40, 40; 11:10; 12:7, 11, 29; Lk 1:55, 71, 72, 73, 75, 78, 79; 7:5; 9:49; 11:3, 4; 13:26; 16:26; 20:14; 23:2; 24:20, 22, 29, 32; Jn 3:11; 4:12, 20; 6:31; 7:51; 8:39, 53, 54; 9:20; 10:24; 11:11, 48; 12:38; Ac 1:22; 2:8, 39; 3:13; 4:25; 5:30; 7:2, 11, 12, 15, 19, 19, 27, 38, 39, 40, 44, 45, 45; 9:38; 13:17; 15:9, 10, 24, 25, 26; 16:16, 20; 17:20, 27; 19:37; 20:7, 21; 21:17; 22:14; 24:4; 26:6, 7, 14; 27:10, 18, 27; 28:15; Ro 1:4, 7; 3:5; 4:1, 12, 16, 24, 25, 25; 5:1, 5, 6, 8, 8, 11, 21; 6:6, 23; 7:5, 25; 8:16, 23, 26, 31, 31, 32, 34, 39; 9:10; 10:16; 13:11; 14:7, 12; 15:2, 6, 30; 16:1, 9, 18, 20; 1Co 1:2, 2, 3, 7, 8, 9, 10; 2:7; 4:8; 5:4, 4, 7; 6:11; 9:1; 10:1, 6, 11; 12:23, 24; 15:3, 14, 31, 57; 2Co 1:2, 3, 4, 5, 7, 8, 11, 11, 12, 12, 14, 14[UBS], 18, 19, 20, 22; 2:14; 3:2, 2, 3, 5; 4:3, 6, 7, 10, 11, 16, 16, 17, 18; 5:1, 2, 12, 20, 21; 6:11, 11; 7:3, 4, 5, 5, 9, 12, 13, 14; 8:4, 7, 9, 19, 19, 19, 20, 22, 23, 24; 9:3, 11; 10:4, 8, 15; Gal 1:3, 4, 4; 2:4; 3:13, 24; 4:6, 26; 6:14, 18; Eph 1:2, 3, 14, 17; 2:3, 14; 3:11; 4:7; 5:2, 20; 6:22, 24; Php 1:2; 3:20, 21; 4:20; Col 1:2, 3, 7, 7[NIV]; 2:14; 4:3, 8; 1Th 1:2, 3, 3, 5, 6, 9; 2:1, 2, 3, 4, 9, 13, 19, 19, 20; 3:2, 5, 6, 7, 9, 11, 11, 11, 13, 13; 4:1; 5:9, 10, 23, 25, 28; 2Th 1:1, 2[UBS], 7, 8, 10, 11, 12, 12; 2:1, 1, 2, 14, 14, 15, 16, 16; 3:1, 6[UBS], 6, 14, 18; 1Ti 1:1, 1, 2, 12, 14; 2:3; 6:3, 14; 2Ti 1:2, 8, 9, 10; Tit 1:3, 4; 2:8, 10, 13, 14; 3:4, 6; Phm 1:1, 2, 3; Heb 3:1; 4:15; 6:20; 7:14; 9:14, 24; 10:26; 11:40, 40; 12:9, 29; 13:18, 20, 23; Jas 2:1, 21; 3:6; 1Pe 1:3; 2:24; 4:17; 2Pe 1:1, 2, 8, 11, 14, 16; 2:20; 3:15, 15, 18; 1Jn 1:1, 1, 3, 4, 9; 2:2, 19, 19, 19, 19, 19; 3:16, 19, 20, 20, 21; 4:6, 6, 10, 17; 5:4, 14, 15; 2Jn 1:2, 3, 12; 3Jn 1:12; Jude 1:3, 4, 4, 17, 21, 25, 25; Rev 1:5; 4:11; 5:10; 6:10; 7:3, 10, 12; 11:15; 12:10, 10, 10; 19:1, 5, 6

μέ [291 / 292]

Mt 3:14; 8:2; 10:33, 40; 11:28; 14:28, 30; 15:8, 9, 22; 16:15; 18:32; 19:14, 17; 22:18; 23:39; 25:35, 35, 36, 36, 36, 42, 43, 43, 43; 26:12, 21, 23, 32, 34, 35, 46, 55, 55, 75; 27:46; 28:10; Mk 1:40; 5:7; 6:22, 23; 7:6, 7; 8:27, 29, 38; 9:19, 37, 39; 10:14, 18, 36, 47, 48; 12:15; 14:18, 28, 30, 31, 42, 48, 49, 72; 15:34; Lk 1:48; 2:49, 49; 4:18, 18, 43; 5:12; 6:46, 47; 8:28; 9:18, 20, 26, 48; 10:16, 35, 40; 11:6, 18; 12:9, 14; 13:33, 35; 14:18, 19, 26; 15:19; 16:4, 24; 18:3, 5, 16, 19, 38, 39; 19:5, 27; 22:15, 21, 34, 61; 24:39; Jn 1:33, 48; 2:17; 4:34; 5:7, 11, 24, 30, 36, 37, 40, 43; 6:26, 36, 38, 39, 44, 44, 57, 57, 65; 7:16, 19, 28, 29, 33, 34, 34, 36, 36, 37; 8:16, 18, 21, 26, 28, 29, 29, 37, 40, 42, 46, 49, 54; 9:4; 10:14, 15, 16, 17; 11:42; 12:27, 44, 45, 49; 13:13, 20, 21, 33, 38; 14:7, 9, 14, 15, 19, 19, 21, 21, 23, 24, 24, 28; 15:9, 16, 21, 25; 16:5, 5, 10, 16, 16, 17, 17, 19, 19; 17:5, 8, 21, 23, 24, 25, 26; 18:21, 23; 19:11; 20:21, 29; 21:15, 16, 17, 17; Ac 2:28; 7:28; 8:31, 36; 9:4, 17; 10:29; 11:11, 15; 12:11; 16:15, 30; 19:21, 21; 20:23; 22:7, 8, 10, 13, 17, 21; 23:3, 3, 18, 22; 24:12, 18; 25:10, 11; 26:5, 13, 14, 14, 16, 21, 28; 28:18; Ro 7:11, 23, 24; 8:2[NIV]; 9:20; 15:16, 19; 1Co 1:17; 4:4; 16:6, 11; 2Co 2:2, 3, 13; 7:7; 11:16, 16, 32; 12:6, 7, 11, 21; Gal 1:15; 2:20; 4:12, 14, 18; Eph 6:20; Php 1:7; 2:30; 4:13; Col 4:4; 1Ti 1:12, 12; 2Ti 1:15, 16, 17; 3:11; 4:9, 10, 16, 17, 18; Tit 3:12; Phm 1:17; Heb 8:11; 11:32; Rev 17:3; 21:10

μοί [225]

Mt 2:8; 4:9; 7:21, 22; 8:21, 22; 9:9; 11:27; 14:8, 18; 15:25, 32; 16:24; 17:17; 19:21, 28; 20:13, 15; 21:2, 24; 22:19; 25:20, 22, 35, 42; 26:15, 53; 27:10; 28:18; Mk 2:14; 5:9; 6:25; 8:2, 34; 10:21; 11:29, 30; 12:15; Lk 1:25, 38, 43, 49; 4:23; 5:27; 7:44, 45; 9:23, 38, 59, 59, 61; 10:22, 40; 11:5, 7; 15:6, 9, 12; 17:8; 18:5, 13, 22; 20:3, 24; 22:29; 23:14; Jn 1:33, 43; 3:28; 4:7, 10, 15, 21, 29, 39; 5:11, 36; 6:37, 39; 8:45, 46; 9:11; 10:27, 29, 37; 12:49, 50; 13:36; 14:11, 31; 17:4, 6, 7, 8, 9, 11, 12, 22, 24, 24; 18:9, 11; 20:15; 21:19, 22; Ac 2:28; 3:6; 5:8; 7:7, 42, 49, 49; 9:15; 11:7, 12; 12:8; 13:2; 18:10; 20:19, 22, 23; 21:37, 39; 22:5, 6, 7, 9, 11, 13, 17, 18, 27; 23:19, 30; 24:11; 25:24, 27; 27:21, 23, 25; Ro 7:10, 13, 18; 9:1, 2, 19; 12:3; 15:15, 30; 1Co 1:11; 3:10; 5:12; 6:12, 12; 9:15, 16, 16, 16; 15:32; 16:9; 2Co 2:12; 6:18; 7:4, 4; 9:1; 11:28; 12:7, 9, 13; 13:10; Gal 2:6, 9; 4:15, 21; 6:17; Eph 3:2, 3, 7; 6:19; Php 1:19, 22; 2:18; 3:7; 4:3, 15, 16; Col 1:25; 4:11; 2Ti 3:11; 4:8, 8, 11, 14, 16, 17; Phm 1:13, 19, 22; Heb 1:5; 2:13; 8:10; 10:5; 13:6; Jas 2:18; 2Pe 1:14; Rev 5:5; 7:13, 14; 10:9, 9, 11; 11:1; 17:7, 15; 19:9, 9, 10; 21:6, 7, 10; 22:1, 6, 8, 9, 10

μού [564 / 565]

Mt 2:6, 15; 3:11, 11, 17; 4:10[NIV], 19; 7:21, 24, 26; 8:6, 8, 8, 9, 21; 9:18; 10:22, 32, 33, 37, 37, 38, 38; 11:10, 27, 29, 30, 30; 12:18, 18, 18, 18, 44, 48, 48, 49, 49, 50, 50; 13:30, 35; 15:13, 22; 16:17, 18, 23, 24; 17:5, 15; 18:5, 10, 19, 21, 35; 19:29; 20:21, 23, 23, 23; 21:13, 37; 22:4, 4, 44, 44; 24:5, 9, 35, 48; 25:27, 34, 40; 26:12, 18, 18, 26, 28, 29, 38, 39, 42, 53; 27:46, 46; 28:10; Mk 1:2, 7, 7, 11, 17; 3:33, 33, 34, 34, 35; 5:23, 30, 31; 6:23; 7:14; 8:33, 34; 9:7, 17, 24, 37, 39; 10:20, 40; 11:17; 12:6, 36, 36; 13:6, 13, 31; 14:8, 14, 14, 22, 24, 34; 15:34, 34; 16:17; Lk 1:18, 20, 25, 43, 44, 44, 46, 47, 47; 2:30, 49; 3:16, 22; 6:47; 7:6, 7, 8, 27, 44, 45, 46, 46; 8:21, 21, 45, 46; 9:23, 35, 38, 48, 59, 61; 10:22, 29, 40; 11:6, 7, 24; 12:4, 13, 17, 18, 18, 19, 45; 14:23, 24, 26, 27, 27, 33; 15:6, 17, 18, 24, 29; 16:3, 5, 24, 27; 18:3; 19:8, 23, 27, 27, 46; 20:13, 42, 42; 21:8, 12, 17, 33; 22:11, 19, 20, 28, 29, 30, 30, 42, 53; 23:42, 46; 24:39, 39, 44, 49; Jn 1:15, 15, 15, 27, 30, 30, 30; 2:4, 16; 4:49; 5:17, 24, 31, 43; 6:32, 40, 51, 54, 54, 55, 55, 56, 56; 8:14, 19, 19, 31, 49, 50, 52, 54, 54; 9:11, 15, 30; 10:15, 16, 17, 18, 25, 27, 28, 29, 37; 11:21, 32, 41, 42; 12:7, 27, 47, 48; 13:6, 8, 9, 18, 37; 14:2, 7, 13, 14, 20, 21, 21, 23, 23, 24, 26, 28; 15:1, 7, 8, 10, 10, 10, 14, 15, 16, 20, 21, 23, 24; 16:23, 24, 26; 18:37; 19:24, 24; 20:13, 17, 17, 17, 17, 25, 25, 27, 27, 28, 28; 21:15, 16, 17; Ac 1:4, 8; 2:14, 17, 18, 18, 18, 25, 25, 26, 26, 26, 27, 34, 34; 7:34, 49, 49, 50, 59; 9:15, 16; 10:30, 30; 11:8; 13:22, 22, 33; 15:7, 13, 17; 16:15; 20:24, 25, 29, 34; 21:13; 22:1, 17; 24:13, 17, 20; 25:11, 15; 26:3, 4, 4, 29; 28:19; Ro 1:8, 9, 9, 10; 2:16; 7:4, 18, 23, 23, 23; 9:1, 2, 3, 3, 17, 17, 25, 25, 26; 10:21; 11:3, 13, 14; 15:14, 31; 16:3, 4, 5, 7, 7, 8, 9, 11, 21, 21, 23, 25; 1Co 1:4, 11; 2:4, 4; 4:14, 16, 17, 17, 18; 8:13, 13; 9:1, 2, 15, 18, 18, 27; 10:14, 29; 11:1, 2, 24, 33; 13:3, 3; 14:14, 14, 19, 21, 39; 15:58; 16:24; 2Co 2:13, 13; 6:16; 11:1, 1, 9, 30; 12:9, 9, 21, 21; Gal 1:14, 14, 15; 4:14, 19, 20; 6:17; Eph 1:16; 3:4, 13, 14; 6:19; Php 1:3, 4, 7, 7, 8, 13, 14, 17, 20, 20; 2:2, 12, 12, 12, 25, 25; 3:1, 8, 17; 4:1, 1, 3, 14, 19; Col 1:24; 2:1; 4:10, 18; 2Ti 1:3, 6, 12, 16; 2:1, 8; 3:10; 4:6, 16; Phm 1:4, 4, 20, 23, 24; Heb 1:5, 13; 2:12; 3:9, 10, 11, 11; 4:3, 3, 5; 5:5; 8:9, 9, 10; 10:16, 38, 38; 12:5; Jas 1:2, 16, 19; 2:1, 3, 5, 14, 18; 3:1, 10, 12; 5:12, 19; 1Pe 5:13; 2Pe 1:14, 17, 17; 1Jn 2:1; Rev 1:10, 20; 2:3, 13, 13, 13, 13, 16, 26, 28; 3:2, 5, 8, 8, 10, 12, 12, 12, 12, 12, 16, 20, 21, 21; 7:14; 10:10, 10; 11:3; 18:4; 22:12, 16

1650 εἰς [1767 / 1766]

Mt 2:1, 8, 11, 12, 13, 14, 20, 21, 22, 23; 3:10, 11, 12; 4:1, 5, 8, 12, 13, 18, 24; 5:1, 13, 20, 22, 25, 29, 30, 35, 39; 6:6, 13, 26, 26, 30, 34; 7:13, 14, 19, 21; 8:4, 5, 12, 14, 18, 23, 28, 28, 31, 32, 32, 33, 34; 9:1, 1, 6, 7, 17, 17, 23, 26, 28, 38; 10:5, 5, 9, 10, 11, 12, 17, 18, 21, 22, 23, 27, 41, 41, 42; 11:7; 12:4, 9, 11, 18, 20, 29, 41, 44; 13:2, 22, 30, 30, 33, 36, 42, 47, 48, 50, 54; 14:13, 15, 19, 22, 22, 23, 31, 32, 34, 35; 15:11, 14, 17, 17, 17, 21, 24, 29, 39, 39; 16:5, 13, 21; 17:1, 15, 15, 22, 24, 25, 27; 18:3, 6, 8, 8, 9, 9, 15, 20, 21, 30; 19:1, 5, 17, 23, 24; 20:1, 2, 4, 7, 17, 18, 19; 21:1, 1, 1, 2, 10, 12, 17, 18, 19, 21, 23, 31, 42, 46; 22:3, 4, 5, 9, 10, 13, 16; 23:34; 24:9, 13, 14, 16, 38; 25:1, 6, 10, 21, 23, 30, 41, 46, 46; 26:2, 3, 8, 10, 13, 18, 28, 30, 32, 36, 41, 45, 52, 67, 71; 27:5, 6, 7, 10, 27, 30, 30, 31, 33, 51, 53; 28:1, 7, 10, 11, 16, 16, 19; Mk 1:4, 9, 10, 12, 14, 21, 21, 28, 29, 35, 38, 38, 39, 39, 44, 45; 2:1, 11, 22, 22, 26; 3:1, 3, 13, 20, 27, 29, 29; 4:1, 7, 8, 15, 18, 22, 35, 37; 5:1, 1, 12, 12, 13, 13, 14, 14, 18, 19, 21, 26, 34, 38; 6:1, 8, 8, 10, 11, 31, 32, 36, 41, 45, 45[UBS], 46, 51, 53, 56, 56, 56; 7:15, 17, 18, 19, 19, 19, 24, 24, 30, 31, 33, 34; 8:3, 10, 10, 13[NIV], 13, 19, 20, 22, 23, 26, 26, 27; 9:2, 22, 22, 25, 28, 31, 33,

42, 42, 43, 43, 43, 45, 45, 47, 47; **10**:1, 8, 10, 15, 17, 23, 24, 25, 32, 33, 46; **11**:1, 1, 2, 2, 8, 11, 11, 11, 14, 15, 15, 23, 27; **12**:10, 14, 41, 43; **13**:3, 9, 9, 9, 10, 12, 13, 14, 16, 16; **14**:4, 8, 9, 9, 13, 16, 20, 26, 28, 32, 38, 41, 54, 55, 60, 68; **15**:34, 38, 41; **16**:5, 7, 12, 15, 19; **Lk 1**:9, 20, 23, 26, 33, 39, 39, 40, 44, 50, 55, 56, 79; **2**:3, 4, 4, 15, 22, 27, 28, 32, 34, 34, 39, 39, 41, 45, 51; **3**:3, 3, 5, 5, 9, 17; **4**:5[NIV], 9, 14, 16, 16, 23, 26, 31, 35, 37, 38, 42, 44; **5**:3, 4, 4, 14, 17, 19, 24, 25, 32, 37, 38; **6**:4, 6, 8, 12, 20, 38, 39; **7**:1, 1, 10, 11, 24, 30, 36, 44, 50; **8**:8, 14, 17, 22, 22, 23, 26, 29, 30, 31, 32, 33, 33, 34, 34, 37, 39, 41, 48, 51; **9**:3, 4, 5, 10, 12, 13, 16, 28, 34, 44, 44, 51, 52, 53, 56, 61, 62; **10**:1, 2, 5, 7, 8, 10, 10, 11, 30, 34, 36, 38; **11**:4, 7, 24, 32, 33, 49; **12**:5, 10, 10, 19, 21, 28, 58; **13**:9, 11, 19, 19, 21, 22; **14**:1, 5, 8, 8, 10, 21, 23, 28, 31, 35, 35; **15**:6, 13, 15, 17, 18, 21, 22, 22; **16**:4, 8, 9, 16, 22, 27, 28; **17**:2, 4, 11, 12, 24, 27, 31; **18**:5, 10, 13, 14, 17, 24, 25, 31, 35; **19**:4, 12, 28, 29, 30, 45; **20**:17; **21**:1, 4, 12, 13, 21, 21, 24, 37; **22**:3, 10, 10, 10, 17, 19, 33, 33, 39, 40, 46, 54, 65, 66; **23**:25, 42, 46; **24**:5, 7, 13, 20, 26, 28, 33, 47[UBS], 47, 51, 52; **Jn 1**:7, 9, 11, 12, 18, 43; **2**:2, 11, 12, 13, 23; **3**:4, 5, 13, 16, 17, 18, 18, 19, 22, 24, 36; **4**:3, 5, 8, 14, 14, 28, 36, 38, 39, 43, 45, 45, 46, 47, 54; **5**:1, 7, 24, 24, 29, 29, 45; **6**:3, 9, 14, 15, 17, 17, 21, 21, 22, 24, 24, 27, 29, 35, 40, 51, 58, 66; **7**:3, 5, 8, 8, 10, 14, 31, 35, 38, 39, 48, 53; **8**:1, 2, 6, 8, 26, 30, 35, 35, 51, 52; **9**:7, 11, 35, 36, 39, 39; **10**:1, 28, 36, 40, 42; **11**:7, 25, 26, 26, 27, 30, 31, 38, 45, 48, 52, 54, 54, 55, 56; **12**:1, 7, 11, 12, 12, 13, 24, 25, 27, 34, 36, 37, 42, 44, 44, 44, 46, 46; **13**:1, 2, 3, 5, 8, 22, 27, 29; **14**:1, 1, 12, 16; **15**:6, 21; **16**:9, 20, 21, 28, 32; **17**:1, 18, 18, 20, 23; **18**:1, 6, 11, 15, 28, 28, 33, 37, 37, 37; **19**:9, 13, 17, 27, 37; **20**:1, 3, 4, 6, 7, 8, 11, 14, 19, 25, 25, 26, 27; **21**:3, 4, 6, 7, 9, 11, 23; **Ac 1**:10, 11, 11, 11, 12, 13, 25; **2**:5, 20, 20, 22, 25, 27, 31, 34, 38, 39; **3**:1, 2, 3, 4, 4, 8, 19; **4**:3, 3, 11, 17, 30; **5**:15, 21, 21, 36; **6**:11, 12, 15; **7**:3, 4, 4, 5, 9, 12, 15, 16, 19, 21, 26, 34, 39, 53, 55; **8**:3, 5, 16, 20, 23, 25, 26, 27, 38, 40, 40; **9**:1, 2, 2, 6, 8, 17, 21, 21, 26, 28, 30, 30, 39; **10**:4, 5, 8, 16, 22, 24, 32, 43; **11**:2, 6, 8, 10, 12, 13, 18, 20, 22, 25, 26, 27, 29; **12**:4, 10, 17, 19, 25[UBS]; **13**:2, 4, 4, 9, 13, 13, 14, 14, 22, 29, 31, 34, 42, 46, 47, 47, 48, 51; **14**:1, 6, 14, 20, 20, 21, 21, 21, 22, 23, 24, 25, 26, 26; **15**:2, 4, 22, 30, 38, 39; **16**:1, 1, 7, 8, 9, 10, 11, 11, 12, 15, 16, 19, 23, 24, 24, 34, 37; **17**:1, 5, 10, 10, 20, 21; **18**:1, 6, 7, 18, 19, 19, 22, 22, 24, 27; **19**:1, 3, 3, 4, 4, 5, 8, 21, 22, 22, 27, 27, 29, 30, 31; **20**:1, 2, 3, 6, 14, 14, 15, 15, 16, 17, 18, 21, 21, 22, 29, 38; **21**:1, 1, 1, 2, 3, 3, 4, 6, 6, 7, 8, 8, 11, 12, 13, 15, 17, 26, 28, 29, 34, 37, 38; **22**:4, 5, 5, 7, 10, 11, 13, 17, 21, 23, 24, 30; **23**:10, 11, 11, 15, 16, 20, 28, 30, 31, 32, 33; **24**:11, 15, 17, 24; **25**:1, 3, 4, 6, 8, 8, 8, 9, 13, 15, 20, 21, 23; **26**:6, 7, 11, 12, 14, 16, 17, 18, 18, 24; **27**:1, 2, 3, 5, 6, 6, 8, 12, 17, 26, 30, 38, 39, 40, 40, 41; **28**:5, 6, 12, 13, 13, 14, 15, 16, 17, 23; **Ro 1**:1, 5, 11, 16, 17, 20, 24, 25, 26, 26, 27, 28; **2**:4, 26; **3**:7, 22, 25, 26; **4**:3, 5, 9, 11, 11, 16, 18, 20, 22; **5**:2, 8, 12, 12, 15, 16, 16, 18, 18, 18, 18, 21; **6**:3, 3, 4, 12, 16, 16, 16, 17, 19, 19, 22; **7**:4, 5, 10, 10; **8**:7, 15, 18, 21, 28, 29; **9**:5, 8, 17, 21, 21, 22, 23, 31; **10**:1, 4, 6, 7, 10, 10, 12, 14, 18, 18; **11**:9, 9, 9, 9, 11, 24, 32, 36, 36; **12**:2, 3, 10, 16; **13**:4, 4, 6, 14; **14**:1, 9, 19; **15**:2, 4, 7, 8, 13, 16, 16, 18, 24, 25, 26, 28, 31; **16**:5, 6, 19, 19, 19, 26, 26, 27; **1Co 1**:9, 13, 15; **2**:7; **4**:3, 6; **5**:5; **6**:16, 18; **8**:6, 10, 12, 12, 13; **9**:18; **10**:2, 6, 11, 31; **11**:17, 17, 22, 24, 25, 33, 34; **12**:13; **14**:8, 9, 22, 36; **15**:10, 45, 45, 54; **16**:1, 3, 15; **2Co 1**:4, 5, 10, 11, 16, 16, 21, 23; **2**:4, 8, 9, 9, 12, 12, 13, 16, 16; **3**:7, 13, 18; **4**:4, 11, 15, 17; **5**:5; **6**:1, 18, 18; **7**:3, 5, 9, 10, 15; **8**:2, 4, 6, 6, 14, 14, 22, 23, 24, 24; **9**:1, 5, 8, 8, 9, 10, 11, 13, 13, 13, 13; **10**:1, 5, 8, 8, 13, 14, 15, 15, 16, 16; **11**:3, 6, 10, 13, 14, 20, 31; **12**:1, 4, 6; **13**:2, 3, 4, 10, 10; **Gal 1**:5, 6, 17, 17, 17, 18, 21; **2**:1, 2, 8, 8, 9, 9, 11, 16; **3**:6, 14, 17, 23, 24, 27; **4**:6, 11, 24; **5**:10, 13; **6**:4, 4, 8, 8; **Eph 1**:5, 5, 6, 8, 10, 12, 12, 14, 14, 15, 18, 19; **2**:15, 21, 22; **3**:2, 16, 19, 21; **4**:8, 9, 12, 12, 13, 13, 13, 15, 16, 19, 30, 32; **5**:2, 31, 32, 32; **6**:18, 22; **Php 1**:5, 10, 10, 11, 12, 16, 19, 23, 25, 29; **2**:11, 16, 16, 16, 16, 22; **3**:11, 14, 16; **4**:15, 16, 17, 20; **Col 1**:4, 6, 10, 11, 12, 13, 16, 20, 25, 29; **2**:2, 2, 5, 22; **3**:9, 10, 15; **4**:8, 11; **1Th 1**:5; **2**:9, 12, 12, 16, 16; **3**:2, 3, 5, 5, 10, 12, 12, 12, 13; **4**:8, 9, 10, 15, 17, 17; **5**:9, 9, 15, 15, 18; **2Th 1**:3, 5, 11; **2**:2, 4, 6, 10, 11, 13, 14, 14; **3**:5, 5, 9; **1Ti 1**:3, 6, 12, 15, 16, 17; **2**:4, 7; **3**:6, 7; **4**:3, 10; **5**:24; **6**:7, 9, 9, 12, 17, 19; **2Ti 1**:11, 12; **2**:20, 20, 21, 21, 25, 26; **3**:6, 7, 15; **4**:10, 10, 10, 11, 12, 18, 18; **Tit 3**:12, 14; **Phm 1**:5, 6; **Heb 1**:5, 5, 6, 8, 14; **2**:3, 10, 17; **3**:5, 11, 18; **4**:1, 3, 3, 5, 6, 10, 11, 16; **5**:6; **6**:6, 8, 10, 16, 19, 20; **7**:3, 14, 17, 21, 24, 25, 25, 28; **8**:3, 10, 10, 10; **9**:6, 7, 9, 12, 14, 15, 24, 24, 25, 26, 28, 28; **10**:1, 5, 12, 14, 19, 24, 31, 39, 39; **11**:3, 7, 8, 8, 9, 11, 26; **12**:2, 3, 7, 10; **13**:8, 11, 21, 21; **Jas 1**:18, 19, 19, 19, 25; **2**:2, 6, 23; **3**:3, 3; **4**:9, 9, 13; **5**:3, 4; **1Pe 1**:2, 3, 4, 4, 5, 7, 8, 10, 11, 11, 12, 21, 21, 22, 25, 25; **2**:2, 5, 7, 8, 9, 9, 14, 21; **3**:5, 7, 9, 12, 20, 21, 22; **4**:2, 4, 6, 7, 8, 9, 10, 11; **5**:10, 11, 12; **2Pe 1**:8, 11, 17; **2**:4, 9, 12, 22; **3**:7, 9, 9, 18; **1Jn 2**:17; **3**:8, 14; **4**:1, 9; **5**:8, 10, 10, 13; **2Jn 1**:2, 7, 10; **3Jn 1**:5; **Jude 1**:4, 4, 6, 13, 21, 25; **Rev 1**:6, 11, 11, 11, 11, 11, 11, 11, 11, 18; **2**:10, 22, 22; **4**:9, 10; **5**:6, 13; **6**:13, 15, 15; **7**:12; **8**:5, 7, 8, 11; **9**:1, 3, 7, 9, 15; **10**:5, 6; **11**:6, 9, 12, 15; **12**:4, 6, 9, 13, 14, 14; **13**:3, 6, 10, 10, 13; **14**:11, 19, 19; **15**:7, 8; **16**:1, 2, 3, 4, 14, 16, 19; **17**:3, 8, 11, 17; **18**:21; **19**:3, 9, 17, 20; **20**:3, 8, 10, 10, 14, 15; **21**:24, 26, 27; **22**:2, 5, 14

1666 ἐκ [914 / 916]

Mt 1:3, 5, 5, 6, 16, 18, 20; **2**:6, 15; **3**:9, 17; **5**:37; **6**:27; **7**:4, 5, 5, 9; **8**:28; **10**:29; **12**:11, 33, 34, 35, 35, 37, 37, 42; **13**:41, 47, 49, 52; **15**:5, 11, 18, 18, 19; **16**:1; **17**:5, 9, 9; **18**:12, 19; **19**:12; **20**:2, 21, 21, 23, 23; **21**:16, 19, 25, 25, 25, 26, 31; **22**:35, 44; **23**:25, 34, 34; **24**:17, 31; **25**:2, 8, 33, 33, 34, 41; **26**:21, 27, 29, 42, 44, 64, 73; **27**:7, 29, 38, 38, 48, 53; **28**:2; **Mk 1**:10, 11, 25, 26, 29; **5**:2, 2, 8, 30; **6**:14, 16[NIV], 51, 54; **7**:11, 15, 20, 21, 26, 29, 31; **9**:7, 9, 9, 10, 17, 21, 25; **10**:20, 37, 37, 40, 40; **11**:8, 14, 20, 30, 30, 31, 32; **12**:25, 30, 30, 30, 30, 33, 33, 33, 36, 44, 44; **13**:1, 15, 25, 27; **14**:18, 23, 25, 62, 69, 70, 72; **15**:27, 27, 39, 46; **16**:3, 12, 19; **Lk 1**:5, 5, 11, 15, 27, 61, 71, 71, 74, 78; **2**:4, 4, 35, 36; **3**:8, 22; **4**:22; **5**:3, 17; **6**:42, 44, 44, 44, 45, 45, 45; **8**:3, 27; **9**:7, 35; **10**:7, 11, 18, 27; **11**:5, 6, 11, 13, 15, 16, 27, 31, 49, 54; **12**:6, 13, 15, 25, 36; **14**:28, 33; **15**:4, 4, 16[UBS]; **16**:4, 9, 31; **17**:7, 7, 15, 24; **18**:21; **19**:22; **20**:4, 4, 5, 6, 35, 42; **21**:4, 4, 16, 18; **22**:3, 23, 50, 58, 69; **23**:7, 8, 33, 33, 55; **24**:13, 18[NIV], 22, 46, 49; **Jn 1**:13, 13, 13, 13, 16, 19, 24, 32, 35, 40, 44, 46; **2**:15, 15, 22; **3**:1, 5, 6, 6, 8, 13, 25, 27, 31, 31, 31, 31, 34; **4**:6, 7, 12, 13, 14, 22, 30, 39, 47, 54; **5**:24; **6**:8, 11, 13, 23, 26, 31, 32, 32, 33, 39, 41, 42, 50, 50, 51, 51, 58, 60, 64, 64, 65, 66, 66, 70, 71; **7**:17, 19, 22, 22, 25, 31, 38, 40, 41, 42, 44, 48, 48, 50, 52, 52; **8**:23, 23, 23, 23, 41, 42, 44, 44, 46, 47, 47, 59; **9**:1, 6, 16, 24, 32, 40; **10**:16, 20, 26, 28, 29, 32, 39; **11**:1, 19, 37, 45, 46, 49, 55; **12**:1, 2, 3, 4, 9, 9, 17, 17, 20, 27, 28, 32, 34, 42, 49; **13**:1, 4, 21, 23; **15**:19, 19, 19; **16**:4, 5, 14, 15, 17; **17**:6, 12, 14, 14, 15, 15, 16, 16; **18**:3, 3, 9, 17, 25, 26, 36, 36, 37; **19**:2, 12, 23; **20**:1, 2, 9, 24; **21**:2, 14; **Ac 1**:18, 24; **2**:2, 25, 30, 34; **3**:2, 15, 22, 23; **4**:2, 6, 10; **5**:38, 39; **6**:3, 9; **7**:3, 3, 4, 10, 37, 40, 55, 56; **8**:39; **9**:3, 33; **10**:1, 15, 41, 45; **11**:2, 5, 9, 9, 20, 28; **12**:7, 11, 17; **13**:17, 21, 30, 34, 42[NIV]; **14**:8; **15**:2, 14, 21, 22, 23, 24, 29; **17**:3, 4, 12, 26, 31, 33; **18**:1; **19**:16, 25, 33, 34; **20**:30; **21**:8; **22**:6, 14, 18; **23**:10, 21, 34; **24**:10; **26**:4, 17, 17, 23; **27**:22, 29, 30, 30; **28**:4, 4, 17; **Ro 1**:3, 4, 17, 17; **2**:8, 18, 27, 29, 29; **3**:20, 26, 30; **4**:2, 12, 14, 16, 16, 16, 24; **5**:1, 16, 16; **6**:4, 9, 13, 17; **7**:4, 24; **8**:11, 11; **9**:5, 6, 10, 12, 12, 21, 24, 24, 30, 32, 32; **10**:5, 6, 7, 9, 17; **11**:1, 6, 14, 15, 24, 26, 36; **12**:18; **13**:3, 11; **14**:23, 23; **16**:10, 11; **1Co 1**:30; **2**:12; **5**:2, 10, 13; **7**:5, 7; **8**:6; **9**:7, 13, 14, 19; **10**:4, 17; **11**:8, 8, 12, 12, 28, 28; **12**:15, 15, 16, 16, 27; **13**:9, 9, 10, 12; **15**:6, 12, 20, 47, 47; **2Co 1**:10, 11; **2**:2, 4, 16, 16, 17, 17; **3**:1, 5, 5; **4**:6, 7; **5**:1, 2, 8, 18; **6**:17; **7**:9; **8**:7, 11, 13; **9**:7, 7; **11**: 26, 26; **12**:6; **13**:4, 4, 4; **Gal 1**:1, 4, 8, 15; **2**:12, 15, 16, 16, 16, 16; **3**:2, 2, 5, 5, 7, 8, 9, 10, 11, 12, 13, 18, 18, 21, 22, 24; **4**:4, 22, 22, 23, 23; **5**:5, 8; **6**:8, 8; **Eph 1**:20; **2**:8, 9; **3**:15; **4**:16, 29; **5**:14; **6**:6; **Php 1**:16, 17, 23; **3**:5, 5, 9, 9, 11, 20; **4**:22; **Col 1**:13, 18; **2**:12, 14, 19; **3**:8, 23; **4**:9, 11, 12, 16; **1Th 1**:10, 10, 10; **2**:3, 3, 6; **2Th 2**:7; **1Ti 1**:5; **6**:4; **2Ti 2**:8, 8, 22, 26; **3**:6, 11; **4**:17; **Tit 1**:10, 12; **2**:8; **3**:5; **Heb 1**:13; **2**:11; **3**:13, 16; **4**:1; **5**:1, 7; **7**:4, 5, 5, 6, 12, 14; **8**:9; **9**:28; **10**:38; **11**:3, 19, 35; **13**:10, 20; **Jas 2**:16, 18, 21, 22, 24, 24, 25; **3**:10, 11, 13; **4**:1; **5**:20, 20; **1Pe 1**:3, 18, 21, 22, 23; **2**:9, 12; **4**:11; **2Pe 1**:18; **2**:8, 9, 21; **3**:5; **1Jn 2**:16, 16, 19, 19, 19, 19, 21, 29; **3**:8, 9, 9, 10, 12, 14, 19, 24; **4**:1, 2, 3, 4, 5, 5, 6, 6, 6, 7, 7, 13; **5**:1, 1, 4, 18, 18, 19; **2Jn 1**:4; **3Jn 1**:10, 11; **Jude 1**:5, 23; **Rev 1**:5, 16; **2**:5, 7, 9, 10, 11, 21, 22; **3**:5, 9, 10, 12, 16, 18; **4**:5; **5**:5, 5, 7, 9; **6**:1, 1, 4, 10, 14; **7**:4, 5, 5, 5, 6, 6, 6, 7, 7, 7, 8, 8, 8, 9, 13, 14, 17; **8**:4, 5, 10, 11, 13; **9**:1, 2, 2, 3, 13, 17, 18, 18, 20, 21, 21, 21, 21; **10**:1, 4, 8, 10; **11**:5, 7, 9, 11, 12; **12**: 15, 16; **13**:1, 3, 11, 13; **14**:2, 8, 10, 13, 13, 15, 17, 18, 20; **15**:2, 2, 2, 6, 7, 8, 8; **16**:1, 10, 11, 11, 11, 13, 13, 13, 17, 21, 21; **17**:1, 2, 6, 6, 8, 11; **18**:1, 1, 3, 3, 4, 4, 4, 12, 19, 20; **19**:2, 15, 21, 21; **20**:1, 7, 9, 12; **21**:2, 3, 4, 6, 9, 10, 21; **22**:1, 19

1697 ἐκεῖνος [243 / 242]

ἐκεῖνα [1]

Ac 20:2

ἐκεῖναι [5]

Mt 24:22, 22; **25**:7; **Mk 13**:19; **Jn 5**:39

ἐκείναις [16 / 15]

Mt 3:1; **24**:19, 38[UBS]; **Mk 1**:9; **8**:1; **13**:17, 24; **Lk 2**:1; **4**:2; **5**:35; **9**:36; **21**:23; **Ac 2**:18; **7**:41; **9**:37; **Rev 9**:6

ἐκείνας [2]

Heb 8:10; **10**:16

ἐκείνη [9]

Mk 3:24, 25; **16**:10; **Lk 21**:34; **Jn 11**:29; **20**:15, 16; **2Co 7**:8; **Heb 8**:7

ἐκείνῃ [38]

Mt 7:22, 25, 27; **8**:13; **9**:31; **10**:15, 19; **13**:1; **18**:1; **22**:23; **26**:55; **Mk 2**:20; **4**:35; **13**:11; **Lk 6**:23, 48; **7**:21; **10**:12, 12, 31; **17**:31; **18**:3; **Jn 4**:53; **5**:9; **14**:20; **16**:23, 26; **20**:19; **21**:3; **Ac 2**:41; **8**:1, 8; **12**:6; **16**:33; **2Th 1**:10; **2Ti 1**:18; **4**:8; **Rev 11**:13

ἐκείνην [10]

Mt 9:26; **14**:35; **18**:32; **Mk 6**:55; **13**:24; **Lk 15**:14; **Jn 1**:39; **Ac 14**:21; **2Ti 1**:12; **Heb 4**:11

ἐκείνης [19]

Mt 8:28; **9**:22; **10**:14; **15**:28; **17**:18; **22**:46; **24**:36; **26**:29; **Mk 13**:32; **14**:25; **Lk 6**:49; **9**:5; **15**:15; **19**:4; **Jn 4**:39; **11**:53; **19**:27; **Heb 11**:15; **1Jn 5**:16

ἐκεῖνο [4]

Mt 24:43; **Mk 7**:20; **Ac 1**:19; **Jas 4**:15

ἐκεῖνοι [16]

Mt 22:10; **Mk 4**:20; **12**:7; **16**:20; **Lk 12**:37, 38; **13**:4; **Jn 7**:45; **10**:6; **11**:13; **19**:15; **20**:13; **Ac 21**:6; **1Co 9**:25; **15**:11; **Heb 12**:25

ἐκείνοις [8]

Mt 13:11; **20**:4; **21**:40; **Mk 4**:11; **16**:13; **Ac 16**:3; **1Co 10**:11; **Heb 6**:7

ἐκεῖνον [12]

Mt 13:44; **17**:27; **Lk 18**:14; **20**:18; **Jn 3**:30; **5**:43; **13**:27; **Ac 12**:1; **19**:23; **28**:7; **Ro 14**:15; **1Co 10**:28

ἐκεῖνος [58]

Mt 18:28; **24**:46, 48; **26**:24; **27**:8, 63; **Mk 14**:21; **Lk 12**:43, 45, 47; **Jn 1**:8, 18, 33; **2**:21; **4**:25; **5**:11, 19, 35, 37, 38, 46; **6**:29; **7**:11; **8**:42, 44; **9**:9, 11, 12, 25, 36, 37; **10**:1; **12**:48; **13**:25, 26, 30; **14**:21, 26; **15**:26; **16**:8, 13, 14; **18**:15, 17, 25; **19**:21, 35; **21**:7, 23; **2Co 10**:18; **2Ti 2**:13; **Jas 1**:7; **1Jn 2**:6; **3**:3, 5, 7, 16; **4**:17

ἐκείνου [22]

Mt 12:45; **14**:35; **18**:27; **24**:50; **Lk 11**:26; **12**:46; **20**:35; **Jn 3**:28; **5**:47; **9**:28; **11**:49, 51; **18**:13; **19**:31; **Ac 3**:13, 23; **19**:16; **22**:11; **2Co 8**:9; **2Ti 2**:26; **Tit 3**:7; **2Pe 1**:16

ἐκείνους [5]

Mt 22:7; **Lk 8**:32; **Jn 10**:35; **Ac 16**:35; **Heb 4**:2

ἐκείνῳ [9]

Mt 11:25; **12**:1; **14**:1; **26**:24; **27**:19; **Mk 14**:21; **Lk 22**:22; **Ro 14**:14; **Eph 2**:12

ἐκείνων [9]

Mt 15:22; **24**:29; **25**:19; **Lk 14**:24; **Ac 10**:9; **Ro 6**:21; **2Co 8**:14, 14; **2Ti 3**:9

1877 ἐν [2752 / 2749]

Mt 1:18, 20, 23; **2**:1, 1, 2, 5, 6, 9, 16, 16, 18, 19; **3**:1, 1, 3, 6, 9, 11, 11, 12, 17; **4**:13, 16, 16, 21, 23, 23, 23; **5**:12, 13, 15, 16, 19, 19, 25, 28, 34, 35, 36, 45; **6**:1, 2, 2, 4, 4, 5, 5, 6, 6, 7, 9, 10, 18, 18, 20, 23, 29; **7**:2, 2, 3, 3, 4, 6, 11, 15, 21, 22; **8**:6, 10, 11, 13, 24, 32; **9**:3, 4, 10, 21, 31, 33, 34, 35; **10**:11, 15, 16, 17, 19, 20, 23, 27, 27, 28, 32, 32, 32, 33; **11**:1, 2, 6, 8, 8, 11, 11, 16, 20, 21, 21, 21, 22, 23, 23, 24, 25; **12**:1, 2, 5, 5, 19, 24, 27, 27, 28, 32, 32, 36, 40, 40, 41, 42, 50; **13**:1, 3, 4, 10, 13, 19, 21, 24, 25, 27, 30, 31, 32, 34, 35, 40, 43, 44, 49, 54, 57, 57, 57; **14**:1, 2, 3, 6, 10, 13, 33; **15**:32, 33; **16**:7, 8, 17, 19, 19, 27, 28; **17**:5, 12, 22; **18**:1, 1, 2, 4, 6, 10, 10, 14, 18, 18, 19, 20; **19**:21, 28; **20**:3, 15, 17[UBS], 21, 26, 26, 27; **21**:8, 8, 9, 9, 12, 14, 15, 19, 22, 23, 24, 25, 27, 28, 32, 33, 38, 41, 42, 42; **22**:1, 15, 16, 23, 28, 30, 30, 36, 37, 37, 37, 40, 43; **23**:6, 6, 7, 16, 16, 18, 18, 20, 20, 20, 21, 21, 21, 22, 22, 22, 30, 30, 34, 39; **24**:14, 15, 16, 18, 19, 19, 26, 26, 30, 38, 40, 41, 45, 48, 50, 50; **25**:4, 16, 25, 31, 36, 39, 43, 44; **26**:5, 5, 6, 6, 13, 23, 29, 31, 31, 33, 34, 52, 55, 55, 69; **27**:12, 29, 40, 56, 59, 60, 60; **28**:18; **Mk 1**:2, 3, 4, 5, 8, 9, 11, 13, 15, 16, 19, 20, 23, 23; **2**:1, 6, 8, 8, 15, 19, 20, 23; **3**:22, 23; **4**:1, 2, 2, 4, 11, 17, 24, 28, 30, 35, 36, 38; **5**:2, 3, 5, 5, 13, 20, 21, 25, 27, 30, 30; **6**:2, 3, 4, 4, 4, 14, 17, 27, 29, 32, 47, 48, 51, 56; **8**:1, 3, 14, 27, 38, 38; **9**:1, 29, 29, 33, 33, 34, 36, 38, 41, 50, 50, 50; **10**:21, 30, 30, 32, 37, 43, 43, 44, 52; **11**:9, 10, 13, 15, 23, 25, 27, 28, 29, 33; **12**:1, 11, 23, 25, 26, 35, 36, 38, 38, 38, 39, 39; **13**:11, 14, 17, 17, 24, 25, 26, 32; **14**:1, 2, 3, 3, 6, 25, 49, 66; **15**:7, 29, 40, 41, 46; **16**:5, 12, 17, 18; **Lk 1**:1, 5, 6, 7, 8, 8, 17, 17, 18, 21, 21, 22, 25, 25, 26, 31, 36, 39, 41, 42, 44, 44, 51, 59, 65, 66, 69, 75, 77, 78, 79, 80; **2**:1, 6, 7, 7, 8, 11, 12, 14, 14, 16, 19, 21, 23, 24, 25, 27, 27, 29, 34, 36, 43, 43, 44, 44, 46, 46, 49, 51, 52[UBS]; **3**:1, 2, 4, 4, 8, 15, 16, 17, 20, 21, 22; **4**:1, 1, 2, 5, 14, 15, 16, 18, 20, 21, 23, 24, 25, 25, 27, 28, 31, 32, 33, 36; **5**:1, 7, 12, 12, 16, 17, 22, 29, 34, 35; **6**:1, 6, 7, 12, 12, 23, 23, 41, 41, 42, 42, 42; **7**:9, 11, 16, 17, 21, 23, 25, 25, 25, 28, 28, 32, 37, 37, 39, 49; **8**:1, 5, 7, 10, 13, 15, 15, 15, 22, 27, 27, 32, 40, 42, 43; **9**:12, 18, 26, 29, 31, 31, 33, 34, 36, 36, 46, 48, 49, 51, 57; **10**:3, 7, 9, 12, 13, 13, 13, 14, 17, 20, 20, 21, 21, 26, 27, 27, 27, 31, 35, 38; **11**:1, 1, 15, 18, 19, 19, 20, 21, 27, 31, 32, 35, 37, 43, 43; **12**:1, 3, 3, 3, 8, 8, 12, 15, 17, 27, 28, 33, 38, 38, 42, 45, 46, 46, 51, 52, 58; **13**:1, 4, 6, 6, 7, 10, 10, 14, 14, 19, 26, 28, 29, 31, 35; **14**:1, 5, 14, 15, 31, 34; **15**:4, 7, 25; **16**:3, 10, 10, 10, 10, 11, 12, 15, 23, 23, 23, 24, 25, 26; **17**:6, 11, 14, 24, 26, 26, 28, 31, 31, 31; **18**:2, 3, 4, 8, 22, 30, 30, 35; **19**:5, 13, 15, 17, 20, 30, 36, 38, 38, 38, 42, 44, 44, 47; **20**:1, 1, 2, 8, 19, 33, 42, 46, 46, 46, 46; **21**:6, 14, 19, 21, 21, 21, 23, 23, 25, 25, 27, 34, 36, 37, 38; **22**:7, 16, 20, 24, 26, 27, 28, 30, 37, 44, 49, 53, 55; **23**:4, 7, 7, 9, 12, 12, 14, 19, 19, 22, 29, 31, 31, 40, 43, 53; **24**:4, 4, 6, 13, 15, 18, 18, 19, 27, 30, 32, 32, 35, 35, 36, 38, 44, 49, 51, 53; **Jn 1**:1, 2, 4, 5, 10, 14, 23, 26, 28, 31, 33, 33, 45, 47; **2**:1, 11, 14, 19, 20, 23, 23, 23, 25; **3**:14, 15, 21, 23, 35; **4**:14, 20, 20, 21, 21, 23, 24, 31, 37, 44, 45, 45, 46, 52, 53, 53; **5**:2, 3, 5, 7, 9, 13, 14, 16, 26, 26, 28, 28, 35, 38, 39, 42, 43, 43; **6**:10, 31, 39, 40, 44, 45, 49, 53, 56, 56, 59, 59, 61; **7**:1, 1, 4, 4, 9, 10, 11, 12, 18, 22, 23, 23, 28, 37, 43; **8**:3, 5, 9, 12, 17, 20, 20, 21, 24, 24, 31, 35, 37, 44, 44; **9**:3, 5, 14, 16, 30, 34; **10**:19, 22, 23, 23, 25, 34, 38, 38; **11**:6, 9, 10, 10, 17, 20, 24, 24, 30, 31, 38, 54, 56; **12**:13, 20, 25, 35, 35, 46, 48; **13**:1, 23, 31, 32, 32, 35, 35; **14**:2, 10, 10, 10, 11, 11, 13, 13, 14, 17, 20, 20, 20, 20, 26, 30; **15**:2, 4, 4, 4, 4, 5, 5, 6, 7, 7, 8, 9, 10, 10, 11, 16, 24, 25; **16**:13, 23, 23, 24, 25, 25, 26, 26, 29, 30, 33, 33; **17**:10, 11, 11, 11, 12, 13, 13, 17, 19, 21, 21, 21, 23, 23, 26, 26; **18**:20, 20, 20, 26, 38, 39; **19**:4, 6, 31, 41, 41, 41; **20**:12, 25, 30, 31; **21**:3, 20; **Ac 1**:3, 5, 6, 7, 8, 8, 10, 15, 15, 17, 20, 20, 21; **2**:1, 8, 17, 18, 19, 22, 29, 41, 46, 46; **3**:6, 25, 26; **4**:2, 5, 7, 7, 7, 9, 10, 10, 12, 12, 12, 24, 27, 30, 31, 34; **5**:4, 4, 12, 12, 18, 20, 22, 23, 25, 25, 27, 34, 37, 42; **6**:1, 1, 7, 8, 15; **7**:2, 2, 4, 5, 6, 7, 13, 14, 16, 16, 17, 20, 20, 22, 22, 29, 29, 30, 30, 34, 35, 36, 36, 36, 38, 38, 38, 39, 41, 41, 42, 42, 44, 45, 48; **8**:1, 1, 6, 8, 9, 14, 21, 33; **9**:3, 10, 10, 11, 12, 13, 17, 19, 20, 22, 25, 27, 27, 27, 28, 36, 37, 37, 38, 43; **10**:1, 3, 12, 17, 30, 30, 32, 35, 39, 39, 40, 48; **11**:5, 5, 11, 13, 14, 15, 15, 16, 22, 26, 26, 27, 29; **12**:5, 7, 7, 11, 18; **13**:1, 5, 5, 15, 17, 17, 18, 19, 26, 27, 33, 35, 38, 39, 40, 41; **14**:1, 8, 15, 16, 25; **15**:7, 12, 21, 22, 35, 36; **16**:2, 3, 4, 6, 12, 18, 32, 33, 36; **17**:11, 13, 16, 16, 17, 17, 22, 23, 24, 24, 28, 31, 31, 31, 34; **18**:4, 9, 10, 11, 18, 24, 26; **19**:1, 1, 9, 16, 21, 39; **20**:5, 7, 8, 10, 16, 19, 22, 25, 26, 28, 32; **21**:11, 19, 20, 27, 29, 34; **22**:3, 3, 17, 17, 18; **23**:6, 9, 35; **24**:12, 12, 14, 16, 18, 18, 21; **25**:4, 5, 5, 6, 24; **26**:4, 4, 7, 10, 10, 12, 18, 20, 21, 26, 28, 29, 29; **27**:7, 21, 27, 31, 37; **28**:7, 9, 11, 11, 18, 30; **Ro 1**:2, 4, 5, 6, 7, 8, 9, 9, 10, 12, 12, 13, 13, 15, 17, 18, 19, 21, 23, 24, 24, 25, 27, 27, 27, 28; **2**:1, 5, 12, 15, 16, 17, 19, 20, 23, 24, 28, 28, 28, 29, 29; **3**:4, 4, 7, 16, 19, 24, 25, 26, 26; **4**:10, 10, 10, 10, 11, 12; **5**:2, 3, 5, 9, 10, 11, 13, 15, 17, 21; **6**:2, 4, 11, 12, 23; **7**:5, 5, 6, 6, 8, 17, 18, 18, 20, 23, 23, 23; **8**:1, 2, 3, 3, 3, 4, 8, 9, 9, 9, 10, 11, 11, 15, 23, 29, 34, 37, 39; **9**:1, 1, 7, 17, 17, 22, 25, 26, 33; **10**:5, 6, 8, 8, 9, 9, 20; **11**:2, 5, 17; **12**:3, 4, 5, 7, 7, 8, 8, 8, 8, 21; **13**:9, 9[UBS], 13; **14**:5, 14, 17, 18, 21, 22; **15**:5, 6, 9, 13, 13, 13, 16, 17, 19, 19, 23, 26, 27, 29, 30, 31, 32; **16**:1, 2, 2, 3, 7, 7, 8, 9, 10, 11, 12, 12, 13, 16, 20, 22; **1Co 1**:2, 2, 2, 4, 5, 5, 5, 6, 7, 8, 10, 10, 10, 11, 17, 21, 30, 31; **2**:2, 3, 3, 3, 4, 4, 5, 5, 6, 7, 11, 13, 13; **3**:1, 3, 13, 16, 18, 18, 19, 21; **4**:2, 4, 6, 10, 15, 15, 17, 17, 17, 20, 20, 21, 21; **5**:1, 1, 4, 5, 8, 8, 8, 9; **6**:2, 4, 5, 11, 11, 19, 20; **7**:14, 14, 15, 15, 17, 18, 20, 20, 22, 24, 24, 37, 37, 39; **8**:4, 5, 7, 10, 11; **9**:1, 2, 9, 15, 18, 24; **10**:2, 2, 5, 5, 25; **11**:11, 13, 18, 18, 19, 19, 21, 22, 23, 25, 30, 34; **12**:3, 3, 6, 9, 9, 13, 18, 25, 28; **13**:12; **14**:6, 6, 6, 6, 10, 11, 16, 19, 19, 21, 21, 21, 25, 28, 33, 34, 35, 35; **15**:1, 3, 12, 17, 18, 19, 19, 22, 22, 23, 23, 28, 31, 32, 41, 42, 42, 43, 43, 43, 43, 52, 52, 52, 58, 58; **16**:7, 8, 11, 13, 14, 19, 20, 24; **2Co 1**:1, 1, 4, 6, 8, 9, 12, 12, 12, 12, 14, 19, 19, 20, 22; **2**:1, 10, 12, 14, 14, 15, 15, 17; **3**:2, 3, 3, 7, 7, 8, 10, 11, 14; **4**:2, 3, 4, 6, 6, 7, 8, 10, 10, 11, 12, 12; **5**:1, 2, 4, 6, 11, 12, 12, 17, 19, 19, 21; **6**:2, 3, 4, 4, 4, 4, 4, 5, 5, 5, 5, 5, 5, 6, 6, 6, 6, 6, 6, 7, 7, 12, 12, 16; **7**:1, 3, 5, 6, 7, 7, 8, 9, 11, 14, 16, 16, 16; **8**:1, 2, 7, 7, 7, 10, 14, 16, 18, 20, 22; **9**:3, 4, 8, 11; **10**:1, 3, 6, 12, 14, 15, 15, 16, 17; **11**:3, 6, 6, 9, 10, 10, 12, 17, 17, 21, 21, 23, 23, 23, 23, 25, 26, 26, 26, 26, 27, 27, 27, 27, 32, 33; **12**:2, 2, 3, 5, 9, 9, 10, 10, 10, 10, 12, 12, 19; **13**:3, 3, 4, 5, 5, 12; **Gal 1**:6, 13, 14, 14, 16, 16, 22, 24; **2**:2, 4, 17, 20, 20, 20; **3**:5, 8, 10, 11, 12, 14, 19, 26, 28; **4**:14, 18, 18, 19, 20, 25; **5**:4, 6, 10, 14, 14; **6**:1, 1, 6, 12, 13, 14, 17; **Eph 1**:1, 1, 3, 3, 3, 4, 4, 6, 7, 8, 9, 10, 10, 11, 12, 13, 13, 15, 17, 18, 20, 20, 20, 21, 21, 23; **2**:2, 2, 3, 3, 4, 6, 6, 7, 7, 7, 10, 10, 11, 11, 12, 13, 13, 14, 15, 15, 16, 16, 18, 21, 21, 22, 22; **3**:3, 4, 5, 6, 9, 10, 11, 12, 12, 13, 15, 17, 17, 20, 21, 21; **4**:1, 2, 3, 4, 6, 14, 14, 15, 16, 16, 17, 17, 18, 19, 21, 21, 24, 30, 32; **5**:2, 3, 5, 8, 9, 18, 18, 19, 20, 21, 24, 26; **6**:1, 2, 4, 5, 9, 10, 10, 12, 13, 14, 15, 16, 16, 18, 18, 18, 19, 19, 20, 21, 24; **Php 1**:1, 1, 4, 6, 7, 7, 7, 8, 9, 13, 13, 14, 18, 20, 20, 20, 22, 24, 26, 26, 27, 28, 30, 30; **2**:1, 5, 5, 6, 7, 10, 12, 12, 13, 15, 15, 19, 24, 29; **3**:1, 3, 3, 4, 4, 6, 9, 14, 19, 20; **4**:1, 2, 3, 3, 4, 6, 7, 9, 10, 11, 12, 12, 13, 15, 16, 19, 19, 21; **Col 1**:2, 2, 4, 5, 5, 6, 6, 6, 8, 9, 10, 11, 12, 14, 16, 16, 17, 18, 19, 20, 21, 22, 23, 24, 24, 27, 27, 28, 28, 29, 29; **2**:1, 1, 2, 3, 4, 6, 7, 7, 9, 10, 11, 11, 11, 12, 12, 13, 15, 15, 16, 16, 16, 18, 20, 23, 23; **3**:1, 3, 4, 7, 7, 11, 15, 15, 16, 16, 16, 16, 17, 17, 17, 18, 20, 22, 22; **4**:1, 2, 2, 5, 6, 7, 12, 12, 13, 13, 15, 16, 17; **1Th 1**:1, 5, 5, 5, 5, 5, 6, 7, 7, 8, 8, 8; **2**:2, 2, 2, 3, 5, 5, 7, 7, 13, 14, 14, 17, 19; **3**:1, 2, 3, 8, 13, 13; **4**:1, 4, 5, 6, 7, 10, 15, 16, 16, 16, 16, 17, 18; **5**:2, 3, 4, 12, 12, 13, 13, 18, 18, 23, 26; **2Th 1**:1, 4, 4, 4, 7, 8, 10, 10, 10, 11, 12, 12; **2**:6, 9, 10, 13, 16, 17; **3**:4, 6, 7, 8, 11, 12, 16, 17; **1Ti 1**:2, 3, 4, 13, 14, 16, 18; **2**:2, 2, 7, 8, 9, 9, 11, 11, 12, 14, 15; **3**:4, 9, 11, 13, 13, 14, 15, 16, 16, 16, 16, 16; **4**:1, 2, 12, 12, 12, 12, 12, 14, 15; **5**:2, 10, 17; **6**:17, 18; **2Ti 1**:1, 3, 3, 5, 5, 5, 6, 9, 13, 13, 14, 15, 17, 18, 18; **2**:1, 1, 7, 9, 10, 20, 25; **3**:1, 11, 11, 11, 12, 14, 15, 16; **4**:2, 5, 8, 13, 16, 20, 20; **Tit 1**:3, 5, 6, 9, 13; **2**:3, 7, 9, 10, 12; **3**:3, 5, 15; **Phm 1**:6, 6, 8, 10, 13, 16, 16, 20, 20, 23; **Heb 1**:1, 2, 3, 3; **2**:8, 12, 18; **3**:2, 5, 8, 8, 9, 11, 12, 12, 15, 15, 17; **4**:3, 4, 5, 7, 11; **5**:6, 7; **6**:17, 18; **7**:10; **8**:1, 1, 5, 9, 9, 13; **9**:2, 4, 22, 23, 25; **10**:3, 7, 10, 12, 19, 22, 29, 32, 38; **11**:2, 9, 18, 19, 34, 37, 37, 37; **12**:2, 23; **13**:3, 4, 9, 18, 20, 21, 21; **Jas 1**:1, 4, 6, 8, 9, 10, 11, 21, 23, 25, 27; **2**:1, 2, 2, 4, 5, 10, 16; **3**:2, 6, 9, 9, 13, 13, 14, 18; **4**:1, 1, 3, 5, 16; **5**:3, 5, 10, 13, 14, 14, 19; **1Pe 1**:2, 4, 5, 5, 6, 6, 7, 11, 12, 13, 14, 15, 17, 22; **2**:2, 6, 6, 12, 12, 12, 18, 22, 24; **3**:2, 4, 15, 15, 16, 16, 19, 19, 20, 22; **4**:2, 3, 4, 11, 12, 13, 14, 16, 19; **5**:1, 2, 6, 9, 10, 13, 14, 14; **2Pe 1**:1, 2, 4, 4, 5, 5, 6, 6, 6, 7, 7, 12, 13, 13, 18, 19, 19; **2**:1, 1, 3, 7, 8, 10, 12, 12, 13, 13, 16, 18, 18, 20; **3**:1, 1, 3, 10, 10, 11, 11, 13, 14, 16, 16, 16, 18; **1Jn 1**:5, 6, 7, 7, 8, 10; **2**:3, 4, 5, 5, 5, 6, 8, 8, 9, 9, 10, 10, 11, 11, 14, 15, 15, 16, 24, 24, 24, 24, 27, 27, 28, 28; **3**:5, 6, 9, 10, 14, 15, 16, 17, 18, 19, 24, 24, 24, 24; **4**:2, 2, 3, 4, 4, 9, 9, 10, 12, 12, 13, 13, 13, 15, 15, 16, 16, 16, 16, 17, 17, 17, 18, 18; **5**:2, 6, 6, 6, 10, 11, 19, 20, 20; **2Jn 1**:1, 2, 3, 4, 6, 7, 9, 9; **3Jn 1**:1, 3, 4; **Jude 1**:1, 10, 12, 14, 20, 21, 23, 24; **Rev 1**:1, 3, 4, 5, 9, 9, 9, 10, 10, 13, 15, 16, 16; **2**:1, 1, 1, 7, 8, 12, 13, 16, 18, 23, 24, 27; **3**:1, 4, 4, 5, 7, 12, 14, 21, 21; **4**:1, 2, 2, 4, 6; **5**:2, 3, 6, 6, 9, 13, 13; **6**:5, 6, 8,

8, 8; **7:**9, 14, 15; **8:**1, 7, 9, 13; **9:**6, 10, 11, 17, 19, 19, 19, 20; **10:**2, 6, 6, 6, 6, 7, 8, 9, 10; **11:**1, 6, 11, 12, 13, 13, 15, 19, 19; **12:**1, 2, 3, 5, 7, 8, 10, 12; **13:**6, 8, 10, 10, 12; **14:**2, 5, 6, 7, 9, 10, 10, 13, 14, 15, 17; **15:**1, 1, 5; **16:**3, 8; **17:**3, 4, 16; **18:**2, 6, 7, 8, 8, 16, 19, 19, 22, 22, 22, 23, 23, 23, 24; **19:**1, 2, 11, 14, 15, 15, 17, 17, 17, 20, 20, 21; **20:**6, 8, 12, 13, 13, 15; **21:**8, 10, 22, 27; **22:**2, 3, 6, 18, 19

2093 ἐπί [890 / 888]

accusative object [488 / 486]

Mt 3:7, 13, 16; **4:**5; **5:**15, 23, 45, 45; **6:**27; **7:**24, 25, 26; **9:**9, 15, 18; **10:**13, 18, 21, 29, 34; **11:**29; **12:**18, 26, 28, 49; **13:**2, 5, 7, 8, 20, 23, 48; **14:**25, 28, 29, 34; **15:**32, 35; **17:**6; **18:**12; **19:**28; **21:**5, 5, 19, 44, 44; **22:**5, 9, 34; **23:**4, 35, 36; **24:**2, 7, 7; **25:**21, 23, 40, 45; **26:**39, 50, 50, 55; **27:**25, 25, 27, 42, 43, 45; **Mk 2:**14, 21; **3:**24, 25, 26; **4:**5, 16, 20, 21, 38; **5:**21; **6:**34, 53; **7:**30; **8:**2, 25; **9:**12, 13, 22; **10:**11, 16; **11:**2, 7, 13; **13:**2, 8, 8, 12; **14:**48; **15:**22, 24, 33, 46; **16:**2, 18; **Lk 1:**12, 16, 17, 33, 35, 48, 65; **2:**8, 25, 40; **3:**2, 20, 22; **4:**9, 18, 25, 25, 36, 43; **5:**11, 12, 19, 25, 27, 36; **6:**29, 35, 48, 49; **7:**44; **8:**6, 16, 27; **9:**1, 5, 38, 62; **10:**6, 6, 9, 19, 34, 35; **11:**17, 17, 18, 20, 33; **12:**11, 14, 25, 49, 53, 53, 53, 53, 58; **13:**4; **14:**31; **15:**4, 5, 20; **17:**16, 35; **18:**4; **19:**4, 5, 14, 23, 27, 30, 35, 41, 43, 44; **20:**18, 18, 19; **21:**10, 10, 12, 12, 34, 35, 35; **22:**44, 52, 52, 53; **23:**1, 28, 28, 28, 30, 33, 44, 48; **24:**1, 12, 22, 24, 25, 49; **Jn 1:**32, 33, 33, 51; **3:**36; **6:**16; **7:**30, 44; **8:**7, 59; **9:**6, 15; **12:**14, 15; **13:**18, 25; **18:**4; **19:**24, 33; **21:**20; **Ac 1:**8, 15, 21, 26; **2:**1, 3, 17, 18, 18, 30, 44, 47; **3:**1; **4:**5, 17, 22, 26, 27, 29, 33; **5:**5, 11, 11, 18, 28; **7:**10, 10[UBS], 11, 18, 23, 54, 57; **8:**1, 17, 24, 26, 32, 36; **9:**4, 11, 17, 21, 35, 42; **10:**9, 10, 16, 17, 25, 44, 45; **11:**10, 11, 15, 15, 17, 21, 28; **12:**10, 12; **13:**11, 11, 31, 50, 51; **14:**10, 13, 15; **15:**10, 17, 17, 19; **16:**18, 19, 31; **17:**2, 6, 14, 19; **18:**6, 12, 20; **19:**6, 8, 10, 12, 13, 16, 17, 34; **20:**9, 11, 13, 13, 37; **21:**5, 27, 32, 35; **22:**19; **24:**4; **25:**12; **26:**16, 18, 20; **27:**20, 43, 44; **28:**3, 6; **Ro 1:**18; **2:**2, 9; **4:**5, 9, 9, 24; **5:**14; **7:**1; **9:**23; **11:**13, 22, 22; **12:**20; **15:**3, 20; **1Co 2:**9; **3:**12; **7:**5, 36, 39; **11:**20; **14:**23, 25; **2Co 1:**23; **2:**3; **3:**13, 15; **10:**2; **12:**9; **Gal 4:**1, 9; **6:**16, 16; **Eph 2:**7; **5:**6; **Php 2:**27; **Col 3:**6[UBS]; **1Th 2:**16; **2Th 1:**10; **2:**1, 4; **3:**4; **1Ti 1:**18; **5:**5, 19; **2Ti 2:**14, 16; **3:**9, 13; **4:**4; **Tit 3:**6; **Heb 3:**6; **6:**1, 1; **7:**13; **8:**6, 8, 8; **9:**10; **10:**16, 21, 28; **11:**21, 30; **12:**10; **Jas 2:**3, 7, 21; **5:**14; **1Pe 1:**13; **2:**24, 25; **3:**12, 12; **4:**14; **5:**7; **2Pe 1:**13; **2:**22; **Rev 1:**7, 17; **2:**17, 24; **3:**3, 12, 20; **4:**2, 4, 4; **5:**1; **6:**2, 4, 5, 8, 16; **7:**1, 1, 11, 15, 16, 17; **8:**3, 10, 10; **9:**7; **11:**11, 11, 16, 16; **12:**3, 18; **13:**1, 7, 16; **14:**1, 6, 6, 9, 14, 16; **15:**2; **16:**2, 8, 9, 10, 12, 14, 17, 21; **17:**3, 5, 8; **18:**9, 11, 17, 19; **19:**11, 12, 16, 16; **20:**1, 4, 4, 4, 9, 11; **21:**10; **22:**5, 14, 18, 18

dative object [180]

Mt 4:4, 4; **7:**28; **9:**16; **14:**8, 11, 14; **16:**18; **18:**5, 13, 13, 26, 29; **19:**9; **22:**33; **24:**5, 33, 47; **Mk 1:**22, 45; **3:**5; **6:**25, 39, 52, 55; **9:**37, 39; **10:**22, 24; **11:**18; **12:**17; **13:**6, 29; **Lk 1:**14, 29, 47, 59; **2:**20, 33, 47; **4:**4, 22, 32; **5:**5, 9; **7:**13; **9:**43, 43, 48; **11:**22; **12:**44, 52, 52, 53, 53; **13:**17; **15:**7, 7, 10; **18:**7, 9; **20:**26; **21:**6, 8; **23:**38; **24:**47; **Jn 4:**6, 27; **5:**2; **8:**3, 4; **11:**38; **12:**16; **Ac 2:**26, 38; **3:**10, 10, 11, 12, 16; **4:**9, 17, 18, 21; **5:**9, 28, 35, 40; **7:**33; **8:**2, 16; **11:**19; **13:**12; **14:**3, 3; **15:**31; **20:**38; **21:**24; **26:**6; **27:**44; **Ro 4:**18; **5:**2, 12, 14; **6:**21; **8:**20; **9:**33; **10:**11, 19, 19; **15:**12; **16:**19; **1Co 1:**4; **9:**10, 10; **13:**6; **14:**16; **16:**17; **2Co 1:**4, 9, 9; **3:**14; **5:**4; **7:**4, 7, 13, 13; **9:**6, 6, 13, 14, 15; **12:**21; **Gal 5:**13; **Eph 1:**10; **2:**10, 20; **4:**26; **Php 1:**3, 5; **2:**17; **3:**9, 12; **4:**10; **Col 3:**14; **1Th 3:**7, 7, 9; **4:**7; **1Ti 1:**16; **4:**10; **6:**17; **2Ti 2:**14; **Tit 1:**2; **Phm 1:**7; **Heb 2:**13; **8:**1, 10; **9:**17, 26; **11:**4, 38; **Jas 5:**1, 7; **1Pe 2:**6; **1Jn 3:**3; **3Jn 1:**10; **Rev 4:**9; **5:**13; **7:**10; **9:**14; **10:**11; **11:**10; **12:**17; **18:**20; **19:**4, 14; **21:**5, 12; **22:**16

genitive object [222]

Mt 1:11; **4:**6; **6:**10, 19; **9:**2, 6; **10:**27; **14:**19, 26; **16:**19, 19; **18:**16, 18, 18, 19; **19:**28; **21:**7, 19; **23:**2, 9, 35; **24:**3, 17, 30, 45; **25:**21, 23, 31; **26:**7, 12, 64; **27:**19, 29; **28:**14, 18; **Mk 2:**10, 26; **4:**1, 26, 31, 31; **6:**28, 47, 48, 49; **8:**4, 6; **9:**3, 20; **11:**4; **12:**14, 26, 32; **13:**9, 15; **14:**35, 51; **Lk 2:**14; **3:**2; **4:**11, 25, 27, 29; **5:**18, 24; **6:**17; **8:**13; **12:**3, 42, 54; **17:**31, 34; **18:**8; **20:**21, 37; **21:**23, 25; **22:**21, 30, 30, 40, 59; **Jn 6:**2, 19, 21; **17:**4; **19:**13, 19, 31; **20:**7; **21:**1; **Ac 2:**19; **4:**27; **5:**15, 23, 30; **6:**3; **7:**27; **8:**27, 28; **9:**33; **10:**11, 34, 39; **11:**28; **12:**20, 21; **17:**26; **20:**9; **21:**23, 40; **23:**30; **24:**19, 20, 21; **25:**6, 9, 10, 17, 26, 26; **26:**2; **27:**44; **Ro 1:**10; **9:**5, 28; **1Co 6:**1, 1, 6; **8:**5; **11:**10; **2Co 7:**14; **10:**7; **13:**1; **Gal 3:**13, 16, 16; **Eph 1:**10, 16; **3:**15; **4:**6; **6:**3; **Col 1:**16, 20; **3:**2, 5; **1Th 1:**2; **1Ti 6:**13, 17; **Phm 1:**4; **Heb 1:**2; **6:**7; **7:**11; **8:**4; **9:**15; **10:**16; **11:**13; **12:**25; **Jas 5:**5, 17; **1Pe 1:**20; **2Pe 3:**3; **Jude 1:**18; **Rev 1:**20; **2:**26; **3:**10, 10; **4:**10; **5:**1, 3, 7, 10, 13, 13; **6:**10, 16; **7:**1, 1, 3, 15; **8:**3, 13; **9:**4, 11, 17; **10:**1, 2, 2, 5, 5, 8, 8; **11:**6, 8, 10, 10; **12:**1; **13:**1, 8, 14, 14, 16; **14:**1, 6, 9, 14, 15, 16, 18; **16:**18; **17:**1, 8, 9, 18; **18:**24; **19:**18, 19, 21; **20:**6; **21:**14, 16; **22:**4

2445 ἤ [343 / 341]

Mt 1:18; **5:**17, 18, 36; **6:**24, 24, 25, 31, 31; **7:**4, 9, 10, 16; **9:**5; **10:**11, 14, 15, 19, 37, 37; **11:**3, 22, 24; **12:**5, 25, 29, 33, 33; **13:**21; **15:**4, 5; **16:**14, 26; **17:**25, 25; **18:**8, 8, 8, 8, 9, 13, 16, 16, 20; **19:**24, 29, 29, 29, 29, 29, 29; **20:**15[UBS], 15; **21:**25; **22:**17; **23:**17, 19; **24:**23; **25:**37, 38, 39, 44, 44, 44, 44, 44; **26:**53; **27:**17; **Mk 2:**9; **3:**4, 4; **4:**17, 21, 30; **6:**56, 56; **7:**10, 11, 12; **9:**43, 45, 47; **10:**25, 29, 29, 29, 29, 29, 29, 38, 40; **11:**28, 30; **12:** 14, 14; **13:**32, 35, 35, 35, 35; **14:**30; **Lk 2:**24, 26; **5:**23; **6:**9, 9; **7:**19, 20; **8:**16; **9:**13, 25; **10:**12, 14; **11:**12; **12:**11[UBS], 11, 14, 41, 47, 51; **13:**4, 15; **14:**3, 5, 12, 31; **15:**7, 8; **16:**13, 13, 17; **17:**2, 7, 21, 23; **18:**11, 25, 29, 29, 29, 29; **20:**2, 4, 22; **21:**15; **22:**27; **Jn 2:**6; **3:**19; **4:**1, 27; **6:**19; **7:**17, 48; **8:**14; **9:**2, 21; **13:**29; **18:**34; **Ac 1:**7; **3:**12, 12; **4:**7, 19, 34; **5:**29, 38; **7:**2, 49; **8:**34; **10:**28, 28; **11:**8; **17:**21, 21, 29, 29; **18:**14; **19:**12; **20:**33, 33, 35; **23:**9, 29; **24:**12, 20, 21; **25:**6, 16; **26:**31; **27:**11; **28:**6, 17, 21; **Ro 1:**21; **2:**4, 15; **3:**1, 29; **4:**9, 10, 13; **6:**3, 16; **7:**1; **8:**35, 35, 35, 35, 35, 35; **9:**11, 21; **10:**7; **11:**2, 34, 35; **13:**11; **14:**4, 10, 13; **1Co 1:**13; **2:**1; **4:**3, 21; **5:**10, 10, 11, 11, 11, 11, 11; **6:**2, 9, 16, 19; **7:**9, 11, 15, 16; **9:**6, 7, 8, 10, 15; **10:**19, 22; **11:**4, 5, 6, 22, 27; **12:**21; **13:**1; **14:**5, 6, 6, 6, 6, 7, 19, 23, 24, 27, 29, 36, 36, 37; **15:**37; **16:**6; **2Co 1:**13, 13, 17; **3:**1, 1; **6:**14, 15; **9:**7; **10:**12; **11:**4, 4, 7; **12:**6; **13:**5; **Gal 1:**8, 10, 10; **2:**2; **3:**2, 5, 15; **4:**27; **Eph 3:**20; **5:**3, 4, 5, 5, 27, 27; **Php 3:**12; **Col 2:**16, 16, 16; **3:**17; **1Th 2:**19, 19, 19; **2Th 2:**4; **1Ti 1:**4; **2:**9, 9; **5:**4, 19; **2Ti 3:**4; **Tit 1:**6; **3:**12; **Phm 1:**18; **Heb 2:**6; **10:**28; **11:**25; **12:**16; **Jas 1:**17; **2:**3, 15; **3:**12; **4:**5, 11, 13, 15; **1Pe 1:**11, 18; **3:**3, 9, 17; **4:**15, 15, 15; **2Pe 2:**21; **1Jn 4:**4; **Rev 3:**15; **13:**16, 17, 17; **14:**9

2743 κἀγώ [84]

Mt 2:8; **10:**32, 33; **11:**28; **16:**18; **18:**33; **21:**24; **26:**15; **Lk 1:**3; **2:**48; **11:**9; **19:**23; **20:**3; **22:**29; **Jn 1:**31, 33, 34; **5:**17; **6:**44, 54, 56, 57; **7:**28; **8:**26; **10:**15, 27, 28, 38; **12:**32; **14:**16, 20, 21; **15:**4, 5, 9; **16:**32; **17:**6, 11, 18, 21, 22, 26; **20:**15, 21; **Ac 8:**19; **10:**28; **22:**13, 19; **Ro 3:**7; **11:**3; **1Co 2:**1, 3; **3:**1; **7:**8, 40; **10:**33; **11:**1; **15:**8; **16:**4, 10; **2Co 2:**10; **6:**17; **11:**16, 18, 21, 22; **12:**20; **Gal 4:**12; **6:**14; **Eph 1:**15; **Php 2:**19, 28; **1Th 3:**5; **Heb 8:**9; **Jas 2:**18; **Rev 2:**6, 28; **3:**10, 21; **22:**8

2779 καί [9018 / 8997]

Mt 1:2, 3, 11, 17, 17, 19, 21, 23, 23, 24, 25, 25; **2:**2, 3, 4, 4, 6, 8, 9, 11, 11, 11, 11, 11, 12, 13, 13, 13, 14, 14, 15, 16, 16, 16, 18, 18, 20, 20, 21, 21, 23; **3:**2, 4, 4, 5, 5, 6, 7, 9, 10, 11, 12, 12, 14, 16, 16, 16, 17; **4:**2, 2, 3, 5, 6, 6, 8, 8, 9, 10, 11, 11, 13, 13, 15, 16, 16, 17, 18, 19, 19, 21, 21, 21, 22, 23, 23, 23, 23, 24, 24, 24, 24, 24, 24, 25, 25, 25, 25, 25; **5:**1, 2, 6, 11, 11, 12, 15, 15, 16, 18, 19, 19, 20, 24, 24, 25, 25, 29, 29, 30, 30, 30, 32, 38, 39, 40, 40, 40, 41, 42, 43, 44, 45, 45, 45, 46, 47, 47, 47; **6:**2, 4, 5, 5, 6, 6, 10, 12, 12, 13, 14, 17, 18, 19, 19, 19, 20, 21, 24, 24, 24, 25, 26, 28, 30, 33, 33; **7:**2, 4, 5, 6, 7, 7, 7, 8, 8, 10, 12, 12, 13, 13, 14, 14, 19, 22, 22, 23, 24, 25, 25, 25, 25, 25, 26, 26, 27, 27, 27, 27, 27, 27, 28, 29; **8:**2, 3, 3, 4, 4, 6, 7, 8, 8, 9, 9, 9, 9, 9, 9, 9, 10, 11, 11, 11, 11, 12, 13, 13, 14, 14, 15, 15, 15, 15, 16, 16, 17, 19, 20, 20, 21, 22, 23, 24, 25, 26, 26, 26, 27, 27, 28, 29, 29, 32, 32, 32, 33, 33, 34, 34; **9:**1, 1, 2, 2, 3, 4, 5, 6, 7, 8, 9, 9, 9, 10, 10[UBS], 10, 10, 11, 11, 13, 14, 15, 15, 16, 17, 17, 17, 18, 19, 19, 20, 22, 22, 23, 23, 23, 24, 25, 26, 27, 27, 28, 30, 30, 33, 33, 35, 35, 35, 35, 35, 36; **10:**1, 1, 1, 2, 2, 2, 3, 3, 3, 4, 4, 5, 13, 14, 15, 16, 17, 18, 18, 21, 21, 21, 22, 25, 26, 27, 28, 28, 28, 29, 30, 35, 35, 36, 37, 38, 38, 39, 40, 41, 42; **11:**1, 1, 4, 4, 5, 5, 5, 5, 6, 9, 12, 13, 14, 17, 17, 18, 19, 19, 19, 19, 19, 21, 21, 22, 23, 25, 25, 25, 27, 27, 28, 29, 29, 29, 30; **12:**1, 1, 3, 4, 5, 7, 9, 10, 10, 11, 11, 13, 13, 15, 15, 16, 18, 20, 21, 22, 22, 22, 23, 23, 25, 26, 27, 29, 29, 30, 31, 32, 33, 33, 35, 37, 38, 39, 39, 40, 40, 41, 41, 42, 42, 43, 44, 44, 45, 45, 45, 45, 46, 47, 48, 49, 49, 50, 50; **13:**2, 2, 3, 4, 4, 5, 6, 7, 7, 8, 10, 12, 12, 13, 14, 14, 14, 14, 15, 15, 15, 15, 15, 15, 16, 17, 17, 17, 17, 19, 19, 20, 22, 22, 22, 23, 23, 25, 25, 26, 26, 30, 30, 32, 32, 34, 36, 40, 41, 41, 42, 42, 44, 44, 44, 46, 47, 48, 49, 50, 50, 52, 53, 54, 54, 54, 55, 55, 55, 55, 56, 57, 57, 58; **14:**2, 2, 3, 5, 6, 9, 9, 10, 11, 11, 11, 12, 12, 12, 13, 14, 14, 14, 15, 17, 19, 19, 19, 20, 20, 20, 21, 22, 22, 23, 26, 29, 29, 30, 31, 32, 34, 35, 35, 36, 36; **15:**1, 3, 4, 4, 6, 10, 10, 16, 17, 21, 21, 22, 23, 26, 27, 28, 29, 29, 30, 30, 30, 30, 31, 31, 31, 32, 32, 33, 34, 34, 35, 36, 36, 36, 37, 37, 37, 38, 39, 39; **16:**1, 1, 3, 4, 4, 4, 5, 6, 6, 9, 10, 11, 12, 17, 18, 18, 19, 19, 21, 21, 21, 21, 21, 22, 24, 24, 27; **17:**1, 1, 1, 1, 2, 2, 3, 3, 4, 4, 5, 6, 6, 7, 7, 7, 9, 10, 11, 12, 12, 14, 15, 15, 15, 16, 16, 17, 18, 18, 18, 20, 20, 23, 23, 23, 24, 25, 27, 27, 27; **18:**2, 3, 3, 5, 6, 8, 9, 9, 12, 12, 13, 15, 17, 17, 18, 21, 25, 25, 25, 25, 26, 27, 28, 29, 31, 33, 34, 35; **19:**1, 1, 2, 2, 3, 3, 4, 5, 5, 5, 5, 7, 9, 12, 12, 13, 14, 15, 16, 19, 19, 21, 21, 21, 27, 28, 29, 29, 30; **20:**3, 4, 4, 4, 5, 6, 7, 8, 9, 10, 10, 10, 12, 12, 14, 14, 16, 17, 17, 18, 18, 18, 19, 19, 19, 19, 20, 21, 23, 24, 25, 27, 28, 29, 30, 32, 32, 34, 34; **21:**1, 1, 2, 2, 3, 5, 5, 6, 7, 7, 7, 8, 9, 10, 12, 12, 12, 12, 12, 13, 14, 14, 14, 15, 15, 15, 16, 16, 17, 17, 19, 19, 19, 19, 20, 21, 21, 22, 23, 23, 23, 27, 27, 28, 30, 31, 32, 32, 33, 33, 33, 33, 33, 35, 36, 38, 39, 39, 41, 42, 43, 44, 45, 45, 46; **22:**1, 3, 3, 4, 4, 6, 7, 7, 9, 10, 10, 10, 12, 13, 13, 16, 16, 16, 20, 20, 21, 22, 22, 23, 24, 25, 25, 26, 26, 32, 32, 33, 35, 37, 37, 38, 40, 46; **23:**1, 2, 3, 3, 4[UBS], 4, 5, 6, 7, 7, 9, 12, 13, 15, 15, 15, 17, 18, 20, 21, 21, 22, 22, 23, 23, 23, 23, 23, 23, 25, 25, 25, 26[NIV], 26, 27, 27, 28, 28, 29, 29, 30, 32, 34, 34, 34, 34, 34, 35, 37, 37; **24:**1, 1, 3, 3, 4, 5, 6, 7, 7, 7, 9, 9, 10, 10, 10, 11, 11, 12, 14, 14, 18, 19, 22, 24, 24, 24, 24, 27, 29, 29, 29, 30, 30, 30, 30, 31, 31, 32, 33, 35, 36, 38, 38, 39, 39, 39[UBS], 40, 41, 43, 44, 45, 49, 49, 50, 51, 51, 51; **25:**2, 5, 7, 9, 9, 10, 10, 11, 14, 15, 15, 16, 18, 19, 20, 21, 22, 23, 24, 24, 25, 26, 26, 27, 28, 29, 29, 30, 30, 31, 32, 32, 33, 35, 35, 35, 36, 36, 36, 37, 37, 38, 38, 39, 40, 41, 41, 42, 42, 43, 43, 43, 43, 44, 44, 46; **26:**1, 2, 3, 4, 4, 7, 9, 13, 16, 18, 19, 19, 21, 22, 26, 26, 27, 27, 30, 31, 35, 36, 37, 37,

37, 38, 39, 39, 40, 40, 40, 41, 43, 44, 45, 45, 45, 47, 47, 47, 47, 49, 49, 50, 51, 51, 53, 55, 55, 57, 58, 59, 60, 61, 62, 63, 64, 67, 69, 69, 71, 72, 73, 73, 74, 74, 75, 75; **27**:1, 2, 2, 3, 5, 5, 9, 10, 11, 12, 12, 14, 19, 20, 25, 25, 28, 29, 29, 29, 30, 30, 31, 31, 31, 33, 34, 36, 37, 38, 40, 40, 40[UBS], 41, 41, 42, 44, 48, 48, 48, 51, 51, 51, 52, 52, 53, 53, 54, 54, 56, 56, 56, 57, 59, 60, 60, 61, 62, 64, 64; **28**:1, 2, 2, 2, 3, 4, 7, 7, 8, 8, 9, 9, 12, 14, 14, 15, 17, 18, 18, 19, 19, 20; **Mk 1**:4, 5, 5, 5, 6, 6, 6, 6, 7, 9, 9, 10, 10, 11, 12, 13, 13, 13, 15, 15, 15, 16, 16, 17, 17, 18, 19, 19, 19, 20, 20, 21, 21, 22, 22, 23, 23, 24, 25, 25, 26, 26, 27, 27, 27, 28, 29, 29, 29, 30, 31, 31, 31, 32, 33, 34, 34, 34, 35, 35, 36, 36, 37, 37, 38, 38, 39, 39, 40, 40, 40, 41, 41, 42, 42, 43, 44, 44, 45, 45; **2**:1, 2, 2, 3, 4, 4, 5, 6, 8, 9, 9, 11, 12, 12, 12, 13, 13, 13, 14, 14, 14, 15, 15, 15, 15, 15, 16, 16, 16, 17, 18, 18, 18, 18, 18, 19, 20, 21, 22, 22, 22, 23, 23, 24, 25, 25, 25, 26, 26, 26, 27, 27, 28; **3**:1, 1, 2, 3, 4, 5, 5, 5, 6, 7, 7, 7, 8, 8, 8, 8, 8, 9, 11, 11, 12, 12, 13, 13, 13, 14, 14, 14, 15, 16, 16, 17, 17, 17, 18, 18, 18, 18, 18, 18, 18, 18, 19, 19, 20, 20, 21, 22, 22, 23, 24, 25, 26, 26, 27, 28, 31, 31, 31, 32, 32, 32, 32[UBS], 33, 33, 34, 34, 35, 35; **4**:1, 1, 1, 2, 2, 4, 4, 4, 5, 5, 6, 6, 7, 7, 7, 7, 8, 8, 8, 8, 8, 8, 9, 10, 11, 12, 12, 12, 12, 13, 13, 15, 15, 16, 17, 18, 19, 19, 19, 19, 20, 20, 20, 20, 20, 21, 24, 24, 25, 25, 26, 27, 27, 27, 27, 27, 30, 32, 32, 32, 33, 35, 36, 36, 37, 37, 38, 38, 38, 39, 39, 39, 39, 40, 41, 41, 41, 41; **5**:1, 2, 3, 4, 4, 4, 4, 5, 5, 5, 5, 6, 6, 7, 7, 9, 9, 10, 12, 13, 13, 13, 13, 14, 14, 14, 14, 15, 15, 15, 15, 16, 16, 17, 18, 19, 19, 19, 20, 20, 20, 21, 21, 22, 22, 23, 23, 24, 24, 24, 25, 26, 26, 26, 29, 29, 30, 31, 31, 32, 33, 33, 33, 34, 37, 37, 37, 38, 38, 38, 38, 39, 39, 40, 40, 40, 40, 41, 42, 42, 42, 43, 43; **6**:1, 1, 1, 2, 2, 2, 2, 3, 3, 3, 3, 3, 3, 4, 4, 4, 5, 6, 6, 7, 7, 7, 8, 9, 10, 11, 12, 13, 13, 13, 14, 14, 14, 17, 19, 19, 20, 20, 20, 20, 21, 21, 21, 22, 22, 22, 22, 23, 24, 25, 26, 26, 27, 27, 28, 28, 28, 29, 29, 29, 30, 30, 30, 31, 31, 31, 31, 32, 33, 33, 33, 33, 34, 34, 34, 35, 35, 36, 37, 37, 38, 38, 39, 40, 40, 41, 41, 41, 41, 41, 42, 42, 43, 43, 44, 45, 45, 46, 47, 47, 48, 48, 49, 50, 50, 51, 51, 51, 53, 53, 54, 55, 56, 56, 56; **7**:1, 1, 2, 3, 4, 4, 4, 4, 4[NIV], 5, 5, 9, 10, 10, 13, 14, 14, 17, 18, 18, 19, 23, 24, 24, 26, 27, 27, 28, 28, 29, 30, 30, 31, 32, 32, 32, 33, 33, 34, 34, 35, 35, 35, 36, 37, 37, 37; **8**:1, 2, 3, 3, 4, 5, 6, 6, 6, 6, 7, 7, 7, 8, 8, 8, 9, 10, 11, 11, 12, 13, 14, 14, 15, 15, 16, 17, 18, 18, 20, 20, 21, 22, 22, 22, 23, 23, 24, 25, 25, 25, 26, 27, 27, 27, 28, 29, 30, 31, 31, 31, 31, 31, 31, 32, 32, 33, 33, 34, 34, 34, 35, 36, 38, 38, 38; **9**:1, 2, 2, 2, 2, 2, 3, 4, 4, 5, 5, 5, 5, 7, 7, 8, 9, 10, 11, 12, 12, 13, 13, 14, 14, 15, 15, 16, 17, 18, 18, 18, 18, 18, 18, 20, 20, 20, 21, 22, 22, 22, 25, 25, 26, 26, 26, 27, 28, 29, 30, 31, 31, 31, 32, 33, 33, 35, 35, 35, 36, 36, 37, 38, 39, 42, 42, 43, 45, 47, 48, 50; **10**:1, 1, 1, 1, 2, 4, 6, 7, 7, 8, 10, 11, 11, 12, 13, 14, 16, 17, 17, 19, 21, 21, 21, 21, 23, 26, 28, 29, 30, 30, 30, 30, 30, 30, 31, 32, 32, 32, 33, 33, 33, 33, 34, 34, 34, 34, 34, 35, 35, 37, 39, 41, 41, 42, 42, 44, 45, 45, 46, 46, 46, 46, 47, 47, 48, 49, 49, 51, 52, 52, 52; **11**:1, 1, 2, 2, 2, 3, 3, 4, 4, 4, 5, 6, 7, 7, 7, 8, 9, 9, 11, 11, 12, 13, 13, 14, 14, 15, 15, 15, 15, 15, 16, 17, 17, 18, 18, 18, 19, 20, 21, 22, 23, 23, 24, 24, 25, 25, 27, 27, 27, 27, 28, 29, 29, 31, 33, 33; **12**:1, 1, 1, 1, 1, 1, 2, 3, 3, 4, 4, 5, 5, 7, 8, 8, 9, 9, 11, 12, 12, 12, 13, 13, 14, 14, 16, 16, 17, 17, 18, 18, 19, 19, 19, 20, 20, 21, 21, 21, 22, 22, 26, 26, 28, 30, 30, 30, 30, 32, 32, 33, 33, 33, 33, 33, 34, 34, 35, 37, 37, 38, 38, 39, 39, 40, 41, 41, 42, 43; **13**:1, 1, 2, 3, 3, 3, 3, 4, 6, 7, 8, 9, 9, 9, 10, 11, 12, 12, 12, 12, 13, 16, 17, 19, 20, 21, 22, 22, 22, 24, 25, 25, 26, 26, 27, 27, 28, 29, 31, 34, 34; **14**:1, 1, 1, 3, 5, 5, 7, 9, 10, 11, 11, 12, 13, 13, 13, 14, 15, 15, 16, 16, 16, 16, 17, 18, 18, 19, 22, 22, 22, 23, 23, 24, 26, 27, 27, 29, 30, 31, 32, 32, 33, 33, 33, 33, 33, 34, 34, 35, 35, 36, 37, 37, 37, 38, 39, 40, 40, 41, 41, 41, 43, 43, 43, 43, 43, 44, 45, 45, 46, 47, 48, 48, 49, 50, 51, 51, 53, 53, 53, 53, 54, 54, 54, 55, 55, 56, 57, 58, 59, 60, 61, 61, 62, 62, 65, 65, 65, 65, 65, 66, 67, 67, 68, 68[UBS], 69, 70, 70, 71, 72, 72, 72; **15**:1, 1, 1, 1, 2, 3, 8, 15, 16, 17, 17, 18, 19, 19, 19, 20, 20, 20, 21, 21, 22, 23, 24, 24, 25, 26, 27, 27, 29, 29, 29, 31, 32, 32, 33, 34, 35, 36, 38, 40, 40, 40, 40, 40, 41, 41, 42, 43, 43, 44, 45, 46, 46, 46, 47; **16**:1, 1, 1, 2, 3, 4, 5, 5, 7, 8, 8, 8, 10, 11, 14, 14, 15, 16, 18, 18, 19, 20, S[UBS], S[UBS], S[UBS]; **Lk 1**:2, 5, 5, 6, 7, 7, 10, 12, 12, 13, 13, 14, 14, 14, 15, 15, 15, 16, 17, 17, 17, 18, 18, 19, 19, 19, 20, 20, 21, 21, 22, 22, 22, 23, 24, 27, 28, 29, 30, 31, 31, 31, 32, 32, 33, 33, 35, 35, 35, 36, 36, 36, 38, 40, 40, 41, 41, 42, 42, 42, 43, 45, 46, 47, 49, 50, 50, 52, 53, 55, 56, 57, 58, 58, 58, 59, 59, 60, 61, 63, 63, 64, 64, 65, 66, 66, 67, 67, 68, 69, 71, 72, 75, 76, 79, 80, 80; **2**:3, 4, 4, 7, 7, 7, 8, 8, 9, 9, 9, 10, 12, 12, 13, 13, 14, 15, 15, 16, 16, 16, 16, 18, 20, 20, 20, 21, 21, 22, 24, 25, 25, 25, 25, 26, 27, 27, 28, 28, 28, 32, 33, 33, 34, 34, 34, 34, 35, 36, 37, 37, 37, 38, 38, 39, 40, 40, 41, 42, 43, 43, 44, 44, 45, 46, 46, 46, 47, 48, 48, 49, 50, 51, 51, 51, 51, 52, 52, 52, 52; **3**:1, 1, 1, 2, 3, 5, 5, 5, 5, 6, 8, 9, 9, 10, 11, 12, 12, 14, 14, 14, 14, 15, 16, 17, 18, 19, 20, 20, 21, 21, 22, 22, 23; **4**:1, 2, 2, 4, 5, 6, 6, 6, 8, 8, 9, 9, 11, 12, 13, 14, 14, 15, 16, 16, 16, 17, 17, 18, 20, 20, 22, 22, 22, 23, 23, 25, 26, 27, 27, 28, 29, 29, 31, 31, 32, 33, 33, 34, 35, 35, 35, 36, 36, 36, 36, 37, 38, 39, 39, 41, 41, 41, 42, 42, 42, 43, 44; **5**:1, 1, 2, 4, 5, 6, 7, 7, 7, 9, 10, 10, 10, 11, 12, 12, 13, 13, 14, 14, 15, 15, 16, 17, 17, 17, 17, 17, 17, 17, 18, 18, 18, 19, 20, 21, 21, 23, 24, 25, 26, 26, 26, 27, 27, 27, 28, 29, 29, 29, 30, 30, 30, 30, 31, 33, 33, 33, 35, 36, 36, 36, 37, 37, 37, 39; **6**:1, 1, 3, 3, 4, 4, 5, 6, 6, 6, 7, 8, 8, 10, 10, 11, 12, 13, 13, 13, 14, 14, 14, 14, 14, 15, 15, 15, 15, 16, 16, 17, 17, 17, 17, 17, 17, 18, 18, 19, 19, 20, 22, 22, 22, 23, 25, 29, 29, 29, 30, 31, 32, 32, 33, 33, 34, 34, 35, 35, 35, 35, 35, 36[UBS], 37, 37, 37, 37, 37, 38, 39, 42, 45, 46, 47, 47, 48, 48, 48, 49, 49, 49; **7**:5, 7, 8, 8, 8, 8, 8, 8, 8, 9, 10, 11, 11, 11, 12, 12, 12, 13, 13, 14, 14, 15, 15, 15, 16, 16, 17, 17, 18, 18, 21, 21, 21, 22, 22, 22, 23, 25, 26, 29, 29, 30, 31, 32, 32, 32, 33, 34, 34, 34, 34, 35, 36, 37, 37, 38, 38, 38, 38, 39, 40, 44, 44, 49, 49; **8**:1, 1, 1, 1, 1, 2, 2, 3, 3, 3, 4, 5, 5, 5, 6, 6, 7, 7, 8, 8, 10, 12, 13, 13, 14, 14, 14, 14, 15, 15, 17, 18, 18, 19, 19, 20, 21, 21, 22, 22, 22, 22, 23, 23, 23, 24, 24, 24, 25, 25, 25, 26, 27, 27, 28, 28, 29, 29, 29, 31, 32, 32, 33, 33, 34, 34, 35, 35, 35, 35, 37, 39, 39, 41, 41, 41, 42, 43, 44, 45, 45, 47, 47, 50, 51, 51, 51, 51, 52, 53, 55, 55, 55, 56; **9**:1, 1, 2, 2, 3, 4, 4, 5, 6, 7, 9, 10, 10, 11, 11, 12, 12, 13, 15, 15, 16, 16, 16, 17, 17, 17, 18, 18, 22, 22, 22, 22, 22, 23, 23, 26, 26, 26, 28, 28, 28, 29, 29, 30, 30, 32, 32, 33, 33, 33, 33, 34, 35, 36, 36, 36, 38, 39, 39, 39, 39, 40, 40, 41, 41, 42, 42, 42, 45, 45, 48, 48, 49, 51, 52, 52, 53, 54, 54, 56, 57, 58, 58, 61, 62; **10**:1, 1, 4, 6, 7, 8, 8, 9, 9, 10, 11, 13, 13, 14, 15, 16, 17, 19, 19, 19, 21, 21, 21, 21, 22, 22, 22, 23, 24, 24, 24, 24, 25, 27, 27, 27, 27, 28, 29, 30, 30, 30, 31, 32, 32, 33, 34, 34, 34, 35, 35, 35, 37, 39, 39, 41; **11**:1, 1, 4, 4, 4, 5, 5, 5, 6, 7, 8, 9, 9, 9, 10, 10, 11, 12, 14, 14, 14, 17, 18, 22, 23, 24, 25, 25, 26, 26, 26, 27, 28, 29, 30, 31, 31, 32, 32, 34, 34, 39, 39, 40, 41, 42, 42, 42, 42, 43, 44, 45, 46, 46, 48, 49, 49, 49, 49, 51, 52, 53, 53; **12**:2, 3, 4, 6, 7, 8, 10, 11, 11, 15, 17, 18, 18, 18, 18, 19, 21, 23, 24, 28, 29, 29, 29, 31, 33, 34, 35, 36, 36, 37, 37, 38, 40, 41, 42, 45, 45, 45, 45, 46, 46, 46, 47, 48, 49, 50, 52, 53, 53, 53, 54, 54, 55, 55, 56, 57, 58, 58, 59; **13**:2, 4, 6, 6, 7, 7, 8, 8, 11, 11, 11, 12, 13, 13, 13, 14, 15, 15, 16, 17, 17, 18, 19, 19, 19, 20, 22, 22, 22, 24, 25, 25, 25, 25, 26, 26, 27, 28, 28, 28, 28, 29, 29, 29, 29, 29, 30, 30, 31, 32, 32, 32, 32, 33, 33, 34, 34; **14**:1, 1, 2, 3, 3, 4, 4, 5, 5, 6, 9, 9, 9, 11, 12, 12, 12, 14, 16, 17, 18, 18, 19, 19, 20, 20, 21, 21, 21, 21, 21, 21, 22, 22, 23, 23, 23, 25, 26, 26, 26, 26, 26, 26, 26, 27[NIV], 27, 29, 30, 34; **15**:1, 2, 2, 2, 4, 4, 5, 6, 6, 8, 8, 9, 9, 12, 13, 13, 14, 15, 15, 16, 16, 18, 18, 20, 20, 20, 20, 21, 22, 22, 22, 23, 23, 24, 24, 24, 25, 25, 26, 27, 28, 29, 29, 31, 32, 32, 32, 32; **16**:1, 1, 2, 5, 6, 7, 8, 9, 10, 10, 10, 12, 13, 13, 13, 14, 15, 16, 16, 17, 18, 18, 19, 19, 21, 21, 22, 22, 22, 23, 23, 24, 24, 24, 25, 26, 26, 28, 29, 31; **17**:2, 3, 4, 4, 5, 6, 6, 8, 8, 8, 8, 10, 11, 11, 11, 12, 13, 14, 14, 16, 16, 19, 20, 22, 23, 25, 26, 26, 27, 27, 29, 29, 31, 31, 34, 37, 37; **18**:1, 2, 3, 4, 4, 7, 7, 9, 9, 10, 11, 15, 16, 18, 20, 22, 22, 22, 26, 30, 31, 32, 32, 32, 33, 33, 34, 34, 34, 38, 39, 42, 43, 43, 43; **19**:1, 2, 2, 2, 3, 3, 4, 5, 6, 6, 7, 8, 9, 10, 11, 12, 13, 14, 15, 15, 17, 18, 19, 19, 20, 21, 22, 23, 24, 24, 25, 26, 27, 28, 29, 29, 30, 31, 35, 35, 38, 39, 40, 41, 42, 43, 43, 43, 44, 44, 44, 45, 46, 47, 47, 47, 48; **20**:1, 1, 1, 2, 3, 7, 8, 9, 9, 10, 11, 11, 12, 12, 15, 16, 16, 19, 19, 19, 20, 20, 21, 21, 21, 24, 25, 26, 26, 28, 28, 29, 30, 31, 31, 31, 32, 34, 34, 35, 36, 37, 37, 37, 44, 46, 46, 46, 47; **21**:3, 5, 5, 7, 8, 9, 10, 11, 11, 11, 12, 12, 12, 15, 16, 16, 16, 16, 16, 17, 18, 21, 21, 23, 23, 24, 24, 24, 25, 25, 25, 25, 25, 26, 27, 27, 28, 29, 29, 31, 33, 34, 34, 34, 36, 38; **22**:2, 2, 4, 4, 5, 5, 6, 6, 8, 8, 11, 13, 14, 14, 15, 17, 17, 19, 19, 20, 23, 24, 25, 26, 30, 30, 32, 33, 33, 35, 35, 35, 36, 36, 36, 37, 37, 39, 39, 41, 41, 44, 44, 45, 46, 47, 47, 50, 51, 52, 52, 53, 54, 55, 56, 56, 58, 58, 59, 59, 59, 60, 61, 61, 62, 63, 64, 65, 66, 66, 66; **23**:1, 2, 2, 4, 5, 7, 7, 8, 10, 11, 11, 12, 13, 13, 14, 15, 19, 23, 24, 25, 26, 27, 27, 28, 29, 29, 30, 32, 33, 33, 35, 35, 36, 37, 38, 39, 41, 42, 43, 44, 44, 46, 48, 49, 50, 50, 50, 51, 53, 53, 54, 54, 55, 56, 56; **24**:4, 4, 5, 7, 7, 8, 9, 9, 10, 10, 10, 11, 11, 12, 12, 13, 14, 15, 15, 15, 17, 18, 19, 19, 19, 20, 20, 21, 22, 23, 23, 24, 24, 24, 25, 25, 26, 27, 27, 28, 28, 29, 29, 29, 30, 30, 31, 31, 32, 33, 33, 33, 34, 35, 35, 36, 37, 38, 38, 39, 39, 39, 40, 40, 41, 43, 44, 44, 46, 46, 47, 47[NIV], 49, 50, 51, 51, 52, 53; **Jn 1**:1, 1, 3, 4, 5, 5, 10, 10, 11, 14, 14, 14, 14, 15, 16, 17, 19, 19, 20, 20, 20, 21, 21, 21, 24, 25, 25, 29, 32, 32, 33, 34, 35, 36, 37, 37, 38, 39, 39, 39, 40, 41, 43, 43, 44, 45, 45, 46, 46, 47, 48, 50, 51, 51, 51; **2**:1, 1, 2, 2, 3, 4, 4, 7, 8, 8, 9, 10, 10, 11, 11, 12, 12, 12, 12, 13, 13, 14, 14, 14, 14, 15, 15, 15, 15, 16, 18, 19, 19, 20, 20, 22, 22, 25; **3**:2, 3, 4, 5, 6, 8, 8, 9, 10, 10, 11, 11, 12, 13, 14, 19, 20, 22, 22, 22, 23, 23, 23, 26, 26, 26, 27, 29, 31, 32, 32, 35; **4**:1, 3, 10, 10, 10, 11, 12, 12, 12, 13, 16, 17, 18, 20, 23, 23, 23, 24, 24, 27, 27, 28, 28, 30, 34, 35, 35, 36, 36, 37, 38, 40, 41, 42, 45, 46, 47, 47, 48, 50, 53, 53; **5**:1, 5, 6, 8, 9, 9, 9, 10, 11, 12, 14, 15, 16, 18, 19, 19, 20, 20, 21, 21, 24, 24, 25, 25, 26, 27, 29, 30, 32, 33, 35, 37, 38, 39, 40, 43, 44; **6**:3, 5, 9, 11, 11, 13, 15, 17, 17, 17, 19, 19, 21, 22, 24, 25, 26, 26, 29, 30, 33, 35, 36, 36, 37, 40, 40, 42, 42, 43, 45, 45, 49, 50, 51, 53, 54, 55, 56, 57, 58, 63, 64, 65, 66, 67, 69, 69, 70; **7**:1, 3, 3, 4, 10, 11, 12, 14, 16, 18, 19, 21, 21, 22, 26, 26, 28, 28, 28, 30, 31, 32, 32, 33, 34, 34, 35, 36, 36, 37, 37, 42, 45, 45, 47, 51, 52, 52, 52, 53; **8**:2, 2, 3, 3, 7, 8, 9, 9, 11, 14, 14, 16, 16, 17, 18, 19, 20, 21, 21, 23, 25, 26, 28, 29, 32, 32, 33, 38, 39, 42, 44, 44, 44, 48, 48, 49, 50, 52, 52, 53, 55, 55, 56, 56, 57, 59; **9**:1, 2, 6, 6, 7, 7, 7, 8, 8, 11, 11, 11, 11, 11, 12, 14, 15, 15, 15, 16, 18, 19, 20, 20, 24, 27, 27, 28, 28, 30, 30, 31, 34, 34, 34, 35, 36, 36, 37, 37, 38, 39, 39, 40, 40; **10**:1, 3, 3, 3, 4, 8, 9, 9, 9, 10, 10, 10, 12, 12, 12, 12, 12, 13, 14, 14, 15, 16, 16, 16, 18, 20, 23, 24, 25, 27, 28, 28, 29, 30, 33, 35, 36, 38, 39, 40, 40, 41, 41, 42; **11**:1, 2, 5, 5, 8, 11, 15, 16, 19, 22, 25, 26, 26, 28, 28, 28, 29, 31, 31, 33, 33, 34, 34, 37, 38, 41, 43, 44, 44, 44, 45, 46, 47, 47, 48, 48, 48, 48, 50, 52, 52, 55, 56, 57; **12**:2, 3, 5, 6, 9, 9, 10, 11, 13, 13, 13, 16, 17, 18[UBS], 21, 22, 22, 22, 25, 26, 26, 27, 28, 28, 29, 30, 34, 35, 36, 38, 40, 40, 40, 40, 41, 42, 44, 45, 47, 47, 48, 49, 50; **13**:2, 3, 3, 4, 4, 5, 5, 7, 9, 9, 10, 12[UBS], 12, 13, 13, 14, 14, 15, 21, 21, 26, 26[UBS], 27, 31, 32, 32, 33, 33, 34; **14**:1, 3, 3, 3, 3, 4, 6, 6, 7, 7, 7, 8, 9, 10, 11, 12, 13, 16, 17, 19, 19, 20, 21, 21, 22, 22, 23, 23, 23, 23, 24, 26, 28, 29, 30, 31; **15**:1, 2, 6, 6, 6, 6, 7, 7, 8, 10, 11, 16, 16, 16, 20, 20, 22, 23, 24, 24, 24, 24, 27; **16**:3, 5, 8, 8, 8, 10, 13, 14, 15, 16, 16, 16, 17, 17, 17, 17, 19, 19, 19, 19, 20, 22, 22, 22, 23, 24, 26, 27, 28, 28, 29, 30, 32, 32; **17**:1, 3, 5, 6, 8, 8, 8, 10, 10, 10, 11, 11, 12, 12, 13, 14, 19, 19, 20, 21, 23, 23, 25, 25, 26, 26; **18**:1, 2, 3, 3, 3, 3, 4, 5, 6, 10, 10, 12, 12, 12, 13, 15, 15, 16, 16, 17, 18, 18, 18, 18, 19, 20, 20, 25, 25, 25, 27, 28, 29, 30, 31, 33, 33, 35, 37, 38, 38; **19**:1, 2, 2, 3, 3, 3, 4, 4, 5, 5, 6, 6, 7, 9, 9, 10, 13, 14, 17, 18, 18, 19, 19, 20, 23, 23, 24, 25, 25, 26, 27, 30, 31, 32, 32, 34, 34, 35, 35, 35, 35, 37, 38, 38, 39, 39, 40, 41; **20**:1, 2, 2, 2, 2, 3, 3, 4, 4, 5, 6, 6, 6, 7, 8, 8, 8, 12, 12, 13, 13, 14, 14, 17, 17, 17, 17, 18, 19, 19, 19, 20, 20, 22, 22, 25, 25, 26, 26, 26, 26, 27, 27, 27, 27, 28, 28, 29, 30, 31; **21**:2, 2, 2, 2, 3, 3, 3, 6, 6, 7, 9, 9, 11, 11, 13, 13, 13, 17, 18, 18, 18, 18, 19, 20, 20, 24, 24, 25; **Ac 1**:1, 3, 3, 4, 8, 8, 8, 8, 9, 9, 10, 10, 11, 13, 13, 13, 13, 13, 13, 13, 13, 14, 14, 15, 17, 18, 18, 19, 20, 20, 21, 23,

23, 24, 25, 26, 26, 26; **2**:1, 2, 2, 3, 3, 4, 4, 6, 7, 8, 9, 9, 9, 9, 9, 10, 10, 10, 11, 11, 12, 14, 14, 14, 17, 17, 17, 17, 17, 18, 18, 18, 19, 19, 19, 19, 20, 20, 21, 22, 22, 23, 26, 26, 29, 29, 29, 30, 33[UBS], 33, 36, 36, 37, 38, 38, 39, 39, 40, 41, 42, 42, 43, 44, 45, 45, 45, 46, 47; **3**:1, 2, 3, 6, 6[UBS], 7, 7, 8, 8, 8, 8, 8, 9, 9, 10, 10, 11, 13, 13, 13, 14, 14, 16, 16, 16, 17, 17, 19, 20, 24, 24, 24, 25, 25; **4**:1, 1, 2, 3, 3, 4, 5, 5, 6, 6, 6, 6, 6, 7, 8, 10, 12, 13, 13, 13, 16, 18, 19, 20, 23, 23, 24, 24, 24, 24, 25, 26, 26, 27, 27, 28, 29, 29, 30, 30, 31, 31, 31, 32, 32, 33, 35, 37; **5**:2, 2, 2, 3, 4, 5, 6, 7, 9, 10, 10, 11, 11, 12, 12, 14, 15, 15, 15, 16, 16, 17, 18, 18, 20, 21, 21, 21, 21, 23, 24, 25, 27, 28, 28, 29, 31, 31, 32, 32, 33, 36, 36, 37, 37, 38, 38, 39, 40, 40, 42, 42; **6**:3, 4, 5, 5, 5, 5, 5, 5, 5, 5, 5, 6, 7, 7, 8, 8, 9, 9, 9, 9, 10, 10, 11, 12, 12, 12, 12, 13, 14, 15; **7**:2, 3, 3, 3, 5, 5, 5, 6, 6, 7, 7, 7, 8, 8, 8, 8, 8, 9, 9, 10, 10, 10, 10, 10, 11, 11, 11, 13, 13, 14, 15, 15, 15, 16, 16, 17, 20, 21, 22, 22, 24, 24, 26, 27, 29, 30, 32, 32, 34, 34, 34, 35, 35[UBS], 35, 36, 36, 36, 38, 39, 41, 41, 41, 42, 42, 43, 43, 43, 45, 46, 51, 51, 51, 52, 52, 53, 54, 55, 56, 56, 57, 58, 58, 59, 59, 60; **8**:1, 2, 3, 6, 7, 9, 12, 12, 13, 13, 13, 14, 17, 22, 23, 25, 26, 27, 27, 28, 28, 29, 30, 32, 35, 36, 38, 38, 38, 38, 39, 40; **9**:1, 2, 4, 6, 6, 9, 9, 10, 11, 12, 12, 14, 15, 17, 17, 17, 18, 18, 19, 20, 21, 21, 22, 24, 24, 26, 27, 27, 27, 28, 28, 29, 30, 31, 31, 31, 31, 32, 34, 34, 34, 35, 35, 36, 39, 39, 39, 40, 40, 40, 41, 42; **10**:2, 2, 3, 4, 4, 5, 5, 7, 8, 9, 10, 11, 11, 12, 12, 13, 13, 14, 15, 16, 18, 20, 22, 22, 23, 24, 26, 27, 27, 29, 30, 30, 31, 31, 32, 35, 38, 38, 39, 39, 39, 40, 41, 42, 42, 45, 45, 46, 47; **11**:1, 3, 5, 5, 6, 6, 6, 6, 7, 7, 10, 11, 12, 12, 13, 13, 14, 15, 17, 18, 18, 19, 19, 20, 20, 21, 22, 23, 23, 24, 24, 26, 26, 26, 30, 30; **12**:3, 4, 7, 7, 7, 8, 8, 8, 9, 9, 10, 10, 10, 11, 11, 11, 12, 14, 16, 17, 17, 19, 19, 20, 20, 21, 22, 23, 24, 25; **13**:1, 1, 1, 1, 2, 2, 3, 3, 5, 5, 7, 9, 10, 11, 11, 11, 11, 14, 15, 16, 16, 17, 17, 18, 19, 20, 20, 21, 22, 22, 26, 27, 27, 28, 32, 33, 35, 36, 36, 38, 41, 41, 43, 43, 45, 46, 46, 48, 48, 50, 50, 50, 50, 52; **14**:1, 1, 2, 3, 4, 5, 5, 6, 6, 8, 9, 10, 10, 13, 14, 15, 15, 15, 15, 15, 17, 17, 18, 19, 19, 19, 20, 21, 21, 21, 22, 24, 25, 27, 27; **15**:1, 2, 2, 2, 2, 2, 3, 3, 4, 4, 6, 7, 8, 8, 9, 9, 12, 12, 12, 15, 16, 16, 16, 17, 20, 20, 20, 22, 22, 22, 23, 23, 23, 25, 27, 27, 28, 29, 29, 29, 30, 32, 32, 32, 35, 35, 35, 37, 38, 41; **16**:1, 1, 1, 2, 3, 4, 5, 6, 7, 9, 9, 9, 13, 14, 15, 15, 17, 18, 18, 19, 20, 21, 22, 22, 24, 25, 26, 27, 29, 29, 30, 31, 31, 32, 33, 33, 33, 34, 37, 39, 39, 40, 40; **17**:1, 2, 3, 3, 3, 4, 4, 4, 5, 5, 5, 6, 6, 7, 8, 9, 9, 10, 12, 12, 13, 13, 14, 15, 15, 17, 17, 18, 18, 18, 18, 21, 23, 23, 24, 24, 25, 25, 26, 27, 27, 28, 28, 28, 28, 29, 32, 34, 34, 34; **18**:2, 2, 3, 3, 4, 5, 6, 7, 8, 8, 9, 10, 11, 12, 15, 15, 16, 17, 18, 18, 21, 22, 22, 23, 23, 25, 25, 26, 26; **19**:1, 6, 6, 8, 9, 10, 12, 12, 13, 15, 16, 16, 17, 17, 17, 18, 19, 19, 20, 21, 21, 22, 25, 26, 26, 27, 27, 27, 28, 29, 29, 31, 32, 35, 36, 38, 38, 40, 40; **20**:1, 2, 4, 4, 4, 4, 6, 9, 10, 11, 11, 12, 19, 19, 20, 20, 21, 21, 22, 23, 24, 25, 28, 30, 31, 32, 32, 32, 34, 36, 37; **21**:2, 3, 3, 5, 5, 6, 7, 8, 11, 11, 11, 11, 12, 13, 13, 16, 19, 20, 24, 24, 24, 25, 25, 25, 27, 28, 28, 28, 28, 30, 30, 30, 32, 32, 33, 33, 33, 38; **22**:1, 2, 4, 4, 5, 5, 5, 5, 6, 7, 13, 14, 14, 15, 16, 16, 17, 18, 18, 19, 20, 20, 20, 20, 21, 22, 23, 23, 25, 28, 29, 29, 30, 30, 30; **23**:3, 3, 6, 7, 7, 9, 11, 14, 16, 18, 19, 21, 23, 23, 23, 27, 30, 33, 33, 34, 34, 35; **24**:1, 2, 3, 5, 6, 6, 9, 12, 14, 15, 15, 16, 16, 17, 19, 23, 24, 25, 25, 26, 26; **25**:2, 2, 7, 10, 11, 13, 15, 19, 22, 23, 23, 23, 24, 24, 24, 26, 27; **26**:3, 6, 7, 10, 10, 11, 11, 12, 13, 16, 16, 17, 18, 18, 20, 20, 20, 22, 22, 23, 25, 26, 29, 29, 29, 29, 30, 30, 31; **27**:1, 5, 7, 9, 9, 10, 10, 10, 11, 12, 15, 19, 21, 22, 23, 24, 28, 28, 30, 31, 32, 35, 35, 36, 40, 40, 41, 44, 44; **28**:1, 2, 3, 6, 8, 8, 9, 9, 10, 10, 12, 13, 14, 15, 20, 23, 24, 26, 26, 26, 26, 27, 27, 27, 27, 27, 27, 28, 30, 31; **Ro 1**:5, 6, 7, 7, 12, 13, 13, 13, 14, 14, 15, 16, 18, 20, 21, 23, 23, 23, 23, 25, 25, 27, 27, 28, 32; **2**:3, 4, 4, 5, 5, 7, 7, 8, 8, 9, 9, 10, 10, 10, 12, 12, 15, 15, 17, 17, 18, 18, 20, 27, 27, 29; **3**:4, 8, 8, 9, 14, 16, 17, 19, 21, 23, 26, 29, 29, 30; **4**:3, 6, 7, 9, 11, 11[UBS], 12, 12, 14, 16, 17, 19, 19, 21, 21, 22, 24, 25; **5**:2, 2, 3, 7, 11, 12, 12, 14, 15, 15, 16, 17, 18, 19, 21; **6**:4, 5, 8, 11, 13, 19; **7**:4, 6, 10, 11, 12, 12, 12, 23; **8**:2, 3, 6, 11, 17, 17, 21, 22, 23[UBS], 23, 26, 29, 30, 30, 30, 30, 32, 34, 34; **9**:2, 4, 4, 4, 4, 4, 5, 9, 10, 15, 17, 22, 23, 24, 24, 25, 25, 26, 28, 29, 29, 33, 33; **10**:1, 3, 8, 9, 12, 18, 20, 21; **11**:1, 3, 5, 8, 9, 9, 9, 9, 10, 12, 14, 16, 16, 16, 17, 22, 22, 24, 26, 27, 29, 31, 31, 33, 33, 33, 35, 36, 36; **12**:2, 2, 2, 14; **13**:3, 5, 6, 9, 11, 13, 13, 13, 13, 14; **14**:6, 6, 6, 7, 9, 9, 9, 10, 11, 14, 17, 17, 17, 18, 19; **15**:1, 3, 4, 5, 6, 7, 9, 10, 11, 11, 12, 12, 13, 14, 14, 14, 18, 19, 19, 21, 22, 24, 26, 27, 27, 28, 30, 31; **16**:1, 2, 2, 2, 3, 4, 5, 7, 7, 7, 9, 12, 13, 13, 14, 15, 15, 15, 15, 17, 17, 18, 18, 21, 21, 21, 23, 23, 25; **1Co 1**:1, 2, 3, 3, 5, 8, 10, 10, 14, 16, 19, 22, 22, 24, 24, 25, 27, 28, 28, 30, 30; **2**:2, 3, 3, 4, 4, 4, 9, 9, 10, 11, 13, 14; **3**:3, 3, 5, 8, 13, 16, 20; **4**:1, 5, 5, 5, 6, 7, 8, 8, 9, 9, 11, 11, 11, 11, 11, 12, 17, 19; **5**:1, 2, 2, 4, 7, 8, 8, 10; **6**:1, 2, 6, 8, 8, 11, 11, 13, 13, 13, 13, 13, 14, 14, 19; **7**:2, 3, 4, 5, 7, 8, 11, 11, 12, 13, 13, 14, 17, 19, 21, 28, 28, 29, 30, 30, 30, 31, 34, 34, 34, 34, 34, 35, 36, 37, 38, 38; **8**:4, 5, 5, 6, 6, 6, 7, 12; **9**:4, 5, 5, 5, 6, 7, 7, 8, 10, 14, 20, 27; **10**:1, 2, 2, 3, 4, 7, 7, 8, 9, 10, 13, 20, 21, 21, 26, 27, 28, 32, 32, 32; **11**:2, 5, 6, 7, 9, 12, 18, 19, 19, 21, 22, 22, 23, 24, 24, 25, 26, 27, 28, 28, 29, 29, 30, 30; **12**:3, 5, 5, 6, 11, 12, 12, 13, 13, 14, 16, 23, 23, 26, 27, 28, 31; **13**:1, 2, 2, 2, 2, 3, 9, 12; **14**:3, 3, 8, 9, 10, 11, 12, 15, 15, 19, 21, 21, 23, 25, 27, 27, 28, 29, 31, 32, 34, 39, 40; **15**:1, 2, 3, 4, 4, 5, 10, 11, 14, 14, 15, 18, 21, 22, 24, 24, 24, 28[UBS], 29, 30, 32, 34, 37, 38, 40, 40, 41, 41, 42, 44, 45, 48, 48, 48, 49, 49, 50, 52, 52, 53, 54; **16**:1, 6, 9, 9, 12, 15, 16, 16, 16, 17, 17, 18, 19; **2Co 1**:1, 2, 2, 3, 3, 5, 6, 6, 7, 7, 8, 10, 10, 11, 12, 12[UBS], 13, 14, 14, 15, 16, 16, 16, 17, 18, 19, 19, 19, 20, 21, 22, 22; **2**:2, 3, 4, 7, 9, 10, 12, 14, 15, 16; **3**:2, 6, 10, 13; **4**:3, 7, 10, 11, 13, 13, 14, 14, 16, 16; **5**:2, 3, 4, 6, 8, 8, 9, 11, 12, 15, 15, 16, 18, 19; **6**:1, 2, 7, 8, 8, 8, 9, 9, 9, 10, 13, 14, 16, 16, 16, 17, 17, 18, 18, 18; **7**:1, 3, 5, 7, 8, 8, 8, 12, 14, 15, 15; **8**:2, 3, 4, 5, 5, 6, 6, 7, 7, 7, 7, 7, 8, 10, 10, 11, 11, 14, 15, 19, 19, 21, 23, 24; **9**:2, 4, 5, 5, 6, 6, 6, 10, 10, 10, 12, 13, 13, 14; **10**:1, 5, 5, 6, 7, 8, 10, 10, 11, 12, 13, 14; **11**:1, 3, 6, 9, 9, 9, 9, 12, 12, 14, 15, 27, 27, 27, 29, 29, 31, 33, 33; **12**:1, 3, 4, 7, 9, 10, 11, 12, 12, 14, 15, 18, 21, 21, 21, 21; **13**:1, 2, 2, 2, 4, 4, 9, 11, 11, 13, 13; **Gal 1**:1, 2, 3, 3, 4, 7, 8, 9, 13, 14, 15, 16, 17, 18, 21, 24; **2**:1, 2, 8, 9, 9, 9, 9, 10, 12, 13, 13[UBS], 13, 14, 15, 16, 16, 17, 20; **3**:4, 5, 6, 16, 16, 16, 17, 28; **4**:2, 3, 7, 9, 10, 10, 10, 14, 18, 20, 22, 27, 29, 30; **5**:1, 12, 15, 16, 21, 24, 25; **6**:1, 1, 2, 4, 4, 7, 16, 16, 16; **Eph 1**:1, 2, 2, 3, 4, 8, 10, 11, 13, 13, 15, 17, 19, 20, 21, 21, 21, 21, 21, 22, 22; **2**:1, 1, 3, 3, 3, 3, 5, 6, 6, 8, 12, 12, 14, 16, 17, 17, 19, 19, 20, 22; **3**:5, 6, 6, 9, 10, 12, 15, 17, 18, 18, 18, 21; **4**:2, 4, 4, 6, 6, 6, 9, 10, 11, 11, 13, 14, 16, 17, 17, 21, 24, 24, 26, 30, 31, 31, 31, 31, 32; **5**:2, 2, 2, 2, 3, 4, 4, 5, 9, 9, 11, 11, 12, 14, 14, 18, 19, 19, 19, 20, 23, 24, 25, 25, 27, 28, 29, 29, 31, 31, 31, 32, 33; **6**:2, 3, 4, 4, 5, 7, 9, 9, 9, 9, 10, 12, 13, 14, 15, 17, 17, 18, 18, 18, 19, 21, 21, 22, 23, 23; **Php 1**:1, 1, 2, 2, 7, 7, 9, 9, 9, 10, 11, 13, 14, 15, 15, 15, 18, 18, 19, 20, 20, 21, 22, 23, 25, 25, 25, 27, 28, 28, 29, 30; **2**:1, 4, 5, 7, 9, 9, 10, 10, 11, 12, 13, 13, 14, 15, 15, 17, 17, 17, 18, 18, 24, 25, 25, 25, 26, 27, 27, 29; **3**:3, 3, 4, 8, 8, 9, 10, 10, 12, 12, 15, 15, 17, 18, 19, 20, 21; **4**:1, 1, 2, 3, 3, 3, 6, 7, 7, 8, 9, 9, 9, 9, 9, 10, 12, 12, 12, 12, 12, 12, 12, 15, 15, 16, 16, 16, 18, 20; **Col 1**:1, 2, 2, 4, 6, 6, 6, 6, 8, 9, 9, 9, 10, 11, 13, 16, 16, 16, 17, 17, 18, 20, 21, 21, 22, 22, 23, 23, 24, 26, 28, 29; **2**:1, 1, 2, 3, 5, 5, 5, 7, 7, 8, 8, 10, 10, 11, 12, 13, 13, 14, 15, 16, 18, 19, 19, 19, 22, 23, 23; **3**:3, 4, 5, 7, 8, 10, 11, 11, 11, 12, 13, 13, 13, 15, 15, 15, 16, 17, 19, 23, 25; **4**:1, 1, 3, 3, 7, 7, 8, 9, 10, 11, 12, 13, 13, 14, 15, 15, 16, 16, 16, 16, 17; **1Th 1**:1, 1, 1, 1, 3, 3, 3, 5, 5, 5, 6, 6, 7, 8, 9, 9, 10; **2**:2, 8, 9, 9, 10, 10, 10, 12, 12, 12, 13, 13, 13, 14, 14, 15, 15, 15, 15, 15, 18, 18, 18, 19, 20; **3**:2, 2, 2, 4, 4, 4, 5, 6, 6, 6, 6, 7, 10, 10, 11, 11, 12, 12, 12, 13; **4**:1, 1, 1, 4, 5, 6, 6, 6, 8, 10, 11, 11, 11, 12, 13, 14, 14, 16, 16, 17; **5**:1, 3, 3, 5, 6, 7, 8, 8, 11, 11, 12, 12, 13, 15, 15, 23, 23, 23, 24, 25; **2Th 1**:1, 1, 1, 2, 2, 3, 4, 4, 5, 7, 8, 9, 10, 11, 11, 11, 12, 12; **2**:1, 3, 4, 6, 8, 8, 9, 9, 10, 11, 13, 14, 15, 16, 16, 16, 17, 17; **3**:1, 1, 2, 2, 3, 4, 4, 5, 6, 8, 8, 10, 12, 15; **1Ti 1**:1, 2, 4, 5, 5, 9, 9, 9, 9, 10, 13, 13, 14, 15, 17, 19, 20; **2**:2, 2, 2, 3, 4, 5, 5, 7, 7, 8, 9, 9, 9, 14, 15, 15; **3**:7, 7, 10, 12, 13, 15, 16; **4**:1, 3, 4, 5, 6, 7, 8, 9, 10, 11, 16, 16, 16; **5**:4, 5, 5, 5, 5, 7, 8, 8, 13, 13, 13, 16, 17, 18, 20, 21, 21, 23, 24, 25, 25; **6**:1, 2, 2, 3, 3, 4, 5, 8, 9, 9, 9, 9, 10, 12, 13, 15, 15, 16, 20; **2Ti 1**:2, 3, 5, 5, 7, 7, 9, 9, 10, 11, 11, 12, 12, 13, 15, 16, 17, 18; **2**:2, 2, 5, 10, 11, 12, 17, 17, 18, 19, 20, 20, 20, 20, 23, 26; **3**:5, 6, 7, 8, 8, 9, 11, 12, 13, 13, 14, 15, 16; **4**:1, 1, 1, 1, 2, 4, 6, 8, 10, 13, 15, 17, 17, 17, 18, 19, 19, 21, 21, 21, 21; **Tit 1**:1, 4, 4, 5, 9, 9, 10, 10[UBS], 14, 15, 15, 15, 16, 16; **2**:12, 12, 12, 13, 13, 14, 15, 15; **3**:3, 3, 3, 4, 5, 8, 8, 9, 9, 9, 9, 10, 11, 13, 14; **Phm 1**:1, 1, 2, 2, 2, 3, 3, 5, 5, 7, 9, 11, 11, 16, 16, 19, 21, 22; **Heb 1**:1, 2, 3, 5, 5, 6, 7, 7, 8, 9, 10, 10, 11, 12, 12, 12; **2**:2, 2, 4, 4, 4, 7, 9, 10, 11, 13, 13, 13, 14, 14, 15, 17; **3**:1, 2, 5, 6, 9, 10, 19; **4**:2, 4, 5, 6, 10, 12, 12, 12, 12, 12, 12, 12, 13, 13, 16; **5**:1, 2, 2, 3, 3, 4, 4, 5, 6, 7, 7, 7, 9, 11, 12, 12, 12, 14; **6**:1, 2, 3, 4, 5, 6, 6, 7, 7, 8, 8, 9, 9, 10, 10, 12, 14, 15, 16, 19, 19; **7**:1, 2, 2, 4, 5, 6, 8, 9, 9, 11, 12, 15, 18, 20, 21, 22, 23, 25, 26, 26; **8**:2, 3, 3, 5, 6, 8, 8, 10, 10, 10, 11, 11, 12, 13; **9**:1, 2, 2, 4, 4, 4, 7, 9, 10, 10, 11, 12, 13, 13, 15, 19[UBS], 19, 19, 19, 21, 21, 22, 22, 27, 28; **10**:4, 5, 6, 8, 8, 8, 11, 11, 15, 16, 17, 17, 20, 21, 22, 24, 24, 25, 27, 29, 29, 30, 33, 34, 34, 37, 38; **11**:4, 5, 6, 7, 8, 9, 10, 11, 11, 12, 12, 12, 13, 13, 13, 15, 17, 19, 19, 20, 20, 21, 22, 23, 28, 32, 32, 32, 36, 36, 38, 38, 38, 39; **12**:1, 2, 5, 8, 9, 9, 12, 13, 14, 15, 17, 18, 18, 18, 18, 19, 19, 21, 21, 22, 22, 23, 23, 23, 24, 24, 26, 28, 29; **13**:3, 4, 4, 6, 8, 8, 9, 12, 16, 17, 17, 22, 24; **Jas 1**:1, 4, 5, 5, 6, 11, 11, 11, 11, 14, 17, 21, 22, 23, 24, 24, 25, 27, 27, 27; **2**:2, 3, 3, 4, 5, 6, 11, 12, 15, 16, 17, 19, 19, 22, 23, 23, 23, 24, 25, 25, 26; **3**:2, 3, 4, 4, 5, 5, 6, 6, 6, 7, 7, 7, 9, 9, 10, 11, 13, 14, 14, 16, 16, 17; **4**:1, 2, 2, 2, 2, 3, 7, 8, 8, 9, 9, 9, 10, 11, 12, 12, 13, 13, 13, 14, 15, 15, 17; **5**:2, 3, 3, 3, 4, 5, 7, 8, 10, 11, 11, 12, 14, 15, 15, 16, 17, 17, 17, 18, 18, 18, 19, 20; **1Pe 1**:1, 2, 2, 3, 4, 4, 7, 7, 8, 10, 11, 15, 17, 19, 21, 21, 23, 24, 24; **2**:1, 1, 1, 1, 5, 6, 8, 8, 8, 11, 16, 18, 18, 20, 20, 21, 25; **3**:1, 3, 4, 5, 6, 7, 10, 10, 11, 11, 12, 13, 14, 16, 18, 19, 21, 22, 22; **4**:1, 3, 5, 6, 7, 11, 13, 14, 18, 18, 19; **5**:1, 1, 4, 12, 13; **2Pe 1**:1, 1, 2, 2, 3, 3, 4, 5, 8, 10, 11, 12, 14, 15, 16, 17, 18, 19, 19; **2**:1, 1, 1, 2, 3, 3, 5, 6, 6, 7, 8, 10, 11, 12, 12, 13, 14, 17, 20, 22; **3**:2, 2, 4, 5, 5, 7, 7, 8, 10, 10, 11, 12, 12, 13, 14, 15, 15, 16, 16, 16, 18, 18, 18, 18; **1Jn 1**:1, 2, 2, 2, 2, 2, 3, 3, 3, 3, 3, 4, 5, 5, 5, 6, 6, 7, 8, 9, 9, 10; **2**:1, 2, 2, 3, 4, 4, 6, 8, 8, 9, 10, 11, 11, 14, 14, 16, 16, 17, 17, 18, 18, 20, 20, 21, 22, 23, 24, 24, 25, 27, 27, 27, 27, 27, 28, 28, 29; **3**:1, 2, 3, 4, 4, 5, 5, 9, 10, 10, 12, 12, 13, 15, 16, 17, 17, 18, 19, 19, 20, 22, 22, 23, 23, 24, 24, 24; **4**:3, 3, 3, 4, 5, 6, 7, 7, 10, 11, 12, 13, 14, 14, 15, 16, 16, 16, 16, 17, 20, 21, 21; **5**:1, 1, 2, 3, 4, 6, 6, 6, 8, 8, 8, 11, 11, 14, 15, 16, 17, 18, 19, 20, 20, 20; **2Jn 1**:1, 1, 1, 2, 3, 3, 5, 6, 7, 9, 9, 9, 10, 10, 12, 12; **3Jn 1**:2, 3, 5, 10, 10, 10, 12, 12, 12, 13, 14; **Jude 1**:1, 2, 2, 4, 4, 7, 7, 7, 8, 11, 11, 14, 15, 15, 16, 22, 23, 24, 25, 25, 25; **Rev 1**:1, 2, 3, 3, 4, 4, 4, 4, 5, 5, 5, 6, 6, 6, 7, 7, 7, 8, 8, 8, 9, 9, 9, 9, 10, 11, 11, 11, 11, 11, 11, 11, 11, 12, 13, 13, 13, 14, 14, 15, 15, 16, 16, 16, 17, 17, 17, 18, 18, 18, 18, 18, 19, 19, 20, 20; **2**:2, 2, 2, 2, 2, 2, 3, 3, 3, 5, 5, 5, 8, 8, 8, 9, 9, 9, 10, 10, 12, 13, 13, 13, 14, 15, 16, 17, 17, 18, 18, 19, 19, 19, 19, 19, 20, 20, 20, 21, 21, 22, 23, 23, 23, 23, 26, 26, 27, 28; **3**:1, 1, 1, 2, 3, 3, 3, 3, 4, 5, 5, 5, 7, 7, 7, 7, 8, 8, 9, 9, 9, 12, 12, 12, 12, 14, 14, 16, 17, 17, 17, 17, 17, 17, 17, 18, 18, 18, 19, 19, 20, 20, 20, 20, 20, 21; **4**:1, 1, 1, 2, 2, 3, 3, 3, 4, 4, 4, 5, 5, 5, 5, 6, 6, 6, 6, 7, 7, 7, 7, 8, 8, 8, 8, 8, 8, 9, 9, 9, 10, 10, 11, 11, 11, 11, 11; **5**:1, 1, 2, 2, 3, 4, 5, 5, 6, 6, 6, 6, 7, 7, 8, 8, 8, 9, 9, 9, 9, 9, 9, 10, 10, 10, 11, 11, 11, 11, 11, 11, 12, 12, 12, 12, 12, 12, 13, 13, 13, 13, 13, 13, 13, 13, 13, 14, 14, 14; **6**:1, 1, 2, 2, 2, 2, 2, 2, 3, 4, 4, 4, 4, 5, 5, 5, 5, 6, 6, 6, 6, 7, 8, 8, 8, 8, 8, 8, 8, 8, 9, 9, 10, 10, 10, 11, 11, 11, 11, 11, 12, 12, 12, 12, 13, 14, 14, 14, 15, 15, 15, 15, 15, 15, 15, 15, 16, 16, 16, 16, 17; **7**:2, 2, 2, 4, 9, 9, 9, 9, 9, 10, 10, 11, 11, 11, 11, 11, 12, 12, 12, 12, 12, 12, 13, 13, 14, 14, 14, 14, 15, 15, 15, 17, 17; **8**:1, 2, 2, 3, 3, 3, 4, 5, 5, 5, 5, 5, 5, 6, 7, 7, 7, 7, 7, 7, 7, 8, 8, 8, 9, 9, 10, 10, 10, 10, 11, 11, 11, 12, 12, 12, 12, 12, 12, 13, 13; **9**:1, 1, 1, 2, 2, 2, 2, 3, 3, 4, 5, 5, 6, 6, 6, 6, 7, 7, 7, 8, 8, 9, 9, 10, 10, 10, 11, 13, 13, 15, 15, 15, 15, 16,

17, 17, 17, 17, 17, 17, 17, 17, 18, 18, 19, 19, 20, 20, 20, 20, 20, 20, 21; **10**:1, 1, 1, 1, 2, 2, 3, 3, 4, 4, 4, 5, 5, 6, 6, 6, 6, 6, 6, 7, 8, 8, 8, 9, 9, 9, 9, 10, 10, 10, 10, 11, 11, 11, 11; **11**:1, 1, 1, 1, 2, 2, 2, 2, 3, 3, 4, 5, 5, 5, 6, 6, 7, 7, 7, 8, 8, 8, 9, 9, 9, 9, 9, 9, 10, 10, 10, 11, 11, 11, 11, 12, 12, 12, 13, 13, 13, 13, 13, 15, 15, 15, 15, 16, 16, 17, 17, 18, 18, 18, 18, 18, 18, 18, 18, 19, 19, 19, 19, 19, 19, 19; **12**:1, 1, 1, 2, 2, 2, 3, 3, 3, 3, 4, 4, 4, 5, 5, 5, 6, 7, 7, 7, 7, 8, 9, 9, 9, 10, 10, 10, 10, 10, 11, 11, 11, 12, 12, 13, 14, 14, 14, 15, 16, 16, 16, 17, 17, 17, 18; **13**:1, 1, 1, 1, 2, 2, 2, 2, 2, 2, 3, 3, 3, 4, 4, 4, 5, 5, 5, 5, 6, 6, 7, 7, 7, 7, 7, 7, 8, 10, 11, 11, 11, 12, 12, 12, 13, 13, 14, 14, 15, 15, 15, 16, 16, 16, 16, 16, 16, 17, 18; **14**:1, 1, 1, 1, 2, 2, 2, 3, 3, 3, 3, 4, 5, 6, 6, 6, 6, 6, 7, 7, 7, 7, 7, 8, 9, 9, 9, 10, 10, 10, 10, 11, 11, 11, 11, 11, 12, 13, 14, 14, 14, 14, 15, 15, 16, 16, 17, 17, 18, 18, 18, 19, 19, 19, 20, 20; **15**:1, 1, 2, 2, 2, 2, 3, 3, 3, 3, 4, 4, 5, 5, 6, 6, 7, 8, 8, 8; **16**:1, 1, 2, 2, 2, 2, 2, 3, 3, 3, 4, 4, 4, 5, 5, 6, 6, 7, 7, 8, 8, 9, 9, 9, 10, 10, 10, 11, 11, 11, 12, 12, 13, 13, 13, 15, 15, 16, 17, 17, 18, 18, 18, 18, 19, 19, 19, 20, 20, 21, 21; **17**:1, 1, 2, 3, 3, 3, 4, 4, 4, 4, 4, 4, 5, 5, 6, 6, 6, 7, 7, 7, 8, 8, 8, 8, 8, 8, 9, 10, 11, 11, 11, 11, 11, 12, 13, 13, 14, 14, 14, 14, 14, 15, 15, 15, 15, 16, 16, 16, 16, 16, 16, 17, 17, 18; **18**:1, 2, 2, 2, 2, 2, 2[UBS], 3, 3, 4, 4, 5, 6, 6, 7, 7, 7, 7, 8, 8, 8, 9, 9, 9, 11, 11, 12, 12, 12, 12, 12, 12, 12, 12, 12, 12, 12, 12, 13, 13, 13, 13, 13, 13, 13, 13, 13, 13, 13, 13, 13, 13, 13, 14, 14, 14, 14, 15, 16, 16, 16, 16, 16, 17, 17, 17, 17, 18, 19, 19, 19, 20, 20, 20, 21, 21, 21, 22, 22, 22, 22, 22, 22, 23, 23, 23, 24, 24, 24; **19**:1, 1, 2, 2, 3, 3, 4, 4, 4, 5, 5, 5, 6, 6, 6, 7, 7, 7, 8, 9, 9, 10, 10, 10, 11, 11, 11, 11, 11, 11, 12, 13, 13, 14, 15, 15, 15, 16, 16, 16, 17, 17, 18, 18, 18, 18, 18, 18, 18, 18, 19, 19, 19, 19, 20, 20, 20, 21, 21; **20**:1, 1, 2, 2, 2, 3, 3, 3, 4, 4, 4, 4, 4, 4, 4, 4, 4, 4, 6, 6, 6, 7, 8, 8, 9, 9, 9, 9, 9, 10, 10, 10, 10, 10, 10, 11, 11, 11, 11, 12, 12, 12, 12, 12, 13, 13, 13, 13, 14, 14, 15; **21**:1, 1, 1, 1, 2, 3, 3, 3, 3, 4, 4, 5, 5, 5, 6, 6, 6, 7, 7, 8, 8, 8, 8, 8, 8, 8, 8, 9, 9, 10, 10, 10, 12, 12, 12, 13, 13, 13, 14, 14, 15, 15, 15, 16, 16, 16, 16, 16, 16, 17, 18, 18, 21, 21, 22, 22, 23, 23, 24, 24, 25, 26, 26, 27, 27, 27; **22**:1, 1, 2, 2, 2, 3, 3, 3, 3, 4, 4, 5, 5, 5, 5, 6, 6, 6, 7, 8, 8, 8, 9, 9, 9, 10, 11, 11, 11, 12, 13, 13, 13, 14, 15, 15, 15, 15, 15, 15, 16, 17, 17, 17, 17, 19, 19

3590 μή [1041 / 1040]

Mt 1:19, 20; **2**:12; **3**:9, 10; **5**:13, 17, 18, 20, 26, 29, 30, 34, 39, 42; **6**:1, 2, 3, 7, 8, 13, 15, 16, 18, 19, 25, 31, 34; **7**:1, 6, 9, 10, 19, 26; **8**:28; **9**:15, 17, 36; **10**:5, 9, 10, 13, 14, 19, 23, 26, 28, 31, 34, 42; **11**:6, 23, 27; **12**:4, 16, 24, 29, 30, 39; **13**:5, 6, 14, 19, 57; **14**:17, 27; **15**:6, 24; **16**:4, 22, 28; **17**:7, 8, 27; **18**:3, 10, 13, 16, 25, 35; **19**:6, 9, 14; **21**:19, 21; **22**:12, 23, 24, 25, 29; **23**:3, 8, 9, 23, 39; **24**:2, 4, 6, 17, 18, 20, 21, 22, 23, 26, 34, 35, 36; **25**:9, 29; **26**:5, 29, 35, 41, 42; **28**:5, 10; **Mk 2**:4, 7, 19, 21, 22, 26; **3**:9, 12, 20, 27; **4**:5, 6, 12, 22; **5**:7, 10, 36, 37; **6**:4, 5, 8, 9, 11, 34, 50; **7**:3, 4; **8**:1, 14; **9**:1, 9, 29, 39, 41; **10**:9, 14, 15, 18, 19, 30; **11**:13, 23; **12**:14, 18, 19, 21, 24; **13**:2, 5, 7, 11, 15, 16, 18, 19, 20, 21, 30, 31, 32, 36; **14**:2, 25, 31, 38; **16**:6, 18; **Lk 1**:13, 15, 20, 30; **2**:10, 26, 45; **3**:8, 9, 11; **4**:26, 27, 42; **5**:10, 19, 21, 34, 36, 37; **6**:4, 29, 30, 37, 49; **7**:6, 13, 23, 30, 33, 42; **8**:6, 10, 12, 17, 18, 28, 31, 50, 51, 52; **9**:5, 27, 33, 45, 50; **10**:4, 6, 7, 10, 15, 19, 20, 22; **11**:4, 7, 23, 24, 29, 35, 36, 42; **12**:4, 7, 11, 21, 22, 29, 32, 33, 47, 48, 59; **13**:3, 5, 9, 11, 14, 35; **14**:8, 12, 29, 32; **16**:26, 28; **17**:1, 9, 18, 23, 31; **18**:1, 2, 5, 7, 16, 17, 19, 20, 30; **19**:26, 27; **20**:7, 16, 27; **21**:8, 9, 14, 18, 21, 32, 33; **22**:16, 18, 32, 35, 36, 40, 42, 46, 67, 68; **23**: 28; **24**:16, 23; **Jn 2**:16; **3**:2, 3, 4, 5, 7, 13, 16, 18, 20, 27; **4**:12, 14, 15, 33, 48; **5**:14, 19, 23, 28, 45; **6**:12, 20, 22, 27, 35, 37, 39, 43, 44, 46, 50, 53, 64, 65, 67; **7**:15, 23, 24, 31, 35, 41, 47, 48, 49, 51, 52; **8**:12, 24, 51, 52, 53; **9**:27, 33, 39, 40; **10**:1, 5, 10, 21, 28, 37, 38; **11**:26, 37, 50, 56; **12**:15, 24, 35, 40, 42, 46, 47, 48; **13**:8, 9, 10, 38; **14**:1, 2, 6, 11, 24, 27; **15**:2, 4, 6, 22, 24; **16**:1, 7; **17**:12; **18**:11, 17, 25, 28, 30, 36, 40; **19**:11, 15, 21, 24, 31; **20**:17, 25, 27, 29; **21**:5; **Ac 1**:4, 20; **2**:25; **3**:23; **4**: 17, 18, 20; **5**:7, 26, 28, 40; **7**:19, 28, 42, 60; **8**:31; **9**:9, 26, 38; **10**:15, 47; **11**:9, 19; **12**:19; **13**:11, 40, 41; **14**:18; **15**:1, 19, 38; **17**:6; **18**:9; **19**:31; **20**:10, 16, 20, 22, 27, 29; **21**:4, 12, 14, 21, 34; **23**:8, 10, 21; **24**:4; **25**:24, 27; **26**:32; **27**:7, 15, 17, 21, 24, 29, 31, 42; **28**:26; **Ro 1**:28; **2**:14, 21, 22; **3**:3, 4, 5, 6, 8, 31; **4**:5, 8, 17, 19; **5**:13, 14; **6**:2, 12, 15; **7**:3, 7, 13; **8**:4; **9**:14, 20, 29, 30; **10**:6, 15, 18, 19, 20; **11**:1, 8, 10, 11, 15, 18, 20, 21[UBS], 23, 25; **12**:2, 3, 11, 14, 16, 19, 21; **13**:1, 3, 8, 13, 14; **14**:1, 3, 6, 13, 14, 15, 16, 20, 21, 22; **15**:1, 20; **1Co 1**:7, 10, 13, 14, 15, 17, 28, 29; **2**:2, 5, 11; **4**:5, 6, 7, 18; **5**:8, 9, 11; **6**:9, 15; **7**:1, 5, 10, 11, 12, 13, 17, 18, 21, 23, 27, 29, 30, 31, 37, 38; **8**:4, 8, 9, 13; **9**:4, 5, 6, 8, 9, 12, 16, 18, 20, 21, 27; **10**:6, 12, 13, 22, 28, 33; **11**:22, 29, 32, 34; **12**:3, 25, 29, 30; **13**:1, 2, 3; **14**:5, 6, 7, 9, 11, 20, 28, 39; **15**:2, 33, 34, 36; **16**:2, 11; **2Co 1**:9; **2**:1, 2, 3, 5, 7, 11, 13; **3**:1, 7, 13, 14; **4**:2, 4, 7, 18; **5**:12, 19, 21; **6**:1, 3, 9, 14, 17; **8**:20; **9**:3, 4, 5, 7; **10**:2, 9, 14; **11**:3, 16; **12**:5, 6, 7, 13, 17, 20, 21; **13**:7, 10; **Gal 1**:7, 19; **2**:2, 16, 17; **3**:21; **4**:8, 11, 18, 30; **5**:1, 7, 13, 15, 16, 17, 26; **6**:1, 7, 9, 12, 14; **Eph 2**:9, 12; **3**:13; **4**:9, 26, 29, 30; **5**:7, 11, 15, 17, 18, 27; **6**:4, 6; **Php 1**:28; **2**:4, 12, 27; **3**:9; **4**:15; **Col 1**:23; **2**:8, 16, 21; **3**:2, 9, 19, 21, 22; **1Th 1**:8; **2**:9, 15; **3**:5; **4**:5, 6, 13, 15; **5**:3, 6, 15, 19, 20; **2Th 1**:8; **2**:2, 3, 12; **3**:6, 8, 13, 14, 15; **1Ti 1**:3, 7, 20; **2**:9; **3**:3, 6, 7, 8, 11; **4**:14; **5**:1, 9, 13, 16, 19; **6**:1, 2, 3, 17; **2Ti 1**:8; **2**:5, 14; **4**:16; **Tit 1**:6, 7, 11, 14; **2**:3, 5, 9, 10; **3**:14; **Phm 1**:14, 19; **Heb 3**:8, 13, 15, 18; **4**:2, 7, 11, 15; **6**:1, 12; **7**:6; **8**:11, 12; **9**:9; **10**:17, 25, 35; **11**:3, 5, 8, 13, 27, 28, 40; **12**:3, 5, 13, 15, 16, 19, 25, 27; **13**:2, 5, 9, 16, 17; **Jas 1**:5, 7, 16, 22, 26; **2**:1, 11, 13, 14, 16, 17; **3**:1, 12, 14; **4**:2, 11, 17; **5**:9, 12, 17; **1Pe 1**:8, 14; **2**:6, 16; **3**:6, 7, 9, 10, 14; **4**:4, 12, 15, 16; **5**:2; **2Pe 1**:9, 10; **2**:21; **3**:8, 9, 17; **1Jn 2**:1, 4, 15, 22, 28; **3**:10, 13, 14, 18, 21; **4**:1, 3, 8, 20; **5**:5, 10, 12, 16; **2Jn 1**:7, 8, 9, 10; **3Jn 1**:10, 11; **Jude 1**:5, 6, 19; **Rev 1**:17; **2**:5, 11, 16, 17, 22; **3**:3, 5, 12, 18; **5**:5; **6**:6; **7**:1, 3, 16; **8**:12; **9**:4, 5, 6, 20; **10**:4; **11**:2, 6; **13**:15, 17; **14**:3; **15**:4; **16**:15; **18**:4, 7, 14, 21, 22, 23; **19**:10, 12; **20**:3; **21**:25, 27; **22**:9, 10

3836 ὁ [19862 / 19863]

αἱ [149 / 148]

Mt 1:17; **8**:20; **9**:2, 5; **10**:16, 30; **11**:20, 21, 21, 23, 23; **13**:7, 54, 56; **14**:2; **21**:31, 32; **24**:22, 22, 29, 30, 37; **25**:3, 4, 7, 8, 8, 9, 10, 11; **26**:54, 56; **27**:51; **28**:9; **Mk 2**:5, 9; **3**:28, 32[UBS]; **4**:7, 19, 19; **6**:2, 3, 14; **7**:35; **13**:19, 25, 25; **14**:49, 56; **15**:41; **Lk 1**:23, 48; **2**:6, 22; **3**:5; **5**:20, 23; **7**:47, 47, 48; **8**:7; **9**:58; **10**:13, 13; **12**:7, 35; **21**:26, 34; **23**:23, 29, 29, 49, 55; **24**:10, 24; **Jn 5**:39; **11**:3; **Ac 2**:17; **3**:7, 25; **6**:1; **9**:39; **10**:4, 4, 31; **12**:3, 7; **16**:5, 26; **20**:34; **21**:27, 30; **27**:37; **Ro 1**:26; **4**:7, 7; **9**:4, 4; **11**:33; **13**:1; **16**:4, 16; **1Co 11**:16; **14**:22, 34; **16**:19; **2Co 10**:10; **Gal 3**:16; **Eph 5**:16, 22, 24; **Col 2**:2; **3**:18; **1Ti 5**:24; **Heb 9**:4; **Jas 5**:4; **1Pe 3**:1, 5, 5; **1Jn 1**:1; **2**:12; **5**:3; **Jude 1**:7; **Rev 1**:7, 14, 20, 20; **2**:23; **5**:8; **9**:17, 19; **10**:3, 4, 4; **11**:4, 4, 4; **12**:14; **14**:3, 18; **15**:3, 8; **16**:7, 19; **17**:9; **18**:5, 8; **19**:2

ἡ [982 / 983]

Mt 1:18, 23; **3**:2, 4, 5, 5, 10; **4**:17, 24; **5**:3, 10, 18, 20, 30; **6**:3, 3, 4, 10, 21, 25, 34, 34; **7**:4, 13, 13, 13, 14, 14, 14, 25, 27, 27; **8**:3, 27, 32, 34; **9**:18, 22, 22, 26; **10**:7, 13, 13, 13; **11**:12, 19; **12**:13, 18, 26, 28, 31, 46, 47, 48, 49; **13**:14, 14, 15, 22, 22, 24, 31, 33, 44, 45, 47, 54, 55; **14**:6, 8, 11, 15; **15**:8, 22, 25, 27, 28, 28; **18**:8, 23; **19**:10, 14; **20**:1, 20; **21**:10, 19, 20, 43; **22**:2, 20, 20, 27, 38; **23**:37; **24**:12, 20, 27, 27, 29, 34, 35, 37, 39; **25**:1, 10; **26**:8, 38, 41, 45, 73; **27**:19, 51, 56, 56, 56, 61, 61, 64; **28**:1, 1, 3; **Mk 1**:5, 15, 28, 30, 33, 42; **3**:5, 24, 25, 31, 32, 33, 34; **4**:19, 26, 28, 41; **5**:13, 29, 33, 34, 35; **6**:2, 2, 19, 24, 52; **7**:6, 26, 28; **8**:12; **9**:43; **10**:14, 52; **11**:10, 21; **12**:7, 16, 16, 22, 43, 43; **13**:24, 30, 31; **14**:4, 34, 35, 38, 41, 59, 69; **15**:26, 40, 40, 47, 47, 47; **16**:1, 1; **Lk 1**:7, 13, 13, 18, 24, 29, 36, 38, 41, 41, 43, 44, 45, 46, 60, 64; **2**:19, 33, 48, 51; **3**:9; **4**:21, 29; **5**:13; **6**:6, 6, 10, 20; **7**:35, 39, 50; **8**:2, 9, 11, 19, 20, 25, 33, 44, 47, 48, 49, 54; **9**:12; **10**:6, 9, 11, 40, 40; **11**:2, 7, 18, 20, 27, 27, 29, 49; **12**:15, 16, 23, 34; **13**:18, 34; **16**:16; **17**:19, 20, 20, 21, 24, 35, 35; **18**:16, 42; **19**:11, 16, 18, 20; **20**:14, 32, 33; **21**:3, 3, 20, 28, 31, 32, 33, 34; **22**:1, 1, 7, 14, 18, 20, 21, 32, 53, 53; **24**:10, 10, 29, 32; **Jn 1**:4, 5, 17, 17, 19; **2**:1, 3, 4, 5, 12; **3**:19, 29, 29, 36; **4**:9, 9, 11, 15, 17, 19, 22, 25, 28, 53; **5**:2, 30, 30, 31, 32; **6**:4, 18, 51, 55, 63; **7**:2, 2, 16, 30, 38, 42; **8**:4, 9, 11, 13, 14, 16, 16, 17, 20, 32, 54; **9**:41; **10**:7, 9, 35; **11**:2, 4, 18, 20, 21, 24, 25, 25, 30, 32, 39, 44; **12**:2, 3, 3, 23, 27, 30, 50; **13**:1, 18; **14**:1, 6, 6, 6, 27; **15**:1, 1, 5, 11, 11, 11, 12, 12; **16**:4, 6, 20, 21, 21, 22, 24; **17**:1, 3, 12, 26; **18**:12, 17, 17, 36, 36, 36, 36, 36, 36; **19**:24, 24, 25, 25, 25, 25, 27, 28, 31, 35, 36; **20**:1, 18; **21**:24; **Ac 1**:20; **2**:20, 26, 26, 26, 31, 39; **3**:16, 16; **4**:12, 28, 28; **5**:7, 8, 15, 17, 38; **7**:21, 44, 49, 50; **8**:10, 10, 14, 21, 22, 32, 33, 33; **9**:24, 31, 39, 40; **10**:21, 31, 45; **12**:15; **13**:44; **16**:19; **17**:19, 19; **18**:7; **19**:25, 27, 27, 28, 29, 32, 34; **20**:10; **21**:11, 26, 30; **26**:30; **27**:41, 41; **28**:1, 4, 27; **Ro 1**:8, 20, 21; **2**:25, 26, 26, 27, 28; **3**:1, 3, 5, 7, 27; **4**:3, 5, 9, 13, 14, 14; **5**:3, 4, 4, 5, 5, 12, 15, 15, 20, 20, 21, 21; **6**:1, 12; **7**:2, 8, 9, 10, 10, 11, 12, 13, 13, 17, 20; **8**:19, 20, 21, 22; **9**:4, 4, 4, 4, 11, 17, 27; **10**:1, 1, 6, 11, 17, 17; **11**:2, 6, 7, 9, 11, 15, 15, 16, 16, 18, 27, 29, 36; **12**:9; **13**:10, 10, 11, 12, 12; **14**:17; **15**:12, 16, 31, 31; **16**:19, 20, 27; **1Co 2**:5; **3**:13, 19; **4**:20; **6**:13; **7**:3, 4, 4, 14, 14, 15, 19, 19, 28, 34, 34, 34, 34; **8**:1, 1, 7, 7, 9, 10; **9**:2, 3; **10**:4, 26, 29; **11**:3, 7, 10, 12, 14, 15, 25; **12**:7, 17, 17, 21; **13**:4, 4, 4, 8, 13; **14**:5, 22, 23; **15**:10, 10, 10, 10, 14, 17, 39, 40, 40, 42, 50, 56, 56; **16**:23, 24; **2Co 1**:5, 7, 12; **2**:3, 6, 6; **3**:2, 5, 7, 8, 9; **4**:7, 10, 11, 12, 15; **5**:1, 14; **6**:3, 11; **7**:5, 8, 10, 10, 14, 14; **8**:2, 2, 11, 12; **9**:9, 12; **10**:6, 10; **11**:10, 28, 28, 28; **12**:9, 9, 9; **13**:13, 13, 13; **Gal 1**:5; **2**:5; **3**:8, 14, 18, 21, 22, 22; **4**:26, 27, 27, 30; **5**:8, 17; **6**:18; **Eph 1**:18; **2**:14, 21[NIV]; **3**:8, 9, 10, 21; **4**:7, 15; **5**:6, 24, 33; **6**:12, 24; **Php 1**:9; **3**:3, 19, 19; **4**:7, 7, 20, 23; **Col 1**:18, 24, 27; **2**:10; **3**:3, 4, 6, 15; **4**:16, 18; **1Th 1**:8, 8; **2**:3, 16, 20, 20; **5**:3, 4, 23, 28; **2Th 1**:3, 3; **2**:2, 3, 9; **3**:2, 18; **1Ti 1**:14; **2**:14; **4**:8, 8, 15; **5**:5, 6, 16, 18; **6**:1, 6, 10, 21; **2Ti 3**:9, 9; **4**:18, 22; **Tit 1**:13, 15; **2**:11; **3**:4, 4, 15; **Phm 1**:6, 25; **Heb 1**:8; **5**:14; **6**:7; **8**:7, 10; **9**:1, 2, 2, 2, 2, 3, 4, 4, 18; **10**:16, 38; **11**:12, 12, 12, 31; **12**:26; **13**:1, 4, 21, 25; **Jas 1**:4, 11, 15, 15, 26; **2**:13, 14, 17, 20, 22, 22, 23, 23, 25, 26; **3**:4, 5, 6, 6, 6, 11, 15, 17; **4**:4, 5, 9, 14, 14; **5**:8, 15, 18; **1Pe 2**:7; **3**:20; **4**:11; **5**:13; **2Pe 1**:11, 14; **2**:2, 3; **3**:4, 7, 18; **1Jn 1**:2, 3, 3, 4, 5, 8; **2**:4, 5, 7, 7, 8, 11, 15, 16, 16, 16, 17, 25; **3**:4, 4, 11, 17, 20, 21, 23; **4**:7, 9, 10, 12, 17, 18; **5**:3, 4, 4, 4, 6, 9, 9, 11, 11, 14; **2Jn 1**:6, 6, 12; **3Jn 1**:2, 12; **Rev 1**:6, 14, 15, 16; **2**:20; **3**:12, 14, 18; **4**:1, 1; **5**:5, 13, 13, 13; **6**:12, 17, 17; **7**:10, 12, 12, 12, 12, 12, 12, 12; **8**:12, 12; **9**:1, 9, 10, 12, 12, 19; **10**:1, 8, 10; **11**:14, 14, 14, 14, 15, 18, 19; **12**:1, 4, 6, 10, 10, 10, 10, 16, 16; **13**:3, 3, 10, 10, 12, 15, 18; **14**:2, 7, 8, 12, 15, 16, 20; **16**:10, 12, 19, 19, 19, 21; **17**:4, 5, 5, 9, 15, 18, 18, 18, 18; **18**:1, 2, 10, 10, 10, 10, 10, 14, 16, 16, 16, 19, 19, 21; **19**:1, 1, 1, 7, 10; **20**:5, 5, 8, 11, 13, 14; **21**:1, 1, 3, 6, 16, 18, 18, 21, 23, 23; **22**:13, 14, 16, 17, 21

ὁ [2938 / 2943]

Mt 1:16, 19, 23, 24, 24; **2**:2, 3, 4, 9, 14, 21; **3**:1, 3, 4, 9, 11, 13, 14, 15, 16, 17, 17; **4**:1, 3, 4, 4, 5, 7, 8, 10, 11, 16, 16, 17; **5**:12, 18, 22, 23, 25, 25, 28, 29, 29, 32, 37, 48, 48; **6**:4, 4, 6, 6, 8, 9, 14, 14, 15, 18, 18, 21, 22, 22, 22, 23, 26, 26, 30, 32, 32; **7**:8, 8, 9, 11, 11, 12, 21, 21, 26, 28; **8**:4, 6, 8, 8, 10, 12, 12, 13, 13, 14, 15, 18, 20, 20, 22; **9**:1[NIV], 2,

οἱ [1116 / 1117]

18:11, 15, 24, 26, 39; **19**:14, 32, 33, 34, 40, 43, 47, 47, 47; **20**:1, 1, 5, 10, 11, 12, 14, 17, 19, 19, 24, 27, 31, 33, 34, 35, 37; **21**:15, 21, 21, 21, 33; **22**:2, 2, 9, 14, 25, 25, 28, 35, 38, 39, 49, 63, 63, 71; **23**:5, 10, 10, 21, 23, 35, 36, 48, 49; **24**:16, 17, 19, 20, 20, 25, 31, 42, 44; **Jn 1**:11, 19, 37, 38, 45; **2**:2, 8, 9, 9, 11, 12, 12, 17, 18, 20, 22; **3**:19, 22; **4**:1, 2, 8, 12, 20, 23, 27, 31, 33, 40, 45, 51; **5**:10, 16, 18, 25, 25, 28, 29, 29; **6**:10, 14, 16, 22, 24, 31, 41, 49, 52, 58, 61, 64; **7**:1, 3, 3, 5, 10, 11, 12, 15, 26, 32, 32, 32, 35, 39, 41, 45, 46, 47; **8**:3, 3, 9, 13, 22, 48, 52, 52, 53, 57; **9**:2, 2, 3, 8, 8, 10, 15, 18, 20, 22, 22, 23, 39, 39, 40; **10**:24, 31, 33; **11**:8, 8, 12, 31, 31, 36, 45, 47, 47, 48, 57, 57; **12**:10, 16, 19; **13**:22; **16**:29; **18**:1, 7, 12, 18, 18, 20, 31, 35, 36, 36; **19**:2, 6, 6, 7, 12, 15, 21, 23, 24, 31, 32; **20**:4, 10, 19, 20, 25, 26, 29; **21**:2, 4, 8; **Ac 1**:6; **2**:7, 9, 10, 14, 17, 17, 17, 41, 44; **3**:17, 24, 25; **4**:1, 1, 21, 23, 23, 24, 26, 26, 33; **5**:6, 9, 10, 17, 21, 22, 24, 25, 29, 33, 41; **6**:2, 15; **7**:9, 11, 15, 25, 39, 45, 51, 52, 58; **8**:4, 6, 14, 25; **9**:7, 7, 21, 23, 25, 29, 30, 35, 38; **10**:17, 17, 22, 43, 45; **11**:1, 1, 1, 2, 12, 19; **12**:15, 15; **13**:13, 15, 16, 26, 27, 27, 41, 45, 50, 51, 52; **14**:2, 4, 4, 11, 11, 14; **15**:3, 6, 6, 10, 15, 17, 23, 23, 30; **16**:17, 19, 20, 22, 25, 31, 33, 35, 36, 38; **17**:5, 6, 10, 13, 14, 15, 18, 21, 32, 32; **18**:12, 27; **19**:2, 3, 7, 26, 30, 32, 38; **21**:11, 12, 17, 18, 20, 27, 32; **22**:9, 29; **23**:4, 12, 13, 20, 31, 35; **24**:9; **25**:2, 2, 5, 7, 15, 15, 18, 24; **26**:4, 22, 30; **27**:12, 27, 32; **28**:2, 4, 6, 9, 9, 15, 21, 24, 24; **Ro 1**:27, 32; **2**:13, 13; **3**:15; **4**:14; **5**:15, 17, 19, 19; **8**:5, 5, 8; **9**:5, 6; **10**:15; **11**:7, 10, 16, 24; **12**:5; **13**:2, 3; **15**:1, 3, 11; **16**:18, 21; **1Co 6**:2, 16; **7**:28, 29, 30, 30, 30, 31; **9**:5, 5, 13, 13, 24; **10**:1, 17, 17, 18; **11**:19; **14**:29; **15**:6, 18, 23, 29, 35, 48, 48, 52; **16**:20; **2Co 2**:17; **4**:11; **5**:4, 14, 15; **11**:9, 13, 15; **12**:14; **13**:12; **Gal 1**:2, 7; **2**:6, 9, 13; **3**:7, 9; **4**:21; **5**:12, 21, 24; **6**:1, 13; **Eph 2**:3, 11, 18; **4**:13; **5**:25, 28, 31, 33; **6**:4, 5, 9; **Php 1**:16, 17; **2**:21; **3**:3, 19; **4**:21, 22, 22; **Col 2**:3; **3**:19, 21, 22; **4**:1, 11; **1Th 4**:13, 13, 15, 15, 16, 17, 17; **5**:6, 7, 7; **2Th 2**:12; **1Ti 3**:13; **5**:17, 17, 20; **6**:2, 2, 9; **2Ti 1**:15; **3**:2, 6, 12; **4**:21; **Tit 1**:10; **3**:8, 14, 15; **Phm 1**:24; **Heb 1**:10; **2**:11; **3**:9, 16; **4**:3, 6; **6**:18; **7**:5, 20, 23, 27; **9**:6, 15; **10**:13; **11**:2, 14, 29; **12**:10, 19, 25; **13**:9, 10, 24; **Jas 2**:6; **4**:13; **5**:1; **1Pe 1**:10; **2**:7, 10, 18; **3**:7, 16; **4**:19; **2Pe 3**:4, 7, 10, 16; **1Jn 5**:7, 8; **2Jn 1**:1, 7; **3Jn 1**:15; **Jude 1**:4, 12, 19; **Rev 1**:3, 14, 15, 20; **2**:18; **4**:10; **5**:8, 14; **6**:11, 11, 11, 13, 15, 15, 15, 15, 15; **7**:11, 13, 14; **8**:6, 6; **9**:3, 6, 8, 15, 15, 20; **10**:1; **11**:10, 10, 12, 13, 16, 16; **12**:7, 7, 9, 12, 12; **13**:2, 8; **14**:3, 4, 11, 12, 13, 13; **15**:6, 6; **16**:9, 21; **17**:2, 2, 8, 10, 14, 17; **18**:3, 3, 9, 9, 11, 15, 15, 19, 20, 20, 20, 23, 23; **19**:4, 4, 5, 5, 5, 5, 9, 9, 12, 20, 21; **20**:5, 12; **21**:5, 19, 21, 24, 25, 27; **22**:3, 6, 14, 15, 15, 15, 15, 15, 15

τά [836 / 837]

Mt 2:18, 22; **3**:11; **4**:20, 21; **5**:16; **6**:12, 14, 15[NIV], 15, 16, 26, 28, 32; **8**:16, 20, 33; **9**:34; **10**:2, 6, 6; **11**:2, 8; **12**:24, 27, 28, 29, 45; **13**:4, 5, 11, 16, 20, 26, 29, 30, 32, 38, 40, 41, 48, 48; **14**:28, 29; **15**:18, 20, 21, 24, 24, 27, 39; **16**:3, 13, 23, 23; **17**:2, 24, 24; **18**:3, 7, 12, 12, 25, 31, 31; **19**:1, 14, 21; **21**:7, 8, 15; **22**:4, 7, 21, 21; **23**:3, 5, 5, 5, 23, 29, 37, 37; **24**:16, 17, 32; **25**:14, 16, 17, 20, 22, 27, 28, 32, 32, 33, 33; **26**:31, 65; **27**:3, 5, 6, 9, 25, 31, 35, 52, 54; **28**:11, 15, 19; **Mk 1**:18, 19, 34, 39; **2**:2; **3**:11, 11, 15, 22, 27, 28; **4**:4, 11, 16, 19, 32, 37; **5**:13, 13, 26; **7**:15, 15, 19, 23, 24, 27, 28, 33; **8**:10, 23, 33, 33; **9**:3; **10**:1, 14, 23, 32; **11**:7, 8, 25; **12**:17, 17; **13**:10, 14, 16, 28; **14**:1, 27; **15**:19, 20, 24; **16**:S[UBS]; **Lk 1**:44, 65; **2**:19, 39, 51; **3**:5; **5**:2, 4, 5, 6, 7, 11; **6**:23, 26, 30, 34; **7**:1; **8**:5, 10, 29, 33, 35, 38; **9**:1, 7, 44, 58, 62; **10**:7, 8, 17, 20, 20, 34; **11**:7, 15, 17, 18, 19, 20, 21, 22, 26, 41, 44, 44, 47; **12**:18, 27, 30, 33; **13**:19, 34; **14**:26, 32; **15**:4, 31; **16**:1, 6, 7, 21, 25, 25; **17**:1, 9, 10, 30, 31, 31; **18**:15, 16, 24, 27, 28, 31, 34; **19**:8, 35, 36, 42, 44; **20**:25, 25; **21**:1, 4, 21, 22, 24, 29, 36; **22**:41; **23**:28, 34, 48, 48; **24**:5, 11, 12, 18, 19, 27, 35, 44, 47; **Jn 1**:11; **2**:15, 23; **3**:2, 12, 12, 19, 20, 21, 34; **4**:12; **5**:29, 29, 36, 36; **6**:2, 12, 24, 28, 63, 66; **7**:3, 7; **8**:20, 29, 39, 41, 47; **9**:3, 4; **10**:3, 3, 4, 4, 8, 12, 12, 14, 14, 21, 22, 25, 27, 27, 37; **11**:52, 52; **12**:6, 13, 48; **13**:4, 12; **14**:10, 10, 11, 12; **15**:5, 7, 24; **16**:13, 32; **17**:8, 10, 10; **18**:4, 6; **19**:23, 24, 27, 31, 31, 32, 33; **20**:5, 6, 14; **21**:6, 15, 16, 17, 25; **Ac 1**:3, 18; **2**:10, 11, 14, 45; **3**:7; **4**:24, 29; **5**:20, 38; **6**:14; **7**:19, 57, 58, 60; **8**:6; **9**:40; **10**:12, 33, 44, 45; **11**:1, 6, 6, 6, 6, 22; **12**:8; **13**:22, 29, 34, 34, 42, 46, 48; **14**:14, 15, 16; **15**:7, 16, 17, 27; **16**:4, 4, 22, 26, 26, 38; **17**:23, 24, 25, 30; **18**:6, 6, 25; **19**:1, 8, 12, 12, 13, 13, 19, 25; **20**:2, 22, 32, 36; **21**:5, 6, 21, 21; **22**:20, 23; **23**:8, 11, 15, 30; **24**:10, 22, 22; **25**:14; **26**:24; **27**:22, 32; **28**:10, 15, 31; **Ro 1**:20, 24, 28, 32; **2**:1, 2, 3, 6, 14, 14, 16, 18, 22, 26; **3**:2, 8, 8, 13; **4**:17, 25; **6**:13, 13, 19, 19, 23; **7**:5, 5; **8**:5, 5, 11, 18, 32; **9**:8, 8, 30; **10**:15, 18, 18; **11**:3, 29, 33, 36; **12**:1, 4, 16; **13**:12, 12; **14**:19, 19; **15**:1, 9, 11, 16, 17, 22, 27; **16**:17, 26; **1Co 1**:27, 27, 27, 28, 28, 28, 28; **2**:10, 11, 11, 12, 14, 15; **4**:5; **6**:13, 15, 15; **7**:14, 32, 33, 34, 34; **8**:6, 6, 10; **9**:11, 11, 13, 13; **10**:11, 20[NIV]; **11**:12, 34; **12**:2, 2, 6, 12, 18, 19, 22, 23, 24, 25, 26, 26, 31, 31; **13**:2, 3, 5, 11, 13; **14**:1, 7, 25; **15**:27, 28, 28, 28; **2Co 1**:5; **2**:11; **3**:14; **4**:2, 4, 15, 18, 18, 18, 18; **5**:10, 17, 18, 19; **7**:15; **9**:10, 12; **10**:4, 7, 13, 15, 16, 16; **11**:3, 15, 30; **12**:12, 14, 14, 19; **Gal 1**:21; **2**:8, 9, 14; **3**:8, 8, 14, 22; **4**:3, 9, 27; **5**:19, 21, 21; **6**:2, 17; **Eph 1**:10, 10, 10, 11, 23; **2**:3, 11, 14; **3**:6, 9, 14; **4**:9, 10, 15, 17; **5**:12, 13, 28; **6**:1, 4, 9, 12, 16, 16, 21, 22; **Php 1**:10, 12, 27; **2**:4, 4, 19, 20, 21, 21, 23; **3**:1, 8, 13, 19, 21; **4**:3, 6, 7, 18; **Col 1**:16, 16, 16, 16, 17, 20, 20, 20, 24; **2**:8, 13, 22; **3**:1, 2, 2, 5, 5, 8, 11, 20, 21; **4**:7, 8, 9; **1Th 2**:7, 14; **3**:10; **4**:5, 5, 11; **1Ti 5**:13, 25, 25, 25; **6**:13; **2Ti 1**:9; **3**:15, 15; **4**:13, 14, 17; **Tit 1**:5; **Phm 1**:7, 12, 20; **Heb 1**:3, 12; **2**:8, 8, 10, 10, 13, 14, 17; **3**:9, 17; **5**:1, 12, 14; **6**:9; **8**:4; **9**:12, 21, 23, 23, 25; **11**:12, 28, 30; **12**:12, 16, 27; **13**:11, 11; **Jas 2**:16, 19; **3**:3, 4, 13; **5**:2, 4; **1Pe 1**:11; **5**:9; **2Pe 1**:3, 4; **2**:20, 20; **3**:10; **1Jn 2**:15; **3**:8, 10, 10, 12, 12, 17, 22; **4**:1; **5**:2, 15; **2Jn 1**:13; **3Jn 1**:4, 10; **Jude 1**:10; **Rev 1**:3; **2**:2, 5, 6, 19, 19, 19, 23, 23, 24, 26, 27, 27; **3**:1, 1, 2, 2, 4, 8, 15; **4**:5, 8, 9, 11; **5**:6, 8, 13, 14; **6**:15; **7**:3, 11; **8**:9; **9**:7, 7, 20, 20, 20, 20, 20, 20, 20, 20; **10**:6, 6, 6; **11**:9, 16, 18; **12**:5; **13**:14; **14**:8, 13; **15**:3, 4, 4, 6; **16**:3, 15; **17**:4, 7, 12, 15, 16; **18**:3, 5, 6, 6, 14, 14, 19, 23; **19**:4, 8, 14, 14, 15, 19, 20, 21; **20**:3, 3, 5, 6, 7, 8, 8, 12, 13; **21**:4, 12, 24; **22**:2

ταῖς [203]

Mt 3:1; **4**:23; **6**:2, 2, 5, 5; **9**:4, 35; **10**:17; **11**:1, 16, 29; **12**:19; **21**:42; **22**:40; **23**:6, 7, 30, 34; **24**:19, 19, 19, 38, 38; **25**:8; **28**:5; **Mk 1**:9; **2**:6, 8; **6**:56; **8**:1; **12**:38, 39; **13**:17, 17, 17, 24; **16**:18; **Lk 1**:5, 6, 7, 18, 39, 75, 80; **2**:1, 47; **3**:15; **4**:2, 15, 25, 43; **5**:16, 22, 35; **6**:1, 12; **7**:38, 44; **9**:36; **11**:43, 43; **13**:26; **17**:26, 26, 28; **20**:46, 46; **21**:14, 21, 23, 23, 23; **23**:7; **24**:18, 27; **Jn 8**:24, 24; **11**:2; **12**:3; **20**:25; **Ac 1**:15; **2**:11, 17, 18, 42; **5**:37; **6**:1; **7**:39, 41, 54; **8**:11; **9**:20, 37; **11**:27; **13**:5, 41; **14**:16, 16; **15**:21; **16**:13; **17**:16; **18**:24; **20**:19, 34; **24**:12; **Ro 1**:24; **2**:15; **3**:13, 16; **5**:3, 5; **6**:12; **12**:13; **15**:30; **1Co 4**:12; **7**:8, 17; **13**:1; **14**:20, 20, 33, 34; **15**:17; **16**:1; **2Co 1**:22; **3**:2; **4**:6; **5**:11; **7**:3; **8**:1; **12**:5, 9; **Gal 1**:2, 22, 22; **5**:24; **Eph 2**:1, 3; **3**:10, 10, 13, 17; **4**:28; **Col 3**:9, 15, 16; **4**:12; **1Th 3**:3; **4**:11; **2Th 1**:4, 4; **1Ti 5**:5, 5, 16; **2Ti 1**:3; **2**:4; **Heb 4**:15; **5**:7, 11; **8**:12; **10**:1; **11**:38; **12**:3; **Jas 1**:1, 1, 8, 11; **4**:3, 16; **5**:1, 1; **1Pe 1**:14; **2**:24; **3**:15; **2Pe 1**:19; **2**:2, 13; **Jude 1**:12; **Rev 1**:4, 4, 11; **2**:7, 11, 13, 17, 29; **3**:6, 13, 22; **6**:16; **7**:9; **8**:3, 4; **9**:6, 10, 19, 20; **10**:7; **14**:2; **18**:4; **20**:8; **22**:16

τάς [340]

Mt 3:3, 6; **4**:8; **8**:17, 17; **9**:4, 35, 35; **10**:9, 23; **11**:20; **12**:25; **13**:7, 22, 53; **14**:15; **15**:2; **16**:19; **19**:8, 13, 15, 17, 28; **21**:12, 12, 12, 45; **22**:9, 10, 29; **23**:6, 37; **24**:1; **25**:1, 3, 7; **26**:50; **27**:24, 39; **28**:20; **Mk 1**:3, 5, 38, 39; **4**:7, 10, 13, 18; **5**:4, 4, 23; **6**:5, 6; **7**:3; **8**:23, 25, 27; **9**:43; **10**:16, 19; **11**:15, 15, 15; **12**:24, 40; **13**:2, 20, 20; **14**:41, 46; **15**:29; **Lk 1**:24; **2**:28, 43; **3**:4; **4**:5, 40, 44; **7**:1; **8**:14, 29; **9**:6, 12, 51; **10**:10; **11**:4; **12**:11, 11, 11, 18, 45; **13**:13, 34; **14**:7, 21, 23, 26; **15**:9; **16**:9, 15; **18**:20; **19**:24; **20**:19, 47; **21**:12, 12, 19, 28, 37, 37; **22**:30, 53; **24**:32, 39, 40, 45, 50; **Jn 2**:7, 15, 16; **4**:35, 43; **5**:39; **7**:44; **8**:5, 44; **11**:44; **13**:3, 9; **14**:15, 15, 21; **15**:10, 10; **20**:20, 23, 27; **21**:18; **Ac 2**:18, 24, 45; **3**:19, 24; **4**:3, 29, 34; **5**:15, 18, 19; **6**:6; **8**:1, 17, 19, 40; **9**:2, 12, 17, 24, 41; **12**:1; **13**:3, 10, 10, 27, 27, 50, 50; **14**:2, 6, 17, 22; **15**:9, 24, 26, 41; **16**:4, 27; **17**:11, 20, 26; **19**:6, 11, 12, 18, 19, 19; **20**:6; **21**:5, 11, 15, 27; **22**:16, 19; **25**:27; **26**:11, 11; **27**:40, 40; **28**:8, 10, 17; **Ro 8**:13, 27; **10**:21; **11**:27; **13**:7; **15**:8; **16**:12, 17, 18; **1Co 4**:5, 17, 17; **7**:2; **10**:18; **11**:2; **15**:3, 4; **2Co 7**:1; **11**:33; **12**:13; **Gal 4**:6; **Eph 3**:21; **4**:22; **5**:25, 28; **6**:11, 12, 12, 22; **Php 4**:7; **Col 2**:15, 15; **3**:19; **4**:8; **1Th 2**:4, 8, 16; **3**:13; **2Th 2**:15, 17; **3**:5; **1Ti 1**:18; **5**:3, 13, 23; **6**:20; **2Ti 2**:16, 22, 23; **3**:6; **4**:3, 13; **Tit 2**:4, 12; **3**:14; **Heb 2**:17; **3**:8, 10, 15; **4**:7; **6**:12; **7**:6; **8**:10; **9**:6; **10**:11, 16, 22, 32; **11**:13, 17; **12**:12; **Jas 1**:21; **5**:3, 4, 5, 8, 16; **1Pe 1**:11, 13, 22; **2**:9, 24; **3**:7; **4**:19; **2Pe 3**:3, 16; **1Jn 1**:9, 9; **2**:3, 4; **3**:5, 16, 22, 24; **5**:2, 3; **2Jn 1**:6; **Jude 1**:13, 16, 18; **Rev 1**:18, 20, 20; **4**:4; **5**:2, 5, 9; **6**:9, 15; **7**:1, 13, 13, 14; **8**:6, 10; **9**:7; **10**:3; **11**:6, 11; **12**:3, 17; **13**:1; **14**:12; **15**:1, 6; **16**:1, 4, 9, 10; **17**:1, 7, 16, 17; **18**:19; **20**:4; **21**:9; **22**:14, 18, 18

τῇ [878 / 876]

Mt 2:2, 9; **3**:1, 3, 12; **4**:23; **5**:8, 15, 19, 19, 21, 22, 25, 28, 35, 36; **6**:7, 25, 29, 34; **7**:22, 25, 27, 28; **8**:6, 11, 13, 24, 26; **9**:10, 31; **10**:15, 19, 23, 27; **11**:11, 29; **12**:40, 40, 41, 42, 45, 45; **13**:1, 15, 19, 40, 43, 49, 52, 54, 57, 57; **14**:10, 11; **15**:5, 32; **16**:18, 21, 27, 28; **17**:22, 23; **18**:1, 1, 4, 17; **19**:5, 28; **20**:3, 17[UBS], 19, 21; **21**:5, 8, 8, 22; **22**:23, 28, 30, 33, 37, 37, 37; **24**:14, 16, 26, 48; **25**:25, 31; **26**:5, 10, 17, 29, 31, 34, 55, 69; **27**:29, 60, 60, 62; **28**:1; **Mk 1**:3, 4, 13, 16, 22, 23; **2**:15, 20; **3**:5; **4**:1, 2, 35, 38, 39; **5**:13, 20; **6**:2, 4, 4, 24, 27, 28; **7**:11, 12, 13; **8**:3, 12, 27, 38, 38, 38; **9**:24, 33, 33, 34; **10**:32, 37, 52; **11**:12, 18, 23; **12**:23, 26, 38; **13**:11, 14; **14**:2, 3, 12, 25, 30, 66; **15**:7, 34, 41, 46; **16**:2, 9, 15; **Lk 1**:8, 10, 14, 36, 41, 44, 57, 59, 59, 65, 66; **2**:5, 8, 8, 16, 19, 21, 38, 41, 44, 47, 51, 52[UBS]; **3**:2, 4, 17; **4**:1, 14, 16, 20, 23, 24, 28, 32, 33; **5**:9, 29; **6**:12, 23, 48; **7**:12, 12, 15, 17, 17, 21, 28, 37, 37; **8**:15; **9**:22, 26, 37, 43, 57, 62; **10**:7, 12, 12, 14, 21, 27, 27, 27, 31; **11**:30, 31, 32, 36; **12**:3, 12, 19, 20, 22, 27, 38, 38, 45, 51, 58; **13**:7, 14, 16, 28, 29, 31, 32, 32, 33; **14**:14, 15, 17; **15**:4, 25; **16**:24, 25; **17**:6, 6, 24, 31, 31, 34; **18**:3, 33, 33; **19**:3, 36, 37, 42; **20**:19, 20, 20, 26, 33; **21**:19, 21, 26; **22**:16, 30; **23**:12, 19, 19, 51, 51; **24**:1, 6, 7, 13, 25, 32, 33, 35, 35, 38, 46, 49; **Jn 1**:5, 23, 29, 35, 43; **2**:1, 1, 22, 23; **3**:14, 35; **4**:6, 42, 44, 45, 53; **5**:2, 5, 9, 33; **6**:22, 31, 39, 40, 44, 49, 54; **7**:1, 1, 9, 11, 37, 37; **8**:12, 21, 35, 44; **10**:23; **11**:9, 10, 24, 24, 31; **12**:12, 20, 35, 38, 40, 46, 48; **14**:2, 20; **15**:4, 9, 9, 10, 10; **16**:13, 23, 26; **17**:5, 17; **18**:16, 16, 37; **19**:2, 26; **20**:1, 12, 19, 19; **21**:3; **Ac 1**:7, 8, 14, 14, 19; **2**:6, 8, 23, 33, 41, 42, 42, 42; **3**:10, 11, 11, 16; **4**:27; **5**:1, 4, 4, 9, 12, 22, 25, 31; **6**:1, 1, 4, 4, 7, 10; **7**:2, 8, 8, 26, 30, 35, 36, 38, 38, 42, 42, 44, 45; **8**:1, 1, 8, 9, 33; **9**:3, 17, 27, 31, 38; **10**:9, 9, 23, 24, 39, 40; **11**:23, 26, 29; **12**:5, 6, 17; **13**:12, 14, 16, 17, 18, 36, 43; **14**:20, 22, 26; **15**:9, 22, 31, 40; **16**:5, 6, 11, 12, 13, 18, 32, 33; **17**:5, 13, 17, 17; **18**:3, 4, 7, 10, 26; **19**:9, 39; **20**:7, 7, 15, 15, 15, 16, 26; **21**:1, 8, 18, 26, 29, 40, 40; **22**:2, 3, 6, 13, 30; **23**:11, 32; **24**:4, 24; **25**:1, 6, 17, 23; **26**:14, 18, 19, 24; **27**:3, 18, 19, 23, 40; **28**:9, 11, 27; **Ro 1**:25, 27; **2**:8, 8; **3**:24, 26; **4**:11, 19, 20, 20; **5**:2, 10, 15; **6**:1, 2, 6, 10, 11, 13, 18, 19, 19, 19, 20; **7**:5, 18, 25; **8**:3, 12, 20, 24, 26; **9**:2, 9, 17; **10**:3, 6, 8, 9, 16; **11**:4, 20, 20, 22, 23, 24, 30; **12**:2, 7, 7, 8, 10, 10, 11, 12, 12, 12, 19; **13**:2, 2; **14**:1; **15**:13, 31; **16**:18; **1Co 1**:2, 2, 4, 4, 8, 10, 21;

3:19; **5**:4, 5, 9; **6**:4, 13, 13, 16; **7**:3, 5, 14, 20, 28, 33, 37, 37; **8**:7, 11; **9**:12, 18; **10**:2, 2, 5, 32; **11**:5, 5, 23; **12**:21, 28; **13**:6, 6; **14**:16, 20; **15**:4, 4, 19, 23, 52; **16**:13, 17, 19, 21; **2Co 1**:1, 1, 1, 4, 8, 11, 14, 15, 17, 24; **2**:7; **3**:9, 14; **4**:2, 11; **7**:4, 4, 4, 6, 7, 7, 8, 13, 13; **8**:7, 7, 9, 16, 19, 19, 20, 20, 22; **9**:4, 7, 13, 15; **10**:2; **11**:3, 6, 17; **12**:7, 7, 21; **13**:5; **Gal 2**:5, 13, 20; **4**:14, 25, 25; **5**:1, 7, 13; **6**:11, 13; **Eph 1**:22; **2**:8, 14; **3**:21; **4**:14, 18, 19; **5**:5, 19; **6**:13, 13; **Php 1**:3, 5, 7, 7, 24, 27; **2**:3, 12, 12, 17, 30; **3**:9, 19; **4**:6, 6, 14; **Col 1**:10, 21, 23, 23, 24; **2**:5, 7, 11, 11, 13, 22; **3**:16; **4**:2, 16, 18; **1Th 1**:1, 7, 7, 8, 8; **2**:14, 19; **3**:7, 9, 12, 13; **4**:10; **5**:3, 23; **2Th 1**:1, 7, 10; **2**:8, 12, 12; **3**:17; **1Ti 1**:10; **3**:13; **4**:13, 13, 13, 16; **6**:3; **2Ti 1**:5, 5, 13, 15, 18; **2**:1, 1; **3**:8, 10, 10, 10, 10, 10, 10, 10; **4**:8, 16; **Tit 1**:9, 9, 13; **2**:1, 2, 2, 2, 7; **3**:7; **Phm 1**:2, 2, 7, 19, 21; **Heb 3**:8, 10, 10, 11, 17; **4**:2, 3, 4, 4; **7**:10; **8**:9; **9**:15; **13**:10; **Jas 1**:1, 10, 25, 27; **3**:7, 7, 14; **1Pe 1**:14, 22; **2**:24; **4**:12, 13; **5**:9, 9; **2Pe 1**:5, 5, 6, 6, 6, 7, 7, 12; **2**:12, 15; **3**:17; **1Jn 2**:9, 11, 11, 28; **3**:18; **4**:16, 17, 18, 18; **2Jn 1**:9, 9; **3Jn 1**:3, 4, 6, 8, 9; **Jude 1**:3, 11, 11, 11, 20; **Rev 1**:4, 9, 9, 9, 10, 16, 16; **2**:1, 16; **6**:5; **8**:9; **9**:11, 17; **10**:2, 8; **11**:12, 13; **12**:14, 16, 17; **13**:15, 15; **14**:14; **16**:2, 3; **17**:4; **18**:7, 18, 18, 19, 23; **19**:2, 20, 21, 21; **20**:6, 6, 15; **21**:8, 8

τήν [1528 / 1530]

Mt 1:12, 20, 24; **2**:11, 12, 13, 14, 20, 20, 21; **3**:3, 4, 10, 12, 12; **4**:1, 5, 8, 12, 13, 13, 18, 18, 24; **5**:5, 6, 15, 20, 22, 31, 32, 39, 39; **6**:1, 6, 17, 27, 33, 33, 34; **7**:3, 5, 13, 14, 21, 23, 24, 24, 25, 26, 26; **8**:3, 8, 14, 14, 20, 28, 31, 32, 33; **9**:1, 2, 6, 18, 23, 26, 28, 29; **10**:12, 23, 28, 29, 34, 39, 39; **11**:7, 10, 16; **12**:9, 13, 19, 20, 29, 29, 42, 49; **13**:1, 4, 8, 8, 18, 19, 23, 30, 36, 36, 41, 42, 47, 50, 54, 58; **14**:1, 3, 8, 25, 31, 34, 35; **15**:2, 3, 3, 4, 6, 15, 17, 29, 35; **16**:18, 25, 25, 26, 27; **17**:20, 25, 27[NIV]; **18**:3, 8, 9, 9, 25, 32; **19**:3, 5, 8, 9, 12, 17, 19, 23, 24; **20**:2, 6, 6, 9, 28, 30; **21**:2, 2, 7, 18, 21, 23, 31, 38; **22**:5, 7, 16, 18, 24, 25, 29; **23**:6, 13, 15, 15, 23, 23, 24, 36; **24**:12, 29, 32, 38, 43, 45; **25**:13, 13, 15, 21, 23, 34; **26**:3, 18, 23, 32, 51, 51, 52, 65; **27**:9, 27, 30, 31, 37, 45, 46, 53, 53, 62; **28**:7, 10, 11, 16; **Mk 1**:2, 3, 6, 12, 14, 16, 21, 28, 29, 33, 39, 41; **2**:2, 4, 5, 13; **3**:1, 1, 3, 5, 7, 27, 27; **4**:1, 1, 4, 8, 8, 13, 15, 20, 20, 21, 21, 30, 32; **5**:1, 3, 13, 14, 21, 30, 32, 33, 40; **6**:1, 6, 8, 17, 18, 24, 25, 27, 28, 53, 55; **7**:3, 5, 8, 8, 9, 9, 10, 17, 19, 19, 30, 31, 32; **8**:17, 26, 35, 35, 36; **9**:1, 42, 43, 43, 45, 45, 47, 47; **10**:5, 5, 7, 7, 10, 11, 15, 19, 23, 24, 25, 45, 46; **11**:2, 2, 8, 20, 23, 28; **12**:10, 12, 14, 15, 19, 24; **13**:24, 28, 34, 34; **14**:3, 13, 16, 28, 47, 52, 54; **15**:16, 19, 20, 33, 43, 46; **16**:7, 14; **Lk 1**:4, 39, 40, 48; **2**:1, 3, 4, 8, 16, 34, 35, 39; **3**:3, 4, 9, 17, 17; **4**:6, 6, 14, 16, 23, 23, 25, 38, 43; **5**:1, 2, 11, 13, 20; **6**:6, 8, 10, 24, 29, 29, 41, 41, 42, 42, 48, 49; **7**:5, 6, 24, 27, 30, 44, 44, 44, 46, 50; **8**:1, 5, 6, 8, 8, 12, 23, 26, 27, 31, 33, 34, 39, 51, 51; **9**:2, 3, 24, 24, 27, 31, 32, 34, 36, 58, 60, 62; **10**:4, 19, 19, 35, 42; **11**:7, 8, 21, 22, 31, 33, 42, 42, 43, 52; **12**:5, 13, 20, 25, 31, 32, 41, 49, 53, 53, 53, 53, 54; **13**:6, 7, 20, 25, 25, 34; **14**:8, 26, 26, 26, 28; **15**:3, 8, 9, 13, 14, 16[NIV], 22, 22; **16**:3, 8, 8, 17, 18, 24; **17**:2, 24, 27, 33; **18**:5, 7, 8, 8, 9, 17, 20, 24, 25, 35; **19**:1, 15, 24, 30, 41; **20**:2, 9, 19, 21, 23, 28; **21**:29; **22**:10, 10, 19, 44, 54; **23**:42, 44, 48, 51, 56; **24**:5, 26, 28, 49; **Jn 1**:14, 23, 29, 39, 43, 48; **2**:11; **3**:3, 4, 5, 8, 11, 21, 22, 24, 29, 29, 32, 33; **4**:3, 3, 8, 10, 28, 28, 42, 43, 45, 45, 46, 47, 52, 54; **5**:7, 22, 24, 34, 36, 42, 44, 44; **6**:16, 27, 27, 27, 27, 42, 52, 53, 54, 56; **7**:3, 8, 8, 10, 18, 18, 18, 22, 24, 30, 35; **8**:6, 8, 15, 25, 32, 34, 40, 43, 43, 45, 50, 56, 56; **9**:7; **10**:1, 4, 5, 6, 11, 15, 17, 18, 24; **11**:5, 5, 7, 19, 28, 30, 31, 40, 45, 54, 56; **12**:7, 12, 24, 25, 25, 27, 40, 41, 43, 43; **13**:2, 9, 18, 29, 37, 38; **14**:4, 5, 27; **15**:13; **16**:6, 7, 21, 22; **17**:13, 13, 22, 24, 24; **18**:3, 11, 11, 15; **19**:26, 30, 34, 42; **20**:9, 20, 25, 25, 27, 27; **21**:7, 9, 11; **Ac 1**:4, 6, 16, 20; **2**:1, 9, 9, 14, 20, 27, 33, 37, 38; **3**:1, 1, 2, 2, 10, 16; **4**:2, 2, 3, 5, 13, 24, 24, 30; **5**:3, 11, 21, 28; **7**:3, 4, 11, 14, 23, 34, 43, 60; **8**:1, 1, 3, 5, 19, 20, 26, 26, 33, 36, 39; **9**:4, 6, 11, 11, 17; **10**:8, 17, 24, 30; **11**:1, 11, 17, 18, 23, 23, 28; **12**:6, 7, 10, 10, 10, 10, 12, 13, 14, 20, 23, 25; **13**:1, 6, 14, 14, 15, 19, 22, 32; **14**:1, 6, 11, 15, 15, 20, 21, 21, 22, 24, 24, 27; **15**:3, 3, 16, 16, 23, 30, 41, 41; **16**:6, 7, 7, 8, 14, 16, 19, 20, 24, 27, 40; **17**:1, 1, 5, 6, 10, 14, 16, 18, 31; **18**:6, 18, 18, 19, 22, 23, 25, 26, 27; **19**:8, 9, 10, 17, 21, 22, 22, 33, 35, 37, 40; **20**:2, 3, 6, 13, 14, 16, 16, 18, 21, 24, 24, 25, 27, 28, 29, 32; **21**:1, 1, 3, 11, 13, 24, 26, 34, 35, 37, 38; **22**:4, 9, 22, 24, 28; **23**:10, 13, 16, 16, 21, 28, 31, 32, 33, 33; **24**:5, 12, 14; **25**:3, 20, 21; **26**:1, 4, 4, 4, 5, 10, 12, 13, 13, 14, 20; **27**:1, 2, 4, 5, 6, 7, 7, 9, 13, 17, 19, 21, 21, 30, 30, 38, 39, 40, 41, 43, 44; **28**:2, 3, 14, 20, 20, 23, 23, 31; **Ro 1**:18, 23, 25, 26, 26, 27, 27, 27; **2**:5, 20; **3**:3, 5, 7, 25, 26; **4**:9, 9, 11, 16, 19, 20, 25; **5**:2, 2, 8, 11, 17; **6**:19, 19; **7**:7, 7, 14; **8**:3, 18, 19, 21, 23, 23, 36; **9**:17, 22, 25, 30; **10**:3, 3, 5, 5, 7, 18, 21; **11**:3, 13, 14, 18, 28; **12**:1, 4, 6, 6, 6, 13, 20; **13**:3, 4, 5, 5, 7, 7; **14**:6; **15**:4, 4, 15, 15, 17, 24; **16**:1, 5, 12, 13, 15, 17, 22; **1Co 1**:7, 19, 19, 20, 26; **2**:7; **3**:10, 10; **4**:19; **5**:7; **6**:18; **7**:2, 3, 5, 16, 26, 36, 37, 38, 40; **8**:12; **10**:1, 13, 25, 27, 28, 29, 29; **11**:4, 5, 7, 9, 24, 25; **13**:2, 2; **14**:1, 11, 12; **15**:9, 24, 31, 49, 49, 50; **16**:3, 15; **2Co 1**:16, 23; **2**:4, 9, 12, 14; **3**:7, 7, 15, 18, 18; **4**:1, 10, 15, 15; **5**:18; **6**:1, 13; **7**:7, 12, 12, 15; **8**:1, 1, 4, 4, 6, 9, 16, 17, 19, 24; **9**:2, 5, 14; **10**:5; **11**:8, 12, 32; **12**:13; **13**:9, 10; **Gal 1**:13, 13, 23; **2**:4, 9, 9, 9, 14, 21; **3**:14, 17, 23, 23; **4**:5, 20, 30; **5**:13, 24; **6**:8; **Eph 1**:5, 7, 7, 9, 11, 15, 15, 15, 19; **2**:4, 14, 16, 18; **3**:2, 4, 7, 7, 12, 19, 20, 20; **4**:3, 13, 14, 16, 18, 18, 18, 22; **5**:25, 27, 28, 29, 29, 31, 31, 32, 33; **6**:2, 9, 11, 13, 14, 17, 17; **Php 1**:4, 20, 23, 25; **2**:2, 2, 12, 22; **3**:2, 6, 6, 9, 9, 9, 10, 10, 11, 11, 21; **4**:16; **Col 1**:4, 4, 5, 5, 6, 8, 9, 12, 13, 14, 14, 25, 25, 29, 29; **2**:5, 8, 19, 19; **3**:5, 14, 24; **4**:1, 11, 15, 16, 17; **1Th 1**:4; **2**:1, 1, 12; **3**:5, 6, 6, 11; **4**:15; **5**:27; **2Th 1**:12; **2**:10; **3**:5, 5, 6, 16; **1Ti 1**:4, 16, 18, 18, 19; **4**:2, 3; **5**:8, 12; **6**:5, 12, 13, 14, 20, 21; **2Ti 1**:3, 9, 12, 12, 14, 16; **2**:18, 18, 18, 19; **3**:5, 8, 16; **4**:1, 1, 3, 4, 5, 7, 8, 18, 18; **Tit 1**:9, 14; **2**:10, 10, 12, 13; **Phm 1**:5, 5, 9; **Heb 1**:6, 10; **2**:4, 5, 5; **3**:6, 8, 11, 14, 18; **4**:1, 3, 3, 5, 10, 11; **5**:4, 6, 8, 10, 14; **6**:1, 11, 11, 20; **7**:5, 11, 11, 15, 17, 24; **8**:5, 9, 10, 13; **9**:4, 6, 7, 8, 13, 14, 15, 21; **10**:1, 16, 19, 23, 25, 25, 26, 34, 35, 36; **11**:10, 26, 28, 29, 35, 39; **12**:1, 4, 17, 26, 26, 27; **13**:7, 7, 9, 14; **Jas 2**:1, 3, 3, 8, 18, 18; **3**:8; **4**:13; **5**:11, 12; **1Pe 1**:13, 21; **2**:12, 15, 16, 17; **3**:2, 10, 16; **4**:1, 4, 8; **5**:5, 6, 7, 10; **2Pe 1**:5, 5, 6, 6, 6, 7, 7, 8, 10, 11, 15, 15, 16, 18; **2**:13, 16, 21; **3**:1, 12, 15, 15, 16; **1Jn 1**:2, 2, 6; **2**:21, 25, 25, 29; **3**:3, 4, 4, 7, 8, 14, 16, 16, 19; **4**:16, 21; **5**:9, 10, 10, 12, 12; **2Jn 1**:1, 2, 2, 10; **Jude 1**:4, 6; **Rev 1**:2, 9, 12, 17; **2**:2, 4, 4, 5, 9, 9, 9, 12, 12, 12, 13, 14, 15, 17, 19, 19, 19, 19, 20, 24; **3**:7, 20, 20; **4**:11, 11, 11; **5**:1, 6, 12; **6**:3, 3, 4, 5, 5, 7, 7, 9, 9, 12, 12, 13; **7**:2, 2, 3, 3; **8**:1, 1, 5, 7, 8; **9**:1, 3, 4, 14, 15; **10**:5, 5, 6, 6, 9; **11**:2, 2, 2, 2, 6, 6, 7, 17, 17, 18; **12**:4, 6, 9, 9, 11, 12, 12, 13, 13, 14, 17, 18; **13**:2, 4, 6, 12, 12, 13, 14; **14**:3, 7, 9, 9, 11, 12, 14, 16, 19, 19, 19; **15**:2, 2, 3, 3; **16**:1, 2, 2, 3, 3, 4, 8, 9, 10, 12, 15, 17; **17**:2, 6, 13, 16, 17, 17; **18**:17, 21; **19**:2, 2, 2, 7, 10, 12, 15, 20; **20**:1, 1, 3, 4, 4, 4, 9, 9, 9, 10, 14, 15; **21**:2, 2, 9, 9, 10, 10, 11, 15, 16, 24, 26, 26; **22**:14

τῆς [1301 / 1300]

Mt 1:3, 5, 5, 6, 11, 17, 17, 18; **2**:1, 5, 11, 15, 22, 22; **3**:1, 7, 8, 13; **4**:18, 23, 25; **5**:13; **6**:19, 25; **7**:13; **8**:12, 15, 28; **9**:6, 22, 25, 35; **10**:10, 14, 14, 30, 35, 35; **11**:23, 25; **12**:4, 34, 40, 41, 42, 42; **13**:1, 11, 19, 38, 41, 44; **14**:6, 8, 24, 25, 26; **15**:18, 19, 27, 28, 29; **16**:6, 11, 12, 12, 13, 19, 19, 19, 26; **17**:5, 18, 25; **18**:6, 17, 18, 18, 19; **19**:1, 1, 10; **20**:12; **21**:11, 17, 19, 21; **22**:31, 46; **23**:2, 9, 25, 26[NIV], 33, 33, 35; **24**:3, 14, 15, 17, 30, 32, 36, 45; **26**:7, 28, 29, 29, 31, 58, 64; **27**:8, 29, 37, 55, 64, 64, 66; **28**:11, 15, 18[UBS], 20; **Mk 1**:9, 16, 28, 29, 31; **2**:10, 26; **3**:5, 7, 7, 8; **4**:1, 11, 26, 31, 31; **5**:1, 10, 29, 34, 41; **6**:3, 21, 22, 23, 47, 47, 48, 48, 49; **7**:21, 26, 28, 29, 31, 33, 35; **8**:6, 15, 15, 23, 23, 27, 37; **9**:3, 7, 20, 27, 30; **10**:1, 25, 25; **11**:11, 19; **12**:30, 30, 30, 30, 33, 33, 33, 34, 44; **13**:14, 15, 28, 32, 32, 35; **14**:3, 24, 25, 25, 35, 62, 64; **15**:16, 26; **16**:3, S[UBS]; **Lk 1**:5, 8, 9, 23, 26, 27, 33, 41, 42, 48, 61, 65; **2**:2, 4, 8, 36, 42; **3**:1, 1, 1, 1, 1, 7, 8, 19; **4**:5, 14, 22, 26, 29, 31, 37, 38, 44; **5**:3, 17, 24; **6**:4, 17, 17, 45, 45[NIV], 49; **7**:6, 12, 12, 14, 31, 38; **8**:10, 12, 13, 22, 26, 27, 37, 41, 51, 54; **9**:5, 11, 35, 47, 51; **10**:11, 21, 27; **11**:31, 31, 32, 50, 51, 52; **12**:1, 7, 23, 42, 56; **13**:12, 15, 24; **14**:21; **15**:12, 15; **16**:2, 4, 8, 9, 21, 28; **17**:4, 24, 25, 32; **18**:6, 8, 29; **19**:44; **20**:35, 35, 36, 37; **21**:18, 23, 25, 35; **22**:11, 18, 21, 30, 45, 45, 55, 69; **23**:5, 5, 7, 49, 55; **24**:41; **Jn 1**:44, 50; **2**:1, 11; **3**:4, 6, 31, 31, 31; **4**:4, 5, 6, 7, 30, 39, 39, 46, 47, 54; **5**:25, 28; **6**:1, 1, 1, 17, 19, 21, 22, 25, 35, 48, 51; **7**:14, 17, 37, 38, 41, 42, 52, 52; **8**:12, 34; **10**:1, 2, 3, 16, 16, 27, 28, 29, 39; **11**:1, 1, 4, 9, 13, 53, 54, 55; **12**:3, 21, 27, 32; **13**:1; **14**:17; **15**:22, 26; **16**:13, 21; **17**:4, 12; **18**:19, 37, 37; **19**:20, 25, 27; **20**:7; **21**:1, 1, 2, 8; **Ac 1**:3, 8, 17, 18, 22, 22, 25; **2**:1, 6, 10, 10, 15, 19, 29, 30, 31, 40, 40; **3**:1, 7, 15, 25, 25; **4**:22, 26, 33; **5**:2, 2, 3, 19, 20, 28, 37; **6**:3, 9, 9; **7**:2, 3, 3, 17, 49, 52, 58; **8**:1, 5, 9, 12, 18, 22, 22, 27, 32, 33, 35; **9**:2, 7, 8, 31, 42; **10**:1, 3, 11, 12, 30, 37, 37; **11**:6, 19, 19, 22, 22, 23; **12**:1, 5, 6, 11, 12, 12, 14, 17, 19, 20; **13**:8, 13, 13, 14, 24, 26, 31, 42[NIV], 43, 46, 47, 49, 50; **14**:3, 4, 6, 13, 19; **15**:1, 3, 4, 5, 11, 20; **16**:9, 12, 13, 19, 27, 33, 39, 40; **17**:13, 26, 26, 30; **18**:2, 2, 5, 12, 21, 27; **19**:8, 23, 25, 26, 27, 27, 29, 35, 40, 40; **20**:9, 16, 17, 17, 24, 32; **21**:5, 10, 19, 27, 31, 39; **22**:1, 3, 11, 22; **23**:1, 16, 19, 23; **24**:2, 5, 19, 22, 24; **25**:19, 23, 23, 26; **26**:5, 6, 12, 18, 20, 20, 22, 22; **27**:5, 12, 13, 16, 21, 27, 32, 34, 34, 41; **28**:3, 3, 4, 4, 7, 20, 21, 22; **Ro 1**:12, 27, 27; **2**:4, 4, 4, 15, 20, 20, 23; **3**:1, 23, 24, 24, 25, 25, 26, 30, 31; **4**:11, 11, 11, 12, 19; **5**:2, 9, 12, 14, 17, 17, 17, 19, 19; **6**:4, 5, 6, 7, 17, 18, 19, 20, 22, 23; **7**:8, 9, 11, 13, 23; **8**:2, 2, 3, 5, 6, 7, 19, 21, 21, 21, 29, 35, 39, 39; **9**:1, 8, 8, 23, 27, 28; **10**:1, 8, 18; **11**:8, 17, 17, 17, 24; **12**:3, 3, 6; **13**:14; **14**:19, 19, 19; **15**:4, 4, 5, 5, 13, 14, 30, 33; **16**:1, 1, 4, 5, 18, 20, 23, 23; **1Co 1**:21, 21; **2**:8; **4**:11; **5**:5; **6**:14; **8**:4; **9**:2, 7, 12; **10**:1, 14, 16; **11**:10, 12, 22; **14**:9, 11, 12, 25; **15**:56; **16**:1, 1, 1, 8, 15, 19; **2Co 1**:4, 6, 6, 6, 7, 8, 8, 12, 24, 24; **2**:14; **3**:9, 9, 10, 14, 14; **4**:2, 2, 4, 6, 6, 7, 13, 17; **5**:4, 18, 19; **6**:7; **8**:1, 2, 2, 4, 4, 8, 8, 24; **9**:1, 1, 10, 12, 13, 13, 13, 13; **10**:1, 4, 5, 8, 15; **11**:3, 3, 3, 10, 17, 30; **12**:19; **13**:8, 8, 11; **Gal 1**:2, 15, 21, 21, 22; **2**:7, 7, 8; **3**:13, 14, 25, 26; **4**:2, 13, 22, 22, 23, 23, 27, 27, 30, 30, 31; **5**:4, 13, 17, 19; **6**:8, 10; **Eph 1**:6, 7, 10, 13, 13, 13, 14, 14, 14, 17, 18, 18, 18, 18, 19, 19; **2**:2, 2, 3, 3, 7, 11, 12, 12; **3**:2, 2, 6, 7, 7, 7, 10, 12, 16, 17, 19; **4**:1, 3, 4, 7, 9, 13, 13, 14, 14, 16, 18, 18, 22, 24, 29; **5**:6, 23, 23; **6**:3, 5, 10, 12, 14, 15, 16; **Php 1**:5, 7, 19, 25, 26; **2**:13, 17, 25, 30; **3**:8, 10, 14, 21, 21; **4**:9, 22; **Col 1**:5, 11, 13, 13, 16, 18, 20, 22, 23, 27, 27; **2**:2, 2, 3, 5, 8, 9, 11, 12, 12, 13, 18, 23; **3**:2, 5, 6[UBS], 14, 24; **1Th 1**:3, 3, 3, 3, 10, 10; **3**:2, 7, 10; **4**:3, 9; **5**:23; **2Th 1**:4, 5, 5, 9, 9, 11; **2**:1, 3, 3, 7, 8, 10; **3**:14, 16; **1Ti 1**:1, 5, 11, 14; **2**:15; **3**:9, 15, 16; **4**:1, 6, 6, 8, 8, 12; **6**:2, 5, 10, 12, 12, 14, 19, 20; **2Ti 1**:1, 5, 6, 10; **2**:10, 15, 26; **3**:15; **4**:3, 4, 6, 8; **Tit 1**:1, 10; **2**:13; **Phm 1**:6, 14; **Heb 1**:3, 3, 3, 3, 8, 8; **2**:10; **3**:1, 6, 7, 13, 14, 15; **4**:2, 4, 7, 11, 14, 16; **5**:7, 7, 12; **6**:1, 4, 4, 10, 11, 15, 17, 17, 18, 19; **7**:1, 5, 11, 12, 28, 28; **8**:1, 2, 2, 9; **9**:4, 4, 8, 11, 11, 13, 15, 20, 21, 26[UBS], 26; **10**:10, 20, 23, 26, 29, 29; **11**:5, 7, 9, 9, 9, 12, 13, 21, 22, 38, 39; **12**:2, 2, 5, 9, 10, 15; **13**:2, 7, 11, 12, 13, 16, 20, 22, 24; **Jas 1**:3, 12, 14, 23, 25; **2**:1, 5, 15; **3**:6, 6, 6, 11, 13, 14; **4**:14; **5**:5, 7, 7, 10, 10, 14, 15, 17, 19; **1Pe 1**:7, 9, 10, 13, 17, 18, 22; **2**:11, 16; **3**:1, 4, 15; **4**:4, 13, 14; **5**:1, 4; **2Pe 1**:3, 3, 4, 16, 17; **2**:2, 7, 19, 21, 21, 22; **3**:2, 4, 9, 12; **1Jn 1**:1; **2**:16, 21; **3**:19, 20; **4**:6, 6, 17; **2Jn 1**:13, 13; **3Jn 1**:10, 12; **Jude 1**:3, 23, 24; **Rev 1**:3, 5, 7, 20; **2**:1, 7, 8, 10, 12, 18, 21; **3**:1, 5, 5, 7, 9, 10, 10, 10, 10, 10, 12, 12, 14, 14, 18, 20; **5**:3, 3, 5, 7, 10, 13, 13, 13; **6**:4, 8, 8, 10, 15, 16, 17; **7**:1, 1, 1, 1, 14, 14; **8**:7, 8, 12, 13, 13; **9**:1, 2, 3, 4, 11, 21; **10**:1, 2, 2, 5, 5, 7, 8, 8, 10; **11**:4, 6, 7, 8, 8, 8, 10, 10, 13, 19; **12**:1, 4, 4, 11, 15, 18; **13**:1, 8, 8, 11, 14, 14, 14, 16, 16, 16; **14**:3, 6, 7, 8, 10, 14, 15, 15, 16, 18, 18, 19,

20, 20; **15**:2, 5, 8, 8; **16**:14, 14, 14, 18, 19, 21, 21; **17**:1, 1, 1, 2, 2, 4, 5, 7, 8, 8, 8, 18; **18**:1, 3, 3, 3, 3, 9, 9, 11, 14, 14, 18, 19, 23, 24; **19**:10, 15, 19, 20; **20**:1, 7, 8, 8, 9, 12, 15; **21**:6, 6, 14, 19, 21, 23, 24, 27; **22**:2, 7, 10, 14, 18, 19, 19, 19, 19

τό [1694 / 1695]

Mt 1:20, 21, 22, 23, 25; **2**:9, 11, 13, 13, 14, 15, 17, 20, 21, 23; **3**:4, 7, 12, 12, 16; **4**:5, 14, 22, 23; **5**:1, 2, 13, 13, 14, 16, 23, 23, 24, 24, 28, 29, 30, 37, 40, 46, 47; **6**:1, 6, 9, 10, 17, 22, 23, 23, 23, 23, 25; **7**:3, 3, 4, 5, 6, 17, 21; **8**:4, 12, 12, 17, 18, 23, 24, 28; **9**:9, 16, 24, 25, 35; **10**:20, 20, 22, 27, 28; **11**:30; **12**:5, 17, 18, 33, 33, 33, 34, 39, 41, 43, 50; **13**:5, 6, 19, 30, 35, 35, 37, 38; **14**:12, 20, 22, 22, 23, 24, 32; **15**:11, 11, 11, 17, 17, 20, 29, 37, 39; **16**:3, 4, 5; **17**:2, 2, 9, 15, 15, 18, 27; **18**:4, 7, 8, 8, 10, 12, 20, 27, 30, 34; **19**:18; **20**:10, 12, 14, 19, 22, 23, 23; **21**:1, 4, 12, 21, 23, 25, 25, 31; **22**:4, 13, 13, 19, 31, 34; **23**:5, 19, 19, 19, 19, 23, 23, 23, 23, 25, 26, 26, 32; **24**:3, 6, 9, 12, 14, 14, 15, 15, 18, 28, 29, 30, 32, 51; **25**:18, 18, 24, 25, 25, 27, 28, 30, 30, 41, 41, 41; **26**:2, 2, 9[NIV], 12, 12, 13, 17, 18, 19, 26, 28, 28, 30, 32, 39, 41, 42, 45, 51, 58, 59, 67; **27**:9, 25, 27, 31, 44, 50, 51, 58, 59; **28**:3, 16, 19; **Mk 1**:10, 12, 14, 14, 26, 26; **2**:14, 21, 21, 27, 27; **3**:3, 13, 29, 29, 35; **4**:5, 5, 6, 11, 29, 35, 37, 37, 38; **5**:1, 4, 8, 8, 14, 18, 21, 23, 26, 39, 40, 41, 42; **6**:14, 28, 29, 45, 45[UBS], 46, 47, 51; **7**:18, 20, 25, 26, 29, 30, 30; **8**:10, 13[NIV], 13; **9**:10, 20, 23, 25, 29, 32, 43, 43, 48, 50, 50; **10**:38, 38, 39, 39, 40, 50; **11**:1, 11, 15, 30, 30; **12**:33, 33, 41, 43; **13**:3, 4, 7, 10, 11, 11, 13, 14, 16, 22, 24, 28, 34; **14**:1, 5, 8, 9, 12, 12, 14, 14, 16, 20, 22, 24, 24, 26, 28, 32, 36, 38, 41, 41, 47, 54, 55, 55, 65, 68, 72; **15**:1, 15, 38, 43, 45; **16**:2, 5, 15, 19, S[UBS]; **Lk 1**:5, 9, 10, 13, 27, 31, 35, 38, 41, 44, 47, 49, 50, 58, 59, 62, 64, 66, 80; **2**:4, 12, 15, 15, 16, 21, 21, 24, 27, 27, 27, 29, 30, 40, 42, 50; **3**:6, 13, 17, 17, 22, 22; **4**:9, 16, 17, 20, 35, 35; **5**:4, 17, 19, 19, 24, 27, 36, 36, 36; **6**:8, 12, 22, 29, 33, 41, 41, 42, 42, 42, 42, 45, 45, 45, 48, 49; **7**:5, 29, 43; **8**:6, 14, 15, 16, 22, 34, 35, 37, 55, 56; **9**:7, 17, 28, 29, 42, 45, 46, 48, 51, 53; **10**:34, 37; **11**:2, 3, 8, 24, 29, 32, 33, 34, 34, 35, 35, 36, 39, 39, 40, 40, 42, 42, 50, 50; **12**:3, 4, 5, 10, 12, 23, 32, 42, 46, 47, 47, 56, 57, 59; **13**:1, 8, 9, 11; **14**:34, 34; **15**:4, 6, 6, 12; **16**:11, 12, 15, 24; **17**:35, 37; **18**:1, 5, 10, 13, 34; **19**:4, 10, 11, 15, 23, 29, 29, 37, 45, 47, 48; **20**:4, 17; **21**:1, 7, 9, 17, 30, 37, 37; **22**:2, 4, 7, 8, 11, 11, 13, 15, 19, 19, 20, 20, 20, 20, 22, 23, 24, 36, 37, 37, 37, 39, 39, 42, 42, 42, 49, 50, 50, 56, 66, 66; **23**:1, 2, 8, 24, 45, 46, 47, 52, 55, 55, 56; **24**:1, 3, 12, 12, 22, 23, 24; **Jn 1**:4, 5, 8, 9, 9, 12, 32, 33; **2**:9, 9, 13, 15, 23, 24; **3**:6, 6, 8, 18, 19, 19, 19, 20, 20, 21, 34; **4**:11, 11, 11, 12, 14, 15, 34, 34, 46, 49; **5**:7, 18, 30, 30, 30; **6**:3, 4, 15, 21, 21, 22, 29, 31, 38, 38, 38, 39, 40, 49, 53, 54, 55, 56, 58[NIV], 62, 63, 63; **7**:14, 17, 50; **8**:1, 2, 12, 12, 44; **9**:8, 16, 30, 31; **10**:40; **11**:9, 10, 31, 38, 48, 50, 55; **12**:5, 6, 16, 18, 28, 35, 35, 36, 36; **13**:25, 26, 26, 27, 29, 30; **14**:17, 26, 26; **15**:2, 4, 6, 6, 19, 21, 26; **16**:13, 18, 21; **17**:4, 6, 26; **18**:10, 10, 11, 26, 28, 28, 28, 33, 35, 35; **19**:5, 9, 30, 30, 38, 38, 39, 40, 42; **20**:1, 3, 4, 6, 7, 8, 11, 12, 19, 26; **21**:3, 6, 8, 11, 11, 13, 17, 17, 20; **Ac 1**:3, 13, 15, 16, 16, 19; **2**:1, 4, 6, 16, 21, 29, 44, 47; **3**:1, 2, 3, 8, 16, 19; **4**:2, 12, 18, 21, 22, 26, 33, 37; **5**:3, 3, 4, 7, 8, 9, 16, 21, 21, 21, 23, 28, 32, 32, 38; **6**:2, 12, 15; **7**:4, 6, 7, 13, 19, 19, 31, 33, 43, 59; **8**:9, 11, 16, 18, 20, 29, 32, 35, 38, 38; **9**:14, 15, 21, 39, 40; **10**:9, 16, 17, 19, 34, 37, 37, 41, 44, 44, 47, 47, 47; **11**:8, 12, 15, 15; **12**:4, 8, 9, 20; **13**:2, 2, 2, 8, 12, 25, 40, 42; **14**:1, 4, 26; **15**:8, 8, 12, 13, 17, 30, 38; **16**:7, 10, 24, 25; **17**:2, 9, 16, 29; **18**:2, 3, 6, 12, 14, 25; **19**:3, 5, 6, 6, 13, 15, 15, 16, 16, 17, 21, 27, 27, 29, 31; **20**:1, 13, 23, 23, 24, 25, 28, 28, 38, 38; **21**:3, 6, 11, 11, 14, 25, 26, 28, 29, 34, 36; **22**:5, 7, 9, 14, 16, 20, 30, 30, 30; **23**:2, 6, 6, 7, 10, 20, 28, 31; **24**:6, 17, 25; **25**:8, 11, 23, 24; **26**:7, 9; **27**:4, 5, 5, 9, 17, 17, 38, 39; **28**:2, 4, 5, 5, 18, 25, 25, 28; **Ro 1**:11, 15, 16, 19, 20, 32; **2**:2, 3, 4, 9, 10, 15, 16, 18, 24; **3**:1, 8, 14, 26; **4**:11, 11, 13, 16, 18, 18, 18, 19; **5**:15, 15, 16, 16, 16, 20; **6**:6, 12, 21, 22, 23; **7**:4, 5, 13, 18, 18, 18, 21, 21; **8**:3, 4, 6, 6, 7, 10, 10, 11, 16, 26, 26, 26, 27, 29; **9**:5, 17, 20, 22, 27; **10**:8, 8, 13; **11**:11, 12, 12, 12, 16, 25, 25, 28; **12**:2, 2, 2, 3, 5, 9, 16, 18, 21; **13**:3, 4, 4, 4, 7, 7, 8, 9; **14**:13, 16, 20, 21; **15**:2, 5, 8, 13, 16, 16, 19; **16**:19, 19, 25, 25; **1Co 1**:2, 6, 10, 13, 15, 25, 25; **2**:1, 4, 10, 11, 11, 11, 12, 12, 12; **3**:13, 13, 13, 14, 15, 16; **4**:6; **5**:2, 5, 6, 6, 7; **6**:13, 18, 19; **7**:5, 26, 29, 31, 35, 35; **8**:10; **9**:1, 14, 15, 18, 18, 23, 24, 27; **10**:3, 4, 6, 16, 24, 24, 25, 26, 27, 33, 33; **11**:5, 6, 17, 17, 20, 21, 22, 24, 24, 25, 25, 25, 26, 27, 29, 33; **12**:4, 7, 8, 11, 11, 12, 14, 16, 17, 19, 24, 25; **13**:3, 5, 10, 10; **14**:7, 7, 9, 14, 16, 23, 27, 39, 39; **15**:1, 14, 24, 32, 37, 37, 46, 46, 46, 53, 53, 54, 54, 55, 55, 56, 57; **16**:10, 17, 18, 18; **2Co 1**:4, 9, 11, 12, 17, 17, 20, 20; **2**:1, 12; **3**:6, 6, 7, 10, 11, 11, 13, 13, 13, 14, 16, 17, 17; **4**:3, 4, 13, 13, 17; **5**:2, 2, 4; **6**:11; **7**:3, 11, 13; **8**:2, 6, 8, 10, 10, 11, 11, 14, 14, 14, 14, 15, 15; **9**:1, 2, 3, 3, 13; **10**:2, 13; **11**:7, 9, 15; **13**:2, 2, 7, 11; **Gal 1**:4, 7, 11, 11; **2**:2, 7; **3**:2, 5, 17, 19; **4**:4, 6, 13, 25; **5**:9, 10, 11, 17; **6**:4, 5, 8, 9, 10; **Eph 1**:7, 9, 12, 13, 18, 19, 23, 23; **2**:7, 8, 14; **3**:3, 8, 16, 18, 19; **4**:7, 9, 16, 25, 28, 30, 30; **5**:14, 17, 32; **6**:6, 11, 19; **Php 1**:5, 7, 10, 21, 21, 22, 23, 24, 26, 29, 29, 29; **2**:2, 2, 6, 9, 9, 13, 13, 18, 22, 30, 30; **3**:1, 8, 14, 19, 20, 21; **4**:2, 5, 8, 10, 17, 19; **Col 1**:11, 19, 26, 26, 27; **2**:1, 5, 9, 14, 17, 19; **4**:1, 3; **1Th 1**:5; **2**:2, 4, 8, 9, 9, 12, 16, 17; **3**:2, 3, 5, 10, 10, 13; **4**:1, 4, 6, 8, 8, 9; **5**:13, 15, 19, 21, 23, 23; **2Th 1**:5, 10, 12; **2**:2, 6, 6, 7, 10, 11; **3**:1, 8, 9; **1Ti 1**:5, 11, 13; **2**:6; **3**:9, 16; **4**:1; **6**:1, 19; **2Ti 1**:6, 8; **2**:8, 19, 26; **3**:13; **4**:17; **Tit 3**:5; **Phm 1**:8, 14; **Heb 2**:9, 12, 14, 17; **3**:6, 7, 7, 13; **6**:8, 10, 17, 19; **7**:3, 7, 18, 23, 24, 25, 25; **8**:3, 13; **9**:1, 3, 4, 5, 13, 14, 14, 19, 19, 20, 28; **10**:1, 2, 7, 9, 9, 9, 12, 13, 14, 15, 15, 15, 22, 26, 29, 29, 31, 36; **11**:3, 3, 12, 21, 23, 23, 28; **12**:10, 10, 10, 11, 13, 20, 21, 27; **13**:11, 21, 21, 21; **Jas 1**:3, 11, 18, 19, 19, 23; **2**:3, 7, 7, 14, 16, 21, 26; **3**:2, 3, 3, 6, 11, 11; **4**:2, 5, 14; **5**:11, 12, 12; **1Pe 1**:3, 7, 9, 11, 17, 24, 25, 25, 25; **2**:2, 9, 15, 24; **3**:7, 8, 17; **4**:2, 3, 7, 11, 14, 14, 17, 17, 19; **5**:2, 11; **2Pe 2**:3, 22, 22; **3**:13; **1Jn 1**:7; **2**:8, 8, 12, 16, 17, 27, 27; **4**:2, 3, 6, 6; **5**:4, 6, 6, 6, 8, 8, 8, 8, 13, 14; **3Jn 1**:11, 11; **Jude 1**:4, 5, 6, 16, 21; **Rev 1**:6, 8, 8, 20; **2**:3, 7, 11, 13, 17, 29; **3**:5, 5, 6, 8, 12, 12, 12, 12, 13, 22; **4**:7, 7, 7, 7, 7, 7, 11; **5**:2, 3, 4, 5, 8, 9, 12, 12, 13; **6**:1, 6, 8, 10; **7**:17, 17; **8**:3, 3, 3, 7, 7, 8, 9, 9, 10, 11, 11, 12, 12, 12, 12, 12; **9**:2, 15, 18; **10**:1, 7, 8, 8, 9, 10; **11**:1, 7, 7, 8, 9, 13, 18; **12**:4, 4, 5, 11, 16; **13**:2, 2, 6, 6, 8, 12, 12, 16, 17, 17; **14**:1, 1, 1, 1, 9, 11, 11, 13, 15, 16, 18, 18, 18, 18, 19; **15**:4; **16**:2, 9, 12, 19; **17**:1, 5, 7, 8, 8, 8, 8, 11, 14, 16; **18**:20; **19**:2, 8, 9, 10, 13, 16, 17, 17, 19, 20, 20; **20**:4, 4, 4, 9, 10; **21**:6, 6, 6, 8, 14, 15, 16, 16, 16, 16, 16, 17, 22, 23; **22**:4, 4, 12, 13, 13, 13, 14, 16, 17, 19

τοῖς [624 / 621]

Mt 2:6, 16; **4**:6, 16; **5**:12, 15, 16, 21, 33; **6**:1, 5, 9, 12, 14, 15, 16, 18; **7**:6, 6, 11, 11, 11, 21; **8**:10, 26, 32; **9**:8, 10, 11, 37; **10**:18, 32[UBS], 33[UBS]; **11**:1, 7, 8, 16; **12**:1, 4, 4, 5, 10, 11, 12, 18, 31, 46; **13**:15, 15, 15, 30, 32, 34; **14**:2, 19, 19; **15**:8, 26, 36, 36; **16**:17, 19, 19, 20, 21, 24; **17**:16; **18**:13, 13, 34; **19**:21, 23; **20**:12, 15, 18, 19; **21**:9, 40, 41; **22**:4, 8, 13; **23**:1, 1, 5, 6, 20, 28; **24**:14, 26, 47; **25**:4, 27, 34, 41, 41; **26**:1, 26, 36, 55, 71; **27**:3, 7; **28**:7, 8, 10, 11, 12; **Mk 1**:21, 27, 27; **2**:15, 16, 23, 24, 26; **3**:2, 4, 9, 28; **4**:10, 11, 34; **5**:3, 5, 5; **6**:4, 21, 21, 21, 21, 22, 41, 52, 55; **7**:6, 27; **8**:6, 34; **9**:18; **10**:21, 23, 24, 33, 33, 33; **11**:10, 17, 25; **12**:25, 39; **13**:25, 34; **14**:5, 32, 69; **16**:5, 7, 10, 13, 14, 14, 17, S[UBS]; **Lk 1**:20, 45, 50, 79; **2**:33, 38, 44, 44, 49; **3**:7, 14; **4**:10, 21, 22, 22, 31, 36; **5**:7, 8; **6**:2, 4, 23, 24, 26, 27, 27; **7**:25, 32, 38, 44; **8**:10, 25, 27; **9**:16, 61; **10**:20; **11**:13, 13, 30, 42, 43, 46, 46, 48, 52; **12**:3, 4, 33, 44, 54; **13**:10, 17, 17, 19; **14**:17, 33; **16**:23; **17**:14; **18**:22, 32; **19**:8, 24, 39; **20**:1, 45, 46; **22**:4, 28; **23**:11, 30, 30; **24**:9, 9, 44; **Jn 1**:12, 22; **2**:5, 16, 23; **4**:28; **5**:2, 15, 28, 47, 47; **6**:11, 12, 13, 22, 45, 67; **7**:12; **10**:19, 22, 38; **11**:7, 16, 54; **12**:40; **13**:29, 33; **17**:6; **18**:1, 14, 36; **19**:14, 40; **20**:12, 18; **21**:1, 14; **Ac 1**:2, 14, 16, 19; **2**:14, 39, 39; **4**:16, 16, 29; **5**:26, 32, 35; **7**:13, 37, 41, 44, 51; **8**:6; **9**:13, 26; **10**:36, 41; **11**:18, 29; **12**:3, 17, 18; **13**:31, 33, 40, 45; **14**:4, 4, 5, 8, 13, 27, 28; **15**:3, 12, 19, 22, 22, 22, 23, 23, 25; **16**:3, 14, 16, 20, 32, 38; **17**:17, 17, 30; **18**:5, 18, 19, 27, 27, 28; **19**:17, 24; **20**:32, 34; **21**:19, 20, 21; **22**:25; **23**:2, 14, 14, 30; **24**:5, 5, 14, 14, 14, 27; **25**:9, 23; **26**:18, 20, 20, 23, 27; **27**:11, 31; **28**:7, 17, 17, 24, 27, 27, 27, 28; **Ro 1**:5, 7, 13, 15, 20, 21, 32; **2**:7, 8, 24; **3**:4, 19; **4**:12, 12, 12, 24; **7**:5, 23, 23; **8**:1, 4, 28, 28; **10**:20, 20; **11**:11, 13; **12**:16; **14**:18; **15**:23, 25, 27, 27, 31; **16**:7; **1Co 1**:2, 18, 18, 24; **2**:6, 9; **4**:2; **5**:1, 10, 10; **6**:13; **7**:8, 10, 12, 15; **8**:9; **9**:3, 14, 20, 20, 21, 22, 22; **10**:5; **12**:21; **14**:7, 22, 22, 22, 22; **15**:5, 7; **16**:15, 16; **2Co 1**:1, 1; **2**:15, 15; **4**:3; **5**:1; **6**:12; **9**:9; **11**:10; **12**:14, 14, 18; **13**:2, 2; **Gal 1**:16; **2**:2, 2; **3**:10, 16, 22; **4**:8; **5**:24; **Eph 1**:1, 1, 3, 10, 18, 20; **2**:1, 2, 5, 6, 7, 7, 17, 17; **3**:5, 5, 8, 10, 18; **4**:8, 29; **5**:11, 11, 22, 24; **6**:1, 5, 12, 23; **Php 1**:1, 1, 7, 13, 14, 17; **3**:13; **Col 1**:2, 5, 16, 20, 21, 21, 24, 26, 27; **2**:13, 14; **3**:18, 20, 22; **4**:1; **1Th 1**:7; **2**:10, 13, 16; **4**:18; **5**:27; **2Th 1**:4, 6, 7, 8, 8, 10, 10; **2**:10; **3**:12; **1Ti 4**:3, 6, 6; **5**:4; **6**:3, 17; **2Ti 3**:11, 11; **4**:8, 15; **Tit 1**:15, 15, 16; **2**:5; **3**:8; **Phm 1**:10, 13; **Heb 1**:1, 1; **2**:1, 12, 17, 18; **3**:17, 18; **4**:2, 13; **5**:2, 9; **6**:10, 17; **8**:1, 1, 9; **9**:23, 27, 28; **10**:34; **11**:4, 6, 31; **12**:11, 13; **13**:5, 17; **Jas 1**:12; **2**:5, 22; **3**:6, 18; **4**:1; **1Pe 2**:7, 12, 18, 18, 18, 21; **3**:1, 5, 19; **4**:13; **5**:14; **2Pe 1**:1; **1Jn 1**:1; **5**:13, 16; **2Jn 1**:1, 11, 11; **Jude 1**:1, 3; **Rev 1**:1, 13; **2**:24, 24; **6**:16; **7**:2; **11**:2, 3, 18, 18, 18, 18; **13**:14; **15**:7; **16**:1; **19**:17, 17; **20**:12; **21**:8, 8, 12; **22**:6, 14

τόν [1581 / 1578]

Mt 1:2, 2, 2, 3, 3, 3, 3, 4, 4, 4, 5, 5, 5, 6, 6, 6, 7, 7, 7, 8, 8, 8, 9, 9, 9, 10, 10, 10, 11, 12, 12, 13, 13, 13, 14, 14, 14, 15, 15, 15, 16, 16, 21; **2**:2, 6, 6, 7, 10, 15, 16; **3**:9, 12, 13, 13; **4**:6, 7, 10, 18, 18, 21, 21, 22; **5**:8, 15, 16, 16, 17, 26, 40, 42, 43, 43, 45; **6**:2, 5, 11, 11, 16, 24, 24, 30; **8**:21; **9**:6, 7, 8, 8, 23, 38; **10**:14, 24, 24, 25, 28, 38, 40, 42; **11**:10, 27, 27, 29; **12**:4, 22, 26, 29, 33, 33, 44, 44[NIV]; **13**:2, 19, 20, 21, 22, 22, 23, 29, 30, 44, 48; **14**:3, 5, 10, 19, 29, 30; **15**:4, 6, 6, 10, 11, 11, 12, 18, 20, 20, 26, 31, 31, 32; **16**:13, 14, 24, 26, 28; **17**:1, 1, 14, 15, 27; **18**:6, 15, 33; **19**:5, 11, 19, 19, 22; **20**:1, 2, 4, 7, 8, 12; **21**:7, 19, 26, 26, 37, 37, 38, 41, 44; **22**:5, 37, 39; **23**:17, 24; **24**:30; **25**:30; **26**:4, 18, 31, 37, 44, 50, 51, 52, 53, 57, 57, 61, 64, 71, 72, 74; **27**:5, 6, 7, 10, 14, 17[UBS], 17, 20, 20, 21, 22, 26, 26, 27, 30, 32, 40, 43, 54, 54, 64, 66, 66; **28**:1, 2, 5, 6; **Mk 1**:2, 7, 9, 14, 16, 19, 19, 20, 45; **2**:2, 4, 4, 9, 11, 11, 12, 12, 14, 19, 26, 27; **3**:9, 17, 17, 18, 18, 27, 29; **4**:14, 15, 15, 16, 17, 18, 19, 20, 21, 26, 33, 36; **5**:6, 7, 15, 15, 15, 15, 19, 31, 35, 36, 37, 37, 38, 40; **6**:11, 11, 17, 20, 25, 30, 41, 45; **7**:5, 10, 13, 14, 15, 17[NIV], 18, 19, 20, 23, 27, 29, 30, 34; **8**:2, 28, 31, 32, 34, 34, 36; **9**:2, 2, 2, 8, 10, 12, 17, 21, 37, 41, 42; **10**:7, 12, 19, 49, 50; **11**:5, 7, 7, 14, 32, 32; **12**:6, 9, 12, 30, 31, 33, 44; **13**:16, 26; **14**:8, 9, 27, 33, 33[UBS], 33[UBS], 39, 47, 53, 53, 58, 58, 60, 62, 67, 71; **15**:1, 5, 9, 11, 11, 12, 15, 15, 21, 21, 22, 29, 43, 44; **16**:3, 6, 6, 15, 19, 20, S[UBS]; **Lk 1**:9, 16, 18, 20, 21, 23, 32, 33, 34, 40, 41, 46, 55, 56, 64, 73, 80; **2**:7, 7, 13, 15, 16, 20, 22, 26, 28, 29, 39; **3**:2, 8, 16, 17, 18, 20, 21, 21; **4**:8, 11, 12, 17, 41; **5**:1, 1, 4, 10, 12, 19, 24, 25, 25, 26; **6**:4, 14, 15, 29, 38, 40; **7**:3, 4, 10, 10, 16, 16, 19, 27, 29, 36; **8**:5, 12, 13, 15, 19, 21, 28, 35, 35, 39, 40, 41, 43[UBS], 49, 51; **9**:5, 12, 13, 16, 19, 20, 22, 23, 25, 33, 38, 41, 42, 47, 48, 59, 61; **10**:2, 11, 11, 16, 18, 27, 27, 29, 32, 39; **11**:3, 3, 11, 24, 28, 33; **12**:5, 10, 18, 28, 36, 39, 56, 58; **13**:7, 13, 15, 15; **14**:9, 10, 17, 23, 26, 27; **15**:6, 12, 18, 18, 20, 20, 21, 23, 23, 27, 27, 30, 30; **16**:2, 8, 13, 13, 17, 20, 22, 22, 27, 28; **17**:2, 15, 24; **18**:2, 4, 13, 14, 20, 43; **19**:3, 5, 8, 33, 33, 35, 35, 35, 37, 44; **20**:1, 9, 13, 13, 16, 18, 19, 37, 41; **21**:4, 27; **22**:2, 3, 31, 48, 50; **23**:1, 5, 8, 13, 14, 14, 18, 20, 25, 25, 26, 33, 33, 40, 47; **24**:2, 5, 7, 21, 26, 30, 45, 46, 51, 53; **Jn 1**:1, 2, 9, 18, 27, 29, 41, 41, 41, 42, 45, 45, 47, 51, 51; **2**:2, 6, 9, 10, 10, 10, 16, 19; **3**:13, 14, 14, 16, 16, 16, 17, 17, 17, 19, 26, 35, 36; **4**:14,

16, 38, 39, 41, 47; **5:**8, 9, 10, 11, 16, 18, 19, 20, 23, 23, 23, 23, 23, 24, 38, 45; **6:**10, 14, 19, 23, 24, 32, 32, 32, 34, 37, 40, 42, 46, 46, 51, 57, 58, 58, 62, 71; **7:**12, 13, 19, 19, 33, 49, 51, 53; **8:**19, 19, 26, 27, 28, 35, 35, 41, 43, 43, 49, 51, 51, 52, 52, 55; **9:**6, 11, 13, 14, 24, 35, 39; **10:**12, 15, 28, 36, 40; **11:**2, 5, 21, 22, 26, 27, 39, 41, 42, 42, 48, 56; **12:**9, 9, 10, 11, 17, 21, 34, 34, 44, 45, 46, 47, 47, 48; **13:**1, 3, 5, 8, 11, 18, 20; **14:**1, 6, 7, 8, 9, 9, 12, 16, 16, 23, 28, 31; **15:**3, 16, 20, 20, 21, 23, 24; **16:**3, 5, 8, 10, 17, 21, 23, 26, 28, 28, 28, 33; **17:**1, 1, 3, 5, 6, 14, 18, 18; **18:**2, 5, 7, 10, 12, 16, 19, 24, 28, 31, 33, 37, 39, 40; **19:**1, 5, 7, 8, 13, 15, 16, 17, 17, 18, 20, 23, 23, 24, 26, 31, 33, 38, 38, 42; **20:**1, 2, 2, 13, 14, 17, 17, 18, 19, 20, 25, 25, 25, 25, 27; **21:**4, 7, 13, 19, 20, 25; **Ac 1:**1, 10, 11, 11, 11, 17, 23, 25, 25, 25; **2:**2, 5, 22, 25, 27, 30, 32, 36, 37, 41, 47, 47; **3:**8, 9, 11, 11, 12, 13, 14, 15, 18, 20, 26; **4:**1, 2, 4, 12, 14, 14, 17, 21, 21, 24, 24, 27, 29, 31; **5:**9, 10, 21, 25, 26, 42; **6:**2, 11, 12, 14; **7:**4, 8, 8, 9, 10, 14, 18, 24, 27, 28, 35, 44, 53, 55, 56, 59; **8:**2, 4, 5, 14, 24, 25, 28, 30, 31, 35, 39; **9:**20, 27, 35, 35, 40, 42; **10:**2, 11, 16, 17, 22, 22, 25, 36, 38, 43, 44, 46; **11:**1, 10, 12, 13, 13, 17, 17, 18, 19, 20, 21; **12:**1, 2, 5, 11, 14, 14, 20, 25; **13:**2, 5, 7, 8, 11, 15, 16, 17, 21, 22, 22, 25, 26, 31, 35, 44, 46, 48, 50, 51; **14:**12, 12, 14, 15, 19, 25; **15:**5, 7, 10, 10, 17, 19, 22, 35, 36, 37, 37, 38, 39, 39; **16:**6, 14, 15, 19, 19, 25, 31, 32, 34, 36; **17:**3, 5, 8, 10, 10, 11, 14, 15, 15, 15, 18, 19, 24, 27; **18:**5, 7, 11, 13, 13, 17, 28; **19:**1, 4, 4, 10, 13, 15, 15, 23, 30, 35; **20:**1, 7, 11, 12, 13, 18, 21, 24, 37; **21:**3, 5, 7, 8, 11, 20, 24, 27, 28, 29, 32, 32, 34, 39; **22:**12, 14, 22, 23, 25, 30; **23:**3, 4, 12, 14, 17, 17, 18, 18, 20, 22, 24, 24, 25, 27, 30, 31, 33; **24:**5, 14, 15, 16, 24, 27; **25:**4, 6, 8, 13, 14, 17, 22, 25; **26:**1, 18, 20, 28; **27:**1, 10, 38, 40, 40, 43; **28:**2, 2, 7, 8, 26; **Ro 1:**21, 25, 28; **2:**1, 23, 27, 27; **3:**6, 11, 26; **4:**1, 5, 5, 6, 24, 24; **5:**1, 12; **6:**3, 4, 22; **7:**21, 22; **8:**3, 11, 20, 28; **9:**9, 13, 13, 23, 25; **10:**1, 6, 21; **11:**1, 2, 10; **13:**7, 7, 7, 7, 8, 9, 11, 14; **14:**1, 3, 3, 10, 10; **15:**6, 9, 11, 17, 28, 30; **16:**4, 5, 8, 9, 9, 10, 11, 13, 20; **1Co 1:**16, 21; **2:**8; **3:**8, 8, 11, 12, 17; **4:**19; **5:**3, 5, 13; **6:**1, 2, 14, 20; **7:**2, 13, 16, 31; **8:**3, 10, 13, 13, 13; **9:**1, 7; **10:**2, 9, 16, 18, 22, 28; **11:**9, 26, 26, 27; **14:**16; **15:**15; **16:**22; **2Co 1:**22, 23; **2:**13, 17; **3:**4; **4:**2, 4, 7, 14; **5:**5, 8, 11, 19, 21; **7:**7, 7; **8:**18, 22; **9:**9, 10, 13; **10:**15; **11:**3; **12:**2, 3, 4, 8, 18; **13:**7; **Gal 1:**10, 16, 19, 24; **4:**4, 14, 21, 27, 29, 30; **5:**3, 14; **6:**1, 2, 4, 6, 16; **Eph 1:**13; **2:**2, 2, 15, 18; **3:**14, 16, 17; **4:**12, 20, 22, 22, 24, 24; **5:**16, 31, 33; **6:**2, 14, 16, 24; **Php 1:**11, 14, 15, 17, 30; **2:**25; **3:**7; **4:**6, 17, 17; **Col 1:**23, 25; **2:**6, 6; **3:**9, 10, 10, 22; **4:**5; **1Th 1:**6, 8, 9, 10, 10; **2:**9, 9, 15; **3:**2; **4:**5, 6, 8, 8; **5:**11, 27; **2Th 2:**4; **3:**12; **1Ti 1:**15; **3:**2; **5:**4, 23; **6:**5, 7, 12; **2Ti 1:**8, 10; **2:**6, 15, 22; **3:**8; **4:**2, 7, 7, 10, 13, 19; **Tit 1:**3, 7; **3:**13; **Phm 1:**5, 11; **Heb 1:**6, 8, 8; **2:**9, 10, 14, 14, 17; **3:**1, 6; **4:**14; **5:**1, 6, 7, 12; **6:**1, 6, 7, 18, 20; **7:**5, 5, 6, 17, 21, 24, 28, 28; **8:**5, 5, 8, 8, 11, 11, 11; **9:**9, 9, 9, 19, 19, 22, 24; **10:**5, 21, 29, 30, 30; **11:**6, 7, 11, 17, 17, 20, 20, 26, 27, 27; **12:**1, 2, 3, 14, 14, 24, 25, 25, 25, 26; **13:**7, 12, 13, 20, 20, 20, 23; **Jas 1:**11, 12, 21, 21, 25; **2:**3, 6, 8, 10, 21; **3:**6, 9; **4:**11, 12; **5:**6, 7, 12, 15, 18; **1Pe 1:**15, 17, 17, 21, 25; **2:**12, 13, 17, 17, 25; **3:**14, 15; **4:**2, 16; **5:**4; **2Pe 1:**19; **2:**1; **1Jn 1:**2; **2:**1, 5, 9, 10, 11, 13, 13, 14, 14, 14, 15, 15, 17, 22, 22, 23, 23, 23, 23; **3:**10, 12, 15, 17, 17, 21; **4:**1, 3, 6, 7, 8, 9, 9, 9, 10, 10, 14, 18, 20, 20, 20, 20, 21, 21; **5:**1, 1, 2, 4, 4, 5, 10, 12, 12, 16, 20; **2Jn 1:**2, 7, 9, 9; **3Jn 1:**11; **Jude 1:**4, 7, 23; **Rev 1:**2, 9; **2:**2, 10, 28, 28; **3:**8, 10, 11; **4:**2; **6:**6, 9; **7:**4; **8:**5; **9:**4, 6, 11, 16; **10:**2, 2, 2, 5, 6, 9; **11:**1, 6, 12, 18; **12:**1, 5, 5, 11, 13, 14, 16; **13:**2, 6, 17, 18; **14:**7, 7, 19; **15:**8; **16:**8, 10, 11, 12, 12, 12, 14, 16, 16, 17, 21; **18:**9, 10, 11, 15, 18; **19:**11, 16, 19; **20:**2, 4, 8, 8, 11; **22:**2, 6, 16

τοῦ [2517 / 2519]

Mt 1:6, 17, 18, 22, 24; **2:**1, 1, 4, 5, 7, 8, 9, 13, 15, 17, 19, 20, 22; **3:**3, 5, 13, 16, 16; **4:**1, 1, 3, 5, 6, 8, 14, 15, 21, 21, 25; **5:**14, 18, 22, 24, 34, 35, 37, 45, 45; **6:**8, 13, 22, 24, 25, 26, 28, 30, 33; **7:**3, 4, 5, 5, 5, 21, 21; **8:**1, 17, 20, 20, 29, 32; **9:**6, 15, 16, 20, 20, 21, 23, 33, 38, 38; **10:**2, 3, 20, 23[UBS], 23, 29, 32, 32, 33, 33, 35, 36; **11:**1, 2, 11, 12, 19, 25, 27; **12:**4, 6, 8, 8, 17, 28, 29, 31, 32, 32, 32, 32, 33, 34, 35, 35, 39, 40, 40, 43, 45, 50, 50; **13:**3, 15, 18, 22, 22, 25, 27, 30, 30, 32, 35, 36, 37, 38, 40, 41, 42, 43, 49, 50, 52, 55; **14:**3, 6, 8, 19, 26, 29, 35, 36, 36; **15:**3, 6, 11, 18; **16:**1, 3, 13, 16, 16, 23, 27, 27, 28; **17:**9, 9, 12, 13, 22; **18:**9, 10, 10, 14, 14, 19, 19, 27; **19:**1, 10, 17, 24, 28, 28, 29; **20:**8, 11, 18, 23, 28; **21:**4, 23, 31, 31, 32, 39, 40, 43; **22:**16, 19, 21, 29, 31, 42, 42; **23:**16, 22, 23, 25, 26, 35, 35, 35, 35, 35; **24:**1, 1, 3, 3, 15, 17, 21, 27, 27, 29, 30, 30, 30, 30, 37, 37, 37, 38, 39, 39, 44, 45, 50; **25:**1, 5, 8, 18, 21, 23, 29, 31, 34; **26:**2, 3, 3, 3, 6, 6, 12, 24, 24, 29, 29, 45, 47, 51, 58, 59, 61, 63, 63, 63, 64, 64, 69, 71, 75; **27:**1, 1, 7, 9, 9, 10, 11, 19, 24, 24, 27, 40, 40, 42, 51, 56, 58, 60, 61; **28:**4, 8, 14, 19, 19, 19, 20; **Mk 1:**1, 10, 13, 14, 15, 19, 24, 44; **2:**10, 14, 19, 21, 26, 28, 28; **3:**8, 11, 17, 17, 18, 27, 35; **4:**11, 19, 19, 26, 30, 32; **5:**2, 7, 7, 8, 13, 21, 27, 27, 29, 35, 38, 40, 41; **6:**17, 18, 24, 25, 54, 56, 56; **7:**8, 9, 13, 15, 15, 17, 20, 33; **8:**11, 23, 31, 33, 35, 38, 38; **9:**1, 9, 9, 12, 17, 24, 31, 47; **10:**1, 14, 15, 23, 24, 25, 29, 33, 45; **11:**4, 10, 16; **12:**2, 8, 9, 14, 17, 24, 26, 34, 41, 44; **13:**1, 3, 15, 19, 25, 26; **14:**2, 3, 4, 21, 21, 25, 25, 41, 47, 54, 55, 61, 62, 62, 66, 66, 67, 67; **15:**30, 32, 38, 40, 43, 43, 45, 46; **16:**1, 1, 2, 3, 8, 19, 20; **Lk 1:**2, 6, 6, 8, 9, 9, 10, 10, 11, 11, 15, 19, 26, 32, 37, 43, 44, 48, 57, 59, 68, 73, 77, 79; **2:**6, 17, 17, 17, 21, 21, 21, 22, 24, 25, 26, 26, 27, 27, 37, 41, 49; **3:**1, 3, 4, 6, 15, 15, 19, 23, 24, 24, 24, 24, 24, 25, 25, 25, 25, 25, 26, 26, 26, 26, 26, 27, 27, 27, 27, 27, 28, 28, 28, 28, 28, 29, 29, 29, 29, 29, 30, 30, 30, 30, 30, 31, 31, 31, 31, 31, 32, 32, 32, 32, 32, 33, 33, 33[UBS], 33, 33, 33, 34, 34, 34, 34, 34, 35, 35, 35, 35, 35, 36, 36, 36, 36, 36, 37, 37, 37, 37, 37, 38, 38, 38, 38; **4:**1, 2, 3, 9, 9, 10, 14, 17, 22, 27, 29, 34, 38, 40, 41, 42, 43; **5:**1, 3, 7, 10, 14, 19, 24, 34, 36; **6:**4, 5, 5, 12, 17, 20, 22, 22, 29, 30, 41, 42, 42, 44, 45, 45; **7:**1, 3, 28, 30, 34, 36, 37; **8:**1, 5, 5, 10, 11, 14, 21, 24, 28, 28, 29, 29, 33, 33, 35, 41, 44, 44, 44, 47, 49; **9:**2, 11, 20, 22, 26, 26, 27, 29, 37, 38, 43, 44, 45, 51, 54, 58, 58, 60, 62; **10:**2, 2, 7, 9, 11, 15, 18, 19, 19, 21, 22, 36, 39; **11:**14, 20, 24, 26, 27, 28, 30, 34, 38, 39, 39, 42, 49, 51[NIV], 51[NIV], 51, 51, 51, 54; **12:**1, 6, 8, 8, 9, 10, 13, 23, 30, 40, 42, 46, 47, 52, 56, 58; **13:**14, 16, 16, 18, 19, 20, 28, 29; **14:**5, 15, 17, 24; **15:**10, 17; **16:**5, 8, 8, 9, 13, 15, 16, 17, 21, 24, 27; **17:**1, 7, 20, 20, 21, 22, 22, 24, 26, 26, 30, 31; **18:**3, 8, 12, 16, 17, 24, 25, 29, 31; **19:**3, 10, 11, 22, 26, 37, 39, 47; **20:**10, 10, 13, 15, 15, 20, 21, 25, 26, 34, 35, 45; **21:**4, 4, 5, 12, 22, 27, 31, 36, 36; **22:**3, 6, 15, 16, 18, 18, 18, 21, 22, 30, 31, 40, 48, 50, 51, 52, 53, 54, 61, 61, 66, 69, 69, 69, 70, 71; **23:**26, 27, 35, 45, 45, 51, 52; **24:**2, 3, 7, 9, 16, 19, 19, 19, 25, 29, 35, 45, 49; **Jn 1:**7, 8, 16, 18, 19, 27, 28, 29, 29, 34, 36, 45, 48, 49, 49, 51, 51; **2:**1, 3, 15, 16, 17, 21, 21, 25; **3:**3, 5, 6, 8, 10, 13, 13, 14, 18, 18, 23, 26, 27, 29, 29, 31, 34, 36; **4:**5, 6, 10, 12, 13, 14, 34, 42; **5:**24, 25, 25, 30, 36, 42, 43, 44; **6:**19, 23, 23, 27, 28, 29, 31, 32, 32, 33, 33, 38, 38, 39, 40, 41, 42, 45, 46, 50, 51, 51, 51, 53, 53, 62, 65, 69; **7:**16, 17, 18, 22, 31, 32, 39, 40, 42; **8:**11, 12, 23, 23, 28, 38, 39, 39, 40, 41, 42, 44, 44, 44, 47, 47, 47, 53, 59; **9:**3, 4, 5, 6, 7, 18[UBS], 28, 32, 35; **10:**18, 23, 25, 29, 32, 35, 36, 37, 40; **11:**4, 4, 9, 13, 13, 19, 27, 37, 39, 40, 49, 50, 51, 51, 52, 52, 55; **12:**1, 3, 3, 7, 13, 17, 23, 24, 28, 31, 31, 34, 34, 34, 38, 43; **13:**1, 1, 2, 4, 16, 16, 19, 23, 25, 31; **14:**2, 21, 24, 30; **15:**10, 15, 19, 19, 19, 20, 20, 26, 26; **16:**11, 14, 15, 25, 27, 28; **17:**5, 6, 9, 14, 14, 15, 15, 16, 16, 20; **18:**1, 1, 10, 13, 13, 14, 15, 16, 17, 23, 26, 28, 29, 32, 36, 36; **19:**12, 14, 19, 25, 25, 29, 31, 31, 32, 32, 32, 38, 38, 40; **20:**1, 2, 4, 12, 31; **21:**2, 6, 6; **Ac 1:**3, 4, 8, 12, 14, 16, 22; **2:**2, 11, 16, 17, 18, 22, 23, 24, 28, 29, 31, 33, 33, 33, 33, 38, 42; **3:**2, 2, 6, 10, 12, 16, 20, 23, 23; **4:**1, 8, 10, 13, 15, 18, 19, 19, 25, 26, 26, 30, 30, 31, 31, 32, 33; **5:**3, 24, 28, 31, 40, 41, 41; **6:**2, 4, 5, 7, 13, 13, 13; **7:**13, 19, 20, 30, 34, 34, 34, 35, 38, 38, 42, 43, 43, 44, 46, 52, 55, 56, 56; **8:**6, 10, 12, 12, 14, 16, 20, 21, 22, 25, 28, 32, 39, 40; **9:**1, 3, 13, 15, 16, 20, 25, 27, 28, 31, 31; **10:**2, 3, 4, 12, 17, 17, 19, 19, 22, 25, 31, 33, 33, 38, 41, 42, 43, 44, 45, 47; **11:**1, 5, 6, 9, 12, 16, 16, 23, 28; **12:**7, 9, 11, 12, 13, 14, 14, 20, 20, 21, 24; **13:**1, 4, 5, 7, 10, 12, 15, 17, 20, 22, 23, 29, 36, 43, 44, 46, 47, 48, 49; **14:**9, 9, 12, 13, 13, 18, 22, 26; **15:**2, 6, 7, 7, 11, 20, 20, 20, 26, 26, 35, 36, 40; **16:**6, 14, 17, 17, 26, 32; **17:**9, 13, 13, 16, 22, 28, 29; **18:**6, 10, 11, 14, 15, 16, 17, 21, 25, 25, 26; **19:**5, 6, 8, 9, 10, 12, 13, 16, 17, 20, 33, 35; **20:**3, 9, 9, 9, 20, 24, 24, 26, 27, 27, 28, 28, 28, 29, 30, 35, 37; **21:**4, 8, 11, 12, 13, 13, 14, 20, 26, 28, 28, 28, 30, 30, 30, 35, 36; **22:**3, 3, 6, 9, 11, 14, 20, 22; **23:**4, 5, 9, 15, 15, 20, 29, 35; **24:**1, 10, 20, 25, 25, 26; **25:**2, 6, 8, 10, 12, 16, 17, 21, 21, 22, 23, 23; **26:**6, 9, 13, 17, 18, 18, 18, 22; **27:**1, 7, 9, 10, 10, 12, 15, 19, 20, 22, 23, 30, 43, 44; **28:**3, 8, 19, 20, 23, 23, 23, 25, 25, 27, 28, 31, 31; **Ro 1:**3, 3, 4, 4, 5, 9, 10, 13, 19, 23, 24, 25, 32; **2:**2, 3, 4, 4, 5, 9, 14, 15, 18, 23, 24, 26, 29; **3:**1, 2, 3, 7, 21, 23, 26; **4:**6, 12, 16, 17, 20; **5:**1, 2, 5, 5, 7, 10, 10, 11, 14, 15, 15, 15, 17, 17, 17, 19, 19, 21; **6:**4, 4, 5, 6, 23; **7:**1, 2, 2, 3, 3, 3, 4, 4, 5, 6, 13, 22, 23, 24, 24, 25; **8:**2, 2, 2, 3, 4, 5, 6, 7, 11, 11, 12, 13, 18, 19, 21, 22, 23, 23, 27, 29, 32, 34, 35, 37, 39; **9:**3, 6, 8, 10, 11, 12, 16, 16, 16, 21, 21, 27, 32; **10:**3, 3, 5; **11:**2, 8, 8, 10, 29; **12:**1, 2, 2, 21; **13:**2, 12, 12; **14:**8, 10, 17, 20, 22; **15:**6, 7, 10, 12, 15, 16, 19, 19, 22, 23, 30, 30; **16:**16, 20, 26; **1Co 1:**2, 2, 4, 6, 7, 8, 9, 9, 10, 10, 17, 18, 20, 20, 21, 21, 25, 25, 27, 27, 28, 29; **2:**1, 6, 6, 8, 10, 10, 11, 11, 11, 11, 12, 12, 12, 14, 14; **3:**10, 16, 17, 17, 19; **4:**5, 5, 6, 6, 13, 15, 20; **5:**1, 4, 4, 4, 5, 10, 10; **6:**5, 11, 11, 15, 18, 19; **7:**4, 4, 31, 32, 33, 34, 34, 37; **8:**7; **9:**5, 7, 10, 12, 13, 14; **10:**10, 13, 16, 16, 16, 16, 17, 18, 24, 26, 29, 32; **11:**3, 12, 12, 16, 22, 23, 26, 27, 27, 27, 27, 28, 28, 29[NIV], 32; **12:**7, 8, 12, 15, 15, 16, 16, 22, 23; **13:**11; **14:**16, 36; **15:**9, 10, 15, 15, 23, 27, 49, 49, 56, 57, 58; **16:**4, 12, 23; **2Co 1:**1, 3, 4, 5, 5, 8, 9, 12, 14, 19, 22; **2:**11, 12, 17; **3:**4, 5, 7, 7, 8, 13; **4:**2, 2, 4, 4, 4, 4, 6, 7, 10, 10, 11, 15; **5:**1, 5, 6, 8, 10, 10, 10, 11, 14, 16, 18, 18, 20; **6:**1; **7:**10, 12, 12, 12, 12; **8:**1, 9, 11, 11, 19; **9:**13, 14; **10:**1, 5, 5, 10, 13, 14; **11:**7, 31, 32, 33; **12:**2, 3, 5, 9, 12; **13:**3, 13, 13, 13; **Gal 1:**1, 4, 4, 4, 4, 6, 7, 13, 19, 20; **2:**5, 12, 14, 20, 20, 20, 21; **3:**10, 10, 13, 14, 14, 17, 21, 23, 29; **4:**2, 3, 4, 6, 30; **5:**8, 11, 17, 22, 24; **6:**2, 8, 12, 14, 16, 17, 17, 18, 18; **Eph 1:**3, 5, 7, 9, 10, 11, 11, 17, 19, 23; **2:**2, 2, 2, 2, 12, 13, 14, 16, 19, 22; **3:**1, 2, 4, 6, 7, 8, 9, 9, 10, 16, 19, 19, 21; **4:**3, 7, 12, 12, 13, 13, 13, 13, 16, 17, 18, 23, 25, 29, 30; **5:**1, 5, 6, 9, 11, 13, 17, 20, 23, 26, 30; **6:**6, 10, 11, 11, 12, 13, 15, 16, 17, 17, 19, 19; **Php 1:**5, 7, 12, 14[NIV], 16, 19, 27, 27, 27; **3:**8, 10, 14, 18, 18, 21; **4:**7, 15, 23, 23; **Col 1:**3, 5, 6, 6, 7, 7, 9, 10, 10, 12, 13, 13, 15, 15, 18, 20, 20, 22, 23, 23, 24, 24, 25, 25, 27; **2:**2, 2, 8, 11, 11, 12, 12, 14, 17, 18, 19, 20; **3:**1, 6, 8, 10, 12, 15, 16; **4:**3, 3, 11, 12; **1Th 1:**3, 3, 3, 4, 6, 8; **2:**2, 4, 8, 9, 12, 12, 13, 14, 16[NIV], 19; **3:**2, 2, 9, 13, 13; **4:**2, 3, 14, 15, 17; **5:**9, 10, 23, 28; **2Th 1:**4, 5, 5, 7, 8, 9, 12, 12; **2:**1, 2, 2, 4, 8, 9, 14, 14; **3:**1, 3, 5, 5, 6, 18; **1Ti 1:**2, 11, 14; **2:**3; **3:**4, 5, 6, 7; **4:**14, 14; **5:**4, 11, 15, 18, 21; **6:**1, 3, 13, 13, 13, 14; **2Ti 1:**2, 6, 8, 9, 10, 10, 14; **2:**4, 9, 14, 19, 26; **3:**17; **4:**1, 1, 22; **Tit 1:**3, 4, 9; **2:**5, 10, 11, 13; **3:**4, 6; **Phm 1:**6, 10, 13, 25, 25; **Heb 1:**8; **2:**3, 4, 9, 14, 14, 15, 17; **3:**3, 8, 14; **4:**9, 12, 14; **5:**3, 4, 10, 12, 12; **6:**1, 6, 7, 10, 16, 19; **7:**1, 1, 3, 7, 10, 21, 27; **8:**1; **9:**7, 7, 8, 8, 12, 14, 16, 24; **10:**7, 9, 10, 12, 20, 21, 29, 36; **11:**4, 5, 7, 12, 23, 25, 26, 27, 28, 40; **12:**2, 2, 15, 20; **13:**7, 11, 12, 22; **Jas 1:**5, 7, 11, 17, 27; **2:**1, 9, 16; **3:**4, 10; **4:**4, 4, 4, 4, 15; **5:**7, 8, 14, 17; **1Pe 1:**3, 7; **2:**9, 15; **3:**4, 4, 10, 13, 17, 20, 22; **4:**13, 14, 17, 17, 17, 17, 19; **5:**1, 2, 3, 4, 6, 12, 12; **2Pe 1:**1, 2, 2, 3, 8, 9, 11, 14, 16; **2:**15, 15, 16, 17, 20, 20; **3:**2, 5, 12, 15, 17, 18; **1Jn 1:**1, 3, 3, 7; **2:**2, 5, 14, 15, 16, 16, 16, 17, 20; **3:**8, 8, 8, 9, 9, 10, 10, 10, 12, 12, 14, 17, 17, 23, 24; **4:**1, 2, 2, 3, 3, 4, 5, 5, 6, 6, 7, 7, 9, 13, 14, 15; **5:**1, 2, 3, 4, 5, 9, 9, 9, 10, 10, 12, 13, 13, 18, 18, 19, 20; **2Jn 1:**3, 3, 4, 9; **3Jn 1:**6, 7, 11; **Jude 1:**4, 9, 11, 11, 11, 13, 17, 18, 21, 25, 25; **Rev 1:**1, 2, 4, 9, 16, 18, 18; **2:**5, 7, 7, 9, 11, 11, 13, 16, 17, 17, 18, 24, 28; **3:**1, 2, 5, 9, 10, 12, 12, 12, 12, 12, 14, 16, 21; **4:**3, 4, 5, 5, 5, 6, 6, 6, 10, 10,

10; **5**:1, 1, 6, 6, 7, 7, 8, 11; **6**:3, 5, 7, 9, 9, 13, 16, 16, 16; **7**:3, 9, 9, 11, 11, 14, 15, 15, 15, 17; **8**:2, 3, 3, 4, 4, 5, 5, 10, 11, 12; **9**:1, 1, 2, 2, 2, 3, 4, 13, 13, 13, 13, 16, 18, 18, 18, 18; **10**:1, 4, 7, 7, 8, 8, 8, 10; **11**:1, 2, 4, 5, 11, 12, 13, 15, 15, 15, 16, 19; **12**:4, 6, 7, 7, 10, 10, 10, 11, 14, 14, 14, 15, 16, 17, 17; **13**:3, 3, 8, 8, 12, 12, 13, 14, 15, 15, 15, 17, 17, 18; **14**:1, 2, 3, 8, 8, 9, 10, 10, 10, 10, 10, 11, 11, 12, 13, 15, 17, 17, 18, 18, 19, 19; **15**:1, 2, 2, 2, 2, 3, 3, 3, 5, 6, 7, 7, 7, 8; **16**:1, 1, 1, 2, 5, 7, 9, 9, 10, 10, 11, 13, 13, 13, 13, 13, 13, 14, 14, 17, 17, 19, 19, 19, 21; **17**:2, 6, 6, 7, 7, 7, 12, 14, 17; **18**:1, 3, 3, 3, 4, 5, 10, 15; **19**:1, 5, 7, 9, 9, 9, 13, 15, 15, 15, 15, 15, 17, 19, 19, 19, 20, 20, 21, 21, 21; **20**:1, 4, 4, 6, 6, 9, 10, 11, 12, 14, 14, 15; **21**:2, 2, 3, 3, 6, 9, 10, 10, 11, 14, 18, 19, 23, 23, 24, 27; **22**:1, 1, 1, 2, 2, 3, 3, 7, 8, 8, 9, 10, 18, 19, 19, 21

τούς [730 / 729]

Mt 1:2, 11; **2**:4, 7, 11, 16, 16; **4**:24; **5**:1, 12, 12, 17, 19, 33, 44, 46, 47; **7**:6, 24, 26, 28; **8**:16, 22, 22, 32; **9**:23, 36; **10**:1, 5, 14, 25; **12**:4, 7, 49; **13**:15, 25, 36, 41, 41, 49; **14**:9, 9, 14, 15, 19, 19, 19, 19, 22, 22, 23, 35; **15**:30, 32, 36, 36, 39; **16**:9, 10, 13; **17**:8; **19**:1; **20**:8, 17; **21**:12, 15, 15, 34, 34, 34, 35, 41, 43, 46; **22**:3, 3, 3, 4, 6, 7, 9, 11, 16, 34, 44; **23**:4, 7, 13, 29, 31, 37, 37; **24**:22, 24, 31, 31, 49; **25**:9, 10, 14; **26**:1, 11, 14, 37, 40, 45; **27**:20; **28**:9; **Mk 1**:10, 32, 32; **2**:22, 23, 26, 26; **3**:16, 34; **5**:12, 13, 14, 19, 22, 40; **6**:7, 26, 26, 36, 41, 41, 41, 41, 44[UBS], 45, 55, 56; **7**:2, 25, 33, 37, 37; **8**:1, 6, 19, 19, 20, 20, 24, 25, 27, 33, 38; **9**:14, 18, 26, 31, 35, 45; **10**:32; **11**:15, 15; **12**:2, 9, 36, 43; **13**:20, 22, 27, 27; **14**:7, 10, 63; **Lk 1**:33, 55, 65, 79; **2**:27; **5**:3, 9, 22, 30, 34, 37; **6**:1, 4, 4, 8, 13, 20, 20, 27, 28, 32, 32, 33, 35, 35; **7**:24, 31, 38, 38, 38, 44, 45, 46; **8**:33, 34, 35, 41; **9**:1, 2, 11, 14, 16, 16, 26, 28, 32, 32, 43, 44, 60, 60; **10**:9, 11, 23, 36, 39; **11**:1, 43, 46, 52; **12**:1, 17, 22, 24, 45; **13**:2, 4, 4, 28, 34, 34; **14**:3, 7, 12, 12, 12, 21, 26; **15**:5, 6, 6, 15, 22, 22; **16**:1, 4, 8, 23, 29; **17**:1, 16, 22; **18**:9, 9, 13, 31; **19**:15, 27, 27, 45; **20**:10, 16, 43; **21**:1, 35; **22**:32, 45, 52; **23**:4, 4, 13, 13, 33; **24**:10, 33, 33, 39, 40; **Jn 1**:51; **2**:14, 14, 15; **4**:23, 24, 35; **5**:21; **6**:5, 10, 11, 70; **7**:35, 45; **8**:31; **9**:6, 11, 13, 14, 15, 17, 18, 21, 22, 26, 30; **10**:19; **11**:2, 32, 33, 37, 41, 44, 46; **12**:3, 3, 8, 40, 42; **13**:1, 1, 5, 6, 8, 9, 10, 12, 14, 14; **14**:24; **17**:1; **18**:21, 38; **20**:17; **21**:23; **Ac 2**:18, 22, 34, 35, 37, 47; **3**:25; **4**:5, 5, 5, 23, 35, 37; **5**:2, 5, 5, 10, 11, 15, 18, 23, 24, 34, 40; **6**:1, 12, 12; **7**:8, 12, 19, 23, 23, 25, 43, 52, 54, 56, 58; **8**:3; **9**:1, 14, 21, 21, 22, 22, 27, 29, 32, 32, 40, 41; **10**:21, 24, 24, 25, 38, 44; **11**:20, 26, 30; **12**:19; **13**:17, 32, 36, 45, 50; **14**:10, 13, 18, 19; **15**:1, 2, 21, 32, 33, 36; **16**:3, 3, 19, 24, 27, 35, 35, 36, 40; **17**:6, 8, 13, 17, 30; **18**:2, 13, 14, 23; **19**:9, 10, 12, 13, 25, 37; **20**:1, 17, 30; **21**:4, 7, 11, 21, 26, 32, 35, 38; **22**:3, 5, 5, 19, 30; **23**:32; **24**:16; **25**:16; **26**:6, 13, 16, 29; **27**:2, 3, 4, 24, 42, 43, 44; **28**:17, 25, 27, 30; **Ro 1**:25; **2**:2, 3; **3**:22; **4**:17; **5**:14, 15; **9**:5; **10**:12; **11**:3, 22, 28, 32, 32, 36; **12**:14; **15**:26; **16**:3, 7, 10, 11, 11, 14, 15, 17, 20, 27; **1Co 1**:21, 27; **3**:19, 20; **4**:9; **5**:12, 12, 13; **6**:4; **8**:12; **9**:19, 20, 21, 22; **11**:10, 22; **14**:35; **15**:25, 25, 27; **16**:1, 18; **2Co 1**:4, 9; **3**:7, 13; **5**:10, 12; **7**:6; **8**:4; **9**:1, 2, 3, 5; **10**:2; **11**:31; **Gal 1**:5, 17; **2**:4, 12; **4**:5, 15; **6**:10; **Eph 1**:12, 15, 18, 19, 22; **2**:15, 16; **4**:11, 11, 11, 11; **5**:6; **6**:12, 15; **Php 1**:13, 14; **2**:29; **3**:2, 2, 17, 18; **4**:20; **Col 1**:4; **3**:6[UBS]; **4**:5, 15; **1Th 2**:15; **4**:10, 10, 12, 14, 15; **5**:12, 14, 14, 26; **1Ti 1**:17; **2**:8; **4**:7, 16; **5**:20; **6**:1, 9; **2Ti 2**:10, 19, 25; **4**:4, 18; **Tit 1**:9; **2**:6; **3**:15; **Phm 1**:5; **Heb 1**:2, 7, 7, 7, 9, 13, 14; **4**:14; **6**:4; **7**:5, 25; **9**:13; **10**:1, 2, 14, 27; **11**:3, 10, 31, 35; **12**:9; **13**:8, 21, 24, 24; **Jas 2**:5, 25; **3**:3, 9, 9; **5**:10, 11, 14; **1Pe 1**:5, 21; **4**:11; **5**:11; **2Pe 2**:10, 18, 18; **1Jn 2**:11; **3**:14; **3Jn 1**:5, 8, 10, 10, 15; **Jude 1**:5, 6, 15[NIV], 25; **Rev 1**:3, 6, 17, 18; **2**:1, 2, 18, 20, 22; **3**:1, 10, 18; **4**:4, 9, 10, 10; **5**:13; **6**:13; **7**:1, 3, 12; **8**:2, 13; **9**:4, 10, 14, 14, 17, 17; **10**:6, 7, 7; **11**:1, 5, 10, 11, 11, 15, 16, 18, 18, 18; **13**:6, 12, 14, 16, 16, 16, 16, 16, 16; **14**:6, 18; **15**:2, 7; **16**:2, 2, 2, 4, 8, 14, 21; **19**:3, 19, 20, 20; **20**:10, 12, 12, 12, 13, 13, 13, 13; **21**:15; **22**:5, 7, 9, 10, 18

τῷ [1239 / 1236]

Mt 1:18; **2**:13, 19; **3**:6, 9; **4**:21, 23; **5**:3, 22, 22, 22, 24, 25, 25, 25, 33, 34, 39, 40, 42; **6**:1, 1, 4, 4, 6, 6, 6, 6, 18, 18, 18, 18, 25; **7**:3, 3, 4, 4, 8, 22, 22, 22; **8**:4, 9, 10, 13, 34; **9**:2, 6, 10, 27, 33, 34; **10**:25, 27; **11**:2, 25; **12**:1, 5, 5, 13, 21, 24, 32, 32, 48; **13**:4, 24, 25, 27, 31, 44; **14**:1, 6, 6, 11, 12, 33; **15**:1, 5, 35; **16**:23; **17**:4, 19, 20, 24; **18**:1, 5, 6, 7, 7, 31, 35; **20**:8, 14; **21**:9, 12, 14, 15, 15, 21, 27, 28, 28, 30; **22**:2, 21, 24, 25, 30, 36, 44; **23**:4, 16, 16, 18, 18, 18, 20, 21, 21, 22, 22, 22, 30; **24**:5, 18, 40, 41; **25**:28, 29, 41; **26**:5, 13, 17, 23, 24, 40, 49, 55, 73; **27**:2, 12, 15, 19, 55, 57, 58, 60, 64; **Mk 1**:2, 2, 5, 15, 19, 20, 44; **2**:5, 8, 9, 10, 15; **3**:3, 3, 5, 16, 22; **4**:4, 28, 36, 39; **5**:11, 16, 21, 27, 29, 30, 36; **6**:18, 22, 22, 28, 32, 39, 48; **7**:11, 12, 26; **8**:6, 6, 12, 14; **9**:4, 5, 23, 25, 25, 37, 38, 39; **10**:22, 27, 30, 30, 30; **11**:15, 23, 27, 33; **12**:2, 17, 19, 35, 36, 36, 36; **13**:6, 34; **14**:14, 21, 37, 49, 70; **15**:15, 45; **16**:7, 17; **Lk 1**:8, 21, 21, 22, 26, 26, 29, 30, 47, 47, 55, 55, 59, 61, 62, 68, 77; **2**:6, 7, 10, 13, 22, 23, 24, 27, 27, 34, 38, 43, 46; **3**:8, 11, 21; **4**:1, 3, 20, 25, 27, 39; **5**:1, 5, 7, 10, 12, 14, 19, 24, 36; **6**:7, 8, 8, 9, 11, 23, 29, 41, 41, 42, 42, 42, 42; **7**:8, 9, 9, 11, 38, 44; **8**:1, 5, 24, 24, 25, 29, 29, 32, 40, 42; **9**:16, 18, 29, 33, 34, 36, 42, 42, 42, 48, 49, 51; **10**:5, 17, 21, 21, 26, 35, 35, 38; **11**:1, 10, 15, 27, 37; **12**:3, 10, 13, 15, 22, 58; **13**:1, 4, 6, 14, 14, 15; **14**:1, 3, 12, 21, 21, 31; **15**:7, 12, 29; **16**:5, 5, 11, 12, 23; **17**:5, 9, 11, 14, 18; **18**:13, 27, 30, 30, 30, 31, 35, 43; **19**:5, 9, 15, 24, 26, 47; **20**:1, 25, 28, 42; **21**:8, 23, 37, 38; **22**:11, 20, 22, 47, 53, 61; **23**:4, 11, 14, 25, 31, 31, 40, 43, 52; **24**:4, 15, 30, 44, 47, 51, 53; **Jn 1**:10, 31, 36, 37, 45; **2**:8, 14, 22, 23, 25; **3**:36; **4**:5, 5, 20, 21, 21, 23, 31, 50; **5**:10, 13, 14, 18, 22, 24, 26, 35, 43, 43, 43; **6**:10, 33; **7**:4, 28, 43; **8**:5, 6, 17, 17, 20, 20, 31, 31, 38; **9**:5, 17, 24; **10**:23, 25, 34, 38; **11**:17, 20, 30, 33, 56; **12**:21, 22, 22, 25; **13**:1, 5, 21, 23; **14**:10, 11, 13, 13, 14, 20, 22, 26; **15**:16, 25; **16**:2, 23, 24, 26, 33; **17**:11, 11, 11, 12, 13; **18**:10, 11, 15, 15, 15, 17, 20, 20, 22, 22, 26, 39; **19**:9, 12, 21, 25, 27, 29, 31, 41, 41; **20**:11, 27, 30, 31; **21**:7, 8, 15, 20, 21; **Ac 1**:6, 6; **2**:1, 19, 34, 38, 46; **3**:4, 6, 10, 25, 26; **4**:2, 7, 10, 10, 13, 17, 18, 21, 30, 36; **5**:4, 12, 14, 20, 20, 25, 27, 28, 31, 34, 34, 40, 42; **6**:8, 9, 10, 15; **7**:2, 5, 7, 13, 13, 16, 17, 20, 20, 24, 29, 38, 40, 41, 44, 46, 51, 51; **8**:6, 12, 13, 21, 29, 29, 34; **9**:1, 3, 24, 27, 28, 31; **10**:2, 2, 30, 41, 42, 45, 48; **11**:13, 15, 23, 24; **12**:4, 7, 23; **13**:2, 7, 23, 24, 33, 33, 43, 43, 44; **14**:3, 3, 3, 20, 23; **15**:1, 1, 2, 2, 14, 22, 28, 28; **16**:5, 9, 15, 17, 18, 23, 29, 29, 34; **17**:2, 4, 4; **18**:2, 5, 8, 8, 9, 12, 17, 24, 25; **19**:1, 4, 21, 33; **20**:8, 19, 22, 28, 32, 32, 32, 38; **21**:4, 27, 31, 34, 37, 40; **22**:17, 26; **23**:1, 1, 6, 9, 15, 15, 16, 26, 27, 33, 35; **24**:1, 2, 10, 12, 14, 18, 23; **25**:5, 9, 14, 26; **26**:4, 21, 23, 29, 32; **27**:3, 11, 11, 15, 25, 27, 31, 31, 35, 37; **28**:7, 15, 16, 16, 17; **Ro 1**:8, 8, 9, 9, 10, 16, 25; **2**:10, 11, 13, 20, 28, 28, 29; **3**:4, 7, 19, 19, 25, 26; **4**:3, 4, 5, 9, 13, 13, 16, 16, 16, 20; **5**:9, 10, 11, 14, 15, 17, 21; **6**:5, 10, 11, 12, 13, 13, 17, 22, 23; **7**:2, 4, 4, 4, 5, 16, 21, 22, 23, 23, 23, 25, 25; **8**:7, 16, 39; **9**:12, 14, 15, 17, 19, 20, 20, 25, 26, 32; **10**:4, 8, 9, 16; **11**:2, 5, 11, 25, 30, 31; **12**:1, 2, 3, 9, 11, 11, 21; **13**:3, 3, 4, 7, 7, 7, 7, 9, 9[UBS], 10; **14**:4, 5, 6, 6, 8, 8, 10, 11, 12, 13, 14, 15, 18, 18, 20, 20; **15**:2, 9, 13; **16**:18, 25; **1Co 1**:4, 10, 14[UBS]; **3**:18, 19; **4**:9; **5**:3, 3, 4, 5, 11; **6**:11, 11, 13, 13, 17, 20; **7**:3, 11, 14, 32, 34, 34, 34, 35; **8**:8; **9**:9, 9, 12, 13, 13, 18; **10**:13; **11**:13, 21, 25, 32; **12**:9, 9, 18, 24, 25; **14**:11, 15, 15, 15, 15, 18, 19, 21, 21, 25, 28; **15**:8, 22, 22, 23, 24, 28[UBS], 31, 57, 57, 58; **16**:16; **2Co 1**:9, 9, 12, 20; **2**:6, 13, 13, 14, 14, 14, 15; **3**:10; **4**:10, 10; **5**:4, 6, 15, 20; **7**:11; **8**:5, 14, 16, 16, 18; **9**:3, 10, 11, 12, 15; **10**:4, 11, 11, 14; **11**:2, 6, 25; **12**:18; **Gal 1**:13, 14, 14, 22; **2**:14; **3**:6, 8, 9, 10, 11, 16, 16, 16, 18; **4**:18; **5**:14; **6**:6, 12, 14, 16, 17; **Eph 1**:6, 10, 12, 13, 13, 15, 20, 21, 21; **2**:5, 12, 12, 13, 16, 20; **3**:4, 8, 9, 9, 11, 11, 20; **4**:3, 21, 23, 26, 27, 28; **5**:2, 10, 19, 20, 22, 24, 26; **6**:5, 7, 10; **Php 1**:3, 13, 20; **2**:10; **3**:10, 16, 21; **4**:3, 13, 18, 20; **Col 1**:3, 5, 6, 12, 12, 12, 22; **2**:5, 12, 14; **3**:1, 3, 3, 16, 17, 23, 24; **4**:9; **1Th 1**:2; **2**:2, 4, 13; **3**:2, 9; **4**:6; **2Th 1**:3, 8; **2**:6, 8, 11, 13; **3**:14; **1Ti 1**:12, 12, 17, 20; **5**:14; **6**:17, 17; **2Ti 1**:3, 8, 16; **2**:4, 15, 21; **Tit 2**:12; **Phm 1**:1, 2, 4; **Heb 1**:3; **2**:8; **3**:2, 2, 5, 8, 12, 15, 15; **4**:9, 11, 16; **6**:13; **7**:3, 13, 19, 25; **8**:5, 10, 13; **9**:14, 19, 21, 24; **10**:19; **11**:4, 5, 6, 12, 25; **12**:9, 28; **13**:15, 15; **Jas 1**:9, 11, 27; **2**:3, 5, 13, 23; **4**:7, 7, 8; **5**:10, 14; **1Pe 2**:5, 8, 22, 23, 24, 24; **3**:1, 4, 6, 7, 15, 18; **4**:5, 16, 17; **5**:9; **2Pe 1**:4, 13, 18; **2**:1; **3**:5, 7; **1Jn 1**:6, 7, 7; **2**:9, 10, 15, 16, 24, 24; **3**:14, 23; **4**:3, 4, 15, 16, 17; **5**:6, 6, 6, 10, 11, 19, 20, 20; **3Jn 1**:1; **Jude 1**:9, 24; **Rev 1**:1, 5, 5, 6; **2**:1, 7, 7, 8, 12, 14, 17, 18; **3**:1, 7, 12, 14, 21, 21; **4**:1, 2, 9, 9, 9, 10; **5**:3, 9, 9, 10, 13, 13, 13, 13; **6**:4; **7**:10, 10, 10, 10, 11, 12, 14, 15; **8**:1; **9**:14, 14, 14, 19; **10**:6, 9, 10; **11**:13, 13, 15, 16, 19, 19; **12**:1, 3, 7, 8, 10; **13**:4, 4, 4, 4, 6, 8, 14; **14**:4, 4, 4, 5, 7, 10, 15, 17, 18; **15**:1, 5; **17**:13, 17; **18**:6; **19**:1, 4, 4, 4, 5, 10, 14, 17; **21**:2, 5, 6, 16, 27; **22**:9, 18, 18, 19

τῶν [1210 / 1212]

Mt 1:21; **2**:2, 16, 16, 23; **3**:2, 7, 9, 10, 17; **4**:15, 17; **5**:3, 10, 13, 16, 19, 19, 19, 19, 20, 20, 29, 30, 35, 44; **6**:1, 2, 5; **7**:6, 15, 16, 20, 21; **8**:11, 12, 21, 24, 28, 28, 31, 33, 34; **9**:3, 11, 29, 34; **10**:2, 7, 14, 17, 27, 28, 32, 33, 42; **11**:2, 8, 11, 12, 12, 19; **12**:1, 24, 37, 37, 38, 42, 45; **13**:11, 24, 31, 32, 32, 33, 36, 42, 44, 45, 47, 49, 50, 52; **14**:2, 13, 20, 24; **15**:2, 22, 26, 27, 27, 27, 37; **16**:3, 6, 9, 10, 11, 12, 12, 14, 19, 21, 23, 27, 28; **17**:25, 25, 26; **18**:1, 3, 4, 6, 6, 7, 10, 14, 23, 23, 28, 35; **19**:12, 12, 14, 14, 23; **20**:1, 2, 8, 8, 20, 20, 24, 25, 34; **21**:1, 8, 12, 12, 31, 34, 36; **22**:2, 9, 13, 16, 26, 28, 31, 41, 44; **23**:4, 5[NIV], 7, 13, 13, 29, 29, 30, 30, 31, 32; **24**:3, 9, 12, 29, 29, 30, 31, 31, 36, 49, 51, 51; **25**:1, 4, 19, 30, 32, 40, 40, 45; **26**:14, 17, 18, 20, 30, 47, 47, 51, 56, 58, 64; **27**:11, 12, 21, 29, 37, 41, 47, 52, 53, 56, 64; **28**:7, 12; **Mk 1**:7, 11, 13, 20; **2**:6, 16, 16, 16, 18, 23; **3**:6, 7, 22, 28; **4**:31, 31, 32; **5**:1, 2, 16, 17, 22, 28, 30; **6**:2, 7, 7, 11, 15, 33, 43; **7**:1, 2, 3, 5, 6, 8, 21, 27, 28, 28, 31, 31; **8**:10, 15, 28, 31, 31, 31, 33, 38, 38; **9**:1, 37, 42, 42; **10**:14, 42, 46; **11**:1, 1, 5, 8, 11, 15, 15; **12**:2, 2, 13, 13, 26, 28, 33, 36, 38, 38, 40, 43; **13**:1, 3, 27; **14**:10, 12, 13, 14, 17, 20, 26, 41, 43, 43, 43, 43, 47, 54, 62, 66; **15**:1, 2, 7, 9, 12, 18, 26, 31, 35; **16**:2, 20; **Lk 1**:1, 5, 16, 70, 71, 72; **2**:18, 18, 31, 46; **3**:8, 9, 16; **4**:16; **5**:3, 9, 12, 15, 17, 19, 30, 33; **6**:2, 18, 28, 47; **7**:3, 18, 24, 35, 36; **8**:3, 4, 7, 22, 26, 37; **9**:5, 8, 19, 22, 26, 27, 40; **10**:36; **11**:1, 15, 26, 29, 31, 31, 45, 46, 47, 48, 50; **12**:1, 1, 3, 4, 8, 8, 9, 9, 15, 24, 26, 36, 46; **13**:1, 1, 10, 28; **14**:1, 1, 10, 14, 15, 24, 24; **15**:10, 15, 16, 19, 26, 29; **16**:5, 15, 21, 22, 31; **17**:2, 20, 22; **18**:7, 7, 11, 16, 31; **19**:8, 29, 37, 37, 39; **20**:1, 27, 39, 43, 46, 46, 47; **21**:26, 26; **22**:1, 3, 7, 11, 25, 39, 47; **23**:3, 37, 38, 39, 51; **24**:1, 5, 8, 14, 24, 27; **Jn 1**:4, 24, 35, 40, 40; **2**:6, 11, 13, 15; **3**:1, 1, 25; **4**:22, 39; **5**:1, 3; **6**:2, 3, 4, 8, 11, 13, 13, 26, 60, 66, 71; **7**:2, 13, 22, 25, 35, 40, 48, 48; **8**:1, 9, 23, 23, 44; **9**:16, 40; **10**:1, 2, 5, 7, 11, 13, 15, 26, 26; **11**:18, 19, 45, 54, 55; **12**:2, 4, 6, 9, 11, 13, 20, 42, 43, 47; **13**:5, 23, 28; **15**:13; **16**:17; **17**:20; **18**:2, 3, 3, 12, 17, 19, 22, 25, 26, 33, 39; **19**:3, 13, 19, 20, 21, 21, 21, 23, 34, 38, 40, 42; **20**:1, 7, 19, 19, 24, 25, 25, 26, 30; **21**:2, 6, 8, 10, 12; **Ac 1**:9, 15, 21, 24, 26; **2**:5, 35, 38, 42, 43; **3**:2, 13, 18, 21, 22, 24, 25, 26; **4**:4, 4, 11, 32, 32, 34, 35, 36, 37; **5**:2, 9, 12, 12, 13, 16, 17, 21, 23, 30, 32, 36, 38; **6**:1, 1, 2, 6, 7, 7, 9, 9; **7**:10, 16, 32, 33, 37, 38, 41, 42, 45, 45, 45, 49, 52; **8**:1, 7, 18, 18, 25; **9**:8, 14, 18, 19; **10**:7, 7, 22, 23, 23, 39; **11**:29; **12**:1, 3, 7, 11; **13**:5, 14, 15, 25, 27, 43, 43, 50, 51; **14**:1, 2, 2, 3, 5, 15, 20, 22; **15**:3, 4, 4, 5, 5, 10, 15, 17, 19, 20, 20, 28, 33, 40; **16**:2, 4, 4, 13, 33; **17**:1, 2, 4, 4, 5, 7, 9, 10, 11, 12, 12, 18, 28; **18**:1, 8, 28; **19**:11, 13, 18, 19, 22, 31, 33; **20**:3, 6, 7, 19, 19, 20, 35, 35; **21**:8, 16, 20, 25, 26, 35, 38, 38, 40; **22**:11, 12, 14, 20, 30; **23**:7, 9, 9, 17, 23, 27; **24**:5, 23; **25**:2, 8, 15, 24; **26**:3, 10, 10, 12, 17, 29; **27**:10, 30, 40, 41, 42, 44; **28**:17, 17, 19, 21, 23; **Ro 1**:2, 10, 18, 24;

2:15, 16, 19; 3:18, 21, 25, 27; 4:11; 7:5; 8:19, 21; 9:3, 3, 27; 10:15; 11:17, 18, 21, 25; 12:1, 13; 15:1, 3, 4, 8, 16, 26, 26, 31; 16:2, 4, 10, 11, 18; 1Co 1:11, 19, 19, 25, 25; 2:6, 6, 7, 8; 3:20; 4:5, 19; 6:1, 1; 7:25; 8:1, 4; 9:9; 10:9, 11, 20, 27, 33; 12:1; 13:1, 1; 14:33; 15:3, 9, 20, 29, 37, 38, 40, 40, 42; 16:11, 12; 2Co 1:3, 6, 7; 2:6; 4:4, 15; 6:7, 7; 8:18, 19, 24; 9:12; 10:9, 12; 11:5, 12, 19, 28, 28; 12:7, 11, 15, 21; Gal 1:4, 5, 14, 19; 2:6, 10, 12; 3:19, 21; 4:25; 5:23; Eph 1:7, 10, 16; 2:3, 12, 15, 19, 20; 3:1, 5, 9, 11, 21; 4:10, 12, 14; 5:14, 27; 6:18, 24; Php 1:14, 23, 28; 3:10; 4:3, 20; Col 1:12, 14, 18, 24, 26, 26; 2:1, 8, 17, 18, 19, 20, 22; 4:13, 13, 18; 1Th 1:2, 9, 10, 10; 2:14, 14, 14, 14, 15; 3:13; 4:13; 5:1, 1, 14; 2Th 3:2; 1Ti 1:16, 17, 17; 2:2; 3:7, 12; 4:12, 14; 5:8, 21; 6:10, 15, 15; 2Ti 1:4, 6; 2:6, 14, 22; 4:18; Tit 3:5; Phm 1:4, 7, 22; Heb 1:2, 3, 4, 5, 10, 13, 13; 2:3, 8, 14; 3:5; 4:3, 4, 10, 10; 5:12, 14; 6:12; 7:1, 4, 5, 26, 26, 27, 27; 8:2, 4, 5, 12; 9:2, 7, 8, 11, 15, 19, 19[UBS], 23, 24, 26; 10:1, 1, 13, 17, 17, 19, 33, 34; 11:7, 9, 21, 22, 22, 23, 26, 32; 12:3, 9, 27; 13:3, 3, 7, 17, 20, 21; Jas 1:17, 18; 2:18, 18, 20, 22; 3:3; 4:1, 1; 5:4, 4, 4, 9; 1Pe 1:12, 20; 2:11, 12, 15, 25; 3:1; 4:3, 11, 17; 5:1, 3, 9, 11[NIV]; 2Pe 1:9; 2:7, 20; 3:2, 2, 2, 3, 7, 17; 1Jn 2:2, 2, 16, 26; 3:16; 4:10; 5:9, 21; 2Jn 1:4; 3Jn 1:7; Jude 1:15, 15, 17, 17, 17, 18; Rev 1:4, 5, 5, 5, 6, 7, 13, 18, 20, 20; 2:1, 1, 6, 9, 14, 15, 19, 22, 26; 3:5, 9, 9; 4:9, 10; 5:5, 6, 6, 8, 11, 11, 13; 6:1, 1, 6, 8, 9, 10, 14, 15; 7:3, 4, 11, 11, 12, 13, 17; 8:3, 4, 4, 7, 9, 9, 9, 10, 10, 11, 11, 11, 12, 13, 13, 13; 9:4, 7, 9, 13, 15, 16, 17, 17, 18, 18, 18, 19, 20, 20, 20, 21, 21, 21; 10:6; 11:6, 9, 15, 18; 12:1, 4, 10, 17, 17; 13:1, 3, 7, 10, 13; 14:1, 3, 3, 4, 12, 13, 20, 20; 15:3, 7, 7, 8; 16:4, 5, 11, 11, 11, 12, 12, 19; 17:1, 1, 5, 5, 6, 6, 11, 18; 18:4, 24; 19:2, 3, 8, 10, 10, 10, 18, 21; 20:4, 5, 9, 10, 12; 21:3, 4, 9, 9, 9, 9, 9, 12, 14, 21, 26; 22:2, 4, 5, 6, 6, 8, 9, 9, 9, 19, 19, 21[NIV]

4005 ὅς [1407]

ἅ [118]

Mt 11:4, 16; 13:4, 17, 17; 21:15; Mk 1:44; 7:4; 9:9; Lk 6:46; 7:22, 32; 10:23, 24, 24; 12:12, 20; 21:6; 24:1; Jn 2:23; 3:2; 4:39; 5:19, 20, 36, 36; 6:2, 13, 63; 7:3; 8:26, 38, 38; 10:6, 16, 25; 11:45, 46; 12:50; 14:10, 12, 26; 15:14, 15, 24; 17:8; 18:21; 20:30; 21:25; Ac 3:18; 4:20; 6:14; 8:6, 30; 10:15; 11:9; 16:21; 25:7; 28:22; Ro 9:23; 1Co 2:9, 9, 13; 4:6; 10:20; 12:23; 14:37; 2Co 1:13, 17; 5:10; 12:4; Gal 1:20; 2:18; 5:17, 21; Eph 5:4; Php 4:9; Col 2:17, 18, 22; 3:6; 2Th 3:4; 1Ti 1:7; 4:3; 2Ti 2:2, 20, 20; Tit 1:11; 2:1; 3:5; Phm 1:21; Heb 2:13; 1Pe 1:12, 12; 2Pe 3:16; 1Jn 5:15; 2Jn 1:8; 3Jn 1:10; Rev 1:1, 4, 19, 19, 19; 2:6, 10; 3:2, 4; 4:1, 5; 9:20; 10:4; 13:14; 16:14; 17:12, 15, 16; 21:12; 22:6

αἵ [5]

Mk 15:41; Lk 8:2; 23:27, 29; Rev 5:8

αἷς [14]

Mt 11:20; 27:56; Mk 15:40; Lk 1:25; 13:14; 21:6; 23:29; Ac 15:36; 24:18; Eph 2:2; 2Th 1:4; Heb 10:32; 2Pe 3:1, 16

ἅς [2]

2Th 2:15; Heb 10:1

ἥ [4]

Lk 2:37; 10:39; Ac 9:36; Rev 14:8

ᾗ [37]

Mt 24:44, 50, 50; Mk 7:13; Lk 1:26; 6:49; 11:22; 12:40, 46, 46; 17:29, 30; 19:30; 21:15; 22:7; 24:13; Jn 4:52, 53; 5:28; 9:14; 17:5; Ac 2:8; 9:17; 11:11; 17:31; Ro 5:2; 1Co 7:20; 11:23; 2Co 7:7; 10:2; 12:21; 1Th 3:9; 1Ti 4:6; Heb 9:2, 4; 2Pe 3:10; Rev 18:19

ἥν [98]

Mt 10:11; 13:33, 48; 15:13; Mk 11:21; 13:19; Lk 8:47; 9:4, 31; 10:5, 8, 10; 13:16, 21; 15:9; 19:20; 22:10; Jn 4:32; 5:32; 6:21, 27; 8:40; 17:22, 24, 26; Ac 1:4, 16; 7:3, 4, 45; 8:32; 10:21; 11:6; 19:27; 20:24, 28; 22:24; 23:28; 24:14, 15; 26:7; 27:17; Ro 1:27; 14:22; 16:17; 1Co 2:7, 8; 15:31; 2Co 2:4; 9:2; 13:10; Gal 1:23; 2:4; Eph 1:9, 20; 2:4; 3:11; Col 1:4, 5; 3:15; 4:17; 2Th 3:6; 1Ti 1:19; 6:12, 15, 21; 2Ti 1:6, 12; Tit 1:2, 13; Phm 1:5; Heb 2:11; 6:19; 7:14; 8:2, 9, 10; 9:9; 10:16, 20; 1Pe 3:20; 5:12; 2Pe 3:12; 1Jn 1:5; 2:7, 25; 3:11; 4:16; 5:10, 14; 2Jn 1:5; Rev 1:1; 3:8; 4:1; 6:9; 10:8; 14:2; 17:18

ἧς [49]

Mt 1:16; 24:38; Mk 7:25; 16:9; Lk 1:20; 7:45; 8:2; 17:27; Jn 11:2; Ac 1:2, 22, 25; 3:25; 7:17; 16:14; 20:18; 24:11, 21; 26:7; 2Co 1:4; 10:8; Eph 1:6, 8; 4:1; Col 1:6, 9, 25; 2Th 1:5; 1Ti 6:10; Heb 2:5; 6:8, 10; 7:13, 19; 9:20; 11:4, 7, 10, 15, 29; 12:8, 19, 28; Jas 2:5; 1Pe 1:10; 3:6; 4:11; 2Pe 3:4; Rev 17:2

ὅ [251]

Mt 1:23; 8:4; 10:26, 26, 27, 27; 12:2, 4, 36; 13:8, 8, 8, 12, 23, 23, 23, 32; 14:7; 15:5; 16:19, 19; 19:6; 20:4, 15, 22; 25:29; 26:13, 50; 27:33, 60; Mk 2:24; 3:17; 4:4, 25; 5:33, 41; 6:22, 23; 7:11, 11, 15, 34; 10:9, 35, 38, 38, 39, 39; 11:23; 12:42; 13:11, 37; 14:8, 9; 15:16, 22, 34, 42, 46; Lk 2:15, 31, 50; 5:3, 25; 6:2, 3; 8:5, 17, 17, 18; 9:33; 10:35; 11:6; 12:2, 2, 3; 14:22; 17:10; 19:21, 21, 22, 22, 26; 22:60; Jn 1:3, 9, 38, 41, 42; 2:5; 3:11, 11, 32; 4:5, 14, 22, 22, 38; 6:14, 37, 39; 7:39; 8:25; 9:7; 10:29, 29; 13:7, 27; 14:13, 17, 26; 15:7, 16, 26; 16:17, 18; 17:2, 4, 24; 18:11; 19:17, 22; 20:7, 16; Ac 1:12; 2:33; 3:6; 4:36; 5:32; 9:6; 10:17, 37; 11:30; 13:2, 41; 14:11, 26; 17:23; 21:23; 23:19; 26:10; Ro 1:2; 4:21; 6:10, 10; 7:15, 15, 15, 16, 19, 19, 20; 8:24, 25; 9:21, 21; 10:8; 11:7; 12:3; 14:23; 1Co 3:14; 4:7; 6:18; 7:36; 10:13, 15, 16; 11:23; 15:1, 1, 3, 10, 36, 37; 16:2; 2Co 2:10; 11:4, 4, 12, 17; 12:6, 13; Gal 1:7, 8, 9; 2:2, 10, 20; 6:7; Eph 1:14; 3:4, 5; 5:5; 6:17; Php 2:5; 3:16; Col 1:24, 27, 29; 2:14; 3:14, 17, 23, 25; 4:3; 2Th 1:11; 2:14; 3:17; 1Ti 1:11; 2:7, 10; 4:14; 2Ti 1:6, 11; 2:7; Tit 1:3; Heb 7:2; 8:3; 9:7; Jas 4:5; 1Pe 2:8; 3:4, 21; 1Jn 1:1, 1, 1, 1, 3; 2:8, 24, 24, 27; 3:22; 4:2, 3, 3; 5:15; 3Jn 1:5; Rev 1:11; 2:7, 17, 25; 3:11; 5:13; 13:2; 17:8, 11; 19:12; 20:12; 21:8, 17

οἵ [34]

Mk 4:16; Lk 5:10, 17, 29; 6:18; 8:13, 13; 9:27, 31; 10:30; 13:30, 30; 17:12; 20:47; 23:29; 24:23; Jn 1:13; 6:64; Ac 1:11; 7:40; 28:10; Ro 15:21; 16:7; Eph 2:13; Heb 11:33; Jas 5:10; 1Pe 2:8, 10; 4:5; 3Jn 1:6; Rev 5:6; 8:2; 9:20; 14:4

οἷς [46]

Mt 19:11; 20:23; Mk 10:40; Lk 1:78; 2:20; 9:43; 12:1, 24; 19:15; 24:25; Ac 1:3; 2:22; 11:14; 15:24; 17:34; 20:25; 26:12; 28:23; Ro 1:6; 4:24; 6:21; 15:21; 16:4; 2Co 2:16, 16; 4:4; Gal 2:5; 3:1; 4:9; Eph 2:3, 10; Php 2:15; 4:11; Col 1:27; 3:7; 2Ti 3:14; Heb 6:18; 13:9; 1Pe 1:12; 2Pe 2:3, 12, 17; 3:13; Jude 1:13; Rev 7:2; 19:20

ὅν [167]

Mt 2:9, 16; 7:9; 12:18, 18; 13:31, 44; 21:24, 35, 35, 35, 42, 44; 23:35, 37; 24:45, 46; 26:48; 27:9, 15; Mk 6:16; 11:2; 12:10; 14:44, 71; 15:6, 12; Lk 1:73; 6:14; 12:42, 43; 13:19, 34; 19:30; 20:17, 18; 21:4; 23:25, 33, 33; Jn 1:15, 26, 33, 45; 2:22; 3:34; 4:18, 50; 5:38, 45; 6:29, 51; 7:25, 28, 36; 8:54; 9:19; 10:36; 11:3; 12:1, 9, 38, 48; 13:23; 14:24; 15:3, 26; 17:3; 18:1, 9, 32; 19:26, 37; 20:2; 21:7, 20; Ac 1:11, 24; 2:24, 36; 3:2, 13, 15, 16, 21; 4:10, 10, 22, 27; 5:30; 7:28, 35, 44; 9:5, 39; 10:21, 36, 39; 12:4; 13:37; 14:23; 15:10, 11; 17:3; 19:13; 21:29; 22:8; 23:29; 24:6; 25:19; 26:15, 26; 27:25, 39; 28:4, 8; Ro 3:25; 6:17; 9:15, 15, 18, 18; 10:14; 11:2; 1Co 8:11; 10:16; 15:15; 2Co 1:10; 8:22; 10:18; 11:4; Eph 6:22; Php 3:8; Col 1:28; 4:8; 1Th 1:10; 2Th 2:8; 1Ti 6:16; 2Ti 3:8; 4:8, 13, 15; Phm 1:10, 12, 13; Heb 1:2; 2:10; 4:13; 7:13; 11:8, 18; 12:6, 6, 7; Jas 1:12; 1Pe 1:8, 8; 2:4, 7; 2Pe 1:17; 1Jn 2:7; 4:20, 20; 3Jn 1:1; Rev 7:9; 10:5; 12:16

ὅς [223]

Mt 5:19, 19, 21, 22, 22, 31, 32; 10:14, 38, 42; 11:6, 10; 12:11, 32, 32; 13:23; 15:5; 16:25, 25; 18:5, 6, 23, 28; 19:9; 20:26, 27; 22:5, 5; 23:16, 16, 18, 18; 24:2; 27:57; Mk 1:2; 3:19, 29, 35; 4:9, 25, 25, 31; 5:3; 6:11; 8:35, 35, 38; 9:37, 37, 39, 40, 41, 42; 10:11, 15, 29, 43, 44; 11:23; 13:2; 15:23, 43; Lk 1:61; 2:11; 5:18, 21; 6:16, 48; 7:2, 23, 27, 49; 8:18, 18; 9:24, 24, 26, 48, 48, 50; 12:8, 10; 14:33; 16:1; 17:7, 31, 33, 33; 18:17, 29, 30; 21:6; 23:51; 24:19; Jn 1:30; 3:26; 4:12, 14, 29; 6:9; 8:40; 9:24; 10:29, 29; 18:13; 21:20; Ac 1:23; 2:21; 3:3; 5:36; 7:18, 20, 38, 40, 46; 8:27, 27; 9:33; 10:5, 32, 38; 11:14, 23; 13:7, 22, 31; 14:8, 9, 15, 16; 16:2, 24; 18:27; 19:35; 21:32; 22:4; 24:6; 28:7; Ro 1:25; 2:6, 23; 3:30; 4:16, 18, 25; 5:14; 8:26, 32, 34, 34; 10:13; 14:2, 5, 5; 16:5; 1Co 1:8, 30; 2:16; 3:11; 4:5, 17, 17; 6:5; 7:37; 10:13; 11:21, 21, 27; 15:9; 2Co 1:10; 3:6; 4:4, 6; 8:12, 12; 10:1; 13:3; Gal 3:10, 16; Eph 4:15; Php 2:6; 3:21; Col 1:7, 13, 15, 18; 2:10; 4:9; 1Th 2:13; 5:24; 2Th 3:3; 1Ti 2:4; 3:16; 4:10; Tit 2:14; Heb 1:3; 5:7; 7:16, 27; 8:1; 9:14; 12:2, 16; Jas 1:12; 4:4; 1Pe 2:22, 23, 24; 3:22; 4:13; 2Pe 2:15; 1Jn 2:5; 3:17; 4:6, 15; Rev 1:2; 2:8, 13, 14; 10:6; 12:5; 13:14; 20:2

οὗ [114]

Mt 1:25; 3:11, 12; 11:10; 13:33; 14:22; 17:9; 18:7, 19, 34; 26:24, 36; Mk 1:7; 13:30; 14:21, 32; Lk 3:16, 17; 4:18, 29; 7:27, 47; 8:35, 38; 9:9; 13:7, 21, 25; 15:8; 17:1; 21:24; 22:18, 22; 24:21, 49; Jn 1:27, 30; 4:14, 46; 6:42; 10:12; 13:24, 38; 15:20; 18:26; Ac 2:32; 3:15; 7:18, 52; 13:25; 18:7; 19:40; 21:11, 26; 23:12, 14, 21; 24:8; 25:15, 18, 21, 24, 26; 27:23, 33; Ro 1:5; 2:29; 4:8, 17; 5:2, 11; 10:14; 11:25; 14:15; 1Co 1:9; 6:19; 8:6, 6; 10:30; 11:26; 15:2, 25; 2Co 8:18; 10:13; Gal 3:19; 4:19; 6:14; Eph 3:7, 15; 4:16; 6:20; Col 1:23, 23; 2:19; 4:10; 2Th 2:9; Tit 3:6; Heb 1:2; 2:10; 3:6, 13; 5:11; 12:14, 26; 13:10, 23; 1Pe 2:24; 2Pe 1:19; 1Jn 3:24; Rev 2:25; 13:8, 12; 16:18; 20:11

οὗς [53]

Mt 22:10; Mk 2:26; 3:13, 14; 12:5, 5; 13:20; Lk 6:4, 13; 11:27; 12:37; 13:4; 24:17, 44; Jn 5:21; 10:35; 17:6; 18:9; Ac 1:2, 7; 5:25; 6:3, 6; 7:43; 15:17; 17:7; 19:25; 24:19; 25:16; 26:17; 27:44, 44; 28:15; Ro 8:29, 30, 30, 30; 9:24; 1Co 10:11; 12:28; 16:3; Gal 4:19; Php 3:18; 1Ti 1:20; Tit 1:11; Heb 6:7; 2Pe 2:2; 2Jn 1:1; 3Jn 1:6; Jude 1:22, 23, 23; Rev 1:20

ᾧ [119]

Mt 3:17; 7:2, 2; 11:27; 17:5; 25:15, 15, 15; Mk 2:19; 4:24; Lk 1:27; 2:25; 4:6; 5:34; 6:38; 7:4, 43, 47; 8:41; 10:22; 12:48, 48; 19:13; Jn 1:47; 3:26; 5:7; 11:6; 13:5, 26; 17:11, 12; 19:41; Ac 1:21; 4:12, 31; 5:36; 6:10; 7:7, 16, 20, 33, 39; 8:10, 19; 10:6, 12; 13:6, 22; 17:23, 31; 19:16; 20:28, 38; 21:16; 27:8, 23; Ro 1:9; 2:1; 4:6; 5:12; 6:16, 16; 7:6; 8:3, 15; 14:21, 22; 16:2, 27; 1Co 7:24, 39; 12:8; 15:1; 2Co 2:10; 5:4; 11:12, 21; Gal 1:5; 3:19; Eph 1:7, 11, 13, 13; 2:21, 22; 3:12; 4:30; 5:18; 6:16; Php 3:12; 4:10; Col 1:14; 2:3, 11, 12; 1Ti 6:16; 2Ti 1:3, 12; 2:9; 4:18; Heb 2:18; 6:17; 7:2, 4; 10:10, 29; 13:21; Jas 1:17; 1Pe 1:6; 2:12; 3:16, 19; 4:4, 11; 5:9; 2Pe 1:9, 19; 2:19; Rev 18:6

ὧν [80]

Mt 6:8; Lk 1:4, 20; 3:19; 5:9; 6:34; 9:36; 12:3; 13:1; 15:16; 19:37, 44; 23:14, 41; Jn 7:31; 13:29; 17:9; 21:10; Ac 1:1; 3:21; 7:45; 8:24; 9:36; 10:39; 12:23; 13:38; 15:29; 21:19, 24; 22:5, 10, 15; 24:8, 13; 25:11, 18; 26:2, 16, 16, 22; Ro 3:8, 14; 4:7, 7; 9:4, 5, 5; 15:18; 1Co 3:5; 7:1; 15:6; 2Co 1:6; 2:3; 11:15; 12:17; Eph 3:20; Php 3:19, 19; 4:3; 2Th 2:10; 1Ti 1:6, 15, 20; 6:4; 2Ti 1:13, 15; 2:17; Heb 3:17; 5:8; 9:5; 11:38; 13:7, 11; 1Pe 3:3; 2Pe 1:4; 3:6; Jude 1:15, 15; Rev 17:8; 20:8

4022 ὅτι [1296 / 1298]

Mt 2:16, 18, 22, 23; 3:9; 4:6, 12; 5:3, 4, 5, 6, 7, 8, 9, 10, 12, 17, 20, 21, 22, 23, 27, 28, 32, 33, 34, 35, 36, 38, 43, 45; 6:5, 7, 26, 29, 32; 7:13, 14[NIV], 23; 8:11, 27; 9:6, 18, 28, 36; 10:7, 34; 11:20, 21, 23, 24, 25, 26, 29; 12:5, 6, 36, 41, 42; 13:11, 13, 16, 17; 14:5, 26; 15:12, 17, 23, 32; 16:7, 8, 11, 12, 17, 18, 20, 21, 23, 28; 17:10, 12, 13, 15; 18:10, 13, 19; 19:4, 8, 9, 23, 28; 20:7, 10, 15, 25, 30; 21:3, 16, 31, 43, 45; 22:16, 34; 23:10, 13, 15, 23, 25, 27, 29, 31; 24:32, 33, 34, 42, 43, 44, 47; 25:8, 13, 24, 26; 26:2, 21, 34, 53, 54, 72, 74, 75; 27:3, 18, 24, 43, 47, 63; 28:5, 7, 13; Mk 1:15, 34, 37, 40; 2:1, 8, 10, 12, 16, 17; 3:11, 21, 22, 28, 30; 4:29, 38, 41; 5:9, 23, 28, 29, 35; 6:4, 14, 15, 17, 18, 34, 35, 49, 55; 7:2, 6, 18, 19, 20; 8:2, 4, 16, 17, 24, 28, 31, 33; 9:1, 11, 13, 25, 26, 28, 31, 38, 41; 10:33, 42, 47; 11:17, 23, 24, 32; 12:6, 7, 12, 14, 19, 26, 28, 29, 32, 34, 35, 43; 13:6, 28, 29, 30; 14:14, 18, 21, 25, 27, 30, 58, 69, 71, 72; 15:10, 39; 16:4, 7, 11, 14; Lk 1:22, 25, 37, 45, 48, 49, 58, 61, 68; 2:11, 23, 30, 49; 3:8; 4:4, 6, 10, 11, 12, 21, 24, 32, 36, 41, 43; 5:8, 24, 26, 36; 6:19, 20, 21, 24, 25, 35; 7:4, 16, 37, 39, 43, 47; 8:25, 30, 37, 42, 47, 49, 53; 9:7, 8, 12, 19, 22, 38, 49, 53; 10:11, 12, 13, 20, 21, 24, 40; 11:18, 31, 32, 38, 42, 43, 44, 46, 47, 48, 52; 12:15, 17, 24, 30, 32, 37, 39, 40, 44, 51, 54, 55; 13:2, 4, 14, 24, 31, 33; 14:11, 14, 17, 24, 30; 15:2, 6, 7, 9, 24, 27, 32; 16:3, 8, 15, 24, 25; 17:9, 10, 15; 18:8, 9, 11, 14, 29, 37; 19:3, 4, 7, 9, 11, 17, 21, 22, 26, 31, 34, 42, 43; 20:5, 19, 21, 37; 21:3, 5, 20, 22, 30, 31, 32; 22: 16, 18, 22, 37, 61, 70; 23:5, 7, 29, 31, 40; 24:7, 21, 29, 34, 39, 44, 46; Jn 1:15, 16, 17, 20, 30, 32, 34, 50; 2:17, 18, 22, 25; 3:2, 7, 11, 18, 19, 21, 23, 28, 33; 4:1, 17, 19, 20, 21, 22, 25, 27, 35, 37, 39, 42, 44, 47, 51, 52, 53; 5:6, 15, 16, 18, 24, 25, 27, 28, 30, 32, 36, 38, 39, 42, 45; 6:2, 5, 14, 15, 22, 24, 26, 36, 38, 41, 42, 46, 61, 65, 69; 7:1, 7, 8, 12, 22, 23, 26, 29, 30, 35, 39, 42, 52; 8:14, 16, 17, 20, 22, 24, 27, 28, 29, 33, 34, 37, 43, 44, 45, 47, 48, 52, 54, 55; 9:8, 9, 11, 16, 17, 18, 19, 20, 22, 23, 24, 25, 29, 30, 31, 32, 35, 41; 10:4, 5, 7, 13, 17, 26, 33, 34, 36, 38, 41; 11:6, 9, 10, 13, 15, 20, 22, 24, 27, 31, 40, 41, 42, 47, 50, 51, 56; 12:6, 9, 11, 12, 16, 18, 19, 34, 39, 41, 49, 50; 13:1, 3, 11, 19, 21, 29, 33, 35; 14:2, 10, 11, 12, 17, 19, 20, 22, 28, 31; 15:5, 15, 18, 19, 21, 25, 27; 16:3, 4, 6, 9, 10, 11, 14, 15, 17, 19, 20, 21, 26, 27, 30, 32; 17:7, 8, 9, 14, 21, 23, 24, 25; 18:2, 8, 9, 14, 18, 37; 19:4, 7, 10, 20, 21, 28, 35, 42; 20:9, 13, 14, 15, 18, 29, 31; 21:4, 7, 12, 15, 16, 17, 23, 24; Ac 1:5, 17; 2:6, 13, 25, 27, 29, 30, 31, 36; 3: 10, 17, 22; 4:10, 13, 16, 21; 5:4, 9, 23, 25, 38, 41; 6:1, 11, 14; 7:6, 25; 8:14, 18, 20, 33; 9:15, 20, 22, 26, 27, 38; 10:14, 20, 34, 38, 42, 45; 11:1, 3, 8, 24; 12:3, 9, 11; 13:33, 34, 38, 41; 14:9, 22, 27; 15:1, 5, 7, 24; 16:3, 10, 19, 36, 38; 17:3, 6, 13, 18; 18:13; 19:21, 25, 26, 34; 20:23, 25, 26, 29, 31, 34, 35, 38; 21:21, 22, 24, 29, 31; 22:2, 15, 19, 21, 29; 23:5, 6, 20, 22, 27, 34; 24:11, 14, 21, 26; 25:8, 16; 26:5, 27, 31; 27:10, 25; 28:1, 22, 25, 28; Ro 1:8, 13, 32; 2:2, 3, 4; 3:2, 8, 10, 19; 4:17, 21, 23; 5:3, 5, 8; 6:3, 6, 8, 9, 15, 16, 17; 7:1, 14, 16, 18, 21; 8: 16, 18, 21, 22, 27, 28, 29, 36, 38; 9:2, 6, 7, 12, 17, 30, 32; 10:2, 5, 9; 11:25, 36; 13:11; 14:11, 14, 23; 15:14, 29; 1Co 1:5, 11, 12, 14, 15, 25, 26; 2:14; 3:13, 16, 20; 4:9[NIV]; 5:6; 6:2, 3, 7, 9, 15, 16, 19; 7:26; 8:1, 4; 9:10, 13, 24; 10:1, 17, 19, 20; 11:2, 3, 14, 15, 17, 23; 12:2, 3, 15, 16; 14:21, 23, 25, 37; 15:3, 4, 5, 12, 15, 27, 50, 58; 16:15, 17; 2Co 1:5, 7, 8, 10, 12, 13, 14, 18, 23, 24; 2:3, 15; 3:3, 5, 14; 4:6, 14; 5:1, 6, 14, 19; 6:16; 7:3, 8, 9, 13, 14, 16; 8:2, 3, 9, 17; 9:2, 12; 10:7, 10, 11; 11:7, 10, 11, 21, 31; 12:4, 13, 19; 13:2, 5, 6; Gal 1:6, 11, 13, 20, 23; 2:7, 11, 14, 16; 3:7, 8, 10, 11, 13; 4:6, 12, 13, 15, 20, 22, 27; 5:2, 3, 10, 21; 6:8; Eph 2:11, 12, 18; 3:3; 4:9, 25; 5:5, 16, 23, 30; 6:8, 9, 12; Php 1:6, 12, 16, 18, 19, 20, 25, 27, 29; 2:11, 16, 22, 24, 26, 30; 3:12; 4:10, 11, 15, 16, 17; Col 1:16, 19; 2:9; 3:24; 4:1, 13; 1Th 1:5; 2:1, 13, 14; 3:3, 4, 6, 8; 4:14, 15, 16; 5:2, 9; 2Th 1:3, 10; 2:2, 3, 4, 5, 13; 3:4, 7, 9, 10; 1Ti 1:8, 9, 12, 13, 15; 4:1, 4, 10; 5:12; 6:2, 7; 2Ti 1:5, 12, 15, 16; 2:23; 3:1, 15; Tit 3:11; Phm 1:7, 19, 21, 22; Heb 2:6; 3:19; 7:8, 14, 17; 8:9, 10, 11, 12; 10:8; 11:6, 13, 14, 18, 19; 12:17; 13:18; Jas 1:3, 7, 10, 12, 13, 23; 2:19, 20, 22, 24; 3:1; 4:4, 5; 5:8, 11, 20; 1Pe 1:12, 16, 18; 2:3, 15, 21; 3:9, 12, 18; 4:1, 8, 14, 17; 5:5, 7; 2Pe 1:14, 20; 3:3, 5, 8; 1Jn 1:5, 6, 8, 10; 2:3, 4, 5, 8, 11, 12, 14, 14, 16, 18, 19, 21, 22, 29; 3:1, 2, 5, 8, 9, 11, 12, 14, 15, 16, 19, 20, 22, 24; 4:1, 3, 4, 7, 8, 9, 10, 13, 14, 15, 17, 18, 19, 20; 5:1, 2, 4, 5, 6, 7, 9, 10, 11, 13, 14, 15, 18, 19, 20; 2Jn 1:4, 7; 3Jn 1:12; Jude 1:5, 11, 18; Rev 2:2, 4, 6, 14, 20, 23; 3:1, 4, 8, 9, 10, 15, 16, 17; 4:11; 5:4, 9; 6:17; 7:17; 8:11; 10:6; 11:2, 10, 17; 12:10, 12, 13; 13:4; 14:7, 15, 18; 15:1, 4; 16:5, 6, 21; 17:8, 14; 18:3, 5, 7, 8, 10, 11, 17, 19, 20, 23; 19:2, 6, 7; 21:4, 5; 22:5

4024 οὐ [1623 / 1619]

οὐ [693 / 690]

Mt 5:14, 18, 20, 21, 26, 27, 36, 37, 37; 6:20, 24, 26, 28, 30; 7:3, 18, 21, 22; 9:12, 13, 13, 14, 24; 10:20, 23, 26, 29, 38, 42; 11:20; 12:7, 20, 20, 25, 39; 13:11, 13, 14, 14, 29; 14:16; 15:2, 6, 11, 17, 20, 32; 16:3, 4, 11, 11, 18, 22, 23, 28; 17:24; 18:3, 22; 19:8, 10, 11, 18, 18, 18, 18; 21:21, 29; 22:16, 16, 17; 23:3, 4, 39; 24:2, 2, 2, 21, 21, 29, 34, 35, 44, 50, 50; 25:9, 24, 26, 43, 43, 44; 26:11, 29, 35, 42, 53; 27:42; Mk 2:17, 18, 19; 3:24, 25, 26, 27; 4:22, 38; 6:52; 7:5, 18, 18, 27; 8:18, 18, 33; 9:1, 3, 6, 41, 48, 48; 10:15, 27; 11:17; 12:14, 14, 14, 24, 34; 13:2, 2, 11, 14, 19, 19, 24, 30, 31; 14:7, 25, 31, 36; 15:31; 16:18; Lk 1:15, 34; 2:50; 5:31, 36; 6:37, 37, 41, 42, 43, 44, 46; 7:6, 6, 45; 8:14, 17, 17, 17, 52; 9:27; 10:19, 40; 11:7, 8, 29, 38, 46; 12:2, 24, 27, 40, 46, 46, 57, 59; 13:15, 35; 14:3, 20, 26, 26, 27, 27, 33; 15:4, 7, 13; 16:2, 13; 18:4, 7, 17; 19:14; 20:21, 22, 31; 21:6, 15, 18, 32, 33; 22:16, 18, 34, 67, 68; 23:34; Jn 1:5, 11, 21; 2:12, 25; 3:3, 5, 10, 11, 12, 17, 18, 27, 34; 4:9, 14, 48; 5:18, 19, 23, 30, 30, 34, 38, 40, 41, 43, 44, 47; 6:22, 32, 35, 35, 36, 37, 58, 64; 7:1, 7, 10, 12, 19, 34, 36; 8:12, 15, 21, 22, 35, 37, 41, 43, 43, 45, 46, 48, 50, 51, 52; 9:16; 10:5, 13, 25, 26, 28, 33, 35, 37; 11:9, 26, 56; 12:8, 9, 30, 44, 47, 47; 13:8, 18, 33, 36, 37, 38; 14:10, 10, 17, 17, 24, 27; 15:4, 5; 16:9, 12, 13, 17, 19, 26, 30; 17:9, 20; 18:11; 19:10, 33, 36; 20:5, 7, 25; 21:4, 5, 8, 18; Ac 1:5; 2:15, 34; 4:16, 20; 5:26, 28[UBS], 39; 6:13; 7:25; 10:41; 13:10, 35, 41; 15:1, 24; 16:37; 17:27; 18:15; 19:11, 26, 27, 35, 40; 20:12, 27; 21:13; 22:18, 22; 24:11, 18; 25:6[UBS], 11; 26:25, 26, 26, 29; 27:10, 14, 31; 28:2, 26, 26; Ro 1:13, 16, 32; 2:11, 13, 21, 28, 29; 3:9, 20, 22; 4:2, 4, 8, 13, 16, 20; 5:3, 5, 11; 6:14, 14; 7:6, 15, 15, 16, 18, 19, 20; 8:8, 12, 15, 23, 25; 9:1, 6, 8, 10, 16, 24, 25, 26, 33; 10:2, 11, 12, 16; 11:18, 25; 12:4; 13:1, 4, 5, 9, 9, 9; 14:17; 15:18, 18; 16:18; 1Co 1:17, 26, 26, 26; 2:1, 2, 6, 12, 14, 14; 3:2; 4:15, 19, 20; 5:6, 10; 6:9, 10, 10, 12, 13; 7:6, 15; 8:8, 13; 9:1, 8, 9, 12, 15; 10:1, 20, 20, 21, 21, 23, 23; 11:6, 8; 12:1, 15, 16, 21, 24; 13:4, 4, 5, 5, 5, 6; 14:22, 22, 33, 34; 15:10, 36, 37, 39, 46, 50, 51; 16:7, 22; 2Co 1:8, 13, 17, 17, 18, 19; 2:11, 17; 3:3, 6, 10, 13; 4:5, 8; 5:3, 4, 7, 12; 6:12; 7:3, 7, 8, 14; 8:5, 8, 10, 12, 13, 19, 21; 9:12; 10:3, 4, 12, 12, 14, 18; 11:6, 9, 10, 14, 15, 17, 31; 12:1, 5, 13, 14, 14, 14, 16, 18, 18, 20; 13:2, 8; Gal 1:16, 20; 2:6, 16, 16; 3:16; 4:17, 27, 30; 5:16, 21; 6:7; Eph 1:16, 21; Php 1:22, 29; 2:21; 3:13[UBS]; Col 1:9; 2:8, 19; 1Th 1:8; 2:1, 8, 13, 17; 4:7, 9, 13, 15; 5:1, 3; 2Th 2:5; 3:2, 10; 1Ti 1:9; 2:7; 5:8, 13, 18, 25; 2Ti 1:7, 9; 2:5, 9, 13, 24; 3:9; 4:8; Heb 2:5, 16; 3:16; 4:15; 5:12; 6:10; 7:11, 16, 20, 21; 8:9, 11, 12; 9:7, 11, 11, 22, 24; 10:17, 37; 11:1, 31, 35; 12:7, 9, 11, 18, 26; 13:5, 5, 6, 9, 14; Jas 1:23; 2:4, 11; 3:2, 10; 4:2, 3; 5:12, 12; 1Pe 1:18; 2:6, 10, 18; 3:21; 2Pe 1:10, 16, 20, 21; 2:3, 10, 11; 3:9; 1Jn 1:6; 2:2, 27; 3:1, 9, 9, 12; 4:18, 20; 5:10, 16, 17; 2Jn 1:10; 3Jn 1:13; Rev 2:2, 3, 11, 21, 24; 3:2, 3, 5, 12; 6:10; 7:16; 9:6, 21; 13:8; 15:4; 16:9, 11; 17:8; 18:7, 14, 21, 22, 22, 22, 23, 23; 20:4; 21:23, 25, 27

οὐκ [825 / 824]

Mt 1:25; 2:18, 18; 3:11; 4:4, 7; 5:17, 33; 6:1, 5; 7:25; 8:8, 20; 10:24, 26, 34, 37, 37, 38; 11:11, 17, 17; 12:2, 3, 4, 5, 7, 19, 24, 31, 32; 13:5, 12, 13, 17, 17, 21, 57, 58; 14:4, 17; 15:13, 23, 24, 26, 32; 16:7, 8, 12, 17; 17:12, 16, 19; 18:14, 30, 33; 19:4; 20:13, 15, 22, 23, 28; 21:25, 27, 30, 32; 22:3, 8, 11, 31, 32; 23:13, 30, 37; 24:22, 39, 42, 43; 25:3, 12, 13, 24, 26, 42, 42, 43, 45; 26:24, 40, 55, 70, 72, 74; 27:6, 13, 14, 34; 28:6; Mk 1:7, 34; 2:17, 24, 26; 3:29; 4:5, 7, 13, 17, 25, 27, 34; 5:19, 37, 39; 6:3, 4, 5, 18, 19, 26; 7:3, 4, 19, 24; 8:2, 14, 16, 17, 18; 9:18, 28, 30, 37, 38, 40; 10:38, 40, 45; 11:13, 16, 31, 33; 12:20, 22, 26, 27, 31, 32; 13:20, 33, 35; 14:21, 29, 37, 40, 49, 56, 60, 61, 71; 15:4, 23; 16:6, 14; Lk 1:7, 20, 22, 33, 37; 2:7, 37, 43, 49; 3:16; 4:2, 4, 12, 41; 5:32; 6:2, 4, 40, 48; 7:32, 32, 44, 45, 46; 8:13, 19, 27, 27, 43, 47, 51; 9:13, 40, 49, 50, 53, 58; 10:24, 24, 42; 11:6, 44, 52; 12:2, 6, 10, 15, 17, 24, 33, 39, 56; 13:16, 24, 25, 27, 33, 34; 14:5, 6, 14, 30, 33; 15:28; 16:3, 11, 12, 31; 17:20, 22; 18:4, 11, 13, 34; 19:3, 21, 21, 22, 22, 23, 44, 44; 20:5, 26, 38; 21:6, 9; 22:53, 57, 58, 60; 23:29, 29, 51, 53; 24:6, 18, 24, 39; Jn 1:8, 10, 13, 20, 20, 21, 25, 26, 27, 31, 33, 47; 2:3, 9, 24; 3:8, 20, 28, 36; 4:2, 17, 17, 18, 22, 32, 44; 5:7, 10, 13, 24, 31, 38, 42; 6:7, 22, 24, 53, 63, 70; 7:8[UBS], 16, 18, 28, 28, 45, 52; 8:13, 14, 16, 23, 27, 29, 40, 44, 44, 47, 47, 49, 55, 55; 9:12, 16, 18, 21, 21, 25, 27, 29, 30, 31, 32, 33, 41; 10:5, 6, 8, 10, 12, 12, 16, 21, 26, 34; 11:4, 10, 15, 21, 32, 37, 40, 49, 51; 12:5, 16, 19, 35, 37, 39, 49; 13:7, 8, 10, 16;

14:5, 9, 18, 24, 30; 15:15, 19, 20, 21, 22, 22, 24; 16:3, 4, 7, 18, 23, 24, 32; 17:14, 14, 15, 16, 16, 25; 18:9, 17, 25, 26, 28, 30, 31, 36, 36; 19:9, 10, 11, 12, 15; 20:2, 13, 14, 24, 30; 21:11, 23, 23, 23; Ac 2:24, 27; 4:12; 5:4, 42; 6:2, 10; 7:5, 5, 18, 32, 39, 40, 52, 53; 8:21, 21, 32, 39; 9:9; 10:34; 12:9, 14, 18, 22, 23; 13:25, 25, 37, 38, 46; 14:17, 28; 15:2; 16:7, 21; 17:4, 12, 24, 29; 18:20; 19:23, 24, 26, 30, 32; 20:31; 21:38, 39; 22:9, 11; 23:5, 5; 25:7, 16, 26; 26:19; 27:20, 39; 28:4; Ro 1:28; 2:29; 3:10, 11, 11, 12, 12, 17, 18; 4:10, 12, 15, 23; 5:13; 6:15, 16; 7:7, 7, 7, 18; 8:9, 9, 9, 18, 24, 26, 32; 9:12, 21, 25, 31, 32; 10:14, 14, 18, 19, 19; 11:2, 2, 4, 7, 21; 13:3, 9, 10; 14:6, 23, 23; 15:21, 21; 16:4; 1Co 1:16, 17, 21; 2:4, 8, 9, 9, 9, 13; 3:1, 4, 16; 4:4, 7, 14; 5:6; 6:2, 3, 5, 9, 12, 15, 16, 19, 19; 7:4, 4, 9, 10, 25; 8:7; 9:1, 1, 2, 4, 5, 6, 7, 7, 12, 13, 15, 16, 24, 26, 26; 10:5, 13, 13; 11:7, 9, 16, 17, 17, 20, 22, 22, 31; 12:14, 15, 15, 15, 16, 16, 16, 21, 21; 13:5; 14:2, 16, 17, 23; 15:9, 10, 12, 13, 14, 15, 15, 16, 17, 29, 32, 58; 16:12; 2Co 1:12, 18, 19; 2:5, 13; 3:3; 4:1, 8, 9, 9, 16; 8:12, 15, 15; 10:8, 8, 13, 15, 16; 11:4, 4, 4, 11, 29, 29; 12:2, 2, 3, 4, 6; 13:3, 5, 6, 10; Gal 1:1, 7, 10, 11, 19; 2:14, 15, 16, 21; 3:10, 12, 17, 20, 28, 28, 28; 4:8, 14, 21, 27, 31; 5:8, 18, 23; 6:4; Eph 2:8, 9; 3:5; 5:4, 5; 6:7, 9, 12; Php 2:16, 27; 3:1, 3; Col 2:23; 3:11, 23, 25; 1Th 1:5; 2:3; 4:8; 5:4, 5, 9; 2Th 2:10; 3:7, 9; 1Ti 2:12, 14; 3:5; 2Ti 1:12, 16; 2:20; 4:3; Tit 3:5; Heb 1:12; 2:11; 3:10, 19; 4:2, 6, 8, 13; 7:27; 8:2, 7, 9; 9:5; 10:1, 2, 5, 6, 8, 38, 39; 11:16, 23, 38, 39; 12:20, 25; 13:9, 10; Jas 1:17, 20, 25; 2:7, 21, 24, 25; 3:15; 4:1, 2, 2, 4, 11, 14; 5:6, 17; 1Pe 1:8, 23; 2:10, 22, 23, 23; 2Pe 1:8; 2:3, 4, 5; 1Jn 1:5, 8, 8, 10; 2:4, 7, 10, 11, 15, 16, 19, 19, 21, 21, 21, 22, 27; 3:1, 5, 10, 15; 4:3, 6, 6, 8, 18; 5:3, 6, 12; 2Jn 1:1, 9, 12; 3Jn 1:4, 9; Jude 1:9, 10; Rev 2:2, 9, 13, 24, 24; 3:4, 8, 9, 17; 4:8; 9:4, 20; 11:9; 12:8, 11; 14:4, 11; 16:18; 17:8, 8, 11; 18:7; 20:4, 5, 6; 21:1, 4, 4, 22, 25; 22:3, 5, 5

οὐχ [105]

Mt 6:26; 7:29; 12:43; 13:55, 55; 20:26; 26:39, 60; Mk 1:22; 2:27; 4:21; 6:3; 10:43; 14:55; Lk 11:40; 13:6, 7; 17:18; 19:48; 22:26; 24:3; Jn 4:35, 38; 6:26, 38, 42, 46; 7:22, 25, 34, 35, 36, 42; 9:8; 10:28; 11:52; 12:6, 42; 14:22; 15:16; 19:6; Ac 1:7; 2:7; 3:6; 5:22; 7:11, 48; 9:21; 28:19; Ro 1:21; 2:26; 5:15, 16; 8:7, 20; 9:6; 10:3; 15:3, 20; 1Co 6:10; 7:12, 28, 28, 35, 36; 10:18; 2Co 1:24; 2:4; 3:5; 7:9, 12; 12:20; 13:7; Eph 4:20; Php 1:17; 2:6; 3:12; 4:11, 17; Col 2:1; 1Th 2:4; 2Th 3:9, 14; Heb 5:4, 5; 11:5; 12:8, 17; Jas 2:5, 6; 1Pe 1:12; 3:3; 1Jn 1:10; 3:6, 6; 4:10, 20; 5:18, 18; 2Jn 1:5; 3Jn 1:11; Rev 14:5; 16:20; 20:11, 15

4047 οὗτος [1387 / 1384]

αὗται [3]

Lk 21:22; Ac 20:34; Gal 4:24

αὕτη [73]

Mt 9:26; 13:54; 21:42; 22:20, 38; 24:34; 26:8, 12, 13; Mk 8:12; 12:11, 16, 31, 43, 44; 13:30; 14:4, 9; Lk 2:2, 36; 4:21; 7:44, 45, 46; 8:9, 11; 11:29; 21:3, 4, 32; 22:53; Jn 1:19; 3:19, 29; 8:4; 11:4; 12:30; 15:12; 17:3; Ac 5:38; 8:26, 32; 9:36; 16:17; 17:19; 21:11; Ro 7:10; 11:27; 1Co 7:12; 8:9; 9:3; 2Co 1:12; 2:6; 11:10; Eph 3:8; Tit 1:13; Heb 8:10; 10:16; Jas 1:27; 3:15; 1Jn 1:5; 2:25; 3:11, 23; 5:3, 4, 9, 11, 11, 14; 2Jn 1:6, 6; Rev 20:5

οὗτοι [74]

Mt 4:3; 13:38; 20:12, 21; 21:16; 25:46; 26:62; Mk 4:15, 16, 18; 12:40; 14:60; Lk 8:13, 14, 15, 21; 13:2; 19:40; 20:47; 21:4; 24:17, 44; Jn 6:5; 12:21; 17:25; 18:21; Ac 1:14; 2:7, 15; 11:12; 16:17, 20; 17:6, 7, 11; 20:5; 24:15, 20; 25:11; 27:31; Ro 2:14; 8:14; 9:6; 11:24, 31; 1Co 16:17; Gal 3:7; 6:12; Col 4:11; 1Ti 3:10; 2Ti 3:8; Heb 11:13, 39; 2Pe 2:12, 17; Jude 1:8, 10, 12, 16, 19; Rev 7:13, 14; 11:4, 6, 10; 14:4, 4, 4; 17:13, 14, 16; 19:9; 21:5; 22:6

οὗτος [187]

Mt 3:3, 17; 5:19; 7:12; 8:27; 9:3; 10:22; 11:10; 12:23, 24; 13:19, 20, 22, 23, 55; 14:2; 15:8; 17:5; 18:4; 21:10, 11, 38, 42; 24:13; 26:23, 61, 71; 27:37, 47, 54, 58; 28:15; Mk 2:7; 3:35; 4:41; 6:3, 16; 7:6; 9:7; 12:7, 10; 13:13; 14:69; 15:39; Lk 1:29, 32, 36; 2:25, 34; 4:22, 36; 5:21; 7:17, 27, 39, 49; 8:25, 41; 9:9, 24, 35, 48; 14:30; 15:2, 24, 30, 32; 16:1; 17:18; 18:11, 14; 20:14, 17, 28; 22:56, 59; 23:22, 35, 38, 41, 47, 51, 52; Jn 1:2, 7, 15, 30, 33, 34, 41; 2:20; 3:2, 26; 4:29, 42, 47; 6:14, 42, 46, 50, 52, 58, 60, 71; 7:15, 18, 25, 26, 31, 35, 36, 40, 41, 49; 9:2, 3, 8, 9, 16, 19, 20, 24, 33; 11:37, 37, 47; 12:34; 15:5; 18:30; 21:21, 23, 24; Ac 1:11, 18; 4:9, 10, 11; 6:13, 14; 7:19, 36, 37, 38, 40; 8:10; 9:15, 20, 21, 22; 10:6, 32, 36, 42; 13:7; 14:9; 17:3, 18, 24; 18:13, 25, 26; 19:26; 21:28; 22:26; 26:31, 32; 28:4; Ro 4:9; 8:9; 9:9; 1Co 7:13; 8:3; Heb 3:3; 7:1, 4; 10:12; Jas 1:23, 25; 3:2; 1Pe 2:7; 2Pe 1:17; 1Jn 2:22; 5:6, 20; 2Jn 1:7, 9; Rev 20:14

ταῦτα [239 / 238]

Mt 1:20; 4:9; 6:32, 33; 9:18; 10:2; 11:25; 13:34, 51, 56; 15:20; 19:20; 21:23, 24, 27; 23:23, 36; 24:2, 3, 8, 33, 34; Mk 2:8; 6:2; 7:23; 8:7; 10:20; 11:28, 28, 29, 33; 13:4, 4, 8, 29, 30; 16:12, 17, S[UBS]; Lk 1:19, 20, 65; 2:19; 4:28; 5:27; 7:9; 8:8; 9:34; 10:1, 21; 11:27, 42, 45; 12:4, 30, 31; 13:2, 17; 14:6, 15, 21; 15:26; 16:14; 17:8; 18:4, 11, 21, 23; 19:11, 28; 20:2, 8; 21:6, 7, 7, 9, 31, 36; 23:31, 49; 24:9, 10, 11, 21, 26, 36; Jn 1:28; 2:16, 18; 3:2, 9, 10, 22; 5:1, 14, 16, 19, 34; 6:1, 9, 59; 7:1, 4, 9, 32; 8:20, 26, 28, 30; 9:6, 22, 40; 10:21, 25; 11:11, 43; 12:16, 16, 16, 36, 41; 13:7, 17, 21; 14:25; 15:11, 17, 21; 16:1, 3, 4, 4, 6, 25, 33; 17:1, 13; 18:1, 22; 19:24, 36, 38; 20:14, 18, 31; 21:1, 24; Ac 1:9; 5:11; 7:1, 7, 50, 54; 10:44; 11:18; 12:17; 13:20, 42; 14:15, 18; 15:16, 17; 16:38; 17:8, 11, 20; 18:1; 19:21, 40; 20:36; 21:12; 23:22; 24:9; 26:24; 27:35; Ro 8:31; 9:8; 1Co 4:6, 14; 6:11, 13; 9:8, 8, 15; 10:6, 11; 12:11; 13:13; 2Co 2:16; 13:10; Gal 2:18; 5:17, 17; Eph 5:6; Php 3:7; 4:8, 9; 2Th 2:5; 1Ti 3:14; 4:6, 11, 15; 5:7, 21; 6:2, 11; 2Ti 1:12; 2:2, 14; Tit 2:15; 3:8; Heb 4:8; 7:13; 11:12; Jas 3:10; 1Pe 1:11; 2Pe 1:8, 9, 10; 3:14; 1Jn 1:4; 2:1, 26; 5:13; Rev 1:19; 4:1, 1; 7:9; 9:12; 15:5; 16:5; 18:1; 19:1; 20:3; 21:7; 22:8, 8, 16, 20

ταύταις [11]

Mt 22:40; Lk 1:39; 6:12; 23:7; 24:18; Jn 5:3; Ac 1:15; 6:1; 11:27; 1Th 3:3; Rev 9:20

ταύτας [9]

Mt 13:53; Mk 13:2; Lk 1:24; Ac 1:5; 3:24; 21:15; 2Co 7:1; Heb 9:23; Rev 16:9

ταύτῃ [32]

Mt 10:23; 12:45; 16:18; 26:31, 34; Mk 8:12, 38; 14:30; Lk 11:30; 12:20; 13:7, 32; 16:24; 17:6, 34; 19:42; Ac 4:27; 16:12; 18:10; 22:3; 27:23; 1Co 7:20; 9:12; 15:19; 2Co 1:15; 8:7, 19, 20; 9:4; 11:17; Heb 3:10; 11:2

ταύτην [53]

Mt 11:16; 15:15; 21:23; 23:36; Mk 4:13; 10:5; 11:28; 12:10; Lk 4:6, 23; 7:44; 12:41; 13:6, 16; 15:3; 18:5, 9; 20:2, 9, 19; 23:48; 24:21; Jn 2:11; 7:8; 10:6, 18; 12:27; Ac 3:16; 7:4, 60; 8:19; 13:33; 22:4, 28; 23:13; 27:21; 28:20, 20; Ro 5:2; 1Co 6:13; 2Co 4:1; 8:6; 9:5; 12:13; 1Ti 1:18; 2Ti 2:19; 1Pe 5:12; 2Pe 1:18; 3:1; 1Jn 3:3; 4:21; 2Jn 1:10; Rev 2:24

ταύτης [33]

Mt 12:41, 42; Lk 7:31; 11:31, 32, 50, 51; 17:25; Jn 10:16; 12:27; 15:13; Ac 1:17, 25; 2:6, 29, 40; 5:20; 6:3; 8:22, 35; 10:30; 13:26; 19:25, 40; 23:1; 24:21; 26:22; 28:22; 2Co 9:12, 13; Heb 9:11; 13:2; Rev 22:19

τοῦτ’ [17]

Mt 27:46; Mk 7:2; Ac 1:19; 19:4; Ro 7:18; 9:8; 10:6, 7, 8; Phm 1:12; Heb 2:14; 7:5; 9:11; 10:20; 11:16; 13:15; 1Pe 3:20

τοῦτο [319 / 317]

Mt 1:22; 6:25; 8:9; 9:28; 12:11, 27, 31; 13:13, 28, 52; 14:2; 15:11; 16:22; 18:4, 23; 19:26; 20:23[UBS]; 21:4, 43; 23:34; 24:14, 44; 26:9, 12, 13, 26, 28, 39, 42, 56; 28:14; Mk 1:27, 38; 5:32, 43; 6:14; 9:21, 29; 11:3, 24; 12:24; 13:11; 14:5, 22, 24, 36; Lk 1:18, 34, 43, 66; 2:12, 15; 3:20; 4:43; 5:6; 6:3; 7:4, 8; 9:21, 45, 48; 10:11, 28; 11:19, 49; 12:18, 22, 39; 13:8; 14:20; 16:2; 18:34, 36; 20:17; 22:15, 17, 19, 19, 20, 23, 37, 42; 23:46; 24:40; Jn 1:31; 2:12, 22; 3:32; 4:15, 18, 54; 5:16, 18, 28; 6:6, 29, 39, 40, 61, 65; 7:22, 39; 8:6, 40, 47; 9:23; 10:17; 11:7, 11, 26, 28, 51; 12:5, 6, 18, 18, 27, 33, 39; 13:11, 28; 14:13; 15:19; 16:15, 17, 18; 18:34, 37, 37, 38; 19:11, 28; 20:20, 22; 21:14, 19, 19; Ac 2:12, 14, 16, 26, 33; 3:6; 4:7, 22; 5:4, 24, 38; 7:60; 8:34[UBS]; 9:21, 21; 10:16; 11:10; 16:18; 17:23; 19:10, 14, 17, 27; 21:23; 23:7; 24:14; 26:16, 26; 27:34; 28:28; Ro 1:12, 26; 2:3; 4:16; 5:12; 6:6; 7:15, 15, 16, 19, 20; 9:17; 11:7, 25; 12:20; 13:6, 6, 11; 14:9, 13; 15:9, 28; 1Co 1:12; 4:17; 5:2, 3; 6:6, 8; 7:6, 26, 29, 35, 37; 9:17; 10:28; 11:10, 17, 24, 24, 25, 25, 30; 12:15, 16; 15:50, 53, 53, 54, 54; 2Co 1:17; 2:1, 3, 9; 4:1; 5:5, 14; 7:11, 13; 8:10, 20; 9:6; 10:7, 11; 12:14; 13:1, 9, 10; Gal 2:10; 3:2, 17; 6:7; Eph 1:15; 2:8; 4:17; 5:5, 17, 32; 6:1, 8, 13, 22; Php 1:6, 7, 9, 19, 22, 25, 28; 2:5; 3:15, 15; Col 1:9; 2:4; 3:20; 4:8; 1Th 2:13; 3:3, 5, 7; 4:3, 15; 5:18; 2Th 2:11; 3:10; 1Ti 1:9, 16; 2:3; 4:10, 16; 5:4; 2Ti 1:15; 2:10; 3:1; Phm 1:15, 18; Heb 1:9; 2:1; 6:3; 7:27; 9:8, 15, 20, 27; 10:33, 33; 13:17, 17, 19; Jas 4:15; 1Pe 1:25; 2:19, 20, 21; 3:9; 4:6; 2Pe 1:5, 20; 3:3, 5, 8; 1Jn 3:1, 8; 4:3, 5; 3Jn 1:5, 10; Jude 1:4; Rev 2:6; 7:1, 15; 12:12; 18:8

τούτοις [19]

Lk 16:26; 24:21; Ac 4:16; 5:35; Ro 8:37; 15:23; 1Co 12:23; Gal 5:21; Col 3:7, 14; 1Th 4:18; 1Ti 4:15; 6:8; Heb 9:23; 2Pe 2:20; 3Jn 1:10; Jude 1:7, 10, 14

τοῦτον [60]

Mt 19:11; 21:44; 27:32; Mk 7:29; 14:58, 71; Lk 9:13, 26; 12:5, 56; 16:28; 19:14; 20:12, 13; 23:2, 14, 18; Jn 2:19; 5:6; 6:27, 34, 58; 7:27; 9:29, 39; 18:40; 19:8, 12, 20; 21:21; Ac 2:23, 32, 36; 3:16; 5:31, 37; 6:14; 7:35, 35; 10:40; 13:27; 15:38; 16:3; 21:28; 23:17, 18, 25, 27; 24:5; 25:24; 28:26; Ro 9:9; 15:28; 1Co 2:2; 3:17; 11:26; 2Co 4:7; Php 2:23; 2Th 3:14; Heb 8:3

τούτου [69]

Mt 13:15; 19:5; 26:29; 27:24; Mk 10:7, 10; Lk 2:17; 9:45; 13:16; 16:8; 20:34; 22:51; 24:4; Jn 4:13; 6:51, 61, 66; 8:23, 23; 9:31; 10:41; 11:9; 12:31, 31; 13:1; 16:11, 19; 18:17, 29, 36, 36; 19:12; Ac 5:28; 6:13; 9:13; 13:17, 23, 38; 15:2, 6; 17:32; 21:28; 22:22; 25:25; 28:9, 27; Ro 7:24; 1Co 1:20; 2:6, 6, 8; 3:19; 5:10; 7:31; 2Co 4:4; 12:8; Eph 2:2; 3:1, 14; 5:31; 6:12; Col 1:27; Tit 1:5; Jas 1:26; 1Jn 4:6; Rev 22:7, 9, 10, 18

τούτους [28]

Mt 7:24, 26, 28; 10:5; 19:1; 26:1; Mk 8:4; Lk 9:28, 44; 19:15, 27; 20:16; Jn 10:19; 18:8; Ac 2:22; 5:5, 24; 10:47; 16:36; 19:37; 21:24; Ro 8:30, 30, 30; 1Co 6:4; 16:3; 2Ti 3:5; Heb 2:15

τούτῳ [89]

Mt 8:9; 12:32; 13:54, 56; 17:20; 20:14; 21:21; Mk 6:2, 2; 10:30; 11:23; Lk 1:61; 4:3; 7:8; 10:5, 20; 14:9; 18:30; 19:9, 19; 21:23; 23:4, 14; Jn 4:20, 21, 27, 37; 5:38; 9:30; 10:3; 12:25; 13:24, 35; 15:8; 16:30; 20:30; Ac 1:6; 3:12; 4:10, 17; 5:28; 7:7, 29; 8:21, 29; 10:43; 13:39; 15:15; 21:9; 23:9; 24:2, 10, 16; Ro 12:2; 13:9; 14:18; 1Co 3:18; 4:4; 7:24; 11:22; 14:21; 2Co 3:10; 5:2; 8:10; 9:3; Gal 6:16; Eph 1:21; Php 1:18; Heb 4:5; 1Pe 4:16; 2Pe 1:13; 2:19; 1Jn 2:3, 4, 5, 5; 3:10, 16, 19, 24; 4:2, 9, 10, 13, 17, 17; 5:2; Rev 22:18, 19

τούτων [72]

Mt 3:9; 5:19, 37; 6:29, 32; 10:42; 11:7; 18:6, 10, 14; 25:40, 45; Mk 9:42; 12:31; Lk 3:8; 7:18; 10:36; 12:27, 30; 17:2; 18:34; 21:12, 28; 24:14, 48; Jn 1:50; 5:20; 7:40; 14:12; 17:20; 19:13; 21:15, 24; Ac 1:22, 24; 5:32, 36, 38; 14:15; 15:28; 18:15, 17; 19:36; 21:38; 24:8; 25:9, 20, 20; 26:21, 26, 26, 29; Ro 11:30; 1Co 9:15; 13:13; 1Th 4:6; 2Ti 2:21; 3:6; Tit 3:8; Heb 1:2; 9:6; 10:18; 13:11; 2Pe 1:4, 12, 15; 3:11, 16; 3Jn 1:4; Rev 9:18; 18:15; 20:6

4639 πρός [700 / 698]

accusative object [692 / 690]

Mt 2:12; 3:5, 10, 13, 14, 15; 4:6; 5:28; 6:1; 7:15; 10:6, 13; 11:28; 13:2, 30, 56; 14:25, 28, 29; 17:14; 19:8, 14; 21:32, 34, 37; 23:5, 34, 37; 25:9, 36, 39; 26:12, 14, 18, 18, 40, 45, 57; 27:4, 14, 19, 62; Mk 1:5, 27, 32, 33, 40, 45; 2:2, 3, 13; 3:7, 8, 13, 31; 4:1, 1, 41; 5:15, 19, 22; 6:3, 25, 30, 45, 48, 51; 7:1, 25; 8:16; 9:10, 14, 14, 16, 17, 19, 19, 20, 34; 10:1, 5, 7, 14, 26, 50; 11:1, 4, 7, 27, 31; 12:2, 4, 6, 7, 12, 13, 18; 13:22; 14:4, 10, 49, 53, 54; 15:31, 43; 16:3; Lk 1:13, 18, 19, 27, 28, 34, 43, 55, 61, 73, 80; 2:15, 18, 20, 34, 48, 49; 3:9, 12, 13; 4:4, 11, 21, 23, 26, 26, 36, 40, 43; 5:4, 10, 22, 30, 31, 33, 34, 36; 6:3, 9, 11, 47; 7:3, 4, 7, 19, 20, 20, 24, 40, 44, 50; 8:4, 13, 19, 21, 22, 25, 35; 9:3, 13, 14, 23, 33, 41, 43, 50, 57, 59, 62[UBS]; 10:2, 23, 26, 29, 39; 11:1, 5, 5, 6, 39; 12:1, 3, 15, 16, 22, 41, 41, 47, 58; 13:7, 23, 34; 14:3, 5, 6, 7, 7, 23, 25, 26, 32; 15:3, 18, 20, 22; 16:1, 20, 26, 26, 30; 17:1, 4, 22; 18:1, 3, 9, 11, 16, 31, 40; 19:5, 8, 9, 13, 29, 33, 35, 39, 42; 20:2, 3, 5, 9, 10, 14, 19, 23, 25, 41; 21:38; 22:15, 23, 45, 52, 56, 70; 23:4, 7, 12, 14, 15, 22, 28; 24:5, 10, 12, 14, 17, 17, 18, 25, 29, 32, 44, 44, 50; Jn 1:1, 2, 19[UBS], 29, 42, 47; 2:3; 3:2, 4, 20, 21, 26, 26; 4:15, 30, 33, 35, 40, 47, 48, 49; 5:33, 35, 40, 45; 6:5, 5, 17, 28, 34, 35, 37, 37, 44, 45, 52, 65, 68; 7:3, 33, 35, 37, 45, 50, 50; 8:2, 31, 33, 57; 9:13; 10:35, 41; 11:3, 4, 15, 19, 21, 29, 32, 45, 46; 12:19, 32; 13:1, 3, 6, 28; 14:3, 6, 12, 18, 23, 28, 28; 16:5, 7, 7, 10, 17, 17, 28; 17:11, 13; 18:13, 24, 29, 38; 19:3, 24, 39; 20:2, 2, 10, 17, 17, 17; 21:22, 23; Ac 1:7; 2:12, 29, 37, 38, 47; 3:2, 10, 11, 12, 22, 25, 25; 4:1, 8, 15, 19, 23, 23, 24, 37; 5:8, 9, 10, 10, 35; 6:1; 7:3; 8:14, 20, 24, 26; 9:2, 10, 11, 15, 27, 29, 32, 38, 40; 10:3, 13, 15, 21, 28, 33; 11:2, 3, 11, 14, 20, 30; 12:5, 8, 15, 20, 21; 13:15, 15, 31, 32, 36; 14:11; 15:2, 2, 7, 25, 33, 36; 16:36, 37, 40; 17:2, 15, 15, 17; 18:6, 14, 21; 19:2, 2, 31, 38; 20:6, 18; 21:11, 18, 37, 39; 22:1, 5, 8, 10, 13, 15, 21, 25; 23:3, 17, 18, 18, 22, 24, 30, 30; 24:12, 16, 19; 25:16, 19, 21, 22; 26:1, 9, 14, 14, 26, 28, 31; 27:3, 12; 28:4, 8, 10, 17, 21, 23, 25, 25, 26, 30; Ro 1:10, 13; 3:26; 4:2; 5:1; 8:18, 31; 10:1, 21, 21; 15:2, 17, 22, 23, 29, 30, 32; 1Co 2:1, 3; 4:18, 19, 21; 6:1, 5; 7:5, 35, 35; 10:11; 12:2, 7; 13:12; 14:6, 12, 26; 15:34; 16:5, 6, 7, 10, 11, 12; 2Co 1:12, 15, 16, 18, 20; 2:1, 16; 3:1, 4, 13, 16; 4:2, 6; 5:8, 10, 12; 6:11, 14, 15; 7:3, 4, 8, 12; 8:17, 19; 10:4; 11:8, 9; 12:14, 17, 21; 13:1, 7; Gal 1:17, 18; 2:5, 5, 14; 4:18, 20; 6:10, 10; Eph 2:18; 3:4, 14; 4:12, 14, 29; 5:31; 6:9, 11, 11, 12, 12, 12, 12, 12, 22; Php 1:26; 2:25, 30; 4:6; Col 2:23; 3:13, 19; 4:5, 8, 10; 1Th 1:8, 9, 9; 2:1, 2, 9, 17, 18; 3:4, 6, 11; 4:12; 5:14; 2Th 2:5; 3:1, 8, 10; 1Ti 1:16; 3:14; 4:7, 8, 8; 2Ti 2:24; 3:16, 16, 16, 16, 17; 4:9; Tit 1:16; 3:1, 2, 12, 12; Phm 1:5, 13, 15; Heb 1:7, 8, 13; 2:17; 4:13; 5:1, 5, 7, 14; 6:11; 7:21; 9:13, 20; 10:16; 11:18; 12:4, 10, 11; 13:13; Jas 4:5, 14; 1Pe 2:4; 3:15; 4:12; 2Pe 1:3; 3:16; 1Jn 1:2; 2:1; 3:21; 5:14, 16, 16, 16, 17; 2Jn 1:10, 12, 12; 3Jn 1:14; Rev 1:17; 3:20; 10:9; 12:5, 5, 12; 13:6

dative object [7]

Mk 5:11; Lk 19:37; Jn 18:16; 20:11, 12, 12; Rev 1:13

genitive object [1]

Ac 27:34

5148 σύ [2905 / 2900]

σέ [197 / 196]

Mt 4:6; 5:25, 29, 30, 39, 41, 42; 9:22; 14:28; 18:8, 9, 15, 33, 33; 20:13; 25:21, 23, 24, 27, 37, 38, 39, 39, 44; 26:18, 35, 63, 68, 73; Mk 1:24, 37; 3:32; 5:7, 19, 31, 34; 9:17, 43, 43, 45, 45, 47, 47; 10:21, 35, 49, 52; 14:31; Lk 1:19, 35; 2:48; 4:10, 11, 34; 6:29, 30; 7:7, 20, 50; 8:20, 45, 48; 11:27, 36; 12:58, 58, 58; 13:31; 14:9, 10, 12, 18, 19; 16:27; 17:4, 4, 19; 18:42; 19:21, 22, 43, 43, 43, 44; 22:64; Jn 1:48, 48, 50; 7:20; 8:10, 11; 10:33; 11:8, 28; 13:8; 16:30; 17:1, 3, 4, 11, 13, 25, 25; 18:26, 35; 19:10, 10; 21:15, 16, 17, 18, 20, 22, 23; Ac 4:30; 5:3, 9; 7:27, 34, 35; 8:23; 9:6, 34; 10:19, 22, 33; 11:14; 13:11, 33, 47, 47; 18:10; 21:37; 22:14, 19, 21; 23:3, 11, 18, 20, 30; 24:4, 4, 10, 25; 26:3, 16, 17, 17, 24, 29; 27:24; Ro 2:4, 27; 3:4; 4:17; 8:2[UBS]; 9:17; 11:18, 22; 15:3; 1Co 4:7; 8:10; Php 4:3; 1Ti 1:3, 18; 3:14; 6:14; 2Ti 1:4, 6; 3:15; 4:21; Tit 1:5; 3:8, 12, 15; Phm 1:10, 18, 23; Heb 1:5, 9; 2:12; 5:5; 6:14, 14; 13:5, 5; 2Jn 1:5, 13; 3Jn 1:2, 14, 15; Rev 3:3, 9, 10, 16; 10:11

σοί [213]

Mt 2:13; 4:9; 5:26, 29, 30, 40; 6:4, 6, 18, 23; 8:13, 19, 29; 11:21, 21, 23, 24, 25; 12:47; 14:4; 15:28; 16:17, 18, 19, 22, 22; 17:4, 25; 18:8, 9, 17, 22, 26, 29, 32; 19:27; 20:14; 21:5, 23; 22:16, 17; 25:44; 26:17, 33, 34, 35; 27:19; Mk 1:11, 24; 2:11; 4:38; 5:7, 9, 19, 41; 6:18, 22, 23; 9:5, 25; 10:28, 51; 11:28; 12:14; 14:30, 31, 36; Lk 1:3, 13, 14, 19, 35; 3:22; 4:6, 34; 5:20, 23, 24; 7:14, 40, 47; 8:28, 30, 39; 9:33, 57, 61; 10:13, 13, 21, 35, 36, 40; 11:7, 35; 12:59; 14:9, 10, 10, 10, 12, 14, 14; 15:29; 18:11, 22, 28, 41; 19:43, 44, 44; 20:2; 22:11, 34; 23:43; Jn 1:50; 2:4; 3:3, 5, 7, 11; 4:10, 10, 26; 5:10, 12, 14; 6:30; 9:26; 11:22, 40, 41; 13:37, 38; 17:5, 21; 18:30, 34; 19:11, 11; 21:3, 18; Ac 3:6; 5:4; 7:3; 8:20, 21, 22; 9:6, 17; 10:33; 16:18; 18:10; 21:23; 22:10, 10; 23:18; 24:13, 14; 26:1, 14, 16, 16; 27:24; Ro 9:7, 17; 13:4; 15:9; 1Co 7:21; 2Co 6:2; 12:9; Gal 3:8; Eph 5:14; 6:3; 1Ti 1:18; 3:14; 4:14, 14; 6:13; 2Ti 1:5, 5, 6; 2:7; Tit 1:5; Phm 1:8, 11, 11, 12, 16, 19, 21; Heb 8:5; 11:18; Jas 2:18; 2Jn 1:5; 3Jn 1:13, 13, 15; Jude 1:9; Rev 2:5, 10, 16; 3:18; 4:1; 11:17; 17:1, 7; 18:22, 22, 22, 23, 23; 21:9

σού [481 / 478]

Mt 1:20; 2:6; 3:14; 4:6, 6, 7, 10; 5:23, 23, 23, 24, 24, 24, 25, 29, 29, 29, 29, 30, 30, 30, 30, 33, 36, 39[UBS], 40, 42, 43, 43; 6:2, 3, 3, 3, 4, 4, 6, 6, 6, 6, 9, 10, 10, 17, 17, 18, 18, 21, 21, 22, 22, 23, 23; 7:3, 4, 4, 4, 5, 5; 9:2, 5, 6, 6, 14, 18, 22; 11:10, 10, 10, 26; 12:2, 13, 37, 37, 38, 47, 47; 15:2, 28; 17:16, 27; 18:8, 8, 8, 9, 9, 15, 15, 15, 15, 16, 33; 19:19, 21; 20:15, 21, 21, 21; 21:5, 19; 22:37, 37, 37, 37, 39, 44, 44; 23:37; 25:21, 23, 25; 26:42, 52, 62, 73; 27:13; Mk 1:2, 2, 44; 2:5, 9, 9, 11, 11; 3:32, 32, 32[UBS]; 5:19, 34, 34, 35; 6:18; 7:5, 10, 10, 29; 9:18, 38, 43, 45, 47; 10:19, 37, 37, 52; 11:14; 12:30, 30, 30, 30, 30, 31, 36, 36; 14:60; 15:4; Lk 1:13, 13, 28, 36, 38, 42, 44, 61; 2:29, 29, 30, 32, 35, 48; 4:7, 8, 10, 11, 12, 23; 5:5, 14, 20, 23, 24, 24; 6:10, 29, 41, 42, 42, 42, 42, 42; 7:27, 27, 27, 44, 48, 50; 8:20, 20, 28, 39, 48, 49; 9:38, 40, 41, 49; 10:17, 21, 27, 27, 27, 27, 27, 27; 11:2, 2, 34, 34, 34, 34, 36; 12:20, 20, 58; 13:12, 26, 34; 14:8, 12, 12, 12; 15:18, 19, 19, 21, 21, 27, 27, 29, 30, 30, 32; 16:2, 2, 6, 7, 25, 25; 17:3, 19; 18:20, 42; 19:5, 16, 18, 20, 22, 39, 42, 43, 44, 44; 20:43, 43; 22:32, 32, 32, 33; 23:42, 46; Jn 2:17; 3:26; 4:16, 18, 50, 53; 5:8, 10, 11; 7:3, 3[UBS]; 8:13, 19; 9:10, 17, 26, 37; 11:23; 12:15, 28; 13:37, 38; 17:1, 6, 6, 7, 8, 11, 12, 14, 26; 19:26, 27; 20:27, 27; 21:18; Ac 2:27, 28, 35, 35; 3:25; 4:25, 27, 28, 28, 29, 29, 30, 30; 5:3, 4, 9; 7:3, 3, 32, 33; 8:20, 21, 22, 22, 34; 9:13, 14; 10:4, 4, 22, 31, 31; 11:14; 12:8, 8; 13:35; 14:10; 16:31; 17:19, 32; 18:10; 21:21, 24, 39; 22:16, 18, 20; 23:5, 21, 30, 35, 35; 24:2, 11, 19; 25:26; 26:2, 16; 27:24; 28:21, 21, 22; Ro 2:5, 25; 3:4; 4:18; 8:36; 10:6, 8, 8, 8, 9, 9; 11:3, 3, 21; 12:20; 13:9; 14:10, 10, 15, 15, 21; 15:9; 1Co 12:21; 15:55, 55; 2Co 6:2; Gal 3:16; 5:14; Eph 6:2; 1Ti 4:12, 15, 16; 5:23; 2Ti 1:3, 4, 5, 5; 4:5, 22; Tit 2:15; Phm 1:2, 4, 5, 6, 7, 7, 13, 14, 20, 21; Heb 1:8, 8, 9, 9, 10, 12, 13, 13; 2:12; 10:7, 9; Jas 2:8, 18; 2Jn 1:4, 13; 3Jn 1:2, 3, 6; Rev 2:2, 2, 4, 4, 5, 9, 14, 19, 19, 19, 20; 3:1, 2, 8, 8, 9, 11, 15, 18, 18; 4:11; 5:9; 10:9, 9; 11:17, 18, 18, 18; 14:15, 18; 15:3, 3, 4, 4, 4; 16:7; 18:10, 14, 14, 14, 23, 23; 19:10, 10; 22:9, 9

σύ [173]

Mt 2:6; 3:14; 6:6, 17; 11:3, 23; 14:28; 16:16, 18; 26:25, 39, 63, 64, 69, 73; 27:4, 11, 11; Mk 1:11; 3:11; 8:29; 14:30, 36, 61, 67, 68; 15:2, 2; Lk 1:42, 76; 3:22; 4:7, 41; 7:19, 20; 9:60; 10:15, 37; 15:31; 16:7, 25; 17:8; 19:19, 42; 22:32, 58, 67, 70; 23:3, 3, 37, 39, 40; 24:18; Jn 1:19, 21, 21, 25, 42, 42, 49, 49; 2:10, 20; 3:2, 10, 26; 4:9, 10, 12, 19; 6:30, 69; 7:52; 8:5, 13, 25, 33, 48, 52, 53; 9:17, 28, 34, 34, 35; 10:24, 33; 11:27, 42; 12:34; 13:6, 7; 14:9; 17:5, 8, 21, 21, 23, 23, 25; 18:17, 25, 33, 34, 37, 37; 19:9; 20:15; 21:12, 15, 16, 17, 17, 22; Ac 1:24; 4:24; 7:28; 9:5; 10:15, 33; 11:9, 14; 13:33; 16:31; 21:38; 22:8, 27; 23:3, 21; 25:10; 26:15; Ro 2:3, 17; 9:20; 11:17, 18, 20, 22, 24; 14:4, 10, 10, 22; 1Co 14:17; 15:36; Gal 2:14; 6:1; 1Ti 6:11; 2Ti 1:18; 2:1; 3:10, 14; 4:5, 15; Tit 2:1; Heb 1:5, 10, 11, 12; 5:5, 6; 7:17, 21; Jas 2:3, 3, 18, 19; 4:12; 3Jn 1:3; Rev 2:15; 3:17; 4:11; 7:14

ὑμᾶς [435 / 434]

Mt 3:11, 11; 4:19; 5:11, 44, 46; 6:8, 30; 7:6, 15, 23; 10:13, 14, 16, 17, 17, 19, 23, 40; 11:28, 29; 12:28; 21:24, 31, 32; 23:34, 35; 24:4, 9, 9; 25:12; 26:32; 28:7, 14; Mk 1:8, 8, 17; 6:11; 9:19, 41; 11:29; 13:5, 9, 11, 36; 14:28, 49; 16:7; Lk 3:16, 16; 6:9, 22, 22, 26, 27, 28, 28, 32, 33; 9:5, 41; 10:3, 6, 8, 9, 10, 16, 19; 11:20; 12:11, 12, 14, 28; 13:25, 27, 28; 16:9, 26; 19:31; 20:3; 21:12, 34; 22:31, 35; 24:44, 49; Jn 3:7; 4:38; 5:42; 6:61, 70; 7:7; 8:32, 36; 11:15; 12:30, 35; 13:34; 14:3, 18, 18, 26, 26, 28; 15:9, 12, 15, 15, 16, 16, 18, 19, 19, 20, 21; 16:2, 2, 7, 7, 13, 22, 27; 20:21; Ac 1:8; 2:22, 29; 3:22, 26; 7:43; 13:32; 14:15; 15:24, 25; 17:22, 28; 18:15, 21; 19:13, 36; 20:20, 28, 29, 32; 22:1; 23:15; 24:22; 27:22, 34; 28:20; Ro 1:10, 11, 11, 13, 13; 2:24; 7:4; 10:19, 19; 11:25, 28; 12:1, 2, 14; 13:11; 15:7, 13, 13, 15, 22, 23, 24, 29, 30, 32; 16:6, 16, 17, 19, 21, 22, 23, 23, 25; 1Co 1:7, 8, 10; 2:1, 3; 3:2; 4:6, 14, 15, 16, 17, 18, 19, 21; 7:5, 15[UBS], 32; 10:1, 13, 13, 20, 27; 11:2, 3, 14, 22; 12:1; 14:5, 6, 6, 36; 16:5, 6, 7, 7, 10, 12, 15, 19, 19, 20; 2Co 1:8, 12, 15, 16, 18; 2:1, 2, 3, 4, 5, 7, 8, 10; 3:1; 4:15; 6:1, 11, 17; 7:4, 8, 8, 12, 15; 8:6, 9, 17, 22, 23; 9:4, 5, 8, 14; 10:1, 1, 9, 14; 11:2, 2, 6, 9, 11, 20, 20; 12:14, 14, 15, 16, 16, 17, 17, 18, 20, 21; 13:1, 3, 4, 7, 12; Gal 1:6, 7, 9; 2:5; 3:1; 4:11, 11, 17, 17, 18, 20; 5:2, 7, 8, 10, 10, 12; 6:12, 13; Eph 1:15, 18; 2:1; 3:2; 4:1, 17, 22; 5:6; 6:11, 22; Php 1:7, 7, 8, 10, 12, 24, 26, 27; 2:25, 26; 4:21, 22; Col 1:6, 12, 21, 22, 25; 2:1, 4, 8, 13, 13, 16, 18; 4:6, 8, 10, 10, 12, 14; 1Th 1:5, 5, 7, 9; 2:1, 2, 9, 12, 12, 12, 18; 3:2, 4, 5, 6, 9, 11, 12, 12; 4:1, 1, 3, 8, 10, 13; 5:4, 12, 12, 14, 18, 23, 24, 27; 2Th 1:5, 6, 10, 11; 2:1, 2, 3, 5, 13, 14; 3:1, 3, 4, 6, 10; Heb 5:12; 9:20; 13:21, 22, 23, 24; Jas 2:6, 7; 4:2, 10, 15; 1Pe 1:4, 10, 12, 15, 20, 25; 2:9; 3:13, 15, 18, 21; 4:14; 5:6, 10, 13; 2Pe 1:12, 13, 15; 2:3; 3:8, 9, 11; 1Jn 2:26, 27, 27, 27; 3:7, 13; 2Jn 1:10, 12; Jude 1:5, 5, 24; Rev 2:24; 12:12

ὑμεῖς [236]

Mt 5:13, 14, 48; 6:9, 26; 7:11, 12; 10:20, 31; 13:18; 14:16; 15:3, 5, 16; 16:15; 19:28, 28; 20:4, 7; 21:13, 32; 23:8, 8, 13, 28, 32; 24:33, 44; 26:31; 27:24; 28:5; Mk 6:31, 37; 7:11, 18; 8:29; 11:17; 13:9, 11, 23, 29; Lk 9:13, 20, 44; 10:24; 11:13, 39, 48; 12:24, 29, 36, 40; 16:15; 17:10; 19:46; 21:31; 22:26, 28, 70; 24:48, 49; Jn 1:26; 3:28; 4:20, 22, 32, 35, 38, 38; 5:20, 33, 34, 35, 38, 39, 44, 45; 6:67; 7:8, 28, 34, 36, 47; 8:14, 15, 21, 22, 23, 23, 31, 38, 41, 44, 46, 47, 49, 54; 9:19, 27, 30; 10:26, 36; 11:49; 13:10, 13, 14, 15, 33, 34; 14:3, 17, 19, 19, 20, 20; 15:3, 4, 5, 14, 16, 16, 27; 16:20, 20, 22, 27; 18:31; 19:6, 35; Ac 1:5; 2:15, 33, 36; 3:13, 14, 25; 4:7, 10; 5:30; 7:4, 51, 51, 52; 8:24; 10:28, 37; 11:16; 15:7; 19:15; 20:18, 25; 22:3; 23:15; 27:31; Ro 1:6; 6:11; 7:4; 8:9; 9:26; 11:30; 16:17; 1Co 1:30; 3:17, 23; 4:10, 10, 10; 5:2, 12; 6:8; 9:1, 2; 10:15; 12:27; 14:9, 12; 16:1, 6, 16; 2Co 1:14; 3:2; 6:13, 18; 8:9; 9:4; 11:7; 12:11; 13:7, 9; Gal 3:28, 29; 4:12, 28; 5:13; 6:1; Eph 1:13; 2:11, 13, 22; 4:20; 5:33; 6:21; Php 2:18; 4:15, 15; Col 3:4, 7, 8, 13; 4:1, 16; 1Th 1:6; 2:10, 14, 14, 19, 20; 3:8; 4:9; 5:4, 5; 2Th 1:12; 3:13; Jas 2:6; 5:8; 1Pe 2:9; 4:1; 2Pe 3:17; 1Jn 1:3; 2:20, 24, 24, 27; 4:4; Jude 1:17, 20

ὑμῖν [609 / 607]

Mt 3:7, 9; 5:18, 20, 22, 28, 32, 34, 39, 44; 6:2, 5, 14, 16, 19, 20, 25, 29, 33; 7:2, 7, 7, 12; 8:10, 11; 9:29; 10:15, 19, 20, 23, 27, 42; 11:9, 11, 17, 21, 22, 22, 24; 12:6, 31, 36; 13:11, 11, 17; 16:11, 28; 17:12, 20, 20; 18:3, 10, 12, 13, 18, 19, 35; 19:8, 9, 23, 24, 28; 20:4, 26, 26, 27, 32; 21:3, 21, 24, 27, 28, 31, 43; 22:31, 42; 23:3, 13, 15, 16, 23, 25, 27, 29, 36, 38, 39; 24:2, 23, 25, 26, 34, 47; 25:9, 12, 34, 40, 45; 26:13, 15, 21, 29, 64, 66; 27:17, 21; 28:7, 20; Mk 3:28; 4:11, 24, 24; 8:12; 9:1, 13, 41; 10:3, 5, 15, 29, 36, 43, 43, 44; 11:3, 23, 24, 24, 25, 29, 33; 12:43; 13:11, 21, 23, 30, 37; 14:9, 13, 15, 18, 25, 64; 15:9; 16:7; Lk 2:10, 11, 12; 3:7, 8, 13; 4:24, 25; 6:24, 25, 27, 31, 32, 33, 34, 38, 38, 47; 7:9, 26, 28, 32; 8:10; 9:27, 48; 10:8, 11, 12, 13, 14, 19, 20, 24; 11:8, 9, 9, 9, 41, 42, 43, 44, 46, 47, 51, 52; 12:4, 5, 5, 8, 22, 27, 31, 32, 37, 44, 51; 13:3, 5, 24, 25, 27, 35, 35; 14:24; 15:7, 10; 16:9, 11, 12; 17:6, 10, 23, 34; 18:8, 14, 17, 29; 19:26, 40; 20:8; 21:3, 13, 15, 15, 32; 22:10, 12, 16, 18, 26, 29, 37, 67; 24:6, 36, 44; Jn 1:51; 2:5; 3:12, 12; 4:35; 5:19, 24, 25, 38; 6:26, 27, 32, 32, 32, 36, 47, 53, 63, 65; 7:19, 22; 8:24, 25, 34, 37, 40, 51, 55, 58; 9:27; 10:1, 7, 25, 32; 11:50, 56; 12:24, 35; 13:12, 15, 15, 16, 19, 20, 21, 33, 34; 14:2, 2, 3, 10, 12, 16, 17, 17, 20, 25, 25, 26, 27, 27, 27, 28, 29; 15:3, 4, 7, 7, 11, 11, 14, 15, 16, 17, 20, 26; 16:1, 4, 4, 4, 6, 7, 7, 12, 13, 14, 15, 20, 23, 23, 25, 25, 25, 26, 33; 18:8, 39, 39, 39; 19:4; 20:19, 21, 26; Ac 2:14, 39; 3:14, 20, 22, 26; 4:10; 5:9, 28, 38; 7:37; 13:15, 26, 34, 38, 38, 41, 46; 14:15, 17; 15:7, 28; 16:17; 17:3, 23; 20:20, 26, 27, 35; 22:25; 25:5; 26:8; 28:28; Ro 1:7, 11, 12, 13, 15; 8:9, 10, 11, 11; 11:13; 12:3; 15:5, 15, 32; 16:1, 19; 1Co 1:3, 4, 6, 10, 11; 2:1, 2; 3:1, 3, 16, 18; 4:8, 17; 5:1, 9, 11; 6:2, 5, 5, 7, 19; 7:35; 9:2, 11; 10:27, 28; 11:2, 13, 18, 19, 19, 22, 23, 30; 12:3, 31; 14:6, 25, 37; 15:1, 1, 2, 3, 12, 34, 51; 2Co 1:2, 13, 19, 21; 2:4; 4:12, 14; 5:12, 12, 13; 6:18; 7:7, 11, 12, 14, 16; 8:1, 7[UBS], 10, 13; 9:1, 14; 10:1, 15; 11:7, 9; 12:12, 19, 20; 13:3, 5; Gal 1:3, 8[UBS], 8, 11, 20; 3:5, 5; 4:13, 15, 16, 19, 20; 5:2, 21; 6:11; Eph 1:2, 17; 2:17; 3:16; 4:32; 5:3; 6:21; Php 1:2, 6, 25, 29; 2:5, 13, 17, 19; 3:1, 1, 15, 18; Col 1:2, 5, 6, 27; 2:5; 3:13, 16; 4:7, 9, 16; 1Th 1:1, 5; 2:8, 10, 13; 3:4, 7; 4:2, 6, 9, 11, 15; 5:1, 12; 2Th 1:2, 4, 7, 12; 2:5; 3:6, 7, 9, 10, 11, 16; Phm 1:3, 22; Heb 12:5, 7; 13:7, 17, 19, 22; Jas 3:13; 4:1, 8; 5:3, 6, 13, 14, 19; 1Pe 1:2, 12, 12, 13; 2:7, 21; 3:15; 4:12, 12, 12; 5:1, 2, 12, 14; 2Pe 1:2, 8, 11, 16; 2:1, 13; 3:1, 15; 1Jn 1:2, 3, 5; 2:1, 7, 8, 8, 12, 12, 13, 13, 14, 14, 14, 14, 21, 24, 24, 26, 27; 4:4; 5:13; 2Jn 1:12; Jude 1:2, 3, 3, 18; Rev 1:4; 2:13, 23, 24; 22:16

ὑμῶν [562 / 564]

Mt 5:11, 12, 12, 16, 16, 16, 20, 37, 44, 45, 47, 48; 6:1, 1, 8, 14, 15, 15, 25, 25, 26, 27, 32; 7:6, 9, 11, 11; 9:4, 11, 29; 10:9, 13, 13, 14, 14, 20, 29, 30; 11:29; 12:11, 27, 27; 13:16, 16; 15:3, 6, 7; 17:17, 17, 20, 24; 18:14, 19, 35; 19:8, 8; 20:26, 27; 21:2, 43; 23:8, 9, 9, 10, 11, 11, 15, 32, 34, 38; 24:20, 42; 25:8; 26:21, 29; 28:20; Mk 2:8; 6:11, 11; 7:6, 9, 13; 8:17; 9:19; 10:5, 43; 11:2, 25, 25; 14:18; Lk 3:14; 4:21; 5:4, 22; 6:22, 23, 24, 27, 35, 35, 36, 38; 8:25; 9:5, 41, 44, 50, 50; 10:6, 11, 16, 20; 11:5, 11, 13, 19, 19, 39, 46, 47, 48; 12:7, 25, 30, 32, 33, 34, 34, 35; 13:15, 35, 35; 14:5, 28, 33; 15:4; 16:15, 26; 17:7, 21; 21:14, 16, 18, 19, 19, 28, 28, 34; 22:10, 15, 19, 20, 27, 53, 53; 23:14, 28; 24:38; Jn 1:26; 4:35; 5:45, 45; 6:49, 58[NIV], 64, 70; 7:19, 33; 8:7, 21, 24, 24, 26, 38[NIV], 41, 42, 44, 46, 56; 9:19, 41; 10:34; 13:14, 18, 21, 33; 14:1, 9, 16, 27, 30; 15:11, 16, 18[UBS]; 16:4, 5, 6, 20, 22, 22, 22, 24, 26; 18:31; 19:14, 15; 20:17, 17; Ac 1:7, 11; 2:17, 17, 17, 17, 22, 38, 38, 39; 3:16, 17, 19, 22, 22, 25, 26; 4:10, 11, 19; 5:28; 6:3; 7:37, 43, 51, 52; 13:41; 14:17; 15:24; 17:23; 18:6, 6, 14; 20:18, 30; 24:21; 25:26; 27:22, 34; 28:25; Ro 1:8, 8, 9, 12; 6:12, 13, 13, 14, 19, 19, 19, 22; 8:11; 12:1, 1, 18; 14:16; 15:14, 24, 24, 28, 33; 16:2, 19, 20, 20; 1Co 1:4, 11, 12, 13, 14, 26; 2:5; 3:21, 22; 4:3; 5:2, 4, 6, 13; 6:1, 15, 19, 20; 7:5, 14, 28, 35; 8:9; 9:11, 12; 11:18, 20, 24; 12:21; 14:18, 36; 15:14, 17, 17, 58; 16:2, 3, 14, 18, 23, 24; 2Co 1:6, 6, 7, 11, 14, 16, 16, 23, 24, 24; 2:3, 9; 3:1; 4:5; 5:11; 6:12; 7:4, 7, 7, 7, 12, 13, 14, 15; 8:7[NIV], 14, 14, 16, 24, 24; 9:2, 2, 2, 3, 5, 10, 10, 13, 14; 10:6, 8, 13, 14, 15, 16; 11:3, 8; 12:11, 13, 14, 15, 19; 13:9, 11, 13; Gal 3:2; 4:12, 14, 15, 15, 16; 6:18; Eph 1:13, 16, 18; 2:1, 8; 3:1, 13, 13, 17; 4:4, 23, 26, 29, 31; 5:19; 6:1, 4, 5, 9, 14, 22; Php 1:3, 4, 5, 7, 9, 19, 25, 26, 27, 28; 2:17, 19, 20, 25, 30; 4:5, 6, 7, 7, 9, 17, 18, 19, 23; Col 1:3, 4, 7[UBS], 8, 9, 24; 2:1, 5, 5, 13; 3:3, 4, 5[NIV], 8, 15, 16, 21; 4:6, 8, 9, 12, 12, 13, 18; 1Th 1:2, 3, 4, 8, 8; 2:6, 7, 8, 9, 11, 17, 17; 3:2, 5, 6, 6, 7, 9, 10, 10, 13; 4:3, 4, 11; 5:12, 23, 28; 2Th 1:3, 3, 3, 4, 4, 11; 2:13, 17; 3:5, 8, 16, 18; 1Ti 6:21; 2Ti 4:22; Tit 3:15; Phm 1:22, 25; Heb 3:8, 9, 12, 13, 15; 4:1, 7; 6:9, 10, 11; 10:34, 35; 12:3, 13; 13:7, 17, 17, 24, 25; Jas 1:3, 5, 21; 2:2, 6, 16; 3:14; 4:1, 1, 3, 7, 9, 14, 16; 5:1, 2, 2, 3, 3, 4, 4, 5, 8, 12; 1Pe 1:7, 9, 13, 14, 17, 18, 21, 22; 2:12, 12, 21, 25; 3:2, 7, 15, 16; 4:4, 15; 5:7, 7, 8, 9; 2Pe 1:5, 10, 19; 3:1, 2; Jude 1:12, 20; Rev 1:9; 2:10, 23; 18:20

5445 τέ [215]

Mt 22:10; 27:48; 28:12; Lk 2:16; 12:45; 14:26; 15:2; 21:11; 22:66; 23:12; 24:20; Jn 2:15; 4:42; 6:18; Ac 1:1, 8, 13, 15; 2:9, 10, 11, 33, 37, 40, 43, 46; 4:13, 14, 27, 33; 5:14, 19, 24, 35, 42; 6:7, 12, 13; 7:26; 8:3, 12, 13, 25, 28, 31, 38; 9:2, 3, 15, 18, 24, 29; 10:22, 28, 33, 39; 11:21, 26; 12:6, 12, 17; 13:1, 4, 11, 46, 52; 14:1, 5, 11, 12, 13, 21; 15:3, 4, 5, 6, 9, 32, 39; 16:13, 23, 34; 17:4, 10, 14, 19, 26; 18:4, 5, 26; 19:2, 3, 6, 10, 11, 12, 17, 18, 27, 29; 20:3, 7, 11, 21, 35; 21:12, 18, 20, 25, 28, 30, 31, 37; 22:4, 7, 8, 23; 23:5, 10, 24, 28; 24:3, 5, 10, 15, 23, 27; 25:2, 16, 23, 24; 26:3, 4, 10, 11, 14, 16, 20, 22, 23, 30; 27:1, 3, 5, 8, 17, 20, 21, 29, 43; 28:2, 23; Ro 1:12, 14, 16, 20, 26, 27; 2:9, 10, 19; 3:9; 7:7; 10:12; 14:8; 16:26; 1Co 1:24, 30; 4:21; 2Co 10:8; 12:12; Eph 3:19; Php 1:7; Heb 1:3; 2:4, 11; 4:12; 5:1, 7, 14; 6:2, 4, 5, 19; 8:3; 9:1, 2, 9, 19; 10:33; 11:32; 12:2; Jas 3:7; Jude 1:6; Rev 19:18

5515 τίς [556 / 554]

τί [342 / 340]

Mt 5:47; 6:3, 25, 25, 25, 28, 31, 31, 31; 7:3, 14[UBS]; 8:26, 29; 9:5, 11, 13, 14; 10:19, 19; 11:7, 8, 9; 12:3, 7; 13:10; 14:31; 15:2, 3, 32; 16:8, 26, 26; 17:10, 19, 25; 18:12; 19:7, 16, 17, 20, 27; 20:6, 21, 22, 32; 21:16, 25, 28, 40; 22:17, 18, 42; 23:19; 24:3; 26:8, 10, 15, 62, 65, 66, 70; 27:4, 22, 23; Mk 1:24, 27; 2:7, 8, 9, 18, 24, 25; 4:24, 40; 5:7, 9, 14, 35, 39; 6:24, 36; 7:5; 8:1, 2, 12, 17, 36, 37; 9:6, 10, 16, 33; 10:3, 17, 18, 36, 38, 51; 11:3, 5, 31; 12:9, 15; 13:4, 11; 14:4, 6, 36, 36, 40, 60, 63, 64, 68; 15:12, 14, 24, 34; Lk 1:18, 62, 66; 2:48, 49; 3:10, 12, 14; 4:34; 5:22, 23, 30; 6:2, 11, 41, 46; 7:24, 25, 26; 8:28, 30; 9:25; 10:25, 26; 12:11[UBS], 11, 17, 22, 22, 26, 29, 29, 49, 57;

5516 τὶς [533]